Kersten/Bühling
Formularbuch und Praxis der
Freiwilligen Gerichtsbarkeit
26. Auflage

Kersten/Bühling

Formularbuch und Praxis der Freiwilligen Gerichtsbarkeit

Herausgegeben von

Prof. Dr. Jan Eickelberg, LL. M. (Uni Cambr.), MBA (Uni Lüneb.), MHEd (Uni HH),
Hochschule für Wirtschaft und Recht, Berlin
und
Sebastian Herrler, Notar, München

Bearbeitet von

Paul H. Assies, Rechtsanwalt, Fachanwalt für Bank- und Kapitalmarktrecht, Köln; *Dr. Anja Bartenbach, LL.M.*, Rechtsanwältin, Fachanwältin für Gewerblichen Rechtsschutz, Köln; *Prof. Dr. Kurt Bartenbach*, Rechtsanwalt, Fachanwalt für Arbeitsrecht, Fachanwalt für Gewerblichen Rechtsschutz, Köln; *Dr. Gregor Basty*, Notar, München; *Dr. Sebastian Berkefeld*, Notarassessor, München; *Dipl. Kfm. Dr. Kai Bischoff, LL.M. (NYU)*, Notar, Köln; *Walter Büttner*, MBA (USQ), Notar, Schwetzingen; *Dr. Johannes Cziupka*, Notarassessor, Hamburg; *Eva Christine Danne*, Notarin, Annweiler am Trifels; *Prof. Dr. Jan Eickelberg, LL. M. (Uni Cambr.), MBA (Uni Lüneb.), MHEd (Uni HH)*, Hochschule für Wirtschaft und Recht, Berlin; *Nicole Emmerling de Oliveira*, Rechtsanwältin, Deutsches Notarinstitut, Würzburg; *Dr. Christian Fackelmann, M.St. (Oxford)*, Notar, Bad Staffelstein; *Dr. Sebastian Franck, LL.M. (Cape Town und Stellenbosch)*, Notar, Lauingen; *Dr. Thorsten Führ, LL.M. (Cambridge)*, Notar, Düren; *Marc Heggen*, Notar, Straelen; *Arnd Holzapfel*, Rechtsanwalt, Fachanwalt für Bau- und Architektenrecht, Köln; *Dr. Jan Hupka, LL.M. (Chicago)*; Notar, Hamburg; *Prof. Dr. Rainer Kanzleiter*, Notar a.D., Ulm; *Paul M. Kiss*, Rechtsanwalt, Köln; *Dr. Guido Kordel, LL.M. (Chicago)*, Notar, Eschweiler; *Dr. Hans-Frieder Krauß, LL.M. (Michigan)*, Notar, München; *Dr. Gerd H. Langhein* (†), Notar, Hamburg; *Dr. Eike N. Najork, LL.M. (London)*, Rechtsanwalt, Köln; *Dr. Dirk-Ulrich Otto*, Notar a.D., Ländernotarkasse, Leipzig; *Sebastian Ruhwinkel*, Notar, München; *Prof. Dr. Martin Schöpflin, LL.M. (Northumbria)*, Rektor der Norddeutschen Hochschule für Rechtspflege, Hildesheim; *Dr. Dirk Solveen*, Notar, Bonn; *Dr. Joachim Strieder*, Rechtsanwalt, Köln; *Dr. Paul Terner, LL.M. (Norwich)*, Notar, Neuss; *Dr. Markus Vogelheim*, Rechtsanwalt, Fachanwalt für Bau- und Architektenrecht, Köln; *Martin Wachter*, Notar, Günzburg; *Prof. Dr. Bernd Wegmann*, Notar, Ingolstadt; *Dr. Armin Winnen*, Notar, Aachen, *Dr. Hans Wolfsteiner*, Notar a.D., Rechtsanwalt, München; *Prof. Dr. Stefan Zimmermann*, Notar a.D., Köln

26. Auflage

Carl Heymanns Verlag 2019

Zitiervorschlag: Kersten/Bühling/*Bearbeiter*, § 000 Rn. 000

Bibliografische Information der Deutschen Nationalbibliothek:

Die Deutsche Nationalbibliothek verzeichnet diese Publikation in der Deutschen Nationalbibliografie; detaillierte bibliografische Daten sind im Internet über http://dnb.d-nb.de abrufbar.

ISBN 978-3-452-29008-3

www.wolterskluwer.de
www.carl-heymanns.de

Alle Rechte vorbehalten.
© 2019 Wolters Kluwer Deutschland GmbH, Luxemburger Str. 449, 50939 Köln.

Das Werk einschließlich aller seiner Teile ist urheberrechtlich geschützt. Jede Verwertung außerhalb der engen Grenzen des Urheberrechtsgesetzes ist ohne Zustimmung des Verlages unzulässig und strafbar. Das gilt insbesondere für Vervielfältigungen, Übersetzungen, Mikroverfilmungen und die Einspeicherung und Verarbeitung in elektronischen Systemen.

Verlag, Herausgeber und Autoren übernehmen keine Haftung für inhaltliche oder drucktechnische Fehler.

Umschlagkonzeption: Martina Busch, Grafikdesign, Homburg Kirrberg
Satz: Innodata Inc., Noida, Indien
Druck und Weiterverarbeitung: Williams Lea & Tag GmbH, München

Gedruckt auf säurefreiem, alterungsbeständigem und chlorfreiem Papier.

Vorwort zur 26. Auflage

Sehr geehrte Leserinnen und Leser,
liebe Kolleginnen und Kollegen,

im Jahr 1906 war Kaiser Wilhelm II. Staatsoberhaupt und Bernhard von Bülow Reichskanzler. Die Königreiche Bayern und Württemberg feierten jeweils ihr 100-jähriges Bestehen und ein Berliner Schumacher namens Wilhelm Voigt besetzte in einer spektakulären Aktion das Köpenicker Rathaus bei Berlin.

Viele grundlegende zivilrechtliche Gesetzbücher wie das BGB, HGB oder GmbHG steckten noch in ihren Kinderschuhen und mussten durch die Praxis mit Leben und Bedeutung gefüllt werden. Einen wesentlichen Anteil daran hatten von Beginn an die Notare. Sie »übersetzten« die neuen Regelungen in Verträge und Erklärungen.

Bei dieser ebenso erfüllenden wie bedeutsamen Tätigkeit wird die Kautelarpraxis seit ebendiesem Jahr 1906 von »dem« Kersten/Bühling unterstützt. Der erste Satz des Vorwortes zur 1. Auflage veranschaulicht das damalige (wie heutige) Selbstverständnis des Buches und seiner Autoren: »*Das vorliegende Werk ist aus den Bedürfnissen der Praxis hervorgegangen.*« Aus einer der ersten Rezensionen (Zeitschrift des Deutschen Notarvereins 1907, 63) wird zudem deutlich, welchen Anspruch schon damals an ein Werk dieser Art gestellt wurde: »*für die wichtigsten, schwierigsten, häufigsten Geschäfte hervorragend brauchbare Muster herzustellen.*«

Diesem Anspruch genügt der Kersten/Bühling seit nunmehr 112 Jahren in insgesamt 26 Auflagen. Er hat sich zu einem Standardwerk für die Praxis entwickelt, das in allen »Lebenslagen« verlässliche Formulare und hilfreiche Erläuterungen bietet. Die einzelnen Neuauflagen des Kersten Bühling seit 1906 wurden erforderlich, weil sich nicht nur die große weite Welt ständig weiterentwickelt hat, sondern auch der Mikrokosmos der rechtsgestaltenden Praxis. Diese Veränderungen nehmen in den letzten Jahr(zehnt)en erkennbar an Tempo zu. Wie schnell und rasant sich dabei (auch) die Arbeitswelt der Notarinnen und Notare verändert hat, lässt sich an den wesentlichen Neuerungen veranschaulichen, die es seit der letzten Auflage zu berücksichtigen galt. So beeinflussen etwa auch die Megatrends Digitalisierung und Internationalisierung zunehmend auch die notarielle Praxis. Wir haben dies zum Anlass genommen, Abschnitte bzw. vertiefende Ausführungen zum elektronischen Rechtsverkehr im Notariat, zu grenzüberschreitenden Umwandlungen, zum internationalen Gesellschaftsrecht sowie zum internationalen Erb- und Güterrecht aufzunehmen. Hierneben wurde die neue Auflage selbstverständlich auch in allen anderen sonstigen Bereichen inhaltlich auf den aktuellen Stand von Gesetzgebung, Rechtsprechung und Literatur gebracht.

Wir hoffen, mit diesen Veränderungen und Erweiterungen dem o.g. Anspruch, »hervorragend brauchbare Muster« für die Praxis zur Verfügung zu stellen, auch weiterhin gerecht zu werden. Unser Wunsch ist, es dass Sie, liebe Leserin, lieber Leser, mit dem Kersten/ Bühling in dieser 26. Auflage für die kommenden, vor Ihnen liegenden Herausforderungen bestens gewappnet sind und Sie nicht nur bei den »wichtigsten schwierigsten, häufigsten« Geschäften Unterstützung erhalten, sondern Ihnen auch und gerade bei exotischeren Fragestellungen hilfreiche Muster und Erläuterungen an die Hand gegeben werden.

Die bekannte Sammlung aus nunmehr über 1.800 Mustern und Formularen wurde dafür wesentlich erweitert, aktualisiert und durch erläuternde Hinweise ergänzt. Alle Muster und Formulierungsbeispiele sind auf der beiliegenden CD-ROM enthalten bzw. stehen zum Download bereit und können individuell bearbeitet werden.

Vorwort zur 26. Auflage

Aus dem bisherigen Autorenkreis ausgeschieden ist der viel zu früh verstorbene Dr. Gerd Langhein, der uns durch innovative Gedanken zahlreiche Denkanstöße gegeben und auf diese Weise maßgeblich zum Erfolg des Kersten/Bühling beigetragen hat. Wir werden ihm ein würdiges Andenken bewahren. Seine Abschnitte werden nun bearbeitet von Dr. Jan Hupka. Ganz herzlich begrüßen möchten wir zudem die neu hinzugekommenen Dr. Sebastian Berkefeld, Walter Büttner, Dr. Johannes Cziupka und Dr. Sebastian Franck. Ihnen und alle anderen Autorinnen und Autoren an dieser Stelle noch einmal ein herzliches Dankeschön für die stets angenehme Zusammenarbeit!

Schließen möchten wir mit dem letzten Satz des Vorwortes der 1. Auflage des Kersten/Bühling, der auch 112 Jahre nach dem Erscheinen unveränderte Gültigkeit besitzt: »*Jede Anregung zur Ergänzung oder Berichtigung des Buches werden die Unterzeichneten mit Dank entgegen nehmen.*«[1] Kein Buch ist so gut, dass es nicht noch verbessert werden könnte. Daran werden wir auch weiterhin mit aller Kraft arbeiten.

Die Herausgeber

München und Berlin, im November 2018

---

1 Bitte senden Sie Ihre Anmerkungen direkt an *kersten-buehling@wolterskluwer.com*.

Verzeichnis der Verfasser

Paul H. Assies	§ 43
Prof. Dr. Kurt Bartenbach	§ 49
Dr. Anja Bartenbach, LL.M.	§§ 48, 49
Dr. Gregor Basty	§§ 27–30, 32, 34, 35, 37, 38
Dr. Sebastian Berkefeld	§§ 153–156
Dipl. Kfm. Dr. Kai Bischoff, LL.M.	§§ 1–4, 24–26
Walter Büttner, MBA	§ 12a
Dr. Johannes Cziupka	§§ 142–145
Eva Christine Danne	§§ 5–8
Dr. Jan Eickelberg, LL.M.	§§ 11–14, 22, 23
Nicole Emmerling de Oliveira	§§ 92–94
Dr. Christian Fackelmann, M.St.	§ 36
Dr. Sebastian Franck, LL.M.	§§ 39, 40, 55, 62–66
Dr. Thorsten Führ, LL.M.	§ 109
Marc Heggen	§§ 50–53
Arnd Holzapfel	§ 46
Dr. Jan Hupka, LL.M.	§§ 58, 158
Prof. Dr. Rainer Kanzleiter	§§ 142–145, 153–156
Paul M. Kiss	§§ 42, 47
Dr. Guido Kordel, LL.M.	§§ 92–97
Dr. Hans-Frieder Krauß	§§ 121–123, 146–152
Dr. Gerd H. Langhein	§§ 58, 158
Dr. Eike N. Najork, LL.M.	§ 41
Dr. Dirk-Ulrich Otto	§ 57
Sebastian Ruhwinkel	§ 56, 59–61, 78
Prof. Dr. Martin Schöpflin, LL.M.	§ 157
Dr. Dirk Solveen	§§ 20, 21
Dr. Joachim Strieder	§ 44
Dr. Paul Terner, LL.M.	§§ 10, 15–18
Dr. Markus Vogelheim	§ 45
Martin Wachter	§§ 124–145, 153–156
Prof. Dr. Bernd Wegmann	§§ 98–108, 110–120
Dr. Armin Winnen	§§ 80–91
Dr. Hans Wolfsteiner	§§ 19, 31, 33, 54, 67–77, 79
Prof. Dr. Stefan Zimmermann	§§ 9, 80–91

Inhaltsübersicht

Vorwort zur 26. Auflage		V
Verzeichnis der Verfasser		VII
Inhaltsverzeichnis		XV
Abkürzungen und abgekürzt zitierte Literatur		XXXIX

Erster Teil. Notariatsverfassung

§ 1	Kurze Geschichte des deutschen Notariats	1
§ 2	Notariatsformen	5
§ 3	Die Beurkundung durch den Notar und durch andere Stellen	11
§ 4	Örtliche, sachliche und internationale Zuständigkeit des Notars	16
§ 5	Gründe, aus denen der Notar nicht amtieren kann oder soll	20

Zweiter Teil. Notarverfahrensrecht

§ 6	Aufklärungs-, Prüfungs-, Belehrungs- und Beratungspflicht, Formulierungspflicht, Pflicht zur sachgerechten Verfahrensgestaltung (§ 17 BeurkG)	31
§ 7	Durchführungspflicht	69
§ 8	Sonstige Betreuungsgeschäfte, Mitteilungs- und sonstige Pflichten gegenüber Behörden	79
§ 9	Verwahrungsgeschäfte	88
§ 10	Bücher, Verzeichnisse und Akten des Notars	97
§ 11	Äußere Gestaltung der notariellen Urkunden	119
§ 12	Urschrift, Ausfertigung, Abschrift	133
§ 12a	Elektronischer Rechtsverkehr im Notariat	149
§ 13	Notwendiger Inhalt der Urkunden mit Willenserklärungen	177
§ 14	Beurkundung bei Beteiligung von behinderten und sprachfremden Personen	211
§ 15	Einfache Niederschriften mit Berichten; Vermerke	227
§ 16	Eide und eidesstattliche Versicherungen	244
§ 17	Wechselproteste und Scheckproteste	251
§ 18	Mit Handlungen des Notars verbundene Beurkundungen	265
§ 19	Vollstreckbare Urkunden; Vollstreckbarerklärung von Anwaltsvergleichen und Schiedssprüchen mit vereinbartem Wortlaut	278
§ 20	Einforderung der Kosten	339
§ 21	Beitreibung der Kosten	347

Dritter Teil. Rechtsgeschäfte aus dem Bürgerlichen Recht

Erster Abschnitt. Allgemeiner Teil

§ 22	Namensänderung	351
§ 23	Kirchenaustritt	363
§ 24	Vollmacht	369

| § 25 | Vollmachtlose Vertretung; Verfügung durch einen Nichtberechtigten | 408 |
| § 26 | Notarielle Geschäfte mit Auslandsbezug | 415 |

Zweiter Abschnitt. Recht der Schuldverhältnisse

§ 27	Vermögensübertragung und Vertrag zwischen künftigen gesetzlichen Erben (Erbschaftsvertrag)	469
§ 28	Erlass, Verzicht	474
§ 29	Abtretung	478
§ 30	Zusätzliche und befreiende Schuldübernahme	495
§ 31	Unternehmenskauf	500
§ 32	Kaufverträge über Grundstücke und Wohnungseigentum	529
§ 33	Bauträgervertrag	645
§ 34	Kombinierte Verträge, Bauherrenmodelle, Erwerbermodelle, Fondsmodelle, Timesharing	702
§ 35	Teilflächenkauf	718
§ 36	Veräußerung landwirtschaftlicher Grundstücke, Landgüter und Höfe	732
§ 37	Grundstückstausch	820
§ 38	Versteigerung	824
§ 39	Grundstücksschenkung und -überlassung	830
§ 40	Schenkung beweglicher Sachen und Forderungen	869
§ 41	Mietvertrag	874
§ 42	Pachtvertrag	903
§ 43	Leasingvertrag (Mobilien)	948
§ 44	Immobilienleasingvertrag	981
§ 45	Architektenvertrag	995
§ 46	Bauvertrag, Baubetreuungsvertrag	1019
§ 47	Maklervertrag	1045
§ 48	Urheberrecht und Verlagsvertrag	1065
§ 49	Gewerbliche Schutzrechte	1085

Dritter Abschnitt. Sicherungsgeschäfte

§ 50	Kredit, Kreditübernahme und Schulderklärung	1129
§ 51	Bürgschaft, Garantievertrag und Ausbietungsgarantie	1140
§ 52	Sicherungsübereignung und Eigentumsvorbehalt	1151
§ 53	Treuhandverhältnisse	1161

Vierter Abschnitt. Sachenrecht

§ 54	Kataster, Grundstück, Grundbuch	1173
§ 55	Rechte an Grundstücken	1182
§ 56	Eigentum an Grundstücken	1194
§ 57	Erbbaurecht	1212
§ 58	Wohnungseigentum und Dauerwohnrecht	1251
§ 59	Bergwerkseigentum	1286
§ 60	Überbau, Notweg	1290
§ 61	Vormerkung	1295
§ 62	Vorkaufsrecht, Wiederkaufsrecht, Ankaufsrecht	1308
§ 63	Nießbrauch	1325
§ 64	Dienstbarkeiten, Baulast	1338
§ 65	Wohnungsrecht	1356
§ 66	Reallast und Altenteilsrecht	1366

§ 67	Realkredit	1372
§ 68	Grundpfandrechte	1378
§ 69	Die Verkehrshypothek	1392
§ 70	Die weitere Entwicklung der Hypothek	1399
§ 71	Sicherungshypothek, Höchstbetragshypothek	1408
§ 72	Die Grundschuld	1415
§ 73	Der Rang der Grundschuld	1436
§ 74	Abtretung der Grundschuld	1449
§ 75	Änderung des Grundschuldinhalts	1459
§ 76	Löschung der Grundschuld, Aufgebot	1465
§ 77	Die Eigentümergrundschuld	1470
§ 78	Verpfändung von beweglichen Sachen und von Rechten	1474
§ 79	Rechte an Schiffen, Schiffsbauwerken und Luftfahrzeugen	1483

Fünfter Abschnitt. Familienrecht

§ 80	Ehe- und Familienname	1491
§ 81	Gesetzliche Abweichungen vom Güterstand der Zugewinngemeinschaft, gemischt nationale Ehen, deutsch-deutsche Fragen	1497
§ 82	Beschränkungen des Verfügungsrechts in der Zugewinngemeinschaft	1507
§ 83	Ehevertrag: Vereinbarungen über den Zugewinnausgleich	1520
§ 84	Ehevertrag: Überlassung der Verwaltung, Gütertrennung, ausländische Güterstände, Ausschluss oder Änderung des Versorgungsausgleichs	1537
§ 85	Ehevertrag: Regelungstypen	1562
§ 86	Gütergemeinschaft	1577
§ 87	Fortgesetzte Gütergemeinschaft (fGGem.)	1586
§ 88	Der FGB-Güterstand	1587
§ 89	Güterrechtsregister	1591
§ 90	Vereinbarungen anlässlich der Ehescheidung	1594
§ 91	Nichteheliches Zusammenleben, Partnerschaft	1629
§ 92	Kindschaftsrecht	1642
§ 93	Annahme als Kind	1671
§ 94	Elterliche Sorge, Beistandschaft, Umgangsrecht	1700
§ 95	Vormundschaft und Pflegschaft	1714
§ 96	Betreuung, Vorsorgevollmacht und Patientenverfügung	1722
§ 97	Die familien- und betreuungsgerichtliche Genehmigung	1769

Sechster Abschnitt. Erbrecht

§ 98	Einführung	1789
§ 99	Gesetzliche Erbfolge	1798
§ 100	Reduzierung oder Erweiterung gesetzlicher Erb- und Pflichtteilsansprüche, Erbverzichtsvertrag, Pflichtteilsverzichtsvertrag, Pflichtteilsstundung, vorzeitiger Erbausgleich, Gleichstellungsvereinbarung und Adoption	1803
§ 101	Wiederherstellung der Testierfreiheit, Aufhebung und Widerruf von Testamenten sowie gemeinschaftlichen Testamenten, Rücktritt vom Erbvertrag, Anfechtung von gemeinschaftlichen Testamenten/Erbverträgen durch einen Erblasser, Zuwendungsverzicht	1810
§ 102	Das erbrechtliche Gestaltungsinstrumentarium	1818
§ 103	Das öffentliche Testament	1836
§ 104	Letztwillige Verfügungen gebrechlicher, schreibunfähiger und der deutschen Sprache unkundiger Personen	1842

§ 105	Das eigenhändige Testament	1850
§ 106	Außerordentliche Testamentsformen	1854
§ 107	Gemeinschaftliche Testamente von Ehegatten und Lebenspartnern	1856
§ 108	Erbvertrag	1864
§ 109	Hoferbrecht	1872
§ 110	Schenkung von Todes wegen und Verträge zugunsten Dritter auf den Todesfall, insbes. Bezeichnung eines unwiderruflich Bezugsberechtigten	1907
§ 111	Gebräuchliche Alleintestamente	1911
§ 112	Aufnahme und Siegelung des Nachlasses, Nachlasspflegschaft	1925
§ 113	Erbschein	1928
§ 114	Erklärungen von Erben und Vermächtnisnehmern nach dem Tod: Annahme und Ausschlagung der Erbschaft, eines Vermächtnisses und Aufforderung nach § 2307 Abs. 2 BGB, Antrag auf Pflichtteilsstundung	1938
§ 115	Die Erbenhaftung und ihre Beschränkbarkeit	1947
§ 116	Verwaltung des Nachlasses durch eine Erbengemeinschaft	1953
§ 117	Erbauseinandersetzung unter Miterben	1955
§ 118	Veräußerungen von Erbschaften und Erbteilen an Dritte	1967
§ 119	Rechtsgeschäfte zwischen Vor- und Nacherben	1978
§ 120	Auslandsbezug im Erbrecht	1984

Vierter Teil. Rechtsgeschäfte aus dem Handels- und Gesellschaftsrecht

§ 121	Der eingetragene Verein	1991
§ 122	Der nicht rechtsfähige Verein	2022
§ 123	Stiftungen	2025
§ 124	Handelsregister	2084
§ 125	Die Firma nach Handelsrecht, Anmeldungen zum Handelsregister, Eintragung des Einzelkaufmanns	2100
§ 126	Fortführung der eingetragenen Firma durch Sonderrechtsnachfolger und Erben	2123
§ 127	Die Zweigniederlassung	2140
§ 128	Prokura und Handlungsvollmacht	2146
§ 129	Gesellschaftliche Schiedsvereinbarungen	2155
§ 130	Gesellschaft bürgerlichen Rechts (GbR)	2183
§ 131	Grundlagen und Besteuerung von Personenhandelsgesellschaften	2271
§ 132	Errichtung der OHG und Eintritt von Gesellschaftern	2308
§ 133	Ausscheiden und Eintritt von Gesellschaftern bei Personengesellschaften	2346
§ 134	Erste und spätere Anmeldungen zur OHG	2366
§ 135	Auflösung und Liquidation der OHG	2379
§ 136	Partnerschaftsgesellschaft	2387
§ 137	Kommanditgesellschaft (KG). Grundsätzliches und Errichtungsverträge	2405
§ 138	Anmeldungen zur Kommanditgesellschaft	2465
§ 139	Die GmbH & Co. KG	2489
§ 140	Europäische wirtschaftliche Interessenvereinigung	2545
§ 141	Stille Gesellschaft	2553
§ 142	Gesellschaft mit beschränkter Haftung (GmbH). Gründung, Satzungsbestandteile	2575
§ 143	Geschäftsführer, Aufsichtsrat, Prokuristen, Handlungsbevollmächtigte	2684
§ 144	Versammlung, Satzungsänderung, Kapitalmaßnahmen, Auflösung	2707
§ 145	Der Geschäftsanteil (Verfügungen, Ausschluss, Einziehung, Preisgabe)	2798

§ 146	Aktiengesellschaft (AG) und Aktien. Grundsätzliches	2856
§ 147	Gründung der AG	2869
§ 148	Vorstand und Aufsichtsrat	2890
§ 149	Hauptversammlung, Kapitalmaßnahmen, Auflösung	2907
§ 150	Die Kommanditgesellschaft auf Aktien (KGaA)	2989
§ 151	Societas Europaea (SE); Societas Unius Personae (SUP)	3003
§ 152	Verbundene Unternehmen. Konzerne	3010
§ 153	Umwandlung, Überblick	3025
§ 154	Verschmelzung	3033
§ 155	Spaltung	3077
§ 156	Formwechsel	3104
§ 157	Erwerbs- und Wirtschaftsgenossenschaften	3125
§ 158	Internationales Gesellschaftsrecht	3168
Sachregister		3193

Inhaltsverzeichnis

Vorwort zur 26. Auflage.. XXX
Verzeichnis der Verfasser... XXX
Inhaltsübersicht.. IX
Abkürzungen und abgekürzt zitierte Literatur............................... XXXIX

Erster Teil. Notariatsverfassung

§ 1	Kurze Geschichte des deutschen Notariats		1
	I.	Von der kaiserlichen Reichsnotariatsordnung bis zum Ende des Heiligen Römischen Reiches Deutscher Nation (1806)	1
	II.	Von der Gründung des Deutschen Reiches (1871) bis zur Reichsnotarordnung von 1937	2
	III.	Von der Reichsnotarordnung zur Bundesnotarordnung	3
§ 2	Notariatsformen		5
	I.	Allgemeines	5
	II.	Die Regelung des Zugangs zum Anwaltsnotariat	6
	III.	Die Regelung des Zugangs zum hauptberuflichen Notariat	7
	IV.	Notarstatistik	7
	V.	Regelung in Baden-Württemberg	9
§ 3	Die Beurkundung durch den Notar und durch andere Stellen		11
	I.	Die Beurkundung durch den Notar	11
	II.	Beurkundungszuständigkeit der Konsuln	11
	III.	Beurkundungen durch das Amtsgericht	12
	IV.	Jugendamt und Standesbeamter	13
	V.	Sonstige Stellen	14
§ 4	Örtliche, sachliche und internationale Zuständigkeit des Notars		16
	I.	Örtliche Zuständigkeit	16
	II.	Sachliche Zuständigkeit	17
	III.	Internationale Zuständigkeit	18
§ 5	Gründe, aus denen der Notar nicht amtieren kann oder soll		20
	I.	Die Ausschließungsgründe nach den §§ 6, 7 BeurkG	20
	II.	Die Verbotsgründe des § 3 BeurkG	24
	III.	Die Versagung der Amtstätigkeit nach § 14 Abs. 2 BNotO, § 4 BeurkG und § 16 Abs. 2 BNotO	28
	IV.	Unzulässigkeit der späteren Anwaltstätigkeit	29

Zweiter Teil. Notarverfahrensrecht

§ 6	Aufklärungs-, Prüfungs-, Belehrungs- und Beratungspflicht, Formulierungspflicht, Pflicht zur sachgerechten Verfahrensgestaltung (§ 17 BeurkG)		31
	I.	Aufklärungspflicht	31
	II.	Prüfungspflicht	35
	III.	Belehrungspflicht	45

	IV.	Beratungspflicht	57
	V.	Formulierungspflicht	63
	VI.	Pflicht zur sachgerechten Verfahrensgestaltung	63
§ 7	Durchführungspflicht		69
	I.	Einreichungspflicht	69
	II.	Überwachungspflicht	72
	III.	Legitimation zur Antragstellung in Registersachen	73
	IV.	Gerichtskostenvorschuss	75
	V.	Legitimation zur Antragsrücknahme	76
	VI.	Pflicht zur Rechtsmitteleinlegung	77
	VII.	Antragseinreichung auf bestimmtem Wege	78
§ 8	Sonstige Betreuungsgeschäfte, Mitteilungs- und sonstige Pflichten gegenüber Behörden		79
	I.	Urkundenentwürfe	79
	II.	Beratung, Bestätigungen	79
	III.	Treuhandtätigkeit	81
	IV.	Anzeigepflichten gegenüber Gerichten und Behörden	81
§ 9	Verwahrungsgeschäfte		88
	I.	Übernahme der Verwahrung	88
	II.	Durchführung des Verwahrungsgeschäftes	91
§ 10	Bücher, Verzeichnisse und Akten des Notars		97
	I.	Vorbemerkung – Die DONot	97
	II.	Gemeinsame Bestimmungen für die Unterlagen des Notars	97
	III.	Die von der DONot vorgeschriebenen Muster	98
	IV.	Die Bücher des Notars (Urkundenrolle, Verwahrungsbuch, Massenbuch)	99
	V.	Die Verzeichnisse des Notars	110
	VI.	Die Akten des Notars	112
§ 11	Äußere Gestaltung der notariellen Urkunden		119
	I.	Schreibwerk (§ 29 DONot)	119
	II.	Lücken und Änderungen (§ 28 DONot, § 44a BeurkG)	120
	III.	Anheften und Ankleben (§ 44 BeurkG; §§ 30, 18 Abs. 2 DONot)	128
	IV.	Siegel und Stempel	130
	V.	Nummerierung (§§ 8 bis 10 DONot)	132
§ 12	Urschrift, Ausfertigung, Abschrift		133
	I.	Vorab Kurzübersicht: Auswirkungen des Gesetzes zur Neuordnung der Aufbewahrung von Notariatsunterlagen und zur Einrichtung des Elektronischen Urkundenarchivs auf Urschrift, Ausfertigung und Abschrift	133
	II.	Urschrift	135
	III.	Ausfertigung	138
	IV.	Beglaubigte und einfache Abschrift	144
§ 12a	Elektronischer Rechtsverkehr im Notariat		149
	I.	Kurzhistorie	149
	II.	Die neue elektronische Notarwelt nach dem Urkundenarchivgesetz	150
	III.	ELRV in Grundbuchsachen	162
	IV.	ELRV in Registersachen	167
	V.	Zentrale Register der BNotK	171
§ 13	Notwendiger Inhalt der Urkunden mit Willenserklärungen		177
	I.	Beurkundung von Willenserklärungen	177
	II.	Beurkundungen anderer als Willenserklärungen	177

	III.	Niederschriften von Willenserklärungen.	178
	IV.	Erklärungen der Beteiligten	189
	V.	Von einem Dritten verfasste Schrift (als Anlage)	190
	VI.	Karten, Zeichnungen oder Abbildungen	191
	VII.	Umfang der Beurkundungspflicht	193
	VIII.	Der Schlussvermerk (§ 13 Abs. 1 BeurkG).	201
	IX.	Abschließende Unterschrift des Notars	209
	X.	Unterschrift des Notars auf dem verschlossenen Umschlag	210
§ 14	Beurkundung bei Beteiligung von behinderten und sprachfremden Personen.		211
	I.	Begriffe	211
	II.	Hinzuziehen von Zeugen oder eines zweiten Notars	212
	III.	Vorlage der Niederschrift zur Durchsicht	215
	IV.	Hinzuziehung einer Person, die sich mit dem behinderten Beteiligten zu verständigen vermag	215
	V.	(Lediglich) schreibunfähige Beteiligte	216
	VI.	Fremdsprachliche Urkunden	220
§ 15	Einfache Niederschriften mit Berichten; Vermerke		227
	I.	Sonstige Beurkundungen	227
	II.	Einfache Niederschriften mit Berichten	228
	III.	Vermerke	229
	IV.	Unterschriftsbeglaubigungen	229
	V.	Beglaubigung der Zeichnung einer Namensunterschrift	234
	VI.	Bescheinigungen und Bestätigungen, insbesondere Register- und Vertretungsmachtbescheinigungen.	235
	VII.	Zustellung von Erklärungen durch den Notar § 20 Abs. 1 BNotO, § 39 BeurkG.	239
	VIII.	Sicherstellung des Datums einer Privaturkunde, §§ 39, 43 BeurkG.	240
	IX.	Prioritätsfeststellungen und Hinterlegung von Quellcodes	240
§ 16	Eide und eidesstattliche Versicherungen		244
	I.	Abnahme und Aufnahme von Eiden	244
	II.	Abnahme und Aufnahme von eidesstattlichen Versicherungen	247
§ 17	Wechselproteste und Scheckproteste.		251
	I.	Voraussetzungen	251
	II.	Ort der Protesterhebung	251
	III.	Tag und Zeit des Protestes	252
	IV.	Inhalt und Form des Protestes	253
	V.	Zahlung	254
	VI.	Wechselabkommen	254
	VII.	Aktenbehandlung	255
	VIII.	Scheckprotest	264
§ 18	Mit Handlungen des Notars verbundene Beurkundungen		265
	I.	Auseinandersetzungs- und Vermittlungsverfahren, Mediation.	265
	II.	Freiwillige Versteigerungen	266
	III.	Verlosungen und Auslosungen	268
	IV.	Aufnahme von Vermögensverzeichnissen.	274
	V.	Siegelung.	276
§ 19	Vollstreckbare Urkunden; Vollstreckbarerklärung von Anwaltsvergleichen und Schiedssprüchen mit vereinbartem Wortlaut.		278
	I.	Allgemeines zu vollstreckbaren Urkunden	278
	II.	Verfahrensstruktur der vollstreckbaren Urkunde.	284

	III.	Der vollstreckbaren Urkunde zugängliche Ansprüche	287
	IV.	Die Unterwerfungserklärung	297
	V.	Die vollstreckbare Ausfertigung (Klauselverfahren)	309
	VI.	Vollstreckbare Ausfertigung für und gegen Rechtsnachfolger (§§ 727 ff. ZPO)	320
	VII.	EuGVVO 2012	326
	VIII.	Der europäische Vollstreckungstitel für unbestrittene Forderungen	330
	IX.	Der vollstreckbare Anwaltsvergleich	333
	X.	Vollstreckbarerklärung von Schiedssprüchen mit vereinbartem Wortlaut, §§ 1053 Abs. 4, 1062, 794 Abs. 1 Nr. 4a ZPO	337
§ 20		Einforderung der Kosten	339
	I.	Geltungsbereich	339
	II.	Verbot der Gebührenvereinbarung; Gebührenerlass; Vergleich; öffentlich-rechtlicher Vertrag	340
	III.	Inhalt der Kostenberechnung	341
	IV.	Bedeutung der Kostenberechnung für Fälligkeit und Verjährung	345
	V.	Aktenmäßige Behandlung	345
§ 21		Beitreibung der Kosten	347
	I.	Allgemeines	347
	II.	Vollstreckungstitel	347
	III.	Zwangsvollstreckung	348
	IV.	Bedeutung der Vollstreckung für Verzinsung und Verjährung	348

Dritter Teil. Rechtsgeschäfte aus dem Bürgerlichen Recht

Erster Abschnitt. Allgemeiner Teil

§ 22		Namensänderung	351
	I.	Familienname	351
	II.	Vorname	358
§ 23		Kirchenaustritt	363
	I.	Landesrechtliche Vorschriften	363
	II.	Die öffentlich beglaubigte Austrittserklärung	365
	III.	Vertretung	366
	IV.	Bedingte Erklärung	366
	V.	Frist	367
§ 24		Vollmacht	369
	I.	Allgemeiner Teil	369
	II.	Vollmachtsmuster	378
§ 25		Vollmachtlose Vertretung; Verfügung durch einen Nichtberechtigten	408
	I.	Vollmachtlose Vertretung	408
	II.	Genehmigung	409
	III.	Vollmachtsbestätigung	412
	IV.	Verfügung eines Nichtberechtigten	413
§ 26		Notarielle Geschäfte mit Auslandsbezug	415
	I.	Beurkundungs- und verfahrensrechtliche Fragen bei Auslandsberührung	415
	II.	Verwendung ausländischer Urkunden im Inland	431
	III.	Verwendung deutscher Urkunden im Ausland	441
	IV.	Vollstreckung deutscher Urkunden im EU-Ausland	462
	V.	Vollmachten	463

Zweiter Abschnitt. Recht der Schuldverhältnisse

§ 27	Vermögensübertragung und Vertrag zwischen künftigen gesetzlichen Erben (Erbschaftsvertrag)	469
	I. Vermögensübertragung	469
	II. Vertrag zwischen künftigen gesetzlichen Erben (Erbschaftsvertrag)	470
§ 28	Erlass, Verzicht	474
§ 29	Abtretung	478
	I. Grundsätze	478
	II. Anzeige der Abtretung	480
	III. Abtretbarkeit	481
	IV. Übergang der Nebenrechte	483
	V. Abtretung von Teilen	484
	VI. Einzelfälle	485
§ 30	Zusätzliche und befreiende Schuldübernahme	495
§ 31	Unternehmenskauf	500
	I. Die notarielle Praxis	500
	II. Grundsätzliches	503
	III. Im Besonderen: Die Sollbeschaffenheit	508
	IV. Weiterer Vertragsinhalt	513
	V. Asset Deal	515
	VI. Share Deal	519
	VII. Ausgesuchte Unternehmenstypen	523
§ 32	Kaufverträge über Grundstücke und Wohnungseigentum	529
	I. Allgemeines	529
	II. Grundstückskaufvertrag	534
	III. Angebot und Annahme	612
	IV. Änderung und Aufhebung eines Grundstückkaufvertrags	625
	V. Steuern	627
	VI. Verkauf einer Eigentumswohnung	638
§ 33	Bauträgervertrag	645
	I. Allgemeines zum Bauträgerkauf	645
	II. Beurkundungsverfahren	650
	III. Der Inhalt des Bauträgervertrags	655
	IV. Zusammenfassende Muster	676
	V. Altbausanierung	699
§ 34	Kombinierte Verträge, Bauherrenmodelle, Erwerbermodelle, Fondsmodelle, Timesharing	702
	I. Allgemeines	702
	II. Generalübernehmermodell, kleines/verdecktes Bauherrenmodell	704
	III. Die echte Bauherrengemeinschaft	709
	IV. Das große Bauherrenmodell, Erwerbermodelle	711
	V. Fondsmodelle	713
	VI. Timesharing	717
§ 35	Teilflächenkauf	718
	I. Vertragsgegenstand	718
	II. Teilungsgenehmigung, Vermessung	721
	III. Kaufpreis	723
	IV. Auflassungsvormerkung	723
	V. Auflassung	724
	VI. Vereinigung, Bestandteilszuschreibung	727
	VII. Lastenfreistellung	728

	VIII.	Finanzierung	730
	IX.	Baurechtliche Folgen der Grundstücksteilung	731
	X.	Erschließung	731
§ 36		Veräußerung landwirtschaftlicher Grundstücke, Landgüter und Höfe	732
	I.	Genehmigungserfordernisse	732
	II.	Gewinnrealisierung	746
	III.	Agrarförderung	746
	IV.	Muster zur Veräußerung landwirtschaftlicher Grundstücke	751
	V.	Übergabevertrag	760
	VI.	Höfe und Hoferklärungen	798
	VII.	Hofübergabevertrag	805
§ 37		Grundstückstausch	820
§ 38		Versteigerung	824
	I.	Freiwillige Grundstücksversteigerung	824
	II.	Zwangsversteigerung nach dem WEG	829
	III.	Versteigerung eines GmbH-Geschäftanteils	829
§ 39		Grundstücksschenkung und -überlassung	830
	I.	Form, Zweck	830
	II.	Steuerrechtliche Fragen	830
	III.	Anfechtungsrechte	832
	IV.	Überlassung an Ehegatten	832
	V.	Zuwendung an Kinder	839
	VI.	Überlassung an Minderjährige	861
	VII.	Überlassung an Schwiegerkinder	866
	VIII.	Überlassung bei nichtehelicher Lebensgemeinschaft	867
§ 40		Schenkung beweglicher Sachen und Forderungen	869
	I.	Begriff	869
	II.	Gemischte Schenkung	870
	III.	Schenkungsversprechen	871
	IV.	Vollzug der Schenkung	872
	V.	Schenkung unter einer Auflage	873
§ 41		Mietvertrag	874
	I.	Einführung	874
	II.	Wohnraummiete	875
	III.	Kündigung des Wohnraummietvertrags	887
	IV.	Mieterhöhung	892
	V.	Gewerberaummiete	893
	VI.	Geschäfts-/Gewerberaummiete mit Vorkaufsrecht	902
§ 42		Pachtvertrag	903
	I.	Einleitung und rechtliche Grundlagen	903
	II.	Abgrenzung Pacht und Miete	905
	III.	Schriftform und notarielle Beurkundung bei unbeweglichen Sachen	906
	IV.	Verpachtung gewerblicher Grundstücke und Räume	908
	V.	Verpachtung von Apotheken nach dem Apothekengesetz	919
	VI.	Verpachtung von landwirtschaftlichen Betrieben (Landpacht)	932
	VII.	Verpachtung von Jagd- und Fischereirechten	945
	VIII.	Verpachtung von Kleingärten	947
§ 43		Leasingvertrag (Mobilien)	948
	I.	Rechtsnatur und Erscheinungsformen	948
	II.	Grundlagen	949
	III.	Vertragsschluss	951
	IV.	Lieferung	955

	V.	Gefahrtragung	956
	VI.	Gewährleistung	958
	VII.	Abwicklung beendeter Leasingverträge	961
	VIII.	Besonderheiten beim Verbraucherleasing	963
	IX.	Leasing in der Insolvenz	964
	X.	Vertragsgestaltung	965
	XI.	Besondere Regelungen beim Verbraucherleasing	978
	XII.	Übernahmebestätigung	979
§ 44	Immobilienleasingvertrag		981
	I.	Einleitung	981
	II.	Rechtsgrundlagen	982
	III.	Vertragsformen	982
	IV.	Form des Leasingvertrages	983
	V.	Grunderwerbssteuerpflicht bei Vereinbarung eines Ankaufsrechts?	984
	VI.	Vertragslaufzeit	984
	VII.	Vertragsmuster	985
§ 45	Architektenvertrag		995
	I.	Rechtsnatur	995
	II.	Formvorschriften/Verbraucherverträge	996
	III.	Kopplungsverbot	997
	IV.	Hinweispflicht auf fehlende Architekteneigenschaft	998
	V.	Inhalt eines typischen Architektenvertrages	998
§ 46	Bauvertrag, Baubetreuungsvertrag		1019
	I.	Bauvertrag	1019
	II.	Der Baubetreuungsvertrag	1037
§ 47	Maklervertrag		1045
	I.	Gesetzliche Regelungen	1045
	II.	Gesetzliche und standesrechtliche Verbote	1046
	III.	Formvorschriften	1047
	IV.	Gesetzliche Voraussetzungen des Provisionsanspruchs	1048
	V.	Vertragsabschluss und Provisionsvereinbarung	1048
	VI.	Maklerleistung	1050
	VII.	Zustandekommen des (Haupt-)Vertrags	1051
	VIII.	Verflechtung von Makler und Vertragspartei	1053
	IX.	Alleinauftrag	1055
	X.	AGB-Klauseln in Maklerverträgen	1057
	XI.	Maklerklauseln in Grundstückskaufverträgen	1059
	XII.	Besonderheiten bei der Wohnungsvermittlung	1062
	XIII.	Besonderheiten bei der Darlehensvermittlung	1063
§ 48	Urheberrecht und Verlagsvertrag		1065
	I.	Urheberrecht	1065
	II.	Verlagsrecht und Verlagsvertrag	1071
§ 49	Gewerbliche Schutzrechte		1085
	I.	Patentrecht	1086
	II.	Lizenzvertragsrecht	1093
	III.	Gebrauchsmusterrecht	1098
	IV.	Markenrecht	1100
	V.	Designrecht	1107
	VI.	Topografien	1109
	VII.	Muster	1110
	VIII.	Checkliste	1124

Dritter Abschnitt. Sicherungsgeschäfte

§ 50 Kredit, Kreditübernahme und Schulderklärung 1129
    I. Kreditgeschäfte 1129
    II. Schulderklärungen 1134
    III. Kreditübernahme 1136

§ 51 Bürgschaft, Garantievertrag und Ausbietungsgarantie 1140
    I. Bürgschaft 1140
    II. Kreditauftrag 1143
    III. Garantievertrag 1144
    IV. Ausbietungsgarantie 1145

§ 52 Sicherungsübereignung und Eigentumsvorbehalt 1151
    I. Zweck und Wesen 1151
    II. Erfordernisse 1152
    III. Verhältnis zum Eigentumsvorbehalt 1153
    IV. Gefahren 1154
    V. Eigentumsvorbehalt gegenüber gewerblichen Käufern 1157
    VI. Eigentumsvorbehalt gegenüber Verbrauchern 1160

§ 53 Treuhandverhältnisse 1161
    I. Arten 1161
    II. Bei Sicherungsübereignung, Verpfändung von Warenlagern und Abtretung von Forderungen 1162
    III. Bei Grundstücken 1163
    IV. Bei Gesellschaftsbeteiligungen 1168
    V. Bei außergerichtlichem Vergleich zur Vermeidung eines Insolvenzverfahrens 1171

Vierter Abschnitt. Sachenrecht

§ 54 Kataster, Grundstück, Grundbuch 1173
    I. Das System des deutschen Grundstücksrechts 1173
    II. Kataster 1173
    III. Grundstück 1176
    IV. Teilung, Vereinigung, Bestandteilszuschreibung 1179

§ 55 Rechte an Grundstücken 1182
    I. Die wichtigsten Regeln zu Rechten an Grundstücken 1182
    II. Bezeichnung der Berechtigten 1184
    III. Rang 1185
    IV. Berichtigung des Grundbuchs 1187
    V. Aufgabe des Rechts 1192

§ 56 Eigentum an Grundstücken 1194
    I. Übertragung durch Rechtsgeschäft 1194
    II. Eigentumserwerb kraft Gesetzes 1204
    III. Eigentumserwerb kraft hoheitlicher Anordnung 1204
    IV. Verzicht auf Grundeigentum 1207
    V. Miteigentum 1208

§ 57 Erbbaurecht 1212
    I. Allgemeines 1212
    II. Das Erbbaurecht als dingliches Recht 1214
    III. Schuldrechtlich wirkende Bestimmungen außerhalb des Erbbaurechtsinhalts 1223
    IV. Der Erbbauzins 1224

	V.	Vereinbarung begleitender dinglicher Rechte	1229
	VI.	Die Erbbaurechtsbestellung	1229
	VII.	Die Beleihung des Erbbaurechts	1242
	VIII.	Die Veräußerung des Erbbaurechts	1246
§ 58		Wohnungseigentum und Dauerwohnrecht	1251
	I.	Rechtsbegriffe	1251
	II.	Inhalt des Wohnungseigentums	1252
	III.	Begründung des Wohnungseigentums	1265
	IV.	Änderungen am Wohnungseigentum	1277
	V.	Aufschiebend bedingte Sondernutzungsrechte	1280
	VI.	Schiedsgerichtsklausel	1281
	VII.	Wohnungserbbaurecht	1282
	VIII.	Dauerwohnrecht	1282
§ 59		Bergwerkseigentum	1286
	I.	Allgemeines	1286
	II.	Das Bergwerkseigentum im Rechtsverkehr	1287
	III.	Das Erlöschen des Bergwerkseigentums	1288
	IV.	Besonderheiten im Beitrittsgebiet	1289
	V.	Meeresbodenbergbau	1289
§ 60		Überbau, Notweg	1290
	I.	Überbau	1290
	II.	Notweg	1294
§ 61		Vormerkung	1295
	I.	Wesen der Vormerkung	1295
	II.	Vormerkbare Ansprüche	1295
	III.	Die Bestellung der Vormerkung	1301
	IV.	Die Wirkungen der Vormerkung	1303
	V.	Abtretung und Löschung	1306
§ 62		Vorkaufsrecht, Wiederkaufsrecht, Ankaufsrecht	1308
	I.	Vorkaufsrecht	1308
	II.	Vorkaufsrechtsausübung	1317
	III.	Wiederkaufsrecht	1320
	IV.	Ankaufsrecht	1322
§ 63		Nießbrauch	1325
	I.	Grundsätzliches	1325
	II.	Nießbrauch an Grundstücken	1325
	III.	Nießbrauch an Gesellschaftsbeteiligungen	1332
	IV.	Erbrechtliche Behandlung	1336
	V.	Steuerrechtliche Behandlung	1337
§ 64		Dienstbarkeiten, Baulast	1338
	I.	Rechtsnatur, Inhalt	1338
	II.	Belastungsgegenstand	1347
	III.	Berechtigte	1348
	IV.	Bestellung, allgemeine Regeln zum Inhalt	1350
	V.	Besonderheiten im Beitrittsgebiet	1354
	VI.	Baulasten	1355
§ 65		Wohnungsrecht	1356
	I.	Allgemeines	1356
	II.	Rechtsgrund	1358
	III.	Ausübungsbereich	1359
	IV.	Weiterer Inhalt	1361

	V.	Berechtigte	1363
	VI.	Bestellung	1364
§ 66	Reallast und Altenteilsrecht		1366
	I.	Reallast	1366
	II.	Leibgeding (Altenteil)	1371
§ 67	Realkredit		1372
	I.	Allgemeines	1372
	II.	Außerordentliche Kündigung	1376
	III.	Verbraucherdarlehensvertrag	1377
§ 68	Grundpfandrechte		1378
	I.	Hypotheken und Grundschulden	1378
	II.	Formenwahl, Einzelheiten, Belehrung	1379
	III.	Fremdwährungsrechte, EURO	1380
	IV.	Beurkundungsfragen	1381
	V.	Gläubigersicherung bei der Gebäudeversicherung	1390
§ 69	Die Verkehrshypothek		1392
	I.	Grundformular	1392
	II.	Hypothek mit Schuldanerkenntnis	1395
	III.	Tilgungshypothek	1396
§ 70	Die weitere Entwicklung der Hypothek		1399
	I.	Abtretung der Hypothek	1399
	II.	Inhaltsänderung der Hypothek	1400
	III.	Erlöschen der Hypothekenforderung und Löschung der Hypothek	1403
	IV.	Grundpfandrechte im Beitrittsgebiet	1406
§ 71	Sicherungshypothek, Höchstbetragshypothek		1408
	I.	Sicherungshypothek	1408
	II.	Die Bauhandwerkersicherungshypothek, § 650e BGB	1409
	III.	Höchstbetragshypothek	1409
	IV.	Zwangs- und Arresthypotheken	1413
§ 72	Die Grundschuld		1415
	I.	Allgemeines	1415
	II.	Die Sicherungsgrundschuld	1416
	III.	Briefgrundschuld/Buchgrundschuld	1423
	IV.	Die Gesamtgrundschuld	1425
	V.	Der Gläubiger der Grundschuld	1426
	VI.	Grundschuldmuster	1430
	VII.	Rangbescheinigung	1432
§ 73	Der Rang der Grundschuld		1436
	I.	Begriff	1436
	II.	Der ursprüngliche Rang	1437
	III.	Rangvorbehalt	1439
	IV.	Rangrücktritt	1441
	V.	Die Teilung der Grundschuld	1443
	VI.	Rangregelung bei Vereinigung von Grundstücken	1446
§ 74	Abtretung der Grundschuld		1449
	I.	Allgemeines	1449
	II.	Die Abtretung der Briefgrundschuld	1453
	III.	Die Abtretung der Buchgrundschuld	1456
	IV.	Teilabtretung	1456
	V.	Abtretung an eine Gläubigermehrheit	1457
	VI.	Die Abtretungsvormerkung	1457

§ 75	Änderung des Grundschuldinhalts	1459
	I. Änderung der Grundschuldkonditionen	1459
	II. Umwandlung	1460
	III. Nachverpfändung	1461
	IV. Pfandfreigabe	1462
	V. Teilung und Aufteilung des belasteten Grundstücks	1463
	VI. Die Verteilung der Gesamtgrundschuld	1464
	VII. Die Teilung der Grundschuld	1464
§ 76	Löschung der Grundschuld, Aufgebot	1465
	I. Löschung der Grundschuld	1465
	II. Aufgebot	1466
§ 77	Die Eigentümergrundschuld	1470
	I. Allgemeines, Verwendungszweck	1470
	II. Die Bestellung der Eigentümergrundschuld	1471
	III. Das weitere Schicksal der Eigentümergrundschuld	1473
§ 78	Verpfändung von beweglichen Sachen und von Rechten	1474
	I. Faustpfandrecht	1474
	II. Verpfändung von Forderungen und Rechten	1477
	III. Verpfändung landwirtschaftlichen Pachtinventars	1481
§ 79	Rechte an Schiffen, Schiffsbauwerken und Luftfahrzeugen	1483
	I. Rechte an Schiffen und Schiffsbauwerken	1483
	II. Rechte an Luftfahrzeugen	1488

Fünfter Abschnitt. Familienrecht

§ 80	Ehe- und Familienname	1491
	I. Ehe- und Familienname	1491
	II. Name des geschiedenen oder verwitweten Ehegatten	1493
§ 81	Gesetzliche Abweichungen vom Güterstand der Zugewinngemeinschaft, gemischt nationale Ehen, deutsch-deutsche Fragen	1497
	I. Der gesetzliche Güterstand	1497
	II. Der eheliche Güterstand von Vertriebenen und Flüchtlingen seit dem 01.10.1969	1498
	III. Frühere DDR-Staatsbürger	1500
	IV. Güterstand bei gemischt nationalen Ehen	1501
§ 82	Beschränkungen des Verfügungsrechts in der Zugewinngemeinschaft	1507
	I. Verfügung über das ganze Vermögen	1507
	II. Verfügung über Haushaltsgegenstände	1517
	III. Lebenspartnerschaften	1519
§ 83	Ehevertrag: Vereinbarungen über den Zugewinnausgleich	1520
	I. Grundsätzliches	1520
	II. Berechnung und Vereinbarung der Ausgleichsforderung	1523
§ 84	Ehevertrag: Überlassung der Verwaltung, Gütertrennung, ausländische Güterstände, Ausschluss oder Änderung des Versorgungsausgleichs	1537
	I. Ehevertragsfreiheit	1537
	II. Überlassung der Verwaltung	1542
	III. Gütertrennung	1543
	IV. Ausschluss oder Änderung des Versorgungsausgleichs durch Ehevertrag	1551
§ 85	Ehevertrag: Regelungstypen	1562
	I. Grundsätzliches	1562
	II. Auswirkungen des Ehevertrags	1563

	III.	Wiederverheiratungsfälle	1563
	IV.	Unternehmerehe	1563
	V.	Zulässigkeit ehevertraglicher Unterhaltsvereinbarung	1564
	VI.	Weiterer Regelungsbedarf	1565
	VII.	Muster	1565
§ 86		Gütergemeinschaft	1577
	I.	Wesen und Entstehung der Gütergemeinschaft	1577
	II.	Beendigung und Auseinandersetzung des Gesamtguts der Gütergemeinschaft	1582
§ 87		Fortgesetzte Gütergemeinschaft (fGGem.)	1586
§ 88		Der FGB-Güterstand	1587
	I.	Allgemeines	1587
	II.	Verfügungen und Eigentumsverhältnisse	1588
	III.	Teilung	1589
§ 89		Güterrechtsregister	1591
	I.	Publikationsfunktion	1591
	II.	Vertrauen auf den Registerinhalt	1591
	III.	Umfang des Schutzes	1591
	IV.	Zuständigkeit	1592
	V.	Umfang der Nachweispflicht	1592
	VI.	Anwendbarkeit auf Ausländer	1592
§ 90		Vereinbarungen anlässlich der Ehescheidung	1594
	I.	Unterhalt des geschiedenen Ehegatten, Getrenntlebensunterhalt	1594
	II.	Auslandsberührung, deutsch-deutsche Fragen	1604
	III.	Unterhaltsvertrag zugunsten der Kinder	1606
	IV.	Vereinbarungen über den Versorgungsausgleich im Zusammenhang mit der Scheidung	1613
	V.	Gesamtauseinandersetzung in Scheidung lebender Eheleute	1620
§ 91		Nichteheliches Zusammenleben, Partnerschaft	1629
	I.	Allgemeines	1629
	II.	Formen	1629
	III.	Vermögensbereich der Partner	1631
	IV.	Mietwohnung	1633
	V.	Partnerschaftlicher Unterhalt	1633
	VI.	Kündigung und Auseinandersetzung	1634
	VII.	Muster	1634
§ 92		Kindschaftsrecht	1642
	I.	Vorbemerkung	1642
	II.	Abstammungsrecht	1643
	III.	Anerkennung der Vaterschaft	1644
	IV.	Namensrecht	1650
	V.	Einbenennung von Stief- und Scheidungskindern	1652
	VI.	Ehelicherklärung des nichtehelichen Kindes (Legitimation)	1652
	VII.	Unterhaltsanspruch der Mutter, die nicht mit dem Vater verheiratet ist	1653
	VIII.	Unterhaltspflicht gegenüber Kindern	1653
	IX.	Künstliche Befruchtung	1658
	X.	Internationales Privat- und Verfahrensrecht	1665
§ 93		Annahme als Kind	1671
	I.	Abgrenzung Annahme Minderjähriger – Annahme Volljähriger	1671
	II.	Abgrenzung ein Annehmender – zwei Annehmende	1672

		III.	Formelle Voraussetzungen der Annahme: Anträge/Einwilligungen	1673
		IV.	Materielle Voraussetzungen der Annahme: Kindeswohl	1676
		V.	Der Ausspruch des Familiengerichts	1678
		VI.	Wirkungen der Annahme und Erbrecht	1678
		VII.	Name des angenommenen Kindes	1680
		VIII.	Aufhebung des Annahmeverhältnisses	1693
		IX.	Besonderheiten für Adoptionen nach dem Recht der DDR	1693
		X.	Adoption in Fällen mit Auslandsberührung	1693
	§ 94		Elterliche Sorge, Beistandschaft, Umgangsrecht	1700
		I.	Vorbemerkung	1700
		II.	Elterliche Sorge bei Kindern, deren Eltern miteinander verheiratet sind	1701
		III.	Elterliche Sorge bei Kindern, deren Eltern nicht miteinander verheiratet sind	1702
		IV.	Sorgerechtsvollmacht	1704
		V.	Umgangsrecht	1707
		VI.	Gesetzliche Vertretung	1708
		VII.	Sorge für das Kindesvermögen	1709
		VIII.	Familiengerichtliche Genehmigung	1709
		IX.	Beistandschaft	1711
		X.	Internationales Privat- und Verfahrensrecht	1713
	§ 95		Vormundschaft und Pflegschaft	1714
		I.	Vorbemerkung	1714
		II.	Vormundschaft	1714
		III.	Pflegschaft	1719
	§ 96		Betreuung, Vorsorgevollmacht und Patientenverfügung	1722
		I.	Vorbemerkung	1722
		II.	Betreuung	1722
		III.	Betreuungsverfügung	1726
		IV.	Vorsorgevollmacht	1728
		V.	Patientenverfügung und Behandlungswunsch	1746
		VI.	Internationales Privatrecht	1755
	§ 97		Die familien- und betreuungsgerichtliche Genehmigung	1769
		I.	Vorbemerkung	1769
		II.	Grundstücksgeschäfte	1770
		III.	Handelsrechtliche Geschäfte	1783

Sechster Abschnitt. Erbrecht

	§ 98		Einführung	1789
		I.	Vorbemerkungen, Gestaltungsmaßnahmen im Erbrecht	1789
		II.	Verschließung, Ablieferung und Verwahrung	1789
		III.	Die Erbschaftsteuer	1793
		IV.	Anfechtung	1794
	§ 99		Gesetzliche Erbfolge	1798
		I.	Nach BGB und nach DDR-Recht	1798
		II.	Die Verwandten	1799
		III.	Der Ehegatte/Der Lebenspartner	1801
		IV.	Das nichteheliche Kind	1801
		V.	Das Erbrecht nach dem ZGB	1802
		VI.	Mehrere Erben	1802

§ 100	Reduzierung oder Erweiterung gesetzlicher Erb- und Pflichtteilsansprüche, Erbverzichtsvertrag, Pflichtteilsverzichtsvertrag, Pflichtteilsstundung, vorzeitiger Erbausgleich, Gleichstellungsvereinbarung und Adoption	1803
	I. Erbverzichtsvertrag	1803
	II. Pflichtteilsverzicht	1805
	III. Vorzeitiger Erbausgleich	1808
	IV. Volle Gleichstellung mit nichtehelichen Kindern	1809
	V. Adoption	1809
§ 101	Wiederherstellung der Testierfreiheit, Aufhebung und Widerruf von Testamenten sowie gemeinschaftlichen Testamenten, Rücktritt vom Erbvertrag, Anfechtung von gemeinschaftlichen Testamenten/Erbverträgen durch einen Erblasser, Zuwendungsverzicht	1810
	I. Aufhebung und Widerruf einseitiger Testamente	1810
	II. Anfechtung des Widerrufs	1810
	III. Formulare	1811
	IV. Gemeinschaftlicher Widerruf eines gemeinschaftlichen Testaments durch öffentliches Testament	1814
	V. Situation beim Erbvertrag	1814
§ 102	Das erbrechtliche Gestaltungsinstrumentarium	1818
	I. Überblick	1818
	II. Einsetzung von Erben, Ersatzerben und Nacherben	1818
	III. Anordnungen über das Verhältnis mehrerer Erben	1821
	IV. Vermächtnisse	1824
	V. Auflagen	1826
	VI. Testamentsvollstreckung, Aufgaben	1827
	VII. Vergütung des Testamentsvollstreckers	1828
	VIII. Testamentsvollstreckerzeugnis	1830
	IX. Grundstücksrechte	1830
	X. Testamentsvollstreckung bei Unternehmen – Gesellschaftsbeteiligungen	1831
	XI. Schiedsrichter	1832
	XII. Kosten in Zusammenhang mit Testamentsvollstreckungen	1834
§ 103	Das öffentliche Testament	1836
	I. Vorzüge	1836
	II. Minderjährige	1836
	III. Zeugen oder zweiter Notar	1836
	IV. Geschäftsfähigkeit	1837
	V. Errichtung durch mündliche Erklärung	1838
	VI. Errichtung durch Übergabe einer offenen Schrift	1839
	VII. Errichtung durch Übergabe einer verschlossenen Schrift	1840
	VIII. Kosten	1840
§ 104	Letztwillige Verfügungen gebrechlicher, schreibunfähiger und der deutschen Sprache unkundiger Personen	1842
	I. Letztwillige Verfügung einer blinden Person	1842
	II. Letztwillige Verfügung einer gehörlosen oder stummen Person	1843
	III. Letztwillige Verfügung einer hör- oder sprachbehinderten und zugleich schreibunfähigen Person	1845
	IV. Letztwillige Verfügung einer Person, die (nur) nicht schreiben kann	1846
	V. Letztwillige Verfügung einer Person, die Deutsch nicht versteht	1846
	VI. Kostenrechtliche Besonderheiten in den oben angegebenen Fällen	1848

§ 105	Das eigenhändige Testament	1850
	I. Einzelheiten	1850
	II. Gemeinschaftliches Testament	1852
	III. Kosten im Zusammenhang mit eigenhändigen (einseitigen oder gemeinschaftlichen) Testamenten	1853
§ 106	Außerordentliche Testamentsformen	1854
	I. Konsulartestament	1854
	II. Bürgermeistertestament	1854
	III. Drei-Zeugen-Testament	1854
	IV. Seetestament	1854
§ 107	Gemeinschaftliche Testamente von Ehegatten und Lebenspartnern	1856
	I. Grundlagen	1856
	II. Einzelne Formulierungsbeispiele	1859
	III. Kosten	1863
§ 108	Erbvertrag	1864
	I. Form	1864
	II. Wesen	1864
	III. Aufhebung und Rücktritt	1865
	IV. Anfechtung	1865
	V. Verschließung und Verwahrung	1866
	VI. Kosten	1871
§ 109	Hoferbrecht	1872
	I. Grundlagen zur Höfeordnung	1872
	II. Vererbung eines Hofes	1874
	III. Besonderheiten	1880
	IV. Teilung eines Hofes durch Verfügung von Todes wegen	1889
	V. Wahl eines von mehreren Höfen	1891
	VI. Hoffolgezeugnis	1891
	VII. Ausschlagung des Hofanfalls/des Erbanfalls	1892
	VIII. Abfindungsergänzung	1893
	IX. Vererbung eines Landguts (Nicht-Hof)	1895
	X. Abfindungszahlungen	1898
	XI. Änderung der Hoferbenbestimmung	1899
	XII. Feststellungsanträge	1900
§ 110	Schenkung von Todes wegen und Verträge zugunsten Dritter auf den Todesfall, insbes. Bezeichnung eines unwiderruflich Bezugsberechtigten	1907
	I. Schenkung von Todes wegen	1907
	II. Verträge zugunsten Dritter auf den Todesfall	1907
	III. Formulare	1909
§ 111	Gebräuchliche Alleintestamente	1911
	I. Testamente von kinderlosen Ledigen	1911
	II. Testamente zugunsten minderjähriger Kinder	1913
	III. Testamente Verheirateter	1915
	IV. Besondere Gestaltungen	1917
	V. Einsetzung von Alleinerben	1921
	VI. Bruchteilseinsetzung – Teilungsanordnung – Vorausvermächtnis	1922
	VII. Verwirkung bei Widersetzlichkeit	1922
	VIII. Ausschließung der Auseinandersetzung auf Zeit – Ausgleichungspflicht – Anrechnung auf den Pflichtteil	1924

§ 112	Aufnahme und Siegelung des Nachlasses, Nachlasspflegschaft		1925
	I.	Vermögensverzeichnis und Siegelanlegung	1925
	II.	Nachlasspflegschaft	1926
§ 113	Erbschein		1928
	I.	Wesen	1928
	II.	Arten	1928
	III.	Antrag	1929
	IV.	Angaben, Urkunden	1929
	V.	Eidesstattliche Versicherung	1931
	VI.	Sonderzeugnisse, Schuldbuchbescheinigung	1932
§ 114	Erklärungen von Erben und Vermächtnisnehmern nach dem Tod: Annahme und Ausschlagung der Erbschaft, eines Vermächtnisses und Aufforderung nach § 2307 Abs. 2 BGB, Antrag auf Pflichtteilsstundung		1938
	I.	Annahme der Erbschaft	1938
	II.	Erbschaftsausschlagung	1939
	III.	§ 2280 BGB Annahme und Ausschlagung eines Vermächtnisses	1943
	IV.	Aufforderung zur Erklärung über die Annahme eines Vermächtnisses gegenüber einem pflichtteilsberechtigten Vermächtnisnehmer § 2307 Abs. 2 BGB	1944
	V.	Antrag auf Pflichtteilsstundung	1946
§ 115	Die Erbenhaftung und ihre Beschränkbarkeit		1947
	I.	Umfang	1947
	II.	Einrede	1947
	III.	Herbeiführung der Beschränkung	1947
	IV.	Inventarerrichtung durch den Erben	1949
§ 116	Verwaltung des Nachlasses durch eine Erbengemeinschaft		1953
	I.	Erhaltungsmaßnahmen	1953
	II.	Verwaltungshandlungen	1953
§ 117	Erbauseinandersetzung unter Miterben		1955
	I.	Erbengemeinschaft	1955
	II.	Ausgleichungspflicht	1955
	III.	Vollständige Auseinandersetzung, Grundsätze	1955
	IV.	Teilerbauseinandersetzung	1960
	V.	Vermittlung der Erbauseinandersetzung durch Nachlassgericht oder Notar	1963
§ 118	Veräußerungen von Erbschaften und Erbteilen an Dritte		1967
	I.	Begriffliche Abgrenzung	1967
	II.	Veräußerung	1967
	III.	Gegenstand des Kaufs	1968
	IV.	Vorkaufsrecht der Miterben	1968
	V.	Kein gesetzliches Vorkaufsrecht der Gemeinde; GrdstVG	1969
	VI.	Minderjährige Veräußerer	1969
	VII.	Anzeigepflicht des Kaufs	1970
	VIII.	Verpfändbarkeit und Pfändbarkeit des Erbteils	1970
§ 119	Rechtsgeschäfte zwischen Vor- und Nacherben		1978
	I.	Vorbemerkungen	1978
	II.	Zustimmung des Nacherben zu einer Verfügung des Vorerben	1978
	III.	Übertragung des Anwartschaftsrechts eines Nacherben an einen Dritten	1979

	IV.	Übertragung des Nacherbenanwartschaftsrechts auf den Vorerben und Löschung des Nacherbenvermerks bei Vorhandensein von Grundbesitz	1980
	V.	Vorzeitige Übertragung des Gesamtnachlasses vom Vorerben an den Nacherben	1981
	VI.	Die Vorwegnahme der Nacherbfolge in Bezug auf einen einzigen Nachlassgegenstand	1982
§ 120	Auslandsbezug im Erbrecht		1984
	I.	Auslandsbezug im Erbrecht	1984
	II.	EU-Erbrechtsverordnung Nr. 650/2012 vom 04.07.2012	1984

Vierter Teil. Rechtsgeschäfte aus dem Handels- und Gesellschaftsrecht

§ 121	Der eingetragene Verein		1991
	I.	Begriffliches; Vereinsverfassung	1991
	II.	Vereinsgründung	1992
	III.	Satzung	1997
	IV.	Vorstand	2009
	V.	Mitgliederversammlung	2012
	VI.	Beendigung des Vereins	2019
§ 122	Der nicht rechtsfähige Verein		2022
	I.	Wesen und Zweck	2022
	II.	Haftung	2022
	III.	Partei- und Grundbuchfähigkeit	2023
	IV.	Innenorganisation	2024
§ 123	Stiftungen		2025
	I.	Verbreitung	2025
	II.	Das anwendbare Recht	2026
	III.	Merkmale der Stiftung	2027
	IV.	Erscheinungsformen der Stiftung	2031
	V.	Die Errichtung einer selbstständigen Stiftung	2042
	VI.	Die Zustiftung	2045
	VII.	Stiftungsaufsicht	2046
	VIII.	Besteuerung der gemeinnützigen Stiftung	2047
	IX.	Besteuerung der nicht gemeinnützigen Stiftung	2055
§ 124	Handelsregister		2084
	I.	Wesen und Bedeutung	2084
	II.	Publizitätswirkungen	2084
	III.	Einteilung und Inhalt	2086
	IV.	Weitere Register	2087
	V.	Das elektronische Handelsregister	2087
§ 125	Die Firma nach Handelsrecht, Anmeldungen zum Handelsregister, Eintragung des Einzelkaufmanns		2100
	I.	Die Firma	2100
	II.	Die Firmenbildung	2104
	III.	Abgeleitete Firma	2105
	IV.	Rechtsformzusatz	2106
	V.	Anmeldungen zum Handelsregister	2107
	VI.	Inhalt der Erstanmeldung	2110
	VII.	Sonstige Gewerbetreibende als Kaufmann	2113

	VIII.	Anmeldungen bei der Firma eines Einzelkaufmanns	2114
	IX.	Handelsregistereintragung einer juristischen Person i.S.v. § 33 HGB	2120
§ 126		Fortführung der eingetragenen Firma durch Sonderrechtsnachfolger und Erben	2123
	I.	Firmenübergang auf Sonderrechtsnachfolger und Haftungsausschluss	2123
	II.	Fortführung durch Erben	2132
§ 127		Die Zweigniederlassung	2140
	I.	Grundlagen	2140
	II.	Formulare	2142
§ 128		Prokura und Handlungsvollmacht	2146
	I.	Erteilung und Erlöschen der Prokura	2146
	II.	Umfang der Vertretungsmacht	2147
	III.	Gesamtprokura	2149
	IV.	Handlungsvollmacht §§ 54 ff. HGB	2152
§ 129		Gesellschaftliche Schiedsvereinbarungen	2155
	I.	Wesen	2155
	II.	Institutionen und Muster	2155
	III.	Begriffsunterschiede	2156
	IV.	Schiedsvereinbarung	2159
§ 130		Gesellschaft bürgerlichen Rechts (GbR)	2183
	I.	Wesen der Gesellschaft	2183
	II.	Gesellschaftsvertrag der GbR	2188
	III.	Innengesellschaft, Unterbeteiligung	2204
	IV.	BGB-Gesellschaften in der wirtschaftlichen Praxis	2209
	V.	Vertragsmuster	2240
§ 131		Grundlagen und Besteuerung von Personenhandelsgesellschaften	2271
	I.	Handelsrechtliche Grundlagen	2271
	II.	Besteuerung von gewerblich tätigen Personengesellschaften	2275
§ 132		Errichtung der OHG und Eintritt von Gesellschaftern	2308
	I.	Inhalt des Gesellschaftsvertrags	2308
	II.	Muster für die Neugründung einer OHG	2334
	III.	Eintritt eines Gesellschafters in eine Einzelfirma	2341
§ 133		Ausscheiden und Eintritt von Gesellschaftern bei Personengesellschaften	2346
	I.	Nachfolge des verstorbenen Gesellschafters	2346
	II.	Lebzeitige Übertragung des Gesellschaftsanteiles	2360
	III.	Eintritt eines Gesellschafters in eine bestehende OHG	2363
§ 134		Erste und spätere Anmeldungen zur OHG	2366
	I.	Neuerrichtung	2366
	II.	OHG-Errichtung durch Fortführung einer Einzelfirma durch die Erben in Form einer OHG	2368
	III.	OHG-Errichtung durch Eintritt eines Gesellschafters in eine Einzelfirma unter Haftungsbeschränkung für bisherige Verbindlichkeiten	2370
	IV.	OHG-Errichtung zur Fortführung eines von der Gesellschaft erworbenen Unternehmens (Unternehmenskauf)	2372
	V.	Eintritt in eine bestehende OHG mit beschränktem Vertretungsrecht	2373
	VI.	Ausscheiden und Eintritt	2374
	VII.	Gesellschafterwechsel durch Rechtsnachfolge unter Lebenden und aufgrund des Todes eines Gesellschafters	2375

	VIII.	Verlegung des Gesellschaftersitzes oder Änderung der inländischen Geschäftsanschrift	2377
§ 135		Auflösung und Liquidation der OHG	2379
	I.	Auflösung	2379
	II.	Liquidation	2380
	III.	Sonstige Auseinandersetzung	2381
	IV.	Fortsetzung	2382
	V.	Erlöschen der Firma	2383
	VI.	Nachtragsliquidation	2383
	VII.	Fortführung als Einzelfirma	2385
§ 136		Partnerschaftsgesellschaft	2387
	I.	Grundstruktur	2387
	II.	Die Sonderform der Partnerschaftsgesellschaft mit beschränkter Berufshaftung (PartGmbB)	2388
	III.	Schutz des Begriffs »Partner«	2391
	IV.	Rechtsnormen	2391
	V.	Voraussetzungen, Entstehen	2391
	VI.	Vertrag einer Partnerschaftsgesellschaft	2392
	VII.	Anmeldung der Partnerschaft	2397
	VIII.	Sonstige Eintragungen	2401
	IX.	Ausscheiden des vorletzten Partners	2402
	X.	Anteilsübertragung	2403
	XI.	Besteuerung	2403
§ 137		Kommanditgesellschaft (KG). Grundsätzliches und Errichtungsverträge	2405
	I.	Wesen, Entstehen	2405
	II.	Der Gesellschaftsvertrag	2406
	III.	Vertragsmuster für Errichtung der Kommanditgesellschaft und Beitritt weiterer Gesellschafter	2422
	IV.	Die kapitalistische Kommanditgesellschaft; Publikumsgesellschaft	2443
	V.	Übertragung des Kommanditanteils	2451
	VI.	Die Besteuerung der Kommanditgesellschaft	2460
§ 138		Anmeldungen zur Kommanditgesellschaft	2465
	I.	Neuerrichtung einer Kommanditgesellschaft	2465
	II.	Eintritt eines Kommanditisten in eine OHG	2468
	III.	Umwandlung einer OHG in eine KG mit Erben	2469
	IV.	Eintritt eines Kommanditisten in eine bestehende Einzelfirma	2471
	V.	Eintritt eines weiteren persönlich haftenden Gesellschafters in eine KG	2472
	VI.	Erhöhung und Herabsetzung der Kommanditeinlagen	2473
	VII.	Kommanditistenwechsel; Eintritt, Ausscheiden	2474
	VIII.	Auflösung und Liquidation	2484
§ 139		Die GmbH & Co. KG	2489
	I.	Gesichtspunkte für die Wahl der Unternehmensform »GmbH & Co.«	2489
	II.	Errichtung der »GmbH & Co. KG«	2492
	III.	Gesellschaftsvertrag	2494
	IV.	Handelsregister-Anmeldung der GmbH & Co. KG	2517
	V.	Umwandlung Personengesellschaft (insbes. GbR) in eine GmbH & Co. KG	2518
	VI.	Kommanditistenvollmacht, Treuhandkommanditist	2522
	VII.	Ein-Person-Gesellschaft	2524
	VIII.	Einheitsgesellschaft	2527

			Seite
	IX.	Rechtsgeschäftliche Übertragung von Anteilen	2532
	X.	Die Besteuerung der GmbH & Co. KG	2536
§ 140	Europäische wirtschaftliche Interessenvereinigung		2545
	I.	Grundlage	2545
	II.	Mitglieder	2545
	III.	Gegenstand	2546
	IV.	Rechtsträgerschaft	2546
	V.	Formanforderungen an den Vertrag	2546
	VI.	Registeranmeldung	2547
	VII.	Geschäftsführung und Beschlussfassung	2547
	VIII.	Haftung der Mitglieder	2548
§ 141	Stille Gesellschaft		2553
	I.	Wesen	2553
	II.	Merkmale, Abgrenzung	2553
	III.	Die Gesellschafter	2554
	IV.	Gesellschaftsvertrag	2555
	V.	Atypische stille Gesellschaft	2559
	VI.	Besteuerung	2560
	VII.	GmbH & Still	2564
	VIII.	AG & Still	2566
§ 142	Gesellschaft mit beschränkter Haftung (GmbH). Gründung, Satzungsbestandteile		2575
	I.	Errichtung der GmbH, Gründungsprotokoll	2575
	II.	Mindestinhalt der Satzung	2593
	III.	Anmeldung der Bargründung	2603
	IV.	Unternehmergesellschaft (haftungsbeschränkt)	2618
	V.	Vereinfachte Gründung nach § 2 Abs. 1a GmbHG	2624
	VI.	Sachgründung	2628
	VII.	Anmeldung der Sachgründung	2645
	VIII.	Einmann-Gesellschaft	2652
	IX.	Fakultativer Satzungsinhalt	2655
	X.	Anmeldung einer Zweigniederlassung	2678
	XI.	Vorratsgründung	2679
§ 143	Geschäftsführer, Aufsichtsrat, Prokuristen, Handlungsbevollmächtigte		2684
	I.	Geschäftsführer	2684
	II.	Aufsichtsrat	2702
	III.	Bestellung von Prokuristen, Erteilung von Vollmachten	2704
§ 144	Versammlung, Satzungsänderung, Kapitalmaßnahmen, Auflösung		2707
	I.	Einberufung	2707
	II.	Abstimmung	2713
	III.	Anfechtbarkeit von Gesellschafterbeschlüssen	2720
	IV.	Satzungsänderungen	2721
	V.	Umstellung des Stammkapitals auf Euro	2736
	VI.	Erhöhung und Herabsetzung des Stammkapitals	2738
	VII.	Einforderung von Nachschüssen	2781
	VIII.	Auflösung und Liquidation der GmbH	2781
§ 145	Der Geschäftsanteil (Verfügungen, Ausschluss, Einziehung, Preisgabe)		2798
	I.	Die Form des Veräußerungsvertrages; Verfügungsbefugnis des Veräußerers; Sicherung des Veräußerers	2798
	II.	Übergang von Rechten und Pflichten, insbes. des Gewinnbezugsrechts bei Anteilsabtretung	2804

	III.	Gewährleistung; Haftung	2806
	IV.	Erwerb durch Minderjährige	2808
	V.	Vollmacht	2808
	VI.	Erwerb eigener Anteile	2809
	VII.	Genehmigung nach Vinkulierung	2810
	VIII.	Gesellschafterliste §§ 40, 16 GmbHG; gutgläubiger Erwerb	2812
	IX.	Notarielle Mitteilungspflichten	2816
	X.	Steuerliche Folgen der Anteilsveräußerung	2817
	XI.	Verkauf eines Teils eines Geschäftsanteils	2828
	XII.	Verpfändung, Pfändung	2831
	XIII.	Nießbrauch an Geschäftsanteilen	2835
	XIV.	Wirtschaftliche Neugründung, Mantelkauf	2836
	XV.	Tod eines Gesellschafters; Übertragungspflicht im Erbfall	2838
	XVI.	Treuhand an Geschäftsanteilen	2839
	XVII.	Ausschluss, Einziehung, Nachschusspflicht	2844
§ 146		Aktiengesellschaft (AG) und Aktien. Grundsätzliches	2856
	I.	Entwicklung des Aktienrechts	2856
	II.	Grundkapital und Gründer	2858
	III.	Firma und Sitz	2858
	IV.	Aktie, Interimsschein, Genussschein	2859
	V.	Kraftloserklärung inhaltlich unrichtig gewordener Aktien	2864
	VI.	Ausschluss (Kaduzierung) von Aktien	2866
	VII.	Umstellung auf EURO	2868
§ 147		Gründung der AG	2869
	I.	Gründungsvorgänge	2869
	II.	Anmeldung der Zweigniederlassung einer AG	2888
§ 148		Vorstand und Aufsichtsrat	2890
	I.	Vorstand	2890
	II.	Aufsichtsrat	2899
§ 149		Hauptversammlung, Kapitalmaßnahmen, Auflösung	2907
	I.	Zuständigkeit	2907
	II.	Einberufung, Teilnahme	2908
	III.	Stimmrecht und Stimmrechtsbindung	2920
	IV.	Die Niederschrift über die Beschlüsse der Hauptversammlung	2930
	V.	Beschlüsse zu Jahresabschluss und Gewinnverwendung (§ 119 Abs. 1 Nr. 2 AktG)	2943
	VI.	Umstellung auf Stückaktien	2946
	VII.	Gewöhnliche Kapitalerhöhung	2947
	VIII.	Bedingte Kapitalerhöhung	2957
	IX.	Genehmigtes Kapital	2960
	X.	Kapitalerhöhung aus Gesellschaftsmitteln	2963
	XI.	Herabsetzung des Grundkapitals	2968
	XII.	Ausschluss von Minderheitsgesellschaftern (»squeeze-out«)	2978
	XIII.	Auflösung und Abwicklung der AG	2979
§ 150		Die Kommanditgesellschaft auf Aktien (KGaA)	2989
	I.	Rechtsbeziehungen	2989
	II.	Gründung	2990
	III.	Satzungsgestaltung	2990
	IV.	Hauptversammlung	3001
§ 151		Societas Europaea (SE); Societas Unius Personae (SUP)	3003
	I.	Rechtliche Grundlagen der Societas Europaea	3003
	II.	SE: Vorteile der Rechtsform; erste Erfahrungen	3004

	III.	Strukturunterschiede der SE zum deutschen Aktienrecht	3004
	IV.	Gründung einer SE	3005
	V.	Mitbestimmung bei der SE	3007
	VI.	Sitzverlegung einer SE	3008
	VII.	Ausblick: Die Societas Unius Personae (SUP)	3008
§ 152		Verbundene Unternehmen. Konzerne	3010
	I.	Arten	3010
	II.	Zustandekommen	3011
	III.	Gleichberechtigte Gewinngemeinschaft	3016
	IV.	Der GmbH-Konzern	3018
	V.	Steuerrecht	3022
§ 153		Umwandlung, Überblick	3025
	I.	Entwicklung des Umwandlungsrechts	3025
	II.	Wesentliche Grundprinzipien	3026
	III.	Der Aufbau des Gesetzes	3027
	IV.	Umwandlungsfähige Rechtsträger	3027
	V.	Die einzelnen Verfahrensschritte bei der Umwandlung	3029
	VI.	Andere Umstrukturierungsmaßnahmen	3029
	VII.	Grundsätze des Umwandlungssteuerrechts	3030
§ 154		Verschmelzung	3033
	I.	Arten der Verschmelzung	3033
	II.	Verschmelzungsfähige Rechtsträger	3033
	III.	Der Verschmelzungsvertrag	3033
	IV.	Berichterstattung und Prüfung	3034
	V.	Beschlussfassung über die Zustimmung zur Verschmelzung und über eine Kapitalerhöhung	3035
	VI.	Anmeldung	3037
	VII.	Eintragung in die Register, Rechtsfolgen	3038
	VIII.	Verschmelzung durch Neugründung	3039
	IX.	Grenzüberschreitende Verschmelzung	3040
	X.	Besteuerung der Verschmelzung	3040
	XI.	Muster	3048
§ 155		Spaltung	3077
	I.	Arten der Spaltung	3077
	II.	Spaltungsfähige Rechtsträger	3077
	III.	Verweisungen auf das Recht der Verschmelzung	3078
	IV.	Der Spaltungs- und Übernahmevertrag bei der Spaltung zur Aufnahme	3078
	V.	Der Spaltungsplan bei der Spaltung zur Neugründung	3081
	VI.	Beschlussfassung	3081
	VII.	Anmeldung und Eintragung	3081
	VIII.	Spaltung zur Übertragung auf einen Rechtsträger eines anderen Landes der EU	3082
	IX.	Besteuerung der Spaltung	3082
	X.	Gewerbesteuer, Umsatzsteuer	3085
	XI.	Grunderwerbsteuer	3085
	XII.	Erbschaftsteuer	3086
	XIII.	Muster	3086
§ 156		Formwechsel	3104
	I.	Identität zwischen dem Rechtsträger vor und nach dem Formwechsel	3104

	II.	Einbezogene Rechtsträger	3105
	III.	Umwandlungsbericht, Betriebsratszuleitung	3105
	IV.	Beschlussfassung	3105
	V.	Anwendung des Gründungsrechts	3106
	VI.	Anmeldung und Eintragung, Rechtsfolgen der Eintragung	3107
	VII.	Besteuerung des Formwechsels	3108
	VIII.	Gewerbesteuer, Umsatzsteuer	3110
	IX.	Grunderwerbsteuer	3111
	X.	Erbschaftsteuer	3111
§ 157		Erwerbs- und Wirtschaftsgenossenschaften	3125
	I.	Begriff und Genossenschaftsarten	3125
	II.	Verfassung	3126
	III.	Mitgliedschaft	3129
	IV.	Haftung	3131
	V.	Satzung	3131
	VI.	Anmeldungen und Anzeigen	3158
	VII.	Besteuerung	3166
	VIII.	Europäische Genossenschaft	3167
§ 158		Internationales Gesellschaftsrecht	3168
	I.	Einführung	3168
	II.	Das Gesellschaftsstatut	3169
	III.	Einzelfragen aus der notariellen Praxis	3174
	IV.	Existenz, Vertretung und Vertretungsnachweise ausländischer Kapitalgesellschaften	3185

Sachregister 3193

Abkürzungen und abgekürzt zitierte Literatur

1. EheRG	Erstes Gesetz zur Reform des Ehe- und Familienrechts
2. HöfeOÄndG	Zweites Gesetz zur Änderung der Höfeordnung

A

a.A.	anderer Ansicht
a.a.O.	am angeführten Ort (d.h. letztes Zitat)
a.E.	am Ende
a.F.	alte Fassung
a.M.	anderer Meinung
AbbauG	Gesetz über den Abbau der Wohnungszwangswirtschaft und über ein soziales Miet- und Wohnrecht
Abel/*Bearbeiter*	Abel (Hrsg.), Datenschutz in Anwaltschaft, Notariat und Justiz, 2. Aufl., 2003
ABl.	Amtsblatt
AbzG	Gesetz betr. die Abzahlungsgeschäfte
AcP	Archiv für die zivilistische Praxis
AdoptG	Gesetz über die Annahme als Kind
AfA	Absetzung für Abnutzung
AG	Amtsgericht oder Ausführungsgesetz oder Aktiengesellschaft
AGB	Allgemeine Geschäftsbedingungen
AGBG	Gesetz zur Regelung des Rechts der Allgemeinen Geschäftsbedingungen
AGBGB	Ausführungsgesetz zum Bürgerlichen Gesetzbuch
AgrarR	Zeitschrift für das Recht der Landwirtschaft, der Agrarmärkte und des ländlichen Raumes
AktG	Aktiengesetz
AktO	Aktenordnung
AktStR	Aktuelles Steuerrecht
ALR	Allgemeines Landrecht für die preußischen Staaten
Alt.	Alternative
Amann/Brambring/Hertel	Vertragspraxis nach neuem Schuldrecht, 2. Aufl., 2002
AMVO	Altbau-Mietenverordnung
AnfG	Gesetz über die Anfechtung von Rechtshandlungen eines Schuldners außerhalb des Insolvenzverfahrens
Anh.	Anhang
Anm.	Anmerkung
AnmeldeVO	Verordnung über die Anmeldung vermögensrechtlicher Ansprüche
AnwBl	Anwaltsblatt, Nachrichten für die Mitglieder des Deutschen Anwaltsvereins
AO	Abgabenordnung
AOAnpG	Gesetz zur Anpassung von Gesetzen an die Abgabenordnung
AP	Nachschlagewerk des Bundesarbeitsgerichts

ApoG	Apothekengesetz
ArbEG	Gesetz über Arbeitnehmererfindungen
ArbGG	Arbeitsgerichtsgesetz
ARGE	Arbeitsgemeinschaft
Armbrüster/Preuß/Renner/*Bearbeiter*	Armbrüster/Preuß/Renner (Hrsg.), Beurkundungsgesetz und Dienstordnung für Notarinnen und Notare, 7. Aufl., 2015
Arndt/Lerch/Sandkühler/*Bearbeiter*	Arndt/Lerch/Sandkühler (Hrsg.), Bundesnotarordnung, 8. Aufl., 2016
Arnold	Die GmbH & Co. KGaA, 2001
Art.	Artikel
ARUG	Gesetz zur Umsetzung der Aktionärsrechterichtlinie
Assies/Beule/Heise/Strube/*Bearbeiter*, Hdb. FA BKR	Assies/Beule/Heise/Strube (Hrsg.), Handbuch des Fachanwalts Bank- und Kapitalmarktrecht, 4. Aufl., 2015; 5. Aufl. 2018 lag bei Redaktionsschluss noch nicht vor
ATV	Allgemeine technische Vorschriften für Bauleistungen
AufwG	Aufwertungsgesetz
Aumüller	Notarielles Vermittlungsverfahren in der Sachenrechtsbereinigung, 1997
Ausf.	Ausfertigung
AusfG	Ausführungsgesetz
AV	Allgemeine Verfügung
AVAG	Anerkennungs- und Vollstreckungsausführungsgesetz
AVG	Angestelltenversicherungsgesetz
AVNot	Allgemeine Verfügung über Angelegenheiten der Notare
AVO	Ausführungsverordnung
AV-PStG	Ausführungsgesetz zum Personenstandsgesetz
AWG	Außenwirtschaftsgesetz
AZO	Arbeitszeitordnung

B

B-	Bundes-
BadFGG	Badisches freiwilliges Gerichtsbarkeitsgesetz
BadWürtt.	Baden-Württemberg
BAG	Bundesarbeitsgericht
Bamberger/Roth/*Bearbeiter*	Bamberger/Roth (Hrsg.), Kommentar zum Bürgerlichen Gesetzbuch, 3. Aufl., 2012
BAnz.	Bundesanzeiger
Basty	Der Bauträgervertrag, 9. Aufl., 2018
BAT	Bundesangestelltentarifvertrag
Bauer/Schaub/*Bearbeiter*	GBO, 4. Aufl. 2018
BauGB	Baugesetzbuch
Baumbach/Hopt/*Bearbeiter*	Baumbach/Hopt, Handelsgesetzbuch, 37. Aufl., 2016
Baumbach/Hueck/*Bearbeiter*	Baumbach/Hueck, GmbHG, 21. Aufl., 2017
BauROG	Bau- und Raumordnungsgesetz
Bay.	Bayern
BayAGBGB	Bayerisches Ausführungsgesetz zum Bürgerlichen Gesetzbuch
BayNachlG	Bayerisches Nachlassgesetz
BayNachlO	Bayerische Nachlassordnung
BayNotO	Bayerische Notarordnung

BayNotV	Mitteilungen des Bayerischen Notarvereins
BayObLG	Bayerisches Oberstes Landesgericht
BayObLGZ	Sammlung der Entscheidungen des Bayerischen Obersten Landesgerichts in Zivilsachen
BayRS	Bayerische Rechtssammlung
BayStiftG	Bayerisches Stiftungsgesetz
BayVerwBl	Bayerische Verwaltungsblätter
BayVGH	Bayerischer Verwaltungsgerichtshof
BayVO	Bayerische Verordnung
BB	Der Betriebsberater
BBauG	Bundesbaugesetz
BBergG	Bundesberggesetz
BBG	Bundesbeamtengesetz
BBodenSchG	Bundesbodenschutzgesetz
Bd.	Band
beA	Besonderes elektronisches Anwaltspostfach
BeamtVG	Beamtenversorgungsgesetz
Beck´sches Formularbuch Bürgerliches, Handels- und Wirtschaftsrecht/ *Bearbeiter*	Hoffmann-Becking/Gebele (Hrsg.), 12. Aufl., 2016
Beck´sches Notar-Handbuch/ *Bearbeiter*	Heckschen/Herrler/Starke (Hrsg.), 6. Aufl., 2015
BEG	Bundesgesetz zur Entschädigung für Opfer der nationalsozialistischen Verfolgung
BeistandG	Gesetz zur Abschaffung der gesetzlichen Amtspflegschaft und Neuordnung des Rechts der Beistandschaft
Bek.	Bekanntmachung
beN	Besonderes elektronische Notarpostfach
Bengel/Reimann	Handbuch der Testamentsvollstreckung, 6. Aufl., 2017
Bengel/Simmerding	Grundbuch, Grundstück, Grenze, 5. Aufl., 2000
BerlGVBl.	Gesetz- und Verordnungsblatt von Berlin
BerlStiftG	Berliner Stiftungsgesetz
Beschl.	Beschluss
BestVerz	Bestandsverzeichnis
BetrVG	Betriebsverfassungsgesetz
Bettendorf	EDV und Internet in der notariellen Praxis, 2002
BeurkG	Beurkundungsgesetz
Beuthien/*Bearbeiter*	Beuthien, Genossenschaftsgesetz, 16. Aufl., 2018
BewDV	Durchführungsverordnung zum Bewertungsgesetz
BewG	Bewertungsgesetz
BfG	Gesetz über die Beweissicherung und Feststellung von Vermögensschäden in der sowjetischen Besatzungszone Deutschlands und im Sowjetsektor von Berlin (Beweissicherungs- und Feststellungsgesetz)
BFH	Bundesfinanzhof
BGB	Bürgerliches Gesetzbuch
BGBl.	Bundesgesetzblatt
BGB-RGRK	Das Bürgerliche Gesetzbuch, Kommentar, hrsg. von Mitgliedern des Bundesgerichtshofes, 12. Aufl., 1974 ff.
BGH	Bundesgerichtshof

Abkürzungen und abgekürzt zitierte Literatur

BGHLM	Lindenmaier-Möhring (Nachschlagewerk des Bundesgerichtshofs)
BGHSt	Entscheidungen des Bundesgerichtshofs in Strafsachen
BGHZ	Entscheidungen des Bundesgerichtshofs in Zivilsachen
BilMoG	Bilanzrechtsmodernisierungsgesetz
Binz/Sorg	Die GmbH & Co.KG, 12. Aufl., 2018
BiRiLiG	Bilanzrichtliniengesetz
BJagdG	Bundesjagdgesetz
BJM	Bundesjustizministerium
BkartA	Bundeskartellamt
BKGG	Bundeskindergeldgesetz
BKK	Die Betriebskrankenkasse
Blaeschke	Praxishandbuch Notarprüfung, 2. Aufl., 2010
BlfPMZ	Blatt für Patent-, Muster- und Zeichenwesen
BMF	Bundesministerium der Finanzen
BMG	Bundesmietengesetz
BMJ	Bundesminister der Justiz
BnotK	Bundesnotarkammer
BNotO	Bundesnotarordnung
Bohrer	Das Berufsrecht der Notare, 1991
Bonner Kommentar zum Grundgesetz/*Bearbeiter*	Dolzer/Graßhof/Kahl (Hrsg.), Loseblattausgabe
Borgmann/Jungk/Grams	Anwaltshaftung, 5. Aufl., 2014
Bormann/Diehn/Sommerfeldt/*Bearbeiter*	GnotKG, 2. Aufl., 2016
BoSoG	Bodensonderungsgesetz
Boujong/Ebenroth/Joost/Strohn/*Bearbeiter*	Boujong/Ebenroth/Joost/Strohn, Handelsgesetzbuch, 3. Aufl., 2014 f.
BR	Bundesrat
BRAGO	Bundesrechtsanwaltsgebührenordnung
BRAO	Bundesrechtsanwaltsordnung
Bräu	Die Verwahrungstätigkeit des Notars, 1992
BR-Drucks.	Bundesrats-Drucksache
BremFGG	Bremen, Gesetz betreffend die Ausführung des Reichsgesetzes über die Angelegenheiten der freiwilligen Gerichtsbarkeit
BremGBl.	Gesetzblatt (Bremen)
BRRG	Beamtenrechtsrahmengesetz
BrZ	Britische Zone
BSG	Bundessozialgericht
BSGE	Sammlung der Entscheidungen des Bundessozialgerichts
BSHG	Bundessozialhilfegesetz
BStBl.	Bundessteuerblatt
BT	Bundestag
BT-Drucks.	Bundestags-Drucksache
Bülow	Sittenwidriger Konsumentenkredit, 3. Aufl., 1997
Bürgers/Körber/*Bearbeiter*	Heidelberger Kommentar zum Aktiengesetz, 4. Aufl., 2017
BverfG	Bundesverfassungsgericht
BverfGE	Sammlung der Entscheidungen des Bundesverfassungsgerichts
BverwG	Bundesverwaltungsgericht

BverwGE	Sammlung der Entscheidungen des Bundesverwaltungsgerichts
BVwVfG	Bundesverwaltungsverfahrensgesetz
BWNotZ	Mitteilungen aus der Praxis, Zeitschrift für das Notariat in Baden-Württemberg
BZRG	Bundeszentralregistergesetz

C

Casper/*Bearbeiter*	Casper, Wechselgesetz, Scheckgesetz, Recht der kartengestützten Zahlungen, 23. Aufl., 2008
CIEC-Übereinkommen	Commission internationale de l´etat civil
CISG	United Nations Convention Contracts _ort he International Sale of Goods (Übereinkommen der Vereinten Nationen über Verträge über den internationalen Warenkauf vom 11. April 1980)

D

d.h.	das heißt
DA	Dienstanweisung für die Standesbeamten und ihre Aufsichtsbehörden
dass.	Dasselbe
Dauner-Lieb/Heidel/Ring/*Bearbeiter*	Dauner-Lieb/Heidel/Lepa/Ring (Hrsg.), Bürgerliches Gesetzbuch, 2010 ff.
DB	Der Betrieb
DBB	Deutsche Bundesbank
DBG	Deutsches Beamtengesetz
DDR	Deutsche Demokratische Republik
Dehmer	Umwandlungssteuergesetz, 2. Aufl., 1996
Demharter	Grundbuchordnung, 31. Aufl., 2018
DepG	Gesetz über die Verwahrung und Anschaffung von Wertpapieren
DFG	Deutsche freiwillige Gerichtsbarkeit
Diehn	Notarkostenberechnungen – Muster und Erläuterungen zum Gerichts- und Notarkostengesetz, 5. Aufl., 2017
Diehn/*Bearbeiter*	Bundesnotarordnung, 2015; 2. Aufl., 2019 lag bei Redaktionsschluss noch nicht vor
DIN	Deutsche Industrienorm
DJ	Deutsche Justiz
DJZ	Deutsche Juristen-Zeitung
DM	Deutsche Mark
DMBilErgG	DM-Bilanzergänzungsgesetz
DMBilG	DM-Bilanzgesetz
DnotI-Report	Informationsdienst des Deutschen Notarinstituts
DnotV	Deutscher Notarverein
DnotV	Zeitschrift des deutschen Notarvereins
DnotZ	Deutsche Notarzeitschrift
DONot	Dienstordnung für Notare
DONot-E	Entwurf der Dienstordnung für Notarinnen und Notare
Dornis	Kaufpreiszahlung auf Notaranderkonto, 2005
DÖV	Die öffentliche Verwaltung

DPMA	Deutsches Patent- und Markenamt
DR	Deutsches Recht
Dreier	Grundgesetz, 3. Aufl., 2013
DriZ	Deutsche Richterzeitung
DRspr.	Deutsche Rechtsprechung
DStR	Deutsches Steuerrecht
DtZ	Deutsch-deutsche Rechtszeitschrift
DV, DVO	Durchführungsverordnung
DVA	Deutscher Vergabe- und Vertragsausschuss für Bauleistungen
DverkStRd	Deutsche Verkehrssteuer Rundschau
DWW	Deutsche Wohnungswirtschaft

E

EDV	Elektronische Datenverarbeitung
EG, EinfG	Einführungsgesetz
EGBGB	Einführungsgesetz zum Bürgerlichen Gesetzbuch
EGFGB	Einführungsgesetz zum Familiengesetzbuch der DDR
EGHGB	Einführungsgesetz zum Handelsgesetzbuch
EGInsOÄndG	Einführungsgesetz zum Insolvenzänderungsgesetz
eGmbH	eingetragene Genossenschaft mit beschränkter Haftung
EGZGB-DDR, GZGB	Einführungsgesetz zum Zivilgesetzbuch der DDR
EGZVG	Einführungsgesetz zum Zwangsversteigerungsgesetz
EheG	Ehegesetz
EHUG	Gesetz über elektronische Handelsregister und Genossenschaftsregister sowie das Unternehmensregister
Eidenmüller	Ausländische Kapitalgesellschaften im deutschen Recht, 2004
EONIA	Euro Overnight Index Average
EPA	Europäisches Patentamt
EPÜ	Europäisches Patentübereinkommen
ErbbauRG	Gesetz über das Erbbaurecht
ErbbRVO, ErbbauVO	Erbbaurechtsverordnung
ErbGleichG	Erbrechtsgleichstellungsgesetz
ErbStDV	Durchführungsverordnung zum Erbschaftsteuergesetz
ErbStG	Erbschaftsteuergesetz
ErgG	Ergänzungsgesetz
Erichsen/Ehlers	Allgemeines Verwaltungsrecht, 14. Aufl., 2010
Erl.	Erlass
ErstrG	Erstreckungsgesetz
ERV	Elektronischer Rechtsverkehr
EStDV	Einkommensteuer-Durchführungsverordnung
EStG	Einkommensteuergesetz
EU	Europäische Union
EuErbVO	Europäische Erbrechtsverordnung
EuGH	Europäischer Gerichtshof
EuGVÜ	Europäisches Gerichtsstands- und Vollstreckungsübereinkommen
EuGVVO	EG Verordnung über die gerichtliche Zuständigkeit und die Anerkennung und Vollstreckung von Entscheidungen in Zivil- und Handelssachen
EUR	Euro
EURIBOR	Euro Interbank Offered Rate

EuroEG	Euro-Einführungsgesetz
EURO-VO	Europäische Verordnung
eV	Eingetragener Verein
EW	Einheitswert
EWG	Europäische Wirtschaftsgemeinschaft
EWGV	Vertrag zur Gründung der europäischen Wirtschaftsgemeinschaft
EWiR	Entscheidungen zum Wirtschaftsrecht
EWIV	Europäische wirtschaftliche Interessenvereinigung
Eyermann	Verwaltungsgerichtsordnung, 14. Aufl., 2014; 5. Aufl. 2018 lag bei Redaktionsschluss noch nicht vor
Eylmann/Vaasen	Bundesnotarordnung, Beurkundungsgesetz, 4. Aufl., 2016

F

f.	folgend
Fahrendorf/Mennemeyer/ Terbille	Die Haftung des Rechtsanwalts, 9. Aufl., 2017
FamFG	Gesetz über das Verfahren in Familiensachen und in den Angelegenheiten der freiwilligen Gerichtsbarkeit
FamRÄndG	Familienrechtsänderungsgesetz
FamRZ	Ehe und Familie im privaten und öffentlichen Recht
Faßbender / Bearbeiter	Faßbender (Hrsg.), Notariatskunde, 19. Aufl., 2017
Feuerich/Weyland	Bundesrechtsanwaltsordnung, 8. Aufl., 2012
ff.	folgende
FGB	Familiengesetzbuch
FGG	Reichsgesetz über die Angelegenheiten der freiwilligen Gerichtsbarkeit
fGGem	fortgesetzte Gütergemeinschaft
FGPrax	Praxis der freiwilligen Gerichtsbarkeit (vereinigt mit OLGZ)
FIBOR	Frankfurt Interbank Offered Rate
Firsching/Graf	Nachlassrecht, 10. Aufl., 2014
Fischer	Strafgesetzbuch und Nebengesetze, 65. Aufl., 2018
FK-InsO / *Bearbeiter*	Wimmer (Hrsg.), Frankfurter Kommentar zur Insolvenzordnung, 9. Aufl., 2018
Flick/Piltz	Der Internationale Erbfall, 2. Aufl., 2008
FlNr.	Flurnummer
Flst.	Flurstück
FlurBG	Flurbereinigungsgesetz
Fn.	Fußnote
FördG	Gesetz über städtebauliche Sanierungs- und Entwicklungsmaßnahmen in den Gemeinden
Frauenstein/Kümmel/ Reichard	Die öffentlich-rechtliche Namensänderung, 1981
FreiwG	Freiwillige Gerichtsbarkeit
Frenz (Hrsg.)	Neues Berufs- und Verfahrensrecht für Notare, 1999
FS	Festschrift
Fuhrmann/Wälzholz/ Bearbeiter	Fuhrmann/Wälzholz (Hrsg.), Formularbuch Gesellschaftsrecht, 3. Aufl. 2018

G

GAL	Gesetz über eine Altershilfe für Landwirte
Ganter/Hertel/Wöstmann	Handbuch der Notarhaftung, 4. Aufl. 2018
Gassen/Wegerhoff	Elektronische Beglaubigung und elektronische Handelsregisteranmeldung in der Praxis, 2. Aufl., 2009
GB	Grundbuch
GBA	Grundbuchamt
GBBerG	Gesetz über die Bereinigung der Grundbücher, Grundbuchbereinigungsgesetz
GBl.	Gesetzblatt
GbmAnmV	Gebrauchsmusteranmeldeverordnung
GBMaßnG	Gesetz über Maßnahmen auf dem Gebiet des Grundbuchwesens
GBO	Grundbuchordnung
GbR	Gesellschaft des bürgerlichen Rechts
GBVerf.	Grundbuchverfügung
GebrMG	Gebrauchsmustergesetz
gem.	gemäß
GenG	Genossenschaftsgesetz
GenRegVO	Genossenschaftsregisterverordnung
GesBl.	Gesetzblatt
GeschmMG	Gesetz über das Urheberrecht an Mustern und Modellen, Geschmacksmustergesetz
GeschZ	Geschäftszeichen
Geßler/Hefermehl	Geßler/Hefermehl/Eckhardt/Kropff (Hrsg.), Aktiengesetz, 1973 ff. (2. Aufl.: Münchener Kommentar zum Aktiengesetz)
GewO	Gewerbeordnung
GewStG	Gewerbesteuergesetz
GG	Grundgesetz für die Bundesrepublik Deutschland
GK/*Bearbeiter*	Hopt/Wiedemann (Hrsg.), Großkommentar zum Aktiengesetz, 4. Aufl., 2012
GKG	Gerichtskostengesetz
GleichberG	Gleichberechtigungsgesetz
GmbH	Gesellschaft mit beschränkter Haftung
GmbHG	Gesetz über die Gesellschaften mit beschränkter Haftung
GmbHR	GmbH-Rundschau
GMVO	Verordnung über die Gemeinschaftsmarke
GNotKG	Gerichts- und Notarkostengesetz
GO	Geschäftsordnung
Godl	Notarhaftung im Vergleich, 2001
GöV	Gesetz über die örtlichen Volksvertretungen in der DDR
GrdstVG	Grundstücksverkehrsgesetz
GrEStDV	Durchführungsbestimmungen zum Grunderwerbsteuergesetz
GrEStG	Grunderwerbsteuergesetz
GrFVO	Gruppenfreistellungsverordnung
GrpfREuroV	Verordnung über Grundpfandrechte in ausländischer Währung und in Euro
GRUR	Gewerblicher Rechtsschutz und Urheberrecht
Grziwotz/Heinemann	Beurkundungsgesetz, 3. Aufl., 2018
GS	Gesetzessammlung, Großer Senat
Gustavus	Handelsregister-Anmeldungen, 9. Aufl., 2017
GVBl.	Gesetz- und Verordnungsblatt

GVG	Gerichtsverfassungsgesetz
GVNW	Gesetz- und Verordnungsblatt für das Land Nordrhein-Westfalen
GVO	Grundstücksverkehrsordnung
GWB	Gesetz gegen Wettbewerbsbeschränkungen

H

h.L.	herrschende Lehre
h.M.	herrschende Meinung
HABM	Harmonisierungsamt für den Binnenmarkt
Haegele	Grundbuchordnung
Hagen/Brambring/Krüger/Hertel	Der Grundstückskauf, 9. Aufl., 2008
Herrler/*Bearbeiter*	Herrler (Hrsg.), Gesellschaftsrecht in der Notar- und Gestaltungspraxis, 2017
HalblSchAnmV	Halbleiterschutzanmeldeverordnung
HalblSchG	Halbleiterschutzgesetz
Halbs.	Halbsatz
HambAGBGB	Hamburgisches Ausführungsgesetz zum Bürgerlichen Gesetzbuch
HambFGG	Hamburgisches Gesetz über die Angelegenheiten der freiwilligen Gerichtsbarkeit
Hartmann	Kostengesetze, 48. Aufl., 2018
Haug/Zimmermann	Die Amtshaftung des Notars, 4. Aufl., 2018
HausrVO	Hausratsverordnung
HB	Handbuch
Heckschen/Heidinger/Bearbeiter	Die GmbH in der Gestaltungs- und Beratungspraxis, 4. Aufl., 2018
Heimburg	Verwaltungsaufgaben und Private, 1982
Heinemann	FamFG für Notare, 2009
HeizkostenVO	Heizkostenverordnung
Henssler/Prütting	Bundesrechtsanwaltsordnung, 4. Aufl., 2014
Hergeth	Europäisches Notariat und Niederlassungsfreiheit nach dem EG-Vertrag, 1996
HessFGG	Hessisches Gesetz über die freiwillige Gerichtsbarkeit
HessStiftG	Hessisches Stiftungsgesetz
HEZ	Höchstrichterliche Entscheidungen, Sammlung von Entscheidungen der Oberlandesgerichte und der obersten Gerichte in Zivilsachen
HGB	Handelsgesetzbuch
HinterlO	Hinterlegungsordnung
Hirte	Berufshaftung, 1996
Hirte/Bücker	Grenzüberschreitende Gesellschaften, 2. Aufl., 2006
HK	Handelskammer
HOAI	Honorarordnung für Architekten und Ingenieure
HöfeO	Höfeordnung
Höfer/Huhn	Allgemeines Urkundenrecht, 1968
HöfeVfO	Verfahrensordnung für Höfesachen
HofV	Hofraumverordnung
HR	Handelsregister
HRefG	Handelsrechts-Reformgesetz
HRR	Höchstrichterliche Rechtsprechung

HRV	Handelsregisterverfügung
HTWiG	Gesetz über den Widerruf von Haustürgeschäften
Hüffer/Koch	Aktiengesetz, 13. Aufl., 2018
HypBkG	Hypothekenbankgesetz

I

i.d.F.	in der Fassung
i.H.v.	in Höhe von
i.S.d.	im Sinne des/der
i.S.v.	im Sinne von
i.V.m.	in Verbindung mit
IHK	Industrie- und Handelskammer
ILR	Interlokales Recht
Ingenstau/Hustedt	ErbbauRG – Gesetz über das Erbbaurecht, 12. Aufl., 2015; 13. Aufl. 2018 lag bei Redaktionsschluss noch nicht vor
insb.	insbesondere
InsO	Insolvenzordnung
IPR	Internationales Privatrecht
IPRax	Praxis des internationalen Privat- und Verfahrensrechts
IPRspr	Die deutsche Rechtsprechung auf dem Gebiete des internationalen Privatrechts (Sonderheft der Zeitschrift für ausländisches und internationales Privatrecht)
iW	in Worten

J

JA	Jugendamt
Jansen	Kommentar zum Beurkundungsgesetz, 1971
Jansen	Kommentar zum Gesetz über die Angelegenheiten der freiwilligen Gerichtsbarkeit, 3. Aufl., 2006
Jarass/Pieroth	Grundgesetz für die Bundesrepublik Deutschland, 15. Aufl., 2018
JBl.	Justizblatt
JDR	Jahrbuch des Deutschen Rechts
Jessnitzer/Blumberg	Bundesrechtsanwaltsordnung, 9. Aufl., 2000
JFG	Jahrbuch für Entscheidungen in Angelegenheiten der freiwilligen Gerichtsbarkeit und des Grundbuchrechts
JFGErg.	Entscheidungen des KG in Miet-, Pachtschutz-, Kosten- und Strafsachen
JMBl.	Justizministerialblatt
JR	Juristische Rundschau
Jung	Ausübung öffentlicher Gewalt durch den Notar, 1994
JurBüro	Das Juristische Büro
JuS	Juristische Schulung
Just	Die englische Limited in der Praxis, 4. Aufl., 2012
JustMinNRW	Justizministerium NRW
JVBl.	Justizverwaltungsblatt
JVKostO	Justizverwaltungskostenordnung
JW	Juristische Wochenschrift
JWG	Jugendwohlfahrtsgesetz
JZ	JuristenZeitung

K

K. Schmidt	Gesellschaftsrecht, 4. Aufl., 2004
K. Schmidt	Handelsrecht, 6. Aufl., 2014
KAG	Kommunalabgabengesetz
Kaisenberg/Dennler	Bayerisches Notariatsgesetz, 1907
KaisNotO	Kaiserliche Notariatsordnung
KapCoRiLG	Kapitalgesellschaften- und Co-Richtlinie-Gesetz
KapErhG	Gesetz über die Kapitalerhöhung aus Gesellschaftsmitteln und über die Verschmelzung von Gesellschaften mit beschränkter Haftung
KapErhStG	Gesetz über steuerrechtliche Maßnahmen bei Erhöhung des Nennkapitals aus Gesellschaftsmitteln und bei Überlassung von eigenen Aktien an Arbeitnehmer
KapMuG	Gesetz über Musterverfahren in kapitalmarktrechtlichen Streitigkeiten
Kawohl	Notaranderkonto, 1995
KEHE/*Bearbeiter*	Keller/Munzig (Hrsg.), Begr. v. Kuntze/Ertl/Herrmann/Eickmann, Grundbuchrecht, 7. Aufl., 2015
Keidel	FamFG, 19. Aufl., 2017
Keim	Das notarielle Beurkundungsverfahren, 1990
KFW	Kreditanstalt für Wiederaufbau
KG	Kammergericht oder Kommanditgesellschaft
KGaA	Kommanditgesellschaft auf Aktien
KGJ	Jahrbuch für Entscheidungen des Kammergerichts in Sachen der freiwilligen Gerichtsbarkeit usw.
Kilger/Schmidt	Insolvenzordnung, 17. Aufl., 1997
Kilian/Sandkühler/vom Stein	Praxishandbuch Notarrecht, 3. Aufl., 2018
KindRG	Kindschaftsreformgesetz
KindUG	Kindesunterhaltsgesetz
KiStG	Kirchensteuergesetz
KJHG	Kinder- und Jugendhilfegesetz
KK-AktG/*Bearbeiter*	Zöllner/Noack (Hrsg.), Kölner Kommentar zum Aktiengesetz, 3. Aufl., 2008 ff.
KO	Konkursordnung
KölnerFormErbR/*Bearbeiter*	Dorsel (Hrsg.), Kölner Formularbuch Erbrecht, 2. Aufl., 2015
KölnerFormGrundstR/*Bearbeiter*	Heinemann (Hrsg.), Kölner Formularbuch Grundstücksrecht, 2. Aufl., 2016
KölnerHdbGesR/*Bearbeiter*	Eckhardt/Hermanns (Hrsg.), Kölner Handbuch Gesellschaftsrecht, 3. Aufl., 2016
KonsG	Gesetz über die Konsularbeamten, ihre Aufgaben und Befugnisse (Konsulargesetz)
KonTraG	Gesetz zur Kontrolle und Transparenz im Unternehmensbereich
Kopp/Heidinger	Notar und Euro, 2. Aufl., 2001
Kopp/Ramsauer	Verwaltungsverfahrensgesetz, 19. Aufl., 2018
Kopp/Schenke	Verwaltungsgerichtsordnung, 24. Aufl., 2018
Kopp/Schuck	Der Euro in der notariellen Praxis, 2. Aufl., 2000
Korintenberg/*Bearbeiter*	Bengel/Otto/Reimann/Tiedtke (Hrsg.), Gerichts- und Notarkostengesetz, 19. Aufl., 2015

Abkürzungen und abgekürzt zitierte Literatur

Korte	Handbuch der Beurkundung von Grundstücksgeschäften, 1990
Koslowski	Steuerberatungsgesetz mit Durchführungsverordnungen, Begr. v. Gehre, 7. Aufl., 2015
KostÄndG	Gesetz zur Änderung und Ergänzung kostenrechtlicher Vorschriften
KostO	Gesetz über die Kosten in Angelegenheiten der freiwilligen Gerichtsbarkeit (Kostenordnung)
KR	Kontrollrat
Kranz	Die Ausübung öffentlicher Gewalt durch Private, 1984
Krauß	Immobilienkaufverträge in der Praxis, 8. Aufl., 2017
Krauß	Vermögensnachfolge in der Praxis, 5. Aufl., 2018
KRG	Kontrollratsgesetz
Kruse	Die Rechtsstellung und Beaufsichtigung der Notare aufgrund der Reichsnotarordnung und Bundesnotarordnung, 1962
KSchG	Kündigungsschutzgesetz
KStDV	Durchführungsverordnung zur Körperschaftsteuer
KStG	Körperschaftsteuergesetz
KTS	Zeitschrift für Konkurs-, Treuhand- und Schiedsgerichtswesen
KV	Kostenverzeichnis
KVStDV	Durchführungsbestimmungen zum Kapitalverkehrsteuergesetz
KVStG	Kapitalverkehrsteuergesetz
KWG	Gesetz über das Kreditwesen
L	
L	Leitsatz
Lambert-Lang/Tropf/Frenz (Hrsg.)	Handbuch der Grundstückspraxis, 2. Aufl., 2005
Lang/Weidmüller/ Bearbeiter	Lang/Weidmüller, Genossenschaftsgesetz, 37. Aufl., 2011
Langhein	Kollisionsrecht der Registerurkunden, 1994
Larenz	Lehrbuch des Schuldrechts, Band I, Allgemeiner Teil, 14. Aufl., 1987
Leipziger-GNotKG/ Bearbeiter	Renner/Otto/Heinze (Hrsg.), Leipziger Gerichts- & Notar-kosten-Kommentar, 2. Aufl., 2016
Lemke/Bearbeiter	Lemke (Hrsg.), Immobilienrecht, 2. Aufl., 2015
Lerch	Beurkundungsgesetz, 5. Aufl., 2016
LG	Landgericht
LGPr.	Landgerichtspräsident
Limmer/Bearbeiter	Limmer (Hrsg.), Handbuch der Unternehmensumwandlung, 4. Aufl., 2012; 5. Aufl. 2019 lag bei Redaktionsschluss noch nicht vor
LJA	Landesjugendamt
LM	Lindenmaier-Möhring, Nachschlagewerk des Bundesgerichtshofs
Löwe/Rosenberg/ Bearbeiter	Löwe/Rosenberg, Die Strafprozessordnung und das Gerichts-verfassungsgesetz, 26. Aufl., 2006 ff.
LPachtVG	Landpachtverkehrsgesetz
LPG, LPachtG	Landpachtgesetz
lt.	laut

LuftfzRG	Allgemeine Verfügung über die Einrichtung und Führung des Registers für Pfandrechte an Luftfahrzeugen
LuftfzRG	Gesetz über Rechte an Luftfahrzeugen
LuftVG	Luftverkehrsgesetz
LuftVZO	Luftverkehrs-Zulassungs-Ordnung
Lutter/Hommelhoff, SE	Kommentar zur Societas Europaea, 2. Aufl., 2015
Lutter/Hommelhoff/*Bearbeiter*	Lutter/Hommelhoff (Hrsg.), GmbHG, 19. Aufl., 2016
Lutter/Winter/*Bearbeiter*	Lutter/Winter (Hrsg.), UmwG, 5. Aufl., 2014
Lutz	Die Ausnahmen der öffentlichen Verwaltung und öffentlichen Gewalt, Wien 1991
LwG	Landwirtschaftsgericht
LwVG	Gesetz über das gerichtliche Verfahren in Landwirtschaftssachen
LZ	Leipziger Zeitschrift für Deutsches Recht

M

M	Muster
m.	mit
m.E.	meines Erachtens
m.w.N.	mit weiteren Nachweisen
Maass	Haftungsrecht des Notars, 1994
MaBV	Makler- und Bauträgerverordnung
MarkenG	Markengesetz
MarkenRL	Markenrechtsrichtlinie
MarkenV	Markenverordnung
Maunz/Dürig/Herzog/Scholz	Grundgesetz, Loseblattausgabe
Maurer	Allgemeines Verwaltungsrecht, 18. Aufl., 2011
MBergG	Gesetz zur Regelung des Meeresbodenbergbaus
MdJ	Minister der Justiz
MDR	Monatsschrift für Deutsches Recht
Medicus	Allgemeiner Teil des BGB, 10. Aufl., 2010
Meikel/*Bearbeiter*	Meikel (Hrsg.), Grundbuchordnung, 11. Aufl., 2015
Meyer-Goßner	Strafprozessordnung, 58. Aufl., 2015
Meyer-Landrut/*Bearbeiter*	Meyer-Landrut (Hrsg.), Formular-Kommentar GmbH-Recht, 3. Aufl. 2016
MHbeG	Gesetz zur Beschränkung der Haftung Minderjähriger
MHG	Gesetz zur Regelung der Miethöhe
Michalski/*Bearbeiter*	Michalski (Hrsg.), GmbH-Gesetz, Kommentar, 3. Aufl., 2017
MietRÄndG	Gesetz zur Änderung mietrechtlicher Vorschriften
Mihm	Berufsrechtliche Kollisionsprobleme beim Anwaltsnotar, 2000
MilReg	Militärregierung
MinBl.	Ministerialblatt
MitBestG	Gesetz über die Mitbestimmung der Arbeitnehmer
MittBayNot	Mitteilungen des Bayerischen Notarvereins
MittBBank	Mitteilungen der Deutschen Bundesbank
MittRhNotK	Mitteilungen der Rheinischen Notarkammer
MMA	Madrider Markenabkommen
MMV	Mustermietvertrag
MoMiG	Gesetz zur Modernisierung des GmbH-Rechts und zur Bekämpfung von Missbräuchen

MRG	Gesetz der Militärregierung
MRRG	Markenrechtsreformgesetz
MRVO	Verordnung der Militärregierung
MTV	Manteltarifvertrag
MüKo-AktG/*Bearbeiter*	Goette/Habersack (Hrsg.), Münchener Kommentar zum Aktiengesetz, 4. Aufl., 2014 ff.
MüKo-BGB/*Bearbeiter*	Säcker/Rixecker (Hrsg.), Münchener Kommentar zum Bürgerlichen Gesetzbuch, 7. Aufl., 2014 ff.
MüKo-GmbHG/ *Bearbeiter*	Fleischer (Hrsg.), Münchener Kommentar zum Gesetz betreffend die Gesellschaften mit beschränkter Haftung: GmbHG, 3. Aufl. 2018
MüKo-HGB/*Bearbeiter*	K. Schmidt (Hrsg.), Münchener Kommentar zum Handelsgesetzbuch, 4. Aufl., 2016 ff.
MüKo-ZPO/*Bearbeiter*	Rauscher/Wax/Wenzel (Hrsg.), Münchener Kommentar zur Zivilprozessordnung, 5. Aufl., 2016 ff.
Müller/Christensen	Juristische Methodik, Band II: Europarecht, 3. Aufl., 2012
Müller/Renner	Betreuungsrecht und Vorsorgeverfügung, 5. Aufl., 2018
Müller-Magdeburg	Rechtsschutz gegen notarielles Handeln, 2005
Münchener AnwaltHB GmbH-R/*Bearbeiter*	Römermann (Hrsg.), Münchener Anwaltshandbuch GmbH-Recht, 4. Aufl. 2018
Münchener Vertragshandbuch I–VI/*Bearbeiter*	Heidenhain/Meister/Waldner, Münchener Vertragshandbuch, 8. Aufl., 2017
MünchHdbGesR I–VIII/ *Bearbeiter*	Leible/Reichert (Hrsg.), Münchener Handbuch des Gesellschaftsrechts, Bd. 1: BGB-Gesellschaft, OHG, PartG, Partenreederei, EWIV, 4. Aufl., 2014; Bd. 2: KG, GmbH & Co. KG, Publikums-KG, Stille Gesellschaft, 4. Aufl., 2014; Bd. 3: GmbHG, 5. Aufl., 2018; Bd. 4: Aktiengesellschaft, 4. Aufl., 2015; Bd. 5: Verein, Stiftung, 4. Aufl., 2015; Bd. 6: Internationales Gesellschaftsrecht, Grenzüberschreitende Umwandlungen, 4. Aufl., 2013; Bd. 7: Gesellschaftliche Streitigkeiten, Litigation, 5. Aufl. 2018; Bd. 8: Umwandlungsrecht, 5. Aufl. 2018
Musielak/*Bearbeiter*	Musielak (Hrsg.), Kommentar zur Zivilprozessordnung mit Gerichtsverfassungsgesetz, 15. Aufl., 2018
MusterAnmV	Musteranmeldeverordnung
MusterRegV	Musterregisterverordnung
MWSt	Mehrwertsteuer

N

n.F.	neue Fassung
n.rkr.	nicht rechtskräftig
n.v.	nicht veröffentlicht
NachlG	Nachlassgericht
Nachw.	Nachweise
NdsAGBGB	Niedersächsisches Ausführungsgesetz zum Bürgerlichen Gesetzbuch
NdsFGG	Niedersächsisches Gesetz über die freiwillige Gerichtsbarkeit
NdsGVBl	Niedersächsisches Gesetz- und Verordnungsblatt
NdsRpfl.	Niedersächsische Rechtspflege
NdsVOBl.	Niedersächsisches Gesetz und Verordnungsblatt
NEhelG	Gesetz über die rechtliche Stellung der nichtehelichen Kinder
Netz	Grundstücksverkehrsgesetz, 7. Aufl., 2015

NJ	Neue Justiz
NJW	Neue Juristische Wochenschrift
NJW-RR	Neue Juristische Wochenschrift – Rechtsprechungs-Report
NKA	Nizzaer Abkommen für die internationale Klassifikation von Waren und Dienstleistungen für die Eintragung von Marken
Noack	Das neue Gesetz über elektronische Handels- und Unternehmensregister – EHUG, 2007
not.	notariell
NotariatsG	Notariatsgesetz DDR
Notarkasse A.d.ö.R. (Hrsg.)	Streifzug durch das GNotKG, 12. Aufl., 20157
NotMG	Gesetz über Maßnahmen auf dem Gebiet des Notarrechts
NotO	Notarordnung
Nr.	Nummer(n)
NRW	Nordrhein-Westfalen
NZM	Neue Zeitschrift für Miet- und Wohnungsrecht

O

ÖbVI	Öffentlich bestellte Vermessungsingenieure
OFD	Oberfinanzdirektion
OGH	Oberster Gerichtshof für die britische Zone, auch Sammlung der Entscheidungen
OHG	Offene Handelsgesellschaft
OLG	Oberlandesgericht
OLGZ	Rechtsprechung der Oberlandesgerichte auf dem Gebiet des Zivilrechts
OMPI/WIPO	Organisation Mondiale de la Propriete Intellectuelle (Internationales Büro der Weltorganisation für geistiges Eigentum)
Ossenbühl/Cornils	Staatshaftungsrecht, 6. Aufl., 2013
OVG	Oberverwaltungsgericht

P

Pahlke/Franz	Grunderwerbsteuergesetz, 6. Aufl., 2018
Palandt/*Bearbeiter*	Palandt, Bürgerliches Gesetzbuch, 77. Aufl., 2018
PartGG	Partnerschaftsgesellschaftsgesetz
PatÄndG	Patentänderungsgesetz
PatAnmV	Patentanmeldeverordnung
PatG	Patentgesetz
PMMA	Protokoll zum Madrider Markenabkommen
PMZ	Patent-, Muster- und Zeichenwesen
Pöhlmann/Fandrich/ Bloehs/*Bearbeiter*	Pöhlmann/Fandrich/Bloehs, Genossenschaftsgesetz, 4. Aufl., 2012
ppa.	per procura
PrABG	Allgemeines Berggesetz für die preußischen Staaten
PrAGBGB	Preußisches Ausführungsgesetz zum Bürgerlichen Gesetzbuch
PreisAngG, PreisG	Preisangaben- und Preisklauselgesetz
Preuß	Die notarielle Hinterlegung, 1995
Preuß	Zivilrechtspflege durch externe Funktionsträger, 2005
PrFGG	Preußisches Gesetz über die freiwillige Gerichtsbarkeit
PrJMBl	Preußisches Justizmitteilungsblatt
PrKV	Preisklauselverordnung
Promberger	Das Arbeitsrecht im Bayerisch-Pfälzischen Notariat, 1970

PStG, PersStG	Personenstandsgesetz
PTS	Papiertechnische Stiftung
PVÜ	Pariser Verbandsübereinkunft zum Schutz des gewerblichen Eigentums
PWW/*Bearbeiter*	Prütting/Wegen/Weinreich (Hrsg.), BGB-Kommentar, 10. Aufl., 2015

R

RabelsZ	Zeitschrift für ausländisches und internationales Privatrecht
RAG	Rechtsanwendungsgesetz der (ehemaligen) Deutschen Demokratischen Republik
RBerG	Rechtsberatungsgesetz
RdL	Recht der Landwirtschaft
Rdn.	Randnummer(n) (interner Verweis)
Recht	Recht, Monatsbeilage zur Deutschen Justiz
Redeker/v. Oertzen	Verwaltungsgerichtsordnung, 16. Aufl., 2014
Reese	Vertrauenshaftung und Risikoverteilung bei qualifizierten elektronischen Signaturen, 2006
RegBl.	Regierungsblatt
RegelbetragVO	Regelbetragsverordnung
RegEntw	Regierungsentwurf
RegUnterhVO	Verordnung zur Berechnung des Regelunterhalts
RegVBG	Registerverfahrensbeschleunigungsgesetz
Reibold/Seebach/Dahlkamp	Praxis des Notariats, 12. Aufl., 2016
Reimann/Bengel/Mayer	Testament und Erbvertrag, 6. Aufl., 2015
Reithmann	Allgemeines Urkundenrecht, 1972
Reithmann	Vorsorgende Rechtspflege durch Notare und Gerichte, 1989
Reithmann/Albrecht/Basty	Handbuch der notariellen Vertragsgestaltung, 8. Aufl., 2001, mit aktuellen Ergänzungen zur 8. Aufl., 2002
Reithmann/Blank/ Rinck/Bearbeiter	Reithmann/Blank/Rinck, Notarpraxis, 2. Aufl., 2001
Reithmann/Martiny	Internationales Vertragsrecht, 8. Aufl., 2015
Reithmann/Meichssner/von Heymann	Kauf vom Bauträger, 7. Aufl., 1995
Reul/Heckschen/Wienberg	Insolvenzrecht in der Gestaltungspraxis, 2. Aufl., 2018
RFGG	Reichsgesetz über die freiwillige Gerichtsbarkeit
RFH	Reichsfinanzhof
RG	Reichsgericht, Reichsgerichtsentscheidungen in Zivilsachen
RGBl.	Reichsgesetzblatt
RGRK	Das BGB, erläutert von Reichsgerichtsräten und Bundesrichtern (Reichsgerichtsrätekommentar)
RGSt	Entscheidungen des Reichsgerichts in Strafsachen
RGWarn.	Warneyer, Die Rechtsprechung des Reichsgerichts
RGZ	Entscheidungen des Reichsgerichts in Zivilsachen
RHeimstG, RHG	Reichsheimstättengesetz
RheinNotK	Niederschriften der Rheinischen Notarkammer, Köln
Rinsche	Die Haftung des Rechtsanwalts und des Notars, 6. Aufl., 1998
RIW	Recht der internationalen Wirtschaft
RJA	Entscheidungen in Angelegenheiten der freiwilligen Gerichtsbarkeit und des Grundbuchrechts, zusammengestellt im Reichsjustizministerium

RJM	Reichsjustizminister
RKEG	Gesetz über die religiöse Kindererziehung
RLNot	Allgemeine Richtlinien f. d. Berufsausübung der Notare
Rn.	Randnummer(n) (externer Verweis)
RNotO	Reichsnotarordnung
RNotZ	Rheinische Notarzeitschrift
Rohs/Heinemann	Die Geschäftsführung der Notare, 11. Aufl. 2002
Rohs/Wedewer	Kostenordnung, Loseblattausgabe
Römer	Notariatsverfassung und Grundgesetz, 1963
Roth/Altmeppen/ Bearbeiter	Roth/Altmeppen, GmbHG, 8. Aufl., 2015
ROW	Recht in Ost und West
Rpfleger, Rpfl	Der Deutsche Rechtspfleger
RSG	Reichssiedlungsgesetz
Rspr.	Rechtsprechung
RStBl.	Reichssteuerblatt
RuStAG	Reichs- und Staatsangehörigkeitsgesetz
RVG	Rechtsanwaltsvergütungsgesetz
RVO	Reichsversicherungsordnung
Rz.	Randziffer
S	
S.	Satz, Seite
s.	siehe
s.a.	siehe auch
SaBl.	Sammelblatt für Rechtsvorschriften des Bundes und der Länder
SachenRÄndG	Sachenrechtsänderungsgesetz
SachenRBerG	Sachenrechtsbereinigungsgesetz
Schaumburg/Schulte	Die KGaA, 2000
Schippel/Bracker/ Bearbeiter	Seybold/Hornig (Begr.), Bundesnotarordnung, 9. Aufl., 2011
Schlegelberger/Bearbeiter	Geßler/Hefermehl/Hildebrandt/Schröder (Hrsg.), Kommentar zum Handelsgesetzbuch, 5. Aufl., 1973–1992
SchlHA	Schleswig-Holsteinische Anzeigen
Schlitt	Die Satzung der Kommanditgesellschaft auf Aktien, 1999
Schlüter/Knippenkötter	Die Haftung des Notars, 2004
Schmidt	Einkommensteuergesetz, 37. Aufl., 2018
Schmidt/Sikora/Tiedtke	Praxis des Handelsregister- und Kostenrechts, 7. Aufl., 2014
Schmidt-Bleibtreu/Hofmann/Hopfauf (Hrsg.)	Kommentar zum Grundgesetz, 14. Aufl., 2017
Scholz/Bearbeiter	Scholz (Hrsg.), GmbHG, 12. Aufl., 2018 ff.
Schöner/Stöber	Grundbuchrecht, 15. Aufl., 2012
Schönke/Schröder	Strafgesetzbuch, 29. Aufl., 2014
SchRDVO	Verordnung zur Durchführung des Gesetzes an eingetragenen Schiffen und Schiffsbauwerken
SchRegO	Schiffsregisterordnung
SchRegVfg	Schiffsregisterverfügung
SchRG	Gesetz über Rechte an eingetragenen Schiffen und Schiffsbauwerken

Abkürzungen und abgekürzt zitierte Literatur

Schubert	Materialien zur Vereinheitlichung des Notarrechts (1872–1937), 2004
Schüler	Die Entstehungsgeschichte der Bundesnotarordnung vom 24. Februar 1961, 2000
Schütz/Bürger/Riotte	Die KG auf Aktien, 2004
Schwab/Walter	Schiedsgerichtsbarkeit, 7. Aufl., 2005
Schwarz	Der Zugang zum Anwaltsnotariat im Lichte des Art. 12 Abs. 1 GG, 2004
SE	Societas Europaea
Seche	Berufsausübung im Gemeinsamen Markt, 1988
Semler/Stengel/Bearbeiter	Semler/Stengel (Hrsg.), Umwandlungsgesetz mit Spruchverfahrensgesetz, 4. Aufl., 2017
SeuffertA	Seufferts Archiv für Entscheidungen oberster Gerichte
SGb	Die Sozialgerichtsbarkeit
SGB	Sozialgesetzbuch
SGH	Schlichtungs- und Schiedsgerichtshof deutscher Notare
SGV	Sammlung des bereinigten Gesetz- und Verordnungsblattes
SJZ	Süddeutsche Juristenzeitung
Soergel/Bearbeiter	Bürgerliches Gesetzbuch mit Einführungsgesetz und Nebengesetzen, 13. Aufl., 1999 ff.
Spoenla-Metternich	Namenserwerb, Namensführung und Namensänderung unter Berücksichtigung von Namensbestandteilen, 1997
SRF-Satz	Zinssatz der Spitzenrefinanzierungsfazilität
Staub/Bearbeiter	Staub (Begr.), Handelsgesetzbuch, 5. Aufl., 2015 ff.
Staudinger/Bearbeiter	Staudinger (Begr.), Kommentar zum Bürgerlichen Gesetzbuch, 2002 ff.
Stein/Jonas/Bearbeiter	Stein/Jonas (Hrsg.), Kommentar zur Zivilprozessordnung, 23. Aufl., 2014 f.
Stelkens/Bonk/Sachs	Verwaltungsverfahrensgesetz, 9. Aufl., 2018
StiftG	Stiftungsgesetz
StiftR	Stiftungsrecht
str.	strittig
Ströbele/Hacker	MarkenG, 12. Aufl., 2018
stRspr.	ständige Rechtsprechung
Süß/Wachter (Hrsg.)	Handbuch des internationalen GmbH-Rechts, 3. Aufl., 2016

T

Taupitz	Die Standesordnungen der freien Berufe, 1991
TestG	Testamentsgesetz
Tettinger	Kammerrecht, 1997
Thomas	Richterrecht, 1986
Thomas/Putzo	Kommentar zur Zivilprozessordnung, 39. Aufl., 2018
Tiedtke/Diehn	Notarkosten im Grundstücksrecht, 3. Aufl., 2011
TIZ	Technisches Informationszentrum
Tz.	Textziffer
TzWrG	Teilzeit-Wohnrechtegesetz

U

u.a.	unter anderem, und andere
u.E.	unseres Erachtens
u.U.	unter Umständen
UB	Unbedenklichkeitsbescheinigung

UFITA	Archiv für Urheber-, Film-, Funk- und Theaterrecht
ÜG	Übernahmegesetz
Ulmer/Brandner/Hensen	AGB-Recht, 12. Aufl. 2016
UmlG	Umlegungsgesetz
UmwG	Umwandlungsgesetz
UmwStG	Umwandlungssteuergesetz
UnschädlG	Unschädlichkeitszeugnisgesetz
UR	Urkundenrolle
USt	Umsatzsteuer
UStDB	Umsatzsteuerdurchführungsbestimmungen
UStG	Umsatzsteuergesetz
UVNG	Unfallversicherungs-Neuregelungsgesetz
UWG	Gesetz gegen den unlauteren Wettbewerb

V

V, VO	Verordnung
v. Dickhuth-Harrach	Handbuch der Erbfolge-Gestaltung, 2010
v. Heymann/Wagner/Rösler	MaBV für Notare und Kreditinstitute, 2000
v. Mangoldt/Klein/Starck	Grundgesetz, 7. Aufl., 2018
VAHRG	Gesetz zur Regelung von Härten im Versorgungsausgleich
Van Hulle/Maul/Drinhausen (Hrsg.)	Handbuch zur Europäischen Gesellschaft (SE), 2007
Ver.di	Vereinigte Dienstleistungsgewerkschaften
VerbrKrG	Verbraucherkreditgesetz
VereinsG	Gesetz zur Regelung des öffentlichen Vereinsrechts
Verf.	Verfügung, Verfahren
VerfGH	Verfassungsgerichtshof
VerglO	Vergleichsordnung
VerlG	Gesetz über das Verlagsrecht
VermG	Vermögensgesetz
VerschÄndG	Gesetz zur Änderung von Vorschriften des Verschollenheitsrechtes
VerschG	Verschollenheitsgesetz
VersR	Versicherungsrecht, juristische Rundschau für die Individualversicherung
VFGüterstandsG	Gesetz über den ehelichen Güterstand von Vertriebenen und Flüchtlingen
vgl.	vergleiche
VHG	Gesetz über die richterliche Vertragshilfe
VIZ	Zeitschrift für Vermögens- und Investitionsrecht
VK	Vollstreckungsklausel
VOB	Vergabe- und Vertragsordnung für Bauleistungen
VOBl.	Verordnungsblatt
VormG	Vormundschaftsgericht
VorstAG	Gesetz über Angemessenheit der Vorstandsvergütung
VStG	Vermögensteuergesetz
VVaG	Versicherungsverein auf Gegenseitigkeit
VVG	Versicherungsvertragsgesetz

W

Wachter / *Bearbeiter*	Wachter (Hrsg.), Praxis des Handels- und Gesellschaftsrecht, 4. Aufl., 2018

WährG, WährungsG	Erstes Gesetz zur Neuordnung des Geldwesens
Waldner	Beurkundungsrecht für die notarielle Praxis, 2007
WBewG	Wohnraumbewirtschaftungsgesetz
WBG	Gesetz zur Bereinigung des Wertpapierwesens
WE	Wohnungseigentum
WEG	Wohnungseigentumsgesetz
Wegmann	Vermögensnachfolgevollstreckung, 2012
Weingärtner, Notarrecht	Weingärtner, Notarrecht, Bundeseinheitliche Vorschriften, 9. Aufl., 2009
Weingärtner, Notarrecht NRW	Weingärtner, Notarrecht Nordrhein-Westfalen, 1990
Weingärtner, Vermeidbare Fehler	Weingärtner, Vermeidbare Fehler im Notariat, 9. Aufl., 2014; 10. Aufl. 2019 lag bei Redaktionsschluss noch nicht vor
Weingärtner, Verwahrungsgeschäft	Weingärtner, Das notarielle Verwahrungsgeschäft, 2. Aufl., 2004
Weingärtner/Gassen/ Sommerfeldt/Bearbeiter	Weingärtner/Gassen, DONot – Dienstordnung für Notarinnen und Notare mit Praxisteil zum elektronischen Rechtsverkehr und zum Kostenrecht, 13. Aufl., 2018
Weingärtner/Lerch	Notarrecht Hessen, 1991
Weingärtner/Wöstmann	Richtlinienempfehlungen BNotK, Richtlinien der Notarkammern, 2004
Weißler	Das Notariat der preußischen Monarchie, 1896
WG	Wechselgesetz
WGBV	Wohnungseigentumsgrundbuchverfügung
Wicke	Gesetz betreffend die Gesellschaften mit beschränkter Haftung (GmbHG), 2. Aufl., 2011
Wiedemann	Preußische Justizreformen und die Entwicklung zum Anwaltsnotariat in Altpreußen (1700 bis 1849), 2003
WiGBl.	Gesetzblatt der Verwaltung des Vereinigten Wirtschaftsgebietes
Winkler, Dirk	Die Pflicht des Notars zur Belehrung über steuerliche Folgen und zur steueroptimierten Urkundsgestaltung, 2007
Winkler, Karl	Beurkundungsgesetz, 17. Aufl., 2013
WiStG	Wirtschaftsstrafgesetz
WKSchG	Wohnraumkündigungsschutzgesetz
WM	Wertpapier-Mitteilungen
WoBauÄndG	Wohnungsbauänderungsgesetz
WoBauErlG	Wohnungsbau-Erleichterungsgesetz
WobauG	Wohnungsbaugesetz
WoBindG	Gesetz zur Sicherung der Zweckbestimmung von Sozialwohnungen
Wöhrmann	Das Landwirtschaftserbrecht, 10. Aufl., 2011; 11. Aufl. 2019 lag bei Redaktionsschluss noch nicht vor
Wolfsteiner	Die vollstreckbare Urkunde, 3. Aufl., 2011; 4. Aufl. 2019 lag bei Redaktionsschluss noch nicht vor
WoVermG	Gesetz zur Regelung der Wohnungsvermittlung
WPg	Die Wirtschaftsprüfung
WPO	Wirtschaftsprüferordnung
WRP	Wettbewerb in Recht und Praxis
WSG	Gesetz über die Aufschließung von Wohnsiedlungsgebieten
WStG	Wechselsteuergesetz
WuB	Entscheidungssammlung zum Wirtschafts- und Bankrecht

WuM	Wohnungswirtschaft und Mietrecht
WürttAGBGB	Württembergisches Ausführungsgesetz zum Bürgerlichen Gesetzbuch und zu anderen Reichsjustizgesetzen
WürttFGG	Württembergisches Gesetz über die freiwillige Gerichtsbarkeit
Würzburger Notarhandbuch/*Bearbeiter*	Limmer/Hertel/Frenz/Mayer (Hrsg.), Würzburger Notarhandbuch, 5. Aufl., 2018
WZG	Warenzeichengesetz
WZ-Richtlinie	Warenzeichen-Richtlinie

Z

z.B.	zum Beispiel
ZBB	Zeitrecht für Bankrecht und Bankwirtschaft
ZBlFG	Zentralblatt für die freiwillige Gerichtsbarkeit
Zerhusen	Fachanwaltsmandat Privates Baurecht, 3. Aufl., 2008
ZfJR	Zentralblatt für Jugendrecht
ZGB	Zivilgesetzbuch der (ehemaligen) Deutschen Demokratischen Republik
ZGR	Zeitschrift für Unternehmens- und Gesellschaftsrecht
ZHR	Zeitschrift für das gesamte Handels- und Wirtschaftsrecht
ZIP	Zeitschrift für Wirtschaftsrecht und Insolvenzpraxis
ZMR	Zeitschrift für Miet- und Raumrecht
ZNotP	Zeitschrift für die Notarpraxis
Zöller/*Bearbeiter*	Zöller (Begr.), Zivilprozessordnung, 32. Aufl., 2018
ZollG	Zollgesetz
Zöllner	Wertpapierrecht, 15. Aufl., 2006
ZPO	Zivilprozessordnung
ZS	Zivilsenat
ZuständErgG	Gesetz zur Ergänzung von Zuständigkeiten auf den Gebieten des Bürgerlichen Rechts, des Handelsrechts und des Strafrechts
ZVG	Gesetz über die Zwangsversteigerung und Zwangsverwaltung
ZZP	Zeitschrift für Zivilprozess

WaM	Wohnungseigentümer und -verwalter
WürttAGBGB	Württembergisches Ausführungsgesetz zum Bürgerlichen Gesetzbuch und zu anderen Reichsjustizgesetzen
WürttBGG	Württembergisches Gesetz über die freiwillige Gerichtsbarkeit
Würzburger Notar Handbuch	Limmer/Hertel/Frenz, Mayer (Hrsg.), Würzburger Notar Handbuch, 5. Aufl. 2018
Bearbeiter	
WZG	Warenzeichengesetz
WZ-Richtlinie	Warenzeichen-Richtlinie
z.B.	zum Beispiel
ZBB	Zeitschrift für Bank- und Börsenwirtschaft
ZBfFG	Zentralblatt für die freiwillige Gerichtsbarkeit
Zeuner/...	Fachanwaltshandbuch Privates Baurecht, 2. Aufl. 2008
ZfIR	Zentralblatt für jüngere recht
ZGS	Zivilgesetzbuch der (ehemaligen) Deutschen Demokratischen Republik
ZGR	Zeitschrift für Unternehmens- und Gesellschaftsrecht
ZHR	Zeitschrift für das gesamte Handels- und Wirtschaftsrecht
ZIP	Zeitschrift für Wirtschaftsrecht und Insolvenzpraxis
ZMR	Zeitschrift für Miet- und Raumrecht
ZNotP	Zeitschrift für die Notarpraxis
Zöller/Bearbeiter	Zöller (Begr.), Zivilprozessordnung, 32. Aufl. 2018
ZollG	Zollrecht
ZöRne	Wertpapierrecht, 15. Aufl. 2006
ZPO	Zivilprozessordnung
ZS	Zivilsenat
ZuständErwG	Gesetz zur Erweiterung von Zuständigkeiten auf den Gebieten des gewerblichen Rechtsschutzes, des Handelsrechts und des Strafrechts
ZVG	Gesetz über die Zwangsversteigerung und Zwangsverwaltung
ZZP	Zeitschrift für Zivilprozess

Erster Teil. Notariatsverfassung

§ 1 Kurze Geschichte des deutschen Notariats

I. Von der kaiserlichen Reichsnotariatsordnung bis zum Ende des Heiligen Römischen Reiches Deutscher Nation (1806)

Als die aus der Tätigkeit des ägyptisch-griechischen Urkundenschreibers, des spätrömischen Schnell- und Geheimschreibers und des fränkischen Gerichtsschreibers entwickelte Urkunde kraft kaiserlicher und päpstlicher Verleihung *öffentlichen Glauben* gewonnen hatte, nicht mehr ganz abhängig von Zeugen, gebunden nur an die Wahrung der Formen, insbesondere den Gebrauch des Siegels, wurde der Schreiber zum Notar. **1**

Das Amt verlieh ihm der Kaiser. Die nach Billigung durch den Reichstag zu Köln am *08.10.1512 von Kaiser Maximilian I.* erlassene *Notariatsordnung* (KaisNotO) enthielt die Grundsätze und auch einige Einzelvorschriften des Beurkundungswesens, die noch heute gelten. Der Notar musste beurkunden, wenn es sich nicht um verbotene Geschäfte handelte (§ 15 KaisNotO = § 15 Abs. 1 BNotO). In die von ihm persönlich aufzunehmende Urkunde sollte er erst Ort und Zeit, dann den Inhalt der Handlung aufnehmen, sie Wort für Wort vorlesen, genehmigen lassen und mit Unterschrift versehen (§§ 3, 11, 14 KaisNotO = §§ 8, 9, 13 des Beurkundungsgesetzes vom 28.08.1969). Wenn § 20 der BNotO von 1961 dem Notar das Bescheinigen amtlich von ihm wahrgenommener Tatsachen mit voller Beweiskraft zugesteht (§ 418 ZPO), so ist die Voraussetzung noch dieselbe, wie sie in den §§ 6 und 10 der KaisNotO aufgestellt wurde, nämlich die Wahrnehmung mit den leiblichen Sinnen, Gesicht und Gehör des Notarius, nur dass sein »amtliches« Wahrnehmen noch eine Verdeutlichung und Unterstützung durch Zeugen erfuhr. Den Inhalt des Instruments hatte er, unabhängig von unziemlichen Wünschen der Beteiligten, 1512 (§ 10 KaisNotO) so zweifelsfrei zu halten wie jetzt (§ 17 BeurkG). Die Vorschriften über das zu verwendende Papier, das Ausschaben, Ausfüllen von Lücken und das Hinzusetzen in den §§ 18 und 19 KaisNotO haben eine Neuauflage in den §§ 26 bis 30 der Dienstordnung für Notare von 1970 gefunden. Sogar § 46 BeurkG, der das Ersetzen zerstörter oder abhandengekommener Urschriften regelt, hatte ein Vorbild in § 20 der KaisNotO von 1512, die dem Notar aufgab, sich an die früheren Empfänger und an die Zeugen vor dem Anfertigen eines neuen Protokolls zu wenden. **2**

Die Reichsnotariatsordnung löste sich jedoch allmählich in *Partikularregelungen* auf, die nie ganz überwunden sind. Freilich verlieh bereits 1512 der Kaiser das Amt des Notars nicht mehr allein. Der Name und das Regierungsjahr des Kaisers waren zwar in jeder Urkunde anzugeben (§ 4 KaisNotO), aber sein gewöhnliches »Signet«, das besondere Kennzeichen des Notars in seinen Urkunden, sollte er ohne Einwilligung »des obersten Fürsten«, von dem er sein Amt empfing, nicht ändern (§ 16 KaisNotO). Der ernennende Fürst war zuweilen schon ein Hofpfalzgraf, dem der Kaiser das Ernennungsrecht übertragen hatte, und die Landesherren erwarben nach und nach die gleiche Befugnis. Sie griffen später auch in die Notartätigkeit ein und regelten das Beurkundungswesen. Der einheitliche Anfang und die gesunde Grundlage des Deutschen Beurkundungsrechts und Notariats wichen der Aufsplitterung in den Ländern und Ländchen. **3**

§ 1 Kurze Geschichte des deutschen Notariats

4 Teilweise galt die Reichsnotariatsordnung von 1512 auch formell bis zum Ende des Reiches im Jahr 1806 fort, so in den süddeutschen Ländern, den thüringischen Staaten und in den Hansestädten. In Preußen und Sachsen war man schon auf dem Wege zur Verbindung von Anwaltschaft und Notariat. Im linksrheinischen Gebiet wurde die französische Notariatsverfassung, die im »Ventose-Gesetz« von 1803 enthalten war, eingeführt. In einer Reihe von Staaten bestand während der Zeit des Deutschen Bundes überhaupt kein Notariat (so im rechtsrheinischen Bayern bis 1861), in einigen thüringischen Kleinstaaten und in Oldenburg fehlte es bis nach dem Ersten Weltkrieg, und in den beiden Lippeschen Ländern wurde es sogar erst durch die Notarordnung von 1937 geschaffen.

II. Von der Gründung des Deutschen Reiches (1871) bis zur Reichsnotarordnung von 1937

5 Im zweiten Deutschen Reich waren wenigstens das Notarverfassungs- und Notarverfahrensrecht durch die preußischen Gesetze für etwa zwei Drittel und durch die bayerischen für rund ein Achtel der Bevölkerung einheitlich geregelt. Während jedoch Bayern ausschließlich den reinen, hauptberuflich tätigen *Notar* kannte und eine Verbindung mit dem Anwaltsberuf für unzulässig hielt (Art. 12 NotG v. 09.06.1899), ließ sich Preußen nach dem Ges. vom 13.04.1888 in den Art. 77 ff. des PrFGG v. 21.09.1899 die Möglichkeit offen, sowohl *Anwaltsnotare* wie *hauptberufliche Notare* zu ernennen und übte die Befugnis in der Weise aus, dass im früheren Gebiet des rheinischen (französischen) Rechtes (im OLG-Bezirk Köln und einem Teil des OLG-Bezirks Düsseldorf) hauptberuflichen Notare und im übrigen Preußen Anwaltsnotare entsprechend der früheren Regelung ernannt wurden. Von den weiteren deutschen Ländern bestellten die mittel- und norddeutschen (Königreich Sachsen, sächsische Herzogtümer, Braunschweig, Anhalt, später Oldenburg, Bremen und Lübeck) nur oder fast nur Rechtsanwälte zu Notaren. Hessen kannte beide Formen und Hamburg wieder das reine Notariat (mit Ausnahmen für seine ländlichen Amtsgerichtsbezirke). Württemberg ernannte Justizbeamte zu *Bezirksnotaren* und übertrug ihnen gleichzeitig das Grundbuchamt, das Vormundschafts- und Nachlassgericht. Als der einzige deutsche Notar war er nicht zum Richteramt befähigt (Württembergisches AGBGB v. 28.07.1899). Daneben wurden, namentlich in größeren Städten, *öffentliche Notare* in Württemberg ernannt, die als Anwaltsnotare die Befähigung zum Richteramt hatten, aber auch aus den Bezirksnotaren hervorgegangen sein konnten. Diese öffentlichen Notare hatten neben der Beurkundungstätigkeit keine richterlichen Aufgaben und waren keine besoldeten Staatsbeamten. Solche waren jedoch die Notare in Baden, die auch als Grundbuch-, Nachlass- und Zwangsversteigerungsrichter tätig waren und zum Richteramt befähigt sein mussten.

6 Die Reichsnotarordnung v. *13.02.1937*[1] mit ihrer AVO v. 26.06.1937, die erstmalig wieder seit 1512 das Notarverfassungsrecht und mit der Dienstordnung v. 05.06.1937 (DJ 874) zum kleinen Teil auch das Notarverfahrensrecht über das Gebiet eines einzelnen deutschen Landes hinaus regelte, wollte das Amt des Notars von dem Beruf des Rechtsanwalts grundsätzlich *trennen*. Das gelang ihr jedoch nicht. Die Notariatsverfassung der Bundesstaaten des zweiten Reiches blieb in Baden und Württemberg im Wesentlichen bestehen. Den württembergischen Bezirks- und den badischen Richter-Notar behielt die Notarordnung von 1937 ausdrücklich bei (§§ 85, 86 NotO), und machte auch nicht die Befähigung zum Richteramt zur Voraussetzung des Notaramtes in Württemberg (§ 85). Die wirtschaftliche Aufgabe der Bayerischen Notarkasse verstärkte sie (§ 84), ohne für die Versorgung der übrigen hauptberuflichen Notare und Anwalts-Notare etwas zu tun. Wenn sie bestimmte, dass in Zukunft nur noch so viele Notare bestellt werden sollten, wie es den Bedürfnissen einer

---

[1] RGBl. S. 191.

geordneten Rechtspflege entspräche (§ 6), so hätte sich das wirtschaftlich erst nach langen Jahren auswirken und auch dann nicht eine Versorgungseinrichtung, wie sie bspw. das Bayerische und das Rheinische Notariat haben, entbehrlich machen können. Der Versuch, den Anwalts-Notar in den Gebieten, in denen er länger als 1 Jahrhundert allein oder ganz überwiegend eingeführt war, durch den hauptberuflichen Notar zu ersetzen (§ 7), wenn auch nur durch das Auslaufenlassen der bisherigen Anwaltsnotariate (§ 76), scheiterte, als das Kriegsende es nicht gestattete, der überfüllten freien Anwaltschaft den ihr im gewissen Umfang möglichen Ausgleich in der Notartätigkeit zu verwehren. Die Schwierigkeit einer Trennung an kleinen Orten suchte die NotO von 1937 durch die zeitweise Zulassung des dortigen Notars als Rechtsanwalt beim Amtsgericht seines Sitzes (§ 8 Satz 1; sog. »Notaranwalt« zu mildern.

III. Von der Reichsnotarordnung zur Bundesnotarordnung

Die Reichsnotarordnung vom 13.02.1937[2] wurde durch Gesetz der Bundesrepublik vom 16.02.1961[3] geändert und nach dessen Art. 2 unter dem 24.02.1961[4] als »Bundesnotarordnung (BNotO)« neu gefasst und bekannt gemacht.

Die Bundesnotarordnung hat alle vorher üblich gewesenen Formen des Notariats im Wesentlichen aufrechterhalten. In den neuen Ländern ist (mit Ausnahme von Ostberlin) durch Verordnung über die Tätigkeit von Notaren in eigener Praxis vom 20.06.1990[5] das hauptberufliche Notariat eingeführt worden.

Die Rechtseinheit auf dem Gebiet des Berufsrechts der Notare wurde durch das Dritte Gesetz zur Änderung der Bundesnotarordnung und anderer Gesetze vom 31.08.1998[6] hergestellt. Durch dieses Änderungsgesetz wurde die in den neuen Bundesländern Brandenburg, Mecklenburg-Vorpommern, Sachsen, Sachsen-Anhalt und Thüringen geltende Verordnung vom 20.06.1990, die besondere Vorschriften über die Bestellung von Notaren mit Ausbildung in der Deutschen Demokratischen Republik enthielt, aufgehoben.[7]

Die Bundesnotarordnung gilt nunmehr in der ganzen Bundesrepublik Deutschland, derzeit allerdings noch mit zwei Ausnahmen:

Im Bereich des württembergischen Rechtsgebietes besteht die Möglichkeit, neben den zur hauptberuflichen Amtsausübung bestellten Notaren außerhalb des Landesdienstes und neben den Anwaltsnotaren auch Bezirksnotare zu bestellen. Für diese gilt die BNotO nicht, § 114 Abs. 1 Satz 1 BNotO. Für sie gilt das Landesgesetz über die freiwillige Gerichtsbarkeit (LFGG) v. 12.02.1975,[8] zuletzt geändert durch Gesetz vom 28.07.2005.[9]

Im Bereich des badischen Rechtsgebiets war es bis zur Neufassung des § 115 BNotO durch das Gesetz vom 22.07.2005[10] nur möglich, »Notare im Landesdienst« (sog. Richternotare) zu bestellen. Für diese wurde die Geltung der BNotO durch § 115 Satz 1 BNotO ausgeschlossen. Der neu gefasste § 115 BNotO sieht nunmehr vor, dass dort auch hauptberufliche Notare nach § 3 Abs. 1 BNotO bestellt werden können, auf die auch die BNotO Anwendung findet. Die BNotO findet aber gem. § 115 Abs. 3 Satz 1 BNotO nach wie vor

---

2 RGBl. S. 191.
3 BGBl. S. 22; in Berlin – nach Übernahme – vom 27.02.1961, GVBl. S. 293.
4 BGBl. S. 97; in Berlin unter dem 02.03.1961, GVBl. S. 308.
5 BGBl. I 37 S. 475.
6 BGBl. I S. 2585.
7 Zur Notariatsumstellung siehe *Otto*, notar 2016, 26 ff.
8 GBl. S. 116.
9 GBl. S. 580.
10 BGBl. I S. 2188.

keine Anwendung auf die Richternotare. Für sie gilt das Landesgesetz über die freiwillige Gerichtsbarkeit (LFGG) v. 12.02.1975,[11] zuletzt geändert durch Gesetz vom 28.07.2005.[12]

13 Diese Besonderheiten in Baden und Württemberg währen jedoch nicht mehr lange: Durch Gesetz zur Änderung der BNotO vom 15.07.2009[13] können nur noch Notare zur hauptberuflichen Amtsausübung bestellt werden. Seit dem 01.01.2018 sollen nur noch solche Notare amtieren. Anwaltsnotare, die zu diesem Zeitpunkt noch im Amt waren, bleiben jedoch Anwaltsnotare.[14] Die mit der Baden-württembergischen Notariatsreform bezweckte Rechtsvereinheitlichung ist mit Art. 33 Abs. 5 GG vereinbar.[15]

---

11 GBl. S. 116.
12 GBl. S. 580.
13 BGBl. I 2009, S. 1798 ff.
14 Siehe dazu auch Arnold, notar S. 1 ff. und S. 440 ff.
15 BVerfG, Beschl. V. 42.2.2017, DNotZ 2017, 706.

§ 2 Notariatsformen

I. Allgemeines

In Deutschland existiert keine einheitliche Notariatsverfassung. Die Bundesnotarordnung geht vielmehr in § 3 BNotO davon aus, dass das hauptberufliche Notariat und das Anwaltsnotariat als gleichberechtigte Notariatsformen nebeneinander bestehen. Zusätzlich gibt es im württembergischen Rechtsgebiet Bezirksnotare (§ 114 BNotO) und im badischen Rechtsgebiet Notare im Landesdienst (sog. Richternotare), § 115 BNotO (zu den Änderungen s. § 1 Rdn. 13).

Die Verschiedenheit der Notariatsformen verstößt nicht gegen das Grundgesetz, insbesondere nicht gegen den Gleichbehandlungsgrundsatz des Art. 3 GG und nicht gegen die Berufsfreiheit gemäß Art. 12 GG. Die historische Entwicklung und die sich daraus ergebende Gewöhnung des Rechtslebens an die verschiedenen Notariatsformen sind ein sachlicher Grund für ihr Weiterbestehen.[1] Die Notariatsformen in Baden-Württemberg und Bayern sind zudem grundgesetzlich durch Art. 138 GG geschützt. Dieser macht eine Änderung der Notariatsformen in diesen Ländern von der Zustimmung der jeweiligen Landesregierung abhängig.

Die Gebiete der beiden in der BNotO geregelten Notariatsformen sind so abgegrenzt, dass im Allgemeinen hauptberufliche Notare bestellt werden sollen. In den Gerichtsbezirken jedoch, in denen am 01.04.1961 nur Anwaltsnotare bestellt waren, sollen diese auch weiterhin bestellt werden, und zwar ausschließlich (§ 3 Abs. 2 BNotO). In dem gemäß § 3 Abs. 1 BNotO dem rheinischen hauptberuflichen Notariat vorbehaltenen Gebiet in seiner am 01.04.1961 bestehenden Ausdehnung dürfen auch nach der kommunalen Neuordnung im Lande Nordrhein-Westfalen Anwaltsnotare nicht bestellt werden.[2]

Zu dem Gebiet des hauptberuflichen Notariats gehören die Länder Bayern, Thüringen, Brandenburg, Sachsen, Sachsen-Anhalt, Mecklenburg-Vorpommern, Rheinland-Pfalz, Saarland, Hamburg und vom Land Nordrhein-Westfalen der OLG-Bezirk Köln und der OLG-Bezirk Düsseldorf mit Ausnahme des rechtsrheinischen Gebietes des LG-Bezirks Duisburg und des AG-Bezirks Emmerich vom LG-Bezirk Kleve. Zu dem *Gebiet des Anwaltsnotariats* gehören die Länder Berlin, Bremen, Hessen, Niedersachsen, Schleswig-Holstein und vom Land Nordrhein-Westfalen der OLG-Bezirk Hamm und vom OLG-Bezirk Düsseldorf der LG-Bezirk Duisburg und der AG-Bezirk Emmerich.

Die Bundesnotarordnung kennt nur ein einheitliches Notaramt. Sie gilt in gleicher Weise für den hauptberuflichen Notar und den Anwaltsnotar. Der Beruf des Anwaltsnotars ist von dem des hauptberuflichen Notars allein dadurch unterschieden, dass der Anwaltsnotar das Amt im »Nebenberuf« ausübt, § 3 Abs. 2 BNotO. In diesen beiden Formen ist der Notar *Träger eines öffentlichen Amtes*, dem es obliegt, Rechtsvorgänge zu beurkunden und andere Aufgaben auf dem Gebiet der vorsorgenden Rechtspflege wahrzunehmen (§ 1 BNotO). Bestellt werden die Notare entweder zur hauptberuflichen Ausübung oder zur gleichzeitigen Ausübung neben der Zulassung als Rechtsanwalt bei einem bestimmten Gericht auf deren Dauer als »Anwaltsnotare« (§ 3 Abs. 2 BNotO).

Voraussetzung für die Bestellung ist neben der Befähigung zum Richteramt (§ 5 BNotO) ein Bedürfnis (§ 4 BNotO) sowie die persönliche und fachliche Eignung des Bewerbers (§ 6 BNotO). Die Bewerber sind durch Ausschreibung zu ermitteln (§ 6b BNotO). Die Länder

---

1 Grundlegend OVG Münster DNotZ 1959, 435 und BVerfGE 17, 381.
2 BGH DNotZ 1977, 481.

haben Einzelheiten der Bestellung in den allgemeinen Verfügungen der Notarinnen und Notare (AVNot) geregelt.

7 Gemäß § 4 BNotO werden nur so viele Notare bestellt, wie es den Erfordernissen einer geordneten Rechtspflege entspricht. Dabei sind insbesondere das Bedürfnis nach einer angemessenen Versorgung der Rechtsuchenden mit notariellen Leistungen und die Wahrung einer geordneten Altersstruktur des Notarberufs zu berücksichtigen.

8 Die Steuerung des Zuganges zum Notaramt über die Wartezeit ist beseitigt. Bei der Festlegung der Zahl der Notare kommt es allein auf die Nachfrage nach notariellen Leistungen an. § 4 Satz 2 BNotO stellt klar, dass zur Auslegung des Begriffes »geordnete Rechtspflege« nicht allein die Zahl der Notariatsgeschäfte herangezogen werden kann, sondern auch örtliche und strukturelle Gegebenheiten, sowie der Grundsatz der freien Notarwahl und die Altersstruktur berücksichtigt werden müssen. Die Versorgung der Rechtsuchenden muss »angemessen« sein. Dadurch will der Gesetzgeber hervorheben, dass neben der Auslastung der Notariate auch die anderen vorgenannten Kriterien zu gewichten sind. Die Auslastung der Notariate ist deshalb ein gewichtiger Belang, weil sie zum einen eine ausreichende Berufserfahrung und damit eine hohe Qualität mit sich bringt. Zum anderen muss eine wirtschaftliche Unabhängigkeit der Notariate gewährleistet werden, um die Unparteilichkeit sicherzustellen.

9 Die Errichtung neuer Notarstellen nehmen die Landesjustizverwaltungen im Rahmen staatlicher Bedarfsplanung durch Ausübung des ihnen in § 4 BNotO eingeräumten Organisationsermessens vor. Der Antrag, die Landesjustizverwaltung zu verpflichten, weitere Notarstellen zu errichten und auszuschreiben, ist deshalb unstatthaft, das gilt auch für die Errichtung von Notarstellen aus Gründen der Altersstruktur.[3] Da für die jeweilige Bedarfsprüfung in erster Linie das Urkundsaufkommen der amtierenden Notarinnen und Notare maßgebend ist, sind zunächst deren Urkundszahlen zu erheben. Nach der Kontrolle und Aufarbeitung des Zahlenmaterials werden die jeweiligen Notarkammern – je nach landesrechtlicher Regelung – zur Einrichtung neuer Notarstellen gehört bzw. von der Einrichtung der Stellen unterrichtet.

II. Die Regelung des Zugangs zum Anwaltsnotariat

10 Nach der Entscheidung des Bundesverfassungsgerichts vom 20.04.2004[4] wurden zunächst die bis dahin auf Länderebene geltenden Ausführungsbestimmungen geändert, um den sich aus der Entscheidung ergebenden verfassungsrechtlichen Anforderungen zu genügen. Anschließend wurde die Reform des Zugangs zum Anwaltsnotariat in Angriff genommen. Diese Reformbestrebungen mündeten in einem Gesetzesentwurf, der 2009 vom Bundestag verabschiedet wurde.[5] Seit dem gelten für Bestellungen zum Anwaltsnotar ab dem 01.05.2011 die folgend skizzierten Regelungen:

11 Kernelement ist die notarielle Fachprüfung, deren Bestehen grundsätzlich Voraussetzung für die Bestellung zum Anwaltsnotar ist (§ 6 Abs. 2 Nr. 3 BNotO). Bei mehreren Bewerbern um eine ausgeschriebene Notarstelle entscheiden die Note in der notariellen Fachprüfung zu 60 % und die Note des Zweiten Staatsexamens zu 40 % über die Auswahl. An der Prüfung kann teilnehmen, wer seit mindestens drei Jahren zur Rechtsanwaltschaft zugelassen ist und die Voraussetzungen für die Bestellung zum Notar gemäß § 5 BNotO erfüllt. Des Weiteren hat der Bewerber den Nachweis zu erbringen, dass er mit der notariellen Berufspraxis hinreichend vertraut ist. Dieser Nachweis kann in der Regel durch

---

3 BGH, Beschl. v. 18.09.1995 – NotZ 46/94, DNotZ 1996, 902, NJW 1996, 123 = AnwBl. 1996, 44; v. 24.06.1996 – NotZ 45/95.
4 DNotZ 2004, 560 m. Anm. *Jung*.
5 Gesetz zur Änderung der Bundesnotarordnung, BGBl. I, S. 696.

160 Stunden Praxisausbildung bei einem Notar erbracht werden. Nach der Fachprüfung hat der Bewerber bis zur Bestellung außerdem jährlich an mindestens 15 Stunden Fortbildung teilzunehmen. Neben der Fachprüfung muss eine fünfjährige allgemeinen Wartezeit seit Zulassung zur Rechtsanwaltschaft sowie eine auf den jeweiligen notariellen Amtsbereich bezogene dreijährige Wartezeit eingehalten sein (§ 6 Abs. 2 Satz 1 Nr. 1 und 2 BNotO).

III. Die Regelung des Zugangs zum hauptberuflichen Notariat

Als Vorbereitung für das Amt eines hauptberuflichen Notars ist eine dreijährige Anwärterzeit des Notarassessors angeordnet, der bei einem vom Präsidenten der Notarkammer bestimmten Notar gegen eine ihm von der Notarkammer zu zahlende Vergütung, die der eines Richters auf Probe »angeglichen« ist, tätig wird. Zur Anrechnung von Wehr- oder Ersatzdienstzeiten, Zeiten eines Beschäftigungsverbotes nach den Mutterschutzvorschriften, Zeiten der Beurlaubung wegen Inanspruchnahme von Elternzeit können die Landesregierungen Rechtsverordnungen erlassen, § 6 Abs. 3 BNotO. Die Auswahl unter mehreren geeigneten Bewerbern um die Aufnahme in den Anwärterdienst ist nach der persönlichen und fachlichen Eignung unter besonderer Berücksichtigung des Ergebnisses der (abschließenden) juristischen Staatsprüfung vorzunehmen. Die Bewerber sind durch Ausschreibung zu ermitteln; sie können aber auch dadurch ermittelt werden, dass sie in eine ständig geführte Liste eingetragen werden, § 7 Abs. 2 BNotO.

Der Anwärterdienst endet nach Ablauf der drei Jahre nicht von selbst, sondern nur mit der Bestellung des Notarassessors zum Notar oder der ausdrücklichen Entlassung, die gegen seinen Willen nur unter bestimmten Voraussetzungen möglich ist. Da eine Verlängerung der Anwärterzeit um viele Jahre vermieden werden sollte, ist das spätere Bedürfnis einer Notarbestellung schon bei der Ernennung zum Notarassessor mit abzuschätzen. Die Ernennung zu Notarassessoren ausschließlich zur Vorbereitung der hauptberuflichen Amtsausübung, also nicht für das Anwaltsnotariat, verstößt nicht gegen Art. 12 GG.[6] Die Zahl der Notarassessoren können die Länder nach dem voraussichtlichen Bedürfnis an zukünftig zu bestellenden Notaren bemessen.[7]

IV. Notarstatistik

1. Zahlenmäßige Entwicklung des Notariats ab 01.01.1991

	Anwaltsnotare	Nur-Notare
01.01.1991	8 180	1 382
01.01.1992	8 657	1 484
01.01.1993	8 616	1 562
01.01.1994	8 660	1 609
01.01.1995	8 715	1 628
01.01.1996	8 801	1 651
01.01.1997	9 031	1 657
01.01.1998	9 045	1 656

---

6 BGH DNotZ 1963, 242.
7 BGH DNotZ 1965, 186, BVerfG DNotZ 1987, 121.

§ 2 Notariatsformen

	Anwaltsnotare	Nur-Notare
01.01.1999	8 925	1 663
01.01.2000	8 838	1 657
01.01.2001	8 897	1 665
01.01.2002	8 765	1 663
01.01.2003	8370	1654
01.01.2004	7728	1627
01.01.2005	7548	1616
01.01.2006	7282	1610
01.01.2007	7055	1607
01.01.2008	6920	1593
01.01.2009	6755	1586
01.01.2010	6575	1582
01.01.2011	6373	1561
01.01.2012	6187	1535
01.01.2013	6036	1524
01.01.2014	5814	1514
01.01.2015	5650	1506
01.01.2016	5593	1495
01.01.2017	5558	1479
01.01.2018	5460	1719

2. Zahl der Notare in den Kammerbezirken

15

Notarkammer	Anwaltsnotare	Nur-Notare
Baden-Württemberg (ohne Amtsnotare)	48	290
Bayern	–	487
Berlin	713	–
Brandenburg	–	69
Braunschweig	189	–
Bremen	167	–
Celle	659	–
Frankfurt	856	–
Hamburg	–	74
Kassel	160	–
Koblenz	–	102
Mecklenburg-Vorpommern	–	53

Notarkammer	Anwaltsnotare	Nur-Notare
Oldenburg	449	–
Pfalz	–	53
Rheinische	155	305
Saarländische	–	36
Sachsen	–	121
Sachsen-Anhalt	–	68
Schleswig-Holsteinische	634	–
Thüringen	–	70
Westfälische	1430	–
Stand: 01.01.2018		

3. Die Notare eines OLG-Bezirks bilden eine *Notarkammer*, sofern nicht die Landesregierung durch Rechtsverordnung etwas anderes bestimmt (§ 65 Abs. 1 BNotO), in Bayern die Notare aller OLG-Bezirke die Landesnotarkammer Bayern,[8] in Nordrhein-Westfalen die Notare der OLG-Bezirke Düsseldorf und Köln die Rheinische Notarkammer und in Baden-Württemberg die Notare der OLG-Bezirke Stuttgart und Karlsruhe die Notarkammer Baden-Württemberg. Die Notarkammern sind zu einer Bundesnotarkammer zusammengeschlossen (§ 76 BNotO).

V. Regelung in Baden-Württemberg

Bis zu seiner Abschaffung mit Gesetz vom 15.07.2009[9] sah § 115 Abs. 1 BNotO vor, dass für das badische Rechtsgebiet neben den hauptberuflichen Notaren gemäß § 3 Abs. 1 BNotO Notare im Landesdienst bestellt werden. Bis 2005 wurden dort ausschließlich Richternotare bestellt. Danach wurden einige hauptberufliche Notarstellen i.S.v. § 3 Abs. 1 BNotO ausgeschrieben und besetzt.

2. Im Oberlandesgerichtsbezirk Stuttgart wurde (und wird) das Notariat hauptsächlich von beamteten Notaren wahrgenommen. Sie sind Beamte, die zwar nicht die Befähigung zum Richteramt haben (Ausnahme vom Grundsatz in § 5 BNotO), jedoch im Rahmen einer langwierigen und gründlichen Ausbildung die Befähigung zum Amt des Bezirksnotars erworben haben. Sie sind nicht nur Urkundsbeamte (Notare), sondern nehmen auch die Aufgaben des Nachlassgerichts und des Grundbuchamts sowie teilweise auch des Vormundschaftsgerichts (vor allem im vermögensrechtlichen Bereich) wahr. Das Notariat ist auch hier zugleich das Nachlassgericht; die Grundbuchämter befinden sich bei den Gemeinden. Der württembergische Notar im Landesdienst führt die Amtsbezeichnung »Bezirksnotar«. Die BNotO gilt auch für ihn nur entsprechend.

---
8 VO v. 21.03.1961, BayGVBl. 89.
9 BGBl. I S. 1798.

§ 2 Notariatsformen

19 3. Neben den beamteten Notaren gibt es im Oberlandesgerichtsbezirk Stuttgart noch freie hauptberufliche Notare (zumeist ehemalige Bezirksnotare) sowie Anwaltsnotare. In diesem Bezirk bestehen somit alle drei Notariatsformen.

20 4. Zum 01.01.2018 wurde die Vielfalt der Notariatsformen in Baden-Württemberg abgeschafft[10]. Seit diesem Zeitpunkt werden nur noch hauptberufliche Notare zugelassen. Diese werden ihr Amt als freiberufliche Nur-Notare ausüben.

---

10 Siehe dazu auch *Arnold*, notar 2016 S. 1 ff. und S. 440 ff.

§ 3 Die Beurkundung durch den Notar und durch andere Stellen

I. Die Beurkundung durch den Notar

Das mehrfach geänderte Beurkundungsgesetz vom 28.08.1969,[1] dehnte den Umfang der *Beurkundungstätigkeit des Notars* erheblich aus, indem es die *Zuständigkeit des Amtsgerichts* neben der des Notars weitgehend aufhob (§ 56 BeurkG) und die nach Landesrecht sonstigen Stellen gegebene Zuständigkeit für öffentliche Beurkundungen einschränkte (§§ 60, 61 BeurkG).

Die Bundesnotarordnung vom 24.02.1961[2] macht dem Notar die Beurkundung von Rechtsvorgängen auf dem Gebiete der vorsorgenden Rechtspflege zur Aufgabe (§ 1 BNotO). Für Beurkundungen in Verfahren, in denen der Notar nicht mitwirken kann, scheidet eine Beurkundung durch ihn aus, z.B. zu einem im Zivilprozess geschlossenen Vergleich. Für diesen wird die notarielle Form durch die Beurkundung in der Form der ZPO ersetzt (§ 127a BGB). Im Gebiet der vorsorgenden Rechtspflege ist der Notar jedoch zuständig »für Beurkundungen jeder Art« (§ 20 Abs. 1 Satz 1 BNotO). Das Beurkundungsgesetz unterscheidet zwei Arten von Beurkundungen. Die erste Art ist die Beurkundung von *Willenserklärungen* (§§ 6 bis 35 BeurkG); unter dem zweiten Begriff *Sonstige Beurkundungen* fasst das BeurkG zusammen die »Beurkundung anderer Erklärungen als Willenserklärungen sowie sonstiger Tatsachen oder Vorgänge« (§§ 36 bis 43 BeurkG). Nur die wichtigsten Gegenstände der beiden Beurkundungsarten sind in § 20 BNotO aufgeführt.

Die Vorschriften des Beurkundungsgesetzes gelten zunächst für die Beurkundungen durch den im Gebiet der vorsorgenden Rechtspflege fast ausschließlich zuständigen Notar. Soweit noch andere Stellen auf diesem Gebiet in bestimmten Fällen beurkunden dürfen, finden darauf die für die Beurkundungstätigkeit des Notars geltenden Vorschriften Anwendung (§ 1 Abs. 2 BeurkG), bis auf das Beurkunden in einer anderen als der deutschen Sprache (§ 5 Abs. 2 BeurkG), das allein dem Notar (und den Konsuln, s.u. Rdn. 4) vorbehalten ist.

II. Beurkundungszuständigkeit der Konsuln

Die Beurkundungszuständigkeit der *Konsuln* des Bundes ist geblieben. Die Konsularbeamten sind befugt, über Tatsachen und Vorgänge, die sie in Ausübung ihres Amts wahrgenommen haben, Niederschriften oder Vermerke aufzunehmen, vor ihnen abgegebene Willenserklärungen zu beurkunden, Unterschriften, Handzeichen sowie Abschriften zu beglaubigen oder sonstige einfache Zeugnisse z.B. Lebensbescheinigungen, auszustellen (§ 10 Abs. 1 des Gesetzes über die Konsularbeamten, ihre Aufgaben und Befugnisse[3]). Die von einem Konsularbeamten aufgenommenen Urkunden stehen den von einem inländischen Notar aufgenommenen gleich (§ 10 Abs. 2 Konsulargesetz). Für das Beurkundungsverfahren gelten die Vorschriften des BeurkG, jedoch mit folgenden *Abweichungen*: Urkunden können auf Verlangen auch in einer anderen als der deutschen Sprache errichtet werden. Dolmetscher brau-

---

[1] BGBl. I S. 1513.
[2] BGBl. I S. 98.
[3] Konsulargesetz v. 11.09.1974, BGBl. S. 2317.

chen nicht vereidigt zu werden. Die Abschrift einer nicht beglaubigten Abschrift soll nicht beglaubigt werden. Die Urschrift einer Niederschrift soll den Beteiligten ausgehändigt werden, wenn nicht einer von ihnen amtliche Verwahrung verlangt. In diesem Fall soll die Urschrift dem Amtsgericht Schöneberg in Berlin zur amtlichen Verwahrung übersandt werden. Hat sich einer der Beteiligten der Zwangsvollstreckung unterworfen, so soll die Urschrift der Niederschrift dem Gläubiger ausgehändigt werden, wenn die Beteiligten keine anderweitige Bestimmung getroffen haben und auch keiner von ihnen die amtliche Verwahrung verlangt hat. Solange die Urschrift nicht ausgehändigt oder an das Amtsgericht abgesendet ist, sind die Konsularbeamten befugt, Ausfertigungen zu erteilen. Vollstreckbare Ausfertigungen können nur von dem Amtsgericht erteilt werden, das die Urschrift verwahrt (§ 10 Abs. 3 Konsulargesetz).

5 Besonderheiten bestehen bei *Verfügungen von Todes wegen*. Testamente und Erbverträge sollen die Konsularbeamten nur beurkunden, wenn die Erblasser Deutsche sind. Die §§ 2232, 2233 und 2276 BGB sind entsprechend anzuwenden. Für die besondere amtliche Verwahrung ist das Amtsgericht Schöneberg in Berlin zuständig. Der Erblasser kann jedoch jederzeit die Verwahrung bei einem anderen Amtsgericht verlangen. Stirbt der Erblasser, bevor das Testament oder der Erbvertrag an das Amtsgericht abgesendet ist, oder wird eine solche Verfügung beim Konsularbeamten abgeliefert, so kann dieser die Eröffnung vornehmen. Die §§ 2260, 2261 Satz 2, 2273 und 2300 BGB finden entsprechende Anwendung (§ 11 Konsulargesetz).

6 Die Konsularbeamten sind ferner befugt, Auflassungen entgegenzunehmen, eidesstattliche Versicherungen abzunehmen, die zur Erlangung eines Erbscheins, eines Testamentsvollstreckerzeugnisses oder eines Zeugnisses über die Fortsetzung der Gütergemeinschaft abgegeben werden, und einem Deutschen auf dessen Antrag den Eid abzunehmen, wenn der Eid nach dem Recht eines ausländischen Staates oder nach den Bestimmungen einer ausländischen Behörde oder sonst zur Wahrnehmung von Rechten im Ausland erforderlich ist (§ 12 Konsulargesetz).

7 Zur Befugnis der Konsularbeamten gehört weiterhin die *Legalisation* ausländischer öffentlicher Urkunden und die Bestätigung der Echtheit inländischer öffentlicher Urkunden (§§ 13, 14 Konsulargesetz[4]).

III. Beurkundungen durch das Amtsgericht

8 Die Zuständigkeiten, die vor dem Inkrafttreten des Beurkundungsgesetzes neben dem Notar bei den *Amtsgerichten* bestanden haben, sind in einzelnen Fällen geblieben. Die Wichtigsten sind:

1. Im Familienrecht

9 Die mit dem Recht des *nicht ehelichen Kindes* zusammenhängenden Beurkundungen, die in § 62 BeurkG aufgeführt sind:

10 **a)** Erklärungen über die *Anerkennung der Vaterschaft* (§ 62 Nr. 1 BeurkG), wozu neben der eigentlichen Anerkennung durch den Vater (§§ 1592 Nr. 2, 1597 BGB) auch etwaige Zustimmungserklärungserklärungen gehören.

---

4 Näheres bei *Geimer*, DNotZ 1978, 3.

b) *Verpflichtungen* zur Erfüllung von *Unterhaltsansprüchen* eines Kindes (§ 62 Nr. 2 BeurkG). Diese Beurkundungszuständigkeit erstreckt sich auf sämtliche Unterhaltsverpflichtungen väterlicher und mütterlicher Verwandter.

c) *Verpflichtungen* zur Erfüllung von *Unterhaltsansprüchen aus Anlass der Geburt*, (§ 62 Nr. 3 BeurkG und § 1615 Abs. 1 BGB).

2. Im Erbrecht

a) Die Niederschrift des Nachlassgerichts über die *Ausschlagung der Erbschaft* und über die *Anfechtung der Ausschlagung* (§ 1945 Abs. 1 Halbs. 2 und Abs. 2 sowie § 1955 BGB). Für die öffentliche Beglaubigung einer Vollmacht des Ausschlagenden (§ 1945 Abs. 3 BGB) ist das Nachlassgericht nicht zuständig.

b) Die Aufnahme der *eidesstattlichen Versicherung im Erbscheinsverfahren* (§ 56 Abs. 3 BeurkG; § 2356 Abs. 2 BGB). Durch das am 1. September 2013 in Kraft getretene Gesetz zur Übertragung von Aufgaben aus dem Bereich der Freiwilligen Gerichtsbarkeit auf Notare[5] wurde den Bundesländern die Möglichkeit eröffnet, den Notaren die ausschließliche Zuständigkeit für Erbscheinsanträge gemäß Art. 239 EGBGB zu übertragen. Davon wurde bisher auf Länderebene noch kein Gebrauch gemacht.

c) Die Niederschrift der Wahl des zu mehreren Höfen berufenen Hoferben (§ 9 Abs. 2 Satz 1 HöfeO; die Niederschrift über die Ausschlagung des Hofanfalles (§ 11 HöfeO i.V.m. § 1945 Abs. 1 und Abs. 3); die Niederschrift über die Bestimmung des Hoferben unter den Abkömmlingen des Eigentümers durch den längstlebenden Ehegatten (§ 14 Abs. 3 Satz 3 HöfeO).

IV. Jugendamt und Standesbeamter

1. Die Jugendämter können nach § 59 SGB VIII (Kinder- und Jugendhilfe)

- die Erklärung, durch die die Vaterschaft anerkannt oder die Anerkennung widerrufen wird, die Zustimmungserklärung der Mutter sowie die etwa erforderliche Zustimmung des Mannes, der im Zeitpunkt der Geburt mit der Mutter verheiratet ist, des Kindes, des Jugendlichen oder eines gesetzlichen Vertreters zu einer solchen Erklärung (Erklärungen über die Anerkennung der Vaterschaft) beurkunden;
- die Erklärung, durch die die Mutterschaft anerkannt wird, sowie die etwa erforderliche Zustimmung des gesetzlichen Vertreters der Mutter beurkunden (§ 29b Personenstandsgesetz[6]);
- die Verpflichtung zur Erfüllung von Unterhaltsansprüchen eines Abkömmling beurkunden, sofern die unterhaltsberechtigte Person zum Zeitpunkt der Beurkundung das 21. Lebensjahr noch nicht vollendet hat;
- die Verpflichtung zur Erfüllung von Ansprüchen auf Unterhalt (§ 1615l BGB) beurkunden;
- die Bereiterklärung der Adoptionsbewerber zur Annahme eines ihnen zur internationalen Adoption vorgeschlagenen Kindes (§ 7 Abs. 1 Adoptionsübereinkommens-Ausführungsgesetz) beurkunden;
- den Widerruf der Einwilligung des Kindes in die Annahme als Kind (§ 1746 Abs. 2 BGB) beurkunden;

---

5 BGBl. I 2013, S. 1800.
6 Ab dem 01.01.2009: § 44 Abs. 2 PStG.

- die Erklärung, durch die der Vater auf die Übertragung der Sorge verzichtet (§ 1747 Abs. 3 Nr. 3 BGB) beurkunden;
- die Sorgeerklärungen (§ 1626a Abs. 1 Nr. 1 BGB) sowie die etwa erforderliche Zustimmung des gesetzlichen Vertreters eines beschränkt geschäftsfähigen Elternteils (§ 1626c Abs. 2 BGB) beurkunden,
- eine Erklärung des auf Unterhalt in Anspruch genommenen Elternteils nach § 648 ZPO aufnehmen; § 129a ZPO gilt entsprechend.

17 Zuständig ist jedes Jugendamt. Beurkundungen, Beglaubigungen und die Erteilung von Ausfertigungen sind gebührenfrei.

2. Der Standesbeamte

18 Der *Standesbeamte* ist für die Beurkundung oder Beglaubigung der vorstehend unter Rdn. 16 aufgeführten Erklärungen (Vaterschaftsanerkennung und Zustimmung) zuständig (§ 29a PStG) sowie der Erklärungen über die Namensführung von Ehegatten bei der Eheschließung, über die Annahme eines Namens nach Scheidung oder Auflösung einer Ehe durch den Tod eines Ehegatten (§ 15c PStG; über die Namensführung von Kindern (§ 31a PStG[7]), und über die Namensführung von Lebenspartnern (§ 42 PStG[8]).

19 Im Gegensatz zu den zur Beurkundung zugelassenen Stellen gelten für den Standesbeamten die Vorschriften des BeurkG nicht (§ 58 BeurkG). Er hat sich nur nach der Dienstanweisung für die Standesbeamten, einer Verwaltungsanordnung, zu richten.

V. Sonstige Stellen

20 1. Während die Zuständigkeit *sonstiger Stellen* für öffentliche Beurkundungen, die nach *Landesrecht* bestand, in § 60 BeurkG vielfach außer Kraft gesetzt ist, wurde sie in § 61 BeurkG für einige Angelegenheiten *aufrechterhalten*. Davon sind bedeutsam:

21
- Die Beurkundung *freiwilliger Versteigerungen von Sachen und Rechten* (§ 61 Abs. 1 Nr. 1 BeurkG);
- die Aufnahme von *Vermögensverzeichnissen* usw. (§ 61 Abs. 1 Nr. 2 BeurkG) durch das Amtsgericht oder den damit beauftragten Urkundsbeamten der Geschäftsstelle;
- Die Aufnahme von *Wechsel- und Scheckprotesten* durch die *Gerichtsvollzieher* (§ 61 Abs. 1 Nr. 3 BeurkG);
- die Beurkundungen von *Zeugenaussagen* und *Sachverständigengutachten* sowie der *Vereidigung* und der *eidesstattlichen Versicherungen* dieser Personen *außerhalb eines anhängigen Verfahrens* durch die Amtsgerichte (§ 61 Abs. 1 Nr. 4 BeurkG);
- die Beurkundungen von Anträgen auf *Vereinigung* oder *Teilung von Grundstücken* durch die *Vermessungsbehörden* (§ 61 Abs. 1 Nr. 6 BeurkG und Ges. vom 05.11.1937 – RGBl. 1257 –, das als Landesrecht weitergilt);
- die Beurkundung der Errichtung fester Grenzzeichen, der *Abmarkung* (§ 61 Abs. 1 Nr. 7 BeurkG);
- die Beurkundung des *Kirchenaustritts* (§ 61 Abs. 1 Nr. 12 BeurkG).

22 2. In § 63 BeurkG wurden die Länder ermächtigt, durch Gesetz die Zuständigkeit hierfür »anderen Personen oder Stellen zu übertragen«. Nach dem Wortlaut würde die Befugnis entweder für die Abschrifts- oder für die Unterschriftsbeglaubigung erteilt werden können; gemeint waren aber wohl beide Beglaubigungsarten. Hessen übertrug seinen Ortsgerichten

---

[7] Ab dem 01.01.2009: § 45 PStG.
[8] Ab dem 01.01.2009: § 44 PStG.

die Zuständigkeit durch das Ortsgerichtsgesetz i.d.F. des Gesetzes vom 02.04.1980[9] und Rheinland-Pfalz den Ortsgerichten in § 1 des Ges. über die Beglaubigungsbefugnis vom 15.07.1970.[10] Nach § 2 des Landesgesetzes über die Beglaubigungsbefugnis vom 21.07.1978[11] sind dort neben den Notaren auch die Ortsbürgermeister, die Verbandsgemeindeverwaltungen und die Gemeindeverwaltungen der verbandsfreien Kreise sowie die Stadtverwaltungen der kreisfreien und großen kreisangehörigen Städte zuständig. Bis zum 01.01.1986 blieben daneben auch die Ortsgerichtsvorsteher zur Beglaubigung von Unterschriften befugt.

3. In *Baden-Württemberg* ist nach § 32 Abs. 3 des Landesgesetzes über die freiwillige Gerichtsbarkeit vom 12.02.1975 – LFGG[12] – der Ratsschreiber befugt, für die zu seinem Grundbuchamtsbezirk gehörenden Grundstücke, Grundstücksteile und Miteigentumsanteile in Grundbuchsachen Erklärungen zu entwerfen und folgende Erklärungen zu beurkunden: Kauf- und Tauschverträge sowie Vollmachten hierzu; Bewilligungen, Zustimmungen und Anträge zur Eintragung oder Löschung von dinglichen Rechten, die nach den von ihm beurkundeten Verträgen zu bestellen oder zu beseitigen sind; Auflassungen zu den von ihm beurkundeten Verträgen. Der Ratsschreiber soll nur in einfach gelagerten Fällen tätig werden. Allgemein ist der Ratsschreiber befugt, Unterschriften und Abschriften zu beglaubigen. Zur Beglaubigung eines Handzeichens und der Zeichnung einer Firma oder Namensunterschrift, die zur Aufbewahrung bei Gericht bestimmt ist, ist er nicht befugt. Er soll ferner Unterschriften nicht beglaubigen, wenn die Urkunde zur Verwendung im Ausland bestimmt ist.

4. Den Amtsgerichten kann die Zuständigkeit für die öffentliche Abschrifts- und Unterschriftsbeglaubigung nicht wieder übertragen werden, worüber jedoch der für solche Sonderbestimmungen unvermeidliche Streit besteht. Zum Entwerfen der Urkunden, zu denen sie Abschriften oder Unterschriften beglaubigen, sind die »sonstigen Stellen« nicht ermächtigt.

---

9 GVBl. I 1980, S. 114.
10 GBl. S. 228.
11 GVBl. Rhld.-Pf. 597.
12 GBl. S. 116.

§ 4 Örtliche, sachliche und internationale Zuständigkeit des Notars

I. Örtliche Zuständigkeit

1. Dem Notar wird bei seiner Bestellung ein bestimmter Ort als *Amtssitz* zugewiesen (§ 10 Abs. 1 Satz 1 BNotO). In Städten über 100.000 Einwohner kann der Amtssitz auf einen bestimmten Stadtteil beschränkt werden. An seinem Amtssitz hat der Notar eine *Geschäftsstelle* zu halten (§ 10 Abs. 2 Satz 1 BNotO). In ihr soll er in der Regel seine Amtsgeschäfte vornehmen; außerhalb soll der Notar nur tätig werden, wenn dafür sachliche Gründe vorliegen (Abschn. IX. Nr. 2 RLE/BNotK).

Sein *Amtsbereich* ist der Amtsgerichtsbezirk, in dem er seinen Sitz hat (§ 10a Abs. 1 Satz 1 BNotO). Sein *Amtsbezirk* ist der Oberlandesgerichtsbezirk, in dem er seinen Amtssitz hat (§ 11 Abs. 1 BNotO). Tätigkeiten nach den §§ 20 bis 22 BNotO soll er nur innerhalb seines Amtsbereichs ausüben. Urkundentätigkeiten außerhalb des Amtsbereichs, aber innerhalb des Amtsbezirks soll er nur bei besonderem berechtigten Interesse des Rechtsuchenden vornehmen (§ 10a Abs. 2 BNotO). Außerhalb seines Amtsbezirks darf er Amtshandlungen nur vornehmen, wenn Gefahr im Verzuge ist oder die Aufsichtsbehörde es genehmigt (§ 11 Abs. 2 BNotO). Die beiden Voraussetzungen liegen nur selten vor. Aber auch wenn keine von beiden gegeben ist, bleibt die Amtshandlung selbst dann gültig, wenn sie in einem anderen Bundesland vorgenommen wird als in dem, das den Notar bestellt hat (§ 11 Abs. 3 BNotO); für Beurkundungen ist das in § 2 BeurkG noch einmal bestimmt worden. Die Beurkundung außerhalb des Amtsbezirks stellt auch keine Falschbeurkundung i.S.v. § 348 StGB dar, selbst wenn der Notar wahrheitswidrig angegeben hat, die Beurkundung sei am Ort seines Amtssitzes erfolgt, und auch keine Amtsanmaßung i.S.v. § 132 StGB.[1] Der BGH[2] hat entschieden, dass der Genehmigungsvorbehalt des § 11 Abs. 2 Alt. 2 BNotO auch Urkundstätigkeiten von Notaren im Ausland erfasst, hat jedoch explizit offengelassen, ob die Genehmigungsfähigkeit nicht bereits am Territorialitätsprinzip scheitert.

Die Fähigkeit des Notars zur Vornahme von Amtshandlungen erstreckt sich also auf das gesamte Gebiet der Bundesrepublik Deutschland in den Grenzen des Staatsgebiets, die durch das Völkerrecht gezogen sind. Das Staatsgebiet umfasst die Eigengewässer (insbes. Häfen und Buchten) und die Küstengewässer (3 Seemeilen vom Uferrande z.Zt. der Ebbe). Innerhalb dieser Binnengrenze des Meeres darf der Notar auch auf fremden Handelsschiffen beurkunden. Hier ist jedoch § 11 Abs. 2 BNotO zu beachten.

Deutsche Seeschiffe (d.h. Schiffe, die in der Bundesrepublik registriert sind und daher die deutsche Flagge führen) auf hoher See sind dem deutschen Staatsgebiet gleich zu achten, ohne dass hier die Abgrenzung nach Amtsbezirken Bedeutung hat. Für Beurkundungen auf deutschen Schiffen auf hoher See ist also jeder deutsche Notar örtlich zuständig, unabhängig davon, in welchem Amtsbezirk sich sein Amtssitz befindet und ohne dass es der Genehmigung der Aufsichtsbehörde zur Vornahme der Amtshandlung bedarf.[3]

Bei *Flugzeugen* im Flug über der hohen See oder über staatenlosem Gebiet gilt das Recht des Staates, in dem sie registriert sind und dessen internationales Kennzeichen sie infolgedessen sichtbar tragen.[4] Über Zivilflugzeuge, die fremdes Staatsgebiet überfliegen bzw.

---

[1] BGH NJW 1998, 3790.
[2] BGH DNotZ 2013, 630.
[3] *Eylmann/Vaasen/Limmer*, § 2 BeurkG Rn. 22.
[4] *Schippel/Bracker/Püls*, § 11a BNotO Rn. 5.

dort landen, besitzt jedoch der Staat (zumindest konkurrierende) Gerichtsbarkeit, dessen Gebiet sie überfliegen bzw. auf dessen Boden sie sich befinden.

Gesandtschaftsgebäude und die Privatwohnungen des diplomatischen Personals (und sonstiger »*extraterritorialer*« *Personen*) sind nicht Hoheitsgebiet des Entsende-, sondern des Empfangsstaates. Der Notar kann daher Beurkundungen auch in im Inland befindlichen Gebäuden einer ausländischen diplomatischen Vertretung vornehmen.[5]

2. Auch »soll« der Notar die *freiwillige Versteigerung* von Grundstücken nicht vornehmen, die nicht in seinem Amtsbezirk liegen (Art. 33 Abs. 1 PrFGG; Art. 39, 86 HessFGG; Art. 29 Abs. 1 NdsFGG).

3. Durch das am 1. September 2013 in Kraft getretene Gesetz zur Übertragung von Aufgaben aus dem Bereich der Freiwilligen Gerichtsbarkeit auf Notare[6] wurde die Zuständigkeit der Notare für die Aufnahme eines Nachlassinventars gemäß § 2003 BGB und die Vermittlung von Nachlass-/Gesamtvermögensauseinandersetzungen gemäß § 344 Abs. 4a FamFG begründet.

II. Sachliche Zuständigkeit

Die sachliche Zuständigkeit des Notars als des unabhängigen Trägers eines öffentlichen Amtes im Gebiete der vorsorgenden Rechtspflege erstreckt sich auf:

1. *Die Beurkundungen.* Unterschieden werden die Beurkundung von *Willenserklärungen* (§§ 6 bis 35 BeurkG), *darunter die Verfügungen von Todes wegen* (§§ 27 bis 35 BeurkG) *und die Beurkundung »anderer Erklärungen als Willenserklärungen sowie sonstiger Tatsachen oder Vorgänge«* (§§ 36 bis 43 BeurkG). Von den sonstigen Beurkundungen sind die wichtigsten in § 20 BNotO aufgeführt: Beglaubigung von Unterschriften, Handzeichen und Abschriften sowie die Beurkundung von Versammlungsbeschlüssen, die Vornahme von Verlosungen und Auslosungen, die Aufnahme von Vermögensverzeichnissen, die Anlegung und Abnahme von Siegeln, die Aufnahme von Protesten, die Zustellung von Erklärungen sowie die Ausstellung sonstiger Bescheinigungen über amtlich wahrgenommene Tatsachen. Über eine Tatsachenbescheinigung hinaus geht die Befugnis des Notars, »Bescheinigungen über die Vertretungsberechtigung« auszustellen. Diese *Rechtsbescheinigung* ist nach § 21 Abs. 1 Nr. 1 und Abs. 3 BNotO nicht auf die Vertretungsberechtigung der an einer Beurkundung Beteiligten beschränkt. Der Notar kann sie in allen Fällen bescheinigen, in dem er sie aus dem Handels- oder einem ähnlichen Register oder aufgrund der Vorlage einer öffentlichen oder öffentlich beglaubigten Vollmachtsurkunde feststellen kann.

Nach § 21 Abs. 1 Nr. 2 BNotO ist der Notar weiter ermächtigt, »Bescheinigungen über das Bestehen oder den Sitz einer juristischen Person oder Handelsgesellschaft, die Firmenänderung, eine Umwandlung oder sonstige rechtserhebliche Umstände auszustellen«, wenn sich diese aus einem öffentlichen Register ergeben. Diese Rechtsverhältnisse juristischer Personen, insbesondere des Handelsrechts, und sonstiger Handelsgesellschaften werden im Ausland nicht immer nur durch die Vorlage von Auszügen aus deutschen öffentlichen Registern als nachgewiesen angesehen, wohl aber durch eine Bescheinigung, die der Notar in Auswertung der Eintragungen »im Handelsregister oder in einem ähnlichen Register« (§ 21 Abs. 1 Satz 1 BNotO a.E.) ausstellt.

---

5 *Schoetensack*, DNotZ 1952, 270; *Schippel/Bracker/Püls*, § 11a BNotO Rn. 1.
6 BGBl. I 2013, S. 1800.

12 Nach § 21 Abs. 3 BNotO ist der Notar ermächtigt, Bescheinigungen über eine durch Rechtsgeschäft begründete Vertretungsmacht auszustellen. Dazu ist der Notar jedoch nur berechtigt, wenn er sich durch Einsichtnahme in ein öffentliches Register oder in eine öffentliche oder öffentlich beglaubigte Vollmachtsurkunde über die Begründung der Vertretungsmacht vergewissert hat.[7]

13 2. Von *sonstigen Geschäften*, die häufig, aber nicht immer im Zusammenhang mit einer Beurkundung stehen, sind die wichtigsten:

14
– Ausstellung von Teilhypotheken- und Teilgrundschuldbriefen (§ 20 Abs. 2 BNotO).
– Freiwillige Versteigerungen von Grundstücken, von beweglichen Sachen nur im Zusammenhang mit der Versteigerung unbeweglicher Sachen oder einer Vermögensauseinandersetzung (§ 20 Abs. 3 BNotO).
– Förmliche Vermittlung von Nachlass- und Gesamtgutauseinandersetzungen gemäß § 344 Abs. 4a FamFG und Erstellung eines Nachlassinventars gemäß § 2003 BGB.
– Abnahme von Eiden und eidesstattlichen Versicherungen. Für Vereidigungen und eidliche Vernehmungen ist der Notar nur zuständig, wenn sie für das Ausland erforderlich sind (§ 22 Abs. 1 BNotO). Auch für das Inland soll der Notar jedoch einen zur Beurkundung zugezogenen Dolmetscher vereidigen, wenn er nicht allgemein vereidigt ist, außer wenn die Beteiligten darauf verzichten (§ 16 Abs. 3 Satz 3 BeurkG).
– Die Aufnahme eidesstattlicher Versicherungen durch den Notar hängt davon ab, ob einer Behörde oder sonstigen Dienststelle eine tatsächliche Behauptung oder Aussage glaubhaft gemacht werden soll (§ 22 Abs. 2 BNotO).
– Die amtliche Aufbewahrung und Ablieferung von Geld, Wertpapieren und Kostbarkeiten. Diese wird in der Regel in Zusammenhang mit einem Beurkundungsgeschäft stehen, braucht es aber nach § 23 BNotO nicht.
– Erteilung einer weiteren vollstreckbaren Ausfertigung einer notariellen Urkunde gemäß § 797 Abs. 3 ZPO.
– Erteilung einer isolierten Grundbucheinsicht gemäß § 133a Abs. 2 GBO i.V.m. § 85 Satz 2 GBV.

15 Die sonstige Betreuung der Beteiligten auf dem Gebiet der vorsorgenden Rechtspflege gehört ebenfalls zum Amt des Notars. Als wichtige sonstige Betreuungsgeschäfte sind in § 24 BNotO aufgeführt: Die Anfertigung von Urkundenentwürfen und die Beratung der Beteiligten sowie im Rahmen der vorsorgenden Rechtspflege ihre Vertretung vor Gericht und vor Verwaltungsbehörden. Sie stellt jedoch keine hoheitliche Tätigkeit dar; zu ihr sind auch die Rechtsanwälte ermächtigt.[8]

16 Für das Gebiet der neuen Bundesländer ist Rechtsgrundlage der sachlichen und örtlichen Zuständigkeit des Notars seit 08.09.1998 nicht mehr die VO über die Tätigkeit von Notaren in eigener Praxis vom 20.06.1990,[9] sondern ebenso wie für das Altbundesgebiet die Bundesnotarordnung.[10]

III. Internationale Zuständigkeit

17 1. Wenn ein deutscher Notar auch außerhalb seines Amtsbezirks und sogar außerhalb des Bundeslandes, in welchem er bestellt ist, wirksam Amtshandlungen und insbesondere Beurkundungsakte vornehmen kann,[11] bedeutet dies nicht, dass er auch außerhalb der Bundes-

---

7 Siehe zu den Anforderungen auch OLG Bremen DNotZ 2014, 636.
8 Hierzu *Reithmann*, DNotZ 1974, 6.
9 DDR-GBl. I S. 475.
10 Gesetz v. 19.12.1998, BGBl. I S. 3836.
11 Vgl. oben Rdn. 1 ff.

republik Deutschland tätig werden dürfte. Seine »Urkundsgewalt« endet vielmehr, wenn er die Grenze des Staates überschreitet, dessen Recht ihm seine Amtsbefugnis verliehen hat. Amtshandlungen eines *deutschen* Notars im *Ausland* sind also absolut *unzulässig* und *unwirksam*.[12] Auch in den Räumen deutscher diplomatischer und konsularischer Vertretungen im Ausland kann ein deutscher Notar keine wirksamen Beurkundungsakte vornehmen. Diese Befugnis besitzen nur Berufs- und Honorarkonsularbeamte der Bundesrepublik, die die Befähigung zum Richteramt haben oder zu Beurkundungen besonders ermächtigt sind (§§ 10, 11, 12, 19, 24 Abs. 1 Satz 1 des Konsulargesetzes vom 11.09.1974[13]), innerhalb ihres Amtsbezirks.

Amtshandlungen eines deutschen Notars im Ausland sind auch dann unwirksam, wenn es sich um die Beurkundung tatsächlicher Vorgänge (z.B. Niederschriften über Verlosungen, über Aufnahme eines Inventars, über die Hauptversammlung einer Aktiengesellschaft nach § 130 AktG oder über die Gesellschafterversammlung anderer Gesellschaften) handelt. Allerdings ist es in diesen Fällen denkbar, dass der Notar zunächst bei dem zu beurkundenden Vorgang im Ausland anwesend ist und erst später die urkundliche Niederschrift des wahrgenommenen Vorgangs im Inland anfertigt. Die Rechtslehre hält eine derartige Beurkundung überwiegend zwar für wirksam, aber für unzulässig und pflichtwidrig,[14] weil die sinnliche Wahrnehmung des zu beurkundenden Vorgangs (nichthoheitliche Amtstätigkeit des Notars) nicht von der Aufnahme der Urkunde (hoheitliche Amtstätigkeit) getrennt werden könne, sondern beide Akte zusammen die »Beurkundung« darstellten (Grundsatz der Einheit des Verfahrens). Zumindest bei der Beglaubigung von Unterschriften besteht jedoch an der Wirksamkeit der Amtshandlung kein Zweifel: Hat derjenige, dessen Unterschrift beglaubigt wird, die Unterschrift zwar im Ausland in Gegenwart eines Notars vollzogen oder anerkannt, der Notar den Beglaubigungsvermerk aber im Inland gefertigt, so ist die Beglaubigung gültig,[15] weil die Unterschriftsbeglaubigung selbst dann, wenn die Unterschrift entgegen der Bestimmung des § 40 Abs. 1 BeurkG weder vor dem Notar vollzogen noch in seiner Gegenwart anerkannt ist, als wirksam anzusehen ist. In diesem Fall ist lediglich der Gegenbeweis der Unechtheit der Unterschrift zulässig. Nimmt der Notar auch die Beglaubigung im Ausland vor, ist sie selbstverständlich wegen Fehlens der »Urkundsgewalt« wirkungslos. Der deutsche Notar ist lediglich befugt, einen ausländischen Notar auf dessen Verlangen bei seinen Amtsgeschäften zu unterstützen und sich zu diesem Zwecke in den betreffenden ausländischen Staat zu begeben; die entsprechende Befugnis steht umgekehrt auch einem ausländischen Notar zur Unterstützung eines deutschen Notars zu (§ 11a BNotO).

2. Wird ein deutscher Notar hingegen im *Inland* tätig, wird seine (internationale) Zuständigkeit weder dadurch eingeschränkt, dass an dem Beurkundungsakt Personen mit ausländischer Staatsangehörigkeit oder ausländischem Wohnsitz oder ausländische juristische Personen beteiligt sind, noch dadurch, dass sich die Beurkundung auf im Ausland belegene Gegenstände bezieht oder sonst im Ausland Verwendung finden soll, noch dadurch, dass das zu beurkundende Rechtsgeschäft aus anderen Gründen nach deutschem Kollisionsrecht ausländischem materiellen Recht untersteht. Ein deutscher Notar ist also gegenüber Ausländern und darüber hinaus in allen Fällen mit Auslandsberührung in gleichem Maße wie in Inlandsfällen verpflichtet, Beurkundungen vorzunehmen (Grundsatz des freien Zugangs zum Notariat).

---

12 BGH DNotZ 1999, 346; diese Frage offenlassend BGH DNotZ 2013, 630 (wobei die Genehmigung nach § 11 BNotO nicht erteilt wurde).
13 BGBl. I S. 2317.
14 *Schippel/Bracker/Püls*, § 11a BNotO Rn. 2–4 m.w.N.
15 RG JW 1927, 2126; KG JFG Erg. 17, 123.

§ 5 Gründe, aus denen der Notar nicht amtieren kann oder soll

1 In gewissen Fällen ist es dem Notar im Interesse der Unparteilichkeit seiner Amtsausübung nicht gestattet, seine Beurkundungstätigkeit auszuüben. Man unterscheidet solche Fallgestaltungen, welche die Nichtigkeit des Urkundsgeschäfts herbeiführen und solche, bei denen eine Amtsausübung des Notars zwar keinen Einfluss auf die Wirksamkeit der Urkunde hat, aber eine Amtspflichtverletzung des Notars vorliegt. Um im Einzelfall bei der Verschiedenartigkeit der Gegebenheiten den richtigen Weg zu finden, muss man von nachstehenden Gesichtspunkten ausgehen:

I. Die Ausschließungsgründe nach den §§ 6, 7 BeurkG

2 **1.** Die Ausschließungsgründe dieser Paragrafen beziehen sich auf die Beurkundung von Willenserklärungen einschließlich der Verfügungen von Todes wegen, nicht aber auf die Beurkundung anderer Erklärungen, tatsächlicher Vorgänge oder auch auf Beglaubigungen. Sie gelten gemäß § 38 BeurkG nach dem Wortlaut entsprechend für Eide oder eidesstattliche Versicherungen.[1] Ein Verstoß gegen sie hat die **Unwirksamkeit** der Beurkundung zur Folge.

3 **2.** Den Ausschließungsgründen des § 6 BeurkG liegt der sogenannte formelle Beteiligungsbegriff zugrunde, vgl. § 6 Abs. 2 BeurkG. Formell beteiligt sind lediglich die vor dem Notar Erschienenen, die mündlich eigene oder fremde Erklärungen abgeben. Wenn der Grundstückseigentümer E seinem Hausverwalter B Vollmacht gegeben hat, dem Mieter M ein vertragliches Vorkaufsrecht zu bewilligen, so ist, wenn B vor dem Notar erscheint und für E Erklärungen abgibt, der formell Beteiligte nur B.

4 Davon zu trennen ist der sogenannte materielle Beteiligungsbegriff, welcher § 7 sowie § 3 BeurkG zugrunde liegt.[2] Materiell beteiligt ist derjenige, dessen Rechte und Pflichten durch die Erklärung betroffen werden oder, wie es auch ausgedrückt wird, derjenige, zu dessen Gunsten oder Ungunsten die Erklärung abgegeben wird oder, was dem gleichsteht, derjenige, dessen Rechte dadurch erweitert oder verbessert oder dessen Pflichten gemindert werden. Im vorstehenden Beispiel ist E der materiell Beteiligte.

5 **3.** §§ 6 und 7 differenzieren im Übrigen danach, ob der Notar oder bestimmte nahestehende Personen beteiligt sind oder begünstigt werden. Folgende Fälle sind zu unterscheiden:

6 **a) Erste Gruppe (Fälle des § 6 BeurkG)**
Willenserklärungen des Notars und seines Vertreters, seines Ehegatten, seines eingetragenen Lebenspartners und seiner Verwandten in gerader Linie und deren jeweiliger Vertreter. Es gilt der formelle Beteiligungsbegriff. Beteiligt sind an der Beurkundung die Personen, deren im eigenen oder fremden Namen abgegebene Erklärungen beurkundet werden sollen (§ 6 Abs. 2 BeurkG).

7 Daraus ergibt sich: Wenn jemand als Bevollmächtigter eines anderen vor dem Notar erscheint und Willenserklärungen für den anderen abgibt, so ist nur der erschienene Ver-

---

1 Str. a.A. *Lerch*, § 6 BeurkG Rn. 9.
2 Zu § 3 s. sogleich Rdn. 24.

treter »beteiligt«. Nur auf ihn, den Erschienenen, wären also die Ausschließungsgründe des § 6 Abs. 1 BeurkG anwendbar. Dies macht die ergänzende Regelung in § 6 Abs. 1 Nr. 4 BeurkG erforderlich für Fälle, in denen der Erschienene lediglich namens bestimmter, dem Notar besonders nahestehender Personen auftritt.

aa) Der Notar kann nicht vor sich selbst erscheinen und seine eigenen Erklärungen, sei es im eigenen Namen, sei es als Vertreter eines anderen, beurkunden. Er ist von der Beurkundungsbefugnis ausgeschlossen, die Urkunde ist als notarielle Urkunde unwirksam (Nr. 1). Dies gilt nicht für eine durch den Notar aufgrund Durchführungsvollmacht oder Doppelvollmacht errichtete Eigenurkunde, um beispielsweise als Bevollmächtigter des gesetzlichen Vertreters die vormundschaftsgerichtliche Genehmigung entgegenzunehmen und sie zugleich an den Vertragspartner mitzuteilen (s. auch nachstehend Rdn. 15). Die Eigenurkunde stellt nicht die Abgabe einer eigenen Willenserklärung des Notars dar, sondern eine im Rahmen der Betreuungsaufgaben nach §§ 20 ff. BeurkG abgegebene Erklärung zur Durchführung einer bereits erfolgten Beurkundung.[3]

bb) Dasselbe gilt, wenn der Ehegatte oder der eingetragene Lebenspartner des Notars erscheint, um (im eigenen Namen oder als Vertreter eines Dritten) Willenserklärungen abzugeben (Nr. 2, 2a). Ein früherer Ehegatte oder Lebenspartner des Notars kann jedoch vor ihm Erklärungen abgeben.

cc) Ebenso wenig dürfen die Verwandten des Notars in gerader, auf- und absteigender Linie (Eltern und Großeltern, Kinder und Enkel) an der Beurkundung teilnehmen (Nr. 3). Der Ausschließungsgrund bleibt auch nach Erlöschen der Verwandtschaft, bspw. gegenüber den bisherigen Verwandten durch Adoption (§ 1755 BGB), bestehen.[4] Die Verwandten der Seitenlinie und die mit dem Notar Verschwägerten können an einer Beurkundung teilnehmen, wenn sie ihnen keinen rechtlichen Vorteil verschaffen soll und deshalb § 7 BeurkG nicht betroffen ist.

dd) Erklärungen von Vertretern der unter aa)–cc) genannten Personen kann der Notar ebenfalls nicht beurkunden (Nr. 4). Gleichgültig ist, ob es sich um den gesetzlichen Vertreter oder den bevollmächtigten Vertreter handelt. Der Vertreter muss bei der Beurkundung seine Vertretungsmacht ausüben. Unerheblich ist jedoch, ob eine wirksame Vertretung vorliegt.
Bei der Beteiligung an Personengesamtheiten und Gesellschaften ist zu unterscheiden:
Gibt der geschäftsführende Mitgesellschafter einer BGB-Gesellschaft, KG, OHG oder eines nicht eingetragenen Vereins Erklärungen für die Personengesamtheit ab, deren Mitglied der Notar (oder eine andere der in § 6 genannten Personen) ist, muss der Notar die Beurkundung ebenfalls ablehnen, denn der Vertreter gibt die Erklärung im Namen der Gesamtheit der Mitglieder ab, also auch im Namen des an der Gesellschaft beteiligten Notars.[5] Anders ist es, wenn der Notar Mitglied einer juristischen Person (Aktionär, GmbH-Gesellschafter, Mitglied eines eingetragenen Vereins oder einer Genossenschaft) ist und Erklärungen der vertretungsberechtigten Organe der juristischen Person (Vorstandsmitglieder, Geschäftsführer) beurkunden soll. Diese vertreten die juristische Person selbst, in keiner Form aber deren Mitglieder. Nach § 3 Abs. 1 Nr. 9 BeurkG soll der Notar jedoch bei

---
3 *Huhn/v. Schuckmann*, § 6 BeurkG Rn. 5.
4 *Winkler*, § 6 BeurkG Rn. 18.
5 So die h.M.: vgl. *Lerch*, § 6 BeurkG Rn. 14, Eylmann/Vaasen/*Eylmann*, § 6 BeurkG Rn. 8; *Winkler*, § 6 BeurkG Rn. 25. Für die Personengesellschaften a.A. unter Verweis auf die Teilrechtsfähigkeit der Außengesellschaft: Armbrüster/Preuss/Renner/*Armbrüster*, § 6 Rn. 8, die bislang h.M. insoweit für die Außen-GbR infrage stellend: Ganter/Hertel/Wöstmann/*Ganter*, Handbuch der Notarhaftung, Rn. 561 mit Hinweis darauf, dass dann zumindest § 3 Abs. 1 Satz 1 Nr. 1 BeurkG gelte.

Angelegenheiten einer Gesellschaft, an der er mit mehr als 5 % der Stimmrechte oder mit einem anteiligen Betrag des Haftkapitals von mehr als 2.500 € beteiligt ist, an einer Beurkundung nicht mitwirken. Selbst wenn aber der Notar oder sein Ehegatte oder seine Verwandten in gerader Linie dem Vorstand einer Aktiengesellschaft angehören, könnte er die Willenserklärungen der ohne ihn vertretungsberechtigten Vorstandsmitglieder nach § 6 BeurkG beurkunden, da sie nicht den Vorstand, sondern die Aktiengesellschaft vertreten. Er soll das jedoch, wenn er selbst gesetzlicher Vertreter ist, nach §§ 3 Abs. 1 Nr. 5 BeurkG unterlassen.

13 Vertreter i.S.d. § 6 Abs. 1 Nr. 4 BeurkG ist auch der Verwalter kraft Amtes, der Vertreter ohne Vertretungsmacht[6] sowie der Geschäftsführer ohne Auftrag. § 6 Abs. 2 Nr. 4 BeurkG muss auch in Fällen gelten, in denen der beurkundende Notar als Bevollmächtigter Untervollmacht erteilt und der Unterbevollmächtigte dann die Erklärungen abgibt, da anderenfalls eine Umgehung der Regelung möglich wäre.[7] Dies gilt ungeachtet der Rechtslage, dass der Unterbevollmächtigte regelmäßig den Vollmachtgeber und nicht den Hauptbevollmächtigten vertritt.

14 **b) Zweite Gruppe (Fälle des § 7 BeurkG)**
Willenserklärungen, die darauf gerichtet sind, dem Notar, seinem Ehegatten – hier auch dem früheren Ehegatten – seinem eingetragenen Lebenspartner oder früheren Lebenspartner oder seinen Verwandten bis zum dritten Grade oder bis zum zweiten Grade Verschwägerten einen rechtlichen Vorteil zu verschaffen, darf der Notar nicht beurkunden. Eine solche begünstigende Verfügung liegt vor, wenn sie die Rechtsstellung des Notars oder eines der genannten Angehörigen verbessert, also seine Rechte erweitert oder seine Verpflichtungen vermindert. Ein rechtlicher Vorteil setzt nicht voraus, dass eine wirtschaftliche Verbesserung bezweckt wird.

15 In der bloßen Bevollmächtigung des Notars liegt keine solche ihn i.S.d. § 7 BeurkG begünstigende Verfügung. Er erlangt durch die Vollmacht nur die subjektive Eignung zu rechtsgeschäftlichem Handeln für andere, nicht aber einen Vorteil, der ihm selbst zugutekommt. Die Verleihung des Vertretungsrechts erfolgt nicht zu seinem Besten und Interesse.[8] Unstreitig ist dies jedenfalls für die reine Durchführungsvollmacht zum Vollzug des Amtsgeschäftes.[9] Nicht zuletzt ist eine solche Durchführungsvollmacht für den beurkundenden Notar zuweilen sachlich geboten. Die Hochburg des Formalismus, die in den §§ 1828, 1829 BGB zusammen mit § 29 GBO errichtet ist, lässt sich z.B. nur überwinden durch die Doppelbevollmächtigung des Notars zur Einholung und zur Empfangnahme der familiengerichtlichen Genehmigung für den gesetzlichen Vertreter sowie zur Mitteilung an den Vertragsgegner.[10] S. unten § 97 Rdn. 28 ff.

16 Nicht selten heißt es zu Anträgen zum Grundbuch: Der Notar ist ermächtigt, die vorstehenden Anträge zu ändern, zu ergänzen oder zurückzunehmen. Zu einer Rücknahme der von ihm beim Grundbuchamt oder beim Registergericht gestellten Anträge ist der Notar (mit Unterschrift und Siegel) allgemein in § 24 Abs. 3 BNotO ermächtigt. Dazu bedarf er keiner besonderen Ermächtigung. Zu Änderungen und Ergänzungen ist die ausdrückliche Ermächtigung notwendig und zulässig, aber auf das Verfahrensrechtliche zu beschränken, um nicht den Eindruck einer Ermächtigung zu sachlichen Änderungen und damit den

---

6 Grziwotz/Heinemann/*Grziwotz*, § 6 Rn. 12.
7 OLG Hamm DNotZ 1956, 103; Ganter/Hertel/Wöstmann/*Ganter*, Handbuch der Notarhaftung, Rn. 557; *Winkler*, § 6 BeurkG Rn. 21 m.w.N; a.A. *Lerch*, § 6 Rn. 13 Fn 1 im Anschluss an Armbrüster/Preuß/Renner-*Armbrüster*, § 6 Rn. 13;
8 So wie hier: RG 121, 30; 155, 172; BayObLG DNotZ 1956, 213; *Winkler*, § 7 BeurkG Rn. 8; *Lerch*, § 7 BeurkG Rn. 7.
9 *Lerch*, § 7 BeurkG Rn. 7 m.w.N.
10 BGH DNotZ 1956, 319; OLG Hamm DNotZ 1964, 341 = Rpfleger 1964, 313.

Anschein der Abhängigkeit und Parteilichkeit des Notars wegen Erstrebens eines rechtlichen Vorteils aufkommen zu lassen.[11] Dem entspricht etwa:

Der Notar ist ermächtigt, die vorstehenden Anträge zu berichtigen, zu ergänzen oder grundbuchrechtlichen (registergerichtlichen) Erfordernissen inhaltlich anzupassen. 17 M

Einer ausdrücklichen Ermächtigung zur Antragsrücknahme bedarf es, wenn der Notar lediglich die Anträge der Beteiligten als Bote einreicht oder diese neben den durch den Notar gestellten Anträgen als gestellt gelten. In diesem Fall bedarf der Notar einer besonderen Ermächtigung zur Antragsrücknahme in öffentlich beglaubigter Form (s. auch § 7 Rdn. 39). In diesem Fall wäre zu formulieren: 18

Der Notar ist ermächtigt, die vorstehenden Anträge zu berichtigen, zu ergänzen oder grundbuchrechtlichen (registergerichtlichen) Erfordernissen inhaltlich anzupassen, sowie diese zurück zu nehmen, auch soweit er sie nicht selbst gestellt hat. 19 M

Hat ein Notar von ihm selbst beurkundete oder beglaubigte grundbuchrechtliche Erklärungen aufgrund ausdrücklicher Vollmacht im Namen eines Beteiligten nachträglich berichtigt, ergänzt oder grundbuchrechtlichen Erfordernissen inhaltlich angepasst, so ist diese Eigenurkunde, wenn sie vom Notar unterzeichnet und gesiegelt ist, eine öffentliche Urkunde und genügt dem Formerfordernis des § 29 GBO.[12] 20

4. Enthält die Urkunde eine Verfügung zugunsten des Notars oder eines seiner näheren Angehörigen, so ist sie nur insoweit unwirksam, als zugunsten des Notars oder seiner Angehörigen verfügt ist. Im Übrigen ist sie gültig, es sei denn, dass die Beteiligten die Beurkundung ohne die ungültige Verfügung nicht vorgenommen haben würden. 21

§ 7 BeurkG gilt über § 27 BeurkG entsprechend für Personen, die in einer Verfügung von Todes wegen bedacht oder zum Testamentsvollstrecker ernannt werden. So kann der Notar seine Ernennung zum Testamentsvollstrecker und die seines jetzigen oder früheren Ehegatten und die seiner Verwandten bis zum dritten und seiner Verschwägerten bis zum zweiten Grade der Seitenlinie nicht beurkunden. Dabei muss es sich für den Benannten oder testamentarisch Bedachten nicht zwingend um einen ausschließlichen (rechtlichen) Vorteil handeln.[13] Das Verbot griff nach bisheriger Rechtsprechung des OLG Bremen auch dann ein, wenn der Notar beispielsweise von einer etwaigen Testamentsvollstreckerernennung seiner eigenen Person nicht wusste, weil diese in einem handschriftlichen Testament des Erblassers erfolgt war, welches in einem verschlossenen Umschlag an den betreffenden Notar übergeben wurde, nachdem dies in einem zuvor vor demselben Notar errichteten Testament angekündigt worden war.[14] Nunmehr ist das OLG Bremen von dieser Rechtsprechung bei ähnlichem Sachverhalt abgerückt:[15] Hiernach sei der Notar nach §§ 27, 7 BeurkG nur insoweit von der Mitwirkung an der Beurkundung einer letztwilligen Verfügung ausgeschlossen, als der Notar darin zum Testamentsvollstrecker des Erblassers ernannt wird. Die bloße Ankündigung, die Testamentsvollstreckerernennung in einem handschriftlichen Testament nachzuholen und dieses in verschlossenem Umschlag an den Notar übergeben zu 22

---

11 S. hierzu jedoch OLG Düsseldorf DNotZ 2013, 30, 32 zu der Formulierung »... uneingeschränkt zu vertreten« sowie *Pelikan*, notar 2013, 165, 168.
12 BGH DNotZ 1981, 118; 1981, 251 m. Anm. *Winkler*, BayObLG DNotZ 1983, 434 m. Anm. *Reithmann*.
13 BGH NJW 1997, 946.
14 Hier durch Übergabe eines verschlossenen Umschlags mit einer »Anlage« zum zuvor errichteten öffentlichen Testament, welches der in der Anlage als Testamentsvollstrecker benannte Notar beurkundet hatte: OLG Bremen FamRZ 2015, 533 ff.; im Anschluss hieran auch Beschluss vom 24.09.2015, NJW-RR 2016, 76, 77; MittBayNot 2016, 347.
15 OLG Bremen, MittBayNot 2016, 344 ff.

wollen genüge nicht, um die Beweiswirkung des öffentlichen Testaments auf den Vorgang der Übergabe der verschlossenen Schrift zu erstrecken. Das spätere handschriftliche Testament stelle keine einheitliche Urkunde mit dem öffentlich errichteten Testament dar. Dies gelte sogar dann nicht, wenn der Umschlag mit dem handschriftlichen Testament im identischen Verwahrumschlag mit dem notariellen Testament in die amtliche Verwahrung gegeben wurde.[16] Gleichwohl die obergerichtliche Rechtsprechung ein und desselben Gerichts dadurch eine Wende erfahren hat, sollte im Sinne der Einhaltung des sichersten Weges eine solche Gestaltung nicht gewählt werden, insbesondere sollte das handschriftliche Testament nicht in einem einzigen Umschlag mit dem notariellen Testament beim Amtsgericht zur Verwahrung abgeliefert werden, da diesem Vorgehen der Anschein einer Umgehung der Vorschriften der §§ 27, 7 BeurkG anhaftet.[17] Ebenfalls zivilrechtlich wirksam, jedoch aus vorstehenden Überlegungen heraus zumindest dienstrechtlich bedenklich wäre es, als beurkundender Notar dem Erblasser vorzuschlagen, die Testamentsvollstreckerernennung (des Notars) in einem gesonderten privatschriftlichen Testament vorzunehmen, selbst wenn der Erblasser danach fragt.[18]

§ 7 Nr. 1 BeurkG (nicht hingegen § 27 BeurkG, welcher als selbständige Norm daneben steht) ist zudem einschlägig für die Beurkundung des Rechtes des beurkundenden Notars zur Bestimmung des Testamentsvollstreckers (§ 2198 Abs. 1 Satz 1 BGB).[19] Der rechtliche Vorteil liegt hier in der Möglichkeit des Notars, auf die Person des Testamentsvollstreckers Einfluss zu nehmen.[20] Die gleichwohl beurkundete einzelne Verfügung, nicht das ganze Testament ist unwirksam.[21]

23 Die Ernennung seines Sozius zum Testamentsvollstrecker kann der Notar hingegen wirksam beurkunden.[22] Sie ist ihm aber gemäß § 3 Abs. 1 Nr. 4 BeurkG untersagt.[23] Die Ernennung einer UG zum Testamentsvollstrecker, an welcher ein Mitarbeiter des Notars Geschäftsführer ist, stellt zwar keinen Verstoß gegen die §§ 6, 7 und 3 BeurkG dar, kann jedoch gleichwohl einen Verstoß gegen das allgemeine Gebot der Unabhängigkeit und Unparteilichkeit des Notars und damit ein disziplinarisch zu ahndendes Dienstvergehen darstellen.[24]

II. Die Verbotsgründe des § 3 BeurkG

24 1. Die Verbotsbestimmungen des § 3 sind umfassender als die der §§ 6, 7 BeurkG. Wenn gegen diese verstoßen wird, liegt auch immer eine Übertretung eines in § 3 BeurkG ausgesprochenen Verbotes vor. Die Verbote des § 3 BeurkG gelten nicht wie die der §§ 6 und 7 BeurkG nur für die Beurkundung von Willenserklärungen, sondern für alle Beurkundungen, auch für die sonstigen der §§ 36 bis 43 BeurkG, ferner für alle sonstigen Amtstätigkeiten (vgl. § 16 Abs. 1 BNotO), wie z.B. Verwahrungstätigkeit oder Entwurfsfertigung, die Beglaubigung von Unterschriften und sogar Abschriften[25] sowie die Erstellung vollstreckbarer

---

16 OLG Bremen, MittBayNot 2016, 344 ff.; für Umgehung und damit nach wie vor Unwirksamkeit aber: Grziwotz/Heinemann/*Heinemann*, § 27 Rn. 19.
17 So auch: *Genske*, notar 2017, 188, 190.
18 S. hierzu OLG Köln Beschl. v. 05.02.2018 – 2 Wx 275/17, RNotZ 2018, 336; zur dienstrechtlichen Einordnung allgemein vgl.: Grziwotz/Heinemann/*Heinemann* § 27 Rn. 19; BeckOGK BeurkG/*Grziwotz* § 27 Rn. 16.
19 Vgl. BGH, Beschl. v. 10.10.2012, MittBayNot 2013, 166 ff.
20 BGH MittBayNot 2013, 166, 167.
21 S. vorstehend Rdn. 21; Armbrüster/Preuß/Renner/*Armbrüster*, § 27 BeurkG Rn. 3, 8.
22 BGH DNotZ 1997, 446 m. Anm. *Reimann*; so auch bestätigt in vorstehendem Beschluss vom 10.10.2012, MittBayNot 2013, 166, 167.
23 *Vaasen/Starke*, DNotZ 1998, 661, 669; DNotI-Report 1999, 101.
24 BGH NotBZ 2018, 218.
25 Arndt/Lerch/Sandkühler/*Sandkühler*, § 16 BNotO Rn. 11; a.A. *Lerch*, BWNotZ 1999, 41, 46 f.; *Maaß*, ZNotP 1999, 178, 182.

Ausfertigungen.[26] Ihre Verletzung hat nicht die Unwirksamkeit der Beurkundung zur Folge, wenn nicht gleichzeitig die Ausschließungsgründe der §§ 6, 7 BeurkG vorliegen. Da diese nicht für die sonstigen Beurkundungen gelten, führt ein Verstoß gegen § 3 BeurkG nie zur Unwirksamkeit einer Urkunde, die keine Willenserklärung enthält. Das »Soll« in § 3 BeurkG drückt aus, dass der Notar zwar keine Beurkundung vornehmen darf, ein Verstoß jedoch nicht zur Unwirksamkeit führt. § 3 BeurkG begründet aber eine absolute Amtspflicht des Notars.[27] Verstöße werden somit disziplinarrechtlich durchaus streng geahndet und können gemäß § 50 Abs. 1 Nr. 9 BNotO bei wiederholtem Verstoß gegen Mitwirkungsverbote bis zur Amtsenthebung des Notars führen.[28] Die Verbotsgründe gelten für den Notar als Amtsinhaber und den Notariatsverwalter jeweils in eigener Person sowie den Notarvertreter, der das Vorliegen von Mitwirkungsverboten sowohl für sich als auch den von ihm vertretenen Notar prüfen muss.

2. Die Verbote in § 3 BeurkG sind auf Angelegenheiten abgestellt. Es geht nicht um die formelle, sondern um die materielle Beteiligung. Angelegenheit ist der Lebenssachverhalt, auf den sich die Beurkundung bezieht.[29] Um die Angelegenheit einer Person handelt es sich, wenn deren Rechte und Pflichten durch die Beurkundung unmittelbar betroffen sind.[30] Es reicht aus, wenn ein Gesamtzusammenhang innerhalb eines einheitlichen Lebenssachverhalts besteht.[31]

3. Wenn bestimmte Personen in die Angelegenheit einbezogen werden, soll der Notar nicht beurkunden. Das sind zunächst die Personen, die nach § 7 BeurkG keinen rechtlichen Vorteil aus der Beurkundung von Willenserklärungen erlangen dürfen, wenn die Beurkundung nicht unwirksam sein soll (oben Rdn. 14 ff.). Einbezogen in den Personenkreis wird in § 3 ferner ein Verlobter, auch ein Verlobter nach dem Lebenspartnerschaftsgesetz, nicht aber der frühere Verlobte. Weiter darf es sich nicht um Angelegenheiten einer Person handeln, mit der sich der Notar zur gemeinsamen Berufsausübung verbunden oder mit der er gemeinsame Geschäftsräume hat (§ 3 Abs. 1 Nr. 4 BeurkG). Auf die Organisationsform kommt es nicht an. Das Mitwirkungsverbot der Nr. 4 erstreckt sich nicht auf den dem Notar zur Ausbildung zugewiesenen Notarassessor.[32] Auch darf es sich nicht um Angelegenheiten einer Person handeln, deren gesetzlicher Vertreter der Notar oder eine Person im Sinne von Nr. 4 ist (§ 3 Abs. 1 Nr. 5 BeurkG) oder Angelegenheiten einer Person, deren vertretungsberechtigtem Organ der Notar oder eine Person im Sinne von Nr. 4 angehört (§ 3 Abs. 1 Nr. 6 BeurkG) oder Angelegenheiten einer Person, für die der Notar, eine Person im Sinne der Nr. 4 oder eine mit dieser im Sinne der Nr. 4 oder in einem verbundenen Unternehmen (§ 15 AktG) verbundene Person außerhalb einer Amtstätigkeit in derselben Angelegenheit bereits tätig war oder ist, es sei denn, diese Tätigkeit wurde im Auftrag aller Personen ausgeübt, die an der Beurkundung beteiligt sein sollen (§ 3 Abs. 1 Nr. 7 BeurkG) oder Angelegenheiten einer Person, die den Notar in derselben Angelegenheit bevollmächtigt hat oder zu der der Notar oder eine Person im Sinne der Nr. 4 in einem ständigen Dienst- oder ähnlichen ständigen Geschäftsverhältnis steht (§ 3 Abs. 1 Nr. 8 BeurkG) oder Angelegenheiten einer Gesellschaft (nicht Personengesellschaft, da diese unter § 3 Abs. 1 Nr. 1 BeurkG zu subsumieren sind), an der der Notar mit mehr als 5 % der Stimmrechte oder mit einem anteiligen Betrag des Haftkapitals

---

26 Grziwotz/Heinemann/*Grziwotz*, BeurkG, § 3 Rn. 3, Arndt/Lerch/*Sandkühler*, § 16 Rn. 8.
27 BGH DNotZ 1985, 231.
28 BGHZ DNotZ 2004, 888; DNotZ 2013, 310, 313.
29 BGH DNotZ 1985, 231; Grziwotz/Heinemann/*Grziwotz*, BeurkG, § 3 Rn. 7; *Mihm*, DNotZ 1999, 8, 20.
30 *Winkler*, § 3 BeurkG Rn. 24 f.; zu den Einzelfällen vgl.: Eylmann/Vaasen/*Eylmann*, § 3 BeurkG Rn. 10 ff., *Weingärtner*, Vermeidbare Fehler im Notariat, Rn. 68 sowie Grziwotz/Heinemann/*Grziwotz*, BeurkG, § 3 Rn. 14.
31 BGH DNotZ 2013, 310, 312 m. Anm. *Armbrüster/Leske*.
32 Grziwotz/Heinemann/*Grziwotz*, BeurkG, § 3 Rn. 33.

§ 5 Gründe, aus denen der Notar nicht amtieren kann oder soll

von mehr als 2.500 € beteiligt ist (§ 3 Abs. 1 Nr. 9 BeurkG). Entscheidend ist insoweit der Nominalwert der Kapitalbeteiligung.[33]

27 Vor der Beurkundung hat der Notar nach einer Vorbefassung im Sinne der Nr. 7 zu fragen und in der Urkunde die Antwort zu vermerken (§ 3 Abs. 1 Satz 2 BeurkG). Der entsprechende Vermerk in der Urkunde könnte etwa lauten:

28 M **Auf Befragen des Notars verneinten die Erschienenen dessen Vorbefassung i.S.v. § 3 Abs. 1 Nr. 7 BeurkG.**

29 Der Notar sollte jedoch bei dieser Form des Vorbefassungsvermerks den nicht leicht verständlichen Inhalt des § 3 Abs. 1 Nr. 7 BeurkG erläutern. Zur Ermittlung des Sachverhalts ist er verpflichtet. Ein ausführlicher Vermerk könnte lauten:

30 M **Der Notar befragte die Erschienenen, ob er, sein Sozius oder eine mit seinem Sozius solchermaßen zur gemeinsamen Berufsausübung verbundene Person in derselben Angelegenheit außerhalb der Tätigkeit im Notaramt bereits tätig war oder tätig ist. Dies wurde durch sämtliche Erschienene verneint.**

31 Die Befragung nach einer Vorbefassung und die Anbringung des entsprechenden Vermerks wird für den hauptberuflichen Notar aufsichtsrechtlich allerdings derzeit nicht zwingend gefordert,[34] da für ihn ein Fall der in Nr. 7 geregelten Konstellationen denknotwendig ausgeschlossen sein müsse.[35]

32 Vom Mitwirkungsverbot können die Beteiligten den Notar nicht befreien.[36]

33 **4.** Bestehen Zweifel an der Unparteilichkeit des Notars und liegt keiner der Spezialfälle des § 3 Abs. 1 BeurkG vor, so geben § 3 Abs. 2, 3 BeurkG in weiteren Fallgestaltungen den Beteiligten ein Ablehnungsrecht. Der Notar soll auf den Sachverhalt hinweisen und die Betroffenen befragen, ob sie der Beurkundung zustimmen. Hinweis, Frage und Bejahung soll er in der Urkunde vermerken.

34 **a)** Bei Beteiligung mehrerer Personen besteht ein Ablehnungsrecht, wenn Angelegenheiten, in denen der Notar früher als gesetzlicher oder gewillkürter Vertreter tätig gewesen ist oder Angelegenheiten, in denen er noch als Bevollmächtigter tätig ist (Abs. 2) betroffen sind.

35 Abzustellen ist auch hierbei auf die sachliche Beteiligung, sodass es etwa nicht hilft, bei Vertretung einer Partei im vorangegangenen Scheidungsverfahren für den Scheidungsfolgenvergleich nur ein Angebot des Mandanten notariell zu beurkunden.

36 Die Fallgestaltungen des Abs. 2 sind bereits weitgehend durch die in § 3 Abs. 1 Nr. 5, 7 oder 8 BeurkG geregelten spezielleren Mitwirkungsverbote abgedeckt. Einschlägig ist Abs. 2, 2. Alt. (frühere Tätigkeit des Notars als Bevollmächtigter in derselben Angelegenheit) nur, wenn der Anwendungsbereich des Abs. 1 Nr. 7 ausgeschlossen ist, weil die Tätigkeit des Notars im Auftrag aller an der Beurkundung Beteiligten erfolgt.[37]

---

33 *Soergel/Mayer*, § 3 BeurkG Rn. 18.
34 *Heller/Vollrath*, MittBayNot 1998, 322; *Winkler*, § 3 BeurkG Rn. 126.
35 Eingehend: *Winkler*, § 3 BeurkG Rn. 102 ff.; Grziwotz/Heinemann/*Grziwotz*, BeurkG, § 3 Rn. 43, 56; a.A. Ganter/Hertel/Wöstmann/*Ganter*, Handbuch der Notarhaftung, Rn. 677 m.w.N., insbesondere für den Fall, dass der Nur-Notar in einem früheren Beruf (z.B. vorhergehende Anwaltstätigkeit) in derselben Angelegenheit tätig war.
36 Grziwotz/Heinemann/*Grziwotz*, BeurkG, § 3 Rn. 32 mit Hinweis auf die missverständliche Entscheidung des OLG Köln, NJW 2005, 2092.
37 *Winkler*, § 3 BeurkG Rn. 172.

Im Fall der noch aktuellen Tätigkeit als Bevollmächtigter muss es sich um eine von der Urkundsangelegenheit verschiedene Sache handeln (3. Alt.), damit Abs. 2 einschlägig ist.[38] **37**

Für den Fall einer gesetzlichen Vertretung (1. Alt.) besteht das Ablehnungsrecht nur, wenn das Vertretungsverhältnis, welches dieselbe Angelegenheit betraf, ganz erloschen ist. Im Übrigen gilt vorrangig Abs. 1 Nr. 5. **38**

Auch die Hinweis- und Fragepflicht entfällt, wenn der Notar z.Zt. der Beurkundung – sei es als gesetzlicher oder gewillkürter Vertreter – nicht mehr in anderer Sache für einen Beteiligten tätig ist. Kein Mitwirkungsverbot besteht bspw., wenn der Notar einen Ehegatten im Scheidungsverfahren vertreten hatte und nachfolgend der Verkauf des gemeinschaftlichen Mietshauses beurkundet werden soll.[39] Sie besteht jedoch, wenn der Notar zuvor einen Beteiligten im Scheidungsverfahren vertreten hatte und nun die Übertragung der gemeinsamen Immobilie beurkundet, wenn in dieser Urkunde auch geregelt ist, dass mit Erfüllung der Zahlungsverpflichtung des Erwerbers sämtliche wechselseitigen Zugewinnausgleichsansprüche erledigt sind.[40] Die Hinweis- und Fragepflicht trifft vornehmlich den Anwaltsnotar. **39**

b) Eine entsprechende Fragepflicht hat der Notar nach Abs. 3: **40**

aa) In Angelegenheiten einer Person, deren nicht zur Vertretung berechtigtem Organ er angehört (§ 3 Abs. 3 Nr. 1 BeurkG). Als Mitglied des Aufsichtsrats einer AG oder GmbH wäre der Notar von der Beurkundung der Beschlüsse der Haupt-(Gesellschafter-)Versammlung nach Abs. 1 Satz 1 an sich ausgeschlossen, da kein Beschluss denkbar ist, von dem der Aufsichtsrat nicht betroffen würde. Sieht man dies anders, sind Frage und Zustimmung gemäß Abs. 3 Satz 1 Nr. 1 auch zu vermerken, wenn dem Vorstand oder Versammlungsleiter, der den Auftrag zur Beurkundung gibt, bekannt ist, dass der Notar dem Aufsichtsrat angehört. **41**

bb) In Angelegenheiten einer Gemeinde oder eines Kreises, deren Organ der Notar angehört (§ 3 Abs. 3 Nr. 2 BeurkG). **42**

cc) In Angelegenheiten einer als Körperschaft des öffentlichen Rechts anerkannten Religions- oder Weltanschauungsgemeinschaft oder einer als Körperschaft des öffentlichen Rechts anerkannten Teilorganisation einer solchen Gemeinschaft, deren Organ der Notar angehört (§ 3 Abs. 3 Nr. 3 BeurkG). **43**

In den Fällen bb) und cc) gilt das Tätigkeitsverbot des Abs. 1 Nr. 6 nicht, es besteht lediglich eine Pflicht zum Hinweis auf das Ablehnungsrecht. **44**

Der vorgeschriebene Vermerk zur Belehrung über eine Ablehnung ist natürlich nur aufzunehmen, wenn die Beteiligten die Beurkundung nicht abgelehnt haben. In diesem Fall kann der Notar nicht beurkunden. Da die Belehrung bei Beginn der Beurkundung zu geschehen hat, ist sie vor dem sachlichen Inhalt aufzunehmen. Sie lautet etwa: **45**

Der Notar erklärte den Beteiligten vor Eintritt in die Verhandlung, dass er (oder ein mit ihm gemäß § 3 Abs. 1 Nr. 4 BeurkG verbundener Sozius) von dem Beteiligten zu 1 in einem Rechtsstreit gegen einen Dritten zum Prozessbevollmächtigten bestellt sei **46 M**

oder ..... dass er Aufsichtsratsmitglied der an dem abzuschließenden Kaufvertrag beteiligten Aktiengesellschaft zu 2 sei

oder ..... dass er dem Stadtrat der Beteiligten zu 2 angehöre ..... und dass sie deshalb die Beurkundung durch ihn ablehnen könnten.

---

38 *Winkler*, § 3 BeurkG Rn. 176.
39 OLG Schleswig DNotZ 2007, 745.
40 BGH DNotZ 2013, 310 ff. m. Anm. *Armbrüster/Leske*.

Die Beteiligten baten den Notar gleichwohl um die Durchführung der Beurkundung und wünschten nicht, von ihrem Recht, dem Notar den Beurkundungsauftrag zu entziehen, Gebrauch zu machen.

47 Zur Ablehnung berechtigt ist nur der Auftraggeber des Notars, nicht also etwa der in einer Hauptversammlung anwesende Aktionär, da es sich um die Frage der Entscheidung über die Erteilung des Beurkundungsauftrags handelt.[41]

48 Da die Aufsichtsratstätigkeit gemäß § 8 Abs. 3 Nr. 2 BNotO von der Aufsichtsbehörde genehmigt werden muss, besteht allerdings oft schon ein generelles Tätigkeitsverbot aufgrund bei der Genehmigung von der Aufsichtsbehörde gemachter Auflage.

49 5. Die Verbotsgründe des § 3 gelten für alle Amtstätigkeiten nach §§ 20 bis 22 BNotO, vgl. § 16 Abs. 1 BNotO, nicht jedoch für die nicht zu den Pflichtaufgaben zählende Rechtsbetreuung nach §§ 23, 24. Ein entsprechender Hinweis auf eine Interessenkollision dürfte sich aber auch in diesen Fällen empfehlen.

50 Die Tätigkeitsverbote der § 3 Abs. 1 Nr. 4–8 BeurkG erstrecken sich in Sozietäten auf alle Sozien, auch auf nur mit den Sozien i.S.d. Abs. 1 Nr. 4 verbundene Partner (Nr. 7). Entsprechendes gilt für Anstellungsverhältnisse oder freie Mitarbeiter von partnerfähigen Freiberuflern, Partnerschaften und für Bürogemeinschaften. Auch die Befragungspflicht mit Ablehnungsmöglichkeit nach § 3 Abs. 2/Abs. 3 BeurkG bezieht sich auf Tätigkeiten der Sozien. Die Erstreckung ergibt sich bei Anwaltsmandaten ferner schon daraus, dass im Zweifel die Sozietät insgesamt beauftragt wird. Dies bezweckt, schon den Anschein einer Parteilichkeit zu vermeiden. Aus dem gleichen Grunde sollte, ohne ausdrückliche Erstreckung des Tätigkeitsverbots Zurückhaltung geübt werden, wenn die Fälle des § 3 Abs. 1 Nr. 1–3, 9 bei einem Sozius vorliegen.

III. Die Versagung der Amtstätigkeit nach § 14 Abs. 2 BNotO, § 4 BeurkG und § 16 Abs. 2 BNotO

51 1. Wenn seine Amtstätigkeit nicht mit seinen Amtspflichten vereinbar ist, insbesondere wenn seine Mitwirkung bei Handlungen verlangt wird, mit denen erkennbar unerlaubte oder unredliche Zwecke verfolgt werden, hat der Notar seine Tätigkeit zu versagen (§ 14 Abs. 2 BNotO). So hat der Notar seine Amtstätigkeit zu versagen, wenn erkennbar unwahre Erklärungen beurkundet werden sollen[42] oder, wenn ein Rechtsgeschäft erkennbar nichtig wäre.[43] Pflichtwidrig handelt der Notar auch, wenn er ein nichtiges Geschäft vollzieht.[44] Eine besondere Ausprägung, insbesondere die Verfahrensgestaltung betreffend, erfährt vorstehender Grundsatz auch durch den aufgrund des am 29.07.2017 in Kraft getretenen Gesetzes zur besseren Durchsetzung der Ausreisepflicht[45] eingeführten § 1597a BGB über die missbräuchliche Anerkennung der Vaterschaft.[46] Erkennbarkeit ist dann gegeben, wenn sich im Rahmen des Beurkundungsverfahrens und durch sonstige Kenntniserlangung des Notars konkrete Anhaltspunkte für eine Unredlichkeit offenbaren.[47] Dabei reicht es für die Annahme einer Amtspflichtverletzung aus, wenn erkennbar der **Verdacht** besteht, dass unerlaubte oder unredliche Zwecke verfolgt werden.[48] In diesem Fall ist der Notar gehalten, sich sorgfältig

---

41 *Winkler*, § 3 BeurkG Rn. 190.
42 BGH DNotZ 1992, 819; 2005, 213.
43 BGH WM 1992, 1662, 1663.
44 BGH DNotZ 2001, 486, 488.
45 G. v. 20.07.2017, BGBl. I 2017, 2780.
46 Vgl. auch § 92 Rdn. 17 ff. und zum einzuhaltenden Verfahren eingehend: *Grziwotz*, MittBayNot 2018, 287 ff.
47 *Diehn/Seger*, BNotO § 14 Rn. 23.
48 BGH, DNotZ 2016, 227 ff..

über die Hintergründe der zu beurkundenden Vorgänge zu vergewissern und notfalls die Beurkundung abzulehnen.[49] Dabei genügt es nicht, dass er sich nur auf die Angaben der Beteiligten verlässt. Der Grundsatz, dass der Notar im Zweifel den Angaben der Beteiligten vertrauen darf,[50] gilt umso weniger, je gewichtiger die Hinweise auf unredliches Verhalten sind und je größer die mögliche Unredlichkeit des verfolgten Zweckes ist.[51] Hingegen reicht die bloße Möglichkeit, dass das Geschäft unerlaubten oder unredlichen Zwecken dienen könnte, grundsätzlich nicht aus.[52] Die Pflicht zur Amtsverweigerung wird für die Beurkundung in § 4 BeurkG noch einmal ausgesprochen. Verletzungen der gesetzlichen Ordnung darf der Notar nicht unterstützen.

52 2. Der Notar darf seine Urkundstätigkeit nicht ohne ausreichenden Grund verweigern (§ 15 Abs. 1 BNotO). Ein ausreichender, in vielen Fällen sogar ein zwingender Grund ist in den Fällen der §§ 3, 6, 7 BeurkG gegeben. Wenn ein solcher Grund nicht vorliegt, der Notar sich aber befangen fühlt, also nicht in der Lage ist, die Beteiligten unparteiisch zu betreuen, wie es ihm § 14 Abs. 1 BNotO zur Pflicht macht, kann und soll er sich der Ausübung des Amtes enthalten (§ 16 Abs. 2 BNotO).[53] Verstöße in diesem Bereich stellen ein schweres Dienstvergehen dar und können bis zur Amtsenthebung führen.[54] Das gilt für jede Amtstätigkeit, nicht nur für die Beurkundung. Gegen die Ablehnung der Vornahme der Amtstätigkeit findet als Rechtsmittel die Beschwerde zum Landgericht statt (§ 15 Abs. 1 Satz 2 BNotO).

IV. Unzulässigkeit der späteren Anwaltstätigkeit

53 Das Vertrauen in seine Unparteilichkeit, dessen der Notar bedarf, soll er nicht durch eine spätere einseitige Interessenvertretung als Rechtsanwalt erschüttern. Er kann deshalb gemäß § 45 Abs. 1 Nr. 1 BRAO in einer Angelegenheit, mit der er als Notar befasst gewesen ist, nicht einen sachlich beteiligt Gewesenen gegen die Interessen des anderen vertreten. Dabei kommt es nicht darauf an, ob die Tätigkeit abgeschlossen ist. Erst recht bei andauernder notarieller Tätigkeit besteht die Gefahr einer Interessenskollision, der § 45 Abs. 1 Nr. 1 BRAO entgegenwirken möchte. Ein Tätigkeitsverbot gilt zudem für einen Streit um den Rechtsbestand oder die Auslegung der Urkunde oder wenn die Vollstreckung aus ihr betrieben wird (§ 45 Abs. 1 Nr. 2 BRAO).

54 Beispiele sind die Vertretung im Scheidungsverfahren nach früherer Beurkundung eines Ehevertrages, die Geltendmachung der Ansprüche aus einer Ehe nach Beurkundung des Scheidungsfolgenvergleichs, die Vertretung eines Gesellschafters gegen Mitgesellschafter nach Beurkundung des Gesellschaftsvertrages oder die Verfolgung von Pflichtteilsrechten in Ansehung eines vom Notar früher beurkundeten Testamentes.

55 Während § 45 Abs. 1 BRAO dem Rechtsanwalt nur ein Tätigwerden verbietet, wenn er in derselben Sache bereits notariell tätig geworden ist oder es sich um den Rechtsbestand oder die Auslegung einer von ihm oder von einem mit ihm in einer Sozietät verbundenen Rechtsanwaltsnotar aufgenommenen Urkunde handelt, hat sich der Notar in Angelegenheiten, mit denen er befasst war, jeder Interessenvertretung eines Beteiligten gegen den anderen zu enthalten, was aus dem Gebot der Unparteilichkeit gemäß § 14 Abs. 1 BNotO, Abschnitt II RiLi-Empf. BNotK folgt. Anwaltliches und notarielles Berufsrecht gelten kumulativ.[55]

---

49 BGH DNotZ 2016, 227, 228.
50 Schippel/Bracker/*Kanzleiter*, § 14 Rn. 20.
51 BGH DNotZ 2016, 227, 230.
52 Arndt/Lerch/Sandkühler/*Sandkühler*, BNotO § 14 Rn. 106.
53 S. auch Rdn. 23 mit Verweis auf BGH NotBZ 2018, 218.
54 Vgl. für den Fall sog. Kettenkaufverträge: BGH DNotZ 2011, 71; ZNotP 2013, 434; weitere Einzelfälle vgl. Arndt/Lerch/Sandkühler/*Sandkühler*, BNotO § 14 Rn. 99.
55 Disziplinarsenat Essen DNotZ 1961, 164; OLG Köln DNotZ 1963, 631.

Zweiter Teil. Notarverfahrensrecht

§ 6 Aufklärungs-, Prüfungs-, Belehrungs- und Beratungspflicht, Formulierungspflicht, Pflicht zur sachgerechten Verfahrensgestaltung (§ 17 BeurkG)

Literatur: *Arndt/Lerch/Sandkühler*, Bundesnotarordnung, 8. Aufl.; *Böhr*, Verbraucher und Unternehmer in der notariellen Praxis, RNotZ 2003, 277; *Diehn*, Bundesnotarordnung, 1. Aufl.; *Ganter/Hertel/Wöstmann*, Handbuch der Notarhaftung, 3. Aufl; *Haug*, Inhalt und Grenzen der notariellen Belehrungspflicht, Sonderdruck aus DNotZ 1972, 388 ff. und 453 ff.; *Haug/Zimmermann*, Die Amtshaftung des Notars, 4. Aufl.; *Reithmann*, Belehrungspflicht, Beratung und Betreuung bei der Beurkundung von Grundstückskaufverträgen, DNotZ 1969, 70; *ders.*, Vorsorgende Rechtspflege durch Notare und Gerichte, 1989; *Reithmann/Albrecht*, Handbuch der notariellen Vertragsgestaltung, 8. Aufl.; *Rohs/Heinemann*, Die Geschäftsführung der Notare 11. Aufl.; *Schippel/Bracker*, Bundesnotarordnung, 9. Aufl.;*Weingärtner*, Vermeidbare Fehler im Notariat, 9. Aufl.; ferner die Kommentare zum BeurkG.

Der Notar soll den Willen der Beteiligten erforschen, den Sachverhalt klären, die Beteiligten über die rechtliche Tragweite des Geschäfts belehren und ihre Erklärungen klar und unzweideutig in der Niederschrift wiedergeben. Dabei soll er darauf achten, dass Irrtümer und Zweifel vermieden sowie unerfahrene und ungewandte Beteiligte nicht benachteiligt werden. Dies wird für die Prüfungs- und Belehrungspflichten des Notars bei Beurkundungen von Willenserklärungen in § 17 Abs. 1 BeurkG als Grundsatz vorangestellt. Die Beurkundung tatsächlicher Vorgänge und die Unterschriftsbeglaubigung unterfallen nicht § 17 Abs. 1 BeurkG, jedoch die Abnahme von Eiden und die Aufnahme eidesstattlicher Versicherungen, soweit die Aufklärungs- sowie die Formulierungspflicht angesprochen sind.[1]   **1**

I. Aufklärungspflicht

1. Der Notar soll den Willen der Beteiligten erforschen, den Sachverhalt klären. Durch diese, vom Gesetz in § 17 Abs. 1 BeurkG dem Notar ausdrücklich auferlegte Pflicht zur Ermittlung des Willens der Beteiligten soll vermieden werden, dass diese nur deshalb Schaden erleiden, weil ihre Vorstellungen und Absichten nicht ausreichend geklärt und deshalb in der Niederschrift nicht eindeutig zum Ausdruck gebracht werden.[2] Die Willenserforschung dient dazu, dass der Notar eine wirksame Urkunde über den wahren Willen der Beteiligten errichtet.[3] Ist dies nicht zu erreichen, hat der Notar die Beurkundung zu unterlassen.[4] Zur Willenserforschung gehört, dass der Notar durch Fragen ermittelt, welchen rechtlichen Erfolg sie mit   **2**

---

1 *Winkler*, § 38 BeurkG Rn. 14.
2 Vgl. BGH DNotZ 1973, 240; 1981, 515.
3 BGH NJW 1994, 1344; BGH MittBayNot 2011, 339, 340; *Haug/Zimmermann*, Amtshaftung, Rn. 473; *Litzenburger*, BeckOK, § 17 BeurkG Rn. 1.
4 *Ganter/Hertel/Wöstmann/Ganter*, Rn. 830.

§ 6 Pflichten nach § 17 BeurkG

dem zu beurkundenden Geschäft zu erreichen suchen. Der Notar hat dabei die formellen und materiellen Wirksamkeitsvoraussetzungen des Rechtsgeschäfts ebenso wie die außerhalb der Beurkundung liegenden weiteren Voraussetzungen zur Erreichung der mit dem Rechtsgeschäft beabsichtigten Wirkungen, die unmittelbaren Rechtsfolgen und etwaigen Hindernisse beim Vollzug des beurkundeten Rechtsgeschäfts zur klären.[5] Hierbei muss er den Beteiligten Gelegenheit geben, sich auszusprechen, er muss den Tatsachenkern klären.[6] Denn nur dann kann er übersehen, was sie wollen und ob dies rechtlich erlaubt und möglich ist. Ob das rechtlich Gewollte wirtschaftlich sinnvoll ist, braucht der Notar nicht zu prüfen.[7] Der Notar kann voraussetzen, dass ihm die Beteiligten wahrheitsgetreue Sachverhaltsangaben machen.[8] Es besteht insoweit keine Amtsermittlungspflicht.[9] Allerdings muss der Notar bei der Erforschung des Willens u.a. bedenken, dass die Beteiligten möglicherweise entscheidende Gesichtspunkte übersehen, auf die es für das Rechtsgeschäft ankommen kann,[10] wobei er aber nicht »ins Blaue hinein« nachzufragen braucht.[11] Anlass zu Nachfragen besteht, wenn das beabsichtigte Rechtsgeschäft einen Aspekt aufwirft, der üblicherweise zum Gegenstand der vertraglichen Abreden gemacht wird oder wenn konkrete Anhaltspunkte dafür bestehen, dass eine Partei ein rechtliches Ergebnis herbeiführen möchte, das in dem Vertragsentwurf noch keine Berücksichtigung gefunden hat.[12] Die Existenz weiterer Berater im Vorfeld der Beurkundung oder eine von den Beteiligten selbst vorgenommene Vorprüfung entbindet den Notar nicht von seiner Pflicht zur Aufklärung des Sachverhalts und zur rechtlichen Belehrung der Beteiligten.[13] Von den Beteiligten vorgelegte Entwürfe, auch rechtlich fehlerhafte, hat der Notar im Rahmen der Willenserforschung zu beachten, mitgebrachte Unterlagen nicht in jedem Fall.[14] Der Notar muss den Willen der Beteiligten persönlich erforschen, auf Hilfspersonen kann er dies nicht delegieren.[15] Der Notar wird in geeigneten Fällen den Sachverhalt so, wie er ihm von den Beteiligten dargestellt wird, dem zu beurkundenden Geschäft vorausschicken. Im Anschluss daran leiten die Worte:

3 M **Dies vorausgeschickt, erklärten die Beteiligten folgendes [.....]**

4 zum rechtsgeschäftlichen Inhalt der Niederschrift über. Er sollte die Beteiligten nochmals ausdrücklich befragen, ob der Sachverhalt damit richtig wiedergegeben ist.

5 2. Vielfach muss der Notar von sich aus die Grundlagen des zu beurkundenden Geschäfts ermitteln. So muss er bspw. den ehelichen Güterstand oder die Frage erörtern, ob ein Erblasser durch einen früheren Erbvertrag oder ein früheres gemeinschaftliches wechselbezügliches Testament an seiner freien Verfügung verhindert ist. Auch Vertretungsverhältnisse sind genau zu klären. Hierzu hat sich der Notar auch der Möglichkeiten der Einsicht in elektronische Register, wie des elektronischen Handelsregisters zu bedienen bzw. sich zu vergewissern, dass die Beteiligten Kenntnis vom Inhalt dieser Register haben.[16] Allgemein darf er sich nicht auf die Richtigkeit mitgeteilter Rechtstatsachen (z.B. Erbenstellung) und

---

5 BGH Beschl. v. 24.07.2017, BeckRS 2017, 122318; DNotZ 2005, 847; OLG Frankfurt, Urt. v. 07.09.2011 – Az. 4 U 269/10; Ganter/Hertel/Wöstmann/*Ganter*, Rn. 1006.
6 BGH DNotZ 1987, 450.
7 BGH NJW 1991, 1346, 1347; NJW 1993, 729, 730; *Ganter*, DNotZ 1998, 851, 856 sowie Ganter/Hertel/Wöstmann/*Ganter*, Rn. 830; s.a. unter Rdn. 123 ff.
8 BGH DNotZ 1996, 563 und 572; BGH DNotZ 1961, 162; *Haug*, DNotZ 1972, 404.
9 *Reithmann/Albrecht*, Rn. 207.
10 BGH MittBayNot 2009, 394; DNotZ 2008, 376; MittBayNot 2011, 339, 340 m. Anm. *Ganter*.
11 BGH NJW 1995, 330, 331.
12 BGH MittBayNot 2011, 339, 340 m. Anm. *Ganter*.
13 BGH DStR 2007, 2124 m. Anm. *Goette*.
14 Zu Einzelfällen vgl. Ganter/Hertel/Wöstmann/*Ganter*, Rn. 833 f.
15 Ganter/Hertel/Wöstmann/*Ganter*, Rn. 842.
16 *Winkler*, § 21 BeurkG Rn. 2; Gziwotz/Heinemann/*Heinemann*, § 21 BeurkG Rn. 6.

die richtige Verwendung von Rechtsbegriffen durch die Beteiligten verlassen.[17] Dies gilt auch für die Einschätzung, ob ein Beteiligter Verbraucher oder Unternehmer i.S.d. § 17 Abs. 2a Satz 2 BeurkG ist. Die maßgeblichen Umstände hat der Notar zu ermitteln.

3. § 21 BeurkG ergänzt die Aufklärungspflicht des § 17 Abs. 1 Satz 1 BeurkG dahin gehend, dass der Notar sich über den Inhalt des Grundbuchs bei Geschäften, die im Grundbuch eingetragene oder einzutragende Rechte zum Gegenstand haben, unterrichten soll.[18] Insoweit besteht eine Ermittlungspflicht. Kann er das in einem Falle nicht, soll er die Beteiligten über die damit verbundenen Gefahren belehren und nur beurkunden, wenn sie danach auf einer sofortigen Beurkundung bestehen. Anderenfalls hat er die Beurkundung abzulehnen.[19] Die Belehrung und das Bestehen auf Beurkundung soll er in der Niederschrift vermerken.   **6**

Wenn der Notar sich ausnahmsweise über den Inhalt des Grundbuchs nicht unterrichten konnte, wird er aufnehmen: **7**

Der Notar wies die Beteiligten darauf hin, dass er das Grundbuch nicht habe einsehen können und dass ein Irrtum der Beteiligten über den genauen Inhalt des Grundbuchs nicht ausgeschlossen sei. Über die hiermit verbundenen Risiken, insbesondere, dass die Beurkundung vor einer zuverlässigen Feststellung des Grundbuchinhalts möglicherweise eine spätere Ergänzung der Urkunde erforderlich macht, wurde belehrt. Die Beteiligten bestanden jedoch auf sofortiger Beurkundung ihrer Erklärungen.   **8 M**

Seine Kenntnis vom Grundbuchinhalt braucht der Notar als den Regelfall im Protokoll nicht zu vermerken. Einen Vermerk sollte er gleichwohl aufnehmen, wenn die Grundbucheinsicht schon längere Zeit zurück liegt. Generell als noch ausreichend wird ein Zeitraum zwischen zwei[20] und sechs[21] Wochen vor der maßgeblichen Beurkundung angesehen. Zumindest soweit heute die Möglichkeiten einer Onlineeinsicht bestehen, sollte nach hiesiger Ansicht ein Zeitraum von mehr als zwei Wochen nicht überschritten werden, ohne dass nochmals die Aktualität der vorliegenden Einsicht nochmals überprüft wird. Allerdings ist zu berücksichtigen, dass ein uneingeschränkter Zugang eines Notars zum elektronischen Abrufverfahren des Grundbuchs vom Vorliegen der Voraussetzungen des § 133 Abs. 2 Satz 3 GBO abhängt. Daher kann nach Auffassung des OLG Hamm eine zunächst erteilte Zulassung von der zuständigen Justizverwaltung widerrufen werden, wenn im betreffenden Bundesland der Notar nur wenige bis keine Abrufe in einem gewissen Zeitraum tätigt und damit die Vorgaben des § 133 Abs. 2 Satz 3 Nr. 1 1. Alternative GBO nicht erfüllt.[22] Ungeachtet der Frage, ob nicht in der Regel wenigstens die zweite Alternative des § 133 Abs. 2 Satz 3 Nr. 1 GBO für den Notar greift[23] und ihm aus diesem Grund ein umfassender Zugang zum elektronischen Abrufverfahren einzuräumen ist, muss die vorstehend vertretende Auffassung vor dem Hintergrund dieser Entscheidung derzeit dahingehend relativiert werden, dass den Notar die Pflicht zur kurzfristigen Überprüfung der Aktualität nur trifft, wenn er die Möglichkeit zur Einsichtnahme tatsächlich hatte, also die Zulassung zum automatisierten Abrufverfahren vorlag oder es sich um eine Einsicht in das Grundbuch des Bundeslandes handelt, in welchem der Notar seinen Amtssitz hat, da ihm insofern in jedem Fall möglich sein sollte, die Vorgaben des § 133 Abs. 2 Satz 3 GBO zu erfüllen und damit von ihm auch erwartet   **9**

---

17 *Winkler*, § 17 BeurkG Rn. 217.
18 § 21 gilt nicht für Einsichten in sonstige öffentliche Register, wie das Handels-, Genossenschafts,-Partnerschafts-, Vereins,- und Güterrechtsregister oder das Zentrale Vorsorgeregister bei der BNotK: s. hierzu aber vorstehend Rdn. 5.
19 *Lerch*, § 21 BeurkG Rn. 11.
20 LG München MittBayNot 1978, 237; Ganter/Hertel/Wöstmann/*Ganter*, Rn. 911.
21 OLG Frankfurt DNotZ 1985, 244.
22 OLG Hamm, MittBayNot 2016, 508 m. kritischer Anm. *Hecht*.
23 vgl.: *Hecht*, MittBayNot 2016, 511.

§ 6 Pflichten nach § 17 BeurkG

werden kann, einen Zugang zum elektronischen Grundbuch zumindest dieses Bundeslandes vorzuhalten.

10 In der Urkunde sollte der Notar möglichst den gesamten Grundbuchstand, insbesondere bestehende Belastungen in Abteilungen II und III aufführen. Dies kann indiziell sein für die erfolgte Belehrung des Notars über diese Belastungen.[24] Der eingetragene Eigentümer hat insoweit keinen Anspruch auf Geheimhaltung.[25] Einen eingetragenen Zwangsversteigerungsvermerk darf der Notar nicht verschweigen, sondern hat auf diesen und seine Bedeutung hinzuweisen.[26]

11 Neben dem Inhalt des Grundbuchs muss sich der Notar in der Regel nicht über den Inhalt der Grundakten unterrichten.[27] Dies gilt auch für die Bezugnahme auf die Eintragungsbewilligung nach § 7 Abs. 3 WEG im Fall des Verkaufs eines Sondereigentums,[28] auch wenn sich der konkrete Inhalt des Sondereigentums nur daraus ergibt. Die Grundakten muss der Notar nur dann einzusehen, wenn in einer Eintragung auf sie verwiesen ist und es auf den Inhalt der Grundakten im konkreten Einzelfall besonders ankommt. Es müssen besondere Umstände Anlass geben, den Inhalt der Grundakten einzusehen, so bspw. der Hinweis auf einen unerledigten Antrag in einem Bleistiftvermerk des Grundbuchbeamten[29] oder eine Bezugnahme auf die Eintragungsbewilligung, deren Inhalt für das konkrete zu beurkundende Geschäft von rechtlicher Bedeutung sein kann.[30] Den Notar trifft zudem keine Hinweis- und Belehrungspflicht auf die unterbliebene Grundakteneinsicht.[31] Einen entsprechenden Vermerk braucht er nicht in die Urkunde aufzunehmen.

12 Bei der Grundbucheinsicht kann sich der Notar geeigneter Hilfspersonen bedienen.[32] Wie sich im Übrigen der Notar die Kenntnis vom Grundbuchinhalt verschafft, steht in seinem Ermessen, telefonische Auskunft des Grundbuchamtes ist jedoch nicht ausreichend sicher.[33] Die heute gängigste Form der Grundbucheinsicht dürfte diejenige in EDV-Grundbücher mittels eines automatisierten elektronischen Abrufverfahrens sein. Dieses Verfahren hat in der Praxis die Einsicht in eine beglaubigte Papierabschrift aus dem Grundbuch weitgehend abgelöst. Die praktische Relevanz des elektronischen Grundbuchs wird sich durch das Gesetz zur Einführung des elektronischen Rechtsverkehrs und der elektronischen Akte im Grundbuchverfahren[34] noch erhöhen. Inwieweit eine langfristige Umstellung auf ein ausschließlich elektronisch geführtes Grundbuch, vergleichbar dem schon bestehenden elektronischen Handelsregister, die Möglichkeiten und damit einhergehend die Pflichten des Notars zur umfassenden Einsicht in das Grundbuch einschließlich der elektronischen Grundakte erleichtert und erweitert, bleibt abzuwarten. Wenn sich daraus auch keine weitergehenden Amtspflichten des Notars ergeben sollten, so werden zumindest die Beteiligten den Notar faktisch häufiger in die Pflicht nehmen, die Grundakten dort, wo sie elektronisch geführt werden, ebenfalls einzusehen.[35]

---

24 BGH DNotZ 1984, 636, 638; Grziwotz/Heinemann/*Heinemann*, § 21 BeurkG Rn. 21.
25 Armbrüster/Preuß/Renner/*Preuß*, § 21 BeurkG Rn. 2; Grziwotz/Heinemann/*Heinemann*, § 21 BeurkG Rn. 21.
26 BGH DNotZ 2011, 192, 193.
27 BGH DNotZ 1953, 492, 495 f.
28 BGH DNotZ 2009, 444 = MittBayNot 2009, 317 m. Anm. *Regler*.
29 LG München MittBayNot 1978, 237, 238.
30 BGH DNotZ 1953, 492, 494.
31 BGH DNotZ 2009, 444, 447 = MittBayNot 2009, 317, 318.
32 Ganter/Hertel/Wöstmann/*Ganter*, Rn. 912 f.
33 Ganter/Hertel/Wöstmann/*Ganter*, Rn. 908 f.
34 Gesetz zur Einführung des elektronischen Rechtsverkehrs und der elektronischen Akte im Grundbuchverfahren sowie zur Änderung weiterer grundbuch-, register- und kostenrechtlicher Vorschriften ERVGBG (BGBl. 2009 I S. 2713), in Kraft getreten zum 01.10.2009.
35 So auch *Regler*, Anmerkung zu BGH, Urt. v. 04.12.2008 – III ZR 51/08, MittBayNot 2009, 317, 320.

4. Wenn die Abtretung oder Belastung eines Grundpfandrechtes, für das ein Brief gebildet ist, beurkundet wird, soll in der Niederschrift vermerkt werden, ob der Brief vorgelegen hat (§ 21 Abs. 2 BeurkG).[36] Damit soll geklärt werden, ob die Übertragung oder Verpfändung des Briefgrundpfandrechtes durch die Übergabe des Briefes wirksam geworden ist (§§ 1069, 1080, 1153, 1274, 1291 BGB). Nach der amtlichen Begründung zu § 21 BeurkG besteht die Vermerksverpflichtung nicht für die Unterschriftsbeglaubigung. Wenn der Notar jedoch die Abtretung oder Belastung auch entworfen hat, wird er ebenfalls für die Klärung, dass das Geschäft wirksam geworden ist sorgen und die Vorlage oder noch deutlicher die Übergabe des Briefes in den Wortlaut der Erklärungen mit aufnehmen. Allgemein gelten die Prüfungs- und Belehrungspflichten des § 17 BeurkG entsprechend, wenn eine Beglaubigung mit Entwurfsfertigung erfolgt.[37] **13**

Die Vorlage des Briefes lässt sich vermerken:

Den für die hier abgetretene Hypothek gebildeten Brief übergab der abtretende Gläubiger dem Abtretungsempfänger ..... **14 M**

oder .....

Den Brief zu der abgetretenen Grundschuld überreichte der abtretende Gläubiger dem Notar mit dem Auftrag, ihn der Abtretungsempfängerin auszuhändigen, sobald der genannte Gegenwert auf einem Anderkonto des Notar eingegangen ist. **15 M**

II. Prüfungspflicht

1. Feststellung der Beteiligten. Die Feststellung der beteiligten Personen durch den Notar muss zweifelsfrei sein. Zwar ist der Beweis, dass sie unrichtig sei, grundsätzlich zulässig (§ 415 Abs. 2 ZPO[38]). Der Gegenbeweis ist in der Form des Freibeweises zu führen. Dieser erfordert die volle Überzeugung des Gerichts.[39] Ohne bestimmte Anhaltspunkte für die Unrichtigkeit sind jedoch auch Gerichte und Verwaltungsbehörden nicht befugt, die Richtigkeit infrage zu stellen. Der Grundsatz, dass von einer öffentlich bestellten Urkundsperson beurkundete Vorgänge als voll bewiesen zu gelten haben, gilt auch für die Feststellung der beteiligten Personen,[40] für die § 10 BeurkG, § 26 DONot gelten. Die Vorschrift des § 10 BeurkG knüpft an den formellen Beteiligtenbegriff an.[41] **16**

a) Ein Beteiligter kann von Person bekannt sein. Dies ist in der Niederschrift anzugeben (§ 10 Abs. 2 Satz 1 BeurkG). Die Kenntnis muss zuverlässig vorhanden sein und kann nicht erst bei der Verhandlung oder der der Verhandlung unmittelbar vorausgegangenen Beurkundung gewonnen werden. Zur Unterschriftsbeglaubigung gilt dasselbe (§ 40 Abs. 4 BeurkG). Es reicht somit für die Feststellung einer persönlichen Bekanntschaft mit einem Urkundsbeteiligten auch nicht aus, dass der Betreffende dem Notar unmittelbar vor der Beurkundung durch einen Dritten vorgestellt wurde. In der gleichwohl in der Urkunde getroffenen **17**

---

36 Zum Fall des Rangrücktritts einer bestehenden Briefgrundschuld hinter eine neu bestellte Buchgrundschuld bei fehlender Briefvorlage vgl. BGH ZNotP 2010, 20 ff., m. Anm. *Heinze*.
37 *Winkler*, § 40 BeurkG Rn. 48.
38 Zum Streitstand hinsichtlich der Frage, ob die Beweiskraft der Identitätsfeststellung aus § 415 Abs. 1 ZPO oder § 418 Abs. 1 ZPO gefolgert werden kann: Grziwotz/Heinemann/*Heinemann*, § 10 BeurkG Rn. 31 m.w.N.
39 BGH NJW 2011, 778, 779.
40 KG DNotZ 1963, 250.
41 Armbrüster/Preuß/Renner/*Renner*, § 10 BeurkG Rn. 5; Grziwotz/Heinemann/*Heinemann*, § 10 BeurkG Rn. 3.

§ 6 Pflichten nach § 17 BeurkG

Feststellung, die Person sei persönlich bekannt, wird jedoch keine Falschbeurkundung im Amt i.S.d. § 348 Abs. 1 StGB gesehen, da es sich bei der Frage, wie sich der Notar die Gewissheit über die Person eines Beteiligten verschafft hat, um keine rechtserhebliche Tatsache handelt.[42]

18 b) Zu jedem ihm nicht persönlich bekannten Beteiligten soll der Notar angeben, wie er sich Gewissheit über die Person verschafft hat (§ 10 Abs. 2 Satz 1 BeurkG). In der Regel wird das durch Einsichtnahme in den Personalausweis geschehen, den jeder über 16 Jahre alte Bundesbürger nach dem PAuswG besitzen muss. Ist die Gültigkeitsdauer des Personalausweises bereits abgelaufen, so ist dem Notar damit nicht untersagt, auch einen solchen Ausweis als Mittel zur Feststellung der Personenidentität heranzuziehen.[43]

19 Auch andere Ausweise, z.B. Dienst- oder Schwerbeschädigtenausweise oder Führerscheine können genügen, wenn sie ein befestigtes, mit Stempelaufdruck versehenes oder anderweitig dauerhaft befestigtes Lichtbild und die Namensunterschrift des Inhabers enthalten. Angehörige anderer Staaten werden im Allgemeinen einen Reisepass vorlegen können.[44]

20 Wenn in § 25 Abs. 1 Satz 1 DONot a.F. die Prüfung der Gültigkeit der Ausweise vom Notar gefordert wurde, so beschränkt sich § 26 Abs. 1 DONot n.F. auf die allgemeine Verpflichtung, die Person der Beteiligten mit besonderer Sorgfalt festzustellen. Nicht immer wird der Notar den Vorlegenden als den im Ausweisbild gezeigten mit Sicherheit identifizieren, aber einen Zweifel durch ein Vergleichen seiner Namensunterschrift mit der im Ausweis stehenden klären können. Der Notar ist stets zu persönlicher Prüfung verpflichtet. Er kann sich auch durch Vorlage sonstiger Urkunden (zusätzlich) Gewissheit verschaffen. Urkunden, die nicht zum Ausweisen ihres Besitzers bestimmt sind, dürften nur dann dazu geeignet sein, wenn sie wertvoll sind und sorgfältig aufbewahrt zu werden pflegen und wenn der Besitzer eine genaue Kenntnis ihres Inhalts und des Beurkundungsgegenstandes zeigt.

21 Wenn Legitimationsurkunden ausnahmsweise nicht vorgelegt werden können, kann die Personenfeststellung durch Erkennungszeugen erfolgen. Ist der Erkennungszeuge selbst an dem maßgeblichen Geschäft beteiligt oder mit einem Beteiligten verwandt, ist dies zumindest regelmäßig ein Ausschlussgrund für den Erkennungszeugen.[45] Es kommt aber auf alle Umstände des Einzelfalls an, inwieweit sich der Notar auf den Erkennungszeugen verlassen kann.[46] Insoweit kann es im Einzelfall sogar ausreichend sein, dass der Notar den Erkennungszeugen nicht selbst kennt, aber sich dieser zur Gewissheit des Notars ausweisen kann und auch ansonsten glaubwürdig erscheint.[47] Ganz ausnahmsweise wird auch die genaue Kenntnis des Sachverhaltes, die nur bestimmte Personen haben können, Gewissheit über Beteiligte verschaffen können (»Nachweis besonderer Sachkunde«).[48]

22 Ohne volle Gewissheit über die Person eines Beteiligten soll der Notar nicht beurkunden[49]. Auf Verlangen kann er ausnahmsweise dann amtieren, wenn Gefahr im Verzug ist oder ein Beteiligter dies verlangt. Die fehlende Identifizierung und den Sachverhalt soll er in der Urkunde feststellen (§ 10 Abs. 2 Satz 2 BeurkG). Auf jeden Fall sollte das Versprechen des Beteiligten aufgenommen werden, einen Ausweis nachzureichen. Über die spätere Vor-

---

42 BGH DNotZ 2005, 213; *Klein*, DNotZ 2005, 193.
43 *Kanzleiter*, DNotZ 1970, 585.
44 Zur Identifizierung von Ausländern mittels sog. Passersatzpapiere vgl. *Stuppi*, notar 2009, 254, 260 f.
45 Grziwotz/Heinemann/*Heinemann*, § 10 BeurkG Rn. 22; Armbrüster/Preuß/Renner/*Seger*, § 26 DONot Rn. 12; *Winkler*, § 10 BeurkG Rn. 24.
46 *Winkler*, § 10 BeurkG Rn. 24.
47 *Winkler*, § 10 BeurkG Rn. 23.
48 Vgl. hierzu: Grziwotz/Heinemann/*Heinemann*, § 10 BeurkG Rn. 22 m.w.N.
49 Zur Frage der möglichen Strafbarkeit wegen Falschbeurkundung im Amt bei falscher Wohnortangabe: BGH DNotZ 2016, 628 und hierzu auch *Grüner/Köhler*, notar 2018, 105 f..

lage hat der Notar eine Urkunde zu errichten,[50] die als Vermerk auf der Urschrift unterschrieben und mit Dienstsiegel – angebracht werden kann (s.u. Rdn. 27 M). Für Unterschriftsbeglaubigungen gilt § 10 Abs. 2 Satz 2 BeurkG nicht, denn § 40 Abs. 4 BeurkG verweist gerade nicht auf ihn.

23 Besondere Identifizierungspflichten ergeben sich für den Notar aus dem Geldwäschegesetz (GwG).[51] Der Anwendungsbereich ist im Wesentlichen eröffnet bei Grundstückskaufverträgen, Bauträgerverträgen, Kauf und Verkauf von Gewerbebetrieben, Verwahrungstätigkeiten und Vorgängen, welche die Neugründung einer Gesellschaft zum Gegenstand haben, § 2 Abs. 1 Nr. 10 lit. a GwG-n.F.[52] Nach § 13 Abs. 1 GwG-n.F. hat der Verpflichtete (Notar, § 2 Abs. 1 Nr. 10 GwG n.F.) die Identität natürlicher Personen entweder durch angemessene Prüfung des vor Ort vorgelegten Dokumentes (Nr. 1) oder mittels eines sonstigen Verfahrens, das zur geldwäscherechtlichen Überprüfung der Identität geeignet ist und ein Sicherheitsniveau aufweist, das dem in Nr. 1 genannten Verfahren gleichwertig ist (Nr. 2) feststellen. Insofern dürfte es für das notarielle Verfahren bei der Identitätsprüfung nach Nr. 1 sein Bewenden haben. Das GwG stellt dabei an die Identifizierung strengere Vorgaben als § 10 BeurkG, da von natürlichen Personen ein gültiger amtlicher Lichtbildausweis oder Pass vorgelegt werden muss, der die Pass- und Ausweispflicht im Inland erfüllt, somit vorrangig ein gültiger Personalausweis oder Reisepass (§ 12 Abs. 1 Nr. 1 GwG n.F.). Bei geringerem Geldwäscherisiko kann im Einzelfall gemäß § 14 Abs. 2 Nr. 2 GwG-n.F. die Identifizierung auch auf Grundlage von sonstigen Dokumenten, Daten oder Informationen einer glaubwürdigen und unabhängigen Quelle durchgeführt werden, d.h. insbesondere aufgrund von abgelaufenen Ausweisdokumenten, die jedoch eine Identifizierung noch ermöglichen. Bei persönlich bekannten Beteiligten muss zumindest in der Vergangenheit eine Prüfung nach den Vorschriften des GwG erfolgt sein, um bei dem konkreten Vorgang darauf verzichten zu können (§ 11 Abs. 3 GwG n.F.). § 10 Abs. 1 Nr. 2 GwG n.F.verlangt, dass der Notar abklärt, ob für einen »wirtschaftlich Berechtigten« gehandelt wird. Sollte dies der Fall sein, so muss auch dieser nach Maßgabe des § 11 Abs. 1 GwG n.F.- identifiziert werden.[53] Zur Erfüllung der Verpflichtungen nach § 8 Abs. 1 Nr. 1 lit.a) i.V.m. Abs. 2 GwG n.F.der Feststellung von Art, Nummer und ausstellender Behörde des Ausweises, genügt auch eine Fotokopie des Ausweises, welche zu den Akten genommen wird oder die vollständige optisch digitalisierte Erfassung (§ 8 Abs.2 Satz 2 GwG n.F.). Das schriftliche Einverständnis der Beteiligten hierzu ist jedenfalls nach Wegfall des § 26 Abs. 1 Satz 2 DONot nicht mehr erforderlich.

24 c) Die Bezeichnung der Beteiligten soll so genau sein, dass Zweifel über ihre Person und Verwechslungen mit anderen ausgeschlossen werden (§ 10 Abs. 1 BeurkG). Träger häufiger Familiennamen und mit einem nicht seltenen Rufnamen sind durch weitere Vornamen näher zu bezeichnen, Verheiratete auch mit Angabe ihres Geburtsnamens. Die Staatsangehörigkeit sollte bei ausländischen Beteiligten immer angegeben werden, wenn die Möglichkeit eines Auslandsbezuges besteht. Der Geburtstag der Beteiligten ist stets anzugeben (§ 26 Abs. 2 Satz 1 DONot). Die Mitaufnahme der Wohnung nach Straße und Hausnummer ist nur für ganz kleine Orte entbehrlich. Auf die Angabe eines Berufs kann und sollte verzichtet werden, wenn er nicht zur Unterscheidung der Beteiligten unverzichtbar ist[54] oder der Beruf Rückschlüsse auf den Empfängerhorizont und so auf den Umfang der Belehrungspflicht

---

50 Tatsachenbeurkundung nach § 39 BeurkG, LG Würzburg MittBayNot 1975, 34; *Winkler*, § 10 BeurkG Rn. 18.
51 In der Fassung des Gesetzes zur Umsetzung der Vierten EU-Geldwäscherichtlinie, zur Ausführung der EU-Transferverordnung und zur Neuorganisation der Zentralstelle für Finanztransaktionsuntersuchungen vom 23.06.2017 (BGBl. I S. 1822);
52 S. hierzu eingehend Anwendungsempfehlungen der Bundesnotarkammer BNotK Rundschreiben Nr. 11/2009 v. 13.05.2009.
53 Anwendungsempfehlungen der BNotK Rundschreiben Nr. 11/2009 v. 13.05.2009, S. 16.
54 *Lerch*, § 10 BeurkG Rn. 3; *Winkler*, § 10 BeurkG Rn. 2.

zulässt (so z.B. bei Rechtsanwälten, Richtern etc.). Bei Personen, deren Sicherheit besonders gefährdet erscheint (Vorstandsmitglieder, Geschäftsführer, Gesellschafter, Inhaber und leitende Angestellte privatwirtschaftlicher Unternehmen) ist es ausreichend, lediglich den Wohnort anzugeben, § 26 Abs. 2 Satz 2 DONot. Nach § 26 Abs. 2 Satz 3 Nr. 1 und 2 DONot ist bei Vertretern juristischer Personen des öffentlichen Rechts und des Privatrechts ausreichend, die Geschäfts- oder Dienstanschrift anzugeben und so die sensible Privatanschrift nicht offenzulegen. Für ähnlich schutzwürdig wurden in der Vergangenheit auch die Angestellten des Notars erachtet,[55] für die nun § 26 Abs. 2 Satz 3 Nr. 2 DONot die Angabe der Anschrift der Geschäftsstelle des sie beschäftigenden Notars genügen lässt. Die Angabe von ausstellender Behörde sowie Ort und Datum oder der Ausweisnummer ist – ausgenommen Fälle des GwG – entbehrlich. Zu empfehlen ist diese Angabe jedoch in Generalvollmachten, die auch zur Vorlage bei Banken dienen sollen.

Vorlegung der Ausweispapiere

25 M ..... erschien Frau Margarete Anna Paula Meier geb. Müller, wohnhaft in Köln, Metternicher Str. 1, geboren am 1. Mai 1941. Sie wies sich zur Gewissheit des Notars aus durch ihren Reisepass.

Vorstellung durch einen Erkennungszeugen

26 M Die Erschienene konnte sich nicht ausweisen. Sie wurde dem Notar zur Gewissheit ihrer Person durch den ihm persönlich bekannten Justizwachtmeister Herrn Otto Kuntze, wohnhaft in Köln, Gereonstr. 18, vorgestellt.
Die Beteiligte erklärte .....

Nachreichen des Ausweises

27 M ..... der Erschienene zu 1) konnte sich nicht ausweisen. Nach Belehrung über die damit verbundenen Risiken und den verminderten Beweiswert der Urkunde baten sämtliche Beteiligte um sofortige Beurkundung. Der Erschienene zu 1) versprach, einen Ausweis unverzüglich nachzureichen.
Späterer Ergänzungsvermerk:
Der Erschienene zu 1) legte heute seinen Personalausweis Nr. ..... mit Lichtbild vor und wies sich mir damit zur Gewissheit aus.
Ort, Datum ....., Notar

Aufnahme der Erklärung eines nicht ausgewiesenen Schwerkranken

28 M Der Notar ..... wurde in das in ..... gelegene Krankenhaus ..... gerufen. Er traf dort in der Unfallstation, Zimmer 303, einen älteren, im Bett liegenden Herrn an, der nach der Erklärung des diensthabenden Arztes nach einer schweren Verletzung durch einen Verkehrsunfall eingeliefert sei und in Kürze operiert werden solle.
Der Verletzte verlangte die Aufnahme einer Generalvollmacht für seine Ehefrau, damit sie während seines Krankenlagers und notfalls über seinen Tod hinaus über sein Vermögen verfügen und seinen Geschäftsbetrieb fortführen könne.

---

55 *Winkler*, § 10 BeurkG Rn. 6; *Renner*, NotBZ 2002, 436.

Die Unterredung hierüber ließ keinen Zweifel an dem bestimmten Willen des Verletzten, die Vollmacht erteilen zu wollen.
Zur Person konnte sich der Verletzte nicht ausweisen. Nach seiner Erklärung hatte er keinen Personalausweis bei sich, sondern nur ein Schreiben der Firma ......, das eine geschäftliche Angelegenheit betraf. Die Anschrift auf dem Briefumschlag und am Kopf des Schreibens war gerichtet an Hugo Hahn, Hannover, Hamburger Str. 3 II. Der Verletzte gab Namen und Anschrift ebenso an. Die Mitteilung seines Berufes mit Handelsvertreter entsprach dem Inhalt des vorgelegten Schreibens.
Eine zweifelsfreie Feststellung der Person war damit jedoch nicht möglich. Der Zustand der Verletzten nötigte aber dazu, seinem Verlangen auf Beurkundung der Generalvollmacht zu entsprechen.

2. Prüfung der Geschäftsfähigkeit. Der Notar hat ferner die Geschäftsfähigkeit der Beteiligten zu prüfen (§ 11 BeurkG). Das bedeutet nicht, dass er im Einzelfall Untersuchungen darüber anzustellen hat, ob die Beteiligten geistig gesund und volljährig sind. Nur da, wo Bedenken auftauchen, muss er Fragen stellen und gegebenenfalls Nachweise verlangen.[56] Dies gilt bspw. bei offensichtlich Nervenkranken hinsichtlich der Frage ihrer geistigen Gesundheit (§ 105 Nr. 2 BGB). Ist ein Beteiligter schwer krank, soll dies der Notar in der Niederschrift vermerken und angeben, welche Feststellungen er über die Geschäftsfähigkeit des Schwerkranken getroffen hat (§ 11 Abs. 2 BeurkG). Bei der Beurkundung von Verfügungen von Todes wegen soll der Notar stets seine Wahrnehmungen über die erforderliche Geschäftsfähigkeit des Erblassers in der Niederschrift vermerken (§ 28 BeurkG).

Von einer besonderen Testierfähigkeit im Unterschied zu der Geschäftsfähigkeit der an der Beurkundung von sonstigen Willenserklärungen Beteiligten spricht § 2229 BGB bei Testamenten. Sie liegt schon mit Vollendung des 16. Lebensjahres vor.

Einen Zweifel an der Geschäftsfähigkeit vermerkt der Notar nach § 11 Abs. 1 Satz 2 BeurkG etwa:

Die Erschienene leidet nach eigenen Angaben an einer beginnenden Alzheimer-Krankheit. Im Rahmen der Verhandlung und Unterhaltung bei der Beurkundung konnte ich, Notar, feststellen, dass die Erschienene teilweise orientiert ist, auf Fragen meist sinnerfassend antwortet, umgekehrt auch passende Fragen zu stellen vermag und die Antworten hierauf offenbar einzuordnen vermag. Ich, Notar, konnte jedoch nicht abschließend und mit Sicherheit feststellen, ob Geschäftsfähigkeit vorliegt, kann diese andererseits auch nicht sicher ausschließen. Die Erschienene bestand auf der Beurkundung ohne weitere fachärztliche Feststellung am heutigen Tage, die ich, Notar vornahm, obwohl ein Zweifel an der erforderlichen Geschäftsfähigkeit blieb. Sie erklärte folgende Vollmacht .....

Wenn beschränkt Geschäftsfähige als Beteiligte auftreten, also Personen zwischen 7 und 18 Jahren (§§ 106 bis 113 BGB), muss der Notar feststellen, ob ein gesetzlicher Vertreter vorhanden ist und ob die Aussicht besteht, dass dieser das Geschäft genehmigt. Andernfalls muss er sich nach Ermittlung der näheren Umstände darüber schlüssig werden, ob er die Erklärungen des beschränkt Geschäftsfähigen aufnimmt oder die Aufnahme ablehnt. Das wird er jedoch nur selten dürfen, weil die Möglichkeit einer Genehmigung kaum auszuschließen sein wird.

Wenn Minderjährige an Rechtsgeschäften selbst beteiligt sind, sollte ihr Alter auch dann aufgenommen werden, wenn ein Vertreter für sie handelt. Das geschieht zweckmäßig

---

56 Vgl. OLG Frankfurt DNotZ 1978, 505.

durch Angabe ihres Geburtstages. Eine Mitunterzeichnung der Urkunde ist oft zur Klarstellung des Einverständnisses zu empfehlen.

34 M ..... erschien ..... in ..... Er wies sich zur Gewissheit des Notars durch den Personalausweis mit Lichtbild aus, ausgestellt von ..... am ..... Er bestätigte die im Personalausweis enthaltene Angabe, dass er am ..... geboren, also 17 Jahre alt ist.

35 Beschränkt Geschäftsfähige können unbeschränkt als Vertreter auftreten, § 165 BGB. Zur Frage der Haftung des Notars wegen unrichtiger Sachbehandlung bei Beteiligung eines unerkannt Minderjährigen s. OLG Stuttgart DNotZ 1976, 426.

36 Bei ausländischen Beteiligten bestimmt sich nach Art. 7 EGBGB die Geschäftsfähigkeit nach dem Recht des Staates, dem der Ausländer angehört. Im Interesse der Sicherheit des deutschen Rechtsverkehrs gilt für schuld- und sachenrechtliche Verträge, die im Inland geschlossen werden und die sich auf im Inland belegene Gegenstände beziehen, ein geschäftsunfähiger oder in der Geschäftsfähigkeit beschränkter Ausländer im Inland als geschäftsfähig, wenn er nach deutschem Recht geschäftsfähig wäre, sofern der Vertragspartner den Mangel nicht kennen musste (Art. 12 EGBGB). Das gilt jedoch nicht für familienrechtliche und erbrechtliche Rechtsgeschäfte sowie für Rechtsgeschäfte, durch die über ein ausländisches Grundstück verfügt wird (Art. 12 Abs. 2 EGBGB). Eine Entmündigung eines Ausländers war schon nach Maßgabe des Haager Entmündigungsabkommens v. 17.07.1905, dem Deutschland 1912 beigetreten war[57] stets zu beachten. Nun ist dieses Abkommen gekündigt und wurde ersetzt durch das Haager Übereinkommen zum internationalen Schutz Erwachsener,[58] wonach eine von einem Vertragsstaat ausgesprochene Betreuung auch in jedem anderen Vertragsstaat anerkannt werden muss.

37 **3. Vertretungsmacht Beteiligter.** Die Prüfungspflicht des Notars ergibt sich aus § 17 BeurkG i.V.m. § 12 BeurkG und erstreckt sich (mit Ausnahme der Unterschriftsbeglaubigung, § 40 Abs. 2 BeurkG[59]) auf die Vertretungsmacht der Erschienenen, welche als Vertreter auftreten.[60] Fehlt sie, so kann das Geschäft nicht den beabsichtigten Erfolg haben, was der Notar nach § 17 BeurkG zu beachten hat. Sie kann auf Gesetz oder Vollmacht beruhen.

38 a) **Gesetzliche Vertreter und Verwalter kraft Amtes:**

39 aa) Gesetzliche Vertreter für ein Kind sind im Allgemeinen beide Elternteile (s.u. § 94 Rdn. 28 ff.). Wenn ein Elternteil behauptet, die elterliche Sorge allein auszuüben (§§ 1671 ff., 1680 BGB) oder durch Entscheidung vom Gericht übertragen erhalten zu haben, so hat der Notar das grundsätzlich zu klären. Er nimmt auf, dass der Erklärende verwitwet ist oder aus welchem sonstigen Grunde ihm die Vertretungsmacht alleine zusteht. In einfachen Fällen ist er nicht zu einer näheren Nachprüfung verpflichtet, braucht sich namentlich nicht den Tod eines Elternteiles durch Vorlage einer Sterbeurkunde nachweisen zu lassen.[61] Wenn der Notar die alleinige Vertretungsmacht klargestellt hat, ist auch das Gericht, insbesondere der Grundbuchrichter, nicht befugt, die Richtigkeit der dazu gemachten Angaben tatsächlicher Art nachzuprüfen (§ 415 ZPO); der Mutter alleine steht die elterliche Sorge zu, wenn die Eltern des Kindes bei der Geburt nicht verheiratet sind, keine anderslautende Sorgeerklärung abgegeben haben oder nicht nachträglich einander heiraten (§ 1626a Abs. 2 BGB).

---

57 Palandt/*Heldrich*, Anh. zu Art. 8 EGBGB.
58 Gesetz zum Haager Übereinkommen über den int. Schutz von Erwachsenen BGBl. II 2007 S. 323; Bekanntmachung über das In Kraft treten u.a. für Deutschland zum 01.01.2009 BGBl 2009 II S. 39.
59 Vgl. aber *Winkler*, § 40 BeurkG Rn. 45.
60 BGH NJW-RR 2018, 443.
61 *Winkler*, § 12 BeurkG Rn. 11.

bb) Vormund, Betreuer oder Pfleger legen in der Regel ihre Bestallungen vor. Sie werden der Niederschrift in Urschrift oder beglaubigter Abschrift beigefügt (§ 12 Abs. 1 Satz 1 BeurkG). Auf eine etwa erforderliche familien-, betreuungs- oder nachlassgerichtliche Genehmigung hat der Notar nach § 18 BeurkG hinzuweisen. S. unten Rdn. 73 ff. Der Wirkungskreis eines Betreuers ist genau zu überprüfen. **40**

..... Der Erschienene zu 2 legte die vom Familiengericht am ..... ausgestellte Bestallung zum Abwesenheitspfleger vor. Eine beglaubigte Abschrift davon wurde der Niederschrift beigefügt und die Ausfertigung zurückgereicht. Auf die Notwendigkeit der Genehmigung des Familiengerichts zu der Verfügung des Pflegers über die Hypothek (§§ 1911, 1915, 1821 Abs. 1 Satz 1 BGB) wies der Notar hin ..... **41 M**

cc) Die Geschäftsführer, Vorstände und sonstigen Vertreter einer juristischen Person des privaten oder des öffentlichen Rechts weisen zweckmäßig dem Notar ihre Vertretungsmacht nach, sodass er die vorgelegten Urkunden mit anführen kann. Ergibt sie sich aus dem Handels- oder einem ähnlichen Register, so bescheinigt er sie nach § 21 BNotO und § 12 BeurkG. Erforderlich ist dies nur, wenn die Urkunde bei einem anderen als dem registerführenden Amtsgericht verwendet werden soll. **42**

Es erschien vor mir, Notar, Herr Hans Peter Schmidt, ..., handelnd nicht eigenen Namens sondern als Geschäftsführer der XY GmbH mit Sitz in Köln. Aufgrund Einsicht in das Handelsregister des Amtsgericht Köln unter HRB Nr. ..... vom (Datum) bescheinige ich, Notar, dass Herr Hans Peter Schmidt als Geschäftsführer allein zur Vertretung der vorgenannten XY GmbH berechtigt und von den Beschränkungen des § 181 BGB befreit ist. **43 M**

Das bundeseinheitliche elektronische Registerportal der Länder bietet die Möglichkeit, sämtliche Handelsregister deutschlandweit elektronisch einzusehen. Eine solche Einsicht ist gemäß § 9 HGB i.V.m. § 10 Abs. 2 HRV Einsicht in den Datenbestand und damit in das Register und genügt damit den Anforderungen des § 21 Abs. 2 BNotO.[62] **44**

dd) Testamentsvollstrecker legen ein Testamentsvollstreckerzeugnis (§ 2368 BGB) und Insolvenzverwalter, Treuhänder oder Sachwalter eine Ernennungsbescheinigung (§ 56 Abs. 2 Satz 1 InsO) vor. **45**

b) Der Notar kann die Entgegennahme der Erklärung eines sich als Bevollmächtigter ausgebenden Beteiligten nicht vom Nachweis der Vollmacht abhängig machen, es sei denn, es handelt sich um ein einseitiges Rechtsgeschäft gemäß § 174 BGB.[63] In der Regel weisen sich aber Bevollmächtigte durch Vorlage ihrer Vollmacht (Urschrift, bei Bevollmächtigung in notarieller Urkunde: Ausfertigung) aus. Sie werden wie alle Vertretungsausweise in Urschrift oder beglaubigter Abschrift der Niederschrift beigefügt (§ 12 BeurkG). Das geschieht durch Beiheften (§ 30 DONot) oder Ankleben (§ 18 Abs. 2 DONot). Wenn in einem beurkundeten Vertrag gesagt wird, die in beglaubigter Abschrift beigefügte Vollmacht habe zu einem bestimmten Zeitpunkt in Urschrift oder Ausfertigung vorgelegen, so ist die Mitteilung der Vollmacht an die Vertragsbeteiligten nach § 172 Abs. 1 BGB nachgewiesen.[64] Diese Feststellung in der Urkunde genießt öffentlichen Glauben. Die Vorlage einer einfachen oder beglaubigten Abschrift einer Vollmachtsurkunde ist nicht zum Nachweis des Bestandes der Voll- **46**

---

62 BNotK Rundschreiben 14/2003 v. 14.04.2003.
63 BGH DNotZ 1981, 483.
64 BayObLG ZNotP 2000, 30, 31; ZNotP 2002, 233.

macht geeignet.⁶⁵ Bei mangelhaftem Nachweis kann gleichwohl eine Beurkundung mit dem Versprechen erfolgen, formgerechte Vollmacht nachzureichen (s.a. oben Rdn. 28 M).

47 aa) Der Notar muss prüfen, ob Vertretung überhaupt zulässig ist, die Vollmacht im Hinblick auf das Geschäft, bei dem sie vorgelegt wird, einer besonderen Form bedarf (s.u. § 24 Rdn. 20 ff.) und ob sie inhaltlich das zu beurkundende Geschäft überhaupt deckt. Bei Insichgeschäften ist zu prüfen, ob eine Befreiung von den Beschränkungen des § 181 BGB gegeben ist oder ob ein lediglich rechtlicher Vorteil für den Vertretenen vorliegt.

48 bb) Unterbevollmächtigte müssen sich durch Vollmacht und Untervollmacht ausweisen. Dabei ist zu prüfen, ob die Unterbevollmächtigung nach dem Inhalt der Urkunde gestattet ist. Wenn das nicht der Fall ist, ist sie unwirksam. Der Vollmachtgeber kann das Geschäft jedoch genehmigen. Bleibt die Vertretungsmacht zweifelhaft, so soll der Notar dies nach Belehrung über die Rechtslage in der Urkunde vermerken (§ 17 Abs. 2 BeurkG).

49 4. Für ausländische Handelsgesellschaften ist der Nachweis erschwert, weil ausländische Staaten z.T. überhaupt kein Handelsregister haben oder aus geführten Registern nicht die vertretungsberechtigten Personen und der Umfang ihrer Vertretungsmacht hervorgeht, sodass sich Dritte nicht in genügendem Maße auf die Richtigkeit und Vollständigkeit des Handelsregisters verlassen können, oder auch, weil keine Zeugnisse aus dem Register erteilt werden, die dieselbe Beweiskraft wie das Handelsregister haben. Grundbuchämter akzeptieren jedoch zumindest dann einen öffentlich beglaubigten Auszug aus einem ausländischen Register als Nachweis der Vertretungsmacht, wenn die Vertretungsmacht dort verzeichnet wird.⁶⁶ Der Auszug ist durch einen öffentlich bestellten und vereidigten Übersetzer zu übersetzen und mit Apostille oder Legalisation zu versehen. Nach der Entscheidung des OLG Schleswig⁶⁷ ist ein deutscher Notar auch zuständig, unter Einsichtnahme in ein ausländisches Register (im Fall: Schweden) Bescheinigungen über die Vertretungsberechtigung hinsichtlich einer ausländischen Gesellschaft auszustellen, wenn das ausländische Register dem deutschen Register vergleichbar ist. Diese Voraussetzung liegt nicht vor für das beim englischen Companies House geführte Register, da diesem Register nicht dieselbe Publizitätsfunktion wie dem deutschen Handelsregister zukommt.⁶⁸

50 Die Vertretung beurteilt sich IPR-rechtlich nach dem Personalstatut der Gesellschaft. Dieses bringt grundsätzlich das Recht des effektiven Verwaltungssitzes der Gesellschaft zur Anwendung (Sitztheorie). Rück- und Weiterverweisung, insbesondere bei Anwendung der Gründungsrechtstheorie nach auswärtigem Recht, sind zu beachten. Die Anwendung der Sitztheorie ist durch die Entscheidungen »Centros«⁶⁹ und »Überseering«⁷⁰ für EU-Mitgliedsstaaten eingeschränkt worden, soweit die Rechts- und Parteifähigkeit betroffen war. Durch die Entscheidung »Inspire-Art«⁷¹ wurde die Anwendung der Gründungstheorie bei Ermittlung des Gesellschaftsstatuts bekräftigt. Diese wird nun im Geltungsbereich der Niederlassungsfreiheit (Art. 43/48 EGV) auf andere Rechtsfragen des Gesellschaftsrechts ausgedehnt, sodass sich für EU-Gesellschaften und Gesellschaften aus EWR-Staaten weitgehend die Anwendung der Gründungstheorie ergibt.⁷²

---

65 *Reithmann/Albrecht*, Rn. 222.
66 *Schöner/Stöber*, Grundbuchrecht, Rn. 3636a.
67 OLG Schleswig DNotZ 2008, 709.
68 Zum Nachweis der Vertretungsbefugnis der directors einer Private Limited Company englischen Rechts ausschließlich aufgrund Einsicht in dieses Register: OLG Nürnberg, Beschl. v. 26.01.2015 – Az. 12 W 46/15.
69 EuGH DNotZ 1999, 593.
70 EuGH DNotZ 2003, 139.
71 EuGH DNotZ 2004, 55.
72 Palandt/*Heldrich*, Anh. zu Art. 12 EGBGB Rn. 6.

Vielfach, insb. im angelsächsischen Rechtskreis, führt die ultra-vires-Lehre zu einer dem deutschen Recht fremden Beschränkung der Vertretungsmacht der Organe durch den Gesellschaftszweck, die jedoch gemäß Art. 12 EGBGB im Inland unbeachtlich ist.[73]

51

Die Vertretungsmacht und ihr Nachweis ist für einige der im Handelsverkehr mit Deutschland wichtigsten Länder in Abhandlungen der DNotZ erörtert.[74] In Österreich werden seit dem 01.01.1991 keine Handels- und Genossenschaftsregister mehr geführt. Stattdessen wurde ein computerunterstütztes »Firmenbuch« eingerichtet. Seit 11.07.2005 wird das Firmenbuch österreichweit elektronisch geführt und ist weltweit einsehbar (www.firmenbuch.at). Sachlich zuständig für die Führung des Firmenbuches sind die Gerichtshöfe 1. Instanz (Landes- und Kreisgerichte), die für Handelssachen zuständig sind. Die örtliche Zuständigkeit richtet sich nach dem Sprengel, in dem das Unternehmen seine Hauptniederlassung oder seinen Sitz hat. Zugang zu den Firmenbüchern wird mittels Auszügen gewährt. Das Firmenbuch genießt im Einklang mit den Publizitätsrichtlinien der EU dieselbe Publizität wie die deutschen Handelsregister nach § 15 HGB.[75] In den Niederlanden gibt das von den Handels- und Fabrikkammern geführte Handelsregister (Kamer van Koophandel) mit den daraus erteilten amtlichen Abschriften und Auszügen im Allgemeinen ebenfalls ausreichend Auskunft über die Vertretungsbefugnis.[76] – In der Schweiz lässt sich aus den Handelsregistern, welche bei von den Kantonen bestimmten Amtsstellen geführt werden, die Vertretungsberechtigung für die darin eingetragenen Gesellschaften entnehmen. Die Vertretungsmacht reicht jedoch nicht über den satzungsmäßigen Zweck hinaus. Vorsorglich wird deshalb der Handelsregisterauszug durch die Bescheinigung eines Schweizer Notars zu ergänzen sein.[77] In Liechtenstein gilt ähnliches für Auszüge aus dem Handelsregister, zuständig zur Führung ist das fürstlich-liechtensteinische Land- und Handelsregister Vaduz (www.oera.li). Der Nachweis der Vertretungsmacht wird durch Bestätigungen des Registers erbracht.[78]

52

Der Eintragung der Handelsgesellschaften in das nun seit 2004 zentral geführte belgische Handelsregister muss die Veröffentlichung der Gesellschaftsverträge im Moniteur belge vorausgehen. Eintragung und Veröffentlichung sind jedoch nur deklaratorisch. Zum Nachweis der Vertretungsmacht werden ein die Veröffentlichung enthaltender Annex des Moniteurs und ein beglaubigter Auszug aus dem Handelsregister vorgelegt.[79] Allerdings ist die Erteilung eines Registerauszuges unüblich. Vielmehr reicht es den dort ansässigen Notaren aus, Kopien der Veröffentlichungen im Moniteur, die auf Anfrage den jeweiligen Gesellschaften erteilt werden, einzusehen oder Vorlage der Gesellschaftsakten zu verlangen. Das daraus resultierende Risiko mangels der Aktualität wird dabei in Kauf genommen. – In Dänemark gibt es ein Handelsregister, das etwa dem deutschen Handelsregister entspricht, nicht; lediglich die Kapitalgesellschaften werden in einem Register geführt (sog. »Erhvervs – og selskabsstyreisen KIC, etwa Gewerbe- und Gesellschaftsamt«). Dieses Register genießt volle Glaubwürdigkeit; Auszüge werden jedermann erteilt. Die Personengesellschaften werden in Dänemark nur bei der örtlichen Polizeidienststelle registriert. In Grönland werden auch die Kapitalgesellschaften bei der Polizeidienststelle erfasst. Ein freiberufliches Notariat gibt es nicht. Nur in Kopenhagen besteht ein »Notarial-Kontoret«, das etwa dem ehemals staatlichen Notariat in Baden-Württemberg entspricht. Eine der Aufgaben dieses Notarial-Kontoret ist die Beglaubigung von Unterschriften und Erstellung von Vertretungsbescheinigungen, soweit solche Beglaubigungen und Vertretungsbescheinigungen

53

---

73 Allgemein hierzu *Langhein*, ZNotP 1999, 218.
74 Siehe nachfolgende Fußnoten; vgl. auch *Reithmann/Martiny*, Internationales Vertragsrecht.
75 Zum österreichischen Firmenbuch: *Schoibl*, DNotZ 1993, 561.
76 *Czapski*, DNotZ 1958, 139, 142; *Krahe*, MittRhNotK 1987, 65, 68.
77 *Schnitzer*, DNotZ 1959, 182, 186.
78 *Löffler*, DNotZ 1981, 731.
79 *Liehner*, DNotZ 1963, 518, 544.

im Ausland benötigt werden.[80] – Aus dem von den Handelsgerichten in Frankreich geführten Handelsregister (registre des commerce et des sociétes), das die Gesellschaften registriert, die Sitz oder Filiale im betreffenden Bezirk haben, lässt sich die Vertretungsberechtigung für die Handelsgesellschaften durch Vorlage des beglaubigten Auszuges (Extrait Kbis) aus dem Register sowie eines Auszuges aus dem Statut nachweisen, das bei Kapitalgesellschaften beim Registergericht hinterlegt ist. Ferner gibt es in Paris ein Zentralregister beim nationalen Institut für industrielles Eigentum. Die Eintragungen sind für die Gründung einer juristischen Person konstitutiv, im Übrigen deklaratorisch.[81] – Im Vereinigten Königreich existieren zentrale sog. »Registries of Companies«, für England und Wales in Cardiff, für Schottland in Edinburgh und für Nordirland in Belfast. Hier sind jedoch nur Kapitalgesellschaften (Ltd., Plc.) verzeichnet. Der Nachweis der Vertretungsmacht wird durch Bescheinigung über die Existenz der Gesellschaften (sog. Certificate of Incorporation) erbracht, in dem der Secretary der Gesellschaft bestätigt, dass der Handelnde aufgrund ordnungsgemäßen Verwaltungsbeschlusses legitimiert ist, das betreffende Geschäft zu tätigen. Die Unterschrift des Secretary muss in notariell beglaubigter Form mit Apostille vorliegen.[82] Daneben ist auch die Vorlage des Gesellschafterbeschlusses der Generalversammlung über die Bestellung der Direktoren möglich. Den einfachsten Weg bietet eine Vertretungsbescheinigung durch einen englischen Notar, der auf der Grundlage der Einsicht in das Register, das Memorandum und die Articles of Association sowie das Protokollbuch der Gesellschaft eine Existenz- und Vertretungsbescheinigung erteilt.[83] Diese ist zur Vorlage bei deutschen Registern mit der Apostille zu versehen und in der Regel zu übersetzen. – In den Vereinigten Staaten von Nordamerika werden keine unserem Handelsregister entsprechenden Register geführt. Auch kann die Vertretungsmacht der leitenden Person eingeschränkt sein. Zum Vertretungsnachweis dienen daher ein certificate of incorporation and good standing, ausgestellt und mit Apostille versehen durch den secretary of state des betreffenden Bundesstaates in Verbindung mit einem acknowledgement by corporation eines notary public.[84]

54 Der Nachweis würde wenigstens für einige europäische Staaten erleichtert werden, wenn die Notare in allen Ländern des lateinischen Notariats eine der deutschen entsprechende Befugnis zur Ausstellung von Vertretungsbescheinigungen erhalten würden.[85] Im Inland ist der Nachweis der Vertretungsbefugnis des Organs einer ausländischen Gesellschaft durch eine ausländische Notarbescheinigung regelmäßig anzuerkennen.[86]

55 5. Prüfung der Verfügungsbefugnis. Die Prüfungspflicht des Notars nach § 17 Abs. 1 BeurkG erstreckt sich auf die Verfügungsbefugnis der Beteiligten. Fehlt sie, so kann der erstrebte rechtliche Erfolg nicht eintreten. Zur Unterschriftsbeglaubigung entfällt die Prüfung der Verfügungsbefugnis (§ 40 Abs. 2 BeurkG[87]).

56 a) Die Frage, ob der Verfügende Inhaber des Rechtes ist, braucht der Notar im Allgemeinen nicht zu entscheiden. Über die Feststellung des Grundbuchbestandes geht seine Prüfungspflicht auch für Grundstücksrechte nicht hinaus. Mit der Versicherung der Beteiligten, dass

---

80 *Raudszus*, DNotZ 1977, 516; *Cornelius*, DNotZ 1996, 358.
81 *Krahe*, MittRhNotK 1987, 65, 73.
82 *Heinz*, ZNotP 2000, 410.
83 OLG Nürnberg DNotZ 2014, 626; Bescheinigung eines deutschen Notars auf Grundlage nur der Einsicht in das beim Companies House geführte Register ist hingegen nicht ausreichend: KG DNotZ 2012, 604, 606; DNotZ 2004, 730; OLG Nürnberg, Beschl. v. 26.02.2015 – Az. 12 W 46/15; zum Nachweis im Grundbuchverfahren: OLG Düsseldorf, Beschl. v. 21.08.2014 – 3 Wx 190/13.
84 *Fischer*, ZNotP 1999, 352.
85 *Liermann*, DNotZ 1967, 221, 231.
86 OLG Köln MittRhNotK 1988, 181.
87 Vgl. aber *Winkler*, § 40 BeurkG Rn. 45.

sie Inhaber des Rechtes seien, über das sie verfügen, kann sich der Notar im Allgemeinen begnügen. Wenn sich hierüber Zweifel aus den Angaben der Beteiligten oder der sonst unklaren Rechtslage ergeben, muss er jedoch die Verfügungsbefugnis erörtern und prüfen.[88] Zur Ermittlung des *richtigen* Inhabers des Rechtes ist er aber auch dann nicht verpflichtet.

b) Die Verfügungsbefugnis verheirateter Personen über das eigene Vermögen kann durch ihren Güterstand beschränkt sein. Vom gesetzlichen Güterstand kann der Notar ausgehen, wenn die Beteiligten nicht etwas Abweichendes erklären. Zu den Verpflichtungen und Verfügungen des im gesetzlichen Güterstand der Zugewinngemeinschaft lebenden Ehegatten ist zu prüfen,[89] ob sie sein Vermögen im ganzen (§ 1365 BGB) oder Gegenstände des ehelichen Haushalts (§ 1369 BGB) betreffen und bejahendenfalls auf die Notwendigkeit der Zustimmung des anderen Ehegatten hinweisen. – S. unten § 82.

Auf einen Ehevertrag können sie sich gegenüber einem Geschäftsgegner nur berufen, wenn ihm der Vertrag bekannt oder wenn er im Güterrechtsregister eingetragen ist (§ 1412 BGB). Das gilt auch für Ausländer, wenn sie ihren Wohnsitz im Inland haben (Art. 16 EGBGB). Für andere Ausländer wird der Notar den Güterstand erfragen und Zweifel über die Verfügungsberechtigung, die er nicht klären kann, erörtern und aufnehmen (§ 17 Abs. 3 BeurkG), s. hierzu näher unten § 81.

c) Die Verfügungsbefugnis über das Recht eines anderen hängt im Regelfall von der Vertretungsmacht ab, die nach der vorstehenden Nr. 3 Rdn. 37 ff. zu prüfen ist. Verfügt aber jemand über das Recht anderer, ohne deren Vertreter zu sein, z.B. als Testamentsvollstrecker oder Insolvenzverwalter, so braucht der Notar die Verfügungsbefugnis nur zu prüfen, wenn ein besonderer Anlass vorliegt. Es empfiehlt sich aber eine Bezugnahme auf die betreffende gerichtliche Nachlass- oder Insolvenzakte oder – insb. bei auswärtiger Verwendung, die Feststellung, dass ein Zeugnis über die Bestellung vorgelegen hat nebst Beifügung einer beglaubigten Abschrift.

III. Belehrungspflicht

1. Ziel der Belehrungspflicht gemäß § 17 Abs. 1 Satz 1 BeurkG ist es, eine Urkunde zu schaffen, die dem wahren Willen der Beteiligten entspricht, der Sachlage gerecht wird, rechtlich einwandfrei sowie klar gefasst ist und bei der insbesondere Unerfahrene und Ungewandte nicht benachteiligt werden. Der Notar hat insbesondere die Pflicht zur Belehrung über die rechtliche Tragweite des Geschäfts (Rechtsbelehrungspflicht).[90] Zu belehren sind nur die formell Beteiligten, § 6 Abs. 2 BeurkG. § 17 Abs. 1 Satz 1 BeurkG gilt nur für die Beurkundung von Willenserklärungen und grundsätzlich nicht für die Beurkundung tatsächlicher Vorgänge (§§ 36 bis 43 BeurkG).[91] Die Belehrung hat in der Regel anlässlich der Beurkundung zu erfolgen.[92] Eine zu einem früheren Zeitpunkt vorgenommene Belehrung genügt nur, wenn der Notar bei der Beurkundung nochmals darauf Bezug nimmt und er sicher davon ausgehen kann, dass der Inhalt der Belehrung den Beteiligten aufgrund der Bezugnahme wieder gegenwärtig ist.[93] Nach Abschluss der Beurkundung kommt eine Belehrung immer zu spät.[94] Bei geschäftlich erfahrenen Beteiligten kann sich der Notar auf diejenigen

---

88 BGH NJW 2003, 202.
89 A.A. Ganter/Hertel/Wöstmann/*Ganter*, Rn. 893, Prüfungspflicht nur bei besonderen Anhaltspunkten, dass es sich um das annähernd gesamte Vermögen des Verfügenden handelt.
90 BGH DNotZ 1954, 329; 1976, 54, 55; 1989, 45; OLG Düsseldorf DNotZ 1981, 139, 140; *Haug*, DNotZ 1972, 388.
91 Zu Gemengelagen vgl. Ganter/Hertel/Wöstmann/*Ganter*, Rn. 985.
92 *Haug/Zimmermann*, Amtshaftung, Rn. 463.
93 Ganter/Hertel/Wöstmann/*Ganter*, Rn. 992.
94 Ganter/Hertel/Wöstmann/*Ganter*, Rn. 993.

Belehrungen beschränken, die sich unmittelbar aus dem Text der Urkunde ergeben.[95] Jedoch muss der Notar dann die von den Beteiligten vorgetragene Selbsteinschätzung als »geschäftlich in diesen Dingen erfahren« zumindest überprüfen.[96] Auch bei anwaltlich vertretenen Beteiligten darf unter Umständen die Intensität der notariellen Belehrung eine andere sein, als bei Beteiligten ohne rechtskundigen Beistand.[97] Der Notar muss sich allerdings im Sinne einer eigenen Überzeugungsbildung vergewissern, dass der Anwalt oder ggf. ein anderer Notar die Belehrung erteilt hat und der Urkundsbeteiligte diese Belehrung auch verstanden hat.[98]

61 Anlass zu einer erweiterten, über die Belehrungsverpflichtung aus Urkundstätigkeit gemäß § 17 BeurkG hinausgehenden *Belehrung aus Betreuungsverpflichtung*[99] besteht, wenn besondere Umstände es nahelegen, dass ein Beteiligter durch das in der konkreten Gestaltung geplante Geschäft einen Schaden erleiden kann, dessen er sich nicht bewusst ist.[100] Die Pflicht des Notars zur Erteilung konkreter Hinweise bei Offenkundigkeit von Gefahren kann nur nach dem Einzelfall beurteilt werden.[101] Sie kann sich dann in einem Einzelfall auch auf naheliegende wirtschaftliche Gefahren, die sich aus der rechtlichen Anlage des Geschäfts ergeben, erstrecken.[102] Auch kommt insoweit eine Belehrung lediglich mittelbar Beteiligter infrage, die mit dem Notar anlässlich der Beurkundung in Kontakt treten und in deren Interesse die Beurkundung erfolgen soll, die also die Amtstätigkeit des Notars in Anspruch nehmen möchten.[103]

62 Dritten gegenüber ist der Notar grundsätzlich nicht zur Rechtsbelehrung verpflichtet, wenn auch eine Betroffenheit ihrer Interessen in Rede steht. Dies gilt insbesondere für einseitige Erklärungen (Bsp.: Angebot, Annahme, Vollmacht, Schuldanerkenntnis) gegenüber dem Adressaten der Erklärung. Anders ist dies nur, wenn der Adressat bei der Beurkundung anwesend ist oder sonst in Kontakt zu dem Notar tritt.[104]

63 Darüber hinaus hat die Rechtsprechung in Einzelfällen eine »außerordentliche Belehrungspflicht« des Notars angenommen, wenn die besondere Vertrauensstellung des Notars erkennbar missbraucht wird und Beteiligte oder Dritte hierdurch gefährdet werden.[105]

64 In welchen Fällen und in welchem Maße die Beteiligten wie zu belehren sind, hängt von den Umständen ab.[106] Die Belehrungspflicht im hier besprochenen engeren Sinne des § 17 BeurkG beschränkt sich auf die Erörterung der rechtlichen Tragweite des konkreten Geschäfts, auch auf dessen rechtliche Risiken und den Hinweis auf Zweifel an Gesetzmäßigkeit oder Wirksamkeit. Ausnahmsweise besteht aber eine doppelte Belehrungspflicht[107] auch, wenn die Abtretung einer Eigentümergrundschuld an den Käufer in einem unmittelbaren Zusammenhang mit einem kurz zuvor geschlossenen Grundstückskaufvertrag

---

95 Grziwotz/Heinemann/*Grziwotz*, § 17 BeurkG Rn. 3.
96 Grziwotz/Heinemann/*Grziwotz*, § 17 BeurkG Rn. 3.
97 BGH DNotZ 1982, 504; OLG Koblenz DNotZ 1996, 128; OLG Saarbrücken RNotZ 2006, 296; Grziwotz/Heinemann/*Grziwotz*, § 17 BeurkG Rn. 4.
98 OLG Frankfurt MittBayNot 2012, 408, 410.
99 S. hierzu eingehend *Ganter*, WM 1996, 701.
100 Vgl. BGH DNotZ 2016, 711; BGH DNotZ 1982, 385; 1991, 759; vgl. dazu auch BGH DNotZ 1982, 159; *Haug/Zimmermann*, Amtshaftung, Rn. 450, 554 ff.; BGH MittBayNot 2013, 504 ff.
101 BGH DNotZ 1954, 329, 330; 1994, 485, 488; OLG Düsseldorf DNotZ 1981, 139, 140.
102 Insoweit hinsichtlich der erweiterten Betreuungspflicht generell ausweitend bei Verbraucherbauträgerverträgen, wenn ein Zwangsversteigerungsvermerk im Grundbuch eingetragen ist: BGH MittBayNot 2011, 78, m. Anm. Regler; vgl. i.Ü.: *Haug/Zimmermann*, Amtshaftung, Rn. 450; s.a. Rdn. 123 ff.
103 BGH DNotZ 1969, 269; 1969, 507; 1983, 384; BGH NJW 2003, 1940; BGH NotBZ 2004, 349, BGH ZNotP 2010, 24 ff. m. krit. Anm. *Heinze* ZNotP 2010, 20 ff.; OLG Hamm MittBayNot 2013, 504 ff.; vgl. auch Grziwotz/Heinemann/*Grziwotz*, § 17 BeurkG Rn. 21 f.
104 Arndt/Lerch/*Sandkühler*, § 14 BNotO Rn. 145.
105 Vgl. hierzu *Haug/Zimmermann*, Rn. 596 sowie eher ablehnend: Ganter/Hertel/Wöstmann/*Ganter*, Rn. 471.
106 Ausführlich Ganter/Hertel/Wöstmann/*Ganter*, Rn. 999 ff.
107 Vgl. hierzu unten Rdn. 134 ff.

erfolgte und die Maßnahme ersichtlich dem Vollzug des Kaufvertrages diente.[108] Auf wirtschaftliche Risiken hingegen erstreckt sich die Belehrung über die rechtliche Tragweite gerade nicht (s.a. Rdn. 130, 133). Die Belehrungspflicht kann jedoch nur auf den dem Notar zur Kenntnis gebrachten Tatsachen und Rechtsvorgängen aufbauen. Der Notar kann sich dabei grundsätzlich auf die Vollständigkeit und Richtigkeit der Angaben der Beteiligten verlassen, wenn von den Beteiligten nichts Gegenteiliges thematisiert wird.[109] Bei Beurkundung der Annahme eines vorgegebenen Vertragsangebots beschränkt sich die Pflicht zur Rechtsbelehrung in der Aufklärung über die rechtliche Bedeutung der Annahmeerklärung. Der Inhalt des Vertragsangebots gehört nicht zur rechtlichen Tragweite der beurkundeten Annahme.[110] Hat jedoch der die Annahme beurkundende Notar auch das Angebot entworfen, obliegt es ihm den Käufer auf eine ggf. veränderte Sach-und Rechtslage hinzuweisen, um die weitere Vorgehensweise zu klären.[111]

Abzugrenzen ist die Rechtsbelehrungspflicht von der Beratungspflicht des Notars (sog. gestaltende Beratung).[112] Die Belehrung erläutert den rechtlichen Inhalt der Urkunde und die rechtliche Tragweite der Erklärungen ohne auf den Inhalt der Urkunde Einfluss zu nehmen. Die gestaltende Beratung dient in erster Linie dazu, den Urkundeninhalt dem ermittelten Willen der Beteiligten anzupassen. Gleichwohl verschwimmen – auch in der Rechtsprechung – die Grenzen bei diesen beiden Kernpflichten des Notars bisweilen.[113] Besonders deutlich wird dies bei der »doppelten Belehrungspflicht« des Notars. Neben der Pflicht des Notars, den Beteiligten die Gefahren einer ungesicherten Vorleistung aufzuzeigen und zu erläutern, besteht nach der Rechtsprechung die Pflicht, den Beteiligten Wege aufzuzeigen, wie das Risiko der ungesicherten Vorleistung gemindert oder aufgehoben werden kann. Letzteres ist Beratung, Ersteres ist Belehrung der Beteiligten.[114] 65

Bestehen Zweifel, ob das Geschäft dem Gesetz oder dem wahren Willen der Beteiligten entspricht, so sollen die Bedenken mit den Beteiligten erörtert werden. Zweifelt der Notar an der Wirksamkeit des Geschäfts und bestehen die Beteiligten auf der Beurkundung, so soll er die Belehrung und die dazu abgegebenen Erklärungen der Beteiligten in der Niederschrift vermerken (§ 17 Abs. 2 BeurkG). Belehrungs- und entsprechende Vermerkpflichten sind in §§ 17 Abs. 2/Abs. 3, 18 bis 21a) BeurkG ausdrücklich vorgeschrieben.[115] Steht für den Notar ein Gesetzesverstoß fest, hat er gemäß § 4 BeurkG seine Amtstätigkeit zu versagen. 66

Einzelfälle: Bei der Beurkundung eines Kapitalerhöhungsbeschlusses hat sich der Notar regelmäßig darüber zu vergewissern, ob eine Vorauszahlung an die Gesellschaft erfolgt ist und gegebenenfalls über die Voraussetzungen einer Zahlung auf künftige Einlagenschuld aufzuklären.[116] Er ist verpflichtet, jeden von mehreren Urkundsbeteiligten über die Bedeutung des Begriffs der Bareinlage eindringlich aufzuklären.[117] Der Notar hat zudem, wenn eine Erhöhung des Stammkapitals mit Sacheinlagen erfolgen soll und Anlass zu Zweifeln an der richtigen Bewertung der Sacheinlagen besteht, auf die Gefahr der Differenzhaftung des Übernehmers hinzuweisen.[118] 67

---

108 BGH MittBayNot 2012, 241, 242.
109 Grziwotz/Heinemann/*Grziwotz*, § 17 BeurkG Rn. 31.
110 BGH DNotZ 2012, 356, 357; Arndt/Lerch/*Sandkühler*, § 14 BNotO Rn. 166; Ganter/Hertel/Wöstmann/*Ganter*, Rn. 1000; *Haug/Zimmermann*, Amtshaftung, Rn. 512.
111 zu befristeten Fortgeltungsklauseln in Angeboten: BGH DNotZ 2016, 711 mit Anm. *Seger*; abweichend jedoch bei im Angebot enthaltener befristeter Fortgeltungsklausel BGH DNotZ 2018, 130.
112 S. hierzu Rdn. 134 ff.
113 S. hierzu Ganter/Hertel/Wöstmann/*Ganter*, Rn. 964 und hier Rdn. 123 f.
114 Zur doppelten Belehrungspflicht s. Rdn. 123 ff.
115 Zur Formulierung einzelner Vermerke *Stauch*, BWNotZ 1984, 97.
116 BGH MittBayNot 2009, 394 ff. m. Anm. *Kilian*, in Fortführung von BGH DNotZ 1996, 572.
117 OLG Sachsen-Anhalt, Urt. v. 20.01.2010 – U 35/09.
118 BGH RNotZ 2008, 47.

§ 6 Pflichten nach § 17 BeurkG

68 Beurkundet der Notar die Bestellung einer Buchgrundschuld und zugleich den Rangrücktritt eines bereits eingetragenen, im Grundbuch als Eigentümerbriefgrundschuld bezeichneten Grundpfandrechts, ohne dass ihm der Grundschuldbrief vorgelegt wird, hat der Notar auf die Folgen hinzuweisen, die sich aus dem Fehlen der Briefvorlage ergeben können.[119]

69 Besondere Unwirksamkeitsgefahren, auf die im Einzelfall durch Belehrungsvermerk hinzuweisen ist, bestehen seit Geltung des AGB-Gesetzes, nunmehr §§ 305 ff. BGB.[120] Die Rechtsprechung[121] subsumiert notarielle Verträge als Formularvertrag auch dann unter § 305 BGB, wenn es sich nicht um eine mehrfache Verwendung durch einen Beteiligten, sondern lediglich den Rückgriff auf bewährte Standardformulierungen handelt. Im Individualfall wird das Ergebnis auf § 242 BGB gestützt.[122] Unabhängig vom Gesamtcharakter des Klauselwerks wird jede einzelne Bestimmung auf ihre Formularhaftigkeit hin überprüft und gegebenenfalls der Inhaltskontrolle unterworfen. Auch formelhafte Feststellungen, dass die Beteiligten die Vereinbarung nach eingehender Belehrung durch den Notar individuell getroffen haben, werden nicht akzeptiert, wenn der Individualcharakter sich nicht aus sonstigen Umständen (Bekundung der Beteiligten, Erscheinungsbild der Urkunde, Unterlagen aus Nebenakten) zweifelsfrei ergibt. Deshalb empfiehlt sich etwa bei einer Gewährleistungsbeschränkung bei Verkauf eines Neubaus (vgl. § 309 Nr. 8 Buchst. b) BGB) neben der Aufnahme eines Belehrungsvermerks die Dokumentation der Verhandlung außerhalb der Urkunde.[123] Auch die neuere Rechtsprechung zur Wirksamkeitskontrolle und Ausübungskontrolle von Eheverträgen[124] kann in Eheverträgen, insbesondere in Unterhaltsvereinbarungen, Anlass geben, auf Wirksamkeitsbedenken hinzuweisen.

70 Unterbleibt ein gesetzlich vorgeschriebener Vermerk über eine erfolgte Belehrung in der Urkunde, so hat der Notar die Belehrung zu beweisen (Beweislastumkehr).[125] Im anderen Falle trifft den Anspruchsteller die Beweispflicht.[126] Den Anspruchsteller trifft grundsätzlich die Beweislast dafür, dass der Notar eine Amtspflicht[127] oder eine nur etwa bestehende Belehrungspflicht verletzt hat. Der Notar ist z.B. nicht verpflichtet, eine Belehrung über die fehlende Sicherung einer Kaufpreisforderung in der Niederschrift über die notarielle Beurkundung zu vermerken, denn dies gehört nicht zu den Pflichthinweisen des Notars gemäß §§ 17 Abs. 2, 18, 19, 20 und 21 BeurkG.[128] Die erfolgte Belehrung hat er jedoch zumindest im Einzelnen darzulegen, ein reines Bestreiten reicht hier nicht aus.

71 Zu Belehrungen über den Inhalt ausländischer Rechtsordnungen ist der Notar nicht verpflichtet (§ 17 Abs. 3 Satz 2 BeurkG). Eine gleichwohl durchgeführte Beratung ist deswegen aber nicht haftungsfrei.[129] Auch obliegt dem Notar die Kenntnis des Internationalen Privatrechts, also die Prüfung, ob ausländisches Recht überhaupt zur Anwendung kommt.

72 Neben der allgemeinen Rechtsbelehrungspflicht aus § 17 Abs. 1 BeurkG finden sich im Beurkundungsgesetz spezialgesetzliche Regelungen, welche die Rechtsbelehrungspflicht konkretisieren. Die Belehrung ist in der Urkunde zu vermerken, so z.B.: gerichtliche oder behördliche Genehmigungserfordernisse (§ 18 BeurkG); Unbedenklichkeitsbescheinigun-

---

119 BGH ZNotP 2010, 20 ff., m. Anm. *Heinze*.
120 *Schippel/Brambring*, DNotZ 1977, 131, 197.
121 BGH DNotZ 1982, 627 und hierzu *Ulmer*, DNotZ 1982, 587; BGH DNotZ 1984, 760 m. Anm. *Stürner*.
122 Vgl. BGH NJW 1989, 2748, § 24a AGBG; BGH DNotZ 2007, 822; im Anschluss hieran OLG Köln DNotZ 2012, 126 ff.
123 Zur inhaltlichen Ausgestaltung der Urkunde selbst *Keim*, Das notarielle Beurkundungsverfahren, 1990, S. 209.
124 BGH DNotZ 2005, 853; DNotZ 2006, 863; DNotZ 2006, 920; ZNotP 2005, 27; DNotZ 2007, 302.
125 Ganter/Hertel/Wöstmann/*Ganter*, Rn. 1209.
126 DNotZ 1972, 719 – Haftpflichtecke –; *Haug*, DNotZ 1972, 412 und 483.
127 OLG Hamm DNotZ 1981, 777.
128 OLG Hamm MittRhNotK 1980, 179.
129 *Haug/Zimmermann*, Amtshaftung, Rn. 549.

gen als Eintragungsvoraussetzung (§ 19 BeurkG);[130] gesetzliche Vorkaufsrechte (§ 20 BeurkG). Auf die Belehrung bei fehlender Unterrichtung über den Grundbuchinhalt wurde bereits in Rdn. 6 ff. eingegangen.

2. Die Genehmigungs- oder Bestätigungsbedürftigkeit einer Beurkundung soll der Notar erörtern und zwar in Anbetracht der konkret erforderlichen Genehmigungen und Bestätigungen (§ 18 BeurkG). Auf die schwebende Unwirksamkeit bis zur Erteilung und auf die Unwirksamkeit bei Versagung der Genehmigung wird der Notar Nicht-Erfahrene hinweisen müssen.

73

Zur familiengerichtlichen bzw. betreuungsgerichtlichen Genehmigung wird er über die Notwendigkeit der Mitteilung durch den gesetzlichen Vertreter an den Vertragsgegner (§§ 1829 Abs. 1 Satz 2, 1643 Abs. 3, 1915 BGB) und deren Nachweis durch eine öffentliche Urkunde gegenüber dem Grundbuchamt sowie die Möglichkeiten zur Behebung der Schwierigkeiten belehren müssen. Gemäß § 40 Abs. 2 Satz 1 FamFG ist die Entscheidung über die familien- oder betreuungsgerichtliche Genehmigung Endentscheidung mit aufgeschobener Wirksamkeit, soweit es um Verfahren geht, deren Einleitung ab dem 01.09.2009 beantragt wurde.[131] Auch über die Bedeutung dieser aufgeschobenen Wirksamkeit und die Möglichkeiten, die damit einhergehenden Schwierigkeiten zu beheben, wird der Notar im Rahmen des § 18 BeurkG künftig die Beteiligten belehren müssen.

74

Wenn nicht feststeht, dass die Beteiligten um eine etwa erforderliche Genehmigung bei der Behörde selbst nachsuchen werden, wird der Notar sie darauf hinweisen müssen, dass er selbst diese Aufgabe übernehmen kann. Im Allgemeinen erwarten das die Beteiligten von ihm. Er muss dann einen besonderen Auftrag mit Vollmacht aufnehmen, wenn er nicht schon nach einer gesetzlichen Bestimmung als ermächtigt gilt, vgl. etwa § 3 Abs. 2 Satz 2 GrdstVG. Die Vollmacht zur Antragstellung umfasst auch die Vollmacht zur In-Empfangnahme des Negativzeugnisses, nicht aber des Bescheides über die Ausübung eines Vorkaufsrechts.[132] Ebenso sollte die Vollmacht in der Praxis dahin gehend eingeschränkt werden, dass sie zwar zur Entgegennahme der Genehmigungen berechtigt, jedoch nur insoweit, als diese vorbehaltlos und bedingungslos erteilt sind.[133]

75

Der Notar hat die Beteiligten darauf hingewiesen, dass dieser Vertrag zu seiner Wirksamkeit möglicherweise der Genehmigung der Landwirtschaftsbehörde nach dem GrdstVG bedarf. Der Notar wird beauftragt, die Genehmigung oder ein Zeugnis, dass eine Genehmigung vorliegend nicht erforderlich ist (Negativzeugnis), einzuholen. Genehmigungen gelten mit Zugang beim Notar als erteilt. Anfechtbare Entscheidungen sind ausschließlich den Beteiligten selbst zuzustellen. Hiervon wird jedoch eine Abschrift an den Notar erbeten.

76 M

Wenn mehrere Bescheide infrage kommen, insbesondere über gesetzliche Vorkaufsrechte und die steuerliche Unbedenklichkeit:

77

Der Notar wird beauftragt, alle zur Durchführung dieses Rechtsgeschäfts erforderlichen Genehmigungen und sonstigen Erklärungen für die Beteiligten einzuholen.

78 M

---

130 S. hierzu auch § 8 Rdn. 20 sowie allgemein zur Belehrung über steuerliche Folgen des Rechtsgeschäfts unten Rdn. 140.
131 Zu den Auswirkung für die notarielle Praxis vgl. *Heinemann*, DNotZ 2009, 1 ff., *Bolkart*, MittBayNot 2009, 268, 271 f.
132 Anders noch in der 21. Aufl. 2001; wie hier: *Reithmann/Albrecht*, Rn. 600 unter Verweis auf OVG Lüneburg NJW 1996, 212.
133 *Grein*, RNotZ 2004, 115, 127.

§ 6 Pflichten nach § 17 BeurkG

79 Das soll er möglichst frühzeitig und möglichst gleichzeitig tun, wenn er nicht schon den Entwurf des Geschäftes mit Einverständnis der Beteiligten der Genehmigungsbehörde mit der Bitte um einen Vorbescheid vorlegt.

80 Von den gerichtlichen und behördlichen Genehmigungen werden am häufigsten notwendig:

81 **a)** Die Genehmigung des Familiengerichts, Betreuungsgerichts und Nachlassgerichts, zur Genehmigungsbedürftigkeit und zum Genehmigungsverfahren im Allgemeinen s.u. § 97, zu Grundstücks- und handelsrechtlichen Geschäften s.u. § 97 Rdn. 1 ff. und zur Erbausschlagung s.u. § 94 Rdn. 36 und § 114 Rdn. 29 M sowie zu den Erklärungen des Nachlasspflegers s.u. § 112 Rdn. 3 ff.

82 **b)** Die Genehmigung der Landwirtschaftsbehörde zur rechtsgeschäftlichen Veräußerung land- und forstwirtschaftlicher Grundstücke, worunter auch die eines Miteigentumsanteils und die eines Erbanteils an einen Nichterben bei einem im Wesentlichen aus einem landwirtschaftlichen Betrieb bestehenden Nachlass sowie die Bestellung eines Nießbrauches an einem landwirtschaftlichen Grundstück fällt (§ 2 des Ges. über Maßnahmen zur Verbesserung der Agrarstruktur und zur Sicherung land- und forstwirtschaftlicher Betriebe v. 28.07.1961 – GrdstVG[134]).

83 Die Genehmigung des schuldrechtlichen Vertrages gilt auch für die Auflassung mit. Die Bestellung eines Erbbaurechtes wird man trotz der fehlenden Auflassung auch als genehmigungsbedürftig ansehen müssen.[135] Die Veräußerung landwirtschaftlicher Grundstücke ist teilweise genehmigungsfrei (§ 4 GrdstVG). Darüber hat die Genehmigungsbehörde auf Antrag ein Zeugnis zu erteilen (§ 5 GrdstVG). § 2 Abs. 3 Nr. 2 GrdstVG eröffnet die Möglichkeit, Grundstücke bis zu einer bestimmten Größe von der Genehmigungspflicht auszunehmen. In anderen Fällen muss eine Genehmigung erteilt werden (§ 8 GrdstVG). Eine erforderliche Genehmigung darf unter bestimmten Voraussetzungen versagt oder unter Auflagen und Bedingungen besonderen Inhaltes erteilt werden (§§ 9 bis 11 GrdstVG). – Zu entscheiden hat zunächst die Genehmigungs (Landwirtschafts-)Behörde. Der beurkundende Notar gilt als antragsberechtigt (§ 3 Abs. 2 Satz 2 GrdstVG) und auch als ermächtigt, einen die Verlängerung der Monatsfrist bewirkenden Zwischenbescheid in Empfang zu nehmen.[136] Entscheidet die Behörde nicht binnen 1 Monats, gilt die Genehmigung als erteilt. – Die Frist wird auch durch den Antrag auf Genehmigung eines eingereichten Vertragsentwurfs ausgelöst.[137] Eine Verlängerung der Genehmigungsfrist von 1 auf 2 Monate kann die Genehmigungsbehörde zwecks weiterer Prüfung durch Zusendung eines Zwischenbescheides herbeiführen (§ 6 Abs. 1 Satz 2 GrdstVG) und um einen weiteren Monat, wenn die Erklärung der Siedlungsbehörde über die Ausübung des Vorkaufsrechts nach § 12 GrdstVG und § 7 Abs. 2 Reichssiedlungsgesetzes einzuholen ist.

84 Ehe ein Zeugnis nach § 6 Abs. 3 GrdstVG über die Unanfechtbarkeit oder der uneingeschränkte und deshalb nicht anfechtbare Genehmigungsbescheid vorliegt, kann die Veräußerung nicht in das Grundbuch eingetragen werden (§ 7 GrdstVG). Für die Eintragung von Veräußerungen land- oder forstwirtschaftlicher Grundstücke ist das Grundbuch also bis zum Beibringen eines Zeugnisses der Landwirtschaftsbehörde gesperrt. – Gegen die Versagung der Genehmigung oder die Erteilung unter Auflagen oder Bedingungen kann binnen 2 Wochen ein Antrag auf Entscheidung durch die nach dem Gesetz über das gerichtliche Verfahren in Landwirtschaftssachen zuständigen Gerichte gestellt werden (§ 22 GrdstVG).

---

134 BGBl. 1091.
135 *Lange*, Kommentar zum GrdstVG § 1 Rn. 3g.
136 BGH RdL 1963, 121 = Rpfleger 1963, 405.
137 BGH Rpfleger 1964, 339; DNotZ 1965, 413.

Wegen der Genehmigung der Übergabe von Höfen s.u. § 36. 85

c) Das Erfordernis einer Teilungsgenehmigung der Gemeinde nach den §§ 19, 20 des Baugesetzbuches (BauGB) ist durch das Gesetz zur Anpassung des Baugesetzbuchs an EU-Richtlinien (Europarechtsanpassungsgesetz) vom 24.06.2004[138] entfallen.[139] 86

d) In einem förmlich festgelegten Sanierungsgebiet bedürfen der schriftlichen Genehmigung der Gemeinde die rechtsgeschäftliche Veräußerung eines Grundstücks, die Bestellung und Veräußerung eines Erbbaurechts, die Bestellung eines das Grundstück belastenden Rechtes, die Teilung eines Grundstücks, die in § 14 Abs. 1 BauGB bezeichneten Vorhaben und sonstigen Maßnahmen sowie die Vereinbarung über ein Gebrauchs- oder Nutzungsrecht auf mehr als 1 Jahr (§ 144 Abs. 1 und Abs. 2 BauGB). Die Genehmigung des schuldrechtlichen Vertrages gilt auch für das dingliche Rechtsgeschäft. Sie darf nur versagt werden, wenn der Vertrag den Sanierungszweck unmöglich macht oder wesentlich erschwert. Das ist auch der Fall, wenn die Gegenleistung für das Grundstück oder Erbbaurecht den in § 153 BauGB vorgesehenen Wert übersteigt, für den eine durch die Sanierungsaussicht eingetretene Werterhöhung nicht berücksichtigt wird. 87

In der Gemeindesatzung über die förmliche Festlegung des Sanierungsgebietes werden die einbezogenen Grundstücke aufgeführt. In ihre Grundbuchblätter trägt das Grundbuchamt den Sanierungsvermerk ein (§ 143 Abs. 2 BauGB). Verträge zum Zwecke der Vorwegnahme der Erbfolge unterliegen nicht der Genehmigung (§ 144 Abs. 4 Nr. 2 BauGB). Die vorstehend geschilderten Beschränkungen können im vereinfachten Sanierungsverfahren ausgeschlossen werden (§ 142 Abs. 4 BauGB).[140] Nach § 144 Abs. 3 BauGB kann die Gemeinde für das Sanierungsgebiet oder Teile desselben für bestimmte Fälle der Abs. 1 und 2 die Genehmigung allgemein erteilen; sie hat dies ortsüblich bekannt zu machen. 88

Wenn die Landesregierung für Entwicklungsmaßnahmen nach den Zielen der Raumordnung einen städtebaulichen Entwicklungsbereich in einer Rechtsverordnung festlegt, gilt ähnliches, vgl. § 170 Satz 4 BauGB. Für diese Grundstücke besteht dieselbe Genehmigungspflicht wie für die mit einem Sanierungsvermerk versehenen (§ 169 Abs. 1 Nr. 3 BauGB). 89

Für die nach § 144 Abs. 2 BauGB genehmigungspflichtigen Tatbestände gilt über § 145 Abs. 6 BauGB die Vorschrift des § 22 Abs. 6 BauGB entsprechend. Das Grundbuchamt darf in diesen Fällen eine Eintragung in das Grundbuch deshalb nur bei Vorlage eines Genehmigungsbescheides oder eines Negativattestes vornehmen. 90

e) Weitere, nach dem Baugesetzbuch erforderliche Genehmigungen finden sich in § 22 BauGB (Sicherung von Gebieten mit Fremdenverkehrsfunktion), in § 172 Abs. 1 Satz 1 Nr. 2 i.V.m. Abs. 4 BauGB (Milieuschutzsatzungen) sowie in § 51 BauGB (Umlegung).[141] 91

f) Die Genehmigungspflicht für Wertsicherungsklauseln durch das Bundesamt für Wirtschaft- und Ausfuhrkontrolle ist durch das Preisklauselgesetz, eingeführt durch Art. 2 des Zweiten Gesetzes zum Abbau bürokratischer Hemmnisse insbesondere in der mittelständischen Wirtschaft[142] entfallen. Das Gesetz ist am 14.09.2007 in Kraft getreten. Zur alten Rechtslage s. die 21. Aufl. dieses Werks. 92

---

138 BGBl. I S. 1359.
139 Zur Teilungsgenehmigung und deren Voraussetzungen s. die 21. Aufl., 2001, sowie DNotI-Report 2001, 129 ff.; zu den nach landesrechtlichen Vorschriften erforderlichen Teilungsgenehmigungen vgl. www.dnoti.de/arbeitshilfen.
140 Im Einzelnen: *Gaentzsch*, NJW 1985, 88.
141 Vgl. *Schöner/Stöber*, Rn. 3818 ff.
142 BGBl. 2007 I S. 2246.

§ 6   Pflichten nach § 17 BeurkG

93   Das bisher geltende Verbot automatisch wirkender Wertsicherungsklauseln hat auch nach der Novellierung weiterhin Geltung. An die Stelle des behördlichen Genehmigungssystems ist ein System der Legalausnahme getreten, in welches das Indexierungsverbot einschließlich der bestehenden Ausnahmeregelungen überführt wurde. Die Rechtmäßigkeit der Preisklauseln ist somit nun von den Beteiligten selbst zu prüfen.[143]

94   § 1 PreisklauselG entspricht dem bisherigen § 2 Abs. 1 PaPkG. Vom Anwendungsbereich des § 1 PreisklauselG n.F. erfasst sind nur automatisch wirkende Indexierungen, wie der Gesetzeswortlaut »unmittelbar und selbsttätig bestimmen« klarstellt. Die für Leistungsvorbehaltsklauseln, Spannungsklauseln und Kostenelementeklauseln bisher geltenden Ausnahmen sind nun wörtlich in § 1 Abs. 2 PreisklauselG übernommen worden. Hinzugekommen ist eine neue Ausnahme in § 1 Abs. 2 Nr. 4 PreisklauselG, wonach das Preisklauselverbot nicht gilt für Klauseln, die lediglich zu einer Ermäßigung der Geldschuld führen können.[144]

95   Der Notar hat nunmehr selbst zu prüfen, ob eine von ihm beurkundete Preisklausel – sofern sie keine Ausnahme vom Verbot nach § 1 Abs. 2 PreisklauselG darstellt – nach den Legalausnahmen der §§ 2 bis 7 PreisklauselG zulässig ist. Einer Genehmigung bedarf es nicht mehr, die Klauseln sind in diesen Fällen automatisch zulässig. Nach § 8 PreisklauselG gilt dies zunächst auch für die eigentlich unzulässigen Klauseln. Deren Unwirksamkeit tritt erst nach Rechtskraft des Urteils über den Verstoß, also nur für die Zukunft, ein. Anderweitige Vereinbarungen sind möglich und für künftige Gestaltungen zumindest mit den Beteiligten zu erörtern.[145] Die bislang gegebene Empfehlung, eine Genehmigung oder ein Negativattest einzuholen, wenn der Notar über die Wirksamkeit einer Wertsicherungsklausel Zweifel hatte,[146] kann nun keine Gültigkeit mehr haben. Negativatteste werden nicht mehr erteilt. Der Notar hat somit eigenverantwortlich zu prüfen, ob seine gewählte Formulierung zulässig ist und dabei den sichersten Weg zu wählen. Auch eine salvatorische Klausel sollte erwogen werden.

96   g) Genehmigungspflichten auf dem Gebiet der neuen Bundesländer. In den neuen Bundesländern ergeben sich zusätzlich zum allgemeinen bundesrepublikanischen Recht besondere Genehmigungspflichten für den Grundstücksverkehr aufgrund der gemäß Einigungsvertrag fortgeltenden Grundstücks-Verkehrsverordnung (GVVO i.d.F. v. 18.04.1991[147] und vom 14.07.1992[148]), abgelöst durch die Grundstücks-Verkehrsordnung (GVO v. 03.08.1992[149]). Danach bedürfen gemäß § 2 generell der Genehmigung die Veräußerung eines Grundstücks sowie die Bestellung und Übertragung eines Erbbaurechts und die jeweiligen schuldrechtlichen Verträge hierüber.

97   Nach § 2 Satz 2 der Verordnung gilt bei Genehmigung des schuldrechtlichen Vertrages das in Ausführung vorgenommene dingliche Geschäft als genehmigt. Seit ihrer Neufassung dient die VO allerdings nicht mehr ihrem früheren Zweck der Verwirklichung einer sozialistischen Bodenordnung, sondern der Sicherung der Ansprüche nach dem Gesetz zur Regelung offener Vermögensfragen. Nach § 1 Abs. 2 Nr. 1 GVO ist die Genehmigung daher zu erteilen, wenn ein Versagungs- oder Aussetzungsgrund nach § 30 Abs. 1 Vermögensgesetz (i.d.F. v. 04.08.1997[150]) nicht vorliegt. Einer Genehmigung bedürfen gemäß § 1 Abs. 2

---

143   Ausführlich zur neuen Rechtslage: *Reul*, MittBayNot 2007, 445, 446 sowie *Kirchhoff*, DNotZ 2007, 11 ff. und 913 ff.
144   S. *Reul*, MittBayNot 2007, 445, 446.
145   *Reul*, MittBayNot 2007, 445, 451, aber: S. 452.
146   S. hierzu: *Limmer*, ZNotP 1998, 148, 155; *Schöner/Stöber*, Grundbuchrecht, Rn. 3271.
147   BGBl. I S. 999.
148   BGBl. I S. 1257.
149   BGBl. I S. 1477.
150   BGBl. I S. 1974.

Nr. 3 ferner nicht solche Rechtsgeschäfte, die im Rahmen von Investitionsvorhaben nach dem Investitionsvorranggesetz vom 14.07.1992[151] vorgenommen werden.

Das Grundbuchamt darf eine Eintragung eines genehmigungspflichtigen Geschäftes nur bei Vorlage eines Genehmigungsbescheides vornehmen. Teilt das Amt zur Regelung offener Vermögensfragen allerdings mit, dass zwischenzeitlich ein Rechtsbehelf mit aufschiebender Wirkung vorgelegt wurde, muss die Eintragung unterbleiben. Die Genehmigung ist im Übrigen gemäß § 4 innerhalb 1 Jahres widerruflich, was schwierige Fragen zur Vertragsgestaltung aufwirft. Zur Erteilung der Genehmigung sind nach § 7 die Landratsämter bzw. Stadtverwaltungen zuständig. **98**

h) Bei der GmbH-Gründung besteht die Hinweispflicht des § 18 BeurkG nur für die allgemeinen Genehmigungserfordernisse, welche auf die Wirksamkeit der GmbH-Gründung Einfluss haben (z.B. familiengerichtliche Genehmigungen). Hiervon zu unterscheiden sind Genehmigungen, die nur für die Aufnahme der Geschäftstätigkeit erforderlich sind. Auch nach Streichung des § 8 Abs. 1 Nr. 6 GmbHG a.F. verlangt die Registerpraxis im Anwendungsbereich des KWG jedoch die Vorlage der behördlichen Erlaubnis nach § 32 KWG (insoweit konsequent wohl wegen § 43 KWG) bzw. ein Negativattest, worauf der Notar hinweisen muss.[152] **99**

i) In vielen Spezialgesetzen finden sich weitere öffentlich-rechtliche Verfügungsbeschränkungen, so bspw. für Bausparkassen, Versicherungsunternehmen, Gemeinden und Kirchen sowie im früheren Heimgesetz und den entsprechenden landesrechtlichen Nachfolgevorschriften für das Versprechen von Geldleistungen an einen Heimträger durch einen Heimbewohner. **100**

3. Die Pflicht des Notars, auf das Bestehen und die Bedeutung eines gesetzlichen Vorkaufsrechtes hinzuweisen (§ 20 BeurkG), erklärt sich daraus, dass die gesetzlichen Vorkaufsrechte im Gegensatz zu den rechtsgeschäftlichen nicht im Grundbuch eingetragen werden. Ob ein gesetzliches Vorkaufsrecht besteht, kann zweifelhaft sein. Der Notar soll dann auf die (abstrakte) Möglichkeit eines solchen Rechts hinweisen[153] und dies in der Niederschrift vermerken. Die Bedeutung einzelner Vorkaufsrechte muss nicht erläutert werden.[154] **101**

Der Notar wies darauf hin, dass das Kaufgrundstück möglicherweise dem gesetzlichen Vorkaufsrecht der Gemeinde unterliegt. **102 M**

Eine Verpflichtung oder eine Ermächtigung des Notars, einen Grundstückskaufvertrag dem Berechtigten mitzuteilen und damit die Ausübungsfrist in Lauf zu setzen, besteht zu keinem gesetzlichen Vorkaufsrecht. Das ist Sache des Verkäufers wie des Käufers. Es ist jedoch häufig zweckmäßig, dass der Notar sich dazu ermächtigen lässt, namentlich dann, wenn noch zu klären ist, ob überhaupt ein Vorkaufsrecht besteht und ob es vom Berechtigten fristgemäß ausgeübt wird. **103**

Als gesetzliche Vorkaufsrechte nach Bundesrecht[155] kommen in Betracht: **104**

a) Das Vorkaufsrecht der Gemeinde nach dem Baugesetzbuch besteht allgemein beim Kauf von Grundstücken, nicht jedoch beim Kauf von Wohnungseigentum oder Erbbaurechten. **105**

---

151 BGBl. I S. 1268.
152 Vgl. ausführlich *Weigl*, DNotZ 2011, 169, 171.
153 OLG Braunschweig DNotZ 1977, 438.
154 Eine tabellarische Aufstellung über die landesrechtlichen Vorkaufsrechte findet sich auf der Homepage des DNotI unter www.dnoti.de, dort unter »Informationen – Arbeitshilfen – Immobilienrecht«.
155 Zu landesrechtlichen Vorkaufsrechten vgl. tabellarische Übersicht unter www.dnoti.de/arbeitshilfen.

Nach § 24 Abs. 1 BauGB steht der Gemeinde ein Vorkaufsrecht zu beim Kauf von Grundstücken im Geltungsbereich eines Bebauungsplans, soweit es sich um Flächen handelt, für die nach dem Bebauungsplan eine Nutzung für öffentliche Zwecke festgesetzt ist, in einem Umlegungsgebiet, in einem förmlich festgelegten Sanierungsgebiet und städtebaulichen Entwicklungsbereich, im Geltungsbereich einer Erhaltungssatzung, im Geltungsbereich eines Flächennutzungsplans, soweit es sich um unbebaute Flächen im Außenbereich handelt, für die nach dem Flächennutzungsplan eine Nutzung als Wohnbaufläche oder Wohngebiet dargestellt ist sowie in Gebieten, die nach den §§ 30, 33, 34 Abs. 2 BauGB vorwiegend mit Wohngebäuden bebaut werden können, soweit die Grundstücke unbebaut sind. Die Gemeinde kann ferner im Geltungsbereich eines Bebauungsplans durch Satzung ihr Vorkaufsrecht an unbebauten Grundstücken begründen sowie in Gebieten, in denen sie städtebauliche Maßnahmen in Betracht zieht, zur Sicherung einer geordneten städtebaulichen Entwicklung durch Satzung Flächen bezeichnen, an denen ihr ein Vorkaufsrecht an den Grundstücken zusteht, § 25 BauGB.[156] Das Vorkaufsrecht darf nur ausgeübt werden, wenn das Wohl der Allgemeinheit dies rechtfertigt. – Die Ausübungsfrist beträgt 2 Monate seit Mitteilung des Kaufvertrages (§ 28 Abs. 2 BauGB). Die dem Notar erteilte Vollmacht zum Vollzug des Kaufvertrages stellt keine Empfangsvollmacht für die Entgegennahme der Vorkaufsrechtsausübung der Gemeinde dar.[157]

106 Das Vorkaufsrecht der Gemeinde nach dem Baugesetzbuch besteht nicht bei einem Verkauf an den Ehegatten oder eine Person, die mit dem Verkäufer in gerader Linie verwandt oder verschwägert oder in der Seitenlinie bis zum dritten Grad verwandt ist.

107 Nach § 27a BauGB kann die Gemeinde das ihr zustehende Vorkaufsrecht zugunsten eines Dritten ausüben, wenn das im Wege der Ausübung des Vorkaufsrechts zu erwerbende Grundstück für sozialen Wohnungsbau oder die Wohnbebauung für Personengruppen mit besonderem Wohnbedarf genutzt werden soll und der Dritte in der Lage ist, das Grundstück binnen angemessener Frist dementsprechend zu bebauen.

108 Die Vorschrift des § 28 Abs. 1 BauGB bewirkt eine Grundbuchsperre. Das Grundbuchamt darf bei Grundstücksveräußerungen den Erwerber als Eigentümer nur eintragen, wenn ihm die Nichtausübung oder das Nichtbestehen eines Vorkaufsrechts durch ein Zeugnis der Gemeinde, das auf Antrag eines Beteiligten erteilt wird, nachgewiesen ist. Das Grundbuchamt kann jedoch die Vorlage eines Zeugnisses nach § 28 Abs. 1 BauGB nicht verlangen, wenn sich aus dem zu vollziehenden notariellen Vertrag – etwa bei einem Schenkungsvertrag – ergibt, dass ein Vorkaufsfall nicht vorliegt.[158] Das gilt auch beim Erwerb eines Nachlassgrundstücks durch einen Miterben.[159]

109 M **Der Notar wies die Beteiligten darauf hin, dass das Grundbuchamt die Eigentumsumschreibung nur vornimmt, wenn durch ein Zeugnis der Gemeinde nachgewiesen wird, dass das Grundstück einem gesetzlichen Vorkaufsrecht nach dem Baugesetzbuch nicht unterliegt oder, falls ein solches Vorkaufsrecht besteht, es nicht ausgeübt wird.**

110 Wird der Notar mit der Einholung dieses Zeugnisses beauftragt, so nimmt er in die Niederschrift auf:

111 M **Der Notar wird ermächtigt und beauftragt, unter Übersendung einer Abschrift dieses Kaufvertrages ein Zeugnis der Gemeinde einzuholen und in Empfang zu nehmen, dass vorliegend ein Vorkaufsrecht nach dem Baugesetzbuch nicht besteht oder nicht ausgeübt wird.**

---

156 Weiteres bei *Schelter*, DNotZ 1987, 330.
157 OVG Lüneburg MittRhNotK 1996, 39.
158 BGHZ 73, 12; OLG Düsseldorf, Beschl. v. 26.05.2010 – I 3 Wx 90/10 (im Fall Tauschvertrag).
159 KG DNotZ 1979, 420. Näheres s. bei *Engelken*, DNotZ 1977, 579.

■ *Kosten.* Nach dem Geschäftswert des zugrundeliegenden Beurkundungsverfahrens (ggf. auch addierte Werte mehrerer Gegenstände) eine 0,5 Vollzugsgebühr nach Nr. 22110 KV GNotKG für die Anforderung und Prüfung einer Erklärung oder Bescheinigung nach öffentlich-rechtlichen Vorschriften, höchstens jedoch 50 € gemäß Nr. 22112 KV GNotKG für jede solche Tätigkeit. Bei weiteren, daneben vorzunehmenden Vollzugstätigkeiten aus dem Katalog Vorbemerkung 2.2.1.1. KV GNotKG insgesamt einmal 0,5 Vollzugsgebühr aus dem Wert des Beurkundungsverfahrens ohne Höchstgebührbegrenzung.

Bestehen keine konkreten Anhaltspunkte für ein Interesse der Gemeinde zur Ausübung des Vorkaufsrechts, sollte die Mitteilung zunächst auf die Angabe des Kaufgrundstücks und der Kaufvertragsparteien beschränkt werden,[160] die Frist des § 469 Abs. 2 BGB beginnt jedoch erst mit vollständiger Mitteilung.

b) Das Vorkaufsrecht des gemeinnützigen Siedlungsunternehmens besteht für Kaufverträge über landwirtschaftliche Grundstücke, wenn die Veräußerung einer Genehmigung nach dem Grundstücksverkehrsgesetz v. 28.07.1961[161] bedarf und die Genehmigung nach § 9 GrdStVG zu versagen wäre (§ 4 des Reichssiedlungsgesetzes v. 11.08.1919). Die Genehmigungsbehörde, bei der der Antrag auf Genehmigung gestellt ist, legt der Siedlungsbehörde den Kaufvertrag vor, die ihn dem Siedlungsunternehmen mitteilt. Dessen Erklärung über die Ausübung wird bei der Siedlungsbehörde abgegeben, die sie der Genehmigungsbehörde zuleitet, welche sie schließlich dem Verpflichteten mitteilt. Damit gilt auch die Veräußerung vom Verkäufer an das vorkaufsberechtigte Siedlungsunternehmen als genehmigt. Die Ausübungserklärung muss binnen 1 Monats oder nach einem Zwischenbescheid der Genehmigungsbehörde binnen 3 Monaten dem Verpflichteten zugestellt sein (§§ 6 und 12 GrdStVG und § 6 RSG). Da das Grundbuchamt die Rechtsänderung erst eintragen darf, wenn die Genehmigung nachgewiesen ist, diese aber bei Ausübung des Vorkaufsrechtes nicht dem Käufer, sondern dem Siedlungsunternehmen erteilt wird, ist das Grundbuch zunächst zugunsten des Siedlungsunternehmens gesperrt.

c) Das Vorkaufsrecht des Reichsheimstättengebers nach § 11 RHeimstG ist zum 31.12.1998 aufgehoben worden.

d) Das Vorkaufsrecht nach dem Bundesnaturschutzgesetz (§ 66 BNatSchG) besteht für u.a. in Naturschutzgebieten liegende Grundstücke (§ 66 Abs. 1 Satz 1 Nr. 1 BNatSchG) sowie für Grundstücke, auf welchen sich u.a. Naturdenkmäler (§ 66 Abs. 1 Satz 1 Nr. 2 BNatSchG) oder oberirdische Gewässer (§ 66 Abs. 1 Satz 1 Nr. 3 BNatSchG) befinden.[162] Das Vorkaufsrecht steht dem jeweiligen Bundesland zu. Gemäß § 66 Abs. 2 BNatSchG darf es nur ausgeübt werden, wenn die Ausübung aus Gründen des Naturschutzes, der Landschaftspflege einschließlich der Erholungsvorsorge erforderlich ist. Das Vorkaufsrecht bewirkt keine Grundbuchsperre vergleichbar § 28 Abs. 1 Satz 2 BauGB, hat jedoch gemäß § 66 Abs. 3 Satz 4 BNatSchG i.V.m. § 1098 Abs. 2 BGB Vormerkungswirkung wie das dingliche Vorkaufsrecht, sodass eine Belehrung über das Vorkaufsrecht nach § 66 BNatSchG und eine entsprechende Klärung der Vorkaufsrechtsbetroffenheit des kaufgegenständlichen Grundstücks künftig zwingend ist. Das Vorkaufsrecht erstreckt sich jedoch nicht auf einen Verkauf, der an einen Ehegatten, eingetragenen Lebenspartner oder einen Verwandten ersten Grades erfolgt (§ 66 Abs. 3 Satz 5 BNatSchG).

---

160 Vgl. hierzu auch DNotI-Report 2018, 130 ff.
161 BGBl. I S. 1091.
162 Aufgrund des Gesetzes zur Neuregelung des Naturschutzes und der Landschaftspflege vom 19.06.2009 (BGBl. I 2009. S. 2542), in Kraft getreten zum 01.03.2010; zum Verhältnis des bundesrechtlichen zu landesrechtlichen Vorkaufsrechten vgl. DNotI-Report 2010, 64 ff.

§ 6 Pflichten nach § 17 BeurkG

116 e) Das neu eingeführte hochwasserschutzrechtliche Vorkaufsrecht nach § 99 a) WHG besteht grundsätzlich an Grundstücken, die für Maßnahmen des Hochwasser- oder Küstenschutzes benötigt werden. Nach § 99 a) Abs. 3 WHG darf es nur ausgeübt werden, wenn dies aus Gründen des Hochwasserschutzes oder des Küstenschutzes erforderlich ist. Einige Bundesländer haben mittels Allgemeinverfügung derzeit auf eine Ausübung des Vorkaufsrechtes verzichtet,[163] teilweise jedoch befristet. In manchen Bundesländern sind die Allgemeinverfügungen durch Positivlisten hinsichtlich Grundstücken ergänzt, die dem Vorkaufsrecht unterliegen.[164]

117 f) Das Vorkaufsrecht des Mieters nach § 577 BGB. Wird eine Mietwohnung, an der nach der Überlassung an den Mieter Wohnungseigentum begründet worden ist oder begründet werden soll, an einen Dritten verkauft, so ist der Mieter zum Vorkauf berechtigt, es sei denn, der Vermieter verkauft die Wohnung an eine zu seinem Hausstand gehörende Person oder an einen Familienangehörigen. Stirbt der Mieter, geht das Vorkaufsrecht nach § 577 Abs. 4 BGB auf diejenigen über, die in das Mietverhältnis nach § 563 Abs. 1/2 BGB eintreten (s.a. § 473 Satz 1 BGB).

118 Das Vorkaufsrecht kann nur binnen 2 Monaten nach Mitteilung des Verkäufers über den rechtswirksam zustande gekommenen Kaufvertrag ausgeübt werden (§ 577 Abs. 1 Satz 3 i.V.m. § 469 Abs. 2 BGB). Das Vorkaufsrecht besteht nur beim ersten Verkauf nach Begründung des Wohnungseigentums. Dies gilt selbst dann, wenn beim ersten Verkauf die Möglichkeit zur Ausübung des Vorkaufsrechts nicht bestand, weil die Wohnung seinerzeit an einen Familienangehörigen verkauft wurde.[165]

119 § 577 Abs. 5 BGB steht einem Verzicht nach Entstehung des Vorkaufsrechts nicht entgegen.

120 g) Als weitere Vorkaufrechte nach Bundesrecht, über deren Bestehen der Notar zu belehren hat, kommen in Betracht:

121 Das Vorkaufsrecht der Miterben an einem an Nichterben verkauften Erbteil, auszuüben binnen 2 Monaten ab Benachrichtigung (§ 2034 BGB), das dingliche Vorkaufsrecht nach § 1094 BGB sowie das Vorkaufsrecht nach §§ 20, 20a Vermögensgesetz. Dabei sind die Vorkaufsrechte nach §§ 577, 1094 und 2034 BGB in § 20 BeurkG nicht genannt. Die Belehrungspflicht folgt aber aus § 17 Abs. 1 BeurkG.[166]

122 4. Nach § 20a BeurkG hat der Notar die Beteiligten bei der Beurkundung einer Vorsorgevollmacht auf die Möglichkeit einer Registrierung bei dem zentralen Vorsorgeregister der Bundesnotarkammer nach § 78a BNotO hinzuweisen.[167]

---

163 Allgemeinverfügungen existieren (Stand Juni 2018) für: Baden-Württemberg, Berlin, Brandenburg, Hessen, Mecklenburg-Vorpommern, Niedersachsen, NRW, Rheinland-Pfalz, Thüringen; Eine Übersicht findet sich auf der Homepage des DNotI unter Arbeitshilfen: http://www.dnoti.de/arbeitshilfen-kopie/-immobilienrecht
164 So in Sachsen, Sachsen-Anhalt, Schleswig-Holstein, Bayern; Bayern führt zudem ein online abrufbares Verzeichnis über Grundstücke, an denen dem Freistaat Bayern ein Vorkaufsrecht nach § 99 a) WHG zusteht unter: https://vkr-bayern.bnotk.de/wasser/hw_vorkauf/index.htm, ebenso Sachsen unter: https://www.umwelt.sachsen.de/umwelt/wasser/17765.htm.
165 BGH MittBayNot 2008, 115.
166 Beck´sches Notar-Handbuch/*Hagemann*, A I Rn. 78.
167 Zu den Einzelheiten vgl. *Bücker/Viefhues*, ZNotP 2007, 126 ff.

IV. Beratungspflicht

1. Über die unter III behandelten, im BeurkG einzeln aufgeführten Fälle der Rechtsbelehrungspflicht hinaus ist häufig eine Beratung durch den beurkundenden Notar erforderlich, um eine rechtsbeständige und zweckmäßige, dem Willen der Beteiligten entsprechende Urkunde aufzunehmen. Je nach Art des zu beurkundenden Geschäfts muss er unter Auswertung der Erfahrungen der Kautelarjurisprudenz alle regelungsbedürftigen Fragen ansprechen, die hierzu nötigen Belehrungen erteilen und bei Bedarf entsprechende Regelungen vorschlagen.[168] Diese Urkundsberatung ist – soweit eine juristisch sachgerechte Formulierung und Gestaltung erfolgt – Ausfluss der allgemeinen Rechtsbelehrungspflicht nach § 17 BeurkG (gestaltende Beratung).[169] Sie ist ohne den besonderen Auftrag zu leisten, den die in § 24 BNotO geregelte Beratung voraussetzt, die unabhängig von einer Beurkundung erfolgt. Die Grenze zwischen dieser Beratungs- und der allgemeinen Belehrungspflicht ist fließend. Auch die Rechtsprechung trifft hier nicht immer eine eindeutige Abgrenzung. Begrifflichkeiten werden teilweise synonym verwendet. Eine gestaltende Beratung wird jedoch in aller Regel an eine Rechtsbelehrung über die Tragweite abgegebener Erklärungen anschließen.

Der Bereich der Beratung des § 24 BNotO beginnt dort, wo über die Zweckmäßigkeit der Gestaltung von Rechtsverhältnissen gesprochen wird (planende Beratung), das Ergebnis der Beratung für die Beteiligten jedoch noch nicht feststeht.[170] Die planende Beratung wird dem Notar übertragen, wenn die Rechtsuchenden noch nicht genau wissen, wie und mit welchem Inhalt sie die Angelegenheit regeln wollen[171]. Ziel dieser Beratung ist es gerade, den Beteiligten einen oder mehrere Wege aufzuzeigen, wie sie eine rechtliche Veränderung herbeiführen können. In diesem Bereich hat der Notar neben einer erweiterten Warn- und Hinweispflicht (erweiterte Betreuungspflicht) bei naheliegenden Gefahren Pflichten nur, soweit er dem Wunsch und einem Auftrag der Beteiligten nach Beratung Folge leistet. Der Notar ist hier nicht generell zur Beratung verpflichtet.[172] Er hat jedoch im Rahmen der planenden Beratung –insbesondere wenn sich die Beteiligten nach der Beratung über den einzuschlagenden Weg noch nicht im Klaren sind- auch über die Kostenfolge der Fertigung eines etwaigen Entwurfs zu belehren[173].

Bei der gestaltenden Beratung steht hingegen das Ziel fest, der Notar muss mit den Beteiligten aber den einzuschlagenden Weg ermitteln. Die Pflicht des Notars zur gestaltenden Beratung und Betreuung findet ihre Grenze an dem Punkt, an dem über den Beurkundungsauftrag hinaus eine dem Anwalt oder Steuerberater zukommende, einseitige Beratung und Beeinflussung beginnt.[174] Dem Notar sind insoweit durch seine Neutralitätspflicht Schranken auferlegt.[175]

Eine erweiterte Betreuungspflicht (§ 14 Abs. 1 Satz 2 BNotO analog) trifft den Notar immer, wenn es nach den besonderen Umständen des Einzelfalls nahe liegt, dass für die Beteiligten eine Schädigung eintreten kann und der Notar nicht mit Sicherheit annehmen kann, dass sich der Gefährdete seiner Lage bewusst ist, oder er das Risiko auch bei einer Belehrung auf sich nehmen würde.[176]

---

168 BGH NJW 1994, 2283; NJW 1996, 522, 523.
169 BGH DNotZ 2002, 768, 769 m. Anm. *Reithmann*; *Reithmann/Albrecht*, Rn. 171; Arndt/Lerch/Sandkühler/ Sandkühler, § 14 BNotO Rn. 138.
170 Arndt/Lerch/Sandkühler/*Sandkühler*, § 14 BNotO Rn. 139.
171 Ganter/Hertel/Wöstmann/*Ganter*, Rn. 964.
172 *Basty*, FS Schippel, S. 571, 585.
173 KG ZEV 2015, 640.
174 BGH DNotZ 1972, 756; 1976, 55; OLG Düsseldorf DNotZ 1981, 138.
175 OLG Düsseldorf DNotZ 1981, 138; *Haug*, DNotZ 1972, 388, 419.
176 BGH DNotZ 1982, 385; DNotZ 1993, 754; DNotZ 2004, 844.

127 2. Die Pflicht zur gestaltenden Beratung besteht grundsätzlich nur gegenüber den Beteiligten, also den Personen, deren Erklärungen beurkundet werden sollen (§ 6 Abs. 2 BeurkG). Personen, die keine Erklärung beurkunden lassen, sind nur dann zu beraten, wenn sie den Notar zur Wahrnehmung ihrer Interessen zu einer Beurkundung in Anspruch genommen haben und wenn er ihre Beratung ausdrücklich oder stillschweigend mitübernommen hat.[177] Bei einseitigen Erklärungen, z.B. Grundbucheintragungs- oder Löschungsbewilligungen, kommt eine Beratung des davon betroffenen Dritten nur infrage, wenn er sich mit dem Notar in Verbindung gesetzt hat, sei es vor oder während der Urkundsverhandlung, um sein Interesse durch die zu beurkundenden Erklärungen eines anderen zu erreichen z.B. die Sicherung eines von ihm gegebenen Darlehens durch Eintragung einer Hypothek mit dem gewünschten Rang. Die Beratung gemäß § 24 BNotO obliegt dem Notar nur gegenüber dem Auftraggeber.[178]

128 Zu einer wirksamen Beurkundung ist der Notar aber auch denen gegenüber verpflichtet, die aus dem beurkundeten Geschäft Rechte erwerben sollen, in deren Interesse die Urkunde also errichtet ist oder die im Vertrauen auf die Ordnungsmäßigkeit des beurkundeten Geschäftes und auf die dadurch geschaffene Rechtslage handeln.[179]

129 Warn- und Hinweispflichten aus der erweiterten Betreuungsverpflichtung hat der Notar als Amtsperson hingegen gegenüber allen Personen, die mit ihm anlässlich von Amtsgeschäften in Verbindung treten (Grundpfandrechtsgläubiger, Zessionare) und erkennbar schutzwürdige Interessen haben[180] oder nur aufgrund der besonderen Ausgestaltung des Beurkundungsverfahrens (bspw. Aufspaltung in Angebot und Annahme) besonders schutzwürdig sein können.[181]

130 3. Da die jeweiligen Umstände ein verschiedenes Maß an Beratung erfordern, muss der Notar die Beteiligten in Zweifelsfällen bspw. belehren über den Unterschied zwischen Miet- und Pachtvertrag, zwischen Hypothek- und Grundschuld, zwischen Verpfändung und Sicherungsübereignung und über die im Fall passende Gestaltung beraten. Das ist jedoch nur dann erforderlich, wenn es dem Notar zweifelhaft ist, ob die Beteiligten den Unterschied kennen. Er muss die Beteiligten auch darauf hinweisen, dass das Eigentum an einem Grundstück nicht schon mit dem Vertragsabschluss und der Auflassung, sondern erst mit der Umschreibung im Grundbuch auf den Erwerber übergeht.

131 M **Der Notar wies darauf hin, dass das Eigentum an dem Kaufgrundstück nicht schon mit Abschluss dieses Vertrages und der Auflassung, sondern erst mit der Umschreibung im Grundbuch auf den Erwerber übergeht.**

132 Der Notar hat dann auf die Zweckmäßigkeit einer Auflassungsvormerkung oder, wenn die Auflassung bereits erklärt ist, einer Vormerkung zur Sicherung des Rechts auf Eigentumsverschaffung hinzuweisen.[182] Die Unterwerfung des Schuldners unter die sofortige Zwangsvollstreckung nach § 794 Abs. 1 Satz 5 ZPO spart Zeit und Geld, sodass der Notar die Zweckmäßigkeit erörtern soll.[183] Sie kann jedoch gegenüber einem privaten Gläubiger zuweilen unangebracht sein, weshalb er auch die Gefahr betonen wird. Ist ein Testator an einer Personengesellschaft beteiligt, muss der Notar den Gesellschaftsvertrag auf eine Nachfolgeregelung prüfen und den Testator bei der letztwilligen Verfügung entsprechend beraten.[184]

---

177 RG 153, 153; *Weber*, DNotZ 1956, 285; BGH DNotZ 1964, 178.
178 *Reithmann/Albrecht*, Rn. 173.
179 BGH 19, 5 = DNotZ 1956, 319; 27, 274 = DNotZ 1958, 554; 31, 5 = DNotZ 1960, 260; DNotZ 1979, 311; 1981, 773, 774.
180 BGH DNotZ 1982, 485.
181 BGH NotBZ 2004, 348 = NJW 2004, 1866, s. hierzu *Armbrüster/Krause*, NotBZ 2004, 330.
182 BGH WM 1988, 1752, 1754; s. sogleich Rdn. 134.
183 RG DNotZ 1934, 34.
184 BGH DNotZ 2002, 768.

4. Die vom Notar vorgeschlagene Vertragsgestaltung muss ausgewogen sein. Dabei geht es nicht um eine wirtschaftliche Ausgewogenheit im Sinne eines Vergleichs von Leistung und Gegenleistung, sondern um eine ausgewogene Risikoverteilung.[185] Die Gefahr einer geschäftlichen Unternehmung braucht der Notar den Beteiligten nicht aufzuzeigen. Das Risiko müssen sie selber tragen. Er braucht sie regelmäßig nicht zu warnen, wenn aus dem Geschäft wirtschaftliche Gefahren erwachsen können, z.B. aus einer zweifelhaften Kreditwürdigkeit eines Beteiligten, dem durch das Rechtsgeschäft ein Kredit eingeräumt werden soll oder, wenn ein Zweifel an der Zuverlässigkeit oder Zahlungsfähigkeit einer Partei bestehen kann.[186] Auch eine Aufklärung über die Werthaltigkeit des Kaufobjektes bzw. die Angemessenheit des Kaufpreises schuldet der Notar regelmäßig nicht.[187] Aus seiner erweiterten Belehrungspflicht aus Betreuung folgt aber im Einzelfall die Pflicht, auch auf besonders naheliegende wirtschaftliche Gefahren, die sich aus der rechtlichen Anlage des Geschäfts ergeben, hinzuweisen.[188] Der Notar muss dann zumindest Anlass zu der Vermutung haben, dass ein Schaden droht, weil ein Beteiligter mangels Kenntnis der Rechtslage eine Gefahr nicht sieht[189] (s. hierzu noch unter Nr. 8 Rdn. 140). Eine Mitwirkung an einer gesetzwidrigen Schädigung verbietet ihm zudem § 4 BeurkG.

133

5. Die von den Beteiligten gewählte Ausführung des zu beurkundenden Geschäfts bringt nicht selten Gefahren mit sich. Hierbei ist die Gefahr einer ungesicherten Vorleistung einer Vertragsseite in der Praxis besonders häufig. Die Pflicht, die Beteiligten darauf hinzuweisen, dass sie im Begriff sind, eine ungesicherte Vorleistung zu erbringen, ist an sich der allgemeinen Rechtsbelehrungspflicht über die rechtliche Tragweite des Geschäfts zuzurechnen.[190] Mit der Pflicht zur Belehrung über die ungesicherte Vorleistung und deren mögliche Folgen geht jedoch auch eine zweite Pflicht einher: Die Pflicht, Wege aufzuzeigen, wie diese Gefahren verringert oder vermieden werden können.[191] Diese Pflicht ist Auswuchs der Beratungspflicht des Notars,[192] deren Kern es ist, für eine ausgewogene Vertragsgestaltung zu sorgen und gründet sich damit auf § 17 Abs. 1 Satz 1 BeurkG.[193] Diese doppelte Belehrungspflicht obliegt dem Notar jedoch nur dann, wenn die ungesicherte Vorleistung als solche nicht ohne weiteres erkennbar ist.[194]

134

Klassisches Fallbeispiel ist der (fremdfinanzierte) Grundstückskaufvertrag, bei welchem sich der Leistungsaustausch aufgrund des Erfordernisses der Eintragung im Grundbuch nicht Zug um Zug vollziehen kann. Eine besondere Gefahr kann z.B. bestehen bei einer Anzahlung auf den Kaufpreis, wenn der Vertrag einer behördlichen Genehmigung bedarf. Der Verkäufer, der die Anzahlung verbraucht hat, kann sie vielleicht nicht erstatten, wenn die Genehmigung versagt und der Vertrag endgültig unwirksam wird. Wenn das Grundstück inzwischen belastet oder anderweitig veräußert ist, kann der Verkäufer mit seinem Rückerstattungsanspruch ausfallen. Eine Gefahr besteht für den Grundstückskäufer, der den vollen Kaufpreis sofort zahlen soll, obwohl das Kaufgrundstück mit Grundpfandrechten belastet ist, die der Käufer nicht übernimmt[195] oder für den Grundstücksverkäufer bei Übereignung oder Besitzüberlassung[196] ohne vorherige Sicherstellung des Kaufpreises.[197]

135

---

185 *Reithmann/Albrecht*, Rn. 20 ff.
186 BGH VersR 1959, 743.
187 BGH Beschl. v. 26.02.2009, III ZR 135/08, im Leitsatz abgedruckt in MittBayNot 2009, 394.
188 BGH Beschl. v. 26.02.2009, III ZR 135/08, MittBayNot 2009, 394; *Haug/Zimmermann*, Amtshaftung, Rn. 469.
189 BGH DNotZ 1987, 137.
190 Vgl. Ganter/Hertel/Wöstmann/*Ganter*, Rn. 1049 ff.; s. vorne Rdn. 56.
191 BGH DNotZ 1998, 640.
192 Wie hier: Ganter/Hertel/Wöstmann/*Ganter*, Rn. 1063.
193 BGH NJW 1989, 102, 103 m. Anm. *Ganter*; NJW 1995, 330, 331; WM 1998, 783, 784.
194 OLG Köln, Urt. v. 14.06.2012 – Az. 7 U 227/11.
195 BGH DNotZ 1967, 446; 1976, 629.
196 BGH RNotZ 2008, 363 m. Anm. *Heinze*.
197 OLG Frankfurt am Main, NJOZ 2017, 852; OLG Düsseldorf DNotZ 1983, 55.

Deshalb muss der Notar auf die Sicherungsmöglichkeiten hinweisen. Die Beratungspflicht des Notars erstreckt sich dabei auf die Reichweite einer Sicherheit.[198] Sie bestehen für den Grundstückskäufer in Auflassungs- oder Eintragungsvormerkungen und in der Hinterlegung der Anzahlung beim Notar mit Auszahlungsanweisung nach Eintragung der Vormerkung oder mit Eigentumsumschreibung. – Eine doppelte Belehrungspflicht trifft den Notar beim Bauträgervertrag, wenn der Verkäufer die Erschließungs- und Anschlusskosten übernimmt, der Erwerbspreis aber ausschließlich nach Baufortschritt zu zahlen ist.[199] Zahlt der Verkäufer diese Erschließungs- und Anschlusskosten nicht und wird alsdann insolvent, besteht für den Käufer das Risiko die Erschließungs- und Anschlusskosten als Grundstückseigentümer nochmals an die Gemeinde zahlen zu müssen. Dem kann durch die Einzahlung eines entsprechenden Kaufpreisteils auf ein besonderes, dem Zugriff des Bauträgers entzogenes Konto oder die Stellung einer Bürgschaft durch den Bauträger für diese Kosten begegnet werden. Über das Risiko hat der Notar zu belehren und entsprechende Vorschläge zur Absicherung zu unterbreiten. Besondere Vorsicht ist auch bei der Sicherungsübereignung beweglicher Sachen geboten. Selbst bei ungesicherten Vorleistungen braucht indes nicht belehrt zu werden, wenn der Beteiligte die damit verbundene Gefahr kennt und die konkrete Vertragsgestaltung ernsthaft will.[200] Die Pflicht zur Beratung über Sicherungsmöglichkeiten ist zudem nicht unbegrenzt. Der Notar muss nicht nach allen erdenklichen, nur entfernt infrage kommenden Sicherungsmöglichkeiten suchen. Er darf sich vielmehr darauf beschränken, die sich nach dem Inhalt des Geschäfts und dem erkennbaren Willen der Vertragsbeteiligten, auch unter Berücksichtigung Ihres Leistungsvermögens anbietenden, realistisch in Betracht kommenden Sicherungen zu nennen.[201]

136 6. Von mehreren in Betracht kommenden Maßnahmen ist die sicherste und gefahrloseste zu wählen. Der erkennbar gefährlichere Weg ist zu vermeiden; mindestens aber sind die Beteiligten auf die Bedenken hinzuweisen[202] und die Wahrscheinlichkeit der Gefahr sowie die mit ihrer Vermeidung verbundenen Kosten und Zeit miteinander abzuwägen.[203] – Generalvollmachten und andere Vollmachten unter Befreiung von den Beschränkungen des § 181 BGB soll der Notar möglichst beurkunden, nicht nur seinen eigenen oder einen fremden Entwurf mit Unterschriftsbeglaubigung versehen. Der Gebrauch im Ausland oder eine mögliche Auslegung als Veräußerungs- oder Erwerbsverpflichtung bezogen auf Grundbesitz machen die Beurkundungsform zweckmäßig, zumal ihre Kosten nicht höher sind. Mehrkosten durch die Wahl des sichereren Weges begründen keine Belehrungspflicht.[204]

137 7. Den billigeren Weg soll der Notar nur wählen, wenn an seiner Wirksamkeit kein Zweifel besteht und er von mehreren Alternativen der sicherere oder gleich sichere für die Erreichung des gewollten Erfolgs ist. Unnötige Kosten soll er vermeiden. Dazu gehört, dass er alle zu einem Geschäft erforderlichen Erklärungen einheitlich in eine Urkunde aufnimmt. Er muss also bei einer Grundstücksveräußerung den obligatorischen Kaufvertrag, die dingliche Auflassung, die Auflassungsvormerkung in einer Urkunde zusammenfassen.[205] Im Sicherungsinteresse eines Grundstücksverkäufers kann es jedoch geboten sein, zunächst nur den obligatorischen Vertrag zu beurkunden und die Auflassung erst zu einem späteren Zeit-

---

198 BGH DNotZ 1981, 311.
199 BGH DNotZ 2008, 280 m. Anm. *Grziwotz* = MittBayNot 2008, 313 m. Anm. *Basty*; OLG Frankfurt am Main MittBayNot 2007, 518.
200 *Haug/Zimmermann*, Amtshaftung, Rn. 505.
201 BGH DNotZ 2004, 841, 842; Arndt/Lerch/Sandkühler/*Sandkühler*, § 14 BNotO Rn. 163; *Haug/Zimmermann*, Amtshaftung, Rn. 506.
202 BGH DNotZ 1958, 554; 1974, 297.
203 *Reithmann/Albrecht*, Rn. 171.
204 *Haug/Zimmermann*, Amtshaftung, Rn. 524.
205 KG DNotZ 1976, 434, 437.

punkt vorzusehen.²⁰⁶ Bei der Errichtung einer Aktiengesellschaft darf der Notar nicht die Feststellung der Satzung und die Übernahmen in zwei getrennten Urkunden beurkunden.

Andererseits soll er mehrere Geschäfte, die dieselben Beteiligten beurkunden lassen, nicht in einer einzigen Urkunde vereinigen, wenn zwischen den Geschäften kein innerer Zusammenhang besteht; er soll dann jedes Geschäft für sich beurkunden. Wenn die Beteiligten jedoch z.B. über ein und dasselbe Grundstück einen Kaufvertrag und gleichzeitig einen Mietvertrag abschließen, aufgrund dessen der Verkäufer als Mieter im Besitz bleiben soll, muss er beide Verträge in einer Urkunde zusammenfassen, da anzunehmen ist, dass zwischen beiden ein innerer Zusammenhang besteht und die Formvorschrift des § 311b) BGB die notarielle Beurkundung aller den Gegenstand des Kaufgeschäfts bildenden und damit zusammenhängenden Abreden erfordert. Sind Erklärungen in verschiedenen Urkunden voneinander abhängig, müssen die Urkunden wechselseitig aufeinander verweisen.

138

Gebührenfragen braucht der Notar mit den Beteiligten grundsätzlich nur zu erörtern, wenn er danach gefragt wird oder wenn er aus Äußerungen der Beteiligten entnehmen muss, dass sie nur einen begrenzten Gebührenbetrag zahlen wollen.²⁰⁷ Dieser Grundsatz gilt jedoch in dieser Allgemeinheit nach der Rechtsprechung nicht uneingeschränkt.²⁰⁸

139

8. Auf die steuerrechtlichen Folgen eines von ihm beurkundeten Geschäfts braucht der Notar die Beteiligten in der Regel nicht aufgrund seiner Pflicht zur Rechtsbelehrung nach § 17 Abs. 1 Satz 1 BeurkG hinzuweisen.²⁰⁹ Eine steuerliche Beratung schuldet er ebenso wenig.²¹⁰ Lediglich im Ausnahmefall kann sich eine erweiterte Betreuungspflicht im Hinblick auf eine in besonderen Umständen des Einzelfalls wurzelnde, den Beteiligten unbewusste steuerliche Gefahrenlage ergeben, wenn der Notar diese erkennt oder zumindest erkennen kann. Kennt der Notar die drohenden steuerlichen Folgen positiv, muss er davor warnen. Eine Ausnahme besteht nach § 8 Abs. 1 Satz 5 i.V.m. Abs. 4 ErbStDV; danach muss der Notar bei einem Schenkungsvertrag die Beteiligten vor der Beurkundung auf die mögliche Steuerpflicht hinweisen.²¹¹ Die Vorschrift bezweckt auch den Schutz der Beteiligten vor unerwünschten und unerwarteten Steuerfolgen.²¹² Daher kann bei Verletzung der Hinweispflicht durch den Notar eine Schadensersatzansprüche auslösende Amtspflichtverletzung gegeben sein.²¹³ Eine Verpflichtung des Notars zur Beratung über steueroptimierte Gestaltungen begründet jedoch auch § 8 ErbStDV in keinem Fall.²¹⁴ Der Notar ist nicht Wirtschafts- oder Steuerberater.

140

Auf die Gefahr der Besteuerung eines Spekulationsgewinns muss der Notar nur dann hinweisen, wenn er vor oder während der Beurkundung eines Kaufvertrages erfährt, dass der Verkäufer das Grundstück vor weniger als 10 Jahren erworben hat und wenn für ihn zugleich erkennbar ist, dass die steuerlichen Auswirkungen des Geschäfts für den Verkäufer von Bedeutung sind.²¹⁵ Er darf und muss nicht von sich aus nach dem Vorliegen eines Spekulationsgeschäftes fragen.²¹⁶ Auch die Unterrichtung über den Grundbuchinhalt muss

141

---

206 KG DNotZ 1976, 434, 437.
207 KG DNotZ 2012, 290; OLG Hamm DNotZ 1959, 558; OLG Frankfurt DNotZ 1978, 748; abweichend OLG Stuttgart DNotZ 1983, 642 m. abl. Anm. *Appel*.
208 S. dazu *Rohs/Wedewer*, § 16 KostO Fn. 17 und die dort zitierten Entscheidungen; vgl. aktuell: OLG Naumburg DNotZ 2012, 512 ff. m. ablehnender Anm. *Fackelmann*; RNotZ 2012, 293 ff. m. ablehnender Anm. *Klein*.
209 Vgl. BGH NJW 1985, 1225; OLG München MittBayNot 2007, 423 m. Anm. *Stelzer*; OLG München DNotZ 1973, 181; OLG Düsseldorf DNotZ 1982, 507; *Spiegelberger*, DNotZ 1988, 210.
210 Insoweit zu weitgehend: OLG Frankfurt ZEV 2016, 103.
211 Vgl. OLG Oldenburg RNotZ 2009, 669 ff. = ZEV 2009 473 m. zust. Anm. *Berninger* = DNotZ 2010, 312 ff. m. krit. Anm. *Wachter*.
212 A.A. *Stelzer*, MittBayNot 2005, 517, 519.
213 Vgl. OLG Oldenburg, RNotZ 2009, 669.
214 *Wachter* in Anm. zu OLG Oldenburg DNotZ 2010, 315 sowie in Anm. zu OLG Frankfurt ZEV 2016, 103, 105.
215 BGH DNotZ 1981, 775; NJW 1989, 586; *Haug/Zimmermann*, Amtshaftung, Rn. 590.
216 BGH DNotZ 1985, 635; OLG Koblenz MittBayNot 2003, 69.

sich nicht auf das für die Besteuerung erhebliche Datum des Erwerbs durch den Veräußerer erstrecken.[217]

142 Bei einem Unternehmenskauf muss der Notar auf §§ 75 ff. AO hinweisen, wenn die Haftung für bisher entstandene Verbindlichkeiten gemäß § 25 HGB ausgeschlossen werden soll.[218] Diese steuerlichen Folgen gehören dann zur rechtlichen Tragweite des Geschäfts.

143 Wenn nach § 19 BeurkG auf die Abhängigkeit der Eintragungen im Grundbuch von der Unbedenklichkeitsbescheinigung aufmerksam gemacht werden soll, so ist daraus keine allgemeine Belehrungspflicht über öffentliche Abgaben herzuleiten.[219] Ein Hinweis über den Anfall von Grunderwerbsteuer kann aber bei besonderen Umständen erforderlich sein, insbesondere bei Kettenverkäufen unter Abtretung der Auflassungsvormerkung, wenn die Gefahr besteht, dass der Erstkäufer die Grunderwerbsteuer nicht entrichtet.[220] Eine Belehrungspflicht über anfallende Steuern besteht dann, wenn die Beteiligten den Notar nach den auf dem Rechtsgeschäft beruhenden Steuern ausdrücklich fragen.[221] Der Notar hat mithin entweder selbst über steuerliche Folgen zu belehren oder er hat anzuraten, dass sich die Beteiligten fachkundigen Rat einholen.[222] Berät der Notar selbst, so hat er zuverlässige Auskünfte zu geben. Bei falscher Raterteilung haftet er für jede Fahrlässigkeit. Korrigiert ein Notar jedoch lediglich einen Teilaspekt einer steuerrechtlichen Regelung und gleicht insoweit ein Versehen der Urkundsbeteiligten aus, beschränkt sich seine Prüfungs- und Belehrungspflicht regelmäßig allein auf den von ihm korrigierten Teilaspekt.[223] Kennt der Notar die steuerlichen Folgen nicht, muss er aber annehmen, dass das geplante Geschäft von allen Beteiligten wegen mangelnder Kenntnis der Rechtslage nicht erkannte und nicht gewollte steuerliche Auswirkungen haben könnte, muss er empfehlen, die steuerliche Seite von einem Fachmann, einem Steuerberater, Steuerbevollmächtigten oder einer Finanzbehörde, überprüfen zu lassen.[224]

144 Der Notar ist nicht verpflichtet, die Beteiligten über den steuerlich billigsten Weg zu belehren oder ihnen mit Rücksicht auf die Steuer von der Vornahme eines bestimmten Geschäfts abzuraten und ihnen ein steuerlich billigeres Geschäft zu empfehlen.[225] Allerdings ist er dazu berechtigt. Grundsätzlich ist immer daran festzuhalten, dass der Notar nicht Steuerberater oder Wirtschaftsberater ist. Demzufolge soll er sich möglichst nicht darauf einlassen, die vermutliche Höhe der Steuer vorläufig zu errechnen. Denn dazu gehört zumeist eine längere Zeit der Sammlung und Überlegung, auch des Nachschlagens der Steuergesetze und Kommentare. Hierzu ist aber der Notar in der ihm für die augenblickliche Bearbeitung des Geschäfts gegebenen Zeit nicht immer in der Lage.

145 9. In Ausnahmefällen hat der Notar darüber hinaus eine Warn- und Schutzpflicht, die ihn verpflichtet, seine Mitwirkung an unrechtmäßigem Verhalten zu versagen.[226] Vor allem nach Abschluss des eigentlichen Amtsgeschäftes können Hinweis-, Warn- und Schutzpflichten entstehen, insbesondere wenn nachträglich eine Situation eintritt, die eine Gefährdung der Belange unmittelbar oder mittelbar Beteiligter oder dritter Personen befürchten lässt,[227] so etwa bei nachträglicher Kaufpreisreduzierung und Verdacht eines Betruges zulasten des

---

217 Arndt/Lerch/Sandkühler/*Sandkühler*, § 14 BNotO Rn. 122.
218 BGH ZNotP 2007, 1659.
219 BGH DNotZ 1953, 492; 1979, 228; OLG Schleswig DNotZ 1980, 569.
220 BGH DNotZ 1992, 813; Arndt/Lerch/Sandkühler/*Sandkühler*, § 14 BNotO Rn. 235; *Haug/Zimmermann*, Amtshaftung, Rn. 564.
221 OLG München DNotZ 1973, 181; OLG Braunschweig DNotZ 1977, 491, 494; OLG Frankfurt DNotZ 1978, 748.
222 *Haug/Zimmermann*, Amtshaftung, Rn. 521.
223 OLG München MittBayNot 2007, 425 und bestätigt durch BGH DNotZ 2008, 370 m. Anm. *Moes*.
224 BGH DNotZ 2003, 845.
225 Insoweit zu weitgehend: OLG Frankfurt ZEV 2016, 103.
226 BGH DNotZ 1978, 373.
227 Arndt/Lerch/Sandkühler/*Sandkühler*, § 14 BNotO Rn. 262.

finanzierenden Kreditinstituts[228] oder Rücknahme des Eintragsantrages einer bereits zur Finanzierung abgetretenen Grundschuld.[229] Anders als die Belehrungspflicht besteht die Warn- und Schutzpflicht nicht nur gegenüber Urkundsbeteiligten sondern auch gegenüber Dritten, mit denen der Notar in Verbindung getreten ist.[230]

V. Formulierungspflicht

146 Nach § 17 Abs. 1 Satz 1 Halbs. 2 BeurkG hat der Notar die Erklärungen der Beteiligten klar und unzweideutig in der Niederschrift wiederzugeben.[231] Eine Amtspflichtverletzung kann gegeben sein, wenn die in der Urkunde gewählte Formulierung Anlass für gerichtliche Auseinandersetzungen gibt oder gegen ihren Wortlaut ausgelegt werden muss.[232] Die Formulierung der Erklärungen ist mehr als reine Wiedergabe ihres Wortlauts.[233] Wiederzugeben ist der wahre und übereinstimmende Wille der Beteiligten in einer weitgehend an Ausdrücken und Formulierungen des Gesetzes orientierten Sprache. Die Wortwahl sollte klar und eindeutig sein, die Urkunde aus sich heraus verständlich.[234] Bei der Formulierung des Vertrags ist es jedoch erlaubt, auf Klauseln aus vorgefertigten Vertragsmustern zurückzugreifen, solange diese Klauseln dem konkreten Einzelfall gerecht werden.[235] Die Verwendung von allgemein verständlichen Ausdrücken und Erläuterungen ist hingegen der mündlichen Belehrung der Beteiligten vorbehalten und dort auch angebracht.

VI. Pflicht zur sachgerechten Verfahrensgestaltung

147 Der Notar hat gemäß § 17 Abs. 2a Satz 1 BeurkG durch eine sachgerechte Gestaltung des Beurkundungsverfahrens – insb. bei umfangreicheren Vertragswerken – sicherzustellen, dass eine ausreichende Gewähr für die Einhaltung der Pflichten nach den Abs. 1 und 2 besteht. Dieser allgemeine Grundsatz in § 17 Abs. 2a Satz 1 BeurkG ist zwischenzeitlich durch eine für Verbraucherverträge weitergehend konkretisierte Pflicht in Satz 2 ergänzt worden. Während § 17 Abs. 1 und Abs. 2 BeurkG das Verfahren gegenüber den formell Beteiligten sicherstellen soll, bezieht sich Abs. 2a auf den Schutz der materiell Beteiligten, die nicht zwangsläufig bei der Beurkundung anwesend sind und daher eines besonderen Schutzes bedürfen können. Insbesondere die Belehrungspflichten aus Abs. 1 und Abs. 2 sollen durch die Form der Verfahrensgestaltung nicht unterlaufen werden. § 17 Abs. 2a BeurkG begründet eine unbedingte Amtspflicht des Notars. Ein Verstoß führt nicht zur Unwirksamkeit der Beurkundung, stellt jedoch ein disziplinarisch zu ahndendes Dienstvergehen dar.

148 **1.** Schon nach § 17 Abs. 2a Satz 1 BeurkG ist besondere Vorsicht bei systematischer und planmäßiger Aufspaltung einer Beurkundung in Angebot und Annahme, umfangreicher Bezugnahme auf sog. Mutterurkunden,[236] systematischer Verwendung von Vollmachten oder

---

228 *Ganter*, WM Sonderbeil. 1/93 S. 9.
229 BGH WM 1998, 466; Weiteres bei Arndt/Lerch/Sandkühler/*Sandkühler*, § 14 BNotO, Rn. 260 ff.
230 *Reithmann/Albrecht*, Rn. 178.
231 Ausführlich hierzu: Grziwotz/Heinemann/*Grziwotz*, § 17 BeurkG Rn. 51 ff.
232 Vgl. BGH DNotZ 20012, 194; DNotZ 2004, 849 m. Anm. *Kesseler*; Haug/Zimmermann, Amtshaftung, Rn. 585; Arndt/Lerch/Sandkühler/*Sandkühler*, § 14 BNotO Rn. 189.
233 BGH DNotZ 1992, 811, 812.
234 OLG Hamm RNotZ 2013, 49 zur Klarheit einer Erschließungskostenregelung, welche für die Verteilung der Erschließungskostenlast auf bis zum Tag des Vertragsschlusses »ausgeführte« Arbeiten abstellt.
235 *Grziwotz*, NotBZ 2002, 51.
236 Hierzu BNotK DNotZ 1981, 2.

Beurkundung mit vollmachtlosen Vertretern geboten.[237] Auch umfangreiche Sammelbeurkundungen sind nach der Vorschrift zu unterlassen.[238] All diesen Gestaltungen ist gemeinsam, dass eine ausreichende Belehrung und Beratung der Beteiligten im Allgemeinen nicht gewährleistet ist.

149 a) Die vollmachtlose Vertretung sowie die Beurkundung aufgrund Vollmacht sind in der Regel unproblematisch, wenn eine geschäftsgewandte Person vertreten wird oder die Vollmacht erteilt oder ein sachlicher Grund für die Bevollmächtigung vorliegt. Problematisch ist eine Vertretung auf Veranlassung der anderen, geschäftsgewandten Vertragspartei.[239] Bedenklich ist schon nach Satz 1 die Erteilung und systematische Verwendung von Vollmachten auf Mitarbeiter des Notars, sofern es nicht lediglich um den Vollzug oder die Berichtigung nicht wesentlicher Vertragsbestandteile geht. Ungeachtet der Frage, ob in einer Grundschuldbestellung ein Verbrauchervertrag zu sehen ist und es sich bei einem Notariatsmitarbeiter um eine Vertrauensperson des Verbrauchers handelt (hierzu Rdn. 154), handelt es sich bei der Beurkundung von Finanzierungsgrundpfandrechten jedenfalls nicht um reine Vollzugsgeschäfte zum Kaufvertrag, wie es die Richtlinien einzelner Notarkammern in der Vergangenheit ausdrücklich feststellten,[240] um so die Beurkundung von Finanzierungsgrundpfandrechten mit Mitarbeitervollmachten vom Anwendungsbereich des § 17 Abs. 2a BeurkG auszunehmen. Auch eine Verlagerung der Belehrungen über den Inhalt von Grundschuld und Zwangsvollstreckungsunterwerfung in den Kaufvertrag ist höchst bedenklich.[241] Der Notar, der lediglich die Vollmacht zur Bestellung einer Finanzierungsgrundschuld beurkundet, hat zu prüfen, ob der erkennbar schwächere Teil systematisch von der Beurkundung und Belehrung abgehalten werden soll oder ob die Bevollmächtigung aus sachlichen Gründen erfolgt.[242] In ersterem Fall hat auch der lediglich die Vollmacht beurkundende Notar die Beurkundung abzulehnen.[243]

150 b) Eine Aufspaltung in Angebot und Annahme darf nicht systematisch erfolgen, das Angebot soll durch die belehrungsbedürftige Person abgegeben werden.[244] Systematisch ist eine Gestaltung dann, wenn sie generell oder – bezogen auf gleichartige Rechtsgeschäfte – planmäßig und missbräuchlich gewählt wird[245], oder auch dann, wenn sich der Notar über das Erfordernis eines sachlichen Grundes hinwegsetzt und das Fehlen eines sachlichen Grundes bewusst hinnimmt.[246] Für das Bauherrenmodell bestehen besondere standesrechtliche Schranken des Beurkundungsverfahrens.[247]

151 2. Für Verbraucherverträge (§ 310 Abs. 3 BGB) enthält § 17 Abs. 2a Satz 2 BeurkG weitergehende Pflichten des Notars zur Verfahrensgestaltung. § 17 Abs. 2a Satz 2 gilt bei Beurkundung einer Niederschrift nach den §§ 8 ff. BeurkG, nicht für sonstige Beurkundungen nach

---

237 Vgl. im Einzelnen die Richtlinienempfehlungen BNotK II, DNotZ 1999, 258 sowie *Weingärtner/Wöstmann*, Richtlinienempfehlungen, C.II.
238 Einige Kammerrichtlinien setzen die Grenze bei fünf gleichzeitigen Beurkundungen, strengere Richtlinien bei drei: vgl. *Wöstmann*, ZNotP 2002, 246, 256.
239 *Lerch*, § 17 BeurkG Rn. 50; *Grziwotz/Heinemann/Grziwotz*, § 17 BeurkG Rn. 63.
240 Aufstellung bei *Rieger*, MittBayNot 2002, 331; *Weingärtner/Wöstmann*, Richtlinienempfehlungen, C.II. Rn. 88; hierzu nun ausdrücklich BGH, DNotZ 2016, 72, 74.; OLG Schleswig RNotZ 2007, 622 m. Anm. *Litzenburger*.
241 *Winkler*, § 17 BeurkG Rn. 52.
242 *Winkler*, § 17 BeurkG Rn. 42.
243 *Brambring*, ZflR 2002, 604, 607.
244 *Grziwotz/Heinemann/Grziwotz*, § 17 BeurkG Rn. 65.
245 *Arndt/Lerch/Sandkühler/Sandkühler*, § 14 BNotO Rn. 200 m.w.N.; *Haug/Zimmermann*, Amtshaftung, Rn. 596.
246 BGH DNotZ 2016, 876.
247 BayObLG DNotZ 1984, 250, Rundschreiben des Präsidenten der Bundesnotarkammer v. 29.06.1984.

§§ 36 ff. BeurkG und auch nicht für Unterschriftsbeglaubigungen nach § 40 BeurkG.[248] Die Vorschrift geht den Richtlinien der lokalen Notarkammern vor.[249] Eine wesentliche Änderung hat § 17 Abs. 2a BeurkG durch das Gesetz zur Stärkung des Verbraucherschutzes im notariellen Beurkundungsverfahren[250] erfahren.

a) Es muss sich um einen Verbrauchervertrag i.S.d. § 310 Abs. 3 BGB handeln, Verbraucher und Unternehmer sind in §§ 13 und 14 BGB definiert. Verbraucher ist danach jede natürliche Person, die ein Rechtsgeschäft zu einem Zwecke abschließt, der überwiegend weder ihrer gewerblichen noch ihrer selbständigen beruflichen Tätigkeit zugerechnet werden kann. Unternehmer hingegen ist gemäß § 14 Abs. 1 BGB eine natürliche oder juristische Person oder eine rechtsfähige Personengesellschaft, die bei Abschluss eines Rechtsgeschäfts in Ausübung ihrer gewerblichen oder selbständigen beruflichen Tätigkeit handelt. Jedoch handeln auch juristische Personen (und rechtsfähige Personengesellschaften) ausnahmsweise – in einer Art dritten Kategorie – als Nichtunternehmer.[251] Existenzgründer können ebenfalls bereits Unternehmer i.S.d. § 14 Abs. 1 BGB sein.[252] Auch der Insolvenzverwalter eines Verbrauchers wird als Unternehmer qualifiziert.[253] Juristische Personen des öffentlichen Rechts handeln dort als Unternehmer, wo das Rechtsgeschäft nicht unmittelbar einem öffentlichen Zweck dient, sondern dem Anbieten entgeltlicher Leistungen am Markt entspricht, d.h. die öffentliche Hand im Wettbewerb mit anderen (privaten) Anbietern oder Abnehmern vergleichbarer Leistungen steht.[254] Die Wohnungseigentümergemeinschaft wird nun vom BGH als Verbraucher eingestuft, wenn ihr wenigstens ein Verbraucher angehört und sie ein Rechtsgeschäft zu einem Zweck abschließt, der weder einer gewerblichen noch einer selbständigen beruflichen Tätigkeit dient.[255] Hingegen ist eine Außen-GbR, bei welcher mindestens ein Gesellschafter eine juristische Person ist, als Unternehmer eingestuft worden[256]. Offen ist nach wie vor, wie die Außen-GbR zu qualifizieren ist, wenn an ihr ausschließlich natürliche Personen beteiligt sind. Am Vertrag müssen sowohl Verbraucher als auch Unternehmer materiell beteiligt sein. Sind nur Verbraucher oder nur Unternehmer beteiligt, gilt Satz 2 nicht.[257] Gleichgültig ist, auf welcher Vertragsseite – bspw. Verkäufer oder Käufer – der Verbraucher steht. Satz 2 gilt grundsätzlich für alle Vertragstypen, nicht nur schuldrechtliche Verträge, auch dingliche Verträge.[258] Insbesondere auf die Einigung über die Grundschuldbestellung ist Satz 2 anwendbar.[259] Zumindest wenn sie der Verbraucher als Käufer bestellt, handelt es sich um einen Verbrauchervertrag mit der finanzierenden Bank,[260] jedenfalls dann, wenn in der Grundschuld auch ein abstraktes Schuldversprechen des Käufers enthalten ist.[261]

b) § 17 Abs. 2a Satz 2 BeurkG ist Soll-Vorschrift. Die Hinwirkungspflicht des Notars ist gleichwohl nicht im Sinne einer absoluten Amtspflicht dergestalt zu verstehen, dass bei Abweichungen von dem in Abs. 2a vorgeschlagenen Verfahren in jedem Fall eine Pflicht zur

---

248 *Brambring*, ZflR 2002, 599.
249 *Weingärtner/Wöstmann*, Richtlinienempfehlungen, C. II. Rn. 12.
250 BGBl. I 2013, S. 2378, in Kraft getreten am 01.10.2013.
251 *Böhr*, RNotZ 2003, 277, 285 m.w.N.
252 *Böhr*, RNotZ 2003, 277, 286; *Althammer*, MittBayNot 2014, 297, 299 m.w.N.; differenzierend nach der wirtschaftlichen Tragweite des Geschäfts *Winkler*, § 17 BeurkG Rn. 92 f.
253 *Winkler*, § 17 BeurkG Rn. 93a; DNotI-Report 2009, 25 ff.
254 Eingehend mit weiteren Nachweise zum Diskurs: DNotI-Report 2014, 137, 138.
255 BGH DNotZ 2016, 32 f.
256 BGH DNotZ 2017, 623 f.
257 *Philippsen*, NotBZ 2003, 137.
258 Rundschreiben der Bundesnotarkammer v. 28.04.2003 Nr. 20/03.
259 So vorausgesetzt von: *Lerch*, § 17 BeurkG Rn. 55; *Winkler*, § 17 Rn. 95, *Blaeschke*, RNotZ 2005, 344.
260 *Blaeschke*, MittBayNot 2002, 331, *ders.* RNotZ 2005, 344; *Brambring*, ZflR 2002, 600.
261 OLG Schleswig RNotZ 2007, 622.

Ablehnung der Beurkundung begründet wird.[262] Allerdings wird die jüngste Verschärfung der Vorschrift hinsichtlich der Pflichten nach Abs. 2a Satz 2 Nr. 2 Halbs. 2[263] ergänzt durch einen neu eingeführten Amtsenthebungsgrund bei wiederholtem, grobem Verstoß gegen diese Vorschrift. Können die mit der Vorschrift bezweckten Erfolge, Schutz des Verbrauchers, insbesondere vor unüberlegtem und übereiltem Handeln, auf andere Weise erreicht werden, ist ein abweichendes ausnahmsweise Vorgehen erlaubt, ohne eine Amtspflichtverletzung zu begehen.[264]

154 c) Nach § 17 Abs. 2a Satz 2 Nr. 1 BeurkG muss der Notar darauf hinwirken, dass die rechtsgeschäftlichen Erklärungen durch den Verbraucher persönlich oder durch eine Vertrauensperson abgegeben werden.[265] Keine Vertrauenspersonen sind in der Regel der Unternehmer oder die Angestellten des Notars. Vertrauenspersonen sind nach Sinn und Zweck der Norm nur solche Personen, die im eigenen Lager des Verbrauchers stehen und so also seine Interessen einseitig wahrnehmen.[266] Insofern scheiden der Notar, der das Vertrauen aller Beteiligten genießen wird, oder auch sein Sozius[267] als Vertrauenspersonen im Sinne der Vorschrift aus.

155 d) Der Verbraucher soll ausreichend Gelegenheit erhalten, sich vorab mit dem Gegenstand der Beurkundung auseinander zu setzen, § 17 Abs. 2a Satz 2 Nr. 2 Halbs. 1 BeurkG. Der Notar wird dem Verbraucher hierfür in der Regel einen Entwurf des beabsichtigten Vertragstextes überlassen und so seiner Hinwirkungspflicht genügen. Der Verbraucher soll in erster Linie vor übereilten (wirtschaftlichen) Entscheidungen – möglicherweise unter Ausübung von Druck durch den Unternehmer – geschützt werden. Daher dürften auch Änderungen des Textes nach Überlassung an den Verbraucher und erst in der Beurkundung möglich sein, denn sie werden in der Regel auf den Vertragsverhandlungen beruhen und den Kern des Geschäfts nicht verändern. Bei nicht ganz unwesentlichen Änderungen, welche zudem von dem Unternehmer initiiert sind, sollte dem Verbraucher jedoch von Neuem die Möglichkeit gegeben werden, sich in Ruhe auf diese einzustellen.

156 e) Handelt es sich bei dem Verbrauchervertrag um ein Rechtsgeschäft, welches gemäß § 311b Abs. 1 Satz 1 und Abs. 3 BGB der Beurkundungspflicht unterliegt, soll dem Verbraucher der beabsichtigte Vertragstext im Regelfall 2 Wochen vor der Beurkundung zur Verfügung gestellt werden (§ 17 Abs. 2a Satz 2 Nr. 2 Halbs. 2 BeurkG). Abgrenzungsfragen zum sachlichen Anwendungsbereich der Vorschrift stellen sich dort, wo das Grundstücksgeschäft selbst nicht der Regelfrist unterfällt, da es sich um einen Verbraucher-Verbraucher-Vertrag handelt, jedoch wegen § 311b Abs. 3 BGB beurkundungspflichtige Nebenabreden über Verpflichtungen existieren, welche auch gegenüber einem (weder formell noch materiell beteiligten) Unternehmer eingegangen werden.[268]

Halbs. 2 stellt für die Amtspflicht aus Halbs. 1 eine Ergänzung bereit, indem für den Fall der Grundstücksgeschäfte das regelmäßig einzuhaltende Verfahren näher beschrieben ist. Auch im Fall des Halbs. 2 muss Vorstehendes zu Änderungen des Entwurfs nach Zuleitung an den Verbraucher gelten. Die Frist beginnt nicht nach jeder Änderung von Neuem, sondern allenfalls

---

262 *Brambring*, ZfIR 2002, 602.
263 Zu den Anwendungsempfehlungen s. BNotK-Rundschreiben vom 02.10.2013 25/2013, abrufbar über www.bnotk.de (interner Bereich).
264 *Sorge*, DNotZ 2002, 595.
265 Hinsichtlich der Hinwirkungspflicht streng: Grziwotz/Heinemann/*Grziwotz*, § 17 BeurkG Rn. 77.
266 BGH DNotZ 2016, 72, 74; OLG Schleswig RNotZ 2007, 622; in diesem Sinne auch *Hertel*, ZNotP 2002, 288; *Solveen*, RNotZ 2002, 321; *Rieger*, MittBayNot 2002, 325; a.A. *Litzenburger*, RNotZ 2007, 626 m.w.N.
267 Hierzu ausführlich: *Lerch*, § 17 BeurkG Rn. 60.
268 Zur Einhaltung der Regelfrist bei Maklerklauseln nur in Ausnahmefällen bejahend: *Althammer*, MittBayNot 2014, 297 ff.; ähnlich *Rieger*, MittBayNot 2013, 329, 331; *Bremkamp*, RNotZ 2014, 461 ff.; a.A. *Grziwotz*, ZfIR 2010, 601, 603.

bei wesentlichen Änderungen, insbesondere Änderungen zum Nachteil des Verbrauchers auf Veranlassung des Unternehmers. Zum Ingangsetzen der Frist ist nun eine Übersendung durch den Urkundsnotar oder dessen Sozius zwingend erforderlich, eine Übermittlung des Vertragstextes durch den Unternehmer selbst reicht nun nicht mehr aus. Dies soll gewährleisten, dass sich der Verbraucher bei Fragen zum Vertragsinhalt und zur Beurkundung an den Notar als neutralen Berater wenden kann.[269] Hierdurch soll eine »Beratungsisolation« des Verbrauchers vermieden werden.[270] Eine Übersendung durch Mitarbeiter des Notars reicht ebenso aus. Die ursprünglich vorgeschlagene »kostenfreie« Übersendung durch den Notar wurde im Gesetzgebungsverfahren wieder gestrichen. Die Zwei-Wochen-Frist wird nur in Gang gesetzt, wenn der Vertragsentwurf die »essentialia negotii«, insbesondere den Kaufpreis und das Kaufobjekt enthält.[271] Verweisungsurkunden nach § 13a BeurkG sind ebenfalls zur Verfügung zu stellen. Kennt der Verbraucher den Vertragstext aus einer früheren Beurkundung wird eine strikte Einhaltung der Zweiwochenfrist nicht gefordert werden können, obgleich eine gewisse Überlegungsfrist gewährt werden sollte. Auch bei Beteiligung von Verbrauchern, welche der deutschen Sprache nicht kundig sind, wird die Übersendung des Vertragsentwurfs ausschließlich in deutscher Sprache ausreichen. Eine schriftliche Übersetzung des Vertragstextes ist durch den Notar nicht zur Verfügung zu stellen.[272] Es wird sich in diesem Fall aber empfehlen, die Regelfrist (s. hierzu nachstehend Rdn. 158) von 2 Wochen angemessen zu verlängern, um dem Verbraucher die externe Vornahme einer Übersetzung zu ermöglichen.

Auch, wenn dies nicht vom Gesetz vorgeschrieben ist, wird der Notar die Einhaltung seiner Verpflichtungen nach § 17 Abs. 2a Satz 2 Nr. 2 Halbs. 2 BeurkG in der Urkunde dokumentieren wie folgt:

Der Käufer bestätigt, dass ihm rechtzeitig vor über zwei Wochen, nämlich am ..... durch den beurkundenden Notar ein Entwurf dieses Vertrages zugeleitet wurde und er ausreichend Gelegenheit hatte, sich mit dem Gegenstand des Vertrags auseinander zu setzen. 157 M

Nach dem Wortlaut (»im Regelfall«) kann es Ausnahmen geben, in welchen ein anderes Verfahren möglich erscheint, dem Verbraucher den Gegenstand der Beurkundung zu vergegenwärtigen. Insbesondere aber die 2-Wochenfrist muss im Einzelfall auch verkürzt werden können, wenn dies aus sachlichen Gründen – vor allem in der Person des Verbrauchers – gerechtfertigt erscheint, überlegtes Handeln des Verbrauchers gleichwohl auf andere Weise gewährleistet ist und der Verbraucher dies mit guter Begründung selbst wünscht.[273] Diese Annahme wird dadurch gestützt, dass nun in § 17 Abs. 2a Satz 4 BeurkG der Fall des Unterschreitens der Frist (aus sachlichen Gründen) vorausgesetzt wird und für ein Unterschreiten der Regelfrist eine Dokumentationspflicht des Notars in der Urkunde begründet wird. Die Einhaltung der 14-Tagesfrist steht jedoch nicht zur Disposition der Beteiligten.[274] Ein Abweichen von der Frist kommt nur in Betracht, wenn im Einzelfall nachvollziehbare (sachliche) Gründe (in der Person des Verbrauchers) – auch unter Berücksichtigung der Schutzinteressen des Verbrauchers – es rechtfertigen, die dem Verbraucher zugedachte Schutzfrist zu verkürzen. Der vom Gesetz bezweckte Übereilungs- und Überlegungsschutz muss dann jedoch auf andere Weise als durch die Einhaltung der Regelfrist gewährleistet sein, beispielsweise 158

---

269 BNotK-Rundschreiben 25/2013, S. 4.
270 BR-Drucks. 619/12, Gesetzentwurf S. 3).
271 S. auch BNotK-Rundschreiben 25/2013, S. 5.
272 *Winkler*, § 17 BeurkG Rn. 179 b; Diehn/*Seger*, § 14 BNotO, Rn. 96.
273 Vgl. in diesem Sinne auch *Lerch*, § 17 BeurkG Rn. 62; *Winkler*, § 17 BeurkG Rn. 18, Arndt/Lerch/Sandkühler/*Sandkühler*, § 14 BNotO Rn. 231; *Haug/Zimmermann*, Amtshaftung, Rn. 602; KG, Beschl. v. 27.06.2008 – 9 W 133/07, notar 2009, 488; a.A. Grziwotz/Heinemann/*Grziwotz*, § 17 BeurkG Rn. 78, der die Zweiwochenfrist als Mindestfrist versteht und auch als Anhaltspunkt für nicht § 311b BGB unterfallende Verbraucherverträge sieht.
274 BGH MittBayNot 2013, 325 ff. m. Anm. *Rieger*; *Brambring*, ZfIR 2002, 606.

weil der Verbraucher durch in seinem Lager stehende weitere Berater, z.B. Steuerberater, Anlageberater oder Finanzierungsbank zu dem geplanten konkreten Geschäft beraten war oder weil der Verbraucher selbst in der Immobilienbranche (z.B. als Vermittler) tätig ist und damit die Risiken selbst kennt[275] oder weil er sich bereits vor Erhalt des Vertragstextes seit langer Zeit mit dem konkreten Geschäft befasst hat, zumindest wenn nun weitere objektive, in der Person des Verbrauchers liegende Gründe für die Verkürzung hinzutreten.[276] Die Anforderungen an ein Unterschreiten der 14-Tagesfrist begründende Ausnahmefälle sind dabei grundsätzlich hoch.[277] Die Verantwortung für die Einhaltung des § 17 Abs. 2 a) Satz 2 BeurkG liegt alleine beim Notar. Die Vereinbarung eines freien Rücktrittsrechtes des Verbrauchers rechtfertigt jedenfalls nicht die Beurkundung ohne Einhaltung der 14-Tages-Frist. Das nachträgliche Lösungsrecht des Verbrauchers hat eine andere Qualität als eine vorhergehende Überlegungsfrist, welche sich auch zur inhaltlichen Einflussnahme auf den Vertragstext nutzen lässt.[278] Im Bereich der freiwilligen Grundstücksversteigerung bestehen keine allgemeinen Ausnahmen von der Einhaltung der Frist.[279] Eine Art Bagatellgrenze gibt es nicht. So ist derzeit im Gesetz keine Wertgrenze verankert.[280] Die Regelfrist ist somit auch einzuhalten bei Kaufverträgen über (relativ) geringwertige Objekte, wie beispielsweise einen Garagenstellplatz oder bei Kaufverträgen über rein landwirtschaftlich genutzte Grundstücke, wenn sich z.B. ein Privater und ein Landwirt, welcher in Ausübung seiner Tätigkeit als Landwirt für seinen Betrieb handelt, als Vertragspartner gegenüberstehen. Alleine der Notar entscheidet, ob er im Einzelfall von einer Einhaltung der Zwei-Wochenfrist absehen kann oder er die vorzeitige Beurkundung ablehnen muss. Hierbei darf sich der Notar freilich auf glaubhafte Auskünfte des Verbrauchers verlassen, ohne deren Wahrheitsgehalt näher überprüfen zu müssen[281]. Allerdings haben in jüngerer Zeit einige gerichtliche Entscheidungen die mögliche Haftungsrelevanz von Fristunterschreitungen gezeigt. Dabei sei der Notar nicht »Ausfallbürge« des Verbrauchers für fehlgeschlagene wirtschaftliche Investitionen. Allerdings treffe den Notar der Darlegungs- und Beweislast dafür, dass der Verbraucher die Beurkundung auch nach Ablauf der Regelfrist genauso wie geschehen hätte vornehmen lassen.[282] Daher kann nur empfohlen werden, auf die exakte und ausführliche Dokumentation sowohl der Einhaltung der Frist als auch der möglichen Begründung für eine ausnahmsweise Unterschreitung derselben in Urkunde und Nebenakten zu achten.

Die bereits bislang sachgerechte Dokumentation der Unterschreitung der Frist muss nun zwingend in der Urkunde enthalten sein, beispielsweise wie folgt:

159 M Der Käufer bestätigt, dass ihm am ..... ein Entwurf dieses Vertrages durch den beurkundenden Notar zugeleitet wurde. Ihm ist bekannt, dass ihm nach dem Gesetz der Entwurf mindestens 14 Tage vor der Beurkundung zur Verfügung gestellt werden soll, damit er sich mit dem Gegenstand der Beurkundung und dessen wirtschaftlicher Tragweite auseinandersetzen kann. Der Käufer erklärt, er habe trotz Nichteinhaltung dieser Frist ausreichend Gelegenheit gehabt, sich mit dem Gegenstand der Beurkundung zu befassen. Dabei habe er auch die Beratung durch ..... (Bsp.: Bausachverständigen, Architekten, Steuerberater etc.) in Anspruch genommen. Wegen besonderer Eilbedürftigkeit, nämlich weil ....., bat er nach Belehrung durch den Notar um sofortige Beurkundung.

---

275 Hierzu kritisch Grziwotz/Heinemann/*Grziwotz*, § 17 BeurkG Rn. 87.
276 S. hierzu die Anmerkung zu BGH, Beschl. v. 07.02.2013 von *Rieger*, MittBayNot 2013, 329, 330.
277 BeckOK/*Regler*, § 17 Rn. 185.
278 BGH MittBayNot 2015, 79 ff. mit Anm. *Meininghaus*;; s. auch DNotI-Report 2015, 107 f.
279 BGH MittBayNot 2015, 514; DNotZ 2015, 314; s. hierzu auch DNotI-Report 2015, 37 ff.
280 So wie hier Grziwotz/Heinemann/*Grziwotz*, § 17 BeurkG Rn. 85.
281 s. auch LG München, MittBayNot 2018, 188 ff..
282 BGH MittBayNot 2015, 79 m. insoweit kritischer Anm. *Meininghaus*, S. 83; relativierend bezüglich einer sekundären Darlegungslast des Verbrauchers hinsichtlich des hypothetischen Kausalverlaufs jedoch LG Paderborn MittBayNot 2017, 294 ff..

§ 7 Durchführungspflicht

I. Einreichungspflicht

Die von ihm zur *Einreichung* an das *Grundbuchamt* oder das *Registergericht* beurkundeten Erklärungen soll der Notar unverzüglich einreichen (§ 53 BeurkG). Das kann er jedoch erst dann, wenn sämtliche Unterlagen, insbesondere die Erklärungen aller sachlich Beteiligten, die behördlichen Genehmigungen, steuerlichen Unbedenklichkeitsbescheinigungen usw. beigebracht sind, wenn also der Antrag *einreichungsreif* ist.[1] Anträge, aufgrund derer die Eintragung noch nicht vorgenommen werden kann, machen Zwischenverfügungen nötig. Die Zwischenverfügung soll aber eine Ausnahme sein, die durch unvollkommene Anträge nicht zur Regel gemacht werden soll. Wenn dem Vollzug der Urkunde aller Voraussicht nach jedoch kein Hindernis entgegensteht, hat die Einreichung nach älterer Rechtsprechung *sofort* zu erfolgen.[2] Dem Notar steht dann auch kein Zurückbehaltungsrecht wegen noch offener Notarkosten zu (nunmehr ausdrücklich geregelt in § 11 GNotKG). Die aus § 53 BeurkG folgende Amtspflicht des Notars hat insofern zwingend Vorrang.[3] Der Notar hat die Urkunde mit »der ihm möglichen und zumutbaren Beschleunigung« einzureichen, insbesondere dann, wenn die Sache erkennbar eilbedürftig ist.[4] Die Einreichungspflicht bezieht sich nur auf von dem Notar beurkundete Erklärungen.[5] Hat er nur die Unterschrift beglaubigt, besteht keine Pflicht zur Einreichung.[6] Etwas anderes gilt nur, wenn der Notar die Erklärung, welche unterzeichnet wird, auch entworfen hat.[7]

In Ausnahmefällen darf der Notar einen unvollkommenen Antrag auch auf die Gefahr hin, dass dieser zurückgewiesen wird, einreichen, etwa, um einen Rangverlust zu verhindern oder bei Handelsregisteranmeldungen, denen ein Jahresabschluss, der nicht älter als 8 Monate sein darf, beigefügt werden muss (vgl. bspw. § 17 Abs. 2 Satz 4 UmwG). Das Vollzugshindernis muss indessen schnell zu beseitigen sein, es müssen somit die Voraussetzungen zum Erlass einer Zwischenverfügung (§ 18 Abs. 1 GBO) vorliegen.[8]

Diese ausnahmsweise Möglichkeit zu einer »verfrühten« Einreichung besteht auch nach Einführung der §§ 378 Abs. 3 Satz 1 FamFG und 15 Abs. 3 Satz 1 GBO in deren Fassung auf Grundlage des Gesetzes zur Neuordnung der Aufbewahrung von Notariatsunterlagen und zur Einrichtung eines Elektronischen Urkundenarchivs bei der Bundesnotarkammer sowie zur Änderung weiterer Gesetze.[9] Nach diesen Vorschriften sind Anmeldungen im Handelsregister-, Vereins und Güterrechtsregisterverfahren bzw. die im Grundbuchverfahren zu einer Eintragung erforderlichen Erklärungen vor ihrer Einreichung für das Registergericht bzw. für das Grundbuchamt von einem Notar auf Eintragungsfähigkeit zu prüfen.[10] Ohne

---

1 BGH DNotZ 1958, 557; 1961, 331.
2 BGH DNotZ 1979, 311, 313 m. krit. Anm. *Kanzleiter*, der darlegt, dass die Einreichung nicht *sofort*, sondern *unverzüglich* zu erfolgen habe; in diesem Sinne auch die übrige Lit.: *Schippel*, MittBayNot 1979, 35; *Winkler*, § 53 BeurkG Rn. 17; Ganter/Hertel/Wöstmann/*Ganter*, Rn. 1489.
3 Noch zu § 10 KostO: BGH MittBayNot 2015, 166 f.
4 BGH NJW 2002, 3391.
5 BGH NJW-RR 1992, 1178.
6 LG Arnsberg, Beschl. v. 04.09.2003 – Az. 2 T 29/03.
7 BGH NJW 1983, 1801, 1802; *Winkler*, § 53 BeurkG Rn. 3; *Lerch*, § 53 BeurkG Rn. 2; *Haug*, Amtshaftung, Rn. 615; abweichend: Ganter/Hertel/Wöstmann/*Ganter*, Rn. 1482.
8 *Winkler*, § 53 BeurkG Rn. 19.
9 BGBl. I 2017, S. 1396.
10 vgl. allgemein zu den neuen notariellen Prüfungspflichten im Grundbuch-und Registerverkehr: *Diehn/ Rachlitz*, DNotZ 2017, 487 ff..

die Prüfung durch den Notar und deren Dokumentation kann eine Eintragung in diese Register nicht erfolgen. Es hat eine Zwischenverfügung zu ergehen.[11] Die Durchführung der Einreichungsprüfung ist insoweit formelle Eintragungsvoraussetzung und zugleich justizielle Amtspflicht des Notars. Sie liegt jedoch ausschließlich im öffentlichen Interesse und nicht im Interesse der Beteiligten.[12] Eine Verletzung der Prüfpflicht hat demnach keine Haftung des Notars gegenüber Beteiligten oder Dritten zur Folge, kann jedoch disziplinarische Folgen haben, wenn die Prüfung gänzlich unterlassen wird.[13] Damit korrespondiert auch die weitgehende Kostenfreiheit der Durchführung der Prüfung durch den Notar.[14]

4 Dem Grundbuchamt bzw. dem Handelsregister ist der Nachweis zu erbringen, dass die zur Eintragung erforderliche Erklärung von einem Notar auf Eintragungsfähigkeit geprüft wurde. In der Regel geschieht dies bei Erklärungen, welche der Notar nicht ohnehin selbst beurkundet hat durch Anbringung eines Prüfvermerks wie folgt:

5 M **Die vorstehende Erklärung habe ich, Notar, gemäß § 378 Abs. 3 Satz 1 FamFG/ §15 Abs. 3 Satz 1 GBO auf ihre Eintragungsfähigkeit geprüft. Bedenken gegen die Eintragungsfähigkeit bestehen nicht. (Alt.: Es bestehen folgende Bedenken gegen die Eintragungsfähigkeit: **)**

6 Ein Prüfvermerk ist regelmäßig auch bei von dem Notar selbst entworfenen Erklärungen anzubringen, zu welchen er lediglich die Unterschriften der Beteiligten beglaubigt. Dies gilt nicht, wenn sich aus dem Entwurf selbst die Urheberschaft des die Beglaubigung vornehmenden Notars feststellen lässt,[15] beispielsweise bei Anbringung eines Namens-und Adressfeldes des Notars über der Erklärung.

7 Die Prüfung beschränkt sich ausschließlich auf die Eintragungsfähigkeit der zur Eintragung erforderlichen Erklärungen bzw. der Handelsregisteranmeldungen selbst. Außerhalb der Anmeldung liegende Umstände sind von dieser formellen Prüfungspflicht nicht betroffen, insbesondere auch nicht, ob zusätzlich noch weitere Erklärungen oder Dokumente für die begehrte Eintragung erforderlich sind. Die Prüfung des Notars nach diesen Vorschriften kann somit zu einem positiven Ergebnis kommen, obwohl die geprüfte Anmeldung oder Erklärung die Eintragung (noch) nicht bewirken kann[16].

8 Wenn die Beteiligten verlangen, dass die Urkunde erst nach Eintritt bestimmter Bedingungen eingereicht werden soll (Vorlagesperre), muss sich der Notar danach richten.[17] Er muss sie aber auf die Gefahren aufmerksam machen, die sich aus einer verspäteten Einreichung, bspw. bei haftungsbeschränkend oder konstitutiv wirkenden Eintragungen in das Handelsregister, ergeben können (§ 53 Satz 2 BeurkG).

9 M **Die Beteiligten erklärten, der Notar solle die Anmeldung zum Handelsregister vorerst nicht einreichen, sondern dazu ihre besondere schriftliche Anweisung abwarten. Sie bestanden auf diese Anweisung auch, nachdem der Notar sie darauf hingewiesen hatte, dass der bisherige Geschäftsinhaber für die vom neuen Inhaber eingegangenen Geschäfte bis zur Eintragung des Erwerbers im Handelsregister hafte.**

10 Eine Ausnahme von der Amtspflicht des Notars zur alsbaldigen Einreichung besteht zunächst, wenn die Beteiligten *gemeinsam* etwas anderes verlangen. Die *einseitige* Weisung

---

11 OLG Celle Beschl. v. 06.11.2017 – 18 W 57/17.
12 *Ott*, BWNotZ 2017, 146; *Attenberger*, MittBayNot 2017, 335, 336.
13 BNotK- Rundschr. Nr. 5/2017 v. 23.05.2017 S. 8 f. (mit Verweis auf die Stellungnahme des BR, BR-Drucks. 602/16, S. 14 und S. 17).
14 Vgl. eingehend zu Kostenfragen in diesem Zusammenhang: *Diehn*, DNotZ 2017, 487, 495 ff.
15 OLG Schleswig MittBayNot 2017, 575 ff. m. Anm. *Weber*.
16 vgl.: *Attenberger*, MittBayNot 2017, 335, 338.
17 BGH DNotZ 1958, 29.

eines Beteiligten oder der einseitige Widerruf eines Vollzugsauftrags hingegen befreit den Notar nur in Ausnahmefällen von der ihm gemäß § 53 BeurkG obliegenden Durchführungspflicht.[18] Unproblematisch ist ein einseitiger Widerruf zunächst, wenn es sich um – bei mehreren Beteiligten gleichgerichtete – einseitige Erklärungen handelt, z.B. die Anmeldung der Auflösung einer OHG.[19] Dann ist in jedem Fall der einseitige Widerruf zu beachten. Bei mehrseitigen vertraglichen Vereinbarungen dagegen ist grundsätzlich ein Widerruf aller Beteiligten erforderlich. Doch bedeutet das nicht, dass der Notar eine einseitige Weisung einfach unbeachtet lassen darf. Unter besonderen Umständen ist der Notar berechtigt, auf den einseitigen Widerspruch eines von mehreren Beteiligten seine Vollzugstätigkeit auszusetzen. Verlangt einer der Beteiligten vom Notar, mit der Durchführung der Vertragsurkunde innezuhalten und trägt dabei einen ausreichend substantiierten und glaubhaft erscheinenden Anfechtungs- oder Unwirksamkeitsgrund des notariell beurkundeten Vertrages vor so trifft den Notar eine Prüfungspflicht, da nicht auszuschließen ist, dass das Rechtsgeschäft nichtig oder anfechtbar ist oder durch den Vollzug das Grundbuch unrichtig würde.[20] Besteht eine hinreichend hohe Wahrscheinlichkeit, dass das Rechtsgeschäft nichtig ist, erscheint dem Notar der Unwirksamkeitsgrund als offensichtlich gegeben und tritt der andere Beteiligte dem Vortrag nicht oder mit nicht stichhaltigem Gegenvortrag entgegen, kann der Notar den Vollzug verweigern.[21] Die Rechtslage ist ähnlich wie beim Widerruf eines Verwahrungsgeschäftes (vgl. dazu unten § 8 und § 54c Abs. 3 BeurkG, der jedoch nicht analog anwendbar sein soll[22]).

Erscheint dem Notar der Widerruf nach Prüfung des Vortrags und des Sachverhalts schlüssig, so bestehen zwei Wege, um ihm Geltung zu verschaffen. In der Regel wird der Notar die Beteiligten auf den Beschwerdeweg verweisen (§ 15 Abs. 2 Satz 1 BNotO). Dazu wird der Notar sein beabsichtigtes Vorgehen (z.B. Antragstellung) oder Nichtvorgehen entweder mittels Vorbescheid[23] ankündigen oder mittels förmlichen Beschlusses mit Rechtsbehelfsbelehrung die Ablehnung einer Amtshandlung förmlich bekannt geben und damit den Beteiligten Gelegenheit geben, bei der Zivilkammer des Landgerichts (§ 15 Abs. 2 Satz 1 BNotO) gegen die angekündigte Amtshandlung vorzugehen.[24] Für das Beschwerdeverfahren ist das Gesetz über das Verfahren in Familiensachen und in Angelegenheiten der freiwilligen Gerichtsbarkeit (FamFG) maßgeblich (§ 15 Abs. 2 Satz 3 BNotO).[25] Alternativ kann erwogen werden, mit dem Vollzug des Geschäftes innezuhalten und dem widerstrebenden Beteiligten die Möglichkeit zu eröffnen, durch einstweilige Verfügung ein Erwerbsverbot gegen die Gegenseite zu beantragen. Dieses Erwerbsverbot muss der Notar beachten, wenn es ihm durch Zustellung an die Gegenseite nachgewiesen wird.[26] Eine einstweilige Verfügung gegen den Notar ist nicht möglich. **11**

---

18 H.M.: BayObLG DNotZ 1998, 646, OLG Hamm DNotZ 2008, 432, 433; kritisch *Sandkühler*, Zum einseitigen Widerruf von Vollzugs- und Verwahrungsanweisungen, DNotZ 2008, 164 ff.
19 BGH DNotZ 1958, 29; *Winkler*, § 53 BeurkG Rn. 23; *Grein*, RNotZ 2004, 117; *Demharter*, § 15 GBO Rn. 4.
20 Zur Prüfungspflicht ausführlich: *Winkler*, MittBayNot 1998, 144.
21 BGH DNotI-Report 2012, 134, 135; BayObLG DNotZ 1998, 646 f.; OLG Zweibrücken MittBayNot 2002, 126; OLG Hamm DNotZ 2008, 432, 433 f.; OLG München RNotZ 2008, 554.
22 OLG Hamm DNotZ 2006, 682, 684.
23 Zur Frage der Zulässigkeit des Vorbescheides nach Einführung des FamFG vgl. nur Würzburger Notarhandbuch/*Limmer*, Teil 1 Kap. 2 Rn. 293 m.w.N.
24 Vgl. dazu BGH DNotZ 1980, 496, 499.
25 S. auch Rdn. 44. Zu den Einzelheiten, insb. der Frage der Statthaftigkeit des notariellen Vorbescheides unter Geltung des FamFG vgl. insoweit bejahend: *Heinemann*, Die Reform der freiwilligen Gerichtsbarkeit durch das FamFG, DNotZ 2009, 1, 36 ff. und *Sandkühler*, Zur Zulässigkeit notarieller Vorbescheide unter der Geltung des FamFG, DNotZ 2009, 595.
26 Vgl. dazu *Volhard*, DNotZ 1987, 523, 531 ff.

§ 7 Durchführungspflicht

II. Überwachungspflicht

12 Eine Pflicht, die Eintragung im Grundbuch oder im Register zu *überwachen*, hat der Notar nicht, wenn er die Urkunde lediglich als Bote einreicht.[27] Die Botenstellung muss bei der Einreichung der Anträge deutlich werden.[28] Die Überwachungspflicht besteht jedoch, wenn er sie – wie regelmäßig – auch nur stillschweigend übernommen hat. Stellt er den Eintragungsantrag selbst, so können die Beteiligten damit rechnen, dass er sich auch um seine korrekte Ausführung kümmert. Dazu ist er nur verpflichtet, wenn er aufgenommen hat:

13 M Die Beteiligten beauftragen den Notar, alle in den Bewilligungen in dieser Urkunde vorgesehenen Eintragungen im Grundbuch herbeizuführen.

14 Dieser Auftrag umfasst alles, was der Herbeiführung der Eintragungsreife dient, sowie die Antragstellung und die Überwachung der Eintragung (Vollziehung), notfalls auch die Einlegung von Rechtsmitteln zur Erreichung dieses Zweckes.[29] Im Übrigen wird ein Beteiligter, der eine Vollzugsmitteilung kommentarlos aus den Händen des Notars erhält i.d.R. davon ausgehen dürfen, dass der Notar vor der Weiterleitung eine Überprüfung der Eintragung vorgenommen hat.

15 Will der mit dem Vollzug beauftragte Notar die Nachprüfung nicht übernehmen, so muss er die Beteiligten ausdrücklich darüber belehren, dass sie die Eintragung selbst überwachen müssen.

16 M ..... den Beteiligten ist bekannt, dass der Notar bei ihm eingehende Eintragungsnachrichten des Grundbuchamtes zwar an sie weitergeben wird, deren Nachprüfung aber nicht übernimmt. Sie erklärten, selbst darauf achten zu wollen, ob die Eintragungen ihren Anträgen entsprechen und anderenfalls entsprechende Rechtsmittel einzulegen.

17 Die Versendung der Eintragungsnachrichten des Grundbuchamtes gemäß § 55 GBO wird im Bundesgebiet nicht einheitlich gehandhabt. Zum Teil erhält, wenn der Notar den Eintragungsantrag gemäß § 15 GBO gestellt hat, nur *er* die Eintragungsnachrichten und reicht diese an die Beteiligten weiter. Zum Teil erhalten die Beteiligten die Eintragungsnachrichten jedoch (zusätzlich) unmittelbar vom Grundbuchamt. Es entspricht der überwiegenden Meinung in Literatur und Rechtsprechung, dass dem Notar, der den Antrag gemäß § 15 GBO stellt, auch die Eintragungsnachrichten zu übersenden sind.[30] Eine Einschränkung des Antrages des Notars dahin, dass die Eintragungsnachrichten neben dem Notar den von ihm vertretenen Antragstellern unmittelbar vom Grundbuchamt übersandt werden sollen, ist nicht zulässig.[31] Die Bekanntmachung der Entscheidung an die Beteiligten selbst sei in den Fällen einer Antragstellung des Notars gemäß § 15 GBO oder aufgrund Vollzugsvollmacht auch dann unzulässig, wenn der Empfang der Eintragungsmitteilungen ausdrücklich von

---

27 BGH 28, 104 = DNotZ 1958, 557; Armbrüster/Preuß/Renner/*Preuß*, § 53 BeurkG Rn. 27; Arndt/Lerch/Sandkühler/*Sandkühler*, § 15 BNotO Rn. 37.
28 Grziwotz/Heinemann/*Heinemann*, § 53 BeurkG, Rn. 24.
29 BGH DNotZ 1960, 664.
30 Vgl. *Haegele*, § 55 GBO Rn. 187 m.w.N. in Fn. 45; *Demharter*, § 55 GBO Rn. 10; OLG Köln BWNotZ 2012, 103 ff.; Rpfleger 2001, 123; OLG Frankfurt DNotZ 2013, 21 ff.; OLG Düsseldorf Rpfleger 2001, 124; OLG Thüringen Rpfleger 2002, 516; a.A. OLG Saarland DNotZ 2011, 549.
31 Brandenburgisches OLG RNotZ 2008, 224 ff.; OLG Köln, Rpfleger 2001, 123; OLG Düsseldorf, Rpfleger 1997, 474; OLG Zweibrücken DNotZ 1969, 358; LG Koblenz Rpfleger 1996, 449; a.A. Saarländisches OLG Beschl. v. 26.10.2010 – Az. 5 W 214/10-82.

der Vollmacht des Notars ausgenommen worden ist.[32] Der Beschränkung der Vollmacht komme im Außenverhältnis keine rechtsverbindliche Wirkung zu.[33]

Die Bundesnotarkammer erhebt gegen die Übersendung der Eintragungsnachrichten durch den Notar – und nicht durch das Grundbuchamt – grundsätzlich keine Einwendungen. Nach ihrer Ansicht spiegelt sich in der Übersendung der Nachrichten durch den Notar das öffentliche Amt des Notars wieder und wird seine Stellung innerhalb des Systems der freiwilligen Gerichtsbarkeit gestärkt.[34] 18

Dasselbe Verfahren gilt auch für die Eintragungen in das Handels-, Genossenschafts-, Partnerschafts-, Vereins- und das Güterrechtsregister aufgrund § 378 Abs. 2 FamFG. 19

Bei Anträgen an diese Register: 20 M
Eintragungsnachrichten sind unmittelbar an (Bsp. Verein/Genossenschaft/Eheleute) zu senden. Eine Eintragungsnachricht wird auch an den Notar erbeten.

III. Legitimation zur Antragstellung in Registersachen

Der Notar ist in Grundbuch- und Schiffspfandsachen (§ 15 Abs. 2 GBO und § 25 Schiffsregisterordnung), in Handelsregister-, Genossenschaftsregister-, Partnerschaftsregister-, Vereinsregister- und Güterrechtsregistersachen zur *Antragstellung* legitimiert (§ 378 Abs. 2 FamFG),[35] wenn er die zur Eintragung erforderliche Erklärung beurkundet oder beglaubigt hat. Diese Vollmachtsvermutung gilt in Handelsregistersachen auch dann, wenn Grundlage der Eintragung ein Gesellschafterbeschluss ist, an dem der zur Anmeldung verpflichtete Geschäftsführer dieser Gesellschaft nicht mitgewirkt hat.[36] Nicht jedoch gilt § 378 FamFG, wenn in Folge des beurkundeten Vorgangs aufgrund gesetzlicher Vorschriften Anmeldungen von hierzu verpflichteten Dritten abzugeben sind, die weder Gesellschafter noch Organ der an der Errichtung der Urkunde beteiligten Gesellschaften sind.[37] Aber auch wenn *keine* gesetzliche Ermächtigung vorliegt (so in § 3 Abs. 2 Satz 2 GrdstVG), vermutet die Praxis der Gerichte eine Vollmacht des beurkundenden Notars zur Antragstellung, wenn es sich um die Einholung von behördlichen Genehmigungen handelt. 21

Für Verfahren der Freiwilligen Gerichtsbarkeit sind die Notare in § 10 Abs. 2 Satz 2 Nr. 3 FamFG ausdrücklich zur Vertretung zugelassen. Auf die Vertretung durch Notarangestellte erstreckt sich der Wortlaut ansich nicht. Für öffentliche und öffentlich beglaubigte Erklärungen, die zur Eintragung in das Grundbuch oder beispielsweise Handelsregister abgegeben werden, namentlich für Eintragungsbewilligungen (§ 19 GBO), Eintragungsanträge (§ 13 GBO) und Registeranmeldungen an das Handelsregister (§ 12 HGB), ist durch Einfügungen in § 15 Abs. 1 GBO und § 378 Abs. 1 FamFG zwischenzeitlich jedoch klargestellt, dass die Einschränkungen zur Vertretung nach § 10 Abs. 2 FamFG nicht für durch Notarangestellte abgegebene Erklärungen dieser Art gelten.[38] 22

1. Seine eigene Antragstellung aufgrund seiner Beurkundung oder Beglaubigung soll der Notar gegenüber dem Grundbuchamt zum Ausdruck bringen. Er ist dazu auch berechtigt, 23

---

32 Brandenburgisches OLG RNotZ 2008, 224, 225.
33 Brandenburgisches OLG RNotZ 2008, 224, 225; OLG Düsseldorf Rpfleger 2001, 124, 125; OLG Köln Rpfleger *2001, 123, 124;* OLG Frankfurt am Main NotBZ 2005, 366; a.A. Armbrüster/Preuß/Renner/*Preuß*, § 53 BeurkG Rn. 4, differenziert: Ganter/Hertel/Wöstmann/*Ganter*, Rn. 1517.
34 Vgl. hierzu Jahresbericht der BNotK für das Jahr 1996, DNotZ 1997, 525 ff.; kritisch hierzu insgesamt: *Raebel*, ZNotP 1998, 131.
35 Zu den Möglichkeiten und Grenzen dieser Vorschrift eingehend *Schulte*, notar 2014, 270 ff.
36 OLG Karlsruhe, Beschl. v. 31.01.2011 – Az. 11 Wx 2/11 m.w.N.
37 Hier bezüglich § 108 HGB OLG München, Beschl. v. 10.03.2015 – Az. 31 Wx 60/15.
38 Zur früheren Rechtslage vgl.: *Meyer/Bormann*, RNotZ 2009, 470 f.

wenn die Antragsberechtigten den Antrag bereits selbst in seiner Urkunde gestellt hatten. Der Notar darf nur nicht sachlich davon abweichen, kann aber den Antrag erläutern und klarstellen.[39] Will er jedoch sein Antragsrecht nicht ausüben, soll er betonen, dass er sich auf die Botentätigkeit beschränkt. Zwischenverfügungen und Zurückweisungen (§ 18 GBO) werden dann den Beteiligten nach § 55 GBO bekannt gemacht, nicht dem Notar.[40]

Bloße Einreichung ohne Antragstellung durch den Notar:

24 M **Die unter meiner UR Nr. ..... mit Unterschriftsbeglaubigung versehene Urkunde überreiche ich als Bote der Beteiligten mit dem Bemerken, dass ich selbst einen Antrag nicht stelle.**
Ort, Datum ....., **Notar**

Antrag des Notars ohne ausdrücklichen Ausschluss der in der Urkunde enthaltenen Anträge:

25 M **Ich überreiche Ausfertigung meiner Urkunde Nr. ..... vom ..... und stelle die darin enthaltenen Anträge.**
Ort, Datum ....., **Notar**

26 Dieses Vorgehen birgt die Gefahr, dass die Anträge des Notars und der Beteiligten im Grundbuchverfahren konkurrieren mit der Folge, dass der Notar nunmehr nur seine eigenen Anträge ändern oder zurücknehmen kann;[41] s.a. unten Rdn. 40. Um jeden Zweifel auszuschließen, dass nicht auch die in der Bewilligungsurkunde enthaltenen Anträge der Beteiligten gestellt werden, sondern nur der Antrag des Notars als Vertreter der Antragsberechtigten, empfiehlt sich die Fassung:

27 M **Zum Grundbuch von ..... Band ..... Blatt ..... überreiche ich eine Ausfertigung meiner Grundschuldbestellungsurkunde ..... Die darin enthaltenen Anträge werden nicht von den Beteiligten selbst gestellt, sondern von mir in ihrem Namen auf Grund der Ermächtigung in § 15 Abs. 2 GBO.**
Ort, Datum ....., **Notar**

28 Wenn Anträge zu den Bewilligungen in die Urkunde nicht aufgenommen sind, aber auch wenn sie aus einer längeren Urkunde herausgesucht werden müssten, muss sie der Notar wörtlich stellen:

29 M **Ich überreiche:**
1. Ausfertigung meiner Urkunde .....;
2. die Unbedenklichkeitsbescheinigung des Finanzamts;
3. das Zeugnis der Gemeinde über das Nichtbestehen eines Vorkaufsrechts;
4. Löschungsbewilligung des Gläubigers über das Grundpfandrecht in Abt. III Nr. 7;
Ich beantrage:
1. für den Grundstückskäufer
  a) dessen Eintragung als Eigentümer aufgrund der Auflassung in § 7 meiner Urkunde .....;

---

39 BayObLG DNotZ 1956, 209.
40 So auch BGH DNotZ 1958, 557.
41 BayObLG DNotZ 1989, 364 = MittRhNotK 1988, 232 = MittBayNot 1988, 233; BayObLG DNotZ 1956, 206; OLG Frankfurt am Main Rpfleger 1958, 221; 1973, 403; OLG Hamm JMBl. NRW 1961, 273; Rpfleger 1988, 404; OLG Schleswig SchlHA 1959, 197; BGH DNotZ 1978, 696.

b) die Löschung der in Abt. II Nr. 2 eingetragenen Vormerkung zur Sicherung des Eigentumserwerbsanspruchs, vorausgesetzt, dass seit Eintragung der Vormerkung kein Antrag eingegangen ist, aufgrund der Bewilligung in § 8;
c) die Eintragung der brieflosen Restkaufpreishypothek aufgrund der Bewilligung in § 4 meiner Urkunde .....;
2. für den Grundstücksverkäufer die Löschung der Grundschuld in Abt. III Nr. 7 aufgrund der Löschungsbewilligung des Gläubigers ..... und der Zustimmung des bisherigen Eigentümers in § 5 meiner Urkunde .....

....., Notar

2. § 16 Abs. 2 GBO geht davon aus, dass *mehrere Eintragungsanträge unabhängig voneinander* beschieden werden. Da jedoch ein stillschweigender Vorbehalt zugunsten einer einheitlichen Behandlung angenommen werden kann, wenn die mehreren Eintragungen in einem rechtlichen und wirtschaftlichen Zusammenhang stehen, so kann die Erläuterung zweckmäßig sein:

Die in dieser Urkunde gestellten Anträge sollen nicht als eine Einheit behandelt werden.

Wird das Gegenteil bezweckt, muss dies gemäß § 16 Abs. 2 GBO ausdrücklich klargestellt werden:

Die Eintragung nach den beiden Anträgen soll nur gemeinsam vorgenommen werden.

Zuweilen ist die genaue Anführung der in der Urkunde enthaltenen Anträge, die zu einer sofortigen Eintragung führen sollen und die Bezeichnung der noch zurückgestellten Anträge angebracht.

Ich stelle nach § 15 GBO folgenden Antrag:
   aufgrund der Bewilligung in § 11 auf Löschung des Grundpfandrechts Abt. III Nr. 3 von 20.000 €.
Den Antrag auf Löschung des Grundpfandrechts Abt. III Nr. 4 von 10.000 € aufgrund der Bewilligung in § 12 stelle ich erst, wenn der von mir angeforderte Hypothekenbrief zu Abt. III Nr. 4 beim Grundbuchamt eingereicht ist.

IV. Gerichtskostenvorschuss

Die nach § 13 GNotKG von der Zahlung des *Gerichtskostenvorschusses* abhängig zu machende Eintragung wird beschleunigt, wenn der Kostenvorschuss vom Notar mit dem Eintragungsantrag eingezahlt wird.

Eine Vorschusszahlung wird dadurch ersetzt, dass der Notar die Haftung für den Eingang der Gerichtsgebühren übernimmt. In dieser Kostenerklärung des Notars ist keine Bürgschaft i.S.d. § 14 Abs. 4 BNotO zu sehen, die dem Notar verboten wäre.[42] Durch die Erklärung des Notars wird die nach § 13 GNotKG erforderliche Sicherstellung der Kostenzahlung erbracht.[43]

---

42 Schippel/Bracker/*Kanzleiter*, § 14 BNotO Rn. 66.
43 Vgl. dazu auch OLG Hamm DNotZ 1975, 757.

§ 7 Durchführungspflicht

36 M Für den Eingang der Gerichtskosten gemäß dem ersterteilten Gebührenbescheid sage ich mich stark.

V. Legitimation zur Antragsrücknahme

37 Soweit der Notar gesetzlich ermächtigt ist, im Namen der Beteiligten beim Grundbuchamt und bei den Registerbehörden Anträge zu stellen (§ 15 Abs. 2 GBO, § 378 Abs. 2 FamFG, § 25 Schiffsregisterordnung), und das getan hat, ermächtigt ihn § 24 Abs. 3 BNotO, die von ihm gestellten Anträge *zurückzunehmen*. Die Rücknahmeerklärung muss mit Unterschrift *und* Amtssiegel des Notars versehen sein. Seine Unterschrift muss nicht beglaubigt werden.

38 M Die Anträge, die ich aufgrund der Bewilligungen in meiner UR Nr. ..... gestellt habe, nehme ich hiermit zurück.
Ort, Datum   Stempel   ....., Notar

39 Einen von ihm nicht nach § 15 Abs. 2 GBO usw. gestellten, sondern lediglich als Bote *eingereichten* Antrag kann er nur mit einer beglaubigten Vollmacht der Beteiligten zurücknehmen; denn die gesetzliche Ermächtigung gilt lediglich für Anträge, die der Notar selbst gestellt hat. Ist der Notar jedoch in einer durch ihn aufgenommenen Urkunde durch die Beteiligten zur Rücknahme von durch sie beim Grundbuchamt gestellten Anträgen bevollmächtigt, so ist seine entsprechende Rücknahmeerklärung wirksam, wenn sie mit seiner Unterschrift und seinem Amtssiegel versehen ist, ohne dass es der Beglaubigung der Unterschrift bedarf.[44]

40 Hat der Notar gemäß § 15 Abs. 2 GBO den Eintragungsantrag gestellt, ist aber in der von ihm dem Grundbuchamt vorgelegten Urkunde bereits der Eintragungsantrag der Beteiligten enthalten, so ist, wenn keine einschränkende Erklärung des Notars gegeben ist[45] neben dem Antrag des Notars auch der der Beteiligten wirksam geworden mit der Folge, dass eine vom Notar lediglich auf § 24 Abs. 3 BNotO gestützte Antragsrücknahme den Antrag der Beteiligten selbst fortbestehen lässt.[46] Zur Rücknahme des Antrages der Beteiligten bedarf der Notar einer besonderen Vollmacht. Dagegen sind das OLG Braunschweig,[47] sowie das OLG Köln[48] der Ansicht, dass regelmäßig nur der vom Notar gestellte Antrag wirksam ist, während die in der vorgelegten Urkunde enthaltenen Anträge der Beteiligten auch ohne ausdrückliche Erklärung des Notars als nicht gestellt zu gelten haben. Bei Vorliegen einer Vollmacht zur Rücknahme der Anträge der Beteiligten reicht die Erklärung der Antragsrücknahme durch Eigenurkunde des Notars aus.[49] – Haben die Beteiligten die *einheitliche* Erledigung mehrerer Eintragungsanträge bestimmt, so bedarf der Notar, der gemäß § 15 Abs. 2 GBO den Eintragungsantrag gestellt hat, zur Zurücknahme eines einzelnen der verbundenen Anträge einer besonderen Vollmacht der Beteiligten in der Form des § 29 Abs. 1 Satz 1 GBO, und zwar auch dann, wenn anzunehmen ist, dass nur der vom Notar gestellte Antrag wirksam sein soll, die in der vorgelegten Urkunde enthaltenen Anträge der Beteiligten selbst aber als nicht gestellt zu gelten haben.[50]

---

44 BGHZ 71, 349 = DNotZ 1978, 696.
45 Vgl. Rdn. 27 f.
46 BayObLG DNotZ 1989, 364 = MittRhNotK 1988, 232 = MittBayNot 1988, 233; BayObLG DNotZ 1956, 206; OLG Frankfurt am Main Rpfleger 1958, 221; 1973, 403; OLG Hamm JMBl. NRW 1961, 273; Rpfleger 1988, 404; OLG Schleswig SchlHA 1959, 197; BGH DNotZ 1978, 696.
47 DNotZ 1961, 413 m. Anm. *Hieber*.
48 KTS 1968, 245.
49 *Grein*, RNotZ 2004, 134.
50 BayObLG DNotZ 1976, 103.

Es ist daher oft zweckmäßig, schon in der Urkunde zu bestimmen, dass die Anträge nur vom Notar gemäß § 15 GBO gestellt werden und diesen zur Zurücknahme zu ermächtigen. Dies ersetzt eine etwa notwendige Vollmacht zur Rücknahme der Anträge (s. auch § 5 Rdn. 18, 19 M. **41**

Alle Eintragungen aus dieser Urkunde sollen erfolgen nach Maßgabe der Anträge des Notars, der diese auch getrennt oder beschränkt stellen und in gleicher Weise wieder zurückziehen kann. **42 M**

Die Erklärung, dass ein Eintragungsantrag zurückgenommen (eingeschränkt) werde, enthält in aller Regel auch die entsprechende Einschränkung der Eintragungsbewilligung.[51] **43**

VI. Pflicht zur Rechtsmitteleinlegung

Zur Überwachungspflicht des Notars gehört auch die zweckmäßige *Einlegung von Rechtsmitteln*. Auch hier gelten die oben geschilderten Vollmachtsvermutungen für den Notar.[52] Beruht die angefochtene Entscheidung gerade darauf, dass das Registergericht den Notar zur Vertretung im Registerverfahren nicht als bevollmächtigt ansieht, ist die Vollmachtsvermutung im Rahmen der Prüfung der Zulässigkeit des Rechtsmittels zu unterstellen.[53] Infrage kommen die Erinnerung (Mahnung) zum Erlass der beantragten Entscheidung, notfalls auch eine Dienstaufsichtsbeschwerde,[54] namentlich aber das Beschwerdeverfahren, nebst Beantragung der einstweiligen Anordnung. Der früher geltende dreistufige Instanzenzug,[55] wurde durch das Gesetz über das Verfahren in Familiensachen und in Angelegenheiten der freiwilligen Gerichtsbarkeit[56] in einen zweistufigen Instanzenzug überführt. Gegen erstinstanzliche Entscheidungen findet das grundsätzlich auf einen Monat befristete Rechtsmittel der Beschwerde nach § 58 Abs. 1 FamFG an das OLG statt. Die Beschwerde ist einzulegen bei dem iudex a quo, also bei dem Gericht, dessen Entscheidung angefochten wird, § 68 Abs. 1 FamFG. Dieses legt die Sache dem Beschwerdegericht nur vor, wenn es der Beschwerde selbst nicht abhilft. Gegen die Entscheidung des OLG findet die Rechtsbeschwerde zum BGH gemäß § 70 Abs. 1 FamFG, § 133 GVG statt, wenn sie das Beschwerdegericht zugelassen hat. **44**

Auch in Grundbuchsachen ist der Instanzenzug verkürzt. Beschwerdeinstanz (§ 72 GBO) ist ebenfalls das Oberlandesgericht. Die Beschwerde ist unbefristet möglich und kann beim Grundbuchamt als iudex a quo eingelegt werden (§ 73 Abs. 1 GBO). An die Stelle der Divergenzvorlage tritt auch hier die Rechtsbeschwerde zum BGH (§ 78 Abs. 1 GBO). Die nach der GBO und dem FamFG vermutete Vollmacht zur Antragstellung berechtigt auch zur Einlegung der Rechtsmittel. Aber auch außerhalb der gesetzlichen Vollmachtsvermutungen darf – allein im Hinblick auf die berufliche Stellung des Notars – regelmäßig angenommen werden, dass der Notar, wenn er eine Beschwerde einlegt, nicht ohne Vollmacht handelt.[57] Dieser schon bisher anerkannte Grundsatz ist nun in § 11 Satz 4 FamFG ausdrücklich normiert worden. **45**

---

51 BayObLG MittBayNot 1996, 36; MittRhNotK 1996, 55.
52 S. Rdn. 21 ff. dieses Kapitels; zur Beschwerdeberechtigung des Notars und diese bejahend, wenn lediglich die Aufnahme einer Gesellschafterliste in Rede steht: KG, Beschl. v. 20.06.2011 – Az. 25 W 25/11; OLG Frankfurt, Beschl. v. 22.11.2010 – Az. 20 W 333/10.
53 OLG Karlsruhe, Beschl. v. 31.01.2011 – Az. 11 Wx 2/11.
54 BGH DNotZ 1958, 557.
55 (unbefristete) Beschwerde nach §§ 71 ff. GBO und §§ 19 ff. FGG zum LG, weitere Beschwerde zum OLG nach §§ 78 ff. GBO und §§ 27 ff. FGG und Divergenzvorlage an den BGH nach § 28 Abs. 2 Satz 1 FGG
56 BGBl. I 2008, S. 2586, 2587.
57 BayObLG DNotZ 1981, 442 unter Hinweis auf *Jansen*, § 29 BeurkG Rn. 17 m. Nachw. bei Fn. 86.

46 Die Beschwerde setzt eine Endentscheidung voraus. In Registersachen reicht neben dem Beschluss, mit welchem ein Eintragungsantrag abgelehnt wird, auch eine Zwischenverfügung. Eine vor Erlass einer Verfügung eingelegte Beschwerde, Eventual- oder bedingte Beschwerde, ist im Allgemeinen nicht statthaft. Man kann nicht formulieren: »Ich beantrage folgende Eintragung ..... Im Falle einer Ablehnung dieses Antrags lege ich schon jetzt Beschwerde ein.« In der Beschwerde ist mindestens der angefochtene Beschluss zu bezeichnen und zu erklären, dass gegen diesen Beschluss Beschwerde eingelegt wird (§ 64 Abs. 2 Satz 3 FamFG). Die Beschwerde *soll* zudem begründet werden (§ 65 Abs. 1 FamFG).

47 M **Gegen die Zwischenverfügung vom ..... Az. ..... lege ich hiermit Beschwerde ein mit der folgenden Begründung: .....**

Oder zu einer *Erinnerung* gegen die Entscheidung des Rechtspflegers nach § 11 RechtspflG:

48 M **Gegen die Verfügung vom ..... lege ich Erinnerung mit der folgenden Begründung ein .....**

49 Wenn der Rechtspfleger der Erinnerung nicht abhilft, legt er sie dem (Amts-)Richter vor. Hilft auch dieser nicht ab, legt er die dann als Beschwerde geltende Erinnerung dem Rechtsmittelgericht vor (§ 11 Abs. 2 RechtspflG).

VII. Antragseinreichung auf bestimmtem Wege

50 Es besteht kein Rechtsgrundsatz, dass der Notar alle Anträge durch Einschreibebriefe oder Boten einreichen müsse.[58] Unersetzliche oder schwer ersetzliche Urkunden, aber auch Hypothekenbriefe, wird der Notar in eingeschriebenen Briefen oder durch Boten befördern lassen.

---

58 RG DNotZ 1933, 657.

§ 8 Sonstige Betreuungsgeschäfte, Mitteilungs- und sonstige Pflichten gegenüber Behörden

Literatur: S. Hinweise vor § 6.

Die Prüfungs-, Belehrungs- und Beratungspflicht sowie die Durchführungspflicht gehören zwar zum Kernbereich der Amtstätigkeit, beschreiben die praktische Durchführung der Amtsgeschäfte jedoch nur unvollkommen. 1

Zur Amtstätigkeit des Notars gehören auch sonstige Vorsorgegeschäfte, vor allem Geschäfte, die eine Beurkundungtätigkeit vorbereiten oder ausführen. Das ist z.B. der Fall bei der zuvor bereits behandelten Durchführungstätigkeit, (s.o. § 7, Nr. 1 und 2), bei der Einholung behördlicher Genehmigungen (s.o. § 6 Abschnitt III Nr. 2 und 3), ferner bei der Vertretung der Beteiligten in einem Beschwerdeverfahren, das sich auf die Beurkundungstätigkeit bezieht, bei der Anfertigung eines Urkundenentwurfs, wenn eine Beurkundung oder Unterschriftsbeglaubigung in Aussicht genommen war. Wo diese Bezüge zu Notartätigkeiten nicht vorliegen, ist für den Anwaltsnotar eine anwaltliche Vorsorgetätigkeit anzunehmen (§ 24 Abs. 2 Satz 2 BNotO). Die Unterscheidung ist deswegen von Bedeutung, weil die Haftungsgrundsätze, Amtshaftung oder Haftung aus Vertrag, verschieden sind. Auch sind die Gebühren verschieden bemessen. Die Notarbetreuung wurde im bisherigen Kostenrecht als sonstiges Geschäft i.S.d. § 147 KostO eingeordnet, der eine Art Auffangfunktion im Kostenrecht übernahm. Einzelne Betreuungsmöglichkeiten selbstständigen Charakters findet man so auch in der Kommentarliteratur zu § 147 KostO. Das neue Kostenrecht unterscheidet insoweit begrifflich zwischen Betreuungstätigkeiten im Zusammenhang mit einem Amtsgeschäft, die in Nr. 22200 KV GNotKG abschließend aufgezählt sind, der reinen Beratung nach Nr. 24200 KV GNotKG und der Entwurfsfertigung nach Nr. 24100 KV GNotKG. 2

I. Urkundenentwürfe

Das Entwerfen von Urkunden ist dann keine Beurkundungtätigkeit, wenn damit die Tätigkeit des Notars abgeschlossen ist. Wenn er einen Urkundenentwurf, den ein anderer gefertigt hat, nachprüfen soll, so ist auch das ein Vorsorgegeschäft. Kostenrechtlich gilt insoweit Nr. 24100 ff. KV GNotKG aus einem Wert nach § 119 GNotKG. 3

II. Beratung, Bestätigungen

Neben der bei der Beurkundung auszuübenden Beratungspflicht des Notars (s.o. § 6 Rdn. 123 ff.) hat er in Angelegenheiten der freiwilligen Gerichtsbarkeit die allgemeine Befugnis zur Beratung, auch wenn sie nicht mit einer Beurkundung im Zusammenhang steht. Zu dieser Beratungstätigkeit gehört auch die Erstattung von Rechtsgutachten in nicht streitigen Fällen. 4

Eine solche rechtsgutachterliche Stellungnahme ist nach h.M. auch die sogenannte Rangbescheinigung gegenüber finanzierenden Kreditinstituten. Sie hat den Zweck, eine Darlehensauszahlung zu ermöglichen, wenn die Eintragung des sichernden Grundpfandrechts beantragt und die Vollzugsvoraussetzungen bei Gericht durch den Notar geprüft sind. Die Eintragung selbst braucht dann nicht abgewartet zu werden. Bei der Abfassung einer Rang- 5 bescheinigung ist darauf zu achten, dass die Ermittlungstätigkeit in ihrem Umfang genau wiedergegeben wird, um Haftungsrisiken zu vermeiden. Besonders zu beachten ist auch das Risiko der Nichtzahlung von Gerichtskostenvorschüssen. Die BNotK hat folgende Musterformulierung entworfen[1] (vgl. auch unten § 72 Rdn. 76 ff.).

Formulierungsvorschlag einer Notarbestätigung

6 M **I. Notarbestätigung**

An das XY-Kreditinstitut
Ihr Zeichen:
Darlehensnehmer:
Pfandobjekt:
Eigentümer/Erbbauberechtigter:
Grundbuch des Amtsgerichts ….. von ….., Blatt …..
Meine Urkunde vom ….., UR-Nr. ….., übersende ich Ihnen/habe ich Ihnen bereits übersandt in
  – einfacher Ausfertigung
  – vollstreckbarer Ausfertigung
  – beglaubigter Abschrift.
In meiner Eigenschaft als Notar bestätige ich Ihnen gegenüber:
1. **Am ….. habe ich dem Grundbuchamt ….. die vorgenannte Urkunde vorgelegt; die Eintragungsanträge habe ich im zulässigen Umfang auch in Ihrem Namen gestellt. Hierbei habe ich für das Pfandobjekt festgestellt:**
   a) Als Eigentümer/Erbbauberechtigter ist/sind eingetragen …..
   b) Folgende Belastungen und Beschränkungen sind eingetragen:
      Abteilung II:
      Abteilung III:
2. **Auf der Grundlage meiner Akten und der Einsicht in**
   – das Grundbuch am …..
   – die Grundakten (ohne Geschäftseingang) am …..
   – die Markentabelle am …..
   sind mir keine Umstände bekannt, die der Eintragung des Grundpfandrechts im Rang nach bzw. im Gleichrang mit folgenden Belastungen entgegenstehen:
   Abteilung II:
   Abteilung III:
Ort, Datum   **….., Notar**

■ *Kosten.* 0,3 Gebühr aus dem Nennbetrag des Grundpfandrechtes gemäß Nr. 25201 KV GNotKG i.V.m. § 122 GNotKG.

7   Weitere Bestätigungen betreffend den Urkundsvollzug sind die sog. Fälligkeitsmitteilungen, wenn die Kaufpreiszahlung von der Erfüllung durch den Notar herbeizuführender bzw. zu überwachender rechtlicher Voraussetzungen abhängt.

---

1 DNotZ 1999, 369 f.; Formulierungsvorschlag bestätigt in DNotZ 2013, 721 f.; kritisch zur Notarbestätigung aufgrund Einsichtnahme in die Markentabelle *Keilich/Schönig*, NJW 2012, 1841 ff.

III. Treuhandtätigkeit

Vor allem bei Vollzug von Grundstückskaufverträgen übernimmt der Notar vielfach Treuhandtätigkeiten (zur notariellen Verwahrung s.u. § 9): **8**

Eine der wichtigsten Aufgaben ist die Einholung, Verwahrung oder Überwachung von Urkunden, z.B. Löschungsbewilligungen oder Freigabeversprechen (§ 3 MaBV) abzulösender Grundpfandrechtsgläubiger zum Zwecke der Lastenfreistellung des Kaufobjektes. Hier empfiehlt es sich, zur Herstellung der Bindungswirkung gemäß § 873 Abs. 2 BGB den Notar zur Empfangnahme ausdrücklich zu bevollmächtigen. Allgemein ist die Bevollmächtigung zur Empfangnahme von Willenserklärungen häufig Vollzugserleichterung. **9**

Die Überwachung der Umschreibung des Kaufgrundstücks bedingt, dass der Notar die Auflassung nicht ausfertigt, bevor die Kaufpreiszahlung erfolgt ist (s.u. § 32 Rdn. 141 ff.), sofern nicht eine abgetrennte Beurkundung der Auflassung oder die Aussetzung der Bewilligung erfolgt. In diesen Fällen, wie allgemein, wird häufig Vollmacht auf treuhänderisch tätige Dritte (z.B. Bürovorsteher) erteilt und der Notar mit der Überwachung der Verwendung der Vollmacht ebenfalls treuhänderisch beauftragt. **10**

Eine vom Notar zu überwachende Vollmacht stellt vielfach auch die Belastungsvollmacht des Verkäufers zugunsten des Käufers im Grundstückskaufvertrag dar, mit deren Hilfe der Käufer vor Umschreibung des Eigentums bereits Finanzierungsgrundpfandrechte bestellen kann. Der Notar muss hierbei sicherstellen, dass von der Vollmacht nur Gebrauch gemacht wird, sofern durch entsprechende Sicherungsmittel, z.B. Abtretung der Darlehensauszahlungsansprüche[2] und Einschränkung der Zweckerklärung zur Grundschuld vor Belastung des Grundstücks die Belegung des Gesamtkaufpreises gesichert ist.[3] **11**

Wegen der Stellung von Anträgen durch den Notar und deren Rücknahme s.o. § 5 Rdn. 18 f., § 7 Rdn. 21 ff. und Rdn. 31 ff., wegen der Einlegung von Rechtsmitteln § 7 Rdn. 44 ff. **12**

IV. Anzeigepflichten gegenüber Gerichten und Behörden

Den Notar treffen eine Vielzahl von Mitteilungs-, Auskunfts- und Anzeigepflichten gegenüber Gerichten und Behörden. Diese bestehen ausschließlich im öffentlichen Interesse.[4] Unterlassene Anzeigen, insbesondere im Bereich des Steuerrechts, begründen daher keinen Haftungsanspruch des Steuerfiskus nach § 19 Abs. 1 BNotO.[5] Der Notar hat jedoch die Beurkundung abzulehnen, wenn ein Beteiligter trotz Belehrung darauf besteht, dass der Notar eine ihm obliegende Mitteilung unterlässt.[6] Zudem können unterlassene Anzeigen steuerstrafrechtliche Folgen haben. **13**

1. Dem Finanzamt sind anzuzeigen: **14**

a) Wegen des möglichen Anfalls von Grunderwerbsteuer (§ 18 GrEStG [1983] vom 17.12.1982 i.d.F. vom 26.02.1997):[7] **15**
– Kaufverträge und andere Rechtsgeschäfte, die den Anspruch auf Übereignung eines Grundstücks begründen, auch Angebote zum Abschluss solcher Geschäfte;

---

2 S. insoweit jedoch BGH, Urt. v. 27.06.2008 – Az. V ZR 83/07.
3 Allgemein *Reithmann/Albrecht*, Rn. 333 f.
4 Ganter/Hertel/Wöstmann/*Ganter*, Handbuch der Notarhaftung, Rn. 1526.
5 OLG München ZNotP 1997, 73.
6 Ganter/Hertel/Wöstmann/*Ganter*, Handbuch der Notarhaftung, Rn. 755.
7 BGBl. I S. 1777.

- Auflassungen, wenn kein Rechtsgeschäft vorausgegangen ist, das den Anspruch auf Übereignung begründet;
- Rechtsgeschäfte über ein Grundstück, die den Anspruch auf Abtretung eines Übereignungsanspruchs oder der Rechte aus einem Meistgebot begründen;
- Rechtsgeschäfte, die den Anspruch auf Abtretung der Rechte aus einem Grundstückskaufangebot begründen. Dem Kaufangebot steht ein Angebot zum Abschluss eines anderen Vertrages gleich, kraft dessen die Übereignung eines Grundstücks verlangt werden kann;
- die Abtretung eines der unter vorstehenden Spiegelstrichen 3 und 4 bezeichneten Rechte, wenn kein Rechtsgeschäft vorausgegangen ist, das den Anspruch auf Abtretung der Rechte begründet;
- Rechtsvorgänge, die es ohne Begründung eines Anspruchs auf Übereignung einem anderen rechtlich oder wirtschaftlich ermöglichen, ein Grundstück auf eigene Rechnung zu verwerten;
- Rechtsgeschäfte, die den Anspruch auf Übertragung eines oder mehrerer Anteile einer AG, KGaA, GmbH, bergrechtlichen Gewerkschaft, OHG, KG oder GbR begründen, wenn zum Vermögen der Gesellschaft ein Grundstück gehört;
- die Übertragung von Anteilen der vorstehend bezeichneten Gesellschaften, wenn kein schuldrechtliches Geschäft vorausgegangen ist, das den Anspruch auf Übertragung begründet.

16 Die Anzeigepflicht bezieht sich auch auf:
- Anträge auf Berichtigung des Grundbuchs (wg. Umwandlungen[8]), wenn der Antrag darauf gestützt wird, dass der Grundstückseigentümer gewechselt hat (ausgenommen bei Erbfällen);
- Erbteilsübertragungen, wenn ein Grundstück zum Nachlass gehört;
- Erwerbsvorgänge, die die Erbbaurechte betreffen;
- Erwerbsvorgänge über Gebäude, die auf fremdem Grund und Boden errichtet sind. Auch nachträgliche Änderungen oder Berichtigungen eines anzeigepflichtigen Vorgangs sind mitzuteilen (§ 18 Abs. 1 Nr. 4 GrEStG).

17 Der Anzeige nach amtlichem Vordruck ist eine Abschrift der Urkunde über den Rechtsvorgang oder den Antrag beizufügen. Die Anzeigen sind binnen 2 Wochen nach der Beurkundung oder der Unterschriftsbeglaubigung zu erstatten, und zwar auch dann, wenn die Wirksamkeit des Rechtsvorgangs vom Eintritt einer Bedingung, vom Ablauf einer Frist oder von einer Genehmigung abhängig ist. In diesem Fall ist dem Finanzamt auch die Rechtswirksamkeit des Rechtsgeschäfts mitzuteilen. Die Anzeigen sind auch dann zu erstatten, wenn der Rechtsvorgang von der Besteuerung ausgenommen ist (§ 18 Abs. 3 GrEStG).

18 Zuständiges Finanzamt ist das Finanzamt, in dessen Bezirk das Grundstück liegt, auf das sich der anzeigepflichtige Rechtsvorgang bezieht. Falls sich ein einheitlicher Rechtsvorgang auf mehrere, im Bezirk verschiedener Finanzämter liegende Grundstücke bezieht, ist jedem dieser Finanzämter eine Anzeige zu erstatten (§ 17 Abs. 1 GrEStG). Die Absendung der Anzeige ist auf der Urschrift und bei Unterschriftsbeglaubigung mit Entwurf auf der zurückbehaltenen beglaubigten Abschrift zu vermerken (§ 18 Abs. 4 GrEStG). Die Anzeige ist an die Grunderwerbsteuerstelle zu richten. Eine versehentlich an eine andere Stelle (z.B. Körperschaftsteuerstelle) gerichtete Anzeige genügt nicht. Es kann in einem solchen Fall auch nicht angenommen werden, die zuständige Finanzbehörde habe auf andere Weise Kenntnis von dem Erwerbsvorgang erlangt.[9]

---

8 Vgl. *Schwerin*, RNotZ 2003, 479, 500.
9 BFH DStRE 2008, 1481.

Der Notar darf Urkunden, die einen anzeigepflichtigen Vorgang betreffen, den Beteiligten erst aushändigen und Ausfertigungen oder beglaubigte Abschriften den Beteiligten erst erteilen, wenn er die Anzeige an das Finanzamt abgesandt hat (§ 21 GrEStG). 19

Der Erwerber eines Grundstücks/Erbbaurechts darf erst dann in das Grundbuch eingetragen werden, wenn eine Bescheinigung des Finanzamts vorgelegt wird, dass der Eintragung steuerliche Bedenken nicht entgegenstehen (§ 22 GrEStG). Der Notar, der auf die Unbedenklichkeitsbescheinigung als Voraussetzung der Eintragung hinweisen soll, soll das in der Niederschrift vermerken (§ 19 BeurkG): 20

….. Der Notar wies darauf hin, dass das Grundbuchamt die Eigentumsumschreibung erst vornimmt, wenn die Unbedenklichkeitsbescheinigung des Finanzamtes vorliegt. 21 M

b) Wegen des möglichen Anfalls von Erbschaft- und Schenkungsteuer (§ 34 ErbStG und § 8 der Erbschaftsteuer-Durchführungsverordnung [ErbStDV]) dem für die Verwaltung der Erbschaftssteuer zuständigen Finanzamt: 22

Diejenigen Beurkundungen, Zeugnisse und Anordnungen, die für die Festsetzung einer Erbschaft- bzw. Schenkungsteuer von Bedeutung sein können (§ 34 Abs. 1 und 2 Nr. 3 ErbStG). Insbesondere sind anzuzeigen: 23
– Eröffnete Verfügung von Todes wegen,
– Schenkungen und Schenkungsversprechen,
– Zweckzuwendungen,
– Rechtsgeschäfte, die zwar nicht der Form, wohl aber der Sache nach eine Schenkung oder Zweckzuwendung enthalten (§ 8 Abs. 2 ErbStDV).

Im Einzelnen ergeben sich die anzeigepflichtigen Rechtsvorgänge aus den §§ 1, 3, 4, 7, 8 und 34 ErbStG sowie § 8 ErbStDV. Um dem Finanzamt in jedem Fall die Prüfung der Steuerpflicht zu ermöglichen, sind derartige Rechtsgeschäfte auch dann anzuzeigen, wenn nur eine Vermutung für eine freigiebige Zuwendung besteht. Zu beachten ist, dass nach § 7 Abs. 4 ErbStG die Steuerpflicht einer Schenkung nicht dadurch ausgeschlossen wird, dass sie zur Belohnung oder unter einer Auflage gemacht oder in die Form eines lästigen Vertrages gekleidet worden ist. 24

Folglich sind insbesondere anzeigepflichtig: 25
– Grundstücksüberlassungsverträge oder die Übertragung sonstiger Vermögensgegenstände zwischen Eheleuten, Eltern und Kindern oder zwischen sonstigen nahen Angehörigen (es kommen Teilschenkungen zugunsten des Erwerbers, z.B. bei unter dem Wert bleibendem Entgelt oder Schenkungen zugunsten des Ehegatten oder der Kinder des Veräußerers, denen Altenteilsrechte, Abfindungen usw. zugewiesen werden, infrage),
– Geschäfte, welche die vorzeitige Befriedigung von Pflichtteilansprüchen oder Anwartschaften auf eine Nacherbfolge sowie Abfindung für die Ausschlagung einer Erbschaft oder eines Vermächtnisses oder für den Verzicht auf einen entstandenen Pflichtteilsanspruch oder für einen Erbverzicht oder schließlich die entgeltliche Übertragung der Anwartschaftsrechte von Nacherben zum Gegenstand haben,
– die Beteiligung naher Angehöriger an einem Unternehmen (Familiengesellschaft – OHG, KG usw.) und die Übertragung von Anteilen an Kapitalgesellschaften, insbesondere unter nahen Angehörigen, wenn Anhaltspunkte bestehen, dass ein Entgelt unter dem Verkehrswert liegt,
– die Bestellung von Grundpfandrechten und deren Abtretung zugunsten naher Angehöriger, falls der Schuldgrund nicht einwandfrei ersichtlich ist,
– Zuwendungen und dergl. an nahe Angehörige, die nach Angabe jahrelang im Geschäft oder im Haushalt ohne Entgelt Dienste geleistet haben sowie ehebedingte Zuwendungen,

§ 8 Betreuungsgeschäfte, Mitteilungs- und sonstige Pflichten gegenüber Behörden

– die Vereinbarung des ehelichen Güterstandes der Gütergemeinschaft hinsichtlich der Bereicherung, die ein Ehegatte erfährt.

26 Nach § 8 ErbStDV teilen Notare Erbschaft- und Schenkungsteuervorgänge dem für die Verwaltung der Erbschaftsteuer zuständigen Finanzamt durch Übersendung einer beglaubigten Abschrift der Urkunde über eine Schenkung oder eine Zweckzuwendung unter Lebenden, die der Notar aufgenommen hat, mit. Die Anzeige hat durch Übersendung eines (als Muster 6 zur ErbStDV abgedruckten) Vordrucks und unter Angabe des der Kostenberechnung zugrunde gelegten Wertes zu erfolgen. Die in dem Vordruck geforderten Angaben sind zu machen, unabhängig davon, ob sie in der Urkunde enthalten oder durch zusätzliches Befragen der Beteiligten zu ermitteln sind.[10] Auf den möglichen Anfall von Schenkungsteuer hat der Notar nach § 8 Abs. 1 ErbStDV hinzuweisen.

27 Wenn Gegenstand der Schenkung nur Hausrat (einschließlich Wäsche und Kleidungsstücke) im Wert von nicht mehr als 5.200 € und anderes Vermögen im reinen Wert von nicht mehr als 5.200 € ist, ist eine Anzeige entbehrlich (§ 8 Abs. 3 ErbStDV).

28 Die Anzeige an das Finanzamt hat unverzüglich nach der Beurkundung zu erfolgen (§ 8 Abs. 2 ErbStDV). Bei Absendung der Anzeige ist auf der Urschrift der Urkunde – in den Fällen, in denen eine Urkunde entworfen und darauf eine Unterschrift beglaubigt worden ist, auf der zurückbehaltenen Abschrift – der Absendetag und das Finanzamt, an welches die Anzeige erfolgt ist, zu vermerken.

29 Weiteres zur Erbschaftsteuer s.u. § 98 Rdn. 13 ff.

30 c) Aufgrund § 54 Einkommensteuer-Durchführungsverordnung[11] hat der Notar dem zuständigen Finanzamt eine beglaubigte Abschrift aller Urkunden zu übersenden, die die Gründung, Kapitalerhöhung, Kapitalherabsetzung, Umwandlung oder Auflösung von Kapitalgesellschaften oder die Verfügung über Anteile an Kapitalgesellschaften zum Gegenstand haben. Nach § 54 Abs. 1 Satz 2 EStDV sind auch beglaubigte Abschriften aller Urkunden, auch aller Unterschriftsbeglaubigungen, an das Finanzamt zu übersenden, welche im Zusammenhang mit der Anmeldung einer inländischen Zweigniederlassung einer Kapitalgesellschaft mit Sitz im Ausland zum Handelsregister an dieses zu übersenden sind. Zuständig ist das Finanzamt, in dessen Zuständigkeitsbereich die Gesellschaft ihren Sitz hat. Die Abschrift ist binnen 2 Wochen, von der Aufnahme oder Beglaubigung der Urkunde ab gerechnet einzureichen. Die Absendung der Anzeige ist auf der zurückbehaltenen Urschrift bzw. – im Fall einer Unterschriftsbeglaubigung – auf der zurückbehaltenen Abschrift zu vermerken. Den Beteiligten dürfen beglaubigte Abschriften oder Ausfertigungen der Urkunden erst ausgehändigt werden, wenn die beglaubigte Abschrift der Urkunde an das Finanzamt abgesendet ist.

31 Die Amtspflicht des Notars umfasst nicht die Übersendung einer deutschen Übersetzung einer in fremder Sprache abgefassten Urkunde.[12] § 54 Abs. 4 EStDV sieht vor, dass der Notar im Fall der Verfügung über Anteile an einer Kapitalgesellschaft durch einen Anteilseigner, der nicht nach § 1 Abs. 1 EStG unbeschränkt steuerpflichtig ist, zusätzlich dem Finanzamt Anzeige zu erstatten hat, welches bei Beendigung einer zuvor bestehenden unbeschränkten Steuerpflicht des Anteilseigners für die Besteuerung des Anteilseigners zuständig war. Bei unentgeltlichem Erwerb ist dieselbe Anzeige wohl dem Finanzamt zu erstatten, welches bei Beendigung der unbeschränkten Steuerpflicht des Anteilseigners für den Rechtsvorgänger

---

10 Auf Grundlage der Verordnung zur Änderung steuerlicher Verordnungen und weiterer Vorschriften vom 22.12.2014, verkündet am 19.12.2014 (BGBl. I S. 2392) ist nunmehr vom Notar auch die steuerliche Identifikationsnummer der Beteiligten anzuzeigen.
11 BGBl. I 1995, S. 1384.
12 KG DNotI-Report 2001, 19.

zuständig war (insofern missverständliche Formulierung, eine Abstimmung mit den Finanzämtern erscheint sachgerecht[13]).

Der Notar sollte, um seinen Anzeigepflichten nachkommen zu können, in Fällen der Beteiligung von Anteilseignern mit Wohnsitz im Ausland folgende Formulierung als Merkposition in die Urkunde aufnehmen: 32

Der Veräußerer erklärt, früher in Deutschland steuerpflichtig gewesen zu sein. Letzter Wohnsitz war ...... 33 M

oder, im Falle eines derivativ unentgeltlichen Erwerbs:

Der Veräußerer erklärt, den heute veräußerten Geschäftsanteil unentgeltlich von XY erworben zu haben, der zum damaligen Zeitpunkt seinen Wohnsitz in ..... hatte.

d) Bei mehrfacher Steuerpflicht besteht mehrfache Anzeigepflicht. Der gleiche Rechtsvorgang kann mehreren Steuern unterliegen, z.B. die Erbauseinandersetzung und Vermögensübergabe über Grundstücke der Erbschaftsteuer (Schenkungsteuer) und der Grunderwerbsteuer. In diesen Fällen ist der gleiche Rechtsvorgang sowohl der für die Verwaltung der Grunderwerbsteuer zuständigen Stelle als auch den für die Verwaltung der Erbschaftsteuer (Schenkungsteuer) und den Verkehrsteuern zuständigen Stellen des Finanzamts für Erbschaftsteuer und Verkehrsteuern anzuzeigen. 34

e) Eine Belehrungspflicht des Notars über mögliche Steuerfolgen besteht nur bei der Beurkundung von Schenkungen. Bei einer Schenkung hat der Notar zudem das Verwandtschaftsverhältnis des Erwerbers zum Schenker und den Wert der Zuwendung zu erfragen und dem Finanzamt durch Verwendung des oben genannten Vordrucks mitzuteilen (§ 8 Abs. 1 ErbStDV). Zu den übrigen Steuern hat der Notar nur auf das Abhängen einer Eintragung im Grundbuch von dem Vorliegen der Unbedenklichkeitsbescheinigung des Finanzamts wegen der Grunderwerbsteuer hinzuweisen und den Hinweis in der Niederschrift zu vermerken, § 19 BeurkG.[14] Zur Belehrung und Beratung in Steuerfragen s. § 6 Rdn. 140 ff.[15] 35

2. Gegenüber sonstigen Behörden und Gerichten sind mitzuteilen: 36

a) Vaterschaftsanerkennungen und bei einem ausländischen Elternteil, dessen Heimatrecht das vorsieht, auch Anerkennungen der Mutterschaft sowie Namensänderungen dem Standesamt, das die Geburt beurkundet hat, und wenn sie nicht im Geltungsbereich des Personenstandsgesetzes beurkundet ist, dem Standesamt I in 12161 Berlin, Rheinstr. 54 (§ 44 Abs. 3 PStG[16]) durch Übersendung einer beglaubigten Abschrift der Anerkennungserklärung (§ 1597 Abs. 2 BGB, vgl eingehend § 92 Rdn. 17.). 37

b) Beurkundet der Notar eine Vorsorgevollmacht, so soll er auf die Möglichkeit der Registrierung beim Zentralen Vorsorgeregister nach § 78a Abs. 1 BNotO hinweisen (§ 20a BeurkG). 38

c) Mit Einführung des Zentralen Testamentsregister (ZTR) bei der Bundesnotarkammer wurde das Benachrichtigungswesen in Nachlasssachen vollständig umgestellt und refor- 39

---

13 *Stuppi*, notar 2008, 61, 67.
14 BGH MittRhNotK 1979, 24; DNotZ 1979, 228, 1992, 813; OLG München DNotZ 1973, 181; OLG Braunschweig DNotZ 1977, 491.
15 Und DNotZ 1978, 584; OLG Düsseldorf DNotZ 1982, 507.
16 BGBl. I 2007 S. 122.

miert.[17] Die bislang vorgeschriebenen Meldungen an die Geburtsstandesämter mittels gelben Vordrucks sind damit entfallen. Demgegenüber sind nun über sämtliche notariell oder gerichtlich verwahrte erbfolgerelevante Urkunden durch den Notar Verwahrangaben an das ZTR elektronisch zu übermitteln. Erbfolgerelevant in diesem Sinne sind sämtliche Testamente und Erbverträge, ungeachtet ihres Inhalts (§ 78 Abs. 2 Satz 1 BNotO). Auch Verfügungen von Todes wegen, die keinerlei Erbeinsetzung enthalten, sind registrierpflichtig, ebenso jede Änderung oder Aufhebung einer Verfügung von Todes wegen (Widerruf, Rücktritt vom Erbvertrag, Aufhebungsverträge). Erbfolgerelevant und damit meldepflichtig sind neben Verfügungen von Todes wegen solche Urkunden, welche Erklärungen enthalten, die auf die Erbfolge Einfluss haben, bspw. Erbverzichtsverträge, Zuwendungsverzichtsverträge, Vereinbarung der oder Aufhebung der Gütertrennung, Rechtswahlen hinsichtlich Erb- und Güterrechtsstatut. Nicht registriert werden können jedoch privat verwahrte eigenhändige Testamente.

40 Die Registrierung der Urkunden ist nicht disponibel, weder für Beteiligte noch für den Notar. Für jeden Erblasser in einer Urkunde ist eine gesonderte Registrierung vorzunehmen. Anzugeben sind nach § 78b Abs. 2 Satz 2 BNotO die Daten, die zum Auffinden der erbfolgerelevanten Urkunden erforderlich sind. Gemäß § 1 Satz 1 Nr. 1 ZTRV sind folgende Daten des Erblassers mitzuteilen:
– Familienname, Geburtsname, sämtliche Vornamen und Geschlecht,
– Tag und Ort der Geburt,
– Geburtsstandesamt und Geburtenregisternummer,
– bei Geburt im Ausland der Staat der Geburt.

41 Die Daten sind unmittelbar nach Errichtung der Urkunde zu erfassen. Wird die Urkunde in die besondere amtliche Verwahrung gebracht, erteilt das ZTR dem Notar nach Registrierung eine Eintragungsbestätigung (§ 3 Abs. 2 Satz 2 ZTRV) und teilt dabei eine Verwahrnummer mit (§ 3 Abs. 3 Satz 1 ZTRV), welche der Notar mit Übersendung der erbfolgerelevanten Urkunde zur amtlichen Verwahrung dem Verwahrgericht mitteilt. Die Eintragungsbestätigung hat der Notar ausgedruckt zur Urkundensammlung zu nehmen (§ 20 Abs. 2 DONot).

42 d) Dem Gutachterausschuss für Grundstückswerte der Stadt- und Landkreise jeder Vertrag, durch den sich jemand verpflichtet, Eigentum an einem Grundstück gegen Entgelt, auch im Wege des Tausches, zu übertragen oder ein Erbbaurecht zu begründen, durch Übersendung einer Abschrift. Dies gilt auch für Angebot und Annahme des Vertrages, wenn diese getrennt beurkundet werden (§ 195 BauGB).

43 e) Dem Grundbuchamt, das den Stammbrief ausgestellt hat, die Herstellung eines Teilhypotheken-, Teilgrundschuld- oder Teilrentenschuldbriefes unter Angabe der Gruppe und Nummer des Teilbriefes sowie des Betrages, auf den er sich bezieht.

44 f) Dem Handels- oder Genossenschaftsregister, wenn der Notar von einer unrichtigen, unvollständigen oder unterlassenen Anmeldung zum Handels- oder Genossenschaftsregister erfährt (§ 379 Abs. 1 FamFG).

45 g) Nach § 40 Abs. 2 GmbHG hat ein Notar, der an Veränderungen in den Personen der Gesellschafter einer GmbH oder des Umfangs ihrer Beteiligung mitgewirkt hat unverzüglich nach deren Wirksamwerden ohne Rücksicht auf etwaige später eintretende Unwirksamkeitsgründe eine unterzeichnete Liste der Gesellschafter zum Handelsregister einzureichen, aus welcher Name, Vorname, Geburtsdatum und Wohnort der letzteren sowie die Nennbe-

---

17 Allgemein zum Zentralen Testamentsregister: *Diehn*, DNotZ 2011, 676; *Bormann*, ZEV 2011, 628.

träge und die laufenden Nummern der von einem jeden derselben übernommenen Geschäftsanteile sowie die durch den jeweiligen Nennbetrag eines Geschäftsanteils vermittelte jeweilige prozentuale Beteiligung am Stammkapital zu entnehmen sind. Hält ein Gesellschafter mehr als einen Geschäftsanteil, ist in der Liste der Gesellschafter zudem der Gesamtumfang der Beteiligung am Stammkapital als Prozentsatz gesondert anzugeben. Die Liste muss mit der Bescheinigung des Notars versehen sein, dass die geänderten Eintragungen den Veränderungen entsprechen, an denen er mitgewirkt hat und die übrigen Eintragungen mit dem Inhalt der zuletzt im Handelsregister aufgenommenen Liste übereinstimmen. Steht die Abtretung unter einer aufschiebenden Bedingung, z.B. der Kaufpreiszahlung, trifft den Notar die Pflicht, den Eintritt der Bedingung zu überwachen und nach Eintritt der Bedingung die bescheinigte Gesellschafterliste einzureichen. Eine vorzeitige Einreichung einer Liste mit einem Vermerk hinsichtlich der aufschiebend bedingten Abtretung ist hingegen nicht möglich und auch zur Absicherung des Ersterwerbers wohl nicht erforderlich.[18]

h) Gemäß § 8 der Zinsinformationsverordnung trifft den Notar eine Meldepflicht an das Bundeszentralamt für Steuern, sofern ein verzinstes Anderkonto geführt wird, dessen Zinsen nach der Hinterlegungsvereinbarung einem wirtschaftlich Berechtigten zustehen, der seinen Wohnsitz in einem anderen europäischen Mitgliedstaat hat. Ein Auskunftsverweigerungsrecht nach § 102 Abs. 1 Nr. 3 Buchst. b) AO besteht gemäß § 102 Abs. 4 Satz 1 AO nicht. **46**

---

18 BGH DNotZ 2011, 943 m. Anm. *Jeep*.

§ 9 Verwahrungsgeschäfte

Literatur: *Weingärtner/Gassen/Sommerfeldt*, Dienstordnung für Notarinnen und Notare, 13. Auflage 2017; *Weingärtner*, Das notarielle Verwahrungsgeschäft, 2. Aufl. 2004; *Haug*, Treuhandtätigkeit nach § 23 BNotO, DNotZ 1982, 475, 539, 592; *Peter*, Das Verwahrungsgeschäft des Notars, BWNotZ 1984, 86; *Zimmermann*, Weisungen der Beteiligten bei Verwahrungsgeschäften gemäß § 23 BNotO, DNotZ 1980, 453; *ders.*, Nochmals: das »berechtigte« Sicherungsinteresse bei Übernahme einer Verwahrungstätigkeit, DNotZ 2000, 164; *Brambring*, Kaufpreiszahlung über Notaranderkonto, DNotZ 1990, 615; *Reithmann*, Rückforderung notariell hinterlegter Gelder und Urkunden, WM 1991, 1493; *Hertel* in: Handbuch der Grundstückspraxis, 2. Auflage 2005, Rn. 76; *ders.*, ZNotP 1998, Beilage 3/98; *Kemp*, Nochmals: Zum Begriff der Sicherstellung in Treuhandauflagen, ZNotP 2003, 27; *ders.*, Notarielles Treuhandverfahren bei Ablösung, RNotZ 2004, 460; *Reithmann*, Die Bindung im notariellen Treuhandverfahren, ZNotP 2004, 319; *Armbrüster/Preuß/Renner*, BeurkG, 7. Auflage 2015, Fünfter Abschnitt (§§ 57ff.); *Haug/Zimmermann*, Die Amtshaftung des Notars, 4. Aufl. 2018, S. 254 ff.; *Ganter/Hertel/Wöstmann*, Handbuch der Notarhaftung, 4. Aufl. 2018, Rn. 1534 ff.

I. Übernahme der Verwahrung

1 1. Der Notar übernimmt ein Verwahrungsgeschäft gemäß § 23 BNotO als Träger eines öffentlichen Amtes, also nicht aufgrund eines privatrechtlichen Vertrages. Dieser hoheitliche Charakter der notariellen Verwahrung rechtfertigt in verfassungsrechtlicher Hinsicht auch die beurkundungs- und dienstrechtlichen Vorgaben zur Durchführung der Verwahrung. Pflichtverletzungen bei dieser Amtstätigkeit lösen daher Amtshaftungsansprüche, keine vertraglichen Ansprüche aus. Im Übrigen handelt es sich um eine Betreuungstätigkeit, die nicht unter den Urkundsgewähranspruch des § 15 BNotO fällt. Es bleibt also dem Ermessen des Notars überlassen, ob er das Verwahrungsansuchen annehmen will, auch im Rahmen einer Urkundsabwicklung. Das gibt ihm die Möglichkeit, eine angetragene Verwahrung als unnötig oder irreführend abzulehnen, oder zumindest bei Treuhandauflagen auf ihre sachgerechte Gestaltung hinzuwirken.

2 2. Nach § 57 Abs. 1 BeurkG darf der Notar Geld zur Verwahrung nur entgegennehmen, wenn folgende Voraussetzungen erfüllt sind:
– hierfür ein berechtigtes Sicherungsinteresse der am Verwahrungsgeschäft beteiligten Personen besteht,
– ihm ein Antrag auf Verwahrung verbunden mit einer Verwahrungsanweisung vorliegt, in der hinsichtlich der Masse und ihrer Erträge der Anweisende, der Empfangsberechtigte sowie die zeitlichen und sachlichen Bedingungen der Verwahrung und die Auszahlungsvoraussetzungen bestimmt sind,
– er den Verwahrungsantrag und die Verwahrungsanweisung angenommen hat.

3 Insbesondere die Bindung des Notars an ein berechtigtes Sicherungsinteresse erscheint im Hinblick auf die Unabhängigkeit des Amtes des Notars nicht unproblematisch zu sein. Da nach § 57 Abs. 1 BeurkG der Notar Geld zur Verwahrung nicht entgegennehmen darf, wenn ein berechtigtes Sicherungsinteresse fehlt, wird man dem Notar im Hinblick auf die Auslegung des Kriteriums des berechtigten Sicherungsinteresses zumindest einen Beurteilungsspielraum einräumen müssen, auch wenn er von der üblichen Handhabung abweicht. Andernfalls wäre bei voller Überprüfbarkeit des Vorliegens eines berechtigten Sicherungsinteresses durch die Gerichte eine eigenverantwortliche Entscheidung des Notars, ob er im Einzelfall eine direkte Kaufpreiszahlung oder eine Kaufpreisabwicklung über Notaranderkonto vorsehen will, nicht mehr gewährleistet. Die Dienstaussicht darf nur bei eindeutigen Verstößen einschreiten.

3. Dem Verwahrungsgeschäft liegt ein Ansuchen der Beteiligten zugrunde. Im Regelfall handelt es sich um mehrere Beteiligte am Verwahrungsgeschäft, unabhängig von der Frage, wer eine Einzahlung vornimmt. Entscheidend ist, wer erkennbar durch die Verwahrung Sicherungsinteressen verfolgt. Das sind beim Grundstückskauf Käufer und Verkäufer, bei der Finanzierungshinterlegung zusätzlich noch die finanzierende Bank, zu der ein eigenes Treuhandverhältnis besteht. Es liegt eine öffentlich-rechtliche Hinterlegungsvereinbarung zugrunde, die zumindest für den Zeitraum des Sicherungszwecks nicht von einem der Beteiligten einseitig abgeändert werden kann. So bestimmt § 60 Abs. 2 BeurkG, dass der Widerruf der Hinterlegungsanweisung vom Notar nur zu beachten ist, wenn er durch alle Anweisenden erfolgt. Einen einseitigen Widerruf hat der Notar gemäß § 60 Abs. 3 BeurkG bei mehreren Anweisenden nur zu beachten, wenn der Widerruf darauf gegründet ist, dass das mit der Verwahrung durchzuführende Rechtsverhältnis aufgehoben, unwirksam oder rückabzuwickeln sei. Der Notar muss also mit der Abwicklung fortfahren, wenn lediglich Einreden oder Zurückbehaltungsrechte aus dem Kausalverhältnis vorgetragen werden, etwa eine Aufrechnung. Sobald ein beachtlicher Widerruf gemäß § 60 Abs. 3 BeurkG vorliegt, hat der Notar alle an dem Verwahrungsgeschäft beteiligten Personen im Sinne von § 57 BeurkG hiervon zu unterrichten (§ 60 Abs. 3 Satz 2 BeurkG). Der Treuhandauftrag einer finanzierenden Bank ist nach neuerer Auffassung einseitig widerruflich, soweit Sicherungsinteressen Dritter nicht verletzt werden.

Auch ein beachtlicher Widerruf, der sich auf die Unwirksamkeit des mit der Verwahrung durchzuführenden Rechtsverhältnisses gründet, wird jedoch unbeachtlich, wenn eine spätere übereinstimmende Anweisung vorliegt (§ 60 Abs. 3 Nr. 1 BeurkG) oder der Widerrufende nicht innerhalb einer von dem Notar festzusetzenden angemessenen Frist dem Notar nachweist, dass ein gerichtliches Verfahren zur Herbeiführung einer übereinstimmenden Anweisung rechtshängig ist (§ 60 Abs. 3 Nr. 2 BeurkG) oder dem Notar nachgewiesen wird, dass die Rechtshängigkeit der nach Nr. 2 eingeleiteten Verfahren entfallen ist (§ 60 Abs. 3 Nr. 3 BeurkG). Der Notar hat es somit in der Hand, durch die Fristsetzung gemäß § 60 Abs. 3 Nr. 2 BeurkG den Widerrufenden zu veranlassen, ein gerichtliches Verfahren zur Herbeiführung der übereinstimmenden Anweisung einzuleiten, um den Widerruf der Anweisung nicht unbeachtlich werden zu lassen. Beabsichtigt er, den Vollzug fortzusetzen, kann er sicherheitshalber dem widersprechenden Beteiligten dies ankündigen und auf die Möglichkeit hinweisen, gegen den Empfänger eine einstweilige Verfügung auf ein Erwerbsverbot hin zu erwirken. Ferner sollte er darauf hinweisen, dass gemäß § 15 Abs. 2 BNotO auch den Beteiligten eines Verwahrungsgeschäftes gegen eine angekündigte Amtshandlung ein Beschwerderecht mit der Möglichkeit, dem Notar eine Weisung zu erteilen, eröffnet ist (§ 60 Abs. 5 BeurkG). Alternativ besteht die Möglichkeit eines Beschlussverfahrens gemäß §§ 58 ff. FamFG. Der Notar soll weiter von einer Auszahlung absehen, wenn hinreichende Anhaltspunkte dafür vorliegen, dass er bei Befolgung der unwiderruflichen Weisung an der Erreichung unerlaubter oder unredlicher Zwecke mitwirken würde (§ 61 Nr. 1 BeurkG) oder einem Auftraggeber i.S.d. § 57 BeurkG durch die Auszahlung des verwahrten Geldes ein unwiederbringlicher Schaden erkennbar droht. Eine einstweilige Verfügung auf Auszahlung gegen den Notar selbst ist als Verfügung auf Vornahme einer Amtshandlung unzulässig. Der BGH hat entgegen der früheren Rechtsprechung klargestellt, dass gegen den Notar selbst ein öffentlich rechtlicher Auszahlungsanspruch besteht, der abgetreten werden kann. Eine Abtretung ist allerdings analog § 401 BGB nur mit der zugrunde liegenden Kaufpreisforderung möglich, solange diese besteht. Entsprechend gilt dies für die Pfändung durch einen Gläubiger des Verkäufers, so dass eine Pfändung als sogenannte Doppelpfändung erfolgen sollte. Der Gläubiger des Verkäufers muss den Zahlungsan-

§ 9 Verwahrungsgeschäfte

spruch gegen den Käufer (mit Abgabe der Drittschuldnererklärung durch den Verkäufer!) und den Auszahlungsanspruch gegen den Notar pfänden. Wird nur der Kaufpreisanspruch gepfändet, erfasst dies analog § 401 BGB auch den Auszahlungsanspruch. Die Pfändung ändert jedoch nicht den Status des Notars in einem Treuhandverhältnis. Vor allem ist eine vertragliche Ablösungsvereinbarung bezüglich eines Altgläubigers mit den insoweit vorliegenden Treuhandaufträgen vorrangig zu erfüllen. Der Notar hat wirksame Pfändungen kraft Amtspflicht zu beachten, auch eine Drittschuldnererklärung ist abzugeben. Die Hinterlegung beim Notar ist im Regelfall noch keine Erfüllung des Kaufpreis- oder Darlehensanspruchs. Sie tritt mit Auszahlungsreife ein.

6   4. Bei Annahme eines Hinterlegungsansuchens sind die §§ 57 ff. BeurkG zu beachten. Der Notar muss auf eine umfassende Hinterlegungsanweisung, die den Anweisenden, den Empfangsberechtigten, die zeitlichen und sachlichen Bedingungen der Hinterlegung sowie die Voraussetzungen für Herausgabe oder Rückerstattung einschließlich Erträgen enthält, hinwirken und hierbei auch prüfen, ob der Inhalt des Treuhandauftrags einer korrekten Geschäftsabwicklung und dem Sicherungsinteresse der am Verwahrungsgeschäft beteiligten Personen genügt. Diese Prüfung hat insbesondere daraufhin zu erfolgen, dass ein Verwahrungsgeschäft nicht übernommen werden darf, wenn die Möglichkeit besteht, dass Sicherheiten vorgetäuscht werden, die durch die Hinterlegung nicht gewährt werden. Aus der Stellung des Notars als unabhängiger und unparteiischer Treuhänder folgt, dass eine notarielle Verwahrung nur sinnvoll ist, wenn die Einschaltung des Notars als Amtsträger den Zweck hat, ein besonderes Treuhandverhältnis zur Sicherung von Interessen der Beteiligten zu begründen und wenn der Notar hierbei die Aufgabe hat, als rechtskundige Person die Überwachung von Treuhandauflagen zu überprüfen. Letzteres ergibt sich bereits aus dem Erfordernis, dass für jede Verwahrung ein berechtigtes Sicherungsinteresse der am Verwahrungsgeschäft beteiligten Personen bestehen muss (§ 57 Abs. 2 Nr. 1 BeurkG). Abzulehnen sind insbesondere Hinterlegungsansuchen, bei denen mit der Einschaltung des Notars nur der Anschein erweckt wird, als sei eine Sicherung der Auszahlung im Hinblick auf den Geschäftszweck gewährleistet. Gefahren bestehen insbesondere bei Verwahrungsgeschäften, denen nicht die Abwicklung eines notariellen Vertrages zugrunde liegt, etwa bei einer Einschaltung in den Vertrieb von Kapitalanlagefirmen, so z.B. bei Warentermin- oder Optionsgeschäften. Oft soll der Notar lediglich eine Geldsammelfunktion erfüllen, was nicht der Erwartung der Öffentlichkeit entspricht, es sei durch die notarielle Überwachung auch die Erfüllung des Geschäftszwecks gewährleistet. Bei Abwicklungen im Rahmen von notariellen Verträgen ist ebenfalls darauf zu achten, dass eine verantwortliche Prüfung der Anweisungen zur Zahlung durch den Notar selbst möglich ist oder ein unabhängiger Dritter Weisungen gibt. Bei Zahlung nach Baufortschritt ist der Notar z.B. nicht zur Überprüfung des Bautenstandes in der Lage. Es sollte darauf hingewirkt werden, dass ein unabhängiger Sachverständiger, nicht lediglich der für den Veräußerer arbeitende bauleitende Architekt, eine entsprechende Bestätigung gibt bzw. die Zustimmung des Käufers vorliegt.

7   Führt die Prüfung des Notars zu dem Ergebnis, dass das Hinterlegungsansuchen angenommen werden kann, ist im Detail eine Abstimmung der Anweisungen auf die Geschäftsabwicklung erforderlich. Insbesondere Treuhandaufträge von Kreditinstituten, die als finanzierende Gläubiger Gelder hinterlegen, sind auf Vollziehbarkeit hin zu überprüfen. Abzulehnen ist ein jederzeit widerruflicher Treuhandauftrag, der die Vertragsabwicklung unterbrechen kann. Zu achten ist auch darauf, dass nicht Auflagen enthalten sind, die mit der im Kaufvertrag vorgesehenen Abwicklung nicht übereinstimmen, etwa die Auflage, dass ausgezahlt werden darf erst mit Eigentumsumschreibung, wenn im Kaufvertrag schon vorgesehen ist, dass unter Mitwirkung des Verkäufers eine Finanzierung vor Umschreibung erfolgen soll. Treuhandaufträge dürfen nicht erst nach Geldeingang erteilt werden. Es ist unbedingt darauf zu achten, dass Treuhandaufträge schriftlich abgeändert werden. § 57

Abs. 4 BeurkG verlangt grundsätzlich für jede Anweisung bezüglich eines Verwahrungsgeschäfts die Schriftform (§§ 125, 126 BGB gelten jedoch nicht, ein Telefax ist ausreichend). Nach § 57 Abs. 6 BeurkG hat der Notar die Annahme des Treuhandauftrages mit Datum und Unterschrift auf dem Treuhandauftrag zu vermerken. Nach § 22 Abs. 2 DONot ist zur Belegsammlung über die Verwahrungsgeschäfte jeweils mindestens eine Abschrift aller Anweisungen betreffend das Verwahrungsgeschäft, der Treuhandaufträge nebst Annahmeerklärungen, etwaiger Änderungen, der Abrechnung, sowie – bei Entnahme aus der Masse – der Kostenrechnungen zu nehmen. Es genügt nicht lediglich die Anweisung in der Urschrift und die Sammlung sonstiger Anweisungen in den allgemeinen Handakten.

In der Hinterlegungsanweisung in einem Kaufvertrag sollte festgehalten sein, bis zu welchem Zeitpunkt die Hinterlegung zu erfolgen hat. Ferner sind die Auszahlungsvoraussetzungen genau zu beschreiben. An wen ausgezahlt werden soll, kann der Empfangsberechtigte für den Zeitpunkt nach Auszahlungsreife alleine bestimmen. Im Hinblick auf § 57 Abs. 2 Satz 2 BeurkG ist unbedingt eine Regelung aufzunehmen, wem Zinsen aus der Hinterlegung zustehen. Im Hinblick auf mögliche zeitliche Verzögerungen ist ferner zu überlegen, ob nach Ablauf einer gewissen Frist die Beendigung des Verwahrungsverhältnisses durch den Notar möglich ist oder ob er zumindest eine Festgeldanlage vornehmen soll. Von sich aus ist der Notar nicht verpflichtet, auf eine Festgeldanlage hinzuwirken, sofern er nicht von einer ungewöhnlich langen Verwahrdauer ausgehen muss. Da auch insoweit Weisungen nur übereinstimmend erteilt werden können, empfiehlt es sich, im Vertrag abweichend vorzusehen, dass auf einseitige Weisung des Empfangsberechtigten eine Festgeldanlage möglich ist. **8**

II. Durchführung des Verwahrungsgeschäftes

1. Neben Geld und den Wertpapieren im engeren Sinne (Aktien, Inhaberschuldverschreibungen) kann der Notar auch Bankdepotscheine, Sparkassenbücher und Schecks verwahren. Jedoch bestimmt § 57 Abs. 1 BeurkG ausdrücklich, dass der Notar Bargeld zur Aufbewahrung oder zur Ablieferung an Dritte nicht entgegennehmen darf. Grundsätzlich kann er auch Hypotheken-, Grundschuld- und Rentenbriefe nach § 23 BNotO in Verwahrung nehmen. Diese werden ihm jedoch selten mit einem besonderen Verwahrungsauftrag übergeben, sondern sollen von ihm als Begleitpapiere rechtsgeschäftlicher Urkunden (Abtretungen, Quittungen, Löschungsbewilligungen, Rangerklärungen usw.) verwendet werden. Ihre Verwahrung bis zur Abgabereife als solche ist ein gebührenfreies Förderungs-(Neben-) Geschäft, ebenso wie der Empfang, die Verwahrung und Rückgabe oder Aushändigung des ihm zum Protest übergebenen Wechsels (zur Betreuungsgebühr siehe Rdn. 19 M). Sie werden nicht in das Verwahrungs- und Massenbuch eingetragen. Anders als nach der bis zum 31.10.2005 geltenden Rechtslage (§ 123 Abs. 3 Satz 2 AktG a.F.) kommt eine Hinterlegung von Aktienurkunden für die Dauer der Hauptversammlung nun nicht mehr stets, sondern nur noch dann in Betracht, wenn eine entsprechende Satzungsregelung einer nicht-börsennotierten Gesellschaft die notarielle Verwahrung als Mittel der Aktionärslegitimation vorsieht. Zur Hinterlegungsbescheinigung in diesem Fall s.u. Rdn. 23 M. **9**

2. Kostbarkeiten sind Sachen, deren Wert im Verhältnis zum Umfang besonders hoch ist und die auch die Verkehrsanschauung als kostbar ansieht. Neben Gold- und Silberwaren, Juwelen, Münzen, Kunstwerken, Antiquitäten und Briefmarkensammlungen wird man manche Autogramme und Manuskripte als Kostbarkeiten ansehen können. Ob sie es wirklich sind, wird der Notar zuweilen nach den Erklärungen der Hinterleger allein beurteilen müssen, da im Verkehr darüber erst entschieden werden kann, wenn sie ihm zugänglich gemacht sind. **10**

11 Reine Beweisurkunden können nicht Gegenstand eines Verwahrungsgeschäfts i.S.d. § 23 BNotO sein.

12 3. Wertpapiere und Kostbarkeiten muss der Notar sicher und getrennt von anderen Massen aufbewahren. Für die Verwahrung von Wertpapieren und Kostbarkeiten gelten gemäß § 62 Abs. 1 BeurkG die §§ 57, 60 und 61 BeurkG entsprechend. Er kann die Wertpapiere, falls der Hinterleger nichts anderes verlangt, auch bei einer Bank in Verwahrung geben, wobei er den Hinterleger darauf hinweisen soll, dass er zur Verwaltung der Wertpapiere (Überwachung der Auslosung oder Kündigung oder Kraftloserklärung, Besorgung neuer Zins- und Gewinnanteilscheine, Ausübung des Bezugsrechtes usw.) nicht verpflichtet ist (§ 62 Abs. 2 BeurkG). Die Bank nimmt die ihr vom Notar in Verwahrung gegebenen Wertpapiere in ein Anderdepot, für das die nachstehenden Regeln gelten. Geldbeträge muss der Notar unverzüglich einem Notaranderkonto zuführen (§ 58 Abs. 1 Satz 1 BeurkG). Dabei ist der Notar zu einer bestimmten Art der Anlage nur bei einer entsprechenden Anweisung der Beteiligten verpflichtet (§ 58 Abs. 1 Satz 2 BeurkG).[1] Zu den Identifizierungspflichten nach dem Geldwäschegesetz vgl. Ganter/Hertel/Wöstmann/*Hertel*, Rn. 1809.

13 Bei einer Stückverwahrung von Kostbarkeiten – Bargeld darf der Notar gemäß § 57 Abs. 1 BeurkG nicht entgegennehmen – ist eine sichere Aufbewahrung im Büro oder mittels eines nur dem Notar zugänglichen Banksafes erforderlich (keine Bankverwahrung). In Stückverwahrung genommene Kostbarkeiten sind im Zusammenhang mit dem Verwahrungszweck kritisch darauf zu prüfen, ob keine Täuschungsgefahr i.S.d. Ziffer III 2 RiLi-Empfehlungen BNotK besteht. Verwahrungsbestätigungen müssen sich auf die Wahrnehmung des Notars beschränken, insbesondere dürfen die Stücke nur beschrieben und nicht gewertet werden, z.B. darf nicht von einem Goldbarren ausgegangen werden, sondern es muss bestätigt werden, ein Stück Metall mit goldfarbenem Aussehen in Empfang genommen zu haben. Auch der Umgehung von Gesetzesvorschriften durch notarielle Verwahrung ist vorzubeugen.

14 4. Anderkonten sind Sonderkonten des Notars für Fremdgeld, die den Anderkontenbedingungen unterliegen. § 58 BeurkG regelt eingehend die Einrichtung und Führung dieser Anderkonten. Ein Anderkonto kann nur bei einem Institut mit Befugnis zum Geschäftsbetrieb im Inland unterhalten werden. Dieses Institut muss einem Einlagensicherungsfonds angehören. Über das Konto dürfen nur der Notar, sein amtlich bestellter Vertreter, sowie für die Dauer der Verwaltung der Notariatsverwalter verfügen. Die Landesregierungen oder die von ihnen bestimmten Stellen werden ermächtigt, durch Rechtsverordnung zu bestimmen, dass Verfügungen auch durch einen entsprechend bevollmächtigten anderen Notar erfolgen dürfen (§ 58 Abs. 3 Satz 3 BeurkG). Vollmachten auf andere Personen sind dienstrechtlich unzulässig. Für jede Masse muss ein besonderes Anderkonto geführt werden, § 58 Abs. 2 Satz 3 BeurkG, Fremdgelder dürfen auch nicht vorübergehend auf einem sonstigen Konto des Notars oder eines Dritten geführt werden. Ist eine notarielle ausschließliche Verfügungsbefugnis über Gelder gewollt, muss ein Notaranderkonto eingerichtet werden, da dienstrechtlich eine andere Bankverfügung im Rahmen einer notariellen Verwahrungstätigkeit nicht zulässig ist. Die Mitzeichnung des Notars bei Konten Dritter ist damit dienstrechtlich bedenklich. Es ist aber z.B. möglich, dass die Verfügung eines Dritten über ein Sonderkonto davon abhängig gemacht wird, dass dem Kreditinstitut eine notarielle Bestätigung über die Freigabe der Gelder vorgelegt wird. Unzulässig sind auch Sammelanderkonten, etwa für Bauvorhaben (§ 58 Abs. 2 Satz 3 BeurkG). Eine Verwahrung soll nur dann über mehrere Anderkonten durchgeführt werden, wenn dies sachlich geboten ist und in der Anweisung ausdrücklich bestimmt ist (§ 58 Abs. 4 BeurkG). Es empfiehlt sich, diesen beson-

---

1 Zu den Identifizierungspflichten nach dem Geldwäschegesetz vgl. Ganter/Hertel/Wöstmann/*Hertel*, Rn. 1809.

deren Grund aktenkundig zu machen. § 27 DONot i.d.F. v. 01.03.2017 lässt nun auch die Führung eines elektronischen Anderkontos zu.[2]

Die Auswahl des Kreditinstituts steht im pflichtgemäßen Ermessen des Notars, der sich grundsätzlich auf die Seriosität und Liquidität einer der deutschen Bankaufsicht unterliegenden Bank verlassen kann, sofern er die Zugehörigkeit des Kreditinstituts zum Einlagensicherungsfonds geprüft hat. Einem übereinstimmenden Wunsch der Beteiligten zur Auswahl der Bank ist aber zu folgen. Gemäß § 58 Abs. 2 Satz 2 BeurkG ist darauf zu achten, dass das Kreditinstitut in dem Amtsbereich des Notars oder den unmittelbar angrenzenden Amtsgerichtsbezirken desselben Oberlandesgerichtsbezirks eingerichtet wird, sofern in der Anweisung nicht ausdrücklich etwas anderes vorgesehen wird oder eine andere Handhabung sachlich geboten ist. Sachliche Gründe können abwicklungsbezogen etwa bei zentralen Bauvorhaben oder zentralen Finanzierungen vorliegen. 15

5. Der Notar darf über Beträge des Kontos nur verfügen, um sie unverzüglich dem Empfangsberechtigten oder einem schriftlich benannten Dritten zuzuführen, § 58 Abs. 3 Satz 4 BeurkG. Im Regelfall muss der Weg der Überweisung gewählt werden, Bar- oder Scheckzahlungen sind nur ausnahmsweise zulässig, § 58 Abs. 3 Satz 6 BeurkG. Es empfiehlt sich, den Grund hierfür aktenkundig zu machen. 16

Der gesamte Verwahrungsbetrag einschließlich Zinsen steht den Beteiligten zu, sodass nach Abrechnung des Kontos noch eingehende Zinsbeträge nachträglich dem Empfangsberechtigten auszukehren sind. Eigene Zinsvorteile darf der Notar aus dem Anderkonto nicht ziehen. Die Person des Empfangsberechtigten ist sorgfältig zu prüfen. Ist ein Dritter empfangsberechtigt, kann der Notar im Zweifel die Auszahlung von der Vorlage einer notariell beglaubigten Empfangsvollmacht abhängig machen. Der Gesetzgeber hat auch geregelt, dass eine Verrechnung von Guthaben aus Verwahrung mit Forderungen des Notars in Ansehung von Notariatskostenforderungen aus dem zugrunde liegenden Amtsgeschäft zulässig ist, wenn hierfür eine notarielle Kostenrechnung erteilt, dem Kostenschuldner zugegangen ist und Zahlungsreife des verwahrten Betrages zugunsten des Kostenschuldners gegeben ist (§ 58 Abs. 3 Satz 8 BeurkG). In der Belegsammlung muss der Auszahlungsvorgang lückenlos nachgewiesen werden. § 27 Abs. 3 DONot verlangt bei Überweisungen eine Bestätigung des beauftragten Instituts, dass der Auftrag jedenfalls für diesen Geschäftsbereich ausgeführt ist, also nicht lediglich eine Bestätigung über die Annahme des Überweisungsauftrags. Bei Bar- oder Scheckzahlungen muss eine Empfangsbestätigung nach § 368 BGB vorliegen (§ 58 Abs. 3 Satz 7 BeurkG), die auch in der Bemerkungsspalte des Massenbuchs enthalten sein kann. 17

6. Gelder, die der Notar als Nachlasspfleger, Nachlassverwalter oder Insolvenzverwalter erhält, unterfallen nicht § 23 BNotO. Sie gehören auf ein Sonderkonto, wobei der Notar seine Eigenschaft als Nachlasspfleger, Nachlassverwalter oder Insolvenzverwalter zum Ausdruck bringt. Nimmt er Geld als Vormund oder Pfleger ein, so hat er auf ein auf den Namen seines Mündels lautendes Konto einzuzahlen. 18

Umfassende Hinterlegungsanweisung im Grundstückskaufvertrag

Die Beteiligten vereinbaren die Hinterlegung eines Kaufpreisteils von ..... € beim Notar. Dieser ist bezüglich des hinterlegten Betrages ab dem ..... Treuhänder für alle Beteiligten. Die Beteiligten wurden darüber belehrt, dass von dieser Hinterlegungsanweisung abweichende Weisungen nur einvernehmlich erteilt werden können. Es wurde 19 M

---
[2] Hierzu *Haug/Zimmermann*, Rn. 620a.

ferner darauf hingewiesen, dass der Kaufpreisanspruch erst erfüllt ist, wenn die Auszahlung des Betrages durch den Notar erfolgt ist oder der Betrag nach Auszahlungsreife auf Verlangen des Verkäufers auf Anderkonto verbleibt. Der Verkäufer ist berechtigt, einseitig den Notar zur Festgeldanlage anzuweisen. Er steht jedoch dafür ein, dass hierdurch die Abwicklung des Kaufvertrages nicht verzögert wird.
Evtl. Verzugszinsen wegen nicht fristgerechter Hinterlegung des vorstehenden Kaufpreisteils oder nicht fristgerechter Zahlung des Gesamtkaufpreises berühren die Hinterlegungsvereinbarung und ihre Abwicklung nicht. Sie sind vom Verkäufer gesondert geltend zu machen.
Bezüglich der Verwendung des hinterlegten Betrages erteilen die Beteiligten dem Notar folgende gemeinsame, später nicht einseitig abänderbare Weisung:
Der Notar darf über den hinterlegten Betrag nur verfügen, wenn ..... (Auszahlungsvoraussetzungen).
Er hat Zahlungen wie folgt vorzunehmen: .....
Der nach Ablösung der vorgenannten Verbindlichkeiten verbleibende Restbetrag ist nach schriftlicher Weisung des Verkäufers auszuzahlen.
Die Beteiligten wurden darüber belehrt, dass die Verwendung der Beträge auch von der Erfüllung der Auflagen der Kreditgeber der Käuferseite abhängt, deren Weisungen bezüglich des durch sie überwiesenen Betrages vor den Weisungen der Vertragsbeteiligten Vorrang haben. Es ist Sache des Käufers, eine zur Erfüllung des Vertrages geeignete Verwendung der Mittel bei Kaufpreisfälligkeit sicherzustellen. Der Notar wird mit der Einholung der Freigabe- und Löschungsunterlagen sowie der Treuhandaufträge der finanzierenden Gläubiger beauftragt.
Die Kosten der Hinterlegung gehen zu Lasten des Käufers, durch die Verwahrung anfallende Zinsen stehen dem Verkäufer zu.
Ist die Ablösung der wegzufertigenden Grundpfandrechte nicht bis zum ..... erfolgt oder sichergestellt, ist der Notar berechtigt, die hinterlegten Beträge an die einzahlenden Beteiligten zurück zu überweisen.

■ *Kosten.* Für die Verwahrung von Geldbeträgen durch den Notar auf einem Anderkonto entstehen Gebühren für jede vorgenommene Auszahlung.[3] Nach Nr. 25300 KV GNotKG ist bei Beträgen bis 13 Mio. Euro eine 1,0 Gebühr aus dem jeweiligen Auszahlungsbetrag und bei Beträgen über 13 Mio. Euro weitere 0,1 % des 13 Mio. Euro übersteigenden Betrages des jeweiligen Auszahlungsbetrages fällig (modifizierte Wertgebühr). Der Höchstwert von 60 Mio. Euro gilt nicht; Vorbemerkung 2.5.3. Abs. 2 des Kostenverzeichnisses. Mit der Verwahrungsgebühr sind nicht mehr sämtliche Tätigkeiten im Zusammenhang mit der Verwahrung abgegolten, vielmehr können Gebühren für Betreuungstätigkeiten daneben anfallen (z.B. Treuhandauflagen, Prüfung der Auszahlungsvoraussetzungen); Vorbemerkung 2.5.3. Abs. 1 des Kostenverzeichnisses.

Beispiel für Auszahlungsauflagen

20 M ..... Über einen Teil des Grundstückskaufpreises von 100.000 € (hunderttausend Euro) übergab die Käuferin bei Unterzeichnung dieses Vertrages dem beurkundenden Notar einen Scheck auf die ..... Bank in ..... Der Notar wird den Erlös auf ein von ihm bei der ..... Bank in ..... neu zu errichtendes Anderkonto gutschreiben lassen. Der restliche Kaufpreis ist bis ..... auf dieses Konto einzuzahlen.

---
3 *Diehn/Volpert*, Praxis des Notarkostenrechts, Rn. 137.

Der Notar wird unwiderruflich von den Beteiligten angewiesen, aus dem hinterlegten Kaufpreis die nicht übernommenen Verbindlichkeiten für Rechnung des Verkäufers abzulösen und den verbleibenden Restbetrag zuzüglich Hinterlegungszinsen, abzüglich Bankkosten an den Verkäufer auszuzahlen sobald:
1. für den Käufer eine Vormerkung zur Sicherung seines Anspruches auf Übertragung des Eigentums im Grundbuch eingetragen ist, und
2. die zum Vertrag und seiner Durchführung erforderlichen Genehmigungen und Bescheinigungen – mit Ausnahme der steuerlichen Unbedenklichkeitsbescheinigung – dem Notar vorliegen, und
3. die Gemeinde/Stadt dem Notar bestätigt hat, dass gesetzliche Vorkaufsrechte und Grunderwerbsrechte nicht bestehen oder nicht ausgeübt werden und der Kaufgegenstand nicht in ein förmlich festgelegtes Sanierungsgebiet oder einen städtebaulichen Entwicklungsbereich einbezogen ist; und
4. dem Notar alle Unterlagen, die zur Freistellung des Kaufgegenstandes von nicht übernommenen, mit Rang vor der Vormerkung eingetragenen Belastungen und Beschränkungen erforderlich sind, auflagenfrei oder mit solchen Auflagen vorliegen, die durch Zahlung aus dem Kaufpreis erfüllt werden können.

Weitere Verwahrungsaufträge s.u. § 32 Rdn. 191 M.

Für die Formulierung von Treuhandaufträgen von finanzierenden Kreditinstituten wurde von der Bundesnotarkammer in Zusammenarbeit mit der Kreditwirtschaft ebenfalls ein Muster entwickelt. Das Muster zeichnet sich vor allem dadurch aus, dass es die in der Praxis regelmäßig verwendete Formulierung, die Eintragung müsse »sichergestellt« sein, inhaltlich auf die bei Notarbestätigungen und Treuhandaufträgen üblichen Prüfungstätigkeiten des Notars reduziert. Damit ist zugleich eine Auslegung des Begriffs »sicherstellen« im Treuhandverkehr mit Banken erfolgt. 21

Treuhandauftrag einer Bank

An Herrn 22 M
Notar X
Ihre Urkunden vom ....., UR.Nr. (Kaufvertrag A./B.)
und vom ....., UR.Nr. ..... (Grundschuld)
Vertrags- und Pfandobjekt:
Grundbuch des Amtsgerichts ..... von ..... Blatt .....
Im Auftrag und für Rechnung unseres Darlehensnehmers haben wir auf Ihr Notaranderkonto bei der Z-Bank, Konto-Nr. ....., den Betrag von ..... € unter Angabe der Verwendungszwecks »Kaufvertrag A./B.« zu treuen Händen überwiesen. Über diesen Betrag dürfen Sie nur verfügen, wenn die Eintragung des in Ihrer Urkunde vom, UR.Nr. ....., für uns bestellten Grundpfandrechtes sichergestellt ist
☐ und der uns mitgeteilte Kaufpreis bei Ihnen vollständig hinterlegt ist.
Unserem Grundpfandrecht dürfen nur folgende Rechte im Rang vorgehen oder gleichstehen:
Abteilung II:
Abteilung III:
Wir sehen die Eintragung als sichergestellt an, wenn
1. Sie beim Grundbuchamt die Urkunde zur Bestellung des Grundpfandrechtes vorgelegt und Eintragungsanträge im zulässigen Umfang auch in unserem Namen gestellt haben;

2. Ihnen zur Bereitstellung des vorstehend verlangten Rangs der Grundschuld sämtlichen erforderlichen Unterlagen zur Verfügung stehen. Der Gebrauch dieser Unterlagen muss Ihnen spätestens nach Zahlung der Ablösebeträge gestattet sein, die von den Berechtigten verlangt werden. Die Ablösung muss aus dem bei Ihnen hinterlegten Betrag möglich sein;
3. Ihnen auf der Grundlage Ihrer Akten und der Einsicht in
   - das Grundbuch
   - die Grundakten (ohne Geschäftseingang) oder die Markentabelle eines elektronisch geführten Grundbuches**

keine sonstigen Umstände bekannt geworden sind, die der Eintragung des Grundpfandrechtes im vorstehend verlangten Rang entgegenstehen.
An diesen Treuhandauftrag halten wir uns bis zum ..... gebunden. Sollte bis zu diesem Zeitpunkt der Treuhandauftrag nicht erfüllt sein, behalten wir uns die Rückforderung des Betrages vor.
Ort, Datum
(Unterschriften der Banken)

Hinterlegungsschein für Wertpapiere

23 M   Für ..... habe ich die in dem anliegenden Verzeichnis angegebenen Wertpapiere unter folgenden Bedingungen in Verwahrung genommen:
a) Der Hinterleger kann jederzeit die Rückgabe der Wertpapiere ganz oder teilweise fordern. (Oder: Der Hinterleger kann die Rückgabe der hinterlegten Wertpapiere fordern, wenn .....).
b) Die Wertpapiere können an den Hinterleger oder an einen Dritten ausgehändigt werden, wenn der von dem Hinterleger quittierte Hinterlegungsschein vorgelegt wird. Die Legitimation des Dritten braucht bei der Aushändigung nicht geprüft zu werden.
c) Der Notar braucht für die Trennung der fälligen Zins- und Gewinnanteilscheine nicht zu sorgen. Er braucht auch nicht Verlosungen oder Kündigungen zu überwachen. Er kontrolliert auch nicht, ob die hinterlegten Wertpapiere durch Aufgebote und Zahlungssperren betroffen werden. Ebenso wenig übernimmt er die Ausübung oder Verwertung von Bezugsrechten oder sonstige Verpflichtungen, die aus dem Besitz der Papiere folgen. Es ist vielmehr Sache des Hinterlegers, dem Notar von Fall zu Fall entsprechende Weisung zu erteilen. Der Notar kann sich zur Ausführung derartiger Weisungen einer Bank bedienen.

■ *Kosten.* Gebührenziffer Nr. 25301 KV der Anlage 1 zum GNotKG; Einzelheiten siehe § 9 Rdn. 19 M.

§ 10 Bücher, Verzeichnisse und Akten des Notars

I. Vorbemerkung – Die DONot

Die maßgeblichen Bestimmungen über die Unterlagen des Notars, d.h. seine Bücher, Verzeichnisse und Akten, finden sich in der *Dienstordnung für Notarinnen und Notare (DONot)*, einer bundeseinheitlichen Verwaltungsverfügung der Landesjustizverwaltungen, die in den einzelnen Bundesländern weitestgehend identisch erlassen worden ist (nachfolgend ist – soweit nicht anders vermerkt – die nordrhein-westfälische DONot zugrunde gelegt[1]). Die DONot enthält allgemeine Weisungen der Justizverwaltung für den Geschäftsbetrieb des Notars. Haben sich mehrere Notare in Sozietät zusammengeschlossen, muss jeder Berufsträger für sich deren Vorgaben erfüllen; das öffentliche Amt ist ein persönliches und untrennbar mit seinem Träger verbunden. Das Weisungsrecht ist Ausfluss der Aufsichtsbefugnisse der Aufsichtsbefugnisse der Justizverwaltung, findet daher seine gesetzliche Grundlage in den §§ 92 ff. BNotO. Es ermöglicht dem Staat, seine Verantwortung für die ordnungsgemäße Aufgabenerfüllung im Bereich der vorsorgenden Rechtspflege wahrzunehmen.[2] Die besondere Nähe des Notars zum öffentlichen Dienst und die daher eingeschränkte Geltung des Art. 12 Abs. 1 GG führen dazu, dass eine über das allgemeine Aufsichtsrecht hinausgehende Rechtsgrundlage nicht erforderlich ist. Als bloße Verwaltungsvorschrift muss sich die DONot jedoch in den Grenzen des vorrangigen Rechts, insbesondere der BNotO und der auf Grundlage des § 67 Abs. 2 Nr. 3 BNotO erlassenen Kammerrichtlinien, die als autonomes Satzungsrecht Gesetze im materiellen Sinne sind, halten.

1

II. Gemeinsame Bestimmungen für die Unterlagen des Notars

Die nach § 5 Abs. 1 DONot vom Notar in seiner Geschäftsstelle (§ 5 Abs. 3 DONot) zu führenden und in den §§ 6 ff. DONot näher geregelten Unterlagen werden gemeinhin unterteilt in drei Kategorien: Bücher, Verzeichnisse und Akten. Auch wenn eine – im Hinblick auf die nur für Bücher geltenden §§ 7 und 14 DONot bedeutsame – Abgrenzung zwischen Büchern und Verzeichnissen in der DONot nicht ausdrücklich vorgenommen wird, besteht doch Einigkeit, dass zu den *Büchern* neben dem Verwahrungs- und Massenbuch die Urkundenrolle gehört.[3] An *Verzeichnissen* führt der Notar das Erbvertragsverzeichnis, die Anderkontenliste und die Namensverzeichnisse zur Urkundenrolle und zum Massenbuch sowie die Dokumentation zur Einhaltung von Mitwirkungsverboten, im Bereich der Notarkasse München und der Ländernotarkasse Leipzig zudem das Kostenregister (vgl. § 16 DONot, §§ 113, 113a BNotO). *Akten* sind nach § 5 Abs. 1 Satz 2 DONot die Urkundensammlung, die Sammelbände für Wechsel- und Scheckproteste, die Nebenakten und die Generalakten.

2

Bücher und Verzeichnisse sind nach § 6 DONot auf dauerhaftem Papier zu führen, und zwar entweder in *gebundener Form* oder – so die Regel – in *Loseblattform*, wobei ein – etwa durch Einführung der EDV veranlasster – Wechsel der Form in Nordrhein-Westfalen nur zum Jahresende, in den anderen Bundesländern demgegenüber jederzeit zulässig ist. Der

3

---

[1] Vgl. AV d. JM v. 23.03.2001 – JMBl. NRW v. 15.05.2001, S. 117 –, zuletzt geändert durch AV d. JM v. 21.02.2017 (JMBl. NRW 2011, S. 53).
[2] BVerfG, Beschl. v. 19.06.2012 (1 BvR 3017/09) = DNotZ 2012, 945, insb. 953 f.
[3] Weingärtner/Gassen/Sommerfeldt/*Weingärtner*, § 8 DONot Rn. 4.

Notar darf zur Führung der Unterlagen nur Personen heranziehen, die bei ihm beschäftigt sind, die Beauftragung dritter Personen oder Stellen ist unzulässig, § 5 Abs. 3 DONot.

4   Erfolgt eine *EDV-unterstützte Führung der Unterlagen*, so stellt dies lediglich ein Hilfsmittel dar, das den Anforderungen des § 17 DONot entsprechen muss. Die mit den Landesjustizverwaltungen abgestimmten EDV-Empfehlungen der Bundesnotarkammer[4] geben ausführliche Hinweise für die dienstordnungsgerechte EDV-unterstützte Führung der Bücher, Verzeichnisse und Übersichten des Notars. Werden die Bücher und Verzeichnisse in derartiger Weise geführt, so ist Buch bzw. Verzeichnis i.S.d. DONot und damit Gegenstand der aufsichtsrechtlichen Prüfung jedoch einzig der papiergebundene Ausdruck. Die voll beschriebenen Seiten bilden das Buch, für das § 14 DONot gilt (§ 17 Abs. 1 Satz 4 DONot). Jeweils an dem Tage, an dem bei herkömmlicher Führung die Eintragung vorzunehmen wäre, müssen die Eingabe in den Datenspeicher und der Ausdruck dieser Eingabe erfolgen; entstehen dabei Wiederholungen früherer Ausdrucke, so sind die früheren Ausdrucke zu vernichten. Die Führung von *Notaranderkonten mittels Datenfernübertragung* ist nur unter den engen Voraussetzungen des § 27 Abs. 3 DONot zulässig.

5   Die *Dauer der Aufbewahrung* der Unterlagen bestimmt sich nach § 5 Abs. 4 DONot. Nach Ablauf der jeweiligen Aufbewahrungsfrist sind die Unterlagen zu vernichten, soweit nicht – bspw. bei Regressgefahr – ihre weitere Aufbewahrung erforderlich ist, § 5 Abs. 4 Satz 4 DONot. Ob darauf tatsächlich eine nicht zur Disposition des Amtsinhabers stehende Vernichtungs*pflicht* nach Ablauf der Aufbewahrungsfrist gestützt werden kann, ist indes fragwürdig: Zwar gebietet der datenschutzrechtliche Grundsatz der Datensparsamkeit, dass personenbezogene Daten nicht länger als erforderlich gespeichert werden. Bei der Aufbewahrung von Notarakten geht es jedoch nicht (primär) um das Speichern von personenbezogenen Daten, sondern um die Dokumentation der öffentlichen Beurkundung und das Verfahren deren Zustandekommens. Eine Rechtspflicht zur pauschalen Vernichtung von Akten (zumal vor der Verjährung von Schadenersatzansprüchen) findet daher im Gesetz keine Grundlage. Jedenfalls wird man dem Notar hier einen weiten Ermessensspielraum zubilligen müssen, und jedenfalls bei einem – auch in einer Vielzahl von Akten angebrachten – Vermerk über eine längere Aufbewahrung ist dies nicht zu beanstanden. Der Amtsnachfolger kann nach pflichtgemäßem Ermessen entscheiden, ob er eine von seinem Amtsvorgänger verfügte längere Aufbewahrung abändert, widerruft oder ohne Einschränkungen befolgt.[5] Bei der Vernichtung der Nebenakten ist darauf zu achten, dass beglaubigte Abschriften von letztwilligen Verfügungen, die zu den Akten genommen wurden, nicht mit den Akten vernichtet werden; sie sind 100 Jahre lang aufzubewahren (§ 5 Abs. 4 Satz 2 DONot).

III. Die von der DONot vorgeschriebenen Muster

6   Als Anlage sind der DONot Muster für die notariellen Bücher sowie die nach §§ 24, 25 DONot nach Abschluss eines jeden Kalenderjahres bis zum 15. Februar dem Präsidenten des Landgerichts einzureichenden Übersichten über die Urkunds- und Verwahrungsgeschäfte beigefügt, die auch der folgenden Darstellung zugrunde gelegt werden und auf der Homepage der Bundesnotarkammer[6] zum Download bereitstehen. Diese Muster sind für die Notare hinsichtlich Aufbau und Gliederung verbindlich, nicht jedoch hinsichtlich des Formats (§ 6 Abs. 3 DONot) und des Wortlauts der vorzunehmenden Eintragungen. Deren

---

4 DNotZ 2005, 497.
5 Vgl. RS 8/2010 der BNotK vom 12.03.2010.
6 www.bnotk.de.

Formulierung steht dem Notar frei, solange nur die nach der DONot zwingend vorgeschriebenen Angaben enthalten sind und eine übersichtliche Führung gewährleistet ist.

IV. Die Bücher des Notars (Urkundenrolle, Verwahrungsbuch, Massenbuch)

1. Allgemeines

Anzulegen sind die Bücher des Notars vor Aufnahme der Geschäfte, da nur hierdurch die ordnungsgemäße Führung sichergestellt werden kann. Werden sie in *gebundener Form* geführt, so sind sie+ nach § 7 Abs. 1 DONot in festem Einband herzustellen, mit einem Titelblatt zu versehen und zu paginieren. Auf dem nachfolgend wiedergegebenen Titelblatt sind der Name des Notars und sein Amtssitz anzugeben. Werden sie demgegenüber in *Loseblattform* geführt, so ist das Titelblatt nach Abschluss des Jahres anzufertigen und zu unterschreiben, sodann sind Titelblatt und Einlageblätter mit Schnur und Prägesiegel zu verbinden (§ 14 Abs. 1 i.V.m. § 30 Abs. 1 DONot), ein fester Einband ist nicht zwingend vorgeschrieben. 7

[Muster 1] 8 M

Urkundenrolle
[bzw. Verwahrungsbuch]

der/des

Notarin/Notars .... in ....

Band

Dieser Band umfasst ohne das Titelblatt ...... Seiten.

........................., den ....

(Siegel) ...., Notarin/Notar
(Unterschrift)

Werden nach einer Eintragung *Änderungen* derselben oder *Zusätze* erforderlich, so dürfen diese wie bei notariellen Urkunden (§ 44a BeurkG) nur so vorgenommen werden, dass die ursprüngliche Eintragung lesbar bleibt, und sind durch einen datierten und unterschriebenen Vermerk als solche kenntlich zu machen (§ 7 Abs. 2 DONot). Werden die Bücher mittels EDV geführt, so braucht (und kann) der Vermerk erst nach dem Ausdruck datiert und unterschrieben zu werden (§ 17 Abs. 3 DONot). 9

2. Die Urkundenrolle

In die nach nachstehend abgedrucktem Muster Rdn. 11 M zur DONot zu führende Urkundenrolle sind einzutragen die in § 8 Abs. 1 DONot abschließend aufgezählten notariellen Urkunden. Hierunter fallen auch solche elektronischen Vermerke gemäß § 39a BeurkG, die eintragungspflichtigen herkömmlichen Vermerkurkunden i.S.d. § 39 BeurkG entsprechen (§ 8 Abs. 1 Nr. 5a DONot); über die Eintragungsfähigkeit entscheidet nicht das Medium, sondern der Inhalt des Vermerks, wobei freilich derzeit kaum ein Anwendungsfall für eine 10 eintragungspflichtige elektronische Vermerkurkunde ersichtlich ist.[7] *Nicht einzutragen* sind die Erstellung der notariell bescheinigte Gesellschafterliste i.S.d. § 40 Abs. 2 GmbHG, eine Satzungsbescheinigung i.S.d. § 54 Abs. 1 GmbHG bzw. § 181 Abs. 1 Satz 2 AktG, die Erteilung von Ausfertigungen, die Beglaubigung von Abschriften, Wechsel- und Scheckproteste sowie Vermerke, die auf die Urschrift oder Ausfertigung einer Urkunde oder ein damit zu verbindendes Blatt gesetzt werden. Ebenfalls nicht einzutragen sind insbesondere notarielle Bescheinigungen nach § 21 BNotO, die losgelöst von einer Urkunde erteilt werden, da diese keine »sonstigen einfachen Zeugnisse« i.S.d. § 39 BeurkG sind, sowie die sog. Eigenurkunden des Notars.[8] Letztere sind keine Urkunden i.S.d. BeurkG, sondern beinhalten die Abgabe einer eigenen Willenserklärung des Notars, überdies ist die Aufzählung des § 8 Abs. 1 DONot abschließend.

---

7 Vgl. im Einzelnen *Bettendorf/Apfelbaum*, DNotZ 2008, 19, 33 f.
8 Armbrüster/Preuß/Renner/*Eickelberg*, § 8 DONot Rn. 6; Würzburger Notarhandbuch/*Kersten*, Teil 1 Kap. 4 Rn. 26; insoweit a.A. jedoch Weingärtner/Gassen/Sommerfeldt/*Weingärtner*, § 8 DONot Rn. 4.

Bücher, Verzeichnisse und Akten des Notars **§ 10**

11 M

Anlage Muster 2
Jahr 2013 Urkundenrolle der/des Notarin/Notars in *) Seite 1

Lfd. Nr	Tag der Ausstellung der Urkunde	Ort des Amtsgeschäfts	Name, Wohnort oder Sitz der nach § 8 Abs. 5 DONot aufzuführenden Personen	Gegenstand des Geschäfts	Bemerkungen
1	2	2a	3	4	5
1	3. Januar	Geschäftsstelle	Jürgen K. in B.; Hans H. in B.	Grundstückskaufvertrag	vgl. Nr. 7
2	3. Januar	Geschäftsstelle	Erich E. in D., Peter E. in A., Berta A. geb. Z. in D., letztere vertreten durch Peter E. in A. in Erbengemeinschaft nach Friedrich E. in A.	Erbauseinandersetzungs- vertrag	vgl. Nr. 6
3	3. Januar	Stadthalle B., X-Straße 1, B.	AL Aktiengesellschaft in B.	Hauptversammlung	
4	3. Januar	Hauptver- waltung der AL- Aktiengesellschaft, X-Allee, B.	AL Aktiengesellschaft in B.; Axel P. in K., Karl M. in B., Susanne M. in B., Peter M. in K., Richard B. in K.	Anmeldung zum Handelsregister und Unterschr.-Begl. mit Entwurf	
5	4. Januar	anwaltliche Zweigstelle nach § 27 Abs. 2 BRAO, X-Platz 25, A.	Anton A. in B., Renate B. geb. A. in A.	(Grundschuldbestellung und) Unterschriftsbeglaubigung ohne Entwurf	
6	7. Januar	Wohnung der Berta A., X- Chaussee, D.	Berta A. geb. Z. in D.	Genehmigung der Erbauseinandersetzung Nr. 2	verwahrt bei Nr. 2
7.	7. Januar	Geschäftsstelle	Jürgen K. in B., Hans H. in B.	Nachtrag zum Kaufvertrag Nr. 1	verwahrt bei Nr. 1

*) Wird die Urkundenrolle in Buchform geführt, so kann die Überschrift entfallen.
Zu Abweichungen in der Gestaltung der Urkundenrolle vgl. § 6 Abs. 3 DONot

§ 10 Bücher, Verzeichnisse und Akten des Notars

12 Die Eintragungen in die Urkundenrolle sind nach § 8 Abs. 3 DONot zeitnah, spätestens 14 Tage nach der Beurkundung in ununterbrochener Reihenfolge vorzunehmen und in *Spalte 1* für jedes Kalenderjahr mit fortlaufenden Nummern zu versehen. Diese Nummer ist nach § 28 Abs. 2 DONot auf jede Urkunde, Ausfertigung oder Abschrift zu setzen. Unterlaufen bei der Nummernvergabe *Fehler* und werden *Berichtigungen* erforderlich, ist § 7 Abs. 2 DONot zu beachten. Zur Behandlung möglicher Fehler bei der Nummernvergabe (versehentlich nicht belegte Nummern, doppelt belegte Nummern und übersehene Urkunden) vgl. die Checkliste bei *Püls*[9] sowie Rn. 6 der EDV-Empfehlungen der Bundesnotarkammer.[10] In *Spalte 2* ist das Datum der Ausstellung der Urkunde einzutragen, das mit dem Datum der Urkunde übereinstimmen muss. In *Spalte 2a* ist aufzuführen, wo das notarielle Amtsgeschäft vorgenommen worden ist. Ist das Amtsgeschäft in der Geschäftsstelle vorgenommen worden, genügt der Vermerk »Geschäftsstelle«, anderenfalls sind die genaue Bezeichnung des Ortes, an dem das Amtsgeschäft vorgenommen wurde, und dessen Anschrift aufzuführen. Der Dienstaufsicht wird so die Prüfung erleichtert, ob eine weitere (genehmigungspflichtige, § 10 Abs. 3 BNotO) Geschäftsstelle unterhalten wird.

13 In *Spalte 3* sind nach den Vorgaben des § 8 Abs. 4 DONot die Namen aller an der Beurkundung beteiligten Personen aufzuführen, wobei der Familienname, bei Abweichungen vom Familiennamen auch der Geburtsname, der Wohnort oder der Sitz und bei häufig vorkommenden Familiennamen weitere der Unterscheidung dienende Angaben anzugeben sind. Sind mehr als zehn Personen aufzuführen, so reicht eine zusammenfassende Darstellung, z.B. »Erbengemeinschaft nach ...«. Hat ein Vertreter gehandelt, so sind nicht nur dessen Personalien, sondern auch die des Vertretenen zu vermerken; bei Beurkundungen in gesellschaftsrechtlichen Angelegenheiten ist auch die Gesellschaft unter ihrer Firma anzuführen.

14 Der Gegenstand des Geschäfts ist in *Spalte 4* gemäß § 8 Abs. 5 DONot in Stichworten so genau zu bezeichnen, dass dieses deutlich unterscheidbar beschrieben wird, wobei gebräuchliche Abkürzungen (z.B. U-Begl., Entw., HRegA) zulässig sind. Bei Beglaubigungen ist anzugeben, ob der Entwurf von dem Notar gefertigt wurde oder nicht; ist dies der Fall, so ist der Gegenstand der Urkunde zwingend anzugeben, anderenfalls ist die Angabe fakultativ.

15 Wird eine Urkunde durch eine andere Urkunde nachträglich berichtigt, geändert oder ergänzt, so erhält die *Änderungsurkunde* eine eigene Nummer in der Urkundenrolle. Bei beiden Urkunden ist in *Spalte 5* ein *wechselseitiger Verweis* zu vermerken, § 8 Abs. 6 DONot. Übersieht der Notar infolge eines fehlenden Vermerks die nachträgliche Änderung einer Urkunde, so kann dies zur Haftung führen.[11] Urkunde und Änderungsurkunde können nach § 18 Abs. 2 DONot gemeinsam verwahrt werden; geschieht dies nicht, ist auf die Haupturkunde ein Vermerk zu setzen, der auf die Änderungsurkunde verweist, § 18 Abs. 2, 3. Spiegelstrich DONot.

16 In der Urkundenrolle zu vermerken sind zudem Beginn und Beendigung der *Notariatsverwaltung* und der *Vertretung*, und zwar mit Angabe des genauen Zeitpunktes des Beginns und der Beendigung, § 33 Abs. 5 DONot. Unterschrieben werden muss der Vermerk nicht. Diese Eintragungen haben auch dann zu erfolgen, wenn während der Verwaltung oder Vertretung keine Beurkundungen vorgenommen worden sind.

17 M Am 15. September 2018 hat Notarassessor Dr. ..... die Vertretung des Notars Dr. ..... übernommen.
Am 20. September 2018 hat Notar Dr. ..... sein Amt wieder übernommen.

---

9 Beck'sches Notar-Handbuch/*Püls*, Teil M Rn. 110.
10 DNotZ 2005, 497.
11 Vgl. BGH DNotZ 1986, 415.

Zur Urkundenrolle ist nach § 13 DONot ein *alphabetisches Namensverzeichnis* zu führen, das **18**
das Auffinden der Eintragungen ermöglicht. Einzutragen sind die in § 8 Abs.
4 DONot aufgeführten Daten entsprechend der Eintragung in der Urkundenrolle (s.o.). In welcher Form
das Namensverzeichnis, das auch gemeinsam mit dem zum Massenbuch zu führenden
Namensverzeichnis geführt werden kann (§ 13 Abs. 1 Satz 2 DONot), eingerichtet und
geführt wird, ist dem Notar überlassen. Um auch solche Urkunden/Massen, die bereits
Jahre zurückliegen, ohne Prüfung sämtlicher Bücher auffinden zu können, empfiehlt sich für
die Praxis ein einheitliches, fortlaufendes Namensverzeichnis. Bei EDV-gestützter Führung
haben die Speicherung zeitnah, spätestens zum Vierteljahresschluss, und der Ausdruck zum
Jahresschluss erfolgen (§§ 13 Abs. 2, 17 Abs. 2 DONot).

3. Verwahrungs- und Massenbuch

Verwahrungs- und Massenbuch geben Auskunft über den Stand der bei dem nach § 23 BNotO, **19**
§§ 54a, 54e BeurkG für die hoheitliche Hinterlegung zuständigen Notar hinterlegten *Geldbeträge*, *Wertpapiere* oder *Kostbarkeiten*.[12] Sie sind Ausfluss des Rechts der Justizverwaltung, für
die vom Notar in hoheitlicher Funktion durchgeführte Verwahrung die technischen Einzelfragen im Interesse der Einheitlichkeit und besseren Überprüfbarkeit vorzugeben.[13] In dem
nach nachstehendem Muster Rdn. 31 M – bzw. im Fall der Führung in Loseblattform nach
Muster Rdn. 32 M, § 14 Abs. 1 Satz 2 DONot – zu führenden *Verwahrungsbuch* werden alle
sämtliche Verwahrungsmassen betreffenden Ein- und Ausgänge in chronologischer Reihenfolge eingetragen, ohne dass sie nach dem einzelnen Hinterlegungsgeschäft geordnet werden.

Demgegenüber beinhaltet das nach nachstehendem Muster Rdn. 33 M – bzw. im Fall der **20**
Führung in Loseblattform nach Muster Rdn. 34 M, § 14 Abs. 2 DONot – zu führende *Massenbuch* jede Verwahrungsmasse mit den zugehörigen Einnahmen und Ausgaben gesondert; es ist daher im Sinne einer »doppelten Buchführung« sichergestellt, dass jede Masse
und die dazugehörigen Ein- und Ausgaben zweifach erfasst werden (§ 10 Abs. 1, 2 DONot).
Jedes Verwahrungsgeschäft ist eine gesonderte Masse (s.a. § 54b Abs. 2 Satz 3 BeurkG), die
eine eigene, jährlich fortlaufende Nummer erhält. Eine Führung des Notaranderkontos
mittels Datenfernübertragung, d.h. insbesondere mittels Online-Banking, ist nur unter den
engen Voraussetzungen des § 27 Abs. 3 DONot zulässig.

Bei den Eintragungen im Verwahrungs- und Massenbuch gilt der *Grundsatz der taggenauen Buchung*: Jede Einnahme und jede Ausgabe – die stets durch Belege nachzuweisen ist, **21**
vgl. u. Rdn. 30 – ist am Tag der Einnahme oder Ausgabe in beiden Büchern zu buchen. Beim
bargeldlosen Zahlungsverkehr – so der Regelfall – ist insoweit das Datum des Eingangs des
Kontoauszugs oder der Mitteilung über die Zinsgutschriften oder Spesenabrechnung beim
Notar, das auf dem Auszug bzw. der Abrechnung zu vermerken ist, entscheidend (§ 10
Abs. 2, Abs. 3 DONot)[14], bei elektronischer Führung des Notaranderkontos das Datum des
Abrufs der Umsatzdaten (§ 10 Abs. 3 Satz 2 DONot). Es ist stets darauf zu achten, dass jede
Einnahme und Ausgabe separat gebucht wird, weshalb insbesondere eine Verrechnung von
Zinsgutschriften und Bankspesen zu unterbleiben hat. In Sachsen kann wahlweise die Eintragung auch unter dem Wertstellungsdatum vorgenommen werden, sofern nur eine einheitliche Handhabe erfolgt. Umbuchungen zwischen einem Giroanderkonto und einem
Festgeldanderkonto, die für dieselbe Verwahrungsmasse eingerichtet worden sind, sind
weder als Einnahme noch als Ausgabe einzutragen; es kann jedoch durch einen Vermerk im

---

12 Vgl. zu diesen Begriffen Weingärtner/Gassen/Sommerfeldt/*Weingärtner*, § 10 DONot Rn. 4 ff.
13 BVerfG, Beschl. v. 19.06.2012 (1 BvR 3017/09) = DNotZ 2012, 945, insb. 955 f.
14 Die Weisung der Dienstaufsicht, bei bargeldlosem Zahlungsverkehr Eintragungen in das Verwahrungs- und Massebuch entsprechend § 10 Abs. 3 DONot unter dem Datum des Eingangs des Kontoauszuges bei dem Notar vorzunehmen, ist rechtmäßig, vgl. BVerfG, Beschl. v. 19.06.2012 (1 BvR 3017/09) = DNotZ 2012, 945, insb. 953 f.

§ 10 Bücher, Verzeichnisse und Akten des Notars

Massenbuch auf sie hingewiesen werden (§ 10 Abs. 2 DONot). Erfolgt die Führung der Bücher mittels EDV, so hat der Ausdruck jeweils an dem Tag zu erfolgen, an dem eine Buchung vorgenommen worden ist, § 17 Abs. 1 Satz 3 DONot. Eine Checkliste zur *Behandlung von Fehlbuchungen* bei der EDV-unterstützten Führung des Verwahrungs- und Massenbuchs findet sich u.a. bei *Püls*.[15]

22 *Nicht einzutragen* in das Verwahrungs- und Massenbuch sind nach § 10 Abs. 1 Satz 2 DONot Geldbeträge, die der Notar als Protestbeamter empfangen hat, wenn sie unverzüglich an die Berechtigten herausgegeben werden. Werden die als Protestbeamter empfangenen Geldbeträge nicht unverzüglich, d.h. ohne schuldhaftes Zögern, an den Berechtigten herausgegeben, so sind sie einzutragen. Nicht einzutragen sind auch Hypotheken-, Grundschuld- und Rentenschuldbriefe sowie Wechsel und Schecks, die der Notar zwecks Protesterhebung erhalten hat. Hat er letztere zur Verwahrung erhalten, so sind sie als Wertpapiere einzutragen. Nimmt der Notar *andere Gegenstände* in Verwahrung, z.B. Lichtbilder, Beweisstücke etc., so besteht eine Eintragungspflicht nicht; freilich gelten die allgemeinen Vorschriften über die Amtspflichten des Notars. Es empfiehlt sich, in diesem Fall ein gesondertes Eingangs- und Ausgangsbuch zu führen oder Empfangsquittungen zu den Nebenakten zu nehmen.[16] Die vom Kreditinstitut erteilte *Zinsabschlagsteuerbescheinigung* wird in die Nebenakte zur Masse genommen und an den Zinsberechtigten ausgehändigt.

23 Besondere Bestimmungen für Eintragungen in das *Verwahrungsbuch* enthält § 11 DONot. Eintragungen sind wie bei der Urkundenrolle (vgl. o. Rdn. 10 ff.) unter einer durch das Kalenderjahr fortlaufenden Nummer vorzunehmen (*Spalte 1*). Werden Wertpapiere oder Kostbarkeiten verwahrt (§ 54e BeurkG), so ist die laufende Nummer des Verwahrungsbuchs auf dem Verwahrungsgut oder dessen Hülle anzugeben, § 27 Abs. 1 DONot. In *Spalte 4* ist der jeweilige Geldbetrag in Ziffern einzutragen bzw. bei als Zahlungsmitteln übergebenen Sparbüchern und Schecks, deren Nennbetrag.[17] In *Spalte 5* sind die Bezeichnung der Sparbücher und deren Nummer oder die Nummer des Schecks und die Bezeichnung des Kreditinstituts anzugeben; Wertpapiere werden nach der Gattung, dem Nennbetrag, der Stückzahl, den Serien und den Nummern einzutragen. Sobald die Seite voll beschrieben ist, sind die Beträge aufzurechnen und der Saldo auf die nächste Seite zu übertragen. In *Spalte 6* ist die Nummer der zu der Buchung gehörenden Masse eingetragen. Am Schluss des Kalenderjahres ist das Buch abzuschließen und der Abschluss vom Notar unter Angabe von Ort, Tag und Amtsbezeichnung zu unterschreiben. Der Überschuss der Einnahmen über die Ausgaben ist in das nächste Jahr zu übertragen.

24 M **Der Überschuss der Einnahmen über die Ausgaben des Verwahrungsbuches für das Jahr 2018 beträgt 214.569,12 €.**
Düsseldorf, den 02.01.2019
….., Notar

25 Besondere Bestimmungen für die Eintragungen in das *Massenbuch* enthält § 12 DONot. Für jede Masse – für die stets eine gesonderte Blattsammlung zu führen ist, vgl. u. Rdn. 35 – sind Name und Anderkontennummer sowie ggf. Festgeldanderkontennummer des beauftragten Kreditinstituts zu vermerken. Den Eintragungen, welche dieselbe Verwahrungsmasse betreffen, sind die Bezeichnung der Masse (z.B. »Nachlassmasse«, »Kaufpreismasse«), die laufende Nummer der Masse und die Nummer der Urkundenrolle voranzustellen. Wird das Massenbuch in Karteiform geführt, so sind die Karteiblätter mit fortlaufenden Nummern zu versehen und in der Nummernfolge – getrennt nach erledigten und nicht erledigten Mas-

---

15 Beck'sches Notar-Handbuch, Teil M Rn. 146; auch abgedruckt bei Weingärtner/Gassen/Sommerfeldt/*Weingärtner*, § 17 DONot Rn. 16.
16 Vgl. im Einzelnen *Leistner*, MittBayNot 2003, 3.
17 Zur Behandlung von Wertpapieren vgl. Weingärtner/Gassen/Sommerfeldt/*Weingärtner*, § 11 DONot Rn. 8.

sen – aufzubewahren, § 14 Abs. 2 DONot. Schecks, Sparbücher und sonstige Wertpapiere sind wie im Verwahrungsbuch einzutragen (s.o. Rdn. 23). Am Schluss des Kalenderjahres ist für jede nicht erledigte Masse der Saldo von Einnahmen und Ausgaben zu bilden; die Summe der Salden ist entsprechend dem nachfolgenden Muster Rdn. 26 M dem Abschluss im Verwahrungsbuch (s.o. Rdn. 23) gegenüberzustellen und unter Angabe von Ort, Tag und Amtsbezeichnung zu unterschreiben.

Der Saldo der Einnahmen und Ausgaben der nicht erledigten Massen aus dem Jahr 2018 beträgt 214.569,12 €. Dieser Betrag stimmt mit dem Jahresabschluss des Verwahrungsbuchs überein. 26 M
Düsseldorf, den 02.01.2019 ....., Notar

Ebenso wie zur Urkundenrolle (s.o. Rdn. 18) ist auch zum Massenbuch bzw. zur Massenkartei ein *alphabetisches Namensverzeichnis* anzulegen, das auch mit dem zur Urkundenrolle geführten Namensverzeichnis identisch sein kann (§ 13 DONot). Einzutragen sind die Auftraggeber des Verwahrungsgeschäftes, bei Vollzug eines der Verwahrung zugrunde liegenden Geschäftes nur die an diesem Geschäft Beteiligten, also nicht Vertreter oder der/die den Kaufpreis finanzierenden Gläubiger. Im Übrigen gelten die oben dargestellten Grundsätze zum Namensverzeichnis zur Urkundenrolle. 27

Zudem hat der Notar nach § 12 Abs. 5 DONot ein Verzeichnis der Kreditinstitute zu führen, bei denen Anderkonten oder Anderdepots (§ 54b BeurkG) eingerichtet sind (*Anderkontenliste*). Ein amtliches Muster für diese Liste besteht nicht, jedoch macht § 12 Abs. 5 Satz 2 DONot genaue Vorgaben zum Inhalt.[18] 28

Ist eine Masse abgewickelt, so sind die zu ihr gehörenden Eintragungen in Massenbuch und Anderkontenliste zu röten oder auf andere eindeutige Weise zu kennzeichnen, § 12 Abs. 6 DONot. Nach Abschluss ist den Auftraggebern nach § 27 Abs. 4 DONot eine *Abschlussbescheinigung* zu erteilen, die in Kopie zur Nebenakte zu nehmen ist, § 22 Abs. 2 Nr. 7 DONot. Üblicherweise geschieht dies – sofern die Bescheinigung nicht von der EDV generiert wird – durch Übersendung einer Kopie des abgerechneten Massenkarteiblattes, wobei freilich darauf hingewiesen werden sollte, dass es sich bei dem im Massenbuch aufgeführten Buchungsdatum jeweils um das Datum handelt, an dem der Kontoauszug beim Notar eingegangen ist (vgl. o. Rdn. 21), die Verzinsung aber selbstverständlich nach dem Wertstellungsdatum erfolgt.[19] Auch bereits *vor der Abrechnung* ist der Notar nach einer Entscheidung des LG Frankfurt[20] verpflichtet, den Beteiligten auf Nachfrage Auskunft über Bestand und Abwicklung des Anderkontos zu geben. 29

Alle Ausgaben vom Notaranderkonto müssen gemäß § 27 Abs. 3 DONot durch *Belege* nachgewiesen werden. Eigenbelege des Notars einschließlich nicht bestätigter Durchschriften des Überweisungsträgers sind auch in Verbindung mit sonstigen Nachweisen nicht ausreichend. Bei Ausgaben durch Überweisung von einem Notaranderkonto ist die schriftliche Bestätigung des beauftragten Kreditinstituts erforderlich, dass es den Überweisungsauftrag jedenfalls in seinem Geschäftsbereich ausgeführt hat (*Ausführungsbestätigung*); die Ausführungsbestätigung muss allein oder bei Verbindung mit anderen Belegen den Inhalt des Überweisungsauftrages vollständig erkennen lassen. Im Fall von Bar- oder Scheckauszahlungen muss der Notar sich diese vom berechtigten Empfänger nach § 54b Abs. 3 Satz 7 BeurkG quittieren lassen. Die Belege über Einnahmen und Ausgaben und die Kontoauszüge werden mit der Nummer der Masse bezeichnet und gehören zur Blattsammlung (§ 22 Abs. 2 Satz 2 Nr. 5 DONot). 30

---

18 Ein Muster einer Anderkontenliste findet sich bei Weingärtner/Gassen/Sommerfeldt/*Weingärtner*, § 12 DONot Rn. 18.
19 Weingärtner/Gassen/*Weingärtner*, § 27 Rn. 39 mit ausführlichem Muster einer Abrechnung bei § 27 Rn. 41.
20 DNotZ 1991, 765.

§ 10 Bücher, Verzeichnisse und Akten des Notars

31 M [Muster 3]

Verwahrungsbuch

Einnahme

Seite	Lfd. Nr.	Datum Monat	Datum Tag	Bezeichnung des Auftraggebers	Geld EUR	Geld Cent	Es sind verwahrt Wertpapiere und Kostbarkeiten Bezeichnung	Nenn- oder Schätzungswert EUR	Seite des Massenbuchs oder Massenkartei Seite	Nr.
1	1	2000 Jan.	3.	Peter H. in B.	5000	–	–	–	1	1
	2	Jan.	5.	C. Bank in B. für Peter H. daselbst	–	–	7 v. H. Bundesanleihe mit Erneuerungsscheinen	10000	1	1
	3	Jan.	7.	Jürgen N. in Z.	1500	–	–	–	2	2
	4	Jan.	10.	Franz F. in N.	2000	–	–	–	2	3
	5	Jan.	17.	Derselbe	–	–	8 v. H. Pfandbriefe der Dtsch Hypo-Bank Bremen mit Erneuerungsscheinen	15000	2	3
	6	Jan.	20.	Lothar F. in K.	2500	–	–	–	3	4
	7	Jan.	25.	Petra P. in K.	900	–	Sparbuch Nr. 45675, Sparkasse in K.	–	3	5

Übertrag:

Ausgabe

Seite	Lfd. Nr.	Datum Monat	Datum Tag	Bezeichnung des Empfängers	Geld EUR	Geld Cent	Es sind ausgegeben Wertpapiere und Kostbarkeiten Bezeichnung	Nenn- oder Schätzungswert EUR	Seite des Massenbuchs oder Massenkartei Seite	Nr.	Bemerkung
1	1	2000 Jan.	7.	H., Rechtsanwalt in K.	1500	–	–	–	2	2	
	2	Jan.	11.	Amtsgericht in P.	1800	–	–	–	2	3	
	3	Jan.	17.	Finanzamt in B.	200	–	–	–	2	3	
	4	Jan.	17.	Peter K. in B.	3000	–	–	–	1	1	
	5	Jan.	17.	Peter K. in B.	–	–	7 v. H. Bundesanleihe mit Erneuerungsscheinen	10.000	1	1	
	6	Jan.	17.	Peter H. in B.	1500	–	–	–	1	1	
	7	Jan.	17	Verrechnung auf Notargebühren	500	–	–	–	1	1	

Übertrag:

Zu Abweichungen in der Gestaltung des Verwahrungsbuchs vgl. § 6 Abs. 3 DONot

[Muster 4]

Verwahrungsbuch (Loseblattform)

Seite 1

Lfd. Nr.	Datum Monat	Tag	Bezeichnung des Auftraggebers oder Empfängers	Geld Einnahme EUR	Cent	Geld Ausgabe EUR	Cent	Nenn- oder Schätzungswert EUR	Wertpapiere und Kostbarkeiten Einnahme	Ausgabe	Seite des Massenbuchs	Bemerkungen
1	2		3	4					5		6	7
	2000											
1	Jan.	3.	Peter H. in B.	5000	-	-	-	-	-	-	1	
2	Jan.	5.	C. Bank in B. für Peter H. daselbst	-	-	-	-	10000	7 v.H. Bundesanleihe mit Erneuerungsscheinen	-	1	
3	Jan.	7.	Jürgen N. in Z.	1500	-	-	-	-	-	-	2	
4	Jan.	7.	H. Rechtsanwalt in K.	-	-	1500	-	-	-	-	2	
5	Jan.	10.	Franz F. in N.	2000	-	-	-	-	-	-	3	
6	Jan.	11.	Amtsgericht in P.	-	-	1800	-	-	-	-	3	
7	Jan.	17.	Franz F. in N.	-	-	-	-	15000	8 v.H. Pfandbriefe der Dtsch. Hypothekenbank Bremen mit Erneuerungsscheinen	-	3	
8	Jan.	17.	Finanzamt in B.	-	-	200	-	-	-	-	3	
9	Jan.	17.	Peter K. in B.	-	-	3000	-	-	-	-	1	
10	Jan.	17.	Peter K. in B.	-	-	-	-	10000	-	7 v.H. Bundesanleihe mit Erneuerungsscheinen	1	
11	Jan.	17.	Peter H. in B.	-	-	1500	-	-	-	-	1	
12	Jan.	17.	Verrechnung auf Notargeb.	-	-	500	-	-	-	-	1	
13	Jan.	20.	Lothar F. in K.	2500	-	-	-	-	-	-	4	
14	Jan.	25.	Petra P. in K.	900	-	-	-	-	Sparbuch Nr. 45675, Sparkasse in K.	-	4	

Übertrag:

Zu Abweichungen in der Gestaltung des Verwahrungsbuchs vgl. § 6 Abs. 3 DONot

32 M

§ 10 Bücher, Verzeichnisse und Akten des Notars

33 M [Muster 5]

Massenbuch

Seite	Nr. des Verwahrungsbuchs	Datum (Monat / Tag)	Einnahme – Bezeichnung des Auftraggebers	Einnahme – Geld (EUR / Cent)	Einnahme – Es sind verwahrt – Wertpapiere und Kostbarkeiten (Bezeichnung)	Einnahme – Nenn- oder Schätzungswert EUR	Datum (Monat / Tag)	Ausgabe – Bezeichnung des Empfängers	Ausgabe – Geld (EUR / Cent)	Ausgabe – Es sind ausgegeben – Wertpapiere und Kostbarkeiten (Bezeichnung)	Ausgabe – Nenn- oder Schätzungswert EUR	Bemerkungen
1	2		3	4	5		2	3	4	5		6
			(Seite 1)		1. Peter H. in B., Beleihungsmasse, URNr. 1293/99, Kreissparkasse in B., Konto-Nr. 174 130		2000					
1		2000 Jan. 3.	Peter H. in B.	5000			Jan. 17.	Peter K. in B.	3000			
2		Jan. 5.	C. Bank in B. für Peter H. daselbst		7 v.H. Bundesanleihe Serie A Nr. 4760, 4761, 4762, 4763, 4764, 4765, 4766, 4767, 4768, 4769 zu je 1000 DM mit Erneuerungsscheinen	10000	Jan. 17.	Peter K. in B.				
			Einnahmen: Ausgaben:	5000 5000			Jan. 17.	Peter H. in B.	1500			
							Jan. 17.	Verr. auf Notargeb. Ausgaben	500			
			(Seite 2)		2. Jürgen N. in Z., Vergleich vom 3.12.1999, URNr. 1210/99, B. Bank in K., Konto-Nr. 932410		2000		5000			
3		2000 Jan. 7.	Jürgen N. in Z.	1500			Jan. 7.	H., Rechtsanwalt in K.	1500			
			(Seite 2)		3. Max M. in H., Nachlassmasse, URNr. 45/2000, Volksbank R, Konto-Nr. 34215							
4		Jan. 10.	Franz F. in N.	2000			Jan. 11.	AmtsG. in P.	1800			
5		Jan. 17.	Derselbe		8 v.H. Pfandbriefe der Dtsch.Hypo-Bank Bremen Serie V Nr. 201, 207, 211 zu je 5000 DM mit Erneuerungsscheinen zu diesen Nummern	15000	Jan. 17.	FinAmt in B.	200			
			(Seite 3)		4. Lothar F. in K., Kaufgeldermasse, URNr. 86/2000, Stadtsparkasse in H., Konto-Nr. 260582, Festgeldanderkonto Nr. 4711		2000			7 v.H. Bundesanleihe Serie A Nr. 4760, 4761, 4762, 4763, 4764, 4765, 4766, 4767, 4768, 4769 zu je 1000 DM mit Erneuerungsscheinen zu diesen Nummern	10000	
6		2000 Jan. 20.	Lothar F. in K.	2500								
7		Jan. 25.	Petra P. in K.	800	Sparbuch Nr. 45675, Sparkasse in K.							

Zu Abweichungen in der Gestaltung des Massenbuchs vgl. § 6 Abs. 3 DONot.

Bücher, Verzeichnisse und Akten des Notars § 10

[Muster 6]

Massenbuch (Karteiform)

URNr. 1293/99
Anderkonto: Kreissparkasse in B., Konto-Nr. 174130
Peter H. in B. Belehnungsmasse

Massen-Nr. 1
Seite 1

Lfd. Nr.	Datum Monat	Datum Tag	Bezeichnung des Auftraggebers oder Empfängers	Geld Einnahme EUR	Geld Einnahme Cent	Geld Ausgabe EUR	Geld Ausgabe Cent	Nenn- oder Schätzungswert EUR	Wertpapiere und Kostbarkeiten Einnahme	Wertpapiere und Kostbarkeiten Ausgabe	Lfd. Nr. des Verw. Buchs
1	2		3	4				5			6
1	Jan.	3.	Peter H. in B.	5000	-	-	-	-	-	-	1
2	Jan.	5.	C. Bank in B. für Peter H. daselbst	-	-	-	-	10000	7 v.H. Bundesanleihe Serie A Nr. 4760, 4761, 4762, 4763, 4764, 4765, 4766, 4767, 4768, 4769 zu je 1000 DM mit Erneuerungsscheinen zu diesen Nummern	-	2
3	Jan.	17.	Peter K. in B.	-	-	3000	-	-	-	-	9
4	Jan.	17.	Peter K. in B.	-	-	-	-	10000	-	7 v.H. Bundesanleihe Serie A Nr. 4760, 4761, 4762, 4763, 4764, 4765, 4766, 4767, 4768, 4769 mit Erneuerungsscheinen zu diesen Nummern	10
5	Jan.	17.	Peter H. in B.	-	-	1500	-	-	-	-	11
6	Jan.	17.	Verrechnung auf Notargebühren	-	-	500	-	-	-	-	12
			Übertrag:	5000	-	5000	-				

Zu Abweichungen in der Gestaltung des Massenbuchs vgl. § 6 Abs. 3 DONot

35 Für jede Verwahrungsmasse nach § 22 Abs. 2 Satz 2 DONot ist eine *gesonderte Blattsammlung* zu führen, zu der zu nehmen sind:
- sämtliche Verwahrungsanträge und -anweisungen (§ 54a Abs. 2 bis 4 BeurkG) im Original oder in Abschrift,
- die Treuhandaufträge und Verwahrungsanweisungen im Original oder in Abschrift, die dem Notar im Zusammenhang mit dem Vollzug des der Verwahrung zugrunde liegenden Geschäfts erteilt worden sind (§ 54a Abs. 6 BeurkG),
- Änderungen oder Ergänzungen der Verwahrungsanweisungen und Treuhandaufträge im Original oder in Abschrift,
- die Annahmeerklärungen (§ 54a Abs. 2 Nr. 3, Abs. 5 BeurkG),
- die mit der Nummer der Masse versehenen Belege über die Einnahmen und Ausgaben (§ 27 Abs. 3 Satz 5 DONot),
- die mit der Nummer der Masse versehenen Kontoauszüge (§ 27 Abs. 3 Satz 5 DONot),
- eine Durchschrift der Abrechnung (§ 27 Abs. 4 DONot),
- eine Durchschrift der an den Kostenschuldner übersandten Kostenberechnung, wenn die Kostenberechnung nicht elektronisch aufbewahrt wird (§ 19 Abs. 6 GNotKG) und die Kosten der Masse entnommen worden sind.

V. Die Verzeichnisse des Notars

1. Namensverzeichnisse und Anderkontenliste

36 Nach § 13 DONot hat der Notar zur Urkundenrolle und zum Massenbuch *alphabetische Namensverzeichnisse* zu führen; insoweit kann – ebenso wie hinsichtlich der nach § 12 Abs. 5 DONot zu führenden *Anderkontenliste* – auf die obigen Ausführungen verwiesen werden.

2. Erbvertragsverzeichnis

37 Für Erbverträge, die auf Verlangen der Beteiligten nicht in die Verwahrung des Gerichts gebracht werden, sondern vom Notar bis zum Erbfall gemäß § 34 Abs. 3 Satz 1 BeurkG verwahrt werden (ggf. gesondert von den sonstigen Urkunden, § 18 Abs. 4 Satz 1 DONot), ist nach § 9 DONot ein *Erbvertragsverzeichnis* zu führen, für das es kein amtliches Muster gibt. Aus dem eindeutigen Wortlaut der Norm ergibt sich, dass nur Erbverträge einzutragen sind und nicht etwa sämtliche Urkunden, nach deren Inhalt die Erbfolge geändert wird und bei denen eine Benachrichtigung nach § 20 Abs. 2 DONot erforderlich ist.[21] Die Eintragungen in das Verzeichnis sind zeitnah, spätestens 14 Tage nach der Beurkundung, in ununterbrochener Reihenfolge vorzunehmen und jahrgangsweise mit laufenden Nummern zu versehen. Einzutragen sind nach § 9 Abs. 1 Satz 3 DONot die Namen der Erblasser, ihr Geburtsdatum, der Tag der Beurkundung und die Nummer der Urkundenrolle. Anstelle des Verzeichnisses können Ausdrucke der Bestätigungen der Registerbehörde über die Registrierungen der Erbverträge im Zentralen Testamentsregister in einer Kartei in zeitlicher Reihenfolge geordnet und mit laufenden Nummern versehen aufbewahrt werden. In diesem Fall ist ein weiterer Ausdruck der Bestätigung der Registerbehörde bei der Urschrift zu verwahren, § 9 Abs. 2 i.V.m. § 20 Abs. 2 DONot.

38 Nach Eintritt des Erbfalls hat der Notar den Erbvertrag nach § 34a Abs. 3 BeurkG an das Nachlassgericht des letzten Wohnsitzes des Erblassers (§ 343 FamFG) abzuliefern, jedoch vorher eine beglaubigte Abschrift des Vertrages für seine Akten zu fertigen, § 20 Abs. 4 DONot. Die Ablieferung ist im Erbvertragsverzeichnis oder auf der Abschrift der Benach-

---

21 A.A. Weingärtner/Gassen/Sommerfeldt/*Weingärtner*, § 9 DONot Rn. 1; wie hier z.B. Eylmann/Vaasen/*Kanzleiter*, § 9 DONot Rn. 2.

richtigungsschreiben zu vermerken, und zwar unter Angabe des Datums und des Gerichts, § 9 Abs. 3 DONot. Wird der Erbvertrag nach § *2300 Abs. 2 BGB* an die Beteiligten zurückgegeben, so ist dies im Erbvertragsverzeichnis zu vermerken, und zwar unter Hinweis auf die erfolgte Belehrung nach § 2300 Abs. 2 Satz 3 i.V.m. § 2256 Abs. 1 Satz 2 BGB. Ein Ausdruck der Bestätigung der Registerbehörde über die Registrierung der Rückgabe im Zentralen Testamentsregister ist in der Urkundensammlung bei dem Vermerkblatt oder der beglaubigten Abschrift oder bei der Urkunde aufzubewahren.[22]

Befindet sich ein Erbvertrag *seit mehr als 30 Jahren in notarieller Verwahrung*, so verfährt der Notar nach § 351 FamFG und liefert, sofern die nach seinem pflichtgemäßen Ermessen anzustellenden Ermittlungen nach dem Erblasser zu keinem Ergebnis geführt haben,[23] den Erbvertrag an das Nachlassgericht zur Eröffnung ab; zuständig ist in diesem Fall das Amtsgericht, in dessen Bezirk der Notar seinen Amtssitz hat. Der Notar hat das Erbvertragsverzeichnis oder die Benachrichtigungskartei bzw. die Ausdrucke der Bestätigungen der Registerbehörde am Jahresende auf diese Erbverträge hin durchzusehen und die Durchsicht und deren Ergebnis durch einen von ihm unterzeichneten Vermerk zu bestätigen. Für Erbverträge, bei denen eine Ablieferung noch nicht veranlasst war, ist das Verfahren nach § 351 FamFG spätestens alle 5 Jahre zu wiederholen (§ 20 Abs. 5 Satz 3 DONot).

39

3. Dokumentation zur Einhaltung von Mitwirkungsverboten

§ 28 BNotO verpflichtet den Notar, durch geeignete Vorkehrungen die Einhaltung der Mitwirkungsverbote sicherzustellen. Aufgrund der Ermächtigung in § 67 Abs. 2 Nr. 6 BNotO sind in Ziff. VI. der Richtlinienempfehlungen der Bundesnotarkammer und den entsprechenden Richtlinien der Notarkammern die nach § 28 BNotO zu treffenden Vorkehrungen konkretisiert worden, u.a. ist in Ziff. VI Nr. 1.2 die Führung eines Beteiligtenverzeichnisses vorgesehen. Nach § 15 Abs. 1 DONot genügt ein derartiges Beteiligtenverzeichnis dann den Anforderungen des § 28 BNotO und den Richtlinien, wenn es eine eindeutige Identifizierung der Personen, für welche der Notar oder eine Person i.S.v. § 3 Abs. 1 Nr. 4 BeurkG (also insb. seine Sozien) außerhalb seiner Amtstätigkeit bereits tätig war oder ist oder welche den Notar oder einen seiner Sozien bevollmächtigt haben, erlaubt und den Gegenstand der Tätigkeit in ausreichend kennzeichnender Weise angibt.[24] Freilich ist eine solche Dokumentation nur dann vom Notar zu führen, wenn auch die Möglichkeit des Eingreifens der Verbotstatbestände des § 3 Abs. 1 Nr. 7, Nr. 8, Abs. 2 BeurkG besteht, anderenfalls wäre sie eine bloße Förmelei ohne Nutzen und keine von der DONot geforderte »geeignete Vorkehrung« i.S.d. § 28 BNotO (s.a. Nr. 1 der Grundsätze zur Auslegung des § 15 DONot des JM NW[25]); insbesondere muss daher der hauptberufliche Notar, der keine Nebentätigkeiten ausübt, eine solche Dokumentation nicht führen.[26] Die Dokumentation muss einen Abgleich mit der Urkundenrolle und dem Namensverzeichnis ermöglichen, § 15 Abs. 1 Satz 2 DONot.

40

---

22 Vgl. im Einzelnen § 20 Abs. 3 DONot sowie Weingärtner/Gassen/Sommerfeldt/*Weingärtner*, § 20 DONot Rn. 23.
23 Zu Umfang und Reichweite der Ermittlungspflicht des Notars vgl. *Kordel*, DNotZ 2009, 644 ff. Zur Kostenpflicht behördlicher Auskünfte im Rahmen von Ermittlungen nach § 351 FamFG BVerwG, DNotZ 2014, 938.
24 Muster bei Weingärtner/Gassen/Sommerfeldt/*Weingärtner*, § 15 DONot Rn. 18.
25 Abgedruckt bei Weingärtner/Gassen/Sommerfeldt/*Weingärtner*, § 15 DONot Rn. 17.
26 *Harborth/Steimbke/Lau*, DNotZ 2002, 437.

VI. Die Akten des Notars

1. Urkundensammlung

41 In der Urkundensammlung werden nach § 18 Abs. 1 DONot die Urkunden nach der Nummernfolge der Urkundenrolle geordnet aufbewahrt. Verwahrt werden:
- Alle Urschriften der notariellen Urkunden, soweit sie nicht nach § 45 Abs. 1 BeurkG den Beteiligten ausgehändigt werden oder als Verfügung von Todes wegen nach § 34 Abs. 1 BeurkG in die besondere amtliche Verwahrung des Nachlassgerichts gebracht werden. Die Urschrift des für vollstreckbar erklärten Anwaltsvergleichs (§ 796c Abs. 1 ZPO) sowie eine beglaubigte Abschrift des Schiedsspruchs mit vereinbartem Wortlaut (§ 1053 Abs. 4 ZPO) sind bei der Vollstreckbarerklärung in der Urkundensammlung aufzubewahren. Ebenfalls aufbewahrt werden die vom Notar verwahrten Urschriften gemäß § 98 Abs. 2 Satz 1, § 99 Satz 1, § 96 Abs. 3 Satz 1, § 96 Abs. 5 Satz 2 SachenRBerG.
- Ausfertigungen, die gemäß § 45 Abs. 2 Satz 2 BeurkG an die Stelle der hinausgegebenen Niederschriften (Urschriften) getreten sind.
- Beglaubigte Abschriften von Erbverträgen, deren Urschrift der Notar nach Eintritt des Erbfalls aus seiner Verwahrung an das Nachlassgericht abgeliefert hat (§ 20 Abs. 4 DONot).
- Vermerkblätter für Verfügungen von Todes wegen, die in die besondere amtliche Verwahrung des Nachlassgerichts gegeben worden sind (§ 20 Abs. 1 DONot). Auf das Vermerkblatt ist die Nummer der Urkundenrolle zu setzen. Auf Wunsch des Erblassers oder der Vertragschließenden soll eine beglaubigte Abschrift der Verfügung von Todes wegen zurückbehalten werden. Sie ist in einem verschlossenen Umschlag zur Urkundensammlung zu nehmen, es sei denn, dass die Beteiligten sich mit der offenen Aufbewahrung schriftlich einverstanden erklärt haben, § 20 Abs. 1 DONot.
- Beglaubigte Abschriften der vom Notar gefertigten Entwürfe, unter denen er eine Unterschrift beglaubigt hat (Satz § 19 Abs. 1 DONot).
- Vermerkblätter über Urkunden, die weder in Urschrift noch in Abschrift beim Notar zurückbleiben (insbesondere bei bloßen Unterschriftsbeglaubigungen, einfachen Zeugnissen, Bescheinigungen). Möglich ist auch, in diesen Fällen als Vermerkblatt eine beglaubigte Abschrift der betreffenden Urkunde zu der Urkundensammlung zu nehmen, § 19 Abs. 2 DONot.

42 Die obige Aufzählung ist erschöpfend. Derzeit sind daher *elektronische Urkunden* nicht in die Urkundensammlung aufzunehmen, zumal bisher nicht geklärt ist, in welcher Form eine Aufnahme in die Urkundensammlung erfolgen könnte. Da es jedoch bisher für elektronische notarielle Urkunden, die in der Urkundensammlung aufzubewahren sind, kaum einen Anwendungsbereich gibt,[27] ist diese Frage de lege lata eher von theoretischem Interesse. Verlangt ein Beteiligter ausnahmsweise die notarielle Verwahrung einer elektronischen Vermerkurkunde nach *§ 45 Abs. 3 BeurkG*, darf der Notar das Verwahrungsverlangen ablehnen.[28] Zu jeder Nummer der Urkundenrolle muss ein Schriftstück in der Urkundensammlung enthalten sein. Sämtliche Urkunden müssen dauernd in der Urkundensammlung verbleiben, mit Ausnahme der nach dem Eintritt des Erbfalls an das Nachlassgericht abzuliefernden Urschriften der Erbverträge.

43 Die Urkunden sind grundsätzlich in *chronologischer Reihenfolge* aufzubewahren, jedoch können Änderungsurkunden und Zusammenhangsurkunden mit den Haupturkunden verbunden und bei ihnen verwahrt werden (18 Abs. 2 DONot). Erfolgt keine gemeinsame Verwahrung, so ist bei der Haupturkunde durch einen Vermerk auf die anderen Urkunden

---

27 *Bettendorf/Apfelbaum*, DNotZ 2008, 19, 35.
28 *Bettendorf/Apfelbaum*, DNotZ 2008, 19, 35.

zu verweisen. Der Vermerk ist in spätere Ausfertigungen und Abschriften der Haupturkunde zu übernehmen, sodass die Nebenurkunden auch zu diesen als Anlage erscheinen (§ 18 Abs. 2 DONot). Erfolgt eine gemeinsame Verwahrung, so ist in die Urkundensammlung anstelle der bei der Haupturkunde verwahrten Urkunde ein Hinweisblatt oder eine Abschrift aufzunehmen, auf der ein Hinweis auf die Haupturkunde anzubringen ist (§ 18 Abs. 2 Satz 3 DONot).

Die Urkundensammlung kann technisch durch eine Zusammenfassung der Urkunden in Schnellheftern, Aktenordnern, Aktenkästen, in festen Umschlägen oder in Einbänden geschehen, sodass ein Verstreuen vermieden wird. Wie viele Urkunden zusammengefasst werden, hängt von ihrem Umfang und der Art ihrer Umhüllung ab. Zur Dauer der Aufbewahrung der Urkunden s. § 5 Abs. 4 DONot. **44**

Einsicht in die Urschrift kann nach § 51 Abs. 3 BeurkG nehmen (mit der Folge, dass die Verschwiegenheitspflicht aus § 18 BNotO zurückstehen muss), wer Ausfertigungen verlangen kann, d.h. – vorbehaltlich abweichender Bestimmungen, § 51 Abs. 2 BeurkG – bei Niederschriften über Willenserklärungen jeder, der eine Erklärung im eigenen Namen abgegeben hat oder in dessen Namen eine Erklärung abgegeben worden ist, bei anderen Niederschriften jeder, der die Aufnahme der Urkunde beantragt hat, sowie die Rechtsnachfolger dieser Personen (§ 51 Abs. 1 BeurkG). Wegen der besonderen Bedeutung der notariellen Verschwiegenheitspflicht ist insoweit ein hoher, formaler Maßstab anzulegen.[29] Der vollmachtlose Vertreter ist nicht befugt, die Urkundensammlung einzusehen,[30] wohl aber ein Vertragsbeteiligter bzw. dessen Rechtsnachfolger, auch wenn der andere Vertragsteil widerspricht.[31] **45**

2. Sammelbände für Wechsel- und Scheckproteste

Gemäß § 21 DONot sind die bei der Aufnahme von Wechsel- und Scheckprotesten (s. dazu unten, § 17) zurückbehaltenen, nach § 29 DONot herzustellenden beglaubigten Abschriften der Protesturkunden und die über den Inhalt des Wechsels, der Wechselabschrift oder des Schecks aufgenommenen Vermerke (Art. 85 Abs. 2 WG, Art. 55 Abs. 3 ScheckG) nach der zeitlichen Reihenfolge geordnet in Sammelbänden aufzubewahren und mit fortlaufenden Nummern zu versehen. Die Nummerierung hat nicht jahrgangsweise, sondern den gesamten Band hindurch zu erfolgen. Nach 5 Jahren können die Bände vernichtet werden (§ 5 Abs. 4 DONot). **46**

3. Nebenakten

Der Notar führt nach § 22 DONot zu den einzelnen Geschäften – Beurkundungen, Beratungen, Entwürfe, Verwahrungen – *Handakten*, von der DONot »Nebenakten« oder »Blattsammlungen« genannt. Zu den Handakten nimmt er alle Schriftstücke, die mit dem Geschäft im Zusammenhang stehen, z.B. Schriftwechsel mit den Beteiligten, mit Gerichten und Behörden, Grundbuchauszüge, Grundbuchnachrichten. Die Anlegung der Handakten ist nicht dem Ermessen des Notars überlassen, vielmehr muss er sie zu den Verwahrungsgeschäften *zwingend* und zu den sonstigen Tätigkeiten, sofern dies erforderlich erscheint, anlegen, § 22 Abs. 2 DONot. Steht eine Beurkundung mit einem Verwahrungsgeschäft in Zusammenhang, sind daher zwei Blattsammlungen (Handakten) anzulegen, eine Blattsammlung genügt nicht. Selbstverständlich kann der Schriftwechsel zu mehreren inhaltlich zusammenhängenden Beurkundungen, bspw. Kaufvertrag und Grundschuld, in einer Blattsammlung (Hand- **47**

---

29 Daher haben z.B. Adoptierte kein Recht auf Einsicht notarieller Urkunden des sie betreffenden Adoptionsverfahrens, an dem sie selbst nicht beteiligt waren, vgl. DNotI-Internetgutachten Nr. 91326 v. 30.01.2009.
30 LG Stuttgart RNotZ 2002, 417.
31 OLG Karlsruhe DNotZ 2008, 139 = ZEV 2007, 590 m. Anm. *Keim*.

akte) zusammengefasst werden, da die Anlegung von Handakten, sofern es sich nicht um ein Verwahrungsgeschäft handelt, nach Zweckmäßigkeitsgesichtspunkten erfolgen darf. Die Nebenakten sollten nach 7 Jahren vernichtet werden, sofern nicht der Notar bei der letzten inhaltlichen Bearbeitung schriftlich eine längere Aufbewahrungsfrist bestimmt, § 5 Abs. 4 DONot.

48 Für die *Einsicht in die Nebenakten* fehlt eine gesetzliche Grundlage. Die Verschwiegenheitspflicht (§ 18 BNotO) wird daher einem Einsichtsrecht regelmäßig entgegenstehen. Einsicht kann – nicht aber muss – der Notar allenfalls dann gewähren, wenn ihn alle Urkundsbeteiligten von der Verschwiegenheitspflicht entbinden.[32] Fehlt es an der Entbindungserklärung aller Beteiligten, kommt ein »beschränktes« Einsichtsrecht allenfalls für solche Dokumente in Betracht, die von dem Einsichtsbegehrenden selbst stammen.[33]

4. Generalakten

49 Für Vorgänge, die die Amtsführung im Allgemeinen betreffen, sind nach § 23 DONot Generalakten zu führen. Sie enthalten insbesondere Schriftverkehr mit den Aufsichtsbehörden (z.B. zu Nebentätigkeiten, Verhinderungsfällen, Vertreterbestellungen), die Berichte über die Prüfung der Amtsführung und den dazugehörigen Schriftwechsel, den Schriftverkehr mit der Notarkammer und der Notarkasse oder der Ländernotarkasse, den Schriftverkehr mit dem Datenschutzbeauftragten oder sonstige Unterlagen zum Datenschutz, die Originale oder Ablichtungen der Unterlagen über die Berufshaftpflichtversicherung einschließlich Versicherungsschein und den Belegen über die Prämienzahlung, Niederschriften über die Verpflichtung gemäß § 26 Abs. 1 BNotO, § 1 Verpflichtungsgesetz (vgl. § 4 Abs. 1 DONot), die Anzeigen gemäß § 27 BNotO (Anzeigepflicht bei Verbindung zur gemeinsamen Berufsausübung), die Prüfzeugnisse (insb. das Prüfzeugnis nach § 29 Abs. 1 Satz 2 DONot und das Erstellerzeugnis der Software nach § 17 Abs. 1 Satz 2 DONot), Bescheinigungen und vergleichbare Erklärungen sowie mit der Zertifizierung der elektronischen Signaturkarte (vgl. § 2a DONot) verbundene Schriftstücke (wozu jedoch nicht die PIN oder der Zugangscode zählen, da diese streng geheim zu halten sind[34]). Abzuheften sind auch die Meldungen über Beurkundungen außerhalb des Amtsbereichs gemäß § 10a Abs. 3 BNotO (s. z.B. § 3 Abs. 2 AVNot NW). Aus einem Umkehrschluss aus § 23 Abs. 1 Satz 2, 5. Spiegelstrich DONot (Originale oder Ablichtungen der Versicherungsunterlagen) ergibt sich, dass alle anderen Unterlagen, soweit verfügbar (d.h. die an den Notar gerichteten Schreiben), im *Original* in die Generalakten zu nehmen sind.

50 Die Generalakten sind entweder nach Sachgebieten geordnet zu gliedern oder mit fortlaufenden Blattzahlen und einem Inhaltsverzeichnis zu versehen. Sie sind 30 Jahre aufzubewahren (§ 5 Abs. 4 DONot).

51 Die Niederschrift über die Verpflichtung der Angestellten gemäß §§ 14 Abs. 4 Satz 2, 26 BNotO[35] kann folgenden Wortlaut haben:

Niederschrift über die Verpflichtung eines beim Notar Beschäftigten

52 M Der unterzeichnete Notar ..... mit Amtssitz in ..... hat am ..... Herrn/Frau ..... gemäß § 26 BNotO über dessen/deren Pflichten belehrt und gemäß § 1 des Verpflichtungsgesetzes förmlich verpflichtet. Darüber wurde die folgende Niederschrift aufgenommen:

---

32 BGH MittBayNot 2013, 331.
33 BGH DNotZ 1990, 392; OLG Zweibrücken RNotZ 2002, 416; Grziwotz/Heinemann/*Heinemann*, § 51 BeurkG Rn. 38 ff.
34 Vgl. *Bettendorf/Apfelbaum*, DNotZ 2008, 19, 35 f.
35 Vgl. dazu Rundschreiben der BNotK vom 28.09.1994 sowie Rundschreiben Nr. 2/1999 vom 01.02.1999, enthaltend das nachfolgende Muster einer Niederschrift über die Verpflichtung.

Der/Die Beschäftigte wurde von mir, dem Notar, auf die gewissenhafte Erfüllung seiner/ihrer Obliegenheiten verpflichtet.
Der/Die Beschäftigte wurde auf die Bestimmung des § 14 Abs. 4 BNotO hingewiesen. Ihm/Ihr wurde untersagt, Darlehen sowie Grundstücksgeschäfte zu vermitteln oder im Zusammenhang mit einer Amtshandlung des Notars eine Bürgschaft oder sonstige Gewährleistung für einen Beteiligten zu übernehmen.
Besonders wurde auch auf die Verpflichtung zur Wahrung des Amtsgeheimnisses nach § 18 BNotO hingewiesen und darauf, dass auch jede bei einem Notar beschäftigte Person über alles zur Verschwiegenheit verpflichtet ist, was ihr im Rahmen der Ausübung der Tätigkeit beim Notar bekannt geworden ist. Auf die strafrechtlichen Folgen der Verletzung der Pflichten wurde hingewiesen. Dem/Der Beschäftigten wurde sodann der Inhalt der folgenden Strafvorschriften des Strafgesetzbuches bekannt gegeben:
§ 133 Abs. 1, 3 – Verwahrungsbruch
§ 201 – Verletzung der Vertraulichkeit des Wortes
§ 203 – Verletzung des Privatgeheimnisses
§ 204 – Verwertung fremder Geheimnisse
§§ 331 Abs. 1, 332 – Vorteilsannahme und Bestechlichkeit
§ 353b Abs. 1–3 – Verletzung des Dienstgeheimnisses
§ 355 – Verletzung des Steuergeheimnisses
§ 358 – Nebenfolgen.
Dem/Der Beschäftigten ist bekannt, dass die Strafvorschriften für ihn/sie gelten. Ihm/Ihr ist ferner bekannt, dass die Strafvorschriften, sofern ihre Anwendung eine förmliche Verpflichtung voraussetzt, aufgrund der heutigen Verpflichtung für ihn/sie gelten.
Der/Die Beschäftigte erklärte, von dem Inhalt der vorgenannten Bestimmungen der Bundesnotarordnung und des Strafgesetzbuches Kenntnis erhalten zu haben.
Der Notar hat ihn/sie durch Handschlag zur Wahrung des Amtsgeheimnisses und zur gewissenhaften Erfüllung aller anderen Obliegenheiten verpflichtet.
[*Für den Fall eines einheitlichen Beschäftigungsverhältnisses zu mehreren Notaren:* Der Notar wies den/die Beschäftigte(n) darauf hin, dass es bei einem einheitlichen Beschäftigungsverhältnis zu mehreren Notaren gemäß § 26 Satz 3 BNotO genügt, wenn einer von ihnen die Verpflichtung vornimmt.]
Er/Sie unterzeichnete dieses Protokoll zum Zeichen der Genehmigung und bestätigte den Empfang einer Abschrift dieser Niederschrift.
(Unterschrift des Notars) (Unterschrift des/der Verpflichteten)

5. Jahresübersichten

Gemäß §§ 5 Abs. 2, 24 DONot hat der Notar nach Abschluss eines jeden Kalenderjahres eine Übersicht über die Urkundsgeschäfte nach nachfolgendem Muster Rdn. 55 M aufzustellen und in zwei Stücken – in Bayern ist ein zusätzliches Exemplar zur Weiterleitung an die Landesnotarkammer beizufügen – bis zum 15. Februar dem Präsidenten des Landgerichts einzureichen. Zusätzlich ist nach §§ 5 Abs. 2, 25 DONot nach Abschluss eines jeden Kalenderjahres dem Präsidenten des Landgerichts bis zum 15. Februar eine Übersicht über den Stand der Verwahrungsgeschäfte nach dem nachfolgend abgedruckten Muster Rdn. 56 M einzureichen. **53**

Notare, für die ein *ständiger Vertreter* bestellt ist, haben den Präsidenten des Landgerichts in vierteljährlichen Zusammenstellungen in zwei Stücken Anlass (z.B. Prüfertätigkeit im 2. Staatsexamen, Urlaub), Beginn und Beendigung der einzelnen Vertretungen anzuzeigen. Vorzeitige Beendigung von Vertretungen sind stets unverzüglich anzuzeigen (§ 33 Abs. 6 DONot). **54**

§ 10 Bücher, Verzeichnisse und Akten des Notars

55 M An die/den **[Muster 7]**
Frau Präsidentin/Herrn Präsidenten des Landgerichts

in _____

Übersicht
über

Geschäfte der Notarin/des Notars ....
Amtsgerichtsbezirk ....
Amtssitz ....
im Kalenderjahr ....
- in der Zeit vom .... bis .... *)

Die Richtigkeit bescheinigt

...., den ....

....
Notarin/Notar

I. Urkundsgeschäfte   **Zahl**

1. Summe aller Beurkundungen und Beschlüsse nach der Urkundenrolle
   Davon: ....

   a) Beglaubigungen von Unterschriften oder Handzeichen:
      aa) mit Anfertigung eines Urkundenentwurfs . . . .
      bb) ohne Anfertigung eines Urkundenentwurfs . . . .

   b) Verfügungen von Todes wegen . . . .

   c) Vermittlungen von Auseinandersetzungen **) . . . .

   d) Sonstige Beurkundungen und Beschlüsse ***) . . . .

2. Wechsel- und Scheckproteste . . . .

3. Zusammen: . . . .

II. Verwahrungsgeschäfte

Zahl der Eintragungen im Verwahrungsbuch:

   a) Einnahmen . . . .

   b) Ausgaben . . . .

---

*) Nur ausfüllen, falls die Notarin/der Notar nicht während des ganzen Kalenderjahres im Amte war.
**) einschließlich der in die Urkundenrolle eingetragenen Beurkundungen und Beschlüsse nach dem Sachenrechtsbereinigungsgesetz
    (§ 8 Abs. 1 Nr. 7, § 24 Abs. 2 Nr. 3 DONot).
***) einschließlich der Vollstreckbarerklärungen nach § 796 c Abs. 1, § 1053 Abs. 4 ZPO.

Bücher, Verzeichnisse und Akten des Notars § 10

An die/den
Frau Präsidentin/Herrn Präsidenten des Landgerichts [Muster 8] 56 M

in _____

(Seite 1)

Übersicht

über die Verwahrungsgeschäfte der Notarin/des Notars

_____ in _____

nach dem Stand vom 31. Dezember 1999

	Betrag EUR	Cent	Bemerkungen
I. Geld			
1. Der sich aus den Kontoauszügen ergebende Bestand der am Jahresschluss verwahrten Geldbeträge Gesamtbetrag:	42500	-	
2. Überschuss der Einnahmen über die Ausgaben nach Spalte 4 des Verwahrungsbuchs	42500	-	
3. Bestand, nach den einzelnen Massen gegliedert			
Massenbuch Nr. 11/99			
a)	900	-	Sparkasse in Seefeld, Sparkonto Nr. 106402 v. 18.12.1999 (Sparbuch in der Kanzlei)
b)	10500	-	I.-Kreditanstalt in Seefeld Anderkonto Nr. 3042 001 v. 16.12.1999
Massenbuch Nr. 12/99 (URNr. 440/99)	12000	-	desgl. Anderkonto Nr. 3042005 v. 30.12.1999
Massenbuch Nr. 15/99 (URNr. 446/99)	19100	-	desgl. Anderkonto Nr. 3042 018 v. 29.12.1999
Summe:	42500	-	

(Seite 2)

	Betrag EUR	Cent	Bemerkungen
II. Wertpapiere und Kostbarkeiten Bestand, nach den einzelnen Massen gegliedert			
Massenbuch Nr. 11/99 (URNr. 433/99) 4 v.H. Pfandbriefe der Bayer. Vereinsbank München mit Zins- und Erneuerungsscheinen	5000	-	bei der N-Kreditanstalt in Seefeld

Ich versichere hiermit, dass die vorstehende Übersicht vollständig und richtig ist und dass die unter I 3 aufgeführten Geldbeträge mit den in den Kontoauszügen der Kreditinstitute und gegebenenfalls in den Sparbüchern angegebenen Guthaben übereinstimmen.

_____, den _____ _____

Notarin/Notar

6. Verwahrung der Akten und Bücher nach Erlöschen des Amtes oder Verlegung des Amtssitzes des Notars

57 Ist das Amt eines Notars erloschen (§ 47 BNotO) oder wird sein Amtssitz in einen anderen Amtsgerichtsbezirk verlegt, so sind seine Akten und Bücher sowie die ihm amtlich übergebenen Urkunden gemäß § 51 BNotO dem Amtsgericht in Verwahrung zu geben. Die Landesjustizverwaltung kann die Verwahrung auch einem anderen Amtsgericht oder einem Notar übertragen. Die gesetzliche Regelung des § 51 BNotO wird jedoch in der Praxis meist nicht sofort vollzogen. Vielmehr geht die Verwahrung in der Regel zunächst auf einen Notariatsverwalter über, der anstelle des ausgeschiedenen oder verstorbenen Notars bestellt wird. Bei Nur-Notaren überträgt die Landesjustizverwaltung die Verwahrung der Bücher und Akten auf Antrag regelmäßig dem Amtsnachfolger des ausgeschiedenen Notars.[36]

7. Bezug von Gesetzblättern und Zeitschriften

58 § 32 BNotO verpflichtet den Notar zum Bezug und zum Halten folgender Gesetzblätter bzw. Zeitschrift:
– Bundesgesetzblatt Teil I,
– Gesetzblatt des Landes,
– Bekanntmachungsblatt der Landesjustizverwaltung,
– Verkündungsblatt der Bundesnotarkammer (nach § 16 Abs. 1 der Satzung der Bundesnotarkammer die Deutsche Notar-Zeitschrift).

59 Die Verpflichtung zum Bezug der Gesetzblätter und der Zeitschrift umfasst nur den Bezug der Ausgaben, die während der Dauer des Notaramtes erscheinen, nicht den Bezug früherer Jahrgänge, und schließt die Verpflichtung zur Aufbewahrung der Blätter ein. Sind mehrere Notare zur gemeinschaftlichen Berufsausübung verbunden, so genügt der gemeinschaftliche Bezug je eines Stückes. Was die Form des Bezugs angeht, so ist nicht zwingend ein Bezug in Papierform erforderlich; ausreichend ist bspw. der Bezug per CD-ROM oder auch durch unmittelbare elektronische Übersendung mittels eines sog. Push-Dienstes, sofern nur eine fortlaufende, zeitnahe Aktualisierung sichergestellt ist. Unabhängig von der Art und Weise des Bezugs muss der Notar auch gewährleisten, dass die Pflichtpublikationen von ihm »gehalten« werden. Erforderlich ist daher eine Archivierung; bezieht der Notar die Publikation in elektronischer Form (insb. per E-Mail mittels eines Push-Dienstes), hat der Notar für ihre dauerhafte Aufbewahrung auf seinem Rechner zu sorgen oder sie auszudrucken und in Papierform aufzubewahren; die bloße Lesemöglichkeit im Internet ist nicht ausreichend.[37] Hiervon kann er dann absehen, wenn die Pflichtpublikation online von den Internetseiten einer öffentlichen Stelle ständig abrufbar ist; in diesem Fall ist auch ohne eigenes Abspeichern bzw. Ausdrucken durch den Notar sichergestellt, dass er dauerhaft Zugriff auf die Pflichtpublikation hat, zumal ein Ausfall seines eigenen Servers deutlich wahrscheinlicher sein dürfte als der Ausfall des Servers einer öffentlichen Stelle. Der Auffassung der Bundesnotarkammer, dass in diesem Ausnahmefall das Erfordernis des »Haltens« nach § 32 BNotO auch über die Verfügbarkeit der Publikation bei der öffentlichen Stelle bzw. bei dem dauerhaft im Auftrag des jeweiligen öffentlichen Herausgebers tätigen Unternehme erfüllt werden kann,[38] ist daher ohne Einschränkungen zuzustimmen.

---

36 Zur Amtsnachfolge vgl. *Starke/Terner*, Festschrift für Günter Brambring, 2012, S. 357 ff.; *Terner*, RNotZ 2014, 523.
37 KG DNotZ 2013, 550.
38 Vgl. das RS 10/2010 der BNotK v. 01.04.2010.

§ 11 Äußere Gestaltung der notariellen Urkunden

I. Schreibwerk (§ 29 DONot)

1. Urschriften, Ausfertigungen und beglaubigte Abschriften notarieller Urkunden sind so herzustellen, dass sie gut lesbar, dauerhaft und fälschungssicher sind (zu den diesbezüglichen Anforderungen im elektronischen Rechtsverkehr vgl. § 124; zu den generellen Auswirkungen des digitalen Urkundsarchivs auf die äußere Gestaltung der notariellen Urkunden vgl. zusammenfassend § 12 Rdn. 1 ff. und eingehend § 12a Rdn. 5 ff.).[1] Die Anforderungen gelten für die der Urkunde beigefügten Anlagen grundsätzlich ebenfalls.[2].

Es ist festes holzfreies weißes oder gelbliches Papier in DIN-Format[3] zu verwenden.[4] Es dürfen nur verwendet werden
- blaue oder schwarze Tinte und Farbbänder, sofern sie handelsüblich als urkunden- oder dokumentenecht bezeichnet sind, z.B. auch unter Einsatz von (heute nicht mehr gebräuchlichen) Typenradschreibmaschinen oder Matrixdruckern (Nadeldruckern),
- blaue oder schwarze Pastentinten (Kugelschreiber), sofern Minen benutzt werden, die eine Herkunftsbezeichnung und eine Aufschrift tragen, die auf die »DIN 16 554«[5] oder auf die »ISO 12757-2« hinweist,
- in klassischen Verfahren und in schwarzer oder dunkelblauer Druckfarbe hergestellte Drucke des Buch- und Offsetdruckverfahrens,
- in anderen Verfahren (z.B. elektrografische/elektrofotografische Herstellungsverfahren) hergestellte Drucke oder Kopien, sofern die zur Herstellung benutzte Anlage (z.B. Kopiergeräte, Laserdrucker, Tintenstrahldrucker) nach einem Prüfzeugnis der Papiertechnischen Stiftung (PTS) in München[6] zur Herstellung von Urschriften von Urkunden geeignet ist[7],
- Formblätter, die in den genannten Druck- oder Kopierverfahren hergestellt worden sind.

2. Bei Unterschriftsbeglaubigungen, für Abschlussvermerke in Niederschriften, für Vermerke über Beglaubigungen von Abschriften sowie für Ausfertigungsvermerke ist der Gebrauch von Stempeln unter Verwendung von haltbarer schwarzer oder dunkelblauer Stempelfarbe zulässig, § 29 Abs. 3 DONot. Nach überzeugender Meinung ist dieser Katalog nicht abschließend, sodass auch in anderen Fällen, z.B. bei Änderungsvermerken nach § 44a BeurkG oder bei Vorbefassungsvermerken, § 3 Abs. 1 Satz 2 BeurkG, Stempel verwendet werden dürften.[8]

---

1 Vgl. hierzu etwa *Bohrer*, DNotZ 2008, 39; *Reithmann*, ZNotP 2007, 370, jeweils m.w.N. Zur Abwicklung beim Grundstückskaufvertrag Beck'sches Notar-Handbuch/*Hagemann*, A. I., Rn. 551.
2 Vgl. DNotI-Gutachten, DNotI-Report 2007, 60.
3 Wobei nicht zu erkennen ist, aus welchen Gründen in den Zeiten zunehmender Globalisierung bei einer Beurkundung mit (einem oder mehreren) US-amerikanischen Beteiligten nicht Papier im US-Format verwendet werden soll: Eylmann/Vaasen/*Blaeschke*, § 29 DONot Rn. 15.
4 Vgl. zu der Verwendung von Recyclingpapier *Krebs*, MittBayNot 2005, 363 und Armbrüster/Preuß/Renner/*Eickelberg*, § 29 DONot Rn. 14 m.w.N. in Fn. 20.
5 Die DIN 16554 wird man vorrangig bei älteren Minen finden; sie wurde durch die ISO 12557-2 ersetzt (näheres unter. https://www.iso.org/obp/ui/#iso:std:iso:12757:-2:ed-1:v1:en).
6 Papiertechnische Stiftung, Heßstraße 134, 80797 München, Telefon: +49-89-12146-0, Telefax: +49-89-12146-36, E-Mail: info@ptspaper.de; www.ptspaper.de.
7 Vgl. *Blaeschke*, RNotZ 2005, 330 (aus der Sicht des Notarprüfers).
8 Vgl. Schippel/Bracker/*Bracker*, § 29 DONot Rn. 6; Armbrüster/Preuß/Renner/*Eickelberg*, § 29 DONot Rn. 16 m.w.N. Die wohl h.M. ist indes a.A. vgl. *Lerch*, ZNotP 2001, 210, 216; Eylmann/Vaasen/*Blaeschke*, § 29 DONot Rn. 31 m.w.N.

4 3. Vordrucke, die dem Notar von einem Urkundsbeteiligten zur Verfügung gestellt werden, müssen diesen Anforderungen ebenfalls entsprechen; insbesondere dürfen sie – außer bei Beglaubigungen ohne Entwurf – keine auf den Urheber des Vordrucks hinweisenden individuellen Gestaltungsmerkmale (Namensschriftzug, Firmenlogo, Signet, Fußzeile mit Firmendaten etc.[9]) aufweisen; der Urheber soll am Rand des Vordrucks angegeben werden, § 29 Abs. 4 DONot. Hintergrund dieser Regelung ist die Überlegung, dass jeder mögliche Anschein der Abhängigkeit oder Parteilichkeit des Notars von vornherein verhindert werden muss.[10] Insbesondere die Beurkundung auf Formularen, die vom äußerlichen Erscheinungsbild den Eindruck einer Verbindung von Notar und Kreditinstitut erwecken könnte, sollte daher im Interesse der Würde des Notaramtes vermieden werden.[11] Im Ergebnis ist allerdings eine restriktive Auslegung vorzunehmen, bei der eine Gesamtbetrachtung der Umstände der Urkunde vorzunehmen ist.[12] Die vorgenannten Besonderheiten gelten jedoch nicht bei Beglaubigungen ohne Entwurf.

5 4. Die Verletzung dieser Dienstvorschriften macht die Beurkundung jedoch nicht unwirksam.[13]

II. Lücken und Änderungen (§ 28 DONot, § 44a BeurkG)

6 1. *Streichungen* sind so vorzunehmen, dass das Gestrichene noch lesbar bleibt.[14] Hierdurch wird auch später nachvollziehbar, welche Änderungen vorgenommen wurden.

7 *Radierungen, das Wegschaben mit einer Rasierklinge, das Überkleben oder »Ausixen«, die Verwendung von »Tipp Ex« oder sog. Tintenkillern* sind ebenso unzulässig wie *das Überschreiben des zu korrigierenden Textes*. Durchstreichungen, Radierungen, Einschaltungen oder sonstige äußere Mängel können nach § 419 ZPO die Beweiskraft einer Urkunde ganz oder teilweise aufheben und mindern. Hierüber entscheidet das Gericht nach freier Überzeugung.[15]

8 *Wichtige Zahlen* – wie Kaufpreis, Schuldbetrag, Zinssatz – sind in Ziffern und Buchstaben zu schreiben. Das Unterlassen dieser »doppelten Aufnahme« wichtiger Zahlen berührt jedoch weder die Wirksamkeit noch die Beweiskraft der Urkunde, da es sich weder um einen äußeren Mangel der Urkunde i.S.d. § 419 ZPO handelt, noch um eine Verletzung der vorgeschriebenen Form i.S.d. § 415 ZPO.[16]

9 2. *Lücken* und leere Seiten können zur Verhinderung nachträglicher Zusätze mit Füllstrichen versehen werden. Eine diesbezügliche Amtspflicht enthält die DONot indes nicht.[17] Der Notar sollte diese nur dort verwenden, wo sich ansonsten der Eindruck der Unvollständigkeit oder Lückenhaftigkeit aufdrängt oder tatsächlich erhöhte Manipulationsgefahren dro-

---

9 Ob hierzu auch Strichcodes (konkret am linken Seitenrand einer Grundschuldbestellungsurkunde) gehören, wurde vom OLG Hamm (v. 17.4.2012 – 15 W 110/12, NJOZ 2012, 1434) ausdrücklich offengelassen, dürfte aber angesichts der ratio der Norm zu bejahen sein.
10 Vgl. *Brücker/Viefhues*, ZNotP 2004, 311, 312.
11 Weingärtner/Gassen/Sommerfeldt/*Weingärtner*, § 29 DONot Rn. 18; vgl. auch *Vollhardt*, MittBayNot 2001, 245 ff.
12 Im Einzelnen hierzu Armbrüster/Preuß/Renner/*Eickelberg*, § 29 DONot Rn. 17 f.
13 BGH v. 06.10.1960 – V ZR 142/60, DNotZ 1960, 668; *Bücker/Viefhues*, ZNotP 2004, 311; allgemein *Kanzleiter*, DNotZ 1972, 523 und DNotZ 1975, 29.
14 Beck'sches Notar-Handbuch/*Bernhard*, G Rn. 146.
15 OLG Celle v. 23.01.2002 – Not 18/01 NJW-RR 2003, 859.
16 Schippel/Bracker/*Bracker*, § 28 DONot Rn. 3; a.A. Eylmann/Vaasen/*Blaeschke*, § 28 DONot Rn. 14.
17 Vgl. Weingärtner/Gassen/Sommerfeldt/*Weingärtner*, § 28 DONot Rn. 11.

hen (etwa vor oder nach Zahlen, insbesondere, wenn diese nicht nach § 29 Abs. 1 Satz 1 DONot ausgeschrieben werden).[18]

3. Selbstverständlich dürfte sein, dass der Notar auf der Urschrift jeder Urkunde[19] sowie auf jeder Ausfertigung oder Abschrift die Nummer der Urkundenrolle und die Jahreszahl angibt (§ 28 Abs. 2 DONot, etwa »UR-Nr. 237/2018«). Bei Notarsozietäten wird regelmäßig und zulässigerweise noch eine weitere Ergänzung um einen Buchstaben oder eine Ziffer[20] vorgenommen, durch die der konkret die Amtshandlung vornehmende Notar gekennzeichnet wird.[21]

4. *Zusätze* und sonstige, *nicht nur geringfügige Änderungen*, sollen am Schluss vor den Unterschriften oder am Rande vermerkt und im letzteren Falle von dem Notar besonders unterzeichnet – nach *Lerch*[22] genügt hierfür auch die Paraphe – werden, § 44a BeurkG. Die Beteiligten brauchen den Randvermerk nicht mit zu unterschreiben. Ähnliches gilt für das Siegeln; nimmt der Notar etwa bei der Beurkundung einer Grundschuld eine Ergänzung des Zinssatzes vor, der handschriftlich im ansonsten vorgedruckten Text eingefügt wird, so bedarf dies nicht der Beifügung eines Dienstsiegels.[23] Für lediglich geringfügige »redaktionelle« Änderungen ist eine besondere Unterzeichnung des Notars nicht notwendig.[24] Ob eine Änderung geringfügig ist oder nicht, entscheidet nicht ihr Umfang, sondern ihre Bedeutung im konkreten Fall.[25] Als geringfügig anzusehen sind grundsätzlich alle Änderungen, die sich nicht auf den Inhalt der beurkundeten Erklärungen auswirken oder auswirken können.[26] Geringfügige Änderungen sind etwa die Verbesserung einer falschen Schreibweise, die Verbesserung von Kommafehlern oder die Streichung eines doppelt geschriebenen Wortes.[27]

Wenn die Änderungen am Schluss des Protokolls gemacht werden, so geschieht dies zweckmäßig mit einem Hinweiszeichen vor dem Schlussvermerk über die Verlesung und Genehmigung. Werden Sie hinter dem Schlussvermerk angebracht, so soll der Schlussvermerk wiederholt werden, denn auch die Zusätze müssen durch den Schlussvermerk und die Unterschriften gedeckt werden.

Randvermerk

Betrag »4.000 €« ersetzt durch »5.000 € (in Worten: fünftausend Euro)«. v. u. g.

….., Notar

---

18 Armbrüster/Preuß/Renner/*Eickelberg*, § 28 DONot Rn. 11; strenger Weingärtner/Gassen/Sommerfeldt/*Weingärtner*, § 28 DONot Rn. 11; vgl. auch *Blaeschke*, Rn. 476 f.
19 Die Angabe (nur) auf einer besonderen Hülle oder Einbanddecke reicht also nicht aus: Schippel/Bracker/*Bracker*, § 28 DONot Rn. 4; Eylmann/Vaasen/*Blaeschke*, § 28 DONot Rn. 19.
20 Wobei diese zu trennen sein muss von der kontinuierlichen Zählung der Urkunden p.a.
21 Eylmann/Vaasen/*Blaeschke*, § 28 DONot Rn. 18.
22 *Lerch*, § 44a BeurkG Rn. 3; zustimmend Grziwotz/Heinemann/*Heinemann*, § 44a BeurkG Rn. 15.
23 OLG Schleswig v. 16.06.2010 – 2 W 86/10, Rpfleger 2010, 660; Staudinger/*Hertel*, vor §§ 127a, 128 BGB Rn. 379.
24 Armbrüster/Preuß/Renner/*Preuß*, § 44a BeurkG Rn. 6.
25 *Winkler*, § 44a BeurkG Rn. 6; Eylmann/Vaasen/*Limmer*, § 44a BeurkG Rn. 4; vgl. auch BNotK DNotZ 1976, 262; OLG München v. 05.07.2017 – 34 Wx 104/17, ZWE 2018, 93 mit Anm. *Weber*.
26 *Winkler*, § 44a BeurkG Rn. 8; *Wochner*, DNotZ 1995, 31, 33; *Bücker/Viefhues*, ZNotP 2004, 428, 431.
27 Armbrüster/Preuß/Renner/*Preuß*, § 44a BeurkG Rn. 6.

§ 11 Äußere Gestaltung der notariellen Urkunden

Vermerk am Schluss

14 M ..... **Auf Seite 5 ist bei dem Zeichen »V1« einzufügen ..... Auf Seite 7 ist bei dem Zeichen »V2« einzufügen .....**
Zusätze mit vorgelesen, genehmigt und unterschrieben

15 In der Regel werden Seiten mit umfangreichen Änderungen des Entwurfs vor Verlesung und Genehmigung neu geschrieben und – wie zumeist in der Praxis – bei Verwendung von EDV-Anlagen grundsätzlich[28] neu ausgedruckt. Die neu ausgedruckten Seiten sind nach ganz h.M. nicht vollständig, sondern nur die jeweils geänderten Regelungen erneut vorzulesen.[29] Es kann auch ein vollständiger Neuausdruck aus dem EDV-System erfolgen.[30] In jedem Fall muss unbedingt auf den korrekten Seitenumbruch geachtet und die (erneute) Vorlesungspflicht eingehalten werden.

16 Enthält die notarielle Urkunde handschriftliche Änderungen am Rand des Textes, *ohne* dass die Einfügung vom Notar entsprechend § 44a Abs. 1 BeurkG gesondert unterzeichnet ist, ist die formelle Beweiskraft der Urkunde nach § 415 ZPO geschmälert bzw. entfällt gänzlich.[31] Das Gericht entscheidet dann nach freier Überzeugung gemäß § 419 ZPO i.V.m. § 286 ZPO.[32] Änderungen nur in der vorgeschriebenen Weise gemäß § 44a BeurkG vorzunehmen ist Amtspflicht des Notars,[33] da er verpflichtet ist, seine Urkunden entsprechend den Bestimmungen des Beurkundungsgesetzes in der Weise zu errichten, dass ihnen von der Rechtsprechung die formelle Beweiskraft nach § 415 Abs. 1 ZPO zuerkannt wird.[34] Ein fehlender Randvermerk gemäß § 44a Abs. 1 BeurkG kann nach Abschluss der Niederschrift nicht mehr angebracht werden. Nach dieser Zäsur kommt aber noch eine Änderung gemäß § 44a Abs. 2 BeurkG in Betracht.[35]

17 5. Änderungen in *Anlagen* zum Protokoll, die nach §§ 9 Abs. 1 Satz 2, 14, 37 Abs. 1 Satz 2 BeurkG Bestandteil der Urkunde werden, sind zwar grundsätzlich so zu behandeln wie Änderungen der Niederschrift selbst. Änderungen in den Anlagen müssen dann jedoch nicht gesondert unterzeichnet werden, wenn ihre Genehmigung aus der Niederschrift hervorgeht, § 44a Abs. 1 Satz 2 BeurkG:

18 M **Die Niederschrift ist mit der Anlage vorgelesen und mit den in der Anlage enthaltenen Änderungen ..... genehmigt und unterschrieben:**

19 6. *Änderungen nach Abschluss der Niederschrift:* Die in 4. und 5. dargestellten Grundsätze betreffen die Änderungen *vor* Abschluss der Niederschrift. Eine gesetzliche Regelung zu der

---

28 Zu den Sonderkonstellationen, in denen ausnahmsweise eine »unsaubere« Niederschrift verwendet werden sollte vgl. Armbrüster/Preuß/Renner/*Eickelberg*, § 28 DONot Rn. 6 f.
29 Vgl. *Mihm*, NJW 1997, 3121 ff.; *Basty*, NotBZ 1997, 201; Rundschreiben der BNotK Nr. 19/97; kritisch *Ehlers*, NotBZ 1997, 109.
30 Würzburger Notarhandbuch/*Limmer*, Abschnitt D., Rn. 162.
31 OLG Düsseldorf v. 18.12.2013 – 3 Wx 72/13, RNotZ 2014, 191: »Fehlt bei Änderungen in einer notariellen Urkunde (hier: Erbvertrag) ein Vermerk oder die Unterschrift des Notars, so beeinträchtigt dies die Wirksamkeit der Beurkundung nicht. In diesem Sinne fehlerhafte Änderungen werden nicht von der Beweiskraft der Urkunde erfasst, deren Inhalt in diesem Falle insgesamt frei zu würdigen ist.«; vgl. zuvor OLG Schleswig v. 16.06.2010 – 2 W 86/10, RPfleger 2010, 660.
32 Vgl. *Winkler*, § 44a BeurkG Rn. 14; BGH v. 19.04.1994 – V ZR 175/92, DNotZ 1995, 28 m. Anm. *Wochner*.
33 Vgl. Zugehör/Ganter/Hertel/*Ganter*, Rn. 1372 f.
34 Vgl. dazu *Wochner*, DNotZ 1995, 31 ff.
35 Vgl. KG v. 01.04.2003 – 1 W 260/02, ZNotP 2004, 74, 76. Zu einer nachträglichen Textveränderung bei bloßer Unterschriftsbeglaubigung vgl. demgegenüber KG v. 04.09.2012 – 1 W 154/12, MittBayNot 2013, 77; *Pelikan*, notar 2013, 165, 169; zu der Berichtigung eines Hauptversammlungsprotokolls durch den Notar vgl. BGH v. 10.10.2017 – II ZR 375/15, DB 2017, 2794 m. Anm. *Seibt*, EWiR 2018, 39, m. Anm. *Reger/Schilha*, AG 2018, 65; *Herrler*, NJW 2018, 585.

nachträglichen Berichtigung von Fehlern in notariellen Urkunden[36] findet sich in § 44a Abs. 2 BeurkG.[37] »Offensichtliche Unrichtigkeiten« im Text der Urkunde[38] kann[39] der Notar hiernach auch *nach* Abschluss der Niederschrift durch einen von ihm zu unterschreibenden *Nachtragsvermerk* richtigstellen.[40] Die Berichtigung derartiger offensichtlicher Unrichtigkeiten ist ein zulässiger Annex zu dem bereits durchgeführten Beurkundungsverfahren.[41] Der Begriff der »offensichtlichen Unrichtigkeit« ist gesetzlich nicht näher definiert. Zu bemerken ist jedoch, dass hier nicht der einschränkende Begriff des »offensichtlichen Schreibfehlers«, sondern der weitergehende Hinweis auf eine »offensichtlichen Unrichtigkeit« verwendet wurde. Nach vorzugswürdiger h.M. sollen an dieser Stelle daher dieselben (weiteren) Maßstäbe heranzuziehen sein wie zu § 319 ZPO.[42] Es können dementsprechend nicht nur Wortumkehrungen wie Gläubiger/Schuldner, Vertreter/Vertretener oder sprachlich unzulängliche, aber gleichwohl aus dem Zusammenhang verständliche Formulierungen präzisiert werden[43] und versehentliche Auslassungen[44] und Unvollständigkeiten korrigiert werden.[45] Auch falsche Grundbuchnummern des in Rede stehenden Grundbuches,[46] Auslassungen und sonstige offensichtliche Unrichtigkeiten können berichtigt werden, wenn sie versehentlich erfolgt sind und sich dies aus dem Gesamtzusammenhang der Beurkundung ergibt, wobei die Umstände ausnahmsweise auch außerhalb der Urkunde (wie etwa in öffentlichen Registern) liegen können.[47] Wird der Gegenstand der Auflassung von den Beteiligten falsch bezeichnet, finden auch im Grundbuchverfahren die allgemeinen Regeln zur rechtlichen Behandlung einer Falschbezeichnung (*falsa demonstratio non nocet*) Anwendung.[48] Es ist zumindest ausreichend, wenn sich der Wille der Vertragsparteien aus der Urkunde – gegebenenfalls nach Auslegung gemäß den grundbuchverfahrensrechtlichen Grundsätzen – ein-

---

36 § 44a Abs. 2 BeurkG ist zwar nach seiner Konzeption, wie sich auch bei der Formulierung des Gesetzes zeigt, auf die Beurkundung von Willenserklärungen gem. §§ 6 ff. BeurkGz zugeschnitten. Er ist aber auf alle Arten von Urkunden anwendbar, insbesondere auch auf Niederschriften gem. § 36 BeurkG: *Heinze*, NZG 2016, 1089. Dies lässt sich auch aus dem Wortlaut der Norm herleiten (»Niederschrift«): *Limmer*, LMK 2018, 401896.
37 Systematisch kann das Verfahren z.T. mit der Protokollberichtigung nach § 164 ZPO verglichen werden: vgl. OLG Frankfurt v. 20.11.2009 – 20 W 500/05, DNotZ 2011, 48, 49. Zu der (entsprechenden) Anwendung des § 44a Abs. 2 BeurkG bei der Berichtigung eines gerichtlichen Beschlusses vgl. auch LAG Hamm, Beschl. v. 28.02.2012 – 18 Sa 1144/09 (n.v.); vgl. allgemein *Zimmer*, NotBZ 2010, 172.
38 Offensichtliche Mängel des Beurkundungsverfahrens, wie das Fehlen der notwendigen Unterschrift eines Beteiligten, fallen nicht hierunter: BayObLG v. 24.01.2001 – 2Z BR 129/00, DNotZ 2001, 562.
39 Die Entscheidung des Notars, bei einem Tatsachenprotokolls im Sinne des § 37 Abs. 1 BeurkG *keine* Berichtigung gemäß § 44a Abs. 2 BeurkG durchzuführen, ist unanfechtbar: LG Passau v. 11.01.2016, 2 T 17/15, MittBayNot 2016, 268.
40 Vgl. zur nachträglichen Berichtigung der notariellen Gesellschafterliste OLG Nürnberg v. 28.12.2017 – 12 W 2005/17, NZG 2018, 312 m. Anm. *Otte-Gräbener*, BB 2018, 337.
41 Armbrüster/Preuß/Renner/*Preuß*, § 44a BeurkG Rn. 10; Hager/Müller-Teckhof, NJW 2017, 1860; vgl. LG Köln v. 20.05.2016 – 82 O 123/15, RNotZ 2016, 612 (Berichtigung eines Hauptversammlungsprotokolls).
42 OLG Köln v. 07.07.2010 – 2 Wx 93/10, FGPrax 2010, 241; Kanzleiter, DNotZ 1999, 292, 305 f.; Eylmann/Vaasen/*Limmer*, § 44a BeurkG Rn. 14; Würzburger Notarhandbuch/*Limmer*, Abschnitt H., Rn. 360; Armbrüster/Preuß/Renner/*Preuß*, § 44a BeurkG Rn. 13; Grziwotz/Heinemann/*Heinemann*, § 44a Rn. 21; *Lerch*, § 44a Rn. 7; a.A. *Zimmer*, NotBZ 2010, 172, 173 f., 175 ff. (möchte nach dem »Verursacherprinzip« differenzieren).
43 Vgl. *Kanzleiter*, MittBayNot 2001, 203; *Reithmann*, DNotZ 2001, 569.
44 Sofern der Notar (etwa dem Grundbuchamt gegenüber) geltend macht, es liege eine versehentliche Auslassung vor, müssen Umstände in der Urkunde enthalten sein, aus denen sich dies offenkundig ergibt: OLG München v. 04.12.2017 – 34 Wx 95/17 IBR RS 2018, 0807 zu einer Erstreckung von Grunddienstbarkeiten auf weitere Grundstücke (verneinend).
45 OLG München v. 22.09.2017 – 34 Wx 68/17 (n. v. – klarstellende Einfügung des Wortes »jeweils«).
46 *Bergermann*, RNotZ 2002, 557, 568; *Bücker/Viefhues*, ZNotP 2004, 428, 431.
47 Vgl. LG Regensburg v. 15.07.2008 – 5 T 216/08, NotBZ 2010, 198, 199: »Wird in einer notariellen Urkunde eine zu einer Eigentumswohnung gehörende anteilige Verkehrsfläche übersehen, kann dieser Fehler als offensichtliche Unrichtigkeit durch einen Nachtragsvermerk nach § 44a Abs. 2 BeurkG berichtigt werden.« (Leitsatz).
48 OLG Düsseldorf v. 02.12.2016 – I-25 Wx 95/14, RNotZ 2017, 189.

deutig ergibt.⁴⁹ Die Berichtigung einer notariellen Urkunde durch Nachtragsvermerk kommt mangels Offensichtlichkeit jedoch nicht in Betracht, wenn Auflassung und Bewilligung sich nur auf eines der zwei zum Grundbuch- und Sachstand in der Urkunde aufgeführten Grundstücke erstreckt.⁵⁰

Zu beachten ist, dass nach neuerer Rechtsprechung eine notarielle Gesellschafterliste auch noch nach Einreichung beim Handelsregister und Aufnahme in den Registerordner wegen offensichtlicher Unrichtigkeit gemäß § 44a Abs. 2 BeurkG berichtigt werden kann. Die Urschrift der entsprechend berichtigten Gesellschafterliste bleibt dann gemäß § 45 Abs. 1 BeurkG in der Verwahrung des Notars. Die Berichtigung erfolgt durch Einreichung einer elektronisch beglaubigten Abschrift der berichtigten Gesellschafterliste beim Handelsregister. Hierfür reicht nicht aus, dass bei dem insoweit gemäß § 12 Abs. 2 HGB einzureichenden elektronischen Dokument die Berichtigung allein im Text der Urkunde vorgenommen wird; vielmehr muss auch die elektronisch beglaubigte Abschrift der berichtigten Gesellschafterliste einen Berichtigungsvermerk gemäß § 44a Abs. 2 BeurkG enthalten, der Umstand und Zeitpunkt der Berichtigung erkennen lässt.⁵¹

20 Ein Notar kann den Inhalt eines von ihm beurkundeten Hauptversammlungsprotokolls nicht nachträglich wegen offensichtlicher Unrichtigkeit dahin gehend »berichtigen«, dass die Stammkapitalerhöhung einer AG durch die Ausgabe von vinkulierten Namensaktien statt – wie im Protokoll vermerkt – von Inhaberaktien erfolgen soll.⁵² Bei notariellen Hauptversammlungsprotokollen⁵³ i.S.d. § 130 Abs. 1 AktG ist überdies zu beachten, dass diese den Charakter eines Berichts des Notars über seine Wahrnehmungen besitzen (Tatsachenprotokoll) und daher von ihm nicht in der Hauptversammlung fertiggestellt werden müssen, sondern auch noch danach im Einzelnen ausgearbeitet und unterzeichnet werden können. Urkunde im Sinne des Gesetzes ist erst die von dem Notar autorisierte, unterzeichnete und in den Verkehr gegebene Endfassung.⁵⁴ Eine inhaltliche Änderung der notariellen Niederschrift ist damit ohne Weiteres bis zu dem Zeitpunkt möglich, zu dem der Notar sich der Urkunde entäußert.⁵⁵ Auch nach diesem Zeitpunkt besteht dann noch die Möglichkeit fort, offensichtliche Unrichtigkeiten durch einen Nachtragsvermerk entsprechend § 44a Abs. 2 Satz 1, 2 BeurkG richtig zu stellen.⁵⁶ Umstritten ist dann jedoch, ob ein Notar das Hauptversammlungsprotokoll nach der Entäußerung nach § 44a BeurkG durch eine ergänzende Niederschrift berichtigen kann. Nach einer im Schrifttum vorherrschenden Meinung muss ein solches aus Gründen der Rechtssicherheit per se ausgeschlossen werden.⁵⁷ Eine differenzierende Meinung ist der Ansicht, dass die nachträgliche Berichtigung eines Hauptversammlungsprotokolls etwa um Angaben zur Art der Abstimmung ohnehin eine inhaltliche Ergänzung darstelle und damit per se keine Klarstellung einer offensichtlichen Unrichtigkeit. Die Berichtigung eines solchen Mangels des Hauptversammlungsprotokolls durch ergänzende Niederschrift erfordere dementsprechend die Mitwirkung des beteiligten Versammlungsleiter.⁵⁸

Die h.M. hält demgegenüber ein solches Vorgehen auch ohne Mitwirkung des Versammlungsleiters oder der in der Hauptversammlung anwesenden Aktionäre für möglich.

---

49 OLG München v. 05.07.2017 – 34 Wx 104/17, ZWE 2018, 93.
50 OLG München v. 27.06.2012 – 34 Wx 184/12 NJOZ 2012, 210 f.
51 OLG Nürnberg v. 28.12.2017 – 12 W 2005/17, BB 2018, 337 m. Anm. *Ott*.
52 OLG Köln v. 09.07.2010 – 2 Wx 93/10, NZG 2010, 1352.
53 Zur Anwendung des § 44 a Abs. 2 BeurkG *Heinze*, NZG 2016, 1089.
54 BGH v. 16.02.2009 – II ZR 185/07, NJW 2009, 2207; vgl. hierzu *Görk*, MittBayNot 2009, 245; *Hager/Müller-Teckhof*, NJW 2011, 1716; allgemein zu der Hauptversammlung der Aktiengesellschaft aus notarieller Sicht *Faßbender*, RNotZ 2009, 425.
55 BGH v. 16.02. 2009 – II ZR 185/07, NJW 2009, 2207.
56 BGH v. 10.10.2017 – II ZR 375/15, NJW 2018, 52.
57 Henssler/Strohn/*Liebscher*, § 130 AktG Rn. 7; MüKoAktG/*Kubis*, § 130 Rn. 24.
58 LG Köln v. 20.05.2016 – 82 O 123/15, RNotZ 2016, 612.

Rechtssicherheit und Rechtsverkehr besäßen schließlich kein schützenswertes Interesse daran, dass unrichtige Urkunden weiter existierten.[59]

Der BGH hat sich der letztgenannten Meinung angeschlossen. Er stellte zunächst klar, dass der Notar das Hauptversammlungsprotokoll auch nach der Versammlung noch nach § 44a Abs. 2 BeurkG berichtigen kann. Es sei dabei immer zulässig, die Richtigstellung statt durch einen Nachtragsvermerk durch eine neue Niederschrift vorzunehmen.[60] Bei einer derartigen Berichtigung müssten der Versammlungsleiter oder die in der Hauptversammlung anwesenden Aktionäre nicht mitwirken.[61] Die Beurkundung der Hauptversammlung gem. § 130 Abs. 1 1 AktG diene in erster Linie der Rechtssicherheit und Transparenz. Die Willensbildung der Hauptversammlung solle dokumentiert werden, damit insbesondere keine Unklarheiten über Annahme oder Ablehnung von Anträgen bestehen.[62] Die Berichtigungsmöglichkeit gem. § 44a Abs. 2 3 BeurkG nach der Entäußerung trage der Beweisfunktion des Hauptversammlungsprotokolls als Bericht des Notars über die Hauptversammlung und der damit bezweckten Rechtssicherheit Rechnung. Der Rechtsverkehr habe ein größeres Interesse an berichtigten richtigen Urkunden als an unveränderten unrichtigen Urkunden, zumal der Notar als Person öffentlichen Glaubens dafür zu sorgen habe, dass eine unter seiner Verantwortung entstandene unrichtige Urkunde berichtigt werde und nicht weiterhin im Rechtsverkehr einen falschen Schein hervorrufe. Durch die umfassende Berichtigungsmöglichkeit verhindert der *BGH* zu Recht die Nichtigkeit von Beschlüssen bei lediglich formalen Fehlern ohne materiellen Gehalt.[63]

Der Nachtragsvermerk ist in Form einer selbstständigen *Vermerksurkunde* (§ 39 BeurkG) am Schluss nach den Unterschriften oder auf einem gesonderten, mit der Urkunde zu verbindenden Blatt niederzulegen und mit dem Datum der Richtigstellung zu versehen.[64] Nach einer abzulehnenden Meinung sollen die Beteiligten analog § 164 Abs. 2 ZPO vor dem Verfassen des Nachtragsvermerkes angehört werden.[65] Hierdurch würde die Richtigstellung und damit die Sicherstellung der Wahrheit des Zeugnisses jedoch nur verzögert.[66] Gegen die Berichtigung einer notariellen Urkunde gemäß § 44a BeurkG steht den Beteiligten kein Rechtsmittel zu.[67] Auch berechtigt die Überzeugung des Grundbuchamtes, dass eine Änderung nachträglich vorgenommen wurde, dieses nicht dazu, eine Urkunde zurückzuweisen, wenn die Voraussetzungen des § 44a BeurkG nicht vorliegen oder aber beachtet wurden.[68] Insgesamt gilt: Wird bei einer wesentlichen Änderung der Niederschrift das Verfahren nach § 44a Abs. 1 BeurkG nicht eingehalten, so bleibt die Niederschrift dennoch wirksam.[69] Das Gericht entscheidet aber nach freier Überzeugung, ob der Beweiswert der Urkunde insoweit nach § 419 ZPO eingeschränkt ist.[70]

---

59 KK-AktG/*Noack/Zetsche*, § 130 Rn. 322; Spindler/Stilz/*Wicke*, § 130 Rn. 26; K. Schmidt/Lutter/*Ziemons*, § 130 Rn. 71; Grigoleit/*Herrler*, § 130 Rn. 23; Wachter/*Wachter*, § 130 AktG Rn. 21; Staudinger/*Hertel*, Vorb. §§ 127a, 128 BGB, Rn. 627; *Krieger*, NZG 2003, 366, 368; *Kanzleiter*, DNotZ 2007, 804, 810.
60 Armbrüster/Preuß/Renner/*Preuß*, § 44a BeurkG, Rn. 24; *Kanzleiter*, DNotZ 2007, 804, 809.
61 BGH v. 10.10.2017 – II ZR 375/15, NJW 2018, 52 (konkret fehlten zunächst Angaben zu der Art der Abstimmung nach § 130 Abs. 2 S. 1 AktG).
62 BGH v. 21.10.2014 – II ZR 330/13, NJW 2015, 336.
63 Vgl. hierzu auch *Herrler*, NJW 2018, 585.
64 Armbrüster/Preuß/Renner/*Preuß*, § 44a BeurkG Rn. 16; Ausführlich zum Verfahren *Reithmann*, DNotZ 1999, 27.
65 *Kanzleiter*, DNotZ 1999, 292, 304; hiergegen etwa *Lerch*, § 44 BeurkG Rn. 14.
66 Reithmann/Blank/Rinck/*Reithmann*, Notarpraxis, Abschnitt C., Rn. 12.
67 OLG Frankfurt v. 20.11.2009 – 20 W 500/05, DNotZ 2011, 48; OLG Köln v. 20.11.2006 – 2 Wx 21/06, RNotZ 2007, 354; vgl. auch LG Passau v. 11.01.2016, 2 T 17/15, MittBayNot 2016, 268: Die Entscheidung des Notars, hinsichtlich eines Tatsachenprotokolls im Sinne des § 37 Abs. 1 BeurkG *keine* Berichtigung gemäß § 44a Abs. 2 BeurkG durchzuführen, ist unanfechtbar.
68 OLG Schleswig v. 16.06.2010 – 2 W 86/10, Rpfleger 2010, 660, 661.
69 Grziwotz/Heinemann/*Heinemann*, § 44a BeurkG Rn. 18.
70 BGH v. 15.04.1994 – V ZR 175/92, DNotZ 1995, 28, 29.

§ 11 Äußere Gestaltung der notariellen Urkunden

Nachtragsvermerke

22 M **Berichtigt wird die in § 1 dieser Verhandlung mit Band 3, Blatt 313 angegebene Grundbuchbezeichnung dahin, dass das Blatt »331« lautet.**
13.07.2018
Siegel
                                                                        ….., Notar

23 Wie erläutert können auch offensichtliche Auslassungen wie Schreibfehler behandelt werden.

24 M **In § 5 Absatz 4 wird am Schluss das versehentlich ausgelassene Wort »ist« hinzugefügt.**
13.07.2018
Siegel
                                                                        ….., Notar

25 Aus anderen Gründen als offensichtlichen Unrichtigkeiten notwendig werdende Berichtigungen oder Änderungen sind in einer besonderen den §§ 8 ff. BeurkG entsprechenden Niederschrift aufzunehmen (§ 44a Abs. 2 Satz 3 BeurkG).[71]

26 Fraglich ist, ob der Notar, der lediglich die *Unterschrift* unter einer privatschriftlichen Erklärung *beglaubigt* hat, zu einer Textberichtigung/Ergänzung befugt ist, oder ob jede nachträgliche Textberichtigung/Ergänzung durch eine neue Unterschriftsbeglaubigung gedeckt werden muss.

27 Nachdem das OLG Celle[72] den Notar nur für berechtigt hielt, aus dem Text erkennbare, für jedermann ersichtliche Schreibfehler zu korrigieren, und das BayObLG[73] diese Frage ausdrücklich offenließ, geht die heute überwiegende Ansicht davon aus, dass auch bei einer nachträglichen Textänderung die Form der öffentlichen Beglaubigung gewahrt bleibe, da der Beglaubigungsvermerk nur die Echtheit der Unterschrift des Erklärenden betreffe, aber nichts über den Erklärungsinhalt aussage.[74] Dies wurde durch das KG noch einmal bestä-

---

71 Zur nachträglichen Berichtigung notarieller Urkunden vgl. *Kanzleiter*, DNotZ 1990, 487.
72 OLG Celle v. 06.06.1980 – 4 Wx 10/80, DNotZ 1981, 203.
73 BayObLG v. 23.11.1984 – BReg. 2 Z 77/84, DNotZ 1985, 220 m. Anm. *Winkler*, MittRhNotK 1984, 237. Das Gericht wies aber bereits darauf hin, dass es der freien Beweiswürdigkeit (hier:) durch das Grundbuchamt unterliege, ob die Ergänzung mit dem Willen der Beteiligten, die die Unterschrift geleistet haben, eingefügt worden sei. Vgl. hierzu auch *Kanzleiter*, DNotZ 1990, 478.
74 OLG Brandenburg v. 17.02.2010 – 7 Wx 15/09, MDR 2010, 713; OLG Hamm, Urt. v. 02.12.2009 – I-31 U 3/08, 31 U 3/08 (n.v.); OLG Frankfurt v. 08.03.2006 – 20 W 21/05, DNotZ 06, 767; LG Düsseldorf v. 12.01.1984 – 19 T 6/84, MittBayNot 1984, 207; LG Itzehoe v. 18.10.1988 – 4 T 278/88, DNotZ 1990, 519; LG Kassel v. 11.01.2002 – 13 T 9/01, RNotZ 2003, 147; *Winkler*, MittBayNot 1984, 209. Zweifel, ob die Ergänzung mit Genehmigung der Unterzeichnenden geschah, kann der Notar durch eine notarielle Eigenurkunde beseitigen, in der er seine Berechtigung zur Textänderung (z.B. aufgrund telefonischer Ermächtigung durch die Beteiligten) niederlegt: vgl. eingehend *Reithmann*, DNotZ 1999, 27 und Reithmann/Blank/Rinck/*Reithmann*, Notarpraxis, Abschnitt C, Rn. 168; allgemein zur Eigenurkunde OLG München v. 04.01.2017 – 34 Wx 382/16, 34 Wx 383/16, ErbR 2017, 207, wonach notarielle Eigenurkunden auch für materiell-rechtliche Erklärungen im Zusammenhang mit der eigentlichen Beurkundungstätigkeit in Betracht kommen können. Das gilt allerdings dort nicht, wo das Gesetz zwingend eine Zeugnisurkunde verlangt; in diesen Fällen sind die Regeln des Zweiten Abschnitts des BeurkG (§§ 6 ff.) einzuhalten; vgl. auch OLG Zweibrücken v. 09.11.2015 – 3 W 15, RPfleger 2016, 342, wonach eine notarielle Eigenurkunde auch materiellrechtliche Erklärungen zum Gegenstand haben kann, jedenfalls soweit diese dem Geschäftskreis des Notars zuzuordnen sind; vgl. auch DNotI-Report 2017, 147 zu der originär elektronischen Eigenurkunde des Notars, wenn *dieser die Erklärung der Bewilligung der Auflassung mit dem mit XNotar generierten Antragsanschreiben an das Grundbuchamt erstellt.*

tigt.⁷⁵ Dies erscheint auch folgerichtig: Da nach § 40 Abs. 5 BeurkG die Beglaubigung einer Blankounterschrift, also ohne jeglichen darüber stehenden Text, zulässig ist, kann die nachträgliche Änderung eines vorhandenen Textes nichts an der Wahrung der Form der öffentlichen Beglaubigung ändern. Davon zu unterscheiden ist allerdings die Frage der Beweiskraft einer solchen nachträglich geänderten Urkunde. Für die Änderung gilt nicht die Vermutung des § 440 Abs. 2 ZPO, nämlich dass auch der über der Unterschrift stehende Text von demjenigen herrührt, dessen Unterschrift beglaubigt ist. Es unterliegt dann der freien Beweiswürdigung z.B. des Grundbuchamtes, ob die Ergänzung des Textes von der bzw. mit dem Willen der Person vorgenommen worden ist, die die Unterschrift geleistet hatte.⁷⁶ Besonderheiten bestehen insoweit bei nachträglichen Änderungen in der Versicherung nach § 8 Abs. 3 Satz 1 GmbHG. Dies ergibt sich aus der besonderen Bedeutung der vorherigen Belehrung über die unbeschränkte Auskunftspflicht im Hinblick auf die strafrechtlichen Folgen falscher Angaben nach § 82 Abs. 1 Nr. 5 GmbHG.⁷⁷

7. Wenn die *Beteiligten* das Protokoll nach § 13 Abs. 1 BeurkG *unterschreiben* oder ihre Unterschrift zur Beglaubigung leisten, so sollen auch sie nach h.M. mit blauen oder schwarzen Pastentinten (Kugelschreiber) unterschreiben, sofern Minen benutzt werden, die eine Herkunftsbezeichnung und eine Aufschrift tragen, die auf die DIN 16 554 oder auf die ISO 12757-2 hinweist, § 29 Abs. 2 Satz 2, 2. Spiegelstrich DONot.⁷⁸ **28**

Für die »elektronische Urschrift« (vgl. auch § 12 Rdn. 4 ff. und eingehend § 12a Rdn. 5 ff.) gilt dabei Folgendes: **29**
Werden erst nach der Einstellung in die elektronische Urkundensammlung Nachtragsvermerke beigefügt, sind diese ebenfalls in elektronische Dokumente zu übertragen und mit der elektronischen Fassung der Urschrift in der elektronischen Urkundensammlung zu verwahren (§ 44a Abs. 2 BeurkG n. F.). Die Nachvollziehbarkeit der Richtigstellung muss auch bei der elektronischen Fassung der Urschrift sichergestellt sein. Der Nachtragsvermerk darf dann nur noch auf einem gesonderten, mit der Urschrift zu verbindenden Blatt niedergelegt werden.
Die erstmals im BeurkG aufgenommene Nachtragsbeurkundung (§ 44b BeurkG n.F.) wird definiert als Berichtigung, Änderung, Ergänzung oder Aufhebung des Inhalts einer Niederschrift in einer anderen Niederschrift. In einem solchen Fall soll der Notar durch einen mit dem Datum zu versehenden und von ihm zu unterschreibenden Nachtragsvermerk auf die andere Niederschrift verweisen. Anstelle eines Nachtragsvermerks kann der

---

75 »..... obei das Gericht zu Recht darauf hinweist, dass, sofern feststeht, dass eine Bewilligung nach der Beglaubigung der Unterschrift nicht von dem Unterzeichner sondern von einem Dritten geändert worden ist, die Vollmacht des Dritten zur Änderung der Erklärung im Grundbuchverfahren gemäß § 29 GBO durch öffentliche oder öffentlich beglaubigte Urkunde nachzuweisen ist.«, KG v. 04.09.2012 – 1 W 154/12, DNotI-Report 2012, 170; hierzu auch *Böttcher*, NJW 2014, 978.
76 Palandt/*Heinrichs*, § 129 BGB Rn. 2; Soergel/*Hefermehl*, § 129 BGB Rn. 3; Staudinger/*Hertel*, § 129 BGB Rn. 128–130; *Bauer/von Oefele*, § 29 GBO Rn. 130; *Demharter*, § 29 GBO Rn. 44; *Schöner/Stöber*, Rn. 163; *Winkler*, Anm. zu OLG Celle v. 18.01.1984 – 4 W 12/84, MittBayNot 1984, 207; *ders.*, Anm. zu BayObLG v. 23.11.1984 – BReg. 2 Z 77/84, DNotZ 1985, 220, 224; hierbei sind gegenüber dem Grundbuchamt die besonderen Formanforderungen des § 29 GBO zu beachten; vgl. KG v. 04.09.2012 – 1 W 154/12, DNotI-Report 2012, 170.
77 Nach OLG München v. 23.07.2010 – 31 Wx 128/10, RNotZ 2010, 545 kann das Registergericht aus diesem Grund die Eintragung ausnahmsweise ablehnen, wenn in der zunächst beim Registergericht eingereichten Anmeldung einer Unternehmergesellschaft die Versicherung des Geschäftsführers zur Belehrung über die unbeschränkte Auskunftspflicht fehlt und diese vom Notar nachträglich in derselben Urkunde ohne erneute Beglaubigung ergänzt wird.
78 Weingärtner/Gassen/Sommerfeldt/*Weingärtner*, § 29 DONot Rn. 1; vgl. Eylmann/Vaasen/*Blaeschke*, § 29 DONot Rn. 20; a.A. *Kanzleiter*, DNotZ 1970, 581, 587 Fn 25; *Bracker*, MittBayNot 2014, 231, 233, weist indes zu Recht darauf hin, dass es verfehlt wäre, wenn der Notar die Beurkundung eines Testaments eines Schwerstkranken unter Hinweis auf den ausschließlich zur Verfügung stehenden Bleistift verweigerte.

Notar die andere Niederschrift zusammen mit der Niederschrift verwahren. Nachtragsvermerke sowie die zusammen mit der Niederschrift verwahrten anderen Niederschriften soll der Notar dabei stets in Ausfertigungen[79] und Abschriften der Urschrift übernehmen.

III. Anheften und Ankleben (§ 44 BeurkG; §§ 30, 18 Abs. 2 DONot)

30 Mehrere Blätter einer Urkunde sollen mit Schnur und Prägesiegel verbunden werden, ebenso alle Schriftstücke, die der Niederschrift beigefügt sind (§ 44 BeurkG).[80] Ebenso sind Ausfertigungen und beglaubigte Abschriften zu heften, wenn sie aus mehreren Bogen oder Blättern bestehen, auch die in der Verwahrung des Notars verbleibenden.[81] Der in den Landesfarben gehaltene Heftfaden (vgl. § 30 Abs. 1 Satz 2 DONot) ist anzusiegeln. Der Notar ist dabei nicht verpflichtet, eine aus mehreren Teilen bestehende Urkunde so zu heften, dass die Fotokopierfähigkeit der verbundenen Schriftstücke erhalten bleibt. Sind Teile der Urkunde lesbar, aber aufgrund der Heftung nicht kopierfähig, muss er die Urkunde nicht neu heften.[82] Ein Verstoß gegen die Ordnungsvorschrift des § 44 BeurkG (»soll«) berührt im Übrigen die Wirksamkeit der Beurkundung nicht.[83] Er kann allerdings den Beweiswert der Urkunde beeinträchtigen.[84]

31 Die Siegel müssen dauerhaft mit dem Papier oder mit dem Papier und der Schnur verbunden sein und den Abdruck oder die Prägung deutlich erkennen lassen. Eine Entfernung des Siegels ohne sichtbare Spuren der Zerstörung darf nicht möglich sein, § 31 DONot. Bei herkömmlichen Siegeln (Farbdrucksiegel, Prägesiegel im Lack oder unter Verwendung einer Mehloblate) ist davon auszugehen, dass diese Anforderungen erfüllt werden; neue Siegelungstechniken dürfen verwendet werden, wenn sie nach einem Prüfzeugnis der Papiertechnischen Stiftung (PTS)[85] die Anforderungen erfüllen. Gegen das Anbringen von Ösen an den Rändern der Urkunde, die das Durchstechen des Heftfadens erleichtern und das Einreißen des Papiers verhüten, bestehen keinerlei Bedenken.[86] Die Metallösen sollen das Anheften nicht ersetzen, sondern erleichtern. Die Heftschnur soll im oberen Drittel des Seitenrandes so angesiegelt werden, dass eine Beschädigung beim Lochen oder Abheften vermieden wird.

32 Auch *Anlagen*, die einen Teil der Niederschrift bilden, sind wie vorgenannt mit ihr zu verbinden (§ 30 Abs. 2 DONot). Sie müssen hierbei jedoch unmittelbar mit der Niederschrift eingesehen werden können, sodass etwa ein Beifügen von Fotografien in einem verschlossenen Umschlag als Anlage i.S.d. § 9 Abs. 1 Satz 2, 3 BeurkG nicht möglich ist.[87] Generell kann ein elektronischer Datenträger (CD-ROM, DVD, Diskette, USB-Stick, Festplatte etc) nicht im Wege der so genannten echten Verweisung als Anlage zu einer notariellen Urkunde i.S.v. § 9 Abs. 1 Satz 2 BeurkG genommen werden. Der Inhalt des elektronischen Datenträ-

---

79 Zu dem Problem dass per definitionem keine elektronischen Ausfertigungen existieren: *Büttner/Frohn*, DNotZ-Sonderheft 2016, 157 und *Kirchner*, DNotZ-Sonderheft 2016, 115 mit der Anregung für ein denkbares »notarielles Ausfertigungsregister«.
80 § 44 BeurkG gilt auch für die Verbindung eines Unterschriftsbeglaubigungsvermerks mit einer aus mehreren Blättern bestehenden Privaturkunde (überwiegende Meinung, vgl. *Boehringer*, BWNotZ 2017, 30, 35).
81 Vgl. Grziwotz/Heinemann/*Heinemann*, § 44 BeurkG Rn. 6 ff.
82 BGH v. 11.11.2010 – V ZB 143/10, DNotZ 2011, 543, 544.
83 *Winkler*, § 44 BeurkG Rn. 11; Armbrüster/Preuß/Renner/*Preuß*, § 44 BeurkG Rn. 6 m.w.N. (auch zu der – abzulehnenden – Meinung, dass es in diesem Fall an dem zur Qualifizierung als öffentliche Urkunde i.S.d. § 415 ZPO erforderlichen Merkmal der Formrichtigkeit fehle). Allgemein BGH v. 24.09.1997 – XII ZR 234/95, NJW 1998, 58.
84 BGH v. 11.11.2010 – V ZB 143/10, DNotZ 2011, 543, 544.
85 Adresse: Pirnaer Straße, 01809 Heidenau; nähere Informationen unter www.ptspaper.de.
86 Eylmann/Vaasen/*Limmer*, § 44 BeurkG Rn. 3.
87 Gutachten des DNotI, DNotI-Report 2007, 60.

gers kann also nicht als in der Niederschrift selbst enthalten gelten.[88] Der Urschrift kann jedoch ein elektronischer Datenträger als Anlage mit so genannter unechter Verweisung beigefügt werden, also etwa zu Beweiszwecken. Voraussetzung ist dann jedoch, dass die rechtserheblichen Erklärungen der Parteien vollständig in der Niederschrift selbst enthalten sind, auf die unechte Anlage darf hierzu nicht, auch nicht lediglich ergänzend verwiesen werden.[89]

Eine echte Bezugnahme auf eine Anlage in einem notariellen Vertrag ist nach h.M. nur wirksam, wenn die Anlage zur Zeit der Unterschrift beigefügt war und in der Niederschrift mit hinreichender Deutlichkeit auf diese Bezug genommen worden ist. Nach § 44 Satz 2 BeurkG ist diese Anlage mit Schnur und Prägesiegel mit der Niederschrift zu verbinden. Das bloße Beifügen von Urkunden genügt selbst dann nicht, wenn im Vertragstext das Vorliegen der Anlage festgehalten ist.[90]

Handelt es sich bei einer Verweisungsurkunde um eine andere notarielle Niederschrift (§ 13a Abs. 1 BeurkG) oder um eine behördliche Karte oder Zeichnung (§ 13a Abs. 4 BeurkG), so gelten die o.g. Anforderungen des § 44 BeurkG nach h.M. selbst dann nicht, wenn nach § 13a Abs. 2 BeurkG nicht auf die Beifügung verzichtet wurde.[91] § 44 BeurkG gilt überdies ebenfalls nicht für die nach § 30 BeurkG übergebene offene oder verschlossene Schrift, für die von einem Stummen nach § 31 BeurkG auf einem besonderen Blatt abzugebende Erklärung, die übergebene Schrift enthalte seinen letzten Willen, sowie für die nach den §§ 16 Abs. 2 oder 32 BeurkG erforderlichen Übersetzungen bei der Beteiligung Sprachfremder.[92] Wechsel- und Scheckproteste sind schließlich ebenfalls nicht nach § 44 BeurkG zu behandeln, vielmehr ggf. auf eine sog. *Allonge* zu setzen, Art. 81 Abs. 3 WG.[93]

Anlagen, die nicht selbst zur Niederschrift gehören, können auch *angeklebt* werden, wozu auf die Verbindungsstelle ein Stempel gesetzt wird, dessen verbleibender Rand ein etwaiges Abreißen der angeklebten Urkunden erkennen lässt. Auf diese Weise wird erreicht, dass aus der Urkunde und ihren Anlagen ersichtlich wird, ob die zur Rechtswirksamkeit oder zur Durchführung erforderlichen Voraussetzungen vorliegen.[94] Ein wahlweises Ankleben oder Anheften ist zulässig für solche Dokumente, die ihrem Inhalt nach mit der Haupturkunde derart zusammenhängen, dass sie ohne diese von den Beteiligten in zweckdienlicher Weise nicht verwendet werden können (z.B. Vertragsannahme-, Auflassungs- oder Genehmigungserklärungen), für Änderungs- und Ergänzungsurkunden sowie solche Dokumente, die für die Rechtswirksamkeit oder die Durchführung des in der Haupturkunde beurkundeten Rechtsvorgangs bedeutsam sind wie z.B. private und öffentliche Genehmigungen, behördliche Beschlüsse und Bescheinigungen, Erbscheine, Eintragungsmitteilungen (§ 18 Abs. 2 DONot).[95]

33

---

88 *Müller*, NJW 2015, 3271.
89 *Müller*, NJW 2015, 3271 mit dem überlegenswerten Vorschlag, den Datenträger stattdessen in die notarielle Verwahrung zu nehmen; vgl. auch *Bremkamp*, RNotZ 2017, 197.
90 So OLG München v. 15.05.2013 – 20 U 5004/12 (n. v.). Vgl. aber auch das Gutachten des DNotI, DNotI-Report 2006, 167 und das Gutachten des DNotI, DNotI-Report 2005, 129: Das Fehlen einer durch Schnur und Prägesiegel mit der Urkunde verbundenen Anlage hat auf die Wirksamkeit der Beurkundung keinen Einfluss; entscheidend ist, ob die in Rede stehende Anlage bei der Verlesung der Niederschrift körperlich vorlag, sie mit verlesen wurde und in der Niederschrift selbst eine ordnungsgemäße Verweisung enthalten ist. Sind diese Voraussetzungen erfüllt, ist die Anlage wirksam mit beurkundet; beeinträchtigt ist allerdings die Beweiskraft der Urkunde, wenn die Anlage nicht ordnungsgemäß beigefügt wurde.
91 OLG Zweibrücken v. 09.09.1983 – 3 W 84/83, MittBayNot 1983, 242, 244; unklar OLG Düsseldorf v. 07.06.2010 – 34 Wx 118/09, Rpfleger 2010, 656.
92 Armbrüster/Preuß/Renner/*Preuß*, § 44 BeurkG Rn. 2.
93 Art. 81 Abs. 3 WG: »Wird der Protest auf ein Blatt gesetzt, das mit dem Wechsel verbunden wird, so soll die Verbindungsstelle mit dem Amtssiegel oder dem Amtsstempel versehen werden. Ist dies geschehen, so braucht der Unterschrift des Protestbeamten ein Siegel oder Stempel nicht beigefügt zu werden.« Vgl. hierzu auch Grziwotz/Heinemann/*Heinemann*, § 44 BeurkG Rn. 4.
94 Weingärtner/Gassen/Sommerfeldt/*Weingärtner*, § 18 DONot Rn. 8.
95 Vgl. *Winkler*, § 44 BeurkG Rn. 6.

§ 11 Äußere Gestaltung der notariellen Urkunden

34 Wenn der Notar ein Urkundsdeckblatt verwendet, was häufig bei Erteilung von Ausfertigungen der Fall ist, dürfen bei Sozietäten auf dem Deckblatt nicht mehrere Notare aufgeführt werden, sondern nur der Notar, der beurkundet hat.[96]

IV. Siegel und Stempel

1. Form

35 Der Notar[97] führt ein Amtssiegel mit dem Landeswappen.[98] Die Umschrift enthält den Namen des Notars mit den Worten »Notar in ….. Ort« oder »Notarin in ….. Ort«.[99] Das Amtssiegel gibt es als Prägesiegel und Farbdrucksiegel, § 2 Abs. 1 DONot.[100]

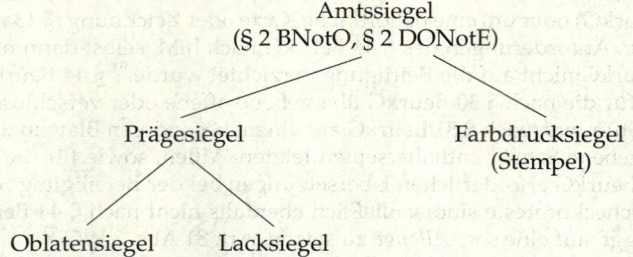

a) Prägesiegel

36 Das Prägesiegel teilt sich auf in Oblatensiegel und Handsiegel (Lacksiegel). Beide Techniken sind grundsätzlich gleichwertig.[101]

37 Bei der Siegelpresse werden in eine runde Metallscheibe eingeschnittene Bilder und Worte in das Urkundenpapier selbst oder in ein darauf mit einer Oblate befestigtes Papierstück eingeprägt. Bilder und Worte heben sich aus dem Papier heraus, in das sie mit der Hebelpresse eingedrückt werden. Wenn das Siegel in erhitzten und auf das Papier aufgeträufelten Siegellack eingepresst wird, genügt der geringere Druck eines *Handsiegels* (Lacksiegel).

---

96 Information über die 70. Vertreterversammlung der Bundesnotarkammer am 05.05.1995, DNotZ 1996, 718.
97 Zu den Rechtsfragen der Amtsnachfolge eingehend *Kindler*, RNotZ 2015, 465.
98 BGH v. 29.11.1999 – NotZ 9/99, DNotZ 2000, 551 mit Anm. *Mihm*.
99 Vgl. klarstellend OLG Brandenburg v. 19.03.2010 – 7 Wx 10/09, NotBZ 2010, 463: »Das Beurkundungsrecht verlangt nicht, dass einer Niederschrift i.S.d. BeurkG bei der Unterschrift des Beurkundenden ein Siegelbeidruck zugefügt wird. Der spätere Abschriftsbeglaubigungsvermerk des Notars macht den Nachweis, dass der die Beurkundung vornehmende Notarassessor zum maßgeblichen Zeitpunkt zum Notarvertreter bestellt war, entbehrlich. Durch die Beglaubigung der Übereinstimmung der (hier auszugsweisen) Abschrift der Urkunde mit der vorliegenden Urschrift bestätigt der Notar die Bestellung des Handelnden zum Notarvertreter.«
100 Vgl. zu der elektronischen Signatur § 124 Rdn. 18. Vgl. BGH v. 14. 12. 2016 – V ZB 88/16, DNotZ 2017, 463: Ein lediglich drucktechnisch erzeugtes Behördensiegel genügt den im Grundbuchverfahren geltenden Formanforderungen des § 29 Abs. 3 GBO auch bei Behördenersuchen nicht. Erforderlich ist vielmehr eine *individuelle Siegelung* mit einem Prägesiegel oder einem Farbdruckstempel.
101 LG Berlin v. 15.11.1983 – 83 T 413/83, DNotZ 1984, 640.

b) Farbdrucksiegel

38 Das Farbdrucksiegel druckt aus einer runden Metall- oder Gummischeibe *herausragende* Bilder und Worte auf die Urkunde, die eine vom Stempelkissen aufgenommene dunkle Farbe tragen, deshalb Farbdrucksiegel, früher Farbdruckstempel genannt.[102]

2. Verwendung

39 Der Platz für den Aufdruck des Siegels ist auf Urkunden unter oder links neben der Unterschrift des Notars, wo er die öffentliche Beurkundung bestätigt.

40 Wann Prägesiegel oder Farbdrucksiegel (Stempel) zu verwenden sind bzw. wann das eine oder das andere ausschließlich oder wahlweise nebeneinander, ist aus vielen Einzelbestimmungen zu entnehmen.[103] Grundsätzlich gilt hiernach:

41 **a)** Siegel kennzeichnen die öffentliche Urkunde nach *außen* und sind deshalb auf den in der Verwahrung des Notars verbleibenden Urschriften der Protokolle nicht anzubringen, sondern nur dann, wenn diese ausnahmsweise herausgegeben werden (§ 45 Abs. 1 Satz 2 BeurkG). Besteht jedoch die zurückzubehaltende Niederschrift aus mehreren Blättern, so sind diese zu heften und der Heftfaden anzusiegeln.[104]

42 **b)** Das Anheften mehrerer Bogen oder Blätter mit einem Siegel geschieht grundsätzlich *durch das Prägesiegel*[105] (§ 44 Satz 1 BeurkG).[106] Das Siegel auf den Testamentsumschlägen dient dem Verschließen und wird in der Regel auf Siegellack mit einem Handsiegel eingeprägt (§ 34 Abs. 1 Satz 1 BeurkG). Dabei ist die Verwendung des »Lacksiegels« nicht zwingend vorgeschrieben. Vorgeschrieben ist die Verwendung des Prägesiegels, sodass auch mit der Siegelpresse und einer Oblate der Testamentsumschlag verschlossen werden kann.

43 **c)** Ansonsten ist es dem Notar, wenn nicht zwingend die Benutzung des Prägesiegels vorgeschrieben ist,[107] freigestellt, ob er das Präge- oder Farbdrucksiegel verwendet.

44 **d)** Die Notare haben dafür zu sorgen, dass die Amtssiegel nicht missbraucht werden können. Verlust oder Umlauf einer Fälschung sind dem Präsidenten des Landgerichts unverzüglich anzuzeigen, § 2 Abs. 3 DONot.

---

102 Beachte die Besonderheit in Bayern; hier darf als Stempelfarbe ausschließlich schwarze, ölhaltige, sogenannte Metallstempelfarbe benutzt werden.
103 Einzelaufzählung etwa bei Armbrüster/Preuß/Renner/*Eickelberg*, § 2 DONot Rn. 5.
104 Vgl. Weingärtner/Gassen/Sommerfeldt/*Weingärtner*, § 2 DONot Rn. 4; Schippel/Bracker/*Bracker*, § 2 DONot Rn. 1.
105 Das Farbdrucksiegel scheidet schon deshalb aus, weil es keine Verbindung des Fadens mit dem Papier ermöglicht: Grziwotz/Heinemann/*Heinemann*, § 44 BeurkG Rn. 8.
106 Das Prägesiegel ist die »höherrangige« Form im Vergleich zum Farbdrucksiegel. Das bedeutet: Während das Prägesiegel immer benutzt werden darf, ist die Verwendung des Farbdrucksiegels in den Fällen nicht gestattet, in denen der Gesetzgeber ausdrücklich die Benutzung des Prägesiegels angeordnet hat. Im Zweifel sollte der Notar daher dieses verwenden: vgl. *Rohs/Heinemann*, Rn. 242; Weingärtner/Gassen/Sommerfeldt/*Weingärtner*, § 2 DONot Rn. 11.
107 Das ist bei der Verbindung von mehreren Schriftstücken zu einer Urkunde (vgl. §§ 44 i.V.m. 9 Abs. 1 Satz 2, 14, 37 Abs. 1 Satz 2 und 3 BeurkG) und beim Verschließen von Testamenten der Fall (vgl. § 34 Abs. 1 Satz 1 BeurkG).

§ 11 Äußere Gestaltung der notariellen Urkunden

V. Nummerierung (§§ 8 bis 10 DONot)

45 Auf jeder Urschrift, Ausfertigung und Abschrift (beglaubigter wie nicht beglaubigter) ist die Nummer der Urkundenrolle mit der Jahreszahl, die meistens gekürzt wird, anzugeben; z.B. mit »UR Nr. 288/18« (bei mehreren Notaren in einer Sozietät ist ein auf den verantwortlichen Notar hinweisender Zusatz am Ende – zumeist der/die erste/n Buchstabe/n des Nachnamens – zulässig). Die Nummer wird aus der Urkundenrolle entnommen (s.o. § 10 Rdn. 10 ff.).

§ 12 Urschrift, Ausfertigung, Abschrift

I. Vorab Kurzübersicht: Auswirkungen des Gesetzes zur Neuordnung der Aufbewahrung von Notariatsunterlagen und zur Einrichtung des Elektronischen Urkundenarchivs auf Urschrift, Ausfertigung und Abschrift[1]

1. Grundlagen

Durch das am 08.06.2017 o.g. verkündete[2] Gesetz[3] wurden zahlreiche Änderungen der BNotO und des BeurkG vorgenommen, die im Wesentlichen der Einrichtung des Elektronischen Urkundenarchivs bei der BNotK, der Neuregelung der Verwahrung notarieller Urkunden, der deutlichen Reduzierung der papierbasierten zugunsten der elektronischen Aufbewahrung von Dokumenten,[4] der Schaffung neuer Pflichtaufgaben der BNotK und der Definition neuer notarieller Berufspflichten dienen.[5] Nach Art. 11 Abs. 1 des Gesetzes treten die nacherläuterte Änderungen grundsätzlich zum 01.01.2022 in Kraft; bereits ab dem 01.01. 2020 ist jedoch die elektronische Führung der Akten und Verzeichnisse möglich, Verwahrungsverzeichnis und Urkundenverzeichnis werden eingeführt. 1

Bis zum 01.01. 2020 finden dementsprechend in der Verwahrung der Urkunden und der Führung der Verwahrungsbücher, der Massenbücher, der Namensverzeichnisse zum Massenbuch und zur Urkundenrolle, der Anderkontenliste, der Urkundenrolle und der Erbvertragsverzeichnisse keine Änderungen statt. Zwischen dem 01.01.2020 und dem 31.12. 2021 ist bereits ein elektronisches Urkundenverzeichnis im Elektronischen Urkundenarchiv zu führen, ab 2022 dann auch die elektronische Urkundensammlung. Die Überführungspflicht der papiergeführten Urschriften in die elektronische Form nach § 56 BeurkG n. F. gilt demgegenüber erst ab dem 01.01.2022; Urkunden, die davor errichtet wurden, werden nach den Regelungen verwahrt, die zuvor galten, aber mit der Möglichkeit des Medientransfers nach § 119 Abs. 1 und 3 BNotO n.F. 2

2. Inhalt

Der Notar kann zwar grundsätzlich zukünftig (Akten und) Verzeichnisse in Papierform oder elektronisch führen; dies gilt jedoch nur, soweit eine spezielle Form nicht durch oder aufgrund eines Gesetzes vorgeschrieben ist.[6] Der »steinerne« Grundsatz des papiergebundenen Notariats aus § 6 Abs. 1 DONot ist damit Geschichte. 3

Ebendiese Wahlfreiheit des Notars hinsichtlich der Führung seiner Akten und Verzeichnisse entfällt jedoch sowohl im Hinblick auf das neue Urkundenverzeichnis als auch für das neue Verwahrungsverzeichnis(vgl. §§ 55, 57 BeurkG n.F. ab 01.01.2020).[7] Beide werden zwingend in elektronischer Form im Rahmen des Elektronischen Urkundenarchiv (§ 78h BNotO n.F.) bei der BNotK[8] als sog. »Urkunden-

---

1 Eine detailliertere Erläuterung findet sich unter § 12a Rdn. 5 ff.
2 BGBl. I, S. 1396.
3 Zuvor Entwurf BReg, BR-Drucks. 602/2016 vom 14. 10. 2016. Zur Entstehungsgeschichte vgl. *Fischer*, DNotZ-Sonderheft 2016, 124.
4 Die gilt zumindest soweit, wie die Umstellung der Verzeichnisführung als Änderung bei der Aufbewahrung von Dokumenten angesehen wird. Die Festlegung der konkreten Aufbewahrungsfristen – die für die Papierdokumente stark reduziert werden sollen – sind demgegenüber der Rechtsverordnung nach § 36 BNotO überlassen worden.
5 Zu den rechtlichen Grundlagen im Einzelnen *Fischer*, DNotZ-Sonderheft 2016, 124.
6 Er braucht sich dabei nicht für eine Art der Aktenführung zu entscheiden, er kann z.B. eine Akte auf Papier und eine elektronisch oder eine »Hybridakte« führen.
7 Die Kosten des laufenden Betriebs werden durch Gebühren finanziert; im Mittel dürften sich die Kosten pro Gebührenrechnung um etwa 3,50 EUR bis 5,50 EUR im rechnerischen Mittel belaufen: RegE BR-Drucks. 602/2016, S. 42.
8 Die Gründe für die Zentralisierung des elektronischen Urkundenarchivs werden dargestellt bei *Damm*, DNotZ 2017, 426, 428 f.

archivbehörde«[9] geführt.[10] Es handelt sich damit um ein elektronisches Archiv, das den Notaren die Führung der ihnen aufgetragenen Verzeichnisse und Sammlungen ermöglicht. Die amtliche Aufbewahrung von Notariatsunterlagen in ihrer heutigen Form wird dementsprechend nicht ersetzt – es ändert sich lediglich der konkrete Datenspeicher.[11] Verwahrende Stelle sind (und bleiben) damit die Notare selbst;[12] die BNotK ist demgegenüber lediglich der technische Betreiber, der die elektronischen Systeme zur Verfügung stellt. In diesem elektronischen Urkundenarchiv wird die nacherläuterte elektronische Fassung der Urschrift zusammen mit Strukturdaten für den gesetzlich geforderten Zeitraum beweiserhaltend und individuell verschlüsselt archiviert. Dieser Grundüberlegung folgend hat auch nur die verwahrende Stelle unmittelbar Zugang zu den von ihr (bzw. für sie) verwahrten Dokumenten und Beurkundungen. Jeder Notar behält also seinen eigenen »Bereich« als »gesonderte(n), nur ihm zugänglichen virtuelle(n) Archivraum«,[13] bei Amtsbeendigung übernimmt dann die Verwahrung der Amtsnachfolger oder die Notarkammer.[14]

3. Die elektronische Urkundensammlung

4   Wie bereits angedeutet, befindet sich in dem elektronischen Urkundenarchiv auch die vom Notar zu führende elektronische Urkundensammlung.[15] Das jeweilige ebenda verwahrte, nach § 56 BeurkG (n.F. ab 01.01.2022) von der Urschrift gefertigte elektronische Dokument steht der Urschrift in Papierform gleich.[16] Zur Klarstellung: Es bleibt also bei Beurkundung und Beglaubigung wie bisher. Das Papierdokument muss dann nachfolgend jedoch in die elektronische Form überführt werden.[17] Ebendieser Medientransfer muss dabei den qualifizierten Anforderungen des § 56 BeurkG (n.F. ab 01.01.2022) genügen.[18] Dies bedeutet insbesondere, dass die Übereinstimmung der elektronischen Dokumente mit denjenigen in Papierform von dem Notar in einem Vermerk unter Angabe des Ortes und der Zeit seiner Ausstellung zu bestätigen ist.[19] Der Vermerk und das elektronische Dokument sind mit einer qualifizierten elektronischen Signatur[20] entsprechend § 39a Abs. 1 Satz 3 und 4, Abs. 2 Satz 1 BeurkG n. F.[21] zu versehen.[22]

5   Die Aufbewahrungspflichten – bei denen sachgerecht ein längerer Zeitraum für elektronische und ein kürzerer für papierenen Akten und Verzeichnisse vorzusehen ist – werden in einer noch zu erlassenen Rechtsverordnung des BMJV bestimmt.

---

9   *Fischer*, DNotZ-Sonderheft 2016, 124.
10 Dies ermögliche eine einheitliche Datenstruktur und Sicherheitsarchitektur: *Damm*, DNotZ 2017, 426.
11 *Winkelmann*, MittBayNot 2017, 646.
12 Ab Januar 2022 werden auch die Notarkammern in Ablösung der Amtsgerichte als Verwahrstelle der Notariate auftreten, § 51 BNotO n.F. ab 01.01.2022: *Gaul*, DNotZ-Sonderheft 2016, 130.
13 *Kirchner*, DNotZ-Sonderheft 2016, 115, 116.
14 *Winkelmann*, MittBayNot 2017, 646.
15 Neben der erläuterten neuen Pflichtaufgabe der BNotK zur Führung des Elektronischen Notaraktenspeichers (§ 78k BNotO n.F.) wird die BNotK auch zur Führung des Notarverzeichnisses (§ 78l BNotO n. F.) und der besonderen elektronischen Notarpostfächer (§ 78n BNotO n. F.) verpflichtet.
16 Dies bedeutet konsequent, dass die elektronische Fassung der Urschrift auch die Grundlage für die Erstellung von Ausfertigungen und Abschriften sein kann: *Fischer*, DNotZ-Sonderheft 2016, 124.
17 *Fischer*, DNotZ-Sonderheft 2016, 124.
18 Zu den technischen Grundlagen – auch des elektronischen Urkundenarchivs – eingehend *Gaul*, DNotZ-Sonderheft 2016, 130.
19 Durchstreichungen, Änderungen, Einschaltungen, Radierungen oder andere Mängel des Schriftstücks sollen im Vermerk angegeben werden, soweit sie nicht aus dem elektronischen Dokument eindeutig ersichtlich sind.
20 Zu der digitalen notariellen Form nach eIDAS-VO eingehend *Roßnagel*, DNotZ-Sonderheft 2016, 142.
21 Vgl. hierzu auch *Kirchner*, DNotZ-Sonderheft 2016, 115.
22 Anschaulich zum konkreten Verfahrensablauf *Gaul*, DNotZ-Sonderheft 2016, 130: »Die Urschrift wird durch Ihre Mitarbeiter eingescannt. Das System bringt mit einem qualifizierten elektronischen Zeitstempel ein erstes technisches Sicherungselement auf. Der Transfervermerk wird angelegt, in dem Informationen zum Scanvorgang durch Ihre Mitarbeiter festgehalten werden. Die erzeugte elektronische Fassung der Urschrift wird verschlüsselt auf der ArchivBox zwischengespeichert, bevor Sie persönlich in ihrer hoheitlichen Aufgabe mithilfe Ihrer Signaturkarte die bildliche und inhaltliche Übereinstimmung der elektronischen Fassung mit der Urschrift bestätigen. Die elektronische Fassung wird nebst Strukturdaten und Bestätigungsvermerk verschlüsselt zwischengespeichert, bevor die beweiswerterhaltende Langzeitarchivierung im Elektronischen Urkundenarchiv der Bundesnotarkammer erfolgt.«.

4. Das neue Urkundenverzeichnis (bisher: Urkundenrolle, Namensverzeichnis und Erbvertragsverzeichnis)

Das neu eingeführte (elektronische) Urkundenverzeichnis soll Beurkundungen und sonstige Amtshandlungen des Notars verzeichnen und ersetzt die bisherige Urkundenrolle, das Namensverzeichnis zur Urkundenrolle und das Erbvertragsverzeichnis (§ 55 BeurkG n.F. ab 01.01.2020). Die im Urkundenverzeichnis registrierten Urkunden verwahrt der Notar wie bereits erörtert dann ab dem Jahr 2022 zum einen papiergebunden in einer (herkömmlichen) Urkundensammlung, als auch in digitaler Form[23] in einer elektronischen Urkundensammlung und in einer Erbvertragssammlung.[24]

5. Verwahrungsverzeichnis

Das neue sog. Verwahrungsverzeichnis ersetzt das Verwahrungsbuch, das Massenbuch, die Anderkontenliste und das Namensverzeichnis zum Massenbuch (§ 5 Abs. 1 Satz 1 Nr. 2, 3, 5, 6 Var. 2 DONot a.F.).

6. Der elektronische Notaraktenspeicher

Der von der BNotK den Notaren vorgehaltene sog. elektronische Aktenspeicher ist demgegenüber optional und soll den Notaren die elektronische Führung ihrer nicht bereits in Elektronischen Urkundenarchiv zu führenden Akten (insb. Nebenakten[25]) und Verzeichnisse erleichtern und damit die Speicherung weiterer Daten in einer Art »Notar-Cloud« ermöglichen. Die hierfür anfallenden Gebühren können nicht auf die Beteiligten abgewälzt werden.[26]

II. Urschrift

1. Von der notariellen Urkunde[27] bleibt die *Urschrift* in der Regel in der Verwahrung des Notars (§ 45 Abs. 1 BeurkG), der sie zu den Notariatsakten (Urkundensammlung) nimmt (§ 18 Abs. 1 DONot; zu den Besonderheiten des elektronischen Urkundsarchivs und die Auswirkungen auf Urschrift, Ausfertigung und Abschrift vgl. § 12 Rdn. 3 ff. und eingehend § 12a Rdn. 5 ff.).[28] Eine Ausnahme besteht zum einen für Testamente, die zur Verwahrung des Gerichts zu geben sind und für Erbverträge, sofern die gerichtliche Verwahrung nicht ausgeschlossen wird (vgl. hierzu § 108 Rdn. 15). Die Urschrift ist den Beteiligten, nachdem der Notar sie mit dem Prägesiegel bzw. – sofern es sich um nur ein Blatt handelt, mit Farbdrucksiegel – versehen hat, zudem dann auszuhändigen, wenn dargelegt wird, dass sie im

---

23 In welcher Form die im Urkundenverzeichnis registrierten Urkunden zur Urkundensammlung bzw. zur elektronischen Urkundensammlung zu nehmen sind, soll dabei erst durch den Verordnungsgeber (§ 36 Abs. 1 Nr. 1 BNotO n. F.) festgelegt werden.
24 Zu beachten ist, dass die Urschrift einer Verfügung von Todes wegen nicht nach § 56 BeurkG n.F. ab 01.01.2011 in die elektronische Form übertragen werden darf. Es können zwar elektronische Abschriften gefertigt werden; diese erhalten jedoch nicht dieselbe rechtliche Qualität wie die elektronische Fassung der Urschrift.
25 *Gaul*, DNotZ-Sonderheft 2016, 130.
26 Das auf der Struktur des EGVP aufbauende (vgl. hierzu *Hushahn*, DNotZ-Sonderheft 2016, 166) besondere elektronische Notarpostfach schließlich wird dem jeweiligen Notariat zugeordnet; es soll einen sicheren Übermittlungsweg i.S.v. § 130a Abs. 4 ZPO ermöglichen. Dies ist erforderlich, um elektronische Zustellungen i.S.v. § 174 Abs. 3 ZPO gewährleisten zu können; vgl. hierzu *Frohn/Primaczenko*, notar 2017, 329, 330.
27 Anders ist dies vor allem bei Konsularurkunden, vgl. § 10 Abs. 3 Nr. 4 KonsG: »Die Urschrift einer Niederschrift soll den Beteiligten ausgehändigt werden, nicht einer von ihnen amtliche Verwahrung verlangt. In diesem Fall soll die Urschrift dem Amtsgericht Schöneberg in Berlin zur amtlichen Verwahrung übersandt werden. Hat sich einer der Beteiligten der Zwangsvollstreckung unterworfen, so soll die Urschrift der Niederschrift dem Gläubiger ausgehändigt werden, wenn die Beteiligten keine anderweitige Bestimmung getroffen haben und auch keiner von ihnen amtliche Verwahrung verlangt hat.«; vgl. hierzu eingehend *Eickelberg*, DNotZ 2018, 332.
28 Eine »Befreiung« des Notars vom Verbot der Aushändigung der Urschrift ist unzulässig (LG Memmingen v. 17.03.1993 – 4 T 144/93, MittBayNot 1993, 402).

Ausland verwendet werden soll *und* alle Personen zustimmen, die eine Ausfertigung verlangen können (§ 45 Abs. 2 BeurkG).[29] Hintergrund dieser Regelung ist, dass manche Staaten nur die Urschrift einer Urkunde, nicht aber eine Ausfertigung derselben als Beweismittel anerkennen.[30] »Darlegen« ist hierbei mehr als nur behaupten, aber weniger als beweisen.[31] Es kommt dem Glaubhaftmachen nahe. Die Verwendung im Ausland wird sich häufig schon aus dem Inhalt der Niederschrift ergeben.[32] Hierbei ist jedoch zu beachten, dass der Grundsatz des § 17 Abs. 3 BeurkG, wonach der Notar den Inhalt ausländischer Rechtsordnungen nicht zu kennen braucht, auch im Rahmen des § 45 Abs. 2 BeurkG gilt. Der Notar muss sich dementsprechend auf die Angaben des Antragstellers verlassen, dass dieser die Urkunde tatsächlich im Ausland verwenden werde; nachzuprüfen braucht der Notar diese Angabe jedoch nicht.[33] Er braucht sich auch keine weiteren Sicherheiten geben zu lassen.[34] Außerdem müssen wie erläutert ohnehin alle vorgenannten Beteiligten, eventuell also auch deren Rechtsnachfolger,[35] der Aushändigung zustimmen. Aus Beweisgründen sollte, auch wenn dies nicht explizit gefordert wird, eine (mindestens) schriftliche Einverständniserklärung eingeholt werden (sofern diese nicht bereits in der Urkunde selbst erklärt wurde).[36] Liegt auch diese Voraussetzung vor, so entscheidet der Notar nach pflichtgemäßem Ermessen, ob eine Aushändigung vorgenommen wird.[37] Sofern die Aushändigung erfolgt, wird von der Urschrift eine Ausfertigung angefertigt und mit dem Vermerk in die Urkundensammlung gelegt, an wen und weshalb die Urschrift ausgehändigt worden ist.

10 M **Vorstehende mit der Urschrift übereinstimmende Ausfertigung wird der Urkundensammlung erteilt.**

Die Urschrift, von der diese Ausfertigung zurückbehalten ist, ist am ..... mit Zustimmung ..... [alle Personen, die eine Ausfertigung verlangen können] an ..... ausgehändigt worden, nachdem er dargelegt hat, dass die Urschrift der Vollmacht in Lima in Peru zur Gründung einer Gesellschaft verwendet werden soll.

11 2. Regelmäßig ausgehändigt werden die Urschriften von Urkunden mit einfachen Zeugnissen, die in Form eines Vermerkes verfasst sind (§§ 45 Abs. 3, 39 ff. BeurkG), also insbesondere Unterschriftsbeglaubigungen.[38] Bei diesen ist die Urschrift schließlich für den Rechtsverkehr bestimmt. Nach § 19 Abs. 2 DONot fertigt der Notar eine Abschrift oder ein Vermerkblatt – nebst Kostenrechnung – an, das er zur Urkundensammlung nimmt. Das Ausfüllen eines

---

29 Vgl. LG Rostock (v. 23.05.2008 – 9 T 8/07 n.v.) zu der Konstellation, in der die Übergabe der Urschrift einer Urkunde an einen Gerichtssachverständigen zum Zwecke der gutachterlichen Untersuchung der Unterschriften der Urkundsbeteiligten als Vergleichsunterschriften im Streit stand. Das Gericht will hier § 45 Abs. 2 BeurkG analog anwenden, wenn ein Fall vorliege, in dem der beabsichtigte Erfolg bzw. Zweck, der mit der Urkunde erreicht werden soll, auch in Deutschland nicht durch eine Ausfertigung erreicht werden könne; insb. wenn es also nicht auf den Inhalt der Urschrift ankomme, sondern – wie im zu entscheidenden Fall – auf das Schriftbild der Originalunterschriften auf der Urschrift. Diese Auffassung ist, sofern ersichtlich, bisher noch nicht vertreten worden; zu den Auswirkungen auf die notarielle Praxis vgl. *Stuppi*, notar 2009, 254, 256.
30 Grziwotz/Heinemann/*Heinemann*, § 45 BeurkG Rn. 21.
31 Vgl. *Lerch*, § 45 BeurkG Rn. 2; Armbrüster/Preuß/Renner/*Preuß*, § 45 BeurkG Rn. 7.
32 Vgl. *Schoetensack*, DNotZ 1952, 272.
33 Vgl. *Lerch*, § 45 Rn. 2.
34 Armbrüster/Preuß/Renner/*Preuß*, § 45 BeurkG Rn. 7.
35 *Jansen*, § 45 Rn. 4.
36 Grziwotz/Heinemann/*Heinemann*, § 45 BeurkG Rn. 22.
37 *Winkler*, § 45 BeurkG Rn. 12.
38 Vgl. hierzu auch OLG Köln v. 10.05.1993 – 2 Wx 15/93, MittBayNot 1994, 83, 84: Wird mit einer Abtretungserklärung, die der Zessionar dem Notar zur Beglaubigung der Unterschrift des Zedenten übermittelt, die Unterschrift vor dem Notar anerkannt, so kann der Zessionar Herausgabe des Abtretungsvertrages nebst Vermerkurkunde an sich verlangen.

Vermerkblattes ist i.d.R. aufwendiger und damit betriebswirtschaftlich teurer als das Fertigen einer Kopie der Urkunde. Überdies »dokumentiert« die Kopie den Beglaubigungsvorgang besser als ein Vermerkblatt. Es ist dem Notar daher dazu zu raten, regelmäßig eine solche (beglaubigte) Kopie der Urkunde zu seiner Urkundensammlung zu nehmen. Hat der Notar die Urkunde, unter der er die Unterschrift beglaubigt hat, auch entworfen, so muss er ohnehin eine Abschrift der Urkunde einschließlich der Kostenrechnung für seine Urkundensammlung zurückbehalten (§ 19 Abs. 1 DONot). Das alternativ zu verwendende Vermerkblatt muss die Nummer der Urkundenrolle, die Angaben nach § 8 Abs. 4 und 5 DONot und die Abschrift der Kostenberechnung enthalten und ist vom Notar zu unterschreiben, § 19 Abs. 2 DONot. Soweit Mitteilungspflichten gegenüber den Finanzämtern bestehen, ist ein Vermerk über die Absendung der Anzeige auf die zurückbehaltene Abschrift zu setzen, § 19 Abs. 1 DONot. Dieser bedarf, wie sich aus einem e contrario Schluss aus § 19 Abs. 2 Satz 2 DONot ergibt, indes keiner gesonderten Unterschrift.[39]

3. Wenn die Urschrift einer vom Notar aufgenommenen Urkunde[40] ganz oder teilweise zerstört oder abhandengekommen ist,[41] so kann er auf einer ihm vorliegenden *Ausfertigung oder beglaubigten Abschrift oder einer davon gefertigten beglaubigten Abschrift* vermerken, dass sie an die Stelle der Urschrift tritt (§ 46 BeurkG).[42] In dem Ersetzungsvermerk muss vermerkt sein, dass die Ausfertigung oder beglaubigte Abschrift der Urschrift bzw. die beglaubigte Abschrift der Ausfertigung oder beglaubigten Abschrift die Urschrift ersetzt. Der Notar unterschreibt mit Ort und Zeit der Ausstellung. Streitig ist, ob ein Siegel erforderlich ist. Die h.M. verneint dies, weil der Ersetzungsvermerk kein Vermerk i.S.d. § 39 BeurkG ist, sondern eine Ersatzurkunde für die ebenfalls nicht zu siegelnde Niederschrift erschafft.[43] Wenn die vorzulegende Ausfertigung oder beglaubigte Abschrift selbst nicht verwendet werden kann, so kann der Notar hiervon eine beglaubigte Abschrift fertigen und in diesem Fall den Beglaubigungsvermerk und den Vermerk über die Ersetzung zu einem Vermerk verbinden; dieser Vermerk ist dann nach § 39 BeurkG zu siegeln.[44] Die Unterschrift des Notars ist Wirksamkeitsvoraussetzung.[45]

….. Die Urschrift meiner Urkunde ….. datiert vom ….., ist bei einem Brand zerstört worden. Nach der bei den Grundakten von ….. befindlichen Ausfertigung habe ich diese Abschrift hergestellt, deren Übereinstimmung mit der mir vorgelegenen Ausfertigung ich beglaubige, um die Urschrift damit zu ersetzen. Sie tritt an die Stelle der Urschrift. ….., den ……

….., Notar

Siegel

■ **Kosten.** Keine Beglaubigungsgebühr, Anmerkung 2 Nr. 1 zu Nr. 25102 KV GNotKG. Auslagen, insbesondere Dokumentenpauschalen nach Nr. 32000 KV GNotKG nur, wenn die Ersetzung besonders beantragt wurde.

---

39 Eylmann/Vaasen/*Kanzleiter*, § 19 DONot Rn. 3; Schippel/Bracker/*Bracker*, § 19 DONot Rn. 2; Armbrüster/Preuß/Renner/*Eickelberg*, § 19 DONot Rn. 5; modifizierend Weingärtner/Gassen/*Weingärtner*, § 19 DONot Rn. 4.
40 Zu beachten ist: Eine vor Herstellung der Ausfertigungen und beglaubigten Abschriften abhandengekommene Anlage kann nicht mehr ersetzt werden: DNotI, DNotI-Report 2006, 167.
41 Vgl. etwa LG Potsdam v. 08.08.2000 – 5 T 393/99, RPfleger 2000, 545 zu einer Urkunde, die »infolge Kriegseinwirkung zerstört« wurde.
42 Vgl. OLG Brandenburg v. 10.10.2012 – 4 U 183/11 (n.v.); speziell zur Ersetzung der Urschrift eines abhandengekommenen Erbvertrags vgl. DNotI, DNotI-Report 2005, 129.
43 Armbrüster/Preuß/Renner/*Preuß*, § 46 BeurkG Rn. 10; *Jansen*, § 46 BeurkG Rn. 12; *Lerch*, § 46 BeurkG Rn. 11; *Winkler*, § 46 BeurkG Rn. 20; a.A. Grziwotz/Heinemann/*Heinemann*, § 46 BeurkG Rn. 31.
44 Armbrüster/Preuß/Renner/*Preuß*, § 46 BeurkG Rn. 10.
45 Eylmann/Vaasen/*Limmer*, § 46 BeurkG Rn. 5.

§ 12 Urschrift, Ausfertigung, Abschrift

14 *Vor* der Ersetzung der Urschrift soll der Schuldner[46] gehört werden, der sich in der zu ersetzenden Urkunde der sofortigen Zwangsvollstreckung unterworfen hat. Durch diese Anhörung soll verhindert werden, dass versehentlich eine zweite vollstreckbare Ausfertigung in den Rechtsverkehr gelangt.[47] Von der vorgenommenen Ersetzung der Urkunde sollen die Personen, die eine Ausfertigung verlangen können (unten Rdn. 21) benachrichtigt werden, soweit sie sich ohne erhebliche Schwierigkeiten ermitteln lassen (§ 46 Abs. 3 BeurkG).

15 Ein Notar kann im Rahmen der Entscheidung, ob die Urschrift ersetzt wird, nach einer Ansicht einen Vorbescheid,[48] nach (zutreffender) a.A. einen Feststellungsbeschluss analog § 352 Abs. 1 Satz 1 FamFG[49] erlassen.[50] Hierin kündigt der Notar an, die Maßnahme (nicht) vorzunehmen, wenn nicht innerhalb der Beschwerdefrist von 1 Monat nach § 54 Abs. 2 Satz 1 BeurkG, § 15 Abs. 2 Satz 3 BNotO i.V.m. §§ 58 ff. FamFG Beschwerde eingelegt wird.

III. Ausfertigung

16 *1. Die Ausfertigung der Niederschrift vertritt die Urschrift im Rechtsverkehr* (§ 47 BeurkG), d.h. die Vorlage der Ausfertigung kommt der Vorlage der Urschrift gleich.[51] In allen Fällen, in denen es nach dem materiellen Recht auf den Besitz der Urkunde oder auf den Zugang einer notariellen Erklärung ankommt, reicht die Vorlage einer beglaubigten Abschrift nicht aus, sondern es ist eine Ausfertigung erforderlich (Ersetzungsfunktion).[52] Dies ist insbesondere für Vollmachtsurkunden von Bedeutung (vgl. §§ 172,[53] 175 BGB),[54] für die Bestellung als Vormund (§ 1791 BGB), Pfleger (§ 1893 Abs. 2 BGB) oder Betreuer (§§ 286, 290 FamFG), das Amt als Testamentsvollstrecker (§ 2368 BGB) oder Insolvenzverwalter (§ 56 InsO) sowie die Erbenstellung (§§ 2365, 2366 BGB).[55] Ebenso kann etwa die Herbeiführung der Bindungswirkung nach § 873 Abs. 2 BGB,[56] die Einwilligungserklärung zur Annahme als Kind

---

[46] Das kann sowohl der damalige Urkundenbeteiligte wie auch ein Gesamtrechtsnachfolge oder Einzelrechtsnachfolger sein: Grziwotz/Heinemann/*Heinemann*, § 46 BeurkG Rn. 25.
[47] Grziwotz/Heinemann/*Heinemann*, § 46 BeurkG Rn. 24; Armbrüster/Preuß/Renner/*Preuß*, § 46 BeurkG Rn. 8; *Winkler*, § 46 BeurkG Rn. 17.
[48] *Regler*, MittBayNot 2010, 261, 263.
[49] Grziwotz/Heinemann/*Heinemann*, § 46 BeurkG Rn. 36.
[50] Vgl. auch LG Stuttgart v. 06.12.2001 – 1 T 51/00, BWNotZ 2002, 67; zweifelnd für den Fall der Umschreibung einer Vollstreckungsklausel LG Freiburg v. 05.09.2006 – 4 T 122/06, RNotZ 2008, 368.
[51] *Röll*, MittBayNot 1958, 267.
[52] Grziwotz/Heinemann/*Heinemann*, § 47 BeurkG Rn. 7 ff. Zu der Frage, ob auch eine beurkundete Willenserklärung unter Anwesenden erst nach Zugang einer Ausfertigung beim Erklärungsempfänger wirksam wird vgl. OLG Düsseldorf v. 10.07.2013 – I – 15 U 28/12 (n.v.).
[53] Zu den Ausnahmen OLG München v. 10.09.2009 – 34 Wx 44/09, FGPrax 2009, 260; instruktiv OLG Karlsruhe v. 12.11.2014 – 11 Wx 61/14, NZG 2015, 242 (zu dem Vollmachtsnachweis bei einer Anmeldung zum Handelsregister). Zu dem Streit, ob der Nachweis des Fortbestandes einer notariellen Vollmacht durch eine Ausfertigung der Urkunde, die einem anderen Urkundsbeteiligten erteilt wurde, erbracht werden kann vgl. bejahend OLG Köln v. 09.07.2011 – 2 Wx 41/01, Rpfleger 2002, 197 (wechselseitige Bevollmächtigung und Vorlage der Ausfertigung mit einem Ausfertigungsvermerk für den anderen Beteiligten) m. kritischer Anm. *Waldner/Mahler*; OLG Frankfurt v. 08.11.2012 – 20 W 324/12 (n.v.; für den Fall, dass die beiden nur gemeinsam vertretungsberechtigten Bankangestellten bei Abgabe ihrer Erklärungen eine Ausfertigung vorlegen, die der Bank als Vollmachtgeberin erteilt worden ist); verneinend: OLG München v. 23.11.2012 – 34 Wx 319/12 RNotZ 2013, 169; vgl. auch *Helms*, RNotZ 2002, 235; Meikel/*Hertel*, § 29 GBO Rn. 47.
[54] Beachte aber klarstellend OLG München v. 23.11.2012 – 34 Wx 319/12 (bereits zuvor dass. v. 19.05.2008 – 34 Wx 023/08 und 024/08, DNotI-Report 2008, 135): Der Nachweis (fort-)bestehender Vollmacht kann im Grundbuchverkehr nicht durch die einem anderen Urkundsbeteiligten erteilte Ausfertigung der Vollmachtsurkunde erbracht werden (a.A. OLG Köln v. 09.07.2001 – 2 Wx 42/01, Rpfleger 2002, 197).
[55] Vgl. BGH v. 14.05.2002 – XI ZR 155/01, NJW 2002, 2325.
[56] MüKo-BGB/*Kohler*, § 873 BGB Rn. 77; eingehend *Geißler*, BWNotZ 1991, 48.

(§§ 1746, 1747, 1749, 1750 BGB),[57] der Rücktritt vom Erbvertrag (§ 2296 Abs. 2 BGB),[58] der Widerruf eines gemeinschaftlichen Testaments (§§ 2271, 2296 BGB)[59] und das Angebot auf Abschluss eines notariellen Schuldanerkenntnis[60] nur durch Vorlage (des Originals oder) einer Ausfertigung erreicht werden.[61] Die Ausfertigung besteht in einer Abschrift der Urschrift mit der Überschrift »Ausfertigung« und dem Vermerk am Schluss der Abschrift, dass sie mit der Urschrift übereinstimme. Sie enthält Tag und Ort der Erteilung und gibt die Personen an, denen sie erteilt wird.[62] Sie muss mit der Unterschrift und dem Siegel des Notars versehen werden (§ 49 Abs. 1 und 2 BeurkG).

Diese Ausfertigung stimmt mit der Urschrift überein. Sie wird Frau ....., geborene ....., geboren am ....., wohnhaft ..... erteilt.   **17 M**
Ort, Datum   **....., Notar**
Siegel

Auf der Urschrift vermerkt der Notar, wem und an welchem Tage er eine Ausfertigung erteilt hat (§ 49 Abs. 4 BeurkG).   **18**

Am ..... wurden von der Urkunde folgende Ausfertigungen erteilt: **19 M**
Erste Ausfertigung dem ..... (Käufer)
Zweite Ausfertigung dem ..... (Verkäufer)

    ....., Notar

Die übliche Angabe der Zahl der Ausfertigungen (»erste, zweite«) ist nicht vorgeschrieben. Für Vollmachten kann sie jedoch zweckmäßig sein, um anzuzeigen, dass ggf. bestimmten Personen mehrere Ausfertigungen erteilt wurden, also auch mehrere zurückgegeben bzw.   **20**

---

57 Beck´sches Notar-Handbuch/*Bernhard*, Teil G Rn. 228; vgl. OLG Hamm v. 15.10.1981 – 15 W 196/81, NJW 1982, 1002, 1003.
58 Vgl. OLG Hamm, Urt. v. 15.01.1998 – 22 U 72/97, DNotZ 1999, 142 zu der Formbedürftigkeit eines Rücktritts bei einer Vereinbarung mit (auch) erbvertraglichem Inhalt und vorbehaltenem Rücktrittsrecht und Unwirksamkeit einer vereinbarten Formerleichterung hinsichtlich des Rücktritts.
59 Vgl. zu den zahlreichen hierzu im Zusammenhang stehenden Fragestellungen etwa DNotI-Report 2015, 51; 2015, 105; DNotI-Gutachten Report 2014, 97; vgl. auch OLG Nürnberg v. 06.06. 2013 – 15 W 764/13, DNotZ 2013, 868; OLG Hamm v. 05.11.2013 – I-15 W 17/13, FGPrax 2014, 71; *Keim*, ZEV 2010, 358 (auch zu der Frage, ob der Widerruf wechselbezüglicher Verfügungen eines gemeinschaftlichen Testamentes auch gegenüber dem Bevollmächtigten des anderen Ehegatten erfolgen kann); hierzu auch LG Leipzig v. 01.10.2009 – 4 T 549/08, FamRZ 2010, 403 und *Zimmer*, ZEV 2007, 159.
60 OLG Koblenz v. 18.03.2005 – 3 W 89/05, MittBayNot 2006, 35.
61 Zu beachten ist: Soll eine beurkundete Willenserklärung durch den Gerichtsvollzieher öffentlich nach § 132 BGB zugestellt werden, so müssen diesem zwei Ausfertigungen übergeben werden, eine um die Zustellung zu bewirken und eine, um mit dieser die Zustellungsurkunde zu bewirken: Grziwotz/Heinemann/*Heinemann*, § 47 BeurkG Rn. 13. Vgl. OLG Koblenz v. 29.06.2017 – 1 U 1238/16, ZEV 2017, 713: Besonderheit war hier: Der Widerruf eines gemeinschaftlichen Testaments befand sich nach einer vom Erklärenden nicht zu verantwortenden unwirksamen Zustellung (einer beglaubigten Abschrift) weiterhin »auf dem Weg« zum Erklärungsempfänger, solange der Zustellungsauftrag (einer Ausfertigung) vom Auftraggeber nicht als abgeschlossen betrachtet wird. Daher kann durch alsbaldige nachfolgende Zustellung einer Ausfertigung der Widerruf noch wirksam erklärt werden; kritisch bei Zustellung durch Gerichtsvollzieher generell *Weidlich*, ZEV 2017, 715. Vgl. schließlich auch OLG Oldenburg v. 19.12.2017 – 3 W 112/17, DNotI-Report 2018, 37: Wenn der widerrufende Ehegatte nach dem Widerruf (= der Abgabe der Willenserklärung), aber vor dem Zugang der Ausfertigung verstirbt, liegt ein rechtzeitiger Zugang zumindest dann vor, wenn der Notar die Zustellung binnen 12 Tagen nach dem Tod des Widerrufenden bewirkt. Dass der Widerrufende im Zeitpunkt der Erteilung des Zustellungsauftrags durch den Notar nicht mehr am Leben war, ist unschädlich.
62 Vgl. zu der Frage, ob eine Vollmachtsurkunde als unwirksam anzusehen ist, wenn im Ausfertigungsvermerk ein anderer als der die Vollmacht vorlegende Vertreter bezeichnet ist: OLG Köln v. 09.07.2001 – 2 Wx 42/01, Rpfleger 2002, 197 m. Anm. *Waldner*.

eingezogen werden müssen, wenn sie außer Kraft gesetzt werden sollen (vgl. § 175 BGB).[63] § 952 BGB gilt für vollstreckbare notariellen Urkunden aufgrund ihres hoheitlichen Charakters nicht.[64]

21 2. *Anspruch* auf eine Ausfertigung von Niederschriften von *Willenserklärungen* hat jeder, der eine Erklärung im eigenen Namen abgegeben hat oder in dessen Namen eine Erklärung abgegeben worden ist (§ 51 Abs. 1 Nr. 1 BeurkG) und von *anderen* Niederschriften jeder, der die Aufnahme der Urkunde beantragt hat (§ 51 Abs. 1 Nr. 2 BeurkG).[65] Der vollmachtlos Vertretene gehört nicht zu den Berechtigten, die eine Ausfertigung der Urkunde verlangen können, solange er die Urkunde nicht selbst genehmigt hat.[66] Der Vertreter kann jedoch eine Ausfertigung für den Vertretenen selbst fordern, wenn er aufgrund Vollmacht gehandelt hat.[67] Parteien kraft Amtes[68] (Insolvenzverwalter,[69] Testamentsvollstrecker und Nachlasspfleger) handeln aus eigenem Recht, sie sind keine Vertreter und haben daher das Recht auf Erteilung einer Ausfertigung.[70] Die *Rechtsnachfolger* dieser Berechtigten können ebenfalls eine Ausfertigung verlangen (§ 51 Abs. 1 BeurkG).[71] Das gilt zunächst für die Gesamtrechtsnachfolger (z.B. Erben, Erbteilserwerber, Gesamtgutsbeteiligte bei Gütergemeinschaft, Erwerber aus Verschmelzung, Spaltung, Umwandlung etc.).[72] Die Pflicht des Notars zur Erteilung von Urkundenabschriften (§ 51 BeurkG) geht hierbei der notariellen Verschwiegenheitspflicht nach § 18 BNotO vor, sodass, sofern die Vertragsteile eines Erbvertrages nicht gemeinsam etwas anderes bestimmt, der die Vertragsurkunde verwahrende Notar jedem dies verlangenden Gesamtrechtsnachfolger eines Vertragsteils zur Erteilung einer Abschrift auch dann verpflichtet ist, wenn der andere noch lebende Vertragsteil dem widerspricht.[73] Auch Sonderrechtsnachfolger (etwa bei Schuldübernahme, Pfändungsgläubiger) haben grundsätzlich einen Anspruch auf Erteilung einer Ausfertigung.[74] Hier wird der Notar

---

63 Vgl. Jürgens/*Winterstein*, § 175 BGB Rn. 1 f. zu der Berücksichtigung etwaiger Zurückbehaltungsrechten.
64 OLG Frankfurt v. 14.03.2008 – 19 U 205/07, DNotZ 2009, 111.
65 Ein Pflichtteilsberechtigter hat kein Recht zur Einsichtnahme und Erteilung einer Ausfertigung (LG München II v. 21.07.2011 – 8 T 2753/11, MittBayNot 2011, 518; hierzu *Rupp*, notar 2012, 157, 159). Dies gilt auch dann, wenn nach § 12 GBO ein Einsichtsrecht in die Grundbuchakten zusteht (*Lehmann/Schulz*, ZEV 2012, 225, 228). Ein allgemeiner Anspruch auf Auskunft darüber, welche Urkunden ein Notar zu einem nur allgemein bezeichneten Geschäftsgegenstand errichtet hat, besteht nicht (LG Freiburg v. 28.04.2015 – 4 T 254/14, ErbR 2016, 109).
66 LG Stuttgart v. 06.12.2001 – 1 T 51/00, RNotZ 2002, 417.
67 Eylmann/Vaasen/*Limmer*, § 51 BeurkG Rn. 5.
68 Etwas anderes gilt daher insb. für Betreuer. Ein solcher ist nicht berechtigt, die Erteilung einer Abschrift des vom Betreuten errichteten Testaments gemäß § 51 Abs. 1 Nr. 1 BeurkG zu verlangen. Hat der Betreute keine natürliche Einsichtsfähigkeit mehr, kann eine Abschrift des Testaments nur nach der Befreiung des Notars von der Verschwiegenheitspflicht durch die Aufsichtsbehörde gemäß § 18 Abs. 2 Halbs. 2 BNotO erteilt werden (LG Passau v. 08.11.2005 – 2 T 207/05, MittBayNot 2006, 167).
69 Noch einmal klargestellt durch LG Darmstadt (v. 19.05.2008 – 5 T 685/07, ZIP 2008, 1783) und OLG Schleswig (v. 14.05.2013 – 11 U 46/12 VIA 2013, 69, vgl. auch *Winkler*, § 51 BeurkG Rn. 13), wonach der Insolvenzverwalter hinsichtlich der zur Masse gehörenden Vermögensgegenstände allein verfügungsbefugt sei und daher als Rechtsnachfolger i.S.d. § 51 Abs. 1 BeurkG anzusehen ist. Verlangt der Insolvenzverwalter eine Ausfertigung, hat der Notar jedoch zu prüfen, ob die in den betroffenen Urkunden niedergelegten Urkunden einen Bezug zum Insolvenzverfahren besitzen (*Bous/Solveen*, DNotZ 2005, 261, 280). Hiervon wird auszugehen sein, wenn Vermögensinteressen des Schuldners betroffen sind (Armbrüster/Preuß/Renner/*Preuß*, § 51 BeurkG Rn. 10).
70 *Winkler*, § 51 BeurkG Rn. 10; vgl. zu der Betreuungssituation *Epple*, BWNotZ 2008, 147.
71 Zum Nachweis der Rechtsnachfolge ist keine Vorlage eines Erbscheins erforderlich: LG Stuttgart v. 02.06.2004 – 1 T 56/04, BWNotZ 2006, 60.
72 Grziwotz/Heinemann/*Heinemann*, § 51 BeurkG Rn. 22.
73 OLG Karlsruhe v. 16.01.2007 – 14 Wx 51/06, DNotZ 2008, 139. Die Verschwiegenheitspflicht des § 18 BNotO erstreckt sich auch auf die Handakten eines Notars (LG Frankfurt v. 13.11.2014 – 2-17 OH 1/14, NotBZ 2015, 117).
74 Kilian/Sandkühler/vom Stein/*Stuppi*, § 14 Rn. 179. So hat im Fall der Schuldübernahme der Übernehmer einen Anspruch auf Erteilung einer Ausfertigung, nicht aber der Käufer eines Grundstücks hinsichtlich der Erwerbsurkunden seines Rechtsvorgängers (ausführlich *Röll*, DNotZ 1970, 398).

jedoch im Einzelfall zu prüfen haben, ob sich die beurkundete Willenserklärung auch auf Rechte und Pflichten bezieht, die auf den Rechtsnachfolger übergegangen sind und noch fortbestehen. Unter Umständen besteht daher nur ein Anspruch auf eine auszugsweise Ausfertigung, wenn nur Teile des Rechtsverhältnisses übernommen wurden.[75] Im Fall der Schuldübernahme hat der Übernehmer einen Anspruch auf Erteilung der Ausfertigung, nicht aber der Käufer eines Grundstücks ohne Weiteres hinsichtlich der Erwerbsurkunden seines Rechtsvorgängers.[76] Aufgrund von Sonderregelungen (etwa §§ 792, 896 ZPO) können unabhängig von § 51 BeurkG weitere Anspruchsberechtigungen bestehen. Generell gilt, dass der Notar die Erteilung einer Ausfertigung zu verweigern hat, wenn er erkennt, dass unredliche oder unlautere Zwecke verfolgt werden oder die Erteilung einer Ausfertigung mit seinen Amtspflichten nicht vereinbar wäre (vgl. §§ 14 Abs. 2 BNotO, 4 BeurkG).[77] Der Notar kann im Rahmen der Entscheidung, wem Abschriften und Ausfertigungen zu erteilen sind, einen Vorbescheid erlassen.[78]

22 Der Notar muss bei der Prüfung des Antragsrechts des Rechtsnachfolgers die entsprechenden Unterlagen verlangen, Glaubhaftmachung genügt nicht.[79]

23 Die in § 51 Abs. 1 genannten Personen können gemeinsam in der Niederschrift oder in einer besonderen (formlosen) Erklärung gegenüber dem Notar (oder dem die Urkunden des Notars verwahrenden Notariatsverwalter oder Amtsgericht)[80] über das Recht auf Ausfertigung *etwas anderes bestimmen* (§ 51 Abs. 2 BeurkG).[81] Sie können z.B. den Anspruch eines an sich Berechtigten ausschließen oder von einer Bedingung abhängig machen (etwa: Erteilung einer Ausfertigung an den Käufer erst nach Einzahlung des Kaufpreises auf dem Notaranderkonto/nach vollständiger Kaufpreiszahlung an den Verkäufer).

24 M **Wir bestimmen gemeinsam, dass dem Käufer erst dann eine Ausfertigung dieser Urkunde zu erteilen ist, wenn der Verkäufer dem Notar die Zahlung des Kaufpreises in Höhe von ..... € schriftlich bestätigt hat.**

25 Andererseits kann hierdurch auch einem materiell Berechtigten, der aus der Niederschrift Rechte herleiten können soll, ein eigenes Recht auf Erteilung einer Ausfertigung eingeräumt werden, damit dieser z.B. aus der Urkunde die Zwangsvollstreckung betreiben kann.[82] Dies muss jedoch deutlich geschehen, sonst bleibt der Erklärende, auf dessen Antrag einem Dritten eine Ausfertigung nur zugesandt wird, der Antragsteller.[83] Dies bedeutet dementspre-

---

75 KG v. 12.08.1997 – 1 W 491/96, DNotZ 1998, 200.
76 Zu diesem Themenkomplex allgemein: *Röll*, DNotZ 1970, 398.
77 Vgl. Arndt/Lerch/Sandkühler/*Sandkühler*, § 14 BNotO, 71.
78 LG Stuttgart v. 06.12.2001 – 1 T 51/00, MittBayNot 2003, 158.
79 KG v. 12.08.1997 – 1 W 491/96, DNotZ 1998, 200; Eylmann/Vaasen/*Limmer*, § 51 BeurkG Rn. 11.
80 Armbrüster/Renner/Preuß/*Preuß*, § 51 BeurkG Rn. 20.
81 Hier ist insb. Vorsicht geboten bei der Gestaltung von Vorsorge- bzw. Generalvollmachten, bei denen die zum Ausweis der Bevollmächtigung erforderliche Ausfertigung beim Notar verbleibt und erst »im Ernstfall« erteilt wird. Wird der Notar etwa dahingehend angewiesen, dem Bevollmächtigten eine (weitere) Ausfertigung erst auf Weisung des Vollmachtgebers zu erteilen, darf er sich darüber auch dann nicht hinwegsetzen, wenn der Vollmachtgeber zwischenzeitlich dauerhaft geschäftsunfähig geworden ist und die Weisung nicht mehr rechtswirksam erteilen kann (LG Nürnberg-Fürth v. 22.12.2011 – 12 T 7607/11, MittBayNot 2012, 317). Die Vollmacht würde daher im Ergebnis unbrauchbar sein. Vorzugswürdig erscheint hier die unbedingte Vollmachtserteilung verbunden mit der privaten Aufbewahrung beim Vollmachtgeber oder alternativ mit entsprechender Anweisung im Innenverhältnis, von der Vollmacht erst im Betreuungsfall Gebrauch zu machen (*Rupp*, notar 2012, 157, 158).
82 Ein eigenes Ausfertigungsrecht sollte daher insb. Grundpfandrechtsgläubigern, Berechtigten eines Schuldanerkenntnisses, Berechtigten eines Vertrages zugunsten Dritter und Bevollmächtigten eingeräumt werden: Grziwotz/Heinemann/*Heinemann*, § 51 BeurkG Rn. 28.
83 Zu dem Fall, dass der Schuldner die von ihm dem Notar erteilte Ermächtigung, dem Gläubiger eine vollstreckbare Ausfertigung zu erteilen, widerruft: vgl. BayObLG v. 06.08.2003 – 3Z BR 137/03, DNotZ 2003, 847.

chend, dass etwa eine vollstreckbare Ausfertigung einer Urkunde einem lediglich materiell beteiligten Gläubiger nicht allein deshalb zu erteilen ist, weil in der Urkunde zu seinen Gunsten eine Vollstreckungsunterwerfung abgegeben worden ist. Die Erteilung einer vollstreckbaren Ausfertigung erfordert vielmehr, dass der Gläubiger nach allgemeinen Bestimmungen eine Ausfertigung verlangen kann oder eine Ausfertigung nach dem Willen des Schuldners zur Verwendung im Rechtsverkehr in die Hände des Gläubigers gelangen kann.[84] Hat der Schuldner eine Zahlungsverpflichtung mit Unterwerfung unter die sofortige Zwangsvollstreckung notariell beurkunden lassen und den Notar ermächtigt, dem Gläubiger eine vollstreckbare Ausfertigung zu erteilen, kann er diese Ermächtigung indes nicht mehr widerrufen, sobald der Gläubiger eine Ausfertigung der Urkunde erhalten hat.[85] Nach bislang herrschenden Ansicht darf gegen mehrere Gesamtschuldner grundsätzlich nur eine einzige vollstreckbare Ausfertigung erteilt werden. Mehrere vollstreckbare Ausfertigungen sind nur möglich, falls die Voraussetzungen der §§ 733, 797 Abs. 3 ZPO für die Erteilung weiterer vollstreckbarer Ausfertigungen vorliegen.[86]

26 M **Der Bevollmächtigte erhält eine Ausfertigung dieser Urkunde.**

27 3. »*Beilagen*« zur Niederschrift, die nicht den rechtsgeschäftlichen Inhalt der Urkunde betreffen – anders die in Bezug genommenen Anlagen mit Willenserklärungen und die unter Verwendung von Karten, Zeichnungen oder Abbildungen in Bezug genommenen Erklärungen der Beteiligten (§ 9 Abs. 1 Satz 2 und 3 BeurkG) –, sondern die nur für die Rechtswirksamkeit oder die Durchführung bedeutsam sind (Vollmachten, Genehmigungen usw.), bilden keinen Teil der Niederschrift, auch wenn sie der Urkunde als »Anlage« beigefügt werden.[87] Sie müssten deshalb besonders beglaubigt werden. Das wird erspart, wenn ihre Abschrift mit der Ausfertigung der Niederschrift durch Schnur und Siegel verbunden und so durch den Ausfertigungsvermerk mit gedeckt wird. Dieser ersetzt dann die Beglaubigung der Abschrift der Anlage (§ 49 Abs. 3 BeurkG).[88] Die Regelungen des § 42 Abs. 1, 2 und 3 BeurkG sind zu beachten.

28 M **Diese mit der Urschrift übereinstimmende Ausfertigung wird mit der darin in Bezug genommenen und als Anlage beigefügten ….. dem Käufer, Frau ….., erteilt.**

29 4. Die Ausfertigung kann auf Antrag auch *auszugsweise* erteilt werden.[89] Im Ausfertigungsvermerk ist der Gegenstand des Auszuges anzugeben und vom Notar zu bezeugen, dass die Urkunde über diesen Gegenstand keine weiteren Bestimmungen enthält (§ 49 Abs. 5 i.V.m. § 42 Abs. 3 BeurkG). Den Umfang des Auszuges bestimmt der Notar nach pflichtgemäßem Ermessen.[90] Ist er der Ansicht, dass ein Auszug zu Unklarheiten oder Zweifeln über die

---

84 LG Kempten v. 25.10.2005 – 1 T 2198/05, MittBayNot 2006, 523.
85 BayObLG v. 06.08.2003 – 3Z BR 137/03, RNotZ 2003, 586.
86 DNotI-Gutachten, DNotI-Report 2015, 129 m.w.N. auch zur Gegenansicht. Dies bedeutet konkret: Wenn bereits eine vollstreckbare Ausfertigung gegen A, B und C erteilt worden ist und nun jeweils eine solche gegen jeden Einzelnen erteilt werden soll, ist die erste (gemeinsame) vollstreckbare Ausfertigung auf Antrag einzuziehen – soweit nicht wiederum die Voraussetzungen des § 733 ZPO vorliegen. Auch nach der Gegenansicht ist die erste, gegen alle Gesamtschuldner erteilte vollstreckbare Ausfertigung einzuziehen, falls eine solche gegen jeden Einzelnen erteilt werden soll und es an den Voraussetzungen des § 733 ZPO fehlt. Wenn also die Voraussetzungen des § 733 ZPO im konkreten Fall gegeben sind, kann der vorgenannte Meinungsstreit dahinstehen. Aus Gründen der Vorsicht wird jedoch das Verfahren nach den §§ 797 Abs. 3, 733 ZPO zu beachten sein.
87 Vgl. OLG München v. 15.05.2013 – 20 U 5004/12 (n.v.).
88 Vgl. dazu OLG Karlsruhe v. 02.03.1998 – 11 Wx 6/98, MittBayNot 1998, 364: »Wird die Abschrift des Verschmelzungsvertrages mit der Ausfertigung der Verschmelzungsbeschlüsse durch Schnur und Prägesiegel verbunden, so hat der Ausfertigungsvermerk auch die Beglaubigungsfunktion für die beigefügte Urkundenabschrift.«; allgemein *Reithmann*, DNotZ 1972, 71; *Weber*, DNotZ 1972, 133.
89 Armbrüster/Preuß/Renner/*Preuß*, § 49 BeurkG Rn. 14 m.w.N.
90 *Winkler*, § 49 BeurkG Rn. 17.

Regelung führt, muss er ihn ablehnen. Im Ausfertigungsvermerk ist anzugeben, auf welchen Gegenstand such der Auszug bezieht und dass die Urkunde hierüber keine weiteren Feststellungen oder Erklärungen enthält.[91] Häufig wird die Erteilung einer auszugsweisen Ausfertigung verwendet, um die Sicherung der Beteiligten zu erreichen, etwa, wenn eine Ausfertigung eines Kaufvertrages mit Eigentumsvormerkung, aber ohne Auflassung erfolgt, damit ein unredlicher Käufer nicht die Eigentumserreichung ohne Zahlung des Kaufpreises erreichen kann.[92] Andererseits kann es auch aus rein ökonomischen Gründen sinnvoll sein, öffentlichen Stellen nicht eine vollständige Ausfertigung vorzulegen. Wenn z.B. in einer Urkunde ein Kaufvertrag mit Auflassung und ein umfangreicher Mietvertrag vereinigt sind, genügt es zur Einreichung beim Grundbuchamt, die Urkunde nur hinsichtlich (des Kaufvertrages und) der Auflassung auszufertigen.[93] Dann lautet der unter die auszugsweise Abschrift zu setzende Ausfertigungsvermerk:

Vorstehende Verhandlung wird hiermit auszugsweise, und zwar der Kaufvertrag über das im Grundbuch von ..... Band ..... Blatt ..... eingetragene Grundstück, ausgefertigt und diese insoweit mit der Urschrift übereinstimmende auszugsweise Ausfertigung dem ..... erteilt. Weitere den Kaufvertrag betreffende Bestimmungen als die vorstehenden sind in der Niederschrift nicht enthalten.
Ort, Datum
Siegel ....., **Notar**

30 M

■ *Kosten.* Keine Beglaubigungsgebühr, Abs. 2 Nr. 1 der Anmerkung zu Nr. 25102 KV GNotKG. Auslagen können erhoben werden: Dokumentenpauschale im Rahmen eines Beurkundungsverfahrens nach Nr. 32001 Nr. 2 KV GNotKG; danach nach Nr. 32000 KV GNotKG.

5. Wenn der Notar eine Urkunde in einer *anderen* als der deutschen *Sprache* gemäß § 5 Abs. 2 BeurkG errichtet hat oder für die Erteilung einer Ausfertigung einer solchen Urkunde sonst zuständig ist (z.B. als Notariatsverwalter nach § 58 Abs. 1 BNotO[94]), kann er selbst die deutsche Übersetzung mit der Bescheinigung der Richtigkeit und Vollständigkeit versehen, vorausgesetzt, dass »er«, also auch der nur verwahrende Notar, der nicht selbst in der fremden Sprache beurkundet hat, der fremden Sprache hinreichend kundig ist (§ 50 Abs. 1 BeurkG). Von dieser Übersetzung kann er Ausfertigungen und Abschriften erteilen. Die Übersetzungsurkunde soll dann zusammen mit der Urschrift verwahrt werden (§ 50 Abs. 3 Satz 2 BeurkG). Die Bescheinigung der Richtigkeit und Vollständigkeit ist wie ein einfaches Zeugnis nach § 39 BeurkG (da es sich um eine Tatsachenbezeugung handelt) zu behandeln (§ 50 Abs. 1 Satz 2 BeurkG), also mit Siegel oder Stempel des Notars und mit der Angabe von Ort und Tag der Ausstellung und mit der Unterschrift des Notars zu versehen. In der Bescheinigung kann, muss allerdings nicht angegeben sein, dass der Notar der übersetzten Sprache hinreichend mächtig ist.[95]

31

---

91 Grziwotz/Heinemann/*Heinemann*, § 49 BeurkG Rn. 22.
92 Vgl. OLG Hamm v. 26.03.1975 – 15 Wx 197/74, Rpfleger 1975, 250.
93 Die »Entscheidung Spiegel/Wulff« des BGH (v. 17.08.2011 – V ZB 47/11, NJW-RR 2011, 1651), nach der das berechtigte Interesse des § 12 GBO auch durch ein schützenswertes Interesse der Presse begründet sei, führt dazu, dass vermehrt darüber nachgedacht wird, dem Grundbuchamt per se oder im konkrete Einzelfall nur noch die für den Vollzug erforderlichen Erklärungen einzureichen (vgl. eingehend *Maaß*, NotBZ 2012, 100 ff. (dort findet sich auch die Aussage, dass Grundbücher aufgrund des vollständigen Einsichtsrechts der Presse »faktisch öffentliche Bücher« seien); *Abicht*, notar 2012, 139; *Rupp*, notar 2012, 157, 159; *Böhringer*, DNotZ 2012, 413; *Böttcher*, NJW 2012, 822).
94 Vgl. eingehend zu den mit der Notarvertretung und Notariatsverwaltung zusammenhängenden Besonderheiten *Peterßen*, RNotZ 2008, 181.
95 *Jansen*, § 50 BeurkG Rn. 2.

32 M Ausfertigung

Diese deutsche Übersetzung meiner in englischer Sprache am ..... errichteten Urkunde UR Nr. ..... ist richtig und vollständig. Diese Abschrift stimmt mit der Urschrift der Übersetzungsurkunde überein. Sie wird als Ausfertigung dem Verkäufer, Frau ..... erteilt.
Ort, Datum   ....., Notar
Siegel

33   Die Bescheinigung verleiht der Übersetzung die Vermutung der Vollständigkeit und Richtigkeit. Es handelt sich hierbei um eine gesetzliche Vermutungsregel i.S.d. § 292 ZPO, nicht um eine Beweisregel i.S.d. § 286 Abs. 2 ZPO.[96] Der Gegenbeweis bleibt zulässig.

34   **6.** *Lehnt* der Notar die *Erteilung* einer Ausfertigung oder die Erteilung der Vollstreckungsklausel oder die Aushändigung der Urschrift oder die Ersetzung der Urschrift[97] *ab*[98] oder ersetzt er die Urschrift, so entscheidet auf Beschwerde eines Beteiligten eine Zivilkammer des Landgerichts, in dessen Bezirk der Notar seinen Amtssitz hat (§ 54 BeurkG).[99] Der Notar ist hierbei kein Beteiligter, sondern Vorinstanz.[100] Die weitere Beschwerde nach den §§ 70 ff. FamFG ist zulässig. Dem auf die Beschwerde angewiesenen Notar steht eine weitere Beschwerde nicht zu.[101]

35   Zur Herstellung der *Ausfertigungen* nach *Ablichtungen* (Fotokopien) s.o. Rdn. 12. Zur *vollstreckbaren Ausfertigung* s.u. § 19.

IV. Beglaubigte und einfache Abschrift

36   **1.** Die beglaubigte Abschrift ist eine Abschrift mit dem Vermerk des Notars, dass sie mit einer Hauptschrift übereinstimmt.[102] Wer Ausfertigungen verlangen kann, ist auch berechtigt, beglaubigte und einfache Abschriften zu verlangen und die Urschrift einzusehen (§ 51 Abs. 3 BeurkG);[103] einen Anspruch auf Auskunft darüber, welche Urkunden ein Notar

---

96 Str.; wie hier Grziwotz/Heinemann/*Heinemann*, § 50 BeurkG Rn. 24; a.A. *Lerch*, § 50 BeurkG Rn. 3.
97 Hilfreiche Muster für den Erlass eines Ersetzungsbeschlusses finden sich bei Grziwotz/Heinemann/*Heinemann*, § 46 BeurkG Rn. 35, zurückgehend auf *Heinemann*, FamFG für Notare, Rn. 603.
98 Zu beachten ist: Hätte der Notar bei Kenntnis des Gesamtsachverhalts die Beurkundung ablehnen müssen, weil das Rechtsgeschäft nichtig ist, kann er bei nachträglicher Feststellung eines nichtigkeitsbegründenden Sachverhalts die Erteilung einer Urkundenausfertigung verweigern: OLG Jena v. 04.11.1998 – 6 W 677/98, OLG-NL 1999, 118.
99 Vgl. hierzu *Winkler*, § 51 BeurkG Rn. 34a.
100 Armbrüster/Preuß/Renner/*Preuß*, § 54 BeurkG Rn. 10. Ihm können deshalb indes auch keine Kosten auferlegt werden: OLG Düsseldorf v. 03.07.1995 – 3 Wx 168/95, DNotZ 1996, 539. Der Notar kann ausnahmsweise beschwerdeberechtigt sein, wenn er durch die gerichtliche Anweisung in eigenen Rechten betroffen sein kann (BVerfG v. 26.08.1991 – 2 BvR 121/90, DNotZ 1992, 56).
101 KG v. 27.10.1970 – 1 W 12222/70, DNotZ 1971, 494; BayObLG v. 04.01.1972 – BReg. 2 Z 127/71, DNotZ 1972, 371 (beide noch zu §§ 27, 28 FGG); BVerfG v. 07.02.2013 – 1 BvR 639/12, NJW 2013, 1588.
102 Beck´sches Notar-Handbuch/*Bernhard*, Teil G Rn. 232.
103 Ob daneben ein Recht auf Einsicht in die Nebenakten des Notars (vgl. § 22 Abs. 1 DONot) besteht, ist gesetzlich nicht geregelt. § 13 FamFG, in dem – wie früher in § 34 FGG – eine Einsichtnahme in Gerichtsakten geregelt ist, ist nach ganz h.M. nicht anwendbar (BGH v. 30.11.1989 – III ZR 112/88, NJW 1990, 510 zu § 34 FGG). Die Rechtsprechung hat diese Frage bisher offengelassen (BGH v. 31.01.2013 – V ZB 168/12, NJW-RR 2013, 697 mit dem klarstellenden Hinweis, dass die verlangte Einsichtnahme des Einverständnisses aller Beteiligten bedurft hätte); BGH v. 30.11.1989 – III ZR 112/88, NJW 1990, 510; KG v. 27.05.2003 – 1 W 352/02, DNotZ 2004, 202; OLG Zweibrücken v. 10.07.2002 – 3 W 137/02, DNotZ 2003, 125, 126; LG Frankfurt/Main v. 16.03.1988 – 2/9 T 1197/87, DNotZ 1990, 389, 394). Lediglich die Einsicht in Schriftstücke, welche von dem um Einsicht Nachsuchenden selbst stammen (OLG Zweibrücken v. 10.07.2002 – 3 W 137/02, DNotZ 2003, 125, 126) oder in die der Notar einen Vermerk – nicht, wie geboten, in die Urschrift

errichtet hat, ergibt sich aus § 51 BeurkG indes nicht.[104] Nach der Systematik des BeurkG handelt es sich bei der Abschriftenbeglaubigung um eine Tatsachenbeurkundung.[105] Zu dem elektronischen Beglaubigungsverfahren vgl. § 124 Rdn. 23.

Der Beglaubigungsvermerk soll Ort und Tag der Ausstellung angeben und ist mit Unterschrift und Siegel des Notars zu versehen (§ 39 BeurkG; Wirksamkeitsvoraussetzung sind die Unterschrift und das Präge- oder Farbdrucksiegel). **37**

Die Erteilung beglaubigter und nicht beglaubigter Abschriften wird auf der Urschrift *nicht* vermerkt. Ihr Besitz kann die Urschrift im Rechtsverkehr nicht ersetzen; im Grundbuchverkehr steht sie der Ausfertigung jedoch in weiten Teilen gleich.[106] **38**

Hauptschrift kann die Urschrift, eine Ausfertigung oder eine Abschrift (einfache[107] oder beglaubigte) sein; es kann sich zudem um eine private und eine öffentliche Urkunde handeln.[108] Im Beglaubigungsvermerk muss ersichtlich gemacht werden, ob die Hauptschrift eine Urschrift, Ausfertigung oder beglaubigte oder einfache Abschrift ist (§ 42 Abs. 1 BeurkG[109]). Ist die Haupturkunde eine Ausfertigung oder beglaubigte Abschrift, ist die Wiedergabe des Beglaubigungs- oder Ausfertigungsvermerks in die Abschrift aufzunehmen.[110] Enthält die Haupturkunde eine Unterschrift, kann in einer Abschrift, die das Schriftbild der Unterschrift nicht wiedergibt, der Name maschinenschriftlich eingefügt und z.B. durch den Zusatz »gez.« deutlich gemacht werden, dass sich an dieser Stelle im Original die Unterschrift befindet.[111] Der Ort des Siegels wird üblicherweise durch die Abkürzung »L. S.«[112] gekennzeichnet.[113] Mängel der abgeschriebenen Urkunde, namentlich solche, die eine Änderung des ursprünglichen Inhaltes annehmen lassen, sind im Beglaubigungsvermerk zu bezeichnen (§ 42 Abs. 2 BeurkG). Nachträgliche Veränderungen des Textes einer Urkunde, deren Unterzeichnung notariell beglaubigt ist, beeinträchtigen die Formwirksamkeit der notariellen Beglaubigung nicht.[114] **39**

Enthält die Abschrift nur einen *Auszug* aus einer Urkunde, so soll im Beglaubigungsvermerk der Gegenstand des Auszuges angegeben und bezeugt werden, dass die (auszugsweise abgeschriebene) Urkunde über diesen Gegenstand keine weiteren Bestimmungen enthält (§ 42 Abs. 3 BeurkG). Insoweit wird eine dahin gehende Überprüfung durch den Notar vorausgesetzt.[115] **40**

(§ 11 BeurkG) aufgenommen hat (BayObLG v. 02.07.1992 – 3Z BR 58/92, DNotZ 1993, 417) – wird für durchsetzbar erachtet.
104 OLG Schleswig v. 14.05.2013 – 11 U 46/12 VIA 2013, 69 zu einem Auskunftsanspruch des Insolvenzverwalters.
105 Armbrüster/Preuß/Renner/*Preuß*, § 42 BeurkG Rn. 1.
106 Vgl. *Schöner/Stöber*, Grundbuchrecht Rn. 169 ff.; vgl. zudem KG v. 09.01.2007 – 1 W 188/06, Rpfleger 2007, 264, nach dem das Fehlen des Originaltestaments der Erteilung eines Erbscheins auf der Grundlage des Inhaltes des Testaments nicht entgegensteht, wenn eine beglaubigte Kopie des Testaments vorhanden ist, auf die die Beweisregeln über öffentliche Urkunden Anwendung finden.
107 Vgl. hierzu – und auch zu den Besonderheiten bei der konsularischen Beurkundung – *Eickelberg*, DNotZ 2018, 332.
108 Grziwotz/Heinemann/*Heinemann*, § 42 Rn. 8; *Winkler*, § 42 Rn. 12; zu der Frage, ob dem, Registergericht nach § 13 g Abs. 2 S. 1 HGB das *memorandum of association* zusammen mit einer beglaubigten Übersetzung mit Ausnahme der *model articles* verlangen kann vgl. OLG Frankfurt v. 08.08.2017 – 20 W 229/14, NZG 2017, 1431 (bejahend).
109 § 42 Abs. 1 BeurkG gilt auch für das elektronische Zeugnis nach § 39a BeurkG: OLG Brandenburg v. 28.10.2010 – 7 Wx 22/10, FGPrax 2011, 89.
110 *Lerch*, § 42 BeurkG Rn. 7.
111 Eylmann/Vaasen/*Limmer*, § 42 BeurkG Rn. 8; Grziwotz/Heinemann/*Heinemann*, § 42 BeurkG Rn. 17; vgl. OLG Frankfurt v. 06.04.1993 – 20 W 65/93, DNotZ 1993, 757.
112 »loco sigilli« oder auch »locus sigilli« (lat. für *Ort des Siegels*).
113 Armbrüster/Preuß/Renner/*Preuß*, § 42 BeurkG Rn. 5.
114 KG v. 04.09.2012 – 1 W 154/12, DNotZ 2013, 129, FGPrax 2013, 8.
115 Eylmann/Vaasen/*Limmer*, § 42 BeurkG Rn. 13.

41 Der Beglaubigungsvermerk kann etwa lauten:

42 M Die Übereinstimmung der vorstehenden Abschrift mit der mir vorliegenden Urschrift beglaubige ich.
Ort, Datum ....., Notar
Siegel

oder:

43 M Die Übereinstimmung der vorstehenden Abschrift mit der mir vorliegenden ersten Ausfertigung der Urkunde beglaubige ich.
Ort, Datum ....., Notar

oder:

44 M Die Übereinstimmung dieser Abschrift mit der mir vorliegenden und als Abschrift eines privatschriftlichen Testamentes bezeichneten Urkunde beglaubige ich mit dem Bemerken, dass
1. sich im ersten Satz der vorgelegten Abschrift hinter dem Wort ..... eine Lücke befindet, in der ein Wort fehlen könnte,
2. gegen Ende des zweiten Satzes ein Wort durchgestrichen ist,
3. dort, wo das vorletzte Wort des letzten Satzes steht, anscheinend radiert und das jetzt zu sehende Wort hinübergeschrieben ist.
Ort, Datum ....., Notar
Siegel

■ *Kosten* zu Rdn. 42 M–44 M. Gebührenfrei für Abschriften der vom Notar aufgenommenen Urkunde nach Abs. 2 Nr. 1 der Anmerkung zu Nr. 25102 KV GNotKG. Auslagen können erhoben werden: Dokumentenpauschale im Rahmen eines Beurkundungsverfahrens nach Nr. 32001 Nr. 2 KV GNotKG; danach nach Nr. 32000 KV GNotKG. Für die Abschrift anderer Urkunden entsteht die Gebühr nach Nr. 25102 KV GNotKG, allerdings ohne weitere Dokumentenpauschalen (Abs. 1 der Anmerkung zu Nr. 25102 KV GNotKG).

45 2. Zweifelhaft ist, ob der Notar Abschriften oder Fotokopien *fremdsprachlicher* Urkunden beglaubigen darf, wenn er die fremde Sprache nicht beherrscht. Hintergrund muss insoweit mangels konkreter Bestimmungen zur Abschriftenbeglaubigung die Bestimmung des § 40 Abs. 2 BeurkG zur Unterschriftsbeglaubigung sein, wonach der Notar »die Urkunde nur darauf zu prüfen (hat), ob Gründe bestehen, seine Amtstätigkeit zu versagen«.[116] Zudem ist § 4 BeurkG zu berücksichtigen, wonach der Notar verpflichtet ist, der Herstellung öffentlicher Urkunden mit rechts- oder sittenwidrigem Verwendungszweck vorzubeugen und keinen zusätzlichen Vertrauenstatbestand durch die Beurkundung bzw. Beglaubigung zu schaffen.[117] Zu der Unterschriftsbeglaubigung haben sich hierbei die folgende Meinungen gebildet: Die Bundesnotarkammer hatte zunächst in einer Stellungnahme gegenüber dem

---

[116] Eingehend Ganter/Hertel/Wöstmann/*Ganter*, Rn. 1411; zu der Versagung der Urkundstätigkeit bei Verdacht auf Firmenbestattung vgl. BGH v. 23.11.2015 – NotSt (Brfg) 4/15, NZG 2016, 181; *Genske*, notar 2016, 152; *Hager/Müller-Teckhof*, NJW 2016, 1857; *Heinze*, DNotZ 2017, 804; zu »gestalterischen Vorkehrungen« von Kettenkaufverträgen BGH v. 8. 11. 2013 – NotSt(B) 1/13, DNotZ 2014, 301; *Ganter*, DNotZ 2016, 483. Zu der sog. »Malta-Masche« der Reichsbürger vgl. DNotZ 2017, 322; *Grüner/Köhler*, notar 2018, 105; LG Augsburg v. 10.12.2015 – 4T 1/15, NotBZ 2017, 498.

[117] Vgl. zu dem aktuellen »Beurkundungsverbot« aus § 1597a BGB etwa DNotI-Report 2017, 153; *Knittel*, JAmt 2017, 339, 340; *Balzer*, NZFam 2018, 5; *Stern*, NZFam 2017, 740; *Kaesling*, NJW 2017, 3686.

Bundesminister der Justiz[118] die Ansicht vertreten, da der Notar seinen Prüfungspflichten mangels Sprachkenntnis nicht nachkommen könne, sei es ihm verwehrt, derartige Beglaubigungen vorzunehmen. Diese Auffassung hat die Bundesnotarkammer in ihrem Tätigkeitsbericht[119] korrigiert und ausgeführt, es müsse abgewogen werden zwischen der Prüfungspflicht des Notars, die es ihm verwehre, an Geschäften, die erkennbar unerlaubten oder unredlichen Zwecken dienen, mitzuwirken und der Pflicht zur Amtsbereitschaft gemäß § 15 BNotO. Sei der Notar mangels Sprachkenntnis nicht in der Lage, Zweifel zu begründen und deuten auch sonst keine Umstände auf unredliches Verhalten hin, so bestehe keine Ablehnungspflicht. Der Bundesjustizminister hat sich dieser Ansicht nicht angeschlossen und im Anschluss an Überlegungen des Justizministers des Landes Baden-Württemberg Leitlinien aufgestellt, die zwischen zulässiger, eingeschränkt zulässiger und Beglaubigung mit zusätzlichen Vermerken unterscheiden wollen.[120] Eine zulässige Beglaubigung liegt hiernach dann vor, wenn der Notar zumindest über gewisse Kenntnisse der Sprache verfügt, in der die Urkunde abgefasst ist, und darüber hinaus die verwandten Schriftzeichen kennt. In diesem Fall darf der Notar die Beglaubigung vornehmen, wenn er nach den gesamten Umständen einschließlich der äußeren Form der Urkunde den Eindruck gewinnt, dass kein Ablehnungsgrund nach § 4 BeurkG vorliegt. Eine eingeschränkte Beglaubigung soll demgegenüber dann vorliegen, wenn der Notar die Sprache bzw. die verwendeten Schriftzeichen des vorgelegten Schriftstückes nicht kennt. Hier darf der Notar nur beglaubigen, wenn ein Grund für die Notwendigkeit der Beglaubigung glaubhaft gemacht werden kann (vgl. insoweit auch § 40 Abs. 5 Satz 1 BeurkG). Besondere Vorsicht hat er in den Fällen des § 42 Abs. 2 BeurkG (Lücken, Durchstreichungen etc. in dem vorgelegten Schriftstück) walten zu lassen. Hier sollte es angezeigt sein, einen entsprechenden Vermerk zu verfassen.

Die Meinung im Schrifttum ist uneinheitlich. Zum Teil wird vertreten, dass der Notar keine Abschriftenbeglaubigung vornehmen dürfe, wenn er die in Rede stehende Sprache nicht versteht.[121] Andere sind der Ansicht, dass der Notar nur bei erkennbarer Verfolgung gesetzeswidriger oder unredlicher Zwecke ein Tätigwerden ablehnen solle.[122] Letztere Ansicht überzeugt. Schließlich darf (neben den o.g. Bestimmungen) auch die Vorschrift des § 15 Abs. 1 BNotO nicht übersehen werden, die die Urkundsgewährung durch den Notar als Regel- und nicht als Ausnahmefall postuliert.[123] Überdies ist zu berücksichtigen, dass der Notar bei der Abschriftenbeglaubigung lediglich die Übereinstimmung zwischen der Haupturkunde und der Abschrift feststellt. Die Prüfungspflicht des Notars ist in diesem Kontext mithin per definitionem eingeschränkt. Sie muss an die Besonderheiten der Situation angepasst werden. Es ist demnach anzuraten, dass der Notar bei einem Text, der in einer Sprache abgefasst ist, die er nicht versteht, sich diesen zumindest mündlich (grob) übersetzen bzw. zusammenfassen lässt und unter Umständen auch nach dem Verwendungszweck der Urkunde fragen sollte.[124] Lassen diese Informationen – oder bereits das äußere Erscheinungsbild der Urkunde – ausnahmsweise den Schluss zu, dass die Amtstätigkeit der Verfolgung gesetzeswidriger oder unredlicher Zwecke dienen soll, so ist die

46

---

118 DNotZ 1981, 1982.
119 DNotZ 1982, 266, 273.
120 DNotZ 1983, 521.
121 Weingärtner/Gassen/*Weingärtner*, § 29 DONot Rn. 12; einschränkend auch *Lerch*, § 42 BeurkG Rn. 5.
122 Vgl. Eylmann/Vaasen/*Limmer*, § 42 BeurkG Rn. 11; Armbrüster/Preuß/Renner/*Preuß*, § 42 BeurkG Rn. 11; *Winkler*, § 42 BeurkG Rn. 16 ff.; sehr großzügig Grziwotz/Heinemann/*Heinemann*, § 42 BeurkG Rn. 22.
123 Ganter/Hertel/Wöstmann/*Ganter*, Rn. 492; anschaulich OLG Düsseldorf v. 24.07.2013 – I-18 U 78/13 (n. v.).
124 Vgl. zur Parallelproblematik bei der Unterschriftsbeglaubigung: Arndt/Lerch/Sandkühler/*Sandkühler*, § 15 BNotO Rn. 84, § 20 Rn. 35: »Bei bloßen Unterschriftsbeglaubigungen kommt es nicht darauf an, in welcher Sprache der von der Unterschrift gedeckte Text verfasst ist. (…..) Er darf daher die Unterschriftsbeglaubigung vornehmen, wenn sich aus den Begleitumständen und ggf. den Erklärungen der Beteiligten kein Hinweis darauf ergibt, dass mit der Urkunde unerlaubte oder unredliche Zwecke verfolgt werden«.

Beglaubigung zu verweigern.[125] Sofern dies – was den Regelfall darstellen dürfte – indes nicht der Fall ist, ist dem Notar anzuraten, die Beglaubigung vorzunehmen und hierbei die vorgenannten Angabe der Beteiligten und die fehlende Kenntnis des konkreten Inhaltes der Erklärung aufgrund der fehlenden Sprachkenntnisse in den Beglaubigungsvermerk aufzunehmen.[126] Im Ergebnis ist es damit gerechtfertigt, die Entscheidung, nicht anders als bei der Unterschriftsbeglaubigung[127], in das Ermessen des Notars zu stellen.[128]

---

125 Armbrüster/Preuß/Renner/*Preuß*, § 42 BeurkG Rn. 11.
126 Grziwotz/Heinemann/*Heinemann*, § 42 BeurkG Rn. 22, der auch eine solche »Pflicht« für unnötig hält.
127 Vgl. hier zu den einzelnen Fallgruppen übersichtlich Armbrüster/Preuß/Renner/*Preuß*, § 4 BeurkG Rn. 4 ff.; vgl. zu der »Malta-Masche« der sog. Reichsbürger *Schmidt-Bremme*, DNotZ 2017, 322.
128 *Winkler*, § 42 BeurkG Rn. 16.

§ 12a Elektronischer Rechtsverkehr im Notariat

I. Kurzhistorie

Notare sind Vorreiter in der Nutzung von Technologie bei den juristischen Berufen in Deutschland.[1] Nach Schaffung der gesetzlichen und technischen Grundlagen für die elektronische Führung von Grundbuch, Handels- und sonstige Rechtsträgerregister sowie der automatisierten Abrufbarkeit dieser Systeme wurde der elektronische Registerverkehr zum 01.01.2007 an allen Handelsregistern gleichzeitig und wird der elektronische Rechtsverkehr in Grundbuchsachen seit dem Jahr 2012 sukzessive in den Bundesländern eingeführt. Der Notar übermittelt bei Anmeldungen zum Register und Anträgen zum Grundbuch die eintragungsrelevanten Daten nebst elektronisch beglaubigten Abschriften der rechtsmaßgeblichen notariellen Urkunden in elektronischer Form sicher an das Gericht. Diese Aufgabe ist neben die Beratungs-, Beurkundungs- und Beglaubigungstätigkeiten des Notars getreten, die unverändert notwendig bleiben. **1**

Notare nutzen für die Bewältigung der Aufgaben im Elektronischen Rechtsverkehr im Wesentlichen Produkte und Systeme der standeseigenen Organisationen, namentlich der Bundesnotarkammer und deren Tochtergesellschaft NotarNet GmbH. Zur Verfügung stehen das Notarnetz[2] und die Zertifizierungsstelle für qualifizierte elektronische Signaturen, das Zentrale Vorsorgeregister (ZVR) und über die Tochtergesellschaft NotarNet GmbH das Programm XNotar für den Elektronischen Rechtsverkehr. Das zum 01.01.2012 gestartete Zentrale Testamentsregister (ZTR) wird von zahlreichen IT-Systemen begleitet, darunter insbesondere das Notarportal und das Notarverzeichnis (§78l BNotO). Der Anfang 2018 auf das besondere elektronische Notarpostfach (beN) aktualisierte EGVP-Übertragungsweg, der insbesondere für den Datenaustausch zwischen Notaren und Grundbuchämtern sowie Registergerichten Verwendung findet, ist für den notariellen Arbeitsplatz zwingende Voraussetzung geworden (§78n BNotO). **2**

Die erst sukzessive beginnend mit dem 09.06.2017, dem 01.01.2020 und dann schwerpunktmäßig zum 01.01.2022 in Kraft tretenden neuen Regelungen des Gesetzes zur Neuordnung der Aufbewahrung von Notariatsunterlagen und zur Einrichtung des Elektronischen **Urkundenarchivs bei der Bundesnotarkammer** sowie zur Änderung weiterer Gesetze (Urkundenarchivgesetz)[3] wird Technik zwingend in jedes Notariat und in den allermeisten Arbeitsgängen Einzug finden müssen. Die Urkundenrolle mit Namensverzeichnis wird bereits ab dem 01.01.2020 im Urkundenarchiv und dort unter der Bezeichnung Elektronisches Urkundenverzeichnis geführt werden und jede Urkunde elektronisch archiviert werden müssen. Gleichzeitig wird als Nachfolger des Masse- und Verwahrungsbuches nebst Namensverzeichnisses hierzu das Elektronische Verwahrungsverzeichnis eingeführt. Außerdem dürfen Notare ab dem 01.01.2020 ihre Akten originär elektronisch führen. **3**

Die Elektronik wird für das Notarbüro also immer wichtiger,[4] sie bleibt aber beherrschbar.[5] Durch die Einführung weiterer Technik sind nicht nur Neuerungen und Änderungen **4**

---

1 Büttner/Frohn/Seebach/*Seebach*, Elektronischer Rechtsverkehr und Informationstechnologie im Notariat, 1. Auflage 2018, Vorwort.
2 Zum Notarnetz allgemein *Püls*, in: Beck'sches Notar-Handbuch, 6. Auflage 2015, M. Dienstordnung und Büro, Rn. 46; siehe auch unter www.elrv.info, dort unter »NotarNetz«; zuletzt abgerufen am 20.04.2018.
3 Gesetz v. 01.06.2017, BGBl. I S.1396.
4 *Damm*, DNotZ 2017, 426 ff.
5 *Winkelmann/Kirchner*, MittbayNot 2017, 646.

durch die Notarstellen zu bewerkstelligen, sondern können Synergieeffekte sinnvoll genutzt werden. **Dabei dürfte der Ertrag den Aufwand erheblich übersteigen**:[6] Beispielsweise können einmal eingegebene Daten zur Registrierung von Urkunden im Urkundenarchiv auch im elektronischen Rechtsverkehr verwendet und aus der elektronischen Fassung von Urkunden im Urkundenarchiv ohne weiteren Zwischenschritt direkt elektronisch beglaubigte Abschriften abgeleitet und zur Einreichung bei Gerichten und Behörden herangezogen werden.[7]

II. Die neue elektronische Notarwelt nach dem Urkundenarchivgesetz[8]

5 Das Gesetz zur Neuordnung der Aufbewahrung von Notariatsunterlagen und zur Einrichtung des Elektronischen Urkundenarchivs bei der Bundesnotarkammer[9] ist die Grundlage für eine **weitgehende Digitalisierung des Notariats**. Letztere wird nicht nur Umstellungsaufwand auslösen, sondern für Notare und Justiz nicht nur unwesentliche Mehrwerte schaffen.[10] In der Bundesnotarordnung und dem Beurkundungsgesetz treten nach Art. 11 des Gesetzes die Änderungen und Neuerungen sukzessive in Kraft[11]. Im Wesentlichen sind dies:
1. Zum 08.06.2017[12]:
    o Notarielle **Prüfungspflichten** nach §§ 378 Abs. 3 FamFG und § 15 Abs. 3 GBO
    o Einfügung von § 33 BNotO (**Elektronische Signatur**) und § 34 BNotO (**Meldepflichten**)
    o Neufassung der §§ 78 bis 78o BNotO (**Aufgaben der Bundesnotarkammer**, Zentrales Vorsorgeregister, Zentrales Testamentsregister, Elektronisches Urkundenarchiv, Notaraktenspeicher, Notarverzeichnis, besonderes elektronisches Notarpostfach)
    o Verordnungsermächtigungen zur **Vorbereitung des Urkundenarchivs** und weiterer neuer Aufgaben
2. Zum 01.01.2018:
    o Einrichtung eines **besonderen elektronischen Notarpostfachs** für jeden Notar durch die Bundesnotarkammer nach § 78n Abs. 1 BNotO
3. Zum 01.01.2020:
    o Elektronische Führung des **Urkundenverzeichnisses** nach § 76 Abs. 1 bis 4 i.V.m. § 55 Abs. 1 und 2 BeurkG-2020 als Ersatz der damit entfallenden[13] Urkundenrolle mit Namensverzeichnis
    o Elektronische Führung des **Verwahrungsverzeichnisses** nach § 76 Abs. 1 bis 4 i.V.m. § 59a BeurkG-2020[14] als Ersatz der damit ex nunc für neue Verwahrungsgeschäfte nach § 76 Abs. 2 BNotO[15] entfallenden Masse- und Verwahrungsbücher nebst Anderkontenliste und Namensverzeichnis

---

6 *Winkelmann/Kirchner*, MittbayNot 2017, 646, 647.
7 *Damm*, DNotZ 2017, 427.
8 Gesetz zur Neuordnung der Aufbewahrung von Notariatsunterlagen und zur Einrichtung des Elektronischen Urkundenarchivs bei der Bundesnotarkammer vom 01.06.2017, BGBl. I, S. 1396, zuvor Entwurf BReg, BR-Drucks. 602/2016 v. 14. 10. 2016.
9 Zur Entstehungsgeschichte vgl. *Fischer*, DNotZ-Sonderheft 2016, 124.
10 *Sandkühler/Klingler*, DNotZ-Sonderheft 2012, 139; zu den möglichen Erweiterungen eines Urkundenarchivs zu einem gemeinsamen Grundakten- und Handelsaktenarchiv sowie zu einem Register für Titel und Ausfertigungen siehe z.B. *Hushahn*, DNotZ-Sonderheft 2016, 166, 171 und *Kirchner* in Winkelmann, MittBayNot 2017, 646.
11 Zu den rechtlichen Grundlagen im Einzelnen *Fischer*, DNotZ-Sonderheft 2016, 124.
12 Die Verkündung des Gesetzes erfolgte am 08.06.2018, Inkrafttreten nach Art. 11 Abs. 2 daher am 09.06.2018.
13 *Kirchner*, MittBayNot 2015, 294.
14 Erste Kommentierung hierzu: Grziwotz/Heinemann/*Grziwotz*,§ 59a BeurkG Rn. 1–4.
15 Gesetzesbegründung BReg., Entwurf eines Gesetzes zur Neuordnung der Aufbewahrung von Notariatsunterlagen und zur Einrichtung des Elektronischen Urkundenarchivs bei der Bundesnotarkammer, BR-

- Fakultative Führung **elektronischer Notarakten** (General- und Nebenakten) nach § 35 BNotO-2020 auf technischen Geräten in den Räumen des Notars (§ 35 Abs. 4 BNotO-2020) oder im elektronischen Notaraktenspeicher der Bundesnotarkammer (§ 78k BNotO)
4. Zum 01.01.2022:
    - Führung **der elektronischen Urkundensammlung** (§ 55 Abs. 2 BeurkG-2022) neben[16] der Papier-Urkundensammlung und der (ebenfalls papiergebundenen) Erbvertragssammlung (§ 55 Abs. 3 BeurkG-2022)
    - Pflicht zur **Überführung der papiergeführten Urschriften in die elektronische Form** nach § 56 BeurkG-2022 mit Ausnahme von Verfügungen von Todes wegen (§ 34 Abs. 4 BeurkG-2022)

Bis zum 01.01.2020 bleiben das Verwahrungsregime notarieller Urkunden und die Regelungen über die Führung der Bücher und Verzeichnisse nach den bis dahin gültigen §§ 5 bis 17 DONot unverändert. Die gesetzlichen Neuerungen haben indes keine Auswirkung auf die Durchführung der Beurkundung von Willenserklärungen nach § 8 BeurkG bzw. von Wahrnehmungsurkunden des Notars nach § 36 BeurkG.[17] **6**

1. Einführung mit Inkrafttreten des Gesetzes (09.06.2017)

a) Prüfungspflichten nach §§ 378 Abs. 3 FamFG und § 15 Abs. 3 GBO

Zu den zum 08.06.2017 eingeführten notariellen Prüfungspflichten auf Eintragungsfähigkeit im Handelsregister nach § 378 Abs. 3 FamFG siehe § 124 Rdn. 19-20 und im Grundbuch nach § 15 Abs. 3 GBO siehe § 55 Rdn. 14. **7**

b) Elektronische Signatur und Meldepflichten

aa) Elektronische Signatur

Die wegen des Inkrafttretens der EIDAS-Verordnung[18] überholten Inhalte von § 2a DONot sowie § 39a BeurkG wurden aktualisiert. In § 39a BeurkG sind die Verweise auf das wegen Anwendungsvorrangs der EIDAS-Verordnung verdrängte[19] bisherige Signaturgesetz entfernt und ist beurkundungsrechtlich[20] die **Pflicht zur höchstpersönlichen Erzeugung der Signatur** durch den Notar in § 39a Abs. 1 Satz 4 BeurkG aufgenommen worden.[21] Der Notar muss nach § 33 Abs. 1 BNotO über ein auf Dauer prüfbares qualifiziertes Zertifikat eines qualifizierten Vertrauensdiensteanbieters[22] und über die technischen Mittel für die Erzeugung und Validierung qualifizierter elektronischer Signaturen verfügen. Das bei einem Erst- **8**

Drucks. 602/2016 vom 14. 10. 2016, S. 106; Grziwotz/Heinemann/*Grziwotz*, § 76 BeurkG Rn. 11.
16 Jahrzehntelange Parallelaufbewahrung in Urschrift und elektronischer Fertigung »zur Sicherheit«, siehe z.B. *Kirchner*, DNotZ-Sonderheft 2016, 115, 117.
17 *Kirchner*, DNotZ-Sonderheft 2016, 115, der sich trotz fortschreitender Digitalisierung der Gesellschaft gegen Konzepte einer etwaigen Video-Beurkundung ausspricht.
18 eIDAS-Verordnung (Verordnung [EU] Nr. 910/2014 des Europäischen Parlaments und des Rates v. 23.07.2014 über elektronische Identifizierung und Vertrauensdienste für elektronische Transaktionen im Binnenmarkt und zur Aufhebung der Richtlinie 1999/93/EG, ABl. 2014, Nr. L 257, S. 73, berichtigt in ABl. 2015, Nr. L 23, S. 19, und ABl. 2016, Nr. L 155, S. 44).
19 *Roßnagel*, MMR 2015, 359, 363.
20 *Damm*, DNotZ 2017, 426, 441.
21 Gesetzesbegründung (Fn. 14), S. 53-55 zu § 33 Abs. 1 und 3 BNotO. BNotK, DNotZ 2008, 161; *Bettendorf/Apfelbaum*, DNotZ 2008, 85; a.A. damals noch *Bohrer*, DNotZ 2008, 39, 50 ff.
22 Ausweislich der Homepage der Bundesnotarkammer unter https://zertifizierungsstelle.bnotk.de/zertifizierungsstelle (zuletzt abgerufen am 23.04.2018) ist die Zertifizierungsstelle der Bundesnotarkammer ein qualifizierter Vertrauensdiensteanbieter im Sinne des Artikel 20 Absatz 1 Satz 1 eIDAS-Verordnung. Die auf den qualifizierten Zertifikaten der Zertifizierungsstelle der Bundesnotarkammer beruhenden Signaturen

antrag nur durch notariell beglaubigten Antrag erhältliche qualifizierte Zertifikat (§ 33 Abs. 2 BNotO) muss mit einem Attribut nach § 12 VDG[23] versehen sein, welches den Inhaber als Notar ausweist und daneben seinen Amtssitz sowie das Land und die Notarkammer enthält, in deren Bezirk er seinen Amtssitz hat (§ 33 Abs. 3 BNotO). Der Notar darf sein qualifiziertes Zertifikat nur von einem qualifizierten Vertrauensanbieter beziehen, der gewährleistet, dass das Zertifikat unverzüglich gesperrt wird, sobald das Erlöschen des Amtes des Notars oder eine vorläufige Amtsenthebung im Notarverzeichnis eingetragen wird.[24]

bb) Meldepflichten

9 Der Notar hat die Aufsichtsbehörde und seine zuständige Notarkammer zu informieren, wenn feststeht oder er begründeten Anlass zu der Annahme hat, dass sein Amtssiegel dauerhaft oder zeitweise abhandengekommen ist oder missbraucht wurde oder eine Fälschung seines Amtssiegels im Umlauf ist (§ 34 Abs. 1 Nr. 1 BNotO). Die aus § 2 Abs. 3 Satz 2 DONot übernommene Regelung ermöglicht die Kraftloserklärung von Siegeln und die Warnung des Rechtsverkehrs.[25] Bei Verlust, Missbrauch oder Manipulation der Notar-Signaturkarte nebst PIN (Wissensdaten) oder der notariellen Zugangsdaten zu den zentralen Systemen der Bundesnotarkammer (Register, Urkundenarchiv, Notaraktenspeicher) gilt dasselbe (§ 33 Abs. 1 Nr. 2 und 3, Satz 2 BNotO).

c) Weitere Aufgaben der Bundesnotarkammer

10 Im Zuge der Einführung des Urkundenarchivs hat der Gesetzgeber die in den §§ 78 ff BNotO geregelten Aufgaben der Bundesnotarkammer neu geordnet. Über die bisherigen Aufgaben hinaus[26] sind insbesondere neu hinzu gekommen:
– Die Führung des **Elektronischen Notaraktenspeichers** als Urkundenarchivbehörde nach §§ 78 Abs. 1 Nr. 7, 78k BNotO einschließlich der Vereinnahmung diesbezüglicher Gebühren;
– die Führung des **Notarverzeichnisses** nach §§ 78 Abs. 1 Nr. 8, 78l BNotO;
– die Einrichtung der **besonderen elektronischen Notarpostfächer** nach §§ 78 Abs. 1 Nr. 9, 78n BNotO;
– die Führung des **elektronischen Urkundenarchivs** als Urkundenarchivbehörde nach §§ 78 Abs. 2 Nr. 3, 78h BNotO einschließlich der Vereinnahmung diesbezüglicher Gebühren;
– die **Unterstützung der sonstigen elektronischen Datenverarbeitung** der Notare; hierzu zählen insbesondere das Programm XNotar[27] sowie der Betrieb der Zertifizierungsstelle.[28]

---

genügen den Anforderungen an qualifizierte elektronische Signaturen im Sinne des Artikel 3 Nummer 12 eIDAS-Verordnung.
23 Vertrauensdienstegesetz vom 18.07.2017 (BGBl. I S. 2745).
24 Durch die technische Verknüpfung der Zertifizierungsstelle der Bundesnotarkammer mit dem Notarverzeichnis nach § 78l BNotO und die dort in Abs. 1 Satz 3 geregelte unverzügliche Eintragungspflicht der einzelnen Notarkammern in dieses Verzeichnis aufgrund von notarrelevanten Benachrichtigungen durch die Landesjustizverwaltungen gem. § 67 Abs. 6 BNotO ist die automatische Sperrung des Zertifikats mit Notarattribut derzeit nur (!) bei der Notar-Signaturkarte der Bundesnotarkammer gewährleistet.
25 Gesetzesbegründung (siehe Fn. 21), S. 56 zu § 34 BNotO.
26 Darunter auch die Führung des Zentralen Vorsorgeregisters und des Zentralen Testamentsregisters als Registerbehörde nach §§ 78a Abs. 1 Satz 1 und 78c Abs. 1 Satz 1 BNotO.
27 Software zur Bearbeitung von elektronischen Anträgen zum Grundbuch und Anmeldungen zum Handelsregister, über welche künftig auch das Elektronische Urkundenarchiv sowie der elektronische Notaraktenspeicher bedient werden können. Siehe auch http://notarnet.de/produkte/xnotar; zuletzt abgerufen am 23.04.2018.
28 Siehe unter https://zertifizierungsstelle.bnotk.de/; zuletzt abgerufen am 23.04.2018.

Der Bundesnotarkammer steht als Urkundenarchivbehörde kein Zugang zum Urkundenarchiv und auf die Verzeichnisse der Notar zu. Der Zugriff auf die Daten und Dokumente von Urkundenverzeichnis, Verwahrungsverzeichnis, dem elektronischen Urkundenarchiv und dem Notaraktenspeicher steht nur der Verwahrstelle (Notar oder Notarkammer) zu, § 78i Satz 1 BNotO. Nach § 78i BNotO ergreift die Bundesnotarkammer unter anderem folgende technische und organisatorische Maßnahmen für die **Sicherheit des elektronischen Urkundenarchivs**, welche die Rechtsverordnung des BMJV[29] nach § 78h Abs. 4 BNotO noch näher festlegen wird:[30] 11

- Abschirmung vom Internet durch die sogenannte Archivbox, welche als Nachfolgerin der Notarnetzbox allen Verwahrstellen zur Verfügung gestellt werden wird
- Verschlüsselung von Urkunden zur Gewährleistung des Zugriffs nur durch die Verwahrende Stelle und deren Mitarbeiter
- Validierungs- und Beweiswerterhaltungsfunktion für die im Urkundenarchiv und im Notaraktenspeicher gespeicherten Urkunden und sonstigen Akteninhalte
- Übertragungsfunktion von einer Verwahrstelle auf die nachfolgende Verwahrstelle durch die regional zuständige Notarkammer im Mehraugenprinzip

d) Verordnungsermächtigungen zur Errichtung des Elektronischen Urkundenarchivs und weiterer Systeme

Bereits in Kraft getreten sind verschiedene **Verordnungsermächtigungen** für das Bundesministerium für Justiz und Verbraucherschutz. Namentlich sind § 36 BNotO (Akten und Verzeichnisse), § 78h Abs. 5 BNotO (Urkundenarchiv), § 78m BNotO (Notarverzeichnis), § 78n Abs. 5 BNotO (besonderes elektronisches Notarpostfach), § 59 BeurkG (Verordnungsermächtigung zu Verwahrungsverzeichnis und Urkundenverzeichnis)[31] insbesondere deshalb geltendes Recht, um rechtzeitig vor der Einführung des Urkundenarchivs die untergesetzlichen Bestimmungen verordnen zu können, auf deren Basis die technischen Systeme gestaltet und geschult werden sollen. Mit der Verordnung zum besonderen elektronischen Notarpostfach ist noch in 2018 zu rechnen[32], im Übrigen werden die derzeit in Vorbereitung und Abstimmung befindlichen Verordnungen jeweils rechtzeitig vor Eintritt des neuen Rechtszustands am 01.01.2020 und am 01.01.2022 erwartet. 12

2. Einführung zum 01.01.2018: besonderes elektronisches Notarpostfach (beN)

Mit dem Urkundenarchivgesetz[33] wurde auch das **besondere elektronische Notarpostfach (beN)** eingeführt (§78n BNotO)[34], mithilfe dessen nun auch Notare verfahrensrechtlich der Schriftform unterworfene Dokumente[35] über einen sogenannten »**sicheren Übermittlungsweg**« § 14 Abs. 2 FamFG i.V.m. § 130a ZPO an Gerichte übersenden können und insbesondere aber auch nach § 174 Abs. 3 Satz 4 ZPO seit dem 01.01.2018 für die **Zustellung** von elektronischen Dokumenten an Notare einen sicheren Übermittlungsweg eröffnen müssen 13

---

29 Bundesministerium für Justiz und Verbraucherschutz.
30 Kilian/Sandkühler/v Stein/*Frohn*, § 7 Rn. 32, 33, Fn. 32 und 33.
31 Über die genaueren Inhalte der Verordnung sind noch keine Veröffentlichungen erfolgt. Einige Details siehe Grziwotz/Heinemann/*Grziwotz*, § 59 BeurkG, Rn. 1–4.
32 Siehe unten Rdn. 13, Fn. 43.
33 BGBl. I 2017, S.1396.
34 Die hierzu noch durch das Bundesministerium der Justiz und für Verbraucherschutz zu erlassende Rechtsverordnung nach § 78n Abs. 5 BNotO zur Regelung der Einzelheiten der besonderen elektronischen Notarpostfächer steht noch aus.
35 Es wird nur die verfahrensrechtliche Schriftform, nicht jedoch die materielle Schriftform ersetzt, vgl. auch *Frohn/Primaczenko*, notar 2017, 329 (330) sowie *Brosch/Lummel/Sandkühler/Freiheit*, Elektronischer Rechtsverkehr mit dem beA, Rn. 229, 230.

(§ 130a Abs. 4 Nr. 2 ZPO). Das beN dient der Kommunikation des Notars mit Gerichten und Behörden, insbesondere im Zusammenhang mit elektronischen Anmeldungen zum Handelsregister und Anträgen zum Grundbuch und wurde weitgehend auf der bisherigen **EGVP-Infrastruktur** umgesetzt.[36] Damit entspricht die sichere Übermittlung auch den Anforderungen des § 18 BNotO.[37]

a) Übermittlung aus dem beN-Postfach

14 Für Notare **gelten im Regelfall höhere Formerfordernisse, die unverändert nur durch einfache elektronische Zeugnisse nach § 39a BeurkG** für die digitale Übermittlung hergestellt werden können.[38] Lediglich Verfahrenserklärungen, die der Schriftform unterliegen – beispielsweise ein Antragsergänzungsschreiben nach § 137 Abs. 3 GBO -, können durch die Einreichung über das beN als sicherer Übermittlungsweg i.S. d. §§ 14 Abs. 2 FamFG i.V.m. 130a Abs. 3 2. Alt., Abs. 4 Ziffer 2 ZPO, 78n BNotO ohne Unterschrift und ohne Signatur des Notars eingereicht werden.

15 Das beN ist (ebenso wie das beA[39]) ein EGVP-Postfach, das nach außen hin nur dann als beN in Erscheinung tritt, wenn der Notar beim Versand der Nachricht persönlich angemeldet ist[40]. Diese »sichere Anmeldung« wird vom beN-System bestätigt und die Bestätigung der Nachricht in einer für den Empfänger prüfbaren Form beigefügt.

b) Zustellung an das beN-Postfach

16 Das beN kann von den Gerichten für Zustellungen an Notare, z. B. für Zwischenverfügungen, genutzt werden. Hierbei wird die Zustellung durch ein elektronisches Empfangsbekenntnis nachgewiesen, das in strukturierter maschinenlesbarer Form zu übermitteln ist (§ 174 Abs. 4 Satz 3 und 4 ZPO). Die Abgabe eines solchen elektronischen Empfangsbekenntnisses wird künftig entweder durch einen mit einer qualifizierten elektronischen Signatur versehenen Datensatz oder im Wege der Übermittlung über beN als sicheren Übermittlungsweg möglich sein. Der schriftformersetzende Versand über das beN wird damit in geeigneten Fällen, wie z.B. beim elektronischen Empfangsbekenntnis, eine Alternative zur qualifizierten elektronischen Signatur darstellen. Dies setzt allerdings voraus, dass der Notar selbst die Nachricht versendet.

17 Für Fälle, in denen ein elektronisches Empfangsbekenntnis gefordert ist oder eine Nachricht vom Notar persönlich über das beN als »sicherem Übermittlungsweg« versendet werden soll, wird die Bundesnotarkammer noch **eine neue Anwendung**[41] zur Verfügung stellen, die bereits auf der technologischen Basis des neuen Programms XNotar 4 basieren und in der Zukunft die Oberfläche für sämtliche beN-Anwendungen bilden soll.

---

36 Vgl. z.B. *Frohn/Primaczenko*, notar 2017, 329.
37 Arndt/Lerch/Sandkühler/*Sandkühler*, § 18 BNotO Rn. 19, 20.
38 Näheres hierzu vgl. unten Rdn. 50 ff., 64 ff.
39 Brosch/Lummel/Sandkühler/Freiheit/*Freiheit*, Elektronischer Rechtsverkehr mit dem beA, Rn. 277.
40 Nachrichten jedes Notars aus XNotar werden zwar unter Angabe der beN-Kennung (z.B. DE.BEN_PROD. b5a755c5-3e93-44d2-8e9b-1e61714a2088.f85b) versandt, diese haben jedoch ohne sichere Anmeldung am beN die Form des § 130a Abs. 3 1. Alt. ZPO (Übermittlung qualifiziert signierter Dokumente), die für Notare nach §§ 137 GBO, 12 HGB i.V.m. § 39a BeurkG auch weiterhin die einzige Form für die Einreichung von Urkunden bei Grundbuchamt und Handelsregister bleibt, siehe auch Rdn. 50, 65–66.
41 Diese war bei Drucklegung dieses Werks noch nicht verfügbar, jedoch existiert bereits eine erste Anleitung für die beN-Webanwendung unter https://onlinehilfe.bnotk.de/display/BEN/Besonderes+elektronisches+Notarpostfach; zuletzt abgerufen am 20.04.2018. Bis zur Verfügbarkeit der beN-Anwendung können Beschlüsse der Grundbuchämter und Handelsregister über XNotar empfangen werden. Fristen *werden jedoch erst gegen schriftliches oder nach § 130a Abs. 3 1. Alt. ZPO qualifiziert durch den Notar signiertes Empfangsbekenntnis in Gang gesetzt.*

c) Zugang zum beN-Postfach

Nach § 78n Abs. 2 Satz 1 BNotO hat die Bundesnotarkammer sicherzustellen, dass der Zugang zum besonderen elektronischen Notarpostfach nur durch ein sicheres Verfahren mit zwei voneinander unabhängigen Sicherungsmitteln möglich ist. Als ein solches Sicherungsmittel kommt zum einen das Notarnetz in Betracht, das Notare in sicherer Weise mit Systemen der Bundesnotarkammer und der Standesorganisationen vernetzt. Als weiteres, hiervon unabhängiges Sicherungsmittel soll zum anderen zunächst ein Anmeldeverfahren mit Eingabe des Nutzernamens und des Passworts[42] eingesetzt werden. Die gesetzliche Änderung machte die Anpassung der technischen Komponenten notwendig. So wurde die Software XNotar ab der Version 3.7.21 bereits angepasst und an die beN-Infrastruktur angebunden. Damit kann der Notar mittels des gewohnten XNotar (bereits jetzt vor Inbetriebnahme der o.a. neuen beN-Anwendung, siehe oben Rdn. 17) sowohl die Anforderungen an das beN nach §§ 130a, 174 ZPO erfüllen und zugleich seine Handelsregisteranmeldungen und Grundbuchanträge in gewohnter Form einreichen.

18

d) Einrichtung und Betrieb von beN

Nach § 78n Abs. 1 BNotO hat die Bundesnotarkammer zum 01.01.2018 für jeden in das Notarverzeichnis eingetragenen Notar ein persönliches elektronisches Postfach eingerichtet, das nach dem Wortlaut des Gesetzes als »besonderes elektronisches Notarpostfach« legal definiert wird. Ein beN wird ferner für jeden Notariatsverwalter eingerichtet (vgl. § 78n Abs. 4 BNotO). Die Einrichtungsverpflichtung gilt jedoch nicht in Bezug auf Notarvertreter. Diese werden in Vertretungsfällen über eine eigene Zugangsberechtigung das beN des vertretenen Notars nutzen können.[43]

19

Die aktive Inbesitznahme des beN-Postfachs und eine Erstanmeldung durch den Notar werden zusätzlich notwendig sein, um das Postfach vollständig in Betrieb zu nehmen. Im März 2018 haben alle Notare nach Aufforderung durch die Bundesnotarkammer bereits die Generierung eines neuen Postfach-Zertifikats durchgeführt und sind daher über das EGVP unter der beN-Adresse such- und adressierbar. Die eindeutige beN-Kennung[44] jedes Notars ist mit dessen Amtstätigkeits-Eintrag im Notarverzeichnis verknüpft. Nach Bereitstellung der beN-Webanwendung[45] wird noch zusätzlich eine (einmalige) Aktivierung des Postfachs mit der Signaturkarte bei der erstmaligen Nutzung erforderlich sein.

20

3. Einführung zum 01.01.2020: Elektronisches Urkundenverzeichnis, Elektronisches Verwahrungsverzeichnis, Elektronische Notarakten

a) Elektronisches Urkundenverzeichnis (UVZ)

Nach § 55 Abs. 1 BeurkG-2020 führt der Notar ab dem 01.01.2020 ein **elektronisches Verzeichnis über Beurkundungen und sonstige Amtshandlungen** (Urkundenverzeichnis, kurz UVZ). Dieses ersetzt die bisherige Urkundenrolle, das Erbvertragsverzeichnis und das dazu gehörige Namensverzeichnis[46] und ist **ausschließlich elektronisch** im Urkundenar-

21

---

42 Oder alternativ der Signaturkarte des Notars, wie dies auch bei der elektronischen Anderkontenanwendung der Bundesnotarkammer der Fall ist, vgl. *Kirchner*, MittBayNot 2015, 294, 300; Newsletter der Notar-Net GmbH vom 12.04.2016.
43 Die parallel zu der beA-Verordnung auch für das besondere elektronische Notarpostfach zu erlassende Rechtsverordnung war bei Drucklegung noch nicht veröffentlicht.
44 Weingärtner/Gassen/Sommerfeldt/*Gassen*, Teil 2 Rn. 185, Fn. 82; *Kirchner*, MittBayNot 2015, 294, 299.
45 Siehe Rdn. 17.
46 Kilian/Sandkühler/v Stein/*Frohn*, Praxishandbuch Notarrecht, 3. Aufl. 2018, § 7 Rn. 21, 22; *Fischer*, DNotZ-Sonderheft 2016, 126; *Damm*, DNotZ 2017, 427.

chiv (§ 55 Abs. 2 BeurkG-2020) bei der Bundesnotarkammer[47] als Urkundenarchivbehörde[48] (§ 78h BNotO) zu führen.[49] Ein unverbindlicher Ausdruck wird aus dem technischen System wohl möglich sein.[50] Die bisherigen Vermerke auf der Urschrift werden durch Eintragungen in das UVZ ersetzt (§ 49 Abs. 4 BeurkG), etwa die Erteilung von Ausfertigungen.[51]

22 **Andere Akten und Verzeichnisse kann der Notar zukünftig in Papierform oder elektronisch führen**; dies gilt jedoch nur, soweit die elektronische Führung nicht durch oder aufgrund eines Gesetzes vorgeschrieben ist, was für das Urkundenverzeichnis und das Verwahrungsverzeichnis[52] der Fall ist.[53]

b) Elektronisches Verwahrungsverzeichnis (VVZ)

23 Das neu in § 59a Abs. 1 BeurkG geregelte Verwahrungsverzeichnis ist ein elektronisches Verzeichnis über die Verwahrungsmassen, die der Notar nach § 23 BNotO i.V.m. §§ 57, 62 BeurkG entgegennimmt. Es ersetzt die bisherigen Masse- und Verwahrungsbücher, die Anderkontenliste und die dazu gehörigen Namensverzeichnisse nach derzeitiger Verwaltungsvorschrift (§ 5 Abs. 1 Satz 1 Nrn. 2, 3, 5, 6 Var. 2 DONot)[54]. Es ist nach § 59a Abs. 2 BeurkG ausschließlich elektronisch im Urkundenarchiv zu führen. Voraussichtlich werden rechtlich unverbindliche Ausdrucke aus dem Verwahrungsverzeichnis jedoch technisch möglich sein.[55] Für Verwahrungsmassen, die bereits vor der Einführung des Verwahrungsverzeichnisses angelegt waren, gelten die bisherigen Vorschriften fort (§ 76 Abs. 2 BeurkG-2020).[56]

24 Die Bundesnotarkammer betreibt seit dem Jahr 2013 ein Pilotprojekt unter der Bezeichnung »**Elektronisches Notaranderkonto (ENA)**« mit ausgewählten Notaren im Rahmen der Umsetzung einer Anwendung für die elektronische Führung von Notaranderkonten und den Anschluss mehrerer interessierter Banken an das System.[57] Kernfunktionen von ENA sind:
- Online-Führung von Notaranderkonten auf Basis einer abgesicherten und verschlüsselten Verbindung zwischen dem Notarnetz und dem Bankrechenzentrum (Online-Banking für Anderkonten)
- Elektronische Freigabe von Zahlungsaufträgen durch den Notar mittels Signaturkarte des Notars
- Ersetzung der fallweisen Ausführungsbestätigung der Banken durch eine einmalige generelle Bestätigung bei Online-Führung
- Verknüpfung von ENA mit dem Masse- und Verwahrungsbuch bzw. ab dem Jahre 2020 mit dem Verwahrungsverzeichnis im Urkundenarchiv; dadurch automationsgestützte Führung des Verwahrungsverzeichnisses und bis dahin der Bücher und Verzeichnisse (§ 17 DONot) für alle Verwahrungsvorgänge (online/offline) möglich

---

47 Die Gründe für die Zentralisierung des elektronischen Urkundenarchivs werden dargestellt bei *Damm*, DNotZ 2017, 426, 428 f.
48 *Fischer*, DNotZ-Sonderheft 2016, 124.
49 *Damm*, DNotZ 2017, 426.
50 Kilian/Sandkühler/v Stein/*Frohn*, § 7 Rn. 21.
51 Kilian/Sandkühler/v Stein/*Frohn*, § 7 Rn. 22.
52 Siehe Rdn. 23.
53 Der Notar muss sich dabei nicht für eine Art der Aktenführung zu entscheiden, er kann z.B. eine Akte auf Papier und eine elektronisch oder eine »Hybridakte« führen.
54 U.a. *Damm*, DNotZ 2017, 427.
55 Kilian/Sandkühler/v Stein/*Frohn*, Praxishandbuch Notarrecht, 3. Aufl. 2018, § 7 Rn. 21, 23.
56 Dies bedeutet, dass bis zum Abschluss der letzten laufenden Masse das bisherige Verwahrungsbuch, die Anderkontenliste und das Namensverzeichnis neben dem Verwahrungsverzeichnis zu führen sind. Siehe auch Gesetzesbegründung (Fn. 21), S. 106.
57 *Hushahn*, DNotZ-Sonderheft 2016, 170.

- Transparenzmaßnahmen, d.h. automatische und zeitnahe Information der wirtschaftlich Berechtigten über alle wesentlichen Vorgänge, die die Kontoführung betreffen

An dem Pilotverfahren teilnehmende Notare gehören der Rheinischen Notarkammer, der Hamburgischen Notarkammer und voraussichtlich in Kürze auch der Notarkammer Baden-Württemberg an. Diese testen das System ENA in Zusammenarbeit mit der Deutsche Bank AG. Die Pilotphase wird andauern, bis weitere Banken an das System angeschlossen sind. Die meisten Justizverwaltungen haben die Dienstordnung für Notare (DONot)[58] im Jahr 2017 hinsichtlich der elektronischen Führung von Anderkonten angepasst. Insbesondere wurden hierzu die §§ 5 Abs. 3 Satz 2, 10 Abs. 3 Satz 2, 14 Abs. 2 Satz 3, 25 Abs. 2 Satz 2 und Abs. 3 sowie 27 Abs. 3 und 4 DONot geändert und ergänzt.

Die Online-Banking-Erlaubnis auf Basis des Systems ENA der Bundesnotarkammer ändert jedoch bis zum 31.12.2019 nichts daran, dass weiterhin der Ausdruck des Masse- und Verwahrungsbuchs nebst Namensverzeichnis rechtlich maßgeblich ist (§ 10 Abs. 2 DONot). Die elektronische Führung der neuen Verzeichnisse bleibt der diesbezüglichen Einführung des Urkundenarchivs, mithin des § 76 BeurkG i.V.m. §§ 59a und 55 BeurkG-2020, zum 1.1.2020 vorbehalten.

c) Elektronische Notarakten und Elektronischer Notaraktenspeicher (NAS)

Die Grundsätze für die Führung von Akten und Verzeichnissen sind in § 35 BeurkG-2020 geregelt. Umfasst von der Regelung sind die Form, der Aufbewahrungsort sowie die bei der Aktenführung zulässigerweise heranzuziehenden Personen. Die nach § 36 BeurkG zu erlassende Rechtsverordnung des Bundesministeriums für Justiz und Verbraucherschutz wird die hierzu erforderlichen Einzelheiten regeln und in weiten Teilen die DONot ersetzen, wobei davon auszugehen ist, dass die Regelungen der DONot nur aktualisiert werden und im Übrigen Bewährtes inhaltlich bestehen bleibt.[59]

Ab dem Jahr 2020 können Akten wahlweise elektronisch oder in Papierform geführt werden, § 35 Abs. 2 Satz 1 BNotO-2020. Ausschließlich elektronisch zu führen sind UVZ und VVZ. Alle oder einzelne Akten können elektronisch geführt werden. Hybridakten sind zulässig, solange das durch § 35 Abs. 1 BeurkG-2020 statuierte Transparenzgebot eingehalten wird. Bei Hybridakten, bei denen ein Teil der Akte in Papierform und ein weiterer Teil der Akten in elektronischer Form vorliegt, dürfte die Nachvollziehbarkeit und Erschließung des Akteninhalts insbesondere durch wechselseitige Referenzierung gewährleistet werden können.[60] Zusätzlich zum Akteninhalt sind weiterhin Hilfsmittel nach § 35 Abs. 2 Satz 2 BNotO-2020 zulässig.[61]

Nach § 35 Abs. 1 BNotO-2020 sind für die elektronische (Notar-)Aktenführung insbesondere die Grundsätze Vertraulichkeit (Schutz vor Kenntnisnahme Unbefugter), Integrität (Schutz vor Datenveränderungen), Transparenz (Übersichtlichkeit und Auffindbarkeit), Verfügbarkeit (Zugriffsmöglichkeit, Verlustvermeidung, Lesbarkeit durch generische Formate wie PDF/A) einzuhalten.[62]

Der von der Urkundenarchivbehörde den Notaren nach § 78k Abs. 1 BNotO vorgehaltene **elektronische Aktenspeicher** ist optional und soll den Notaren die elektronische Führung ihrer nicht bereits im Elektronischen Urkundenarchiv zu führenden Akten (insb. General-

---

58 Siehe https://www.bnotk.de/Notar/Berufsrecht/DONot.php; zuletzt abgerufen am 21.03.2018.
59 Kilian/Sandkühler/v Stein/*Frohn*, § 7 Rn. 37.
60 Kilian/Sandkühler/v Stein/*Frohn*, § 7 Rn. 38.
61 Kilian/Sandkühler/v Stein/*Frohn*, § 7 Rn. 41; inhaltlich stellt diese Norm im Wesentlichen eine datenschutzrechtliche Erlaubnisnorm zur ausnahmsweise mehrfachen Speicherung derselben Daten in Abweichung zum Grundsatz der Datensparsamkeit dar. Beispielsweise ist es weiterhin erlaubt, aktenrelevante Inhalte zusätzlich zum Ausdruck oder zur Speicherung in der elektronischen Notarakte auch im Email-System des Notars vorzuhalten.
62 Weitere Ausführungen hierzu siehe Kilian/Sandkühler/v Stein/*Frohn*, § 7 Rn. 43–46.

und Nebenakten⁶³) und Verzeichnisse erleichtern sowie die Möglichkeit bieten, sonstige Daten sicher⁶⁴ zu führen. Einzelheiten wird die nach § 78k Abs. 5 BNotO zu erlassende Rechtsverordnung regeln. Dieser sog. Notaraktenspeicher (NAS) der Bundesnotarkammer wird technische Schnittstellen für XNotar und Notarsoftware vorhalten, die eine für den Nutzer unmerkliche Nutzung durch diese Programme ermöglicht.⁶⁵ Außerdem wird eine Dokumentation der Aufbewahrungsfristen von Akten einschließlich deren Verlängerung und die Auswahl der zur Löschung anstehenden Akten vorgesehen werden.⁶⁶

31 Neben der Speicherung im Notaraktenspeicher können Notare ihre Akten, Verzeichnisse und sonstigen Daten **nur in Systemen führen, die in der Geschäftsstelle selbst betrieben werden** (§ 35 Abs. 4 BNotO-2020). Die Führung in einer privatrechtlich organisierten »Cloud« bei externen Dienstleistern bleibt unzulässig.⁶⁷ Der Notaraktenspeicher ist nach § 78k Abs. 2 BNotO-2020 gebührenpflichtig; Gebührenschuldner ist der Notar. Die Höhe der Gebühren legt die Bundesnotarkammer nach § 78k Abs. 4 BNotO-2020 durch Gebührensatzung mit Zustimmung des BMJV⁶⁸ fest.⁶⁹

4. Einführung zum 01.01.2022: Elektronisches Urkundenarchiv (UA) und Überführungspflicht in die elektronische Form

a) Elektronische Urkundensammlung

32 Die im **zentralen**⁷⁰ **Urkundenverzeichnis**⁷¹ registrierten Urkunden verwahrt der Notar ab dem 01.01.2022 zum einen papiergebunden in der (bisherigen) Urkundensammlung und zusätzlich in digitaler Form⁷² in der elektronischen Urkundensammlung⁷³ im Urkundenarchiv⁷⁴ der Bundesnotarkammer. Die Definition der Elektronischen Urkundensammlung sowie die sich an dem bisherigen § 18 DONot orientierenden in die elektronische Urkundensammlung aufzunehmenden Dokumente werden in der nach § 36 BNotO zu erlassenden Rechtsverordnung des BMJV erwartet. Die amtliche Aufbewahrung von Notariatsunterlagen in ihrer Form bis zum 31.12.2021 wird dementsprechend nicht ersetzt – es kommt lediglich der elektronische Datenspeicher hinzu.⁷⁵ Die Parallelaufbewahrung der Urkundensammlung in Papierform wird nach der nach § 36 BNotO noch zu erlassenden Rechtsverordnung des BMJV voraussichtlich 30 Jahre betragen, wohingegen elektronische Fassungen der Urschrift eine Regelspeicherzeit von 100 Jahren erhalten dürften.⁷⁶

33 **Die in der elektronischen Urkundensammlung verwahrten Fassungen der Urschriften sind mit den Urschriften gleichgestellt** (§ 45 Abs. 2 BeurkG-2022); dasselbe gilt für sons-

---

63 *Gaul*, DNotZ-Sonderheft 2016, 130.
64 Die durch die nach § 78k Abs. 5 BNotO vom BMJV zu erlassende Rechtsverordnung wird voraussichtlich dieselben (hohen) Sicherheitsanordnungen für den Notaraktenspeicher wie für das Urkundenarchiv festlegen; so v.a. Kilian/Sandkühler/v Stein/*Frohn*, § 7 Rn. 47 und *Damm*, DNotZ 2017, 432.
65 *Damm*, DNotZ 2017, 432; Kilian/Sandkühler/v Stein/*Frohn*, § 7 Rn. 48.
66 Kilian/Sandkühler/v Stein/*Frohn*, § 7 Rn. 48.
67 *Damm*, DNotZ 2017, 432.
68 Bundesministerium für Justiz und Verbraucherschutz.
69 Im Detail siehe Rdn. 43 ff.
70 Die zentrale Struktur des Urkundenarchivs hat neben Kostenvorteilen auch Vorteile bei der Einhaltung einheitlicher Standards und Gewährleistung sehr hoher Sicherheit; vgl. hierzu *Fischer*, DNotZ 2016, S. 125.
71 Siehe Rdn. 21–22.
72 In welcher Form die im Urkundenverzeichnis registrierten Urkunden zur Urkundensammlung bzw. zur elektronischen Urkundensammlung zu nehmen sind, soll dabei erst durch den Verordnungsgeber (§ 36 Abs. 1 Nr. 1 BNotO n. F.) festgelegt werden.
73 Die elektronische Urkundensammlung stellt demnach das Pendant zur Urkundensammlung in Papier dar.
74 Zu den technischen Grundlagen – auch des elektronischen Urkundenarchivs – eingehend *Gaul*, DNotZ-Sonderheft 2016, 130.
75 *Winkelmann/Kirchner*, MittBayNot 2017, 646; *Kirchner*, DNotZ 2016 Sonderheft, S. 116.
76 *Damm*, DNotZ 2017, 439.

tige in der Urkundensammlung verwahrte digitalisierte Dokumente (§ 56 Abs. 3 BeurkG-2022).[77]

34 Das Aufbewahrungsregime für vom Notar verwahrte **Erbverträge** bleibt unverändert; diese werden auch künftig entsprechend dem heutigen §§ 5 Abs. 3 Satz 1, 9 DONot getrennt von der Urkundensammlung[78] in einer Erbvertragssammlung geführt und nicht digitalisiert. Auch unterbleibt eine Überführung von Verfügungen von Todes wegen in die elektronische Form (§ 34 Abs. 4 BeurkG-2022): Die Regelungen zur Behandlung von **Verfügungen von Todes** wegen bleiben hinsichtlich ihrer Aufbewahrung und des Benachrichtigungswesens in Nachlasssachen unverändert.[79] Allerdings dürfen elektronische Abschriften von Erbverträgen und Verfügungen von Todes wegen als elektronische beglaubigte Abschrift im Urkundenarchiv gespeichert werden.[80]

35 **Verwahrende Stelle ist allein der Notar selbst** (§ 78i BNotO-2022)[81], es gibt keinen Generalschlüssel für den Betreiber oder etwa die Dienstaufsicht.[82] Jeder Notar behält also seinen eigenen »Bereich« als »gesonderte(n), nur ihm zugänglichen virtuelle(n) Archivraum«[83], bei Amtsbeendigung übernimmt dann die Verwahrung der Amtsnachfolger oder die Notarkammer.[84] Im elektronischen Urkundenarchiv werden die elektronische Fassung der Urschrift zusammen mit Strukturdaten für den gesetzlich geforderten Zeitraum beweiserhaltend und individuell verschlüsselt archiviert. Papierakten werden künftig nach § 35 Abs. 3 BNotO-2022 in der Geschäftsstelle oder in externen Räumlichkeiten ggf. auch zusammen mit anderen Notaren[85] oder gegen Gebühr bei der Notarkammer geführt.[86]

36 Neu ist, dass die **Notarkammern ab dem Jahr 2022 die Akten und Verzeichnisse ausgeschiedener Notare zu übernehmen haben**, sofern die Landesjustizverwaltung diese nicht einem anderen Notar überträgt (§ 51 Abs. 1 BNotO-2022). Im hauptberuflichen Notariat soll sich durch die Änderung der Verwahrzuständigkeit von der Justizverwaltung auf die Notarkammern jedoch nichts ändern.[87] Auf die Notarkammern und aktenverwahrenden Notare werden ab dem Jahr 2022 entgegen der ursprünglichen Planung nicht nur die Akten und Verzeichnisse mit digitalisierten Urschriften ab dem 01.01.2022, sondern auch alle vor dem 01.01.2022 errichteten Urkunden und dazu gehörigen Akten und Verzeichnissen der ausgeschiedenen Notare übertragen. Die Notarkammern dürfen Altakten und Alturkunden jedoch nach den dafür geltenden Vorschriften (insbesondere § 56 BeurkG-2022) nachdigitalisieren und sind für die Erteilung von Ausfertigungen und Abschriften sowie die Ablieferung von Erbverträgen und beglaubigter Abschriften anderer erbfolgerelevanter Urkunden sowie für Auskünfte für diese Akten- und Urkundenbestände zuständig. Sie erhalten für die von ihr verwahrten elektronischen Bestände auch Zugang zum Elektronischen Urkundenarchiv und den elektronischen Verzeichnissen, getrennt für jeden ausgeschiedenen Notar, dessen Akten von der Notarkammer verwahrt werden. **Weiter verwal-**

---

77 Vgl. hierzu unten Rdn. 42.
78 Begründung siehe RegE (siehe oben Fn. 8), Damm a.a.O, Rdn. 100. Damit wird die heute in § 20 Abs. 4 Satz 1 DONot geregelte fakultative getrennte Aufbewahrung von Erbverträgen ab dem 01.01.2022 zwingendes Recht.
79 Beachte: Erbfolgerelevante Urkunden, die keine Erbverträge oder an das Amtsgericht zur besonderen amtlichen Verwahrung abzuliefernder Verfügungen von Todes wegen sind, unterliegen den neuen Aufbewahrungsvorschriften; sie sind in der elektronischen Urkundensammlung und in Papierform in der Urkundensammlung zu verwahren.
80 *Damm*, DNotZ 2017, 437.
81 Ab Januar 2022 werden auch die Notarkammern in Ablösung der Amtsgerichte als Verwahrstelle der Notariate auftreten, § 51 BNotO n. F.: *Gaul*, DNotZ-Sonderheft 2016, 130.
82 *Damm* DNotZ 2017, 430.
83 *Kirchner*, DNotZ-Sonderheft 2016, 115, 116.
84 *Winkelmann/Kirchner*, MittBayNot 2017, 646; siehe auch Rdn. 36.
85 *Damm*, DNotZ 2017, 439.
86 Kilian/Sandkühler/v Stein/*Frohn*, § 7 Fn. 10.
87 Gesetzesbegründung (Fn. 14), S. 60.

ten die Notarkammern auch die Zugänge der in ihrem Bezirk bestellten Notare zum Urkundenarchiv, § 67 Abs. 3 Nr. 4 BNotO-2022.

37 Hinsichtlich der Notaraken stellt § 51 Abs. 2 BNotO-2022 eine Verpflichtung des ausscheidenden Notars zur geordneten Ablieferung in einem für die Verwahrung geeigneten Zustand auf. Zur Überprüfung auf Vollständigkeit ist die neue Verwahrstelle nicht verpflichtet (§ 51 Abs. 2 und 4 BNotO-2022). Nach § 67 Abs. 4 Satz 2 Nummer 4 Buchstabe b BNotO-2022 können die Notarkammern einen Fonds einrichten, der einem Geschädigten dafür Ersatz für den Schaden leistet, der durch den Verlust einer Urkunde entstanden ist.

b) Überführungspflicht in die elektronische Form

38 **Die elektronische Fassung der Urschrift ist mit der Urschrift gleichgestellt** (§§ 56 Abs. 3 und 45 Abs. 2 BeurkG-2022), sofern die nach § 56 BeurkG-2022 einzuhaltenden Voraussetzungen[88] für den Transfer und die Einstellung in das elektronische Urkundenarchiv[89] eingehalten wurden.[90] **Es bleibt also bei Beurkundung und Beglaubigung wie bisher.** Das Papierdokument muss dann nachfolgend jedoch in die elektronische Form überführt werden.[91]

39 Besondere verfahrensrechtliche Vorgaben nach § 56 Abs. 1 BeurkG-2022 sind:
– Bildliche und inhaltliche Übereinstimmung[92]
– Übertragung nach dem Stand der Technik[93]
– Übereinstimmungsvermerk des Notars unter Angabe des Ortes und der Zeit seiner Ausstellung (§ 56 Abs. 1 Satz 2 BeurkG-2022)[94]
– Qualifizierte elektronische Signatur des Notars mit persönlicher Anbringung der Signatur durch den Notar (§§ 56 Abs. 1 Satz 5, 39a Abs. 1 Satz 3 BeurkG-2022)
– Erhalt des so geschaffenen Beweiswerts durch Zeitstempel des technischen Betreibers (Bundesnotarkammer als Urkundenarchivbehörde) nach § 78h Abs. 2 Satz 2 BNotO

40 Bereits gescannte Urkunden können nicht mehr geändert werden. Daher sind Veränderungen nach dem Scannen und Übertragen der Urkunden in die elektronische Fassung ab dem Jahr 2022 nach §§ 44a Abs. 2 Satz 4, 44b Abs. 1 Satz 2 BeurkG-2022 auf einem gesonderten mit der Urkunde zu verbindenden Blatt niederzulegen (Schreibfehlerberichtigung).[95] Folge der Gleichstellung sind insbesondere die Zubilligung des Beweiswerts nach § 415

---

88 Näheres hierzu Grziwotz/Heinemann/*Heinemann*, § 56 BeurkG Rn. 3–11.
89 Anschaulich zum konkreten Verfahrensablauf *Gaul*, DNotZ-Sonderheft 2016, 130: »Die Urschrift wird durch Ihre Mitarbeiter eingescannt. Das System bringt mit einem qualifizierten elektronischen Zeitstempel ein erstes technisches Sicherungselement auf. Der Transfervermerk wird angelegt, in dem Informationen zum Scanvorgang durch Ihre Mitarbeiter festgehalten werden. Die erzeugte elektronische Fassung der Urschrift wird verschlüsselt auf der ArchivBox zwischengespeichert, bevor Sie persönlich in ihrer hoheitlichen Aufgabe mithilfe Ihrer Signaturkarte die bildliche und inhaltliche Übereinstimmung der elektronischen Fassung mit der Urschrift bestätigen. Die elektronische Fassung wird nebst Strukturdaten und Bestätigungsvermerk verschlüsselt zwischengespeichert, bevor die beweiswerterhaltende Langzeitarchivierung im Elektronischen Urkundenarchiv der Bundesnotarkammer erfolgt.«.
90 Kilian/Sandkühler/v Stein/*Frohn*, § 7 Rn. 4, 5, 25-31; *Damm*, DNotZ 2017, 437.
91 *Fischer*, DNotZ-Sonderheft 2016, 124.
92 Die Urkunde ist für die bildliche Übereinstimmung mit den Unterschriften und ggf. Randvermerken des Notars vom Original zu scannen; das Verwenden einer Reinschrift ist nicht zulässig – jedoch kann die Reinschrift als digitale Kopiervorlage zusätzlich im Urkundenarchiv mitgespeichert werden.
93 Die Übertragung »nach dem Stand der Technik« wird sich nach einer noch im Detail speziell für Notare zu adaptierenden Richtlinie des Bundesamts für Sicherheit in der Informationstechnik (BSI) richten. Die Technische Richtlinie »RESISCAN« Ersetzendes Scannen (BSI TR 03138) steht unter https://www.bsi.bund.de/DE/Publikationen/TechnischeRichtlinien/tr03138/index_htm.html zum Download zur Verfügung (zuletzt abgerufen am 15.05.2018).
94 Durchstreichungen, Änderungen, Einschaltungen, Radierungen oder andere Mängel des Schriftstücks sollen im Vermerk angegeben werden, soweit sie nicht aus dem elektronischen Dokument eindeutig ersichtlich sind.
95 Kilian/Sandkühler/v Stein/*Frohn*, § 7 Rn. 30.

ZPO und die (praktische) Möglichkeit, von der elektronischen Fassung der Urschrift Ausfertigungen und Abschriften zu erteilen.[96] Andere Dokumente, die nach § 56 Abs. 1 BeurkG-2022 in die elektronische Form übertragen worden sind und im Urkundenarchiv gespeichert werden, werden nach § 56 Abs. 3 BeurkG-2022 ebenfalls mit dem Original in Papierform gleichgestellt.[97]

Nachtragsurkunden sind nach § 44b Abs. 1 Satz 2 bzw. Satz 3 BeurkG durch Nachtragsvermerk oder Zusammenverwahrung der Urkunden nach § 78h Abs. 3 Satz 1 BNotO) so miteinander zu verknüpfen, dass sie nur zusammen abgerufen werden können. Dies wird die Urkundenarchiv-Software automatisch in geeigneter Weise vorsehen. **41**

Urkunden aus Jahrgängen vor 2022 können fakultativ auch nachträglich digitalisiert werden, § 119 BNotO-2022. Die Papierdokumente können dann nach einer Übergangszeit[98] ebenso vernichtet werden wie diejenigen der Jahrgänge ab 2022.[99] **42**

c) Gebühren

Die elektronische Archivierung von notariellen Urkunden löst eine **die Kosten deckende Gebühr** aus (§ 78j Abs. 1, 3 BNotO-2022), deren Höhe durch Satzung der Urkundenarchivbehörde (Bundesnotarkammer) mit Genehmigung des BMJV (§ 78j Abs. 4 BNotO-2022) festgelegt wird.[100] Für die Führung des Urkundenverzeichnisses entstehen keine Gebühren, da dieses Verzeichnis das notwendige Inhaltsverzeichnis des Urkundenarchivs darstellt und damit die Auffindbarkeit von Urkunden nach § 78h Abs. 2 Satz 1 BNotO-2022 gewährleistet.[101] **43**

Der **Einzug der Gebühren erfolgt durch den Notar** auf Basis von Sammelrechnungen (§ 78j Abs. 2 Satz 3 BNotO) wie beim Zentralen Testamentsregister. Dadurch wird der Notar nicht zum Gebührenschuldner, er ist lediglich Entgegennahmestelle für die Urkundenarchivbehörde und kann die Gebühren für die Archivierung als Auslage nach KV 32015 GNotKG in seiner Kostenrechnung den Beteiligte in Rechnung stellen. Die Gebühren für die Verwahrung von Urkunden werden einmalig zwischen 3,50 € und 5,50 € betragen[102], wobei eine Unterscheidung zwischen Vermerkurkunden und »normalen« Urkunden vorgesehen ist. **44**

Die Kosten für die Führung des Verwahrungsverzeichnisses sind hingegen durch den Notar zu tragen (§ 78k Abs. 2 Satz 1 Nr. 2 BNotO-2022), ebenso die Kosten für nachträglich nach § 119 BNotO digitalisierte Urkunden und die Kosten für die Nutzung des Elektronischen Notaraktenspeichers nach der nach § 78k Abs. 2 BNotO-2022 auch hierfür von der Urkundenarchivbehörde mit Zustimmung des BMJV zu erlassenden Gebührensatzung.[103] **45**

---

96 *Fischer*, DNotZ-Sonderheft 2016, 127; Kilian/Sandkühler/v Stein/*Frohn*, § 7 Fn. 28; zur Fertigung von Abschriften und Ausfertigungen kann ein simpler Download der Dokumentdatei mit dazugehöriger Beweiswertdatei (Signaturdatei mit ggf. Übersignatur(en) mit in diesem Fall ergänzendem Beweisvermerk des Notars) aus dem Urkundenarchiv verwendet werden; bei auszugsweiser Ausfertigung ist die Erstellung einer neuen Signatur mit Beglaubigungsvermerk einschließlich Dokumentation der Signaturprüfung nach § 39a Abs. 3 BeurkG-2022 erforderlich.
97 *Limmer* in Würzburger Notarhandbuch, J. Rn. 299.
98 Voraussichtlich 30 Jahre, s. o.
99 Kilian/Sandkühler/v Stein/*Frohn*, § 7 Fn. 30.
100 Kilian/Sandkühler/v Stein/*Frohn*, § 7 Fn. 34.
101 Kilian/Sandkühler/v Stein/*Frohn*, § 7 Fn. 35.
102 *Damm*, DNotZ 2017, 431.
103 *Damm*, DNotZ 2017, 432.

III. ELRV in Grundbuchsachen

1. Rechtsverordnungen

46 Die Führung der Grundbücher obliegt den Amtsgerichten (§ 1 GBO) und liegt damit in der Verantwortung der Länder. Die elektronische Führung, Speicherung und Beauskunftung des Grundbuches ist seit Inkrafttreten des Registerverfahrensbeschleunigungsgesetzes im Jahr 1993[104] zugelassen. Die Landesregierungen können durch Rechtsverordnung[105] den Zeitpunkt der Einführung und die Reichweite des elektronischen Rechtsverkehrs mit den Grundbuchämtern festlegen (§ 135 Abs. 1 Satz 2 GBO). Die Länder können den ELRV durch Rechtsverordnung zulassen (§§ 135 Abs. 1 Satz 2 GBO, 81 Abs. 4 GBO, ERVGBG 2009).[106] Hierbei bestehen weitreichende Wahlfreiheiten der Länder hinsichtlich des Zeitpunkts, der Beschränkung auf bestimmte Grundbuchämter und zu Einzelheiten der Übermittlung. Eine Pflicht zur elektronischen Einreichung kann ausschließlich für Notare, nicht aber für andere einreichende Personen oder Stellen begründet werden. Der Notar kann verpflichtet werden, zusätzlich zu den eingereichten Dokumenten strukturierte Daten (XML)[107] zu übermitteln. Auch den Zeitpunkt der Einführung elektronischer Grundakten sowie deren Einzelheiten können die Landesregierungen durch Rechtsverordnung festlegen (§ 135 Abs. 2 GBO, §§ 96 Abs. 3 Satz 3, 101 GBV). Das langfristige Vorhaben des Bundes und der Länder ist die Führung des Grundbuchs als bundeseinheitlich gestaltete Datenbank[108], was neue Möglichkeiten in der Auswertung der Grundbuchdaten wie beispielsweise die Anzeige nur des aktuell gültigen Inhalts (§§ 63 Satz 2, 80 Abs. 2 GBV) und eines strukturierten Datenabrufs schafft.

47 In Baden-Württemberg[109], Sachsen[110] und Schleswig-Holstein[111] ist der elektronische Rechtsverkehr in Grundbuchsachen flächendeckend eingeführt. Rheinland-Pfalz[112] befindet sich in der sukzessiven Umstellung der Amtsgerichte. Für die übrigen Bundesländer sind derzeit keine Einführungsplanungen bekannt. Die von der Bundesnotarkammer stets aktuell gehaltene **Webseite http://www.notar.de**[113] gibt unter »Grundbuchamtssuche« deutschlandweit für jede Gemarkung bzw. jeden Grundbuchbezirk Auskunft, ob bzw. ab wann dort der Elektronische Rechtsverkehr in Grundbuchsachen eröffnet ist.[114]

---

104 Gesetz zur Vereinfachung und Beschleunigung registerrechtlicher und anderer Verfahren vom 20.12.1993 (Registerverfahrensbeschleunigungsgesetz – RegVBG, BGBl. I S. 2182).
105 Eine bundesweite aktuelle Zusammenstellung findet sich beispielsweise unter www.elrv.info (Link: Übersicht zu den Bestimmungen der Bundesländer; letzter Abruf: 1.5.2018).
106 Gesetz zur Einführung des elektronischen Rechtsverkehrs und der elektronischen Akte im Grundbuchverfahren vom 11.08.2009 (ERVGBG, BGBl. I S. 2713).
107 Extensible Markup Language; Standard zum Datenaustausch zwischen verschiedenen Computersystemen, der in der Justiz eingesetzt wird. Hierbei handelt es sich lediglich um Hilfsdaten (s.a.Weingärtner/Gassen/Sommerfeldt/*Gassen*, Teil 2 C Rn. 168).
108 Gesetz zur Einführung eines Datenbankgrundbuchs vom 13.10.2013 (DaBaGG, BGBl. I S. 3719).
109 Gesetz zur Reform des Notariats- und Grundbuchwesens in Baden-Württemberg v. 29.07.2010 (GBl. S. 555).
110 Verordnung des Sächsischen Staatsministeriums der Justiz und für Europa über den elektronischen Rechtsverkehr, die elektronische Aktenführung, die elektronischen Register und das maschinelle Grundbuch in Sachsen (Sächsische E-Justizverordnung – SächsEJustizVO, SächsGVBl. 2014 S. 291).
111 Landesverordnung über den elektronischen Rechtsverkehr mit den Gerichten und Staatsanwaltschaften) v. 12.12.2006 (ERVV SH 2007, GVOBl. S. 361) mit Anlage (Art. 1 LVO v. 14.04.2015, GVOBl. S. 102).
112 1. Änderung der Landesverordnung über den elektronischen Rechtsverkehr in Rheinland-Pfalz (ERVLVO, GVBl. 2015, 175 u.a.).
113 Zuletzt abgerufen am 01.04.2018.
114 Die Information über die Eröffnung des elektronischen Rechtsverkehrs wird auch im Programm XNotar der NotarNet GmbH automatisch berücksichtigt. Damit wird technisch sichergestellt, dass bei Verwendung dieser Software eine (unwirksame) elektronische Antragsstellung bei einem Grundbuchamt ohne eröffneten Elektronischen Rechtsverkehr in Grundbuchsachen unterbleibt.

Die am 01.01.2018 in Kraft getretene ERVV[115] gilt in den für Notare einschlägigen Verfahrensarten, insbesondere dem Handelsregister- und dem Grundbuchverfahren, grundsätzlich nicht, da hierfür in §§ 12, 8a HGB sowie §§ 135 bis 141 GBO bzw. den auf dieser Grundlage erlassenen Länder-Rechtsverordnungen spezielle Vorschriften geschaffen wurden. Eine Ausnahme besteht für Beschwerdeverfahren, da es insoweit an spezielleren Vorschriften fehlt und die ERVV somit über §§ 14 Abs. 2 Satz 2 FamFG, 130a ZPO Anwendung findet. Für Vereinsregistersachen gilt die Verordnung schon jetzt unmittelbar. 48

2. Elektronische Einreichung beim Grundbuchamt

a) Ablauf

Der praktische Ablauf des Einreichungsverfahrens von Anträgen im elektronischen Rechtsverkehr in Grundbuchsachen entspricht dem in Handelsregistersachen[116]. Die einzureichenden Urkunden (Antrag, Bewilligung, Genehmigungen, Bescheinigungen etc.) können beispielsweise mit dem Programm XNotar[117] digitalisiert und qualifiziert mit Notarattribut signiert, mit Strukturdaten angereichert und sodann über beN/EGVP an das Grundbuchamt übermittelt werden. 49

b) Form

An die Stelle öffentlicher oder öffentlich beglaubigter Urkunden nach § 29 GBO treten nach § 137 GBO einfache elektronische (notarielle) Zeugnisse nach § 39a BeurkG bzw. originäre öffentliche elektronische (behördliche) Dokumente nach § 371a Abs. 3 Satz 1 ZPO. Ist in der Grundbuchordnung die Schriftform vorgesehen, kann diese durch die qualifizierte elektronische Signatur ersetzt werden. Nicht formgebundene Erklärungen müssen lediglich den Namen der ausstellenden Person erkennen lassen. 50

Nach der amtlichen Begründung zum ERVGBG[118] können an die fehlende oder fehlerhafte Übermittlung der **XML-Daten** keinerlei Rechtsfolgen geknüpft werden, § 135 Abs. 1 Satz 3 GBO[119]. Eine vom Grundbuchamt unter Missachtung der Formvorschriften des § 137 Abs. 1 Satz 1 GBO vorgenommene wirksame Eintragung kann einen etwaigen Formmangel aber nach allgemeinen Grundsätzen heilen. Ungeeignete (unleserliche) Dokumente nach § 136 Abs. 3 Satz 2 GBO führen zu einem unwirksamen Eingang. Dem Absender ist in diesem Fall die Unwirksamkeit des Eingangs unverzüglich mitzuteilen (§ 136 Abs. 3 Satz 2 GBO). Zulässige Dokumentformate sind wie beim Handelsregisterverkehr PDF/A und TIFF. 51

Anders als im Handelsregisterverkehr können Anträge auch dann wirksam in Papierform eingereicht werden, wenn der elektronische Rechtsverkehr in Grundbuchsachen eröffnet ist, § 135 Abs. 1 Satz 3 GBO. Zwischenverfügungen aufgrund einer papiergebundenen Einreichung oder gar Zurücksendungen von Papieranträgen ohne rechtsmittelfähige Entscheidung sind unzulässig. Andersherum kann bei Grundbuchämtern, die den elektro- 52

---

115 Verordnung über die technischen Rahmenbedingungen des elektronischen Rechtsverkehrs und über das besondere elektronische Behördenpostfach (Elektronischer-Rechtsverkehr-Verordnung – ERVV) vom 24.11.2017 (BGBl. 2017 I, 3803).
116 Ein Schulungsvideo zur Handhabung der elektronischen Erfassung und Einreichung von Grundbuchanträgen mit XNotar ist unter http://www.notarnet.de/elrv/video/GB/GB-Antrag.html (zuletzt abgerufen am 01.05.2018) aufrufbar.
117 Teilkomponente des Programmpakets XNotar der NotarNet GmbH (www.notarnet.de).
118 BT-Drs 16/12319 v. 18.03.2009, S. 25 f.
119 So auch Weingärtner/Gassen/Sommerfeldt/*Gassen*, Teil 2 D Rn. 213; allerdings stellt die wiederholte Missachtung der Rechtsvorschriften über die elektronische Einreichungspflicht für den Notar ein ahndungsfähiges Dienstvergehen dar: BT-Drs 16/12319 vom 18.03.2009, S. 25; vgl. auch *Aufderhaar/Jaeger*: Grundbuch; Neuregelung; Elektronischer Rechtsverkehr; Elektronische Akte, ZfIR 2009, 681.

nischen Rechtsverkehr noch nicht eröffnet haben, nicht wirksam elektronisch eingereicht werden, § 135 Abs. 1 Satz 2 Nr. 1 GBO. Ein solcher Antrag wäre unwirksam und in keinem Fall rangwahrend.

53 Der (nach § 15 Abs. 2 GBO mit der vermuteten Vertretungsmacht des Notars gestellte) reine Eintragungsantrag unterliegt lediglich den Formanforderungen des § 137 Abs. 4 Satz 1 GBO und muss daher nur als elektronische Datei verkörpert sein und den Namen des Ausstellers erkennen lassen. Auf elektronischen Antragsschreiben des Notars kann zur besseren Orientierung des Grundbuchamts daher folgende Formulierung hilfreich sein:

54 M **Dieses durch den Notar qualifiziert signierte Antragsschreiben ist nach § 137 Abs. 4 Satz 1 GBO auch ohne Unterschrift und Siegel gültig.**

55 Ist der Notar im Rahmen von § 24 Abs. 3 BNotO zur Rücknahme des Antrags ermächtigt, kann er die Rücknahmeerklärung auch originär elektronisch erstellen (§ 24 Abs. 3 Satz 2 BNotO, § 137 Abs. 4 Satz 2 i.V.m. § 31 und § 137 Abs. 1 GBO).[120] Dasselbe gilt für gemischte Anträge (wie z.B. Anträge auf Eigentumsumschreibung mit Bewilligung des Notars aufgrund Beteiligtenvollmacht) und Antragsrücknahmen. Diese unterliegen den Formvorschriften des § 137 Abs. 1 GBO, denen der Notar durch qualifizierte elektronische Signatur mit Berufsträgerattribut »Notar« nachkommt.[121] **Es genügt demnach für notarielle Eigenurkunden, dass ein elektronisches Dokument im Sinne von § 371a Abs. 3 Satz 1 ZPO (§ 137 Abs. 1 Satz 2 GBO) übermittelt wird,** das mit einer qualifizierten elektronischen Signatur versehen und das der Signatur zugrunde liegende qualifizierte Zertifikat oder ein zugehöriges qualifiziertes Attributzertifikat die Behörde oder die Eigenschaft als mit öffentlichem Glauben versehene Person erkennen lassen muss. Auf elektronischen Eigenurkunden des Notars kann folgender Hinweis sinnvoll sein:

56 M **Diese durch den Notar qualifiziert signierte Bewilligung/Eigenurkunde ist nach § 137 Abs. 1 Satz 2 GBO auch ohne Unterschrift und Siegel gültig.**

57 Eintragungserhebliche Unterlagen wie Vollzugsbehelfe (z.B. Unbedenklichkeitsbescheinigungen des Finanzamts, Vorkaufsrechtsverzichtserklärungen, Genehmigungen und weitere Bescheinigungen) **sind grundsätzlich als elektronisches Dokument an das Grundbuchamt weiterzuleiten** (§ 137 GBO). Werden solche Dokumente durch die Behörde in Papierform an den Notar übermittelt, sind sie nach §39a BeurkG zu behandeln und als elektronisch beglaubigte Abschrift durch den Notar einzureichen. Dies gilt wiederum nicht in den in § 137 Abs. 1 Satz 3 GBO genannten Fällen, wenn Unterlagen zum Nachweis der Vertretungsmacht, des Erbrechts oder der Inhaberschaft eines Rechts dienen. Beispiele sind etwa Erbscheine, Testamentsvollstreckerzeugnisse, Grundpfandrechtsbriefe, Betreuerausweise und vollstreckbare Titel. Diese sind im Original bzw. in Urschrift in Papierform einzureichen. In elektronisch beglaubigter Abschrift eingereichte Vollzugsbehelfe können nach § 22 Abs. 1 DONot in den Nebenakten verwahrt oder alternativ nach Vollzug vernichtet werden.[122] Zur besseren Auffindbarkeit von Vollzugsbehelfen bitten die Landesjustizverwaltungen trotz kostenrechtlicher Folgen (Beglaubigungsgebühr Nr. 25100 KV GNotKG im Betrag von mind. 10,00 Euro für jede Datei) um Einreichung von getrennten elektronisch beglaubigten Abschriften.[123]

---

120 Schippel/Bracker/*Reithmann*, § 24 BNotO Rn. 130.
121 OLG Stuttgart, Beschl. v. 21.03.2018 – 8 W 437/16, BeckRS 2018, 5762.
122 Näheres siehe bei Büttner/Frohn/Seebach/*Büttner*, Elektronischer Rechtsverkehr und Informationstechnologie im Notariat, 2018, Kapitel 2.
123 Siehe zB Bekanntgabe des Einreichungsverfahrens nach § 3 der ELRV-Verordnung-BW, zuletzt abgerufen am 23.07.2018, http://www.justizportal-bw.de/pb/,Lde/Elektronischer+Rechtsverkehr+_+Elektronisches+Handelsregister+_+Elektronisches+Grundbuch, Kapitel 4.4.1.1 (Handelsregister) und 4.4.2.1

c) Rang

Der Eingang von Anträgen erfolgt im Zeitpunkt der Aufzeichnung durch die Empfangseinrichtung (§ 136 GBO). **Das EGVP-Sendeprotokoll der Übermittlung an das Grundbuchamt beinhaltet die Eingangsbestätigung nach § 136 Abs. 1 Satz 4 und damit die nach § 136 Abs. 1 Satz 1 GBO für die Antragsreihenfolge maßgebliche Empfangszeit.**[124] Das Grundbuchamt prüft dabei auch die Konkurrenz schriftlicher und elektronischer Antragseingänge. Mehrere gleichzeitig beantragte Rechte erhalten auch bei elektronischer Antragsstellung Gleichrang (§ 45 Abs. 1 HS. 2 GBO). Sollen mehrere gleichzeitig beantragte Eintragungen ein abweichendes Rangverhältnis erhalten, ist eine Rangbestimmung in der Urkunde vorzunehmen oder eine ausdrückliche Vollmacht für den Notar, die Rangbestimmung im Antrag vorzunehmen[125], in die notarielle Urkunde aufzunehmen.

58

3. Nachweis der Vertretungsmacht

Wenn zum Nachweis der Erteilung einer Vollmacht bzw. von deren Fortbestehen zum für die Eintragung maßgeblichen Zeitpunkt[126] nur die Vorlage der Urschrift oder einer Ausfertigung in Betracht kommt (§ 172 Abs. 1 BGB, § 47 BeurkG), so ist ein Nachweis gegenüber dem Grundbuchamt auf elektronischem Wege nach § 137 Abs. 1 Satz 3 GBO nicht ohne Weiteres möglich, da es bislang keine elektronische Ausfertigung gibt.[127]

59

Der Notar kann hierfür jedoch eine Bescheinigung nach § 21 Abs. 3 BNotO über die rechtsgeschäftlich erteilte Vertretungsmacht erstellen. Damit kann gemäß § 34 GBO im Grundbuchverfahren der Nachweis über die Vertretungsmacht geführt werden, wobei das Grundbuchamt mangels entgegenstehender Anhaltspunkte auch für einen gewissen Zeitraum nach dem vom Notar in der Bescheinigung genannten Zeitpunkt vom Fortbestehen der Vollmacht ausgehen kann.[128]. Die Vollmacht ist, soweit sie nicht ohnehin in Urschrift in der Urkundensammlung des Notars vorhanden ist, gemäß § 12 Satz 1 BeurkG, 18 Abs. 2 Satz 2 und 3 DONot zur Urschrift zu nehmen, kann aber in der beim Grundbuchamt eingereichten (elektronisch) beglaubigten Abschrift weggelassen werden.[129] Bei Vorliegen der Vollmacht in Urschrift[130] bzw. Ausfertigung kann der Notar in der Niederschrift feststellen, dass ihm die Vollmacht in Urschrift oder Ausfertigung vorlag und beim Grundbuchamt eine (elektronisch) beglaubigte Abschrift der Urkunde einreichen, in der auch die Vollmacht enthalten ist.[131] Auch in diesem Fall ist die Vollmacht gemäß §§ 12 Satz 1 BeurkG, 18 Abs. 2 Satz 2 und 3 DONot zur Urschrift zu nehmen, soweit sie nicht ihrerseits in Urschrift in der Urkundensammlung des Notars vorhanden ist[132]. Liegt die betreffende Vollmacht dem Grundbuchamt in Ausfertigung oder beglaubigter Abschrift bereits vor, ist

60

(Grundbuchamt): »Dokumente sind einzeln und unter ihrer spezifischen Dokumentenart und nicht als Mehrfachdokument einzureichen.«.
124 Die Aufbewahrung der Nachricht sowie der Ausdruck des beN- oder XNotar Sendeprotokolls wird aus Beweisgründen empfohlen.
125 BeckOK GBO/*Zeiser*, GBO § 45 Rn. 34.
126 Wirksamwerden der Bewilligung bzw. Eintritt der Bindungswirkung; dazu sowie zur Unterscheidung der Zeiträume zwischen der Erteilung der Vollmacht und ihrer Verwendung sowie dem Wirksamwerden der Erklärung des Vertreters ausführlich *Reuber*, BWNotZ 2016, S. 2.
127 Vgl. auch die Begründung zum ERGBG, BT-Drs. 16/12319 vom 18.03.2009, S. 30.
128 BeckOK GBO/*Reetz*, GBO Vertretungsmacht Rn. 129 a.E.
129 BeckOK GBO/*Reetz*, GBO Vertretungsmacht Rn. 129.
130 In bestimmten Konstellationen nur dann ausreichend, wenn der Vertretene einen eigenen Anspruch auf Erteilung einer Ausfertigung hat; vgl. *Reuber*, BWNotZ 2016, S. 3.
131 BeckOK GBO/*Otto*, GBO § 29 Rn. 87; BeckOK GBO/*Reetz*, GBO Vertretungsmacht Rn. 128; BayObLG, Beschl. v. 27.12.2001, RNotZ 2002, 53.
132 So u.a. Staudinger/*Hertel*, 2012, BGB Vor §§ 127a, 128 Rn. 346 und *Winkler*, § 12 BeurkG Rn. 17; a.A. *Zimmer* ZfIR 2007, 111 (112).

sie diesem gegenüber nach § 171 Abs. 1 BGB kundgegeben. Das Grundbuchamt kann dann gemäß § 171 Abs. 2 BGB mangels Widerruf vom Fortbestehen der ihm gegenüber mitgeteilten Vollmacht ausgehen.[133]

4. Ausnahmen von der elektronischen Einreichungspflicht

a) Pläne und sonstige Anlagen größer als DIN A3

61 Für den Notar besteht **keine Verpflichtung zur Digitalisierung von Plänen und Zeichnungen größer als DIN A3.** Insoweit kann eine Einreichung auf Papier erfolgen. Die Einreicheverordnungen der Länder unterscheiden sich allerdings bei der Rechtsfolge:
– Schleswig-Holstein: Keine elektronische Einreichung von großen Plänen/Zeichnungen; auszugsweise elektronische Beglaubigung von damit nach § 44 BeurkG verbundenen Urkunden (DIN A4 scannen, Plan größer DIN A3 in Papier einreichen)
– Baden-Württemberg: Keine elektronische Einreichung von großen Plänen/Zeichnungen und von damit nach § 44 BeurkG verbundenen Urkunden (DIN A4 und großen Plan in Papier einreichen).
– Musterrechtsverordnung: Wie Baden-Württemberg, wenn mindestens XML-Daten für alle Urkunden eingereicht werden (DIN A4 und großen Plan in Papier einreichen, aber zusätzlich Antrag in elektronischer Form mit Strukturdaten erfassen und elektronisch einreichen).
– Sachsen, Rheinland-Pfalz: Wie Schleswig-Holstein und nur bei »Fremdurkunden« wie Musterrechtsverordnung (bei eigenen Urkunden DIN A4 scannen, Plan größer DIN A3 in Papier einreichen; bei fremden Urkunden DIN A4 und großen Plan in Papier einreichen, aber zusätzlich Antrag in elektronischer Form mit Strukturdaten erfassen und elektronisch einreichen).

Der Notar hat die jeweiligen Landesvorschriften bei seinen Grundbuchanträgen jeweils zu berücksichtigen. Eine papiergebundene Einreichung nach § 135 Abs. 1 Satz 3 GBO ist immer zulässig.

b) Große Nachrichten – viele Anlagen

62 Nach den Einreichevorschriften der Länder greifen die Vorschriften über die Ersatzeinreichung, wenn die Gesamtgröße der Anhänge eines Antrages 30 MB überschreitet oder mehr als 100 Dateien[134] zu einem Antrag gehören. Dann sehen die Rechtsverordnungen in Baden-Württemberg, Schleswig-Holstein und Rheinland-Pfalz die Ersatzeinreichung per CD vor[135], während in Sachsen eine Einreichung in Papierform vorgeschrieben ist[136]. Eine Einreichung

---

133 MüKo/*Schubert*, § 171 BGB Rn. 3 ff.; zum gleichen Ergebnis kommt OLG Dresden, NotBZ 2012, 135, allerdings ohne Bezugnahme auf § 171 BGB unmittelbar aufgrund der Offenkundigkeit des Fortbestehens der Vollmacht im Rahmen von § 29 GBO; zum Verhältnis der Rechtsscheintatbestände der §§ 171, 172 BGB zueinander *Reuber*, BWNotZ 1/2016, S. 3 f.
134 Bei signierten Dateien beträgt die Netto-Gesamtzahl an Dokumenten 50, weil die Signatur selbst auch eine Datei ist, die bei der Berechnung der maximalen Gesamtanzahl (100 Anlagen/Dateien) mit zählt.
135 § 11 Nr. 4 der Verordnung des Justizministeriums über den elektronischen Rechtsverkehr in Baden-Württemberg (Landes-Elektronischer-Rechtsverkehr-Verordnung – LERVVO) v. 21.03.2018 i.V.m. Internetbekanntmachung unter http://www.justizportal-bw.de/pb/,Lde/Elektronischer+Rechtsverkehr+_+Elektronisches+Handelsregister+_+Elektronisches+Grundbuch (zuletzt abgerufen am 23.07.2018), hier Rn. 2.2.2 und 2.2.3; Schleswig-Holstein: § 4 Abs. 2 der Landesverordnung über den elektronischen Rechtsverkehr mit den Gerichten und Staatsanwaltschaften v. 12.12.2006; Rheinland-Pfalz: § 4 Abs. 1 und Abs. 2 der Landesverordnung über den elektronischen Rechtsverkehr in Rheinland-Pfalz (ERVLVO) v. *10.07.2015*.
136 § 4 Abs. 1 Satz 2 der Sächsischen E-Justizverordnung 23.04.2014.

5. Elektronische Mitteilungen vom Grundbuchamt

Nach § 140 Abs. 1 GBO können **Entscheidungen und Verfügungen** vom Grundbuchamt **elektronisch erlassen** werden, sobald die betreffende(n) Grundakte (n) mindestens teilweise elektronisch geführt werden. Die Landesregierungen können den elektronischen Erlass von Entscheidungen und Verfügungen durch Rechtsverordnung auch ab einem bestimmten Zeitpunkt verbindlich anordnen.[138] Nach § 140 Abs. 2 GBO können den in § 174 Abs. 1 ZPO genannten Personen, zu denen auch Notare gehören, auch ohne ausdrückliche Zustimmung Entscheidungen, Verfügungen und Mitteilungen – insbesondere auch über das besondere elektronische Notarpostfach beN (siehe Rdn. 13) – elektronisch bekannt gegeben werden. Hierzu zählen Eintragungsnachrichten sowie vom Grundbuchbeamten zu signierende[139] Zwischenverfügungen und Zurückweisungen. Erfolgt eine Bekanntgabe gemäß § 15 Abs. 2 FamFG, § 174 Abs. 1 ZPO gegen Empfangsbekenntnis, so ist dieses vom Notar gemäß § 174 Abs. 4 Satz 2 ZPO als elektronisches Empfangsbekenntnis in strukturierter maschinenlesbarer Form zurück zu übermitteln[140].

Ist in Papierform ist auch in diesen Fällen grundbuchverfahrensrechtlich sanktionslos und wäre wirksam.[137]

63

IV. ELRV in Registersachen

1. Form

Der elektronische Rechtsverkehr in Registersachen ist seit dem 1.1.2007 in Betrieb und unter anderem deshalb so erfolgreich[141], da mit qualifizierter elektronischer Signatur und Einreichung über das EGVP bzw. nunmehr beN-Postfach an die Justiz einfache und vor allem taugliche Mittel im Einsatz sind.

64

a) Elektronische Äquivalenz

Ist eine **Urschrift** oder eine **einfache Abschrift** einzureichen oder ist für das Dokument die Schriftform bestimmt (vgl. z. B. §§ 8 Abs. 1 Nr. 3, § 39 Abs. 2, 40 Abs. 1 Satz 1 GmbHG), genügt die Übermittlung einer **elektronischen Aufzeichnung** (§ 12 Abs. 2 Satz 2, 1. Hs. HGB). Damit genügt die Einreichung eines Scans der privatschriftlichen Urschrift dieser Dokumente.[142] Die Einreichung einer »einfachen« elektronischen »Leseabschrift«, bei der die Unterschriften auf dem privatschriftlichen Dokument mit »gez. (Name des Unterschreibenden)« kenntlich gemacht werden, ist zulässig.[143] Die in die elektronische Form zu transformierenden **notariellen Urkunden** und **Anlagendokumente** werden nach §§ 39, 39a, 42 BeurkG gefertigt: Ist ein notariell beurkundetes Dokument oder eine öffentlich beglaubigte

65

---

137 BeckOK GBO/*Wilsch*, GBO § 135 Rn. 11; *Ott*, notar 2014, 387; *Meyer/Mödl*, DNotZ 2009, 743, 754 f.
138 So beispielsweise in Baden-Württemberg durch § 5 ERGA-VO.
139 Büttner/Frohn/Seebach/*Büttner*, Elektronischer Rechtsverkehr und Informationstechnologie im Notariat, 2018, Kapitel 2.
140 § 174 Abs. 4 Satz 3 ZPO in der Fassung des Gesetzes zur Förderung des elektronischen Rechtsverkehrs mit den Gerichten vom 10.10.2013 (»E-Justice-Gesetz«, BGBl. I S. 3786.).
141 *Mödl/Schmidt*, ZIP 2008, 2332.
142 LG München I RPfleger 2000, 219.
143 *Apfelbaum/Bettendorf*, RNotZ 2007, 89; LG Chemnitz MittBayNot 2007, 340.

Abschrift einzureichen, so ist eine **elektronische notarielle Urkunde nach § 39a BeurkG**[144] zu übermitteln (§ 12 Abs. 2 Satz 2, 2. Hs. HGB).

66 Gemäß § 39a Abs. 1 Satz 4 BeurkG ist notwendiger Bestandteil eines einfachen elektronischen Zeugnisses ein Nachweis der Notareigenschaft, was dadurch realisiert wird, dass das die Notareigenschaft bestätigende **Notarattribut** Bestandteil des qualifizierten Signaturzertifikats des Notars ist. Der Notar ist nach den nach §§ 67 Abs. 2, 71 Abs. 2 Nr. 2 BNotO erlassenen Richtlinien der Notarkammern berufsrechtlich verpflichtet, die qualifizierte elektronische Signatur bei der Erstellung von einfachen elektronischen Zeugnissen nach § 39a BeurkG höchstpersönlich zu erzeugen.[145] Der nach § 39a Abs. 1 Satz 4 BeurkG erforderliche Nachweis der Notareigenschaft kann bei vom **Notarvertreter**[146] erstellten Urkunden nach § 33 Abs. 4 Satz 2 DONot durch Beifügung und Verbindung[147] der elektronisch beglaubigten Abschrift der Notarvertreterbestellungsurkunde oder durch originär elektronische Bestellungsurkunde erfolgen, die vom Landgerichtspräsident mit Signatur erstellt wurde.[148] Bei der Erstellung elektronisch beglaubigter Abschriften durch den Notarvertreter ist in besonderer Weise das Tatbestandsmerkmal des »Verbindens« in § 39a Abs. 2 Satz 1 BeurkG zu berücksichtigen.[149]

b) Herstellung

67 Die Herstellung einer derartigen **elektronischen Abschrift** der Papierurkunde kann grundsätzlich auf zwei Wegen erfolgen, je nachdem, auf welche Weise eine Abbildung des Inhalts des Papier- bzw. Ausgangsdokuments, also der Hauptschrift (§ 42 Abs. 1 BeurkG), erzeugt wird.

Scannen
Das Ausgangsdokument wird eingescannt. Dabei erhält das elektronische Dokument (Datei) das TIFF- oder PDF/A-Format, das nicht mehr ohne Weiteres verändert werden kann.

Leseabschrift
Die Datei, aus der das Ausgangsdokument durch Ausdrucken generiert wurde, wird um die Unterschriften und das Siegel ergänzt. Anders als bei der eingescannten Urkunde, die

---

144 Eingeführt durch das Justizkommunikationsgesetz v. 22.03.2005 (BGBl. I 2005 S. 837). Näheres zu § 39a BeurkG vgl. *Bormann/Apfelbaum*, RNotZ 2007, 15.
145 Zur bislang strittigen Frage, ob eine höchstpersönliche Erzeugung der qualifizierten elektronischen Signatur durch den Notar nach geltendem Signatur- bzw. Beurkundungsrecht geboten ist, vgl. *Bettendorf/Apfelbaum*, DNotZ 2008, 85 und *Bohrer*, DNotZ 2008, 39. Der Streit dürfte sich für qualifizierte elektronische Signaturen, die unter Geltung der ab dem 01.07. 2016 wirksamen Verordnung (EU) Nr. 910/2014 des Europäischen Parlaments und des Rates v. 23.07.2014 über elektronische Identifizierung und Vertrauensdienste für elektronische Transaktionen im Binnenmarkt und zur Aufhebung der Richtlinie 1999/93/EG (sog. eIDAS-Verordnung) erstellt werden, erledigt haben. Denn nach Anhang II Abs. 3 der Verordnung darf das Erzeugen oder Verwalten von elektronischen Signaturerstellungsdaten im Namen eines Unterzeichners nur von einem qualifizierten Vertrauensdiensteanbieter durchgeführt werden. Eine (offene oder verdeckte) Stellvertretung beim Erzeugen der Signatur ist damit im Umkehrschluss in allen anderen Fällen signaturrechtlich und somit wohl auch beurkundungsrechtlich ausgeschlossen.
146 Im Detail zum Notarvertreter im Bereich des elektronischen Rechtsverkehrs siehe Büttner/Frohn/Seebach/*Büttner*, Elektronischer Rechtsverkehr und Informationstechnologie im Notariat, 2018, Kapitel 2.
147 Auf die Authentizität der Verbindung kommt es dabei nicht an. Die qualifizierte elektronische Signatur stellt aber sicher, dass etwaige Veränderungen des ZIP-Containers erkannt werden können. Zur hiervon zu unterscheidenden Frage der »untrennbaren« Verbindung elektronischer Dokumente vgl. *Schmieder/Ulrich*, NJW 2015, 3482.
148 *Püls* in Beck'sches Notar-Handbuch 2015, M. II. 4., Rn. 64.
149 *Bettendorf/Apfelbaum*, Elektronischer Rechtsverkehr und das Berufsrecht des Notars – Änderungen der Richtlinienempfehlungen der Bundesnotarkammer und der Dienstordnung für Notarinnen und Notare, DNotZ 2008, 19.

ein optisches Abbild des Ausgangsdokuments darstellen, werden die Unterschriftszeichnungen und das Siegel jedoch lediglich umschreibend wiedergegeben. Bei den Unterschriften geschieht dies i. d. R. durch die Worte »gez. (Name des Unterzeichneten)«, beim Siegel durch die Abkürzung »L.S.«. Der Notar bestätigt lediglich die inhaltliche Übereinstimmung einer bestimmten Abschrift mit einer bestimmten Hauptschrift. Die Erstellung einer beglaubigten elektronischen Abschrift durch Verwendung einer »elektronischen Leseabschrift« ist zulässig.[150]

c) Zulässige Formate

Im elektronischen Grundbuch- und Handelsregisterverkehr sind im Ergebnis die **Formate TIFF (Tagged Image File Format)** sowie **PDF/A (Portable Document Format for Achiving)** für die Einreichung elektronischer Dokumente zugelassen bzw. geeignet. Die mit dem elektronischen Urkundenarchiv eingeführte elektronische Urschrift wird nur noch als PDF/A[151]-Scan möglich sein, sodass dieses Format ohnehin mittelfristig alternativlos sein wird (vgl. § 56 BeurkG-2022). Reine Textbestandteile sollten aus Gründen der Dateigröße in schwarz-weiß, Seiten mit beispielsweise farbigen Abbildungen in Farbe gescannt werden. Die meisten Bundesländer empfehlen in ihren Bearbeitungsvoraussetzungen eine Auflösung bei schwarz-weiß Dokumenten von 300 dpi.

68

d) Dokumentenart

Die neben den Strukturdaten elektronisch zu übermittelnden Dokumente werden als Anlagen zur Handelsregisteranmeldung angefügt. Diese müssen nach den Einreicheverordnungen der Länder[152] nebst Ausführungsbestimmungen zwingend mit einer bestimmten **Dokumentenart** (z.B. Anmeldung, Liste der Gesellschafter) bezeichnet werden. Hierdurch wird dem Bearbeiter im Registergericht und dem Auskunftssuchenden in der Handelsregisterauskunft das gezielte Auffinden der jeweils benötigten Dokumente erleichtert. Deshalb sollten niemals mehrere Papierurkunden zu einem elektronischen Dokument zusammengefasst werden, da dies eine gezielte Suche verhindert. Auch sollten einem Dokument alle enthaltenen Dokumentarten als strukturierte Information zur Anlage beigefügt werden.[153]

69

e) Beglaubigungsvermerk

Gemäß § 42 Abs. 1 BeurkG soll im **Beglaubigungsvermerk** des Notars festgestellt werden, ob das Ausgangsdokument eine Urschrift, eine Ausfertigung, eine beglaubigte Abschrift oder eine einfache Abschrift ist. Ein Fehlen dieser Soll-Angabe führt nicht zur Unwirksamkeit der Beglaubigung. Diese tritt nur bei einem Verstoß gegen die zwingenden Muss-Vorschriften des BeurkG ein. Die nachfolgende Fassung des Vermerks berücksichtigt diese rechtliche Vorgabe.

70

---

150 *Apfelbaum/Bettendorf*, RNotZ 2007, 89.
151 Daher spricht sich *Gassen* bereits in RNotZ 2007, 142 dafür aus, möglichst frühzeitig bereits auf den PDF/A-Standard umzusteigen, wobei vor Anschaffung von Geräten und Software deren Geeignetheit zur Verwendung in der Gerichtsakte geprüft werden sollte. Kann eine vom Hersteller bereitgestellte Beispielsdatei von XNotar verarbeitet werden, ist die PDF/A-Datei auch für den elektronischen Rechtsverkehr mit den Gerichten geeignet.
152 Eine Übersicht der Einreicheverordnungen aller Bundesländer nebst Ausführungsbestimmungen siehe http://elrv.info/de/elektronischer-rechtsverkehr/rechtsgrundlagen/ElRv_Uebersicht_BL.html; letzter Abruf 10.05.2018. Vgl. im Übrigen zu den Einreichevorschriften Rdn. 46–48.
153 Bis zu 4 Dokumentarten pro übermitteltem Dokument sind verarbeitbar.

§ 12a Elektronischer Rechtsverkehr im Notariat

71 M **Hiermit beglaubige ich die Übereinstimmung der in dieser Datei enthaltenen Bilddaten (Abschrift) mit der mir als Papierdokument vorliegenden Urschrift/Ausfertigung/beglaubigten Abschrift/einfachen Abschrift.**

72 Es folgen wie üblich Ort, Datum und Unterschrift/Siegel des Notars. Auch die teilweise beglaubigte Abschrift einer vorliegenden Fertigung kann entsprechend hergestellt werden. Dabei ist es unerheblich, wie der Beglaubigungsvermerk erstellt wird.[154] Der Beglaubigungsvermerk für das elektronische Zeugnis kann mit XNotar[155] angefügt oder bereits vorab produziert und mit eingescannt oder aus der Textverarbeitung übernommen werden.

f) Andere Register

73 Auch Anmeldungen und Einreichungen zum **Genossenschafts- und Partnerschaftsregister** sind gem. §§ 11 Abs. 4, 157 GenG sowie § 5 PartGG elektronisch vorzunehmen. Mehrere Bundesländer haben zudem elektronische Anmeldungen zum **Vereinsregister** nach § 14 Abs. 4 FamFG ermöglicht. Die Formanforderungen des § 12 Abs. 2 HGB gelten bei elektronischer Einreichung zum Genossenschafts-, Partnerschafts- und Vereinsregister entsprechend, wobei der elektronische Vereinsregisterverkehr noch nicht bei allen Gerichten eröffnet ist.[156]

2. Einreichung durch den Notar

74 Ohne ausdrückliche Erklärung handelt der Notar im Rahmen der Einreichung einer Registeranmeldung nicht nur als bloßer Bote, sondern als **Vertreter der Urkundsbeteiligten**, ggfs. i.V.m. der Vermutungsregelung des § 378 Abs. 2 FamFG. An die Antragstellung durch den Notar selbst knüpfen sich verfahrensrechtliche Wirkungen wie die Zusendung der Eintragungsmitteilung, die Befugnis zur Rücknahme des Antrags und das Beschwerderecht.

3. Nachweis der Vertretungsmacht

75 Im elektronischen Handelsregisterverkehr erfolgt der Nachweis einer Vollmacht entsprechend § 172 Abs. 1 BGB nicht durch die Vorlage der Urschrift der Vollmachtsurkunde oder einer Ausfertigung hiervon (arg. § 47 BeurkG). Werden die materiell-rechtliche Ebene des § 172 BGB und die registerrechtliche Ebene voneinander unterschieden, ist der Rechtsverkehr jedoch durch einen Rechtsscheinstatbestand geschützt: Auch bei der **zeitnah** erstellten **elektronischen beglaubigten Abschrift** liegt als **Nachweis** eine öffentliche Urkunde vor.[157] Regelmäßig ist diese im Registerverfahren ausreichend. Dies ergibt sich auch aus dem Wortlaut des § 12 Abs. 1 Satz 2 HGB, der auf die öffentliche Form des § 12 Abs. 1 Satz 1 HGB Bezug nimmt. Alternativ zur Vorlage der Vollmachtsurkunden in beglaubigter Abschrift könnte der Notar eine Bescheinigung nach § 21 Abs. 3 BNotO erteilen.

---

154 So entschieden z.B. v. LG Regensburg MittBayNot 2007, 522 m. Anm. *Kirchner*.
155 Produkt der NotarNet GmbH für den elektronischen Rechtsverkehr (siehe http://www.notarnet.de; zuletzt abgerufen am 31.03.2018).
156 Aktuell sind in folgenden Bundesländern elektronische Vereinsregisteranmeldungen möglich, wobei die Eröffnung gerichtsspezifisch ist und nicht alle Gerichte in den genannten Ländern elektronisch erreichbar sind: Bayern, Berlin, Brandenburg, Bremen, Niedersachsen, Nordrhein-Westfalen, Rheinland-Pfalz, Sachsen, Sachsen-Anhalt, Schleswig-Holstein.
157 Mangels entgegenstehender Anhaltspunkte kann das Handelsregister auch für einen gewissen Zeitraum nach dem vom Notar in der Bescheinigung genannten Zeitpunkt bzw. nach dem Datum der Vollmachtsurkunde vom Fortbestehen der Vollmacht ausgehen. Vgl. OLG Karlsruhe, Beschl. v. 12.11.2014 – 11 Wx 61/14 = DNotI-Report 2015, 45 – 46 (Heft 6), BeckOK GBO/*Reetz*, GBO Vertretungsmacht Rn. 129.

4. Ausnahmen von der elektronischen Einreichungspflicht

Bei der Einreichung von **großen und umfangreichen Urkunden** zum Registergericht in elektronischer Form kann sich das Problem ergeben, dass die in den auf der Grundlage der Rechtsverordnungen über den elektronischen Rechtsverkehr der Länder erlassenen Bearbeitungsvoraussetzungen[158] festgelegten Dateigrößen überschritten werden. So darf das Gesamtvolumen der in einer Nachricht zu übermittelnden Dateien einheitlich **nicht mehr als 30 MB** betragen und dürfen mit einer Nachricht **nicht mehr als 100 Dateien**[159] per EGVP übermittelt werden. Wird eine dieser Grenzen überschritten, bestehen drei Möglichkeiten:

- Von der Urkunde sind mehrere auszugsweise beglaubigte Abschriften zu erstellen, die jeweils eine maximale Dateigröße von 30 MB aufweisen und an das Registergericht in mehreren Teilen zu übermitteln.
- Sind sehr viele Dateien zu übermitteln, können diese auf mehrere Nachrichten verteilt werden.
- Die Rechtsverordnungen der Länder über den elektronischen Rechtsverkehr sehen i. d. R. eine Bestimmung zur Ersatzeinreichung (in Papierform oder elektronisch auf einem Datenträger) vor, wenn eine Übermittlung über EGVP nicht möglich ist. Regelmäßig wird von dieser Regelung auch der Fall des Überschreitens der Dateigröße erfasst. Die Handelsregisteranmeldung ist in diesem Fall mit allen Anlagen auf CD oder einen anderen zugelassenen Datenträger zu kopieren und an das Handelsregister (postalisch) einzureichen.

V. Zentrale Register der BNotK

1. Zentrales Vorsorgeregister (ZVR)

Die Bundesnotarkammer führt das Zentrale Vorsorgeregister als Registerbehörde als automatisiertes elektronisches Register über Vorsorgevollmachten und Betreuungsverfügungen (§§ 78 Abs. 2 Nr. 1, 78a Abs. 1 Satz 1 BNotO). In das ZVR werden gemäß § 78a Abs. 2 BNotO Angaben über Vorsorgevollmachten nach § 1896 BGB (Vollmachtgeber, Bevollmächtigte, Vollmachtsurkunde und Umfang der Vollmacht, insbesondere auch soweit in Angelegenheiten der Gesundheitssorge ausdrücklich Maßnahmen nach § 1904 Abs. 1 Satz 1 BGB und/oder in Angelegenheiten der Aufenthaltsbestimmung ausdrücklich Maßnahmen nach § 1906 Abs. 1, 3 und 4 BGB umfasst sind) und Betreuungsverfügungen nach § 1901c BGB (Vorschläge zur Auswahl des Betreuers, Wünsche zur Wahrnehmung der Betreuung und den Vorschlagenden) aufgenommen. Welche Inhalte im Einzelnen im ZVR registriert und gespeichert werden können, legt die nach § 78a Abs. 3 BNotO erlassene Vorsorgeregister-Verordnung (VRegV[160]) fest. Seit 1. September 2009 können auch isolierte Betreuungsverfügungen nach § 1901c BGB im Zentralen Vorsorgeregister registriert werden, da infolge einer Gesetzesänderung das Register für andere Erklärungen als Vorsorgevollmachten geöffnet wurde (§ 10 VRegV). Die Registrierung von Patientenverfügungen nach § 1901a BGB ist nur in Verbindung mit einer Vorsorgevollmacht oder einer Betreuungsverfügung möglich, nicht aber isoliert ohne gleichzeitige Registrierung einer Vollmacht. Im Zentralen Vorsorgeregister werden keine Urkunden hinterlegt oder ihrem Wortlaut nach gespeichert, sondern lediglich

---

158 Siehe Übersicht Fn. 153.
159 Zu den 100 Dateien zählen auch die Signaturdateien, sodass von nur 50 gleichzeitig in einer Nachricht übermittlungsfähigen Dokumenten ausgegangen werden kann.
160 Siehe http://www.vorsorgeregister.de/_downloads/Rechtsgrundlagen/ZVR-Rechtsgrundlagen-VRegV.pdf; zuletzt abgerufen am 21.03.2018.

typisierte Angaben zum Inhalt der Erklärungen aufgenommen[161]. Widerruf und Änderung der Vollmacht können ebenfalls registriert werden.[162]

78   Zweck des ZVR ist die bessere **Auffindbarkeit von Vorsorgevollmachten** und **Betreuungsverfügungen** im Falle der Betreuungsbedürftigkeit des Vollmachtgebers. Ausschließlich die Betreuungsgerichte in Deutschland haben jederzeitigen elektronischen Zugriff auf die im ZVR gespeicherten Registrierungen (vgl. § 78b Abs. 1 Satz 1 BNotO), um vor Bestellung eines Betreuers deren Notwendigkeit zu prüfen, die nach § 1896 Abs. 2 Satz 2 BGB entfällt, wenn ein Bevollmächtigter ebenso gut wie ein Betreuer handeln kann. Das ZVR sichert damit in verfahrensrechtlicher Hinsicht die **Subsidiarität der Betreuung** gegenüber der Vorsorgevollmacht (§ 1896 Abs. 2 Satz 2 BGB) und verwirklicht dadurch das Selbstbestimmungsrecht der Bürger bei Unfall, Krankheit oder im Alter. Durch die öffentlich-rechtliche Führung des Zentralen Vorsorgeregisters gewährleistet die Bundesnotarkammer als hoheitlicher Träger das auf Dauer angelegte System, in das die Bürger das notwendige Maß an Vertrauen setzen können[163].

79   Notarinnen und Notare sollen bei der Beurkundung von Vorsorgevollmachten nach § 20a BeurkG auf die Möglichkeit der Registrierung der Vollmacht im ZVR hinweisen.[164] Übernimmt der Notar die Registrierung, ist er bei auftragsgemäßer Handlung regelmäßig auch von seiner Verschwiegenheitspflicht entbunden.[165]

Formulierungsbeispiel in der Vollmachtsurkunde

80 M **Der Notar wird ermächtigt, die für die Führung des Zentralen Vorsorgeregisters der Bundesnotarkammer notwendigen Angaben zu übermitteln und wird insoweit wie auch gegenüber Betreuungs- und sonstigen Gerichten von der Verschwiegenheitspflicht entbunden.**

81   Auch privatschriftliche und notariell beglaubigte Vollmachten können registriert werden (arg. ex § 1 Abs 2 VRegV). Über 90% der Registrierungen erfolgen online nach § 4 VRegV durch institutionelle Nutzer, davon die allermeisten durch Notare[166] über die Webseite https://zvr-online.de[167]. Die Zugangsdaten erhält der Notar bei seiner Bestellung von der Bundesnotarkammer. Dieser Zugang berechtigt zum Zugriff auf die zentralen Register der Bundesnotarkammer und weitere Systeme. Ein nach § 51 BNotO bestellter **Aktenverwahrer** erhält Zugriff auf die Registrierungen des ausgeschiedenen Notars. Zugriffe werden auf (formlosen) Antrags an zugang@bnotk.de von der Bundesnotarkammer an Notare erteilt.

82   Die Bundesnotarkammer stellt die **ZVR-Card** im Scheckkartenformat für Notare kostenlos zur Aushändigung an Beteiligte zur Verfügung. Sie kann im Notarportal unter https://portal.bnotk.de und dort bei »Bestellungen«[168] geordert werden. Auf der stets bei sich zu tragbaren Karte kann der Vollmachtgeber vermerken, dass für ihn eine Vorsorgevollmacht registriert wurde.

---

161 So auch Diehn/*Diehn*, § 78a BNotO, Rn. 7.
162 *Müller/Renner*, Betreuungsrecht und Vorsorgeverfügungen in der Praxis, Rn. 806.
163 Beschlussempfehlung BT-Rechtsausschuss, BR-Drs. 118/1/04 v. 26.2.2004, S. 5.
164 Richtigerweise trifft diese Hinweispflicht auch auf beglaubigte Vollmachten zu, wenn der Notar den Entwurf gefertigt hat; so: Grziwotz/Heinemann/*Heinemann*, § 20a BeurkG Rn. 7.
165 Vgl. z. B. *Notthoff*, ZNotP 2003, 282, 289.
166 Büttner/Frohn/Seebach/*Seebach*, Elektronischer Rechtsverkehr und Informationstechnologie im Notariat, 2018, Kapitel 3; *Müller/Renner*, Betreuungsrecht und Vorsorgeverfügungen in der Praxis, Rn. 793.
167 Zuletzt abgerufen am 21.03.2018.
168 Hier sind auch weitere Informationsmaterialien zu den Zentralen Registern bestellbar.

Das ZVR wird durch aufwandsbezogene **Gebühren** (vgl. § 78b Abs. 3 BNotO), die die   83
Vollmachtgeber aufzubringen haben, finanziert (§ 78b Abs. 2 Satz 1 BNotO). Die nach § 78b
Abs. 4 BNotO erlassene **Vorsorgeregister-Gebührensatzung (VRegGebS)** regelt die
Gebührenerhebung und Kostenschuldnerschaft.[169] Die Höhe der Gebühr richtet sich nach
der Art und Weise, wie die Meldung zum Register (Internet oder Post) und die Abrechnung
(Lastschrift, Rechnung) erfolgen. Bei Online-Meldung und Lastschrifteinzug kostet die
Registrierung bei einem Vollmachtgeber und einem Bevollmächtigten 8,50 €. Falls keine
Teilnahme am Lastschriftverfahren erfolgt, erhöht sich die Meldegebühr um 2,50 € pro Vollmachtgeber. Bei **Online-Registrierung** durch den Notar reduziert sich die Eintragungsgebühr um 3,00 €. Die Gebühren für weitere Bevollmächtigte sinken von 3,00 € um jeweils
0,50 € auf 2,50 €. Eine Vollzugsgebühr nach Vorbem. 2.2.1.1 KV zu Nr. 22110 KV GNotKG
und eine XML-Gebühr nach Nr. 22114, 22125 KV GNotKG sind für die Registrierung durch
den Notar nicht anzusetzen[170]. Vom Notar verauslagte Kosten für die Registrierung sind
gem. Nr. 32015 KV GNotKG als Auslagen ohne Umsatzsteuer dem Kostenschuldner weiter
zu berechnen.[171]

2. Zentrales Testamentsregister (ZTR)

a) Registrierungen im ZTR

Mit dem Gesetz zur Schaffung des **Zentralen Testamentsregisters bei der Bundesnotar-**   84
kammer (ZTR)[172] wurde das Benachrichtigungswesen in Nachlasssachen grundlegend
modernisiert und reformiert. Die bis zum Jahr 2012 papiergebundene Benachrichtigung in
Nachlasssachen wurde zum 01.01.2012 durch ein zentralisiertes elektronisches Mitteilungswesen ersetzt, dessen wesentliche Funktion das ZTR darstellt. Als Registerbehörde ist die
Bundesnotarkammer für die Führung des Registers zuständig (§ 78c Abs. 1 Satz 1 BNotO).
Auf Grundlage der in § 78c Abs. 2 BNotO enthaltenen Verordnungsermächtigung für das
Bundesministerium der Justiz und für Verbraucherschutz wurde am 11.07.2011 die Verordnung zur Errichtung und Führung des Zentralen Testamentsregisters (Testamentsregister-Verordnung – ZTRV) erlassen (BGBl. I 2011, S. 1386).[173] Die ZTRV **regelt** die Einzelheiten des
Registers einschließlich der Datensicherheit.

Der heutige Registerinhalt des ZTR lässt sich in den nachträglich erfassten Altbestand an   85
»gelben« Verwahrungsnachrichten bis 31.12.2011 und den Neubestand an von Notaren und
Gerichten elektronisch durchgeführten ZTR-Registrierungen ab dem 01.01.2012 einteilen.
Die durch die Bundesnotarkammer nach dem Testamentsverzeichnis-Überführungsgesetz
(TVÜG)[174] durchgeführte Digitalisierung und Überführung erfolgte ab der Mitte des Jahres
(§ 1 Abs. 2 TVÜG) und wurde vorfristig bereits am 14.10.2016 vollständig abgeschlossen.[175]
Alle erbfolgerelevanten Urkunden nach § 78d Abs. 2 Satz 1 BNotO, also alle Urkunden mit
Erklärungen, welche die Erbfolge beeinflussen können, sind im ZTR durch den jeweils
zuständigen Melder zu registrieren. Zuständig ist der Notar, der die Beurkundung vorge-

---

169 Abgedruckt in DNotZ 2005, 81, geändert durch Satzung v. 02.12.2005 (DNotZ 2006, 2).
170 U.a. *Müller* in: Würzburger Notarhandbuch, Kapitel 3, Rn. 85.
171 U.a. *Müller* in: Würzburger Notarhandbuch, Kapitel 3, Rn. 86.
172 Gesetz zur Modernisierung des Benachrichtigungswesens in Nachlasssachen durch Schaffung des Zentralen Testamentsregisters bei der Bundesnotarkammer und zur Fristverlängerung nach der Hofraumverordnung v. 22.12.2010, BGBl I 2010, S. 2255. – Zu den maßgeblichen Gesetzesmaterialien vgl. GesE BRat, BT-Drs. 17/2583; BeschlE BT-RechtsA, BT-Drs. 17/4063.
173 Testamentsregister-Verordnung v. 11.07.2011 (BGBl. I S. 1386), zul. geändert am 01.06.2017 (BGBl. I S. 1396).
174 Verkündet als Art. 6 des Gesetzes zur Modernisierung des Benachrichtigungswesens in Nachlasssachen durch Schaffung des Zentralen Testamentsregisters bei der Bundesnotarkammer v. 22.12.2010 (BGBl. I 2010, S. 2255).
175 Jahresbericht ZTR für das Jahr 2016 v. 27.01.2017, abrufbar unter www.testamentsregister.de (Link: Service > Meldungen; letztes Abrufdatum: 01.05.2018).

nommen hat (§ 34a BeurkG) oder das Gericht, welches die privatschriftliche Verfügung von Todes wegen in die amtliche Verwahrung genommen hat (§ 347 FamFG). Für privat verwahrte erbfolgerelevante Urkunden besteht keine Registrierungspflicht, sondern nur eine bürgerlich-rechtliche Ablieferungspflicht nach § 2259 Abs. 1 BGB.[176] **Erbfolgerelevante Urkunden** (§ 78d Abs. 2 Satz 1 BNotO) sind:
- Testamente und Erbverträge (unabhängig davon, ob die Erbfolge geregelt wird)[177]
- Widerrufstestamente (§ 2254 BGB)
- Aufhebung von Erbverträgen (§ 2290 BGB), Rücktritt von Erbverträgen (§§ 2293 bis 2297 BGB), Widerruf eines gemeinschaftlichen Testaments (§ 2293 BGB)
- Anfechtung eines Testaments (§ 2281 BGB)
- Rückgabe von Erbverträgen (§ 2300 Abs. 2 BGB) oder Testamenten (§ 2256 Abs. 1 BGB)[178]
- Erbverzichts- (§ 2346 Abs. 1 BGB) und Zuwendungsverzichtsverträge (§ 2352 BGB)
- Ehe- und Partnerschaftsverträge, wenn sie Auswirkungen auf das Erbrecht haben
- Rechtswahlen, wenn Sie das Erb- oder Güterrechtsstatut betreffen

  Nicht erbfolgerelevant und damit nicht registerfähig sind u.a.:
- Pflichtteilsverzichtsvertrag[179]
- statusrechtliche Erklärungen/Erklärungen zu Verwandtschaftsbeziehungen die Vaterschaftsanerkennung oder Adoptionsanträge
- Vor- und Nacherbschaft
- privat verwahrte Testamente
- Erklärungen nach Eintritt des Erbfalls

86   Bei der Registrierung sind an das Register nach § 1 ZTRV die folgenden **Verwahrangaben** zu übermitteln:
- Erblasserdaten: Familienname, Geburtsname, Vornamen und Geschlecht, Tag und Ort der Geburt, Geburtsstandesamt und Geburtenregisternummer, wenn die Geburt im Inland beurkundet wurde, Staat der Geburt, wenn der Erblasser im Ausland geboren wurde[180],
- Bezeichnung und Anschrift der Verwahrstelle,
- Verwahrnummer, Verwahrbuchnummer oder Aktenzeichen des Verfahrens der Verwahrstelle,
- Art und Datum der Errichtung der erbfolgerelevanten Urkunde und
- Name, Amtssitz und Urkundenrollen-Nummer des Notars bei notariellen Urkunden.

Die Registerbehörde kann zusätzliche Angaben aufnehmen, die für das Auffinden der erbfolgerelevanten Urkunde erforderlich sind.

b) Auskunft aus dem Zentralen Testamentsregister

87   Die (mangels Regelung in der ZTR-GebS) kostenfreie von der Registerbehörde zu protokollierende (§ 7 VRegV) Auskunft wird nur erteilt, soweit sie im Rahmen der Aufgabenerfüllung der Notare erforderlich ist (§ 78f Abs. 1 Satz 2 BNotO). Auskünfte aus dem ZTR dürfen zu Lebzeiten des Erblassers zudem nur mit dessen Einwilligung eingeholt werden, § 78f

---

176 Dadurch wird die Entscheidung der Privatperson beachtet, der sein Testament nicht dem Verwahrungs- und Benachrichtigungsregime unterwerfen will; vgl. Näheres *Seebach*, notar 2015, 373.
177 S. nur *Winkler*, § 34a BeurkG Rn. 9.
178 S. nur BeckOGK/*Grziwotz*, BeurkG § 34a Rn. 9.
179 So auch zu Recht Büttner/Frohn/Seebach/*Seebach*, 1. Auflage 2018, Kapitel 3; a.A. Diehn/*Diehn*, § 78b BNotO Rn. 20; *Winkler*, § 34a BeurkG Rn. 13.
180 Zu den teils schwierigen Fragen bei im Ausland geborenen Erblassern, ehemals deutschen Rechtsgebieten, unbekannten Geburtsdaten, geänderten Geburtsnamen u.a.m. vgl. ausführlich Büttner/Frohn/Seebach/*Seebach*, 1. Auflage 2018, Kapitel 3.

Abs. 1 Satz 3 BNotO.[181] Die Einwilligung ist zu unterstellen, wenn der Notar mit der Erstellung eines Entwurfs einer erbfolgerelevanten Urkunde befasst wird.

88 Da alle notariell beurkundeten oder amtlich verwahrten erbfolgerelevanten Urkunden im ZTR registriert sind, kann zur Vorbereitung von Urkunden (Testamente, Erbverträge, Erbscheinsanträge u. dergl.) eine vorbereitende Registerabfrage (§ 78f BNotO) im ZTR durchgeführt werden, die insbesondere erkennen lässt, ob es ggf. bindende Vorurkunden geben könnte. Das Ergebnis der Registerabfrage kann – auch bei fehlenden Treffern – zur Akte genommen werden. Eine Abfragepflicht des Notars besteht jedoch nicht.[182]

c) Europäische Testamentsregisterauskunft

89 Deutschen Notaren ist es über die bestehende Verknüpfung mit verschiedenen europäischen Testamentsregistern unter dem Namen »RERT«[183] möglich, eine Abfrage zu in anderen Ländern registrierten letztwilligen Verfügungen bereits verstorbener Erblasser durchzuführen, etwa im Rahmen der Vorbereitung eines ENZ.[184] Die RERT-Auskunft erfolgt nur auf Antrag. Das ZTR stellt in der ZTR-Webanwendung unter dem Menüpunkt »RERT« > »Testamentsregisterverknüpfung (RERT)« ein entsprechendes Antragsformular bereit. Abfragefähig sind die Testamentsregister in **Belgien, Bulgarien, Estland, Frankreich, Lettland, Litauen, Luxemburg, den Niederlanden, Polen, Rumänien, Ungarn und Russland**; im Fall von Russland wird die Einsichtnahme über die Notarkammer Sankt Petersburg vermittelt. Spanien und Italien befinden sich im Aufbau des Anschlusses. Die **Kosten** einer Abfrage betragen derzeit 15 Euro. Bezieht sich die Abfrage auf mehrere ausländische Testamentsregister, erhöht sich diese Gebühr um jeweils 5 Euro für jedes weitere Register.

d) Sterbefallbearbeitung durch das ZTR

90 Etwa eine Million personenstandsrechtlich erfasste Sterbefälle[185] jährlich werden nach Eintragung des Sterbefalls im Sterberegister (§ 31 PStG) elektronisch in Form einer sog. **Sterbefallmitteilung** nach § 78e Satz 1 BNotO einerseits und § 60 Abs. 1 Nr. 9, Abs. 2 Nr. 4, § 63 PStV andererseits vom Sterbestandesamt an das ZTR gemeldet. Ergibt die Prüfung der Sterbefallmitteilung (§ 78e Satz 2 BNotO) einen oder mehrere Treffer, erfolgen die Sterbefallbenachrichtigungen an das für den Sterbefall zuständige Nachlassgericht und die **Ablieferungsaufforderung an die Verwahrstelle der Urkunde** (Gericht oder Notar) gemäß § 78c Satz 3 BNotO ebenfalls auf elektronischem Wege (§ 78c Satz 4 BNotO).

91 Aufgrund der Ablieferungsaufforderung liefert der Notar einen von ihm verwahrten Erbvertrag nach § 34a Abs. 3 Satz 1 BeurkG an das nach § 343 FamFG i.V.m. § 7 Abs. 3 Satz 2,

---

181 Nach Diehn/*Diehn*, § 78d BNotO Rn. 14 soll selbst eine Generalvollmacht ohne ausdrückliche Nennung der Einwilligung in Registerabfragen für den Abruf der Auskunft aus dem Register nicht genügen.
182 Nach Büttner/Frohn/Seebach/*Seebach*, 1. Auflage 2018, Kapitel 3, beschränkt sich die Amtspflicht des Notars auf den Hinweis, dass frühere (die Testierfreiheit ggf. einschränkende) Verfügungen von Todes wegen auch mit Hilfe des ZTR ermittelt werden können.
183 *Réseau Européen des Registres Testamentaires*, siehe http://www.arert.eu/?lang=en, zuletzt abgerufen am 05.07.2018.
184 Europäisches Nachlasszeugnis (ENZ) nach der EU-ErbVO (Verordnung Nr. 650/2012 v. 04.07.2012 über die Zuständigkeit, das anzuwendende Recht, die Anerkennung und Vollstreckung von Entscheidungen und die Annahme und Vollstreckung öffentlicher Urkunden in Erbsachen sowie zur Einführung eines Europäischen Nachlasszeugnisses).
185 Vgl. Jahresbericht ZTR 2017.

§ 12a Elektronischer Rechtsverkehr im Notariat

Satz 3 ZTRV örtlich zuständige Nachlassgericht[186] zur Eröffnung ab bzw. versendet von sonstigen erbfolgerelevanten Urkunden eine (ggf. nur auszugsweise) beglaubigte Abschrift, § 34a Abs. 3 Satz 2 BeurkG.

92 Das Nachlassgericht hat dem ZTR den Eingang der erbfolgerelevanten Urkunde unter Datumsangabe und Aktenzeichen des Nachlassverfahrens zu bestätigen (§ 7 Abs. 4 Satz 1 ZTRV). Diese Empfangsbestätigung erhält der abliefernde Notar. Er kann sie ausdrucken und zu Beweiszwecken zur beglaubigten Abschrift des Erbvertrags bzw. Urschrift der sonstigen erbfolgerelevanten Urkunde in seiner Urkundensammlung nehmen.

93 Handelt es sich bei der abzuliefernden Urkunde um eine solche mit Errichtungsdatum vor dem 01.01.2012, ist nicht auszuschließen, dass sich die Ablieferungsaufforderung eine bereits abgelieferte bzw. zurückgenommene Urkunde betrifft. Die Urkunde befindet sich bei einer anderen bekannten Verwahrstelle, weil sie evtl. bereits früher zur Eröffnung abgeliefert wurde. Dann ist die andere Verwahrstelle oder der sonstige Grund einer Nichtablieferung[187] anzugeben.

94 Das ZTR wird durch aufwandsbezogene Gebühren finanziert (§ 78g Abs. 1 Satz 1, Abs. 3 BNotO). Gebühren können gemäß § 78g Abs. 1 Satz 2 BNotO entstehen für die Aufnahme von Erklärungen in das Testamentsregister, also für die Registrierungen (Nr. 1), und für die Erteilung von Auskünften aus dem Testamentsregister an Notare (Nr. 2). Gebührenschuldner ist im ersten Fall der Erblasser, dessen erbfolgerelevante Urkunde im ZTR registriert wird (§ 78g Abs. 2 Satz 1 Nr. 1 BNotO), die ZTR-Registerabfrage ist gebührenfrei.

95 Die durch die Vertreterversammlung der BNotK auf Grundlage von § 78g Abs. 4 Satz 1 BNotO mit Zustimmung des Bundesministeriums für Justiz und Verbraucherschutz beschlossene Testamentsregister-Gebührensatzung (ZTR-GebS)[188] legt fest, dass die Registrierungsgebühr für jeden an der Urkunde beteiligten und registrierten Erblasser gesondert entsteht. Die Registrierungsgebühr beträgt 15 € je Registrierung. Nimmt die registrierende Stelle nicht am Entgegennahmeverfahren gemäß § 3 ZTR-GebS teil, muss die Registerbehörde unmittelbar mit dem Kostenschuldner abrechnen, dann beträgt die Registrierungsgebühr 18 € je Registrierung (§ 1 Abs. 2 Satz 1, 2 ZTR-GebS). Die ZTR-Gebühren unterliegen nicht der Umsatzsteuer. Änderungen und Ergänzungen von Einträgen lösen keine Gebührenpflicht aus, ebenso nicht die Sterbefallbearbeitung und –mitteilung des ZTR an Verwahrstelle und Nachlassgericht. Der Notar kann die Registrierungsgebühren, die das ZTR festsetzt und er im Entgegennahmeverfahren für die Registerbehörde entgegennimmt, auf seiner Kostenberechnung mit den angefallenen Beurkundungsgebühren als durchlaufender Posten abrechnen (Nr. 32015 KV GNotKG). Sie können damit auch vom Notar bei seinem Kostenschuldner vollstreckt werden.

---

186 Bei aufgrund der Sterbefallmitteilung des Standesamts nicht eindeutig feststellbarer Zuständigkeit des Nachlassgerichts wird vermutet, dass das zu benachrichtigende Nachlassgericht dasjenige ist, das für den letzten inländischen Wohnsitz des Erblassers örtlich zuständig ist, und wenn die Sterbefallmitteilung keinen inländischen Wohnsitz nennt, das zu benachrichtigende Nachlassgericht das Amtsgericht Schöneberg in Berlin ist. Siehe Begründung RegE 1. VO zur Änderung der ZTRV, BR-Drs. 220/15, S. 2.
187 Weitere Nichtablieferungsgründe sind etwa:
 1. Die Urkunde wurde vom Erblasser zurückgenommen, die Rückgabe ist aber nicht im ZTR registriert.
 2. Der Notar hat eine doppelte Ablieferungsaufforderung erhalten, beispielsweise, weil die Urkunde versehentlich mehrfach auf Gelben Karteikarten erfasst worden war.
 3. Die Urkunde ist aus sonstigen Gründen nicht auffindbar.
188 Abgedruckt in DNotZ 2011, 882.

§ 13 Notwendiger Inhalt der Urkunden mit Willenserklärungen

In der *Niederschriftsform* lässt der Notar die Beteiligten regelmäßig als Redende auftreten. **1**
Die Verhandlung sollte daher etwa mit den Worten beginnen: »*Vor dem unterzeichnenden Notar ..... erschienen: ..... sie erklärten: ...*«.

I. Beurkundung von Willenserklärungen

Zur Beurkundung von *Willenserklärungen* (etwa: Grundstückskaufvertrag, Ehevertrag, Erb- **2**
vertrag) ist die Niederschrift den Beteiligten in Gegenwart des Notars vorzulesen, von ihnen zu genehmigen und zu unterschreiben. Deshalb lautet der Schlussvermerk (§ 13 Abs. 1 BeurkG):

Diese Niederschrift wurde den Beteiligten in Gegenwart des Notars vorgelesen, von **3 M**
ihnen genehmigt und von ihnen und dem Notar eigenhändig unterschrieben.

II. Beurkundungen anderer als Willenserklärungen

Zur Beurkundung anderer als Willenserklärungen sowie sonstiger Tatsachen oder Vorgänge **4**
ist das Vorlesen, Genehmigen und Unterzeichnen der Beteiligten nicht vorgeschrieben, sondern nur die Unterschrift des Notars (§§ 37 Abs. 3, 13 Abs. 3 BeurkG). Beispiel: Beurkundung von Versammlungsbeschlüssen insbesondere der AG und GmbH (Gesellschafterversammlungsprotokolle), in denen lediglich Beschlüsse beurkundet sind oder freiwillige Aussagen von Zeugen und Sachverständigen außerhalb eines Verfahrens.[1]

Heute, am ....., begab sich die Notarin ..... mit dem Amtssitz in ..... in die Geschäfts- **5 M**
räume der ..... AG, um über die dorthin einberufene Hauptversammlung die Niederschrift zu führen. Sie traf dort an: ..... [es folgt die Protokollierung].

....., Notarin

Werden aber in die Niederschrift auch Willenserklärungen (z.B. Übernahmeerklärungen bei **6**
Kapitalerhöhung) aufgenommen, müssen die Vorschriften über Willenserklärungsniederschriften eingehalten werden, insbesondere über die Feststellung der Beteiligten (§ 10 BeurkG), die Verlesung, die Genehmigung und die Unterschrift.[2]

---

1 *Winkler*, § 36 BeurkG Rn. 6; zu eidlichen Vernehmungen und eidesstattlichen Versicherungen vgl. sogleich auch Rdn. 7.
2 Vgl. eingehend zu der Rolle des Notars bei Hauptversammlungen *Faßbender*, RNotZ 2009, 425; nach BGH (v. 19.05.2015 – II ZR 176/14, DB 2015, 1708) gilt: Wenn auf einer Hauptversammlung ein Beschluss gefasst wird, für den das Gesetz eine Dreiviertel oder größere Mehrheit bestimmt und der damit stets durch eine notariell aufgenommene Niederschrift zu beurkunden ist, muss ein anderer, nicht diesen Mehrheitserfordernissen unterliegender Beschluss nicht in der vom Notar aufgenommenen Niederschrift beurkundet sein, sondern genügt dafür eine vom Aufsichtsratsvorsitzenden unterzeichnete Niederschrift. Werden in einem Beschluss mehrere Satzungsänderungen zusammengefasst und ist eine der Satzungsänderungen nichtig, sind die weiteren Satzungsänderungen ebenfalls nichtig, wenn ein innerer Zusammenhang zwischen den

§ 13 Notwendiger Inhalt der Urkunden mit Willenserklärungen

7   Bei der Abnahme von Eiden und der Aufnahme eidesstattlicher Versicherungen sind die Vorschriften für die Beurkundung von Willenserklärungen entsprechend anzuwenden (§ 38 Abs. 1 BeurkG). Die Niederschriften darüber sind den Beteiligten also vorzulesen, von ihnen zu genehmigen und zu unterschreiben.[3] Zulässig ist es, eine eidesstattliche Versicherung in eine Anlage zu nehmen, auf die nach § 9 Abs. 1 Satz 2 BeurkG verwiesen wird.[4]

III. Niederschriften von Willenserklärungen

8   Die Vorschriften für die *Niederschriften von Willenserklärungen (§§ 8 bis 16 BeurkG)* gelten auch für die Verfügung von Todes wegen, soweit für diese in den §§ 27 bis 35 BeurkG keine Besonderheiten vorgesehen sind.

9   **1.** Die Urkunden werden in *deutscher Sprache* errichtet (§ 5 Abs. 1 BeurkG).[5] Dies entspricht der Gerichtssprache (§ 184 Abs. 1 GVG) und ist ausnahmslos zwingendes Recht für die Amtsgerichte, das Standesamt, das Jugendamt, das Hessische Ortsgericht und andere Urkundspersonen oder sonstige Stellen, die neben dem Notar bestimmte öffentliche Urkunden errichten können und für die die Vorschriften des BeurkG mit Ausnahme des § 5 Abs. 2 BeurkG gelten, § 1 Abs. 2 BeurkG.

10   Der Notar[6] kann auf übereinstimmendes Verlangen der Beteiligten[7] Urkunden auch in einer anderen Sprache errichten. Er soll dies aber nur dann tun, wenn er der fremden Sprache hinreichend kundig ist (§ 5 Abs. 2 BeurkG). Die Entscheidung, ob dies der Fall ist, bleibt dem pflichtgemäßen Ermessen des Notars überlassen.[8] Selbst wenn dieser sich dazu imstande sieht, eine Urkunde in der betroffenen Sprache zu errichten, ist er jedoch nicht verpflichtet, eine Beurkundung in einer fremden Sprache vorzunehmen (§ 15 Abs. 2 BNotO).[9] Im Fall der Beurkundung in fremder Sprache sind die einzelnen Beurkundungsvorschriften im Übrigen genauso zu beachten wie bei der üblichen Beurkundung in deutscher Sprache.

11   Auch zweisprachige Urkunden mit gleichberechtigtem deutschen und fremdsprachigen Text sind zulässig.[10] In diesem Fall wird die Urkunde in den Sprachen, in denen sie errichtet wurde, beurkundet.[11] Da in solchen Fällen jedoch bei Abweichungen Zweifel auftreten kön-

---

Änderungen gegeben ist. (beachte zuvor OLG Jena v. 16.04.2014 – 2 U 608/13, AG 2015, 275 und OLG Thüringen v. 16. 4. 2014 – 2 U 608/13, RNotZ 2014, 566).
3   Armbrüster/Preuß/Renner/*Preuß*, § 38 BeurkG, Rn. 18.
4   Vgl. Grziwotz/Heinemann/*Grziwotz*, § 38 BeurkG Rn. 4.
5   Die Beurkundung einer Grundschuldbestellung mittels eines Formulars mit einem Strichcode im Bereich des Seitenrandes verstößt nach OLG Hamm (v. 17.04.2012 – 15 W 110/12, NJOZ 2012, 1434) nicht gegen das Erfordernis der Beurkundung in deutscher Sprache. Die Codes stünden erkennbar nach der äußeren Gestaltung der Urkunde außerhalb des beurkundeten Textes. Dies folge bereits aus der Platzierung der Codes am linken Seitenrand, der räumlich deutlich abgesetzt sei zu dem durch Rahmen und vorgedruckten Text gekennzeichneten Textbereich, auf den sich die Beurkundung beziehe. Die Codes gehörten deshalb nicht zu der notariellen Niederschrift und bräuchten daher weder vorgelesen noch genehmigt zu werden.
6   Überdies auch die vom (Gesetz über die Konsularbeamten, ihre Aufgaben und Befugnisse vom 11.09.1974 [BGBl. I S. 2317], FNA 27-5; Zuletzt geändert durch Art. 4 Abs. 39 G zur Aktualisierung der Strukturreform des Gebührenrechts des Bundes v. 18.07.2016 (BGBl. I S. 1666)) erfassten Urkundspersonen; vgl. § 10 Abs. 3 KonsG: »(3) Für das Verfahren bei der Beurkundung gelten die Vorschriften des BeurkG mit folgenden Abweichungen: 1. Urkunden können auf Verlangen auch in einer anderen als der deutschen Sprache errichtet werden. (...)«. Vgl. hierzu eingehend *Eickelberg*, DNotZ 2018, 332.
7   Vgl. auch Armbrüster/Preuß/Renner/*Preuß*, § 5 BeurkG Rn. 5 ff.; *Hagena*, DNotZ 1978, 387; a.A. Grziwotz/Heinemann/*Grziwotz*, § 5 BeurkG Rn. 6. Es empfiehlt sich in jedem Fall, das ausdrückliche Verlangen explizit in die Urkunde aufzunehmen (auch wenn dessen Fehlen kein Nichtigkeitsgrund darstellt).
8   Eylmann/Vaasen/*Eylmann*, § 5 BeurkG Rn. 3.
9   Arndt/Lerch/Sandkühler/*Sandkühler*, § 15 BNotO Rn. 83 m.w.N.
10 *Lerch*, § 5 Rn. 5a; Reimann/Bengel/Mayer/*Limmer*, § 5 BeurkG Rn. 12; Beck'sches Notar-Handbuch/*Zimmermann*, H Rn. 21; Grziwotz/Heinemann/*Grziwotz*, § 5 BeurkG Rn. 10; a.A. *Röll*, DNotZ 1974, 423, 424.
11 Grziwotz/Heinemann/*Grziwotz*, § 5 BeurkG Rn. 10.

nen, ist die Errichtung eines verbindlichen Urkundstextes in einer Sprache sowie einer Übersetzung, deren Richtigkeit und Vollständigkeit ggf. nach § 50 BeurkG bescheinigt werden kann, der zuverlässigere und zumeist auch praktikablere Weg.[12] Zumindest sollte bei zweisprachigen Texten klargestellt werden, welche Sprache im Zweifel maßgeblich ist;[13] auf die Vorlesungspflicht ist zu achten.

Die Beurkundung in einer fremden Sprache löst nach Nr. 26001 KV GNotKG eine Zusatzgebühr aus. Das gilt auch für die Übersetzung von in deutscher Sprache protokollierten Erklärungen.[14] **12**

Ausfertigungen und Abschriften der Urkunden in fremder Sprache können die Beteiligten gemäß § 51 BeurkG verlangen. Die Ausfertigungen und beglaubigten Abschriften (§ 49 und § 42 BeurkG) sind dann ebenfalls in der Sprache der Urschrift zu halten. Der Notar kann jedoch eine Übersetzung in die deutsche Sprache vornehmen, ihre Richtigkeit und Vollständigkeit bescheinigen und von der Übersetzungsurkunde Ausfertigungen und Abschriften erteilen (oben § 12 Rdn. 31 f.). **13**

2. Die Niederschrift soll Ort und Tag der Verhandlung enthalten (§ 9 Abs. 2 BeurkG). Fehlt diese Angabe oder ist sie unrichtig, so ist die Urkunde jedoch nicht unwirksam;[15] gleichwohl sind die Angabe des Ortes und Tages der Verhandlung aber nach wie vor von großer Bedeutung für die Glaubwürdigkeit und Beweiskraft der Niederschrift als öffentlicher Urkunde i.S.d. §§ 415 ff. ZPO.[16] Bei Orten, die zur Unterscheidung von anderen gleichen Namens einen Zusatz führen, wie z.B. Neustadt oder Frankfurt, soll der Notar diesen Zusatz beifügen.[17] Wird der Notar auf Verlangen außerhalb seiner Geschäftsstelle tätig, entsteht eine Zusatzgebühr nach Nr. 26002 KV GNotKG (50,00 € je Halbstunde der Abwesenheit) bzw. Nr. 26002 KV GNotKG bei Verfügungen von Todes wegen, Vorsorgevollmachten und Betreuungsverfügungen (50,00 € Festgebühr).[18] **14**

Erstreckt sich die Urkundsverhandlung (nicht die Vorbesprechung) über mehrere Tage, so sind alle Verhandlungstage anzugeben.[19] Das könnte etwa mit den Worten geschehen: **15**

Am 27. und 28. April 2018 **16 M**

oder

Die Verhandlung wurde am 28. April 2018 wie folgt fortgeführt: **17 M**

Wird nur der erste Verhandlungstag aufgenommen, so ist die Zeitangabe unvollständig. Dagegen genügt die Angabe des letzten Tages, an dem die Urkunde durch die Unterschriftsleistung abgeschlossen wird.[20] **18**

---

12 *Winkler*, § 5 BeurkG Rn. 1.
13 Beck'sches Notar-Handbuch/*Zimmermann*, H Rn. 21; Armbrüster/Preuß/Renner/*Preuß*, § 5 BeurkG Rn. 8.
14 Einzelheiten mit Beispielen bei *Diehn*, Berechnungen zum neuen Notarkostenrecht, Rn. 901 ff., 1305 ff., 1310 ff., 1436 ff., 1461 ff.
15 Bamberger/Roth/*Litzenburger*, § 9 BeurkG Rn. 7 (nach § 2233 BGB); Soergel/*Mayer*, § 9 BeurkG Rn. 17 (nach § 2264 BGB).
16 *Winkler*, § 10 BeurkG Rn. 90. Nach dem BGH (v. 27.08.1998 – 4 StR 198/98, DNotZ 1999, 811) macht sich ein Notar jedoch weder der Falschbeurkundung im Amt noch der Amtsanmaßung schuldig, wenn er außerhalb seines Amtsbezirks eine Beurkundung vornimmt und dabei wahrheitswidrig angibt, dies sei am Ort seines Amtssitzes geschehen.
17 *Winkler*, § 9 BeurkG Rn. 88.
18 Einzelheiten mit Beispielen bei *Diehn*, Berechnungen zum neuen Notarkostenrecht, Rn. 123 ff., 377 ff., 590 ff., 1339 ff., 1456 ff.
19 Vgl. *Reithmann*, DNotZ 2003, 603 ff.; Armbrüster/Preuß/Renner/*Piegsa*, § 10 BeurkG Rn. 58.
20 BGH v. 03.12.1958 – V ZR 28/57, DNotZ 1959, 215; vgl. BGH v. 06.10.1988 – III ZR 4/88 n.v.: Keine Vorbehalte gegen ein Verfahren, in dem die Verhandlung am ersten Tag unterbrochen worden war, weil sich

19 3. Die Niederschrift muss den *beurkundenden* Notar bezeichnen (§ 9 Abs. 1 Satz 1 Nr. 1 BeurkG).[21] Die gesetzliche Regelung bezweckt eine klare und zuverlässige Wiedergabe des von den Beteiligten erklärten Willens und hält zur Sicherstellung der Zuverlässigkeit des Beurkundeten eine Bezeichnung des Notars für unerlässlich.[22] Deswegen sollte die Niederschrift etwa mit den Worten beginnen:

20 M Vor dem Notar ..... in .....

oder:

21 M Vor ..... als Notariatsverwalter/Notariatsverwalterin an Stelle des Notars/der Notarin .....

oder:

22 M Vor dem Rechtsanwalt ..... als amtlich bestelltem Vertreter des Notars ..... in .....

oder:

23 M Vor der Notarassessorin ..... als amtliche bestellten Vertreterin des Notars ..... mit dem Amtssitz in .....[23]

24 Die Angabe des Amtsbezirks (..... Notar im Oberlandesgerichtsbezirk .....) und der Lage der Geschäftsstelle ist in manchen Gegenden Deutschland üblich, aber grundsätzlich nicht erforderlich.[24] Es reicht als ausreichende Kennzeichnung des Notars:

25 M Vor mir,
.....
– Notar in ..... –
.....

26 Das Wort »unterzeichnenden« oder »unterzeichneten« vor Notar ist im Allgemeinen entbehrlich und kann sich ggf. dann als hilfreich herausstellen, wenn der Notar versehentlich im Kopf der Niederschrift nicht zutreffend genannt wird, sodass die Verweisung auf seine Unterzeichnung am Schluss der Urkunde ihn als den Beurkundenden ausweist.[25] Es ist im Übrigen umstritten, ob die Unterschrift des Notars dessen namentliche oder umschreibende Bezeichnung in der Niederschrift ersetzt.[26] Nach der Rechtsprechung enthält eine Niederschrift jedenfalls dann die Bezeichnung des beurkundenden Notars, wenn eine an sich

---

eine Beteiligte noch nicht zur Unterschrift entschließen konnte, und in dem man übereingekommen war, die Verhandlung am nächsten Tag fortzusetzen und die Urkunde abzuschließen.
21 Zu den hiermit einhergehenden Fragestellungen (Name des Notars fehlt im Urkundseingang, Widerspruch zwischen dem bezeichneten und dem unterschreibenden Notar etc.) vgl. eingehend Armbrüster/Preuß/Renner/*Piegsa*, § 9 BeurkG Rn. 7 ff.
22 OLG Hamm v. 30.11.1972 – 15 W 273/72, OLGZ 1973, 177.
23 Zu den rechtlichen Fragen im Zusammenhang mit der Notarvertretung vgl. eingehend *Peterßen*, RNotZ 2008, 181.
24 Vgl. *Winkler*, § 9 BeurkG Rn. 3.
25 Vgl. AG Mannheim v. 25.03.1980 – 7 GB 72/3, BWNotZ 1980, 127: »Dem zwingenden Erfordernis, dass der Notar in der Niederschrift bezeichnet wird, genügt es, wenn die Angabe »vor dem beurkundenden Notar« im Eingang der Urkunde ergänzt wird durch dessen Namensunterschrift nebst Amtsbezeichnung.«.
26 Hierfür Grziwotz/Heinemann/*Heinemann*, § 9 BeurkG Rn. 4; a.A. Eylmann/Vaasen/*Limmer*, § 9 BeurkG Rn. 3; *Lerch*, § 9 Rn. 2a; *Winkler*, § 9 BeurkG Rn. 3; vgl. OLG Hamm v. 04.11.1987 – 15 W 428/87, DNotZ 1988, 565: Der Notar »muss zwar nicht notwendig namentlich, wohl aber als Person und in seiner Funktion hinreichend deutlich gekennzeichnet sein«.

unvollständige Angabe im Text der Niederschrift durch die Unterschrift so ergänzt wird, dass Text und Unterschrift zusammen eine ausreichende Bezeichnung ergeben.[27]

4. Die *Beteiligten*, deren Erklärungen beurkundet werden (§ 9 Abs. 1 BeurkG), sind so genau zu bezeichnen, dass Verwechselungen ausgeschlossen werden. Näheres s.o. § 6 Rdn. 24 ff.[28] Zu den Besonderheiten bei ausländischen Gesellschaften vgl. zudem § 158.

Beteiligter ist (auch) der Vertreter (§ 6 Abs. 2 BeurkG), während der Vertretene formell nicht Beteiligter ist. Die Vertretungsbefugnis ist zu klären (§ 17 BeurkG)[29] und in der Urkunde festzustellen (§ 12 BeurkG, s. hierzu auch § 24 Rdn. 20).

Nach § 12 BeurkG sollen vorgelegte Vollmachten der Niederschrift in Urschrift oder beglaubigter Abschrift beigefügt werden. Das Gleiche gilt für Ausweise über die Berechtigung eines gesetzlichen Vertreters. Es handelt sich hierbei jedoch nicht um Anlagen i.S.d. § 9 Abs. 1 Satz 2 BeurkG, sie müssen also nicht verlesen werden.[30] Für die Verbindung und Aufbewahrung mit der Niederschrift gilt dienstrechtlich § 18 Abs. 2 Satz 2 DONot.[31] Die Verbindung kann fest nach Maßgabe des § 30 DONot erfolgen oder durch Ankleben oder Anheften an die Niederschrift.[32] Der Beglaubigungsvermerk wird hierbei entsprechend § 49 Abs. 3 BeurkG durch den Ausfertigungsvermerk ersetzt, wenn die Vollmachtsabschrift fest i.S.d. § 44 BeurkG mit der Niederschrift verbunden wird.[33] Für nach § 12 BeurkG beigefügte Vertretungsnachweise ist keine Beglaubigungsgebühr mehr vorgesehen, s. Anmerkung 2 Nr. 2 zu Nr. 25102 KV GNotKG.[34] Ergibt sich die Vertretungsberechtigung aus einer Eintragung in das Handelsregister oder ähnliches Register, so genügt hingegen die Bescheinigung des Notars gemäß § 21 BNotO.[35] Der Notar kann sich bei der Einsichtnahme geeigneter Hilfspersonen bedienen, auf deren Sorgfalt er vertrauen kann.[36] Die Bescheinigung kann in die Niederschrift selbst aufgenommen werden oder in einem gesonderten Vermerk niedergelegt sein.[37] Eine Vertretungsbescheinigung dürfte nur dann beweiskräftig sein, wenn die Einsicht nicht länger als 4 bis 6 Wochen zurückliegt, wobei die Besonderheiten des Einzelfalles ausschlaggebend sind.[38] Die Erteilung einer Bescheinigung nach § 21 Abs. 1 BNotO löst eine Gebühr von 15,00 € je eingesehenem Registerblatt nach Nr. 25200 KV

---

27 OLG Frankfurt v. 13.02.1986 – 22 U 69/85, MittBayNot 1986, 274; vgl. bereits zuvor BGH v. 24.10.1962 – V ZR 22/62, DNotZ 1964, 104: »Die Niederschrift über die Errichtung einer Verfügung von Todes wegen enthält jedenfalls dann die erforderliche Bezeichnung der mitwirkenden Personen, wenn eine an sich unvollständige Angabe im Protokolltext durch die Unterschriften so ergänzt wird, dass Text und Unterschriften zusammen eine ausreichende Bezeichnung ergeben«.
28 Vgl. BGH v. 17.02.2016 – 5 StR 487/15, DNotZ 2016, 628: »Eine Falschbeurkundung im Amt liegt nicht vor, wenn der Notar die vom Beteiligten abgegebene (unrichtige) Wohnortangabe beurkundet.«.
29 Vgl. etwa zu der Frage der Zulässigkeit einer Vollmachtserteilung durch den Insolvenzverwalter: *Kesseler*, ZNotP 2003, 327.
30 Eylmann/Vaasen/*Limmer*, § 12 BeurkG Rn. 13.
31 Armbrüster/Preuß/Renner/*Eickelberg*, § 18 DONot Rn. 19.
32 Grziwotz/Heinemann/*Heinemann*, § 12 BeurkG Rn. 16.
33 Vgl. OLG Karlsruhe v. 02.03.1998 – 11 Wx 6/98, MittBayNot 1998, 364, 365.
34 *Diehn*, Berechnungen zum neuen Notarkostenrecht, Rn. 581.
35 Vgl. *Heckschen/Strnad*, notar 2017, 390, 394; OLG Düsseldorf v. 04.11.2013 – I-3 Wx 170/13, FGPrax 2014, 8: »Die in der Grundschuldbestellungsurkunde enthaltene Notarbescheinigung (»Aufgrund Einsicht in das elektronische Handelsregister des AG ..... u HRB ..... om heutigen Tage bescheinige ich, dass G. als einzelvertretungsberechtigter – von den Beschränkungen des § 181 BGB befreiter – Geschäftsführer der dort bezeichneten X-GmbH eingetragen ist«) erbringt gegenüber dem Grundbuchamt den Beweis für das Bestehen und den Umfang der Vertretungsberechtigung des Geschäftsführers.«.
36 LG Aachen v. 20.04.1988 – 3 T 20/88, MittBayNot 1990, 125, 126; Schippel/Bracker/*Reithmann*, § 21 BNotO Rn. 11; *Winkler*, § 12 BeurkG Rn. 22; a.A. *Mayer*, Rpfleger 1989, 142.
37 Grziwotz/Heinemann/*Heinemann*, § 12 BeurkG Rn. 14.
38 Vgl. hierzu OLG Frankfurt v. 29.08.1994 – 20 W 331/94, Rpfleger 1995, 248; OLG Saarbrücken v. 08.02.1993 – 5 W 134/92399, MittBayNot 1993, 398; LG Berlin v. 04.02.2003 – 86 T 325/03, RNotZ 2003, 470.

GNotKG aus.³⁹ Zu den Vertretungsnachweisen bei ausländischen Gesellschaften vgl. § 158 Rdn. 56 ff.⁴⁰

30 Bei Vollmachten ist zu beachten, dass es *nicht* genügt, diese in beglaubigter Abschrift vorzulegen,⁴¹ weil die Vollmacht gleichwohl widerrufen oder erloschen sein kann und nach § 172 BGB nur die Vorlage der Vollmacht*urkunde*, also der Urschrift oder der Ausfertigung, den Vertragspartner schützt.⁴² Die Vollmacht gilt hierbei als »vorgelegt« i.S.d. § 172 BGB, wenn sie in Urschrift oder Ausfertigung der sinnlichen Wahrnehmung des Dritten unmittelbar zugänglich gemacht wird.⁴³ Deshalb reicht die bloße Erwähnung, die Urkunde befinde sich in Händen des Erklärenden, nicht aus.⁴⁴ Der Dritte muss vielmehr in der Lage sein, sich unmittelbar Kenntnis von der Urkunde zu verschaffen. Er braucht nicht tatsächlich Einsicht in sie genommen zu haben.⁴⁵ Daher genügt es z.B., wenn die Vollmacht dem beurkundenden Notar übergeben wurde.⁴⁶ Bei Vollmachten sollte in der Niederschrift dementsprechend zusätzlich festgestellt werden, dass die Vollmacht bei Beurkundung in Urschrift oder Ausfertigung vorgelegen hat.⁴⁷

31 Hat der Notar derartige Feststellungen vorgenommen, so genießen diese öffentlichen Glauben (§ 418 ZPO) und das Grundbuchamt muss die beantragte Eintragung vornehmen, da die Voraussetzungen des § 172 Abs. 1 BGB in der Form des § 29 GBO nachgewiesen sind.⁴⁸

32 Als Vorlage einer Vollmachtsurkunde genügt es nach h.M. auch, wenn in einer notariellen Urkunde auf eine von dem beurkundenden Notar selbst aufgenommene Vollmacht Bezug genommen wird und diese Vollmacht in Urschrift bei dem Notar jederzeit zugänglich ist.⁴⁹ Richtigerweise sollte der Notar jedoch auch in diesem Fall eine ausdrückliche Bestätigung in die Urkunde aufnehmen, dass die Vollmacht ihm gegenüber nicht widerrufen worden ist.⁵⁰ Zudem sollte darauf geachtet werden, dass der Bevollmächtigte einen Anspruch auf Erteilung einer (weiteren) Ausfertigung (§ 51 BeurkG) besitzt.⁵¹

---

39 *Diehn*, Berechnungen zum neuen Notarkostenrecht, Rn. 192 ff., 310 ff., 382 ff.
40 Vgl. OLG Nürnberg v. 26.01.2015 – 12 W 46/15, NZG 2015, 401; OLG Düsseldorf v. 21.08.2014 – I-3 Wx 190/13, RNotZ 2015, 88 und KG v. 28.03.2013 – 1 W 434/12, RNotZ 2013, 426; zusammenfassend *Pelikan*, notar 2015, 153, 154 (jeweils zum Nachweis der Vertretungsbefugnis der *Directors* einer englischen *Limited*).
41 *Lerch*, § 12 Rn. 7.
42 BGH v. 15.10.1987 – III ZR 235/86, DNotZ 1988, 551, 552; Zugehör/Ganter/Hertel/*Ganter*, Rn. 865; vgl. zum Nachweis der Vertretungsberechtigung eines GbR-Gesellschafters durch Vorlage eines notariellen Gesellschaftsvertrags KG v. 12.09.2017 – 1 W 326-327/17, RNotZ 2017, 663; zur Übertragung eines Grundstücks durch transmortal Bevollmächtigten, der zugleich Alleinerbe ist: OLG München v. 31.08.2016 – 34 Wx 273/16, ErbR 2017, 43; OLG München v. 04.01.2017 – 34 Wx 382/16, FamRZ 2017, 1004; OLG München v. 04.08.2016 – 34 Wx 110/16, RPfleger 2017, 140 und OLG Hamm, v. 10.01.2013 – I-15 W 79/12, DNotZ 2013, 689.
43 BGH v. 20.12.1979 – VII ZR 77/78, NJW 1980, 698.
44 BGH v. 15.10.1987 – III ZR 235/86, DNotZ 1988, 551, 552.
45 BGH v. 20.12.1979 – VII ZR 77/78, NJW 1980, 698.
46 OLG Frankfurt v. 23.11.2007 – 9 U 75/07, RNotZ 2008, 153.
47 Zu der Problematik der »fremden« Ausfertigung einer Vollmachtsurkunde i.R.d. § 172 BGB vgl. OLG München v. 31.05.2016 – 31 Wx 102/16, NZG 2016, 1189: »Damit ist aber der Nachweis der Vertretungsmacht der Tochter des Kommanditisten i.S.d. § 172 BGB nicht geführt. Zwar reicht es für den Nachweis aus, dass der Bevollmächtigte die Vollmachtsurkunde in Ausfertigung einreicht (..... Jedoch erfasst die Legitimationswirkung der Ausfertigung nur den im Ausfertigungsvermerk namentlich benannten Bevollmächtigten.«; OLG München v. 19.05.2008 – 34 Wx 023/08, DNotZ 2008, 844, und *Mehler/Braun*, DNotZ 2008, 810.
48 BayObLG v. 30.09.1999 – 2Z BR 146/99, DNotZ 2000, 293; *Winkler*, § 12 BeurkG Rn. 16, 18.
49 BGH 20.12.1979 – VII ZR 77/78, DNotZ 1980, 352; BGH v. 15.10.1987 – III ZR 235/86, DNotZ 1988, 551, 553 – m. abl. Anm. *Borer/Brenner*, BWNotZ 2001, 186; vgl. auch MüKo-BGB/*Thiele*, § 172 BGB Rn. 10 und *Kasper*, MittRhNotK 1980, 132.
50 OLG Köln v. 14.12.1983 – 2 Wx 33/83, DNotZ 1984, 569.
51 Vgl. OLG Stuttgart v. 24.03.1998 – 8 W 67/98, DNotZ 1999, 138.

§ 13 Notwendiger Inhalt der Urkunden mit Willenserklärungen

33 Nach § 21 Abs. 3 BNotO kann auch eine durch Rechtsgeschäft erteilte Vertretungsmacht[52] durch eine vom Notar ausgestellte Bescheinigung nachgewiesen werden.[53] Die notarielle Bescheinigung soll vor allem die Einreichung umfangreicher Unterlagen zum Nachweis einer Vollmachtskette entbehrlich machen.[54] Aufgrund der Gesetzesbegründung und des Normzwecks von § 21 Abs. 3 BNotO dürfte es dem Notar daher verwehrt sein, eine Vorsorge- bzw. Generalvollmacht, die unter dem »Mangel« der im Außenverhältnis geltenden Bedingung der Geschäftsunfähigkeit leidet, durch eine notarielle Bescheinigung zu »heilen«. Der Notar muss vielmehr (wie bisher) die formalen Anforderungen an den Nachweis der rechtsgeschäftlich erteilten Vertretungsmacht beachten, sodass er in dieser Konstellation nicht auf ein Geschäftsunfähigkeitszeugnis in der Form des § 29 GBO verzichten kann.[55] Der Notar darf die Bescheinigung überdies ohnehin entsprechend § 21 Abs. 3 Satz 2 BNotO nur dann ausstellen, wenn er sich zuvor durch Einsichtnahme in eine öffentliche oder öffentlich beglaubigte Vollmachtsurkunde über die Begründung der Vertretungsmacht vergewissert hat.[56] In der Bescheinigung ist anzugeben, in welcher Form und an welchem Tag die Vollmachtsurkunde dem Notar vorgelegen hat.[57]

34 Ob bzw. in welchen Grenzen das Grundbuchamt eine inhaltliche Prüfung der bescheinigten Vertretungsmacht vorzunehmen hat, wird in Rechtsprechung und Schrifttum unterschiedlich beurteilt. Teilweise wird angenommen, das Grundbuchamt habe aufgrund des Legalitätsprinzips die Pflicht, die Wirksamkeit der Vollmacht und den Umfang der Vertretungsmacht selbständig zu prüfen.[58] Andere sprechen sich dafür aus, dass das Grundbuchamt nur den »Tenor« und die äußerlichen Förmlichkeiten der notariellen Bescheinigung prüfen dürfe, nicht aber deren Inhalt.[59] Eine dritte Ansicht wiederum geht davon aus, das Grundbuchamt dürfe Tatsachen, die es kenne und die der bescheinigten Vertretungsmacht entgegenstünden, berücksichtigen und die notarielle Vollmachtsbescheinigung ggf. zurückweisen.[60]

35 Den Anforderungen des § 34 GBO i.V.m. § 21 Abs. 3 BNotO genügt nach h.M. eine Bescheinigung, mit der als Ergebnis einer Subsumtion des Notars bestätigt wird, dass in Bezug auf ein konkretes Rechtsgeschäft der Vertreter kraft Vollmacht für den Vertretenen

---

52 Keine Bescheinigung nach § 21 Abs. 3 BNotO ist möglich über Vertretungsverhältnisse kraft Gesetzes (z.B. elterliche Sorge, Vormundschaft) und bei Vertretung kraft Amtes (z.B. Testamentsvollstrecker, Nachlassverwalter, Insolvenzverwalter, vgl. *Böhringer*, BWNotZ 2015, 34. Nach DNotI-Report 2013, 186 kann der Notar nach § 21 Abs. 3 BNotO mangels Zuständigkeit auch keine notarielle Bescheinigung über die (entfallene) Verfügungsbefugnis des Insolvenzverwalters ausstellen; a.A. z.T. Diehn/*Kilian*, § 21 BNotO Rn. 26–30.
53 Vgl. DNotI-Report 2013, 119. Die neu gefasste Regelung begründet einerseits die Zuständigkeit der Notare für notarielle Vollmachtsbescheinigungen und bestimmt andererseits die Voraussetzungen für die Erteilung einer solchen Bescheinigung (BT-Drucks. 17/1469, S. 18). Zu den Grenzen OLG München v. 17.10.2016 – 31 Wx 244/16, DB 2016, 2954, wonach das Registergericht vom anmeldenden Notar nicht die Abgabe einer Erklärung verlangen könne, dass die der Anmeldung zugrunde liegende Vollmacht nicht widerrufen sei. § 21 BNotO sehe keine Aussagen über den (materiell-rechtlichen) Bestand der vorzulegenden Notarbescheinigung der Vollmacht vor; vgl. auch *Kilian* notar 2017, 11, 14.
54 BT-Drucks. 17/1469, S. 14.
55 So zu Recht DNotI-Report 2013, 186.
56 Vgl. hierzu OLG Bremen v. 28.03.2014 – 3 W 46/13, NZG 2014, 580; eingehend zu den verschiedenen Fallkonstellationen *Spieker*, notar 2014, 196, 197 ff.; *Heinemann*, FGPrax 2013, 199 ff. und *Böhringer*, BWNotZ 2015, 34; vgl. auch *Zimmer*, NJW 2014, 337 zu dem Verhältnis zwischen § 34 GBO und § 21 Abs. 3 BNotO.
57 Vgl. § 34 GBO zum Grundbuchverfahren (»Eine durch Rechtsgeschäft erteilte Vertretungsmacht kann auch durch eine Bescheinigung nach § 21 Absatz 3 der Bundesnotarordnung nachgewiesen werden.«) und § 12 Abs. 1 Satz 2 HGB (»Anstelle der Vollmacht kann die Bescheinigung eines Notars nach § 21 Absatz 3 der Bundesnotarordnung eingereicht werden.«) für das Registergericht (Handelsregister/Partnerschaftsregister, nicht jedoch Vereinsregister oder Genossenschaftsregister). Vgl. zur Gründung einer Gesellschaft unter Zuhilfenahme des § 21 Abs. 3 BeurkG OLG Düsseldorf v. 30.03.2016 – I-3 Wx 54/16, FGPrax 2016, 216.
58 *Spieker*, notar 2014, 196, 198 unter Hinweis auf OLG Bremen v. 28.03.2014 – 3 W 46/13, DNotZ 2014, 636, 637.
59 KEHE/*Volmer*, § 34 GBO Rn. 11, 12; *Zimmer*, ZfIR 2014, 566 f.; *ders.*, NJW 2014, 337, 341.
60 OLG Hamm v. 10.03.2016 – I-15 W 45/16, FGPrax 2016, 198; *Demharter*, § 34 GBO Rn. 6; Meikel/*Krause*, § 34 GBO Rn. 8; BeckOK-GBO/*Otto*, § 34 Rn. 19 f.; *Böttcher*, NJW 2015, 2770, 2773.

handeln durfte. Nicht erforderlich ist, dass die abstrakten Grenzen der Vertretungsberechtigung – wie die Befugnis zum Selbstkontrahieren – wiedergeben werden.[61] Wird im Grundbucheintragungsverfahren eine notarielle Bescheinigung einer durch Rechtsgeschäft begründeten Vertretungsmacht vorgelegt, die den Anforderungen des § 21 Abs. 3 BNotO entspricht, bedarf es regelmäßig nicht der zusätzlichen Vorlage derjenigen Urkunden, auf deren Grundlage der Notar die Bescheinigung ausgestellt hat.[62] § 34 GBO erleichtert nur die Form des Nachweises der Vertretungsberechtigung, lässt demgegenüber die Erforderlichkeit des Nachweises sämtlicher Glieder der Legitimationskette, die auf den eingetragenen Berechtigten zurückführen, unberührt.[63] Die betreffende(n) Vollmacht(en) müss(en) auch dem Handelsregister nicht miteingereicht werden.[64]

36 Eine durch Rechtsgeschäft erteilte Vertretungsmacht, die auf die gesetzlichen Vertreter einer im Handelsregister eingetragenen juristischen Person zurückgeht, kann dem Grundbuchamt durch eine notarielle Vollmachtsbescheinigung jedoch nur nachgewiesen werden, wenn der Notar sämtliche Einzelschritte[65] der Vollmachtskette nach § 21 Abs. 1 Satz 1 Nr. 1 bzw. Abs. 3 BNotO bescheinigt.[66] Umgekehrt kann die Bescheinigung einer Vollmachtskette in einem Vermerk zusammengefasst werden, in dem der Notar die von ihm geprüften Einzelschritte aufführt. Auch eine Kombination von notariellen Bescheinigungen nach § 21 Abs. 1 Satz 1 Nr. 1 und Abs. 3 BNotO ist zulässig.[67]

37 Die bisherigen Anforderungen an den Nachweis einer Vollmacht werden damit auf notarieller Seite insgesamt nicht verringert, es wird lediglich eine zusätzliche Möglichkeit des Nachweises gegenüber den die Register führenden Stellen geschaffen.[68] Die grundbuchrechtlichen Anforderungen sind etwa dann nicht erfüllt, wenn der Notar lediglich bescheinigt, dass ihm in beglaubigter Fotokopie des Gesellschaftsvertrages vorgelegen habe, aus dem sich ergebe, dass der Aufsichtsrat ermächtigt sei, eine entsprechende Vollmacht (hier: Befreiung des Geschäftsführers von den Beschränkungen des § 181 BGB) auszustellen.[69]

38 Für die (isolierte) Bescheinigung nach § 21 Abs. 3 Satz 1 BNotO gelten die §§ 39, 39a BeurkG. Es genügt anstelle einer Niederschrift eine Vermerkurkunde mit Angabe von Ort und Tag sowie mit eigenhändiger Unterschrift und Siegel des Notars.[70] Zu den Bescheinigungen nach § 21 Abs. 3 BNotO s. auch § 15 Rdn. 43 ff., dort auch Muster § 15 Rdn. 44 M und die kostenrechtlichen Erwägungen in § 15 Rdn. 44 M.

Vertreter mit notariell beurkundeter Vollmacht

39 M **Herr ….., geboren am ….., wohnhaft ….., hier handelnd als Bevollmächtigter für Herrn ….., wohnhaft ….., aufgrund in Ausfertigung vorliegender Vollmacht vom ….. (Urkundenrolle Nummer ….. des Notars …..), die in beglaubigter Abschrift dieser Urkunde beigefügt ist.**

---

61 OLG Nürnberg v. 09.01.2017 – 15 W 2134/16, NJW 2017, 2481.
62 OLG Hamm v. 10.03.2016 – I-15 W 45/16, FGPrax 2016, 198; zuvor OLG Frankfurt v. 16.11.2015 – 20 W 316/15, NotBZ 2016, 224; Meikel/*Krause*, § 34 GBO Rn. 6.
63 OLG Hamm v. 10.03.2016 – I-15 W 45/16, FGPrax 2016, 198.
64 OLG Düsseldorf v. 30.03.2016 – I-3 Wx 54/16, EWiR 2016, 657 mit Anm. *Wachter*.
65 Dies verdeutlicht, dass der Notar stets jedes Glied einer Legitimationskette im Hinblick auf das Bestehen der Vertretungsberechtigung zu prüfen hat: *Genske*, notar 2017, 169, 171.
66 BGH v. 22.09.2016 – V ZB 177/15, RNotZ 2017, 334; OLG Hamm v. 10.03.2016 – I-15 W 45/16, FGPrax 2016, 198.
67 BGH v. 22.09.2016 – V ZB 177/15, RNotZ 2017, 334.
68 BT-Drucks. 17/1469, S. 14.
69 OLG Bremen v. 28.03.2014 – 3 W 46/13, NZG 2014, 580.
70 *Böhringer*, BWNotZ 2015, 34, 36.

oder:

Herr ….., geboren am ….., wohnhaft ….., hier handelnd als Bevollmächtigter für Herrn ….., geboren am ….., wohnhaft ….., aufgrund Vollmacht, die enthalten ist in der Urkunde des beurkundenden Notars vom ….. (Urkundenrolle Nummer ….. des Notars …..), die in Urschrift bei der heutigen Verhandlung vorlag, dieser Urkunde in beglaubigter Abschrift beigefügt und dem Notar gegenüber nicht widerrufen wurde.   40 M

Vertreter mit notariell unterschriftsbeglaubigter Vollmacht

Herr ….., geboren am ….., hier handelnd als Bevollmächtigter für Herrn ….., geboren am ….., wohnhaft ….., aufgrund notariell unterschriftsbeglaubigter Vollmacht vom ….., Urkundenrolle Nummer ….. des Notars ….., die in Urschrift vorgelegt wurde und dieser Urkunde in beglaubigter Abschrift beigefügt ist.   41 M

Vertreter mit privatschriftlicher Vollmacht

Herr ….., geboren am ….., wohnhaft ….., hier handelnd als Bevollmächtigter für Herrn ….., geboren am ….., wohnhaft ….., aufgrund privatschriftlich erteilter Vollmacht vom ….., die dieser Urkunde beigefügt ist, die Vollmachtsbestätigung in grundbuchmäßiger Form nachzureichen versprechend.   42 M

Vertreter mit mündlicher Vollmacht

Herr ….., geboren am ….., wohnhaft ….., hier handelnd als mündlich Bevollmächtigter für seine Ehefrau ….., geboren am ….., wohnhaft ….., Vollmachtsbestätigung in grundbuchmäßiger Form nachzureichen versprechend.   43 M

Grundsätzlich ist Vorsicht geboten bei der Zusage, die Vollmacht nachzureichen. Der Notar hat diese Tatsache zunächst unbedingt in der Niederschrift zu vermerken.[71] Er hat überdies darauf hinzuweisen, dass die Zusage bedeutet, dass die Vollmacht vor Abschluss des Geschäfts bereits mündlich erteilt war, mit der Folge, dass der Vertreter gemäß § 179 BGB haftet, wenn die Vollmacht in Wirklichkeit nicht vorliegt.[72]   44

Vertreter ohne Vertretungsmacht

Herr ….., geboren am ….., wohnhaft ….., hier handelnd nicht im eigenen Namen, sondern als vollmachtloser Vertreter für Frau ….., geboren am ….., wohnhaft ….., die Genehmigung des Vertretenen vorbehaltend.   45 M

Auch der Vertreter, der Vertretungsmacht hat, kann das Geschäft unter dem Vorbehalt der Genehmigung des Vertretenen abschließen.[73] Die herrschende Meinung betrachtet ihn dann   46

---

71 Bamberger/Roth/*Litzenburger*, § 12 BeurkG Rn. 12 (nach § 2233 BGB).
72 Vgl. OLG Celle v. 28.02.1974 – 7 U 54/69, DNotZ 1977, 33.
73 Armbrüster/Preuß/Renner/*Piegsa*, § 12 BeurkG Rn. 15, 17; zur Erinnerung: Höchstpersönliche Erklärungen können natürlich auch nicht durch einen Vertreter ohne Vertretungsmacht vorgenommen werden. Hier ist insbesondere auf § 2347 Abs. 2 Satz 1 BGB hinzuweisen, der bestimmt, dass bei einem Erb- bzw. Pflichtteilsverzichtsvertrag der Erblasser, also derjenige, gegenüber dem der Verzicht erklärt wird, höchstpersön-

§ 13 Notwendiger Inhalt der Urkunden mit Willenserklärungen

als Vertreter ohne Vertretungsmacht und wendet die §§ 179 ff. BGB an. Hält der Notar die nachträgliche Genehmigung für ausgeschlossen, hat er die Beurkundung gemäß § 4 i.V.m. § 14 Abs. 2 BNotO abzulehnen.[74] Zur Genehmigung des vollmachtlos Vertretenen s. § 25 Rdn. 10 ff.[75] Der kostenrechtliche Unterschied zwischen Genehmigung (Höchstwert 60 Mio. €) und Vollmachtsbestätigung (Höchstwert 500.000 €, § 41 Abs. 4 KostO) ist entfallen, § 98 GNotKG (einheitlicher Höchstwert 1 Mio. €).

47   *Vertretung bei der GmbH* (jeweils in die betreffende Urkunde aufgenommen, sonst bedarf es noch der Unterschrift des Notars, der Angabe des Ortes und des Datums und eines Siegels, vgl. oben Rdn. 2 f.)

Für die Gesellschaft mit beschränkter Haftung unter der Firma

48 M   ..... GmbH
mit dem Sitz in ....., eingetragen im Handelsregister des Amtsgerichts ....., HR B .....: deren Geschäftsführer ....., geboren am ....., wohnhaft/dienstansässig ..... Aufgrund Einsicht in das elektronische Handelsregister des Amtsgerichts ..... vom heutigen Tage bescheinige ich, der unterzeichnende Notar, dass Herr ..... alleinvertretungsberechtigter Geschäftsführer der Firma ..... ist.

oder:

49 M   **Aufgrund eines vorgelegten beglaubigten Auszuges aus dem Handelsregister des Amtsgerichts ..... HR B ..... vom gestrigen Tage, bescheinige ich, der beurkundende Notar, dass Herr ....., wohnhaft/dienstansässig ..... als alleinvertretungsberechtigter Geschäftsführer der Firma ..... GmbH im Handelsregister eingetragen ist.**

50   Bei Vertreterinnen und Vertretern von juristischen Personen des öffentlichen Rechts und des Privatrechts reicht nach § 26 Abs. 2 Satz 3 Buchst. a) DONot die Angabe der Dienst- oder Geschäftsanschrift der vertretenen Personen.[76]

Vertretung bei der GmbH & Co. KG

51 M   **Die Herren ..... geboren am ..... und ..... geboren am ....., wohnhaft/dienstansässig ....., hier handelnd als gemeinschaftlich zur Vertretung berechtigte Geschäftsführer der Gesellschaft mit beschränkter Haftung unter der Firma**
                    ..... Verwaltungs-GmbH

mit dem Sitz in ....., eingetragen im Handelsregister des Amtsgerichts ..... – HR B ..... –, diese wiederum handelnd als alleinvertretungsberechtigte persönlich haftende Gesellschafterin der Kommanditgesellschaft unter der Firma

---

lich anwesend sein muss (hierzu und zu der Ausstrahlungswirkung eines deshalb unwirksamen Pflichtteilsverzicht auf die (Rest-) Urkunde – wie so häufig ein Übertragungsvertrag – vgl. etwa OLG Düsseldorf v. 21.06.2011 – 3 Wx 56/11, ZEV 2011, 529 m. zutr. Anmerkung *Weidlich*; OLG Düsseldorf v. 06.07.2001 – 7 U 205/00, NJW-RR 2002, 584; OLG Düsseldorf v. 20.12.2013 – I-7 U 153/12, ZEV 2014, 265 (Revision zugelassen)).
74 BGH v. 27.05.1993 – IX ZR 66/92, DNotZ 1994, 485, 486.
75 Zu den Belehrungspflichten des Notars im Fall der Beglaubigung einer Unterschrift, durch die ein vollmachtlos geschlossener Vertrag über die Gründung einer GmbH genehmigt wird, vgl. BGH v. 11.11.2004 – III ZR 63/04, DNotI-Report 2005, 7.
76 Hierzu eingehend *Bettendorf*, RNotZ Sonderheft zu Heft 10/2001, 23; *Renner*, NotBZ 2002, 432, 433; Armbrüster/Preuß/Renner/*Eickelberg*, § 26 DONot, Rn. 26 f.

..... GmbH & Co. Kommanditgesellschaft
eingetragen im Handelsregister des Amtsgerichts ..... – HR A ..... – mit dem Sitz in .....
(Geschäftsanschrift: .....).
Aufgrund Einsicht in das elektronische Handelsregister des Amtsgerichts ..... vom heutigen Tage bescheinige ich, der beurkundende Notar, dass die vorgenannten Gesellschaften dort eingetragen sind, die Firma ..... Verwaltungs-GmbH zur alleinigen Vertretung der Firma ..... GmbH & Co. Kommanditgesellschaft berechtigt ist und die Herren ..... und ..... gemeinschaftlich zur Vertretung der ..... Verwaltungs-GmbH berechtigte Geschäftsführer sind.

Zur Vertretungsbescheinigung und deren kostenrechtlichen Behandlung s. § 15 Rdn. 33 ff. **52**

Vertretung der in Gründung befindlichen GmbH

Herr ....., geboren am ....., dienstansässig/wohnhaft ....., hier handelnd als alleinvertretungsberechtigter Geschäftsführer der in Gründung befindlichen Gesellschaft mit beschränkter Haftung unter der Firma **53 M**
..... GmbH i.G.
mit dem Sitz in ....., den Gesellschaftsvertrag vom ....., Urkundenrolle Nummer ..... des Notars ....., der die Bestellung des Herrn ..... zum alleinvertretungsberechtigten Geschäftsführer enthält, in Ausfertigung vorlegend, von dem eine beglaubigte Abschrift dieser Urkunde beigefügt ist.

Zur Vorgesellschaft vgl. § 142 Rdn. 20 ff.[77] **54**

Vertretung bei der OHG

Frau ....., geboren am ....., wohnhaft/dienstansässig in ....., hier handelnd als alleinvertretungsberechtigter persönlich haftender Gesellschafter der offenen Handelsgesellschaft unter der Firma **55 M**
..... OHG
eingetragen im Handelsregister des Amtsgerichts ..... – HR A ..... – mit dem Sitz in ..... (Geschäftsadresse: .....). Aufgrund Einsicht in das elektronische Handelsregister des Amtsgerichts ..... vom heutigen Tage bescheinige ich, der unterzeichnende Notar, dass Herr ..... zur alleinigen Vertretung der Gesellschaft in Firma ..... OHG berechtigt ist.

Vertretung durch Eltern

Für den minderjährigen ....., am ..... geborenen ....., wohnhaft bei seinen Eltern, dessen Eltern: Eheleute Frau ..... geborene ....., geboren am ....., und Herr ....., geboren am ....., beide wohnhaft ..... **56 M**

Die elterliche Sorge umfasst auch die Vertretung des Kindes, § 1629 Abs. 1 Satz 1 BGB. Kinder werden in der Regel durch beide Eltern gemeinschaftlich vertreten, § 1629 Abs. 1 Satz 2 Halbs. 1 BGB. Ein Elternteil vertritt das Kind allein, soweit er die elterliche Sorge allein ausübt oder ihm die Entscheidung nach § 1628 BGB übertragen ist, weil die Eltern sich nicht **57**

---

[77] Zur Vertretungsmacht der bereits im Gründungsstadium bestellten Geschäftsführer vgl. Roth/Altmeppen/*Roth*, § 11 GmbHG Rn. 21 ff.

§ 13 Notwendiger Inhalt der Urkunden mit Willenserklärungen

einigen konnten, § 1629 Abs. 1 Satz 3 BGB. Nach dem Tode eines Elternteils oder dessen Todeserklärung (§ 1681 Abs. 1 BGB) steht die Vertretungsmacht dem anderen Elternteil allein zu (§ 1680 Abs. 1 BGB).

58 M **Für den am ….. geborenen minderjährigen ….., wohnhaft bei seiner Mutter, dessen Mutter: Frau ….., geboren am ….., geborene Pfennings, wohnhaft ….., verwitwet.**

59 In diesen und ähnlich gelagerten Fällen darf sich der Notar regelmäßig auf die Angaben des vor ihm erschienenen Elternteils verlassen.[78] Nur wenn ein konkreter Anlass besteht, wird der Notar die Vorlage einer Sterbeurkunde anregen.[79] Leben die Eltern eines minderjährigen Kindes, denen die gemeinsame Sorge zusteht, nicht nur vorübergehend getrennt, so ist bei Entscheidungen in Angelegenheiten, deren Regelung für das Kind von erheblicher Bedeutung ist – was bei Erklärungen vor dem Notar regelmäßig der Fall sein dürfte – ihr gegenseitiges Einverständnis erforderlich. Der Elternteil, bei dem sich das Kind mit Einwilligung des anderen Elternteils oder aufgrund einer gerichtlichen Entscheidung gewöhnlich aufhält, hat die Befugnis zur alleinigen Entscheidung in Angelegenheiten des täglichen Lebens (§ 1687 Abs. 1 BGB). Zudem kann jeder Elternteil für den Fall, dass beiden Eltern die elterliche Sorge gemeinsam zusteht und sie nicht nur vorübergehend getrennt leben, beim Familiengericht beantragen, dass ihm die elterliche Sorge oder ein Teil derselben allein übertragen wird (§ 1671 Abs. 1 BGB mit den hierfür zu erfüllenden Anforderungen in Abs. 2).

Vertretung eines minderjährigen Kindes, dessen Eltern verheiratet sind, durch einen Elternteil

60 M **Für den Minderjährigen ….., geboren am ….., wohnhaft bei seiner Mutter, als alleinige gesetzliche Vertreterin aufgrund Beschlusses des Amtsgerichts ….. vom ….. (Az: …..) von dem eine beglaubigte Abschrift beigefügt ist, dessen Mutter: Frau ….. geboren am ….., geborene ….., wohnhaft …..**

61 M **Vertretung eines minderjährigen Kindes, dessen Eltern nicht miteinander verheiratet sind, durch beide Eltern**

Für den minderjährigen ….., geboren am ….., wohnhaft bei seinen Eltern, dessen Eltern, Frau ….., geboren am ….., geborene ….. und Herr ….., geboren am ….., beide wohnhaft ….., eine Ausfertigung der gemeinsamen Sorgeerklärung vom ….., Urkundenrolle Nummer ….. des Notars ….. vorlegend, von der eine beglaubigte Abschrift dieser Urkunde beigefügt ist.

62 M **Vertretung eines minderjährigen Kindes, dessen Eltern nicht miteinander verheiratet sind, durch seine Mutter**

Für den minderjährigen ….., geboren am ….., wohnhaft bei seiner Mutter, dessen Mutter, Frau ….., geboren am ….., wohnhaft ….., versichernd, dass sie keine Sorgeerklärung im Sinne des § 1626a Abs. 1 Nr. 1 BGB abgegeben hat und eine schriftliche Auskunft des Jugendamtes ….. vom ….. über diese Tatsache in Urschrift vorlegend, von der eine beglaubigte Abschrift dieser Urkunde beigefügt ist.

---

78 Armbrüster/Preuß/Renner/*Armbrüster*, § 17 BeurkG Rn. 19; vgl. auch Armbrüster/Preuß/Renner/*Piegsa*, § 12 BeurkG Rn. 59 ff.
79 Vgl. *Winkler*, § 12 BeurkG Rn. 11; Beck'sches Notar-Handbuch/*Bernhard*, Teil G Rn. 89.

Vertretung durch Ergänzungspfleger

Für den minderjährigen ....., **geboren am** ....., **wohnhaft** ....., **als Ergänzungspfleger aufgrund in Urschrift vorgelegter Bestallungsurkunde des Amtsgerichts** ..... **vom** ..... **(Az:** .....**), die in beglaubigter Abschrift beigefügt ist: Frau Rechtsanwältin, wohnhaft** .....

63 M

Testamentsvollstrecker als Beteiligter

Herr ....., **geboren am** ....., **wohnhaft/geschäftsansässig** ....., **hier handelnd als Testamentsvollstrecker für den Nachlass des am** ..... **verstorbenen Herrn** ....., **geboren am** ....., **zuletzt wohnhaft** ....., **aufgrund Testamentsvollstreckerzeugnisses vom** ..... **(Az:** ..... **des Amtsgerichts** .....**), das in Ausfertigung vorlag und von dem eine beglaubigte Abschrift dieser Urkunde beigefügt ist.**

64 M

Insolvenzverwalter als Beteiligter

Frau Diplom-Kauffrau ....., **geboren am** ....., **wohnhaft/geschäftsansässig** ....., **hier handelnd in seiner Eigenschaft als Insolvenzverwalter über das Vermögen der Firma** ..... **OHG**

65 M

ausweislich der in Urschrift vorliegenden Bestallungsurkunde vom ..... **– Az** ..... **des Amtsgerichts** ..... **–, die in beglaubigter Abschrift dieser Urkunde beigefügt ist.**

IV. Erklärungen der Beteiligten

Die *Erklärungen* der Beteiligten können in direkter oder in indirekter Rede aufgenommen werden. Das kann im Präsens wie im Imperfekt geschehen. Üblich ist die Aufnahme im Imperfekt.

66

Urkundenrolle Nr. .....
Verhandelt zu ..... am ..... –

67 M

Vor

.....
Notar in ....., **der sich auf Ersuchen in das Geschäftslokal der Firma** ..... **in** ....., **begeben hatte, erschienen:**
1. Herr ....., geboren am ....., wohnhaft in .....,
2. Frau ....., geboren am ....., wohnhaft in .....,
hier handelnd als Bevollmächtigter aufgrund der in Ausfertigung vorliegenden Vollmacht vom ....., UR. Nr. ..... des Notars ....., die in beglaubigter Abschrift dieser Niederschrift beigefügt ist, für .....
Die Beteiligten wiesen sich zur Gewissheit des Notars aus durch Vorlage ihrer amtlichen Lichtbildausweise.
Die Beteiligten erklärten: .....
Die Niederschrift wurde den Beteiligten in Gegenwart des Notars vorgelesen, von ihnen genehmigt und ihnen und dem Notar eigenhändig unterschrieben:
.....
.....

....., Notar

§ 13 Notwendiger Inhalt der Urkunden mit Willenserklärungen

68 Manche Notare fügen den Angaben der Beteiligten auch noch deren Berufsbezeichnungen an. Dies kann zwar bei sehr gebräuchlichen Namen sinnvoll sein, ist jedoch nicht zwingend.[80]

V. Von einem Dritten verfasste Schrift (als Anlage)

69 Die Beteiligten können im Rahmen der Beurkundung auch eine von ihnen selbst oder von einem Dritten verfasste Schrift dem Notar überreichen und dazu die Erklärung abgeben, dass diese Schrift das enthalte, was sie wollen.[81] Der Notar muss dann den Inhalt der Schrift prüfen und durch Verhandeln, d.h. durch Fragen und Antworten, aufklären, ob das, was die Beteiligten wollen, in der überreichten Schrift unmissverständlich und vollständig zum Ausdruck gekommen ist. Wenn das der Fall ist, muss in der Niederschrift auf die beigefügte Schrift verwiesen werden, die vorzulesen und als Anlage beizufügen ist (§ 9 Abs. 1 Satz 2 BeurkG),[82] sofern die Schrift nicht ohnehin – wie häufig bei Grundschuldformularen – in den »Haupttext« eingebettet wird. Die *Verweisung* auf die Anlage muss als Erklärung der Beteiligten protokolliert werden und den Willen erkennen lassen, dass die Erklärungen in der beigefügten Anlage Gegenstand der Beurkundung sein sollen.[83] Die Verweisung muss klar ergeben, welche Schrift als Anlage gemeint ist, sodass über den Gegenstand der Beurkundung kein Zweifel bestehen kann.

70 Sämtliche Verfahrensvorschriften und Amtspflichten gelten in gleicher Weise für die *Anlage*.[84] Den Notar trifft hier für sämtliche – auch fremdverfasste – Inhalte dieselbe Aufklärungs- und Belehrungspflicht wie bei Urkunden, die er vollständig selbst abfasst. Er kann in einer vorgelegten Erklärung leicht einen Fehler übersehen. Vor diesem Hintergrund empfiehlt es sich in der Praxis zumeist – insbesondere, wenn Änderungen in der übergebenen Schrift vorgenommen werden – den Inhalt der Anlage in die Niederschrift selbst zu integrieren. Ergibt sich aus der Niederschrift, dass diese den Beteiligten vorgelesen und von ihnen unterschrieben worden ist, so erstreckt sich die Vermutung des § 13 Abs. 1 Satz 3 BeurkG auch darauf, dass die als Anlage in der Niederschrift bezeichneten Schriftstücke bei der Unterzeichnung vorgelegen haben.[85]

71 M   ..... erschienen
   1. .....
   2. .....
   Sie wiesen sich zur Gewissheit des Notars wie folgt aus .....
   Sie übergaben dem Notar den der Niederschrift als Anlage beigefügten privatschriftlichen Kaufvertrag über das im Grundbuch des Amtsgerichts ..... von ..... Band ..... Blatt ..... verzeichnete Grundstück und erklärten: Wir bekennen uns zum Inhalt dieses Schriftstücks. Der Notar ging das Schriftstück mit den Beteiligten durch und änderte

---

80 Vgl. hierzu eingehend Weingärtner/Gassen/*Weingärtner*, § 26 DONot Rn. 24.
81 Zu den Besonderheiten bei der Übergabe einer Schrift bei der Errichtung einer Verfügung von Todes wegen vgl. § 100 Rdn. 19 f.
82 Vgl. klarstellend OLG München v. 09.02.2015 – 34 Wx 31/15, NJOZ 2015, 1113: »§ 9 Abs. 1 Satz 2 BeurkG verlangt, dass in der Niederschrift selbst die unzweideutige Erklärung der Urkundenbeteiligten enthalten ist, dass das beigefügte Schriftstück ihren Willen enthalte und Gegenstand der Beurkundung sein solle.«.
83 BGH v. 17.05.1994 – XI ZR 117/93, DNotZ 1995, 35; vgl. auch OLG Köln v. 13.09.2013 – 2 Wx 227/13, FGPrax 2014, 12: »Ob die Erwähnung einer Anlage in einer notariellen Urkunde eine Verweisung gemäß § 9 Abs. 1 Satz 2 BeurkG darstellt, ist im Wege der Auslegung zu ermitteln. Entscheidend ist dabei, ob der Wille der Erklärenden ersichtlich wird, die Anlage zum Gegenstand der Beurkundung zu machen.«.
84 Grziwotz/Heinemann/*Heinemann*, § 9 BeurkG Rn. 15.
85 BGH v. 28.01.1994 – V ZR 131/92, DNotZ 1995, 26.

es mit ihrem Einverständnis an einigen Stellen ab, machte auch einige Zusätze. Die überreichte Schrift weist folgende auf ihr gemachten Zusätze und Änderungen auf:
Im § 1 ist der Satz hinzugefügt: » .....«
Im § 4 ist der Absatz 3 gestrichen.
Die Beteiligten erklärten: Wir genehmigen den Vertrag in der jetzt vorliegenden Fassung.
Die Niederschrift nebst der Anlage wurde in Gegenwart des Notars vorgelesen, von den Beteiligten genehmigt und von ihnen und dem Notar unterschrieben:
.....

....., Notar

Wenn die Beteiligten eine von ihnen schon unterzeichnete Privaturkunde vorlegen, kann der Notar seine Änderungen auch in der Weise vornehmen, dass er sie nicht in die Privaturkunde hineinkorrigiert, sondern in seiner Niederschrift wie folgt ausführt: **72**

Die Beteiligten genehmigten den Inhalt der überreichten Schrift, und zwar mit den nachstehenden Abänderungen und Zusätzen ..... **73 M**

VI. Karten, Zeichnungen oder Abbildungen

Die Beteiligten können auch unter Verwendung von Karten, Zeichnungen oder Abbildungen Erklärungen abgeben (§ 9 Abs. 1 Satz 3 BeurkG). Unter den Begriff »Karten, Zeichnungen oder Abbildungen« fallen sowohl alle manuell-zeichnerischen wie auch mit Mitteln der Technik, wie insbesondere der Fotografie,[86] angefertigten Darstellungen und insbesondere auch Pläne.[87] Die Anlage muss eine Urkunde im Sinne des Urkundenrechts, also eine Schrifturkunde im weitesten Sinne sein.[88] Bandaufnahmen und sonstige Tonträger werden nicht erfasst.[89] Ebenfalls hat der Gesetzgeber bisher noch nicht den Schritt vollzogen, den vorgenannten Dokumenten auch elektronische Datenträger gleichzustellen.[90] Es besteht daher keine Möglichkeit, rechtsgeschäftliche Erklärungen, die in elektronischer Form auf elektronischen Speichern, CDs, DVDs, Festplatten etc. vorliegen, zum Inhalt der Urkunde zu machen.[91] Die entsprechenden Dateien müssen daher ausgedruckt und in Papierform nach den allgemeinen Regeln der Urkunde beigefügt werden.[92] (vgl. hierzu auch § 11, Rdn. 32). **74**

Die Zeichnungen und dergleichen können, wie sich aus dem Wortlaut des § 9 Abs. 1 Satz 3 BeurkG ergibt, nicht isoliert beurkundet werden.[93] Erforderlich ist immer eine rechtsgeschäftliche Erklärung in der Niederschrift, die sich auf die Karte, Zeichnung als Ergänzungsmittel bezieht.[94] **75**

---

86 Zu den hiermit einhergehenden praktischen Schwierigkeiten vgl. Armbrüster/Preuß/Renner/*Piegsa*, § 9 BeurkG Rn. 55; DNotI, DNotI-Report 2007, 60 ff.
87 *Brambring*, DNotZ 1980, 281, 302.
88 Vgl. *Lichtenberger*, NJW 1980, 864, 870; *Brambring*, DNotZ 1980, 281, 302.
89 *Arnold*, DNotZ 1980, 270.
90 *Winkler*, § 9 BeurkG Rn. 40.
91 Eylmann/Vaasen/*Limmer*, § 9 BeurkG Rn. 19, 21; beachte aber *Hermanns*, DNotZ 2013, 9, 19: Sofern die etwa auf einer DVD dokumentierten Unterlagen (bei Unternehmenskaufverträgen etwa die i.R.d. Due Diligence zur Verfügung gestellten Unterlagen) keine rechtsgeschäftlichen Erklärungen der Beteiligten enthalten, sei es zulässig, der Urkunde die DVD beizufügen. Die Beteiligten könnten dann erklären, alle dem Käufer offengelegten Umstände seien vollständig in der der Niederschrift beigefügten DVD enthalten und gespeichert.
92 Vgl. auch Gutachten des DNotI, DNotI-Report 2007, 60.
93 *Lichtenberger*, NJW 1980, 864, 870.
94 *Lichtenberger*, NJW 1980, 864.

76 Solche Unterlagen müssen bei der Verhandlung vorliegen und sind der Niederschrift beizufügen.[95] Die Niederschrift muss auf die Anlage verweisen (vgl. § 9 Abs. 1 Satz 2 BeurkG).[96] Die Verweisung muss Bestandteil der beurkundeten Erklärung sein. Es genügt nicht, dass die Verweisung lediglich in Teilen der Urkunde enthalten ist, die als amtliche Feststellungen anzusehen sind; erst Recht reicht ein Vermerk auf dem Schriftstück selbst, auf das verwiesen wird, nicht aus.[97] Auch muss die Verweisung klar ergeben, welche von mehreren Anlagen gemeint ist, so dass über den Gegenstand der Beurkundung kein Zweifel bestehen kann.[98] Inhaltlich setzt eine Verweisung gemäß § 9 Abs. 1 Satz 2 BeurkG voraus, dass eine sprachliche Formulierung gewählt wird, die den Willen ausdrückt, die Anlage mit zum Erklärungsinhalt zu machen. Ob die (bloße) Erwähnung einer Anlage in einer notariellen Urkunde eine Verweisung gemäß § 9 Abs. 1 Satz 2 BeurkG darstellt, ist im Wege der Auslegung zu ermitteln. Entscheidend ist dabei, ob der Wille der Erklärenden ersichtlich wird, die Anlage zum Gegenstand der Beurkundung zu machen.[99]

77 Anstelle des Vorlesens müssen die Karten den Beteiligten zur Durchsicht vorgelegt werden. Das ist Voraussetzung für die Formwirksamkeit der Beurkundung. Fehlt es bei Anlagen an einer wirksamen Verweisung oder werden diese der Niederschrift nicht beigefügt, so ist die Urkunde dementsprechend bezüglich dieses Teils unwirksam.[100] In der Niederschrift soll festgestellt werden, dass die Anlagen zur Durchsicht vorgelegt wurden (§ 13 Abs. 1 Satz 1 BeurkG). Eine besondere Unterzeichnung der Anlage ist nicht erforderlich, kann jedoch aus Beweissicherungszwecken (bei späteren Streitigkeiten) sinnvoll sein.[101] Bei umfangreicheren Karten und Zeichnungen ist dann jedoch darauf zu achten, dass sämtliche Seiten von allen Beteiligten unterschrieben werden – um sich später nicht dem Vorwurf auszusetzen, eine »vergessene« Unterschrift bedeute, dass die Anlage dem betreffenden Beteiligten tatsächlich nicht vorgelegen habe. Im Übrigen gilt auch für diese Anlagen ohnehin die Vermutung des § 13 Abs. 1 Satz 3 BeurkG, dass die beigefügte Anlage bei der Unterzeichnung vorgelegen hat, wenn die Niederschrift unterschrieben worden ist.[102]

78 Enthält die Zeichnung Hinweise in Wortform, so brauchen diese, soweit sie lediglich der Erläuterung der Karte oder des Planes dienen (wie etwa die Legenden), nicht vorgelesen zu werden.[103] Sie gehören in diesem Fall zu dem Plan bzw. der Karte und nehmen an deren urkundenrechtlicher Behandlung teil. Enthält der auf der Karte oder dem Plan befindliche Text dagegen (ausnahmsweise) eine zusätzliche Erklärung im Rahmen des beurkundungsbedürftigen Rechtsgeschäfts, dann ist darauf in der Niederschrift besonders zu verweisen; dieser Textteil ist den Beteiligten dann sogar dann vorzulesen, wenn die bildliche Darstellung im Übrigen zur Durchsicht vorgelegt wird.[104]

79 Karten werden fast immer gebraucht beim Verkauf einer Teilfläche und beim Aufteilungsplan als Anlage einer Teilungserklärung nach WEG.[105]

---

95 Vgl. im Einzelnen Kilian/Sandkühler/vom Stein/*Stuppi*, § 14 Rn. 14 ff.
96 BGH v. 17.05.1994 – XI ZR 117/93, DNotZ 1995, 35.
97 OLG Köln v. 17.07.1992 – 2 Wx 32/92, NJW-RR 1993, 223, 224; vgl. auch OLG Köln v. 13.09.2013 – 2 Wx 227/13, FGPrax 2014, 12.
98 Eylmann/Vaasen/*Limmer*, § 9 BeurkG Rn. 23; vgl. auch OLG München v. 09.02.2015 – 34 Wx 31/15, NJOZ 2015, 1113.
99 OLG Köln v. 13.09.2013 – 2 Wx 227/13, FGPrax 2014, 12.
100 Armbrüster/Preuß/Renner/*Piegsa*, § 9 BeurkG Rn. 57.
101 *Rohs*, Die Geschäftsführung der Notare, 52.
102 BGH v. 28.01.1994 – V ZR 131/92, DNotZ 1995, 26.
103 Armbrüster/Preuß/Renner/*Piegsa*, § 9 BeurkG Rn. 56.
104 *Arnold*, DNotZ 1980, 270; *Winkler*, § 9 BeurkG Rn. 42 f., § 13 Rn. 19.
105 Vgl. hierzu OLG Düsseldorf v. 28.06.2010 – I-3 Wx 54/10: »Werden Aufteilungsplan und Abgeschlossenheitsbescheinigung bereits mit der Teilungserklärung beurkundet, so bedarf es nicht des Nachweises dieser Eintragungsvoraussetzungen durch öffentliche Urkunden. In diesem Fall ist die notarielle Urkunde unter Einbeziehung der Schriftstücke mit Schnur und Prägesiegel zu verbinden.«

Verkauf einer Teilfläche

Der Verkäufer verkauft dem dies annehmenden Käufer aus dem eingangs näher bezeichneten Grundbesitz eine noch zu vermessende Teilfläche in einer Größe von ca. ..... m.
Die Teilfläche ist auf dem dieser Niederschrift beigefügten Lageplan, auf den verwiesen wird, mit den Buchstaben A-B-C-D-A gekennzeichnet und schraffiert. Der Lageplan wurde den Beteiligten zur Durchsicht vorgelegt und von ihnen genehmigt.

80 M

Aufteilungsplan als Anlage einer Teilungserklärung nach WEG

Der vorgenannte Grundbesitz ist mit einem Dreifamilienhaus bebaut.
Die dazugehörige Bauzeichnung ist dieser Urkunde als Anlage beigefügt und wurde den Beteiligten zur Durchsicht vorgelegt; auf sie wird verwiesen.

81 M

VII. Umfang der Beurkundungspflicht

Über den *Umfang* der Beurkundungspflicht (d.h. die Frage, *was* bei einem formbedürftigen Rechtsgeschäft zu beurkunden ist) entscheidet das materielle Recht.[106] Führt das materielle Recht zur Beurkundungspflicht, so entscheidet das Beurkundungsgesetz, welche *verfahrensrechtlichen* Möglichkeiten bestehen, um der Beurkundungspflicht zu genügen (d.h. die Frage, *wie* beurkundet wird).[107] Vorstehend unter Rdn. 66 ff., 69 ff. und 74 ff. sind die Wege dargestellt, die § 9 BeurkG für die Beurkundung weist:

82

---

106 *Winkler*, § 9 BeurkG Rn. 26 ff. Zu einzelnen aktuellen Problemfeldern vgl. OLG München v. 10.09.2013 – 34 SchH 010/13, SchiedsVZ 2013, 277, *Pelikan*, notar 2014, 160, und *dies.*, notar 2015, 153, 154, *Heidbrink*, GmbHR 2010, 848, *Schmitz*, RNotZ 2003, 591; *Hager/Müller-Teckhoff*, NJW 2014, 1918 und DNotI-Report 2008, 188 (zur Beurkundung einer Schiedsgerichtsklausel und Schiedsgerichtsordnung, vgl. OLG München v. 10.09.2013 – 24 SchH 010/13 (n.v.) und BGH v. 24.07.2014 – III ZB 83/13, MittBayNot 2014, 559); DNotI-Report 2009, 102 (Beurkundungsbedürftigkeit eines Baubetreuungsvertrages im Zusammenhang mit einem Grundstücksgeschäft trotz Vereinbarung eines Rücktrittsrechts); OVG Schleswig v. 12.09.2007 – 2 LA 107/06, MittBayNot 2008, 488 und OLG München v. 15.05.2013 – 20 U 5004/12 (n.v.) (Beurkundungspflicht von Erschließungsverträgen); OLG Karlsruhe v. 19.01.2009 – 1 U 175/08, RNotZ 2009, 335 (Formbedürftigkeit einer Vereinbarung über den Ersatz von Aufwendungen eines Ehegatten für den Umbau des Familienheims); OLG Hamm v. 10.09.2012 – I-22 U 67/11 (n.v.) (Bezugnahme auf Bodengutachten in notariellem Kaufvertrag); *Herrmann*, GmbHR 2009, 625 (Der Umfang der notariellen Formerfordernisse bei GmbH-Geschäftsanteilsübertragungen am Beispiel von Finanzierungszusagen); *Eickelberg/Mühlen*, NJW 2011, 2476 (asset deal mit einer GmbH als Veräußerin und § 311b Abs. 3 BGB); *Hermanns*, DNotZ 2013, 9 (Beurkundungspflichten, -verfahren und -mängel beim Unternehmenskaufvertrag, insb. zu versteckten Beurkundungserfordernissen im Zusammenhang mit Beherrschungs- und Gewinnabführungsverträgen, vereinbarten Umwandlungsmaßnahmen und beabsichtigten Satzungsänderungen); *Keim*, DNotZ 2011, 513 (Beurkundungspflicht beim mit einem Grundstückskauf verbundenen Bauvertrag; *Kanzleiter*, DNotZ 2017, 503 (Form der Bestellung von Vorkaufsrechten an Immobilien); *Hager/Müller-Teckhof*, NJW 2016, 1857 (u. a. Reichweite der Beurkundungsbedürftigkeit von Beschlüssen der Hauptversammlung einer AG); BGH v. 28.06.2016 – X ZR 65/14, NJW 2017, 885 (Keine Heilung der formunwirksamen Vermögensübertragung durch Vollzug); DNotI-Report 2016, 63 (Beurkundungsbedürftigkeit nachträglicher Vertragsänderung bei sog. Bewilligungslösung); *Pelikan*, notar 2015, 154 (zum Formerfordernis bei einer Schiedsklausel); DNotI-Report 2017, 49 (Beurkundungspflicht bei GbR-Vertrag einer Bauherrengemeinschaft/Immobilienfonds-GbR); BGH v. 22.09.2016 – III ZR 427/15, MDR 2016, 1328 (rechtliche Einheit zwischen Treuhandvertrag und Verpflichtungsgeschäft zur Übertragung von GmbH-Geschäftsanteilen); BGH v. 06.11.2015 – V ZR 78/14, DNotZ 2016, 271 (Beschreibung von Eigenschaften vor Vertragsschluss ohne Niederschlag in notarieller Urkunde); DNotI-Report 2016, 9 (Vertragsübernahme im Zusammenhang mit Grundstückskaufvertrag; Reichweite des Beurkundungserfordernisses im Drei- Personen-Verhältnis); DNotI-Report 2016, 85 (Form der Vollmacht zur Erbausschlagung).
107 *Armbrüster/Preuß/Renner/Piegsa*, § 9 BeurkG Rn. 20, 23 f.; zu Reformüberlegungen im Hinblick auf die Vorlesungspflicht nach §§ 13 ff. BeurkG vgl. Stellungnahme des Deutschen Notarvereins, notar 2008, 229 ff.

- die Erklärungen werden in die Niederschrift selbst aufgenommen; § 9 Abs. 1 Satz 1 Nr. 2 BeurkG, vorstehend Rdn. 66 ff.,
  oder
- die Erklärungen sind in einem Schriftstück enthalten, auf das in der Niederschrift verwiesen wird und das der Niederschrift als Anlage beigefügt ist und mit vorgelesen wird, § 9 Abs. 1 Satz 2 BeurkG,[108] bzw., soweit es sich um Karten, Zeichnungen oder Abbildungen handelt, wird auf diese verwiesen, sie werden der Urkunde beigefügt und den Beteiligten zur Durchsicht vorgelegt (und von diesen genehmigt), vorstehend Rdn. 74 ff.

83 Von den vorgenannten Karten, Zeichnungen und Abbildungen (und der eingeschränkten Vorlesungspflicht nach § 14 BeurkG (hierzu im Folgenden Rdn. 115 ff.) abgesehen, müssen grundsätzlich alle textlichen Anlagen vorgelesen werden. In dieser Beziehung ermöglicht § 13a BeurkG eine erhebliche Erleichterung: *Die Verweisung auf eine andere notarielle Niederschrift.*

84 Es handelt sich bei dem Beurkundungsverfahren nach § 13a BeurkG um eine Reaktion des Gesetzgebers auf die Entscheidungen des Bundesgerichtshofes vom 6. und 27.04.1979,[109] in denen die Bezugnahme auf öffentliche Urkunden für unzulässig erklärt worden war. § 13a BeurkG will bei der Beurkundung umfangreicher serienmäßiger Erklärungen (etwa: Bauträgerverträge mit Baubeschreibung; Verkauf von Eigentumswohnungen mit Teilungserklärung vor dem grundbuchlichen Vollzug; Verkauf von Erbbaurechten; Zusatzabreden bei Kaufverträgen wie Fernwärme- und Antennenvereinbarungen) den Beteiligten das lange Vorlesen, das sich oft nur als sinnloser Formalismus darstellt, und unter bestimmten Bedingungen auch die unnötige Beifügung von Urkunden, die schon in ihrem Besitz sind, ersparen.

85 Die (bloße) Verweisung auf Urkunden oder Karten, die nur als erläuternde Hinweise gemeint sind und deren Protokollierung vom materiellen Recht *nicht* gefordert wird, unterliegt den Regeln des § 13a BeurkG nicht. Der Bundesgerichtshof[110] nennt diese Bezugnahmen »unechte Verweisung«. Die unechte Verweisung bedeutet materiell nichts anderes als einen Hinweis auf ein anderes Schriftstück, ohne dass damit die beurkundungsrelevante Folge ausgelöst würde, dass der andere Text mitbeurkundet wäre.[111] Es wird damit in der notariellen Niederschrift auf Erklärungen, Rechtsverhältnisse oder tatsächliche Umstände hingewiesen, die nicht zum beurkundungsbedürftigen Inhalt des Rechtsgeschäfts gehö-

---

108 Sollen mehrere Kaufverträge über Geschäftsanteile geschlossen werden und wird zu diesem Zweck eine »Rahmenurkunde« aufgenommen, der verschiedene Anlagen beigefügt werden (die Anlagen enthalten den Text der jeweiligen Geschäftsanteilskaufverträge, wobei die Verträge bis auf wenige Einzelheiten identisch sind), stellt sich der Frage, ob es ausreichend ist, wenn Teile der Niederschrift – insbesondere einzelne Anlagen – die ganz oder teilweise übereinstimmen, nur einmal verlesen werden; hierzu eingehend DNotI-Gutachten DNotI-Report 2016, 33. Auch die in der Anlage zu notariellen Urkunde enthaltene Auflassung kann Gegenstand einer Verweisung gemäß § 9 Abs. 1 Satz 2 BeurkG sein. Die Vorlage einer so beurkundeten Auflassung genügt den Anforderungen der §§ 20, 29 GBO (OLG Köln v. 13.9.2013 – 2 Wx 227/13, FGPrax 2014, 12).
109 BGH v. 06.04.1979 – V ZR 72/74, DNotZ 1979, 476.
110 MittRhNotK 1988, 206.
111 *Stauf*, RNotZ 2001, 129.

ren.¹¹² Regelungen zur Bezugnahme enthält das BeurkG nicht.¹¹³ Beispiele für »unechte Verweisungen« sind etwa die Fälle, in denen in einem Erbscheinsantrag auf ein eigenhändiges Testament »verwiesen« wird, in denen bei der Annahme eines Kaufangebotes auf die Angebotsurkunde,¹¹⁴ oder bei einer Schuldübernahme i.S.v. § 415 BGB auf das übernommene Schuldverhältnis »verwiesen« wird,¹¹⁵ und vor allem diejenigen Fälle, in denen bereits notariell beurkundete Vereinbarungen, auf die von den identischen Beteiligten »Bezug genommen« wird, ergänzt, geändert oder aufgehoben werden (etwa: übereinstimmende Aufhebung einzelner Pflichten des Beschenkten im Fall eines Übertragungsvertrages im Wege der vorweggenommenen Erbfolge).¹¹⁶ Die mannigfaltigen Konstellationen können an dieser Stelle nur angedeutet werden: es sei insoweit auf die diesbezügliche Literatur verwiesen.¹¹⁷

Einen Sonderfall der »Anlage« stellt der Unternehmensvertrag bei dem Zustimmungsbeschluss zum Unternehmensvertrag zwischen Aktiengesellschaften dar. Dieser ist nach § 293g Abs. 2 S. 2 AktG der Niederschrift als Anlage beizufügen; er muss zu diesem Zeitpunkt nach h. M. indes noch nicht unterschrieben sein.¹¹⁸ Sofern der Zustimmungsbeschluss wie regelmäßig in Form einer Tatsachenbeurkundung (§ 36 BeurkG) gefasst wird, bedarf es nach ganz h. M. keines Verlesens der Anlage, da die Beifügung nur aus aktienrechtlichen Vorschriften folge.¹¹⁹ Es handelt sich insoweit um eine unechte Bezugnahme, die Anlage ist mit der Niederschrift gem. § 30 Abs. 2 DONot durch Schnur und Siegel zu verbinden.¹²⁰ Nach (allerdings umstrittener) h. M. gelte entsprechendes auch dann, wenn ausnahmsweise der Zustimmungsbeschluss beurkundet wurde nach den Vorschriften über die Beurkundung von Willenserklärungen.¹²¹ Damit ist nach h.M. zusammenfassend Folgendes zu beachten: Weder der Entwurf noch der im Zeitpunkt des Zustimmungsbeschlusses bereits abgeschlossene Unternehmensvertrag sind als Anlagen i.S.d. § 9 BeurkG mitzuverlesen. Es genügt eine unechte Bezugnahme. Ob die Protokollierung des Zustimmungsbeschlusses nach § 8 BeurkG oder nach § 36 BeurkG erfolgt, macht keinen Unterschied.¹²²

Die Beteiligten nehmen Bezug auf den zwischen ihnen abgeschlossenen Erbvertrag vom ..... – UR. Nr. ..... des beurkundenden Notars ..... –, den sie hiermit wie folgt abändern:

86

87 M

---

112 *Brambring*, DNotZ 1980, 281, 286 f.; Eylmann/Vaasen/*Limmer*, § 9 BeurkG Rn. 11. Einprägsam OLG Hamm v. 10.09.2012 – I-22 U 67/11, BauR 2013, 514: »Demgegenüber unterliegen lediglich erläuternde, näher identifizierende Erklärungen nicht dem Beurkundungserfordernis, wenn und soweit bereits andere beurkundete Erklärungen die Vereinbarungen der Parteien nach Gegenstand und Inhalt des Rechtsgeschäfts genau genug bezeichnen. Wird auf andere Schriftstücke verwiesen, sind diese nicht selbst beurkundungsbedürftig, wenn sie lediglich Erklärungen enthalten, die dem besseren Verständnis dienen, aber bereits in der Hauptunkunde selbst mit hinreichender Deutlichkeit wiedergegeben sind. Ist also die Hauptunkunde »offen«, bedarf es der (echten) Verweisung. »Offen« in diesem Sinne ist der Vertrag dann, wenn die zu vereinbarenden Rechte und Pflichten der Beteiligten erst noch ihre Ausgestaltung erfahren sollen.« (zu der Bezugnahme auf ein Bodengutachten).
113 Vgl. Grziwotz/Heinemann/*Heinemann*, § 9 BeurkG Rn. 39.
114 Staudinger/*Hertel*, vor §§ 127a, 128 (BeurkG) Rn. 407; *Brambring*, DNotZ 1980, 281, 288 f.
115 Eylmann/Vaasen/*Limmer*, § 9 BeurkG Rn. 13 m.w.N.
116 BGH v. 01.10.1999 – V ZR 168/98, DNotZ 2000, 288; Eylmann/Vaasen/*Limmer*, § 9 BeurkG Rn. 18; *Winkler*, § 9 BeurkG Rn. 73; *Tiedtke*, DNotZ 1991, 348.
117 Vgl. etwa *Winkler*, § 13a BeurkG Rn. 16; eine eingehende Übersicht findet sich etwa bei Armbrüster/Preuß/Renner/*Piegsa*, § 9 BeurkG Rn. 36 ff. und bei Eylmann/Vaasen/*Limmer*, § 9 BeurkG Rn. 8 ff.
118 KölnKommAktG/*Koppensteiner*, § 293 Rn. 6 mwN; vgl. auch BGH v. 16.11.1981 – II ZR 150/80, NJW 1982, 933.
119 DNotI-Report 2016, 1 mwN.
120 MükoAktG/*Kubis*, § 130 Rn. 75; *Wilhelmim*, BB 1987m, 1331, 1336; *Lamers*, DNotZ 1962, 301.
121 *Mues*, RNotZ 2005, 2, 16; *Wicke*, GmbHG Anh. § 13 Rn. 2 beide m.w.N., a.A GroßKommGmbHG/*Ulmer* § 53 Rn. 156.
122 So DNotI-Report 2016, 1.

88 M **Durch Urkunde vom 10. Mai 2018 – UR. Nr. ..... des Notars ..... – hat Herr ..... uns das Angebot zum Abschluss eines Kaufvertrages gemacht. Das uns in der vorgenannten Urkunde gemachte, uns in allen Teilen bekannte Kaufangebot nehmen wir hiermit an.**

89 Eine Bezugnahme (unechte Verweisung) auf rechtsgeschäftliche Erklärungen ist zudem immer dann ausreichend, wenn diese zum Zeitpunkt der Beurkundung durch Eintragung in das Grundbuch einen sachenrechtlichen Inhalt haben (»verdinglichte« Erklärungen), wie bei dem Verweis auf die bereits vollzogene Teilungserklärung oder Gemeinschaftsordnung im Fall des Verkaufs einer Eigentumswohnung (vgl. § 10 Abs. 2 WEG).[123]

90 M **Der Verkäufer verkauft dem dies annehmenden Käufer folgende Eigentumswohnung: Wohnungseigentumsgrundbuch von ..... Blatt Nummer ..... Hinsichtlich des Inhalts und des Umfanges des Sondereigentums und des gemeinschaftlichen Eigentums wird auf die Teilungserklärung vom ..... – UR. Nr. ..... des Notars ..... – verwiesen. Der Käufer erklärt, dass ihm der Inhalt der Teilungserklärung bekannt sei und er vor der heutigen Verhandlung eine beglaubigte Abschrift der Teilungserklärung erhalten hat.**

91 Das Verfahren nach § 13a BeurkG gilt zudem nur für Verweise im engeren Sinn, d.h. Verweise auf Urkunden, die nach materiellem Recht als für das betreffende Rechtsgeschäft konstitutiv anzusehen sind und somit beurkundet werden müssen[124]; also an sich – wenn es § 13a BeurkG nicht gäbe – (mit-)vorgelesen, genehmigt und unterschrieben werden müssten.[125] Der Bundesgerichtshof[126] nennt diese Verweisung dementsprechend auch zu Recht »ersetzende Verweisung«. Beispiele: Baubeschreibung bei einer noch fertigzustellenden Eigentumswohnung;[127] Teilungserklärung im Fall des Verkaufs einer Eigentumswohnung vor grundbuchlichem Vollzug der Teilungserklärung.[128]

92 Enthält die andere Niederschrift ihrerseits eine Verweisung auf eine dritte Niederschrift (*Kettenniederschrift*), so umfasst die Verweisung auch die dritte Niederschrift.[129] Möglich ist auch eine Teilverweisung, die also nicht die vollständige Niederschrift in Bezug nimmt, sondern nur einzelne Abschnitte derselben.[130]

93 1. Die zwingenden Wirksamkeitsvoraussetzungen für das Beurkundungsverfahren nach § 13a BeurkG, die »ersetzende Verweisung«, sind:

94 – Es muss auf eine andere *notarielle Niederschrift* verwiesen werden.[131] Die Verweisung ist indes auch zulässig, wenn die erklärenden Personen der in Bezug genommenen Urkunde nicht identisch sind mit denen der später zu beurkundenden Erklärung[132] (wobei jedoch zu berücksichtigen ist, dass die Verweisung nur bewirkt, dass die Erklärungen aus der früheren Urkunde in der späteren Urkunde mitbeurkundet sind, nicht jedoch dazu führt,

---

123 Vgl. BGH v. 04.03.1994 – V ZR 241/92, NJW 1994, 1347.
124 Vgl. zu dem Formerfordernis einer Nachverpfändungserklärung unter Zuhilfenahme des § 13a BeurkG OLG Hamm v. 30.12.2015 – I-15 W 536/15, FGPrax 2016, 108: Es reicht aus, wenn die in Bezug genommene Grundschuldbestellungsurkunde unter Beachtung der Anforderungen des § 13 a BeurkG zum Gegenstand der Nachverpfändungserklärung mit Vollstreckungsunterwerfung gemacht wird.
125 Vgl. Eylmann/Vaasen/*Limmer*, § 13a BeurkG Rn. 5.
126 BGH v. 23.06.1988 – III ZR 84/87, MittBayNot 1988, 227.
127 BGH v. 16.12.2004 – VII ZR 257/03, DNotZ 2005, 464 ff.; vgl. auch *Thode*, ZNotP 2005, 162, 166 ff.
128 BGH v. 27.04.1979 – V ZR 175/77, DNotZ 1979, 479, 491 ff.; *Reul*, DNotI-Report 1998, 50.
129 Zugehör/Ganter/Hertel/*Ganter*, Rn. 1381; Grziwotz/Heinemann/*Heinemann*, § 13a BeurkG Rn. 10.
130 Eylmann/Vaasen/*Limmer*, § 13a BeurkG Rn. 6; *Winkler*, § 13a BeurkG Rn. 45.
131 Es ist daher – insb. in umfangreichen Beurkundungen, wie Unternehmenskaufverträgen, bei denen umfangreiche Bezugsurkunden gefertigt werden – darauf zu achten, dass die (verlesungspflichtigen) Anlagen, die in der Bezugsurkunde enthalten sind, auch tatsächlich verlesen werden: *Hermanns*, DNotZ 2013, 9, 19.
132 OLG Düsseldorf v. 22.11.2002 – 3 Wx 321/02, Rpfleger 2003, 176.

dass die Erklärung des Beteiligten A in der Bezugsurkunde eine solche des Beteiligten B der späteren Urkunde wird[133]) oder wenn die in Bezug genommene Urkunde von einem anderen (deutschen) Notar beurkundet wurde.[134] Die Verweisung auf andere öffentliche Urkunden (auch Urkunden im Sinne des Beurkundungsgesetzes, die von anderen Urkundspersonen protokolliert worden sind) und ausländische Urkunden reicht nicht aus.[135] Die Urkunde, auf die verwiesen wird, muss vielmehr selbst nach den Vorschriften über die Beurkundung von Willenserklärungen errichtet sein.[136] Es darf also nur auf eine Urkunde verwiesen werden, die nach den Vorschriften der §§ 8 ff. BeurkG errichtet ist.[137] Auf Urkunden, die nach §§ 36 ff. BeurkG (Beurkundung tatsächlicher Vorgänge, Versammlungsbeschlüsse, Eide) errichtet sind, darf nicht verwiesen werden.[138] Insbesondere darf nicht auf bloß unterschriftsbeglaubigte Erklärungen verwiesen werden.[139] Immer muss die andere notarielle Urkunde, auf die verwiesen wird, zudem *verfahrensrechtlich wirksam* sein.[140]

– Es bedarf weiterhin einer Verweisungserklärung der Beteiligten, § 13a Abs. 1 Satz 1 BeurkG. Hierfür gelten grundsätzlich dieselben Grundsätze wie i.R.d. § 9 Abs. 1 Satz 2 BeurkG.[141] Es ist zweckmäßig, dass die andere Niederschrift hierbei genau nach Notar, Amtssitz, Datum, Nummer der Urkundenrolle bezeichnet wird.[142]

– Weiter verlangt das Verfahren nach § 13a BeurkG, dass die Beteiligten auf das Vorlesen der anderen Urkunde *verzichten*. Handelt es sich um Karten, Zeichnungen oder Abbildungen, so muss auf die Vorlage zur Durchsicht verzichtet werden.[143] Die Erklärung des Verzichts muss verbunden sein mit der Erklärung der Beteiligten, der Inhalt der anderen Niederschrift sei ihnen bekannt.[144] Unerheblich ist, dass die Erklärung der Beteiligten, Ihnen sei die Verweisungsurkunde bekannt, falsch war.[145] Es kann verzichtet werden auf das Vorlesen, aber verlangt werden, dass beigefügt wird; es kann auf beides, Vorlesen und Beifügen, verzichtet werden; es kann auch bloß auf das Beifügen verzichtet, das Vorlesen aber verlangt werden.

Nach h. M. muss die Bezugsurkunde nicht zwingend vor dem Beginn der Beurkundung der »Hauptukunde« (zumeist in diesen Konstellationen ein Unternehmenskaufvertrag (SPA)) »geschlossen« werden. Die Bezugsurkunde kann daher noch während des Verlesens des SPA »offen« gehalten werden und erst unmittelbar vor Unterzeichnung des SPA geschlossen werden – insbesondere um bei Bedarf noch Änderungen und Ergänzungen der Bezugsurkunde vornehmen zu können.[146]

2. Neben den vorstehenden unverzichtbaren Wirksamkeitsvoraussetzungen für die Verweisung, deren Verletzung die Beurkundung *nichtig* macht, kommt den Soll-Bestimmungen in § 13a BeurkG besondere Bedeutung zu. Durch sie soll sichergestellt werden, dass die Betei-

95

---

133 *Blaeschke*, RNotZ 2005, 330, 343.
134 Eylmann/*Vaasen*/*Limmer*, § 13a BeurkG Rn. 6.
135 BT-Drucks. 8/3594, S. 4; *Stauf*, RNotZ 2001, 129, 141; *Winkler*, § 13a BeurkG Rn. 35.
136 Grziwotz/Heinemann/*Heinemann*, § 13a BeurkG Rn. 3.
137 Vgl. *Stauf*, RNotZ 2001, 129.
138 *Brambring*, DNotZ 1980, 296.
139 *Stauf*, RNotZ 2001, 129, 139 f.
140 *Lerch*, § 13a Rn. 6.
141 Grziwotz/Heinemann/*Heinemann*, § 13a BeurkG Rn. 9.
142 *Winkler*, § 13a BeurkG Rn. 28b.
143 Grziwotz/Heinemann/*Heinemann*, § 13a BeurkG Rn. 11.
144 Zu den Folgen im Fall des Fehlens von schriftlichen Feststellungen über die Kenntnisnahme und den Verzicht auf Verlesung einer in Bezug genommenen Urkunde vgl. BGH v. 18.07.2003 – V ZR 431/02, DNotZ 2004, 188.
145 Eylmann/*Vaasen*/*Limmer*, § 13a BeurkG Rn. 7.
146 Eingehend DNotI-Report 2017, 161, wobei auch die weitreichenden Konsequenzen in die Betrachtung einbezogen werden sollten, die eine abweichende Spruchpraxis für die betroffenen Urkunden zeitigen würde (DNotI, aaO.).

ligten auch ohne Vorlesen über den Inhalt der Niederschrift, auf die verwiesen wird, unterrichtet sind. Der fehlende Vermerk führt auch nicht zur Umkehrung der Darlegungs- und Beweislast.[147] Die Soll-Vorschriften einzuhalten ist unbedingte Amtspflicht des Notars.[148]

96 Bei den genannten »Soll«-(Amts-)pflichten handelt es sich dabei um folgende einzuhaltende Förmlichkeiten:

97
- Die Niederschrift soll feststellen, dass die Beteiligten erklärt haben, der Inhalt der anderen Niederschrift sei ihnen bekannt und sie hätten auf das Vorlesen verzichtet.
- Wenn auch auf das Beifügen verzichtet wird, soll dies ebenfalls zusätzlich vermerkt sein; das Gleiche gilt, wenn nur auf das Beifügen verzichtet wird (nicht also auf das Vorlesen).
- Der Notar soll nur beurkunden, wenn den Beteiligten die andere Niederschrift zumindest in beglaubigter Abschrift bei Beurkundung vorliegt. Das Wort »zumindest« stellt klar, dass Urschrift und Ausfertigung selbstverständlich ebenfalls ausreichend sind.[149]
- Kann die andere Niederschrift bei dem Notar oder einer anderen Stelle rechtzeitig vor der Beurkundung eingesehen werden, so soll der Notar dies den Beteiligten vor der Verhandlung mitteilen; befindet sich die andere Niederschrift bei dem beurkundenden Notar, so soll er diese den Beteiligten auf Verlangen übermitteln.
- Unbeschadet seiner sonstigen Aufklärungspflicht nach §§ 17 ff. BeurkG soll der Notar die Beteiligten über die Bedeutung des Verweisens auf die andere Niederschrift belehren.

98 3. Das Beurkundungsverfahren nach § 13a BeurkG lässt die Prüfungs- und Belehrungspflicht des Notars hinsichtlich der Urkunde, auf die verwiesen wird, unberührt, d.h. den Notar trifft die Belehrungspflicht in gleicher Weise, als wenn er die Verweisungsurkunde vorgelesen hätte.[150] Eine andere Frage ist es, wann der Notar von dem materiell-rechtlich erlaubten, vereinfachten Beurkundungsverfahren nach § 13a BeurkG Gebrauch machen darf bzw. ob die Pflicht, die sachgerechteste Form der Beurkundung zu wählen, ihm das erleichterte Beurkundungsverfahren aus standesrechtlichen Gründen in bestimmten Konstellationen per se verbietet.[151] Es ist insoweit hervorzuheben, dass der Notar das Beurkundungsverfahren so zu gestalten hat, dass die Einhaltung seiner Amtspflichten gewährleistet ist, insbesondere die Einhaltung der Belehrungspflicht (§ 17 Abs. 2a Satz 1 BeurkG).[152] Die Ermessensentscheidung des Notars, welches Beurkundungsverfahren er im Einzelfall einschlägt, hat sich dementsprechend in erster Linie an § 17 BeurkG und dessen Schutzzweck zu orientieren.[153]

99 Es ist hierbei insbesondere zu berücksichtigen, dass das Verweisen auf eine andere Urkunde, die weder vorgelesen noch beigefügt werden muss, in der Praxis leichter zu Zweifeln und Irrtümern führt als die Aufnahme in die Urkunde (und deren Verlesen) selbst. Häufig wird auch erst bei der Verlesung festgestellt, dass die Beteiligten den rechtlichen Aussagegehalt einzelner Bestimmungen nicht richtig verstanden haben oder bestimmte

---

147 Grziwotz/Heinemann/*Heinemann*, § 13a BeurkG Rn. 26.
148 Armbrüster/Preuß/Renner/*Piegsa*, § 13a BeurkG Rn. 24 f.
149 Vgl. *Stauf*, RNotZ 2001, 129, 143. Umstritten ist, ob und inwieweit der Notar beurkunden darf, wenn keine beglaubigte Abschrift der Verweisungsurkunde vorliegt, die Beteiligten jedoch die Beurkundung verlangen; vgl. hierzu *Lichtenberger*, NJW 1980, 864, 868 f.; *Arnold*, DNotZ 1980, 262, 277; Eylmann/Vaasen/*Limmer*, § 13a BeurkG Rn. 8.
150 Eylmann/Vaasen/*Limmer*, § 13a BeurkG Rn. 4.
151 Vgl. hierzu eingehend *Winkler*, § 13a BeurkG Rn. 5 ff.
152 Die Bundesnotarkammer hat zur Zulässigkeit der Bezugnahme auf eine andere *öffentliche* Urkunde bereits verhältnismäßig früh eine Stellungnahme abgegeben (DNotZ 1971, 4), aus der – obwohl vor Einfügung des § 13a BeurkG noch unter der alten Rechtsprechung gefasst – auch heute noch Rückschlüsse in dieser Frage gezogen werden können (vgl. etwa *Brambring*, DNotZ 1980, 304). Danach ist bei der Beantwortung der Frage, in welchen Fällen eine Verweisung nach § 13a BeurkG angezeigt sein kann, zuvörderst zu berücksichtigen, dass der wichtigste Zweck der notariellen Beurkundung in der Beweissicherung, dem Schutz vor Übereilung und darin besteht, dass ein unabhängiger Notar das Rechtsgeschäft dergestalt verfolgt, dass er die Beteiligten im Einzelnen ausreichend beraten und belehren kann.
153 Vgl. Eylmann/Vaasen/*Limmer*, § 13a BeurkG Rn. 4.

Punkte noch aufgenommen werden sollten. Andererseits sollte die »Haupt-«Urkunde – ebenfalls im wohlverstandenen Interesse der Beteiligten – nicht mit ohnehin bekannten und nicht streitanfälligen Regelungen überfrachtet werden, da sonst die Gefahr droht, dass die Aufmerksamkeit der Beteiligten bei der Beurkundung erlahmt und der Blick auf das Wesentliche erschwert wird. Insoweit gilt: Der Sinn des § 13a BeurkG liegt gerade darin, die »Konzentration auf das Wesentliche« zu ermöglichen; das »Weniger an Verlesung« ermöglicht – richtig eingesetzt – ein »Mehr an Belehrung«.[154]

Diese gegeneinander stehenden Gesichtspunkte muss der Notar bei seiner Ermessensentscheidung abwägen; seine eigene Arbeitserleichterung darf dabei keine Rolle spielen. Verweisen kann hiernach etwa dann zweckmäßig sein, wenn es sich um Bekanntes, für die Beteiligten schon Geklärtes handelt, das ohnehin nicht mehr geändert werden kann oder soll, oder um technische Erläuterungen, z.B. Teilungserklärungen beim Verkauf von Wohnungseigentum und vor allem Baubeschreibungen bei von im Bau befindlichen Häusern (wobei in letzterem Fall zum einen besonderer Wert auf die Feststellung und Erläuterung gelegt werden sollte, dass Abweichungen hiervon in den Vertragstext aufgenommen werden können (Sonderwünsche) und zum anderen nicht übersehen werden darf, dass es im Hinblick auf § 17 Abs. 2a Nr. 2 BeurkG erforderlich ist, dass im Fall eines Verbrauchervertrages dem Verbraucher (auch) die Bezugsurkunde – hier demnach die Baubeschreibung – im Regelfall mindestens 2 Wochen vor Beurkundung ausgehändigt wird[155]). Eine Verweisung sollte demgegenüber unterlassen werden, wenn hierdurch wesentliche Bestandteile der Erklärungen der Beteiligten nicht mehr in der Urkunde selbst enthalten sind und damit eine eingehende Erörterung und Belehrung abgeschnitten wird (etwa: Auslagerung von Regelungen zu Gewährleistungsrechten).[156]

100

Verzicht auf Vorlesen und Beifügung

Wegen der Baubeschreibung, die Gegenstand dieses Vertrages ist, verweisen die Beteiligten auf die Urkunde des amtierenden Notars vom ..... – UR. Nr. ..... –, die in Urschrift bei der Beurkundung vorlag. Der Käufer hat bereits vor der heutigen Verhandlung vom Notar eine beglaubigte Abschrift dieser Urkunde erhalten.
Der Notar hat die Beteiligten darüber belehrt, dass der Inhalt dieser Urkunde als Teil ihrer heutigen Vereinbarungen mit dem Abschluss dieses Vertrages für sie verbindlich wird.
Die Beteiligten erklärten, dass ihnen der Inhalt dieser Urkunde bekannt sei und dass sie auf das Vorlesen der Schriftstücke und auf das Beifügen dieser Urkunde zur heutigen Niederschrift verzichten.

101 M

Verzicht nur auf das Vorlesen

Wegen der Baubeschreibung, die Gegenstand dieses Vertrages ist, verweisen die Beteiligten auf die Urkunde des Notars ....., UR. Nr. ....., die in Ausfertigung bei Beurkundung vorlag.

102 M

---

154 Armbrüster/Preuß/Renner/*Piegsa*, § 13a BeurkG Rn. 34.
155 OLG Frankfurt v. 21.06.2017 – 4U 181/16 (n.v.); *Thode*, ZNotP 2004, 134; zu der Frage, unter welchen Bedingungen eine Verkürzung der 14-tägigen Bedenkzeit des § 17 Abs. 2a Satz 2 Nr. 2 BeurkG zulässig ist BGH v. 25.06.2015 – III ZR 292/14, NJW 2015, 2646; BGH v. 07.02.2013 – III ZR 121/12, NJW 2013, 1451; KG v. 27.06.2009 – 9 W 133/07, DNotZ 2009, 47; vgl. eingehend *Scheibengruber*, notar 2014, 84; *Weber*, NJW 2015, 2619; *Cramer*, DNotZ 2015, 725.
156 Vgl. hierzu eingehend *Wöstmann*, ZNotP 2002, 246, 254 f.; *Starke*, ZNotP-Sonderheft zum 26. Deutschen Notartag, S. 13.

§ 13   Notwendiger Inhalt der Urkunden mit Willenserklärungen

Der Käufer erklärte, dass er bereits am ..... eine beglaubigte Abschrift dieser Urkunde erhalten hat und ihm der Inhalt der Urkunde bekannt sei.
Der Notar hat die Beteiligten darüber belehrt, dass die Baubeschreibung als Teil ihrer Vereinbarungen mit Abschluss dieses Vertrages für sie verbindlich sei.
Die Beteiligten erklärten, dass ihnen der Inhalt der Urkunde bekannt sei und sie auf das Vorlesen der Baubeschreibung verzichten. Eine beglaubigte Abschrift der Baubeschreibung soll dieser Urkunde beigefügt werden.

Verzicht nur auf das Beifügen

103 M Wegen der Baubeschreibung, die Gegenstand dieses Vertrages ist, verweisen die Beteiligten auf die Urkunde des amtierenden Notars UR. Nr. ....., die in Urschrift bei Beurkundung vorlag.
Diese Urkunde wurde vom Notar vorgelesen. Die Beteiligten verzichteten darauf, dass die Baubeschreibung der heutigen Niederschrift beigefügt wird.

104 § 13a Abs. 4 BeurkG stellt behördliche Karten und Zeichnungen der notariellen Niederschrift hinsichtlich der Möglichkeit der erleichterten Verweisung gleich. Damit sind Karten und Zeichnungen gemeint, die eine qualifizierte Stelle i.S.d. § 415 ZPO im Rahmen ihrer Amtsbefugnis entweder selbst angefertigt hat oder die bei ihr eingereicht sind und von der Behörde mit Unterschrift und Stempel oder Siegel versehen sind, z.B. Vermessungsurkunden, Aufteilungspläne und behördlich genehmigte Baupläne.[157] Von der Verweisung ausgeschlossen sind alle privaten Karten, Zeichnungen oder Abbildungen, diese müssen nach § 9 Abs. 1 Satz 3, § 13 Abs. 1. Satz 1 BeurkG durch Vorlage zur Durchsicht, Genehmigung und Beifügung zum Bestandteil einer notariellen Niederschrift gemacht werden.[158] Sind diese Pläne aber ihrerseits wiederum Bestandteil einer notariellen Niederschrift, so handelt es sich um eine verweisungsfähige Urkunde i.S.d. § 13a Abs. 1 BeurkG.[159]

105 Praktische Bedeutung hat diese Bestimmung bisher kaum entfalten können, da es in der Regel für den Notar wenig Mühe macht, diese Pläne beizufügen und mit zu beurkunden (§ 9 Abs. 1 Satz 3 BeurkG). Diese Vorgehensweise wird für die Beteiligten regelmäßig auch sinnvoll sein, da die Pläne hierdurch dauerhaft mit der betreffenden Urkunde verbunden werden und sie diese im Rahmen der Beurkundung noch einmal einsehen und kontrollieren können.

Verweisen auf behördliche Pläne

106 M Wegen der Aufteilung des Gebäudes sowie der Lage und Größe der im Sondereigentum und der im gemeinschaftlichen Eigentum stehenden Gebäudeteile verweisen die Beteiligten auf den vom Bauamt der Stadt ..... am ..... mit Unterschrift und Siegel versehenen Aufteilungsplan, der bei Beurkundung vorlag.
Der Aufteilungsplan wurde den Beteiligten zur Durchsicht vorgelegt. Auf das Beifügen zur heutigen Niederschrift wird verzichtet.
Der Notar hat die Beteiligten darüber belehrt, dass der Aufteilungsplan als Teil ihrer Vereinbarungen mit Abschluss dieses Vertrages für sie verbindlich wird.

---

157 *Brambring*, DNotZ 1980, 281, 303 f. Problematisch sind indes etwa Flächennutzungspläne, die bereits ausliegen, aber noch nicht bestandskräftig geworden sind (OLG Karlsruhe v. 07.02.1990 – 13 U 101/88, DNotZ 1990, 422, 424 f.) oder nicht bestandskräftige Bebauungspläne (vgl. *Winkler*, § 13a BeurkG Rn. 39).
158 Eylmann/Vaasen/*Limmer*, § 13a BeurkG Rn. 11.
159 Grziwotz/Heinemann/*Heinemann*, § 13a BeurkG Rn. 7.

Es ist ebenfalls möglich, dass die Beteiligten auch auf die Vorlage des Planes zur Durchsicht verzichten. In diesem Fall kann wie folgt formuliert werden: **107**

Wegen der Aufteilung des Gebäudes sowie der Lage und Größe der im Sondereigentum und der im gemeinschaftlichen Eigentum stehenden Gebäudeteile verweisen die Beteiligten auf den vom Bauamt der Stadt ..... am ..... mit Unterschrift und Siegel versehenen Aufteilungsplan. Die Beteiligten haben den Aufteilungsplan vor der heutigen Verhandlung eingesehen. Der Notar hat die Beteiligten darüber belehrt, dass der Aufteilungsplan als Teil ihrer Vereinbarungen mit Abschluss dieses Vertrages für sie verbindlich ist. Die Beteiligten erklärten, dass ihnen der Inhalt des Aufteilungsplanes bekannt ist und sie auf seine Vorlage zur Durchsicht verzichteten; ebenfalls verzichten sie darauf, den Plan der Niederschrift beizufügen. **108 M**

VIII. Der Schlussvermerk (§ 13 Abs. 1 BeurkG).

1. Die Niederschrift über Willenserklärungen muss den Beteiligten in Gegenwart des Notars vorgelesen werden, § 13 Abs. 1 Satz 1 Halbs. 1 BeurkG.[160] Unter Niederschrift ist der in § 9 Abs. 1 BeurkG vorgeschriebene Inhalt zu verstehen, also die Urkunde von Anfang an und nicht nur die Erklärungen der Beteiligten. Wer die Niederschrift vorliest (eine unmittelbare Verlesung vom Bildschirm genügt jedoch nicht[161]), ist unerheblich.[162] In der Regel wird der Notar sie selber vorlesen. Er kann aber auch von seinem Bürovorsteher und/oder von einem Bürogehilfen vorlesen lassen, während er selbst ständig zugegen ist (und den vorzulesenden Text während des Vorlesens kontrolliert).[163] Das Vorlesen durch einen Beteiligten sollte jedoch wegen der hiermit verbundenen offensichtlichen Gefahren grundsätzlich vermieden werden.[164] **109**

Zweck des Vorlesens ist es insbesondere, den Beteiligten den Erklärungsinhalt der Urkunde mitzuteilen und ihnen dabei eine Prüfung und Kontrolle zu ermöglichen, ob der Wortlaut der Urkunde ihre Willenserklärungen richtig, vollständig[165] und unzweideutig widergibt.[166] Lautes Diktieren ersetzt das Vorlesen nicht.[167] Nur das vorher Geschriebene kann vorgelesen werden.[168] Bei einer bereits verlesenen, anschließend geänderten und neu **110**

---

160 Zu den (strafrechtlichen) Folgen, falls der Notar der Wahrheit zuwider in seinem Abschlussvermerk die (vollständige) Verlesung der Urkunde beurkundet: OLG Zweibrücken v. 16.06.2003 – 1 Ws 236/03, DNotZ 2005, 214.
161 Rundschreiben der Bundesnotarkammer Nr. 19/97, abgedruckt in ZNotP 1997, 91; OLG Brandenburg v. 09.05.2012 – 4 U 92/10, RNotZ 2012, 525; OLG Frankfurt v. 30.08.1999 – 1 Not 1/98, DNotZ 2000, 513; *Lerch*, ZNotP 2001, 210, 211; *Kanzleiter*, DNotZ 1997, 261. Zulässig ist es aber, wenn die vom Notar verlesene Niederschrift gleichzeitig den Beteiligten mittels eines Beamers oder einem Großbildschirm zum Mitlesen angezeigt wird. Es handelt sich hierbei nur um eine Art Leseexemplar, das die Beteiligten weniger vom Inhalt der Verhandlung ablenkt als ein papiergebundenes Leseexemplar: Grziwotz/Heinemann/*Heinemann*, § 13 BeurkG Rn. 7.
162 BGH v. 19.12.1974 – 1 StR 313/74, DNotZ 1975, 365.
163 Vgl. *Kanzleiter*, DNotZ 1997, 261 (262).
164 Zugehör/Ganter/Hertel/*Ganter*, Rn. 1379.
165 Zu der Frage, wie Beschreibungen von Eigenschaften eines Grundstücks oder Gebäudes vor Vertragsschluss durch den Verkäufer, die in der notariellen Urkunde keinen Niederschlag finden, zu behandeln sind vgl. BGH v. 06.11.2015 – V ZR 78/14, NJW 2016, 1815 (führt in aller Regel nicht zu einer Beschaffenheitsvereinbarung nach § 434 Abs. 1 Satz 1 BGB) und BGH v. 22.40.2016 – V ZR 23/15, DNotZ 2016, 921 (Der in einem Grundstückskaufvertrag vereinbarte umfassende Haftungsausschluss für Sachmängel erfasst auch die nach öffentlichen Äußerungen des Verkäufers zu erwartenden Eigenschaften eines Grundstücks oder des aufstehenden Gebäudes). Zu den Folgen hinsichtlich »vergessener« Stellplätze DNotI-Report 2016, 143 (Anwendung der Grundsätze der falsa demonstratio non nocet).
166 *Lerch*, Festschrift Spiegelberger 2009, 1430, 1433.
167 BayObLG v. 20.07.1979 – BReg. 1 Z 119/78, Rpfleger 1979, 458.
168 *Mihm*, NJW 1997, 3121, 3122.

ausgedruckten Seite einer Niederschrift genügt nach ganz herrschender Meinung, den geänderten Inhalt zu verlesen.[169]

111 Die Nichtbeachtung der Verlesung führt zur Formnichtigkeit des beurkundeten Rechtsgeschäfts.[170] Eine Heilung durch Vollzug erfolgt nur in den gesetzlich geregelten Fällen (vgl. §§ 311b Abs. 1 Satz 2;[171] 518 Abs. 2; 766 Abs. 1 Satz 3; 2301 Abs. 2 BGB; § 15 Abs. 4 Satz 2 GmbHG; § 1027 Abs. 1 Satz 2 ZPO). Ist die Niederschrift teilweise nicht oder fehlerhaft verlesen worden, so gilt § 139 BGB.[172] Der Formfehler kann auch nicht durch Zustimmung der Beteiligten geheilt werden.[173]

112 **a)** Ist der Wortlaut *mehrerer Urkunden* nach genauer Feststellung ganz oder teilweise gleich, so genügt ein einmaliges Vorlesen der wörtlich gleichen Teile, § 13 Abs. 2 BeurkG. Nur die voneinander verschiedenen Stellen sind bei solchen Sammelbeurkundungen einzeln vorzulesen.[174] Der Notar darf durch die Sammelbeurkundung jedoch nicht seine *Verschwiegenheitspflicht* verletzen (§ 13 Abs. 2 Satz 2 BeurkG und § 18 Abs. 1 BNotO[175]) und muss daher vor der Beurkundung in diesem Verfahren das Einverständnis der Beteiligten einholen.[176] Die voneinander abweichenden Textteile der Urkunde (z.B. Größe und Lage des betroffenen Grundstücks, Kaufpreis, Wohngeld) sind daher nur in Gegenwart der jeweiligen Beteiligten vorzulesen.[177] Hierauf können alle Beteiligten verzichten.[178] Eine Sammelbeurkundung ist nur dann wirksam, wenn allen Beteiligten beim ersten Verlesen klar ist, dass der verlesene Text sich auch auf ihre Erklärungen bezieht.[179] Es ist umstritten, ob die Urkunde auch einen entsprechenden Hinweis enthalten muss.[180] Bei Sammelbeurkundungen hat der Notar zudem die Pflicht, den Anschein der Parteilichkeit zu meiden. Auch ist hier in besonderem Umfang auf die Anforderungen des § 17 Abs. 2a BeurkG zu achten.[181] Wegen der mit der Sammelbeurkundung verbundenen Risiken sieht die Bundesnotarkammer in ihrer Richtlinienempfehlung vom 29.01.1999[182] die »gleichzeitige Beurkundung von mehr als *fünf* Niederschriften bei verschiedenen Beteiligten« als »in der Regel unzulässig« an (II. 1. Satz 4

---

169 Rundschreiben der BNotK 1997, 91, abgedruckt in ZNotP 1997, 91; *Kanzleiter*, DNotZ 1997, 261; *Kirch*, § 13 BeurkG Rn. 6 ff.; Eylmann/Vaasen/*Limmer*, § 13 BeurkG Rn. 8.
170 BGH v. 19.12.1974 – 1 StR 313/74, DNotZ 1975, 365. Beachte aber OLG Frankfurt v. 21.02.2012 – 11 U 97/11, MittBayNot 2012, 401: »Der Formwirksamkeit einer Abtretung eines Gesellschaftsanteils nach § 15 Abs. 3 GmbHG steht nicht entgegen, dass das in derselben Urkunde enthaltene Verpflichtungsgeschäft wegen Verstoßes gegen § 13 BeurkG unwirksam ist.« Die Besonderheit bestand hier darin, dass die in Verkennung der Reichweite des § 14 BeurkG nicht verlesene Anlage nach den tatsächlichen Feststellungen keine Nebenabreden auf dinglicher Ebene enthielt, sodass die Wirksamkeit der Abtretung unberührt blieb. Unter Verweis auf § 139 BGB stellt das OLG Frankfurt fest, dass ein entsprechender Gesamtunwirksamkeitswille der Beteiligten insb. auch deswegen nicht gegeben sei, weil die wirksame Abtretung der Geschäftsanteile die formunwirksame schuldrechtliche Abrede nach § 15 Abs. 4 Satz 2 GmbHG heile; zustimmend *Winkler*, MittBayNot 2012, 404; hierzu auch *Hermanns*, DNotZ 2013, 9, 20.
171 Hierzu auch BGH v. 03.07.2009 – V ZR 58/08, RNotZ 2010, 133 (Heilung der fehlenden Beurkundung einer Rückübertragungsverpflichtung im Rahmen einer Gesamtabrede).
172 *Mihm*, NJW 1997, 3121.
173 OLG Hamm v. 19.10.1977 – 15 W 113/77, DNotZ 1978, 54.
174 *Winkler*, § 13 BeurkG Rn. 31.
175 Vgl. eingehend Arndt/Lerch/Sandkühler/*Sandkühler*, § 18 BNotO, Rn. 42 ff.
176 Eylmann/Vaasen/*Limmer*, § 13 BeurkG Rn. 15.
177 *Vgl.* Armbrüster/Preuß/Renner/*Piegsa*, § 13 BeurkG Rn. 24.
178 *Winkler*, § 13 BeurkG Rn. 36.
179 Vgl. BGH v. 16.03.2000 – V ZR 168/99, DNotZ 2000, 512.
180 Verneinend: *Winkler*, § 13 BeurkG Rn. 22, Grziwotz/Heinemann/*Heinemann*, § 13 BeurkG Rn. 17; Eylmann/Vaasen/*Limmer*, § 13 BeurkG Rn. 15; bejahend: OLG Frankfurt v. 16.03.1999 – 8 U 173/98, DNotI-Report 1999, 113.
181 Vgl. etwa *Solveen*, RNotZ 2002, 318 und *Rieger*, MittBayNot 2002, 325.
182 DNotZ 1999, 258.

Buchst. e) der RL-E[183]). Die bayerischen Richtlinien beschränken eine Sammelbeurkundung sogar auf drei gleichzeitige Niederschriften.[184]

..... Alle an den Verhandlungen zu den Urkunden ..... bis ..... Beteiligten erklärten, dass sie mit dem gleichzeitigen Vorlesen der wörtlich übereinstimmenden Teile dieser Urkunden und mit dem getrennten Vorlesen der voneinander abweichenden Teile in Gegenwart aller an den Urkunden Beteiligten einverstanden seien, woraufhin entsprechend verfahren wurde ..... 113 M

b) Unzulässig ist es, den Inhalt der Niederschrift auf ein Tonbandgerät oder sonstigen Tonträger zu sprechen und den Text der Niederschrift anstelle des Vorlesens abzuspielen[185] oder das »Vorlesen« durch einen Sprachautomaten, der die Niederschrift einscannt, vornehmen zu lassen.[186] Auch eine Beurkundungsverhandlung mittels Bildübertragung ist nicht möglich.[187] 114

c) § 14 BeurkG enthält eine Einschränkung der Vorlesungspflicht nach § 13 BeurkG. Werden Bilanzen, Inventare, Nachlassverzeichnisse oder sonstige Bestandsverzeichnisse über Sachen, Rechte und Rechtsverhältnisse in ein Schriftstück aufgenommen, auf das in der Niederschrift verwiesen und dieser beigefügt wird, so braucht es nicht vorgelesen zu werden, wenn die Beteiligten auf das Vorlesen verzichten.[188] Das Gleiche gilt für Erklärungen, die bei der Bestellung einer Hypothek, Grundschuld, Rentenschuld, Schiffshypothek oder eines Registerpfandrechtes an Luftfahrzeugen aufgenommen werden und nicht im Grundbuch, Schiffsregister, Schiffsbauregister oder im Register für Pfandrechte an Luftfahrzeugen selbst angegeben zu werden brauchen. 115

Die eingeschränkte Vorlesungspflicht bei Grundpfandrechten gilt aber nur für die Beurkundung unmittelbar auf das bestellte Grundpfandrecht bezogener Erklärungen, nicht für sonstige bei Gelegenheit der Bestellung dieses Rechtes abgegebene Erklärungen.[189] In derselben Weise werden mit § 14 BeurkG Zahlenwerke und sonstige Aufzählungen von *rein tatsächlicher* Bedeutung aus der Vorlesungspflicht ausgeklammert, soweit sie sich auf einen real existierenden Bestand beziehen.[190] Zukunftsgerichtete Beschreibungen von Gegenständen, die erst noch beschafft oder hergestellt werden müssen, sind nicht verlesungsverzichtsfähig i.S.v. § 14 BeurkG.[191] Der Begriff des Bestandsverzeichnisses ist umstritten. Eine Ansicht knüpft an die Formulierung in § 260 BGB an.[192] Dort ist von einem »Inbegriff von Gegenständen« die Rede. Charakteristisch ist hiernach, dass eine Mehrzahl von Gegenständen, die sich tatsächlich sachgerecht nur durch eine Einzelauflistung erfassen lässt, durch ein einheitliches Rechtsverhältnis miteinander verbunden ist oder sich unter einem einheitlichen Rechtsgrund zusammenfassen lässt. Die Gegenansicht verzichtet demgegenüber auf das »gemeinsame Band«.[193] Es könne der Urkunde vielfach gar nicht entnommen 116

---

183 Zu den einzelnen Fassungen der regionalen Notarkammern vgl. *Weingärtner/Wöstmann*, Richtlinien für Notare, C. II. Abschnitt, Rn. 111 ff.
184 Grziwotz/Heinemann/*Heinemann*, § 13 BeurkG Rn. 18.
185 OLG Hamm v. 19.10.1977 – 15 W 113/77, NJW 1978, 2604.
186 Armbrüster/Preuß/Renner/*Piegsa*, § 13 BeurkG Rn. 7.
187 Grziwotz/Heinemann/*Heinemann*, § 13 BeurkG Rn. 6.
188 Zu der Frage des Vorliegens von Bestandsverzeichnissen in den Fällen der Auflistung umfangreicher Listen von Grundbesitz vgl. Gutachten des DNotI, DNotI-Report 2003, 17; hierzu kritisch: *Ising/von Loewenich*, ZNotP 2003, 176; zuvor bereits *Kanzleiter*, DNotZ 1999, 292 und *Stauf*, RNotZ 2001, 129.
189 BayObLG v. 30.01.1974 – 2 Z 60/73, DNotZ 1974, 376.
190 BT-Drucks. 13/11034 S. 40.
191 *Hermanns*, DNotZ 2013, 9, 19.
192 DNotI, DNotI-Report 2003, 17 f.
193 *Winkler*, § 14 BeurkG Rn. 12 f.; *Ising/von Loewenich*, ZNotP 2003, 176 ff.; *Kanzleiter*, DNotZ 1999, 292, 298; Eylmann/Vaasen/*Limmer*, § 14 BeurkG Rn. 4.

werden, ob der bezeichnete »Bestand« durch ein einheitliches Rechtsverhältnis verknüpft sei. Dem ist zuzustimmen. Die Wirksamkeit der Urkunde darf nicht von einem solchen äußeren Umstand abhängig sein. Unabhängig hiervon gilt: Die Einschränkung der Vorlesungspflicht ist an die Zustimmung der Beteiligten gebunden. Damit den Beteiligten die Bedeutung und der Umfang auch der nicht vorgelesen Teile bewusst wird und sie insofern auch eine Kontrollmöglichkeit haben, soll das Schriftstück, das nicht vorgelesen wird, den Beteiligten zur Kenntnisnahme vorgelegt und von ihnen unterschrieben werden (zu den Einzelheiten s.u. Rdn. 120 ff.). Für die eingeschränkte Verlesung müssen folgende Voraussetzungen vorliegen:

117 – Bei Grundschulden und Hypotheken muss es sich um Erklärungen handeln, die nicht in das Grundbuch eingetragen werden. Diese Erklärungen müssen in einem besonderen Schriftstück getrennt von den eintragungsfähigen Teilen der Niederschrift stehen.[194] Das Gleiche gilt für Bilanzen, Inventare, Bestandsverzeichnisse. Auch diese müssen in einem besonderen Schriftstück enthalten sein.[195]
– In der Niederschrift muss auf das Schriftstück verwiesen werden, das Schriftstück ist beizufügen.[196]
– Die Beteiligten müssen auf das Vorlesen der Anlage verzichten.[197]

118 Weiterhin zu beachten:

119 Der Verzicht auf das Vorlesen *muss* in der Niederschrift festgestellt werden. Das Schriftstück soll den Beteiligten vorgelegt und von ihnen besonders unterschrieben werden, was in der Niederschrift festgestellt werden soll, § 14 Abs. 2 und 3 BeurkG. Der Notar braucht das Schriftstück nicht zu unterzeichnen.[198]

120 Besteht das Schriftstück aus mehreren Seiten, so *soll jede* – insoweit ein Unikum innerhalb des BeurkG – einzelne Seite von den Beteiligten unterzeichnet werden; das gilt auch für die Anlage bei Grundpfandrechten.[199] Die Prüfungs- und Belehrungspflicht des Notars erstreckt sich auch auf das nicht vorgelesene Schriftstück, § 14 Abs. 2 Satz 2 BeurkG i.V.m. § 17 BeurkG.[200] Der Notar wird deshalb die Anlage, die nicht vorgelesen wird, mit den Beteiligten inhaltlich durchgehen.[201] Wesentliche Erklärungen dürfen daher nicht in die Anlage ausgegliedert werden.[202]

121 Wenn die Unterwerfung unter die sofortige Zwangsvollstreckung gegen den jeweiligen Eigentümer zulässig sein soll, erfolgt sie in Ansehung des Pfandobjekts und bedarf der Eintragung in das Grundbuch (§§ 800, 800a ZPO). Bei der Bestellung eines solchen Pfandrechtes kommt eine diesbezüglich eingeschränkte Vorlesung nicht infrage.[203] Auch die Eintragungsbewilligung zur Unterwerfungserklärung nach § 800 ZPO fällt unter § 14 Abs. 2, letzter Halbs. BeurkG und bedarf daher stets der Verlesung durch den Notar.[204] Die Anordnung in § 14 Abs. 1 BeurkG a.E., dass die Unterwerfung unter die sofortige Zwangsvollstre-

---

194 BT-Drucks. V/3282, S. 30 f.
195 Dieser räumlichen Trennung wird eine Warnfunktion zugeschrieben: BayObLG v. 20.07.1973 – BReg. 2 Z 34/73, DNotZ 1974, 49, 51 f.
196 Armbrüster/Preuß/Renner/*Piegsa*, § 14 BeurkG Rn. 25.
197 *Kanzleiter*, DNotZ 1974, 379, 382.
198 Vgl. Grziwotz/Heinemann/*Heinemann*, § 14 BeurkG Rn. 15. Dass der Notar die Anlage ebenfalls unterschreibt, ist indes unschädlich und kann keinesfalls dahin gehend verstanden werden, die Anlage sei entgegen der Feststellung in der Niederschrift dennoch verlesen worden.
199 Streitig ist, ob die Unterzeichnung mit einem Kürzel (Paraphierung) ausreicht: vgl. *Kanzleiter*, DNotZ 1999, 292, 300; *Stauf*, RNotZ 2001, 129, 150; Eylmann/Vaasen/*Limmer*, § 14 BeurkG Rn. 12; Armbrüster/Preuß/Renner/*Piegsa*, § 15 BeurkG Rn. 32; Grziwotz/Heinemann/*Heinemann*, § 14 BeurkG Rn. 14 m.w.N. Angesichts der ungeklärten Rechtslage ist dem Notar anzuraten, die Beteiligten zur Sicherheit unterschreiben zu lassen.
200 BT-Drucks. V/3282, S. 31; *Winkler*, § 14 BeurkG Rn. 48.
201 Vgl. *Lerch*, § 14 BeurkG Rn. 7.
202 Grziwotz/Heinemann/*Heinemann*, § 14 BeurkG Rn. 17.
203 Eylmann/Vaasen/*Limmer*, § 14 BeurkG Rn. 6.
204 LG Landshut v. 17.10.1973 – T 144/73, MittBayNot 1973, 392.

ckung nur in der Niederschrift selbst aufzunehmen, also stets mit vorzulesen ist, hat demzufolge nur für die persönliche Unterwerfung (§ 794 Abs. 1 Nr. 5 ZPO) Bedeutung.

Zu den Erklärungen, die im Grundbuch oder in den Registern »selbst angegeben werden« müssen, gehören etwa: Gläubiger, Geldbetrag, Zinssatz, Geldbetrag anderer Nebenleistungen (§§ 1115 Abs. 1, 1192 BGB), Briefausschluss (§§ 116 Abs. 2 Satz 3, 1192 BGB), Sicherungshypothek (§ 1184 Abs. 2 BGB), Höchstbetrag der Höchstbetragshypothek (§ 1190 Abs. 1 Satz 2 BGB), Grundbuchvertreter für Inhaber- und Orderpapiere (§ 1189 Abs. 1 Satz 2 BGB). **122**

Da nicht immer mit Sicherheit festzustellen ist, was in den umfangreichen Erklärungen, die in den Vordrucken der Kreditinstitute verlangt werden, eintragungsfähig ist und was nicht, sollten im Zweifel Erklärungen in die Niederschrift und nur die zweifellos nicht eintragungsfähigen Erklärungen in das nicht vorzulesende Schriftstück aufgenommen werden. **123**

Eingeschränkte Vorlesungspflicht bei Grundpfandrechten

Ergänzend verweisen die Beteiligten auf die die dieser Urkunde beigefügten weiteren Erklärungen. Der Notar hat die Beteiligten darüber belehrt, dass der Inhalt dieser Schriftstücke als Teil ihrer Vereinbarungen mit Abschluss dieses Vertrages für sie verbindlich ist. Die Schriftstücke wurden den Beteiligten zur Kenntnisnahme vorgelegt, mit ihnen erörtert und von ihnen auf jeder Seite unterschrieben. Die Beteiligten verzichteten auf das Vorlesen. **124 M**

Eingeschränkte Vorlesungspflicht bei Unternehmenskauf

**Wegen der Bilanzen verweisen die Beteiligten auf die dieser Niederschrift als Anlage ..... bis ..... beigefügten Schriftstücke. Der Notar hat die Beteiligten darüber belehrt, dass der Inhalt dieser Schriftstücke als Teil ihrer Vereinbarungen mit Abschluss dieses Vertrages für sie verbindlich ist. Die Beteiligten erklärten, dass sie auf das Vorlesen der Schriftstücke verzichten.
Die Schriftstücke wurden den Beteiligten zur Kenntnisnahme vorgelegt, mit ihnen erörtert und von ihnen auf jeder Seite unterschrieben.** **125 M**

2. Die vorgelesene Niederschrift muss von den Beteiligten *genehmigt*, d.h. als ihren wirklichen Willen wiedergebend anerkannt werden. Die Genehmigung braucht nicht zwingend mit Worten erklärt zu werden, was auch nur selten geschieht.[205] Es genügt, wenn sie aus den Umständen hervorgeht.[206] Ein solcher Umstand ist besonders die nach Vorlesen widerspruchslos vorgenommene Unterzeichnung (§ 13 Abs. 1 Satz 3 BeurkG). Die vorgelesene Niederschrift soll den Beteiligten auf Verlangen vor der Genehmigung auch zur Durchsicht vorgelegt werden, § 13 Abs. 1 Satz 4 BeurkG. **126**

..... Die Niederschrift wurde den Beteiligten in Gegenwart des Notars vorgelesen, ihnen auf Verlangen zur Durchsicht vorgelegt, dann von ihnen genehmigt und von ihnen und dem Notar unterschrieben ..... **127 M**

3. Die Beteiligten müssen die ihnen vorgelesene und von ihnen genehmigte – »als formelles Zeichen ihrer Verantwortungsübernahme für Geltung und Gültigkeit des beurkundeten **128**

---

205 Vgl. *Winkler*, § 13 BeurkG Rn. 40.
206 Vgl. bereits RG JW 1929, 587.

Rechtsgeschäfts und für die Echtheit und Ernstlichkeit des beurkundeten Willens«[207] – Niederschrift in Gegenwart des Notars mit ihrem Namen *unterschreiben*.[208]

129 Dazu genügt, ist aber auch erforderlich, ein die Persönlichkeit des Unterschreibenden ausreichend kennzeichnender individueller Schriftzug, der einmalig ist, charakteristische Merkmale aufweist und sich als Wiedergabe seines Namens darstellt.[209] Die Unterzeichnung unter die Urkunde muss dabei mit demjenigen Namen erfolgen, den der Beteiligte auch tatsächlich führt, der ihn also im Sinne der Möglichkeit der Zuordnung von Erklärungen zu einer individuell bestimmten Person kennzeichnet.[210]

Ein Unterstützen der Hand des Schreibenden durch einen Dritten darf nicht so stark geschehen, dass die Unterschrift nicht mehr von dem Beteiligten, sondern von dem Dritten geformt wird.[211] Ein Handzeichen (bspw. drei Kreuze) genügt nicht.[212] Kann ein Beteiligter seinen Namen nicht oder nicht mehr schreiben, so ist nach § 25 BeurkG ein Schreibzeuge hinzuzuziehen, der an seiner Stelle unterschreibt (s. nachstehend § 14 Rdn. 13 ff.). Die Unterschriften sollen mit blauen oder schwarzen Pastentinten (Kugelschreibern), die den Anforderungen des § 29 Abs. 2 DONot genügen, erfolgen (vgl. § 11 Rdn. 1 ff., 28). Eine Unterschrift in anderen als lateinischen Schriftzeichen, z.B. kyrillischen, hebräischen oder chinesischen, kann genügen, wenn der Notar die Richtigkeit der Unterschrift bzw. den Unterschriftscharakter erkennen kann.[213] Es genügt hierbei, wenn sich die Unterzeichnung nach ihrem äußeren Erscheinungsbild als Unterschrift darstellt.[214] Wenn ihm das jedoch auch mit einem Dolmetscher nicht gelingt, sollte er den Beteiligten als schreibunfähig ansehen und einen Schreibzeugen zuziehen (§ 25 BeurkG), um die Wirksamkeit der Urkunde sicherzustellen.

130 Es genügt die bloße Unterzeichnung mit dem Familiennamen.[215] Der Vorname und Geburtsname der Beteiligten brauchen zwar nicht zwingend hinzugefügt zu werden, in der Praxis ist dies jedoch häufig anzutreffen. Wenn mehrere Personen gleichen Familiennamens unterschreiben sollen (etwa im Rahmen einer »familieninternen« Erbauseinandersetzung oder Hofübergabe), sind sie zu veranlassen, die Vornamen und, sollten auch diese identisch sein, sonstige Unterscheidungsmerkmale (»sen.«, »jun.«, »der Ältere«, »der Jüngere«, »Vater«, »Sohn« und dergleichen) der Unterschrift hinzuzufügen. Der Bundesgerichtshof

---

207 OLG Düsseldorf v. 10.05.2017 – I-3 315/15, FamRZ 2018, 392 mit dem Hinweis, der Unterschrift im Sinne des § 13 BeurkG komme nicht in erster Linie eine Identifizierungsfunktion zu, da die Identifizierbarkeit die nach § 10 BeurkG zu treffende Identitätsfeststellung sicherstellen solle.
208 Eingehend zu den verschiedenen »Unterschriftskonstellationen« Armbrüster/Preuß/Renner/*Piegsa*, § 13 BeurkG, Rn. 35–81.
209 Vgl. OLG Stuttgart v. 14.11.2001 – 3 U 123/01, DNotZ 2002, 543; vgl. eingehend *Baumann*, RNotZ 2010, 310.
210 BGH v. 25.10.2002 – V ZR 279/01, BGHZ 152, 255 (kritisch *Heinemann* DNotZ 2003, 243); vgl. auch OLG Köln v. 07.12.2009 – 2 Wx 83, 84/09, FamRZ 2010, 679. Dies bedeutet dann jedoch auch: »Führt die Erblasserin tatsächlich den Familienamen B..... beginnt ihr Vorname mit der Initiale »A.« und hatte sie demgemäß bei letztwilligen Verfügungen in der Vergangenheit auf diese Weise unterschrieben, so genügt ihre Unterschrift nicht den Anforderungen an eine wirksame Unterschrift, wenn sie bei einem späteren notariellen Testament nach der Initiale mit dem – sie nicht kennzeichnenden – Namen »C...«, nämlich den ersten drei Buchstaben ihres Geburtsnamens und den letzten vier Buchstaben ihres tatsächlichen Nachnamens, unterschreibt.«: OLG Düsseldorf v. 10.05.2017 – I-3 Wx 315/15, FamRZ 2018, 392.
211 BayObLG v. 16.10.1951 – II 85/1951, DNotZ 1952, 78; OLG Köln v. 27.11.1956 – 9 U 77/56, DNotZ 1957, 158; BayObLG v. 10.09.1985 – BReg. 1 Z 24/85, DNotZ 1986, 299.
212 Vgl. BGH v. 11.02.1982 – III ZR 39/81, NJW 1982, 1467 (zu den Anforderungen an eine Berufungsbegründung).
213 *Winkler*, § 25 BeurkG Rn. 4, § 13 BeurkG Rn. 52.
214 Bamberger/Roth/*Litzenburger*, § 13 BeurkG Rn. 15 (nach § 2233 BGB).
215 BGH v. 25.10.2002 – V ZR 279/01, NJW 2003, 1120. Vgl. auch OLG Köln v. 07.12.2009 – 2 Wx 83/09, RNotZ 2010, 345: »Die Unterschrift des an der Beurkundung Beteiligten unter einer notariellen Urkunde erfordert die Unterzeichnung wenigstens mit dem Familiennamen. Die Unterzeichnung eines notariellen Testaments mit einem unzutreffenden Vornamen steht bei der zusätzlichen Verwendung des richtigen Familiennamens der Formwirksamkeit der Urkunde nicht entgegen.« (die Ehefrau hatte statt mit ihrem eigenen mit dem Namen des Ehemannes unterschrieben); hierzu eingehend *Baumann*, RNotZ 2010, 310.

hat hierzu entschieden, dass eine notarielle Urkunde mindestens mit dem Familiennamen unterschreiben werden muss, eine Unterzeichnung ausschließlich mit dem Vornamen dementsprechend nicht genügt.[216] Das Oberlandesgericht Stuttgart hatte bereits zuvor ausgeführt, dass auch die Unterzeichnung nur mit dem Vornamen und dem Anfangsbuchstaben des Nachnamens nicht ausreiche.[217] Diese Entscheidungen sind zu Recht im Schrifttum auf Kritik gestoßen,[218] da der Notar in der Praxis kaum wird kontrollieren können, ob das, was eine Person als Unterschrift unter die Niederschrift setzt, tatsächlich ihren (Nach-)Namen darstellt[219] und allein aus Gründen der Rechtssicherheit davon auszugehen ist, dass bei Unterschriften unter notariellen Urkunden im Zweifel die Absicht der vollen Unterschriftszeichnung besteht, da bereits durch das notarielle Verfahren mit Identitätsfeststellung die individuelle Zuordnung zur Person gewährleistet ist.[220] Wegen der vielfältigen Unsicherheiten, die die Rechtsprechung für die formelle Wirksamkeit der Urkunde mit sich birgt, ist es empfehlenswert, in Zweifelsfällen die Unterschrift der Beteiligten mit der Unterschrift auf einem vorgelegten Ausweispapier zu vergleichen.[221] Teilweise wird empfohlen, in solchen Fällen die Beteiligten um Ergänzung ihrer Unterschrift durch »Hinschreiben« ihres Nachnamens in Druckbuchstaben zu bitten.[222]

Tritt jemand als Vertreter eines anderen auf, so ist der Vertreter (formell) Beteiligter und muss daher mit seinem Namen unterzeichnen, nicht mit dem Namen des Vertretenen.[223] Doch würde die Unterzeichnung mit dem Namen des Vertretenen die Urkunde nach h.M. nicht nichtig machen, wenn aus dem Eingang der Niederschrift ersichtlich ist, wer für den Vertretenen als Vertreter erschienen ist.[224]

Gesellschafter von Personengesellschaften und gesetzliche Vertreter juristischer Personen unterschreiben mit ihrem persönlichen Namen, ohne die von ihnen vertretene Firma hinzuzusetzen, die eingangs als Vertretene aufgeführt ist.

Hat der Notar keine Zweifel an der Ordnungsmäßigkeit der Unterschrift, darf er die Urkunde ausfertigen.[225] Dabei können die Unterschriften durch maschinenschriftliche Wiedergabe des Nachnamens mit dem Zusatz »gez.« dargestellt werden.[226]

4. Dass die Urkunde *vorgelesen, genehmigt und unterschrieben* ist, soll in der Niederschrift festgestellt werden (§ 13 Abs. 1 Satz 2 BeurkG). Fehlt die Feststellung, so ist die Beurkundung

---

216 BGH v. 25.10.2002 – V ZR 279/01, DNotZ 2003, 269; auch: OLG Stuttgart v. 14.11.2001 – 3 U 123/01, DNotZ 2002, 543 Die Unterzeichnung eines notariellen Testaments mit einem unzutreffenden Vornamen steht bei der zusätzlichen Verwendung des richtigen Familiennamens der Formwirksamkeit der Urkunde nicht entgegen (OLG Köln v. 07.12.2009 – I-2 Wx 83/09, RNotZ 2010, 345).
217 OLG Stuttgart v. 14.11.2001 – 3 U 123/01, DNotZ 2002, 543; so auch für die Unterschrift des Notars: OLG Naumburg v. 11.11.1999 – 2 U 184/98, DNotI-Report 2000, 129.
218 *Kanzleiter*, DNotZ 2002, 520; *ders.* MittBayNot 2003, 197; *Heinemann*, ZNotP 2002, 223; *ders.*, DNotZ 2003, 129; *Eylmann/Vaasen/Limmer*, § 13 BeurkG Rn. 20; vgl. auch *Baumann*, RNotZ 2010, 310, 314: »abwegig«.
219 Vgl. zum Ganzen auch: *Renner*, NotBZ 2003, 178.
220 Vgl. *Eylmann/Vaasen/Limmer*, § 13 BeurkG Rn. 20: »Zu beachten ist allerdings, dass die Gerichte teilweise m.E. überzogene Forderungen an die Unterschrift (…).«
221 *Grziwotz/Heinemann/Heinemann*, § 13 BeurkG Rn. 26.
222 Vgl. *Heinemann*, ZNotP 2002, 223, 226.
223 *Armbrüster/Preuß/Renner/Piegsa*, § 13 BeurkG Rn. 53.
224 *Winkler*, § 13 BeurkG Rn. 59; *Lerch*, § 13 BeurkG Rn. 27. Vgl. BayObLG v. 02.09.1955 – BReg. 1 Z 82-84/5, NJW 1956, 25: »Hat ein Notar das Protokoll über die Beurkundung eines Ehe- und Erbvertrages zwar mit seinem richtigen Vornamen, versehentlich aber statt mit seinem Familiennamen mit dem Familiennamen der Beteiligten unterschrieben und der Unterschrift seine Amtsbezeichnung beigefügt, so ist die Beurkundung als formell gültig zu erachten, wenn der richtige Familienname aus dem Eingang der Urkunde, dem Siegel und der Unterschrift unter die auf die Urkunde gesetzte Kostenrechnung hervorgeht und somit über die Identität des in der Urkunde angeführten Notars mit dem Unterzeichner des notariellen Protokolls kein Zweifel besteht.«; eingehend zu dieser Problematik *Köhler*, Festschrift Schippel (1996), S. 209 f., 212.
225 *Grziwotz/Heinemann/Heinemann*, § 13 BeurkG Rn. 27.
226 Vgl. *Heinemann*, DNotZ 2003, 243, 251.

jedoch nicht unwirksam.²²⁷ Nach § 13 Abs. 1 Satz 3 BeurkG erbringt das Unterschreiben der Beteiligten die Vermutung, dass die Niederschrift in Gegenwart des Notars vorgelesen und genehmigt ist.

135 Die Unterschrift durch die Beteiligten und den Notar erfolgt regelmäßig nach dem Schlussvermerk am Ende der Niederschrift.²²⁸ Sollte einer der Beteiligten die Urkunde *nicht* unterschrieben haben, gilt Folgendes: Die Unterschrift kann – anders als im Fall der vergessenen Unterschrift des Notars (hierzu sogleich) – nicht auf der Originalurkunde nachgeholt werden, da durch die Unterschrift des Notars die Beurkundung abgeschlossen ist.²²⁹ Das BayObLG hat zudem entschieden, dass dieser Mangel auch nicht von dem Notar durch eine notarielle Eigenurkunde geheilt werden kann, in der er bestätigt, dass der Beteiligte, dessen Unterschrift auf der Urkunde fehlt, mit dieser einverstanden gewesen sei.²³⁰ Der Notar muss dementsprechend eine unverzügliche Nachverhandlung – also eine Nachtragsbeurkundung durch eine neue Niederschrift²³¹ – vornehmen,²³² an der im Idealfall stets alle Beteiligten²³³ teilnehmen sollten (und an der in den Fällen, in denen gesetzlich für das Rechtsgeschäft die Anwesenheit *aller* Beteiligten erforderlich ist [also etwa bei der Auflassung, § 925 BGB], auch alle Beteiligten zugegen sein *müssen*), in der nach Auffassung des Oberlandesgerichts Düsseldorf aber grundsätzlich *nur* der Beteiligte, der seine Unterschrift vergessen hat, teilzunehmen hat.²³⁴ In dieser Urkunde erklärt der Beteiligte, dass ihm die Niederschrift am Tage der Errichtung vorgelesen wurde und dass er sie damals im Beisein der übrigen Beteiligten und des Notars genehmigt habe;²³⁵ hiernach haben alle erschienenen Beteiligten und der Notar die Urkunde zu unterschreiben. Die Bemessung der zeitlichen Grenzen, innerhalb derer die Nachtragsbeurkundung durchzuführen sei, liegt nach Auffassung des OLG Düsseldorf grundsätzlich im Ermessen des Notars, der das Beurkundungsverfahren leite. Er müsse die Nachtragsbeurkundung unverzüglich, also ohne schuldhaftes Zögern, durchführen.²³⁶

136 Der Notar soll, bevor er die Niederschrift unterzeichnet, feststellen, dass sie in seiner Gegenwart den Beteiligten vorgelesen, von ihnen genehmigt und eigenhändig unterschrieben wurde (sog. Schlussvermerk). Fehlt dieser, so hat dies – es handelt sich um eine Sollvorschrift – jedoch nicht die Unwirksamkeit der Urkunde zur Folge.²³⁷ Eine bestimmte Wortwahl ist für den Schlussvermerk nicht vorgesehen.²³⁸ Eine übliche Formulierung lautet etwa wie folgt:

---

227 BT-Drucks. V/3282, S. 30; BGH v. 18.06.1999 – V ZR 40–98, NJW 1999, 2806, 2807.
228 Armbrüster/Preuß/Renner/*Piegsa*, § 13 BeurkG Rn. 80; Zu sog. »Blankounterschriften« zur Vorbereitung eines notariellen Testaments vgl. OLG Hamm v. 13.07.2000 – 15 W 107/00, DNotZ 2001, 129 m. Anm. *Reithmann*.
229 Eylmann/Vaasen/*Limmer*, § 24 BeurkG Rn. 24.
230 BayObLG v. 24.01.2001 – 2Z BR 129/00, DNotZ 2001, 560 m. zust. Anm. *Reithmann*. Vgl. hierzu auch *Böttcher*, RpflStud 2002, 52.
231 OLG Düsseldorf v. 07.10.1998 – 15 U 192/97, DNotI-Report 1999, 154: »Hat ein Beteiligter seine Unterschrift unter einer notariellen Urkunde vergessen, so kann die formnichtige Urkunde durch eine Nachtragsverhandlung geheilt werden. Dies gilt auch, wenn die übrigen Beteiligten mit dem Inhalt der formnichtigen Urkunde nicht mehr einverstanden sind.«; a.A. zu letzterem Gesichtspunkt Eylmann/Vaasen/ *Limmer*, § 13 BeurkG Rn. 24: In Anlehnung an den Rechtsgedanken des § 177 BGB sei davon auszugehen, dass eine Nachtragsbeurkundung dann nicht mehr möglich ist, wenn die anderen Beteiligten zwischenzeitlich ihr Einverständnis und die Genehmigung widerrufen haben; vgl. hierzu allgemein auch DNotI-Gutachten, DNotI-Report 1998, 33.
232 Gutachten des DNotI, DNotI-Report 1998, 33.
233 *Wochner*, Anm. zu OLG Düsseldorf v. 07.10.1998 – 15 U 192/97, DNotZ 2000, 299.
234 OLG Düsseldorf v. 07.10.1998 – 15 U 192/97, DNotZ 2000, 299; ebenfalls Gutachten DNotI-Report 1998, 34.
235 A.A. (vollständige Neubeurkundung): *Lischka*, NotBZ 1999, 8.
236 OLG Düsseldorf v. 07.10.1998 – 15 U 192/97, DNotI-Report 1999, 154. Implizit entschied damit das OLG Düsseldorf, dass eine Nachtragsbeurkundung auch dann noch erfolgen kann, wenn bereits Ausfertigungen erteilt wurde (Anmerkung des DNotI zu der vorgenannten Entscheidung).
237 BGH v. 18.06.1999 – V ZR 40/98, NJW 1999, 2806, 2807; *Klein*, DNotZ 2005, 193, 199.
238 Armbrüster/Preuß/Renner/*Piegsa*, § 13 BeurkG Rn. 88.

Die Niederschrift wurde in Gegenwart des Notars den Beteiligten vorgelesen, von ihnen genehmigt und von ihnen und dem Notar eigenhändig unterschrieben: 137 M

IX. Abschließende Unterschrift des Notars

Die Unterschrift des Notars schließt die Niederschrift ab.[239] Er soll dazu seine Amtsbezeichnung angeben (§ 13 Abs. 3 Satz 2 BeurkG und § 1 Satz 3 DONot), üblich hinter seinem Namen mit »Notar/in« oder »Notarvertreter/in« oder »Notariatsverwalter/in« (§ 33 Abs. 2 DONot). Seine Unterschrift soll mit der gemäß § 1 DONot beim Landgerichtspräsidenten hinterlegten übereinstimmen.[240] Da in dieser in der Regel kein Vorname hinzugefügt wird, wird der Notar ihn auch unter seinen Urkunden nicht verwenden, vgl. § 1 Satz 2 DONot. 138

Die Unterschrift des Notars soll räumlich die Urkunde abschließen.[241] Da allerdings das Gesetz keine bestimmte Reihenfolge der Unterzeichnung vorsieht, kann ein Verstoß gegen die räumliche Abschlussfunktion nicht die Wirksamkeit der Beurkundung beeinträchtigen.[242] 139

Solange noch keine Ausfertigungen der Urkunde erteilt wurden, kann der Notar seine Unterschrift nach mittlerweile ganz herrschender Ansicht nachholen,[243] sofern es sich noch um einen einheitlichen Beurkundungsvorgang handelt.[244] Auch für den Fall, dass bereits Ausfertigungen erteilt worden sind, wird der Notar von der h.M. in der Literatur[245] und nach Ansicht des Landgerichts Aachen[246] für befugt gehalten, seine Unterschrift nachzuholen.[247] Umstritten ist, ob hierfür eine Nachtragsverhandlung erforderlich ist.[248] Folgte man der nicht überzeugenden Mindermeinung und bejahte das Erfordernis einer Nachtragsverhandlung, so könnte eine Formulierung etwa wie folgt lauten:[249] 140

---

239 *Winkler*, § 13 BeurkG Rn. 61 f.
240 Armbrüster/Preuß/Renner/*Eickelberg*, § 1 DONot Rn. 6 f.
241 Eylmann/Vaasen/*Limmer*, § 13 BeurkG, Rn. 22 f.
242 *Lerch*, § 13 BeurkG Rn. 27; *Winkler*, § 13 BeurkG Rn. 62.
243 Gutachten des DNotI, DNotI-Report 1998, 33; wohl auch OLG Naumburg v. 11.11.1999 – 2 U 184/98, DNotI-Report 2000, 129. Besonderheiten bestehen hinsichtlich des Zeitpunktes der Nachholung bei Verfügungen von Todes wegen: MüKo-BGB/*Hagena*, § 35 BeurkG Rn. 5 m.w.N.; *Lischka*, NotBZ 1999, 8, 12: Eine Nachholung scheide aus, wenn der Erblasser bereits verstorben ist. a.A. etwa Grziwotz/Heinemann/*Heinemann*, § 35 BeurkG Rn. 20: Nachholung bis zur Eröffnung der letztwilligen Verfügung möglich, da ansonsten die Wirksamkeit der Beurkundung von Zufälligkeiten abhängig wäre (so auch Reimann/Bengel/J. Mayer/*Bengel*, § 35 BeurkG Rn. 3 m.w.N.).
244 Vgl. zu dieser zeitlichen Grenze klarstellend OLG Stuttgart v. 21.03.2014 – 20 U 8/13, ZIP 2015, 378: »Das Fehlen der nach § 130 I AktG nötigen Unterschrift des Notars bzw. des Aufsichtsratsvorsitzenden führt – auch bei der »Ein-Mann-AG« – zur Nichtigkeit nach § 241 Nr. 2 AktG. An dieser Nichtigkeit ändert sich nichts durch die Nachholung einer solchen Unterschrift, wenn zuvor monate- oder gar jahrelang von dem Notar bzw. dem Aufsichtsratsvorsitzenden die Unterzeichnung bewusst unterlassen worden ist und sich die Erstellung der Niederschrift und deren Unterzeichnung dementsprechend nicht mehr innerhalb eines einheitlichen Beurkundungsvorgangs halten.«.
245 Eylmann/Vaasen/*Limmer*, § 13 BeurkG Rn. 22; *Lischka*, NotBZ 1999, 8; *Winkler*, § 13 BeurkG Rn. 71; Grziwotz/Heinemann/*Heinemann*, § 13 BeurkG Rn. 31; Armbrüster/Preuß/Renner/*Piegsa*, § 13 BeurkG Rn. 73 m.w.N.; differenzierend: *Lerch*, § 13 BeurkG Rn. 3.
246 LG Aachen v. 23.01.1976 – 7 T 250/74, DNotZ 1976, 428.
247 A.A. jedoch: OLG Naumburg v. 11.11.1999 – 2 U 184/98, DNotI-Report 2000, 129.
248 Verneinend: Eylmann/Vaasen/*Limmer*, § 13 BeurkG Rn. 23; *Winkler*, § 13 BeurkG Rn. 50; *Lischka*, NotBZ 1999, 8, 11; Armbrüster/Preuß/Renner/*Piegsa*, § 13 BeurkG Rn. 74: »Der Gedanke einer Nachtragsverhandlung ist reine Fiktion, denn das bloße Nachholen der Unterschrift ist praktisch und begrifflich nicht »Verhandlung««; a.A. LG Aachen v. 23.01.1976 – 7 T 250/74, DNotZ 1976, 428; *Keidel*, DNotZ 1957, 483, 489.
249 Nach *Keidel*, DNotZ 1957, 583, 589.

141 M »Die am ..... aufgenommene Verhandlung wurde von mir heute, am ..... fortgesetzt und durch meine Unterschrift abgeschlossen.

..... , Notar.«

X. Unterschrift des Notars auf dem verschlossenen Umschlag

142 Um die Unwirksamkeit einer Verfügung von Todes wegen, die gewöhnlich erst nach dem Erbfall entdeckt wird, zu vermeiden, lässt § 35 BeurkG die Unterschrift des Notars unter der Aufschrift auf dem verschlossenen Umschlag (§ 34 BeurkG) als Unterschrift unter der Niederschrift gelten.[250]

---

250 Vgl. hierzu eingehend Eylmann/Vaasen/*Baumann*, § 35 BeurkG Rn. 5 ff.; Zimmermann/*Diehn*, Praxiskommentar Erbrechtliche Nebengesetze, § 35 BeurkG Rn. 2 ff.

§ 14 Beurkundung bei Beteiligung von behinderten und sprachfremden Personen

Für Testamente und Erbverträge gelten einige besondere Bestimmungen (§§ 32 ff. BeurkG, insb. § 31 BeurkG[1]); s.u. § 101.[2] Zu den Änderungen aufgrund des Elektronischen Urkundenarchivs s. § 12a Rdn. 5 ff.

I. Begriffe

Als taub oder stumm oder blind gilt, wer nicht hinreichend zu hören oder zu sprechen oder zu lesen vermag. In der Sprache des Beurkundungsgesetzes (Überschrift des § 22 BeurkG): hörbehindert, sprachbehindert, sehbehindert.[3]

1. Hörbehindert

Als *hörbehindert* gilt, wer so schwerhörig ist, dass die Schwerhörigkeit an Taubheit grenzt,[4] sodass auch ein besonders langsames und lautes Sprechen nicht zum Verständnis des Notars ausreicht.[5] Der Gehörsinn braucht nicht völlig zu fehlen, er muss jedoch so stark beeinträchtigt sein, dass unter den bei der Beurkundung herrschenden Umständen der Beteiligte laut und deutlich artikulierte Worte selbst durch Einsatz eines Hörgerätes nicht sicher wahrnehmen kann.[6]

2. Sprachbehindert

Sprachbehindert ist, wer nicht sprechen und Sprechlaute nicht äußern kann.[7] Als sprachbehindert gilt auch, wer vorübergehend am Sprechen verhindert ist, z.B. wegen einer zahnärztli-

---

1 So *muss* hier etwa eine schriftliche Übersetzung angefertigt werden, die der Niederschrift beizufügen ist, wenn ein Erblasser, der dem Notar seinen letzten Willen mündlich erklärt, der Sprache, in der die Niederschrift aufgenommen wird, nicht hinreichend kundig und ist dies in der Niederschrift festgestellt ist. Der Erblasser kann hierauf zwar auch verzichten; der Verzicht *muss* dann jedoch in der Niederschrift festgestellt werden. Bei einem Erbvertrag gilt dies entsprechend auch für die Erklärung des anderen Vertragschließenden.
2 Vgl. allgemein zu der Gestaltung von Testamenten und anderen Rechtsgeschäften für den Todesfall von sprech- oder schreibbehinderten Personen *Ertl*, MittBayNot 1991, 196; *Frenz*, ZNotP 1998, 373 und *Zimmermann*, BWNotZ 2001, 151.
3 In diesem Kontext sei auch an § 11 Abs. 2 BeurkG erinnert, wonach bei einem schwer kranken Beteiligten einen entsprechenden Vermerk in der Urkunde erforderlich ist. Daneben hat die Niederschrift die Feststellungen zu enthalten, die der Notar zur Geschäftsfähigkeit des Beteiligten getroffen hat; vgl. eingehend § 6 Rdn. 29 ff., § 108 Rdn. 2, § 103 Rdn. 7 ff.; zu der Amtspflicht zur Prüfung der Geschäftsfähigkeit eines Urkundsbeteiligten *Hager/Müller-Teckhof*, NJW 2016, 1857; zur Geschäfts- und Testierfähigkeit von Demenzerkrankten *Schmoeckel*, NJW 2016, 433.
4 Vgl. Beck'sches Notar-Handbuch/*Bernhard*, Abschnitt G., Rn. 214.
5 Vgl. BeckOK/*Litzenburger*, § 22 BeurkG Rn. 1; vgl. OLG Frankfurt v. 30.03.2017 – 20 W 391/15, ErbR 2017, 585: Eine unrichtige Sachbehandlung durch den Notar im Sinne des § 21 GNotKG liegt nur bei einem offen zu Tage tretenden Verstoß gegen eindeutige gesetzliche Normen oder dann vor, wenn ein offensichtliches Versehen unterlaufen ist. Dies kann bei einer Beurkundung unter Mitwirkung hörbehinderter Beteiligter der Fall sein, so dass dann die Notarkosten nicht erhoben werden dürften.
6 *Frenz*, ZNotP 1998, 373.
7 BGH v. 21.05.1951 – IV ZR 11/50, BGHZ 2, 172; OLG Köln v. 20.08.1957 – 9 U 167/56, DNotZ 1958, 94; BayObLG v. 25.10.1968 – BReg. 1a Z 72/68, BayObLGZ 1968, 268; vgl. allgemein Eylmann/Vaasen/*Baumann*, § 22 BeurkG Rn. 4.

chen Operation. Für die Errichtung eines öffentlichen Testaments durch mündliche Erklärung nach § 2232 BGB genügt es nach h.M., wenn der Erblasser nach Verlesung der Niederschrift auf die Frage des Notars, ob dies sein letzter Wille sei, mit »Ja« antwortet.[8] Wer sich demgegenüber nur durch Zeichen oder Gebärden verständlich machen kann, kann auch dann nicht hinreichend sprechen, wenn man ihm »von den Lippen lesen kann«.[9]

3. Sehbehindert

5 Als *sehbehindert* gilt, wer nicht sehen kann oder so schwachsichtig ist, dass den Beurkundungsvorgang optisch nicht mehr wahrnehmen kann.[10] Dies trifft auch zu für nur »vorübergehend« Sehbehinderte, wie den stark Kurzsichtigen, der keine Brille bei sich hat, oder den Beteiligten, der über beiden Augen einen Verband trägt.[11]

Leseunfähige können, wie sich bereits aus §§ 2233, 2276 BGB ergibt, eine Verfügung von Todes wegen nur durch Erklärung gegenüber dem Notar errichten. Ein Verstoß führt zur Nichtigkeit.[12]

II. Hinzuziehen von Zeugen oder eines zweiten Notars

6 Gibt ein Beteiligter von sich aus an, nicht hinreichend hören oder sprechen oder sehen zu können[13] *oder* ist der Notar davon überzeugt, dass der Beteiligte hör-, sprach- oder sehbehindert ist,[14] soll der Notar einen Zeugen oder einen zweiten Notar, der hierbei die Funktion eines Zeugen (und nicht einer Urkundsperson) hat,[15] zuziehen[16] und die Angabe oder die Überzeugung[17] und das Zuziehen in der Niederschrift feststellen. Ein Zeuge (»Schreib-

---

8 MüKo-BGB/*Hagena*, § 2232 BGBRn. 41; *Frenz*, ZNotP 1998, 373, 374; BayObLG v. 25.10.1968 – BReg. 1a Z 72/68, BayObLGZ 1968, 268; Vgl. OLG Köln v. 20.08.1957 – 9 U 167/56, DNotZ 1958, 95; *Winkler*, § 22 BeurkG Rn. 6; Palandt/*Weidlich*, § 2232 BGB Rn. 2; Staudinger/*Baumann*, § 2232 BGB Rn. 32, 35, 36; BeckOK/*Litzenburger*, § 22 BeurkG Rn. 2; Soergel/*Mayer*, § 2232 BGB Rn. 10; Bamberger/Roth/*Litzenburger*, § 2232 BGB Rn. 5.
9 Armbrüster/Preuß/Renner/*Seger*, § 22 BeurkG Rn. 4.
10 BeckOK/*Litzenburger*, § 22 BeurkG Rn. 3.
11 *Lerch*, § 22 BeurkG Rn. 5.
12 An den Beweis dieser besonderen Testierunfähigkeit sind im Interesse der Rechtssicherheit hohe Anforderungen zu stellen. Wer sich seiner Sehschwäche bewusst ist, diese jedoch mit Hilfe einer Lupe, großer Schrift und einem dicken Filzschreiber kompensieren kann, ist in der Lage, Geschriebenes zu lesen und eigenhändig zu testieren (AG Neuss, v. 12.04.2017 – 132 VI 46/16, ErbR 2017, 523).
13 Für die Beschränkung der Testiermöglichkeit nach § 2233 Abs. 3 BGB ist nicht die tatsächliche (Sprech-)Unfähigkeit des Erblassers maßgebend. Vielmehr kommt es, wie sich schon aus dem eindeutigen Gesetzeswortlaut ergibt, darauf an, ob der Erblasser *angibt*, nicht hinreichend sprechen zu können, oder ob der Notar davon überzeugt ist, dass er dies nicht kann: OLG Hamm v. 07.09.1999 – 15 W 173/99, MittRhNotK 1999, 314.
14 Die §§ 22 ff. BeurkG sind auch dann anwendbar, wenn der Notar trotz gegenteiliger (Erblasser-)Angaben der – auch irrtümlichen – Überzeugung ist, dass eine Behinderung vorliegt (vgl. *Winkler*, § 22 BeurkG Rn. 12 ff.; Hoffmann-Becking/Rawert/*Fenner*, VI. 2 Anm. 1).
15 Kilian/Sandkühler/vom Stein/*Stuppi*, § 14 Rn. 130.
16 Nach h.M. entscheidet der Notar selbst, ob ein Zeuge *oder* zweiter Notar hinzugezogen wird, und wählt die Person aus, und zwar jeweils in eigener Verantwortung und unabhängig von Vorschlägen der Beteiligten (BeckOK/*Litzenburger*, § 22 BeurkG Rn. 6; **a.A.** *Firsching*, DNotZ 1955, 287). Bei der Entscheidung zwischen der Zuziehung eines Zeugen oder eines zweiten Notars kommt der Tatsache besondere Bedeutung zu, dass der Notar im Gegensatz zu einem Zeugen der notariellen Verschwiegenheitspflicht gemäß § 18 BNotO unterliegt (zu den Grenzen derselben vgl. etwa Arndt/Lerch/Sandkühler/*Sandkühler*, § 18 BNotO Rn. 61 ff.). Während niemand gezwungen werden kann, als Zeuge mitzuwirken, ist ein Notar gemäß § 15 BNotO verpflichtet, als zweiter Notar an der Beurkundung teilzunehmen: so zu Recht BeckOK-BGB/*Litzenburger*, § 22 BeurkG Rn. 6; a.A. Zimmermann/*Diehn*, Erbrechtliche Nebengesetze, § 29 BeurkG Rn. 8.
17 Der Vermerk soll das Gebrechen, an dem der Beteiligte leidet, bezeichnen und angeben, ob die Feststellung auf einer Eigenerklärung des Beteiligten oder auf der Überzeugung des Notars beruht: BeckOK/*Litzenburger*, § 22 BeurkG Rn. 14.

zeuge«) ist hierbei indes nur dann »zugezogen«, wenn er sich bewusst ist oder wenigstens damit rechnet, dass er bei der Errichtung einer öffentlichen Urkunde mitzuwirken hat und wenn er mit Rücksicht hierauf dem Vorgang des Vorlesens mit der Genehmigung der Niederschrift seine Aufmerksamkeit widmet und der Verhandlung im Bewusstsein dieser seiner Verantwortung beiwohnt.[18] Der Schreibzeuge muss während des Vorlesens der Niederschrift und deren Genehmigung durch die Beteiligten anwesend zu sein; wird er später »zugezogen«, so sind jene Teile des Beurkundungsvorgangs in seiner Gegenwart zu wiederholen.[19] Verzichten alle Beteiligten, also auch die nicht Behinderten, auf Zuziehen einer Kontrollperson, so unterbleibt sie, was ebenfalls in der Niederschrift festgestellt werden soll (§ 22 BeurkG[20]). Dieser Verzicht ist im Fall der Beteiligung eines Blinden zwar auch dann möglich, wenn der Niederschrift Karten, Zeichnungen, Bestandsverzeichnisse usw. beigefügt sind. Der Notar hat dann jedoch dem blinden Beteiligten den wesentlichen Inhalt der Anlagen mündlich zu erläutern.[21] Die Niederschrift soll (auch) vom Zeugen oder dem zweiten Notar unterschrieben werden, § 22 Abs. 2 BeurkG (vgl. aber § 25 Abs. 2 BeurkG für den Fall des schreibunfähigen Beteiligten: hier hat der Schreibzeuge/zweiter Notar die Urkunde zu unterschreiben).

Nach § 26 BeurkG sind bestimmte Personen als Zeuge bzw. zweiter Notar ausgeschlossen. Die Bestimmung beschränkt gegenüber den allgemeinen Mitwirkungsverboten der §§ 3, 6, 7 BeurkG den Katalog der Ausschließungsgründe für die Zeugen und den zweiten Notar. Dadurch soll u.a. sichergestellt werden, dass auch Angehörige des behinderten Beteiligten, die er kennt und denen er vertraut, hinzugezogen werden können.[22] *Weder* als Zeuge *noch* als zweiter Notar darf hiernach hinzugezogen werden, wer 7
– selbst beteiligt ist oder durch einen Beteiligten vertreten wird;
– aus einer zu beurkundenden Willenserklärung einen rechtlichen Vorteil erlangt;
– mit dem Notar verheiratet ist oder mit ihm eine Lebenspartnerschaft führt;
– mit dem Notar in gerader Linie verwandt ist.

Als *Zeuge* sollte nicht hinzugezogen werden, wer 8
– zu dem Notar in einem ständigen Dienstverhältnis steht;
– minderjährig ist;
– geisteskrank oder -schwach ist;
– nicht hinreichend zu hören, zu sprechen oder zu sehen vermag;
– nicht hinreichend schreiben kann;
– der deutschen Sprache nicht hinreichend mächtig ist (was jedoch nicht im Fall des § 5 Abs. 2 BeurkG gilt, wenn der Zeuge der Sprache der Niederschrift hinreichend kundig ist).

Ein Verstoß gegen § 26 BeurkG führt nicht zur Unwirksamkeit der Erklärung.[23]

---

18 Der Zeuge/2. Notar muss die Urkunde jedoch nicht selbst genehmigen. Diese erfolgt vielmehr durch den Beteiligten selbst, also den Behinderten.
19 BayObLG v. 22.06.1984 – BReg. 1 Z 44/83, 42, 43/84, DNotZ 1985, 217; vgl. auch OLG Hamm v. 15.05.2000 – 15 W 476/99, DNotZ 2000, 706.
20 Vgl. hierzu OLG Frankfurt v. 30.03.2017 – 20 W 391/15, ErbR 2017, 585. Zur Klarstellung: Diese Erwägungen gelten nur für Beurkundungen. Die im zweiten Abschnitt des BeurkG enthaltenen Formvorschriften sind etwa auf die Unterschriftsbeglaubigung bei einem blinden Beteiligten nicht anwendbar. Auch bedarf etwa die von einem Blinden abgegebene Löschungsbewilligung nach h.M. keiner Beurkundung: LG Darmstadt v. 03.02.1998 – 23 T 6/98, MittBayNot 1998, 369; *Zimmermann*, BWNotZ 2001, 151.
21 BeckOK-BGB/*Litzenburger*, § 22 BeurkG Rn. 5.
22 Armbrüster/Preuß/Renner/*Seger*, § 26 BeurkG Rn. 1.
23 Klargestellt durch OLG Hamm, Beschl. v. 11.10.2012 – I-15 W 265/11, DNotZ 2013, 233: »Die in diesem Zusammenhang angeführten weiteren Argumente der Beteiligten zu 2) und 3) – etwa dass der Verstoß gegen § 27 i.V.m. § 26 Abs. 1 Nr. 2 BeurkG dazu führe, dass der Notar außerhalb seiner Amtsbefugnisse gehandelt habe, dass das notarielle Testament nicht mehr als öffentliche Urkunde angesehen werden könne, dass das Testament wegen einer Minderung des Beweiswertes unwirksam sei, dass der Verstoß des Schreibzeugen gegen das Mitwirkungsverbot die Sittenwidrigkeit der testamentarischen Verfügungen der Erblasserin und die Unwirksamkeit ihrer bei der Beurkundung erteilten Genehmigung der Nieder-

9   Auf Verlangen eines hör- oder sprachbehinderten Beteiligten soll der Notar einen Gebärdensprachdolmetscher hinzuziehen, § 22 Abs. 1 Satz 2 BeurkG. Mit dem Ausdruck »auf Verlangen« wird zum Ausdruck gebracht, dass der Notar nicht von sich aus einen Gebärdensprachdolmetscher hinzuzuziehen hat, sondern nur, wenn dies von dem behinderten Beteiligten ausdrücklich gewünscht wird. Weil Satz 2 anders als Satz 1 ausdrücklich auf das Verlangen des behinderten Beteiligten abstellt, darf dem Behinderten nach einer Meinung ein Dolmetscher nicht gegen seinen Willen aufgedrängt werden.[24] Es ist dem Notar aber auch nach dieser Ansicht möglich, einen entsprechenden Antrag auf Zuziehung anzuregen.[25] § 22 Abs. 2 BeurkG, wonach die Niederschrift auch vom Zeugen oder zweiten Notar unterschrieben werden soll, erwähnt den Gebärdensprachdolmetscher nicht. Aus welchem Grund dieser die Niederschrift nicht unterschreiben sollte, ist nicht ersichtlich. Es ist daher – nicht zuletzt aus Beweisgründen – dringend angezeigt, auch ihn unterschreiben zu lassen. Der Gebärdendolmetscher muss keine spezielle Ausbildung abgeschlossen haben und weder allgemein vereidigt sein, noch ist für ihn eine Vereidigung im Beurkundungsverfahren vorgesehen.[26] Geeigneter Gebärdendolmetscher ist jedoch nur, wer in der Lage ist, eine unmittelbare Verständigung zwischen dem behinderten Beteiligten, den anderen Beteiligten und dem Notar zu ermöglichen.[27] Die Zuziehung des Gebärdensprachdolmetschers ersetzt nicht die gemäß § 22 Abs. 1 Satz 1 BeurkG vorgeschriebene Zuziehung eines Zeugen oder eines Notars.[28]

10   Die Bestimmung des § 26 BeurkG (Verbot der Mitwirkung als Zeuge oder zweiter Notar) spricht zwar ebenfalls nicht von dem Gebärdensprachdolmetscher, sollte jedoch gleichwohl entsprechend angewendet werden.[29] Es sollte in der Niederschrift festgestellt werden, ob ein Gebärdendolmetscher hinzugezogen wurde (§ 22 Abs. 1 Satz 3 BeurkG).[30]

11   Ein Verstoß gegen die Soll-Vorschriften der §§ 22 und 26 (s.o.) BeurkG (Hinzuziehung eines Zeugen oder Hinzuziehung eines Gebärdensprachdolmetschers; Verbot der Mitwirkung als Zeuge oder zweiter Notar) führt – anders als ein etwaiger Verstoß gegen die zwingenden Bestimmungen der §§ 23 bis 25 BeurkG – grundsätzlich nicht zur Unwirksamkeit der Beurkundung.[31] Es ist jedoch eine Amtspflicht des Notars, diese Vorschriften einzuhalten. Deren Zuwiderhandeln kann gegebenenfalls aufsichts- wie haftungsrechtliche Folgen haben.[32] Eine mittelbare Ausnahme gilt insoweit nur für § 26 Abs. 2 Nr. 5 BeurkG: Wer als Schreibzeuge hinzugezogen wird, muss mindestens seinen Namen schreiben können, da nach § 25 Satz 3 BeurkG die Wirksamkeit der Beurkundung davon abhängt, dass der Schreibzeuge die Niederschrift unterschreibt.

---

schrift zur Folge habe – sind abwegig und stellen lediglich den untauglichen Versuch dar, aus dem Verstoß gegen § 27 i.V.m. § 26 Abs. 1 Nr. 2 BeurkG entgegen der gesetzlichen Wertung (bloße Soll-Vorschrift!) einen Unwirksamkeitsgrund zu konstruieren.« Vgl. überdies OLG Hamm v. 08.04.1991 – 15 W 33/91, OLGZ 1992, 29: »Die Mitwirkung einer geistesschwachen Person an der Errichtung eines Nottestaments führt nicht zu dessen Unwirksamkeit, weil der entsprechende Ausschlussgrund des § 26 Abs. 2 Nr. 3 BeurkG lediglich als Sollvorschrift ausgestaltet ist.«.

24 *Winkler*, § 22 BeurkG Rn. 22; BeckOK/*Litzenburger*, § 22 BeurkG Rn. 8; **a.A.** (Ermessen des Notars) zu Recht Soergel/*J. Mayer* § 22 BeurkG Rn. 11; *Frank*, NotBZ 2003, 9 (Fn. 10).
25 *Winkler*, § 22 BeurkG Rn. 22.
26 Eylmann/Vaasen/*Baumann*, § 22 BeurkG Rn. 10.
27 *Winkler*, § 22 BeurkG Rn. 23.
28 *Rossak*, ZEV 2002, 435, 436; Soergel/*J. Mayer*, § 22 BeurkG Rn. 12.
29 Hoffmann-Becking/Rawert/*Fenner*, VI. 2, Anm. 1 m.w.N.
30 Vgl. *Weber*, DRiZ 1970, 48.
31 Vgl. Würzburger Notarhandbuch/*Limmer*, Abschnitt D., Rn. 197.
32 Vgl. *Mecke*, DNotZ 1968, 606.

III. Vorlage der Niederschrift zur Durchsicht

Bei Beteiligten, die nicht hinreichend zu hören vermögen,[33] muss die Niederschrift anstatt des Vorlesens zur Durchsicht vorgelegt werden[34] (§ 23 Satz 1 BeurkG; zur Klarstellung: sollten weitere nicht hörbehinderte Beteiligte vorhanden sein, ist diesen die Urkunde selbstverständlich vorzulesen).[35] Das Erklärte soll in der Niederschrift festgestellt werden. Hat der Behinderte die Niederschrift unterschrieben, so wird vermutet, dass sie ihm vorgelegt und von ihm genehmigt ist. Bei der Beurkundung unter Beteiligung einer hörbehinderten Person, die zudem die Urkundssprache gemäß § 16 BeurkG nicht hinreichend beherrscht, ergibt indes weder die Vorlage zur Durchsicht gemäß § 23 Satz 1 Halbs. 1 BeurkG, noch die mündliche Übersetzung Sinn. In diesem (Ausnahme-)Fall ist es gerechtfertigt, die Anfertigung einer schriftlichen Übersetzung als zwingend anzusehen; diese muss dem betroffenen Beteiligten zur Durchsicht vorgelegt werden.[36]

12

IV. Hinzuziehung einer Person, die sich mit dem behinderten Beteiligten zu verständigen vermag

Eine weitere Besonderheit gilt, wenn ein Hör- oder Sprachbehinderter sich auch *nicht schriftlich* verständigen kann. Eine derartige Behinderung soll der Notar in der Niederschrift feststellen. Der Vermerk soll konkret das Gebrechen, an dem der Beteiligte leidet, bezeichnen, das Unvermögen zur schriftlichen Verständigung festhalten und angeben, ob die Feststellung auf einer Eigenerklärung des Beteiligten oder auf der Überzeugung des Notars beruht. Wird in der Niederschrift eine solche Feststellung getroffen,[37] muss *zwingend* zu der Beurkundung eine Person hinzugezogen werden, die sich mit dem behinderten Beteiligten zu verständigen vermag und mit deren Zuziehung der Beteiligte nach Überzeugung des Notars auch einverstanden ist (§ 24 Abs. 1 BeurkG; zur Unterzeichnung der Urkunde vgl. § 25 Abs. 2 BeurkG). Auf die Zuziehung der Person, die sich mit dem Behinderten verständigen kann, darf nicht verzichtet werden.[38] Wenn eine schriftliche Verständigung nicht möglich ist, kann der Beteiligte schließlich nur über diese Person seinen Willen äußern.[39]

13

An dieser Stelle ist gegenüber der alten Fassung § 24 BeurkG insoweit eine Änderung eingetreten, als der Begriff der »Vertrauensperson« (§ 24 Abs. 1 BeurkG a.F.) ersetzt wurde durch eine »Person, die sich mit dem behinderten Beteiligten zu verständigen vermag« und mit deren Zuziehung der Behinderte nach Überzeugung des Notars einverstanden ist.

14

---

33 Ist auch keine schriftliche Verständigung mit dem tauben Beteiligten möglich vgl. Rdn. 13.
34 Beachte den Wortlaut des § 23 BeurkG: »Eine Niederschrift, in der nach § 22 Abs. 1 festgestellt ist, dass ein Beteiligter nicht hinreichend zu hören vermag (...)«. Dies bedeutet damit: Sofern sich der Vermerk in der Urkunde findet, muss – auch wenn keine Hörbehinderung besteht – die Niederschrift dem vermeintlich Behinderten vorgelegt werden. Umgekehrt: Bei einer Niederschrift, der der vorgenannte Vermerk fehlt, darf nicht nach § 23 BeurkG vorgegangen werden: BeckOK-BGB/*Litzenburger*, § 23 BeurkG Rn. 1.
35 Nach h.M. steht es in Einklang mit § 13 Abs. 1 Satz 1 (bzw. § 23 Satz 1 BeurkG), wenn nicht die Niederschrift selbst, sondern eine Kopie verlesen (oder zur Durchsicht vorgelegt) wird, oder wenn das zunächst als Niederschrift vorgesehene Schriftstück, nachdem es vorgelesen wurde, durch eine Kopie oder einen neuen Ausdruck aus dem EDV-Schreibsystem ersetzt wird. Wird bei der Beurkundung eines Testaments dem Erblasser, der nicht hören kann, eine Kopie zur Durchsicht vorgelegt oder wird die Niederschrift nach der Durchsicht kopiert und dann die Kopie unterschrieben, ist deshalb das Testament materiell-rechtlich wirksam: überzeugend *Kanzleiter*, DNotZ 1997, 261 m.w.N.
36 *Winkler*, § 23 BeurkG Rn. 3; BeckOK/*Litzenburger*, § 23 BeurkG Rn. 3 m.w.N.
37 Es besteht damit die wenig überzeugende Folge, dass bei Fehlen einer solchen Feststellung in der Niederschrift die Urkunde wirksam ist – auch wenn trotz der objektiv bestehenden Behinderung eines Beteiligten keine Verständigungsperson hinzugezogen wurde (BeckOK/*Litzenburger*, § 24 BeurkG Rn. 4).
38 *Winkler*, § 24 BeurkG Rn. 20; § 24 Abs. 3 BeurkG stellt klar, dass die Zuziehung auch nicht durch die Mitwirkung eines Zeugen oder eines zweiten Notars gemäß § 22 BeurkG entbehrlich wird.
39 Vgl. OLG Hamm v. 26.02.2002 – 15 W 385/01, NJW 2002, 3410.

Zweifelt der Notar an der Möglichkeit der Verständigung zwischen der zugezogenen Person und dem behinderten Beteiligten, so soll er dies in der Niederschrift vermerken, § 24 Abs. 1 Satz 3 BeurkG. Wird dann später festgestellt, dass sich die auf Wunsch des Beteiligten zugezogene Person objektiv nicht mit diesem verständigen konnte, so ist die Beurkundung dennoch wirksam.[40] Die Verständigungsperson muss erneut während des gesamten Vorganges der Beurkundung anwesend sein – und zwar in dem Bewusstsein, dabei als Verständigungsperson zu fungieren.[41]

15 In der Gesetzesbegründung heißt es zu der Änderung, der Begriff »Vertrauensperson« – wie er in der alten Fassung des § 24 BeurkG verwendet wurde – verursache insoweit Anwendungsschwierigkeiten, als er eine Vertrauensbeziehung voraussetzt,[42] die der Notar – vor allem in eiligen Fällen – nicht zuverlässig nachprüfen könne. Da die Zuziehung einer Vertrauensperson Wirksamkeitsvoraussetzung sei, könne das Bestehen einer Vertrauensbeziehung damit leicht Gegenstand eines Rechtsstreits über die Erklärung werden und weitreichende Konsequenzen zeitigen. Es müsse sichergestellt werden, dass die zugezogene Person dem Behinderten nicht gegen seinen Willen aufgedrängt werde. Diese Begründung vermag vor dem Hintergrund, dass der Gesetzgeber den Begriff der »Vertrauensperson« – wenn auch verbunden mit weniger einschneidenden rechtlichen Konsequenzen – später in dem ebenfalls neu gefassten § 17 Abs. 2a Satz 2 Nr. 1 BeurkG verwendet hat, nicht gänzlich zu überzeugen. Dem Notar verbleiben zudem auch nach der neuen Fassung des § 24 BeurkG noch umfassende Prüfungspflichten. Hierbei handelt es sich zunächst um die *tatsächliche* Frage, ob eine Verständigung zwischen der beigezogenen Person und dem behinderten Beteiligten besteht (1) und ob der behinderte Beteiligte mit der Zuziehung des Dritten einverstanden ist (2). Zudem muss der Notar auch *rechtlich* prüfen, ob dem beigezogenen Beteiligten in dem in Rede stehenden Vertrag ein rechtlicher Vorteil verschafft wird, § 24 Abs. 2 BeurkG[43] (3); dieser Gesichtspunkt muss insbesondere bei den in der Praxis nicht seltenen Fällen beachtet werden, in denen ein naher Angehöriger hinzugezogen wird.[44] Die Zuziehung der Verständigungsperson setzt schließlich voraus, dass der mitwirkenden Person durch den Notar die persönliche Mitverantwortung für die Ermittlung des Erblasserwillens bei dem Beurkundungsvorgang übertragen wird; die bloße Anwesenheit dieser Person bei der Beurkundung reicht nicht aus.[45] Die Verständigungsperson braucht die Niederschrift nicht zu genehmigen, soll sie allerdings zusätzlich zum behinderten Beteiligten unterschreiben, ohne dass die Wirksamkeit der Beurkundung davon abhängig ist.

V. (Lediglich) schreibunfähige Beteiligte

16 Vermag ein Beteiligter (lediglich) seinen Namen[46] nach eigenen Angaben oder der Überzeugung des Notars nicht hinreichend zu schreiben (der Grund[47] und die Dauer der Schreib-

---

40 Heinemann/Grziwotz/*Heinemann*, § 24 BeurkG Rn. 14.
41 OLG Hamm v. 26.02.2002 – 15 W 385/01, NJW 2002, 3410.
42 Vgl. BT-Drucks. 14/9266.
43 § 24 Abs. 2 BeurkG enthält einen speziellen, dem § 7 nachgebildeten Ausschlusstatbestand. Bei Verfügungen von Todes wegen ist zusätzlich § 27 BeurkG zu beachten.
44 Vgl. *Appell*, FamRZ 1970, 527 und *Höfer*, Jura 1970, 747.
45 OLG Hamm v. 26.02.2002 – 15 W 385/01, NJW 2002, 3410.
46 Vgl. BGH v. 30.10.1959 – V ZB 17/59, NJW 1960, 813 m. Anm. *Bärmann*.
47 Z.B. Analphabetismus: BeckOK/*Litzenburger*, § 25 BeurkG Rn. 1.

unfähigkeit sind unerheblich),[48,49] so *muss* (kein Verzicht möglich) nach § 25 BeurkG bei dem Vorlesen und der Genehmigung ein Zeuge oder ein zweiter Notar zugezogen werden.[50] Diese Tatsachen ist in der Niederschrift zu vermerken. Die Niederschrift *muss* von dem Zeugen/dem zweiten Notar unterschrieben werden, § 25 Abs. 2 BeurkG (während die Unterschrift des Zeugen/zweiten Notars nach § 22 Abs. 2 BeurkG lediglich eine *Soll*vorschrift darstellt). Ein Zeuge/zweiter Notar kann sowohl nach § 22 BeurkG wie auch nach § 25 BeurkG hinzugezogen werden, seine Unterschrift ist dann jedoch nach den obigen Ausführungen gemäß § 25 Abs. 2 BeurkG Wirksamkeitsvoraussetzung der Urkunde. Ein Schreibzeuge genügt hierbei auch für mehrere schreibunfähige Beteiligte.[51] Der Schreibzeuge muss *vor* dem Verhandlungsbeginn aufgefordert worden sein, den Beurkundungsvorgang *bewusst* zu begleiten.[52] Wenn sich erst nach dem Vorlesen herausstellt, dass ein Beteiligter nicht schreiben kann, so genügt es nicht, dass der Notar eine Person, die bei der Beurkundung als »interessiertes Publikum« anwesend war, als Zeugen unterschreiben lässt. Vielmehr muss die Niederschrift in Gegenwart des Zeugen nochmals vollständig vorgelesen werden.[53] Ein Notar ist auf Ersuchen verpflichtet, als zweiter Notar mitzuwirken (§ 15 BNotO).[54] Für Zeugen wie zweiten Notar gilt § 26 BeurkG entsprechend. Während ein gemäß §§ 22, 29 BeurkG zugezogener Zeuge oder zweiter Notar als Schreibzeuge fungieren kann, ist dies einem Dolmetscher (§ 16 BeurkG), einem Gebärdendolmetscher (§ 22 BeurkG)[55] und einer Verständigungsperson (§ 24 BeurkG[56]) verwehrt.[57]

17 Zu beachten ist, dass eine Beurkundung von Willenserklärungen, die darauf gerichtet ist, der nach § 24 Abs. 1 BeurkG hinzugezogenen Person einen rechtlichen Vorteil zu verschaffen, – anders als in den Fällen, in denen dem Zeugen oder zweiten Notar einen solcher verschafft wird, § 26 Abs. 1 Nr. 2 BeurkG ist nur Sollvorschrift (vgl. oben Rdn. 11) – *unwirksam* ist (§ 24 Abs. 2 BeurkG). Die Ausschließungsgründe der §§ 6 und 7 BeurkG finden demgegenüber, anders als etwa beim Dolmetscher, keine entsprechende Anwendung.

Verhandlung mit einem Sehbehinderten, der schreiben kann

18 M ….. Vor Notar ….. erschienen: 1. Frau ….. geborene ….., geboren am ….., 2. Herr ….., geboren am ….., beide wohnhaft ….. Die Erschienenen sind dem Notar bekannt. Herr ….. ist nach seinen Angaben (und/oder nach der Überzeugung des Notars) sehbehindert. Der Notar zog als Zeugen zu: Herrn ….., ausgewiesen durch ….., der bei der

---

48 Beachte: Es kommt hier nicht auf den Vermerk, sondern auf die Angaben des Beteiligten bzw. die Feststellungen des Notars an. Konkret bedeutet dies: Hat ein Beteiligter erklärt, nicht mit seinem Namen unterzeichnen zu können, oder ist der Notar dieser Überzeugung, so führt die Nichtzuziehung eines Schreibzeugen auch dann zur Unwirksamkeit der Beurkundung, wenn diese Feststellungen nicht in der Niederschrift getroffen sind.
49 Vgl. OLG Köln v. 03.08.2017 – 2Wx 149/17 FuR 2018, 55: keine Schreibunfähigkeit, wenn ein Rechtshänder aufgrund einer Lähmung seiner rechten Hand ein Testament mit der linken, für das Schreiben ungewohnten Hand verfasst; vgl. auch *Lehmann/Kahn*, ZEV 2018, 202.
50 Zu den Anforderungen an die Namensunterschrift bei beurkundeten Verfügungen von Todes wegen vgl. eingehend *Baumann*, RNotZ 2010, 310. Vgl. auch OLG München v. 31.10.2014 – 34 Wx 293/14, MittBayNot 2015, 221 zu dem Verhältnis der Einhaltung der Pflichten nach §§ 25ff. BeurkG zum Nachweis der Testierfähigkeit des Erblassers im Grundbuchverfahren.
51 Beck'sches Notar-Handbuch/*Bernhard*, Abschnitt G, Rn. 218.
52 OLG Hamm v. 15.05.2000 – 15 W 476/99, NJW 2000, 3362.
53 BayObLG v. 22.06.1984 – BReg. 1 Z 44/83 u.a., DNotZ 1985, 217.
54 Vgl. zu den Grundlagen Arndt/Lerch/Sandkühler/*Sandkühler*, § 15 BNotO Rn. 9; a.A. Zimmermann/ *Diehn*, Erbrechtliche Nebengesetze, § 29 BeurkG Rn. 8.
55 Vgl. *Rossak*, ZEV 2002, 435, 436.
56 Vgl. OLG Hamm v. 15.05.2000 – 15 W 476/99, NJW 2000, 3362.
57 BeckOK-BGB/*Litzenburger*, § 25 BeurkG Rn. 2.

ganzen Verhandlung zugegen war und in dessen Person Ausschlussgründe gemäß § 26 BeurkG nicht vorliegen.
Diese Niederschrift wurde in Gegenwart des Notars den Beteiligten vorgelesen, von ihnen genehmigt und von ihnen, dem Notar und dem zugezogenen Zeugen unterschrieben:

Verzicht auf Urkundszeugen

19 M Frau ..... ist nach ihren Angaben (und/oder nach der Überzeugung des Notars) sehbehindert. Alle Beteiligten erklärten jedoch, auf die Zuziehung eines Zeugen oder eines zweiten Notars zu verzichten. Frau ..... fügte hinzu, sie werde an der Stelle der Urkunde unterschreiben, die der Notar ihr zeigen werde .....

Verhandlung mit einem Hörbehinderten, der lesen und schreiben kann

20 M Herr ..... vermag nach seinen Angaben und nach Überzeugung des Notars nicht hinreichend zu hören. Es wurde jedoch allseits auf die Zuziehung eines Zeugen oder eines zweiten Notars verzichtet (oder: Es wurde deshalb als Zeuge hinzugezogen Herr ....., geboren am ....., wohnhaft in ....., dem Notar bekannt, der bei der ganzen Verhandlung zugegen war und in dessen Person Ausschlussgründe gemäß § 26 BeurkG nicht vorliegen).
Herr ..... verlangte nicht, dass der Notar einen Gebärdensprachdolmetscher hinzuzieht.
Die Beteiligten erklärten: .....
Diese Niederschrift wurde in Gegenwart des Notars den Beteiligten vorgelesen und Herrn ..... zur Durchsicht vorgelegt, von den Beteiligten genehmigt und von ihnen, dem Notar (oder: von ihnen, dem Notar und dem zugezogenen Zeugen) eigenhändig unterschrieben:

Verhandlung mit einem Hörbehinderten, mit dem eine schriftliche Verständigung nicht möglich ist, der aber seinen Namen schreiben kann

21 M Herr ..... vermag nach seinen Angaben und nach Überzeugung des Notars nicht hinreichend zu hören und sich auch nicht schriftlich zu verständigen. Der Notar zog deshalb zur Verhandlung nach Vorschlag des ..... zu: Herrn ....., geboren am ....., wohnhaft ....., ausgewiesen durch ....., der sich nach Auffassung des Notars als Gebärdensprachdolmetscher mit Herrn ..... zu verständigen vermag und mit dessen Zuziehung Herr ..... nach der Überzeugung des Notar einverstanden ist.[58] Ein Ausschlussgrund für den Gebärdendolmetscher gemäß § 26 BeurkG liegt nicht vor. Alle Beteiligten verzichteten auf die Zuziehung eines Zeugen.
Die Beteiligten erklärten: .....
Diese Niederschrift wurde den Beteiligten vorgelesen, Herrn ..... von dem Gebärdensprachdolmetscher übersetzt, von allen Beteiligten genehmigt und von allen Beteiligten, dem Notar und dem Gebärdensprachdolmetscher eigenhändig unterschrieben:

---

[58] Vgl. BeckOK-BGB/*Litzenburger*, § 22 BeurkG Rn. 9: »Schlägt der Beteiligte einen bestimmten Gebärdensprachdolmetscher vor, so kann der Notar diesen hinzuziehen, es sei denn, dass er vor oder während der Beurkundung feststellt, dass dieser die unmittelbare Verständigung zwischen dem behinderten Beteiligten und ihm nicht herstellen kann.«

Verhandlung mit einem Hörbehinderten, mit dem eine schriftliche Verständigung nicht möglich ist und der seinen Namen nicht schreiben kann

Herr ..... vermag nach seinen Angaben und nach Überzeugung des Notars nicht hinreichend zu hören und sich auch nicht schriftlich zu verständigen. Der Notar zog deshalb zur Verhandlung zu: Herrn ....., geboren am ....., wohnhaft ....., ausgewiesen durch ....., der sich als Gebärdensprachdolmetscher mit Herrn ..... zu verständigen vermag und mit dessen Zuziehung Herr ..... nach der Überzeugung des Notars einverstanden ist. Der Notar überzeugte sich davon, dass der Gebärdensprachdolmetscher Herr ..... sich mit Herrn ..... verständigen kann. Herr ..... erklärte durch den Gebärdensprachdolmetscher, dass er auch seinen Namen nicht schreiben kann. Der Notar zog deshalb als (Schreib-)Zeugen hinzu Herrn ....., geboren am ....., wohnhaft ....., dem Notar bekannt. Ein Ausschlussgrund gemäß §§ 24 Abs. 2, 26 BeurkG liegt weder für den Gebärdendolmetscher noch für den Schreibzeugen vor.
Die Beteiligten erklärten: .....
Diese Niederschrift wurde den Beteiligten vorgelesen, Herrn ..... von dem Gebärdensprachdolmetscher übersetzt, von allen Beteiligten genehmigt und von den Beteiligten, außer Herrn ....., dem Notar, dem Gebärdensprachdolmetscher und dem Zeugen eigenhändig unterschrieben:

22 M

Verhandlung mit einem Taubstummen (hör- und sprachbehindert), der lesen und schreiben kann

Herr ..... vermag nach seinen Angaben und der Überzeugung des Notars nicht zu sprechen und nicht zu hören. Es wurde jedoch allseits auf die Zuziehung eines Zeugen oder eines zweiten Notars verzichtet. Die Hinzuziehung eines Gebärdensprachdolmetschers wurde von Herrn ..... nicht verlangt. Die Beteiligten erklärten, und zwar Herr ..... im Wege schriftlicher Verständigung: .....
Diese Niederschrift wurde den Beteiligten vorgelesen, Herrn ..... zur Durchsicht vorgelegt, von den Beteiligten genehmigt und Ihnen und dem Notar eigenhändig unterschrieben:

23 M

Verhandlung mit einem Sprachbehinderten, der nicht schreiben und nicht lesen, aber seinen Namen schreiben kann

Herr ..... vermag nach seinen Angaben und nach Überzeugung des Notars nicht hinreichend zu sprechen und sich auch nicht schriftlich zu verständigen. Der Notar zog deshalb zur Verhandlung zu: Herrn ....., geboren am ....., wohnhaft ....., ausgewiesen durch ....., der sich als Gebärdensprachdolmetscher mit Herrn ..... zu verständigen vermag und mit dessen Zuziehung Herr ..... nach der Überzeugung des Notars einverstanden ist. Der Notar überzeugte sich davon, dass der Gebärdensprachdolmetscher Herr ..... sich mit Herrn ..... verständigen kann. Ein Ausschlussgrund für den Zeugen gemäß § 26 BeurkG liegt nicht vor. Alle Beteiligten verzichteten auf die Zuziehung eines Zeugen oder eines zweiten Notars.
Die Beteiligten erklärten: .....
Diese Niederschrift wurde den Beteiligten vorgelesen, Herrn ..... von dem Gebärdensprachdolmetscher übersetzt, von allen Beteiligten genehmigt und von allen Beteiligten, dem Notar und dem Gebärdensprachdolmetscher eigenhändig unterschrieben:

24 M

§ 14 Beurkundung bei Beteiligung von behinderten und sprachfremden Personen

Verhandlung mit einem Sprachbehinderten, der nicht schreiben, nicht lesen und auch seinen Namen nicht schreiben kann

25 M   Herr ..... vermag nach seinen Angaben und nach Überzeugung des Notars nicht hinreichend zu sprechen und sich auch nicht schriftlich zu verständigen. Der Notar zog deshalb zur Verhandlung zu: Herrn ....., geboren am ....., wohnhaft ....., ausgewiesen durch ....., mit dessen Zuziehung Herr ..... nach der Überzeugung des Notars einverstanden ist. Der Notar überzeugte sich davon, dass der Gebärdensprachdolmetscher Herr ..... sich mit Herrn ..... verständigen kann. Herr ..... erklärte durch den Gebärdensprachdolmetscher, dass er seinen Namen nicht schreiben kann. Es wurde deshalb als Zeuge hinzugezogen Frau ..... geborene ....., geboren am ....., wohnhaft in ..... Weder in der Person des Gebärdendolmetschers noch in der Person des Zeugen liegen Ausschlussgründe gemäß §§ 24 Abs. 2, 26 BeurkG vor.
Die Beteiligten erklärten: .....
Diese Niederschrift wurde den Beteiligten vorgelesen, Herrn ..... von dem Gebärdensprachdolmetscher übersetzt von allen Beteiligten genehmigt und von den Beteiligten, außer Herrn ....., dem Notar, dem Gebärdensprachdolmetscher und dem Zeugen eigenhändig unterschrieben:

Verhandlung mit einem Schreibunfähigen

26 M   Frau ..... erklärte, ihren Namen nicht schreiben zu können. Es wurde deshalb als Zeuge hinzugezogen Herr ....., geboren am ....., wohnhaft in ....., dem Notar bekannt, der bei der ganzen Verhandlung zugegen war und in dessen Person Ausschlussgründe gemäß § 26 BeurkG nicht vorliegen.
Die Beteiligten erklärten: .....
Diese Niederschrift wurde in Gegenwart des Notars den Beteiligten vorgelesen, von ihnen genehmigt und von ihnen, außer Frau ....., dem Notar und dem Zeugen unterschrieben:

VI. Fremdsprachliche Urkunden

27   Die *Urkundssprache*, die Sprache in der die Urkunde abgefasst wird, ist deutsch (§ 5 Abs. 1 BeurkG). Das ist zwingendes Recht für Amtsgerichte, Standesämter, Jugendämter und alle anderen Urkundspersonen[59]. Nur der Notar (und die deutschen Konsularbeamten[60]) dürfen

---

59   Vgl. etwa OLG Köln v. 12.02.2014 – I-2 Wx 25/14, NJW-RR 2014, 1037: Für eine wirksame Ausschlagungserklärung ist es erforderlich, dass sie dem Nachlassgericht in deutscher Sprache zugeht. Dies folgt daraus, dass die Gerichtssprache gemäß Art. 184 GVG die deutsche Sprache ist. Für eine Erbausschlagungserklärung als amtsempfangsbedürftige Willenserklärung gilt nichts anderes als für andere fristgebundene gegenüber einem Gericht abzugebende (prozessuale) Erklärungen. Insoweit geltende Fristen werden nur dadurch gewahrt, dass neben dem fremdsprachlichen Original binnen der Frist eine Übersetzung in die deutsche Sprache bei Gericht eingereicht wird.
60   Konsulartestamente gelten nach § 10 Abs. 2 KonsG als öffentliches Testament; vgl. jedoch die hier relevanten Abweichungen in § 11 Abs. 1 KonsG: »Testamente und Erbverträge sollen die Konsularbeamten nur beurkunden, wenn die Erblasser Deutsche sind« (wobei diese Bestimmung aufgrund der Geltung der ErbRVO angesichts der ratio der Norm – Anwendung des deutschen materiellen Erbrechts – geändert werden müsste, schließlich ist die Staatsangehörigkeit zukünftig nicht mehr der entscheidende Indikator für die Anwendung deutschen materiellen Erbrechts) und § 10 Abs. 3 Nr. 1 und 2 KonsG: »Urkunden können auf Verlangen auch in einer anderen als der deutschen Sprache errichtet werden. Dolmetscher brauchen nicht vereidigt zu werden.«. Vgl. hierzu eingehend *Eickelberg*, DNotZ 2018, 332.

Urkunden auf Verlangen[61] auch in einer anderen Sprache errichten (§ 5 Abs. 2 BeurkG).[62] Der Notar soll dies aber nur tun, wenn er der fremden Sprache hinreichend kundig ist (§ 5 Abs. 2 Satz 2 BeurkG).[63] Da es sich hierbei um eine Sollvorschrift handelt, ist die Beurkundung aber auch dann wirksam, wenn sich nachträglich herausstellt, dass die Sprachkenntnisse des Notars tatsächlich nicht hinreichend waren.

Fremdsprachliche Urkunden eines deutschen Notars sind in der Praxis verhältnismäßig selten. Häufiger kommt es vor, dass ein Beteiligter die deutsche Sprache, in der die Niederschrift aufgenommen ist, nicht versteht. In diesem Fall muss das Beurkundungsverfahren nach § 16 BeurkG eingehalten werden.

28

1. Sprachfremd

Als sprachfremd[64] gilt ein Beteiligter, wenn er erklärt, der deutschen Sprache nicht mächtig zu sein,[65] *und/oder* wenn sich der Notar von der mangelnden Sprachkenntnis überzeugt hat (bzw. sofern die Niederschrift in einer anderen als der deutschen Sprache aufgenommen wird, wenn der Beteiligte dieser Sprache nicht hinreichend kundig ist, § 16 Abs. 1 BeurkG).[66] Die Erklärung des Beteiligten, er verstehe die Urkundssprache hinreichend, bindet den Notar jedoch nicht.[67] Der Notar muss eigenständig prüfen, ob alle Beteiligten der Urkundssprache hinreichend kundig sind. Kommt der Notar nach dieser Prüfung zu dem Ergebnis, dass keine Sprachkundigkeit vorliegt oder besitzt ein Beteiligter nach eigenen Angaben keine ausreichenden Sprachkenntnisse, so soll dies in der Niederschrift festgestellt werden (§ 16 Abs. 1 BeurkG). Für eine Niederschrift, die einen derartigen Vermerk enthält, gilt die Pflicht zur Übersetzung und er muss das besondere Beurkundungsverfahren für Sprach-

29

---

61 Zu der Frage des »Verlangens« (und sonstiger Fragen) bei der Protokollierung einer fremdsprachigen deutschen Hauptversammlung vgl. *Krause*, NZG 2007, 246.
62 Wobei zu beachten ist, dass die Amtspflicht des Notars aus § 54 EStFV zur Übersendung unter seiner Mitwirkung errichteter bestimmter Urkunden an das FA bei in fremder Sprache errichteten Urkunden nicht die Übersendung einer Übersetzung in die deutsche Sprache umfasst: KG v. 07.11.2000 – 1 W 1770/00, DStRE 2001, 466. Vgl. aber auch LG Düsseldorf v. 16.03.1999 – 36 T 3/99, NZG 1999, 730: Die fremdsprachige Abfassung einer GmbH-Satzung ist zulässig. Der Anmeldung zur Eintragung in das Handelsregister ist jedoch eine deutsche Übersetzung beizufügen.
63 Zu der Frage der Berücksichtigung besonderer Sprachkenntnisse nach § 16 BeurkG durch den Notaranwärter entsprechend § 6 BNotO vgl. KG v. 10.05.2011 – Not 25/10 (n.v.):»Kenntnisse in Fremdsprachen können für einen Notar zwar nützlich sein, da § 16 Abs. 3 Satz 1 BeurkG die Übersetzung durch den Notar selbst zulässt. Sie qualifizieren jedoch nicht in besonderer Weise für das Notaramt, da für die Übersetzung falls der Notar nicht selbst übersetzt ein Dolmetscher zugezogen werden kann und muss«; nachfolgend BGH v. 05.03.2012 - NotZ (Brfg) 10/11, IBRRS 2012, 1359;. Beachte auch: OLG München v. 29.07.2014 – 31 Wx 273/13, ZEV 2014, 507: »Eine eidesstattliche Versicherung vor einem Notar kann ohne Hinzuziehung eines Dolmetschers auch in einer Sprache abgegeben werden, die weder die Muttersprache des Notars, noch die des Erklärenden ist, sofern sowohl der Erklärende als auch der Notar dieser Sprache hinreichend mächtig sind.«.
64 Eingehend hierzu: *Hertel*, FS Wolfsteiner, 51.
65 Der Notar ist hier an die Feststellungen des Beteiligten gebunden: vgl. BGH v. 09.07.1963 – VI ZR 301/62, NJW 1963, 1777.
66 An dieser Stelle sei noch einmal daran erinnert, dass nach Art. 7 EGBGB die Rechts- und Geschäftsfähigkeit einer Person dem Recht des Staates unterliegen, dem die Person angehört. Dies bedeutet, dass sich hieraus bei ausländischen Beteiligten auch im Alter von über 18 Jahren eine Geschäftsunfähigkeit ergeben kann (in zahlreichen Ländern wird auf das 20. oder das 21. Lebensjahr abgestellt); vgl. die Übersicht bei BeckOK-EGBGB/*Mäsch*, Art. 7 (Anhang Rn. 57.1).
67 Nach LG Hannover (v. 27.12.2002 – 15 T 882/01, NdsRpfl 2003, 283) ist der Notar, wenn der Beteiligte nicht angibt, dass er der deutschen Sprache nicht kundig ist, nach § 16 Art. 1 BeurkG nicht verpflichtet, sich hiervon zu überzeugen. Andererseits gilt: Sofern der Betroffene bei Zweifeln des Notars bestätigt, hinreichend sprachkundig zu sein, muss der Notar gleichwohl bei der Verhandlung nach pflichtgemäßer Überzeugung entscheiden, ob der Beteiligte sprachkundig ist (BayObPfl v. 02.03.2000 – 1Z BR 29/99, MittRhNotK 2000, 178). Im Ergebnis dürfte es auf den jeweiligen Einzelfall ankommen; es gilt, etwaige Sprachprobleme frühzeitig zu erfassen und notfalls auch gegen den Willen des Betroffenen einen Übersetzer hinzuzuziehen.

fremde einhalten.⁶⁸ Zweifelhaft ist, welche Anforderungen an die Sprachkenntnisse zu stellen sind, ob passive Sprachkenntnisse ausreichen (im Sinne des Verständnisses des Fremdsprachigen⁶⁹) oder ob erforderlich ist, dass er sich in der Beurkundungssprache geläufig ausdrücken kann (»aktive« Sprachfähigkeit).⁷⁰ Der Notar sollte den sichersten Weg gehen und einen Beteiligten als sprachunkundig behandeln, der sich nicht ausreichend in der deutschen Sprache ausdrücken kann;⁷¹ dies gilt nicht zuletzt aufgrund der Erwägung, dass auch noch während jeder Beurkundung bei umfangreichen Belehrungen Fragen aufgeworfen werden können und eine Kommunikation zwischen den Beteiligten (und dem Notar) erforderlich werden kann. Dies gilt insbesondere bei besonders schwerwiegenden und weitreichenden Beurkundungen (etwa: Ehevertrag, letztwillige Verfügungen). Die Erklärung des Beteiligten oder die Überzeugung des Notars sollen in der Urkunde festgestellt werden.⁷²

2. Übersetzung

30 Eine Niederschrift, die eine derartige Feststellung enthält, *muss* dem Beteiligten anstelle des Vorlesens vollständig⁷³ *übersetzt* werden.⁷⁴ Unterbleibt die mündliche Übersetzung in einem solche Fall oder geschieht sie nicht in der gehörigen Form, ist die Beurkundung unwirksam.⁷⁵ Die notwendige vollständige Übersetzung der Niederschrift während des Beurkundungsvorgangs kann insbesondere nicht dadurch ersetzt oder geheilt werden, dass der

---

68 Eylmann/Vaasen/*Limmer*, § 16 BeurkG Rn. 4. Unbedingt zu unterlassen sind relativierende und unklare Aussagen in der Urkunde. Lehrreich LG Dortmund v. 27.01.2005 – 2 O 370/04, NJW-RR 2006, 196: »Einem Erschienenen, der der deutschen Sprache (entsprechend den Angaben in der Urkunde, der Verf.) nur »weitgehend mächtig« ist, muss der gesamte Vertrag einschließlich aller Anlagen von dem Notar oder einem Dolmetscher übersetzt werden.«; auch: LG Bonn v. 05.02.2015 – 4 T 417/14, NJOZ 2015, 907 (zu dem Vermerk in der Urkunde »Herr Q spricht nach seinen Angaben Englisch und etwas Deutsch. Die Urkunde wurde von dem Notar in deutscher Sprache vorgelesen und bei Bedarf in die englische Sprache übersetzt.«): »Ein Verstoß gegen die zwingende Vorschrift des § 16 Abs. 3 Satz 1 i.V.m. Abs. 2 Satz 1, Abs. 1 BeurkG macht die Urkunde unwirksam (…). Die Niederschrift hätte daher insgesamt und nicht nur teilweise in die englische Sprache (….. übersetzt werden müssen.«
69 Vgl. BayObLG v. 02.03.2000 – 1Z BR 29/99, MittRhNotK 2000, 178; *Winkler*, NJW 1971, 652; Bamberger/Roth/*Litzenburger*, § 16 BeurkG Rn. 1; *Reimann/Bengel/J. Mayer/Reimann*, § 16 BeurkG Rn. 4; Eylmann/Vaasen/*Limmer*, § 16 BeurkG Rn. 4; *Lerch*, § 16 BeurkG Rn. 2; MüKo-BGB/*Hagena*, § 2232 BGB Rn. 80.
70 BGH v. 09.07.1963 – VI ZR 301/62, DNotZ 1964, 174; Soergel/*Mayer*, § 16 BeurkG Rn. 5; Armbrüster/Preuß/Renner/*Renner*, § 16 BeurkG Rn. 11; Armbrüster/Preuß/Renner/*Armbrüster*, § 32 BeurkG Rn. 6; *Jansen*, § 16 BeurkG Rn. 3; RGRK/*Kregel*, § 32 BeurkG Rn. 1.
71 Ähnlich auch BeckOK-BGB/*Litzenburger*, § 16 BeurkG Rn. 1.
72 Wenn der Notar die Feststellung mangelnder Sprachkunde eines Beteiligten in der Niederschrift unterlässt, macht der Verstoß gegen § 16 Abs. 2, 3 BeurkG die Beurkundung nicht unwirksam: OLG Köln v. 01.07.1998 – 27 U 6/98, MittBayNot 1999, 59.
73 Unzulässig ist insbesondere (wie gesehen, Fn. 65, 68) eine »teilweise« Übersetzung – ebensowenig, wie eine partielle Sprachunkundigkeit existiert; lehrreich LG Bonn v. 05.02.2015 – 4 T 417/14, NJOZ 2015, 907; ungenau OLG Schleswig v. 06.04.2000 – 13 UF 173/99, IPRspr 2000, Nr. 53, 113 (»Ein Ehevertrag ist formunwirksam, wenn ein ausländischer Ehegatte erkennbar sprachunkundig ist, und der Vertragstext nicht (zumindest auszugsweise (sic!)) durch den Notar selbst oder einen hinzugezogenen Dolmetscher übersetzt worden ist.«).
74 Der BGH weist in einer Entscheidung zur Sittenwidrigkeit eines Ehevertrages mit einem von der Ausweisung bedrohten Ausländer (BGH v. 17.01.2018 – XII ZB 20/17, NZFam 2018, 267) noch einmal auf die besondere Bedeutung der rechtzeitigen Entwurfszusendung insbesondere an den sprachunkundige Vertragsteil hin; ohne diese ist diesem »von vornherein die Möglichkeit genommen (…), sich den Vertragstext – wenigstens in groben Zügen – vorab schriftliche in (seine….. Heimatsprache übersetzen zu lassen.« Hierzu auch *Milzer*, NZFam 2018, 270.
75 *Lerch*, NotBZ 2006, 6 m.w.N. Erneut gilt: Ist ein Beteiligter sprachunkundig, fehlt jedoch der Vermerk hierüber, so ist die Beurkundung auch ohne mündliche Übersetzung wirksam, da Abs. 2 Satz 1 an den Vermerk, nicht an die Sprachunkundigkeit anknüpft (zu recht kritisch: *Lerch*, NotBZ 2006, 6, 7), vgl. auch bereits Fn. 38.

betroffene Beteiligte sich den Entwurf der Niederschrift vorab von einem Notariatsmitarbeiter vollständig hat übersetzen lassen.[76]

Die Übersetzung geschieht vielmehr mündlich während der Beurkundung selbst. Der Notar soll den Sprachfremden darauf aufmerksam machen, dass er außerdem eine schriftliche Übersetzung verlangen kann, die ihm vor seiner Genehmigung der Niederschrift zur Durchsicht vorzulegen und ihr als (nicht verlesungspflichtige) Anlage beizufügen ist. Nach h.M. gebührt bei inhaltlichen Abweichungen dem Wortlaut der Niederschrift Vorrang vor der Übersetzung.[77] Letztere ersetzt wie gesehen auch nicht die mündliche Übersetzung.[78] Ein Verstoß gegen die Beifügung der schriftlichen Übersetzung macht die Urkunde nicht unwirksam.[79]

Der Notar kann selbst übersetzen, wenn er sich nach pflichtgemäßem Ermessen für ausreichend sprachkundig hält.[80] Die Übersetzung ersetzt das Vorlesen;[81] dieses ist jedoch nur gegenüber dem sprachunkundigen Beteiligten entbehrlich, nicht gegenüber etwaigen weiteren (sprachkundigen) Beteiligten.[82]

31

3. Dolmetscher

Übersetzt der Notar nicht selbst, so *muss* ein *Dolmetscher* hinzugezogen werden.[83] Die Auswahl erfolgt durch den Notar.[84] Geeigneter Dolmetscher ist nur, wer in der Lage ist, eine unmittelbare Verständigung zwischen dem Notar und dem sprachunkundigen Beteiligten zu ermöglichen.[85] An den Dolmetscher sind im Übrigen dieselben Anforderungen zu stellen wie an den Notar selbst. Ein Dolmetscher ist also aus denselben Gründen ausgeschlossen, nach denen auch ein Notar von der Beurkundung ausgeschlossen wäre, § 16 Abs. 3 Satz 2 i.V.m. §§ 6, 7 BeurkG.[86] Danach sind insbesondere *Beteiligte* (etwa der Ehemann im Fall eines Ehevertrages mit seiner sprachfremden Ehefrau), die imstande wären, den sprachunkundigen Beteiligten die Niederschrift zu übersetzen, als Dolmetscher ausgeschlossen, § 16 Abs. 3 Satz 2 i.V.m. § 6 Abs. 1 Nr. 1 BeurkG. Eine Beurkundung, die unter Mitwirkung eines aus-

32

---

76 LG Bonn v. 05.02.2015 – 4 T 417/14, NJOZ 2015, 907; *Hager/Müller-Teckhof*, NJW 2016, 1857.
77 BeckOK/*Litzenburger*, § 16 BeurkG Rn. 8 m.w.N.
78 Eine Besonderheit besteht in dem (allerdings eher theoretischen) Fall, dass bei der Beurkundung eine hörbehinderte Person die Urkundssprache nicht beherrscht. Weder das vorgenannte Verfahren nach § 23 Satz 1 BeurkG, noch die mündliche (!) Übersetzung erscheint hier zielführend. In dieser (Sonder-)Konstellation wird man daher zwingend eine schriftliche Übersetzung fordern müssen, die dem Beteiligten zur Durchsicht vorgelegt werden muss; andernfalls ist die Beurkundung unwirksam (*Winkler*, § 23 BeurkG Rn. 3).
79 Beachte aber: Bei Verfügungen von Todes wegen ist die Fertigung einer schriftlichen Übersetzung gemäß § 32 Satz 1 BeurkG Wirksamkeitsvoraussetzung, sofern der Testierende nicht hierauf verzichtet; vgl. *Zimmermann/Diehn*, Erbrechtliche Nebengesetze, § 32 BeurkG Rn. 6.
80 Vgl. hierzu etwa DNotI-Gutachten, DNotI-Report 2006, 183.
81 Aus diesem Grund darf sie sich nicht auf eine sinngemäße Wiedergabe des Urkundstextes beschränken, sondern muss wortgetreu erfolgen; BeckOK-BGB/*Litzenburger*, § 16 BeurkG Rn. 6.
82 Würzburger Notarhandbuch/*Limmer*, Abschnitt D, Rn. 186.
83 Die Frage, welche Rechtsfolge es für die Beurkundung eines Ehevertrages haben soll, wenn ein »ungeeigneter Dolmetscher« hinzugezogen wird, wird vom BGH (v. 17.01.2018 – XII ZB 20/17, NZFam 2018, 267) offengelassen.
84 BeckOK-BGB/*Litzenburger*, § 16 BeurkG Rn. 9 – wobei eine Abstimmung mit dem Sprachunkundigen in der Praxis unumgänglich sein wird.
85 OLG München v. 14.02.1986 – 18 U 5270/85, MittBayNot 1986, 140.
86 Beachte bei Beurkundungen letztwilliger Verfügungen zusätzlich § 27 BeurkG: »Die §§ 7, 16 Abs. 3 Satz 2, § 24 Abs. 2, § 26 Abs. 1 Nr. 2 gelten entsprechend für Personen, die in einer Verfügung von Todes wegen bedacht oder zum Testamentsvollstrecker ernannt werden.«; vgl.- anschaulich OLG Düsseldorf v. 19.07.2013 - I-7 U 170/12, MittBayNot 2014, 281; *Winkler*, MittBayNot 2014, 283; *Ganter*, DNotZ 2016, 483; OLG Bremen v. 15.07.2014 – 5 W 13/14, FamRZ 2015, 533 und dass. v. 10.03.2016 – 10.03.2016 – 5 W 40/15, ZEV 2016, 273: hierzu *Pelikan*, notar 2015, 153, 155. Die Ausschlussgründe gelten auch für die Beurkundung einer Sorgeerklärung vor dem Jugendamt: OLG Frankfurt v. 01.02.02016 – 5 UF 286/15, RNotZ 2017, 338 (mit der zusätzlichen Feststellung, dass der Kindsvater durch die Beurkundung der Sorgerechtserklärung einen rechtlichen Vorteil erhalte).

geschlossenen Dolmetschers erfolgt ist, ist unwirksam,[87] der Vollzug einer betroffenen Urkunde kann etwa von dem Grundbuchamt verweigert werden.[88]

33   Ist der Dolmetscher nicht allgemein (entsprechend § 189 Abs. 2 GVG) vereidigt,[89] so soll der Notar ihn vereidigen, es sei denn, dass *alle* Beteiligten[90] auf die Vereidigung verzichten (§ 16 Abs. 3 Satz 2 BeurkG).[91] Der Eid ist gemäß § 189 Abs. 1 GVG vom Dolmetscher dahin zu leisten, dass er »treu und gewissenhaft übertragen werde«. Die Vereidigung des Dolmetschers ist ebenso wie die Unterschrift unter die Urkunde durch den Dolmetscher nur eine Sollvorschrift. Es genügt daher für die Wirksamkeit der Urkunde, wenn der Dolmetscher bei der Verhandlung anwesend ist,[92] gleichwohl ist es Amtspflicht des Notars, auch diese Vorschrift zu befolgen und die Niederschrift vom Dolmetscher unterschreiben zu lassen.

34   Das besondere Verfahren, das die Beteiligung des Sprachfremden verursacht, *soll* in der Niederschrift festgehalten werden.[93]

4. Testamente

35   Für *Testamente* von Personen, die die deutsche Sprache nicht verstehen, gelten einige besondere Bestimmungen (§§ 30 Satz 4, 32, 33 BeurkG), die in § 101 dargestellt sind.

Verhandlung mit einem Sprachfremden durch vereidigten Dolmetscher

36 M Frau ..... ist nach der Überzeugung des Notars der deutschen Sprache nicht hinreichend kundig. Sie spricht Englisch. Der Notar zog deshalb den Sprachlehrer ....., geboren am ....., wohnhaft in ....., als Dolmetscher zu, in dessen Person entsprechend §§ 16 Abs. 3 Satz 2, 6, 7 BeurkG Ausschließungsgründe nicht vorliegen. Herr ..... erklärte, als Dolmetscher allgemein vereidigt zu sein.
Die Beteiligten erklärten: .....
Diese Niederschrift wurde den Erschienen in Gegenwart des Notars in deutscher Sprache vorgelesen und sodann von dem Dolmetscher in die englische Sprache übersetzt. Der Notar wies Frau ..... darauf hin, dass sie eine schriftliche Übersetzung verlangen kann. Frau ..... verzichtete jedoch auf eine schriftliche Übersetzung. Die Niederschrift wurde von den Beteiligten genehmigt und von ihnen, dem Dolmetscher und dem Notar eigenhändig unterschrieben.

---

87 Konkret: Ganze oder teilweise (nur in Bezug auf die begünstigende Bestimmung) Unwirksamkeit; Allgemein zu den mit dem (unterlassenen) Hinzuziehen eines (öffentlich bestellten und staatlich geprüften) Dolmetschers verbundenen Rechtsproblemen vgl. *Eckhardt*, ZNotP 2005, 221 und *Renner*, ZNotP 2005, 145.
88 OLG Karlsruhe v. 13.12.2013 – 14 Wx 16/13, NotBZ 2014, 295 zu der Übertragung hälftigen Wohnungseigentums unter Eheleuten bei Mitwirkung der Tochter bei der Beurkundung als Dolmetscherin.
89 Die allgemeine Beeidigung von Dolmetschern und die Ermächtigung von Übersetzern stellen sog. sachgebietsübergreifende Maßnahmen der Gerichtsverwaltungen und der Behörden der Justizverwaltung dar. Die in § 189 Abs. 2 GVG angesprochene allgemeine Beeidigung bewirkt damit, dass die Vereidigung eines gerichtlichen Verhandlungsdolmetschers durch die Berufung auf den geleisteten Eid ersetzt werden kann: BVerwG v. 16.01.2007 – 6 C 15/06, NJW 2007, 1478, 1479.
90 Vgl. *Lerch*, § 16 BeurkG Rn. 10.
91 Der Notar ist an diesen Verzicht jedoch nicht gebunden (vgl. *Winkler*, § 16 BeurkG Rn. 27).
92 BT-Drucks. V 3282.
93 Reimann/Bengel/Mayer/*Reimann*, § 16 BeurkG Rn. 3; Reimann/Bengel/J. Mayer/*Bengel*, § 32 BeurkG Rn. 2, 14.

Verhandlung mit einem Sprachfremden bei Verzicht der Beteiligten auf die Vereidigung des Dolmetschers

Herr ..... ist nach der Überzeugung des Notars der deutschen Sprache nicht hinreichend kundig. Er spricht spanisch. Der Notar zog deshalb den Sprachlehrer ....., geboren am ....., wohnhaft in ....., als Dolmetscher zu, in dessen Person entsprechend §§ 16 Abs. 3 Satz 2, 6, 7 BeurkG Ausschließungsgründe nicht vorliegen. Herr ..... erklärte, als Dolmetscher nicht allgemein vereidigt zu sein. Alle Beteiligten verzichteten darauf, dass der Notar den Dolmetscher vereidigt.
Die Beteiligten erklärten: .....
Diese Niederschrift wurde den Erschienen in Gegenwart des Notars in deutscher Sprache vorgelesen und sodann von dem Dolmetscher in die spanische Sprache übersetzt. Der Notar wies Herrn ..... darauf hin, dass er eine schriftliche Übersetzung verlangen kann. Herr ..... verzichtete jedoch auf eine schriftliche Übersetzung. Diese Niederschrift wurde von den Beteiligten genehmigt und von ihnen, dem Dolmetscher und dem Notar, eigenhändig unterschrieben.

37 M

Verhandlung mit einem Sprachfremden und Vereidigung des Dolmetschers durch den Notar

Herr ..... ist nach der Überzeugung des Notars der deutschen Sprache nicht hinreichend kundig. Er spricht Englisch. Der Notar zog deshalb den Sprachlehrer ....., geboren am ....., wohnhaft in ....., als Dolmetscher zu, in dessen Person Ausschließungsgründe nicht vorliegen. Herr ..... erklärte, als Dolmetscher nicht allgemein vereidigt zu sein. Der Dolmetscher leistete den Dolmetschereid nach Belehrung des Notars über seine Pflicht als Dolmetscher und die Bedeutung des Dolmetschereides wie folgt: Ich schwöre, dass ich treu und gewissenhaft übertragen werde.
Die Beteiligten erklärten: .....
Diese Niederschrift wurde den Erschienenen in Gegenwart des Notars in deutscher Sprache vorgelesen und sodann von dem Dolmetscher in die englische Sprache übersetzt. Der Notar wies Herrn ..... darauf hin, dass er eine schriftliche Übersetzung verlangen kann. Herr ..... verzichtete jedoch auf eine schriftliche Übersetzung. Diese Niederschrift wurde von den Beteiligten genehmigt und von ihnen, dem Dolmetscher und dem Notar eigenhändig unterschrieben:

38 M

Verhandlung mit einem Sprachfremden, der eine schriftliche Übersetzung verlangt

Frau ..... ist nach der Überzeugung des Notars der deutschen Sprache nicht hinreichend kundig. Sie spricht englisch. Der Notar zog deshalb den Sprachlehrer ....., geboren am ....., wohnhaft in ....., als Dolmetscher zu, in dessen Person Ausschließungsgründe nicht vorliegen. Herr ..... erklärte, als Dolmetscher allgemein vereidigt zu sein.
Die Beteiligten erklärten: .....
Diese Niederschrift wurde den Erschienenen in Gegenwart des Notars in deutscher Sprache vorgelesen und sodann von dem Dolmetscher in die englische Sprache übersetzt. Da Frau ..... nach Hinweis des Notars eine schriftliche Übersetzung verlangte, fertigte der Dolmetscher eine schriftliche Übersetzung an, die Frau ..... zur Durchsicht vorgelegt wurde und der Niederschrift beigefügt ist. Die Niederschrift wurde von den Beteiligten genehmigt und von ihnen, dem Dolmetscher und dem Notar eigenhändig unterschrieben.

39 M

■ *Kosten.* Der Urkundzeuge hat Anspruch auf eine angemessene Vergütung, die der Notar nach freiem Ermessen festlegen kann, die jedoch in der Praxis selten gezahlt wird.[94] Als »Richtschnur« sollte das Gesetz über die Vergütung von Sachverständigen, Dolmetschern, Übersetzerinnen und Übersetzern sowie die Entschädigung von ehrenamtlichen Richtern, Zeuginnen, Zeugen und Dritten – Justizvergütungs- und -entschädigungsgesetz – JVEG vom 05.05.2004,[95] das zuletzt durch Artikel 5 Absatz 2 des G v. 11.10.2016 geändert worden ist[96], verwendet werden.[97] Der Betrag ist als Auslage nach Nr. 32010 KV GNotKG anzusetzen.[98] Dies ermöglicht den Ansatz von Kosten, die durch die Hinzuziehung von Dolmetschern, Übersetzern, Urkundzeugen oder eines zweiten Notars entstehen.[99] Da anders als im früheren Recht die Auslagen der Notare ohne Verweise auf die gerichtlichen Auslagen geregelt sind, ist der Anwendungsbereich der Vorschrift auf alle Dolmetscher und auch Übersetzer erweitert.[100] Die Auslagen nach Nr. 32010 KV GNotKG schuldet derjenige der Beteiligten, der die Hinzuziehung eines Dolmetschers, Übersetzers, Urkundzeugen oder eines Notars veranlasst hat.

Die hinzugezogene Person im Sinne des § 24 Abs. 1 Satz 2 BeurkG wird bei einfacher Leistung wie ein Zeuge zu entschädigen sein (vgl. §§ 19 ff. JVEG). Muss sie besondere Sachkenntnisse haben, sollte ihre Tätigkeit – wie ein Dolmetscher – nach den Bestimmungen in §§ 8 ff. JVEG vergütet werden.

Die Zusatzgebühr[101] nach Nr. 26001 KV GNotKG in Höhe von 30 % der für das Beurkundungsverfahren, für eine Beglaubigung oder Bescheinigung zu erhebenden Gebühr entsteht in folgenden Fällen: (1) Ein Beteiligter gibt die zu beurkundende Erklärung in einer fremden Sprache ab und es wird kein Dolmetscher hinzugezogen.[102] (2) Der Notar nimmt die Beurkundung, Beglaubigung oder Bescheinigung in einer fremden Sprache vor. Der Notar übersetzt eine Erklärung in eine andere Sprache. Wird im Fall (1) ein Dolmetscher herangezogen, entsteht die Zusatzgebühr nicht. Der Kostenschuldner der Zusatzgebühr ist der allgemeine Kostenschuldner der Hauptgebühr, also neben dem Antragsteller jeder, dessen Erklärungen beurkundet wurden, §§ 29, 30 GNotKG, wonach Schuldner der Fremdsprachengebühr nur war, wer die Verhandlung in fremder Sprache veranlasst hatte, wurde nicht in das GNotKG übernommen.

---

94 *Korintenberg/Lappe,* § 137 KostO Rn. 19 (zur »alten« Kostenordnung).
95 BGBl. I S. 718, 776.
96 BGBl. I S. 2222.
97 BGBl. I S. 2418.
98 *Korintenberg/Lappe,* § 137 KostO Rn. 14 ff. (zur »alten« Kostenordnung).
99 BT-Drucks. 17/11471 (neu), S. 237.
100 Korintenberg/*Tiedtke,* Nr. 32010 KV GNotKG Rn. 2.
101 Die Bezugsgebühr ist die Verfahrens- bzw. Geschäftsgebühr, also die Gebühr für das Beurkundungsverfahren, die Beglaubigung oder die Bescheinigung. Vollzugs- und Betreuungsgebühren sind für die Zusatzgebühr irrelevant.
102 Nach dem Wortlaut ist es unerheblich, in welcher Sprache die Niederschrift oder der Vermerk errichtet werden. Allerdings ergibt sich mit Blick auf die zweite Fallgestaltung, dass bei Errichtung der Niederschrift in fremder Sprache eine gesonderte Zusatzgebühr vorgesehen ist. Es ist nicht davon auszugehen, dass der Gesetzgeber einen systematischen Ansatz der Zusatzgebühr i.H.v. 60 % regeln wollte. Ungeschriebenes Tatbestandsmerkmal des Falls 1 ist daher nach h.M. die Protokollerrichtung in deutscher Sprache (vgl. Bormann/Diehn/Sommerfeldt/*Diehn,* Nr. 26001 KV GNotKG Rn. 5).

§ 15 Einfache Niederschriften mit Berichten; Vermerke

I. Sonstige Beurkundungen

Alle Beurkundungen, die sich *nicht* auf Willenserklärungen beziehen (zur Beurkundung von Willenserklärungen nach den §§ 6 ff. BeurkG s.o. § 13 Rdn. 8 ff.), nennt das Beurkundungsgesetz »sonstige Beurkundungen«. Diese sind geregelt in den §§ 36 bis 43 BeurkG. Grundsätzlich ist hierfür die Form der Niederschrift zu wählen (sog. einfache Niederschrift, dazu Rdn. 6 ff.), es sei denn, es liegt einer der in § 39 BeurkG nicht enumerativ aufgezählten Ausnahmefälle des sog. einfachen Zeugnisses vor. Im letztgenannten Fall reicht die Form des Vermerks (dazu Rdn. 9 ff.). Auch wenn in der Literatur darauf hingewiesen wird, dass es in Zweifelsfällen im Ermessen des Notars liege, welche Form er wählt,[1] so empfiehlt es sich für die Praxis, im Zweifel die Form der Niederschrift zu wählen. Es besteht nämlich die Gefahr, dass ein Vermerk unwirksam ist, wenn die Voraussetzungen des § 39 BeurkG nicht vorlagen und daher eine Niederschrift aufzunehmen war.[2] Es versteht sich von selbst, dass der Notar anstelle der einfacheren Form auch die Form der Beurkundung von Willenserklärungen wählen kann, da die stärkere Form die schwächere enthält. 1

Die wichtigsten sonstigen Beurkundungen sind Versammlungsbeschlüsse, Verlosungen, die Aufnahme von Vermögensverzeichnissen, Siegelungen, Aufnahme von Eiden und eidesstattlichen Versicherungen, Tatsachenbescheinigungen, Unterschrifts- und Abschriftsbeglaubigungen sowie Wechsel- und Scheckproteste. 2

Ist eine *Tatsachenbeurkundung* vorzunehmen, sind also Vorgänge der Außenwelt, die der Notar unmittelbar mit dem Auge oder Ohr in seiner amtlichen Eigenschaft wahrgenommen hat, zu bezeugen, so liegt es im Ermessen des Notars, welchen Inhalt der Bericht im Einzelnen enthält und wie ausführlich er abgefasst wird. Stets ist jedoch darauf zu achten, dass das besondere Ansehen der notariellen Urkunde nicht missbraucht und sie nur deshalb erbeten wird, um einer in der Sache nichtssagenden Feststellung eine besondere Seriosität zu verleihen; der Notar darf nicht dulden, dass sein Amt zur Vortäuschung von Sicherheiten oder Seriosität verwendet wird (vgl. auch III der RL-Empfehlungen der BNotK). Die tatsächlich wahrgenommenen Tatsachen müssen möglichst genau beschrieben werden, insbesondere dürfen nicht rechtliche Schlussfolgerungen oder tatsächliche Wertungen mit einfließen: Rechtliche Schlussfolgerungen sind im Rahmen einer Tatsachenbeurkundung nicht zulässig; für diese ist eine notarielle *Bescheinigung* nach §§ 21, 24 BNotO (dazu unten, Rdn. 33 ff.) zu erstellen, aus der hervorgeht, dass es sich um ein Gutachten des Notars handelt. Wertungen werden schon aufgrund der fehlenden Sachkunde des Notars regelmäßig kaum möglich sein. Zudem begründen rechtliche Schlussfolgerungen und Wertungen kaum überschaubare Haftungsrisiken für den Notar; die Rechtsprechung stellt hohe Anforderungen an die Exaktheit und Unmissverständlichkeit derartiger Niederschriften. 3

Der Notar darf daher bspw. bezeugen, dass ihm ein bestimmtes Geschäftsbuch vorgelegen hat, nicht aber, dass es ordnungsgemäß geführt ist. Auch wird der Notar nicht bezeugen können, dass es sich bei einem von ihm in Augenschein genommenen Bild um das längste Bild der Welt oder um dasjenige Bild handelt, das von den meisten Künstlern gleichzeitig erstellt worden ist. Allenfalls kann die – persönlich festgestellte – tatsächliche 4

---
[1] Eylmann/Vaasen/*Limmer*, § 39 BeurkG Rn. 2.
[2] *Winkler*, § 36 BeurkG Rn. 4; Grziwotz/Heinemann/*Grziwotz*, § 36 BeurkG Rn. 7.

§ 15 Einfache Niederschriften mit Berichten; Vermerke

Länge des Bildes und die – sofern der Notar während der gesamten Zeit der Erstellung zugegen war – Anzahl der mitwirkenden Personen in amtlicher Eigenschaft bezeugt werden.[3]

5   Die beurkundungspflichtigen *Versammlungsbeschlüsse* sind behandelt in § 145 (GmbH), § 150 (AG) und §§ 157 bis 160 (Maßnahmen nach dem UmwG).

II. Einfache Niederschriften mit Berichten

6   Einfache Niederschriften unterliegen – mit Ausnahme der in § 38 BeurkG geregelten Aufnahme von Eiden und eidesstattlichen Versicherungen (dazu unten § 16) – nach §§ 36, 37 BeurkG im Vergleich zu den für die Beurkundung von Willenserklärungen aufzunehmenden Niederschriften geringeren Anforderungen: Es genügt die Bezeichnung des Notars und der Bericht über seine Wahrnehmungen mit Angabe von Ort und Tag der Wahrnehmungen sowie Ort und Tag der Errichtung der Urkunde, § 37 Abs. 1, 2 BeurkG. Schließlich muss die Urkunde von dem Notar unter Beifügung seiner Amtsbezeichnung unterschrieben werden, § 37 Abs. 3 i.V.m. § 13 Abs. 3 BeurkG. *Nicht* erforderlich sind demnach insbesondere die Bezeichnung und Feststellung der Beteiligten sowie das Vorlesen, Genehmigen und Unterzeichnen der Urkunde durch die Beteiligten. Da § 17 BeurkG nicht zur Anwendung kommt, gilt bei einfachen Niederschriften nur eine stark eingeschränkte Belehrungspflicht des Notars.

7   Berichte des Notars in einem der Niederschrift beigefügten Schriftstück gelten ebenso wie beigefügte Karten, Zeichnungen und Abbildungen als in der Niederschrift selbst enthalten, sofern diese einen ausdrücklichen Verweis auf die Anlage enthält, § 37 Abs. 1 Satz 2, 3 BeurkG. Siegel oder Stempel werden der Urschrift ebenso wenig beigefügt wie Niederschriften nach §§ 6 ff. BeurkG, es sei denn, die Urschrift wird zur Verwendung im Ausland ausgehändigt, § 45 Abs. 2 BeurkG. Von den einfachen Niederschriften werden Ausfertigungen zur Vertretung der Urschrift im Rechtsverkehr ausgefertigt (§§ 47 bis 49 BeurkG; s.o. § 12 Rdn. 16 ff.).

Bericht über amtlich wahrgenommene Tatsachen

8 M   Auf Ersuchen des ….. aus ….. begab sich der amtierende Notar mit dem Amtssitz in ….. am 7. September 2018 um 9.00 Uhr in das Haus des ….. in der ….. straße in ….... Dort fand er im Wohnzimmer eine Pflanze in einem Blumentopf vor, die der ihm persönlich bekannte, dort anwesende Herr ….. als »größte Petersilie der Welt« bezeichnete. Es handelte sich hierbei um ein grünliches, wie eine Petersilienpflanze aussehende Gewächs, das nach Petersilie roch. Die als Anlage zu dieser Niederschrift genommene Fotografie, die der Notar vor Ort erstellt hat und auf die hiermit verwiesen wird, zeigt die Pflanze zum Zeitpunkt der hier beurkundeten Wahrnehmungen des Notars.
Der Notar maß eine Höhe des Gewächses (vom Austritt aus der Erde bis zur höchsten Blattspitze) von ….. Zentimetern (in Worten: ….. Zentimeter). Der Umfang des Stieles/Stammes betrug an der Stelle des Austritts aus der Erde ….. Zentimeter (in Worten: ….. Zentimeter).
….., 9. September 2018   ….., Notar

---
[3] Vgl. DNotI-Gutachten Nr. 59179 v. 25.05.2005.

■ *Kosten.* Geschäftswert nach § 36 Abs. 1, 3 GNotKG 5.000 €. Gebühren: 1,0 Gebühr nach Nr. 25104 KV GNotKG und 50 € je angefangener halber Stunde der Abwesenheit nach Nr. 26002 KV GNotKG.

III. Vermerke

Einfache Zeugnisse der in § 39 BeurkG genannten Art können in einem Vermerk niedergelegt werden, und zwar entweder in Papierform oder in elektronischer Form (§ 39a BeurkG; nach dem ausdrücklichen Gesetzeswortlaut können sämtliche Beglaubigungen und Zeugnisse des § 39 BeurkG elektronisch errichtet werden). In § 39 BeurkG sind die wichtigsten Fälle der *einfachen Zeugnisse* beispielhaft aufgeführt, wobei in den §§ 40 bis 43 BeurkG einzelne Fälle behandelt werden. Auch andere Tatsachen, die keines ausführlichen Berichtes bedürfen, können in Vermerkform beurkundet werden, so z.B. die Tatsache, dass eine Person im Besitz einer Berechtigungsurkunde ist[4] oder eine Lebensbescheinigung (vgl. Rdn. 10). Die Vermerkform ist gegenüber den einfachen Niederschriften mit Berichten noch weiter vereinfacht. Außer dem kurzen Zeugnis sind nur die Unterschrift des Notars und Ort und Tag der Ausstellung des Vermerks erforderlich. Zur Steigerung des Beweiswertes der Urkunde empfiehlt sich auch die Angabe des Zeitpunktes der Wahrnehmungen des Notars, zwingend ist dies jedoch nicht. Der Beglaubigungsvermerk ist nach § 44 BeurkG mit der aus einem oder mehreren Blättern bestehenden Privaturkunde durch Schnur und Siegel zu verbinden (s.a. § 30 DONot). Da die Urschrift des Vermerks auszuhändigen ist (§ 45 Abs. 3 BeurkG), ist – anders als bei den Niederschriften – das Beifügen des Siegels *Wirksamkeitsvoraussetzung* für die Urkunde. Zu der Urkundensammlung wird ein vom Notar zu unterschreibendes Vermerkblatt gebracht (§ 19 Abs. 2 DONot). Wird die Urschrift der Vermerkurkunde zerstört, bspw. die Schnur versehentlich durchtrennt, so kommt eine Ersetzung der Vermerkurkunde nach § 46 Abs. 1 BeurkG nicht in Betracht.[5]

Lebensbescheinigungen können als sonstige einfache Zeugnisse in der vereinfachten Vermerkform des § 39 BeurkG erstellt werden. Sie geben Zeugnis darüber, dass eine bestimmte Person an einem bestimmten Tag gelebt hat, und werden meist von Stellen verlangt, die Renten auszahlen.

Hiermit bescheinige ich, dass der Herr Ludger Langsam, geboren am ….., wohnhaft in ….. mich heute zwischen 15 und 16 Uhr in meiner Geschäftsstelle in ….. aufgesucht und sich mit mir unterhalten hat.
Die Lebensbescheinigung stelle ich auf seinen Antrag aus.
Er wies sich durch seinen gültigen Personalausweis Nr. ….. mit Lichtbild aus.
Düsseldorf, den …..
….., Notar
(Siegel)

■ *Kosten.* Geschäftswert nach § 36 Abs. 2, 3 GNotKG 5.000 €. Gebühren: 1,0 Gebühr nach Nr. 25104 KV GNotKG.

IV. Unterschriftsbeglaubigungen

Die Beglaubigung der Unterschrift ist die öffentliche Beurkundung der Tatsache, dass die Unterschrift von einer bestimmten Person herrührt und dass der Unterzeichnende persön-

---
4 Vgl. BayObLG RNotZ 2002, 53.
5 DNotI-Gutachten Nr. 65410 v. 10.03.2006.

lich seine Unterschrift oder sein Handzeichen vor der Urkundsperson vollzogen oder anerkannt hat; nur der Echtheit der Unterschrift bzw. des Handzeichens kommt der besondere Beweiswert des § 418 Abs. 1 ZPO zu. Die Erklärung selbst bleibt trotz der Beglaubigung Privaturkunde,[6] für sie streitet aber nach § 440 Abs. 2 ZPO die Vermutung, dass sie vom Aussteller stammt oder mit dessen Willen dort steht, und sie wird dem Aussteller aufgrund der Beweisregel des § 416 ZPO zugerechnet. *Nachträgliche Veränderungen* des Textes einer Urkunde, deren Unterzeichnung notariell beglaubigt ist, beeinträchtigen daher die Formwirksamkeit der notariellen Beglaubigung nicht. Es obliegt jedoch der freien Beweiswürdigung des Adressaten der Erklärung (und muss ihm ggf. in öffentlicher Form nachgewiesen werden, so insb. im Geltungsbereich des § 29 GBO), ob die Textänderung mit dem Willen des Unterzeichnenden vorgenommen worden ist.[7] Hat der Notar selbst die Unterschriftsbeglaubigung vorgenommen und ist ihm in der Erklärung Vollmacht zur Abgabe ergänzender Erklärungen erteilt, kann er die Änderung durch Eigenurkunde vornehmen und genügt damit insbesondere § 29 GBO.

13 Das Gesetz schreibt als zwingend nur die Angabe der Person, welche die Unterschrift vollzogen oder anerkannt hat, vor (§ 40 Abs. 3 BeurkG). Wirksam ist daher eine Unterschriftsbeglaubigung auch dann, wenn sie nicht in Gegenwart des Notars vollzogen oder anerkannt wird. Freilich darf der Notar eine solche Unterschrift im Wege der sog. Fernbeglaubigung nicht beglaubigen, da er nicht § 40 Abs. 3 Satz 2 BeurkG entsprechend wahrheitsgemäß bezeugen kann, dass die Unterschrift vor ihm vollzogen oder anerkannt worden ist.[8] Zudem fordert eine derartige Beglaubigung den Gegenbeweis zu der der öffentlichen Urkunde nach § 418 Abs. 1 ZPO zukommenden Beweiskraft nach § 418 Abs. 2 ZPO heraus. Die Ausstellung des notariellen Beglaubigungsvermerks muss sich nicht zeitlich sofort an die Unterschrift anschließen; die Vermerkurkunde darf vielmehr so lange errichtet werden, wie sich der Notar noch an den von ihm bezeugten Vorgang erinnern kann, daher bspw. auch noch nach dem Tod des Beteiligten.[9]

14 Als *Unterschrift* beglaubigt werden kann nur ein voller Namenszug, der vom Aussteller eigenhändig geleistet ist und dessen Identität ausreichend kennzeichnet, was auch bei Künstlernamen der Fall sein kann (freilich ist im Beglaubigungsvermerk stets der bürgerliche Name anzuführen, § 40 Abs. 3 BeurkG); nach gefestigter Rechtsprechung des BGH genügt als Unterschrift ein Schriftzug, der individuellen Charakter aufweist und einem Dritten, der den Namen des Unterzeichnenden kennt, ermöglicht, diesen Namen aus dem Schriftbild noch herauszulesen, der Unterzeichnende also erkennbar bleibt. Die Unterschrift muss zwar nicht unbedingt lesbar sein, mindestens einzelne Buchstaben müssen aber – wenn auch nur andeutungsweise – zu erkennen sein, weil es sonst an dem Merkmal einer Schrift fehlt- Anzulegen ist ein großzügiger Maßstab, wenn im Übrigen an der Autorenschaft und der Absicht, eine volle Unterschrift zu leisten, keine Zweifel bestehen. Dagegen stellt ein Schriftzug, der als bewusste und gewollte Namensabkürzung erscheint (Handzeichen, Paraphe), keine formgültige Unterschrift dar.[10] Da der BGH die Unterzeichnung lediglich mit dem *Vornamen* nicht als Unterschrift anerkennt,[11] wird man auch für die Unterschriftsbeglaubigung eine Unterschrift nur mit dem Vornamen nicht ausreichen las-

---

[6] Daher kann bspw. der in der Form des § 29 GBO zu führende Nachweis der Auflassung (§ 925 BGB) nicht durch ein Schriftstück erfolgen, unter dem nur die Unterschriften beglaubigt sind, vgl. OLG München, DNotZ 2009, 292.
[7] KG DNotZ 2013, 129; OLG Frankfurt DNotI-Report 2006, 114.
[8] S. BGH DNotZ 1988, 259; s.a. OLG Köln RNotZ 2010, 345, wonach die Unterzeichnung mit einem unzutreffenden Vornamen bei gleichzeitiger Verwendung des richtigen Familiennamens ausreichend ist.
[9] *Winkler*, § 40 BeurkG Rn. 62 f. m.w.N.
[10] Zum Begriff der Unterschrift BGH, Beschl. v. 16.07.2013 – VIII ZB 62/12 = NJW-RR 2013, 1395; BGH, Beschl. v. 16.09.2010 – IX ZB 13/10 = BeckRS 2010, 24072.
[11] BGH DNotZ 2003, 259.

sen können. Gleiches gilt für bloße Handzeichen oder Abkürzungen.[12] Handelt es sich nach dem äußeren Erscheinungsbild nicht um eine Unterschrift, sondern um *bloße Zeichen*, die keine Schriftzeichen enthalten, etwa drei Kreuze, so sind diese als *Handzeichen* nach § 40 Abs. 6 BeurkG zu beglaubigen und müssen daher insbesondere ebenso wie die Unterschriften in Gegenwart des Notars vollzogen oder anerkannt werden (§ 40 Abs. 6 BeurkG). Wird eine Unterschrift in dem Notar *fremden Schriftzeichen* geleistet, etwa in kyrillischen oder chinesischen, liegt es an der Wahrnehmung und im Einschätzungsermessen des Notars, ob er darin (noch) einen identifizierbaren Namensschriftzug (dann Unterschriftsbeglaubigung) oder nur noch bloße Zeichen erkennt (dann Handzeichenbeglaubigung).[13] *Faksimilierte*, d.h. mit einem Stempel oder Computer nachgebildete Unterschriften, sind keine eigenhändigen Unterschriften und können daher nicht beglaubigt werden. Ist unklar, ob es sich bei der vorgelegten Unterschrift um eine eigenhändige oder faksimilierte handelt, so sollte von der Beglaubigung der Anerkennung abgesehen und um eine erneute Leistung der Unterschrift in Gegenwart des Notars gebeten werden.

Die Unterschriften von *Blinden*, *Tauben* und *Stummen* können ohne Einhaltung der §§ 22 ff. BeurkG beglaubigt werden, sofern sie vor dem Notar vollzogen werden.[14] Das Anerkenntnis einer Unterschrift durch Taube und Stumme ist unproblematisch, sofern nur der Notar den Willen, die Unterschrift als eigene anzuerkennen, zweifelsfrei ermitteln kann. Ob demgegenüber auch ein Blinder seine Unterschrift anerkennen kann,[15] scheint fraglich, wird doch eine zweifelsfreie Feststellung des Notars, dass die vorgezeigte Unterschrift von dem Blinden herrührt, kaum möglich sein. Er wird deshalb vorsorglich in seiner Gegenwart den Blinden noch einmal unterschreiben lassen. Bei *ausländischen Beteiligten* ist § 16 BeurkG nicht anwendbar, eine Übersetzung des Textes, unter dem die Unterschrift beglaubigt wird, oder des Vermerks hat daher nicht zu erfolgen. Die Anerkennung der Unterschrift kann auch in einer Sprache erfolgen, die der Notar nicht versteht, sofern er sich nur hinreichende Gewissheit verschaffen kann, dass die Unterschrift anerkannt wird.

15

Wenn der Notar die Leistung einer Unterschrift oder deren Anerkennung *außerhalb seines Amtsbereichs, Amtsbezirks* oder *außerhalb des Landes* entgegengenommen hat, so ist sie deshalb nicht unwirksam (§ 2 BeurkG), auch wenn er sich einer Urkundstätigkeit außerhalb seines Amtsbereichs grundsätzlich zu enthalten hat (§§ 10 ff. BNotO). Dies gilt insbesondere auch dann, wenn die Wahrnehmung zwar außerhalb des Amtsbereichs erfolgt, der Vermerk aber später in der Geschäftsstelle gefertigt wird. Die Wahrnehmung der Unterschriftszeichnung oder Anerkennung und die Fertigung des Vermerks über diese amtlich wahrgenommene Tatsache sind Teil der einheitlichen Amtshandlung. Aus ebendiesem Grunde ist es dem Notar auch verwehrt, eine vor ihm im *Ausland* vollzogene oder anerkannte Unterschrift in seiner Geschäftsstelle zu beglaubigen,[16] s.a. oben § 4 Rdn. 17 ff. Ob eine solche Beglaubigung unwirksam ist oder im Hinblick auf § 11a BNotO zwar als dienstrechtswidrig, aber wirksam anzuerkennen ist, ist ungeklärt.

16

Nach § 40 Abs. 2 BeurkG braucht der Notar die Urkunde nur darauf zu *prüfen*, ob Gründe bestehen, seine Amtstätigkeit zu versagen, ob also mit der Urkunde erkennbar unredliche oder unerlaubte Zwecke verfolgt werden (§ 4 BeurkG) oder ob er von der Beurkundung wegen des Verbots der Mitwirkung ausgeschlossen ist (§ 3 BeurkG). Dies wird er nur können, wenn er vom Inhalt des Textes, unter dem die Unterschrift beglaubigt werden soll, Kenntnis nimmt. Freilich ist allgemein anerkannt, dass sich die Prüfung auf eine *Evidenzkontrolle* beschränkt. Ist bspw. erkennbar, dass sich der über der Unterschrift befindliche

17

---

12 BGH NJW-RR 2007, 351.
13 Nach Griwotz/Heinemann/*Griwotz*, § 40 BeurkG Rn. 11 soll auch bei nicht lesbaren Schriftzeichen stets als Unterschrift beglaubigt werden. S. dazu auch DNotI-Gutachten Nr. 46945 v. 20.01.2004.
14 LG Darmstadt MittBayNot 1998, 369.
15 So Eylmann/Vaasen/*Limmer*, § 40 BeurkG Rn. 11.
16 Schippel/Bracker/*Püls*, § 11a BNotO Rn. 2.

Text gegen die verfassungsmäßige Ordnung der Bundesrepublik Deutschland richtet, hat der Notar die Beglaubigung abzulehnen.[17] Handelt es sich um eine Unterschriftsbeglaubigung unter einem *fremdsprachigen Text*, so muss auch eine Evidenzkontrolle ausscheiden, wenn der Notar die Sprache nicht beherrscht.[18] Eine Pflicht des Notars zur Beglaubigung der Unterschrift unter einem fremdsprachigen Text wird man daher nicht annehmen können, ein Verbot folgt daraus jedoch genauso wenig. Erkundigt sich nämlich der Notar bei den Beteiligten nach dem Inhalt und dem Verwendungszweck des über der Unterschrift befindlichen Textes und ergibt sich danach, dass keine Anhaltspunkte für die Verfolgung unredlicher oder unerlaubter Zwecke bestehen, ist er an der Unterschriftsbeglaubigung nicht gehindert; er wirkt dann nicht an Handlungen mit, mit denen *erkennbar* i.S.d. § 4 BeurkG unerlaubte oder unredliche Zwecke verfolgt werden. In dem Beglaubigungsvermerk kann in diesen Fällen ausdrücklich erwähnt werden, dass dem Notar der Inhalt des Textes nicht verständlich ist, je nach Lage des Falles mag es sich auch empfehlen, in dem Beglaubigungstext die Angaben der Beteiligten über den Inhalt und Verwendungszweck der Urkunde aufzunehmen.

18 Hat der Notar den zu beglaubigenden *Text selbst entworfen*, so sind die Herstellung des Entwurfs und die Beglaubigung der Unterschrift eine einheitliche Amtstätigkeit mit der Folge, dass dieselben Prüfungs- und Belehrungspflichten wie bei einer Beurkundung der Erklärung gelten.[19]

19 Von der Beglaubigung unter einem fremdsprachigen Text zu unterscheiden ist der *Beglaubigungsvermerk in fremder Sprache*. Nach § 5 Abs. 1 BeurkG sind Urkunden grundsätzlich in deutscher Sprache abzufassen. Nach § 5 Abs. 2 BeurkG kann der Notar auf Verlangen die Beglaubigungsurkunde wie jede andere in der von ihm genügend beherrschten fremden Sprache errichten (Muster eines englischen Beglaubigungstextes unten, Rdn. 23 M[20]). Er wird das in dem Vermerkblatt (oben Rdn. 9) mit vermerken. Findet der Notar einen bereits vorgegebenen fremdsprachigen Beglaubigungsvermerk, so spricht nichts gegen die Verwendung dieses vorgegebenen Formulars, sofern es nur sämtliche vom BeurkG geforderte Angaben (dazu unten Rdn. 21) enthält.

20 Unterschriften ohne zugehörigen Text (*Blankounterschriften*) oder unter einem Text mit Lücken soll der Notar nur beglaubigen, wenn ihm dargelegt, d.h. glaubwürdig erklärt wird, dass die Beglaubigung vor der Festlegung des Urkundeninhalts benötigt wird (§ 40 Abs. 5 Satz 1 BeurkG). Im Beglaubigungsvermerk soll angegeben werden, dass bei der Beglaubigung ein durch die Unterschrift gedeckter Text nicht vorhanden war (§ 40 Abs. 5 Satz 2 BeurkG). Ist der *Text lückenhaft*, so sollte dies entsprechend § 43 Abs. 2 BeurkG im Beglaubigungsvermerk Ausdruck finden.

21 Für den *Beglaubigungsvermerk* gilt § 39 Abs. 1 BeurkG und dementsprechend die allgemeinen Ausführungen in Rdn. 9. Zusätzlich ist anzugeben, ob die Unterschrift vollzogen oder anerkannt worden ist; die Person, von der die Unterschrift stammt, ist eindeutig zu bezeichnen, und schließlich ist anzugeben, wie sich der Notar hierüber Gewissheit verschafft hat (§ 40 Abs. 3, 4 BeurkG). Anzugeben sind Familienname, Vorname, ggf. Geburtsname, Geburtsdatum, Wohnort und Wohnung mit Straße und Hausnummer (§ 26 Abs. 2 DONot). Der Vermerk kann auch mittels Stempel gefertigt werden, § 29 Abs. 3 DONot. Der im Beglaubigungsvermerk angegebene Geburtsname des Ehegatten erbringt gegenüber dem Grundbuchamt den Beweis für diesen Namen vor der Eheschließung.[21]

---

17 Vgl. LG Arnsberg, MittbayNot 2017, 297 (Dokumente von »Reichsbürgern«).
18 S. zur Unterschriftsbeglaubigung unter einem fremdsprachlichen Text das ausführliche Gutachten in DNotI-Report 2008, 145 ff.
19 BGH DNotZ 1997, 51.
20 Mustertexte für Beglaubigungsvermerke in weiteren Sprachen finden sich bei Würzburger Notarhandbuch/*Hertel*, Teil 7 Kap. 1 Rn. 2 ff.
21 OLG Hamm DNotZ 1965, 46.

Beglaubigung der Unterschrift eines nicht Bekannten

Vorstehende vor mir vollzogene Unterschrift des Hans Flachs in Neuss, Kaiserstraße 100, geboren am ....., beglaubige ich. Er wies sich zu meiner Gewissheit aus durch Vorlage seines Personalausweises Nr. 7777889.
Neuss, den ...., Notar
(Siegel)

22 M

Beglaubigung der Unterschrift eines Bekannten

Vorstehende vor mir vollzogene Unterschrift der mir bekannten Antonia Meisel in Neuss, Wasserstraße 6, geboren am ....., beglaubige ich. Meine Frage nach einer Vorbefassung im Sinne des § 3 Abs. 1 Ziffer 7 BeurkG hatte sie verneint.
Neuss, den ...., Notar
(Siegel)

23 M

Beglaubigung der Unterschrift eines Blinden

Der durch seinen Personalausweis mit Lichtbild ausgewiesene Johannes Johannsen in Jever, Jonasstraße 14, geboren am ....., bezeichnete die Unterschrift, die rechts unter dem Datum steht, als von ihm geleistet. Da er nach seiner Angabe blind ist, schrieb er auf meine Veranlassung seinen Namen unter der früheren Unterschrift in meiner Gegenwart noch einmal. Diese letzte Unterschrift des oben Bezeichneten beglaubige ich.
Jever, den ...., Notar
(Siegel)

24 M

Beglaubigung eines Handzeichens

Vorstehendes Handzeichen ist vor mir von Karl Unterleitner in Trier, Dampfschiffstraße 2, geboren am ....., vollzogen worden. Dieser wies sich aus durch seinen Personalausweis Nr. 345632 und erklärte, nicht schreiben gelernt zu haben.
Trier, den ...., Notar
(Siegel)

25 M

Beglaubigung einer Unterschrift unter einem lückenhaften Text

Die vor mir vollzogene Unterschrift des mir bekannten Ludwig Stolte, geboren am ....., wohnhaft in Münster, Lazarettstraße 25, beglaubige ich. Der Name des Bevollmächtigten ist in der Einkaufsvollmacht nach Erklärung des Unterschreibenden noch nicht ausgefüllt, weil der Bevollmächtigte in Paraguay selbst erst noch bestimmt werden soll.
Münster, den ...., Notar
(Siegel)

26 M

§ 15 Einfache Niederschriften mit Berichten; Vermerke

Unterschriftsbeglaubigung in Englisch

27 M I, ..., notary duly admitted and sworn with official residence at Neuss, certify and confirm, that the foregoing document has been signed in my presence in his/her/their true and proper handwriting by ..... Mr./Mrs. ....., ... née [geborene] ....., born ....., domiciled at ..... (Germany), personally known to me/identified by his/her passport (Paß)/identity card (PAW),
in testimony whereof I have hereunto set my hand and affixed my seal of office.

Ist der Notar der Sprache des Textes nicht mächtig, wird er hinzusetzen

28 M The appeared declared that the text above the signature is an ..... (application [Antrag]/a power of attorney [Vollmacht]) and that it does not have any illegal content. The notary does not speak the ..... language.
Neuss, this ..... day of .....
My commission expires on .....
Notary

■ *Kosten.* Der Geschäftswert ist so anzusetzen, als sei der Inhalt der Erklärung beurkundet worden (§ 121 GNotKG). 0,2 Gebühr nach Nr. 25100 KV GNotKG, mindestens 20 €, höchstens 70 €. Bei Beglaubigung in fremder Sprache (wie Rdn. 31 M) entsteht nach Nr. 26001 KV GNotKG eine Zusatzgebühr i.H.v. 30 % der Beglaubigungsgebühr.

V. Beglaubigung der Zeichnung einer Namensunterschrift

29 § 41 BeurkG schreibt für die Beglaubigung der Zeichnung einer Namensunterschrift, die zur Aufbewahrung beim Gericht bestimmt ist, zwingend die Leistung *in Gegenwart des Notars* vor. Die zeichnende Person ist in dem Beglaubigungsvermerk zweifelsfrei zu bezeichnen. Auch ist anzugeben, ob der Notar sie gekannt oder wie er sich Gewissheit über ihre Person verschafft hat (§ 41 Satz 3 i.V.m. § 10 Abs. 1 und Abs. 2 Satz 1 BeurkG; s.o. Rdn. 21).

30 Durch das Gesetz über das elektronische Handelsregister und Genossenschaftsregister sowie das Unternehmensregister vom 10.11.2006 (EHUG[22]) sind die Vorschriften, nach denen eine Unterschriftszeichnung zum Gericht einzureichen war, ersatzlos gestrichen worden. Dem lag die Erwägung zugrunde, dass eine Einreichung der Unterschriften nur noch auf elektronischem Wege möglich gewesen wäre (§ 12 Abs. 1 HGB), was ein Missbrauchsrisiko geschaffen hätte, da die Unterschrift als digitale Grafik für jedermann verfügbar gewesen wäre. § 41 BeurkG hat daher nur in solchen Fällen Bedeutung, in denen die Unterschrift bei einem ausländischen Gericht hinterlegt werden soll.

31 Wenn eine Unterschrift nicht unter einer einzelnen Urkunde beglaubigt werden soll, sondern zukünftige Unterschriften durch einen Vergleich als echt nachgewiesen werden sollen, wird ein *Echtheitszeugnis* ausgestellt, um Behörden, Unternehmen und Privatpersonen die Nachprüfung der vorgelegten Unterschrift durch Vergleichen mit der als echt bescheinigten zu ermöglichen.

---

22 BGBl. I S. 2553.

Bescheinigung der Echtheit von Unterschriften

Die nachstehenden Namenszeichnungen sind geleistet von:
1. Lothar Paulsen in 12345 Berlin (Grunewald), Douglasstr. 18, geboren am ..... in Breslau:
Lothar Paulsen
2. Edith Paulsen geborene Junge in 12345 Berlin (Grunewald), Douglasstraße 18, geboren am ..... in Schweidnitz:
Edith Paulsen geb. Junge
Beide Personen sind mir persönlich bekannt. Die Geburtsdaten habe ich aus ihren Personalausweisen entnommen.
Berlin, den ...., Notar
(Siegel)

32 M

■ *Kosten.* Wenn der Verwendungszweck feststellbar ist, ist der Wert nach § 36 Abs. 1 GNotKG zu bestimmen. Sind keine genügenden Anhaltspunkte gegeben, sind nach § 36 Abs. 3 GNotKG 5.000 € anzusetzen. 1,0 Gebühr nach Nr. 25104 KV GNotKG.

VI. Bescheinigungen und Bestätigungen, insbesondere Register- und Vertretungsmachtbescheinigungen

Der Notar kann Notarbestätigungen und – gleichbedeutend – Notarbescheinigungen erstellen, z.B. eine Fälligkeitsmitteilung oder Rangbestätigung oder auch eine Registerbescheinigung. Sofern eine solche Bescheinigung nicht ausdrücklich im Gesetz vorgesehen ist, folgt die Befugnis des Notars aus der in § 24 Abs. 1 BNotO verwurzelten allgemeinen Betreuungspflicht. Die notarielle Bescheinigung zeichnet sich dadurch aus, dass der Notar nicht nur – wie bei der Beurkundung – über amtlich von ihm wahrgenommene Vorgänge oder Tatsachen berichtet, sondern darüber hinaus eine *gutachterliche Stellungnahme mit rechtlichen Schlussfolgerungen* abgibt.[23] Die Bescheinigung beschränkt sich also nicht auf die Wiedergabe einer von dem Notar amtlich wahrgenommenen Tatsache i.S.d. § 20 Abs. 1 Satz 2 BNotO, vielmehr teilt der Notar das Ergebnis seiner rechtlichen Würdigung der ihm vorgelegten Urkunden mit. Der Notarbescheinigung als solche hat daher weder eine gesteigerte Beweiskraft noch die Wahrheitsvermutung der §§ 414, 418 ZPO für sich,[24] sofern ihr nicht das Gesetz eine spezifische Beweisfunktion verleiht wie insbesondere § 21 BNotO der Register- und Vertretungsbescheinigung und § 50 Abs. 2 BeurkG der Übersetzungsbescheinigung.

33

Wichtigster Fall ist daher die Registerbescheinigung nach § 21 BNotO.

Nach § 9 Abs. 4, 5 HGB hat das Gericht auf Antrag den Inhalt des Handelsregisters zu bescheinigen. Die Form dieser Bescheinigung ist in § 31 HRV vorgeschrieben; für sie wird nach eine Gebühr i.H.v. 20 € berechnet (Nr. 17004 KV GNotKG).

34

Die gleiche Beweiskraft wie das Zeugnis des Registergerichtes hat die Bescheinigung des Notars gemäß § 21 BNotO; sie erbringt insb. im Grundbuchverkehr gemäß § 32 Abs. 1 GBO vollen Beweis der bescheinigten Rechtsverhältnisse.[25] Nach § 21 Abs. 1 BNotO sind die Notare zuständig,
– Bescheinigungen über eine Vertretungsberechtigung sowie
– Bescheinigungen über das Bestehen oder den Sitz einer juristischen Person oder Handelsgesellschaft, die Firmenänderung, eine Umwandlung oder sonstige rechtserhebliche

35

---

23 *Limmer*, ZNotP 2002, 261; OLG Hamm DNotZ 2008, 530 = RNotZ 2008, 418.
24 KG DNotZ 2012, 621, 623; OLG München RNotZ 2010, 135, 136.
25 S. nur OLG Düsseldorf RNotZ 2014, 309.

Umstände auszustellen, wenn sich diese Umstände aus einer Eintragung im Handelsregister oder in einem ähnlichen Register ergeben.

Ähnliche Register in diesem Sinne sind insb. das Vereins- und Partnerschaftsregister, nicht aber das Unternehmensregister (§ 8b HGB).

36 Für alle Bescheinigungen ist zwingende Voraussetzung, dass sich die zu bescheinigenden Rechtsverhältnisse von Handelsgesellschaften und juristischen Personen *unmittelbar aus dem Register selbst* ergeben (vgl. § 21 Abs. 2 BNotO). Daher können z.B. in der Registerakte befindliche Dokumente und Vertretungsberechtigungen aufgrund noch nicht in das Handelsregister eingetragener Beschlüsse nicht Gegenstand einer Bescheinigung nach § 21 Abs. 1 BNotO sein.[26] Ergeben sich die Vertretungsverhältnisse nicht aus dem Register und will der Notar gleichwohl eine Vertretungsbescheinigung erteilen, so steht ihm eine gutachterliche Stellungnahme als allgemeine Notarbescheinigung i.S.d. § 24 Abs. 1 Satz 1 BNotO offen, wobei er stets darauf hinweisen sollte, dass außerhalb seiner Prüfung liegende Umstände zu einem anderen Ergebnis führen können.

37 Aufgrund der Einsicht in ein *ausländisches Register* oder einen *ausländischen beglaubigten Registerauszug* darf der Notar nur dann eine Bescheinigung nach § 21 BNotO erteilen, wenn das ausländische Register seiner rechtlichen Bedeutung nach dem deutschen Register entspricht.[27] Das ist der Fall z.B. beim italienischen Unternehmensregister und beim Handelsregister der Schweiz.[28] Eine Bescheinigung über die Vertretungsverhältnisse einer englischen Limited ist demgegenüber nicht möglich, da das Registrar of Companies keine Angaben zu den Vertretungsverhältnissen enthält.[29] Verfügt der bescheinigende Notar selbst über entsprechende Kenntnisse der fremden Sprache und Rechtsordnung, so steht einer solchen Bescheinigung nichts im Wege, eine Übersetzung des Registerauszugs ist dann nicht erforderlich.[30]

38 Zweisprachige Muster für Notarbescheinigungen über Registereintragungen hat die Conférence des Notariats de l´Union Européene entwickelt. Sie können auf der Homepage des DNotI abgerufen werden.[31]

39 Der Notar darf die in *Vermerkform* (§ 39 BeurkG) auszustellende Bescheinigung nur dann erteilen, wenn er sich über die Eintragung Gewissheit verschafft hat, durch Einsichtnahme in das Register oder in eine beglaubigte Abschrift hiervon. Es reicht aus, wenn der Notar das elektronisch geführte Register *online* eingesehen hat.[32] Er hat den *Tag der Einsichtnahme* in das Register oder den *Tag der Ausstellung der Abschrift* in der Bescheinigung anzugeben, § 21 Abs. 2 Satz 2 BNotO. Bereits aus dem Wortlaut des § 21 Abs. 2 Satz 1 BNotO ergibt sich, dass der Notar das Register nicht persönlich einsehen muss; sofern er sich die erforderliche Gewissheit über die Eintragung durch Einsichtnahme eines zuverlässigen Mitarbeiters zu verschaffen vermag, reicht dies aus. Freilich sollte sich der Notar bewusst sein, dass die Abgabe einer falschen Vertretungsbescheinigung Haftungsrisiken nach sich zieht und eine schwerwiegende Dienstpflichtverletzung darstellt.[33]

40 Zwischen der Einsicht in das Handelsregister bzw. bei Benutzung eines beglaubigten Handelsregisterauszuges zwischen dessen Ausstellungsdatum und dem Tag der Verwen-

---

26 KG DNotZ 2012, 621, 623; OLG Köln NJW 1991, 425.
27 OLG Düsseldorf Rpfleger 2015, 137; OLG Nürnberg GmbHR 2015, 196; OLG Schleswig DNotZ 2008, 709; *Demharter*, § 32 GBO Rn. 8.
28 KG Rpfleger 2013, 196, 197 (Italien); OLG München, NZG 2016, 150 (Schweiz).
29 Vgl. OLG Düsseldorf Rpfleger 2015, 137; OLG Nürnberg GmbHR 2015, 196; OLG Dresden DNotZ 2008, 146, 147; OLG Brandenburg MittBayNot 2011, 222; DNotI-Gutachten 54929 v. 09.12.2004, dort auch zu den Möglichkeiten des Nachweises der Vertretungsverhältnisse.
30 *Melchior/Schulte*, NotBZ 2003, 344, 345; zu Bescheinigungen eines ausländischen Notars vgl. LG Kleve RNotZ 2008, 30.
31 www.dnoti.de, »Arbeitshilfen«.
32 BNotK-Rundschreiben 14/2003 v. 14.04.2003, s.a. § 10 HRV.
33 OLG Celle, Beschl. v. 27.10.2003 – Az. Not 4/03 – n.v.

dung der Notarbescheinigung sollten nicht mehr als 7 Tage liegen, anderenfalls ihre Nachweisfunktion eingeschränkt ist.[34] Bei ausländischen Handelsregisterauszügen (s. dazu auch Rdn. 37) existiert keine einheitliche Praxis der Registergerichte; hier ist infolge der oft langwierigen Beschaffung und anschließenden Übersetzung des Auszuges in die deutsche Sprache eine Aktualitätsfrist von 3 Monaten anzuerkennen.[35] Der *Tag der Eintragung* im Register ist nicht anzugeben, freilich kann die Angabe sinnvoll sein, wenn es gerade auf den Tag ankommt (z.B. wegen § 20 UmwG).

Firmenbescheinigung

Aufgrund Einsicht in das Elektronische Handelsregister des Amtsgerichtes Köln, HRA 2467 vom ….. bescheinige ich folgendes: **41 M**
Die Firma Groß & Klein KG ist am ….. mit Beginn am gleichen Tage als Kommanditgesellschaft in das Handelsregister eingetragen worden. Persönlich haftende Gesellschafter sind die Kaufleute Georg Groß und Karl Klein, beide in Köln. Sie sind gemeinsam vertretungsberechtigt und jeder von ihnen ist zusammen mit einem Prokuristen vertretungsberechtigt. Kommanditisten sind seit der Eintragung der Firma Gertrud Groß und Karla Klein, beide in Köln, und zwar jede mit einer Kommanditeinlage von 250.000 €. Prokuristen sind laut Eintragung vom ….. Paul Paulsen und Max Meyer, beide in Köln. Jeder von ihnen ist zusammen mit einem persönlich haftenden Gesellschafter vertretungsberechtigt.
Köln, den …..   **….., Notar**

Umwandlungsbescheinigung

Ich bescheinige aufgrund Einsicht in einen beglaubigten Handelsregisterauszug des Handelsregisters des Amtsgerichts Düren (HRB 123) vom ….. und aufgrund Einsicht in das Elektronische Handelsregister des Amtsgerichts Düren (HRA 321) vom …..:   **42 M**
Die Dürener Malzfabrik Aktiengesellschaft, vormals eingetragen im Handelsregister des Amtsgerichts Düren unter HRB 123, ist in eine offene Handelsgesellschaft unter der Firma Karl Spiesecke & Co OHG vormals Neustädter Malzfabrik umgewandelt worden. Diese Gesellschaft ist eingetragen im Handelsregister des Amtsgerichts Düren unter HRA 321. Persönlich haftende Gesellschafter sind Karl Spiesecke und Max Müller, beide in Düren. Sie sind gemeinsam vertretungsberechtigt. Die offene Handelsgesellschaft hat mit ihrer Eintragung in das Handelsregister am ….. begonnen. Die Firma Neustädter Malzfabrik Aktiengesellschaft ist am gleichen Tag erloschen und im Handelsregister gelöscht worden.
Ort, Datum   **….., Notar**

▪ *Kosten zu den vorstehenden Mustern.* Für die Bescheinigung der Vertretungsbefugnis (Bescheinigung nach § 21 Abs. 1 Nr. 1 BNotO) erhält der Notar, ebenso wie für eine Firmenbescheinigung (Bescheinigung nach § 21 Abs. 1 Nr. 2 BNotO), eine Gebühr von 15 € für jedes Registerblatt, dessen Einsicht zur Erteilung der Bescheinigung erforderlich ist (Nr. 25200

---

34 Nach Einführung des elektronischen Handelsregisters ist der in der Literatur unverändert vertretene Zeitraum von bis zu 6 Wochen (z.B. Arndt/Lerch/*Sandkühler*, § 21 BNotO Rn. 19) kaum noch zu rechtfertigen (vgl. auch *Böttcher*, NJW 2015, 840, 844: »wenige Tage«).
35 So auch *Melchior/Schulte*, NotBZ 2003, 344, 345.

KV GNotKG).³⁶ Neben der Gebühr nach Nr. 25200 KV GNotKG kann keine Gebühr für die Einsicht in das Handelsregister nach Nr. 25209 KV GNotKG verlangt werden. Letztere entsteht nur, wenn die Tätigkeit nicht mit einem gebührenpflichtigen Verfahren oder Geschäft zusammenhängt, vgl. Anm. zu Nr. 25209 KV GNotKG.

43 Nach § 21 Abs. 3 BNotO sind die Notare ferner dafür zuständig, Bescheinigungen über eine durch Rechtsgeschäft begründete Vertretungsmacht auszustellen Die Bescheinigung hat (nur) zu enthalten das Ergebnis der Subsumtion des Notars, d.h. die Feststellung, dass für das konkrete Rechtsgeschäft ausreichende Vertretungsmacht besteht, nicht aber die abstrakten Grenzen der Vertretungsmacht.³⁷ Bei Ausstellung der Bescheinigung trifft den Notar die Amtspflicht, die Vertretungsmacht inhaltlich zu prüfen. Im Grundbuchverfahren erbringt diese Bescheinigung nach § 34 GBO vollen Beweis der Vertretungsmacht, zum Handelsregister kann sie anstelle einer sonst erforderlichen Vollmacht eingereicht werden (§ 12 Abs. 1 Satz 3 HGB). Eine solche Bescheinigung darf der Notar nur ausstellen, wenn er sich zuvor durch Einsichtnahme in eine öffentlich oder öffentlich beglaubigte Vollmachtsurkunde über die rechtsgeschäftliche³⁸ Begründung der Vertretungsmacht vergewissert hat; die Legitimationskette, die zu der Vollmacht führt, muss gegenüber dem Notar in der Form nachgewiesen werden, in der sie auch gegenüber der das Register führenden Stelle nachzuweisen wäre, und ist auch in der Bescheinigung in ihren Einzelschritten darzulegen.³⁹ Daher muss insbesondere die Vollmachtsurkunde, die Grundlage der Bescheinigung des Notars ist, in öffentlicher oder öffentlich beglaubigter Form vorliegen (eine privatschriftliche Urschrift kann also nicht Grundlage einer Bescheinigung sein),⁴⁰ ist bei einer ausländischen öffentlichen Urkunde regelmäßig eine Apostille oder Legalisation erforderlich,⁴¹ und kann eine beglaubigte Abschrift nicht Grundlage einer Bescheinigung nach § 21 Abs. 3 BNotO sein, da der Nachweis der Vertretungsmacht im Rechtsverkehr nur durch die Urschrift oder eine Ausfertigung erbracht wird. Enthält die dem Notar vorgelegte Vollmachtsurkunde eine Befreiung von den Beschränkungen des § 181 BGB, darf diese nur dann notariell bescheinigt werden, wenn sie auch wirksam ist, d.h. der Vollmachtgeber wirksam Befreiung erteilen konnte (ist eine Gesellschaft Vollmachtgeber, müssen daher deren Vertreter/Organe ihrerseits von § 181 BGB befreit sein, anderenfalls sie nicht Befreiung erteilen können!). In der Bescheinigung ist anzugeben, in welcher Form und an welchem Tag die Vollmachtsurkunde dem Notar vorgelegen hat. § 12 BeurkG, wonach Vollmachten der Urschrift beizufügen sind, gilt unverändert, so dass einer Niederschrift auch dann, wenn sie eine Vollmachtsbescheinigung enthält, die Vollmachten beizufügen sind (Ausfertigungen können nach dem allgemeinen Regeln dann jedoch ohne Weiteres auszugsweise erteilt werden). Wird außerhalb einer Niederschrift eine isolierte Vertretungsbescheinigung erstellt, sind die dem zugrunde gelegten Urkunden demgegenüber nicht beizufügen.⁴²

---

36 Anders nach früherer Rechtslage, wo die Gebühr nur einmal unabhängig von der Anzahl der eingesehenen Registerblätter anfiel, vgl. OLG Hamm Rpfleger 2002, 101.
37 Daher ist nicht unbedingt explizit anzugeben, dass der Bevollmächtigte von den Beschränkungen des § 181 BGB befreit ist, OLG Nürnberg, NJW 2017, 2481.
38 Ist die Vertretungsmacht nicht durch Rechtsgeschäft begründet worden, scheidet eine Bescheinigung nach § 21 Abs. 3 BNotO aus und wäre unwirksam. So insbesondere bei der Begründung der Vertretungsmacht durch Beschluss wie etwa bei der Organbestellung (z.B. Geschäftsführer, WEG-Verwalter, dazu DNotI-Gutachten Nr. 132163 v. 07.02.2014; anders insoweit aber Diehn/*Kilian*, § 21 BNotO Rn. 26 u. 30) oder einer gesetzlichen Vertretungs- bzw. Verfügungsbefugnis (insb. des Testamentsvollstreckers und Insolvenzverwalters; vgl. dazu Gutachten, DNotI-Report 2013, 185).
39 BGH, DNotZ 2017, 303.
40 OLG Bremen, DNotZ 2014, 636; *Heinemann*, FGPrax 2013, 139, 141.
41 So auch DNotI-Gutachten Nr. 131018 v. 02.12.2013.
42 OLG Hamm, MittBayNot 2017, 93.

Umwandlungsbescheinigung

44 M Aufgrund Einsicht in die mir heute, am ….., in auf den Erschienenen lautender Ausfertigung vorgelegter, notariell beurkundeter Vollmacht vom ….. (UR.Nr. ….. /2018 des Notars ….. in …..) bescheinige ich, dass Herr ….. Frau ….. alleine und von den Beschränkungen des § 181 BGB befreit vertreten kann.
Ort, Datum   Siegel/Notar

▪ *Kosten.* Festgebühr von 15,00 Euro nach Nr. 25214 KV GNotKG.

VII. Zustellung von Erklärungen durch den Notar § 20 Abs. 1 BNotO, § 39 BeurkG

45 Nach § 20 Abs. 1 BNotO sind die Notare auch für die »Zustellung von Erklärungen« zuständig. Zulässig ist damit nicht nur die Zustellung von Willenserklärungen, sondern von Schriftstücken jeder Art.[43] Nur die Zustellung von Privatpersonen an Privatpersonen ist erlaubt, nicht aber eine solche im Gerichtsverkehr (mit Ausnahme von Zustellungen im Rahmen der Sachenrechtsbereinigung, § 88 SachRBergG[44]). Klagen oder Ladungen ausländischer Gerichte an im Inland lebende Personen können nach einer älteren Mitteilung des Bundesjustizministeriums durch Notare zugestellt werden.[45] Auch eigene Mitteilungen des Notars kann dieser zustellen, so bspw. die am Auftrag des Vorkaufsrechtsverpflichteten erfolgende Mitteilung an den Vorkaufsberechtigten vom Inhalt des geschlossenen Kaufvertrages.[46] Ebenfalls möglich ist daher die Zustellung eines notariellen Vorbescheides durch den Notar selbst.[47] Stets ist jedoch darauf zu achten, dass dem Adressaten persönlich zuzustellen ist. Eine *Ersatzzustellung* nach §§ 178 ff. ZPO gibt es bei der notariellen Zustellung nicht, die Zugangsfiktion des § 132 BGB gilt nicht. Bei einer nach dem Gesetz empfangs- und formbedürftigen Willenserklärung ist das *Original* oder eine *Ausfertigung* der Urkunde zuzustellen; der Zugang einer beglaubigten Abschrift genügt nicht.[48]

46 Über den Vorgang der Zustellung ist in einfachen Fällen ein Vermerk (§ 39 BeurkG), ansonsten eine Niederschrift nach §§ 36, 37 BeurkG aufzunehmen, in der die Maßnahmen und Wahrnehmungen im Rahmen der Zustellung darzulegen sind. Die Zustellungsurkunde, d.h. der Vermerk oder die Niederschrift, wird mit der Zweitschrift der Urschrift (zweite Ausfertigung oder beglaubigte Abschrift) des Schreibens durch Schnur und Siegel verbunden (§ 44 BeurkG).

47 M Die Urschrift dieses Schreibens habe ich heute im Auftrage der Hypothekengläubigerin Frau Elvira Oser geb. Rufer in 12345 Berlin (Charlottenburg), Suarezstraße 10, der Frau Erna Stück geb. Kind in 12346 Berlin (Charlottenburg), Zillestraße 3, Vorderhaus, 1. Treppe rechts, zugestellt. Ich habe ihr das Schriftstück ausgehändigt, nachdem sie meine Frage bejaht hatte, dass sie die auf dem Namensschild Bezeichnete sei. Gleichzeitig habe ich ihr den Hypothekenbrief Nr. 4567392 über die im Grundbuch von Charlottenburg Band 90 Blatt 4500 eingetragene Hypothek vorgelegt.
Berlin (Charlottenburg), den …..   ….., Notar
(Siegel)

---

43 Schippel/Bracker/*Reithmann*, § 20 BNotO Rn. 41.
44 Vgl. dazu DNotI-Gutachten Nr. 66980 v. 20.04.2006.
45 DNotZ 1962, 59.
46 Gutachten, DNotI-Report 2005, 156.
47 Vgl. DNotI-Gutachten Nr. 71592 v. 19.01.2007.
48 BGH DNotZ 1960, 33; 1996, 967.

- **Kosten.** Da über die Zustellung eine Bescheinigung (ein Zeugnis) ausgestellt wird, ist 1,0 Gebühr nach Nr. 25104 KV GNotKG zu berechnen. Der Wert ist nach § 36 Abs. 1 GNotKG mit einem Bruchteil des Betrages der gekündigten Hypothek anzusetzen.

VIII. Sicherstellung des Datums einer Privaturkunde, §§ 39, 43 BeurkG

48 Ein Beteiligter kann ein Interesse daran haben, dass das Vorhandensein einer Privaturkunde in einem bestimmten Zeitpunkt festgestellt wird, z.B. wenn der Aussteller sich weigert, seine Unterschrift beglaubigen zu lassen, oder wenn eine Beglaubigung wegen Abwesenheit des Ausstellers nicht möglich ist. Die Sicherstellung wird durch einen unter die Urkunde zu setzenden Vermerk herbeigeführt. Mängel der Hauptschrift sind im Beglaubigungsvermerk deutlich zu machen.

49 M **Die vorstehende Urkunde ist mir heute Vormittag um 11.00 Uhr vorgelegt worden.**
Köln, den ….. ….., Notar
(Siegel)

- **Kosten.** Eine Gebühr von 20 € nach Nr. 25103 KV GNotKG.

IX. Prioritätsfeststellungen und Hinterlegung von Quellcodes

50 Im Urheberrecht spielt der Zeitpunkt der Erstellung eines Werkes eine bedeutende Rolle, da nach § 7 UrhG nur der Schöpfer des Werkes dessen Urheber im Rechtssinne ist. Nach § 10 UrhG wird die Urheberschaft desjenigen vermutet, der auf den Vervielfältigungsstücken eines erschienenen Werkes oder dem Original eines Werkes der bildenden Künste als Urheber bezeichnet ist. Da diese Vermutung nur für Werke gilt, die bereits erschienen sind, ist es für den Urheber wichtig, den Zeitpunkt der Erstellung des Werkes beweiskräftig zu sichern. Diesem Zweck dient die notarielle Prioritätsverhandlung bzw. -feststellung: Sie sichert den Beweis, dass der Urheber das Werk in der mit der Urkunde verbundenen Fassung an einem bestimmten Tag als von ihm stammend dem Notar vorgelegt hat.[49]

51 Für eine solche notarielle Prioritätsfeststellung werden *verschiedene Verfahren* vorgeschlagen:[50]

Die einfachste Möglichkeit des Prioritätsnachweises besteht darin, dass der Notar gemäß § 40 BeurkG eine *Unterschriftsbeglaubigung* vornimmt. Der Beteiligte erklärt schriftlich, dass er der Urheber eines bestimmten Werkes sei; er kann das Werk beschreiben und auch Karten, Zeichnungen, Abbildungen und Notentexte beifügen, welche die Beschaffenheit des Werkes dokumentieren. Diese Anlagen, die das Werk dokumentieren, sollen gemäß § 44 BeurkG mit der Urkunde verbunden werden, wenn in dem Text, unter dem die Unterschrift beglaubigt wird, auf sie Bezug genommen wird. Da sich hier der besondere Beweiswert nur auf die Urheberschaft der Unterschrift bezieht, wird sich die bloße Unterschriftsbeglaubigung in diesen Fällen regelmäßig als nicht zielführend erweisen.

52 Auch eine *Bescheinigung gemäß § 43 BeurkG* (dazu oben, Rdn. 48 f.) kommt in Betracht. Mit ihr wird bewiesen, dass eine private Urkunde im Zeitpunkt der Vorlegung bereits errichtet war. Unproblematisch sind Fälle, in denen das Werk in Papierform vorliegt, etwa eine

---

[49] Gutachten, DNotI-Report 1996, 45; DNotI-Report 2001, 69; *Heyn*, DNotZ 1998, 177 mit Musterformulierungen; *Leistner*, MittBayNot 2003, 3.
[50] Ausführlich *Meyer*, RNotZ 2011, 385, 397 ff.

musikalische Komposition in geschriebenen Noten oder das Manuskript eines Textes. In diesem Fall wird der Notar in einem Vermerk oder einer einfachen Niederschrift nach §§ 36 ff. BeurkG bezeugen, dass ihm die der Urkunde beizufügenden Dokumente zu einem bestimmten Zeitpunkt vorgelegen haben. Mit dieser Bescheinigung können Schriftstücke, Texte, Abbildungen und Lichtbilder verbunden werden, § 37 Abs. 1 Satz 3 BeurkG. Auch wird die Abgabe einer – ergänzenden – eidesstattlichen Versicherung des Beteiligten dahin gehend vorgeschlagen, dass er der Urheber des Werks sei[51] (zur eidesstattlichen Versicherung s.a. unten, § 16 Rdn. 14 ff.). Freilich ist deren Zulässigkeit in diesem Zusammenhang noch nicht abschließend geklärt, da zum Zeitpunkt der Aufnahme der Versicherung noch kein behördliches oder gerichtliches Verfahren anhängig ist, in dem sie Verwendung finden könnte (§ 22 Abs. 2 BNotO[52]).

Verhandelt zu ..... 53 M
Vor mir,
Notar in .....
erschien die mir persönlich bekannte
Frau ..... geborene ....., geboren am ....., wohnhaft ..... in ..... Bonn.
Diese erklärte nach Belehrung über die Bedeutung einer eidesstattlichen Versicherung und über die strafrechtlichen Folgen einer falsch abgegebenen eidesstattlichen Versicherung:
Ich, ... geborene ....., habe den dieser Urkunde als Anlage beigefügten Text selbst erstellt und bin daher dessen Urheber; er ist mein eigenes, persönliches Werk.
Diese Angabe versichere ich an Eides statt.
Die 90-seitige Anlage wurde der gegenständlichen Verhandlung beigefügt und ist damit Teil dieser Urkunde.
Der Notar hat die Erschiene darüber belehrt, dass allein durch die vorstehende Beurkundung kein Urheberrechtsschutz entsteht, sondern sie vielmehr nur dazu dient, den Zeitpunkt der Vorlage des Textes bei dem beurkundenden Notar zu beweisen.
Diese Niederschrift wurde der Erschienenen von dem Notar vorgelesen, von ihr genehmigt und von ihr und dem Notar wie folgt eigenhändig unterschrieben:

■ *Kosten.* Wert nach § 36 Abs. 1 GNotKG zu bestimmen; 1,0 Gebühr nach Nr. 23300 KV GNotKG.

Das zentrale Problem der notariellen Prioritätsfeststellung entsteht in den – in der Praxis häufigen – Fällen, in denen das Werk nicht in Urkundsform, sondern als bloßer gespeicherter und daher nicht wahrnehmbarer Datensatz, bspw. auf einer CD-ROM oder einem USB-Stick vorliegt.[53] Selbst wenn man davon ausgehen wollte, dass § 43 BeurkG auch die Vorlage eines Datenträgers erfasst,[54] so dürfte es doch für den Notar kaum möglich sein, den *Inhalt* des ihm vorgelegten Datensatzes exakt und vollständig zu beschreiben. Eine Verbindung des Datenträgers mit der Urkunde muss ausscheiden, wenn der Inhalt – und nicht die bloße Existenz – des Datenträgers Teil der Niederschrift sein soll.[55] Eine beweiskräftige Verbindung des Werkes mit den Erklärungen des Beteiligten ist daher regelmäßig auf diesem Wege nicht möglich.   54

Um dieses Problem zu umgehen, wird vorgeschlagen und praktiziert, eine *Tatsachenbeurkundung* nach §§ 36 ff. BeurkG mit einer *Verwahrung* durch den Notar nach § 23 Abs. 1 BNotO   55

---
51 *Heyn*, DNotZ 1998, 183.
52 S. Gutachten, DNotI-Report 1996, 46 f.
53 Ausführlich *Meyer*, RNotZ 2011, 385 ff.
54 *Leistner*, MittBayNot 2003, 3, 6 m.w.N.
55 S.a. Eylmann/Vaasen/*Limmer*, § 37 BeurkG Rn. 7, § 9 BeurkG Rn. 21.

zu verbinden. Nach allgemeiner Auffassung ist die Aufzählung der verwahrungsfähigen Gegenstände in § 23 BNotO nicht abschließend, weshalb insbesondere auch die Verwahrung elektronischer Datenträger in Betracht kommt.[56] Die Übernahme der Verwahrungstätigkeit steht im Ermessen des Notars, eine Pflicht zur Amtsausübung besteht nicht. Es ist dann eine schriftliche Verwahrungsanweisung mit allen bei einer notariellen Verwahrung nach § 23 BNotO, §§ 54a ff. BNotO zu regelnden Punkten zu fertigen. Der Notar wird daher ein Protokoll aufnehmen, aus dem sich die tatsächlichen Umstände wie Inverwahrungnahme des Datenträgers, Vorgaben für die sichere Lagerung, genaue Treuhandanweisungen an den Notar und insbesondere eindeutige Maßgaben für die Herausgabe des Datenträgers ergeben.[57] Da das notarielle Verwahrungsgeschäft in derartigen Fällen regelmäßig nur der Wahrung der Interessen des Hinterlegers dient und dem Notar hieraus keinerlei Amtspflichten gegenüber unbekannten Dritten erwachsen, kann der Hinterleger die Verwahrungsanweisung jederzeit einseitig nach § 54c BeurkG widerrufen.[58]

56 M　　　　　　　　　　　　　　　　　　　　　　　　　**Verhandelt zu …..**
Vor mir,
Notar in
erschien:
Herr ….., Komponist und Verleger, wohnhaft in ….., …..,
ausgewiesen durch Vorlage seines gültigen Reisepasses.
Dieser erklärte:
Ich habe die Musik für das folgende Stück geschrieben:
Himmel und Hölle.
Eine CD-Rom, die die Aufnahme dieses Werkes enthält, übergebe ich hiermit dem Notar und beauftrage ihn, diese zu verwahren.
Der unterzeichnende Notar legte die CD-ROM in einen Umschlag und versiegelte den Umschlag mit seinem Lacksiegel. Auf dem Umschlag vermerkte der Notar
CD-ROM des Herrn …..,
von mir am ….. in den Umschlag eingelegt und versiegelt, zu UR. Nr. ….. Unterschrift Notar.
Herr ….. ersuchte den Notar, diesen versiegelten Umschlag in einem Schrank trocken aufzubewahren und ihm auf sein schriftliches Verlangen jederzeit wieder auszuhändigen.
Diese Niederschrift wurde dem Erschienenen von dem Notar vorgelesen, von ihm genehmigt und von ihm und dem Notar wie folgt eigenhändig unterschrieben:

■ *Kosten.* Wert nach § 36 Abs. 1 GNotKG zu bestimmen; 1,0 Gebühr nach Nr. 25104 GNotKG. Für die Verwahrung fällt keine gesonderte Gebühr (insb. nach Nr. 25301 KV GNotKG) an, weil es sich bei der CD-ROM nicht um eine »Kostbarkeit« im Sinne des Gesetzes handelt.[59]

57 Auch möglich – und für den Notar einfacher – ist die Versiegelung eines Umschlags, der den Datenträger enthält, durch den Notar und dessen Verbindung mit einer Tatsachenbescheinigung bzw. einer Ausfertigung der eidesstattlichen Versicherung und Rückgabe an den Betei-

---

56 OLG Hamm RNotZ 2006, 72; ein Muster findet sich bei Münchener Vertragshandbuch/*Nordemann*, Bd. 3 II, S. 697 f. Zur Hinterlegung eines »Quellcodes« beim Notar und der Insolvenzfestigkeit einer solchen Hinterlegung s. das DNotI-Gutachten Nr. 94169 vom 20.05.2009.
57 Gutachten, DNotI-Report 2001, 69 f.; DNotI-Gutachten Nr. 94169 vom 20.05.2009.
58 OLG Hamm RNotZ 2006, 72.
59 Vgl. Korintenberg/*Schwarz*, Nr. 25300, 25301 KV GNotKG Rn. 28.

ligten.[60] Freilich ist darauf hinzuweisen, dass auch durch eine derartige unechte Bezugnahme der Inhalt des Datenträgers nicht zum Inhalt der Urkunde wird. Wohl aber lässt sich bei Öffnung des unversehrten Siegels nachweisen, dass der in dem Umschlag enthaltene Datenträger bereits zum Zeitpunkt der Siegelung vorhanden war, was für eine Prioritätsfeststellung ausreicht.

---

60 *Heyn*, DNotZ 1998, 177, 193 f.

§ 16 Eide und eidesstattliche Versicherungen

I. Abnahme und Aufnahme von Eiden

1 Zur *Abnahme* von Eiden, d.h. zur Entgegennahme des Schwurs, ist der Notar nur *zuständig*, wenn der Eid oder die eidliche Vernehmung nach dem Recht eines ausländischen Staates oder nach den Bestimmungen einer ausländischen Behörde oder sonst zur Wahrnehmung von Rechten im Ausland erforderlich ist; in *inländischen* Angelegenheiten ist er also im Allgemeinen nicht zuständig (§ 22 Abs. 1 BNotO). Für Einzelfälle bestimmen Sondervorschriften die Zuständigkeit des Notars auch für Angelegenheit mit Inlandsbezug. So gestattet § 16 Abs. 3 Satz 3 BeurkG dem Notar die Vereidigung von Dolmetschern, nach § 89 Abs. 1 SachenRBerG i.V.m. §§ 29, 30 FamFG darf der Notar Zeugen und Sachverständige im Rahmen des gerichtsähnlichen Vermittlungsverfahrens nach dem Sachenrechtsbereinigungsgesetz vereidigen, ebenso wie innerhalb einer förmlichen Vermittlung einer Nachlass- oder Gesamtgutauseinandersetzung, sofern das Landesrecht dies vorsieht (§ 20 Abs. 5 BNotO; dazu § 18 Rdn. 1 ff.).

2 Ist der Notar für die *Abnahme* des Eides zuständig, darf er die Vereidigungshandlung selbst vornehmen (dazu Rdn. 3). Diese Vereidungshandlung wird dokumentiert er in einer Niederschrift. Für diese Beurkundung des Vorgangs der Eidesleistung, d.h. die *Aufnahme* des Eides, gibt § 38 BeurkG das Verfahren vor (also nicht, wie in § 38 BeurkG missverständlich formuliert, für die Abnahme des Eides).[1] Es gelten also die Vorschriften über die Beurkundung von Willenserklärungen, insbesondere also über die Feststellung der Person des zu Beeidigenden und über das Vorlesen, Genehmigen und Unterschreiben. Eine *Belehrung* über die Bedeutung des Eides oder der eidesstattlichen Versicherung sieht § 38 Abs. 2 BeurkG vor. In Anlehnung an § 480 ZPO, wonach der Richter den Schwurpflichtigen »in angemessener Weise« zu belehren hat, wird der Notar seine Belehrung der Person des zu Beeidigenden und dem Gegenstand der Aussage anpassen. Aufgrund der besonderen Bedeutung ist stets auf die strafrechtlichen Folgen (§ 154 StGB) hinzuweisen. Die Belehrung ist in der Niederschrift zu vermerken.

3 Die näheren Einzelheiten der Eidesabnahme ergeben sich nach § 30 Abs. 1 FamFG aus den Vorschriften der ZPO über den Beweis durch Zeugen und Sachverständige und das Verfahren bei der Abnahme von Eiden, die in den §§ 392, 410, 481 ff. ZPO enthalten sind. Zunächst hat der Notar die zu beeidende Aussage dem Schwurpflichtigen vorzulesen (§§ 38 Abs. 1, 13 BeurkG), im Anschluss erfolgt die eigentliche Vereidigung, d.h. der Vorspruch des Notars und die Eidesleistung des Schwörenden (§ 481 Abs. 1 ZPO), wobei er die rechte Hand heben soll (§ 481 Abs. 4 ZPO[2]). Für die Beeidigung der *Dolmetscher* ist der Wortlaut des Eides in § 189 GVG angegeben. Ist der Dolmetscher bereits allgemein vereidigt, so genügt es, wenn er sich nach § 189 Abs. 2 GVG auf diesen allgemeinen Eid bezieht.

Beeidigung eines Sachverständigen im Rahmen einer Nachlassauseinandersetzung

4 M Der zur Schätzung der im Nachlassverzeichnis unter Nr. 1–5 aufgeführten Gegenstände zugezogene Sachverständige ..... wurde darüber belehrt, dass er das von ihm

---

1 Arndt/Lerch/*Sandkühler*, § 22 BNotO Rn. 7.
2 Ein Formulierungsbeispiel findet sich bei Eylmann/Vaasen/*Limmer*, § 38 BeurkG Rn. 9.

erforderte Gutachten unparteiisch und nach bestem Wissen und Gewissen erstatten müsse.
Der Notar sprach ihm die Worte vor: Sie schwören (bei Gott dem Allmächtigen und Allwissenden), dass sie das von Ihnen erforderte Gutachten unparteiisch und nach bestem Wissen und Gewissen erstattet haben. Der Sachverständige sprach mit erhobener Hand die Worte: Ich schwöre es (so wahr mir Gott helfe).

Ein Muster zur Beeidigung des nicht allgemein beeidigten Dolmetschers findet sich oben in § 14 Rdn. 38 M.

Berufung eines Dolmetschers auf den allgemein geleisteten Eid

Der Dolmetscher ......, darüber belehrt, dass er treu und gewissenhaft übertragen müsse, berief sich auf den von ihm vor dem Amtsgericht ..... am ..... allgemein geleisteten Eid.

5 M

In *ausländischen* Rechtsangelegenheiten ist der Notar zur *Abnahme* des Eides immer dann zuständig, wenn der Eid nach dem Recht eines ausländischen Staates oder nach den Bestimmungen einer ausländischen Behörde oder sonst zur Wahrnehmung von Rechten im Ausland erforderlich ist (§ 22 Abs. 1 BNotO). Regelmäßig wird der Notar nicht prüfen können, ob ein Eid tatsächlich im Ausland erforderlich ist; es reicht daher die schlüssige Behauptung des Beteiligten. Insbesondere kommt hier die Aufnahme eines *Affidavits* in Betracht, d.h. einer beeidigten Erklärung, die insbesondere im angelsächsischen Rechtskreis in einer Vielzahl von Rechtsangelegenheiten als Beweismittel dient. Da es sich um eine dem deutschen Recht unbekannte Bekräftigung eigener Art handelt, wird die Frage, wie die Beurkundung eines solchen Affidavits zu erfolgen hat, unterschiedlich beurteilt. Insbesondere die ältere Literatur vertritt die Auffassung, dass hier immer die Abnahme eines Eides erforderlich sei, also eine Niederschrift über die Verhandlung nach § 38 BeurkG aufzunehmen sei.[3] Die mittlerweile herrschende Meinung geht demgegenüber davon aus, dass § 38 BeurkG nur für Eide oder eidesstattliche Versicherungen im Sinne des deutschen Rechts gelte, bei einer nach einer fremden Rechtsordnung verlangten Bekräftigung jedoch immer danach *zu unterscheiden sei, welche Bedeutung dieser Bekräftigung im fremden Recht beigemessen werde*.[4] Da sich derartige Bekräftigungen regelmäßig in einem bloßen Bekennen zu dem darüber stehenden Text erschöpfen und keine Willens-, sondern bloße Wissenserklärungen darstellen, finden die Vorschriften über Tatsachenbeurkundungen, und zwar über das einfache Zeugnis, Anwendung (§ 39 BeurkG). Es genügt also regelmäßig die Form des Vermerks, der auf Verlangen auch in einer anderen Sprache errichtet werden kann (§ 5 Abs. 2 BeurkG[5]).

6

Lässt sich nicht ermitteln oder bleiben Zweifel darüber, welche Bedeutung das zu beurkundende Affidavit nach der fremden Rechtsordnung hat, so empfiehlt es sich für die Praxis, den sichersten Weg zu gehen, d.h. eine Niederschrift nach §§ 38 Abs. 1, 6 ff. BeurkG aufzunehmen.

7

Entscheidet sich der Notar zur Beurkundung des Affidavits nach § 38 BeurkG, so kann die Eidesabnahme und Beurkundung in der fremden Sprache erfolgen, sofern der Notar sie beherrscht (§ 5 Abs. 1 BeurkG, s. dazu oben, § 13 Rdn. 9 ff.). Der Eid wird dann unter Anwendung der §§ 480, 481 ZPO ebenfalls in der fremden Sprache aufgenommen. Nach § 9

8

---

[3] So insb. *Brambring*, DNotZ 1976, 726.
[4] Vgl. Gutachten, DNotI-Report 1996, 4 und Gutachten Nr. 145056 v. 11.12.2015; Beck´sches Notar-Handbuch/ *Zimmermann*, Teil H Rn. 10.
[5] Vgl. Grziwotz/Heinemann/*Grziwotz*, § 38 BeurkG Rn. 10. Eine Musterformulierung in englischer Sprache findet sich in DNotI-Report 1996, 5.

§ 16 Eide und eidesstattliche Versicherungen

Abs. 1 Satz 2 BeurkG kann das Affidavit der Niederschrift als Anlage beigefügt werden, ist dann mit zu verlesen. Auch kann das Affidavit in Kopie in englischer Sprache der Urkunde beigefügt und die reine Eidesverhandlung in deutscher Sprache beurkundet werden. Ist der Notar der fremden Sprache nicht mächtig, so ist eine beglaubigte Übersetzung der zu beeidigenden Erklärungen beizubringen und diese zu beurkunden, ggf. unter Beiziehung eines Dolmetschers (§ 16 BeurkG, dazu oben § 14 Rdn. 28 ff.). Die Vorschriften der §§ 6 ff. BeurkG sind anzuwenden, d.h. das Verfahren der Beurkundung von Willenserklärungen (dazu oben § 13 Rdn. 8 ff.) ist einzuhalten und vor der Eidesleistung ist die gesamte Urkunde mitsamt Anlagen dem Beteiligten vorzulesen.

9 Nach der Eidesleistung vollzieht der Notar auf der fremdsprachigen Urkunde die formularmäßige Bescheinigung darüber, dass die Eidesleistung erfolgt ist. Ist der Notar der fremden Sprache nicht mächtig, so sind die vorgedruckten fremdsprachigen Worte durchzustreichen und durch die entsprechenden deutschen Worte »Beschworen vor dem ...« zu ersetzen.

10 Die Urschrift der Niederschrift bleibt in der Verwahrung des Notars, kann aber nach § 45 Abs. 2 BeurkG ausgehändigt werden, wenn dargelegt wird, dass sie im Ausland verwendet werden soll. Sie wird zur Herausgabe mit dem Siegel versehen. Auf der von ihr für die Urkundensammlung zurückzubehaltenden Ausfertigung vermerkt der Notar, an wen und weshalb er die Urschrift ausgehändigt hat (§ 45 Abs. 1 BeurkG; s.o. § 12 Rdn. 9 mit Rdn. 10 M). Er kann auch eine deutsche Übersetzung von der in fremder Sprache errichteten Urkunde anfertigen, mit der Bescheinigung der Richtigkeit und Vollständigkeit versehen und zusammen mit der Ausfertigung der Niederschrift (anstelle der herausgegebenen Urschrift) aufbewahren (§ 50 BeurkG; s.o. § 12 Rdn. 31 mit § 12 Rdn. 32 M).

11 M **Verhandelt in Hamburg am**
Vor mir, Notar ....., mit dem Amtssitz in Hamburg,
erschien heute der mir von Person bekannte Kaufmann ....., geboren am ....., wohnhaft in ....., und erklärte, er habe in einem bei dem Obersten Gerichtshof in England anhängigen Rechtsstreit einen Eid zu leisten, um dessen Abnahme er ersuche. Er legte eine in englischer Sprache abgefasste Schrift sowie eine deutsche Übersetzung davon vor, die der vereidigte Dolmetscher Bernhard Bartels in Hamburg, Mönckebergstraße 38, beglaubigt hat.
Herr Hansen erklärte, dass die vorgelegte Schrift die von dem englischen Gerichtshof gestellten Fragen sowie die Antworten, die er darauf gegeben habe, enthalte. Der Notar las ihm die als Anlage zu dieser Urkunde genommene deutsche Übersetzung der Fragen des Gerichtes und die von ihm darauf gegebenen Antworten vor. Herr Hansen bestätigte seine Antworten als richtig. Er wurde über die Bedeutung des Eides belehrt, insbesondere darüber, dass auch ein fahrlässiger falscher Eid strafbar sei. Nachdem er seine Bitte um Beeidigung wiederholt hatte, leistete er den Eid in folgender Weise: Der Notar sprach die Worte vor: »Sie schwören bei Gott dem Allmächtigen und Allwissenden, dass die Ihnen soeben vorgelesenen Erklärungen wahr sind.«
Herr Hansen sprach darauf die Worte, indem er die rechte Hand erhob: »Ich schwöre: Die mir soeben vorgelesenen Erklärungen sind wahr. So wahr mir Gott helfe.«
Hierauf setzte der Notar auf die englische Schrift folgenden Vermerk:
Von dem in Hamburg, ..., wohnenden Kaufmann Hermann Hansen ist das Vorstehende vor mir, dem unterzeichnenden Notar, beschworen worden.
Der Vermerk ist mit dem Siegel und der Unterschrift des Notars versehen worden. Die Schrift ist dem Kaufmann Hermann Hansen in Hamburg, ..., übergeben worden. Die deutsche Übersetzung der Schrift wird dieser Niederschrift beigefügt.
Die Niederschrift nebst Anlage wurde dem Beteiligten in Gegenwart des Notars vorgelesen, von ihm genehmigt und eigenhändig unterschrieben:

■ **Kosten.** Der Geschäftswert ist nach § 36 Abs. 1 bzw. Abs. 2 GNotKG, hilfsweise nach § 36 Abs. 3 GNotKG zu bestimmen. Ist der Eid zum Beweis eines Vermögensrechts zu leisten, so gibt dessen Wert den Anhalt zur Bestimmung des Geschäftswerts nach § 36 Abs. 1 GNotKG. In nichtvermögensrechtlichen Angelegenheiten ist in der Regel ein Wert von 5.000 € zugrunde zu legen, § 36 Abs. 3 GNotKG. 1,0 Gebühr nach Nr. 23300 KV GNotKG; bei Beurkundung in englischer Sprache fällt eine Zusatzgebühr nach Nr. 26001 KV GNotKG an.[6]

Brambring[7] schlägt folgenden Text für die Beurkundung eines Affidavits vor:

12 M

Verhandelt zu ….. am …..
Vor dem unterzeichnenden Notar ….. erschien Herr ….. und legte die dieser Niederschrift als Anlage beigefügte Erklärung in englischer Sprache mit der Überschrift
Affidavit
vor, die von ihm unterschrieben war. Er ersuchte um die Abnahme eines Eides und erklärte, dass der Eid zur Wahrnehmung von Rechten im Ausland erforderlich sei. Er gab an, die englische Sprache so hinreichend zu beherrschen, dass er den Text der Erklärung verstehe. Der Notar, der der englischen Sprache kundig ist, las dem Erschienenen die beigefügte Erklärung vor.
Belehrt über die Bedeutung eines Eides, insbesondere über die strafrechtlichen Folgen unwahrer Angaben, beschwor der Erschienene, wobei er die rechte Hand erhob, die Richtigkeit dieser Erklärung, nachdem der Notar ihm vorgesprochen hatte: »Sie schwören, nach bestem Wissen die reine Wahrheit gesagt und nichts verschwiegen zu haben« mit den Worten: »Ich schwöre es«. Auf eine religiöse Beteuerung wurde verzichtet.

….., Notar

Anschließend erteilt der Notar auf dem von den Beteiligten mitgebrachten und unterschriebenen Original des Affidavits die Bescheinigung in der dort vorgesehenen abgekürzten Form »subscribed and sworn before me«, gibt Datum und Ort an, unterschreibt unter Beifügung seiner Amtsbezeichnung und seines Siegels. **13**

Einer Aushändigung der Urschrift bedarf es nicht, da zur Verwendung im Ausland die Vorlage des mit Bescheinigung versehenen Affidavits genügt.

■ **Kosten.** Wie zu Muster Rdn. 11 M.

II. Abnahme und Aufnahme von eidesstattlichen Versicherungen

Wie bei den Eiden (vgl. Rdn. 2) ist auch bei den eidesstattlichen Versicherungen zwischen der *Abnahme*, also der Entgegennahme der Versicherung, und der *Aufnahme*, d.h. der Beurkundung des Vorgangs der Versicherung, zu unterscheiden. **14**

Zur *Abnahme* der eidesstattlichen Versicherung ist der Notar nur in bestimmten Fällen zuständig: Das ist er zunächst, wenn er auch zur Eidesabnahme zuständig ist (s.o. Rdn. 1) und namentlich dann, wenn die Versicherung »*vor* einem Notar« abzugeben ist, wie etwa bei den Anträgen auf Erteilung eines Erbscheins (§ 2356 Abs. 2 BGB; in Ausnahmefällen auch zum Nachweis eines Erbrechts nach § 35 Abs. 1 Satz 2 GBO gegenüber dem Grundbuchamt[8]), Zeugnissen über fortgesetzte Gütergemeinschaft (§ 1507 Satz 2 BGB), Testa- **15**

---

6   Zu den Kosten auch *Becker*, notar 2014, 307 f.
7   DNotZ 1976, 726, 739.
8   Vgl. BayObLG NJW-RR 2000, 1545 m.w.N.

mentsvollstreckerzeugnissen (§ 2368 Abs. 3 BGB), zur Bestellung von Sonderprüfern für eine Aktiengesellschaft (§§ 142 Abs. 2 Satz 3, 258 Abs. 2 Satz 5 AktG) und zur Erlangung einer Konkurs- bzw. Insolvenzfreiheitsbescheinigung, die vom europäischen Recht im Rahmen der Ausschreibung und Vergabe öffentlicher Aufträge verlangt wird.[9] In diesen Fällen nimmt der Notar die Versicherung nicht nur auf, sondern ist zugleich auch die Abnahmebehörde, sodass eine vorsätzlich oder fahrlässig falsche eidesstattliche Versicherung schon bei der Abnahme durch den Notar strafbar ist (§ 156 StGB), während sie das sonst erst beim Eingang bei der zur Abnahme zuständigen Behörde wird.[10]

16   Zur *Aufnahme* der eidesstattlichen Versicherung, also der bloßen Beurkundung des Vorgangs der Versicherung, ist der Notar demgegenüber in allen Fällen zuständig, in denen gegenüber einer Behörde oder sonstigen Dienststelle eine tatsächliche Behauptung glaubhaft gemacht werden soll (§ 22 Abs. 2 BNotO). Insbesondere ist der Notar daher nicht zuständig, eidesstattliche Versicherungen zur Verwendung gegenüber Privatpersonen oder im Rahmen eines Zwangsvollstreckungsverfahrens nach § 807 ZPO abzunehmen; für Letztere besteht nach § 899 ZPO eine ausschließliche Zuständigkeit des Gerichtsvollziehers. Ob die Versicherung für eine Behörde (worunter auch die Gerichte fallen) bestimmt ist, wird der Notar bei den Beteiligten erfragen und in der Urkunde dokumentieren. Eine über eine Nachfrage bei den Beteiligten hinausgehende Nachforschungspflicht besteht insoweit in Zweifelsfällen indes nicht. *Behörden* sind nach § 1 Abs. 4 VwVfG Stellen, die Aufgaben der öffentlichen Verwaltung wahrnehmen.[11] Auch *sonstige Dienststellen* können taugliche Empfänger der eidesstattlichen Versicherung sein, insbesondere ausländische Behörden.[12] Die eidesstattliche Versicherung muss in einem für die Behörde oder Dienststelle geordneten Verfahren zur Glaubhaftmachung geeignet bzw. die Behörde oder Dienststelle zur Abnahme für den konkreten Zweck befugt sein,[13] was der Notar nicht immer wird zuverlässig beurteilen können. Er kann in Zweifelsfällen die Bitte um Aufnahme einer eidesstattlichen Versicherung nicht ablehnen (§ 15 BNotO), sondern muss es der Behörde, für die sie bestimmt ist, überlassen, ob damit in einem bestimmten Verfahren etwas glaubhaft gemacht werden kann. Es ist daher bspw. möglich, eine eidesstattliche Versicherung einer Asylbewerberin aufzunehmen, in der für Zwecke der Wiederverheiratung in Deutschland gegenüber dem Standesamt Ort und Zeitpunkt der Geburt sowie Tag der Eheschließung und -scheidung versichert werden, auch wenn der Notar nicht beurteilen kann, ob dies beim Standesamt zur Glaubhaftmachung geeignet ist.[14] Die Behörde, für die die eidesstattliche Versicherung bestimmt ist, sowie der Verwendungszweck der Erklärung sollten in die Urkunde aufgenommen werden, um eine missbräuchliche Verwendung zu vermeiden und die Erfüllung der genannten Prüfpflichten zu dokumentieren.

17   Eine *Unterschriftsbeglaubigung* unter einem dem Notar vorgelegten Schriftstück, das eine eidesstattliche Versicherung enthält, ist von § 22 Abs. 2 BNotO nicht erfasst und entspricht

---

9   S. dazu DNotI-Gutachten Nr. 11277 v. 17.10.2002.
10 *Fischer*, § 156 StGB Rn. 9; s.a. OLG Frankfurt NStZ-RR 1996, 294.
11 Keine Behörden sind hingegen staatliche oder kommunale Wirtschaftsunternehmen und andere Einrichtungen, die ausschließlich im Bereich des allgemeinen Rechtsverkehrs tätig werden und über keinerlei öffentlich-rechtliche Befugnisse verfügen. Daher fallen als Anstalten des öffentlichen Rechts organisierte Sparkassen oder Landesbanken nicht hierunter (vgl. Gutachten, DNotI-Report 2006, 80), wohl aber Beliehene.
12 Gutachten, DNotI-Report 2012, 9.
13 Ein Notar darf daher bspw. eine eidesstattliche Versicherung zur Verwendung ggü. einem anderen Notar in einem Verwahrungsverfahren nicht aufnehmen, da ein Notar – wie dargestellt (Rdn. 14) – zur Abnahme eidesstattlicher Versicherungen nur in bestimmten Fällen, nicht aber im Verwahrungsverfahren zuständig ist, vgl. DNotI-Gutachten Nr. 93356 v. 15.07.2009.
14 Vgl. DNotI-Gutachten Nr. 65685 v. 09.03.2006.

nicht der Formvorschrift des § 38 BeurkG. Als bloße Beglaubigung der Unterschrift unter einer solchen Erklärung ist sie nach den allgemeinen Vorgaben und der eingeschränkten Prüfungspflicht des § 40 BeurkG zulässig. Ist jedoch bereits auf den ersten Blick erkennbar, dass der über der Unterschrift befindliche Text eine eidesstattliche Versicherung enthält, ist besondere Vorsicht angezeigt und wird die Beglaubigung regelmäßig abzulehnen sein (§ 14 Abs. 2 BNotO). Dann drängt sich nämlich der Verdacht auf, dass die Unterschriftsbeglaubigung nur vorgenommen werden soll, um der Versicherungserklärung eine besondere Seriosität und Bekräftigungsform zu verleihen. Die bloße Unterschriftsbeglaubigung ist aber hinsichtlich des Inhalts der Versicherung rechtlich bedeutungslos, insbesondere ist sie nicht strafbar nach § 156 StGB. Der Notar sollte sich daher auch in diesen Fällen an § 22 Abs. 2 BNotO orientieren; er sollte eine solche Unterschriftsbeglaubigung daher jedenfalls dann ablehnen, wenn sie zur Vorlage gegenüber einer Privatperson erstellt werden soll.[15] Beglaubigt er die Unterschrift unter einem Dokument zur Vorlage bei einer Behörde, sollte er darauf aufmerksam machen, dass die Abnahmebehörde die Versicherung in beurkundeter Form nach § 38 BeurkG fordern kann.

Für die Belehrung zur eidesstattlichen Versicherung und zum Vermerk in der Niederschrift gilt das für die Abnahme des Eides oben Rdn. 2 Gesagte.

18

Verhandelt am ...... **19 M**

Vor mir, Notar ....., mit dem Amtssitz in Bonn, erschien:
Frau Elwira Traugott geborene Meyer, geboren am ....., wohnhaft ....., dem Notar ausgewiesen durch amtlichen Lichtbildausweis.
Die Erschienene bat um die Beurkundung einer
Eidesstattlichen Versicherung
und erklärte zu notariellem Protokoll was folgt:
Zur Glaubhaftmachung im Verfahren auf Ersetzen der Geburtsurkunde für .....
oder: Im Verfahren auf Ersetzen eines verlorenen Kraftfahrzeugführerscheins für .....
oder: Im Entschädigungsverfahren für rassisch, politisch und wirtschaftlich Verfolgte des .....
oder: Zur Glaubhaftmachung des Verlustes eines Seefahrtsbuches zum Antrag auf Erteilung eines neuen (§ 11 Abs. 3 des SeemannsG vom 20.07.1957, BGBl. II S. 713)
oder: Im Arrest-(einstweilingen Verfügungs-)Verfahren (§§ 920, 936 ZPO) zur Glaubhaftmachung des Arrestanspruchs und Arrestgrundes
versichere ich gegenüber dem Standesamt/der Polizeibehörde/dem Entschädigungsamt/der Schifffahrtsdirektion/dem Seemannsamt/dem Amts-/Landgericht ..... folgendes an Eides Statt: .....
Ich bin vom Notar darüber belehrt worden, dass eine vorsätzlich oder fahrlässig falsche Abgabe einer eidesstattlichen Versicherung mit Strafe bedroht ist.
Die Niederschrift wurde der Beteiligten in Gegenwart des Notars vorgelesen, von ihr genehmigt und eigenhändig wie folgt unterschrieben:

▪ *Kosten.* Wie zu Muster Rdn. 11 M.

Wenn die eidesstattliche Versicherung als Instrument der Glaubhaftmachung in bestimmten Verfahren nicht infrage kommt oder ein Fall des § 22 Abs. 2 BNotO nicht vorliegt, kann der Notar auch bloß *einfache Erklärungen* und Beteuerungen, wie sie auch gegenüber Privatper-

20

---
15 So auch Schippel/Bracker/*Reithmann*, § 22 BNotO Rn. 20; s.a. DNotI-Gutachten Nr. 32795 v. 02.05.2002.

§ 16 Eide und eidesstattliche Versicherungen

sonen infrage kommen, als tatsächliches Geschehen nach §§ 36 ff. BeurkG beurkunden. Freilich wird hier ein besonderes Augenmerk darauf zu legen sein, dass durch eine solche Beurkundung kein falscher Anschein erweckt wird (§ 14 Abs. 2 BNotO). Ersuchen etwa die Beteiligten den Notar, Erklärungen über ihre Vermögensverhältnisse zur Vorlage bei Gläubigern zu beurkunden, kann eine solche notarielle Urkunde leicht den unzutreffenden Eindruck einer besonderen Richtigkeitsgewähr hervorrufen. Jedenfalls sollte der Notar dann in der Urkunde ausdrücklich klarstellen, dass er die Angaben der Beteiligten in keiner Weise überprüft hat, und in Zweifelsfällen die Beurkundung ganz ablehnen.

§ 17 Wechselproteste und Scheckproteste

I. Voraussetzungen

Wird ein Wechsel bei Verfall (Art. 33 ff. WG) vom Bezogenen nicht bezahlt oder wird die Annahme verweigert, so kann der Inhaber des Wechsels gegen die dann gesamtschuldnerisch haftenden Indossanten, den Aussteller und die anderen Wechselverpflichteten, d.h. Wechselbürgen und Ehrenannehmer, nach *Art. 43 WG Rückgriff* nehmen. Die Aufforderung des Protestgegners (sog. Protestat), und dessen Weigerung sind nach Art. 44 WG in einer öffentlichen Urkunde festzustellen (*Protest*).[1] Der form- und fristgerechte Protest ist notwendige Voraussetzung des Rückgriffs (Art. 53 WG); er begründet zwar nicht den Rückgriffsanspruch, erhält aber das Rückgriffsrecht.[2] Es gibt keinen Regress ohne einen wirksamen Protest, weshalb der den Protest beurkundende Notar peinlich genau darauf achten wird, die vor allem in den Art. 79 ff. WG geregelten Formalitäten des Protestes streng einzuhalten.[3] Eine *Ausnahme* vom Erfordernis des Protestes besteht nur dann, wenn er nach Art. 46 WG vom Schuldner durch einen entsprechenden Vermerk auf dem Wechsel erlassen worden ist oder wenn über das Vermögen des Bezogenen das Insolvenzverfahren eröffnet worden ist, Art. 44 Abs. 6 WG (dem gleichzustellen ist die Ablehnung der Eröffnung mangels Masse[4]). Der Aussteller eines eigenen Wechsels, Art. 75 ff. WG, haftet ebenso wie der Annehmer, Art. 28 WG,[5] als *Hauptwechselschuldner* aus seinem Zahlungsversprechen; beide müssen daher bei Verfall zahlen, ohne dass eine Protesterhebung erforderlich ist. 1

II. Ort der Protesterhebung

Der Ort der Protesterhebung liegt stets dort, wo die wechselrechtlichen Handlungen vorzunehmen sind; Wechselverbindlichkeiten sind Holschulden. Nur der an diesem Ort erhobene Protest ist wirksam. Vorgelegt und protestiert werden muss der Wechsel nach Art. 87 WG in den Geschäftsräumen, ersatzweise in der Wohnung des Protestgegners. Es muss erhoben werden: der Protest mangels *Zahlung* am Zahlungsort, der Protest mangels *Annahme* am Wohnort des Bezogenen, beim eigenen Wechsel am Wohnort des Ausstellers, der Protest mangels *Sichtbestätigung* (Art. 78 WG) am Wohnort des Ausstellers, der Protest wegen *Verweigerung* der Aushändigung der Ausfertigung (Art. 66 Abs. 2 WG) oder der Urschrift (Art. 68 Abs. 2 WG) eines Wechsels am Wohnort desjenigen, der die Urkunde verwahrt. Bei dem in der Praxis besonders bedeutsamen Protest mangels Zahlung erlaubt Art. 4 WG, den Wechsel abweichend vom Wohnort des Bezogenen (Art. 3 Abs. 3 WG) an einem anderen Ort zahlbar zu stellen; dann ist der Wechsel auch an diesem Zahlungsort zu protestieren, da Protestort stets der Zahlungsort ist. Sind Zahlungsort und Wohnort des Bezogenen verschieden, spricht man von einem *Domizilwechsel*. 2

Soll die Zahlung bei einem Dritten – typischerweise ein Kreditinstitut – erfolgen, ist er sog. Zahlstelle (s. z.B. Art. 27 Abs. 2 WG), es handelt sich um einen *Zahlstellenwechsel*. Die 3

---

1 Kurzüberblick zur Erforderlichkeit eines Wechselprotestes bei *Becker*, notar 2014, 24 f.
2 BGHZ 21, 155.
3 S. auch *Parensen*, NJW 1968, 604.
4 OLG Frankfurt WM 1987, 868.
5 Wird die Annahme in Vertretung für eine andere Person erklärt, muss sich das eindeutig aus der Annahmeerklärung ergeben; bei Wechseln als umlauffähigen Wertpapieren wird ein strenger Maßstab angelegt (vgl. etwa LG Münster BeckRS 2012, 11198).

Zahlstelle ist kein Ort, sondern ein Dritter, der am Zahlungsort (= der politischen Gemeinde) zahlen soll und bei dem der Protest gegen den Bezogenen zu erfolgen hat.[6] Die Zahlstelle kann am Wohnort des Bezogenen oder an einem anderen Ort sein; im ersten Fall handelt es sich um einen sog. reinen Zahlstellenwechsel, im letztgenannten Fall um einen Domizilwechsel. Protestort ist in diesem Fall die politische Gemeinde, in der sich die Proteststelle, d.h. die Räume des Dritten, befindet. Die Proteststelle – nicht aber der Protestort – kann durch Vereinbarung des Protestgegners mit dem Notar abgeändert werden.[7] Daher ist bspw. ein Protest bei einer Zweigstelle einer Bank oder auch im Büro des Notars wirksam, auch wenn die Hauptstelle der Bank als Zahlstelle angegeben war, sofern nur die Zweigstelle bzw. das Büro des Notars in der politischen Gemeinde der Hauptstelle liegt und die Proteststelle einvernehmlich – sei es auch konkludent – geändert wurde.[8]

4   Lassen sich die Geschäftsräume nicht ermitteln, so muss der Protest in der *Wohnung* des Protestgegners erhoben werden, Art. 87 Abs. 1 WG. Der Notar muss zunächst die *Geschäftsräume* des Protestgegners zu ermitteln versuchen. Sind sie vorhanden, findet er aber den Protestgegner dort nicht vor oder ist das Geschäftslokal vorübergehend geschlossen oder wird ihm der Zutritt verweigert, so braucht er nicht die Wohnung des Protestgegners aufzusuchen. Nur wenn der Protestbeamte Geschäftsräume nicht ermitteln kann, muss er den Protestaten in seiner Wohnung aufsuchen. Nötigenfalls muss er hierfür Ermittlungen anstellen. Ist eine Nachfrage bei der Polizeibehörde ohne Erfolg geblieben, ist der Notar zu weiteren Nachforschungen nicht verpflichtet (Art. 87 Abs. 3 WG). Ein Vermerk in der Protesturkunde, dass sich unter der im Wechsel angegebenen Anschrift eine Wohnung nicht habe ermitteln lassen, reicht nicht; vielmehr ist die Unauffindbarkeit in der Ortschaft, in der zu zahlen ist, zu vermerken.

III. Tag und Zeit des Protestes

5   Der Protest mangels Zahlung muss bei einem Wechsel, der an einem bestimmten Tag oder zu einer bestimmten Zeit nach der Ausstellung oder nach Sicht zahlbar ist, an einem der beiden auf den Zahlungstag *folgenden Werktage* erhoben werden (Art. 44 Abs. 3 WG). Stets ist daher der Zahltag zu ermitteln. Verfällt der Wechsel an einem Sonntag, gesetzlichen Feiertag oder an einem Samstag, kann die Zahlung erst am nächsten Werktag verlangt werden, sodass sich die Frist dann entsprechend verschiebt (Art. 72 WG). Für Sichtwechsel gilt Art. 34 WG.

6   Auch die Protesterhebung ist nur an einem Werktag, nicht an einem Feiertag oder Samstag möglich (Art. 72 Abs. 1 Satz 2 WG). Da an Samstagen oder Feiertagen die Frist nicht ablaufen kann, gilt für die Protesterhebung Folgendes:

Verfalltag	Zahlungstag	frühester Protesttag	spätester Protesttag
a) Donnerstag	Donnerstag	Freitag	Montag
b) Freitag	Freitag	Montag	Dienstag
c) Samstag	Montag	Dienstag	Mittwoch
d) Sonntag	Montag	Dienstag	Mittwoch

7   Bei Wechseln, die an einem Freitag verfallen, ist spätestens am Dienstag der folgenden Woche Protest zu erheben, da der Samstag kein Werktag i.S.d. Art. 44 Abs. 3 WG ist. Dem

---

6 OLG Stuttgart WM 2002, 2015 m. Anm. *Müller-Christmann*, WuB I D 4.-1.03; die Revision gegen das Urteil hat der BGH nicht angenommen (BGH v. 04.12.2001 – Az. XI ZR 147/01).
7 *Baumbach/Hefermehl/Casper*, Art. 87 WG Rn. 3; DNotI-Gutachten Nr. 88644 v. 09.10.2008.
8 OLG Frankfurt WM 1987, 1332; DNotI-Gutachten Nr. 13172 v. 21.09.2005.

Wechselgläubiger sollen *stets 2 volle Werktage* zur Protesterhebung zur Verfügung stehen.[9] Bei einem Sichtwechsel gilt die in Art. 34 WG bestimmte Vorlegungsfrist. Innerhalb dieser Frist kann der Sichtwechsel wiederholt vorgelegt werden, ohne dass Protest erhoben werden müsste. Ist der Sichtwechsel am letzten Tage der Frist zum ersten Male vorgelegt worden, so kann der Protest noch am folgenden Tage erhoben werden (Art. 44 Abs. 2 Satz 2 WG). Es ist darauf zu achten, dass innerhalb der Frist zur Protesterhebung auch die *Protesturkunde unterschrieben* wird; nach einem Urteil des LG Arnsberg kann nämlich die fehlende Unterschrift des Protestbeamten nach Ablauf der Protestfrist nicht mehr, auch nicht im Wege der Berichtigung nach Art. 85 WG, nachgeholt werden.[10]

Die Protesterhebung soll *werktags* in der Zeit zwischen *9 und 18 Uhr* erfolgen (Art. 86 WG). Als Werktag gilt jeder Tag, der am Ort kein allgemeiner gesetzlicher Feiertag ist. Der *Samstag ist wie ein Feiertag* zu behandeln (Art. 72 WG). Wenn der Wechsel bei einem Bankinstitut zu zahlen ist (Zahlstellenwechsel), empfiehlt sich entgegen Art. 86 WG folgende Vorgehensweise: Eine Protesterhebung bei einem Kreditinstitut als Zahlstelle sollte innerhalb der Banköffnungszeiten erfolgen. Unabhängig von Banköffnungszeiten, aber innerhalb der Zeiten des Art. 86 WG, kann jedoch ein Wechselprotest als sog. *Wandprotest* wirksam erhoben werden, wenn der Wechsel zuvor am oder nach dem Zahlungstag und noch vor Protesterhebung dem Kreditinstitut während der Banköffnungszeiten zur Zahlung vorgelegt worden war, was sich aus der Wechsel- oder Protesturkunde ergeben muss.[11] Bei erstmaliger Vorlegung des Wechsels ist der Protest innerhalb der Banköffnungszeiten zu erheben, widrigenfalls er unwirksam ist.[12] Die Beurkundung der Uhrzeit des Protestes ist nicht erforderlich; nur wenn der Protestat in einen Protest zu einer anderen Zeit eingewilligt hat, ist diese Einwilligung als zwingende Voraussetzung in die Urkunde aufzunehmen. **8**

IV. Inhalt und Form des Protestes

In die *Protesturkunde*, die eine sonstige Tatsachenurkunde und als solche nach den §§ 36 ff. BeurkG zu beurkunden ist, sind nach Art. 80 Abs. 1 WG *aufzunehmen:* **9**
– der Name dessen, für den protestiert wird (der sog. Protestant, d.h. der nach Art. 16 WG förmlich legitimierte Wechselinhaber), und der Name dessen, *gegen* den protestiert wird (der sog. Protestat oder Protestgegner, d.h. der Bezogene oder der Akzeptant),
– die Angabe der erfolglosen Aufforderung oder des Nichtantreffens oder der Nichtermittlung des Protestgegners,
– Ort und Tag der erfolglosen oder versuchten Aufforderung (die Tageszeit nur ausnahmsweise, s.o. Rdn. 8),
– das bei einem zur Annahme vorgelegten Wechsel nach Art. 24 WG etwa gestellte Verlangen des Bezogenen zur nochmaligen Vorlage am nächsten Tage.

Die Aufnahme der *Vorlegung* des Wechsels ist nicht ausdrücklich vorgeschrieben. Da aber ohne sie keine Zahlung und keine Annahme verlangt werden können (Art. 38 und Art. 21 WG), ist sie mit aufzunehmen.

Nicht in die Protesturkunde aufgenommen zu werden braucht das *Aussprechen* eines Protestes durch den Protestbeamten. Nach Art. 44 Abs. 1 WG ist die *Verweigerung* der Zahlung oder Annahme durch eine öffentliche Urkunde festzustellen. Zur Feststellung der Weigerung ist eine Erklärung des Notars, dass er protestiere, nicht erforderlich. Wird der Protestat nicht angetroffen oder nicht ermittelt, so braucht auch ein sog. *Windprotest* nicht in den Wind gesprochen zu werden. Es braucht nicht einmal niedergeschrieben zu werden, was **10**

---
9 Baumbach/Hefermehl/Casper, Art. 44 WG Rn. 5; s.a. DNotI-Gutachten Nr. 2491 v. 17.05.2001.
10 LG Arnsberg NJW 1968, 603.
11 OLG Hamburg WM 1983, 164; OLG Hamm MittBayNot 1988, 87.
12 OLG Hamm OLGZ 1989, 219 m. Anm. *Ahrens*, EWiR 1989, 403.

der Protestat oder sein Vertreter wörtlich erklärt hat. Nur das negative Ergebnis der stattgefundenen oder versuchten Aufforderung ist festzustellen. Mit der Niederschrift wird die Protestaufnahme abgeschlossen.

11 *Unterschrift* und *Amtssiegel* oder Amtsstempel schließen die Protesturkunde ab (s. im Einzelnen Art. 81 WG). Der Protest ist auf den Wechsel selbst oder auf ein mit ihm zu verbindendes Blatt zu setzen. Wird der Protest auf ein Blatt gesetzt, das mit dem Wechsel verbunden wird (Allonge), so soll die Verbindungsstelle mit dem Amtssiegel oder dem Amtsstempel versehen werden. Ist dies geschehen, so braucht der Unterschrift des Notars nicht nochmals ein Siegel oder Stempel beigefügt zu werden (Art. 81 Abs. 3 Satz 2 WG).

12 *Schreibfehler*, Auslassungen und sonstige Mängel können nur bis zur Aushändigung an denjenigen, für den der Protest erhoben worden ist, mit der Unterschrift des Protestbeamten berichtigt werden (Art. 85 Abs. 1 WG). Nicht nachgeholt werden kann die Unterschrift, wenn sie nicht innerhalb der Protestfrist geleistet worden ist.[13] Anstelle einer falsch gefassten Urkunde kann eine richtige aufgenommen werden, wenn die erste noch nicht ausgehändigt ist. *Nach* der Aushändigung der Protesturkunde an den Auftraggeber ist eine Berichtigung ausgeschlossen. Eine falsche Protesthandlung kann aber, solange die Protestfrist läuft, wirksam wiederholt werden.

V. Zahlung

13 Zahlt der Bezogene die Wechselschuld mit Zinsen und Kosten, so erübrigt sich ein Protest. Ein Protest bei voller Zahlung ist unwirksam. Der Notar muss nach Art. 84 WG und in Abweichung von § 54a Abs. 1 BeurkG Zahlungen annehmen; seine Befugnis zu dieser Annahme kann nicht ausgeschlossen werden, Art. 84 WG. Er ist zur Quittungsleistung auf dem Wechsel befugt und verpflichtet, Art. 39 Abs. 3 WG. Erfolgt eine volle Zahlung, zu der auch die Protestkosten gehören, so hat der Bezogene einen Anspruch auf Aushändigung des Wechsels, Art. 39 Abs. 1 WG. Wird der Auftrag ohne Protesterhebung erledigt, so hat der Protestbeamte dies urkundlich zu vermerken und den Vermerk zu seinen Nebenakten zu nehmen.

14 Es gehört aber nicht zu den Amtsgeschäften des Notars, einen Wechsel vorzulegen, um mit den Wechselschuldnern über eine freiwillige Zahlung zu verhandeln. Die Übernahme eines solchen Auftrags ist vielmehr mit der Pflicht des Notars zur Unparteilichkeit unvereinbar und diesem daher verwehrt.[14]

VI. Wechselabkommen

15 Eine Besonderheit gilt bei Wechseln, die nach Maßgabe des am 01.10.1987 in Kraft getretenen und zum 01.01.2002 aktualisierten *Wechselabkommens (WAbk)*, in dem die im Wechseleinzugsabkommen vom August 1977 und im Wechselrückgabeabkommen vom September 1977 enthaltenen Regeln über das Wechselinkasso zusammengefasst und mit Erläuterungen versehen worden sind, eingezogen werden.[15] Nach Abschn. II Nr. 2 I WAbK bedarf es für den Einzug eines Wechsels keines förmlichen Indossaments zwischen den Kreditinstituten, vielmehr reicht es, wenn die erste Inkassostelle, d.h. das Kreditinstitut, das den Wechsel zum Einzug gibt, auf der Rückseite des Wechsel »*Vollmacht gemäß Wechselabkommen*« unter Beifügung seines Namens, der Bankleitzahl und dem Ort der Ausfertigung vermerkt; einer *Unter-*

---

13 LG Arnsberg NJW 1968, 603.
14 LG Aachen MittRhNotK 1981, 270.
15 Vgl. dazu *Harbeke*, WM 1990, 1696; *Baumbach/Hefermehl/Casper*, Art. 11 WG Rn. 15 ff.

schrift bedarf es nicht. Fehlt der Vermerk, so kann der Wechsel nur im normalen Einzugsverfahren, d.h. durch Weiterreichung an die als Inkassostelle fungierende Bank mittels rechtsverbindlich unterschriebenem Inkassoindossament, eingezogen werden. Ist ein Einzugsvermerk (Stempel) angebracht, so bleibt förmlich legitimiert nur das erste, den Stempelaufdruck anbringende Kreditinstitut. Der Vermerk hat jedoch die Wirkung einer *Auftrags- und Vollmachtserteilung*; es liegt eine gegenseitige Bevollmächtigung der an dem Abkommen beteiligten Kreditinstitute vor (Abschn. II Nr. 2 II WAbk). Gestützt auf diese Vollmacht sind die dem Abkommen angeschlossenen Kreditinstitute im Namen der ersten Inkassostelle unter anderem zum *Protest des Wechsels bei Nichteinlösung* berechtigt (Abschn. II Nr. 2 III c) WAbk), wobei die letzte Inkassostelle den Protest als Vertreterin der ersten Inkassostelle erhebt, was in der Protesturkunde zum Ausdruck kommen muss (Abschn. II Nr. 3 WAbk[16]).

Diese Form der Protesterhebung kommt in der Praxis häufig vor, da sämtliche Spitzenverbände der deutschen Kreditwirtschaft Vertragspartner des WAbK sind und der Verzicht auf ein förmliches Indossament zum Einzug des Wechsels für die Praxis der Kreditinstitute erhebliche Erleichterungen bringt.[17] Da im Fall eines *fehlenden Vermerks* zur Übertragung der Wechselrechte ein förmliches Indossament erforderlich ist (s. Rdn. 15), ist stets darauf zu achten, ob Wechsel, die protestiert werden sollen, den erwähnten Stempelaufdruck tragen. Von dem vereinfachten Wechseleinzugsverfahren ausgenommen sind in der Regel Wechsel, die von Stellen der öffentlichen Hand oder aus dem Ausland zum Einzug gegeben werden. Protesturkunden über solche Wechsel sind in der herkömmlichen Form auszustellen.

VII. Aktenbehandlung

Die Protesturkunde ist von dem Notar zu unterschreiben, zu siegeln und mit dem Wechsel dauerhaft zu verbinden, wobei die Verbindungsstelle mit dem Amtssiegel zu versehen ist (Art. 81 WG). Eine *beglaubigte Abschrift* der Protesturkunde und einen *Vermerk* über den *Inhalt* des protestierten Wechsels behält der Notar zurück. In den Vermerk nimmt er gemäß Art. 85 Abs. 2 WG auf: Betrag, Verfallzeit, Ort und Tag der Ausstellung, die Namen des Ausstellers, des Begünstigten und des Bezogenen, eine etwaige dritte Zahlstelle, etwaige Notadressen sowie Ehrenannehmer. Wenn möglich, sollte der Vermerk auf der beglaubigten Protestabschrift angebracht werden, § 21 Satz 3 DNotO. Es empfiehlt sich, eine vollständige beglaubigte Abschrift von Wechsel und Protesturkunde zurückzubehalten. Gemeinsam mit der Kostenrechnung sind Vermerk und beglaubigte Protestabschrift nach der zeitlichen Reihenfolge mit fortlaufenden Nummern geordnet in Sammelbänden 5 Jahre lang aufzuheben (§§ 5 Abs. 1 Satz 2 Nr. 2, Abs. 4 Satz 1, 21 DONot). In die Urkundenrolle sind Proteste nicht aufzunehmen.

Nach § 61 Abs. 1 Nr. 3 BeurkG sind die in fast allen Bundesländern geltenden Vorschriften, nach denen auch die *Gerichtsvollzieher* für die Aufnahme von Wechsel- und Scheckprotesten zuständig sind, unberührt geblieben.

---

16 S. auch OLG Hamm MittBayNot 1988, 87 – zum Wechseleinzugsabkommen.
17 *Harbeke*, WM 1990, 1696.

§ 17 Wechselproteste und Scheckproteste

1. Vorlegung beim Bezogenen selbst (Art. 80 WG)

Protest im Geschäftsraum des angetroffenen Bezogenen (Art. 80 WG)

19 M Für die Deutsche Wechselbank Aktiengesellschaft in Berlin habe ich diesen Wechsel heute dem Kaufmann Adam Schuldig in seinen Geschäftsräumen in 12345 Berlin, Kurfürstendamm 1, vorgelegt und ihn ohne Erfolg zur Zahlung aufgefordert.
Berlin, den ...., Notar
(Siegel oder Stempel unter den Mustern Rdn. 19 M–Rdn. 57 M gemäß Art. 80 Abs. 3 WG)

■ *Kosten.* Zu den Mustern Rdn. 19 M–57 M s. hinter Rdn. 57 M.

Protest wegen eines Teilbetrages gegen den zum Teil zahlenden Bezogenen (Art. 80, 39, 84 WG)

20 M Für die Deutsche Wechselbank Aktiengesellschaft in Berlin habe ich diesen Wechsel heute dem Kaufmann Adalbert Schuldig in seinen Geschäftsräumen in 12345 Berlin, Kurfürstendamm 2, vorgelegt. Er zahlte von mir entgegengenommene 500 €. Zur Zahlung der restlichen 500 € und der Protestkosten habe ich ihn erfolglos aufgefordert.
Berlin, den ...., Notar

Protest gegen den nicht angetroffenen Bezogenen (Art. 80 WG)

21 M Für die Deutsche Wechselbank Aktiengesellschaft in Berlin habe ich heute um 15.00 Uhr versucht, diesen Wechsel dem Kaufmann Ansgar Schuldig in seinem Geschäftsraum in 12345 Berlin, Kurfürstendamm 3, vorzulegen. Mir wurde jedoch kein Einlass in die Geschäftsräume gewährt.
Berlin, den ...., Notar

Protest gegen den nicht zu ermittelnden Bezogenen (Art. 87 WG)

22 M Für die Deutsche Wechselbank Aktiengesellschaft in Berlin habe ich heute versucht, diesen Wechsel dem Kaufmann Albert Schuldig in dem angegebenen Geschäftslokal in 12345 Berlin, Kurfürstendamm 4, vorzulegen. Dort hat er jedoch nach der Erklärung des Hauswarts keinen Geschäftsraum. Auf Nachfrage bei dem für das Haus zuständigen Einwohnermeldeamt konnte ich weder Geschäftsraum noch Wohnung des Bezogenen in Berlin erfahren.
Berlin, den ...., Notar

Protest gegen einen Bezogenen, dessen Persönlichkeit nicht feststeht (Art. 80 WG)

23 M Für die Deutsche Wechselbank Aktiengesellschaft in Berlin habe ich heute versucht, diesen Wechsel dem als Bezogenen bezeichneten Kaufmann Alfred Schuldig in dem angegebenen Geschäftslokal in 12345 Berlin, Kurfürstendamm 5, vorzulegen. Der dort Angetroffene erklärte, er heiße nicht Alfred, sondern Alfried Schuldig. Einen Herrn Alfred Schuldig habe ich nicht angetroffen. Meine Frage, ob er die Annahmeerklärung

auf dem Wechsel unterschrieben habe, beantwortete er nicht. Ich habe ihn erfolglos zur Zahlung aufgefordert.
Berlin, den ...., Notar

Protest nach 18 Uhr mit Einwilligung des Protestaten (Art. 86 WG)

Für die Deutsche Wechselbank Aktiengesellschaft in Berlin habe ich heute diesen Wechsel dem Kaufmann Anton Schuldig in seinen Geschäftsräumen in 12345 Berlin, Kurfürstendamm 6, um 18.30 Uhr vorgelegt und ihn erfolglos zur Zahlung aufgefordert. Er erklärte sich mit der Zahlungsaufforderung nach 18 Uhr einverstanden.
Berlin, den ...., Notar

24 M

Protest gegen den Bezogenen, der den Notar aufsucht (Art. 87 WG)

Für die Deutsche Wechselbank Aktiengesellschaft in Berlin habe ich heute diesen Wechsel dem Kaufmann Anselm Schuldig, der sein Geschäftslokal in 12345 Berlin, Kurfürstendamm 7, hat, vorgelegt und ihn erfolglos zur Zahlung aufgefordert. Er suchte mich in meiner Geschäftsstelle in Berlin auf und erklärte sich mit der Vorlegung des Wechsels hier einverstanden.
Berlin, den ...., Notar

25 M

Protest gegen einen Vertreter des Protestaten (Art. 80 WG)

Mit dem Ehepartner, kaufmännischen und gewerblichen Gehilfen, Lehrlingen, Hausangestellten u.a. braucht der Notar, wenn sie keine Vertretungsmacht nachweisen, nicht zu verhandeln. Eine Verhandlung mit diesen Personen macht jedoch den Protest nicht ungültig, doch muss stets das Nichtantreffen des Protestaten festgestellt werden. Ob der angebliche Vertreter befugt ist, die Zahlungsaufforderung entgegenzunehmen, braucht der Notar nicht festzustellen. Er kann den, der es glaubhaft erklärt, als zur Entgegennahme der Aufforderung ermächtigt behandeln. Gibt es mehrere Gesamtvertreter, so reicht die Aufforderung an einen von ihnen (vgl. § 170 Abs. 3 ZPO[18]).

26

Für die Deutsche Wechselbank Aktiengesellschaft in Berlin habe ich heute versucht, diesen Wechsel dem Kaufmann Aribert Schuldig in seinen Geschäftsräumen in 12345 Berlin, Kurfürstendamm 8, vorzulegen. Ich habe ihn jedoch nicht angetroffen. Ein dort anwesender Herr erklärte, er heiße Ernst Lukas und sei Prokurist im Geschäft von Schuldig. Ich habe ihn nach Vorlegung des Wechsels ohne Erfolg zur Zahlung für den Kaufmann Aribert Schuldig aufgefordert.
Berlin, den ...., Notar

27 M

Protest gegen eine GmbH bei Antreffen eines Gesamtprokuristen (Art. 80 WG; § 48 Abs. 2 HGB)

Zum *Empfang* von Erklärungen berechtigt ist auch ein einzelner Gesamtprokurist in entsprechender Anwendung von § 125 Abs. 2 Satz 3 und Abs. 2 Satz 2 HGB.[19]

28

---

18 S.a. RGZ 53, 231.
19 *Baumbach/Hopt*, § 48 HGB Rn. 5.

29 M Für die Deutsche Wechselbank Aktiengesellschaft in Berlin habe ich heute in den Geschäftsräumen der Artur Schuldig Gesellschaft mit beschränkter Haftung in 12345 Berlin, Kurfürstendamm 9, einen Geschäftsführer der Gesellschaft nicht angetroffen, sondern nur einen Herrn, der sich Emil Lukas nannte und erklärte, Gesamtprokurist der Gesellschaft zu sein. Ich habe ihm diesen Wechsel vorgelegt und ihn erfolglos zur Zahlung für die Artur Schuldig GmbH aufgefordert.
Berlin, den ….. ….., Notar

Protest gegen eine GmbH bei Antreffen eines gesamtvertretungsberechtigten Geschäftsführers (§ 35 Abs. 2 Satz 3 GmbHG)

30 Der Geschäftsführer einer GmbH ist wie der vertretungsberechtigte Gesellschafter einer OHG oder KG ermächtigt, Erklärungen allein entgegenzunehmen (§ 35 Abs. 2 Satz 3 GmbHG).

31 M Für die Deutsche Wechselbank Aktiengesellschaft in Berlin habe ich heute in den Geschäftsräumen der Papiergroßhandlung Arnold Schuldig Gesellschaft mit beschränkter Haftung in 12345 Berlin, Kurfürstendamm 10, diesen Wechsel dem Geschäftsführer Antonio Amberg vorgelegt und erfolglos für die Papiergroßhandlung Arnold Schuldig GmbH zur Zahlung aufgefordert, nachdem er erklärte hatte, er sei nur gemeinsam mit dem anderen Geschäftsführer vertretungsberechtigt.
Berlin, den ….. ….., Notar

Protest gegen eine nicht mehr bestehende GmbH (Art. 80 WG)

32 M Für die Deutsche Wechselbank Aktiengesellschaft in Berlin habe ich heute versucht, diesen Wechsel der Benno Schuldig Gesellschaft mit beschränkter Haftung in dem angegebenen Geschäftslokal in 12345 Berlin, Kurfürstendamm 11, vorzulegen. Die Firma war jedoch dort unbekannt und auch weder im Handelsregister noch im Telefonbuch verzeichnet. Auf Nachfrage bei dem für das Geschäftslokal zuständigen Einwohnermeldeamt waren Geschäftsräume dieser Firma nicht zu ermitteln.
Berlin, den ….. ….., Notar

Protest gegen mehrere Bezogene (Art. 83 WG)

33 Existieren mehrere Bezogene, so ist der Wechsel gegen sämtliche Bezogene zu protestieren, wobei jedoch eine Protesturkunde ausreichend ist.

34 M Für die Deutsche Wechselbank Aktiengesellschaft in Berlin habe ich heute einem von den beiden Bezogenen, dem Kaufmann Bernhard Schuldig, diesen Wechsel in seinen Geschäftsräumen in 12345 Berlin, Kurfürstendamm 12, vorgelegt und ihn ohne Erfolg zur Zahlung aufgefordert. Den Kaufmann Bruno Schuldig habe ich in demselben für ihn angegebenen Geschäftslokal nicht angetroffen.
Berlin, den ….. ….., Notar

Protest gegen einen nicht angetroffenen Insolvenzschuldner (Art. 87 WG)

35 Nur gegen den Insolvenzschuldner ist zu protestieren.[20] Ein Protest gegen den Insolvenzverwalter wäre unwirksam. Der Protest ist jedoch zur Ausübung des Rückgriffrechts gegen

---

20 *Baumbach/Hefermehl/Casper*, Art. 80 WG Rn. 4.

die Vormänner *vor Verfall* (Art. 43 Abs. 2 Nr. 3 WG) überhaupt nicht erforderlich, wenn über das Vermögen des Bezogenen das Insolvenzverfahren eröffnet oder die Eröffnung mangels Masse abgelehnt worden ist (Art. 44 Abs. 4 WG[21]). Es genügt dann die Vorlegung des Gerichtsbeschlusses hierüber.

Für die Deutsche Wechselbank Aktiengesellschaft in Berlin habe ich heute versucht, diesen Wechsel dem Kaufmann Bodo Schuldig in den Geschäftsräumen in 12345 Berlin, Kurfürstendamm 13, vorzulegen. Ich fand sie verschlossen. In der in Berlin-Mitte, Kurfürstendamm 112, gelegenen Wohnung des Bezogenen traf ich ihn nicht an. Über sein Vermögen soll das Insolvenzverfahren eröffnet sein. 36 M
Berlin, den ...., Notar

Protest zu einer Urschrift und einer Abschrift des Wechsels (Art. 67, 68, 81 Abs. 4 WG)

Der Protest wird auf die Urschrift gesetzt. Bei der Abschrift wird er auf der Rückseite oder am Rande oder auf einem damit verbundenen und mit Siegel oder Stempel versehenen Blatt vermerkt. 37

Für die Deutsche Wechselbank Aktiengesellschaft in Berlin habe ich diesen Wechsel heute dem Kaufmann Dietrich Schuldig in seinem Geschäftsraum in 12345 Berlin, Kurfürstendamm 14, vorgelegt und ihn ohne Erfolg zur Bezahlung aufgefordert. Die Abschrift dieses Wechsels, auf der sich das Indossament der Firma Ulrich Müller & Co. in Hannover befindet, habe ich gleichzeitig erfolglos vorgelegt. 38 M
Berlin, den ...., Notar

2. Vorlegung bei einer Zahlstelle (Art. 4, 27 Abs. 2 WG)

Das Zahlbarstellen von Wechseln bei einer Bank als Zahlstelle (sog. Zahlstellenwechsel) ist in der Praxis häufig anzutreffen. 39

Wenn der Wechsel bei einem *Dritten*, am Wohnort des Bezogenen oder an einem anderen Ort *zahlbar* gestellt ist (Art. 4, 27 Abs. 2 WG), so ist er an der *Zahlstelle* vorzulegen. Bleibt die Aufforderung erfolglos, so ist niederzuschreiben, dass der Bezogene ohne Erfolg zur Zahlung aufgefordert worden ist. Der Vorschrift des Art. 80 Abs. 1 Nr. 2 WG, wonach in den Protest aufzunehmen ist, dass der Protestat nicht angetroffen wird, wird mit der Feststellung der erfolglosen Aufforderung gegenüber dem Bezogenen an der Zahlstelle Genüge getan, denn diese ist nach Art. 4 und 27 Abs. 2 WG als Zahlungsort bezeichnet. Auch die namentliche Anführung des Vertreters der Zahlstelle ist nicht vorgeschrieben, aber zweckmäßig, um darzutun, dass ein berechtigter Vertreter der Zahlstelle der Aufforderung an den Bezogenen nicht entsprochen hat. 40

Protest gegen den Bezogenen beim Domiziliaten am anderen Ort (Art. 4, 27 Abs. 2, 80 WG) – Sog. echter Domizilwechsel

Für die Deutsche Wechselbank Aktiengesellschaft in Berlin habe ich diesen Wechsel heute dem Bankgeschäft Reiche & Co. in 12345 Berlin, Tauentzienstraße 3, in der Person des Bankbevollmächtigten Werner Wiegleb zur Zahlung vorgelegt und bei der Zahlstelle den Bezogenen, Ingenieur Christian Schuldig in Hannover, ohne Erfolg aufgefordert, zu zahlen. 41 M
Berlin, den ...., Notar

---
21 OLG Frankfurt am Main WM 1987, 868.

Protest gegen den Bezogenen bei der Zahlstelle am gleichen Ort (Art. 4, 27 Abs. 2, 80 WG) – Sog. unechter Domizilwechsel oder Zahlstellenwechsel

42 M Für die Deutsche Wechselbank Aktiengesellschaft in Berlin habe ich diesen Wechsel heute der Charlottenburger Bank Aktiengesellschaft in 12345 Berlin, Wilmersdorfer Straße 10, in der Person des Bankkassierers Karl Reiter erfolglos zur Zahlung vorgelegt, nachdem ich durch Nachfrage festgestellt hatte, dass der Bezogene, der Kaufmann Christoph Schuldig in 12345 Berlin, Kurfürstendamm 15, nicht anwesend war.
Berlin, den ...., Notar

3. Protest gegen den Bezogenen bei der Zahlstelle am gleichen Ort nach Wechselabkommen der Kreditinstitute (Art. 4, 27 Abs. 2, 80 WG)

43 In dem Muster ist die Deutsche Wechselbank AG das Kreditinstitut, an das der Aussteller den Wechsel zum Zwecke des Einzugs indossiert hat. Die Deutsche Wechselbank AG bringt den Stempelaufdruck »Vollmacht gemäß Wechselabkommen« auf und gibt diesen Wechsel an die Stadtsparkasse Hannover (= Zahlstelle) zum Einzug weiter.

44 M Für die Stadtsparkasse Hannover, diese handelnd für die Deutsche Wechselbank AG in Berlin, habe ich diesen Wechsel heute der Stadtsparkasse Hannover in der Person des Bankbevollmächtigten Emil Schmidt erfolglos zur Zahlung vorgelegt und bei der Zahlstelle den Bezogenen, den Kaufmann Carsten Schuldig in Hannover, nicht angetroffen.
Hannover, den ...., Notar

4. Protest mangels Ehrenzahlung gegen Notadressaten (Art. 55, 59, 60, 62 WG)

45 Die Notadresse lautet: »Im Falle bei Herrn R.« oder »notfalls bei Herrn R.«. Zuweilen wird auch – leicht zu übersehen – »i.F. bei Herrn R.« (= im Fall bei Herrn R.) verwendet. Notadresse ist eine Aufforderung an den Notadressaten, den Wechsel anzunehmen, wenn der Bezogene nicht annimmt, und zu bezahlen, wenn der Bezogene ihn nicht einlöst. Nur wenn die Notadresse auf den Zahlungsort lautet, ist sie beim Protest zu beachten. Der Protest gegen den Notadressaten ist spätestens am Tage nach Ablauf der Frist für den Protest mangels Zahlung zu erheben, Art. 60 Abs. 1 WG. Die geleistete Ehrenzahlung ist auf dem Wechsel besonders zu quittieren, Art. 62 WG.

46 Der Protest gegen den Notadressaten ist eigentlich erst nach Beurkundung des Protestes gegen den Bezogenen unter Vorlegung dieses Protestes zu erheben. Doch kann der Protest gegen den Notadressaten gleichzeitig mit dem Protest gegen den Bezogenen beurkundet werden. Wenn der Notadressat keine Zahlung leistet, ist die Aufnahme des sog. Ehren- bzw. Kontraprotestes erforderlich.

Protest gegen angetroffenen Bezogenen und angetroffenen Notadressaten

47 M Für die Deutsche Wechselbank Aktiengesellschaft in Berlin habe ich diesen Wechsel heute vorgelegt:
1. dem Kaufmann Emil Schuldig in seinem Geschäftsraum in 12345 Berlin, Kurfürstendamm 16,
2. dem Notadressaten Karl Muder in seiner in 12678 Berlin (Schöneberg), Martin-Luther-Straße 10, gelegenen Wohnung, da ein Geschäftsraum nicht zu ermitteln war.
Beide habe ich ohne Erfolg zur Zahlung des Wechsels aufgefordert.
Berlin, den ...., Notar
Protest gegen den Bezogenen. Der Notadressat bezahlt den Wechsel

Die Beurkundung ist in § 80 WG nicht vorgeschrieben, aber zulässig und zweckmäßig.   48

Für die Deutsche Wechselbank Aktiengesellschaft in Berlin habe ich heute bei dem   49 M
Versuch, diesen Wechsel vorzulegen, den Kaufmann Erich Schuldig in seinen
Geschäftsräumen in 12345 Berlin, Kurfürstendamm 17, nicht angetroffen.
Ich habe darauf heute den Wechsel in den in 12468 Berlin, Potsdamer Straße 30, gelegenen Räumen der Firma Hans Hoffmann deren Inhaber Ernst Hoffmann zur Bezahlung vorgelegt. Dieser bezahlte die Wechselsumme und die Protestkosten zu Ehren des Kaufmanns Erich Schuldig.
Berlin, den ...., Notar

5. Protest mangels Annahme

Eine Lieferfirma legt ihrem Kunden einen gezogenen Wechsel (sog. Tratte) mit dem Ersuchen vor, diesen gemäß Art. 25 WG anzunehmen, da sie den vollständigen Wechsel zu diskontieren (verkaufen) beabsichtigt. Lehnt der Kunde die Annahme ab oder erfolgt sie unter Einschränkungen oder Bedingungen,[22] so erfolgt Protest mangels Annahme.   50

Der Bezogene nimmt nicht an (Art. 21 ff., 44 WG)

Für die A. Krause GmbH & Co. KG mit Sitz in Frankfurt (Main) habe ich heute diesen   51 M
Wechsel dem Kaufmann Fritz Jakob in seinem in Mainz, Rheinstraße 1, gelegenen
Geschäftslokal zur Annahme vorgelegt und ihn ohne Erfolg zur Annahme aufgefordert.
Mainz, den ...., Notar

Der Bezogene nimmt zum Teil an (Art. 82 Abs. 2 WG)

Wird die Annahme auf einen Teil der Wechselsumme beschränkt (s. Art. 26 Abs. 1 WG), so ist eine vollständige Abschrift des Wechsels anzufertigen und der Protest darauf zu setzen. Den Protest, nicht auch den Wechsel, auf dem die Teilannahme vermerkt ist, hat der Wechselinhaber dem einlösenden Rückgriffsschuldner nach Art. 51 WG auszuhändigen, damit dieser seinerseits Rückgriff nehmen kann.   52

Für die A. Krause GmbH & Co. KG mit Sitz in Frankfurt (Main) habe ich heute dem Kaufmann Karl Jakob in seinem in Mainz, Rheinstraße 2, gelegenen Geschäftslokal diesen Wechsel vorgelegt und ihn zur Annahme aufgefordert, worauf er ihn in Höhe von 600 € annahm. Wegen des Restes von 400 € der Wechselsumme blieb die Aufforderung erfolglos.   53 M
Mainz, den ...., Notar

Der Bezogene verlangt nochmalige Vorlegung (Art. 24, 80 Abs. 2 WG)

Für die A. Krause GmbH & Co. KG mit Sitz in Frankfurt (Main) habe ich diesen Wechsel   54 M
heute dem Kaufmann Herbert Jakob in seinem in Mainz, Rheinstraße 3, gelegenen
Geschäftslokal zum zweiten Male vorgelegt und ihn ohne Erfolg zur Annahme aufgefordert. Bei der gestrigen Vorlegung hatte Herr Jakob die nochmalige Vorlegung verlangt.
Mainz, den ...., Notar

---

22 Beispiel bei OLG Saarbrücken WM 1998, 38.

§ 17 Wechselproteste und Scheckproteste

Protest mangels Ehrenannahme (Art. 56 WG)

55 M Für die A. Krause GmbH & Co. KG mit Sitz in Frankfurt (Main) habe ich diesen Wechsel heute dem Kaufmann Hugo Jakob in seinem in Mainz, Rheinstraße 4, gelegenen Geschäftslokal vorgelegt und ihn ohne Erfolg zur Annahme aufgefordert.
Danach habe ich den Wechsel heute dem Kaufmann Kurt Helfmann in seinem Geschäftslokal in Mainz, Wiesbadener Straße 3, vorgelegt und ihn ohne Erfolg zur Ehrenannahme aufgefordert.
Mainz, den ….. ….., Notar

6. Protest mangels Sichtbestätigung (Art. 23, 25 Abs. 2, 78 Abs. 2 WG)

56 Eigene Wechsel, die auf eine bestimmte Zeit nach Sicht lauten, sind dem Aussteller innerhalb 1 Jahres nach dem Tage der Ausstellung zur Sicht vorzulegen, sofern nicht der Aussteller eine kürzere oder längere Frist bestimmt hat (Art. 78 Abs. 2 Satz 1, Art. 23 Abs. 1 u. 2 WG). Für die Fristberechnung gilt Art. 73 WG. Weigert sich der Aussteller, die Sicht unter Angabe des Tages zu bestätigen, so ist dies durch Protest festzustellen (Art. 78 Abs. 2 Satz 4, Art. 25 Abs. 2 Satz 2 WG).

57 M Für die Hansemann GmbH & Co. KG in Bremen habe ich diesen Wechsel heute der Wilhelmshavener Kraftfahrzeug Gesellschaft mit beschränkter Haftung in der Person ihres Geschäftsführers, Herrn Hellmut Brill, in ihrem Geschäftslokal in Wilhelmshaven, Oldenburger Straße 1, zur Sicht vorgelegt. Meine Aufforderung, die Sicht zu bestätigen, blieb erfolglos.
Wilhelmshaven, den ….. ….., Notar

■ *Kosten.* Zu den Mustern Rdn. 19 M–57 M. Nach dem Wechselbetrag 0,5 Gebühr nach Nr. 23400 KV GNotKG für die Aufnahme des Protests. Die Gebühr fällt auch dann an, wenn ohne Aufnahme des Protests an den Notar gezahlt oder ihm die Zahlung nachgewiesen wird. Für die Aufnahme eines Protestes wegen Verweigerung der Ehrenannahme fällt eine 0,3 Gebühr an (Nr. 23401 KV GNotKG), auch wenn die Proteste in einer gemeinsamen Urkunde aufgenommen werden. So z.B. zu Rdn. 47 M 0,5 Gebühr nach Nr. 23400 KV GNotKG für die Vorlegung beim Bezogenen und 0,3 Gebühr nach Nr. 23401 KV GNotKG für die Vorlegung beim Notadressaten. Neben der Gebühr für den Protest nach Nr. 23400 KV GNotKG und Nr. 23401 KV GNotKG wird eine Verwahrungsgebühr für an den Notar gezahltes Geld (Nr. 25300 KV GNotKG) und eine Auswärtsgebühr (Nr. 26002 KV GNotKG) nicht erhoben, vgl. Vorbemerkung 2.3.4 vor Nr. 23400 KV GNotKG. Fahrtkosten können ggf. nach Nr. 32006 KV GNotKG (0,30 € für jeden gefahrenen Kilometer) oder Nr. 32007 KV GNotKG angesetzt werden, daneben kann ggf. das Tage- und Abwesenheitsgeld nach Nr. 32008 KV GNotKG angesetzt werden. Auf die auf derselben Fahrt protestierten mehreren Wechsel und etwa sonst noch wahrgenommenen Geschäfte werden die Auslagen (Fahrtkosten, Tage- und Abwesenheitsgeld) angemessen verteilt, vgl. Vorbemerkung 3 vor Nr. 31000 KV GNotKG.

Berichtigungen (Art. 85 WG)

58 Bis zur Aushändigung der Protesturkunde können Schreibfehler, Auslassungen und sonstige Mängel der Protesturkunde von dem Notar *berichtigt* werden, wobei die Berichtigung unter Beifügung der Unterschrift kenntlich zu machen ist (Art. 85 Abs. 1 WG, vgl. auch § 44a BeurkG). Jeder beliebige Mangel ist berichtigungsfähig, die fehlende Unterschrift jedoch nur innerhalb der Protestfrist, da vorher kein wirksamer Protest vorliegt.[23] *Keine Berichtigung* ist die Nachholung einer versäumten Handlung, z.B. der Vorlegung des Wechsels oder der Zahlungsaufforderung.

Berichtigung des Protesttages

Der Tag des Protestes war nicht der 4. Juni 2018, sondern der 4. Juli 2018   **59 M**
....., Notar

Berichtigung des Protestortes

Ich habe den Wechsel dem Kaufmann Paul Kraft in seinem in Mainz, Koblenzer Straße 4,   **60 M**
gelegenen Geschäftslokal, nicht in seiner in Mainz, Rheinstraße 10, gelegenen Privatwohnung vorgelegt.
....., Notar

Beglaubigte Abschrift der Protesturkunde mit Inhaltsvermerk (Art. 85 Abs. 2 WG; § 21 DONot)

Protest   **61 M**
Für die Bayerische Kreditbank Aktiengesellschaft, Zweigniederlassung Regensburg in Regensburg, Münchener Straße 1, habe ich diesen Wechsel heute der darauf angegebenen Zahlstelle, der Regensburger Volksbank eingetragene Genossenschaft in Regensburg, Donaustraße 7, in der Person des Bankbevollmächtigten Ludwig Unteregger zur Zahlung vorgelegt. Ich habe bei der Zahlstelle die Bezogene, die Firma Anton Eschenbach in Regensburg, Nürnberger Straße 9 ohne Erfolg aufgefordert, Zahlung zu leisten.
Regensburg, den .....   **gez. ....., Notar**

Kostenberechnung

Wert: 7.800 €		
Gebühr: KV 23400		31,50 €
Auslagenpauschale: KV 32005		6,30 €
		37,80 €
Umsatzsteuer (MWSt): KV 32014		..... €
zusammen:		..... €

gez. ....., Notar
Die Übereinstimmung vorstehender Abschrift mit der Urschrift der Protesturkunde beglaubige ich.
Regensburg, den .....   **....., Notar**
(Siegel)

Das Beglaubigen erfordert ein Beidrücken des Siegels (§ 39 BeurkG).   **62**

---

[23] LG Arnsberg NJW 1968, 603 m. zust. Anm. *Parensen*.

Vermerk über den Inhalt des Wechsels

63 M
1. Betrag des Wechsels: 7.800 €
2. Verfallzeit: .....
3. Ort und Tag der Ausstellung: Regensburg, den 01.01.2018
4. Name des Ausstellers:
Helmut Sander in Regensburg, Kelheimer Straße 9
Name dessen, an den oder dessen Order gezahlt werden soll:
Nährmittelfabrik Hoche GmbH in München, Nymphenburger Straße 6
Name des Bezogenen:
Firma Anton Eschenbach in Regensburg, Nürnberger Straße 9
Regensburg, den ...., Notar

Zeugnis über eine abhanden gekommene Protesturkunde (Art. 90 Abs. 2 WG)

64   Eine abhandengekommene oder vernichtete Protesturkunde kann durch ein Zeugnis über die Protesterhebung ersetzt werden, das von der die beglaubigte Abschrift der Urkunde verwahrenden Stelle zu erteilen ist. Das Zeugnis hat den Inhalt des Protestes und des über den Wechsel gemachten Vermerks wiederzugeben (Art. 90 Abs. 2 WG).

65 M Ich habe am 3. April 2018 folgende Protesturkunde aufgenommen:
(folgt beglaubigte Abschrift der Protesturkunde, z.B. nach Muster Rdn. 61 M).
Über den Inhalt habe ich am 4. April 2018 vermerkt:
(folgt Abschrift des Vermerks nach Muster Rdn. 63 M).
Regensburg, den ...., Notar

■ *Kosten.* Lediglich Dokumentenpauschale nach Nr. 32000 KV GNotKG.

VIII. Scheckprotest

66   Auch zu einem Rückgriff gegen die Indossanten, Aussteller und sonstigen aus einem *Scheck* Verpflichteten muss die rechtzeitige Vorlegung und Nichteinlösung urkundlich festgestellt werden. Dazu genügt aber nach Art. 40 Nr. 2 und 3 ScheckG die datierte schriftliche Erklärung der bezogenen Bank oder der Abrechnungsstelle. Die Aufnahme eines *Protestes* in einer öffentlichen Urkunde gemäß Art. 40 Nr. 1 ScheckG kommt daher selten vor. Nach Art. 55 Abs. 3 ScheckG gelten die Art. 79–87 WG. Die Vorlegungs- und Protestfrist beträgt für Inlandschecks 8 Tage, gerechnet vom Tage der Ausstellung an (Art. 29, 41 ScheckG). Protestat ist der Bezogene, und zwar auch dann, wenn der Scheck bei einem Dritten zahlbar gestellt ist. Als Bezogener kommt nur ein Bankier (Geldinstitut) in Betracht (Art. 3, 8 ScheckG).

Scheckprotest mangels Zahlung

67 M Für die Karl Willmann Süßwaren OHG mit Sitz in Bielefeld habe ich heute der Lippeschen Volksbank eG in ihren in Detmold, Mindener Straße 1, gelegenen Geschäftsräumen diesen Scheck ohne Erfolg zur Bezahlung vorgelegt.
Detmold, den ...., Notar

■ *Kosten.* Wie hinter Muster Rdn. 57 M.

§ 18 Mit Handlungen des Notars verbundene Beurkundungen

I. Auseinandersetzungs- und Vermittlungsverfahren, Mediation

Nach § 20 Abs. 1 Satz 2 BNotO sind die Notare u.a. zuständig für die *förmliche Vermittlung von Nachlass- und Gesamtgutauseinandersetzungen* nach §§ 363 ff., 373 FamFG. Örtlich zuständig ist jeder Notar, der seinen Amtssitz im Bezirk des Amtsgerichts hat, in dem der Erblasser seinen letzten Wohnsitz hatte, § 344 Abs. 4a FamFG.[1]

Die praktische Bedeutung dieses Verfahrens ist eher gering, da jeder Miterbe durch Erscheinen und Widerspruch im Termin die Auseinandersetzung verhindern kann. Es hilft nur gegen den säumigen Miterben, der an der Auseinandersetzung kein Interesse zeigt; sein Schweigen gilt als Einverständnis (§§ 368 Abs. 2 i.V.m. 366 Abs. 3 FamFG).

Ist ein Erbschein über das Erbrecht sämtlicher Erben oder ein Zeugnis über die Fortsetzung der Gütergemeinschaft erteilt, so ist auch der Notar, der die Auseinandersetzung vermittelt hat, für die Erteilung des Zeugnisses zuständig, § 36 Abs. 2a GBO. Das Grundbuchamt hat die inhaltliche Richtigkeit des Zeugnisses, und zwar auch bezüglich der weiteren Erklärungen wie etwa einer Auflassung, dann ebenso wenig wie bei einem Erbschein zu prüfen[2]

Keinerlei Beschränkungen unterliegt die *nichtförmliche Vermittlungstätigkeit* des Notars, die nicht innerhalb der Formen der §§ 363 ff. FamFG stattfindet. Er ist dafür ebenso zuständig wie für die bloße Beurkundung eines Auseinandersetzungsvertrages, den er nicht durch seine Vermittlung (Herbeiführen der Einigung sich im Wesentlichen noch nicht einiger Beteiligter auf den Auseinandersetzungsplan des Notars) erreicht. Diese Auseinandersetzung zwischen Miterben und Gesamtgutberechtigten ist *Rechtsgeschäft*. Für die Niederschrift des Notars gelten also die Vorschriften der §§ 6 ff. BeurkG.

Nach § 20 Abs. 4 BNotO sind die Notare zur Vermittlung nach den Bestimmungen des *Sachenrechtsbereinigungsgesetzes* zuständig (§§ 87 ff. SachenRBerG). Dieses Vermittlungsverfahren ist an das Verfahren der Nachlassauseinandersetzung nach den §§ 363 ff. FamFG (oben Rdn. 1) angelehnt (§ 89 Abs. 1 SachenRBerG) und ist Prozessvoraussetzung für ein nachfolgendes gerichtliches Verfahren nach §§ 103 ff. SachenRBerG. Zur Vereinheitlichung des Eigentums an Gebäuden und an Grund und Boden hat der Notar danach auf Antrag den Abschluss von Verträgen zur Bestellung eines Erbbaurechtes, zum Kauf des Grundstücks und/oder zur Ablösung von Rechten zu vermitteln.[3]

Zunehmend an Bedeutung gewinnt die *Mediation*, d.h. die außergerichtliche Streitbeilegung in Form der Konfliktvermittlung zwischen den Beteiligten durch einen unparteiischen und neutralen Mediator. Mit dem Gesetz zur Förderung der Mediation und anderer Verfahren außergerichtlicher Konfliktbeilegung gibt es erstmals einen gesetzlichen Rahmen für die Mediation,[4] verstanden als vertrauliches, freiwilliges, strukturiertes und außergerichtliches Verfahren, bei dem die Parteien mithilfe eines oder mehrerer Mediatoren einen

---

1 Vgl. dazu ausführlich und mit Formulierungsmustern *Ihrig*, MittBayNot 2012, 353, sowie *Holzer*, ZEV 2013, 656 ff.; *Zimmermann*, NotBZ 2013, 335 ff.; Kölner Formularbuch Erbrecht/*Terner*, Kap. XVIII.
2 OLG Frankfurt, BeckRS 2017, 144554 m.w.N. Formulierungsbeispiel für ein Zeugnis bei *Schöner/Stöber*, Grundbuchrecht, Rn. 832.
3 Dazu im Einzelnen *Aumüller*, Notarielles Vermittlungsverfahren in der Sachenrechtsbereinigung, 1997.
4 Zum Mediationsgesetz und dessen Auswirkungen auf die notarielle Praxis ausführlich *Meyer/Schmitz-Vornmoor*, DNotZ 2012, 895 ff.

Konflikt einvernehmlich regeln möchten. Vom Schiedsverfahren unterscheidet sich die Mediation dadurch, dass der Mediator keinerlei Entscheidungsbefugnisse hat, sondern darauf angewiesen ist, dass die Beteiligten freiwillig und kooperativ ihren Konflikt beilegen. Der Notar ist in vielfältiger Weise als Mediator schon im Vorfeld von Beurkundungen tätig, doch ist allgemein anerkannt, dass der Notar auch zu einer über die Beurkundung hinausgehenden Vermittlungstätigkeit im Rahmen seiner allgemeinen Betreuungstätigkeit zuständig ist (§ 24 BNotO).[5]

7   Die Gebühren für die Tätigkeit als Mediator oder Schlichter werden mit den Beteiligten durch öffentlich-rechtlichen Vertrag vereinbart, § 126 GNotKG. Beurkundet der Notar im Anschluss an die Mediation die Abschlussvereinbarung, wird das Mediationsverfahren wie vertraglich vereinbart abgerechnet, die folgende Beurkundung ist separates Geschäft und löst daher die Beurkundungsgebühren aus.

8   Zur Auseinandersetzung über die *Zugewinngemeinschaft* vgl. §§ 81 ff., die *Gütergemeinschaft* § 86, die *fortgesetzte Gütergemeinschaft* § 87 und zur *Erbauseinandersetzung* § 117.

II. Freiwillige Versteigerungen

9   Bei echten Versteigerungen[6] ist zu unterscheiden, ob der Notar selbst die *Versteigerung vornimmt* oder ob er die durch einen anderen vorzunehmende Versteigerung *nur beurkunden* soll. Für den ersten Fall folgt die *Zuständigkeit* des Notars aus § 20 Abs. 3 BNotO. Beurkundet der Notar lediglich ohne anderweitig mitzuwirken, so handelt es sich um eine Beurkundung, für die er nach § 20 Abs. 1 BNotO zuständig ist.

Die Bundesnotarkammer hat einen Leitfaden zu freiwilligen Versteigerungen durch den Notar erstellt.[7]

10   Zur Versteigerung von *Grundstücken* s.u. § 38.

11   Die Versteigerung *beweglicher Sachen* ist grundsätzlich den gewerblichen Versteigerern vorbehalten. Der Notar soll bewegliche Sachen nur dann versteigern, wenn die Versteigerung durch eine von ihm vermittelte oder beurkundete Auseinandersetzung oder durch eine Versteigerung unbeweglicher Sachen veranlasst ist (§ 20 Abs. 3 Satz 2 BNotO). Dabei ist nicht nur an Nachlass- und Gesamtgutauseinandersetzungen gedacht, sondern auch an Auseinandersetzungen über Gesellschaftsvermögen.[8] Wesentliche Bestandteile i.S.d. § 94 BGB sind keine beweglichen Sachen und werden daher im Rahmen einer Grundstücksversteigerung versteigert. Früchte auf dem Halm und Holz auf dem Stamm werden nicht zu den beweglichen Sachen gerechnet (vgl. Anm. zu Nr. 23700 KV GNotKG) können also vom Notar ohne Beschränkung freiwillig versteigert werden.

12   § 383 BGB, der die Versteigerung nicht hinterlegungsfähiger beweglicher Sachen zwar vom Wortlaut her auch durch den Notar zulässt (§ 383 Abs. 3 Satz 1 BGB), schafft keine zusätzliche Zuständigkeit zur Versteigerung durch Notare, weshalb diese in aller Regel Selbsthilfeverkäufe nicht durchführen sollten.[9]

---

5   Zur Mediation durch Notare vgl. *Meyer/Schmitz-Vornmoor*, DNotZ 2012, 895 ff., sowie die Beiträge in *R. Schröder* (Hrsg.), Mediation und Notariat – Potentiale und Chancen (Tagungsband, 2010), und das Sonderheft 4/2000 der MittBayNot »Schlichtung und Mediation«.
6   Davon zu unterscheiden ist die sog. »unechte Versteigerung«, bei der das Versteigerungsverfahren nicht zum Vertragsschluss führt, sondern nur der Ermittlung des endgültigen Käufers dient, und in deren Anschluss erst der Vertrag nach den einschlägigen Vorschriften geschlossen wird (vgl. zur Abgrenzung und Geltung des § 17 Abs. 2a BeurkG BGH DNotI-Report 2015, 37).
7   Veröffentlicht in DNotZ 2005, 161 ff.
8   S. auch Schippel/Bracker/*Reithmann*, § 20 BNotO Rn. 71 f.
9   MüKo-BGB/*Fetzer*, § 383 BGB Rn. 6.

Forderungen und *Rechte* kann der Notar unbeschränkt versteigern, eine Beschränkung ergibt sich insoweit aus § 20 Abs. 3 BNotO nicht. Zu den Rechten gehören auch Patente, Aktien und GmbH-Anteile.[10]

13

Führt der Notar die Versteigerung selbst als Auktionator durch, so ist er an der Beurkundung nicht gehindert; die Ausschließungsgründe des § 6 Abs. 1 Nr. 1 und 4 BeurkG greifen ebenso wenig wie §§ 16 Abs. 1 BNotO i.V.m. § 3 BeurkG, da das Gesetz dem Notar insoweit eine Doppelrolle zuweist.[11]

14

Da die freiwillige Versteigerung zu einem Vertragsschluss führt, ist sie auch nach den dafür geltenden Regeln zu behandeln.[12] Die einzuhaltenden *Form- und Verfahrensvorschriften* bestimmen sich nach dem *Gegenstand der Versteigerung* und den Voraussetzungen der Übertragung des Versteigerungsobjekts nach materiellem Recht.[13] Die Ansicht, dass die Versteigerung von GmbH-Anteilen trotz § 15 Abs. 3 und 4 GmbHG formfrei möglich ist[14] vermag daher nicht zu überzeugen.[15]

15

1. Handelt es sich um die freiwillige Versteigerung von *Grundbesitz*, so gilt § 311b BGB. Es sind daher die Versteigerungsbedingungen sowie Gebot und Zuschlag zu beurkunden, und zwar als Willenserklärungen nach den §§ 6 ff. BeurkG. § 15 BeurkG enthält insoweit eine Vereinfachung, als nicht alle Gebote, sondern nur das des Meistbietenden (§ 156 Satz 2 BGB) zu beurkunden sind (ausführlich mit Mustern dazu in § 38). Vorzulesen ist nach § 13 BeurkG sowohl dem Meistbietenden – es sei denn, er hat sich vor dem Schluss der Versteigerung entfernt, in welchem Falle ein Feststellungsvermerk zwingende Voraussetzung ist, § 15 Satz 2 BeurkG – als auch dem Auktionator als Vertreter des Einlieferers.[16] Die Versteigerungsbedingungen können auch in einer Verweisungsurkunde enthalten sein, auf die in der Niederschrift nach § 13a BeurkG verwiesen werden kann, wenn die Beteiligten im Rahmen der Versteigerung erklären, dass der Inhalt ihnen bekannt ist und sie auf das Vorlesen verzichten.

16

2. Werden *bewegliche Sachen oder Rechte* versteigert, so bestimmt sich das Beurkundungserfordernis nach materiellem Recht (s.o. Rdn. 14). Selbst wenn eine Beurkundung zur Wirksamkeit danach nicht erforderlich sein sollte, bedeutet dies nicht, dass hier eine Niederschrift als Tatsachenbeurkundung nach den §§ 36 ff. BeurkG (dazu oben, § 15) über den tatsächlichen Hergang der Versteigerung ausreicht.[17] Gebot und Zuschlag sind Willenserklärungen und daher nach den dafür geltenden allgemeinen Regeln zu behandeln,[18] also als solche nach den §§ 6 ff. BeurkG zu beurkunden.[19] Für Willenserklärungen ist folglich immer eine Niederschrift über die Verhandlung nach §§ 6 ff. BeurkG erforderlich, und zwar auch dann, wenn sie nach materiellem Recht nicht beurkundungsbedürftig sind.

17

Die Vorschrift des *§ 383 BGB* gilt unmittelbar nur für die Versteigerung von hinterlegten Sachen (dazu schon oben Rdn. 11), kann jedoch Anhaltspunkte auch für freiwillig vom Notar durchzuführende Versteigerungen geben. Insbesondere sollte der Notar daher darauf achten, dass Zeit und Ort der Versteigerung unter Bezeichnung der zu versteigernden Sache vorher ortsüblich bekannt gemacht werden.

18

---

10 Zur Versteigerung eines kaduzierten GmbH-Anteils vgl. Gutachten, DNotI-Report 1997, 23.
11 *Winkler*, § 15 BeurkG Rn. 5.
12 BGH DNotZ 1999, 342.
13 S. dazu Staudinger/*Bork*, § 156 BGB Rn. 7.
14 So z.B. Scholz/*Emmerich*, § 23 GmbHG Rn. 13).
15 S. auch Gutachten, DNotI-Report 1997, 235, 237.
16 BGH DNotZ 1999, 342 m. Anm. *Schwarz*, JR 2000, 20 f.; KG NJW-RR 2002, 183.
17 So aber Eylmann/Vaasen/*Limmer*, § 20 BNotO Rn. 49.
18 BGH DNotZ 1999, 342.
19 So auch *Waldner*, Beurkundungsrecht, Rn. 249.

19 M   **Verhandelt zu Kiel, den 7. April 2018**
Der amtierende Notar ..... mit dem Amtssitz ..... war von ..... beauftragt worden, eine Versteigerung von Patenten vorzunehmen. Er begab sich daher am 7. April 2018 um 10.00 Uhr in das Hotel Viktoria (Saal »Columbus«), Bahnstraße 3 in Kiel, wo er antraf:
1. den Auftraggeber ....., sowie
2. mehrere Personen, die an der Versteigerung als Bieter teilnehmen wollten.
Herr ..... erklärte sodann, dass er durch Vergleich vom 15. Dezember 2017 zum Treuhänder für die Verwertung des Patentes Nr. 13458-A/2006, das die Erstellung von leuchtenden Fahrradreifen betrifft, bestellt worden sei. Die Versteigerung wurde vom Notar in folgenden Blättern bekanntgemacht: .....
Der Notar führte die nachstehenden Bedingungen an, unter denen die Versteigerung stattfindet:
1. Dem Zuschlag an den Meistbietenden geht ein dreimaliger Aufruf voraus. Der Meistbietende hat kein Recht auf die Erteilung des Zuschlages.
2. Ein Gebot erlischt, wenn ein Übergebot abgegeben oder die Versteigerung ohne Erteilung des Zuschlages geschlossen wird.
3. Der Kaufpreis ist von dem Meistbietenden, dem der Zuschlag erteilt wird, sofort in bar zu entrichten. Die Rechte an dem Patent gehen erst mit der Zahlung auf den Ersteher über.
4. Die Kosten der Versteigerung trägt der Ersteher.
Der Notar forderte hierauf um 10.20 Uhr zur Abgabe von Geboten auf. Meistbietende blieb Frau ..... mit einem Gebot von 39.000 €.
Der Notar nahm das Meistgebot an und erteilte Frau B. den Zuschlag, die hierauf 39.000 € an den Notar zahlte.
Die Versteigerung wurde um 11.20 Uhr geschlossen.
Die Niederschrift wurde vorgelesen und von dem Auftraggeber und der Ersteherin genehmigt und wie folgt unterschrieben:
          A., B.   ....., Notar

■ *Kosten.* Nach der Summe der Werte der versteigerten Gegenstände (§ 117 GNotKG) eine 3,0 Gebühr, Nr. 23700 KV GNotKG. Dies gilt auch, wenn kein Gebot abgegeben oder der Zuschlag versagt wird. Erscheint kein Interessent, gilt Nr. 23701 KV GNotKG (Ermäßigung auf 0,5 Gebühr). Anders als bisher (§ 58 Abs. 4 KostO) können Zusatzgebühren nach Hauptabschnitt 6 KV GNotKG anfallen, daneben ggf. Fahrkosten nach Nr. 32006 f. KV GNotKG.

III. Verlosungen und Auslosungen

20 Die *Vornahme* von Verlosungen und Auslosungen gehört nach § 20 Abs. 1 Satz 2 BNotO zu den Aufgaben des Notars. Anerkanntermaßen ist der Notar auch zur *Überwachung* von Verlosungen und Auslosungen befugt, wobei nicht ganz einheitlich beurteilt wird, ob sich diese Zuständigkeit aus § 20 Abs. 1 Satz 2 BNotO oder aus § 24 Abs. 1 Satz 1 BNotO ergibt. Schließlich kann es Fälle geben, in denen der Notar nur das Ergebnis der Verlosung bezeugt; hierbei handelt es sich um die Beurkundung einer amtlich wahrgenommenen Tatsache,[20] nicht aber um die Vornahme einer Verlosung oder Auslosung im vorgenannten Sinne.

21 Unter *Verlosung* wird eine öffentliche oder private Veranstaltung verstanden, bei der nach einem vorher festgelegten Plan Gewinne unter einer Mehrzahl von Beteiligten so ausgespielt werden, dass mit der Teilnahme eine Gewinnchance verbunden ist, es aber vom

---
20 Muster bei *Bund*, NotBZ 2004, 422, 425.

Zufall abhängt, welcher der Teilnehmer einen Gewinn erzielt, wozu insbesondere die Ziehungs- und Losbrieflotterien, Tombolen und Preisausschreiben gehören.[21]

Bei einer *Auslosung* hat demgegenüber jeder Teilnehmer Anspruch auf eine Leistung des Veranstalters, wobei der Zufall lediglich darüber entscheidet, wer welche Leistung erhält und wann die Leistung fällig wird. So wird bei Anleihen häufig zu bestimmten Terminen per Auslosung bestimmt, welche Serien oder Gruppen von Stücken an dem Termin bedient werden. Erforderlich ist für eine Verlosung und Auslosung, dass jeder Teilnehmer einen *Einsatz* leistet. Dies ist insbesondere dann nicht der Fall, wenn die Teilnehmer nur Angebote abgeben und das beste Angebot den Zuschlag erhält. **22**

Der Notar muss prüfen, ob die geplante Verlosung oder Auslosung zulässig ist; eine **23** ungenehmigte Verlosung darf der Notar nicht beurkunden, da er nach § 14 Abs. 2 BNotO und § 4 BeurkG seine Amtstätigkeit zu versagen hat, wenn sie zu gesetzeswidrigen oder unredlichen Zwecken der Beteiligten verwendet werden soll.[22] Nach § 763 BGB bedürfen Lotterie- und Ausspielverträge der *staatlichen Genehmigung*, um zivilrechtlich eine vollwertige Verbindlichkeit zu begründen. Auch auf andere Verträge mit aleatorischem Charakter findet die Vorschrift Anwendung.[23] Der von allen Ländern in das jeweilige Landesrecht übernommene Glücksspielstaatsvertrag stellt in § 4 Abs. 1 öffentliche Glücksspiele unter Erlaubnisvorbehalt und verbietet in § 4 Abs. 4 das Veranstalten und Vermitteln von Glücksspielen im Internet. Die unerlaubte Veranstaltung einer öffentlichen Lotterie oder Ausspielung ist gemäß §§ 283, 287 StGB strafbar und ein entsprechender Spiel- bzw. Wettvertrag nach § 134 BGB nichtig.[24] Versichert der Veranstalter, sein Glücksspiel sei zulässig, obwohl ihm bekannt ist, dass die Rechtslage zumindest »unklar« und daher mit einer aufsichtsrechtlichen Untersagung des Gewinnspiels zu rechnen ist, liegt darin eine betrugsrelevante Täuschungshandlung.[25]

Nach § 3 Abs. 1 GlüStV liegt ein *Glücksspiel* dann vor, wenn im Rahmen eines Spiels für **24** den Erwerb einer Gewinnchance ein Entgelt verlangt wird und die Entscheidung über den Gewinn ganz oder überwiegend vom Zufall abhängt. Nach § 3 Abs. 3 Satz 1 GlüStV liegt eine Lotterie (als Sonderfall des Glücksspiels) dann vor, wenn bei einem Glücksspiel einer Mehrzahl von Personen die Möglichkeit eröffnet wird, nach einem bestimmten Plan gegen ein bestimmtes Entgelt die Chance auf einen Geldgewinn zu erlangen. Ob im Einzelfall ein Glücksspiel oder eine Lotterie vorliegt und daher Genehmigungspflicht besteht, lässt sich nicht immer leicht beurteilen. So dürfte z.B. die Verlosung eines Neuwagens durch ein Autohaus nur unter Neuwagenkäufern wegen des ihr innewohnenden Entgeltmoments (teilnehmen dürfen nur Käufer eines Neuwagens) ein erlaubnispflichtiges Glücksspiel darstellen.[26] Im Zweifel sollte vor einer Mitwirkung die zuständige Genehmigungsbehörde gefragt werden. Die Genehmigung erteilt die nach Landesrecht zuständige Stelle.[27] Sie sollte zur Dokumentation der Wirksamkeit des beurkundeten Vorgangs in beglaubigter Abschrift als Anlage zu der notariellen Urkunde genommen werden.

An einer Beurkundung im Zusammenhang mit einer *Verlosung von Grundbesitz* – und **25** zwar unabhängig von dem Belegenheitsort des Grundbesitzes und dem Ausrichtungsort der Verlosung[28] – darf der Notar daher nicht mitwirken, wenn diese nicht vorher von der

---

21 Arndt/Lerch/Sandkühler/*Sandkühler*, § 20 BNotO Rn. 48.
22 Die Zulässigkeit der Verlosung einer Eigentumswohnung wird behandelt im Gutachten Nr. 11151 des DNotI vom 28.09.2007.
23 Einzelheiten bei MüKo-BGB/*Habersack*, § 763 BGB Rn. 7.
24 Zur Verlosung eines Grundstücks im Internet vgl. das Gutachten, DNotI-Report 2009, 33.
25 BGH, DNotZ 2011, 848.
26 Vgl. DNotI-Internetgutachten Nr. 103517 v. 22.06.2010.
27 Dazu Gutachten, DNotI-Report 1998, 191.
28 Auch ein im Ausland veranstaltetes Glücksspiel ist im Inland unzulässig, wenn dort die Möglichkeit der Teilnahme – und sei es via Internet – besteht, vgl. OVG Niedersachsen, DNotZ 2010, 762, 765; VGH München, NJW 2015, 1400.

zuständigen deutschen Behörde genehmigt ist. Eine Verlosung von Grundbesitz im Internet ist nach § 4 Abs. 3 GlüStV stets, d.h. ohne Erlaubnisvorbehalt, verboten. Dieses Verbot erfasst nicht (erst) den tatsächlichen Verkauf von Losen, sondern auch schon die Aufforderung zur vorhergehenden Registrierung, wenn die Verlosung erst nach Erreichen einer bestimmten Teilnehmerzahl stattfinden soll.[29] Eine Mitwirkung an derartigen Veranstaltungen ist daher unzulässig. Darüber hinaus ist hier zu beachten, dass bei der Verlosung von Grundbesitz der Spielvertrag und der Erwerb jedes einzelnen Loses nach § 311b Abs. 1 BGB der notariellen Beurkundung (§§ 6 ff. BeurkG) bedarf. Ist die Verlosung von Grundbesitz nicht genehmigt oder werden die Verfahrensvorschriften nicht eingehalten, darf der Notar auch nicht lediglich isoliert die Auflassung entgegennehmen, § 925a BGB.[30]

26 Die möglichen Tätigkeiten des Notars im Rahmen von Verlosungen und Auslosungen hat die Bundesnotarkammer im Schreiben vom 02.08.1994[31] dargestellt und dabei auch die Pflichten des Notars im Rahmen der Vornahme von Verlosungen und Auslosungen aufgezeigt.

27 Meist nimmt der Notar die Verlosung nicht selbst vor, sondern errichtet eine Zeugnisurkunde über die von einem anderen vorgenommene Verlosung. Der Notar ist hierfür nach § 20 Abs. 1 S. 1 BNotO zuständig, es handelt sich in diesem Fall um eine Tatsachenbeurkundung, für die das Protokollverfahren des § 36 BeurkG Anwendung findet. Berichtet der Notar lediglich über das Ergebnis einer Verlosung, so genügt regelmäßig eine Vermerkurkunde nach § 39 BeurkG.

28 Daneben kann der Notar die Verlosung auch selbst vornehmen, d.h. etwa die Lose selbst ziehen oder Gewinne und Nieten in einem bestimmten Verhältnis mischen. Auch hierüber ist eine Zeugnisurkunde zu errichten, in der der Notar über seine Wahrnehmungen und Tätigkeiten berichtet.

29 Schließlich ist als Zwischenform denkbar, dass der Notar im Rahmen der Aufnahme der Zeugnisurkunde durch Stichproben das Ziehungsgerät und die Lose überprüft oder ähnliche Kontrollmaßnahmen durchführt. Hier ist besonders darauf zu achten, dass der Notar keine Feststellungen trifft, die ihm nicht möglich sind; so wird er bspw. kaum das ordnungsgemäße Funktionieren einer EDV-Anlage bestätigen können, sondern lediglich, dass bei seinen Stichproben keine Unregelmäßigkeiten aufgetreten sind.

30 Aufgrund des aus § 14 BNotO folgenden *Integritätsgebots* hat der Notar darauf hinzuwirken, dass die Beiziehung seiner Person nicht den Anschein einer Seriositätsgewähr erzeugt, gerade wenn ihm eine effektive Kontrolle der Veranstaltung nicht möglich ist. Die Gefahr, dass das Amt des Notars zur Vortäuschung von Sicherheiten verwendet wird – was Ziff. III 2. der Richtlinienempfehlungen der BNotK ausdrücklich untersagt –, ist hier schnell gegeben. Der Notar sollte daher in der Niederschrift nicht nur angeben, was genau er geprüft hat, sondern auch, was er nicht überprüfen konnte. Die Zulässigkeit des Hinweises, dass die Verlosung oder Auslosung »unter *Aufsicht des Notars*« stattfinde, ist nach der Art der Beteiligung des Notars genau zu prüfen;[32] auch seine *Amtspflichten* richten sich nach der Art der Beteiligung:[33]

31 – Beschränkt sich der Notar auf die Protokollierung des Vorgangs der Verlosung/Auslosung, so hat er darauf hinzuwirken, dass die Bezeichnung »Aufsicht durch den Notar« nicht verwendet wird. In diesem Fall ist lediglich von einer Protokollierung des Hergangs durch den Notar zu sprechen. Werden nur die Ergebnisse der Verlosung/Auslosung protokolliert, so ist allenfalls von einer Protokollierung der Ergebnisse durch den Notar zu sprechen.

---

29 OVG Niedersachen, DNotZ 2010, 762, 766.
30 *Rebhan*, DNotZ 2011, 850, 852 f.; s.a. Gutachten, DNotI-Report 2009, 33.
31 Veröffentlicht in *Weingärtner*, Notarrecht, Nr. 280 = DNotI Fax-Abruf Dok. 3002.
32 Vgl. Schreiben der BNotK v. 02.08.1994, a.a.O (Fn. 30).
33 OLG Schleswig, Urt. v. 13.12.2001 – 11 U 160/2000 = SchlHA 2002, 88.

– Übernimmt es der Notar darüber hinaus, sich durch Stichproben von der Ordnungsmäßigkeit des Vorgangs der Verlosung/Auslosung zu überzeugen, so handelt es sich im Grundsatz um die Protokollierung des Vorganges. Der Notar hat jedoch zusätzlich die Möglichkeit, über die von ihm gemachten Stichproben einen Protokollvermerk aufzunehmen. Seine Amtspflicht beschränkt sich allerdings grundsätzlich auf die Protokollierung. Aus dem an den Notar gerichteten Ansuchen kann aber erkennbar sein, dass der Notar über die Protokollierung hinaus auch *tatsächlichen Einfluss auf die Gestaltung des Vorgangs* der Verlosung/Auslosung haben soll, dergestalt, dass er ein ordnungsgemäßes Verfahren durch entsprechende Ratschläge oder Anordnungen sicherstellt. Diese Einflussmöglichkeit geht über die Aufnahme von Protokollvermerken hinaus. In diesem Fall übernimmt der Notar die eigenverantwortliche Überwachung einer durch andere durchgeführten Verlosung als Amtstätigkeit. Nimmt der Notar diese Aufgabe an, so ist deren sorgfältige und rechtskundige Erledigung Amtspflicht, bei ihrer Verletzung entsteht ein Schadensersatzanspruch (§ 19 BNotO). Hat der Veranstalter für die Verlosung/Auslosung eine Risikoversicherung abgeschlossen, so hat der Notar auch die Versicherungsbedingungen zu beachten oder eindeutig zu dokumentieren, dass er hierzu nicht beauftragt ist.[34] In diesen Fällen der eigenverantwortlichen Überwachung der Verlosung ist es zulässig, von einer »Aufsicht« durch den Notar zu sprechen.
– Das Gleiche gilt schließlich, wenn der Notar die Verlosung/Auslosung vollständig selbst vornimmt. Auch in diesem Fall übernimmt er die Aufgabe zur eigenen Durchführung als unabhängiger Träger eines öffentlichen Amtes. Entsprechend dem oben Gesagten ist es zulässig, in diesem Fall von einer »Aufsicht« des Notars zu sprechen.

Schließlich hat der Notar bei der Beurkundung von Verlosungen und Auslosungen das *Werbeverbot des § 29 Abs. 1 BNotO* zu beachten. Orientieren wird er sich hierbei an den Grundsätzen, die für die Mitwirkung an Informationsveranstaltungen gelten.[35]

Die folgenden Muster beschreiben Verlosungen bzw. Auslosungen, bei denen die Tätigkeit des Notars über eine Protokollierung hinausgeht und eine eigenverantwortliche Überwachung der Verlosung bzw. Auslosung durch den Notar beinhaltet.

Auf Veranlassung der
                        »Werbegemeinschaft A-dorf e.V.«
begab sich der unterzeichnende Notar ..... am 5. Januar 2018 in das Gebäude der Kreissparkasse A-dorf, um dort ein Protokoll über die Weihnachtsverlosung des Vereins für das Jahr 2017aufzunehmen.
Er traf dort neben diversen Zuschauern in der Schalterhalle an:
1. Vom Vorstand der »Werbegemeinschaft A-dorf e.V.«:
a) Herrn Franz Schmitz, Kaufmann in A-dorf,
b) Herrn Heinz Schulte, Buchhändler in A-dorf,
c) Herrn Hans Müller, Kaufmann in A-dorf,
2. Von der Kreissparkasse A-dorf:
Herrn Direktor Ludger Langsam aus A-dorf, der die Schalterhalle der Kreissparkasse A-dorf für die Verlosung zur Verfügung stellte.
3. Herrn Josef Riediger aus Düsseldorf vom Rheinischen Sparkassen- und Giroverband, der das Ziehungsgerät zur Verfügung gestellt hatte und als Ziehungsleiter fungierte.
4. Herrn Polizeihauptwachtmeister Ludwig Pauls von der Polizeistation A-dorf.

---

34 Vgl. dazu OLG Schleswig, Urt. v. 13.12.2001 – 11 U 160/2000 = SchlHA 2002, 88.
35 Vgl. hierzu insb. das Rundschreiben der Rheinischen Notarkammer Nr. 4/2010 v. 12.11.2010.

Die Verlosung begann nach Begrüßung der Anwesenden durch Herrn Ludger Langsam um 17.00 Uhr.
Dem Notar wurde von dem Verein ein Briefumschlag übergeben, in dem sich zwölf Karten mit den Buchstaben A bis M (ohne I) befanden. Die Buchstaben bezeichneten 12 Losreihen (Serien) von insgesamt 600.000 Losen (jede Serie = 50.000 Lose), die durch die A-dorfer Fachgeschäfte an ihre Kunden beim Einkauf unentgeltlich ausgegeben worden waren.
Die von den Fachgeschäften ausgegebenen Lose hatten den Aufdruck
Los: Buchstabe der Serie – Nr. ......
z.B.: »Los: E Nr. 35857«.
Es mussten Lose für folgende Gewinne gezogen werden:
1. Runde
1000 Warengutscheine von je 50 €
20 Serien – 20 dreistellige Endziffern,
2. Runde
50 Warengutscheine von je 60 €
10 Serien – 10 vierstellige Endziffern,
3. Runde
50 Warengutscheine von je 70 €
10 Serien – 10 vierstellige Endziffern –,
4. Runde
50 Warengutscheine von je 100 €
10 Serien – 10 vierstellige Endziffern –,
5. Runde
4 Warengutscheine von je 500 €
4 Serien – 4 fünfstellige Endziffern –,
6. Runde
1 VW-Golf
1 Serie – 1 fünfstellige Endziffer –.
Der Notar zog aus den übergebenen Buchstabenkarten, die in einem durchsichtigen Gefäß geschüttelt und gemischt wurden, jeweils in fortlaufender Reihenfolge die Serien für die Verlosungsrunden 1, 2, 3 und 4. Die Serie für die Runden 5 und 6 wurden von einem ca. 9-jährigen Jungen gezogen, den der Ziehungsleiter aus der Zahl der Zuschauer willkürlich herausgegriffen hatte.
Jeweils sofort nach einer gezogenen Serie wurde die dazugehörige Ziffer mit Hilfe des Ziehungsgerätes ermittelt.
Der Ziehungsleiter, Herr Josef Riediger, erklärte den anwesenden Zuschauern das Ziehungsgerät, in dem sich mehrere Dutzend Tischtennisbälle mit aufgedruckten Ziffern 0 bis 9 befanden und das durch einen Elektromotor bewegt wurde.
Jeweils nach der Ziehung der Buchstaben, also der Losserien, durch den Notar wurde das Ziehungsgerät von Herrn Riediger in Bewegung gesetzt.
Es wurden jeweils 3, 4 oder 5stellige Zahlen, die auf den Tischtennisbällen aufgedruckt waren, gezogen.
Nach den Verlosungsbedingungen entfielen auf die ausgelosten Zahlen, die den Endziffern der Lose in der jeweiligen Serie entsprachen, die vorgenannten Gewinne.
Die ausgelosten Buchstaben und Endziffern wurden vom Ziehungsleiter sofort öffentlich bekannt gegeben, vor den Augen des Publikums von seiner Assistentin auf die Tafel geschrieben und vom Notar auf den dieser Urkunde als Anlage beigefügten Gewinnlisten vermerkt.

Die vom Verein publizierten Verlosungsbedingungen sind dieser Urkunde als Anlage beigefügt, ebenfalls ist die Genehmigung des Oberkreisdirektors des Kreises D zur Verlosung beigefügt.
Die Verlosung war um 17.50 Uhr beendet.

....., Notar

■ *Kosten.* Der Wert richtet sich nach den zu verlosenden Gewinnen, § 36 Abs. 1 GNotKG, ggf. § 46 GNotKG. 2,0 Gebühr nach Nr. 23200 KV GNotKG, bei vorzeitiger Beendigung ermäßigt sich die Gebühr auf 0,5 (Nr. 23201 KV GNotKG). Daneben Auswärtsgebühr nach Nr. 26002 KV GNotKG. Errichtet der Notar eine Vermerkurkunde, in der er nur über das Ergebnis der Verlosung berichtet, so handelt es sich um eine Bescheinigung über offenkundige Tatsachen. Es fällt daher eine 1,0 Gebühr nach Nr. 25104 KV GNotKG an, und zwar von einem Geschäftswert i.H.d. Wertes der verlosten Gegenstände.[36]

Bei einer *Losbrieflotterie* werden mit Gewinn ausgestattete Lose und gewinnlose Nieten verkauft. Bei den Losen handelt es sich um Inhaberpapiere (§ 793 BGB),[37] sodass das Recht aus dem Papier dem Recht am Papier folgt. Wer durch Kauf – sei es vom Ausgeber, sei es von einem Dritten – zum Inhaber des Papiers wird, erwirbt damit im Fall des Gewinns den Anspruch auf einen bestimmten Geldbetrag oder eine andere Sache oder Leistung. Der Notar hat hier vor dem Beginn der Verlosung die Stückzahl der Gewinnlose und Nieten, ihr Verschließen in nicht unterscheidbaren Umschlägen oder anderen Hüllen und das wahllose Durcheinandermischen der meist in Reihen und Serien aufgeteilten Losbriefe, ggf. unter Mithilfe vertrauenswürdiger Hilfskräfte, zu überwachen. Sodann hat er die Einschüttung der Lose in das Losbehältnis zu überwachen oder selbst durchzuführen. Hierbei hat er sicher zu stellen, dass jeglicher Fremdeinfluss ausgeschlossen ist. Die eigentliche Ziehung findet dann später durch den Kauf der Lose statt, wobei die Verkäufer nicht wissen, durch welche Lose in ihren Kästen Gewinne oder Nieten verbrieft sind. 35

Bei der *Auslosung* besteht ein *Anspruch* auf eine meist verbriefte Leistung, deren Inhalt und Termin vom Zufall abhängen (s. bereits oben Rdn. 20). Eine Auslosung könnte nach folgendem Muster beurkundet werden: 36

Verhandelt zu Stuttgart, den ..... 37 M
Der Notar ..... hatte sich heute auf Ersuchen in das Gebäude der Schwäbischen Hypothekenbank Aktiengesellschaft in Stuttgart, Esslinger Straße 1, begeben.
Er traf dort das Vorstandsmitglied Karl Röttger und den Prokuristen Martin Mohringer an. Die beiden dem Notar bekannten Herren sind, wie der Notar nach seiner Einsicht in den beglaubigten Handelsregisterauszug vom ..... bescheinigt, zur gemeinsamen Vertretung der Schwäbischen Hypothekenbank Aktiengesellschaft berechtigt.
Sie erklärten, dass heute 50 Pfandbriefe über je 1.000 € zur Rückzahlung auszulosen seien. Sie übergaben dem Notar ein mit Vorlegeschloss verschlossenes, mit Bindfaden umschnürtes Kästchen mit der Aufschrift: »Behältnis für die Auslosungsnummern der sechsprozentigen Pfandbriefe der Schwäbischen Hypothekenbank AG, Serie B«. Die Enden der Bindfaden waren mit dem Dienstsiegel des Notars ..... versiegelt. Es wurde ferner eine Urkunde desselben Notars vom ..... vorgelegt, laut welcher dieser sämtliche Nummern der bezeichneten Pfandbriefe – mit Ausnahme der von ihm an jenem Tag ausgelosten Nummern ..... – in das Kästchen eingelegt und dieses mit seinem Dienstsiegel verschlossen hat. Verschluss und Siegel waren unversehrt.

---

36 *Bund,* NotBZ 2004, 422, 425 (zur KostO).
37 Vgl. MüKo-BGB/*Habersack,* § 793 BGB Rn. 10.

Der Notar öffnete das Kästchen, fand darin zahlreiche Nummern tragende Zettel und zog aus diesen, ohne die Zettel näher anzusehen, folgende Nummern: ......
Die diese Nummern tragenden Zettel wurden vernichtet, die übrigen in dem Kästchen wieder verschlossen und mit Bindfaden umschnürt, dessen Enden mit dem Dienstsiegel des Notars versiegelt wurden.

....., Notar

■ *Kosten*. Der Geschäftswert richtet sich nach den Beträgen der einzulösenden Pfandbriefe, hier 50.000 €. Es fällt eine 2,0 Gebühr an, Nr. 23200 KV GNotKG.

IV. Aufnahme von Vermögensverzeichnissen

38 Zur Aufnahme von Vermögensverzeichnissen ist der Notar nach § 20 Abs. 1 Satz 2 BNotO zuständig. Wann ein Vermögensverzeichnis aufzunehmen ist, bestimmt das materielle Recht, wobei danach zu unterscheiden ist, ob das Vermögensverzeichnis durch den Notar selbst aufzunehmen ist oder der Notar nur als Amtsperson zur Aufnahme hinzuzuziehen ist.

39 Die *Aufnahme durch den Notar* selbst hat insbesondere zu erfolgen, wenn Nießbraucher oder Eigentümer es verlangen (§ 1035 Satz 3 BGB), wenn ein Ehegatte es zur Feststellung des Anfangsvermögens oder des Endvermögens im Rahmen der Zugewinngemeinschaft verlangt (§§ 1377 Abs. 2 Satz 2, 1379 Abs. 1 Satz 3 BGB), wenn das Familiengericht den Eltern aufgibt, das Vermögen des Kindes zu inventarisieren (§§ 1640 Abs. 3, 1667 Abs. 1 Satz 3 BGB), wenn der Erbe zur Erhaltung der Möglichkeit der Haftungsbeschränkung beim Nachlassgericht die Aufnahme eines Nachlassverzeichnisses nach § 2003 Abs. 1 BGB verlangt,[38] und schließlich wenn der Nacherbe oder – im Fall der Testamentsvollstreckung – der Erbe bzw. der Pflichtteilsberechtigte es verlangt (§§ 2121 Abs. 3, 2215 Abs. 4, 2314 Abs. 1 Satz 3 BGB).[39]

40 Erforderlich ist in diesem Fällen, dass der Notar nicht nur Erklärungen der Beteiligten beurkundet, sondern – ausgehend von den Erklärungen der Beteiligten – selbst ermittelt, d.h. die vorhandenen Vermögensgegenstände gewissenhaft selbst feststellt und in einer von ihm zu unterzeichnenden berichtenden Urkunde exakt beschreibt und durch Bestätigung des Bestandsverzeichnisses als von ihm aufgenommen zum Ausdruck bringt, für den Inhalt verantwortlich zu sein.[40] Allein der Notar, der die Verantwortung für das Verzeichnis trägt, hat pflichtgemäß darüber zu entscheiden, wie das Aufnahmeverfahren gestaltet wird und was in die Urkunde aufgenommen wird.[41] Häufig wird es dem Notar alleine kaum möglich sein, das gesamte Inventar zu erfassen, zumal ihm effektive Ermittlungsmöglichkeiten und -befugnisse nicht zur Seite stehen. Er kann sich zuverlässiger Hilfspersonen bedienen[42] und wird sich häufig mit Auskünften der Beteiligten begnügen müssen, deren Angaben freilich in der Urkunde als solche zu kennzeichnen sind. Verweigert bspw. der Auskunftsverpflichtete den Zutritt zu seiner Wohnung, teilt aber mit, keine Nachlassgegenstände zu besitzen, bleibt dem Notar gar nichts anderes übrig, als auf die unterbliebene Mitwirkung des Auskunftsverpflichteten hinzuweisen und nur seine eigenen Erkenntnisse

---

38 Bestimmt das Landesrecht auf Grundlage des Art. 148 EGBGB, dass der Notar ausschließlich für die Aufnahme des Nachlassverzeichnisses zuständig ist (so z.B. Art. 8 AGGVG in Bayern), kann der Antrag gleichwohl wirksam beim Nachlassgericht gestellt werden, vgl. OLG München, MittBayNot 2009, 56.
39 Ausführlich zum notariellen Nachlassverzeichnis und zu anderen Verzeichnissen *Weidlich*, ZEV 2017, 241; *Braun*, MittBayNot 2008, 351 (mit Muster eines Verzeichnisses); *Schreinert*, RNotZ 2008, 61.
40 OLG Koblenz, Beschl. v. 08.02.2013 – 11 WF 92/13 (n.v.); OLG Saarbrücken, MittBayNot 2011, 245; OLG Schleswig, ZEV 2011, 376; OLG Celle DNotZ 2003, 62; OLG Düsseldorf RNotZ 2008, 105.
41 *Nieder*, DNotZ 2003, 64 m.w.N.
42 Schippel/Bracker/*Reithmann*, § 20 BNotO Rn. 50.

zu dokumentieren.⁴³ Da gerade auch durch Rückfragen, Belehrungen und Aufklärung und den unmittelbaren Dialog zwischen Notar und Verpflichtetem die besondere Qualität eines notariellen Vermögensverzeichnisses erreicht wird, ist regelmäßig die persönliche Anwesenheit des Auskunftsverpflichteten erforderlich, er kann sich daher insbesondere nicht durch einen Bevollmächtigten vertreten lassen.⁴⁴

Bei der Aufnahme durch den Inventarisierungsverpflichteten *hinzuzuziehen* ist der Notar insbesondere, wenn der Vormund dies bei der Errichtung des Verzeichnisses des Mündelvermögens bzw. der Betreuer bei der Errichtung des Verzeichnisses des Vermögens des Betreuten verlangt (§§ 1802 Abs. 2, 1908i BGB) oder bei der Aufnahme eines Nachlassinventars durch den Erben selbst (§ 2002 BGB). In diesen Fällen handelt es sich um ein von dem Verpflichteten aufgenommenes und daher von ihm zu unterzeichnendes Verzeichnis, zu dessen Überprüfung auf Vollständigkeit und Richtigkeit hin der Notar nicht berufen ist;⁴⁵ er hat eine bloß beratende Funktion und seine Mitwirkung und etwaige von ihm gegebene Belehrungen in Vermerkform auf der Inventarisierungsurkunde zu beurkunden oder hierüber eine Niederschrift zu errichten, zu der das Verzeichnis als Anlage zu nehmen ist.⁴⁶

Zur Aufnahme und Siegelung eines Nachlasses vgl. § 112.

Die *konkrete Ausgestaltung des Vermögensverzeichnisses* obliegt dem pflichtgemäßen Ermessen des Notars, der insoweit die materiell-rechtlichen Vorschriften, aus denen sich die Pflicht zu Inventarisierung ergibt, beachten wird (so sind z.B. in den Fällen des § 2002 BGB Wertangaben zu machen, § 2001 Abs. 2 BGB, was freilich kaum ohne Hinzuziehung eines Sachverständigen möglich sein wird). Die Vermögensgegenstände sollten so konkret bezeichnet werden, dass ihre Identität feststeht;⁴⁷ Forderungen sind mit Schuldner, Betrag und Rechtsgrund zu bezeichnen. Kommen Ausgleichsansprüche des Inventarisierungsverpflichteten in Betracht, so sind auch diese aufzuführen.⁴⁸ Regelmäßig dürfte es sich anbieten, der Gliederung des amtlichen Vordrucks der Erbschaftsteuererklärung zu folgen.

Vermögensverzeichnis

A. Land- und forstwirtschaftliches Vermögen
B. Grundvermögen
C. Betriebsvermögen
D. Übriges Vermögen
    1. Nichtnotierte Anteile an Kapitalgesellschaften
    2. Wertpapiere, Anteile, Genussscheine und dergleichen
    3. Guthaben bei Geldinstituten
    4. Bausparguthaben
    5. Steuererstattungsansprüche
    6. Andere Kapitalforderungen
    7. Sonstige Forderungen
    8. Zinsansprüche (soweit in Nrn. 3., 4. und 6. nicht enthalten)
    9. Versicherungen, Sterbegelder, Abfindungen
    10. Renten oder andere wiederkehrende Bezüge
    11. Bargeld, in- und ausländische Zahlungsmittel
    12. Münzen, unverarbeitete Edelmetalle, Edelsteine, Perlen

---

43 LG Schwerin ZEV 2012, 425 = RNotZ 2012, 525 (LS).
44 OLG Koblenz DNotZ 2007, 773 m. Anm. *Sandkühler*, RNotZ 2008, 33.
45 *Nieder*, DNotZ 2003, 63 m.w.N.
46 Dazu *Reithmann*, DNotZ 1972, 71, 75.
47 OLG Düsseldorf OLGR 1993, 277; RNotZ 2008, 105.
48 OLG Karlsruhe ZEV 2007, 329; s.a. BGH NJW 1961, 602.

13. Hausrat
14. **Andere bewegliche körperliche Gegenstände** (z.B. Kfz, Boote, Kunstgegenstände, Schmuck, sofern in Nr. 12. nicht enthalten)
15. **Sonstige Rechte** (z.B. Urheberrechte, Erfindungen, Patente)

E. **Verbindlichkeiten**
1. **Darlehensschulden**
2. **Steuerschulden**
3. **Sonstige Verbindlichkeiten.**

■ **Kosten.** Bei der Erstellung des Verzeichnisse durch den Notar und auch bei seiner bloßen Mitwirkung fällt eine 2,0 Gebühr an (Nr. 23500 KV GNotKG), bei der bloßen Mitwirkung lediglich eine 1,0 Gebühr (Nr. 23502 KV GNotKG). Der Geschäftswert richtet sich in beiden Fällen nach dem Wert der verzeichneten Gegenstände, § 115 GNotKG. Keine Auswärtsgebühr, vgl. Vorbemerkung 2.3.5 vor Nr. 23500 KV GNotKG.

V. Siegelung

45 Nach § 20 Abs. 1 Satz 2 BNotO sind Notare zur Anlegung und Abnahme von Siegeln zuständig. Erfasst sind alle Formen der Siegelung und Entsiegelung; Gegenstand können Räume, Behältnisse, Gebäude, Briefe und Behältnisse jeder Art sein. Die Zuständigkeit ist nicht auf die unten in § 113 ausführlich behandelte Siegelung des Nachlasses beschränkt, sondern kann auch in anderen Angelegenheiten durchgeführt werden, sofern der Notar hierzu beauftragt wird (bspw. vom Insolvenzverwalter, § 150 InsO). Den Notar trifft dann die Pflicht zur sachgerechten Verfahrensgestaltung; er hat sicherzustellen, dass der Zweck der Siegelung erreicht wird. Über seine Tätigkeiten und Wahrnehmungen errichtet er eine Niederschrift nach den §§ 36 ff. BeurkG.

Bescheinigung über eine Siegelung

46 M

Neuss, den 6. Juli 2018

Der unterzeichnende Notar ..... war von dem Insolvenzverwalter über das Vermögen der Albert Schrader & Co. KG in Neuss, Herrn Rechtsanwalt ....., beauftragt worden, bestimmt bezeichnete Räume, die von der Insolvenzschuldnerin benutzt worden waren, zu versiegeln.
Er traf im Geschäftsgebäude in Neuss, Frankfurter Straße 10, heute um 9.15 Uhr an:
1. den vorgenannten Insolvenzverwalter, dem Notar persönlich bekannt,
2. den bisherigen Handlungsbevollmächtigten der Insolvenzschuldnerin, Karl Ehrhardt, der sich durch seinen deutschen Personalausweis auswies.
Im Erdgeschoss des Gebäudes öffnete Herr Ehrhardt die Türen des 1., 2., 3. und 4. Raumes rechts von der Eingangstür. Er überreichte dem Notar je zwei Schlüssel zu den vier Türen. Nachdem sich der Notar vergewissert hatte, dass sämtliche Fenster in den Räumen fest verschlossen waren, verschloss er die Türen durch zweimaliges Umdrehen des Schlüssels im Schloss und nahm die acht Schlüssel in Verwahrung. Er befestigte an jeder Tür einen ca. 6 Zentimeter breiten gelblichen Papierstreifen durch Ankleben. Der Papierstreifen reicht vom Türpfosten über das Schlüsselloch hinweg bis zur Mitte der Tür. Auf die beiden Enden des Papierstreifens und auf dem Streifen über dem Schlüsselloch brachte er sein Amtssiegel so an, dass eine Öffnung einer jeden Türe ohne Beschädigung des jeweiligen Siegels nicht möglich ist.

....., Notar

Entsiegelung

47 M

Neuss, den 7. September 2018

Auf das Ersuchen des Insolvenzverwalters über das Vermögen der Albert Schrader & Co. KG in Neuss, Herrn Rechtsanwalt ....., begab sich der unterzeichnende Notar am heutigen Tage in das Geschäftsgebäude in Neuss, Frankfurter Straße 10.
Er traf dort den vorgenannten Insolvenzverwalter und den bei der Insolvenzschuldnerin angestellten ..... um 9.00 Uhr an.
Der Notar stellte fest, dass die von ihm am 6. Juli 2018 im Erdgeschoss an den Türen der Zimmer 1 bis 4 rechts vom Eingang angebrachten Papierstreifen mit den auf ihnen befindlichen Siegeln unbeschädigt waren und dass nichts auf eine zwischenzeitliche Öffnung der Türen schließen ließ. Auf Verlangen des Insolvenzverwalters entfernte der Notar die Papierstreifen.

....., Notar

■ *Kosten.* Zu beiden vorstehenden Mustern: Wert für die Siegelung und Entsiegelung ist der Wert der versiegelten Gegenstände, § 115 Satz 1 GNotKG. Nach Nr. 23503 KV GNotKG ist für Siegelung und Entsiegelung zusammen einmal eine 0,5 Gebühr zu erheben. Erfolgt die Siegelung im Zusammenhang mit der Aufnahme eines Vermögensverzeichnisses oder der Mitwirkung hieran, ist sie mit den Gebühren nach Nr. 23500 KV GNotKG bzw. Nr. 23502 KV GNotKG abgegolten.

§ 19 Vollstreckbare Urkunden; Vollstreckbarerklärung von Anwaltsvergleichen und Schiedssprüchen mit vereinbartem Wortlaut

Literatur: *Müller*, Notarielle Vollstreckungstitel, RNotZ 2010, 167; *Wolfsteiner*, Die vollstreckbare Urkunde, 4. Aufl. 2018. **Zu VI.:** *Soutier*, Die Umschreibung von Vollstreckungsklauseln, MittBayNot 2011, 181.

I. Allgemeines zu vollstreckbaren Urkunden

1. Historische Grundlagen

1   Die Aufgabe und Befugnis des Notars, vollstreckbare Urkunden zu errichten, gehört zum *historischen Grundbestand* der Institution des Notariats. Seit dem 13. Jahrhundert, als, ausgehend von den oberitalienischen Stadtstaaten, das Notariat im heutigen Sinn entstand, waren die notariellen Urkunden wie Gerichtsurteile oder Prozessvergleiche vollstreckbar (»in jure[1] confessus pro judicato habetur«). Anders aber als in Frankreich, wo die Kontinuität seit dem Jahre 1304 nie mehr unterbrochen worden ist, war in Deutschland der Gedanke der Vollstreckbarkeit notarieller Urkunden lange verschollen. Erst in den *modernen Notariatsgesetzen* des 19. Jahrhunderts ist er nach heftigen politischen Auseinandersetzungen wieder aufgegriffen worden.

2   Während in den meisten Ländern des sog. lateinischen Notariats notarielle Urkunden in der Nachfolge der napoleonischen Notariatsgesetzgebung ohne weitere Voraussetzungen von selbst vollstreckbar sind, verlangt das deutsche Recht seit Inkrafttreten der Reichs-Civilprozeßordnung 1879 eine *ausdrückliche Unterwerfungserklärung* des Schuldners. Wie in der Notariatsorganisation selbst (oben §§ 1, 2), haben sich infolge dieser offenen Regelung historische Strukturen, wie sie in der Mitte des vorigen Jahrhunderts bestanden haben, bis heute erhalten. In den Landesteilen, in denen die notariellen Urkunden (meist ohne Unterwerfungsklausel) schon vor 1879 vollstreckbar waren, also insbesondere in den süddeutschen Staaten und im linksrheinischen Deutschland, ist es auch heute durchwegs üblich, alle der Zwangsvollstreckungsunterwerfung zugänglichen Ansprüche in notariellen Urkunden vollstreckbar zu stellen und zwar ohne Ansehen der Person. Im größten Teil des ehemaligen Preußen hingegen, in dem außerhalb der Rheinprovinz vollstreckbare Urkunden bis zum Inkrafttreten der Reichs-Civilprozeßordnung unbekannt waren, herrschen auch jetzt noch Vorbehalte; das Verlangen nach Zwangsvollstreckungsunterwerfung wird als Misstrauensbeweis, gelegentlich fast als ehrenrührig angesehen. Diese Haltung sollte nach mehr als hundert Jahren Rechtseinheit auf dem Gebiet der vollstreckbaren Urkunde endgültig überwunden sein, zumal das Institut der vollstreckbaren Urkunde in den Verwaltungsverfahrensgesetzen inzwischen auch Eingang in das öffentliche Recht gefunden hat. Aus der Betreuungspflicht des Notars, der mit dem Entwurf einer notariellen Urkunde beauftragt ist,

---

1   D.h. vor dem Gerichtsmagistrat; auch der Notar war (und ist bis heute) ein solcher.

folgt, dass es bei Ansprüchen, die der Unterwerfung zugänglich sind, regelmäßig zu seinen *Amtspflichten* gehört, auf die Möglichkeit der Zwangsvollstreckungsunterwerfung zumindest hinzuweisen.[2]

Die *2. Zwangsvollstreckungsnovelle*[3] hat mit Wirkung ab 01.01.1999 den Anwendungsbereich der vollstreckbaren Urkunde auf modernen Stand gebracht. Während vorher grundsätzlich nur Zahlungsansprüche der Zwangsvollstreckungsunterwerfung zugänglich waren, ist die vollstreckbare Urkunde jetzt gleichgestellt mit dem vollstreckbaren Anwaltsvergleich, dem Schiedsvergleich und auch weitgehend dem gerichtlichen Vergleich. Auch international gesehen ist damit die deutsche Notarurkunde auf das in den anderen Ländern des lateinischen Notariats übliche Niveau angehoben worden. Die Regelung findet sich unverändert in § 794 Abs. 1 Nr. 5 ZPO (§ 794 Abs. 2 ZPO ist obsolet). Die letzte Änderung (durch das Ges. zur Übertragung von Aufgaben im Bereich der freiwilligen Gerichtsbarkeit auf Notare[4]) hat nun in § 797 Abs. 3 Satz 2 ZPO den Notaren auch die Kompetenz zur Entscheidung über die Erteilung weiterer vollstreckbarer Ausfertigungen übertragen.

2. Bedenken gegen die vollstreckbare Urkunde

a) Grundsätzlich unbedenklich

Aus der Sicht eines Schuldners, der die Absicht hat, sich loyal zu verhalten, muss die Abgabe einer Unterwerfungserklärung grundsätzlich als *unbedenklich* gelten. Gerade dann, wenn der Schuldner illiquide werden sollte, erspart ihm das Vorhandensein eines Vollstreckungstitels in Form der vollstreckbaren Urkunde den Prozess oder zumindest das Mahnverfahren, mittels derer sich der Gläubiger andernfalls einen Vollstreckungstitel verschaffen müsste und verschaffen würde. Allerdings kann der Schuldner aufgrund der vollstreckbaren Urkunde zunächst einmal mit Maßnahmen der Zwangsvollstreckung konfrontiert werden, ohne dass er Gelegenheit hätte, vor Vollstreckungsbeginn Einwendungen und Einreden geltend zu machen, die seiner Ansicht zufolge nach Schaffung des Vollstreckungstitels entstanden sind; vielmehr muss er sich hier auf die *Vollstreckungsabwehrklage* nach § 767 ZPO verweisen lassen. § 769 ZPO eröffnet allerdings die Möglichkeit einer einstweiligen Einstellung der Zwangsvollstreckung mit oder – seit 2009 verbessert – ohne Sicherheitsleistung; die Wartefrist des § 798 ZPO soll dem Schuldner Zeit für einen entsprechenden Antrag verschaffen. § 799a ZPO hat dem Schuldner für gewisse Fälle unberechtigter Zwangsvollstreckung auch Schadensersatzansprüche zuerkannt. Man darf auch nicht übersehen, dass der Gläubiger, wenn sein Anspruch schon in einer notariellen Urkunde begründet ist, bei fehlender Unterwerfungserklärung regelmäßig im Urkundenprozess klagen und sich dadurch kurzfristig ebenfalls einen Titel verschaffen kann, ohne dass Einwendungen des Schuldners zunächst berücksichtigt würden (sie werden in das Nachverfahren verwiesen, soweit sie nicht durch Urkunden belegbar sind); im Gegensatz zu § 798 ZPO sieht die ZPO für das formell rechtskräftige Vorbehaltsurteil im Urkundenprozess keine Möglichkeit vor,

---

2 RG und KG DNotZ 1940, 95; OLG Düsseldorf MittBayNot. 1977, 250; *Magis*, MittRhNotK 1979, 111; *v. Rintelen*, RNotZ 2001, 2, 36; *Wolfsteiner*, § 13.43. A.A. KG DNotZ 1987, 55; *Reithmann/Albrecht*, Handbuch der notariellen Vertragsgestaltung Rn. 461; Beck'sches Notar-Handbuch/*Krauß*, A I Rn. 246. Vgl. auch OLG Oldenburg DNotZ 1990, 450. Verschwommen Armbrüster/Preuß/Renner/*Armbrüster*, BeurkG, § 17 Rn. 91. Aus Berlin wurde berichtet, dass der Landgerichtspräsident bei der Dienstprüfung der Amtsführung der Notare nach § 93 BNotO es als eine Amtspflichtverletzung rügt, wenn hinsichtlich eines Zahlungsanspruches weder eine Zwangsvollstreckungsunterwerfung erfolgt, noch der Gläubiger über die Möglichkeit der Zwangsvollstreckungsunterwerfung belehrt wird.
3 Vom 16.12.1997, BGBl. I S. 2998.
4 Vom 23.07.2013, BGBl. I S. 2586.

§ 19 Vollstreckbare Urkunden; Vollstreckbarerklärung von Anwaltsvergleichen

die (ohne Sicherheitsleistung zulässige) Zwangsvollstreckung einstweilen einzustellen oder zu beschränken.

b) Bedenken gegen den »Nachweisverzicht«

5 Besonderen Gefahren setzt sich der Schuldner freilich dann aus, wenn er – wie die zwar übliche aber ungenaue Formulierung lautet – auf den *Nachweis* einzelner oder aller Voraussetzungen für die Erteilung der vollstreckbaren Ausfertigung *verzichtet*.[5] Der Gläubiger gewinnt dadurch die Möglichkeit, zu einem Zeitpunkt zu vollstrecken, zu dem er andernfalls einen vollstreckbaren Titel mangels Fälligkeit nicht erlangen könnte. Eine solche Unterwerfungserklärung wird deshalb dem Gebot der *Ausgewogenheit notarieller* Verträge häufig nicht mehr gerecht. Es besteht daher Anlass, vor der mancherorts immer noch verbreiteten (und auch in viele Formularbücher[6] eingegangenen) Unsitte zu warnen, alle Unterwerfungserklärungen gedankenlos, routinemäßig und meist auch noch ohne ausdrückliche Belehrung des Schuldners mit einem Nachweisverzicht zu versehen. Grundsätzlich ist nur der Ratschlag sachgerecht, den Vollstreckungstitel konform zur Rechtslage nach materiellem Recht zu halten, also die Voraussetzungen, von denen nach materiellem Recht die Verfolgung des Anspruchs abhängig ist, auch zu Vollstreckungsvoraussetzungen zu erheben.

aa) Beweisbarkeit durch öffentliche Urkunden

6 Es ist also für jeden Anspruch zunächst zu *prüfen*, vom Nachweis welcher *Voraussetzungen die Erteilung der vollstreckbaren Ausfertigung* abhängig sein wird. Handelt es sich um Umstände, die sich zu gegebener Zeit leicht durch *öffentliche oder öffentlich beglaubigte Urkunden* nachweisen lassen (§ 726 ZPO) oder die *offenkundig* sein werden, so besteht regelmäßig überhaupt *kein Anlass*, einen Nachweisverzicht vorzuschlagen. Noch weniger bedarf es eines Nachweisverzichts, wenn es sich um Umstände handelt, deren Prüfung nicht dem Notar, sondern dem Vollstreckungsorgan obliegt (datumsmäßige Fälligkeit nach § 751 Abs. 1 ZPO; Zug-um-Zug-Leistung nach § 756 ZPO).

bb) Keine Beweisbarkeit durch öffentliche Urkunden

7 Ergibt die Prüfung hingegen, dass einzelne Voraussetzungen für die Erteilung einer vollstreckbaren Ausfertigung überhaupt *nicht* oder nicht in der geforderten Form *nachweisbar* sein werden, so erweitert sich die Beratungsaufgabe. Es stehen dann grundsätzlich *drei Beratungsalternativen* zur Verfügung, entweder (1) auf einen Unterwerfungstitel zu verzichten oder (2) die Voraussetzung nicht zur Vollstreckungsvoraussetzung zu erheben (»Nachweisverzicht«) oder (3) die Substitution einer nicht beweisbaren Voraussetzung durch eine beweisbare.

(1) Keine Zwangsvollstreckungsunterwerfung

8 Die Nichtlösung, »kein Unterwerfungstitel«, ist keineswegs immer die schuldnerfreundlichste (und damit auch nicht die verbraucherfreundlichste, wenn der Schuldner der Verbraucher in einem Verbrauchervertrag ist). Unterwirft sich etwa die eine Vertragsseite nicht, so hat das in aller Regel auch die entsprechende Weigerung der anderen Vertragsseite zur

---

[5] Vgl. zum Begriff und zur korrekten Terminologie *Wolfsteiner*, § 6.44.
[6] Nicht mehr in Beck'sches Formularbuch Bürgerliches, Handels- und Wirtschaftsrecht/*Gebele*, III.B.

Folge. Die Vorteile sofortiger Titulierung gehen dann beiden Parteien verloren. Das lässt sich gut anhand des Bauträgervertrags verifizieren. Weil der BGH für die notarielle Praxis die Zwangsvollstreckungsunterwerfung des Käufers aus der Kaufurkunde verbannt hat, hat sich auch die Erwartung des Gesetzgebers, der Käufer werde in Form der Unterwerfung des Bauträgers wegen seiner Herstellungspflicht eine scharfe Waffe in die Hand bekommen,[7] nicht erfüllt.

(2) »Nachweisverzicht«

Es sollte selbstverständlich sein, gegebenenfalls nur die Merkmale aus den Vollstreckungsvoraussetzungen auszusparen, die von der Beweisschwierigkeit betroffen sind. Es gibt keinen Grund, auch z.B. auf den Nachweis der Eintragung einer Vormerkung oder der Erteilung einer behördlichen Genehmigung zu verzichten, nur weil eine (ordnungsgemäß) vereinbarte Vorleistung nicht nachweisfähig ist.

Partieller Nachweisverzicht

Der Kaufpreis ist Zug um Zug gegen Besitzübergabe[8] zur Zahlung fällig, sobald die Auflassungsvormerkung an ausschließlich erster Rangstelle im Grundbuch eingetragen ist, eine Bescheinigung der Gemeinde vorliegt, wonach ihr keine Vorkaufsrechte nach dem Baugesetzbuch zustehen, und der Verkäufer, wie vereinbart, den Teppichboden im Wohnzimmer fachmännisch hat reinigen lassen. Wegen seiner Verpflichtung zur Kaufpreiszahlung unterwirft sich der Käufer der sofortigen Zwangsvollstreckung aus dieser Urkunde mit der Maßgabe, dass es zur Erteilung der vollstreckbaren Ausfertigung des Nachweises der Reinigung des Teppichbodens nicht bedarf. Wird aus dieser Unterwerfungserklärung vollstreckt, ohne dass die Voraussetzung, von deren Nachweis der Gläubiger entbunden wurde, eingetreten ist, so ist der Gläubiger verpflichtet, dem Schuldner den Schaden zu ersetzen, der ihm aus der Vollstreckung oder dadurch entsteht, dass er Sicherheit leistet, um die Vollstreckung abzuwenden oder die Aufhebung der Vollstreckungsmaßnahmen zu erwirken.

Nicht selten können Beweisbarkeitsprobleme freilich durch Gestaltung im materiellrechtlichen Bereich vermieden werden, insbesondere dadurch, dass an die Stelle einer Vorleistungspflicht eine *Zug-um-Zug*-Leistungspflicht gesetzt wird. Die Zug-um-Zug-Regelung führt zur Anwendung des § 726 Abs. 2 ZPO und damit im Verfahren der Erteilung der Vollstreckungsklausel zur Entbehrlichkeit des formgerecht kaum zu führenden Beweises der Besitzübergabe. Die Frage eines »Nachweisverzichts« stellt sich dann nicht mehr.

Ob dem Schuldner ansonsten angeraten werden kann, einen konkret auf den nicht formgerecht nachweisbaren Umstand bezogenen »Nachweisverzicht« zu erklären, muss nach den Umständen des Einzelfalls beurteilt werden, insbesondere danach, wie gewichtig das betreffende Merkmal ist, wie groß die durch den »Verzicht« geschaffene Missbrauchsgefahr ist, wie hoch der Schaden durch Missbrauch sein kann, ob die Missbrauchsgefahr durch

---

7 BR-Drucks. 134/94.
8 Eines Nachweisverzichts auch hinsichtlich der Besitzübergabe bedarf es gemäß § 756 ZPO nicht, weil bei Zug-um-Zug-Leistungen die vollstreckbare Ausfertigung ohne Nachweis der Erbringung der Gegenleistung erteilt wird (die Erbringung der Gegenleistung hat der Gerichtsvollzieher zu prüfen).

Begründung einer Schadensersatzpflicht nach dem Muster des § 717 Abs. 2 ZPO gemindert werden kann (oben Rdn. 10 M) und natürlich auch danach, wie hoch das berechtigte Interesse des Gläubigers an prompter Vollstreckung ist. Überdies muss auch das Synallagma ins Kalkül gezogen und erörtert werden, ob der Schuldner eine angemessene Gegenleistung für die Schärfung seiner Schuld erhält.

(3) Substitution

13 Häufig ist es möglich, die Probleme der Nichterweisbarkeit einer Vollstreckungsvoraussetzung mit den allein zugelassenen Nachweismitteln der §§ 726, 727 ZPO durch Substitution zu lösen. Der Schuldner unterwirft sich in der Weise, dass zwar die Entstehens- oder Fälligkeitsvoraussetzung des materiellen Rechts nicht zur Vollstreckungsvoraussetzung erhoben wird, dass stattdessen aber die Vollstreckung abweichend vom materiellen Recht vom Nachweis einer anderen Tatsache (regelmäßig einer Indiztatsache) abhängig gemacht wird, die einem formgerechten Nachweis zugänglich ist. Dies ist einem »Nachweisverzicht« häufig vorzuziehen. So kann der Nachweis der Zahlung eines Geldbetrags ersetzt werden durch die Erklärung eines bestimmten Bankinstituts, es habe die Zahlung für den Gläubiger vorgenommen (die Unterschriften unter der Erklärung sind gemäß § 726 Abs. 1 ZPO öffentlich zu beglaubigen). Bei einem Bauvertrag lässt sich der für die Fälligkeit von Abschlagszahlungen erforderliche Nachweis des Baufortschritts durch eine Sachverständigenbescheinigung entsprechend dem ehemaligen § 641a BGB substituieren;[9] ernennt die IHK den Sachverständigen, so ist dies eine zum Nachweis geeignete öffentliche Urkunde, während die Unterschrift des Sachverständigen unter sein Gutachten öffentlich zu beglaubigen ist.

c) Bedenken bei allgemeinen Geschäftsbedingungen und Verbraucherverträgen

14 Die »Unterwerfungserklärung« unterliegt nach herrschender Rechtsprechung und Lehre den Vorschriften der §§ 305 ff. BGB.[10] Dem liegt – soweit sich Rechtsprechung und Lehre um eine dogmatische Einordnung überhaupt kümmern – eine Reihe von Missverständnissen zugrunde.[11] Das grundlegende Missverständnis liegt in der Annahme, der Vollstreckungstitel bestehe in der (in notarieller Form abgegebenen und meist in einen Vertrag eingebetteten) *Unterwerfungserklärung* des Schuldners; auf diese Erklärung ließen sich die Vorschriften des ehemaligen AGBG anwenden. Vollstreckungstitel ist aber nicht die Erklärung des Schuldners, sondern die Urkunde des Notars.[12] Legt man dieses Verständnis zugrunde, so wird klar, dass strikt zu unterscheiden ist zwischen der Wirksamkeit der Unterwerfungserklärung als einer Prozesshandlung des Schuldners und der Wirksamkeit der vollstreckbaren Urkunde als eines Hoheitsakts des Notars. Auf den Hoheitsakt des Notars aber können die zivilrechtlichen Bestimmungen der §§ 305 ff. BGB weder direkt noch analog angewandt werden.

15 Auch die Unterwerfungserklärung selbst unterfällt nicht den §§ 305 ff. BGB. Man kann nicht gleichzeitig betonen, die Unterwerfungserklärung sei *einseitige Prozesshandlung* des Schuldners[13] und dennoch[14] argumentieren, im Vordergrund stehe die materiellrechtliche

---

9 So für den Bauträgervertrag LG Schwerin NotBZ 2005, 42.
10 BGH NJW 2002, 138; BGHZ 185, 133.
11 Einzelheiten s. *Wolfsteiner*, § 6.9. ff.
12 *Wolfsteiner* § 1.1., § 4.12. ff., § 6.10.
13 BGH NJW 1986, 2430; BGH ZNotP 2007, 113.
14 BGH NJW 2002, 138.

Bedeutung der bedingungslosen Unterwerfung unter die Zwangsvollstreckung. Die Unterwerfungserklärung hat überhaupt keinen materiellrechtlichen Inhalt; sie ist ausschließlich auf die Schaffung eines Vollstreckungstitels gerichtet.[15] Weder begründet sie subjektive materielle Rechte, noch beeinflusst sie solche Rechte in irgendeiner Weise.[16] Eine solche rein prozessuale Erklärung ohne materiellrechtlichen Inhalt kann unmöglich den Vorschriften des BGB über die »Gestaltung rechtsgeschäftlicher Schuldverhältnisse durch Allgemeine Geschäftsbedingungen« unterliegen. Überdies gilt auch auf der Grundlage der h.L. Folgendes:

aa) **Unangemessene Benachteiligung**

Die Unterwerfungserklärung benachteiligt den Schuldner nicht i.S.d. §§ 307 ff. BGB entgegen den Geboten von Treu und Glauben unangemessen. Auch die Unterwerfung wegen einer *abtretbaren* Forderung führt nicht zu einer unangemessenen Benachteiligung.[17] Die vollstreckbare Urkunde ist ein vom Gesetz dem Rechtsverkehr allgemein zur Verfügung gestelltes Instrument. Es anzuwenden beinhaltet daher keine Abweichung von Rechtsvorschriften.[18] Die von der vollstreckbaren Urkunde bewirkte Umkehr der Parteirollen – nicht der Beweislast[19] – ist überdies in der Regel sachlich gerechtfertigt.[20] Auch der sog. Nachweisverzicht ist nicht generell unangemessen.[21]

16

bb) **Überraschende Klausel**

Die Vereinbarung ist nicht überraschend i.S.d. § 305c BGB,[22] auch nicht in einer Vollmacht.[23]

17

cc) **Verbraucherdarlehen**

Die vollstreckbare Urkunde kollidiert weder mit § 496 Abs. 1 BGB noch mit dessen Abs. 2.[24] Auch die Zinsgrenze des § 688 Abs. 2 Nr. 1 ZPO ist auf die vollstreckbare Urkunde nicht entsprechend anwendbar; die Unterwerfung weist keine Parallelen zum summarischen Mahnverfahren auf; im Gegenteil sichert die Beurkundungspflicht die rechtliche Aufklärung der Beteiligten insbesondere auch darüber, ob ein bestimmter Zinssatz möglicherweise wucherisch oder sittenwidrig ist.

18

dd) **Äquivalenzprinzip**

Seit durch die 2. Zwangsvollstreckungsnovelle (oben Rdn. 3) im Bereich der vollstreckbaren Urkunde die Herstellung der Waffengleichheit möglich geworden ist, ist es bedenklich, durch allgemeine Geschäftsbedingungen oder im Verbrauchervertrag vorzusehen, dass sich nur der andere Vertragsteil, nicht aber der Verwender wegen ihrer jeweiligen Leis-

19

---

15 BGHZ 147, 203; BGHZ 154, 283; BGH DNotZ 2004, 360.
16 BGH NJW 2002, 138.
17 BGHZ 185, 133.
18 BAG NJW 2005, 3164; BGHZ 185, 133 Rn. 24.
19 BGHZ 147, 203.
20 Einzelheiten *Wolfsteiner*, § 6.15. ff.
21 BGHZ 99, 2704 m.w.N.; a.A. nur – unter Verletzung der Vorlagepflicht – der VII. Senat des BGH NJW 2002, 138.
22 BGH NJW-RR 2006, 490; BGH MittBayNot 2008, 204.
23 BGH NJW 2003, 885; BGH NJW 2004, 59; BGH NJW 2004, 62; BGH DNotZ 2006, 196.
24 BGH DNotI-Report 2005, 14; BGH NJW 2005, 1576 (unter Wiedergabe 6 weiterer nicht veröffentlichter Entscheidungen aus 2005).

tungspflichten der sofortigen Zwangsvollstreckung zu unterwerfen haben. Unabhängig davon, dass der Notar generell nur ausgewogene Vertragsvorschläge vorlegen wird, wenn er mit dem Entwurf beauftragt wird, und er daher in aller Regel entweder beidseitige oder keine Zwangsvollstreckungsunterwerfung vorzuschlagen hat, ist es im Fall allgemeiner Geschäftsbedingungen meist geboten, die Beurkundung nur einseitiger Unterwerfungen abzulehnen.

ee) Richtlinie über missbräuchliche Klauseln

20 Die vollstreckbare Urkunde fällt nicht unter das Klauselverbot der Nr. 1 Buchst. q) des Anhangs der Richtlinie 93/13/EWG über missbräuchliche Klauseln in Verbraucherverträgen.[25] Die Richtlinie mag im Prinzip auf Unterwerfungserklärungen Anwendung finden; ein Verstoß liegt aber nicht vor.[26]

ff) Widerrufsrechte

21 Die – meist europäisch basierten – Widerrufsrechte (z.B. nach §§ 312 ff. BGB im Fall besonderer Vertriebsformen, nach § 495 BGB beim Verbraucherdarlehensvertrag, nach § 485 BGB bei Teilzeit-Wohnrechteverträgen, jeweils i.V.m. §§ 355 ff. BGB) finden auf vollstreckbare Urkunden keine Anwendung. Widerrufbar sind durchweg nur Willenserklärungen des bürgerlichen Rechts, nicht aber Prozesshandlungen wie die Unterwerfungserklärung.[27]

gg) Verstoß gegen gesetzliches Verbot

22 Wie allgemein führt die materiellrechtliche Nichtigkeit des titulierten Anspruchs wegen Verstoßes gegen ein gesetzliches Verbot auch dann nicht zur Unwirksamkeit des Titels oder dazu, dass er ohne Prüfung der materiellrechtlichen Lage aufzuheben wäre, wenn das Verbot dem »Verbraucherschutz« dient. Zwar verletzt der Notar seine Amtspflichten, wenn er eine vollstreckbare Urkunde über einen erkennbar nichtigen Anspruch errichtet; nichtig ist die Urkunde aber ebenso wenig wie ein Urteil, das trotz eines Verfahrenshindernisses erlassen worden ist. Dies gilt auch beim *Bauträgervertrag*[28] (Einzelheiten unten § 33), für die Regelungen in § 3 MaBV und für § 1 der aufgrund des Art. 244 EGBGB erlassenen Verordnung über Abschlagszahlungen bei Bauträgerverträgen[29] (Hausbauverordnung, HausbauV) i.d.F. v. 28.04.2017.

II. Verfahrensstruktur der vollstreckbaren Urkunde

1. Verfahrensstadien

23 Das Verfahren, in dem eine vollstreckbare Urkunde erzeugt, mit der Vollstreckungsklausel versehen und vollstreckt wird, wird nur verständlich, wenn die *Parallelen zum Zivilprozess* klargelegt werden. Der normale Zivilprozess teilt sich in drei Verfahrensstadien, die alle ihre Entsprechung im Unterwerfungsverfahren haben, nämlich Erkenntnisverfahren, Klauselverfahren und Vollstreckungsverfahren. Stellt man diese Verfahrensstadien des Zivilprozes-

---

25 ABl. L 95 vom 21.04.1993, 29.
26 Vgl. die sehr restriktive Überprüfungspraxis des EuGH NJW 2004, 1647 und *Wolfsteiner*, § 6.35.
27 Anders als zur Anwendbarkeit der §§ 305 ff. BGB scheint es hierzu weder Rechtsprechung noch Lit. zu geben.
28 *Wolfsteiner*, § 6.40 f.
29 Vom 23.05.2001 (BGBl. I S. 981).

ses einerseits und des Verfahrens der vollstreckbaren Urkunde andererseits gegenüber, ergibt sich folgendes, in Rdn. 24 dargestelltes Bild, das dem Notar stets gegenwärtig sein sollte:

Zivilprozess nach ZPO	Verfahren der vollstreckbaren Urkunde
	An die Stelle des gerichtlichen Erkenntnisverfahrens tritt als notarielles Erkenntnisverfahren das
1. Erkenntnisverfahren, welches vor dem erkennenden Gericht abläuft und mit dem Urteil abschließt. Das Gericht stellt den Sachverhalt fest und entscheidet nach materieller Rechtslage, indem es den festgestellten Sachverhalt unter die Normen des materiellen Rechts subsumiert. Das Urteil wirkt materielle Rechtskraft und ist Vollstreckungstitel; alle vollstreckungsrechtlich relevanten Teile des Urteils sind in der Regel im Rubrum und im Urteilstenor zusammengefasst. Ob das Urteil in einem ordnungsgemäßen Verfahren zustande gekommen ist und ob es der materiellen Rechtslage gerecht wird, kann und darf in den folgenden Verfahrensstadien der Klauselerteilung und der Zwangsvollstreckung nicht mehr überprüft werden.	**Beurkundungsverfahren,** welches vom Notar nach Vorschriften geleitet wird, die zur freiwilligen Gerichtsbarkeit gehören. Der Notar hat durch geeignete Gestaltung seines Verfahrens sicherzustellen, dass der Sachverhalt, insbesondere auch der wahre Wille der Beteiligten zutreffend ermittelt und unter die Normen des materiellen Rechts gestaltend subsumiert wird, dass Irrtümer und Zweifel vermieden sowie unerfahrene und ungewandte Beteiligte nicht benachteiligt werden (§ 17 BeurkG). Das notarielle Erkenntnisverfahren schließt ab mit der vollstreckbaren Urkunde, die zwar keine materielle Rechtskraft wirkt, aber ein Vollstreckungstitel ist. Der Urteilstenor wird in der vollstreckbaren Urkunde von der in ihr niedergelegten Unterwerfungserklärung (im weiteren Sinn) vertreten, die alle vollstreckungsrelevanten Elemente der Urkunde zu umfassen hat. Ob die vollstreckbare Urkunde in einem ordnungsgemäßen Beurkundungsverfahren zustande gekommen ist, ob wirklich alle Irrtümer und Zweifel ausgeschlossen und ob unerfahrene und ungewandte Beteiligte wirklich nicht benachteiligt worden sind, wird in den folgenden Verfahrensstadien (ausgenommen nur die Vollstreckungsabwehrklage nach § 767 ZPO) ebenso wenig mehr überprüft wie beim richterlichen Urteil.

24

Zivilprozess nach ZPO	Verfahren der vollstreckbaren Urkunde
2. Klauselverfahren, in welchem die auf den Titel bezogenen Vollstreckungsvoraussetzungen zentral geprüft und festgestellt werden. Die Feststellungen sind für das Vollstreckungsverfahren bindend. Zuständig ist der Urkundsbeamte der Geschäftsstelle des Gerichts, für sog. qualifizierte Klauseln der Rechtspfleger.	Das **Klauselverfahren**, zu vollstreckbaren Urkunden gleicht fast völlig dem Klauselverfahren nach Urteilen. Die Feststellungen, die im Klauselverfahren zu treffen sind und die sich in der Vollstreckungsklausel (sie ist in der Terminologie der ZPO eine »Entscheidung«) niederschlagen, sind auch bei vollstreckbaren Urkunden für das Vollstreckungsverfahren bindend, weil es gerade Sinn und Zweck des Klauselverfahrens ist, über Fragen der nachfolgenden Vollstreckungsverfahren zentral zu entscheiden und die Vollstreckungsorgane von der Last entsprechender Prüfungen zu befreien. Zuständig ist der Notar. Das Verfahren gehört zwar grundsätzlich der freiwilligen Gerichtsbarkeit an, richtet sich aber ganz überwiegend nach Vorschriften der ZPO.
3. Vollstreckungsverfahren, genauer so viele einzelne Vollstreckungsverfahren wie Vollstreckungshandlungen beantragt werden. Zuständig sind (dezentral) Gerichtsvollzieher, Vollstreckungsgericht oder Grundbuchamt am jeweiligen Vollstreckungsort.	Die **Vollstreckungsverfahren** zu vollstreckbaren Urkunden sind mit denen zu Urteilen nach Zuständigkeit und Verfahrensablauf identisch. Der Notar hat keinerlei Zuständigkeit.

2. Rolle des materiellen Rechts

25 Während der Richter im Erkenntnisverfahren die materielle Rechtslage zu prüfen hat, hat der Notar im Beurkundungsverfahren zu prüfen, wie sich aufseiten des Schuldners im Lichte des materiellen Rechts dessen Willensvoraussetzungen darstellen. In beiden Verfahren spielt das materielle Recht eine ausschlaggebende Rolle. Das Ergebnis ist aber in beiden Fällen ein rein prozessuales Erzeugnis, hier das Urteil, da die vollstreckbare Urkunde. Weil die vollstreckbare Urkunde aber anders als das Urteil *keine materielle Rechtskraft* bewirkt, kann sie die in derselben Urkunde enthaltenen Rechtsgeschäfte des materiellen Rechts weder erzeugen noch verstärken oder auch nur bestätigen. Andererseits aber können die in derselben Urkunde enthaltenen Rechtsgeschäfte des materiellen Rechts auch die Wirkungen der vollstreckbaren Urkunde als Vollstreckungstitel in keiner Form beeinflussen, nicht verstärken, aber auch nicht schwächen; sie beeinflussen allenfalls die Erfolgsaussichten einer Vollstreckungsabwehrklage. Selbst die materiellrechtliche Nichtigkeit eines solchen Rechtsgeschäfts beeinträchtigt die Vollstreckbarkeit in keiner Weise, was dem Notar natürlich besondere Verantwortung auferlegt.

3. Wirksamkeit der vollstreckbaren Urkunde

26 Man muss streng unterscheiden zwischen einerseits den Regeln des Beurkundungsverfahrens, die der Notar – unter Drohung der Amtshaftung und des Disziplinarrechts – selbstverständlich strikt zu wahren hat, und andererseits der *vollstreckungsrechtlichen Wirksamkeit der*

vollstreckbaren Urkunde als Titel. Letztere ist nicht davon abhängig, dass die Regeln des Beurkundungsverfahrens beachtet worden waren. Wenn im Folgenden davon die Rede ist, der Notar dürfe diese oder jene Beurkundung nicht oder nur unter bestimmten Kautelen vornehmen, so bedeutet das nicht, dass eine unter Verletzung dieser Regeln errichtete Urkunde als Titel unwirksam wäre.[30]

III. Der vollstreckbaren Urkunde zugängliche Ansprüche

1. Vergleichsweise Regelung

Der vollstreckbaren Urkunde zugänglich (in nicht ganz korrekter Terminologie »unterwerfungsfähig«) sind grundsätzlich alle Ansprüche, die einer *vergleichsweisen Regelung* zugänglich sind. Diese Formulierung ist dem § 1025 Abs. 1 ZPO über Schiedsverträge in seiner schon am 01.01.1998 außer Kraft getretenen Fassung nachgebildet worden, aber für vollstreckbare Urkunden nicht tauglich.[31] Bei strenger Anwendung wäre der Anspruch auf Kindesunterhalt nicht unterwerfungsfähig, weil er vertraglich nicht verkürzt werden kann. Andere gesetzlichen Anordnungen (§§ 59, 60 SGB VIII; §§ 239, 241, 245 FamFG) unterstellen aber die Unterwerfungsfähigkeit. Es ist deshalb abweichend vom strengen gesetzlichen Wortsinn darauf abzustellen, ob jemand in einem Vergleich eine entsprechende *Verpflichtung* übernehmen kann. Bezogen auf den Kindesunterhalt kann den Eltern die Unterhaltspflicht in einem Vergleich zwar weder ganz noch z.T. erlassen werden; wohl aber können sie sich dem Kind gegenüber zur Zahlung bestimmter Unterhaltsbeträge verpflichten. Die Zwangsvollstreckungsunterwerfung zu Unterhaltsansprüchen ist also zulässig. Vgl. i.Ü. nachfolgende Rdn. 40 und § 90. Praktische Bedeutung hat die Beschränkung auf vergleichsfähige Ansprüche daher nicht.

27

2. Ansprüche auf Abgabe einer Willenserklärung

Nicht unterwerfungsfähig sind nach ausdrücklicher Vorschrift Ansprüche auf Abgabe einer *Willenserklärung*. Offen ist, ob damit nur der Ausschluss der Vollstreckung nach § 894 ZPO gemeint ist,[32] oder ob wirklich die Unterwerfung unzulässig sein soll, auch wenn nur die Vollstreckung nach § 888 ZPO (unvertretbare Handlung) angestrebt wird.[33]

28

Kritisch ist in diesem Zusammenhang die *Auflassung*. Zweifellos ist der Anspruch auf Abgabe der Willenserklärung Auflassung im vorgenannten Sinn nicht unterwerfungsfähig. Aber § 433 Abs. 1 BGB verpflichtet den Verkäufer einer Sache nicht eigentlich zur Auflassung, sondern dazu, dem Käufer »das Eigentum an der Sache zu verschaffen«. Dieser Verschaffungsanspruch ist bedenkenfrei unterwerfungsfähig.

29

3. Mietverhältnis über Wohnraum

Der vollstreckbaren Urkunde nicht zugänglich sind nach ausdrücklicher Vorschrift weiter Ansprüche, die den »*Bestand eines Mietverhältnisses über Wohnraum*« betreffen. Diese mit Absicht dem § 796a ZPO angepasste Fassung leidet unter demselben Mangel wie die auf Vergleichsfähigkeit abstellende Formulierung des Satzanfangs. In einem Vergleichsvertrag kann der Bestand eines Mietverhältnisses gestaltet, also begründet, verändert und aufgeho-

30

---

30 Vgl. zu den nötigen Differenzierungen *Wolfsteiner*, § 19.
31 Einzelheiten s. *Wolfsteiner*, § 21.
32 So *Wolfsteiner*, DNotZ 1999, 306; vgl. einerseits BGH DStR 2004, 1618 zur Vollstreckung eines Anspruchs auf Abgabe einer speziellen Willenserklärung (Steuererklärung) nach § 888 ZPO und andererseits BGHZ 190, 1.
33 So *Münch*, ZNotP 1998, 474.

ben werden. Die vollstreckbare Urkunde vermag nichts desgleichen, sodass im strengen Wortsinn der vollstreckbare Anspruch niemals den »Bestand eines Mietverhältnisses über Wohnraum betreffen« kann.

31 Nach der amtlichen Begründung,[34] der man sich wohl mangels besserer Erkenntnis anzuschließen hat, ist aber etwas ganz anderes gemeint. »Gemeint« sind *Räumungs- und Herausgabeansprüche*, nicht aber Mietzinsansprüche, die weiterhin unterwerfungsfähig bleiben sollen. Dies legt es nahe, »Bestand« i.S.v. (Fort-)Bestehen des tatsächlichen Mietgenusses, in üblicher Rechtsterminologie also des Miet*besitzes* (nicht des Mietverhältnisses) zu verstehen. Ausgeschlossen sind demnach Ansprüche auf Aufgabe oder Herausgabe des Mietbesitzes (Räumung i.S.d. § 885 ZPO) und auf Einschränkung des Mietbesitzes. Legt man dieses historische Verständnis des Gesetzgebers zugrunde, so sind nur *gegen* den Mieter gerichtete Ansprüche von der Unterwerfung ausgeschlossen, nicht aber Ansprüche gegen den Vermieter, z.B. auf Verschaffung des Mietbesitzes.[35] Der Anspruch des Vermieters auf die Miete ist aber unterwerfungsfähig.[36] Der Begriff des Wohnraums ist der der §§ 549 ff. BGB, Werks- und Dienstwohnungen eingeschlossen.

32 Maßgeblich ist, ob der Besitzer den Besitz als *Mieter* innehat. Wer Wohnraum in anderer Eigenschaft, z.B. als Pächter, innehat, kann sich wegen der Räumungspflicht unterwerfen. Dasselbe gilt für den Eigenbesitzer, sodass sich in einem *Grundstückskaufvertrag* der Verkäufer zur Räumung einer selbst genutzten Wohnung auch dann unterwerfen kann, wenn der vereinbarte Räumungstermin lange nach dem Zeitpunkt des Gefahrübergangs liegen soll oder er für die Zeit ab Empfang des Kaufpreises eine (kaufvertragliche) Nutzungsentschädigung zu leisten hat.[37]

Räumungsunterwerfung in einem Kaufvertrag

33 **M** **Verhandelt .....**
Ungeachtet der bereits früher eintretenden Kaufpreisfälligkeit ist der Besitz erst am ..... zu übergeben; bis dahin darf der Verkäufer die verkaufte Eigentumswohnung weiter bewohnen. Bis dahin hat er auch weiterhin die laufenden Lasten zu tragen und insbesondere die an den Verwalter zu leistenden laufenden Zahlungen zu entrichten. Außerdem hat er vom Zeitpunkt des Empfangs des Kaufpreises an bis zur Besitzübergabe an den Käufer eine monatliche, monatlich im Voraus zu entrichtende Entschädigung von ..... € zu zahlen. Der Verkäufer unterwirft sich der sofortigen Zwangsvollstreckung wegen seiner Verpflichtungen
a) an dem genannten Datum den Besitz zu übergeben;
b) die Entschädigung mit der Maßgabe zu zahlen, dass als Beginn der Zahlungspflicht ..... zu unterstellen ist.

34 Handelt es sich aber um Mietbesitz, dann ist die Unterwerfung nicht nur wegen der mietvertraglichen Räumungsansprüche, sondern auch der in der Regel parallel dazu bestehenden Ansprüche aus Eigentum und ungerechtfertigter Bereicherung und auch wegen eines etwaigen deliktischen Räumungsanspruchs ausgeschlossen. Die Unterwerfung ist auch dann ausgeschlossen, wenn die Parteien darüber einig sind, dass das Mietverhältnis zu einem bestimmten Zeitpunkt beendet sein soll; ein *außergerichtlicher Räumungsvergleich* kann also grundsätzlich nicht vollstreckbar sein.

---

34 BT-Drucks. 13/341 vom 27.01.1995, S. 20 ff.
35 Vgl. BGH NJW 1999, 1408.
36 BGH ZfIR 2017, 613.
37 BGH DNotZ 2008, 925.

Allerdings wird man Fälle *ausnehmen* müssen, in denen im Zeitpunkt der Unterwerfungs- 35
erklärung ein Mietverhältnis unstreitig nicht oder nicht mehr besteht:[38]

Unterwerfung wegen eines Räumungsanspruchs

Verhandelt ..... 36 M

Ich war Mieterin der Wohnung in F, Haubrichstraße 25, erster Stock links (aus der Sicht eines aus dem Aufzug Tretenden), bestehend aus 1 $^1/_2$ Zimmern, Kochnische und Bad. Den Mietvertrag mit dem Eigentümer A habe ich zum 31.03.20 ..... gekündigt. Obwohl ich demnach schon seit fast einem Monat zur Räumung der Mieträume verpflichtet bin, bin ich meiner Räumungsverpflichtung nicht nachgekommen, weil die von mir gekaufte Neubauwohnung nicht rechtzeitig fertiggestellt worden ist. Nunmehr unterwerfe ich mich wegen meiner Herrn A gegenüber bestehenden Verpflichtung, die vorstehend bezeichnete Wohnung zu räumen, der sofortigen Zwangsvollstreckung aus dieser Urkunde mit der Maßgabe, dass die Zwangsvollstreckung nicht vor dem 01.07.20 ..... beginnen darf. Herrn A darf Ausfertigung dieser Urkunde erteilt werden.

- *Kosten.* 1,0 nach Nr. 21200 KV GNotKG aus wohl dem vollen Sachwert der Wohnung gemäß § 97 Abs. 1 GNotKG. Die vollstreckbare Ausfertigung ist kostenfrei.

4. Andere Ansprüche

Alle anderen Ansprüche, die Gegenstand einer Leistungsklage sein können, gleichgültig ob sie 37
darauf gerichtet sind, von einem anderen ein Tun oder ein Unterlassen zu verlangen (§ 194 Abs. 1 BGB), können Gegenstand der Zwangsvollstreckungsunterwerfung sein. Da es um die Schaffung eines Vollstreckungstitels geht, muss sich ein Anspruch allerdings so formulieren lassen, dass er einen vollstreckungsfähigen Inhalt hat. Ansprüche auf künftiges Wohlverhalten oder auf Unterlassung unzumutbarer Beeinträchtigungen sind also nicht unterwerfungsfähig.[39]

5. Beispiele für unterwerfungsfähige Ansprüche

a) Zahlung von Geld

Ansprüche auf Zahlung von Geld sind unterwerfungsfähig, auch wenn es sich um ausländische 38
Währungen handelt. Beschränkungen für Fremdwährungsschulden bestehen nicht mehr.

Schuld in US-$

Verhandelt ..... 39 M

Ich erkenne an, dem B einen Betrag von 10.000,00 US-$ nebst 8 % Zinsen hieraus seit 01.01.20 ....., Hauptsache und Zinsen fällig am 31.12.20 ....., in der Weise zu schulden, dass dieses Anerkenntnis die Schuld selbständig begründet. Wegen dieser Schuld unterwerfe ich mich der sofortigen Zwangsvollstreckung aus dieser Urkunde.[40] Dieses Schuldanerkenntnis dient ausschließlich der Sicherung des Kaufpreisanspruchs, den

---

38 Einzelheiten str.
39 BGH NJW 1998, 1144: Verpflichtung, nicht »günstig« zu berichten, ist nicht vollstreckungsfähig.
40 Vollstreckbare Ausfertigung kann sofort erteilt werden; die Zwangsvollstreckung kann gemäß § 751 Abs. 1 ZPO dennoch erst nach Fälligkeit erfolgen.

B aus dem Kaufvertrag vom ..... gegen mich hat. Herrn B darf Ausfertigung dieser Urkunde erteilt werden.

- **Kosten.** 1,0 nach Nr. 21200 KV GNotKG aus dem nach dem Kurswert z.Zt. der Beurkundung in Euro umgerechneten Dollar-Betrag. Die vollstreckbare Ausfertigung ist kostenfrei.

b) Unterhaltsansprüche

40 Zu den unterwerfungsfähigen Ansprüchen auf Zahlung von Geld gehören auch *Unterhaltsansprüche*. Um den Eindruck zu vermeiden, es solle ein Vergleich über einen nicht vergleichsfähigen Anspruch geschlossen werden (dazu oben Rdn. 27), empfiehlt es sich, anders als in der familienrechtlichen Küchenliteratur vorgeschlagen,[41] in die Urkunde weder ein konkretes noch ein abstraktes Schuldanerkenntnis aufzunehmen, sondern eine (unverbindliche) Abschätzung des gesetzlichen Unterhaltsanspruchs zugrunde zu legen.

Zwangsvollstreckungsunterwerfung wegen Kindesunterhalts

41 M Verhandelt .....
Ich bin der Vater des am ..... in ..... geborenen Kindes Max Joseph Schneider, welches bei seiner Mutter in ..... lebt. Nach den Feststellungen des Jugendamts Neustadt schulde ich dem Kind nach gegenwärtigen Verhältnissen unter Berücksichtigung des Kindergelds einen monatlichen, monatlich im Voraus fälligen Unterhalt in Geld von 330,00 €. Wegen der Verpflichtung, diesen Unterhalt zu leisten, unterwerfe ich mich der sofortigen Zwangsvollstreckung aus dieser Urkunde. Ein Schuldanerkenntnis ist damit nicht verbunden.[42] Dem Kind soll eine Ausfertigung dieser Urkunde erteilt werden.[43]

- **Kosten.** Gebührenfrei nach Vorbem. 2 Abs. 3 KV GNotKG.

42 Der Unterhalt kann auch als Verpflichtung zur Zahlung eines Prozentsatzes eines oder des jeweiligen *Mindestunterhalts* gemäß § 1612a BGB formuliert werden. Die Beschränkung auf das 1,2-fache des § 645 Abs. 1 ZPO gilt für die vollstreckbare Urkunde nicht.

Prozentsatz des Mindestunterhalts

43 M Ich bin der Vater des am 16.12.20 ..... in ..... geborenen Kindes Max Joseph Kleinmann, welches bei seiner Mutter in ..... lebt. Nach den Feststellungen des Jugendamts Neustadt schulde ich dem Kind nach gegenwärtigen Verhältnissen unter Berücksichtigung des Kindergelds vom Beginn des nächsten Monats an bis zur Vollendung des achtzehnten Lebensjahrs des Kindes 160 Prozent des jeweiligen Mindestunterhalts nach § 1612a BGB. Wegen der Verpflichtung, diesen Unterhalt zu leisten, unterwerfe ich mich der sofortigen Zwangsvollstreckung aus dieser Urkunde. Ein Schuldaner-

---

[41] Näheres s. MüKo-ZPO/*Wolfsteiner*, § 794 ZPO Rn. 235.
[42] Damit soll auch klargestellt werden, dass der Anspruch i.S.v. §§ 323a ZPO, 239 FamFG auch weiterhin der Abänderung unterliegt, vgl. BGH GSZ 85, 64 m.w.N. = NJW 1983, 228.
[43] Damit es auch einen Anspruch auf vollstreckbare Ausfertigung hat, vgl. unten Rdn. 144 f. Die vollstreckbare Ausfertigung ist dem Kind, nicht der Mutter zu erteilen, weil die gesetzliche Prozessstandschaft des § 1629 Abs. 3 BGB nur für Klagen, nicht für vollstreckbare Urkunden gilt.

kenntnis ist mit dieser Unterwerfungserklärung nicht verbunden.[44] **Dem Kind soll eine Ausfertigung dieser Urkunde erteilt werden.**

Anmerkung: Nach § 244 FamFG muss vollstreckbare Ausfertigung eines Mindestunterhaltstitels auch noch nach Vollendung des 18. Lebensjahrs erteilt werden. Der Unterhaltspflichtige kann den Wegfall der Unterhaltspflicht nur durch Vollstreckungsabwehrklage oder Abänderungsklage geltend machen. In der Unterwerfungserklärung kann aber die Anwendung ausgeschlossen werden.

44

c) Herausgabe beweglicher Sachen

Unterwerfungsfähig sind Ansprüche auf *Herausgabe beweglicher Sachen*.

45

Herausgabe eines Kraftfahrzeugs

Verhandelt .....
Aufgrund eines Mietvertrags habe ich das dem A gehörende Kraftfahrzeug mit dem amtlichen Kennzeichen ME-ZZ 989 in Besitz. Der Mietvertrag endet am 30.04.20 ..... Wegen meiner Verpflichtung, dem A das Kraftfahrzeug dann herauszugeben, unterwerfe ich mich der sofortigen Zwangsvollstreckung.[45] Herrn A darf Ausfertigung dieser Urkunde erteilt werden.

46 M

■ *Kosten*. 1,0 nach Nr. 21200 KV GNotKG und zwar wohl aus dem vollen Sachwert des Kfz (vgl. § 6 Satz 1 ZPO). Die vollstreckbare Ausfertigung ist kostenfrei.

d) Besitz an einer unbeweglichen Sache

Unterwerfungsfähig sind Ansprüche auf Übergabe des *Besitzes an einer unbeweglichen Sache* (vgl. zum Begriff der »Räumung« § 885 ZPO).

47

Besitzübergabe in einem Grundstückskaufvertrag

Der Besitz ist am 15.03.20 ..... Zug um Zug gegen Zahlung des Kaufpreises zu übergeben. Der Verkäufer hat den Vertragsgegenstand bis dahin zu räumen. Wegen seiner Verpflichtung zur Besitzübergabe und Räumung unterwirft sich der Verkäufer der sofortigen Zwangsvollstreckung.[46]

48 M

■ *Kosten*. Erhöhen sich nicht.

---

44 Damit soll auch klargestellt werden, dass der Anspruch i.S.v. § 323a ZPO, 239 FamFG auch weiterhin der Abänderung unterliegt, vgl. BGH GSZ 85, 64 m.w.N. = NJW 1983, 228.
45 Vollstreckbare Ausfertigung kann sofort erteilt werden; die Zwangsvollstreckung kann gemäß § 751 Abs. 1 ZPO dennoch erst nach Fälligkeit erfolgen.
46 Vollstreckbare Ausfertigung kann sofort erteilt werden; die Zug-um-Zug-Leistung bleibt nach § 726 Abs. 2 ZPO im Klauselverfahren unbeachtet, ebenso die datumsmäßige Fälligkeit. Die Zwangsvollstreckung kann aber gemäß § 751 Abs. 1 ZPO dennoch erst nach Fälligkeit erfolgen; die Erbringung der Gegenleistung prüft der Gerichtsvollzieher nach § 756 ZPO.

e) Räumungsanspruch

49 Unterwerfungsfähig sind *Räumungsansprüche* (vgl. zum Begriff der »Räumung« § 885 ZPO), wenn es sich nicht um Miet-Wohnraum (oben Rdn. 30 ff.) handelt.

Räumung eines Gewerberaums

50 M Verhandelt .....

Wir, die YYY GmbH, haben heute mit A einen Mietvertrag abgeschlossen, wonach wir von ihm die in F, Hubertusstraße 33, gelegenen Gaststättenräume mieten. Der auf unbestimmte Zeit laufende Mietvertrag ist beidseitig unter Einhaltung einer Kündigungsfrist von 6 Monaten zum Ende eines jeden Kalenderhalbjahrs kündbar. Wegen unserer Verpflichtung, die Gaststättenräume nach Beendigung des Mietverhältnisses zu räumen, unterwerfen wir uns der sofortigen Zwangsvollstreckung aus dieser Urkunde.[47] Herrn A darf Ausfertigung dieser Urkunde erteilt werden.

■ *Kosten.* 1,0 nach Nr. 21200 KV GNotKG aus dem Wert der fünffachen Jahresmiete nach § 99 Abs. 1 GNotKG. 0,5 nach Nr. 23803 KV GNotKG für die Erteilung der vollstreckbaren Ausfertigung nach Nachweis der Kündigung.

f) Ansprüche auf eine Werkleistung

51 Die Vollstreckung erfolgt je nach dem Gegenstand der Leistung nach § 887 oder § 888 ZPO. Die nach § 197 Abs. 1 Nr. 4 BGB eintretende Verlängerung der Verjährungsfrist für die Sachmängelgewährleistung auf 30 Jahre ist regelmäßig unerwünscht und deshalb auszuschließen.

Unterwerfung zu einem Bauwerkvertrag

52 M Verhandelt .....

Wir schließen hiermit den als Anlage beigefügten Bauwerkvertrag. Die Anlage wurde nebst Leistungsverzeichnis vom Notar vorgelesen; die Pläne wurden den Beteiligten zur Durchsicht vorgelegt und von ihnen genehmigt. Wegen seiner Verpflichtung, das Bauwerk zu erstellen, unterwirft sich hiermit A (Unternehmer) der sofortigen Zwangsvollstreckung aus dieser Urkunde;[48] die Verjährungsfrist für Ansprüche wegen Sachmängeln soll sich dadurch nicht verlängern. B (Besteller) unterwirft sich wegen seiner Verpflichtung, den Werklohn zu zahlen, ebenfalls der sofortigen Zwangsvollstreckung aus dieser Urkunde und zwar mit der Maßgabe, dass die Zwangsvollstreckung nach dem Baufristenplan erfolgen darf, der Bestandteil dieses Bauwerkvertrages ist, also ohne Nachweis des tatsächlichen Baufortschritts. Wegen der Schlusszahlung darf die Zwangsvollstreckung zwar ohne Nachweis der Abnahme, aber nur dann erfolgen, wenn ein auf Antrag des A von der zuständigen Industrie- und Handelskammer bestell-

---

47 Erteilung der vollstreckbaren Ausfertigung nach § 726 Abs. 1 ZPO, sobald die Kündigung nachgewiesen ist (Zustellung durch den Gerichtsvollzieher, s. Rdn. 149 zur Verfallklausel). Der Ablauf der Frist muss vom Notar nicht abgewartet, muss aber vom Gerichtsvollzieher als Vollstreckungsvoraussetzung beachtet werden (§ 751 Abs. 1 ZPO).
48 Vollstreckung nach § 887 ZPO; s. zur Frage, welche Einwendungen der Schuldner im Vollstreckungsverfahren erheben kann, *Wolfsteiner*, § 49.14 ff.

ter Sachverständiger bescheinigt hat, dass das Werk zum vereinbarten Zeitpunkt ohne wesentliche Mängel hergestellt ist.[49]

■ *Kosten.* Die Zwangsvollstreckungsunterwerfung ist nach § 109 Abs. 1 Satz 4 Nr. 4 GNotKG derselbe Beurkundungsgegenstand wie der Werkvertrag. Die vollstreckbare Ausfertigung ist kostenfrei, außer der für die Schlusszahlung nach Nr. 23803 KV GNotKG.

g) Unterlassungspflichten

Auch *Unterlassungspflichten* sind unterwerfungsfähig (Vollstreckung nach § 890 ZPO).[50]   53

Vollstreckbare Unterlassungsverpflichtung

Verhandelt .....   54 M
Ich habe mich dem A gegenüber verpflichtet, auf meinem Grundstück der Gemarkung F., FlStNr. 333/1, keine Spritzmittel anzuwenden, die vom jeweils geltenden Recht ausdrücklich als bienenschädlich eingestuft werden. Wegen dieser Verpflichtung unterwerfe ich mich der sofortigen Zwangsvollstreckung aus dieser Urkunde. Herrn A darf Ausfertigung dieser Urkunde erteilt werden.[51]

Notar

■ *Kosten.* 1,0 nach Nr. 21200 KV GNotKG; Wert zu bestimmen nach § 36 Abs. 1 GNotKG, wobei in entsprechender Anwendung des § 52 GNotKG der Vorteil für A maßgeblich ist, mindestens aber die Beeinträchtigung, die der Schuldner erleidet. Die vollstreckbare Ausfertigung ist kostenfrei.

6. Der Bauträgervertrag

S. dazu nachfolgend § 33.   55

7. Grundpfandrechte, andere dingliche Ansprüche

a) »Alle Ansprüche«

Im Gegensatz zur vormaligen Fassung werden in § 794 Abs. 1 Nr. 5 ZPO mit Recht Grundpfandrechte nicht mehr ausdrücklich als unterwerfungsfähig erwähnt. Sie unterfallen ohne Weiteres der *erweiterten Anspruchsdefinition des Gesetzes*. Das gilt aber auch für *alle anderen dinglichen Ansprüche*, die jetzt zweifelsfrei alle Gegenstand einer vollstreckbaren Urkunde sein können.   56

b) Grundpfandrechte

Unterwerfungsfähig sind Ansprüche aus *Grundpfandrechten*. S. zu den Einzelheiten die Muster zu Hypotheken und Grundschulden §§ 68 ff. und insb. zur Höchstbetragshypothek § 71 Rdn. 13 f.   57

---

49 Substitution, s.o. Rdn. 13.
50 Die der Verhängung eines Ordnungsmittels nach § 890 Abs. 1 ZPO vorausgehende Androhung gemäß § 890 Abs. 2 ZPO kann nach BGH WM 2012, 1489 nicht wirksam in die notarielle Urkunde aufgenommen werden.
51 S. Rdn. 145.

58 Nur für Grundpfandrechte gilt unverändert (eine gesetzgeberische Inkonsequenz!) die Spezialvorschrift des § *800 ZPO*. Danach kann sich der Eigentümer wegen eines Grundpfandrechts der sofortigen Zwangsvollstreckung in der Weise unterwerfen, dass die Zwangsvollstreckung aus der Urkunde gegen den jeweiligen Eigentümer des Grundstücks zulässig sein soll. Die Unterwerfung bedarf in diesem Fall der *Eintragung in das Grundbuch*. Die Vorschrift ist höchst missverständlich:

59 Einerseits ermöglicht grundsätzlich auch eine einfache Unterwerfungserklärung (die auch nicht im Grundbuch eingetragen sein muss) die Zwangsvollstreckung gegen den jeweiligen Eigentümer des Grundstücks (§§ 727 Abs. 1, 325 Abs. 1, Abs. 3 Satz 1 ZPO). Andererseits ist die Eintragung im Grundbuch *keinesfalls Wirksamkeitsvoraussetzung* der Unterwerfung, die mit Wirkung gegen den jeweiligen Grundstückseigentümer erklärt ist. Die Erklärung, die Zwangsvollstreckung solle gegen den jeweiligen Eigentümer des Grundstücks zulässig sein, und die Eintragung im Grundbuch erlangen Bedeutung nur, wenn das Eigentum am Grundstück aufgrund Auflassung wechselt, weil die Vollstreckungsklausel gegen denjenigen, der das Eigentum im Wege der Einzelrechtsnachfolge erworben hat, nach wohl herrschender Praxis nur nach § 800 ZPO erteilt werden kann.[52] Alle anderen Arten der Rechtsnachfolge (Erbfolge, Umwandlung, Umlegung, Eröffnung des Insolvenzverfahrens) eröffnen die Umschreibung der Vollstreckungsklausel auch ohne dass die Voraussetzungen des § 800 ZPO gewahrt sind.

60 Dennoch muss der Notar unter dem Gesichtspunkt des sichersten Wegs bei Grundpfandrechten grundsätzlich nicht nur eine einfache, sondern eine Unterwerfung nach § 800 ZPO vorsehen. Von dieser Regel gibt es aber Ausnahmen:

61 Erwirbt jemand ein mit einem Grundpfandrecht belastetes Grundstück unter Übernahme der gesicherten Schuld, so ist es aus Gründen der Vereinfachung und der Kostenersparnis oft zweckmäßig, den Erwerber wegen des dinglichen Rechts (zur Schuldübernahme ist eine erneute Unterwerfung ohnehin erforderlich, vgl. unten Rdn. 190) eine eigene Unterwerfungserklärung abgeben zu lassen, obwohl auch die Vollstreckungsklausel aus der bereits eingetragenen Unterwerfung nach § 800 ZPO gegen ihn umgeschrieben werden könnte. Der Notar, der den Vertrag über den Grundstückserwerb beurkundet hat, kann dann nämlich eine einheitliche vollstreckbare Ausfertigung sowohl in dinglicher als auch in persönlicher Hinsicht erteilen; überdies fällt für die Erteilung auch der dinglichen Klausel keine Gebühr nach KV 23803 an, weil es sich nicht um eine Umschreibung, sondern um die Ersterteilung handelt. Das Kreditinstitut kann mit dieser (in unten § 39 Rdn. 75 M nicht enthaltenen) Vollstreckungsunterwerfung zufrieden sein, weil es bei späterer Weiterveräußerung immer noch auf die ursprüngliche, gemäß § 800 ZPO erklärte Zwangsvollstreckungsunterwerfung zurückgreifen kann.

c) Andere dingliche Ansprüche

62 Die Zwangsvollstreckungsunterwerfung ist auch wegen *anderer dinglicher Ansprüche* zulässig. Da für sie eine dem § 800 ZPO vergleichbare Vorschrift fehlt, kann zu einer einfachen Zwangsvollstreckungsunterwerfung wegen eines Immobiliarsachenrechts die Vollstreckungsklausel nach §§ 727 Abs. 1, 325 Abs. 1, Abs. 3 Satz 1 ZPO auch gegen den jeweiligen Grundstückseigentümer erteilt werden und zwar ohne dass es einer Grundbucheintragung nach Art des § 800 ZPO bedürfte.[53] Die Möglichkeit gutgläubigen Erwerbs nach § 325 Abs. 2 ZPO kann dabei kaum eine Rolle spielen, weil die zivilprozessuale Rechtsprechung gutgläubigen Erwerb nur anerkennt, wenn der Rechtsnachfolger sowohl in Ansehung der Existenz des Anspruchs als auch der Existenz des Titels gutgläubig war (Lehre von der doppel-

---

52 Streitig; zum Streitstand *Wolfsteiner*, § 28.4. ff.
53 Einzelheiten *Wolfsteiner*, § 27.3. f.

ten Gutgläubigkeit[54]). Die Eintragung des Rechts (nicht erst der Unterwerfung!) im Grundbuch schließt daher gutgläubigen Erwerb aus und zwar auch bei anderen als den in § 325 Abs. 3 ZPO genannten Rechten (Reallast, Hypothek, Grundschuld, Rentenschuld). Der Eintragung eines Rechtshängigkeits- oder eines ähnlichen Vermerks, dass der Eigentümer der sofortigen Zwangsvollstreckung unterworfen sei, bedarf es nicht. Es unterwirft sich der *aktuelle Eigentümer* als der aktuelle Schuldner.

Zwangsvollstreckungsunterwerfung zu einer Bierdienstbarkeit

Verhandelt .....   63 M

Im Grundbuch des Amtsgerichts Ahstadt für Behdorf Blatt ..... ist als Eigentümer des dort im Bestandsverzeichnis unter Nr. 3 eingetragenen Grundstücks Herr Max E. eingetragen. In Abt. II des Grundbuchs ist an diesem Grundstück eingetragen: Zugunsten des Bürgerlichen Brauhauses Ahstadt AG ist es untersagt, auf dem Grundstück Bier zu erzeugen, abzufüllen oder zu verkaufen und Bier zum Zweck der Abfüllung oder des Verkaufs zu lagern. Als Grundstückseigentümer unterwerfe ich, Max E., mich gegenüber der Bürgerliches Brauhaus Ahstadt AG wegen dieser Verpflichtungen der sofortigen Zwangsvollstreckung aus dieser Urkunde. Dem Gläubiger darf Ausfertigung erteilt werden.

■ *Kosten.* 1,0 nach Nr. 21200 KV GNotKG; Wert zu bestimmen nach § 36 Abs. 1 GNotKG, wobei in entsprechender Anwendung des § 52 GNotKG der Vorteil für A maßgeblich ist, mindestens aber die Beeinträchtigung, die der Schuldner erleidet. Die vollstreckbare Ausfertigung ist kostenfrei.

d) Subjektiv dingliche Rechte

Bei *subjektiv dinglichen Rechten* erfolgt die Zwangsvollstreckungsunterwerfung durch den aktuellen Eigentümer des dienenden Grundstücks zugunsten des aktuellen Eigentümers des herrschenden Grundstücks. Wechselt das Eigentum am herrschenden Grundstück, kann die Vollstreckungsklausel dem neuen Eigentümer als dem Erwerber der streitbefangenen Sache erteilt werden.   64

Zwangsvollstreckungsunterwerfung zu einem Durchfahrtsrecht

Verhandelt .....   65 M

Im Grundbuch des Amtsgerichts Ahstadt für Behdorf Blatt ..... ist in Abt. II unter der Nr. 4 eingetragen: Durchfahrtsrecht für den jeweiligen Eigentümer des in Blatt ..... unter Nr. 1 eingetragenen Grundstücks FlStNr. 988/11. Nach Maßgabe der Eintragungsbewilligung, auf die Bezug genommen ist, darf der Eigentümer des herrschenden Grundstücks den auf der Westseite des dienenden Grundstücks verlaufenden Fahrweg mit Fahrzeugen aller Art mit Ausnahme solcher mit mehr als 7,5 t zulässigem Gesamtgewicht befahren, um das herrschende Grundstück von der öffentlichen Straße aus zu erreichen und umgekehrt.[55] Als Eigentümer des dienenden Grundstücks unterwerfe ich mich wegen der aus der Dienstbarkeit entspringenden Duldungspflicht der sofor-

---

54 RGZ 79, 165.
55 Enthält die Dienstbarkeit die Verpflichtung, eine Anlage auf dem dienenden Grundstück zu unterhalten, ist diese mangels Konkretisierung wohl nicht unterwerfungsfähig.

tigen Zwangsvollstreckung aus dieser Urkunde. Dem jeweiligen Eigentümer des herrschenden Grundstücks darf Ausfertigung dieser Urkunde erteilt werden.

■ *Kosten.* 1,0 nach Nr. 21200 KV GNotKG; Wert zu bestimmen nach § 52 Abs. 1 GNotKG, wonach der Vorteil für A maßgeblich ist, mindestens aber die Beeinträchtigung, die der Schuldner erleidet. Die vollstreckbare Ausfertigung ist kostenfrei.

e) Reallast

66 Vergleiche weiter zum Problem der Zwangsvollstreckungsunterwerfung wegen einer *Reallast* unten § 66 Rdn. 12 ff., insb. Rdn. 14 M.

8. Duldungsansprüche nach § 794 Abs. 2 ZPO

67 Duldungsansprüche jeder Art fallen bereits unter § 794 Abs. 1 Nr. 5 ZPO (oben Rdn. 37), sodass § 794 Abs. 2 ZPO im Zuge der Neuregelung eigentlich hätte aufgehoben werden müssen. Dies ist aber – ohne dass dadurch Schaden entstehen würde – unterblieben. Immerhin mag man die Unterwerfung auf Duldung der Zwangsvollstreckung in den Fällen der §§ 737 § 743, 745 Abs. 2 und 748 Abs. 2 ZPO als besondere, unter § 794 Abs. 2 ZPO fallende Kategorie anerkennen. Von praktischer Bedeutung ist allerdings nur die Zwangsvollstreckungsunterwerfung bei Bestellung eines Pfandrechts.

Duldungserklärung des Verpfänders

68 M Verhandelt .....[56]

Die LUXOR Textilhandel GmbH & Co. KG mit Sitz in Adorf schuldet der Handelsbank Adorf AG laut Schuldanerkenntnis vom heutigen Tage einen fälligen Geldbetrag von 100.000,00 € nebst 12 v.H. Jahreszinsen ab heute. Zur Sicherung dieser Forderung verpfändet Herr S. hiermit der Gläubigerin seinen Geschäftsanteil mit einer Einlage von 80.000,00 € an der im Handelsregister des AG Großstadt unter HRB 1769 eingetragenen LUXOR Textilhandel Beteiligungs-GmbH mit Sitz in Adorf; die Bank nimmt die Verpfändung an. Herr S. duldet aufgrund des Pfandrechts die Befriedigung der Gläubigerin aus dem verpfändeten Geschäftsanteil und unterwirft sich deswegen der sofortigen Zwangsvollstreckung aus dieser Urkunde.

■ *Kosten.* 2,0 nach Nr. 21100 KV GNotKG aus Wert 100.000,00 €, höchstens dem Wert des Geschäftsanteils (§ 53 Abs. 2 GNotKG).

9. Öffentlich-rechtliche Ansprüche

69 Streitig ist, ob nur solche Ansprüche nach § 794 Abs. 1 Nr. 5 unterwerfungsfähig sind, die nach § 13 GVG unter die *ordentliche Gerichtsbarkeit* fallen, oder auch beliebige öffentlich-rechtliche Ansprüche.[57] Im Hinblick darauf, dass die Verwaltungsverfahrensgesetze (z.B. § 61 BVwVfG[58]) eigene Unterwerfungsverfahren zur Verfügung stellen, sollte öffentlich-rechtlichen Ansprüchen gegenüber zumindest größte Zurückhaltung geübt werden. In

---

56 Die Verpfändung bedarf der Form des § 15 GmbHG.
57 Streitstand s. *Wolfsteiner*, § 20.14. ff.
58 Dazu *Wolfsteiner*, § 50.

jedem Fall ist klarzustellen, ob eine Unterwerfung nach § 794 Abs. 1 Nr. 5 ZPO gemeint ist, oder eine solche nach § 61 VwVfG.[59]

IV. Die Unterwerfungserklärung

1. Grundsatz

Die vollstreckbare Urkunde besteht inhaltlich aus der vom Notar urkundlich niedergelegten *Unterwerfungserklärung* (im weiteren Sinn). Sie muss deshalb alle Elemente enthalten, die für einen Vollstreckungstitel essentiell sind. Wegen solcher essentieller Elemente eines Vollstreckungstitels kann sie – unbeschadet der Beurkundungsmöglichkeit nach § 13a BeurkG, dazu unten Rdn. 118 – nicht auf andere Dokumente verweisen. Im Vergleich zu gerichtlichen Urteilen muss die Unterwerfungserklärung letztlich den *Urteilstenor* (im weiteren Sinn, umfassend auch aus dem Rubrum die Angabe der Parteien und aus den Entscheidungsgründen die Elemente, die die Identität des Anspruchs kennzeichnen) *vertreten* (vorst. Rdn. 24). Demnach gehören zur Unterwerfungserklärung folgende Elemente: **70**

a) Die Angabe des Vollstreckungsziels, also des »zu bezeichnenden« *Anspruchs*, der zwangsweise befriedigt werden soll. **71**

b) Als zwingende Bestandteile des Anspruchs die Angabe des *Gläubigers* und des *Schuldners*. **72**

c) Gegebenenfalls die Angabe von *Vollstreckungsvoraussetzungen* i.S.d. § 726 Abs. 1 ZPO und von Vollstreckungsbeschränkungen. **73**

d) Die Erklärung, sich der *sofortigen Zwangsvollstreckung* zu *unterwerfen* (Zwangsvollstreckungsunterwerfung im engeren Sinn). **74**

2. Zu bezeichnender Anspruch (»Bezeichnungsgrundsatz«, »Bezeichnungsmaxime«)

Der Schuldner muss sich »wegen des zu bezeichnenden Anspruchs« der sofortigen Zwangsvollstreckung unterwerfen. Das Gesetz will damit zum Ausdruck bringen, dass jeder einzelne Anspruch, der vollstreckbar gestellt werden soll, in der Unterwerfungserklärung konkret bezeichnet werden muss. Dies rechtfertigt sich daraus, dass die Unterwerfungserklärung den Urteilstenor vertritt (oben Rdn. 24). Pauschale Unterwerfungserklärungen, wie sie weit verbreitet (wenn auch in ihrer Wirksamkeit umstritten) waren (z.B. »wegen aller in dieser Urkunde begründeten oder aufrechterhaltenen Ansprüche, die die Zahlung einer bestimmten Geldsumme oder die Leistung einer bestimmten Menge anderer vertretbarer Sachen oder Wertpapiere zum Gegenstand haben, unterwerfe ich mich der sofortigen Zwangsvollstreckung«) sollen damit explizit für *unzulässig und unwirksam* erklärt sein (Bezeichnungsgrundsatz, Bezeichnungsmaxime).[60] Dies muss in der Beurkundungspraxis unbedingt beachtet werden und schließt die Verwendung älterer Muster aus. **75**

Im Einzelnen muss die Urkunde enthalten: **76**

a) Anspruchsbezeichnung

Die Bezeichnung des zu vollstreckenden Anspruchs in der für die Zwangsvollstreckung erforderlichen Art und Weise, also Angabe des *Gläubigers*, des *Schuldners*, der Forderung in der zur **77**

---

59 *Wolfsteiner*, DNotZ 2006, 190.
60 Eindringlich BGH DNotZ 2013, 120; definitiv BGH NJW 2015, 1181.

Vollstreckung erforderlichen Bestimmtheit, bei dinglichen Rechten die genaue *Bezeichnung des Rechts*, bei Grundpfandrechten und anderen Immobiliarsachenrechten regelmäßig in der Form des § 28 GBO. Wie ein Urteilstenor so zu formulieren ist, dass aus ihm ohne Beifügung von Tatbestand und Entscheidungsgründen vollstreckt werden kann, muss auch die notarielle Urkunde alle für die Zwangsvollstreckung erforderlichen Angaben unmittelbar enthalten. Eine Verweisung auf Inhalte, die nicht in den zulässigen Beurkundungsformen mit beurkundet sind (z.B. wegen der Grundschuldzinsen auf den Grundbuchinhalt) ist nicht zulässig und macht die Urkunde als Titel insoweit unwirksam.

78 Als Gläubiger wie als Schuldner kann nur jemand benannt werden, der *parteifähig* ist, also eine bestimmte natürliche oder juristische Person, auch eine rechtsfähige Personengesellschaft i.S.d. § 14 Abs. 2 BGB. Probleme in der Bezeichnung bereitet nach wie vor die (nach gesetzlich – § 899a BGB – bestätigter Auffassung der Rechtsprechung) rechtsfähige BGB-Gesellschaft. Es ist zwingend klarzustellen, ob sich nur die Gesellschaft oder nur die Gesellschafter oder beide unterwerfen. Die Unterwerfung auch der Gesellschafter ist dringend zu empfehlen, weil wegen der Ungewissheit, wer jeweils Gesellschafter ist, in das Gesellschaftsvermögen oft nicht erfolgreich vollstreckt werden kann. Die Gesellschaft wird zweckmäßigerweise sowohl durch ihre Gesellschafter als auch mittels ihres Namens bezeichnet. Die Gesellschafter einer Gläubiger-Gesellschaft müssen in grundbuchfähiger Form bezeichnet werden, wenn eine Vollstreckung durch Eintragung einer Zwangshypothek möglich sein soll;[61] dasselbe gilt für die Gesellschafter einer Schuldner-Gesellschaft, wenn in ein Gesellschaftsgrundstück vollstreckt werden soll.[62]

Zwangsvollstreckungsunterwerfung bei BGB-Gesellschaft

79 M Für den Kaufpreis haften sowohl die BGB-Gesellschaft »Badstraße 37 GbR«, bestehend aus den Gesellschaftern A. R., geb. am ..... , wohnhaft in ....., und B. R., geb. am ....., wohnhaft in ....., mit ihrem Gesamthandsvermögen als auch ihre eben genannten Gesellschafter als Gesamtschuldner. Wegen ihrer Verpflichtung zur Zahlung des Kaufpreises unterwerfen sich die Badstraße 37 GbR und ihre genannten Gesellschafter der sofortigen Zwangsvollstreckung.

80 Die *Wohnungseigentümergemeinschaft* ist rechtsfähig nach § 10 Abs. 6 WEG und kann demnach Gläubigerin sein. Grundsätzlich ist die Gemeinschaft entweder übereinstimmend mit dem Grundbuch oder durch Hinweis auf das Grundbuchblatt zu bezeichnen (§ 28 Satz 1 GBO).[63] Die *Erbengemeinschaft* ist nicht rechtsfähig und kann daher nicht als solche Gläubiger sein.[64]

b) Identifizierung des Anspruchs

81 *Die Bezeichnung des Rechtsverhältnisses*, auf dem der vollstreckbare Anspruch beruht. Erforderlich, aber auch ausreichend ist eine Bezeichnung, die es ermöglicht, den vollstreckbar gestellten Anspruch von anderen Ansprüchen zu *unterscheiden*, ihn also zu *identifizieren*. Da das zugrunde liegende Rechtsverhältnis selbst nicht beurkundungsbedürftig ist (falls sich die Beurkundungsbedürftigkeit nicht aus materiellen Vorschriften ergibt), kann zur Identifi-

---

61 OLG München Rpfleger 2012, 140; OLG Naumburg FGPrax 2014, 200; OLG Naumburg NotBZ 2016, 72; OLG Frankfurt NZG 2016, 619; OLG Düsseldorf FGPrax 2017, 8.
62 Vgl. BGHZ 187, 344.
63 Zumindest missverständlich – Straße und Hausnummer genüge – LG Bremen Rpfleger 2007, 315.
64 BGH NJW 2002, 3389.

zierung des Anspruchs auch auf Schriftstücke verwiesen werden, die nicht in einer der zulässigen Beurkundungsformen mit beurkundet sind.

Unterwerfung zu einem privatschriftlichen Darlehensvertrag

Nach Maßgabe des privatschriftlichen Darlehensvertrags vom 17.05.20 ..... schulde ich dem G. die Rückzahlung eines unverzinslichen Darlehens von 10.000 €, fällig am 31.12.20 ..... Wegen dieser Schuld unterwerfe ich mich der sofortigen Zwangsvollstreckung aus dieser Urkunde. 82 M

- *Kosten.* 1,0 nach Nr. 21200 KV GNotKG. Der Wert entspricht nach § 37 Abs. 1 GNotKG der Hauptforderung.

Wegen der *Vollstreckungsklausel* s.u. Rdn. 150. 83

Dem Identifizierungserfordernis ist selbstverständlich von selbst genügt, wenn die Unterwerfungsurkunde, wie meist, auch die *materiellrechtlichen Willenserklärungen* zur Begründung des Schuldverhältnisses enthält. 84

3. Bestimmtheit

Der vollstreckbare Anspruch muss derart bestimmt sein, dass er unmittelbar zur Zwangsvollstreckung geeignet ist. In gewissen Grenzen genügt es aber, dass der Anspruch nur *bestimmbar* ist. Wo im Einzelnen die Grenzlinien zwischen noch zulässiger Bestimmbarkeit und unzulässiger Unbestimmtheit liegen, ist außerordentlich umstritten.[65] Der Notar wird daher bei nicht eindeutig »bestimmten« Ansprüchen häufig Anlass haben, die Beteiligten darauf hinzuweisen, dass sich im Vollstreckungsverfahren Schwierigkeiten ergeben können, wenn der Gegner die Unterwerfungsfähigkeit des Anspruchs in Zweifel zieht. Für die Praxis empfehlen sich folgende Differenzierungen: 85

a) Abhängige Ansprüche

Ansprüche, die aufgrund eines in der Urkunde vorgegebenen Kriteriums (dass der Bestimmbarkeitsmaßstab in der Urkunde angegeben wird, ist stets Voraussetzung für die Unterwerfungsfähigkeit eines Anspruchs) vom Vollstreckungsorgan (Gerichtsvollzieher oder Vollstreckungsgericht) lediglich aufgrund offenkundiger Umstände, also ohne Heranziehung von Urkunden oder sonstigen Nachweisen, unschwer und *auf einfache Weise bestimmt* werden können, können einigermaßen unbedenklich als unterwerfungsfähig behandelt werden. Als ausreichend bestimmt in diesem Sinne können angesehen werden Renten, die nach Maßgabe eines amtlichen *Lebenshaltungskostenindex* veränderlich sind[66] (schon fragwürdiger Renten, die an ein *Beamtengehalt* angelehnt sind[67]); dabei sollte bestimmt werden, was gilt, wenn der Index umbasiert wird[68] oder gar wegfällt.[69] 86

---

65 Darstellung des Streitstandes bei *Wolfsteiner*, § 16; Beispiele bei Baumbach/Lauterbach/Albers/*Hartmann*, § 794 ZPO Rn. 24 ff.
66 BGH NJW-RR 2004, 649; BGH DNotZ 2005, 285; BGH NJW 2007, 294.
67 AG Charlottenburg FamRZ 1993, 1105. S. zu strukturellen Veränderungen des Index *Reul*, MittBayNot 2005, 265.
68 Hinweise des Statistischen Bundesamts unter https://www.destatis.de/DE/ZahlenFakten/GesamtwirtschaftUmwelt/Preise/Verbraucherpreisindizes/Wertsicherungsklauseln/Wertsicherungsklauseln.html.
69 BGH DNotZ 2011, 33.

Wertsicherungsklausel mit Unterwerfung

87 M Die Monatsrente soll sich grundsätzlich im selben Verhältnis erhöhen und vermindern, in dem sich der vom Statistischen Bundesamt veröffentlichte Verbraucherpreisindex für Deutschland auf der Basis 2013 = 100 gegenüber dem heutigen Wert (…..) erhöht oder vermindert. Nimmt das statistische Bundesamt eine Neubasierung vor, so ist von der Veröffentlichung an die neue Basis nach Maßgabe der vom Statistischen Bundesamt bekannt gegebenen Umrechnungsformel zugrunde zu legen. Fällt der Index weg, so ist an seiner Stelle nach billigem Ermessen des Schuldners der ihm ähnlichste weiterbestehende oder neue Index anzuwenden. Eine Veränderung soll aber jeweils nur stattfinden, wenn sich der Index gegenüber dem Ausgangsstand bzw. dem Stand der der letzten Zahlungsanpassung um mindestens 5 % verändert hat. Sollte sich eine der Änderungen im Verfahren der Vollstreckungsklausel oder der Zwangsvollstreckung nicht zur Geltung bringen lassen, ist der Schuldner zu einer entsprechenden neuen Zwangsvollstreckungsunterwerfung verpflichtet.

88 Ebenso ist die gänzlich unbezifferte Unterwerfung wegen eines Prozentsatzes des jeweiligen Mindestunterhalts nach § 1612a BGB zulässig (oben Rdn. 42 ff.). Zinsen können in bestimmter Höhe über dem Basiszinssatz nach § 247 BGB vollstreckbar gestellt werden,[70] oder auch – nicht so praktikabel – nach dem »Basiszinssatz der Europäischen Zentralbank« (von der Europäischen Zentralbank auf ihre Hauptrefinanzierungsoperationen angewendeter Zinssatz[71]).

89 Ist die Bestimmbarkeit in diesem Sinne ausreichend, so geht die herrschende Lehre davon aus, dass der Notar die Vollstreckungsklausel ohne weitere Prüfung erteilen könne und dass es Sache des *Vollstreckungsorgans* sei, die Bestimmung im Rahmen des Vollstreckungsverfahrens zu treffen.[72] Zur Sicherheit empfiehlt es sich aber, dass der Notar soweit möglich die Konkretisierung bereits in die *Vollstreckungsklausel* mit aufnimmt, wie bei den nachfolgend behandelten Fällen ohnehin zwingend notwendig.

b) Künftig bestimmbare Ansprüche

90 Die Forderung ist noch *unbestimmt*, lässt sich aber zu einem späteren Zeitpunkt aufgrund von Umständen bestimmen, die durch öffentliche oder öffentlich beglaubigte Urkunden (§ 726 ZPO) *nachweisbar oder offenkundig* sein werden.[73]

91 Bei Geldforderungen kann die notarielle Praxis jetzt durchaus davon ausgehen, dass der Höhe nach noch unbestimmte Forderungen dann unterwerfungsfähig sind, wenn die Bestimmung später aufgrund öffentlicher oder öffentlich beglaubigter Urkunden oder aufgrund offenkundiger Tatsachen nachgeholt werden kann. Da die Erkenntnisse der höchstrichterlichen Rechtsprechung aber noch nicht überall in die Praxis der Vollstreckungsorgane vorgedrungen sind, empfiehlt sich u.U. ein Warnhinweis des Inhalts, dass bei der praktischen Durchsetzung der Zwangsvollstreckung möglicherweise Schwierigkeiten auftreten können. Soweit die Bestimmung einer im Augenblick der Unterwerfung noch unbestimmten Forderung gemäß § 726 ZPO zu erfolgen hat, ist zweifelsfrei, dass nur der Notar die Bestimmung in der Vollstreckungsklausel treffen kann (vgl. nachfolgend Muster Rdn. 93 M). Eine solche Bestimmung ist auch dann unvermeidlich, wenn der Schuldner auf den Nachweis der die Vollstreckbarkeit begründenden Umstände verzichtet hat, es sei denn, er hat sich unter Nachweisverzicht wegen eines Höchstbetrags unterworfen, sodass

---

70 OLG Düsseldorf Rpfleger 1977, 67.
71 Genauere Definition s. *Wolfsteiner*, § 16.50.
72 BGH NJW-RR 2004, 649; a.A. *Wolfsteiner*, § 16.40. ff.
73 BGH NJW 1995, 1162.

die vollstreckbare Ausfertigung ohne weitere Nachweise i.H.d. Höchstbetrags erteilt werden kann (unten Rdn. 116 M; vgl. hierzu aber die Warnungen oben Rdn. 5).

In diesem Sinne sind auch unterwerfungsfähig *Zinsen*, die nach Laufzeit und Höhe bedingt sind, z.B. Verspätungszinsen, Geldansprüche, deren Höhe nach § 315 BGB vom Gläubiger (nicht vom Schuldner, weil dessen Bestimmung nur durch eine zusätzliche Unterwerfungserklärung getroffen werden könnte) oder nach § 317 BGB durch einen Dritten zu bestimmen ist, Kaufpreise, deren Höhe erst durch die Festsetzung der Geschossfläche in einem Bebauungsplan bestimmt wird, Verpflichtung zur Herstellung eines Gebäudes, die erst noch durch die Festsetzungen des Baugenehmigungsbescheids konkretisiert werden soll. **92**

Vollstreckbare Geldwertschuld mit variablem Zins

Verhandelt ..... 93 M

Ich schulde der G.-Bank in New York aufgrund Darlehensvertrags vom ..... die am ..... fällige Rückzahlung eines Geldbetrags in EURO, der nach Maßgabe der in Frankfurt a.M. für den ..... festgestellten, im Bundesanzeiger veröffentlichten mittleren amtlichen Devisenkurs (maßgeblich ist der Brief-Kurs) dem Wert von 100.000 U.S. $ entspricht. Das Darlehen ist vom ..... an aus einem festen Kapitalbetrag von 100.000 € jeweils mit vier Prozentpunkten über dem Basiszinssatz zu verzinsen. Die Zinsen sind vierteljährlich nachträglich fällig. Wegen dieser Zahlungsverpflichtungen unterwerfe ich mich der sofortigen Zwangsvollstreckung.

■ *Kosten.* 1,0 nach Nr. 21200 KV GNotKG aus dem z.Zt. der Unterwerfung gültigen Kurswert.

Vollstreckbare Ausfertigung wegen des Hauptsachebetrags kann erst nach der Veröffentlichung der maßgeblichen Devisenkurse im Bundesanzeiger erteilt werden; der Notar hat den Kurswert zu errechnen und in der Vollstreckungsklausel anzugeben. Der Zustellung des Bundesanzeigers bedarf es nicht, weil dessen Inhalt als offenkundig gilt. Wegen der Zinsen könnte jeweils nach Fälligkeit eine nur in Ansehung der fälligen Zinsen vollstreckbare Ausfertigung erteilt werden. **94**

Dass im Übrigen ein bedingter oder betagter Anspruch der Zwangsvollstreckungsunterwerfung zugänglich ist, ergibt sich aus § 726 ZPO, dass befristete Ansprüche unterwerfungsfähig sind, aus § 751 Abs. 1 ZPO. **95**

c) Zinsen

Für die in einem Hundertsatz ausgedrückten Zinsen muss der *Beginn* angegeben werden, z.B. »ab 01.04.20..... oder »ab heute«. Ist der Beginn einer Zinsforderung zu unbestimmt, kann vollstreckbare Ausfertigung nicht erteilt werden.[74] Vorsorglich sollte daher in der Urkunde ein fiktiver Zinsbeginn festgelegt werden, etwa mit der Formulierung: **96**

Fiktiver Verzinsungsbeginn

Für Zwecke der Zwangsvollstreckung gelten die Zinsen vom ..... an als geschuldet. **97 M**

---

[74] OLG Düsseldorf Rpfleger 1977, 67.

98 Zu beachten ist freilich, dass bei einem verzinslichen *abstrakten Schuldanerkenntnis* der Zinslauf im Zeitpunkt des Anerkenntnisses beginnt, ohne dass dies noch ausdrücklich zum Ausdruck gebracht werden müsste.

d) Teilwirksamkeit

99 Enthält eine vollstreckbare Urkunde teils bestimmte und andernteils völlig unbestimmte oder erst künftig bestimmbare Ansprüche, so kann vollstreckbare Ausfertigung wegen der Anspruchsteile, die bereits bestimmt sind, erteilt werden; § 139 BGB gilt für die vollstreckbare Urkunde nicht.[75]

4. Unterwerfungserklärung

100 Der Schuldner muss sich in der Urkunde wegen des Anspruchs der sofortigen Zwangsvollstreckung unterwerfen (*Unterwerfungserklärung im engeren Sinn*). Die Unterwerfungserklärung ist immer ausdrücklich abzugeben. Eine Urkunde, die keine Unterwerfungserklärung dokumentiert, ist kein Vollstreckungstitel; im Klauselverfahren kann der Mangel nicht mehr korrigiert werden. Um den Anforderungen des Bezeichnungsgrundsatzes (oben Rdn. 75) zu genügen, ist es regelmäßig notwendig, so viele einzelne Unterwerfungserklärungen in die Urkunde aufzunehmen wie Ansprüche vollstreckbar gestellt werden sollen. Bei zusammenfassenden Bezeichnungen ist *höchste Vorsicht* geboten.

101 Den *Wortlaut* des § 794 Abs. 1 Nr. 5 ZPO zu verwenden, ist zwar nicht unerlässlich, sollte aber selbstverständlich sein, um Missverständnisse bei der Auslegung auszuschließen.

Standard-Formel der Unterwerfungserklärung

102 M **Wegen seiner Verpflichtung, ……, unterwirft sich X der sofortigen Zwangsvollstreckung aus dieser Urkunde.**

103 Der Satzteil »aus dieser Urkunde« kommt in § 794 ZPO nicht vor, ist also verzichtbar; er stammt aus § 800 ZPO. *Erläuterungsbedürftig* ist regelmäßig der vom Gesetz gebrauchte Ausdruck der »sofortigen« Zwangsvollstreckung, womit nur die Vollstreckbarkeit ohne vorausgehenden Zivilprozess, nicht aber eine Vollstreckbarkeit ohne Rücksicht auf Fälligkeits- und Vollstreckungsvoraussetzungen gemeint ist. Überflüssig ist der Zusatz »in das gesamte Vermögen«. Wenn nichts anderes gesagt ist, kann immer in das gesamte (pfändbare) Vermögen vollstreckt werden; die Beschränkung auf bestimmte Gegenstände dagegen muss in der Unterwerfungserklärung zum Ausdruck gebracht werden (nachfolgend).

5. Beschränkung und Erweiterung der Zwangsvollstreckungsunterwerfung

104 Die Urkunde hat die Umstände anzugeben, von denen die *Vollstreckung abhängig sein* soll (vgl. § 726 ZPO). Fehlt eine solche Angabe, so unterstellt man – anders als bei den sonstigen Titeln – nicht, dass die Vollstreckung voraussetzungslos zulässig ist, sondern im Sinne einer Vermutung, einer Auslegungsregel, dass die Vollstreckung und damit nach § 726 ZPO auch schon die Erteilung der vollstreckbaren Ausfertigung davon abhängig sein soll, dass die in der Beweislast des Gläubigers liegenden Umstände, von denen die Geltendmachung des Anspruchs nach materiellem Recht abhängig ist, in der Form des § 726 ZPO nachgewiesen

---

75 BGH DNotZ 1985, 474; vgl. BGHZ 88, 65.

werden.[76] Der Notar soll sich allerdings bei seinen Formulierungen nicht auf Auslegungsregeln und Vermutungen stützen; dies widerspräche der Pflicht aus § 17 Abs. 1 BeurkG, den Willen der Beteiligten »klar und unzweideutig« wiederzugeben. Daher ist zu formulieren:

Fälligkeitsvoraussetzungen

Der Kaufpreis ist fällig ..... Wegen seiner Verpflichtung, den Kaufpreis *unter diesen Fälligkeitsvoraussetzungen* **zu zahlen, unterwirft sich der Käufer der sofortigen Zwangsvollstreckung.**   105 M

Die Auslegungsregel verdunkelt etwas die Situation, dass die Vollstreckungsvoraussetzungen, abgesehen von einigen zwingenden Momenten (z.B. betreuungs- oder familiengerichtliche Genehmigung, öffentlich-rechtliche Genehmigungen, Vollmachtsnachweis bei Unterwerfung im fremden Namen) voll zur Disposition des die Zwangsvollstreckungsunterwerfung erklärenden Schuldners stehen. Die Zwangsvollstreckung findet zwar aus der notariellen Urkunde statt; der Schuldner hat aber – wie immer bei der Beurkundung von Willenserklärungen – volle Dispositionsbefugnis über den Inhalt seiner Erklärungen und damit auch über den Inhalt des Titels. Nicht das materielle Recht bestimmt den Inhalt des Titels, sondern die Erklärung des Schuldners (vgl. aber zu den Bedenken oben Rdn. 5).   106

Daraus folgt, dass der Schuldner nicht nur erklären kann, dass einzelne oder alle materiell-rechtlichen Entstehungs- und Fälligkeitsvoraussetzungen keine Vollstreckungsvoraussetzungen sein sollen (missverständlich »Nachweisverzicht« genannt, s. zur Problematik oben Rdn. 5), sondern dass er auch zusätzliche Vollstreckungshindernisse, die im materiellen Recht keine Grundlage haben, aufrichten kann.   107

a) Zusätzliche Vollstreckungshindernisse

Zusätzliche Vollstreckungshindernisse (Vollstreckungsvoraussetzungen) müssen so formuliert werden, dass sie sich entweder aus der Unterwerfungserklärung selbst erschließen oder dass ihre Voraussetzungen im Sinne des § 726 Abs. 1 ZPO nachweisbar sind (unten Rdn. 151 ff.).   108

Zusätzliche Vollstreckungsvoraussetzung

Verhandelt .....
Nach Maßgabe des Schuldanerkenntnisvertrages vom ..... schulde ich dem G. einen fälligen Geldbetrag von 50.000,00 €. Wegen dieser Zahlungsverpflichtung unterwerfe ich mich der sofortigen Zwangsvollstreckung aus dieser Urkunde, jedoch mit der Maßgabe, dass die Zwangsvollstreckung nicht vor dem Ablauf eines Monats nach Zustellung des Schuldtitels im Sinne der §§ 798, 750, 751 ZPO beginnen darf.   109 M

■ *Kosten.* Wie Muster Rdn. 82 M.

Ob bei **vollstreckbaren Grundschulden** (und auch den zugehörigen abstrakten Schuldversprechen) anzunehmen ist, die Unterwerfungserklärung sei (bei allgemeinen Geschäftsbedingungen wohl zwingend) dahin zu verstehen, die Urkunde solle nur zugunsten eines durch Zweckerklärung treuhänderisch gebundenen Gläubigers vollstreckbar sein (»Eintritt in den Sicherungsvertrag«), ist angesichts einer chaotischen Rechtsprechung unklar (s. § 74   110

---

76 Dies ist in der Lit. streitig, in der Praxis aber völlig herrschend, vgl. *Wolfsteiner*, § 17.21. ff.

Rdn. 4 ff.).[77] Allerdings scheint inzwischen nicht mehr bestritten zu werden, dass im Klauselverfahren eine solche Beschränkung nicht generell zur Geltung zu bringen ist, sondern nur, wenn sie in der Unterwerfungserklärung eindeutig zum Ausdruck kommt; da der Notar nach § 17 Abs. 1 Satz 1 BeurkG verpflichtet ist, für ausdrückliche Formulierung sonst stillschweigend abgegebener Erklärungen zu sorgen, müsste er auch diesen Vorbehalt ausdrücklich formulieren. Wie das geschehen soll, ist ungeklärt. Eine Formulierung »Voraussetzung einer Zwangsvollstreckung durch einen Einzelrechtsnachfolger ist dessen Eintritt in den Sicherungsvertrag« wäre jedenfalls wegen Unbestimmtheit zu verwerfen. Angesichts der Unklarheiten ist es vertretbar, dass der Notar derzeit nichts unternimmt.

b) Inhaltliche Beschränkung

111 Der Schuldner kann in seiner Unterwerfungserklärung die Zwangsvollstreckung *inhaltlich* nach Belieben *beschränken*, also etwa Vermögensgegenstände vom Vollstreckungszugriff ausschließen kann, obwohl sie nach materiellem Recht für den Anspruch haften.

Beschränkung auf bestimmte Gegenstände

112 M Verhandelt .....
A. kauft von B. und erhält übertragen dessen Geschäftsanteil Nr. 2 von 10.000,00 € an der im Handelsregister des Amtsgerichts ....., HRB Nr. ....., eingetragenen C ..... GmbH für einen Kaufpreis von 20.000,00 €, von dem er 10.000,00 € als Restkaufgeld auf ein Jahr schuldig bleiben darf. Er unterwirft sich wegen dieser Schuld der sofortigen Zwangsvollstreckung, jedoch nur in den erworbenen Geschäftsanteil und in den Geschäftsanteil Nr. 1 von 5.000 €, der ihm seit der Gründung gehört, und beantragt eine Ausfertigung für B .....

■ *Kosten.* 2,0 nach Nr. 21100 KV GNotKG. Geschäftswert 20.000,00 € nach § 47 Satz 1 GNotKG.

c) Vorbehalt der beschränkten Erbenhaftung

113 Ein Fall der Beschränkung der Zwangsvollstreckung ist auch der *Vorbehalt der beschränkten Erbenhaftung* (§§ 747, 780 ZPO).

Vorbehalt der beschränkten Erbenhaftung

114 M Verhandelt .....
Wir sind die Erben des am ..... in ..... verstorbenen ..... (Erblasser). Wir gehen davon aus, dass der Erblasser dem G. die Rückzahlung eines Darlehens von 15.000 €, fällig am ....., und ab 1. Januar 20 .....4 v.H. Zinsen daraus, jährlich nachträglich fällig, geschuldet hat und dass diese Schuld auf uns als Erben in Gesamtschuldnerschaft übergegangen ist. Wir unterwerfen uns deswegen in Ansehung der Schuld der sofortigen Zwangsvollstreckung aus dieser Urkunde. Wir behalten uns aber vor, die beschränkte Erbenhaftung geltend zu machen. G. ist eine Ausfertigung dieser Urkunde zu erteilen .....

■ *Kosten.* Wie zu Muster Rdn. 82 M.

---

77 BGHZ 185, 133; BGH BKR 2011, 291; BGHZ 190, 172; BGH NJW 2012, 2354. Dazu *Wolfsteiner*, ZfIR 2012, 681.

d) Überschießende Unterwerfung

Umgekehrt ist zwar eine Zwangsvollstreckungsunterwerfung, die in ihrem Umfang (personell oder sachlich) *über den Inhalt des materiellen Anspruchs hinausgeht*, zulässig und zunächst wirksam;[78] sie kann aber durch Vollstreckungsabwehrklage jederzeit auf den Umfang des Anspruchs materiellen Rechts zurückgeführt werden. **115**

Unterwerfung wegen eines »Höchstbetrags«

Verhandelt ..... **116 M**
Der Kaufpreis beträgt mindestens 1.000.000,00 € und höchstens 1.375.000,00 €. Maßgeblich ist der Jahresumsatz, den der Käufer mit der gekauften Praxis im Jahre ..... erzielt. Innerhalb der vorstehend vereinbarten Grenzen beläuft sich der Kaufpreis auf 60 % des Jahresumsatzes. Wegen einer Verpflichtung zur Zahlung des Kaufpreises in Höhe von 1.375.000,00 € unterwirft sich der Käufer der sofortigen Zwangsvollstreckung mit der Maßgabe, dass es zur Zwangsvollstreckung des Umsatznachweises nicht bedarf.

6. Form

a) Unterwerfungserklärung im weiteren Sinn

Der notariellen Beurkundung bedarf die *Unterwerfungserklärung im weiteren Sinn* (vorst. Rdn. 70 ff.), und zwar alles, was zu ihr gehört. Andererseits ist beurkundungsbedürftig nur diese Unterwerfungserklärung; anders als etwa nach § 311b Abs. 1 BGB erstreckt sich die Beurkundungspflicht nicht auch auf andere Erklärungen, die wie auch immer mit der Unterwerfungserklärung zusammenhängen, und insbesondere auch nicht auf den Schuldgrund. Vgl. auch oben Rdn. 81 f. zur nur identifizierenden Verweisung auf einen Darlehensvertrag. Umgekehrt führen Beurkundungsmängel beim beurkundungsbedürftigen materiellen Geschäft nicht zur Unwirksamkeit der ordnungsgemäß beurkundeten Unterwerfung; daher ist beim »Schwarzkauf« die Zwangsvollstreckungsunterwerfung wegen des beurkundeten Kaufpreisteils wirksam.[79] **117**

b) Beurkundungsrechtlich zulässige Form

Die Beurkundung kann in jeder für die Beurkundung von Willenserklärungen *beurkundungsrechtlich zulässigen Form* erfolgen. Die Unterwerfungserklärung kann also auch in einem Schriftstück enthalten sein, auf das nach § 9 Abs. 1 Satz 2 BeurkG in der Niederschrift verwiesen und das dieser beigefügt wird. Ebenso ist die Beurkundung nach § 13a BeurkG, also durch Verweisung auf eine *andere notarielle Urkunde*, auf deren Verlesung und Beifügung auch verzichtet werden kann, zulässig. Aus vollstreckungsrechtlichen Gründen muss allerdings der vollstreckbaren Ausfertigung einer nach § 13a BeurkG beurkundeten Zwangsvollstreckungsunterwerfung die Bezugsurkunde auf alle Fälle zumindest in beglaubigter Abschrift *beigefügt* werden, weil der nach §§ 798, 750 Abs. 2 ZPO zuzustellende »Schuldtitel« auch die Bezugsurkunde umfasst und weil andernfalls das Vollstreckungsorgan auch keine aussagekräftige Vollstreckungsunterlage zur Verfügung haben würde. **118**

---

[78] BGH NJW 1996, 2165; BGH NJW 1997, 2887.
[79] BGH NJW 1985, 2423.

Unterwerfungserklärung mit Verweisung auf eine beigefügte Schrift

119 M Verhandelt .....
Wegen der im anliegenden Schuldschein aufgeführten Schuld unterwerfe ich mich der sofortigen Zwangsvollstreckung. Der Gläubiger kann sich Ausfertigung dieser Urkunde erteilen lassen.
Die Niederschrift einschließlich der Anlage ist dem Beteiligten in Gegenwart des Notars vorgelesen, von dem Beteiligten genehmigt und eigenhändig unterschrieben worden:

..... Notar

Anlage: Schuldschein
Ich habe von G. ein Darlehen von 3.000,00 € erhalten und verspreche, den jeweiligen Schuldbetrag ab heute mit 6 v.H. jährlich zu verzinsen und ab 1. Januar 20 ..... mit monatlich 100 € an jedem Monatsersten zurückzuzahlen. Die Zinsen sind für jedes Kalendervierteljahr nachträglich fällig. Bleibe ich auch nur mit einem Teilbetrag der Zinsen oder der Hauptforderung im Rückstand, so wird die ganze Forderung sofort fällig.

■ *Kosten.* Wie Muster Rdn. 82 M.

120 Weil der Inhalt der Anlage zum Bestandteil der Niederschrift wird, könnte auch umgekehrt die *Unterwerfung in der Anlage* erklärt werden und die materielle Schulderklärung in der Haupturkunde erfolgen.

Unterwerfungserklärung, beurkundet nach § 13a BeurkG

121 M Verhandelt .....
Im Kaufvertrag vom ..... habe ich mit schuldbefreiender Wirkung die Darlehensschuld des Verkäufers, über die dieser am ..... zu Urkunde des Notars ..... in ....., URNr. ....., ein Schuldanerkenntnis abgegeben hat, übernommen. Auf dieses Schuldanerkenntnis, das mir bekannt ist, auf dessen Verlesung und Beifügung ich aber verzichte, verweise ich. Ich unterwerfe mich wegen der von mir übernommenen Schuld so, wie sie nach Maßgabe des erwähnten Schuldanerkenntnisses besteht, der Gläubigerin gegenüber der sofortigen Zwangsvollstreckung aus dieser Urkunde. Der Gläubigerin darf Ausfertigung dieser Urkunde erteilt werden.

■ *Kosten.* Der Wert der Forderung ist aus der in Bezug genommenen Urkunde festzustellen. 1,0 nach Nr. 21200 KV GNotKG.

c) Angebot und Annahme

122 Da die Zwangsvollstreckungsunterwerfung nie im eigentlichen Sinn Vertragsbestandteil, sondern *einseitige Prozesshandlung* ist, die *ausnahmslos nur vom Schuldner vorgenommen werden kann*, ergeben sich besondere Probleme bei der Beurkundung eines Vertrags in der Form von *Angebot und Annahme*.[80] Insbesondere kann im Vertragsangebot des Verkäufers zwar die im Fall der Annahme des Angebots entstehende Verpflichtung begründet werden, dass sich der Käufer wegen der Verpflichtung, den Kaufpreis zu zahlen, der sofortigen Zwangsvollstre-

---

80 LG Duisburg MittRhNotK 1984, 109 und OLG Düsseldorf MittRhNotK 1984, 175 je m. Anm. *Grauel*; *Wolfsteiner*, § 11.38.

ckung zu unterwerfen habe (umgekehrt gilt dasselbe für die Besitzübergabe im Angebot des Käufers); die Unterwerfungserklärung selbst kann im Angebot aber nicht enthalten sein, weil sie nur vom Käufer als Schuldner des Kaufpreises abgegeben werden kann. Enthält die Angebotsurkunde ohne weiteren Hinweis eine Unterwerfungserklärung des Käufers und erklärt dann später der Käufer lediglich, er nehme das Angebot an, so liegt darin keine wirksame Unterwerfungserklärung des Käufers (dazu auch unten Muster Rdn. 125 M). Da die Annahmeerklärung den Inhalt des Angebots nicht zu wiederholen braucht, würde auch den Anforderungen an einen Vollstreckungstitel, die vorstehend unter Rdn. 76 ff. dargestellt sind, nicht entsprochen. Will der anbietende Verkäufer sicherstellen, dass der Käufer die Zwangsvollstreckungsunterwerfung erklärt, so muss er sie zur Bedingung wirksamer Annahme machen (vgl. § 32 Rdn. 384 f.).

Angebot mit obligatorischer Zwangsvollstreckungsunterwerfung

Der Angebotsempfänger kann dieses Angebot nur in der Weise wirksam annehmen, dass er sich in der Annahmeurkunde wegen seiner Verpflichtung zur Kaufpreiszahlung der sofortigen Zwangsvollstreckung unterwirft. 123 M

Bei der Unterwerfungserklärung, die in diesem Fall in die Annahmeurkunde aufzunehmen ist, kann sich der Annehmende der erleichterten Beurkundungsform des § 13a BeurkG bedienen (vgl. vorstehend Muster Rdn. 121 M). 124

Annahmeerklärung mit Unterwerfung nach § 13a BeurkG

Verhandelt ..... 125 M
Herr X. hat mir zu Urkunde des Notars N. in M. vom ....., URNr. ....., ein Angebot auf Abschluss eines Grundstückkaufvertrages unterbreitet. Ich nehme dieses Angebot hiermit an. In Ansehung der folgenden Unterwerfungserklärung verweise ich auf die Angebotsurkunde. Sie ist mir bekannt; ich verzichte darauf, dass sie vorgelesen und hier beigefügt wird. Wegen meiner in der Angebotsurkunde im Einzelnen bezeichneten Verpflichtung zur Kaufpreiszahlung unterwerfe ich mich hiermit der sofortigen Zwangsvollstreckung aus dieser Urkunde.

■ *Kosten.* Wegen der Zwangsvollstreckungsunterwerfung nicht mehr 0,5 nach Nr. 21101 KV GNotKG, sondern gemäß § 94 Abs. 2 GNotKG 1,0 nach Nr. 21200 KV GNotKG. Die Annahmeerklärung ist, weil derselbe Beurkundungsgegenstand nach § 109 Abs. 1 Satz 4 Nr. 4 GNotKG, daneben nicht gesondert zu bewerten.

Möglich auch, dass der Anbietende bereits in der Angebotsurkunde als *Vertreter ohne Vertretungsmacht* die Unterwerfungserklärung namens des Annehmenden abgibt. In diesem Fall muss die Wirksamkeit der Annahme davon abhängig gemacht werden, dass der Annehmende zugleich mit der Annahme die Zwangsvollstreckungsunterwerfung genehmigt. 126

7. Unterwerfung in fremdem Namen oder für fremde Rechnung

a) Rechtsgeschäftliche Vertretung

Die Zwangsvollstreckungsunterwerfung kann durch einen *rechtsgeschäftlich bestellten Vertreter*, also kraft einer *Vollmacht* erklärt werden. Zur Beurkundung der Zwangsvollstreckungsunterwerfung bedarf es des Nachweises der Vertretungsmacht, insbesondere der 127

Vorlage von Vollmachtsurkunden, nicht. Ist die Vertretungsmacht aber nicht schon in der Unterwerfungsurkunde festgestellt (vgl. dazu den neuen § 21 Abs. 3 BNotO), darf vollstreckbare Ausfertigung nur erteilt werden, wenn die Vertretungsmacht in der Form des § 726 Abs. 1 ZPO, also regelmäßig durch öffentliche oder öffentlich beglaubigte Urkunden, nachgewiesen ist.[81]

128 § 181 BGB findet auf die Unterwerfungsvollmacht in dem Sinn Anwendung, dass der Gläubiger die Unterwerfung nicht als Bevollmächtigter des Schuldners erklären kann; eine Befreiung ist zwar nicht ausgeschlossen; sie darf aber nicht in Konflikt mit dem prozessualen Grundsatz geraten, dass niemand gegen sich selbst prozessieren darf. Befreiung kommt deshalb nur in Betracht, wenn die Unterwerfungsvollmacht Teil einer Vollmacht zur Vornahme des Rechtsgeschäfts des materiellen Rechts ist und die Unterwerfung zugleich mit dem zugrunde liegenden Geschäft des materiellen Rechts erklärt wird; hingegen kann der Gläubiger nicht ermächtigt werden, im Namen des Schuldners eine selbstständige Unterwerfungserklärung abzugeben und etwa auch noch die Zustellung des Titels entgegenzunehmen (str.).

129 Eine *unwiderrufliche Unterwerfungsvollmacht* ist gemäß § 87 ZPO, § 11 FamFG nicht möglich.[82] Selbst wenn sie zuzulassen sein sollte, müsste die Form des § 794 Abs. 1 Nr. 5 ZPO eingehalten werden und zwar nicht für die Vollmacht selbst, sondern für die Kausalvereinbarung, die zur Unwiderruflichkeit erforderlich ist.[83] Eine solche Bevollmächtigung würde demnach Kosten nach KV Nr. 21100, also in doppelter Höhe der Unterwerfungserklärung selbst, auslösen.

130 Ist die Vollmacht zur Abgabe einer Unterwerfungserklärung Bestandteil *allgemeiner Geschäftsbedingungen* oder eines *Verbrauchervertrags*, so ist das unbedenklich, wenn sie unselbstständiger Teil einer wirksamen Vollmacht zur Vornahme eines Geschäfts des materiellen Rechts ist, z.B. zum Abschluss eines Darlehensvertrags und zur Bestellung der Sicherheiten.[84] Hingegen verstößt die *isolierte* Unterwerfungsvollmacht grundsätzlich gegen § 307 BGB, auch wenn sie widerruflich ist, weil sie dem Vollmachtgeber systematisch den Schutz entzieht, den ihm die notarielle Beurkundung gewährleistet (§ 306a BGB). Verstärkt gilt das, wenn die Vollmacht in der Eintragungsbewilligung eines Grundpfandrechts enthalten ist (s. dazu § 68 Rdn. 27). Der Notar hat grundsätzlich schon die Beglaubigung einer unwirksamen Unterwerfungsvollmacht (§ 40 Abs. 2 BeurkG), jedenfalls aber die Beurkundung der Zwangsvollstreckungsunterwerfung aufgrund einer solchen Vollmacht und später die Erteilung der Vollstreckungsklausel abzulehnen.[85]

b) Vertretung ohne Vertretungsmacht

131 Die Unterwerfung kann auch von einem *Vertreter ohne Vertretungsmacht* erklärt werden, weil nicht § 180 Satz 1 BGB, sondern § 89 ZPO, § 11 FamFG Anwendung findet.[86] Auch hier darf der Notar die vollstreckbare Ausfertigung erst erteilen, wenn ihm die Genehmigung des Vertretenen in der Form des § 726 Abs. 1 ZPO nachgewiesen ist (vorst. Rdn. 127). § 185 BGB ist hingegen auf die Zwangsvollstreckungsunterwerfung nicht anwendbar, auch nicht auf die sog. dingliche Zwangsvollstreckungsunterwerfung, sodass ein Nichtberechtigter aufgrund einer ihm vom Berechtigten erteilten Ermächtigung oder mit dessen nachträglicher Zustimmung zwar im eigenen Namen eine Grundschuld bestellen, nicht aber hierzu auch eigenen namens die Zwangsvollstreckungsunterwerfung erklären kann. Der Noch-nicht-

---

81 BGH NJW-RR 2004, 1718; BGH ZfIR 2008, 468; BGH NJW 2008, 2266.
82 A.A. *Dux*, WM 1994, 1145.
83 *Dux*, WM 1994, 1145; *Zawar*, FS Lüke, S. 993.
84 BGH DNotZ 2006, 44.
85 BGH NJW 2003, 885.
86 RGZ 146, 308.

Eigentümer kann sich aber im eigenen Namen so unterwerfen, dass die Unterwerfung mit dem Übergang des Eigentums auf ihn ihm gegenüber wirksam wird (»vorgezogene Unterwerfung«).

c) Gesetzliche Vertretung

Die Unterwerfung kann durch *gesetzliche Vertreter* und durch *Organe* erklärt werden. Handelt ein *gesetzlicher Vertreter*, so bedarf die Erklärung der Zwangsvollstreckungsunterwerfung selbst in keinem Falle der Genehmigung des Betreuungs- bzw. Familiengerichts. Kann aber der Anspruch, wegen dessen die Zwangsvollstreckungsunterwerfung erklärt wird, nur mit Zustimmung des Betreuungs- oder Familiengerichts begründet werden, so darf der Notar die Vollstreckungsklausel erst erteilen, wenn ihm die betreuungs- bzw. familiengerichtliche Genehmigung und deren Wirksamwerden nachgewiesen sind (str., vgl. unten Rdn. 148). **132**

d) Parteien kraft Amts

Die Unterwerfung kann von sog. *Parteien kraft Amtes* mit Wirkung gegen das von ihnen verwaltete Vermögen erklärt werden. Die Amtsstellung muss spätestens für die Erteilung der vollstreckbaren Ausfertigung nachgewiesen werden, und zwar regelmäßig durch Vorlage des Originals der Bestallung. Der Testamentsvollstrecker kann sich entsprechend § 35 Abs. 1 Satz 2 GBO auch durch eine Verfügung von Todes wegen in öffentlicher Urkunde mit Eröffnungsniederschrift ausweisen. **133**

Zwangsvollstreckungsunterwerfung des Testamentsvollstreckers

Als Testamentsvollstrecker über den Nachlass des am 15.01.20 ..... mit letztem Wohnsitz in Mitteldorf verstorbenen Wilhelm Müller, geb. am ....., unterwerfe ich mich wegen der vorstehend begründeten Verpflichtung der sofortigen Zwangsvollstreckung aus dieser Urkunde in der Weise, dass die Zwangsvollstreckung nur in den von mir verwalteten Nachlass zulässig ist. **134 M**

■ *Kosten.* Wie Muster Rdn. 82 M.

V. Die vollstreckbare Ausfertigung (Klauselverfahren)

1. Vollstreckungsklausel

a) Vollstreckbare Ausfertigung

Die Zwangsvollstreckung aus der vollstreckbaren Urkunde kann nur aufgrund einer mit der *Vollstreckungsklausel* versehenen Ausfertigung der Urkunde (vollstreckbare Ausfertigung) durchgeführt werden (§§ 795, 724 Abs. 1 ZPO). Die vollstreckbare Ausfertigung besteht also in einer einfachen Ausfertigung, die nach §§ 725 ff. ZPO mit der Vollstreckungsklausel versehen ist. **135**

§ 19 Vollstreckbare Urkunden; Vollstreckbarerklärung von Anwaltsvergleichen

Einfache Vollstreckungsklausel (§ 725 ZPO)

136 M Vorstehende mit der Urschrift übereinstimmende Ausfertigung wird der X-Bank Aktiengesellschaft mit Sitz in Frankfurt am Main zum Zwecke der Zwangsvollstreckung erteilt.
..... den .....
                                                                                          Notar

■ *Kosten.* Keine, aber Dokumentenpauschale nach Nr. 32000 KV GNotKG.

137 Die Erteilung der vollstreckbaren Ausfertigung ist nach § 49 Abs. 4 BeurkG auf der *Urschrift zu vermerken*.

b) Ausfertigung im Auszug

138 Die Klausel kann auch auf eine geeignete *Ausfertigung im Auszug* gesetzt werden (str., aber bei sehr umfangreichen Urkunden allein praktikabel).

Ausfertigung im Auszug mit Vollstreckungsklausel

139 M Das vorstehende Schriftstück ist ein Auszug aus der Urschrift; es stimmt mit den entsprechenden Teilen der Urschrift überein, gibt aber nur die Bestimmungen über Höhe und Fälligkeit des Kaufpreisanspruchs, über Gläubiger und Schuldner dieses Anspruchs sowie die Zwangsvollstreckungsunterwerfung wider; weitere Bestimmungen zu diesen Gegenständen enthält die Urschrift nicht. Dieser Auszug wird dem ..... als Ausfertigung zum Zwecke der Zwangsvollstreckung erteilt.

■ *Kosten.* Wie Muster Rdn. 136 M.

2. Zuständigkeit

140 Zuständig zur Erteilung der Vollstreckungsklausel ist nach § 797 Abs. 2 Satz 1 ZPO ausschließlich der Notar, der die Urkunde verwahrt. Das ist gemäß § 25 Abs. 1 BNotO regelmäßig der Notar, der die Urkunde errichtet hat. Ein anderer Notar kann nur dadurch zuständig werden, dass ihm die Verwahrung der Urkunde gemäß § 45 Abs. 1 BNotO oder § 51 Abs. 1 Satz 2 BNotO übertragen worden ist (sog. Ersatznotar). Niemals wird ein anderer Notar hingegen dadurch zuständig, dass er irgendwelche auf die Unterwerfung bezogenen Beurkundungen vornimmt, z.B. die Annahme zu einem Vertragsangebot mit Unterwerfungserklärung oder die Abänderung einer Unterwerfungsurkunde beurkundet.

3. Die Vollstreckungsklausel als hoheitliche Entscheidung

141 Die Erteilung der Vollstreckungsklausel ist ein Hoheitsakt, der dem Titel erst die Vollstreckbarkeit verleiht. Bei der Erteilung der Vollstreckungsklausel übt der Notar seiner Funktion nach *rechtsprechende Gewalt* aus, sodass er auch der Richterablehnung in entsprechender Anwendung der §§ 42 bis 48 ZPO unterliegt.[87] Demgemäß unterliegt der Notar bei der Erteilung der Vollstreckungsklausel auch gleichen Neutralitätsanforderungen wie ein Richter. Der Grundsatz des *sichersten Weges* gilt im Klauselverfahren *nicht*; vielmehr ist (nach objektiver Rechtsmeinung des Notars) richtig zu entscheiden und nur das.

---

87 Vgl. BVerfGE 21, 139.

142 Der Notar muss über einen Antrag auf Erteilung einer vollstreckbaren Ausfertigung stets entscheiden; er muss und darf die Entscheidung nur nach dem Gesetz treffen – die Entscheidung ist in keinem Fall eine Ermessensentscheidung. Unzulässig deshalb eine der Unterwerfungserklärung beigegebene Klausel, es werde zwar auf Nachweise verzichtet, der Notar dürfe die Klausel aber nach seinem Ermessen verweigern.

143 Ermessensfreiheit hat der Notar in gewissem Umfang nur bei der Gestaltung des zur Entscheidung führenden Verfahrens; insbesondere gelten hier § 139 ZPO, § 28 FamFG entsprechend, wonach der Notar vor allem dahin zu wirken hat, dass sachdienliche Anträge gestellt werden, und er auf Bedenken gegen Anträge hinzuweisen hat. Die Pflicht, auf die Stellung sachdienlicher Anträge hinzuwirken, hat im Klauselerteilungsverfahren deshalb besondere Bedeutung, weil der Notar die sachliche Berechtigung des Anspruchs grundsätzlich weder prüfen kann noch darf (vgl. nachfolgend Rdn. 145 ff.). Umso mehr sollte er darauf hinwirken, dass Anträge auf Erteilung der Vollstreckungsklausel möglichst nur in Übereinstimmung mit der materiell-rechtlichen Anspruchslage gestellt werden. Muss der Notar z.B. aufgrund eigener Angaben des Gläubigers annehmen, dass der Käufer nur mit einer letzten Kaufpreisrate in Verzug ist, während er die übrigen Kaufpreisteile gezahlt hat, so sollte er darauf hinwirken, dass nicht Antrag auf Erteilung der vollstreckbaren Ausfertigung wegen des ganzen Kaufpreisanspruchs gestellt wird. Weiß der Notar, dass der ganze vollstreckbare Kaufpreis bezahlt ist, so sollte er darauf hinwirken, dass der Gläubiger nicht Antrag auf Erteilung der vollstreckbaren Ausfertigung nur deshalb stellt, weil er gar nicht vollstreckbar gestellte Verzugszinsen beitreiben will (nachfolgendes Muster Rdn. 166 M). Recht wirksam kann der Notar überhöhten Klauselanträgen oft dadurch entgegentreten, dass er vor der Klauselerteilung gemäß § 730 ZPO eine Anhörung des Schuldners ansetzt (nachfolgendes Muster Rdn. 157 M).

4. Antrag

144 Die Vollstreckungsklausel wird stets nur auf (formlosen) Antrag erteilt. Die Vollmacht zur Stellung des Klauselantrags bedarf nach § 80 Abs. 1 ZPO, § 11 FamFG grundsätzlich der Schriftform. Zur Pflicht des Notars, auf eine sachgerechte Antragstellung hinzuweisen, s. vorstehend. Die Vollstreckungsklausel wird auf eine Ausfertigung der die Unterwerfungserklärung enthaltenden Urkunde gesetzt (§ 725 ZPO, § 52 BeurkG), sodass sie nur einem Gläubiger erteilt werden kann, der entweder in der Lage ist, eine an ihn adressierte (§ 49 Abs. 2 Satz 1 BeurkG) Ausfertigung der Urkunde vorzulegen, oder der nach § 51 BeurkG Anspruch auf Erteilung einer Ausfertigung hat.[88]

145 Oft bedarf es daher einer ausdrücklichen Bestimmung, dass der Gläubiger berechtigt sei, sich Ausfertigung der Urkunde erteilen zu lassen, nämlich grundsätzlich dann, wenn nur der Schuldner an der Beurkundung beteiligt ist. Durch einen Verzicht auf diese Bestimmung kann allerdings der Schuldner es ähnlich wie durch Zurückbehaltung des Hypothekenbriefs in seiner Hand behalten, die Unterwerfungserklärung im Ergebnis erst durch Aushändigung einer Ausfertigung wirksam werden zu lassen. Die Bestimmung über die Erteilung von Ausfertigungen bedeutet freilich nicht, dass der Gläubiger ohne Einhaltung des Verfahrens nach §§ 797 Abs. 3, 733 ZPO weitere vollstreckbare Ausfertigungen fordern könnte; s. dazu unten Rdn. 168 ff.

---

88 OLG Hamburg DNotZ 1987, 356; OLG Hamm DNotZ 1988, 241; str.

5. Die vorzunehmenden Prüfungen

146 Der Notar hat bei der Erteilung der vollstreckbaren Ausfertigung stets zu prüfen, ob die zwingenden *Voraussetzungen* für die Erteilung der Vollstreckungsklausel gegeben sind. Hierzu gehören:

a) Wirksame Unterwerfungserklärung

147 Die Urkunde muss eine *wirksame Unterwerfungserklärung* ausweisen. Fehlt es an einer solchen, ist die Erteilung einer Vollstreckungsklausel selbst dann abzulehnen, wenn der Grund in einem vom Notar selbst bei der Beurkundung begangenen Fehler liegt. Hat bei Abgabe der Unterwerfungserklärung ein *Bevollmächtigter* gehandelt, der keine formgerechte, d.h. der Form des § 726 Abs. 1 ZPO entsprechende Vollmacht vorgelegt hat, oder ein *Vertreter ohne Vertretungsmacht*, so müssen die Vollmacht oder die Genehmigung durch öffentliche oder öffentlich beglaubigte Urkunde nachgewiesen sein (oben Rdn. 127).[89] Die Genehmigung ist nach § 726 Abs. 1 ZPO zu behandeln, muss also nach § 750 Abs. 2 ZPO mit zugestellt werden.

b) Unverzichtbare Genehmigungen

148 *Unverzichtbare Genehmigungen*, insbesondere eine erforderliche betreuungs- oder familiengerichtliche Genehmigung (oben Rdn. 132), müssen vorliegen. Auch diese Genehmigungen sind nach § 726 Abs. 1 ZPO zu behandeln und mit zuzustellen (vgl. vorstehende Rdn. 147). Auf die Vorlage von Genehmigungen, die der Parteidisposition unterliegen (Verwalterzustimmung beim Wohnungseigentumskauf, Eigentümerzustimmung beim Erbbaurecht), kann der Schuldner hingegen in der Unterwerfungserklärung (nicht aber später formlos) verzichten.

c) Vollstreckungsvoraussetzungen

149 *Die Vollstreckbarkeitsbedingungen* (Vollstreckungsvoraussetzungen) i.S.d. § 726 Abs. 1 ZPO müssen formgerecht nachgewiesen sein. An und für sich ist es allein der *Schuldner*, der in der Unterwerfungserklärung bestimmt, vom Nachweis welcher Bedingungen die Erteilung der Vollstreckungsklausel abhängig sein solle (oben Rdn. 106). Hat der Schuldner keine ausdrückliche Bestimmung getroffen, so ist seine Unterwerfungserklärung dahin *auszulegen*, dass die vollstreckbare Ausfertigung erst erteilt werden dürfe, wenn der Gläubiger die in seiner Beweislast stehenden forderungs- und fälligkeitsbegründenden Umstände *nachgewiesen* hat (oben Rdn. 104). Keines Nachweises bedürfen hingegen Umstände, für die der Schuldner die Beweislast trägt, wozu bei der sogenannten *Verfallklausel* auch der Nachweis der rechtzeitigen Zahlung gehört. Wird also ein Annuitätendarlehen nach Maßgabe des Darlehensvertrags sofort zur Rückzahlung fällig, wenn der Schuldner mit seinen Zahlungen in Verzug gerät, so darf die Vollstreckungsklausel ohne Nachweis des Verzugs erteilt werden; selbstverständlich kann der Schuldner in der Unterwerfungsurkunde auch das Gegenteil anordnen.[90] Ist der Verzug hingegen nur *Kündigungsgrund* (z.B. für die fristlose Kündigung eines Pachtverhältnisses), so muss form- und fristgerechte Kündigung, nicht aber der Verzug selbst, nachgewiesen werden (auch hier ist gegenteilige Anordnung möglich).[91] Vgl. oben Rdn. 50 M.

---

[89] BGH NJW-RR 2004, 1718; BGH Rpfleger 2005, 612; BGH Rpfleger 2007, 37; BGH ZfIR 2008, 468; BGH NJW 2008, 2266; s.o. Rdn. 127.
[90] *Frankenberger/Holz*, Rpfleger 1997, 93 in allerdings nicht ganz korrekter Sicht. BGH DNotZ 1965, 544. RGZ 134, 483.
[91] Praktische Hinweise zur Formulierung von Verfallklauseln bei *Münzberg*, Rpfleger 1997, 413.

150 *Nicht nachgewiesen werden müssen* Umstände, die nach gesetzlicher Vorschrift nicht bei der Erteilung der Vollstreckungsklausel, sondern erst später vom Vollstreckungsorgan zu prüfen sind, nämlich insbesondere die *datumsmäßige Fälligkeit* (§ 751 Abs. 1 ZPO) und die Erbringung der *Zug-um-Zug-Leistung* (§ 726 Abs. 2 ZPO). Ist also für die Fälligkeit ein bestimmtes Datum festgelegt, so darf die vollstreckbare Ausfertigung auch schon vor diesem Datum erteilt werden, ohne dass es eines Nachweisverzichts bedürfte; der Gerichtsvollzieher darf mit der Zwangsvollstreckung aber erst nach Eintritt des Datums beginnen. Ist ein Kaufpreis Zug um Zug gegen Besitzübergabe fällig, so darf die vollstreckbare Ausfertigung in Ansehung des Kaufpreises ohne Weiteres erteilt werden, weil das Vollstreckungsorgan die Besitzübergabe zu prüfen hat und in Ansehung der Pflicht zur Besitzübergabe, weil das Vollstreckungsorgan die Zahlung des Kaufpreises zu prüfen hat; ist der Kaufpreis oder ist die Besitzübergabe hingegen erst nach Erbringung der Gegenleistung fällig (*Vorleistungspflicht*), so darf die Vollstreckungsklausel nur erteilt werden, wenn die Gegenleistung formgerecht nachgewiesen ist. Bei *dinglichen Rechten* prüft das Vollstreckungsgericht gemäß §§ 9, 10 Abs. 1 Nr. 4, 17 ZVG, ob das Recht im Grundbuch eingetragen ist und ob der Schuldner als Eigentümer eingetragen ist; die dingliche Vollstreckungsklausel kann deshalb schon vor *Eintragung des Grundpfandrechts* und auch gegen einen künftigen Eigentümer erteilt werden.[92]

6. Die Nachweise

a) Offenkundigkeit, Urkunden

151 Soweit demnach die Vollstreckungsklausel nur unter bestimmten Voraussetzungen erteilt werden darf, bedarf es keiner besonderen Nachweise, wenn das Vorliegen dieser Voraussetzungen *offenkundig* ist. Offenkundig sind insbesondere auch der Grundbuchinhalt (§§ 799, 800 Abs. 2 ZPO), der Inhalt sonstiger öffentlicher Register sowie amtlich veröffentlichte Daten (z.B. die vom Statistischen Bundesamt bekannt gegebenen Lebenshaltungsindices). Im Übrigen jedoch ist ausschließlich der Nachweis durch *öffentliche oder öffentlich beglaubigte Urkunden* zulässig; der Schuldner kann zwar auf den Nachweis einer bestimmten Tatsache als Vollstreckungsvoraussetzung völlig verzichten, nicht aber eine Nachweiserleichterung (z.B. Nachweis durch Privaturkunde) bewirken. Unzulässig und unwirksam ist also etwa die Klausel, zum Nachweis der Zinshöhe genüge die schriftliche Erklärung der Bank. Das Klauselerteilungsverfahren ist kein Verfahren vorsorgender Rechtspflege, in dem gestalterische Kreativität gefragt wäre, sondern ein Zivilprozess. Deshalb kann der Schuldner zwar eine Vollstreckungsbedingung setzen oder nicht; er kann aber nicht anordnen, dass der Eintritt einer Vollstreckungsbedingung zwar schlüssig behauptet, aber nicht nachgewiesen werden müsse. Nicht ausgeschlossen ist es aber, dass Nachweise entbehrlich werden, weil der Schuldner den Eintritt der Vollstreckbarkeitsvoraussetzung *gesteht* oder *anerkennt* (nicht zu verwechseln mit dem sog. Nachweisverzicht); Geständnis oder Anerkenntnis müssen aber zu notarieller Niederschrift erklärt werden.[93]

b) Gegenbeweis

152 Hat der Gläubiger den Nachweis formgerecht geführt, so wird der Schuldner mit *Gegenbeweisen*, jedenfalls solchen, die nicht präsent sind, nicht gehört.[94]

---

92 OLG Saarbrücken NJW 1977, 1202; KG DNotZ 1988, 238.
93 Einzelheiten *Wolfsteiner*, § 46.73. ff.
94 BGH NJW 1995, 1162.

§ 19 Vollstreckbare Urkunden; Vollstreckbarerklärung von Anwaltsvergleichen

c) Materielle Rechtslage

153 Ist der Nachweis geführt, so ist es dem Notar grundsätzlich verwehrt, auf die von ihm anders eingeschätzte *materielle Rechtslage* zurückzugreifen. Liegen die Voraussetzungen für die Erteilung der vollstreckbaren Ausfertigung vor, so darf diese weder mit der Begründung verweigert werden, der Anspruch habe schon bei Erklärung der Unterwerfung nicht bestanden, noch mit der Begründung, er sei später weggefallen. Nur *ganz ausnahmsweise* kann und muss die Erteilung aber abgelehnt werden, wenn das Nichtbestehen oder der Wegfall des Anspruchs zweifelsfrei feststehen.[95]

7. Anhörung des Schuldners

154 Nach § 730 ZPO »kann« der Schuldner vor der Erteilung sog. qualifizierter Vollstreckungsklauseln, also solcher, bei denen Vollstreckungsvoraussetzungen oder Rechtsnachfolgen zu prüfen sind, angehört werden. Zum Teil wird angenommen, das »kann« habe sich durch Art. 103 Abs. 1 GG in ein »muss« verwandelt und eine Anhörung sei auch vor der Erteilung einfacher Klauseln erforderlich;[96] in der Praxis hat sich diese Meinung zu Recht nicht durchgesetzt. Die Anhörung ist aber – vor allem bei Bauträgerverträgen – ein hervorragendes Instrument, zu verhindern, dass der Schuldner von einer Zwangsvollstreckung überrumpelt wird; der Notar sollte deshalb von diesem Instrument großzügig und vor allem in allen Zweifelsfällen Gebrauch machen.[97]

Anhörung des Schuldners

155 M Sehr geehrter Herr (Schuldner)!
Bei mir ist der in Kopie beigefügte Antrag auf Erteilung einer vollstreckbaren Ausfertigung eingegangen. Auf meine Anregung hin hat der Gläubiger den Antrag so reduziert, wie das aus dem ebenfalls beigefügten Schriftsatz der Anwälte des Gläubigers ersichtlich ist. Ich gebe Ihnen Gelegenheit, sich bis spätestens ..... zu dem Antrag zu äußern.
Notar

156 Die *Form der Anhörung* liegt im Ermessen des Notars. Insbesondere ist er nicht gehindert, *mündliche Verhandlung* über den Antrag anzusetzen. Die mündliche Verhandlung ist ein besonders wirkungsvolles Instrument, um abzuklären, ob Raum für einen Vergleich zwischen den Parteien besteht.

Ladung zur mündlichen Verhandlung

157 M Sehr geehrter Herr (Schuldner)!
Bei mir ist der in Kopie beigefügte Antrag auf Erteilung einer vollstreckbaren Ausfertigung eingegangen. Zur mündlichen Verhandlung über den Antrag bestimme ich Termin auf
Mittwoch, den ....., 15.00 Uhr
in meiner Geschäftsstelle Goethestraße 17, 1. Stock, 74434 Neustadt. Zu diesem Termin lade ich Sie mit dem Hinweis, dass auch verhandelt werden kann, falls Sie nicht erscheinen sollten.

---

95 Nachweise bei *Wolfsteiner*, § 38.23 ff.
96 Nachweise *Wolfsteiner*, § 35.25.
97 S. zur Entgegennahme einer Schutzschrift *Vogel*, NJW 1997, 554.

Notar
Verfügung: Nebst Abschrift mit Vordruck »vereinfachte Zustellung«[98] zur Post zwecks förmlicher Zustellung.[99] Kopie als Ladung zu dem Termin an Gläubigervertreter gegen Empfangsbestätigung.

Niederschrift über die Anhörung

158 M

Heute, den ….., 15.00 Uhr
erschienen vor mir, Dr. Max Müller, Notar in Neustadt, in meiner Geschäftsstelle Goethestraße 17, 1. Stock, 74434 Neustadt, nach Aufruf der Sache Anhörung über den Antrag des (Gläubigers) auf Erteilung einer vollstreckbaren Ausfertigung meiner Urkunde vom ….., URNr. …..
1. ….. (Schuldner)
2. Herr RA Dr. Fritz Müller, ….. Er legte die dieser Niederschrift beigefügte Prozessvollmacht des Gläubigers vor.[100] Ich stellte fest, dass der Schuldner gemäß Postzustellungsurkunde am ….. und der Gläubigervertreter gemäß dessen Empfangsbekenntnis am ….. zu dem Termin ordnungsgemäß geladen worden sind. Gegen diese Feststellung erhob sich kein Widerspruch.
Der Schuldner erklärte, es treffe zu, dass die in der Urkunde bestimmten Voraussetzungen für die Fälligkeit der Forderung vorlägen; er mache aber in Höhe von 15.000,– € ein Zurückbehaltungsrecht geltend. Der Gläubigervertreter gestand ein Zurückbehaltungsrecht in Höhe von 5.000,– € zu und zog in dieser Höhe seinen Antrag zurück, widersprach im Übrigen aber.
Darauf erging

Beschluss:

Die Vollstreckungsklausel ist in der jetzt noch beantragten Höhe zu erteilen. Die Beweislast für das Bestehen eines Zurückbehaltungsrechts liegt beim Schuldner; gemäß § 726 Abs. 1 ZPO konnte das vom Schuldner behauptete Zurückbehaltungsrecht die Erteilung der Klausel deshalb nicht hindern. Dem Schuldner bleibt unbenommen, seine Einrede im Wege der Vollstreckungsabwehrklage geltend zu machen.[101]

Notar

■ *Kosten:* Für die Verhandlung fallen keine Notarkosten an. S. zu den Kosten der vollstreckbaren Ausfertigung nachfolgendes Muster Rdn. 162 M.

8. Form der Vollstreckungsklausel

Der zuständige Notar erteilt die vollstreckbare Ausfertigung unter Beifügung seines Siegels. Auch als sog. Ersatznotar, der ausnahmsweise für die vollstreckbare Ausfertigung der Urkunde eines anderen Notars zuständig ist, erteilt er diese unter eigenem Namen und unter Beifügung seines eigenen Siegels, also nicht unter dem Namen des abwesenden oder

159

---

98 § 168 Abs. 1 S. 3 ZPO.
99 Der Notar kann hier direkt nach §§ 168 ff. ZPO die Zustellung selbst bewirken; der Einschaltung des Gerichtsvollziehers bedarf es nicht.
100 Wenn ein Rechtsanwalt auftritt, ist die Vollmachtsvorlage gemäß § 88 Abs. 2 ZPO nur auf Verlangen des Schuldners erforderlich.
101 Auch im Fall mündlicher Verhandlung hat der Notar nur aufgrund der vorgelegten öffentlichen und öffentlich beglaubigten Urkunden zu entscheiden. Eine weitergehende Beweiserhebung findet nicht statt.

§ 19 Vollstreckbare Urkunden; Vollstreckbarerklärung von Anwaltsvergleichen

verhinderten Notars, selbstverständlich aber im Namen des Staates, den er in allen seinen Funktionen und insbesondere denen nach der ZPO vertritt.

160 Da die Vollstreckungsklausel der Sache nach eine prozessuale Entscheidung darstellt, ist ihr grundsätzlich eine *Begründung* beizugeben. Der Begründung bedarf es allerdings nicht, wenn es sich nur um eine »einfache« Vollstreckungsklausel handelt, die ohne Anhörung des Schuldners erteilt wurde und zu deren Erteilung es keiner Prüfungen nach §§ 726, 727 ZPO bedurfte. Wird hingegen die Vollstreckungsklausel nach den §§ 726, 727 ff. ZPO erteilt (»qualifizierte Klausel«), so bedarf es der Begründung schon deshalb, weil das Vollstreckungsorgan sonst nicht feststellen kann, welche Urkunden als Voraussetzung des Vollstreckungsbeginns gemäß § 750 Abs. 2 ZPO dem Schuldner zugestellt sein müssen.[102]

Vollstreckungsklausel mit Bestimmung des Anspruchs

161 M Vorstehende mit der Urschrift übereinstimmende Ausfertigung wird dem ..... zum Zwecke der Zwangsvollstreckung wegen einer Monatsrente von 796 € für den Zeitraum vom 01.01.20 ..... bis 30.06.20 ..... und wegen einer Monatsrente von 888,92 € vom 01.07.20 ..... an erteilt.

Gründe:

Nach Abschn. IV. der Urkunde erhöht und vermindert sich die Monatsrente im gleichen Verhältnis, in welchem sich der vom Statistischen Bundesamt ermittelte Verbraucherpreisindex auf der Basis 1980 = 100 gegenüber dem Stande vom 01.01.19 ..... erhöht oder vermindert. Eine Änderung tritt jeweils nur ein, wenn sich der Rentenbetrag dadurch gegenüber dem vorher zu zahlenden Betrag um mehr als 10 % verändern würde. Die zu dieser Wertsicherungsklausel seinerzeit erforderliche Genehmigung der Deutschen Bundesbank ist erteilt; beglaubigte Abschrift der Genehmigungsurkunde ist dieser vollstreckbaren Ausfertigung beigefügt. Die Rente erhöht sich ab 01.07.20 ..... auf den vollstreckbar gestellten Betrag, weil sich der maßgebliche Index (jetzt Verbraucherpreisindex) seit dem 01.01.19 ..... von 113,2 auf 126,4 im Monat Juni 20 ..... erhöht hat. Die Indexzahlen sind vom Statistischen Bundesamt amtlich veröffentlicht worden und daher offenkundig.

■ *Kosten.* 0,5 nach Nr. 23803 KV GNotKG. Wert: § 37 Abs. 2 GNotKG für die schon fälligen Zahlungen, für die zukünftig fällig werdenden § 52 Abs. 4 GNotKG. Zusätzlich Dokumentenpauschale nach Nr. 32000 KV GNotKG.

162 Da im Fall der Unterwerfung aufgrund nur mündlicher Vollmacht oder durch einen Vertreter ohne Vertretungsmacht die Genehmigungsurkunde dem Schuldner als Voraussetzung für die Zwangsvollstreckung zugestellt werden muss (§ 750 Abs. 2 ZPO), sollte sie zweckmäßigerweise der vollstreckbaren Ausfertigung in beglaubigter Abschrift *beigefügt* werden.

Vollstreckungsklausel mit Fälligkeitsfeststellung und weiteren Nachweisen

163 M Vorstehende mit der Urschrift übereinstimmende Ausfertigung wird dem ..... zum Zwecke der Zwangsvollstreckung des Kaufpreisanspruchs nach Abschn. V. der Urkunde gegen die Käufer ..... und ..... erteilt.

---

[102] BGHZ 212, 264; dazu auch *Wolfsteiner*, DNotZ 2013, 193.

Gründe:

Der Gläubiger hat die seinem Vertreter zum Vertragsabschluss erteilte mündliche Vollmacht durch Vollmachtsbestätigung vom ....., beglaubigt von dem Notar ..... unter URNr. ....., bestätigt; beglaubigte Abschrift der Vollmachtsbestätigung ist dieser vollstreckbaren Ausfertigung beigefügt. Was den minderjährigen Schuldner ..... betrifft, so hat das Familiengericht Hanau die Erklärungen seiner gesetzlichen Vertreter mit Beschluss vom ..... genehmigt. Der Beschluss ist ausweislich des Rechtskraftzeugnisses vom ..... rechtskräftig. Mit Erklärungen vom ..... – die Unterschriften sind beglaubigt von dem Notar ..... unter URNr. ..... – haben die gesetzlichen Vertreter bestätigt, dass sie die Genehmigung an den Verkäufer weitergeleitet haben und der Verkäufer, dass er sie in Empfang genommen habe. Auch die eben erwähnten Urkunden sind in beglaubigter Abschrift beigefügt. Die zur Eintragung bewilligte Auflassungsvormerkung ist an ausschließlich erster Rangstelle im Grundbuch eingetragen; dies ist offenkundig. Die Stadt Hanau hat am ..... bestätigt, dass ihr ein gesetzliches Vorkaufsrecht nicht zustehe; das Zeugnis hierüber ist dieser Urkunde in beglaubigter Abschrift beigefügt. Da der Kaufpreis Zug um Zug gegen Besitzübergabe fällig ist, hat die Zwangsvollstreckung aus dieser vollstreckbaren Ausfertigung nach Maßgabe des § 756 ZPO zu erfolgen. Auch das in der Urkunde niedergelegte Fälligkeitsdatum ist vom Vollstreckungsorgan zu beachten.

....., den ...., Notar

■ *Kosten.* 0,5 nach Nr. 23803 KV GNotKG aus dem Kaufpreis. Zusätzlich Dokumentenpauschale nach Nr. 32000 KV GNotKG.

Vollstreckungsklausel wegen eines Forderungsteils

Vorstehende mit der Urschrift übereinstimmende Ausfertigung wird dem ..... zum Zwecke der Zwangsvollstreckung wegen eines Forderungsteils von 27.230,56 € erteilt.

164 M

Gründe:

Die Beschränkung der Vollstreckungsklausel auf einen Forderungsteil entspricht dem Antrag des Gläubigers.
....., den ...., Notar

■ *Kosten.* 0,5 nach Nr. 23803 KV GNotKG aus dem Forderungsteil, wenn Vollstreckungsvoraussetzung zu prüfen ist. Zusätzlich Dokumentenpauschale nach Nr. 32000 KV GNotKG.

9. Ablehnung des Klauselantrags

Will der Notar die Erteilung einer beantragten Vollstreckungsklausel ablehnen, so hat er dem Antragsteller einen rechtsmittelfähigen (§ 54 BeurkG) Bescheid in Form eines schriftlichen und mit einer *Begründung versehenen Beschlusses* (formlos) zuzustellen. Da der Beschluss seit Inkrafttreten des FamFG gemäß § 54 Abs. 2 Satz 1 BeurkG i.V.m. § 63 Abs. 1 FamFG in zumindest formeller Rechtskraft erwächst, bedarf es nun einer klaren Unterscheidung zwischen einer Zurückweisung als unzulässig und einer solchen als unbegründet. Der Beschluss ist gemäß § 39 FamFG mit einer Rechtsmittelbelehrung zu versehen.

165

§ 19 Vollstreckbare Urkunden; Vollstreckbarerklärung von Anwaltsvergleichen

Ablehnung eines Klauselantrags

166 M **Beschluss**
G hat mit Schriftsatz vom ….. beantragt, ich solle von meiner Kaufvertragsurkunde vom ….., URNr. ….., vollstreckbare Ausfertigung hinsichtlich eines Kaufpreisteilbetrags von ….. erteilen. Der Antrag wird hiermit abgewiesen.
Gründe: Der Antrag ist zulässig, aber unbegründet. Der Antragsteller hat in seinem Antragsschriftsatz selbst gestanden, der Schuldner habe seine Kaufpreisschuld, derentwegen er sich der sofortigen Zwangsvollstreckung unterworfen hat, in voller Höhe erfüllt. Angesichts dessen scheidet die Erteilung der vollstreckbaren Ausfertigung aus. Der Gläubiger hat vollstreckbare Ausfertigung deshalb beantragt, weil er Verzugszinsen in der genannten Höhe beansprucht; für diesen Anspruch aber kann eine vollstreckbare Ausfertigung deshalb nicht erteilt werden, weil die in der Kaufvertragsurkunde enthaltene Zwangsvollstreckungsunterwerfung nur in Ansehung der Hauptschuld, nicht aber für eventuelle Verzugszinsen erklärt ist. Der Antragsteller hat sich auch auf entsprechenden Hinweis nicht in der Lage gesehen, zu erklären, dass ein Teil der Zahlungen des Schuldners nach § 367 BGB nicht auf die Hauptschuld, sondern auf schon angefallene Verzugszinsen zu verrechnen waren mit der Folge, dass der Kaufpreis insofern noch nicht bezahlt wäre.
Gegen diesen Beschluss kann nach § 54 BeurkG in Verbindung mit § 58 FamFG Beschwerde erhoben werden; die Beschwerde ist binnen einer Frist von einem Monat nach Zustellung des Beschlusses (§ 63 Abs. 1 FamFG) beim Notar einzulegen (§ 64 Abs. 1 FamFG). Nach § 64 Abs. 2 Satz 1 FamFG kann die Beschwerde durch Einreichung einer Beschwerdeschrift oder zur Niederschrift des Notars eingelegt werden. Wird sie schriftlich eingelegt, so muss sie die Bezeichnung des angefochtenen Beschlusses sowie die Erklärung enthalten, dass Beschwerde gegen diesen Beschluss eingelegt wird. Sie ist von dem Beschwerdeführer oder seinem Bevollmächtigten zu unterzeichnen.

Notar

■ *Kosten.* 0,5 Verfahrensgebühr nach Nr. 23803 KV GNotKG (nur wenn die Klauselerteilung nach Nr. 23803 KV GNotKG kostenpflichtig wäre).

10. Vorbescheid

167 Einen »Vorbescheid« sieht das Gesetz nicht vor. Es gibt auch keinen Anlass, einen solchen zuzulassen.[103]

11. Die »weitere« vollstreckbare Ausfertigung (§§ 733, 797 Abs. 3 ZPO)

a) Aufgabe des Notars

168 Während der Notar bisher eine »weitere« vollstreckbare Ausfertigung nur aufgrund einer Entscheidung des Amtsgerichts erteilen durfte, ist er seit 01.09.2013 auch für die Entscheidung darüber zuständig, und zwar ohne Rücksicht darauf, ob die Urkunde vor oder nach dem Stichtag errichtet wurde.[104] Der Notar muss jetzt alle Prüfungen vornehmen, um die er sich bisher nicht kümmern musste, weil sie Sache des Amtsgerichts waren.

---

103 Str., s. *Wolfsteiner*, § 35.50. f.
104 Art. 4 G zur Übertragung von Aufgaben im Bereich der freiwilligen Gerichtsbarkeit auf Notare vom 26.06.2013 – BGBl. I 1800.

b) Begriff der weiteren vollstreckbaren Ausfertigung

Nicht jede vollstreckbare Ausfertigung aber ist eine »weitere«, nur weil vorher schon eine andere vollstreckbare Ausfertigung erteilt worden war. Als weitere vollstreckbare Ausfertigung bezeichnet das Gesetz vielmehr nur eine solche, deren Erteilung dazu führen würde, dass zu ein und derselben Zeit über ein und denselben Anspruch (im prozessualen Sinn) aufgrund ein und derselben Unterwerfungserklärung mehrere vollstreckbare Ausfertigungen existent wären (»*echte weitere vollstreckbare Ausfertigung*«). Kein Fall des § 797 Abs. 3 ZPO (»unechte weitere vollstreckbare Ausfertigung«) liegt deshalb insbesondere dann vor, wenn

169

– die zunächst erteilte vollstreckbare Ausfertigung dem Notar (zum dauernden Verbleib) *zurückgegeben* wird (§ 733 Abs. 1 ZPO); der Rückgabe steht es gleich, wenn die zuerst erteilte Vollstreckungsklausel auf andere Weise *unwirksam gemacht* wird; so insbesondere bei der sog. »Umschreibung« einer Vollstreckungsklausel im Fall der Rechtsnachfolge (s. dazu unten Rdn. 174 ff.);

170

– wenn es sich im prozessualen Sinn um *mehrere Ansprüche* handelt; haben sich Gesamtschuldner der Zwangsvollstreckung unterworfen, so kann gegen jeden der Schuldner vollstreckbare Ausfertigung erteilt werden, ohne dass es sich dabei um »weitere« handeln würde (str.);

– wenn sich die zunächst erteilte vollstreckbare Ausfertigung nur auf einen *Anspruchsteil* bezogen hat und nun eine vollstreckbare Ausfertigung für den restlichen Anspruch erteilt werden soll;

– wenn zu ein und demselben Anspruch *mehrere Unterwerfungsurkunden* vorliegen, weil der Schuldner sowohl als Rechtsnachfolger eines früheren Unterwerfungsschuldners als auch aufgrund einer nochmals von ihm selbst abgegebenen Unterwerfungserklärung in Anspruch genommen werden kann.

c) Voraussetzungen

Eine weitere vollstreckbare Ausfertigung darf nur erteilt werden, wenn der Gläubiger hierfür ein berechtigtes Interesse glaubhaft macht und wenn nicht überwiegende Interessen des Schuldners entgegenstehen. Ein berechtigtes Interesse ist anzuerkennen bei Verlust der ersten Ausfertigung ohne Rücksicht auf Verschulden. Ein berechtigtes Interesse besteht auch sonst, wenn dem Gläubiger, obwohl er noch vollstrecken darf, die Erstausfertigung nicht mehr zur Verfügung steht, etwa weil – auch hier kommt es auf Verschulden nicht an – Gläubiger oder Gerichtsvollzieher die Erstausfertigung zu Unrecht dem Schuldner überlassen haben. Schließlich ist ein berechtigtes Interesse anzuerkennen, wenn der Gläubiger in verschiedene Vermögensgegenstände des Schuldners gleichzeitig vollstrecken will und dafür örtlich oder funktionell unterschiedliche Vollstreckungsorgane zuständig sind.

171

Berechtigte Interessen des Schuldners stehen der Erteilung entgegen, wenn konkrete Tatsachen die Annahme rechtfertigen, dass die mehreren vollstreckbaren Ausfertigungen dazu benutzt werden sollen, den Anspruch missbräuchlich mehrmals zu vollstrecken (nicht zu verwechseln mit dem Fall dem Gläubiger zustehender gleichzeitiger Vollstreckung in mehrere Gegenstände oder an mehreren Orten mit dem Ziel nur einmaliger Befriedigung); doch darf die weitere Ausfertigung nicht einfach mit der Begründung verweigert werden, der Schuldner sei durch Doppelvollstreckung gefährdet, denn dies trifft abstrakt auf jeden Fall weiterer vollstreckbarer Ausfertigung zu. Eine konkrete Gefahr besteht insbesondere dann, wenn ein Rechtsnachfolger des Gläubigers eine weitere vollstreckbare Ausfertigung begehrt, weil sein Rechtsvorgänger ihm die vollstreckbare Ausfertigung nicht aushändigen

172

§ 19 Vollstreckbare Urkunden; Vollstreckbarerklärung von Anwaltsvergleichen

will.[105] Scheidet – wie meist bei dinglichen Rechten an Grundstücken – die Möglichkeit der Doppelvollstreckung aus, sind weniger strenge Maßstäbe gerechtfertigt.[106] Wie bei der Erteilung der vollstreckbaren Ausfertigung überhaupt, dürfen aber Einwendungen des Schuldners gegen den Anspruch als solchen auch bei Erteilung der weiteren vollstreckbaren Ausfertigung nicht berücksichtigt werden.[107]

d) Verfahren

173 Nach § 733 Abs. 1 ZPO »kann« der Schuldner vor der Erteilung der weiteren vollstreckbaren Ausfertigung gehört werden. Es gilt das Rdn. 154 Ausgeführte. Erklärt der Schuldner in der Anhörung sein Einverständnis mit der Erteilung einer weiteren vollstreckbaren Ausfertigung, so ist ein berechtigtes Gläubigerinteresse zu vermuten. Hingegen ist ein im Voraus erklärtes Einverständnis jedenfalls dann unbeachtlich, wenn der Zweck dieses Einverständnisses nicht offen gelegt war. In allgemeinen Geschäftsbedingungen und im Verbrauchervertrag verstößt ein vorweg erklärtes Einverständnis regelmäßig gegen § 307 BGB.

Weitere vollstreckbare Ausfertigung

174 M Vorstehende mit der Urschrift übereinstimmende weitere vollstreckbare Ausfertigung wird dem ..... zum Zwecke der Zwangsvollstreckung erteilt.

Gründe:

Der Gläubiger hat durch eidesstattliche Versicherung (§ 294 Abs. 1 ZPO) und eine Nachricht der Deutsche Post AG über erfolglose Nachforschung glaubhaft gemacht, dass die ihm erteilte erste vollstreckbare Ausfertigung auf dem Postweg vom Gerichtsvollzieher zu ihm verloren gegangen ist. Der Schuldner wurde gehört, hat sich aber nicht geäußert.
Verfügung: Mitteilung an Schuldner (§ 733 Abs. 2 ZPO).

■ *Kosten.* Keine, aber Dokumentenpauschale nach Nr. 32000 KV GNotKG.

VI. Vollstreckbare Ausfertigung für und gegen Rechtsnachfolger (§§ 727 ff. ZPO)

1. Allgemeines, »Umschreibung« der Vollstreckungsklausel

a) Prüfungen

175 Die vollstreckbare Ausfertigung »kann« (d.h. *muss* bei Vorliegen der gesetzlichen Voraussetzungen) im Rahmen der §§ 727 ff. ZPO für und gegen Rechtsnachfolger erteilt werden. Dazu muss stets *geprüft* werden, ob die allgemeinen Voraussetzungen für die Klauselerteilung gegeben sind, und *zusätzlich* die Voraussetzungen für die Rechtsnachfolge vorliegen. Ob die allgemeinen Voraussetzungen gegeben sind, ist auch im Fall der »Klauselumschreibung« erneut zu prüfen. Die Klausel kann allerdings auch erstmals für und gegen Rechtsnachfolger

---

[105] KG FamRZ 1985, 627; OLG Frankfurt NJW-RR 1988, 512; OLG München FamRZ 2005, 1102. Großzügiger OLG Stuttgart Rpfleger 1980, 304 und NJW-RR 1990, 126. SaarOLG Rpfleger 2007, 673 gegen OLG Frankfurt NJW-RR 1988, 512. OLG Koblenz ZIP 2013, 1252.
[106] Thür. OLG Rpfleger 2000, 76.
[107] SaarOLG Rpfleger 2007, 673.

erteilt werden, ohne dass vorher vollstreckbare Ausfertigung für oder gegen die ursprünglichen Parteien erteilt war.

b) Nachweise

Wie in den Fällen des § 726 ZPO (»qualifizierte Klausel«, s.o. Rdn. 149) müssen Nachweise geführt oder die Offenkundigkeit dargetan werden; die Zwangsvollstreckung kann nur stattfinden, wenn die Nachweisurkunden dem Schuldner zugestellt worden sind. Daher bedarf auch jede Vollstreckungsklausel nach §§ 727 ff. ZPO stets einer *Begründung*, die erkennen lässt, ob sie aufgrund Offenkundigkeit oder aufgrund Urkundennachweises und letzterenfalls aufgrund welcher Urkunden sie erteilt worden ist.[108]

176

c) »Umschreibung« der Vollstreckungsklausel

War bereits vollstreckbare Ausfertigung für oder gegen die ursprünglichen Parteien erteilt, so bedeutet die Erteilung der Klausel für oder gegen Rechtsnachfolger die Erteilung einer *weiteren vollstreckbaren Ausfertigung* i.S.v. § 733 ZPO (oben Rdn. 168 ff.). In der Regel muss daher die schon für oder gegen den Rechtsvorgänger erteilte vollstreckbare Ausfertigung *zurückgegeben* werden, damit die sogenannte *Umschreibung* der Vollstreckungsklausel für oder gegen Rechtsnachfolger erfolgen kann.

177

»Umschreibung« der Vollstreckungsklausel bedeutet also rechtlich nichts anderes als die Erteilung der Vollstreckungsklausel für oder gegen einen Rechtsnachfolger, verbunden mit einer bestimmten Form der Rückgabe der für oder gegen den Rechtsvorgänger erteilten vollstreckbaren Ausfertigung. Die Rückgabe kann *körperlich* erfolgen, was oft untunlich ist, weil damit auch Zustellungsnachweise, Quittungsvermerke etc. verloren gehen. Die Rückgabe kann *virtuell* vonstattengehen, indem der Notar den Ausfertigungsvermerk entwertet (und anschließend einen neuen anbringt).

178

Einziehung der Vollstreckungsklausel

Die vorstehende Vollstreckungsklausel wird eingezogen.

179 M

Die am wenigsten empfehlenswerte Form der Rückgabe ist der Vermerk, die Klausel werde »umgeschrieben«, weil die Formulierung den rechtlichen Gehalt dessen, was hier stattfindet, mehr verdunkelt als erhellt. Empfehlenswert also in der Regel die virtuelle Rückgabe, verbunden mit der neuen Klausel und der erforderlichen (vorst. Rdn. 176) Begründung:

180

Vollstreckungsklausel für Zessionar

I. Die vorstehende Vollstreckungsklausel vom ..... wird eingezogen.
II. Vorstehende mit der Urschrift übereinstimmende Ausfertigung wird der B.-Bank GmbH in ..... zum Zwecke der Zwangsvollstreckung erteilt, in Ansehung der Grundschuldzinsen allerdings nur für die nach dem ..... entstandenen und in Ansehung der Zinsen aus dem persönlichen Schuldanerkenntnis nur der seit dem ..... entstandenen.

Gründe: .....

181 M

---

[108] Dazu auch *Wolfsteiner*, DNotZ 2013, 193.

Die Grundschuld ist samt Zinsen seit dem Tage der Eintragung der Abtretung an die B.-Bank abgetreten worden.[109] Die Eintragung der Abtretung in das Grundbuch ist am ..... erfolgt. Dies ist offenkundig. Die Ansprüche aus dem persönlichen Schuldanerkenntnis sind samt den künftigen Zinsen durch Abtretungserklärung vom ..... – beglaubigt von dem Notar ..... unter der URNr. ..... – an die B.-Bank abgetreten worden. Die Urschrift der Abtretungserklärung liegt dem Notar vor; sie ist dieser vollstreckbaren Ausfertigung in beglaubigter Abschrift beigefügt.

- *Kosten.* Wie Muster Rdn. 161 M.

2. Gesamtrechtsnachfolge

182 Die vollstreckbare Ausfertigung kann für und gegen *Gesamtrechtsnachfolger* erteilt werden. Hierzu gehören nicht nur der Erbe, sondern auch der Nacherbe und der Testamentsvollstrecker nach § 728 ZPO, der Vermögens- und der Firmenübernehmer nach § 729 ZPO, der andere Ehegatte bei Eintritt der Gütergemeinschaft (§ 742 ZPO) sowie weiter auch der Insolvenzverwalter und der Nachlassverwalter. Soweit der Anspruch in der Person des Gesamtrechtsnachfolgers zu einem *Sondervermögen* gehört, sollte dies in der Vollstreckungsklausel zum Ausdruck gebracht werden, wie umgekehrt bei Erteilung der Vollstreckungsklausel gegen einen Gesamtrechtsnachfolger deutlich gemacht werden sollte, dass dieser etwa nur mit einem Sondervermögen hafte.

Erteilung der Vollstreckungsklausel zugunsten von Erben

183 M Vorstehende mit der Urschrift übereinstimmende Ausfertigung wird A. X., B. X. und C. X. als den Erben des I. X. in der Weise erteilt, dass jeder der Gläubiger die Zwangsvollstreckung betreiben kann, jedoch nur mit dem Ziel der Leistung an die Gläubiger gemeinschaftlich.

Gründe:

Die Gläubiger sind die Erben des am ..... verstorbenen I. X. Dies ergibt sich aus dem Erbschein ....., der in Ausfertigung vorgelegt wurde und dieser vollstreckbaren Ausfertigung in beglaubigter Abschrift beigefügt ist. Die Bestimmungen über die Art und Weise der Zwangsvollstreckung gründen sich auf § 2039 BGB.

- *Kosten.* 0,5 nach Nr. 23803 KV GNotKG. Zusätzlich Dokumentenpauschale nach Nr. 32000 KV GNotKG.

Vollstreckungsklausel gegen Miterben

184 M Vorstehende mit der Urschrift übereinstimmende Ausfertigung wird dem ..... zum Zwecke der Zwangsvollstreckung gegen die Gesamtschuldner A. X., B. X. und C. X. erteilt.

Gründe:

A. X., B. X. und C. X. sind die Erben des am ..... verstorbenen Unterwerfungsschuldners I. X. Dies ergibt sich aus dem Erbschein des Amtsgerichts ....., der in Ausfertigung vorlag und dieser vollstreckbaren Ausfertigung in beglaubigter Abschrift beigefügt ist.

---

109 S. zum Nachweis des Eintritts in den Sicherungsvertrag oben Rdn. 110 und unten Rdn. 187.

Als Erben haften die Schuldner als Gesamtschuldner (§ 2058 BGB). Ein Ausspruch über eine beschränkte Erbenhaftung war nicht veranlasst; eine Beschränkung ihrer Haftung werden die Erben gegebenenfalls durch Vollstreckungsabwehrklage zur Geltung zu bringen haben.

- *Kosten.* Wie Muster Rdn. 161 M.

Vollstreckungsklausel gegen den Testamentsvollstrecker

Vorstehende mit der Urschrift übereinstimmende Ausfertigung wird dem ..... zum Zwecke der Zwangsvollstreckung gegen T. X. erteilt; die Zwangsvollstreckung ist nur in den Nachlass des I. X. zulässig, der von T. X. als Testamentsvollstrecker verwaltet wird.

185 M

Gründe:
T. X. ist der Testamentsvollstrecker über den Nachlass des am ..... verstorbenen I. X. Dies ist nachgewiesen durch Vorlage einer Ausfertigung des vom Amtsgericht ..... ausgestellten Testamentsvollstreckerzeugnisses; beglaubigte Abschrift der Ausfertigung ist dieser vollstreckbaren Urkunde beigefügt. Als Testamentsvollstrecker haftet T. X. nur mit dem seiner Testamentsvollstreckung unterliegenden Nachlass des I. X., nicht aber mit anderem Vermögen.

- *Kosten.* Wie Muster Rdn. 161 M.

3. Einzelrechtsnachfolge

Die Vollstreckungsklausel kann zugunsten des *Einzelrechtsnachfolgers* des *Gläubigers* erteilt werden. Für den erforderlichen Nachweis der Rechtsnachfolge ist zu beachten: handelt es sich um ein im Grundbuch eingetragenes *dingliches Recht*, das auf einen neuen Gläubiger übergegangen ist, so ist die Rechtsnachfolge offenkundig und deshalb nicht mehr weiter nachzuweisen, wenn sie im Grundbuch eingetragen ist (§ 799 ZPO). Die Grundbucheintragung weist aber nur die Rechtsnachfolge in das dingliche Recht, bei Verkehrshypotheken über § 1138 BGB auch die Rechtsnachfolge bezüglich der Hypothekenforderung nach. Die Grundbucheintragung ist hingegen *kein geeignetes Beweismittel*, nachzuweisen, dass der neue Gläubiger zusammen mit einer Grundschuld auch die Ansprüche aus *persönlichen Schuldanerkenntnissen* erworben hat, die der ursprüngliche Schuldner in der Grundschuldbestellungsurkunde abgegeben hatte. Soll die Vollstreckungsklausel in Ansehung einer »Grundschuld mit persönlicher Zwangsvollstreckungsunterwerfung« zugunsten eines Abtretungsgläubigers erteilt werden, so ermöglicht also die Grundbucheintragung nur die Erteilung der dinglichen Klausel, während die Abtretung der Ansprüche aus dem Schuldanerkenntnis durch öffentliche oder öffentlich beglaubigte Urkunde nachzuweisen ist. Der Nachweis kann nur dann als ordnungsgemäß geführt gelten, wenn die vorgelegte Abtretungsurkunde die Abtretung auch dieser Ansprüche *eindeutig* ausweist. Die Ansprüche aus dem Schuldanerkenntnis sind kein »Nebenrecht« zur Grundschuld, sodass eine Abtretung der Grundschuld »mit allen Nebenrechten« zur Erteilung der Vollstreckungsklausel zum Schuldanerkenntnis *nicht* ausreicht. Ist die Abtretungsurkunde dem Grundbuchamt eingereicht und dort vollzogen worden und wird dann erst die Erteilung der vollstreckbaren Ausfertigung auch in Ansehung der persönlichen Ansprüche beantragt, so muss regelmäßig eine beglaubigte Abschrift der Abtretungsurkunde aus den Grundakten nach § 12 Abs. 2 GBO beschafft werden. Die *Abtretungserklärung* des bisherigen Gläubigers genügt als Nachweis; des Nachweises auch der Annahme durch den neuen Gläubiger bedarf es nicht. Die

186

Abtretungserklärung genügt auch bei Briefrechten als Nachweis; es bedarf weder der Vorlage des Briefs an den Notar noch seiner Zustellung an den Schuldner.[110]

187 Soll im Hinblick auf das Rechtsprechungschaos bei der Abtretung von *Sicherungsgrundschulden* (oben Rdn. 110) vorsichtshalber auch der Nachweis geführt werden, dass der Zessionar dem Eigentümer gegenüber durch Sicherungsvertrag gebunden ist, so kann das vorzugsweise dadurch geschehen, dass der neue Gläubiger dem Eigentümer in notariell beglaubigter Urkunde anbietet, die Pflichten aus dem bestehenden Sicherungsvertrag zu übernehmen. Die Erklärung muss mit der neuen Vollstreckungsklausel dem Eigentümer zugestellt werden, sodass ihr Zugang an diesen gesichert ist.

Verpflichtung des Zessionars

188 M Hiermit mache ich dem Eigentümer des mit der Grundschuld Abt. III Nr. 3 belasteten Grundstücks der Gemarkung ....., eingetragen im Grundbuch des Amtsgerichts ..... von ..... Blatt ....., folgendes Angebot: Ich verpflichte mich ihm gegenüber, alle Pflichten des Gläubigers aus dem Sicherungsvertrag, der zwischen dem Eigentümer und dem bisherigen Gläubiger besteht, als eigene Pflichten zu erfüllen. Dies gilt auch soweit sich der Sicherungsvertrag auf ein neben der Grundschuld bestehendes abstraktes Schuldversprechen oder Schuldanerkenntnis bezieht. Das Angebot kann zeitlich unbegrenzt angenommen werden; auf den Zugang der Annahmeerklärung verzichte ich.
Unterschriftsbeglaubigung

■ *Kosten:* Für den Entwurf 0,3 bis 1,0 nach Nr. 24101 KV GNotKG aus dem Kapitalbetrag. Bei bloßer Unterschriftsbeglaubigung 0,2 – mindestens 20,00 €, höchstens 70,00 € – aus demselben Wert nach Nr. 25100 KV GNotKG.

Vollstreckungsklausel zugunsten eines Rechtsnachfolgers

189 M Vorstehende mit der Urschrift übereinstimmende Ausfertigung wird dem ..... zum Zwecke der Zwangsvollstreckung erteilt, in Ansehung der Grundschuldzinsen allerdings nur für die ab ..... laufenden und in Ansehung der Zinsen aus dem persönlichen Schuldanerkenntnis nur für die ab ..... laufenden.

Gründe:

Der Gläubiger ist im Grundbuch des Amtsgerichts ..... von ..... als Grundschuldgläubiger eingetragen, in Ansehung der Zinsen allerdings nur ab ..... Dies ist offenkundig. Die Ansprüche aus dem in Abschn. V. der Urkunde enthaltenen Schuldanerkenntnis sind mit Erklärung vom ..... samt den von diesem Tage an laufenden Zinsen an den Gläubiger abgetreten worden. Beglaubigte Abschrift der mit dem Siegel der abtretenden Sparkasse versehenen Abtretungserklärung ist dieser vollstreckbaren Ausfertigung beigefügt. Der Gläubiger hat mit notariell beglaubigter Erklärung vom ....., die Pflichten aus dem bestehenden Sicherungsvertrag übernommen; auch diese Urkunde ist dieser vollstreckbaren Ausfertigung beigefügt.

■ *Kosten.* 0,5 nach Nr. 23803 KV GNotKG aus dem Kapitalbetrag. Zusätzlich Dokumentenpauschale nach Nr. 32000 KV GNotKG.

---

110 Str. Argumentation *Wolfsteiner*, § 46.95. f.

4. Schuldübernahme

Die *Schuldübernahme* als Einzelrechtsnachfolge auf der Schuldnerseite ist der für die Praxis verbindlichen Rechtsprechung des BGH zufolge *keine* Rechtsnachfolge i.S.d. § 727 ZPO.[111] Soll ein Anspruch auch nach Schuldübernahme vollstreckbar bleiben, bedarf es deshalb einer *erneuten Unterwerfungserklärung* des Schuldübernehmers. Da der Schuldübernehmer in diesen Fällen eine völlig selbstständige und völlig neue Unterwerfungserklärung abgibt, ist auch die Vollstreckungsklausel gegen ihn nur aus dieser neuen Unterwerfungserklärung zu erteilen; jegliche Art der Umschreibung des vom ursprünglichen Schuldner geschaffenen Vollstreckungstitels scheidet aus. Wer ein *Vorkaufsrecht* ausübt, ist nicht Schuldnachfolger des ursprünglichen Käufers; gegen ihn kann die Klausel nicht erteilt werden, mag er auch zur Abgabe einer Unterwerfungserklärung verpflichtet sein.[112]

190

5. Rechtsnachfolge bei dinglichen Rechten

Bei *dinglichen Rechten* liegt Rechtsnachfolge i.S.d. § 727 ZPO auch dann vor, wenn das Eigentum an der belasteten Sache wechselt (Erwerb der streitbefangenen Sache i.S.d. §§ 727 Abs. 1, 325 ZPO). Dies gilt auch für die Unterwerfungserklärungen, auf die § 800 ZPO Anwendung findet (dazu oben Rdn. 58). Der Nachweis des Schuldnerwechsels wird durch die (offenkundige) Grundbucheintragung geführt, ohne dass es der Zustellung von den Erwerb des Eigentums nachweisenden öffentlichen oder öffentlich beglaubigten Urkunden bedürfte (§ 800 Abs. 2 ZPO, der auch bei anderen dinglichen Rechten entsprechend anzuwenden ist).

191

Vollstreckungsklausel nach § 800 ZPO

Vorstehende mit der Urschrift übereinstimmende Ausfertigung wird der G-Bank, Frankfurt am Main, zum Zwecke der Zwangsvollstreckung aus der im Grundbuch das Amtsgerichts ..... von ..... Blatt ..... in Abt. III unter Nr. 4 eingetragenen Grundschuld gegen Herrn S. X. in W. erteilt.

192 M

Gründe:

Die Grundschuld, die im Zeitpunkt der Bestellung im Grundbuch von ..... Blatt ..... eingetragen war, ist nun an der in der Vollstreckungsklausel genannten Grundbuchstelle eingetragen. Als Grundstückseigentümer ist der in der Vollstreckungsklausel genannte Schuldner eingetragen. Dies alles ist offenkundig.

■ *Kosten.* Wie Muster Rdn. 161 M.

Zur *Formulierung* bereits der Unterwerfungserklärung und auch der Vollstreckungsklausel empfiehlt es sich nicht, von der Zwangsvollstreckung »in das Grundstück« zu sprechen; vielmehr ist die Formulierung »Zwangsvollstreckung aus der Grundschuld« vorzuziehen, weil nur Letztere auch die Zwangsvollstreckung in die nach §§ 1120 ff. BGB mithaftenden Erzeugnisse, Bestandteile und das Zubehör sicherstellt.

193

---

111 BGHZ 61, 140; BGH NJW 1989, 2885; BGH NJW 2001, 1217; str.
112 LG Regensburg MittBayNot 1995, 486.

Vollstreckungsklausel zu einer Dienstbarkeit

194 M Vorstehende mit der Urschrift übereinstimmende Ausfertigung wird der G-Bank, Frankfurt am Main, zum Zwecke der Zwangsvollstreckung aus der im Grundbuch des Amtsgerichts ..... von ..... Blatt ..... in Abt. II unter Nr. 4 eingetragenen Grunddienstbarkeit gegen Herrn S. X. in W. erteilt.

Gründe:

Die Grunddienstbarkeit, die im Zeitpunkt der Bestellung im Grundbuch von ..... Blatt ..... eingetragen war, ist nun an der in der Vollstreckungsklausel genannten Grundbuchstelle eingetragen. Als Eigentümer des dienenden Grundstücks ist der in der Vollstreckungsklausel genannte Schuldner eingetragen. Dies alles ist offenkundig.

■ *Kosten.* Wie Muster Rdn. 161 M.

VII. EuGVVO 2012

195 Seit 10.01.2015 ist eine im Dezember 2012 verabschiedete **Neufassung der EuGVVO**[113] (»EUGVVO 2012«, Brüssel I-VO 2012« oder – gebräuchlicher – »Brüssel-Ia-VO«) in Kraft, nach deren Artikel 58 Abs. 1 öffentliche Urkunden, die im Ursprungsmitgliedstaat vollstreckbar sind, in den anderen Mitgliedstaaten vollstreckbar sind, ohne dass es einer Vollstreckbarerklärung bedarf. Das notarielle Exequatur-Verfahren, wie es in der 24. Aufl. unter Rn. 195 ff. dargestellt ist, ist damit entfallen. Nach Artikel 66 Abs. 1 der Verordnung bleibt das Exequatur-Verfahren aber für öffentliche Urkunden bestehen, die vor dem 10. Januar 2015 förmlich errichtet worden sind. Danach kann für die Vollstreckbarerklärung einer ausländischen vollstreckbaren Urkunde auch der Notar zuständig sein. Wegen Einzelheiten ist auf die 24. Aufl. Rn. 195 ff. zu verweisen.

196 Damit die inländische vollstreckbare Urkunde nach der EuGVVO 2012 im Ausland vollstreckt werden kann, muss sie nach Art. 60 der VO vom Notar (§ 1110 ZPO) mit der Bescheinigung nach Anhang II der VO versehen werden.[114]

Bescheinigung über eine öffentliche Urkunde in einer Zivil- oder Handelssache

197 M BESCHEINIGUNG ÜBER EINE ÖFFENTLICHEN URKUNDE IN EINER ZIVIL- ODER HANDELSSACHE

Artikel 60 der Verordnung (EU) Nr. 1215/2012 des Europäischen Parlaments und des Rates über die gerichtliche Zuständigkeit und die Anerkennung und Vollstreckung von Entscheidungen in Zivil- und Handelssachen

1.	GERICHT ODER SONST BEFUGTE STELLE, DAS/DIE DIE BESCHEINIGUNG AUSSTELLT
1.1.	Bezeichnung: Notar Dr. Fleissig, Neustadt
1.2.	Anschrift:
1.2.1.	Straße und Hausnummer/Postfach: Hauptstraße 17
1.2.2.	PLZ und Ort: D-27599 Neustadt

---

113 VO (EU) 1215/2012 des Europäischen Parlaments und des Rates vom 12. Dezember 2012 über die gerichtliche Zuständigkeit und die Anerkennung und Vollstreckung von Entscheidungen in Zivil- und Handelssachen (ABl. L 351 v. 20.12.2012, S. 1).
114 Dazu *Fischer*, NotBZ 2015, 130.

1.2.3.	Mitgliedstaat: DE
1.3.	Telefon: +49 (3131) 5514279
1.4.	Fax:/+49 (3131) 5514280
1.5.	E-Mail (falls verfügbar): Notar@Fleissig.de
1.2.	ÖFFENTLICHE URKUNDE
2.1.	Stelle, die die öffentliche Urkunde errichtet hat (wenn dies eine andere Stelle als diejenige ist, die die Bescheinigung ausstellt)
2.1.1.	Name und Bezeichnung dieser Stelle:
2.1.2.	Anschrift:
2.2.	Datum (TT/MM/JJJJ), zu dem die öffentliche Urkunde durch die unter Ziffer 2.1 genannte Stelle errichtet wurde: 21.02.2015
2.3.	Nummer der öffentlichen Urkunde (falls zutreffend): 210/2015
2.4.	Datum (TT/MM/JJJJ), zu dem die öffentliche Urkunde in dem Ursprungsmitgliedstaat eingetragen wurde (nur auszufüllen, wenn das Datum der Eintragung für die Rechtswirkung der Urkunde maßgeblich ist und dieses Datum ein anderes als das unter Ziffer 2.2 angegebene Datum ist):
2.4.1.	Nummer der Eintragung (falls zutreffend):
2.2.	GERICHTLICHER VERGLEICH
3.1.	Gericht, das den gerichtlichen Vergleich gebilligt hat oder vor dem der gerichtliche Vergleich geschlossen wurde (wenn dies ein anderes Gericht als dasjenige ist, das die Bescheinigung ausstellt)
3.1.1.	Bezeichnung des Gerichts:
3.1.2.	Anschrift:
3.2.	Datum (TT/MM/JJJJ) des gerichtlichen Vergleichs:
3.3.	Aktenzeichen des gerichtlichen Vergleichs:
3.2.	PARTEIEN DER ÖFFENTLICHEN URKUNDE/DES GERICHTLICHEN VERGLEICHS
4.1.	Name(n) des/der Gläubiger(s) (Name, Vorname(n)/Name der Firma oder Organisation) (2): Hans Gläubiger, Nebenstraße 57, D-27599 Neustadt
4.1.1.	Identifizierungsnummer (falls vorhanden und falls verfügbar):
4.1.2.	Geburtsdatum (TT/MM/JJJJ) und Geburtsort oder, bei juristischen Personen, Datum der Gründung/Erlangung der Rechtsfähigkeit/Registrierung (falls relevant und falls verfügbar): 21/01/1967, Neustadt
4.2.	Name(n) des/der Schuldner (s) (Name, Vorname(n)/Name der Firma oder Organisation) (3): Marc Wesely, Neustädter Str. 17, D-5422 Kidersoll
4.2.1.	Identifizierungsnummer (falls vorhanden und falls verfügbar):
4.2.2.	Geburtsdatum (TT/MM/JJJJ) und Geburtsort oder, bei juristischen Personen, Datum der Gründung/Erlangung der Rechtsfähigkeit/Registrierung (falls relevant und falls verfügbar): 12/10/1977, Berlin
4.3.	Ggf. Name der anderen Parteien (Name, Vorname(n)/Name der Firma oder Organisation) (4)
4.3.1.	Identifizierungsnummer (falls vorhanden und falls verfügbar):
4.3.2.	Geburtsdatum (TT/MM/JJJJ) und Geburtsort oder, bei juristischen Personen, Datum der Gründung/Erlangung der Rechtsfähigkeit/Registrierung (falls relevant und falls verfügbar):
4.2.	VOLLSTRECKBARKEIT DER ÖFFENTLICHEN URKUNDE/DES GERICHTLICHEN VERGLEICHS IM URSPRUNGSMITGLIEDSTAAT
5.1.	Die öffentliche Urkunde/der gerichtliche Vergleich ist im Ursprungs-

	mitgliedstaat vollstreckbar
5.1.1.	Ja
5.2.	Inhalt der öffentlichen Urkunde/des gerichtlichen Vergleichs und Zinsen
5.2.1	Öffentliche Urkunde/gerichtlicher Vergleich über eine Geldforderung
5.2.1.1.	Kurzdarstellung des Gegenstands: Grundstückskaufpreis
5.2.1.2.	Gemäß der öffentlichen Urkunde/dem gerichtlichen Vergleich muss Marc Wesely (Name, Vorname(n)/Name der Firma oder Organisation) (5) eine Zahlung leisten an: Hans Gläubiger (Name, Vorname(n)/Name der Firma oder Organisation)
5.2.1.2.1.	Wurde mehr als eine Person bezeichnet, die für den Anspruch haftet, kann jede der bezeichneten Personen für den gesamten Betrag in Anspruch genommen werden:
5.2.1.2.1.1.	Ja
5.2.1.2.1.2.	Nein
5.2.1.3.	Währung: Euro (EUR) bulgarischer Lew (BGN) tschechische Krone (CZK) ungarischer Forint (HUF) litauischer Litas (LTL) lettischer Lats (LVL) polnischer Zloty (PLN) Pfund Sterling (GBP) rumänischer Leu (RON) schwedische Krone (SEK) Sonstige (bitte angeben (ISO-Code)): EUR
5.2.1.4.	Hauptforderung: 216.000,00
5.2.1.4.1.	Einmalzahlung Ja
5.2.1.4.2.	Ratenzahlung (6) Fälligkeit (TT/MM/JJJJ) Betrag
5.2.1.4.3.	Regelmäßige Zahlung
5.2.1.4.3.1.	täglich
5.2.1.4.3.2.	wöchentlich
5.2.1.4.3.3.	Sonstige (bitte Häufigkeit angeben):
5.2.1.4.3.4.	Ab (Datum (TT/MM/JJJJ) oder Ereignis):
5.2.1.4.3.4.	Gegebenenfalls bis ..... (Datum (TT/MM/JJJJ) oder Ereignis
5.2.1.5.	Zinsen (falls zutreffend)
5.2.1.5.1.	Zinsen:
5.2.1.5.1.1.	Nicht in der öffentlichen Urkunde/dem gerichtlichen Vergleich angegeben
5.2.1.5.1.2.	Ja, in der öffentlichen Urkunde/dem gerichtlichen Vergleich folgendermaßen angegeben:
5.2.1.5.1.2.1.	Betrag: oder
5.2.1.5.1.2.2.	Zinssatz ..... %
5.2.1.5.1.2.3.	Zinsen sind fällig ab ..... (Datum (TT/MM/JJJJ) oder Ereignis) bis ..... (Datum (TT/MM/JJJJ) oder Ereignis) (7)
5.2.1.5.2.	Gesetzliche Zinsen (falls zutreffend), zu berechnen gemäß (bitte entsprechendes Gesetz angeben): 5 Prozentpunkte über dem jeweiligen Basiszinssatz
5.2.1.5.2.1.	Zinsen sind fällig ab 12/06/2015 (Datum (TT/MM/JJJJ) oder Ereignis) bis ..... (Datum (TT/MM/JJJJ) oder Ereignis) (7) Zahlung
5.2.1.5.3.	Kapitalisierung der Zinsen (falls zutreffend, bitte angeben):
5.2.2.	Öffentliche Urkunde/gerichtlicher Vergleich über eine nichtmonetäre vollstreckbare Verpflichtung:

5.2.2.1.	Kurzdarstellung der vollstreckbaren Verpflichtung:
5.2.2.2.	Die unter Ziffer 5.2.2.1 genannte Verpflichtung ist vollstreckbar gegen die folgende(n) Person(en) (8) (Name, Vorname(n)/Name der Firma oder Organisation):

Geschehen zu: Neustadt
Stempel und/oder Unterschrift des Gerichts oder zuständigen Behörde, welche die Bescheinigung ausstellt:

gez. Fleissig, Notar

(1) Unzutreffendes in der gesamten Bescheinigung jeweils streichen.
(2) Bei mehreren Gläubigern sind die betreffenden Angaben für sämtliche Gläubiger einzutragen.
(3) Bei mehreren Schuldnern sind die betreffenden Angaben für sämtliche Schuldner einzutragen.
(4) Ggf. sind die betreffenden Angaben für sämtliche anderen Parteien einzutragen.
(5) Wurde mehr als eine Person angewiesen, eine Zahlung zu leisten, sind die betreffenden Angaben für sämtliche Personen einzutragen.
(6) Es sind die betreffenden Angaben für die einzelnen Ratenzahlungen einzutragen.
(7) Bei mehr als einem Zinszeitraum sind die betreffenden Angaben für sämtliche Zinszeiträume einzutragen.
(8) Bei mehr als einer Person sind die betreffenden Angaben für sämtliche Personen einzutragen.

■ *Kosten.* Für die Bescheinigung Festgebühr von 20,00 € gemäß Nr. 23805 KV GNotKG. Die von Amts wegen vorzunehmenden Zustellungen sind wohl inbegriffen. Ob in den Fällen der §§ 726 ff. ZPO (s. nachf. Rdn. 198) auch die Gebühr nach Nr. 23803 KV GNotKG zum Tragen kommt, ist unklar.

Nach § 1111 Abs. 1 Satz 1 ZPO ist die Bescheinigung ohne Anhörung des Schuldners auszustellen. Aus § 1111 Abs. 1 Satz 2 ZPO folgt, dass die Bescheinigung zwar nicht von der Erteilung der Vollstreckungsklausel abhängig sei soll, dass sie aber erst erteilt werden darf, wenn auch die Klauselreife nach § 726 Abs. 1 ZPO eingetreten ist. Des weiteren ergibt sich daraus, dass bei Erteilung der Bescheinigung auch Rechtsnachfolgen i.S.d. §§ 727 ff. ZPO berücksichtigt werden können und in diesen Fällen die Verfahrensvorschriften des § 730 ZPO einzuhalten sind. Auch die Rechtsbehelfe sowohl gegen die Erteilung der Bescheinigung wie auch gegen die Verweigerung der Bescheinigung sind nach § 1111 Abs. 2 ZPO dieselben wie bei der Vollstreckungsklausel.

Eine Ausfertigung der Bestätigung hat der Notar dem Schuldner *von Amts wegen* zuzustellen (§ 1111 Abs. 1 Satz 3 ZPO). Die Zustellung im Parteibetrieb erst bei Beginn der Zwangsvollstreckung ist nicht vorgesehen, sodass sich der Notar der Zustellungspflicht nicht entziehen kann.[115]

Ist die Zustellung in einem anderen EG-Staat vorzunehmen, so richtet sie sich nach der Verordnung (EG) Nr. 1348/2000 des Rates vom 29.05.2000 über die Zustellung gerichtlicher und außergerichtlicher Schriftstücke in Zivil- oder Handelssachen in den Mitgliedstaaten.[116] Nach Art. 2 EuZVO sind die zu übermittelnden Schriftstücke der vom Ausgangsstaat benannten Übermittlungsstelle zu übergeben. Übermittlungsstelle ist in Deutschland bei notariellen Urkunden dasjenige *Amtsgericht*, in dessen Bezirk der beurkundende Notar

---

115 A.A. *Strasser*, Rpfleger 2007, 249, 250 f.
116 ABl. EG Nr. L 160 v. 30.06.2000, S. 37, 44 f. Europäische Zustellungsverordnung – EuZVO oder EuZustVO (ABl. EG Nr. L 160 v. 30.06.2000, S. 37–52); vgl. dazu *Heidrich*, EuZW 2005, 743.

seinen Amtssitz hat (§ 1069 Abs. 1 Nr. 2 ZPO). Das nach Art. 4 Abs. 3 der EG-VO Nr. 1348/2000 beizufügende *Formblatt* mit dem Antrag wird unmittelbar vom Amtsgericht als Übermittlungsstelle ausgefüllt und zusammen mit der zuzustellenden Bestätigung der Empfangsstelle des Empfangsstaates übermittelt. Eine *Zustellung durch die Post* nach Art. 14 der EuZVO ist für Notare aus Deutschland nicht möglich.[117]

VIII. Der europäische Vollstreckungstitel für unbestrittene Forderungen

1. Allgemeines

201 Die Verordnung (EG) Nr. 805/2004 des Europäischen Parlaments und des Rates zur Einführung eines Europäischen Vollstreckungstitels für unbestrittene Forderungen[118] – EuVTVO – ermöglicht es, dass deutsche vollstreckbare Urkunden unter gewissen Voraussetzungen in allen EU-Mitgliedsstaaten (mit Ausnahme Dänemarks) vollstreckt werden können, ohne dass im Vollstreckungsstaat das vorstehend behandelte Verfahren zur Vollstreckbarerklärung durchgeführt werden müsste. Die Regelungen der EG-Verordnung sind unmittelbar anwendbar und werden ergänzt durch § 245 FamFG sowie die §§ 1079 ff. ZPO.[119] Um diese Auslandsvollstreckbarkeit zu erreichen, muss der deutsche Notar gewisse Regeln beachten. Hingegen ist der deutsche Notar – anders als derzeit noch sonst bei ausländischen vollstreckbaren Urkunden – mit der Vollstreckung ausländischer Europäischer Vollstreckungstitel in Deutschland nicht befasst.

2. Grundsatz und Zuständigkeit

202 Nach Art. 25 Abs. 1 EuVTVO ist eine deutsche vollstreckbare Urkunde über eine Forderung im Sinne von Art. 4 Abs. 2 der VO auf Antrag unter Verwendung des Formblatts in Anhang III als Europäischer Vollstreckungstitel zu bestätigen. Zur Ausstellung der Bestätigung ist nach § 1079 ZPO das Organ zuständig, dem die Erteilung der vollstreckbaren Ausfertigung des Titels obliegt, regelmäßig also der Notar selbst.

3. Voraussetzungen

203 Nach Art. 1 EuVTVO muss es sich um eine *Zivil- oder Handelssache* handeln.[120] Die Forderung muss auf Zahlung von *Geld* gerichtet sein. Es muss sich um eine Forderung auf Zahlung einer bestimmten Geldsumme handeln, die *fällig* ist oder deren Fälligkeitsdatum in der notariellen Urkunde angegeben ist. Letzterenfalls ist eine Bestätigung des Fälligkeitsdatums im Formblatt (unten Rdn. 207 M) weder nötig noch vorgesehen, wenn es sich auch empfehlen mag, es vorsichtshalber immer anzugeben. Auch zu feststehenden Daten wiederkehrende Leistungen (unter Einschluss von Zinsen) werden als fällig behandelt. Keine Rolle spielt es, ob sich Bezifferung und datumsmäßige Fälligkeit unmittelbar aus der Unterwerfungserklärung des Schuldners ergeben oder aus der Vollstreckungsklausel oder aus sonstigen Ergänzungen des Titels, die nach § 726 Abs. 1 ZPO im Klauselverfahren angebracht worden sind (vgl. auch § 245 FamFG). Unter die Verordnung fallen auch alle Urkunden, deren Vollstreckung noch i.S.d. § 726 Abs. 1 ZPO vom *Nachweis von Umständen* abhängig ist (oben Rdn. 104 ff.), vorausgesetzt, der Nachweis ist geführt und die vollstreckbare Ausfertigung so erteilt, dass die Vollstreckungsorgane nichts mehr zu prüfen haben. Immerhin kann es nicht

---

117 Zöller/*Geimer*, Art. 14 EuZVO Rn. 4 und § 1069 ZPO Rn. 3.
118 ABl. Nr. L 143 v. 30.04.2004, S. 15.
119 EG-Vollstreckungstitel-DurchführungsG v. 18.08.2005, BGBl. I S. 2477.
120 Einzelheiten zur Abgrenzung bei *Wolfsteiner*, § 53.6. ff.

schaden, in solchen Fällen von der Anhörungsmöglichkeit des § 730 ZPO Gebrauch zu machen, um eine Art Säumniseffekt (Art. 3 Abs. 1 Buchst. b EuVTVO) hinzuzufügen.

Soweit allerdings die Prüfung anderer Umstände als der datumsmäßigen Fälligkeit den Vollstreckungsorganen zugewiesen ist – insbesondere sind das die Zug-um-Zug-Leistung nach § 726 Abs. 2 ZPO (oben Rdn. 6), nach h.L. die Berechnung von schwankenden Zinsen und indexierten Leistungen, die Berechnung von Unterhaltsbeträgen als Prozentsatz des jeweiligen Regelbetrags nach § 1612a BGB) – sind die Anforderungen des Art. 4 Nr. 2 EuVTVO nicht erfüllt. Damit der Titel im Sinne der Verordnung europäisch vollstreckbar wird, muss der Eintritt dieser Voraussetzungen zunächst *vom Notar festgestellt* werden. Der richtige Ort dafür ist die Vollstreckungsklausel; dass § 245 FamFG dazu einen besonderen Ort (Bezifferung auf dem Titel) vorsieht, ist jedenfalls für vollstreckbare Urkunden nicht sinnvoll. In der Vollstreckungsklausel (oder »auf dem Titel«) muss dann also die Erbringung der Gegenleistung (aufgrund von Nachweisen, die § 726 ZPO verlangt) bescheinigt sein, müssen indexierte Leistungen beziffert sein, insbesondere auch der Unterhaltsbetrag durch Anwendung des § 1612a BGB. Für Zinsen ergibt sich allerdings aus dem Formblatt Anhang III EuVTVO die Besonderheit, dass schwankende Zinsen zulässig sind, wenn Schwankungsmaßstab der Basissatz der EZB (von der Europäischen Zentralbank auf ihre Hauptrefinanzierungsoperationen angewendeter Zinssatz) ist; andere Maßstäbe, insbesondere der deutsche Basiszinssatz, sind nicht zugelassen, erfordern also die Fixierung in der Vollstreckungsklausel. 204

Im Übrigen müssen die *deutschen Vollstreckbarkeitsvoraussetzungen* gegeben, muss die Urkunde also mit einer ordnungsgemäßen *Vollstreckungsklausel* versehen sein. Zur Ordnungsmäßigkeit gehört selbstverständlich auch, dass die Parteien in der zur Zwangsvollstreckung erforderlichen Weise bezeichnet sind. 205

4. Die Bestätigung

Sind die Voraussetzungen gegeben, erteilt der Notar die Bestätigung mit dem Wortlaut des Anhangs III der Verordnung.[121] Die Bestätigung stellt eine selbstständige Urkunde dar, die nicht mit der Ausgangsurkunde oder der vollstreckbaren Ausfertigung verbunden werden muss. Aus dem Umstand, dass der Notar Ausfertigungen zu erteilen hat (nachfolgend Rdn. 208) ist zu schließen, dass das Original beim Notar verbleibt und auch dem Gläubiger nur eine Ausfertigung erteilt wird. 206

Bestätigung als Europäischer Vollstreckungstitel

BESTÄTIGUNG ALS EUROPÄISCHER VOLLSTRECKUNGSTITEL – ÖFFENTLICHE URKUNDE 207 M

1.	Ursprungsmitgliedsstaat: AT ☐ BE ☐ DE ☐ EL ☑ ES ☐ FI ☐ FR ☐ IE ☐ IT ☐ LU ☐ NL ☐ PT ☐ SE ☐ UK ☐
2.	Gericht/befugte Stelle, das/die die Bestätigung ausgestellt hat
2.1.	Bezeichnung: Notar Dr. Fleissig, Neustadt
2.2.	Anschrift: Hauptstraße 17, D-27599 Neustadt
2.3.	Tel./Fax/E-Mail: +49 (3131) 5514279/+49 (3131) 5514280/Notar@Fleissig.de
3.	Wenn abweichend, Gericht/befugte Stelle, das/die die öffentliche Urkunde aufgenommen oder registriert hat
3.1.	Bezeichnung:
3.2.	Anschrift:

---

121 Im Internet nur noch im internen Bereich der BNotK zu finden.

3.3.		Tel./Fax/E-Mail:
4.		Öffentliche Urkunde
4.1.		Datum: 21.01.20 .....
4.2.		Aktenzeichen: URNr. 126/20 .....
4.3.		Parteien
4.3.1.		Hans Gläubiger, Nebenstraße 57, D-27599 Neustadt
4.3.2.		Name(n) und Anschrift(en) des/der Schuldner(s): Marc Wesely, Neustädter Str. 17, D-5422 Kidersoll
5.		Geldforderung laut Bestätigung
5.1.		Betrag: 3.000,00
5.1.1.		Währung: Euro ☑
		Schwedische Kronen ☐
		Pfund Sterling ☐
		Sonstige Währung (bitte angeben) ☐
5.1.2.		Falls sich die Geldforderung auf eine wiederkehrende Leistung bezieht
5.1.2.1.		Höhe jeder Rate:
5.1.2.2.		Fälligkeit der ersten Rate:
5.1.2.3.		Fälligkeit der nachfolgenden Raten: wöchentlich ☐ monatlich ☐ andere Zeitabstände (bitte angeben)
5.1.2.4.		Laufzeit der Forderung
5.1.2.4.1.		Derzeit unbestimmt ☐ oder
5.1.2.4.2.		Fälligkeit der letzten Rate
5.2.		Zinsen »gegebenenfalls«
5.2.1.		Zinssatz
5.2.1.1.		..... % oder
5.2.1.2.		5 %-Punkte über dem Basissatz der EZB
5.2.1.3.		Anderer Wert (bitte angeben):
5.2.2.		Fälligkeit der Zinsen: vierteljährlich nachträglich
5.3.		Höhe der zu ersetzenden Kosten, falls in der öffentlichen Urkunde angegeben:
6.		Die öffentliche Urkunde ist im Ursprungsmitgliedstaat vollstreckbar. ☑

Geschehen zu ..... am .....
.....

Notar

(Siegel)

■ *Kosten.* Für die Bescheinigung Festgebühr von 15,00 € gemäß KV Nr. 23804. Die von Amts wegen vorzunehmenden Zustellungen sind wohl inbegriffen.

208 Eine Ausfertigung der Bestätigung hat der Notar dem Schuldner *von Amts wegen zuzustellen* (§ 1080 Abs. 1 Satz 2 ZPO). Die Zustellung im Parteibetrieb erst bei Beginn der Zwangsvollstreckung ist nicht vorgesehen, sodass sich der Notar der Zustellungspflicht nicht entziehen kann.[122]

209 Ist die Zustellung in einem anderen EG-Staat vorzunehmen, so richtet sie sich nach der Verordnung (EG) Nr. 1348/2000 des Rates vom 29.05.2000 über die Zustellung gerichtlicher und außergerichtlicher Schriftstücke in Zivil- oder Handelssachen in den Mitgliedstaaten.[123] Nach Art. 2 EuZVO) sind die zu übermittelnden Schriftstücke der vom Ausgangsstaat benannten Übermittlungsstelle zu übergeben. Übermittlungsstelle ist in Deutschland

---

[122] A.A. *Strasser*, Rpfleger 2007, 249, 250 f.
[123] ABl. EG Nr. L 160 v. 30.06.2000, S. 37, 44 f. Europäische Zustellungsverordnung – EuZVO oder EuZustVO (ABl. EG Nr. L 160 v. 30.06.2000, S. 37–52); vgl. dazu *Heidrich*, EuZW 2005, 743.

bei notariellen Urkunden dasjenige *Amtsgericht*, in dessen Bezirk der beurkundende Notar seinen Amtssitz hat (§ 1069 Abs. 1 Nr. 2 ZPO). Das nach Art. 4 Abs. 3 der EG-VO Nr. 1348/2000 beizufügende *Formblatt* mit dem Antrag wird unmittelbar vom Amtsgericht als Übermittlungsstelle ausgefüllt und zusammen mit der zuzustellenden Bestätigung der Empfangsstelle des Empfangsstaates übermittelt. Eine *Zustellung durch die Post* nach Art. 14 der EuZVO ist für Notare aus Deutschland nicht möglich.[124]

5. Rechtsbehelfe

Gegen die Erteilung der Bestätigung ist der Antrag nach Art. 10 Abs. 1 EuVTVO auf Berichtigung oder Widerruf der Bestätigung statthaft. Die EuVTVO stellt hierzu in Art. 10 Abs. 3 mit Anhang VI ein Formular zur Verfügung,[125] dessen Verwendung aber nicht obligatorisch ist. Lehnt der Notar die Bestätigung ab, so findet nach § 1180 Abs. 2 ZPO die Beschwerde nach § 54 BeurkG statt,[126] was wiederum bedeutet, dass die Ablehnung mit einer Rechtsmittelbelehrung zu versehen ist (vgl. oben Rdn. 165). **210**

IX. Der vollstreckbare Anwaltsvergleich

1. Allgemeines

Nach §§ 796a, 796b, 796c ZPO kann ein von Rechtsanwälten im Namen und mit Vollmacht der von ihnen vertretenen Parteien abgeschlossener Vergleich auf Antrag einer Partei für vollstreckbar erklärt werden. Da durch die 2. Zwangsvollstreckungsnovelle (oben Rdn. 3) die vollstreckbare notarielle Urkunde was den Umfang der unterwerfungsfähigen Ansprüche betrifft dem Anwaltsvergleich gleichgestellt worden ist und andererseits der Anwaltsvergleich einen eher engeren Anwendungsbereich als die vollstreckbare Urkunde hat – er muss einen *Vergleich* enthalten, was von der vollstreckbaren Urkunde nicht verlangt wird –, überdies sein Verfahren erheblich aufwendiger ist als das der vollstreckbaren Urkunde, hat der vollstreckbare Anwaltsvergleich kaum noch praktische Bedeutung. Er wird deshalb hier nur in Grundzügen und auch nur insoweit behandelt als es sich um die Vollstreckbarerklärung durch den Notar handelt. **211**

2. Die Vollstreckbarerklärung durch den Notar

Sie ist geregelt in §§ 796c, 797 Abs. 6 ZPO. Das Verfahren teilt sich in drei Abschnitte, nämlich a) die Hinterlegung des Anwaltsvergleichs zur Verwahrung durch den Notar (§ 796c Abs. 1 ZPO), b) die Vollstreckbarerklärung ebenfalls nach § 796c Abs. 1 ZPO und c) die Klauselerteilung zur Vollstreckbarerklärung nach §§ 794 Abs. 1 Nr. 4b, 795, 724 ff. ZPO. **212**

a) Hinterlegung

Die Hinterlegung ist Voraussetzung für die Vollstreckbarerklärung. Der Notar ist zwar berechtigt, nicht aber verpflichtet, einen Anwaltsvergleich *in Verwahrung zu nehmen*. Nimmt er ihn an, so ist er, wie sich aus § 796c Abs. 2 ZPO ergibt, *verpflichtet*, über die Vollstreckbarkeit zu entscheiden. Er gewinnt dazu gemäß § 797 Abs. 6 i.V.m. § 797 Abs. 2 Satz 1 ZPO die *ausschließliche Zuständigkeit* zur Entscheidung über die Vollstreckbarerklärung und damit auch die Klauselerteilung. **213**

---

[124] Zöller/*Geimer*, Art. 14 EuZVO Rn. 4 und § 1069 ZPO Rn. 3.
[125] Abgedruckt z.B. bei *Wolfsteiner*, § 54 Rn. M 54.18.
[126] *Rellermeyer*, Rpfleger 2005, 389.

§ 19 Vollstreckbare Urkunden; Vollstreckbarerklärung von Anwaltsvergleichen

214 *Voraussetzung* ist, dass der Notar seinen *Amtssitz* (der Amtsbereich genügt nicht) im Bezirk eines Amtsgerichts hat, bei dem eine der Parteien im Zeitpunkt des Vergleichsabschlusses ihren allgemeinen Gerichtsstand (§§ 13 ff. ZPO) hat. Voraussetzung ist weiter, dass beide Parteien der Verwahrung gerade durch diesen Notar zustimmen. Die Zustimmung kann entweder im Vergleich selbst enthalten sein oder unabhängig davon erklärt werden. Die Zustimmung ist nicht identisch mit dem Antrag auf Vollstreckbarerklärung und nicht mit dem Antrag auf Erteilung der Vollstreckungsklausel. Diese Anträge können auch später gestellt werden.

215 Die Annahme zur Verwahrung ist ein Akt der freiwilligen Gerichtsbarkeit, der jetzt wohl entsprechend § 63 Abs. 1 FamFG in die Form eines Beschlusses zu kleiden ist. Nach § 15 Abs. 2 Satz 3 BNotO ist die Ablehnung i.V.m. § 39 FamFG mit einer Rechtsmittelbelehrung zu versehen. Der Beschluss ist auch der anderen Partei, vertreten durch ihren Anwalt, zuzustellen. Eine Beschwerde nach § 15 BNotO ist nicht ausgeschlossen, kann aber schwerlich erfolgreich sein.

Annahme eines Anwaltsvergleichs zur Verwahrung

216 M **Beschluss**
Auf Antrag des A., vertreten durch RA Dr. X., nehme ich den Anwaltsvergleich vom ….., abgeschlossen zwischen dem Antragsteller und B., vertreten durch RA Y, gemäß § 796c Abs. 1 ZPO in Verwahrung. Ein Antrag, den Vergleich für vollstreckbar zu erklären, ist bisher nicht gestellt. Ich weise darauf hin, dass ich durch die Annahme zur Verwahrung ausschließlich zuständig geworden bin, über die Vollstreckbarerklärung zu entscheiden. Gegen diesen Beschluss kann nach § 54 BeurkG in Verbindung mit § 58 FamFG Beschwerde erhoben werden; die Beschwerde ist binnen einer Frist von einem Monat nach Zustellung des Beschlusses (§ 63 Abs. 1 FamFG) beim Notar einzulegen (§ 64 Abs. 1 FamFG). Nach § 64 Abs. 2 Satz 1 FamFG kann die Beschwerde durch Einreichung einer Beschwerdeschrift oder zur Niederschrift des Notars eingelegt werden. Wird sie schriftlich eingelegt, so muss die Beschwerde die Bezeichnung des angefochtenen Beschlusses sowie die Erklärung enthalten, dass Beschwerde gegen diesen Beschluss eingelegt wird. Sie ist von dem Beschwerdeführer oder seinem Bevollmächtigten zu unterzeichnen.

Notar

▪ *Kosten.* Festgebühr 60,00 € nach Nr. 23800 KV GNotKG; die Gebühr deckt auch das nachfolgende Verfahren der Vollstreckbarerklärung.

b) Vollstreckbarerklärung

217 Hat der Notar den Vergleich in Verwahrung genommen, so hat er auf Antrag, den jede Partei stellen kann und der nicht mehr der Zustimmung der anderen Partei bedarf, darüber zu entscheiden, ob er ihn für vollstreckbar erklärt. Es handelt sich um eine Entscheidung in richterlicher Funktion. Aus § 796b Abs. 2 ZPO folgt, dass der Notar in jedem Fall rechtliches Gehör zu gewähren hat; in seinem Ermessen liegt nur die Form der Anhörung (schriftlich oder Anordnung mündlicher Verhandlung). Mündliche Verhandlung empfiehlt sich meist, wenn die andere Partei der Vollstreckbarerklärung widerspricht. Im Übrigen gleicht die Anordnung vorstehendem Muster Rdn. 155 M.

218 Der Notar hat zu *prüfen:*
– ob ein von Rechtsanwälten *im Namen der von ihnen vertretenen Parteien* abgeschlossener Vergleich vorliegt. Entgegen dem ersten Anschein des Gesetzeswortlauts ist die *Vollmacht* der Rechtsanwälte nur im Rahmen des § 88 ZPO zu prüfen; zur Prüfung und zur Anordnung

der Vorlage nach § 89 ZPO ist er nur auf Rüge der anderen Partei verpflichtet. Wird auf Rüge hin die Vollmacht nicht vorgelegt, weist der Notar den Antrag ab;
– ob der Vergleich unter Angabe des *Tages seines Zustandekommens* hinterlegt worden ist; einer gesonderten Angabe bedarf es nicht, wenn die Vergleichsurkunde selbst – wie üblich – datiert ist;
– ob der Schuldner sich im Vergleich der *sofortigen Zwangsvollstreckung unterworfen* hat und ob der vollstreckbar gestellte Anspruch grundsätzlich zur Zwangsvollstreckung geeignet ist. Über die Vollstreckbarkeit selbst wird erst im Klauselverfahren entschieden;
– ob der Anspruch nicht auf *Abgabe einer Willenserklärung* gerichtet ist oder den Bestand eines *Mietverhältnisses über Wohnraum* betrifft.

Der Notar *entscheidet*, wie § 796b Abs. 2 Satz 2 ZPO jetzt ausdrücklich anordnet, durch *Beschluss*. Dabei ist zu unterscheiden: Gibt der Notar dem Antrag statt, so ist eine Begründung nicht vorgeschrieben, in streitigen Fällen aber zum Nachweis rechtlichen Gehörs zweckmäßig. Eine Rechtsmittelbelehrung ist hier nicht vorgesehen.

219

Vollstreckbarerklärung

Beschluss: Der anliegende Vergleich wird für vollstreckbar erklärt.
Gründe: Der Schuldner hat zwar gerügt, der Gläubigervertreter sei bei Abschluss des Vergleichs nicht bevollmächtigt gewesen; der Gläubigervertreter hat aber die hier beigefügte schriftliche Vollmachtsurkunde vorgelegt, gegen deren Richtigkeit keine substantiierten Einwendungen erhoben worden sind; der Notar ist aufgrund einer überdies vorgelegten Bestätigung des Gläubigers davon überzeugt, dass die Vollmacht auch bei Abschluss des Vergleichs bestanden hat. Die übrigen Verfahrensvoraussetzungen liegen unstreitig vor.

220 M

■ **Kosten.** Festgebühr 60,00 € nach Nr. 23800 KV GNotKG; war die Gebühr bereits für die Verwahrung erhoben worden, fällt keine Gebühr mehr an.

Lehnt der Notar die Vollstreckbarerklärung ab, ist dies nach § 796c Abs. 2 Satz 1 ZPO stets zu begründen, weil die Begründung als Grundlage für den nach Satz 2 zulässigen Antrag auf gerichtliche Entscheidung dienen soll.

221

Ablehnung der Vollstreckbarerklärung

Beschluss: Der Antrag des M.M., vertreten durch RA Müller, Kleinstadt, den am ..... abgeschlossenen, von mir am ..... in Verwahrung genommenen Vergleich für vollstreckbar zu erklären, wird abgelehnt.
Gründe: Der Vergleich ist namens des Antragsgegners von RA Dr. P. unterzeichnet worden. Unter Vorlage einer Prozessvollmacht des Antragsgegners hat RA W.W., Großstadt, mit Schriftsatz an den Notar vom ..... geltend gemacht, die von RA Dr. P. bei Unterzeichnung des Vergleichs behauptete Vollmacht habe nicht bestanden. Zwar kann der Mangel der Vollmacht gemäß § 88 Abs. 1 ZPO grundsätzlich nur auf Rüge des Verfahrensgegners hin berücksichtigt werden; eine solche Rüge liegt nicht vor. Ausnahmsweise kann jedoch eine Prüfung von Amts wegen erfolgen, z.B. wenn – wie vorliegend – die Partei selbst die Vollmacht bestreitet (OLG Saarbrücken NJW 1970, 1464). In der mündlichen Anhörung vom ..... konnte keine Partei zum Bestehen oder Nichtbestehen der Vollmacht sachdienliche Angaben machen; Beweisanträge wurden nicht gestellt. Der Notar ist daher der Überzeugung, dass RA Dr. P. in der Tat nicht

222 M

bevollmächtigt war, weshalb der Antrag auf Vollstreckbarerklärung zurückzuweisen war. Eine Kostenentscheidung ist vom Gesetz nicht vorgesehen.
Gegen diesen Beschluss ist Antrag auf gerichtliche Entscheidung bei dem Prozessgericht zulässig, das für die gerichtliche Geltendmachung des Anspruchs, dessen Vollstreckbarerklärung beantragt war, zuständig ist.

■ *Kosten.* Festgebühr 60,00 € nach Nr. 23800 KV GNotKG; war die Gebühr bereits für die Verwahrung erhoben worden, fällt keine Gebühr mehr an.

223 Ergeht der Beschluss, durch den der Vergleich für vollstreckbar erklärt wird, in mündlicher Verhandlung, so ist er zu *verkünden* (§ 329 Abs. 1 Satz 1 ZPO; er wird damit sofort wirksam); in jedem Fall ist er den Parteien (bzw. ihren Prozessbevollmächtigten) gemäß § 329 Abs. 3 *von Amts wegen* (§§ 166 ff. ZPO) *zuzustellen*. Der nicht in mündlicher Verhandlung verkündete Beschluss wird erst mit Zustellung (wohl an den Schuldner) wirksam.[127] Da der Notar die Zustellung von Amts wegen zu veranlassen hat, kann er gemäß § 174 ZPO vereinfacht an Anwälte zustellen, aber auch nach § 173 ZPO durch Übergabe an der Amtsstelle. Die Aufgabe zur Post gemäß §§ 176 ff. ZPO kann er selbst, ohne Zwischenschaltung des Gerichtsvollziehers bewirken.

Verfügung

224 M **Vorstehenden Beschluss über Vollstreckbarerklärung zustellen[128] an Schuldner durch Aufgabe zur Post, an Gläubigervertreter gegen Empfangsbekenntnis.**
                                   Notar.

225 Hat der Notar den Vergleich durch Beschluss für vollstreckbar erklärt, so ist dieser *Beschluss* (nicht der Vergleich selbst) *Vollstreckungstitel* gemäß § 794 Abs. 1 Nr. 4b ZPO. Seinen Inhalt bezieht er aber aus dem Vergleich, sodass das Original des Beschlusses mit der hinterlegten, originalunterzeichneten Ausfertigung des Vergleichs (mit Schnur und Siegel) zu verbinden ist. Diese Urkunde verbleibt in der Verwahrung des Notars; von ihr erteilt er Ausfertigungen wie vom Original einer nach dem BeurkG errichteten Urkunde. Nach § 8 Abs. 1 Nr. 6 der Muster-DONot ist der Beschluss über die Vollstreckbarerklärung (anscheinend nur der positive Beschluss, nicht die Ablehnung) – systemwidrig – in die Urkundenrolle einzutragen.

c) **Vollstreckungsklausel**

226 Nach §§ 795, 724 ZPO bedarf es zur Zwangsvollstreckung der Vollstreckungsklausel, für deren Erteilung nach § 797 Abs. 4 i.V.m. § 797 Abs. 2 Satz 1 ZPO der verwahrende Notar zuständig ist, der auch für die Vollstreckbarerklärung zuständig war. Im Gegensatz zu den zum früheren Recht vertretenen Ansichten, ist es nicht nur nicht geboten, sondern i.d.R. sogar unmöglich, die Vollstreckbarerklärung und die Vollstreckungsklausel in einen Akt zu verbinden. Die Klausel darf nämlich nur zu einem wirksamen Beschluss über die Vollstreckbarerklärung erteilt werden; wird der Beschluss nicht in mündlicher Verhandlung verkündet, bedarf er erst der *Zustellung*, um wirksam zu werden; erst nach der Amtszustellung ist er klauselfähig.

---

127 Vgl. BGH NJW 2005, 3724 (für Nichtzulassungsbeschwerde).
128 Vgl. Muster Rdn. 158 M.

Vollstreckbare Ausfertigung

Vorstehende mit der Urschrift übereinstimmende Ausfertigung des Beschlusses vom ....., welchem der für vollstreckbar erklärte Vergleich beigefügt ist, wird dem ..... (Gläubiger) zum Zwecke der Zwangsvollstreckung erteilt. 227 M

■ *Kosten.* Festgebühr 60,00 € nach Nr. 23800 KV GNotKG; war die Gebühr bereits für die Verwahrung oder die Vollstreckbarerklärung erhoben worden, fällt keine Gebühr mehr an, außer bei Prüfung von Vollstreckungsvoraussetzungen, dann 0,5 nach Nr. 23803 KV GNotKG.

Die vollstreckbare Ausfertigung ist dem Schuldner *erneut* – diesmal im Parteibetrieb – *zuzustellen*; damit wird dann auch die Wartefrist des § 798 ZPO in Gang gesetzt. 228

X. Vollstreckbarerklärung von Schiedssprüchen mit vereinbartem Wortlaut, §§ 1053 Abs. 4, 1062, 794 Abs. 1 Nr. 4a ZPO

1. Allgemeines

»Schiedssprüche mit vereinbartem Wortlaut« sind *Prozessvergleiche* vor dem Schiedsgericht nach § 1053 ZPO. Sie heißen so, um klarzustellen, dass die Bestimmungen des nationalen wie des internationalen Zivilprozessrechts über Schiedssprüche auch auf sie Anwendung finden. Anders als ein vollstreckbarer Anwaltsvergleich bedarf der Schiedsspruch mit vereinbartem Wortlaut keiner Unterwerfungserklärung. 229

Nach § 1053 Abs. 4 ZPO kann ein Schiedsspruch mit vereinbartem Wortlaut mit Zustimmung der Parteien auch von einem Notar für vollstreckbar erklärt werden. Zuständig ist entsprechend § 1062 Abs. 1 ZPO in erster Linie ein Notar, der in der Schiedsvereinbarung bezeichnet ist; alsdann ist zuständig jeder Notar mit Amtssitz im Bezirk des OLG, das von den Parteien in der Schiedsvereinbarung bezeichnet ist; hilfsweise ist zuständig jeder Notar mit Amtssitz im Bezirk des OLG, in dessen Bezirk der Ort des schiedsrichterlichen Verfahrens liegt; schließlich kommt hilfsweise in Betracht jeder Notar mit Amtssitz im Bezirk des OLG, in dessen Bezirk der Antragsgegner seinen Sitz oder gewöhnlichen Aufenthalt hat oder sich Vermögen des Antragsgegners oder der mit der Schiedsklage in Anspruch genommene oder von der Maßnahme betroffene Gegenstand befindet, letztlich jeder Notar mit Amtssitz im Bezirk des Kammergerichts (§ 1062 Abs. 2 ZPO). 230

2. Verfahren

a) Keine Niederlegung (Hinterlegung)

Weil die Niederlegung von Schiedssprüchen bei Gericht nicht mehr vorgesehen ist, muss – anders als bei vollstreckbaren Anwaltsvergleichen – der Schiedsspruch mit vereinbartem Wortlaut *nicht* dem Notar *in Verwahrung* gegeben werden. Der Notar hat – in erster Linie anhand des Schiedsspruchs selbst – zu prüfen: 231

– ob sich die Parteien während eines schiedsrichterlichen Verfahrens *über eine Streitigkeit geeinigt* haben. Anders als der Prozessvergleich vor den staatlichen Gerichten können Schiedssprüche mit vereinbartem Inhalt nur in Ansehung des Streitgegenstands für vollstreckbar erklärt werden (str.). Sonstige Ansprüche und Vereinbarungen mit Dritten mögen in den Vergleich einbezogen werden können; vollstreckbar sind sie nicht;[129] 232

---

129 Dazu *Lörcher*, BB 2000, Beilage 12, 2.

- ob das Schiedsgericht den Vergleich in der Form eines Schiedsspruchs mit vereinbartem Wortlaut festgehalten hat. Die *Form* des § 1054 ZPO muss gewahrt sein; gemäß § 1053 Abs. 2 ZPO muss er angeben, dass es sich um einen Schiedsspruch handelt;
- ob der Inhalt des Vergleichs gegen die *öffentliche Ordnung* (ordre public) verstößt;
- ob die Parteien der Vollstreckbarerklärung *durch einen Notar* zugestimmt haben. Die Zustimmung kann auch außerhalb des Schiedsspruchs mit vereinbartem Wortlaut erteilt sein; auf einen bestimmten Notar kann sie sich, muss sie sich aber nicht beziehen.

b) Weiteres Verfahren

233 Sind die Voraussetzungen gegeben, so gleichen die Verfahren der *Vollstreckbarerklärung* selbst (aber ohne Verwahrung) und der *Klauselerteilung* dazu denen des vollstreckbaren Anwaltsvergleichs (oben Rdn. 218 ff.). Insbesondere ist nach § 1063 Abs. 1 Satz 2 ZPO stets rechtliches Gehör zu gewähren; die obligatorische mündliche Verhandlung nach § 1063 Abs. 2 ZPO kommt nicht in Betracht, weil der Notar, anders als das Gericht (§ 1060 Abs. 2 Satz 1 ZPO), den Schiedsspruch niemals aufhebt (§ 1053 Abs. 4 Satz 2 ZPO). Allerdings fehlt eine ausdrückliche Bestimmung, wonach der Notar auch zur Klauselerteilung zuständig ist; man wird aber die Vollstreckbarerklärung als »notarielle Urkunde« i.S.v. § 797 Abs. 2 ZPO zu behandeln haben.

234 Sieht der Notar die Voraussetzungen nicht als gegeben an, so lehnt er die Vollstreckbarerklärung ab (§ 1053 Abs. 4 Satz 2 ZPO). Anders als das Gericht nach § 1060 Abs. 2 ZPO verbindet er die *Ablehnung nicht mit einer Aufhebung des Schiedsspruchs*. Seine Ablehnung wirkt also keine materielle Rechtskraft. Da auch keine Hinterlegung stattfindet, die die ausschließliche Zuständigkeit des Notars begründen würde, können die Parteien – auch insofern anders als beim vollstreckbaren Anwaltsvergleich – nach einer Ablehnung durch den Notar das Gericht mit dem Antrag auf Vollstreckbarerklärung anrufen, das dann freilich rechtskräftig entscheidet.

§ 20 Einforderung der Kosten

I. Geltungsbereich

Am 01.08.2013 ist das Gesetz über Kosten der freiwilligen Gerichtsbarkeit für Gerichte und Notare (Gerichts- und Notarkostengesetz – GNotKG)[1] in Kraft getreten und hat die KostO abgelöst. Das GNotKG gliedert sich in vier Kapitel. Neben gemeinsamen Vorschriften für Gerichte und Notare (Kapitel 1, §§ 1 bis 54 GNotKG) und ausschließlich für Gerichte geltende Vorschriften (Kapitel 2, §§ 55 bis 84 GNotKG) beinhaltet es ein eigenes Kapitel 3 für die Notarkosten (§§ 85 bis 131 GNotKG). Das abschließende 4. Kapitel enthält die Schluss- und Übergangsvorschriften (§§ 132 bis 136 GNotKG). Die zu erhebenden Kosten sind in einem dem Gesetz als Anlage 1 beigefügten Kostenverzeichnis – im Folgenden kurz »KV GNotKG« – zusammengefasst (vgl. § 3 Abs. 2 GNotKG). Die von den Notaren zu erhebenden Gebühren sind in Teil 2 des Kostenverzeichnisses enthalten (vgl. Nr. 21100–26003 KV GNotKG); sämtliche Auslagen für Notare sind Teil 3 des Kostenverzeichnisses zu entnehmen (vgl. Nr. 32000–32015 KV GNotKG). Die Einforderung von Kosten (Gebühren und Auslagen) durch Notare für ihre Amtstätigkeit, ihre Verzinsung, ihre Beitreibung, der Antrag auf gerichtliche Entscheidung gegen die Kostenberechnung und das Beschwerdeverfahren sowie die Frage der Erstattungs- und Verzinsungspflicht zu viel erhobener Kosten und eine etwaige Schadensersatzpflicht des Notars bei versuchter oder durchgeführter Zwangsvollstreckung sind abschließend in den Vorschriften der §§ 19, 88 bis 90 und 127 bis 131 GNotKG geregelt. Dem Notar ist zur Verfolgung und Durchsetzung seiner Kostenansprüche der ordentliche Rechtsweg wegen des öffentlich-rechtlichen Charakters seiner Kostenforderung verschlossen. Die Gebühren, die der Anwaltsnotar als Rechtsanwalt verlangen kann, sind streng von den ihm als Notar zustehenden Gebühren zu unterscheiden. Sie sind schon äußerlich voneinander zu trennen. **1**

Die Einforderung der Notarkosten ist nunmehr in § 19 GNotKG abschließend geregelt. Die Vorschrift gilt ausschließlich für die aufgrund der Amtstätigkeit des Notars nach dem GNotKG zu erhebenden Gebühren, also nicht nur für die Amtsgeschäfte der §§ 20 bis 22 BNotO, sondern auch für die sogenannten Betreuungsgeschäfte der §§ 23, 24 BNotO, deren Gebühren in Teil 2 KV GNotKG insbesondere in Hauptabschnitt 2 (Nr. 22110 ff. KV GNotKG), Hauptabschnitt 4 (Nr. 24100 ff. KV GNotKG) und Hauptabschnitt 5 Abschnitt 3 (Nr. 25300 f. KV GNotKG) enthalten sind. § 19 GNotKG ist darüber hinaus für die Geltendmachung der Auslagen des Notars maßgeblich (vgl. Teil 3 Hauptabschnitt 2 KV GNotKG). Hierzu zählen auch nach dem JVKostG für den Abruf von Daten im automatisierten Abrufverfahren (Gebühren für Einsicht in das elektronische Grundbuch und das elektronische Handelsregister) zu zahlende Beträge (Nr. 32011 KV GNotKG) und die vom Kostenschuldner zu zahlende Ust. (Nr. 32014 KV GNotKG). Auch sonstige Aufwendungen, die der Notar aufgrund eines ausdrücklichen Auftrags und für Rechnung eines Beteiligten erbringt, kann der Notar nunmehr nach § 19 GNotKG einfordern (vgl. Nr. 32015 KV GNotKG). Hierzu zählen insbesondere die Gebühren für die Eintragung im Zentralen Vorsorgeregister und im Zentralen Testamentsregister, aber auch sonstige verauslagte Gerichtskosten und verauslagte Verwaltungsgebühren, z.B. für eine öffentlich-rechtliche Genehmigung oder ein Negativattest nach § 28 BauGB. Die notarielle Kostenberechnung ist einerseits Grundlage der Einforderung der Notarkosten, andererseits – mit der Vollstreckungsklausel versehen – Mittel der zwangsweisen **2**

---

[1] Vom 29.07.2013 (BGBl I S. 2586 ff.).

Beitreibung notarieller Kostenforderungen nach den Vorschriften der ZPO (vgl. § 89 GNotKG). Hinsichtlich der Geltendmachung und Durchsetzung der vorgenannten »durchlaufenden Posten« gemäß Nr. 32015 KV GNotKG hat sich die Rechtslage für die Notare mit Inkrafttreten des GNotKG deutlich verbessert. Denn während § 154 KostO nicht für solche vom Notar verauslagte Kosten gelten sollte, sodass diese nicht mithilfe eines Vollstreckungstitels nach § 155 KostO beigetrieben werden konnten[2] und somit im Zivilprozess geltend gemacht werden mussten, sind diese »verauslagten Kosten« nunmehr in die Kostenberechnung nach § 19 GNotKG aufzunehmen und können damit vollstreckt werden.[3]

II. Verbot der Gebührenvereinbarung; Gebührenerlass; Vergleich; öffentlich-rechtlicher Vertrag

3   Der Notar ist verpflichtet, für seine Tätigkeit die gesetzlich vorgeschriebenen Gebühren zu erheben (§ 17 Abs. 1 BNotO) und diese bei Nichtzahlung im Regelfall beizutreiben (Abschn. VI. Nr. 3.1. RichtlE BNotK). Vereinbarungen über die Höhe der Kosten sind – sofern nicht ausnahmsweise die besonderen Voraussetzungen des § 126 GNotKG erfüllt sind – unwirksam (vgl. § 125 GNotKG). Dies gilt für jegliche Vereinbarung über den Kostenanspruch, unabhängig davon, ob die Abrede in Bezug auf den maßgeblichen Geschäftswert, auf angefallene Gebühren oder Auslagen getroffen wird.

4   Das Verbot der Gebührenvereinbarung umfasst auch das Verbot der Gebührenteilung (Abschn. VI. Nr. 3.2. Satz 1 RichtlE BNotK). Sinn und Zweck dieser Bestimmungen verbieten auch die Vornahme von Umgehungsgeschäften, die vom wirtschaftlichen Ergebnis her auf eine Gebührenvereinbarung hinaus laufen. Das gilt insbesondere, wenn dem Notar von Beteiligten oder Dritten (Rechtsanwälten, Steuerberatern oder Wirtschaftsprüfern) gefertigte Urkundsentwürfe zur Beurkundung vorgelegt werden und an den beurkundenden Notar das Ansinnen herangetragen wird, die vorgelegten Entwürfe zu vergüten [vgl. Abschn. VI. Nr. 3.2. Satz 2 Buchst. c) RichtlE BNotK]. Die Gewährung von Honoraren für verwendbare Urkundsentwürfe kommt einer unzulässigen Teilung der Gebühren gleich.[4]

5   Der (einseitige) Erlass von Gebühren oder eine Gebührenermäßigung sind nur zulässig, wenn sie durch eine sittliche Pflicht oder durch eine auf den Anstand zu nehmende Rücksicht geboten sind und die Notarkammer bzw. die Notarkasse oder die Ländernotarkasse im Einzelfall zugestimmt hat (§ 17 Abs. 1 BNotO). Diese Zustimmung kann auch allgemein erteilt werden, z.B. für Amtshandlungen für Angestellte des Notars oder für Notarinnen oder Notare desselben Kammerbezirks. Die Zustimmung muss im Zeitpunkt des Erlasses vorliegen; sie kann nicht nachträglich durch eine Genehmigung der Notarkammer ersetzt werden.[5] Das Verbot der Gebührenvereinbarung verbietet auch vergleichsweise Vereinbarungen über Notarkosten. Betrifft der Vergleich jedoch nicht unmittelbar die Kostenforderung des Notars, sondern eine Gegenforderung, die der Kostenforderung als unselbstständige, d.h. auf der Gegenforderung beruhende Einwendung/Einrede entgegengehalten werden kann, steht § 125 GNotKG einem Vergleich nicht entgegen.[6]

6   § 126 GNotKG schafft nunmehr – als einzige zulässige Ausnahme vom ansonsten strikten, uneingeschränkten Verbot der Gebührenvereinbarung nach § 125 GNotKG – die Möglichkeit, für einen eng begrenzten und bislang nicht geregelten Kreis von Tätigkeiten im Bereich

---

2   So LG Nürnberg-Fürth MittBayNot 1985, 221; *Korintenberg/Bengel/Tiedtke*, KostO, 18. Aufl. 2010, § 154 KostO Rn. 2 f.
3   BR-Drucks. 517/12 S. 360; BT-Drucks. 17/11471 S. 238.
4   Vgl. Rundschreiben Nr. 2/1996 des Präsidenten der Rheinischen Notarkammer vom 11.03.1996.
5   OLG Celle ZNotP 2012, 158, 159; vgl. zum Ganzen *Tiedtke*, ZNotP 2012, 159 f.
6   Korintenberg/*Bormann*, § 125 GNotKG Rn. 17; *Notarkasse A.d.ö.R.*, Streifzug durch das GNotKG, Rn. 1165.

der sonstigen notariellen Betreuung (§ 24 Abs. 1 BNotO) die Gegenleistung für die Tätigkeit des Notars durch öffentlich-rechtlichen Vertrag zu regeln. § 126 GNotKG stellt dabei klar, dass sowohl eine unentgeltliche Tätigkeit des Notars als auch eine andere Gegenleistung als Geld ausscheiden.[7] Gemäß § 126 Abs. 1 Satz 1 GNotKG sollen der Hauptanwendungsbereich der Vorschrift die Mediation und die Schlichtung durch den Notar sein. In diesen Fällen konkretisiert sich die Amtspflicht des Notars zur Gebührenerhebung (§ 17 Abs. 1 BNotO) in der Verpflichtung zum Abschluss des öffentlich-rechtlichen Vertrags.[8] Soweit der Notar aufgrund landesrechtlicher Vorschriften als Gütestelle nach § 794 Abs. 1 Nr. 1 ZPO, § 15a EGZPO ein Schlichtungsverfahren durchführt, sind die dafür vorgesehenen landesrechtlichen Kostenregelungen vorrangig und schließen eine öffentlich-rechtliche Honorarvereinbarung nach § 126 Abs. 1 GNotKG aus.[9] Nach § 126 Abs. 1 Satz 2 GNotKG soll eine Gebührenvereinbarung durch öffentlich-rechtlichen Vertrag aber auch für eine andere notarielle Amtstätigkeit möglich sein, für die im Gesetz keine Gebühr bestimmt ist und die nicht mit einer anderen gebührenpflichtigen Tätigkeit zusammenhängt. Denkbar ist dies bei Amtstätigkeit im Bereich der sonstigen Betreuung auf dem Gebiet der vorsorgenden Rechtspflege (§ 24 Abs. 1 BNotO); in der Gesetzesbegründung werden insoweit die Verwahrung anderer Sachen als Wertpapiere und Kostbarkeiten und Tätigkeiten von längerer bzw. unabsehbar langer Dauer wie das Führen eines Aktienregisters oder vertraulicher Statistiken genannt.[10] Der öffentlich-rechtliche Vertrag bedarf als Wirksamkeitsvoraussetzung der Schriftform (§ 126 Abs. 2 GNotKG). Die vereinbarte Gegenleistung muss unter Berücksichtigung aller Umstände des Geschäfts, insbesondere des Umfangs und der Schwierigkeit, angemessen sein; sofern nichts anderes vereinbart ist, werden die Auslagen nach den gesetzlichen Bestimmungen erhoben (§ 126 Abs. 1 Satz 3 und 4 GNotKG). Für die Einforderung der Gegenleistung, deren Verzinsung, Beitreibung und etwaige Rückzahlungen nebst Schadensersatz gelten die allgemeinen Vorschriften (§§ 19, 88 bis 90 GNotKG). Der vollstreckbaren Ausfertigung der Kostenberechnung ist eine beglaubigte Kopie oder ein beglaubigter Ausdruck des öffentlich-rechtlichen Vertrags beizufügen (§ 126 Abs. 3 GNotKG).

III. Inhalt der Kostenberechnung

Die inhaltlichen Anforderungen an eine Berechnung der Kosten (Gebühren und Auslagen des Notars) sind abschließend in § 19 GNotKG geregelt. Der Notar muss die Kosten mit einer von ihm eigenhändig unterschriebenen Berechnung vom Kostenschuldner einfordern. Verwenden Sozietäten einheitliche Rechnungsbriefköpfe, muss erkennbar sein, welcher Notar der Kostengläubiger ist.[11] Auch der mit der Kostenberechnung in Anspruch genommene Kostenschuldner und der Umfang seiner Inanspruchnahme müssen eindeutig feststellbar sein. Der Notar hat für jedes Amtsgeschäft eine eigene Kostenberechnung zu erstellen, die jeweils den Anforderungen des § 19 GNotKG zu genügen hat. Eine Gesamtrechnung über mehrere Amtsgeschäfte reicht nicht aus; zulässig ist es jedoch, mehrere Kostenberechnungen in einem Dokument zusammenzufassen, das der Notar insgesamt unterschreibt.[12]

---

7 BR-Drucks. 517/12 S. 280; BT-Drucks. 17/11471 S. 191.
8 Ebenso im Ergebnis Leipziger-GNotKG/*Renner*, § 126 GNotKG Rn. 3; Bormann/Diehn/Sommerfeldt/*Diehn*, § 126 GNotKG Rn. 2; Korintenberg/*Bormann*, § 126 GNotKG Rn. 13.
9 Leipziger-GNotKG/*Renner*, § 126 GNotKG Rn. 12; Bormann/Diehn/Sommerfeldt/*Diehn*, § 126 GNotKG Rn. 6; Korintenberg/*Bormann*, § 126 GNotKG Rn. 5.
10 Vgl. BR-Drucks. 517/12 S. 280; BT-Drucks. 17/11471 S. 191.
11 Vgl. OLG Düsseldorf RNotZ 2001, 174; *Notarkasse A.d.ö.R.*, Streifzug durch das GNotKG, Rn. 2522.
12 Leipziger-GNotKG/*Klingsch*, § 19 GNotKG Rn. 2; Bormann/Diehn/Sommerfeldt/*Neie*, § 19 GNotKG Rn. 4.

Wird so verfahren, ist darauf zu achten, dass z.B. USt. und Pauschalen nach Nr. 32000 ff. KV GNotKG für jede Kostenberechnung jeweils separat ausgewiesen werden.[13]

8 Die Regelungen in § 19 Abs. 2 und 3 GNotKG legen fest, welche Angaben die Kostenberechnung des Notars zu enthalten hat. Sie kodifizieren somit das sogenannte »Zitiergebot« und bauen dabei auf die diesbezügliche Regelung des früheren § 154 Abs. 2 KostO und die hierzu ergangene Rechtsprechung auf. Dabei werden »Muss«-Bestandteile (§ 19 Abs. 2 GNotKG) und »Soll«-Bestandteile (§ 19 Abs. 3 GNotKG) bestimmt. Der unterschiedliche Charakter dieser Bestandteile ist für die Rechtsfolgen eines Verstoßes gegen die Vorschrift von Bedeutung (hierzu Rdn. 13). Der Gesetzgeber hat mit der Neuregelung zwei Ziele verfolgt: durch eine detaillierte Aufzählung der Gegenstände des »Zitiergebots« soll einerseits dessen Grundgedanke gestärkt werden, die bürgerfreundliche Transparenz von Notarrechnungen sicherzustellen; andererseits sollen die Möglichkeit einer missbräuchlichen Berufung auf die Verletzung des Zitiergebots eingeschränkt und die Wirkung formaler Anforderungen eingegrenzt werden.[14]

9 Die Kostenberechnung *muss* danach enthalten (vgl. § 19 Abs. 2 GNotKG):
– eine Bezeichnung des Verfahrens oder Geschäfts (Nr. 1),
– die angewandten Nummern des Kostenverzeichnisses (Nr. 2),
– den Geschäftswert bei Gebühren, die nach dem Geschäftswert berechnet sind (Nr. 3),
– die Beträge der einzelnen Gebühren und Auslagen, wobei bei den jeweiligen Dokumentenpauschalen (KV Nrn. 32000 bis 32003) und bei den Entgelten für Post- und Telekommunikationsdienstleistungen (KV Nr. 32004) die Angabe des Gesamtbetrags genügt (Nr. 4), und
– die gezahlten Vorschüsse (Nr. 5).

10 Die Kostenberechnung *soll* ferner enthalten (vgl. § 19 Abs. 3 GNotKG):
– eine kurze Bezeichnung des jeweiligen Gebührentatbestandes und der Auslagen (Nr. 1),
– die Wertvorschriften der §§ 36, 40 bis 54, 97 bis 108, 112 bis 124 GNotKG, aus der sich der Geschäftswert für die jeweilige Gebühr ergibt, (Nr. 2) und
– die Werte der einzelnen Gegenstände, wenn sich der Geschäftswert gemäß § 35 Abs. 1 GNotKG aus der Summe der Werte mehrerer Verfahrensgegenstände ergibt (Nr. 3).

11 Die Anforderungen nach § 19 Abs. 2 Nr. 2, 3, 4 und 5 und Abs. 3 Nr. 1 GNotKG entsprechen den Maßstäben, die von der Rechtsprechung an das »Zitiergebot« des früheren § 154 Abs. 2 KostO angelegt worden sind. Das Erfordernis gemäß § 19 Abs. 2 Nr. 1 GNotKG, in jede Kostenberechnung eine Bezeichnung des Verfahrens oder Geschäfts aufzunehmen, entscheidet den zum früheren § 154 KostO geführten Streit, ob der Gebührentatbestand in der Kostenberechnung abstrakt entsprechend der gesetzlichen Formulierung (z.B. »Beurkundung eines Vertrages«) bezeichnet werden kann oder unter Angabe des konkreten Geschäftsvorgangs (z.B. »Beurkundung eines Grundstückskaufvertrages mit Auflassung«) bezeichnet werden muss,[15] im Sinne des Erfordernisses einer individualisierenden Kennzeichnung des Gebühren auslösenden Geschäfts. Ausreichend soll es danach aber sein, das betreffende Verfahren oder Geschäft eingangs der Kostenberechnung schlagwortartig, aber unverwechselbar zu bezeichnen.[16] Werden mehrere Kostenberechnungen in einem Dokument zusammengefasst, sind die Anforderungen des § 19 Abs. 2 Nr. 1 GNotKG für jedes Verfahren und jedes Geschäft gesondert einzuhalten. In diesen Fällen wird es als ausreichend angesehen, für jede Teilberechnung eine gesonderte Betreffzeile mit den entsprechenden Angaben einzufügen.[17] Ist in einer Nummer des Kostenverzeichnisses (i.S.d. § 19 Abs. 2 Nr. 2 GNotKG) der Grund-

---

13 Leipziger-GNotKG/*Klingsch*, § 19 GNotKG Rn. 2; Korintenberg/*Tiedtke*, § 19 GNotKG Rn. 57 f.
14 Vgl. BR-Drucks. 517/12 S. 225; BT-Drucks. 17/11471 S. 158.
15 Vgl. *Tiedtke*, Notarkosten im Grundstücksrecht, 2. Aufl. 2007, Rn. 262; *Notarkasse A.d.ö.R.*, Streifzug durch die Kostenordnung, 9. Aufl. 2012, Rn. 1648, jeweils m.w.N.
16 BR-Drucks. 517/12 S. 225; BT-Drucks. 17/11471 S. 158.
17 Bormann/Diehn/Sommerfeldt/*Neie*, § 19 GNotKG Rn. 22; vgl. Korintenberg/*Tiedtke*, § 19 GNotKG Rn. 23.

tatbestand einer Gebühr enthalten und wird in den folgenden Nummern nur noch eine abweichende Gebührenhöhe geregelt, ist die gesamte Nummernkette zu zitieren, wenn nur auf diese Weise der angewandte Gebührensatz für den Kostenschuldner ersichtlich ist (Bsp.: Nr. 22112, 22110 KV GNotKG). Handelt es sich hingegen um eine selbstständige, d.h. aus sich selbst heraus verständliche Modifikation, ist der diesbezügliche Grundtatbestand nicht anzugeben (Bsp.: Nr. 21101 KV GNotKG).[18] Geschäftswert i.S.d. § 19 Abs. 2 Nr. 3 GNotKG ist der Gesamtwert;[19] § 19 Abs. 3 Nr. 3 GNotKG begründet insoweit weitergehende Anforderungen.

Für die Bezeichnung des Gebührentatbestandes und der Auslagen i.S.d § 19 Abs. 3 Nr. 1 GNotKG ist eine wirkliche Kurzbezeichnung ausreichend; hier genügt die im Kostenverzeichnis verwendete Bezeichnung des Gebührentatbestandes.[20] Neuland wird mit den Regelungen in § 19 Abs. 3 Nr. 2 und 3 GNotKG beschritten, die Gebote im Zusammenhang mit dem maßgeblichen Geschäftswert formulieren. Während nach dem Wortlaut des früheren § 154 Abs. 2 KostO die betragsmäßige Angabe des Geschäftswerts ausreichend war,[21] ist nach nunmehr geltendem Recht die maßgebliche Geschäftswertvorschrift anzugeben (vgl. Nr. 2); ferner sind im Fall einer Geschäftswertaddition die Werte der einzelnen Gegenstände zu nennen (vgl. Nr. 3). Diese neuen Regelungen, mit denen in der Rechtsprechung des BGH entwickelte Grundsätze zur Anwendung des »Zitiergebots« in Bezug auf den Geschäftswert in das Gesetz übernommen wurden,[22] sollen gleichermaßen dem Kostenschuldner wie auch der Dienstaufsicht die Überprüfung der Kostenrechnung erleichtern.[23] Die konkrete Benennung der Wertvorschriften, die den Kreis der in einer Kostenrechnung zu zitierenden Vorschriften abschließend festlegt, soll darüber hinaus der Rechtssicherheit für den Notar dienen.[24] Dabei ist die Angabe der betreffenden Wertvorschrift – ohne Differenzierung nach Absätzen, Sätzen, Halbsätzen oder Nummern – ausreichend.[25] Einschlägige, in § 19 Abs. 3 Nr. 3 GNotKG genannte Höchstgeschäfts- oder Mindestgeschäftswertvorschriften müssen nur dann mitzitiert werden, wenn sie sich tatsächlich auswirken.[26] In Bezug auf die Vollzugsgebühr (Nr. 22110 ff. KV GNotKG) und die Betreuungsgebühr (Nr. 22200 KV GNotKG) ist die bloße Angabe der maßgeblichen Geschäftswertvorschrift (§ 112 GNotKG bzw. § 113 Abs. 1 GNotKG), die jeweils den Geschäftswert nicht vorgibt, sondern auf die für die Beurkundung geltenden Vorschriften verweist, nur dann ausreichend, wenn die einschlägigen Wertvorschriften des Beurkundungsverfahrens bereits in der Kostenberechnung ausgewiesen sind. Bei einer Kostenberechnung, mit der nicht die Beurkundungsgebühr, sondern allein eine Vollzugs- oder Betreuungsgebühr eingefordert wird, sind daher die für die Beurkundung relevanten Wertvorschriften, die über § 112 GNotKG bzw. § 113 Abs. 1 GNotKG dann auch für die Vollzugs- bzw. Betreuungsgebühr maßgeblich sind, anzugeben.[27]

Genügt die notarielle Kostenberechnung nicht den Anforderungen des § 19 GNotKG, ist zu differenzieren: nur das Fehlen der Unterschrift des Notars unter der Kostenberechnung oder die Verletzung einer »Muss«-Vorschrift nach Abs. 2 führen gemäß § 19 Abs. 4 GNotKG zur Unwirksamkeit der Kostenberechnung. Aus einer solchermaßen fehlerbehafteten Kos-

---

18 Bormann/Diehn/Sommerfeldt/*Neie*, § 19 GNotKG Rn. 25; Korintenberg/*Tiedtke*, § 19 GNotKG Rn. 27 f.
19 Leipziger-GNotKG/*Klingsch*, § 19 GNotKG Rn. 16; Korintenberg/*Tiedtke*, § 19 GNotKG Rn. 30; Bormann/Diehn/Sommerfeldt/*Neie*, § 19 GNotKG Rn. 27.
20 Leipziger-GNotKG/*Klingsch*, § 19 GNotKG Rn. 20; Bormann/Diehn/Sommerfeldt/*Neie*, § 19 GNotKG Rn. 36.
21 A.A. OLG Düsseldorf ZNotP 2005, 279.
22 Vgl. BGH RNotZ 2003, 61; BGH DNotZ 2009, 315; 23. Aufl., Rn. 6.
23 Vgl. BR-Drucks. 517/12 S. 225; BT-Drucks. 17/11471 S. 158.
24 Vgl. BR-Drucks. 517/12 S. 225; BT-Drucks. 17/11471 S. 158.
25 Bormann/Diehn/Sommerfeldt/*Neie*, § 19 GNotKG Rn. 37; i.E. ebenso Korintenberg/*Tiedtke*, § 19 GNotKG Rn. 42.
26 Bormann/Diehn/Sommerfeldt/*Neie*, § 19 GNotKG Rn. 38 f.
27 OLG Hamm, Beschl. v. 29.01.2016, AZ: I-15 W 279/15, 15 W 279/15, Rn. 24; LG Düsseldorf RNotZ 2015, 666; Korintenberg/*Tiedtke*, § 19 GNotKG Rn. 46.

tenberechnung darf nicht vollstreckt werden; dennoch vorgenommene Vollstreckungshandlungen führen nicht zum Neubeginn der Verjährung gemäß § 212 Abs. 1 Nr. 2 BGB.[28] Dabei soll die falsche Bezeichnung eines Gebührentatbestandes – anders als das gänzliche Fehlen dieser Pflichtangabe nach § 19 Abs. 2 Nr. 2 GNotKG – zumindest dann, wenn sich die Falschbezeichnung nicht auf die Rechnungshöhe auswirkt, nicht zur Unwirksamkeit der Kostenberechnung führen.[29] Ein Verstoß gegen die »Soll«-Vorschriften des Abs. 3 hat hingegen nicht die Unwirksamkeit der Kostenberechnung, sondern gemäß § 19 Abs. 5 GNotKG lediglich deren gerichtliche Aufhebbarkeit zur Folge. Dem Kostenschuldner steht in diesem Fall – anders als nach der früheren Rechtslage[30] – kein Leistungsverweigerungsrecht zu.[31] Wenn eine Kostenberechnung wegen eines Verstoßes gegen § 19 Abs. 3 GNotKG im Rahmen einer Kostenbeschwerde durch gerichtliche Entscheidung aufgehoben wird, steht dies nach § 19 Abs. 5 GNotKG dem Neubeginn der Verjährung nach § 212 Abs. 1 Nr. 2 BGB – infolge Vollstreckung aus der betreffenden Kostenberechnung – oder nach § 6 Abs. 3 Satz 2 GNotKG – infolge Aufforderung zur Zahlung durch Mitteilung der betreffenden Kostenberechnung – nicht entgegen.[32] Die Ausgestaltung des § 19 Abs. 3 GNotKG als »Soll«-Vorschrift lässt die dienstrechtliche Verpflichtung des Notars, den gesetzlichen Anforderungen entsprechende Kostenberechnungen zu erstellen, selbstverständlich unberührt.[33]

14 Bei der Erstellung der Kostenberechnung sind darüber hinaus besondere Anforderungen des UStG zu beachten. Der Notar muss entweder die ihm vom Finanzamt erteilte Steuernummer oder die ihm ggf. erteilte USt-Identifikationsnummer in der Kostenberechnung angeben. Bei notariellen Leistungen für einen Unternehmer ist die Kostenberechnung innerhalb von 6 Monaten nach Ausführung der Leistung zu erstellen. Der Steuersatz ist anzugeben. Die Kostenberechnung ist zu datieren und mit einer »Rechnungsnummer« zu versehen. Als Rechnungsnummer kann auch die Urkundenrollennummer oder – im Bereich der Notarkassen – die Kostenregisternummer verwendet werden, wenn erkennbar ist, dass diese auch als Rechnungsnummer dienen soll. Werden zu einer Urkundenrollennummer bzw. Kostenregisternummer mehrere Kostenberechnungen erteilt, sind diese um eine der vorgenannten Nummer beigefügtes Unterscheidungsmerkmal – z.B. Unternummer oder Buchstabenzusatz – zu ergänzen. Denn jede Rechnungsnummer muss einmalig sein.[34] Dem Erfordernis der Angabe des »Leistungszeitpunktes« sollte regelmäßig genügt sein, wenn sich der Kostenberechnung das Datum der Beurkundung bzw. Beglaubigung entnehmen lässt.[35] Sofern das notarielle Amtsgeschäft im Zusammenhang mit einem Grundstück steht, muss die Kostenberechnung ferner einen Hinweis auf die diesbezügliche Aufbewahrungsfrist enthalten.[36]

15 Eine umsatzsteuerlich nicht ordnungsgemäße Kostenberechnung steht der Fälligkeit der Notarkosten nach § 10 GNotKG nicht entgegen.

16 Darüber hinaus hat jede notarielle Kostenberechnung eine Rechtsbehelfsbelehrung zu enthalten. Diese muss über den statthaften Rechtsbehelf sowie über die Stelle, bei der dieser Rechtsbehelf einzulegen ist, über deren Sitz und die einzuhaltende Form und Frist informieren (§ 7a GNotKG). Die Rechtsbehelfsbelehrung muss nach überwiegender Auffassung von der Unterschrift des Notars umfasst werden, also oberhalb der Unterschrift angebracht werden.[37]

---

28 Vgl. BR-Drucks. 517/12 S. 225; BT-Drucks. 17/11471 S. 158; Korintenberg/*Tiedtke*, § 19 GNotKG Rn. 51.
29 LG Bonn, Beschl. v. 01.09.2015, AZ: 6 OH 5/15, Rn. 6; *Wudy*, notar 2017, 253, 254.
30 Vgl. BGHZ 164, 355.
31 Vgl. BR-Drucks. 517/12 S. 225 f.; BT-Drucks. 17/11471 S. 158.
32 Vgl. BR-Drucks. 517/12 S. 226; BT-Drucks. 17/11471 S. 158; Leipziger-GNotKG/*Klingsch*, § 19 GNotKG Rn. 24; vgl. Korintenberg/*Tiedtke*, § 19 GNotKG Rn. 53.
33 Vgl. BR-Drucks. 517/12 S. 226; BT-Drucks. 17/11471 S. 158.
34 Zum Ganzen BNotK RS 30/2004 v. 29.06.2004; Schreiben des BMF v. 29.06.2004 Gz IV B 7 – S 7280a – 41/04.
35 *Hipler/Everts*, RNotZ 2005, 423.
36 Leipziger-GNotKG/*Klingsch*, § 19 GNotKG Rn. 26 unter Hinweis auf § 14b Abs. 1 S. 5 UStG.
37 Leipziger-GNotKG/*Seifert*, § 7a GNotKG Rn. 14; Korintenberg/*Tiedtke*, § 19 GNotKG Rn. 69; a.A. *Diehn*, Notarkostenberechnungen, Rn. 84; Bormann/Diehn/Sommerfeldt/*Diehn*, § 7a GNotKG Rn. 30.

IV. Bedeutung der Kostenberechnung für Fälligkeit und Verjährung

Die Kostenberechnung bildet die notwendige Grundlage für die Vollstreckungsklausel nach § 89 GNotKG und für die Durchführung des gerichtlichen Verfahrens in Notarkostensachen nach §§ 127 ff. GNotKG. Der Kostenschuldner erhält die Urschrift der Kostenberechnung. Die Erteilung einer den Anforderungen des § 19 GNotKG genügenden Kostenberechnung ist nicht Voraussetzung für die Fälligkeit der notariellen Kostenforderung; Notargebühren werden vielmehr mit Beendigung des gebührenpflichtigen Verfahrens oder Geschäfts, Auslagen des Notars und die Gebühren Nr. 25300 und 25301 KV GNotKG sofort nach ihrer Entstehung fällig (§ 10 GNotKG). Die Übersendung einer vom Notar unterschriebenen und den »Muss«-Bestimmungen des § 19 Abs. 2 GNotKG entsprechenden Kostenberechnung (vgl. Rdn. 9) führt jedoch dazu, dass die Verjährung der Ansprüche auf Zahlung von Gebühren und Auslagen, die regelmäßig 4 Jahre nach Ablauf des Kalenderjahres eintritt, in dem der Anspruch fällig geworden ist, neu beginnt (§ 6 Abs. 3 Satz 2 GNotKG). Dies gilt jedoch nicht bei Kostenbeträgen unter 25,– € (§ 6 Abs. 3 Satz 3 GNotKG; zur Bedeutung von Vollstreckungsmaßnahmen für die Verjährung notarieller Kostenforderungen s. § 21 Rdn. 9). § 19 Abs. 1 Satz 2 GNotKG stellt ausdrücklich klar, dass das Anlaufen der Verjährungsfrist nicht von der Übersendung der Kostenberechnung abhängig ist (vgl. § 19 Abs. 1 Satz 2 GNotKG). 17

V. Aktenmäßige Behandlung

Der Notar hat von jeder erteilten Kostenberechnung eine Kopie oder einen Ausdruck zu seinen Akten zu nehmen oder die Kostenberechnung elektronisch aufzubewahren (§ 19 Abs. 6 GNotKG). Die Regelung entspricht dem früheren § 154 Abs. 3 Satz 1 KostO, ergänzt um die Möglichkeit der elektronischen Aufbewahrung. »Akten« i.S. dieser Vorschrift sollen nach dem Willen des Gesetzgebers nicht die Urkundensammlung sein, sondern die »..... neben der Urkunde durch den Notar geführten Unterlagen ...«[38] und somit die Nebenakten. Dem Erfordernis der elektronischen Aufbewahrung ist genügt, wenn der Notar die Kostenberechnung in einem handelsüblichen Notarrechnungsprogramm so vorhält, dass ein Ausdruck der Kostenberechnung oder eine entsprechende Darstellung auf dem Bildschirm möglich ist.[39] Mit der Neuregelung entfallen sind die Verpflichtungen des Notars gemäß dem früheren § 154 Abs. 3 Satz 2 und 3 KostO, die Kostenrechnung unter jeder von ihm erteilten Ausfertigung sowie unter jedem Beglaubigungsvermerk aufzustellen und die Kosten eines Entwurfs unter der Beglaubigung zu vermerken, wenn er eine Urkunde entworfen und kurz darauf beglaubigt hat. 18

Notarielle Kostenberechnung

19 M

Notarielle Kostenberechnung für einen Grundstückskaufvertrag mit Auflassung[40]
Norbert Notarius, Notar
Rechnungsnummer: [Kostenregister Nr. 1012/2018]   USt-IdNr.: ......
                                                      (alternativ: Steuernummer)

Anschrift   (Ort, Datum)
Kostenschuldner

---
38 Vgl. BR-Drucks. 517/12 S. 227; BT-Drucks. 17/11471 S. 160.
39 Vgl. BR-Drucks. 517/12 S. 228; BT-Drucks. 17/11471 S. 160.
40 Mit Ausnahme der Rechtsbehelfsbelehrung und dem Hinweis auf die Aufbewahrungspflicht nach dem Beispiel aus der Gesetzesbegründung für das GNotKG, vgl. BR-Drucks. 517/12 S. 227; BT-Drucks. 17/11471 S. 159.

§ 20 Einforderung der Kosten

Kostenberechnung
(§ 19 GNotKG)
Beurkundung des Grundstückskaufvertrages mit Auflassung der Eheleute X.X./
Eheleute Y.Y. vom 20. Juni 2018 (UR.Nr. 1012/2018) einschließlich
Vollzug und Betreuungstätigkeit

Sehr geehrte Frau X.X.,
sehr geehrter Herr X.X.,
für meine Amtstätigkeit berechne ich meine Kosten nach dem Gerichts- und Notarkostengesetz (GNotKG) wie folgt:
Gebühren und Auslagen:
(Bei den Nummern handelt es sich um die Nummern der Anlage 1 zum GNotKG – Kostenverzeichnis – KV GNotKG)

– 21100 (Beurkundungsverfahren)	
Geschäftswert 240.000,– € (§ 47, § 97 Abs. 3 GNotKG)	1.070,00 €
– 22110, 22112 (Vollzugsgebühr)	
Geschäftswert 240.000,– € (§ 112 Satz 1 GNotKG)	50,00 €
– 22200 (Betreuungsgebühr)	
Geschäftswert 240.000,– € (§ 113 Abs. 1, § 47 GNotKG)	267,50 €
– 32001 (Dokumentenpauschale)	15,00 €
– 32005 (Telekommunikations- und Postpauschale)	20,00 €
– 32011 (Grundbuchabrufgebühren)	8,00 €
– Zwischensumme	1.430,50 €
– 32014 Umsatzsteuer, 19 %	271,80 €
– 32015 Verauslagte Kosten für Negativattest gemäß § 28 BauGB	20,00 €
Rechnungsbetrag:	**1.722,30 €**

Bitte überweisen Sie den Rechnungsbetrag unter Angabe der Rechnungsnummer auf eines der angegebenen Konten.
Rechtsbehelfsbelehrung
Gegen diese Kostenberechnung kann die Entscheidung des Landgerichts ..... (*LG, in dessen Bezirk der Notar seinen Amtssitz hat*), Anschrift: ....., beantragt werden. Der Antrag ist ohne Einhaltung einer Frist schriftlich oder zur Niederschrift der Geschäftsstelle des Landgerichts ..... zu stellen. Die Beanstandung der Kostenberechnung kann formlos auch gegenüber dem Notar erfolgen.
Kostenrechnungen für Amtshandlungen mit Immobilienbezug müssen auch im nichtunternehmerischen Bereich für zwei Jahre aufbewahrt werden.
.....
Norbert Notarius, Notar
Bankverbindungen

§ 21 Beitreibung der Kosten

I. Allgemeines

Der Notar ist nicht gezwungen, seine Kostenforderungen auf dem ordentlichen Rechtsweg einzuklagen; er kann sie selbst beitreiben. Die Beitreibung notarieller Kosten ist in § 89 GNotKG geregelt. Erforderlich ist danach eine Ausfertigung der notariellen Kostenberechnung gemäß § 19 GNotKG, die mit der Vollstreckungsklausel versehen ist und dem Kostenschuldner zugestellt wird. Die Vollstreckung erfolgt dann nach den Vorschriften der ZPO nach Ablauf einer Wartefrist von 2 Wochen seit Zustellung (vgl. § 798 ZPO). Die Einforderung der Kosten für einen aus dem Amt geschiedenen oder verstorbenen Notar erfolgt durch seinen Amtsnachfolger. Der Amtsnachfolger erteilt auch die vollstreckbare Ausfertigung der Kostenberechnung (§ 797 Abs. 2 ZPO analog). Besteht eine Notariatsverwaltung, erteilt der Notariatsverwalter die vollstreckbare Ausfertigung der Kostenberechnung für den ausgeschiedenen Notar oder dessen Rechtsnachfolger (§ 58 Abs. 3 BNotO).

1

II. Vollstreckungstitel

Grundlage der Beitreibung der Kosten ist eine »Ausfertigung« der notariellen Kostenberechnung gemäß § 19 GNotKG. Es handelt sich, da der Kostenschuldner die Urschrift der Berechnung erhält, nicht um eine eigentliche »Ausfertigung«, sondern um eine Abschrift der bei den Akten zurückbehaltenen einfachen Abschrift der Kostenberechnung (vgl. § 19 Abs. 6 GNotKG). Ein Übereinstimmungsvermerk ist ebenso wenig erforderlich wie die (nochmalige) eigenhändige Unterschrift des Notars unter dem Kostenansatz.

2

Einer den Formerfordernissen des § 19 GNotKG entsprechenden vollstreckbaren Ausfertigung der Kostenberechnung haftet nicht ein eventueller Mangel der zunächst übersandten Kostenberechnung an. Die Behebung formeller Mängel ist auch im Rahmen der Erteilung der vollstreckbaren Ausfertigung zulässig.[1]

3

Unter die Abschrift der Kostenberechnung wird die Vollstreckungsklausel gesetzt, etwa mit der Formulierung im nachfolgenden Muster 10 M oder mit den Worten: *»Die vorstehende Ausfertigung meiner Kostenberechnung erteile ich mir zum Zwecke der Zwangsvollstreckung gegen den ..... oder »Aus dieser Ausfertigung ist die Zwangsvollstreckung zulässig gegen ..... oder: »Diese Ausfertigung dient der Zwangsvollstreckung gegen ...«.* Die Vollstreckungsklausel ist vom Notar eigenhändig zu unterzeichnen und mit dem Siegel (Prägesiegel oder Farbdrucksiegel) zu versehen. Der Notar soll die Vollstreckungsklausel erst nach Ablauf einer angemessenen Frist nach Mitteilung der Kostenberechnung an den Kostenschuldner erteilen, um vor Erstellung eines Vollstreckungstitels die Gewährung rechtlichen Gehörs für den Schuldner sicherzustellen.[2]

4

Die mit der Vollstreckungsklausel versehene Ausfertigung der Kostenberechnung ist dem Schuldner vor der Vollstreckung zuzustellen. Die Zustellung erfolgt nach den Vorschriften der ZPO im Parteibetrieb durch den Gerichtsvollzieher (§§ 191 ff., 166 ff. ZPO).[3]

5

---

1 Leipziger-GNotKG/*Klingsch*, § 89 GNotKG Rn. 8; Korintenberg/*Tiedtke*, § 88 GNotKG Rn. 16 sowie § 89 GNotKG Rn. 2 unter Hinweis auf LG München I, MittBayNot 1985, 220; Bormann/Diehn/Sommerfeldt/ *Diehn*, § 88 GNotKG Rn. 4, § 89 GNotKG Rn. 9.
2 Leipziger-GNotKG/*Klingsch*, § 89 GNotKG Rn. 6; Korintenberg/*Tiedtke*, § 89 GNotKG Rn. 3.
3 Korintenberg/*Tiedtke*, § 89 GNotKG Rn. 16; Bormann/Diehn/Sommerfeldt/*Diehn*, § 88 GNotKG Rn. 8.

III. Zwangsvollstreckung

6 Die Kostenberechnung mit Vollstreckungsklausel muss mindestens 2 Wochen vor dem Beginn der Zwangsvollstreckung zugestellt sein (§ 798 ZPO). Aufgrund der Regelung des § 90 Abs. 1 Satz 2 GNotKG kann es sich empfehlen, zur Vermeidung einer etwaigen Schadensersatzpflicht mit der Zwangsvollstreckung aus der Kostenberechnung erst nach Ablauf 1 Monats nach erfolgter Zustellung zu beginnen.[4]

7 Der Notar selbst erhält weder für die Erstellung der vollstreckbaren Ausfertigung noch für Zustellung und Vollstreckungsauftrag eine Gebühr. Nr. 23803 KV GNotKG findet keine Anwendung. Auslagen sind dem Notar jedoch zu erstatten.

IV. Bedeutung der Vollstreckung für Verzinsung und Verjährung

8 Fällige notarielle Kostenforderungen (zur Fälligkeit vgl. § 20 Rdn. 17) sind im Grundsatz durch den Kostenschuldner zu verzinsen (vgl. § 88 GNotKG). Voraussetzung für die Verzinsung ist die Zustellung einer vollstreckbaren Ausfertigung der zumindest den Anforderungen des § 19 Abs. 1 und 2 GNotKG entsprechenden Kostenberechnung, die weiterhin Angaben über die Höhe der zu verzinsenden Forderung, den Beginn der Verzinsung und den Zinssatz enthält. Der jährliche Zinssatz beträgt fünf Prozentpunkte über dem Basiszinssatz nach § 247 BGB (§ 88 Satz 3 GNotKG). Die genaue Höhe des zum relevanten Zeitpunkt maßgeblichen Basiszinssatzes sowie die aus der Zinsregelung resultierenden Tageszinsen müssen nicht genannt werden.[5] Die Verzinsung beginnt 1 Monat nach der Zustellung der vollstreckbaren Ausfertigung (§ 88 Satz 2 GNotKG). In der kostenrechtlichen Literatur wird überwiegend davon ausgegangen, dass ein Verzicht auf die Geltendmachung von Verzugszinsen über den Wortlaut der Vorschrift hinaus dem Verbot des § 125 GNotKG (vgl. hierzu § 20 Rdn. 3 ff.) unterfällt und der Notar somit zur Zinserhebung verpflichtet ist.[6]

9 Die Kostenforderungen der Notare verjähren in 4 Jahren nach Ablauf des Kalenderjahres, in dem der Anspruch fällig geworden ist (s. § 20 Rdn. 17). Für die Verjährung der notariellen Kostenforderung ist es ohne Bedeutung, ob die Kostenberechnung des Notars gemäß § 127 Abs. 2 Satz 1 GNotKG unanfechtbar geworden ist. Die Verjährungsfrist verlängert sich weder bei einer Bestätigung der Kostenberechnung im Antragsverfahren nach § 127 f. GNotKG noch bei Ablauf der Antragsfrist nach § 127 Abs. 2 Satz 1 GNotKG auf 30 Jahre; es verbleibt vielmehr bei der vierjährigen Frist.[7]

10 M **Muster einer vollstreckbaren Ausfertigung einer Kostenberechnung[8]**
Norbert Notarius, Notar
Rechnungsnummer: [Kostenregister Nr. .....] **USt-IdNr.: .....**
(alternativ: Steuernummer)

Anschrift (Ort, Datum)
Kostenschuldner

---

4 So auch Bormann/Diehn/Sommerfeldt/*Diehn*, § 89 GNotKG Rn. 17; Leipziger-GNotKG/*Klingsch*, § 89 GNotKG Rn. 6.
5 Bormann/Diehn/Sommerfeldt/*Diehn*, § 88 GNotKG Rn. 11.
6 Leipziger-GNotKG/*Klingsch*, § 88 GNotKG Rn. 1; Korintenberg/*Tiedtke*, § 88 GNotKG Rn. 19; a.A. Bormann/Diehn/Sommerfeldt/*Diehn*, § 88 GNotKG Rn. 14.
7 Vgl. BGH DNotZ 2005, 68.
8 Muster der Kostenberechnung in Orientierung an dem Beispiel aus der Gesetzesbegründung für das GNotKG, vgl. BR-Drucks. 517/12 S. 227; BT-Drucks. 17/11471 S. 159.

Kostenberechnung
(§ 19 GNotKG)
Beurkundung des Testamentes vom 05. Juni 2018 (UR.Nr. ..... /2018)
Sehr geehrte Frau X.X.,
für meine Amtstätigkeit berechne ich meine Kosten nach dem Gerichts- und Notarkostengesetz (GNotKG) wie folgt:
Gebühren und Auslagen:
(Bei den Nummern handelt es sich um die Nummern der Anlage 1 zum GNotKG – Kostenverzeichnis – KV GNotKG)

- 21200 (Beurkundungsverfahren)   435,00 €
  Geschäftswert 200.000,– € (§ 102 Abs. 1 GNotKG)
- 32001 (Dokumentenpauschale)   5,00 €
- 32005 (Telekommunikations- und Postpauschale)   20,00 €
- Zwischensumme   460,00 €
- 32014 Umsatzsteuer, 19 %   87,40 €
- 32015 Verauslagte Kosten Zentrales Testamentsregister   15,00 €

Rechnungsbetrag: 562,40 €

Es fallen gemäß § 88 GNotKG folgende Zinsen an:
Die Kostenforderung von 562,40 €[9] ist, beginnend einen Monat nach Zustellung dieser vollstreckbaren Ausfertigung der Kostenberechnung, in Höhe von fünf Prozentpunkten über dem Basiszinssatz nach § 247 BGB jährlich zu verzinsen.[10]
Vorstehende Ausfertigung, die bis auf die Bestimmungen über die Zinsen mit der Urschrift übereinstimmt, erteile ich mir, Notar Norbert Notarius, Notar in Neustadt, zum Zwecke der Zwangsvollstreckung gegen den Kostenschuldner Frau XX.
Rechtsbehelfsbelehrung:
Gegen diese Kostenberechnung, die festgesetzten Zinsen und gegen die Erteilung der Vollstreckungsklausel kann bis zum Ablauf des 31. Dezember 2 ..... (*Kalenderjahr, das auf das Jahr folgt, in dem die vollstreckbare Kostenberechnung zugestellt wurde, vgl. § 127 Abs. 2 GNotKG*) die Entscheidung des Landgerichts ..... (*das LG, in dessen Bezirk der Notar seinen Amtssitz hat*), Anschrift: ....., beantragt werden. Soweit Einwendungen auf Gründen beruhen, die nach Zustellung der vollstreckbaren Ausfertigung entstanden sind, können sie auch nach Ablauf der Frist noch geltend gemacht werden.
Der Antrag ist schriftlich oder zur Niederschrift der Geschäftsstelle des vorgenannten Landgerichts zu stellen.[11]
Neustadt, den .....
Siegel
Norbert Notarius, Notar

---

9 Zur Frage der Verzinsung der in der Kostenberechnung enthaltenen USt vgl. Korintenberg/*Tiedtke*, § 88 GNotKG Rn. 8 f.; Bormann/Diehl/Sommerfeldt/*Diehn*, § 88 GNotKG Rn. 12; Leipziger-GNotKG/ *Klingsch*, § 88 GNotKG Rn. 8 f.
10 Zinsklausel nach Korintenberg/*Tiedtke*, § 88 GNotKG Rn. 12.
11 Rechtsbehelfsbelehrung nach Korintenberg/*Tiedtke*, § 19 GNotKG Rn. 72.

Dritter Teil. Rechtsgeschäfte aus dem Bürgerlichen Recht

Erster Abschnitt. Allgemeiner Teil

§ 22 Namensänderung

I. Familienname

Rechtsgrundlagen: Gesetz über die Änderung von Familiennamen und Vornamen in der im Bundesgesetzblatt Teil III, Gliederungsnummer 401-1 veröffentlichten bereinigten Fassung, zuletzt geändert durch Art. 54 des Gesetzes vom 17.12.2008[1] (NamÄndG)[2], Erste Verordnung zur Durchführung des Gesetzes über die Änderung von Familiennamen und Vornamen vom 07.01.1938 (1. NamÄndVO)[3], zuletzt geändert durch Art. 4 Abs. 47 des Gesetzes zur Aktualisierung der Strukturreform des Gebührenrechts des Bundes vom 18.07.2016;[4] allgemeine Verwaltungsvorschrift zum Gesetz über die Änderung von Familiennamen und Vornamen (NamÄndVwV) v. 11.08.1980,[5] zuletzt geändert durch Zweite ÄndVwV v. 11.02.2014.[6] Zum Vollzug des NamÄndG vgl. etwa: Bayern StAZ 2000, 126; Bremen StAZ 2000, 126; Niedersachsen StAZ 1998, 398. Internationaler Rechtsverkehr: Übereinkommen über die Änderung von Namen und Vornamen vom 04.09.1958.[7]

Literatur: *Be Djallo*, Die öffentlich-rechtliche Namensänderung eines Aramäers gemäß § 3 Abs. 1 NÄG – Eine falsche Auskunft und ihre Folgen, ZAR 2011, 223; *Croon-Gestefeld*, Der Namenseintrag Transsexueller in öffentlichen Registern – Zum Verhältnis von Registerpublizität und Geheimhaltungsinteresse, StAZ 2016, 37; *Dutta*, Reform des Namensrechts?, ZRP 2017, 47; *Frauenstein*, Öffentlich-rechtliche Namensänderung – Voraussetzungen und Verfahren, StAZ 1980, 261; *Frauenstein/Kümmel/Reichard*, Die öffentlich-rechtliche Namensänderung (1981); *Gaaz*, Probleme der Einbenennung nach § 1618 BGB, FPR 2002, 125; *Hepting*, Der Schutz des tatsächlich geführten Namens, StAZ 2013, 1; *Kienemund*: Neuere Entwicklungen im Namensrecht, NZFam 2017, 1073; *Lang*, Aktuelle Einbenennungsprobleme vor dem Hintergrund des Kinderrechteverbesserungsgesetzes, FPR 2010, 23; *Loos*, NamÄndG, 2. Auflage (1996); *Molls*, Reformbedarf im Namensrecht der Erwachsenenadoption, ZPR 2012, 174; *Rawert*, in: Hoffmann-Becking/Rawert Beck'sches Formularhandbuch Bürgerliches, Handels- und Wirtschaftsrecht, 11. Auflage (2013), Abschnitt I. 1; *Seeger*, Der Ehe- und Lebenspartnerschaftsname in der notariellen Praxis, MittBayNot 2002, 229; *Seifert*, Zum Namensrecht in Deutschland, LKV 1992, 260; *Simader/Diepold*, Deutsches Namensrecht (1991); *von Spoenla-Metternich*, Namenserwerb, Namensführung und Namensänderung unter Berücksichtigung von Namensbestandteilen (1997); *Thomas*, Öffentlich-rechtliche Namensänderungen, StAZ 2010, 33; *Wartenburger*, Auswirkungen einer Adoption auf die Namensführung, MittBayNot 2008, 504; *Wagner-Kern*, Staat und Namensänderung (2002); *Weber*, Namenserwerb

---

1 BGBl. I 2586.
2 BGBl. I S. 122.
3 RGBl. 12.
4 BGBl. I S. 1666.
5 BAnz. Beil. Nr. 153a.
6 BAnz AT 18.02.2014 B2.
7 BGBl. II 1961, S. 1055, 1076.

und Namensänderung bei Kindern, NZFam 2015, 4; *Wuttke*, Bundesmeldegesetz schafft endgültig Rufnamen ab – Grund zur Namensänderung?, StAZ 2016, 301.

1. Nach § 1 NamÄndG kann der Familienname eines deutschen Staatsangehörigen[8] oder eines Staatenlosen, der seinen Wohnsitz oder gewöhnlichen Aufenthalt im deutschen Staatsgebiet hat, auf Antrag geändert werden.[9] Für eine beschränkt geschäftsfähige oder geschäftsunfähige Person stellt der gesetzliche Vertreter den Antrag[10]; ein Vormund oder Pfleger bedarf hierzu der Genehmigung des Familiengerichts, ein Betreuer der Genehmigung des Betreuungsgerichts. Für eine geschäftsfähige Person, für die in dieser Angelegenheit ein Betreuer mit Einwilligungsvorbehalt bestellt wurde, stellt der Betreuer den Antrag; er bedarf hierzu der Genehmigung des Betreuungsgerichts.

2. Über die Anträge auf Änderung von *Familiennamen*[11] entscheidet die höhere Verwaltungsbehörde. Die Anträge sind schriftlich oder zu Protokoll bei der unteren Verwaltungsbehörde (Gemeinde, Landratsamt) zu stellen, in deren Bezirk der Antragsteller seinen Wohnsitz hat (in der Praxis zumeist das Bürgeramt, Bürgerbüro, Rathaus, Standesamt etc.). Namensänderung ist auch die bloße Änderung der Schreibweise oder des Wortklangs eines Namens.[12] Zu dem Antrag ist ein wichtiger Grund anzugeben (§ 3 NamÄndG). Hierbei handelt es sich um einen unbestimmten Rechtsbegriff,[13] zu dessen Ausfüllung objektive Merkmale vorliegen müssen.[14] Entscheidend ist, ob das Interesse, das der Antragsteller an der beantragten Namensänderung hat, nach allgemeiner Verkehrsauffassung schutzwürdig ist und seine Gründe, künftig einen anderen Namen zu führen, so wesentlich sind, dass die schutzwürdigen Interessen anderer Beteiligter und die in den gesetzlichen Bestimmungen zum Ausdruck kommenden Grundsätze der Namensführung, zu denen auch die soziale Ordnungsfunktion des Namens[15] und das öffentliche Interesse an der Beibehaltung des überkommenen Namens – auch aus sicherheitspolizeilichen Erwägungen[16] – gehören,

---

8 Zu den kollisionsrechtlichen Besonderheiten vgl. eingehend *Weber*, NZFam 2015, 4.
9 Vgl. eingehend *Thomas*, StAZ 2010, 33; weiterführend *Wagner-Kern*, Staat und Namensänderung, S. 8 ff.
10 Instruktiv zu den Voraussetzungen, die an die Prüfung der Kindeswohlerforderlichkeit für die Ersetzung der Zustimmungserklärung eines Elternteils nach § 1618 Abs. 4 BGB in Bezug auf einen Antrag auf Einbenennung zu stellen sind, etwa OLG Hamm v. 29.12.2015 – 4 UF 178/15 (n. v.). Die allein sorgeberechtigte Mutter kann das Kind nach OLG München (v. 12.02.2015 – 31 Wx 7/15, StAZ 2015, 345) bei seiner Einwilligung zur Einbenennung selbst vertreten; ein Ergänzungspfleger muss nicht bestellt werden, da die Vertretungsmacht nicht nach §§ 1795 II iVm 181 BGB ausgeschlossen ist (a.A. OLG Frankfurt a.M. v. 25.06. 2001 – 20 W 201/00, NJW-RR 2001,1443 und OLG Zweibrücken v. 01.07.1999 – 5 WF 46/99, FamRZ 2000, 696). Wenn sich die gemeinsam sorgeberechtigten und vertretungsberechtigten Elternteile nicht einigen können, ob ein Antrag nach §§ 2, 3 NamÄndG für das Kind gestellt werden soll, überträgt das zuständige Familiengericht nach § 1628 Abs. 1 BGB auf Antrag eines Elternteils die Entscheidung über die Antragstellung auf einen Elternteil allein (OLG Karlsruhe v. 16.01.2015 – 5 UF 202/14, FamRZ 2015, 1723; OLG Brandenburg v. 21.04.2015 – 10 UF 120/14 StAZ 2016, 111; OLG Oldenburg v. 13.08.2014 – 13 UF 76/14 (n.v.)). Nach BGH muss das Gericht dabei neben allgemeinen Kindeswohlbelangen auch die Erfolgsaussicht eines entsprechenden Antrags prüfen. Eine Übertragung der Entscheidungsbefugnis hat danach zu unterbleiben, wenn sich nach umfassender Amtsaufklärung keine Erforderlichkeit der Namensänderung für das Kindeswohl ergibt (BGH v. 09.11.2016 – XII ZB 298/15, FamRZ 2017, 119; kritisch hierzu *Hilbig-Lugani*, FamRZ 2017, 122).
11 Zur Abgrenzung: Es besteht kein Anspruch auf eine bestimmte Schreibweise hinsichtlich Groß- und Kleinbuchstaben bei der Wiedergabe des Namens im Pass; insoweit liegt auch keine Namensänderung iSv § 3 NamÄndG vor: BVerwG v. 01.12.2016 – 6 B 32.16, NJW 2017, 747.
12 *Koss*, StAZ 1997, 64.
13 BVerwG v. 14.12.1962 – VII C 140/61, StAZ 63, 217; BVerwG v. 29.09.1972 – VII C 77.70, BVerwGE 40, 353, 356; VG Trier v. 07.07.2014 – 6 K 392/14, StAZ 2014, 373.
14 OVG Münster v. 17.09.2012 – 16 E 1292/11, FamFR 2012, 527 m. Anm. *Rixe*.
15 BVerwG v. 13.09.2016 – 6 B 12/16, NJW 2017, 101; eingehend zu den verschiedenen Namensfunktionen *Dutta*, ZRP 2017, 47. Vgl auch BVerwG v. 19.05.2016 – 6 B 38/15, NJW 2016, 2761: »Ein wichtiger Grund für eine Änderung des Vornamens kann verneint werden, wenn die Änderung der Ordnungsfunktion des Vornamens widerspricht (hier: Hinzufügen eines weiblichen zu einem männlichen Vornamen).«
16 BVerwG v. 08.12.2014 – 6 C 16/14, NJW 2015, 1321.

demgegenüber zurücktreten müssen.[17] Ein wichtiger Grund liegt damit im Ergebnis dann vor, »wenn die Abwägung der schutzwürdigen Interessen der Namensträger an der Namensänderung die gegenläufigen Interessen an der Beibehaltung des Namens, zu denen insbesondere dessen Ordnungsfunktion gehört, überwiegt.«[18]. Die Änderung dient demnach allein dazu, nicht hinnehmbare Unerträglichkeiten im Einzelfall zu beseitigen und hat insofern Ausnahmecharakter.[19] Das Interesse der Namenskontinuität besteht vornehmlich darin, den Namensträger zu kennzeichnen und diesem sein Verhalten auch in Zukunft ohne weitere Nachforschungen zurechnen zu können.[20] Die für die Entscheidung erheblichen Umstände sind von Amts wegen festzustellen. Psychische und seelische Beeinträchtigungen, die aus der Führung des aktuellen Namens resultieren, müssen hinreichend nachvollziehbar und dokumentiert sein, um eine Änderung zu rechtfertigen.[21]

Typische Fallgruppen, bei denen im Einzelfall ein »wichtiger Grund« vorliegen *kann*, sind aufgeführt in Art. 33 ff. NamÄndVwV.[22] Dabei kann es sich u.a. handeln um: 3
– Beseitigung mit dem Familiennamen verbundener Behinderungen (etwa: Änderung eines Familiennamens, der anstößig oder lächerlich klingt oder Anlass zu frivolen unangemessenen Wortspielen geben kann (»Clara Sprudel«)); besondere Gründe, die etwa in der Person, dem Beruf oder der Umgebung des Antragstellers liegen, sind zu berücksichtigen;
– Beseitigung einer Verwechslungsgefahr, wenn der Familienname in dem engeren Lebensbereich des Namensträgers mehrfach vorkommt (etwa »Müller«, »Meyer«, »Maier«, »Mayer« »Schmidt« oder »Schulz«);
– die »Verdeutschung« ausländischer Namen;[23]
– Änderung von Familiennamen mit »ss« oder »ß« sowie Familiennamen mit Umlauten (sofern dies nicht nach den Vorschriften des Personenstandsrechts in befriedigender Weise geregelt werden kann);
– Beseitigung von Schwierigkeiten in der Schreibweise oder Aussprache von Familiennamen, die über das normale hinausgehende Probleme mit sich bringen; Gleiches gilt auch

---

17 Vgl. VG Berlin v. 29.08.2012 – VG 3 K 66.12 (PKH) (n.v.); VG Berlin v. 11.05.1966, V B 1/66, MDR 1966, 875; vgl. auch BVerwG v. 02.10.1970 – VII C 38/69, NJW 1971, 294.
18 BVerwG v. 03.02.2017 – 6 B 50/16, NJW 2017, 2361.
19 *Weber*, NZFam 2015, 4, 7; OVG Münster v. 11.07.2007 – 16 A 2579/05 (n.v.); einschränkend *Be Djallo*, ZAR 2011, 223, 229. Vgl. aber etwa OVG Münster v. 18.11.2015 – 16 A 863/13 (n.v.): »Der religiös motivierte Wunsch des Klägers, den Namen des Familienzweigs zu tragen, zu dem er sich nach seinem äußeren Erscheinungsbild zugehörig fühlt, stellt keinen wichtigen Grund i.S.v. § 3 Abs. 1 NamÄndG dar. Dieses Interesse kann schon deshalb nicht als schutzwürdig angesehen werden, weil im Familienname nicht stets mit einer Familienähnlichkeit der ihn führenden Personen einhergeht.«. Vgl. auch OVG Bautzen v. 21.06.2017 – 3 A 755/16 (n. v.): Für die Ablegung der Vornamen »Maria« und »Hedwig« ergibt sich kein wichtiger Grund aus der negativen Religionsfreiheit, da diese Namen angesichts ihrer heute weitgehend säkularen Bedeutung keine Identifizierung des Namensträgers mit einer Religionszugehörigkeit bewirken (hierzu auch *Kienemund*, NZFam 2017, 1073, 1080).
20 VG Trier v. 07.07.2014 – 6 K 392/14, StAZ 2014, 373.
21 VG Regensburg v. 20.03.2014 – RN 3 K 13.1422, NZFam 2014, 624 m. Anm. *Leeb*; Anwendungsfall etwa VG Halle, Urt. v. 29.04.2015 – 1 A 12/13 ZOV 2015, 231: Politische Drangsalierung in der DDR und der darauf begründete Wunsch, mit dem Namen auch diese Zeit hinter sich zu lassen; vgl. aber auch VG Chemnitz v. 19.07.2016 – 3 K 2042/15 (n v.) zu dem Vortrag, dass es die Klägerin krank mache, sich in allgemeinen Geschäftsverkehr mit allen ihren drei Vornamen angeschrieben zu sehen (Änderung des Vornamens abgelehnt).
22 Allgemeine Verwaltungsvorschrift zum Gesetz über die Änderung von Familiennamen und Vornamen (NamÄndVwV) vom 11.08.1980, abrufbar unter http://www.verwaltungsvorschriften-im-internet.de/bsvwvbund_11081980_VII31331317.htm.
23 Beachte aber: »Ein ausländischer Name (an sich) ist kein wichtiger Grund für eine Namensänderung«, VG Göttingen, 25.04.2012 – 4 A 18/11 StAZ 2013, 25.

für sehr lange oder besonders umständliche Familiennamen (z.B. »Grüner genannt Waldmeistermüller«);[24]
- Änderung seltener oder auffälliger Familiennamen, die aufgrund einer Berichterstattung über eine Straftat so eng mit Tat und Täter verbunden ist, dass eine Resozialisierung des Täters gefährdet ist; der Familiennamen von Angehörigen des Täters kann geändert werden, wenn dies etwa im Zusammenhang mit einem Wohnungswechsel zur Vermeidung von Belästigungen sinnvoll erscheint;
- Änderung des Nachnamens eines Pflegekindes in den Familiennamen der Pflegeeltern;[25]
- Gewährung eines Doppelnamens aus dem bisherigen Familiennamen und dem Namen eines Hofes[26] oder eines Unternehmens;
- Wiederherstellung des ursprünglichen Familiennamens, wenn ein zwangsweise eingeführter Familienname Ausdruck von Verfolgung und Unterdrückung ist;[27]
- Beseitigung »hinkender« Namensführung.[28]

Eine Besonderheit besteht bei einem deutschen Staatsangehörigen, der die deutsche Staatsangehörigkeit nach dem 01.01.1919 erworben hat, und daran gehindert ist, seinen früheren Familiennamen oder Vornamen zu führen, weil ihm dies vor seiner Einbürgerung durch ein Gesetz oder eine Verwaltungsmaßnahme seines früheren Heimatstaates verboten war. In diesen Fällen liegt ein wichtiger Grund zur Änderung vor, wenn durch das Gesetz oder die Verwaltungsmaßnahmen des früheren Heimatstaates überwiegend Angehörige einer deutschen Minderheit betroffen waren.[29]

4 In den Fällen, in denen der sorgeberechtigte Elternteil nach der Scheidung wieder seinen Geburtsnamen oder einen anderen vor der Ehe geführten Namen annimmt, kommt eine namensgestaltende Änderung des Namens des Kindes nach bürgerlichem Recht nicht in Betracht; eine Namensänderung nach NamÄndG ist gleichwohl möglich (sog. Scheidungshalbwaisenfälle).[30] Eine Namensänderung kann in diesem Fall erfolgen, wenn sie für das Kindeswohl *erforderlich* ist.[31] Anders ist der Fall zu behandeln, wenn der (allein) sorgeberechtigte Elternteil nach Wiederverheiratung den Familiennamen des neuen Ehepartners angenommen hat. Hier ist das Einbenennungsverfahren nach § 1618 BGB als vorrangig

---

24 Vgl. hierzu VG Ansbach v. 29.01.2016 – 14 K 14.01302 (n. v., in concreto verneint) und VG Schleswig v. 08.01.2016 – 8 A 107/14 (n. v., in concreto bejaht).
25 Hierzu VG Bayreuth v. 30.05.2016 – 1 K 16.219 (n. v.), wobei umstritten ist, ob für die Annahme des wichtigen Grundes die Kindeswohlförderlichkeit ausreicht (so VG Mainz v. 24.04.2015 – 4 K 464/14, n. v.) oder – insbesondere wenn die Pflegeeltern nicht zugleich Vormünder sind – Kindeswohlerforderlichkeit zu fordern ist (vgl. hierzu eingehend *Kienemund*, NZFam 2017, 1073).
26 S. dazu OVG Münster, II A 1371/65, FamRZ 1969, 648: »Die westfälische Hofnamenssitte, wonach der eingeheiratete Besitzer eines Hofes den Hofnamen seinem Familiennamen anfügt, kann ein wichtiger Grund für eine Namensänderung – Gewährung eines Doppelnamens aus dem bisherigen Familiennamen und dem Hofnamen – sein.«.
27 Eingef. m.W.v. 11.02.2014 durch VwV v. 11.02.2014 (BAnz. AT 18.02.2014 B2); dies gilt auch für die Änderung des Vornamens (Nr. 64). Vgl. hierzu etwa VG Würzburg v. 25.02.2015 – W 6 K 14.2, StAZ 2016, 22 und VG Stade v. 30.04.2015 – 1 A 2635/12, StAZ 2016, 119.
28 Dies ist der Fall, wenn ein Deutscher, der auch eine ausländische Staatsangehörigkeit besitzt, nach dem Recht des ausländischen Staates, dessen Staatsangehörigkeit er ebenfalls besitzt, einen anderen Familiennamen führt als den, den er nach dem deutschen Recht zu führen verpflichtet ist.
29 § 3a NamÄndG; dies gilt auch für deutsche Staatsangehörige, auf die der frühere Name durch Ableitung übergegangen wäre.
30 Ganz h.M.: BVerwG v. 20.02.2002 – 6 C 18/01, NJW 2002, 2406, 2410 m. Anm. *Wittinger*; VG Münster v. 31.08.2009 – 1 K 172/08, FamFR 2009, 151; OVG Lüneburg v. 23.05.2000 – 10 L 3281/99, NJW 2000, 3151; VG Arnsberg v. 11.12.2000 – 8 A 715/00, NWVBl 2001, 261; eingehend *Weber*, NZFam 2015, 4, 7; weitere Fundstellen, insb. zur Gegenansicht, bei *Zwißler*, FamFR 2009, 151. Vgl. allgemein zu der Fallgruppe der sog. »Scheidungshalbwaisen« BVerwG v. 20.02.2002 – 6 C 18/01, NJW 2002, 2406; VG Gelsenkirchen v. 22.09.2016 – 17 K 3217/13 (n. v.); VG Berlin v. 28.01.2016 – 3 K 361.15 (n. v.); VG Gelsenkirchen v. 01.06.2016 – 17 K 772/15 (n. v.) und VG Münster v. 14.01.2016 – 1 K 190/14 (n. v.).
31 OVG Münster v. 17.09.2012 – 16 E 1292/11, FamFR 2012, 527; BVerwG v. 20.02.2002 – 6 C 18/01, NJW 2002, 2406, 2410; OVG Brandenburg v. 20.11.2003 – 4 A 277/02, FamRZ 2004, 1400.

anzusehen.³² Eine mit den vorgenannten Scheidungshalbwaisenfällen vergleichbare Konstellation liegt indes dann vor, wenn eine Rückbenennung einmal einbenannter Kinder infolge eines Namenswechsels des bestimmungsbefugten Elternteils nach Auflösung der Stiefehe vorgenommen werden soll.³³ Zwar ist ein solcher Namenswechsel bürgerlich-rechtlich durch das Zusammenspiel der §§ 1618, 1617c Abs. 2 Nr. 1, 2 BGB nach h.M. grundsätzlich ausgeschlossen³⁴ (was zur Folge hat, dass sich das Kind, wenn der sorgeberechtigte Elternteil nach Scheidung seiner Ehe gemäß § 1355 Abs. 5 Satz 2 BGB wieder seinen Geburtsnamen annimmt, dieser Namensänderung nicht anschließen kann³⁵). Eine Korrektur dieser gesetzlichen Wertung kann jedoch in besonderen Härtefällen, also wenn die konkrete Fallgestaltung von der aus der Namensverschiedenheit zum bestimmungsbefugten Elternteil resultierenden »normalen« Konfliktsituation erheblich abweicht, ausnahmsweise³⁶ erfolgen qua öffentlich-rechtlicher Namensänderung nach NamÄndG.³⁷ Es handelt sich dabei um eine Einzelfallentscheidung, bei welcher das Tatbestandsmerkmal des wichtigen Grundes im Lichte des § 1618 Satz 4 BGB auszulegen ist.³⁸ Im Übrigen dürften die vorgenannten Erwägungen zu den Scheidungshalbwaisenfällen hier entsprechend zu berücksichtigen sein.³⁹

Häufig wird der Versuch unternommen, die unliebsamen namensrechtlichen Folgen der Annahme eines Erwachsenen als Kind nach § 1767 Abs. 1 i.V.m. § 1757 Abs. 1 BGB durch eine Namensänderung nach § 3 NamÄndG rückgängig zu machen.⁴⁰ Dies ist jedoch nach ganz h.M. nicht möglich, da der Gesetzgeber durch die vorgenannten Bestimmungen in verfassungsrechtlich zulässiger Weise entschieden hat, dass im Namensrecht der Verbindung des volljährigen Adoptierten zur neuen Familie den Vorrang zu geben ist, auch wenn bei der Volljährigenadoption die Rechtsbeziehungen zu den leiblichen Verwandten bestehen blieben.⁴¹ Die fehlende Möglichkeit einer Namensänderung nach § 3 NamÄndG gilt

---

32 MüKo-BGB/*v. Sachsen Gessaphe*, § 1618 BGB Rn. 34; OVG Münster v. 23.04.1999 – 10 A 5687/98, NWVBl 2000, 97; VG Düsseldorf v. 09.10.1998 – 25 K 8115-96, NJW 1999, 1730; eingehend zu diesem Themenkomplex *Schmitz/Bauer*, StAZ 2001, 99; *Pieper*, FuR 2003, 394; *Lang*, FPR 2010, 23; *Gaaz*, FPR 2002, 125; allg. zum Streitstand *Weber*, NZFam 2015, 4, 6. Zu beachten ist, dass es die Regelung durch die Voranstellung oder Anfügung des bisher geführten Namens zulässt, dass dem Kind ein Doppelname erteilt wird.
33 Vgl. VG Hamburg v. 12.01.2005 – 11 K 2066/04 (n.v.).
34 Durch die sog. substituierende Einbenennung wird der neue Geburtsname des Kindes – vorbehaltlich einer weiteren Einbenennung – grds. unverwandelbar fixiert: vgl. *Zwißler*, FPR 2004, 64, 67 m.w.N.; a.A. OLG Dresden v. 12.04.2000 – 15 W 361/00 StAZ 2000, 341; ein Vorschlag der Bundesregierung, unter bestimmten Bedingungen eine Rückbenennung zuzulassen, ist in der 18. Legislaturperiode nicht mehr Gesetz geworden; vgl. hierzu im Einzelnen *Kienemund*, NZFam 2017, 1073, 1074f.
35 BGH v. 14.01.2004 – XII ZB 30/02, NJW 2004, 1108.
36 OVG Bremen v. 08.06.1993 – 1 BA 37/92 (n.v.).
37 BGH v. 14.01.2004 – XII ZB 30/02, NJW 2004, 1108: »In diesen Fällen bleibt daher nur die Möglichkeit einer behördlichen Namensänderung nach den Vorschriften des Namensänderungsgesetzes«.
38 VG Hamburg v. 12.01.2005 – 11 K 2066/04 (n.v.): »Das Tatbestandsmerkmal des wichtigen Grundes ist dabei im Lichte des § 1618 Satz 4 BGB (….. auszulegen, um eine gegenüber dieser Vorschrift vereinfachte Einbenennung auf Grundlage der früheren verwaltungsgerichtlichen Rechtsprechung, welche nicht die »Erforderlichkeit für das Kindeswohl« verlangte (…), sondern lediglich die »Kindeswohldienlichkeit« der Namensänderung abstellte, zu vermeiden.« Vgl. hierzu auch OVG Münster v. 17.09.2012 – 16 E 1292/11, FamFR 2012, 527.
39 MüKo-BGB/*v. Sachsen Gessaphe*, § 1618 BGB Rn. 34.
40 Vgl. eingehend *Molls*, ZRP 2012, 174; zu den Auswirkungen einer Adoption auf die Namensführung allgemein *Wartenburger*, MittBayNot 2008, 504; kritisch zu dem Reformbedarf im Namensrecht der Erwachsenenadoption *Molls*, ZRP 2012, 174.
41 OLG Hamm v. 30.06.2011 – II-4 UF 186/10, MittBayNot 2011, 501; BayObLG v. 15.01.2003 – 1Z BR 138/02, DNotI-Report 2003, 50; VG Berlin v. 14.06.2011 – 3 K 9/11, StAZ 2011, 374; zu der Verfassungsmäßigkeit des Namensrechts bei Erwachsenenadoptionen vgl. BGH v. 17.08.2011 – XII ZB 656/10, NJW 2011, 3094, 3095 unter Hinweis auf BVerfG v. 08.03.1988 – 1 BvL 9/85 und 1 BvL 43/86, NJW 1988, 1577 und BVerfG v. 05.05.2009 – 1 BvR 1155/03, NJW 2009, 1657.

§ 22 Namensänderung

selbst dann, wenn der Angenommene vor der Adoption nicht darauf hingewiesen wurde, dass die Volljährigenadoption eine Änderung seines Geburtsnamens bewirkt.[42]

6   Bei allen Namensänderungen ist immer vorrangig zu prüfen, ob das erstrebte Ziel nicht durch eine namensgestaltende Erklärung nach bürgerlichem Recht erreicht werden kann, neben den vorgenannten Bestimmungen etwa nach §§ 1355 Abs. 3[43], 4, 1617 Abs. 2, 4 Satz 2, 1617a, 1617b, 1617c, 1720 Satz 1, 2, 3, 1737 Satz 3, 1740 f. Abs. 3, 1757 Abs. 1, Satz 4, 1765 Abs. 1 Satz 2, Abs. 3 Satz 2 BGB, § 13a Abs. 2 EheG. Die öffentlich-rechtliche Namensänderung dient demgegenüber nur dazu, Unzuträglichkeiten im Einzelfall zu beseitigen.[44]

7   Bei verheirateten Antragstellern – unterschiedlichen oder gleichen Geschlechts[45] – betrifft die Änderung des Ehenamens beide Ehepartner. Sie kann deshalb nur auf gemeinsamen Antrag erfolgen.[46] Soll der Familienname mehrerer Angehöriger einer Familie geändert werden, so ist für jede Person ein eigener Antrag erforderlich. Die Änderung des Familiennamens erstreckt sich, soweit nicht bei der Entscheidung etwas anderes bestimmt wird, auf Kinder der Person, deren Name geändert wird, sofern die Kinder bislang den Namen dieser Person getragen haben und für die Kinder die elterliche Sorge dieser Person besteht, § 4 NamÄndG.[47]

8   Die untere Verwaltungsbehörde veranlasst im Fall der erfolgreichen Namensänderung nach § 3 NamÄndG die Folgebeurkundung über die Namensänderung oder die Namensfeststellung im Geburtenregister und im Eheregister bzw. Lebenspartnerschaftsregister. Sie benachrichtigt die für die Wohnung, bei mehreren Wohnungen die für die Hauptwohnung des Betroffenen zuständige Meldebehörde von der Änderung oder Feststellung des Namens, § 9 NamÄndG.

9   Die Wahl des neuen Familiennamens – sofern dieser nicht durch den wichtigen Grund zur Namensänderung vorgegeben ist – obliegt dem Antragsteller, ohne dass hierbei ein Anspruch auf einen bestimmten Familiennamen besteht.[48] Der zu wählende Familienname muss den allgemeinen namensrechtlichen Anforderungen entsprechen. Überdies darf durch den neuen Familiennamen kein falscher Eindruck über familiäre Zusammenhänge erweckt werden. Ein Familienname, der durch frühere Träger bereits eine Bedeutung, z.B. auf historischem, literarischem oder politischem Gebiet, erhalten hat, soll im Allgemeinen nicht gewährt werden. Als neuer Familienname kann z.B. der nicht Ehename gewordene Geburtsname eines Ehegatten oder der Familienname eines Vorfahren gewährt werden. Daneben kommt, insbesondere bei der Änderung eines fremdsprachigen Namens, die Bildung eines an den bisherigen Namen anklingenden neuen Familiennamens infrage. Bei einer Änderung des Familiennamens zur Beseitigung einer Verwechslungsgefahr oder bei

---

42 VG Ansbach v. 10.11.2004 – AN 15 K 04.01600 (n.v.).
43 Das OLG Naumburg (v. 09.09.2014 – 2 Wx 85/13, NZFam 2014, 1048) hat insoweit klargestellt, dass die Eheleute auch bei der nachträglichen Bestimmung des Ehenamens an § 1355 Abs. 4 BGB gebunden sind. Zum Ehenamen kann also nur der Geburtsname oder der zur Zeit der Erklärung über die Bestimmung des Ehenamens geführte Namen eines Ehegatten bestimmt werden.
44 Nr. 27 NamÄndVwV. Vgl. auch OVG Mecklenburg-Vorpommern v. 11.07.2017 – 1 L 212/16, NordÖR 2017, 520: Gemäß § 3 Abs. 1 NamÄndG darf ein Familienname nur geändert werden, wenn ein wichtiger Grund die Änderung rechtfertigt. Ein wichtiger Grund für die Namensänderung liegt wie gesehen dann vor, wenn die Abwägung aller für und gegen die Namensänderung streitenden schutzwürdigen Belange ein Übergewicht der für die Änderung sprechenden Interessen ergibt (BVerwG, Beschl. v. 13.09.2016 – 6 B 12/16, StAZ 2017, 143). Bei der vorzunehmenden Interessenabwägung haben die Verwaltungsbehörden und Verwaltungsgerichte auch die gesetzlichen Wertungen im Familienrecht zu berücksichtigen, die grundsätzlich umfassend und abschließend sind (vgl. Staudinger/*Habermann*, § 12 BGB, Rn. 223).
45 Vgl. das Gesetz zur Einführung des Rechts auf Eheschließung für Personen gleichen Geschlechts vom 20.07.2017, BGBl I 2728; zu den namensrechtliche Folgen im Einzelnen *Kienemund*, NZFam 2017, 1073 (auch zu den Besonderheiten bei einer Umwandlung der Lebenspartnerschaft in eine Ehe nach § 20a LPartG nF).
46 BVerwG v. 29.11.1982 – 7 C 34/80, NJW 1983, 1133; dies dürfte für eingetragene Lebenspartner entsprechend gelten, vgl. § 3 LPartG.
47 *Weber*, NZFam 2015, 4, 7.
48 Vgl. hierzu Nr. 51 ff. NamÄndVwV.

einem Sammelnamen kann dem bisherigen Familiennamen auch mit Bindestrich ein unterscheidender Zusatz hinzugefügt werden.

2. *Zwischenstaatlich* ist das »Übereinkommen über die Änderung von Namen und Vornamen« vom 04.09.1958 zu beachten.[49] In diesem verpflichtet sich jeder Vertragsstaat, keine öffentlich-rechtliche Änderung von Namen oder Vornamen eines Staatsangehörigen eines anderen Vertragsstaates zu bewilligen, außer wenn diese Person zugleich auch die Staatsangehörigkeit des Staates besitzt, der die Änderung durchführt.[50] Wird von der zuständigen Behörde eines Vertragsstaates der Name oder Vorname eines Angehörigen dieses Staates durch unanfechtbare Entscheidung geändert, so ist die Namensänderung in jedem Vertragsstaat ohne weiteres wirksam, soweit dessen öffentliche Ordnung hierdurch nicht beeinträchtigt wird. Dies gilt auch für Entscheidungen, durch welche die Änderung eines Namens oder von Vornamen für nichtig erklärt oder widerrufen wird. Das Übereinkommen gilt zwischen der Bundesrepublik Deutschland und folgenden Staaten: *Frankreich*,[51] *Italien*,[52] *Luxemburg*,[53] *Niederlande*,[54] *Österreich*,[55] *Portugal*,[56] *Spanien*[57] und der *Türkei*.[58] Änderungen werden jeweils vom Bundesministerium des Innern bekannt gegeben.[59]

10

Antrag auf Abänderung eines lächerlichen Namens

An .....
Ich beantrage, meinen Familiennamen »Unglück« in »Glück« zu ändern.
Ich habe begründete Aussicht, eine Lotto-Annahmestelle eröffnen zu können. Mein jetziger Name würde mir einen geschäftlichen Erfolg aber unmöglich machen.
Ich habe bisher noch keinen Antrag auf Änderung des Familiennamens gestellt.
Ich überreiche:[60]
a) meine Geburts- und Heiratsurkunde in beglaubigter Abschrift,
b) Nachweis über mein staatsrechtliches Verhältnis,
c) Meldebescheinigung,
d) Beitrittserklärung meiner Frau und Zustimmungserklärung meiner volljährigen Kinder, Eltern und Geschwister,

11 M

---

49 BGBl. 1961 II S. 1055, 1076, die deutsche Übersetzung ist abrufbar unter https://www.personenstandsrecht.de/Webs/PERS/DE/uebereinkommen/_documents/ciec/ue04.html; der französische Originalwortlaut ist verfügbar unter https://www.personenstandsrecht.de/SharedDocs/downloads/Webs/CIEC/uebereinkommen/ue04.html.
50 Vgl. zum internationalen Namensrecht jüngst EuGH v. 02.06.2016 – C-438/14, NJW 2016,. 2093 (Bogendorff von Wolffersdorff/Standesamt der Karlsruhe ua): »Deutsche Behörden sind auch unter dem Gesichtspunkt der Freizügigkeit (Art. 21 AEUV) nicht verpflichtet, einen Nachnamen, der mehrere Adelsbestandteile enthält und von einem Deutschen in einem anderen Mitgliedstaat, dessen Angehörigkeit er ebenfalls besitzt, frei gewählt wurde, anzuerkennen. Die Anerkennung kann verweigert werden, wenn dies geeignet und erforderlich ist, um die Gleichheit aller deutschen Staatsbürger vor dem Gesetz sicherzustellen.«
51 BGBl. 1962 II, S. 45 (in Kraft getreten am 24.12.1961).
52 BGBl. 1969 II, S. 108 (in Kraft getreten am 07.12.1968).
53 BGBl. 1982 II, S. 797 (in Kraft getreten am 16.07.1982).
54 BGBl. 1962 II, S. 82 und BGBl. 1987 II, S. 255 (in Kraft getreten am 27.04.1962).
55 BGBl. 1965 II, S. 1954 (in Kraft getreten am 01.10.1965).
56 BGBl. 1984 II, S. 871 (in Kraft getreten am 04.07.1984).
57 BGBl. 1977 II, S. 104 (in Kraft getreten am 15.01.1977).
58 BGBl. 1963 II, S. 172 (in Kraft getreten am 08.10.1962).
59 https://www.bmi.bund.de; Vgl. zu den Besonderheiten bei der Namensänderung von Aramäern: *Be Djallo*, ZAR 2011, 223.
60 Eine Aufzählung der einzelnen von der Verwaltungsbehörde verlangten Angaben und Unterlagen findet sich unter Nr. 17 NamÄndVwV.

e) Bescheinigung über meine Einkommens- und Vermögensverhältnisse,[61]
f) ein Führungszeugnis nach §§ 30 ff. BZRG,[62]
g) Bescheinigung der Direktion der NKL-Staatslotterie ……, wonach mir eine Lotterie-Annahmestelle übertragen werden soll und die darin enthaltene Unterstützung des Antrages.
Ort, Datum   Unterschrift

■ *Kosten.* Die Gebühr der Verwaltungsbehörde für die Genehmigung beträgt 2,50 € bis 1.022,00 €. Sie kann aus Billigkeitsgründen, insbesondere bei Mittellosigkeit, erlassen werden.

Antrag auf Anfügen des Geburtsnamens einer Großmutter an einen Sammelnamen

12 M   An …..
Ich beantrage, meinen Familiennamen dahin zu ändern, dass ihm hinzugefügt wird »Mahler«, so dass er lautet: Müller-Mahler.
Zur Begründung führe ich an: Der Name Müller füllt 8 Seiten des Einwohnerbuches (Adressbuches) und 3 Seiten des Fernsprechbuches der Stadt; im Internetportal »www.telefonbuch.de« finden sich 6.797 Eintragungen. Dieser Sammelname gestattet bei seiner Häufigkeit kaum noch eine Unterscheidung meiner Person von anderen meines Namens, zumal auch der Vorname Christian durch seine Häufigkeit kaum etwas zur Unterscheidung beiträgt. Meine weiteren Vornamen Fritz und Hans werden ebenfalls so häufig gebraucht, dass auch sie nicht zu einer leichten Unterscheidung führen können. Diese ist jedoch für mich sehr notwendig, weil die häufigen Verwechslungen mir als Kaufmann schaden.
Der Geburtsname meiner Mutter ist Schulze, also ebenfalls ein Sammelname. Es bedarf deshalb des Beifügens des Geburtsnamens meiner verstorbenen Großmutter väterlicherseits, die Mahler hieß.
Ich überreiche:
a) Meine Geburts- und Heiratsurkunde – aus der Geburtsurkunde ergibt sich, dass meine Mutter den Geburtsnamen Schulze hatte – und die Heiratsurkunde der Großeltern väterlicherseits, aus der hervorgeht, dass die Großmutter den Geburtsnamen Mahler führte.
b) ….. bis f) ….. wie zu Muster Rdn. 11 M.
Ort, Datum   Unterschrift

■ *Kosten.* Wie zu Muster Rdn. 11 M.

II. Vorname

13   Die vorgenannten Erwägungen gelten für die Änderung eines Vornamens zunächst mit der formellen Maßgabe, dass die Entscheidung der unteren Verwaltungsbehörde zusteht. Bei mehreren Namen steht es im Belieben des Namensträgers, welchen Vornamen er als (untech-

---

61 Zum Hintergrund: Die Verwaltungsbehörde kann einen Einkommensnachweis verlangen, soweit dies für die Gebührenfestsetzung erforderlich ist, Nr. 17 NamÄndVwV.
62 Bundeszentralregistergesetz in der Fassung der Bekanntmachung vom 21.09.1984 (BGBl. I S. 1229, 1985 I S. 195), das zuletzt durch Artikel 1 des Gesetzes vom 18. Juli 2017 (BGBl. I S. 2732) geändert worden ist.,.

nisch verstandenen) Rufnamen wählt.⁶³ Anträge auf »Auswechslung« des Rufnamens sind deshalb gegenstandslos und werden grundsätzlich abgelehnt.⁶⁴ Nach § 45a PStG⁶⁵ kann außerhalb eines behördlichen Namensänderungsverfahrens durch Erklärung gegenüber dem Standesamt jedoch die Reihenfolge der Vornamen neu bestimmt werden (Vornamenssortierung)⁶⁶. Die Erklärung muss öffentlich beglaubigt werden, was auch durch einen Standesbeamten erfolgen kann. Die Regelung ist am 01.11.2018 in Kraft getreten;⁶⁷ der Gesetzgeber prognostiziert rund 30.000 derartige Erklärungen pro Jahr.⁶⁸

Auch Vornamen dürfen materiell-rechtlich nur dann geändert⁶⁹ werden, wenn ein wichtiger Grund ihre Änderung rechtfertigt.⁷⁰ Die oben zu Rdn. 2 getätigten Ausführungen sind anzuwenden mit der Maßgabe, dass der Vorname eine »geringere Bestandsfestigkeit«⁷¹ besitzt und daher das öffentliche Interesse an der Beibehaltung bisheriger Vornamen generell geringer zu bewerten ist.⁷² MaW: Im Rahmen der gebotenen Interessenabwägung ist das öffentliche Interesse an der Beibehaltung des bisherigen Vornamens »etwas geringer« zu bewerten als bei der Änderung des Familiennamens, der im weitergehenden Umfang als Unterscheidungs- und Zuordnungsmerkmal dient.⁷³ So muss das öffentliche Interesse an

14

---

63 Vgl. OLG Düsseldorf v. 03.04.1998 – 3 Wx 90-98 (NJW-RR 1998, 1462, 1463): »(da) es keinen Rufnamen im Rechtssinne gibt, vielmehr alle Vornamen gleichwertig und frei austauschbar nebeneinander stehen«. Zum Hintergrund: In den Geburtsurkunden wurde bis in die sechziger Jahre ein Vorname durch Unterstreichung besonders hervorgehoben (vgl. § 172 Abs. 1 Satz 4 der Dienstanweisung [DA] 1958). Spätestens im Jahr 1968 wurde diese Praxis mit Änderung der für die Standesbeamten geltenden Dienstanweisung jedoch bundesweit aufgegeben (Scholz/Kleffmann/Motzer/*Wendt*, Praxishandbuch Familienrecht, Loseblatt, 23. Erg.Lfg. 2012, U IV., Rn. 298). Auch dem öffentlichen Melderecht ist ein Rufname fremd, vgl. § 1 Anl. 1 PassVO; § 11 Anh. 1 PersAuswVO. In dem bundeseinheitlich geltenden Meldegesetz, das seit 01.11.2015 in Kraft ist (BGBl. I S. 1084, zuletzt geändert durch Art. 11 Absatz 4 des Gesetzes vom 18. Juli 2017 (BGBl. I S. 2745)), findet der Rufname denn auch keine Erwähnung mehr; kritisch hierzu *Wuttke*, StAZ 2016, 301.
64 Vgl. VG Münster v. 25.07.2008 – 1 K 654/07 (n.v.): »Das deutsche Namensrecht kennt keine starre Namensführungspflicht. Die Gebrauchsform kann von der amtlichen Form durchaus abweichen.«.
65 Eingefügt mit Wirkung vom 01.11.2018 durch das Zweite Gesetz zur Änderung personenstandsrechtlicher Vorschriften v. 17.07.2017 (BGBl. I S. 2522).
66 Voraussetzung ist, dass die Vornamen deutschem Recht unterliegen. Art. 47, 48 EGBGB und § 94 BVG bleiben unberührt. Die Regelung erlaubt jedoch nicht das Hinzufügen weiterer Vornamen, das Weglassen vorhandener Vornamen oder die Änderung der Schreibweise (§ 45a Abs. 1 Satz 2 PStG). Vornamen, die mit Bindestrich miteinander verbunden sind, können in der Reihung nicht verändert werden (BT-Drs. 18/11612, 27); durch den Bindestrich haben die namengebenden Eltern schließlich zum Ausdruck gebracht, dass sie die so verbundenen Namen als eine Einheit, als einen Namen, sehen.
67 Zu beachten ist, dass der Gesetzgeber davon ausgeht, dass die Vornamenssortierung nicht als »Namensänderung im eigentlichen Sinne« anzusehen sei, da die Vornamen im Rang gleichstünden und bei einer Umsortierung keine materielle Änderung der Vornamen erfolge (BT-Drs. 18/11612, 27); vgl. auch OVG Bautzen v. 21.6.2017 – 3 A 755/16 (n. v.) und VG Neustadt v. v. 20.04.2016 – 5 K 1009/15.NW (n. v.), beide noch zum alten Recht.
68 BT-Drs. 18/11612, 22.
69 Denkbar: Ersetzen des bzw. eines bisherigen Vornamens und Streichen oder Hinzufügen eines Vornamens.
70 BVerwG v. 13.09.2016 – 6 B 12/16, NJW 2017, 101; BVerwG v. 19.5.2016 – 6 B 38/15, NJW 2016, 2761; eingehend Thomas, StAZ 2010, 33.
71 OVG Berlin-Brandenburg v. 28.07.2017 – OVG 5 N 19.15 (n. v.); VG Freiburg v. 19.06.2006 – 1 K 1495/05, NJW-RR 2007, 709.
72 Vgl. BVerwG v. 13.09.2016 – 6 B 12/16, NJW 2017, 101; BVerwG v. 08.12.2014 – 6 C 16/14 , NJW 2015, 1321; BVerwG v. 24.03.1981 – 7 B 44.81, StAZ 1984, 131; BVerwG v. 27.09.1993 – 6 B 58.93 (n.v.); VG Augsburg, v. 17.07.2003 – Au 1 K 02.774 (n.v.); VG Trier v. 07.07.2014 – 6 K 392/14, StAZ 2014, 373. Anwendungsfälle etwa bei permanenten Hänseleien wegen des Vornamens »Nikolaus« und der Figur des Weihnachtsmanns: VG Freiburg v. 19.06.2006 – 1 K 1495/05, NJW-RR 2007, 709. Zu beachten ist, dass Vornamen von Kindern, die älter als 1 Jahr und jünger als 16 Jahre sind, nur aus schwerwiegenden Gründen zum Wohl des Kindes geändert werden sollen (Nr. 62 NamÄndVwV); vgl. aber auch OVG Münster v. 31.05.2016 – 16 A 754/14, StAZ 2017, 185 (Wenn ein weiterer Vorname betroffen ist und der erste vorhandene Vorname erhalten bleibt, tritt das öffentliche Interesse noch weiter zurück).
73 VG Würzburg v. 24.05.2017 – W 6 K 17.4 (n. v.). Vgl. auch VG Hannover v. 07.12.2017 – 10 A 358/16 (n. v.): Erforderlich sei eine seelische Belastung, die durch das Führen des Geburtsnamens bewirkt werde. Da dieser im täglichen Leben seltener gebraucht werde als der Nachname, sei es schwieriger, eine Belastung

§ 22 Namensänderung

der Vornamenskontinuität[74] etwa dann regelmäßig zurücktreten, wenn ein Kind aus religiöser Überzeugung seinem Vornamen einen ihm als »Taufnamen« beigegebenen Vornamen voranstellen[75] will.[76] Gleiches gilt für anstößige Vornamen.[77] Die angegebenen sozialen oder psychischen Schwierigkeiten müssen jedoch wiederum unter Berücksichtigung der gegebenen Umstände nach allgemeiner Verkehrsauffassung verständlich und begründet sein.[78] Dies wurde etwa bejaht für die geringfüge Änderung des Vornamens (»Josef« in »Joseph«) wenn die damit herbeigeführte Übereinstimmung mit der Schreibweise des Vornamens in Reisedokumenten eines anderen Wohnsitzlandes erforderlich ist, um Schwierigkeiten bei der wiederholten Einreise zu vermeiden.[79] Nicht per se ausreichend ist jedoch die über Jahre andauernde, wissentliche Führung eines falschen, d.h. nicht dem Eintrag im Geburtenregister entsprechenden Vornamens.[80] Anders kann es sich bei der Führung eines anderen als den rechtlich zugewiesenen Namen in gutem Glauben verhalten. Hier gebieten

---

durch die Verwendung des Geburtsnamens nachvollziehbar darzulegen. Für die Änderung des Geburtsnamens hätten höhere Voraussetzungen zu gelten.

74 Zu dem Begriff BVerwG v. 13.09.2016 – 6 B 12/16, NJW 2017, 101.

75 Nach VG Trier (v. 07.07.2014 – 6 K 392/14, StAZ 2014, 373) ist das öffentliche Interesse in diesen Fällen in noch geringerem Umfang als bei einer »Auswechslung« des Vornamens betroffen, da der Betroffene »auch weiterhin unter dem bisher allein geführten Namen identifizierbar ist.« Gleichwohl müssten auch in diesem Fall »wichtige Gründe« für die Vornamensänderung streiten (die in dem konkreten Fall abgelehnt wurden).

76 BVerwG v. 26.03.2003 – 6 C 26/02, StAZ 2003, 240; vgl. auch VGH München v. 03.06.1992 – 5 B 92.162, NJW 1993, 346: »Ein Übertritt zum Islam stellt jedenfalls dann einen wichtigen Grund i.S.v. § 3 Abs. 1 NÄndG dafür dar, dem bisherigen Vornamen einen islamischen weiteren hinzuzufügen, wenn die Ernsthaftigkeit des religiös begründeten Begehrens durch zusätzliche Umstände unterstrichen wird (hier: Eheschließung mit einer Angehörigen der moslemischen Glaubensgemeinschaft und aktive Teilnahme am Glaubensleben).« Vgl. auch VG Berlin v. 14.11.2017 – 3 K 334.15 (n.v.): Ein Recht zur Namensänderung kann grundsätzlich aus der Religionsfreiheit folgen. Diese umfasst nicht nur die innere Freiheit zu glauben oder nicht zu glauben, sondern auch die äußere Freiheit, den Glauben zu manifestieren, zu bekennen und zu verbreiten. Dazu gehört auch das Recht des Einzelnen, sein gesamtes Verhalten an den Lehren seines Glaubens auszurichten und seinen inneren Glaubensüberzeugungen gemäß zu handeln. Entscheidend ist dabei auch, dass der Betroffene wegen seines Glaubens nicht ohne innere Not von dem betreffenden Handeln absehen kann. Insoweit kann auch der Übertritt zum buddhistischen Glauben einen Anspruch auf Namensänderung begründen, wenn im konkreten Einzelfall substantiiert und nachvollziehbar dargelegt ist, dass nach dem Selbstverständnis des Grundrechtsträgers eine Beibehaltung des Namens eine mit Blick auf die Glaubensausübung unauflösbare Gewissensnot auslösen würde. Jedoch ist ein Anspruch auf Namensänderung wegen des Übertritts zu einem anderen Glauben grundsätzlich nicht begründet, wenn der Glaube vor der Antragstellung bereits mehr als 14 Jahre ausgeübt wurde.

77 VG Münster v. 17.10.2008 – 1 K 1406/08 StAZ 2009, 186 – in concreto abgelehnt für den Antrag, den Vornamen »Beate« in »Beatrice« zu ändern, da in französischsprachigen Ländern der Vorname Beate nicht bekannt sei und das französische Wort »béate« unter anderem Betschwester, scheinheilig und in Verbindung mit »être« umgangssprachlich Maulauffenfeil halten bedeute. Die bloße Häufigkeit eines Vornamens rechtfertigt ebenfalls kein legitimes Interesse an einer Änderung (BVerwG v. 09.11.1988 – 7 B 167/88, NJW-RR 1989, 643: »Die Häufigkeit des Vornamens Georg gibt keinen wichtigen Grund dafür ab, im Wege der Namensänderung einen weiteren Vornamen hinzuzufügen.«); zu dem Wunsch nach Integration durch Änderung eines Vornamens ausländischen Ursprungs VG Göttingen v. 25.04.2012 – 4 A 18/11, StAZ 2013, 25.

78 VG Würzburg v. 24.05.2017 – W 6 K 17.4 (n. v.); VG Trier v. 07.07.2014 – 6 K 392/14.TR (n. v.); Vgl. auch VG München v. 20.09.2017 – M 7 K 16.2615 (n. v.): Keine Namenswahl einer bekannten Romanfigur (Oliver Twist). Nr. 53 Abs. 3 NamÄndVwV beinhaltet insofern eine deutliche Vorgabe, dass die Namen bekannter Romanfiguren bei Namensänderungen keine Verwendung finden sollen. Ein Grund, hiervon abzuweichen, ist nicht erkennbar. Dass der Kläger zwischen dem beschriebenen Leben von Oliver Twist und seinem Leben Parallelen sieht, reicht insofern nicht aus.

79 BVerwG v. 13.9.2016 – 6 B 12/16, NJW 2017, 101 im Anschluss an BVerwG 01.10.1980 – 7 C 3079, StAZ 1981, 247. Der Kläger war geschäftlich sehr häufig in den USA; dort werde sein Vorname immer mit »ph« geschrieben. Bei US-Behörden führe dies gelegentlich zu Problemen.

80 OVG Berlin-Brandenburg v. 28.7.2017 – OVG 5 N 19.15 (n. v.) ; VG Würzburg v. 24.05.2017 – 6 K 17/4 (n. v.); VG Düsseldorf v. 14.08.2008 – 24 K 5069/07, StAZ 2009, 277; mit Auslandsbezug OVG Münster 26.01.1990 – 10 B 3296/88, StAZ 1990, 206. Vgl. aber auch OLG Hamm v. 21.08.2006 – 15 W 183/05, StAZ 2007, 175: ein nicht im Geburtenbuch erfasster Vorname wird über Jahre gutgläubig geführt (allerdings außerhalb des Anwendungsbereiches des NÄndG) und VG Wiesbaden v. 16.11.2016 – 6 K 1328/16 (n. v.): Die Klägerin

Vertrauensschutzaspekte regelmäßig eine Änderung des Namens.[81] Ebenfalls kann ein wichtiger Grund nicht aus Umständen begründet werden, die bereits bei der ursprünglichen Vornamensgebung hätten berücksichtigt werden können.[82]

Als neue Vornamen dürfen anstößige oder solche Bezeichnungen, die ihrem Wesen nach keine Vornamen sind, nicht gewählt werden. Gleiches gilt für Vornamen, die ihren Träger nach Verständnis des Namens in ihrem konkreten sozialen Umfeld im sozialen Geltungsanspruch herabsetzen, ihn verächtlich oder lächerlich machen oder ihn in seiner Persönlichkeitsrechtsentfaltung behindern.[83] Mehrere Vornamen können zu einem Vornamen verbunden werden; ebenso ist die Verwendung einer gebräuchlichen Kurzform eines Vornamens als selbstständiger Vorname zulässig.[84] Männliche Personen dürfen jedoch auch im Wege der Namensänderung grundsätzlich keine weiblichen Vornamen erhalten.[85] Eine Ausnahme stellt der Vorname »Maria« dar.[86]

15

Nicht in den Anwendungsbereich der §§ 5, 11 NamÄndG fallen Vornamensänderungen von Transsexuellen.[87] Für sie gelten die Sonderregelungen der §§ 1 bis 7 TranssexuellenG.[88] Nach einer Entscheidung des BVerfG[89] werden Personen, die sich dauerhaft weder dem männlichen noch dem weiblichen Geschlecht zuordnen lassen, in ihren Grundrechten aus Art. 2 Abs. 1 i.V.m. Art. 1 Abs. 1 GG (allgemeines Persönlichkeitsrecht) und Art. 3 Abs. 3 GG verletzt,»wenn das Personenstandsrecht (sie) dazu zwingt, das Geschlecht zu registrieren, aber keinen anderen positiven Geschlechtseintrag als weiblich oder männlich zulässt.«[90] Das BVerfG hat dem Gesetzgeber aufgetragen, bis zum 31.12.2018 eine diesbezügliche Neuregelung zu treffen. Hier sind im Wesentlichen zwei Optionen denkbar: Der Gesetzgeber kann die Pflicht zur Geschlechtseintragung beseitigen oder positiv (mindestens) ein drittes Geschlecht schaffen.[91] Welche Auswirkungen dies auf das Vornamensrecht zeitigen wird, ist noch nicht abzusehen.

16

---

war unter dem im Familien- und Bekanntenkreis gebräuchlichen Vornamen auch öffentlich bekannt und wollte bei der Kommunalwahl mit diesem kandidieren; Zum Ganzen *Krömer*, StAZ 2012, 151.
81 Vgl. eingehend *Hepting*, StAZ 2013, 1, 34 ff.
82 VGH München v. 12.04.2017 – 5 ZB 16.718 (n. v.); OVG Berlin-Brandenburg v. 18.02.2015 – OVG 6 B 19.14 (n. v.).
83 *Weber*, NZFam 2015, 4, 8 mit Beispielen.
84 Nr. 66 NamÄndVwV.
85 BVerwG v. 06.12.1968 – VII C 33/67, NJW 1969, 857.
86 BGH v. 15.04.1959 – IV ZB 286/58, NJW 1959, 1581.
87 Zu dem Namenseintrag Transsexueller in öffentlichen Registern und zum Verhältnis von Registerpublizität und Geheimhaltungsinteresse, *Croon-Gestefeld*, StAZ 2016, 37 (hierzu auch sogleich); zu der Abgrenzung des § 3 NamÄndG zum TranssexuellenG BVerwG v. 19.5.2016 – 6 B 38/15, NJW 2016, 2761.
88 Vom 10.09.1980 (BGBl. I 1654), zuletzt geändert durch Art. 2 Abs. 3 des Gesetzes zur Einführung des Rechts auf Eheschließung für Personen gleichen Geschlechts vom 20.7.2017 (BGBl. I S. 2787). Vgl. insbesondere § 1 TranssexuellenG:»Die Vornamen einer Person sind auf ihren Antrag vom Gericht zu ändern, wenn sie sich auf Grund ihrer transsexuellen Prägung nicht mehr dem in ihrem Geburtseintrag angegebenen Geschlecht, sondern dem anderen Geschlecht als zugehörig empfindet und seit mindestens drei Jahren unter dem Zwang steht, ihren Vorstellungen entsprechend zu leben, bei hoher Wahrscheinlichkeit anzunehmen ist, dass sich ihr Zugehörigkeitsempfinden zum anderen Geschlecht nicht mehr ändern wird, und sie Deutscher im Sinne des Grundgesetzes ist, als Staatenloser oder heimatloser Ausländer ihren gewöhnlichen Aufenthalt im Inland hat, als Asylberechtigter oder ausländischer Flüchtling ihren Wohnsitz im Inland hat oder als Ausländer, dessen Heimatrecht keine diesem Gesetz vergleichbare Regelung kennt, ein unbefristetes Aufenthaltsrecht besitzt oder eine verlängerbare Aufenthaltserlaubnis besitzt und sich dauerhaft rechtmäßig im Inland aufhält.«.
89 BVerfG v. 10.10.2017 – 1 BvR 2019/16, NJW 2017, 3643. Äußerst kritisch hierzu *Märker*, NZFam 2018, 1 (etwa: »Seine in den Beschluss hinein geschriebenen Behauptungen sind (….. naturwissenschaftlich unhaltbar.«).
90 Zuvor BGH v. 22.6.2016 – XII ZB 52/15, NJW 2016, 2885.
91 Näher hierzu *Gössl*, NJW 2017, 3649.

§ 22 Namensänderung

Antrag auf Abänderung eines ausländischen Vornamens

17 M An .....
Ich beantrage, meinen Vornamen »Magistogophoros« in »Max« zu ändern.[92]
Der Vorname, den mein Vater bei der Geburt in Griechenland ausgewählt hat, ist schwer auszusprechen und wirkt lächerlich. Dabei ist zu berücksichtigen, dass das Hinzufügen des Vornamens zu meinem Familiennamen Müller zur Unterscheidung von anderen Trägern dieses Familiennamens und besonders zu einem anderen Lebensmittelkaufmann Müller in meinem Heimatort erforderlich ist. Die Notwendigkeit der Unterscheidung hat dazu geführt, dass ich in meinem Wohnort, einem Dorf mit 300 Einwohnern, fast nur mit dem Vornamen bezeichnet werde, dessen lächerlicher Klang mein Geschäft schädigt.
Ich überreiche:
..... wie zu Muster Rdn. 11 M.
Ort, Datum   Unterschrift

■ *Kosten.* Wie zu Muster Rdn. 11 M. Die Gebühr der Verwaltungsbehörde ist jedoch auf 255,00 € begrenzt.

Antrag auf Abänderung eines falsch übersetzten Vornamens[93]

18 M An .....
Ich beantrage, meinen Vornamen »Nikolaus« in den Vornamen »Nico« zu ändern.
Als Begründung gebe ich an: Wie sich aus der beigefügten Geburtsurkunde ergibt, führe ich den Vornamen »Nikolaus«. Von meinen Eltern bin ich »Nikolaj« genannt worden. Bei der Einreise aus Kasachstan wurde dieser Name falsch in die deutschen Dokumente übersetzt: »Nikolaj« bedeutet nicht »Nikolaus«. Mein derzeitiger Vorname »Nikolaus« ist in Deutschland derart besetzt, dass ich von zahlreichen Personen mit dem Weihnachtsmann gleichgesetzt und sogar verspottet werde. Seit Schulkindertagen bis in die Gegenwart bin ich durch diese immer wiederkehrenden Assoziationen meiner Mitmenschen zwischen meinem Vornamen und ebendieser Figur betroffen. Dies stellt für ihn eine permanente psychische Belastung dar.[94] Da »Nikolaus« mein einziger Vorname ist, habe ich auch nicht die Möglichkeit, einen anderen Vornamen als Rufnamen zu wählen.
Ich habe bisher noch keinen Antrag auf Änderung des Vornamens gestellt.
Ich überreiche:
a) Die Geburtsurkunde – aus der Geburtsurkunde ergibt sich, dass mein Vorname »Nikolaus« lautet.
b) ..... bis f) ..... wie zu Muster Rdn. 11 M.
Ort, Datum   Unterschrift

■ *Kosten.* Wie zu Muster Rdn. 11 M.

---

92 Vgl. zu den »erheblichen Schwierigkeiten«, die die Länge eines ausländischen Namens und seine im deutschen Sprachraum ungewohnte Phonetik hervorrufen, als wichtiger Grund iSv § 3 Abs. 1 NamÄndG BVerwG v. 8.12.2014 – 6 C 16/14, NJW 2015, 1321.
93 Angelehnt an VG Freiburg v. 19.06.2006 – 1 K 1495/05 (n. v.).
94 Vgl. hierzu VG Potsdam v. 18.01. 2005 - 3 K 3455/99 (n. v.).

§ 23 Kirchenaustritt

I. Landesrechtliche Vorschriften

a) *Baden-Württemberg:* Gesetz über die Erhebung von Steuern durch öffentlich-rechtliche Religionsgemeinschaften in Baden-Württemberg (Kirchensteuergesetz – KiStG) vom 15.06.1978,[1] zuletzt geändert durch Art. 21 der 9. Anpassungsverordnung vom 23.02.2017;[2]

b) *Bayern:* Gesetz über die Erhebung von Steuern durch Kirchen, Religions- und weltanschauliche Gemeinschaften (Kirchensteuergesetz – KiStG) in der Fassung der Bekanntmachung vom 21.11.1994,[3],[4] das zuletzt durch Gesetz vom 24.07.2017[5] geändert worden ist, in Verbindung mit der Verordnung zur Ausführung des Kirchensteuergesetzes vom 15.03.1967,[6] zuletzt geändert durch ÄndVO vom 03.02.2015[7] (AVKirchStG); beachte überdies die Gemeinsame Bekanntmachung der Bayerischen Staatsministerien des Innern und für Unterricht und Kultus vom 08.03.2007 über den Austritt aus einer Kirche, Religionsgemeinschaft oder weltanschaulichen Gemeinschaft, die Körperschaft des öffentlichen Rechts ist;[8]

c) *Berlin:* Gesetz über den Austritt aus Religionsgemeinschaften öffentlichen Rechts (Kirchenaustrittsgesetz – KiAustrG) vom 30.01.1979,[9] zuletzt geändert durch Art. 2 des Gesetzes zur Änderung des Kirchensteuergesetzes und des Kirchenaustrittsgesetzes vom 17.12.2014;[10]

d) *Brandenburg:* Verordnung zur Bestimmung der zuständigen Stelle zur Entgegennahme und über die Behandlung von Austrittserklärungen aus einer Kirche, einer Religionsgemeinschaft oder Weltanschauungsvereinigung des öffentlichen Rechts (Kirchenaustrittsverordnung – KiAusV) vom 28.10.2004[11] (auf der Grundlage des § 5 Abs. 4 des Brandenburgischen Kirchensteuergesetzes vom 25.06.1999);[12] letzte Änderung vom 22.08.2013;[13]

e) *Bremen:* Gesetz über die Erhebung von Steuern durch Kirchen, andere Religionsgemeinschaften und Weltanschauungsgemeinschaften der freien Hansestadt Bremen (Kirchensteuergesetz – KiStG) vom 18.12.1974[14] i.d.F. der Bekanntmachung vom 23.08.2001,[15] geändert durch Art. 2 des Gesetzes über die Änderung des Verfahrens zur Körperschaftsrechteverleihung an Kirchen vom 22.03.2016;[16]

---

1 GBl. Ba-Wü 1978 I S. 370.
2 GBl. Ba-Wü 2017 S. 99.
3 Bay GVBl. S. 1026.
4 Bay GVBl. S. 1026.
5 Bay GVBl. 2017 S. 394.
6 Bay GVBl. 1967, S. 320, Ber. 321.
7 BayRS IV, 215.
8 Az. IA3–2007-3 und I.4–5 K 5020.5-5.90 136.
9 Berlin GVBl. S. 183.
10 Berlin GVBl. 2014 S. 519.
11 GVBl. II/04, (Nr. 35) S. 886.
12 GVBl. I S. 251.
13 GVBl. II/13, [Nr. 62].
14 BremGBl. S. 345.
15 BremGBl. S. 263; BStBl. 2002 I S. 294.
16 BremGBl. S. 200.

§ 23 Kirchenaustritt

6   f) *Hamburg:* Gesetz über den Austritt aus Religionsgemeinschaften des öffentlichen Rechts (Kirchenaustrittsgesetz – KAustrG) vom 05.03.1962, letzte Änderung: § 4 geändert durch Artikel 2 des Gesetzes vom 28.05.2014;[17]

7   g) *Hessen:* Hessisches Gesetz zur Regelung des Austritts aus Kirchen, Religions- oder Weltanschauungsgemeinschaften des öffentlichen Rechts (Kirchen-, Religions- oder Weltanschauungsgemeinschaften-Austrittsgesetz – KRWAG) vom 13.10.2009,[18] zuletzt geändert am 24.01.2017;[19]

8   h) *Mecklenburg-Vorpommern:* Gesetz über die Erhebung von Kirchensteuer im Land Mecklenburg-Vorpommern (Kirchensteuergesetz Mecklenburg-Vorpommern – KiStG M-V) vom 30.10.2014;[20]

9   i) *Niedersachsen:* Gesetz über den Austritt aus Religionsgemeinschaften des öffentlichen Rechts in Niedersachsen (Kirchenaustrittsgesetz – KiAustrG –) vom 04.07.1973,[21] letzte Änderung: § 4 geändert durch Artikel 6 des Gesetzes vom 16.12.2014;[22]

10   j) *Nordrhein-Westfalen:* Gesetz zur Regelung des Austritts aus Kirchen, Religionsgemeinschaften und Weltanschauungsgemeinschaften des öffentlichen Rechts (Kirchenaustrittsgesetz – KiAustrG) vom 26.05.1981,[23] zuletzt geändert durch 2 des Änderungsgesetzes vom 01.04.2014;[24]

11   k) *Rheinland-Pfalz:* Landesgesetz über den Austritt aus Religionsgemeinschaften (RelAuG) vom 12.10.1995;[25]

12   l) *Saarland:* Gesetz betreffend den Austritt aus den Religionsgemeinschaften öffentlichen Rechts (RGesellAusG) vom 30.11.1920, zuletzt geändert durch das Gesetz vom 31.03.2004;[26]

13   m) *Sachsen:* Gesetz über die Erhebung von Steuern durch Kirchen, Religionsgemeinschaften und gleichgestellte Vereinigungen im Freistaat Sachsen (Sächsisches Kirchensteuergesetz – SächsKiStG) vom 14.02.2002,[27] zuletzt geändert durch Art. 1 des Zweiten Änderungsgesetzes vom 10.08.2015;[28]

14   n) *Sachsen-Anhalt:* Kirchenaustrittsgesetz (LSA KiAustrG) vom 15.04.1998,[29] zuletzt geändert durch das Gesetzes vom 26.03.2004;[30]

---

17   HmbGVBl. S. 196.
18   Hess.GVBl. I S. 394.
19   GVBl. S. 12.
20   GVOBl. 2014, S. 586.
21   NdsGVBl. S. 221.
22   Nds. GVBl. S. 436.
23   GVNW 260/SGV 222.
24   GV. NRW S. 251.
25   Saarl. GVBl. 1995 S. 421.
26   Amtsbl. S. 1037.
27   SächsGVBl. S. 82; BStBl. 2002 I, S. 487.
28   SächsGVBl. S. 468; beachte: Einen zum Ende der Kirchensteuerpflicht in Sachsen führenden Austritt aus der Kirche hat der Steuerpflichtige durch Vorlage einer vom zuständigen inländischen Standesbeamten erteilten Bescheinigung oder – bei Kirchenaustritt im Ausland – einer Bescheinigung der zuständigen ausländischen Behörde nachzuweisen. Der Nachweis von nachhaltigen, aber letztlich erfolglosen Bemühungen um Erlangung dieser Bescheinigung im Ausland genügt insoweit nicht. Es ändert nichts daran, dass die erforderliche Bescheinigung nicht vorliegt: FG Sachsen v. 17.06.2015 – 6 K 605/13 (n.v.).
29   GVBl. LSA Nr. 14/1998, S. 178.
30   GVBl. LSA S. 234.

o) *Schleswig-Holstein:* Gesetz über den Austritt aus den Religionsgesellschaften des öffentlichen Rechts in Schleswig-Holstein (Kirchenaustrittsgesetz – KiAustrG) vom 08.12.1977,[31] zuletzt geändert durch Art. 2 des Gesetzes zur Änderung des Kirchensteuergesetzes und des Kirchenaustrittsgesetztes vom 01.07.2014;[32]

15

p) *Thüringen:* Thüringer Verordnung zur Regelung des Verfahrens beim Austritt aus einer öffentlich-rechtlichen Religionsgesellschaft oder Weltanschauungsgemeinschaft (ThürReWeAusDVO) vom 05.02.2009 (auf der Grundlage des § 14 Nr. 1 und 2 des Thüringer Kirchensteuergesetzes vom 03.02.2000,[33] zuletzt geändert durch Gesetz vom 16.12.2008).[34]

16

II. Die öffentlich beglaubigte Austrittserklärung

Das Bundesverfassungsgericht hat wiederholt entschieden, dass der Gesetzgeber berechtigt ist, die Wirksamkeit des Kirchenaustritts[35] an ein förmliches Verfahren zu binden.[36] Dieses richtet sich nach den o.a. landesrechtlichen Bestimmungen. Hiernach bedarf es einer öffentlich beglaubigten Austrittserklärung. In der Austrittserklärung sind der Familienname, der/die Vorname/n, Tag und Ort der Geburt, Wohnung und Familienstand (letzteres nicht nach § 2 Abs. 2 Bayrische Verordnung zur Ausführung des Kirchensteuergesetzes (AVKirchStG)) anzugeben.[37]

17

Der Adressat der Austrittserklärung variiert von Bundesland zu Bundesland. Die Austrittserklärung ist abzugeben:
– gegenüber dem **Standesbeamten** in Baden-Württemberg, Bayern, Hamburg, Niedersachsen, Mecklenburg-Vorpommern, Rheinland-Pfalz, Sachsen, Sachsen-Anhalt, Schleswig-Holstein und im ehemaligen Regierungsbezirk Pfalz des Bundeslandes Rheinland-Pfalz;

18

---

31 GVOBl. S. 491.
32 GOVBl. Schl.-H. S. 127.
33 Thü. GVBl. S. 12.
34 Thü. GVBl. S. 585.
35 Zu den spiegelbildlichen Anforderungen an den »Kircheneintritt« vgl. BVerfG v. 17.12.2014 – 2 BvR 278/11, NVwZ 2015 517: »Die Eingliederung in eine Religionsgemeinschaft setzt den wirksam bekundeten positiven Willen des Betroffenen voraus. Eine Eingliederung ist im staatsrechtlichen Bereich dann anerkennungsfähig wenn sie durch eine positive – wenn auch möglicherweise nur konkludente – Erklärung des Betroffenen legitimiert ist (hier: durch Angabe der Religion im Meldebogen des Einwohnermeldeamtes der Stadt Frankfurt a.M. als »mosaisch«). Eine darüberhinausgehende förmliche Beitrittserklärung ist nicht erforderlich.« Generell sinkt die Anzahl der Mitglieder sowohl der katholischen (von 28,3 Mio. 1990 auf 23,6 Mio. in 2016) und der evangelischen (von 25,89 Mio. in 2003 auf 21,9 Mio. in 2016) Kirche in Deutschland (Angaben nach Statista).
36 BVerfG v. 31.03.1971 – 1 BvR 744/67, NJW 1971, 931; BVerfG v. 02.07.2008 – 1 BvR 3006/07, NJW 2008, 2978 (2979); ebenso: BayVerfGH v. 22.11.2000 – Vf. 3 – VII-99, NVwZ 2001, 916; BVerwG v. 23.02.1979 – 7 C 32/78, DÖV 450, 452; BVerwG v. 26.09. 2012 – 6 C 7/12, NVwZ 2013, 64 m. Anm. *Gehm*; VGH München v. 12.05.2014 – 7 ZB 14.373, NVwZ-RR 2014, 618. Das Verlangen nach einer förmlichen Austrittserklärung rechtfertige sich durch das verfassungsrechtlich geschützte Bedürfnis nach eindeutigen und nachprüfbaren Tatbeständen als Grundlage der Rechts- und Pflichtenstellung des Betroffenen, soweit sie in den weltlichen Rechtsbereich hineinwirke. Insbesondere diene das Verfahren dem in der Verfassung wurzelnden Ziel der Sicherstellung einer geordneten Verwaltung der Kirchensteuer, das seinerseits eine zuverlässige Erfassung der Austrittserklärung und des Austrittszeitpunkts voraussetze (vgl. VGH München v. 12.05.2014 – 7 ZB 14.373, NVwZ-RR 2014, 618 (619); vgl. kritisch *Stuhlfauth*, DÖV 2009, 225.
37 Ein Anspruch auf Löschung der Eintragung im Taufbuch nach erfolgtem Kirchenaustritt besteht nicht: VGH München v. 16.02.2015 – 7 ZB 14.357, NJW 2015, 1625. Zu der Rechtsfolge des Kirchenaustritts für einen Arbeitnehmer, der bei einem kirchlichen Träger angestellt ist vgl. etwa Gagel/*Winkler*, Anhang 1 zu § 159 SGBII/SGB III, Rn. 68; zu dem Kirchenaustritt als Kündigungsgrund: BAG v. 25.04.2013 – 2 AZR 579/12, NJW 2014, 104; *Pallasch*, RdA 2014, 103; *Fischermeier*, RdA 2014, 257; vertiefend *von Tiling*, öAT 2015, 227 (Arbeitsrecht der katholischen Kirche); *ders.*, öAT 2017, 205 (Arbeitsrecht der evangelischen Kirche).

- gegenüber dem **Amtsgericht** in Berlin, Brandenburg, Hessen, Nordrhein-Westfalen,[38] Saarland, Thüringen und Rheinland-Pfalz (mit Ausnahme des ehemaligen Regierungsbezirks Pfalz),
- gegenüber der **Kirche** oder einer von den Kirchen zu bestimmenden **Kirchenstelle** in Bremen.[39]

III. Vertretung

19 Eine Vertretung kraft Vollmacht findet grundsätzlich nicht statt (vgl. § 26 KiStG Baden-Württemberg, § 2 KirchenaustrittsG Berlin, § 10 Abs. 2 KiStG Bremen, § 2 KirchenaustrittsG Hamburg, § 1 Abs. 3 KirchenaustrittsG Niedersachsen, § 3 Abs. 6 KirchenaustrittsG NRW, § 2 Abs. 4 RelAuG Rheinland-Pfalz, § 2 KirchenaustrittsG Sachsen-Anhalt, § 1 Abs. 3 KirchenaustrittsG Schleswig-Holstein). Eine explizite Ausnahme macht hierbei § 2 Abs. 3 BayAVKirchStG. Die Vollmacht muss dann öffentlich beglaubigt sein und ausdrücklich zu der Abgabe einer Erklärung über den Austritt aus einer bestimmten Kirche bevollmächtigen. Die Vollmacht darf unter keiner Bedingung, Einschränkung oder Vorbehalt erklärt werden. Auch wenn damit etwa in Bayern ein Kirchenaustritt qua Bevollmächtigung möglich erscheint, sollte der Notar die Austrittserklärung jedoch, sofern möglich, aufgrund der hiermit einhergehenden Rechtsunsicherheiten etwa hinsichtlich der Identität und Geschäftsfähigkeit[40] des Bevollmächtigenden grundsätzlich *nicht* durch Bevollmächtigte erklären lassen.

20 Ehegatten, Lebenspartner und Kinder können den Austritt nach einzelnen landesrechtlichen Vorschriften in derselben Urkunde erklären (vgl. z.B. § 1 Abs. 2 KirchenaustrittsG Berlin). Das 12jährige Kind muss einwilligen und das 14jährige die Erklärung selbst abgeben (vgl. § 2 KirchenaustrittsG NRW).

IV. Bedingte Erklärung

21 Die Austrittserklärung ist unwirksam, wenn sie an Bedingungen gebunden ist (vgl. etwa § 3 Abs. 4 NWKiAustrG). Dies dient der Vermeidung von Rechtsunsicherheiten und ist verfassungsrechtlich unbedenklich.[41] Die Erklärung muss zwar nicht begründet werden, ihr dürfen aber auch keine Zusätze beigefügt werden, etwa derart, dass sich diese Erklärung nicht auf die Zugehörigkeit zur Glaubensgemeinschaft beziehe, der man weiterhin angehören

---

38 Vgl. § 25 Gesetz über die Justiz im Land Nordrhein-Westfalen (Justizgesetz Nordrhein-Westfalen – JustG NRW) vom 26.01.2010 (GV. NRW. S. 30), zuletzt geändert durch Art. 1 des Gesetzes v. 18.12.2012 (GV. NRW. S. 672), wonach funktional in NRW die Rechtspfleger für die Erteilung der Austrittsbescheinigung zuständig sind.
39 Die Erklärung kann indes auch beim Standesamt erklärt werden. Sie wird dann dort beglaubigt und muss (per Einschreiben) an die zuständige Kirchenstelle gesandt werden.
40 Beachte: Für die Erklärung des Austritts aus einer Kirchengemeinschaft ist die Geschäftsfähigkeit keine Voraussetzung nach dem SächsKiStG. Für eine geschäftsunfähige volljährige Person darf der Betreuer die Erklärung des Austritts wirksam abgeben: VG Leipzig v. 10.08.2016 – 4 K 1568/14, NZFam 2017, 133. § 3 Abs. 1 Satz 1, Abs. 3 SächsKiStG – der eine höchstpersönliche Erklärung voraussetzt – ist insoweit verfassungskonform teleologisch zu reduzieren.
41 BVerfG v. 02.07.2008 – 1 BvR 3006/07, NJW 2008, 2978.

wolle⁴² oder der Vorbehalt, die Austrittserklärung erfolge (nur) »im meldeamtlichen Sinn«.⁴³ Solche Zusatzverbote begegnen auch verfassungsrechtlich keinen Bedenken.⁴⁴ Wer den Austritt aus einer Kirche erklärt, die nach staatlichem Recht den Status einer Körperschaft des öffentlichen Rechts hat und deswegen u.a. zur Erhebung von Kirchensteuer berechtigt ist, kann seine Austrittserklärung dementsprechend nicht auf den staatlichen Rechtskreis beschränken.⁴⁵ Eine derartige Erklärung enthält einen unzulässigen Zusatz⁴⁶ und ist daher unwirksam.

Zu vermeidende Missverständnisse über die Reichweite der Erklärung werden etwa hervorgerufen, wenn der Erklärende der Konfessionsbezeichnung relativierende Ergänzungen anfügt, indem er den Erklärungskern in räumlicher, zeitlicher oder personeller Hinsicht beschränkt, erweitert oder sonst modifiziert. **22**

V. Frist

Eine gesetzliche Frist (Überlegungsfrist), aufgrund deren ein Kirchenaustritt erst 1 Monat nach Eingang der Austrittserklärung bei der zuständigen Behörde rechtlich wirksam wird, ist mit dem Grundgesetz unvereinbar. Ebenso ist mit dem Grundgesetz unvereinbar, einen aus der Kirche Ausgetretenen noch bis zum Ende des laufenden Steuerjahres zur Kirchensteuer heranzuziehen.⁴⁷ **23**

Austrittserklärung von Ehegatten

An das Amtsgericht (.....) **24 M**
Frau ....., geborene ....., geboren am ..... in ....., und ihr Ehemann ....., geboren am ..... in ....., beide wohnhaft ....., verheiratet seit ....., Heiratsurkunde Nr. ..... des Standesamtes ....., erklären ihren Austritt aus der ..... Kirche, deren Kirchengemeinde ..... sie bisher angehört haben. Die Ehe ist kinderlos.
Sie bitten, ihnen eine Bescheinigung über den vollzogenen Austritt zu erteilen.
Ort, Datum   Unterschrift
Beglaubigungsvermerk

---

42 BVerwG v. 23.02.1979 – 7 C 37/78, NJW 1979, 2322 und BVerwG v. 26.09.2012 – 6 C 7/12, JZ 2013, 149: »Wer aufgrund staatlicher Vorschriften aus einer Religionsgemeinschaft mit dem Status einer Körperschaft des öffentlichen Rechts austreten will, darf seine Erklärung nicht auf die Körperschaft des öffentlichen Rechts unter Verbleib in der Religionsgemeinschaft als Glaubensgemeinschaft beschränken.«; vgl. hierzu *Muckel*, JA 2013, 314; *Renninger*, BLJ 2015, 22 und *Neumann*, jurisPR-BVerwG 24/2012 Anm. 4 (beide Entscheidungsbesprechungen von BVerwG v. 26.09.2012 – 6 C 7/12, Z 2013, 149); vgl. auch OVG Koblenz v. 01.02.2016 – 6 A 10941/15.OVG (n.v.).
43 BayVerfGH v. 11.4.2016 – Vf. 68-VI-14, NVwZ-RR 2016, 681; zuvor VGH München v. 12.05.2014 – 7 ZB 14.373, NVwZ-RR 2014, 618 (als unzulässige Einschränkung im Sinne von § 2 Abs. 4 Satz 2 Halbsatz 2BayAVKirchStG).
44 BVerfG v. 02.07.2008 – 1 BvR 3006/07, DVBl. 2008, 1184; BVerwG v. 26.09.2012 – 6 C 7/12, NVwZ 2013, 61 m. Anm. *Gehm*, NVwZ 2013, 64.
45 VGH Mannheim v. 04.05.2010 – 1 S 1953/09, VBlBW 2010, 434.
46 Konkret nach § 26 Abs. 1 S. 2 Hs. 2 Kirchensteuergesetz Baden-Württemberg (KiStG).
47 BVerfG v. 08.02.1977 – 1 BvR 2237/73, NJW 1977, 1279; vgl. zu der Kirchensteuerproblematik *Meyering/Serocka*, DStR 2013, 2608; *Muckel*, NVwZ 2013, 260; *Löhnig*, NVwZ 2013, 39; *Gehm*, VBlBW 2010, 424; *Kapischke*, DB 2004, 510 und VGH Kassel v. 12.10.2012 – 5 A 1082/12, LKRZ 2013, 82. Zu der Steuerberaterhaftung bei unzureichender Beratung eines italienischen Fußballprofis zur Kirchensteuer OLG München v. 23.12.2016 – 15 U 2063/14, DStRE 2016, 1337 (Nichtzulassungsbeschwerde eingelegt).

§ 23 Kirchenaustritt

■ *Kosten.* Es handelt sich um eine nichtvermögensrechtliche Angelegenheit entsprechend § 36 GNotKG,[48] nämlich die Beendigung der Mitgliedschaft in einer Glaubensgemeinschaft, die aber mittelbar einen vermögensrechtlichen Bezug, nämlich den Wegfall der Kirchensteuerpflicht, hat. Deshalb ist hier nicht der Auffangwert von 5.000 Euro gemäß § 36 Abs. 3 GNotKG zugrunde zu legen, sondern der Wert stattdessen nach § 36 Abs. 2 GNotKG unter Berücksichtigung des Umfangs der künftig entfallenden Kirchensteuer zu schätzen.[49] Ausgehend vom aktuellen Jahresbetrag der Steuer kann der 20-fache bzw. der sich nach § 52 Abs. 4 GNotKG ergebende Wert angesetzt werden.[50]

Die für den Kirchenaustritt anfallenden Gebühren der öffentlichen Stellen variieren nach dem jeweiligen Bundesland.

Austrittserklärung zu Protokoll des Urkundsbeamten der Geschäftsstelle

25 M
....., den .....
Es erschien ..... geborene ....., ausgewiesen durch ....., geboren am ..... in ....., und deren Ehemann ....., ausgewiesen durch ....., geboren am ..... in ....., beide wohnhaft ....., Heiratsurkunde Nr. ..... Standesamt ..... und erklärten – zugleich für ihr Kind ..... geboren am ..... in ..... – mit Wirkung zum ..... den Austritt aus der ..... Kirche. Das miterschienene Kind erklärte seine Zustimmung.
Das Protokoll wurde den Erschienenen vorgelesen, von ihnen genehmigt und wie folgt eigenhändig unterschrieben.

                 Unterschrift(en)
              ..... als Urkundsbeamter der Geschäftsstelle

■ *Kosten.* Für das Verfahren werden z.T. Gerichtskosten erhoben; vgl. etwa § 6 KiAustrG NRW.

---

48 BeckOK Kostenrecht/*Soutier*, § 36 GNotKG Rn. 29.
49 Korinthenberg/*Bormann*, § 36 GNotKG Rn. 70.
50 Bormann/Diehn/Sommerfeldt/*Diehn*, § 36 GNotKG Rn. 36.

§ 24 Vollmacht

I. Allgemeiner Teil

1. Vollmacht und zugrunde liegendes Rechtsverhältnis

Eine Willenserklärung, die für einen anderen abgegeben wird, wirkt für und gegen den Vertretenen, wenn der Vertreter diese Erklärung mit Vertretungsmacht abgibt. Die Vertretungsmacht kann dem Vertreter kraft Gesetz, kraft seiner Stellung als Organ oder kraft einer rechtsgeschäftlich erteilten Vollmacht (Legaldefinition in § 166 Abs. 2 BGB) zustehen. Nur von letzterer handelt dieses Kapitel. **1**

Das der Vollmacht zugrunde liegende *Abstraktionsprinzip* bewirkt, dass zwischen *Vollmacht* als Legitimation gegenüber Dritten (Außenverhältnis) und dem ihr zugrunde liegende Rechtsverhältnis (Innenverhältnis) – das *Auftrag, Dienstvertrag, Geschäftsbesorgungsvertrag* usw. sein kann – unterschieden wird. Pflichtverletzungen im Innenverhältnis können Schadensersatzansprüche des Vertretenen gegen den Vertreter begründen, schlagen aber grundsätzlich nicht auf die Wirksamkeit der Vollmacht im Außenverhältnis durch. **2**

Davon ist nur dann eine Ausnahme zu machen, wenn derjenige, gegenüber dem der Vertreter die Erklärung abgibt, von der Überschreitung der im Innenverhältnis gesetzten Grenzen weiß oder gar mit dem Vertreter zum Nachteil des Vertretenen »hinter dessen Rücken« kollusiv zusammenwirkt. Während letzterer Fall der Kollusion zu einer Nichtigkeit des Rechtsgeschäfts nach § 138 Abs. 1 BGB führt,[1] sind die Rechtsfolgen eines Missbrauchs der Vertretungsmacht bei Bösgläubigkeit des Erklärungsempfängers umstritten, wenngleich die Differenzen über die rechtsdogmatische Erklärung der gewollten Restriktion nicht überwertet werden sollten. Während Teile der Literatur von einem Handeln ohne Vertretungsmacht ausgehen, sieht die Rechtsprechung die Erklärung als von der Vertretungsmacht gedeckt an und verwehrt dem Erklärungsempfänger jedoch gemäß § 242 BGB, sich auf das Bestehen der Vertretungsmacht zu berufen.[2] **3**

Eine im Außenverhältnis unbeschränkte Vollmacht berechtigt den Vollmachtnehmer nicht zur Abgabe von Erklärungen gegenüber dem Grundbuchamt, die ihm durch interne Abrede mit dem Vollmachtgeber in derselben Urkunde untersagt sind, wenn evident ist, dass dem Vollmachtgeber durch die Erklärung ein Vermögensschaden entsteht.[3] **4**

Zur *Ausführungsvollmacht nebst Doppelvollmacht des Notars* s.u. § 95 Rdn. 10 und § 97 Rdn. 29 ff. **5**

Zur *Vorsorgevollmacht* unten § 96 Rdn. 25 ff.

2. Vertretungsverbote und Umfang der Vollmacht

1. Die Erteilung einer Vollmacht ist zwar grundsätzlich für alle Rechtsgeschäfte zulässig. Allerdings hat der Gesetzgeber einigen Rechtsgeschäften eine so hohe Bedeutung zugemessen, dass er hier die Möglichkeit der Vertretung ausgeschlossen hat. So ist die Stellvertretung unzulässig für die Eheschließung (§ 1311 Satz 1 BGB), die Begründung einer Lebenspartnerschaft (§ 1 LPartG), die Testamentserrichtung (§ 2064 BGB), den Abschluss eines Erbvertrages (§ 2274 BGB). Weitere Ausschlusstatbestände befinden sich § 1516 Abs. 2 Satz 1 BGB **6**

---

[1] Palandt/*Heinrichs*, § 164 BGB Rn. 107 m.w.N.
[2] BGH NJW 1966, 1911.
[3] OLG München, Beschl. v. 13.06.2006 – 32 Wx 079/06, DNotI-Report 2006, 144.

(Zustimmung des Ehegatten zur Ausschließung eines Abkömmlings von der fortgesetzten Gütergemeinschaft), § 1596 Abs. 4 BGB (Vaterschaftsanerkennung und Zustimmungserklärung), § 1600a Abs. 1 BGB (Anfechtung der Vaterschaft), § 1626c Abs. 1 BGB (Abgabe einer Sorgeerklärung), § 1750 Abs. 3 Satz 1 BGB (Einwilligungserklärung zu einer Annahme als Kind), § 1762 Abs. 1 Satz 3 BGB (Antrag auf Aufhebung einer Annahmeverhältnisses), § 2256 Abs. 2 Satz 2 BGB Rücknahme eines Testamentes aus der amtlichen Verwahrung), § 2282 Abs. 1 Satz 1 BGB (Anfechtung eines Erbvertrages), § 2284 Abs. 1 BGB (Bestätigung eines anfechtbaren Erbvertrages), § 2290 Abs. 2 Satz 1 BGB (Aufhebung eines Erbvertrages), § 2296 Abs. 1 Satz 2 BGB (Rücktritt von einem Erbvertrag), § 2347 Abs. 2 Satz 1 BGB (Erbverzichtsvertrag), § 2351 BGB (Aufhebung eines Erbverzichtsvertrages), § 48 HGB (Erteilung einer Prokura).

7 In der Literatur wird teilweise angenommen, dass sich ein Vertretungsverbot auch aus der Natur des Rechtsgeschäfts ergeben kann. So wird teilweise die Vollmacht zur Abgabe einer Zustimmungserklärung nach §§ 1365, 1366, 1369 BGB als unzulässig erachtet.[4] Diese Auffassung ist nicht überzeugend, weil die §§ 1365, 1366, 1369 BGB ehevertraglich abbedungen werden können und selbst der Ehevertrag durch einen Bevollmächtigten abgeschlossen werden kann.[5] Es ist daher kein Grund ersichtlich, warum dann nicht auch eine Vollmacht zur Abgabe der Erklärungen nach §§ 1365, 1366, 1369 BGB möglich sind soll.

8 Die Nichtigkeit einer Vollmachtserteilung kann sich auch aus § 134 BGB ergeben, wenn die Erteilung gegen ein gesetzliches Verbot verstößt. Von Bedeutung in der notariellen Praxis war dies in der Vergangenheit insbesondere bei Vollmachtserteilungen im Rahmen von Geschäftsbesorgungsverträgen bei Bauträgermodellen. Die im Rahmen dieser Modelle dem Geschäftsbesorger erteilten Vollmacht, u.a. einen Grundstückserwerb abzuwickeln, verstießen, bei Vorliegen der Voraussetzungen im Übrigen, gegen Art. 1 § 1 Abs. 1 RBerG[6] und waren daher nichtig.

9 2. Wird der Notar mit dem Entwurf einer Vollmacht beauftragt, ist zunächst der Umfang der Vollmacht zu bestimmen. Dieser richtet sich nach ihrem *Zweck*. Um diesen zu ermitteln, muss der Notar prüfen, wozu die Vollmacht ausgestellt werden soll. Aufgrund der weitreichenden rechtlichen Handlungsmöglichkeiten des Bevollmächtigten soll er zur Generalvollmacht und zur Befreiung von den Beschränkungen des § 181 BGB nur bei besonderem Vertrauensverhältnis zwischen Vollmachtgeber und Bevollmächtigtem raten. Folgende Punkte sollten erörtert werden:

10 a) Die *Dauer* der Vollmacht. S. unten Rdn. 36 ff.

11 b) Die Ermächtigung zur Bestellung von *Unterbevollmächtigten*.[7] Dies ist auch ohne ausdrückliche Ermächtigung anzunehmen, wenn nach den Umständen des Falles der der Vollmacht zugrunde liegende Auftrag (oder das sonstige Geschäft) nicht ohne Unterbevollmächtigung ausgeführt werden kann. Vorsorglich sollte diese Ermächtigung jedoch aufgenommen oder explizit ausgeschlossen werden.[8]

---

4 MüKo-BGB/*Schramm*, Vor § 164 BGB Rn. 74 m.w.N.
5 Soergel/*Leptien*, Vor § 164 BGB Rn. 84.
6 Z.B. BGH, Urt. v. 20.04.2004, DNotI-Report 2004, 114; dazu auch *Nittel*, NJW 2002, 2599 und *Jaswig*, ZfIR 2004, 45.
7 Zu unter Vollmachten bei General-und Vorsorgevollmachten siehe *Schüller*, RNotZ 2014, 585 ff.
8 Zu Risiken und Gestaltungsmöglichkeiten betr. Untervollmachten im Rahmen von General- und Vorsorgevollmachten vgl. *Schüller*, RNotZ 2014, 585.

c) Die Befreiung des Bevollmächtigten von den *Beschränkungen des § 181 BGB*. Auch das kann zuweilen aus den Umständen entnommen werden,[9] ist jedoch zur Vermeidung von Zweifeln ausdrücklich zu erklären.

d) Gegebenenfalls die Befugnis zur Einwilligung gemäß §§ 1365, 1369 BGB: Der über sein Vermögen im Ganzen oder ihm gehörende Haushaltsgegenstände verfügende *Ehegatte* kann vom anderen nach hier vertretener Auffassung (s. dazu auch Rdn. 7) dazu ermächtigt werden, die nach § 1365 bzw. § 1369 BGB erforderliche *Einwilligung* sich selbst zu erteilen. Nach § 181 BGB muss ihm auch ein Handeln mit sich selbst besonders gestattet werden. Die Vollmacht kann auch allgemein, also für die zukünftigen Fälle, erteilt werden, und zwar in einer besonderen Urkunde oder in Verbindung mit einer allgemeinen (General-)Vollmacht. Die übliche Fassung »mich in allen meinen Angelegenheiten zu vertreten« lässt nicht mit Sicherheit erkennen, ob sie die Ermächtigung zur Ausübung des Mitspracherechtes des bevollmächtigenden Ehegatten zur Verfügung des anderen Ehegatten über sein Vermögen mit enthält. Ihre Hervorhebung ist deshalb geboten.

Ein Ausschluss des Widerrufes auf längere Zeit oder gar für die Dauer der Zugewinngemeinschaft, also im Regelfall für die Dauer der Ehe, würde jedoch einen Verzicht auf das Mitspracherecht des Ehegatten und damit eine Änderung des gesetzlichen Güterstandes bedeuten und eines Ehevertrages nach den §§ 1408 ff. BGB bedürfen. S. unten § 82 Rdn. 2 ff.

e) Bei mehreren Bevollmächtigten ist zu klären, ob diesen jeweils Einzelvollmacht oder Gesamtvertretungsmacht mit Folge zukommen soll, ob diese nur gemeinsam vertreten können.

f) Es ist zu prüfen, ob der Vollmachtgeber im gesetzlichen Güterstand lebt. Wenn ein Ehegatte Vollmacht zu einem Rechtsgeschäft gibt, das eine Verfügung über sein wesentliches Vermögen beinhaltet, so ist daran zu denken, die Genehmigung des anderen Ehegatten gemäß § 1365 BGB in die Vollmacht aufzunehmen und die Vollmacht von beiden Ehegatten unterzeichnen zu lassen.

g) *Abzuraten* ist von einer *wortreichen Fassung* der Vollmacht. Der Versuch, den Bevollmächtigten in allen Einzelheiten an den Willen des Vollmachtgebers zu binden, hat nicht einmal dann Aussicht auf einen vollen Erfolg, wenn der Vollmachtgeber annähernd voraussehen kann, was die zukünftige Verhandlung und Beurkundung bringt. Das Aufzeichnen all dessen, was der Bevollmächtigte darf, erweist sich nicht selten doch noch als unvollständig. Ist unter den Ermächtigungsziffern a bis z etwas nicht aufgeführt, was der Bevollmächtigte erklärt hat, so ist es vor dem Grundbuchamt durch ein Berufen auf die Auslegungsregeln der §§ 133, 157 BGB kaum zu ersetzen, zumal die Masse der Aufzählungen dagegen spricht, dass auch noch etwas gewollt ist, was nicht ausdrücklich in der Vollmacht steht. Wer einzeln aufführen will, was annähernd einer Generalvollmacht gleichkommt, benötigt dazu mehrere Seiten, wie in ausländischen Staaten ausgestellte Vollmachten häufig zeigen. Sollte trotz der vorgenannten Bedenken eine genaue Bezeichnung desjenigen, was der Bevollmächtigte erklären soll, gewünscht sein, sollte dies durch den Zusatz »insbesondere« gekennzeichnet werden. Dies vermeidet die Gefahr, das in der Aufzählung etwas vergessen wird. Hilfreich sind gegebenenfalls auch Zusätze, wie »die Vollmacht ist im Zweifel weit auszulegen« oder »den genauen Umfang legt der Bevollmächtigte bei Ausübung der Vollmacht fest«, um spätere Auslegungsschwierigkeiten lösen zu können.[10]

---

9 S. z.B. OLG München DNotZ 1974, 229.
10 *Krafka*, DNotZ 2015, 638.

18 h) Eine Vollmacht kann nicht einseitig von dem Bevollmächtigten auf einen Dritten *übertragen* werden.[11] Allerdings lässt sich das gewünschte Ziel einer Übertragung bzw. Ersatzbevollmächtigung konstruktiv in der Weise erreichen, dass der Hauptbevollmächtigte eine Untervollmacht dergestalt erteilt, dass der Hauptvertreter die Untervollmacht namens des Vertretenen erteilt, sodass der Untervertreter den Geschäftsherrn direkt repräsentiert.[12] Erteilt ein Unterbevollmächtigter unmittelbar im Namen des Geschäftsherrn eine Eintragungsbewilligung, ist gegenüber dem Grundbuchamt der Fortbestand von Untervollmacht und Hauptvollmacht nachzuweisen. Dabei kommt es bei der Untervollmacht auf den Zeitpunkt der Wirksamkeit der Bewilligung und bei der Hauptvollmacht auf den Zeitpunkt der Erteilung der Untervollmacht an.[13]

19 i) Bei der Erteilung von Vollmachten durch ein Vertretungsorgan einer Gesellschaft stellt sich häufig die Frage, ob dieses den Bevollmächtigten von den Beschränkungen des § 181 BGB befreien kann. Dies ist nur dann möglich, wenn das Vertretungsorgan selbst von den Beschränkungen des § 181 BGB befreit ist. Denn das Vertretungsorgan kann nur das weitergeben, was es selbst hat. Erfolgt die Befreiung des Vertreters, ohne dass das Vertretungsorgan selbst von § 181 BGB befreit ist, handelt der Vertreter insoweit ohne Vertretungsmacht. Zur Möglichkeit der Nachgenehmigung eines solchen Vertretergeschäftes vgl. § 25 Rdn. 15

3. Form der Vollmacht

20 Die Bevollmächtigungserklärung ist gesetzlich *grundsätzlich formfrei*. Allerdings wird sie im Rechtsverkehr wegen der Legitimation des Bevollmächtigten zumeist schriftlich in einer Vollmachtsurkunde (kurz mit »Vollmacht« bezeichnet) gegeben und nachgewiesen.

21 Sie kann gegenüber dem zu Bevollmächtigenden oder dem Dritten, gegenüber dem vertreten werden soll, abgegeben werden.

22 Auch die mündlich erteilte Vollmacht kommt vor, besonders unter Ehegatten; z.B.: wenn ein Ehegatte nicht am Notartermin teilnehmen kann, er aber vom anderen Ehegatten vertreten werden will.

Rubrum bei mündlich erteilter Vollmacht

23 M .....
hier handelnd
a) im eigenen Namen,
b) als mündlich Bevollmächtigter für seine Ehefrau .....
– Vollmachtsbestätigung in grundbuchtauglicher Form nachzureichen versprechend –.

a) Formlosigkeit der Vollmacht und Ausnahmen

24 Grundsätzlich bedarf die Vollmacht nicht der Form, die für das Rechtsgeschäft bestimmt ist, auf das sie sich bezieht (§ 167 Abs. 2 BGB). Neben der jederzeit möglichen gewillkürten Formbedürftigkeit der Vollmacht, wird dieser gesetzlich aufgestellte Grundsatz jedoch von der Rechtsprechung in verschiedenen Fällen wieder eingegrenzt, um dem Formzweck des Vertretergeschäfts Geltung zu verschaffen. Von dem Grundsatz der Formfreiheit sind daher folgende wichtige *Ausnahmen* zu machen:

---

11 MüKo-BGB/*Schramm*, § 164 BGB Rn. 66 m.w.N.
12 Vgl. Staudinger/*Schilken*, § 167 BGB Rn. 60.
13 KG RNotZ 2015, 567.

a) Zwar ist die Vollmacht für eine zu beurkundende *Grundstücksveräußerung* oder für einen *Grundstückserwerb* (§ 311b Abs. 1 Satz 1 BGB) grundsätzlich formfrei. Eine Formpflichtigkeit wird von der Rechtsprechung jedoch dann angenommen, wenn die Vollmacht bereits denselben Zwecken dienen soll wie das Hauptgeschäft, also schon eine Bindung enthält. Das gilt stets für die *unwiderrufliche* Grundstücksveräußerungsvollmacht und die unwiderrufliche Grundstückserwerbsvollmacht.[14] Eine solche Bindung liegt darüber hinaus nicht immer, aber häufig vor, wenn der Bevollmächtigte zur Veräußerung an sich selbst wegen *§ 181 BGB* besonders ermächtigt wird, zumal dann, wenn sich die Vollmacht auf ein bestimmtes Grundstück bezieht. In der Generalvollmacht ist dann in der Regel nur die allgemeine Befreiung von den Beschränkungen des § 181 BGB nichtig, der sonstige Inhalt jedoch wirksam.[15]

25

b) Die grundsätzlich auch formfreie *Auflassungsvollmacht* ist unter den gleichen Voraussetzungen form- und damit beurkundungsbedürftig.[16] Gleiches wird man für ähnlich gelagerte Fälle, wie bspw. für die unwiderrufliche Vollmacht zur Änderung einer Teilungserklärung annehmen können.

26

c) Die Vollmacht zur *Verfügung über einen Erbteil* oder zu einem *Erbschaftsverkauf* teilt zwar grundsätzlich nicht den Beurkundungszwang (§ 2033 Abs. 1 Satz 2 und § 2371 BGB) dieser Geschäfte, § 167 Abs. 2 BGB. Sie unterliegt ihm aber, wenn sie die gleiche Rechtslage, namentlich die Bindung, herbeiführt wie die Übertragung des Erbanteils selbst.[17] Gleiches wird man für die Vollmacht zur Abgabe eines Schenkungsversprechens, zur Übertragung eines Miterbenanteils (§§ 2033 Abs. 1, 2037 BGB), zum Erbverzicht (§§ 2348, 2351, 2352 BGB) und zum Abschluss von Verträgen gemäß § 311b Abs. 2 und 5 BGB annehmen müssen.

27

d) Die aufgeführten Fälle zeigen, dass beurkundungspflichtige Ausführungsgeschäfte auch für die Vollmacht die Form der Beurkundung erfordern, wenn die Vollmacht bindend ist. Leider lässt es sich häufig nicht zweifelsfrei beantworten, ob die Voraussetzungen für eine Beurkundungspflichtigkeit der Vollmacht vorliegen. Deshalb sollte der Notar jede Bevollmächtigung zu einem beurkundungsbedürftigen Geschäft ebenfalls beurkunden. Er wählt damit die stärkere Form, die nicht teurer ist als die schwächere des Notarentwurfs mit oder ohne Unterschriftsbeglaubigung, und deren Mehrkosten auch gegenüber denen der bloßen Unterschriftsbeglaubigung nicht ins Gewicht fallen. Wegen Einzelheiten zur unwiderruflichen Vollmacht s. *Görgens*, MittRhNotK 1982, 53.

28

e) Die Vollmacht zur *Veräußerung von Geschäftsanteilen* nach § 15 Abs. 3 und 4 GmbHG ist dann beurkundungspflichtig, wenn sie den Bevollmächtigten nicht bezeichnet, also blanko erteilt wird.[18] Die Formpflicht des § 15 Abs. 3 und 4 GmbHG, soll nicht, wie es § 311b Abs. 1 Satz 1 BGB für den Veräußerer oder Erwerber eines Grundstücks bezweckt, vor einer vorschnellen Bindung schützen soll, sondern nur den bei Aktien üblichen spekulativen Verkauf verhindern.[19] Diesem Formzweck kann aber bei einer Blankovollmacht nur Rechnung getragen werden, wenn auch die Vollmacht beurkundet wird.

29

Zur Formgültigkeit von im Ausland erteilten Vollmachten s. § 26 Rdn. 119 ff.

30

---

14 BGH DNotZ 1952, 477; BGH MDR 1970, 998 = JZ 1970, 730; OLG Karlsruhe NJW-RR 196, 100; OLG München NJW-RR 1989, 663.
15 BGH DNotZ 1952, 477, 479.
16 RGZ 110, 319, 321; BGH DNotZ 1963, 672.
17 BayObLGZ 1954, 234.
18 BGHZ 13, 49, 53.
19 RGZ 135, 71.

b) Gesetzlich angeordnete Formbedürftigkeit der Vollmacht

31 **a)** *Öffentlicher Beglaubigung* bedarf die Vollmacht zur Erbschaftsausschlagung und zur Anfechtung der Annahme der Erbschaft (§ 1945 und § 1955 BGB), zur Ablehnung der fortgesetzten Gütergemeinschaft (§ 1484 Abs. 2 BGB), zu Anmeldungen zum Handelsregister (§ 12 HGB), zur Gründung der AG (§ 23 Abs. 1 AktG), zur Gründung einer GmbH (§ 2 Abs. 2 GmbHG; dies gilt wohl auch für die Vollmacht zur Abgabe einer Übernahmeerklärung im Rahmen einer Kapitalerhöhung gemäß § 55 GmbHG).

32 Das Gesetz sieht zudem zu Nachweiszwecken, nicht aber als Wirksamkeitserfordernis die öffentliche Beglaubigung einer Vollmacht vor in § 29 Abs. 1 Satz 1 GBO, §§ 71 Abs. 2, 81 Abs. 3 ZVG, § 80 Abs. 1 ZPO (auf Anforderung des Gerichts).

33 **b)** *Schriftform* ist erforderlich, um der Zurückweisung einseitiger Rechtsgeschäfte (§ 174 BGB) zu entgehen, oder für den Prozessbevollmächtigten (§ 80 Abs. 1 ZPO). *Textform* bedürfen – vorbehaltlich anderer Regelungen in der Satzung – die Stimmrechtsvollmachterteilung durch den Aktionär (§ 134 Abs. 3 AktG) und durch den Gesellschafter einer GmbH (§ 47 Abs. 3 GmbHG).

34 **c)** Die Vollmacht zum Abschluss eines Verbraucherdarlehensvertrages muss schriftlich erteilt sein und den Mindestinhalt des § 492 BGB enthalten (§ 492 Abs. 4 BGB). Damit weicht der Gesetzgeber bewusst von der Ansicht des BGH in seiner Entscheidung vom 24.04.2001[20] ab, wonach eine Vollmacht zum Abschluss eines Verbraucherkreditvertrages grundsätzlich nicht die Mindestangaben über die Kreditbedingungen enthalten muss. Ausgenommen von der Angabepflicht sind durch notarielle Niederschrift beurkundete Vollmachten und Prozessvollmachten. Dadurch werden Vorsorgevollmachten in notarieller Form noch wichtiger (s. § 96 Rdn. 82 M).

35 Oft ist es notwendig, dass der durch eine Vorsorgevollmacht Ermächtigte für den Vollmachtgeber ein Darlehen aufnimmt, z.B. um eine Pflegekraft oder eine Heimunterbringung zu bezahlen. Mit einer Vorsorgevollmacht, die nicht notariell *beurkundet* worden ist, ist das nicht möglich. Zum Beispiel könnte der bevollmächtigte Sohn nur dann in Vertretung seiner Mutter ein Verbraucherdarlehen aufnehmen, wenn die Vollmacht bereits Angaben zum effektiven Jahreszins usw. enthalten würde, was bei Vorsorgevollmachten, die naturgemäß weit in die Zukunft reichen, gar nicht möglich ist.

4. Erlöschen und Fortwirken der Vollmacht

36 **1.** Wenn das der Vollmacht zugrunde liegende Rechtsverhältnis (Auftrag, Dienstvertrag) beendet ist, erlischt die Vollmacht (§ 168 Satz 1 BGB), wenn sie nicht ausdrücklich als isolierte Vollmacht (ohne Grundverhältnis) erteilt wurde.

37 **2.** Durch den *Tod des Vollmachtgebers* erlischt sie in der Regel nicht, insbesondere nicht eine Generalvollmacht. Sie gilt dann – sofern nichts Gegenteiliges angeordnet ist – als Vollmacht der Erben[21] und ist auf den Nachlass beschränkt.[22] Ob eine Vollmacht über den Tod des Vollmachtgebers hinaus gelten soll, ist durch Auslegung des Auftragsverhältnisses zu ermitteln.[23] Bei einer Vorsorgevollmacht, die dem Bevollmächtigten Vollmacht entsprechend dem Umfang der Vertretungsmacht eines Betreuers einräumen soll, erlischt sie mit dem Tod des

---

20 BGH DNotZ 2001, 620 = NJW 2001, 1931, 1932.
21 RGZ 114, 351, 354; siehe zum Gebrauch einer transmortalen Vollmacht durch den Alleinerben des Vollmachtgebers im Grundstücksverkehr OLG München RNotZ 2016, 597 ff.
22 RGZ 106, 185, 187.
23 OLG München DNotZ 2014, 677.

Vollmachtgebers auch für den Bereich der Vermögensverwaltung.[24] Besteht eine Vollmacht – nebst dem zugrunde liegenden Auftrag – über den Tod des Vollmachtgebers hinaus weiter, dann bedarf der Bevollmächtigte grundsätzlich zu Rechtsgeschäften, die er nach dem Erbfall vornimmt, solange keiner Zustimmung des Erben, als dieser nicht Vollmacht (oder den Auftrag) widerruft; er braucht sich auch nicht jeweils erst zu vergewissern, ob der Erbe mit dem beabsichtigten Geschäft einverstanden ist. Dies gilt jedoch – selbstverständlich – nicht, wenn sich das Handeln des Bevollmächtigten ausnahmsweise als unzulässige Rechtsausübung darstellt oder gegen die guten Sitten verstößt.[25]

Wenn der Bevollmächtigte jedoch Alleinerbe ist, so fällt sie fort, weil er dann aus eigenem Recht handelt.[26] **38**

Zur Vermeidung von Zweifeln ist ein Zusatz zweckmäßig: **39**

Diese Vollmacht erteile ich über meinen Tod hinaus. **40 M**

oder

Diese Vollmacht gilt für mich und meine Erben. **41 M**

Jeder einzelne Erbe kann für sich die Vollmacht, die der Erblasser erteilt hat, widerrufen,[27] es sei denn, dass das zugrunde liegende Rechtsverhältnis dem entgegensteht (s.u. Rdn. 48 ff.). **42**

Der Nachlassverwalter ist berechtigt, eine von dem Erblasser erteilte Generalvollmacht zu widerrufen.[28] **43**

Eine von einer juristischen Person erteilte Vollmacht erlischt nicht bereits mit deren Liquidation, sondern erst mit dem Erlöschen der juristischen Person selbst. **44**

Eine vom Schuldner erteilte Vollmacht betreffend eines Vermögens, das zur Insolvenzmasse gehört, erlischt mit der Eröffnung des Insolvenzverfahrens, § 117 Abs. 1 InsO. **45**

Eine Vollmacht, die von einem gesetzlichen oder organschaftlichen Vertreter erteilt wurde, erlischt nicht mit dem Erlöschen dieser Vertretungsmacht.[29] **46**

3. Durch den *Tod des Bevollmächtigten* erlischt die Vollmacht im Zweifel, denn damit ist das persönliche Vertrauensverhältnis beendet. Die Vollmacht ist keine vererbliche Rechtsposition. In Ausnahmefällen, in denen die Vollmacht alleine im Eigeninteresse des Bevollmächtigten erteilt wurde, kann diese jedoch auf die Erben übergehen. Dies ist bspw. bei einer dem Käufer erteilten Auflassungsvollmacht der Fall[30] oder bei einer dem Beschenkten erteilten Vollmacht zur Löschung einer zugunsten des Schenkers eingetragenen Rückauflassungsvormerkung in einem Übertragungsvertrag. **47**

4. *Widerruf.* Der Vollmachtgeber kann die Vollmacht dem Bevollmächtigten oder dem Geschäftsgegner gegenüber oder durch öffentliche Bekanntmachung widerrufen, selbst wenn das der Vollmacht zugrunde liegende Rechtsverhältnis noch nicht beendet ist. Der Widerruf hat gemäß § 171 Abs. 2 BGB in der Weise zu erfolgen, in der die Kundgabe der Vollmacht erfolgt ist. Der Widerruf in einer anderen Form gilt dem Erklärungsempfänger gegenüber aber nur, wenn diesem der Widerruf durch den Vollmachtgeber zur Kenntnis gebracht **48**

---

24 OLG München DNotZ 2014, 677.
25 BGH LM § 168 BGB Nr. 1 = NJW 1969, 1245 m. abl. Anm. von *Finger*, NJW 1969, 1624 = MDR 1969, 648 = BB 1969, 600.
26 KGJ 43 A 158; OLG München DNotI-Report, 2016, 163; krit. zu der gesamten Thematik *Herrler*, DNotZ 2017, 508
27 RG JW 1938, 1892.
28 KG MittRhNotK 1971, 501.
29 BayObLG NJW 1959, 2119.
30 RGZ 114, 351, 354.

§ 24 Vollmacht

wurde. Darüber hinaus kann der Vollmachtgeber die Vollmachtsurkunde durch öffentliche Bekanntmachung für *kraftlos erklären* (§ 176 BGB).

49 Gemäß § 168 Satz 2 BGB kann die Widerruflichkeit der Vollmacht durch das zugrunde liegende Rechtsverhältnis – ausdrücklich oder konkludent – ausgeschlossen werden. Immer aber bedarf es zum Ausschluss des einseitigen Widerrufs einer möglichst ausdrücklichen, mindestens aber stillschweigenden *Vereinbarung* zwischen den Beteiligten. Eine einseitige Erklärung des Vollmachtgebers genügt nicht.[31] Die Rechtsprechung neigt dazu, einen konkludenten Ausschluss der Widerruflichkeit anzunehmen, wenn die Vollmacht nicht nur im Interesse des Vollmachtgebers, sondern auch im Interesse des Bevollmächtigten oder eines Dritten erteilt wurde.[32]

50 *Beispiel 1:* Die Vollmacht wird erteilt, damit der Bevollmächtigte zu seiner eigenen Befriedigung oder der eines Dritten im Namen des Vollmachtgebers eine diesem zustehende Forderung (aufgrund eines Inkassomandats) einzieht. Auch die dem Käufer oder einem Dritten in einem Kaufvertrag erteilte Auflassungsvollmacht kann hierher gerechnet werden.

51 *Beispiel 2:* In einem Kaufvertrag über Wohnungseigentum ist die dem Bauträger erteilte Vollmacht zur Schaffung neuen Wohnungseigentums grundsätzlich auch ohne ausdrückliche Erklärung unwiderruflich.[33]

52 *Beispiel 3:* Eine Vollmacht zur Vornahme von Handelsregisteranmeldungen für die persönlich haftende Gesellschafterin einer Publikums-KG, die ein Kommanditist erteilt, ist grundsätzlich nicht frei widerrufbar.[34]

53 Auf der anderen Seite ist in einigen Fällen der Ausschluss des Widerrufs nicht möglich. So wird bspw. die Erteilung einer unwiderruflichen Generalvollmacht als unzulässig angesehen, weil sich der Vollmachtgeber seiner Privatautonomie im weiten Umfang begeben würde. Darüber hinaus ist der Ausschluss des Widerrufs nicht gerechtfertigt, wenn die Vollmacht ausschließlich dem Interesse des Vollmachtgebers dient.[35] Schließlich wird eine unwiderrufliche isoliert erteilte Vollmacht – also einer Vollmacht ohne Grundverhältnis – als unzulässig erachtet.[36]

54 Zur Unwiderruflichkeit einer Generalvollmacht s.u. Rdn. 109.

55 5. Nach dem Erlöschen der Vollmacht hat der Bevollmächtigte (oder sein Erbe) die Vollmachtsurkunde dem Vollmachtgeber zurückzugeben, ohne dass ihm ein Zurückbehaltungsrecht zusteht (§ 175 BGB).

56 6. Wurde die Vertretungsmacht durch Aushändigung einer Vollmachtsurkunde erteilt, bleibt die Vertretungsmacht bestehen, bis die Vollmachtsurkunde dem Vollmachtgeber zurückgegeben ist (§ 172 Abs. 2 BGB). Das gilt für die Urschrift und jede *Ausfertigung* einer notariell beurkundeten Vollmacht, da diese die Urschrift im Rechtsverkehr ersetzt. Der Notar wird den Vollmachtgeber bei der Beurkundung und auch später, wenn weitere Ausfertigungen verlangt werden, darauf hinweisen müssen, dass jede einzelne Ausfertigung die Vollmacht beweist. Er muss sie dem Vollmachtgeber aber erteilen, s.o. § 12 Rdn. 21 Zum Schutz des Vollmachtgebers s. Rdn. 117 M.

57 Dem *Bevollmächtigten* kann der Notar die Erteilung von Ausfertigungen verweigern, wenn er rechtliche Bedenken hat, z.B., wenn Anhaltspunkte für die Annahme eines Widerrufes durch den Vollmachtgeber vorliegen. Einen eigenen Anspruch auf eine Ausfertigung

---

[31] RGZ 109, 333.
[32] Vgl. BGH DNotZ 1972, 229.
[33] BayObLG NJW-RR 2002, 443, 444.
[34] KG DNotZ 1980, 166.
[35] BGHZ 3, 354, 358.
[36] BGH NJW 1988, 2603.

hat der Bevollmächtigte nur dann, wenn er in einem Vertrag enthalten ist, den er mit dem Vollmachtgeber geschlossen hat. Dieser Vertrag – und damit der Anspruch – kann sich möglicherweise auch aus der Erklärung des Vollmachtgebers in der Vollmachtsurkunde, dass dem Bevollmächtigten auf dessen Anforderung Ausfertigungen zu erteilen sind, und aus der Übergabe der Vollmachtsurkunde an den Bevollmächtigten – und damit der stillschweigenden Annahme dieses Vertrages – ergeben. Beurkundungsrechtlich besteht ein Anspruch des Bevollmächtigten gegen den Notar auf Erteilung einer Ausfertigung jedenfalls dann (auch ohne konkludenten Vertrag), wenn der Vollmachtgeber den Notar anweist, dem Bevollmächtigten auf dessen Anfordern eine Ausfertigung zu erteilen, § 51 Abs. 2 BeurkG. Daraus ergibt sich, dass der Bevollmächtigte, der nicht an der Beurkundung beteiligt ist, von der üblichen einseitigen Vollmacht keine Ausfertigung beanspruchen kann, wenn die oben genannten Voraussetzungen nicht vorliegen.

Abschriften, auch beglaubigte, beweisen nicht, dass die Vollmacht fortbesteht, sodass ihr Besitz nicht legitimiert. **58**

7. Zur Vorlegung einer Vollmachtsurkunde genügt es, wenn in einem notariellen Vertrag auf **59**
eine von dem beurkundenden Notar selbst aufgenommene Vollmacht Bezug genommen und diese bei dem Notar jederzeit zugänglich ist.[37] Das Bestehen der Vollmacht kann durch den Notar gemäß § 21 Abs. 3 BNotO bescheinigt werden. In diesem Fall ist die Beifügung der Vollmacht nicht erforderlich. Allerdings muss bei einer Vollmachtskette der Notar sämtliche Einzelschritte dieser Kette nach § 21 Abs. 1 Satz 1 Nr. 1 bzw. Absatz 3 BNotO bescheinigen (die Bescheinigung kann in einem Vermerk zusammengefasst werden, indem der Notar die von ihm geprüften Einzelschritte aufführt).[38] Erfolgt eine solche Bescheinigung nicht, ist, da das Grundbuchamt die Wirksamkeit und den Umfang der Vollmacht selbstständig prüfen muss, es immer unerlässlich, dass die beglaubigte Abschrift der Vollmacht dem Grundbuchamt vorgelegt wird.[39] Einen *Nachweis der Fortgeltung* der Vollmacht kann auch das Grundbuchamt in der Regel nicht verlangen, wenn der Bevollmächtigte zum Zeitpunkt der Abgabe der Erklärung im Besitz der Urschrift oder einer Ausfertigung der Urkunde ist.[40] Besitzt also der Bevollmächtigte noch die Vollmachtsurkunde, so spricht deshalb ein Erfahrungssatz für das Fortbestehen der Vollmacht.[41] Hat das Grundbuchamt jedoch sichere Kenntnis davon, dass die Bevollmächtigung bereits zum Zeitpunkt der Abgabe der Eintragungsbewilligung erloschen war, kann und muss es einen weiteren Vertretungsnachweis auch dann verlangen, wenn die materiell-rechtlichen Erklärungen aufgrund des Rechtsscheintatbestandes des § 172 Abs. 1 und 2 BGB gegenüber dem Vertretenen bindend geworden sind.[42]

Zum Nachweis des Fortbestehens der Vollmacht im Sinne von § 29 GBO genügt nach **60**
dem OLG Köln[43] aber nicht die Bestätigung des Notars, die Vollmacht liege »in Urschrift« vor. Denn das ist dann, wenn der Notar die Vollmacht selber beurkundet hat, selbstverständlich, weil er die Urschrift nicht aushändigen darf, § 45 BeurkG. Daraus folgt aber noch nicht, dass der Bevollmächtigte eine Ausfertigung der Vollmachtsurkunde noch in Besitz hat.

Um in diesen Fällen, in denen der Notar die Urschrift verwahrt, keine Ausfertigung erteilen zu müssen – was besonders bei Kaufpreisfinanzierungsvollmachten der Fall ist, die im Kaufvertrag enthalten sind – muss der Urkundseingang eine Klarstellung enthalten: **61**

---

37 BGH DNotZ 1980, 352 = MittRhNotK 1980, 131 m. Anm. *Kasper*.
38 BGH DNotZ 2017, 303.
39 OLG Köln DNotZ 1984, 569 ff.
40 BayObLG DNotZ 1960, 50 = Rpfleger 1960, 335; OLG Frankfurt am Main Rpfleger 1972, 306; OLG Stuttgart DNotZ 1952, 183 m. Anm. von *Hieber*; LG Aachen MittRhNotK 1981, 39; BayObLG MittRhNotK 1986, 75.
41 KG DNotZ 1972, 18; OLG Frankfurt am Main Rpfleger 1972, 306; OLG Stuttgart DNotZ 1952, 183 m. Anm. von *Hieber*; LG Aachen MittRhNotK 1981, 39.
42 OLG Hamm, Beschl. v. 11.05.2004 – 15 W 163/04, DNotI-Report 2004, 181.
43 OLG Köln DNotZ 84, 389.

§ 24 Vollmacht

62 M …..
hier handelnd
als Bevollmächtigter für ….., und zwar aufgrund der in dem Kaufvertrag vom ….. Urkundenrolle Nummer ….. des amtierenden Notars – enthaltenen Vollmacht, die in Urschrift vorliegt, versichernd, dass die Vollmacht nicht widerrufen und eine Ausfertigung bis heute nicht erteilt wurde.

63 8. Der Vollmachtgeber kann die Vollmachtsurkunde durch öffentliche Bekanntmachung für *kraftlos erklären* (§ 176 BGB).

64 Zur *Vollmachtsbestätigung* s.u. § 25 Rdn. 28 ff.

II. Vollmachtsmuster

1. Grundstücksvollmachten

a) Grundstücksverkaufsvollmacht

65 Wenn die Aufnahme von Bestimmungen gewünscht wird, die auf eine Bindung (oben Rdn. 25 ff.) deuten, ist die Vollmacht notariell zu beurkunden.

66 M Ich erteile hiermit ….. Vollmacht, meinen wie folgt verzeichneten Grundbesitz: Amtsgericht ….., Grundbuch von ….., Blatt ….., Gemarkung ….., Flur ….., Flurstück …..
oder Teile davon zu verkaufen und aufzulassen sowie alle Erklärungen abzugeben, die zur Übertragung des Eigentums und zum Vollzuge des Kaufvertrages erforderlich sind.
Der Bevollmächtigte ist insbesondere berechtigt, die Bezeichnung des Grundbesitzes zu vervollständigen, den Kaufpreis und die Bedingungen festzulegen, den Kaufpreis nach Hauptsumme, Zins- und Nebenleistungen in Empfang zu nehmen, darüber Quittung zu erteilen, den Verkaufserlös ganz oder teilweise an Gläubiger jeder Art abzuführen und alle Vereinbarungen mit ihnen zu treffen; überhaupt jede Erklärung zur Übertragung des Eigentums abzugeben und anzunehmen und alle Eintragungen, Übertragungen und Löschungen im Grundbuch zu bewilligen und zu beantragen.
Der Bevollmächtigte ist auch ermächtigt, im Zusammenhang mit der Finanzierung des Kaufpreises den Kaufgrundbesitz mit Grundpfandrechten in beliebiger Höhe zu belasten, den jeweiligen Eigentümer der sofortigen Zwangsvollstreckung zu unterwerfen und alle hierzu jeweils erforderlichen Erklärungen abzugeben; die Übernahme einer persönlichen Haftung für den Vollmachtgeber ist hierbei jedoch nicht gestattet.
Der Bevollmächtigte ist von den Beschränkungen des § 181 BGB befreit. Er darf Untervollmacht erteilen. Die Vollmacht gilt über meinen Tod hinaus.
Dem Bevollmächtigten ist eine Ausfertigung dieser Urkunde zu erteilen.
Diese Niederschrift wurde in Gegenwart des Notars den Beteiligten vorgelesen, von ihnen genehmigt und eigenhändig wie folgt unterschrieben:
Unterschrift

….., Notar

67 Zur Belastungsvollmacht: Das LG Oldenburg hat in einem Beschl. v. 15.10.2002 die Ansicht vertreten, eine Verkaufsvollmacht ohne Belastungsvollmacht ermächtige den Bevollmächtigten nicht, ohne ausdrückliche Gestattung dem Käufer eine Vollmacht zur Belastung des Kaufgrundbesitzes mit Grundpfandrechten zur Finanzierung des Kaufpreises zu erteilen.[44]

---

[44] LG Oldenburg MittBayNot 2003, 291 f.

Die Entscheidung ist unzutreffend und abzulehnen.[45] Der Notar, der den sichersten Weg gehen soll, sollte jedoch die Entscheidung zum Anlass nehmen, in den Text der Verkaufsvollmacht vorsorglich und ausdrücklich die Ermächtigung zur Erteilung einer Belastungsvollmacht aufzunehmen.

Bei verheirateten Vollmachtgebern ist es oft zweckmäßig im Hinblick auf § 1365 BGB, die Genehmigung des anderen Ehegatten in die Vollmacht aufzunehmen. Dann sollte die Vollmacht noch folgenden Zusatz haben: **68**

Der mitunterzeichnende Ehegatte erteilt hierzu seine Zustimmung gemäß § 1365 BGB. **69 M**

■ *Kosten.* Nach § 98 Abs. 1 GNotKG ist Geschäftswert die Hälfte des Geschäftswerts für die Beurkundung des Geschäfts, auf das sich die Vollmacht bezieht, höchstens jedoch 1 Mio. € (§ 98 Abs. 4 GNotKG). Nach GNotKG eine 1,0 Gebühr, mindestens 60 € (Nr. 21200 KV GNotKG).

b) Verkaufsvollmacht mit Recht zur Aufteilung in Wohnungseigentum

Der Erschienene ist Eigentümer des im Grundbuch des Amtsgerichts ..... von ....., Blatt ..... verzeichneten Grundbesitzes Gemarkung ....., Flur ....., Flurstück ....., groß ..... **70 M**
Der Erschienene bevollmächtigt hiermit ....., wohnhaft .....,
den Vollmachtgeber in allen Angelegenheiten, die die vorbezeichneten Liegenschaften betreffen, gerichtlich und außergerichtlich, insbesondere vor Behörden, Grundbuchämtern, Notaren und Dritten zu vertreten und zu diesem Zweck alle Rechtsgeschäfte und Rechtshandlungen ohne Ausnahme vorzunehmen.
Der Bevollmächtigte ist insbesondere befugt, den Grundbesitz ganz oder teilweise in Wohnungs- und Teileigentum aufzuteilen und vor oder nach grundbuchlichem Vollzug der Teilungserklärung oder -erklärungen die Wohnungs- oder Teileigentumsrechte zu veräußern, Auflassungen zu erklären, den Rücktritt von Verträgen zu erklären, Teilflächen an Dritte zu veräußern, Eintragungen jeder Art in die Grundbücher zu bewilligen, überhaupt Erklärungen aller Art hinsichtlich der vorgenannten Liegenschaften abzugeben oder entgegenzunehmen.
Der Bevollmächtigte ist auch ermächtigt, im Zusammenhang mit der Finanzierung des Kaufpreises den Kaufgrundbesitz mit Grundpfandrechten in beliebiger Höhe zu belasten, den jeweiligen Eigentümer der sofortigen Zwangsvollstreckung zu unterwerfen und alle hierzu jeweils erforderlichen Erklärungen abzugeben; die Übernahme einer persönlichen Haftung für den Vollmachtgeber ist hierbei jedoch nicht gestattet.
Der Bevollmächtigte kann für einzelne Geschäfte, von ihm zu bestimmende Rechtsgeschäfte oder Rechtshandlungen Untervollmacht erteilen.
Die Vollmacht ist im weitesten Sinne auszulegen.
Sollten die in dieser Urkunde angegebenen Grundstücksbezeichnungen unrichtig sein oder durch Katasterfortschreibung oder auf sonstige Weise in Zukunft unrichtig werden, gilt die Vollmacht für die im Zeitpunkt der Ausübung jeweils maßgebliche Grundstücksbezeichnung, die der Bevollmächtigte selbst richtig stellen kann.
Der Bevollmächtigte ist von den Beschränkungen des § 181 BGB befreit. Die Vollmacht gilt über meinen Tod hinaus.
Dem Bevollmächtigten ist eine Ausfertigung dieser Urkunde zu erteilen.

---

45 Vgl. im Einzelnen *Peter/Roemer*, MittBayNot 2003, 292 f.

§ 24   Vollmacht

Diese Niederschrift wurde in Gegenwart des Notars den Beteiligten vorgelesen, von ihnen genehmigt und eigenhändig wie folgt unterschrieben:
Unterschrift
....., Notar

71 Bei verheirateten Vollmachtgebern ist es oft zweckmäßig im Hinblick auf § 1365 BGB, die Genehmigung des anderen Ehegatten in die Vollmacht aufzunehmen (s.o. Muster Rdn. 67 M).

■ *Kosten.* Nach § 98 Abs. 1 GNotKG ist Geschäftswert die Hälfte des Geschäftswerts für die Beurkundung des Geschäfts, auf das sich die Vollmacht bezieht, höchstens jedoch 1 Mio. € (§ 98 Abs. 4 GNotKG). Nach GNotKG eine 1,0 Gebühr, mindestens 60 € (Nr. 21200 KV GNotKG).

c) Umfassende Grundstücksvollmacht

72 M Der Erschienene erklärte zur Beurkundung folgende Grundstücksvollmacht:
Hiermit bevollmächtige ich .....,
mich in allen Angelegenheiten, die Grundstücke, Wohnungs- und Teilungseigentum, Erbbaurechte bzw. Wohnungs- und Teilerbbaurechte, Dauernutzungsrechte sowie sonstige grundstücksgleiche Rechte – nachstehend als »Grundbesitz« bezeichnet – betreffend einschließlich solcher Rechte, die zu meinen Gunsten eingetragen sind bzw. bestehen, gegenüber allen Gerichten, Behörden und Privaten zu vertreten. Hierzu gehören vor allem auch der Erwerb, die Veräußerung, die Belastung und sonstige Verfügungen über Grundbesitz.
Im Falle der Veräußerung ist der Bevollmächtigte insbesondere berechtigt, die Bezeichnung des Grundbesitzes zu berichtigen, einen Kaufpreis und die Bedingungen der Kaufpreiszahlung festzulegen sowie alle Eintragungen, Bewilligungen und Löschungen zum Erwerb des Grundbesitzes zu bewilligen und zu beantragen.
Der Bevollmächtigte ist auch ermächtigt, im Zusammenhang mit der Finanzierung des Kaufpreises den Kaufgrundbesitz mit Grundpfandrechten in beliebiger Höhe zu belasten, den jeweiligen Eigentümer der sofortigen Zwangsvollstreckung zu unterwerfen und alle hierzu jeweils erforderlichen Erklärungen abzugeben; die Übernahme einer persönlichen Haftung für den Vollmachtgeber ist hierbei jedoch nicht gestattet.
Der Bevollmächtigte ist auch ermächtigt, mich in anhängigen Zwangsversteigerungsverfahren zu vertreten, für mich zu bieten, den Zuschlag zu beantragen, Rechte aus dem Meistgebot an einen anderen abzutreten oder für mich zu übernehmen, überhaupt alle Erklärungen abzugeben, die in solche Verfahren in Betracht kommen.
Der Bevollmächtigte ist von den Beschränkungen des § 181 BGB befreit. Er darf Untervollmacht erteilen. Die Vollmacht gilt über meinen Tod hinaus.
Dem Bevollmächtigten sollen beliebig viele Ausfertigungen erteilt werden.
Diese Niederschrift wurde in Gegenwart des Notars den Beteiligten vorgelesen, von ihnen genehmigt und eigenhändig wie folgt unterschrieben:
Unterschrift
....., Notar

73 Bei verheirateten Vollmachtgebern ist es oft zweckmäßig im Hinblick auf § 1365 BGB, die Genehmigung des anderen Ehegatten in die Vollmacht aufzunehmen (s.o. Muster Rdn. 69 M).

■ *Kosten.* Nach § 98 Abs. 1 GNotKG ist Geschäftswert die Hälfte des Geschäftswerts für die Beurkundung des Geschäfts, auf das sich die Vollmacht bezieht, höchstens jedoch 1 Mio. € (§ 98 Abs. 4 GNotKG). Nach GNotKG eine 1,0 Gebühr, mindestens 60 € (Nr. 21200 KV GNotKG).

d) Grundstücksverfügungsvollmacht einer Handelsgesellschaft

Wenn Handelsgesellschaften Geschäfte abschließen, die sich auf Grundbesitz beziehen, ist der Nachweis der organschaftlichen Vertretungsmacht gemäß § 32 GBO aus dem Handelsregister zu führen.[46] Der Notar wird eine Vertretungsbescheinigung erteilen. Falls dieser – was seit Einführung des Elektronischen Handelsregister unwahrscheinlich ist – keine Bescheinigung nach § 21 BNotO ausstellen kann, muss ein Handelsregisterauszug gemäß § 9 HGB vorgelegt werden, der mit wachsendem zeitlichen Abstand vom Tag seiner Beglaubigung an seinen Beweiswert verliert. Wie jung oder alt die Registereinsicht bzw. der Handelsregisterauszug sein muss oder darf, darüber gehen die Ansichten auseinander (zwei Tage bis 6 Wochen).[47] Nach der Reform durch das ERVGBG besteht nach § 32 Abs. 2 GBO auch die Möglichkeit, dass auf das Register Bezug genommen wird, wenn dieses elektronisch geführt wird. **74**

Einfacher ist es, wenn dem Handelnden von dem Organ der Handelsgesellschaft eine Vollmacht erteilt wird. Eine Generalvollmacht darf das Organ einer juristischen Person nicht erteilen; eine Generalvollmacht ist auch meistens als zu weitgehend gar nicht gewünscht. Hier kann eine Spezialvollmacht für den Grundstücksverkehr erteilt werden. **75**

Die nachstehende Vollmacht geht davon aus, dass der Bevollmächtigte kein *Organ* der Handelsgesellschaft ist; es sich also *nicht* um eine Organvollmacht, sondern um eine rechtsgeschäftliche Vollmacht auf einen Dritten handelt, der dem Vertretungsorgan *nicht* angehört.[48] Der Vollmacht geht weiterhin davon aus, dass die die Vollmacht erteilenden vertretungsberechtigten Organe selbst von den Beschränkungen des § 181 BGB befreit sind. Besteht eine solche Befreiung des Vollmachtgebers nicht, kann dieser sie auch nicht an den Bevollmächtigten weitergeben. **76**

Wir, in unserer Eigenschaft als vertretungsberechtigte Geschäftsführer/Gesellschafter der ..... bevollmächtigen hiermit unter Befreiung von den Beschränkungen des § 181 BGB den in den Diensten der durch uns vertretenen Gesellschaft stehenden Herrn ..... **77 M**
alle Rechtshandlungen und Rechtsgeschäfte, welche den Grundstücksverkehr der genannten Gesellschaft betreffen, vorzunehmen und entgegenzunehmen, über Grundstücke nach jeder Richtung hin zu verfügen, solche zu erwerben, Hypotheken oder Grundschulden zu bestellen und zu löschen, Grunddienstbarkeiten und Beschränkungen zu bestellen und zu löschen, die Gesellschaft der sofortigen Zwangsvollstreckung zu unterwerfen, Kaufpreise in Empfang zu nehmen oder abzutreten, auch Hypothekenforderungen und Grundschuldforderungen abzutreten, Auflassungserklärungen abzugeben und entgegenzunehmen, Eintragungen jeder Art in das Grundbuch zu bewilligen und zu beantragen, überhaupt alles Erforderliche vorzunehmen, insbesondere auch Untervollmachten zum Zwecke der Identitätserklärung veräußerter oder erworbener Teilfläche zu erteilen und deren Auflassung zu erklären.
Der Bevollmächtigte ist auch ermächtigt, bei Veräußerung im Zusammenhang mit der Finanzierung des Kaufpreises den Kaufgrundbesitz mit Grundpfandrechten in beliebiger Höhe zu belasten, den jeweiligen Eigentümer der sofortigen Zwangsvollstreckung zu unterwerfen und alle hierzu jeweils erforderlichen Erklärungen abzugeben.
Auch ist der Bevollmächtigte befugt, uns in Zwangsverwaltungs-, Zwangsversteigerungs-, Enteignungs- und Grundabtretungsverfahren nach jeder Richtung hin zu vertreten, Gebote abzugeben und Erklärungen entgegenzunehmen.

---

46 Dazu *Kirchner*, MittBayNot 1996, 423.
47 Vgl. Meikel/*Roth*, GBO, 10. Aufl., § 32 GBO Rn. 32.
48 Zu den Rechtsfragen der Erteilung der Vollmacht, wenn der Bevollmächtigte Mitglied des Vertretungsorgans der Gesellschaft ist, vgl. DNotI-Report 2000, 49 f.

§ 24 Vollmacht

Diese Vollmacht erstreckt sich jedoch nur auf Rechtsgeschäfte und Rechtshandlungen, die im Einzelfall für unsere Gesellschaft keine höheren Verpflichtungen als solche im Wert von insgesamt ..... € (in Worten: ..... EURO) begründen.
Für die Feststellung und Berechnung der Höhe der Verpflichtungen sollen die in der jeweiligen Urkunde angegebenen Werte maßgebend sein. Soweit keine Werte angegeben sind, ist der ortsübliche Verkehrswert der Berechnung zugrunde zu legen.
Diese Vollmacht erlischt unbeschadet des Rechts auf früheren Widerruf am .....
Dem Bevollmächtigten ist eine Ausfertigung dieser Urkunde zu erteilen.
Diese Niederschrift wurde in Gegenwart des Notars den Beteiligten vorgelesen, von ihnen genehmigt und eigenhändig wie folgt unterschrieben:
Unterschrift

..... , Notar

■ *Kosten.* Nach § 98 Abs. 1 GNotKG ist Geschäftswert die Hälfte des Geschäftswerts für die Beurkundung des Geschäfts, auf das sich die Vollmacht bezieht, höchstens jedoch 1 Mio. € (§ 98 Abs. 4 GNotKG). Nach dem Entwurf des GNotKG eine 1,0 Gebühr, mindestens 60 € (Nr. 21200 KV GNotKG).

e) Beurkundete, auf Zeit unwiderrufliche Grundstücksverfügungsvollmacht

78 M Vor Notar ..... erschienen: .....
1. .....
2. .....
Der Beteiligte zu 1 schuldet dem Beteiligten zu 2 ein Darlehen von 20.000 € mit 8 v.H. jährlichen Zinsen ab heute. Da der Gläubiger sich aus dem Verkauf des für den Beteiligten zu 1 im Grundbuch des Amtsgerichts ..... von ..... Band ..... Blatt ..... verzeichneten Grundstücks befriedigen soll, bevollmächtigt ihn der Darlehnsschuldner, dieses Grundstück für mindestens 40.000 € zu verkaufen, sich aus dem baren Teil des Kaufpreises zu befriedigen und den Rest dem Schuldner auszuzahlen.
Der Bevollmächtigte ist auch ermächtigt, im Zusammenhang mit der Finanzierung des Kaufpreises den Kaufgrundbesitz mit Grundpfandrechten in beliebiger Höhe zu belasten, den jeweiligen Eigentümer der sofortigen Zwangsvollstreckung zu unterwerfen und alle hierzu jeweils erforderlichen Erklärungen abzugeben; die Übernahme einer persönlichen Haftung für den Vollmachtgeber ist hierbei jedoch nicht gestattet.
An diese Vollmacht sind beide Teile bis Ende dieses Kalenderjahres gebunden. Die Vollmacht ist bis dahin unwiderruflich.
Der Bevollmächtigte kann für sich auch die Eintragung einer Sicherungshypothek wegen des obigen Darlehns bewilligen und beantragen, wozu er bis 31. Januar nächsten Jahres bevollmächtigt wird.
Der Bevollmächtigte ist von den Beschränkungen des § 181 BGB befreit. Er darf Untervollmacht erteilen. Die Vollmacht gilt über des Tod des Vollmachtgebers hinaus. Diese Niederschrift wurde in Gegenwart des Notars den Beteiligten vorgelesen, von ihnen genehmigt und eigenhändig wie folgt unterschrieben:
Unterschrift

..... , Notar

■ *Kosten.* Nach § 98 Abs. 1 GNotKG ist Geschäftswert die Hälfte des Geschäftswerts für die Beurkundung des Geschäfts, auf das sich die Vollmacht bezieht, in diesem Fall 30.000 € ($^1/_2$ von 60.000 €). Nach GNotKG eine 1,0 Gebühr, mindestens 60 € (Nr. 21200 KV GNotKG).

f) **Beglaubigte kurze Vollmacht zur Grundstücksveräußerung**

Es genügt schriftliche Form mit Beglaubigung der Unterschrift wegen § 29 GBO. **79**

Ich bevollmächtige Herrn ....., mein im Grundbuch des Amtsgerichts ..... von ..... Band ..... Blatt ..... verzeichnetes Grundstück zu verkaufen und aufzulassen. Der Bevollmächtigte ist auch ermächtigt, im Zusammenhang mit der Finanzierung des Kaufpreises den Kaufgrundbesitz mit Grundpfandrechten in beliebiger Höhe zu belasten, den jeweiligen Eigentümer der sofortigen Zwangsvollstreckung zu unterwerfen und alle hierzu jeweils erforderlichen Erklärungen abzugeben; die Übernahme einer persönlichen Haftung für den Vollmachtgeber ist hierbei jedoch nicht gestattet. Der Bevollmächtigte ist von den Beschränkungen des § 181 BGB befreit. Er darf Untervollmacht erteilen. Die Vollmacht gilt über meinen Tod hinaus. **80 M**
Ort, Datum   Unterschrift des Vollmachtgebers
Beglaubigungsvermerk

■ *Kosten.* Nach § 98 Abs. 1 GNotKG ist Geschäftswert die Hälfte des Geschäftswerts für die Beurkundung des Geschäfts, auf das sich die Vollmacht bezieht, höchstens jedoch 1 Mio. € (§ 98 Abs. 4 GNotKG). Nach GNotKG entsteht nach Nr. 24101 KV GNotKG eine Gebühr von 0,3–1,0, mindestens jedoch 60 € für die Fertigung des Entwurfs. Für die Beglaubigung der Unterschrift entsteht keine gesonderte Gebühr (s. Nr. 25100 Abs. 2 KV GNotKG).

g) **Grundstücksverkaufsvollmacht der U.I.N.L.**

                                                            Verhandelt zu ..... **81 M**
**Vor mir, Notar .....
erschien:
Herr .....
Der Vollmachtgeber ..... erklärte, hierdurch ..... zu seinem Sonderbevollmächtigten zu bestellen. Diesem gibt er Vollmacht, für sich und in seinem Namen ganz oder geteilt den folgenden Grundbesitz zu verkaufen: ..... (Bezeichnung des Grundbesitzes) und zwar entweder freihändig oder im Wege der öffentlichen Versteigerung, sei es der freiwilligen oder der Zwangsversteigerung,**
– **die Bezeichnung der Immobilien zu berichtigen und zu vervollständigen,**
– **alle Erklärungen abzugeben und entgegenzunehmen, um das Eigentum am zu veräußernden Vertragsgegenstand zu übertragen;**
– **alle erforderlichen vom Gesetz vorgeschriebenen Bewilligungen und Anträge abzugeben;**
– **Dienstbarkeiten aller Art zu begründen, abzuändern und auf sie zu verzichten;**
– **den Kaufpreis und die Bedingungen festzulegen;**
– **den Verkaufserlös, samt Zinsen und Nebenleistungen für den Verkäufer entgegenzunehmen;**
– **die Zahlung des Verkaufserlöses ganz oder zum Teil zu Gunsten von Gläubigern anzuweisen zum Ausgleich von fälligen oder fällig werdenden Schulden; Vereinbarungen jeder Art mit den besagten Gläubiger zu treffen;**
– **von den Erwerbern oder Erstehern jede Mobiliar- oder Grundstückssicherheit anzunehmen;**
– **jede Erklärung zur Übertragung des Eigentums abzugeben und anzunehmen;**
– **alle Eintragungen, Übertragungen oder Löschungen in den Grund oder Hypothekenbüchern und Registern zu bewilligen und zu beantragen, auch auf Eintragungen jeder Art zu verzichten, selbst wenn sie von Amts wegen zu bewirken sind;**

- jede Maßnahme gegen den in Verzug befindlichen Erwerber zu vereinbaren und anzuwenden;
- Abkommen jeder Art zu treffen, sich zu vergleichen und Schiedsverfahren zu vereinbaren;
- jede Bescheinigung über den Personenstand und alle anderen Belege, die für die Formalitäten der Eintragung, der Übertragung oder der Löschung in Grundbüchern und Hypothekenregistern gefordert werden, zu erteilen und vorzulegen, auszuhändigen oder auszustellen;
- den Vollmachtgeber in seiner Eigenschaft als Eigentümer der verkauften Sache der sofortigen Zwangsvollstreckung zu unterwerfen;
- alle Erklärungen abzugeben, und entgegenzunehmen sowie Eingaben einzureichen, die auf steuerlicher Ebene erforderlich sind oder zur Lösung devisenrechtlicher Problemstellungen.

Zu den angeführten Zwecken darf der Vollmachtnehmer alle Urkunden und Schriftstücke errichten und unterzeichnen, Domizil wählen, Untervollmacht erteilen, Personenstandserklärungen abgeben, überhaupt alles tun, was notwendig oder nützlich ist, selbst wenn es nicht ausdrücklich in der vorliegenden Urkunde vorgesehen ist.
Diese Niederschrift wurde dem Vollmachtgeber vor dem Notar vorgelesen, vom Vollmachtgeber genehmigt und zusammen mit dem Notar wie folgt unterschrieben:

....., Notar

■ *Kosten.* Wie zu Rdn. 66 M.

h) Beglaubigte kurze Vollmacht zum Grundstückserwerb

82 Es genügt schriftliche Form mit Beglaubigung der Unterschrift wegen § 29 GBO.

83 M Hiermit bevollmächtige ich .....
den im Grundbuch des Amtsgerichts ..... wie folgt verzeichneten Grundbesitz: Grundbuch von ..... Blatt ....., Gemarkung ..... Flur ....., Flurstück .....
für mich zu erwerben, die Auflassung für mich entgegenzunehmen sowie alle Erklärungen abzugeben, die zur Durchführung des Erwerbsvertrages und zur Umschreibung des Eigentums auf mich erforderlich werden.
Der Bevollmächtigte ist insbesondere berechtigt, die Bezeichnung des Grundbesitzes zu berichtigen, einen Kaufpreis und die Bedingungen der Kaufpreiszahlung festzulegen sowie alle Eintragungen, Bewilligungen und Löschungen zum Erwerb des Grundbesitzes zu bewilligen und zu beantragen.
Der Bevollmächtigte ist weiterhin zur Eingehung von Schuldverpflichtungen, zur Bestellung von Grundpfandrechten und Dienstbarkeiten sowie zur Bewilligung und Beantragung von Eintragungen jedweder Art in das Grundbuch des zu erwerbenden Grundbesitzes berechtigt.
Der Bevollmächtigte ist auch befugt, mich im Zusammenhang mit der Bestellung von Grundpfandrechten persönlich als auch dinglich der sofortigen Zwangsvollstreckung zu unterwerfen.
Der Bevollmächtigte ist von den Beschränkungen des § 181 BGB befreit. Er darf Untervollmacht erteilen. Die Vollmacht gilt über meinen Tod hinaus.
Dem Bevollmächtigten sollen beliebig viele Ausfertigungen erteilt werden.

■ *Kosten.* Wie zu Rdn. 80 M.

i) **Grundstückserwerbsvollmacht der U.I.N.L.**

Verhandelt zu ..... **84 M**

Vor mir, Notar .....
erschien:
Herr .....
Der Vollmachtgeber ..... erklärte, hiermit Spezialvollmacht zu erteilen an ..... Diesem gibt er die Befugnis, für ihn und in seinem Namen, ... (Bezeichnung des zu erwerbenden Grundstücks)
- zu erwerben, und zwar zu den Preisen, Verpflichtungen und Bedingungen, die dem Bevollmächtigten angemessen erscheinen;
- den Preis zu bezahlen oder den Vollmachtgeber zu verpflichten zur Zahlung der Hauptsumme und Zinsen zu den Fälligkeiten und in der Zahlungsweise, die vereinbart werden, sowie zur Erfüllung der ihm auferlegten Verpflichtungen und Bedingungen;
- alle Nachweise zu fordern; sich alle Urkunden und Schriftstücke aushändigen zu lassen und hierfür Entlastung zu erteilen;
- alle Erklärungen abzugeben und entgegenzunehmen, um das Eigentum am zu erwerbenden Vertragsgegenstand zu übertragen und alle erforderlichen vom Gesetz vorgeschriebenen Bewilligungen und Anträge abzugeben;
- alle gesetzlich vorgeschriebenen Erklärungen und Versicherungen abzugeben;
- alle Kaufverträge und Versteigerungsprotokolle zu unterzeichnen;
- alle Formalitäten in Grundbüchern und Grundstücksregistern zu veranlassen;
- alle Anzeigen, Zustellungen und Zahlungsangebote zu machen; alle Anordnungen zu bewirken;
- den Erwerbspreis zu Händen des Verkäufers oder der eingetragenen Gläubiger zu zahlen; alle Hinterlegungen vorzunehmen;
- den Vollmachtgeber persönlich der sofortigen Zwangsvollstreckung zu unterwerfen;
- alle Löschungsanträge zu stellen und alle Ansprüche zur Ausführung des Vertrages geltend zu machen;
- alle Erklärungen abzugeben, und entgegenzunehmen sowie Eingaben einzureichen, die auf steuerlicher Ebene erforderlich sind oder zur Lösung devisenrechtlicher Problemstellungen.

Zu den angeführten Zwecken darf der Vollmachtnehmer alle Urkunden und Schriftstücke errichten und unterzeichnen, Domizil wählen, Untervollmacht erteilen, Personenstandserklärungen abgeben, überhaupt alles tun, was notwendig oder nützlich ist, selbst wenn es nicht ausdrücklich in der vorliegenden Urkunde vorgesehen ist.
Diese Niederschrift wurde dem Vollmachtgeber vor dem Notar vorgelesen, vom Vollmachtgeber genehmigt und zusammen mit dem Notar wie folgt unterschrieben:

....., Notar

■ *Kosten.* Wie zu Rdn. 66 M.

j) **Beglaubigte Auflassungsvollmacht**

Es gelten die Muster Rdn. 66 M und Rdn. 83 M unter Weglassung der Ermächtigung zum Verkauf und Kauf. Zu beachten ist, dass die Auflassungsvollmacht nicht schon begrifflich **85** die Bevollmächtigung enthält, die Eintragung einer Auflassungsvormerkung zu bewilligen.[49] Nach § 29 GBO ist Unterschriftsbeglaubigung ausreichend.

k) Vollmacht zur Hypothekenaufnahme der U.I.N.L.

86 M   **Verhandelt zu .....**

Vor mir, Notar .....
erschien:
Herr .....
Der Vollmachtgeber ..... erklärte, hierdurch ..... zu seinem Sonderbevollmächtigten zu bestellen, dem er Vollmacht gibt,
- für sich und in seinem Namen ein Darlehen bis zum Höchstbetrag der Hauptsumme von Betrag Währung zu den vom Bevollmächtigten als angemessen angesehenen Bedingungen aufzunehmen;
- jedes Gesamtschuldverhältnis und jede Gemeinschaft sowohl zwischen den Darlehensnehmern als auch mit den Gläubigern für sie zu vereinbaren;
- jede zusätzliche Sicherheit zum Nutzen des Darlehensgebers und jedes vereinfachte Vollstreckungsverfahren, insbesondere eine freiwillige Versteigerung zu vereinbaren;
- den Vollmachtgeber der sofortigen Zwangsvollstreckung zu unterwerfen.
- zur Sicherung dieses Darlehens, für Hauptsumme, Zinsen und Nebenleistungen, die folgenden Grundstücke zur Verfügung zu stellen und dinglich (hypothekarisch) zu belasten: Bezeichnung des Grundstücks
- die Bezeichnung der Grundstücke zu vervollständigen oder zu berichtigen;
- jeden Eigentumsnachweis zu führen;
- jedes Rangverhältnis und jeden Vorrang unter den Darlehensgebern festzulegen, wie es dem Bevollmächtigten gefällt;
- alle Eintragungen in den Grundbüchern oder Hypothekenregistern zu bewilligen und zu beantragen;
- alle Erklärungen abzugeben, die bezüglich des Personenstands, der Hypothek oder sonst wie notwendig sind, insbesondere auch steuerlicher Art;
- den Vollmachtgeber nach Gutdünken des Vollmachtnehmers als Eigentümer oder persönlich der sofortigen Zwangsvollstreckung zu unterwerfen;
- allen beantragten Eintragungen zuzustimmen und solche vorzuschlagen;
- den Betrag des Darlehens ganz oder in Teilen in Empfang zu nehmen und darüber Quittung zu erteilen.

Zu den angeführten Zwecken darf der Vollmachtnehmer alle Urkunden und Schriftstücke errichten und unterzeichnen, Domizil wählen, Untervollmacht erteilen, Personenstandserklärungen abgeben, überhaupt alles tun, was notwendig oder nützlich ist, selbst wenn es nicht ausdrücklich in der vorliegenden Urkunde vorgesehen ist.
Diese Niederschrift wurde dem Vollmachtgeber vom Notar vorgelesen, vom Vollmachtgeber genehmigt und zusammen mit dem Notar wie folgt unterschrieben:

                                                                              ....., Notar

■ *Kosten.* Nach § 98 Abs. 1 GNotKG ist Geschäftswert die Hälfte des Geschäftswerts für die Beurkundung des Geschäfts, auf das sich die Vollmacht bezieht (hier Nennwert der Hypothek, § 53 GNotKG), höchstens jedoch 1 Mio. € (§ 98 Abs. 4 GNotKG). Nach GNotKG eine 1,0 Gebühr, mindestens 60 € (Nr. 21200 KV GNotKG).

---

[49] BayObLG DNotZ 1979, 426.

l) Wohnungseigentümer – Verwaltervollmacht

87 M

Für die Wohnanlage .....
Die Eigentumswohnungsbau Neustadt GmbH in Neustadt, Hauptstraße 3 – nachstehend »EWN« genannt – wird hiermit gemäß § ..... des Gemeinschaftsvertrages als Verwalterin der Wohnanlage mit ..... Miteigentumsanteilen, ... ermächtigt, die Wohnungseigentümer und die Wohnungseigentümergemeinschaft im Rahmen der dem Verwalter nach dem Wohnungseigentumsgesetz (§ 27 WEG) übertragenen Befugnisse zu vertreten, insbesondere alle in Ausführung der Beschlüsse der Wohnungseigentümerversammlung notwendigen Rechtsgeschäfte und Rechtshandlungen vorzunehmen und die Gemeinschaft der Wohnungseigentümer insoweit Behörden und Privatpersonen gegenüber zu vertreten. Zum Nachweis ihrer Berechtigung bei Ausführung von Vereinbarungen bzw. Beschlüssen der Wohnungseigentümerversammlung (§ 27 Abs. 3 Nr. 7 WEG) ist erforderlich und genügend die Vorlage einer beglaubigten Abschrift der Niederschrift über den Versammlungsbeschluss.
Die EWN ist insbesondere auch ermächtigt, die auf die einzelnen Miteigentümer entfallenden Beiträge zu den gemeinschaftlichen Lasten und Kosten des Grundbesitzes von diesen beizutreiben und hierbei die Wohnungseigentümergemeinschaft auch gerichtlich zu vertreten. Sie ist auch berechtigt, Ansprüche aller Art im eigenen Namen für Rechnung der Wohnungseigentümer geltend zu machen. Aufgabe der EWN ist ferner die Einstellung und Entlassung des Hauswarts sowie die Führung von Prozessen aus dem Hauswartdienstverhältnis gegen den Hauswart im eigenen Namen für Rechnung der Wohnungseigentümer.
Die EWN ist ferner berechtigt, alle dringenden Handlungen und Rechtsgeschäfte, aus deren Unterlassung der Wohnungseigentümergemeinschaft oder dem Grundbesitz Nachteile entstehen können, nach pflichtgemäßem Ermessen vorzunehmen.
Die EWN kann diese Vollmacht auf Dritte übertragen. Sie ist ermächtigt, die ihr auf Grund von Beschlüssen der Wohnungseigentümerversammlung oder auf Grund von Gesetzen oder Vereinbarungen zustehenden Vergütungen und den Ersatz von Aufwendungen aus den gemeinschaftlichen Mitteln zu entnehmen.
Neustadt, den .....   Unterschriften
(Beglaubigung nicht erforderlich, aber zweckmäßig)

■ *Kosten.* Nach § 98 Abs. 1 GNotKG ist Geschäftswert die Hälfte des Geschäftswerts für die Beurkundung des Geschäfts, auf das sich die Vollmacht bezieht (hier gemäß § 52 GNotKG, § 26 WEG 5-facher Jahresbetrag des Wohngeldes), höchstens jedoch 1 Mio. € (§ 98 Abs. 4 GNotKG). Nach GNotKG entsteht nach Nr. 24101 KV GNotKG eine Gebühr von 0,3–1,0, mindestens jedoch 60 € für die Fertigung des Entwurfs. Für die Beglaubigung der Unterschrift entsteht keine gesonderte Gebühr (s. Nr. 25100 Abs. 2 KV GNotKG).

m) Hausverwaltervollmacht

Formlos nur, wenn keine Ermächtigung zu Bewilligungen für das Grundbuch enthaltend: **88**

Ich habe Herrn ..... zum Verwalter meines Hauses ..... bestellt und bevollmächtige ihn, mich in allen die Verwaltung dieses Hauses betreffenden Angelegenheiten zu vertreten, sowohl Behörden wie Mietern wie sonstigen Personen gegenüber.
Die Jahresmiete beträgt 30.000 €.   **89 M**

§ 24   Vollmacht

90   Dieser Inhalt genügt. Doch ist es üblich, den Inhalt der Hausverwaltervollmacht im Einzelnen näher zu umschreiben. Auch wird die Vollmacht in Übereinstimmung mit der Dauer des Dienstvertrages oft zeitlich begrenzt. Das Muster wird dahin ergänzt:

91 M   Der Bevollmächtigte kann in meinem Namen Mietverträge, Versicherungsverträge und Hauswartverträge abschließen, verlängern und aufheben, Mieten annehmen und über die gezahlten Beträge quittieren, mein Vermieterpfandrecht ausüben, Bestellungen machen, die sich auf die Instandsetzung und Instandhaltung des Hauses und der Räume beziehen, Prozesse über die vorstehend bezeichneten Gegenstände führen, in denen ich Kläger, Beklagter oder Streitgenosse bin, und mich im Zwangsvollstreckungsverfahren vertreten, mit Behörden verhandeln, Anträge stellen und Erklärungen entgegennehmen.
Der Bevollmächtigte ist auch befugt, Zustellungen, die das Haus betreffen, anzunehmen.
Diese Vollmacht soll bis zum ..... in Kraft bleiben und dann erlöschen, wenn sie nicht durch meinen besonderen schriftlichen Vermerk darauf verlängert wird.
Durch meinen Tod soll die Vollmacht nicht erlöschen.
Der Bevollmächtigte kann für einzelne Handlungen Unterbevollmächtigte bestellen.
Ort, Datum   Unterschrift
(Beglaubigung nicht erforderlich)

■ *Kosten.* Geschäftswert: Ohne Kenntnis des Mietaufkommens lässt sich der Wert eines Entwurfes oder einer bloßen Unterschriftsbeglaubigung durch den Notar nicht berechnen. Die zu einer ganzen Gruppe von Geschäften berechtigende Vollmacht bemisst sich nach dem Mietsoll, aus dem auch die mit Ausgaben verbundenen Geschäfte bestritten werden sollen. Da die Ermächtigung von unbestimmter Dauer ist, wird die Jahresmiete von 30.000 € gemäß §§ 98, 52 GNotKG mit dem 10fachen Jahresbetrag gemäß §§ 98, 52 Abs. 3 GNotKG bewertet, sodass sich hier der Geschäftswert also auf 300.000 € beläuft, wenn sich nichts für eine kürzere Dauer der Vollmacht ergibt. Nach GNotKG entsteht nach Nr. 24101 KV GNotKG eine Gebühr von 0,3–1,0, mindestens jedoch 60 € für die Fertigung des Entwurfs. Für die Beglaubigung der Unterschrift entsteht keine gesonderte Gebühr (s. Nr. 25100 Abs. 2 KV GNotKG).

n) Zwangsversteigerungsvollmacht mit Ermächtigung zum Bieten

92 M   Hiermit wird ..... bevollmächtigt, mich im Zwangsversteigerungsverfahren des Amtsgerichts ..... betreffend folgenden Grundbesitz: Grundbuch von ..... Blatt ....., Gemarkung ....., Flur ....., Flurstück ....., (Az.: ..... oder anderes), zu vertreten.
Derzeitiger Eigentümer ist: ......
Der Bevollmächtigte ist ermächtigt, für den Vollmachtgeber Gebote abzugeben, den Zuschlag für ihn zu beantragen, die Rechte aus dem Meistgebot an einen anderen abzutreten oder für den Vollmachtgeber zu übernehmen, Eintragungen aller Art zu bewilligen und zu beantragen, Vereinbarungen über das Bestehenbleiben von Rechten zu treffen, sowie überhaupt alle Handlungen zu tätigen und Erklärungen für den Vollmachtgeber abzugeben und entgegenzunehmen, die in einem solchen Verfahren in Betracht kommen und die vor allem dem Zweck dienen, die Eintragung des Vollmachtgebers als neuen Eigentümer im Grundbuch herbeizuführen.
Der Bevollmächtigte ist ausdrücklich befugt, auch außerhalb des Zwangsversteigerungsverfahrens Eintragungen jeder Art in das vorgenannte Grundbuch zu bewilligen und zu beantragen, insbesondere Eintragungen von Grundpfandrechten, Löschungen und Rangänderungen.

Der Bevollmächtigte ist ferner ausdrücklich ermächtigt, Grundpfandrechte jeglicher Art abzulösen und an sich oder an Dritte abtreten zu lassen, und zwar nebst den jeweiligen vereinbarten Zinsen und nebst allen etwaigen Nebenleistungen.
Außerdem ist der Bevollmächtigte ermächtigt, Buchrechte und Briefrechte umzuwandeln bzw. umwandeln zu lassen.
Der Bevollmächtigte ist auch befugt, Verhandlungen mit dem Grunderwerbsteuergläubiger wegen einer etwa zu zahlenden Grunderwerbsteuer zu führen.
Der Bevollmächtigte ist von allen gesetzlichen Beschränkungen, insbesondere denen aus § 181 BGB, befreit und erhält die Befugnis, Untervollmacht zu erteilen.
Der Bevollmächtigte kann sich beliebig viele Ausfertigungen dieser Urkunde erteilen lassen.
Diese Vollmacht ist unwiderruflich bis einschließlich .....
Der Wert dieser Vollmacht wird mit ..... € angegeben. Diese Wertangabe, die in erster Linie der Kostenberechnung dient, soll keine Beschränkung der Vollmacht der Höhe nach darstellen.
Diese Niederschrift wurde in Gegenwart des Notars den Beteiligten vorgelesen, von ihnen genehmigt und eigenhändig wie folgt unterschrieben:
Unterschrift

....., Notar

Beglaubigungsvermerk

■ *Kosten.* Geschäftswert: Maßgebend ist der Wert des Grundstücks (§ 46 GNotKG), da ein Höchstgebot nicht vorgeschrieben ist. Wenn die Vollmacht auf die Ausbietung einer bestimmten Forderung beschränkt wäre, so würde deren Höhe zuzüglich der vorausgehenden Rechte maßgebend sein; bei Beschränkung auf einen bestimmten Bietungsbetrag dieser oder der höhere Wert des Grundstücks; für eine Vertretungsvollmacht ohne Ermächtigung zum Bieten nur der Wert der Forderung. Nach GNotKG entsteht nach Nr. 24101 KV GNotKG eine Gebühr von 0,3–1,0, mindestens jedoch 60 € für die Fertigung des Entwurfs. Für die Beglaubigung der Unterschrift entsteht keine gesonderte Gebühr (s. Nr. 25100 Abs. 2 KV GNotKG).

o) Vollmacht des Käufers in einem Kaufvertrag zur Vornahme bestimmter Handlungen zwischen Beurkundung und Eigentumsumschreibung

Der Verkäufer bevollmächtigt und ermächtigt den Käufer, einschließlich des Rechts, Untervollmacht zu erteilen, ab sofort in Bezug auf den Kaufgegenstand (i) bei den zuständigen Ämtern Auskünfte einzuholen, Akten einzusehen und Ablichtungen fertigen zu lassen, (ii) mit Wirkung zum Besitzübergangstage sämtliche Erklärungen abzugeben, die für die Erteilung von Baugenehmigungen erforderlich sind, (iii) Vereinbarungen mit Versorgungsunternehmen für die Zeit ab dem Besitzübergangstage zu treffen und (iv) den Kaufgegenstand, gegebenenfalls in Übereinstimmung mit den mietvertraglichen Regelungen, auch im Beisein von Dritten zu betreten.
Mit Wirkung zum Besitzübergangstage bevollmächtigt der Verkäufer den Käufer darüber hinaus, mit dem Recht, Untervollmacht zu erteilen, sämtliche tatsächliche Handlungen und Rechtshandlungen in Bezug auf den Kaufgegenstand wie dessen Eigentümer vorzunehmen, insbesondere, jedoch nicht beschränkt darauf, alle Rechte aus den Mietverträgen, insbesondere auch das Kündigungsrecht im eigenen oder fremden Namen geltend zu machen, Vertragsänderungen, Vertragsaufhebungen und neue Mietverträge zu vereinbaren, sowie in Mietangelegenheiten in gewillkürter Prozessstandschaft im eigenen Namen und auf eigene Rechnung Prozesse für den Verkäufer zu führen.
Diese Vollmachten werden jeweils unter der Befreiung von den Beschränkungen des § 181 BGB erteilt. Bei der Ausübung dieser Vollmachten dürfen dem Verkäufer

93 M

keine Kosten entstehen. Der Käufer hat den Verkäufer von sämtlichen sich aus dem Gebrauch der Vollmachten ergebenden Ansprüchen von Mietern oder Dritten und Kosten freizustellen. Mit Unterzeichnung dieses Vertrages wird der Verkäufer dem Käufer eine inhaltlich identische Vollmacht gemäß dem Muster in Anlage ….. unterzeichnen.

■ *Kosten.* Die Vollmacht ist Gegenstand des Kaufvertrages und Teil der Leistung des Verkäufers, sodass die Vollmacht nicht gesondert bewertet wird.

2. Vollmachten aus dem Familien- und Erbrecht

a) Ehegattenverfügungsvollmacht

94 M Ich bevollmächtige mit Befreiung von den Beschränkungen des § 181 BGB meinen Ehemann (meine Ehefrau) ….. meine Einwilligung zu Verfügungen über sein (ihr) Vermögen im ganzen und über die ihm (ihr) gehörenden Gegenstände des ehelichen Haushaltes zu erklären.
Ort, Datum Unterschrift

■ *Kosten.* Nach § 98 GNotKG wird nur die Hälfte des Aktivvermögens angesetzt; 1,0 Gebühr, mindestens 60 € (Nr. 21200 KV GNotKG).

95 Unterschriftsbeglaubigung erforderlich, wenn die Einwilligung dem Grundbuchamt (§ 29 GBO) oder dem Handelsregister (§ 12 HGB) nachzuweisen ist.

b) Nachlassvollmacht

96 M Der Erschienene erklärte zur Beurkundung folgende Nachlassvollmacht:
….. bevollmächtigt ….., ihn in der Nachlasssache auf Ableben d ….. – und – bei der Vermögensübergabe zwischen d ….. und den Abkömmlingen – gerichtlich wie außergerichtlich zu vertreten und hierbei alles zu tun, was zur vollständigen Regelung des Nachlasses und zur Teilung – und der Vermögensübergabe – nötig ist.
Namentlich darf der Bevollmächtigte:
– die Erbschaft annehmen oder ausschlagen;
– Nachlassgegenstände jeder Art in Besitz nehmen, veräußern oder erwerben;
– den Erbteil in Empfang nehmen;
– wenn wegen der Erbschaft oder einzelner Teile ein Rechtsstreit mit den Miterben oder mit anderen Personen entsteht, die Vertretung im Rechtsstreit selbst übernehmen oder einen Prozessbevollmächtigten bestellen;
– wenn Nachlassgrundstücke teilungshalber verkauft werden, den Vollmachtgeber bei der Versteigerung vertreten, auch für ihn bieten und solche erstehen.
Der Bevollmächtigte darf die Vollmacht ganz oder teilweise auf andere übertragen.
Diese Vollmacht soll durch den Tod des Vollmachtgebers nicht erlöschen.
Der Bevollmächtigte wird von den Beschränkungen des § 181 BGB befreit.
Diese Vollmacht hat schon am ….. bestanden. Rechtsgeschäfte, die der Bevollmächtigte etwa schon vorher vorgenommen hat, werden genehmigt.
Soweit Eheleute diese Vollmacht erteilen, handeln sie mit Einwilligung ihrer mitunterzeichnenden Ehegatten.
Diese Niederschrift wurde in Gegenwart des Notars den Beteiligten vorgelesen, von ihnen genehmigt und eigenhändig wie folgt unterschrieben:
Unterschrift

….., Notar

■ *Kosten.* Geschäftswert: Nach § 98 GNotKG wird nur die Hälfte des Aktivvermögens angesetzt; 1,0 Gebühr nach GNotKG, mindestens 60 € (Nr. 21200 KV GNotKG).

c) Nachlassvollmacht der U.I.N.L.

Verhandelt zu ..... **97 M**

Vor mir, Notar .....
erschien:
Herr .....
Der Vollmachtgeber ..... bestellt zu seinem Bevollmächtigten: ..... dem er Vollmacht erteilt, die Erbschaft nach ..... geboren am ..... in ..... verstorben am ..... in ..... für ihn anzutreten und abzuwickeln, gegebenenfalls auch jedes Gemeinschaftsvermögen oder Gesamtgut das etwa zwischen dem Verstorbenen und seinem Ehepartner oder einer andere Person bestanden hat Infolgedessen und zu diesem Zweck soll der Bevollmächtigte berechtigt sein,

I. Alle Sicherungsmaßnahmen ohne jede Einschränkung zu treffen

- die Versiegelung jeder Art zu beantragen; die Entsiegelung mit oder ohne gleichzeitige Aufnahme eines Verzeichnisses der versiegelt gewesenen Gegenstände zu verlangen;
- die Errichtung von Nachlassverzeichnissen (Inventar) und die Öffnung von Schließfächern und versiegelten Briefen zu veranlassen;
- von allen Testamenten, Testamentsnachträgen und Schenkungen Kenntnis zu nehmen;
- von jedem Dritten Auskünfte über alle Bestandteile des Aktivvermögens und der Schulden zu erwirken;
- alle gerichtlichen Maßnahmen zur Sicherung des Nachlaßvermögens zu beantragen;

II. Die Erbenstellung einzunehmen

- die Erbschaft ohne Einschränkung oder unter der Rechtswohltat des Inventars anzunehmen oder sie auszuschlagen;
- der Erfüllung von Vermächtnissen jeder Art zuzustimmen oder zu widersprechen, sie auszuliefern oder entgegenzunehmen, (auch) ihre Herabsetzung (nach Belieben) zu verlangen;
- alle Erklärungen abzugeben, und entgegenzunehmen sowie Eingaben einzureichen, die auf steuerlicher Ebene erforderlich sind oder zur Lösung devisenrechtlicher Problemstellungen;

III. Zu handeln und zu verwalten

- Verwaltungshandlungen jeder Art mit den weitestgehenden Befugnissen durchzuführen und insbesondere,
- den Inhalt von Schließfächern aller Art zu entnehmen, Effekten, Wertsachen und Geldsummen, sie mögen Erträgnisse oder Kapitalien darstellen, in Empfang zu nehmen und darüber zu quittieren; auf jede vorhandene Sicherheit gegen Bezahlung zu verzichten;

- Konten bei Banken jeder Art zu eröffnen und bestehen zu lassen, Geldbeträge einzuzahlen und abzuheben, Schecks auszustellen einzuziehen und zu indossieren, Effekten und Wertsachen in Verwahrung zu geben oder zu entnehmen;
- Schließfächer zu mieten und alle darauf bezüglichen Rechte auszuüben;
- Renten, Aktien, Obligationen und Effekten aller Art, die an den Börsen notiert (bewertet) werden, zu erwerben, zu zeichnen und zu verkaufen;
- Vermögensteile zu vermieten oder zu verpachten; Grundstücke zu pachten, alles das unter Verpflichtungen und Bedingungen, die der Bevollmächtigte bestimmt;
- an Versammlungen von Gesellschaften, Verbänden oder Berufsvereinigungen (Syndikaten) teilzunehmen, Ämter auszuüben, das Stimmrecht auszuüben und Protokolle zu unterzeichnen;
- den Vollmachtgeber bei Versicherungsgesellschaften zu vertreten und insbesondere Versicherungsscheine zu unterzeichnen und sie zu kündigen;
- den Vollmachtgeber bei Behörden und insbesondere bei der Postverwaltung und allen Finanzämtern zu vertreten. Zu diesem Zweck Erklärungen aller Art zu unterzeichnen, Steuern und Abgaben zu bezahlen,
- Beschwerden (Einsprüche) und freiwillige oder streitige Gesuche vorzubringen;
- Stundungen zu erwirken;
- Bürgschaften zu vereinbaren; Eintragungen aller Art in den Grundbüchern und Hypothekenregistern zu bewilligen;
- sowie beweisfähige Dokumente über die Zahlung der Erbschaftsteuer zu fordern;
- in Fällen von Konkurs, Zwangsvergleich oder gerichtlicher Liquidation von Schulden an Gläubigerversammlungen teilzunehmen und den Vollmachtgeber zu vertreten,
- den Vollmachtgeber nach Gutdünken des Vollmachtnehmers als Eigentümer oder persönlich der sofortigen Zwangsvollstreckung zu unterwerfen.

IV. Zu verfügen

- Grundstücke, Handelsgeschäfte, Schiffe, Aktien, Obligationen auch soweit sie an der Börse nicht notiert sind bewegliche Sachen und Rechte ohne Ausnahmen, Forderungen, Erbschaftsrechte und überhaupt alle erdenklichen Rechtsgüter zu erwerben, zu verkaufen und auszutauschen zu Preisen und gegen Verpflichtungen und Bedingungen, die der Bevollmächtigte bestimmt;
- Kaufgelder zu kassieren, darüber zu quittieren, auf Eintragungen zu verzichten, auch wenn sie von Amtswegen zu bewirken sind;
- Hypotheken, Pfandrechte und überhaupt Sicherheiten aller Art auch ohne Bezahlung aufzuheben bzw. löschen zu lassen, Subrogationen (Ersatz bzw. Auswechslung von Sicherheiten) zuzustimmen.

V. Aufzuteilen

Die Abwicklung und Teilung des Nachlasses oder ein der Teilung gleichwertiges Rechtsgeschäft in jeder Form gütlich oder gerichtlich durchführen; Anteile am Nachlaß im Namen des Vollmachtgebers mit oder ohne Ausgleichssumme (Geldausgleich) zu empfangen, auf Eintragungen zu verzichten, auch wenn sie von Amtswegen zu bewirken sind.

VI. Gerichtliche Schritte einzuleiten

– den Vollmachtgeber sowohl als Kläger als auch als Beklagten vor Gericht zu vertreten, Verteidiger und gerichtliche Hilfspersonen zu bestellen, Prozesshandlungen oder jeder Art zu bewirken oder zu beantragen.
– einen Schiedsvertrag oder einen Vergleich abzuschließen,

VII. Verschiedene Verfügungen

Zu den angeführten Zwecken darf der Vollmachtnehmer alle Urkunden und Schriftstücke errichten und unterzeichnen, Grundbucherklärungen zu bewilligen und beantragen, Domizil wählen, Untervollmacht erteilen, Personenstandserklärungen abgeben, überhaupt alles tun, was notwendig oder nützlich ist, selbst wenn es nicht ausdrücklich in der vorliegenden Urkunde vorgesehen ist.
Diese Niederschrift wurde dem Vollmachtgeber vor dem Notar vorgelesen, vom Vollmachtgeber genehmigt und, zusammen mit dem Notar, wie folgt unterschrieben:

....., Notar

■ *Kosten.* Wie zu Rdn. 96 M.

3. Vollmachten im Handels- und Gesellschaftsrecht

a) Gründungsvollmacht

**Ich bevollmächtige Herrn ....., mich bei der Gründung der X-Aktiengesellschaft/bei der Errichtung der Y-GmbH zu vertreten und für mich Aktien/eine Stammeinlage bis zum Nennbetrage von ..... zu übernehmen. Diese Vollmacht erlischt nicht durch meinen Tod. Mein Bevollmächtigter kann Untervollmacht in notariell beglaubigter Form erteilen.
Ort, Datum   Unterschrift
Beglaubigungsvermerk** 98 M

■ *Kosten.* Geschäftswert: Maßgebend ist nur der hälftige Wert der Einlage des zu vertretenden künftigen Gesellschafters (§ 98 GNotKG), 1,0 Gebühr, mindestens 60 € (Nr. 21200 KV GNotKG).

b) Vollmacht für die Gründung einer Kapitalgesellschaft der U.I.N.L.

**Vor mir, Notar .....
erschien:
Herr .....
Der Vollmachtgeber ..... erklärt, hierdurch zu seinem Sonderbevollmächtigten zu bestellen, ..., dem er die Befugnis überträgt, in seinem Namen und für seine Rechnung folgende Rechtsgeschäfte und Handlungen vorzunehmen:
– Teilnahme an dem Gründungsakt einer Kapitalgesellschaft, über deren Gesellschaftsform, Firma, Gegenstand, Sitz, Dauer und Kapital ebenso wie über alle nötigen oder für die Wirksamkeit der Gründung erforderlichen Festlegungen der Bevollmächtigte befindet;
– Übernahme einer Beteiligung an dem Gesellschaftskapital, in Form von Aktien oder in Form eines Kapitalanteils, in der Höhe, die der Bevollmächtigte für gut befindet,** 99 M

§ 24 Vollmacht

- Erbringung dieser Beteiligung, ganz oder teilweise, in Geld oder Sacheinlagen, dies alles in der gesetzlich vorgeschriebenen Weise;
- Eingehung von Verpflichtungen hinsichtlich der Fälligkeit sowie der Art und Weise der Erbringung der übernommenen Beteiligung;
- Feststellung der für die Gesellschaft geltenden Satzung;
- Bestellung der Geschäftsführungs- und Aufsichtsorgane und Festsetzung ihrer Bezüge;
- Festlegung von Vorzugsrechten der Gründungsgesellschafter oder bestimmter Kategorien von Gesellschaftern bei der Gewinnverteilung oder bei der Verteilung des Gesellschaftsvermögens im Falle der Liquidation, im Rahmen des gesetzlich Zulässigen;
- Festlegung von Einschränkungen der Übertragbarkeit von Aktien oder Kapitalanteilen, im Rahmen des gesetzlich Zulässigen;
- Erfüllung aller formalen Erfordernisse der Gründung der Gesellschaft, gleichviel welcher Art;
- Eingehung aller anderen Übereinkünfte, Bestimmungen und Vertragsbedingungen nach Gutdünken des Bevollmächtigten;
- Alles Erforderliche bei öffentlichen Ämtern einschließlich den Steuerbehörden einzuleiten.

Die vorstehende Aufzählung der Befugnisse des Bevollmächtigten ist beispielhaft, nicht abschließend. Das Fehlen oder die ungenaue Bezeichnung von Befugnissen können dem Bevollmächtigten nicht entgegen gehalten werden. Der Bevollmächtigte ist berechtigt, Untervollmacht zu erteilen.

Diese Niederschrift wurde dem Vollmachtgeber vor dem Notar vorgelesen, vom Vollmachtgeber genehmigt und unterschrieben zusammen mit dem Notar wie folgt unterschrieben:

......, Notar

■ *Kosten.* Wie zu Rdn. 98 M.

c) Stimmrechtsvollmacht

100 Die Stimmrechtsvollmacht ist von der Gründungsvollmacht zu unterscheiden, die notarieller Beurkundung oder Beglaubigung bedarf.

101 M Ich bevollmächtige Herrn ......, in der Gesellschafterversammlung der X AG – GmbH – am ...... für mich das Stimmrecht auszuüben. Ich bin mit einer Stammeinlage in Höhe von 4.000 € beteiligt.
Mein Bevollmächtigter ist von den Beschränkungen des § 181 BGB befreit und kann schriftlich Untervollmacht erteilen. Diese Vollmacht erlischt nicht durch meinen Tod.
Das StammKapital beträgt 100.000 €. – Die zu fassenden Beschlüsse haben einen bestimmten Wert von 45.000 €.

Ort, Datum   Unterschrift
(Beglaubigung nicht erforderlich)

■ *Kosten.* Geschäftswert: Die Spezialvollmacht eines Mitberechtigten ist nach § 98 Abs. 1 und 2 GNotKG zu bewerten einerseits nach dem Anteilsbesitz des Vollmachtgebers, andererseits nach dem Wert der zu fassenden Beschlüsse (jeweils hälftiger Wert); 1,0-Gebühr, mindestens 60 € (Nr. 21200 KV GNotKG).

d) Stimmrechts- und Übernahmevollmacht

Wenn in der Gesellschafterversammlung die Erhöhung des Stammkapitals beschlossen werden soll und der Vollmachtgeber neue Stammeinlagen übernehmen will, muss die Vollmacht wie folgt lauten und notariell beglaubigt werden (§ 55 Abs. 1 GmbHG i.V.m. § 2 Abs. 2 GmbHG analog):

102

Ich bevollmächtige Herrn ….., in der Gesellschafterversammlung der Y-GmbH am ….. für mich das Stimmrecht auszuüben und neue Stammeinlagen bis zu ….. auf das zu erhöhende Stammkapital für mich zu übernehmen. Mein Bevollmächtigter ist von den Beschränkungen des § 181 BGB befreit und kann Unterbevollmächtigte in öffentlicher oder öffentlich beglaubigter Form bestellen. Diese Vollmacht erlischt nicht durch meinen Tod. Ich besitze zur Zeit Geschäftsanteile im Nennwert von ….. Der Wert meiner Beteiligung beträgt …..
Ort, Datum   **Unterschrift**
Beglaubigungsvermerk

103 M

■ *Kosten.* Geschäftswert: Ein Vollmachtsgegenstand. Hälftiger Wert der Kapitalerhöhung (§ 98 Abs. 1 GNotKG); 1,0-Gebühr, mindestens 60 € (Nr. 21200 KV GNotKG).

e) Vollmacht zur Verfügung über GmbH-Geschäftsanteile

Ich bevollmächtige hiermit Herrn ….., zum Erwerb bzw. Veräußerung und Übertragung von Geschäftsanteilen an der X-Gmbh, sowie zur Durchführung aller damit verbundenen Maßnahmen, insbesondere, aber nicht hierauf beschränkt, Verhandlung, Abschluss und Änderung der entsprechenden Kauf- und Übertragungsverträge einschließlich von Nebenvereinbarungen hierzu sowie Vornahme aller Handlungen, die dem Vollzug des Kauf- und Übertragungsvertrages und der mit ihm im Zusammenhang stehenden Verträge und Maßnahmen dienen.
Der Bevollmächtigte ist von den Beschränkungen des § 181 BGB befreit und hat das Recht, Untervollmacht zu erteilen. Die Vollmacht soll mit meinem Tod nicht erlöschen.

104 M

Die Vollmacht bedarf keiner besonderen Form. Schriftform ist üblich.

■ *Kosten:* Geschäftswert: hälftiger Wert des betreffenden Geschäftsanteils (§ 98 Abs. 1 und 2 GNotKG); Nach GNotKG entsteht nach Kostenverzeichnis Nr. 24101 ein Gebühr von 0,3–1,0, mindestens jedoch 60 € für die Fertigung des Entwurfs.

f) Generalhandlungsvollmacht

Der Erschienene, handelnd wie angegeben, erklärte zur Beurkundung:
Die von mir vertretene Gesellschaft erteilt hiermit Herrn …..
Generalhandlungsvollmacht,
die Gesellschaft insbesondere gegenüber allen Gerichten, Behörden und Privaten in allen Angelegenheiten zu vertreten, soweit dies gesetzlich zulässig ist. Der Umfang der Vollmacht ergibt sich aus § 54 HGB. Jedoch sind folgende Angelegenheiten ausgenommen:
– **Bestellung von Prokuristen sowie Widerruf von Prokuren,**
– **Einstellung und Entlassung von Arbeitnehmern,**
– **Errichtung von Zweigniederlassungen,**
– **Eintritt in Vereine oder Verbände oder Austritt aus solchen,**
– **Anmeldungen zum Handelsregister.**

105 M

§ 24 Vollmacht

Der Bevollmächtigte ist von den Beschränkungen des § 181 BGB befreit. Er ist berechtigt, Untervollmacht zu erteilen.
Dem Bevollmächtigten sind beliebig viele Ausfertigungen dieser Urkunde zu erteilen.

■ *Kosten.* Geschäftswertfestsetzung nach freiem Ermessen, § 98 Abs. 3 GNotKG, Höchstwert 1 Mio. €. Nach GNotKG entsteht nach Nr. 24101 KV GNotKG eine Gebühr von 0,3–1,0, mindestens jedoch 60 € für die Fertigung des Entwurfs. Für die Beglaubigung der Unterschrift entsteht keine gesonderte Gebühr (s. Nr. 25100 Abs. 2 KV GNotKG).

g) Handelsregistervollmacht (eines Kommanditisten)

106 M Vollmachtgeber: …..; Kommanditeinlage: …..; Kommanditgesellschaft: …..
Der vorgenannte Vollmachtgeber bevollmächtigt hiermit die …..-GmbH mit dem Sitz in ….., ihn bei der Aufnahme als Kommanditist in die vorbezeichnete Kommanditgesellschaft zu vertreten und die entsprechende Eintragung in das Handelsregister anzumelden.
Die Bevollmächtigte soll auch berechtigt sein, den Vollmachtgeber bei allen, die vorgenannte Kommanditgesellschaft betreffenden Handelsregisteranmeldungen zu vertreten, insbesondere von der Gesellschaft beschlossene Änderungen zum Handelsregister anzumelden, das heißt also, alle Handlungen vorzunehmen und alle Erklärungen dem Registergericht gegenüber abzugeben, die eine geordnete Erledigung aller handelsregisterlichen Angelegenheiten der Gesellschaft erfordert.
Die Bevollmächtigte ist von den Beschränkungen des § 181 BGB befreit und berechtigt, Untervollmacht zu erteilen.

■ *Kosten.* Geschäftswert: halber Wert der Kommanditeinlage (§ 98 GNotKG), 1,0-Gebühr, mindestens 60 € (Nr. 21200 KV GNotKG).

h) Umfangreiche Handelsregistervollmacht (deutsch/englisch)

107 M Ich, der/die Unterzeichnende/I, the undersigned

…..	…..
Name	**Vorname/First name**
…..	
Geburtsdatum/Date of Birth	
…..	…..
Wohnort/City	**Straße/Street**
…..	…..
Telefon/Telephone	**Beruf/Profession**
erteile hiermit	hereby authorise
Herrn …..	
und	And
Herrn …..	
und zwar jeden einzeln	each of them having sole power of representation

VOLLMACHT

1. mich bei der Aufnahme und dem Ausscheiden von Gesellschaftern bei der ….-GmbH sowie hinsichtlich sämtlicher die Gesellschaftsanteile von Kommanditisten betreffenden Vereinbarungen umfassend in Übereinstimmung mit dem Gesellschaftsvertrag und den entsprechenden Gesellschafterversammlungsbeschlüssen zu vertreten und alle damit im Zusammenhang stehenden notwendigen Erklärungen gegenüber dem Handelsregister abzugeben.

2. sämtliche Anmeldungen zum Handelsregister vorzunehmen, für die die Mitwirkung eines Kommanditisten gesetzlich erforderlich ist. Hierzu gehören u.a. die Anmeldung aus Anlass der Aufnahme von Kommanditisten, die Abtretung von Gesellschaftsanteilen sowie das Ausscheiden von Kommanditisten einschließlich meiner selbst.

Die Vollmacht ist unwiderruflich und erlischt nicht durch meinen Tod. Die in dieser Urkunde bevollmächtigten Personen dürfen gleichzeitig auch in Vollmacht der übrigen Gesellschafter der vorbezeichneten Kommanditgesellschaft handeln. Sie sind von den Beschränkungen des § 181 BGB befreit. Sie dürfen Unter- und Nachvollmacht, ggf. unter Befreiung von den Beschränkungen des § 181 BGB, erteilen.

Im Falle von Unterschieden zwischen der maßgebenden deutschen Fassung und der englischen Übersetzung ist der deutsche Text dieser Vollmacht maßgeblich.

……
(Ort/Place)

……
Unterschrift mit notarieller Beglaubigung/
Signature with certification by a notary public

POWER OF ATTORNEY

1. to represent me regarding the entry and the exit of partners of ….-GmbH as well as with regard to the conclusion of all agreements relating to the shares of limited partners which are met in accordance with the articles of association and the shareholders' resolutions. The representatives are entitled to execute all declarations to the commercial register.

2. execute all filings with the commercial register for which the cooperation of a limited partner is required by law including inter alia filings in connection with the entry of limited partners, the transfer of shares and the exit of limited partners inclusive of my exit of the company.

This power of attorney is irrevocable and does not expire upon my death. The representatives are entitled to act upon this power of attorney and upon the power of attorney of other partners at the same time. They are released from the restrictions of Sec. 181 of the German Civil Code. They are entitled to transfer this power of attorney to other parties if necessary under release from the restrictions of Sec. 181 of the German Civil Code.

In case of discrepancies between the binding German version and this convenience translation the German version shall prevail.

……
(Datum/Date)

■ *Kosten.* Wie zu Rdn. 106 M.

4. Generalvollmachten

a) Allgemeines

108 a) Eine Generalvollmacht (allgemeine Vollmacht) sollte nur bei besonderen Vertrauensverhältnissen gegeben werden. Eine Belehrung ist vielfach erforderlich.

109 b) Der Ausschluss des Widerrufs einer Generalvollmacht ist unzulässig, weil dadurch die Vertragsfreiheit zu stark beschränkt werden würde.[50]

110 c) Der Vorstand (Geschäftsführer) einer juristischen Person kann einem Dritten Generalvollmacht, beschränkt auf einen bestimmten Kreis von Vertretungshandlungen, erteilen. Die Übertragung aller Befugnisse, auch wenn die Vollmacht zeitlich begrenzt und widerruflich ist, ist unzulässig.[51] Bei der GmbH ist die vom Geschäftsführer einem Nichtgeschäftsführer erteilte Generalvollmacht auch dann *unwirksam*, wenn ihr sämtliche Gesellschafter zugestimmt haben.[52] Die Beschränkung auf einen bestimmten Kreis von Vertretungshandlungen ist also kenntlich zu machen.

111 d) Es steht im pflichtgemäßen Ermessen des Registergerichts, ob es zu Anmeldungen im Handelsregister eine allgemeine Vollmacht zulässt oder eine Spezialvollmacht verlangt. Wenn eine (zulässige) Generalvollmacht keine Einschränkungen der Ermächtigung erkennen lässt, reicht sie auch zu den Registeranmeldungen aus. Da aber in den Kommentaren z.T. eine ausdrückliche Ermächtigung für notwendig gehalten wird, empfiehlt es sich, sie besonders aufzunehmen, namentlich dann, wenn einzelne Befugnisse aufgeführt werden.

b) Privatschriftliche Generalvollmacht

112 Ausländische Rechte verlangen spezifizierte Angabe der einzelnen Ermächtigungen. Nach deutschem Recht genügt die kurze Fassung:

113 M **Ich erteile dem ..... Vollmacht, mich in allen meinen Angelegenheiten zu vertreten.**
Ort, Datum   **Unterschrift**

114 Kommen Grundstücksgeschäfte, Registeranmeldungen oder Gründungen (AG, GmbH) in Betracht, ist mindestens Unterschriftsbeglaubigung erforderlich.

■ *Kosten.* Nach § 98 Abs. 1 und 3 GNotKG ist Geschäftswert nach billigem Ermessen zu bestimmen, höchstens die Hälfte des Gesamtvermögens, begrenzt jedoch auf 1 Mio. € (§ 98 Abs. 4 GNotKG). Nach GNotKG eine 1,0 Gebühr, mindestens 60 € (Nr. 21200 KV GNotKG).

c) Beurkundete kurze Generalvollmacht

115 Auch wenn nur Unterschriftsbeglaubigung erforderlich ist oder sogar Schriftform ausreichend wäre, ist es aus den oben zu Rdn. 6–39 angeführten Gründen zweckmäßig, die Generalvollmacht zu beurkunden.

---

50 MüKo/*Schramm*-BGB, § 168 BGB Rn. 26 m.w.N.
51 BGHZ 34, 27, 31; vgl. auch BGHZ 64, 72, 76.
52 BGH DNotZ 1977, 119.

Verhandelt zu ..... am .....   **116 M**
Vor ..... Notar in ..... erschien .....
Der/die Beteiligte erklärte:
Hierdurch bevollmächtige ich Herrn ..... mich in allen persönlichen und vermögensrechtlichen Angelegenheiten, soweit dies gesetzlich zulässig ist, gerichtlich und außergerichtlich zu vertreten.
Diese Vollmacht kann für einzelne, von dem Bevollmächtigten zu bestimmende Rechtsgeschäfte übertragen werden.
Der Bevollmächtigte ist befugt, Rechtsgeschäfte mit sich im eigenen Namen und als Vertreter Dritter vorzunehmen.
Die Vollmacht soll durch meinen Tod nicht erlöschen.
Dem Bevollmächtigten ist eine Ausfertigung dieser Urkunde zu erteilen.
Diese Niederschrift wurde in Gegenwart des Notars dem Beteiligten vorgelesen, von ihnen genehmigt und eigenhändig wie folgt unterschrieben:
Unterschrift

   ....., Notar

- **Kosten.** Nach § 98 Abs. 1 und 3 GNotKG ist Geschäftswert nach billigem Ermessen zu bestimmen, höchstens die Hälfte des Gesamtvermögens, begrenzt jedoch auf 1 Mio. € (§ 98 Abs. 4 GNotKG). Nach GNotKG eine 1,0 Gebühr, mindestens 60 € (Nr. 21200 KV GNotKG).

Alternativer Zusatz wegen der Ausfertigungen

Von dieser Verhandlung beantrage ich, dem Bevollmächtigten und mir zunächst nur je   **117 M**
eine beglaubigte Abschrift zu geben. Der Bevollmächtigte kann sich jedoch jederzeit eine oder auch mehrere Ausfertigungen erteilen lassen. Von der Erteilung jeder Ausfertigung hat mir der Notar unverzüglich Nachricht zu geben. Zum Widerruf meiner Ermächtigung an den Bevollmächtigten, sich Ausfertigungen erteilen zu lassen, genügt meine Erklärung gegenüber dem beurkundenden Notar.

d) Generalvollmacht der U.I.N.L.

Verhandelt zu ..... am .....   **118 M**
Vor mir, Notar .....
erschien:
Herr .....
Der Vollmachtgeber bestellt hierdurch zu seinem Generalbevollmächtigten ..... und erteilt ihm alle notwendigen Befugnisse, insbesondere auch,

I. Zu handeln und zu verwalten
- Geldsummen, sie mögen Erträgnisse oder Kapitalien darstellen, in Empfang zu nehmen und darüber zu quittieren, auf jede Sicherheit gegen Bezahlung zu verzichten;
- Konten bei jeder beliebigen Bank zu eröffnen und zu unterhalten; Geldbeträge einzuzahlen und abzuheben; Schecks auszustellen, einzulösen und zu indossieren, Wertpapiere und Wertsachen zu hinterlegen und zu entnehmen;
- Schließfächer zu öffnen, neue Schließfächer zu mieten, alle darauf bezüglichen Rechte auszuüben;
- Rentenpapiere, Aktien, Schuldverschreibungen und an der Börse notierte Wertpapiere aller Art zu erwerben, zu zeichnen und zu verkaufen;

§ 24 Vollmacht

- Vermögenswerte zu vermieten oder zu verpachten; Grundstücke zu pachten, alles zu Lasten und Bedingungen, die der Bevollmächtigte bestimmt
- an Versammlungen von Gesellschaften, Verbänden oder Berufsvereinigungen teilzunehmen, Ämter wahrzunehmen, das Stimmrecht auszuüben und Protokolle zu unterzeichnen;
- den Vollmachtgeber bei Versicherungsgesellschaften zu vertreten insbesondere auch Versicherungsscheine zu unterschreiben und sie aufzukündigen;
- den Vollmachtgeber bei Behörden, insbesondere auch bei der Postverwaltung und der Steuerverwaltung zu vertreten; zu diesem Zweck Erklärungen aller Art zu unterzeichnen, Steuern und Abgaben zu bezahlen, Beschwerden und Anträge der freiwilligen oder streitigen Gerichtsbarkeit vorzubringen;
- Stundungen zu erwirken, Sicherheiten zu vereinbaren, Eintragungen aller Art in Grundbüchern und Hypothekenregistern zu bewilligen;
- in Fällen von Konkurs, Zwangsvergleich oder gerichtlicher Liquidation an Gläubigerversammlungen teilzunehmen und den Vollmachtgeber zu vertreten;

II. Investitionen zu tätigen (anlegen) und zu verfügen

- Grundstücke, Schiffe, Handelsgeschäfte, Aktien, Schuldverschreibungen auch soweit ihr Kurs nicht festgesetzt ist bewegliche Sachen und Rechte, Forderungen und überhaupt Vermögenswerte jeder Art zu erwerben, zu verkaufen und auszutauschen zu Preisen und gegen Leistungen und Bedingungen, die der Bevollmächtigte bestimmt;
- Dienstbarkeiten zu bestellen, abzuändern und darauf zu verzichten;
- Hypotheken, Pfandrechte und überhaupt Sicherheiten aller Art auch ohne Bezahlung aufheben bzw. löschen zu lassen, jeder Auswechslung einer Sicherheit zuzustimmen, auf Sachrechte, ein Vorrecht und eine Aufhebungsklage zu verzichten;

III. Auszuleihen und zu verleihen

- Geldsummen gegen Leistungen und Bedingungen auszuleihen und zu verleihen, die der Bevollmächtigte bestimmt, und zur Sicherheit für diese Darlehen Hypotheken, Pfandrechte und überhaupt Sicherheiten jeder Art festzusetzen; den Betrag des Darlehens ganz oder in Teilen entgegenzunehmen und darüber zu quittieren;
- jede Bestimmung, für ein Gesamtschuldverhältnis und eine Gemeinschaft sowohl unter mehreren Darlehensgeber als auch unter mehreren Darlehensnehmern zu vereinbaren;
- zusätzliche Sicherheiten zugunsten des Darlehensgebers und ein vereinfachtes Vollstreckungsverfahren insbesondere auch mittels freiwilligen Verkaufs zu vereinbaren,
- den Vollmachtgeber der sofortigen Zwangsvollstreckung, zu unterwerfen;

IV. Bürgschaft zu leisten

- für die Schulden Dritter Bürgschaft, auch Wechselbürgschaft, zu leisten; zur Sicherheit für diese Bürgschaften und Wechselbürgschaften Hypotheken, Pfandrechte und sonstige Sicherheiten jeder Art zu bestellen;
- vereinbarten Bürgschaften solidarischen (gesamtschuldnerischen) Charakter zu verleihen und auf die Einreden der Vorausklage und der Pro-rata Klage bei einer Mehrheit von Bürgen zu verzichten;

V. Gerichtlich vorzugehen

- den Vollmachtgeber sowohl als Kläger als auch als Beklagten vor Gericht zu vertreten, Verteidiger und gerichtliche Hilfspersonen zu bestellen, Prozesshandlungen oder Maßnahmen der Sicherung wie auch der Zwangsvollstreckung, zu bewirken oder zu beantragen;
- Schiedsverträge oder Vergleiche abzuschließen;
- Schiedsrichter zu ernennen;

VI. Erbschaften anzutreten und unentgeltliche Zuwendungen anzunehmen

- gesetzliche oder testamentarische Erbschaften anzutreten die für den Vollmachtgeber angefallen sind oder anfallen können, sie ohne Einschränkung oder unter der Rechtswohltat des Inventars anzunehmen oder sie auszuschlagen;
- Sicherungsmaßnahmen zu ergreifen oder Vergleiche zu schließen;
- die Auseinandersetzung, von Erbengemeinschaften oder anderen Gemeinschaften zu betreiben, sei es gütlich, sei es auf gerichtlichem Wege, jede Ausgleichssumme zu empfangen und zu bezahlen;
- Abgaben zu bezahlen und zu diesem Zweck Erklärungen abzugeben, Fristen zu erbitten und Sicherheiten zugunsten des Fiskus zu bestellen;
- bei der Regelung von Nachlässen von allen Befugnissen Gebrauch zu machen, die in dieser Vollmacht enthalten sind;
- Schenkungen unter Lebenden, die dem Vollmachtgeber zugewendet werden, mit oder ohne Auflagen anzunehmen;

VII. Untervollmacht zu erteilen – verschiedene Befugnisse

Zu obigen Zwecken Urkunden und Protokolle auszustellen und zu unterzeichnen, den Wohnsitz zu bestimmen, Untervollmacht zu erteilen, auf jede Eintragung, zu verzichten, selbst wenn sie vom Amts wegen zu bewirken ist, Personenstandserklärungen abzugeben und überhaupt alles Notwendige zu tun, auch gegenüber allen Behörden, einschließlich Finanzämtern.
Die vorstehende Aufzählung der Befugnisse der Bevollmächtigten ist beispielhaft, nicht abschließend. Das Fehlen oder die ungenaue Bezeichnung von Befugnissen können dem Bevollmächtigten nicht entgegengehalten werden. Der Bevollmächtigte ist berechtigt, Untervollmacht zu erteilen.
Diese Niederschrift wurde dem Vollmachtgeber vor dem Notar vorgelesen, vom Vollmachtgeber genehmigt und zusammen mit dem Notar wie folgt unterschrieben:

......, Notar

■ *Kosten.* Nach § 98 Abs. 1 und 3 GNotKG ist Geschäftswert nach billigem Ermessen zu bestimmen, höchstens die Hälfte des Gesamtvermögens, begrenzt jedoch auf 1 Mio. € (§ 98 Abs. 4 GNotKG). Nach GNotKG eine 1,0 Gebühr, mindestens 60 € (Nr. 21200 KV GNotKG).

e) General- und Vorsorgevollmacht mit Betreuungsverfügung

Die Erschienene ließ folgende   **119 M**
        Vorsorgevollmacht und Betreuungsverfügung
beurkunden und erklärte:

§ 24 Vollmacht

I. Vorsorgevollmacht

Die nachstehende Vollmacht dient der Vermeidung der Bestellung eines Betreuers gemäß den §§ 1896 ff. BGB. Sie geht daher einer Betreuung vor.
Der Bevollmächtigte soll von der nachstehenden Vollmacht nur dann Gebrauch machen, wenn ich durch Alter oder Krankheit daran gehindert bin, für mich selber zu sorgen. Diese Bestimmung ist jedoch keine Beschränkung der Vollmacht gegenüber Dritten, sondern lediglich eine Anweisung des Vollmachtgebers an den Bevollmächtigten, die nur im Innenverhältnis gilt; im Außenverhältnis gegenüber Dritten und Behörden ist diese Vollmacht unbeschränkt.
Der Notar hat über die rechtliche Bedeutung dieser Vollmacht und auch über die besondere Funktion der Ausfertigung einer Vollmacht im Rechtsverkehr eingehend belehrt. Der Notar hat insbesondere darauf hingewiesen, dass dem Bevollmächtigten im Falle eines Widerrufs der Vollmacht alle Ausfertigungen entzogen werden müssen. Der Bevollmächtigte kann aufgrund dieser Vollmacht nur handeln, wenn er eine Ausfertigung dieser Urkunde vorlegt, die ihm jeweils persönlich erteilt ist, das heißt, deren Ausfertigungsvermerk seine jeweilige Person bezeichnet.
Ich bevollmächtige hiermit
.....
wohnhaft .....
Telefon .....
mich in allen vermögensrechtlichen und persönlichen Angelegenheiten nach Maßgabe der nachstehenden Bestimmungen gerichtlich und außergerichtlich zu vertreten.
Vermögensrechtliche Angelegenheiten:
Der Bevollmächtigte ist berechtigt, mich in allen vermögensrechtlichen Angelegenheiten, soweit dies rechtlich möglich ist, zu vertreten.
Der Bevollmächtigte kann in einzelnen Vermögensangelegenheiten Untervollmacht erteilen.
Der Bevollmächtigte ist befugt, jeweils Rechtsgeschäfte mit sich im eigenen Namen und als Vertreter Dritter vorzunehmen.
Persönliche Angelegenheiten:
Der Bevollmächtigte ist ferner berechtigt, mich in allen persönlichen Angelegenheiten, soweit dies rechtlich zulässig ist, zu vertreten. Insbesondere ist der Bevollmächtigte zu allen Erklärungen und Handlungen berechtigt, zu denen ein Betreuer mit oder ohne Genehmigung des Vormundschaftsgerichts befugt wäre, wie
- die Einwilligung, die Nichteinwilligung und den Widerruf einer Einwilligung in eine Untersuchung des Gesundheitszustandes, eine Heilbehandlung oder einen ärztlichen Eingriff, auch wenn die begründete Gefahr besteht, dass ich aufgrund der Maßnahme sterbe oder einen schweren dauernden gesundheitlichen Schaden erleide (§ 1904 BGB); hierbei sind die Bevollmächtigten auch befugt, Krankenunterlagen einzusehen und alle Informationen von den behandelnden Ärzten einzuholen, die von ihrer Schweigepflicht hiermit entbunden werden,
- die Einwilligung in eine Unterbringung, die mit einer freiheitsentziehenden Maßnahme verbunden ist (§ 1906 BGB),
- die Einwilligung in freiheitsbeschränkende Maßnahmen im Sinne von § 1906 Abs. 4 BGB (Freiheitsentziehung durch mechanische Vorrichtung, Medikamente oder auf andere Weise),
- die Bestimmung meines Aufenthaltes und zur Kündigung eines Mietverhältnisses über Wohnraum (§ 1907 BGB).

Die Vollmacht in persönlichen Angelegenheiten ist nicht übertragbar. Untervollmacht darf in persönlichen Angelegenheiten nicht erteilt werden.

Vorsorgeregister:
Die Erschienene wünscht die Erfassung dieser Urkunde einschließlich der in ihr enthaltenen personenbezogenen Daten im zentralen Register der Bundesnotarkammer für Vorsorgeurkunden. Dieses Register dient der Information der mit Betreuungsverfahren befassten Stellen.

Schlussbestimmungen
Die Vollmacht soll durch meinen Tod nicht erlöschen. Sie soll auch dann wirksam bleiben, wenn ich geschäftsunfähig werden sollte oder ein Betreuer für mich bestellt wird. Sollte trotz der hier bestellten Vollmacht für mich eine Betreuung notwendig werden, bestimme ich, dass ....., ersatzweise ..... zu meinem Betreuer bestellt wird. Sind diese Personen nicht bereit oder nicht in der Lage, meine Angelegenheiten wahrzunehmen, so soll der Betreuer jeweils aus dem Kreis der nächsten Verwandten bestimmt werden. Dem Bevollmächtigten soll eine Ausfertigung sofort zu meinen Händen erteilt werden. Weitere Ausfertigungen sollen auf jederzeitiges Verlangen des Bevollmächtigten ohne weitere Nachweise erteilt werden.
Umstände, aufgrund derer die erforderliche Geschäftsfähigkeit der Erschienenen in Zweifel gezogen werden könnte, waren nicht ersichtlich.
Vorstehende Verhandlung wurde der Erschienenen von dem Notar vorgelesen, von ihr genehmigt und von ihr und dem Notar, wie folgt, eigenhändig unterschrieben:
Unterschrift

....., Notar

■ *Kosten.* Nach § 98 Abs. 1 und 3 GNotKG ist Geschäftswert nach billigem Ermessen zu bestimmen, höchstens die Hälfte des Gesamtvermögens, begrenzt jedoch auf 1 Mio. € (§ 98 Abs. 4 GNotKG). Nach GNotKG eine 1,0 Gebühr, mindestens 60 € (Nr. 21200 KV GNotKG).

5. **Bank-, Kredit- und Gerichtsvollmachten**

a) **Bankvollmacht der U.I.N.L.**

120 M

Verhandelt zu .....

Vor mir, Notar .....
erschien:
Herr .....
Der Vollmachtgeber erteilt hierdurch: ..... Vollmacht, um im Namen und für Rechnung des Vollmachtgebers Geschäfte aller Art mit der Bank ..... zu tätigen, insbesondere auch,
1. Konten eröffnen und unterhalten zu lassen; Geldbeträge einzuzahlen und abzuheben; Schecks auszustellen, einzulösen und zu indossieren, Wertpapiere und Wertsachen (Effekten) zu hinterlegen, zu entnehmen und in Verwaltung zu geben, Erträgnisse zu kassieren;
2. Schließfächer zu öffnen, neue Schließfächer zu mieten, alle darauf bezüglichen Rechte auszuüben;
3. Rentenpapiere, Aktien, Schuldverschreibungen und Wertpapiere aller Art zu erwerben, zu zeichnen und zu verkaufen, Wertpapiergeschäfte aller Art zu tätigen;
4. Devisengeschäfte zu tätigen, Auskünfte und Ermächtigungen anzufordern.
5. Beträge in jeder Höhe zu verleihen und zu entleihen; Zinsen zu vereinbaren; Pfandrechte und andere Garantien zu bestellen und anzunehmen; Forderungen zu erwerben und abzutreten;
6. für die Schulden Dritter Bürgschaft, auch Wechselbürgschaft, zu leisten; Sicherheiten aller Art zu leisten;
7. den Vollmachtgeber persönlich der sofortigen Zwangsvollstreckung zu unterwerfen;

§ 24 Vollmacht

8. Handels- und sonstige Wechsel zu ziehen, zu indossieren, anzunehmen oder in Zahlung zu geben;
9. Quittungen auszustellen, Abrechnungen zu genehmigen.

Diese Vollmacht bleibt in Kraft bis zu dem Werktag einschließlich des ihm folgenden, an dem der Bank, durch eingeschriebenen Brief, der Widerruf der Vollmacht bekanntgemacht worden ist.

Diese Niederschrift wurde dem Vollmachtgeber vor dem Notar vorgelesen, vom Vollmachtgeber genehmigt und zusammen mit dem Notar wie folgt unterschrieben:

....., Notar

■ *Kosten.* Geschäftswert: Nach dem Höchstbetrag der zukünftigen Verfügungen nach § 36 GNotKG frei zu schätzen. Fehlen ausreichende Anhaltspunkte für eine Schätzung, so gilt § 36 Abs. 3 GNotKG; 1,0-Gebühr, mindestens 60 € (Nr. 21200 KV GNotKG).

b) **Muster für eine Verbraucherkreditvollmacht**

121 M S. dazu auch die Ausführungen unter Rdn. 34 f.

Hierdurch bevollmächtige ich Herrn ....., für mich einen Verbraucherkredit aufzunehmen und ein Kreditvertrag mit folgendem Inhalt zu schließen:

1. **Nettokreditbetrag**
Der auszuzahlende Kreditbetrag beträgt ..... €

2. **Gesamtbetrag**
Der Gesamtbetrag aller von mir zur Tilgung, Zahlung der Zinsen und sonstigen Kosten des Kredits zu erbringenden Zahlungen beträgt .....
Der Gesamtbetrag kann sich erhöhen oder ermäßigen, wenn nach den Bedingungen des Kreditvertrages eine Änderung der Konditionen möglich ist.

3. **Sonstige Kosten**
Nach dem Kreditvertrag schulde ich neben den Zinsen noch sonstige Kosten, die in dem zu 2. genannten gesamten Kreditbetrag enthalten sind:
a) Beitrag für Restkreditversicherung,
b) Vermittlungsgebühr,
c) .....

4. **Zinssatz**
Der Zinssatz ist variabel und beträgt zurzeit ..... % p.a. Die Bank wird den Zinssatz nach billigem Ermessen gemäß § 315 BGB jeweils den Verhältnissen am Geld- und Kapitalmarkt durch Erhöhung oder Senkung anpassen.

5. **Effektiver Jahreszins**
Anfänglicher effektiver Jahreszins ..... % p.a.

6. **Vertragsende**
Ich kann den Kredit jederzeit ohne Einhaltung einer Kündigungsfrist zurückzahlen. Ist der Kreditvertrag befristet, so bin ich verpflichtet, den bei Ablauf der Frist ausstehenden Saldo einschließlich aufgelaufener Zinsen und Kosten auszugleichen. Nicht befristete Kreditlinien kann die Bank mit gesetzlicher Frist (drei Monate) kündigen.
Außerordentliches Kündigungsrecht: Die Bank kann den Kreditvertrag aus wichtigem Grund fristlos kündigen, insbesondere dann, wenn ich unrichtige Angaben über mein Vermögenslage gemacht habe, wenn eine wesentliche Verschlechterung des Vermögens oder eine erhebliche Vermögensgefährdung eintritt.

7. **Vorzeitige Fälligstellung**
Die Regelung über das Recht der Bank zur vorzeitigen Fälligstellung des Kredites wird wie folgt gefasst:

Ist der Kredit in Teilzahlungen zu tilgen, so kann die Bank den Kreditvertrag wegen Zahlungsverzug von mir kündigen, wenn
a) ich mit mindestens zwei aufeinander folgenden Teilzahlungen ganz oder teilweise und mindestens zehn vom Hundert, bei einer Laufzeit des Kreditvertrages über 3 Jahre mit fünf vom Hundert des Nennbetrages des Krediters (nicht Nettokreditbetrag) in Verzug bin
und
b) die Bank mir erfolglos eine zweiwöchige Frist zur Zahlung des rückständigen Betrages mit der Erklärung gesetzt hat, dass sie bei Nichtzahlung innerhalb der Frist die gesamte Restschuld verlange.
8. Sicherheiten

■ *Kosten.* Nach § 98 Abs. 1 GNotKG ist Geschäftswert die Hälfte des Geschäftswerts für die Beurkundung des Geschäfts, auf das sich die Vollmacht bezieht, höchstens jedoch 1 Mio. € (§ 98 Abs. 4 GNotKG). Nach GNotKG eine 1,0 Gebühr, mindestens 60 € (Nr. 21200 KV GNotKG).

c) Allgemeine Gerichtsvollmacht der U.I.N.L.

Verhandelt zu ..... am ..... **122 M**

Vor mir, Notar .....
erschien:
Der Vollmachtgeber ..... bestellt zu seinem Bevollmächtigten: ..... Dieser soll befugt sein, den Vollmachtgeber vor Gericht in allen laufenden oder anhängig werdenden Zivil- und Strafverfahren gegen natürliche und juristische Personen in jeder Weise und in allen Instanzen, einschließlich der höchsten Revisions- oder Kassationsinstanz, auch vor Verwaltungs- und Finanzgerichten und vor allen besonderen Gerichten wie Friedensgerichten und Schiedsgerichten, zu vertreten. Zu diesem Zweck überträgt der Vollmachtgeber dem Bevollmächtigten ausdrücklich alle nötigen Vollmachten, insbesondere:
– Gerichtsverfahren als Kläger oder Beklagter zu betreiben oder als Streithelfer beizutreten,
– Schiedsrichter und Schiedsgerichte anzurufen,
– jedwedes notarielle Vermittlungsverfahren einzuleiten,
– Rechtsanwälte, Prozessbeauftragte und Beistände zu bestellen,
– Beweismittel zu beschaffen und sich ihrer zu bedienen, Klage gegen Fälschungen oder Verwendung von Fälschungen zu erheben,
– Fristgewährungen und Vertagungen zu beantragen und zuzugestehen,
– Beschwerden einzulegen und anzufechten,
– Berufungen und Einsprüche gegen Urteile einzulegen, Berufungen entgegenzutreten,
– Urteile nach Einspruch gegen Versäumnisurteile und andere Urteile zu beantragen,
– vorläufige und vorbeugende Maßnahmen zu beantragen,
– Beschlagnahmen und Zwangsverwaltungen zu beantragen, solchen zu widersprechen und ihre Aufhebung zu bewilligen,
– Hypothekeneintragungen zu beantragen und ihre ganze oder teilweise Löschung zu bewilligen,
– unmittelbar vollstreckbare Maßnahmen zu beantragen oder solchen zu widersprechen,
– Vollstreckungsverfahren zu beantragen oder solchen zu widersprechen,
– an gerichtlichen und außergerichtlichen Vergleichsverfahren, an Konkursverfahren, an Vermögensliquidationen teilzunehmen,

§ 24 Vollmacht

- Schiedsrichter oder Schlichter entscheiden zu lassen,
- zu verhandeln, sich auseinanderzusetzen, sich zu vergleichen und Streitigkeiten jederzeit und in jeder Lage beizulegen,
- alle Anträge zu stellen, um Prozesskosten- oder Beratungshilfe zu erhalten,

Zu den angeführten Zwecken darf der Vollmachtnehmer alle Urkunden und Schriftstücke errichten und unterzeichnen, Domizil wählen, Untervollmacht erteilen, Personenstandserklärungen abgeben, überhaupt alles tun, was notwendig oder nützlich ist, selbst wenn es nicht ausdrücklich in der vorliegenden Urkunde vorgesehen ist. Diese Niederschrift wurde dem Vollmachtgeber vor dem Notar vorgelesen, vom Vollmachtgeber genehmigt und zusammen mit dem Notar wie folgt unterschrieben:

....., Notar

■ *Kosten.* Geschäftswert nach § 36 GNotKG frei zu schätzen, höchstenes 1 Mio. 1,0 Gebühr, mindestens 60 € (Nr. 21200 KV GNotKG).

6. Einzelfragen

a) Mehrere Bevollmächtigte, Gesamtvollmacht

123 Die Vollmacht kann mehreren erteilt werden. In diesem Fall muss klargestellt werden, ob jeder Einzelne vertretungsberechtigt ist oder ob alle gemeinschaftlich handeln müssen (Gesamtvollmacht). Letzteres wird ohne Klarstellung einer Einzelvertretungsberechtigung vermutet. Handelt ein Gesamtvertreter, können die anderen genehmigen (»beitreten«). Die anderen können dem Alleinhandelnden auch von vornherein zu einem bestimmten Geschäft oder einem Kreise gewisser Geschäfte Vollmacht geben (»ermächtigen«).

aa) Einzelvollmacht

124 M Ich bevollmächtige A und B, mich in der Angelegenheit, betreffend ..... derart zu vertreten, dass jeder einzelne von ihnen vertretungsberechtigt ist. Der Wert des Gegenstandes dieser Vollmacht beträgt .....

■ *Kosten.* Geschäftswert: Nur *eine* Vollmacht, da beide Bevollmächtigte nur über ein und denselben Gegenstand verfügen dürfen. Nach dessen hälftigem Wert 1,0-Gebühr, mindestens 60 € (Nr. 21200 KV GNotKG).

bb) Gesamtvollmacht

125 M Ich bevollmächtige Herrn A und B, mich in der Angelegenheit ..... derart zu vertreten, dass nur beide gemeinschaftlich vertretungsberechtigt sind. Der Wert des Gegenstandes dieser Vollmacht beträgt .....

126 Erklärungen über Nichterlöschen durch Tod, Erlaubnis der Unterbevollmächtigung usw. können hinzugefügt werden.

■ *Kosten.* Wie zum vorstehenden Muster Rdn. 124 M.

b) Kraftloserklärung einer Vollmacht

127 a) Solange der Bevollmächtigte die Vollmachtsurkunde (Urschrift oder Ausfertigung) in Besitz hat, besteht nach §§ 172 Abs. 1, 173 BGB die Vertretungsmacht auch dann weiter, wenn die Vollmacht nicht mehr wirksam ist. Der Anspruch auf Rückgabe der Vollmachtsurkunde gemäß § 175 BGB führt nicht immer zum Ziel: der Bevollmächtigte kann nicht erreichbar sein, die Urkunde verloren gegangen sein oder auch der Bevollmächtigte die Herausgabe verweigern. Der Vollmachtgeber kann deshalb die Urkunde für kraftlos erklären, § 176 BGB. Durch die Kraftloserklärung beugt der Vollmachtgeber dem Missbrauch der Vollmacht vor.

b) Es gelten die Vorschriften für die öffentliche Zustellung einer Ladung (§§ 204 ff. ZPO). Das Amtsgericht veröffentlicht die Kraftloserklärung. **128**

c) Nach Ablauf 1 Monats nach Einrückung in die öffentlichen Blätter wird die Kraftloserklärung wirksam. **129**

d) Zuständig: das Amtsgericht, in dessen Bezirk der Vollmachtgeber wohnt, oder das Amtsgericht, das für die Klage auf Rückgabe der Urkunde zuständig sein würde. **130**

e) Die *Kraftloserklärung* ist *unwirksam*, wenn der Vollmachtgeber die Vollmacht – etwa bei Unwiderruflichkeit – nicht widerrufen kann (§ 176 Abs. 3 BGB). **131**

Dem NN, früher in ..... wohnhaft gewesen, jetzt unbekannten Aufenthalts, habe ich am ..... eine schriftliche Generalvollmacht erteilt. Diese Vollmacht erkläre ich für kraftlos. **132 M**
Ort, Datum   **Unterschrift**

■ *Kosten.* Geschäftswert: Maßgebend ist der Wert der Vollmacht im Zeitpunkt des Widerrufs, also zu berechnen nach den Geschäften, die aufgrund der Vollmacht noch vorgenommen werden könnten. Beim Widerruf einer unbeschränkten Generalvollmacht ist das der hälftige Wert des Vermögens ohne Schuldenabzug im Zeitpunkt des Widerrufs; 1,0-Gebühr, mindestens 60 € (Nr. 21200 KV GNotKG).

An das Amtsgericht ..... **133 M**
Ich beantrage, die anliegende Kraftloserklärung einer Vollmacht zu veröffentlichen.
                                                                                           Unterschrift

■ *Kosten.* Gebührenfreies Nebengeschäft zu der Beurkundung von Muster Rdn. 132 M.

c) Bestehenbleiben der Vollmacht bis zum schriftlichen Widerruf

Gegen den Widerruf durch Kraftloserklärung kann sich schützen, wer verlangt, dass die Vollmacht ihm gegenüber bestehen bleibt, bis ihm ein schriftlicher Widerruf zugegangen ist. **134**

..... Diese Vollmacht bleibt so lange in Kraft, bis sie von mir oder von meinen Erben durch eine schriftliche Erklärung gegenüber dem widerrufen wird, der diese Urschrift (oder Ausfertigung) im Besitz hat ..... **135 M**

§ 25 Vollmachtlose Vertretung; Verfügung durch einen Nichtberechtigten

I. Vollmachtlose Vertretung

1 Die Wirkungen der Stellvertretung treten nur ein, wenn jemand innerhalb der ihm zustehenden Vertretungsmacht (Vollmacht) gehandelt hat. Das ohne Vertretungsmacht vorgenommene Rechtsgeschäft bindet den Vertretenen (zunächst) nicht. Es kann aber durch nachträgliche Zustimmung (Genehmigung) gemäß § 177 Abs. 1 BGB wirksam werden. Für Verträge gelten die §§ 177 bis 179 BGB, für einseitige Rechtsgeschäfte gilt § 180 BGB. Der vollmachtlos Vertretene haftet bei Nichtgenehmigung auf Ersatz der vergeblichen Vertragskosten nur in engen Grenzen, und zwar nicht schon dann, wenn er die als sicher erscheinende Genehmigung ohne triftigen Grund verweigert, sondern nur, wenn eine besonders schwerwiegende, in der Regel vorsätzliche Treuepflichtverletzung vorliegt, etwa das Vorspiegeln einer tatschlich vorhandenen Genehmigungsbereitschaft.[1]

2 Vollmachtlose Vertretung liegt vor, wenn
– dem Vertreter eine Vollmacht überhaupt nicht erteilt wurde,
– die erteilte Vollmacht nichtig oder bei Abschluss des Geschäftes erloschen ist,
– der Vertreter die Vollmacht überschritten hat,
– der Vertreter mit Vollmacht von seiner Vollmacht keinen Gebrauch gemacht hat.

3 Wenn vor dem Notar ein Beteiligter erscheint, der für einen anderen auftreten will, ohne von ihm bevollmächtigt zu sein, so wird der Notar nur beurkunden, wenn es nicht ausgeschlossen erscheint, dass der Vertretene die Erklärung nachträglich genehmigen (ihr zustimmen) wird. S. oben § 6 Rdn. 47 Steht der Mangel der Vertretungsmacht fest, und erscheint eine Genehmigung durch den Vertretenen ausgeschlossen, so hat der Notar die Beurkundung abzulehnen.[2]

4 Der Notar darf nicht daran mitwirken, dass die im Beurkundungsrecht verankerte Prüfungs- und Belehrungspflicht, die dem Schutz des *materiell* Betroffenen dient, mithilfe der vollmachtlosen Stellvertretung umgangen wird, § 17 Abs. 2a BeurkG.

5 M Verhandelt zu .....
**Vor Notar .....
erschienen .....
als Verkäufer:
für die Stadt Köln
als Vertreter ohne Vertretungsmacht
Herr Stadtinspektor Anton Dell,
die Genehmigung der Stadt Köln vorbehaltend.**

6 Auch der gesetzliche Vertreter kann als Vertreter ohne Vertretungsmacht handeln, z.B. wenn er nach § 1629 Abs. 2 BGB im Einzelfall von der gesetzlichen Vertretung ausgeschlossen ist. Wenn dann ein Ergänzungspfleger bestellt wird, kann dieser Ergänzungspfleger das vollmachtlose Handeln genehmigen.

---

1 BGH DNotZ 2013, 288.
2 BGH DNotZ 1989, 43.

§ 25 Vollmachtlose Vertretung; Verfügung durch einen Nichtberechtigten

Vor Notar .....
erschienen .....
I. als vollmachtloser Vertreter für den noch gerichtlich zu bestellenden Ergänzungspfleger für die minderjährigen Kinder ..... deren Vater, Herr .....
Die Genehmigung des Ergänzungspflegers nach dessen Bestallung ausdrücklich vorbehaltend.

7 M

Bei der Gesamtvertretung liegt vollmachtloses Handeln vor, wenn der Vertreter (Geschäftsführer, Vorstand) nicht in genügender Zahl aufgetreten ist.

8

Vor Notar .....
erschienen .....
I. als Käufer:
für die Meier GmbH mit dem Sitz in .....
deren Geschäftsführer Herr Willi Schmitz, die Genehmigung eines weiteren Geschäftsführers oder eines Prokuristen der Gesellschaft vorbehaltend.

9 M

II. Genehmigung

Die Genehmigung des vollmachtlos Vertretenen lässt den Vertrag gemäß § 184 BGB rückwirkend wirksam werden, sofern keine anderen Wirksamkeitsmängel vorliegen. Die Genehmigung kann – wie die Vollmacht – dem Vertreter oder dem Vertragsgegner gegenüber erklärt werden (§ 182 BGB).

10

Die Genehmigung verhilft einem Vertrag auch dann rückwirkend zur Wirksamkeit, wenn der Vertragspartner in der Zwischenzeit in die Insolvenz geraten ist.[3]

11

Nicht selten wird die Genehmigung als »Beitritt« bezeichnet. Dieser dem BGB unbekannte Ausdruck (verwendet wird der Begriff aber in §§ 66, 70 ZPO) sollte möglichst vermieden werden. Er verdeutlicht nicht die erfahrungsgemäß nicht allgemein bekannte Unterscheidung zwischen »Vollmacht«, »Genehmigung«, »Zustimmung« und »Einwilligung«. Wenn ortsübliche Ausdrücke unvermeidlich erscheinen, so empfiehlt es sich, die Worte des Gesetzes wenigstens erläuternd hinzuzufügen.

12

Die Genehmigung kann formlos (§ 182 Abs. 2 BGB) und, wo sie in öffentlicher Form (z.B. § 29 GBO) nachzuweisen ist, in beglaubigter Erklärung abgegeben werden, also ohne eine etwa für das Hauptgeschäft vorgeschriebene Beurkundung. Wenn jedoch die Vollmacht formbedürftig ist (s.o. § 24 Rdn. 20 ff.), dann wird teilweise auch die Formbedürftigkeit der Genehmigung vertreten.[4]

13

Zweifelhaft ist, ob es ausreicht, wenn derjenige, der die vollmachtlose Vertretung genehmigt, aber seinerseits nur als Vertreter eines Dritten handelt, Vertretungsmacht z.Zt. der Abgabe der Genehmigung gehabt hat, oder ob es darüber hinaus noch erforderlich ist, dass die Vertretungsmacht auch noch im Zeitpunkt des *Zugangs* der Genehmigungserklärung vorliegt (Wegfall der Vertretungsmacht zwischen Abgabe und Zugang der Genehmigungserklärung). Besonders wichtig wird diese Frage bei befristeten Vollmachten, wenn das Fristende zwischen Abgabe und Zugang der Genehmigung fällt. Ob unter Vornahme des Rechtsgeschäftes i.S.d. § 177 BGB die Abgabe oder auch der Zugang der Willenserklärung gemeint ist, ist umstritten.[5] Die Ansicht, die auf den Zeitpunkt der Abgabe der Willenserklärung abstellt, begründet dies mit dem Rechtsgedanken aus § 130 Abs. 2 und § 153 BGB. Im Ergebnis braucht diese Frage meistens nicht entschieden zu werden. Denn wer den

14

---

3 RGZ 134, 73, 78 zum Konkurs.
4 Vgl. zum Streitstand MüKo-BGB/*Schramm*, § 177 BGB Rn. 38.
5 Vgl. zum Meinungsstand MüKo-BGB/*Schramm*, § 177 BGB Rn. 11.

Rechtsgedanken aus § 130 Abs. 2 und § 153 BGB anwendet, wird auch § 130 Abs. 1 Satz 2 BGB entsprechend anwenden und das Erlöschen der Vollmacht beachten, wenn vor dem Zugang dem Geschäftspartner das Erlöschen mitgeteilt wurde oder bei Zugang der Genehmigungserklärung aufgrund der vorgelegten Unterlagen erkennbar war, dass die Vollmacht befristet und die Frist zum Zeitpunkt des Zugangs der Genehmigungserklärung bereits abgelaufen ist.[6]

15 Häufig kommt es vor, dass *ein* vollmachtloser Vertreter für mehrere Beteiligte gehandelt hat, sodass, wäre er Bevollmächtigter, eine Befreiung von den Beschränkungen des § 181 BGB nötig wäre. Auch in diesem Fall genügt die bloße Genehmigung des jeweils Vertretenen. Diese Genehmigung muss weder ausdrücklich noch konkludent eine Befreiung von § 181 BGB enthalten. Der Schutzzweck des § 181 BGB ist nicht verletzt, da der Genehmigende das bereits abgeschlossene Geschäft sieht. *Aus* Gründen der Rechtssicherheit empfiehlt es sich jedoch, im Text der Genehmigung den Zusatz »Der Vertreter ist von den Beschränkungen des § 181 BGB befreit«, notwendig ist dies jedoch nicht.[7] Vorsicht ist geboten, wenn der Vertreter als vollmachtloser Vertreter für die eine Seite handelt (vorbehaltlich der Genehmigung), für die andere Seite aber mit Vollmacht, sei sie rechtsgeschäftlich oder organschaftlich. Hier müssen beide Vertragsteile genehmigen, wenn in der Vollmacht oder organschaftlichen Bestellung nicht zugleich auch die Befreiung von § 181 BGB ausgesprochen war.

16 Rechtsfragen ergeben sich, wenn ein Vertreter, der von einem nicht von § 181 BGB befreiten Organ einer (Kapital-)Gesellschaft rechtsgeschäftlich bevollmächtigt wurde, ein Insichgeschäft oder eine Mehrfachvertretung vornimmt. Denn selbst wenn der Vertreter von dem (nicht befreiten) Organ in der Vollmacht von § 181 BGB befreit wurde, handelt der Vertreter *ohne Vertretungsmacht*, da die Befreiung gar nicht weitergegeben werden konnte. Die Erklärungen des vollmachtlosen Vertreters müssen dann nachgenehmigt werden. Dabei entspricht es allgemeiner Auffassung, dass die vertretenen Vertragsbeteiligten schwebend unwirksame In-sich-Geschäfte (oder Mehrfachvertretungen) nicht nur persönlich genehmigen können, sondern auch durch einen – rechtsgeschäftlichen oder organschaftlichen – Vertreter.[8] Nicht abschließend geklärt ist jedoch, ob der genehmigende Vertreter dafür *selbst* von den Beschränkungen des § 181 BGB befreit sein muss. Zutreffenderweise wird man mit der zu dieser Frage ersichtlichen Rechtsprechung sowie mit der wohl als herrschend zu bezeichnenden Literaturauffassung davon ausgehen, dass die Genehmigungskompetenz eines Vertretungsorgans nicht davon abhängt, ob es seinerseits von den Beschränkungen des § 181 BGB befreit ist.[9] Die von der teilweise in der Literatur geäußerte Gegenauffassung, dass nur ein von den Beschränkungen des § 181 BGB befreiter Vertreter ein schwebendunwirksames Insichgeschäft genehmigen könnte, wird meist nicht näher begründet.[10] Teilweise nehmen diese Stimmen zur Rechtfertigung auf einen Beschluss des BayObLG[11] Bezug. Dieser Beschluss befasst sich aber gerade nicht mit der Genehmigung einer von in vollmachtloser Vertretung abgegebenen Erklärung, sondern mit der Vollmachtserteilung durch einen nicht von § 181 BGB befreiten Vertreter und kann daher als Rechtfertigung nicht herangezogen werden. Auch der Sache nach spricht alles für eine Genehmigungs-

---

6 Vgl. DNotI-Report 1995, S. 179.
7 *Schöner/Stöber*, Grundbuchrecht, Rn. 3559b.
8 BGH NJW-RR 1994, 291.
9 KG DNotZ 1941, 164; LG Saarbrücken MittBayNot 2000, 433; Soergel/*Leptien*, § 181 BGB Rn. 36; *Demharter*, § 19 GBO Rn. 92; *Tebben*, DNotZ 2005, 173, 177 ff.; *Schmidt-Ott*, ZIP 2007, 943 (für organschaftliche Vertreter); *Baetzgen*, RNotZ 2005, 193, 198; *Kuhn*, RNotZ 2001, 305, 308; *Schneeweiß*, MittBayNot 2001, 341, 343; *Lichtenberger*, MittBayNot 2000, 434, 435; *ders.*, MittBayNot 1999, 470, 472; *Auktor*, NZG 2006, 334, 336; Erman/*Palm*, BGB, 12. Aufl. 2008, § 181 Rn. 25.
10 Palandt/*Heinrichs*, § 181 BGB Rn. 18; *Harder*, AcP 170 (1970), 295, 304; *Fröhler*, BWNotZ 2003, 21; *Neumeyer*, RNotZ 2001, 249, 265.
11 Beschl. v. 26.02.1993, MittRhNotK, 1993, 117 f.

möglichkeit: Der Schutzbereich des § 181 BGB ist bei einer nachträglichen Genehmigung des § 181 BGB gar nicht eröffnet, denn der nicht von den Beschränkungen des § 181 BGB befreite Vertreter bzw. das Vertretungsorgan hätte das fragliche Rechtsgeschäft mit dem gemäß § 181 BGB an der Vertretung gehinderten Vertreter direkt selbst (wirksam) abschließen können. Es ist daher stets eine *Kontrollüberlegung* anzustellen: Hätte der genehmigende Vertreter auch persönlich das Geschäft abschließen können, ohne dass es sich dann um ein Insichgeschäft gehandelt hätte, dann muss auch eine nachträgliche Genehmigung möglich sein.

17 Die Genehmigung des vollmachtlos Vertretenen hat rückwirkende Kraft, § 184 Abs. 2 BGB. Finanzierungsgrundschulden, die der Käufer aufgrund Vorwegbeleihungsvollmacht in dem Kaufvertrag bestellt, werden wirksam, wenn der beim Abschluss des Kaufvertrages vollmachtlos vertretene Verkäufer den Kaufvertrag anschließend genehmigt.[12]

18 Nimmt ein Vertreter ohne Vertretungsmacht einen Antrag, für dessen Annahme der Antragende eine Frist bestimmt hatte, innerhalb der Frist an, so wirkt eine nach Ablauf der Frist erklärte Genehmigung des Vertretenen in der Regel nicht auf den Zeitpunkt der Annahmeerklärung zurück.[13]

19 M
Genehmigung
Ich, der Unterzeichnende, genehmige hiermit alle Erklärungen, die in der Urkunde des Notars ..... UR.Nr. ..... für mich abgegeben worden sind.
Der Vertreter war/ist von den Beschränkungen des § 181 BGB befreit.
Ort, Datum   Unterschrift
Beglaubigungsvermerk

■ *Kosten.* Nach dem Wert des Geschäfts §§ 36 ff. GNotKG; nach § 98 Abs. 1 GNotKG ist Geschäftswert die Hälfte des Geschäftswerts für die Beurkundung des Geschäfts, auf das sich die Genehmigung bezieht, höchstens jedoch 1 Mio. € (§ 98 Abs. 4 GNotKG). Nach GNotKG entsteht nach Nr. 24101 KV GNotKG eine Gebühr von 0,3–1,0, mindestens jedoch 60 € für die Fertigung des Entwurfs. Für die Beglaubigung der Unterschrift entsteht keine gesonderte Gebühr (s. Nr. 25100 Abs. 2 KV GNotKG).

20 Wenn die Genehmigung nicht eingeht, so fordert der andere Teil den Vertretenen zum Beibringen der Genehmigung auf. In diesem Fall kann die Genehmigung nur ihm gegenüber, nicht mehr gegenüber dem vollmachtlosen Vertreter erklärt werden und auch nur binnen 2 Wochen nach Empfang der Aufforderung (§ 177 Abs. 2 BGB). Der mit dem Vollzug eines Vertrages beauftragte Notar ist in der Regel *nicht* bevollmächtigt, eine Aufforderung mit der Rechtswirkung des § 177 BGB abzugeben.[14]

21 Wird die Genehmigung schriftlich erteilt, ohne dass eine Aufforderung nach § 177 Abs. 2 BGB stattgefunden hat, so muss sie einem von beiden Teilen zugehen (§ 130 BGB). Dieser Nebenumstand braucht dem Grundbuchamt nicht in der Form des § 29 GBO nachgewiesen zu werden; für ihn spricht ein Erfahrungssatz, wenn die Vorlegung durch den Empfänger erfolgt.[15] Am zweckmäßigsten übergibt der Vertreter die Genehmigungsurkunde dem Notar, der sie dann dem Vertragsgegner zum Wirksamwerden mitteilen muss. Die Genehmigung tritt aber *sofort* in Kraft, wenn der Notar eine Vereinbarung mit aufnimmt, dass die Genehmigungsurkunde ihm mit Wirkung für den Vertragsgegner vorzulegen sei.

---

12 *Schippers,* DNotZ 1997, 683 ff.
13 BGH DNotZ 1974, 154.
14 BGH EWiR 2001, 361.
15 *Demharter,* § 29 GBO Rn. 17; *Eickmann,* Rpfleger 1979, 169 f., 172.

§ 25 Vollmachtlose Vertretung; Verfügung durch einen Nichtberechtigten

22 M Wenn die zu dieser Grundstücksveräußerung noch ausstehende Genehmigung des C. dem beurkundenden Notar zugeht und von ihm zur Kenntnis genommen ist, gilt sie allen Vertragsbeteiligten als zugegangen.

oder einfacher:

23 M Genehmigungen werden auch wirksam mit ihrem Eingang beim Notar.

24 Der Notar, der eine Auflassung beurkundet hat, ist in der Regel auch als ermächtigt anzusehen, die Genehmigungserklärung eines Vertragsteils entgegenzunehmen. Es genügt aber auch, wenn der Vertreter oder Vertragsgegner auf der Genehmigungsurkunde seine Kenntnisnahme vermerkt. Im Allgemeinen wird auch die Erklärung des Genehmigenden in der Urkunde, dass er dem Vertreter oder Vertragspartner die Genehmigung mitgeteilt habe, dem Grundbuchamt ausreichend erscheinen.[16]

25 Nach § 180 Satz 1 BGB ist bei einem einseitigen Rechtsgeschäft die Vertretung ohne Vertretungsmacht unzulässig. Einseitige Erklärungen, die in einem Verfahren nach FGG oder ZPO abzugeben sind, sog. *amtsempfangsbedürftige* Erklärungen, sind jedoch auch wirksam, wenn sie nachträglich genehmigt werden. Auf sie ist § 180 BGB nicht anwendbar.[17] Das ist insbesondere für die dem Grundbuchamt gegenüber zu erklärenden Eintragungsbewilligungen von Bedeutung und auch für die Unterwerfung unter die sofortige Zwangsvollstreckung.

26 M Die von meiner Ehefrau ..... am ..... in der Urkunde ..... des Notars ..... für mich erklärte Eintragungsbewilligung für ein Wohnrecht genehmige ich nachträglich. Meiner Frau habe ich diese Genehmigung mitgeteilt, was sie durch Mitunterzeichnung bestätigt.
Ort, Datum 2 Unterschriften
Beglaubigungsvermerk

■ *Kosten.* Geschäftswert: Wert des Wohnrechts nach § 52 GNotKG. Nach GNotKG entsteht nach Nr. 24101 KV GNotKG eine Gebühr von 0,3–1,0, mindestens jedoch 60 € für die Fertigung des Entwurfs. Für die Beglaubigung der Unterschrift entsteht keine gesonderte Gebühr (s. Nr. 25100 Abs. 2 KV GNotKG).

27 Bedeutung erlangt § 180 Abs. 1 Satz 1 BGB auch für die Gründung einer Einpersonen-GmbH. Die Gründung einer solchen in vollmachtloser Vertretung ist nichtig und daher nicht genehmigungsfähig.[18]

III. Vollmachtsbestätigung

28 Wenn dem Grundbuchamt eine *Vollmachtsbestätigung* eingereicht wird, so könnte bezweifelt werden, ob die Vollmacht mit dem behaupteten Inhalt früher mündlich erteilt gewesen sei; es empfiehlt sich deshalb, zu Verträgen eine Genehmigung einzuholen.

29 Die Vornahme eines *einseitigen* Rechtsgeschäfts durch einen vollmachtlosen Vertreter ist nach § 180 BGB unzulässig. Zuweilen liegt jedoch eine durch schlüssige Handlung oder mündlich erteilte, also im Allgemeinen nach § 167 Abs. 2 BGB wirksame Vollmacht vor. Sie wird bewiesen und in die etwa erforderliche Form gebracht durch eine Vollmachtsbestätigung.

---

16 BGHZ 29, 369 = DNotZ 1959, 312.
17 H.M., vgl. *Schöner/Stöber*, Rn. 3457.
18 LG Berlin GmbHR 1996, 123.

Ich habe meinem Mitgesellschafter zu dem in der Urkunde des Notars ..... für mich miterklärten Anerkenntnis einer Darlehnsschuld von 20.000,– € nebst Zinsen vorher mündlich Vollmacht erteilt gehabt. Ich bestätige sie in der gewünschten beglaubigten Form.
Ort, Datum   Unterschrift
Beglaubigungsvermerk

■ *Kosten.* Der Geschäftswert ist der Nennbetrag der Schuld nach § 53 GNotKG. Nach GNotKG entsteht nach Nr. 24101 KV GNotKG eine Gebühr von 0,3–1,0, mindestens jedoch 60 € für die Fertigung des Entwurfs. Für die Beglaubigung der Unterschrift entsteht keine gesonderte Gebühr (s. Nr. 25100 Abs. 2 KV GNotKG).

IV. Verfügung eines Nichtberechtigten

Wenn jemand ohne Berechtigung *im eigenen Namen* verfügt, so erlangt die Verfügung Wirksamkeit durch Einwilligung (vorherige Zustimmung) des Berechtigten (selten) oder durch dessen Genehmigung (nachträgliche Zustimmung), § 185 BGB. Das gilt auch dann, wenn der Verfügende sich nicht einmal bewusst ist, dass er über ein fremdes Recht verfügt, also als Nichtberechtigter handelt.[19]

Ob in der erklärten Auflassung zugleich eine Ermächtigung an den Auflassungsempfänger zu Verfügungen über das Grundstück liegen kann, vgl. § 56 Rdn. 28 Häufig liegt in der Auflassung die konkludente Ermächtigung an den Käufer, das Grundstück ohne Zwischeneintragung an einen Dritten zu veräußern.[20] In Einzelfällen kann jedoch die Auslegung ergeben, dass diese Ermächtigung nicht erteilt wurde, etwa wenn der Erwerb des Dritten einer vertraglichen Zweckbestimmung zuwiderliefe.[21]

Auf die grundbuchrechtliche Eintragungsbewilligung nach § 19 GBO findet § 185 BGB Anwendung.[22] Entsprechende Anwendung findet § 185 BGB auch auf vormerkungswidrige Verfügungen sowie, wenn die Verfügung gegen ein relatives Veräußerungsverbot i.S.d. §§ 135, 136 BGB verstößt.[23]

In der Urkunde ..... des Notars ..... hat A in der Annahme, er sei alleiniger Erbe des Erblassers ....., das von diesem hinterlassene Grundstück, verzeichnet im Grundbuch von ..... Blatt ....., verkauft und aufgelassen. Der Erbschein, durch den der Verkäufer A als Alleinerbe des eingetragenen Grundstückseigentümers ausgewiesen war, ist inzwischen eingezogen worden. Nach dem neuen Erbschein ..... sind A und ich, der Unterzeichnende, Erben je zur Hälfte geworden.
Ich genehmige die von A in der aufgeführten Urkunde abgegebenen Erklärungen, insbesondere die Auflassung des verkauften Grundstücks. A habe ich hiervon Mitteilung gemacht.
Ort, Datum   Unterschrift
Beglaubigungsvermerk

■ *Kosten.* Geschäftswert: Die Hälfte des Wertes des genehmigten Vertrages nach § 98 Abs. 3 GNotKG. Nach GNotKG entsteht nach Nr. 24101 KV GNotKG eine Gebühr von 0,3–1,0, min-

---

19 BGHZ 19, 138.
20 BGHZ 106, 1, 4.
21 BGH DNotZ 1998, 281.
22 OLG Naumburg NJW-RR 1999, 1462.
23 Anw-Komm//*Staffhorst*, § 185 BGB Rn. 12.

destens jedoch 60 € für die Fertigung des Entwurfs. Für die Beglaubigung der Unterschrift entsteht keine gesonderte Gebühr (s. Nr. 25100 Abs. 2 KV GNotKG).

35 Die Einwilligung des Eigentümers in die Auflassung bedarf nicht der Form des § 925 BGB. Das ergibt sich für die Genehmigung der bereits erklärten Auflassung aus § 182 Abs. 2 BGB. Auf die vorab erklärte Einwilligung zu einer noch ausstehenden Auflassung wendet der BGH seine Rechtsprechung zur Beurkundungsbedürftigkeit der unwiderruflichen oder aus sonstigen Gründen bindenden Vollmacht an.[24] Zur Formbedürftigkeit der bindenden Vollmacht vgl. § 24 Rdn. 26

---

24 BGH DNotI Report 1998, 71.

§ 26 Notarielle Geschäfte mit Auslandsbezug

I. Beurkundungs- und verfahrensrechtliche Fragen bei Auslandsberührung

1. Beteiligung von Ausländern am Beurkundungsverfahren

a) Beurkundungen in einer Fremdsprache und Übersetzung

Gemäß § 5 Abs. 1 BeurkG werden Urkunden in deutscher Sprache errichtet. Ist ein Ausländer der deutschen Sprache nicht hinreichend kundig, bestehen zwei Möglichkeiten: Zum einen kann der Notar gemäß § 5 Abs. 2 BeurkG auf Verlangen die Urkunde auch in einer fremden Sprache errichten, wenn er dieser hinreichend kundig ist (unter Rdn. 4 ff.). Zum anderen kann er die er die Urkunde in deutscher Sprache errichten und diese gemäß § 16 BeurkG übersetzen oder übersetzen lassen (unter Rdn. 9 ff.). **1**

Der Ausländer ist der deutschen Sprache *hinreichend kundig*, wenn er den Inhalt der Urkunde passiv versteht und in der Lage ist, seine Genehmigung des Inhalts zum Ausdruck zu bringen.[1] Der BGH, der in einer älteren Entscheidung[2] eine aktive Sprachkenntnis verlangt hat, verkennt, dass es § 16 BeurkG nur um Kenntnisvermittlung geht, nicht um die aktive Wiedergabemöglichkeit des Inhalts. Im Zweifel sollte der Notar jedoch auf eine Übersetzung hinwirken. **2**

Die Sprachunkundigkeit muss entweder nach Überzeugung des Notars oder nach Angaben der Beteiligten bestehen. Sie ist auch dann gegeben, wenn der Notar von der Sprachunkundigkeit überzeugt ist, der Beteiligte aber etwas anderes behauptet, oder umgekehrt. Besteht Sprachunkundigkeit, soll der Notar dies in der Niederschrift feststellen, § 16 Abs. 1 BeurkG. **3**

aa) Ist ein Beteiligter der deutschen Sprache nicht hinreichend kundig – aber auch in anderen Fällen –, kann der Notar die Urkunde in einer *fremden Sprache* errichten, wenn er selbst dieser hinreichend kundig ist. Erforderlich ist nicht, dass er die Sprache perfekt beherrscht. Er muss jedoch den fremdsprachigen Text vollständig verstehen.[3] Dabei steht es in seinem Ermessen, ob er sich kundig fühlt. Letztlich wird die Entscheidung auch von der Art und Komplexität des Textes abhängen. Er darf die Urkunde nur auf Verlangen aller Beteiligten in einer Fremdsprache beurkunden. Es empfiehlt sich, dieses Verlangen in der Urkunde zu vermerken. **4**

Gemäß § 50 BeurkG kann ein Notar die deutsche Übersetzung einer fremdsprachigen Urkunde mit der *Bescheinigung der Richtigkeit und der Vollständigkeit* versehen, wenn er die Urkunde selbst in einer fremden Sprache errichtet hat oder er für die Erteilung einer Ausfertigung zuständig ist. **5**

Sind in der Urkunde *grundbuchliche Erklärungen* enthalten (Eintragungsbewilligungen- und Anträge), kann das Grundbuchamt die Eintragung unter Hinweis darauf verweigern, dass diese Erklärungen gemäß § 184 GVG in deutscher Sprache erforderlich sind. Eine vom Urkundsnotar selbst (§ 50 BeurkG) oder von einem vereidigten Dolmetscher (§§ 184, 189 GVG) erstellte Übersetzung genügt den Anforderungen des § 29 GBO insofern nicht.[4] **6**

---

1 BayObLG MittRhNotK 2000, 178; Eylmann/Vaasen/*Limmer*, § 16 BeurkG Rn. 4 m.w.N.
2 BGH DNotZ 1964, 174.
3 Eylmann/Vaasen/*Eylmann*, § 5 BeurkG Rn. 3.
4 DNotI-Gutachten, DNotI-Report 2005, S. 161.

7   Auch *zweisprachige Urkunden* sind zulässig, es sollte aber klargestellt werden, welche Sprache im Zweifel maßgeblich ist.[5] Ist die deutsche Sprache maßgeblich, hat der Notar diese Fassung zu übersetzen, wenn einer der Beteiligten der deutschen Sprache nicht hinreichend mächtig ist. Die Übersetzung entspricht dann dem fremdsprachigen Text. Als Alternative dazu bietet es sich an, die Urkunde in der Fremdsprache zu errichten und gemäß § 50 BeurkG eine deutsche Übersetzung beizufügen.

Sind die Urkundsbeteiligten der deutschen Sprache mächtig, und dient der englische Text lediglich Informationszwecken, sollte folgender Passus aufgenommen werden:

8 M

Der für diese Urkunde maßgebliche Text ist derjenige in deutscher Sprache. Die beigefügte englische Fassung dient lediglich Informationszwecken und ist nicht Bestandteil des Rechtsgeschäfts. Im Falle von Widersprüchen zwischen der deutschen und der englischen Fassung hat daher die deutsche Fassung Vorrang.	For the document the German wording shall be decisive. The English Version of this text serves only for information and is not part of the legal transaction. In case of any inconsistencies between the German and the English wording, the German wording shall therefore prevail.

9   **bb)** Ist eine Übersetzung der (in der Regel, aber nicht notwendigerweise in der deutschen Sprache abgefassten Urkunde) erforderlich, weil ein Beteiligter die Urkundssprache nicht versteht, ist die Urkunde zu übersetzen. Dabei kann die *Übersetzung* entweder von dem Notar selbst, oder von einem Dolmetscher vorgenommen werden, § 16 BeurkG. Auf Unterschriftsbeglaubigungen findet § 16 BeurkG keine Anwendung.[6]

10 Der Verfahrensablauf stellt sich wie folgt dar: Ist an der Beurkundung auch ein Sprachkundiger anwesend, so liest der Notar die Urkunde zunächst vor; anschließend übersetzt der Dolmetscher oder der Notar diese dann vollständig in die Fremdsprache. Die Übersetzung kann abschnittsweise oder nach vollständiger Verlesung erfolgen. Sind alle Beteiligte sprachunkundig, muss die Niederschrift anstelle des Vorlesens übersetzt werden, § 16 Abs. 2 BeurkG.

11 Erfolgt die Übersetzung durch einen Dolmetscher, so ist zu prüfen, ob dieser selbst beider Sprachen kundig und nicht gemäß §§ 6, 7 BeurkG von der Übersetzung ausgeschlossen ist. Er ist – sofern er nicht allgemein vereidigt ist – zu vereidigen (§ 189 Abs. 2 GVG). Hiervon kann abgesehen werden, wenn alle Beteiligten darauf verzichten. Diese Tatsachen sollen in der Niederschrift festgestellt werden, die Niederschrift soll von dem Dolmetscher unterschrieben werden, § 16 Abs. 3 BeurkG.

12 Der Sprachunkundige kann zusätzlich eine *schriftliche Übersetzung* verlangen, die ihm zur Durchsicht vorgelegt wird und die der Urkunde beizufügen ist, § 16 Abs. 2 Satz 2 BeurkG. Der Notar soll den Beteiligten auf die Möglichkeit der schriftlichen Übersetzung hinweisen und dies in der Niederschrift festhalten. Der Hinweis sollte, wenn möglich, vor dem Beurkundungstermin erfolgen, da nur dann genügend Zeit besteht, eine schriftliche Übersetzung einzuholen. Bei letztwilligen Verfügungen gilt die Besonderheit, dass eine schriftliche Übersetzung angefertigt werden muss, es sei denn, der Erblasser verzichtet hierauf, was ebenfalls in der Urkunde zu vermerken ist.

13 M   **Der Erschienene ist nach Überzeugung des Notars und seiner eigenen Bekundung der deutschen Sprache nicht hinreichend kundig; er spricht türkisch. Der Notar zog deshalb**

---

5 *Preuß/Renner/Huhn*, § 8 BeurkG Rn. 5; Beck´sches Notar-Handbuch/*Zimmermann*, Teil H Rn. 21.
6 OLG Karlsruhe DNotZ 2003, 296.

Herrn XY, geboren am ....., wohnhaft .....
der sowohl der deutschen als auch der türkischen Sprache kundig ist, als Dolmetscher zu, in dessen Person Ausschließungsgründe nicht vorliegen. Der Beteiligte verzichtete auf eine Vereidigung des Dolmetschers; dieser wies sich aus durch Vorlage seines Personalausweises.
Der Notar wies den Erschienenen darauf hin, dass er eine schriftliche Übersetzung verlangen kann (bei einer Verfügung von Todes wegen: dass eine schriftliche Übersetzung erforderlich ist, sofern hierauf nicht verzichtet wird); dieser verzichtete darauf.

b) Beteiligung minderjähriger Ausländer

Bei der Beteiligung junger Ausländer (18 bis 21 Jahre) stellt sich die Frage, ob diese rechtlich rechts- und geschäftsfähig sind und wie diese gegebenenfalls vertreten werden. **14**

aa) Ermittlung der Rechts- und Geschäftsfähigkeit

Die Rechts- und Geschäftsfähigkeit einer Person richtet sich nach dem *Personalstatut*, also dem Recht des Staates, dem die Person angehört, Art. 7 Abs. 1 EGBGB. Die Bestimmung des Personalstatuts richtet sich nach Art. 5 Abs. 1 EGBGB. Gehört demnach eine Person mehreren Staaten an, so ist das Recht der engsten Verbundenheit anwendbar, das insbesondere durch den gewöhnlichen Aufenthalt oder den Verlauf des Lebens der betreffenden Person bestimmt wird. Ist die Person auch Deutscher, findet deutsches Recht Anwendung. **15**

Nach Art. 7 Abs. 2 EGBGB wird eine *einmal erlangte Rechts- oder Geschäftsfähigkeit* durch den Erwerb oder Verlust der Rechtsstellung als Deutscher nicht beeinträchtigt. Praktische Anwendung kann diese Regelung finden in Fällen, in denen das ausländische Recht einen früheren Zeitpunkt für die Erlangung der Rechts- oder Geschäftsfähigkeit als das deutsche Recht vorsieht und der Ausländer nach Erlangung der Rechts- oder Geschäftsfähigkeit nach ausländischem Recht, aber vor Erlangung der Rechts- oder Geschäftsfähigkeit nach deutschem Recht die deutsche Staatsangehörigkeit erwirbt. Nach Art. 7 Abs. 2 EGBGB gilt der Grundsatz: Einmal volljährig, immer volljährig. **16**

Zur Ermittlung der Rechts- und Geschäftsfähigkeit gibt es nur ein gemäß Art. 3 Abs. 2 EGBGB vorrangiges Abkommen, das *deutsch-iranische Niederlassungsabkommen* vom 17.12.1929.[7] Dieses führt jedoch zu identischen Ergebnissen.[8] **17**

Art. 7 Abs. 1 EGBGB gilt nur für die allgemeine Rechts- und Geschäftsfähigkeit. *Besondere Rechts- und Geschäftsfähigkeiten*, wie die Fähigkeit zum Erwerb vom Grundbesitz, die Erb-, Ehe- und Testierfähigkeit, richten sich nach dem für das jeweilige Rechtsverhältnis maßgeblichen Wirkungsstatut.[9] **18**

Das durch Art. 7 Abs. 1 EGBGB berufene Recht entscheidet auch über die Frage, ob die Geschäftsfähigkeit durch eine behördliche Entscheidung (Entmündigung) eingeschränkt wird. Demnach ist die *Entmündigung* eines Ausländers in dessen Heimatstaat anzuerkennen. Hier ist wohl eine verfahrensrechtliche Anerkennung nicht erforderlich. Gleiches gilt grundsätzlich, wenn der Ausländer in einem Drittstaat entmündigt wird und diese Entscheidung im Heimatstaat anerkannt wird.[10] Wird ein Ausländer in Deutschland (nach deutschem Recht) unter Betreuung gestellt (§ 24 Abs. 1 Satz 2 EGBGB), ist dies zu beachten. **19**

Führt die kollisionsrechtliche Prüfung zu dem Ergebnis, dass sich die Rechts- und Geschäftsfähigkeit nach ausländischem Recht richtet, so ist dieses zu befragen. Rückver- **20**

---

7 RGBl. 1930 II S. 1002, 1006.
8 Hausmann/Odersky, Internationales Privatrecht in der Notar- und Gestaltungspraxis S. 153.
9 Hausmann/Odersky, Internationales Privatrecht in der Notar- und Gestaltungspraxis S. 163 ff.
10 Weitere Einzelheiten bei Hausmann/Odersky, Internationales Privatrecht in der Notar- und Gestaltungspraxis S. 172 f.

weisungen auf deutsches Recht – wenn z.B. das ausländische Recht an das domicile anknüpft (so England, einige US-amerikanische Staaten, Dänemark, Norwegen) – sind zu beachten. In der notariellen Praxis kommt es in erster Linie auf die Geschäftsfähigkeit und fast nie auf die Rechtsfähigkeit an, sodass sich der folgende Überblick[11] auf diese Frage beschränkt. Manche ausländischen Rechte sehen die gemäß Art. 7 Abs. 1 Satz 2 EGBGB beachtliche Erlangung der Geschäftsfähigkeit durch Eheschließung vor. Auch dies ist in der Übersicht angegeben.

Übersicht zur Rechts- und Geschäftsfähigkeit

21 | **Volljährigkeit in einzelnen Ländern** (nach *Schotten/Schmellenkamp*) | | |
|---|---|---|
| Ägypten | 21 Jahre | |
| Äquatorialguinea | 18 Jahre | |
| Äthiopien | 18 Jahre | |
| Afghanistan | 18 Jahre | |
| Albanien | 18 Jahre | Heirat macht Frauen mündig ab 16 Jahren |
| Algerien | 19 Jahre | |
| Andorra | 18 Jahre | |
| Angola | 18 Jahre | |
| Argentinien | 21 Jahre | |
| Armenien | 18 Jahre | Heirat macht mündig |
| Aserbaidschan | 18 Jahre | |
| Australien | 18 Jahre | |
| Bahamas | 18 Jahre | |
| Bahrain | 18 Jahre | |
| Bangladesch | 18 Jahre | |
| Barbados | 18 Jahre | |
| Belarus (Weißrussland) | 18 Jahre | Heirat macht mündig |
| Belgien | 18 Jahre | Heirat macht mündig |
| Benin | 21 Jahre | |
| Bermuda | 21 Jahre | |
| Bolivien | 18 Jahre | |
| Bosnien und Herzegowina | 18 Jahre | |
| Botsuana | 18 Jahre | Heirat macht mündig |
| Brasilien | 18 Jahre | Heirat macht mündig |
| Bulgarien | 18 Jahre | |

---

11 Nach *Schotten/Schmellenkamp* Das IPR in der notariellen Praxis, Anhang I.

Burkina Faso		20 Jahre	Heirat macht mündig
Burundi		21 Jahre	Heirat macht mündig
Cayman Inseln		18 Jahre	
Chile		18 Jahre	
China, Republik (= Taiwan)		20 Jahre	Heirat macht mündig
China, Volksrepublik		18 Jahre	
Costa Rica		18 Jahre	
Dänemark		18 Jahre	
Dominikanische Republik		18 Jahre	
Ecuador		18 Jahre	
Elfenbeinküste		21 Jahre	Heirat macht mündig
El Salvador		18 Jahre	
Estland		18 Jahre	Heirat macht mündig
Finnland		18 Jahre	Heirat macht mündig
Frankreich		18 Jahre	
Gabun		21 Jahre	
Gambia		21 Jahre	
Georgien		18 Jahre	Heirat macht mündig
Ghana		18 Jahre	
Gibraltar		18 Jahre	
Grenada		21 Jahre	
Griechenland		18 Jahre	
Großbritannien		18 Jahre	
	auf Jersey	21 Jahre	
Guatemala		18 Jahre	
Guinea		21 Jahre	
Guyana		18 Jahre	
Haiti		21 Jahre	
Honduras		21 Jahre	
Hongkong		18 Jahre	
Indien		18 Jahre	
Indonesien		18 Jahre	Heirat macht mündig
Irak		18 Jahre	Heirat macht mündig ab 15 Jahren
Iran		18 Jahre	

Irland		18 Jahre	Heirat macht mündig
Island		18 Jahre	Heirat macht mündig
Israel		18 Jahre	
Italien		18 Jahre	
Jamaika		18 Jahre	
Japan		20 Jahre	Heirat macht mündig
Jemen		18 Jahre	
Jordanien		18 Jahre	
Kambodscha		18 Jahre	
Kamerun		21 Jahre	
Kanada	in folgenden Provinzen: British Columbia, New Brunswick, Newfoundland, Northwest Territories, Nova Scotia, Yukon	19 Jahre	
	in folgenden Provinzen: Alberta, Manitoba, Ontario, Prince Edward Island, Quebec, Saskatchewan	18 Jahre	
Kasachstan		18 Jahre	Heirat macht mündig
Kenia		18 Jahre	
Kirgisistan		18 Jahre	Heirat macht mündig
Kolumbien		18 Jahre	
Kongo (Zaire)		18 Jahre	
Korea, Republik (Südkorea)		20 Jahre	Heirat macht mündig
Korea, Volksrepublik (Nordkorea)		18 Jahre	
Kroatien		18 Jahre	Heirat macht mündig
Kuba		18 Jahre	Heirat macht Frauen ab 14,
			Männer ab 16 Jahren mündig
Kuwait		21 Jahre	
Laos		18 Jahre	Heirat macht mündig
Lesotho		21 Jahre	
Lettland		18 Jahre	

Libanon	18 Jahre	
Liberia	21 Jahre	
Libyen	21 Jahre	
Liechtenstein	20 Jahre	Heirat macht mündig
Litauen	18 Jahre	
Luxemburg	18 Jahre	
Madagaskar	21 Jahre	Heirat macht mündig
Malawi	21 Jahre	
Malaysia	18 Jahre	
Mali	21 Jahre	
Malta	18 Jahre	Heirat macht mündig
Marokko	20 Jahre	
Mauretanien	18 Jahre	
Mazedonien	18 Jahre	Heirat macht mündig
Mexiko	18 Jahre	
Moldau, Republik	18 Jahre	Heirat macht mündig
Monaco	18 Jahre	
Mongolei	18 Jahre	
Montenegro	18 Jahre	Heirat macht mündig
Mosambik	18 Jahre	Heirat macht mündig
Namibia	18 Jahre	
Nepal	18 Jahre	
Neuseeland	20 Jahre	Heirat macht mündig
Nicaragua	21 Jahre	
Niederlande	18 Jahre	Heirat macht mündig
Niger	21 Jahre	
Nigeria	18 Jahre	
Norwegen	18 Jahre	
Österreich	18 Jahre	Heirat macht mündig
Oman	Keine feste Altersgrenze, sondern Geschlechtsreife	
Pakistan	18 Jahre, aber 21 Jahre bei Minderjährigen unter Vormundschaft	
Panama	18 Jahre	
Papua-Neuguinea	18 Jahre	
Paraguay	20 Jahre	

Peru		18 Jahre	Heirat macht Frauen ab 14, Männer ab 16 Jahren mündig
Philippinen		18 Jahre	
Polen		18 Jahre	Heirat macht mündig
Portugal		18 Jahre	
Ruanda		18 Jahre	
Rumänien		18 Jahre	
Russland (Russische Föderation)		18 Jahre	Heirat macht mündig
Sambia		wohl 21 Jahre	
San Marino		18 Jahre	
Saudi-Arabien		21 Jahre	
Schweden		18 Jahre	Heirat macht mündig
Schweiz		18 Jahre	
Senegal		21 Jahre	Heirat macht mündig
Serbien		18 Jahre	Heirat macht mündig
Seychellen		18 Jahre	Heirat macht mündig
Sierra Leone		21 Jahre	
Simbabwe		18 Jahre	
Singapur		21 Jahre	
Slowakei		18 Jahre	Heirat macht mündig
Slowenien		18 Jahre	Heirat macht mündig; Mutter- bzw. Vaterschaft macht ebenfalls mündig
Somalia		18 Jahre	
Spanien		18 Jahre	
Sri Lanka		18 Jahre	
Sudan		18 Jahre	
Südafrika		21 Jahre	Heirat macht mündig
Surinam		21 Jahre	Heirat macht mündig
Syrien		18 Jahre	
Tadschikistan		18 Jahre	Heirat macht mündig
Taiwan (Republik China)		20 Jahre	Heirat macht mündig
Tansania		18 Jahre	
Thailand		20 Jahre	

Togo		18 Jahre Frauen, 21 Jahre Männer	
Trinidad und Tobago		18 Jahre	
Tschad		21 Jahre	
Tschechien		18 Jahre	Heirat macht mündig
Türkei		18 Jahre	Heirat macht mündig
Tunesien		20 Jahre	
Turkmenistan		18 Jahre	Heirat macht mündig
Uganda		18 Jahre	
Ukraine		18 Jahre	Heirat macht mündig
Ungarn		18 Jahre	Heirat macht mündig
Uruguay		21 Jahre	
Usbekistan		18 Jahre	
Vatikanstaat		18 Jahre	
Venezuela		18 Jahre	
Vereinigte Arabische Emirate		21 Lunarjahre = 20 Jahre und 4 Monate	
Vereinigte Staaten von Amerika (USA)	in folgenden Staaten: Colorado, Mississippi	21 Jahre	Heirat führt in den meisten Staaten und Territorien zur vollen oder zur Teilgeschäftsfähigkeit; zu Einzelheiten vgl. Staudinger/*Hausmann* (2000), Anh. zu Art. 7 EGBGB
	in folgenden Territorien: Guam, Puerto Rico, Samoa Islands	21 Jahre	
	in folgenden Staaten: Alabama, Nebraska	19 Jahre	
	in allen übrigen Bundesstaaten und Territorien sowie im District of Columbia (Hauptstadt Washington)	18 Jahre	
Vietnam		18 Jahre	

Weißrussland (Belarus)		18 Jahre	Heirat macht mündig
Zaire (Kongo)		18 Jahre	
Zypern		18 Jahre	

bb) Verkehrsschutz nach Art. 13 Rom I-VO bzw. Art. 12 EGBGB

22 Ist der an der Beurkundung beteiligte Ausländer nach seinem Heimatrecht noch nicht, wohl aber nach deutschem Recht volljährig, kann die mangelnde Volljährigkeit dem Vertragspartner nicht entgegengehalten werden, wenn er diese nicht kannte oder nicht kennen musste (Art. 13 Rom I-VO bzw. Art. 12 Satz 1 EGBGB). Dabei stellt sich im Wesentlichen die Frage, wann eine fahrlässige Unkenntnis (§ 122 Abs. 2 BGB) des Vertragspartners vorliegt. Wird das Geschäft notariell beurkundet, prüft der Notar die *Geschäftsfähigkeit*, vgl. § 11 BeurkG. Bei Zweifeln über die Geschäftsfähigkeit eines Ausländers soll er darauf gemäß § 17 Abs. 3 BeurkG hinweisen. Kennt der Vertragspartner die Ausländereigenschaft des Geschäftsunfähigen, so ist dies allein nicht ausreichend, fahrlässige Unkenntnis zu begründen.[12]

23 Allerdings wird dem Vertragspartner bei Belehrung des Notars über die Anwendbarkeit ausländischen Rechts fahrlässige Unkenntnis vorgeworfen werden können, wenn dieser auf Beurkundung bestand, bevor die Auslandsrechtsfrage geklärt ist.

24 Art. 13 Rom I-VO und Art. 12 Satz 1 EGBGB gelten nicht für *familien- und erbrechtliche Rechtsgeschäfte*. So sind vom Anwendungsbereich ausgeschlossen das Verlöbnis, die Adoption, der Ehevertrag, die Vaterschaftsanerkennung, die Errichtung und die Aufhebung von Testamenten und Erbverträgen, die Erbausschlagung und der Erbverzicht. Hier handelt es sich nicht um Verkehrsgeschäfte, bei denen ein Verkehrsschutz nicht erforderlich ist.[13]

25 **Art. 12 EGBGB** ist mit Wirkung zum 17.12.2009 durch Art. 13 der Verordnung Nr. 593/2008 (Rom I-VO) weitgehend ersetzt worden. Art. 13 Rom I-VO enthält ebenfalls eine – weitgehend gleichförmige – Verkehrsschutzregelung für vertragliche Schuldverhältnisse. Die Verordnung hat nach Art. 3 Nr. 1 EGBGB Vorrang vor Art. 12 EGBGB und aufgrund der Geltung für vertragliche Schuldverhältnisse eine deutlich größere Bedeutung. Diese bleibt aber weiter bestehen und behält noch einen – kleinen – Anwendungsbereich. Denn Art. 13 Rom I-VO gilt lediglich für vertragliche Schuldverhältnisse (der Wortlaut spricht daher auch von »Verträgen«), Art. 12 EGBGB ist hierauf nicht beschränkt (der Wortlaut spricht daher von »Rechtsgeschäften«). Allerdings umfasst Art. 13 Rom I-VO entgegen dem Wortlaut auch einseitige Erklärungen, sofern sie sich auf Schuldverträge beziehen, so z.B. Kündigung eines Vertragsverhältnisses. Ebenfalls wird angenommen, dass Art. 13 Rom I-VO auch auf unentgeltliche Verträge (z.B. Schenkung und Auftrag) sowie auf Mängel der gesetzlichen Vertretungsmacht von Betreuern Geschäftsunfähiger und auf die Rechtsfähigkeit von Gesellschaften und die Vertretungsbefugnisse ihrer Organe entsprechend anwendbar ist. Folgt man dieser Auffassung nicht, so bliebe Art. 12 EGBGB hier anwendbar. Nicht vom Anwendungsbereich des Art. 13 Rom I-VO erfasst sind und bleiben Verfügungsgeschäfte über Mobilien und inländische Grundstücke.

26 Handelt ein Organ der Gesellschaft außerhalb des Staates des Gesellschaftsstatuts und ist die Gesellschaft nach dem Recht des Handlungsstaates, nicht aber nach dem Gesellschaftsstatut rechtsfähig, kommt für Verträge eine analoge Anwendung von **Art. 13 Rom I-VO bzw. Art. 12 EGBGB** in Betracht.[14] Demnach wird die *Rechtsfähigkeit der Gesellschaft* ange-

---

12 *Schotten*, DNotZ 1994, 670, 672; *Liessem*, NJW 1989, 497, 501.
13 BT-Drucks. 10/504, S. 50.
14 OLG Düsseldorf IPRspr. 1964/65 Nr. 21; Art. 12 Rn. 48; Staudinger/*Großfeld*, Rn. 268, 276; AnwKomm/ *Hoffmann*, Anh. zu Art. 12 EGBGB, Rn. 14 m.w.N.; a.A. z.B. OLG Stuttgart NJW 1974, 1627, 1628.

nommen, wenn (a) eine vergleichbare Gesellschaftsform im Handlungsstaat rechtsfähig wäre, (b) sich beide handelnden Personen in diesem Staat befinden und (c.) der Vertragspartner die mangelnde Rechtsfähigkeit weder kannte, noch kennen musste. Bedeutung erlangt die entsprechende Anwendung von Art. 12 EGBGB im Wesentlichen bei Gesellschaften aus dem anglo-amerikanischen Rechtskreis, bei denen nach der sog. **ultra-vires-Lehre** Rechtsgeschäfte nichtig sind, die außerhalb der satzungsmäßigen Bestimmung des Geschäftsgegenstandes liegen. Für EU-Gesellschaften spielt dies in der Regel wegen Art. 9 der Publizitätsrichtlinie, die Rechtsfähigkeitsbeschränkungen weitgehend beseitigt hat, keine Rolle.[15] Bestehen doch einmal Zweifel, empfiehlt es sich, die Satzung der Gesellschaft einzusehen.

cc) Vertretung minderjähriger Ausländer

Die *Vertretung minderjähriger Ausländer* ist dem Rechtsverhältnis zwischen Eltern und Kind zuzuordnen und richtet sich daher nach Art. 21 EGBGB. Das Minderjährigenschutzabkommen (MSA) vom 05.10.1961[16] enthält diesbezüglich keine Kollisionsnorm.[17] Nach Art. 21 EGBGB unterliegt das Rechtsverhältnis zwischen Eltern und Kind, und damit auch die gesetzliche Vertretung des Kindes durch die Eltern, dem Recht des Staates, in dem das Kind seinen gewöhnlichen Aufenthalt hat. Dies ist der Staat, in dem das Kind seinen »Daseinsmittelpunkt« hat.[18] Rückverweisungen sind zu beachten. 27

Sind sowohl Kind als auch beide (noch lebende) Elternteile iranische Staatsangehörige, findet gemäß Art. 8 Abs. 1 i.V.m. Nr. 1 des Schlussprotokolls des *deutsch-iranischen Niederlassungsabkommens* vom 17.12.1929[19] das iranische Recht Anwendung auf die gesetzliche Vertretung durch die Eltern. 28

Das von Art. 21 EGBGB berufene Recht ist neben der gesetzlichen Vertretungsmacht auch für die Frage zuständig, ob diese beschränkt ist, etwa durch *Genehmigungserfordernisse*.[20] Ist bspw. deutsches Recht anwendbar, ist § 1643 BGB (Genehmigung des Familiengerichts) zu beachten. Das Gleiche gilt, wenn die *Bestellung eines Ergänzungspflegers* – etwa im deutschen Recht nach § 1629 Abs. 1 i.V.m. § 1795 Abs. 1 BGB bzw. § 1795 Abs. 2 i.V.m. § 181 BGB) – notwendig ist, weil die Eltern von der Vertretung ausgeschlossen sind.[21] Für die Erteilung der Genehmigung bzw. die Bestellung des Ergänzungspflegers sind die deutschen Gerichte gemäß §§ 43 Abs. 1, 35b FGG unter den dort genannten Voraussetzungen international zuständig. 29

c) Nachweis der Vertretungsmacht von Organen und der Existenz ausländischer Gesellschaften

aa) Allgemeines

Das Gesellschaftsstatut regelt nicht nur die organschaftliche Vertretung, sondern es bestimmt auch, in welcher Form der Nachweis der organschaftlichen Vertretungsmacht erfolgen kann.[22] Davon zu unterscheiden ist jedoch, welche Anforderungen das deutsche Handelsregister oder deutsche Grundbuch, das eine Eintragung vornimmt, stellt. Diese Frage bestimmt sich nach der lex fori, also dem Recht des Registerortes. Gründet beispielsweise 30

---

15 MüKo-BGB/*Kindler*, 4. Aufl. 2006, IntGesR, Rn. 543.
16 BGBl. 1971 II S. 217.
17 BGHZ 101, 199, 205.
18 BGH NJW 1997, 3024.
19 RGBl. 1930 II S. 1002, 1006.
20 AnwKomm/*Benicke*, Art. 21 EGBGB Rn. 5.
21 Würzburger Notarhandbuch/*Emmerling de Oliveira*, Teil 7 Kap. 5 Rn. 19.
22 *Spahlinger/Wegen*, Int. Gesellschaftsrecht in der Praxis, S. 77.

eine ausländische Gesellschaft eine deutsche GmbH, sind zwar die Art und Weise des Nachweises der Vertretungsmacht der Organe der Auslandsgesellschaft dem ausländischen Gesellschaftsstatut zu entnehmen, das Registergericht kann aber zusätzliche oder abweichende Anforderungen stellen, beispielsweise den Nachweis in öffentlich beglaubigter Form (§ 29 GBO, § 12 HGB) fordern.

31 Da sich sowohl die organschaftliche Vertretung als auch die Art und Weise, wie der Nachweis der ordnungsgemäßen Vertretung zu erbringen ist, bei einer ausländischen Gesellschaft nach ausländischem Gesellschaftsstatut richtet, ist es für den deutschen Notar bzw. das deutsche Register, der bzw. das die ordnungsgemäße Vertretung zu prüfen hat, naturgemäß schwierig, sich von der ordnungsgemäßen Vertretung zu überzeugen. Dies ist nicht nur rein faktisch so, weil etwa eine Registereinsicht nicht ausreichend ist. Der Nachweis gestaltet sich auch bereits deshalb schwierig, weil der Verweis auf das ausländische Gesellschaftsstatut nicht zwingend bedeutet, dass dieses auch zur Anwendung kommt. Denn die Verweisung des deutschen Kollisionsrechts ist stets eine Gesamtverweisung; es ist daher nicht auszuschließen, dass die Verweisung von dem ausländischen Kollisionsrecht nicht angenommen, sondern entweder auf das deutsche Recht zurück- oder auf eine dritte Rechtsordnung weiter verwiesen wird. Der Nachweis der Existenz und der Vertretungsbefugnis ausländischer Gesellschaften bewegt sich daher immer im Spannungsfeld zwischen (fast nie zu erlangender) absoluter Rechtssicherheit einerseits und der Gewährung von Handlungsfreiheit dieser Gesellschaften im Inland andererseits. Der Notar sollte daher eine entsprechende Belehrung vornehmen.

bb) Anforderungen von Grundbuchamt und Handelsregister

32 (1) Der Nachweis der Existenz und der ordnungsgemäßen Vertretung von Auslandsgesellschaften unterliegt im Grundbuchverfahren dem sog. Strengbeweis: Sämtliche Nachweise sind durch öffentliche oder öffentlich beglaubigte Urkunden zu erbringen (§ 29 GBO). Sollen Gesellschaften in das Grundbuch eingetragen werden, so sind stets auch die Existenz sowie die Vertretungsberechtigung des für die Gesellschaft Handelnden in öffentlicher Form nachzuweisen.[23] Für inländische Gesellschaften kann der Nachweis der Vertretungsberechtigung durch eine Vertretungsbescheinigung eines deutschen Notars gemäß § 21 BNotO sowie über einen amtlichen Registerausdruck oder eine beglaubigte Registerabschrift geführt werden (§ 32 GBO). Diese Erleichterung gilt jedoch nicht für den Nachweis der Vertretungsberechtigung von Organen ausländischer Gesellschaften.[24] Es reicht daher nicht aus, ein einfaches Zeugnis eines ausländischen (Register-)Gerichts beizubringen, aus dem sich die Vertretungsberechtigung ergibt. Der Nachweis muss in öffentlicher Form erbracht werden (siehe dazu Rdn. 71). Dieses Ergebnis ist angesichts der zunehmenden grenzüberschreitenden Aktivitäten von Gesellschaften sicherlich hinterfragenswert,[25] allerdings dem hohen Stellenwert des öffentlichen Glaubens, mit dem das Grundbuch ausgestattet ist, geschuldet und daher nachvollziehbar. Ist eine Zweigniederlassung eingetragen und wird für diese gehandelt, findet § 32 GBO dagegen Anwendung.[26]

33 (2) Hingegen gilt im Handelsregisterverfahren der Freibeweis: Das Handelsregister hat die zur Feststellung der Tatsachen erforderlichen Ermittlungen zu veranlassen und die geeignet erscheinenden Beweise aufzunehmen (§ 26 FamFG). Es liegt daher im Ermessen des Handelsregisters, die Vorlegung öffentlicher Urkunden zu verlangen. Allerdings kann das Handelsregister bei Vorlage eines Beschlusses, an dem eine ausländische Gesellschaft mitgewirkt hat, nur bei begründeten Zweifeln im Einzelfall die Vorlage von Vertretungs-

---

23 BayObLG FGPrax 2003, 59; *Demharter*, § 32 Rn. 8.
24 BayObLG DNotZ 2003, 295; *Demharter*, § 32 Rn. 8; Meikel/*Roth*, GBO, 10. Aufl., § 32 GBO Rn. 59.
25 Hirte/Bücker/*Mankowski/Knöfel*, Grenzüberschreitende Gesellschaften, § 13 Rn. 104.
26 BeckOK/*Hügel/Zeiser*, GBO, Internationale Bezüge, Rn. 98 ff.

nachweisen der an der Beschlussfassung mitwirkenden ausländischen Gesellschaft (samt mit Apostille versehenen Vertretungsnachweises) verlangen.[27]

(3) Angesichts der Abwicklungsprobleme, insbesondere im Grundbuchverkehr, muss über Vermeidungsstrategien nachgedacht werden. Ein Ansatzpunkt ist es, sich die unterschiedlich hohen Anforderungen, die Grundbuchamt und Handelsregister stellen, zu Nutze zu machen und vor dem Erwerb eines deutschen Grundstücks zunächst eine deutsche Gesellschaft zu gründen oder zu erwerben, die dann ihrerseits das Grundstück erwirbt. Alternativ könnte zuvor eine Zweigniederlassung in Deutschland eingetragen werden. Es ist in jedem Fall ratsam, sich schon vor der Einreichung des Antrags bzw. am besten schon vor der Beurkundung mit dem Registerrichter abzustimmen, um in Erfahrung zu bringen, welche Nachweise akzeptiert werden. Eine weitere Möglichkeit ist es, die natürlichen Personen, die hinter einer ausländischen Gesellschaft stehen, in Deutschland als Käufer eines Grundstücks auftreten zu lassen und zugleich zu vereinbaren, dass diese das Grundstück treuhänderisch für die ausländische Gesellschaft halten.

cc) Wie kann der Nachweis erbracht werden?

Für die Erbringung des Nachweises der Existenz von Gesellschaften und deren Vertretungsberechtigung ist zwischen Grundbuchverfahren und Handelsregisterverfahren zu unterscheiden:

(1) Der einfache Registerausdruck über die Eintragung der Auslandsgesellschaft reicht im Grundbuchverfahren nicht aus, da § 32 GBO im Grundbuch für ausländische Gesellschaften nicht anwendbar ist, es gilt ausschließlich § 29 GBO.[28] Im Handelsregisterverfahren kann dies anders beurteilt werden. Hier werden Auszüge aus öffentlichen Registern teilweise dann zugelassen, wenn diesen Registern eine in etwa vergleichbare Funktion zukommt wie dem deutschen Handelsregister (so z.B. in der Schweiz). Allerdings werden einfache Internetausdrucke vielfach nicht akzeptiert.[29]

(2) Ausländischen Gesellschaften bleibt jedoch die Möglichkeit, der Nachweisführung durch öffentliche Urkunden i.S.d. § 29 Abs 1 Satz 2 GBO mit Erleichterungsmöglichkeit, wenn der Nachweis in dieser Form praktisch unmöglich ist.[30] Der im Eintragungsverfahren für das Grundbuch zu erbringende Nachweis muss sich auf alle Voraussetzungen erstrecken, von denen die Anerkennung der Rechtsfähigkeit der ausländischen juristischen Person im Inland abhängig ist.[31] Die Registerauskunft sollte beglaubigt sein, damit sie den Anforderungen einer öffentlichen Urkunde genügt.[32] In einem vom OLG Hamm im Jahr 2005 entschiedenen Fall wurde einem Grundstückskaufvertrag eine von dem Urkundsnotar beglaubigte Ablichtung eines beglaubigten Auszuges aus dem Handelsregister des Fürstentums Liechtenstein in Vaduz beigefügt. Das OLG hat festgestellt, dass, soweit es sich um ausländische Urkunden handele, diese als öffentliche Urkunden i.S. des § 29 Abs. 1 Satz 2 GBO angesehen würden, sofern sie den Erfordernissen des § 415 ZPO entsprächen. Bei ausländischen öffentlichen Urkunden kann jedoch das Grundbuchamt zum Nachweis ihrer Echtheit eine Legalisation oder eine Apostille verlangen (siehe dazu Rdn. 95 ff.). Im Ergebnis kann der Nachweis also durch beglaubigte ausländische Handelsregisterauszüge,

---

27 OLG München RNotZ 2010, 350; LG Hamburg RNotZ, 2010, 69; LG Berlin MittBayNot 1998, 457.
28 *Langhein*, ZNotP 1999, 218, 220.
29 Z.B. LG Sigmaringen Rpfleger, 2005, 318, 329; *Herchen*, RIW 2005, 529, 532.
30 OLG Hamm NJW-RR 1995, 469. Zur Nachweisführung durch ausländische Urkunden s. BeckOK/*Hügel*/ *Otto*, § 29 GBO Rn. 121 ff. sowie BeckOK/*Hügel*/*Zeiser*, GBO, Internationale Bezüge Rn. 99 sowie Rn. 105 ff.; *Langhein*, Rpfleger 1996, 45; *Reithmann*, DNotZ 1995, 360.
31 OLG Hamm NJW-RR 1995, 469.
32 OLG Hamm RNotZ 2006, 250, 252; *Mödl*, RNotZ 2008, 1, 11.

sofern das jeweilige Recht solche kennt,[33] geführt werden.[34] Dies gilt selbstverständlich auch für das Handelsregister. Die Verwendung ausländischer Urkunden liegt deshalb wegen seiner Akzeptanz besonders nahe. Ist in einem dem deutschen Handelsregister vergleichbaren Register eine Person als »vertretungsberechtigt« eingetragen, so kann das deutsche Gericht grundsätzlich davon ausgehen, dass diese alleinvertretungsberechtigt ist.[35]

38 (3) Umstritten ist, ob ein deutscher Notar eine **Vertretungsbescheinigung mit den Rechtswirkungen des § 21 BNotO** für eine ausländische Gesellschaft (nach Auszug aus einem ausländischen Handelsregister) erstellen kann.[36] Von der h.M. wird dies bejaht, teilweise mit der Einschränkung, dass das ausländische Register seiner rechtlichen Bedeutung nach dem deutschen Handelsregister entsprechen muss.[37] Allerdings wird von vielen die besondere Beweiskraft des § 21 BNotO bei einer Bescheinigung über ausländische Register grundsätzlich verneint.[38] Es bestehen gewisse Zweifel, ob die die h.M. vom Wortlaut des § 21 BNotO gedeckt ist, nach dem sich die »Umstände«, die der Notar bescheinigt, aus einer »Eintragung im Handelsregister oder einem ähnlichen Register« ergeben. Offen ist, was ein ähnliches Register ist. Unbestritten ist dies das deutsche Vereinsregister (§ 69 BGB) und das Genossenschaftsregister. Ob auch ausländische Register dazugehören, ist offen. Auf der anderen Seite ergibt sich aufgrund der zunehmenden wirtschaftliche Verflechtungen und der damit verbundenen grenzüberschreitenden Aktivitäten ausländischer Gesellschaften ein starkes Bedürfnis für eine entsprechende Anwendung des § 21 BNotO, in jedem Fall sollte eine vorherige Abstimmung mit dem Grundbuchamt bzw. Registergericht erfolgen. Der Notar müsste, um eine entsprechende Bescheinigung abgeben zu können, dann in Protokolle und Unterlagen selbst einsehen und zudem Kenntnis haben. Dies wurde vom OLG Düsseldorf für einen englischrechtlichen Fall verneint.[39] Auch das OLG Nürnberg hat klargestellt, dass eine Bescheinigung eines deutschen Notars nach § 21 BNotO dann nicht möglich ist, wenn dieser seine Erkenntnisse nur durch Einsichtnahme in das beim Companies House geführte Register erworben hat, da dieses seiner rechtlichen Bedeutung nach nicht dem deutschen Handelsregister entspricht.[40] Von einer derartigen Bescheinigung ist daher abzuraten.

39 Ist hingegen die ausländische Gesellschaft mit einer Zweigniederlassung in das deutsche Handelsregister eingetragen, so wird der deutsche Notar eine Vertretungsbescheinigung auch aufgrund der in dem Register der Zweigniederlassungen vorgenommenen Eintragungen erstellen können, ohne zusätzlich weitere Nachweise einholen zu müssen. Denn der Schutz des § 15 HGB bezieht sich in vollem Umfang auch auf sämtliche Eintragungen im Zweigniederlassungsregister.

40 (4) Ein ausländischer Notar kann eine solche Bescheinigung erteilen, die von deutschen Gerichten (jedenfalls den Handelsregistern und häufig auch von den Grundbuchämtern)

---

33 Die Handwerkskammer München hat unter www.hwk-muenchen.de/webview74/viewDocument?onr=-74&id=118 eine Auflistung der europäischen Register ins Netz gestellt.
34 *Schöner/Stöber*, Rn. 3636b; Meikel/*Roth*, GBO, 10. Aufl., § 32 GBO Rn. 59.
35 OLG München RNotZ 2010, 350.
36 OLG Schleswig FGPrax 2008, 217 mit Anm. *Apfelbaum*, DNotZ 2008, 711;KG DNotZ 2012, 604; LG Wiesbaden GmbHR 2005, 1134; LG Aachen MittBayNot 1990, 125; *Süß*, DNotZ 2005, 180, 184; Hirte/Bücker/*Mankowski/Knöfel*, Grenzüberschreitende Gesellschaften, § 13 Rn. 78; Arndt/Lerch/*Sandkühler*, § 21 Rn. 13; *Schöner/Stöber*, Rn. 3636b; *Mödl*, RNotZ 2008, 1, 12; a.A. OLG Hamm NJW-RR 1995, 469; Meikel/*Roth*, § 32 Rn. 59.
37 So das OLG Schleswig FGPrax 2008, 217, *Heckschen*, NotBZ 2005, 24, 26; *Mödl*, RNotZ 2008, 1, 12; für das schwedische Handelsregister; ebenso KG DNotZ 2012, 604, das aber für den Fall der Einsicht in das Register des Companies House ein Gleichwertigkeit des Registers verneint hat; weitere Nachweise in der vorangegangenen Fn.
38 OLG Brandenburg, NotBZ 2011, 222; OLG Hamm, BB 1995, 446; *Bausback*, DNotZ 1996, 254, 265; *Haas*, DB 1997, 1501, 1504.
39 OLG Düsseldorf notar 2015, 166.
40 OLG Nürnberg RNotZ 2015, 244 ff.

vielfach anerkannt werden. Die Form des § 21 BNotO muss hierzu nicht eingehalten sein, solange die Bescheinigung dem jeweiligen Recht entspricht, welches das Gericht von Amts wegen zu prüfen hat.[41] Die hinsichtlich der Legalisation (bzw. Apostille) formgerechte Vorlage impliziert dabei zugleich die Einhaltung der Bestimmungen des jeweiligen Rechts.

(5) Der (deutsche) Notar kann gemäß § 24 BNotO ein Gutachten (ohne die Beweiskraft des § 21 BNotO) erstellen und dies in die Form einer »Bestätigung« bringen. Auch ein solches Gutachten genießt im Rechtsverkehr weithin Vertrauen.[42] Eine entsprechende gutachterliche Stellungnahme sollte ein deutscher Notar aber nur abgeben, wenn er das ausländische Gesellschaftsrecht hinreichend kennt. Zudem sollte vorab abgeklärt werden, ob eine derartige gutachterliche Äußerung im Registerverfahren anerkannt wird.

(6) Das Gleiche gilt auch für entsprechende gutachterliche Mitteilungen ausländischer Notare, gleich, ob diese auf Eintragung in ausländischen Registern oder auf sonstigen Erkenntnisquellen beruhen.[43]

(7) Bei nichtregistrierten ausländischen Gesellschaften ist ein Nachweis durch einen öffentlich beglaubigten Registerauszug nicht möglich. Es verbleibt dann nur die Vertretungsbescheinigung des deutschen Notars in Anwendung des § 24 BNotO und die entsprechende Bescheinigung eines ausländischen Notars. Grundlage einer solchen Bescheinigung kann dann beispielsweise die VAT-Nummer (Umsatzsteuernummer) und/oder die Gründungsurkunde sein.[44] Eine Bescheinigung eines deutschen Notars nach § 21 BNotO ist nicht möglich, da dieser keine Einnahme in ein Register nehmen kann.[45] Eine entsprechende gutachterliche Stellungnahme sollte ein deutscher Notar aber nur abgeben, wenn er das ausländische Gesellschaftsrecht hinreichend kennt.

d) Zustellung an Ausländer

Soll der Notar gegenüber Ausländern im Rahmen seiner Amtstätigkeit die Zustellung von Erklärungen bewirken und beurkunden oder Wechsel- und Scheckproteste aufnehmen, muss er in den Fällen von einer solchen Amtstätigkeit absehen, in denen sie gegenüber Personen, die *Immunität* genießen (insbesondere gegenüber ausländischen Diplomaten und ihren zum Haushalt gehörenden Familienmitgliedern; gegenüber deren ausländischem Verwaltungs- und Dienstpersonal nur im Bereich ihrer dienstlichen Tätigkeit), vorzunehmen wäre, es sei denn, die von der deutschen Gerichtsbarkeit befreite Person hätte selbst ausdrücklich um die Amtshandlung ersucht.

2. Besonderheiten bei der Anwendbarkeit ausländischen Rechts, insbesondere Belehrungspflichten

Der Notar muss nicht per se davon ausgehen, dass auf den Gegenstand der Beurkundung ausländisches Recht zur Anwendung kommt, ihn trifft daher keine Aufklärungspflicht. Gibt es jedoch Anhaltspunkte dafür (etwa die ausländische Staatsangehörigkeit eines Beteiligten oder im Ausland belegenes Vermögen), soll der Notar die Beteiligten darauf hinweisen, dass ausländisches Recht zur Anwendung kommen (kann) und dies in der Niederschrift vermerken, § 17 Abs. 3 Satz 1 BeurkG. Zur Belehrung über den Inhalt einer ausländischen

---

41 OLG Köln Rpfleger 1989, 66; LG Wiesbaden, Beschl. v. 08.06.2005, GmbHR 2005, 1134; *Schöner/Stöber*, Rn. 3636b m.w.N.; *Reithmann*, DNotZ 360, 367; LG Kleve RNotZ 2008, 30 (jedenfalls für Notare aus dem Bereich des lateinischen Notariats).
42 *Süß*, DNotZ 2005, 180, 184.
43 *Reithmann*, DNotZ 1995, 360.
44 Hirte/Bücker/*Mankowski/Knöfel*, Grenzüberschreitende Gesellschaften, § 13 Rn. 84.
45 *Süß*, DNotZ 2005, 180, 185; *Melchior/Schulte*, NotBZ 2003, 344, 346; Hirte/Bücker/*Mankowski/Knöfel*, Grenzüberschreitende Gesellschaften, § 13 Rn. 86.

Rechtsordnung ist er nicht verpflichtet (§ 17 Abs. 3 Satz 2 BeurkG). Tut er es trotzdem, kann er für die fehlerhafte Beratung haften.

46 **a)** Der deutsche Notar ist nicht verpflichtet, das für das zu beurkundende Rechtsgeschäft *maßgebende ausländische Recht zu kennen* (vgl. § 17 Abs. 3 Satz 2 BeurkG). Er ist aber verpflichtet, das deutsche Kollisionsrecht zu kennen, sodass er feststellen muss, ob das deutsche Kollisionsrecht auf ausländisches Recht verweist. Der Notar ist wiederum nicht verpflichtet, das ausländische Kollisionsrecht zu kennen, sodass auch nicht sicher sagen kann, ob das deutsche Recht kraft Rückverweisung doch Anwendung findet. Beruhen Zweifel des Notars über die materielle Gültigkeit des Rechtsgeschäfts lediglich auf seiner generellen Unkenntnis des fremden Rechts, wird er jedenfalls dann, wenn die Parteien sofortige Beurkundung wünschen, sich damit begnügen können, in die Niederschrift einen Vermerk darüber aufzunehmen, dass er die Parteien auf seine mangelnde Kenntnis des maßgebenden ausländischen Rechts und die möglicherweise sich aus diesem Recht ergebende Unwirksamkeit des beurkundeten Geschäfts hingewiesen habe.

47 M **Der Notar wies die Beteiligten darauf hin, dass das Recht des Staates xy zur Anwendung kommt, dieses Recht ihm unbekannt sei und deshalb Zweifel an der Gültigkeit des Rechtsgeschäfts bestünden. Der Notar hat ebenfalls darauf hingewiesen, dass das ausländische Recht möglicherweise auf das deutsche Recht zurück verweisen und daher im Ergebnis deutsches Recht anwendbar sein kann. Der Notar hat die Beteiligten darauf hingewiesen, dass eine verbindliche Auskunft zu diesen Fragen von einem ausländischen Juristen oder mittels eines Universitätsgutachtens gegeben werden kann. Die Beteiligten wünschten gleichwohl die sofortige Beurkundung.**

48 **b)** Ist das Rechtsgeschäft, dessen Beurkundung die Beteiligten vom (deutschen) Notar verlangen, zwar dem deutschen Recht bekannt, in dem auf den konkreten Fall gemäß deutschem Kollisionsrecht anzuwendenden ausländischen Recht aber *nicht vorgesehen oder sogar ausdrücklich verboten* (z.B. italienische Eheleute wollen ein gemeinschaftliches Testament errichten) oder in der von den Beteiligten gewünschten Form nicht gültig (z.B. amerikanischer Erblasser mit deutschem Wohnsitz will ein notarielles Testament ohne Zeugen errichten, in welchem er auch über amerikanisches Immobiliarvermögen verfügt), ist der Notar gemäß § 17 Abs. 3 Satz 1 BeurkG ebenfalls verpflichtet, die Parteien auf die Bedenken gegen die Gültigkeit des Geschäfts hinzuweisen, soweit ihm das der gewünschten Beurkundung entgegenstehende ausländische Recht bekannt ist. Das gilt auch dann, wenn er im Zweifel ist, ob die Kollisionsnormen des zunächst anwendbaren ausländischen Rechts auf deutsches Recht zurückverweisen (wodurch das Rechtsgeschäft auch vom Standpunkt des betreffenden fremden Rechts voll gültig wäre) oder nicht. Erklären die Beteiligten, dass sie die Beurkundung trotzdem vornehmen lassen wollen, muss der Notar sowohl den Umstand, dass er die Parteien auf die rechtlichen Bedenken gegen die Gültigkeit des Geschäfts hingewiesen hat, als auch ihr ausdrückliches Verlangen, den Beurkundungsakt gleichwohl zu vollziehen, in die Niederschrift aufnehmen (vgl. auch § 17 Abs. 2 Satz 2 BeurkG), wenn er den Vorwurf falscher Sachbehandlung (mit der Folge des § 16 Abs. 1 Satz 1 KostO bzw. § 21 GNotKG) vermeiden will.

49 M **Der Notar wies die Beteiligten darauf hin, dass wegen des entgegenstehenden ausländischen Rechts Bedenken gegen die Gültigkeit des Rechtsgeschäfts bestünden. Die Beteiligten wünschten gleichwohl die sofortige Beurkundung.**

II. Verwendung ausländischer Urkunden im Inland

1. Beurkundungsbefugnis und internationale Zuständigkeit ausländischer Notare und Urkundspersonen

a) Beurkundungsbefugnis der ausländischen Urkundsperson

Ebenso wie deutsche Notare (vgl. § 4 Rdn. 17, 18) dürfen grundsätzlich auch ausländische Notare oder sonstige Urkundspersonen ihre »Urkundsgewalt« nur innerhalb des Staates ausüben, der ihnen ihre Amtsbefugnisse verliehen hat. Ein in einem Staat bestellter Notar darf seine Tätigkeit nicht in einem anderen Staat ausüben.[46] Viele Staaten erteilen allerdings ihren diplomatischen und konsularischen Vertretern im Ausland (gelegentlich auch im Ausland tätigen Geistlichen einer Kirche oder Religionsgemeinschaft, die im Inland als Staatskirche anerkannt oder sonst privilegiert ist) die Befugnis, Beurkundungen und Beglaubigungen von Rechtsgeschäften, an denen eigene Staatsangehörige beteiligt sind, auf dem Gebiete des Empfangsstaates vorzunehmen und darüber hinaus auch bei Eheschließungen oder Ehescheidungen eigener Staatsangehöriger mitzuwirken. Ob der Empfangsstaat solche Ausübung der »Urkundsgewalt« durch ausländische Urkundspersonen auf seinem Staatsgebiet anerkennt, ist im Einzelfall zu prüfen, wenn es auf die Wahrung der Ortsform ankommt; häufig ist die Frage in zweiseitigen Konsularverträgen geregelt. Aber auch wenn der Empfangsstaat solche konsularischen Beurkundungsakte nicht anerkennt, kann die Form der für den Inhalt des Rechtsgeschäfts maßgebenden Rechtsordnung (lex causae) gewahrt sein, insbesondere, wenn diese mit der Rechtsordnung des Entsendestaates identisch ist.

50

b) Internationale Zuständigkeit ausländischer Notare

Ebenso wie bei deutschen Notaren (vgl. § 4 Rdn. 19) ist auch die internationale Zuständigkeit ausländischer Notare oder sonstiger ausländischer Urkundspersonen vom Standpunkt der deutschen Rechtsordnung grundsätzlich nicht davon abhängig, welche Staatsangehörigkeit oder welchen Wohnsitz die an dem Beurkundungsakt beteiligten Personen haben, wo die Urkunde Verwendung finden soll, oder welches materielle Recht auf das beurkundete Rechtsgeschäft nach deutschem Kollisionsrecht Anwendung findet. Der Gedanke, die internationale Zuständigkeit des Notars von der Anwendbarkeit der Sachnormen seines Sitzstaates abhängig zu machen (Gleichlauf von materiellem Recht und Verfahrensrecht), ist schon deshalb undurchführbar, weil der Notar oft gar nicht voraussehen kann, ob von der Urkunde später auch in anderen Staaten Gebrauch gemacht wird (die möglicherweise ein anderes materielles Recht für anwendbar halten), oder weil umgekehrt bereits feststeht, dass die Urkunde (etwa ein Testament) später in mehreren Staaten Verwendung finden soll und diese Staaten das betreffende Rechtsverhältnis verschiedenen Rechten unterstellen. Auch der Umstand, dass das zu beurkundende Rechtsgeschäft dem Recht des Staates, in welchem die Urkunde errichtet wird, gänzlich fremd oder nach diesem Recht ausdrücklich verboten ist, macht den ausländischen Notar vom deutschen Standpunkt aus nicht unzuständig. Leitbild bei der Beurteilung der internationalen Zuständigkeit des beurkundenden Notars ist also das Prinzip der internationalen Freizügigkeit der öffentlichen (bzw. öffentlich beglaubigten) Urkunde.

51

---

46 BGH, Beschl. v. 20.07.2015, DNotI-Report 2015, 143 f.

2. Ausschließliche Zuständigkeit deutscher Notare

52 Deutsche Notare sind ausschließlich zuständig zur Beurkundung der Auflassung deutscher Grundstücke gemäß § 925 BGB,[47] zu der daneben allerdings auch deutsche Konsularbeamte befugt sind (§ 12 Nr. 1 KonsG).[48] Daher kann die von einem ausländischen Notar aufgenommene Urkunde im Inland nicht anerkannt werden. Dies ist keine Frage von Art. 11 EGBGB, weil in diesem Fall der ausländische Notar vom Standpunkt des deutschen Rechts für die Beurkundung international nicht zuständig ist.

Zur internationalen Zuständigkeit des deutschen Notars s. § 4 Rdn. 17 ff.

3. Maßgeblichkeit der Verfahrensvorschriften des Errichtungsstaates

53 Unabhängig von den auf den beurkundeten Rechtsvorgang anzuwendenden Sachnormen über Form und Inhalt des Rechtsgeschäfts sind für den ausländischen Notar in aller Regel – ebenso wie für den deutschen Notar – ausschließlich die Verfahrensvorschriften des Errichtungsstaates verbindlich, auch soweit sie von den *Verfahrensvorschriften* des Staates abweichen, in dem die Urkunde Verwendung finden soll. So muss etwa der ausländische Notar, wenn das *Verfahrens*recht seines Sitzstaates dies vorschreibt, bei Abfassung der Urkunde die Landessprache benutzen, bei bestimmten Erklärungen gewisse feststehende Formeln verwenden oder Zeugen zuziehen usw. Gelegentlich kann zweifelhaft sein, ob Vorschriften über öffentliche Beurkundung oder Beglaubigung dem Verfahrensrecht oder dem materiellen Recht angehören. Steht – wie im deutschen Recht etwa bei § 29 GBO – die Beweisfunktion im Vordergrund (was bei Normen, die nur öffentliche Beglaubigung verlangen, regelmäßig anzunehmen ist), handelt es sich um Verfahrensvorschriften, die allein dem Recht des Staates zu entnehmen sind, in welchem die Beurkundung oder Beglaubigung erfolgt ist. Ist hingegen bei der Norm, welche die öffentliche Beurkundung einer Willenserklärung verlangt, die Wahrung der Form konstitutiv für die Wirksamkeit der Willenserklärung (etwa weil der Erklärende vor Übereilung geschützt werden oder in den Genuss der notariellen Prüfung und Beratung kommen soll), ist die betreffende Norm als materiellrechtliche Vorschrift zu betrachten. In diesem Fall kommt es auf die Einhaltung der Formvorschriften des Errichtungsstaates nicht an, wenn das beurkundete Geschäft den Formvorschriften desjenigen Rechts entspricht, welches nach deutschem Kollisionsrecht als Wirkungsstatut (lex causae) anzusehen ist.

4. Formwirksamkeit von im Ausland errichteten Urkunden

a) Allgemeine und besondere Formanknüpfung

54 Die *Frage der Formgültigkeit* wird unabhängig von der Ermittlung des Geschäftsstatuts (auch Wirkungsstatut oder lex causae) beantwortet. Dabei ist Art. 11 EGBGB bzw. der insofern nahezu[49] gleichlautende Art. 11 der Rom I-VO,[50] der für die nach dem 17.12.2009 abgeschlossene Schuldverträge gilt, als maßgebliche Kollisionsnorm heranzuziehen. Der Anwendungsbereich der in Deutschland direkt anwendbaren Rom I-VO ergibt sich aus Art. 1 der Verordnung, wonach diese anwendbar ist auf vertragliche Schuldverhältnisse. Der Anwendungsbereich von Art. 11 EGBGB ist daher stark eingeschränkt. Aufgrund der Vielzahl von Sonderkollisionsnormen für die Form (z.B. für Eheschließungen oder Verfügungen

---

[47] Köln DNotZ 1972, 489; BayObLG DNotZ 1978, 58; KG DNotZ 1987, 44.
[48] Zu den Besonderheiten der konsularischen Beurkundung und ihrem Einfluss auf die Zusammenarbeit der Konsularbeamten mit inländischen Notaren siehe *Eickelberg*, DNotZ 2018, 332 f.
[49] Es gibt eine Abweichung für Distanzgeschäfte, die aber im hiesigen Kontext nicht von Belang ist.
[50] EG-VO Nr. 593, ABl. C 318 v. 23.12.2006, S. 56.

von Todes wegen) ist Art. 11 EGBGB daher im Wesentlichen noch anwendbar auf Eheschließung und Scheidung im Ausland, Rechtsgeschäfte auf dem Gebiet des Ehegüter-, Unterhalts- und Kindschaftsrechts, bestimmte erbrechtliche Geschäfte (z.B. Ausschlagung, Erbverzicht), Verfügungsgeschäfte (Abs. 4) sowie auf die Vollmacht.[51]

Art. 11 Abs. 1 EGBGB bzw. Rom I-VO hält für die Frage der Formgültigkeit i.S.d. »favor negotii« neben dem Geschäftsrecht das Ortsstatut bereit. Beide Alternativen stehen gleichberechtigt nebeneinander. Die Anwendbarkeit des Ortsrechts gibt den Parteien Rechtssicherheit, da sie sich am Ort der Vornahme des Rechtsgeschäftes am leichtesten über die dort geltenden Formerfordernisse informieren können. Art. 11 Abs. 4 EGBGG bzw. und Abs. 5 Rom I-VO schränken den favor negotii wieder ein (s.u. Rdn. 62 ff.). **55**

Besondere Formanknüpfungsvorschriften bestehen für Verfügungen von Todes wegen. Diese gelten darüber hinaus auch immer dann als formgültig, wenn sie den Formvorschriften des Wohnsitzes bzw. des gewöhnlichen Aufenthalts des Testators zur Zeit der Testamentserrichtung oder zur Zeit seines Todes oder – soweit es sich um Immobiliarnachlass handelt – den Formvorschriften des Lagestaates entsprechen (Art. 1 des Testamentsformabkommens, Art. 26 Abs. 1 Satz 1 Nr. 1–4 EGBGB). Besondere Formanknüpfungen gelten auch für die Eheschließung im Inland (dann Art. 13 Abs. 3), für die Begründung einer eingetragenen Lebenspartnerschaft (dann Art. 17b Abs. 1), für die Rechtswahl bei Eheverträgen (dann Art. 14 Abs. 4 und Art. 15 Abs. 3), für die Rechtswahl bei Schuldverträgen (dann Art. 27 Abs. 4), für Verbraucherverträge (dann Art. 29 Abs. 3 und Art. 29a Abs. 1), für Gerichtsstandsvereinbarungen (dann Art. 23 EuGVVO bzw. §§ 38 ff. ZPO), für Schiedsvereinbarungen (§ 1031 ZPO), im Scheck- und Wechselrecht (Art. 92 Abs. 1 und 97 WG bzw. Art. 62 Abs. 1 und 66 ScheckG), im internationalen Transportrecht, im FernAbsatzG (§ 2 Abs. 3) und im TzWrG (§ 3). **56**

Ausschließlich das Wirkungsstatut gilt, wenn die Parteien im Rahmen ihrer Autonomie durch *Rechtswahl* das zwischen ihnen bestehende Rechtsverhältnis insgesamt, also einschließlich der Formvorschriften, einem bestimmten Recht unterstellt und damit Art. 11 Abs. 1 Hs. 2 EGBGB (bzw. Rom I-VO) abbedungen haben. Haben die Parteien eines Grundstückskaufvertrages – ausdrücklich oder konkludent – die Anwendung deutschen Rechts vereinbart, schließt diese Rechtswahl im Zweifel auch dann die Form des § 311b BGB ein, wenn es sich um ein im Ausland belegenes Grundstück handelt.[52] **57**

b) Substitution der deutschen Beurkundung durch Auslandsbeurkundung

Ist die Form der öffentlichen Beurkundung Voraussetzung des gültigen Zustandekommens des Rechtsgeschäfts, stellt sich insbesondere dann, wenn die Formvorschriften des Wirkungsstatuts allein maßgeblich sind und Wirkungsstatut das deutsche Recht ist, die Frage: Wird die vom deutschen Recht vorgeschriebene Form der öffentlichen Beurkundung auch durch die Mitwirkung einer ausländischen Urkundsperson gewahrt? Man spricht hier von *Substitution*. Ob diese zulässig ist, hängt davon ab, ob der Auslandssachverhalt gleichwertig zu dem von der inländischen Sachnorm geforderten Erfüllungstatbestand ist. Konkret stellt sich die Frage der Substitution bei Beurkundungen von Rechtsgeschäften, für die das deutsche (i.d.R. Geschäfts-)recht eine notarielle Beurkundung vorsieht und diese im Ausland vorgenommen wird. Die Substitution einer nach dem Geschäftsrecht geforderten (inländischen) Beurkundung ist nur dann möglich, wenn der Tatbestand durch den das Formerfordernis im Ausland erfüllt wird, der deutschen Form gleichwertig ist. Für Beurkundungen bedeutet dies, dass die Urkundsperson und das Beurkundungsverfahren den Anforderun- **58**

---

51 Palandt/*Thorn*, Art. 11 EGBGB Rn. 1.
52 BGHZ 52, 239; 57, 337; 73, 391.

gen des (deutschen) Geschäftsstatuts entsprechen müssen.[53] Die Gleichwertigkeit ist stets unter dem Aspekt von Sinn und Zweck der deutschen Formvorschrift zu beurteilen.

59 aa) Das erste Kriterium für die Beantwortung dieser Frage ist zunächst, ob der ausländische Notar (oder die sonstige *Urkundsperson*) nach seiner Vorbildung oder seiner Funktion innerhalb der ausländischen Rechtsordnung dem Zweck der deutschen Formvorschrift gerecht zu werden vermag. Verlangt eine Formvorschrift des deutschen materiellen Rechts notarielle Beurkundung, bezweckt sie im Allgemeinen nicht nur, die Beteiligten bei den für ihre Person oder ihr Vermögen besonders bedeutsamen Rechtsgeschäften vor Übereilung zu schützen, sondern vor allem, dass die zu beurkundenden mündlichen Erklärungen der Beteiligten vom Notar »inhaltlich wahrgenommen und verantwortlich geprüft« werden;[54] besonders bei der Beurkundung von Willenserklärungen soll also der Notar den Sachverhalt klären, den Willen der Beteiligten ermitteln und sie über Wirksamkeit und rechtliche Tragweite der beabsichtigten Erklärungen belehren und beraten (§ 17 BeurkG). Eine Qualifikation, die prinzipiell der des deutschen Notars gleichsteht, wird man bei österreichischen und schweizerischen Notaren,[55] aber auch – mit gewissen Vorbehalten bezüglich Lateinamerikas – bei Notaren aus den Ländern des romanischen Rechtskreises (»lateinisches Notariat«) annehmen können. Bei schweizerischen Notaren ist zu beachten, dass das Notariatswesen von Kanton zu Kanton unterschiedlich ausgestaltet ist. Eine Gleichwertigkeit wurde explizit für die Notare der Kantone Basel,[56] Bern,[57] Zürich,[58] Zug[59] und Luzern[60] bejaht. Bei Beurkundungsakten, an denen ein amerikanischer notary public (der meist keine juristische Vorbildung besitzt) mitgewirkt hat, wird man differenzieren müssen: Unterschriftsbeglaubigungen,[61] Beurkundung eidesstattlicher Versicherungen zur Erlangung eines Erbscheins[62] oder auch die Beurkundung eines Vaterschaftsanerkenntnisses[63] durch einen notary public werden von der Rechtsprechung als der Beurkundung durch einen deutschen Notar gleichwertig anerkannt, weil hier der Beweiszweck der Normen, welche die öffentliche Beurkundung vorschreiben, überwiegt. Bei der Beurkundung von Willenserklärungen (z.B. einer Erbauseinandersetzung, eines Erbvertrages oder Erbverzichts, des Verkaufs von Geschäftsanteilen an deutscher Handelsgesellschaft) ist hingegen äußerst zweifelhaft, ob die Beurkundung durch den notary public ausreicht, um der deutschen Formvorschrift zu genügen, weil hier der Hauptzweck der Beurkundung darin besteht, den Parteien die Beratung durch eine qualifizierte Urkundsperson zuteilwerden zu lassen, damit der von den Beteiligten erstrebte Rechtserfolg auch im Wortlaut der Urkunde klar zum Ausdruck kommt.[64] Dies gilt auch für den dänischen Notar.[65] Von der Literatur wird für die englischen[66] und israelischen[67] die Gleichwertigkeit zwar erwogen. Sie ist aber wegen der unterschiedlichen Stellung dieser Beurkundungspersonen zu verneinen.

---

53 BGHZ 80, 76, 78 = DNotZ 1981, 451, 452; OLG Hamm NJW 1974, 1057; OLG Düsseldorf RIW 1989, 225; OLG München RIW 1998, 147; OLG Bamberg FamRZ 202, 1120.
54 BGHZ 37, 79 ff., 86.
55 Vgl. RGZ 160, 225 ff., 231; LG Bonn IPRspr. 1971 Nr. 170; BGH NJW 1981, 1160.
56 OLG München NJW-RR 1998, 758; LG Nürnberg NJW 1992, 633.
57 LG Hamburg IPRspr 1979 Nr. 9.
58 RGZ 88, 227; BGHZ 80, 76, 78 = NJW 1981, 1160; OLG Frankfurt am Main WM 1981, 946, 947; OLG Frankfurt am Main IPRax 1983, 79, 80; LG Köln RIW 1989, 990; a.A. LG Augsburg DB 196, 1666; *Geimer*, DNotZ 1981, 406, 410.
59 LG Stuttgart IPRspr 1976 Nr. 5a.
60 LG Koblenz IPRspr 1970 Nr. 144.
61 Vgl. KG OLGE 8, 222.
62 LG Mainz RzW 1958, 334.
63 Vgl. IPG 1982 Nr. 39 – Köln.
64 Vgl. LG München I IPRspr. 1966/67 Nr. 201; IPG 1965/66 Nr. 68 – München – und Nr. 73 – Hamburg.
65 *Raudszus*, DNotZ 1977, 516, 527; *Cornelius*, DNotZ 1996, 352 ff.
66 *Mann*, NJW 1955, 1177.
67 *Scheftelowitz*, DNotZ 1978, 145 ff.

Dass im Übrigen ausländische Notare über deutsches Recht im Allgemeinen ebenso **60** wenig informiert sind wie deutsche Notare über ausländisches Recht, und dass sie daher die Beteiligten bei Beurkundungsakten, die in Deutschland Verwendung finden sollen, nicht ebenso umfassend beraten können wie ein deutscher Notar, wird in Kauf genommen. Zum ausländischen Notariatswesen im Einzelnen vgl. die Länderberichte über *Dänemark*,[68] *England*,[69] *Frankreich*,[70] *Israel*,[71] *Italien*,[72] *Kroatien*,[73] *Niederlande*,[74] *Österreich*,[75] *Polen*,[76] *Schweiz*,[77] *Spanien*,[78] *Tschechoslowakei*.[79] – Weitere Berichte über das Notariatswesen in *Belgien*, *Brasilien*, *Volksrepublik China*, *Ekuador*, *Guatemala*, *Italien*, *Japan*, *Kanada*, *Kolumbien*, *Luxemburg*, *Nicaragua*, *Österreich*, *den skandinavischen Staaten*, *Portugal*, *Türkei* und *Venezuela* in »Revista internacional del Notariado« Año XXIII No. 71 (1972).

bb) Neben der Gleichwertigkeit der Beurkundungsperson ist weitere Voraussetzung, dass **61** das ausländische *Beurkundungsverfahren* den Zweck der Formvorschrift in gleicher Weise wie ein deutsches Beurkundungsverfahren erfüllt, es also den tragenden Grundsätzen des deutschen Beurkundungsrechts entspricht. Die Beurkundung dient der Beweissicherung, der materiellen Richtigkeitsgewähr[80] sowie der Gewährleistung einer Prüfung und Belehrung durch den Notar.[81] Widerspricht das ausländische Beurkundungsverfahren zwingenden Vorschriften des Beurkundungsgesetzes (z.B. Erstellung einer Niederschrift, die vom Notar unterzeichnet wird, vgl. §§ 8, 13 Abs. 3 BeurkG), muss eine Gleichwertigkeit verneint werden. So kann auch eine Beurkundung bei einem Interessenkonflikt des Notars (§§ 6, 7, 27 BeurkG) nicht anerkannt werden. Des Weiteren zählt das nach deutschem Beurkundungsrecht (§ 13 BeurkG) erforderliche Vorlesen einer Urkunde zu denjenigen Erfordernissen, die im ausländischen Beurkundungsverfahren eingehalten werden müssen.[82] Ohne Vorlesen läge eine Beglaubigung und keine Beurkundung vor. Anderes muss grundsätzlich gelten für Soll-Vorschriften des Beurkundungsgesetzes,[83] deren Nichteinhaltung auch nach deutschem Recht die Beurkundung nicht unwirksam macht, sondern nur zu einer Amtspflichtverletzung des Notars führt, so z.B. §§ 10 Abs. 2, 16 Abs. 2 Satz 2 BeurkG. Bei Nichteinhaltung der Soll-Vorschriften kann die Gleichwertigkeit nicht pauschal verneint werden. Anderes gilt nur für Prüfungs- und Belehrungspflichten des Notars gemäß § 17 BeurkG (Soll-Vorschrift), einem wesentlichen Element des deutschen Beurkundungsverfahrens. Nur bei Prüfung und Belehrung kann eine notarielle Beurkundung die dem Schutz der Parteien und Dritter dienende materielle Richtigkeitsgewähr bieten. Aus diesem Grund ist die Prüfung und Belehrung, ein grundsätzlich unverzichtbares Merkmal des Beurkundungsverfahrens. Der Bundesgerichtshof vertritt zwar die Auffassung ein Verzicht auf Prüfung und Belehrung sei

---

68 *Raudszus*, DNotZ 1977, 516 ff.; *Cornelius*, DNotZ 1996, 352 ff.
69 *Schwachtgen*, MittBayNot 1990 Sdh.; *Mosheim*, DNotZ 1953, 250 ff.
70 *Gresser*, MittBayNot 1990 Sdh.; *Wehrens* DNotZ 1964, 7 ff.
71 *Scheftelowitz*, DNotZ 1978, 145 ff.
72 *v. Lutterotti*, MittBayNot 1990 Sdh.
73 *Saisler/Pesut*, DNotZ 1996, 941 ff.
74 *Luijten*, DNotZ 1965, 12 ff.
75 *Wagner*, DNotZ 1978, 322 ff. u. 1982, 205 ff.
76 BNotK DNotZ 1992, 612 ff.; *Tymecki*, DNotZ 1989, 723 ff.
77 *Santschi*, DNotZ 1962, 626 ff.; *Carlen*, Notariatsrecht der Schweiz, Zürich 1976; *Peter*, DNotZ 1987, 600 ff.
78 *Löber*, BWNotZ 1982, 129 ff.; *Seifert*, MittBayNot 1990 Sdh.
79 *Brázda-Bebr-Simek*, DNotZ 1969, 329 ff.
80 BGHZ 105, 324, 338; OLG Karlsruhe RIW 1979, 567, 568; LG Augsburg DB 1996, 1666.
81 BGHZ 105, 324, 338.
82 *Brambring*, NJW 1975, 1255, 1258; *Heckschen*, GmbHR 1991, 25 f.; *Schervier*, NJW 1992, 593, 596; *Knoche*, FS Rheinisches Notariat, 1998, S. 297, 315; *Reithmann*, NJW 2003, 385, 388; a.A. OLG Hamburg IPRspr 1979 Nr. 9.
83 BGHZ 80, 76, 79 f. = NJW 1981, 1160.

möglich.[84] Dem kann aus den oben genannten Gründen (Richtigkeitsgewähr) nicht zugestimmt werden.

c) Grundstücksgeschäfte (§ 11 Abs. 5 Rom I-VO)

62 Art. 11 Abs. 5 Rom I-VO bezieht sich nur auf *schuldrechtliche* Grundstücksgeschäfte. Solche können zum einen Verträge sein, die ein dingliches Recht zum Gegenstand haben und zum anderen solche, die ein Recht zur Nutzung eines Grundstücks zum Gegenstand haben. Auf die dinglichen Grundstücksgeschäfte selbst ist Art. 11 Abs. 4 EGBGB anwendbar, zur Auflassung s.a. oben Rdn. 52. Nach Art. 11 Abs. 5 Rom I-VO sind die Formvorschriften desjenigen Rechts, in dem das vertragsgegenständliche Grundstück belegen ist, immer dann anwendbar, wenn das Belegenheitsrecht ausschließliche Geltung beansprucht.[85] Das deutsche Recht tut dies grundsätzlich nicht, sodass Art. 11 Abs. 5 Rom I-VO uneingeschränkt anwendbar ist. Ein (schuldrechtlicher) Vertrag über ein deutsches Grundstück ist demnach auch im Ausland nach den dort geltenden Formvorschriften möglich. Ausländische Rechte können jedoch ausschließliche Geltung beanspruchen, z.B. im schweizerischen Recht bei Kaufverträgen über schweizerische Grundstücke, § 119 Abs. 3 Satz 2 IPRG; hier gilt zwingend die Form der öffentlichen Beurkundung gemäß § 216 Abs. 1 OR.

d) Dingliche Rechtsgeschäfte

63 Art. 11 Abs. 4 EGBGB schränkt die durch die alternativen Anknüpfungsmöglichkeiten dadurch ein, dass für dingliche Rechtsgeschäfte die Formwirksamkeit nur durch dasjenige Recht bestimmt wird, dass auf das seinen Gegenstand bildende Rechtsverhältnis anzuwenden ist. De facto ergibt sich daraus, dass bei *Verfügungsgeschäften* die lex rei sitae für die Beurteilung der Formwirksamkeit heranzuziehen ist, wenn nicht gemäß Art. 46 ausnahmsweise ein anderes Recht Anwendung findet. Die Anwendbarkeit des Belegenheitsrechts folgt dabei aus Art. 43 EGBGB. Der Grund für diese Sonderregelung liegt bei Grundstücken im Interesse des Rechtsverkehrs an einer klaren dinglichen Rechtslage und an der Nähe zu Grundbuchämtern oder vergleichbaren Registern. Die Anwendbarkeit des nach Abs. 4 EGBGB berufenen Rechts ist zwingend, eine – auch einvernehmliche – Wahl eines anderen Rechts ist nicht möglich.

64 Der gegenständliche *Anwendungsbereich* des Abs. 4 EGBGB umfasst nicht nur Grundstücke (zur Auflassung, die zwingend vor einem deutschen Notar erklärt werden muss, s.o. Rdn. 52) und grundstücksgleiche Rechte, sondern auch die Sachenrechtsgeschäfte über Mobilien. Umstritten ist, ob die Regelung auch entsprechend auf die Übertragung von Geschäftsanteilen (s. dazu unten Rdn. 66 ff.) und Erbteilen anwendbar ist. Dies ist zu bejahen. Denn Abs. 4 EGBGB bezweckt Rechtssicherheit bei denjenigen Verfügungsgeschäften, die eine bestimmte Nähe zu Registern haben. Die Form kann dabei jedoch im Wege der Substitution erfüllt werden. Denn auch hier werden die Formvorschriften des Geschäftsrechts erfüllt. Nur der tatsächliche Vorgang findet im Ausland statt.

65 Von Abs. 4 EGBGB wird nach h.M. nicht die Erteilung einer Vollmacht umfasst,[86] auch wenn diese unwiderruflich ist. Eine Grundstücksveräußerungs- oder Erwerbsvollmacht für ein inländisches Grundstück kann demnach im Ausland formfrei, also ohne Beachtung von § 311b BGB erteilt werden, wenn das ausländische Recht dies zulässt (s. dazu auch unten Rdn. 119 f.).

---

84 BGHZ 80, 76, 78 = NJW 1981, 1160.
85 OLG Brandenburg RIW 1997, 424, 425.
86 OLG Stuttgart MDR 1981, 405.

e) Beurkundung gesellschaftsrechtlicher Vorgänge im Ausland

aa) Die Einhaltung der *Ortsform* reicht bei der Beurkundung gesellschaftsrechtlicher Vorgänge grundsätzlich nicht aus.[87] Art. 11 EGBGB bzw. Rom I-VO ist hier nicht uneingeschränkt anwendbar.[88] Teilweise wird dieser Grundsatz dahin gehend eingeschränkt, dass nur bei eintragungspflichtigen Vorgängen, also solchen, die die Verfassung der Gesellschaft betreffen, die Ortsform nicht möglich sein soll.[89] Eine höchstrichterliche Entscheidung dieser Frage steht jedoch aus: Der BGH hat in seiner Entscheidung vom 16.02.1981[90] die Frage, ob Ortsrecht anwendbar sei, ausdrücklich offen gelassen, da in dem entschiedenen Fall jedenfalls die Formerfordernisse des Geschäftsstatuts im Wege der Substitution erfüllt waren. Diejenigen Stimmen hingegen, die – teils nur bezogen auf GmbH-Anteilsabtretungen – die Einhaltung der Ortsform dann als zulässig ansehen, wenn diese überhaupt eine Form bereithält,[91] vernachlässigen die mit Art. 11 Abs. 5 EGBGB vergleichbare Interessenlage. Nach dieser Vorschrift sind Verfügungen über Sachen nur gültig, wenn sie die Formerfordernisse des Wirkungsstatuts erfüllen. Für (dingliche) Anteilsabtretungen, kann diese Vorschrift nicht direkt gelten, da Geschäftsanteile keine Sachen i.S.d. § 90 BGB sind. Hier ist jedoch eine analoge Anwendung des Art. 11 Abs. 5 EGBGB geboten, da die Voraussetzungen für eine Analogie (Regelungslücke, Regelungsbedarf, vergleichbare Interessenlage) vorliegen. Wenn die Begründung für die Existenz von Abs. 5 das Interesse des Rechtsverkehrs an einer klaren dinglichen Rechtslage und an der Nähe zu Grundbuchämtern oder vergleichbaren Registern ist, so gilt dies ebenso für die registrierungs- bzw. anzeigepflichtigen gesellschaftsrechtlichen Vorgänge. Auch hier besteht eine Nähe zu den Registergerichten und ein erhebliches Interesse des Rechtsverkehrs an einer klaren und sicheren Rechtslage. Dies hat der Gesetzgeber für die Anteilsabtretung durch die Erschwerung der Fungibilität von GmbH-Geschäftsanteilen (§ 15 Abs. 3, 4 GmbHG) zum Ausdruck gebracht. Gleiches gilt für die beurkundungspflichtigen Vorgänge, die die Verfassung und den Bestand der Gesellschaft betreffen. Der Vorgang wirkt sich weit über den Kreis der unmittelbar Betroffenen hinaus aus und es besteht ein besonderes Interesse an der Richtigkeitsgewähr. Diesem Interesse wäre nicht entsprochen, wenn (nur) die Einhaltung einer ausländischen Ortsform ausreichend wäre. Der Registerrichter kann häufig nicht prüfen, welches die Ortsformvorschriften sind und wie sie eingehalten wurden.

bb) Werden gesellschaftsrechtliche Vorgänge demnach nach den Formvorschriften des Geschäftsrechts beurteilt, so stellt sich im Hinblick auf deutsche Gesellschaften die Frage, ob ein vom deutschen Sachrecht aufgestelltes Erfordernis einer notariellen Beurkundung auch durch eine Beurkundung eines ausländischen Notars erfüllt und daher substituiert werden kann. Hierbei kommt es auf die Gleichwertigkeit an (s. dazu oben Rdn. 58 ff.). Zwar gibt es auch Stimmen, die eine Substitution durch Auslandsbeurkundung bei Geltung des Geschäftsrechts grundsätzlich ausschließen.[92] Überwiegend wird jedoch differenziert zwi-

---

[87] KG MittBayNot 2018, 276 (zur Gründung, dazu *Weber*, MittBayNot 2018, 215); OLG Hamm NJW 1974, 1057; OLG Karlsruhe RIW 1979, 567, 568; LG Augsburg NJW-RR 1997, 420; LG Mannheim IPRspr 1999 Nr. 23; MüKo-BGB/*Kindler*, 5. Aufl. 2010 (im Erscheinen), IntGesR, Rn. 558 ff. (zitiert nach *Kinder*, BB 2010, 74 ff.); MüKo-BGB/*Spellenberg*, Art. 11 EGBGB Rn. 92; *Schervier*, NJW 1992, 593, 598; *Kindler*, BB 2010, 74, 77; a.A. OLG Frankfurt am Main DNotZ 1982, 186 ff.; BayObLG DB 1977, 2320 (für GmbH-Anteilsabtretung); OLG Düsseldorf GmbHR 1990, 169 (für Satzungsänderung).
[88] A.A. OLG Frankfurt am Main DNotZ 1982, 186 ff.; OLG Düsseldorf RIW 1989, 225.
[89] *Goette*, MittRhNotK 1997, 1, 3 f.
[90] BGHZ 80, 76 ff.
[91] BayObLG NJW 1978, 500; OLG Frankfurt am Main DB 1981, 1456; OLG Stuttgart NJW 1981, 1176; OLG Düsseldorf RIW 1989, 225 (Satzungsänderung); *Merkt*, FS Sandrock, 1995, S. 135, 156 (für Anteilsabtretung).
[92] LG Augsburg NJW-RR 1997, 420; Staudinger/*Großfeld*, Int. Gesellschaftsrecht Rn. 467 ff. und 497; *Knoche*, FS Rheinisches Notariat, 1998, S. 297, 302 ff.; *Geimer*, DNotZ 1981, 406 ff.; in diese Richtung geht auch das Urteil des OLG Hamburg NJW-RR 1993, 137.

schen Rechtsgeschäften, die die Verfassung der Gesellschaft, also deren Kernbereich betreffen (1) und Geschäftsanteilsabtretungen (2).

68 (1) Bei *Beurkundungen, die die Gesellschaft in ihrem Bestand und ihrer Verfassung selbst betreffen*, ist eine Substitution, entgegen eine älteren Entscheidung des BGH,[93] durch eine ausländische Beurkundung nicht möglich.[94] Zweck der Beurkundung nach deutschem Recht ist u.a. die materielle Richtigkeitsgewähr, die auch Personen schützt, die nicht unmittelbar an der Urkunde beteiligt sind.[95] Diese Richtigkeitsgewähr kann hier nicht gewährleistet werden, da der beurkundende Auslandsnotar keine fundierten Rechtskenntnisse im deutschen Gesellschaftsrecht hat. Für das Substitutionsverbot bei Vorgängen, die den Bestand der Gesellschaft betreffen spricht das öffentliche Interesse an der Rechtssicherheit, soweit es um den Bestand und die Verfassung der Gesellschaft geht.

69 (2) Bei der *Abtretung/Verpfändung von GmbH-Geschäftsanteilen*, die gem. §§ 15 Abs. 3 und 4 GmbHG der notariellen Form bedarf, ist das Verbot der Substitution weniger eindeutig. Entgegen einiger Stimmen[96] wird sie überwiegend als möglich erachtet.[97] Eine generelle Unzulässigkeit der Substitution im Gesellschaftsrecht wird verneint.[98] Die Anteilsabtretung bzw. Verpfändung greift selbst nicht in den Bestand und die Verfassung der Gesellschaft ein und betrifft damit nicht Interessen von Personen, die an der Beurkundung nicht beteiligt sind. Sie könnte daher anders als die oben unter (1) behandelten Beurkundungen beurteilt werden. Allerdings wird die Möglichkeit der Substitution durch das MoMiG entschieden in Frage gestellt.[99] Bereits die Gesetzesbegründung wirft Zweifel an der Wirksamkeit von Auslandsbeurkundungen überhaupt auf.[100] Deutlicher wird der Zweifel an der Gleichwertigkeit, wenn man die dem Notar zugedachte Rolle bei Anteilsabtretungen betrachtet. Ihm wird in § 40 Abs. 2 GmbHG die Pflicht auferlegt, dem Handelsregister eine Gesellschafterliste einzureichen, die die Bescheinigung enthält, dass die geänderten Eintragungen den Veränderungen entsprechen, an denen er mitgewirkt hat. Die Einreichung einer solchen Liste ist ausländischen Notaren nicht möglich, denn § 40 Abs. 2 GmbHG stellt eine öffentlich-rechtliche Amtspflicht dar, deren Adressat nur ein inländischer Notars sein kann.[101] Ein ausländischer Notar kann diese Pflicht, da sie ihm nicht obliegt, nicht erfüllen. Da somit der ausländische Notar nicht das leisten kann, was ein deutscher Notar zu leisten im Stande und verpflichtet ist, bestehen erhebliche Zweifel an der Gleichwertigkeit der Urkundsperson und – wenn man das Einreichen der Gesellschafterliste als Teil des Beurkundungsverfahrens ansieht – auch erhebliche Zweifel an der Gleichwertigkeit des Beurkundungsverfahrens. Dem wird man auch nicht mit dem – teilweise im Zusammenhang mit den vom ausländischen Notar nicht erfüllbaren Belehrungspflichten vorgebrachten – Argument, die Pflicht zur Einreichung der Gesellschafterliste stände zur Disposition der Parteien und sei verzichtbar, entgegentreten können, da § 40 Abs. 2 GmbHG ja gerade den späteren gutgläubigen Erwerb durch eine dritte Partei schützen möchte. Im Verhältnis zur Schweiz, die neuerdings

---

[93] BGHZ 80, 76, 78 = NJW 1981, 1160.
[94] So deutlich *Goette*, MittRhNotK 1991, 1, 5; DNotI-Gutachten, DNotI-Report 2016, 93 ff m.w.N.; *Weber*, MittBayNot, 2018, 215, 217 (mit zahlreichen weiteren Nachweisen in Fn. 18); DNotI a.A. (für die Gründung einer GmbH) KG MittBayNot2018, 276 (und weitere Nachweise bei *Weber* a.a.O. Fn. 19).
[95] BGHZ 105, 324, 338; OLG Karlsruhe RIW 1979, 567, 568; LG Augsburg DB 1996, 1666.
[96] LG München DNotZ 1976, 501; *Knoche*, FS Rheinisches Notariat, 1998, S. 297, 306 ff.
[97] BGH RIW 1989, 649.
[98] OLG Köln WM 1988, 1749 f.; LG Köln RIW 1989, 990; LG Kiel DB 1997, 1223; *Loritz*, DNotZ 2000, 90, 108; *Bungert*, AG 1995, 26, 29 f.
[99] Dazu auch *Süß*, DNotZ 2011, 414, 420 ff.; *Wicke*, DB 2013, 1099..
[100] In BT-Drucks. 16/6140 heißt es auf Seite 37: »Die Bestimmungen zur Gesellschafterliste sind bereits durch das Handelsrechtsreformgesetz ..... abgebessert und verschärft worden. Es bestehen noch weitere Lücken, z. B. bei der Auslandsbeurkundung, die nunmehr geschlossen werden.«
[101] *Bayer*, DNotZ 2009, 887, 888; *Rodewald*, GmbHR 2009, 196, 197; *Böttcher*, ZNotP 2010, 6, 9.

Schriftform ausreichen lässt, ist zudem festzustellen, dass die Gleichwertigkeit des Urkundsverfahrens bereits deshalb nicht (mehr) gegeben ist, weil die Anteilsabtretung lediglich durch Vereinbarung der Parteien in Schriftform möglich ist. Damit wäre der Kernpunkt der Gleichwertigkeit, nämlich dass die ausländische Urkundsperson ein Verfahren, das dem deutschen Beurkundungsverfahren entspricht, (zwingend) zu beachten hat,[102] nicht erfüllt.[103] Im Ergebnis spricht einiges dafür, dass mit dem LG Frankfurt[104] und gegen das OLG Düsseldorf[105] davon auszugehen ist, dass unter Geltung der jetzigen Fassung des § 40 Abs. 2 GmbHG ein Mangel an Gleichwertigkeit nicht nur möglich, sondern sogar wahrscheinlich ist. Allerdings hat der BGH in einer aktuellen Entscheidung ausgeführt, dass auch nach dem Inkrafttreten des MoMiG durch einen ausländischen Notar eine Beurkundung vorgenommen werden kann, sofern die ausländische Beurkundung der deutschen gleichwertig ist.[106] Ob eine Gleichwertigkeit bei einer Beurkundung durch einen schweizerischen Notar jedoch tatsächlich gleichwertig ist, hat der BGH hingegen offengelassen und lediglich ausgeführt, dass die Beurkundung durch eines schweizerischen Notars jedenfalls bis zum Inkrafttreten des MoMiG und der Reform des schweizerischen Obligationenrechts als gleichwertig anerkannt wurde.[107] Die materielle Wirksamkeit von Auslandsbeurkundungen ist demnach durch den BGH nicht abschließend geklärt. Diese Klärung bleibt einem kontradiktorischen Verfahren zwischen dem eingetragenen Gesellschafter, dem Nichteingetragenen und/oder der GmbH vorbehalten.[108] Klarzustellen ist in jedem Fall, dass Art. 11 Rom I-VO lediglich auf den dem dinglichen Rechtsgeschäft (Abtretung bzw. Verpfändung) zugrundliegenden Schuldvertrag anwendbar ist. Für die Abtretung bzw. Verpfändung selbst gilt Art. 11 Abs. 4 EGBGB.[109]

f) Registeranmeldungen

Anmeldungen zum Handelsregister müssen in öffentlich beglaubigter Form, also mit Unterschriftsbeglaubigung (§§ 39, 40 BeurkG), erfolgen (§ 12 Abs. 1 HGB). Es ist anerkannt, dass auch die Beglaubigung durch einen ausländischen Notar ausreichen kann.[110] Enthält die Registeranmeldung jedoch eine Versicherung gemäß § 8 Abs. 3 GmbHG, dass der Geschäftsführer über seine unbeschränkte Auskunftspflicht gegenüber dem Registergericht belehrt wurde, so ist die Belehrung über diese Pflicht sicherzustellen. Diese Belehrung kann neben dem Registergericht auch durch einen deutschen Notar erfolgen (was in der Praxis der Regelfall ist); möglich ist aber auch die Belehrung durch einen im Ausland bestellten Notar, durch einen Berater eines vergleichbaren rechtsberatenden Berufs oder einen Konsularbeamten (§ 8 Abs. 3 Satz 2 GmbHG, § 37 Abs. 2 Satz 3 AktG).[111] Die Belehrung ist auch in einer Fremdsprache zulässig, es handelt sich dann aber nicht um eine Beurkundung in einer

70

---

102 BGHZ 80, 76, 78.
103 *Hermanns*, RNotZ 2010, 38, 41.
104 GmbHR 2010, 96, 97.
105 OLG Düsseldorf NJW 2011, 1370; kritisch zu diesem Beschluss *Kindler*, RIW 2011, 257; *Gerber*, EWiR 2011, 255; *Wicke*, DB 2011, 2037; *Hermanns*, RNotZ 2011, 224; *Süß*, DNotZ 2011, 414; dem Beschluss zustimmend *Ulrich/Marniok*, GmbHR 2011, 420.
106 BGH BB 2014, 462. 465.
107 BGH BB 2014, 462. 465.
108 *Lieder/Ritter*, notar 2014, 187, 195.
109 *Rauscher/v. Hein*, EuZPR/EuIPR, Art. 11 Rn. 6; jurisPK-BGB/*Ringe*, Art. 11 Rn. 24; *Fetsch*, RNotZ 2007, 463, 533; MüKo/*Spellenberg*, Art. 11 Rn. 7. Für GmbH-Geschäftsanteile: *Mankowski*, NZG 2010, 206; *Bayer*, 2013, 897, 902; *Müller*, RIW 2010, 591, 592; *Olk*, NJW 2010, 1639; *Bayer*, GmbHR 2013, 897, 902; *Link*, BB 2014, 579, 581.
110 OLG Naumburg NJW-RR 2001, 1183.
111 Das Rundschreiben der BNotK Nr. 39/98 (DNotZ 1998, 913 ff.) ist aufgrund des Gesetzeswortlautes insoweit überholt.

Fremdsprache; § 50 BeurkG ist nicht anwendbar.[112] Die Belehrung in einer Fremdsprache kann sogar zwingend sein, weil sichergestellt werden muss, dass der zu Belehrende den Belehrungstext auch verstanden hat. Die Belehrung kann auch schriftlich erfolgen (§ 8 Abs. 3 Satz 2 GmbHG, § 37 Abs. 2 Satz 2 AktG). In diesem Fall muss der belehrende Notar (oder die sonstige »Belehrungsperson«) aber sicherstellen, dass der Empfänger die tatsächliche Möglichkeit der Kenntnisnahme des Belehrungstextes erhält. Sie muss daher in einer dem zu Belehrenden verständlichen Sprache abgefasst sein.

5. Anerkennung ausländischer Urkunden

71 Ausländische Urkunden werden in Deutschland grundsätzlich als öffentliche Urkunde anerkannt, wenn sie die äußeren Merkmale einer öffentlichen Urkunde enthalten. Nicht erforderlich ist es jedoch, dass die Urkunde in ihrer äußeren Gestaltung einer deutschen Urkunde entspricht, etwa dass die einzelnen Blätter zusammengebunden sind.[113] Deren Echtheit muss jedoch häufig nachgewiesen werden, insbesondere wenn die Urkunde (z.B. eine vor einem ausländischen Notar errichtete Verfügung von Todes wegen) im Zivilprozess (§ 415 ZPO), bei einem öffentlichen Register z.B. Handelsregister (§ 12 HGB) oder Grundbuchamt (§ 29 GBO) vorgelegt wird. Ist eine ausländische öffentliche Urkunde hiernach als echt anzusehen, begründet sie ebenso wie eine in Deutschland errichtete öffentliche Urkunde vollen Beweis des beurkundeten Vorgangs bzw. der bezeugten Tatsachen (§§ 415 Abs. 1, 418 Abs. 1 ZPO), solange nicht die Unrichtigkeit der Beurkundung nachgewiesen wird. Zum Echtheitsnachweis bedarf die ausländische öffentliche Urkunde grundsätzlich der *Legalisation*, vgl. § 438 Abs. 2 ZPO. Dies bedeutet, dass die Echtheit der Urkunde durch die Auslandsvertretung (für Deutschland die Konsulate, vgl. § 13 KonsularG) desjenigen Staates bestätigt wird, in dem die Urkunde verwandt werden soll. Zuständig für die Legalisation ausländischer öffentlicher Urkunden und Beglaubigungen ist der Konsularbeamte der Bundesrepublik Deutschland, in dessen Amtsbezirk jeweils die Urkunde errichtet bzw. beglaubigt ist (§ 13 Abs. 1 KonsG). Die von ihm vorgenommene Legalisation beinhaltet im Allgemeinen nur eine Legalisation i.e.S., begründet also nur den (widerleglichen) Beweis der Echtheit der Unterschrift der ausländischen Urkundsperson sowie des beigefügten Siegels und die Vermutung, dass derjenige, der die öffentliche Urkunde errichtet hat, in der von ihm angegebenen amtlichen Eigenschaft gehandelt hat (§ 13 Abs. 2 KonsG). Die Befugnis der Urkundsperson zur Aufnahme der Urkunde und die Beachtung der Formvorschriften des Errichtungsortes wird also durch die Legalisation nicht nachgewiesen, sofern dies nicht auf Antrag durch einen Zusatzvermerk ausdrücklich bestätigt wird (§ 13 Abs. 4 KonsG). Es entspricht jedoch einem allgemeinen Erfahrungssatz des internationalen Rechtsverkehrs, dass ausländische öffentliche Urkunden, deren Echtheit durch den Legalisationsvermerk nachgewiesen ist, auch von der nach dem Recht des Errichtungsstaates zuständigen Urkundsperson und entsprechend den dortigen Formvorschriften errichtet worden sind.

72 Legalisation bedeutet nicht Prüfung der materiellen Formwirksamkeit. Es wird lediglich die Echtheit der Urkunde bestätigt, gegebenenfalls durch Angabe, ob die Person, die die Urkunde aufgenommen hat, zuständig war und ob die Urkunde in der den Gesetzen des Ausstellungsstaates entsprechenden Form aufgenommen worden ist, § 13 Abs. 4 KonsularG. Von der Legalisation kann abgesehen werden, wenn die Apostille ausreicht (s. hierzu unten Rdn. 101 ff.). Ganz von dem Erfordernis der Echtheitsbestätigung befreit sind Urkunden für den Rechtsverkehr zwischen Deutschland und Staaten, mit denen ein entsprechendes bilaterales Abkommen besteht (s. dazu unten Rdn. 101 ff.).

---

112 BNotK-Rundschreiben Nr. 39/98, DNotZ 1998, 913 ff.
113 LG Darmstadt RNotZ 2008, 502 (für einen belgischen Notar).

In manchen Ländern gibt es so viele Urkundenfälschungen, dass die deutschen Auslandsvertretungen bis auf Weiteres keine Legalisationen mehr vornehmen. Eine Liste findet sich auf der Internetseite des Auswärtigen Amtes (http://www.konsularinfo.diplo.de/Vertretung/konsularinfo/de/05/Urkundenverkehr.html). Müssen Urkunden in einem dieser Staaten aufgenommen und in Deutschland verwendet werden, empfiehlt sich die Beurkundung bei einem deutschen Konsulat.

III. Verwendung deutscher Urkunden im Ausland

1. Fremdsprachige Beglaubigungsvermerke

Sollen deutsche Urkunden im Ausland verwendet werden, wird häufig die Aushändigung einer beglaubigten Abschrift oder eine Unterschriftsbeglaubigung mit Beglaubigungsvermerk in der jeweiligen Landessprache verlangt. Selbstverständlich kann der Notar einen solchen Beglaubigungsvermerk nur in einer Sprache abfassen, hinsichtlich derer er hinreichend kundig ist (§ 5 Abs. 2 BeurkG). Hierfür ist es nur erforderlich, dass die Sprachkenntnisse des Notars ausreichen, in einer fremden Sprache einen Beglaubigungsvermerk abzufassen.

Folgende Beglaubigungsvermerke in englischer, französischer und spanischer Sprache könnten für eine *Abschriftsbeglaubigung* verwandt werden:[114]

I hereby certify, that the above is a true copy of the original.

J'atteste par la présente la conformité de la copie ci-dessus avec l'original.

Doy fe de la conformidad de la copia que antecede con el original.

Folgende Beglaubigungsvermerke in englischer, französischer und spanischer Sprache könnten für eine Unterschriftsbeglaubigung verwandt werden:

a) Unterschrift wird vollzogen

I hereby certify, that the above is the true signature, executed in my presence, of Mr./Mrs. Karl Mustermann, born on 30th of June 1971 in Neustadt, residing at Neustraße 1, 10000 Neustadt, whom I know personally/identified by his/her identity card.

J'atteste par la présente l'authenticité de la signature ci-dessus delivrée/admise devant moi, de Monsieur/Madame Mustermann, né/née le 30. juin 1971 à Neustadt, domicilié à Neustraße 1, 10000 Neustadt, que je connais personellement/qui s'est identifiée par sa carte d'identité/son passport.

Doy fe de la autenticidad de la firma que antecede/reconocida ante mi por Don Karl Mustermann, nacido el dia 30. Junio de 1971, residente 10000 Neustadt, Neustraße 1, a quien concozco personalemente/identificado mediante su documento nacional de identitad.

---

114 Nach *Röll*, DNotZ 1974, 423.

§ 26 Notarielle Geschäfte mit Auslandsbezug

b) Unterschrift wird anerkannt

81 M I hereby certify, that the above is the true signature, acknowledged in my presence, of Mr. Karl Mustermann, born on 30th of June 1971 in Neustadt, residing at Neustraße 1, 10000 Neustadt, whom I know personally/identified by his identity card.

82 M J'atteste par la présente l'authenticité de la signature ci-dessus delivrée/admise devant moi, de Monsieur Mustermann, né le 30 juin 1971 à Neustadt, domicilié à Neustraße 1, 10000 Neustadt, que je connais personellement/qui s'est identifié par sa carte d'identité/son passport.

83 M Doy fe de la autenticidad de la firma que antecede/reconocida ante mi por Don Karl Mustermann, nacido el dia 30. Junio de 1971, residente 10000 Neustadt, Neustraße 1, a quien concozco personalmente/identificado mediante su documento nacional de identitad.

■ *Kosten.* Nach Nr. 26001 KV GNotKG entsteht eine Zusatzgebühr i.H.v. 30 % der zu erhebenden Gebühr.

2. Register- und Vertretungsbescheinigungen

84 Der Notar kann Bescheinigungen ausstellen, deren Grundlagen sich aus öffentlichen Registern ergeben, § 21 BNotO. So wird auch zur Verwendung im Ausland häufig verlangt, dass die Vertretungsverhältnisse einer Gesellschaft bescheinigt oder eine Aussage über deren Bestehen, Sitz, Firmenänderung, Umwandlung oder sonstige rechtserheblich Umstände getroffen wird. Der Notar kann diese Bescheinigung oder Bestätigung i.S.v. § 21 BNotO in Vermerkform (§§ 39 ff. BeurkG) als auch in der Form der Niederschrift (§ 43 BeurkG) abgeben.[115] Darüber hinaus kann der Notar eine gutachterliche Stellungnahme i.S.v. § 24 BNotO zu Rechtsfragen abgeben.

Im Folgenden sind einige Muster von Unterschriftsbeglaubigungen mit Register- bzw. Vertreterbescheinigungen in englischer Sprache abgedruckt.[116]

85 M GmbH – Unterschrift – vollzogen – persönlich bekannt – Beglaubigungsvermerk umseitig – Vertreterbescheinigung aufgrund Einsicht – kurze Registerbescheinigung
I hereby certify that the document overleaf was signed in my presence by Mr. Karl Mustermann, born on 30th of June 1971 in Neustadt, residing at Neustraße 1, 10000 Neustadt, personally known to me, acting on behalf of XY GmbH, Neustraße 2, 10000 Neustadt, as this company's director (Geschäftsführer).
Upon my inspection of the commercial register on ....., I further certify that XY GmbH is registered with the Municipal Court of Neustadt – Commercial Register – under No. HRB 12345 and that Mr. Mustermann is entitled to act individually as this company's legal representative.
And I do hereby further certify, that the aforesaid corporation is duly incorporated; that it is in good standing under the laws of the Federal Republic of Germany; that it has a legal corporate existence; that its registered corporate domicile is Neustadt; so far as the Commercial Register shows.

---

[115] Beck'sches Notar-Handbuch/*Zimmermann*, Teil H Rn. 12.
[116] Nach *Schervier*, MittBayNot 1989, 198 f.

Aktiengesellschaft – 2 Unterschriften (unechte Gesamtvertretung) – persönlich bekannt – Beglaubigungsvermerk auf angeheftetem Blatt – Vertretungsbescheinigung aufgrund Handelsregisterauszugs **86 M**
I hereby certify that the document affixed and sealed hereto was signed in my presence by Mr. Karl Mustermann, born on 30th of June 1971 in Neustadt, residing at Neustraße 1, 10000 Neustadt and Mrs Martha Musterfrau, born on 30th of January 1975 in Neustadt, residing at Neustraße 5, 10000 Neustadt, both personally known to me, both acting on behalf of XY Aktiengesellschaft, Hauptstraße 1, 10000 Neustadt, as this company's member of the board of directors (Mitglied des Vorstands) and authorized manager (Prokurist), respectively.
Upon my inspection of a certified excerpt of the commercial register, dated ....., I further certify that XY Aktiengesellschaft is registered with the Municipal Court of Neustadt – Commercial Register – under No. HRB 1234 and that Mr. Max Mustermann and Mrs. Martha Musterfrau are entitled to act jointly as this company's legal representative.

Kommanditgesellschaft (GmbH & Co. KG) – 1 Unterschrift – vollzogen – Pass – Vertretungsbescheinigung aufgrund Registereinsicht **87 M**
I hereby certify that this document was signed in my presence by Mr. Karl Mustermann, born on 30th of June 1971 in Neustadt, residing at Neustraße 1, 10000 Neustadt, identified by his German passport, acting on behalf of XY GmbH Verwaltungsgesellschaft, Altstraße 10, 10000 Neustadt, as this company's director (Geschäftsführer), the latter acting as general partner of XY GmbH & Co. KG (same adress).
Upon my inspection of the Commercial Register on ....., I further certify that XY Verwaltungsgesellschaft mbH and XY GmbH & Co. Kommanditgesellschaft are registered with the Municipal Court of Neustadt – Commercial Register – under nos. HRB 1000 and HRA 150, respectively, and that Mr. Max Mustermann is entitled to act individually as legal representative of XY Verwaltungsgesellschaft mbH as well as the latter is entitled to act individually as legal representative of XY GmbH & Co. Kommanditgesellschaft.

3. Sonderfragen bei Auslandsverwendung deutscher Urkunden

a) Der Notar darf bei Aufnahme öffentlicher *Testamente zusätzliche Formerfordernisse* (z.B. Zuziehung von Zeugen) eines ausländischen Rechts, in dessen Geltungsbereich das Testament Wirkungen entfalten soll, auch dann berücksichtigen, wenn das deutsche materielle Recht derartige Erfordernisse nicht kennt. **88**

b) Gelegentlich wird die Abnahme eidlicher oder eidesähnlicher Erklärungen zur Verwendung im Ausland verlangt. Die am häufigsten vorkommende Form ist das *Affidavit*, eine Art eidesstattlicher Versicherung, i.S.d. anglo-amerikanischen Rechts. Dies kann stets durch die Abnahme eines Eides in Form einer Niederschrift i.S.v. § 38 BeurkG geschehen. Je nach Ausgestaltung und Bedeutung der Erklärung, insbesondere wenn auch das ausländische Recht eine Unterschriftsbeglaubigung genügen lassen würde, reicht auch eine Unterschriftsbeglaubigung i.S.d. § 39 BeurkG aus.[117] Eine andere Auffassung verlangt hingegen immer die Beurkundung als Eid i.S.d. § 38 BeurkG.[118] **89**

Für das Affidavit verlangt das Recht des betreffenden fremden Staates regelmäßig die Benutzung der Landessprache. Diesem Erfordernis kann der Notar nach § 5 Abs. 2 BeurkG ohne Weiteres Rechnung tragen, wenn er die fremde Sprache ausreichend beherrscht; er kann dann also sowohl die Niederschrift als auch die Bescheinigung über die Eidesleistung **90**

---
117 DNotI-Gutachten, DNotI-Rep 1996, 4; Würzburger Notarhandbuch/*Hertel*, Teil 7 Kap. 1 Rn. 18.
118 *Brambring*, DNOtZ 1975, 726 Eylmann/Vaasen/*Limmer*, § 38 BeurkG Rn. 10.

in der betreffenden Fremdsprache ausstellen. Stattdessen kann er aber auch – ausgehend von dem Grundsatz des § 5 Abs. 1 BeurkG – der deutschsprachigen Niederschrift eine von ihm selbst oder einem Dolmetscher gefertigte Übersetzung beifügen.

91 c) Die Urschrift einer notariellen Urkunde ist grundsätzlich zur Urkundensammlung zu nehmen, § 45 Abs. 1 BeurkG. Wird jedoch glaubhaft dargelegt, dass die Urkunde im Ausland nur im Original verwendet werden kann und stimmen alle Personen, die eine Ausfertigung verlangen können, zu, muss der Notar diese *gemäß § 45 Abs. 2 BeurkG aushändigen*. Eine Ausfertigung verbleibt dann bei der Urkundensammlung.

4. Bezug der notariellen Urkunde auf im Ausland belegene Grundstücke

92 a) Auch wenn der deutsche Notar grundsätzlich befugt ist, Rechtsgeschäfte zu beurkunden, die sich auf im Ausland belegene Gegenstände beziehen, darf er nicht völlig ignorieren, dass das Recht des Staates, in dem das beurkundete Rechtsgeschäft wirksam werden soll, für bestimmte Fälle den eigenen Beurkundungsorganen eine *ausschließliche Zuständigkeit* zuerkennt. So schreibt das Recht vieler ausländischer Staaten bei Übertragung des Eigentums sowie bei Begründung und Übertragung beschränkt dinglicher Rechte an *Grundstücken* die Mitwirkung von Urkundsbeamten bzw. -behörden des Lagestaates zwingend vor. Es ist dem deutschen Notar zwar in solchen Fällen nicht untersagt, Beurkundungen vorzunehmen, wenn die Parteien dies ausdrücklich wünschen; denn vom Standpunkt des deutschen Rechts ist er »international zuständig«, die Beurkundung also keinesfalls nichtig. Soll jedoch der Beurkundungsakt im ausländischen Lagestaat verwendet werden, muss der Notar nach § 17 Abs. 3 Satz 1 BeurkG die Beteiligten darauf hinweisen, dass diese ausländische Rechtsordnung die Zuständigkeit des deutschen Notars in einem solchen Fall möglicherweise verneint (weil sie ihre eigenen Urkundsbehörden als ausschließlich zuständig betrachtet), und diesen Hinweis in die Niederschrift aufnehmen; unterlässt er dies, kann er seinen Gebührenanspruch gemäß § 16 Abs. 1 Satz 1 KostO (bzw. § 21 GNotKG) verlieren.

93 M **Der Notar wies die Beteiligten darauf hin, dass bei Verwendung dieser Urkunde im ausländischen Lagestaat die ausländische Rechtsordnung möglicherweise die Zuständigkeit des deutschen Notars verneint. Die Beteiligten wünschten gleichwohl die Beurkundung.**

94 b) Soweit das Recht des ausländischen Lagestaates des Grundstücks für die Gültigkeit des *Kaufvertrages* überhaupt *keine notarielle Beurkundung vorschreibt*, sondern eine formlose Einigung oder einen privatschriftlichen Vertrag genügen lässt (z.B. Dänemark, Frankreich, Italien, Österreich, Spanien), vermag zwar der Umstand, dass der Vertrag in Deutschland notariell beurkundet ist, die Gültigkeit des Vertrages nicht zu beeinträchtigen; entscheidend sind jedoch die Voraussetzungen, unter denen nach dem Recht des Lagestaates der *Eigentumsübergang* stattfindet. Auch hierfür lässt eine Reihe europäischer Rechte den formlosen bzw. privatschriftlichen Abschluss des Kaufvertrages im Verhältnis zwischen den Parteien – nicht aber gegenüber einem *vor* dem Käufer im Grundstücksregister als Erwerber eingetragenen Dritten – ausreichen (Dänemark, Frankreich außer Elsass-Lothringen, Italien), während andere Rechte zusätzlich die Besitzübergabe verlangen, die entweder durch notarielle Beurkundung des Kaufvertrages (Spanien) oder durch Beurkundung *und* Registereintragung (Österreich) ersetzt wird.[119] Soweit nun entweder schon für den Kaufvertrag oder aber zumindest für den Eigentumsübergang nach dem Recht des Lagestaates notarielle Beurkundung erforderlich ist, lassen zwar viele europäischen Staaten die Beurkundung durch

---

[119] Vgl. die Länderübersicht bei *Küppers*, DNotZ 1973, 645 ff.

einen deutschen Notar genügen; Frankreich verlangt allerdings die Hinterlegung der Urkunde bei einem französischen Notar (wofür dieser die gleiche Gebühr wie für die Beurkundung erheben darf) und die Schweiz die Beurkundung durch die zuständige Schweizer Stelle. Eine im Lagestaat an den Abschluss des Kaufvertrages oder an die Beurkundung geknüpfte Stempelsteuer bzw. die Registrierungssteuer ist ohnehin durch Abschluss des notariellen Kaufvertrages in Deutschland nicht vermeidbar. Vor allem aber bedarf die Beurkundung von Rechtsgeschäften über ausländische Grundstücke durch einen deutschen Notar regelmäßig der Mitwirkung eines mit den einschlägigen Bestimmungen des Lagestaates vertrauten Juristen und ist deshalb nur in Ausnahmefällen praktikabel.

5. Legalisation und Apostille

Der Gebrauch öffentlicher Urkunden außerhalb des Errichtungsstaates beurteilt sich nicht nach dem Formstatut (Art. 11 EGBGB, Art. 11 Rom I-VO). Die Frage stellt sich sowohl für ausländische öffentliche Urkunden, die im Inland gebraucht, als auch für inländische öffentliche Urkunden, die im Ausland gebraucht werden sollen. Die Urkunde kann nur dann außerhalb des Errichtungsstaates verwandt werden, wenn ein Echtheitsnachweis beigebracht wird. Dieser kann durch Legalisation (unter Rdn. 96 ff.), durch Apostille (unter Rdn. 108) erbracht werden, oder ist aufgrund bilateraler Abkommen gänzlich entbehrlich (diese sind bei den jeweiligen Ländern unter Rdn. 106 aufgeführt). **95**

a) Legalisation

Öffentliche Urkunden, also auch Notarurkunden einschließlich der Unterschriftsbeglaubigungen, die im Ausland verwendet werden sollen, bedürfen der *Legalisation* (i.e.S.) durch einen diplomatischen (konsularischen) Vertreter des Staates, für den sie bestimmt sind, es sei denn, dass ein zweiseitiger Staatsvertrag geschlossen ist, der die Legalisation unnötig macht, oder dass die Urkunde in einem der Vertragsstaaten des Haager Übereinkommens vom 05.10.1961 zur Befreiung ausländischer öffentlicher Urkunden von der Legalisation[120] Verwendung finden soll. Ein Verzeichnis der diplomatischen und konsularischen Vertretungen in der Bundesrepublik Deutschland findet sich auf der Homepage des Auswärtigen Amtes[121] unter der Rubrik »Auslandsvertretungen«. **96**

Der Legalisation durch den konsularischen Vertreter des Verwendungsstaates muss nach dem Recht vieler Staaten[122] eine *Zwischenbeglaubigung* der Echtheit durch eine Behörde des Errichtungsstaates vorausgehen. Diese Zwischenbeglaubigung – unrichtigerweise oft Legalisation genannt – erfolgt nach Maßgabe landesrechtlicher Vorschriften (§ 61 Abs. 1 Nr. 11 BeurkG) durch den Landgerichtspräsidenten (Antragsmuster vgl. unten Rdn. 100 M). Aufgrund des ihm über die Notare zustehenden Dienstaufsichtsrechts kann der Landgerichtspräsident die ihm zur Zwischenbeglaubigung vorgelegten notariellen Urkunden prüfen und die Zwischenbeglaubigung ablehnen, wenn die Urkunde Mängel aufweist, die dienstrechtlich zu beanstanden sind. Nur ganz wenige Staaten verlangen außerdem noch eine *Endbeglaubigung*, die dann das Bundesverwaltungsamt vornimmt.[123] **97**

Die *Gebühren* für die Zwischenbeglaubigung für Urkunden rechtsgeschäftlichen Inhalts durch den Landgerichtspräsidenten werden in Anwendung der landesrechtlichen Verwaltungsordnungen erhoben (ca. 15 bis 50 € in NRW, je nach wirtschaftlicher Bedeutung). **98**

---

120 BGBl. 1965 II S. 876.
121 S. www.auswaertiges-amt.de.
122 Vgl. die Übersicht bei *Armbrüster/Preuß/Renner*, BeurkG, 5. Aufl., Anh. III.
123 Vgl. *Armbrüster/Preuß/Renner*, BeurkG, 5. Aufl., Anh. III.

§ 26 Notarielle Geschäfte mit Auslandsbezug

99 Der Notar erhält für die Erwirkung der Legalisation nach dem GNotKG, Nr. 25207 bzw. 25208 KV GNotKG, eine Gebühr von 25,– € (bzw. 50,– €, wenn weitere Beglaubigungen (Überbeglaubigung) notwendig sind).

Antrag auf Zwischenbeglaubigung

100 M An den Präsidenten des Landgerichts in .....
In der Anlage überreiche ich Vollmacht vom ..... Nr. ..... / ..... meiner Urkundenrolle mit der Bitte um Zwischenbeglaubigung.
Die Urkunde soll in Algerien verwendet werden.
..... € füge ich in Gerichtskostenmarken bei.

....., Notar

■ **Kosten.**
a) nach der jeweiligen Verwaltungsgebührenordnung des Bundeslandes;
b) der Notar erhält gemäß Nr. 25207 bzw. 25208 KV GNotKG erhält der Notar eine Gebühr von 25,– € (bzw. 50,– €, wenn weitere Beglaubigungen notwendig sind);
c) vereinfachte Legalisation nach dem Haager Abkommen vom 05.10.1961 (Apostille).

101 aa) Das Haager Übereinkommen vom 05.10.1961 zur Befreiung ausländischer öffentlicher Urkunden von der Legalisation[124] *befreit* die öffentlichen Urkunden im Rechtsverkehr zwischen den Mitgliedstaaten von der häufig zeitraubenden und kostspieligen Förmlichkeit der *Legalisation*. Im Interesse der Rechtssicherheit darf jedoch verlangt werden, dass die Urkunden, die in einem Vertragsstaat errichtet werden und in einem anderen Vertragsstaat Verwendung finden sollen, mit einer Echtheitsbescheinigung, wenn auch in der wesentlich vereinfachten und einheitlichen Form der sogenannten *Apostille* versehen sind (Art. 3 Abs. 1 des Haager Übereinkommens vom 06.05.1961).

Muster der Apostille

102 M Die Apostille soll die Form eines Quadrats mit Seiten von mindestens 9 Zentimetern haben

APOSTILLE

(Convention de La Haye du 5 octobre 1961)

1. Land:
Diese öffentliche Urkunde
2. ist unterschrieben von
3. in seiner Eigenschaft als
4. sie ist versehen mit dem Siegel/Stempel des (der)
Bestätigt
5. in   6. am
7. durch
8. unter Nr.
9. Siegel/Stempel: 10. Unterschrift:

---

124 BGBl. 1965 II S. 876.

Die Apostille wird von einer *Behörde des Staates*, in dem die *Urkunde aufgenommen* ist, **103**
erteilt. *Zuständige Behörde* für die Erteilung der Apostille für notarielle Urkunden – einschließlich der Beglaubigungsvermerke auf Privaturkunden – ist in Deutschland der Präsident des Landgerichts, in dessen Bezirk der Notar seinen Amtssitz hat, in Hessen und Rheinland-Pfalz neben dem Präsidenten des Landgerichts auch das Justizministerium. Nach Erteilung der Apostille kann die notarielle Urkunde *ohne Weiteres* in einem der Vertragsstaaten vorgelegt und verwendet werden.

Die Erteilung der Apostille erfolgt auf *Antrag* des Notars oder des Inhabers der Urkunde. **104**

Für die Ausstellung der Apostille wird eine Gebühr nach den jeweiligen landesrechtlichen Gebührenvorschriften erhoben (s.o. Rdn. 98). Nach dem GNotKG, Nr. 25207 KV GNotKG, erhält der Notar eine Gebühr von 25,– € für die Erwirkung der Apostille. **105**

bb) Eine aktualisierte Liste der Vertragsstaaten des Haager Übereinkommens findet sich auf der Homepage des DNotI[125] unter der Rubrik Arbeitshilfen/IPR. Nach dem Stand dieser Liste vom 14.02.2015 sind dem Abkommen folgende Staaten beigetreten: **106**

Staat	Formerfordernis	Haager Abkommen zur Befreiung vom Erfordernis der Legalisation	
		Inkrafttreten	Fundstelle
A			
Afghanistan	Legalisation – z.Z. legalisieren deutsche Auslandsvertretungen aber keine Urkunden aus Afghanistan.		
Ägypten	Legalisation		
Albanien	Legalisation		*Haager Übereinkommen seit 09.05.2004, aber nicht im Verhältnis zu Deutschland*[1] BGBl. 2008 II, S. 224
Algerien	Legalisation		
Andorra	Apostille	seit 31.12.1996	BGBl. 1996 II, S. 2802
Angola	Legalisation		
Antigua und Barbuda	Apostille	seit 01.11.1981	BGBl. 1986 II, S. 542
Äquatorialguinea	Legalisation – z.Z. legalisieren deutsche Auslandsvertretungen aber keine Urkunden aus Äquatorialguinea.		
Argentinien	Apostille	seit 18.02.1988	BGBl. 1988 II, S. 235
Armenien	Apostille	seit 14.08.1994	BGBl. 1994 II, S. 2532

---

125 www.dnoti.de.

Staat	Formerfordernis	Haager Abkommen zur Befreiung vom Erfordernis der Legalisation	
		Inkrafttreten	Fundstelle
Aserbaid-schan	Legalisation – z.Z. legalisieren deutsche Auslandsvertretungen aber keine Urkunden aus Aserbaidschan.		Haager Übereinkommen seit 02.03.2005, aber nicht im Verhältnis zu Deutschland[2] BGBl. 2008 II, S. 224
Äthiopien	Legalisation		
Australien	Apostille	seit 16.03.1995	BGBl. 1995 II, S. 222
B			
Bahamas	Apostille	seit 10.07.1973	BGBl. 1977 II, S. 20
Bahrein	Apostille	seit 31.12.2013	BGBl. 2013 II, S. 1593
Bangladesch	Legalisation – für deutsche Urkunden zuvor Endbeglaubigung; z.Z. legalisieren deutsche Auslandsvertretungen aber keine Urkunden aus Bangladesch.		
Barbados	Apostille	seit 30.11.1966	BGBl. 1996 II, S. 934
Belarus sh. Weißrussland			
Belgien	Zur Verwendung deutscher Urkunden in Belgien empfiehlt sich, vorsichtshalber eine **Apostille** einzuholen, da das bilaterale Abkommen offenbar z.T. in Belgien nicht anerkannt wird[3]. Umgekehrt ist für die Verwendung belgischer Urkunden in Deutschland keine Apostille erforderlich.	Vertrag zwischen der Bundesrepublik Deutschland und dem Königreich Belgien über die Befreiung öffentlicher Urkunden von der Legalisation vom 13.05.1975 (BGBl. 1980 II, 815) (daneben Haager Abkommen seit 09.02.1976, BGBl. 1976 II, S. 199)	
Belize	Apostille	seit 11.04.1993	BGBl. 1993 II, S. 1005
Benin	Legalisation – z.Z. legalisieren deutsche Auslandsvertretungen aber keine Urkunden aus Benin.		
Bermuda sh. Großbritannien			
Birma (Burma) sh. Myanmar			
Bolivien	Legalisation		

Staat	Formerfordernis	Haager Abkommen zur Befreiung vom Erfordernis der Legalisation	
		Inkrafttreten	Fundstelle
Bosnien und Herzegowina	Apostille	seit 06.03.1992	BGBl. 1994 II, S. 82
Botsuana	Apostille	seit 30.09.1966	BGBl. 1970 II, S. 121
Britische Jungferninseln (British Virgin Islands) sh. Großbritannien			
Brasilien	Legalisation		
Brunei Darussalam	Apostille	seit 03.12.1987	BGBl. 1988 II, S. 154
Bulgarien	Apostille	seit 29.04.2001	BGBl. 2001 II, S. 801
Burkina Faso	Legalisation		
Burundi	Legalisation		
C			
Chile	Legalisation		
China (Volksrepublik)	Legalisation – für deutsche Urkunden zuvor Endbeglaubigung;		
	(Apostille genügt für Hongkong und Macao – s. dort)		
Cookinseln	Apostille	seit 30.04.2005	BGBl. 2005 II, S. 752
Costa Rica	Apostille	seit 14.12.2011	BGBl. 2012 II, S. 79
Côte d´Ivoire sh. Elfenbeinküste			
D			
Dänemark (nicht für Grönland und Faröer)	keinerlei Echtheitsnachweis erforderlich	Deutsch-Dänisches Beglaubigungsabkommen vom 17.06.1936 (RGBl. 1936 II, S. 213) (daneben Haager Abkommen seit 26.12.2006, BGBl. 2008 II, S. 224)	
Dominikanische Republik	Legalisation – z.Z. legalisieren deutsche Auslandsvertretungen aber keine Urkunden aus der Dom. Republik.		*Haager Übereinkommen seit 30.08.2009, aber nicht im Verhältnis zu Deutschland*[4]
Dominica	Apostille	seit 03.11.1978	BGBl. 2003 II, S. 734

Staat	Formerfordernis	Haager Abkommen zur Befreiung vom Erfordernis der Legalisation	
		Inkrafttreten	Fundstelle
Dschibuti	Legalisation – z.Z. legalisieren deutsche Auslandsvertretungen aber keine Urkunden aus Dschibuti.		
E			
Ecuador	Apostille	seit 02.04.2005	BGBl. 2005 II, S. 752
El Salvador	Apostille	seit 31.05.1996	BGBl. 1996 II, S. 934
Elfenbeinküste (Côte d'Ivoire)	Legalisation – z.Z. legalisieren deutsche Auslandsvertretungen aber keine Urkunden aus der Elfenbeinküste.		
Eritrea	Legalisation – z.Z. legalisieren deutsche Auslandsvertretungen aber keine Urkunden aus Eritrea.		
Estland	Apostille	seit 30.09.2001	BGBl. 2002 II, S. 626
F			
Fidschi	Apostille	seit 10.10.1970	BGBl. 1971 II, S. 1016
Finnland	Apostille	seit 26.08.1985	BGBl. 1985 II, S. 1006
Frankreich	keinerlei Echtheitsnachweis erforderlich	Abkommen zwischen der Bundesrepublik Deutschland und der Französischen Republik über die Befreiung öffentlicher Urkunden von der Legalisation vom 13.09.1971 (BGBl. 1974 II, S. 1100) (daneben auch Haager Übereinkommen seit 13.02.1966 BGBl. 1966 II, S. 106)	
G			
Gabun	Legalisation		
Gambia	Legalisation – z.Z. legalisieren deutsche Auslandsvertretungen aber keine Urkunden aus Gambia.		
Georgien	Apostille	seit 03.02.2010[5]	BGBl. 2010 II, S. 809
Ghana	Legalisation – z.Z. legalisieren deutsche Auslandsvertretungen aber keine Urkunden aus Ghana.		
Gibraltar sh. Großbritannien			

Staat	Formerfordernis	Haager Abkommen zur Befreiung vom Erfordernis der Legalisation	
		Inkrafttreten	Fundstelle
Grenada	Apostille	seit 07.02.1974	BGBl. 1975 II, S. 366
Griechenland	für bestimmte **gerichtliche** Urkunden (Landgericht oder höheres Gericht keinerlei Echtheitsnachweis erforderlich; hingegen für Urkunden von Amtsgerichten, **Notaren**, Grundbuchämtern etc. Überbeglaubigung durch den Präsidenten des jeweiligen Gerichtshofs erster Instanz in Griechenland (bzw. für deutsche Urkunden Überbeglaubigung durch den Landgerichtspräsidenten) erforderlich – in der Praxis durch Apostille ersetzt	Deutsch-griechisches Abkommen über die gegenseitige Rechtshilfe in Angelegenheiten des bürgerlichen und Handelsrechts vom 11.05.1938 (RGBl. 1939, S. 848) (daneben auch Haager Übereinkommen seit 18.05.1985 BGBl. 1985 II, S. 1108)	
Großbritannien (Vereinigtes Königreich von Großbritannien und Nordirland)	Apostille (ebenso für folgende britische Kron- bzw. Überseegebiete: Anguilla, Bermuda, Caymaninseln = Kaimaninseln, Falklandinseln, Gibraltar, Guernsey, Isle of Man, Jersey, Britische Jungferninseln = British Virgin Islands, Montserrat, St. Helena, Turks- und Caicosinseln)	seit 13.02.1966	BGBl. 1966 II, S. 106
Guatemala	Legalisation		
Guinea	Legalisation – z.Z. legalisieren deutsche Auslandsvertretungen aber keine Urkunden aus Guinea.		
Guinea-Bissau	Legalisation – z.Z. legalisieren deutsche Auslandsvertretungen aber keine Urkunden aus Guinea-Bissau.		
Guyana	Legalisation		
H			
Haiti	Legalisation – z.Z. legalisieren deutsche Auslandsvertretungen aber keine Urkunden aus Haiti.		

Staat	Formerfordernis	Haager Abkommen zur Befreiung vom Erfordernis der Legalisation	
		Inkrafttreten	Fundstelle
Honduras	Apostille	seit 30.09.2004	BGBl. 2005 II, S. 64
Hongkong (China)	Apostille	seit 25.04.1965	
I			
Indien	Legalisation – z.Z. legalisieren deutsche Auslandsvertretungen aber keine Urkunden aus Indien.		*Haager Übereinkommen seit 14.07.2005, aber nicht im Verhältnis zu Deutschland*[6] BGBl. 2008 II, S. 224
Indonesien	Legalisation		
Irak	Legalisation – für deutsche Urkunden zuvor Endbeglaubigung; z.Z. legalisieren deutsche Auslandsvertretungen aber keine Urkunden aus dem Irak.		
Iran	Legalisation – deutsche Urkunden zuvor Endbeglaubigung (Ausn. Hochschulzeugnisse)		
Irland	Apostille	seit 09.03.1999	BGBl. 1999 II, S. 142
Island	Apostille	seit 27.11.2004	BGBl. 2005 II, S. 64
Isle of Man sh. Großbritannien			
Israel	Apostille	seit 14.08.1978	BGBl. 1978 II, S. 1198
Italien	keinerlei Echtheitsnachweis erforderlich	Vertrag zwischen der Bundesrepublik Deutschland und der Italienischen Republik über den Verzicht auf die Legalisation von Urkunden vom 07.06.1969 (BGBl. 1974 II, S. 1069) (daneben Haager Abkommen seit 11.02.1978 BGBl. 1978 II, S. 153)	
J			
Jamaika	Legalisation		
Japan	Apostille	seit 27.07.1970	BGBl. 1970 II, S. 752
Jemen	Legalisation		
Jordanien	Legalisation – für deutsche Urkunden zuvor Endbeglaubigung.		

Staat	Formerfordernis	Haager Abkommen zur Befreiung vom Erfordernis der Legalisation	
		Inkrafttreten	Fundstelle
K			
Kap Verde	Apostille	seit 13.02.2010	BGBl. 2010 II, S. 93
Kaimaninseln	Apostille wie Großbritannien (Vereinigtes Königreich)		
Kambodscha	Legalisation – für deutsche Urkunden zuvor Endbeglaubigung; z.Z. legalisieren deutsche Auslandsvertretungen aber keine Urkunden aus Kambodscha.		
Kamerun	Legalisation – z.Z. legalisieren deutsche Auslandsvertretungen aber keine Urkunden aus Kamerun.		
Kanada	Legalisation		
Kap Verde	Legalisation	Beitritt zum 10.02.2010	Die Einspruchsfrist läuft noch bis zum 15.12.2009.
Kasachstan	Apostille	seit 30.01.2001	BGBl. 2001 II, S. 298
Katar	Legalisation		
Kenia	Legalisation – z.Z. legalisieren deutsche Auslandsvertretungen aber keine Urkunden aus Kenia.		
Kirgisistan	Legalisation – z. Zt. legalisieren deutsche Auslandsvertretungen aber keine Urkunden aus Kirgisistan.		Kirgisistan ist am 15.11.2010 dem Haager Übereinkommen beigetreten. Gilt aber nicht im Verhältnis zu Deutschland, da Deutschland fristgerecht einen Einspruch nach Art. 12 Abs. 2 des Abkommens einlegte.

Staat	Formerfordernis	Haager Abkommen zur Befreiung vom Erfordernis der Legalisation	
		Inkrafttreten	Fundstelle
Kolumbien	Apostille (Kolumbien erklärte Anfang 2005, eine gegenüber der im Haager Übereinkommen festgelegten etwas abgewandelte Form der Apostille zu verwenden und diese nicht in Form eines Aufklebers, sondern mechanisch mittels Metallklammer zu verbinden).	seit 30.01.2001	BGBl. 2001 II, S. 298; BGBl. 2005 II, S. 752
Kongo, Republik (Brazzaville)	Legalisation – z.Z. legalisieren deutsche Auslandsvertretungen aber keine Urkunden aus der Republik Kongo.		
Kongo, Demokrat. Republik (Zaire)	Legalisation – z.Z. legalisieren deutsche Auslandsvertretungen aber keine Urkunden aus der Dem. Rep. Kongo.		
Korea (Republik)	Apostille	seit 14.07.2007	BGBl. 2008 II, S. 224
Korea, Volksrepublik (Nord)	Legalisation		
Kroatien	Apostille	seit 08.10.1991[7]	BGBl. 1994 II, S. 82
Kuba	Legalisation		
Kuwait	Legalisation		
L			
Laos	Legalisation – z.Z. legalisieren deutsche Auslandsvertretungen aber keine Urkunden aus Laos.		
Lesotho	Apostille	seit 04.10.1966	BGBl. 1972 II, S. 1466
Lettland	Apostille	seit 30.01.1996	BGBl. 1996 II, S. 223
Libanon	Legalisation – für deutsche Schul- und Hochschulzeugnisse zuvor Endbeglaubigung erforderlich.		
Libyen	Legalisation		

Staat	Formerfordernis	Haager Abkommen zur Befreiung vom Erfordernis der Legalisation	
		Inkrafttreten	Fundstelle
Liberia	Legalisation – z.Z. legalisieren deutsche Auslandsvertretungen aber keine Urkunden aus Liberia.		*Haager Übereinkommen seit 08.02.1996, aber nicht im Verhältnis zu Deutschland*[8] BGBl. 2008 II, S. 224
Liechtenstein	Apostille	seit 17.09.1972	BGBl. 1972 II, S. 1466
Litauen	Apostille	seit 19.07.1997	BGBl. 1997 II, S. 1400
Luxemburg	Apostille	seit 03.06.1979	BGBl. 1979 II, S. 684
M			
Macao (China)	Apostille	seit 04.02.1969	BGBl. 1969 II, S. 120[9]
Madagaskar	Legalisation		
Malawi	Apostille	seit 02.12.1967	BGBl. 1968 II, S. 76
Malaysia	Legalisation		
Malediven	Legalisation		
Mali	Legalisation – für deutsche Urkunden zuvor Endbeglaubigung.		
Malta	Apostille	seit 02.03.1968	BGBl. 1968 II, S. 131
Marokko	Legalisation – z.Z. legalisieren deutsche Auslandsvertretungen aber keine Urkunden aus Marokko (also etwa keine Ledigkeits- oder Wohnortsbescheinigungen)		ab 14.08.2016, allerdings nicht im Verhältnis zu Deutschland
Marschallinseln	Apostille	seit 14.08.1992	BGBl. 1992 II, S. 948
Mauretanien	Legalisation		
Mauritius	Apostille	seit 12.03.1968	BGBl. 1970 II, S. 121
Mazedonien (FYROM)	Apostille	seit 17.09.1991	BGBl. 1994 II, S. 1191
Mexiko	Apostille	seit 14.08.1995	BGBl. 1995 II, S. 694
Republik Moldau	Legalisation		*Haager Übereinkommen seit 16.03.2007, aber nicht im Verhältnis zu Deutschland*[10] BGBl. 2008 II, S. 224
Monaco	Apostille	seit 31.12.2002	BGBl. 2003 II, S. 63

Staat	Formerfordernis	Haager Abkommen zur Befreiung vom Erfordernis der Legalisation	
		Inkrafttreten	Fundstelle
Mongolei	Legalisation – z.Z. legalisieren deutsche Auslandsvertretungen aber keine Urkunden aus der Mongolei.		Haager Übereinkommen seit *31.12.2009, aber nicht im Verhältnis zu Deutschland*[11]
Montenegro	Apostille	seit der Unabhängigkeit (03.06.2006)	Notifikation Den Haag 30.01.2007 (für Jugoslawien vgl. BGBl. 1966 II, S. 106) BGBl. 2008 II, S. 224
Mozambik	Legalisation		
Myanmar (Birma)	Legalisation – für deutsche Urkunden zuvor Endbeglaubigung; z.Z. legalisieren deutsche Auslandsvertretungen aber keine Urkunden aus Myanmar.		
N			
Namibia	Apostille	seit 30.01.2001	BGBl. 2001 II, S. 298
Nauru	Legalisation		
Nepal	Legalisation – für deutsche Urkunden zuvor Endbeglaubigung; z.Z. legalisieren deutsche Auslandsvertretungen aber keine Urkunden aus Nepal.		
Neuseeland	Apostille	seit 22.11.2001	BGBl. 2002 II, S. 626
Nicaragua	Apostille	seit 14.05.2013	BGBl. 2013 II, S. 528
Niederlande	Apostille	seit 13.02.1966	BGBl. 1966 II, S. 106
Niger	Legalisation		
Nigeria	Legalisation – z.Z. legalisieren deutsche Auslandsvertretungen aber keine Urkunden aus Nigeria.		
Niue	Apostille	seit 02.03.1999	BGBl. 1999 II, S. 142
Norwegen	Apostille	seit 29.07.1983	BGBl. 1983 II, S. 478
O			
Obervolta sh. Burkina Faso			
Oman	Apostille	30.01.2012	BGBl. 2012 II, S. 273

Staat	Formerfordernis	Haager Abkommen zur Befreiung vom Erfordernis der Legalisation	
		Inkrafttreten	Fundstelle
Österreich	keinerlei Echtheitsnachweis erforderlich	Deutsch-österreichischer Beglaubigungsvertrag vom 21.06.1923 (RGBl. 1924 II, S. 61) (daneben auch Haager Abkommen seit 13.01.1968, BGBl. 1968 II, S. 76)	
P			
Pakistan	Legalisation – z.Z. legalisieren deutsche Auslandsvertretungen aber keine Urkunden aus Pakistan.		
Panama	Apostille	seit 04.08.1991	BGBl. 1991 II, S. 998
Papua Neuguinea	Legalisation		
Paraguay	Legalisation		Haager Übereinkommen seit 30.08.2014, aber nicht im Verhältnis zu Deutschland[126]
Peru	Apostille	seit 01.01.2014	BGBl. 2014 II, S. 137 P
Philippinen	Legalisation – z.Z. legalisieren deutsche Auslandsvertretungen aber keine Urkunden aus den Philippinen.		
Polen	Apostille[12]	seit 14.08.2005	BGBl. 2006 II, S. 132
Portugal	Apostille	seit 04.02.1969	BGBl. 1969 II, S. 120
Puerto Rico	Apostille	seit 15.10.1981	sh. USA, BGBl. 1981 II, S. 903
R			
Ruanda	Legalisation – für deutsche Urkunden zuvor Endbeglaubigung; z.Z. legalisieren deutsche Auslandsvertretungen aber keine Urkunden aus Ruanda.		
Rumänien	Apostille	seit 16.03.2001	BGBl. 2001 II, S. 801
Russland	Apostille	seit 31.05.1992	BGBl. 1992 II, S. 948
S			
Salomonen	Legalisation		
Samoa	Apostille	seit 13.09.1999	BGBl. 1999 II, S. 794

---

126 Deutschland hat einen Einspruch nach Art. 12 Abs. 2 des Abkommens eingelegt. Im Verhältnis zwischen Paraguay und Deutschland genügt daher die Apostille nicht.

Staat	Formerfordernis	Haager Abkommen zur Befreiung vom Erfordernis der Legalisation	
		Inkrafttreten	Fundstelle
Sambia	Legalisation		
San Marino	Apostille	seit 13.02.1995	BGBl. 1995 II, S. 222
São Thomé und Principe	Apostille	ab 13.09.2008	noch nicht im BGBl. II veröffentlicht
Saudi-Arabien	Legalisation – für deutsche Urkunden zuvor Endbeglaubigung.		
Schweden	Apostille	seit 01.05.1999	BGBl. 1999 II, S. 420
Schweiz	Apostille[13]	seit 11.03.1973	BGBl. 1973 II, S. 176
Senegal	Legalisation – z.Z. legalisieren deutsche Auslandsvertretungen aber keine Urkunden aus dem Senegal.		
Serbien	Apostille	seit 24.01.1965	BGBl. 1966 II, S. 106; BGBl. 2008 II, S. 224.
Seychellen	Apostille	seit 31.03.1979	BGBl. 1979 II, S. 417
Sierra Leone	Legalisation – z.Z. legalisieren deutsche Auslandsvertretungen aber keine Urkunden aus Sierra Leone.		
Simbabwe	Legalisation		
Singapur	Legalisation		
Slowakei	Apostille	seit 18.02.2002	BGBl. 2002 II, S. 626
Slowenien	Apostille	seit 25.06.1991	BGBl. 1993 II, S. 1005
Somalia	Legalisation – für deutsche Urkunden zuvor Endbeglaubigung; z.Z. legalisieren deutsche Auslandsvertretungen aber keine Urkunden aus Somalia.		
Spanien	Apostille	seit 25.09.1978	BGBl. 1978 II, S. 1330
Sudan	Legalisation – für deutsche Urkunden zuvor Endbeglaubigung.		
Südafrika	Apostille	seit 30.04.1995	BGBl. 1995 II, S. 326

Staat	Formerfordernis	Haager Abkommen zur Befreiung vom Erfordernis der Legalisation	
		Inkrafttreten	Fundstelle
Sri Lanka	Legalisation – z.Z. legalisieren deutsche Auslandsvertretungen aber keine Urkunden aus Sri Lanka.		
St. Kitts und Nevis	Apostille	seit 14.12.1994	BGBl. 1994 II, S. 3765
St. Lucia	Apostille	seit 01.06.2002	BGBl. 2002 II, S. 2503
St. Vincent und die Grenadinen	Apostille	seit 27.10.1979	BGBl. 2003 II, S. 698
Suriname	Apostille	seit 25.11.1975	BGBl. 1977 II, S. 593
Syrien	Legalisation – für deutsche Urkunden zuvor Endbeglaubigung.		
Swasiland	Apostille	seit 06.09.1968	BGBl. 1979 II, S. 417
T			
Tadschikistan	Legalisation – z.Z. legalisieren deutsche Auslandsvertretungen aber keine Urkunden aus Tadschikistan.		
Taiwan (Republik China)	Legalisation		
Tansania	Legalisation		
Thailand	Legalisation		
Togo	Legalisation – für deutsche Urkunden zuvor Endbeglaubigung; z.Z. legalisieren deutsche Auslandsvertretungen aber keine Urkunden aus Togo.		
Tonga	Apostille	seit 04.06.1970	BGBl. 1972 II, S. 254
Trinidad und Tobago	Apostille	seit 14.07.2000	BGBl. 2000 II, S. 34
Tschad	Legalisation – z.Z. legalisieren deutsche Auslandsvertretungen aber keine Urkunden aus Tschad.		
Tschechische Republik	Apostille	seit 16.03.1999	BGBl. 1999 II, S. 142
Tunesien	Legalisation		

Staat	Formerfordernis	Haager Abkommen zur Befreiung vom Erfordernis der Legalisation	
		Inkrafttreten	Fundstelle
Türkei	Apostille	seit 29.09.1985	BGBl. 1985 II, S. 1108
Turkmenistan	Legalisation		
U			
Uganda	Legalisation – z.Z. legalisieren deutsche Auslandsvertretungen aber keine Urkunden aus Uganda.		
Ukraine	Apostille – Wegen der kriegerischen Auseinandersetzung in den Gebieten Donezk und Lugansk sowie wegen der Sezession/Annexion der Krim sind derzeit Besonderheiten zu beachten.	für Deutschland seit 22.07.2010	BGBl. 2008 II, S. 224 bzw. BGBl. 2010 II, S. 1195
Ungarn	Apostille	seit 18.01.1973	BGBl. 1973 II, S. 65
Uruguay	Apostille	seit 14.10.2012	BGBl. 2012 II, S. 1029
USA	Apostille	seit 15.10.1981	BGBl. 1981 II, S. 903
Usbekistan	Legalisation – z. Zt. legalisieren deutsche Auslandsvertretungen aber keine Urkunden aus Usbekistan.		Haager Übereinkommen seit 15.04.2012, aber nicht im Verhältnis zu Deutschland[127] – BGBl. 2012 II, S. 273 V
V			
Vanuatu	Apostille	seit 30.07.1980	Notifikation vom 16.03.2009, BGBl. 2009 II, S. 596
Venezuela	Apostille	seit 16.03.1999	BGBl. 1999 II, S. 142
Vereinigte Arabische Emirate	Legalisation		
Vereinigtes Königreich sh. Großbritannien			
Vereinigte Staaten sh. USA			

---

[127] Belgien, Deutschland, Österreich und Griechenland haben einen Einspruch nach Art. 12 Abs. 2 des Abkommens eingelegt. Im Verhältnis zwischen Usbekistan und diesen Ländern genügt daher die Apostille nicht.

Staat	Formerfordernis	Haager Abkommen zur Befreiung vom Erfordernis der Legalisation	
		Inkrafttreten	Fundstelle
Vietnam	Legalisation – z.Z. legalisieren deutsche Auslandsvertretungen aber keine Urkunden aus Vietnam.		
W			
Weißrussland (Belarus)	Apostille	seit 31.05.1992	BGBl. 1993 II, S. 1005
Z			
Zentralafrikanische Republik	Legalisation – z.Z. legalisieren deutsche Auslandsvertretungen aber keine Urkunden aus der Zentralafrikan. Rep.		
Zypern	Apostille	seit 30.04.1973	BGBl. 1973 II, S. 391

1. Deutschland, Belgien, Griechenland, Italien und Spanien haben einen Einspruch nach Art. 12 Abs. 2 des Abkommens eingelegt. Im Verhältnis zu Albanien ist damit weiterhin eine Legalisation erforderlich (DNotI-Report 2004, 107).
2. Deutschland und die Niederlande haben einen Einspruch nach Art. 12 Abs. 2 des Abkommens eingelegt. Im Verhältnis zwischen diesen Staaten und Aserbaidschan genügt daher die Apostille nicht. (Belgien hat einen verspäteten und damit wirkungslosen Einspruch eingelegt.)
3. Vgl. *Zimmermann*, in: Beck'sches Notar-Handbuch, Teil G Rn. 241.
4. Deutschland hat einen Einspruch nach Art. 12 Abs. 2 des Abkommens eingelegt. Im Verhältnis zwischen Deutschland und der Dominikanischen Republik genügt daher die Apostille nicht; ebenso im Verhältnis zu Belgien, den Niederlanden und Österreich.
5. Deutschland und Griechenland haben einen Einspruch nach Art. 12 Abs. 2 des Abkommens eingelegt. Deutschland hat diesen Einspruch allerdings mit Schreiben vom 02.02.2010 mit Wirkung zum 03.02.2010 wieder zurückgenommen.
6. Deutschland hat einen Einspruch nach Art. 12 Abs. 2 des Abkommens eingelegt. Im Verhältnis zwischen Deutschland und Indien genügt daher die Apostille nicht.
7. Als einer der Nachfolgestaaten der Sozialistischen Föderativen Republik Jugoslawien (Nachfolgeerklärung BGBl. 1993 II, S. 1962).
8. Deutschland, Belgien und die USA haben einen Einspruch nach Art. 12 Abs. 2 des Abkommens eingelegt. Im Verhältnis zwischen Liberia und diesen Ländern genügt daher die Apostille nicht.
9. Das Übereinkommen trat mit dem Beitritt Portugals auch für Macao in Kraft. Es gilt auch nach der Übergabe Macaos an die Volksrepublik China fort.
10. Deutschland hat einen Einspruch nach Art. 12 Abs. 2 des Abkommens eingelegt. Im Verhältnis zwischen Deutschland und der Republik Moldau ist damit weiterhin eine Legalisation erforderlich.
11. Deutschland hat einen Einspruch nach Art. 12 Abs. 2 des Abkommens eingelegt. Im Verhältnis zwischen Deutschland und der Mongolei ist damit weiterhin eine Legalisation erforderlich; ebenso im Verhältnis zu Belgien, Finnland, Griechenland und Österreich.

12. In der Weimarer Zeit schlossen Polen und das Deutsche Reich ein bilaterales Abkommen zur Befreiung vom Legalisationserfordernis ab (RGBl. 1925 II, 139). Das Abkommen wird aber infolge des Zweiten Weltkrieges und der damaligen Besetzung Polens durch Deutschland nicht mehr angewandt.
13. Der deutsch-schweizerische Vertrag über die Beglaubigung öffentlicher Urkunden vom 14.02.1907 (RGBl. 1907, S. 411) gilt nicht für notarielle Urkunden. Für notarielle Urkunden ist daher eine Apostille erforderlich.

Antrag auf Erteilung der Apostille

107 M An den Präsidenten des Landgerichts in …..
In der Anlage überreiche ich Verhandlung vom ….. Nr. ….. / ….. meiner Urkundenrolle mit der Bitte um Erteilung der Apostille.
Die Urkunde soll in Japan verwendet werden.
….. € füge ich in Gerichtskostenmarken bei.

….., Notar

■ *Kosten.* S.o. Rdn. 105, 98.

b) Befreiung

108 Ganz von dem Erfordernis der Echtheitsbestätigung befreit sind Urkunden für den Rechtsverkehr zwischen Deutschland und Staaten, mit denen ein entsprechendes *bilaterales Abkommen* besteht. So ist es – teils mit großen Einschränkungen – im Verhältnis zu Belgien,[128] Dänemark,[129] Frankreich,[130] Griechenland,[131] Italien,[132] Österreich[133] und der Schweiz.[134] Des Weiteren sind Befreiungen vorgesehen für Urkunden von Konsuln,[135] Auszüge aus Personenstandsbüchern[136] und Personenstandsurkunden.[137]

IV. Vollstreckung deutscher Urkunden im EU-Ausland

109 Zur Vollstreckung deutscher Urkunden im EU-Ausland s. § 19 Rdn. 195 ff. Kostenforderungen deutscher Notare können im Ausland jedoch nicht nach Maßgabe der an dieser Stelle erörterten Verordnungen vollstreckt werden, da diese sich nur auf Zivil- und Handelssachen beziehen und notarielle Kostenforderungen öffentlich-rechtlicher Natur sind.[138]

---

128 Abk. v. 13.05.1975 (BGBl. II 1980, S. 813). Deutschland sieht das Überabkommen als verbindlich an, Belgien wegen eines Fehlers im Ratifikationsverfahren hingegen nicht.
129 Abk. v. 17.06.1936 (BGBl. II 1953, S. 186).
130 Abk. v. 13.09.1971 (BGBl. II 1974, S. 1074); dazu auch *Arnold*, DNotZ 1975, 581 ff.
131 Abk. v. 11.05.1938 (RGBl. II 1939, S. 848).
132 Abk. v. 07.06.1969, (BGBl. II 1974, S. 1069).
133 Abk. v. 21.06.1923 (RGBl. II 1924, S. 61).
134 Abk. v. 14.02.1907 (RGBl. II S. 411); gilt allerdings nicht für notarielle Urkunden, daher ist eine Apostille notwendig.
135 Europäisches Übereinkommen v. 07.06.1968 (BGBl. II 1971, S. 86).
136 Abk. v. 27.09.1956 (BGBl. II 1961, S. 1056).
137 Abk. v. 03.06.1982 (BGBl. II 1983, S. 699) und Abk. v. 26.09.1957 (BGBl. II 1961, S. 1067).
138 BGH DNotZ 1990, 313 f.

V. Vollmachten

110 Im internationalen Rechtsverkehr wird häufig von Vollmachten Gebrauch gemacht. Im Rahmen einer notariellen Beurkundung kommt es daher nicht selten vor, dass Beteiligte als Bevollmächtigte auftreten und sich durch eine im Ausland erstellte – u.U. beglaubigte oder beurkundete – Vollmacht legitimieren. Andererseits wünschen Klienten die Errichtung einer notariell beurkundeten oder beglaubigten Vollmacht, von der im Ausland Gebrauch gemacht werden soll.

1. Die kollisionsrechtliche Behandlung der Vollmacht

111 Im EGBGB fand sich lange Zeit keine ausdrückliche Regelung für die Anknüpfung der Vollmacht, auch staatsvertragliche Regelungen bzgl. der Vollmacht gelten für Deutschland nicht. Das Haager Abkommen über das auf die Stellvertretung anwendbare Recht vom 14.03.1978[139] ist für Deutschland (noch) nicht in Kraft. Allerdings stellte Art. 37 Satz 1 Nr. 3 EGBGB klar, dass die Regeln des internationalen Schuldvertragsrechts nicht für die Vertretungsmacht gelten. Am 16.06.2017 ist mit dem Gesetz zur Änderung von Vorschriften im Bereich des internationalen Privat-und Zivilverfahrensrechts ein neuer Art. 8 in das EGBGB eingefügt worden, der das auf die gewillkürte Stellvertretung anwendbare Kollisionsrecht im Wesentlichen auf der Grundlage der von Rechtsprechung und Literatur entwickelten Grundsätzen normiert. Aus dem Anwendungsbereich der Vorschrift ausgenommen sind Börsengeschäfte und Versteigerungen (Abs. 7). Die Änderung des EGBGB ist am 17.06.2017 in Kraft getreten. Gem. Art. 229 § 41 EGBGB bleibt das bisherige internationale Privatrecht anwendbar, wenn vor diesem Datum eine Vollmacht erteilt oder aufgrund einer Vollmacht eine Erklärung gegenüber einer anderen Person abgegeben wurde.[140]

a) Sonderanknüpfung

112 Da die Vollmacht nach deutschem (Sach-)Recht abstrakt ist (§ 168 BGB), muss zwischen dem Grundverhältnis (Verhältnis zwischen Geschäftsherr und Bevollmächtigten, z.B. Auftrag) einerseits und der Vollmacht(-serteilung) andererseits unterschieden werden. Im Verhältnis zwischen Vertragspartner und Vollmachtgeber kommt durch Ausübung der Vollmacht das Hauptgeschäftsverhältnis zustande. Dieses bestimmt bspw., ob eine Stellvertretung überhaupt zulässig ist. Die vorgenannte Differenzierung findet sich auch im Kollisionsrecht wieder.

113 Die Vollmacht unterliegt im deutschen Kollisionsrecht nach Art. 8 EGBGB und zuvor gesicherter Rechtsprechung[141] einer Sonderanknüpfung. Das so gewonnene Recht wird als *Vollmachtsstatut* bezeichnet (zu den Ausnahmen s.u. Rdn. 123). Die Anknüpfung der Vollmacht richtet sich demnach weder nach dem Grundverhältnis noch nach dem Hauptgeschäftsverhältnis.

b) Die Anknüpfung der Vollmacht; Rechtswahl

114 Art. 8 Abs. 2 bis 6 regeln das Vertretungsstatut durch Sachnormverweisungen. Die Abs. 2 und 3 sehen spezielle Regelungen für den Fall vor, dass der Bevollmächtigte in Ausübung seiner unternehmerischen Tätigkeit oder als Arbeitnehmer handelt. Liegt dies nicht vor, sind

---

[139] Abgedruckt in RabelsZ 43 (1979) 176.
[140] Vgl. umfassend zu der Neuregelung und zu der bisherigen Rechtslage, *Becker*, DNotZ 2017, 835 ff.
[141] BGH v. 09.12.1964, BGHZ 43, 21, 26; BGH v. 16.04.1975, BGHZ 64, 183, 192; BGH v. 13.05.1982, NJW 1982, 2733; BGH v. 26.04.1990, NJW 1990, 3088; BGH v. 17.11.1994, BGHZ 128, 41, 47; OLG München v. 10.03.1988, NJW-RR 1989, 663; OLG Köln v. 12.06.1995, NJW-RR 1996, 411.

nach Abs. 4 im Falle einer auf Dauer angelegten Vollmacht die Sachvorschriften desjenigen Staates anzuwenden, in dem der Bevollmächtigte von der Vollmacht gewöhnlich Gebrauch macht, es sei denn, dieser Ort ist für den Dritten nicht erkennbar. Ergibt sich das anwendbare Recht nicht aus den Abs. 1 bis 4, so sind die Sachvorschriften desjenigen Staates anzuwenden, in dem der Bevollmächtigte von seiner Vollmacht im Einzelfall Gebrauch macht (Wirkungslandprinzip). Mussten der Dritte und der Bevollmächtigte wissen, dass von der Vollmacht nur in einem bestimmten Staat Gebrauch gemacht werden sollte, so sind die Sachvorschriften dieses Staates anzuwenden. Ist der Gebrauchsort für den Dritten nicht erkennbar, so sind die Sachvorschriften des Staates anzuwenden, in dem der Vollmachtgeber im Zeitpunkt der Ausübung der Vollmacht seinen gewöhnlichen Aufenthalt hat. Art. 8 Abs. 1 EGBGB gibt dem Vollmachtgeber die Möglichkeit der Rechtswahl. Danach kann der Vollmachtgeber vor Ausübung der Vollmacht das auf die Stellvertretung anwendbare Recht wählen. Diese Rechtswahl ist dann zu beachten, sofern sie dem Dritten und dem Bevollmächtigten bekannt ist. Des Weiteren können der Vollmachtgeber, der Bevollmächtigte und der Dritte jederzeit eine Rechtswahlvereinbarung treffen, die der Rechtswahl des Vollmachtgebers vorgeht.

115 Die Verweisung ist jeweils *Sachnormverweisung*. Ein Renvoi widerspräche dem Sinn der Verweisung (Art. 4 Abs. 1 Satz 1 Hs. 2 EGBGB), weil der Verkehrsschutz dadurch beeinträchtigt werden könnte. Er ist damit unbeachtlich.

c) Bestimmung des Wirkungslandes bzw. Gebrauchsortes

116 Das Wirkungsland ist das Land, in dem die Vollmacht gebraucht wird, also das Land, in dem die *Erklärung durch den Bevollmächtigten abgegeben* wird,[142] sei es schriftlich, mündlich oder in der sonstiger Weise. Bei einer schriftlichen Erklärung ist also das Recht des Absendeortes und nicht das Recht des Zugangsortes entscheidend. Tritt der Bevollmächtigte als Empfangsbevollmächtigter auf, so ist das Recht desjenigen Landes maßgeblich, in dem der Bevollmächtigte die Erklärung empfangen hat. Bei familienrechtlichen Dauervollmachten von Ehegatten wird – nach deutschem Kollisionsrecht – das Recht des gewöhnlichen Aufenthaltes als Wirkungsstatut angenommen.[143]

d) Reichweite des Vollmachtsstatuts

117 Das Vollmachtsstatut regelt nur die Befugnis des Bevollmächtigten, den Vollmachtgeber gegenüber dem Vertragspartner wirksam zu verpflichten. Die Frage, ob eine rechtsgeschäftliche Vertretung für das Hauptgeschäft überhaupt zulässig ist, richtet sich hingegen nach dem Geschäftsstatut.

118 Das Vollmachtsstatut entscheidet darüber, unter welchen Voraussetzungen eine Vollmacht wirksam erteilt werden kann und wie lange sie Bestand hat.[144] Es entscheidet weiter über den inhaltlichen Umfang der Vollmacht (»ist das Vertretergeschäft von der Vollmacht gedeckt?«[145]) und deren Auslegung. Zum Umfang gehört auch die Fähigkeit des Vertreters zum Selbstkontrahieren[146] sowie die Frage, ob bei mehreren Vertretern Gesamt- oder Einzelvertretung vorliegt.[147]

---

142 OLG Saarbrücken IPRspr. 1968/69 Nr. 19a.
143 DNotI-Gutachten, DNotI-Report 2007, S. 108.
144 BGH v. 29.11.1961, JZ 1963, 167, 168; OLG München WM 1969, 731.
145 BayObLG v. 05.11.1987, NJW-RR 1988, 873 (Anmeldung einer Kapitalerhöhung); LG Karlsruhe v. 06.04.2001, RIW 2002, 153, 155 (Befugnis zur Erteilung einer Untervollmacht).
146 BGH v. 08.10.1991, NJW 1992, 618; OLG Düsseldorf v. 08.12.1994, IPRax 1996, 423, 425.
147 *Reithmann/Martiny/Hausmann*, Internationales Vertragsrecht, 6. Teil B Rn. 246.

e) Form der Vollmacht

Die Form der Vollmacht ist materiellrechtlich unabhängig von der Form des Vertretergeschäfts, § 167 Abs. 2 BGB. Daher ist die Frage, ob die Vollmacht formgültig ist, ob also die Formerfordernisse eingehalten wurden, auch kollisionsrechtlich gesondert nach Art. 11 Abs. 1 EGBGB zu beurteilen. Es kommt daher auf die Formvorschriften des für die Vollmacht geltenden Geschäftsrechts (Vollmachtsstatuts) oder auf die Formvorschriften desjenigen Ortes an, an dem die Vollmacht erteilt wird (Ortsstatut). Die Vollmacht ist also jedenfalls dann formwirksam, wenn sie den Formvorschriften des Wirkungs- bzw. Gebrauchslandes entspricht.[148] Beide Alternativen stehen gleichberechtigt nebeneinander. Somit kann auch aus materieller Sicht eine *Grundstücksverkaufsvollmacht* im Ausland privatschriftlich erteilt werden, wenn das ausländische Recht eine solche Form zulässt.[149] Art. 11 Abs. 4 und 5 EGBGB gelten hier aufgrund der Formabstraktion der Vollmacht nicht.[150] Eine solche Vollmacht ist auch nicht ordre-public-widrig.[151] Eine Grundstücksveräußerungs- oder Erwerbsvollmacht für ein inländisches Grundstück kann demnach im Ausland formfrei, also ohne Beachtung von § 311b Abs. 1 BGB erteilt werden, wenn das ausländische Recht dies zulässt. Der Vertrag wäre aber wegen § 29 GBO grundbuchlich nicht vollziehbar. **119**

Art. 11 Abs. 1 EGBGB gilt auch für die Form von *Zustimmungen und Genehmigungen* von Privaten,[152] auch wenn sich deren Erfordernis aus dem Geschäftsstatut ergibt. **120**

Soll eine ausländische Vollmacht in Deutschland verwendet werden, *Eintragungen im Grundbuch oder im Handelsregister* vorzunehmen, ist Folgendes zu beachten: § 29 GBO bzw. § 12 Abs. 2 HGB verlangen die Vorlage einer öffentlichen oder öffentlich beglaubigten Urkunde. Ausländische Urkunden, und damit auch Vollmachten, werden in Deutschland grundsätzlich als öffentlich anerkannt, wenn sie die äußeren Merkmale einer öffentlichen Urkunde enthalten. Zum Echtheitsnachweis bedarf die ausländische öffentliche Urkunde grundsätzlich der Legalisation, vgl. § 438 Abs. 2 ZPO (s. dazu oben Rdn. 71 f. und 96 ff.). Von dem teilweise aufwendigen Verfahren der Legalisation kann abgesehen werden, wenn die Apostille ausreicht (s.o. Rdn. 101 ff.) oder wenn ein befreiender Staatsvertrag vorliegt (s.o. Rdn. 104). Selbst wenn eine Legalisation oder eine Apostille erforderlich sind, steht es im Ermessen des Grundbuchamtes oder Registergerichts, ob diese auch tatsächlich verlangt wird (vgl. § 438 Abs. 1 ZPO).[153] **121**

Ist nach dem Recht des Hauptgeschäftsverhältnisses eine notarielle Beurkundung der Vollmacht erforderlich (z.B. eine unwiderrufliche Grundstücksverkaufsvollmacht), stellt sich die Frage der Substitution (s.o. Rdn. 58 ff.). Da alternativ für die Erfüllung der vom Geschäftsrecht aufgestellten Formerfordernisse entweder das Vollmachtsstatut (bei Inlandsverwendung deutsches Recht) aber auch die Ortsform gilt (Recht des Landes, in dem die Vollmacht in notarieller Form erteilt wird), wird die Beurkundung durch einen ausländischen Notar anzuerkennen sein, wenn die dortigen Formvorschriften eingehalten wurden. Auf eine Gleichwertigkeit der Beurkundung kommt es im Rahmen der Ortsform deshalb nicht an, weil es nicht ausschließlich auf das Geschäftsstatut der Vollmacht ankommt. Art. 11 Abs. 4 und 5 EGBGB gelten nicht. **122**

---

148 BGH v. 22.06.1965, WM 1965, 868; OLG Zweibrücken v. 22.01.1999, FGPrax 1999, 86.
149 OLG Stuttgart v. 11.11.1980, DNotZ 1981, 746.
150 OLG München v. 10.03.1988, NJW-RR 1989, 663; OLG Stuttgart MDR 1981, 405.
151 OLG Stuttgart v. 11.11.1980, DNotZ 1981, 746, 747.
152 KG IPRax 1994, 217; *Lorenz*, IPRax 1994, 193 f.
153 *Reithmann*, DNotZ 1956, 469, 475 f. m.w.N.

f) Besondere Fallgruppen

123   aa) Die Vollmacht zur *Verfügung über Grundstücke* oder grundstücksgleiche Rechte (Immobiliarsachenrechte) wird gem. Art. 8 Abs. 6 EGBGB der lex rei sitae, also dem Recht unterstellt, in dem die Grundstücke belegen sind.[154] Das gilt auch, wenn von der Vollmacht außerhalb des Belegenheitsstaates Gebrauch gemacht wird.

124   bb) Für *Prokuristen, Handlungsbevollmächtigte und sonstige Firmenvertreter* ergibt sich gem. Art. 8 Abs. 3 EGBGB eine Abweichung vom Wirkungslandprinzip aus der Überlegung, dass die Vollmacht (oder Prokura) ihren Schwerpunkt eher in dem Recht hat, das auf die Gesellschaft anwendbar ist (Gesellschaftsstatut), also in der Regel dem Recht desjenigen Landes, in dem die Gesellschaft ihren Sitz hat. Aus diesem Grund spricht vieles dafür, Prokura und Handlungsvollmacht dem Gesellschaftsstatut zu unterstellen.[155] Da die Abgrenzung von Prokuristen, Handlungsbevollmächtigten zu sonstigen Firmenvertretern – nicht zuletzt aufgrund der denkbar vielfältigen ausländischen Vertretungsformen – schwer fällt, sollten auch Letztere dem Gesellschaftsstatut unterstellt werden.

125   cc) Die *Prozessvollmacht* unterliegt dem Recht des Prozessortes (lex fori).[156]

126   d) Bei einer *Vollmacht zur Ausübung von Stimmrechten* in Gesellschaften ist zu unterscheiden: Die Zulässigkeit einer Bevollmächtigung richtet sich nach dem Geschäftsstatut, hier also nach dem Gesellschaftsstatut.[157] Sonstige Fragen betreffend Umfang, Erteilung, Erlöschen und Missbrauch der Vollmacht beurteilen sich hingegen nach dem Vollmachtsstatut.

2. Verwendung ausländischer Vollmachten in Deutschland

127   Nach den oben genannten Grundsätzen gilt für die notarielle Praxis: Die Wirksamkeit und der Umfang einer in Deutschland ausgeübten Vollmacht bestimmen sich *grundsätzlich nach deutschem Recht* (Art. 8 Abs. 4 und 5; Gebrauchsort).

128   Eine vorgelegte schriftliche Vollmacht sollte dahin überprüft werden, ob sie eine *Rechtswahl* oder eine Beschränkung auf den Gebrauch in einem bestimmten Land enthält. Weicht das Bestimmungsland vom Gebrauchsland (Deutschland) ab, oder wird ein anderes als das Recht des Gebrauchslandes gewählt, sollte der Notar darüber belehren, dass sich die Vollmacht nach ausländischem Recht beurteilt. Falls ihm die Prüfung ausländischen Rechts nicht möglich ist, sollte er darüber belehren, dass er das Vollmachtsstatut nicht kennt und er über die Wirksamkeit der Vollmacht keine Aussage machen kann.

129 M   **Der Notar wies die Beteiligten darauf hin, dass auf die von dem Beteiligten XY vorgelegte Vollmacht das Recht des Staates xy zur Anwendung kommt, dieses Recht ihm unbekannt sei und deshalb Zweifel an der Gültigkeit des Rechtsgeschäfts beständen. Der Notar hat die Beteiligten darauf hingewiesen, dass eine verbindliche Auskunft zu diesen Fragen von einem ausländischen Juristen oder mittels eines Universitätsgutachtens gegeben werden kann. Die Beteiligten wünschten gleichwohl die sofortige Beurkundung.**

---

154   RG v. 18.10.1935, RGZ 149, 93, 94; OLG München IPRax 1990, 320 m. Anm. *Spellenberg* 295; OLG Stuttgart v. 11.11.1980, DNotZ 1981, 746.
155   BGH v. 08.10.1991, NJW 1992, 618 (Prokura); OLG Frankfurt am Main v. 11.07.1985, IPRax 1986, 37, 375 m. Anm. *Ahrens* S. 355.
156   BGH NJW, 1990, 3088; MDR 1958, 319.
157   *Dorsel*, MittRhNotK 1997, 6, 8.

Ist die Vollmacht in einer ausländischen Sprache abgefasst, so stellt sich die Frage, ob es einer *Übersetzung* bedarf. Hier ist zu differenzieren:

a) Ist der Notar selbst der Vollmachtssprache mächtig, so bedarf es keiner Übersetzung. Schließlich kann der Notar auch in ausländischer Sprache beurkunden (§ 5 Abs. 2 BeurkG). Die Vollmacht muss auch nicht für die Beifügung zur Urkunde gemäß § 12 Satz 1 BeurkG übersetzt werden. Denn es obliegt alleine dem Notar, die Wirksamkeit der Bevollmächtigung zu prüfen. Aus diesem Grund muss die in ausländischer Sprache abgefasste Vollmacht auch nicht für den dieser Sprache unkundigen Vertragspartner übersetzt werden. § 16 BeurkG gilt nach dem Wortlaut nicht, denn die Vollmacht ist nicht Teil der Niederschrift. Sollte allerdings die Urkunde dem Gericht (Grundbuchamt, Nachlassgericht oder Handelsregister) vorgelegt werden, so kann dieses eine Übersetzung verlangen. Denn die Gerichtssprache ist deutsch (§§ 8, 9 FGG, § 184 GVG). In den gängigen Sprachen, zumindest in Englisch, ist dies allerdings selten der Fall.

b) Ist der Notar der Vollmachtssprache nicht hinreichend mächtig, so ist zur Prüfung der Bevollmächtigung eine Übersetzung unabdingbar. Hier ist die Übersetzung eines vereidigten Übersetzers zusammen mit der Urkunde vorzulegen und der Urschrift beizufügen. Wird die Übersetzung nicht vorgelegt bzw. erst nach der Beurkundung nachgereicht, so muss der Notar darüber belehren, dass er eine wirksame Bevollmächtigung nicht prüfen kann. Beurkunden kann er aber trotzdem.

Der Notar wies die Beteiligten darauf hin, dass auf die von dem Beteiligten XY vorgelegte Vollmacht in einer fremden Sprache errichtet ist, deren der Notar nicht kundig ist. Es bestehen deshalb Zweifel an der Gültigkeit des Rechtsgeschäfts. Der Notar hat die Beteiligten darauf hingewiesen, dass der Notar den Inhalt der Vollmacht prüfen kann, wenn ihm eine Übersetzung eines vereidigten Übersetzers vorliegt. Die Beteiligten wünschten gleichwohl die sofortige Beurkundung.

Da sich die *Formgültigkeit* der Vollmacht gemäß Art. 11 Abs. 1 EGBGB nach dem Geschäftsrecht (Vollmachtsstatut) oder dem Ortsrecht (Recht am Ort der Vollmachtserteilung) beurteilt, und somit letztlich auch das Recht am Gebrauchsort maßgeblich ist, bestimmt sich eine in Deutschland gebrauchte Vollmacht hinsichtlich der Form zumindest auch nach deutschem Recht.

Wenn eine *öffentliche Beglaubigung* zur Eintragung in ein Register (§ 29 GBO, § 12 Abs. 2 HGB, § 29 GBO) erforderlich ist und diese durch einen ausländischen Notar vorgenommen wird, so ist auf die Legalisation bzw. auf die Apostille zu achten (s., auch zu den befreienden Abkommen, oben Rdn. 95 ff.).

Eine weitere Problematik ergibt sich für den Notar, wenn ein *ausländischer Firmenvertreter* für eine Gesellschaft mit Sitz im Ausland handelt. Da nach ausländischem Recht u.U. die Grenzen zwischen organschaftlicher und gewillkürter Stellvertretung nicht immer präzise gezogen werden, herrscht häufig Unklarheit über den Umfang der Vertretungsbefugnis (z.B. ob Gesamtvertretung oder Einzelvertretung vorliegt). In diesem Fall helfen ausländische Registerauszüge nicht immer weiter, da diese gegebenenfalls keine Regelung über die Vertretungsbefugnis enthalten. Hier kann der deutsche Notar nur eine Bestätigung des Notars des Sitzlandes anfordern.[158]

---

158 *Reithmann*, EWiR 1990, 1087 (zu BGH v. 26.04.1990); *Dorsel*, MittRhNotK 1997, 6, 16; vgl. hierzu auch die Reihe »Vertretungs- und Existenznachweise ausländischer Kapitalgesellschaften« von *Langhein/Fischer/Heinz*, ZNotP 1999, 218 ff. (Teil I), 352 ff. (Teil II), 410 und ZNotP 2000, 410 (Teil III).

3. Verwendung deutscher Vollmachten im Ausland

137 Bei Vollmachten zum Gebrauch im Ausland sollte die Gestaltung so erfolgen, dass sie nach dem Recht des Gebrauchslandes gültig ist. Im Zweifel (etwa wenn unklar ist, ob eine notarielle Beurkundung oder nur eine Beglaubigung erforderlich ist) sollte der sichere Weg gewählt werden, auch wenn die Gefahr besteht, etwas Überflüssiges zu veranlassen. Die Befugnisse des Vertreters sollten genau beschrieben werden. Dies gilt auch für die Befreiung vom Selbstkontrahierungsverbot, das nicht in allen Ländern bekannt ist. Im Zweifel kann auch eine Rechtswahl (auf deutsches Recht) vorgenommen werden.[159] Grundstücksvollmachten sollten immer auf der Basis des Belegenheitsrechts erstellt werden.

138 Beurkundet der Notar eine Vollmacht, so sollte er erfragen, in welchem Land diese gebraucht werden soll und ob eine Beschränkung auf das Inland oder auf ein bestimmtes Land erwünscht ist. Ist dies der Fall, so sollte er die Einschränkung in die Urkunde aufnehmen, sodass sich die Vollmacht auf jeden Fall (nach deutschem Kollisionsrecht) nach deutschem Recht beurteilt. Wird keine Beschränkung auf ein bestimmtes Land aufgenommen, sollte darüber belehrt werden, dass die Vollmacht bei Gebrauch im Ausland ausländischem Recht unterstehen kann und aus deutscher (kollisionsrechtlicher) Sicht jedenfalls nicht nur deutschem Recht unterstehen kann.

139 Wird die Vollmacht nach ihrem Inhalt (z.B. Durchsetzung von Ansprüchen in mehreren Ländern; Vollmacht zur Verwaltung von Vermögen in mehreren Ländern) in unterschiedlichen Ländern gebraucht (z.B. eine Generalvollmacht), so kann es zu einer Aufspaltung des Vollmachtsstatuts kommen. Je nach (konkretem) Wirkungsland kann ein und dieselbe Vollmacht nach unterschiedlichen Rechten beurteilt werden.

140 Hinsichtlich der Form gilt, dass bei Erteilung der Vollmacht unter Einhaltung der deutschen Formvorschriften diese auch im Ausland als wirksam anzuerkennen ist, vorausgesetzt, das ausländische Kollisionsrecht knüpft ebenfalls (wenigstens auch) an die Ortsform an. In jedem Fall sollte vorher ermittelt werden, wie das Kollisionsrecht des jeweiligen Landes die Form anknüpft. Besteht darüber Unklarheit oder möchte man die Akzeptanz der Vollmacht im Ausland sicherstellen, so sollte die Form gewählt werden, die das ausländische materielle Recht vorsieht. Ist man unsicher, sollte die Vollmacht beurkundet und anschließend legalisiert bzw. mit einer Apostille versehen werden.

141 Da die Auslegung der Vollmacht dem Vollmachtsstatut – bei Gebrauch im Ausland also dem dort geltenden Recht – unterliegt, sollte die Vollmacht möglichst klar und unmissverständlich formuliert werden. Dies gilt insbesondere deshalb, weil Vollmachten in anderen Rechtsordnungen häufig eng ausgelegt werden.

142 Die Internationale Union des Notariats (U.I.N.L.) gibt eine Sammlung internationaler Vollmachten heraus. In § 24 sind Vollmachtsmuster der U.I.N.L. in deutscher Sprache vorgestellt. Für die Abdruckgenehmigung wird der U.I.N.L. gedankt.

---

159 *Dorsel*, MittRhNotK 1997, 6, 19.

Zweiter Abschnitt. Recht der Schuldverhältnisse

§ 27 Vermögensübertragung und Vertrag zwischen künftigen gesetzlichen Erben (Erbschaftsvertrag)

I. Vermögensübertragung

§ 311b BGB trifft in seinen Abs. 2 und 3 Sonderregelungen für Verträge über »das Vermögen«. Veräußerer kann auch eine juristische Person sein.[1] Eine Verpflichtung zur Übertragung des *künftigen* Vermögens kann nicht eingegangen werden; entsprechende Vereinbarungen sind nichtig (§ 311b Abs. 2 BGB). Die Verpflichtung, das *gegenwärtige* Vermögen oder einen Bruchteil hiervon zu übertragen oder mit einem Nießbrauch zu belasten, bedarf zu ihrer Wirksamkeit der notariellen Beurkundung (§ 311b Abs. 3 BGB). Zwei Komponenten müssen zusammenkommen, zum einen die wirtschaftliche Bedeutung des Geschäfts, zum anderen die fehlende Überschaubarkeit der Verpflichtung (anders z.B. § 1365 BGB, vgl. § 82). Der Wille der Beteiligten muss auf die Übertragung (praktisch) des ganzen Vermögens bzw. eines Bruchteils davon (in »Bausch und Bogen«) gerichtet sein, also die Gesamtheit des Aktivvermögens (ohne Berücksichtigung der Schulden). Betrifft der Vertrag einzelne, konkret benannte Gegenstände, ist die eingegangene Verpflichtung überschaubar. § 311b Abs. 3 BGB ist in diesen Fällen auch dann nicht anwendbar, wenn die genannten Gegenstände letztlich das gesamte Vermögen ausmachen, es sei denn die Vertragsteile wollen mit deren Benennung stellvertretend das Vermögen »in Bausch und Bogen« bezeichnen.[2]

Für die Eigentumsverschaffung und die Übertragung von Rechten und Ansprüchen gelten die allgemeinen Vorschriften (z.B. § 929 BGB für bewegliche Gegenstände, § 925 für Grundbesitz, § 398 BGB für Forderungen).

Übertragung des gegenwärtigen Vermögens

Verhandelt zu ..... am .....

Vor mir, …..
erschienen:
1. **Frau Klara Rohr verpflichtet sich, ihr gesamtes gegenwärtiges Vermögen der Stadt Herford zu Eigentum zu übertragen. Dessen Wert beträgt ohne Schuldenabzug 200.000,– €. Ausgenommen von der Übertragung ist nur die zum persönlichen Gebrauch bestimmte Habe wie Kleider, Wäsche und Schmuck.**
2. **Die wesentlichen Vermögensgegenstände und die Verbindlichkeiten ergeben sich aus der Anlage zu dieser Urkunde; auf die Anlage wird verwiesen.**
3. **Die Beteiligten sind einig über den Eigentumsübergang hinsichtlich der in der Anlage genannten beweglichen Gegenstände auf die Stadt. Diese beweglichen Sachen werden ihr heute übergeben.**

---

1 OLG Hamm NZG 2010, 1189.
2 BGH NJW 1991, 353, 355; OLG Hamm NZG 2010, 1189 m.w.N.

Der Anspruch auf Herausgabe der in der Anlage genannten Wertpapiere sowie die dort aufgeführten Forderungen werden hiermit der Stadt abgetreten. Diese nimmt die Abtretung an.
Grundbesitz hat Frau Rohr nicht.
3. Die Stadt verpflichtet sich, für Frau Rohr bis zu deren Tode die Kosten der Unterbringung im ….. Stift zu tragen.
4. Die Stadt verpflichtet sich, Zins und Tilgung für die Verbindlichkeiten von Frau Rohr zu leisten, die in der Anlage genannt sind, und sich derzeit auf insgesamt 6.600,– € belaufen.
Sollte die Stadt von Gläubigern von Frau Rohr über diesen Betrag hinaus in Anspruch genommen werden, so kann sie von diesem Vertrag zurücktreten. Sie hat dann das Vermögen in dem erhaltenen Umfang Zug um Zug gegen Erstattung ihrer bis dahin geleisteten Zahlungen zurück zu übertragen.
Der Wert der jährlichen Unterhaltsverpflichtung ist 20.000,– €.
Frau Rohr ist 73 Jahre alt.

■ *Kosten.* Der Geschäftswert ist nach § 97 Abs. 1 GNotKG der Wert des übertragenen Vermögens ohne Abzug von Schulden (§ 38 GNotKG). Für die Bewertung der Gegenleistung gilt § 52 GNotKG (bei einem Alter der Berechtigten zwischen 50 und 70 wäre das 10-fache des Jahreswerts der Unterhaltsverpflichtung anzusetzen, bei höherem Alter das 5-fache). Hieraus 2,0 Gebühr gemäß Nr. 21100 KV GNotKG.

3 Unsicher ist die Anwendbarkeit des § 311b Abs. 3 BGB beim *Unternehmenskauf* in Form der Veräußerung aller zum Unternehmen gehörenden Vermögenswerte (»asset deal«).[3] Sie dürfte dann anzunehmen sein, wenn – eher praxisfern – das »ganze Unternehmen mit allem, was dazugehört« Vertragsgegenstand ist. Werden die einzelnen veräußerten Vermögensgegenstände im Vertrag bzw. in Anlagen aufgelistet, ist § 311b Abs. 3 BGB nicht anwendbar ist, auch wenn diese in ihrer Gesamtheit das gesamte Vermögen ausmachen.[4] Werden allerdings – wie üblich – Auffangklauseln verwendet (»catch-all«-Klauseln), ist die Anwendbarkeit des § 311b Abs. 3 BGB zumindest nicht auszuschließen, sofern damit mehr erfasst werden soll als einzelne, in der Auflistung nicht enthaltene, aber eher untergeordnete Wirtschaftsgüter. Werden »alle Aktiva (und Passiva)« oder das »gesamte Inventar und alle Inventurgegenstände« veräußert, dürfte das zur Anwendbarkeit des § 311b Abs. 1 BGB führen.[5] Werden einzelne Vermögensgegenstände von der Veräußerung ausgenommen, dürfte es dann bei der Anwendbarkeit des § 311b Abs. 1 BGB bleiben, wenn diese wirtschaftlich verhältnismäßig unbedeutend sind, wobei die Grenze bei 5 % des Gesamtwerts angesetzt werden könnte.[6]

II. Vertrag zwischen künftigen gesetzlichen Erben (Erbschaftsvertrag)

4 Verträge über den Nachlass eines noch *lebenden* Dritten sind nichtig, § 311b Abs. 4 BGB. Das Gleiche gilt von einem Vertrag über den Pflichtteil oder ein Vermächtnis aus dem Nachlass eines noch lebenden Dritten. Nichtig sind auch Verträge über die Verpflichtung zur Annahme oder Ausschlagung einer Erbschaft oder zur Nichtgeltendmachung eines Pflichtteilsanspruchs sowie eine vom künftigen Erben erteilte unwiderrufliche Vollmacht zur Verfügung über den Nachlass. Die Nichtigkeit eines solchen Vertrages folgt aus dem Schutzzweck der

---
3 Vgl. *K. J. Müller*, NZG 2007, 201; *Heckschen*, NZG 2006, 772; *Kiem*, NJW 2006, 2363.
4 BGH NJW 1991, 353, 355; OLG Hamm NZG 2010, 1189 m.w.N.
5 Vgl. OLG Hamm NZG 2010, 1189, 1190; *Weiler*, notar 2011, 117, 127; *Hager/Müller-Teckhof*, NJW 2012, 2081.
6 *Morshäuser* WM 2007, 337, 344.

Vorschrift. Durch sie sollen gefährliche Geschäfte unter Ausbeutung des Leichtsinns und eine leichtsinnige Vermögensverschleuderung verhindert werden.[7] § 311b Abs. 4 BGB erfasst nicht Verträge über konkrete Gegenstände aus einer erwarteten Erbschaft.[8]

Nach § 311b Abs. 5 BGB finden die Vorschriften des § 311b Abs. 4 BGB keine Anwendung auf einen Vertrag, der unter künftigen gesetzlichen Erben über den gesetzlichen Erbteil oder den Pflichtteil eines von ihnen geschlossen wird (sog. Erbschaftsvertrag).[9] Dieser Vertrag bedarf der notariellen Beurkundung. Das Beurkundungserfordernis entfällt nicht dadurch, dass der Erblasser am Vertrag mitwirkt.[10]

Bei Mitwirkung des Erblassers lässt sich das Gewollte oft durch einen Erbvertrag nach den §§ 2274 ff. BGB oder durch einen Erb- oder Pflichtteilsverzichtsvertrag nach §§ 2346 ff. BGB besser regeln (s. § 111). Anlass für Erbschaftsverträge kann insbesondere sein, dass der künftige Erblasser – z.B. wegen fehlender Geschäftsfähigkeit oder Bindung an einen Erbvertrag – nicht mehr in der Lage ist, entsprechende Verfügungen zu treffen, oder dass der künftige Erblasser hierzu nicht bereit ist oder dass die Beteiligten bewusst auf dessen Einbeziehung in die Vereinbarungen verzichten wollen.

Die Ausnahmeregelung des § 311b Abs. 5 BGB soll eine vorgezogene Auseinandersetzung zwischen »gesetzlichen Erben« ermöglichen. Erforderlich und hinreichend ist, dass die Vertragsbeteiligten z.Zt. des Vertragsschlusses im Verhältnis zum Erblasser zum Kreis der gesetzlichen Erben gemäß §§ 1924 ff. BGB gehören. Ein etwaiger Erbverzicht eines Beteiligten ist insofern ohne Bedeutung.[11] Nach dem Wortlaut des § 311b Abs. 5 BGB ist die Regelungsmöglichkeit quantitativ auf den gesetzlichen Erbteil beschränkt.[12]

Tritt die im Erbschaftsvertrag vorausgesetzte Erbfolge nicht ein – wird z.B. der Verpflichtete nicht Erbe, auch nicht Testamentserbe – kann, sofern der Vertrag diesen Fall nicht regelt, eine Rückabwicklung auf der Grundlage des § 313 BGB (Wegfall der Geschäftsgrundlage)[13] oder nach § 812 BGB[14] in Betracht kommen. Der Erbschaftsvertrag sollte diesen Fall ansprechen.

Die Erbfolge wird durch den Erbschaftsvertrag nicht geändert, er hat nur schuldrechtliche Wirkung. Der Veräußerer wird ggf. trotzdem Erbe; er darf nicht ausschlagen und muss nach dem Anfall der Erbschaft seinen Erbteil auf den Käufer übertragen.

Eine aufgrund des Erbschaftsvertrags geschuldete Ausgleichszahlung ist steuerbar gemäß § 7 Abs. 1 Nr. 1 ErbStG, wobei sich die Steuerklasse nach dem Verhältnis des Zahlungsempfängers zum künftigen Erblasser bestimmt.[15]

Der Notar muss dem Finanzamt den Erbschaftsvertrag anzeigen, sei es im Hinblick auf eine unentgeltliche Zuwendung der Beteiligten untereinander, sei es im Hinblick auf die Ausgleichszahlung (vgl. § 34 ErbStG, § 8 ErbStDV).

Vertrag unter künftigen gesetzlichen Erben

Verhandelt zu München, ... M
am .....
Vor .....
Notar in München

---

7 BGH DNotZ 1996, 763, 765.
8 Vgl. *Limmer*, DNotZ 1998, 927, 933 f.
9 Vgl. *Becker* notar 2017, 447
10 BGH DNotZ 1996, 763, 764 f.
11 BGH DNotZ 1996, 763, 764.
12 Kritisch *Limmer*, DNotZ 1998, 927, 937 f.
13 *Wiedemann*, NJW 1968, 773.
14 MüKo-BGB/*Kanzleiter*, 7. Aufl., § 311b BGB Rn. 124.
15 BFH MittBayNot 2001, 416.

§ 27 Vermögensübertragung und Vertrag zwischen künftigen gesetzlichen Erben

erschienen:
1. Herr Dr. Karl Kaiser, ...
2. dessen Schwester, Frau Erika König geborene Kaiser, ...
Die Erschienenen sind dem Notar von Person bekannt.
Die Erschienenen erklärten:

§ 1

Wir sind Sohn und Tochter von Frau Irene Kaiser, geborene König. Unser Vater Josef Kaiser ist verstorben. In dem gemeinschaftlichen Testament unserer Eltern, das nach dem Tod des Vaters insoweit bindend geworden ist, sind wir zu gleichen Teilen als Schlusserben eingesetzt. Beim Tode unserer Mutter würden wir also zu je $^1/_2$ Anteil deren Erben werden.

§ 2

Frau Erika König verpflichtet sich, ihrem Bruder, Herrn Dr. Karl Kaiser, einen Betrag in Höhe von 50.000,– € (fünfzigtausend Euro) zu zahlen.
Ein Teilbetrag in Höhe von 20.000,– € ist zur Zahlung fällig am ....., der Restbetrag in Höhe von 30.000,– € ist zur Zahlung fällig am .....
Frau König unterwirft sich wegen dieser Zahlungsverpflichtung der sofortigen Zwangsvollstreckung aus dieser Urkunde in ihr gesamtes Vermögen. Zur Erteilung einer vollstreckbaren Ausfertigung genügt die Darlegung der Fälligkeit durch den Gläubiger.

§ 3

Herr Dr. Karl Kaiser verpflichtet sich, Frau Erika König als Gegenleistung seinen vorstehend näher bezeichneten Erbteil am Nachlass seiner Mutter unverzüglich nach deren Tod zu übertragen.
Er hat alles zu unterlassen, was den Erwerb von Todes wegen hindern könnte; insbesondere verpflichtet er sich, auf die Zuwendung in dem o.g. gemeinschaftlichen Testament nicht zu verzichten.
Ein eventueller Pflichtteilsanspruch gegen den Nachlass seiner Mutter wird ihr hiermit abgetreten. Er verpflichtet sich weiter, eine etwa noch notwendige Übertragung des Pflichtteilsanspruchs vorzunehmen.

§ 4

Erhält Herr Dr. Karl Kaiser weder einen Erbteil noch einen Pflichtteilsanspruch, so hat er binnen eines Jahres, nachdem das feststeht, 50.000,– € zuzüglich 5 v.H. Jahreszinsen, gerechnet ab dem Tag des Eingangs der in § 2 genannten Zahlung bis zur Auszahlung, an seine Schwester, Frau Erika König, zu zahlen. Wenn der nach den Verkehrswerten am Tage des Erbfalles berechnete Wert des Erbteiles oder Pflichtteilsanspruches unter 50.000,– € nebst genannten Zinsen bleibt, so hat Herr Dr. Karl Kaiser den Fehlbetrag binnen eines Jahres nach dessen Feststellung an Frau Erika König zu zahlen. Ein Mehrwert des Erbteils oder Pflichtteils soll Frau Erika König nicht zu einer Nachzahlung verpflichten.

§ 5

Der Notar hat darüber belehrt, dass die über den Erbteil getroffene Vereinbarung nur schuldrechtliche Wirkung hat und somit nach Eintritt des Erbfalles der Erbteil noch übertragen werden muss. Der eventuelle Pflichtteilsanspruch gegen den Nachlass der Mutter der Beteiligten ist jedoch schon jetzt mit dinglicher Wirkung abgetreten.

§ 6

Herr Dr. Karl Kaiser bevollmächtigt Frau Erika König unter Befreiung von den Beschränkungen des § 181 BGB unwiderruflich, nach dem Eintritt des Erbfalls seine Rechte am Nachlasses der Mutter auszuüben und den Erbteil bzw. Pflichtteil auf sich selbst oder einen Dritten zu übertragen. Die Vollmacht erlischt nicht durch den Tod des Vollmachtgebers.

Von dieser Vollmacht kann, soweit für die betreffenden Erklärungen eine notarielle Beurkundung oder Beglaubigung erforderlich ist, nur vor dem beurkundenden Notar, Vertreter oder Amtsnachfolger Gebrauch gemacht werden und erst dann, wenn diesem von Herrn Dr. Kaiser die vollständige Zahlung des nach § 2 zu zahlenden Betrags bestätigt oder diese Zahlung von Frau König nachgewiesen ist.

§ 7

Die Kosten dieses Vertrages trägt Herr Dr. Karl Kaiser.
Von dieser Urkunde erhalten die Beteiligten je eine Ausfertigung.
Das Finanzamt – Schenkungsteuerstelle – erhält eine beglaubigte Abschrift.
Der Wert des künftigen Erbteils wird auf 75.000,– € geschätzt.

■ *Kosten:* Nach dem Wert des künftigen Erbteils (§ 97 GNotKG) eine 2,0 Gebühr gemäß Nr. 21100 KV GNotKG.

§ 28 Erlass, Verzicht

1 Der Erlass ist ein *Vertrag zwischen* Gläubiger und Schuldner; in der Folge erlischt das betreffende Schuldverhältnis (§ 397 Abs. 1 BGB). Einen (einseitigen) *Verzicht* auf schuldrechtliche Forderungen sieht das Gesetz nicht vor. Häufig wird ein Erlassvertrag auch in der Weise formuliert, dass der Gläubiger auf eine bestimmte Forderung verzichtet und der Schuldner diesen Verzicht annimmt. Der Wille des Gläubigers, die Forderung zu erlassen, muss sich unmissverständlich aus dem Vertrag ergeben;[1] dies gilt insbesondere dann, wenn auch unbekannte Forderungen und/oder Ansprüche aus unerlaubter Handlung von dem Erlass erfasst werden sollen.[2] Dieselben Rechtswirkungen wie eine Verzicht oder Erlass hat ein *negatives Schuldanerkenntnis* (s.u. Rdn. 11 ff.).

2 Grundsätzlich kann auf Ansprüche jeglicher Art verzichtet werden (zu Erb- und Pflichtteilsverzicht § 100). Einem Erlass oder Verzicht können aber gesetzliche Vorschriften entgegenstehen. Dies gilt z.B. für Unterhaltsansprüche des Ehegatten während der Ehezeit, also auch im Falle der Trennung (hierzu näher § 90), oder für Unterhaltsansprüche von Verwandten für die Zukunft (§§1360a Abs. 3, 1614 Abs. 1 BGB). Beschränkungen finden sich nicht selten in arbeitsrechtlichen Normen (z.B. nach dem Entgeltfortzahlungsgesetz) oder im Gesellschaftsrecht (z.B. § 19 Abs 2 GmbHG). Einen Erlass von Notarkosten schließt § 125 GNotKG aus. Zudem sind die allgemeinen gesetzlichen Beschränkungen, z.B. gemäß §§ 138, 305 ff. BGB zu beachten.[3]

3 Ein *Erlassvertrag zugunsten Dritter* ist nicht möglich[4] (hierzu Rdn. 9). Eine gewisse Ausnahme lässt § 423 BGB zu, wenn der Erlass zwischen dem Gläubiger und einem Gesamtschuldner vereinbart wird.

4 Der Erlass wirkt unmittelbar (dinglich) auf ein bestehendes Recht ein und ist unabhängig von dem ihm zugrunde liegenden Zweck (abstraktes Rechtsgeschäft). Er kann auflösend oder aufschiebend bedingt vereinbart werden. Er erfordert nicht die Einhaltung einer Form, auch nicht die Form des Grundgeschäfts, das er beseitigt. Ein schenkweise vereinbarter Erlass ist formfrei. Der Erlass ist bereits Bewirkung der Schenkung (§ 518 Abs. 2 BGB).

5 Der einseitige Verzicht des Gläubigers bringt ein Schuldverhältnis nicht zum Erlöschen; vielmehr muss die Annahme des Schuldners hinzukommen; sie kann auch in schlüssigem Verhalten zu erkennen sein, z.B. dass sich der Schuldner nicht mehr um die Tilgung bemüht. Bei einseitig abgegebenen Verzichtserklärungen wird man, da der Vertrag dem Empfänger lediglich vorteilhaft ist, regelmäßig davon ausgehen können, dass auf den Zugang der Annahmeerklärung des Empfängers verzichtet wird (§ 151 BGB).[5] Wenn der Schuldner den Erlass erbeten hat, ist in der entsprechenden Erklärung des Gläubigers die Annahme des Angebots zu sehen.

Erlassvertrag

6 M Die Unterzeichnenden sind darüber einig, dass A dem B die Forderung auf Rückzahlung des am ..... in Höhe von ..... € ausgereichten Darlehens in der derzeit noch bestehenden Höhe von ..... € samt allen hierauf entfallenden Zinsen schenkungsweise erlässt.

---

1 BGH NJW 2006, 1511, 1512.
2 BGH NJW 1984, 1346.
3 Vgl. BAG NZA 2016, 762 zu umfassenden Abgeltungsklauseln in Aufhebungsverträgen.
4 BGH NJW 1994, 2483, 2484.
5 BGH NJW 2000, 276.

Ort, Datum
Unterschriften (Schuldner und Gläubiger)

■ *Kosten.* Aus dem Betrag des im Zeitpunkt des Erlasses noch offenen Darlehensbetrags eine 2,0 – Gebühr gemäß Nr. 21100 KV GNotKG.

In der Praxis erfolgt ein Erlass nicht selten mit dem Ziel, bestehende wirtschaftliche Schwierigkeiten des Schuldners zu beseitigen. Sie werden dann zuweilen mit Vereinbarungen über Zahlungsverpflichtungen des Schuldners verbunden, wenn und soweit sich seine Vermögensverhältnisse verbessern (»Besserungsschein«). Dies kann im Wege einer Schuldumschaffung erfolgen, sodass sich der Rechtsgrund für eine Nachzahlung unmittelbar aus dem Erlassvertrag ergibt, oder durch Vereinbarung eines (teilweisen) Wiederauflebens der erlassenen Forderung durch auflösende Bedingung.[6]

Erlassvertrag mit Nachzahlungsvereinbarung (Besserungsschein)

1. Die Unterzeichnenden sind darüber einig, dass A (Gläubiger) dem B (Schuldner) die Forderung auf Rückzahlung des am ….. in Höhe von ….. € ausgereichten Darlehens in der derzeit noch bestehenden Höhe von ….. € samt allen hierauf entfallenden Zinsen bis auf einen Restbetrag von ….. € erlässt.
Der zu zahlende Restbetrag ist zur Zahlung fällig am …..
2. Der vorstehende Erlass wird erst wirksam mit der vollständigen Zahlung des vorgenannten Restbetrags bis zum vorgenannten Fälligkeitstermin.
3. Die Unterzeichnenden sind darüber einig, dass der Schuldner an den Gläubiger eine weitere Zahlung in Höhe von ….. € zu leisten hat, wenn der Schuldner das in seinem Eigentums stehende Grundstück FlSt ….. der Gemarkung ….. bis zum ….. zu einem Kaufpreis von mehr als ….. € verkauft haben sollte oder – falls es nicht zu einem Verkauf kommt – wenn ein auf diesen Zeitpunkt zu erstellendes Verkehrswertgutachten einen höheren Wert als ….. € ausweisen sollte. Die Feststellung des Verkehrswerts soll ggf. durch einen von den Unterzeichnenden gemeinsam beauftragten unabhängigen Sachverständigen erfolgen, dessen Kosten diese je zur Hälfte zu tragen haben. Können sie sich nicht auf einen bestimmten Sachverständigen einigen, soll dieser von der zuständigen Industrie- und Handelskammer bestimmt werden.
Der danach zu zahlende Betrag ist im Falle eines Verkaufs zur Zahlung fällig unverzüglich nach Eingang des Kaufpreises beim Schuldner, sofern ein Sachverständigengutachten erforderlich ist, unverzüglich nach dessen Vorliegen.
Eine Sicherung der bedingten Zahlungsverpflichtung wird nicht vereinbart.
Ort, Datum
Unterschriften (Schuldner und Gläubiger)

■ *Kosten.* s. Rdn. 6 M.

Alternativ zu einem solchen Erlassvertrag können Gläubiger und Schuldner auch einen Vertrag des Inhalts schließen, dass die Forderung auf bestimmte Dauer nicht oder nur noch unter bestimmten Voraussetzungen geltend gemacht werden kann (*Stillhalteabkommen; pactum de non petendo*). In der Folge stünde dem Schuldner eine Einrede gegen den betreffenden Anspruch zu (während der Erlass zu einer Einwendung führt). Eine solche Vereinbarung

---

6 Vgl. BGH NJW 1984, 2762.

kann anders als ein Erlassvertrag auch zugunsten Dritter abgeschlossen werden;[7] wird die Stillhalteverpflichtung nicht befristet oder von bestimmten Bedingungen abhängig gemacht, hat sie wirtschaftlich die Wirkung eines Erlassvertrags.

Stillhalteabkommen zugunsten eines Dritten

10 M A hat dem B am ..... ein Darlehen über ..... gewährt; das Darlehen wurde bislang nicht zurückgezahlt, Zinszahlungen wurden nicht geleistet.
A und C schließen hierzu folgenden Vertrag: A verzichtet hiermit zeitlich befristet bis ...../ unbefristet darauf, gegen B Forderungen aus dem vorgenannten Darlehensvertrag geltend zu machen, insbesondere auf Rückzahlung des Darlehens oder auf Zinszahlungen.
Ort, Datum
Unterschriften (A und C)

■ *Kosten.* 2,0 – Gebühr gemäß Nr. 21100 KV GNotKG. Der Geschäftswert ist nach dem Darlehensbetrag bzw. (bei Einschränkungen) aus einem Teilwert (»nach billigem Ermessen«, § 36 GNotKG) zu bestimmen.

11 Erkennt der Gläubiger *durch Vertrag* mit dem Schuldner an, dass das Schuldverhältnis nicht (mehr) besteht, hat dies die Wirkung eines Erlasses, § 397 Abs. 2 BGB (negatives Schuldanerkenntnis). Eine nur einseitig abgegebene Erklärung desselben Inhalts hat diese Wirkung nicht.

12 M Ich ....., erkenne hiermit an, dass mir ..... aufgrund des Darlehensvertrags vom ..... keine Zahlungen mehr schuldet.
Ort, Datum
Unterschriften (Schuldner und Gläubiger)

13 M Ich habe am ..... Herrn ..... ein Darlehen von 5.000 € gewährt. Ich erkläre hierzu, dass das Darlehen in voller Höhe getilgt ist und alle Zinszahlungen erfolgt sind. Den Schuldschein habe ich verlegt. Ich erkläre den Schuldschein für ungültig.
Ort, Datum
Unterschriften (Schuldner und Gläubiger)

14 Nicht selten soll eine umfassende Regelung im Hinblick auf ein bestehendes oder beendetes Schuldverhältnis, z.B. im Rahmen der Aufhebung eines Arbeits- oder Mietverhältnisses, getroffen werden, um weitere Streitigkeiten zu vermeiden. Damit sollen in aller Regel auch Ansprüche erfasst werden, die nicht konkret bedacht sind. Solche Vereinbarungen können in Form eines konstitutiven negativen Schuldanerkenntnisses gestaltet werden.[8]

Vergleich – konstitutives negatives Schuldanerkenntnis

15 M Die Unterzeichnenden sind darüber einig, dass nach Erfüllung der in diesem Vertrag geregelten Ansprüche keine Partei mehr gegen die andere Ansprüche aus dem <bisherigen Arbeitsverhältnis> und seiner Beendigung hat, unabhängig davon, ob solche

---

[7] BGH NJW 1994, 2483, 2484.
[8] BAG NJW 2015, 2990.

derzeit bekannt oder unbekannt sind und auf welchem Rechtsgrund sie beruhen mögen.

Im Schuldrecht kommt ein einseitiger Verzicht im Hinblick auf Einreden und Gestaltungsrechte in Betracht. 16

Insbesondere kann – auch zeitlich befristet – auf die Einrede der Verjährung verzichtet werden.[9] Gerichtliche Verfahren zur Unterbrechung der Verjährung können so vermieden werden. Nach der Schuldrechtsmodernisierung kommen allerdings auch unmittelbar Vereinbarungen über die Verlängerung der Verjährung in Betracht (anders § 225 Satz 1 BGB a.F.), wobei nach § 202 Abs. 2 BGB die Gesamtverjährungsfrist max. 30 Jahre ab dem gesetzlichen Verjährungsbeginn betragen darf.

Verzicht auf Einrede der Verjährung

Ich verzichte hiermit zeitlich befristet bis zum ….. auf die Erhebung der Einrede der Verjährung für alle Mängelansprüche aus dem Werkvertrag vom ….. über ….. 17 M
Ort, Datum
Unterschrift

---

[9] Vgl. OLG Brandenburg NJW-RR 2005, 871.

§ 29 Abtretung

I. Grundsätze

1 1. Eine Abtretung (§ 398 BGB) hat die Übertragung der Gläubigerstellung zum Gegenstand. Sie erfolgt durch Vertrag zwischen dem Abtretenden (Zedent) und dem Abtretungsempfänger (Zessionar). Die Zustimmung des Schuldners ist nicht erforderlich (vgl. Rdn. 15).

2 Die Abtretung (Zession) ist ein abstraktes Verfügungsgeschäft. Der schuldrechtliche Verpflichtungsgrund muss nicht angegeben werden. Seine Aufnahme in die Abtretungsurkunde empfiehlt sich jedoch, um Zweifel und Streit zu vermeiden. Der Abtretung können z.B. zugrunde liegen: Forderungskauf, Einziehungsauftrag, Schenkung, Einbringung in eine Gesellschaft, Kreditsicherung (fiduziarische Abtretung).

Abtretung ohne Angabe des Grundgeschäfts

3 M Mir, ..., steht gegen S eine Darlehensforderung von 3.000 € zu, die ab ..... mit 6 % jährlich verzinslich und am ..... fällig ist. Diese Forderung trete ich mit den Zinsen vom ..... ab an N. Ich, N, nehme diese Abtretung an.
Ort, Datum
                  Unterschriften
(Beglaubigung nicht erforderlich)

- *Kosten.* Wert ist der Nennbetrag der Forderung (§ 97 GNotKG),
  - bei Beurkundung 2,0 – Gebühr gemäß Nr. 21100 KV GNotKG,
  - bei Beurkundung nur der (einseitigen) Erklärung des Abtretenden 1,0 – Gebühr gemäß Nr. 21200 KV GNotKG,
  - bei Entwurfsfertigung gemäß Nr. 24100 KV GNotKG eine Gebühr von 0,5–2,0, mindestens 120,00 €,
  - bei Beglaubigung gemäß Nr. 25100 KV GNotKG eine Gebühr von 0,2, mindestens 20,00 €, höchstens 70,00 €, wobei bei Entwurfsfertigung für die erste(n) Beglaubigung(en), »die an ein und demselben Tag erfolgen«, keine Gebühren anfallen (Vorbem. 2.4.1 Abs. 2 KV GNotKG).

Abtretung mit Zweckerklärung

4 M Mir, ..., steht gegen S eine Darlehensforderung von 3.000 € zu, die ab ..... mit 6 % jährlich verzinslich und am ..... fällig ist. Diese Forderung trete ich mit den Zinsen vom ..... ab an N. Ich, N, nehme diese Abtretung an.
Die Unterzeichnenden sind darüber einig, dass die Abtretung nur zum Inkasso vorgenommen wird und dass N 20 % der eingehenden Beträge als Provision für sich behalten darf. Die durch die Einziehung entstehenden Kosten gehen zu seinen Lasten.
Ort, Datum
                  Unterschriften

- *Kosten.* Wie Rdn. 3 M.

Abtretung unter Angabe des Grundgeschäfts

Ich, A, habe gegen S aufgrund Darlehensvertrag vom ..... eine Forderung von 5000 €, die mit 6 % jährlich verzinslich und nach dreimonatiger Kündigung fällig ist. Diese Forderung habe ich an B in ..... für 2.500 € verkauft und den Kaufpreis erhalten. Ich trete ihm die Forderung mit den Zinsen seit ..... ab.
Ich, B, nehme die Abtretung an.
Ort, Datum

Unterschriften

(Beglaubigung nicht erforderlich)

■ *Kosten.* Wie Rdn. 3 M.

2. Es gilt das *Prioritätsprinzip*.[1] Eine Forderung kann nur einmal abgetreten werden, eine weitere Abtretung derselben Forderung geht ins Leere. Dies gilt auch, wenn künftige Forderungen abgetreten werden. Bei mehrfacher Abtretung derselben Forderung führt grundsätzlich die zeitlich frühere zum Rechtsübergang. Der gute Glaube des Abtretungsempfängers ist im Allgemeinen nicht geschützt. Er kann sich im Rahmen des § 405 BGB auf den Inhalt einer ihm bei der Abtretung vorgelegten Urkunde verlassen. Auch wird der gutgläubige Zessionar eines Grundpfandrechtes geschützt (§§ 892, 1138, 1155 BGB).

In Betracht kommt auch eine *Sukzessivberechtigung*, wonach ein Anspruch auflösend bedingt dem einen Berechtigten und aufschiebend bedingt einem anderen Berechtigten zusteht. In der Folge geht die Forderung ohne Abtretung bei Eintritt der Bedingung auf den zweiten Berechtigten über.[2]

Sukzessivberechtigung

Der vorstehend genannte Anspruch steht zunächst A und B gemeinsam als Gesamtgläubigern zu, nach dem Tod des Erstversterbenden von ihnen dem Überlebenden allein.

3. Die abgetretene Forderung muss *bestimmt* oder wenigstens *bestimmbar* sein. Eine zweifelsfreie Feststellung muss nicht nur dem Zedenten und dem Zessionar, sondern auch dem Schuldner möglich sein. Bei der Abtretung künftiger Forderungen genügt, dass die einzelne Forderung spätestens im Zeitpunkt ihrer Entstehung nach Gegenstand und Umfang genügend bestimmbar ist; der Schuldner muss sich in zumutbarer Weise Gewissheit darüber verschaffen können, an wen er in welcher Höhe zu leisten hat.[3]

Bestimmbarkeit der zukünftigen Forderungen

Der Kreditnehmer tritt dem Kreditgeber alle gegenwärtigen und zukünftigen Forderungen ab, die er gegen seine Kunden in ..... erwirbt, wobei bei natürlichen Personen der (erste) Wohnsitz, bei juristischen Personen deren Sitz (bei im Handelsregister eingetragenen Unternehmen laut Handelsregistereintragung) ist
(oder ..... gegen Kunden mit den Anfangsbuchstaben A bis F erwirbt .....)
(oder ..... alle gegenwärtigen und zukünftigen Forderungen, jedoch nur mit dem Teil, der 500 € überschreitet .....)

---

1 BGH NJW 2005, 1192, 1193 m.w.N.
2 BayObLG DNotZ 1996, 366.
3 BGH NJW 2000, 276.

§ 29 Abtretung

Zur weiteren Klarstellung:
..... Für die Höhe der Forderungen sind die in den Rechnungen enthaltenen Endbeträge maßgebend. Anzahlungen und Ermäßigungen werden nicht berücksichtigt.

11 4. Eine Abtretung bedarf grundsätzlich keiner besonderen *Form*. Für Verträge, die die Abtretung des Anspruchs auf den Erwerb von Grundbesitz zum Gegenstand haben, ist gem. § 311b Abs. 1 BGB die notarielle Beurkundung erforderlich (vgl. § 61 Rdn. 37); die Abtretung von Ansprüchen auf Rückübertragung von Grundstücken, Gebäuden und Unternehmen nach dem Vermögensgesetz (VermG) bedarf der notariellen Beurkundung gem. § 3 VermG.

12 Auf Verlangen des neuen Gläubigers hat der bisherige Gläubiger eine öffentlich beglaubigte Abtretungsurkunde auszustellen (§ 403 BGB).

13 5. Auch öffentlich-rechtliche Ansprüche können abgetreten werden. Hierfür gelten allerdings nicht §§ 398 ff. BGB (ausgenommen § 411 BGB), sondern die betreffenden öffentlich-rechtlichen Vorschriften (z.B. § 46 AO, § 53 SGB I).

Eine Abtretung von *Steuererstattungsansprüchen* ist danach nur in der von § 46 Abs. 3 AO vorgeschriebenen Form möglich. Die Anzeige muss grundsätzlich durch den Gläubiger erfolgen, kann aber auch vom Abtretungsempfänger beim Finanzamt eingereicht werden.[4]

Zur Abtretung von Beamtengehältern bedarf es gem. § 411 BGB einer öffentlich beglaubigten Urkunde.

Abtretung von Beamtengehalt

14 M Mir, A, steht gegen das ..... Land, vertreten durch die ..... Kasse in ..... ein Anspruch auf Gehalt und nach meiner späteren Versetzung in den Ruhestand auf Ruhegehalt zu.
Ein Drittel meines nach Abzug der Lohnsteuer verbleibenden Gehalts und späteren Ruhegehalts trete ich an die von mir geschiedene Frau B in ..... ab vom 1. kommenden Monats an auf ihre Lebensdauer, längstens jedoch bis zu ihrer Wiederverheiratung.
Die Kasse benachrichtige ich unter Zusendung dieser Urkunde.
Ich, B, nehme die Abtretung an.
Ich bin 60 Jahre und meine geschiedene Frau ist 57 Jahre alt. Der abgetretene Teil meines Gehalts beträgt nach Abzug der Lohnsteuer monatlich zurzeit 500 €.
Ort, Datum
                                                    Unterschriften
(Beglaubigungsvermerk)

■ *Kosten*. Für die Wertermittlung gilt § 52 Abs. 2 GNotKG. Maßgebend ist danach der auf die Dauer des Rechts entfallende Wert, max. der auf die ersten 20 Jahre entfallende Wert, wobei bei Rechten, die auf die Lebensdauer einer Person beschränkt sind, § 52 Abs. 4 GNotKG zu beachten ist, sodass hier – bei einem Lebensalter zwischen 50 bis 70, der auf die ersten 10 Jahre entfallende Wert (hier somit 60.000 €) anzusetzen ist. Für die Gebühren vgl. Rdn. 3 M.

II. Anzeige der Abtretung

15 Eine Zustimmung des Schuldners ist zur Abtretung nicht erforderlich, sofern dies nicht besonders vereinbart ist (vgl. Rdn. 43). Eine Abtretung muss ihm auch nicht angezeigt werden, sofern dies nicht – wie etwa regelmäßig bei Versicherungsverträgen – besonderes

---
4 BFH MittBayNot 1994, 572.

vereinbart ist (anders bei der Verpfändung, § 1280 BGB). Im Hinblick auf die Rechtsfolgen der §§ 406, 407 BGB ist jedoch zu empfehlen, dass der Schuldner von der Abtretung in Kenntnis gesetzt wird (§ 409 BGB). Nur die schriftliche Anzeige der Abtretung oder die Vorlage einer Abtretungsurkunde verpflichtet den Schuldner zur Leistung an den neuen Gläubiger (§ 410 BGB).

An S in …..
Ich zeige Ihnen an, dass ich meine gegen Sie bestehende Forderung von 3.000 € an Herrn N in ….. abgetreten habe.
Ort, Datum

16 M

Unterschrift

■ *Kosten.* Es fällt gemäß Nr. 22200 (Nr. 5) KV GNotKG eine 0,5-Gebühr aus dem Betrag der abgetretenen Forderung an. Entscheidend ist, dass die Anzeige zur Erzielung einer Rechtsfolge (§ 409 BGB) erfolgt.

Wenn die Befugnis des Zessionars, die Forderung selbst einzuziehen, gänzlich oder bis zum Zugriff konkurrierender Gläubiger des Zedenten ausgeschlossen wird, kommt keine wirksame Abtretung zustande. Eine befristete oder bedingte, z.B. von der Erfüllung der Verpflichtungen des Zedenten gegenüber dem Zessionar abhängige Vereinbarung, dass der Zedent zur Einziehung berechtigt bleiben und die Abtretung nicht dem Schuldner mitgeteilt werden soll, ist jedoch mit der Abtretung vereinbar. Eine solche *stille Zession* ist bei der Sicherungsabtretung sogar die Regel. Um sie, wenn notwendig, offen legen zu können, kann sich der neue Gläubiger vom bisherigen Vollmacht geben lassen, im Namen des Zedenten dem Schuldner die Abtretung mitzuteilen (s. § 409 BGB; wegen § 174 BGB ist schriftliche Vollmacht erforderlich). Auch Blankomitteilungen, die der bisherige dem neuen Gläubiger gibt, sind dazu geeignet.

17

III. Abtretbarkeit

Grundsätzlich sind Forderungen abtretbar. Hiervon gibt es jedoch drei Gruppen von Ausnahmen:

18

1. Unabtretbarkeit kann wegen des *Inhalts* der Forderung bestehen (§ 399 Halbs. 1 BGB). Sie ist gegeben, wenn der Gläubigerwechsel den Inhalt der Leistung ändern würde. Dazu gehören u.a. Ansprüche auf Naturalunterhalt, besonders aus Altenteilsrechten, auf Bestellung einer persönlichen Dienstbarkeit, auf Dienstleistungen, (grundsätzlich) aus Vorverträgen auf Vertragsabschluss, aus Vorkaufsrechten (§ 473 BGB).

19

2. Die Abtretbarkeit einer Forderung kann durch *Vereinbarung – auch durch AGB*[5] – ausgeschlossen werden (§ 399 Halbs. 2 BGB). Nach § 354a HGB ist die Abtretung von Geldforderungen aus einem beiderseitigen Handelsgeschäft trotz eines Abtretungsverbotes wirksam; das Abtretungsverbot hat aber die Wirkung, dass der Schuldner auch bei Kenntnisnahme von der Abtretung weiter mit befreiender Wirkung an den Zedenten leisten kann.

20

---

5 BGH ZfIR 2007, 11.

§ 29 Abtretung

Ausschluss der Abtretbarkeit

21 M Die Abtretung der Forderungen aus diesem Vertrag ist nur mit Zustimmung oder Genehmigung des anderen Vertragsteils wirksam; diese darf nicht ohne sachlichen Grund verweigert werden.

22 Die Abtretbarkeit einer Forderung kann insbesondere auch durch *Allgemeine Geschäftsbedingungen* ausgeschlossen bzw. von einer Genehmigung abhängig gemacht werden, sofern nicht gesetzliche Bestimmungen entgegenstehen (vgl. § 108 VVG i.d.F. von 2008, wonach Abtretungsbeschränkungen bei Haftpflichtversicherungen unwirksam sind). Eine vorbehaltene Genehmigung darf nicht unbillig verweigert werden.[6] Eine entsprechend erteilte Genehmigung wirkt nicht auf den Zeitpunkt der Abtretung zurück; vielmehr wird die Abtretung dann mit dem Wirksamwerden der Genehmigung wirksam.[7]

Einholung einer zur Abtretung erforderlichen Genehmigung

23 M Die zur Abtretung erforderliche Genehmigung des Schuldners soll der Notar (oder der Käufer/der Verkäufer) einholen; er wird von den [übrigen] Vertragteilen beauftragt und ermächtigt, diese Genehmigung für sie einzuholen und entgegenzunehmen.
Sollte die erforderliche Genehmigung nicht bis spätestens ..... erteilt sein, können beide Vertragsteile vom schuldrechtlichen Teil des heutigen Vertrags zurücktreten. Wird die Genehmigung später erteilt, erlischt das hier vereinbarte Rücktrittsrecht, sofern es bis dahin nicht rechtswirksam ausgeübt wurde.

■ *Kosten.* Kosten für die Einholung der Genehmigung wie Rdn. 16 M.

24 Ist unsicher, ob eine Forderung abtretbar ist oder muss damit gerechnet werden, dass eine erforderliche Genehmigung nicht erteilt wird, kann dem bei der Vertragsgestaltung Rechnung getragen werden:

25 M Der Verkäufer übernimmt keine Gewähr und Einstandsverpflichtung für den Bestand und die Abtretbarkeit dieser Ansprüche und Rechte. Sofern und soweit eine Abtretung von solchen Rechten nicht zulässig oder aus irgendwelchen Gründen nicht möglich ist, ermächtigt der Verkäufer den Käufer hiermit, diese Rechte ab dem Stichtag im eigenen Namen oder im Namen des Verkäufers, jedoch auf eigene Rechnung des Käufers geltend zu machen. Der Käufer wird den Verkäufer insoweit von etwaigen Kosten und Ansprüchen Dritter freistellen. Im Übrigen wird der Verkäufer dem Käufer die zur Durchsetzung etwa bestehender Rechte notwendigen und bei ihm verfügbaren Informationen kostenfrei erteilen.

26 3. *Unpfändbare Forderungen* sind ebenfalls nicht abtretbar (§ 400 BGB). Darunter fallen u.a. die Forderungen aus dem Arbeitseinkommen bis zu einem bestimmten Umfange (§§ 850 bis 850i ZPO), im Allgemeinen Unterhaltsrenten (§ 850b ZPO), im Wesentlichen Sozialversicherungsrenten (z.B. § 119 RVO), Sozialleistungen (§ 54 SGB), der Anspruch auf Sozialhilfe (§ 4 Abs. 1 BSHG), sowie der Herausgabeanspruch des verarmten Schenkers, bevor er anerkannt oder rechtshängig geworden ist (§ 852 ZPO).

27 Der Abtretung von Darlehensforderungen eines Kreditinstituts stehen grundsätzlich weder das Bankgeheimnis noch das Bundesdatenschutzgesetz entgegen.[8] Bei der Abtre-

---

6 BGHZ 108, 172; BGH NJW-RR 2000, 1220.
7 BGHZ 108, 172.
8 BGH MittBayNot 2007, 485; BVerfG WM 2007, 1694; vgl. auch *Clemente*, ZfIR 2007, 737.

tung entsprechender Forderungen kann sich eine vertragliche Übernahme diesbezüglicher Verpflichtungen empfehlen, insbesondere wenn gleichzeitig die zu ihrer Sicherung bestellten Grundschulden übergehen sollen (Rdn. 29).

IV. Übergang der Nebenrechte

Mit der abgetretenen Forderung gehen gem. § 401 BGB akzessorische Rechte ohne zusätzliche Abtretung über, also z.B. Hypotheken (§ 1153 BGB), Pfandrechte an beweglichen Sachen (§ 1250 BGB), Nebenrechte aus Bürgschaften und Vorzugsrechte (§ 804 Abs. 2 ZPO, §§ 48 ff. InsO) sowie Vormerkungen (vgl. § 61 Rdn. 34). Nicht zu den Nebenrechten, die gem. § 401 BGB ohne Weiteres übergehen, gehören Sicherungsgrundschulden, Rechte aus Sicherungsübereignung, Sicherungsabtretung und Eigentumsvorbehalt; ein schuldrechtlicher Anspruch auf ihre Mitübertragung ist zwar häufig anzunehmen, sofern nicht eine Vereinbarung mit dem Sicherungsgeber entgegensteht. Ggf. sollte die Vereinbarung auch die Mitabtretung solcher Rechte bzw. entsprechende Eigentumsübertragung enthalten oder aber klar stellen, dass deren Abtretung oder Übertragung nicht erfolgt. **28**

Wird mit der Forderung auch eine zu deren Sicherheit bestellte Grundschuld abgetreten (vgl. § 74 Rdn. 4), kann der Grundstückseigentümer bei nach dem 19.08.2008 bestellten Grundschulden gem. § 1192 Abs. 1a BGB sämtliche Einreden, die ihm aufgrund des Sicherungsvertrags gegen den bisherigen Gläubiger zustehen, dem Erwerber entgegensetzen. Dieser Regelung sollten die Vereinbarungen zwischen Zedent und Zessionar entsprechen.[9] Dies gilt unabhängig davon, dass – abweichend von einer Entscheidung des XI. Zivilsenats des BGH vom 30.03.2010[10] – nach der Rechtsprechung des VII. Zivilsenats des BGH[11] die Erteilung einer Vollstreckungsklausel nicht den Nachweis des Eintritts des Erwerbers der Forderung in eine der Grundschuldbestellung zugrunde liegende Sicherungsvereinbarung bzw. den Nachweis des Abschlusses eines neuen Sicherungsvertrages voraussetzt. Von einer Übertragung bzw. Übernahme der im Zusammenhang mit der abgetretenen Forderung bestehenden Rechte und Pflichten – insbesondere aus der *Sicherungsabrede*, die diese verknüpft – wird man bei Verträgen zwischen Unternehmen in aller Regel ausgehen können, auch wenn der Vertrag keine ausdrückliche Regelung enthält, da andernfalls der Zedent damit rechnen müsste, den Schuldner bei einer abredewidrigen Inanspruchnahme durch den Zessionar von Nachteilen freistellen zu müssen. **29**

Eintritt in Sicherungsvertrag

Zur Sicherung der abgetretenen Forderung wurde zugunsten des Zedenten am ..... eine Grundschuld ohne Brief über 100.000 € mit 16 % Zinsen ab dem Tag der Grundschuldbestellung bestellt und am ..... im Grundbuch des Amtsgerichts ..... für ..... Blatt ..... in Abt. III unter lfd. Nr. ..... eingetragen; außerdem wurde vom Schuldner ein abstraktes Schuldversprechen abgegeben.
Die genannten Sicherheiten werden gemäß § ..... dieses Vertrags an den Zessionar abgetreten,
Der betreffende Sicherungsvertrag ist dem Zessionar bekannt.
Er tritt hiermit in diesen Sicherungsvertrag ein. Er verpflichtet sich hiermit gegenüber dem Zedenten, Rechte und Ansprüche aus der abgetretenen Forderung und den hier- **30 M**

---

9 Dies kann auch durch einen Vertrag zugunsten des Sicherungsgebers erfolgen, BGH ZfIR 2012, 707; vgl. auch *Wolfsteiner*, ZfIR 2012, 681.
10 BGHZ 185, 133.
11 BGHZ 190, 172; BGH ZfIR 2011, 898.

für eingeräumten und übertragenen Sicherheiten nur in Übereinstimmung mit allen gesetzlichen und vertraglichen Verpflichtungen geltend zu machen.

31 Zur Sicherung seiner Interessen kann der Zedent sich eine entsprechende Zusage durch den Zessionar geben lassen.

Garantie zur Einhaltung von Sicherungsvereinbarungen u.ä.

32 M Der Käufer garantiert hiermit dem Verkäufer im Wege eines selbständigen Garantieversprechens im Sinne des § 311 Abs. 1 BGB, dass ab dem Vollzugstag (einschließlich)
a) das vertragsgegenständliche Kreditportfolio mit banküblicher Sorgfalt in Übereinstimmung mit allen gesetzlichen und vertraglichen Verpflichtungen, insbesondere unter Wahrung der nach deutschem Recht geltenden Anforderungen an den Datenschutz und die Vertraulichkeit der Kundenbeziehung verwaltet wird,
b) sämtliche von dem Verkäufer hinsichtlich des vertragsgegenständlichen Kreditportfolios übernommenen Verpflichtungen aus Kredit-, Kontokorrent- und Sicherheitenverträgen erfüllt werden, insbesondere die Zweckbestimmungserklärungen bzw. Sicherungszweckvereinbarungen hinsichtlich der Portfolio-Sicherheiten (einschließlich der Pflicht, die Portfolio-Sicherheiten nicht zu einem Sicherungszweck außerhalb der Zweckbestimmungserklärungen bzw. Sicherungszweckvereinbarungen, insbesondere nicht zur Besicherung von Forderungen, die keine Portfolio-Forderungen sind, zu verwenden), wozu der Verkäufer garantiert, dass er dem Käufer alle diesbezüglichen Angaben und Erklärungen mit den Portfolio-Unterlagen oder in sonstiger Weise übermittelt hat, sowie
c) etwaige Ansprüche der Rückgewährberechtigten auf vollständige oder partielle Rückgewähr der Portfolio-Sicherheiten nach vollständigem oder teilweisem Wegfall des Sicherungszwecks erfüllt werden.

V. Abtretung von Teilen

33 Die Abtretung von Teilen einer Forderung setzt neben der Abtretbarkeit auch die Teilbarkeit der Forderung voraus. Beides kann durch Vereinbarung ausgeschlossen sein.

34 Geldforderungen sind grundsätzlich teilbar. Abgetretene Teilforderungen haben – unabhängig von der zeitlichen Abfolge der Abtretungen – den *gleichen* Rang. Soll die abgetretene Teilforderung den Rang vor dem Rest haben, so *muss* dies bei der Zession vereinbart sein. Gegenrechte kann der Schuldner bei jeder Teilforderung nur anteilig geltend machen. Besteht gleicher Rang, so entscheidet der Schuldner bei der Zahlung, welche Teilforderung er tilgen will, § 366 BGB.

35 Die Bestimmtheit bzw. Bestimmbarkeit der abgetretenen Teile muss gewährleistet sein.[12] Zulässig ist es auch, von mehreren Forderungen je einen bestimmten Teil abzutreten. Die Angabe der Gesamtabtretungssumme lässt allein keine Bestimmung zu, sodass der von jeder Forderung abgetretene Teil anzugeben ist; andernfalls ist die Abtretung nichtig.

36 M Mir, Z, stehen folgende Kaufpreisforderungen aus Holzverkäufen zu:
1. gegen A .....10.000 € aufgrund Vertrag Nr. ...... vom .....
2. gegen B .....6.000 € aufgrund Vertrag Nr. ...... vom .....
3. gegen C .....4.000 € aufgrund Vertrag Nr. ...... vom .....
sämtlich mit Zinsen von 6 % seit dem .....

---

[12] Vgl. BGH NJW 2000, 276.

Ich schulde M in ..... aus Bauvertrag vom .....10.000 €. Zahlungshalber trete ich ohne Zinsen je eine Hälfte meiner oben bezeichneten Außenstände gegen meine vorgenannten Käufer an M ab, und zwar mit dem Range vor dem Rest.
Ich, M, nehme die Abtretung an.
Ort, Datum

Unterschriften (Z und M)

(Beglaubigung nicht erforderlich)

▪ *Kosten.* Vgl. Rdn. 3 M.

VI. Einzelfälle

1. Abtretung von Ansprüchen und Rechten wegen Mängeln

Bei einer Veräußerung (z.B. Kauf oder Schenkung) kann die Abtretung von seitens des Veräußerers hinsichtlich des betreffenden Gegenstands bestehenden Mängelansprüchen zu erwägen sein. Im Wege der ergänzenden Vertragsauslegung wäre eine Abtretung von Mängelansprüchen oder eine Verpflichtung hierzu nur unter engen Voraussetzungen zu bejahen.[13] Ziel ist in der Regel, die Rechtsposition des Erwerbers zu stärken. Haftungsbeschränkungen sind mit solchen Abtretungen – jedenfalls bei Bauträgerverträgen – nicht erreichbar.[14] Bei der Veräußerung von *Wohnungs- und Teileigentum* oder ähnlichen Sachverhalten könnte einer auf einen Teil – z.B. das veräußerte Sondereigentum – beschränkten Abtretung entgegenstehen, dass der Anspruch nicht entsprechend teilbar bzw. abtretbar ist.[15]

37

Abtretung von Ansprüchen und Rechten wegen Mängeln

Der Verkäufer tritt hiermit mit Wirkung ab vollständiger Kaufpreiszahlung alle Erfüllungs-, Gewährleistungs- und Schadenersatzansprüche an den Käufer ab, die ihm im Hinblick auf das vertragsgegenständliche Gebäude oder mitveräußerte bewegliche Gegenstände gegen Handwerker, Lieferanten, Planer oder sonst damit befasste Dritte zustehen. Der Käufer nimmt die Abtretung an.

38 M

2. Abtretung von Ansprüchen aus Bausparverträgen

Bei Bausparverträgen werden – u.U. öffentlich gefördert z.B. nach dem Vermögensbildungsgesetz oder dem Wohnungsbauprämiengesetz – Spareinlagen zur Erlangung von Baudarlehen geleistet. Der Anspruch auf *Gewährung* des Darlehens ist nur mit Zustimmung der Bausparkasse abtretbar, dagegen sind sonstige Rechte in der Regel ohne Weiteres abtretbar, insbesondere der Anspruch auf *Auszahlung* des Bauspardarlehens. Abtretbar ist auch das Recht auf Kündigung des Bausparvertrages. Regelungsbedürftig ist in der Regel auch, ob nach der Abtretung die Beitragszahlung durch den Zedenten oder durch den Zessionar zu erfolgen hat.

39

In jedem Fall sollten vor Vertragsschluss die Auswirkungen auf in Anspruch genommene Prämien- bzw. Steuervergünstigungen geklärt werden. Regelmäßig muss zumindest der Bausparvertrag eingesehen werden.

40

---

13 Vgl. BGH NJW 1997, 652; BGH DNotZ 2004, 779.
14 BGHZ 150, 226; näher *Basty*, Der Bauträgervertrag, Rn. 1114 ff.
15 Vgl. *Quack*, IBR 2005, 210; *Graßnack*, BauR 2006, 1394.

41 M Mit der Bausparkasse ..... in ..... habe ich den Bausparvertrag Nr. ..... über 50.000 € geschlossen.

Zur Sicherheit für alle Ansprüche aus meiner Geschäftsverbindung mit der Firma G trete ich dieser sämtliche Rechte aus dem Bausparvertrag ab, insbesondere den Anspruch auf Rückzahlung der von mir an die Bausparkasse geleisteten Spareinlagen und das Recht auf Auszahlung des Bauspardarlehns sowie das Recht auf Kündigung des Bausparvertrages.
Ich verpflichte mich, der Firma G zum Nachweise der Zahlung des monatlichen Betrages die Überweisungsbelege regelmäßig einzureichen.
Ort, Datum

Unterschrift

(Beglaubigung nicht erforderlich)

■ *Kosten.* Vgl. Rdn. 3 M.

3. Abtretung von Lebensversicherungsansprüchen

42 Ansprüche und Rechte aus Lebensversicherungen sind grundsätzlich abtretbar.[16] Bei kapitalbildenden Lebensversicherungen sind insofern insbesondere die Zahlungsansprüche im Todesfall, der Anspruch auf den Rückkaufswert (§ 169 VVG, ggf. nach Kündigung, § 168 VVG)[17] und die Bezugsberechtigung zu unterscheiden. Von Interesse können auch Ansprüche auf Vorauszahlungen (Policedarlehen) sein. Der Vertrag sollte klar zum Ausdruck bringen, was gewollt ist.

43 Zur Abtretung bedarf es nach den allgemeinen Versicherungsbedingungen einer schriftlichen Anzeige gegenüber der Versicherungsgesellschaft durch den bisher Verfügungsberechtigten; bis zur entsprechenden Anzeige ist die Abtretung absolut unwirksam.[18] Sind Versicherungsnehmer und versicherte Person nicht identisch (§ 150 VVG), ist nach den allgemeinen Versicherungsbedingungen die schriftliche Einwilligung der versicherten Person nicht nur für den Abschluss des Vertrages, sondern auch für eine Abtretung oder Verpfändung sowie für eine Änderung der Bezugsberechtigung erforderlich.

44 Die gewöhnliche (widerrufliche) Bezugsberechtigung eines Dritten kann der Versicherungsnehmer durch Erklärung gegenüber dem Versicherer ohne Zustimmung des Dritten widerrufen (§ 159 VVG). Andernfalls bleibt die Berechtigung unverändert. Wurde z.B. »der verwitwete Ehegatte« benannt und hat der Versicherungsnehmer nach Scheidung erneut geheiratet, bleibt es bei der Bezugsberechtigung des Ehegatten zum Zeitpunkt der Bezugsrechtserklärung, die Versicherungssumme steht dann also dem früheren Ehegatten zu, nicht dem Ehegatten zum Zeitpunkt des Todesfalls.[19] In der Abtretung des Anspruchs auf die Versicherungssumme liegt im Allgemeinen der Widerruf. Der Widerruf muss dem Versicherungsunternehmen zugehen. Der in einem Testament erklärte Widerruf einer Bezugsberechtigung genügt für sich allein daher nicht; er muss außerdem der Versicherung mitgeteilt werden. Dem Anzeigeerfordernis genügt es nicht, wenn der Versicherung nach dem Tode des Versicherungsnehmers das Testament vorgelegt wird.[20]

---

16 Vgl. *Lachner/Lexa*, NJW 2007, 1176 zum Verkauf des Versicherungsvertrags, insb. im Fall der Insolvenz des Versicherungsnehmers.
17 BGH NJW 2007, 2320 (diese Ansprüche sind nicht ohne Weiteres von einer Abtretung der Ansprüche auf den Todesfall erfasst).
18 BGHZ 112, 387.
19 BGH WM 2015, 1611.
20 BGH DNotZ 1994, 377.

Abtretung Lebensversicherung

Bei der ..... besteht eine kapitalbildende Lebensversicherung unter Vertrags-Nr. ..... Der Vertragsinhalt ist den Vertragsbeteiligten bekannt.
Versicherungsnehmer und versicherte Person ist A. Er versichert, dass alle bis heute fälligen Zahlungen auf diesen Versicherungsvertrag vollständig geleistet wurden und dieser Vertrag nicht gekündigt ist.
Alle gegenwärtigen und künftigen Rechte und Ansprüche aus dem vorgenannten Vertrag werden hiermit an B abgetreten, insbesondere Ansprüche auf den Todesfall und der Anspruch auf den Rückkaufswert (nach Kündigung). B nimmt die Abtretung hiermit an. Er ist insbesondere auch berechtigt, die Bezugsberechtigung zu ändern und Erklärungen zur Kündigung oder Umwandlung des Vertrags abzugeben.
B hat alle ab heute fällig werdenden Leistungen auf den vorgenannten Versicherungsvertrag zu leisten; soweit A noch Zahlungsaufforderungen o.Ä. erhält, hat er diese unverzüglich an B weiterzuleiten.
Die Beteiligten werden die Abtretung unverzüglich der Versicherung anzeigen.
A erteilt hiermit dem B unter Befreiung von den Beschränkungen des § 181 BGB Vollmacht, die entsprechende Anzeige gegenüber der Versicherung vorzunehmen und etwa sonst im Zusammenhang mit der Übertragung erforderliche oder zweckmäßige Erklärungen abzugeben und entgegenzunehmen.
Den Beteiligten ist bekannt, dass die Abtretung erst mit Zugang der vorgenannten Anzeige rechtswirksam ist und ein Widerruf der Bezugsberechtigung nur durch Erklärung gegenüber der Versicherung erfolgen kann.

45 M

Sicherungsabtretung eines Lebensversicherungsvertrags

Zur Sicherheit für das Darlehen, das ich in Höhe von 25.000 € mit 8 v.H. Zinsen ab 1. d.J. von der Firma G erhalten habe, trete ich der Gläubigerin aus dem von mir mit der ..... Versicherungsgesellschaft am ..... geschlossenen Lebensversicherungsvertrage Nr. ..... über 50.000 € meine gegenwärtigen und künftigen Rechte auf den Rückvergütungswert und auf die Versicherungssumme ab. Die Gläubigerin ist berechtigt, sich diesen Betrag entweder durch Erhebung des Rückvergütungswertes des ganzen Vertrages oder durch Einziehung der Versicherungssumme bei deren Fälligkeit zu beschaffen.
Die Gläubigerin ist auch berechtigt, die ihr übertragenen Rechte beliebig zu verwerten, insbesondere an Dritte zu übertragen, die Versicherung durch Abhebung des Rückvergütungswertes aufzulösen oder die Umwandlung in eine beitragsfreie zu beantragen sowie die etwa angesammelte Dividende in Empfang zu nehmen.
Alle Maßnahmen und Vereinbarungen, die die Gläubigerin zur Geltendmachung ihrer Rechte trifft, erkenne ich als für mich verbindlich an.
Ich übergebe der Gläubigerin den Lebensversicherungsschein Nr. ..... der ..... Versicherungsgesellschaft und die Quittung über meine letzte Beitragszahlung. Die Quittungen über zukünftige Beitragszahlungen werde ich der Gläubigerin jeweils unaufgefordert zusenden, und zwar mindestens zehn Tage vor Ablauf einer Zahlungsfrist. Die Gläubigerin ist berechtigt, aber nicht verpflichtet, Beiträge und sonstige Zahlungen, auch solche zur Wiederinkraftsetzung des Versicherungsvertrages, zu meinen Lasten zu entrichten.
Der Versicherungsschein ist mir zurückzugeben und die abgetretenen Ansprüche sind an mich zurück abzutreten, wenn die Gläubigerin wegen der gesamten Forderung befriedigt ist, zu deren Sicherstellung diese Abtretung erfolgt.
Hiermit widerrufe ich für die Dauer der Abtretung das Bezugsrecht von .....

46 M

Die mitunterzeichnete Berechtigte, deren Bezugsrecht unwiderruflich sein sollte, erklärt sich mit diesem Widerruf ausdrücklich einverstanden.
Die heutige Abtretung und den Widerruf des Bezugsrechts werde ich dem Versicherer unverzüglich mitteilen.
Ort, Datum

Unterschrift

(Beglaubigung nicht erforderlich)

- Kosten. Vgl. Rdn. 3.

47 Zur *Verpfändung* von Lebensversicherungsansprüchen s. § 78 Rdn. 24 ff. Zur Abtretung von *Grundpfandrechten* s. § 74.

4. Globalzession

48 Insbesondere bei der Abtretung künftiger Forderungen sind Sicherungsinteressen Dritter zu berücksichtigen. Nach ständiger Rechtsprechung ist eine zur Sicherung eines Kredits vereinbarte *Globalzession* künftiger Kundenforderungen an eine Bank in der Regel sittenwidrig und damit nichtig, wenn sie nach dem Willen der Vertragsparteien auch solche Forderungen umfassen soll, die der Schuldner seinen Lieferanten aufgrund verlängerten Eigentumsvorbehalts künftig abtreten muss und abtritt (vgl. § 52 Rdn. 32); diese Rechtsprechung ist aber nicht ohne Weiteres übertragbar auf eine zweite Globalzession an einen Lieferanten oder Vermieter.[21]

Global-Abtretungsvertrag

49 M Zwischen der G ..... Bank, nachstehend Bank genannt, und der Firma S ....., nachstehend Firma genannt, wird vereinbart:
1. Die Bank gewährt der Firma einen Kredit bis zur Höhe von ..... €.
Zur Sicherung für diesen Kredit und etwaige weitere Forderungen, die der Bank in Zukunft zustehen sollten, tritt die Firma hiermit der Bank ihre sämtlichen gegenwärtigen und künftigen Forderungen aus Warenlieferungen und Leistungen gegen ihre Kunden mit Niederlassungen in den Ländern Niedersachsen und Bremen ab.
Die gegenwärtigen Forderungen der Firma gegen diese Kunden gehen mit Unterzeichnung dieses Vertrages und die künftigen mit ihrer Entstehung auf die Bank über.
2. Die Firma hat der Bank eine Aufstellung der ihr nach dem heutigen Stande abgetretenen Forderungen übergeben. Am 1. und 16. eines jeden Monats wird die Firma die Bank unter Verwendung der ihr zur Verfügung gestellten Vordrucke über die auf die abgetretenen Forderungen erfolgten Eingänge unterrichten. Gleichzeitig wird sie der Bank Rechnungsdurchschriften zu allen seit der letzten Meldung entstandenen und auf die Bank übergegangenen Forderungen übergeben.
3. Die Firma versichert, dass sie über die von der Abtretung erfassten Forderungen uneingeschränkt verfügungsberechtigt ist, insbesondere dass die Drittschuldner die Abtretung nicht ausgeschlossen haben, dass die der Bank abgetretenen Forderungen nicht bereits an andere abgetreten sind (Vorausabtretungen aufgrund von Lieferungsbedingungen fallen nicht unter diese Erklärung) und dass auch sonst Rechte anderer an den Forderungen nicht bestehen.
4. Die Firma wird die vereinbarte Abtretung von Forderungen jedem bekannt geben, der die Bekanntgabe nach den Grundsätzen von Treu und Glauben erwarten darf.

---

21 BGH NJW 2005, 1192, 1193 m.w.N.

5. Mit den abgetretenen Forderungen gehen alle für sie haftenden Sicherheiten sowie die Rechte aus den zugrunde liegenden Rechtsgeschäften auf die Bank über. Wenn den abgetretenen Forderungen unter Eigentumsvorbehalt erfolgte Lieferungen zugrunde liegen oder wenn der Firma bewegliche Sachen zur Sicherung der Forderungen übereignet sind, so geht das Vorbehaltseigentum oder Sicherungseigentum auf die Bank über. Die Firma tritt die Herausgabeansprüche gegen die unmittelbaren Besitzer zusammen mit den Forderungen an die Bank ab. Wenn dazu besondere Erklärungen erforderlich werden sollten, wird die Firma sie auf Verlangen der Bank vornehmen.
6. Wenn sich die abgetretenen Forderungen nach ihrem Betrage oder nach ihrem Werte oder nach ihrer Fälligkeit ändern sollten, so hat die Firma die Bank hiervon unverzüglich zu unterrichten und nach ihren Weisungen zu verfahren. Von Beeinträchtigungen der Rechte der Bank an den abgetretenen Forderungen durch Maßnahmen Dritter ist der Bank ebenfalls unverzüglich Mitteilung zu machen. Bei Pfändungen hat sie den Pfändungsgläubiger unverzüglich von der Abtretung an die Bank zu unterrichten und dieser Abschrift des Pfändungsprotokolls und sonstige zum Widerspruch gegen die Pfändung erforderliche Unterlagen zu übersenden.
7. Wenn die der Bank abgetretenen Forderungen von Lieferanten der Firma aufgrund verlängerten Eigentumsvorbehaltes in Anspruch genommen werden können, soll die Abtretung an die Bank erst mit dem Erlöschen des verlängerten Eigentumsvorbehaltes wirksam werden. Die Bank kann den Eigentumsvorbehalt durch Leistung an die Vorbehaltsverkäufer ablösen. Etwaige Ansprüche der Firma auf Rückübertragung von Forderungen, soweit sie von den Lieferanten nicht in Anspruch genommen werden können, werden an die Bank hierdurch mitabgetreten.
8. Die Bank ist berechtigt, die Forderungen an die Firma zurückzuübertragen und die Abtretung anderer ihr genehmer Forderungen zu verlangen, wenn die Einziehung auf Schwierigkeiten stößt oder wenn sie es aus anderen Gründen wünscht.
9. Der Gesamtbetrag der heute abgetretenen Forderungen ist ..... €. Wenn er in Zukunft hierunter absinkt, so hat die Firma der Bank neue, dieser genehme Forderungen abzutreten oder andere der Bank genehme Sicherheiten zu leisten.
10. Die Bank ist berechtigt, zur Prüfung der abgetretenen Forderungen jederzeit die Bücher und Belege der Firma einzusehen und von ihr für notwendig gehaltene Auskünfte zu verlangen.
11. Die Bank kann die Drittschuldner jederzeit von der Abtretung unterrichten. Auf Verlangen hat ihr die Firma Blanko-Benachrichtigungsschreiben zur Benachrichtigung der Drittschuldner zu übergeben.
12. Die Bank erklärt sich unter dem Vorbehalt jederzeitigen Widerrufes damit einverstanden, dass die Firma die abgetretenen Forderungen einzieht und über die Eingänge daraus so lange verfügt, als der Gesamtbetrag der jeweils bestehenden der Bank abgetretenen Forderungen nicht unter die in Ziffer 13 dieses Vertrages bezeichnete Deckungsgrenze absinkt.
13. Die Bank wird nach Begleichung ihrer gesamten Ansprüche die abgetretenen Forderungen an die Firma zurück übertragen. Wenn der von der Bank zugesagte Kredit oder ihre darüber hinausgehenden Gesamtansprüche die abgetretenen Forderungen um mehr als 20 % unterschreiten, so wird die Bank auf Verlangen der Firma einen entsprechenden Teil der Forderungen zurück abtreten, wobei die Auswahl der Bank zusteht.
14. Sollte eine Bestimmung dieses Vertrages nicht wirksam sein, so wird die Gültigkeit des übrigen Vertragsinhaltes davon nicht berührt.
Ort, Datum

Unterschrift

(Beglaubigung nicht erforderlich)

■ *Kosten.* Vgl. Rdn. 3 M.

§ 29 Abtretung

5. Mantelzession

50 Während die Globalzession bereits eine wirksame Abtretung enthält und die etwa zu ihr vereinbarte Einreichung von Listen mit Anführung der einzelnen Forderungen nur der Klarstellung dient, wird bei einer *Mantelzession* die Abtretung erst mit der Übergabe von Rechnungsdurchschriften oder Forderungsaufstellungen wirksam. Wenn die zukünftigen Forderungen noch nicht genügend beschrieben werden können, was bei einem häufigen Wechsel der zur Sicherung abgetretenen Forderungen der Fall sein kann, ist eine solche ergänzende Bestimmung notwendig. Erst mit ihrer Vornahme wird die Abtretung wirksam.

Mantelzession

51 M **1. Die Firma G hat mir einen Kredit von 80.000 € eröffnet. Ich verpflichte mich, der Gläubigerin laufend Forderungen gegen meine Kunden abzutreten, die ihr zur Sicherung ihrer Ansprüche aus dem Kreditverhältnis dienen.**
Ich verpflichte mich, die abgetretenen Kundenforderungen auf einer solchen Höhe zu halten, dass der von mir ausgenutzte Kredit mit mindestens 120 % gesichert ist. Für eingegangene Beträge habe ich unverzüglich Ersatz durch Abtretung gleichwertiger und gleich hoher Forderungen zu leisten.
2. Zunächst trete ich der Firma G alle Forderungen ab, die sich aus der anliegenden Aufstellung ergeben, deren Gesamtbetrag 100.000 € ausmacht. Weitere Forderungen gelten als abgetreten, sobald ich der Firma G unter Bezugnahme auf diese Mantelzession entweder Rechnungsdurchschriften oder weitere Aufstellungen zedierter Kundenforderungen zugehen lasse.
3. Die Firma G hat mich ermächtigt, die abgetretenen Außenstände für sie einzuziehen. Diese Ermächtigung ist jederzeit widerruflich. Nach erklärtem Widerruf bin ich verpflichtet, die Außenstände lediglich als Einziehungsbeauftragter (Inkassomandatar) einzuziehen und die eingezogenen Beträge sofort an die Firma G zu überweisen.
4. Auf Verlangen der Firma G bin ich verpflichtet, den Schuldnern der abgetretenen Forderungen Mitteilung von der Abtretung zu machen. Außerdem bevollmächtige ich die Firma G hiermit ausdrücklich, den Kunden diese Mitteilung in meinem Namen zu machen.
5. Wenn auf Grund der abgetretenen Forderungen bei mir Wechsel eingehen, so habe ich diese mit einem Blankogiro zu versehen und der Firma G zu übergeben.
6. Ich gestatte der Firma G zum Zwecke der Prüfung der abgetretenen Forderungen die Einsicht in meine Bücher und Schriften zu jeder Zeit.
Ort, Datum

Unterschriften
(Beglaubigung nicht erforderlich)

■ *Kosten.* Vgl. Rdn. 3 M.

6. Factoring-Geschäft

52 Beim Factoring-Geschäft kauft der »Factor« – meistens eine Spezialbank – Forderungen seines Auftraggebers, insbesondere gegen dessen Kunden. Die Abtretung erfolgt durch Global- oder Mantelzession. Das Factoring kann für den Auftraggeber verschiedene Zwecke erfüllen:
– Der Factor übernimmt für ihn Dienstleistungen (»Dienstleistungsfunktion«, Debitorenbuchhaltung, Inkasso und Mahnwesen),

– er gewährt ihm Kredit (»Finanzierungsfunktion«, die Zahlung durch den Factor erfolgt vor Forderungseinzug),
– er übernimmt das Risiko der Einbringlichkeit der Forderungen (»Delkredere-Funktion«, Wirkung einer Kreditversicherung).

Die erste Funktion ist mit dem Factoring-Geschäft stets verbunden, die zweite und dritte sind es nicht zwangsläufig: Wird die Delkredere-Funktion vom Factor nicht übernommen, spricht man vom »unechten Factoring«, bei Übernahme der Delkredere-, aber Ausschluss der Finanzierungsfunktion vom »Fälligkeitsfactoring«. Bei der Ausübung der Dienstleistungen ist das Rechtsberatungsgesetz, bei Ausübung der Finanzierungs- und Delkrederefunktion das Gesetz über das Kreditwesen zu beachten. Das Muster betrifft ein »echtes Factoring« also einen Vertrag über den Kauf von Forderungen mit Dienstleistung des Factors, Übernahme der Delkrederehaftung und Finanzierungsfunktion (Zahlung der Forderungen vor ihrer Fälligkeit). 53

Factoring-Vertrag

(Die Banken verwenden meist ausführlichere Fassungen.) 54 M
I. Der Factor kauft alle Forderungen an, die seinem Auftraggeber aufgrund in seinem Installationsbetrieb erbrachten Lieferungen oder Leistungen zustehen, soweit die Rechnungen hierfür nach dem 31. Mai dieses Jahres erstellt wurden. Der Auftraggeber übersendet dem Factor jeweils eine Durchschrift der Rechnung.
II. Der Factor ist berechtigt, durch schriftliche Erklärung gegenüber dem Auftraggeber innerhalb von zehn Tagen nach Eingang der Rechnungsdurchschrift den Ankauf einer Forderung abzulehnen:
a) wenn sie nicht an den Factor abgetreten werden kann,
b) wenn er deren Schuldner als nicht kreditwürdig ablehnt, was keiner Begründung bedarf (auch wenn er den Ankauf von Forderungen gegen diesen Kunden früher schon akzeptiert hatte),
c) wenn ein Zahlungsziel von mehr als 90 Tagen eingeräumt ist,
d) wenn das Kreditlimit je Schuldner oder das gesamte Kreditlimit aufgrund dieses Vertrages überschritten wird.
Sowohl der Kauf als auch die Abtretung einer Forderung sind durch die Ablehnungserklärung des Factors auflösend bedingt.
III. Der Auftraggeber tritt alle an den Factor verkauften Forderungen schon heute an diesen ab. Ist eine Forderung nicht abtretbar – etwa weil eine Abtretung ausgeschlossen ist oder weil sie bereits an einen Dritten abgetreten wurde –, so geht sie mit Eintritt der Abtretbarkeit auf den Factor über. Dies gilt insbesondere bei Forderungen, die aufgrund verlängerten Eigentumsvorbehalts an einen Lieferanten abgetreten sind. Die Vertragsteile sind sich darüber einig, dass eine Abtretung aufgrund verlängerten Eigentumsvorbehalts der Abtretung aufgrund dieses Vertrages vorgeht; eine solche Abtretung hat der Auftraggeber dem Factor bei Versendung des Rechnungsdoppels anzuzeigen. Mit den Forderungen gehen alle Nebenrechte auf den Factor über. Dies gilt insbesondere für alle Sicherungsrechte, einschließlich des Vorbehalts- oder Sicherungseigentums; der Auftraggeber tritt seinen Herausgabeanspruch gegen die Besitzer der in seinem Eigentum stehenden Sachen ab. Er hat dem Factor bei Übersendung des Rechnungsdoppels bestehende Sicherungsrechte mitzuteilen.
IV. Der Auftraggeber garantiert, dass ihm die verkauften Forderungen zustehen und nicht mit Rechten Dritter belastet sind, die dem Factor nicht bei Übersendung des Rechnungsdoppels angezeigt wurden. Das Risiko ihrer Einbringlichkeit trägt der Factor.

§ 29 Abtretung

V. Der Factor übernimmt für den Auftraggeber die Debitorenbuchhaltung und die Einziehung seiner Kundenforderungen, auch soweit er deren Ankauf nach Ziff. II abgelehnt hat.

VI. Der Factor zahlt bei angekauften Forderungen 97 % des Rechnungsbetrages an den Auftraggeber.

Bei Forderungen, deren Ankauf der Factor abgelehnt hat, hat der Auftraggeber für die Dienstleistungen nach V. ein Entgelt in Höhe von 1,5 % des Rechnungsbetrages an den Factor zu entrichten. Die Vergütung der Rechnungen an den Auftraggeber hat innerhalb von 2 Wochen nach Eingang des Rechnungsdoppels beim Factor, bei Forderungen mit einem Zahlungsziel von mehr als 6 Wochen, aber nicht früher als 4 Wochen vor Eintritt ihrer Fälligkeit nach Ziff. XI. zu erfolgen. Die Vergütung an den Factor ist innerhalb von 2 Wochen nach Eingang der Anzeige über die Ablehnung ihres Ankaufs beim Auftraggeber zu zahlen.

VII. Erhebt ein Schuldner gegen Forderungen, die von diesem Vertrag betroffen werden, irgendwelche Einwendungen, so hat der Auftraggeber den Factor unverzüglich hierüber zu unterrichten und zu den erhobenen Einwendungen Stellung zu nehmen. Das Gleiche gilt, wenn ein Schuldner irgendwelche anderen Gegenforderungen geltend macht.

Beruhen die Einwendungen auf Rechten des Schuldners, die dieser aufgrund vertragswidrigen Verhaltens des Auftraggebers gegen diesen herleitet, insbesondere auf Ansprüchen wegen Sachmängeln, so hat der Auftraggeber den erhobenen Einwendungen unverzüglich abzuhelfen, sofern er ihre Berechtigung nicht bestreitet. Der Factor ist berechtigt, vom Kauf von Forderungen, gegen die Einwendungen oder Gegenforderungen geltend gemacht werden, innerhalb von zwei Wochen nach Mitteilung durch den Auftraggeber oder innerhalb von zwei Wochen, nachdem dem Factor neue Einwendungen oder Gegenforderungen (oder solche stützende Tatsachen) bekannt wurden, unabhängig von deren Berechtigung, durch schriftliche Erklärung gegenüber dem Auftraggeber zurückzutreten. Tritt der Factor vom Kauf zurück, so gehen Forderungen und Nebenrechte wieder auf den Auftraggeber über. Es gelten die Bestimmungen dieses Vertrages über Forderungen, die der Factor von vorneherein nicht angekauft hat, in gleicher Weise. Die Rückbelastung des Auftraggebers wegen bereits gutgeschriebener Beträge erfolgt mit Wirkung vom Tage der Gutschrift an.

VIII. Der Auftraggeber verpflichtet sich, Lieferungen an Kunden nur unter Eigentumsvorbehalt (mit Vereinbarung des verlängerten und erweiterten Eigentumsvorbehalts) auszuführen.

Werden einem Vertragsteil Tatsachen bekannt, die Zweifel an der Zahlungsfähigkeit eines Kunden begründen, so hat er den anderen Vertragsteil unverzüglich zu unterrichten.

IX. Auf allen Rechnungen hat der Auftraggeber seine Kunden darauf hinzuweisen, dass Zahlungen nur auf ein Konto beim Factor geleistet werden können. Erfolgen Zahlungen unmittelbar an den Auftraggeber oder werden Forderungen durch Aufrechnung des Schuldners getilgt, so hat der Auftraggeber den gezahlten bzw. durch Aufrechnung getilgten Betrag unverzüglich an den Factor weiterzuleiten. Dasselbe gilt bei Aufrechnung durch den Auftraggeber, die nur mit Zustimmung des Factors zulässig ist, sofern der Auftraggeber den Betrag, über den er die Aufrechnung erklären möchte, nicht schon vorher beim Factor eingezahlt hat.

Schecks und Wechsel, die der Auftraggeber für Forderungen an Kunden entgegennimmt, gehen mit der Entgegennahme auf den Factor über. Der Auftraggeber hat sie unverzüglich an den Factor weiterzuleiten. Inzwischen verwahrt er sie für den Factor als Treuhänder.

Vorstehende Vereinbarungen gelten nicht für Forderungen, deren Ankauf der Factor abgelehnt oder rückgängig gemacht hat. Die Tilgung solcher Forderungen hat der Auftraggeber dem Factor mitzuteilen.
X. Der Factor ist jederzeit berechtigt, die Bücher und alle anderen Geschäftsunterlagen des Auftraggebers in dessen Geschäftsräumen durch einen aufgrund seines Berufs zur Verschwiegenheit verpflichteten Sachkundigen prüfen zu lassen.
Die Kosten der Prüfung trägt der Auftraggeber, falls sie ergibt, dass er seinen Verpflichtungen aus diesem Vertrag nicht vollständig nachgekommen ist, sonst trägt sie der Factor.
XI. Der Factor führt für den Auftraggeber ein Abrechnungs- und ein Sperrkonto. Über das Guthaben auf dem Abrechnungskonto kann der Auftraggeber frei verfügen. Das Guthaben auf dem Sperrkonto ist an den Factor zur Sicherheit für seine Ansprüche aufgrund dieses Vertrages verpfändet.
Auf dem Abrechnungskonto werden dem Auftraggeber zu dem nach Ziff. VI vereinbarten Zeitpunkt 90 % des Rechnungsbetrags gutgeschrieben. Auf dem Sperrkonto erfolgt gleichzeitig eine Gutschrift in Höhe von 7 % des Rechnungsbetrags. Bei Zahlungseingang, spätestens nach 2 Monaten, wird diese Gutschrift unverzüglich vom Sperrkonto auf das Abrechnungskonto übertragen.
Bei Eingang von Zahlungen auf Forderungen, die der Factor nicht angekauft hat, erfolgt entsprechende Gutschrift – sofern nicht bereits entrichtet, abzüglich des dem Factor zustehenden Honorars – auf dem Abrechnungskonto.
Belastungen (samt Zwischenzinsen) erfolgen zulasten des Kontos, auf dem die Gutschrift erfolgt ist.
Guthaben auf dem Abrechnungskonto werden mit dem üblichen Zinssatz für laufende Konten, Guthaben auf dem Sperrkonto mit dem vierfachen dieses Zinssatzes verzinst. Die Zinsen werden nachträglich am Halbjahresende dem Abrechnungskonto gutgeschrieben.
XII. Der Factor unterrichtet den Auftraggeber jeweils zum 5. und 20. eines jeden Monats über den Stand der Forderungen.
XIII. Dieser Vertrag wird auf unbestimmte Zeit geschlossen. Er kann von jedem Vertragsteil mit dreimonatiger Frist zum Quartalsende, erstmals zum ..... gekündigt werden. Die Kündigung hat schriftlich zu erfolgen.
Ort, Datum

Unterschriften

■ *Kosten.* Für die Wertermittlung gilt § 52 Abs. 2 GNotKG. Maßgebend ist danach der auf die Dauer des Rechts entfallende Wert (hier 3 Jahre), max. der auf die ersten 20 Jahre entfallende Wert. Für die Gebühren vgl. Rdn. 3 M.

7. Abtretung einzelner Gesellschafterrechte

Die Gesellschafter der Personengesellschaften (offene Handelsgesellschaften, Kommanditgesellschaften und Gesellschaften bürgerlichen Rechtes) können im Allgemeinen nur ihre gegenwärtigen und zukünftigen Anteile am Gewinn und ihr Auseinandersetzungsguthaben nach Auflösung der Gesellschaft abtreten (§§ 717, 719 BGB; §§ 105 Abs. 2, 161 Abs. 2 HGB). Wenn ein Gesellschafter neben seinem Gesellschaftsanteil (Kapitalanteil) als Gläubiger eine Forderung an die Gesellschaft hat, kann er auch diese abtreten.

Die Unübertragbarkeit der Gesellschafterrechte ist teilweise dispositiv, teilweise zwingend. Die Beteiligung an der Gesellschaft insgesamt kann übertragen werden, wenn der Gesellschaftsvertrag dies zulässt oder alle Gesellschafter zustimmen. Unter denselben

§ 29 Abtretung

Voraussetzungen kann auch das Recht auf Kündigung der Gesellschaft und auf Auseinandersetzung abgetreten werden.

57 Die Übertragung des Stimmrechtes in einer Personengesellschaft und die Erteilung einer unwiderruflichen Stimmrechtsvollmacht unter eigenem Stimmrechtsverzicht sind unwirksam.

58 M Ich bin Gesellschafter der offenen Handelsgesellschaft in Firma ...... Sie besteht aus drei Gesellschaftern, die zu gleichen Teilen am Gewinn und Verlust beteiligt sind. Ich trete meinen Gewinnanteil für das laufende und für die nächsten beiden Jahre und mein Auseinandersetzungsguthaben, das sich nach Auflösung der Gesellschaft ergibt, sowie das mir nach meinem Privatkonto zustehende Guthaben von 6.000 € mit den Zinsen ab 01.01. d.J. an die Firma G ab. Ich erkläre, dass die Abtretung dieser Ansprüche weder durch den Gesellschaftsvertrag noch durch sonstige Vereinbarungen ausgeschlossen oder an die Zustimmung der übrigen Gesellschafter gebunden ist. Vorbehaltlich der Zustimmung der beiden anderen Gesellschafter trete ich weiter der Firma G das Recht auf Kündigung der Gesellschaft und auf Auseinandersetzung ab. Die Höhe der abgetretenen Gewinnanteile schätze ich auf 10.000 € und das zukünftige Auseinandersetzungsguthaben auf 15.000 €.
Ort, Datum

Unterschrift

■ *Kosten.* Vgl. Rdn. 3 M.

59 Wegen der Abtretung des Geschäftsanteils an einer GmbH s. § 145.

§ 30 Zusätzliche und befreiende Schuldübernahme

I. Die Schuldübernahme (zu Sonderfragen bei Bankkrediten vgl. § 50 Rdn. 37 ff.) ist ein Vertrag zwischen dem Gläubiger und einem Dritten, wonach der Dritte an die Stelle des bisherigen Schuldners tritt (§ 414 BGB); die Schuldbefreiung tritt ohne Mitwirkung des Schuldners ein. Der Übernahmevertrag bedarf grundsätzlich keiner Form (Ausnahme z.B. § 311b Abs. 1 BGB, wenn eine Veräußerungs- oder Erwerbspflicht hinsichtlich Immobilien im Rahmen der Schuldübernahme übernommen wird). **1**

Schuldübernahme durch Vertrag des Gläubigers mit dem Dritten

S ..... (Schuldner) schuldet G ..... (Gläubiger) aus Kaufvertrag vom ..... die Summe von ..... nebst ..... % Zinsen jährlich seit dem ..... **2 M**
Wir, G und D, sind darüber einig, dass D dem Gläubiger gegenüber neben S die selbständige Verpflichtung übernimmt, diese Schuld nebst Zinsen bis zum ..... zu bezahlen. Wegen dieser Verpflichtung unterwerfe ich, D., mich der sofortigen Zwangsvollstreckung aus dieser Urkunde in mein gesamtes Vermögen; vollstreckbare Ausfertigung darf dem G jederzeit nach Darlegung der Fälligkeit erteilt werden.

Unterschriften: D und G

■ *Kosten.* Nach dem Wert der Schuld (§ 97 Abs. 1 GNotKG), 2,0 – Gebühr gem. Nr. 21100 KV GNotKG.

Die Schuldübernahme kann auch durch Vertrag des Dritten mit dem Schuldner erfolgen; in diesem Fall bedarf es zur Schuldbefreiung der Genehmigung oder Einwilligung des Gläubigers (§ 415 BGB); die Genehmigung ist formfrei (§ 182 Abs. 2 BGB). Bis zur Erteilung der Genehmigung und im Fall ihrer Verweigerung liegt im Zweifel eine Erfüllungsübernahme vor (§ 415 Abs. 3 BGB); soweit Zweifel hinsichtlich der Erteilung der Genehmigung bestehen, sollte geklärt werden, ob es mit der Erfüllungsübernahme sein Bewenden haben soll; nicht selten werden die Vertragsteile für diesen Fall ein Rücktrittsrecht oder eine Verpflichtung zur Barzahlung[1] – ggf. zur Ablösung der Verbindlichkeit – bevorzugen. **3**

Schuldübernahme durch Vertrag des Schuldners mit dem Dritten

S ..... (Schuldner) schuldet G ..... (Gläubiger) aus Kaufvertrag vom ..... die Summe von ..... nebst ..... % Zinsen jährlich seit dem ..... **4 M**
Wir, S und D, sind darüber einig, dass D hiermit die Erfüllung der vorgenannten Verbindlichkeit mit Wirkung ab heute übernimmt. Er hat S von jeder Inanspruchnahme freizustellen. D hat insbesondere alle ab heute fällig werdenden Zahlungen auf Zins und Tilgung zu leisten sowie, wenn solche Schulden abgelöst werden, eine etwa fällig werdende Vorfälligkeitsentschädigung.
Darüber hinaus hat D dafür zu sorgen, dass S künftig auch im Außenverhältnis nicht mehr für die vorgenannten Verbindlichkeiten haftet. D steht es frei, dies zu bewirken, indem er mit dem Gläubiger eine befreiende Schuldübernahme vereinbart oder indem

---

1 BGH NJW 1991, 1822.

§ 30 Zusätzliche und befreiende Schuldübernahme

er die Verbindlichkeit tilgt oder indem er auf andere Weise die Freistellung des S herbeiführt.
Hierbei handelt es sich um eine wesentliche Pflicht des D, deren Erfüllung er dem S innerhalb von drei Monaten ab heute durch Bestätigung des Gläubigers nachzuweisen hat. Wird diese Pflicht nicht erfüllt, kann S vom schuldrechtlichen Teil dieses Vertrags zurücktreten, Kosten dieses Vertrags und seiner Rückabwicklung sind in diesem Fall von D zu tragen; weiter gehende gesetzliche Ansprüche und Rechte bleiben unberührt.

■ *Kosten.* Vgl. Rdn. 2 M. Fordert der Notar auftragsgemäß eine Zustimmung zur Schuldübernahme oder eine Entlassung aus der Haftung an oder prüft er eine entsprechende Erklärung, fällt eine 0,5 – Vollzugsgebühr nach Nr. 22110 KV GNotKG an (Vorbem. 2.2.1.1 Nr. 8 KV GNotKG). Wird der Vertrag in der Weise gestaltet, dass der Gläubiger an der Beurkundung aufgrund vollmachtloser Genehmigung oder aufgrund mündlich erteilter Vollmacht mitwirkt, fällt wegen der Anforderung und Prüfung dieser Erklärung ebenfalls eine 0,5 – Vollzugsgebühr nach Nr. 22110 KV GNotKG an, jedoch gemäß Vorbem. 2.2.1.1 Nr. 5 KV GNotKG.

Wird die Zustimmung unter Treuhandauflage übersandt (z.B. über die Urkunde erst zu verfügen, wenn der Neuschuldner ein abstraktes Schuldanerkenntnis abgegeben hat) fällt neben der Vollzugsgebühr auch eine Treuhandgebühr (im Beispiel aus dem Wert des Schuldanerkenntnisses) nach Nr. 22201 KV GNotKG an.[2]

Wird auf eine Schuldbefreiung verzichtet, kommt Nr. 22110 KV GNotKG auch dann nicht zur Anwendung, wenn dem Gläubiger die Erfüllungsübernahme mitgeteilt werden soll (etwa zur Offenlegung einer Abtretung von Zahlungsansprüchen); für eine solche Mitteilung durch den Notar kann unter den dort genannten Voraussetzungen eine Betreuungsgebühr nach Nr. 22200 Nr. 5 KV GNotKG in Betracht kommen,[3] wobei es in der Regel an der »Erzielung einer Rechtsfolge« fehlen wird, so dass diese Tätigkeit gebührenfrei bleibt.

5 Sofern die Schuldübernahme im Rahmen einer Grundstücksveräußerung erfolgt, kann folgende Ergänzung sinnvoll sein:

6 M **Die Bestätigung darf an die Bedingung geknüpft sein, dass der Erwerber im Grundbuch als Eigentümer eingetragen wird.
Die Vorlage der heutigen Urkunde zur Eigentumsumschreibung auf D soll unabhängig von der Erfüllung dieser Freistellungsverpflichtung erfolgen.**

7 Bestehen für eine übernommene Schuld **Sicherheiten**, ist § 418 BGB zu beachten. Bürgschaften und Pfandrechte erlöschen, ein Grundpfandrecht wird zur Eigentümerhypothek bzw. zur Eigentümergrundschuld (§§ 418 Satz 2, 1192, 1168 Abs. 1 BGB). Vermieden werden kann dies dadurch, dass der Bürge in die Schuldübernahme einwilligt, bei Pfandrechten und Grundpfandrechten muss derjenige einwilligen, dem der verhaftete Gegenstand zur Zeit der Schuldübernahme gehört.[4] Diese Einwilligung ist grds. bis zum Wirksamwerden der Schuldübernahme widerruflich (§183 BGB).

Einwilligung des Bürgen in eine Schuldübernahme

8 M **Mit Bürgschaftsvertrag vom ..... habe ich mich gegenüber G verpflichtet, für die Verbindlichkeit des S aus dem ..... -Vertrag einzustehen. Es ist beabsichtigt, dass D die**

---
2 Leipziger-GNotKG/*Harder*, Vorbem. 2.2.1.1 KV Rn. 84.
3 Vgl. Leipziger-GNotKG/*Harder*, Vorbem. 2.2.1.1 KV Rn. 67.
4 BGH DNotZ 2017, 858; hierzu *Weber* DNotZ 2017, 823.

Verbindlichkeit des S im Wege einer Schuldübernahme übernimmt. Ich willige in diese Schuldübernahme ein.

II. Soll eine Schuldbefreiung des bisherigen Schuldners nicht erfolgen, kann zwischen Schuldner und Drittem eine *Erfüllungsübernahme* vereinbart werden; mit ihr erwirbt der Schuldner einen Freistellungsanspruch, der Gläubiger hingegen keine eigene Forderung gegen den Dritten.

9

Freistellungsverpflichtung/Erfüllungsübernahme (Reallast)

Die im Grundbuch in Abt. II unter lfd. Nr. ..... eingetragene Reallast wird vom Käufer übernommen. Er verpflichtet sich, alle ab Besitzübergang aufgrund des durch die Reallast gesicherten Anspruchs fällig werdenden Verpflichtungen gegenüber dem Berechtigten zu erfüllen; er hat den Verkäufer von jeder Inanspruchnahme freizustellen.

10 M

■ *Kosten.* Hat der Notar dem Gläubiger die Erfüllungsübernahme mitzuteilen, fällt hierfür keine Vollzugsgebühr (Nr. 22110 KV GNotKG) an; auch eine Betreuungsgebühr nach Nr. 22200 Nr. 5 KV GNotKG wird regelmäßig nicht anfallen, da es an der »Erzielung einer Rechtsfolge« fehlt.

Soll eine Freistellungsverpflichtung gesichert werden, kommt insbesondere eine Bürgschaft in Betracht:

11

Sicherung einer Freistellungsverpflichtung

Zur Sicherung der Freistellungsverpflichtung ist dem Verkäufer die Bürgschaft eines der deutschen Bankenaufsicht unterstehenden Kreditinstituts über ..... € zu beschaffen. Die Bürgschaft muss selbstschuldnerisch, unbefristet, unbedingt und unter Verzicht auf die Einreden der Anfechtbarkeit und Aufrechenbarkeit und auf erstes Anfordern zur Zahlung fällig abgegeben sein. Sie ist aufrecht zu erhalten bis zur Löschung der Reallast im Grundbuch und vom Verkäufer sodann unverzüglich an den Bürgen zurückzugeben.

12 M

III. Bei einem – im Gesetz nicht geregelten – *Schuldbeitritt* (Schuldmitübernahme) tritt der Dritte neben den bisherigen Schuldner in das Schuldverhältnis ein; dem Gläubiger gegenüber haften beide als Gesamtschuldner. Der Schuldbeitritt erfolgt durch Vertrag zwischen Gläubiger und Drittem oder durch Vertrag zwischen dem bisherigen Schuldner und dem beitretenden Mitschuldner (Vertrag zugunsten Dritter); eine Zustimmung des Gläubigers ist nicht erforderlich, da sich seine Rechtsstellung nicht verschlechtert (er hat aber ein Zurückweisungsrecht gem. § 333 BGB).

13

Schuldbeitritt

**S ..... (Schuldner) schuldet G ..... (Gläubiger) aus Kaufvertrag vom ..... die Summe von ..... nebst ..... % Zinsen jährlich seit dem .....
Ich, D, verpflichte mich hiermit gegenüber G zur Zahlung des vorgenannten Betrags als Gesamtschuldner neben S.**

14 M

§ 30 Zusätzliche und befreiende Schuldübernahme

Wegen dieser Verpflichtung unterwerfe ich, D., mich der sofortigen Zwangsvollstreckung aus dieser Urkunde in mein gesamtes Vermögen; vollstreckbare Ausfertigung darf dem G jederzeit nach Darlegung der Fälligkeit erteilt werden.

Unterschriften: D und G

■ *Kosten.* Vgl. Rdn. 2 M.

15   IV. Die *Vertragsübernahme* ist ein einheitliches Rechtsgeschäft, mit dem alle Rechte und Pflichten aus einem bestehenden Vertragsverhältnis auf einen Dritten übergehen. Sie kann durch dreiseitigen Vertrag erfolgen oder durch Vertrag zwischen zwei (beliebigen) Beteiligten, der durch den dritten Beteiligten (ggf. formlos) genehmigt wird.[5]

Vertragsübernahme (Mietvertrag)

16 M   Die A AG (Mieter) hat von B (Vermieter) mit Mietvertrag vom ..... die noch zu errichtende Gewerbeeinheit Supermarkt mit einer Verkaufsfläche von ..... m^2 und Nebenräumen von ..... m^2 und ..... Parkplätzen in dem Anwesen ..... in ..... gemietet. Die Übergabe erfolgt mit Fertigstellung der Bauarbeiten, spätestens bis .....
Der Inhalt des abgeschlossenen Vertrags ist allen Unterzeichnenden bekannt.
Die A AG und B sind darüber einig, dass C in den vorgenannten Vertrag eintritt; C stimmt der Vertragsübernahme zu.
Unterschriften A, B, C

17   Besteht bei der Veräußerung von Grundstücken ein vormerkungsgesicherter Anspruch eines Dritten (z.B. im Rahmen eines Einheimischenmodells, vgl. § 62 Rdn. 39) und soll dieser ohne inhaltliche Anpassungen übernommen werden, hat diese Übernahme, um ein Erlöschen der Vormerkung zu vermeiden, *bedingt auf den Zeitpunkt des Eigentumsübergangs* zu erfolgen.[6]

Schuldübernahme bei vormerkungsgesichertem Anspruch

18 M   Der Erwerber übernimmt hiermit die in Abschnitt I. 1. näher bezeichnete, in Abteilung II des Grundbuchs unter lfd. Nr. 3 eingetragene Auflassungsvormerkung sowie alle durch sie gesicherten Ansprüche aufschiebend bedingt durch seine Eintragung als Eigentümer des vertragsgegenständlichen Grundbesitzes im Grundbuch.

19   Nicht selten bedarf es Änderungen des gesicherten Anspruchs, z.B. weil es diesbezüglich auf die Person des veräußernden Eigentümers ankommt. Dann kann es sich empfehlen, den Weiterverkauf in der Weise zu gestalten, dass die Gemeinde – ggf. vorbehaltlich nachträglicher Genehmigung – an dem Vertrag zum Zwecke der Zustimmung zur Vertragsübernahme beteiligt und dass die Fälligkeit des Kaufpreises vom Vorliegen der Genehmigung abhängig gemacht wird. In solchen Fällen kann die bereits eingetragene Vormerkung mangels Kongruenz (wohl) nicht den geänderten Anspruch sichern.[7] Es muss sichergestellt werden, dass der Schuldner der gesicherten Forderung jeweils auch Eigentümer des vormerkungsbelasteten Grundstücks ist.[8] Hierzu kann geregelt werden:

---

5 BGH NJW-RR 2005, 958.
6 BGH DNotZ 2014, 606 m. Anm. *Amann*.
7 Vgl. BGH DNotZ 2014, 606 m. Anm. *Amann*.
8 OLG Düsseldorf DNotZ 2012, 63 m. Anm. *Reymann*.

Vertragsübernahme (Einheimischenmodell)

Einheimischenmodell 20 M

Die in Abschnitt I. 1. näher bezeichnete, in Abteilung II des Grundbuchs unter lfd. Nr. 3 eingetragene Rückauflassungsvormerkung für die .....
– nachstehend »Stadt« –
sichert den Anspruch der Stadt auf Übertragung des Vertragsgrundbesitzes im Rahmen eines sog. »Einheimischenmodells« gemäß Kaufvertragsurkunde des Notars ..... in ….. vom ….., URNr. …..
– nachstehend »Verweisungsurkunde« –.
Auf diese Urkunde, die in Urschrift/beglaubigter Abschrift vorliegt wird verwiesen. Ihr Inhalt ist den Beteiligten bekannt. Sie verzichten auf deren Vorlesen und Beifügen zu dieser Niederschrift.
Der Erwerber übernimmt hiermit im Wege eines echten Vertrags zugunsten Dritter – gegenüber dem Veräußerer in schuldbefreiender Weise – mit Wirkung ab Eigentumsumschreibung alle Verpflichtungen aus der Verweisungsurkunde gegenüber der Stadt hinsichtlich des Vertragsbesitzes, so dass aus den betreffenden Vereinbarungen künftig allein der Erwerber verpflichtet ist.
Es wird bewilligt, auf der vorgenannten Vormerkung zugunsten der Stadt bei Eigentumsumschreibung auf den Erwerber zu vermerken, dass sie nunmehr die Verpflichtungen des heutigen Erwerbers gegenüber der Stadt sichert.
Zu dieser schuldbefreienden Übernahme der Verpflichtung durch den Erwerber ist die Genehmigung der Stadt erforderlich.
Der amtierende Notar wird beauftragt, diese Genehmigung einzuholen. Der amtierenden Notar hat darauf hingewiesen, dass mit Abschluss dieses Vertrages die Stadt berechtigt ist, das Wiederkaufsrecht auszuüben. Hierzu erklären die Beteiligten, dass die Stadt die Genehmigung zur Schuldübernahme und die Erklärung über die Nichtausübung des Wiederkaufsrechtes in Aussicht gestellt hat.

Steht im Zeitpunkt des Vertragsschlusses nicht fest, ob der Dritte einer Vertragsübernahme zustimmt, und kommt es den Vertragsbeteiligten nicht entscheidend darauf an (sonst wird ein Rücktrittsrecht vereinbart werden), sollten die Folgen geregelt werden, z.B. 21

Vorsorge für fehlende Zustimmung

Der Verkäufer und der Käufer sind verpflichtet, sich – soweit erforderlich – hinsichtlich 22 M der vorgenannten, vom Käufer übernommenen grundstücksbezogenen Verträge abzustimmen und sich gegenseitig bei der Überleitung dieser Verträge auf den Käufer – insbesondere gegenüber den jeweiligen Vertragspartnern – zu unterstützen. Der Verkäufer und der Käufer sind verpflichtet, sich auch hinsichtlich solcher Verträge, bei denen der jeweilige Vertragspartner der Überleitung auf den Käufer widerspricht, so zu stellen, als ob die vom Käufer übernommenen Verträge am Stichtag insgesamt auf den Käufer übergegangen wären. Widerspricht ein Vertragspartner der Übertragung des Vertrages, wird der Verkäufer den Vertrag zum nächst möglichen Zeitpunkt beenden. Bis dahin stellen sich die Parteien im Innenverhältnis so, als habe die Übertragung des Vertrages auf den Käufer stattgefunden.

§ 31 Unternehmenskauf

Literatur: *Beisel/Klumpp*, Der Unternehmenskauf, 6. Aufl. 2009; *Böttcher/Fischer*, Beurkundungspflicht nach § 311b III BGB beim Asset Deal, NZG 2010, 1332; *Eickelberg/Mühlen*, Versteckte Vorgaben für Unternehmenskaufverträge mit einer GmbH, NJW 2011, 2476; *Ettinger/Jaques*, Beck'sches Handbuch Unternehmenskauf im Mittelstand. Vertragsgestaltung und Steuerliche Strukturierung für Käufer und Verkäufer. 2. Aufl. 2017; *Grotheer*, Insolvenzrisiken bei Kaufverträgen über Gesellschaftsanteile und Gestaltungsmöglichkeiten zu ihrer Abmilderung, RNotZ 2012, 355; *Hanke/Socher*, Fachbegriffe aus M&A und Corporate Finance, NJW 2010, 667; *dies.*, NJW 2010, 1576; *Heckschen*, Die Formbedürftigkeit der Veräußerung des gesamten Vermögens im Wege des »asset deal«, NZG 2006, 772; *Hermanns*, Beurkundungspflichten im Zusammenhang mit Unternehmenskaufverträgen und -umstrukturierungen, ZIP 2006, 2296; *Hölters*, Handbuch des Unternehmens- und Beteiligungskaufs, 7. Aufl. 2010; *Hoenig/Klingen*, Die W&I-Versicherung beim Unternehmenskauf, NZG 2016, 1244; *Holzapfel/Pöllath*, Recht und Praxis des Unternehmenskaufs, 15. Aufl. 2017; *van Kann*, Leitfaden Mergers & Acquisitions, 2. Aufl. 2017; *Kiem*, Das Beurkundungserfordernis beim Unternehmenskauf im Wege des Asset Deals, NJW 2006, 2363; *King*, Die Bilanzgarantie, 2011; *Knott*, Vertragskommentar, 5. Aufl. 2016; *Link*, Droht dem Verkäufer von GmbH-Anteilen bei Leveraged-Buyout-Transaktionen eine Haftung für Verbindlichkeiten der Zielgesellschaft?, ZIP 2007, 1397; *Möller*, Offenlegungen und Aufklärungspflichten beim Unternehmenskauf, NZG 2012, 841; *Morshäuser*, Die Formvorschrift des § 311b Abs. 3 BGB bei Unternehmenskäufen, WM 2007, 337; *Müller*, Unternehmenskauf und notarielle Beurkundung nach § 311b III BGB, NZG 2007, 201; *Paefgen/Wallisch*; Die Schutzfunktion der Gesellschafterliste beim GmbH-Anteilserwerb, NZG 2016, 801; *Picot*, Unternehmenskauf und Restrukturierung, 4. Aufl. 2013; *Schmitz*, Mängelhaftung beim Unternehmenskauf nach der Schuldrechtsreform, RNotZ 2006, 561; *Schröcker*, Unternehmenskauf und Anteilskauf nach der Schuldrechtsreform, ZGR 2005, 63; *Seibt*, Beck´sches Formularbuch Mergers & Acquisitions, 2. Aufl. 2011; *Söhner*, Leveraged Buy-Outs und Kapitalschutz, ZIP 2011, 2085; *Schütt*, Streitigkeiten über Freistellungsansprüche in Unternehmenskaufverträgen, NJW 2016, 980; *Steffen/Neveling*, Beurkundungserfordernis beim Asset Deal, BB 2011, 2568; *Thiessen*, Unternehmenskauf, in: MüKo-HGB, 3. Aufl. 2010, Anh. zu § 25; *Triebel*, Anglo-amerikanischer Einfluß auf Unternehmenskaufverträge in Deutschland, RIW 1998, 1; *Walz*, Angloamerikanische Vertragsgestaltung und deutsches Recht, notar 2015, 111; *Weigl*, Die Auswirkungen der Schuldrechtsreform auf den Unternehmenskauf, DNotZ 2005, 246.; **Zu VII.:** *Hesral/Küntzel/Möller/Streib*, Fortführung von Arztpraxen, 2009; *Lewejohann/Morton/Offermanns/Stein/Wagner*, Kauf und Bewertung einer Arztpraxis, 2012; *Römermann/Schröder*, Die Bewertung von Anwaltskanzleien, NJW 2003, 2709; *Römermann*, Auflösung und Abspaltung bei Anwaltssozietäten, NJW 2007, 2209; *Römermann*, Praxisverkauf und Praxisbewertung bei Freiberuflern, NJW 2012, 1694.

I. Die notarielle Praxis

1 Unternehmenskaufverträge gehören zum täglichen Brot des Notars, werden aber nicht selten als solche gar *nicht erkannt* oder jedenfalls *nicht als solche behandelt*. Unternehmenskaufverträge und sonstige Verträge über die Veräußerung von Unternehmen kommen in allen Unternehmens-Größenordnungen vor; sie sind keineswegs auf Großunternehmen der nationalen oder internationalen Wirtschaft beschränkt. Handelt es sich um Kleinunternehmen oder Unternehmen des örtlichen Mittelstands, so werden die Beteiligten oft nur von einem im Zivilrecht nicht ausreichend bewanderten steuerlichen Berater betreut. Dann ist der Notar besonders gefordert.

1. Grundstücksgeschäft statt Unternehmenskauf

2 In Anlehnung an die ländliche Praxis, Übergaben landwirtschaftlicher Betriebe primär als *Grundstücksgeschäfte* zu behandeln, werden vor allem im ländlichen Bereich häufig auch

andere Unternehmensveräußerungen, z.B. die Veräußerung von Handwerksbetrieben (oft solchen, die mit einer Nebenerwerbslandwirtschaft verbunden sind), von Gaststätten, von Tankstellenunternehmen, von Campingplätzen, hinter einem Grundstücksgeschäft verborgen. Unter Verstoß gegen § 311b Abs. 1 BGB (und durchaus auch aus Unkenntnis und weil der Notar nicht ausreichend nachfragt) wird dem Notar nur der Teil des Veräußerungsgeschäfts vorgelegt, der das Betriebsgrundstück betrifft, während die anderen Vereinbarungen außerhalb der notariellen Urkunde getroffen werden. Der Notar muss einen solchen Sachverhalt, schon wegen der Nichtigkeitsgefahr, erkennen und entsprechend behandeln. Oft fehlt den Beteiligten und ihren Beratern das Verständnis dafür, dass die Beurkundung des ganzen Geschäfts geboten ist. Andererseits bergen viele solcher Verträge besonders hohe Gefahren, die von anderen Beratern leicht übersehen werden (s. zu § 613a BGB nachf. Rdn. 35).

2. »GmbH-Anteils-Abtretung« statt Unternehmensverkauf

Vielleicht ebenfalls in Anlehnung an Grundstücksgeschäfte werden Verträge über den *Verkauf von Anteilen an einer GmbH* nicht selten auch dann routinemäßig »unter Ausschluss jeder Gewährleistung« abgeschlossen, wenn es sich um Unternehmensverkäufe mit erheblichem Risikopotential handelt.[1] Eine Rolle dabei spielt wohl der Umstand, dass sich hartnäckig die Meinung hält, die Formvorschrift des § 15 GmbHG diene nur der Erschwerung des Rechtsverkehrs, was zu der naheliegenden (aber dennoch falschen) Folgerung führt, das Geschäft bedürfe aufseiten des Notars keines besonderen Engagements.[2] In dieselbe Kategorie gehört die (zu verwerfende) Auffassung, es sei ordnungsgemäß, die Heilungsvorschrift des § 15 Abs. 4 Satz 2 GmbHG systematisch dazu zu nutzen, die schuldrechtlichen Vereinbarungen außerhalb der notariellen Urkunde zu treffen und sie dem Notar sogar vorzuenthalten.[3] Es ist nicht ausgeschlossen, dass der Notar trotz des mit diesem Verfahren regelmäßig verbundenen Gebührenbetrugs stillschweigend einverstanden ist, weil er wähnt, damit von der Verantwortung entlastet zu sein, was selbstverständlich nicht der Fall ist.[4]

3

3. GmbH & Co. KG

Besonders problematisch ist der Verkauf eines Unternehmens in der Form der *GmbH & Co.KG*. Hier versuchen die Beteiligten nicht selten, nur den Verkauf der GmbH-Anteile – meist zum Nennwert – notariell beurkunden zu lassen, nicht aber den Verkauf der Kommanditanteile, der nach vormals h.M.[5] wegen des Verbots des Abzuges der Verbindlichkeiten in § 18 Abs. 3 KostO besonders hohe, oft als ungerechtfertigt angesehene Beurkundungsgebühren ausgelöst hat. Bei einem echten Unternehmensverkauf unter Fremden sind aber der Verkauf der GmbH-Anteile und der der Kommanditanteile *immer* i.S.d. § 139 BGB miteinander verbunden, so dass immer der Gesamtvertrag beurkundungsbedürftig ist. Niemand kauft für einen substantiellen Kaufpreis Kommanditanteile, ohne sicher zu sein, dass er mittels der GmbH-Anteile auch die dem Komplementär vorbehaltene Leitungsmacht über das Unternehmen erwirbt; umgekehrt gibt niemand die Leitungsmacht gegen geringen Preis aus der Hand, ohne sicher zu sein, dass er auch den Kaufpreis für die die Unternehmenssubstanz repräsentierenden Kommanditanteile erhält. Entgegenstehende

4

---

1 S. zur Abgrenzung zwischen Beteiligungserwerb und Unternehmenskauf *Kiethe*, DStR 1995, 1756.
2 Vgl. *Loritz*, DNotZ 2000, 90; *Wolfsteiner*, JZ 1977, 108 – beachte dort aber den Druckfehler bei der Vorschrift des GmbHG.
3 Vgl. Münchener Vertragshandbuch/*Heidenhain-Meister*, Bd. 1, Form IV 64; s. zu der verwandten Frage beim Vorkaufsrecht § 62 Rdn. 28.
4 Auf BGH ZIP 2016, 2019 sollte man sich nicht verlassen.
5 A.A. BGH DNotZ 2010, 230 m. Anm. *Diehn*. Vgl. jetzt – wenig klar – §§ 38 S. 2, 47, 54 GNotKG (dazu Leipziger-GNotKG/*Heinze*, § 54 GNotKG Rn. 3).

Beteuerungen der Beteiligten sind unglaubwürdig; kann der Notar sie ausnahmsweise nicht widerlegen, empfiehlt es sich dringend, in die Urkunde aufzunehmen, dass es der Wille der Beteiligten sei, den Kaufvertrag über die GmbH-Anteile auch dann aufrechtzuerhalten, wenn der Verkauf der Kommanditanteile nicht zustande kommen oder bei der Abwicklung Störungen auftreten sollten.

5   Die Beurkundung im Hinblick auf eine erhoffte *Heilung* vorzunehmen, verbietet sich schon aus den vorstehend Rdn. 3 dargelegten Gründen.[6] Darüber hinaus bestehen Gefahren (auch für den Notar), denen sich niemand Vernünftiger auszusetzen bereit ist. Zum einen ist die Beurkundung nur des GmbH-Verkaufs ein Scheingeschäft; die Rechtsprechung, die derzeit wohl annimmt, die Abtretung heile dennoch,[7] kann schwerlich als unumstößlich sicher gelten.[8] Zum anderen enthält der (dem Notar in der Regel vorenthaltene) wirklich gewollte Vertrag oft zusätzliche Verpflichtungen zur Übertragung von GmbH-Anteilen (z.B. die Verpflichtung, später weitere Anteile zu übertragen, oder Rückübertragungsverpflichtungen) oder auch aufschiebende oder auflösende Bedingungen, die der Heilung entgegenstehen.

6   Als moralisch berechtigt, die volle Beurkundung zu erzwingen, kann sich freilich nur der Notar betrachten, der bereit und in der Lage ist, sich fachkundig und wirklich engagiert mit dem oft schwierigen und anspruchsvollen Vertragswerk zu befassen und volle Verantwortung dafür zu übernehmen. Besteht diese Bereitschaft nicht, so kann der Notar bei den Beteiligten auch kein Verständnis für die Beurkundungsgebühren erwarten.

4. Leveraged-Buy-Out

7   Spezielle Probleme gesellschaftsrechtlicher Art wirft der Unternehmenskauf in Form des sog. *Leveraged Buy-Out* (»LBO-Transaktion«) auf.[9] Darunter versteht man den Fall, dass der Käufer den Kaufpreis mit Mitteln des gekauften Unternehmens bezahlen oder einen zur Zahlung des Kaufpreises dienenden Kredit mit Vermögen des gekauften Unternehmens besichern will. Dadurch werden regelmäßig Grundsätze der Kapitalerhaltung (§§ 30 ff. GmbHG; 57, 71a AktG) berührt oder verletzt. Den (fragwürdigen) Ausweg sucht man in Zweistufenmodellen, die im Wesentlichen darin bestehen, dass eine neu errichtete Gesellschaft als Käuferin auftritt, den Kaufpreis mit Kredit finanziert und das gekaufte Unternehmen anschließend auf sich verschmilzt, sodass das gekaufte Vermögen jetzt den Kredit sichern kann. Ein anderer, noch fragwürdigerer Umgehungsweg ist der, das Vermögen des zu kaufenden Unternehmens in einer von ihm abhängigen Gesellschaft zu konzentrieren, das Vermögen der abhängigen Gesellschaft zur Finanzierung heranzuziehen und dadurch eine unmittelbare Belastung des Vermögens der gekauften Gesellschaft zu vermeiden. Aus allen diesen Konstruktionen können erhebliche Haftungsrisiken für Käufer, Verkäufer[10] und Notar hervorgehen, die peinlichste Aufmerksamkeit erfordern. Es ist geradezu typisch, dass Rechtsanwälte (vor allem internationaler Kanzleien), die sich für Spezialisten halten, Wirtschaftsprüfer und finanzierende Banken vor diesen Risiken beharrlich die Augen verschließen und den Notar als Störenfried betrachten, wenn er sie anspricht.

---

6 Ausdrücklich BGH DNotZ 2010, 230 wie vor.
7 Vgl. BGH NJW-RR 1992, 991; BGHZ 127, 129.
8 Vgl. die Kontroverse *Wiesner*, NJW 1984, 95 und *Tiedau*, NJW 1984, 1447. Restriktiv auch BGHZ 138, 195 = DNotZ 1999, 420 m. Anm. *Tiedtke*; Hanseatisches OLG NotBZ 2007, 295.
9 Vgl. BGH NZG 2017, 344. S. zu Einzelheiten der gesellschaftsrechtlichen Probleme Staudinger/*Wolfsteiner*, BGB (2015) Vorbem. zu §§ 1191 ff. BGB Rn. 76.
10 *Link*, ZIP 2007, 1397.

5. Vorweg genommene Erbfolge

Verwandtschaft mit dem Unternehmenskauf hat die Übertragung eines Unternehmens im Wege der *vorweggenommenen Erbfolge*.[11]

II. Grundsätzliches

1. Vertragstyp

Der Unternehmenskauf ist *keine im bürgerlichen Recht gesetzlich definierte Vertragsform*. Im Einzelfall kann es sich um den Kauf einer *Sachgesamtheit*, um einen *Rechtskauf* oder um ein aus Sach- und Rechtskauf *gemischtes Geschäft* handeln. Auch Formen der *Umwandlung* sind benutzbar. Die modernen Formen des Unternehmenskaufs sind vor allem in den USA entwickelt worden; die kontinentale und deutsche Kautelarpraxis lehnt sich unter amerikanischem Einfluss eng an die angelsächsischen Formen an, zuweilen so eng, dass die Einordnung der einzelnen, oft nur mangelhaft aus dem Amerikanischen übersetzten Vereinbarungen in die deutsche Rechtsordnung auf erhebliche Schwierigkeiten stößt.[12] Die Kenntnis der grundlegenden amerikanischen Begriffe ist deshalb auch für den deutschen Kautelarjuristen, der Unternehmenskaufverträge entwerfen und beurteilen soll, unerlässlich.[13]

Was in deutscher Terminologie als »Unternehmenskauf« bezeichnet wird, läuft in den USA unter dem nicht ganz gleichbedeutenden Titel »*mergers and acquisitions*« (»*M&A*«). Man unterscheidet insbesondere den »*asset deal*«, der etwa dem Kauf einer Sachgesamtheit (unter möglichem Einschluss von Rechten, Beteiligungen und sonstigen immateriellen Vermögensgegenständen) entspricht,[14] und den »*share deal*«, worunter der Kauf von Gesellschaftsanteilen zu verstehen ist. »*Merger*« kann nur annähernd mit »Verschmelzung« übersetzt werden; jedenfalls umfasst der Begriff neben der Verschmelzung i.S.d. deutschen UmwG auch andere Formen der Vermögensübertragung.[15]

2. Vertragsformulare

Die *Vertragsformulare* der gängigen Formularbücher sind für den Notar meist nur eingeschränkt oder gar nicht brauchbar. Das beruht vor allem darauf, dass sie ganz an angelsächsische Rechtssysteme und Rechtsbräuche[16] angelehnt sind. Im Bereich angelsächsischer Rechtsordnungen aber gilt das Prinzip »caveat emptor«; das bedeutet, dass dem Käufer zwar eine der deutschen ähnliche Rechtsmängelhaftung, aber grundsätzlich keine Sachmängelhaftung gewährt wird[17] und zwar auch nicht beim asset deal. Deshalb muss ein angelsächsischer Kaufvertrag nicht nur die Beschaffenheit, für die der Verkäufer einzustehen hat, akribisch festlegen – das ist auch nach deutschem Recht unerlässlich –, sondern auch die *Rechtsfolgen*, die im Fall einer Pflichtverletzung eintreten sollen. Für das deutsche Recht – auch für die Anwendung des UN-Kaufrechts, unten Rdn. 14 – ist das wenig sinnvoll, weil hier die Rechtsfolgen einer Pflichtverletzung im dispositiven Recht vorgebildet sind und nicht für jeden Vertrag neu erfunden werden müssen. Naturgemäß sind diese gesetzlichen

---

11 S. dazu *Nitz*, BWNotZ 2004, 153; *Jaques*, BB 2006, 804.
12 Ausführlich *Triebel*, RIW 1998, 1.
13 Instruktiv *Hanke/Socher*, NJW 2010, 664; NJW 2010, 1576.
14 Vgl. zum Asset-Begriff *Findeisen*, RIW 1997, 838.
15 Dazu *Merkt*, BB 1995, 1041 Fn. 13.
16 Dazu *Mellert*, BB 2011, 667; *Meyer*, WM 2012, 2040. S. auch den Mustervertrag der internationalen Handelskammer ICC »Mergers & Acquisitions« (2004), ISBN 92 842 1337 1.
17 Vermittelnd Art. 35 ff. des UN-Kaufrechts CISG; s. zum CISG die Kommentierung von Staudinger/*Magnus* (2018).

12 Regelungen rechtstechnisch meist viel besser und sorgfältiger ausgearbeitet, als dies ad hoc in einem Vertragstext geschieht; überdies werden die Vertragstexte dadurch meist unmäßig und bis zur Unverständlichkeit aufgebläht (was allerdings angesichts des heute für die anwaltschaftliche Beratung üblichen Stundenhonorars keineswegs immer unerwünscht ist). Um die Rechtsfolgen eigenständig regeln zu können, muss die Anwendung der gesetzlichen Vorschriften ausgeschlossen werden; der nicht ausschließbare § 444 BGB bereitet dabei Schwierigkeiten.

12 Das Mittel, dessen man sich zur modischen Angleichung an angelsächsische Usancen bedient, ist das sog. »*selbständige Garantieversprechen*«. Schon der Begriff ist denkbar fragwürdig.[18] Mit »selbständig« meint man jedenfalls nicht einen gesonderten Vertrag,[19] sondern eine Regelung außerhalb des positiven Regimes der Mängelhaftung (»unselbständig« soll die Garantie hingegen sein, wenn eine im Gesetz nicht vorgesehene Verpflichtung »innerhalb« des Gewährleistungsrechts übernommen wird, was auch immer das heißen mag).[20] Die Beifügung, es handle sich um ein selbstständiges Versprechen »gemäß § 311 Abs. 1 BGB«[21] trägt nicht zur Klärung, sondern eher zur Verwirrung bei. Auch der Begriff »Garantie« ist in mehrfacher Hinsicht untauglich. Mit einer »guaranty« oder »guarantee« angelsächsischen Rechts hat er jedenfalls nichts zu tun; im Zusammenhang mit der Einstandspflicht für Mängel wird dieser Begriff im englisch-amerikanischen Sprachgebrauch nicht verwendet. Wahrscheinlich handelt es sich nur um eine Fehlübersetzung des Begriffs »warranty« und damit um eine Art Pidgin-Deutsch, das in die deutsche Rechtssprache eingeführt wird.[22] Schließlich hat der Begriff nichts mit dem gesetzlichen Begriff der Garantie in §§ 343, 344 BGB zu tun, sodass es, wenn schon der Begriff »Garantie« trotz seiner Fehlerhaftigkeit unbedingt (meist wegen bedingungsloser Formularglaübigkeit) verwendet werden soll, auch nach Änderung des § 444 BGB angebracht ist, eine Verwahrung in den Vertragstext aufzunehmen (die bei korrekter Verwendung des Begriffs »Garantie« – wie in den nachfolgenden Mustern – natürlich fehlerhaft wäre):

Abwehrklausel

13 M **Soweit in dieser Urkunde von »Garantie« – alleinstehend oder in Wortverbindungen – die Rede ist, ist darunter nicht eine Garantie im Rechtssinn der §§ 443, 444 BGB zu verstehen, sondern vielmehr nur ein zunächst noch unbestimmtes Einstehenmüssen, dessen Art und Umfang sich ausschließlich nach den in gegenwärtiger Urkunde ausdrücklich getroffenen Vereinbarungen richtet; der Parteidisposition unterliegende gesetzliche Vorschriften sind darauf nicht – auch nicht hilfsweise – anzuwenden.**

---

18 Vgl. etwa die Verwirrung bei *Möller*, NZG 2012, 841, die selbständige Garantie sei keine Beschaffenheitsvereinbarung, müsse aber eine bestimmte Beschaffenheit der verkauften Gesellschaftsanteile und des Unternehmens beschreiben.
19 So aber doch anscheinend *Grützner/Schmidl*, NJW 2007, 3610.
20 So *Tiedtke*, JZ 1997, 869, 880. Nach *Meyer*, WM 2012, 2040 ist eine selbständige Garantie eine solche, die ein vertraglich geregeltes Rechtsfolgenprogramm aufweist, während die nicht selbständige auf die Rechtsfolgen des Gewährleistungsrechts zurückgreife. Noch eine andere Definition des »selbständigen Garantieversprechens« bei BGH NJW 1999, 1542 (Verpflichtung zur Schadloshaltung, falls der garantierte Erfolg nicht eintritt, weitergehender Erfolg als bloße Vertragsmäßigkeit der Leistung); ebenso BGH BB 2006, 1243.
21 So Beck'sches Formularbuch Bürgerliches, Handels- und Wirtschaftsrecht/*Meyer-Sparenberg* Form III A 16 unter § 5.
22 Für Diagnose Fehlübersetzung auch *Vorpeil* WM 2018, 691. Befürwortend leider *Dauner-Lieb/Thiessen*, ZIP 2002, 108. Geradezu hilflos *Meyer-Sparenberg*, in: Beck'sches Formularbuch Bürgerliches, Handels- und Wirtschaftsrecht, Form III A 16 unter § 5 bei dem Versuch, die anscheinend unvermeidliche »Garantie« zu retten und doch nicht falsch zu übersetzen: »Die Verkäuferin übernimmt eine selbständige Einstandspflicht im Sinne des § 311 (1) BGB dafür, dass die nachfolgenden Angaben (nachfolgend »Garantien«) ..... zutreffend sind«.

Die Ablehnung des »selbständigen Garantieversprechens« bedeutet nicht, dass die vom Gesetz angeordneten Rechtsfolgen nicht für den Einzelfall modifiziert werden müssten. Der Verfasser eines deutschem Recht unterliegenden Unternehmenskaufvertrags hat aber besonders sorgfältig darauf zu achten, dass die vertraglichen Haftungsvereinbarungen nach Voraussetzungen und Rechtsfolgen mit dem anwendbaren deutschen Recht – beim asset deal u.U. einschließlich des UN-Kaufabkommens CISG[23] – *harmonisiert* werden. Leider unterbleibt das häufig, wenn amerikanische Muster nur mechanisch ins Deutsche übersetzt werden, ohne dass die Unterschiede in den Rechtsgrundlagen beachtet werden. 14

3. Festlegung der Soll-Beschaffenheit

Grundlegend für jeden Unternehmenskauf deutschen Rechts – gleichgültig ob asset-deal oder share-deal – ist die *Festlegung der Soll-Beschaffenheit* des Vertragsgegenstands im Sinne der vertraglich vereinbarten Beschaffenheit des § 434 Abs. 1 Satz 1 BGB.[24] Die Vorschrift gilt zwar vordergründig nur für Sachmängel, nach § 435 Satz 1 BGB aber im Ergebnis gleichlaufend auch für Rechtsmängel, sodass die Unterscheidung zwischen Sach- und Rechtsmängeln für die Vertragsformulierung hinfällig wird. Auch die vormals breit ausgewalzte sophistische Unterscheidung zwischen zusicherungsfähigen »Eigenschaften« und nicht zusicherungsfähigen sonstigen Gegebenheiten ist seit der Schuldrechtsreform obsolet; der Begriff der »Beschaffenheit« ist umfassend.[25] Die Unterscheidung zwischen Sach- und Rechtsmängeln wird jedenfalls dann hinfällig, wenn beim Vertragsentwurf so sorgfältig gearbeitet wird, dass § 434 Abs. 1 Satz 2 und Abs. 2 BGB keinen Anwendungsbereich haben. Diese Vorschriften enthalten Auslegungsregeln für den Fall, dass die Soll-Beschaffenheit im Vertrag nicht ausreichend bestimmt ist; es ist aber gerade Aufgabe und Pflicht des Notars gem. § 17 Abs. 1 BeurkG, auf ausreichende Bestimmtheit zu achten. Im Einzelfall kann diese Bestimmung sehr knapp ausfallen, wenn nämlich der Käufer – wie häufig beim sog. Management-Buy-out, wo er ohnehin der bestinformierte Vertragsteil ist – bereit ist, das Unternehmen so zu übernehmen wie es ist. Es genügt dann, zu vereinbaren, dass die gegenwärtige tatsächliche und rechtliche Beschaffenheit auch die vertraglich vereinbarte ist. Meist sind aber umfangreiche Regelungen erforderlich, die nachf. Rdn. 26 ff. näher dargestellt werden. 15

Gegenwärtiger Zustand

Der Vertragsgegenstand wird in dem tatsächlichen, rechtlichen und wirtschaftlichen Zustand verkauft, den er gegenwärtig hat; dies ist die hiermit vertraglich vereinbarte Beschaffenheit, die der Verkäufer auch dann nicht zu verändern oder gar zu verbessern hat, wenn sich ergeben sollte, dass sie – gleich aus welchem Grund – den Erwartungen des Käufers nicht entsprechen sollte. 16 M

4. Abwicklungsphasen

Während die deutsche notarielle Praxis dahin tendiert, das technisch hochstehende Abstraktionsprinzip auszuhöhlen und Verträge möglichst einstufig abzuwickeln, bevorzugt die amerikanische Praxis aus gutem Grund *mehrstufige Verfahren*. Oft wird der Prozess des Vertragsschlusses mit Absichts- oder *Ernsthaftigkeitserklärungen* (Letter of Intent, LOI) eingeleitet. Nach einer solchen Erklärung und zusätzlich einer Vertraulichkeitsvereinbarung ermög- 17

---

23 Dessen Anwendung oft – gedankenlos – ausgeschlossen wird.
24 Checklisten zur ehemaligen Gewährleistung bei *Merkt*, BB 1995, 1041.
25 Vgl. MüKo-BGB/*H.P.Westermann*, § 434 BGB Rn. 8; Staudinger/*Matusche-Beckmann* (2013), § 434 BGB Rn. 42 ff.

licht der Verkäufer es dem präsumtiven Käufer, möglichst lückenlos interne Informationen und Daten über das Unternehmen (in einem sog. Datenraum) zu sammeln;[26] das Ergebnis wird in einem »*due diligence report*« förmlich niedergelegt.[27] Aufgrund dieser Informationen werden Kaufpreis und Vertragskonditionen festgelegt. Es folgt dann der rechtsverbindliche Abschluss des *schuldrechtlichen* Verpflichtungsvertrags. Daran schließt sich häufig nochmals eine Prüfungs- und Vorbereitungsphase an, bis schließlich der Vertrag im »*closing*«, also dem Abschluss der notwendigen Erfüllungsgeschäfte (einschließlich der Kaufpreiszahlung), seine Vollendung findet. Ein derart sorgfältiges Vorgehen empfiehlt sich häufig auch unter dem Regime des deutschen Rechts.

5. Steuerfragen

18 Es gibt keinen – auch noch so unbedeutenden – Unternehmenskauf, der nicht auch *steuerliche Probleme* aufwerfen würde. Weil ihm der vollständige Überblick über die steuerliche Situation vor allem des Verkäufers regelmäßig fehlt, ist der Notar so gut wie nie im Stande, steuerliche Fragen verlässlich zu beantworten oder die möglichen steuerlichen Probleme auch nur zuverlässig zu erkennen. Stets müssen deshalb die steuerlichen Berater der Beteiligten zugezogen werden; fast immer empfiehlt es sich, den fertigen Vertragsentwurf den steuerlichen Beratern zur abschließenden Genehmigung vorzulegen, wenn sie nicht ohnehin an der Beurkundungsverhandlung teilnehmen. Trotz Zuziehung der steuerlichen Berater muss der Notar doch auch von sich aus gewisse Grundregeln beachten. So sollte er wissen, dass auch der Asset-Deal nach § 1 Abs. 1a UStG nicht umsatzsteuerbar, also zwingend umsatzsteuerfrei ist; zur USt zu optieren ist nicht möglich. Dennoch kann die USt eine Rolle spielen und zwar dann, wenn der Verkäufer nach § 9 UStG bei einem umsatzsteuerfreien Erwerb für die USt optiert und den Vorsteuerabzug in Anspruch genommen hatte und die Fristen des § 15a UStG noch nicht abgelaufen sind; nach § 1 Abs. 1a Satz 3 UStG schuldet dann der Käufer die Rückzahlung des Vorsteuerabzugs.[28]

Vorsteuerklausel

19 M Der Verkäufer wird sich so verhalten, dass der Käufer nicht von einer Berichtigung des Vorsteuerabzugs betroffen wird. Wird umgekehrt die Berichtigung eines Vorsteuerabzugs vom Käufer ausgelöst, so hat er den Verkäufer von dadurch bewirkten Zahlungspflichten zu befreien.

20 Die Einschaltung der steuerlichen Berater erspart es dem Notar aber nicht, auch selbst Einsicht zumindest in den letzten *Jahresabschluss des zu veräußernden Unternehmens* zu nehmen, weil sich daraus oft wichtige Informationen über vertraglich zu berücksichtigende Umstände ergeben, deren Bedeutung die Beteiligten selbst und ihre nur steuerlich versierten Berater nicht erkennen. Dazu gehören z.B. Darlehensbeziehungen zwischen dem Unternehmensträger und den Beteiligten, von denen geklärt werden muss, welcher Charakter ihnen im Hinblick auf § 39 InsO zukommt, des Weiteren, ob Gesellschafterforderungen mit verkauft und Gesellschafterverbindlichkeiten schuldbefreiend übernommen werden sollen. Es gilt, Haftungsfragen zu klären, etwa die Volleinzahlung des gezeichneten Kapitals und das Aufleben der Haftung der Kommanditisten und vieles andere mehr.

---

26 Zur Problematik *Lutter*, ZIP 1997, 613; zur gesteigerten Aufklärungspflicht des Verkäufers BGH BB 2001, 1167 (Anm. *Louven* S. 2390); zur Frage, wie verlässlich die Gesellschafterliste in Bezug auf § 16 Abs. 3 GmbHG ist, *Paefgen/Wallisch* NZG 2016, 801.
27 *Merkt*, BB 1995, 1041; *Schickerling/Blunk*, GmbHR 2009, 337.
28 Einzelheiten *Ziegler*, MittBayNot 1996, 70.

Schließlich bedarf es – vor allem bei Beteiligung von Personengesellschaften – der Einsicht in die Jahresabschlüsse auch deshalb, weil oft nur aus ihnen Hinweise auf etwa bestehende Unterbeteiligungen und auf formlos vorgenommene Änderungen von Gesellschaftsverträgen gewonnen werden können. Oft ergibt sich aus den Abschlüssen ein völlig anderes Bild der Beteiligung am Vermögen und am Ertrag als es der schriftliche Gesellschaftsvertrag ausweist.

6. Kartellrecht

Kartellrecht ist jedenfalls dann zu berücksichtigen, wenn eines der am Kauf beteiligten Unternehmen (bei Konzernen jeweils der Gesamtkonzern) im letzten vor dem Stichtag des Kaufs endenden Geschäftsjahr Umsatzerlöse von mindestens 500 Mio. € und mindestens ein beteiligtes Unternehmen im Inland Umsatzerlöse von mehr als 25 Mio. € erzielt hat (§ 35 Abs. 1 GWB). Daneben sind auch Art. 101 ff. AEUV (EU-Arbeitsweisevertrag, Teil des Vertrags von Nizza in der Fassung des Lissabon-Vertrags)[29] und die Verordnung (EG) Nr. 1/2003 des Rates zur Durchführung der in den Art. 81 und 82 des Vertrags niedergelegten Wettbewerbsregeln[30] zu beachten. S. zum Wettbewerbsverbot auch unten Rdn. 47.

7. Beurkundungsform

Die *Urkunden* können oft sehr umfangreich werden, weil mannigfaltige Abschlüsse, Listen, Vertragstexte usw. beizufügen sind. Hier ist es häufig angebracht, mit einer sog. Verweisungsurkunde zu arbeiten. Die den Parteien ohnehin bekannten und im Vorfeld eingehend geprüften Unterlagen werden – je nach Inhalt – gem. § 13a oder § 14 BeurkG (dazu § 13 Rdn. 82 ff.) in einer nur zum Zweck des Verweisens errichteten Urkunde niedergelegt. Bei der eigentlichen Vertragsbeurkundung sollte der Notar aber sehr sorgfältig darauf achten, jede einzelne Unterlage all den Beteiligten, die nicht bei der Errichtung der Verweisungsurkunde anwesend waren, zur Kontrolle vorzulegen. Oft hat der Notar ohnehin Anlass, Details der Verweisungsurkunde, etwa bestimmte Bilanzansätze, die Ursache zu Rückfragen geben, in der eigentlichen Beurkundungsverhandlung ausdrücklich anzusprechen; er wird dabei eine gute Figur machen, wenn den Beteiligten deutlich wird, dass sich der Notar die Verweisungsurkunde nicht nur hat vorlesen lassen, sondern dass er sich eingehende Gedanken über den Inhalt der einzelnen Dokumente gemacht hat.

Bei der Verweisungsurkunde ist zu unterscheiden zwischen Texten, Karten, Zeichnungen oder Abbildungen, die gem. § 9 Abs. 1 Satz 1 BeurkG in die Urkunde aufgenommen werden, Texten, Karten, Zeichnungen oder Abbildungen in einem Schriftstück, auf das in der Niederschrift verwiesen und das dieser beigefügt und – soweit es sich um Text handelt – verlesen wird, Bilanzen, Inventaren, Nachlassverzeichnissen oder sonstigen Bestandsverzeichnissen über Sachen, Rechte und Rechtsverhältnisse in einem Schriftstück, auf das in der Niederschrift verwiesen und das dieser beigefügt wird, das aber gem. § 14 Abs. 1 Satz 1 BeurkG nicht verlesen werden muss, und schließlich Schriftstücken, deren Inhalt nicht Gegenstand der rechtsgeschäftlichen Erklärungen ist, die aber zu Beweiszwecken beigefügt werden sollen (z.B. bestehende Mietverträge, die nur Gegenstand einer Vertragsübernahme sein sollen).

---

29 Bekanntmachung vom 09.05.2008, ABl. Nr. C 115 S. 47, Änderung 2012/419/EU v. 11.07.2012 (ABl. Nr. L 204 S. 131).
30 V. 16.12.2002, zuletzt geändert durch Anh. I ÄndVO (EG) 487/2009 v. 25.05.2009 (ABl. Nr. L 148 S. 1).

§ 31 Unternehmenskauf

Verweisungsurkunde

25 M

Verhandelt zu ..... am .....

Vor dem Notar erschien ....., geb. am .....,
Er gab bekannt, dass er hiermit die in Gegenwart des Notars vorgelesenen Anlagen 3, 6 bis 9 und 14 dieser Urkunde zum Gegenstand seiner Erklärungen mache. Des Weiteren mache er die Anlagen 4 und 10 bis 12 dieser Urkunde zum Gegenstand seiner Erklärungen; der Beteiligte verzichtete auf die Verlesung dieser Anlagen und unterzeichnete jede Seite. Die Anlagen 1,2, 5 und 13 bat er, der Urkunde nur zu Beweiszwecken beizufügen.
Die Niederschrift wurde .....

..... Notar

■ *Kosten*. 1,0 nach Nr. 21200 KV GNotKG aus 5–10 % des Wertes der Haupturkunde (§ 36 Abs. 1 GNotKG).

III. Im Besonderen: Die Sollbeschaffenheit

1. Eigentumsgarantie

26 Der Veräußerer hat regelmäßig – in Gestalt einer Beschaffenheitsvereinbarung, meist aber auch in Form einer Garantie gem. § 276 Abs. 1 Satz 1 BGB verschuldensunabhängig – dafür einzustehen, dass er *Inhaber* bzw. *Eigentümer* der zu veräußernden Sachen und Rechte ist, dass diese nicht mit Rechten Dritter belastet sind und dass er im Hinblick auf sie keinen Verfügungsbeschränkungen unterliegt. Oft wird – weil angelsächsische Rechte das nicht streng unterscheiden – auch Gewähr für Freiheit von obligatorischen Bindungen übernommen, was für kontinentales Recht meist bedeutungslos ist.

2. Bilanzzusage

27 Wichtigste Grundlage der Beschaffenheitsvereinbarung ist in der Regel eine Vereinbarung über die *Soll-Beschaffenheit der Bilanz* (»Bilanzzusage«, vormals gerne »Bilanzgarantie« genannt, was seit der Schuldrechtsreform nicht mehr angebracht ist).[31] Für den Notar, der einen Unternehmenskaufvertrag entwerfen und beurkunden soll, ist es daher unerlässlich, sich die Fähigkeit zum Lesen einer Bilanz anzueignen. Bezieht die Vereinbarung sich – was höchst wünschenswert ist – auf eine bereits erstellte Bilanz (»Locked-Box-Mechanismus« im Gegensatz zum »Completion-Mechanismus«, der auf den Erfüllungszeitpunkt abstellt), so ist diese der Urkunde als zu verlesende Anlage oder gem. § 14 BeurkG beizufügen. Ob weitere Bestandteile des Jahresabschlusses beizufügen sind, insbesondere die Gewinn- und Verlustrechnung (§§ 275 ff. HGB; dazu nachf. Rdn. 39) und der Anhang (§§ 284 ff. HGB), richtet sich nach den Details der zu vereinbarenden Eigenschaften. Nur bei einer allgemein gehaltenen Zusicherung, dass eine bereits festgestellte Bilanz den gesetzlichen Vorschriften entspreche, kann auf die Beifügung ganz verzichtet werden.

28 Kernstück einer Bilanzzusage ist die *Eigenkapitalzusage*. Der Verkäufer übernimmt die Haftung dafür, dass das in der Bilanz ausgewiesene Eigenkapital (§§ 266 Abs. 3 Buchst. A), 272 HGB unter Berücksichtigung eines nicht durch Eigenkapital gedeckten Fehlbetrags nach § 268 Abs. 3 HGB) einen bestimmten Betrag erreicht. Vorauszusetzen ist, dass die

---

[31] Der Begriff wird aber nach wie vor gänzlich unkritisch verwendet, z.B. *Korch,* WM 2018, 700, wo aber auch eine völlig missglückte »Garantie nach § 276 BGB« vorgeführt wird. Zur Möglichkeit, eine »Gewährleistungsversicherung« (engl. Warranty & Indemnity- oder W&I-Insurance) abzuschließen, *Hoenig/Klingen* NZG 2016, 1244; *Hoger/Baumann* NZG 2017, 811.

Bilanz unter Wahrung der gesetzlichen Vorschriften, insbesondere unter Wahrung der Bilanzkontinuität (§ 252 Abs. 1 Nr. 1 HGB), also nicht im Hinblick auf den Verkauf, aufgestellt wurde. Bei einer Kapitalgesellschaft ist das Eigenkapital oft noch nach Art und Maß der Steuerbelastung aufzuschlüsseln. Kommen Bilanzierungswahlrechte in Betracht, so ist (am besten durch den Anhang) zu erläutern, wie sie ausgeübt wurden. Für den Fall, dass sich die Eigenkapitalzusage als unrichtig erweist, bietet es sich an, anstelle der im Gesetz vorgesehenen Rechte bei Nichterfüllung eine entsprechende Herabsetzung des Kaufpreises oder einen Nachschuss zu vereinbaren. Nicht vergessen werden sollte, auch zu regeln wie ein höheres als das zugesagte Eigenkapital zu behandeln ist (Erhöhung des Kaufpreises oder Verbleib beim Käufer).

Kommt es dem Käufer nicht nur auf das Ergebnis der Addition von Aktiven und Passiven, sondern darauf an, dass bestimmte in der Bilanz ausgewiesene Aktiva (etwa als Träger stiller Reserven) vorhanden oder bestimmte Passiva (z.B. Gesellschafterdarlehen, stille Beteiligungen) nicht vorhanden sind, so muss die Zusage entsprechend *erweitert* werden. Werden Beteiligungen ausgewiesen, müssen sie u.U. ihrerseits durch eine Bilanzzusage unterlegt werden. Welche Details notwendig sind, bestimmt sich nach der konkreten Situation. Auch die Folgen werden sich ändern, wenn es nicht nur auf die Summe ankommt. 29

Da Bilanzen nach gewissenhafter kaufmännischer Prognose nach den z.Zt. der Aufstellung der Bilanz bekannten Umständen aufzustellen sind (§ 252 Abs. 1 Nr. 4 HGB), können sich Ansätze nachträglich als zu optimistisch oder zu pessimistisch erweisen (eine Bürgschaftsschuld erweist sich z.B. als höher oder niedriger als der angesetzte Rückstellungsbetrag). Zu regeln ist, ob das in den Risikobereich des Verkäufers (nachträgliche Herabsetzung bzw. Erhöhung des Kaufpreises) oder den des Käufers fallen soll (sog. harte oder weiche Bilanzzusage). Meist werden Steuer- und Sozialversicherungsschulden dem Risikobereich des Verkäufers, andere Posten mit prognostischem Ansatz dem des Käufers zugewiesen. 30

Bilanzzusage

Der Verkäufer garantiert verschuldensunabhängig, dass der der Verweisungsurkunde[32] als Anlage 3 beigefügte Jahresabschluss[33] zum 31.12.20 ..... mit der Sorgfalt eines ordentlichen Kaufmanns unter Beachtung der gesetzlichen Vorschriften, insbesondere unter Wahrung der Bilanzkontinuität und nicht im Hinblick auf gegenwärtige Veräußerung, aufgestellt worden ist. Die Angaben zu den Bewertungsmethoden und die sonstigen gesetzlich geforderten Erläuterungen sind im Anhang enthalten. Der Verkäufer garantiert, dass das im Jahresabschluss angegebene Eigenkapital in der im Anhang erläuterten Gliederung zum Bilanzstichtag ordnungsgemäß ermittelt war. Insbesondere garantiert er, dass die Rückstellungen für ungewisse Verbindlichkeiten und für drohende Verluste vollständig und nach den Erfahrungen der Vergangenheit unter Berücksichtigung der bei Bilanzaufstellung bekannten Umstände nicht zu niedrig angesetzt worden sind. Darüber hinaus garantiert er, dass Steuerverbindlichkeiten und Verbindlichkeiten gegenüber Sozialversicherungsträgern objektiv richtig angesetzt sind, wozu unwiderleglich vermutet wird, dass Festsetzungen, die von den zuständigen Stellen rechtsbeständig getroffen worden sind oder künftig getroffen werden, objektiv richtig sind. Sollte sich erweisen, dass das Eigenkapital im Sinne der vorstehenden Vereinbarungen zu hoch angesetzt war, mindert sich der Kaufpreis um den Minderbetrag; dasselbe gilt, wenn Eigenkapital mit latenten Steuern belastet sein 31 M

---

32 Oben Rdn. 25 M; es wird unterstellt, dass die Erklärungen nach § 13a BeurkG schon an anderer Stelle der Urkunde enthalten sind.
33 S. zur Bedeutung der Gewinn- und Verlustrechnung nachfolgend Rdn. 39 ff.

sollte, die aus dem Anhang nicht zu erschließen sind. Weitere Rechte stehen dem Käufer wegen zu hoch angesetzten Eigenkapitals nicht zu. War das Eigenkapital zu niedrig angesetzt, hat es dabei sein Bewenden.

Werden beim Asset-Deal pauschal Schulden übernommen, so stellt sich die Frage der Abwehr unberechtigter Ansprüche (beim Share-Deal ohnehin). Es empfiehlt sich etwa folgende Regelung:

Werden von dritter Seite gegen den Erwerber (bzw. die Gesellschaft) Ansprüche erhoben, die in der Bilanz nicht passiviert sind und für die auch keine Rückstellung gebildet ist, so hat der Erwerber den Veräußerer unverzüglich in Textform aufzufordern, sich zu erklären, ob der Anspruch abgewehrt werden soll oder nicht. Unterlässt der Erwerber die Aufforderung, so bleibt sie im Rahmen der Bilanzzusage unbeachtet. Erklärt sich der Veräußerer nicht oder verzichtet er auf die Abwehr, so ist die Forderung im Rahmen der Bilanzzusage als bestehend zu behandeln. Verlangt der Veräußerer die Abwehr, so ist der Erwerber verpflichtet, alle Abwehrmaßnahmen nach Weisung des Veräußerers und auf dessen Kosten durchzuführen; nach seiner Wahl kann er stattdessen den Veräußerer umfassend zur Abwehr ermächtigen. Soweit die Abwehr erfolglos bleibt, ist die Forderung im Rahmen der Bilanzzusage zu berücksichtigen. Der Erwerber kann jederzeit verlangen, dass die Abwehr beendet wird; die Forderung bleibt dann im Rahmen der Bilanzzusage unberücksichtigt.

3. Weitere Zusagen

32 An die Bilanzzusage schließen sich – immer nach den Umständen des Einzelfalls – Zusagen zu den Vermögensgegenständen (aktiven wie passiven) an, die oft *nicht in einer Bilanz erscheinen*. Dazu gehören z.B. selbstgeschaffene immaterielle Wirtschaftsgüter (Marken, Patente, Know-how, s. § 49), geldwerte Rechte (wie Lizenzen) und auf der Passivseite Verbindlichkeiten, die »unter dem Strich« (§ 251 HGB) auszuweisen sind, wie Bürgschaften und sonstige Haftungsverhältnisse.

Nicht bilanzierte Vermögensgegenstände

33 M Der Verkäufer garantiert, dass die in Anlage 6 der Verweisungsurkunde[34] aufgeführten Marken, Patente, Gebrauchs- und Geschmacksmuster unangefochten bestehen, dass ihm keine Umstände bekannt sind, die befürchten ließen, dass von dritter Seite mit Erfolg gegen diese Rechte vorgegangen werden könnte oder dass ein Angriff gegen diese Rechte bevorstünde, dass die in der Anlage angegebenen Laufzeiten zutreffen und insbesondere auch die Gebühren bis zu den in der Anlage bezeichneten Zeitpunkten entrichtet sind. Er garantiert weiter, dass das Unternehmen über die im Vertrag Anlage 7 zu dieser Urkunde näher geregelte Lizenz verfügt und dass dem Lizenzgeber weder das Recht zusteht, den Lizenzvertrag aus Anlass gegenwärtigen Vertrags zu kündigen, noch dem Verkäufer etwas von einer dahingehenden Absicht des Lizenzgebers bekannt ist. Sollte eine dieser Garantien nicht oder nicht voll zutreffen, kann der Käufer ohne weiteres Minderung geltend machen oder Schadensersatz statt der Leistung verlangen, letzteres aber nur in dem Umfang, in dem die Garantie nicht zutrifft; der Rücktritt – auch die Rückgängigmachung des Vertrags im Wege des Schadensersatzes – ist ausgeschlossen.

---

34 Oben Muster Rdn. 25 M; es wird unterstellt, dass die Erklärungen nach § 13a BeurkG schon an anderer Stelle der Urkunde enthalten sind.

Der Käufer sagt im Sinne einer Beschaffenheitsvereinbarung auch zu, dass über das im Anhang Aufgeführte hinaus keine Haftungen für fremde Verbindlichkeiten bestehen, auch nicht aus Patronats- und ähnlichen nicht unmittelbar rechtsverbindlichen Erklärungen. Sollte diese Zusage nicht zutreffen, hat der Verkäufer den Käufer unverzüglich freizustellen; der Käufer kann Sicherheitsleistung fordern. Wird Sicherheit nicht unverzüglich gestellt, stehen dem Käufer die Rechte bei Nichterfüllung des Vertrags zu, wenn die mögliche Verbindlichkeit den Betrag von 10.000,00 € übersteigt, sonst nur der Erfüllungsanspruch.

Ebenfalls außerhalb der Bilanz bleiben *beiderseits noch nicht erfüllte Verträge* (wenn keine Rückstellung wegen drohender Verluste, § 249 Abs. 1 Satz 1 HGB, zu bilden sind) und Dauerschuldverhältnisse. Von besonderer Bedeutung kann dabei der Bestand an Aufträgen sein, mit deren Ausführung noch nicht begonnen worden ist. Im Übrigen wird hier oft eine doppelte Zusage zu geben sein dahin, dass bestimmte solche Vertragsverhältnisse (Mietverträge, Versicherungsverträge, Leasingverträge usw.) bestehen, aber auch, dass über die aufgezählten hinaus keine weiteren solchen Verträge abgeschlossen sind. Die bestehenden Vertragsverhältnisse werden in einer mehr oder minder detaillierten Liste dem Vertrag (oder der Verweisungsurkunde) als Bestandteil beigefügt. 34

Die Anstellungsverhältnisse der *Arbeitnehmer* gehen grundsätzlich gem. § 613a BGB auf den Käufer über. Deshalb sagt der Verkäufer zu, dass über die in einer Liste nach Namen, Beschäftigungsdauer, Vergütungsansprüchen, Urlaubsansprüchen, Kündigungsstatus und Versorgungsansprüchen zu erfassenden Beschäftigungsverhältnisse hinaus keine weiteren Anstellungsverhältnisse bestehen und dass keine Ansprüche der Arbeitnehmer über die in der Liste erfassten hinaus bestehen. Sollen einzelne Anstellungsverhältnisse nicht übergehen, so hat der Verkäufer die Gewähr zu übernehmen, dass die betreffenden Arbeitnehmer dem Ausschluss des Übergangs zustimmen. Für den Fall, dass ein Arbeitnehmer dem Übergang widerspricht, hat in der Regel der Käufer den Verkäufer freizustellen, der Verkäufer sich zur Kündigung des Arbeitsverhältnisses zu verpflichten. 35

Umgekehrt ist der Käufer u.U. daran interessiert, dass bestimmte Arbeitnehmer ihre Tätigkeit fortsetzen, ihre Anstellungsverhältnisse also ungekündigt sind und dem Verkäufer nichts von einer Kündigungsabsicht aufseiten des Arbeitnehmers bekannt ist. 36

4. Schadensträchtige Umstände

Schließlich hat der Verkäufer regelmäßig dafür einzustehen, dass keine *anderen schadensträchtigen Umstände* gegeben sind, die nicht offenbart wurden. 37

Weitere Zusagen

Der Verkäufer steht im Sinne einer Beschaffenheitsvereinbarung dafür ein, dass das Unternehmen nur in die in Anlage 14 der Verweisungsurkunde[35] im einzelnen aufgeführten Aktiv- und Passivprozesse verwickelt ist, dass darüber hinaus keine Aktivprozesse anstehen und ihm keine Umstände bekannt sind, die erwarten lassen, dass Passivprozesse anstehen. Weiterhin steht er in gleicher Weise für Folgendes ein: Gegen das Unternehmen oder im weitesten Sinn im Zusammenhang mit dem Unternehmen sind ihm keine anhängigen strafrechtlichen Ermittlungsverfahren und keine Bußgeldverfahren angezeigt worden. Es sind keine Umstände bekannt, die die Einlei- 38 M

---

35 Oben Muster Rdn. 25 M; es wird unterstellt, dass die Erklärungen nach § 13a BeurkG schon an anderer Stelle der Urkunde enthalten sind.

tung solcher Verfahren erwarten ließen. Alle für den Betrieb des Unternehmens etwa erforderlichen öffentlich-rechtlichen und privatrechtlichen Befähigungs-, Zuverlässigkeits- und Gesundheitsnachweise, Genehmigungen und Erlaubnisse sind unanfechtbar und unangefochten erteilt. Entsprechendes gilt für die Anlagen und Einrichtungen des Unternehmens. Der gegenwärtige Betrieb des Unternehmens verstößt weder gegen öffentliches Recht noch gegen private Rechte Dritter, so dass nach gegenwärtiger Rechtslage keine Untersagungsverfügungen, Auflagen oder Unterlassungsansprüche zu erwarten sind. Maßnahmen solcher Art sind weder angekündigt noch liegen sonst Umstände vor, die befürchten ließen, dass solche Maßnahmen eingeleitet werden. Sollte eine dieser Zusagen nicht zutreffen, so kann der Käufer ohne weiteres Minderung geltend machen, Schadensersatz aber nur nach Maßgabe der gesetzlichen Voraussetzungen und nur in dem Umfang verlangen, in dem die Zusage nicht zutrifft; der Rücktritt – auch die Rückgängigmachung des Vertrags im Wege des Schadensersatzes – ist ausgeschlossen.

5. Ertragskraft

39 Da sich der Kaufpreis für ein Unternehmen grundsätzlich an den Ertragsaussichten orientiert, sind Zusagen zur *Ertragskraft* von besonderer Bedeutung. Grundlage einer Schätzung ist die Gewinn- und Verlustrechnung, meist für mehrere zurückliegende Jahre. Diese ist daher in die Bilanzzusage (oben Rdn. 31 M) mit einzubeziehen. Eine Haftungsformel kann im Anschluss an Muster Rdn. 31 M lauten:

Vereinbarungen zur Gewinn- und Verlustrechnung

40 M Der Verkäufer garantiert insbesondere, dass die in den Jahresabschlüssen 20 ....., 20 ..... und 20 ..... (Anlagen 3, 4 und 5 zur Verweisungsurkunde[36]) angegebenen Gewinne aus gewöhnlicher Geschäftstätigkeit (§ 275 Abs. 2 Nr. 14 HGB) im vorstehend angegebenen Sinn (Muster Rdn. 31 M) ordnungsgemäß ermittelt sind. Sollten sich in einzelnen oder allen maßgeblichen Jahren die Gewinne wegen nicht ordnungsgemäßer Ermittlung als niedriger denn angegeben erweisen, so ermäßigt sich der Kaufpreis wie folgt:
Der in den Anlagen ausgewiesene Gewinn des Vorjahres ist mit 3, der des Jahres zuvor mit 2 und der des diesem vorangehenden Jahres mit 1 zu multiplizieren. Die drei Produkte sind zu addieren und die Summe ist durch 6 zu teilen (durchschnittlicher Buchgewinn). In gleicher Weise ist mit den ordnungsgemäß ermittelten Gewinnen zu verfahren (durchschnittlicher wahrer Gewinn). Bleibt der durchschnittliche wahre Gewinn hinter dem durchschnittlichen Buchgewinn zurück, so mindert sich der Kaufpreis um das 5,8-fache der Differenz. Nur wenn sich dadurch ein negativer Kaufpreis ergeben würde, kann der Käufer vom Vertrag zurücktreten oder Schadensersatz statt der Leistung fordern. Ist umgekehrt der durchschnittliche wahre Gewinn höher als der durchschnittliche Buchgewinn, so hat es dabei sein Bewenden.

41 Darüber hinaus können weiter Elemente einer Ertragsprognose, aber auch der tatsächliche künftige Ertrag berücksichtigt werden.

---

36 Oben Muster Rdn. 25 M; es wird unterstellt, dass die Erklärungen nach § 13a BeurkG schon an anderer Stelle der Urkunde enthalten sind.

Ertragsprognose

Bei der Bemessung des Kaufpreises gehen die Vertragsteile davon aus, dass im laufenden Geschäftsjahr ein Gewinn aus gewöhnlicher Geschäftstätigkeit (§ 275 Abs. 2 Nr. 14 HGB) von nicht weniger als 280.000,00 € erzielt werden wird. Sollte dies nicht erreicht werden, so hat der Verkäufer für je volle 1.000,00 € Mindergewinn 5.800,00 € des Kaufpreises (ohne Zinsen) zurückzuzahlen. Dies gilt entsprechend auch im Falle eines Verlusts aus gewöhnlicher Geschäftstätigkeit.

42 M

6. Geschäfte in der Karenzzeit

Da zwischen dem Stichtag des letzten Jahresabschlusses und dem Stichtag der tatsächlichen Übergabe des Unternehmens in aller Regel ein mehr oder minder langer Zeitraum liegt, hat der Verkäufer regelmäßig zuzusagen, dass zwischen dem Stichtag des Jahresabschlusses und dem Stichtag der tatsächlichen Übergabe Geschäfte nur im Rahmen des *gewöhnlichen Geschäftsverkehrs* vorgenommen worden sind und dass sich keine außergewöhnlichen oder für die vereinbarten Gewährleistungen relevanten Vorfälle ereignet haben.

43

IV. Weiterer Vertragsinhalt

1. Kaufpreisfälligkeit

Zur Festlegung der *Kaufpreisfälligkeit* ist zu beachten, dass die Tarifvergünstigung für den Veräußerungsgewinn nach § 34 EStG – soweit noch aktuell – in gewissem Umfang davon abhängig ist, dass die Vergütung in einem einzigen Steuerjahr fließt.

44

2. Personelle Veränderungen

Mit einem Unternehmenskauf sind meist *personelle Veränderungen* im Führungsbereich verbunden. Betreffen sie den Veräußerer selbst, so sind Vereinbarungen über die Aufhebung von Anstellungsverträgen, den Verzicht auf Pensionsansprüche, die Entnahme persönlicher Sachen usw. technisch meist so zu bewältigen, dass sie noch vor dem Unternehmensverkauf bedingungsfrei getroffen werden. Im Kaufvertrag müssen sie dann nur noch unter dem Gesichtspunkt der Beschaffenheitsvereinbarung erwähnt werden, was keine zusätzlichen Beurkundungskosten auslöst; für den Veräußerer ist das Verfahren i.d.R. risikofrei, weil er die Vereinbarungen wieder korrigieren kann, falls es doch nicht zum Abschluss kommen sollte. Wird externes Führungspersonal weiterbeschäftigt, ist besonders auf die M&A-Versicherungen zu achten.[37]

45

Häufig sollen auch Vereinbarungen zur *Fortbeschäftigung des Veräußerers*, etwa im Rahmen eines »Beratervertrags« getroffen werden. Der Notar hat dann Anlass, auf die mannigfaltigen Bedenken gegen Geschäfte zur Steuerumgehung hinzuweisen, wenn der Verdacht besteht, dass das Beratungshonorar verdeckter Kaufpreis ist. In einem solchen Fall ist auch zivilrechtlich das Risiko des Veräußerers erheblich, dass der Erwerber später die Zahlung des Honorars mit der Begründung verweigert, der Veräußerer habe keine oder nur eine mangelhafte Beratungsleistung erbracht. Jedenfalls gehören Vereinbarungen über eine Pflicht zur Fortbeschäftigung in den Unternehmenskaufvertrag selbst; der vorherige (formlose) Abschluss einer solchen Vereinbarung ist nicht glaubwürdig. Die Kosten sind in Kauf zu nehmen.

46

---

37 *Bastuck/Stelmaszczyk*, NZG 2011, 241.

3. Wettbewerbsverbot

47 Häufig werden sich Veräußerer einem *Wettbewerbsverbot* unterwerfen müssen, das allerdings, u.a. auch nach EU-Kartellrecht,[38] in der Regel zeitlich[39] und je nach Umständen auch örtlich begrenzt sein muss.[40] Eine Karenzentschädigung, wie sie Arbeitnehmern in diesem Fall zwingend zu gewähren ist (vgl. § 74 Abs. 2 HGB), muss jedenfalls dann nicht gewährt werden, wenn die Existenz des Veräußerers, sei es durch den empfangenen Kaufpreis, sei es anderweitig, gesichert ist.

Wettbewerbsverbot

48 M **Dem Verkäufer ist es im weitesten Sinne untersagt, mit dem verkauften Unternehmen unmittelbar oder mittelbar in Wettbewerb zu treten, Wettbewerber in irgendeiner Weise zu fördern, zu betreuen oder zu beraten – sei es auch in Bereichen, in denen unmittelbar kein Wettbewerb stattfindet – oder sich an einem Unternehmen, das mit dem verkauften Unternehmen in Wettbewerb steht oder künftig geraten könnte, unmittelbar oder mittelbar zu beteiligen. Er hat verschuldensunabhängig dafür zu einzustehen, dass auch alle Personen, mit denen er in häuslicher Gemeinschaft lebt, Wettbewerb mit der Gesellschaft in diesem Sinne unterlassen.**
Das Wettbewerbsverbot gilt bis 31.12.20 ..... Es beschränkt sich räumlich auf die Länder Bayern und Baden-Württemberg der Bundesrepublik Deutschland und auf Österreich. Die Vergütung für das Wettbewerbsverbot ist im Kaufpreis enthalten.
Sollte der Verkäufer gegen das Wettbewerbsverbot verstoßen, so hat er dem Käufer ohne Anspruch auf Ersatz von Aufwendungen alles herauszugeben, was er aus der verbotenen Tätigkeit erlangt; in der Höhe, in der Personen, mit denen er in häuslicher Gemeinschaft lebt, etwas aus der missbilligten Wettbewerbstätigkeit erlangen, hat der Verkäufer eine verschuldensabhängige Vertragsstrafe zu zahlen. In jedem Fall schuldet er auch selbst eine Vertragsstrafe in Höhe von 5.000,00 € für jede Verletzungshandlung; bei fortgesetzter Verletzung gilt die Wettbewerbstätigkeit in jedem Kalendermonat als eine Verletzungshandlung. Was der Verkäufer nach vorstehender Vereinbarung herauszugeben hat, wird auf die Vertragsstrafe angerechnet.

■ *Kosten.* Das Vertragsstrafeversprechen löst keine Kosten aus (§ 37 Abs. 1 GNotKG).

4. Schiedsgutachten

49 Muss der endgültige Kaufpreis erst noch aufgrund einer Bewertung ermittelt werden (vgl. vorstehend Rdn. 41 ff.), so empfiehlt es sich, für den Streitfall die Einholung eines *Schiedsgutachtens* zu vereinbaren, weil damit eine langwierige Wertfeststellung durch ohnehin nicht selbst sachverständige Gerichte vermieden werden kann.

5. Schiedsklausel

50 Beim Entwurf eines Unternehmenskaufvertrags sollte immer erwogen werden, eine *Schiedsvereinbarung* zu treffen, schon um den Unternehmenswert nicht durch öffentliche Auseinandersetzungen zu beeinträchtigen. Nach § 1031 Abs. 5 Satz 1 Halbs. 2 ZPO ist das Erfordernis gesonderter Urkunde für notariell beurkundete Verträge generell entfallen. Wird in der

---

38 Dazu *Müller/Thiede* EuZW 2017, 246.
39 IdR – auch bei gewerblichen Unternehmen – nicht mehr als 2 Jahre: BGH WM 2015, 441.
40 Vgl. BGH NJW-RR 1989, 800 (Anm. *Schwintowski*, JR 1990, 22); BGH NJW 1997, 3089.

Schiedsvereinbarung eine institutionelle Schiedsstelle, z.B. die Deutsche Institution für Schiedsgerichtsbarkeit oder der Schlichtungs- und Schiedsgerichtshof deutscher Notare (SGH) angesprochen, so gilt Folgendes:[41] Wird auf eine bestimmte Schiedsordnung Bezug genommen (z.B. das Statut des SGH), so muss sie mitbeurkundet werden; zweckmäßigerweise wird dazu eine Verweisungsurkunde nach § 13a BeurkG errichtet, auf die immer wieder verwiesen werden kann. Wird dagegen dynamisch auf die jeweilige Fassung einer Schiedsordnung verwiesen, so ist die Schiedsordnung selbst nicht beurkundungsbedürftig; der Notar sollte aber dennoch beurkunden, denn zu belehren hat er ohnehin und für die Klienten ist die Beurkundung kostenfrei.

Schiedsklausel

Über alle Rechtsstreitigkeiten aus diesem Vertrag soll unter Ausschluss des Rechtswegs ein Schiedsgericht nach den jeweils geltenden Regeln des Schlichtungs- und Schiedsgerichtshofs deutscher Notare (SGH) entscheiden. Dessen gegenwärtig in Kraft befindliches Statut ist wiedergegeben in der Urkunde des Notars N. in S. vom .....20 ....., URNr. ....., die den Beteiligten bekannt ist. Sie verzichten darauf, dass sie vorgelesen und hier beigefügt wird. 51 M

V. Asset Deal

Ein Asset Deal über ein kleines Unternehmen kann demnach lauten: 52

Verkauf einer Bäckerei

Verhandelt zu ..... am ..... 53 M
1. Im Teileigentumsgrundbuch des Amtsgerichts ..... von ..... Blatt ..... ist eingetragen: Miteigentumsanteil zu 121/1000 an dem Grundstück der Gemarkung ..... FIStNr. ....., verbunden mit dem Sondereigentum an den im Erdgeschoss liegenden Laden- und Gewerberäumen, im Aufteilungsplan mit Nr. 1 bezeichnet. Eigentümer: A.N., geb. am ....., Bäckermeister in .....
Belastungen sind nicht eingetragen.
A.N. betreibt in den Räumen des Teileigentums einen Bäckereibetrieb mit Verkaufsladen.
2. A.N. verkauft hiermit an B.M. sein gesamtes vorstehend bezeichnetes Unternehmen. Verkauft sind insbesondere:
a) das vorstehend bezeichnete Teileigentum mit allen Bestandteilen und dem Zubehör;
b) das gesamte Betriebsinventar und das gesamte Umlaufvermögen des Unternehmens zum heutigen Tag. Das Ergebnis der Inventur zum 31.12.20 ..... ist der Verweisungsurkunde, Urkunde des beurkundenden Notars vom gestrigen Tage, UR-Nr. ....., als Anlage 1 beigefügt; die Beteiligten kennen diese Verweisungsurkunde und verzichten darauf, dass sie vorgelesen und hier beigefügt wird. A.N. sagt im Sinne einer Beschaffenheitsvereinbarung zu, dass seit dem Stichtag der Inventur bis zum heutigen Tag Geschäfte nur im gewöhnlichen Geschäftsbetrieb vorgenommen worden und Gegenstände des Anlagevermögens weder veräußert noch angeschafft worden sind; er garantiert, seit dem Stichtag der Inventur nicht

---

41 BGH NJW 2014, 3652.

mehr als 6.320,00 € entnommen zu haben. Veräußert ist alles, was – unter Berücksichtigung dessen, dass das Unternehmen seither fortgeführt worden ist – in der Inventurliste als Aktivvermögen aufgeführt ist; in gleicher Weise übernimmt der Käufer mit befreiender Wirkung alle aufgeführten Verbindlichkeiten mit befreiender Wirkung für den Verkäufer;

c) alles, was sonst den Inbegriff des Unternehmens ausmacht.

3. Die Vertragsteile bewilligen und beantragen, für die Ansprüche des Käufers auf Übereignung des verkauften Teileigentums eine Vormerkung in das Grundbuch einzutragen; schon jetzt wird deren Löschung bei Eintragung des Eigentumsübergangs beantragt, vorausgesetzt das Eigentum geht in dem Rang über, den die Vormerkung sichert. Die Auflassung ist zu erklären, sobald der gesamte Kaufpreis bezahlt ist und dem Notar die Unbedenklichkeitsbescheinigung des Finanzamts vorliegt, wonach der Eintragung des Käufers als Eigentümer grunderwerbsteuerliche Bedenken nicht entgegenstehen. Die Vertragsteile sind darüber einig, dass das Eigentum an den verkauften beweglichen Sachen und dass die verkauften Rechte und Ansprüche unter der Bedingung auf den Käufer übergehen, dass der gesamte Kaufpreis bezahlt ist.

4. Der Käufer übernimmt das gesamte Unternehmen zum heutigen Tage. Eine Zwischenbilanz soll aber nicht erstellt werden. Was die Ertragssteuern für das laufende Kalenderjahr betrifft, soll dem Verkäufer ein Gewinn in Höhe der Entnahmen zugerechnet werden, die er seit Beginn des Geschäftsjahrs getätigt hat; im Übrigen sind Gewinne und Verluste bzw. Gewerbeerträge positiver und negativer Art dem Käufer zuzurechnen. Wenn und soweit die steuerliche Behandlung davon abweichen sollte, verpflichten sich die Vertragsteile wechselseitig, sich so zu stellen, wie sie stehen würden, wenn die Vereinbarung steuerlich anerkannt worden wäre. Der Verkäufer wird sich so verhalten, dass der Käufer nicht von einer Berichtigung des Vorsteuerabzugs betroffen wird. Wird umgekehrt die Berichtigung eines Vorsteuerabzugs vom Käufer ausgelöst, so hat er den Verkäufer von daraus entstehenden Zahlungspflichten zu befreien.

5. Der Kaufpreis beträgt ..... €.[42] Er ist fällig, sobald die in Abschn. 3 zur Eintragung bewilligte Vormerkung an ausschließlich erster Rangstelle eingetragen ist. Wegen seiner Verpflichtung zur Zahlung des Kaufpreises unterwirft sich der Käufer der sofortigen Zwangsvollstreckung aus dieser Urkunde; die vertragsmäßige Eintragung der Vormerkung ist Vollstreckungsvoraussetzung.

6. Der Vertragsgegenstand hat die nachfolgend aufgeführten Beschaffenheitsmerkmale aufzuweisen bzw. nicht aufzuweisen (vertraglich vereinbarte Sollbeschaffenheit). Sollten einzelne der nachfolgenden Angaben nicht dem Begriff »Beschaffenheit« unterfallen können, so sollen doch die für eine Beschaffenheitsvereinbarung geltenden Regelungen auch darauf entsprechend anwendbar sein. Im Übrigen wird der Vertragsgegenstand in dem tatsächlichen, rechtlichen und wirtschaftlichen Zustand verkauft, den er gegenwärtig hat. Insgesamt ist dies die hiermit vertraglich vereinbarte Beschaffenheit, die der Verkäufer auch dann nicht zu verändern oder gar zu verbessern hat, wenn sich ergeben sollte, dass sie – gleich aus welchem Grund – den Erwartungen des Käufers nicht entsprechen sollte. Soweit nachfolgend Rechte und Ansprüche des Käufers beschränkt werden, bleibt sein Recht, den Vertrag wegen arglistiger Täuschung durch den Verkäufer selbst oder durch Personen, deren Handeln der Verkäufer zu verantworten hat, anzufechten, unberührt.[43]

a) Der der Verweisungsurkunde als Anlage 3 beigefügte Jahresabschluss zum 31.12.20 ..... ist mit der Sorgfalt eines ordentlichen Kaufmanns unter Beachtung

---

42 Der Vorgang ist umsatzsteuerfrei gemäß § 1 Abs. 1a UstG.
43 Vgl. BGH DNotZ 2007, 541.

der gesetzlichen Vorschriften, insbesondere unter Wahrung der Bilanzkontinuität und nicht im Hinblick auf gegenwärtige Veräußerung aufgestellt worden. Die Angaben zu den Bewertungsmethoden sind im Anhang enthalten. Das im Jahresabschluss angegebene Eigenkapital ist zum Bilanzstichtag ordnungsgemäß ermittelt. Insbesondere sind die Rückstellungen für ungewisse Verbindlichkeiten und für drohende Verluste vollständig und nach den Erfahrungen der Vergangenheit unter Berücksichtigung bei Bilanzaufstellung bekannter Umstände nicht zu niedrig angesetzt worden. Darüber hinaus garantiert der Verkäufer, dass Steuerverbindlichkeiten und Verbindlichkeiten gegenüber Sozialversicherungsträgern objektiv richtig angesetzt sind, wozu unwiderleglich vermutet wird, dass Festsetzungen, die von den zuständigen Stellen rechtsbeständig getroffen worden sind oder künftig getroffen werden, objektiv richtig sind. Sollte sich erweisen, dass das Eigenkapital im Sinne der vorstehenden Vereinbarungen zu hoch angesetzt war, mindert sich der Kaufpreis um den Minderbetrag. Weitere Rechte stehen dem Käufer wegen zu hoch ausgewiesenen Eigenkapitals nur zu, soweit die vorstehende Garantie für Steuerverbindlichkeiten und Verbindlichkeiten gegenüber Sozialversicherungsträgern reicht. War das Eigenkapital zu niedrig angesetzt, hat es dabei sein Bewenden.

Einen Anspruch, den Kaufpreis danach zu mindern, kann der Käufer grundsätzlich nur in der Weise geltend machen, dass er den Jahresabschluss auf seine Kosten von einem Wirtschaftsprüfer prüfen lässt und den Prüfungsbericht dem Verkäufer spätestens am ...... zuleitet. Eine Kaufpreisrückzahlung ist einen Monat nach Zugang des Prüfungsberichts, der die Minderung ausweist, fällig, es sei denn, der Verkäufer beantragt innerhalb der Frist die Einleitung einer Schiedsbegutachtung. Hierzu ist ein Gutachter vom Präsidenten der Handwerkskammer ...... zu bestellen; dessen Gutachten ist verbindlich. Kaufpreisminderungen, die sich aus der Änderung von Steuerfestsetzungen oder Festsetzungen zu Sozialabgaben ergeben sollten, können ohne zeitliche Begrenzung und ohne Begutachtung geltend gemacht werden.

b) Das Eigentum an den verkauften Sachen und die verkauften Forderungen gehen frei von Rechten Dritter auf den Käufer über.

c) Über das im Anhang zum Jahresabschluss Aufgeführte hinaus bestehen keine Haftungen für fremde Verbindlichkeiten, auch nicht aus Patronats- und ähnlichen nicht unmittelbar rechtsverbindlichen Erklärungen. Sollten trotz dieser Vereinbarung solche Haftungen bestehen, hat der Verkäufer den Käufer unverzüglich freizustellen; der Käufer kann Sicherheitsleistung fordern. Wird Sicherheit nicht unverzüglich gestellt, stehen dem Käufer ohne weitere Fristsetzung die Rechte wegen nicht vertragsgemäß erbrachter Leistung zu, wenn die mögliche Verbindlichkeit den Betrag von 5.000,– € übersteigt, sonst nur der Erfüllungsanspruch.

d) Außer den in Anlage ...... der Verweisungsurkunde aufgeführten bestehen keine Dauerschuldverhältnisse mit einer unkündbaren Laufzeit von mehr als 6 Monaten (außer Anstellungsverhältnissen). Sollten solche dennoch bestehen, hat der Verkäufer den Käufer unverzüglich von den Verpflichtungen daraus freizustellen; weitere Ansprüche hat der Käufer nicht.

e) Außer den in Anlage ...... der Verweisungsurkunde aufgeführten bestehen keine Anstellungsverhältnisse mit Arbeitnehmern; die aufgeführten Vergütungen und die Angaben zu rückständigen Urlaubsansprüchen und Ansprüchen auf Freizeitausgleich von Überstunden sind richtig; dem Verkäufer ist nichts von einer Schwangerschaft einer Arbeitnehmerin bekannt; es bestehen keine Pensionszusagen oder ähnliche Vereinbarungen. Soweit diese Angaben unrichtig sein sollten, hat der Verkäufer den Käufer von allen Ansprüchen freizustellen; Urlaub, Überstunden und

Lohnfortzahlung während eines auf einer gegenwärtigen Schwangerschaft beruhenden Schwangerschaftsurlaubs sind zu vergüten. Weitergehende Ansprüche hat der Käufer nicht. Sollte einer der Arbeitnehmer dem Übergang seines Anstellungsverhältnisses auf den Käufer widersprechen, wird der Käufer den Verkäufer freistellen, der allerdings den Arbeitnehmer dem Käufer zur Arbeitsleistung zur Verfügung stellen wird.

f) Das Unternehmen ist nicht in Aktiv- und Passivprozesse verwickelt, es stehen keine Aktivprozesse an; dem Verkäufer sind keine Umstände bekannt, die erwarten lassen, dass Passivprozesse anstehen. Gegen das Unternehmen oder im weitesten Sinn im Zusammenhang mit dem Unternehmen sind dem Verkäufer keine anhängigen strafrechtlichen Ermittlungsverfahren und keine Bußgeldverfahren angezeigt worden; dem Verkäufer sind keine Umstände bekannt, die die Einleitung solcher Verfahren erwarten ließen. Alle für den Betrieb des Unternehmens etwa erforderlichen öffentlich-rechtlichen und privatrechtlichen Befähigungs-, Zuverlässigkeits- und Gesundheitsnachweise, Genehmigungen und Erlaubnisse sind unanfechtbar und unangefochten erteilt. Entsprechendes gilt für die Anlagen und Einrichtungen des Unternehmens. Der gegenwärtige Betrieb des Unternehmens verstößt weder gegen öffentliches Recht noch gegen private Rechte Dritter, sodass nach gegenwärtiger Rechtslage keine Untersagungsverfügungen, Auflagen oder Unterlassungsansprüche zu erwarten sind. Maßnahmen solcher Art sind weder angekündigt noch liegen sonst Umstände vor, die befürchten ließen, dass solche Maßnahmen eingeleitet werden. Der Käufer kann ohne Fristsetzung die Rechte wegen nicht vertragsgemäß erbrachter Leistung geltend machen, falls diese Angaben sich ganz oder zum Teil als unzutreffend erweisen sollten.

7. Soweit der Verkäufer vorstehend Garantien gegeben hat, verjähren die Rechte und Ansprüche, die der Käufer im Falle einer Pflichtverletzung hat, in der regelmäßigen Verjährungsfrist. Die Ansprüche auf lastenfreie Übereignung des gemäß Abschn. 2a dieses Vertrags verkauften Teileigentums verjähren in gesetzlicher Frist. Auch soweit entgegen den vorstehenden Vereinbarungen Dritte berechtigte Ansprüche gegen den Käufer erheben, verjähren die Rechte und Ansprüche, die der Käufer deswegen gegen den Verkäufer hat, in den gesetzlichen Fristen. Im Übrigen verjähren die Rechte und Ansprüche des Käufers in einem Jahr; die Frist beginnt mit dem Schluss des laufenden Jahres. Dasselbe gilt für die Verjährung des Kaufpreisanspruchs; dieser verjährt jedoch nicht, solange dem Käufer noch unverjährte Rechte oder Ansprüche wegen Verletzung einer vertraglichen Pflicht zustehen.

8. Dem Verkäufer ist es im weitesten Sinne untersagt, mit dem verkauften Unternehmen unmittelbar oder mittelbar in Wettbewerb zu treten, Wettbewerber in irgendeiner Weise zu fördern, zu betreuen oder zu beraten oder sich an einem Unternehmen, das mit dem verkauften Unternehmen in Wettbewerb steht oder künftig geraten könnte, unmittelbar oder mittelbar zu beteiligen. Er hat verschuldensunabhängig dafür einzustehen, dass auch alle Personen, mit denen er in häuslicher Gemeinschaft lebt, Wettbewerb mit der Gesellschaft in diesem Sinne unterlassen. Das Wettbewerbsverbot ist beschränkt auf die politische Gemeinde .....; es endet 5 Jahre nach Abschluss gegenwärtigen Vertrags. Sollte der Verkäufer gegen das Wettbewerbsverbot verstoßen, so hat er dem Käufer ohne Anspruch auf Ersatz von Aufwendungen alles herauszugeben, was er aus der verbotenen Tätigkeit erlangt; in der Höhe, in der Personen, mit denen er in häuslicher Gemeinschaft lebt, etwas aus der missbilligten Wettbewerbstätigkeit erlangen, hat der Verkäufer eine verschuldensabhängige Vertragsstrafe zu zahlen. In jedem Fall schuldet er auch selbst eine Vertragsstrafe in Höhe von 5.000,00 € für jede Verletzungshandlung; bei fortgesetzter Verletzung gilt die Wettbewerbstätigkeit

in jedem Kalendermonat als eine Verletzungshandlung. Was der Verkäufer nach vorstehender Vereinbarung herauszugeben hat, wird auf die Vertragsstrafe angerechnet.
9. Über alle Rechtsstreitigkeiten aus diesem Vertrag soll unter Ausschluss des Rechtswegs ein Schiedsgericht nach den jeweils geltenden Regeln des Schlichtungs- und Schiedsgerichtshofs deutscher Notare (SGH) entscheiden. Dessen gegenwärtig in Kraft befindliches Statut ist wiedergegeben in der Urkunde des Notars N. in S. vom …..20 ….., URNr. ….., die den Beteiligten bekannt ist. Sie verzichten darauf, dass sie vorgelesen und hier beigefügt wird.

- *Kosten.* 2,0 nach Nr. 21100 KV GNotKG aus dem Kaufpreis zuzüglich übernommener Verbindlichkeiten (§ 38 GNotKG).

VI. Share Deal

Ein Share Deal über ein kleines Unternehmen kann demnach lauten: **54**

Verkauf einer Bäckerei-GmbH

Verhandelt zu ….. am ….. **55 M**

1. Im Handelsregister des Amtsgerichts ….., HRB NR. ….., ist die ABC Bäckerei GmbH (nachfolgend auch »Gesellschaft« genannt) eingetragen. Vom Stammkapital zu 40.000,00 € halten nach Maßgabe der zuletzt im Handelsregister aufgenommenen Gesellschafterliste Herr A.X. Geschäftsanteile mit Einlagen von 30.000,00 (Nr. 1) und 7.000,00 € (Nr. 2), Frau B.X. einen Geschäftsanteil mit einer Einlage von 3.000,00 € (Nr. 3). Die Geschäftsanteile sind voll einbezahlt.
Die Gesellschaft betreibt ein Bäckerei-Unternehmen mit Verkaufsladen in gemieteten Räumen in ….. Vermieter und Eigentümer des Mietobjekts ist Herr A.X. Der Notar hat darauf hingewiesen, dass gegenwärtige Veräußerung die Beendigung einer Betriebsaufspaltung mit möglicherweise gewichtigen steuerlichen Folgen bewirken kann.
2. A.X. und B.X. verkaufen hiermit ihre in Abschn. 1 bezeichneten Geschäftsanteile an C.K. Das Gewinnbezugsrecht geht in der Weise auf den Käufer über, dass diesem alle Gewinne zustehen, deren Ausschüttung künftig beschlossen wird. Die Verkäufer erklären dazu im Sinne einer Beschaffenheitsangabe, dass ein Gewinnausschüttungsbeschluss für das vergangene Geschäftsjahr nicht gefasst worden ist.
3. Der Kaufpreis beträgt ….. €. Er steht den Verkäufern im Verhältnis des Nennwerts der verkauften Geschäftsanteile zu. Die Verkäufer bestätigen, vom Käufer soeben von der Sparkasse X-Stadt ausgestellte Verrechnungsschecks über ihre Kaufpreisanteile empfangen zu haben, die sie als Zahlung annehmen.
4. In Erfüllung der vorstehend getroffenen Vereinbarungen treten hiermit die Verkäufer die verkauften Geschäftsanteile mit unmittelbarer Wirkung an den Käufer ab. Dieser nimmt die Abtretung an. Als alleinige Gesellschafter – Herr A.X. auch als einziger Geschäftsführer – erteilen A.X. und B.X. alle zur Abtretung etwa erforderlichen Zustimmungen der Gesellschafter und der Gesellschaft. Die Verkäufer ermächtigen den Käufer für die Zeit bis zur Aufnahme der neuen Gesellschafterliste in das Handelsregister, der Gesellschaft gegenüber alle Gesellschafterrechte wahrzunehmen.
5. Die Verkäufer garantieren, dass sie Inhaber der verkauften Geschäftsanteile sind, dass diese nicht mit Rechten Dritter belastet sind, dass sie voll einbezahlt sind und dass keine Einlagen dergestalt zurückgewährt worden sind, dass der Käufer daraus haften würde.

Frau B.X. verkauft im Übrigen ihren Geschäftsanteil Nr. 3 in dem tatsächlichen, rechtlichen und wirtschaftlichen Zustand, den er und das durch ihn repräsentierte Unternehmen mit allen Vermögensgegenständen und Verbindlichkeiten gegenwärtig hat. Dies ist die hiermit vertraglich vereinbarte Beschaffenheit, die die Verkäuferin B.X. auch dann nicht zu verändern oder gar zu verbessern hat, wenn sich ergeben sollte, dass sie – gleich aus welchem Grund – den Erwartungen des Käufers nicht entsprechen sollte.

Zwischen Herrn A.X. und dem Käufer wird hingegen vereinbart, dass der Vertragsgegenstand die nachfolgend aufgeführten Beschaffenheitsmerkmale aufzuweisen bzw. nicht aufzuweisen hat (vertraglich vereinbarte Soll-Beschaffenheit). Sollten einzelne der nachfolgenden Angaben nicht dem Begriff »Beschaffenheit« unterfallen können, so sollen doch die für eine Beschaffenheitsvereinbarung geltenden Regelungen auch darauf entsprechend anwendbar sein. Soweit wegen abweichender Beschaffenheit eine Kaufpreisminderung eintritt, trifft sie nur – aber bezogen auf den ganzen Kaufpreis – Herrn A.X. Nur der Fall der Rückgängigmachung des Vertrages infolge einer Pflichtverletzung auf Seiten der Verkäufer trifft auch Frau B.X. Auch für Herrn A.X. gilt, dass er im Übrigen seine Geschäftsanteile Nr. 1 und Nr. 2 in dem tatsächlichen rechtlichen und wirtschaftlichen Zustand verkauft, den sie und das durch sie repräsentierte Unternehmen mit allen Vermögensgegenständen und Verbindlichkeiten gegenwärtig haben. Dies ist die auch hierfür vertraglich vereinbarte Beschaffenheit, die der Verkäufer A.X. auch dann nicht zu verändern oder gar zu verbessern hat, wenn sich ergeben sollte, dass sie – gleich aus welchem Grund – den Erwartungen des Käufers nicht entsprechen sollte. Soweit nachfolgend Rechte und Ansprüche des Käufers beschränkt werden, bleibt sein Recht, den Vertrag wegen arglistiger Täuschung durch einen der Verkäufer selbst oder durch Personen, deren Handeln die Verkäufer zu verantworten haben, anzufechten, unberührt.[44] Folgende Beschaffenheitsmerkmale werden zwischen Herrn A.X. und dem Käufer vereinbart:

a) Der der Verweisungsurkunde als Anlage 3 beigefügte Jahresabschluss zum 31.12.20 ..... ist mit der Sorgfalt eines ordentlichen Kaufmanns unter Beachtung der gesetzlichen Vorschriften, insbesondere unter Wahrung der Bilanzkontinuität und nicht im Hinblick auf gegenwärtige Veräußerung aufgestellt worden. Die Angaben zu den Bewertungsmethoden und die sonstigen gesetzlich geforderten Erläuterungen sind im Anhang enthalten. Das im Jahresabschluss angegebene Eigenkapital ist in der im Anhang erläuterten Gliederung zum Bilanzstichtag ordnungsgemäß ermittelt. Insbesondere sind die Rückstellungen für ungewisse Verbindlichkeiten und für drohende Verluste vollständig und nach den Erfahrungen der Vergangenheit unter Berücksichtigung bei Bilanzaufstellung bekannter Umstände nicht zu niedrig angesetzt worden. Darüber hinaus garantiert Herr A.X., dass Steuerverbindlichkeiten und Verbindlichkeiten gegenüber Sozialversicherungsträgern objektiv richtig angesetzt sind, wozu unwiderleglich vermutet wird, dass Festsetzungen, die von den zuständigen Stellen rechtsbeständig getroffen worden sind oder künftig getroffen werden, objektiv richtig sind. Sollte sich erweisen, dass das Eigenkapital im Sinne der vorstehenden Vereinbarungen zu hoch angesetzt war, mindert sich der Kaufpreis um den Minderbetrag; dasselbe gilt, wenn Eigenkapital mit latenten Steuern belastet sein sollte, die aus dem Anhang nicht zu erschließen sind. Eine Erhöhung steuerlicher Belastungen bleibt unberücksichtigt, soweit sie sich dem gewöhnlichem Lauf der Dinge nach im laufenden Geschäftsjahr oder in den vier folgenden Geschäftsjahren steuermindernd auswirken wird. Weitere Rechte stehen dem Käufer wegen zu hoch ausgewiesenen Eigenkapitals nur zu, soweit die vor-

---

44 Vgl. BGH DNotZ 2007, 541.

stehende Garantie für Steuerverbindlichkeiten und Verbindlichkeiten gegenüber Sozialversicherungsträgern reicht. War das Eigenkapital zu niedrig angesetzt, hat es dabei sein Bewenden.

Einen Anspruch, den Kaufpreis danach zu mindern, kann der Käufer grundsätzlich nur in der Weise geltend machen, dass er den Jahresabschluss auf seine Kosten von einem Wirtschaftsprüfer prüfen lässt und den Prüfungsbericht Herrn A.X. spätestens am ..... zuleitet. Eine Kaufpreisrückzahlung ist einen Monat nach Zugang des Prüfungsberichts, der die Minderung ausweist, fällig, es sei denn, Herr A.X. beantragt innerhalb der Frist die Einleitung einer Schiedsbegutachtung. Hierzu ist ein Gutachter vom Präsidenten der Handwerkskammer ..... zu bestellen; dessen Gutachten ist verbindlich.

Kaufpreisminderungen, die sich aus der Änderung von Steuerfestsetzungen oder Festsetzungen zu Sozialabgaben ergeben sollten, können ohne zeitliche Begrenzung und ohne Begutachtung geltend gemacht werden.

b) Die in Anlage 6 der Verweisungsurkunde näher bezeichneten Marken (Wort- und Bildmarken) bestehen unangefochten; Herrn A.X. sind keine Umstände bekannt, die befürchten ließen, dass von dritter Seite mit Erfolg gegen diese Marken vorgegangen werden könnte oder dass ein Angriff gegen diese Marken bevorstünde. Die in der Anlage angegebenen Laufzeiten treffen zu; insbesondere sind auch die Gebühren bis zu den in der Anlage bezeichneten Zeitpunkten entrichtet. Das Unternehmen verfügt über die im Vertrag Anlage 7 zu dieser Urkunde näher geregelte Lizenz; dem Lizenzgeber steht weder das Recht zu, den Lizenzvertrag aus Anlass gegenwärtigen Vertrags zu kündigen, noch ist Herrn A.X. etwas von einer dahingehenden Absicht des Lizenzgebers bekannt. Der Käufer kann ohne Fristsetzung die Rechte wegen nicht vertragsgemäß erbrachter Leistung geltend machen, falls diese Angaben sich ganz oder zum Teil als unzutreffend erweisen sollten.

c) Über das im Anhang Aufgeführte hinaus bestehen keine Haftungen für fremde Verbindlichkeiten, auch nicht aus Patronats- und ähnlichen nicht unmittelbar rechtsverbindlichen Erklärungen. Sollten dennoch solche Haftungen bestehen, hat A.X. die Gesellschaft unverzüglich freizustellen; der Käufer kann Sicherheitsleistung fordern. Wird Sicherheit nicht unverzüglich gestellt, stehen dem Käufer ohne Fristsetzung die Rechte wegen nicht vertragsgemäß erbrachter Leistung zu, wenn die mögliche Verbindlichkeit den Betrag von 5.000,– € übersteigt, sonst nur der Erfüllungsanspruch.

d) Außer den in Anlage ..... der Verweisungsurkunde aufgeführten bestehen keine Dauerschuldverhältnisse mit einer unkündbaren Laufzeit von mehr als 6 Monaten (außer Anstellungsverhältnissen). Außer dem Mietvertrag über die Geschäftsräume bestehen keinerlei Vertragsverhältnisse zu den Verkäufern oder zu Personen, die den Verkäufern nahe stehen. Sollten solche dennoch bestehen, hat A.X. die Gesellschaft unverzüglich von den Verpflichtungen daraus freizustellen; weitere Ansprüche hat der Käufer nicht.

e) Der Mietvertrag über die Geschäftsräume besteht rechtsgültig mit dem Inhalt, wie er in Anlage ..... der Verweisungsurkunde wiedergegeben ist; sollte dies nicht zutreffen, ist A.X. verpflichtet, ein entsprechendes Rechtsverhältnis herzustellen.

f) Außer den in Anlage ..... der Verweisungsurkunde aufgeführten bestehen keine Anstellungsverhältnisse mit Arbeitnehmern; die aufgeführten Vergütungen und die Angaben zu rückständigen Urlaubsansprüchen und Ansprüchen auf Freizeitausgleich von Überstunden sind richtig. Herrn A.X. ist nichts von einer Schwangerschaft einer Arbeitnehmerin bekannt. Pensionszusagen oder ähnliche Vereinbarungen bestehen nicht. Soweit diese Angaben unrichtig sein sollten, hat A.X. den Käufer von allen Ansprüchen freizustellen; Urlaub, Überstunden und Lohnfortzahlung während eines auf einer gegenwärtigen Schwangerschaft beruhenden Schwangerschaftsurlaubs sind zu vergüten. Weitergehende Ansprüche hat der Käufer nicht. A.X. bestätigt, dass der zwischen ihm und der Gesellschaft bestehende Geschäftsführer-Anstellungsvertrag zum Ende des laufenden Monats aufgelöst worden ist und dass ihm schon jetzt und auch danach aus diesem Vertragsverhältnis keinerlei Ansprüche mehr gegen die Gesellschaft zustehen.

g) Das Unternehmen der Gesellschaft ist in der Zeit zwischen dem Bilanzstichtag und dem heutigen Tag i.S.d. Unternehmenskontinuität ordnungsgemäß geführt worden; es sind nur Geschäfte des gewöhnlichen Geschäftsverkehrs getätigt worden; bis heute haben sich keine Anhaltspunkte dafür gezeigt, dass im Jahresabschluss noch nicht erfasste außerordentliche Belastungen oder Risiken eingetreten oder zu erwarten sind.

h) Das Unternehmen ist nicht in Aktiv- und Passivprozesse verwickelt, es stehen keine Aktivprozesse an; Herrn A.X. sind keine Umstände bekannt, die erwarten lassen, dass Passivprozesse anstehen. Gegen das Unternehmen oder im weitesten Sinn im Zusammenhang mit dem Unternehmen sind Herrn A.X. keine anhängigen strafrechtlichen Ermittlungsverfahren und keine Bußgeldverfahren angezeigt. Herrn A.X. sind keine Umstände bekannt, die die Einleitung solcher Verfahren erwarten ließen. Alle für den Betrieb des Unternehmens etwa erforderlichen öffentlich-rechtlichen und privatrechtlichen Befähigungs-, Zuverlässigkeits- und Gesundheitsnachweise, Genehmigungen und Erlaubnisse sind unanfechtbar und unangefochten erteilt. Entsprechendes gilt für die Anlagen und Einrichtungen des Unternehmens. Der gegenwärtige Betrieb des Unternehmens verstößt weder gegen öffentliches Recht noch gegen private Rechte Dritter, so dass nach gegenwärtiger Rechtslage keine Untersagungsverfügungen, Auflagen oder Unterlassungsansprüche zu erwarten sind. Maßnahmen solcher Art sind weder angekündigt noch liegen sonst Umstände vor, die befürchten ließen, dass solche Maßnahmen eingeleitet werden. Der Käufer kann ohne Fristsetzung die Rechte wegen nicht vertragsgemäß erbrachter Leistung geltend machen, falls diese Angaben sich ganz oder zum Teil als unzutreffend erweisen sollten.

6. Soweit die Verkäufer vorstehend Garantien gegeben haben, verjähren die Rechte und Ansprüche, die der Käufer im Falle einer Pflichtverletzung hat, in der regelmäßigen Verjährungsfrist. Soweit entgegen den vorstehenden Vereinbarungen Dritte berechtigte Ansprüche gegen die Gesellschaft erheben, verjähren die Rechte und Ansprüche, die der Käufer deswegen gegen die Verkäufer hat, in den gesetzlichen Fristen. Im Übrigen verjähren die Rechte und Ansprüche des Käufers in einem Jahr; die Frist beginnt mit dem Schluss des laufenden Jahres. Dasselbe gilt für die Verjährung des Kaufpreisanspruchs; dieser verjährt jedoch nicht, solange dem Käufer noch unverjährte Rechte oder Ansprüche wegen Verletzung einer vertraglichen Pflicht zustehen.

7. Beiden Verkäufern ist es im weitesten Sinne untersagt, mit dem verkauften Unternehmen unmittelbar oder mittelbar in Wettbewerb zu treten, Wettbewerber in irgendeiner Weise zu fördern, zu betreuen oder zu beraten oder sich an einem Unternehmen, das mit dem verkauften Unternehmen in Wettbewerb steht oder künftig geraten könnte, unmittelbar oder mittelbar zu beteiligen. Sie haben verschuldensunabhängig dafür einzustehen, dass auch alle Personen, mit denen sie in häuslicher Gemeinschaft leben, Wettbewerb mit der Gesellschaft in diesem Sinne unterlassen. Das Wettbewerbsverbot ist beschränkt auf die politische Gemeinde .....; es endet 5 Jahre nach Abschluss gegenwärtigen Vertrags. Sollte einer der Verkäufer gegen das Wettbewerbsverbot verstoßen, so hat er dem Käufer ohne Anspruch auf Ersatz von Aufwendungen alles herauszugeben, was er aus der verbotenen Tätigkeit erlangt; in der Höhe, in der Personen, mit denen er in häuslicher Gemeinschaft lebt, etwas aus der missbilligten Wett-

bewerbstätigkeit erlangen, hat der Verkäufer eine verschuldensabhängige Vertragsstrafe zu zahlen. In jedem Fall schuldet er auch selbst eine Vertragsstrafe in Höhe von 5.000,– € für jede Verletzungshandlung – beide Verkäufer insgesamt nur einmal –; bei fortgesetzter Verletzung gilt die Wettbewerbstätigkeit in jedem Kalendermonat als eine Verletzungshandlung. Was einer der Verkäufer nach vorstehender Vereinbarung herauszugeben hat, wird auf die Vertragsstrafe angerechnet.

8. Über alle Rechtsstreitigkeiten aus diesem Vertrag, gleich ob zwischen den Verkäufern, zwischen Verkäufern und dem Käufer oder zwischen Verkäufern und der Gesellschaft, soll unter Ausschluss des Rechtswegs ein Schiedsgericht nach den jeweils geltenden Regeln des Schlichtungs- und Schiedsgerichtshofs deutscher Notare (SGH) entscheiden. Dessen gegenwärtig in Kraft befindliches Statut ist wiedergegeben in der Urkunde des Notars N. in S. vom 20 ....., URNr. ....., die den Beteiligten bekannt ist. Sie verzichten darauf, dass sie vorgelesen und hier beigefügt wird.

- *Kosten.* 2,0 nach Nr. 21100 KV GNotKG aus dem Kaufpreis (§ 47 GNotKG).

VII. Ausgesuchte Unternehmenstypen

1. Verkauf einer freiberuflichen Praxis

a) Allgemeines

Der Verkauf einer freiberuflichen Praxis[45] unterscheidet sich nicht grundsätzlich von anderen Unternehmensverkäufen. In der Regel besteht allerdings die Praxis (als Unternehmen) aus einer Summe von Beziehungen, Aussichten und Möglichkeiten, die in weitem Umfange nur auf dem Vertrauen der Klientel beruhen und in ihrem Fortbestand mit der Person des bisherigen Praxisinhabers verknüpft sind. Der Kern eines Praxisverkaufs liegt daher weniger in der Übertragung der Assets als darin, den Käufer in die Lage zu versetzen, die Vertrauensposition des Verkäufers zu übernehmen. Der Käufer muss in die Lage versetzt werden, die Räume des Verkäufers zu übernehmen (scherzhaft spricht man von »Katzenklienten«, deren Bindung sich mehr auf den Praxisort als auf den Praxisinhaber bezieht); er muss Kundenbeziehungen fortsetzen können und dazu Klienten-Karteien übertragen erhalten; der Verkäufer muss bereit sein, seinen Klienten (»Hundeklienten«, die an der Person des Verkäufers hängen) den Käufer als Nachfolger zu empfehlen. Während der Verkauf eines gewerblichen Unternehmens allein kommerziellen Überlegungen folgt, muss beim Praxiskauf berücksichtigt werden, dass der Erwerber die Praxis nach den Regeln des Standesrechts fortführen muss, sodass ihm keine Lasten auferlegt werden dürfen, die dem entgegenstehen. Der Vertrag kann deshalb gegen die guten Sitten verstoßen, wenn dem Erwerber Bedingungen auferlegt werden, die ihn dazu nötigen, aus der Praxis Einnahmen in einer Höhe zu gewinnen, die nur unter Vernachlässigung der standesrechtlichen Regeln und der beruflichen Verantwortung erzielbar sind.[46]

Eine besondere Rolle spielen beim Praxisverkauf *Wettbewerbsverbote*. Sie dürfen den Veräußerer nicht knebeln und sind deshalb grundsätzlich zeitlich, räumlich und gegenständlich zu begrenzen. Für die zeitliche Begrenzung hat sich ein Zeitraum von 2 Jahren herausgebildet. Für die räumliche Begrenzung lassen sich abstrakte Regeln kaum angeben. Gegenständlich wird sich das Verbot regelmäßig darauf zu beschränken haben, dem Berufsangehörigen das Tätigwerden für bisherige Klienten der Praxis zu untersagen, nicht aber das Werben neuer Klienten. Ein Wettbewerbsverbot, das zu weit geht und deshalb gegen

---
45 S. zur steuerlichen Behandlung BFH DStR 2017, 1083.
46 Vgl. BGHZ 43, 50.

die guten Sitten verstößt, ist gem. § 138 BGB nichtig; eine geltungserhaltende Reduktion ist nur möglich, wenn ausschließlich die Zeitdauer des Verbots zu beanstanden ist.[47] Der völlige Wegfall des vereinbarten Wettbewerbsverbots kann freilich über §§ 139, 313 BGB dazu führen, dass der ausscheidende Berufsangehörige eine Kürzung des vereinbarten Entgelts hinnehmen muss.[48]

b) Verschwiegenheitspflichten

58 Beim Verkauf einer Praxis, deren Inhaber der *Verschwiegenheitspflicht* unterliegt (Rechtsanwalt, Steuerberater, Wirtschaftsprüfer, Arzt, ärztliche Hilfsberufe, wie Krankengymnast), darf sich der Verkäufer bei Nichtigkeitssanktion nicht zur Übergabe der Mandanten- oder Krankenakten ohne Einwilligung der betroffenen Klienten verpflichten,[49] auch nicht in der Form, dass der Erwerber diese Akten nur »treuhänderisch« übernimmt und sich zur Rückgabe an den Klienten verpflichtet, falls der mit der Übernahme nicht einverstanden sein sollte.[50] Der BGH[51] hat allerdings (sehr formal) einen Ausweg gewiesen, der darin besteht, dass Verkäufer und Käufer zunächst eine Außensozietät bilden (was sich freilich nicht realisieren lässt, wenn der Verkäufer nur der selbst nicht qualifizierte Erbe des Praxisinhabers ist) und der Verkäufer planmäßig kurze Zeit später aus der Sozietät ausscheidet; weil die Bildung einer Sozietät die Verschwiegenheitspflicht nicht verletzen soll, beinhaltet auch dieses Verfahren keinen zur Nichtigkeit führenden Verstoß gegen § 203 StGB. Ebenso gilt es als zulässig, eine Praxis an einen vorher angestellten Berufsträger zu übergeben.[52]

Verkauf und Übertragung einer Rechtsanwaltskanzlei (Praxisübernahme durch Außensozietät)

59 M Verhandelt .....

§ 1 Grundsatz

1. Gegenstand des Praxisübernahmevertrages ist die bisher von Herrn ..... in ..... betriebene Rechtsanwaltspraxis.
2. Im Innenverhältnis der Vertragsteile übernimmt der Käufer mit Wirkung vom ..... (Stichtag) die Rechtsanwaltspraxis des Verkäufers. Von diesem Zeitpunkt an wird der Verkäufer wenn überhaupt so nur noch für Rechnung des Käufers tätig; der Käufer wird vom Stichtag an ausschließlich für eigene Rechnung tätig.
3. Nach außen hin wird die Übernahme dadurch bewerkstelligt, dass der Käufer am Stichtag als Sozius in die Praxis des Verkäufers eintritt. Die Sozietät wird unter den Namen beider Sozien firmieren, der Käufer auf Wunsch an erster Stelle. Schon jetzt wird vereinbart, dass der Verkäufer drei Monate nach dem Stichtag dergestalt aus der Sozietät ausscheidet, dass die Praxis in vollem Umfang dem Käufer anwächst. Weiterer Erklärungen oder Rechtshandlungen bedarf es zum Ausscheiden nicht. Wegen seiner Verpflichtung, die Praxisräume drei Monate nach dem Stichtag zu räumen, unterwirft sich der Verkäufer der sofortigen Zwangsvollstreckung.

---

47 BGH DNotZ 1998, 905.
48 BGH NJW-RR 1996, 741 = DStR 1996, 1254 m. Anm. *Goette*.
49 BGHZ 148, 97; OLG Hamm DStR 2012, 722 = EWiR § 57 StBerG 1/12, 363 (krit. *Fölsing*).
50 OLG Sachsen-Anhalt NJW-RR 2002, 1285.
51 BGHZ 148, 97.
52 OLG Sachsen-Anhalt wie vor.

§ 2 Übertragung der Praxis

1. Der Verkäufer überträgt hiermit dem Käufer sämtliche zur Praxis gehörenden Einrichtungsgegenstände und Inventarstücke zu Eigentum. Die übertragenen Gegenstände sind in einer vom Notar vorgelesenen Liste, die dieser Urkunde als Anlage 1 beigefügt ist, im Einzelnen aufgeführt. Das Eigentum an den verkauften Sachen geht mit der vollständigen Zahlung des Kaufpreises auf den Käufer über.
2. Verkäufer und Käufer verpflichten sich gegenseitig, gemeinsam die Bildung der Sozietät und später das Ausscheiden des Verkäufers den ständigen Mandanten und den Auftraggebern der noch laufenden Mandate durch mündliche Unterrichtung, persönliches Anschreiben, durch Rundschreiben und durch Zeitungsanzeigen – alles auf Kosten des Käufers – mitzuteilen. Der Verkäufer verpflichtet sich, den Käufer auf Verlangen bei wichtigen Klienten persönlich einzuführen.
3. Der Verkäufer hat dem Erwerber sämtliche Akten und sonstigen Unterlagen zu überlassen.
4. Der Käufer darf im beruflichen Verkehr, insbesondere auf dem Praxisschild und auf den Drucksachen, den Namen des ausgeschiedenen Rechtsanwaltes auch nach Beendigung der Außensozietät weiter verwenden, soweit dies berufsrechtlich zulässig ist. Er wird dabei jedoch auf geeignete Weise deutlich machen, dass der frühere Praxisinhaber nicht mehr Inhaber oder Mitinhaber der Praxis ist.
5. Soweit nachfolgend nichts anderes vereinbart ist, übernimmt der Käufer keine Schulden des Verkäufers. Die Vertragsteile gehen davon aus, dass der Käufer außer nach § 613a BGB auch nicht allgemein kraft Gesetzes für vor dem Stichtag vom Verkäufer begründete Verbindlichkeiten persönlich haftet;[53] sollte wider Erwarten doch eine solche Haftung eintreten, hat ihn der Verkäufer von ihr zu befreien. Dasselbe gilt, falls der Verkäufer bei Wahrnehmung eines Mandats seine Berufspflichten verletzt haben und der Käufer wegen Fortführung des Mandats dafür haften sollte. Die Vertragsteile wissen, dass sie jedenfalls für Verbindlichkeiten, die während des Bestehens der Außensozietät entstehen werden, nach außen als Gesamtschuldner haften.

§ 3 Abwicklung laufender Aufträge

1. Der Käufer tritt in alle laufenden Aufträge ein.
2. Die bis zum Stichtag aus den laufenden Aufträgen bereits entstandenen Honorare stehen ohne Rücksicht darauf, ob sie dem Mandanten bereits in Rechnung gestellt sind, dem Verkäufer zu, alle danach entstandenen Honoraransprüche dem Käufer. Gleichgültig ob Rechnungen vor dem Stichtag gestellt worden sind oder nicht gehen die entstandenen Honoraransprüche nach außen hin auf die Sozietät und nach deren Beendigung auf den Käufer über; dieser ist verpflichtet, sie ohne besonderes Entgelt einzuziehen und an den Verkäufer weiterzuleiten. Dabei wird er Weisungen des Verkäufers beachten. Bis zur Auflösung der Sozietät darf der Verkäufer die Rechnungsvorgänge und Zahlungseingänge selbst durch Einsicht in alle Unterlagen prüfen, danach nur noch durch einen dritten Rechtsanwalt, Wirtschaftsprüfer oder Steuerberater, der sich zur Verschwiegenheit gegenüber dem Verkäufer über alle den Verkäufer nicht betreffenden Angelegenheiten verpflichtet. Die Kosten des Prüfers zahlt der Verkäufer.
3. Zeithonorare, die der Verkäufer bis zum heutigen Tag bereits verdient hat, sind in der dieser Niederschrift beizufügenden, vom Notar vorgelesenen Anlage 2 aufgeführt. Weitere Zeithonorare stehen dem Verkäufer nicht zu.

---

53 BGHZ 157, 361.

§ 4 Übernahme des bestehenden Mietverhältnisses für die Praxisräume

Der Verkäufer hat dem Käufer den schriftlichen Mietvertrag über die Praxisräume vorgelegt; er garantiert, dass dieser alle Mietvereinbarungen enthält. Der Vermieter hat bereits zugesagt, das Mietverhältnis auf die Sozietät zu übertragen. Die Vertragsteile verpflichten sich, diese Zusage wahrzunehmen. Nach dem Ende der Sozietät soll das Mietverhältnis auf den Käufer allein übergehen.

§ 5 Übernahme des Personals

Der Käufer wird die bisher in der Anwaltspraxis beschäftigten Angestellten zu unveränderten Bedingungen weiterbeschäftigen. Die Beteiligten wurden auf die Rechtsfolgen des § 613a BGB hingewiesen.
Die bestehenden Anstellungsverträge sind dem Erwerber bekannt.

§ 6 Eintritt in die sonstigen laufenden Verträge

1. Der Erwerber tritt in folgende laufende Verträge ein:
.....
2. Der Veräußerer verpflichtet sich, dem Erwerber den für die Kanzlei bestimmten Telefonanschluss zu überlassen und die für eine Umschreibung erforderlichen Erklärungen abzugeben.

§ 9 Kaufpreis

1. Der Kaufpreis für die Einrichtungsgegenstände und das Praxisinventar beträgt 20.000,– €.
Der Kaufpreis für den vom Erwerber zu zahlenden Praxiswert (Goodwill) beträgt 100.000,– €.
Der Gesamtkaufpreis beträgt somit 120.000,– €.
2. Der Gesamtkaufpreis ist wie folgt zur Zahlung fällig:
.....
Der Käufer unterwirft sich wegen seiner Verpflichtung, den Kaufpreis bei Fälligkeit zu zahlen, dem Verkäufer gegenüber der sofortigen Zwangsvollstreckung aus dieser Urkunde.
3. Der Kaufpreis für den Goodwill ist aufgrund der Annahme festgesetzt worden, dass der Verkäufer in den letzten drei Jahren einen durchschnittlichen Umsatz aus Rechtsanwaltstätigkeit von nicht weniger als je 100.000,00 € erzielt hat. Als Umsatz gelten die in der Überschussrechnung des Verkäufers festgehaltenen Zahlungseingänge mit der Maßgabe, dass in dem dem Stichtag vorausgehenden Kalenderjahr zusätzlich ein Betrag von ..... € für verdiente, aber noch nicht eingegangene Honorare anzusetzen ist; hingegen ist für das erste der maßgeblichen Jahre kein Abzug für Honorare anzusetzen, die bereits vor Beginn des Jahres verdient, aber erst später eingegangen waren. Weiter wird unterstellt, dass in dieser Zeit Handlungen oder Unterlassungen, die eine Berufshaftpflicht auslösen, nicht vorgekommen sind. Sollte sich erweisen, dass der so berechnete durchschnittliche Honorarumsatz niedriger war als angenommen, so ermäßigt sich der Kaufpreis für den Goodwill auf einen Betrag in Höhe des richtig angesetzten Durchschnittsumsatzes; sollten sich aus dieser Zeit Ereignisse herausstellen, die eine Berufshaftpflicht auslösen, so ist die Schadensersatzsumme vom Umsatz abzusetzen, auch wenn sie von der Haftpflichtversicherung gedeckt ist. Nach diesem Absatz etwa gegebene Ansprüche auf Rückzahlung des Kaufpreises ver-

jähren ohne Rücksicht auf Kenntnis in drei Jahren. Bei höherem Durchschnittsumsatz erhöht sich der Kaufpreis nicht.

§ 10 Gewähr

Die Praxis wird in ihrer gegenwärtigen tatsächlichen, rechtlichen und wirtschaftlichen Beschaffenheit verkauft; der Verkäufer steht – abgesehen von der vereinbarten Kaufpreisanpassung und abgesehen von einem etwaigen vorsätzlichen Verschweigen bedeutsamer Umstände – in keiner Weise für sie ein, insbesondere nicht für die Zufriedenheit der Mandanten und nicht für künftige Umsatz- oder Ertragsaussichten. Der Verkäufer wird sich so verhalten, dass der Käufer nicht von einer Berichtigung des Vorsteuerabzugs betroffen wird. Wird die Berichtigung eines Vorsteuerabzugs vom Käufer ausgelöst, so hat er den Verkäufer von daraus entstehenden Zahlungspflichten zu befreien.

§ 11 Wettbewerbsverbot

Dem Verkäufer ist es nicht gestattet, innerhalb einer Frist von zwei Jahren von heute an für bisherige Mandanten der verkauften Praxis tätig zu werden, gleich ob entgeltlich oder unentgeltlich, ob selbständig, als Sozius, als freier Mitarbeiter oder Angestellter, direkt oder über einen Mittelsmann.
Für jeden Fall der Zuwiderhandlung gegen die vorbeschriebene Verpflichtung hat der Verkäufer an den Käufer eine Vertragsstrafe von ..... € zu zahlen.

§ 12 Schlussbestimmungen

1. Streitigkeiten aus diesem Vertrag oder aufgrund dieses Vertrags sind unter Ausschluss des Rechtswegs ausschließlich durch ein Schiedsgericht zu entscheiden; dieses ist auch für einstweilige Maßnahmen ausschließlich zuständig. Besteht im Zeitpunkt der Klageerhebung bei der zuständigen Rechtsanwaltskammer ein ständiges Schiedsgericht, so ist dieses zuständig, wenn nicht, der Schlichtungs- und Schiedsgerichtshof deutscher Notare (SGH) beim Deutschen Notarverein. Soweit eine solche besteht, ist die jeweils geltende Verfahrensordnung des zuständigen Schiedsgerichts anzuwenden. Ansonsten gelten die gesetzlichen Bestimmungen
2. Die Vertragsteile sind darüber einig, alle als verbindlich gedachten Abreden in gegenwärtige Urkunde aufgenommen zu haben. Wer sich auf spätere Abreden berufen will, trägt die Beweislast.

§ 13 Kosten des Vertrages

Die Kosten des Vertrages trägt der Erwerber allein.

■ *Kosten.* 2,0 nach Nr. 21100 KV GNotKG aus dem Kaufpreis zuzüglich übernommener Verbindlichkeiten (§ 38 GNotKG).

c) Kassenarztpraxis

Beim Verkauf einer *ärztlichen Praxis* mit Kassenzulassung[54] lassen sich die vorstehend Rdn. 58 aufgezeigte Verfahren in Bereichen mit Zulassungsbeschränkung in der Regel nicht

---

54 Dazu und zur Rechtslage seit 01.01.2009 *Orlowski/Halbe/Karch*, Vertragsarztrechtsänderungsgesetz (VÄndG), 2008.

anwenden (§§ 103, 95 Abs. 9 SGB V). In der Praxis werden aufschiebend bedingte Kaufverträge abgeschlossen; Bedingung ist, dass der Erwerber im Nachbesetzungsverfahren nach § 103 SGB V erfolgreich ist.[55]

2. Verkauf einer Apotheke

61 Es sind die Beschränkungen zu beachten, die sich aus dem *Berufsrecht der Apotheker*, insb. aus dem Apothekengesetz (ApoG) ergeben.[56] Da die (notwendige) Erlaubnis zum Betrieb einer Apotheke nur natürlichen Personen erteilt werden kann (§§ 1 Abs. 3, 8 ApoG), der Apotheker die Apotheke persönlich leiten muss (§ 7 Satz 1 ApoG) und eine Verpachtung grundsätzlich unzulässig ist (§ 9 ApoG),[57] ist der Verkauf praktisch nur an natürliche Personen möglich, die über die erforderliche Approbation als Apotheker verfügen. Darüber hinaus sind nach § 8 ApoG Beteiligungen Dritter, die Anteile am Umsatz oder Gewinn der Apotheke gewähren, unzulässig.[58] Wegen des Verbots der Umsatz- und Gewinnbeteiligung ist auch ein Verkauf in der Weise, dass der Kaufpreis oder eine Kaufpreisrente sich am künftigen Umsatz oder Ertrag bemessen, grundsätzlich verboten. Soweit eine Apotheke allerdings nach § 9 ApoG verpachtet werden darf, darf im Fall des Verkaufs auch eine umsatz- oder gewinnabhängige Kaufpreisrente gewährt werden.[59]

3. Gaststättenverkauf

62 Für ihn gilt besonders die Warnung oben Rdn. 2, dass er nicht als Grundstückskaufvertrag behandelt werden darf, sondern als *Unternehmenskauf* gesehen werden muss. Die Anwendung der Vorschriften über Verbraucherdarlehen (§§ 491 ff. BGB), über Finanzierungshilfen (§ 506 BGB) und über Ratenlieferungsverträge (§ 510 BGB) auf Berufsanfänger (»Existenzgründer«) ist in § 513 BGB geregelt. Bei Darlehensverträgen und Finanzierungshilfen ist seit 11.06.2010 das Widerrufsrecht auch dann gegeben, wenn sie notariell beurkundet sind. Demgemäß bedarf es auch einer Widerrufsbelehrung. Nur wenn der Darlehensvertrag gem. § 311b Abs. 1 BGB oder § 15 GmbHG zwingend beurkundungsbedürftig ist, ist gem. § 495 Abs. 2 Nr. 2 BGB das Widerrufsrecht ausgeschlossen, wenn der Notar bestätigt, dass die Rechte des Darlehensnehmers aus den §§ 491a und 492 BGB gewahrt sind; unter dieser Voraussetzung entfällt auch eine Widerrufsbelehrung. Bei Ratenlieferungsverträgen, insbesondere in einen Gaststättenverkauf integrierten Bierbezugsverträgen, bei denen vor dem 11.06.2010 im Fall notarieller Beurkundung kein Widerrufsrecht mehr bestand, ist die Rechtslage noch unübersichtlicher. § 510 Abs. 3 BGB verweist nur auf die Ausnahmen in § 491 BGB (der die notarielle Urkunde nicht mehr privilegiert), nicht aber auf § 495 BGB. Dies beruht vermutlich auf einem Redaktionsversehen,[60] sodass es vertretbar schien, auf eine Widerrufsbelehrung zumindest beim beurkundungsbedürftigen Vertrag zu verzichten. Die am 01.01.2015 in Kraft getretene Neufassung der Vorschrift hat daran aber nichts geändert, so dass wohl doch von einem Widerrufsrecht auszugehen ist (str.).

---

55 Vgl. zur steuerlichen Behandlung BFH DStR 2017, 1083; *Plagemann/Bergmann*, MVZ sucht Kassenarztsitz – oder: Wie bringe ich meine Zulassung in ein MVZ ein? DStR 2017, 1392.
56 S. zur Registeranmeldung Gutachten DNotI-Report 2011, 177.
57 Dazu DNotI-Report 1997, 222.
58 Strenge Auslegung eines »Mietvertrags« BGH NJW-RR 1998, 803.
59 BGH NJW 1997, 3091.
60 Vgl. BT-Drucks. 16/11643 vom 21.01.2009, S. 96, wo es zu Nr. 36 heißt, es sollten keine Änderungen der Rechtslage erfolgen.

§ 32 Kaufverträge über Grundstücke und Wohnungseigentum

I. Allgemeines

1. Form

Ein Grundstückskaufvertrag bedarf gemäß § 311b Abs. 1 Satz 1 BGB der notariellen *Beurkundung*. Wird diese Form nicht eingehalten, ist der gesamte Vertrag unwirksam. Es verstößt regelmäßig auch nicht gegen § 242 BGB, wenn die Nichtigkeit des Vertrags unter Berufung auf den Formmangel geltend gemacht wird, selbst wenn geraume Zeit nach Beurkundung vergangen ist und die Vertragsteile den Vertrag stets als wirksam behandelt haben.[1] Eine Formunwirksamkeit ist in einem Rechtsstreit von Amts wegen zu beachten.[2] Unter der Voraussetzung, dass im Zeitpunkt der Auflassung die Willensübereinstimmung noch fortbestanden hat,[3] wird die Nichteinhaltung der erforderlichen Form mit Eigentumsumschreibung nach näherer Maßgabe des § 311b Abs. 1 Satz 2 BGB geheilt.

Dem späteren Käufer gegebene *vorvertragliche Informationen* führen nicht zu diesbezüglichen Beschaffenheitsvereinbarungen i.S.d. § 434 Abs. 1 Satz 1 BGB.[4] Der BGH begründet dies mit der Bedeutung der notariellen Beurkundung, sie führe im Hinblick auf vorvertragliche Äußerungen zu einer »Zäsur«. Einer im Hinblick auf solche Informationen denkbaren Haftung nach § 434 Abs. 1 Sätze 2 und 3 BGB wird, von Fällen der Arglist abgesehen, ein allgemeiner Haftungsausschluss entgegenstehen (vgl. Rdn. 246 ff.). Unter engen Voraussetzungen kann deswegen dann nur noch eine Haftung wegen Verletzung vorvertraglicher Pflichten, §§ 280 Abs. 1, 241 Abs. 2, 311 Abs. 2 BGB, in Betracht kommen.

Hierauf ist in der Beurkundung zu achten. Ein Hinweis an die Vertragsteile bei der Versendung von Urkundenentwürfen kann zweckmäßig sein.[5] Aus Sicht des Käufers kann es darum gehen, vorvertragliche Informationen zum Vertragsinhalt zu machen. Demgegenüber kann der Verkäufer Anlass sehen, sich zur Vermeidung einer etwaigen Haftung von vorvertraglichen Informationen zu distanzieren (vgl. Rdn. 251).

§ 311b Abs. 1 BGB gilt unmittelbar für alle Geschäfte über Grundstücke, Miteigentum an Grundstücken, Wohnungs- und Teileigentum. Nach § 11 ErbbauRG stehen Erbbaurechte einschließlich Wohnungs- und Teilerbbaurechten Grundstücken gleich.

Die Beurkundungspflicht gilt auch für einen *Vorvertrag*, der zum Abschluss eines Grundstückskaufvertrages verpflichtet (Rdn. 12), für ein von Käufer oder Verkäufer abgegebenes *Angebot* auf Abschluss eines Grundstückskaufvertrages, für *Ankaufs-, Vorkaufs- und Wiederkaufsrechte* und die mit ihnen ggf. zusammenhängenden Verträge (z.B. einen Mietvertrag[6]).

Auch *mittelbare Verpflichtungen* zur Veräußerung oder zum Erwerb von Grundeigentum führen zur Beurkundungspflicht, wenn durch sie eine tatsächliche Bindung erzielt wird. Dies kann der Fall sein, wenn die aufgrund der Vereinbarung drohenden wirtschaftlichen Nachteile für den Fall, dass der Vertrag nicht abgeschlossen wird, so erheblich sind, dass dadurch die Entschließungsfreiheit eingeschränkt wird; dementsprechend können Provisi-

---

1 BGH DNotZ 2005, 120; BGHZ 149, 326, 331.
2 BGH NJW 2004, 1960.
3 BGH NJW 2004, 1960; NJW 1994, 586, 588 m.w.N.
4 BGHZ 207, 349; BGH DNotZ 2016, 921; BGH ZfIR 2018, 395; BGH ZfIR 2018, 422 (LS).
5 *Herrler*, NJW 2016, 1767; *Weber*, RNotZ 2016, 650,
6 *Keim*, RNotZ 2005, 102.

onsklauseln in Maklerverträgen zu einer Beurkundungspflicht führen, wenn der Kunde danach ein Entgelt auch dann zu zahlen hat, wenn der Kaufvertrag nicht zustande kommt, z.B. wenn als »Aufwandsentschädigung« ein Betrag von mehr als 10–15 % des Kaufpreises vereinbart ist.[7] Der Beurkundung bedarf dementsprechend auch die – jedenfalls nicht nur für eine geringfügige Zeit – unwiderruflich erteilte Vollmacht, obwohl deren Erteilung nach § 167 Abs. 2 BGB grundsätzlich formfrei möglich ist;[8] im Übrigen kann das Recht, eine Vollmacht zu widerrufen, nur dadurch wirksam ausgeschlossen werden, dass das der Erteilung der Vollmacht zugrunde liegende Rechtsgeschäft (z.B. Auftrag, Geschäftsbesorgungsvertrag) notariell beurkundet wird.[9] Unwirksam ist insbesondere auch eine isolierte Vollmacht zum Erwerb eines Grundstücks im Rahmen von Bauherrenmodellen; hier bedarf nicht nur die Vollmacht, sondern auch der Betreuungsvertrag der notariellen Beurkundung.[10] Keiner Beurkundung bedarf hingegen die Genehmigung des vollmachtlos Vertretenen zu einem Grundstückskaufvertrag.[11]

6 Das Beurkundungserfordernis ist nicht auf die Veräußerungs- und Erwerbsverpflichtung beschränkt, es erstreckt sich auch auf sog. *Nebenabreden*. Der Beurkundung bedürfen sämtliche Vereinbarungen, aus denen sich der schuldrechtliche Vertrag nach dem Willen der Beteiligten zusammensetzen soll. Der Wille nur eines der Vertragsbeteiligten genügt, wenn sich die andere Seite auf diesen einlässt. Es gilt die Formel, dass alles zu beurkunden ist, was »*miteinander stehen und fallen*«[12] soll. Entscheidend ist, auf was sich die Beteiligten geeinigt haben.[13]

7 Sollen nach dem Willen auch nur *eines der Vertragsbeteiligten*, auf den sich die andere Seite einlässt (nicht also bei Fällen nur einseitiger Abhängigkeit,[14] verschiedene Verträge *miteinander stehen und fallen*, sind alle Verträge beurkundungsbedürftig.[15] Dies gilt insbesondere für eine Verknüpfung von einem *Kauf- mit einem (Bau-)Werkvertrag*, unabhängig davon, ob an diesen Geschäften dieselben Vertragsparteien beteiligt sind und auch bei Vereinbarung eines Rücktrittsrechts in einem der beiden Verträge.[16]

8 Ist nach dem Willen der Beteiligten Grundlage für den Kaufvertrag, dass das auf dem Grundstück aufstehende Gebäude den Anforderungen einer konkreten Baubeschreibung entspricht – ist also die Baubeschreibung Vertragsinhalt –, muss diese auch dann beurkundet werden, wenn keine Bauleistungen mehr zu erbringen sind.[17] Wird mit einem Hausgrundstück Inventar verkauft, bedarf auch der an sich formlos mögliche Vertrag über die beweglichen Gegenstände der Beurkundung.

9 Die Beurkundungspflicht erstreckt sich auf einen *Bauvertrag*, wenn dieser eine rechtliche Einheit mit dem Verkauf darstellt (vgl. Rdn. 6).[18]

10 Dabei ist es nicht erforderlich, dass an jedem dieser Rechtsgeschäfte jeweils dieselben Parteien beteiligt sind.[19] *Grunderwerbsteuerlich* führt ein objektiver enger sachlicher Zusammenhang von Kauf- und Werkvertrag auch dann, wenn Verkäufer und Werkunternehmer nicht identisch sind, dazu, dass auch die Aufwendungen für die Herstellung des Gebäudes in die Bemessungsgrundlage für die Grunderwerbsteuer gemäß § 9 Abs. 1 Nr. 1 GrEStG

---

7 BGH NJW 1980, 1622; NJW 1987, 54; OLG Köln NJW-RR 1994, 1108 LG Frankfurt/M. DNotI-Report 2018, 117.
8 BGHZ 89, 42, 47.
9 BayObLG MittBayNot 1996, 197.
10 BGH DNotZ 1985, 294; NJW 1992, 3237.
11 BGH NJW 1994, 1344.
12 BGH DNotZ 2009, 619; NJW 2004, 1960; *Seeger*, MittBayNot 2003, 11 m.w.N.
13 Vgl. BGHZ 150, 334 = BGH MittBayNot 2002, 390 m. Anm. *Kanzleiter* (zum Teilflächenkauf).
14 Vgl. BGH DNotZ 2002, 944; NJW 2001, 226; DNotZ 2000, 635; hierzu auch *Seeger*, MittBayNot 2003, 11; *Wufka*, MittBayNot 2003, 46.
15 BGH DNotZ 2011, 196; DNotZ 2009, 619; DNotZ 1990, 658.
16 BGH DNotZ 2009, 619.
17 BGH ZfIR 2005, 313.
18 BGHZ 69, 266; 78, 348; OLG Hamm NJW-RR 1989, 1366.
19 BGH DNotZ 2009, 619.

einbezogen werden, wobei die Vertragsbeteiligten (und ggf. der Notar) gemäß § 19 Abs. 2 Nr. 1 GrEStG verpflichtet sind, dem Finanzamt alle Verträge anzuzeigen.[20] Ein solcher Zusammenhang kann nicht schon deshalb verneint werden, weil die Verträge nicht zusammen beurkundet sind oder weil der Abschluss des Werkvertrages zeitlich dem Abschluss des Grundstückskaufvertrages folgt.[21] Entscheidend ist, ob der Erwerber bei objektiver Betrachtung das bebaute Grundstück als einheitlichen Leistungsgegenstand erhält. Dies kann auch dann der Fall sein, wenn der Verkäufer und ein Bauunternehmer durch ihr abgestimmtes Verhalten auf den Abschluß der Verträge hinwirken, ohne dass dies für den Erwerber erkennbar sein muss.[22]

Beim *Leasingvertrag* sind i.S.d. § 311b Abs. 1 BGB regelmäßig verknüpft der Vertrag über den Verkauf des Grundstücks an die Leasinggesellschaft, der Leasingvertrag, der die weitere Nutzung des Grundstücks sicherstellt, sowie das Ankaufsrecht nach Ablauf der Leasingzeit. Alle diese Vereinbarungen sind demgemäß formbedürftig und, wenn sie in verschiedenen Urkunden niedergelegt werden sollen, durch Verknüpfungshinweise miteinander zu verbinden. **11**

Ein *Vorvertrag*[23] muss, wenn er einen klagbaren Anspruch verschaffen soll,[24] den Vertragsinhalt in bestimmter oder wenigstens bestimmbarer Form enthalten. Es ist aber anerkannt, dass der Vorvertrag – *entsprechend seiner Funktion* – nicht die gleiche Vollständigkeit wie der vorgesehene Hauptvertrag aufweisen muss.[25] Hinsichtlich der erforderlichen Bestimmtheit betont die Rechtsprechung,[26] dass, soweit der Inhalt des Hauptvertrags bereits bestimmt werden kann und nach dem Willen der Beteiligten schon bestimmt werden soll, ein rechtfertigender Grund dafür fehlt, hinsichtlich der Beurkundungsbestimmtheit andere Maßstäbe als sonst im Rahmen des § 311b Abs. 1 BGB anzulegen. Freilich ist es statthaft, den Umfang der Gegenleistung bewusst offen zu lassen mit der Folge, dass im Zweifel dem Gläubiger der Gegenleistung ein Bestimmungsrecht zusteht, § 316 BGB.[27] Im Rahmen eines Vorvertrags kann etwa auch vorgesehen werden, dass sich die Beteiligten sich über den späteren Kaufpreis noch (auf einer geregelten Basis) einigen wollen und nur für den Fall, dass eine Einigung nicht zustande kommt, einen Sachverständigen mit der Wertermittlung betrauen (vgl. Rdn. 79). Für die notarielle Praxis kann aus dieser Rechtsprechung nur die Konsequenz gezogen werden, den Vorvertrag so umfassend wie irgend möglich festzulegen und die Beteiligten anzuhalten, sich so weit wie möglich zu einigen. Zu offen bleibenden Fragen sollten möglichst klare Leistungsbestimmungsrechte vorgesehen werden. Wo die Beteiligten einzelne Fragen nicht hinreichend regeln wollen, sollte auf die Gefahr der Unwirksamkeit des Vorvertrags und die Probleme bei der Durchsetzung des Anspruchs aus dem Vorvertrag hingewiesen werden (die Klage kann auf Annahme eines vom Kläger erst noch abzugebendes Angebot gerichtet werden, wobei das Angebot im Klageantrag dargestellt und ggf. nach Maßgabe des Urteils formgerecht abgegeben wird[28]). **12**

Ein *Gesellschaftsvertrag* (Gesellschaft des bürgerlichen Rechts, offene Handelsgesellschaft, Kommanditgesellschaft) ist formbedürftig, wenn sich ein Gesellschafter bei der Gründung der Gesellschaft oder späterem Beitritt zur Einbringung des Grundstücks und damit zur Eigentumsverschaffung verpflichtet, oder wenn die Gesellschaft zum Zwecke des Erwerbs bestimmter oder zumindest bestimmbarer Grundstücke gegründet wird.[29] Gleiches gilt, **13**

---

20 BFH ZfIR 1997, 167.
21 BFH ZfIR 2013, 148.
22 BFH MittBayNot 2014, 96.
23 Vgl. *Krüger*, ZNotP 2006, 447.
24 Vgl. BGH ZNotP 2006, 301.
25 BGH DNotZ 1963, 35.
26 BGHZ 97, 127; BGH WM 1994, 752.
27 BGH DNotZ 1968, 546; WM 1986, 1155.
28 BGHZ 97, 127.
29 BGH NJW 1992, 3237.

wenn der Gesellschaftsvertrag eine konkrete Veräußerungsverpflichtung enthält; eine solche kann aber nicht schon aus dem Zweck der »Verwaltung und Verwertung« des Grundbesitzes entnommen werden.[30] In solchen Fällen ist auch der Beitritt zu einer Gesellschaft (oder eine hierzu erteilte Vollmacht) dann nicht mehr formbedürftig, wenn der Grundstückserwerb durch die Gesellschaft bereits in die Wege geleitet wurde, z.B. durch Abgabe eines Kaufangebots, und ein beitretender Gesellschafter deshalb keine weitere diesbezügliche Verpflichtung übernimmt.[31]

2. Verbraucherverträge

14 Bei Verträgen zwischen Unternehmern und Verbrauchern[32] (vgl. §§ 13, 14 BGB) sind Besonderheiten zu beachten.[33]

15 Im Hinblick auf das Beurkundungsverfahren hat der Notar in diesen Fällen nach § 17 Abs. 2a BeurkG zum einen darauf hinzuwirken, dass der Verbraucher an der Beurkundung *persönlich* (oder durch eine Person seines Vertrauens) beteiligt ist. Grundsätzlich ausgeschlossen sind demnach insbesondere dessen vollmachtlose Vertretung oder die Vertretung durch den Unternehmer.

16 Zum anderen hat der Notar darauf hinzuwirken, dass der Verbraucher ausreichend Gelegenheit erhält, sich vorab mit dem Gegenstand der Beurkundung auseinanderzusetzen. Der Verbraucher soll vor unüberlegtem Handeln geschützt werden. Dies soll im Regelfall dadurch geschehen, dass ihm der **beabsichtigte Text** des Rechtsgeschäfts 2 **Wochen** vor der Beurkundung zur Verfügung steht. Andernfalls hat der Notar die Beurkundung abzulehnen, sofern nicht der bezweckte Übereilungs- und Überlegungsschutz auf andere Weise gewährleistet ist. Dem Notar obliegt die *Verfahrensverantwortung*.[34] Er haftet, wenn er den Anforderungen des § 17 Abs. 2a Satz 2 Nr. 2 BeurkG nicht genügt.[35] Die Einhaltung der Frist steht nicht zur Disposition der Beteiligten.[36]

17 Die Aushändigung des beabsichtigten Textes muss in der ab 01.10.2013 geltenden Fassung des Gesetzes **durch den Notar** selbst oder durch einen mit ihm zur gemeinsamen Berufsausübung verbundenen Notar erfolgen. Wird die Frist nicht eingehalten, sind die Gründe hierfür in der Niederschrift zu dokumentieren.

18 Eine Verkürzung der Frist setzt grundsätzlich einen sachlichen, vom Notar nachvollziehbaren Grund voraus. Er muss aus der Sphäre des Verbrauchers stammen. Anzuerkennen wird insofern sein, dass, z.B. wegen Urlaubs oder Krankheit, eine längere Abwesenheit des Verbrauchers bevorsteht, die ein Zuwarten unzumutbar erscheinen lässt, oder dass die Einhaltung der Frist eine erneute Anreise des weit entfernt, insbesondere im Ausland, lebenden Verbrauchers erforderlich machen würde. Ist der Verbraucher der Käufer, kann auch die Sorge anzuerkennen sein, dass die Immobilie sonst anderweitig veräußert wird.[37] Ist der Verbraucher der Verkäufer, wird man auch ein dringendes Interesse an der baldigen Kaufpreiszahlung anerkennen können. Hinreichend soll auch das Ziel sein, steuerliche Vorteile zu erreichen, die im Falle der Einhaltung der Frist verloren gingen; dem ist entgegenzuhalten, dass bekanntermaßen gerade sog. Steuersparmodelle für nüchterne Abwägung blind machen und Anlass für die Wartefrist sind.[38]

---

30 BGH DNotZ 1997, 40.
31 BGH DNotZ 1997, 40.
32 Vgl. *Struck*, MittBayNot 2003, 259.
33 Eine Maklerklausel macht den Vertrag zwischen Verbrauchern nicht zu einem Vertrag mit einem Unternehmer, vgl. *Bremkamp*, RNotZ 2014, 463.
34 *Terner*, NJW 2013, 1404.
35 BGH NJW 2013, 1451.
36 BGH NJW 2013, 1451.
37 KG DNotZ 2009, 47, 49.
38 *Grziwotz*, ZfIR 2013, 430, 431.

Eine Verkürzung der Frist kommt aber auch dann in Betracht, wenn der Zweck der Vorschrift, die Prüfung des Vertragsentwurfs, bereits früher erfüllt ist. In diesem Fall muss nicht zusätzlich (kumulativ) ein sachlicher Grund für die Abweichung von der 14-Tages-Frist vorliegen.[39] Dies kann dann der Fall sein, wenn der (im entschiedenen Fall »berufsbedingt geschäftserfahrene«) Verbraucher bereits früh (im entschiedenen Fall nach fünf Tagen) seine Änderungswünsche gegenüber dem übersandten Entwurf mitgeteilt hat. Denn darin kommt zum Ausdruck, dass er die Überprüfung des Entwurfs bereits abgeschlossen hat.[40]

14-Tages-Frist ist eingehalten

Der Erwerber bestätigt, den beabsichtigten Text des hier beurkundeten Vertrags vom Notar mehr als 14 Tage vor der heutigen Beurkundung, nämlich am ….., erhalten zu haben.

14-Tages-Frist ist nicht eingehalten

Die Beteiligten wurden bereits im Vorfeld und erneut in der Beurkundung darauf hingewiesen, dass nach dem Beurkundungsgesetz bei einem Vertrag zwischen einem Unternehmer und einem Verbraucher wie vorliegend im Regelfall zwischen der Aushändigung des beabsichtigten Text des Vertrags an den Verbraucher durch den Notar und der Beurkundung eine Frist von 14 Tagen liegen soll, um dem Verbraucher ausreichend Gelegenheit zu geben, sich vorab mit dem Gegenstand der Beurkundung auseinander zu setzen. Dies ist hier nicht der Fall, der *Käufer bzw. Verkäufer* hat den Text nach seiner Angabe erst am ….. erhalten.
Die Beteiligten erklären, dass der frühere Beurkundungstermin auf ausdrücklichen Wunsch des Verbrauchers erfolgt; hierfür hat er folgenden sachlichen Grund: …..
Der Verbraucher erklärt ferner, dass er insbesondere auch in Grundstücksangelegenheiten geschäftlich erfahren ist und somit trotz der verkürzten Frist ausreichend Gelegenheit zur Auseinandersetzung mit dem Gegenstand der Beurkundung hatte und deswegen zudem eine anwaltliche Beratung wahrgenommen hat. Er verzichtet daher ausdrücklich und trotz eindringlichem notariellem Hinweis auf den gesetzlich vorgesehenen Schutz durch einen entsprechend späteren Beurkundungstermin.
Alle Parteien wünschen somit ausdrücklich die sofortige Beurkundung.

Für die inhaltliche Gestaltung des Vertrags kann insbesondere zu beachten sein, dass nach der Rechtsprechung des Bundesgerichtshofs[41] Klauseln zur Haftungsbeschränkung regelmäßig insgesamt unwirksam sind, wenn nicht die Klauselverbote des § 309 Nr. 7 Buchst. a) und Buchst. b) BGB ausdrücklich beachtet sind (vgl. Rdn. 277).

Mit dem **Verbraucherstreitbeilegungsgesetz** (VSBG) vom 19.02.2016[42] besteht für *Verbraucher* die Möglichkeit, ein Verfahren zur außergerichtlichen Beilegung von Streitigkeiten aus einem Verbrauchervertrag nach § 310 Abs. 3 BGB durch eine Verbraucherschlichtungsstelle in Anspruch zu nehmen. (§ 4 VSBG). Das Ergebnis ist für die Verfahrensbeteiligten nicht verbindlich. Der Unternehmer muss sich auf ein solches Verfahren nicht einlassen.

---

39 BGH v. 23.08.2018 – III ZR 506/16 – Tz. 19; ebenso bereits BGHZ 196, 179 Tz. 18.
40 BGH v. 23.08.2018 – III ZR 506/16 – Tz. 21.
41 BGHZ 170, 31; BGHZ 174, 1.
42 BGBl. I S. 254.

Das Verfahren endet, wenn er erklärt, dass er nicht (mehr) an dem Verfahren teilnehmen will (§ 15 VSBG).

Ab dem 01.02.2017 hat nach § 36 VSGB ein Unternehmer, der eine **Webseite** unterhält oder **Allgemeine Geschäftsbedingungen** verwendet, den Verbraucher leicht zugänglich, klar und verständlich in Kenntnis zu setzen davon, inwieweit er bereit ist oder verpflichtet ist, an Streitbeilegungsverfahren vor einer Verbraucherschlichtungsstelle teilzunehmen (und ggf. auf die zuständige Verbraucherschlichtungsstelle hinzuweisen, wenn sich der Unternehmer zur Teilnahme an einem Streitbeilegungsverfahren vor einer Verbraucherschlichtungsstelle verpflichtet hat oder wenn er auf Grund von Rechtsvorschriften zur Teilnahme verpflichtet ist; der Hinweis muss Angaben zu Anschrift und Webseite der Verbraucherschlichtungsstelle sowie eine Erklärung des Unternehmers, an einem Streitbeilegungsverfahren vor dieser Verbraucherschlichtungsstelle teilzunehmen, enthalten). Lehnt der Unternehmer dies ab, hat er dies somit auf seiner Webseite und in seinen AGB zu verlautbaren. AGB im Sinne der gesetzlichen Regelung ist wohl auch ein notarieller Vertrag, sofern er Verbrauchervertrag nach § 310 Abs. 3 BGB ist.

Ausschluss eines Streibeilegungsverfahrens

24 M   Der Veräußerer ist zur Teilnahme an einem Streitbeilegungsverfahren vor einer Verbraucherschlichtungsstelle weder bereit noch verpflichtet.

II. Grundstückskaufvertrag

Grundstückskaufvertrag zwischen Verbrauchern

25 M   Verhandelt am ......
Auf Ansuchen der Erschienenen beurkunde ich nach Unterrichtung über den Grundbuchinhalt ihren Erklärungen gemäß, was folgt:

I. Vorbemerkung

Im Grundbuch des Amtsgerichts X für Y Blatt ..... ist im Eigentum von A folgender Grundbesitz der Gemarkung ..... eingetragen:
FlSt. 1991/13 Hauptstr. 2, Wohnhaus, Nebengebäude, Garten zu 851 m².
Abt. II des Grundbuchs ist ohne Eintragung.
In Abt. III ist eine Buchgrundschuld zu 350.000 DM für B-Bank eingetragen.

II. Kauf

A
– nachstehend »Verkäufer« genannt –
verkauft
den in Abschnitt I genannten Grundbesitz mit allen Rechten, Pflichten, Bestandteilen und dem Zubehör
an
B und C
– nachstehend »Käufer« genannt –
zu Miteigentum zu gleichen Teilen.
Bewegliche Gegenstände sind nicht mitverkauft.

III. Kaufpreis, Zwangsvollstreckungsunterwerfung

1. Der Kaufpreis beträgt ..... Euro.
2. Die Käufer haften als Gesamtschuldner. Jeder von ihnen unterwirft sich wegen des Kaufpreises der sofortigen Zwangsvollstreckung aus dieser Urkunde in sein gesamtes Vermögen. Zur Erteilung einer vollstreckbaren Ausfertigung genügt die Darlegung der Fälligkeit durch den Verkäufer.

IV. Kaufpreisfälligkeit

Der Kaufpreis ist zur Zahlung fällig zehn Tage nach Zugang einer Bestätigung des Notars beim Käufer über
- die Eintragung der Auflassungsvormerkung,
- das Vorliegen der Löschungsunterlagen für die der Auflassungsvormerkung im Range vorgehenden und zur Lastenfreistellung wegzufertigenden Belastungen beim Notar, vorausgesetzt, dass etwaige Auflagen der Gläubiger aus dem Kaufpreis erfüllt werden können,
- das Vorliegen der Erklärung der Gemeinde über das Nichtbestehen oder die Nichtausübung ihr zustehender gesetzlicher Vorkaufsrechte.

Der Notar wird beauftragt, die Bestätigung dem Käufer mit einfachem Brief an die hier genannte Anschrift zu erteilen; der Verkäufer erhält eine Abschrift.
Soweit zur Lastenfreistellung Zahlungen verlangt werden, sind sie nach Mitteilung des Notars in der geforderten Höhe vom Käufer in Anrechnung auf den Kaufpreis direkt an die dinglich Berechtigten zu deren Ablösung zu zahlen.
Der Kaufpreisrest ist zu überweisen auf das Konto des Verkäufers bei .....
IBAN ....., BIC .....
Er muss bei Fälligkeit auf diesem Konto eingegangen sein.

V. Besitzübergang

Besitz, Nutzungen und Lasten, insbesondere auch laufende Steuern und öffentliche Abgaben, die Gefahr eines zufälligen Untergangs und einer zufälligen Verschlechterung, sowie die Verkehrssicherungspflicht gehen mit Wirkung ab Übergabe auf den Käufer über.
Der Vertragsbesitz ist dem Käufer unverzüglich nach vollständiger Kaufpreiszahlung zu übergeben.
Der Vertragsbesitz ist nicht vermietet oder verpachtet.
Der Verkäufer hat dem Käufer bei Besitzübergang den Energieausweis sowie alle den Vertragsbesitz betreffenden Unterlagen, die sich in seinem Besitz befinden und für den Käufer von Interesse sein können, zu übergeben.

VI. Erschließungskosten

Der Verkäufer trägt alle Erschließungs-, Anlieger- und Anschlusskosten für den Vertragsgrundbesitz, für die Bescheide bis zum heutigen Tag zugegangen sind. Alle übrigen derartigen Kosten, auch für bereits ganz oder teilweise fertig gestellte Anlagen, trägt der Käufer. Sofern solche Zahlungen jedoch vor Kaufpreisfälligkeit fällig werden, sind sie vom Verkäufer zu verauslagen; der Käufer hat sie in diesem Fall dem Verkäufer gegen Zahlungsnachweis mit dem Kaufpreis zu erstatten. Etwaige Rückerstattungen stehen dem Käufer zu.

VII. Haftung

Der Vertragsbesitz wird in seiner gegenwärtigen, dem Käufer bekannten, gebrauchten Beschaffenheit verkauft. Rechte des Käufers wegen Sachmängeln – z.B. wegen der Bodenbeschaffenheit, der Größe des Grundstücks, des Bauzustands bestehender Gebäude und Anlagen und der Verwertbarkeit des Vertragsbesitzes für die Zwecke des Käufers – werden ausgeschlossen.[43] Der Verkäufer erklärt, dass ihm verborgene Mängel, die bei einer Besichtigung nicht erkannt werden können, nicht bekannt sind.
Der Verkäufer haftet für nachweisliche Veränderungen und Verschlechterungen bis zum Besitzübergang, es sei denn sie sind auf den gewöhnlichen Gebrauch zurückzuführen.
Das Vertragsobjekt muss bei Besitzübergang frei von Rechtsmängeln sein, also ohne dass Dritte Rechte gegen den Käufer geltend machen können, soweit in dieser Urkunde nichts anderes bestimmt ist. Werden gesetzliche Vorkaufsrechte ausgeübt, können beide Vertragsteile vom heutigen Vertrag zurücktreten.
Der Grundbesitz wird lastenfrei verkauft.
Die Beteiligten stimmen allen Erklärungen, die der Lastenfreistellung dienen, wie Löschungen und Pfandfreigaben, zu und beantragen deren Vollzug im Grundbuch.

VIII. Rücktrittsrecht

Der Verkäufer kann das gesetzliche Rücktrittsrecht wegen Zahlungsverzugs des Käufers nur schriftlich ausüben. Der Rücktritt ist nur wirksam, wenn der Erklärung die Bürgschaft eines inländischen Kreditinstituts beigefügt ist, die den Anspruch auf Rückzahlung geleisteter Kaufpreisteile unter Verzicht auf die Einrede der Vorausklage sichert.

IX. Übereignung, Treuhandauftrag, Vormerkung

1. Die Vertragsteile sind einig, dass das Eigentum an dem verkauften Grundbesitz vom Verkäufer auf die Käufer in dem in Abschnitt II angegebenen Berechtigungsverhältnis übergeht. Diese Einigung ist unbedingt. Sie beinhaltet keine Eintragungsbewilligung.
2. Der Verkäufer erteilt dem beurkundenden Notar, Vertreter und Amtsnachfolger einseitig unwiderruflich und unbedingt Vollmacht, die Eintragung des Käufers als Eigentümer im Grundbuch zu bewilligen.
Der Verkäufer weist den Notar einseitig unwiderruflich an, diese Eintragung erst zu bewilligen, wenn er den Kaufpreiseingang bestätigt hat oder wenn die Kaufpreiszahlung (ohne etwaige Zinsen) in anderer Weise nachgewiesen ist.
Vorher ist auch der Anspruch auf Eigentumsverschaffung nicht abtretbar und nicht verpfändbar.
Der Eintragungsantrag ist für den Käufer zu stellen.
3. Zur Sicherung des Anspruchs des Käufers auf Übertragung des Eigentums an dem verkauften Grundbesitz bewilligen und beantragen die Vertragsteile die Eintragung einer Vormerkung gemäß § 883 BGB zugunsten des Käufers in dem in Abschnitt II. bezeichneten Berechtigungsverhältnis an dem Vertragsgrundbesitz in das Grundbuch.
Der Käufer bewilligt und beantragt die Löschung dieser Vormerkung Zug um Zug mit der Eintragung der Auflassung, vorausgesetzt, dass bei Eintragung der Auflassung keine Zwischeneintragungen bestehen bleiben, denen er nicht zugestimmt hat.

---

43 Notwendige Ergänzungen für Verträge mit Unternehmern vgl. Rdn. 278 M.

X. Kosten

Die Kosten dieser Urkunde einschließlich der Betreuungs- und Vollzugsgebühren, soweit nicht durch die Lastenfreistellung veranlasst, des Vollzugs im Grundbuch, der erforderlichen Genehmigungen und Zeugnisse sowie die Grunderwerbsteuer trägt der Käufer.
Durch die Lastenfreistellung veranlasste Kosten trägt der Verkäufer.

XI. Hinweise

Der Notar hat die Beteiligten darauf hingewiesen,
- dass alle Vereinbarungen richtig und vollständig beurkundet werden müssen und der Vertrag andernfalls unwirksam sein kann,
- dass gesetzliche Vorkaufsrechte bestehen können,
- dass die Eigentumsumschreibung erst möglich ist, wenn etwa erforderliche Genehmigungen sowie die Erklärung der Kommune über die ihr zustehenden Vorkaufsrechte und die grunderwerbsteuerliche Unbedenklichkeitsbescheinigung vorliegen,
- dass der Grundbesitz für rückständige öffentliche Lasten und beide Vertragsteile kraft Gesetzes als Gesamtschuldner für Grunderwerbsteuer und Kosten bei Notar und Grundbuchamt haften,
- dass die Zahlung des Kaufpreises vor lastenfreiem Eigentumsübergang und die Eigentumsübertragung vor vollständiger Kaufpreiszahlung Gefahren mit sich bringen und Vertrauenssache sind, ebenso Aufwendungen in den Vertragsgegenstand;
- dass für den Verkäufer einkommensteuerliche Belastungen entstehen können, wenn zwischen der Anschaffung und der Weiterveräußerung des Vertragsobjekts weniger als zehn Jahre liegen.

XII. Notarermächtigung

Die Vertragsteile beauftragen und bevollmächtigen den Notar, für sie einzuholen und entgegenzunehmen
- Genehmigungen, auch nicht erschienener Beteiligter,
- Vollzugsmitteilungen des Grundbuchamts,
- Erklärungen zur Lastenfreistellung wie Löschungen, Pfandfreigaben und Rangrücktritte,
- Stellungnahmen und Zeugnisse der Gemeinde über Bestehen und Ausübung gesetzlicher Vorkaufsrechte unter Angabe der Namen der Beteiligten; auf Anforderung ist der Gemeinde der Kaufvertrag mitzuteilen.

Der Notar ist ermächtigt, Teilvollzug dieser Urkunde zu beantragen, Anträge zurückzunehmen und erneut zu stellen.

XIII. Abschriften, Ausfertigungen

Von dieser Urkunde erhalten einfache Abschriften:
Käufer,
Verkäufer,
Finanzamt – Grunderwerbsteuerstelle –,
Gutachterausschuss,
Kaufpreisfinanzierungsgläubiger
beglaubigte Abschrift:
Grundbuchamt,

Ausfertigungen:
jeder Vertragsteil nach grundbuchamtlichem Vollzug mit Vollzugsmitteilung.

XIV. Finanzierungsmitwirkung
Der Verkäufer verpflichtet sich, bei der Bestellung von Grundpfandrechten in beliebiger Höhe für beliebige Gläubiger mit beliebigen Zinsen und Nebenleistungen vor Eigentumsübergang mitzuwirken und deren Eintragung im Grundbuch samt dinglicher Zwangsvollstreckungsunterwerfung zu bewilligen.

Hierzu treffen die Vertragsteile folgende Vereinbarungen, die in der Bestellungsurkunde wiedergegeben werden müssen:

a) Der Grundpfandrechtsgläubiger darf das Grundpfandrecht nur insoweit als Sicherheit verwerten oder behalten, als er tatsächlich Zahlungen mit Tilgungswirkung auf die Kaufpreisschuld geleistet hat; abweichende Sicherungsvereinbarungen gelten erst ab vollständiger Kaufpreiszahlung, jedenfalls ab Eigentumsumschreibung.

b) Bis zur vollständigen Tilgung des Kaufpreises sind Zahlungen, soweit zur Lastenfreistellung erforderlich, direkt an die dinglich Berechtigten, im übrigen an den Verkäufer zu leisten.

c) Das Grundpfandrecht darf auch nach Eigentumsumschreibung auf den Käufer bestehen bleiben. Der Verkäufer überträgt alle ihm an diesem Grundpfandrecht zustehenden Rechte, insbesondere Eigentümerrechte und Rückgewähransprüche, mit Wirkung ab Zahlung des Kaufpreises, in jedem Fall ab Eigentumsumschreibung, und bewilligt die entsprechende Umschreibung im Grundbuch..

d) Der Verkäufer übernimmt im Zusammenhang mit der Grundschuldbestellung keine persönliche Haftung. Der Käufer stellt ihn von allen Kosten der Grundschuldbestellung frei.

Der Verkäufer erteilt dem Käufer und mehrere Käufer sich gegenseitig unter Befreiung von den Beschränkungen des § 181 BGB und unabhängig von der Rechtswirksamkeit dieses Vertrags Vollmacht, alle Erklärungen abzugeben, zu denen der Verkäufer aufgrund vorstehender Bestimmungen verpflichtet ist. Von dieser Vollmacht kann nur vor dem beurkundenden Notar, Vertreter oder Amtsnachfolger Gebrauch gemacht werden. Der Bevollmächtigte ist auch berechtigt, im Zusammenhang mit der Bestellung von Grundpfandrechten mit der Auflassungsvormerkung des Käufers im Rang zurückzutreten sowie Schuldanerkenntnisse mit Unterwerfung unter die Zwangsvollstreckung in das gesamte Vermögen des Käufers abzugeben.

■ *Kosten.* Geschäftswert ist der Kaufpreis (§§ 47, 97 Abs. 3 GNotKG). Hinzuzurechnen sind gemäß § 47 Satz 2 GNotKG dem Käufer weiter obliegende Leistungen (z.B. die Übernahme der Maklerprovision) oder vorbehaltene Nutzungen. Aus diesem Wert fallen an:
– 2,0 Beurkundungsgebühr (Nr. 21100 KV GNotKG), mindestens 120 €,
– 0,5 Vollzugsgebühr aus dem Kaufpreis (§ 112 GNotKG) gemäß Nr. 22100 i.V.m. Vorbem. 2.2.1.1. Abs. 1 Satz 2 Nr. 1 KV GNotKG für die dort genannten Tätigkeiten, z.B. für die Einholung von Löschungsunterlagen gemäß Vorbem. 2.2.1.1. Abs. 1 Satz 2 Nr. 9 KV GNotKG (sofern nur die Vorkaufsrechtserklärung oder behördliche Genehmigungen eingeholt werden, max. 50,00 € (Nr. 22112 KV GNotKG), hierzu auch Rdn. 26,
– 0,5 Betreuungsgebühr aus dem Kaufpreis (§§ 113, 47 GNotKG) gemäß Nr. 21200 KV GNotKG (insbesondere im Hinblick auf Anm. 2 und 3),
– Dokumentenpauschale gemäß Nr. 32001 Nr. 2 KV GNotKG (je Seite 0,15 €),
– Post- und Telekommunikationspauschale gemäß Nr. 32005 KV GNotKG (20 % der Gebühren, höchstens 20 €), ersatzweise die tatsächlich aufgewendeten Entgelte für Post- und Telekommunikationsdienstleistungen gemäß Nr. 32004 KV GNotKG,
– Grundbuchabrufgebühren gemäß Nr. 32011 KV GNotKG,
– USt gemäß Nr. 32014 KV GNotKG.

Im Hinblick auf die nach dem GNotKG zu erhebende Vollzugsgebühr ist anzumerken, dass 26
diese nicht selten nur deshalb in voller Höhe (mit 0,5 aus dem Geschäftswert) anfällt, weil
der Notar die zur Lastenfreistellung erforderlichen Unterlagen einzuholen hat. Sofern die
Ursache für die (erhöhte) Vollzugsgebühr allein im Umstand der Lastenfreistellung – und
damit allein in der Sphäre des Verkäufers – liegt, sieht das Vertragsmuster (unter IX.) vor,
dass der Verkäufer die dadurch ausgelösten Kosten zu tragen hat (der darüber aufgeklärte
Verkäufer wird es angesichts der Höhe der Kosten nicht selten bevorzugen, die Lastenfreistellungsunterlagen selbst beizubringen). Ggf. wäre also bei der Kostenerhebung entsprechend abzugrenzen: Wenn keine weitere Vollzugstätigkeit anfällt, wäre die gesamte Vollzugsgebühr vom Verkäufer zu tragen. Wäre ohne die Lastenfreistellung nur die Höchstgebühr
von 50,00 € zu erheben (wenn also z.B. nur die Vorkaufsrechtserklärung der Gemeinde einzuholen ist), wäre dem Verkäufer der darüber hinausgehende Betrag der Vollzugsgebühr in
Rechnung zu stellen.

Soll hingegen die volle Vollzugsgebühr vom Käufer getragen werden, könnte sich folgende Regelung empfehlen:

Kostentragung durch den Käufer

Die Kosten dieser Urkunde einschließlich der Betreuungs- und Vollzugsgebühren, 27 M
auch soweit diese durch die Lastenfreistellung veranlasst sind, des Vollzugs im Grund-
buch, der erforderlichen Genehmigungen und Zeugnisse sowie die Grunderwerb-
steuer trägt der Käufer.
Durch die Lastenfreistellung beim Gläubiger und dem Grundbuchamt veranlasste
Kosten trägt der Verkäufer.

1. Kaufvertrag unter Bedingung 28

Ein Grundstückkaufvertrag kann unter (aufschiebenden) Bedingungen (§ 158 BGB) abge-
schlossen werden. Dies vermeidet u.a. einen sofortigen Anfall der Grunderwerbsteuer
(Rdn. 437) und u.U. auch Probleme im Vergleich zu Angebotsgestaltungen mit längeren
Bindungsfristen (vgl. Rdn. 392).

Bei der Gestaltung der Bedingung ist darauf zu achten, dass deren Eintritt rechtswirksam
dokumentiert werden muss. Um zu vermeiden, dass hierzu Erklärungen der Vertragsteile
in der Form des § 29 GBO erforderlich werden, bietet sich an, deswegen an eine Notarbestätigung anzuknüpfen, mit deren Errichtung der Vertrag in jedem Fall rechtswirksam wird.

Bei einem bedingten Kauf werden verschiedene Vereinbarungen und Erklärungen unabhängig vom Eintritt der Bedingung rechtswirksam werden müssen und sollen. Dies gilt insbesondere für eine Erklärung der Auflassung, die keinesfalls unter einer Bedingung erklärt
werden kann (§ 925 Abs. 2 BGB). Sofort wirksam werden sollen häufig auch Vollmachten
(z.B. zur Klärung des Baurechts), Vereinbarungen zu Bodenuntersuchungen wegen sog.
Altlasten (vgl. Rdn. 286 ff.) oder zur Kostentragung.

Bedingter Kauf (Ergänzung zu II.1 des vorstehenden Musters Rdn. 25 M)

1. <Kauf> 29 M
2. Dieser Vertrag wird erst wirksam (aufschiebende Bedingung), wenn der Bebau-
ungsplan (vgl. I.3) Planreife im Sinne des § 33 BauGB erlangt hat und dieser nicht
in wirtschaftlich erheblicher Weise zu Lasten des Käufers von dem derzeitigen Pla-
nungsstand abweicht und eine Bestätigung der Stadt über die Planreife oder den ent-

sprechenden Satzungsbeschluss, der nicht unter Vorbehalt steht, in schriftlicher Form vorliegt.
Falls eine Baugenehmigung für ein dem derzeitigen Planungsstand entsprechendes Bauvorhaben bereits vorher bestandskräftig erteilt wird, tritt die aufschiebende Bedingung bereits mit Bestandskraft der Genehmigung ein.
Der Eintritt der Bedingung ist dem Notar von den Beteiligten schriftlich zu bestätigen.
Hat der Käufer dem Notar gegenüber schriftlich den Eintritt der Bedingung bestätigt, ist der Vertrag auch dann rechtswirksam, wenn die vorgenannten Voraussetzungen nicht oder nicht in vollem Umfang vorliegen.
Der Notar ist ermächtigt, die Rechtswirksamkeit durch eine Eigenurkunde festzustellen; spätestens mit Zugang dieser Eigenurkunde beim Grundbuchamt gilt die Bedingung als eingetreten.
Die Bedingung muss bis spätestens ..... eingetreten sein. Andernfalls ist der heutige Kaufvertrag gegenstandslos, es sei denn die Vertragsteile haben die Frist einvernehmlich in einem Nachtrag zu dieser Urkunde verlängert.
In dem Fall, dass dieser Vertrag wegen Nichteintritts der vorgenannten Bedingungen gegenstandslos wird, sind Aufwendungs-, Schadensersatz-, Bereicherungs- und alle sonst denkbaren Ansprüche der Beteiligten ausgeschlossen. Dies gilt unabhängig davon, warum eine Bedingung nicht eingetreten ist und insbesondere auch dann, wenn ein Vertragsteil zumutbare Bemühungen zur Herbeiführung der betreffenden Voraussetzung unterlassen hat.
Unbedingt erklärt und sofort wirksam sind folgende Bestimmungen dieser Urkunde: .....

2. Einsicht in das Grundbuch, Grundbuchstand

30 Bei allen Geschäften, die im Grundbuch eingetragene oder einzutragende Rechte zum Gegenstand haben, also insbesondere auch bei Beurkundung eines Grundstückskaufvertrages und erst recht einer Auflassung, soll der Notar sich gemäß § 21 BeurkG über den Grundbuchinhalt unterrichten. Nichts anderes gilt für die Erstellung eines Vertragsentwurfs, der den Vertragsparteien zur Prüfung übersandt wird.[44] In welcher Weise sich der Notar die notwendige Kenntnis verschafft, ist ihm überlassen; neben einer persönlich oder durch Mitarbeiter vorgenommenen Einsicht kommt daher grundsätzlich auch z.B. eine telefonische Unterrichtung über den Grundbuchinhalt in Betracht. Nach Einführung des elektronischen Grundbuchs wird regelmäßig dieses eingesehen.

■ *Kosten.* Die für den Abruf von Daten im automatisierten Abrufverfahren zu zahlenden Beträge können gemäß Nr. 32011 KV GNotKG in Rechnung gestellt werden.

31 Die Unterrichtung über den Grundbuchinhalt sollte zeitnah zur Beurkundung erfolgen. Bislang wurden Grundbucheinsichten, die nicht älter als 2 Wochen sind, als hinreichend anerkannt;[45] das OLG Frankfurt[46] hat eine Amtspflichtverletzung des Notars verneint, wenn eine 6 Wochen vorher gefertigte Grundbucheinsicht nicht erneut überprüft wird, solange keine konkreten Anhaltspunkte dafür vorliegen, dass zwischenzeitlich eine Änderung des Grundbuchinhalts eingetreten ist. Angesichts der erleichterten Möglichkeit, sich vom Inhalt des Grundbuchs online und tagtäglich zu unterrichten, ist nicht auszuschließen, dass – soweit diese Möglichkeit besteht – eine Unterrichtung am Tag der Beurkundung oder unmittelbar davor verlangt werden wird.[47]

---

44 BGH v. 23.08.2018 – III ZR 506/16 – Tz. 23.
45 *Bücker/Viefhues*, ZNotP 2007, 172, 175.
46 OLG Frankfurt DNotZ 1985, 244.
47 *Bücker/Viefhues*, ZNotP 2007, 172, 177.

Im Hinblick auf bei den Grundakten liegende unerledigte Anträge, die gemäß § 17 GBO wegen des früheren Eingangs einen besseren Rang haben würden, kann es zweckmäßig sein, auch die Grundakten einzusehen. Eine Pflicht hierzu besteht jedoch nicht,[48] ebenfalls nicht eine Pflicht, ein Baulastenverzeichnis einzusehen.[49] **32**

Ohne (zeitnahe) Unterrichtung über den Grundbuchinhalt soll gemäß § 21 Abs. 1 Satz 2 BeurkG nur beurkundet werden, wenn die Beteiligten trotz Belehrung darauf bestehen; dies ist in der Urkunde zu vermerken. **33**

Der Notar hat das Grundbuch nicht eingesehen. Nach Hinweis des Notars auf die damit verbundenen Gefahren bestanden die Beteiligten auf Beurkundung wie geschehen. **34 M**

Dabei hat der Notar darauf hinzuweisen, dass ihm die Pflicht zur Unterrichtung über den Grundbuchinhalt trotz einer im Einzelfall damit verbundenen Verzögerung im Interesse der Vertragsbeteiligten auferlegt ist. Die Probleme und Risiken bei fehlender Unterrichtung sind aufzuzeigen, z.B. wenn sich die Angaben zum Grundstück in der Urkunde und der tatsächliche Grundbuchstand nicht decken oder wenn unbekannte Belastungen des Grundstücks bei der Vertragsgestaltung nicht berücksichtigt werden.[50] Es sollte erläutert werden, dass die Urkunde im Extremfall wertlos sein kann. **35**

Der Verzicht auf die Grundbucheinsicht muss die Ausnahme sein; der Notar, der plan- und regelmäßig auf Grundbucheinsicht verzichten lässt, verletzt seine Dienstpflichten. **36**

Im Vertrag sollten die eingetragenen Belastungen wiedergegeben werden. Dies gilt insbesondere für vom Erwerber zu übernehmende Belastungen.[51] Dies gilt aber auch dann, wenn eingetragene Belastungen im Zuge der vorgesehenen Vertragsabwicklung zur Löschung kommen sollen, da ohne hinreichend klare Darstellung der Belastungen die Gefahr besteht, dass Leistungen abweichend von den vertraglichen Regelungen erbracht werden.[52] Auf zum Zeitpunkt der Grundbucheinsicht bereits gelöschte Eintragungen (z.B. einen Zwangsversteigerungsvermerk) muss der Notar grundsätzlich nicht hinweisen.[53] **37**

3. Kaufgegenstand

a) Bezeichnung im Kaufvertrag

Im Hinblick auf § 28 GBO empfiehlt es sich, das Grundstück in der Urkunde übereinstimmend mit dem Grundbuch oder durch Hinweis auf das Grundbuchblatt zu bezeichnen. Auch beim Verkauf von Wohnungseigentum (hierzu näher unten Rdn. 450 ff.) bedarf es keiner Einsicht in die Grundakten oder einer genaueren Beschreibung der verkauften Wohnung nach Größe der Wohnfläche, Lage im Gebäude, Zahl der Räume und Miteigentumsanteil am Grundstück.[54] **38**

Wenn dem Notar der Kaufgegenstand von den Beteiligten konkret angegeben wird, besteht keine Nachforschungspflicht darüber, ob dieser damit auch wirtschaftlich vollständig erfasst ist, ob z.B. noch Miteigentumsanteile an einem (Wege-)Grundstück oder ein selbstständiges Garagengrundstück vorhanden sind. Zur Aufklärung ist der Notar nur dann verpflichtet, wenn sich ihm aufgrund der Erklärungen der Beteiligten, einer ihm über- **39**

---

48 OLG Köln DNotZ 1989, 454.
49 OLG Schleswig DNotZ 1991, 339.
50 BayObLG DNotZ 1990, 667.
51 Vgl. BGH ZfIR 2004, 582.
52 BGH DNotZ 2004, 849 m. Anm. *Reithmann*; hierzu auch *Kesseler*, DNotZ 2004, 843; *Ganter*, ZNotP 2006, 42, 43 f. und 48.
53 BGH DNotI-Report 2018, 142.
54 BGHZ 179, 94; BGHZ 125, 235; *Lang/Friedrich*, ZfIR 2009, 194.

gebenen Abschrift des Erwerbsvertrags oder in anderer Weise, etwa durch bei eingetragenen Grundpfandrechten angegebene Mithaftstellen, erkennbar wird, dass sich die Beteiligten möglicherweise in einem Irrtum befinden (zu zunächst vergessenem Grundbesitz s. Rdn. 52, zu einer *falsa demonstratio* s. Rdn. 55).

b) Mitverkaufte Gegenstände

40 Beim Grundstückskauf gehören zum Kaufgegenstand
- Bestandteile des Grundstücks (vgl. § 94 BGB), insbesondere Gebäude einschließlich Antenne, besonders angepasste Bodenbeläge oder eine besonders angepasste Einbauküche (andernfalls ist sie i.d.R. Zubehör), auch eine aufstehende Fertiggarage und Bepflanzungen,
- mit dem Eigentum am Grundstück verbundene Rechte, § 96 BGB (z.B. aus Dienstbarkeiten und dinglichen Vorkaufsrechten),
- Zubehör (§§ 311c, 97 BGB), also z.B. Alarmanlage, Baumaterial (str.), Einbauküche (s.o.).

41 Im Zweifel sollte die Urkunde eine entsprechende Klarstellung enthalten. Der Mitverkauf von Gegenständen und Rechten, die nicht bereits Bestandteil oder Zubehör sind (Inventar), bedarf wegen § 311b Abs. 1 BGB, wenn er mit dem Grundstückskauf stehen und fallen soll, der notariellen Beurkundung; andernfalls wären beide Verträge nach § 125 i.V.m. § 139 BGB unwirksam.

Mitverkaufte bewegliche Gegenstände

42 M **Mitverkauft sind alle in der Anlage zu dieser Urkunde, auf die verwiesen wird, genannten Gegenstände; sie sind dem Käufer mit Übergabe des Grundstücks zu übergeben. Nicht mitverkauft ist die komplette Kücheneinrichtung, die vom Verkäufer spätestens bis zum Besitzübergang aus dem Vertragsbesitz entfernt sein muss.**

43 Verkauft ein Unternehmer mit dem Grundstück einem Verbraucher auch bewegliche Gegenstände (z.B. eine Küche, sofern diese nicht Bestandteil des Grundstücks ist, oder Mobiliar) handelt es sich um einen Verbrauchsgüterkauf im Sinne des § 474 BGB. Danach dürfen Mängelansprüche für diese Gegenstände nicht ausgeschlossen werden. Klarstellen (vgl. § 323 Abs. 5 Satz 2 BGB) kann man, dass Mängel der mitverkauften beweglichen Gegenstände nicht zum Rücktritt vom ganzen Kaufvertrag berechtigen.

Haftung bei Verbrauchervertrag

44 M **Sollten insoweit Sachmängel im Sinne des BGB vorliegen, haftet der Verkäufer dafür nach den gesetzlichen Bestimmungen, jedoch begrenzt auf ein Jahr nach der Übergabe. Ein etwaiges Rücktrittsrecht erstreckt sich nicht auf den Grundstückskaufvertrag.**

45 Da der auf das Inventar entfallende Kaufpreisteil nicht zur Bemessungsgrundlage für die Grunderwerbsteuer zu rechnen ist, sollte dieser Teilbetrag gesondert im Vertrag ausgewiesen werden.

Kaufpreisausweisung für bewegliche Gegenstände

Vom Gesamtkaufpreis entfällt ein Teilbetrag von ..... € auf die mitverkauften beweglichen Gegenstände.   46 M

Für die Eigentumsverschaffung von Zubehör gilt § 926 BGB; danach erwirbt der Käufer Eigentum an solchen Gegenständen mit dem Übergang des Eigentums am Grundstück. Im Einzelfall kann es sich empfehlen, hierzu eine abweichende Vereinbarung zu treffen: 47

Eigentumsverschaffung für bewegliche Gegenstände

Weiter sind die Beteiligten einig über den Eigentumsübergang hinsichtlich der mitverkauften beweglichen Gegenstände, aufschiebend bedingt durch die vollständige Kaufpreiszahlung.   48 M
Der Verkäufer erteilt dem Käufer Vollmacht, ab vollständiger Kaufpreiszahlung für ihn alle Erklärungen abzugeben und Rechtshandlungen vorzunehmen, die für den Eigentumsübergang etwa noch erforderlich sind.
Der Verkäufer versichert, dass die mitverkauften beweglichen Gegenstände in seinem Eigentum stehen; insbesondere bestehen keine Eigentumsvorbehalte, Pfändungen oder Verpfändungen.

c) Urheberrecht

Im Hinblick auf die Bebauung des verkauften Grundstücks können urheberrechtlich geschützte Rechtspositionen des Verkäufers bestehen;[55] die betreffenden Nutzungsrechte sind übertragbar.   49

Urheberrechtsübertragung

Soweit der Verkäufer Inhaber von urheberrechtlich geschützten Rechtspositionen im Hinblick auf das Kaufobjekt ist, räumt er hiermit dem Käufer entsprechende ausschließliche Nutzungsrechte einschließlich des Rechtes auf Änderungen zeitlich unbeschränkt und umfassend ein aufschiebend bedingt durch vollständige Kaufpreiszahlung. Eine besondere Vergütung ist hierfür nicht geschuldet. Eine Garantie für das Bestehen solcher Rechte wird nicht übernommen.   50 M

Der Verkäufer garantiert, dass er das abtretbare Recht hat, alle Planungen und sonstigen Leistungen der Architekten und Planer für das vertragsgegenständliche Projekt umfassend zu benutzen und auch zu ändern. Dieses tritt der Verkäufer an den dies annehmenden Käufer mit Wirkung zur Übergabe gemäß Abschnitt ..... ab.   51 M

d) Vergessener Grundbesitz

Stellt sich nach Beurkundung heraus, dass vergessen wurde, den Vertragsbesitz vollständig anzugeben, wird man einen Nachtrag zum Kaufvertrag beurkunden und den Sachverhalt darstellen. Sowohl im Hinblick auf die gebotene richtige Wiedergabe des Willens der Beteiligten als auch aus steuerrechtlichen Erwägungen sollte der Eindruck vermieden werden,   52

---

55 Vgl. *Stellmann*, ZfIR 2012, 41; *Schulze*, NZBau 2007, 537 und 611.

dass eine zusätzliche (unentgeltliche) Veräußerung aufgrund eines neuen Willenentschlusses stattfindet.[56] Vorsorglich wird man zu dem richtigen Grundbesitz die Auflassung erklären. Wegen zwischenzeitig zur Eintragung gebrachter (Finanzierungs-)Grundpfandrechte kann eine Nachverpfändung (vgl. nachstehend Rdn. 57 M unter III.2) erforderlich sein.

53 Zu beachten ist weiter, dass zum beurkundeten Vertrag eingeholte Vorkaufsrechtserklärungen oder Genehmigungen oder Erklärungen zur Lastenfreistellung sich (nur) auf den unrichtig bezeichneten Vertragsgegenstand beziehen. Zum Vorkaufsrecht hat der BGH entschieden, dass, wenn zwei mit einem Vorkaufsrecht belastete Grundstücke unter der irrtümlichen Bezeichnung nur des einen Grundstücks verkauft sind, die Frist zur Ausübung des Vorkaufsrechts (§ 469 Abs. 2 BGB) hinsichtlich des nicht in dem Vertrag genannten Grundstücks erst nach Empfang der Mitteilung der Falschbezeichnung beginnt.[57]

54 M **I. Vorbemerkung**

1. Mit Vertrag vom ..... zur Urkunde des Notars ..... in ....., URNr. .....
– nachstehend auch Vorurkunde genannt –
hat .....
– nachstehend »Veräußerer« genannt –
verschiedenen Grundbesitz
an .....
– nachstehend »Erwerber« genannt –
verkauft.
Auf diese Urkunde, die in Urschrift vorliegt, wird verwiesen. Ihr Inhalt ist den Beteiligten bekannt; sie verzichten auf deren Vorlesung und Beifügung zu dieser Niederschrift.
2. Im Grundbuch des Amtsgerichts ..... für ..... Blatt ..... ist im Eigentum von ..... folgender Grundbesitz der Gemarkung ..... eingetragen:
FlSt ..... zu ..... qm,
Abt. II des Grundbuchs .....
Abt. III .....

II. Berichtigung

Zu der Vorurkunde erklären die Beteiligten, dass nach dem übereinstimmenden Willen neben dem in der Vorurkunde aufgeführten Grundbesitz der gesamte zum Hotelbetrieb » .....« zu rechnende Grundbesitz und damit auch der in I.2 genannte Grundbesitz an den Erwerber verkauft und aufgelassen werden sollte. Er wurde bei der Beschreibung des Vertragsbesitzes zur Vorurkunde versehentlich nicht aufgeführt.
Dieses Grundstück gehört unzweifelhaft zum Grundbesitz des Hotels.
Es war der übereinstimmende Wille von Veräußerer und Erwerber, dass auch dieses Grundstück Gegenstand des in I.1 genannten Kaufvertrags ist. Dies bestätigen die Beteiligten hiermit. Ihren übereinstimmenden Willen haben die Beteiligten auch tatsächlich in Erfüllung des Kaufvertrages umgesetzt.
So sind Besitz, Nutzen und Lasten auch hinsichtlich des in I.2 genannten Grundbesitzes zu dem in der Vorurkunde genannten wirtschaftlichen Übertragungszeitpunkt auf den Erwerber übergegangen.

---

56 Vgl. BGH ZNotP 2006, 452 zum Vorkaufsrecht.
57 BGH ZNotP 2006, 452.

Lediglich die in Abschnitt III. der Vorurkunde erklärte Auflassung soll aus Gründen der Rechtssicherheit und zur Erleichterung des Grundbuchvollzuges im Folgenden wiederholt werden.

III. Auflassung

Die Vertragsteile sind darüber einig, dass in Erfüllung des in I.1 genannten Vertrags das Eigentum auch an dem in I.2 genannten FlSt ..... der Gemarkung ..... vom Veräußerer auf den Erwerber – bei mehreren zu dem in der Vorurkunde angegebenen Anteilsverhältnis – übergeht. Die Eintragung der Auflassung im Grundbuch wird hiermit bewilligt und beantragt.
Die in I. 2. genannten Belastungen werden vom Erwerber übernommen.

IV. Schlussbestimmungen

.....

■ *Kosten.* Liegt der Grund für die erforderliche Beurkundung in einer falschen Sachbehandlung des Notars bei der Beurkundung des Ausgangsvertrags (z.B. weil der Sachverhalt unzureichend ermittelt wurde), fallen keine Kosten an (§ 21 Abs. 1 GNotKG).[58] Andernfalls fällt, da der maßgebende schuldrechtliche Vertrag bereits beurkundet ist, in der Regel nur die Gebühr für die Auflassung an (Nr. 21101 KV GNotKG), hinzu kommen ggf. Vollzugs- und Treuhandtätigkeiten. Als Geschäftswert ist hierbei ein Teilwert des betreffenden Grundstücks (ca. 20–30 %) anzusetzen.[59]

e) falsa demonstratio

Wird der Gegenstand des Kaufvertrags und der Auflassung von den Beteiligten unbewusst falsch bezeichnet, so gilt nach den allgemeinen Regeln zur Behandlung einer Falschbezeichnung (»*falsa demonstratio non nocet*«)[60] der Vertrag und alle in ihm enthaltenen Erklärungen, insbesondere auch die Auflassung, nur in Bezug auf das »richtige« Vertragsobjekt.[61] Auf das in der Urkunde angegebene Objekt bezieht sich der übereinstimmende Wille nicht; es ist nicht verkauft und auch nicht aufgelassen.[62] Trotz Eigentumsumschreibung geht das Eigentum daher nicht auf den Erwerber über. Eine am falschen Objekt eingetragene Auflassungsvormerkung hat – mangels betreffenden Anspruchs – keine Sicherungswirkung; einer Löschung der gegenstandslosen Vormerkung können allenfalls Zurückbehaltungsrechte entgegengehalten werden.

55

Probleme bereitet es zuweilen, das Vorliegen einer Falschbezeichnung dem Grundbuchamt gegenüber nachzuweisen.[63] Ggf. kann eine Identitätserklärung in der Form des § 29 GBO hinreichend sein. Sie kann vom Notar oder den Vertragsbeteiligten abgegeben werden.[64]

---

58 LG Schwerin NotBZ 2007, 419 mit Hinweis der Prüf. Abt. Ländernotarkasse.
59 Leipziger-GNotKG/Hüttinger § 36 Rn. 28.
60 Vgl. BayObLG MittBayNot 1996, 374; *Bergermann*, RNotZ 2002, 557.
61 BGH ZfIR 2008, 375; ebenso für den Fall, dass eine Wohnung im Grundbuch mit einer anderen Nummer als im Aufteilungsplan bezeichnet ist OLG München RNotZ 2016, 460.
62 BGH MittBayNot 2002, 292.
63 Vgl. OLG München ZWE 2018, 93 m. Anm. *Weber*; OLG München RNotZ 2016, 460; OLG München RNotZ 2014, 434.
64 OLG Düsseldorf ZfIR 2015, 42 (LS).

§ 32 Kaufverträge über Grundstücke und Wohnungseigentum

Identitätserklärung zu Falschbezeichnung

56 M Zu dem Kaufvertrag zur Urkunde des Notars ....., vom ....., URNr. ....., wird festgestellt, dass dort versehentlich das Grundstück FlSt ..... als Kaufgegenstand aufgeführt ist. Hierbei handelt es sich um eine Falschbezeichnung. Richtig handelt es sich um FlSt .....
Unterschrift (entweder Notar oder Vertragsbeteiligte)

Zur erforderlichen Richtigstellung gegenüber dem Grundbuchamt und im Hinblick auf seit Vertragsschluss vollzogene Grundbucheintragungen wird allerdings nicht selten eine Nachtragsurkunde erforderlich sein, die vorsorglich und klar stellend auch die Auflassung zu dem richtigen Grundbesitz enthalten kann.

57 M **I. Vorbemerkung**

1. Im Grundbuch des Amtsgerichts ..... für ..... Blatt ..... ist im Eigentum von .....
– nachstehend auch Verkäufer genannt –
folgender Grundbesitz der Gemarkung ..... eingetragen:
...../1000 Miteigentumsanteil an
FlSt ..... zu ..... m²,
verbunden mit dem Sondereigentum an der Wohnung Nr. 4 laut Aufteilungsplan.
In Abt. II des Grundbuchs ist u.a. unter lfd. Nr. 4 eine Auflassungsvormerkung für .....
und ..... als Berechtigte zu je $^1/_2$
– nachstehend auch Käufer genannt –
eingetragen. Dieser Eintragung liegt die Bewilligung zur Urkunde des Notars ..... vom ....., URNr. .....,
– nachstehend auch »Vorurkunde« genannt –
zugrunde.
In Abt. III ist u.a. unter lfd. Nr. 2 mithaftweise eine Buchgrundschuld zu ..... € nebst 16 % Jahreszinsen ab ..... (Nebenleistungen .....) für ..... eingetragen. Dieser Eintragung liegt die Bewilligung zur Urkunde des Notars ..... vom ....., URNr. ....., zugrunde.
Auf die vorgenannten Urkunden, die in Urschrift vorliegen, einschließlich der ihnen beigefügten Pläne wird verwiesen. Ihr Inhalt ist den Beteiligten bekannt; Pläne wurden ihnen zur Durchsicht vorgelegt und von ihnen genehmigt. Sie verzichten auf deren Vorlesung und Beifügung zu dieser Niederschrift.
2. Im Grundbuch des Amtsgerichts ..... für ..... Blatt ..... ist im Eigentum von ..... folgender Grundbesitz der Gemarkung ..... eingetragen:
...../1.000 Miteigentumsanteil an dem vorgenannten Grundstück, verbunden mit dem Sondereigentum an der Wohnung Nr. 13 lt. Aufteilungsplan.
3. Zur Vorurkunde erklären die Beteiligten, dass sie sich bei der Bezeichnung des Kaufgegenstands geirrt haben. Sie waren sich von Anfang an darüber einig, dass nicht die in I.1 genannte Wohnung Nr. 4 Vertragsbesitz sein sollte, sondern richtig die in I.2 genannte Wohnung Nr. 13.
Mit dieser Urkunde sollen diese Falschbezeichnung richtig gestellt und die zum Vollzug der gewollten Vereinbarungen erforderlichen Erklärungen abgegeben werden.
II. Nachtrag
1. Die Beteiligten bestätigen einvernehmlich, dass die vorgenannte Wohnung Nr. 13 Vertragsbesitz zur o.g. Urkunde URNr. ..... ist.

Die Vertragsteile wiederholen hiermit alle zur Vorurkunde abgegebenen Erklärungen und Anträge hinsichtlich dieses Vertragsbesitzes und beziehen alle vereinbarten Vollmachten darauf.
2. Der Käufer bewilligt und die Beteiligten beantragen die Löschung der für den Käufer an der in I.1 genannten Einheit Nr. 4 eingetragenen Vormerkung als gegenstandslos, nachdem kein Eigentumsverschaffungsanspruch hinsichtlich Einheit Nr. 4 bestand oder besteht.
3. Der Verkäufer bewilligt und die Beteiligten beantragen zur Sicherung des Eigentumsverschaffungsanspruchs aus der Vorurkunde die Eintragung einer Vormerkung gemäß § 883 BGB für den Käufer als Berechtigten je zur Hälfte am Vertragsbesitz (Wohnungseigentum Nr. 13).
Der Käufer bewilligt und beantragt deren Löschung Zug um Zug mit Eigentumsumschreibung nach näherer Maßgabe der Vorurkunde.
4. Vorsorglich wiederholen die Beteiligten die Auflassung zum Vertragsbesitz, wie folgt: Wir sind darüber einig, dass das Eigentum an dem verkauften Grundbesitz von dem Verkäufer auf ..... und ..... je zur Hälfte, übergeht. Der Verkäufer bewilligt und die Käufer beantragen die Eintragung der Auflassung in das Grundbuch.
5. Im Übrigen bleibt es bei allen in der Vorurkunde getroffenen Vereinbarungen, insbesondere auch beim vereinbarten Kaufpreis.
III. Grundschuld
1. Die in I.1 genannte Grundschuld soll an der Wohnung Nr. 4 gelöscht werden. Unter Zustimmung zu einer entsprechenden, vom Notar noch einzuholenden Gläubigererklärung beantragt der Eigentümer deren Löschung an der genannten Grundbuchstelle Zug um Zug mit Eintragung der nachstehend bewilligten Nachverpfändung.
2. Die Beteiligten bewilligen und beantragen die vorgenannte Grundschuld zu ..... € auf den in I.2 genannten Vertragsbesitz im Wege der Nachverpfändung zu erstrecken und die Nachbelastung im Grundbuch einzutragen. Auf die Zins- und Zahlungsbestimmungen in o.g. Grundschuldbestellungsurkunde wird Bezug genommen:
Der Grundschuld dürfen folgende Rechte im Rang vorgehen:
In Abteilung II: .....
In Abteilung III: keine Rechte
Die Grundschuld kann jedoch vorerst an nächstoffener Rangstelle im Grundbuch eingetragen werden. Der Eigentümer stimmt allen zur Rangbeschaffung erforderlichen Gläubigererklärungen unter Vollzugsantrag zu. Der Notar wird ermächtigt, sämtliche zur Rangbeschaffung erforderlichen Gläubigererklärungen einzuholen und für alle Beteiligten entgegenzunehmen. Er ist zur Rangbestimmung ermächtigt.
..... treten mit der vorstehend bewilligten Auflassungsvormerkung hinter die aufgrund der Nachverpfändung zur Eintragung kommende Grundschuld samt Zinsen zurück. Die Eintragung des Rangrücktritts im Grundbuch wird bewilligt und beantragt.
3. In Ansehung vorgenannter Grundschuld unterwirft sich der Eigentümer unter Verweisung auf die genannte Grundschuldbestellungsurkunde URNr. ..... wegen aller Ansprüche an Kapital, Zinsen und Nebenleistungen, welche der Gläubigerin aus der Grundschuld zustehen, der sofortigen Zwangsvollstreckung in das nachbelastete Wohnungseigentum Nr. 13 mit der Maßgabe, dass die Zwangsvollstreckung aus dieser Urkunde gegen den jeweiligen Eigentümer des Grundeigentums zulässig sein soll.
Der Eigentümer bewilligt und beantragt die Eintragung der Zwangsvollstreckungsunterwerfung in das Grundbuch.
4. Klargestellt wird, dass alle Regelungen zur Grundschuld in der Vorurkunde und der vorgenannten Grundschuldbestellungsurkunde, insbesondere zur Einschränkung der Zweckerklärung bis zur vollständigen Zahlung des geschuldeten Kaufpreises, auch für die im Wege der Nachverpfändung zur Eintragung kommende Grundschuld gilt.

IV. Schlussbestimmungen
(ggf. – neue/weitere Vorkaufsrechtserklärungen; Genehmigungen)
.....

■ *Kosten.* Vgl. Muster Rdn. 54 M.

4. Beteiligung mehrerer

58 Erwerben mehrere Personen, so ist ihre Beteiligung am Kaufgegenstand anzugeben (§ 47 GBO), z.B. zum Miteigentum je zur Hälfte, zum Gesamtgut der Gütergemeinschaft. Eine Auflassung ohne Angabe des Berechtigungsverhältnisses ist unwirksam.

a) BGB-Gesellschaft

59 Der BGH hat mit Urteil vom 29.01.2001 die Rechtsfähigkeit der BGB-Gesellschaft anerkannt,[65] mit Beschluss vom 04.12.2008[66] ihre Grundbuchfähigkeit. Wesentliche Fragen zur Behandlung im Grundbuchverfahren wurden mit dem ERVGBG vom 11.08.2009 geregelt.[67]

60 Rechtsträger ist die rechtsfähige Gesellschaft bürgerlichen Rechts, deren Namen und Sitz im Grundbuch angegeben werden *kann*, sofern sie nach dem Gesellschaftsvertrag einen Namen führt, nach § 47 Abs. 2 Satz 1 GBO sind aber stets auch alle Gesellschafter im Grundbuch einzutragen. Nach § 899a Satz 1 BGB wird vermutet, dass allein diejenigen Personen die Gesellschafter sind, die als solche im Grundbuch eingetragen sind. Sie sind daher für das Grundbuchverfahren ohne Weiteres verfügungs- und bewilligungsbefugt, insbesondere bedarf es keiner weiteren Nachweise oder Erklärungen zur Existenz der Gesellschaft, zu ihrer Vertretung oder zum Kreis der Gesellschafter.

61 Die Gesellschaft wird von ihren Gesellschaftern vertreten (§§ 709 Abs. 1, 714 BGB). Bei der *Veräußerung* eines Grundstücks ist infolge der gesetzlichen Regelung erforderlich und genügend, dass alle im Grundbuch eingetragenen Gesellschafter die entsprechenden Erklärungen abgeben; sie handeln insgesamt als Vertreter der verfügenden BGB-Gesellschaft.

62 Haben sich (z.B. durch Abtretung) Änderungen im Kreis der Gesellschafter ergeben, muss das Grundbuch zunächst berichtigt werden (vgl. §§ 47 Abs. 2, 82 Satz 3 GBO); bei Abtretungsketten bedarf es hierzu keiner Bewilligung der Zwischenberechtigten, vielmehr genügt die Bewilligung der im Grundbuch eingetragenen und der zuletzt Berechtigten.[68]

63 Eine z.B. nach dem Tod eines Gesellschafters notwendig werdende Grundbuchberichtigung kann aufgrund Unrichtigkeitsnachweises erfolgen; neben Todesnachweis (sowie Erbnachweis, wenn der Gesellschaftsvertrag eine Nachfolgeklausel enthält) und dem Antrag der Gesellschafter (in der Form des § 29 GBO) bedarf es des Nachweises des Inhalts des Gesellschaftsvertrags. Es genügt die Vorlage des privatschriftlichen Vertrags. Für den Nachweis bedarf es nicht der Form des § 29 GBO, wenn der Vertrag formlos geschlossen wurde.[69] Daneben kann wohl auch eine Grundbuchberichtigung aufgrund Berichtigungsbewilligung in Betracht kommen, die von allen Gesellschaftern und Erben in der Form des § 29 GBO unter Vorlage von Sterbeurkunde und Erbnachweis zu erklären ist.

64 Grundsätzlich genügt es also, im Urkundseingang die im Grundbuch eingetragenen Gesellschafter aufzuführen, die für die Gesellschaft bürgerlichen Rechts handeln. Insbesondere bei Altgesellschaften, die ohne Namen eingetragen sind, können sich Ergänzungen

---

65 BGHZ 146, 342.
66 BGHZ 179, 102.
67 BGBl. 2009 I, S. 2713.
68 Vgl. *Böttcher*, ZfIR 2009, 613, 619 m.w.N.
69 BayObLG DNotZ 1992, 157; DNotZ 1993, 394.

empfehlen:[70] Einer Grundbuchberichtigung, wonach nicht – wie nach früherer Rechtslage eingetragen – die Gesellschafter (in Gesellschaft bürgerlichen Rechts) Eigentümer sind sondern die Gesellschaft als solche Eigentümerin ist, bedarf es jedoch nicht; eine entsprechende Richtigstellung kann allerdings angeregt werden.[71]

Wo nur die Gesellschaft im Grundbuch eingetragen ist (ohne die Namen der Gesellschafter), wird dem Grundbuchamt wohl der Gesellschaftsvertrag mit etwaigen Nachträgen in der Form des § 29 GBO vorgelegt werden müssen;[72] Weiteres wird das Grundbuchamt nur verlangen können, wenn es konkrete Anhaltspunkte für einen Gesellschafterwechsel o.ä. hat.[73]

65

Es erscheinen
A (Geburtsdatum, Anschrift),
B (Geburtsdatum, Anschrift),
C (Geburtsdatum, Anschrift)
hier handelnd als die einzigen Gesellschafter der an der nachstehend genannten Grundbuchstelle aufgeführten Gesellschaft bürgerlichen Rechts mit dem Sitz in ......;
sie erklären, dass die Gesellschaft nach dem Gesellschaftsvertrag keinen Namen/den Namen ..... führt.

66 M

Beim *Erwerb* durch eine Gesellschaft bürgerlichen Rechts ist zu klären, ob die Gesellschaft anlässlich des Erwerbsvertrags neu errichtet wird oder ob zum Vermögen einer bereits bestehenden Gesellschaft (vgl. Rdn. 71) hinzuerworben werden soll.

67

Bei einer *Neuerrichtung* der Gesellschaft genügt es, wenn die Gesellschafter in der Urkunde erklären, dass sie diese (mit oder ohne Namen) gleichzeitig mit dem Erwerb errichten.

68

Es erscheinen
A (Geburtsdatum, Anschrift),
B (Geburtsdatum, Anschrift),
C (Geburtsdatum, Anschrift)
hier handelnd als Gesellschafter einer Gesellschaft bürgerlichen Rechts, die aus Anlass des nachstehenden Immobilienerwerbs neu gegründet wird; die Gesellschaft hat ihren Sitz in ....., (Anschrift) und führt keinen Namen/den Namen .....; für die Gesellschaft gelten die gesetzlichen Bestimmungen der §§ 705 ff. BGB.

69 M

Es kann sich – auch wenn sich dadurch die Beurkundungskosten durch die Verdoppelung des Geschäftswerts erhöhen – empfehlen, den Gesellschaftsvertrag mit zu beurkunden, weil die gesetzlichen Bestimmungen der §§ 705 ff. BGB häufig nicht den Bedürfnissen des Einzelfalls gerecht werden (vgl. § 130). Dies gilt insbesondere für den Zweck der Gesellschaft, wenn er über den Erwerb und das Halten des gekauften Objekts hinausgeht und sich z.B. auf dessen Bebauung und Sanierung erstreckt. Häufig sind auch die gesetzlichen Bestimmungen über die Auflösung der Gesellschaft beim Tod eines Gesellschafters (§ 727 BGB) oder das jederzeitige Kündigungsrecht (§ 723 BGB) zu modifizieren.

70

Der Erwerb durch eine *bestehende Gesellschaft* bürgerlichen Rechts ist im Gesetz nicht geregelt. Grundsätzlich genügt auch dort, dass die GbR und ihre Gesellschafter in der

71

---
70 Vgl. *Böttcher*, ZfIR 2009, 613, 619; *Ruhwinkel*, MittBayNot 2009, 177, 180.
71 *Böttcher*, ZfIR 2009, 613, 625.
72 Vgl. *Schubert*, ZNotP 2009, 178, 182 f.
73 Vgl. BGHZ 179, 102, 114.

Urkunde benannt werden und die für die GbR Handelnden erklären, dass sie deren alleinige Gesellschafter sind.[74] Besteht allerdings eine andere GbR mit identischen Gesellschaftern, bedarf es zusätzlicher Angaben zu deren Unterscheidung; in diesen Fällen könnte auch das Grundbuchamt, wenn es von der weiteren personenidentischen Gesellschaft weiß, auf entsprechenden Angaben und Nachweisen bestehen.[75]

72 M Es erscheinen
A (Geburtsdatum, Anschrift),
B (Geburtsdatum, Anschrift),
C (Geburtsdatum, Anschrift);
sie erklären: **Wir haben mit Vertrag vom ..... eine Gesellschaft bürgerlichen Rechts mit dem Sitz in ....., errichtet; sie führt nach dem Gesellschaftsvertrag keinen Namen/den Namen ..... Wir bestätigen als nach wie vor einzige Gesellschafter deren Gründung. Wir haben vereinbart, dass jeder von uns berechtigt ist, die Gesellschaft allein zu vertreten und von den Beschränkungen des § 181 BGB befreit ist und bestätigen hiermit vorsorglich auch diese Vereinbarung.
Diese Gesellschaft ist bereits Eigentümerin des im Grundbuch des Amtsgerichts ..... für ..... Blatt ..... vorgetragenen Grundbesitzes.**

73 Die Gesellschaft kann aufgrund *Vollmacht* von einzelnen Gesellschaftern oder von Dritten vertreten werden. Soweit Vollmachten nicht ausdrücklich zur Vertretung der Gesellschaft sondern nur zur Vertretung eines Gesellschafters erteilt sind, also insbesondere auch bei sog. Altvollmachten aus der Zeit vor Anerkennung der Rechtsfähigkeit der BGB-Gesellschaft, kann die Vertretungsberechtigung zweifelhaft sein; es dürfte zumindest eines kleinen Anhaltspunktes dafür bedürfen, dass auch die Vertretung der Gesellschaft erfasst sein sollte, z.B. aufgrund eines zeitlichen Zusammenhangs mit der Errichtung der Gesellschaft oder dadurch, dass aufgrund derselben Vollmacht bereits zum Vermögen der Gesellschaft erworben wurde.[76]

b) Wohnungseigentümergemeinschaft

74 Auch eine **Wohnungseigentümergemeinschaft** als solche kann Grundbesitz erwerben. Grundlage hierfür ist die Entscheidung des BGH vom 02.06.2005[77] über die Teilrechtsfähigkeit der Gemeinschaft der Wohnungseigentümer. Voraussetzung für einen solchen Erwerb ist, dass dieser sich »im Rahmen der gesamten Verwaltung des gemeinschaftlichen Eigentums« (§ 10 Abs. 6 WEG) hält.[78] Zu denken ist etwa an den Erwerb einer Hausmeisterwohnung, von Kellerräumen zum Einstellen von Geräten und Maschinen der Gemeinschaft oder von Stellplätzen, um diese dem gemeinschaftlichen Gebrauch zuzuführen oder auch von angrenzenden Grundstücken,[79] z.B. um einen Zugang oder Gemeinschaftsflächen zu schaffen. Einzelheiten hierzu sollten sich aus dem entsprechenden Beschluss der Gemeinschaft ergeben. Ob ein solcher Beschluss sich als Maßnahme der ordnungsgemäßen Verwaltung darstellt, ist nicht vom Grundbuchamt zu prüfen sondern in einem Beschlussanfechtungsverfahren nach § 46 WEG. An der erforderlichen Beschlusskompetenz wird es in der Regel

---

74 Vgl. BGH DNotZ 2011, 711.
75 Vgl. BGH DNotZ 2011, 711.
76 OLG München MittBayNot 2010, 126 m. Anm. *Ruhwinkel.*
77 BGH DNotZ 2005, 776.
78 OLG Celle NJW 2008, 1537.
79 OLG Hamm MittBayNot 2010, 470.

nur dann fehlen, wenn es sich offenkundig nicht um eine Verwaltungsmaßnahme handelt.[80] Das Grundbuchamt wird allenfalls eine (wohl vom Verwalter in der Form des § 29 GBO abzugebende) Bestätigung darüber verlangen können, dass kein Wohnungseigentümer den betreffenden Beschluss in der Monatsfrist des § 46 Abs. 1 Satz 2 WEG angefochten hat bzw. die Vorlage der betreffenden Entscheidung; in den Vertrag kann eine entsprechende Erklärung aufgenommen werden. Die Vertretung der Gemeinschaft erfolgt durch den Verwalter der Anlage. Die Bezeichnung des Erwerbers sollte § 10 Abs. 6 Satz 4 WEG entsprechen (»Wohnungseigentümergemeinschaft xy-Straße 1–7 in …«).

Im Urkundeneingang kann dementsprechend geregelt werden:

Herr Peter Maier, geb. am ….., geschäftsansässig ….., ausgewiesen durch amtlichen Lichtbildausweis, hier handelnd für die Wohnungseigentümergemeinschaft xy-Straße 1–7 in ….. aufgrund des Beschlusses der Eigentümerversammlung vom ….. als deren Verwalter; Abschrift des Protokolls über die Verwalterbestellung sowie des vorgenannten Beschlusses in der Form (entsprechend) § 26 Abs. 4 WEG liegen heute vor und sind dieser Urkunde in beglaubigter Abschrift beigefügt.
Hierzu versichert der Verwalter, dass kein Wohnungseigentümer diesen Beschluss in der Monatsfrist des § 46 Abs. 1 Satz 2 WEG angefochten hat.

75 M

Im Hinblick auf die Anforderungen zur Teilrechtsfähigkeit erscheint zweckmäßig, dass sich entweder aus dem Beschluss, der der Urkunde beigefügt ist, und/oder aus dem Vertrag eine Darstellung dazu ergibt, dass und warum sich der Erwerb im Rahmen der gesamten Verwaltung des gemeinschaftlichen Eigentums hält.

76

Die Eigentümerversammlung der Wohnungseigentümergemeinschaft xy-Straße 1–7 in ….. hat am ….. beschlossen, dass die in Abschnitt I.1 genannte Teileigentumseinheit (Kellerraum) zu dem nachstehend genannten Kaufpreis von der Eigentümergemeinschaft erworben werden soll. Diese Teileigentumseinheit soll nach dem Beschluss der Gemeinschaft künftig für Gemeinschaftszwecke zum Abstellen von Maschinen und Geräten des Hausmeisters der Wohnanlage genutzt werden.

77 M

5. Kaufpreis

a) Der vom Käufer geschuldete Kaufpreis ist im Kaufvertrag festzulegen. Preisvorschriften bestehen nicht. Weicht allerdings der Kaufpreis deutlich (um ca. 90 %) vom Verkehrswert ab, kann dies ein Anhaltspunkt für die Sittenwidrigkeit des Vertrags gemäß § 138 Abs. 1 BGB sein.[81] Erkennt der Notar einen solchen Sachverhalt, wird er auf Aufklärung drängen und deswegen ergänzende Regelungen in den Vertrag aufnehmen (z.B. eine Schenkungsvereinbarung hinsichtlich des über den zu zahlenden Betrag hinaus gehenden Werts des Grundstücks).

78

Die Kaufpreisfestsetzung kann gemäß § 315 BGB einem der Vertragsteile oder nach § 317 BGB einem Dritten, z.B. dem Gutachterausschuss gemäß § 192 BauGB, überlassen werden; die Festsetzung selbst geschieht dann formlos.

79

Der Kaufpreis ist der gemeine Wert des Vertragsgrundstücks. Die Vertragsteile beantragen hiermit beim Gutachterausschuss die Erstellung eines Wertgutachtens; das

80 M

---

80 BGH MittBayNot 2016, 494 m. Anm. *Kreuzer*.
81 BGH DNotZ 2014, 511; *Schmidt-Räntsch* ZfIR 2015, 169.

Gutachten soll für die Bestimmung des gemeinen Werts verbindlich sein. Die Kosten des Gutachtens trägt der Käufer.

81 **b)** Außerhalb von Verbraucherverträgen und Allgemeinen Geschäftsbedingungen[82] kann auch ein *Fälligkeitszins* geregelt werden.

82 M Bei Fälligkeit nicht gezahlte Kaufpreisteile sind ab Fälligkeit bis zur Bezahlung mit 10 % jährlich zu verzinsen; die Zinsen sind sofort fällig. Ein weitergehender Verzugsschaden bleibt unberührt.

83 Angesichts der gesetzlichen Regelung besteht allerdings kein großes praktisches Bedürfnis für solche Regelungen. Geldschulden sind bei Verzug gemäß § 288 BGB mit fünf Prozentpunkten über dem Basiszinssatz zu verzinsen, wenn ein Verbraucher (§ 13 BGB) am Vertrag beteiligt ist, sonst mit neun Prozentpunkten über dem Basiszinssatz. Gemäß § 247 BGB wird der Basiszinssatz jeweils zum 1. Januar und 1. Juli eines jeden Jahres festgelegt und von der Deutschen Bundesbank im Bundesanzeiger bekannt gegeben. Nach § 286 Abs. 1 BGB kann der Gläubiger den Schuldner stets durch eine Mahnung, die nach dem Eintritt der Fälligkeit erfolgt, in Verzug setzen. § 286 Abs. 2 BGB regelt Fälle, in denen es keiner Mahnung bedarf. Dies ist insbesondere dann der Fall, wenn für die Leistung eine Zeit nach dem Kalender bestimmt ist (Nr. 1) oder (Nr. 2), wenn der Leistung ein Ereignis vorauszugehen hat und eine angemessene Zeit für die Leistung in der Weise bestimmt ist, dass sie sich von dem Ereignis an nach dem Kalender berechnen lässt. Auch eine Fälligkeitsmitteilung des Notars wird regelmäßig ohne Weiteres ein Ereignis i.S.d. § 286 Abs. 2 Nr. 2 BGB darstellen und kann dementsprechend einen Zahlungsverzug des Käufers begründen. 10 Tage dürften als angemessene Frist regelmäßig genügen. Besondere Hinweise auf den Eintritt des Verzugs im Fall der Nichteinhaltung der Frist oder die Höhe des Verzugszinses sind nach dem Gesetz auch im Verbrauchervertrag nicht erforderlich. Denkbar ist hierzu die Aufnahme einer – wohl nur als Hinweis des Notars zu verstehende – Bestimmung (wird »Prozent« statt »Prozentpunkte« formuliert, kann eine sachgerechte Auslegung[83] helfen).

84 M Der Notar hat darauf hingewiesen, dass Geldschulden kraft Gesetzes bei Verzug mit 5 Prozentpunkten über dem Basiszinssatz zu verzinsen sind, wenn ein Verbraucher am Vertrag beteiligt ist, sonst mit 9 Prozentpunkten über dem Basiszinssatz. Der Basiszinssatz kann sich jeweils zum 1. Januar und 1. Juli eines jeden Jahres ändern; er wird von der Deutschen Bundesbank im Bundesanzeiger bekannt gegeben. Er beträgt derzeit ..... %.

85 Zuweilen wird ein Bedürfnis erkannt, ausdrücklich zu regeln, dass die Fälligkeitsmitteilung des Notars ein den Verzug begründendes Ereignis i.S.d. § 286 Abs. 2 BGB darstellt, wobei dann ein Hinweis i.S.d. § 286 Abs. 3 Satz 1 Halbs. 2 BGB geboten erscheint.[84] Ob solche Regelungen in einem Verbrauchervertrag unbedenklich sind, ist offen.

86 M Der Zugang der vorgenannten Mitteilung des Notars ist Fälligkeitsereignis im Sinne des § 286 Abs. 2 Nr. 2 BGB; über die Rechtsfolgen einer verspäteten Zahlung wurde vom Notar belehrt.

---

82 BGH NJW 1998, 991; BGH RNotZ 2001, 207.
83 BGH v. 07.02.2013 – VII ZB 2/12, ZfIR 2013, 301 (LS).
84 Vgl. BGH NJW 2008, 50 m. Anm. *Gsell*.

c) Das Vertragsmuster unter Rdn. 25 M sieht vor (Abschnitt IV. des Vertragsmusters am Ende), dass der Kaufpreis bei Fälligkeit auf dem Konto des Verkäufers eingegangen sein muss.

Zahlungen erfolgen regelmäßig durch Überweisung. Nach bisherigem deutschem Recht (§§ 269, 270 BGB) hat der Schuldner seine Leistung rechtzeitig erbracht, wenn sein Überweisungsauftrag innerhalb der vertraglich vorgesehenen Frist bei seiner Bank eingeht, die Bank den Auftrag (durch Bearbeitung) angenommen hat und auf dem Konto die erforderliche Deckung vorhanden ist; bei einer Zahlung durch Scheck genügt die rechtzeitige Absendung des Verrechnungsschecks.[85] Der Gläubiger trägt danach das Risiko der Bearbeitungszeit (nach § 676a BGB muss eine Überweisung im Inland spätestens binnen 3 Bankgeschäftstagen bewirkt sein). Dies entspricht freilich nicht Art. 3 Abs. 1 Buchst. c) Ziff. ii der Zahlungsverzugsrichtlinie 00/35/EG, wonach bei Zahlung durch Banküberweisung der geschuldete Betrag dem Konto des Gläubigers gutgeschrieben sein muss, um das Entstehen von Verzugszinsen zu vermeiden oder zu beenden.[86]

Gleichwohl ist nach dem Urteil des BGH vom 05.10.2016 (zum Mietrecht) in Verträgen mit Verbrauchern eine Klausel unwirksam, nach der es für die Rechtzeitigkeit der Zahlung nicht auf die Absendung, sondern auf den Eingang des Geldes ankommen soll.[87] Damit werde dem Verbraucher entgegen der Regelung des § 556 b Abs. 1 BGB das Risiko einer durch den Zahlungsdienstleister verursachten Verzögerung des Zahlungsvorgangs auferlegt, die Klausel verstoße daher gegen § 307 Abs. 1 Satz 1 BGB. Nachdem §§ 433 Abs. 2 und 631 Abs. 1 BGB für die Zahlung des Kaufpreises bzw. der Vergütung entsprechend § 556 b Abs. 1 BGB formulieren, bestehen somit jedenfalls für Verbraucherverträge Bedenken gegen solche Klauseln.[88]

Außerhalb von AGB und Verbraucherverträgen wird man durch eine sog. *Rechtzeitigkeitsklausel* regeln können, dass es für die Rechtzeitigkeit auf den Leistungserfolg ankommen soll, z.B. durch die Formulierung, dass der geschuldete Geldbetrag innerhalb der Frist auf dem Konto eingegangen sein muss.[89]

Der Kaufpreis muss bei Fälligkeit auf dem vorgenannten Konto des Verkäufers bzw. den anzugebenden Konten der abzulösenden Gläubiger eingegangen sein.

d) Bei einer *Stundung des Kaufpreises* sind (vgl. auch Rdn. 142), wenn diese durch einen Unternehmer gegenüber einem Verbraucher erfolgt, die Anforderungen der §§ 499 ff. BGB zu beachten,[90] sodass insbesondere der Zinssatz und die Kosten anzugeben sind. Auch die steuerrechtlichen Folgen[91] einer Stundung sollten nicht übersehen werden. Wird beim Verkauf von zum Privatvermögen des Verkäufers gehörenden Grundstücken der Kaufpreis vereinbarungsgemäß länger als 1 Jahr zinslos oder zu einem Zinssatz von weniger als 3 % jährlich gestundet, ist der Kaufpreis nach der ständigen Rechtsprechung des BFH in einen Kapital- und einen Zinsanteil aufzuteilen. Anzusetzen ist ein Zinsfuß von 5,5 % p.a. (Anlage 9a zu § 13 BewG). Die so errechneten Zinsen sind vom Verkäufer zum Zeitpunkt des Zuflusses als Einkünfte aus Kapitalvermögen gemäß § 20 Abs. 1 Nr. 7 EStG zu versteuern; der Käufer kann sie in Fällen der Fremdnutzung als sofort abzugsfähige Werbungskosten gemäß § 9 Abs. 1 Satz 3 Nr. 3 EStG geltend machen.

---

85 BGH NJW 1998, 1302.
86 EuGH DNotZ 2009, 196.
87 BGH NJW 2017, 1596 m. Anm. *Bruns*. – Anders für Mietverträge zwischen Kaufleuten BGHZ 139, 123, 126.
88 Anders *Keim*, DNotZ 1999, 612, 617.
89 Vgl. BGHZ 139, 123, 126; *Keim*, DNotZ 1999, 612, 617.
90 Vgl. *Salzig*, NotBZ 2005, 57.
91 Vgl. BMF-Schreiben v. 26.05.2005, DStR 2005, 1005.

92 *Längere Zahlungsfristen* können in Verbraucherverträgen im Hinblick auf §§ 271 a, 308 Nr. 1 lit. a BGB problematisch sein, wenn nämlich der Verkäufer alle seinerseits geschuldeten Verpflichtungen erfüllt hat und die Zahlung gleichwohl mehr als 60 Tage später erfolgen soll und sich dies als unbillig darstellt.[92] In der Folge wäre der Kaufpreis unabhängig von der vertraglichen Abrede zur Zahlung fällig, der Vertrag bleibt wirksam (§ 271a Abs. 4 BGB).

Abzustellen ist insofern wohl in erster Linie auf die Erklärung der Auflassung und die Besitzübergabe, darüber hinaus wohl auch auf die sonst üblichen Fälligkeitsvoraussetzungen zur Sicherung des Erwerbs frei von nicht übernommenen Belastungen.

Insbesondere im Hinblick auf das Unbilligkeitserfordernis ist an folgende Regelung zu denken:

Vereinbarung einer längeren Zahlungsfrist

93 M Unabhängig davon, dass der Verkäufer alle von ihm aufgrund dieses Vertrags geschuldeten Leistungen bereits früh erbracht haben wird, ist der Kaufpreis erst am ..... zur Zahlung fällig. Dies ist bei der Bemessung des Kaufpreises berücksichtigt worden.

94 e) Wird der Kaufpreis unrichtig angegeben, sei es zu niedrig, um Gebühren und Steuern zu vermeiden, sei es zu hoch, um eine höheren Beleihungswert vorzuspiegeln, ist der beurkundete Vertrag gemäß § 117 Abs. 1 BGB, der wirklich gewollte Vertrag wegen Formmangels nach § 125 BGB unwirksam *(Schwarzkauf)*. Weiß der Notar von der unrichtigen Angabe des Kaufpreises, hat er die Beurkundung gemäß § 4 BeurkG abzulehnen. Erfährt er davon nach dessen Beurkundung, kann er den weiteren Vollzug des Vertrags ablehnen. Insbesondere besteht keine Pflicht, die Heilung des Formmangels nach § 311b Abs. 1 Satz 2 BGB herbeizuführen.[93] Besteht Anlass für die Vermutung, dass es sich um einen Schwarzkauf handelt, sollte jedenfalls deutlich darauf hingewiesen werden, dass sich die Beteiligten dadurch strafbar machen können und auch wirtschaftliche Nachteile drohen, z.B. weil eine Vormerkung keine Sicherheit bietet.

f) Umsatzsteuer

95 Der Verkauf eines Grundstücks ist nicht umsatzsteuerpflichtig, § 4 Nr. 9a UStG.[94] Umsatzsteuerpflichtig kann der Mitverkauf beweglicher Gegenständen sein; die USt ist in diesem Fall ausdrücklich auszuweisen, andernfalls gilt sie als im Kaufpreis enthalten. Auch Umsätze aus einer Geschäftsveräußerung unterliegen gemäß § 1 Abs. 1a UStG nicht der USt.

96 Bei Gewerbeimmobilien kann es wegen der Vorsteuerabzugsberechtigung gewünscht sein, den Kaufpreis gemäß § 9 Abs. 1 Satz 1 UStG der USt zu unterwerfen. Dies setzt voraus, dass die Umsätze des Käufers, wenn er das Objekt selbst nutzt, der USt unterliegen bzw. im Fall einer Vermietung gemäß § 9 i.V.m. § 4 Nr. 12 UStG zur USt optiert wird, wobei dann der Endmieter des Objekts umsatzsteuerpflichtig sein muss; dies ist demnach dann ausgeschlossen, wenn der Endmieter Arzt, Zahnarzt oder eine Bank ist. Entfallen nachträglich die Voraussetzungen für eine Option, wird ein früher vorgenommener Vorsteuerabzug nachträglich – ggf. zeitanteilig – korrigiert gemäß § 15a UStG. Bei gemischt genutzten Immobilien ist ein auf einzelne Flächen begrenzter Verzicht gemäß § 9 Abs. 2 Satz 1 UStG wirksam, wenn diese Teilflächen eindeutig bestimmbar sind.[95]

---

92 Vgl. *Faust*, DNotZ 2015, 644.
93 BayObLG MittBayNot 1998, 198; *Winkler*, MittBayNot 1998, 141.
94 Zur USt. ausführlich *Flues*, RNotZ 2012, 528.
95 BFH DNotZ 2015, 119 m. Anm. *Wälzholz*; *Möller*, ZfIR 2014, 621.

Bis zur 2004 in Kraft getretenen Änderung des Umsatzsteuergesetzes war die USt vom Käufer mit dem Kaufpreis an den Verkäufer zu zahlen, der sie dann im Rahmen seiner – in der Regel monatlichen – Umsatzsteuervoranmeldung an das Finanzamt abzuführen hatte, während der Käufer sie als Vorsteuer im Rahmen seiner Umsatzsteuervoranmeldung erstattet bekam. Um dies zu vermeiden, wurde der Vorsteuererstattungsanspruch des Käufers meistens an den Verkäufer abgetreten und von diesem mit seiner Umsatzsteuerschuld gegenüber dem Finanzamt verrechnet. Durch das Haushaltsbegleitgesetz von 2003[96] wurde die umsatzsteuerliche Behandlung bei Grundstücksgeschäften geändert.

97

Für Umsätze, die unter das Grunderwerbsteuergesetz fallen, ist nunmehr der Leistungsempfänger, also der Käufer, der Umsatzsteuerschuldner (§ 13b Abs. 1 Nr. 3, Abs. 2 UStG).[97] Der Käufer hat die USt zu zahlen und hat im gleichen Voranmeldungszeitraum einen Vorsteuererstattungsanspruch, wenn er das Grundstück für steuerpflichtige Umsätze verwendet. Die Gesetzesänderung ist zum 01.04.2004 in Kraft getreten.

98

Eine *Umsatzsteueroption* ist im Kaufvertrag ausdrücklich zu regeln (§ 9 Abs. 3 Satz 2 UStG). Ein nachträglicher Verzicht wird nicht anerkannt.[98]

99

Umsatzsteueroption

**Im Hinblick auf den mit dieser Urkunde erworbenen Grundbesitz optiert der Verkäufer zur Umsatzsteuer. Er verpflichtet sich, diese Option nicht zu widerrufen. Auf die Umsatzsteuerbefreiung nach § 4 Nr. 9a UStG wird verzichtet. Der Käufer schuldet demgemäß die Zahlung der Umsatzsteuer an das Finanzamt.
Hierzu erklären die Beteiligten, dass dieser Kaufvertrag keine Geschäftsveräußerung im Sinne des § 1 Abs. 1a UStG darstellt, dass sowohl der Verkäufer als auch der Käufer Unternehmer im Sinne des Umsatzsteuergesetzes sind, dass der Verkäufer die Veräußerung im Rahmen seines Unternehmens ausführt und dass der Erwerb seitens des Käufers für sein Unternehmen erfolgt.**

100 M

■ *Kosten.* Anders als die Kostenordnung[99] bestimmt § 110 Nr. 2c GNotKG, dass der Kaufvertrag und die Optionserklärung gegenstandsverschieden sind. Demnach sind in einem ersten Schritt die Vertragsgebühr für den Kaufvertrag aus dem Nettokaufpreis (2,0 Gebühr gemäß Nr. 21100 KV GNotKG) sowie für die Optionserklärung die 1,0 Gebühr gemäß Nr. 21200 KV GNotKG zu berechnen. Im Hinblick auf § 94 Abs. 1 GNotKG ist die Summe dieser Gebühren zu vergleichen mit einer 2,0 Vertragsgebühr aus dem Kaufpreis zuzüglich USt. Maßgebend ist das für den Kostenschuldner günstigere Ergebnis.

Dies gilt auch dann, wenn die Option bedingt erfolgt, z.B. nur für den Fall, dass nicht von einer Geschäftsveräußerung im Ganzen auszugehen ist.[100] Kurzfristig war fraglich, ob solche *bedingte* Optionen anerkannt werden. In verschiedenen OFD-Verfügungen[101] wurde die Auffassung vertreten, eine bedingte Optionsausübung könne erst im Zeitpunkt des Bedingungseintritts als ausgeübt gelten. Hat zu diesem Zeitpunkt die Umsatzsteuerjahreserklärung formelle Bestandskraft erlangt (in der Regel ein Monat nach Eingang beim Finanzamt), ginge die Option ins Leere. Das Problem besteht nach dem Schreiben des BMF vom 23.10.2013 (IV

101

---

96 BGBl. 2003 I, S. 3076, 3086.
97 Vgl. *Reich*, DNotZ 2004, 95 ff.
98 BFH DNotZ 2016, 188.
99 BGH MittBayNot 2011, 423.
100 *Flues*, RNotZ 2012, 528, 554 f.
101 OFD Niedersachsen vom 14.02.2013 und OFD Frankfurt vom 11.03.2013, hierzu *Zugmaier/Fietz*, MittBayNot 2013, 427.

D3 – S 7198/12(10002, DOK 2013/0954206) nicht mehr. Danach gilt die allein dadurch, dass keine Geschäftsveräußerung im Ganzen anerkannt wird, bedingte Umsatzsteueroption als mit Vertragsschluss wirksam erklärt.

Geschäftsveräußerung im Ganzen

102 M Der Verkäufer erklärt, dass es sich nach seiner Auffassung bei diesem Kaufvertrag um eine Geschäftsveräußerung i.S.v. § 1 Abs. 1a Umsatzsteuergesetz (UStG) handelt, für die Umsatzsteuer nicht zu erheben ist. Für den Fall, dass das für den Verkäufer zuständige Finanzamt eine Geschäftsveräußerung nicht annehmen sollte, weil die Voraussetzungen des § 1 Abs. 1a Satz 2 UStG, über die der Notar belehrt hat, nicht vorliegen und dies schriftlich durch Steuerbescheid oder sonstige Erklärung zum Ausdruck bringt, optiert der Verkäufer schon hiermit gemäß § 9 Abs. 1 UStG zur Umsatzsteuer und verpflichtet sich, diese Option nicht zu widerrufen. Für diesen Fall regeln die Parteien Folgendes:
1. Der Verkäufer wird dem Käufer gemäß § 14 Abs. 4 UStG nach Vorliegen der Bestätigung des Notars gemäß § 2.2 eine Rechnung über den Kaufpreis ohne Mehrwertsteuerausweis ausstellen. In der Rechnung ist auf die Steuerschuldnerschaft des Käufers zur Zahlung der Umsatzsteuer hinzuweisen.
Die Parteien stellen ausdrücklich klar, dass dieser Vertrag noch keine Rechnung im Sinne von § 14 Abs. 4 UStG darstellt.
2. Der Notar hat darüber belehrt, dass der Käufer gemäß § 13b UStG die Zahlung der Umsatzsteuer an das Finanzamt schuldet.
Der Käufer versichert, dass er in seiner Person die Voraussetzung des § 13b UStG erfüllt und ihm die Rechtsfolgen dieser Vorschrift – Umsatzsteuerschuldnerschaft des Käufers – bekannt sind, worüber der Notar ihn belehrt hat.
3. Der Notar hat ferner darüber belehrt, dass die Veräußerung des Kaufgegenstandes nur dann der Umsatzsteuer unterliegt, wenn der Verkäufer Unternehmer i.S.v. § 2 UStG ist und er die Veräußerung im Rahmen seines Unternehmens ausführt und keine Geschäftsveräußerung i.S.v. § 1 Abs. 1a UStG vorliegt. Nach Belehrung über Inhalt und Bedeutung dieser gesetzlichen Bestimmungen erklärt der Verkäufer, dass diese Voraussetzungen für die Veräußerung des Kaufgegenstandes erfüllt sind.
4. Der Notar hat weiterhin darüber belehrt, dass ungeachtet der Voraussetzungen gemäß § 2.9.3 ein umsatzsteuerbarer und -pflichtiger Vorgang nur vorliegt, wenn der Verkäufer die Option gemäß § 9 Abs. 1 UStG wirksam in dieser Urkunde ausübt, was seinerseits voraussetzt, dass auch der Käufer Unternehmer i.S.v. § 2 UStG ist und der Erwerb des Kaufgegenstandes für sein Unternehmen erfolgt. Der Käufer erklärt, dass er Unternehmer i.S.v. § 2 UStG ist und der Erwerb für sein Unternehmen erfolgt.

103 g) Statt gegen einen festen – ggf. in Raten zu zahlenden – Kaufpreis kann ein Kauf auch gegen wiederkehrende Leistungen *(Kauf auf Leibrente)* erfolgen.[102] Dabei wird der Wert des Grundstücks ganz oder teilweise unter Berücksichtigung einer gewissen Verzinsung auf die mutmaßliche weitere Lebensdauer einer oder mehrerer Personen umgerechnet; der Käufer trägt dabei das Risiko, dass der Berechtigte älter wird als erwartet, umgekehrt hat er einen Gewinn, wenn der Berechtigte früher verstirbt. Für Vereinbarungen zur *Wertsicherung*, die in diesem Zusammenhang regelmäßig getroffen werden, bedarf es keiner Genehmigungen.[103]

---

102 Zur Abgrenzung von Kauf und unentgeltlicher Vermögensübertragung sowie Mindestzeitrente sowie der steuerlichen Bedeutung vgl. BFH RNotZ 2004, 280.
103 Vgl. *Aufderhaar/Jaeger*, ZfIR 2008, 121.

104 M 1. Der Käufer verpflichtet sich, an den Verkäufer auf dessen Lebensdauer eine monatliche Rente in Höhe von ..... € (..... Euro) zu zahlen.
Die Rente ist jeweils am ersten Werktag eines Monats im Voraus zur Zahlung fällig, erstmals an dem auf die Besitzübergabe folgenden Monatsersten, frühestens jedoch zehn Tage nach Zugang einer Bestätigung des Notars beim Käufer, nach der
– die Auflassungsvormerkung für den Käufer im Rang nach den in Abschnitt I dieser Urkunde genannten Belastungen am Vertragsobjekt eingetragen ist;
– die Löschungsunterlagen für die der Auflassung im Rang vorgehenden und zur Lastenfreistellung wegzufertigenden Belastungen beim Notar auflagenfrei vorliegen.
Der Notar wird beauftragt, dem Käufer die Bestätigung mit einfachem Brief an die hier genannte Anschrift zu erteilen; der Verkäufer erhält eine Abschrift.
2. Wegen dieser Zahlungsverpflichtung unterwirft sich der Käufer der sofortigen Zwangsvollstreckung aus dieser Urkunde in sein gesamtes Vermögen. Er macht die Erteilung der vollstreckbaren Ausfertigung dieser Urkunde nicht vom Nachweis der die Vollstreckbarkeit begründenden Tatsachen abhängig.
3. Eine Anpassung des vorgenannten Betrags an Änderungen der Leistungsfähigkeit des Käufers oder des Bedarfs des Verkäufers wünschen die Beteiligten nicht. § 323 ZPO findet keine Anwendung.
Die Rente dient der Versorgung des Berechtigten. Der monatlich zu leistende Geldbetrag soll deshalb wertgesichert sein. Die Vertragsteile vereinbaren daher folgende Wertsicherung: Ändert sich der vom Statistischen Bundesamt amtlich festgestellte Verbraucherpreisindex (Basis 2010 = 100) künftig gegenüber dem Preisindex für den Monat der Beurkundung des heutigen Vertrags nach oben oder nach unten, so ändert sich der monatliche Geldbetrag im gleichen prozentualen Verhältnis. Änderungen bereits gezahlter Geldbeträge können rückwirkend nur für sechs Monate verlangt werden.
4. Der Käufer bewilligt und der Verkäufer beantragt die Sicherung vorstehender Zahlungsverpflichtung durch Eintragung einer Reallast für den Verkäufer im Grundbuch. Die Reallast erhält in Abt. II und III des Grundbuchs erste Rangstelle. Die Eintragung der Reallast erfolgt mit Eigentumsumschreibung auf den Käufer.

105 h) Zuweilen soll die Kaufpreisschuld mit Zahlungsansprüchen des Käufers gegen den Verkäufer »verrechnet« werden. Insofern ist insbesondere darauf zu achten, dass die Lastenfreistellung auch unter Berücksichtigung des zu verrechnenden Betrags sichergestellt sein muss; ggf. ist dies vorab mit den Gläubigern zu klären. In der Regel wird die Verrechnung erst zu dem Zeitpunkt stattfinden sollen, zu dem die üblichen Fälligkeitsvoraussetzungen vorliegen. Darüber hinaus ist zu klären, ob der Käufer verschiedene Forderungen hat und ggf. mit welcher verrechnet werden soll. Ohne Einigung darüber, welche von verschiedenen in Betracht kommenden Gegenforderungen durch Verrechnung getilgt werden sollen, kann der Vertrag nach § 154 BGB unwirksam sein.[104]

Verrechnung; Aufrechnung

106 M Der Verkäufer schuldet dem Käufer aus ..... (Rechnung vom .....) einen Betrag von € ..... einschließlich Umsatzsteuer. Die Beteiligten sind darüber einig, dass ein Kaufpreisteilbetrag in Höhe des vorgenannten Rechnungsbetrags zum Zeitpunkt der Kaufpreisfälligkeit im Wege der Aufrechnung getilgt wird. Bis dahin wird die vorgenannte

---
104 BGH MittBayNot 1999, 371.

Forderung des Käufers zinslos gestundet. Sollte eine Aufrechnung im Hinblick auf zur Lastenfreistellung verlangte Zahlungen nicht oder nicht in voller Höhe möglich sein, hat der Verkäufer den vorgenannten Betrag bzw. den Differenzbetrag unverzüglich in bar zu leisten.

6. Sicherung der Vertragsteile

107 Die Leistungen von Verkäufer und Käufer können bei einem Grundstückskaufvertrag nicht Zug um Zug erfolgen. Insbesondere zur Eigentumsverschaffung sind regelmäßig die Erklärung der zuständigen Gemeinde über die ihr zustehenden Vorkaufsrechte sowie eine grunderwerbsteuerliche Unbedenklichkeitsbescheinigung des Finanzamts erforderlich, nicht selten auch Genehmigungen. Häufig bedarf es darüber hinaus einer Sicherstellung der Lastenfreistellung einerseits sowie einer Finanzierung des Kaufpreises andererseits, um eine reibungslose und risikoarme Vertragsabwicklung sicherzustellen. Eine absolute Sicherung der Vertragsteile ist kaum möglich. Das wirtschaftliche Risiko im Fall des Scheiterns des Vertrags wäre allenfalls in der Weise auszuschließen, dass beide Vertragsteile sich vor Beurkundung gleichzeitig wechselseitig Bürgschaften stellen, der Käufer für den Kaufpreis und alle von ihm zu tragenden Kosten und Steuern, der Verkäufer für alle Schadenersatzansprüche des Käufers, wenn dieser den Kaufgegenstand nicht vereinbarungsgemäß erhalten würde.

108 Anliegen der Vertragsgestaltung muss es sein, dass wesentliche Risiken ausgeschlossen werden: der Verkäufer soll den Kaufgegenstand nicht verlieren, ohne den Kaufpreis erhalten zu haben; der Käufer soll nicht zahlen, ohne den (lastenfreien) Kaufgegenstand zu erhalten.

109 Der Notar ist verpflichtet, auf das Risiko ungesicherter Vorleistungen eines Vertragspartners hinzuweisen und aufzuzeigen, wie bestehende Risiken ausgeschlossen werden können. Diese »doppelte Belehrungspflicht« besteht z.B. in Fällen, in denen das Eigentum oder der Besitz[105] vor Kaufpreiszahlung übergehen sollen oder wenn das Risiko besteht, später wegen noch nicht abgerechneter und bezahlter Erschließungskosten in Anspruch genommen zu werden.[106] Zentrales Instrument zur Sicherung des Eigentumsverschaffungsanspruchs des Käufers ist die sog. Auflassungs-/Eigentumsvormerkung gemäß § 883 BGB. Zu ihrer Eintragung hat der Notar zu raten, sofern die Urkunde nicht sofort dem Grundbuchamt zur *Eigentumsumschreibung* vorgelegt werden kann und vorgelegt werden soll[107] (was regelmäßig nicht möglich ist, da in aller Regel eine grunderwerbsteuerliche Unbedenklichkeitsbescheinigung erforderlich ist). Wenn die Beteiligten auf (übliche) Sicherungen verzichten wollen, sollte der Vertrag einen ausdrücklichen und deutlichen Hinweis auf drohende Risiken enthalten.

Belehrung wegen Vorleistung

110 M Der Notar hat die Beteiligten darauf hingewiesen, dass die Zahlung des Kaufpreises vor lastenfreiem Eigentumsübergang und die Eigentumsübertragung vor vollständiger Kaufpreiszahlung Gefahren mit sich bringen und Vertrauenssache sind, ebenso Aufwendungen in den Vertragsgegenstand. Der Notar hat mögliche Sicherungen erörtert, insbesondere die Zahlung nach Eintragung einer Auflassungsvormerkung und Vorliegen erforderlicher Genehmigungen und Zeugnisse, die Zurückstellung des

---

105 BGH DNotZ 2008, 925.
106 BGHZ 175, 111.
107 BGH DNotZ 1989, 449.

Eigentumsübergangs und die Hinterlegung des Kaufpreises auf Notaranderkonto. Solche Sicherungsmaßnahmen wünschen die Beteiligten nicht.

a) Sicherung des Verkäufers

Zentrales Anliegen des Verkäufers ist, den Kaufpreis zu erhalten. Wird die Zahlung nicht bereits vor Beurkundung sichergestellt, droht ihm zumindest das Risiko, für die Beurkundungskosten einstehen zu müssen (§ 2 Nr. 1 KostO). Aus Sicht des Verkäufers wünschenswert wäre es daher, wenn der Kaufpreis vor Beurkundung ganz oder wenigstens teilweise auf *Notaranderkonto* (Rdn. 178 ff.) hinterlegt oder *Bürgschaft*, z.B. durch ein Kreditinstitut, gestellt würde. In Formular- und Verbraucherverträgen sind solche Sicherungen allerdings häufig bedenklich, weil damit z.B. Leistungsverweigerungsrechte des Käufers eingeschränkt werden können.[108] Auch wegen der damit verbundenen Kosten und der Zinsnachteile wird dieser Weg nur selten gewählt werden. Hinzu kommt, dass der Käufer meistens auf eine Finanzierung angewiesen ist; einen Darlehensvertrag, der Voraussetzung für die Zahlung auf Anderkonto oder eine Bürgschaft wäre, wird er aber vor Beurkundung nicht abschließen wollen, weil er, wenn es dann doch nicht zum Abschluss des Kaufvertrags käme, mit Kosten belastet wäre, etwa wegen einer dem Darlehensgeber geschuldeten Nichtabnahmeentschädigung. In der Praxis wird die Beurkundung deshalb nur selten von der Zahlung auf Anderkonto oder einer Bürgschaft abhängig gemacht; stattdessen kann der Verkäufer sich einen Eigenkapitalnachweis und eine Finanzierungsbestätigung geben lassen, auch wenn dadurch die Kaufpreiszahlung nicht wirklich gesichert wird. Größere praktische Bedeutung hat deshalb die Erwägung, den Verkäufer wegen der für den Käufer zur Eintragung kommenden Vormerkung zu sichern und – vor allem – ihn vor Verlust seines Eigentums vor Kaufpreiszahlung zu schützen.

111

aa) Sicherung hinsichtlich der Auflassungsvormerkung

Regelmäßig soll für den Käufer eine Auflassungsvormerkung im Grundbuch eingetragen werden, von deren Eintragung die Kaufpreisfälligkeit abhängig gemacht wird; sie dient dem Interesse des Käufers, keine ungesicherten Vorleistungen erbringen zu müssen und stellt keine unangemessene Benachteiligung des Verkäufers dar.[109] Sie bedeutet für den Verkäufer eine gewisse Vorleistung. Solange kein Anlass für die Vermutung besteht, dass der Käufer seinen Pflichten nicht nachkommt, wird der Notar über die mit deren Eintragung verbundenen Beeinträchtigungen, insbesondere im Fall der Rückabwicklung des Vertrags, nicht belehren müssen.[110]

112

(1) Soll die Eintragung erst erfolgen, wenn die Kaufpreiszahlung sichergestellt ist, z.B. durch Bürgschaft, Finanzierungsbestätigung oder Eingang des Kaufpreises auf Notaranderkonto (s.u. Rdn. 178) oder wenigstens eine Anzahlung geleistet ist, hat eine entsprechende Treuhandanweisung an den Notar zu erfolgen:

113

Treuhandanweisung für Vorlage der Vormerkung

Der Notar wird angewiesen, diese Urkunde erst dann dem Grundbuchamt zur Eintragung der vorstehend bewilligten Vormerkung vorzulegen, wenn der Kaufpreis auf Notaranderkonto eingegangen ist. Bis dahin darf der Notar von dieser Urkunde nur

114 M

---

108 Vgl. BGH NJW 1993, 3264; BGH DNotZ 1985, 287 (zum Anderkonto).
109 OLG Düsseldorf MittRhNotK 1996, 356.
110 LG Wuppertal MittRhNotK 1994, 354; *Hagenbucher*, MittBayNot 2003, 249, 259.

einfache Abschriften oder beglaubigte Abschriften im Auszug – ohne die Bewilligung der Vormerkung – erteilen.

▪ *Kosten.* 0,5 Betreuungsgebühr aus dem Kaufpreis (Nr. 21200 KV GNotKG), wobei diese Gebühr nur einmal anfällt, auch wenn verschiedene Betreuungsaufgaben übernommen werden (§ 93 Abs. 1 Satz 1 GNotKG).

Alternativ kann die Gestaltung auch in der Weise erfolgen, dass der Notar die *Bewilligung durch Eigenurkunde* erklärt.[111]

Treuhandanweisung für Bewilligung der Vormerkung

115 M Der Verkäufer bevollmächtigt den beurkundenden Notar unwiderruflich, in seinem Namen zur Sicherung des Anspruchs des Käufers auf Übertragung des Eigentums an dem verkauften Grundbesitz die Eintragung einer Vormerkung gemäß § 883 BGB zugunsten des Käufers an dem Vertragsgrundbesitz zu bewilligen. Der Notar darf von dieser Vollmacht erst nach Vorliegen folgender Voraussetzungen, deren Vorliegen dem Grundbuchamt nicht nachzuweisen ist, Gebrauch machen: .....

▪ *Kosten.* 0,5 Betreuungsgebühr aus dem Kaufpreis (Ziff. 21200 KV GNotKG), wobei diese Gebühr nur einmal anfällt, auch wenn mit der Urkunde verschiedene Betreuungsaufgaben übernommen werden (§ 93 Abs. 1 Satz 1 GNotKG).

116 Aus Sicht des Verkäufers haben solche Gestaltungen den Nachteil, dass sich die von der Eintragung der Vormerkung abhängige Kaufpreiszahlung entsprechend verzögern kann. Außerdem besteht dabei das Risiko von Zwischeneintragungen, da die Sicherungswirkung der Vormerkung erst mit Eintragung bzw. wegen § 17 GBO ab Vorlage an das Grundbuchamt eintritt. Dieses Verfahren wird sich deshalb in erster Linie dann empfehlen, wenn der Käufer vollmachtlos vertreten wird oder wenn seitens des Käufers nur ein unzureichender Vertretungsnachweis geführt werden kann.[112] Im Normalfall wird man es jedoch vorziehen, die Urkunde dem Grundbuchamt zur Eintragung der Vormerkung unverzüglich nach Beurkundung einzureichen.

117 (2) Wenn die Umstände dazu Anlass geben und/oder die Beteiligten dies wünschen, kann eine vertragliche Vorsorge zur *Löschung der Vormerkung* für den Fall des Scheiterns des Vertrags vorgesehen werden.[113]

118 (a) Für eine Sicherung der Löschung bedarf es im Allgemeinen der *Mitwirkung des Käufers*, da die Löschung der Vormerkung grundsätzlich die Bewilligung des Berechtigten voraussetzt. In Betracht kommen kann insofern eine durch den Käufer dem Verkäufer oder einem Dritten erteilte *Vollmacht*, die die Abgabe einer Löschungsbewilligung ermöglicht, oder eine vom Käufer bereits beim Abschluss des Vertrags in öffentlicher Form (§ 29 GBO) bewilligte Löschung (entweder im Vertrag[114] oder zu separater Urkunde, sog. *Schubladenlöschung*) verbunden mit einem Treuhandauftrag an den Notar, der die Interessen des Berechtigten sichert.

---

111 *Hagenbucher*, MittBayNot 2003, 249, 256.
112 Vgl. den Fall des BGH DNotZ 1994, 485.
113 Vgl. BGH DNotZ 1994, 485; *Weber*, RNotZ 2015, 195.
114 Vgl. *Kesseler*, RNotZ 2013, 25, insbesondere auch zu den zusätzlichen Risiken der Löschungsvollmacht.

Bislang war unter kostenrechtlichen Gesichtspunkten der Vollmachtslösung der Vorzug zu geben,[115] auch wenn diese Schwächen etwa im Falle der Insolvenz des Vormerkungsberechtigten hat.[116] Im Lichte des GNotKG[117] führt allerdings auch die unter Treuhandauflage gestellte Löschungsbewilligung im Vertrag selbst in aller Regel nicht zu erhöhten Kosten. Denn bereits dann, wenn nur ein Treuhandauftrag erteilt ist (z.B. für die Eigentumsumschreibung), löst das die entsprechende Gebühr aus, weitere Treuhandaufträge erhöhen die Gebühren nicht (§ 93 Abs. 1 Satz 1 GNotKG).

Macht der Verkäufer den Abschluss des Vertrags vom Vorliegen einer solchen Sicherung abhängig, bedarf diese Vereinbarung gemäß § 311b Abs. 1 BGB der notariellen Beurkundung.

Diese Sicherungen setzen voraus, dass der Käufer Berechtigter aus der Auflassungsvormerkung bleibt; die Abtretbarkeit des Anspruchs auf Übereignung muss daher ausgeschlossen werden. **119**

Abtretungsausschluss

Vor vollständiger Kaufpreiszahlung ist der Anspruch auf Eigentumsverschaffung nicht abtretbar und nicht verpfändbar. **120 M**

Der *Ausschluss der Abtretbarkeit* ist aber auch aus anderen Gründen sinnvoll. Häufig will sich **121** der Verkäufer keinen anderen Vertragspartner als Gläubiger des Eigentumsverschaffungsanspruchs aufdrängen lassen, insbesondere wenn darüber hinaus noch weitere Leistungen geschuldet sind. Von besonderer praktischer Bedeutung ist, dass durch den Ausschluss der Abtretbarkeit auch eine Verpfändung des Eigentumsverschaffungsanspruchs ausgeschlossen wird (§ 1274 Abs. 2 BGB), in dessen Folge für den Pfandgläubiger eine Sicherungshypothek *im Rang vor* allen sonst vom Käufer bewilligten Rechten entstehen würde. Ohne Ausschluss der Abtretbarkeit wäre es für den Notar kaum möglich, Treuhandaufträge im Hinblick auf die rangrichtige Eintragung von Grundpfandrechten zu übernehmen oder einem Finanzierungsgläubiger für sein Grundpfandrecht eine Notarbestätigung zu erteilen.

(b) *Ohne Mitwirkung des Käufers* kann die Löschung der für ihn zur Eintragung kommenden **122** Vormerkung dadurch sichergestellt werde, dass entweder der Eigentumsverschaffungsanspruch oder die Vormerkung bedingt gestaltet werden,[118] wobei für das Grundbuchverfahren sichergestellt werden muss, dass der Bedingungseintritt in öffentlicher Form (§ 29 GBO) nachgewiesen werden kann. Wird z.B. ein Vertrag abgeschlossen, bei dem der Käufer vollmachtlos oder ohne hinreichenden Vertretungsnachweis vertreten wird, kann die Vormerkung in der Weise bedingt werden, dass bis zu einem bestimmten Termin die Nachgenehmigung des Käufers oder der Vertretungsnachweis bei dem den Vertrag beurkundenden Notar eingegangen sein muss. Der Eintritt der Bedingung kann durch Eigenurkunde des Notars[119] oder (zu beglaubigende) Erklärung eines Dritten nachgewiesen werden. Damit wird gleichzeitig die Gegenstandslosigkeit der Vormerkung durch öffentliche Urkunde nachgewiesen. Aufgrund der damit nachgewiesenen Unrichtigkeit kann die Vormerkung sodann gemäß § 22 GBO gelöscht werden.

---

115 BGH ZNotP 2012, 398 m. Anm. *Tiedtke*.
116 *Kesseler*, RNotZ 2013, 25.
117 *Wudy*, NotBZ 2013, 201, 236.
118 Hierzu näher *Weber*, RNotZ 2015, 195.
119 Vgl. KG NotBZ 2017, 45; OLG Schleswig DNotI-Report 2016, 122; DNotI-Report 2016, 61; *J. Weber* RNotZ 2015, 195; *Krauß* notar 2014, 289, 293 f.

123 (c) Solche Löschungserleichterungen bedürfen der *Einschränkung*. Würde schon die bloße Behauptung, der Kaufpreis sei nicht gezahlt und deshalb sei vom Vertrag zurückgetreten worden, zur Löschung führen können, wäre die Sicherungswirkung der Auflassungsvormerkung ausgehöhlt. Selbst wenn der Vertrag keine entsprechenden Einschränkungen vorsieht, kann der Notar angesichts seiner Amtspflicht zur unparteilichen Betreuung der Beteiligten (§ 14 Abs. 1 BNotO) verpflichtet sein, entsprechend vorzugehen.[120] Zweckmäßigerweise ist der Notar mit der Überwachung zu betrauen, z.B. bei der Löschungsvollmacht in der Weise, dass von ihr nur vor dem beurkundenden Notar und nur unter genau bestimmten Voraussetzungen Gebrauch gemacht werden kann, bei der Schubladenlöschung in der Weise, dass sie dem Notar zu treuen Händen gegeben wird mit der Auflage, sie nur unter den genau bestimmten Voraussetzungen an das Grundbuchamt weiterzuleiten.

124 Bei der Gestaltung ist darauf zu achten, dass der Käufer möglicherweise zu Recht den Kaufpreis oder Kaufpreisteile nicht zahlt. Dies kann der Fall sein, solange vom Verkäufer geschuldete Nebenleistungen nicht erbracht sind, z.B. Räumung oder Renovierung des Vertragsobjekts, oder wenn (arglistig) Mängel verschwiegen wurden. Hat der Käufer Kaufpreisteile bereits gezahlt, kann ihm auch im Fall des wirksamen Rücktritts des Verkäufers ein Zurückbehaltungsrecht hinsichtlich der Auflassungsvormerkung zustehen. Er kann die Löschung der Vormerkung von der Rückgewähr geschuldeter Rückzahlungen abhängig machen. Dieses Zurückbehaltungsrecht darf durch Löschungsvollmacht oder Schubladenlöschung nicht ausgehöhlt werden (für den Formularvertrag ergibt sich dies schon aus § 309 Nr. 2a BGB).

125 Jedenfalls sollte eine Regelung vermieden werden, die den Notar zu einer Streitentscheidung zwischen den Positionen von Käufer und Verkäufer nötigt; dies verträgt sich nicht mit der Stellung des Notars als unparteilicher Betreuer beider Vertragsteile.

126 Die Rechte des Käufers würden in unzulässiger Weise beschränkt, wenn der Käufer eine Löschung der Vormerkung nur dadurch verhindern könnte, dass er die vollständige Zahlung des Kaufpreises nachweist. Sachgerecht erscheint allenfalls eine Regelung, nach der von der Vollmacht nur Gebrauch gemacht werden darf bzw. die Vormerkung nur zur Löschung gebracht werden kann, wenn der Käufer nicht innerhalb einer angemessenen Frist einer Löschung widerspricht.

Bedingte Vormerkung

127 M Zur Sicherung des Anspruchs des Käufers auf Übertragung des Eigentums an dem verkauften Grundbesitz bewilligen und beantragen die Vertragsteile die Eintragung einer auflösend bedingten Vormerkung gem. § 883 BGB zugunsten des Käufers – bei mehreren im angegebenen Anteils- bzw. Berechtigungsverhältnis – an dem Vertragsgrundbesitz an nächstoffener Rangstelle in das Grundbuch.
Die auflösende Bedingung ist eingetreten, wenn der beurkundende Notar, dessen Vertreter oder Amtsnachfolger beim Grundbuchamt im Namen des Verkäufers unter Hinweis auf die hier getroffene Regelung die Löschung der Vormerkung beantragt, wozu dieser hiermit unwiderruflich bevollmächtigt wird. Im Innenverhältnis wird der Notar angewiesen, den Bedingungseintritt nur herbeizuführen, wenn
a) ihm nicht bis zum ..... die erforderliche Nachgenehmigung des Käufers zu dem heutigen Vertrag in grundbuchtauglicher Form vorliegt, oder
b) folgende Voraussetzungen vorliegen:
aa) Der Verkäufer hat dem Notar schriftlich mitgeteilt, dass er von dem vertragsgegenständlichen Kaufvertrag zurückgetreten ist;

---

[120] BGH DNotZ 2016, 151; hierzu *J. Weber* DNotZ 2016, 85.

bb) der Notar hat dem Käufer Durchschrift dieses Schreibens mit Einschreiben/Rückschein an die in diesem Vertrag genannte Anschrift zugestellt unter Hinweis auf die hier getroffene Regelung;
cc) der Käufer hat nicht innerhalb von drei Wochen nach Zugang des vorgenannten Schreibens die vollständige Zahlung des Kaufpreises durch Bescheinigung einer Bank nachgewiesen oder Gründe dargelegt, die eine ganze oder teilweise Nichtzahlung rechtfertigen können. Falls dem Notar eine teilweise Zahlung des Kaufpreises nachgewiesen ist, ist der Bedingungseintritt erst dann herbeizuführen, wenn der Verkäufer den entsprechenden Betrag unwiderruflich auf Notaranderkonto hinterlegt hat mit der Weisung, diesen Betrag nach Abzug von Hinterlegungskosten an den Käufer bzw. dessen Finanzierungsgläubiger nach Löschung der für den Käufer eingetragenen Auflassungsvormerkung und Sicherstellung der Löschung von vom Käufer zur Eintragung gebrachten Finanzierungsgrundpfandrechten auszuzahlen.

Vollmacht zur Löschung der Auflassungsvormerkung

Der Käufer erteilt hiermit dem Verkäufer unter Befreiung von den Beschränkungen des § 181 BGB Vollmacht, alle zur Löschung der vorstehend bewilligten Auflassungsvormerkung erforderlichen Erklärungen und Anträge abzugeben, insbesondere die Löschungsbewilligung gegenüber dem Grundbuchamt.
Von dieser Vollmacht kann nur vor dem beurkundenden Notar, Vertreter oder Amtsnachfolger Gebrauch gemacht werden und erst dann, wenn folgende Voraussetzungen vorliegen:
a) Der Verkäufer hat dem Notar schriftlich mitgeteilt, dass er von dem vertragsgegenständlichen Kaufvertrag zurückgetreten ist;
b) der Notar hat dem Käufer Durchschrift dieses Schreibens mit Einschreiben/Rückschein an die in diesem Vertrag genannte Anschrift zugestellt unter Hinweis auf die hier getroffene Regelung;
c) der Käufer hat der Löschung nicht innerhalb von drei Wochen nach Zugang des vorgenannten Schreibens widersprochen.
Wenn nach dem Willen der Beteiligten – trotz der ausgeführten Bedenken – nur die vollständige Kaufpreiszahlung die Löschung der Vormerkung hindern soll, kann c) wie folgt geregelt werden:
c) der Käufer hat nicht innerhalb von drei Wochen nach Zugang des vorgenannten Schreibens die vollständige Zahlung des Kaufpreises durch Bescheinigung einer Bank nachgewiesen oder Gründe dargelegt, die eine ganze oder teilweise Nichtzahlung rechtfertigen können. Falls dem Notar eine teilweise Zahlung des Kaufpreises nachgewiesen ist, kann erst dann von der Vollmacht Gebrauch gemacht werden, wenn der Verkäufer den entsprechenden Betrag unwiderruflich auf Notaranderkonto hinterlegt hat mit der Weisung, diesen Betrag nach Abzug von Hinterlegungskosten an den Käufer bzw. dessen Finanzierungsgläubiger nach Löschung der für den Käufer eingetragenen Auflassungsvormerkung und Sicherstellung der Löschung von vom Käufer zur Eintragung gebrachten Finanzierungsgrundpfandrechten auszuzahlen.

Bewilligung der Löschung der Vormerkung mit Treuhandauftrag

Der Käufer bewilligt die Löschung der für ihn gemäß vorstehender Ziffer bewilligten Vormerkung.

Der beurkundende Notar wird angewiesen, diese Urkunde mit der vorstehenden Bewilligung zur Löschung der Vormerkung dem Grundbuchamt zum Vollzug erst vorzulegen, wenn folgende Voraussetzungen vorliegen:
a) Der Verkäufer hat dem Notar schriftlich mitgeteilt, dass er von dem vertragsgegenständlichen Kaufvertrag wegen Zahlungsverzugs zurückgetreten ist;
b) der Notar hat dem Käufer Durchschrift dieses Schreibens mit Einschreiben/Rückschein an die in diesem Vertrag genannte Anschrift zugestellt unter Hinweis auf die hier getroffene Regelung;
c) der Käufer hat der Löschung nicht innerhalb von drei Wochen nach Zugang des vorgenannten Schreibens die vollständige Zahlung des Kaufpreises durch Bescheinigung einer Bank nachgewiesen oder Gründe dargelegt, die eine ganze oder teilweise Nichtzahlung rechtfertigen können. Falls dem Notar eine teilweise Zahlung des Kaufpreises nachgewiesen ist, darf er die Löschung der Vormerkung nur dann veranlassen, wenn der Verkäufer den entsprechenden Betrag unwiderruflich auf Notaranderkonto hinterlegt hat mit der Weisung, diesen Betrag nach Abzug von Hinterlegungskosten an den Käufer bzw. dessen Finanzierungsgläubiger nach Löschung der für den Käufer eingetragenen Auflassungsvormerkung und Sicherstellung der Löschung von vom Käufer zur Eintragung gebrachten Finanzierungsgrundpfandrechten auszuzahlen.
Bis dahin darf der Notar von dieser Urkunde nur einfache Abschriften oder beglaubigte Abschriften im Auszug – ohne die vorstehende Bewilligung – erteilen.

■ *Kosten.* 0,5 Betreuungsgebühr aus dem Kaufpreis (Nr. 21200 KV GNotKG), wobei diese Gebühr nur einmal anfällt, auch wenn verschiedene Betreuungsaufgaben übernommen werden (§ 93 Abs. 1 Satz 1 GNotKG).

bb) Sicherung gegen vorzeitigen Eigentumsverlust

130 Gemäß § 433 Abs. 1 BGB ist der Verkäufer verpflichtet, dem Käufer das Eigentum an dem Vertragsobjekt zu verschaffen; er schuldet die Auflassung (§ 925 BGB). Regelmäßig will der Verkäufer das Eigentum am Vertragsobjekt aber – ähnlich wie beim Kauf unter Eigentumsvorbehalt (§ 449 BGB) – erst verlieren, wenn der geschuldete Kaufpreis vollständig bezahlt ist. In der Vertragsgestaltung ist – jedenfalls bei Formular- und Verbraucherverträgen – darauf zu achten, dass materiell keine Vorleistungspflicht begründet wird.[121] Zu unterscheiden sind insofern das Rechtsverhältnis zwischen Verkäufer und Käufer einerseits und die in diesem Zusammenhang an den Notar gerichteten Treuhandaufträge andererseits. Zur Klarstellung kann sich folgende Formulierung empfehlen:

131 M **Der Veräußerer ist verpflichtet, dem Erwerber das Eigentum am Vertragsobjekt Zug um Zug gegen Zahlung des geschuldeten Kaufpreises zu verschaffen.**

132 Da die Auflassung gemäß § 925 Abs. 2 BGB nicht unter einer Bedingung erklärt werden kann, kommen zur Sicherung des Verkäufers in Betracht
– der materiell-rechtliche Weg des Vorbehalts der Auflassung,
– der beurkundungsrechtliche Weg des Vorbehalts der Eigentumsumschreibung,
– der grundbuchverfahrensrechtliche Weg der Aussetzung der Eintragungsbewilligung.

133 Höchst unsicher und damit für die Vertragsgestaltung untauglich erscheint demgegenüber der Weg, dass die Beteiligten lediglich auf ihr Antragsrecht bezüglich der Eigentumsumschreibung verzichten.[122]

---
121 BGH DNotZ 2002, 41 m. Anm. *Basty*.
122 Vgl. OLG Hamm DNotZ 1975, 686; *Ertl*, DNotZ 1975, 644; OLG Frankfurt DNotZ 1992, 389.

(1) Beim *Vorbehalt der Auflassung* verpflichten sich die Vertragsteile, nach Zahlung des geschuldeten Kaufpreises die Auflassung zu erklären, wobei der Käufer dem Verkäufer (um dessen Sicherung es geht) entsprechende Vollmacht erteilen kann. Teilweise wird die Aussetzung der Auflassung allerdings kostenrechtlich für den Regelfall als falsche Sachbehandlung i.S.d. § 21 Abs. 1 GNotKG angesehen.[123]

134

Die Vertragsteile verpflichten sich, die Auflassung über das Vertragsobjekt zu erklären, sobald der Kaufpreis vollständig gezahlt ist und die Unbedenklichkeitsbescheinigung des Finanzamts vorliegt. Der Käufer bevollmächtigt den Verkäufer unter Befreiung von den Beschränkungen des § 181 BGB, ihn hierbei zu vertreten.

135 M

(2) Beim *Vorbehalt der Eigentumsumschreibung* wird die Auflassung sofort im Vertrag erklärt und der Notar angewiesen, die Urkunde zur Eigentumsumschreibung erst vorzulegen, wenn ihm die Kaufpreiszahlung bestätigt oder nachgewiesen ist.[124] Dieser Vorbehalt ist in der Urkunde wegen § 311b Abs. 1 BGB und § 53 BeurkG ausdrücklich zu vermerken.

136

Der Notar darf sein Tätigwerden hinsichtlich der Eigentumsumschreibung nicht deshalb verweigern, weil ihm Gebührenansprüche gegen den Käufer zustehen.[125]

137

Die Vertragsteile sind darüber einig, dass das Eigentum an dem verkauften Grundbesitz von dem Verkäufer auf die Käufer zu dem in Abschnitt II angegebenen Berechtigungsverhältnis übergeht. Der Verkäufer bewilligt und der Käufer beantragt die Eintragung der Auflassung in das Grundbuch.
Die Vertragsteile weisen den Notar unwiderruflich an, diese Auflassung dem Grundbuchamt zum Vollzug erst vorzulegen, wenn der Verkäufer bestätigt, dass er den Kaufpreis erhalten hat, oder wenn die Kaufpreiszahlung in anderer Weise nachgewiesen ist. Bis dahin darf der Notar von dieser Urkunde nur einfache Abschriften oder beglaubigte Abschriften im Auszug – ohne die Auflassung – erteilen.

138 M

■ *Kosten.* 0,5 Betreuungsgebühr aus dem Kaufpreis (Nr. 21200 KV GNotKG), wobei diese Gebühr nur einmal anfällt, auch wenn verschiedene Betreuungsaufgaben übernommen werden (§ 93 Abs. 1 Satz 1 GNotKG).

(3) Bei der *Aussetzung der Bewilligung* enthält zwar der Kaufvertrag die Erklärung der Auflassung der Beteiligten gemäß § 925 Abs. 1 BGB; jedoch wird die gemäß § 19 GBO für die Eigentumsumschreibung im Grundbuch erforderliche Bewilligung zur Grundbucheintragung bis zur Bestätigung der Kaufpreiszahlung ausgesetzt.[126] Der Notar wird zur Erklärung der Bewilligung bevollmächtigt. Die Bewilligung erfolgt dann durch eine sog. Eigenurkunde des Notars, die vom Notar unterzeichnet und untergesiegelt wird und damit dem Formerfordernis des § 29 GBO genügt.

139

Die Vertragsteile sind darüber einig, dass das Eigentum an dem verkauften Grundbesitz von dem Verkäufer auf die Käufer zu dem in Abschnitt II angegebenen Berechtigungsverhältnis übergeht. Diese Einigung ist unbedingt. Sie beinhaltet keine Eintragungsbewilligung.
Der Verkäufer erteilt dem beurkundenden Notar, dessen Vertreter und Amtsnachfolger einseitig unwiderruflich und unbedingt Vollmacht, die Eintragung des Käufers

140 M

---

123 Ablehnend zu Recht BayObLG MittBayNot 2000, 575 m. Anm. *Tiedtke* m.w.N.
124 Hierbei handelt es sich jeweils um eine selbständige Betreuungstätigkeit des Notars, für die das Verweisungsprivileg des § 19 Abs. 1 Satz 2 BNotO nicht gilt, BGH DNotZ 2006, 857.
125 BGH MittBayNot 2015, 166.
126 Vgl. OLG Stuttgart DNotZ 2008, 456; OLG Düsseldorf MittBayNot 2010, 307 m. Anm. *Demharter*.

als Eigentümer zu bewilligen. Die Vertragsteile weisen den Bevollmächtigten einseitig unwiderruflich an, diese Eintragung erst zu bewilligen, wenn der Verkäufer bestätigt, dass er den Kaufpreis erhalten hat, oder wenn die Kaufpreiszahlung in anderer Weise nachgewiesen ist. Der Eintragungsantrag ist für den Käufer zu stellen.

■ *Kosten.* 0,5 Betreuungsgebühr aus dem Kaufpreis (Nr. 21200 KV GNotKG), wobei diese Gebühr nur einmal anfällt, auch wenn verschiedene Betreuungsaufgaben übernommen werden (§ 93 Abs. 1 Satz 1 GNotKG).

Hierzu errichtet der Notar zu gegebener Zeit eine Eigenurkunde über die erforderliche Bewilligung:

141 M Aufgrund der Ermächtigung in meiner Urkunde vom ....., URNr. ....., bewillige ich hiermit die Eigentumsumschreibung hinsichtlich des dort genannten Vertragsbesitzes von ..... (Verkäufer) auf (Käufer) *zum Miteigentum je zur Hälfte*.
Ort, Datum,   **Unterschrift des Notars**
Siegel

■ *Kosten.* Nr. 25204 KV GNotKG stellt klar, dass für die Eigenurkunde keine Gebühr anfällt, wenn für die Tätigkeit bereits eine Betreuungsgebühr anfällt.

cc) Kaufpreisresthypothek

142 Soll eine Eigentumsumschreibung bereits vor vollständiger Kaufpreiszahlung stattfinden, z.B. im Fall einer längeren Kaufpreisstundung (vgl. Rdn. 91), kann eine Sicherung des Verkäufers durch Eintragung eines Grundpfandrechts am verkauften Grundbesitz erfolgen. Ihr sollten möglichst keine wertmindernden Belastungen im Rang vorgehen. Wird der Eigentumsverschaffungsanspruch des Käufers oder seine Anwartschaft gepfändet oder verpfändet, geht die mit Eigentumsumschreibung zur Eintragung kommende Kaufpreisresthypothek der Sicherungshypothek des Pfändungsgläubigers im Rang vor.

143 M Der Restkaufpreis in Höhe von 100.000,– € (Euro einhunderttausend) wird vom Verkäufer gestundet und ist fällig am ....., nicht aber vor Fälligkeit des ersten Kaufpreisteils.
Der Restkaufpreis ist vom Tage der Fälligkeit des ersten Kaufpreisteils an mit sechs vom Hundert jährlich zu verzinsen; die Zinsen sind am 31.12. jeden Jahres nachträglich für das Kalenderjahr zu zahlen.
Der Restkaufpreis ist sofort fällig,
a) wenn der Käufer trotz Mahnung mit der Zahlung früherer fälliger Kaufpreisteile oder Zinsen ganz oder teilweise für länger als einen Monat in Verzug gerät,
b) im Falle der Insolvenz oder der Zahlungseinstellung eines Grundstückseigentümers oder eines Käufers,
c) bei Einleitung der Zwangsversteigerung oder der Zwangsverwaltung in den Vertragsbesitz.
Die Beteiligten bewilligen und beantragen, dass gleichzeitig mit dem Eigentumswechsel für den Verkäufer (bei mehreren: für die Verkäufer als Gesamtberechtigte gemäß § 428 BGB) eine Hypothek für den Kaufpreisrest in Höhe von 100.000,– € samt vorvereinbarten Zins- und Zahlungsbestimmungen sowie die Unterwerfung des jeweiligen Eigentümers unter die Zwangsvollstreckung in das Grundbuch eingetragen wird; ein Hypothekenbrief soll nicht erteilt werden.
Die Hypothek erhält in Abt. II und III erste Rangstelle

Der Verkäufer verpflichtet sich, unverzüglich nach vollständiger Zahlung des Restkaufpreises nebst Zinsen die Löschung der Hypothek zu bewilligen oder dem Käufer wahlweise eine den Anforderungen der Grundbuchordnung entsprechende löschungsfähige Quittung zu erteilen.
Sämtliche mit Bestellung und Löschung der Hypothek zusammenhängenden Kosten trägt der Käufer.
Die allgemeine Regelung zur Zwangsvollstreckungsunterwerfung könnte im Hinblick auf die Hypothek wie folgt gefasst werden:
Die Käufer haften als Gesamtschuldner. Jeder von ihnen unterwirft sich wegen des Kaufpreises der sofortigen Zwangsvollstreckung aus dieser Urkunde persönlich in sein gesamtes Vermögen und in Ansehung der zur Sicherung der Restkaufpreisforderung bestellten Hypothek samt Zinsen und Nebenleistungen auch dinglich in der Weise, dass die Zwangsvollstreckung gegen den jeweiligen Eigentümer des mit der Hypothek belasteten Grundbesitzes zulässig sein soll. Zur Erteilung einer vollstreckbaren Ausfertigung genügt die Darlegung der Fälligkeit durch den Verkäufer.

dd) Zwangsvollstreckungsunterwerfung

Als weitere Sicherung des Verkäufers kommt in Betracht, dass sich der Käufer wegen der Verpflichtung zur Kaufpreiszahlung der Zwangsvollstreckung aus der notariellen Urkunde unterwirft gemäß § 794 Abs. 1 Nr. 5 ZPO, um damit die Durchsetzung des Zahlungsanspruchs zu erleichtern und zu beschleunigen (hierzu näher § 19 Rdn. 10 M, für den Kauf durch eine BGB-Gesellschaft § 19 Rdn. 79 M). Soll in der Urkunde eine Vollstreckungsunterwerfung für verschiedene (Zahlungs-)Ansprüche erfolgen, ist das Konkretisierungsgebot des § 794 Abs. 1 Nr. 5 ZPO zu beachten. Ein Verstoß führt zur Unwirksamkeit der Unterwerfungserklärung.[127] Unzureichend ist insofern die Unterwerfung unter die sofortige Zwangsvollstreckung »wegen etwaiger Verpflichtungen zur Zahlung bestimmter Geldbeträge«.

144

ee) Drittsicherheiten

Typische Sicherung für Zahlungsansprüche ist die Bürgschaft gemäß §§ 765 ff. BGB, mit der sich der Bürge verpflichtet, für die Verbindlichkeit einzustehen. Als Bürge kommt insbesondere ein Kreditinstitut in Betracht. Wird eine Bürgschaft vor Beurkundung gestellt, bietet es sich an, eine Kopie der Bürgschaftserklärung zum Vertrag zu nehmen und im Vertrag die Voraussetzungen für die Rückgabe der Bürgschaft zu regeln. Ist eine Bürgschaft nachträglich zu beschaffen, sollte deren Inhalt klar geregelt sein; Zweifel werden vermieden, wenn der voraussichtliche Bürge ein mit Käufer und Verkäufer abgestimmtes Muster seiner Erklärung herausgibt, das zum Vertrag genommen wird. Wenn eine Gesellschaft mit beschränkter Haftung kauft, ist auch an eine Bürgschaft eines Gesellschafters oder eines Geschäftsführers zu denken (wirkt er an der Beurkundung mit, sollte sich schon aus dem Urkundeneingang ergeben, dass er auch im eigenen Namen handelt).

145

Bürgschaft

Zur Sicherung dieser Zahlungsverpflichtung hat der Käufer dem Verkäufer bis spätestens ..... die Bürgschaft eines der deutschen Bankenaufsicht unterstehenden Kreditinstituts über ..... € zu beschaffen. Die Bürgschaft muss selbstschuldnerisch, unbefristet, unbedingt und unter Verzicht auf die Einreden der Anfechtbarkeit und

146 M

---

127 BGH NJW 2015, 1181.

Aufrechenbarkeit und auf erstes Anfordern zur Zahlung fällig abgegeben sein. Sie ist aufrecht zu erhalten bis zur vollständigen Zahlung des geschuldeten Kaufpreises und vom Verkäufer sodann unverzüglich an den Bürgen zurückzugeben.

147 Insbesondere wenn Konzern- oder Objektgesellschaften erwerben, kann auch eine sog. Patronatserklärung[128] in Betracht gezogen werden. Patronatserklärungen können sehr unterschiedlich gestaltet werden; ihr möglicher Inhalt reicht von einer rechtlich unverbindlichen good-will-Erklärung[129] bis hin zu einer rechtlichen Verpflichtung garantieähnlicher Art oder einer Gestaltung, die einen Anspruch auf Schadensersatz wegen Nichterfüllung begründet (»weiche« oder »harte« Patronatserklärungen).

Patronatserklärung

148 M Fa. ..... sagt zu, dass der Käufer mit allen Mitteln ausgestattet sein wird, um seine Verpflichtungen aus dem vorstehenden Kaufvertrag bei Fälligkeit erfüllen zu können.

b) Sicherung des Käufers

149 Aus dem Kaufvertrag hat der Käufer den Anspruch auf Verschaffung des (lastenfreien) Eigentums sowie auf Besitzverschaffung. Grundsätzlich soll der Käufer Zahlungen auf den Kaufpreiszahlung erst dann leisten, wenn seine Ansprüche gesichert sind. Die Vertragsgestaltung kann sich insofern an dem aus der Kautelarjurisprudenz entwickelten § 3 MaBV orientieren.

150 Die Kaufpreisfälligkeit sollte insbesondere daran anknüpfen, dass die für die Wirksamkeit und für den Vollzug des Vertrags erforderlichen Genehmigungen vorliegen, dass zur Sicherung des Erwerbsanspruch der Käufers eine Vormerkung im Grundbuch eingetragen und die Lastenfreistellung sichergestellt ist. Da die Beteiligten das Vorliegen dieser Voraussetzungen oft nicht feststellen, jedenfalls aber nicht mit hinreichender Sicherheit beurteilen können (z.B. die rangrichtige Eintragung der Vormerkung), wird es sich regelmäßig empfehlen, dass der Notar diese prüft und den Beteiligten mitteilt. Damit wird vom Notar aufgrund besonderen Auftrags ein selbstständiges Betreuungsgeschäft übernommen; die Überwachung der Fälligkeit ist nicht mehr Teil der Beurkundungstätigkeit.[130]

151 Falsch ist es, die Fälligkeit vom Vorliegen der grunderwerbsteuerlichen *Unbedenklichkeitsbescheinigung* abhängig zu machen,[131] da damit der Käufer die Fälligkeit durch Nichtzahlung der Steuer verhindern oder durch zögerliche Zahlung fast nach Belieben verzögern könnte. Hierauf ist nachdrücklich dann hinzuweisen, wenn der Kaufpreis erst nach Eigentumsumschreibung auf den Käufer fällig werden soll, da diese regelmäßig vom Vorliegen der Unbedenklichkeitsbescheinigung abhängig ist. Nicht sachgerecht ist aus demselben Grund auch die pauschale Formulierung, nach der »die Eigentumsumschreibung auf den Käufer sichergestellt« sein muss. Selbst wenn die Unbedenklichkeitsbescheinigung ausgenommen wird, bleiben solche Formulierungen problematisch weil eine »Sicherstellung« erst mit Zahlung der Gerichtsgebühren gegeben ist, die der Notar schwerlich bestätigen kann (es sei denn ein entsprechender Betrag ist auf Anderkonto hinterlegt oder in entsprechender Höhe wurde ein Kostenvorschuss verlangt und gezahlt).

152 Auch aus Gründen der Selbstkontrolle erscheint es zweckmäßig, den Katalog der Fälligkeitsvoraussetzungen ausdrücklich in den Vertrag aufzunehmen. Der Prüfung des Notars

---

128 Vgl. *Fleischer*, WM 1999, 666; Palandt/*Sprau*, Einf. vor § 765 BGB Rn. 21.
129 Solche können allenfalls einen Anspruch aus c.i.c. begründen, vgl. OLG Düsseldorf GmbHR 2003, 178.
130 BGH DNotZ 2000, 287.
131 OLG Hamm DNotZ 1992, 821.

sollten nur solche Punkte unterliegen, die er tatsächlich mit Sicherheit prüfen kann, also z.B. nicht die »vollständige Räumung« des Vertragsbesitzes oder das »Vorliegen einer auflagenfreien Baugenehmigung«; soll es hierauf für die Fälligkeit des Kaufpreises (oder die Auszahlung des auf Anderkonto hinterlegten Betrags) ankommen, sollte auf die schriftliche Erklärung eines Dritten oder eines Beteiligten abgestellt werden.

Die Fälligkeitsmitteilung des Notars kann lediglich *deklaratorisch* die Fälligkeitsvoraussetzungen mitteilen oder für die Fälligkeit *konstitutiv* sein. Bei einer nur deklaratorischen Mitteilung tritt die Kaufpreisfälligkeit unabhängig von der Mitteilung des Notars ein; dies wird der Käufer oft nicht wollen; er will sicher wissen, wann er tatsächlich zahlen muss. Die konstitutive Fälligkeitsmitteilung hat für die Beteiligten den Vorteil größerer Transparenz. **153**

aa) Genehmigungen

Zahlungen können grundsätzlich erst fällig werden, wenn der Vertrag rechtswirksam ist. Fehlt es noch an zur Rechtswirksamkeit erforderlichen Genehmigungen (z.B. nach Grundstückverkehrsgesetz oder nach § 12 WEG, s.u. Rdn. 462 ff.), ist der Vertrag schwebend unwirksam und kann im Allgemeinen keine wirksame endgültige Zahlungsverpflichtung begründen; gleichwohl geleistete Zahlungen könnte der Käufer nach § 812 BGB zurückverlangen.[132] **154**

Wo trotz schwebender Unwirksamkeit eine Zahlung erfolgen soll, kann aber auch eine *einstweilige Zahlungspflicht* wirksam vereinbart werden,[133] vgl. auch § 814 BGB. **155**

Kaufpreisfälligkeit bei schwebend unwirksamem Vertrag

Die vorstehende Regelung zur Kaufpreisfälligkeit gilt unabhängig davon, dass der heutige Vertrag bis zum Zugang der Genehmigung ..... schwebend unwirksam ist. **156 M**

Wird eine zur Rechtswirksamkeit des Vertrags erforderliche Genehmigung versagt, ist er endgültig unwirksam. Er kann aber gleichwohl in entsprechender Anwendung des § 141 Abs. 1 BGB bestätigt werden, wobei ein Hinweis in der Bestätigungsurkunde auf die Urkunde, die das zu bestätigende Rechtsgeschäft enthält, genügt.[134] **157**

bb) Auflassungsvormerkung

Zentrales Instrument zur Sicherung des Eigentumsverschaffungsanspruch ist die sog. Auflassungs-/Eigentumsvormerkung gemäß § 883 BGB. Zu ihrer Eintragung hat der Notar zu raten, sofern die Urkunde nicht sofort dem Grundbuchamt zur Eigentumsumschreibung vorgelegt werden kann und vorgelegt werden soll.[135] Der Notar hat in der Folge für eine zügige Einreichung der Urkunde zur Eintragung der Vormerkung Sorge zu tragen; 4 Arbeitstage bis zur Vorlage an das Grundbuchamt werden insofern als angemessen erkannt.[136] **158**

In aller Regel wird man die Kaufpreisfälligkeit davon abhängig machen, dass die Vormerkung tatsächlich im Grundbuch eingetragen ist. Außerhalb von Bauträgerverträgen (vgl. § 3 Abs. 1 Satz 1 Nr. 2 MaBV) kann auch darauf abgestellt werden, dass deren Eintragung nur sichergestellt erscheint. Hieran wird man denken, wenn mit längeren Vollzugszeiten beim Grundbuchamt zu rechnen ist. **159**

---

132 BGHZ 65, 123.
133 BGH MittBayNot 1999, 278 zur Hinterlegung; BGH MittBayNot 1999, 558.
134 BGH DNotZ 2000, 288.
135 BGH DNotZ 1989, 449.
136 LG Duisburg MittRhNotK 1993, 76.

Rangbescheinigung für Vormerkung

160 M An Stelle der Eintragung der Vormerkung genügt eine Bestätigung des amtierenden Notars, wonach deren Eintragung im Grundbuch unwiderruflich bewilligt und von den Beteiligten beantragt wurde und dem Notar aufgrund Einsicht in das Grundbuch und Einsicht in die Grundakten keine Hindernisse bekannt geworden sind, die einem Eintrag der Vormerkung im Rang nach den in Abschnitt I genannten oder mit Zustimmung des Käufers bestellten Belastungen entgegenstünden (ausgenommen Kostenzahlung), wobei zwischen dem Tag des Eingangs des Eintragungsantrags beim Grundbuchamt und der vorgenannten Einsichten mindestens drei Arbeitstage liegen müssen.

■ *Kosten.* Nach § 122 GNotKG (der die »Rangbescheinigung« legal definiert) ist der Geschäftswert der Wert des beantragten Rechts. Die damit verbundene Betreuungstätigkeit wird im Hinblick auf § 93 Abs. 1 Satz 1 GNotKG keine zusätzlichen Kosten auslösen.[137]

161 Es ist darauf zu achten, dass die Vormerkung ohne Aufwand gelöscht werden kann, wenn sie ihren Sicherungszweck erfüllt hat. Zu kurz greift allerdings eine Bestimmung, dass die Vormerkung mit Eigentumsumschreibung gelöscht wird, da Zwischeneintragungen zulasten des Käufers bestehen können. In diesem Fall würde der Käufer mit der Löschung die Sicherung gemäß § 883 BGB verlieren und könnte die Löschung der Zwischenrechte nicht mehr erreichen. Zwischeneintragungen dürfen die Löschung der Vormerkung nur dann nicht hindern, wenn sie mit Zustimmung des Käufers eingetragen wurden, z.B. Finanzierungsgrundpfandrechte. Wurden hingegen nach Eintragung der Vormerkung Rechte eingetragen, denen der Käufer nicht zugestimmt hat, muss die Vormerkung auch nach Eigentumsumschreibung eingetragen bleiben, um deren Sicherungswirkung zu erhalten. Da letztlich der Grundbuchbeamte zu prüfen hat, ob die Löschungsvoraussetzungen vorliegen, müssen diese eindeutig bestimmt sein. Unzureichend ist demnach etwa die Bestimmung, dass die Vormerkung nur im Fall des »vertragsmäßigen Eigentumswechsels« gelöscht werden soll.[138] Befindet sich das verkaufte Grundstück in einem *Zwangsversteigerungsverfahren*, kann es sich empfehlen, die Löschung der Vormerkung zusätzlich davon abhängig zu machen, dass dieses Verfahren aufgehoben ist.[139]

cc) **Lastenfreistellung**

162 Häufig ist der verkaufte Grundbesitz im Zeitpunkt des Verkaufs noch mit Rechten belastet, die der Käufer nicht übernehmen will (vgl. § 434 BGB). Wenn Grundpfandrechte (Bank-) Kredite sichern, ist deren Ablösung – und in der Folge die Löschung des Grundpfandrechts – in aller Regel weniger ein rechtliches als ein wirtschaftliches Thema: Der Kaufpreis muss (in der Regel) die Kreditsumme einschließlich Vorfälligkeitsentschädigung etc. decken. Wo der Nennbetrag des Grundpfandrechts den Kaufpreis übersteigt, sollte möglichst vorab geklärt werden, ob das einer Lastenfreistellung entgegensteht. Eine entsprechende Klärung sollte auch da angestrebt werden, wo Grundpfandrechte keine (Bank-) Kredite sichern oder andere Belastungen zur Löschung bebracht werden sollen. Der Gläubiger ist grundsätzlich nicht verpflichtet, Erklärungen zur Lastenfreistellung abzugeben, so lange die gesicherte Forderung besteht.[140]

---

137 Leipziger-GNotKG/*Zimmer*, § 122 GNotKG Rn. 5.
138 BGH DNotZ 1991, 757.
139 *Kesseler*, DNotZ 2010, 404.
140 BGH DNotZ 2018, 55 (eine Leibrente wird durch Sicherungshypothek gesichert, der Gläubiger ist nicht verpflichtet alternative Sicherungen seines Anspruchs, z.B. durch Bankbürgschaft, zu akzeptieren).

Nach einer Entscheidung des OLG Düsseldorf schuldet der Verkäufer eines Grundstücks alles zu tun, um eine zeitnahe Lastenfreistellung zu gewährleisten, Verzögerungen der Abgabe durch die Gläubiger hat er nicht zu vertreten.[141] Danach trägt der Käufer das Risiko von – ggf. nicht unerheblichen – Verzögerungen. Will sich der Käufer dagegen schützen, kann ein Rücktrittsrecht für den Fall, dass bis zu einem bestimmten Termin die nicht zur Lastenfreistellung erforderlichen Unterlagen (oder die gesamten Fälligkeitsvoraussetzungen) vorliegen (evtl. verbunden mit einer Übernahme der Kosten des Vertrags und seiner Rückabwicklung durch den Verkäufer sowie einer Entschädigungszahlung, z.B. im Hinblick auf Kreditkosten des Käufers). Auch eine Beibringungsgarantie kann in den Vertrag aufgenommen werden.

Beibringungsgarantie für Lastenfreistellungsunterlagen

Der Verkäufer garantiert, dass spätestens innerhalb von acht Wochen, von heute an gerechnet, alle zur vereinbarten Lastenfreistellungserklärung auflagenfrei oder nur mit Auflagen, die aus dem Kaufpreis erfüllt werden können, vorliegen werden. 163 M

Der Notar hat Wege zur Durchführung der Lastenfreistellung zumindest aufzuzeigen.[142] Regelmäßig wird er die hierzu erforderlichen Maßnahmen aufgrund eines von den Beteiligten zu erteilenden Betreuungsauftrags selbst übernehmen. 164

Die Einholung der Löschungsunterlagen kann allerdings zu einer bei höheren Geschäftswerten sehr erheblichen Kostenbelastung führen (vgl. Rdn. 26), wenn die Vollzugsgebühr nicht bereits durch andere Tätigkeiten veranlasst ist. Nicht selten wird man daher auf diesen Auftrag verzichten wollen. Andernfalls wird der Verkäufer solche Kosten zu tragen haben. 165

Durch die Lastenfreistellung veranlasste Kosten trägt der Verkäufer. 166 M

Der Notar wird im Hinblick auf seine Pflicht, den kostengünstigeren Weg zu wählen, das entsprechende Verfahren vorschlagen. 167

Nach GNotKG fällt für die Entwurfsfertigung eine Gebühr nach Nr. 24102 KV GNotKG an (nachdem für die Beurkundung eine 0,5 Gebühr nach Nr. 21201 KV GNotKG anfallen würde; anzusetzen ist eine Gebühr von 0,3–0,5 aus dem Betrag des betreffenden Rechts, mindestens ein Betrag von 30 €). 168

Für die Kosten von Treuhandaufträgen, die durch Gläubiger gestellt werden, fällt nach Nr. 22201 KV GNotKG eine 0,5 Gebühr aus dem vollen Betrag der Auflage an. Die Treuhandgebühr entsteht für jeden Treuhandauftrag gesondert. 169

Vertraglich zu sichern ist die Lastenfreistellung hinsichtlich aller (nicht vom Käufer zu übernehmenden) Belastungen, sofern sie der für ihn zur Eintragung kommenden Vormerkung im *Rang vorgehen*. Für nachrangige Belastungen kann eine Sicherstellung der Lastenfreistellung durch Vertragsgestaltung und -abwicklung in der Regel nicht erfolgen, es sei denn man wollte vorab die Eigentumsumschreibung auf den Käufer – unter Beeinträchtigung der Sicherungs- und Abwicklungsinteressen des Verkäufers – herbeiführen. Für ohne seine Zustimmung im Nachrang zu dieser Vormerkung eingetragene Belastungen (sog. Zwischenrechte) kann der Käufer die Lastenfreistellung im Hinblick auf § 888 BGB (nach 170

---

141 OLG Düsseldorf DNotZ 2017, 600 m. krit. Anm. *Kesseler*.
142 BGH DNotZ 1969, 173.

Eigentumsumschreibung[143]) selbst erreichen (wobei der Verkäufer freilich zur Lastenfreistellung verpflichtet bleibt[144]).

171 (1) Bei der Abwicklung über *Notaranderkonto* fordert der Notar die zur Lastenfreistellung erforderlichen Erklärungen (Löschungsbewilligungen, Pfandfreigabeerklärungen) bei den verschiedenen Gläubigern an und zahlt die zur Ablösung geltend gemachten Beträge entsprechend den Treuhandauflagen der Gläubiger an diese aus (vorausgesetzt der hinterlegte Betrag reicht zur Ablösung aller Gläubiger aus; andernfalls ist der Vertrag nicht abwickelbar, es sei denn, der oder die Gläubiger ändern ihre Treuhandauflagen, oder der Verkäufer leistet Differenzbeträge aus anderen Mitteln, wozu er im Hinblick auf § 434 BGB verpflichtet ist); Einzelheiten sind in der Hinterlegungsvereinbarung zu regeln (s.u. Rdn. 183 M).

172 (2) Daneben ist auch eine – häufig kostengünstigere – Abwicklung unmittelbar zwischen den Beteiligten möglich. Auch hier fordert der Notar zunächst die zur Lastenfreistellung erforderlichen Erklärungen bei den verschiedenen Gläubigern an oder erhält sie von den Gläubigern nach Aufforderung durch den Verkäufer. Deren Vorliegen und die als Voraussetzung für die weitere Verwendung geltend gemachten Forderungen teilt der Notar dem Verkäufer[145] und dem Käufer mit. Der Käufer (bzw. sein Finanzierungsgläubiger) zahlt die zur Ablösung geltend gemachten Beträge in Anrechnung auf den Kaufpreis unmittelbar an die Gläubiger. Probleme kann dieses Verfahren dann aufwerfen, wenn auf Verkäuferseite mehrere Gläubiger abzulösen sind und auf Käuferseite mehrere Kreditinstitute den Kaufpreis finanzieren und Eigenmittel des Käufers eingesetzt werden, da eine sichere Abwicklung nur dann zu erreichen ist, wenn die beteiligten Institute sich absprechen oder eines von ihnen eine Clearing-Funktion übernimmt, wozu nicht immer Bereitschaft besteht. Nicht praktikabel ist dieses Verfahren dann, wenn ein Finanzierungsgläubiger des Käufers eine Zahlung an den Verkäufer erst dann zu leisten bereit ist, wenn das zur Sicherung des Kredits einzutragende Grundpfandrecht an vereinbarter Rangstelle eingetragen ist, man sich also nicht damit zufrieden gibt, dass – nach Ablösung der vorrangigen und aus dem Kaufpreis abzulösenden Rechte – die rangrichtige Eintragung sichergestellt ist. Bestehen Befürchtungen in dieser Hinsicht, sollte eine Abwicklung über Notaranderkonto gewählt werden.

173 (3) Bei diesen Abwicklungen wird zweckmäßigerweise klargestellt, dass es weder Sache des Notars noch des Käufers ist, die Höhe der zur Ablösung geltend gemachten Forderungen zu prüfen. Solche Diskussionen, etwa über die Höhe einer geltend gemachten Vorfälligkeitsentschädigung (§ 490 Abs. 2 Satz 3 BGB) oder die Berücksichtigung eines Disagios,[146] muss der Verkäufer selbst mit seinem Kreditgeber führen; sie würden nur die Abwicklung des Kaufvertrags – letztlich zulasten des Verkäufers – verzögern.

174 (4) Stellt sich im Zuge der Abwicklung heraus, dass aus dem zur Verfügung stehenden Kaufpreis die Lastenfreistellung nicht durchzuführen ist, hat der Notar dies allen Vertragsbeteiligten *unverzüglich* mitzuteilen.[147]

175 (5) Das mit Zugang der Löschungsbewilligung bzw. der Pfandfreigabeerklärung beim Notar und Mitteilung des Ablösungsbetrags zwischen Gläubiger und Notar entstehende Treu-

---

143 OLG Zweibrücken MittBayNot 2006, 417.
144 BGH DNotZ 1986, 275.
145 Vgl. KG DNotZ 1990, 446.
146 Vgl. BGHZ 133, 355.
147 BGH NJW 1993, 2317.

handverhältnis kann vom Gläubiger jedenfalls dann nicht mehr frei widerrufen werden, wenn der Widerruf schutzwürdige Interessen Dritter beeinträchtigen würde.[148]

(6) Im Interesse einer reibungslosen Vertragsabwicklung ist sicherzustellen, dass Gläubiger des Verkäufers den Kaufpreisanspruch nicht pfänden können, soweit er zur Ablösung eingetragener Belastungen benötigt wird.[149] Hierzu kann der Kaufpreis in entsprechender Höhe an die abzulösenden Gläubiger abgetreten werden; dies würde aber Zwangsvollstreckungsmaßnahmen des Verkäufers hinsichtlich des Kaufpreises – bejaht man nicht eine gewillkürte Prozess-/Vollstreckungsstandschaft – erschweren und zudem bis zum Zustandekommen des Abtretungsvertrags zu einer Sicherungslücke führen. Statt dessen erscheint deshalb eher die Gestaltung einer Treuhandvereinbarung i.S.d. § 851 Abs. 1 ZPO oder eines Schuldbefreiungsanspruchs des Verkäufers i.S.d. § 329 BGB vorzugswürdig; trotz Pfändung des Kaufpreisanspruchs kann ein zur Lastenfreistellung erforderlicher Betrag dann an den abzulösenden Gläubiger gezahlt werden.[150] Ein Pfändungsgläubiger erwirbt nämlich kein besseres Recht als der Verkäufer. Nur wenn und soweit Zahlungen an diesen zu leisten wären und nicht an die zur Lastenfreistellung abzulösenden Gläubiger, kann sie der Pfändungsgläubiger beanspruchen. 176

Diese Gestaltungen helfen allerdings nicht, wenn das Finanzamt – wie bei ausländischen Verkäufern möglich – die Anordnung eines Steuerabzugs gemäß § 50 Abs. 7 EStG verfügt.[151] In diesem Fall hat der Käufer den entsprechenden Betrag vom Kaufpreis einzubehalten und abzuführen. Hierfür haftet er persönlich. Solche Anordnungen sind bis zur (vollständigen) Zahlung des Kaufpreises möglich. Unter Umständen wird damit die vereinbarte Lastenfreistellung vereitelt, wenn nämlich der verbleibende Kaufpreis nicht zur Erfüllung der Treuhandauflagen der Gläubiger ausreicht. Der Käufer kann in diesem Fall ein Leistungsverweigerungsrecht geltend machen (§ 320 Abs. 1 BGB). Wie sich eine Anordnung des Finanzamts nach Zahlung auf Notaranderkonto auswirkt, ist zweifelhaft. Sofern der der Anordnung unterliegende Betrag für die Lastenfreistellung benötigt wird, wird daher der Käufer (bzw. bei Einzahlung auf Anderkonto der Notar) keine (weiteren) Zahlungen vornehmen, vielmehr wird man sich tunlichst um eine Harmonisierung der Forderungen im Wege einer Änderung der Bescheide des Finanzamts und/oder eine Anpassung der Treuhandauflagen der Gläubiger bemühen. 177

c) Kaufpreishinterlegung

In Einzelfällen kann zur Sicherung beider Vertragsteile (und zur Erleichterung der Vertragsabwicklung, etwa wenn mehrere Kreditinstitute aus dem Kaufpreis abzulösen sind oder mehrere Kreditinstitute den Kaufpreis finanzieren), eine Abwicklung der Kaufpreiszahlung über Notaranderkonto (vgl. §§ 54a ff. BeurkG) zweckmäßig sein.[152] 178

Voraussetzung für jede Verwahrungstätigkeit des Notars ist ein »berechtigtes Sicherungsinteresse« der Beteiligten, § 54a Abs. 2 Nr. 1 BeurkG. Das Sicherungsinteresse muss sich nicht auf die Kaufpreiszahlung beschränken, es kann z.B. darauf gerichtet sein, dass (auch) die voraussichtlichen Kosten für Notar und Grundbuchamt und anfallende Grunderwerbsteuer, für die der Verkäufer neben dem Käufer haftet, auf das Anderkonto gezahlt und von dort an die betreffenden Gläubiger gezahlt werden. Wenn aber die Pflicht zur Einzahlung auf Anderkonto und die Auszahlungsvoraussetzungen übereinstimmen, wird man in der Regel von dem Fehlen eines hinreichenden Sicherungsinteresses ausgehen müssen, da 179

---
148 LG Köln DNotI-Report 1998, 97.
149 *Hoffmann*, NJW 1987, 3153.
150 Vgl. BGH DNotZ 1998, 626.
151 Hierzu näher *Herrler*, ZfIR 2015, 410.
152 Vgl. *Brambring*, DNotZ 1990, 615.

dann auch die vorstehend dargestellte unmittelbare Abwicklung der Zahlung zwischen Käufer und Verkäufer möglich wäre.

180 Die Auszahlung vom Anderkonto wird man in der Regel entsprechend den oben dargestellten Überlegungen gestalten. Es wäre verfehlt, wenn die Auszahlung von der Eigentumsumschreibung abhängig gemacht würde, da damit der Verkäufer die Nachteile der verspäteten Grunderwerbsteuerzahlung durch den Käufer und längerer Vollzugszeiten beim Grundbuchamt zu tragen hätte.

181 Für den Fall des Rücktritts vom Vertrag sollte die Rückzahlung des hinterlegten Betrags von der Abgabe einer Löschungsbewilligung des Käufers für die für ihn eingetragene Auflassungsvormerkung[153] bzw. von der Rückabwicklung aller vom Verkäufer erbrachten Leistungen[154] abhängig gemacht werden.

182 Auf die Möglichkeit einer zinsgünstigen Anlage des zu hinterlegenden Betrags sollte der Notar jedenfalls dann hinweisen, wenn mit längeren Hinterlegungszeiten zu rechnen ist.[155] Der Notar sollte darauf hinwirken, dass die Bank, bei der das Anderkonto eingerichtet wird, dem *Einlagensicherungsfonds* angehört;[156] ggf. wird man auch die Sicherungsgrenze abfragen.

183 M Der gesamte Kaufpreis ist auf dem Notaranderkonto des beurkundenden Notars bei .....-Bank, IBAN ....., BIC ....., zu hinterlegen.
Er muss bis spätestens ..... dort eingegangen sein.
Der Kaufpreisanspruch ist erst erfüllt, wenn der gesamte Betrag eingegangen ist und der Notar gemäß den nachstehenden Bestimmungen über ihn verfügen kann.
Zinsen, abzüglich etwaiger Bankspesen, stehen dem Verkäufer zu. Die Kosten der Hinterlegung trägt im Übrigen der Käufer.
Grundvoraussetzungen für die Auszahlung vom Anderkonto sind
– die Eintragung der Auflassungsvormerkung für den Käufer,
– das Vorliegen der Löschungsunterlagen für die der Auflassungsvormerkung im Range vorgehenden und zur Lastenfreistellung wegzufertigenden Belastungen beim Notar, vorausgesetzt, dass etwaige Auflagen der Gläubiger aus dem Kaufpreis erfüllt werden können.
Die Beteiligten weisen hiermit den Notar in einseitig nicht abänderbarer Weise an, den hinterlegten Betrag nach Eintritt der vorgenannten Grundvoraussetzungen zu dem nach der jeweils vereinbarten Anlageart nächstmöglichen Termin wie folgt auszuzahlen:
– an die jeweiligen Berechtigten der vom Käufer nicht übernommenen Belastungen den zur Lastenfreistellung von diesen geforderten Betrag – ohne weitere Nachprüfung durch den Notar – samt Freistellungskosten, vorausgesetzt der hinterlegte Betrag reicht zur Ablösung sämtlicher Gläubiger aus,
– an den Verkäufer den Restbetrag auf dessen Konto bei der .....-Bank IBAN ....., BIC .....

■ *Kosten.* Nach § 124 GNotKG bestimmt sich der Geschäftswert bei der Verwahrung von Geldbeträgen nach der Höhe des jeweils ausgezahlten Betrags. Nach Nr. 25300 KV GNotKG fällt eine 1,0 Gebühr je Auszahlung an, bei Beträgen von mehr als 13 Mio. € 1 % des Auszahlungsbetrags. Die Höchstwertregelung des § 35 Abs. 2 GNotKG gilt nicht (Vorbem. 2.5.3 Abs. 2 KV GNotKG).

---

153 BGH DNotZ 1988, 383.
154 Vgl. KG MittBayNot 1999, 581.
155 BGH DNotZ 1997, 53 m. Anm. *Tönnies.*
156 BGH DNotZ 2006, 358.

Vorbem. 2.5.3 Abs. 1 KV GNotKG stellt klar, dass neben den Gebühren für die Hinterlegung gesondert die Gebühren für Betreuungstätigkeiten entstehen. Allerdings führt die Treuhandauflage eines einzahlenden Kreditinstituts (z.B. über die rangrichtige Eintragung einer bestellten Grundschuld) nicht zu einer gesonderten Gebühr, da Nr. 22201 KV GNotKG nur Bedingungen für die Herausgabe einer Urkunde oder des Auszugs einer Urkunde erfasst; die Betreuung im Rahmen dieser sog. Finanzierungstreuhand ist mit der Hinterlegungsgebühr nach Nr. 25300 KV GNotKG abgegolten.[157]

184 Wenn der Eintritt der Fälligkeitsvoraussetzungen sich lange hinausziehen kann, kann sich die Frage stellen, ob der hinterlegte Betrag tatsächlich für die gesamte Abwicklungszeit auf Anderkonto verbleiben soll. Wenn die Beteiligten dies nicht wünschen, etwa wegen der damit verbundenen Zinsnachteile, kann die Regelung ergänzt werden.

185 M **Wenn bis zum ..... die Auszahlungsvoraussetzungen nicht vorliegen, ist auf Verlangen des Käufers der gesamte Betrag samt angefallener Zinsen abzüglich etwaiger Bankspesen und der Hinterlegungskosten an den Käufer zurückzuzahlen; ihm stehen in diesem Fall die Zinsen zu. Der Käufer ist in diesem Fall zum Rücktritt von diesem Kaufvertrag berechtigt; sein Auszahlungsverlangen gilt als Rücktritt, wenn er nicht ausdrücklich etwas anderes erklärt. Der Notar wird ermächtigt, die als Rücktritt geltende Erklärung für den Verkäufer wirksam in Empfang zu nehmen. Im Fall des Rücktritts vom Vertrag darf der Notar eine Auszahlung an den Käufer oder dessen Finanzierungsgläubiger erst dann vornehmen, wenn ihm eine Löschungsbewilligung des Käufers hinsichtlich der für ihn eingetragenen Auflassungsvormerkung und Löschungsbewilligungen hinsichtlich eingetragener Finanzierungsgrundpfandrechte vorliegen, deren Verwendung nur von der entsprechenden Auszahlung abhängig gemacht sein darf.**

d) Verkauf durch Insolvenzverwalter

186 Durch die Eröffnung eines Insolvenzverfahrens verliert der Grundstückseigentümer die Verfügungsbefugnis; die Verfügungsbefugnis geht auf den Insolvenzverwalter über (§ 80 Abs. 1 InsO). Gleiches gilt, wenn ein vorläufiger Insolvenzverwalter bestellt und als Sicherungsmaßnahme angeordnet wird, dass Verfügungen des Schuldners nur mit Zustimmung des vorläufigen Insolvenzverwalters wirksam sind[158] (§ 21 Abs. 2 Nr. 2, 2. Alt. InsO). Vom Schuldner danach abgeschlossene Rechtsgeschäfte sind unwirksam; jedoch kann, solange kein Insolvenzvermerk im Grundbuch eingetragen ist, ein gutgläubiger Erwerb in Betracht kommen (§ 892 Abs. 1 Satz 2 BGB). Ist zum Zeitpunkt der Eröffnung des Insolvenzverfahrens für einen Käufer bereits eine Auflassungsvormerkung eingetragen, ist der Anspruch auf Eigentumsverschaffung insolvenzfest (§ 106 Abs. 1 Satz 1 InsO). Allerdings ist zu beachten, dass vom Schuldner erteilte Vollmachten mit Insolvenzeröffnung kraft Gesetzes erlöschen (§ 117 Abs. 1 InsO); dies gilt für eine dem Notar erteilte Vollmacht zur Bewilligung der Auflassung genauso wie für Belastungsvollmachten. Ggf. ist daher die Auflassung vom Insolvenzverwalter erneut zu erklären.

187 Veräußert der Insolvenzverwalter ein Grundstück, hat er seine Bestellung (§ 56 Abs. 2 InsO) nachzuweisen. Eine beglaubigte Abschrift ist nach § 12 BeurkG der Niederschrift beizufügen.

---

157 Leipziger GNotKG/*Harder*, Nr. 22201 KV GNotKG Rn. 4.
158 OLG Frankfurt IMR 2006, 1000.

188 M ..... hier handelnd als Insolvenzverwalter über das Vermögen der .....
Das Insolvenzverwalterzeugnis hat er heute in Urschrift vorgelegt; beglaubigte Abschrift ist dieser Urkunde beigefügt.

189 Im Fall der Veräußerung durch den Insolvenzverwalter hat das Insolvenzgericht auf Antrag das Grundbuchamt um Löschung der Eintragung des Insolvenzvermerks zu ersuchen. Diese Löschung kann auch im Kaufvertrag vom Insolvenzverwalter beim Grundbuchamt bewilligt und beantragt werden (§ 32 Abs. 3 InsO).

190 M Der Insolvenzverwalter bewilligt die Löschung des am Vertragsbesitz eingetragenen Insolvenzvermerks mit Eigentumsumschreibung.

191 Verliert der Insolvenzverwalter das Amt und damit seine Verfügungsbefugnis nach Abschluss des Kaufvertrags aber bevor der Antrag auf Eintragung der Auflassungsvormerkung oder auf Eigentumsumschreibung gestellt wird (z.B. durch Tod oder durch Amtsenthebung), ist – im Hinblick auf § 878 BGB – fraglich, ob der andere Vertragsteil geschützt ist (Entsprechendes gilt für den Testamentsvollstrecker).[159] Im Hinblick hierauf ist zu erwägen, für die Kaufpreisfälligkeit nicht nur auf die Eintragung der Vormerkung abzustellen sondern ergänzend auch auf eine Bestätigung darüber, dass der Insolvenzverwalter in diesem Zeitpunkt noch Inhaber des Amtes ist. Hinsichtlich der Löschung der Vormerkung sollte es danach nicht nur auf die Eigentumsumschreibung ankommen; zusätzlich sollte man voraussetzen, dass der Insolvenzverwalter in diesem Zeitpunkt noch Inhaber des Amtes ist.

7. Besitzübergang

192 a) Hauptpflicht des Verkäufers ist neben der Eigentumsverschaffung auch die Übergabe des Vertragsgegenstandes. Deswegen kann eine Vollstreckungsunterwerfung erfolgen (vgl. § 19 Rdn. 48 M). Häufig wird es sachgerecht sein, dass der *Besitzübergang* – und damit der Übergang von Gefahr, Nutzungen und Lasten (§ 446 BGB) sowie der *Verkehrssicherungspflicht*[160] –, also der wirtschaftliche Eigentumsübergang, *Zug um Zug* gegen Zahlung des Kaufpreises erfolgt. Dies trägt zu einer beiderseitigen Sicherung bei: Der Käufer kann die Zahlung einbehalten, wenn ihm das Vertragsobjekt nicht übergeben wird. Andererseits ist der ausstehende Besitzübergang, auf den es ihm regelmäßig entscheidend ankommt, aus Sicht des Verkäufers ein zusätzliches Druckmittel, den Kaufpreis zu erhalten. Im Fall des Scheiterns des Vertrags erspart dieses Verfahren auch die sonst vielleicht notwendige Durchsetzung eines Räumungsanspruchs des Verkäufers oder eines Aufwendungsersatzanspruchs des Käufers.

193 Soll die Gefahr eines zufälligen Untergangs und einer zufälligen Verschlechterung sofort auf den Käufer übergehen, werden ihm zum Ausgleich etwaige Ersatzansprüche gegen Dritte zustehen sollen, sei es im Wege der Abtretung, sei es dadurch, dass der Käufer neben dem Verkäufer in den Versicherungsvertrag eintritt und dadurch einen vom Verhalten des Verkäufers unabhängigen eigenen Anspruch auf Versicherungsschutz erwirbt:[161]

194 M Die Gefahr eines zufälligen Untergangs und einer zufälligen Verschlechterung des Vertragsgegenstands geht sofort auf den Käufer über. Der Käufer tritt hiermit mit sofortiger Wirkung mit allen Rechten und Pflichten in den bestehenden Gebäudeversicherungsvertrag neben dem Verkäufer ein; er hat alle ab heute fällig werdenden Zahlungen an die Versicherung zu leisten. Dies werden die Beteiligten der Versicherung unverzüglich selbst mitteilen.

---

159 Vgl. *Kesseler*, ZNotP 2008, 117 m.w.N.
160 BGH DNotZ 1991, 590 m. Anm. *Jerschke*.
161 BGH ZfIR 2009, 697.

195 M Die Gefahr eines zufälligen Untergangs und einer zufälligen Verschlechterung des Vertragsgegenstands geht sofort auf den Käufer über. Der Verkäufer tritt dem Käufer jedoch – bedingt durch die Zahlung des Kaufpreises – alle Ansprüche auf Schadensersatz oder Versicherungsleistungen, die er wegen eines solchen Ereignisses gegen Dritte haben sollte, ab. Er verpflichtet sich hierzu, alle bestehenden Schadensversicherungen – zumindest die Versicherung gegen Feuerschäden zum gleitenden Neuwert, sowie eine Leitungswasser-, Sturmschaden- und Hagelversicherung – bis zum Besitzübergang ordnungsgemäß aufrechtzuerhalten. Des weiteren verpflichtet sich der Verkäufer, sich so zu verhalten, dass sich der Vertragsgegenstand bis zum Besitzübergang nicht mehr verschlechtert, als dies bei Fortsetzung der gegenwärtigen Nutzung erwartet werden muss; laufende Ausbesserungs- und Erneuerungsarbeiten, die nach dem gewöhnlichen und bisher üblichen Gang der Dinge bis zum Besitzübergang noch anfallen, hat der Verkäufer noch auf seine Kosten vornehmen lassen.

196 b) Vor allem bei vermieteten oder verpachteten Objekten wird eine Zug-um-Zug-Leistung auch in wirtschaftlicher Sicht als angemessen empfunden, da damit Nutzung des Kaufpreises und Nutzung des Objekts (Mietertrag) miteinander korrespondieren.

197 Anders ist die Interessenlage jedoch häufig bei leer stehenden Objekten oder bei Bauplätzen. Dem Käufer kann es auf eine baldige Nutzung ankommen. Demgegenüber werden dem Verkäufer bei früher Besitzübergabe auch Gefahren und Lasten, z.B. für Versicherungen und Steuern, abgenommen. Ein wirtschaftlicher Ausgleich kann durch die Vereinbarung eines Nutzungsentgelts für den Zeitraum bis zur Kaufpreiszahlung oder eine Verzinsung des Kaufpreises erfolgen.

198 Im Interesse einer klaren Kostenabgrenzung kann es liegen, wenn der Besitzübergang zu einem Monatswechsel erfolgt (zu Beginn des Monats, der der Beurkundung oder der vollständigen Kaufpreiszahlung folgt).

199 Für die Regelung zum Besitzübergang können nicht zuletzt auch steuerliche Erwägungen maßgebend sein, so wenn die steuerliche Anerkennung den Besitzübergang im laufenden Kalenderjahr erforderlich macht (vgl. z.B. § 9 Abs. 1 Satz 3 Nr. 7 EStG). Macht der Verkäufer dies von der Sicherstellung der Kaufpreiszahlung abhängig, kann eine Bürgschaft oder eine Hinterlegung des Kaufpreises auf Anderkonto in Betracht gezogen werden.

200 Sieht der Vertrag die *Besitzübergabe vor vollständiger Kaufpreiszahlung* vor, hat der Notar auf das Risiko dieser Vorleistung aufmerksam zu machen; er hat je nach Sachlage weitere Sicherungen vorzuschlagen, z.B. Rücktrittsrechte für den Fall, dass übernommene Verpflichtungen nicht eingehalten werden, und/oder eine vertragliche Räumungspflicht, deren Durchsetzung durch Zwangsvollstreckungsunterwerfung erleichtert werden kann.[162]

201 M **Besitz, Nutzungen und Lasten, insbesondere auch laufende Steuern und öffentliche Abgaben, die Gefahr eines zufälligen Untergangs und einer zufälligen Verschlechterung, sowie die Verkehrssicherungspflicht gehen unabhängig davon, ob der Kaufpreis bis dahin gezahlt ist, mit Wirkung ab dem auf die Beurkundung folgenden Monatsersten auf den Käufer über.**
Der Notar hat eingehend auf die damit verbundenen besonderen Risiken hingewiesen; gleichwohl wünschten die Beteiligten diese Gestaltung.
Die Beteiligten sind darüber einig, dass hierdurch kein Mietverhältnis begründet wird.
Der Käufer schuldet dem Verkäufer eine monatliche Ausgleichszahlung in Höhe von ..... € für den Zeitraum ab Besitzübergang bis zur vollständigen Kaufpreiszahlung; diese ist jeweils bis zum dritten Werktag eines Monats zur Zahlung fällig.

---

[162] BGH DNotZ 2008, 925.

Bleibt der Käufer mit einer solchen Zahlung länger als 7 Tage in Verzug, kann der Verkäufer die hier eingeräumte Befugnis zum Besitz widerrufen; er kann in diesem Fall auch vom schuldrechtlichen Teil des heutigen Vertrags insgesamt zurücktreten.
Der Käufer ist verpflichtet, in diesen Fällen den Vertragsbesitz zu räumen und dem Verkäufer den Besitz zurück zu übertragen; wegen seiner Verpflichtung zur Besitzübergabe und Räumung unterwirft sich der Käufer der sofortigen Zwangsvollstreckung aus dieser Urkunde.
Dem Verkäufer ist unverzüglich eine vollstreckbare Ausfertigung dieser Urkunde im Hinblick auf die vorstehende Vollstreckungsunterwerfung zu erteilen, sobald folgende Voraussetzungen vorliegen:
a) Der Verkäufer hat dem Notar schriftlich mitgeteilt, dass er eine der vorstehenden Regelung entsprechende Rücktrittserklärung abgegeben hat;
b) der Notar hat dem Käufer Durchschrift dieses Schreibens mit Einschreiben/Rückschein an die in diesem Vertrag genannte Anschrift zugestellt unter Hinweis auf die hier getroffene Regelung;
c) der Käufer hat nicht innerhalb von zwei Wochen nach Zugang des vorgenannten Schreibens die vollständige Zahlung aller bis dahin geschuldeten Beträge durch Bescheinigung einer Bank nachgewiesen oder Gründe dargelegt, die ihn berechtigten, die hier vereinbarten Zahlungen ganz oder teilweise einzubehalten.

202 c) Bei vermieteten Objekten gilt zunächst § 566 BGB – »Kauf bricht nicht Miete« – (für die Pacht §§ 566, 581 BGB). Es bedarf jedoch regelmäßig weiterer vertraglicher Vereinbarungen. Die Regelung des § 566 BGB ist insofern kaum sachgerecht, als es danach für den Übergang von Rechten und Pflichten aus dem Miet- bzw. Pachtvertrag im Außenverhältnis auf den Eigentumsübergang, also die Eigentumsumschreibung im Grundbuch, ankommt, während die Beteiligten den wirtschaftlichen Eigentumsübergang regelmäßig schon früher, z.B. bei Kaufpreiszahlung, wünschen. Wegen Vorausverfügungen über die Miete und Vereinbarungen mit dem Mieter über die Miete sind ggf. §§ 566a und 566b BGB zu beachten.

203 Der Verkäufer haftet dem Mieter gegenüber für die Erfüllung der Verpflichtungen aus dem Mietvertrag wie ein Bürge, der auf die Einrede der Vorausklage verzichtet hat (§ 566 Abs. 2 Satz 1 BGB). Dies gilt insbesondere auch für die Rückgewähr einer vom Mieter geleisteten *Kaution*, auch wenn der Verkäufer sie entsprechend der im Kaufvertrag vorgesehenen Regelung an den Käufer weitergegeben hat, während der Käufer dem Mieter gegenüber für die Rückzahlung der Kaution auch dann haftet, wenn er sie vom Verkäufer nicht erhalten hat (§ 566a BGB).[163]

204 Das Haftungsrisiko kann nur vermieden werden, wenn der Mieter eine entsprechende Schuldübernahme durch den Käufer genehmigt (§ 415 BGB) bzw. auf die betreffenden Ansprüche durch Vertrag verzichtet (Haftentlassung). Eine Rückgewähr der Kaution an den Mieter durch den Verkäufer in der Weise, dass der Mieter die vereinbarte Kaution dann erneut an den Käufer leisten muss, führt in aller Regel nicht zum gewünschten Ziel, da der betreffende Anspruch durch die erstmalige Leistung der Kaution erloschen ist.[164]

205 Die Abrechnung von *Betriebskosten* (vgl. § 556 BGB) bleibt nach einem Verkauf für den Zeitraum bis Eigentumsübergang Sache des Alteigentümers.[165] Er hat abzurechnen, kann Nachforderungen verlangen und muss Guthaben erstatten; wegen einer Verletzung dieser Pflichten kann der Mieter dem neuen Eigentümer (Käufer) gegenüber keine Rechte geltend machen. Das Interesse von Käufer und Verkäufer wird häufig dahin gehen, es bei einer einheitlichen Abwicklung dem Mieter gegenüber zu belassen und nur eine Abrechnung im Innenverhältnis vorzusehen.

---

163 Umfassend zu Mietsicherheiten *Plagemann*, NotBZ 2013, 2.
164 BGH MittBayNot 2012, 374 m. Anm. *Fackelmann*.
165 BGH DNotZ 2005, 131.

Der Vertragsbesitz ist vermietet. Die Mietverträge sind dem Käufer bekannt. Die Mietverhältnisse bleiben bestehen und werden vom Käufer mit allen Rechten und Pflichten mit Wirkung zum Zeitpunkt des Besitzübergangs an übernommen; ab diesem Zeitpunkt entstehende Mietzinsansprüche werden an den Käufer abgetreten, der die Abtretung annimmt. Dies wird der Verkäufer den Mietern mitteilen. 206 M
Erfolgt der Besitzübergang während eines laufenden Monats, hat der Verkäufer dem Käufer die anteilige Miete für den Zeitraum ab Besitzübergang unverzüglich auf ein noch anzugebendes Konto zu überweisen.
Einnahmen aus Mietvorauszahlungen und mit Mietern abrechenbare Kosten ab dem letzten Abrechnungszeitpunkt mit den Mietern sind im Verhältnis der Vertragsteile zum Tag des Besitzübergangs abzurechnen. Differenzbeträge sind zwischen den Beteiligten unverzüglich nach Feststellung auszugleichen.
Neuvermietungen von Wohnungen und Mietvertragsänderungen sind vom Verkäufer nur in Absprache mit dem Käufer vorzunehmen.
Der Verkäufer übernimmt im Hinblick auf die Mietverhältnisse keine Haftung, insbesondere nicht für die Solvenz der Mieter oder die Möglichkeit, Mietverhältnisse zu beenden. Von Mietern gezahlte Kautionen samt Zinsen wird der Verkäufer bei Besitzübergang an den Käufer auszahlen.

Strebt der Käufer eine frühzeitige *Kündigung* des Mietvertrags oder eine *Mieterhöhung* gemäß 207
§ 558a BGB an, bedarf es einer ausdrücklichen Ermächtigung. Solche Ermächtigungen zur Kündigung sind grundsätzlich wirksam;[166] sie können jedoch regelmäßig nicht bereits in der Bestimmung gesehen werden, der Käufer trete mit sofortiger Wirkung in das bestehende Mietverhältnis mit allen Rechten und Pflichten ein.[167] Kündigungsgründe müssen in der Person des Vermieters i.S.d. § 566 BGB liegen, sodass eine Kündigung durch den Erwerber wegen Eigenbedarfs (§ 573 Abs. 2 Nr. 2 BGB) erst nach Eigentumsumschreibung in Betracht kommt, während eine Kündigung durch den Veräußerer wegen in seiner Person liegenden Eigenbedarfs infolge des Verkaufs gegenstandslos werden kann.[168]

Der Verkäufer ermächtigt den Käufer, ihn ab Besitzübergang bei der Abgabe aller 208 M
Erklärungen und Vornahme aller Handlungen, die die Mietverhältnisse betreffen, umfassend zu vertreten, insbesondere auch zu deren Änderung, Auflösung und Kündigung.

Der Käufer kann auch darüber hinaus zur Durchführung von Erhaltungs- und Modernisierungsarbeiten und zu deren frühzeitigen Ankündigung gegenüber den Mietern (§ 554 Abs. 3 209
BGB) vor Eigentumsübergang ermächtigt werden. Der Mieter hat, wenn die weiteren Voraussetzungen des § 554 BGB gegeben sind, die Ankündigung und die betreffenden Maßnahmen zu dulden.[169]

Der Verkäufer ermächtigt den Käufer, ab sofort Erhaltungs- und Modernisierungsarbei- 210 M
ten im vertragsgegenständlichen Anwesen durchzuführen und die betreffenden Maßnahmen Mietern anzukündigen. Ihm wird auf sein Verlangen eine gesonderte Ermächtigung in Textform ausgehändigt.

---

166 BGH DNotZ 2014, 675; BGH NJW 1998, 896.
167 OLG Celle MittBayNot 1999, 556.
168 DNotI-Report 1998, 93.
169 BGH NJW 2008, 1218.

8. Öffentliche Lasten; Erschließungskosten

211 Nach § 436 BGB hat der Verkäufer »Erschließungsbeiträge und sonstige Anliegerbeiträge für die Maßnahmen zu tragen, die bis zum Tage des Vertragsschlusses bautechnisch begonnen sind, unabhängig vom Zeitpunkt des Entstehens der Beitragsschuld«. Die gesetzliche Regelung bedarf häufig der Anpassung. Zur Rechtslage vor der Schuldrechtsmodernisierung war entschieden, dass der Notar bei der Beurkundung eines Grundstückskaufvertrags *von sich aus* die Problematik der Erschließungskosten ansprechen, die nötigen Belehrungen erteilen und bei Bedarf entsprechende Regelungen vorschlagen müsse.[170] Darüber hinaus kann der Umstand, dass infolge der gesetzlichen Regelung oder aufgrund vertraglicher Regelungen Vorausleistungen denkbar sind, Anlass für weiter gehende Belehrungen und Gestaltungen geben (näher Rdn. 235).

212 Der Begriff »Erschließungskosten« ist unscharf. Eine gesetzliche Begriffsbestimmung fehlt. Regelungen zu diesem Bereich finden sich im Baugesetzbuch (Erschließungsbeitrag, §§ 127 ff.) sowie in den landesrechtlichen Kommunalabgabengesetzen in Verbindung mit kommunalen Satzungen. Zum Teil werden Leistungen, die im allgemeinen Sprachgebrauch oft auch zu den Erschließungskosten gerechnet werden, von privatrechtlich organisierten Versorgungsunternehmen aufgrund privatrechtlicher, auf der Grundlage der Allgemeinen Versorgungsbedingungen geschlossener Verträge erbracht, z.B. häufig Gas, Wasser und Strom.

213 Nach § 133 Abs. 2 BauGB (ähnlich die Kommunalabgabengesetze) entsteht die Beitragsschuld mit der »endgültigen Fertigstellung der Anlage«, wobei regelmäßig auch Vorauszahlungen erhoben werden (können). Beitragsschuldner ist der Eigentümer im Zeitpunkt der Bekanntgabe des Bescheids (§ 134 Abs. 1 BauGB). Ein späterer Eigentümerwechsel lässt die Beitragspflicht unberührt. Der Beitragsbescheid kann auch nicht auf den Erwerber »umgeschrieben« werden. Fälligkeit tritt einen Monat nach Bekanntgabe des Bescheids ein (§ 135 Abs. 1 BauGB). Beiträge nach §§ 127 ff. BGB ruhen als öffentliche Last auf dem Grundstück, sodass auch für bereits früher in Rechnung gestellte Beiträge nach Eigentumsumschreibung der Käufer herangezogen werden kann, unabhängig von einer Kostenverteilungsregelung zwischen den Vertragsteilen, die nur im Innenverhältnis gilt.

214 Erfolgt die Erschließung mit Gas, Wasser und Strom durch ein Versorgungsunternehmen aufgrund privatrechtlichen Vertrags, haftet dem Versorgungsunternehmen gegenüber derjenige, der den Vertrag abgeschlossen bzw. den entsprechenden Antrag gestellt hat. Gesetzlich besteht also keine Haftung des Erwerbers für Rückstände. In der Praxis wird von Versorgungsbetrieben allerdings gleichwohl nicht selten eine Weiterlieferung von Strom, Gas, Wasser etc. von einer Bezahlung der Rückstände (durch den Käufer) abhängig gemacht mit der Folge, dass der Käufer seine Rechte u.U. im Prozesswege durchsetzen muss.[171]

215 Es sollte vertraglich klar geregelt werden, welcher Vertragsteil (im Innenverhältnis) welche Erschließungskosten zu tragen hat. So wird auch eine Erklärung des Verkäufers, die Erschließungskosten seien im Kaufpreis enthalten, nicht als Eigenschaftszusicherung, sondern als Regelung über die Kostentragung im Innenverhältnis verstanden.[172] Bei der Abgrenzung kann es eigentlich nur darum gehen, die im Zeitpunkt des Vertragsschlusses noch nicht gezahlten Erschließungskosten einer Regelung zuzuführen. Vom Verkäufer bereits gezahlte Erschließungskosten einschließlich bis zum Vertragsschluss geleistete Vorauszahlungen sind üblicherweise beim Kaufpreis berücksichtigt. Sie können – wie z.B. zuweilen bei Bauplatzkäufen – auch gesondert ausgewiesen werden, womit gleichzeitig die Kalkulationsgrundlage offen gelegt wird.

---

170 BGH DNotZ 1995, 403.
171 Vgl. BGHZ 100, 299; BGH DNotZ 1991, 593.
172 BGH DNotZ 1994, 52.

216 Hinsichtlich bereits gezahlter Erschließungskosten bzw. Vorauszahlungen hierauf regelt § 133 Abs. 3 BauGB nunmehr entsprechend den typischen Interessen der Vertragsteile, dass auch im Fall eines zwischenzeitigen Eigentümerwechsels eine Vorauszahlung mit der Beitragsschuld verrechnet wird. Insofern besteht Regelungsbedarf dort, wo das örtliche Kommunalabgabenrecht keine entsprechende Regelung trifft. Erwägenswert erscheinen außerdem Regelungen für den Fall, dass eine geleistete Vorauszahlung die endgültige Beitragsschuld übersteigt; sind vom Verkäufer geleistete Vorauszahlungen – wie regelmäßig – kaufpreiserhöhend berücksichtigt, ist eine die gesetzliche Regelung wohl modifizierende Vereinbarung interessengerecht, nach der etwaige Vorauszahlungen dem Käufer zustehen.

217 Eine für alle Fälle und Interessenlagen passende Standardgestaltung gibt es nicht. Je nach Situation des Grundstücks und dem Willen der Vertragsteile ist zu differenzieren.

218 a) *Gesamtlösungen*, die einem Vertragsteil alle mit dem Grundstück verbundenen Erschließungskosten auferlegen, sind eigentlich nur bei tatsächlich noch unerschlossenen oder gerade erst erschlossenen Grundstücken (Bauerwartungsland, Bauplatz) und nur zulasten des Käufers plausibel. Soweit »alle Erschließungskosten« vom Käufer getragen werden sollen, sollte klar zum Ausdruck gebracht werden, ob der Verkäufer über den vereinbarten Kaufpreis hinaus Anspruch auf Erstattung der von ihm (und Voreigentümern) gezahlten Erschließungskosten (gegen Rechnungslegung) haben soll.

Unerschlossenes Grundstück

219 M **Der Vertragsgrundbesitz ist Bauerwartungsland. Anlieger- und Erschließungskosten wurden bisher nicht erhoben. Künftig anfallende Kosten dieser Art trägt der Käufer.**

220 Bei Regelungen dieser Art bleibt der Verkäufer, solange er Eigentümer ist, zwar öffentlich-rechtlich der Gemeinde gegenüber Beitragsschuldner, vertraglich erhält er jedoch einen Freistellungsanspruch gegen den Käufer. Zur Sicherung des Käufers bietet sich an, den Freistellungsanspruch an die Kaufpreisfälligkeit zu koppeln, um zu verhindern, dass er ohne gesicherten Anspruch auf die lastenfreie Eigentumsübertragung Anlieger- und Erschließungskosten zahlen muss.

Käufer übernimmt alle, auch bereits verauslagte, Kosten

221 M **Der Käufer hat sämtliche für den Vertragsgrundbesitz angefallenen und anfallenden Erschließungskosten und Anliegerleistungen zu tragen, unabhängig vom Zeitpunkt ihrer Fälligkeit oder des Eigentumsübergangs. Sofern solche Zahlungen jedoch vor Kaufpreisfälligkeit fällig werden, sind sie vom Verkäufer zu verauslagen. Soweit der Verkäufer solche Kosten heute bereits gezahlt hat oder noch verauslagt, sind sie ihm vom Käufer gegen Rechnungslegung zu erstatten; der entsprechende Betrag ist mit dem Kaufpreis zur Zahlung fällig.**

222 Fälle, in denen die Regelung, dass alle Erschließungs- und Anliegerleistungen vom *Verkäufer* zu tragen sind, sachgerecht sein könnte, sind kaum vorstellbar. Es ist nicht interessengerecht, dass der Verkäufer auch noch nach Jahr und Tag solche Kosten tragen soll, möglicherweise im Zusammenhang mit einem Bauvorhaben, zu dem er keinerlei Beziehung hat.

223 b) Für Hausgrundstücke sind solche Gesamtlösungen wenig geeignet. Insofern werden in der Praxis vor allem zwei Modelle diskutiert, zum einen die sog. *Ausbauzustandslösung*, nach der der tatsächliche Erschließungszustand zum Stichtag maßgebend ist, zum anderen die sog. *Bescheidslösung*, die auf die Zustellung von Bescheiden zum Stichtag abstellt.

224 **aa)** Die (eher käuferfreundliche) Ausbauzustandslösung wird nicht selten als gerechtere Lösung angesehen (ihr kommt die gesetzliche Regelung recht nahe).[173] Der Bundesgerichtshof führt hierzu aus, durchschnittliche, in Grundstücksgeschäften nicht besonders erfahrene Vertragsparteien gingen in der Regel davon aus, dass der vereinbarte Kaufpreis das abschließende Entgelt für das Grundstück, wie es steht und liegt, darstellt. Sie seien mithin der Meinung, dass bei Kaufabschluss vorhandene Erschließungsanlagen mit dem Kaufpreis abgegolten sind und nicht mehr nach Jahr und Tag dem Käufer hierfür noch oft nicht unbeträchtliche Kosten auferlegt werden können. Im Hinblick auf die oft lange Zeit zwischen Herstellung der Erschließungsanlagen und ihrer Abrechnung erkennt der BGH zwar an, dass vielfach weder Verkäufer noch Käufer damit rechnen, dass die lange zurückliegenden Erschließungsmaßnahmen noch nicht abgerechnet sind. Jedoch mache dies es für den Käufer besonders schwer erträglich, dass er die lange vor seinem Eigentumserwerb durchgeführten Maßnahmen nachträglich noch bezahlen soll.

Abgrenzung nach Ausbauzustand

225 M **Der Verkäufer trägt die Erschließungsbeiträge für Erschließungsanlagen nach dem Baugesetzbuch sowie alle sonstigen einmaligen, den verkauften Grundbesitz betreffenden öffentlichen Lasten wie Anschlussgebühren und Herstellungsbeiträge, Kosten naturschutzrechtlicher Ausgleichsmaßnahmen, sowie Kommunalabgaben im Sinne des Kommunalabgabengesetzes für Arbeiten, die bis heute in der Natur ausgeführt und weitere Maßnahmen, die bis heute tatsächlich durchgeführt sind, unabhängig von dem Entstehen der Beitragspflicht und deren Fälligkeit. Alle derartigen Beiträge und öffentlichen Lasten für Maßnahmen, die ab heute durchgeführt werden, trägt der Käufer; ihm werden hiermit Ansprüche aus etwaigen Vorausleistungen abgetreten.**
Diese zeitliche Abgrenzung gilt nicht für Beiträge und Abgaben, die erst durch eigene Baumaßnahmen des Käufers ausgelöst werden; diese hat in jedem Fall der Käufer zu tragen.

226 **bb)** Der wesentliche Einwand gegen diese Lösung ist ihre Streitanfälligkeit. Erschließungskosten werden nicht nach Zeitabschnitten und nicht zu einem bestimmten Stichtag berechnet. Der tatsächliche Ausbauzustand ist im Nachhinein oft kaum feststellbar, ebenso wenig lassen sich im Nachhinein die dem Ausbauzustand entsprechenden tatsächlich angefallenen Kosten ermitteln. Daher wird man gerade in kritischen Fällen, etwa wenn die Beteiligten erklären, die vor dem Haus befindliche Straße werde derzeit geteert, auf die Abgrenzung nach der Ausbauzustandslösung tunlichst verzichten. Weiter besteht, wenn die Kostenübernahme vom Verkäufer bei der Kaufpreisbemessung berücksichtigt wurde, für den Käufer auch der Nachteil, dass sich die zu zahlende Grunderwerbsteuer entsprechend erhöht. Darüber hinaus droht ihm die Gefahr, für diese Kosten der Gemeinde gegenüber als Eigentümer zu haften, während sein Rückgriffanspruch gegen den Verkäufer möglicherweise wertlos ist, weil dieser vielleicht nicht mehr aufzufinden oder zwischenzeitlich vermögenslos geworden ist. Solche Risiken und Nachteile vermeidet die Bescheidslösung:

---

173 BGH DNotZ 1995, 403, 405.

Abgrenzung nach Zugang von Bescheiden und Rechnungen

Der Verkäufer trägt alle Erschließungs-, Anlieger- und Anschlusskosten sowie Kosten naturschutzrechtlicher Ausgleichsmaßnahmen für den Vertragsgrundbesitz, für die Bescheide bis zum heutigen Tag zugegangen sind. Alle übrigen derartigen Kosten, auch für bereits ganz oder teilweise fertig gestellte Anlagen, trägt der Käufer. Sofern solche Zahlungen jedoch vor Kaufpreisfälligkeit fällig werden, sind sie vom Verkäufer zu verauslagen; der Käufer hat sie in diesem Fall dem Verkäufer gegen Zahlungsnachweis mit dem Kaufpreis zu erstatten. Etwaige Rückerstattungen stehen dem Käufer zu.

227 M

cc) Nach den den vorstehenden Gestaltungen zugrunde liegenden Erwägungen kann der *Stichtag*, auf den es bei der Abgrenzung sowohl nach der Ausbauzustandslösung als auch nach der Bescheidslösung ankommt, eigentlich immer nur der Tag der Beurkundung (bei der Bescheidslösung vielleicht noch der vorangegangene oder der nachfolgende Tag, bei der Ausbauzustandslösung vielleicht noch der Tag einer Besichtigung des Vertragsobjekts) sein. Kaum sachgerecht erscheint demgegenüber, wenn auf andere Termine, insbesondere den (abweichenden) Tag des Besitzübergangs, abgestellt wird. Für dessen Festlegung spielen ganz andere Überlegungen eine Rolle, z.B. steuerliche Motive, die Abgrenzung von laufenden Kosten und – vor allem bei Mietobjekten – der Aspekt, dass der Übergang von Nutzen und Lasten mit der Zahlung des Kaufpreises korrespondieren sollte.

228

c) Wird ein Bauplatz als »*voll erschlossen*« angeboten und gekauft, ist zu klären, ob auch im Zeitpunkt des Vertragsschlusses vielleicht noch nicht vorhandene Erschließungsanlagen (und ggf. welche) mit dem Kaufpreis abgegolten und dementsprechend, falls nicht vorhanden oder noch nicht abgerechnet, vom Verkäufer zu bezahlen sind.

229

»Voll erschlossenes« Grundstück

Der Verkäufer versichert, dass die ihm in Rechnung gestellten Erschließungs-, Anlieger- und Anschlusskosten sowie Kosten naturschutzrechtlicher Ausgleichsmaßnahmen bezahlt sind.
Der Vertragsgrundbesitz ist voll erschlossen und besitzt demnach nach Versicherung des Verkäufers Anbindung an Straße und Erstanschluss an Kanal, Wasser, Gas und Strom (für eine Wohneinheit). Sämtliche hierauf entfallenden Beiträge, Abgaben und Kosten trägt unabhängig von ihrer Fälligkeit der Verkäufer, soweit sie nicht erst durch die Bebauung durch den Käufer ausgelöst werden.
Im Übrigen trägt alle derartigen Beiträge und öffentlichen Lasten der Käufer; ihm werden hiermit Ansprüche aus etwaigen Vorausleistungen abgetreten.

230 M

d) Bei *Bauträgerverträgen* wird in der Regel eine schlüsselfertige Immobilie zu einem Festpreis verkauft. Der Käufer schuldet die Zahlungen auf den Kaufpreis nach Maßgabe des Baufortschritts. Hieraus ergibt sich die für den Bauträger erkennbare und akzeptierte Interessenlage, dass der Käufer jedenfalls bis zur Besitzübergabe (als Zeitpunkt des »wirtschaftlichen Eigentumsübergangs«) nicht über den Festpreis hinaus und außerhalb des Ratenplans mit (oft nicht unerheblichen) Erschließungskosten belastet wird, und zwar auch nicht an die Gemeinde (um den Bauträger von einer Inanspruchnahme wegen Erschließungskosten freizustellen). Dies spricht m.E. dafür, dass grundsätzlich – abweichende Gestaltungen nach hinreichender Belehrung sind nicht ausgeschlossen – neben allen mit der Bauwerkserrichtung unmittelbar in Zusammenhang stehenden auch alle weiteren bis zum Besitzübergang in Rechnung gestellten Kosten für Erschließungsmaßnahmen den Bauträger treffen sollten.

231

Da der Zeitpunkt der Zustellung des Beitragsbescheids oder einer Schlussabrechnung nicht absehbar ist, wird der Bauträger dann mit der Übernahme aller Erschließungskosten kalkulieren müssen, über die bis zum Zeitpunkt des Besitzübergangs Beschluss gefasst ist bzw. für die bis dahin Vorauszahlungsbescheide erlassen wurden. Dann erscheint eine Regelung sachgerecht, die alle diese Kosten erfasst und es nicht bei dem eher zufälligen Termin der Zustellung eines Bescheids belässt.

Bauträgervertrag

232 M Der Verkäufer trägt alle Erschließungsbeiträge im Sinne des Baugesetzbuches für Erschließungsanlagen, die bis zur bezugsfertigen Fertigstellung des Vertragsobjektes bereits hergestellt sind, oder für die die Gemeinde bei der Durchführung des Bauvorhabens Voraus- oder Sicherheitsleistungen verlangt hat oder über die ein Erschließungsvertrag mit der Gemeinde geschlossen wurde, sowie alle Kosten für naturschutzrechtliche Ausgleichsmaßnahmen. Außerdem trägt er alle Kosten für die Anschlüsse des Vertragsobjektes an Ver- und Entsorgungsanlagen, einschließlich der Anschlussgebühren, Herstellungsbeiträge und Kommunalabgaben nach dem Kommunalabgabengesetz für die erstmalige vollständige Erschließung des Vertragsobjekts sowie die Kosten der inneren Erschließung. Art und Umfang der Leistungen des Verkäufers richten sich insoweit nach der Baubeschreibung und der Baugenehmigung für das Bauvorhaben. Im Übrigen trägt solche Kosten der Käufer. Etwaige Rückerstattungen von Vorausleistungen stehen dem Verkäufer zu.

233 e) Bei allen vorstehenden Gestaltungen, insbesondere aber bei der vorstehenden Regelung im Bauträgervertrag, besteht das Risiko, dass der Käufer im Nachhinein für Kosten in Anspruch genommen wird, die im Innenverhältnis Sache des Verkäufers sind. Ggf. hat der Notar über das Risiko zu belehren und Wege aufzuzeigen, wie das Risiko vermieden werden kann. Insofern kann es hilfreich sein, die vorstehenden Klauseln um eine Bestimmung zu ergänzen, die klar stellt, ob mit entsprechenden Belastungen überhaupt zu rechnen ist.

Kenntniserklärung

234 M Hierzu erklärt der Verkäufer, dass nach seinem heutigen Kenntnisstand wegen des gegenwärtigen Ausbauzustands keine Abrechnungen ausstehen und auch nicht mit weiteren Erschließungsarbeiten zu rechnen ist.

235 Ist nicht ausschließen, dass ein Vertragsteil öffentlich-rechtlich für Kosten einzustehen hat, die nach dem Vertrag vom anderen Vertragsteil zu tragen hat, sind Sicherungen zu erwägen und vom Notar mit den Beteiligten zu erörtern.[174] Zum einen kommt die Zahlung von angemessenen Teilbeträgen auf ein besonderes, vor dem alleinigen Zugriff des Bauträgers geschütztes Konto in Betracht. Alternativ kann der Vertrag für die Fälligkeit aller oder einzelnen Raten voraussetzen, dass eine Bürgschaft gestellt sein muss, auf die der Erwerber im Fall der Inanspruchnahme wegen Erschließungskosten zurückgreifen kann; eine solche auf den Betrag des Erschließungsaufwands beschränkte Bürgschaft ist auch im Hinblick auf die Makler- und Bauträgerverordnung zulässig. Als dritte – und wohl einfachste – Gestaltung kann ein vertragliches Zurückbehaltungsrechts für entsprechende Beträge vorgesehen werden. Der Einbehalt sollte durch anderweitige Sicherheit – z.B. eine Bürgschaft, die entweder

---

174 BGHZ 175, 111.

dem Erwerber oder der Gemeinde als Erschließungskostengläubiger gestellt wird – abgelöst werden können.

Alle diese Gestaltungen sollten vorab mit abzulösenden Kreditinstituten abgesprochen sein. Es ist sicher zu stellen, dass der Käufer auch dann einen Anspruch auf Lastenfreistellung hat, wenn er die entsprechenden Rechte geltend macht. Sofern Bürgschaften vorgesehen werden, sollte klar sein, dass und mit welchem konkreten Inhalt sie tatsächlich gestellt werden. 236

Einbehalt

Sofern bei Fälligkeit des Kaufpreises *[alt.: der bei Besitzübergabe zu leistenden Rate]* die Möglichkeit besteht, dass der Käufer im Falle der Eigentumsumschreibung für Beträge in Anspruch genommen wird, die nach vorstehender Regelung der Verkäufer zu zahlen hat, kann der Käufer einen angemessenen Teilbetrag *[alt.: aus dieser Rate und ggf. auch aus danach fälligen Raten]* einbehalten; der einbehaltene Betrag ist zur Zahlung fällig, sobald dem Käufer nachgewiesen ist, dass seine Inanspruchnahme praktisch ausgeschlossen oder dass für die betreffenden Zahlungen entweder dem Käufer oder dem betreffenden Gläubiger hinreichende Sicherheit, z.B. durch Bürgschaft, gestellt ist. 237 M

f) Besondere Fragen stellen sich bei dem Verkauf eines Grundstücks durch eine *Gemeinde*.[175] Solange ein Grundstück im Eigentum der zur Beitragserhebung berechtigten Gemeinde steht, entsteht keine Beitragspflicht i.S.d. § 133 BauGB; die Gemeinde kann nicht ihr eigener Schuldner sein. Rechtlich entsteht die Beitragspflicht mit Eigentumsübergang auf einen Käufer (ähnlich die meisten Kommunalabgabengesetze). 238

Der Gemeinde verschlossen sind regelmäßig Vereinbarungen, wonach mit dem Kaufpreis die gesetzlichen Erschließungs- und Anliegerkosten pauschal abgegolten sein sollen. Vielmehr gilt seitens der Gemeinde der Grundsatz der Gesetzmäßigkeit und Gleichmäßigkeit der Beitrags- und Abgabenerhebung. *Pauschalvereinbarungen* sind daher grundsätzlich nichtig.[176] 239

Die Ablösung von Beitragsforderungen erfolgt durch öffentlich-rechtlichen Vertrag. Erschließungsverträge und Ablösevereinbarungen können nur unter engen Voraussetzungen getroffen werden. Voraussetzung ist insbesondere, dass die sachliche Beitragspflicht im Zeitpunkt der Ablösevereinbarung noch nicht entstanden ist; die landesrechtlichen Regelungen hierzu sind unterschiedlich. Häufig entstehen Beitragspflichten nicht zulasten der Kommune unter dem Gesichtspunkt, sie könne nicht ihr eigener Beitragsschuldner sein. Wesentliche Voraussetzung für eine Ablösungsvereinbarung sind weiter ausreichende Bestimmungen i.S.d. § 133 Abs. 3 Satz 5 BauGB (Entsprechendes gilt nach KAG), die insbesondere regeln, wie der zu vereinbarende Ablösungsbetrag errechnet werden soll; der Vertrag muss in inhaltlicher Übereinstimmung mit den Ablösungsbestimmungen geschlossen werden, wobei die Ablösungsvereinbarung offen zu legen ist. Auch wenn es als hinreichend angesehen wird, dass die Offenlegung außerhalb des Vertrags erfolgt, sollte der Grundstückskaufvertrag – nicht zuletzt wegen der unterschiedlichen Behandlung bei der Grunderwerbsteuer – Grundstücksanteil und Ablösungsbetrag getrennt ausweisen. Unter diesem Gesichtspunkt sind auch Umgehungen problematisch, z.B. »Sollten wider Erwarten noch Erschließungs- und Anliegerbeiträge anfallen, ermäßigt sich der Kaufpreis um den 240

---

175 Vgl. *Rastätter*, DNotZ 2000, 17.
176 BVerwG NJW 1990, 1679.

entsprechenden Betrag«. Sie sind wohl ebenfalls nichtig und können zur Gesamtnichtigkeit des Vertrags führen.

Ablösevereinbarung

241 M Die Stadt P. als Erschließungskostengläubiger und der Käufer als künftiger Grundstückseigentümer sind darüber einig, dass mit diesem Vertrag auch der Erschließungsbeitrag nach §§ 127 ff. BauGB nach näherer Maßgabe der Satzung über die Erschließungsbeiträge der Stadt vom ..... abgelöst wird.
Hiernach errechnet sich für den Vertragsgrundbesitz angesichts der insgesamt veranschlagten Erschließungskosten von ..... €, von denen die Stadt 10 % trägt, im Hinblick auf die Grundstücksgröße und die zulässige Geschoßfläche der Ablösebetrag von ..... € Dieser Betrag ist in dem oben genannten Gesamtkaufpreis bereits enthalten. Damit wird der Erschließungsbeitrag nach §§ 127 ff. BauGB vollständig abgelöst, insbesondere alle Kosten für die öffentlichen Straßen, Wege und Plätze des Baugebiets. Nachforderungen seitens der Stadt P. und Rückforderungen seitens des (künftigen) Grundstückseigentümers sind diesbezüglich ausgeschlossen.

9. Haftung für Rechtsmängel

242 Nach § 433 Abs. 1 Satz 2 BGB hat der Verkäufer dem Käufer die verkaufte Sache frei von Rechtsmängeln zu verschaffen. Der Vertragsgegenstand muss danach im Zeitpunkt der Vollendung des Eigentumserwerbs (infolge Auflassung und Eintragung) frei von Rechten sein, die von Dritten gegen den Käufer geltend gemacht werden können, also z.B. frei von Belastungen in Abt. II und III des Grundbuchs einschließlich bloßer Buchrechte (§ 435 BGB) sowie frei von Miet- und Pachtverhältnissen (vgl. § 566 BGB) oder einer Wohnungsbindung. Die Übernahme solcher Rechte Dritter – soweit erforderlich einschließlich der damit verbundenen schuldrechtlichen Verpflichtungen – bedarf der ausdrücklichen vertraglichen Vereinbarung (zur Übernahme eines durch Vormerkung gesicherten Anspruchs, z.B. bei einem Einheimischenmodell, vgl. § 30 Rdn. 17 ff.). Soweit solche Rechte nicht übernommen werden, kann eine Klarstellung sinnvoll sein, welche Rechte Dritter bereits bei Besitzübergang gegenstandslos sein müssen (z.B. Mietverhältnisse oder Wohnungsrechte) und solche, die erst bei Eigentumsumschreibung wegfallen sollen.

Lastenfreistellung

243 M Das Vertragsobjekt muss bei Besitzübergang frei von Rechtsmängeln sein, also ohne dass Dritte Rechte gegen den Käufer geltend machen können, soweit in dieser Urkunde nichts anderes bestimmt ist.
Der Grundbesitz wird lastenfrei verkauft. Die derzeit im Grundbuch eingetragenen Belastungen müssen spätestens bei Eigentumsumschreibung gelöscht werden.
Die Beteiligten stimmen allen Erklärungen, die der Lastenfreistellung dienen, wie Löschungen und Pfandfreigaben, zu und beantragen deren Vollzug im Grundbuch, auch soweit solche Belastungen erst später eingetragen werden sollten.

Übernahme eines Geh- und Fahrtrechts

Der Käufer übernimmt das in Abt. II lfd. Nr. 1 des Grundbuchs eingetragene Geh- und Fahrtrecht für den jeweiligen Eigentümer von FlSt. 987 samt allen sich daraus ergebenden Pflichten.

244 M

Übernahme einer Wohnungsbindung

Dem Käufer ist bekannt, dass es sich bei dem Vertragsobjekt um öffentlich geförderten Wohnraum handelt und deshalb Beschränkungen nach dem Wohnungsbindungsgesetz bestehen (z.B. Gebrauchsbeschränkungen, Mietpreisbindungen, Anzeigepflichten des Eigentümers vor Abschluss des Kaufvertrages und ein Verkaufsrecht des Mieters). Der Käufer übernimmt alle sich künftig daraus ergebenden Pflichten und Beschränkungen.

245 M

10. Haftung für Sachmängel

Nach § 433 Abs. 1 Satz 2 BGB hat der Verkäufer dem Käufer die verkaufte Sache frei von Sachmängeln zu verschaffen. § 434 BGB regelt, wann ein Sachmangel vorliegt (zur Bedeutung vorvertraglicher Informationen Rdn. 2). Entscheidend ist in erster Linie die vereinbarte Beschaffenheit (zu der auch eine vereinbarte Funktionstauglichkeit gehört[177]). Was Gegenstand einer Beschaffenheitsvereinbarung ist, wird von einem vereinbarten Haftungsausschluss nicht umfasst.[178]

246

Beschaffenheitsvereinbarung

Die Vertragsteile vereinbaren als Beschaffenheit des Kaufgegenstands ….. Für andere Eigenschaften des Kaufgegenstands, z.B. wegen < ….. der Bodenbeschaffenheit oder der Größe des Grundstücks>, haftet der Verkäufer nicht. Diesbezüglich werden Rechte des Käufers wegen Sachmängeln ausgeschlossen

247 M

Ist eine Beschaffenheit nicht vereinbart, gilt für Sachmängel § 434 Abs. 1 Satz 2 Nr. 2 BGB. Danach muss der Kaufgegenstand diejenige Beschaffenheit aufweisen, die bei Sachen der gleichen Art üblich ist und der Käufer nach der Art der Sache erwarten kann. Nach § 434 Abs. 1 Satz 3 BGB gehören hierzu auch diejenigen Eigenschaften, die der Käufer nach den öffentlichen Äußerungen des Verkäufers oder seines Gehilfen erwarten kann, z.B. aufgrund einer Darstellung des Kaufobjekts im Internet. Diese Haftung wird ggf. durch einen vertraglich vereinbarten Haftungsausschluss ausgeschlossen. Hierauf kann sich der Verkäufer nicht berufen, wenn er einen Mangel arglistig verschwiegen hat.[179]

248

Im Hinblick auf unrichtige vorvertragliche Informationen kann bei vorsätzlich falschen Angaben auch eine Haftung wegen Verletzung vorvertragliche Pflichten (§§ 280 Abs. 1, 241 Abs. 2, 311 Abs. 2 BGB) in Betracht kommen.

Der Verkäufer muss ihm obliegende *Offenbarungspflichten* erfüllen, z.B.
– dass das Grundstück früher in einer Weise genutzt wurde, die Kontaminationen, also sog. Altlasten, auch nur möglich erscheinen lässt.[180] Sind dem Verkäufer Verunreinigun-

249

---

177 BGHZ 174, 110 (für § 633 BGB).
178 BGHZ 207, 349; BGH DNotZ 2016, 921; BGH ZfIR 2018, 395; BGH ZfIR 2018, 422 (LS).
179 BGH ZfIR 2018, 395.
180 BGH ZfIR 2018, 55 m. Anm. *Hahn*.

- gen konkret bekannt, genügt er seiner Hinweispflicht nicht schon dadurch, dass er dem Käufer nur von einem bloßen Altlastenverdacht berichtet.[181]
- über das Vorhandensein als gesundheitsschädlich erkannter Baustoffe wie *Asbest*; solche bestehen jedenfalls dann, wenn übliche Umgestaltungs-, Renovierungs- und Umbauarbeiten nicht ohne Gesundheitsgefahren durchgeführt werden können (sodass in der Regel zu unterscheiden ist zwischen asbesthaltigem Material im Kaminzug oder der Dacheindeckung [keine Aufklärungspflicht] und asbesthaltigem Material in der Außenfassade wegen nicht unüblicher Arbeiten an der Fassade wie dem Anbringen von Lampen o. Ä. [Aufklärungspflicht]),[182]
- das Fehlen einer notwendigen Baugenehmigung,[183]
- über den Selbstmord eines Voreigentümers im verkauften Haus,[184]
- dass Nachbarn »einen recht ungewöhnlichen Lebensrhytmus haben, der sich in absichtlicher nächtlicher Ruhestörung äußert«.[185]

250 Erkennt der Verkäufer, dass der Käufer von falschen Annahmen ausgeht, kann Anlass bestehen, sich hiervon zu *distanzieren*, sei es zur Vermeidung von Beschaffenheitsvereinbarungen, sei es zur Vermeidung einer Haftung gemäß § 434 Abs. 1 Satz 2 Nr. 2, § 434 Abs. 1 Satz 3 BGB, sei es zur Vermeidung einer Haftung wegen Verletzung vorvertraglicher Pflichten. Dies gilt insbesondere, wenn vorvertraglich unrichtige Angaben gemacht wurden oder z.B. durch Werbeaussagen, Prospekte o.ä. falsche Erwartungen geweckt sein könnten.

Distanzierung von vorvertraglichen Erklärungen[186]

251 M **Der Verkäufer hat den Käufer im Rahmen der Vertragsverhandlungen darauf hingewiesen, dass für einen Dachgeschossausbau im vertraggegenständlichen Gebäude eine Genehmigung erforderlich ist. Im Hinblick darauf, dass der Käufer deshalb möglicherweise davon ausgeht, dass eine solche Genehmigung erreicht werden kann, erläutert der Verkäufer hiermit, dass er sich bereits selbst im Jahre ..... um eine solche Genehmigung bemüht hat, die Genehmigungsbehörde jedoch hierzu eine klar ablehnende Haltung eingenommen hat.**

252 Grundsätzlich können Vereinbarungen zu einer Haftungsbeschränkung getroffen werden,[187] allerdings beim Verkauf neuer Sachen nicht in einem Verbraucher- oder Formularvertrag, § 309 Nr. 8b BGB. Ob eine Sache neu oder gebraucht ist, ist zwingend nach einem objektiven Maßstab zu bestimmen. Die Eigenschaft »neu« verlieren Häuser, die nach Fertigstellung leer stehen, frühestens nach Ablauf von 2 Jahren nach Fertigstellung,[188] seit Fertigstellung vom Verkäufer selbst genutzte oder vermietete Objekte frühestens 1 Jahr nach Fertigstellung. Eine objektiv neue Sache kann nicht mit der vereinbarten Beschaffenheit »gebraucht« verkauft werden, um eine Beschränkung der Mängelansprüche des Verbrauchers zu ermöglichen.[189]

---

181 BGH 21.10.2000 – V ZR 285/99 – NJW 2001, 64.
182 BGH ZfIR 2009, 560 m. Anm. *Everts*; hierzu näher *Krüger*, ZNotP 2010, 42.
183 OLG BauR 2008, 1468.
184 OLG Celle IMR 2007, 364 (Anfechtungsgrund i.S.d. § 123 BGB).
185 BGH NJW 1991, 1673 (Anspruch aus c.i.c.).
186 Vgl. BGH ZfIR 2018, 33.
187 *Lindner*, RNotZ 2018, 69.
188 BGH DNotZ 1985, 622.
189 BGHZ 170, 31.

a) Beschaffenheitsbeschreibung, -vereinbarung

Nach der gesetzlichen Regelung ist in erster Linie auf die »vereinbarte Beschaffenheit« abzustellen. Aus Sicht des Käufers kann es darum gehen, für den Fall des Fehlens zugesagter Eigenschaften eine Haftung sicherzustellen, aus Sicht des Verkäufers – insbesondere bei neuen Gegenständen – eine Haftung zu vermeiden.

253

Eine die Haftung einschränkende Beschaffenheitsvereinbarung setzt eine *konkrete Beschreibung* der betreffenden Merkmale der Kaufsache voraus. Die Vertragsmäßigkeit kann nicht durch einen bloßen Hinweis auf den in der Natur gegebenen Zustand fingiert werden. Nach Erwägungsgrund 22 der Verbrauchsgüterkauf-Richtlinie sind wegen der Aushöhlung der den Verbrauchern eingeräumten Rechte Klauseln unzulässig, »denen zufolge dem Verbraucher jede zum Zeitpunkt des Vertragsschlusses bestehende Vertragswidrigkeit des Verbrauchsguts bekannt war«. Dementsprechend sind Klauseln wie *»der Grundbesitz wird veräußert, wie er steht und liegt«* oder *»gekauft wie besichtigt«* bzw. *»als Beschaffenheit wird der Zustand des Vertragsobjekts bei der Besichtigung am ..... vereinbart«*[190] nicht als (pauschale oder abstrakte) Beschaffenheitsvereinbarungen anzuerkennen. Sie erfassen nur tatsächlich erkannte bzw. erkennbare Eigenschaften der Sache; im Übrigen sind sie als Haftungsausschlussklauseln zu verstehen.[191] Ein Mangel wird, sofern nichts anderes vereinbart wird, auch nicht im Hinblick auf solche Eigenschaften anzunehmen sein, mit denen man angesichts des Gesamtzustands des Objekts vernünftigerweise rechnen muss, auch wenn sie nicht ohne Weiteres bei einer Besichtigung zu erkennen sind (vgl. § 434 Abs. 1 Satz 2 Nr. 2 BGB).

254

Allgemeine Beschaffensbeschreibung

Hinsichtlich Grundriss und Größe der vertragsgegenständlichen Wohnung sowie hinsichtlich der sichtbaren Ausstattung ist deren Zustand bei der am ..... durchgeführten Besichtigung maßgebend.

255 M

Zuweilen haben Käufer das Vertragsobjekt jedoch nicht bzw. nicht in allen Teilen besichtigt oder besichtigen können (z.B. weil Mieter beim Besichtigungstermin nicht anwesend waren). In solchen Fällen kann sich folgende Regelung anbieten:

256

Beschaffenheitsbeschreibung ohne Besichtigung

Der Käufer hat in dem Vertragsobjekt lediglich die derzeit unvermietete Wohnung im Erdgeschoss links besichtigt. Der Verkäufer erklärt, dass auch die weiteren im Vertragsobjekt befindlichen Wohnungen sich in einem Zustand befinden, der nicht oder nur unwesentlich von dem der besichtigten Wohnung abweicht. In dem entsprechenden Zustand wird das Vertragsobjekt verkauft. Eine weiter gehende Beschaffenheit ist nicht vereinbart.

257 M

Eine umfassende tatsächliche Beschreibung eines Grundstücks oder eines Gebäudes ist praktisch nicht zu leisten. In der Praxis sind solche Darstellungen – beschränkt freilich auf einzelne Punkte – nicht selten. Sie können andernfalls drohende Beweisprobleme vermei-

258

---

190 Vgl. Hertel, ZNotP 2002, 126; Kornexl, ZNotP 2002, 131; ders., ZNotP 2002, 86; Feller, MittBayNot 2003, 81.
191 Vgl. BGH NJW 1979, 1886; OLG Köln NJW-RR 1992, 49 zu § 476 BGB a.F.

den. Verkäufer wollen damit insbesondere belegen, dass keine nachteiligen Eigenschaften arglistig verschwiegen wurden (vgl. § 444 BGB).

259 M **Eine bestimmte Beschaffenheit wird nicht vereinbArt. Der Verkäufer haftet lediglich dafür, dass das Vertragsobjekt zu Wohnzwecken genutzt werden kann.**
Dem Käufer ist bekannt, dass der Verkäufer das Vertragsobjekt selbst im Jahr 1990 gebraucht gekauft hat; die Wohnung wurde seinerzeit nur gestrichen. Seitdem wurden keine Arbeiten an der Wohnung ausgeführt. Deshalb wird nach Auszug des Verkäufers erheblicher Renovierungsbedarf in allen Räumen bestehen.

260 M **Dem Käufer ist insbesondere bekannt, dass die Heizungsanlage nicht funktionsfähig ist und ebenso wie das Dach des Gebäudes vollständig erneuert werden muss; den Verkäufer treffen insofern keine Pflichten.**

261 Die vereinbarte Beschaffenheit kann dem allgemeinen Qualitätsstandard entsprechen, über diesen hinausgehen oder hinter ihm zurückbleiben.

Kauf auf Abbruch

262 M **Dem Käufer ist bekannt, dass das auf dem vertragsgegenständlichen Grundstück derzeit aufstehende Gebäude baufällig und nicht bewohnbar ist und eine Sanierung weder technisch möglich noch wirtschaftlich sinnvoll erscheint; der Vertragsbesitz wird in diesem Zustand, also auf Abbruch, verkauft.**

263 Wenn es dem Käufer um besondere Eigenschaften der Kaufsache geht, kann dies ebenfalls im Wege einer Beschaffenheitsvereinbarung (oder aber – insbesondere bei künftigen Eigenschaften – im Wege einer Garantie) geregelt werden.

Bebaubarkeit des Grundstücks

264 M **Die Beteiligten vereinbaren als Beschaffenheit des vertragsgegenständlichen Grundstücks, dass dieses nach Maßgabe des bestehenden Bebauungsplans mit einem frei stehenden Einfamilienhaus mit den Außenmaßen ..... × ..... m bebaubar ist. Rechte Dritter, die seine Bebaubarkeit demgegenüber einschränken oder ausschließen, z.B. Baulasten oder zu Gunsten von Nachbargrundstücken übernommene Abstandsflächen, bestehen nach Versicherung des Verkäufers nicht. Im Übrigen wird jede Haftung des Verkäufers ausgeschlossen. Er haftet demnach insbesondere nicht für eine bestimmte Bodenbeschaffenheit oder eine bestimmte Flächengröße.**

Beschaffenheitsvereinbarung über Mietertrag[192]

265 M **Die Beteiligten vereinbaren als Beschaffenheit des Vertragsobjekts, dass die derzeitigen Mieter derzeit eine Gesamtmiete ohne Nebenkosten in Höhe von ..... € zu zahlen verpflichtet sind und keine Rechtsgründe gegeben sind, nach denen nur eine geringere Miete verlangt werden dürfte.**

---

[192] Vgl. hierzu BGH NJW 1998, 445.

b) Haftungsausschluss

Klauseln zur Beschränkung und zum Ausschluss der Haftung für Sachmängel sind grundsätzlich zulässig. Ein Haftungsausschluss erfasst nicht eine Beschaffenheitsvereinbarung. Er kommt insbesondere bei dem Verkauf eines *Altbaus* (vgl. Rdn. 252) in Betracht. Vor allem in Verbraucher- und Formularverträgen können ergänzende Bestimmungen erforderlich sein (Rdn. 238), sofern das Vertragsobjekt im Bau oder erst unlängst fertig gestellt auch besondere Belehrungen (Rdn. 280). 266

Haftungsausschluss

Der Vertragsbesitz wird in dem derzeitigen Zustand unter Ausschluss jeglicher Haftung für Sachmängel verkauft. Eine konkrete Beschaffenheit ist nicht vereinbart. 267 M

Die Haftung wegen Vorsatzes kann nicht ausgeschlossen werden (§ 276 Abs. 3 BGB). Auf eine Vereinbarung, durch welche Rechte wegen eines Mangels ausgeschlossen oder beschränkt werden, kann sich der Verkäufer gemäß § 444 BGB nicht berufen, sofern er den Mangel arglistig verschwiegen oder eine Garantie für die Beschaffenheit übernommen hat. 268

Sofern ein Unternehmer an einen Verbraucher mit der Immobilie über Zubehör hinaus[193] *bewegliche Gegenstände* verkauft (z.B. die Einrichtung von Studentenappartements), sind die Sonderregelungen zum Verbrauchsgüterkauf in §§ 474 ff. BGB zu beachten. Sie erfassen sowohl neue als auch gebrauchte Gegenstände. Nach § 475 Abs. 2 BGB muss die Verjährungsfrist mindestens 1 Jahr bei gebrauchten und 2 Jahre bei neuen Sachen *ab dem gesetzlichen Verjährungsbeginn*, also gemäß § 438 Abs. 2 BGB ab Übergabe bzw. Ablieferung, betragen (es darf also für den Verjährungsbeginn nicht auf den Zeitpunkt des Vertragsschlusses abgestellt werden, es sei denn zu diesem Zeitpunkt werden die verkauften Gegenstände auch übergeben). 269

Mitverkaufte bewegliche Gegenstände

Wegen Mängeln der gemäß Abschnitt II.2 mitverkauften beweglichen Gegenstände haftet der Verkäufer nach den gesetzlichen Bestimmungen des BGB zum Kaufvertrag mit der Maßgabe, dass die Verjährungsfrist für die Ansprüche wegen Mängeln zwei Jahre ab deren Übergabe an den Käufer beträgt. 270 M

Ein Haftungsausschluss ist grundsätzlich immer möglich für das verkaufte Grundstück, auch wenn das darauf aufstehende Gebäude neu oder noch herzustellen ist. Es darf jedoch nicht übersehen werden, dass in solchen Fällen der Verkäufer regelmäßig eine Garantie für die *Nutzbarkeit* des Gebäudes übernimmt und ihn auch *Untersuchungspflichten* hinsichtlich des Grund und Bodens – z.B. aufgrund von übernommenen Planungsleistungen – treffen können. Dementsprechend ist ein Haftungsausschluss ggf. einzuschränken. 271

Haftung für das Grundstück

Eine Haftung des Verkäufers wegen der Größe und der Bodenbeschaffenheit des Grundstücks wird ausgeschlossen mit Ausnahme der gesetzlichen Haftung für Grund- 272 M

---

[193] Vgl. *Feller*, MittBayNot 2003, 81, 84 f.

stücksmängel, wegen denen das Gebäude dort nicht errichtet oder bestimmungsgemäß genutzt werden kann, oder wenn die Beschaffenheit des Grundstücks zu Sachmängeln am Bauwerk führt sowie für die Verletzung einer Pflicht zur Bodenuntersuchung. Der Ausschluss der Haftung gilt auch nicht für eine Haftung bei Vorsatz oder Arglist. Hinsichtlich von Schadensersatzansprüchen bleibt auch die Haftung für grob fahrlässig verursachte Schäden und für Schäden aus der Verletzung des Lebens, des Körpers oder der Gesundheit, die auf einer fahrlässigen Pflichtverletzung des Verkäufers, seines gesetzlichen Vertreters oder eines Erfüllungsgehilfen beruhen, unberührt.

273 Eine vertragliche Regelung über den Ausschluss der Haftung für Sachmängel erfasst nicht ohne Weiteres zufällige Veränderungen und Verschlechterungen des Vertragsbesitzes, die nach Vertragsschluss und vor Gefahrübergang (also in der Regel bis zur Übertragung des unmittelbaren Besitzes[194]) entstehen.[195] Sofern auch hierfür ein Haftungsausschluss gewollt sei, müssten die Vertragsteile dies deutlich machen. Dies wird, wie der BGH zu Recht hervorhebt, regelmäßig nicht gewollt sein. Dies kann im Vertrag klar gestellt werden:

Veränderungen bis zum Besitzübergang

274 M **Der Verkäufer haftet für nachweisliche Veränderungen und Verschlechterungen bis zum Besitzübergang, es sei denn sie sind auf den gewöhnlichen Gebrauch zurückzuführen.**

275 Nur ausnahmsweise, z.B. in Fällen, in denen das Vertragsobjekt auf Abbruch gekauft wird oder eine Totalsanierung beabsichtigt ist, wird es dem Käufer auf solche Änderungen nicht ankommen.

Kauf auf Abbruch

276 M **Der Käufer beabsichtigt, das auf dem vertragsgegenständlichen Grundstück aufstehende Gebäude abzureißen. An Bauteilen und Ausstattungsgegenständen hat er kein Interesse. Dementsprechend ist der Verkäufer berechtigt, bis zur vereinbarten Übergabe Fenster, Türen, Leitungen, Sanitärgegenstände usf. auszubauen und zu entfernen; er haftet nicht für die damit verbundenen Veränderungen.**

c) Notwendige Einschränkungen von Haftungsbeschränkungen

277 Nach der Schuldrechtsmodernisierung bedarf jegliche Regelung zu einer Haftungsbeschränkung in Verbraucher- und in Formularverträgen – auch in Verträgen zwischen Unternehmen[196] – einer Beschränkung im Hinblick auf § 309 Nr. 7a BGB. Weitgehend sind demnach von einer Haftungsbeschränkung Schäden aus der Verletzung des Lebens, des Körpers oder der Gesundheit auszunehmen.[197]

278 M **Diese Haftungsbeschränkung gilt nicht für Schäden aus der Verletzung des Lebens, des Körpers oder der Gesundheit, die auf einer fahrlässigen Pflichtverletzung des Verwenders oder einer vorsätzlichen oder fahrlässigen Pflichtverletzung seines Vertreters**

---

194 BGH NJW 1996, 586 m.w.N.
195 BGH ZfIR 2003, 233.
196 BGHZ 174, 1.
197 BGHZ 170, 31; BGH ZIP 2007, 235.

oder Erfüllungsgehilfen beruhen, sowie nicht für sonstige Schäden, die auf einer grob fahrlässigen Pflichtverletzung des Verwenders oder einer vorsätzlichen oder grob fahrlässigen Pflichtverletzung seines Vertreters oder Erfüllungsgehilfen beruhen.

Eine entsprechende Haftungsbeschränkung wäre grundsätzlich auch im Hinblick auf sog. Kardinalpflichten, also solche Pflichten, bei deren Verletzung der Vertragszweck gefährdet wäre, zu erwägen, da für diese eine Haftungsbeschränkung nach der Rechtsprechung ebenfalls nicht oder allenfalls unter sehr eingeschränkten Voraussetzungen in Betracht kommt.[198] Allerdings wäre eine Klausel des Inhalts, dass »die Haftung aufgrund einer Verletzung wesentlicher Vertragspflichten unberührt bleibt«, nach der Rechtsprechung des BGH unwirksam.[199]

d) Besondere Belehrungspflichten

Nach der Rechtsprechung des VII. Zivilsenats des BGH[200] ist ein »*formelhafter Ausschluss* der Gewährleistung für Sachmängel« beim Erwerb »neu errichteter oder so zu behandelnder Häuser« nur dann wirksam, wenn die Freizeichnung mit dem Erwerber unter ausführlicher Belehrung über die einschneidenden Rechtsfolgen eingehend erörtert worden ist. Dies gilt unabhängig davon, ob eine derartige Klausel sich in allgemeinen Geschäftsbedingungen[201] oder in einer Individualvereinbarung[202] findet. Diese Rechtsprechung erfasst nicht nur Fälle, in denen von vornherein mit Veräußerungsabsicht oder durch einen Gewerbetreibenden verkauft wird, sondern auch Objekte, die der Verkäufer selbst in Eigenleistung (teil-)saniert hat. Auf Verträge über Altbauten ohne Herstellungsverpflichtung ist diese Rechtsprechung demnach nicht übertragbar,[203] nach einer Entscheidung des BGH vom 06.10.2005[204] auch nicht – jedenfalls bei einer Individualvereinbarung – auf Fälle einer Teilsanierung hinsichtlich der unverändert veräußerten Altbausubstanz. Für den Notar ergibt sich hieraus das Problem, in den betreffenden Fällen eine nicht formelhafte und ausführliche Belehrung beweiskräftig zu dokumentieren.

e) Garantie

Von den Beschaffenheitsvereinbarungen sind (nachdem das neue Schuldrecht die »Zusicherung einer Eigenschaft« nicht mehr kennt) *Beschaffenheitsgarantien* abzugrenzen (vgl. §§ 276 Abs. 1 Satz 1, 443 BGB). In der Folge besteht eine verschuldensunabhängige Schadensersatzhaftung. Für Garantien ist ein Haftungsausschluss unwirksam (§ 444 BGB). Garantien wird man insbesondere dort in Betracht ziehen, wo eine Beschaffenheitsvereinbarung nicht hinreichend ist. Zwei Fallgruppen stehen insofern für die Praxis im Vordergrund.

Zum einen ist an die Fälle zu denken, in denen eine *verschuldensunabhängige Haftung* begründet werden soll, z.B.

---

198 BGHZ 108, 348; BGH NJW 1992, 2016; BGH NJW 1993, 335.
199 BGHZ 164, 11, 55; *Thode*, ZNotP 2007, 162, 165.
200 Grundlegend BGHZ 101, 350, 353.
201 BGH DNotZ 1982, 626; BGHZ 74, 204.
202 BGH DNotZ 2007, 822.
203 BGHZ 98, 100.
204 BGHZ 164, 225 = DNotZ 2006, 280 m. Anm. *Blank* = ZfIR 2006, 50 m. Anm. *Thode*.

Garantie für Baustoffe

283 M Der Verkäufer übernimmt hiermit eine selbstständige Garantie dafür, dass innerhalb des vertragsgegenständlichen Gebäudes nur Baustoffe vorhanden sind, die keine Pestizide und kein Formaldehyd enthalten.
(vgl. für Asbestbelastungen Rdn. 249)

284 Die zweite Fallgruppe betrifft *künftige Eigenschaften* der Sache. Denn nach der bisherigen Rechtsprechung können nur Eigenschaften der Sache (z.B. die Bebaubarkeit eines Grundstücks) zum Zeitpunkt des Vertragsabschlusses oder zum Zeitpunkt des Gefahrübergangs zur Beschaffenheit gehören und eine Sachmängelhaftung begründen,[205] nicht jedoch künftige Eigenschaften. Damit ist unsicher, ob solche Umstände zum Gegenstand einer Beschaffenheitsvereinbarung nach § 434 Abs. 1 Satz 1 BGB gemacht werden können. Auch für diese Fälle wird man daher die Übernahme einer selbstständigen Garantie erwägen.

Garantie für künftige Eigenschaften (Bebaubarkeit)

285 M Der Verkäufer übernimmt hiermit eine selbstständige Garantie dafür, dass das vertragsgegenständliche Grundstück bis spätestens zum ..... mit einem frei stehenden Einfamilienhaus mit einer Größe von ..... (Außenmaße) bebaubar sein wird.

f) Altlasten

286 Der Verkäufer hat Aufklärungs- und Offenbarungspflichten (Rdn. 249). So muss er z.B. unaufgefordert über eine frühere Nutzung aufklären, wenn diese eine Kontamination, also sog. Altlasten, auch nur möglich erscheinen läßt (erst recht bei einem konkreten Altlastenverdacht).[206] In solchen Fällen sind regelmäßig spezifische vertragliche Regelungen veranlasst.[207] Hierbei sind z.B. die Bestimmungen des Bundesbodenschutz-, des Umweltschadens- und des Wasserhaushaltsgesetzes zu berücksichtigen. Danach haftet der Eigentümer für erforderlichen Sanierungsaufwand, es kommt nicht darauf an, ob er die Bodenveränderungen selbst verursacht hat oder ob er von ihnen beim Erwerb wußte.

Eine Eintragung des Kaufgrundstücks im *Altlastenkataster* (§ 11 BBodSchG) kann dem Kaufinteressenten einen Hinweis auf schädliche Bodenveränderungen geben, ohne entsprechende Eintragung kann jedoch nicht davon ausgegangen werden, dass das Grundstück unbelastet ist. Einen Altlastenverdacht begründen können auch (gelöschte) Eintragungen im Grundbuch wie eine (Unterlassungs-) Dienstbarkeit z.B. für ein Mineralölunternehmen (Hinweis auf eine frühere Nutzung als Tankstelle, vgl. § 64 Rdn. 23 f.). Regelungsbedarf besteht stets, wenn ein *Bodenschutzlastvermerk* (§ 25 BBodSchG) im Grundbuch eingetragen ist (Rdn. 299 M).

287 Nach § 4 Abs. 6 BBodSchG ist der frühere Eigentümer eines Grundstücks zur Sanierung verpflichtet, wenn er sein Eigentum nach dem 01.03.1999 übertragen hat und die schädliche Bodenveränderung oder Altlast hierbei kannte oder kennen musste. Erwirbt der Käufer bei bestehendem Altlastenverdacht das Eigentum an einem Grundstück, trifft ihn diese Haftung somit auch bei einer Rückabwicklung des Vertrags (z.B. weil sich der Altlastenverdacht bestätigt). Will der Käufer dieses Risiko reduzieren, empfiehlt sich eine Vertragsgestaltung, die einen Eigentumserwerb ausschließt, bis eine vereinbarte Altlastenuntersuchung abgeschlossen ist (z.B. Kaufvertrag mit Rücktrittsrecht für den Fall, dass sich der Altlasten-

---

[205] Vgl. BGH MittBayNot 1977, 10.
[206] BGH ZfIR 2018, 55 m. Anm. *Hahn*.
[207] *Diederichsen/Di Prato* ZfIR 2018, 336.

verdacht bestätigt, und Vereinbarung zur Eigentumsumschreibung dahin gehend, dass diese erst dann stattfindet, wenn das betreffende Rücktrittsrecht erloschen ist. Gleichzeitig wird man regeln, wer im Falle des Rücktritts die Kosten der Altlastenuntersuchung zu tragen hat).

Wird im Vertrag der Begriff »Altlast« verwendet, spricht das dafür, dass (nur) schädliche Bodenveränderungen im Sinne des Bundesbodenschutzgesetzes gemeint sind. Im allgemeinen Sprachgebrauch wird der Begriff jedoch häufig weiter verstanden. Nicht zuletzt wird man nicht selten auch Kontaminationen aufstehender Gebäude erfassen wollen. Im Hinblick darauf sollte man den Begriff »Altlast«, so wie er von den Vertragsbeteiligten verstanden wird, näher definieren, um Unsicherheiten auszuschließen. 288

Definition des Begriffs »Altlasten«

Der Verkäufer haftet dafür, dass auf dem Vertragsbesitz keine sog. Altlasten vorhanden sind, also solche Belastungen des Bodens oder des Gebäudes samt dort vorhandenen Anlagen, die einen gegenüber unbelastetem Boden- und Abbruchmaterial erhöhten Aufwand für die Entsorgung erforderlich machen, insbesondere auch keine unterirdische Tanks oder im Boden vorhandene Kampfmittel wie z.B. Munition, Fliegerbomben etc. 289
oder
Altlasten und Umweltschäden im Sinne dieses Vertrags sind solche i.S. des Umweltschadensgesetzes und sämtliche Boden-, Bodenluft-, Sickerwasser-, Oberflächengewässer- und Grundwasserverunreinigungen, Schadstoffe in und an baulichen Anlagen (wie z.B. Asbest), im Boden eingeschlossene bauliche oder technische Anlagen und Teile davon, Kampfstoffe und -mittel sowie Abfälle, insbesondere auch schädliche Bodenveränderungen und Altlasten i.S.v. § 2 BBodSchG und im oder am Gebäude vorhandene gefährliche oder umweltgefährliche Stoffe oder Zubereitungen i.S.v. § 3a ChemG, in beiden Fällen ergänzt durch die einschlägigen Rechtsverordnungen, Verwaltungsvorschriften und technischen Richtlinien.

Zuweilen wird ein Verkäufer dazu bereit sein, eine verschuldensunabhängige Haftung dafür zu übernehmen, dass das Vertragsobjekt frei von Altlasten und Umweltschäden (im Sinne der vertraglichen Definition) ist. Mit entsprechenden Garantien verbundene Risiken werden freilich häufig nicht erkannt. Insbesondere werden bestehende Gebäude älteren Baujahrs fast regelmäßig Stoffe enthalten, die nach heutiger Bewertung als Schadstoffe zu qualifizieren sind und bei einer Entsorgung zusätzlichen Aufwand nach sich ziehen. 290

Garantie der Altlastenfreiheit

Der Verkäufer garantiert, dass das vertragsgegenständliche Grundstück keine Altlasten und Umweltschäden im Sinne der vorstehenden Definition aufweist. Er trägt alle deswegen entstehenden Kosten und Nachteile und hat den Käufer von jeglicher Inanspruchnahme freizustellen. Dies gilt unabhängig davon, ob behördliche Maßnahmen zur Gefahrenabwehr angeordnet werden. 291 M
Ansprüche aus dieser Garantie können nur bis spätestens ..... geltend gemacht werden. Diese Befristung entfällt, wenn dem Verkäufer vor Ablauf der Frist ein Sachverständigengutachten vorgelegt wurde, dass das Vorhandensein entsprechender Kontaminierungen bestätigt.

292 Nicht selten werden mit Altlasten verbundene Lasten und Risiken bereits bei der Kaufpreisbemessung berücksichtigt und vom Käufer übernommen. Ein genereller Haftungsausschluss wegen Sachmängeln umfasst auch Altlasten.[208]

Zu beachten ist in diesem Zusammenhang aber auch § 24 Abs. 2 BBodSchG bzw. § 9 Abs. 2 USchG. Mehrere Verpflichtete im Sinne des Bundesbodenschutzgesetzes bzw. des Umweltschadensgesetzes haben danach unabhängig von ihrer Heranziehung durch die Behörde für Sanierungsaufwand einen zivilrechtlichen Ausgleichsanspruch entsprechend ihres Beitrags zur Verursachung von Gefahr oder Schaden. Demnach kann z.B. der herangezogene neue Eigentümer von einem früheren Eigentümer, der die Kontamination verursacht hat, den entsprechenden Ausgleich verlangen. Dieser Ausgleichsanspruch kann ausgeschlossen werden. Er wird in der Regel aber nicht bereits durch den allgemeinen Haftungsausschluss wegen Sachmängeln ausgeschlossen.[209]

Regelungen zum Ausgleichsanspruch machen allerdings nur dann Sinn, wenn Altlastenverdacht besteht oder der Verkäufer Gesamtrechtsnachfolger des Verursachers der Altlasten ist. Denn andernfalls besteht nach der gesetzlichen Regelung kein Ausgleichanspruch gegen der Verkäufer.

Genereller Haftungsausschluss für Altlasten einschließlich Ausschluss eines Ausgleichsanspruchs

293 M **Dem Käufer ist bekannt, dass der Vertragsbesitz schädliche Bodenveränderungen – insbesondere wegen des früheren Betriebs einer Tankstelle – aufweisen kann und dass die Dacheindeckung des vorhandenen Gebäudes asbesthaltiges Material aufweist. Er übernimmt alle mit sog. Altlasten verbundenen Lasten und Risiken. Er hat den Verkäufer von jeder Inanspruchnahme aufgrund vorgenannter Umstände freizustellen. Ausgleichsansprüche des Käufers gegen den Verkäufer werden hiermit ausgeschlossen. Im Falle einer Veräußerung des Vertragsgrundbesitzes hat der heutige Käufer mit seinem Rechtsnachfolger entsprechende Vereinbarungen zugunsten des heutigen Verkäufers zu treffen. Andernfalls haftet er dem Verkäufer für daraus entstehende Schäden und Nachteile. Dem Verkäufer ist bekannt, dass ihn unabhängig von vorstehenden Vereinbarungen im Außenverhältnis von Gesetzes wegen eine Haftung wegen schädlicher Bodenveränderungen treffen kann.**

Erweiterter Ausschluss von Ausgleichsansprüchen

294 M **Der Käufer hat den von allen öffentlich-rechtlichen und zivilrechtlichen Verpflichtungen aus Ansprüchen und von allen Nachteilen aufgrund von Rechten von Behörden und/oder Dritten uneingeschränkt freistellen, die sich auf Umweltschäden und/oder Bodendenkmäler beziehen, insbesondere etwa von Ansprüchen auf und den Kosten für Untersuchung, Überwachung, Sicherung, Sanierung oder Entsorgung solcher Umweltschäden. Die Freistellung gilt auch zu Gunsten von Verkäufer sowie Fa. ....., von der der Verkäufer den Vertragsgrundbesitz erworben hat, sowie zugunsten solcher Personen oder Gesellschaften, die aus handels- oder gesellschaftsrechtlichem Rechtsgrund für eine Verantwortlichkeit des Verkäufers wegen Umweltschäden und/oder Bodendenkmälern einzustehen haben, und zwar in der Weise, dass diese Personen oder Gesellschaften aus der hier getroffenen Regelung unmittelbar berechtigt sind. Etwaige Ausgleichsansprüche des Käufers gegen den Verkäufer und die vorge-**

---
208 BGH DNotZ 1994, 452.
209 BGH DNotZ 2004, 783.

nannten Personen und Gesellschaften gemäß § 24 Abs. 2 BBodSchG und § 9 Abs. 2 USchadG sind ausgeschlossen.
Im Falle einer Veräußerung des Vertragsgrundbesitzes hat der heutige Käufer mit seinem Rechtsnachfolger entsprechende Vereinbarungen zugunsten des heutigen Verkäufers sowie den vorgenannten Personen und Gesellschaften zu treffen. Andernfalls haftet er dem Verkäufer und den vorgenannten Personen und Gesellschaften für daraus entstehende Schäden und Nachteile.

Nicht selten wird für Altlasten eine *Risiko- bzw. Kostenverteilung* zwischen Käufer und Verkäufer gewünscht. Verschiedene Gestaltungen sind denkbar. Insbesondere können anfallende Sanierungskosten geteilt werden, sei es quotal, sei es betragsmäßig, sei es im Hinblick auf einzelne Maßnahmen oder einzelne Teilflächen des verkauften Grundstücks. In Betracht kommen auch Rückabwicklungsvereinbarungen mit Abwendungsbefugnis. 295

Betragsmäßige Verteilung von Sanierungskosten

Für die Beseitigung von Altlasten im Sinne der vorstehenden Regelung entstehende Kosten hat der Käufer bis zu einem Höchstbetrag von € ..... – (Euro .....) selbst zu tragen. Darüber hinaus gehende Kosten hierfür trägt allein der Verkäufer; er hat sie dem Käufer unverzüglich nach Nachweis zu ersetzen. Diese Verpflichtung des Verkäufers endet in ..... Jahren gerechnet ab dem .....
Werden erst danach Altlasten im vorgenannten Sinne festgestellt bzw. beseitigt, trägt der Käufer allein die deswegen entstehenden Kosten.
Als Kosten anzusetzen sind hierbei die für die Altlastenbeseitigung tatsächlich entstehenden Kosten ohne Umsatzsteuer und abzüglich marktüblicher Sowieso-Kosten. 296 M

Rücktrittsregelung mit Abwendungsbefugnis

Der Käufer weiß von der bisherigen Nutzung des Vertragsbesitzes zur Herstellung von Chemieprodukten. Der Verkäufer versichert, dass ihm nichts von schädlichen Bodenveränderungen oder Kontaminationen von Gebäuden bekannt ist.
Der Käufer wird deswegen unverzüglich auf seine Kosten eine Untersuchung des Gesamtbesitzes durch einen unabhängigen Sachverständigen veranlassen.
Sollten sich dabei schädliche Bodenveränderungen oder Kontaminationen von Gebäuden herausstellen, ist vom Gutachter der voraussichtliche Gesamtaufwand für deren Beseitigung einschließlich Entsorgungskosten zu schätzen. Anzusetzen sind hierbei Kosten ohne Umsatzsteuer und abzüglich marktüblicher Sowieso-Kosten. Übersteigt der hierfür geschätzte Gesamtbetrag ..... €, ist der Käufer berechtigt, von dem schuldrechtlichen Teil dieses Vertrags zurückzutreten. Von der Rücktrittsabsicht ist dem Verkäufer unter Übergabe von Gutachten und Schätzung Kenntnis zu geben. Dieser kann den Rücktritt abwenden, wenn er 297 M
a) innerhalb von drei Monaten ab Zugang der vorgenannten Erklärung des Käufers verbindlich erklärt, dass er alle Kosten für Sanierung und Entsorgung, die den vorgenannten Betrag übersteigen und bis zum ..... fällig werden, tragen und den Käufer von jedweder Inanspruchnahme über diesen Betrag hinaus, insbesondere durch Behörden, freistellen wird, und
b) dem Käufer innerhalb dieser Frist für den Differenzbetrag zwischen nach vorstehender Regelung vom Käufer zu tragenden Betrag und dem in dem Gutachten ausgewiesenen Betrag die selbstschuldnerische Bürgschaft eines im Inland zum

§ 32 Kaufverträge über Grundstücke und Wohnungseigentum

Geschäftsbetrieb befugten Kreditinstituts verschafft hat, die bis zum ..... befristet sein darf.
Der Rücktritt des Käufers kann nur innerhalb von vier Wochen nach Ablauf der Erklärungsfrist des Verkäufers erklärt werden.
Der Verkäufer hat dem Käufer im Falle des Rücktritts aus diesem Grund die Notar- und Grundbuchkosten dieses Vertrags und seiner Rückabwicklung zu ersetzen. Im Übrigen sind Ersatzansprüche in diesem Fall wechselseitig ausgeschlossen.

298   Nach § 25 BBodSchG ist der Grundstückseigentümer verpflichtet, einen Ausgleichsbetrag in Höhe der durch die Sanierungsmaßnahmen bedingte Werterhöhung des Grundstücks zu zahlen, wenn für Gefahrenabwehr- und Sanierungsmaßnahmen öffentliche Mittel eingesetzt wurden. Der Ausgleichsbetrag ruht als öffentliche Last auf dem Grundstück (§ 25 Abs. 6 BBodSchG), ist also ggf. auch vom dem Erwerber des Grundstücks zu leisten. Hierfür kann (muss aber nicht) ein sog. *Bodenschutzlastvermerk* im Grundbuch eingetragen sein.

Ein Grundstücksverkäufer muss den Kaufinteressenten auf eine (möglicherweise) bestehende Verpflichtung zur Leistung des Ausgleichsbetrags hinweisen. Die Vertragsteile können für das Verhältnis untereinander (also nicht mit Rechtswirkung gegenüber der Behörde) regeln, wer von ihnen den Ausgleichsbetrag zu leisten hat.

299 M **Über die Bedeutung des im Grundbuch eingetragenen Bodenschutzlastvermerks hat der Notar belehrt; insbesondere wurde darauf hingewiesen, dass der wegen der Sanierung geschuldete Ausgleichsbetrag als dauernde Last auf dem Grundstück ruht und demnach – unabhängig von den nachstehenden Vereinbarungen – vom jeweiligen Grundstückseigentümer zu zahlen ist.**
Im Innenverhältnis vereinbaren die Vertragsteile, dass einen wegen der Sanierung des Vertragsbesitzes an die zuständige Behörde zu zahlenden Ausgleichsbetrag allein der Verkäufer zu leisten hat. Er hat den Käufer von jeder Inanspruchnahme freizustellen.
Die Fälligkeit des vom Käufer dem Verkäufer geschuldeten Kaufpreises sowie eine Eigentumsumschreibung auf den Käufer sollen nicht von dem Nachweis der Zahlung des Ausgleichsbetrags abhängig sein.

11. Genehmigungen

a) Gerichtliche und behördliche Genehmigungen

300   Auf zur Rechtswirksamkeit oder zum Vollzug des Vertrags erforderliche gerichtliche oder behördliche Genehmigungen oder Bestätigungen hat der Notar gemäß § 18 BeurkG hinzuweisen. Die Einholung solcher Genehmigungen obliegt dem Notar nur, wenn er dies im Rahmen eines besonderen Auftrags übernommen hat, wozu ihm besondere Vollmacht erteilt werden sollte (zur vormundschaftsgerichtlichen Genehmigung näher § 97 Rdn. 8 ff.).

301   Bei der Vertragsgestaltung wird man solche Genehmigungserfordernisse berücksichtigen, in der Regel als **Voraussetzung für die Kaufpreisfälligkeit** (s.o. Rdn. 154 ff.).

302   Besteht eine Ausnahme von einer grundsätzlich anzunehmenden Genehmigungspflicht, wird man die Voraussetzungen hierfür in den Vertrag aufnehmen, z.B. die Voraussetzungen des Art. 2 des BayAGGrdstVG.

Grundstückverkehrsgesetz

303 M **Im Hinblick auf eine mögliche Genehmigungspflicht nach dem Grundstückverkehrsgesetz versichert der Verkäufer, dass er innerhalb der letzten drei Jahre einschließlich**

der heutigen Vertragsfläche nicht mehr als 1 ha land- oder forstwirtschaftlich genutzten Grundbesitz genehmigungsfrei veräußert hat.

Wenn der Grundbesitz in einem förmlich festgelegten *Sanierungsgebiet* i.S.d. §§ 136 ff. BauGB liegt, bedarf es der Genehmigung nach § 144 BauGB oder eines Negativzeugnisses. Für die Vertragsgestaltung von besonderer Bedeutung sind die dabei anfallenden Ausgleichszahlungen für sanierungsbedingte Werterhöhungen (§ 154 BauGB), die öffentlich-rechtlich den Grundstückseigentümer treffen und grundsätzlich nach Abschluss der Sanierung zu entrichten sind. Im Hinblick hierauf findet im Rahmen des Genehmigungsverfahrens eine Preiskontrolle statt. Ist im Grundstückskaufpreis die sanierungsbedingte Werterhöhung oder der künftige mutmaßliche Ausgleichsbetrag enthalten, wird die Genehmigung regelmäßig verweigert, da damit die Durchführung des Sanierungsverfahrens erschwert würde. Die Gestaltungsfreiheit der Vertragsbeteiligten ist insofern eingeschränkt; der Verkäufer kann nicht den Ausgleichsbetrag übernehmen und sich verpflichten, den Käufer von einer Inanspruchnahme freizustellen. Allerdings hat der Eigentümer unter den Voraussetzungen des § 154 Abs. 3 Satz 3 BauGB – insbesondere im Hinblick auf eine Veräußerungsabsicht – Anspruch auf die vorzeitige Festlegung des Ausgleichsbetrags. **304**

Sanierungsgebiet

Den Beteiligten ist bekannt, dass sich der Vertragsbesitz in einem Sanierungsgebiet befindet. Der Käufer tritt in das Sanierungsverfahren mit Wirkung ab heute ein. Der Verkäufer versichert, dass er die ihn und den Vertragsbesitz im Rahmen dieses Verfahrens bis heute treffenden Verpflichtungen erfüllt hat. Alle ab heute daraus entstehenden Verpflichtungen treffen den Käufer. Insbesondere hat der Käufer einen künftig fällig werdenden Ausgleichsbetrag für sanierungsbedingte Werterhöhungen des Vertragsbesitzes zu zahlen. Sofern im Zeitpunkt der Fälligkeit von Ausgleichszahlungen die in diesem Vertrag vereinbarten Voraussetzungen für die Kaufpreisfälligkeit noch nicht eingetreten sein sollten, hat der Verkäufer einen Ausgleichsbetrag noch zu verauslagen; der verauslagte Betrag ist ihm dann vom Käufer gegen Rechnungslegung mit dem Kaufpreis zu erstatten. Rückzahlungsansprüche hinsichtlich etwaiger Vorauszahlungen auf den Ausgleichsbetrag werden hiermit an den Käufer abgetreten, der die Abtretung annimmt. **305 M**

Weiter kann sich empfehlen, **306**
– eine Zusicherung des Verkäufers, dass er auf Entschädigungen nicht verzichtet hat (§ 145 Abs. 3 BauGB), samt Verpflichtung, auch künftig hierauf nicht zu verzichten,
– zur Vermeidung von Finanzierungsproblemen die Kaufpreisfälligkeit von der Eintragung der (zweckmäßigerweise im Anschluss an den Kaufvertrag bestellten) Finanzierungsgrundschuld abhängig zu machen, wozu es – anders als für die Eintragung der Auflassungsvormerkung – der sanierungsrechtlichen Genehmigung bedarf.

b) Privatrechtliche Genehmigungen

Zur Rechtswirksamkeit können Genehmigungs- oder Zustimmungserfordernisse auch aufgrund Privatrechts bestehen, z.B. die Einwilligung des Ehegatten bei Verfügungen über das Vermögen im Ganzen i.S.d. § 1365 BGB. Ist der Ehegatte in der Beurkundung anwesend, wird man dessen Zustimmung in die Urkunde aufnehmen. Andernfalls ist sie in grundbuchmäßiger Form nachzureichen. **307**

c) Gesamtvermögensgeschäft einer Gesellschaft

308 Verpflichtet sich eine **Aktiengesellschaft**, ihr ganzes Vermögen zu übertragen, bedarf dieser Vertrag gemäß § 179 a Abs. 1 Satz 1 AktG eines Zustimmungsbeschlusses der Hauptversammlung. Ein einziges Grundstück kann in diesem Sinne das ganze Vermögen sein, wenn die Gesellschaft nach der Veräußerung nicht mehr in der Lage wäre, die in der Satzung festgelegten Unternehmensziele weiter zu verfolgen. Es geht insofern um eine Änderung des Gesellschaftszwecks.[210] Der Beschluss bedarf in der Regel der ¾ – Mehrheit. Er muss bei Aktiengesellschaften notariell beurkundet werden.

309 Es ist davon auszugehen, dass § 179 a Abs. 1 Satz 1 AktG entsprechend gilt für die **GmbH** sowie für **Personenhandelsgesellschaften**[211] und wohl auch für die **Gesellschaft bürgerlichen Rechts**.[212] Bei der GmbH bedarf der entsprechende Beschluss – wie bei der AG – der notariellen Beurkundung. Bei den anderen Gesellschaftsformen genügt (wohl) ein formfreier Beschluss.[213]

310 Dies gilt insbesondere beim Verkauf durch **Objektgesellschaften.** Deren einziges – wesentliches – Vermögen ist in der Regel das Grundstück, das verkauft werden soll. Verzichtbar ist eine Zustimmung möglicherweise bei solchen Gesellschaften, die von Vornherein darauf gerichtet sind, eine Immobilie – ggf. nach Durchführung baulicher Maßnahmen – wieder zu veräußern, da durch den Verkauf der Gesellschaftszweck verwirklicht wird.[214] Im Zweifel sollte der Zustimmungsbeschluss eingeholt werden und zur Voraussetzung für die Fälligkeit des Kaufpreises gemacht werden. Sind die Gesellschafter beteiligt, kann dieser Beschluss auch in die Urkunde aufgenommen werden. Damit erhöhen sich allerdings die anfallenden Notarkosten.[215]

311 Für das **Grundbuchverfahren** ist ein solcher Beschluss freilich nicht erforderlich.[216] Es droht allerdings die Rückforderung wegen ungerechtfertigter Bereicherung. Ein Gesellschafter kann die Unwirksamkeit des schuldrechtlichen Geschäfts geltend machen, wenn ohne Beschluss oder ohne hinreichende Mehrheit veräußert wurde. Im Einzelfall kann dem allerdings entgegenstehen, dass der betreffende Gesellschafter unter Treuepflichtaspekten zur Zustimmung verpflichtet gewesen wäre (z.B. wenn eine wirtschaftliche Schieflage der Gesellschaft die Veräußerung erfordert).[217]

12. Privatrechtliche Vorkaufsrechte

312 Ist ein privatrechtliches Vorkaufsrecht im Grundbuch eingetragen, also ein dingliches Vorkaufsrecht gemäß § 1094 Abs. 1 BGB oder ein durch Vormerkung gesichertes schuldrechtliches Vorkaufsrecht gemäß. §§ 463 ff. BGB, oder bestehen andere Vorkaufsrechte, z.B. des Mieters nach § 577 BGB (das nicht nur nach einer Aufteilung nach dem Wohnungseigentumsgesetz, sondern auch infolge einer Realteilung eines Grundstücks in Betracht kommen kann[218]), ist dies bei Vertragsgestaltung und Vertragsabwicklung zu berücksichtigen. Für das Vorkaufsrecht des Mieters ist insbesondere zu berücksichtigen, dass ein vor Abschluss des Kaufvertrags erklärter Verzicht auf das Vorkaufsrecht bzw. seine Ausübung – anders als bei den anderen genannten Vorkaufsrechten – unwirksam ist.

---

210 BGH NJW 1995, 596.
211 OLG Düsseldorf NJW-Spezial 2018, 81 für Publikumsimmobilienfonds in der Form einer KG.
212 Näher *Wagner/Herzog* NotBZ 2016, 332.
213 Zur oHG DNotI-Report 2017, 41.
214 Vgl. *Kraus* notar 2017, 312.
215 Eine falsche Sachbehandlung iSd § 21 GNotKG liegt hierin nicht, OLG Düsseldorf RNotZ 2016, 129 (zur KG).
216 BGH NJW 1991, 2564, 2565.
217 OLG Düsseldorf NJW-Spezial 2018, 81.
218 BGH DNotZ 2008, 771 m. Anm. *Langhein*; hierzu auch *Rüßmann*, RNotZ 2012, 97.

Für die Kaufvertragsgestaltung ist folgendes zu berücksichtigen: 313

a) Die Vorkaufsrechtsausübung berührt die Wirksamkeit des Vertrags zwischen dem Verpflichteten und dem Erstkäufer nicht. Vielmehr kommt mit dem Vorkaufsberechtigten ein weiterer selbstständiger Vertrag zustande. Wird vertraglich nicht ausdrücklich Vorsorge getroffen, kann der Verkäufer – wie in jedem Fall des Doppelverkaufs – Schadenersatzansprüchen ausgesetzt sein. Helfen könnte lediglich eine Auslegung, dass, wenn und weil die Beteiligten vom Vorkaufsrecht wussten, einvernehmlich Erfüllungsansprüche für den Fall der Vorkaufsrechtsausübung ausgeschlossen seien und der Vertrag dementsprechend auflösend bedingt sein soll.[219] Demgegenüber ließe sich ein Vertrag, der insofern keine Aussage enthält, aber auch so auslegen, dass der Verkäufer eine *Garantie* für die Nichtausübung des Vorkaufsrechts übernommen habe und sich verpflichtete, die Vorkaufsrechtsausübung abzuwehren. 314

Ausdrückliche Regelungen sind daher unverzichtbar. In der Regel wird der Verkäufer keine Garantie für die Nichtausübung des Vorkaufsrechts übernehmen wollen. Doppelte Erfüllungsansprüche sind zu vermeiden. Verschiedene Konstruktionen kommen in Betracht: 315

Der Vertrag mit dem Erstkäufer kann unter der *aufschiebenden Bedingung* der Nichtausübung des Vorkaufsrechts oder einer *auflösenden Bedingung* – Ausübung des Vorkaufsrechts – abgeschlossen werden. Es kann ein *Rücktrittsrecht* für den Fall der wirksamen Vorkaufsrechtsausübung vereinbart werden; dieses Rücktrittsrecht wirkt nicht gegenüber dem Vorkaufsberechtigten (§ 456 BGB). 316

Die Vereinbarung eines Rücktrittsrechts erscheint vorzugswürdig, weil sie nicht automatisch zum Erlöschen des ersten Vertrags führt; dies kann von Bedeutung sein, wenn für den zweiten Vertrag etwa erforderliche behördliche Genehmigungen (z.B. Genehmigung nach GrdStVG) verweigert wurden und es deshalb beim ersten Vertrag bleiben soll oder wenn sich nach rechtswirksamer Ausübung des Vorkaufsrechts Verkäufer und Vorkaufsberechtigter über die Aufhebung des zweiten Vertrags einigen. 317

Haftungsausschluss

Eine Haftung des Verkäufers für den Fall der Ausübung des Vorkaufsrechts wird ausgeschlossen; er kann in diesem Fall vom schuldrechtlichen Teil des heutigen Vertrags zurücktreten. Er hat dem Käufer dann sämtliche bis dahin erbrachten Leistungen einschließlich der von diesem aufgrund des heutigen Vertrags gezahlten Kosten für Notar, Grundbuchamt, Genehmigungen und Zeugnisse (ohne Aufwendungen für die Finanzierung des Kaufpreises) zurückzugewähren, Zug um Zug gegen Abgabe einer Löschungsbewilligung für die für den Käufer zur Eintragung kommende Auflassungsvormerkung und Vorliegen der Löschungsunterlagen für etwaige Finanzierungsgrundpfandrechte. Zur Sicherung dieser Rückzahlungsansprüche tritt der Verkäufer an den Käufer seine sich nach Ausübung des Vorkaufsrechts gegen den Vorkaufsberechtigten ergebenden Ansprüche in entsprechender Höhe ab; der Käufer nimmt die Abtretung an. 318 M

b) In der Regel soll der Grundstückskäufer den Kaufpreis erst zahlen, wenn der rechtsbeständige und lastenfreie Eigentumserwerb sichergestellt ist. Deshalb ist zu empfehlen, die Kaufpreisfälligkeit (auch) davon abhängig zu machen, dass durch die Ausübung des Vorkaufsrechts keine Beeinträchtigungen eintreten. 319

---

219 So BGH DNotZ 2009, 625.

320 Die sicherste Gestaltung ist die, dass die Kaufpreisfälligkeit abhängt vom Vorliegen der Löschungsbewilligung hinsichtlich des eingetragenen Vorkaufsrechts bzw. (wenn das Vorkaufsrecht weiter für spätere Verkaufsfälle gilt) vom Vorliegen der Erklärung des Vorkaufsberechtigten, er übe das Vorkaufsrecht nicht aus. Hierauf wird man aber deshalb nicht allein abstellen wollen, weil der Vorkaufsberechtigte nicht verpflichtet ist, sich entsprechend zu erklären.

321 Es bietet sich an, ergänzend auf den Ablauf der Frist für die Ausübung des Vorkaufsrechts abzustellen (dies ist in der Regel die Zwei-Monats-Frist des § 469 Abs. 2 BGB, kann aber vertraglich abweichend geregelt sein; der Notar sollte dies – insbesondere im Hinblick auf die weitere Vertragsabwicklung – zuverlässig durch Einsichtnahme in die Vereinbarung über die Einräumung des Vorkaufsrechts klären[220]). Dabei ist zu beachten, dass das Vorkaufsrecht durch Erklärung gegenüber dem Verpflichteten ausgeübt werden kann und weder der Notar noch der Erstkäufer hiervon Kenntnis erlangen müssen. Eine die Empfangszuständigkeit des Verpflichteten *verdrängende Vollmacht* (z.B. des beurkundenden Notars) kann nicht wirksam vereinbart werden. Wenn gleichwohl nach dem Willen der Beteiligten der Fristablauf genügen soll, um die Kaufpreisfälligkeit zu begründen, sollte nicht darauf verzichtet werden, daneben nach Fristablauf zusätzlich auch eine Erklärung des Eigentümers vorzusehen, wonach dieser versichert, dass ihm gegenüber innerhalb der Ausübungsfrist das Vorkaufsrecht nicht ausgeübt wurde.

Regelung zur Kaufpreisfälligkeit

322 M **Fälligkeitsvoraussetzung ist weiter das Vorliegen der Erklärung des Vorkaufsberechtigten, er übe das ihm zustehende Vorkaufsrecht nicht aus. Stattdessen genügt vereinbarungsgemäß auch der Ablauf der Frist für die Ausübung des Vorkaufsrechts, wobei dann der Verkäufer zusätzlich erklärt haben muss, dass auch ihm gegenüber innerhalb der Ausübungsfrist das Vorkaufsrecht nicht ausgeübt wurde.**

323 c) Der Vorkaufsberechtigte hat im Fall der Ausübung des Vorkaufsrechts die Kosten des ursprünglichen Vertrags zu tragen. Unsicher ist, ob hierzu auch die Kosten der Eintragung und der Löschung der Auflassungsvormerkung für den Erstkäufer gehören.[221] Im Verhältnis des Verkäufers zum Erstkäufer wird meistens eine Kostenübernahme des Verkäufers gewünscht sein; ist dieser hierzu nicht bereit, kann sich empfehlen, die Vormerkung erst nach Klärung der Vorkaufsrechtsausübung zur Eintragung zu bringen (nach Belehrung über die damit verbundenen Risiken, insbesondere Zwischeneintragungen, und den wirtschaftlichen Nachteil einer verzögerten Kaufpreisfälligkeit).

324 Im Hinblick auf die Vertragsabwicklung ist weiter zu berücksichtigen, dass der Vorkaufsverpflichtete nach § 469 BGB verpflichtet ist, dem Vorkaufsberechtigten den Vorkaufsfall unverzüglich anzuzeigen und Verzögerungen Schadenersatzpflichten nach sich ziehen können. Diese Mitteilung ist Aufgabe des Verpflichteten; sie kann gemäß § 469 Abs. 1 Satz 2 BGB auch durch den Erstkäufer erfolgen, nicht aber (vom Ausnahmefall des § 1099 BGB abgesehen) durch Dritte. Der *Notar* kann die Mitteilung nach § 469 BGB also nur aufgrund *besonderer Ermächtigung* abgeben; ohne eine solche Ermächtigung ist die von ihm zugesandte Mitteilung ohne Wirkung und setzt insbesondere nicht die Frist des § 469 Abs. 2 BGB in Gang.

325 Darüber hinaus wird es sich meistens empfehlen, den Notar dazu zu ermächtigen, die Erklärung des Vorkaufsberechtigten über die Ausübung des Vorkaufsrechts entgegenzu-

---
220 BGH MittBayNot 2003, 306.
221 Vgl. BGH DNotZ 1982, 629; LG Bonn NJW 1965, 1606.

nehmen und – nachdem auch die Nichtausübungserklärung als Teil eines Erlassvertrags empfangsbedürftig ist – auch zu deren Entgegennahme.

Ermächtigung des Notars

Der Notar wird beauftragt und ermächtigt, dem Vorkaufsberechtigten eine Abschrift diese Vertrages mit einfachem Brief zu übersenden, auf sein Vorkaufsrecht hinzuweisen und dessen Erklärung über die Ausübung des Vorkaufsrecht für die Beteiligten einzuholen und entgegenzunehmen. 326 M

Die Mitteilung nach § 469 BGB setzt voraus, dass der Kaufvertrag rechtswirksam ist. Zur Rechtswirksamkeit erforderliche Genehmigungen müssen vorliegen. Eine unwirksame Mitteilung setzt die Frist des § 469 Abs. 2 BGB nicht in Gang. 327

Die Mitteilung muss so gestaltet sein, dass der Vorkaufsberechtigte über ihre rechtliche Bedeutung Klarheit gewinnen kann. Er sollte also auf die Möglichkeit der Vorkaufsrechtsausübung und zweckmäßigerweise die Frist des § 469 Abs. 2 BGB bzw. eine aufgrund besonderer Vereinbarungen möglicherweise abweichende Frist[222] hingewiesen werden (vgl. § 577 Abs. 2 BGB). Sinnvoll und hinreichend ist es, dem Vorkaufsberechtigten den Vertragstext zuzuleiten. Es genügt eine einfache Vertragsabschrift (beglaubigte Abschriften oder Ausfertigungen im Auszug könnten m.E. eher zu Irritationen führen; die Zuleitung einer – dem Notar selbst erteilten – Ausfertigung kann jedoch unter den Gesichtspunkt erwogen werden, dass damit dem Vorkaufsberechtigten auch der Nachweis der entsprechenden Bevollmächtigung des Notars gegeben wird, vgl. §§ 172, 174 BGB). Wird in dem Vertrag auf andere Urkunden verwiesen, muss deren Inhalt dann mitgeteilt werden, wenn andernfalls keine Klarheit über die Rechte und Pflichten im Fall der Vorkaufsrechtsausübung zu gewinnen ist. 328

Bedurfte es zur Rechtswirksamkeit des Vertrags Genehmigungen, ist auch deren Vorliegen mitzuteilen; Abschriften sind nicht zwingend erforderlich. 329

Adressat der Mitteilung ist der Vorkaufsberechtigte. Sind mehrere Vorkaufsberechtigte vorhanden, ist der Vorkaufsfall ihnen allen anzuzeigen, also z.B. *beiden* Ehegatten. Ist der Vorkaufsberechtigte verstorben und war das Vorkaufsrecht vererblich, sind daher die Erben zu ermitteln. Ist der Berechtigte unbekannt, kommt ein Aufgebotsverfahren gemäß § 1104 BGB in Betracht. 330

Bei subjektiv-dinglichen Vorkaufsrechten ist die Mitteilung an denjenigen zu richten, der im Zeitpunkt ihres Zugangs Eigentümer des berechtigten Grundstücks ist (also im Fall dessen Veräußerung nicht unbedingt den Eigentümer im Zeitpunkt des Abschlusses des Veräußerungsvertrags); ein Eigentumswechsel zwischen Zugang der Erklärung und Ablauf der Ausübungsfrist verpflichtet jedoch nicht zu einer weiteren Mitteilung an den neuen Eigentümer. 331

Wurde das berechtigte Grundstück geteilt, führt das in der Regel zu einer gemeinschaftlichen Berechtigung aller Eigentümer der dabei gebildeten Teilgrundstücke; das Vorkaufsrecht verbleibt, sofern nichts anderes vereinbart wird, nicht beim »wirtschaftlichen Mittelpunkt« des geteilten Grundstücks.[223] 332

Der Zugang der Mitteilung ist – schon wegen der Frist des § 469 Abs. 2 BGB – nachweisbar sicherzustellen. Neben der Aushändigung gegen Empfangsbekenntnis kommen insbesondere ein Einschreiben mit Rückschein oder die Zustellung durch den Gerichtsvollzieher (§ 132 BGB) in Betracht. 333

---

222 BGH MittBayNot 2003, 306.
223 Vgl. OLG München MittBayNot 2010, 42 m. Anm. *Jeep*; BayObLG DNotZ 1973, 415.

13. Gesetzliches Vorkaufsrecht

334 Auf in Betracht kommende gesetzliche Vorkaufsrechte[224] hat der Notar gemäß § 20 BeurkG hinzuweisen; dies ist in der Niederschrift zu vermerken.

Teilweise kann das Bestehen eines Vorkaufsrechts vom Notar vorab geklärt werde, wenn nämlich, wie in einzelnen Bundesländern im Hinblick auf das Vorkaufsrecht nach § 99a des Wasserhaushaltsgesetzes, die betreffenden Grundstücke in einem amtlichen Verzeichnis aufgeführt sind und er hierauf zugreifen kann.

Bei jedem Grundstückskauf ist das Vorkaufsrecht der Gemeinde nach § 24 BauGB zu berücksichtigen. Solange keine Erklärung der Gemeinde vorliegt, mit der sie entweder bestätigt, dass ein solches Vorkaufsrecht nicht besteht, oder dass ein solches Vorkaufsrecht nicht ausgeübt wird, soll das Grundbuchamt eine Eigentumsumschreibung nicht vollziehen.

335 a) Die Möglichkeit der Ausübung des gemeindlichen Vorkaufsrechts ist bei der Vertragsgestaltung zu berücksichtigen (vgl. Rdn. 25 M unter VI.). Fraglich kann sein, ob die *Kaufpreisfälligkeit* vom Vorliegen der Erklärung der Gemeinde abhängig gemacht werden soll. Dagegen spricht, dass die Ausübung des gemeindlichen Vorkaufsrechts in den allermeisten Fällen sehr unwahrscheinlich ist. Hinzu kommt, dass Gemeinden die Abgabe ihrer Erklärung zuweilen von der vorherigen Zahlung der anfallenden Bearbeitungsgebühren abhängig machen; sofern solche – wie in den meisten Verträgen vorgesehen – vom Käufer zu zahlen sind, hätte er es in der Hand, durch zögerliche Zahlung der Gebühren auch die Kaufpreisfälligkeit zu verzögern. Zuweilen kann auch nur der Käufer die aus Sicht der Kommune bestehenden Gründe für eine Vorkaufsrechtsausübung beseitigen (z.B. Zusage, keine »Luxusmodernisierung« zulasten der Mieter durchzuführen). In solchen Fällen ist zu erwägen, die Kaufpreisfälligkeit nicht von der entsprechenden Erklärung der Gemeinde abhängig zu machen, sondern sich darauf zu beschränken, eine Haftung des Verkäufers für den Fall der Ausübung des gesetzlichen Vorkaufsrechts auszuschließen. Darüber hinaus kann dem Käufer für den Fall, dass der Kaufpreis bereits ganz oder teilweise bezahlt sein sollte, der Zahlungsanspruch des Verkäufers gegen die Gemeinde aufgrund eines durch Vorkaufsrechtsausübung zustande kommenden Vertrags (sicherungshalber) abgetreten werden (vgl. Rdn. 318 M).

336 Für den Verkäufer ist das Risiko der Vorkaufsrechtsausübung auszuschließen (vgl. Rdn. 314 ff.). Es empfiehlt sich die Vereinbarung eines Rücktrittsrechts vom Kaufvertrag. Zuweilen besteht das Risiko, dass das Vorkaufsrecht nur für Teile des verkauften Grundbesitzes ausgeübt wir (z.B. für Straßen- und Gehwegflächen). Dies kann bei der gestaltung des Rücktrittsrechts berücksichtigt werden.

Gemeindliches Vorkaufsrecht

337 M **Beide Parteien sind zum Rücktritt von diesem Kaufvertrag berechtigt, wenn bezüglich des Kaufgegenstandes ein gesetzliches Vorkaufsrecht ausgeübt wird. Der Rücktritt lässt die Rechte des Vorkaufsberechtigten unberührt. Ein Rücktrittsrecht besteht jedoch nicht, wenn sich die Ausübung des Vorkaufrechts auf Flächen beschränkt, deren Wegfall die gegenwärtige Nutzung des Kaufgegenstandes nicht beeinträchtigt. In diesem Fall bleiben die Parteien an diesen Kaufvertrag mit der Maßgabe gebunden, dass sich der Kaufgegenstand um die von der Ausübung des Vorkaufsrechtes betroffene Teilfläche reduziert. Der Kaufpreis gemäß Abschnitt ..... bleibt unberührt, der Ver-**

---

[224] Vgl. hierzu die Aufleistung der »Arbeitshilfen« des Deutschen Notarinstituts (abrufbar unter www.dnoti.de).

käufer tritt dem Käufer jedoch die Kaufpreisansprüche und die Entschädigungsansprüche gegen den Vorkaufsberechtigten, soweit diese die Flächen betreffen, auf die sich die Ausübung des Vorkaufsrechts bezieht, ab; Ansprüche wegen der Ausübung des Vorkaufsrechts stehen dem Käufer nicht zu. Der Notar belehrte die Parteien darüber, dass das vorstehend vereinbarte Rücktrittsrecht im Verhältnis zum Vorkaufsberechtigten wirkungslos ist.

b) Regelmäßig und zweckmäßigerweise wird der Notar beauftragt, das zur Eintragung des Eigentumsübergangs erforderliche Negativzeugnis der Gemeinde zu den Vorkaufsrechten nach BauGB zu erholen. Hierfür fällt nach dem GNotKG eine Vollzugsgebühr an, die, wenn sonst keine Vollzugstätigkeiten veranlasst sind, nach Nr. 22112 KV GNotKG auf 50 € begrenzt ist. Erhält der Notar die Verzichtserklärung der Gemeinde unter einer Auflage (z.B. dass die von der Gemeinde in Rechnung gestellten Gebühren bezahlt sein müssen, bevor die Erklärung verwendet werden darf), fällt für die Beachtung der Auflage eine Treuhandgebühr nach Nr. 22201 KV GNotKG aus dem Wert der geforderten Gebühr an. 338

Die Einholung der Vorkaufsrechtserklärung der Kommune erfolgt regelmäßig in einem *zweistufigen Verfahren*.[225] Zunächst erhält die Gemeinde durch Formblatt diejenigen Informationen, die für die Prüfung des Bestehens oder des Nichtbestehens des Vorkaufsrechts erforderlich sind, also die Mitteilung über den Abschluss eines Kaufvertrags über das näher bezeichnete Grundstück. Erst auf Mitteilung der Gemeinde, dass ein Vorkaufsrecht in Betracht kommt (und möglicherweise ausgeübt wird), erhält sie in einem zweiten Schritt eine Abschrift des Kaufvertrags. 339

Dieses Verfahren trägt dem datenschutzrechtlichen Erforderlichkeitsprinzip (§ 9 Abs. 1 BDSG) Rechnung und dürfte auch dem Interesse einer effizienten Verwaltung dienen. Soll der Gemeinde davon abweichend sofort nach Beurkundung eine vollständige Vertragsabschrift zugeleitet werden oder sollen bereits im ersten Schritt weitere Angaben, z.B. über die Namen der Vertragsbeteiligten, gemacht werden (was sich wegen der Verpflichtung zur Kostenübernahme empfehlen kann), sollte im Hinblick auf die notarielle Verschwiegenheitspflicht (§ 18 BNotO) eine entsprechende Ermächtigung in den Vertrag aufgenommen werden (vgl. Rdn. 25 M unter XI.). 340

14. Finanzierung

In der Regel muss der Käufer den Kaufpreis ganz oder teilweise finanzieren. Darlehensgeber des Käufers machen die Darlehensauszahlung von entsprechenden Sicherheiten abhängig. Als Kreditsicherheit kommt insbesondere die Eintragung von Grundpfandrechten am Vertragsobjekt in Betracht, daneben auch die Übernahme von bereits eingetragenen Grundschulden oder auch eine Übernahme von Schulden des Verkäufers samt Grundschuld. Bei diesen Verfahren muss der Verkäufer mitwirken und sein Grundstück schon vor Kaufpreiszahlung als Kreditsicherheit zur Verfügung stellen. Vor den damit verbundenen Risiken ist er bestmöglich zu schützen. Ohne Mitwirkung des Verkäufers kommt als Kreditsicherung nur die – allerdings nicht von allen Kreditinstituten akzeptierte – *Verpfändung des Auflassungsanspruchs* in Betracht. 341

a) Grundpfandrechtsbestellung unter Mitwirkung des Verkäufers

Die größte Verbreitung hat das Verfahren, bei dem die erforderlichen Grundpfandrechte unter *Mitwirkung des Verkäufers* für Rechnung des Käufers bestellt werden.[226] 342

---

225 Vgl. DNotI-Report 2018, 130.
226 Vgl. *Ertl*, MittBayNot 1989, 53.

343 **aa)** Zur Sicherung des Verkäufers können die Valutierungsansprüche, also der Ansprüche des Erwerbers gegen seinen Kreditgeber (nach Eintragung des Grundpfandrechts) auf Darlehensauszahlung, abgetreten werden, soweit erforderlich in Verbindung mit einer Weiterabtretung an die abzulösenden Kreditgläubiger des Verkäufers. Solche Abtretungen sind zur Sicherung des Käufers jedenfalls mit den Bestimmungen zur Kaufpreisfälligkeit zu koppeln, da andernfalls der Verkäufer die Auszahlung der Kreditmittel schon vor Kaufpreisfälligkeit geltend machen könnte. In der Praxis kann die Abtretung der Valutierungsansprüche allerdings deshalb keine große Sicherheit bieten, weil die Darlehensformulare praktisch aller Kreditinstitute Abtretungsverbote enthalten. Zudem bliebe meistens unklar, ob und wann der Abtretungsvertrag, der der Annahme des Abtretungsempfängers bedarf, zustande kommt.

344 **bb)** Zum anderen und in erster Linie kommt eine Sicherung über die dem Grundpfandrecht zugrunde liegende Zweckerklärung *(Sicherungsvereinbarung)* in Betracht. Mit ihr ist insbesondere auch das Risiko auszuschließen, dass der Verkäufer im Fall der Rückabwicklung des Vertrags neben dem erhaltenen Kaufpreis auch aufgelaufene Zinsen, ein Disagio, eine Nichtabnahme- oder Vorfälligkeitsentschädigung (§ 490 Abs. 2 Satz 3 BGB) zu leisten hätte, um wieder die Lastenfreistellung seines Grundbesitzes zu erreichen. Kern der Verkäufersicherung muss deshalb die – von den Kreditinstituten regelmäßig auch akzeptierte – Bestimmung sein, dass der Grundpfandrechtsgläubiger das Grundpfandrecht nur insoweit als Sicherheit verwerten oder behalten darf, als er tatsächlich Zahlungen mit Tilgungswirkung auf die Kaufpreisschuld geleistet hat, zeitlich begrenzt bis zur vollständigen Kaufpreiszahlung[227] bzw. längstens bis zur Eigentumsumschreibung.

Finanzierungsmitwirkung

345 M **Der Verkäufer verpflichtet sich, bei der Bestellung von Grundpfandrechten in beliebiger Höhe für beliebige Gläubiger mit beliebigen Zinsen und Nebenleistungen vor Eigentumsübergang mitzuwirken und deren Eintragung im Grundbuch samt dinglicher Zwangsvollstreckungsunterwerfung zu bewilligen.**
Hierzu treffen die Vertragsteile folgende Vereinbarungen, die in der Bestellungsurkunde wiedergegeben werden müssen:
a) Der Grundpfandrechtsgläubiger darf das Grundpfandrecht nur insoweit als Sicherheit verwerten oder behalten, als er tatsächlich Zahlungen mit Tilgungswirkung auf die Kaufpreisschuld geleistet hat; abweichende Sicherungsvereinbarungen gelten erst ab vollständiger Kaufpreiszahlung, jedenfalls ab Eigentumsumschreibung.
b) Bis zur vollständigen Tilgung des Kaufpreises sind Zahlungen, soweit zur Lastenfreistellung erforderlich, direkt an die dinglich Berechtigten, im Übrigen an den Verkäufer zu leisten.
c) Das Grundpfandrecht darf auch nach Eigentumsumschreibung auf den Käufer bestehen bleiben. Der Verkäufer überträgt alle ihm an diesem Grundpfandrecht zustehenden Rechte, insbesondere Eigentümerrechte und Rückgewähransprüche, mit Wirkung ab Zahlung des Kaufpreises, in jedem Fall ab Eigentumsumschreibung, und bewilligt die entsprechende Umschreibung im Grundbuch.
d) Der Verkäufer übernimmt im Zusammenhang mit der Grundschuldbestellung weder eine persönliche Haftung noch trägt er damit verbundene Kosten.

---

[227] Zurückhaltend *Schöner/Stöber*, Rn. 3158, die unter Hinweis auf BGH DNotZ 2002, 639 m. Anm. *Reithmann* die Einschränkung des Sicherungszwecks stets bis zur Eigentumsumschreibung vorsehen wollen, um den Verkäufer auch im Fall einer Rückabwicklung des Vertrags aus anderen Gründen als der unvollständigen Kaufpreiszahlung zu sichern.

Der Verkäufer erteilt dem Käufer unter Befreiung von den Beschränkungen des § 181 BGB und unabhängig von der Rechtswirksamkeit dieses Vertrags Vollmacht, alle Erklärungen abzugeben, zu denen der Verkäufer aufgrund vorstehender Bestimmungen verpflichtet ist. Von dieser Vollmacht kann nur vor dem beurkundenden Notar, Vertreter oder Amtsnachfolger Gebrauch gemacht werden.

■ *Kosten.* Die Belastungsvollmacht löst beim Kaufvertrag keine Gebühr oder Erhöhung des Geschäftswerts aus, auch wenn die vorgesehene Belastung den Kaufpreis übersteigt (§ 109 Abs. 1 Satz 4 und 5 GNotKG). Wird aufgrund entsprechenden Auftrags dem Gläubiger die Sicherungsabrede angezeigt, löst dies nach Nr. 22200 KV GNotKG eine 0,5 Betreuungsgebühr aus.[228]

Bei diesem Verfahren bleibt für den Verkäufer das Kostenrisiko. Er haftet kraft Gesetzes für die Notarkosten und für die Grundbuchgebühren, die im Zusammenhang mit der Grundschuldbestellung anfallen. Vor diesem Risiko kann er sich nur durch die Vorauszahlung der Kosten bzw. Hinterlegung eines entsprechenden Betrags schützen. Soll das Kostenrisiko begrenzt werden, bedarf es einer Beschränkung im Hinblick auf die Höhe des Grundpfandrechts, das aufgrund der Vollmacht zur Eintragung gebracht werden kann (vgl. Rdn. 350). **346**

Zudem besteht die Gefahr der Rufschädigung. Erfüllt nämlich der Käufer seine Verpflichtungen aus dem Darlehensvertrag mit seinem Finanzierungsgläubiger nicht, kann es geschehen, dass der Gläubiger aus der Grundschuld die Zwangsversteigerung oder Zwangsverwaltung des Grundstücks schon zu einem Zeitpunkt beantragt, zu dem der Verkäufer noch Grundstückseigentümer ist. In den Veröffentlichungen nach § 39 ZVG erscheint dann der Verkäufer als Zwangsvollstreckungsschuldner, was seinem Ruf außerordentlich schädlich sein kann, weil die Leser der Veröffentlichung nicht erkennen können, dass die Anordnung der Zwangsversteigerung auf einer Säumnis nicht des Verkäufers, sondern des Käufers beruht. Vor diesem Risiko kann sich der Verkäufer nur unvollkommen schützen. Wurde der Kaufpreis vollständig geleistet, womit in der Regel eine Rückabwicklung des Vertrags ausgeschlossen ist, kann er sich darum bemühen, möglichst vor solchen Vollstreckungsmaßnahmen die Eigentumsumschreibung herbeizuführen, was ihn wiederum nötigen kann, die Grunderwerbsteuer zu verauslagen. Ist der Kaufpreis nicht vollständig gezahlt, hat er möglichst schnell die Voraussetzungen für einen Vertragsrücktritt herbeizuführen, um dem Gläubiger erhaltene Zahlungen zurückzuerstatten und so die Vollstreckung abwenden zu können; will er dies nicht, etwa in der Hoffnung, dass der Käufer den offenen Restkaufpreis doch noch auftreiben wird, oder um den erhaltenen Kaufpreisteil behalten zu können oder um sich die Möglichkeit, Schadensersatz geltend zu machen, nicht zu begeben, bleibt ihm zur Abwendung der Vollstreckung möglicherweise nur, an den Finanzierungsgläubiger des Käufers die offenen Zahlungen zu leisten. **347**

Es ist freilich zu berücksichtigen, dass die Kreditfinanzierung von Grundstückskäufen heute die Regel, die echte Barzahlung jedenfalls bei Objekten höheren Werts die seltene Ausnahme ist. Ein Verkäufer, der die Risiken der Mitwirkung bei der Grundpfandrechtsbestellung scheut und deshalb auf Barzahlung besteht, muss deshalb mit einem erheblich eingeschränkten Kreis potentieller Käufer rechnen. **348**

cc) Bei der Grundpfandrechtsbestellung bedarf es der entsprechenden Bewilligung des Verkäufers als (Noch-)Eigentümer des Grundbesitzes sowie in der Regel der Abgabe eines abstrakten Schuldanerkenntnisses durch den Käufer. Da das Grundpfandrecht Rang vor der für den Käufer eingetragenen Auflassungsvormerkung erhalten muss, ist außerdem die Bewilligung des Rangrücktritts des Käufers erforderlich. Um die Schwierigkeiten einer gemein- **349**

---

228 Vgl. *Tiedtke*, DNotZ 2015, 577, 578 ff.

samen Terminvereinbarung zu vermeiden, empfiehlt sich insofern eine Belastungsvollmacht.

350 Solche Vollmachten können eingeschränkt werden, z.B. auf die Höhe des Kaufpreises; dies ist aber häufig nicht sachgerecht, weil über den Kaufpreis hinaus oft auch die Finanzierung der Erwerbskosten und bei unbebauten Grundstücken und Altbauten auch eine Sicherung für die Bau- oder Sanierungskosten beabsichtigt ist. Im Hinblick auf § 109 Abs. 1 Satz 5 GNotKG berechnen sich die Notargebühren auch dann nur aus dem Wert des Kaufvertrags.

351 Ob eine Beschränkung, nach der von der Vollmacht nur an der betreffenden Notarstelle Gebrauch gemacht werden darf, zweckmäßig und berufsrechtlich unbedenklich ist, ist umstritten.[229]

352 Die Vollmacht können Käufer und Verkäufer sich gegenseitig oder einem Dritten erteilen; insbesondere steht § 79 ZPO nicht einer Vertretung des Verkäufers durch den Käufer entgegen.[230] Da wirtschaftlich betroffen (und in der Regel belehrungsbedürftig) jedoch meist nur der Käufer ist, sollte ihm die Belastungsvollmacht erteilt werden; nach einer Entscheidung des OLG Hamm[231] können eine persönliche Haftungsübernahme und die Unterwerfung unter die sofortige Zwangsvollstreckung durch einen vom Käufer bevollmächtigten Dritten als überraschende Klausel anzusehen sein.

b) Übernahme einer Grundschuld

353 Ist im Grundbuch bereits eine Grundschuld eingetragen, kann sie vom Käufer zur Sicherung seiner Kaufpreisfinanzierungsgläubiger übernommen werden. Handelt es sich nicht um dasselbe Kreditinstitut, ist eine Abtretung an den Neugläubiger erforderlich. Ob die betreffenden Gläubiger zu solchen Verfahren bereit sind, ist vorab zu klären. Üblich ist jedenfalls, dass bestehende Grundpfandrechte im Zuge des Kaufvertrags gelöscht und zur Finanzierung des Kaufpreises neue Grundpfandrechte bestellt werden.

354 Am ehesten wird sich dieses Verfahren aus Sicht des Verkäufers lohnen, da ihm die sonst anfallenden Löschungskosten erspart bleiben; dieser Kostenvorteil kann ihm aber letztlich wieder verloren gehen, wenn ihm sein Kreditinstitut für die erforderliche Abgabe einer Nichtvalutierungserklärung besondere Bearbeitungskosten in Rechnung stellt, während bei einer nicht valutierten Grundschuld nach einer – häufig unbeachtet bleibenden – Entscheidung des BGH[232] Bearbeitungskosten nicht verlangt werden dürfen.

Die Übernahme einer Grundschuld kann (anders als nach der Kostenordnung) auch für den Käufer unter Kostengesichtspunkten vorteilhaft sein,[233] wenn die übernommene Grundschuld nicht oder nicht wesentlich höher ist als der zu finanzierende Kaufpreisteil und der Käufer bei derselben Bank finanziert.

Von besonderer Bedeutung ist auch, ob die finanzierende Bank im Rahmen der Übernahme der Grundschuld auch die Abgabe eines abstrakten Schuldanerkenntnis samt Zwangsvollstreckungsunterwerfung verlangt, da dies – aufgenommen in den Kaufvertrag – gesondert zu bewerten ist (§ 110 Nr. 2a GNotKG).

355 Im Kaufvertrag ist zunächst durch die Gestaltung der Bestimmung zur Kaufpreisfälligkeit sicherzustellen, dass das übernommene Recht künftig keine Verbindlichkeiten des Verkäufers mehr sichern wird. Die Fälligkeit sollte also auch abhängig gemacht werden von dem Vorliegen einer Nichtvalutierungserklärung des Gläubigers.

---

229 *Wolfsteiner*, MittBayNot 1996, 356 gegen *Wilke*, MittBayNot 1996, 260.
230 A.A. LG Osnabrück ZfIR 2009, 33 m. abl. Anm. *Zimmer*.
231 OLG Hamm MittRhNotK 1995, 311.
232 BGHZ 114, 330 zur Unwirksamkeit abweichender Allgemeiner Geschäftsbedingungen.
233 Vgl. *Vossius*, notar 2014, 276.

Kaufpreisfälligkeit bei Übernahme einer Grundschuld

- Vorliegen einer Erklärung des Gläubigers der in Abschnitt I genannten Grundschuld zu ..... €, wonach diese Grundschuld – ggf. nach Erfüllung abzulösender Forderungen – nicht mehr valutiert ist und für Rechnung des Verkäufers auch nicht mehr valutiert wird, vorausgesetzt, dass etwaige Auflagen aus dem Kaufpreis erfüllt werden können.

356 M

Im Zusammenhang mit der Grundpfandrechtsübernahme ist auch, wie bei der Mitwirkung des Verkäufers zur Grundpfandrechtsbestellung, sicherzustellen, dass die Kreditmittel zunächst nur zur Kaufpreisfinanzierung verwendet werden. Wenn der Finanzierungsgläubiger nicht auf ein Schuldanerkenntnis samt Vollstreckungsklausel verzichtet, was vor Beurkundung geklärt werden sollte, sind, um die problemlose Erteilung einer vollstreckbaren Ausfertigung zu ermöglichen, Betrag der Grundschuld sowie Zinsen, Zinsbeginn und etwaige Nebenleistungen im Kaufvertrag aufzuführen. Um dem Gläubiger Anspruch auf Erteilung einer vollstreckbaren Ausfertigung zu geben, muss er eine Ausfertigung des Kaufvertrags, der das abstrakte Schuldanerkenntnis enthält, erhalten (§ 51 Abs. 1 BeurkG).

357

Grundpfandrechtsübernahme

1. Die Grundschuld zu ..... € mit ..... % Zinsen ab ..... und ..... % einmalige Nebenleistung wird vom Käufer zur weiteren dinglichen Haftung übernommen. Die Übernahme erfolgt ohne Valutierung. Der Verkäufer verpflichtet sich, die Grundschuld nicht weiter zu valutieren.
Die Vertragsteile werden selbst die erforderliche Änderung der Zweckbestimmungserklärung veranlassen.
Der Verkäufer überträgt alle ihm gegenwärtig und künftig an dem übernommenen Grundpfandrecht zustehenden Rechte, insbesondere Rückgewähransprüche, auf den Käufer und bewilligt die entsprechende Umschreibung der Eigentümerrechte im Grundbuch. Der Käufer ist mit der Übertragung einverstanden.
2. Die Grundschuld wird vom Käufer zur teilweisen Finanzierung des Kaufpreises verwendet. Hierzu treffen die Vertragsteile folgende Vereinbarungen:
a) Der Grundpfandrechtsgläubiger darf das übernommene Grundpfandrecht nur insoweit als Sicherheit verwerten oder behalten, als er tatsächlich Zahlungen mit Tilgungswirkung auf die Kaufpreisschuld geleistet hat; abweichende Sicherungsvereinbarungen gelten erst ab vollständiger Kaufpreiszahlung, jedenfalls ab Eigentumsumschreibung.
b) Bis zur vollständigen Tilgung des Kaufpreises sind Zahlungen, soweit zur Lastenfreistellung erforderlich, direkt an die dinglich Berechtigten, im übrigen an den Verkäufer zu leisten.
3. Jeder Käufer übernimmt gegenüber dem Grundpfandrechtsgläubiger die persönliche Haftung für die Zahlung eines jederzeit fälligen Geldbetrages, dessen Höhe dem Nominalbetrag des übernommenen Grundpfandrechts samt o.g. Zinsen und Nebenleistungen entspricht (§ 780 BGB). Jeder Käufer unterwirft sich wegen dieser Zahlungsverpflichtung der sofortigen Zwangsvollstreckung aus dieser Urkunde in sein gesamtes Vermögen.
Der Notar ist berechtigt, dem Gläubiger auf Antrag eine vollstreckbare Ausfertigung dieser Urkunde zu erteilen, ohne dass es des Nachweises der die Vollstreckbarkeit begründenden Tatsachen oder des Eintritts der nachstehend vereinbarten Bedingung bedarf.

358 M

4. Alle im Zusammenhang mit der Übernahme des Grundpfandrechts stehenden Kosten trägt der Käufer.

5. Die vorstehend vereinbarte Abtretung von Eigentümerrechten und Rückgewähransprüchen sowie das abstrakte Schuldanerkenntnis sind aufschiebend bedingt. Sie werden erst wirksam, wenn das Eigentum vertragsmäßig auf den Käufer umgeschrieben und die Zweckerklärung zu der übernommenen Grundschuld in der Weise geändert ist, dass spätestens ab vertragsgemäßer Eigentumsanschreibung nur noch Verbindlichkeiten des Käufers gesichert werden.

■ *Kosten.* § 110 Nr. 2a GNotKG bestimmt, dass ein Veräußerungsvertrag und Erklärungen zur Finanzierung der Gegenleistung gegenüber Dritten verschiedene Beurkundungsgegenstände darstellen. Neben den Vertragsgebühren ist also eine 1,0 Gebühr gemäß Nr. 21200 KV GNotKG zu erheben; sofern die 2,0 Vertragsgebühr gemäß Nr. 21100 KV GNotKG niedriger ist, nur diese (§ 94 GNotKG).

c) Verpfändung

359 Eine Kaufpreisfinanzierungsmöglichkeit ohne Mitwirkung des Verkäufers stellt die sog. Verpfändung der Auflassungsvormerkung dar, wobei Gegenstand des Pfandrechts richtig nur entweder der Eigentumsverschaffungsanspruch aus dem Kaufvertrag sein kann oder das – umstrittene[234] – Eigentumsanwartschaftsrechts des Käufers, das entstehen soll, wenn er eine durch Auflassungsvormerkung gesicherte Rechtsposition erlangt hat.

360 Die Verpfändung des Eigentumsverschaffungsanspruchs erfolgt nach §§ 1274 Abs. 1 Satz 1, 1280 BGB. Voraussetzung ist, dass der Anspruch übertragbar ist, § 1273 Abs. 1 BGB (vgl. demgegenüber das oben stehende Vertragsmuster, wonach die Abtretung vertraglich ausgeschlossen wird; hierzu oben Rdn. 120 M). Der Verpfändungsvertrag bedarf keiner Form, jedoch zur Wirksamkeit der Anzeige an den Drittschuldner, also den Verkäufer. Das Pfandrecht kann bei einem durch Vormerkung gesicherten Anspruch zwar im Grundbuch bei der Vormerkung vermerkt werden, es wird jedoch dadurch nicht verstärkt oder gesichert. Insbesondere kann sich der Pfandgläubiger trotz Eintragung im Grundbuch nicht darauf verlassen, dass der Eigentumsverschaffungsanspruch wirksam begründet worden ist oder noch fortbesteht oder dass nicht vor der Verpfändung bereits Dritte an dem Anspruch erworben haben, sei es rechtsgeschäftlich durch Abtretung oder durch Pfändung. Ergänzend kann deshalb die Abtretung von Rückzahlungsansprüchen des Käufers sinnvoll sein.

361 In der Praxis akzeptieren deshalb nicht alle Kreditinstitute eine Verpfändung als Kreditsicherheit. Soll eine Kaufpreisfinanzierung durch Verpfändung des Eigentumsverschaffungsanspruchs erfolgen, sollte deshalb vor Abschluss des Kaufvertrags unbedingt geklärt werden, ob trotz dieser schwachen Kreditsicherung die Finanzierung durchgeführt wird.

362 Die Verpfändung würde normalerweise dazu führen, dass mit Eigentumsübergang zugleich die nach § 1287 Satz 2 BGB entstehende Sicherungshypothek im Grundbuch eingetragen würde; das Grundbuch würde sonst unrichtig.[235] Dies ist jedoch nicht gewünscht. Vielmehr wird, vor allem um die Kosten der Eintragung und Löschung der Sicherungshypothek zu vermeiden, angestrebt, dass mit Eigentumsübergang nur die gleichzeitig mit der Verpfändung in derselben Urkunde bestellte Grundschuld eingetragen wird.

---

234 Vgl. BGHZ 49, 197; *Medicus*, DNotZ 1990, 275.
235 BayObLG DNotZ 1983, 759; DNotZ 1987, 625.

Verpfändung

363 M Aufgrund der vorgenannten Kaufvertragsurkunde wird zur Sicherung des Anspruchs der Erschienenen auf Eigentumsumschreibung eine Auflassungsvormerkung zur Eintragung kommen.
Die Erschienenen verpfänden hiermit ihre sämtlichen Rechte und Ansprüche aus diesem Kaufvertrag, insbesondere den durch Vormerkung gesicherten Anspruch auf Eigentumsverschaffung, nicht jedoch das Anwartschaftsrecht, an den in der vorliegenden Urkunde bezeichneten Gläubiger. Diese Verpfändung dient als Sicherheit für alle Rechte und Ansprüche, die dem Gläubiger aus dem abstrakten Schuldversprechen gemäß Abschnitt III. dieser Urkunde zustehen.
Für den Fall der Aufhebung oder der Ungültigkeit des Kaufvertrages treten die Beteiligten ihre Ansprüche gegen den oben bezeichneten Verkäufer auf Rückgewähr des bereits gezahlten Kaufpreises im genannten Rangverhältnis an den Gläubiger ab.
Der Eigentümer bewilligt und beantragt die Eintragung der Verpfändung bei der für den Käufer eingetragenen Vormerkung sowie nach Übergang des Eigentums an dem gekauften Grundstück auf ihn die Eintragung der kraft Gesetzes entstehenden Sicherungshypothek im Grundbuch.
Die kraft Gesetzes entstehende Sicherungshypothek ist jedoch im Grundbuch nicht einzutragen, wenn Zug um Zug mit Umschreibung des Eigentums auf den Käufer die bestellte Grundschuld an bedungener Rangstelle in Abteilung III eingetragen werden kann und eingetragen wird.
Vorstehende Verpfändung ist nach § 1280 BGB nur rechtswirksam, wenn sie dem Veräußerer angezeigt wird. Der amtierende Notar, dessen Vertreter und Amtsnachfolger sowie der Gläubiger, und zwar jeder für sich allein, werden bevollmächtigt, die Anzeige der Verpfändung vorzunehmen.

■ *Kosten.* Nach GNotKG kann die 0,5 Betreuungsgebühr nach Nr. 22200 KV GNotKG aus dem vollen Vertragswert anfallen, wobei diese Gebühr nur einmal anfällt, auch wenn verschiedene Betreuungsaufgaben übernommen werden (§ 93 Abs. 1 Satz 1 GNotKG). Allerdings wird diese Gebühr nicht ausgelöst, wenn sich die Tätigkeit des Notars darauf beschränkt, dem nicht am Beurkundungsverfahren Beteiligten die Urkunde oder eine Kopie oder eine Ausfertigung der Urkunde zu übermitteln (Nr. 5 zu Nr. 22200 KV GNotKG).

364 Für den Vollzug bedarf es einer Zustimmungserklärung des Pfändungsgläubigers in der Form des § 29 GBO.[236]

Zustimmung des Pfändungsgläubigers

365 M Bezug nehmend auf den Grundstückskaufvertrag des Notars ..... vom ..... URNr. ..... und die Grundschuldbestellungs- und Verpfändungsurkunde des Notars ..... vom ..... URNr. ..... bewilligen und beantragen wir, die für den Käufer eingetragene Vormerkung samt den für uns eingetragenen Verpfändungsvermerk zu löschen und Eintragung einer Sicherungshypothek und den Käufer als Eigentümer in das Grundbuch einzutragen (mehrere in dem im obigen Kaufvertrag genannten Berechtigungsverhältnis) Zug um Zug mit Eintragung der für uns mit obiger Urkunde bestellten Grundschuld an der bezeichneten Rangstelle.

---

236 BayObLG DNotZ 1987, 625.

15. Regelung zur Verjährung

366 Für den *Kaufpreisanspruch* des Verkäufers und den *Eigentumsverschaffungsanspruch* des Käufers gelten §§ 196, 200 BGB; diese Ansprüche verjähren somit 10 Jahre nach dem Entstehen, also nach Fälligkeit des Anspruchs. Der Anspruch auf Beseitigung im Grundbuch eingetragener Belastungen verjährt gemäß § 438 Abs. 1 Nr. 1b BGB in 30 Jahren. Eine Verlängerung der Verjährung tritt automatisch ein, wenn der Vertrag eine (wirksame) Zwangsvollstreckungsunterwerfung enthält. In diesem Fall beträgt sie – wie nach § 218 BGB a.F. – 30 Jahre gemäß § 197 Abs. 1 Nr. 4 BGB, beginnend mit der Errichtung der notariellen Urkunde.

367 Wem die gesetzliche Verjährungsfristen zu kurz oder z.B. im Fall einer Zwangsvollstreckungsunterwerfung zu lang erscheinen, kann auch eine Vereinbarung über die Verlängerung oder Verkürzung der Verjährungsfristen in die Urkunde aufnehmen (demgegenüber waren Erschwerungen der Verjährung durch Rechtsgeschäft durch § 225 BGB a.F. ausgeschlossen). Solche Vereinbarungen sind gemäß § 202 BGB zulässig, dürfen aber keinesfalls eine Frist von mehr als 30 Jahren »ab dem gesetzlichen Verjährungsbeginn« vorsehen.

368 M **Alle Ansprüche aus diesem Vertrag (oder: der Anspruch auf Zahlung des geschuldeten Kaufpreises, auf Verschaffung des Besitzes und Lastenfreistellung) verjähren 30 Jahre ab heute (oder: ab Fälligkeit des jeweiligen Anspruchs).**

369 Vor allem bei Verbraucherverträgen kann sich die Frage stellen, ob die Verjährungsfristen für die Ansprüche gegen den Verwender und der Ansprüche gegen den Verbraucher aneinander angepasst werden müssen (z.B. auch bei einer Verjährungsverlängerung infolge einer Zwangsvollstreckungsunterwerfung). Ein *Gleichlauf* wird m.E. gesetzlich nicht gefordert, nachdem auch die gesetzlichen Regelungen zu unterschiedlichen Verjährungsfristen führen können. Auch in Formular- und Verbraucherverträgen können daher für die verschiedenen Ansprüche unterschiedliche Verjährungsfristen gelten und vereinbart werden.

III. Angebot und Annahme

1. Angebot

370 Ein Grundstückskaufvertrag kann auch durch die getrennte Beurkundung von Angebot und Annahme zustande kommen (§ 128 BGB). Da dabei die Zwecke der Beurkundung nur eingeschränkt verwirklicht werden können, sollte dieses Verfahren nur praktiziert werden, wenn hierzu im Einzelfall ein sachlicher Grund vorliegt. Die systematische Aufspaltung eines Vertrags in Angebot und Annahme begegnet (ebenso wie die systematische Beurkundung mit vollmachtlosem Vertreter) berufsrechtlichen Bedenken (§ 17 Abs. 2a BeurkG).

Angebot Verkäufer

371 M V
– nachstehend Anbietender genannt –
bietet hiermit K
– nachstehend Angebotsempfänger genannt –
den Abschluss des in Teil B. dieser Urkunde enthaltenen Kaufvertrages an.

Das Angebot kann angenommen werden bis einschließlich ..... und ist bis dahin unwiderruflich. Nach Ablauf dieser Frist endet das Angebot, ohne dass es widerrufen werden muss.
Die Annahme hat zu notarieller Urkunde zu erfolgen und ist rechtzeitig, wenn sie bis zum Ablauf der Frist zu Urkunde eines deutschen Notars erklärt wurde. Des Zugangs der Annahmeerklärung beim Anbietenden bedarf es nicht. Er ist jedoch von der Annahme unverzüglich zu unterrichten.

1. (Zwangsvollstreckungsunterwerfung)
Der Angebotsempfänger hat sich in der Annahmeurkunde wegen der Verpflichtung zur Zahlung des Kaufpreises der Zwangsvollstreckung in sein gesamtes Vermögen zu unterwerfen mit der Maßgabe, dass für die Erteilung der Vollstreckungsklausel die Darlegung der Fälligkeit des Kaufpreises genügt, wobei damit die Beweislast in einem gerichtlichen Verfahren nicht geändert werden soll.

2. (Auflassungsvormerkung)
Zur Sicherung des Übereignungsanspruchs des Angebotsempfängers aus dem mit Angebotsannahme zustande kommenden Vertrag bewilligt und beantragt der Anbietende die Eintragung einer Vormerkung gemäß § 883 BGB im Grundbuch am Vertragsgrundbesitz an nächstoffener Rangstelle.
Der beurkundende Notar wird angewiesen, diese Urkunde zur Eintragung der Vormerkung erst dann vorzulegen, wenn ihm eine Ausfertigung über die Annahme des Angebots zugegangen ist; bis dahin darf er von dieser Urkunde nur Ausfertigungen und beglaubigte Abschriften ohne die vorstehende Bewilligung erteilen.

3. (Auflassungsvollmacht)
Der Anbietende erteilt dem Angebotsempfänger hiermit Vollmacht unter Befreiung von den Beschränkungen des § 181 BGB, nach Annahme des Angebots die Auflassung für ihn zu erklären und entgegenzunehmen, sowie alle Erklärungen abzugeben, die zum Vollzug des Vertrages erforderlich oder zweckdienlich sind.
Der die Auflassung beurkundende Notar wird angewiesen, die Urkunde, die die Auflassung enthält, erst dann dem Grundbuchamt vorzulegen, wenn ihm die vollständige Kaufpreiszahlung schriftlich vom Anbietenden bestätigt wurde; bis dahin darf er von der Urkunde nur einfache Abschriften oder beglaubigte Abschriften ohne Auflassung erteilen.

5. (Finanzierungsvollmacht)
[siehe Formulierung Kaufvertrag Rdn. 345 M]

5. (Hinweise)
Der Notar weist insbesondere auf folgendes hin:
Das Angebot bindet bis zur Annahme allein den Anbietenden.
Zum Vollzug des mit Annahme zustande kommenden Vertrages bedarf es der Auflassung beider Vertragsteile zu notarieller Urkunde.

6. (Schlussbestimmungen)
Die Kosten dieser Angebotsurkunde trägt der Anbietende, wobei sie ihm der Angebotsempfänger im Fall der Annahme zu ersetzen hat.
Von dieser Urkunde erhalten Ausfertigungen der Anbietende und der Angebotsempfänger, einfache Abschrift Finanzamt – Grunderwerbsteuerstelle –.
Als Teil B. folgt der Kaufvertragstext.

■ *Kosten.* Für das Angebot 2,0 Gebühr nach Nr. 21100 KV GNotKG (Vorbem. 2.1.1. Nr. 1 KV GNotKG) aus dem Kaufpreis (§§ 47, 97 Abs. 3 GNotKG), mindestens 120 €, für den Treuhandauftrag zur Vormerkung 0,5 Gebühr nach Nr. 22200 KV GNotKG aus dem vollen Kaufpreis.

372 Das Angebot ist kein einseitiges Rechtsgeschäft, sondern Teil des Vertrags, also eines zweiseitigen Rechtsgeschäfts. Für die Vertretung gilt deshalb nicht § 180 BGB, sondern § 177 BGB, sodass es auch von einem Vertreter ohne Vertretungsvollmacht abgegeben werden kann.

373 Ein Angebot muss, um wirksam zu sein, alle Vertragselemente in der Weise enthalten, dass mit der einfachen Erklärung des Angebotsempfängers, er nehme das Angebot an, ein vollständiger Vertrag zustande kommt. Zweckmäßigerweise wird die Urkunde aufgeteilt in das eigentliche Angebot und einen weiteren abgesetzten Teil mit dem Kaufvertrag, der durch Annahme zustande kommen soll; letzterer kann im Vergleich zu üblichen Vertragstexten insbesondere nicht die Auflassung enthalten (vgl. § 925 BGB) und nicht die einseitigen Erklärungen (z.B. vom Angebotsempfänger zu erteilende Vollmachten oder dessen Bewilligungen oder eine Zwangsvollstreckungsunterwerfung des Käufers bei einem Angebot des Verkäufers). In den Angebotsteil können (und müssen ggf.), wenn beide Parteien anwesend sind, Vereinbarungen aufgenommen werden (z.B. hinsichtlich der Kostentragung oder wegen eines Bindungsentgelts, aber auch eine Vollmacht zur Durchführung von Planungsarbeiten und Bodenuntersuchungen). Allerdings werden unabhängig von der Gestaltung im Einzelnen im Angebot enthaltene einseitige Erklärungen des Angebotsempfängers durch dessen Annahme bestätigt und damit wirksam.[237]

374 Ein *Bindungsentgelt* (vgl. Rdn. 395 M), gleich ob auf den Kaufpreis anzurechnen oder nicht, auch Kaufpreisanzahlungen oder auf den künftigen Kaufpreis zu verrechnende Darlehen können nur vertraglich vereinbart werden. Es bedarf daher der Mitwirkung des Angebotsempfängers. Der Vertrag über ein Bindungsentgelt (vgl. Rdn. 395 M) oder der anderen genannten Leistungen ist regelmäßig beurkundungsbedürftig.[238] Der Beurkundung bedarf auch die Vereinbarung, dass der Angebotsempfänger die Kosten des Angebots (auch) dann zu zahlen hat, wenn er das Angebot nicht annimmt.[239]

375 Hinsichtlich der *Grunderwerbsteuer* ist bei einem Bindungsentgelt zum einen zu beachten, dass dieses zur grunderwerbsteuerlichen Gegenleistung gehört,[240] zum anderen, dass auch der Umstand der Zahlung vor Besitzübergang eine grunderwerbsteuerpflichtige Leistung darstellt. Der BFH hat entschieden,[241] dass der Verzicht des Käufers auf das ihm durch §§ 320, 322 BGB gewährte Recht auf Leistung Zug um Zug als sonstige Leistung i.S.d. § 9 Abs. 1 Nr. 1 GrEStG zu beurteilen ist, wenn er sich der Vorleistungspflicht unterwirft und den Kaufpreis schon vor dem gesetzlich vorgesehenen Zeitpunkt zahlt. In diesem Fall ist die Leistung i.H.v. 5,5 % p.a. in Form der vorzeitigen Kapitalnutzungsmöglichkeit erbracht worden.

376 Der Verkäufer kann die Annahme von der Zwangsvollstreckungsunterwerfung des Käufers abhängig machen (vorausgesetzt sie ist zulässig; zu dieser Problematik beim Bauträgervertrag vgl. § 33 Rdn. 95 ff.). Dies führt jedoch zu höheren Notarkosten bei der Annahme des Angebots. In Betracht kommt, sofern der Angebotsempfänger bei Beurkundung des Angebots mitwirkt, die sofortige Beurkundung der Unterwerfungserklärung.

Vollstreckungsunterwerfung

377 M Der Angebotsempfänger unterwirft sich wegen des im Falle der Annahme des Angebots zu zahlenden Kaufpreises gemäß Abschnitt B.III dieser Urkunde der sofortigen Zwangsvollstreckung aus dieser Urkunde in sein gesamtes Vermögen. Zur Erteilung einer vollstreckbaren Ausfertigung genügt die Darlegung der Fälligkeit durch den Verkäufer.

---

237 OLG Celle NotBZ 2005, 338.
238 BGH DNotZ 1986, 264.
239 OLG München MittBayNot 1991, 19.
240 FG München MittBayNot 1985, 51.
241 BFH, Urt. v. 05.07.2006 – II R 37/04, BFH/NV 2006, 2127.

Zur Finanzierung des Kaufpreises wird häufig die Eintragung von Grundpfandrechten erforderlich sein. Um die reibungslose Abwicklung des Vertrags sicherzustellen, empfehlen sich entsprechende Vollmachten des Anbietenden für den Angebotsempfänger, nämlich beim Angebot des Verkäufers zur Bestellung der erforderlichen Grundpfandrechte, beim Angebot des Käufers zu den üblicherweise von Kreditinstituten gewünschten abstrakten Schuldanerkenntnissen und zum Rücktritt mit der Vormerkung hinter ein Finanzierungsgrundpfandrecht. Der Käufer kann die Annahme des von ihm abgegebenen Angebots auch davon abhängig machen, dass ihm dort entsprechende Vollmacht zur Bestellung von Grundpfandrechten erteilt wird. Als einseitige Erklärungen des Betreffenden gehören solche Vollmachten in den Teil »Angebot« und nicht zum Inhalt des angebotenen Vertrags. 378

Wenn der Vertrag (wie üblich) Treuhandaufträge und Abwicklungsvollmachten an den Notar vorsieht, sollte klar geregelt werden, ob diese dem das Angebot oder dem die Annahme beurkundenden Notar erteilt sind. 379

Alle dem »Notar« oder »Urkundsnotar« in Teil B. dieser Urkunde erteilten Aufträge und Anweisungen richten sich an den die Vertragsannahme beurkundenden Notar. 380 M

Geregelt werden sollte auch, ob das Recht, das Angebot anzunehmen, vererblich und übertragbar ist (vgl. § 473 BGB). 381

Bei notarieller Beurkundung eines Angebots ist die Annahmefrist (§ 148 BGB) stets ausdrücklich anzugeben. Außerdem sollte stets ausdrücklich bestimmt werden, welche rechtliche Bedeutung der Annahmefrist beigelegt wird. Schließlich sollte etwas über die Art der Annahme gesagt werden. 382

Der Verzicht auf den Zugang (§§ 151, 152 BGB) ist zweckmäßig, weil zwar das Datum der Beurkundung der Annahme stets eindeutig feststellbar ist, nicht aber das Datum des Zugangs der beurkundeten Annahmeerklärung an den Anbietenden. 383
Beispiele:

Befristetes bindendes Angebot

Das Angebot kann angenommen werden bis einschließlich ..... und ist bis dahin unwiderruflich. Nach Ablauf dieser Frist endet das Angebot, ohne dass es widerrufen werden muss. Die Annahme hat zu notarieller Urkunde zu erfolgen und ist rechtzeitig, wenn sie bis zum Ablauf der Frist zu Urkunde eines deutschen Notars erklärt wurde. Des Zugangs der Annahmeerklärung beim Anbietenden bedarf es nicht. Er ist jedoch von der Annahme unverzüglich zu unterrichten. 384 M

Fortgeltungsklausel (vgl. Rdn. 396)

Das Angebot kann angenommen werden bis einschließlich ..... und ist bis dahin unwiderruflich. Es erlischt auch nach Ablauf dieser Frist nicht von selbst; der Anbietende kann es dann aber jederzeit schriftlich widerrufen. Die Annahme ist wirksam, wenn sie zu Urkunde eines Notars erklärt und das Angebot in diesem Zeitpunkt noch wirksam ist. Des Zugangs der Annahmeerklärung beim Anbietenden bedarf es nicht. Er ist jedoch von der Annahme unverzüglich zu unterrichten. 385 M

Nach Ablauf der Annahmefrist kann das Angebot nicht mehr angenommen werden. Die verspätete Annahme gilt als neues Angebot (§ 150 Abs. 1 BGB). 386

a) Bindungsfrist

387 Bei Verbraucher- und Formularverträgen ist darauf zu achten, dass die Bindungsfrist des Anbietenden nicht unangemessen lang sein darf; als »Vertragsabschlussklausel« unterliegen vom Verwender vorgegebene Annahmefristen der Kontrolle gemäß § 308 Nr. 1 BGB. Entsprechendes gilt auch dann, wenn ein **Unternehmer** Anbietender ist. Prüfungsmaßstab sind dann §§ 310 Abs. 1 Satz 2, 307 Abs. 2 BGB, wobei dem Klauselverbot des § 308 Nr. 1 BGB Indizwirkung für eine unangemessene Benachteiligung zukommt.[242]

Nach der Rechtsprechung[243] des BGH sind dem Verbraucher in Angeboten vorgegebene Bindungsfristen von mehr als **vier Wochen** grundsätzlich unangemessen.[244] Eine »wesentliche« Überschreitung führe zu einer unangemessenen Benachteiligung i.S.d. § 308 Nr. 1 BGB. Eine Frist von sechs Wochen ist jedenfalls unangemessen.[245] Das gilt auch, wenn das Angebot seitens des Anbietenden in der Bindungsfrist widerruflich ist oder ihm ein anderweitiges Lösungsrecht eingeräumt ist.[246]

388 Der **Notar** hat auf rechtswirksame Verträge hinzuwirken. Ein Angebot mit einer überlangen Frist darf er nicht beurkunden. Bei Zweifeln hat er auf das Risiko hinzuweisen, dass im Falle einer zu langen Annahmefrist durch die (verspätete) Annahme allein kein rechtswirksamer Vertrag zustande kommt. Entsprechendes gilt bei Beurkundung der Annahmeerklärung zu einem solchen Angebot.[247] Verstößt der Notar gegen die sich hieraus ergebenden Amtspflichten, kann er zu Schadensersatz verpflichtet sein. Vom Schutzzweck der notariellen Amtspflicht erfaßt werden Aufwendungen auf einen vermeintlich wirksamen, tatsächlich aber unwirksamen Vertrag. nicht jedoch Aufwendungen auf einen tatsächlich wirksamen, jedoch unwirtschaftlichen Vertrag.[248]

389 Der Verbraucher trägt ggf. die Beweislast dafür, dass die Klausel zur Bindungsfrist für eine Vielzahl von Fällen vorformuliert worden ist. Tatsächlich wird die Bindungsfrist nicht selten ausgehandelt oder vom Verbraucher festgelegt sein. Längere Fristen – ggf. mit einer Fortgeltungsklausel – mindern aus Sicht des Anbietenden das Risiko, dass das Angebot am Ende nicht angenommen wird und er auf den Kosten des Angebots sitzen bleibt. In der Vertragsgestaltung dürfte es sich bei solchen Sachverhalten empfehlen, den Umstand, dass die Klausel zur Geltungsdauer des Angebots vom Angebotsempfänger nicht verbindlich vorgegeben wurde und vom Anbietenden beliebig gestaltet werden konnte, im Vertrag zu verlautbaren.

Abwehrklausel zur Inhaltskontrolle bei längeren Bindungsfristen

390 M Zu der vorstehenden Regelung zum Umfang der Bindung erklärt der Anbietende, dass diese nicht vom Angebotsempfänger vorgegeben wurde. Der Anbietende wünscht diese Vertragsgestaltung, weil er davon ausgeht, dass innerhalb von vier Wochen nicht mit einer Annahme des Angebots gerechnet werden kann. Seinen Interessen entspreche die kurze Bindungsfrist mit samt Fortgeltungsregelung und Widerrufsmöglichkeit. Ihm ist bewusst, dass er aktiv werden muss, um die Bindung an das Angebot zu beseitigen bzw. über die Annahme des Angebots Klarheit zu erhalten.

---

242 BGH 26.02.2016 DNotZ 2016, 530.
243 Zur Entwicklung der Rechtsprechung vgl. *Herrler*, DNotZ 2013, 887.
244 BGH DNotZ 2014, 358; DNotZ 2014, 41; ZfIR 2013, 766; DNotZ 2010, 913.
245 BGH DNotZ 2014, 358.
246 BGH 13.05.2016 BauR 2016, 1482; BGH 26.02.2016 DNotZ 2016, 530.
247 BGH 21.01.2016 DNotZ 2016, 711 m. Anm. *Seger*.
248 KG 14.08.2015 MittBayNot 2016, 174 = ZfIR 2016, 23 m. Anm. *Ganter*.

Im Anwendungsbereich des § 308 Nr. 1 BGB erscheinen Überschreitungen der 4-Wochen-Frist (jedenfalls um mehr als zwei Wochen[249]) allenfalls vertretbar, wenn besondere sachliche Gründe gegeben (und im Vertrag verlautbart) sind. Nach der Entscheidung des BGH vom 27.09.2013 kommen bei Angebotsgestaltungen jedenfalls für Bauträgerverträge allenfalls Bindungsfristen von **höchstens** drei Monaten in Betracht.[250]

391

Ob es überhaupt anzuerkennende Gründe geben kann, die eine Verlängerung der Bindungsfrist in Formular- und Verbraucherverträgen zulassen, erscheint eher zweifelhaft.[251] Der BGH schließt dies allerdings nicht grundsätzlich aus. Es wird jedoch hervorgehoben,[252] dass der Anbietende auf die Dauer der Bindungsfrist keine Dispositionsfreiheit besitzt, während der Angebotsempfänger unabhängig davon, ob und wann die für eine längere Bindungsfrist sprechenden Gründe entfallen sind, in seiner Entscheidung über die Annahme vollkommen frei bleibt. Insbesondere könne er auch dann auf die Annahme des Angebots verzichten, wenn er Kaufinteressenten gewinnt, die einen gegenüber dem abgegebenen Angebot höheren Preis akzeptieren. Unter diesem Gesichtspunkt erscheint ein *bedingter Vertrag* (Rdn. 28) als deutlich überzeugendere Alternative zu Angebotsgestaltungen.

392

Nicht anzuerkennen sind jedenfalls längere Bindungsfristen unter dem Gesichtspunkt, dass eine *Finanzierung des Erwerbs* nicht sichergestellt[253] bzw. eine *Bonitätsprüfung*[254] erforderlich ist, dass ein Angebotsempfänger seinen (Wohn-)Sitz im Ausland hat[255] oder dass Umstände vorliegen, die allein für die Vertragserfüllung und -abwicklung wesentlich sind, nicht aber für die Entscheidung, das Angebot anzunehmen, (z.B. dass noch keine Wohnungsgrundbücher angelegt sind oder noch kein Freigabeversprechen vorliegt).[256] Auch das sog. *Platzierungsinteresse* des Bauträgers, also der Umstand, dass die den Bauträger finanzierende Bank einen bestimmten Verkaufsstand zur Auszahlung von Krediten macht, wird wohl keinen hinreichenden Grund im Sinne des § 308 Nr. 1 BGB für längere Bindungsfristen abgeben.[257] Bei unter *Denkmalschutz* stehenden Objekten wird man eine längere Bindungsfrist nicht damit begründen können, dass im Lichte des § 7i EStG die Durchführung der Sanierungsarbeiten erst nach einem Verkauf aller Einheiten geboten erscheint.[258]

393

Möglich erscheint es, längere Bindungsfristen durch ein angemessenes *Bindungsentgelt* (vgl. Rdn. 374) zu »erkaufen«.[259] Damit könnte der Nachteil der Bindung kompensiert werden. Gerichtlich ist dies jedoch noch nicht entschieden.

394

Bindungsentgelt

Der Angebotsempfänger schuldet dem Anbietenden ein Bindungsentgelt; von dessen Zahlung ist die Bindung des Angebotsempfängers an dieses Angebot abhängig. Der Angebotsempfänger schuldet als Bindungsentgelt einen Betrag von

395 M

---

249 BGH DNotZ 2014, 358 (Tz. 10).
250 BGH ZfIR 2014, 51 (Tz. 17).
251 Vgl. *Schmidt-Räntsch*, ZfIR 2014, 113, 119.
252 BGH ZfIR 2014, 51 (Tz. 16).
253 BGH DNotZ 2016, 530; BGH DNotZ 2014, 358 (Tz. 9); BGH DNotZ 2010, 913 (Tz. 12).
254 BGH DNotZ 2010, 913 (Tz. 9).
255 BGH DNotZ 2014, 358 (Tz. 11).
256 BGH MittBayNot 2014, 148; BGH DNotZ 2010, 913 (Tz. 13).
257 Vgl. BGH MittBayNot 2014, 148, 149: BGH DNotZ 2010, 913 (Tz. 13).
258 BGH ZfIR 2014, 51.
259 *Herrler/Suttmann* DNotZ 2010, 883, 884, 885; *Ph. Müller/Klühs*, RNotZ 2013, 81, 95 f.; *Reichelt/Kruska*, ZfIR 2014, 55, 57; DNotI-Gutachten DNotI-Report 2008, 19, 20.

a) ..... €, zahlbar innerhalb von zwei Wochen ab Zugang einer Mitteilung des Notars, dass die in nachstehend III.1 bewilligte Auflassungsvormerkung im Rang nach den o.g. Belastungen im Grundbuch eingetragen ist,
b) weiteren ..... €, zahlbar am .....,
c) ..... €, zahlbar am .....,
wobei die in b) und c) genannten Beträge nur fällig sind, wenn auch die a) genannte Zahlung fällig geworden ist.
Die geschuldeten Zahlungen sind auf das Konto des Anbietenden bei ..... IBAN ....., BIC ..... zu leisten.
Eine Verpflichtung zur Zahlung aufgrund der heutigen Vereinbarungen besteht nur hinsichtlich des in a) genannten Betrags; ob er die weiteren Zahlungen leistet, entscheidet allein der Angebotsempfänger.
Sofern der in a) genannte Betrag fristgerecht gezahlt ist, ist das Angebot des Anbietenden unwiderruflich bis zum .....
Sofern die in b) und c) genannten Zahlungen fristgerecht geleistet sind, ist das Angebot unwiderruflich bis .....
Werden die vorgenannten Zahlungen nicht oder nicht fristgerecht geleistet, erlischt das Angebot, sofern es nicht bereits angenommen wurde.
Wird das Angebot angenommen, wird das gezahlte Bindungsentgelt mit der Kaufpreisschuld verrechnet. Wird das Angebot nicht angenommen, verbleibt das gezahlte Bindungsentgelt dem Anbietenden.

396 Unwirksam sind in Formular- und Verbraucherverträgen sog. *Fortgeltungsklauseln* (vgl. Rdn. 385), also die Verbindung einer kurzen Bindungsfrist mit einer längeren Annahmefrist, z.B. der Bestimmung, dass das Angebot über die Bindungsfrist hinaus fortgilt und der Verbraucher es dann widerrufen kann.[260] Es genügt nach einem obiter dictum in der Entscheidung des BGH vom 07.06.2013 auch nicht, die Annahmefähigkeit (ohne Bindung) angemessen zu befristen.

b) Folgen überlanger Bindungsfristen

397 Enthält das Angebot des Verbrauchers eine überlange Frist, kann es nur umgehend – legt man auch hier wieder die Wertung des § 147 Abs. 2 BGB zugrunde:[261] innerhalb von zwei Wochen, längstens aber innerhalb von sechs bis acht Wochen[262] – angenommen werden. Erklärt der Angebotsempfänger die Annahme später, kommt kein Vertrag zustande. Dieses gilt vielmehr als neues Angebot (§ 150 Abs. 1 BGB). Wurde dieses nicht noch angenommen, gibt es keinen Vertrag. Vom Erwerber auf den (unentdeckt) nicht zustande gekommenen Kaufvertrag geleistete Zahlungen sind zurückzugewähren.

398 Allerdings kann der Verbraucher das in der verspäteten Annahme liegende neue Angebot noch annehmen. Nach Treu und Glauben[263] und im Hinblick auf die Wertungen des AGB-Rechts wird dieses auch geraume Zeit später angenommen werden können und kann vom Eigentümer/Bauträger nicht ohne Weiteres widerrufen werden; zumindest bedarf es einer entsprechenden Aufforderung. Die vom Grundstückseigentümer als Verwender der betreffenden Klausel bei Annahme des Angebots bewilligte Auflassungsvormerkung

---

260 BGH RNotZ 2013, 422.
261 Vgl. BGH DNotZ 2010, 913 (Tz. 11).
262 OLG Nürnberg MittBayNot 2012, 461 m. Anm. *Kanzleiter*.
263 Vgl. BGH NJW 2012, 3424, 3426 (zu einem aufgrund unwirksamer Vollmacht schwebend unwirksamen Vertrag).

sichert in diesen Fällen den Eigentumsverschaffungsanspruch aus dem durch die wirksame Annahme des neuen Angebots zustande kommenden Kaufvertrag.[264]

Mit der Eigentumsumschreibung wird der Erwerber unabhängig davon Eigentümer des Grundbesitzes, ob der Kaufvertrag rechtswirksam ist. Nach dem Abstraktionsprinzip ist die Wirksamkeit der Auflassung auch dann gegeben, wenn das zugrunde liegende Rechtsgeschäft unwirksam ist. Die Eigentumsumschreibung führt jedoch nur unter besonderen Voraussetzungen auch zu einer Heilung des schuldrechtlichen Geschäfts. Voraussetzung wäre, dass das in der verspäteten Annahme liegende neue Angebot formunwirksam angenommen wurde. Allein in der Kaufpreiszahlung kann man einen entsprechenden Willen nicht erkennen.[265] **399**

Erkennt man die vorstehende Problematik, kann man eine Annahmeerklärung in notarieller Form abgeben lassen.

Vorsorgliche Annahme eines neuen Angebots

Die Wirksamkeit des vorgenannten Angebots vom ..... wird hiermit, insbesondere auch im Hinblick auf die dort geregelte Bindungsfrist, bestätigt; sollte es jedoch unwirksam sein und deshalb die Annahmeerklärung vom ..... als neues Angebot gelten, wird dieses hiermit angenommen. **400 M**

c) Verlängerung der Annahmefrist

Der Anbietende kann die Annahmefrist verlängern; eine notarielle Beurkundung der Angebotsänderung ist erforderlich. Ist für den Angebotsempfänger bereits eine Vormerkung eingetragen, bedarf es nach einer Verlängerung der Bindungsfrist nach der Rechtsprechung des BGH keiner Eintragung der Inhaltsänderung im Grundbuch, um den Vormerkungsschutz für den geänderten Anspruch sicherzustellen.[266] **401**

Verlängerung der Annahmefrist

Mein am ..... zu URNr. ..... des amtierenden Notars dem K gemachtes Grundstücksverkaufsangebot läuft am ..... ab. Ich verlängere die Annahmefrist um drei Monate, also bis zum ..... **402 M**

d) Vormerkung

Aufgrund eines vom Verkäufer abgegebenen Angebots kann bereits eine Vormerkung für den Käufer zur Sicherung dessen durch Angebotsannahme bedingten Anspruchs auf Eigentumsverschaffung im Grundbuch eingetragen werden.[267] **403**

Vormerkung

Zur Sicherung des Übereignungsanspruchs des Angebotsempfängers aus dem mit Angebotsannahme zustande kommenden Vertrag bewilligt und beantragt der Anbie- **404 M**

---

264 Vgl. BayObLG DNotZ 1995, 311. Vgl. zum sog. Aufladen einer Vormerkung BGH ZNotP 2012, 263 m.w.N.
265 BGH DNotZ 2010, 913. – krit. *Kanzleiter*, MittBayNot 2011, 52.
266 BGHZ 143, 175; BGH DNotZ 2008, 514 m. Anm. *Amann*.
267 BayObLG DNotZ 1995, 311.

tende die Eintragung einer Vormerkung gemäß § 883 BGB im Grundbuch am Vertragsgrundbesitz an nächstoffener Rangstelle.

405 Dies wird sich in der Regel nur dann empfehlen, wenn deren Löschung auch für den Fall sichergestellt ist, dass das Angebot nicht angenommen wird. Hierzu bedarf es der Mitwirkung des Berechtigten. Er kann dem Verkäufer eine (unwiderrufliche) Vollmacht erteilen, für ihn die Löschung der Vormerkung zu bewilligen und zu beantragen, verbunden mit einem Treuhandauftrag an den Notar, der eine verfrühte Verwendung der Vollmacht ausschließt.

Vollmacht zur Löschung der Vormerkung

406 M **Der Angebotsempfänger erteilt hiermit dem Anbietenden unter Befreiung von den Beschränkungen des § 181 BGB Vollmacht, alle zur Löschung der vorstehend bewilligten Auflassungsvormerkung erforderlichen Erklärungen und Anträge abzugeben, insbesondere die Löschungsbewilligung gegenüber dem Grundbuchamt.**
Von dieser Vollmacht kann nur vor dem beurkundeten Notar, Vertreter oder Amtsnachfolger Gebrauch gemacht werden, nicht jedoch vor dem .....
Die Ausübung ist ausgeschlossen, wenn dem Notar die Annahme des Angebots nachgewiesen ist, unabhängig von der Wirksamkeit der Annahme.

e) Auflassung

407 Die Auflassung kann gemäß § 925 BGB nur bei gleichzeitiger Anwesenheit beider Vertragsteile erklärt werden. In dem Angebot kann der Anbietende den Angebotsempfänger hierzu (unter Befreiung von den Beschränkungen des § 181 BGB) bevollmächtigen.

408 Da die Eigentumsumschreibung zur Sicherung des Verkäuferinteresses in der Regel erst nach (Sicherstellung der) Kaufpreiszahlung erfolgen soll, bedarf es dabei der Einschränkung. Die Ausübung der Vollmacht kann z.B. von der vorherigen Hinterlegung des Kaufpreises auf Notaranderkonto abhängig gemacht werden. Dem die Auflassung beurkundenden Notar kann auch Treuhandauftrag erteilt werden, die die Auflassung enthaltende Urkunde erst dann dem Grundbuchamt zur Eigentumsumschreibung vorzulegen, wenn ihm die Kaufpreiszahlung vom Verkäufer bestätigt wurde.

2. Annahme

409 Nach materiellem Recht genügt die Erklärung des Angebotsempfängers, das Angebot annehmen zu wollen (§ 152 Satz 1 BGB). Da es einer Wiederholung des Angebotstexts nach materiellem Recht nicht bedarf, erübrigt sich auch die Mitbeurkundung des Angebotstexts in der Form des § 13a BeurkG. Einer förmlichen Verweisung auf das Angebot bedarf es also grundsätzlich nicht.[268] Das Angebot muss dem Angebotsempfänger zwar zugegangen sein (vgl. auch Rdn. 414), die Ausfertigung der Angebotsurkunde muss bei Beurkundung der Annahme aber nicht vorliegen.[269] Dies gilt aber nur, wenn lediglich die Annahme erklärt wird. Soll in der Annahmeerklärung die Zwangsvollstreckungsunterwerfung erklärt und wegen des Inhalts der Forderung auf die Angebotsurkunde verwiesen oder sollen mit der Annahme in der Angebotsurkunde enthaltene Vollmachten und Bewilligungen bestätigt und wiederholt werden, so erfüllt nur die förmliche Verweisung nach § 13a BeurkG die Beurkundungsanforderungen.

---

[268] BGH MittBayNot 1988, 227.
[269] BGH NJW 1994, 1344.

Bedarf es nach dem Angebot neben der Annahme zusätzlicher Erklärungen des Anneh- **410**
menden (z.B. eine Zwangsvollstreckungsunterwerfung des Käufers wegen der Kaufpreisforderung), müssen auch diese bei der Annahme mitbeurkundet werden. Andernfalls kann die Annahme unwirksam sein.[270]

Nach der Annahme ist keine Berichtigung der für den Käufer bereits aufgrund des Ange- **411**
bots eingetragenen Auflassungsvormerkung erforderlich.[271]

Die Annahme unter Erweiterungen, Einschränkungen oder sonstigen Änderungen gilt **412**
als Ablehnung, verbunden mit einem neuen Antrag (§ 150 BGB).

Annahme

Mit Urkunde des Notars ..... vom ....., URNr. ....., (Vorurkunde) hat x (Anbietender) y **413 M**
(Angebotsempfänger) den Abschluss eines Kaufvertrags über den in der Vorurkunde
näher bezeichneten Grundbesitz angeboten. Der Inhalt der Vorurkunde ist dem Angebotsempfänger bekannt. Sie ist ihm in Ausfertigung zugegangen; die Ausfertigung
liegt heute vor. Die Frist für die Annahme des Angebots ist nicht abgelaufen.
Hiermit nimmt der Angebotsempfänger das vorgenannte Angebot vollinhaltlich und
unwiderruflich an.
Weiter erklärt der Angebotsempfänger, hier auch handelnd für den Anbietenden aufgrund der im Angebot in Abschnitt ..... erteilten Vollmacht: Wir sind darüber einig, dass
das Eigentum an dem verkauften Grundbesitz von dem Verkäufer auf den Käufer zu
dessen Alleineigentum übergeht. Der Verkäufer bewilligt und der Käufer beantragt die
Eintragung der Auflassung in das Grundbuch.

- *Kosten.* 0,5 Gebühr gemäß Nr. 21101 KV GNotKG, mindestens 30 €. Die mitbeurkundete Auflassung ist gegenstandsgleich nach § 109 Abs. 1 GNotKG, da sie die Erfüllung des mit Annahme zustande gekommenen Vertrags dient. Allerdings bleibt es nur dann bei 0,5 Gebühr gemäß Nr. 21101 KV GNotKG, wenn das Angebot von demselben Notar beurkundet wurde, andernfalls ist eine 1,0 Gebühr zu erheben gemäß Nr. 21102 KV GNotKG.

Erklärt der Angebotsempfänger in der Annahmeurkunde zugleich eine Zwangsvollstreckungsunterwerfung hinsichtlich des Kaufpreises, liegen gegenstandsgleiche Erklärungen vor; dies gilt auch dann, wenn das Angebot vom Verkäufer ausgeht und er die Annahme von einer Zwangsvollstreckungsunterwerfung abhängig macht.[272] Es fällt also eine 1,0 Gebühr gemäß Nr. 21200 KV GNotKG an.[273] Hierbei bleibt es auch dann, wenn in derselben Urkunde die Annahme des Angebots, die Auflassung (unabhängig davon, ob derselbe Notar das Angebot beurkundet hat) und die Unterwerfungserklärung beurkundet werden, weil insgesamt derselbe Gegenstand der Beurkundung vorliegt.

3. Zugang der Ausfertigung des Angebots

Ein in Abwesenheit des Angebotsempfängers abgegebenes Angebot wird erst wirksam, **414**
wenn ihm eine *Ausfertigung* der Angebotsurkunde zugegangen ist. Eine einfache oder eine

---

270 BGH ZNotP 2011, 70 (dort auch ausführlich zu Belehrungspflichten des Notars bei der Beurkundung von Annahmeerklärungen).
271 BayObLG DNotZ 1995, 311.
272 Leipziger-GNotKG/*Otto*, § 109 GNotKG Rn. 32.
273 Leipziger-GNotKG/*Deecke*, Nr. 21101 KV GNotKG Rn. 5.

beglaubigte Abschrift der Angebotsurkunde genügt nicht. Über die Voraussetzungen eines wirksamen Zugangs können allerdings abweichende Vereinbarungen getroffen werden.[274]

So kann im Angebot geregelt werden:

415 M Ich verzichte darauf, dass dem Angebotsempfänger vor Annahme des Angebots eine Ausfertigung des Angebots zugeht. Ich biete dem Angebotsempfänger hiermit auch den Abschluss eines entsprechenden Verzichtsvertrags im Hinblick auf diese Form an. Und damit korrespondierend in der Annahme:

416 M Der Inhalt der Vorurkunde ist dem Angebotsempfänger bekannt.
Eine Ausfertigung ist ihm bislang nicht zugegangen.
Er verzichtet hiermit auf den Zugang einer Ausfertigung.
Der Anbietende hat im Angebot auch das Angebot auf Abschluss eines Verzichtsvertrags hinsichtlich des Zugangs auf die Ausfertigung abgegeben; dieses Angebot wird hiermit ebenfalls angenommen.

4. Angebot an noch zu benennende Dritte

417 Das »Angebot an einen noch zu benennenden Dritten« kommt in verschiedenen Formen vor:[275]

418 Der Empfänger kann das Angebot auch selbst annehmen. Für ihn kann im Hinblick auf seinen (durch Annahme) bedingten Übereignungsanspruch eine *Auflassungsvormerkung* eingetragen werden. Teilweise wird angenommen, dass er mit der Benennung seine Rechte aus dem Angebot auf den Dritten überträgt; dies erscheint sehr fraglich, weil eigene Rechte aus dem Angebot erst mit der Annahme durch den Benennungsberechtigten entstehen können, die dieser in aller Regel gerade nicht wünscht. Aus Gründen der Rechtssicherheit wird es sich bei diesen Gestaltungen empfehlen, für den Benannten eine eigene Vormerkung eintragen zu lassen und die für den Benennungsberechtigten eingetragene Vormerkung zur Löschung zu bringen.

419 Zur Eintragung einer eigenen Vormerkung für den Benannten bedarf es einer Bewilligung durch den Eigentümer. Er kann dem Benennungsberechtigten im Angebot eine entsprechende Vollmacht erteilen.

420 M Dieses Angebot kann sowohl von dem Angebotsempfänger selbst als auch von einem oder mehreren Dritten, die vom Angebotsempfänger durch notariell zu beurkundende Erklärung benannt werden, angenommen werden. Bei Benennung Dritter hat der Angebotsempfänger gleichzeitig das Erwerbsverhältnis zu bezeichnen. Mit Zustandekommen eines Kaufvertrags mit einem so benannten Dritten erlöschen eigene Rechte des Angebotsempfängers aus diesem Angebot.
Der Anbietende erteilt dem Angebotsempfänger unter Befreiung von den Beschränkungen des § 181 BGB Vollmacht, für von diesem benannte Dritte eine Vormerkung zur Sicherung des mit Annahme entstehenden Eigentumsverschaffungsanspruchs gemäß § 883 BGB zur Eintragung in das Grundbuch zu bewilligen und zu beantragen. Von dieser Vollmacht kann nur Gebrauch gemacht werden, wenn der Angebotsempfänger gleichzeitig die für ihn aufgrund dieser Urkunde zur Eintragung kommende Vormerkung zur Löschung bewilligt und beauftragt.

---

[274] Vgl. OLG Dresden ZNotP 1999, 402; BGH DNotZ 1996, 967; *Kanzleiter*, DNotZ 1996, 931; DNotI-Report 1995, 145.
[275] Vgl. *Assmann*, ZfIR 2009, 245; DNotI-Report 1997, 112.

Auch eine im Angebot vom Eigentümer erklärte Bewilligung kann Grundlage für die Eintragung einer Vormerkung für den Benannten sein. Nach der BGH-Rechtsprechung ist die Bewilligung einer Vormerkung zugunsten eines von dritter Seite noch zu benennenden Berechtigten wirksam, sofern der Berechtigte im Zeitpunkt der Eintragung der Vormerkung bestimmungsgemäß benannt worden ist.[276] Insbesondere ist die Bewilligung des Eigentümers nicht notwendig schon dadurch »verbraucht«, dass zunächst für den Benennungsberechtigten eine Vormerkung eingetragen wurde. Um Auslegungsfragen zu vermeiden, kann es hilfreich sein, in der Urkunde klar zu stellen, dass es sich (auch) um die Bewilligung zugunsten eines später benannten Dritten handelt.

421

Zur Sicherung des Anspruchs des Angebotsempfängers auf Übertragung des Eigentums an dem verkauften Grundbesitz in dem Fall, dass er selbst das Angebot annimmt, bewilligt der Anbietende (Eigentümer) und beantragen die Vertragsteile die Eintragung einer Vormerkung gemäß § 883 BGB zugunsten des Angebotsempfängers in dem in Abschnitt II. bezeichneten Berechtigungsverhältnis an dem Vertragsgrundbesitz in das Grundbuch.
Weiter bewilligt der Anbietende (Eigentümer) zur Sicherung des Anspruchs des vom Angebotsempfänger bestimmungsgemäß benannten Dritten auf Übertragung des Eigentums an dem verkauften Grundbesitz die Eintragung einer Vormerkung gemäß § 883 BGB – bei mehreren Benannten in dem vom Benennungsberechtigten bestimmten Berechtigungsverhältnis – an dem Vertragsgrundbesitz in das Grundbuch.

422 M

Demgegenüber wird zuweilen auch eine Gestaltung gewählt, nach der der Empfänger das Angebot selbst nicht annehmen kann, wo also ein Selbstbenennungsrecht ausgeschlossen ist. Hier liegt bis zur Benennung wohl kein wirksames Angebot vor. Erst die Benennung führt zu einem vollständigen Angebot, jedenfalls kann es dem Angebotsempfänger (dem Benannten) nicht vorher zugehen. Die Eintragung einer Auflassungsvormerkung für den noch nicht Benannten kommt bei dieser Konstruktion nicht in Betracht, ebenso wenig eine Vormerkung für den Benennungsberechtigten.[277] Eine Auflassungsvormerkung kann erst nach Benennung und nur für den formwirksam Benannten eingetragen werden. Diese Konstruktion entspricht insofern weitgehend einer unwiderruflichen Vollmacht (die möglicherweise eine zweckmäßige Gestaltungsalternative darstellt).

423

Wo eine Sicherung durch Vormerkung gewünscht ist, ohne dass der Benennungsberechtigte einen Eigentumsverschaffungsanspruch zu seinen eigenen Gunsten erhalten soll, kann ein Vertrag geschlossen werden, in dem sich der Eigentümer gegenüber dem Benennungsberechtigten zum Abschluss eines Kaufvertrags mit dem von diesem Benannten verpflichtet, aufgrund dessen also der Benennungsberechtigte den Anspruch auf Übereignung an den Dritten erhält (§ 335 BGB); dieser Anspruch kann durch Vormerkung zugunsten des Benennungsberechtigten (nicht zugunsten des – noch unbekannten – Benannten) gesichert werden.[278] Nach Benennung bedarf es dann eines weiteren Vertrags zwischen Eigentümer und Benanntem. Auf die relative Unwirksamkeit einer vormerkungswidrigen Verfügung kann sich auch nach Benennung des Dritten nicht dieser, sondern nur der Vormerkungsberechtigte berufen.[279]

424

---

276 BGH DNotZ 2012, 840.
277 BayObLG DNotZ 1997, 153.
278 BGH ZfIR 2009, 244; DNotZ 1983, 484.
279 BGH ZfIR 2009, 244.

Vormerkung aufgrund Vertrags zugunsten Dritter

425 M Der Anbietende verpflichtet sich gegenüber dem Angebotsempfänger, mit einem oder mehreren von diesem benannten Dritten einen Grundstückskaufvertrag entsprechend nachstehendem Teil C. abzuschließen und den Vertragsbesitz an den oder die benannten Dritten zu übereignen.
Zur Sicherung dieses Anspruchs des Angebotsempfängers (§ 335 BGB) auf Übereignung des in A.1 genannten Grundstücks an den Dritten bewilligen und beantragen die Beteiligten die Eintragung einer Vormerkung gemäß § 883 BGB zugunsten des Angebotsempfängers an dem in A.1 genannten Grundstück.

426 Das Angebot selbst bedarf der Form des § 311b Abs. 1 BGB. Ob dies auch für die Ausübung des Benennungsrechts gilt, ist jedenfalls dann zweifelhaft, wenn das Angebot auch vom Benennungsberechtigten selbst angenommen werden kann. Schon aus Gründen der Rechtssicherheit wird der Notar zur Beurkundungsform raten. Aus grundbuchverfahrensrechtlichen Gründen bedarf es jedenfalls einer Beglaubigung der Benennungserklärung (§ 29 GBO). Der Beurkundung bedarf stets wieder die Auflassung.

427 Unsicher ist auch, ob und welchem der Beteiligten bei den verschiedenen Konstruktionen die Benennungserklärung (möglicherweise in der für das Angebot vereinbarten Frist) zugehen muss. Eine Regelung hierzu im Angebot ist dringend geboten. Im Zweifel sollten sowohl Eigentümer und Benannter eine Ausfertigung der Benennungserklärung erhalten.

428 Hinsichtlich der Grunderwerbsteuer[280] ist im Hinblick auf § 1 Abs. 1 Nr. 6 und 7 GrEStG entscheidend, ob der Benennungsberechtigte das Angebot im unmittelbaren eigenen wirtschaftlichen Interesse verwertet, z.B. dadurch dass im Zusammenhang mit der Benennung ein Bau- oder ein Baubetreuungsvertrag zu seinem wirtschaftlichen Vorteil abgeschlossen wird (z.B. Provisionsansprüche oder Gewinnansprüche aufgrund einer Beteiligung am Bauunternehmen), oder zum Nutzen wirtschaftlicher Interessen Dritter, denen gegenüber er im Hinblick auf die Ausübung des Benennungsrechts gebunden ist. In diesem Fall unterliegen sowohl der Vertrag mit dem Benennungsberechtigten als auch der Vertrag mit dem Benannten der Grunderwerbsteuer. Für den Vertrag mit dem Benennungsberechtigten fällt jedoch dann keine Grunderwerbsteuer an, wenn sich seine Tätigkeit in der Vermittlung des Grundstücks oder einer reinen Stellvertretung erschöpft, wie sie üblicherweise ein Makler tätigt. Bei Gestaltungen, die das Selbstbenennungsrecht ausschließen, ist das wirtschaftliche Eigeninteresse im Einzelfall zu prüfen. Bei Gestaltungen mit Selbstbenennungsrecht (sog. Oder-Angebot) indiziert dieser Umstand grundsätzlich ein Handeln in Verfolgung eigener wirtschaftlicher Interessen; für deren Fehlen trägt der Benennungsberechtigte die Beweislast.[281]

429 M Benennung des Käufers durch den Angebotsempfänger, Annahme und Auflassung
A erklärte: Zu URNr. ..... des beurkundenden Notars hat V ..... einer von mir zu benennenden Person ein Verkaufsangebot betreffend den im Grundbuch von ..... Band Blatt ..... verzeichneten Grundbesitz gemacht. Ich benenne als Käuferin die x-Aktiengesellschaft in .....
Ich überreiche die Ausfertigung von deren Vollmacht – URNr. ..... des Notars in ..... und nehme in ihrem Namen das Angebot an.
Weiter erkläre ich für die x-AG aufgrund der vorgenannten Vollmacht sowie für V aufgrund der mir im vorgenannten Angebot in Abschnitt ..... erteilten Vollmacht: Wir sind darüber einig, dass das Eigentum an dem verkauften Grundbesitz von dem Verkäufer

---

[280] Vgl. DNotI-Report 1997, 165; *R. Wagner*, ZfIR 2011, 182; *ders.*, ZfIR 2012, 531.
[281] BFH BStBl. 1997, 411.

auf den Käufer zu dessen Alleineigentum übergeht. Der Verkäufer bewilligt und der Käufer beantragt die Eintragung der Auflassung in das Grundbuch.

IV. Änderung und Aufhebung eines Grundstückkaufvertrags

Mit Urteil v. 14.09.2018 hat der BGH seine frühere Rechtsprechung bestätigt, wonach Änderungen eines Grundstückskaufvertrages formfrei möglich sind, wenn die Auflassung bindend geworden ist. Nur den technischen Vollzug betreffende Abreden wie die sog. Ausfertigungssperre sind insofern ohne Belang.[282] 430

Unabhängig von der erklärten Auflassung sind im Übrigen noch Vertragsänderungen formlos möglich, die der Beseitigung unerwarteter Schwierigkeiten bei der Vertragsabwicklung dienen, sofern sie die beiderseitigen Verpflichtungen nicht wesentlich ändern.[283]

Die Aufhebung des Grundstückskaufvertrages[284] bedarf der Beurkundung nach § 311b Abs. 1 BGB, wenn der Käufer ein Anwartschaftsrecht (durch Auflassung und Eintragungsantrag oder Auflassung und Antrag auf Vormerkung) erworben hat.[285] Zuvor kann der Vertrag formlos aufgehoben werden. 431

Unsicher ist, ob ein einmal entstandenes Anwartschaftsrecht dadurch beseitigt werden kann, dass zunächst nur die Vormerkung gelöscht wird, um den Vertrag danach formlos aufheben zu können.[286] Schon aus Gründen der Rechtssicherheit wird man zu einer solchen Umgehung der Formpflicht nicht raten können. 432

Einer Regelung im Aufhebungsvertrag bedürfen regelmäßig auch die Fragen der Rückabwicklung sowie Schadenersatzansprüche.[287] Andernfalls wäre die spätere Geltendmachung von Schadensersatz ausgeschlossen. 433

Sofern es einer Sicherung von Rückzahlungsansprüchen des Käufers bedarf, empfiehlt sich eine durch die Erstattung der Anzahlung bedingte Aufhebung des Vertrags. Die für die Löschung der für den Käufer eingetragenen Vormerkung erforderliche Bewilligung kann unbedingt erteilt werden mit der Treuhandauflage an den Notar, diese dem Grundbuchamt erst vorzulegen, wenn ihm die Rückzahlung durch den Käufer bestätigt oder vom Verkäufer nachgewiesen ist. Problematisch ist in solchen Fällen stets eine unbedingte Aufhebung des Vertrags, da durch sie der Anspruch und damit die akzessorische Vormerkung gegenstandslos werden; solche Gestaltungen ohne hinreichende Sicherung des Käufers können eine Haftung des Notars begründen. 434

Wenn die Aufhebung innerhalb von 2 Jahren nach Rechtswirksamkeit des Vertrags erfolgt, besteht gemäß § 16 Abs. 1 Nr. 1 GrEStG Anspruch darauf, dass Grunderwerbsteuer für den aufgehobenen Vertrag nicht festgesetzt bzw. eine Steuerfestsetzung aufgehoben wird. 435

Aufhebungsvertrag

I. Vorbemerkung 436 M

1. Zu Urkunde des Notars ..... vom ....., URNr. ....., hat .....
– nachstehend Verkäufer genannt –

---

282 Az. V ZR 213/17.
283 BGH MittBayNot 1996, 26; DNotZ 1982, 310.
284 Vgl. *Bomhard/Voßwinkel*, ZfIR 2009, 529.
285 BGHZ 88, 398.
286 So OLG Hamm DNotZ 1991, 149 m. abl. Anm. *Brambring*.
287 Vgl. OLG Bremen DNotZ 1985, 769.

den im Grundbuch des Amtsgerichts ..... für ..... Band ..... Blatt ..... vorgetragenen Grundbesitz der Gemarkung .....
FlSt
an .....
– nachstehend Käufer genannt –
zum Kaufpreis von ..... € verkauft.
Auf diese Urkunde, die in Urschrift vorliegt, wird verwiesen. Ihr Inhalt ist den Beteiligten bekannt; sie verzichten auf deren Vorlesung und Beifügung zu dieser Niederschrift.
2. Aufgrund dieses Vertrages wurde eine Auflassungsvormerkung für den Käufer im Grundbuch eingetragen.
Gemäß notarieller Mitteilung vom ..... ist der Kaufpreis fällig. Er ist bis heute nicht gezahlt.
Der Käufer hat die ihn treffenden Kosten des vorgenannten Vertrages für Notar und Grundbuchamt sowie die Grunderwerbsteuer bis heute nicht gezahlt.
Die Besitzübergabe ist bislang nicht erfolgt.
Der Verkäufer hat im Hinblick darauf, dass der Käufer den Kaufpreis bei Fälligkeit nicht gezahlt hat, einen Rechtsanwalt mit der Wahrnehmung seiner Interessen beauftragt.
3. Der Käufer erklärt, dass es ihm aufgrund unvorhergesehener Umstände unmöglich geworden sei, die Mittel zur Kaufpreiszahlung zu beschaffen.

II. Vertragsaufhebung

Die Beteiligten sind über die Aufhebung des vorgenannten Kaufvertrages vom ..... einig. Der Notar wird angewiesen, den Vollzug dieses Vertrages nicht weiter zu betreiben.
Der Käufer bewilligt und beantragt die Löschung der für ihn eingetragenen Auflassungsvormerkung an dem in Abschnitt I.1. genannten Grundbesitz.

III. Ausgleichsvereinbarungen

1. Zum Ausgleich von Nachteilen des Verkäufers verpflichtet sich der Käufer zu folgenden Leistungen:
a) Der Käufer hat bis spätestens ..... € (..... Euro) an den Verkäufer auf dessen Konto bei ....., IBAN ....., BIC ..... zu zahlen.
Wegen dieser Zahlungsverpflichtung unterwirft sich ..... der sofortigen Zwangsvollstreckung aus dieser Urkunde in sein gesamtes Vermögen. Zur Erteilung einer vollstreckbaren Ausfertigung genügt die Darlegung der Fälligkeit durch den Verkäufer.
b) Der Käufer hat unverzüglich die ihn treffenden Kosten für Notar und Grundbuchamt aus dem vorgenannten Vertrag und aus diesem Vertrag zu zahlen und den Verkäufer von jeder Inanspruchnahme freizustellen.
c) Der Käufer hat dem Verkäufer unverzüglich nach Nachweis die Kosten der anwaltlichen Beratung wegen des heute aufgehobenen Vertrages zu ersetzen.
2. Die Beteiligten sind darüber einig, dass mit den vorstehenden Vereinbarungen sämtliche gegenseitigen Ansprüche aus dem heute aufgehobenen Kaufvertrag vergleichsweise ausgeglichen sind. Weitergehende Ansprüche können von keinem Vertragsteil geltend gemacht werden.

IV. Schlussbestimmungen

Die Kosten dieses Vertrages und ihres grundbuchamtlichen Vollzuges trägt der Käufer. Auf die gesetzliche Haftung aller Beteiligten für anfallende Kosten wurde hingewiesen.
Von dieser Urkunde erhalten

beglaubigte Abschrift
Grundbuchamt, Käufer, Verkäufer
einfache Abschrift
Finanzamt – Grunderwerbsteuerstelle –.

V. Grunderwerbsteuer

Im Hinblick auf § 16 GrEStG beantragen die Beteiligten, die Grunderwerbsteuer für den aufgehobenen Vertrag vom ..... nicht festzusetzen bzw. eine etwaige Steuerfestsetzung aufzuheben.
Die bereits gezahlte Grunderwerbsteuer soll auf folgendes Konto des Käufers erstattet werden .....

■ *Kosten.* Maßgebend ist gemäß § 96 GNotKG (wohl) der Wert des Gegenstands im Zeitpunkt der Vertragsaufhebung;[288] 1,0 Gebühr gemäß Nr. 21102 Nr. 2 KV GNotKG.

V. Steuern

1. Grunderwerbsteuer

Der *rechtswirksame* Abschluss des Kaufvertrags (§ 1 Abs. 1 Nr. 1 GrEStG), nicht erst die Fälligkeit des Kaufpreises oder die Besitzübergabe, löst Grunderwerbsteuer aus. Ein *Angebot* führt dementsprechend noch nicht zur Grunderwerbsteuerpflicht. *Rücktrittsrechte* hindern den Anfall der Grunderwerbsteuer nicht (ggf. besteht ein Erstattungsanspruch nach Ausübung des Rücktrittsrechts, § 16 GrEStG). Dieser Umstand kann unter Liquiditätsgesichtspunkten Anlass für Vertragsgestaltungen sein, nach denen die Rechtswirksamkeit durch die Vereinbarung von Bedingungen hinausgeschoben wird, z.B. anknüpfend an das Vorliegen einer Baugenehmigung (Rdn. 28). Die in einem unter Bedingung abgeschlossenen Kaufvertrag mitbeurkundete (und wegen § 925 Abs. 2 BGB notwendig unbedingt erklärte) Auflassung führt für sich allein nicht zur Grunderwerbsteuerpflicht.[289]

437

Der *Steuersatz* ist in den verschiedenen Bundesländern uneinheitlich (§ 11 Abs. 1 GrEStG), er beträgt zwischen 3,5 % (in Bayern und Sachsen) und 6,5 % (z.B. in Nordrhein-Westfalen Schleswig-Holstein). *Bemessungsgrundlage* sind der Kaufpreis und etwa zusätzlich vom Käufer übernommene Gegenleistungen (§ 8 Abs. 1 GrEStG) einschließlich der dem Verkäufer vorbehaltenen Nutzungen (Nießbrauch, Wohnungsrechte, § 9 Abs. 1 Nr. 1 GrEStG). Die Übernahme von dauernden Lasten, die zugunsten Dritter bestehen, gehört nicht zur Gegenleistung, wohl aber ein vom Käufer übernommener Erbbauzins (§ 9 Abs. 2 Nr. 2 S. 3 GrEStG). Bei Bauträgerverträgen ist auch der auf die noch zu erbringende Bauleistung entfallende Kaufpreisteil Teil der Bemessungsgrundlage für die Grunderwerbsteuer. Ein objektiver enger sachlicher Zusammenhang von *Kauf- und Werkvertrag* führt ebenfalls – auch wenn Verkäufer und Werkunternehmer nicht identisch sind – grunderwerbsteuerrechtlich dazu, dass auch die Aufwendungen für die Herstellung des Gebäudes – einschließlich hierauf entfallender USt[290] – in die Bemessungsgrundlage einbezogen werden

438

---

288 Leipziger GNotKG/*Otto*, § 96 GNotKG Rn. 7; anders *Tiedtke/Diehn*, GNotKG, § 96 Rn. 1103, die auf den Wert des aufgehobenen Rechtsverhältnisses – und somit den seinerzeitigen Kaufpreis – abstellen.
289 BFH DNotI-Report 2005, 127.
290 Nach dem Beschl. des EuGH v. 27.11.2008 (EuGH 27.11.2008 – Rs. C-156/08, IBR 2009, 74) sind die Mitgliedstaaten nicht daran hindert, beim Erwerb eines noch unbebauten Grundstücks künftige Bauleistungen in die Bemessungsgrundlage für die Berechnung von Verkehrsteuern wie die »Grunderwerbsteuer« des deutschen Rechts einzubeziehen und somit einen nach der Sechsten Richtlinie der USt unterliegenden

gemäß § 9 Abs. 1 Nr. 1 GrEStG.[291] Dieser Zusammenhang kann nicht schon deshalb verneint werden, weil die Verträge nicht zusammen beurkundet sind oder weil der Abschluss des Werkvertrags zeitlich dem Abschluss des Grundstückkaufvertrags folgt;[292] dies gilt auch dann, wenn der Erwerber tatsächlich und rechtlich in der Lage war, ein anderes, mit dem Grundstücksveräußerer nicht verbundenes Unternehmen mit der Bebauung zu beauftragen, oder sich für eine andere, wesentlich vom Angebot abweichende Bebauung zu entscheiden, und ggf. auch entsprechende Angebote eingeholt hat.[293]

439 Es besteht eine allgemeine *Freigrenze* von 2.500 €. Ist die Bemessungsgrundlage für die Grunderwerbsteuer i.S.d. § 8 GrEStG niedriger, wird Grunderwerbsteuer nicht erhoben (§ 3 Nr. 1 GrEStG). Zwei in Gütergemeinschaft verheiratete Personen gelten nach der Rechtsprechung des BFH insofern als ein Veräußerer.[294] Ob – wie von der Finanzverwaltung angenommen – auch in anderen Fällen mehrere Personen auf der Veräußerer- und auf der Erwerberseite als eine Person zu rechnen sind, ist offen.[295]

440 Im Übrigen sind nach § 3 GrEStG von der Besteuerung insbesondere Veräußerungen zwischen Verwandten in gerader Linie sowie zwischen Ehegatten ausgenommen.

441 Für das Grundbuchverfahren regelt § 22 Abs. 1 GrEStG, dass insbesondere eine Eigentumsumschreibung erst eingetragen werden darf, wenn die sog. *Unbedenklichkeitsbescheinigung* vorliegt. Diese wird in der Regel dann erteilt, wenn die Grunderwerbsteuer entrichtet ist (§ 33 Abs. 2 GrEStG).

Wegen der Erforderlichkeit der Unbedenklichkeitsbescheinigung können die Landesjustizverwaltungen Ausnahmen vorsehen, so z.B. in Bayern und Rheinland-Pfalz für die Eintragung von Erben bei Erbnachweis durch Vorliegen von Erbscheinen oder notariell beurkundeten Verfügungen von Todes wegen, bei Grundstückskäufen, bei denen der Kaufpreis unter 2.500 € liegt oder für den Erwerb durch Ehegatten und Kinder.

442 *Notare* haben Grundstücksgeschäfte dem Finanzamt anzuzeigen (§ 18 GrEStG), sog. Veräußerungsanzeige. Einzelheiten regelt das nachstehend abgedruckte *Merkblatt* (Rdn. 444). Anzuzeigen ist insbesondere auch ein *Angebot* auf Abschluss eines Vertrags, auch wenn dieses keine Grunderwerbsteuer auslöst.

443 In der *Veräußerungsanzeige* hat der Notar insbesondere auch anzugeben, ob der Vertrag rechtswirksam ist. Sofern die Rechtswirksamkeit erst später eintritt (z.B. wegen Genehmigung nach § 12 WEG, GrdStVG) ist dieser Umstand nachträglich mitzuteilen. Die unterlassene oder verspätete Anzeige begründet (wohl) keinen Anspruch des Finanzamts gegen den Notar auf Zahlung der Grunderwerbsteuer,[296] wohl aber einen Anspruch der Beteiligten gegen den Notar wegen der ihnen daraus entstehenden Nachteile. Die Anzeige hat gegenüber dem für die Besteuerung örtlich zuständigen Finanzamt zu erfolgen, das ist dasjenige Finanzamt, in dessen Bezirk das Grundstück liegt (vgl. § 18 Abs. 5 i.V.m. § 17 GrEStG). Die Veräußerungsanzeige hat auf dem amtlichem Vordruck zu erfolgen. Ein entsprechender EDV-Ausdruck wird (i.d.R.) anerkannt.

444 Einzelheiten zur grunderwerbsteuerlichen Anzeige regelt das nachstehend im Auszug (mit Anhang II: Zum Umfang der Mitteilungspflicht nach § 54 EStDV) wiedergegebene

---

Vorgang zusätzlich mit diesen weiteren Steuern zu belegen, sofern diese nicht den Charakter von USt haben.
291 BFH ZfIR 2000, 58; BFH ZfIR 1997, 167; dort auch zur Pflicht, den Werkvertrag dem Finanzamt anzuzeigen gemäß § 19 Abs. 2 Nr. 1 GrEStG.
292 Vgl. BFH MittRhNotK 1995, 153.
293 BFH 27.06.2006 – II B 160/05, BFH/NV 2006, 1882.
294 BFH MittBayNot 2007, 528.
295 Vgl. *Everts*, MittBayNot 2003, 204; *ders.*, MittBayNot 2007, 529.
296 OLG München ZNotP 1997, 73.

Kaufverträge über Grundstücke und Wohnungseigentum § 32

**Merkblatt
über die steuerlichen Beistandspflichten der Notare
auf den Gebieten der Grunderwerbsteuer, der Erbschaftsteuer
(Schenkungsteuer) und der Ertragsteuern**

A. Vorbemerkungen

1. Aus Gründen der Übersichtlichkeit berücksichtigt dieses Merkblatt nur die wesentlichen gesetzlichen Regelungen.
2. Geschlechterspezifische Bezeichnungen werden aus Vereinfachungsgründen lediglich in der männlichen Form verwendet.
3. Die aktuelle Fassung dieses Merkblattes kann auf der Internetseite des Bayerischen Landesamtes für Steuern (www.lfst.bayern.de > Startseite > Steuerinfos > Steuerarten > Grunderwerbsteuer > Merkblatt .....) abgerufen werden.
4. Ein bundesweites Verzeichnis der örtlich zuständigen Finanzämter kann auf der Internetseite des Bundeszentralamts für Steuern unter www.bzst.bund.de > Online Dienste > Finanzamtsuche abgefragt werden. Hier steht eine Suchfunktion zur Verfügung, mit der neben dem örtlich zuständigen Finanzamt weitere Angaben, wie z.B. abgegebene Aufgaben einzelner Finanzämter und besondere Zuständigkeitsregelungen, ermittelt werden können. Außerdem steht ein bundesweites Finanzamtsverzeichnis – nach Bundesländern sortiert – unter www.steuerliches-infocenter.de > Navigation > Finanzverwaltung der Länder zur Verfügung.

B. Grunderwerbsteuer

1. Maßgebende Vorschriften

Die steuerlichen Anzeigepflichten und sonstigen Beistandspflichten der Notare ergeben sich aus folgenden Vorschriften:
§§ 18, 20, 21 und 22a des Grunderwerbsteuergesetzes (GrEStG) in der Fassung der Bekanntmachung vom 26.02.1997 (BGBl I 1997, 418), zuletzt geändert durch Artikel 18 des Gesetzes zur Modernisierung des Besteuerungsverfahrens (BestVerfModG) vom 18.07.2016 (BGBl. I 2016, 1679), sowie § 102 Abs. 4 der Abgabenordnung (AO).

2. Anzeigepflichtige Vorgänge

Die Anzeigepflicht betrifft alle Rechtsvorgänge, die unmittelbar oder mittelbar das Eigentum an einem inländischen Grundstück (Tz. 2.5) betreffen.

2.1 Der Notar hat **Anzeige** über folgende Rechtsvorgänge zu erstatten, die er beurkundet oder über die er eine Urkunde entworfen und darauf eine Unterschrift beglaubigt hat (§ 18 Abs. 1 S. 1 Nr. 1 und Abs. 2 GrEStG):

2.1.1 Kaufverträge und andere Rechtsgeschäfte, die den Anspruch auf Übereignung begründen (z.B. Tauschverträge, Einbringungsverträge, Übergabeverträge, Auseinandersetzungsverträge, Annahme von Kauf- und Verkaufsangeboten, Ausübung von Optionen bzw. Vor- und Wiederkaufsrechten, Treuhandverträge, Verträge hinsichtlich gemischter Schenkungen). Bei wechselseitigem Tausch von Grundstücken liegen zwei Erwerbsvorgänge vor (vgl. hierzu auch Tz. 3.3 letzter Absatz);

2.1.2 Auflassungen, wenn kein Rechtsgeschäft vorausgegangen ist, das den Anspruch auf Übereignung begründet;

2.1.3 Umwandlungen nach dem Umwandlungsgesetz, sofern dadurch Grundstückseigentum auf einen anderen Rechtsträger übergeht (z.B. Verschmelzungen, Spaltungen und Vermögensübertragungen);

2.1.4 Rechtsgeschäfte, die den Anspruch auf Abtretung eines Übereignungsanspruchs oder der Rechte aus einem Meistgebot begründen;

§ 32 Kaufverträge über Grundstücke und Wohnungseigentum

2.1.5 Rechtsgeschäfte, die den Anspruch auf Abtretung der Rechte aus einem Kaufangebot begründen. Einem Kaufangebot steht ein Angebot zum Abschluss eines anderen Vertrags gleich, kraft dessen die Übereignung verlangt werden kann;

2.1.6 Abtretungen der unter Tz. 2.1.4 und 2.1.5 bezeichneten Rechte, wenn kein Rechtsgeschäft vorausgegangen ist, das den Anspruch auf Abtretung der Rechte begründet;

2.1.7 Rechtsvorgänge, die es ohne Begründung eines Anspruchs auf Übereignung einem anderen rechtlich oder wirtschaftlich ermöglichen, ein Grundstück auf eigene Rechnung zu verwerten (z.B. Begründung sowie Auflösung eines Treuhandverhältnisses, Wechsel des Treugebers, Auftrag bzw. Geschäftsbesorgungsvertrag zum Auftragserwerb, Erteilung einer Verkaufsvollmacht);

2.1.8 Rechtsgeschäfte, die den Anspruch auf Übertragung eines, mehrerer oder aller Anteile an einer Kapitalgesellschaft, einer Personengesellschaft oder einer Gesellschaft bürgerlichen Rechts begründen, wenn zum Vermögen der Gesellschaft ein Grundstück gehört;

2.1.9 Übergang von unter Tz. 2.1.8 bezeichneten Gesellschaftsanteilen, wenn kein schuld-rechtliches Geschäft vorausgegangen ist, das den Anspruch auf Übertragung begründet;

2.1.10 Übertragungen von Anteilen an einem Nachlass (Erbteilsübertragungen), zu dem ein Grundstück oder ein Anteil an einem anderen Nachlass gehört, der ein Grundstück enthält;

2.1.11 Vorverträge, Optionsverträge sowie Kauf- und Verkaufsangebote. Die Einräumung eines Vorkaufsrechts ist nicht anzeigepflichtig;

2.1.12 Bei einheitlichen Vertragswerken erfasst die Anzeigepflicht außer dem Grundstücksveräußerungsvertrag auch diejenigen in derselben Niederschrift oder einer anderen Niederschrift beurkundeten Verträge (z.B. Treuhandvertrag, Baubetreuungsvertrag, Generalunternehmervertrag, Bauvertrag), die mit dem Grundstücksveräußerungsvertrag eine rechtliche Einheit bilden. Anzeigepflichtig sind auch solche Verträge, die in sonstiger Hinsicht mit dem Grundstücksveräußerungsvertrag im Wege einer Verknüpfungsabrede rechtlich verbunden sind, es sei denn, die grunderwerbsteuerliche Relevanz des weiteren Vertrags kann mit Gewissheit ausgeschlossen werden.

2.2 Der Notar hat auch **Anzeige** zu erstatten über:

2.2.1 Anträge auf Berichtigung des Grundbuchs, die er beurkundet oder über die er eine Urkunde entworfen hat und darauf eine Unterschrift beglaubigt hat, wenn der Antrag darauf gestützt wird, dass der Grundstückseigentümer gewechselt hat (§ 18 Abs. 1 S. 1 Nr. 2 GrEStG);

2.2.2 Nachträgliche Änderungen oder Berichtigungen der in den Tz. 2.1.1 bis 2.2.1 aufgeführten Vorgänge (§ 18 Abs. 1 S. 1 Nr. 4 GrEStG). Änderung in diesem Sinne ist auch die Vertragsaufhebung oder die Ausübung eines Rücktrittrechts durch eine Vertragspartei.

2.3 Die Anzeigen sind auch dann zu erstatten, wenn der Rechtsvorgang **von der Besteuerung ausgenommen** ist (§ 18 Abs. 3 S. 2 GrEStG) bzw. nach den bestehenden Verwaltungsanweisungen eine Unbedenklichkeitsbescheinigung im Sinne von § 22 GrEStG **nicht** zu erteilen ist. Die Anzeigepflicht besteht auch dann, wenn die Wirksamkeit des Rechtsvorgangs vom Eintritt einer Bedingung, vom Ablauf einer Frist oder von einer Genehmigung abhängt (§ 18 Abs. 3 S. 1 GrEStG).

2.4 In Fällen der Übertragung von Gesellschaftsanteilen (Tz. 2.1.8 und 2.1.9) ist die Urkundsperson zwar der Verpflichtung enthoben, im Einzelfall zu ermitteln, ob ein und ggf. welcher Steuertatbestand erfüllt ist, nicht jedoch von der Anzeigepflicht selber.

§ 32 Kaufverträge über Grundstücke und Wohnungseigentum

2.5 **Grundstücke** im Sinne des GrEStG sind Grundstücke im Sinne des bürgerlichen Rechts einschließlich noch nicht vermessene Teilflächen, Miteigentumsanteile, Wohnungseigentum und Teileigentum (§ 2 Abs. 1 GrEStG). Zu den Grundstücken rechnen sowohl solche des Anlagevermögens als auch solche des Umlaufvermögens. Den Grundstücken stehen Erbbaurechte, Gebäude auf fremdem Boden sowie dinglich gesicherte Sondernutzungsrechte im Sinne des § 15 des Wohnungseigentumsgesetzes und des § 1010 des Bürgerlichen Gesetzbuchs gleich (§ 2 Abs. 2 GrEStG). Die Anzeigepflicht bezieht sich deshalb auch auf Vorgänge, die ein Erbbaurecht, ein Gebäude auf fremdem Boden oder ein dinglich gesichertes Sondernutzungsrecht betreffen (§ 18 Abs. 2 S. 1 GrEStG).

3. Zuständiges Finanzamt

3.1 Die Anzeigen sind an das für die Besteuerung (Tz. 3.2) – in den Fällen des § 17 Abs. 2 und 3 GrEStG an das für die gesonderte Feststellung der Besteuerungsgrundlagen (Tz. 3.3 und 3.4) – zuständige Finanzamt zu richten (§ 18 Abs. 5 GrEStG).

3.2 Die Anzeigen sind an das für die Besteuerung zuständige Finanzamt (Belegenheitsfinanzamt) zu richten, d.h. an das Finanzamt, in dessen Bezirk das Grundstück oder der wertvollste Teil des Grundstücks liegt (§ 17 Abs. 1 S. 1 GrEStG),
- wenn sich ein Rechtsvorgang auf ein Grundstück oder mehrere Grundstücke bezieht, die im Bezirk nur **eines** Finanzamts liegen,
- wenn sich ein Rechtsvorgang auf **ein** Grundstück bzw. **eine** wirtschaftliche Einheit von Grundstücken (§ 2 Abs. 3 S. 1 GrEStG) bezieht, das bzw. die in den Bezirken **verschiedener Finanzämter eines Landes** liegt,
- wenn bei Grundstückserwerben durch Umwandlung auf Grund eines Bundes- oder Landesgesetzes oder in den Fällen des § 1 Abs. 2a, 3 und 3a GrEStG nicht die Voraussetzungen für eine gesonderte Feststellung der Besteuerungsgrundlagen (Tz. 3.4) erfüllt sind.

3.3 Die Besteuerungsgrundlagen werden gesondert festgestellt (§ 17 Abs. 2 GrEStG)
- in Fällen, in denen **ein** Grundstück bzw. **eine** wirtschaftliche Einheit von Grundstücken (§ 2 Abs. 3 S. 1 GrEStG) in den Bezirken von Finanzämtern **verschiedener Länder** liegt (§ 17 Abs. 2 1. Alt. i.V.m. § 17 Abs. 1 S. 2 GrEStG), sowie
- in Fällen, in denen sich ein Rechtsvorgang auf **mehrere** Grundstücke bezieht, die in den Bezirken **verschiedener Finanzämter** liegen (§ 17 Abs. 2 2. Alt. GrEStG)

durch das Finanzamt (Feststellungsfinanzamt), in dessen Bezirk der wertvollste Grundstücksteil oder das wertvollste Grundstück oder der wertvollste Bestand an Grundstücksteilen oder Grundstücken liegt (§ 17 Abs. 2 GrEStG).

Sind in einem notariellen Vertrag mehreren in unterschiedlichen Finanzamtsbezirken belegenen Grundstücken jeweils selbständige nachvollziehbare Einzelkaufpreise zugeordnet, hat dennoch zwingend eine gesonderte Feststellung der Besteuerungsgrundlagen zu erfolgen.

Für einen Tauschvertrag, durch den ein Grundstück gegen ein im Bezirk eines anderen Finanzamts belegenes Grundstück getauscht wird, ist den beteiligten Finanzämtern jeweils eine Anzeige zu erstatten.

3.4 Die Besteuerungsgrundlagen werden ferner gesondert festgestellt (§ 17 Abs. 3 GrEStG)
- bei Grundstückserwerben durch Umwandlungen auf Grund eines Bundes- oder Landesgesetzes durch das Finanzamt, in dessen Bezirk sich die Geschäftsleitung des Erwerbers befindet, sowie
- in den Fällen des § 1 Abs. 2a, 3 und 3a GrEStG durch das Finanzamt, in dessen Bezirk sich die Geschäftsleitung der Gesellschaft – bei der sich der

Gesellschafterwechsel vollzieht bzw. deren Anteile vereinigt oder übertragen werden – befindet, wenn ein außerhalb des Bezirks dieser Finanzämter liegendes Grundstück oder ein auf das Gebiet eines anderen Landes sich erstreckender Teil eines im Bezirk dieser Finanzämter liegenden Grundstücks betroffen wird (§ 17 Abs. 3 S. 1 GrEStG). Befindet sich die Geschäftsleitung nicht im Geltungsbereich des GrEStG und werden in verschiedenen Finanzamtsbezirken liegende Grundstücke oder in verschiedenen Ländern liegende Grundstücksteile betroffen, so stellt das nach Tz. 3.3 zuständige Finanzamt die Besteuerungsgrundlagen gesondert fest (§ 17 Abs. 3 S. 2 GrEStG).

3.5 Die Verwaltung der Grunderwerbsteuer ist in Bayern folgenden Finanzämtern übertragen: (...)

4. Form und Inhalt der Anzeigen

4.1 Die Anzeigen sind **schriftlich** nach amtlich vorgeschriebenem Vordruck zu erstatten (§ 18 Abs. 1 S. 1 GrEStG). Hierfür stehen seit 01.01.2018 folgende Vordrucke als ausfüllbare PDF-Dokumente zum Herunterladen auf der Internetseite des Bayerischen Landesamtes für Steuern (www.lfst.bayern.de > Startseite > Formulare > Weitere Themen von A bis Z > Grunderwerbsteuer) zur Verfügung:
– BV GrESt 001 Veräußerungsanzeige
– BV GrESt 002 Anzeige Zwangsversteigerungsverfahren
– BV GrESt 003 Anzeige Anteilsübertragungen
– BV GrESt 004 Anlage weitere Grundstücke
– BV GrESt 005 Anlage weitere Veräußerer
– BV GrESt 006 Anlage weitere Erwerber

Die Formulare sind vollständig auszufüllen und beidseitig auszudrucken.

Für jede Ausfertigung des Vordrucks Veräußerungsanzeige BV GrESt 001 (insgesamt sieben Stück) hat jeweils ein Ausdruck etwaiger befüllter Anlagen weitere Grundstücke/Veräußerer/Erwerber zu erfolgen.

Eine elektronische Übermittlung der Anzeige ist derzeit noch nicht zulässig (§ 22a S. 3 GrEStG).

Die Anzeige über Anteilsübertragungen (BV GrESt 003) ist nur für Vorgänge geeignet, in denen die zivilrechtlichen Eigentumsverhältnisse an den Grundstücken unverändert bleiben, jedoch aufgrund von Anteilsübertragungen bei einer Gesellschaft eine Anzeigepflicht gem. § 18 bzw. § 19 GrEStG besteht. Im Falle eines Rechtsträgerwechsels am Grundstück (z. B. Umwandlungsvorgang, Anwachsung, etc.) hat die Anzeige weiterhin über die Veräußerungsanzeige (BV GrESt 001) zu erfolgen.

4.2 Die Anzeigen **müssen enthalten** (§ 20 Abs. 1 GrEStG):

4.2.1 Vorname, Zuname und Anschrift sowie die steuerliche Identifikationsnummer gemäß § 139b der Abgabenordnung (AO) oder die Wirtschafts-Identifikationsnummer gemäß § 139c der AO des Veräußerers und des Erwerbers (siehe auch Tz. 7.2), ggf. auch, ob und um welche begünstigte Person im Sinn des § 3 Nrn. 3 bis 7 GrEStG es sich bei dem Erwerber handelt;

4.2.2 die Bezeichnung des Grundstücks nach Grundbuch, Kataster, Straße und Hausnummer;

4.2.3 die Größe des Grundstücks und bei bebauten Grundstücken die Art der Bebauung;

4.2.4 die Bezeichnung des anzeigepflichtigen Vorgangs und den Tag der Beurkundung, bei einem Vorgang, der einer Genehmigung bedarf, auch die Bezeichnung desjenigen, dessen Genehmigung erforderlich ist;

4.2.5 den Kaufpreis oder die sonstige Gegenleistung (§ 9 GrEStG);

4.2.6 den Namen der Urkundsperson.

4.3	Anzeigen, die sich auf **Anteile an einer Gesellschaft** beziehen, müssen außerdem enthalten (§ 20 Abs. 2 GrEStG):
4.3.1	die Firma, den Ort der Geschäftsführung sowie die Wirtschafts-Identifikationsnummer der Gesellschaft gemäß § 139c der Abgabenordnung (siehe auch Tz. 7.3);
4.3.2	die Bezeichnung des Gesellschaftsanteils oder der Gesellschaftsanteile;
4.3.3	bei mehreren beteiligten Rechtsträgern eine Beteiligungsübersicht.
4.4	Bei der Veräußerung von Gesellschaftsanteilen besteht für den Notar bezüglich des Vorhandenseins von Grundstücken, die der Gesellschaft grunderwerbsteuerlich unmittelbar oder mittelbar zuzurechnen sind, eine Erkundigungspflicht. Eine besondere Nachforschungspflicht besteht nicht, so dass er sich im Rahmen seiner Mitwirkungspflicht auf die Angaben der Beteiligten beschränken kann.
4.5	Der Anzeige ist eine Abschrift der Urkunde über den Rechtsvorgang oder des Antrags beizufügen (§ 18 Abs. 1 S. 2 GrEStG). Die Anzeige ist mit o.g. Inhalt zu erstatten. Ein bloßer Verweis auf die beiliegende Urkunde ist nicht ausreichend (siehe auch Tz. 7.3).
5.	**Anzeigefrist**
	Die Anzeigen sind innerhalb von zwei Wochen nach der Beurkundung oder der Unterschriftsbeglaubigung zu erstatten, und zwar auch dann, wenn die Wirksamkeit des Rechtsvorgangs vom Eintritt einer Bedingung, vom Ablauf einer Frist oder von einer Genehmigung abhängig ist (§ 18 Abs. 3 S. 1 GrEStG).
6.	**endevermerk des Notars**
6.1	Die Absendung der Anzeige ist auf der Urschrift der Urkunde, in den Fällen, in denen eine Urkunde entworfen und darauf eine Unterschrift beglaubigt worden ist, auf der zurückbehaltenen beglaubigten Abschrift zu vermerken (§ 18 Abs. 4 GrEStG).
6.2	Eine Empfangsbestätigung des Finanzamts sieht das GrEStG nicht vor.
7.	**Bedeutung der Anzeigen**
7.1	Notare dürfen Urkunden, die einen anzeigepflichtigen Vorgang betreffen, den Beteiligten erst aushändigen und Ausfertigungen oder beglaubigte Abschriften den Beteiligten erst erteilen, wenn sie die Anzeigen **in allen Teilen vollständig (§§ 18 und 20)** an das Finanzamt abgesandt haben (§ 21 GrEStG).
7.2	Die Anzeigepflicht nach § 18 GrEStG führt zu keiner Anlaufhemmung der Festsetzungsfrist nach § 170 Abs. 2 S. 1 Nr. 1 AO (BFH-Urteil vom 16.02.1994 II R 125/90, BStBl II 1994, 866). Bei Nichterfüllung der Anzeigepflicht durch den Notar verjährt der Steueranspruch in der Regel innerhalb der regulären vierjährigen Festsetzungsfrist.
7.3	Es wurde in § 16 Abs. 5 GrEStG und in § 21 GrEStG die Worte »in allen Teilen vollständig« zum Inhalt der Anzeigen eingefügt. Eine Veräußerungsanzeige ist nur dann als »vollständig« in diesem Sinne zu betrachten, wenn die steuerliche Identifikationsnummer des Veräußerers und des Erwerbers angegeben sind (siehe auch Tz. 4.2.1). Die Vorschriften des § 16 Abs. 1 bis 4 GrEStG gelten nicht, wenn einer der in § 1 Abs. 2, 2a, 3 und 3a GrEStG bezeichneten Erwerbsvorgänge rückgängig gemacht wird, der nicht in allen Teilen vollständig angezeigt war (§ 16 Abs. 5 GrEStG). Ergänzende Anmerkungen hierzu können dem Rundschreiben 06/2017 der Bundesnotarkammer vom 20.06.2017 entnommen werden.
7.4	Da ein Blatt des Vordrucksatzes »Veräußerungsanzeige« als Unbedenklichkeitsbescheinigung im Sinne von § 22 GrEStG Verwendung findet, ist ein sorgfältiges Ausfüllen des Vordrucksatzes durch den Anzeigepflichtigen unerlässlich. Bei mangelhaft ausgefüllten Anzeigen kann sich die Erteilung der Unbedenklichkeitsbescheinigung bzw. die Eintragung des Erwerbers in das Grundbuch verzögern.
8.	**Empfangsbevollmächtigter**

§ 32 Kaufverträge über Grundstücke und Wohnungseigentum

Bei Erwerbsvorgängen mit Beteiligung von Personen, die nicht im Geltungsbereich der Abgabenordnung ansässig sind (z.B. Niederländische BV, Privatperson in der Schweiz) sollte im Rahmen der Beurkundung darauf hingewirkt werden, dass von den Vertragsbeteiligten ein inländischer Empfangsbevollmächtigter benannt wird.

C. Erbschaftsteuer (Schenkungsteuer)
1. Maßgebende Vorschriften

Die steuerlichen Anzeigepflichten und sonstigen Beistandspflichten der Notare ergeben sich aus folgenden Vorschriften:
- § 34 des Erbschaftsteuer- und Schenkungsteuergesetzes (ErbStG) in der Fassung der Bekanntmachung vom 27.02.1997 (BGBl I 1997, 378), zuletzt geändert durch Artikel 17 des Gesetz zum Internationalen Erbrecht und zur Änderung von Vorschriften zum Erbschein sowie zur Änderung sonstiger Vorschriften (IntErbRVG) vom 29.06.2015 (BGBl I 2015, 1042)
- §§ 7 und 8 der Erbschaftsteuer-Durchführungsverordnung (ErbStDV) vom 08.09.1998 (BGBl I 1998, 2658), zuletzt geändert durch Artikel 17 des Gesetz zum Internationalen Erbrecht und zur Änderung von Vorschriften zum Erbschein sowie zur Änderung sonstiger Vorschriften (IntErbRVG) vom 29.06.2015 (BGBl I 2015, 1042)
- § 102 Abs. 4 AO

2. Anzeigepflichtige Rechtsvorgänge

2.1 Die Notare haben dem für die Verwaltung der Erbschaftsteuer zuständigen Finanzamt diejenigen Beurkundungen, Zeugnisse und Anordnungen anzuzeigen, die für die Festsetzung einer Erbschaftsteuer (Schenkungsteuer) von Bedeutung sein können (§ 34 ErbStG).

2.2 Es sind insbesondere anzuzeigen:
- Erbauseinandersetzungen,
- Schenkungen und Schenkungsversprechen,
- Zweckzuwendungen,
- Rechtsgeschäfte, die zum Teil oder der Form nach entgeltlich sind, bei denen aber Anhaltspunkte dafür vorliegen, dass eine Schenkung oder Zweckzuwendung unter Lebenden vorliegt (§ 8 Abs. 2 ErbStDV).

2.3 Um dem Finanzamt in jedem Fall die Prüfung der Steuerpflicht zu ermöglichen, sind derartige Rechtsgeschäfte stets schon dann anzuzeigen, wenn auch nur eine Vermutung für eine freigebige Zuwendung besteht. Folglich sind insbesondere anzeigepflichtig:

2.3.1 Grundstücksüberlassungsverträge oder die Übertragung sonstiger Vermögensgegenstände zwischen Eheleuten, Lebenspartnern, Eltern und Kindern oder sonstigen Angehörigen (in Frage kommen z.B. Teilschenkungen in der Form von Veräußerungsverträgen, wenn das Entgelt unter dem Verkehrswert des veräußerten Gegenstandes liegt oder als Gegenleistung ein Wohn- oder Verpflegungsrecht usw. eingeräumt wird);

2.3.2 die Vereinbarung der Gütergemeinschaft (§ 1415 BGB, § 7 LPartG) hinsichtlich der Bereicherung, die ein Ehegatte oder Lebenspartner erfährt;

2.3.3 vorgezogene Erbregelungen und Rechtsgeschäfte, welche z. B. Folgendes zum Gegenstand haben:
- die vorzeitige Befriedigung von Pflichtteilsansprüchen oder Anwartschaften auf eine Nacherbfolge,
- die Abfindung für die Ausschlagung einer Erbschaft oder eines Vermächtnisses,

- die Abfindung für den Verzicht auf eine Geltendmachung zunächst behaupteter Rechtsstellungen, Rechte oder Ansprüche gegen Erben oder Vermächtnisnehmer (z. B. Erbprätendent),
- die Abfindung für die Zurückweisung eines Rechts aus einem Vertrag des Erblassers zugunsten Dritter auf den Todesfall,
- die Abfindung für den Verzicht auf einen entstandenen Pflichtteilsanspruch,
- die Abfindung für einen Erbverzicht,
- die entgeltliche Übertragung der Anwartschaftsrechte von Nacherben

2.3.4 Zuwendungen unter Ehegatten oder Lebenspartnern, wenn als Rechtsgrund auf die Ehe oder Lebenspartnerschaft Bezug genommen wird (sog. unbenannte Zuwendungen);

2.3.5 die Beteiligung naher Angehöriger an einem Unternehmen (Familiengesellschaft – OHG, KG usw.);

2.3.6 die Übertragung von GmbH-Anteilen oder anderen Anteilen an Kapitalgesellschaften, insbesondere unter Angehörigen, wenn Anhaltspunkte dafür bestehen, dass ein etwaiges Entgelt unter dem gemeinen Wert (Verkehrswert) des Geschäftsanteils liegt;

2.3.7 die Bestellung von Hypotheken oder sonstigen Grundpfandrechten und deren Abtretung zugunsten naher Angehöriger, falls der Schuldgrund nicht einwandfrei ersichtlich ist;

2.3.8 Leistungen zwischen Kapitalgesellschaften, insbesondere Familiengesellschaften, und Gesellschaftern (z.B. verdeckte Einlagen, Kapitalerhöhungen gegen zu geringes oder zu hohes Aufgeld).

2.4 Im Einzelnen ergeben sich die anzeigepflichtigen Rechtsvorgänge aus den §§ 1, 3, 4, 7, 8 und 34 ErbStG, §§ 7 und 8 ErbStDV. Zu beachten ist, dass nach § 7 Abs. 4 ErbStG die Steuerpflicht einer Schenkung nicht dadurch ausgeschlossen wird, dass sie zur Belohnung oder unter einer Auflage gemacht oder in die Form eines lästigen Vertrages gekleidet worden ist.

2.5 Von Anzeigen kann abgesehen werden, wenn die Annahme berechtigt ist, dass außer Hausrat einschließlich Wäsche und Kleidungsstücken im Wert von höchstens 12.000 € nur noch anderes Vermögen im reinen Wert von höchstens 20.000 € vorhanden oder Gegenstand der Schenkung ist (§ 7 Abs. 4, § 8 Abs. 3 ErbStDV).

3. **Zuständiges Finanzamt**
Unter das Erbschaftsteuer- und Schenkungsteuergesetz fallende Rechtsvorgänge sind an das für die Verwaltung der Erbschaftsteuer (Schenkungsteuer) zuständige Finanzamt zu richten, in dessen Bezirk der (letzte) Wohnsitz oder der (letzte) gewöhnliche Aufenthalt des Erblassers oder Schenkers, hilfsweise der des Erwerbers liegt (§ 35 ErbStG). Die Verwaltung der Erbschaft- und Schenkungsteuer ist in Bayern den folgenden Finanzämtern übertragen:

4. **Form und Inhalt der Anzeigen**

4.1 Erbschaft- und Schenkungsteuervorgänge werden mitgeteilt durch Übersendung einer beglaubigten Abschrift der Urkunde, die der Notar aufgenommen oder die er entworfen und auf der er eine Unterschrift beglaubigt hat. Die beglaubigten Abschriften der in § 7 Abs. 1 ErbStDV genannten Verfügungen und Schriftstücke sowie die Urkunden über eine Schenkung oder eine Zweckzuwendung unter Lebenden sind jeweils mit einem Vordruck nach Muster 5 bzw. 6 der ErbStDV zu übersenden (§ 7 Abs. 1 und § 8 Abs. 1 ErbStDV). Für Muster 6 zu § 8 ErbStDV wird seitens der Finanzverwaltung ein überarbeitetes, elektronisch ausfüllbares Formular zur Verfügung gestellt, welches unter www.finanzamt.bayern.de > Formulare für Ihre Steuererklärung und weitere steuerliche Angelegenheiten > Weitere Themen A bis Z > Erbschaft- und Schenkungsteuer sowie der Homepage der Landesnotarkammer Bayern im Fachanwenderbereich unter Notare > Arbeitshilfen > Steuerrecht abrufbar ist.

Muster 5 zu § 7 ErbStDV wird von der Finanzverwaltung nicht als Vordruck zur Verfügung gestellt, sondern ist von den Anzeigepflichtigen selbst aufzulegen. Es ist darauf zu achten, dass bei der Übersendung der beglaubigten Abschriften gleichzeitig auch die für die Erbschaftsteuer (Schenkungsteuer) erheblichen Umstände, soweit sie sich nicht schon aus dem Inhalt der Beurkundungen ergeben, mitgeteilt werden, insbesondere

- Name, letzter Wohnsitz, Identifikationsnummer gem. § 139b AO, Sterbeort, Geburtstag und Todestag des Erblassers,
- Name, Identifikationsnummer gem. § 139b AO und Wohnsitz des Schenkers, der Erwerber und der sonstigen Beteiligten,
- Verwandtschafts- bzw. Schwägerschaftsverhältnis des Erwerbers zum Erblasser oder Schenker,
- Zusammensetzung und Wert des Nachlasses oder der Zuwendung,
- der der Kostenberechnung zugrunde gelegte Wert.

Der Notar ist verpflichtet, die Beteiligten über diese Umstände zu befragen. Näheres über die mitzuteilenden Umstände ergibt sich aus §§ 7 und 8 ErbStDV sowie aus den Mustern 5 (zu § 7 ErbStDV) und 6 (zu § 8 ErbStDV).

4.2 Bei Erbauseinandersetzungen oder Grundstücksüberlassungsverträgen ist insbesondere dafür zu sorgen, dass sich aus der Beurkundung oder Mitteilung ergibt, auf wessen Namen die den Gegenstand der Auseinandersetzung oder Übertragung bildenden Grundstücke im Grundbuch eingetragen sind und welchen Wert sie im Einzelnen haben. Bei Bezugnahme auf frühere Erbfälle genügt nicht nur die Angabe des Datums und des Geschäftszeichens des Erbscheines, sondern es sind darüber hinaus in der Urkunde noch anzugeben oder mitzuteilen der Todestag, der letzte Wohnsitz und Sterbeort des Erblassers, die Namen seiner Erben und die auf diese nach dem Erbschein entfallenden Erbteile.

4.3 Eine elektronische Übermittlung der Anzeige ist ausgeschlossen (§§ 7 Abs. 1 S. 2, 8 Abs. 1 S. 2 ErbStDV).

5. **Frist für die Anzeigen, steuerfreie Rechtsvorgänge**

5.1 Die Anzeigen sind unverzüglich nach der Beurkundung oder der Unterschriftsbeglaubigung zu erstatten, und zwar auch dann, wenn die Wirksamkeit des Erwerbsvorgangs vom Eintritt einer Bedingung, vom Ablauf einer Frist oder von einer Genehmigung abhängt (§ 7 Abs. 1 S. 3 ErbStDV und § 8 Abs. 1 S. 4 ErbStDV).

5.2 Die Anzeige ist auch dann zu erstatten, wenn der Vorgang von der Besteuerung ausgenommen ist.

6. **Absendevermerk des Notars**

Bei Absendung der Anzeige ist auf der Urschrift der Mitteilung oder Anzeige zu vermerken:
- der Absendetag,
- das Finanzamt (die Finanzämter), an welche(s) die Anzeige übermittelt wurde (§§ 7 Abs. 1 und 5, 8 Abs. 1 und 4 ErbStDV).

7. **Empfangsbestätigung des Finanzamts**

Es ergeht keine Empfangsbestätigung des Finanzamts über den Erhalt der Anzeige.

D. **Ertragsteuern**

1. **Maßgebende Vorschrift**

Die steuerlichen Anzeigepflichten und sonstigen Beistandspflichten der Notare ergeben sich aus § 54 der Einkommensteuer-Durchführungsverordnung (EStDV) in der jeweils gültigen Fassung.

2. Anzeigepflichtige Rechtsvorgänge

Dem zuständigen Finanzamt (§ 20 AO) ist Anzeige über alle auf Grund gesetzlicher Vorschrift aufgenommenen oder beglaubigten Urkunden zu erstatten, die die Gründung, Kapitalerhöhung oder –herabsetzung, Umwandlung oder Auflösung von Kapitalgesellschaften oder die Verfügung über Anteile an Kapitalgesellschaften zum Gegenstand haben. Gleiches gilt für Dokumente, die im Rahmen einer Anmeldung einer inländischen Zweigniederlassung einer Kapitalgesellschaft mit Sitz im Ausland zur Eintragung in das Handelsregister anfallen (§ 54 Abs. 1 EStDV; vgl. auch BMF-Schreiben vom 14.03.1997 – IV B 2 – S 2244 – 3/97; DStR 1997, 822; NJW 1997, 2302).

3. Zuständiges Finanzamt

Die unter § 54 EStDV fallenden Urkunden sind dem Finanzamt zu übersenden, in dessen Bezirk sich die Geschäftsleitung oder der Sitz der Kapitalgesellschaft befindet, an der die betreffenden Anteile bestehen.

Die ab dem 01.01.2006 in Bayern teilweise neu geregelten Finanzamtszuständigkeiten für die Besteuerung von Kapitalgesellschaften ergeben sich aus der Verordnung über Organisation und Zuständigkeiten in der Bayerischen Steuerverwaltung (ZustVSt) vom 01.12.2005 (GVBl 2005, 596), zuletzt geändert durch die siebte Verordnung vom 13.11.2013 (GVBl 2013, 653).

4. Form und Inhalt der Anzeigen

Anzeigepflichtige Vorgänge werden mitgeteilt durch Übersendung einer beglaubigten Abschrift der Urkunde, die der Notar aufgenommen oder beglaubigt hat. Die Steuernummer, unter der die Kapitalgesellschaft beim Finanzamt geführt wird, soll auf der Abschrift vermerkt werden (§ 54 Abs. 2 S. 2 EStDV).

5. Frist für die Anzeigen, steuerfreie Rechtsvorgänge

Die Anzeigen sind binnen zwei Wochen, von der Aufnahme oder Beglaubigung der Urkunde ab gerechnet, zu erstatten (§ 54 Abs. 2 S. 1 EStDV). Den Beteiligten dürfen die Urschrift, eine Ausfertigung oder beglaubigte Abschrift der Urkunde erst ausgehändigt werden, wenn die Abschrift der Urkunde an das Finanzamt abgesandt ist (§ 54 Abs. 3 EStDV).

Die Anzeige ist auch dann zu erstatten, wenn der Vorgang von der Besteuerung ausgenommen ist.

6. Absendevermerk des Notars

Die Absendung der Anzeige ist auf der zurückbehaltenen Urschrift der Urkunde oder auf einer zurückbehaltenen Abschrift zu vermerken (§ 54 Abs. 2 S. 3 EStDV).

7. Empfangsbestätigung des Finanzamts

Eine Empfangsbestätigung des Finanzamts über den Erhalt der Urkunde ist im EStG und in der EStDV nicht vorgesehen.

E. Mehrfache Anzeigepflicht bei mehrfacher Steuerpflicht

1. Derselbe Rechtsvorgang kann für mehrere Steuern Bedeutung haben, z.B.

1.1 Erbauseinandersetzung und Vermögensübergabe über Grundstücke:
 → für die Grunderwerbsteuer und die Erbschaftsteuer (Schenkungsteuer);

1.2 Grundstücksschenkung unter einer Auflage und gemischte Grundstücksschenkung:
 → für die Grunderwerbsteuer und die Schenkungsteuer;

1.3 Umwandlung einer Kapitalgesellschaft:
 → für die Grunderwerbsteuer und die Ertragsteuern;

1.4 Kapitalerhöhung oder –herabsetzung:
 → für die Grunderwerbsteuer und die Ertragsteuern;

1.5 Kapitalerhöhung gegen zu hohes oder zu geringes Aufgeld:
→ für die Erbschaftsteuer (Schenkungsteuer) und die Ertragsteuern;
1.6 Unentgeltliche oder teilweise unentgeltliche Übertragung von Anteilen an Kapitalgesellschaften:
→ für die Schenkungsteuer, die Ertragsteuern und ggf. Grunderwerbsteuer.
2. **In diesen Fällen ist der Rechtsvorgang jedem Finanzamt anzuzeigen, das für eine der in Betracht kommenden Steuern zuständig ist. Sind mehrere Stellen desselben Finanzamts zuständig, ist entsprechend zu verfahren.**

445 **2. Umsatzsteuer**

Zur *USt* s.o. Rdn. 95 ff.

446 **3. Einkommensteuer**

Zur Belehrung über einkommensteuerliche Folgen eines Grundstückskaufvertrags ist der Notar grundsätzlich nicht verpflichtet. Im Rahmen der allgemeinen Betreuungspflicht hat er aber auch über steuerrechtliche Folgen des von ihm zu beurkundenden Vertrags aufzuklären oder den Beteiligten anheimzugeben, sich fachlich beraten zu lassen, wenn er aufgrund besonderer Umstände des Falls Anlass zu der Vermutung haben muss, einem Beteiligten drohe ein Schaden.

447 Anlass für einen entsprechenden Hinweis kann bestehen,[297] wenn im Einzelfall die sog. *Spekulationssteuer* nach § 23 Abs. 1 Nr. 1a EStG anfallen kann, wenn nämlich der Zeitraum zwischen Anschaffung und Veräußerung nicht mehr als *10* Jahre beträgt (ausgenommen z.B. Fälle, in denen das Objekt selbst genutzt wurde). Eine Hinweispflicht trifft den Notar allerdings nur dann, wenn er vor oder während der Beurkundung positive Kenntnis vom Datum der Anschaffung erlangt. Insofern besteht keine Ermittlungspflicht;[298] jedoch wird dem Notar auferlegt, alle ihm von den Beteiligten übergebenen Unterlagen persönlich darauf zu überprüfen, ob sie Hinweise auf steuerlich relevante Fakten enthalten.[299]

448 Der Verkauf mehrerer Grundstückseinheiten kann eine *gewerbliche Tätigkeit* i.S.d. § 15 EStG begründen mit der Folge, dass die Veräußerungsgewinne, die bei privater Grundstücksveräußerung nicht steuerbar sind, einkommensteuerpflichtig werden.[300]

449 Zur einkommensteuerlichen Behandlung landwirtschaftlicher Grundstücksverkäufe unten § 36 Rdn. 60

VI. Verkauf einer Eigentumswohnung

1. Vertragsgegenstand

450 a) Vertragsgegenstand ist gemäß § 1 WEG und entsprechend der Eintragung im Grundbuch ein Miteigentumsanteil an dem Grundstück verbunden mit dem Sondereigentum an den im Aufteilungsplan mit der betreffenden Nummer bezeichneten Räumlichkeiten. Im Vertrag wird man insofern die Formulierung des Grundbuchs wählen.

---

297 BGH DNotZ 1985, 630.
298 OLG Koblenz DNotZ 1993, 761.
299 BGH DNotZ 1989, 452.
300 BFH GrS BStBl. II 1995, 617; BFH MittBayNot 1996, 326.

122,43/1.000 Miteigentumsanteil an dem Grundstück   **451 M**
FlSt. 123 der Gemarkung .....
verbunden mit dem Sondereigentum Nr. 4 laut Aufteilungsplan,
vorgetragen im Grundbuch des Amtsgerichts ..... für ..... Blatt 1233.

Sind dem Sondereigentum Sondernutzungsrechte zugeordnet, sind diese kraft ihrer Zuordnung zum Sondereigentum ohne Weiteres Vertragsgegenstand und müssen nicht gesondert erwähnt werden. Es genügt, wenn die verkaufte Wohnung unter Angabe der Band- und Blattstelle im Grundbuch (vielleicht noch mit der Wohnungsnummer) bezeichnet ist.[301] Einer genaueren Bezeichnung und Beschreibung der Wohnung, etwa der Wohnfläche,[302] der Lage im Gebäude und der Zahl der Räume bedarf es aus Rechtsgründen ebenso wenig wie – bei einer grundbuchmäßig gebildeten Wohnung – einer Verweisung auf die Teilungserklärung mit Plänen. Nur bei besonderen Umständen (so etwa bei Zweifeln am Umfang des Sondereigentums) muss Einsicht in die Grundakten genommen werden.[303]   452

Der BGH hat mit dieser Entscheidung im Übrigen auch bestätigt, dass die Übernahme von bestehenden Verpflichtungen aus einem anderen Vertrag (hier: Wärmelieferungsvertrag) gemäß § 415 BGB nicht einer Mitbeurkundung der sich hieraus ergebenden Pflichten bedarf. Entscheidend sei, dass rechtsgeschäftlich begründete Pflichten übernommen und diese nicht erst festgelegt werden.   453

Bei Wohnungseigentum ist der Verkäufer nicht selten auch Eigentümer eines Tiefgaragenstellplatzes, der eigenständiges Teileigentum und auf einem eigenen Grundbuchblatt vorgetragen ist, zuweilen auch eines selbstständigen Wegeanteils oder einer rechtlich selbstständigen Garage; hier kann im Rahmen der Sachverhaltsermittlung das Bedürfnis bestehen, Nachforschungen anzustellen, wobei § 3 GBO (i.d.F. vom 26.05.1994) die Möglichkeit eröffnet, »dienende« Miteigentumsanteile auf dem Grundbuchblatt des Hauptgrundstücks einzutragen.   454

b) Wohnungseigentum kann bereits verkauft werden, wenn es im Grundbuch noch nicht gebildet ist. Zur Beschreibung des Vertragsgegenstands bedarf es dabei regelmäßig der Bezugnahme auf die Teilungserklärung nach Maßgabe des § 13a BeurkG. Diese förmliche Verweisung ist erst nach grundbuchamtlichem Vollzug der Teilungserklärung entbehrlich; Einreichung beim Grundbuchamt reicht nicht aus (vgl. § 8 Abs. 2 Satz 2 WEG).   455

Verweisung auf Teilungserklärung

Auf die Teilungserklärung vom ..... zur Urkunde des Notars ....., URNr. ....., die in   **456 M**
Urschrift vorliegt, einschließlich der ihr beigefügten Pläne wird verwiesen. Ihr Inhalt ist
den Beteiligten bekannt; Pläne wurden ihnen zur Durchsicht vorgelegt und von ihnen
genehmigt. Sie verzichten auf deren Vorlesung und Beifügung zu dieser Niederschrift.

Enthält die Teilungserklärung nicht die Aufteilungspläne, sondern nimmt diese insofern wiederum gemäß § 13a Abs. 4 BeurKG auf die Aufteilungspläne der Abgeschlossenheitsbescheinigung Bezug, muss sich die Verweisung auch auf diese erstrecken.   457

Auf die Teilungserklärung vom ..... zur Urkunde des Notars ....., URNr. ....., die in   **458 M**
Urschrift vorliegt, sowie auf die dort in Bezug genommene Abgeschlossenheitsbescheinigung der Stadt ..... vom ....., Az ....., die in beglaubigter Abschrift vorliegt, ein-

---
301 BGHZ 125, 235.
302 Vgl. BGH NJW-RR 1999, 1214, 1215.
303 BGHZ 179, 94; hierzu Lang/Friedrich, ZfIR 2009, 194.

schließlich der diesen beigefügten Pläne wird verwiesen. Ihr Inhalt ist den Beteiligten bekannt; Pläne wurden ihnen zur Durchsicht vorgelegt und von ihnen genehmigt. Sie verzichten auf deren Vorlesung und Beifügung zu dieser Niederschrift.

459 Liegt zwar die Teilungserklärung in verweisungsfähiger Form vor, nicht aber auch die Abgeschlossenheitsbescheinigung, kann man sich damit behelfen, dass die gesamten Aufteilungspläne, die z.B. einem Verkaufsprospekt des Verkäufers entnommen werden können, dem Kaufvertrag beigefügt werden; auf sie ist zu verweisen; sie sind zur Durchsicht vorzulegen. Es genügt nicht, wenn nur auf einen Grundrissplan der Wohnung verwiesen wird, weil dann der Umfang des verkauften Gemeinschaftseigentums unbestimmt bliebe.

460 Liegt nur eine Teilungserklärung mit Unterschriftsbeglaubigung vor, kann auf sie nicht verwiesen werden.[304]

461 Nicht ausgeschlossen ist der Verkauf von Wohnungseigentum noch vor der Begründung des Wohnungseigentums, also vor Beurkundung der Teilungserklärung.[305] Hierbei kann dem Verkäufer das Recht gemäß § 315 BGB vorbehalten werden, in der Teilungserklärung nähere Bestimmungen zur Regelung des Gemeinschaftsverhältnisses zu treffen. Wegen der damit verbundenen Probleme,[306] insbesondere zur Wahrung des Bestimmtheitsgrundsatzes, sollte der Notar darauf hinwirken, dass die Teilungserklärung bereits beurkundet ist, bevor ein Kaufvertrag abgeschlossen wird.

2. Verwalterzustimmung

462 **a)** Die Teilungserklärung/Gemeinschaftsordnung kann vorsehen, dass zur Veräußerung des Wohnungseigentums die Zustimmung des Verwalters nötig ist (§ 12 WEG). Dies gilt nach der Entscheidung des BGH v. 21.02.1991[307] auch für die Erstveräußerung durch denjenigen, der das Grundstück gemäß § 8 WEG in Wohnungseigentum aufgeteilt hat, insbesondere auch für den Bauträger, wenn sich nicht aus Teilungserklärung oder Gemeinschaftsordnung ausdrücklich etwas anderes ergibt. Der BGH hat damit gegen die bis dahin herrschende Meinung entschieden; der Gesetzgeber hat Altfälle mit § 61 WEG geheilt.

463 Die Notwendigkeit der Verwalterzustimmung ergibt sich regelmäßig aus dem Grundbuch; sie muss gemäß § 3 Abs. 2 WEG – Grundbuchverfügung im Bestandsverzeichnis eingetragen werden. Wurde die Eintragung unterlassen, besteht jedoch gleichwohl diese Veräußerungsbeschränkung.

464 **b)** Die Zustimmung bedarf der Form des § 29 GBO.

Verwalterzustimmung

465 M Ich habe davon Kenntnis genommen, dass das im Grundbuch des Amtsgerichts ..... für ..... Blatt ..... vorgetragene Wohnungseigentum mit Urkunde des Notars ..... in ..... vom ..... URNr. ..... von ..... an ..... veräußert wurde.
Ich stimme als Verwalter der Eigentumswohnanlage dieser Veräußerung zu.
Ich versichere, dass meine Verwaltereigenschaft weder durch Fristablauf noch aus anderen Gründen erloschen ist.

---

304 BGH MittBayNot 1994, 271.
305 BGH DNotZ 1986, 273.
306 Vgl. OLG Düsseldorf DNotZ 1996, 39; *Basty*, DNotZ 1996, 630.
307 BGH DNotZ 1991, 888.

Meine Verwaltereigenschaft ergibt sich aus
(Zutreffendes ist angekreuzt)
☐ der Teilungserklärung/Gemeinschaftsordnung,
☐ der beigefügten, notariell beglaubigten Bestellungsurkunde,
☐ der dem Grundbuchamt zu Band ..... Blatt ..... in notariell beglaubigter Form vorliegenden Bestellungsurkunde.
Ort/Datum   Unterschrift

■ *Kosten.* 0,2 Gebühr aus dem Kaufpreis, mindestens 20 € und höchstens 70 € gemäß Nr. 25100 KV GNotKG (hat der Notar den Entwurf gefertigt, fällt regelmäßig nur die Entwurfsgebühr an, Vorbem. 2.4.1 Abs. 2 KV GNotKG).

c) Kaufpreisfälligkeit und Verwalterzustimmung 466

Die Verwalterzustimmung ist Wirksamkeitsvoraussetzung für den Vertrag. Bis zu deren Erteilung ist der Vertrag schwebend unwirksam, auch wenn schon vorher eine Auflassungsvormerkung im Grundbuch eingetragen werden kann. Dies spricht dafür, das Vorliegen dieser Genehmigung zur *Fälligkeitsvoraussetzung* zu machen, auch wenn regelmäßig ein Rechtsanspruch auf die Zustimmung des Verwalters besteht und diese nur dann verweigert werden kann, wenn wichtige Gründe in der Person des Käufers vorliegen (§ 12 Abs. 2 WEG), und die Zustimmung nicht davon abhängig gemacht werden kann, ob der Verkäufer seine Verpflichtungen gegenüber der Eigentümergemeinschaft, insbesondere zur Zahlung des Wohngelds, erfüllt hat.

Wer auf die Verwalterzustimmung als Fälligkeitsvoraussetzung verzichten will, hat den 467 Zahlungsanspruch in der Weise als Vorauszahlungsvereinbarung zu gestalten, dass sie trotz der schwebenden Unwirksamkeit des Vertrags gilt (vgl. Rdn. 154 ff.).[308]

d) Verwaltereigenschaft 468

Die Verwaltereigenschaft ist nachzuweisen. Dies bereitet nicht selten Schwierigkeiten. Unproblematisch ist der Nachweis der Verwaltereigenschaft oft nur, wenn sie sich (noch) aus der Teilungserklärung/Gemeinschaftsordnung ergibt. Im Übrigen ist der Nachweis durch Vorlage eines Protokolls über die Bestellung zu führen (§§ 26 Abs. 4, 24 Abs. 6 WEG), das vom Vorsitzenden der Eigentümerversammlung und einem Wohnungseigentümer und, falls ein Verwaltungsrat bestellt ist, auch von dessen Vorsitzenden oder Vertreter unterschrieben ist, wobei deren Unterschriften notariell beglaubigt sein müssen.

Zweckmäßigerweise gibt der Verwalter mit der Zustimmung an, woraus sich die Verwaltereigenschaft ergibt. 469

Ist die (vom Notar zu bestätigende) Fälligkeit des Kaufpreises vom Vorliegen der Verwalterzustimmung abhängig, wird der Notar auch zu prüfen haben, ob die Verwaltereigenschaft besteht *und* in grundbuchmäßiger Form nachgewiesen ist. 470

Der Vertrag kann aber auch regeln, dass es auf die Zustimmung desjenigen ankommt, der im Vertrag als Verwalter benannt ist (vgl. das Muster unter Rdn. 480 M am Ende). Hat die dort benannte Person die erforderliche Erklärung abgegeben (und damit mittelbar ebenfalls seine Verwaltereigenschaft bestätigt), ist die Verwalterzustimmung im Sinne des Vertrags abgegeben, auch wenn es noch an dem Nachweis der Verwaltereigenschaft fehlt. Dies ist ggf. nachzureichen.

Letztlich muss der *wirkliche Verwalter* die Zustimmung erteilen. Haben die Vertragsteile 471 die Person des Verwalters in dem Veräußerungsvertrag ausdrücklich benannt, wird der Notar in der Regel einer weiteren Prüfung enthoben.

---

[308] Vgl. BGH MittBayNot 1999, 278; BGH MittBayNot 1999, 558.

472 Ist kein Verwalter bestellt, haben alle Wohnungseigentümer die Zustimmung zu erteilen. Deren Unterschriften bedürfen der notariellen Beglaubigung.

473 Hat der Verwalter die Zustimmung erteilt und verliert danach – aber vor Vorlage der Urkunde zur Eigentumsumschreibung (vgl. § 878 BGB) – sein Amt (z.B. durch Zeitablauf), bleibt sie wirksam und genügt für das Grundbuchverfahren.[309] Die Zustimmungsberechtigung muss nicht fortdauern.

3. Eigentümergemeinschaft

474 Regelmäßig bedarf es bei Verträgen über die Veräußerung von Wohnungseigentum Regelungen über die sich im Rahmen der Eigentümergemeinschaft ergebenden Rechte und Pflichten. Die Novelle des Wohnungseigentumsgesetzes durch Gesetz vom 26.03.2007 (BGBl. I, 370) hat insofern einiges vereinfacht. Insbesondere bedarf es nunmehr keiner Regelungen hinsichtlich des Verwaltungsvermögens mehr. Dieses gehört gemäß § 10 Abs. 7 WEG kraft Gesetzes der Gemeinschaft der Wohnungseigentümer; hierzu rechnen insbesondere von der Gemeinschaft eingenommene Gelder, also Wohngelder samt Instandhaltungsrücklagen.

475 Gemäß § 16 Abs. 2 WEG ist jeder Wohnungseigentümer den anderen gegenüber verpflichtet, die Lasten des gemeinschaftlichen Eigentums sowie die Kosten der Instandhaltung, Instandsetzung, sonstigen Verwaltung und eines gemeinschaftlichen Gebrauchs seinem Anteil entsprechend zu tragen. Zusätzlich wird häufig eine Instandhaltungsrücklage gebildet. In der Regel werden diese Kosten nach Maßgabe eines Wirtschaftsplans gemäß § 28 WEG umgelegt; es wird ein monatliches »Wohngeld« als Vorauszahlung an den Verwalter gezahlt; am Ende des Wirtschaftsjahres wird eine Gesamtabrechnung durchgeführt; die einzelnen Eigentümer erhalten ggf. Rückzahlungen oder haben Nachzahlungen zu leisten. Im Einzelnen entscheiden die Wohnungseigentümer mit Stimmenmehrheit.

476 Kostenschuldner gegenüber der Gemeinschaft ist derjenige, der im Zeitpunkt der Fälligkeit der Kosten und Lasten als Eigentümer im Grundbuch eingetragen ist.[310] Auch für eine nach Eigentumswechsel fällig werdende Sonderumlage haftet der Erwerber, auch wenn deren Erhebung vor Eigentumswechsel beschlossen wurde.[311] Dies gilt bei einer Veräußerung, unabhängig von den zwischen den Vertragsteilen getroffenen Vereinbarungen zu Besitzübergang und Lastentragung. Nachzahlungen hat daher nach der gesetzlichen Regelung der im Grundbuch bereits eingetragene Erwerber zu tragen, auch wenn die Nachzahlung einen Zeitraum betrifft, in dem die Wohnung noch nicht übernommen war. Eine Haftung des Erwerbers für Rückstände für vor seiner Eintragung im Grundbuch fällig gewordenen Zahlungen kann als dinglicher Inhalt des Wohnungseigentums bestehen.[312]

477 Die gesetzliche Regelung entspricht typischerweise nicht der Interessenlage von Käufer und Verkäufer. Vertragliche Regelungen wirken nicht gegenüber Dritten; hierauf hat der Notar hinzuweisen.

478 Regelungsbedürftig können insbesondere sein die Übernahme der laufenden Lasten im Hinblick auf die Eigentümergemeinschaft, insbesondere Zahlung von Wohngeld, die Abrechnung über Restforderungen und -ansprüche aus dem laufenden Wirtschaftsjahr.

479 Zu regeln kann weiter die Kostenverteilung bei Reparaturen sein. Sofern Reparaturen im Zeitpunkt des Abschlusses des Kaufvertrags bzw. einer Besichtigung durchgeführt sind, wird der Käufer den dadurch erreichten Zustand als vertragsgemäß ansehen. Er kauft im Zweifel »wie besichtigt«. Gleichwohl könnte er, soweit diese Kosten nicht durch eine Repa-

---

309 BGH DNotZ 2013, 362 m. Anm. *Commichau*.
310 BGHZ 104, 197; BGHZ 107, 285.
311 BGH DNotI-Report 2018, 69.
312 BGHZ 99, 358.

raturrücklage gedeckt sind, nach Eigentumsumschreibung hierfür in Anspruch genommen werden. Es kann sich eine Bestimmung empfehlen, nach der Nachzahlungen für bereits durchgeführte Reparaturen noch vom Verkäufer zu tragen sind.

Eintritt in die Eigentümergemeinschaft

Der Umfang des gemeinschaftlichen Eigentums und des Sondereigentums, die Rechte und Pflichten der Miteigentümer untereinander sowie die Verwaltung der gesamten Wohnanlage sind in der Teilungserklärung samt Aufteilungsplan, in der Gemeinschaftsordnung, in der Hausordnung, in etwaigen Beschlüssen der Eigentümergemeinschaft und im Verwaltervertrag geregelt. Der Verkäufer verpflichtet sich, dem Käufer die Teilungserklärung mit Gemeinschaftsordnung zu übergeben, soweit dies noch nicht geschehen ist.
Der Käufer tritt in diese Rechtsverhältnisse ab Besitzübergang ein. Er verpflichtet sich, soweit erforderlich, seine Rechtsnachfolger in diese Rechtsverhältnisse eintreten zu lassen.
Im Verhältnis der Vertragsteile hat das laufende Wohngeld bis zum Besitzübergang der Verkäufer, ab diesem Zeitpunkt der Käufer zu zahlen.
Das Wohngeld – einschließlich Heizungs- und Warmwasserversorgung – beträgt derzeit monatlich ….. €
Der Verkäufer versichert, dass er das Wohngeld laufend bezahlt hat und keine Rückstände bestehen.
Für die Abrechnung über das für das laufende Wirtschaftsjahr zu bezahlende Wohngeld ist der Tag des Besitzüberganges Stichtag.
Für den vorangegangenen Zeitraum hat Nachzahlungen der Verkäufer, für den folgenden Zeitraum hat sie der Käufer zu erbringen. Das gleiche gilt für Kostenerstattungen und Gutschriften. Sollte der Verwalter eine Abrechnung zum Stichtag nicht vornehmen, sind Nachzahlungen und Guthaben für das gesamte Rechnungsjahr zwischen Verkäufer und Käufer im Verhältnis der jeweiligen Besitzzeit zu teilen.
Vor dem heutigen Tag ausgeführte Reparaturen am Gemeinschaftseigentum, die nicht von der Rücklage gedeckt sind, gehen zu Lasten des Verkäufers, später ausgeführte zu Lasten des Käufers.
Der Notar hat auf die gesetzliche Haftung des im Grundbuch eingetragenen Eigentümers für solche Zahlungen hingewiesen; die Vereinbarungen wirken daher in erster Linie nur im Verhältnis der Vertragsteile.
Verwalter der Anlage ist …..

480 M

Ein Regelungsbedürfnis besteht außerdem häufig hinsichtlich des Stimmrechts. In Eigentümerversammlungen ist von Gesetzes wegen der im Grundbuch eingetragene Eigentümer teilnahme- und stimmberechtigt. Da der Verkäufer jedoch mit dem Verkauf der Wohnung regelmäßig an der Zukunft des Objekts und den Rechten und Pflichten in der Eigentümergemeinschaft kein Interesse hat, kann es sich empfehlen, dem Käufer eine Vollmacht zu erteilen.

481

Vollmacht zur Vertretung in der Eigentümerversammlung

Der Verkäufer erteilt hiermit dem Käufer unter Befreiung von den Beschränkungen des § 181 BGB Vollmacht, ihn ab sofort gegenüber der Eigentümergemeinschaft und gegenüber dem Verwalter umfassend zu vertreten, insbesondere an der Eigentümerversammlung teilzunehmen und für ihn abzustimmen.

482 M

Der Notar hat darauf hingewiesen, dass die Möglichkeit zur Vertretung in der Eigentümerversammlung durch Teilungserklärung bzw. Gemeinschaftsordnung eingeschränkt sein kann.

483 Denkbar ist eine Einschränkung, dass das Stimmrecht bei Beschlüssen, die sich noch zum Nachteil des Verkäufers auswirken können (z.B. hinsichtlich der Jahresabrechnung), nicht oder nur im Einvernehmen mit dem Verkäufer ausgeübt werden kann.

4. Instandhaltungsrücklage

484 Vor allem bei größeren Anlagen wird regelmäßig aus dem Wohngeld eine Instandhaltungsrücklage gebildet. Sie gehört gemäß § 10 Abs. 7 WEG der Gemeinschaft und geht mit dem Eigentumserwerb automatisch auf den Erwerber über. Diesbezügliche Regelungen, z.B. eine Abtretung, sind nicht erforderlich.

485 Unabhängig davon kann es sich im Hinblick auf Grunderwerbssteuer empfehlen, den auf die vertragsgegenständliche Wohnung entfallenden Anteil an der Instandhaltungsrücklage als selbstständigen Kaufpreisteil auszuweisen, da jedenfalls nach bisheriger Praxis auf den hierauf entfallenden Teilbetrag keine Grunderwerbsteuer erhoben wird,[313] wobei offen ist, ob dies auch nach der WEG-Reform noch gilt.[314]

486 Wird die Höhe der Rücklage im Vertrag falsch angegeben, kann dies zu einer Haftung des Verkäufers führen.[315]

5. Wohngeldrückstände

487 Der Käufer einer Wohnung haftet nicht für Wohngeldrückstände des Verkäufers, sofern in der Gemeinschaftsordnung keine abweichende Regelung getroffen ist. § 10 Abs. 1 Nr. 2 ZVG begründet kein dingliches Recht der Eigentümergemeinschaft.[316] Gleichwohl bestehen für den Käufer Risiken, wenn nämlich die Eigentümergemeinschaft vor Eigentumserwerb (oder entsprechender Antragstellung) wegen solcher Rückstände ein Zwangsversteigerungsverfahren in das Wohnungseigentum einleitet. Eine für den Käufer eingetragene Auflassungsvormerkung vermittelt diesbezüglich wegen des Rangklassenprivilegs des § 10 Abs. 1 Nr. 2 ZVG keine Sicherung.[317]

488 Zu erwägen kann deshalb sein, die Kaufpreisfälligkeit von einer Bestätigung (z.B. des Verwalters) abhängig zu machen, wonach Wohngeldrückstände des Verkäufers nicht bestehen bzw. dass diese andernfalls aus dem Kaufpreis abgelöst werden (wobei nicht selten vorrangige Ansprüche von Grundschuldgläubigern bestehen werden). Anlass für solche Sicherungsmaßnahmen besteht nur ausnahmsweise, wenn etwa (möglicherweise bereits titulierte) Hausgeldrückstände bekannt sind oder dringend mit solchen zu rechnen ist.

---

313 BFH MittBayNot 1992, 71.
314 Vgl. *Kahlen*, ZMR 2007, 179; *Hügel/Elzer*, Das neue WEG-Recht, § 3 Rn. 158; *Herrler*, NotBZ 2015, 241 f.
315 OLG Köln MittBayNot 2014, 531 m. Anm. *Elzer*; *Herrler*, NotBZ 2015, 241, 245 f.
316 BGH DNotZ 2014, 115.
317 BGH DNotZ 2014, 115. Ob der Käufer sich insofern auf ein sich aus dem Kaufvertrag ergebendes Anwartschaftsrecht berufen kann, ist offen, vgl. *J. Weber*, DNotZ 2014, 746 ff.

§ 33 Bauträgervertrag

Literatur: *Basty*, Der Bauträgervertrag, 9. Aufl. 2018 (zit. »*Basty*«); *ders*. Baurechtsreform 2017 und Bauträgervertrag, MittBayNot 2017, 445; *Blank*, Bauträgervertrag, 5. Aufl. 2015; *ders*. Gestaltungshinweise des BGH für den Bauträgervertrag, DNotZ 2014, 166; *Bueren*, Die Regulierung von Sonderwünschen im Bauträgervertrag, NJW 2011, 2245 (ignoriert Kersten/Bühling); *DNotI-Gutachten* Freistellungsversprechen eines Privatgläubigers; Freistellungserklärung bei »nicht soliden Grundpfandrechtsgläubigern«; Löschungsvormerkung; Abwicklung über Notaranderkonto, DNotI-Report 2015, 25; *DNotI-Gutachten* Bauträgerrecht DNotI-Report 2017,137; *Ehrlich*, Neuerungen im Bauträgervertragsrecht und deren Auswirkungen auf die notarielle Vertragsgestaltung, NotBZ 2018, 1; *Elzer*, Abnahme des gemeinschaftlichen Eigentums: Was gilt vor dem Hintergrund der neuesten BGH-Rechtsprechung für Bestimmungen in Bauträgervertrag und/oder Gemeinschaftsordnung?, DNotZ 2017, 163; *Fischer*, Reichweite der Bürgschaften nach der Makler- und Bauträgerverordnung, ZNotP 2003, 122; *Farrelly/Riemenschneider*, Praktikerhandbuch Bauträgerfinanzierung und -vertrag, 2012; *Grziwotz*, MaBV, 3. Aufl. 2017; *Grziwotz/Koeble*, Handbuch Bauträgerrecht, 2. Aufl. 2018; *Häublein*, Die Gestaltung der Abnahme gemeinschaftlichen Eigentums beim Erwerb neu errichteter Eigentumswohnungen, DNotZ 2002, 608; *Herrler*, Regelbindungsfrist von vier Wochen auch beim Bauträgervertrag, MittBayNot 2014, 109; *Klühs*, Preisanpassungsklauseln in Bauträgerverträgen, ZfIR 2012, 850; *Krick/Sagmeister*, Die Baubeschreibung in Bauträgerverträgen, MittBayNot 2014, 205; *Krick*, Die Abnahme des Gemeinschaftseigentums, MittBayNot 2014, 401; *Marcks*, MaBV, 9. Aufl. 2014; *Meyer*, Ausgewählte Probleme des Bauträgervertrages, RNotZ 2006, 497; *Oswald* u.a., Bauteilbeschreibungen im Bauträgervertrag, 2015; *Pause*, Bauträgerkauf und Baumodelle, 6. Aufl. 2018; *Rapp*, Abnahme und Gewährleistung bezüglich des Gemeinschaftseigentums, MittBayNot 2012, 169; *Reithmann/Terbrak*, Kauf vom Bauträger, 8. Aufl. 2017; *Schulz*, Ausschließliche Abnahmezuständigkeit Dritter in Bauträgerverträgen unwirksam, BWNotZ 2012, 62; *Vogel*, Der neue Vertragstyp »Bauträgervertrag« als haftungsrechtliche Grundlage, NZM 2017, 681; *Wagner*, Bauträgervertrag und Geschosswohnungsbau, ZNotP 2004, 4; *Weber*, Die Auswirkungen des neuen Bauvertragsrechts auf das Bauträgerrecht, notar 2017, 379; *Weise/Hänsel*, Der Bauträgervertrag nach der Baurechtsreform, NJW-Spezial 2018, 44.

I. Allgemeines zum Bauträgerkauf

1. Begriff

Der – eher missverständliche – Begriff »Bauträger« hat sich eingebürgert als Bezeichnung für einen gewerblichen Unternehmer, der Grundstücke erwirbt, sie i.d.R. nicht selbst, sondern durch Einschaltung von Subunternehmern »schlüsselfertig« bebaut, Erwerb und Bebauung meist überwiegend mit Fremdkapital finanziert und die so produzierten Wohn- und Gewerbeimmobilien – meist nach Parzellierung oder in der Form von Wohnungseigentum – an »Verbraucher« (i.S.v. § 13 BGB) weiter verkauft. Die klassische Form für den Weiterverkauf ist der neuerdings in § 650u BGB mit gesetzlicher Weihe versehene »Bauträgervertrag« (vorher auch »Bauträgerkaufvertrag«). Es handelt sich um einen Kaufvertrag i.S.d. § 433 BGB (früher str., jetzt in § 650u Abs. 1 Satz 3 BGB bestätigt) mit Elementen eines Werklieferungsvertrages (§ 650 BGB). Auf den Bauträgervertrag findet nach § 650u Abs. 1 Satz 2 BGB hinsichtlich der Errichtung oder des Umbaus grundsätzlich Werkvertragsrecht, hinsichtlich des Anspruchs auf Übertragung des Eigentums an dem Grundstück nach § 650u Abs. 1 Satz 3 BGB Kaufrecht Anwendung. Für »Abschlagszahlungen« verweist § 650v BGB auf die AbschlagsV (unten Rdn. 7), obwohl diese jedenfalls indirekt eine von § 650u Abs. 1 BGB etwas abweichende (nicht übermäßig gelungene) Definition der Bauträgerverträge gibt. 1

Häufig (das ist für die gesetzliche Regelung sogar der Grundfall) wird der Bauträgervertrag zu einem Zeitpunkt abgeschlossen, zu dem mit dem Bau entweder überhaupt noch 2 nicht begonnen worden ist (»*Kauf von der grünen Wiese*«) oder der Bau jedenfalls noch nicht fertiggestellt ist. Daraus ist die – auch in der Rechtsprechung des BGH kolportierte – fehlerhafte Vorstellung entstanden, der Bauträger schulde nicht oder nicht nur das fertige Werk in Form des bebauten Grundstücks, sondern ein Leistungsbündel, bestehend aus Organisationsleistungen, Finanzierungsleistungen, Architekten- und Ingenieurleistungen, Bauleistungen etc.[1] Diese Auffassung verwechselt die Anstalten, die jeder produzierende Unternehmer treffen muss, um ein marktgängiges Erzeugnis planen, finanzieren, herstellen und vermarkten zu können, mit der geschuldeten Leistung. Zutreffend an dieser Vorstellung ist allerdings, dass der Bauträger keine »Bauleistung« als Werkleistung i.S.d. VOB erbringt und dass daher insbesondere die VOB/B (dazu nachf. § 46) nicht für den Bauträgervertrag passt (nachf. Rdn. 53).

2. Geschichte

3   Das Bauträgergeschäft heutiger Gestalt ist ein Kind der Wirtschaftsentwicklung nach dem zweiten Weltkrieg. Vorher gab es (vor allem als Produkt der Gründerzeit seit 1871) im Wesentlichen nur *Terraingesellschaften*, die – z.T. in ganz großem Stil – Grundstücke, ja ganze neue Stadtviertel entwickelten, parzellierten und als Bauland, oft auch mit bestimmten Bauauflagen, weiterverkauften. Nach dem ersten Weltkrieg kamen die meist auf sozialer Grundlage eingerichteten Baubetreuungsgesellschaften und die Wohnungsgenossenschaften hinzu. Auch die Baubetreuungsgesellschaften (s. zur Baubetreuung nachf. § 46) widmeten sich in der Zeit nach dem zweiten Weltkrieg überwiegend dem Bauträgergeschäft – oft und mit katastrophalen Folgen unter Vernachlässigung ihres ursprünglich sozialen und gemeinnützigen Auftrags.

4   Waren schon die Vertragsmuster der Terraingesellschaften z.T. fragwürdig, so bildete sich in der überschäumenden Baukonjunktur der sechziger Jahre des 20. Jahrhunderts ein bösartiger *Wildwuchs* an Form und Inhalt der Bauträgerverträge. Die Bauträger, getrieben auch von den sie finanzierenden öffentlichen und privaten Kreditinstituten, diktierten Vertragsbedingungen, die zulasten der Käufer schlechthin unerträglich waren. In rechtlicher Hinsicht waren die Käufer so gut wie nicht gesichert, sei es weil vor allem die nur noch dem Namen nach gemeinnützigen Wohnungsbaugesellschaften zwar nach Baufortschritt und darüber hinaus Zahlungen forderten und entgegennahmen, zum Abschluss wirksamer Verträge aber nur nach Beendigung des Bauvorhabens und nur gegen Verzicht auf Gewährleistungsansprüche bereit waren, sei es weil die finanzierenden Kreditinstitute bedingungslos erste Rangstelle beanspruchten und jede Absicherung des Käufers strikt verweigerten. Die Organe der Bundesgesetzgebung (einschließlich der Länder im Bundesrat), personell vielfältig liiert vor allem mit den ehemals gemeinnützigen Bauträgern der Gewerkschaften und der sozialen und kirchlichen Organisationen einerseits und den genossenschaftlichen sowie den besonders hartleibigen öffentlich-rechtlichen Kreditinstituten andererseits, verweigerten sich – wie später angesichts des gängigen Vermögensanlagebetrugs mit Baumodellen und geschlossenen Immobilienfonds – jeglicher Abhilfe.

5   In dieser Situation ergriff die Landesnotarkammer Bayern auf Verlangen ihrer Kammerversammlung die Initiative, indem sie im Jahr 1971 das damals geradezu revolutionäre erste *Bauträgermerkblatt* veröffentlichte,[2] verbunden mit einer Art Boykottvereinbarung der Berufsträger, die Beurkundung von Verträgen, die dessen Mindestanforderungen nicht entsprächen, zu verweigern. Dies zeigte endlich Wirkung. Nachdem die Initiative – gegen den Willen des zuständigen Landesministeriums – Unterstützung auch bei einigen subalternen Verwaltungsstellen gefunden hatte, beschloss schließlich der Bundesgesetzgeber 1973 nicht

---

1 *Basty*, Rn. 6 ff.
2 Die aktuelle Fassung des Merkblatts findet sich bei http://www.notare.bayern.de/fileadmin/files/media/notar/Broschuere_7.pdf.

etwa eine sinnvolle zivilrechtliche Regelung des Bauträgervertrags, sondern – der Sache nach ziemlich abwegig – eine gewerberechtliche Verordnungsermächtigung (§ 34a GewO), aufgrund deren die – seither mehrfach geänderte – Makler- und Bauträgerverordnung (MaBV) erlassen wurde. Sie zeigt bis heute erhebliche technische Mängel, die u.a. darauf zurückzuführen sind, dass man über weite Teile das Merkblatt der Landesnotarkammer Bayern abgeschrieben hat, ohne die Unterschiede zwischen Empfehlungen eines Merkblatts und verbindlichen Rechtsnormen ausreichend zu berücksichtigen. Die MaBV enthält zwar auch – der Wortmenge nach sogar überwiegend – echt gewerberechtliche Regelungen; ihre eigentliche Bedeutung liegt aber darin, dass sie indirekt Zivilrecht setzt.[3]

Eine Initiative Bayerns bewog immerhin den Bundesgesetzgeber im Jahr 1973 dazu, den damaligen § 313 Satz 1 BGB (jetzt § 311b Abs. 1 BGB) dahin zu ändern, dass auch die Verpflichtung zum *Erwerb* eines Grundstücks beurkundungsbedürftig wurde; bis dahin war nur die Veräußerungsverpflichtung formbedürftig, was von der Bauträgerwirtschaft dahin missbraucht worden war, die präsumtiven Käufer durch privatschriftlichen Vertrag schon vor dem Gang zum Notar einseitig an unausgewogene und unvertretbare Vertragskonditionen zu binden. Einen weiteren Einschnitt in das Bauträgerrecht setzte 1976 das Gesetz über Allgemeine Geschäftsbedingungen (AGBG), dessen Erweiterung auf Verbraucherverträge im Jahr 1996 Bauträgerverträge kaum berührt hat, allerdings im Wesentlichen auf der Grundlage dessen, dass die Rechtsprechung des BGH schon vorher Werkvertragsrecht als das »gesetzliche« Regime der Sachmängelhaftung dekretiert hatte. Inzwischen sind die §§ 306 ff. BGB an die Stelle des AGBG getreten, ohne dass dies dem Bauträgerrecht nennenswerte inhaltliche Änderungen gebracht hätte. **6**

Das sog. Gesetz zur Beschleunigung fälliger Zahlungen[4] hat im Jahr 2000 eine neue Ära eingeleitet, indem in das damalige AGBG einen § 27a eingefügt hat, aufgrund dessen die zivilrechtlich wirksamen Regelungen der MaBV durch die Verordnung echten Zivilrechts abgelöst werden konnten (jetzt Art. 244 EGBGB). Die auf dieser Grundlage erlassene *Verordnung über Abschlagszahlungen bei Bauträgerverträgen – AbschlagsV* (andere gebräuchliche Abkürzung: »HausbauV«) –[5] hat diese Konversion bewirkt. Die Mehrheit des zuständigen VII. Zivilsenats des BGH missbilligte aber diese zivilrechtliche Regelung und nahm sie zum Anlass, die Frage, ob das deutsche Bauträgerrecht gegen die Richtlinie 93/13/EWG über missbräuchliche Klauseln in Verbraucherverträgen[6] verstoße, dem EuGH vorzulegen; dieser hat keinen Verstoß gesehen,[7] sodass die Richtlinie im Ergebnis das deutsche Recht insoweit nicht beeinflusst hat. **7**

Die Schuldrechtsreform[8] hat auch den Bauträgervertrag in fast allen seinen Aspekten erfasst. Hervorzuheben sind die neue Definition des Begriffs des Sachmangels eines Werks in § 633 Abs. 2 BGB, die neue Definition des Begriffs des Rechtsmangels in § 633 Abs. 3 BGB, die Neuregelung der Mangelfolgen in § 634, 635 ff. BGB, die Ersetzung der zugesicherten Eigenschaft durch die »Garantie« und die verschärfte Haftung dafür in § 639 BGB und das neue Verjährungsrecht in §§ 195, 199, 212, 438, 634a BGB. **8**

Das »Gesetz zur Eindämmung illegaler Betätigung im Baugewerbe«[9] hat in Form der §§ 48 ff. EStG eine »Bauabzugssteuer« eingeführt, die nach zunächst überwiegender Meinung auch auf Bauträgerverträge Anwendung finden sollte. Das Bundesministerium der Finanzen hat aber in einem koordinierten Bund-Länder-Erlass vom 28.12.2002 (Tz. 18) fest- **9**

---

3 BGH NJW 1985, 438; BGH DNotZ 1999, 53 m. Anm. *Wolfsteiner* S. 99.
4 Vom 30.03.2000 (BGBl. I S. 330).
5 BGBl. I 2001 S. 981.
6 ABl. L 95 vom 21.04.1993, 29.
7 Vom 01.04.2004 – C-237/02 – NJW 2004, 1647 = DNotZ 2004, 767 m. Anm. *Basty*.
8 Gesetz zur Modernisierung des Schuldrechts vom 26.11.2001, BGBl. I S. 3138.
9 Vom 30.08.2001 (BGBl. I S. 2267).

gestellt, dass Leistungen von Bauträgern i.S.d. § 3 MaBV dem Steuerabzug nicht unterliegen, sodass das Gesetz den (klassischen) Bauträgervertrag nicht beeinflusst hat.

10 Nachdem der Gesetzgeber über lange Zeit wiederholt und mit zweifelhaftem Erfolg im Bereich des Werkvertragsrechts mehr herumgefummelt als sinnvoll reformiert hat (s. die Einführung des § 641a BGB ab 01.05.2000 und dessen Wiederabschaffung zum 01.01.2009 und den durch das sog. Forderungssicherungsgesetz [FoSiG][10] eingeführten, ab 01.01.2018 wieder abgeschafften § 632a Abs. 2 bis 4 BGB[11]), hat er in Form der neuen §§ 650u, 650v BGB[12] einen neuen Regelungsversuch unternommen. Einer unverändert notwendigen umfassenden Kodifizierung des Bauträgervertrags und dessen Peripherie hat er sich mit dieser wieder nur punktuellen Regelung leider erneut verweigert.

3. Wirtschaftlicher Hintergrund

11 Charakteristikum des modernen Bauträgerkaufs ist es, dass der Bauträger zwar ein fertiges (von ihm zu fertigendes) Produkt verkauft, dass er aber abweichend vom ursprünglichen gesetzlichen Leitbild den Kaufpreis in Raten *nach Baufortschritt* schon vor der Ablieferung entgegennimmt (der Begriff »Abschlagszahlung« in der AbschlagsV und in § 650v BGB passt kaum, es handelt sich um Kredit in Form von Vorleistungen). Diese Abweichung vom ursprünglichen gesetzlichen Leitbild hat zunächst in § 3 MaBV, dann auch ehemals in § 632a BGB und jetzt in § 650v BGB ihre gesetzliche Anerkennung gefunden. Wirtschaftlich bedeutet die Vorauszahlung, dass der Bauträger – soweit er verkauft hat – Grundstückserwerb und Bau nicht mit dem in der Regel teuren Betriebsmittelkredit seiner Bank finanzieren muss, sondern das Eigenkapital seines Käufers, das nur mit den dem Käufer entgehenden Habenzinsen bewertet wird, und dessen in der Regel niedrig zu verzinsenden hypothekarischen Kredit (Begriff s. § 67 Rdn. 1) einsetzen kann. Dadurch sinkt der Gesamtaufwand für die Herstellung des Produkts. Der Käufer bezahlt den finanziellen Vorteil mit der Übernahme eines Kreditrisikos, von dem ihn auch eine noch so perfekte Vertragsgestaltung nicht gänzlich entlasten kann, zumal er abweichend von den Usancen der Kreditwirtschaft nicht nur den durch Vormerkung gesicherten Substanzwert, sondern auch den Rohgewinn des Bauträgers vorfinanziert, und zwar ebenfalls abweichend von den Usancen der Kreditwirtschaft zu 95 % und nicht nur zu höchstens 70 %. Diese Risikosituation ist nicht von den Notaren zu verantworten und kann auch nicht durch notarielle Vertragsgestaltung beherrscht werden; es wäre Aufgabe des Gesetzgebers, entweder regulierend einzugreifen (um den Preis einer Verteuerung des Wohnungsbaus und weiterer Verdrängung der mittelständischen Wirtschaft aus dem Wohnungsbau) oder sich dazu zu bekennen, dass hier wirtschaftliche Argumente höher gewichtet werden als Verbraucherschutz.

12 Die *Kostendifferenz* zwischen Betriebsmittelkredit und Käufermitteln ist umso höher, je höher das allgemeine Zinsniveau ist. In Zeiten niedriger Kreditzinsen nivellieren sich die Kosten; die Vorauszahlung verliert damit an Attraktivität. Seit Mitte der neunziger Jahre verzichten daher Bauträger immer häufiger ganz oder überwiegend auf das Vorauszahlungssystem; der Kaufpreis wird – abgesehen von einem etwaigen Einbehalt nach § 650v BGB, § 1 Satz 3 AbschlagsV, § 650m Abs. 2 BGB – in einem Betrag nach vollständiger Fertigstellung Zug um Zug gegen Besitzübergabe oder doch zu 96,5 % nach Bezugsfertigkeit Zug um Zug gegen Besitzübergabe fällig gestellt. Wenig durchdachtes Steuerrecht – das inzwischen ausgelaufene FördergebietsG hat zu sinnlosen Vorauszahlungen animiert – konterkariert leider immer wieder diese erfreuliche Entwicklung.

---

10 Eingefügt durch das sog. Forderungssicherungsgesetz (FoSiG) vom 23.10.2008, BGBl. I S. 2022.
11 Vgl. *Rieger*, Reformperspektiven im Bauvertragsrecht, DNotZ 2013, Sonderheft S. 71.
12 Eingeführt mit Wirkung ab 01.01.2018 durch Gesetz zur Reform des Bauvertragsrechts, zur Änderung der kaufrechtlichen Mängelhaftung, zur Stärkung des zivilprozessualen Rechtsschutzes und zum maschinellen Siegel im Grundbuch- und Schiffsregisterverfahren vom 28.04.2017 (BGBl. I S. 969).

4. Würdigung

Der »klassische« Bauträgervertrag ist das der Sache und dem *wahren Willen der Parteien* weitaus am besten angemessene Rechtsinstrumentarium für das Bauträgergeschäft. Er formuliert genau das, was die Vertragsteile wollen. Der wirkliche Anbieter ist auch der (einzige) Vertragspartner des Käufers; er haftet dem Käufer für die Vertragserfüllung. Das Vertragsverhältnis ist übersichtlich und verständlich in einem einzigen Vertragswerk niedergelegt. Die zur Anwendung kommenden Rechtsvorschriften sind klar und jedem Juristen vertraut. Welche Kosten und Steuern auf den Käufer zukommen, ist schnell und eindeutig zu ermitteln.

Dennoch sucht die Branche immer noch nach Aus- oder Umwegen (um nicht zu sagen Umgehungswegen). Schuld daran ist in erster Linie das *Steuerrecht*. Die Parteien suchen nach Wegen, der systemwidrigen Doppelbelastung der Bauleistung mit Umsatz- und Grunderwerbsteuer zu entgehen (der Erwerber muss ja Grunderwerbsteuer sogar auf die vom Bauträger gezahlte Umsatzsteuer entrichten) und versuchen dazu, Grundstückskaufvertrag und Bauvertrag zu trennen (dazu § 34 Rdn. 20 ff.).

Wenig durchdachte steuerliche Förderungen und Vergünstigungen haben in der Vergangenheit dazu animiert, den Käufer wahrheitswidrig zum Bauherren zu ernennen. Mittels abstruser Gesellschaftskonstruktionen sollten Anschaffungs- und Herstellungsaufwand zu Werbungskosten umqualifiziert werden. Dem ganz von der Steuervermeidung, ja der Steueruntreue motivierten »grauen Kapitalmarkt« ist überdies – von der Kreditwirtschaft gefördert – ein Heer dubioser Glücksritter, »Pyramidenspieler« und Hochstapler zugeströmt, die alles nur keine klaren Verhältnisse schätzten. Sie suchten (und fanden unter Ausnutzung eines oft naiven Rechtswesens) Wege, die *notarielle Beurkundung* zu umgehen, nicht – wie manche glaubten – zur Kostenersparnis (Kosten spielen bei solchen Geschäften keine Rolle, werden oft sogar mutwillig provoziert), sondern um ihre in derartigen Transaktionen unerfahrenen, von der Aussicht auf Steuerersparnis verblendeten Kunden der Aufklärung, Beratung und Selbsterkenntnis zu entziehen. Auch der Wunsch, dem Sicherungsregime der MaBV und dem Haftungsregime der §§ 306 ff. BGB zu entkommen, hat eine Rolle gespielt. Es wurden gesellschaftsrechtliche »Modelle« benutzt, die in aller Regel dazu bestimmt waren, die Sachverhalte zu verdunkeln. Wie ehemals bei den Bauträgerverträgen (vorst. Rdn. 4) haben die Gesetzgebungsorgane vor diesem oft kriminellen Treiben allen Mahnungen zum Trotz hartnäckig Augen und Ohren verschlossen. Erst seit etwa dem Jahr 2002 hat als Gegenreaktion die Debatte um die »Schrottimmobilien« begonnen, in deren Verlauf dieselben Politiker, die noch kurz zuvor die Steuermodelle initiiert und sich allen Forderungen nach Abhilfe verschlossen hatten, sich durch besonders eifrige Suche nach Schuldigen und besonders harsche Verurteilung der vermeintlich Verantwortlichen hervorgetan haben. Zuletzt hat ein einziger angeblicher Skandalfall den Bundesgesetzgeber dazu bewogen, durch ein »Gesetz zur Stärkung des Verbraucherschutzes im notariellen Beurkundungsverfahren« den 2002 eingeführten § 17 Abs. 2a BeurkG erneut zu ändern (unten Rdn. 19).

Es wäre zu wünschen, dass Gesetzgebung und Rechtsprechung den klassischen Bauträgervertrag fördern und den vielerlei dubiosen Umgehungsversuchen entschiedener (oder überhaupt) entgegentreten würden. Die überfällige gesetzliche Kodifizierung des Bauträgervertrags könnte hier klare Leitlinien setzen; leider ist das Schicksal der von der Bundesnotarkammer seit Jahren immer wieder erneuerten dahingehenden Initiativen und des von ihr nach sorgfältigen Vorarbeiten und eingehender Beratung mit externen Sachverständigen im Jahr 2006 vorgelegten Gesetzesentwurfs so unsicher wie je.

II. Beurkundungsverfahren

1. Vorbereitung der Beurkundung

17 Nicht wenige Bauträger neigen dazu, sich im Vorfeld eines Bauvorhabens zwar intensiv den technischen Fragen der Bauvorbereitung, der Schaffung der öffentlich-rechtlichen Voraussetzungen des Baus und dem Vertrieb zu widmen, die *zivilrechtliche Vorbereitung aber zu vernachlässigen*.[13] Sie nehmen oft erst wenige Tage vor der ersten beabsichtigten Beurkundung Kontakt mit dem Notar auf und erwarten dann – hingewiesen darauf, dass noch keine beurkundungsreife Situation gegeben ist –, dass der Notar Mittel und Wege findet, dennoch zu einer schnellen Bindung der Käufer und zu baldiger Liquidierung der Käuferzahlungen zu gelangen. Über rechtliche Bedenken, die dem entgegenstehen, möge sich der Notar bitte hinwegsetzten. Der Notar tut gut daran, sich solchem Druck nicht zu beugen. Er wird sich bemühen müssen, den Bauträger im Lauf der Zeit zu einer auch zivilrechtlich ordentlichen Bauvorbereitung zu erziehen, was misslingen muss, wenn der Notar dem schlecht vorbereiteten Bauträger die selbstgeschaffenen Hindernisse unter Missachtung der Regeln korrekter Amtsführung eilfertig aus dem Wege zu räumen bereit ist.

18 Zu der vom Bauträger zu leistenden *zivilrechtlichen Vorbereitung* gehört es, darum besorgt zu sein, selbst rechtzeitig Eigentümer zu werden, notwendige Genehmigungen oder Negativzeugnisse frühzeitig abzuklären, die Aufteilungspläne (in Abstimmung mit dem Notar!) parallel zu den Eingabeplänen zu entwickeln und sie zur Siegelung einzureichen, sobald die Einzelheiten der Baugenehmigung geklärt sind, die Teilungserklärung schon in diesem Stadium entwerfen zu lassen und Sondernutzungspläne zu fertigen, die eigene Finanzierung verbindlich abzuschließen und die Globalgrundschulden zu bestellen, die Freistellungserklärung zu beschaffen, sich mit den Erschließungs- und Versorgungsträgern wegen etwa notwendiger Grundbucheintragungen abzustimmen, den Freiflächengestaltungsplan so abzustimmen, dass auch insofern eine verbindliche Baubeschreibung vorgelegt werden kann. Dabei sollte der Bauträger seinerseits auf seine Architekten einwirken, die Einzelheiten der Bauausführung vollständig im Voraus festzulegen und nicht der im Bauträgergeschäft verhängnisvollen Unsitte zu verfallen, Details erst im Laufe des Baufortgangs festlegen und dabei auch noch Änderungen an der schon vertraglich festgelegten Bauausführung vornehmen zu wollen.

2. Übersendung des Entwurfs

19 § 17 Abs. 2a BeurkG[14] i.d.F. des »Gesetzes zur Stärkung des Verbraucherschutzes im notariellen Beurkundungsverfahren«[15] hat speziell den Bauträgervertrag im Visier. Die gesetzlichen Vorgaben müssen strikt eingehalten werden. In Anlehnung an Hinweise der Landesnotarkammer Bayern vom 11.12.2002 lässt sich feststellen:

a) Beabsichtigter Text des Rechtsgeschäfts

20 Der Notar hat dem Verbraucher vorweg den *beabsichtigten Text des Rechtsgeschäftes* zur Verfügung zu stellen. Dieser umfasst auch den Text der Urkunden, auf die nach § 13a BeurkG verwiesen wird. Über die Möglichkeit, Verweisungsurkunden einschließlich etwaiger Pläne rechtzeitig vor der Beurkundung einzusehen, soll der Notar nach § 13a Abs. 3 BeurkG den Beteiligten vor der Beurkundung Mitteilung machen. Nicht zwingend erforderlich ist, dass

---

13 Vgl. *Hebler*, ZfIR 1998, 58.
14 Auffällig die geringe Zahl von veröffentlichten Gerichtsentscheidungen dazu (juris weist seit der 25. Aufl. 2015 gerade einmal 6 aus) und die gewaltige Zahl von literarischen Äußerungen (nach juris 92).
15 Vom 15.07.2013 BGBl. I S. 2378.

der zur Verfügung gestellte Text alle essentialia negotii enthält, wenn diese aus anderen, dem Verbraucher während der Frist verfügbaren Unterlagen klar erkennbar sind (z.B. Preis der Wohnung oder des Stellplatzes aus dem Verkaufsprospekt). Jedenfalls solange bei Änderungen des beabsichtigten Textes die Pflichten des Verbrauchers nicht ganz wesentlich verschoben bzw. verschärft werden, besteht kein Anlass, die Frist neu beginnen zu lassen, wenn vom ursprünglich beabsichtigten Text abgewichen wird. Die rechtliche Ausformung kann endgültig auch erst in der Beurkundungsverhandlung erfolgen. Kern des Beurkundungsverfahrens bleibt unverändert die Beurkundungsverhandlung, in der Änderungen des beabsichtigten Textes möglich sind. Wechseln kurz vor der Beurkundung die Vertragsparteien auf der Verbraucherseite bzw. tritt eine hinzu – etwa gemeinsamer Erwerb mit dem Ehegatten statt bisher geplantem Alleinerwerb – erscheint die nochmalige Einhaltung der zweiwöchigen Frist nicht erforderlich, wenn zwischen den beteiligten Verbrauchern ein Vertrauensverhältnis i.S.d. § 17 Abs. 2a Nr. 1 BeurkG besteht (str.).

Das Gesetz spricht nur vom *Text* des Rechtsgeschäfts. Dennoch wird es regelmäßig erforderlich sein, dem Verbraucher auch *Pläne* vorweg zur Verfügung zu stellen. Werden der Beurkundung (wie es wünschenswert ist) vermaßte Pläne zugrunde gelegt, besteht ein erhöhtes Bedürfnis, diese Pläne vorweg zur Verfügung zu haben, weil die kurze Zeit der Beurkundungsverhandlung regelmäßig nicht ausreicht, die Maßangaben in den Plänen detailliert zur Kenntnis zu nehmen (s.a. nachf. Rdn. 30). **21**

b) Zweiwochenfrist

Der beabsichtigte Text ist dem Verbraucher vom beurkundenden Notar oder einem Notar, mit dem sich der beurkundende Notar zur gemeinsamen Berufsausübung verbunden hat, kostenfrei *2 Wochen vor der Beurkundung* zur Verfügung zu stellen. Dies erfüllt seinen Zweck nur, wenn dem Verbraucher ausdrücklich Gelegenheit gegeben wird, im Vorfeld an den Notar heranzutreten und sich den beabsichtigten Vertrag von ihm erläutern zu lassen. Die zweiwöchige Frist ist als Regelfall ausgestaltet; wird diese Frist unterschritten, sind die Gründe hierfür in der Niederschrift anzugeben. Soll die Beurkundung vor Ablauf der Frist stattfinden, muss der Notar auf andere Weise darauf hinwirken, dass der Verbraucher ausreichend Gelegenheit erhält, sich mit dem Gegenstand der Beurkundung auseinanderzusetzen.[16] Kann sich der Notar davon überzeugen, dass der Verbraucher sich mit dem Gegenstand der Beurkundung ausreichend auseinandergesetzt hat, ist keine übertriebene Engherzigkeit angebracht.[17] Muss der Notar umgekehrt feststellen, dass der Verbraucher – wie leider häufig – die Frist nicht genutzt hat, um sich zu informieren, wird er ggf. die Beurkundung aussetzen und auf einen späteren Termin verschieben; das dürfte mit § 15 Abs. 1 BNotO vereinbar sein. **22**

3. EnergieeinsparVO

Die Energieeinsparverordnung (EnEV)[18] legt dem Bauträger eine Reihe von Informationspflichten auf. Die Vorschriften haben unmittelbare Geltung und erfordern keine Berücksichtigung im Vertragstext. Ob man einen Hinweis in die Urkunde aufnehmen möchte,[19] ist Geschmackssache. M.E. sollte der Vertrag nicht mit rechtlich Irrelevantem befrachtet werden. **23**

---

16 KG DNotZ 2009, 47.
17 *Stuppi*, notar 2010, 236; streng aber BGH NJW 2013, 1451.
18 I.d.F. der zweiten ÄndVO vom 18.11.2013 (BGBl. I S. 3951). Dazu *Hertel*, DNotZ 2014, 258.
19 Dafür *Hertel*, DNotZ 2014, 258.

4. Gleichzeitige Anwesenheit

a) Grundsatz

24 Auch und gerade Bauträgerverträge sind, um den Anforderungen des § 17 Abs. 2a Satz 1 BeurkG zu genügen, regelmäßig bei *gleichzeitiger Anwesenheit aller Beteiligten* zu beurkunden. Dabei ist wichtig, dass der Vertreter des Bauträgers nicht nur Abschlussvollmacht hat, sondern auch befugt ist, inhaltlich über den Vertrag zu verhandeln. Weigert sich der Vertreter des Bauträgers von vornherein, über irgendwelche Änderungen am Vertragsmuster zu verhandeln, so sollte der Notar – er ist dazu befugt – die Beurkundung ablehnen.

b) Systematische Ausschaltung

25 Jegliche Verfahrensweise, die gleichzeitige Anwesenheit aller Beteiligten *systematisch* auszuschalten, ist ein Verstoß gegen § 17 Abs. 2a Satz 1 BeurkG,[20] der mit Recht auch von der Dienstaufsicht beanstandet wird.[21] Solche Verfahren sind:
– Der Verkäufer gibt ein Angebot ab, das der Käufer in Abwesenheit des Verkäufers annehmen soll;
– der Verkäufer veranlasst den Käufer zur Abgabe eines Angebots;
– für den Verkäufer tritt ein Vertreter ohne Vertretungsmacht auf;
– der Verkäufer lässt den Vertrag so beurkunden, dass für den Käufer ein Vertreter ohne Vertretungsmacht auftritt und der Käufer später nur genehmigt;
– der Käufer wird veranlasst, dem Verkäufer oder einer diesem nahestehenden Person eine Vollmacht zum Abschluss des Vertrags zu erteilen.

c) Fälle zulässiger Abweichung

26 So sehr der *systematische Gebrauch* solcher Verfahren zu beanstanden ist, so sind sie doch selbstverständlich in entsprechenden *Einzelfällen* nicht nur unbedenklich, sondern sinnvoll und notwendig. Die Natur der Sache kann dann und wann sogar eine gewisse Systematisierung erfordern, z.B. wenn ein den meisten Käufern als bloße Kapitalanlage dienendes Objekt überörtlich vertrieben wird und den Käufern der Aufwand, zur Beurkundung zum »Zentralnotar« zu reisen, nicht lohnend erscheint. Da es aber stets der Käufer ist, der zum Einzelvertrag Aufklärung und Beratung benötigt – der Bauträger empfängt Aufklärung und Beratung schon beim Entwurf des Vertragsmusters –, sollten dann zumindest Verfahren gewählt werden, die sicherstellen, dass dieser persönlich vom Notar belehrt wird. Bei Aufspaltung in Angebot und Annahme sollte der Käufer das Angebot abgeben. Zwar ist auch der eine Vertragsannahme beurkundende Notar voll belehrungspflichtig; ihm fällt aber, da er nur den kurzen Annahmetext zu verlesen hat, die Belehrung schwerer und es ist auch wenig kollegial, wenn der Zentralnotar den größten Teil der Gebühren beansprucht, während der die Annahme beurkundende Notar die wesentliche Arbeit leisten muss. Bei Einschaltung eines Vertreters ohne Vertretungsmacht sollte der Verkäufer, nicht der Käufer vertreten werden.

5. Umfang der Beurkundung

27 Es gilt zunächst dasselbe, was für die gewöhnlichen Kaufverträge ausgeführt wurde (§ 32 Rdn. 1 ff.). Besondere Beachtung verdienen zusätzlich:

---

20 Vgl. zum früheren Rechtszustand OLG Hamm DNotZ 1997, 658; Rundschreiben der Bundesnotarkammer vom 26.04.1973 und vom 29.06.1984.
21 Vgl. BayObLG DNotZ 1984, 250; OLG München DNotZ 1984, 519.

a) Verweisung auf Teilungserklärung oder Erbbaurechtsvertrag

Bei *Wohnungseigentum* und *Erbbaurechten* ist zu unterscheiden, ob die Aufteilung in Wohnungseigentum bzw. das Erbbaurecht bereits im Grundbuch eingetragen ist oder nicht. Ist die Eintragung erfolgt, so deckt die bloße grundbuchmäßige Bezeichnung in der Kaufurkunde den gesamten Inhalt des Rechts, also auch die Vereinbarungen, die nach § 5 Abs. 4 WEG, §§ 2 ff. ErbbauRG zum Inhalt des Rechts gemacht worden sind. Eine nochmalige Beurkundung – gleich in welcher Form – ist nicht erforderlich.[22] Die erneute Beurkundung ist aber dann erforderlich, wenn z.B. die Teilungsurkunde Regelungen enthält, die nicht Inhalt des Wohnungseigentums sind und auch noch keinen selbstständigen Anspruch begründet haben, sondern nur äußerlich mit der Teilungserklärung verbunden waren, etwa die Baubeschreibung.

28

Ist hingegen die Grundbucheintragung noch nicht erfolgt, dann gehört der Inhalt des Wohnungseigentums oder des Erbbaurechts zur Beschreibung dessen, was der Verkäufer zu leisten hat, denn er hat dem Käufer nicht irgendein Wohnungseigentum oder Erbbaurecht zu verschaffen, sondern eines mit definiertem Inhalt. Die Teilungserklärung samt Gemeinschaftsordnung bzw. der Erbbaurechtsvertrag sind dann zwingend zu jedem Einzelvertrag *mit zu beurkunden* (s. zur Form der Beurkundung – § 13a BeurkG – nachfolgend).

29

b) Baubeschreibung, Wohnfläche

Im Hinblick darauf, dass es sich um erst noch zu errichtende Gebäude handelt, gehören zum beurkundungsbedürftigen Vertragsinhalt auch *Baubeschreibung* und *Pläne*, letztere wohl auch dann, wenn bei Wohnungseigentum die Aufteilung bereits im Grundbuch eingetragen ist; denn die rechtliche Bedeutung der Pläne als Aufteilungsplan erschöpft sich in der Abgrenzung von Sondereigentum und gemeinschaftlichem Eigentum, während es im Kaufvertrag um die Bestimmung der vom Verkäufer zu erbringenden Bauleistungen geht (s. zur Form der Beurkundung – § 13a BeurkG – nachfolgend). Der Mindestinhalt der Baubeschreibung ist jetzt in § 650j Abs. 1 BGB durch Verweisung auf Art. 249 § 2 Abs. 1 EGBGB festgelegt. In der Baubeschreibung sind die wesentlichen Eigenschaften des angebotenen Werks in klarer Weise darzustellen. Die Baubeschreibung muss mindestens folgende Informationen enthalten:

30

– Allgemeine Beschreibung des herzustellenden Gebäudes oder der vorzunehmenden Umbauten,
– ggf. Haustyp und Bauweise,
– Art und Umfang der angebotenen Leistungen, ggf. der Planung und der Bauleitung, der Arbeiten am Grundstück und der Baustelleneinrichtung sowie der Ausbaustufe,
– Gebäudedaten,
– **Pläne mit Raum- und Flächenangaben sowie Ansichten**, Grundrisse und Schnitte (vermaßt!),
– ggf. Angaben zum Energie-, zum Brandschutz- und zum Schallschutzstandard sowie zur Bauphysik,
– Angaben zur Beschreibung der Baukonstruktionen aller wesentlichen Gewerke,
– ggf. Beschreibung des Innenausbaus,
– ggf. Beschreibung der gebäudetechnischen Anlagen,
– Angaben zu Qualitätsmerkmalen, denen das Gebäude oder der Umbau genügen muss,
– ggf. Beschreibung der Sanitärobjekte, der Armaturen, der Elektroanlage, der Installationen, der Informationstechnologie und der Außenanlagen.

---

22 BGHZ 125, 235.

Die Flächenangaben sollten insbesondere auch die Wohnfläche umfassen. Dabei ist zu erläutern, nach welchem Regelwerk die Flächen ermittelt sind, denn »Wohnfläche« ist kein eindeutiger Begriff.[23] Die oft erwähnte DIN 277 (Fassung Juni 1987) enthält nur Regeln zur Berechnung unspezifischer Gebäudeflächen (»Brutto-Grundfläche«, »Konstruktions-Grundfläche«, »Netto-Grundfläche«, »Nutzfläche«, diese gegliedert in Haupt- und Nebennutzfläche, »Funktionsfläche« und »Verkehrsfläche«), ohne deren Nutzbarkeit zu Wohnzwecken zu berücksichtigen.[24] Die ebenso häufig erwähnte DIN 283[25] ist schon 1983 ersatzlos zurückgezogen worden[26] und zwar mit der Begründung, sie sei veraltet. § 44 der II. Berechnungsverordnung ist ersetzt durch die mangels anderweitiger Vereinbarung jetzt maßgebliche Verordnung zur Berechnung der Wohnfläche (WohnflächenVO, WoFlV).[27] Diese kennt nur noch Fertigmaße. Die Flächen von Balkonen, Loggien, Dachgärten und Terrassen sind nur noch zu einem Viertel anzurechnen; wenn sie wie bisher üblich zur Hälfte angerechnet werden sollen, muss das sehr ausdrücklich im Vertragstext geregelt sein. Die bisherige Regelung, dass Terrassen nur angerechnet werden können, soweit sie überdacht sind, ist entfallen. Ist die Wohnfläche ohne besondere Bezeichnung angegeben, gilt die WoFlV mit der Anrechenbarkeit zu einem Viertel!

c) Sonderwünsche

31 Ein besonderes Problem stellen die Abreden zu sog. *Sonderwünschen* dar. Dazu gehören allerdings nicht Abreden über bei Vertragsschluss schon fest vereinbarte Abweichungen von der im Prospekt des Bauträgers vorgesehenen Normausführung; solche Abreden sind Vertragsbestandteil und müssen in jedem Fall einschließlich der vereinbarten Auswirkungen auf den Kaufpreis mit beurkundet werden. Unter einem Sonderwunsch (im eigentlichen Sinn) versteht man vielmehr ein erst nach Vertragsbeurkundung gestelltes Verlangen des Käufers nach einer Abweichung von der vereinbarten Bauausführung.[28] Die Vereinbarung über die Ausführung eines Sonderwunsches ist Vertragsänderung, auf die die für Bauverträge geltenden Regelungen in §§ 650b, 650c BGB nach ausdrücklicher Vorschrift in § 650u BGB nicht anwendbar sind. Als Vertragsänderung sind Vereinbarungen über Sonderwünsche beurkundungsbedürftig. In der Praxis lässt sich dies aber kaum durchsetzen, weil den Beteiligten das Bewusstsein der Vertragsänderung fehlt. Mit unterschiedlichen Konstruktionen versucht man daher, der Beurkundungsbedürftigkeit zu entkommen.[29]

32 Die nachfolgenden Muster schlagen vor, Änderungen des Vertrags zwischen Bauträger und Käufer auszuschließen und den Käufer darauf zu verweisen, Vereinbarungen nicht zur Änderung des Bauträgerkaufvertrags, sondern zur Änderung der tatsächlichen Bauausführung mit den *ausführenden Handwerkern* zu treffen; der beurkundungsbedürftige Bauträgervertrag bleibt auf diese Weise unberührt.[30] Auch hier ist aber zu befürchten, dass in Wahrheit doch meist anders verfahren wird. Eine andere Lösungsmöglichkeit besteht darin, dem Käufer ein Leistungsbestimmungsrecht i.S.d. § 315 BGB einzuräumen und im Gegenzug dem Verkäufer dann das Preisbestimmungsrecht des § 316 zuzugestehen. Auch das ist wenig realistisch, weil es zur Bestellung des Sonderwunsches nur kommen wird, wenn sich Bauträger und Käufer vorher über den Preis geeinigt haben; die Einigung fällt aber wieder unter § 311b Abs. 1 BGB. Eine befriedigende Lösung hat die Kautelarpraxis bisher nicht gefunden.

---

23 BGH NJW 1997, 2874.
24 OLG Hamm NJW-RR 1997, 1551.
25 S. BayObLG NJW 1996, 2106.
26 Fehlerhaft insoweit *Basty*, MittBayNot 1997, 149 (richtig aber *Basty*, Rn. 903); *Blank*, ZfIR 1998, 336.
27 Vom 25.11.2003, BGBl. 2003 I S. 2346.
28 Zur Abgrenzung *Bueren*, NJW 2011, 2245.
29 S. zu den unterschiedlichen Lösungsansätzen *Weigl*, MittBayNot 1996, 10.
30 Kritisch zu dieser Konstruktion *Basty*, Rn. 946.

6. Verweisung

§ 13a BeurkG ermöglicht es, auf die *Verlesung einzelner Vertragsteile zu verzichten* (Einzelheiten oben § 13 Rdn. 84 ff.). Da die Verlesung aber das wichtigste Vehikel notarieller Belehrung und Beratung (und auch notarieller Selbstkontrolle) ist, darf von der Verweisung nur zurückhaltend Gebrauch gemacht werden. Üblich und hinnehmbar ist es, zu verweisen
- auf die technische Baubeschreibung, die bei Wohnungseigentum sehr zweckmäßig in die Teilungserklärung aufgenommen werden kann;
- auf die Teilungserklärung samt Gemeinschaftsordnung (der Notar muss aber zumindest auf Abweichungen vom Üblichen und auf eine etwaige Bevorzugung anderer oder Benachteiligung der betroffenen Einheiten hinweisen);
- auf gesiegelte Aufteilungspläne, die selbst die Urkundenqualität des § 13a Abs. 4 BeurkG aufweisen, oder auf Pläne, die Bestandteil einer anderen notariellen Urkunde sind.

Weitere Teile des Vertrags im Wege der Verweisung zu beurkunden, ist nur selten vertretbar.

III. Der Inhalt des Bauträgervertrags

Der Inhalt des Bauträgervertrags wird in weitem Umfang bestimmt durch die Regelungen des reformierten Schuldrechts über die Haftung für Sachmängel, durch die in das BGB integrierten Vorschriften über allgemeine Geschäftsbedingungen und Verbraucherverträge (§§ 307 ff. BGB) und durch die Makler- und Bauträgerverordnung (MaBV) in der Fassung der VO vom 21.06.2005[31] nebst zugehöriger AbschlagsV (oben Rdn. 7).

1. Schuldrecht

a) Gewähr

Der Begriff der *Gewährleistung* als einer besondere Form der Haftung ist aufgegeben (auch wenn er etwa in §§ 365, 524, 757, 1624, 2182, 2183, 2376, 2385 BGB und andernorts noch sporadisch auftaucht). Er ist kein gesetzlich definierter terminus technicus und hat keinen klaren Begriffsinhalt mehr; daher sollte er aus dem Sprachgebrauch der Vertragspraxis (und auch aus dem Gesetz) verschwinden und nicht mehr verwendet werden. Bestehen die Beteiligten ausnahmsweise auf dessen Weiterverwendung, so muss in den Vertrag selbst eine Begriffsdefinition aufgenommen, also geregelt werden, wann eine vertragliche Pflicht »Gewährleistung« ist und welche Rechtsfolgen die Verletzung haben soll.

b) Beschaffenheitsvereinbarung

Im Gegensatz zum vormaligen Recht gibt § 633 Abs. 2 Satz 1 BGB grundsätzlich *keinen Fehlermaßstab* mehr vor. Auf die Ausfallregeln des § 633 Abs. 2 Satz 2 BGB sollte sich kein Vertragsentwurf verlassen; kommen sie zur Anwendung, so ist dem Vertragsverfasser in der Regel ein Kunstfehler anzulasten. Die Beschaffenheitsvereinbarung – tatsächliche wie rechtliche Soll-Beschaffenheit – ist daher Kern und Mittelpunkt eines jeden Bauträgervertrags. Der vertraglich zu vereinbarende Soll-Zustand des künftigen Bauwerks ist also im Vertragstext so genau wie nur möglich festzulegen. Zu berücksichtigen ist auch, dass bei einem doch stark zum Kauf hin tendierenden Vertrag wie dem Bauträgervertrag § 434 Abs. 1 Satz 3 BGB

---

31 BGBl. I S. 1666.

Wolfsteiner

zumindest entsprechend anzuwenden sein könnte.³² In die gleiche Richtung weist jetzt § 443 BGB.³³ Die Anwendung des derselben Materie zuzurechnende § 650k Abs. 1 BGB ist allerdings durch § 650u Abs. 2 BGB ausdrücklich ausgeschlossen. Der Bauträger muss dennoch damit rechnen, dass ihm der Inhalt seines Verkaufsprospekts als Beschaffenheitsangabe zugerechnet wird, auch wenn er im beurkundeten Vertrag nicht erwähnt wird. Eine formularmäßige allgemein gehaltene Distanzierung im Notarvertrag dürfte den Anforderungen, die in § 434 Abs. 1 Satz 3 BGB an eine Berichtigung gestellt werden, nicht genügen; wohl aber eine konkrete Distanzierung.³⁴ Der Notar tut deshalb (ohne dass das eine Amtspflicht wäre) gut daran, zu überprüfen, ob zwischen den ihm zur Verfügung gestellten Vertragsunterlagen und dem Verkaufsprospekt Widersprüche bestehen.

38 Wenn der Vertragsgegenstand im Zeitpunkt des Vertragsschlusses bereits hergestellt ist, ist auch die Vereinbarung, der gegenwärtige Zustand sei der Sollzustand, eine präzise Beschaffenheitsvereinbarung, gegen die – Übereinstimmung mit dem wahren Willen der Beteiligten vorausgesetzt – nichts einzuwenden ist.³⁵

Gegenwärtiger Zustand

39 M Der Vertragsgegenstand wird grundsätzlich verkauft wie er liegt und steht; dies ist die hiermit vertraglich vereinbarte Beschaffenheit. Der Verkäufer ist nicht verpflichtet, diese Beschaffenheit noch irgendwie zu verändern oder zu verbessern. Der Verkäufer steht aber im Sinn einer Beschaffenheitsvereinbarung – nicht einer Garantie – dafür ein, dass bei Errichtung der Bauwerke die baurechtlichen Bestimmungen beachtet, zugelassene und normgerechte Baustoffe verwandt und die bei Beginn der Bauarbeiten allgemein anerkannten Regeln der Technik befolgt worden sind, und weiter, dass keine schädlichen Bodenveränderungen bestehen, die den nach gegenwärtigem Vertrag vorausgesetzten Gebrauch des Vertragsgegenstands beeinträchtigen würden.

c) Mangelfolgen

40 Während die Beschaffenheitsvereinbarung im Mittelpunkt steht, muss die *Rechtsfolgenseite eines Sachmangels* nur selten vertraglich beeinflusst werden. Die gesetzlich angeordneten Folgen sind in aller Regel sachgerecht; eine »selbstgestrickte« Regelung ist meist schlechter.

d) Garantie

41 Der Begriff der »*Garantie*« ist durch § 639 i.V.m. § 276 Abs. 1 Satz 1 BGB gesetzlich definiert; er ersetzt im Wesentlichen die frühere »zugesicherte Eigenschaft«. Während der Nacherfüllungsanspruch nach § 634 Nr. 1 BGB, das Selbsteintrittsrecht nach Nr. 2, und das Rücktritts- und Minderungsrecht nach Nr. 3 verschuldensunabhängig gegeben sind, setzt der Schadensersatzanspruch nach Nr. 4 über die Verweisung auf § 280 Abs. 1 Satz 2 BGB grundsätzlich Verschulden voraus; im Fall der Garantie schuldet der Garant gemäß § 276 Abs. 1 Satz 2 BGB auch den Schadensersatz idR ohne Rücksicht auf Verschulden. Der Begriff »Garantie« ist also bei der Vertragsformulierung mit Vorsicht zu gebrauchen. Die Erfahrung, dass unter der

---

32 OLG Düsseldorf NJW-Spezial 2015, 205; ohne das Gesetz zu zitieren der Sache nach schon BGH NJW-RR 2008, 258; einschränkend für den Kauf eines nicht neu bebauten Grundstücks aber BGH notar 2016, 266 m. Anm. *Scheibengruber* und BGH NJW 2017, 150 m. Anm. *Herrler*.
33 I.d.F des Gesetzes zur Umsetzung der Verbraucherrechterichtlinie und zur Änderung des Gesetzes zur Regelung der Wohnungsvermittlung v. 20.09.2013, BGBl. I 2013; dazu *Picht*, NJW 2014, 2609.
34 S. Beck-OK BGB/*Faust*, Ed. 44, § 443 Rn. 29.
35 A.A. *Hertel*, ZNotP 2002, 126.

Geltung des alten Rechts vor allem Untergerichte mehr oder minder willkürlich einfache Leistungsbeschreibungen unter den Vorgängerbegriff »zugesicherte Eigenschaft« auch dann subsumiert haben, wenn das Wort »Zusicherung« gar nicht benutzt wurde, empfiehlt sich zur Vorbeugung gegen ähnliche Auslegungsmethoden zum Garantiebegriff die Aufnahme einer Abwehrklausel:

Abwehr einer Garantie

Keine in diesem Vertrag enthaltene Bestimmung über die vom Verkäufer geschuldete tatsächliche oder rechtliche Beschaffenheit der Vertragsgegenstände ist im Sinne einer Garantie zu verstehen. 42 M

Während § 443 BGB beim Kauf zwischen einer Beschaffenheitsgarantie einerseits und einer *Haltbarkeitsgarantie* andererseits unterscheidet, fehlt im Werkvertragsrecht ein gleichartiger Dualismus. Dabei ist der Ausgangspunkt identisch. Die Mängelhaftung beim Kauf setzt nach § 434 Abs. 1 Satz 1 BGB voraus, dass die Sache bei Gefahrübergang der vereinbarten Beschaffenheit ermangelt. Beim Werkvertrag fehlt zwar eine ausdrückliche gesetzliche Regelung über den maßgeblichen Zeitpunkt; aus § 633 Abs. 1 i.V.m. § 644 BGB folgt aber, dass in der Regel der Zeitpunkt der Abnahme maßgeblich ist. Waren die Sache oder das Werk zu diesen Zeitpunkten mangelfrei, so haften Verkäufer oder Unternehmer nicht mehr, wenn ein Mangel später auftritt (es sei denn, der Mangel hätte versteckt bereits bei Gefahrübergang vorgelegen); die beim Bauträgervertrag verbreiteten Klauseln, wonach die Mängelhaftung für Sachen von grundsätzlich begrenzter Lebensdauer und für wartungsbedürftige Einrichtungen beschränkt wird, sind daher völlig überflüssig. Nur eine *Haltbarkeitsgarantie* erweitert nach § 434 BGB die Haftung auch auf spätere Mängel, wobei die Einzelheiten dispositiver Vereinbarung zugänglich sind. Auch beim Werkvertrag kann sich ein Bedürfnis nach einer solchen Haltbarkeitsgarantie ergeben; § 434 BGB ist dann entsprechend anzuwenden. Im Bauträgervertrag ist eine Haltbarkeitsgarantie unüblich. 43

e) Verjährung

Das *Verjährungsregime* für den Bauträgervertrag ist seit 01.01.2018 gesetzlich im Wesentlichen geklärt. Der Anspruch des *Käufers* auf Übereignung des Grundstücks verjährt nach § 196 BGB in 10 Jahren.[36] Der Anspruch auf Lastenfreistellung verjährt aufgrund Kaufrechts nach § 438 Abs. 1 Nr. 1 Buchst. b BGB in dreißig Jahren und Ansprüche wegen Mängeln am Bauwerk gemäß Werkvertragsrechts nach § 634a Abs. 1 Nr. 2 BGB in 5 Jahren. 44

Unklar ist hingegen, wann die *Ansprüche des Verkäufers* auf den Kaufpreis verjähren. Aus der Sicht des nach § 650u Abs. 1 BGB zum einen Teil anwendbaren Kaufrechts ist eindeutig, dass sich die Verjährung nach § 196 BGB richtet, die Frist also 10 Jahre beträgt. Für den werkvertraglichen Vergütungsteil gibt es hingegen keine Sonderbestimmung, sodass nach § 195 BGB die dreijährige Regelverjährung gelten würde, ohne dass klar wäre, wie der Gesamtkaufpreis aufzuteilen ist. Die Unklarheit sollte kautelarjuristisch korrigiert werden, was umso leichter fällt, als § 225 a.F. BGB weggefallen ist und auch § 309 Nr. 8 Buchst. b ff. BGB Verjährungsregelungen in allgemeinen Geschäftsbedingungen relativ großzügig gestatten. 45

---

36 Für entsprechende Anwendung des § 438 Abs. 1 Nr. 1 Buchst. b BGB (also dreißigjährige Verjährung) aber ein großer Teil des Schrifttums; Nachweise in BeckOGK/*Arnold* BGB § 438 Rn. 67.

§ 33 Bauträgervertrag

Verjährung des Kaufpreisanspruchs

46 M Der Anspruch des Verkäufers auf den Kaufpreis verjährt in zehn Jahren ab dem Zeitpunkt des gesetzlichen Verjährungsbeginns.

2. Insbesondere: AGB-Regelungen

47 Die §§ 307 ff. BGB finden auf fast alle Bauträgerverträge Anwendung, sei es weil das Vertragsmuster die Eigenschaft *allgemeiner Geschäftsbedingungen* hat (§ 305 Abs. 1 BGB), sei es weil es sich um einen *Verbrauchervertrag* (§ 310 Abs. 3 BGB) handelt. Nur wenn ein Gelegenheitsbauträger nicht mehr als zwei Einheiten verkauft, sind sie nicht einschlägig; auch dann ist aber damit zu rechnen, dass die von der Rechtsprechung beanspruchte *Inhaltskontrolle* (§ 6 Rdn. 66) zu gleichen Ergebnissen kommt. Bei einem Verkauf an einen Kaufmann zum Betriebe seines Handelsgewerbes oder an eine juristische Person des öffentlichen Rechts oder ein öffentlich-rechtliches Sondervermögen gelten die von der Praxis weitgehend außer Kraft gesetzten Einschränkungen des § 310 Abs. 1 BGB (vgl. zur MaBV auch unten bei Rdn. 78 M). § 305 Abs. 1 Satz 3 BGB und mit Einschränkungen § 310 Abs. 3 Nr. 1 BGB schließen zwar die Anwendung der AGB-Vorschriften auf Individualvereinbarungen aus; die Rechtsprechung hat die Hürden für Individualvereinbarungen aber so hoch eingestellt, dass Individualabreden zu den Standardteilen eines Bauträgervertrags praktisch unmöglich sind.[37] Vor dem Versuch, den AGB-Vorschriften durch »Individualvereinbarung« zu entkommen, kann daher nur gewarnt werden.

a) Herstellung neuer Sache

48 Am wichtigsten sind die Bestimmungen über Mängelansprüche und -rechte bei Herstellung einer neuen Sache (§ 309 Nr. 8 Buchst. b BGB).

aa) Begriff

49 Die Rechtsprechung legt den Begriff »*neu hergestellt*« außerordentlich extensiv aus. So sollen auch länger dauernde Zwischennutzungen[38] oder ein jahrelanges Leerstehen wegen Unverkäuflichkeit[39] die Eigenschaft als neu hergestellt nicht beeinträchtigen mit der Folge, dass die gesetzlichen Rechte nicht ausgeschlossen oder eingeschränkt werden könnten (vgl. zu den Altbauten nachf. Rdn. 115 ff.). Neuerdings hat der BGH aber entschieden, Eigentumswohnungen, die ein Bauträger ungefähr drei Jahre nach Errichtung veräußert und die zuvor vermietet waren, seien nicht mehr neu hergestellt.[40] In gewissem Widerspruch dazu soll aber eine im Bauträgervertrag enthaltene ergänzende Herstellungsverpflichtung dem Vertrag insgesamt das Gepräge eines Werkvertrags geben.[41] Allerdings rechnet die Rechtsprechung dem Verkäufer auch solche Bauwerke als neu hergestellt zu, die gar nicht der Verkäufer selbst, sondern sein Rechtsvorgänger errichtet hat und dies selbst dann, wenn der Verkäufer das Objekt im Wege der Zwangsversteigerung erworben hat.

---

37 Vgl. BGH NJW-RR 1986, 54; BGH NJW-RR 1987, 144; BGH NJW 1987, 2011; BGH NJW 1988, 410; BGH NJW 1992, 1107; BGH NJW 1992, 2759.
38 BGH NJW 1982, 2243; BGH DNotZ 1986, 610; OLG München NJW 1981, 2472.
39 BGH NJW 1985, 1551; BGHZ 209, 128 für zweijährigen Leerstand.
40 BGH DNotZ 2016, 525 Tn. 25.
41 BGHZ 209, 128 wie vor.

bb) Abtretung von Mängelansprüchen

Nach § 309 Nr. 8 Buchst. b BGB dürfen die Mängelrechte nicht ausgeschlossen, nicht auf die Einräumung von Ansprüchen gegen Dritte beschränkt oder von der vorherigen *gerichtlichen Inanspruchnahme Dritter* abhängig gemacht werden. Während es demnach zulässig erscheint, den Erwerber zunächst auf abgetretene Ansprüche gegen die am Bau Beteiligten, insbesondere die Handwerker, zu verweisen, will der BGH[42] § 309 Nr. 8 Buchst. b BGB offenbar nicht als Leitbild anerkennen; er hat entschieden, eine solche Regelung verstoße pauschal gegen § 307 BGB. Da sie aus Verjährungsgründen ohnehin denkbar unzweckmäßig war,[43] ist das kein Verlust.

50

cc) Beschränkung von Mängelansprüchen

Nach § 309 Nr. 8 Buchst. b bb BGB dürfen die Ansprüche nicht auf *Nachbesserung* beschränkt sein; bei deren Fehlschlagen muss dem Erwerber das Recht der Minderung eingeräumt werden. Auch das Recht zum Rücktritt darf nicht ausgeschlossen sein; der Bauträgervertrag hat in diesem Sinn keine Bauleistung zum Gegenstand.[44]

51

dd) Verjährung von Mängelansprüchen

Da sich die Haftung für Sachmängel eines neu errichteten Gebäudes nach der Rechtsprechung des BGH auch dann nicht nach Kauf-, sondern nach Werkvertragsrecht richtet, wenn das Gebäude bereits fertiggestellt ist,[45] gilt grundsätzlich für Mängelansprüche die fünfjährige Verjährungsfrist nach § 634a Abs. 1 Nr. 2 BGB. Sie gilt für Mängel aller Teile des Werks, auch für *technische Anlagen*, die für sich allein keine Bauwerke sind, aber in das Bauwerk integriert und zu seiner Funktionstüchtigkeit erforderlich sind.[46] Es kann deshalb nicht vereinbart werden, dass etwa für einen Ölbrenner oder eine Klimaanlage die kürzeren kaufrechtlichen Verjährungsfristen für bewegliche Sachen gelten. Dem Wunsch nach kürzerer Verjährung für technische Geräte liegt allerdings nicht selten die Fehlvorstellung zugrunde, die Frist sei eine Garantiefrist, während deren Laufs alle auftretenden Mängel behoben werden müssten. Der Notar sollte demgegenüber klarstellen, dass es sich um eine Verjährungsfrist handelt, die nichts daran ändert, dass der Bauträger nur für Mängel einstehen muss, die bei Abnahme bereits bestanden haben (oben Rdn. 43).

52

ee) Verkürzung der Verjährungsfristen

Zur Verjährung oben Rdn. 44, 45. Nach § 309 Nr. 8 Buchst. b ff. BGB darf die gesetzliche Verjährungsfrist für Sachmängel gar nicht und im Übrigen nicht unter 1 Jahr verkürzt werden.

53

ff) Mängel am Gemeinschaftseigentum

Besondere Probleme bereitet beim Wohnungseigentum die Haftung für *Mängel am gemeinschaftlichen Eigentum*. Im Prinzip hat jeder Käufer insoweit die vollen Ansprüche aus seinem Vertrag, unabhängig von Ansprüchen anderer Käufer.[47] Jeder Käufer hat daher auch das

54

---

42 BGHZ 150, 226.
43 Vgl. noch 22. Aufl., Rn. 84.
44 BGHZ 169, 1.
45 BGHZ 63, 96; 65, 359; 68, 372; 74, 205; 74, 258; BGH DNotZ 2007, 822; BGH v. 26.02. 2016 – V ZR 208/14 –, juris. Einschränkend aber BGH NJW 2016, 1575. Die formularmäßige Vereinbarung, dass Kaufrecht maßgebend sein soll, ist unwirksam, BGHZ 74, 258.
46 BGH NJW-RR 1998, 89.
47 Bekräftigt von BGH MittBayNot 2007, 204 m. Anm. *Grziwotz*.

gemeinschaftliche Eigentum selbstständig abzunehmen. Demgegenüber gibt es vielfältige Versuche, eine gemeinschaftliche Abnahme zu installieren,[48] sei es dass die Abnahme endgültig einer dritten Person übertragen wird (das ist unter dem Gesichtspunkt des § 109 Nr. 8 Buchst. b aa BGB wohl immer unwirksam mit der Folge, dass die Verjährungsfrist nie zu laufen beginnt), sei es dass (nicht ausschließende) Vollmachten vorgesehen werden (s. zur Einschaltung Dritter auch unten Rdn. 76). Vollmachten sind jedenfalls dann problematisch, wenn die bevollmächtigte Person dem Verkäufer nahesteht (»bauleitender Architekt«, vom Verkäufer bestellter Verwalter,[49] vom Verkäufer ausgewählter Sachverständiger); auch hier besteht für den Bauträger die Gefahr, dass eine »Abnahme« nicht dazu führt, dass die Verjährungsfrist zu laufen beginnt (vgl. nachf. Rdn. 76). Jedenfalls soll die Gemeinschaft der Wohnungseigentümer nach § 10 Abs. 6 Satz 3 WEG zwar die Verfolgung von Mängeln am Gemeinschaftseigentum an sich ziehen können,[50] aber nicht die Abnahme,[51] Auch die Teilungserklärung kann daher die Abnahme des gemeinschaftlichen Eigentums nicht der Gemeinschaft zuweisen. Abzulehnen jedenfalls die Auffassung,[52] dass die Abnahme jetzt zwingend und ausschließlich Aufgabe der rechtsfähigen Eigentümergemeinschaft sei.

55 Ein Sonderfall ist der des *Nachzüglers*, der längst nach vollständiger Fertigstellung eine Wohnung kauft, die aber i.S.d. § 309 Nr. 8 Buchst. b BGB immer noch als »neu hergestellt« gilt.[53] Ein solcher Spätverkauf würde zu unkontrollierter Verlängerung der Verjährungsfristen für Mängel am Gemeinschaftseigentum führen. Man wird es deshalb für zulässig halten müssen, in einem solchen Fall das von den übrigen Käufern längst in Gebrauch genommene Gemeinschaftseigentum nicht mehr als neu hergestellte Sache zu behandeln. Das führt zwar nicht zu einem Ausschluss der Mängelhaftung, muss aber gegen die Rechtsprechung des BGH[54] zur Zulässigkeit einer Vereinbarung führen, wonach die Verjährung fiktiv bereits mit vollständiger Fertigstellung des gemeinschaftlichen Eigentums begonnen hat. Unklar auch der Fall, dass die Eigentümergemeinschaft die Verfolgung von Mängeln am Gemeinschaftseigentum schon zu einer Zeit an sich gezogen hat, zu der ihr der Nachzügler noch gar nicht angehört hat.

b) Annahmefrist

56 Nach § 308 Nr. 1 BGB darf sich der Bauträger im Fall der Beurkundung durch Angebot und Annahme keine unangemessen lange oder nicht hinreichend bestimmte Fristen für die Annahme oder Ablehnung eines Angebots ausbedingen. Nach der Rechtsprechung des BGH[55] soll die Regelfrist 4 Wochen nicht überschreiten und bei besonderen Umständen höchstens 3 Monate betragen. Das soll auch gelten, wenn das Angebot widerruflich ist.[56] Das in Einzelfällen durchaus sinnvolle Verfahren, dass der Bauträger Angebote einsammelt, sie aber erst annimmt, wenn er von seiner Bank eine Finanzierungszusage erhält, die von der Bank aber ihrerseits vom Vorliegen einer ausreichende Anzahl von Verkäufen abhängig

---

48 Dazu *Scheffelt*, BauR 2014, 163; *Pauly*, ZfBR 2014, 523; *Vogel*, BauR 2014, 764.
49 BGH DNotZ 2017, 171.
50 BGHZ 200, 263 = ZfIR 2014, 437 m. Anm. *Ott*; BayObLG NJW-RR 2000, 13; dagegen *Vogel*, NZM 2010, 377.
51 BGH ZfIR 2016, 570 mAnm. *Gritschneder*.
52 *Rapp*, MittBayNot 2012, 169; ablehnend dazu auch *Basty* Rn. 1009.
53 *Cramer* gibt dafür in MittBayNot 2017, 547 eine Lösung nur für den Fall, dass das Objekt nicht mehr neu hergestellt ist.
54 BGH NJW 2016, 1572. Ausführlich *Cziupka* NotBZ 2016, 361.
55 BGH NJW 2014, 857 m. Anm. *Herrler* = ZfIR 2014, 51 m. Anm. *Reichelt/Kruska* = DNotZ 2014, 41 m. Anm. *Blank* S. 166; dazu *Herrler*, MittBayNot 2014, 109; *Schmidt-Räntsch*, ZfIR 2014, 113; BGH NJW 2016, 2173; OLG Nürnberg MittBayNot 2012, 461 m. Anm. *Kanzleiter*.
56 BGH NJW 2013, 3434 m. Anm *Herrler* 2014, 19 = DNotZ 2013, 923 m. Anm. *Herrler* S. 887 = ZfIR 2013, 766 m. Anm. *Hertel* = MittBayNot 2014, 42 m. Anm. *Suttmann* = RNotZ 2013, 422 m. Anm. *Basty*; dazu *Hager/Müller-Teckhof*, NJW 2014, 1918; *Rupp*, notar 2013, 340.

gemacht wird, erkennt der BGH zwar verbal an;[57] die (kautelarjuristisch auch noch mit Unsicherheiten behaftete) Höchstfrist von 3 Monaten ist aber nicht selten unpraktikabel. Kein (ohnehin unbefriedigender, weil nicht dem wahren Willen der Beteiligten entsprechender) Ausweg kann im sofortigen Abschluss eines Vertrags, aber unter Vereinbarung eines Rücktrittsrechts liegen; denn dieses unterliegt nach Auffassung des BGH nach § 308 Nr. 3 BGB ähnlichen Vorbehalten wie die Angebotsfrist.[58] Die Rechtsprechung ist im Ergebnis mittelstandsfeindlich.

c) Ausführungszeit

57 Nach § 650k Abs. 3 Satz1 BGB muss der Bauträgervertrag verbindliche Angaben zum Zeitpunkt der Fertigstellung des Werks enthalten. Art. 249 § 2 Abs. 2 EGBGB bestimmt, dass die Baubeschreibung verbindliche Angaben zum Zeitpunkt der Fertigstellung enthalten muss. Es dürfte genügen, den Fertigstellungszeitpunkt nur im Vertrag zu erwähnen, wenn dieser dem Erwerber gemeinsam mit der Baubeschreibung zur Verfügung gestellt wird. Bei Anwendbarkeit des AGB-Rechts darf die Frist nicht unangemessen lange sein. Außerdem muss die Frist hinreichend bestimmt sein (§ 308 Nr. 1 BGB). Wenn der Fertigstellungszeitpunkt zum Zeitpunkt des Abschlusses des Bauvertrags nicht angegeben werden kann (z.B. wegen einer vom Verbraucher einzuholenden Genehmigung), muss der Vertrag Angaben zur Dauer der Bauausführung enthalten (§ 650k Abs. 3 Satz1).[59] Wer einen bestimmten Fertigstellungstermin zusagt, hat Vorkehrungen zu treffen, dass der versprochene Termin eingehalten wird, insbesondere durch genügend große Zeitpuffer, die Spielraum zur Behebung unvorhergesehener Hemmnisse zulassen. Eine Haftungserleichterung für eine Verspätung soll nach § 307 Abs. 2 Nr. 1 BGB unwirksam sein.[60] Wann ein »genügend großer Zeitpuffer« in eine »unangemessen lange Frist« umschlägt, ist schwer zu bestimmen. Als zulässig kann eine gespaltene Terminierung gelten, die auch das von der gesetzlichen Regelung unabhängige Bedürfnis des Käufers nach einiger Planungssicherheit befriedigt.

Ausführungszeit

58 M Der Verkäufer plant, das Bauvorhaben bis 15.04.20 ..... – fünfzehnten April zweitausend ..... – bezugsfertig herzustellen. Er steht aber nicht dafür ein, dass er diese Frist wahren kann. Verbindlich hat der Verkäufer den Vertragsgegenstand bis 31.05.20 ..... – einunddreißigsten Mai zweitausend ..... – bezugsfertig und bis 30.09.20 ..... – dreißigsten September zweitausend ..... – vollständig herzustellen.

Die Merkmale »unverzüglich« und »bestimmt« können auch miteinander kombiniert werden, vorausgesetzt, es entsteht kein unzumutbar langer oder gar ewiger Schwebezustand:

Fertigstellung nach Baugenehmigung

59 M Der Verkäufer hat sich nach Kräften zu bemühen, die zur Erfüllung dieses Vertrags erforderliche Baugenehmigung zu erlangen. Sollte ihm dies nicht bis 30.04.20 ..... gelingen, so sind beide Vertragsteile befugt, von diesem Vertrag zurückzutreten; wird das Rücktrittsrecht nicht bis zur Erlangung der Baugenehmigung ausgeübt, so erlischt

---

57 BGH NJW 2014, 857 wie vor.
58 BGH NJW 2016, 2173.
59 vgl. Begr. RegE, BT-Drs. 17/12637 S. 63.
60 OLG München RNotZ 2012, 503.

es. Der Vertragsgegenstand ist innerhalb von 18 Monaten nach Erteilung der Baugenehmigung bezugsfertig und innerhalb weiterer dreier Monate vollständig herzustellen.

d) Änderungen in der Bauausführung

60 § 308 Nr. 4 BGB beschränkt die Möglichkeit, dass der Bauträger sich *Änderungen in der Bauausführung* vorbehält. Nur dem Käufer zumutbare Änderungen dürfen vorbehalten werden. Das gilt auch für Abweichungen in der Wohnfläche. Die Baubeschreibung muss deshalb Angaben über die gewählte Berechnungsmethode und über die Ausübung der Wahlrechte enthalten (oben Rdn. 30). Welchen Spielraum sich der Bauträger für Abweichungen von der so definierten Wohnfläche vorbehalten darf (genannt werden Werte zwischen höchstens 1 % bis zu 5 %),[61] ist umstritten. Die Rechtsprechung[62] beschränkt Änderungsvorbehalte weit über den Wortlaut des § 308 Nr. 4 BGB hinaus, sodass große Zurückhaltung geboten ist (s. zur Notwendigkeit verbindlicher Vorplanung oben Rdn. 18). Die meisten der in der Praxis verwendeten Änderungsvorbehalte sind deutlich zu weit gefasst.

Änderungsvorbehalt

61 M Abweichungen von den Plänen und der Baubeschreibung, die ein verständiger Käufer genehmigen würde, sind zulässig. Dies gilt auch für Abweichungen in den zu verwendenden Baumaterialien.

e) Preiserhöhungen

62 Das *Verbot kurzfristiger Preiserhöhungen* nach § 309 Nr. 1 BGB verbietet in ihrem Anwendungsbereich auch eine Vereinbarung, nach der der Bauträger die Mehrbelastung durch eine Umsatzsteuererhöhung an den Käufer weitergeben kann.[63] Die Anwendung dieser Vorschrift auf den Bauträgervertrag ist mehr als unklar; die Mehrheit der Rechtsliteratur scheint stillschweigend davon auszugehen, dass Lieferung von Waren oder Erbringung einer Leistung innerhalb von 4 Monaten nach Vertragsschluss beim Bauträger auf den Baufortschritt zu beziehen sei; zutreffend ist aber allein das Abstellen auf den Zeitpunkt, an dem das Bauwerk vertragsgemäß zu übergeben ist. Das Abstellen auf die einzelnen Raten ist aber nicht unzulässig.[64] Das Maß der Preiserhöhung unterliegt wohl als Preisbestimmung nicht der richterlichen Inhaltskontrolle. Jedenfalls sollte nur eine sinnvolle Anpassung, die aber pauschaliert sein darf, erfolgen:

Erhöhung der Umsatzsteuer

63 M In Anbetracht dessen, dass in gegenwärtigem Vertrag als Termin für die Übergabe des Vertragsgegenstands an den Käufer ein Zeitpunkt später als vier Monate von heute an bestimmt worden ist, vereinbaren die Vertragsteile: Sollte sich vor Fälligkeit der letzten Kaufpreisrate der Tarif der Umsatzsteuer gegenüber dem jetzigen Tarif erhöhen, so erhöhen sich – mit Ausnahme der ersten Rate – die Kaufpreisraten, die nach dem Zeitpunkt fällig werden, der im Erhöhungsgesetz als Stichtag bestimmt worden ist. Der

---

61 Dazu *Basty*, MittBayNot 1997, 149; *Blank*, ZfIR 1998, 336.
62 BGH DNotZ 2006, 174.
63 S. BGHZ 77, 79 = NJW 1980, 2133; BGH NJW 1981, 979.
64 Es wird deshalb von *Basty*, Rn. 191 empfohlen.

Erhöhungsbetrag ist so zu berechnen, dass die betroffenen Kaufpreisraten durch 119 zu teilen und mit 100 + dem neuen Regelsatz der Umsatzsteuer zu vervielfältigen sind.

■ *Kosten:* Nach dem Maß der Wahrscheinlichkeit Erhöhung des Geschäftswerts um 0,2 bis 0,8 %.

f) Zurückbehaltungsrecht

Das *Leistungsverweigerungsrecht* des Käufers nach § 320 BGB und ein ihm zustehendes Zurückbehaltungsrecht nach § 273 BGB dürfen nicht eingeschränkt werden (§ 309 Nr. 2 BGB). Dies gilt insbesondere für Sachmängel. Es soll daher unzulässig sein, den Käufer zu verpflichten, den Restkaufpreis vor Bezugsfertigkeit zu hinterlegen.[65] Dies spricht der BGH aber nur für eine »unbedingte« Verpflichtung aus. M.E. ist daher folgende Handhabung korrekt: Nach dem Leitbild des Werkvertrags ist das Werk nach vertragsgemäßer Herstellung Zug um Zug gegen Zahlung des Werklohns abzuliefern. Vorherige Übergabe – nämlich schon bei Bezugsfertigkeit – kann der Käufer nach dem gesetzlichen Leitbild nicht verlangen.[66] Räumt nun der Verkäufer dem Käufer in Abweichung vom Leitbild und ohne ihn zu verpflichten das Recht ein, vorherige Übergabe fordern zu dürfen, dann darf dies von Bedingungen, auch der der Hinterlegung, abhängig gemacht werden (vgl. im nachf. Rdn. 112 M Abschn. 4.1). 64

g) Aufrechnung

Ein dem Käufer auferlegtes *Aufrechnungsverbot*, dürfte gegen § 307 BGB jedenfalls dann verstoßen, wenn es sich bei der zur Aufrechnung gestellten Forderung um einen konnexen Anspruch handelt. Unbestrittene oder rechtskräftig festgestellte Forderungen des Käufers auszunehmen (§ 309 Nr. 3 BGB) reicht nicht.[67] 65

Aufrechnung

Aufrechnen können die Vertragsteile nur mit Ansprüchen aus gegenwärtigem Vertrag und darüber hinaus mit unbestrittenen oder rechtskräftig festgestellten Forderungen. 66 M

h) Mahnung, Nachfrist

Von der gesetzlichen Obliegenheit zur *Mahnung und zum Setzen einer Nachfrist* darf der Bauträger nicht freigestellt werden (§ 309 Nr. 4 BGB). Hat der Käufer – wie üblich – nach Baufortschritt zu leisten, so können Verzugsfolgen deshalb nicht an den bloßen Zahlungsrückstand geknüpft werden;[68] § 286 Abs. 2 Nr. 2 BGB kann aber anwendbar gemacht werden; § 286 Abs. 3 BGB findet Anwendung. 67

i) Pauschalierter Schadensersatz

Die Vereinbarung eines *pauschalen Schadensersatzes* zugunsten des Bauträgers (dazu gehören auch angemessene Verzugszinsen) ist an und für sich zulässig; insbesondere kann anstelle 68

---

65 BGH NJW 1985, 852; dazu *Usinger,* NJW 1987, 934.
66 A.A. LG München I IBR 2015, 669 m. Anm. *Voge* (im einstw. Verfügungsverfahren); LG München I MittBayNot 2017, 371 m. Anm. *Blank.*
67 BGH NJW 2011, 1729.
68 BGH NJW 1998, 991.

des variablen gesetzlichen Zinssatzes nach § 288 Abs. 1 BGB ein fester Zinssatz vereinbart werden, der sich aber in der Größenordnung der aktuellen gesetzlichen Verzugszinsen bewegen muss. Ist ein vom Gesetz abweichender Verzugszins vereinbart, so muss dem Käufer der Nachweis vorbehalten bleiben, dass nur ein wesentlich niedrigerer oder gar kein Schaden entstanden ist (§ 309 Nr. 5 Buchst. b BGB). Die Vereinbarung sog. *Fälligkeitszinsen* (die also keinen Verzug voraussetzen) ist gänzlich unzulässig.[69] Unzulässig ist auch die Vereinbarung eines unangemessen hohen Aufwendungsersatzes oder einer unangemessen hohen Vergütung für die Nutzung des bereits bezogenen Vertragsobjektes (§ 309 Nr. 5 Buchst. a BGB) oder die Vereinbarung einer Vertragsstrafe zugunsten des Bauträgers (§ 309 Nr. 6 BGB).

j) Rücktrittsrecht

69 Das Recht des Käufers, sich insbesondere bei Leistungsverzug des Bauträgers vom Vertrag *zu lösen*, darf nicht ausgeschlossen oder eingeschränkt werden (§ 309 Nr. 8 Buchst. a BGB). Dies gilt insbesondere für das Rücktrittsrecht nach § 323 BGB; es sei davor gewarnt, das Thema im Vertrag überhaupt nur anzusprechen, geschweige denn es regeln zu wollen, etwa dadurch, dass die Länge der zu setzenden Nachfrist festgelegt wird. Es empfiehlt sich aber ein Warnhinweis an den Käufer, dass ein Rücktritt vom Vertrag seine Vormerkungssicherung zerstört.

k) Schadensersatz

70 Das Recht des Käufers, in den gesetzlich festgelegten Fällen *Schadensersatz* verlangen zu können, kann gemäß § 309 Nr. 7 BGB nur in engen Grenzen geregelt werden. Die Grenzen gelten sowohl für den Schadensersatz wegen Verletzung einer vertraglichen Pflicht also insbesondere den Schadensersatz statt der Leistung nach §§ 280 Abs. 3, 281 BGB und den Schadensersatz neben der Leistung nach § 280 Abs. 1 BGB, als auch für daneben gegebene deliktische Ansprüche. Bei vorsätzlicher oder grobfahrlässiger Pflichtverletzung scheiden Ausschluss und jegliche Beschränkung nach § 309 Nr. 7 Buchst. b BGB kategorisch aus. Dazu ist zu berücksichtigen, dass nach § 280 Abs. 1 Satz 2 BGB die Beweislast für vertragliche Ansprüche beim Verkäufer liegt und gemäß § 309 Nr. 12 Buchst. a BGB dort auch bleiben muss; nicht der Käufer muss Vorsatz oder grobe Fahrlässigkeit nachweisen, sondern der Verkäufer sich entlasten. Dies alles gilt auch für Erfüllungsgehilfen. Nach Buchst. a ist auch ein Ausschluss oder eine Begrenzung der Haftung für Schäden aus der Verletzung des Lebens, des Körpers oder der Gesundheit vollständig ausgeschlossen.

71 Soweit demnach eine Haftungsbeschränkung überhaupt infrage kommt, ist immer noch § 307 BGB zu beachten. Ein völliger Ausschluss der Haftung scheidet praktisch aus. Auch soweit Schadensersatz nur an die Stelle nicht erbrachter Leistungen tritt, sind Einschränkungen kaum vorstellbar. Es bleibt bestenfalls eine Haftungsbeschränkung für die verbleibenden Fälle.

Schadensersatz

72 M Schadensersatz wegen Verletzung seiner Pflichten hat der Verkäufer nur bis zur Höhe von 10 % des Kaufpreises zu leisten, wenn weder ihm noch seinen Erfüllungsgehilfen mehr als einfache Fahrlässigkeit zur Last fällt.[70] Diese Begrenzung gilt nicht für Scha-

---

69 BGH NJW 1998, 991.
70 Durch diese Formulierung ist die Beweislast dem Verkäufer auferlegt (oben Rdn. 70 und unten Rdn. 73).

densersatz statt der Leistung, nicht für Rückzahlungen bis zur Höhe empfangener Kaufpreise und nicht für Schäden aus der Verletzung des Lebens, des Körpers oder der Gesundheit.

l) Beweislast

Beweislaständerungen zugunsten des Bauträgers sind unzulässig (§ 309 Nr. 12 Buchst. a BGB). Die Zwangsvollstreckungsunterwerfung bewirkt auch im Fall des Nachweisverzichts (soweit zulässig, Rdn. 99 ff.) keine in diesem Sinne unzulässige Beweislastumkehr.[71] Angesichts dessen, dass sich durch die Zwangsvollstreckungsunterwerfung aber die prozessuale Situation des Käufers verschlechtert, sollte erwogen werden – in die Praxis ist dieser Vorschlag noch nicht eingegangen –, die Position des Käufers dadurch zu stärken, dass ihm für den Fall objektiv unberechtigter Zwangsvollstreckung der Schadensersatzanspruch nach § 717 Abs. 2 ZPO, der kraft Gesetzes auf vollstreckbare Urkunden nicht anwendbar ist,[72] vertraglich zuerkannt wird. 73

Schadensersatz bei unberechtigter Zwangsvollstreckung

Sollte das Prozessgericht die Zwangsvollstreckung für unzulässig erklären, weil der vollstreckbar gestellte Anspruch nicht bestehe oder nicht fällig sei, so ist der Verkäufer zum Ersatz des Schadens verpflichtet, der dem Käufer durch eine Zwangsvollstreckung aus der Urkunde oder durch eine zur Abwendung der Vollstreckung gemachte Leistung entstanden ist. 74 M

m) Gewillkürte Form, Erklärungsfiktion

Erklärungen, die der Käufer dem Bauträger gegenüber abzugeben hat, dürfen an keine *strengere Form* als die Schriftform und an keine besonderen Zugangserfordernisse gebunden werden (§ 309 Nr. 13 BGB). An ein bestimmtes Tun oder Unterlassen des Käufers darf nur unter den Voraussetzungen des § 308 Nr. 5 BGB die Fiktion der Abgabe (oder Nichtabgabe) einer Erklärung geknüpft werden. Das gilt insbesondere für die Abnahme (s. zum Nachzüglerproblem oben Rdn. 55). 75

n) Schiedsgutachten

Eine *Schiedsgutachterklausel* verstößt nach einer reichlich skurrilen Entscheidung des BGH[73] gegen § 9 AGBG (jetzt § 307 BGB). Es ist bisher nicht beachtet worden, dass damit auch alle Klauseln, die die *Abnahme des Gemeinschaftseigentums* durch Dritte vorsehen, ins Zwielicht geraten (oben Rdn. 54). Unwirksam sind ohnehin alle solchen Klauseln, wenn der Dritte nicht unabhängig, sondern der Sphäre des Verkäufers zuzurechnen ist; dazu gehört auch der Verwalter nach WEG, wenn er noch vom Verkäufer oder mit einer Mehrheit, die nur durch Stimmen des Verkäufers zustande gekommen ist, bestellt wurde. Problematisch sind weiter Klauseln, nach denen sich ein Käufer eine schon vor Abschluss des Kaufvertrags erfolgte Abnahme zurechnen lassen muss (oben Rdn. 55). 76

---

71 BGHZ 147, 203.
72 BGH NJW 1994, 2755.
73 BGHZ 115, 329; ebenso OLG Köln OLGZ 1993, 123; OLG Düsseldorf BauR 1995, 559.

§ 33 Bauträgervertrag

3. Makler- und Bauträgerverordnung, Abschlagsverordnung, Sicherheitseinbehalt

a) Anwendungsbereich

77 Die MaBV findet *keine Anwendung*, wenn der Bauträger (der dann »Generalunternehmer« heißt) auf dem Grundstück des Auftraggebers baut;[74] s. zu dem dadurch ermöglichten kombinierten Grundstücks- und Bauvertrag § 34 Rdn. 15 ff. Weiter findet die MaBV dann *keine Anwendung*, wenn der Bauträger nicht gewerbsmäßig im Sinne der Gewerbeordnung handelt (Gelegenheitsbauträger) oder wenn der Erwerber eine juristische Person des öffentlichen Rechts oder Kaufmann ist und auf die Anwendung der entsprechenden Schutzvorschriften der Verordnung in *gesonderter Urkunde* (ein unsinniges Erfordernis) verzichtet (§ 7 Abs. 2 MaBV).[75] Der Verzicht ist ein Vertrag; praktisch kann er nur vor der Beurkundung des restlichen Vertrags vereinbart werden, weil der Notar sonst die Beurkundung eines von der MaBV abweichenden Vertrags ablehnen müsste. Der Verzicht soll nicht beurkundungsbedürftig sein,[76] obwohl er doch zwingende Voraussetzung für einen bestimmten Inhalt des Bauträgervertrags ist, der Bauträgervertrag also mit der Wirksamkeit des Verzichts steht und fällt. Die AbschlagsV enthält sonderbarer Weise keine Parallelvorschrift.

Verzicht auf die Anwendung der MaBV

78 M Wir werden sogleich vor dem Notar einen Vertrag schließen, durch den die ABC Bauträger GmbH der Innungskrankenkasse für das KFZ-Handwerk Anstalt des öffentlichen Rechts das Grundstück der Gemarkung Kolonie FlStNr. 276/17 nebst einem von der ABC Bauträger GmbH darauf zu erbauenden Bürogebäude verkauft. Die Innungskrankenkasse für das KFZ-Handwerk Anstalt des öffentlichen Rechts verzichtet hiermit zu diesem Vertrag auf die Anwendung der zu ihrem Schutze bestehenden Vorschriften der Makler- und Bauträgerverordnung. Die ABC Bauträger GmbH nimmt den Verzicht an.

■ *Kosten:* Für den Entwurf 0,5 bis 2,0 nach Nr. 24100 KV GNotKG aus 20 % der voraussichtlichen Herstellungskosten entsprechend § 50 Nr. 3b GNotKG.

b) Rechtscharakter der MaBV

79 In der *Terminologie* der (rechtstechnisch sehr ungeschickt formulierten und schlecht zu lesenden) MaBV heißt der Verkäufer »Gewerbetreibender«, der Käufer »Auftraggeber«. Nachfolgend wird die übliche Terminologie, nicht die der MaBV, verwandt.

80 Die MaBV gibt als Vorschrift des Gewerberechts *keine direkten Anweisungen* zur Vertragsgestaltung; allerdings transformiert § 1 AbschlagsV Regelungen insbesondere des § 3 MaBV in Zivilrecht. Die MaBV selbst verbietet dem Verkäufer, »Vermögenswerte« des Käufers entgegenzunehmen, falls nicht bestimmte Sicherheiten gestellt sind. Da es sich dabei um ein Verbotsgesetz i.S.d. § 134 BGB handelt, darf der Notar keine Verträge beurkunden, die in Widerspruch zur MaBV stehen (§ 12 MaBV); soweit der Vertrag allerdings gegen Fälligkeitsregeln der MaBV verstößt und Fälligkeiten ohne oder vor Eintritt der in der MaBV bestimmten Voraussetzungen vorsehen sollte, ist er nicht nichtig; vielmehr gelten dann die gesetzlichen Vorschriften mit der Folge, dass der Kaufpreis in einem einzigen Betrag erst nach vollständiger Fertigstellung und Abnahme Zug um Zug gegen Besitzübergabe fällig

---

74 BGH NJW 1978, 1054; BVerwG NJW 1987, 511.
75 Unrichtig *Reithmann*, NotBZ 1997, 196.
76 Statt Vieler *Basty*, Rn. 78.

wird.⁷⁷ Schon wenn nur eine der Raten (z.B. die Anfangsrate) verordnungswidrig ist, soll die gesamte Ratenvereinbarung nichtig sein. Dieser »Fallbeileffekt« zwingt zu äußerster Penibilität bei der Formulierung der Fälligkeitsvoraussetzungen; am besten wird strikt der Wortlaut der Verordnung wiederholt. Der Notar tut gut daran, den Bauträger mit größtem Nachdruck auf diese Situation hinzuweisen und von jeglicher Abweichung, die sich zulasten des Käufers auswirken könnte, dringend abzuraten. Auch auf selbstgebastelte Definitionsversuche (»Bezugsfertigkeit ist gegeben, wenn ...«) sollte strikt verzichtet werden, selbst in Ansehung sehr auslegungsbedürftiger Begriffe der MaBV.

Die MaBV sieht alternativ *zwei Sicherungsverfahren* vor. Basisverfahren ist das des § 3 MaBV (nachf. Rdn. 82). Danach dürfen Kaufpreisfälligkeiten erst eintreten, wenn Rechtswirksamkeit und Rechtsbeständigkeit des Kaufvertrages gewährleistet sind, die Baugenehmigung erteilt ist (soweit erforderlich) und der lastenfreie Eigentumsübergang auf den Käufer durch Vormerkung und in Ansehung der vorrangigen Grundpfandrechte (»Globalgrundschulden«) durch Freistellungserklärungen der Gläubiger (nachf Rdn. 84) gesichert ist. Der Kaufpreis ist dann in festgelegten Raten nach Baufortschritt fällig. Von allen diesen Voraussetzungen kann abgesehen werden, wenn der Bauträger Sicherheit durch Bürgschaft nach §§ 7, 2 MaBV leistet (nachf Rdn. 107 ff.). Die Verfahren sind austauschbar (nachf. Rdn. 108 M). 81

c) **Fälligkeitsvoraussetzungen**

Voraussetzung der Kaufpreisfälligkeit im Verfahren nach § 3 MaBV ist zunächst, dass der Kaufvertrag »rechtswirksam« ist, was der Notar bestätigen soll (§ 3 Abs. 1 Satz 1 Nr. 1 MaBV). Eine solche Bestätigung kann aber der Notar gar nicht abgeben, weil er die dazu nötigen tatsächlichen Feststellungen (haben z.B. die Parteien »unterverbrieft«?) nicht zu treffen vermag; hier wird deshalb eine Feststellung »*nach Aktenlage*« vorgeschlagen. Des Weiteren müssen die für den »Vollzug« des Vertrags erforderlichen Genehmigungen (dazu ebenfalls Mitteilung des Notars) vorliegen; gemeint sind sowohl Genehmigungen des Privatrechts, wenn sie z.B. zwar formlos wirksam, aber nur in bestimmter Form (notarielle Beglaubigung) zum Grundbuchvollzug geeignet sind, wie auch öffentlich-rechtliche Genehmigungen, ohne die der Verkäufer den Vertrag nicht erfüllen kann (z.B. eine Aufteilungsgenehmigung nach § 22 BauGB). Die Vorkaufsrechtsbescheinigung nach § 24 BauGB ist zwar keine »Genehmigung« in diesem Sinne; ist sie aber zur Eintragung des Eigentumsübergangs erforderlich; so ist es – ohne Rücksicht auf die MaBV – ein selbstverständliches Gebot notarieller Vertragsgestaltung, auch deren Vorliegen zur Fälligkeitsvoraussetzung zu erheben.⁷⁸ Schließlich dürfen dem Verkäufer keine vertraglichen Rücktrittsrechte eingeräumt sein. Das bedeutet nicht, dass die Einräumung eines vertraglichen Rücktrittsrechts verboten wäre; aber es muss erloschen sein, bevor Fälligkeiten eintreten können.⁷⁹ 82

Nach § 3 Abs. 1 Satz 1 Nr. 2 MaBV muss für den Käufer eine *Vormerkung* eingetragen sein, was zwingend voraussetzt, dass der Verkäufer selbst als Eigentümer eingetragen ist.⁸⁰ Die bloße Bestätigung des Notars, dass er den Eintragungsantrag gestellt und keine Eintragungshindernisse festgestellt habe, genügt in keinem Fall. Bei Wohnungseigentum muss die Eintragung im Wohnungsgrundbuch auf dem neu gebildeten Grundbuchblatt erfolgt sein; Eintragung am ungeteilten Grundstück genügt ebenso wenig wie eine Notarbescheinigung über die Vorlage der Teilungserklärung an das Grundbuchamt. Eine sog. »abgetretene« Vormerkung genügt nicht (str.).⁸¹ 83

---

77 BGH NotBZ 2001, 102; BGHZ 171, 364 = DNotZ 2007, 925 m. Anm. *Herrler*, S. 895.
78 A.A. *Basty*, Rn. 238.
79 BGH NJW 1985, 438.
80 BayObLG NJW 1983, 1567.
81 Dazu Gutachten DNotI Nr. 11074.

84 Die Freistellungserklärung nach § 3 Abs. 1 Satz 1 Nr. 3, Abs. 1 Satz 2, 3 MaBV muss vorliegen. Nach geläuterter Auffassung[82] kommt folgender Text in Betracht:

Freigabeversprechen des Realkreditgebers für das gesamte Bauvorhaben

85 M An Herrn Notar/Frau Notarin ..... zur Weiterleitung an die Käufer von Eigentumswohnungen aus dem Bauvorhaben des Bauträgers ..... auf dem Grundstück ....., eingetragen im Grundbuch von .....
1. Auf dem genannten Grundstück ist für uns eine Buchgrundschuld zu 5 Mio. € nebst Zinsen und anderer Nebenleistungen eingetragen.
2. Wir verpflichten uns hiermit gegenüber jedem Käufer einzeln, den jeweils vom Käufer erworbenen Kaufgegenstand aus der Mithaft für unsere Grundschuld zu entlassen, wenn das gesamte Bauvorhaben vollendet ist und der Käufer seine Verpflichtung, die aus dem Kaufvertrag geschuldete Vertragssumme zu zahlen, erfüllt hat.
3. Sofern das Bauvorhaben nicht vertragsgemäß vollendet werden sollte, verpflichten wir uns, nach unserer Wahl
   a) den Kaufgegenstand freizugeben, sobald der Käufer den dem erreichten Bautenstand entsprechenden Teil der geschuldeten Vertragssumme gezahlt hat, oder
   b) anstelle der Freistellung alle vom Käufer vertragsgemäß bereits geleisteten Zahlungen bis zum anteiligen Wert des Kaufgegenstands an ihn zurückzuzahlen.
4. Dieses Freigabeversprechen wird nur wirksam, wenn der Bauträger dem Käufer anzeigt, dass er den Kaufpreisanspruch an uns abgetreten hat. Wir erbitten Zahlung an uns auf folgendes Konto: .....

86 Die Erklärung bedarf nicht der *Beurkundung* oder der Beglaubigung.
87 Es ist nicht korrekt, wenn die Freistellungserklärung eine sog. *Zahlstellenklausel* enthält, die Freistellung also davon abhängig machen will, dass der Kaufpreis gerade an die Bank gezahlt wurde, die die Erklärung abgibt. Der Käufer muss freigestellt werden, wenn er an den Gläubiger des Kaufpreisanspruchs gezahlt hat; es ist Sache der Bank, im eigenen Interesse dafür zu sorgen, dass sie (durch Abtretung) Gläubigerin des Anspruchs wird. Daher die Vorkehrungen unter Nr. 4 des Musters. Die Rückzahlung des Kaufpreises nach Nr. 3b des Musters davon abhängig zu machen, dass der Käufer seine *Vormerkung löschen lässt*, ist nicht verordnungskonform; die Bank kann nicht verlangen, dass sich der Käufer seiner fortbestehenden Rechte gegenüber dem Bauträger begibt.[83] Keinesfalls darf die Verpflichtung davon abhängig gemacht werden, dass die Baumaßnahme nur aus Gründen, die der Käufer nicht zu vertreten hat, nicht fertiggestellt wird.[84]
88 Ist die Freistellungserklärung in den genannten Punkten unkorrekt, so führt das nicht zu ihrer Unwirksamkeit.[85] Vielmehr gilt sie mit dem Inhalt, der korrekt wäre. Dennoch soll der Notar die Beurkundung ablehnen, wenn nur eine unkorrekte Freistellungserklärung vorgelegt wird; es ist nobile officium, die Bank von den Bedenken zu unterrichten und auf eine korrekte Erklärung hinzuwirken.
89 Liegt die Freistellungserklärung bei Abschluss des notariellen Vertrags bereits vor (das sollte bei ordentlicher Vorbereitung die Regel sein), so »muss auf sie in dem Vertrag *Bezug genommen* sein« (§ 3 Abs. 1 Satz 5 MaBV). Es handelt sich dabei aber weder um eine Muss-

---

82 Vgl. Muster der Bundesnotarkammer DNotZ 2002, 402 mit Erläuterungen.
83 OLG München – DNotZ 2011, 929 mit weiterführender Anm. *Basty*. Offengelassen von BGH DNotZ 2014, 275 m. Anm. *Volmer* = EWiR 2014, 179 (abl. *Grziwotz*), dazu *Klein*, NZBau 2014, 612.
84 BGH DNotZ 2014, 275 wie vor.
85 BGH DNotZ 2014, 275 wie vor; *Klein*, NZBau 2014, 612.

Vorschrift in dem Sinne, dass die Bezugnahme Wirksamkeitsvoraussetzung des Vertrags wäre, noch um eine förmliche Verweisung i.S.d. § 9 Abs. 2 BeurkG. Gemeint ist nur, dass die Tatsache im Vertrag erwähnt werden soll und dass dann der in Halbs. 2 vorgeschriebene ausdrückliche Hinweis auf die Verpflichtung des Verkäufers zur Aushändigung der Erklärung und deren notwendigen Inhalt entbehrlich ist.

Schließlich muss nach § 3 Abs. 1 Satz 1 Nr. 4 MaBV die *Baugenehmigung* erteilt sein. Unanfechtbarkeit ist nicht erforderlich; falls Widerspruch eingelegt worden ist, muss die Baugenehmigung wohl als nicht erteilt gelten.[86] Angesichts dessen, dass die Landesbauordnungen immer mehr davon Abstand nehmen, den Bau von einer Baugenehmigung abhängig zu machen, ist die Vorschrift um Regelungen für den Fall der Genehmigungsfreiheit erweitert worden. Es muss dann eine behördliche Bestätigung vorgelegt werden. Ist eine solche nicht vorgesehen, dann bestätigt der Verkäufer selbst, dass die Baugenehmigung als erteilt gilt oder jedenfalls nach den baurechtlichen Vorschriften mit dem Bauvorhaben begonnen werden darf; bis zum Eintritt der Fälligkeit muss dann aber eine Frist von 1 Monat abgelaufen sein. **90**

d) Ratenplan

Liegen die Voraussetzungen nach Rdn. 82 ff. vor, so sind nach § 3 Abs. 2 MaBV bis zu sieben nach Baufortschritt anfallende Raten zu bilden. Sofern nicht eine prinzipiell andere Abmachung getroffen wird (oben Rdn. 12), bleiben in der weit überwiegenden Praxis die Raten von 30 % bei *Beginn der Erdarbeiten*,[87] von 28 % nach *Rohbaufertigstellung einschließlich Zimmerarbeiten* und von 3,5 % nach *vollständiger Fertigstellung* unverändert. Aus den restlichen Positionen des § 3 Abs. 2 MaBV **91**

– 5,6 % für die Herstellung der Dachrinnen und Dachflächen,
– 2,1 % für die Rohinstallation der Heizungsanlagen,
– 2,1 % für die Rohinstallation der Sanitäranlagen,
– 2,1 % für die Rohinstallation der Elektroanlagen,
– 7 % für den Fenstereinbau einschließlich der Verglasung,
– 4,2 % für den Innenputz, ausgenommen Beiputzarbeiten,
– 2,1 % für den Estrich,
– 2,8 % für die Fliesenarbeiten im Sanitärbereich,
– 8,4 % nach Bezugsfertigkeit und Zug um Zug gegen Besitzübergabe und
– 2,1 % für die Fassadenarbeiten,

sind dann also noch vier Raten zu kombinieren, wobei auch die Position »Bezugsfertigkeit« in der Praxis ein Fixpunkt ist (die Rate wird höchstens mit anderen Positionen noch aufgedoppelt).

Welche Raten aus welchen Positionen zusammenzustellen sind, ist grundsätzlich im Voraus *vertraglich zu fixieren*.[88] Die Gegenansicht, die Kombination könne den Abrufen des Bauträgers vorbehalten bleiben,[89] steht im Verdacht, gegen § 307 Abs. 1 Satz 2 BGB zu verstoßen.[90] Auch wenn diese Bedenken nicht greifen sollten, ist eine solche Regelung nicht zu empfehlen. Der Bauträger, der sich ordentlich vorbereitet (oben Rdn. 17), kennt den Bauablauf im Voraus und kann entsprechend disponieren; der Vorschlag, die Zusammenset- **92**

---

86 S. dazu Gutachten des DNotI Nr. 11066.
87 Erschließungskosten sind Kosten und keine vom Verkäufer geschuldete Leistung, fallen daher nicht unter den Ratenkatalog (a.A. *Griwotz*, ZfIR 1998, 595).
88 *Locher*, NJW 1997, 1427; *Uerlings*, DNotI-Report 1997, 148; *Hermanns*, ZfIR 1997, 578.
89 *Basty*, DNotZ 1997, 284, 294; DNotI-Report 1997, 150; *Kersten*, BWNotZ 1997, 83; *Schmenger*, BWNotZ 1998, 79.
90 *Hermanns*, ZfIR 1997, 578.

zung späterer Festlegung durch den Bauträger vorzubehalten,[91] honoriert nur nachlässige Vorplanung.

93 Ein etwas abweichender Ratenplan ergibt sich aus § 3 Abs. 2 Nr. 1 MaBV, wenn dem Käufer nicht Volleigentum übertragen, sondern ein Erbbaurecht bestellt oder übertragen werden soll.

Fälligkeit des Kaufpreises in einem Vertrag über den Erwerb eines neu zu errichtenden Eigenheimes

94 M **I. Der Kaufpreis wird nicht fällig, bevor folgende Voraussetzungen eingetreten sind:
1. zur Sicherung des Anspruchs des Käufers auf Eigentumsübertragung muss eine Vormerkung im Grundbuch eingetragen sein, der nur die schon erwähnte Grundschuld über 5.000.000,00 € der Sparkasse Ahstadt sowie solche etwaige weitere Vormerkungen im Range vorgehen oder gleichstehen, die sich auf andere Teilflächen beziehen; hierzu bescheinigt der Notar, dass der vorliegende Vertrag nach Aktenlage sofort rechtswirksam ist und zu seinem Vollzug keine Genehmigungen erforderlich sind;
2. die Freistellung des Vertragsgrundstücks von der vorstehend erwähnten Grundschuld muss dadurch gesichert sein, dass dem Käufer eine der Makler- und Bauträgerverordnung entsprechende Freistellungserklärung der Sparkasse Ahstadt wegen deren oben erwähnten Grundschuld ausgehändigt worden ist. Darin muss sich die Sparkasse verpflichtet haben, die Grundschuld unverzüglich nach Zahlung der geschuldeten Vertragssumme im Grundbuch zu löschen. Für den Fall, dass das Bauvorhaben nicht vollendet werden sollte, muss sie dieselbe Verpflichtung für den Fall der Zahlung des dem erreichten Bautenstands entsprechenden Teils der geschuldeten Vertragssumme übernommen haben; sie darf sich aber für diesen Fall vorbehalten haben, an Stelle der Freistellung alle vom Käufer vertragsgemäß bereits geleisteten Zahlungen bis zum anteiligen Wert des Vertragsobjekts zurückzuzahlen;
3. in Anbetracht dessen, dass der Verkäufer hiermit dem Käufer bestätigt, dass nach den baurechtlichen Vorschriften mit dem Bauvorhaben begonnen werden darf, muss ab heute ein Monat vergangen sein;
4. die Gemeinde Bedorf muss bescheinigt haben, dass ihr gesetzliche Vorkaufsrechte nach dem BauGB entweder nicht zustehen oder sie solche Vorkaufsrechte aus Anlass dieses Vertrages nicht ausübt.

II. Liegen die unter I. vereinbarten Voraussetzungen vor, so ist der Kaufpreis in Raten zu folgenden Zeitpunkten fällig:**

- **30 % nach Beginn der Erdarbeiten;**
- **28 % nach Rohbaufertigstellung einschließlich Zimmererarbeiten;**
- **7,7 % nach Herstellung der Dachflächen und Dachrinnen und der Fassadenarbeiten;**
- **13,3 % nach Rohinstallation der Heizungs-, Sanitär- und Elektroanlagen und des Fenstereinbaus einschließlich der Verglasung;**
- **9,1 % nach Fertigstellung des Innenputzes, ausgenommen Beiputzarbeiten, des Estrichs und der Fliesenarbeiten im Sanitärbereich;**
- **8,4 % nach Bezugsfertigkeit Zug um Zug gegen Besitzübergabe;**

---

[91] *Kersten*, BWNotZ 1997, 83 hält sie zwar für zulässig, empfiehlt sie aber nicht; ebenso wohl *Reithmann*, NotBZ 1997, 196.

– 3,5 % nach vollständiger Fertigstellung.
Der Verkäufer zeigt dem Käufer hiermit an, dass er den Kaufpreisanspruch an die Sparkasse Ahstadt abgetreten hat, so dass der Käufer nur dorthin mit befreiender Wirkung zahlen kann.[92] Der Käufer verpflichtet sich dem Verkäufer gegenüber, die vereinbarten Zahlungen an die Abtretungsempfängerin zu leisten, so dass der Verkäufer ungeachtet der Abtretung einen eigenen Anspruch darauf hat, dass der Käufer den Kaufpreis an die Abtretungsempfängerin zahlt.[93]

Fälligkeit des Kaufpreises in einem Vertrag über den Erwerb einer noch zu errichtenden Eigentumswohnung

I. Der Notar bescheinigt hiermit, dass der vorliegende Vertrag nach Aktenlage sofort rechtswirksam ist und zu seinem Vollzug keine Genehmigungen erforderlich sind. Die Baugenehmigung ist bereits erteilt worden. Der Kaufpreis wird nicht fällig, bevor nicht die folgenden weiteren Voraussetzungen eingetreten sind:
1. Die Aufteilung in Wohnungseigentum muss so, wie in gegenwärtiger Urkunde vereinbart, in das Grundbuch eingetragen worden sein;
2. zur Sicherung des Anspruchs des Käufers auf Eigentumsübertragung muss eine Vormerkung im Wohnungsgrundbuch eingetragen sein, der nur die schon erwähnte Grundschuld über 5.000.000,00 € der Sparkasse Ahstadt im Range vorgeht;
3. die Freistellung des verkauften Wohnungseigentums von der vorstehend erwähnten Grundschuld muss dadurch gesichert sein, dass dem Käufer eine der Makler- und Bauträgerverordnung entsprechende Freistellungserklärung der Sparkasse Ahstadt wegen deren oben erwähnten Grundschuld ausgehändigt worden ist. Darin muss sich die Sparkasse verpflichtet haben, die Grundschuld unverzüglich nach Zahlung der geschuldeten Vertragssumme im Grundbuch zu löschen. Für den Fall, dass das Bauvorhaben nicht vollendet werden sollte, muss sie dieselbe Verpflichtung für den Fall der Zahlung des dem erreichten Bautenstands entsprechenden Teils der geschuldeten Vertragssumme übernommen haben; sie darf sich aber für diesen Fall vorbehalten haben, an Stelle der Freistellung alle vom Käufer vertragsgemäß bereits geleisteten Zahlungen bis zum anteiligen Wert des Vertragsobjekts zurückzuzahlen.

95 M

II. Liegen die unter I. vereinbarten Voraussetzungen vor, so ist der Kaufpreis in Raten zu folgenden Zeitpunkten fällig:

– 30 % nach Beginn der Erdarbeiten;
– 28 % nach Rohbaufertigstellung einschließlich Zimmererarbeiten;
– 7,7 % nach Herstellung der Dachflächen und Dachrinnen und der Fassadenarbeiten;
– 13,3 % nach Rohinstallation der Heizungs-, Sanitär- und Elektroanlagen und des Fenstereinbaus einschließlich der Verglasung;
– 9,1 % nach Fertigstellung des Innenputzes, ausgenommen Beiputzarbeiten, des Estrichs und der Fliesenarbeiten im Sanitärbereich;
– 8,4 % nach Bezugsfertigkeit Zug um Zug gegen Besitzübergabe;
– 3,5 % nach vollständiger Fertigstellung.

---

92 Vgl. zur Bedeutung dieser Anzeige oben Rdn. 87.
93 Dies gibt dem Verkäufer trotz Abtretung des Kaufpreisanspruchs an die Bank die Befugnis, im eigenen Namen vom Käufer zu verlangen, an die Bank zu zahlen. Dieser Anspruch kann und sollte regelmäßig auch Gegenstand der Zwangsvollstreckungsunterwerfung sein (vgl. BGHZ 120, 387).

Das Bauvorhaben wird in Bauabschnitten durchgeführt, die in der Baubeschreibung genau bezeichnet sind; da der Käufer nach Maßgabe gegenwärtigen Vertrags nur Anspruch darauf hat, dass der Bauabschnitt hergestellt wird, in dem die verkaufte Wohnung liegt, ist auch nur der Fertigstellungsstand dieses Bauabschnitts maßgeblich.[94] Für die Innenausbauraten ist der Ausbauzustand anderer Wohnungen als der hier verkauften ohne Bedeutung.
Der Verkäufer zeigt dem Käufer hiermit an, dass er den Kaufpreisanspruch an die Sparkasse Ahstadt abgetreten hat, so dass der Käufer nur dorthin mit befreiender Wirkung zahlen kann.[95] Der Käufer verpflichtet sich dem Verkäufer gegenüber zusätzlich zur Kaufpreisschuld, die vereinbarten Zahlungen an die Abtretungsempfängerin zu leisten, so dass der Verkäufer ungeachtet der Abtretung einen eigenen Anspruch darauf hat, dass der Käufer den Kaufpreis an die Abtretungsempfängerin zahlt.[96]

e) Sicherheitseinbehalt

96 Es ist das *Sicherungssystem* einzurichten, das §§ 632a Abs. 3 BGB, 650m BGB fordert. Entschließt sich der Bauträger nicht von vornherein, die Sicherheit in der Weise zu leisten, dass er spätestens bei Fälligkeit der ersten Rate gemäß § 632a Abs. 4 BGB dem Käufer eine Garantie oder ein sonstiges Zahlungsversprechen eines Kreditinstituts oder Kreditversicherers übergibt, muss er den Käufer nach § 632a Abs. 3 auffordern und ihm das Recht einräumen, die erste Rate um 5 % des Gesamtkaufpreises zu kürzen.[97] Das Recht, den Einbehalt später durch Zahlungsversprechen zu ersetzen, kann sich der Bauträger vorbehalten.

Sicherheitseinbehalt

97 M Der Käufer ist aufgefordert und berechtigt, von der ersten Kaufpreisrate 5 % des Gesamtkaufpreises, also ..... €, zurückzubehalten. Soweit er nicht berechtigt ist, sich aus dem zurückbehaltenen Betrag wegen verspäteter Herstellung oder wegen Sachmängeln zu befriedigen, ist der Betrag an den Kaufpreisgläubiger auszuzahlen, sobald das verkaufte Bauwerk ohne wesentliche Mängel vollständig fertiggestellt ist. Der Verkäufer ist jederzeit befugt, sofortige Auszahlung des zurückbehaltenen Betrags zu verlangen, wenn er dem Käufer eine entsprechende Garantie oder ein sonstiges Zahlungsversprechen eines im Inland zum Geschäftsbetrieb befugten Kreditinstituts oder Kreditversicherers aushändigt.

f) Altbauten

98 S. zur Anwendung auf *Altbauten* nachf. Rdn. 115 ff.

---

94 Die Zulässigkeit solcher Abschnittsbildung ist str.; dazu Abrufgutachten des DNotI Nr. 146403 Vgl. zur Entstehung des Wohnungseigentums in Abschnitten OLG Hamm Rpfleger 1987, 304.
95 Vgl. zur Bedeutung dieser Anzeige oben Rdn. 87.
96 Dies gibt dem Verkäufer trotz Abtretung des Kaufpreisanspruchs an die Bank die Befugnis, im eigenen Namen vom Käufer zu verlangen, an die Bank zu zahlen. Dieser Anspruch kann und sollte regelmäßig auch Gegenstand der Zwangsvollstreckungsunterwerfung sein (vgl. BGHZ 120, 387 = NJW 1993, 1396).
97 Nach h.M. – sicherster Weg – bezieht sich der Einbehalt auf den Gesamtkaufpreis (*Everts*, MittBayNot 2009, 190 m.w.N.; *Basty*, Rn. 455). Die Richtigkeit der Auffassung von *Jeep*, notar 2008, 384, *Leitzen*, ZNotP 2009, 3 und *Elsäßer*, BWNotZ 2009, 115, der Einbehalt könne in Ansehung jeder einzelnen Rate und nur für sie vorgenommen werden, ist zumindest derzeit nicht ausreichend gesichert.

g) Zwangsvollstreckungsunterwerfung

S. zunächst § 19.

99

aa) Fälligkeit nach § 3 MaBV

Nach der Rechtsprechung des BGH[98] verstößt bei einer Fälligkeitsregelung nach § 3 MaBV die Zwangsvollstreckungsunterwerfung wegen der Kaufpreisschuld gegen das Verbot der Entgegennahme von Vermögenswerten des Käufers, wenn der Käufer auf den Nachweis des Baufortschritts als Vollstreckungsvoraussetzung verzichtet. Ohne einen solchen Verzicht war die Zwangsvollstreckungsunterwerfung nicht praktikabel, weil sich der Baufortschritt nicht in den Formen des § 726 ZPO nachweisen lässt. Der einzige Ausweg, an die Stelle des direkten Nachweises das Gutachten eines *neutralen Gutachters* zu setzen, versprach angesichts der Rechtsprechung des BGH, dass Schiedsgutachterklauseln in Bauverträgen gegen § 9 AGBG (heute § 307 BGB) verstießen,[99] keinen Erfolg. Nachdem der Gesetzgeber aber zwischenzeitlich in Form des § 641a BGB ein neues Leitbild des Bauwerkvertrags geschaffen hatte, das eben eine Gutachterlösung einschloss, konnte der Nachweis durch neutrales Gutachten nicht weiter missbilligt werden.[100] Dass § 641a BGB mit Wirkung ab 01.01.2009 wieder aufgehoben worden ist, kann schwerlich dazu führen, eine Gutachterlösung jetzt wieder mit dem Verdikt einer treuwidrigen Benachteiligung zu versehen, die wesentlichen Grundgedanken der gesetzlichen Regelung widerspricht. Denn § 641a BGB ist nicht zwecks Schaffung eines neuen Leitbilds aufgehoben worden, sondern nur, weil er sich nicht bewährt habe.

100

Zwangsvollstreckungsunterwerfung mit Fertigstellungsbescheinigung

Wegen seiner Verpflichtung, jede der vereinbarten Kaufpreisraten nach Erreichen des entsprechenden Baufortschritts zu zahlen, unterwirft sich der Käufer der sofortigen Zwangsvollstreckung aus dieser Urkunde mit der Maßgabe, dass als Nachweis des Baufortschritts die Bescheinigung eines Sachverständigen genügt, der auf Antrag des Verkäufers von der zuständigen Industrie- und Handelskammer dafür benannt wurde. Ein Verzicht auf den Nachweis der übrigen Fälligkeitsvoraussetzungen soll damit nicht verbunden sein. Auch bleibt das Recht des Käufers, zu rügen, dass die Bescheinigung fehlerhaft oder falsch sei, unberührt.

101 M

bb) Unterwerfung bei Bürgschaftssicherung

Unproblematisch ist jedenfalls die Zwangsvollstreckungsunterwerfung im Fall der Bürgschaftssicherung nach § 7 MaBV. Der Nachweis der Bürgschaft kann unschwer mittels öffentlicher Beglaubigung der Bürgschaftsurkunde (die auch nachträglich, erst im Fall konkret werdender Vollstreckungsabsicht erfolgen kann) geführt werden; der Nachweis des Zugangs ist wegen Offenkundigkeit entbehrlich, wenn dem Notar Empfangsvollmacht erteilt wird. Dazu nachf. Rdn. 107 ff.

102

---

98 BGHZ 139, 387 = DNotZ 1999, 53 m. abl. Anm. *Wolfsteiner*, S. 99. S. weiter *Basty*, LM § 134 BGB Nr. 162; *Goette*, DStR 1999, 250; *Hertel*, ZNotP 1999, 3; *Reithmann*, NotBZ 1998, 234; *Schmidt*, MittBayNot 1998, 458.
99 BGHZ 115, 329 = NJW 1992, 433.
100 So LG Schwerin NJW-RR 2005, 747. Dafür: de lege ferenda auch Diskussionsentwurf der BNotK, BauR 2005, 1708; dagegen: *Basty*, DNotZ 2000, 260; *Grziwotz*, ZfIR 2006, 353.

cc) Schon erreichter Baufortschritt

103 Ebenfalls unbedenklich ist die Zwangsvollstreckungsunterwerfung soweit der entsprechende Baufortschritt im Zeitpunkt der Beurkundung des Vertrags bereits herbeigeführt ist; eines Nachweisverzichts oder einer Gutachtenklausel bedarf es dann nicht, weil die verbleibenden allgemeinen Fälligkeitsvoraussetzungen (oben Rdn. 82 ff.) ohne Weiteres in den Formen des § 726 ZPO nachgewiesen werden können. Auf eine Unterwerfung auch des Bauträgers (nachfolgend) kann bei dieser Gestaltung verzichtet werden, weil sich die Unterwerfung des Käufers hier nur auf Entgelte für bereits erbrachte Bauleistungen bezieht.

dd) Unterwerfung auch des Bauträgers

104 Wird von einer der auch nach BGHZ 139, 387 gegebenen Möglichkeiten der Zwangsvollstreckungsunterwerfung des Käufers Gebrauch gemacht, erfordert es die durch § 307 BGB sanktionierte Ausgewogenheit des Vertrags, dass sich grundsätzlich *auch der Bauträger* wegen seiner Herstellungspflicht der sofortigen Zwangsvollstreckung unterwirft (vgl. § 19 Rdn. 51 f.). Allein das entspricht auch den Intentionen des Gesetzgebers. Der Notar hat daher in aller Regel die Beurkundung eines Vertragsmusters, das nur die einseitige Unterwerfung des Käufers vorsieht, abzulehnen.

105 Im Bauträgervertrag entspricht es in aller Regel nicht der objektiven Interessenlage, die Verjährungsfrist für Baumängel gemäß § 197 Abs. 1 Nr. 4 BGB auf 30 Jahre verlängern zu lassen; ein entsprechender Vorbehalt ist daher angebracht. Problematisch ist, dass der Bauträger im Zwangsvollstreckungsverfahren nach § 887 ZPO mit dem Erfüllungseinwand gehört wird,[101] sodass im Vollstreckungsverfahren u.U. ein voller Prozess über Baumängel geführt werden muss, was das Instrument weitgehend entwertet. Nach dem Grundgedanken des ehemaligen § 641a BGB muss auch hier die Lösung über eine Bescheinigung möglich sein.

Zwangsvollstreckungsunterwerfung des Bauträgers

106 M Wegen seiner Verpflichtung zur Herstellung des Bauwerks und zur Verschaffung des Besitzes am Vertragsgegenstand unterwirft sich der Verkäufer der sofortigen Zwangsvollstreckung aus dieser Urkunde mit der Maßgabe, dass als Nachweis fehlenden oder mangelhaften Baufortschritts die Bescheinigung eines Sachverständigen genügt, der auf Antrag des Käufers von der zuständigen Industrie- und Handelskammer dafür benannt wurde. Ein Verzicht auf den Nachweis der übrigen Fälligkeitsvoraussetzungen soll damit nicht verbunden sein. Auch bleibt das Recht des Verkäufers, zu rügen, dass die Bescheinigung fehlerhaft oder falsch sei, unberührt. Die Zwangsvollstreckung ist nur in dem durch die Bescheinigung bestimmten Umfang zulässig. Die Verjährungsfrist für Ansprüche wegen Sachmängeln soll sich nicht verlängern.

h) Bürgschaftssicherung

107 Die alternativ zulässige *Bürgschaftssicherung* (die Sicherung durch Versicherung hat sich nie durchgesetzt) hat praktische Bedeutung vor allem in den Fällen, in denen die vorstehend unter Rdn. 82 ff. dargestellten Fälligkeitsvoraussetzungen bei Baubeginn noch nicht herstellbar sind (z.B. weil eine Vermessung noch aussteht oder die Abgeschlossenheitsbescheini-

---

101 BGHZ 161, 67.

gung fehlt). S. zum Inhalt der Bürgschaft[102] § 51 Rdn. 1 ff. Die Bürgschaft sichert der Rechtsprechung zufolge[103] das Vorauszahlungsrisiko eines Erwerbers auch insoweit, als es um Mängel am Sonder- oder am Gemeinschaftseigentum geht. Da die Bürgschaft den Rückzahlungsanspruch des Käufers zu sichern hat (warum etwa eine Fertigstellungsbürgschaft nicht als ausreichende Sicherung gilt, ist unverständlich), kann der Käufer diese Sicherheit erst in Anspruch nehmen, wenn er die Schritte unternommen hat, die notwendig sind, um einen Rückzahlungsanspruch zu begründen, d.h. er muss i.d.R. nach §§ 437 Nr. 2 bzw. § 634 Nr. 3 BGB zurücktreten, was ebenso wie das Verlangen nach Schadensersatz statt der Leistung nach §§ 437 Nr. 3 bzw. 634 Nr. 4 BGB gemäß § 281 Abs. 4 BGB zum Verlust des Leistungsanspruchs und damit auch zum Verlust des Vormerkungsschutzes führt.[104] Nur im Fall der Minderung (sei es auch auf null) bleibt dieser unberührt. Deshalb muss die Bürgschaft immer den Anspruch auf Rückzahlung sämtlicher geleisteter Kaufpreisbeträge sichern, auch wenn nur noch geringfügige Restfertigstellungsarbeiten ausstehen. Eine Bürgschaft nur im Wert der ausstehenden Arbeiten, etwa für die letzte Kaufpreisrate nach Bezugsfertigkeit und Besitzübergabe, lässt die MaBV nicht zu. Aus diesem Grund können die beiden Sicherungssysteme nicht effektiv miteinander kombiniert, sondern nur zeitlich aufeinanderfolgend angewandt werden (Kombination der Systeme unzulässig, Austausch des einen gegen das andere zulässig).[105]

Bürgschaftssicherung mit späterem Übergang zu § 3 MaBV

An Muster Rdn. 94 M und Rdn. 95 M wird angefügt: **108 M**
III. Der Verkäufer ist befugt, dem Käufer zu Händen des Notars, aber zur ausschließlichen Verfügung des Käufers, für jede Kaufpreisrate, die nach Baufortschritt gemäß vorstehendem Abschn. II fällig würde, eine der MaBV entsprechende Bürgschaft zu stellen. Die betreffende Kaufpreisrate wird dann fällig, auch wenn die Voraussetzungen nach Abschn. I noch nicht eingetreten sein sollten. Der Notar hat darauf hingewiesen, dass damit Kaufpreise fällig werden können, bevor der Käufer am Vertragsgegenstand Grundpfandrechte zur Kaufpreisfinanzierung bestellen lassen kann. Die Bürgschaften dürfen erlöschen und die Bürgschaftsurkunden sind dann zurückzugeben, wenn die Fälligkeit der verbürgten Kaufpreisteile auch nach Abschn. I eintreten würde.

Ist Bürgschaft gestellt, so kann nicht nur auf die unter Rdn. 82 ff. dargestellten Fälligkeitsvoraussetzungen verzichtet werden, auch die Einhaltung des Ratenplans wird nach dem Wortlaut der MaBV nicht verlangt. Demgegenüber wird in der Rechtsliteratur geltend gemacht, die Zahlung nach Baufortschritt oder gar die Zahlung entsprechend § 3 Abs. 2 MaBV entspreche dem gesetzlichen Leitbild, so dass trotz Bürgschaft die Begründung einer Vorleistungspflicht des Käufers gegen § 309 Nr. 2 Buchst. a oder § 307 BGB verstoße.[106] Dem ist nicht zu folgen, zumal § 1 Satz 2 HausbauV (andere gebräuchliche Abkürzung: »AbschlagsV«) explizit das Gegenteil ausspricht. Das gesetzliche Leitbild – Kaufvertrag wie Werkvertrag – ist eigentlich Zahlung gegen Ablieferung der verkauften Sache oder des fertigen Werks[107] und beim Werkvertrag (§ 632a Abs. 1 BGB) die Abschlagszahlung für Teile des Werks, die **109**

---

102 Dazu auch BGH MittBayNot 1999, 279 m. abl. Anm. *Eue*.
103 BGHZ 172, 63 m.w.N.
104 Daher – unbegründete – Angriffe von *Thode*, ZNotP 2004, 210 gegen die sog. Vormerkungslösung; gegen ihn *Kanzleiter*, ZNotP 2006, 377.
105 Zu Unrecht a.A. *Boergen*, NJW 2000, 251.
106 Nachweise bei *Basty*, DNotZ 1994, 11; *Kanzleiter*, ZNotP 2006, 377; vgl. auch *Basty*, DNotZ 1999, 487 und *Basty*, Rn. 73, der sogar von einem »gesetzlichen Vorleistungsverbot« spricht (kritisch aber Rn. 611).
107 Vgl. auch BGH NJW 1985, 850, der es ablehnt, die Vorleistungspflicht nach § 11 Nr. 2 Buchst. a AGBG (jetzt § 309 Nr. 2 Buchst. a BGB) zu beurteilen.

4. Verbraucherkredit

110 Die Regelungen zum Verbraucherdarlehen in §§ 491 ff. BGB können über § 358 BGB (»Verbundene Geschäfte«) auf den Bauträgervertrag einwirken. Maßgeblich ist § 358 Abs. 3 Satz 3 BGB, der unstreitig auch auf den Bauträgervertrag Anwendung findet. Danach sind beim klassischen Bauträgerkauf der Bauträgervertrag einerseits und Verträge über Finanzierungsdarlehen andererseits so gut wie nie im Sinne der Vorschriften miteinander verbunden. Vorsichtshalber kann formuliert werden:

Abwehr eines verbundenen Vertrags

111 M Es ist allein Sache des Käufers, den Kaufpreis rechtzeitig aufzubringen. Der Verkäufer vermittelt keine Finanzierungen und weist auch keine Finanzierungen nach. Auf Verlangen des Käufers wird er aber – ohne Übernahme einer persönlichen Haftung und ohne Übernahme von Kosten – bei der Bestellung von Grundpfandrechten mitwirken, falls sichergestellt ist, dass sie ausschließlich Mittel sichern, die zur Zahlung des Kaufpreises verwendet werden.

IV. Zusammenfassende Muster

1. Kauf eines Eigenheims

Kauf eines Eigenheims vom Bauträger

112 M Verhandelt .....
Vor dem Notar erschienen
1. Herr August Ehrlich, geb. am 30.06.1966 in Bedorf, Goethestraße 33, 45452 Bedorf, ausgewiesen durch deutschen Personalausweis Nr. 5783571215, ausgestellt am ..... von der Gemeinde Bedorf. Er gab bekannt, dass er die nachfolgenden Erklärungen nicht im eigenen Namen abgebe, sondern vielmehr aufgrund in Ausfertigung vorgelegter, dieser Urkunde in beglaubigter Abschrift beigehefteten Vollmacht im Namen der im Handelsregister des Amtsgerichts Ahstadt unter HRB Nr. 4747 eingetragenen »Eberwein-Modellhaus Bauträger GmbH mit dem Sitz in Bedorf (Anschrift .....);
2. Herr Emil Hauser, geb. am ....., ausgewiesen durch ....., und seine Ehefrau, Frau Thea Hauser, geb. Alt, geb. am ....., ausgewiesen durch ....., beide wohnhaft ....., im gesetzlichen Güterstand lebend.

Ich habe mich über den Inhalt des Grundbuchs unterrichtet. Die Erschienenen gaben bei gleichzeitiger Anwesenheit übereinstimmende Erklärungen ab, die ich wie folgt beurkunde:

---
108 Zutreffend *Grziwotz*, NJW 1994, 2745.

1.	**Vorbemerkungen**
1.1.	Im Grundbuch des Amtsgerichts Ahstadt von Bedorf Blatt 2141 ist eingetragen: Gemarkung Bedorf FlStNr. 1863/17 Im schönsten Wiesengrund, Bauplatz zu 0,0334 ha. Eigentümer: Eberwein-Modellhaus Bauträger GmbH, Bedorf Abt. II: Gewerbebetriebsbeschränkung für den jeweiligen Eigentümer von FlStNr. 1862 Abt. III: Buchgrundschuld zu 4 Mio. € für die Sparkasse Ahstadt (mitbelastungsweise).
1.2.	Die Eigentümerin wird das in Abschn. 1.1. bezeichnete Grundstück als Bauherr auf eigene Rechnung und Gefahr nach Maßgabe der hier beigefügten, den Beteiligten zur Durchsicht vorgelegten und von ihnen genehmigten Pläne und der ebenfalls beigefügten, vom Notar vorgelesenen Baubeschreibung bebauen. Die Baugenehmigungsbehörde hat am ..... bescheinigt, dass die Baugenehmigung als erteilt gilt.
2.	**Verkauf**
2.1.	Die Eberwein-Modellhaus Bauträger GmbH – nachstehend als »der Verkäufer« bezeichnet – verkauft das in Abschn. 1.1. bezeichnete Grundstück an Herrn Emil und Frau Thea Hauser – nachstehend als »der Käufer« bezeichnet – zu Miteigentum zu gleichen Bruchteilen.
2.2.	Mit verkauft sind die nach Abschn.1.2. vom Verkäufer zu erstellenden Bauwerke, welche Bestandteil des Grundstückes werden. Der Verkäufer plant, sie bis 15.04.20 ..... – fünfzehnten April zweitausend ..... – bezugsfertig herzustellen. Er steht aber nicht dafür ein, dass er diese Frist wahren kann. Verbindlich hat der Verkäufer den Vertragsgegenstand bis 31.05.20 ..... – einunddreißigsten Mai zweitausend ..... – bezugsfertig und bis 30.09.20 ..... – dreißigsten September zweitausend ..... – vollständig herzustellen.
2.3.	Der Käufer duldet Grenzverschiebungen, die sich etwa aus Ungenauigkeiten bei der Bauausführung ergeben sollten, soweit sich dadurch die Gesamtgröße des Grundstücks nicht verringert. Wenn in diesem Fall später offenbar werden sollte, dass durch amtliche Vermessung festgestellten Katastergrenzen von den tatsächlichen Grundstücksgrenzen abweichen, ist der Käufer verpflichtet, alle Erklärungen abzugeben und Rechtshandlungen vorzunehmen, die erforderlich sind, um die Katastergrenzen den tatsächlichen Grenzen anzupassen. Hierfür anfallende Kosten trägt der Verkäufer.
3.	**Vereinbarungen zur tatsächlichen Beschaffenheit**
3.1.	Die Soll-Beschaffenheit des Vertragsgegenstands richtet sich ausschließlich nach gegenwärtigem Vertrag; vorvertragliche Informationen, insbesondere in einem Verkaufsprospekt, werden durch die Regelungen im gegenwärtigen Vertrag vollständig verdrängt. Der Verkäufer hat die in diesem Vertrag vereinbarten Arbeiten an Grund und Boden auszuführen. Im Übrigen wird das Grundstück als solches verkauft wie es liegt und steht. In dieser Gestalt ist es vertragsgemäß, auch wenn sich zeigen sollte, dass bestimmte Eigenschaften den Erwartungen des Käufers nicht entsprechen sollten. Dies gilt insbesondere für Erschließungssituation, Grundstücksgröße, Bodenbeschaffenheit und Freiheit von Immissionen. Unberührt bleibt die Pflicht des Verkäufers, bei der Bauausführung den örtlichen Gegebenheiten ausreichend Rechnung zu tragen, so wie die anerkannten Regeln der Technik und das Baurecht dies verlangen. Schädliche Bodenveränderungen hat der Verkäufer zu beseitigen, wenn sie die Nutzbarkeit für die nach gegenwärtigem Vertrag vorausgesetzte Verwendung beeinträchtigen sollten oder dies nach öffentlichem Recht geboten sein sollte;

dem Verkäufer ist freilich nichts davon bekannt, dass schädliche Bodenveränderungen bestehen würden.

3.2. Der Verkäufer ist verpflichtet, die Bauwerke gemäß der Baubeschreibung und der Pläne herzustellen, welche in Abschn. 1.2. näher bezeichnet sind, und Grund und Boden nach Maßgabe dieser Unterlagen herzurichten. Soweit Einzelheiten hierdurch nicht festgelegt sind, bestimmt sie der Verkäufer nach billigem Ermessen. In jedem Fall müssen die baurechtlichen Bestimmungen beachtet, zugelassene und normgerechte Baustoffe verwandt und die bei Baubeginn allgemein anerkannten Regeln der Technik befolgt werden. Bei Widersprüchen gebührt der Baubeschreibung der Vorrang vor den Plänen. Der Verkäufer hat den Anschluss an die öffentlichen und privaten Versorgungsleitungen zu bewirken.

3.3. Abweichungen von der Baubeschreibung und den Plänen sind zulässig, wenn ein verständiger Käufer sie genehmigen würde; dies gilt auch für Abweichungen in den zu verwendenden Baumaterialien. Soweit heute bereits hergestellte Bauteile von der Baubeschreibung oder den Plänen sichtbar abweichen sollten, ist die abweichende Bauausführung genehmigt, wenn sie dem Käufer nicht offenkundig zum Nachteil gereicht.

3.4. Sollte eine Leistung des Verkäufers mangelhaft sein, gelten die gesetzlichen Bestimmungen. Der Verkäufer gewährt keinerlei Beschaffenheits- oder Haltbarkeitsgarantie. Keine in diesem Vertrag enthaltene Bestimmung über die vom Verkäufer geschuldete Beschaffenheit der Vertragsgegenstände ist im Sinne einer Garantie zu verstehen; sollten frühere Äußerungen oder Veröffentlichungen des Verkäufers im Sinne einer Garantiezusage zu verstehen sein, widerruft er sie hiermit.[109]

3.5. Wegen seiner Verpflichtung zur Herstellung der Bauwerke unterwirft sich der Verkäufer der sofortigen Zwangsvollstreckung aus dieser Urkunde mit der Maßgabe, dass als Nachweis fehlenden oder mangelhaften Baufortschritts die Bescheinigung eines Sachverständigen genügt, der auf Antrag des Käufers von der zuständigen Industrie- und Handelskammer dafür benannt wurde. Ein Verzicht auf den Nachweis der übrigen Fälligkeitsvoraussetzungen soll damit nicht verbunden sein. Auch bleibt das Recht des Verkäufers, zu rügen, dass die Bescheinigung fehlerhaft oder falsch sei, unberührt. Die Verjährungsfrist für Ansprüche und Rechte wegen Sachmängeln soll sich durch diese Unterwerfung nicht verlängern. Sollte das Prozessgericht die Zwangsvollstreckung für unzulässig erklären, weil der vollstreckbar gestellte Anspruch nicht bestehe oder von Rechts wegen nicht durchsetzbar oder schon erfüllt oder nicht fällig sei, so ist der Käufer zum Ersatz des Schadens verpflichtet, der dem Verkäufer durch eine Zwangsvollstreckung aus der Urkunde oder durch eine zur Abwendung der Vollstreckung gemachte Leistung entstanden ist.[1]

4. Vereinbarungen zur rechtlichen Beschaffenheit

4.1. Der Verkäufer hat dem Käufer das Eigentum zu verschaffen. Zur Auflassung und Lastenfreistellung ist er jedoch erst verpflichtet, wenn der Käufer den Kaufpreis gezahlt hat oder ihn zumindest Zug um Zug zahlt.[2] Außerdem muss dem Notar die Unbedenklichkeitsbescheinigung des Finanzamtes vorliegen, die ausweist, dass der Eintragung des Eigentumsüberganges grunderwerbsteuerliche Bedenken nicht entgegenstehen.[3] Der Käufer ist dem Verkäufer gegenüber verpflichtet, die Grunderwerbsteuer zu zahlen.

---

109 S. zur Frage der Wirksamkeit einer solchen abstrakten Distanzierung oben Rdn. 37.

4.2. Der Verkäufer hat dem Käufer das Eigentum frei von im Grundbuch eingetragenen Belastungen zu verschaffen. Es dürfen jedoch das in Abt. II des Grundbuchs eingetragene Recht sowie solche weiteren Belastungen bestehen bleiben, denen der Käufer in diesem Vertrag oder außerhalb dieses Vertrages zustimmt.

4.3. Der Verkäufer ist befugt, nach billigem Ermessen weitere Regelungen zu treffen, die ihm zur Versorgung und zur Entsorgung des Vertragsgrundstücks und der Nachbargrundstücke, zur Regelung der Benutzung und Unterhaltung gemeinschaftlicher Grundstücksteile, Anlagen und Einrichtungen, zur Regelung der nachbarlichen Verhältnisse sowie zur Sicherung behördlicher Auflagen erforderlich erscheinen und hierzu Dienstbarkeiten und Reallasten eintragen zu lassen. Der Verkäufer verpflichtet sich umgekehrt, von anderen ihm zustehenden Befugnissen gleicher Art zweckentsprechend zugunsten des Käufers Gebrauch zu machen.

4.4. Im Übrigen schuldet der Verkäufer den Vertragsgegenstand nur in der rechtlichen Beschaffenheit, die er gegenwärtig hat oder aufgrund dieses Vertrags haben wird. Der Verkäufer ist nicht verpflichtet, diese noch irgendwie zu verändern oder gar zu verbessern. Dies gilt insbesondere für öffentlich-rechtliche Beschränkungen.

4.5. Die Vertragsteile bewilligen und beantragen, für die in diesem Vertrag begründeten Ansprüche des Käufers auf Übereignung des in Abschn. 2.1. bezeichneten Grundstücks eine Vormerkung in das Grundbuch einzutragen. Bereits jetzt wird bewilligt und beantragt, diese Vormerkung zugleich mit Eintragung des Eigentumsüberganges zu löschen unter der Voraussetzung, dass das Eigentum in dem Rang eingetragen wird, den die Vormerkung sichert.

5. Abwicklung

5.1. Der Verkäufer ist verpflichtet, seine Leistungen fristgerecht, im Übrigen unverzüglich mit der Sorgfalt eines ordentlichen Wohnungsbauunternehmers zu erbringen. Schadensersatz wegen Verletzung seiner Pflichten hat der Verkäufer nur bis zur Höhe von 10 % des Kaufpreises zu leisten, wenn weder ihm noch seinen Erfüllungsgehilfen mehr als einfache Fahrlässigkeit zur Last fällt.[4] Diese Begrenzung gilt nicht für Schadensersatz statt der Leistung, nicht für Rückzahlungen bis zur Höhe empfangener Kaufpreise und nicht für Schäden aus der Verletzung des Lebens, des Körpers oder der Gesundheit.

5.2. Zur Unfallverhütung darf der Käufer die Baustelle nur während der üblichen Arbeitszeit und unter Anleitung des örtlichen Bauleiters oder einer von diesem benannten Person betreten. Dazu hat er sich rechtzeitig anzumelden.

5.3. Die Baudurchführung ist allein Sache des Verkäufers. Der Käufer darf Bauarbeiten weder anordnen noch aufhalten; er kann nicht verlangen, dass von der vereinbarten Bauausführung abgewichen wird oder dass der vereinbarte Leistungsumfang verändert wird. Der Käufer kann sich nur dann darauf berufen, der Verkäufer habe einer Abweichung von der hier vereinbarten Bauausführung zugestimmt (Sonderwunsch), wenn die Zustimmung schriftlich erklärt ist. Die Zustimmung bedeutet im Zweifel nur, dass der Käufer die Änderung in eigener Verantwortung für die Einhaltung der baurechtlichen Vorschriften, auf eigene Kosten und auf eigene Gefahr bei den am Bau beschäftigten Unternehmern – bei Dritt-Unternehmern nur im Falle ausdrücklicher Einwilligung des Verkäufers – in Auftrag geben darf. Auch dann aber obliegt die Koordinierung[110] der Leistungen dem Verkäufer; Wei-

---

110 OLG Karlsruhe NZM 2017, 229.

sungen, die der Verkäufer und seine Leute auf der Baustelle geben, haben Vorrang vor Weisungen des Käufers. Schäden und Verzögerungen, die durch die Ausführung von Sonderwünschen entstehen, hat ohne Rücksicht auf Verschulden der Käufer zu vertreten. Dasselbe gilt, falls der Käufer auf der Baustelle Arbeiten noch vor Besitzübergabe selbst ausführen will (»Eigenleistungen«).

5.4. Der Käufer ist zur Teilabnahme verpflichtet, wenn der Vertragsgegenstand bezugsfertig ist (»Abnahme der Bezugsfertigkeit«). Die Abnahme der Bezugsfertigkeit hat aufgrund einer gemeinsam vorzunehmenden Besichtigung (den Besichtigungstermin bestimmt der Verkäufer unter angemessener Berücksichtigung der Belange des Käufers) in der Weise stattzufinden, dass beide Vertragsteile ein vom Verkäufer zu erstellendes Besichtigungsprotokoll durch Unterschrift anerkennen. Das Protokoll hat die noch ausstehenden Leistungen sowie etwa vorhandene Baumängel auszuweisen, und zwar auch diejenigen, die zwischen den Vertragsteilen streitig sein sollten. Der Notar hat darauf hingewiesen, dass der Käufer Rechte verlieren kann, wenn er von ihm erkannte Mängel in der Niederschrift nicht vermerken lässt. Der Abnahme der Bezugsfertigkeit steht es gleich, wenn der Käufer sie ohne Angabe von Mängeln verweigert oder wenn er sich über die Abnahme nicht erklärt, obwohl ihn der Verkäufer unter Setzung einer angemessenen Frist zur Abnahme der Bezugsfertigkeit unter Hinweis auf die Folgen einer nicht erklärten oder ohne Angabe von Mängeln verweigerten Abnahme aufgefordert hat; der Hinweis muss in Textform erfolgen. Der Abnahme der Bezugsfertigkeit steht es auch gleich, wenn der Käufer den Vertragsgegenstand – mit oder ohne Einverständnis des Verkäufers – in Gebrauch nimmt.[111]

5.5. Nach Abnahme der Bezugsfertigkeit ist der Käufer berechtigt (aber nicht verpflichtet), vom Verkäufer zu verlangen, dass ihm der Vertragsgegenstand Zug um Zug gegen Zahlung aller fälligen oder dann fällig werdenden Kaufpreisteile übergeben wird.[5] Der Verkäufer kann die Übergabe dann aber davon abhängig machen, dass der Käufer die noch nicht fälligen Kaufpreisteile beim beurkundenden Notar mit der Weisung hinterlegt, sie bei Fälligkeit an den Verkäufer auszuzahlen;[112] der Käufer ist in diesem Fall verpflichtet, die Fälligkeit zu gegebener Zeit zur Vorlage beim Notar schriftlich zu bestätigen. Wegen seiner Verpflichtung, den Vertragsgegenstand unter diesen Voraussetzungen zu übergeben, unterwirft sich der Verkäufer der sofortigen Zwangsvollstreckung aus dieser Urkunde.

6. Nutzungen, Lasten
6.1. Die Nutzungen stehen dem Käufer von der Übergabe an zu; die Gefahr und die laufenden Grundstückslasten gehen ebenfalls mit der Übergabe auf den Käufer über. Der Übergabe steht es gleich, wenn der Käufer den Vertragsgegenstand – mit oder ohne Einverständnis des Verkäufers – in Gebrauch nimmt.
6.2. Für die Verteilung von Erschließungskosten und von Beiträgen für Ausgleichsmaßnahmen für den Naturschutz im Sinn des Baugesetzbuchs sowie von Beiträgen für Investitionsaufwand im Sinne des Kommunalabgabengesetzes ist ohne Rücksicht darauf, wem die Beitragsbescheide zugestellt werden, der gegenwärtige Herstellungszustand maßgebend.[6] Der Verkäufer trägt die bereits beitrags- oder teilbeitragsfähig angefallenen Herstellungs-

---

111 Die Abnahmefiktion bei Ingebrauchnahme hält für unzulässig OLG Koblenz ZfIR 2017, 62 m. zust. Anm. Böck/Pause.
112 S. Rdn. 64.

kosten für vorhandene oder im Bau befindliche Anlagen, soweit sie bei weitest gehender Ausnutzung der Möglichkeiten der Kostenspaltung auf den Vertragsgegenstand entfallen; er trägt weiter schon angefallene oder künftig noch anfallende Aufwendungen zum Grunderwerb für diese Anlagen. Schließlich trägt er Beiträge, die etwa durch das vertragsgegenständliche Bauvorhaben ausgelöst werden sollten. Darüber hinaus anfallende Kosten fallen dem Käufer zur Last. Bei Vorausleistungen, die der Verkäufer erbracht haben sollte, hat es aber sein Bewenden.

7. Kaufpreis

7.1. Der Kaufpreis ist ein Festpreis. Er beträgt 300.000,00 € – dreihunderttausend Euro –.
Der Kaufpreis ist wie folgt zu zahlen:
30 % nach Beginn der Erdarbeiten;
28 % nach Rohbaufertigstellung einschließlich Zimmererarbeiten;
7,7 % nach Herstellung der Dachflächen und Dachrinnen und der Fassadenarbeiten;
13,3 % nach Rohinstallation der Heizungs-, Sanitär- und Elektroanlagen und des Fenstereinbaus einschließlich der Verglasung;
9,1 % nach Fertigstellung des Innenputzes – ausgenommen Beiputzarbeiten –, des Estrichs und der Fliesenarbeiten im Sanitärbereich;
8,4 % nach Bezugsfertigkeit Zug um Zug gegen Besitzübergabe;
3,5 % nach vollständiger Fertigstellung.

7.2. Soweit mit der Bauausführung schon begonnen worden ist, sind die bereits angefallenen Baufortschrittsraten sofort fällig. Mit den Erdarbeiten ist bereits begonnen worden.

7.3. Ungeachtet des Baufortschritts ist jedoch kein Kaufpreisteil zur Zahlung fällig, bevor nicht
1. die in Abschn. 4.5. zur Eintragung bewilligte Auflassungsvormerkung im Rang unmittelbar nach den in Abschn. 1.1. aufgeführten Belastungen im Grundbuch eingetragen ist und der Notar das dem Käufer schriftlich mitgeteilt hat; hierzu bescheinigt der Notar, dass gegenwärtiger Vertrag nach Aktenlage sofort rechtswirksam ist und zu seinem Vollzug keine Genehmigungen erforderlich sind;
2. ein Bescheid der Kommune vorliegt, wonach gesetzliche Vorkaufsrechte nach dem Baugesetzbuch nicht bestehen oder nicht aus Anlass dieses Vertrages ausgeübt werden.

7.4. Wegen der in Abschn. 1.1. erwähnten Grundschuld ist dem Käufer eine Erklärung der Sparkasse Ahstadt ausgehändigt worden, die den Freistellungsanspruch des Käufers so sichert, wie es die Makler- und Bauträgerverordnung verlangt. Der Verkäufer zeigt dem Käufer hiermit an, dass er den Kaufpreisanspruch an die Sparkasse abgetreten hat, so dass der Käufer den Kaufpreis nur dorthin mit befreiender Wirkung zahlen kann. Auch der Verkäufer soll aber einen eigenen Anspruch auf Zahlung an die Sparkasse haben.

7.5. Der Notar wird beauftragt, dem Käufer den Eintritt der Fälligkeit zu bescheinigen. Ausgenommen ist der Baufortschritt; diesen hat der Verkäufer dem Käufer unter Zahlungsaufforderung schriftlich anzuzeigen; die Beträge sind innerhalb zweier Wochen nach Zugang der Zahlungsaufforderung fällig. Zahlungen sind bewirkt, wenn sie eingehen.

7.6. Der Käufer ist aufgefordert und berechtigt, von der ersten Kaufpreisrate 5 % des Gesamtkaufpreises, also 15.000,00 €, zurückzubehalten. Soweit er nicht berechtigt ist, sich aus dem zurückbehaltenen Betrag wegen verspäteter Herstellung oder wegen Sachmängeln zu befriedigen, ist der Betrag an den Kaufpreisgläubiger auszuzahlen, sobald das verkaufte Bauwerk ohne wesentliche Mängel vollständig fertiggestellt ist. Der Verkäufer ist jederzeit befugt, sofortige Auszahlung des zurückbehaltenen Betrags zu verlangen, wenn er dem Käufer eine entsprechende Garantie oder ein sonstiges Zahlungsversprechen eines im Inland zum Geschäftsbetrieb befugten Kreditinstituts oder Kreditversicherers aushändigt.

7.7. Wegen seiner dem Verkäufer gegenüber bestehenden Verpflichtung, die Kaufpreisraten bei Fälligkeit an die in Abschn. 7.4. bezeichnete Sparkasse zu zahlen, unterwirft sich der Käufer der sofortigen Zwangsvollstreckung aus dieser Urkunde mit der Maßgabe, dass zum Nachweis des Baufortschritts die Bescheinigung eines Sachverständigen genügt, der auf Antrag des Verkäufers von der zuständigen Industrie- und Handelskammer dafür benannt wurde. Ein Verzicht auf den Nachweis der übrigen Fälligkeitsvoraussetzungen soll damit nicht verbunden sein. Auch bleibt das Recht des Käufers, zu rügen, dass die Bescheinigung fehlerhaft oder falsch sei, unberührt. Sollte das Prozessgericht die Zwangsvollstreckung für unzulässig erklären, weil der vollstreckbar gestellte Anspruch nicht bestehe, schon erfüllt oder nicht fällig sei, so ist der Verkäufer zum Ersatz des Schadens verpflichtet, der dem Käufer durch eine Zwangsvollstreckung aus der Urkunde oder durch eine zur Abwendung der Vollstreckung gemachte Leistung entstanden ist.

7.8. Die Ansprüche des Verkäufers auf den Kaufpreis verjähren – vorbehaltlich der gesetzlichen Höchstfrist – nicht, solange dem Käufer noch unverjährte Ansprüche auf Vertragserfüllung oder Rechte wegen Verletzung einer vertraglichen Pflicht zustehen.

7.9. Es ist allein Sache des Käufers, den Kaufpreis rechtzeitig aufzubringen. Der Verkäufer vermittelt keine Finanzierungen und weist auch keine Finanzierungen nach. Auf Verlangen des Käufers wird er aber – ohne Übernahme einer persönlichen Haftung und ohne Übernahme von Kosten – bei der Bestellung von Grundpfandrechten mitwirken, falls sichergestellt ist, dass sie ausschließlich Mittel sichern, die zur Zahlung des Kaufpreises verwendet werden. In gleicher Weise wird er auf Wunsch bewirken, dass die Sparkasse Ahstadt mit ihrer Grundschuld im Range ausweicht.

Der Verkäufer erteilt hiermit dem Käufer unter Befreiung vom Verbot des Insichgeschäfts Vollmacht, ihn im vorstehenden Sinne bei der Bestellung von Grundpfandrechten zu vertreten. Von der Vollmacht kann jedoch nur zugunsten von Kreditunternehmen, die der deutschen Kreditaufsicht und zugunsten von Versicherungsunternehmen, die der deutschen Versicherungsaufsicht unterliegen, Gebrauch gemacht werden. Außerdem kann die Vollmacht wirksam nur in der Weise ausgeübt werden, dass in die Grundpfandrechtsbestellungsurkunde wörtlich der folgende Text aufgenommen wird, der nur an den offenen Stellen ergänzt und im Übrigen insofern verändert werden darf als Begriffe wie »Käufer«, »Verkäufer«, »Gläubiger«, »Pfandgegenstand«, »Grundpfandrecht« durch gleichbedeutende ersetzt und bei nicht vollstreckbaren Grundpfandrechten die auf die Unterwerfungserklärung zielenden Klauseln weggelassen werden dürfen.[7]

»Eigentümer des Pfandgegenstandes ist noch der Verkäufer. Er hat ihn am ..... zu Urkunde des Notars ....., URNr. ....., an den Käufer verkauft. Der Verkäufer wirkt bei der Bestellung des Grundpfandrechts mit, aber nur insoweit, als es zu dessen Bestellung und Eintragung selbst samt dinglicher Zwangsvollstreckungsunterwerfung erforderlich ist; er übernimmt jedoch keine persönliche Haftung und im Verhältnis zum Käufer auch keine Kosten. In diesem Rahmen schließt er sich allen in dieser Urkunde enthaltenen Erklärungen, Bewilligungen und Anträgen an und wiederholt sie eigenen Namens. Der Notar wird angewiesen, dem Verkäufer eine Ausfertigung gegenwärtiger Urkunde zu erteilen und ihm zu gegebener Zeit eine Vollzugsmitteilung zu übersenden.

Der Verkäufer stellt das Grundpfandrecht dem Gläubiger zur Sicherung von Ansprüchen, die sich gegen den Käufer oder sonst dritte Personen richten, nur unter folgenden Bedingungen zur Verfügung: entweder muss der volle in dem genannten Kaufvertrag vereinbarte Kaufpreis gezahlt sein oder werden oder der Grundschuldgläubiger tilgt mit seiner Zahlung jedenfalls einen Kaufpreisteil; leistet der Grundschuldgläubiger Zahlung nur in Höhe eines Kaufpreisteils, so darf er sich, solange der Kaufpreis nicht anderweitig voll bezahlt ist, aus der Grundschuld nur in Höhe der Teilzahlung befriedigen. Die Ansprüche auf Rückgewähr der Grundschuld verbleiben beim Verkäufer; dieser tritt sie jedoch an den Käufer unter der aufschiebenden Bedingung der Zahlung des vollen Kaufpreises ab.«

8. Ermächtigungen und Vollmachten
8.1. Der Käufer erteilt dem Verkäufer unwiderruflich Vollmacht,
a) die Auflassung anzunehmen und den Antrag auf Löschung der Auflassungsvormerkung nach Maßgabe der vom Käufer in gegenwärtiger Urkunde erklärten Bewilligung zu stellen;
b) alle Rechtsgeschäfte vorzunehmen, die ihm zweckmäßig erscheinen, um nach Maßgabe des Abschn. 2.3. die Katastergrenzen mit den tatsächlichen Grenzen in Übereinstimmung zu bringen. Diese Vollmacht erlischt erst drei Jahre nach Eigentumsübergang;
c) die in Abschn. 6.3. vorgesehenen Rechtsgeschäfte vorzunehmen. Diese Vollmacht erlischt erst ein Jahr nach Eigentumsübergang.
8.2. Bei Ausübung der vorstehenden Vollmachten, die auch über den Tod des Käufers hinaus gelten, ist der Verkäufer vom Verbot des Insichgeschäfts befreit. Er darf Untervollmacht erteilen.
9. Kosten, Steuern, Abschriften
9.1. Die Kosten der Errichtung, der Abschriften und des Vollzugs[113] dieser Urkunde, insbesondere auch die Kosten der Auflassung, trägt der Käufer. Kosten der vereinbarten Lastenfreistellung trägt der Verkäufer. Der Verkäufer trägt keine Kosten, die bei der Finanzierung des Kaufpreises anfallen.
9.2. Die anfallende Grunderwerbsteuer trägt der Käufer; er verpflichtet sich, die Grunderwerbsteuer so zu zahlen, dass der Verkäufer nicht in Anspruch genommen wird. Der Notar hat die Beteiligten über die Bedeutung der Unbedenklichkeitsbescheinigung belehrt.
9.3. Von dieser Urkunde sollen Abschriften erhalten:
Der Verkäufer,
der Käufer,
das Amtsgericht – Grundbuchamt –,
das Finanzamt – Grunderwerbsteuerstelle –,
der Gutachterausschuss,
die Sparkasse Ahstadt.

---

113 Nach Lange WM 2018, 258 verstößt die Verpflichtung des Käufers, die Kosten der Eintragung der Vormerkung zu tragen, gegen § 307 Abs. 1 Satz 1, Abs. 2 Nr. 1 BGB.

10. Schlussbestimmungen

10.1. Für alle Verpflichtungen aus diesem Vertrag, insbesondere auch für die Verpflichtung zur Zahlung des Kaufpreises, haften die Käufer als Gesamtschuldner. Sie erteilen sich gegenseitig Vollmacht, alle Erklärungen und Rechtshandlungen im Rahmen gegenwärtigen Vertrags füreinander vorzunehmen und entgegenzunehmen.

10.2. Aufrechnen können die Vertragsteile wechselseitig nur mit Ansprüchen aus gegenwärtigem Vertrag und darüber hinaus mit unbestrittenen oder rechtskräftig festgestellten Forderungen.

10.3. Der Notar hat den Beteiligten die Tragweite der gesetzlichen Bestimmungen über die Beurkundungspflicht erläutert. Sie vereinbaren, dass alle im Rahmen der Durchführung dieses Vertrags noch abzugebenden Erklärungen der Textform bedürfen, soweit sie nicht beurkundungspflichtig sind.[8]

10.4. Sollten Teile dieses Vertrags unwirksam sein, so bleibt die Gültigkeit der übrigen Teile unberührt.[9]

10.5. Die Vertragsteile ermächtigen den Notar, Erklärungen der Kommune zu den gesetzlichen Vorkaufsrechten herbeizuführen, ihr gegebenenfalls den Abschluss dieses Vertrags durch Übersendung einer beglaubigten Abschrift dieser Urkunde anzuzeigen und Erklärungen der Berechtigten zum Vorkaufsrecht entgegenzunehmen.

1. S. oben bei § 19 Rdn. 12
2. Der Rat des Notars, die Auflassung auszusetzen, ist u.a. nach OLG Düsseldorf Rpfleger 1990, 392 (differenzierter OLG Düsseldorf DNotZ 1996, 324); OLG Köln NJW-RR 1997, 1222 falsche Sachbehandlung i.S.v. § 16 KostO (jetzt § 21 GNotKG). A.A. aber OLG Hamm FGPrax 1998, 154; BayObLG NotBZ 2000, 381; gegen OLG Düsseldorf auch *Kanzleiter*, DNotZ 1996, 242; *Wolfsteiner*, Rpfleger 1990, 505.
3. Dadurch schützt sich der Verkäufer vor der Haftung für die Grunderwerbsteuer.
4. S. oben Rdn. 72 M zur Beweislast.
5. Vgl. oben Rdn. 64.
6. Die hier vorgeschlagene Regelung ist nur geeignet, wenn keine konkreten Erschließungsvorhaben im Gange oder abzusehen sind. Erfordert gar das Bauvorhaben selbst Erschließungsmaßnahmen (z.B. um zugänglich zu werden), so ist eine konkrete, auf die konkreten Maßnahmen abgestimmte Regelung zu treffen. BGH v. 17.01.2008 – III ZR 136/07 – NJW 2008, 280 verlangt eine Käufersicherung; *Grziwotz* weist in DNotZ 2008, 284 nach, dass es keine taugliche Sicherungslösung gibt.
7. Vgl. zur Frage, ob es zulässig und wünschenswert ist, zu bestimmen, dass von der Vollmacht nur vor dem beurkundenden Notar Gebrauch gemacht wird (vom Verfasser verneint), die Kontroverse *Wilke/Wolfsteiner/Amann* in MittBayNot 1996, 260; 1996, 356; 1996, 420.
8. Nach BGH NJW 1995, 1488 bestehen unter AGB-Gesichtspunkten Bedenken gegen eine Schriftformklausel; die Entscheidung ist aber inhaltlich unklar.
9. Die beliebte salvatorische Klausel, wonach an die Stelle der unwirksamen eine möglichst gleich wirkende wirksame Klausel treten solle, verstößt nach KG NJW 1998, 829 gegen § 9 Abs. 2 Nr. 1 AGBG (jetzt § 307 Abs. 1 Satz 2 BGB).

■ **Kosten.** 2,0 nach Nr. 21100 KV GNotKG. Außerdem 50 € Vollzugsgebühr nach Nr. 22112 KV GNotKG.

2. Kauf einer noch zu errichtenden Eigentumswohnung

Kauf einer Eigentumswohnung vom Bauträger[114]

113 M

Verhandelt .....
Vor dem Notar erschienen
1. Herr August Ehrlich, geb. am 30.06.1966 in Bedorf, Goethestraße 33, 45452 Bedorf, ausgewiesen durch deutschen Personalausweis Nr. 5783571215, ausgestellt am 17.04.2001 von der Gemeinde Bedorf. Er gab bekannt, dass er die nachfolgenden Erklärungen nicht im eigenen Namen abgebe, sondern vielmehr aufgrund in Ausfertigung vorgelegter, dieser Urkunde in beglaubigter Abschrift beigehefteten Vollmacht im Namen der im Handelsregister des Amtsgerichts Ahstadt unter HRB Nr. 4747 eingetragenen »Eberwein-Modellhaus Bauträger GmbH mit dem Sitz in Bedorf (Anschrift .....);
2. Herr Emil Hauser, geb. am ....., ausgewiesen durch ....., und seine Ehefrau, Frau Thea Hauser, geb. Alt, geb. am ....., ausgewiesen durch ....., beide wohnhaft ....., im gesetzlichen Güterstand lebend.
Ich habe mich über den Inhalt des Grundbuchs unterrichtet. Die Erschienenen gaben bei gleichzeitiger Anwesenheit übereinstimmende Erklärungen ab, die ich wie folgt beurkunde:

1. Vorbemerkungen
1.1. Im Grundbuch des Amtsgerichts Ahstadt von Bedorf Blatt 2142 ist eingetragen:
Gemarkung Bedorf FlStNr. 1863/18 Im schönsten Wiesengrund, Bauplatz zu 0,0934 ha.
Eigentümer: Eberwein-Modellhaus Bauträger GmbH, Bedorf
Abt. II: Gewerbebetriebsbeschränkung für den jeweiligen Eigentümer von FlstNr. 1862
Abt. III: Buchgrundschuld zu 8 Mio. € für die Sparkasse Ahstadt.
1.2. Die Eigentümerin hat am ..... zu Urkunde des Notars ..... vom ....., URNr. ....., erklärt, das vorstehend bezeichnete Grundstück in Wohnungs- und Teileigentum aufzuteilen. Auf diese Urkunde, der auch Aufteilungspläne und eine Baubeschreibung beigefügt sind, wird nachfolgend verwiesen. Die Beteiligten kennen sie und verzichten darauf, dass sie vorgelesen und hier beigefügt wird; die zugehörigen Pläne wurden aber den Beteiligten zur Durchsicht vorgelegt und von ihnen genehmigt. Die Abgeschlossenheitsbescheinigung steht noch aus.
1.3. Nach Maßgabe dieser Teilungserklärung werden u.a. gebildet:
a) Miteigentumsanteil zu 3,62/1000 an dem vorbezeichneten Grundstück, verbunden mit dem Sondereigentum an der im Aufteilungsplan mit Nr. 32 bezeichneten Wohnung;
b) Miteigentumsanteil zu 0,3/1000 an dem vorbezeichneten Grundstück, verbunden mit dem Sondereigentum an der im Aufteilungsplan mit Nr. 62 bezeichneten Garage.
1.4. Die Eigentümerin wird das in Abschn. 1.1. bezeichnete Grundstück als Bauherr auf eigene Rechnung und Gefahr nach Maßgabe der Aufteilungspläne und der erwähnten Baubeschreibung bebauen. Die Baugenehmigung ist erteilt und dem Käufer bereits vorgelegt worden.

---
114 Vgl. dazu die Fußnoten zum vorhergehenden Muster!

§ 33 Bauträgervertrag

2. Verkauf

2.1. Die Eberwein-Modellhaus Bauträger GmbH – nachstehend als »der Verkäufer« bezeichnet – verkauft die in Abschn. 1.3. bezeichneten Wohnungs- und Teileigentumsrechte – nachfolgend zusammenfassend »Wohnungseigentum« genannt – an Herrn Emil und Frau Thea Hauser – nachstehend als »der Käufer« bezeichnet – zu Miteigentum zu gleichen Bruchteilen.

2.2. Mit verkauft sind die nach Abschn.1.4. vom Verkäufer zu erstellenden Bauwerke, welche Bestandteil des Grundstückes und damit auch des Wohnungseigentums werden. Der Verkäufer plant, sie bis 15.04.20 ..... – fünfzehnten April zweitausend ..... – bezugsfertig herzustellen. Er steht aber nicht dafür ein, dass er diese Frist wahren kann. Verbindlich hat der Verkäufer den Vertragsgegenstand bis 31.05.20 ..... – einunddreißigsten Mai zweitausend ..... – bezugsfertig und bis 30.09.20 ..... – dreißigsten September zweitausend ..... – vollständig herzustellen.

3. Vereinbarungen zur tatsächlichen Beschaffenheit

3.1. Der Verkäufer hat die in diesem Vertrag vereinbarten Arbeiten an Grund und Boden auszuführen. Im Übrigen wird das Grundstück als solches verkauft wie es liegt und steht. In dieser Gestalt ist es vertragsgemäß, auch wenn sich zeigen sollte, dass bestimmte Eigenschaften den Erwartungen des Käufers nicht entsprechen sollten. Dies gilt insbesondere für Erschließungssituation, Grundstücksgröße, Bodenbeschaffenheit und Freiheit von Immissionen. Unberührt bleibt die Pflicht des Verkäufers, bei der Bauausführung den örtlichen Gegebenheiten ausreichend Rechnung zu tragen, so wie die anerkannten Regeln der Technik und das Baurecht dies verlangen. Schädliche Bodenveränderungen hat der Verkäufer zu beseitigen, wenn sie die Nutzbarkeit für die nach gegenwärtigem Vertrag vorausgesetzte Verwendung beeinträchtigen sollten oder dies nach öffentlichem Recht geboten sein sollte; dem Verkäufer ist freilich nichts davon bekannt, dass schädliche Bodenveränderungen bestehen würden.

3.2. Die Soll-Beschaffenheit des Vertragsgegenstands richtet sich ausschließlich nach gegenwärtigem Vertrag; vorvertragliche Informationen, insbesondere in einem Verkaufsprospekt, werden durch die Regelungen im gegenwärtigen Vertrag vollständig verdrängt. Der Verkäufer ist verpflichtet, die Bauwerke gemäß der Baubeschreibung und der Pläne herzustellen, welche in Abschn. 1.2. näher bezeichnet sind, und Grund und Boden nach Maßgabe dieser Unterlagen herzurichten. Soweit Einzelheiten hierdurch nicht festgelegt sind, bestimmt sie der Verkäufer nach billigem Ermessen. In jedem Fall müssen die baurechtlichen Bestimmungen beachtet, zugelassene und normgerechte Baustoffe verwandt und die bei Baubeginn allgemein anerkannten Regeln der Technik befolgt werden. Bei Widersprüchen gebührt der Baubeschreibung der Vorrang vor den Plänen. Das Bauvorhaben wird in Bauabschnitten durchgeführt, die in der Baubeschreibung genau bezeichnet sind; der Käufer hat nur Anspruch darauf, dass der Bauabschnitt hergestellt wird, in dem die verkaufte Wohnung liegt[1]. Der Verkäufer hat den Anschluss an die öffentlichen und privaten Versorgungsleitungen zu bewirken.

3.3. Abweichungen von der Baubeschreibung und den Plänen sind zulässig, wenn ein verständiger Käufer sie genehmigen würde; dies gilt auch für Abweichungen in den zu verwendenden Baumaterialien. Insbesondere sind solche baulichen Abweichungen im Bereich des gemeinschaftlichen Eigentums und anderen Sondereigentums zulässig, die den Käufer weder im Gebrauch seines Sondereigentums und seiner Sondernutzungsrechte noch in der tatsächlichen Nutzung des gemeinschaftlichen Eigentums zu beeinträchtigen geeignet sind.

	Soweit heute bereits hergestellte Bauteile von der Baubeschreibung oder den Plänen sichtbar abweichen sollten, ist die abweichende Bauausführung genehmigt, wenn sie dem Käufer nicht offenkundig zum Nachteil gereicht.
3.4.	Sollte eine Leistung des Verkäufers mangelhaft sein, gelten die gesetzlichen Bestimmungen. Der Verkäufer gewährt keinerlei Beschaffenheits- oder Haltbarkeitsgarantie. Keine in diesem Vertrag enthaltene Bestimmung über die vom Verkäufer geschuldete Beschaffenheit der Vertragsgegenstände ist im Sinne einer Garantie zu verstehen; sollten frühere Äußerungen oder Veröffentlichungen des Verkäufers im Sinne einer Garantiezusage zu verstehen sein, widerruft er sie hiermit.[115]
3.5.	Wegen seiner Verpflichtung zur Herstellung der Bauwerke unterwirft sich der Verkäufer der sofortigen Zwangsvollstreckung aus dieser Urkunde mit der Maßgabe, dass als Nachweis fehlenden oder mangelhaften Baufortschritts die Bescheinigung eines Sachverständigen genügt, der auf Antrag des Käufers von der zuständigen Industrie- und Handelskammer dafür benannt wurde. Ein Verzicht auf den Nachweis der übrigen Fälligkeitsvoraussetzungen soll damit nicht verbunden sein. Auch bleibt das Recht des Verkäufers, zu rügen, dass die Bescheinigung fehlerhaft oder falsch sei, unberührt. Die Verjährungsfrist für Ansprüche und Rechte wegen Sachmängeln soll sich durch diese Unterwerfung nicht verlängern. Sollte das Prozessgericht die Zwangsvollstreckung für unzulässig erklären, weil der vollstreckbar gestellte Anspruch nicht bestehe oder von Rechts wegen nicht durchsetzbar oder schon erfüllt oder nicht fällig sei, so ist der Käufer zum Ersatz des Schadens verpflichtet, der dem Verkäufer durch eine Zwangsvollstreckung aus der Urkunde oder durch eine zur Abwendung der Vollstreckung gemachte Leistung entstanden ist[2].
4.	Vereinbarungen zur rechtlichen Beschaffenheit
4.1.	Der Verkäufer hat dem Käufer das Eigentum zu verschaffen. Zur Auflassung und Lastenfreistellung ist er jedoch erst verpflichtet, wenn der Käufer den Kaufpreis gezahlt hat oder ihn zumindest Zug um Zug zahlt; ihm etwa gestellte Bürgschaften müssen zumindest Zug um Zug zurückgegeben werden. Außerdem muss dem Notar die Unbedenklichkeitsbescheinigung des Finanzamtes vorliegen, die ausweist, dass der Eintragung des Eigentumsüberganges grunderwerbsteuerliche Bedenken nicht entgegenstehen. Der Käufer ist dem Verkäufer gegenüber verpflichtet, die Grunderwerbsteuer zu zahlen.
4.2.	Der Verkäufer hat dem Käufer das Eigentum frei von im Grundbuch eingetragenen Belastungen zu verschaffen. Es dürfen jedoch das in Abt. II des Grundbuchs eingetragene Recht sowie solche weiteren Belastungen bestehen bleiben, denen der Käufer in diesem Vertrag oder außerhalb dieses Vertrages zustimmt.
4.3.	Der Verkäufer ist befugt, nach billigem Ermessen weitere Regelungen zu treffen, die ihm zur Versorgung und zur Entsorgung der Vertragsgrundstücks und der Nachbargrundstücke, zur Regelung der Benutzung und Unterhaltung gemeinschaftlicher Grundstücksteile, Anlagen und Einrichtungen, zur Regelung der nachbarlichen Verhältnisse sowie zur Sicherung behördlicher Auflagen erforderlich erscheinen und hierzu Dienstbarkeiten und Reallasten eintragen zu lassen. Der Verkäufer verpflichtet sich umgekehrt, von anderen ihm zustehenden Befugnissen gleicher Art zweckentsprechend zugunsten des Käufers Gebrauch zu machen.

---

115 S. zur Frage der Wirksamkeit einer solchen abstrakten Distanzierung oben Rdn. 37.

4.4. Soweit der Verkäufer nach Abschn. 3.3. zu veränderter Bauausführung befugt ist, darf er auch die Teilungserklärung entsprechend ändern. Darüber hinaus darf er sie – auch in Bezug auf das gemeinschaftliche Eigentum und die Gemeinschaftsordnung – nach billigem Ermessen abändern, soweit das Sondereigentum des Käufers, die Rechte, die Bestandteil seines Sondereigentums sind (also insbesondere seine Sondernutzungsrechte) und sein Interesse am Gebrauch des gemeinschaftlichen Eigentums nicht beeinträchtigt und seine Lasten nicht erhöht werden. Die Befugnis besteht solange fort, als der Verkäufer noch Eigentümer auch nur eines Wohnungs- oder Teileigentums ist.

4.5. Im Übrigen schuldet der Verkäufer den Vertragsgegenstand nur in der rechtlichen Beschaffenheit, die er gegenwärtig hat oder aufgrund dieses Vertrags haben wird. Der Verkäufer ist nicht verpflichtet, diese noch irgendwie zu verändern oder gar zu verbessern. Dies gilt insbesondere für die aus der Teilungserklärung folgende rechtliche Situation und für öffentlich-rechtliche Beschränkungen.

4.6. Die Vertragsteile bewilligen und beantragen, für die in diesem Vertrag begründeten Ansprüche des Käufers auf Übereignung der in Abschn. 2.1. bezeichneten Wohnungs- und Teileigentumsrechte Vormerkungen in das Grundbuch einzutragen. Bereits jetzt wird bewilligt und beantragt, jede dieser Vormerkungen zugleich mit Eintragung des Eigentumsüberganges zu löschen unter der Voraussetzung, dass das Eigentum in dem Rang eingetragen wird, den die Vormerkung sichert.

5. **Abwicklung**

5.1. Der Verkäufer ist verpflichtet, seine Leistungen fristgerecht, im Übrigen unverzüglich mit der Sorgfalt eines ordentlichen Wohnungsbauunternehmers zu erbringen. Schadensersatz wegen Verletzung seiner Pflichten hat er nur bis zur Höhe von 10 % des Kaufpreises zu leisten, wenn weder ihm noch seinen Erfüllungsgehilfen mehr als einfache Fahrlässigkeit zur Last fällt.[3] Diese Begrenzung gilt nicht für Schadensersatz statt der Leistung, nicht für Rückzahlungen bis zur Höhe empfangener Kaufpreise und nicht für Schäden aus der Verletzung des Lebens, des Körpers oder der Gesundheit.

5.2. Zur Unfallverhütung darf der Käufer die Baustelle nur während der üblichen Arbeitszeit und unter Anleitung des örtlichen Bauleiters oder einer von diesem benannten Person betreten. Dazu hat er sich rechtzeitig anzumelden.

5.3. Die Baudurchführung ist allein Sache des Verkäufers. Der Käufer darf Bauarbeiten weder anordnen noch aufhalten; er kann nicht verlangen, dass von der vereinbarten Bauausführung abgewichen wird oder dass der vereinbarte Leistungsumfang verändert wird. Der Käufer kann sich nur dann darauf berufen, der Verkäufer habe einer Abweichung von der hier vereinbarten Bauausführung zugestimmt (Sonderwunsch), wenn die Zustimmung schriftlich erklärt ist. Die Zustimmung bedeutet im Zweifel nur, dass der Käufer die Änderung in eigener Verantwortung für die Einhaltung der baurechtlichen Vorschriften, auf eigene Kosten und auf eigene Gefahr bei den am Bau beschäftigten Unternehmern – bei Dritt-Unternehmern nur im Falle ausdrücklicher Einwilligung des Verkäufers – in Auftrag geben darf. Auch dann aber obliegt die Koordinierung[116] der Leistungen dem Verkäufer; Weisungen, die der Verkäufer und seine Leute auf der Baustelle geben, haben Vorrang vor Weisungen des Käufers. Schäden und Verzögerungen, die durch die Aus-

---

116 OLG Karlsruhe NZM 2017, 229.

Bauträgervertrag § 33

führung von Sonderwünschen entstehen, hat ohne Rücksicht auf Verschulden der Käufer zu vertreten. Dasselbe gilt, falls der Käufer auf der Baustelle Arbeiten noch vor Besitzübergabe selbst ausführen will (»Eigenleistungen«).

5.4. Der Käufer ist zur Teilabnahme verpflichtet, wenn der Vertragsgegenstand bezugsfertig ist (»Abnahme der Bezugsfertigkeit«). Die Abnahme der Bezugsfertigkeit hat aufgrund einer gemeinsam vorzunehmenden Besichtigung (den Besichtigungstermin bestimmt der Verkäufer unter angemessener Berücksichtigung der Belange des Käufers) in der Weise stattzufinden, dass beide Vertragsteile ein vom Verkäufer zu erstellendes Besichtigungsprotokoll durch Unterschrift anerkennen. Das Protokoll hat die noch ausstehenden Leistungen sowie etwa vorhandene Baumängel auszuweisen, und zwar auch diejenigen, die zwischen den Vertragsteilen streitig sein sollten. Der Notar hat darauf hingewiesen, dass der Käufer Rechte verlieren kann, wenn er von ihm erkannte Mängel in der Niederschrift nicht vermerken lässt. Der Abnahme der Bezugsfertigkeit steht es gleich, wenn der Käufer sie ohne Angabe von Mängeln verweigert oder wenn er sich über die Abnahme nicht erklärt, obwohl ihn der Verkäufer unter Setzung einer angemessenen Frist zur Abnahme der Bezugsfertigkeit unter Hinweis auf die Folgen einer nicht erklärten oder ohne Angabe von Mängeln verweigerten Abnahme aufgefordert hat; der Hinweis muss in Textform erfolgen. Der Abnahme der Bezugsfertigkeit steht es auch gleich, wenn der Käufer den Vertragsgegenstand – mit oder ohne Einverständnis des Verkäufers – in Gebrauch nimmt.[117]

5.5. Nach Abnahme der Bezugsfertigkeit ist der Käufer berechtigt (aber nicht verpflichtet), vom Verkäufer zu verlangen, dass ihm der Vertragsgegenstand Zug um Zug gegen Zahlung aller fälligen oder dann fällig werdenden Kaufpreisteile übergeben wird. Der Verkäufer kann die Übergabe dann aber davon abhängig machen, dass der Käufer die noch nicht fälligen Kaufpreisteile beim beurkundenden Notar mit der Weisung hinterlegt, sie bei Fälligkeit an den Verkäufer auszuzahlen;[118] der Käufer ist in diesem Fall verpflichtet, die Fälligkeit zu gegebener Zeit zur Vorlage beim Notar schriftlich zu bestätigen. Wegen seiner Verpflichtung, den Vertragsgegenstand unter diesen Voraussetzungen zu übergeben, unterwirft sich der Verkäufer der sofortigen Zwangsvollstreckung aus dieser Urkunde.

6. Nutzungen, Lasten

6.1. Die Nutzungen stehen dem Käufer von der Übergabe an zu; die Gefahr und die laufenden Grundstückslasten, ebenso die Verpflichtung, die laufenden Zahlungen an die Gemeinschaft der Wohnungseigentümer zu erbringen, gehen ebenfalls mit der Übergabe auf den Käufer über. Der Übergabe steht es gleich, wenn der Käufer den Vertragsgegenstand – mit oder ohne Einverständnis des Verkäufers – in Gebrauch nimmt. Von der Übergabe an ist der Käufer bevollmächtigt, der Gemeinschaft der Wohnungseigentümer und dem Verwalter gegenüber alle Eigentümerrechte, insbesondere das Stimmrecht in der Eigentümerversammlung auszuüben; der Verkäufer wird sich von da an in Ansehung des Vertragsgegenstands der Ausübung dieser Rechte enthalten.

6.2. Für die Verteilung von Erschließungskosten und von Beiträgen für Ausgleichsmaßnahmen für den Naturschutz im Sinn des Baugesetzbuchs sowie von Beiträgen für Investitionsaufwand im Sinne des Kommunalabgabenge-

---

[117] Die Abnahmefiktion bei Ingebrauchnahme hält für unzulässig OLG Koblenz ZfIR 2017, 62 m. zust. Anm. Böck/Pause.
[118] S. Rdn. 64.

Wolfsteiner

setzes ist ohne Rücksicht darauf, wem die Beitragsbescheide zugestellt werden, der gegenwärtige Herstellungszustand maßgebend. Der Verkäufer trägt die bereits beitrags- oder teilbeitragsfähig angefallenen Herstellungskosten für vorhandene oder im Bau befindliche Anlagen, soweit sie bei weitest gehender Ausnutzung der Möglichkeiten der Kostenspaltung auf den Vertragsgegenstand entfallen; er trägt weiter schon angefallene oder künftig noch anfallende Aufwendungen zum Grunderwerb für diese Anlagen. Schließlich trägt er Beiträge, die etwa durch das vertragsgegenständliche Bauvorhaben ausgelöst werden sollten. Darüber hinaus anfallende Kosten fallen dem Käufer zur Last. Bei Vorausleistungen, die der Verkäufer erbracht haben sollte, hat es aber sein Bewenden.

7. Kaufpreis

7.1. Der Kaufpreis ist ein Festpreis. Er beträgt 200.000,00 € – zweihunderttausend Euro –.
Der Kaufpreis ist wie folgt zu zahlen:
30 % nach Beginn der Erdarbeiten;
28 % nach Rohbaufertigstellung einschließlich Zimmererarbeiten;
7,7 % nach Herstellung der Dachflächen und Dachrinnen und der Fassadenarbeiten;
13,3 % nach Rohinstallation der Heizungs-, Sanitär- und Elektroanlagen und des Fenstereinbaus einschließlich der Verglasung;
9,1 % nach Fertigstellung des Innenputzes – ausgenommen Beiputzarbeiten –, des Estrichs und der Fliesenarbeiten im Sanitärbereich;
8,4 % nach Bezugsfertigkeit Zug um Zug gegen Besitzübergabe;
3,5 % nach vollständiger Fertigstellung.

7.2. Maßgeblich ist der Fertigstellungsstand des Bauabschnitts, auf dessen Herstellung der Käufer nach Maßgabe des vorstehenden Abschn. 3.2. Anspruch hat. Für die Innenausbauraten ist der Ausbauzustand anderer Wohnungen bzw. Garagen als der hier verkauften ohne Bedeutung. Soweit mit der Bauausführung schon begonnen worden ist, sind die bereits angefallenen Baufortschrittsraten sofort fällig. Mit den Erdarbeiten ist bereits begonnen worden.

7.3. Ungeachtet des Baufortschritts ist jedoch kein Kaufpreisteil zur Zahlung fällig, bevor nicht
a) die Aufteilung in Wohnungseigentum im Grundbuch eingetragen ist;
b) die in Abschn. 4.6. zur Eintragung bewilligten Auflassungsvormerkungen im Rang unmittelbar nach den in Abschn. 1.1. aufgeführten Belastungen im Wohnungsgrundbuch eingetragen sind und der Notar das dem Käufer schriftlich mitgeteilt hat; hierzu bescheinigt der Notar, dass gegenwärtiger Vertrag nach Aktenlage sofort rechtswirksam ist und zu seinem Vollzug keine Genehmigungen erforderlich sind.

7.4. Wegen der in Abschn. 1.1. erwähnten Grundschuld ist dem Käufer eine Erklärung der Sparkasse Ahstadt ausgehändigt worden, die den Freistellungsanspruch des Käufers so sichert, wie es die Makler- und Bauträgerverordnung verlangt. Der Verkäufer zeigt dem Käufer hiermit an, dass er den Kaufpreisanspruch an die Sparkasse abgetreten hat, so dass der Käufer den Kaufpreis nur dorthin mit befreiender Wirkung zahlen kann. Auch der Verkäufer soll aber einen eigenen Anspruch auf Zahlung an die Sparkasse haben.

7.5. Soweit die übrigen Fälligkeitsvoraussetzungen vorliegen, kann der Verkäufer verlangen, dass der Käufer nach Baufortschritt fällige Kaufpreisraten schon vor Eintragung der Vormerkungen zahlt, wenn er ihm für jede zu leistende Zahlung eine der Makler- und Bauträgerverordnung entsprechende Bürgschaft gestellt hat. Die Bürgschaften dürfen erlöschen und der Käufer ist zur

Rückgabe der Bürgschaftsurkunden verpflichtet, sobald die Vormerkungen rangrichtig eingetragen sind.

7.6. Der Notar wird beauftragt, dem Käufer den Eintritt der Fälligkeit zu bescheinigen. Ausgenommen ist der Baufortschritt; diesen hat der Verkäufer dem Käufer unter Zahlungsaufforderung schriftlich anzuzeigen; die Beträge sind innerhalb zweier Wochen nach Zugang der Zahlungsaufforderung fällig. Zahlungen sind bewirkt, wenn sie eingehen.

7.7. Der Käufer ist aufgefordert und berechtigt, von der ersten Kaufpreisrate 5 % des Gesamtkaufpreises, also 10.000,00 €, zurückzubehalten. Soweit er nicht berechtigt ist, sich aus dem zurückbehaltenen Betrag wegen verspäteter Herstellung oder wegen Sachmängeln zu befriedigen, ist der Betrag an den Kaufpreisgläubiger auszuzahlen, sobald das verkaufte Bauwerk ohne wesentliche Mängel vollständig fertiggestellt ist. Der Verkäufer ist jederzeit befugt, sofortige Auszahlung des zurückbehaltenen Betrags zu verlangen, wenn er dem Käufer eine entsprechende Garantie oder ein sonstiges Zahlungsversprechen eines im Inland zum Geschäftsbetrieb befugten Kreditinstituts oder Kreditversicherers aushändigt.

7.8. Wegen seiner dem Verkäufer gegenüber bestehenden Verpflichtung, die Kaufpreisraten bei Fälligkeit an die in Abschn. 7.4. bezeichnete Sparkasse zu zahlen, unterwirft sich der Käufer der sofortigen Zwangsvollstreckung aus dieser Urkunde mit der Maßgabe, dass zum Nachweis des Baufortschritts die Bescheinigung eines Sachverständigen genügt, der auf Antrag des Verkäufers von der zuständigen Industrie- und Handelskammer dafür benannt wurde. Ein Verzicht auf den Nachweis der übrigen Fälligkeitsvoraussetzungen soll damit nicht verbunden sein. Auch bleibt das Recht des Käufers, zu rügen, dass die Bescheinigung fehlerhaft oder falsch sei, unberührt. Sollte das Prozessgericht die Zwangsvollstreckung für unzulässig erklären, weil der vollstreckbar gestellte Anspruch nicht bestehe, schon erfüllt oder nicht fällig sei, so ist der Verkäufer zum Ersatz des Schadens verpflichtet, der dem Käufer durch eine Zwangsvollstreckung aus der Urkunde oder durch eine zur Abwendung der Vollstreckung gemachte Leistung entstanden ist.

7.9. Die Ansprüche des Verkäufers auf den Kaufpreis verjähren – vorbehaltlich der gesetzlichen Höchstfrist – nicht, solange dem Käufer noch unverjährte Ansprüche auf Vertragserfüllung oder Rechte wegen Verletzung einer vertraglichen Pflicht zustehen.

7.10. Es ist allein Sache des Käufers, den Kaufpreis rechtzeitig aufzubringen. Der Verkäufer vermittelt keine Finanzierungen und weist auch keine Finanzierungen nach. Auf Verlangen des Käufers wird er aber – ohne Übernahme einer persönlichen Haftung und ohne Übernahme von Kosten – bei der Bestellung von Grundpfandrechten mitwirken, falls sichergestellt ist, dass sie ausschließlich Mittel sichern, die zur Zahlung des Kaufpreises verwendet werden. In gleicher Weise wird er auf Wunsch bewirken, dass die Sparkasse Ahstadt mit ihrer Grundschuld im Range ausweicht.

Der Verkäufer erteilt hiermit dem Käufer unter Befreiung vom Verbot der Mehrvertretung Vollmacht, ihn im vorstehenden Sinne bei der Bestellung von Grundpfandrechten zu vertreten. Von der Vollmacht kann jedoch nur zugunsten von Kreditunternehmen, die der deutschen Kreditaufsicht und zugunsten von Versicherungsunternehmen, die der deutschen Versicherungsaufsicht unterliegen, Gebrauch gemacht werden. Außerdem kann die Vollmacht wirksam nur in der Weise ausgeübt werden, dass in die Grundpfandrechtsbestellungsurkunde wörtlich der folgende Text aufgenommen wird, der nur an den offenen Stellen ergänzt und im übrigen insofern verändert werden darf als Begriffe wie »Käufer«, »Verkäufer«, »Gläubiger«, »Pfandgegenstand«, »Grundpfandrecht« durch gleichbedeutende ersetzt und bei nicht vollstreckbaren Grundpfandrechten die auf die Unterwerfungserklärung zielenden Klauseln weggelassen werden dürfen.

»Eigentümer des Pfandgegenstandes ist noch der Verkäufer. Er hat ihn am ..... zu Urkunde des Notars ....., URNr. ....., an den Käufer verkauft. Der Verkäufer wirkt bei der Bestellung des Grundpfandrechts mit, aber nur insoweit, als es zu dessen Bestellung und Eintragung selbst samt dinglicher Zwangsvollstreckungsunterwerfung erforderlich ist; er übernimmt jedoch keine persönliche Haftung und im Verhältnis zum Käufer auch keine Kosten. In diesem Rahmen schließt er sich allen in dieser Urkunde enthaltenen Erklärungen, Bewilligungen und Anträgen an und wiederholt sie eigenen Namens. Der Notar wird angewiesen, dem Verkäufer eine Ausfertigung gegenwärtiger Urkunde zu erteilen und ihm zu gegebener Zeit eine Vollzugsmitteilung zu übersenden.

Der Verkäufer stellt das Grundpfandrecht dem Gläubiger zur Sicherung von Ansprüchen, die sich gegen den Käufer oder sonst dritte Personen richten, nur unter folgenden Bedingungen zur Verfügung: entweder muss der volle in dem genannten Kaufvertrag vereinbarte Kaufpreis gezahlt sein oder werden oder der Grundschuldgläubiger tilgt mit seiner Zahlung jedenfalls einen Kaufpreisteil; leistet der Grundschuldgläubiger Zahlung nur in Höhe eines Kaufpreisteils, so darf er sich, solange der Kaufpreis nicht anderweitig voll bezahlt ist, aus der Grundschuld nur in Höhe der Teilzahlung befriedigen. Die Ansprüche auf Rückgewähr der Grundschuld verbleiben beim Verkäufer; dieser tritt sie jedoch an den Käufer unter der aufschiebenden Bedingung der Zahlung des vollen Kaufpreises ab.«

8. Ermächtigungen und Vollmachten
8.1. Der Käufer erteilt dem Verkäufer unwiderruflich Vollmacht,
a) die Auflassung anzunehmen und den Antrag auf Löschung der Auflassungsvormerkung nach Maßgabe der vom Käufer in gegenwärtiger Urkunde erklärten Bewilligung zu stellen;
b) die in Abschn. 4.3. vorgesehenen Rechtsgeschäfte vorzunehmen. Diese Vollmacht erlischt erst ein Jahr nach Eigentumsübergang;
die Teilungserklärung zu ändern, und zwar auch mit Wirkung gegenüber den Auflassungsvormerkungen des Käufers; zu Änderungen, die die Miteigentumsanteile des Käufers, sein Sondereigentum oder seine Sondernutzungsrechte unmittelbar berühren oder seine Lasten unmittelbar erhöhen, ist der Bevollmächtigte nicht ermächtigt; er ist überdies dem Käufer gegenüber verpflichtet, die in Abschn. 4.4. vereinbarten Beschränkungen zu beachten[4].
8.2. Bei Ausübung der vorstehenden Vollmachten, die auch über den Tod des Käufers hinaus gelten, ist der Verkäufer vom Verbot des Insichgeschäfts befreit. Er darf Untervollmacht erteilen.
9. Kosten, Steuern, Abschriften
9.1. Die Kosten der Errichtung, der Abschriften und des Vollzugs[119] dieser Urkunde, insbesondere auch die Kosten der Auflassung, trägt der Käufer. Kosten der Aufteilung in Wohnungseigentum und der vereinbarten Lastenfreistellung trägt der Verkäufer. Der Verkäufer trägt keine Kosten, die bei der Finanzierung des Kaufpreises anfallen.

---

119 Nach Lange WM 2018, 258 verstößt die Verpflichtung des Käufers, die Kosten der Eintragung der Vormerkung zu tragen, gegen § 307 Abs. 1 Satz 1, Abs. 2 Nr. 1 BGB.

9.2. Die anfallende Grunderwerbsteuer trägt der Käufer; er verpflichtet sich, die Grunderwerbsteuer so zu zahlen, dass der Verkäufer nicht in Anspruch genommen wird. Der Notar hat die Beteiligten über die Bedeutung der Unbedenklichkeitsbescheinigung belehrt.

9.3. Von dieser Urkunde sollen Abschriften erhalten:
Der Verkäufer,
der Käufer,
das Amtsgericht – Grundbuchamt –,
das Finanzamt – Grunderwerbsteuerstelle –,
der Gutachterausschuss,
die Sparkasse Ahstadt.

10. Schlussbestimmungen

10.1. Für alle Verpflichtungen aus diesem Vertrag, insbesondere auch für die Verpflichtung zur Zahlung des Kaufpreises, haften die Käufer als Gesamtschuldner. Sie erteilen sich gegenseitig Vollmacht, alle Erklärungen und Rechtshandlungen im Rahmen gegenwärtigen Vertrags füreinander vorzunehmen und entgegenzunehmen.

10.2. Aufrechnen können die Vertragsteile wechselseitig nur mit Ansprüchen aus gegenwärtigem Vertrag und darüber hinaus mit unbestrittenen oder rechtskräftig festgestellten Forderungen.

10.3. Der Notar hat den Beteiligten die Tragweite der gesetzlichen Bestimmungen über die Beurkundungspflicht erläutert. Sie vereinbaren, dass alle im Rahmen der Durchführung dieses Vertrags noch abzugebenden Erklärungen der Textform bedürfen, soweit sie nicht beurkundungspflichtig sind.

10.4. Sollten Teile dieses Vertrags unwirksam sein, so bleibt die Gültigkeit der übrigen Teile unberührt.

1. Die Zulässigkeit solcher Abschnittsbildung ist str. Vgl. zur Entstehung des Wohnungseigentums in Abschnitten OLG Hamm Rpfleger 1987, 304; zur Kaufpreisfälligkeit *Marcks*, § 3 MaBV Rn. 28.
2. S. oben bei § 19 Rdn. 12
3. Die Formulierung weist die Beweislast dem Verkäufer zu.
4. S. zu den grundbuchrechtlichen Bestimmtheitsanforderungen an die Vollmacht BayObLG Rpfleger 1995, 344; BayObLG NJW-RR 1997, 586; OLG Düsseldorf FGPrax 1997, 129.

■ *Kosten.* 2,0 nach Nr. 21100 KV GNotKG.

3. Kauf einer völlig fertiggestellten Eigentumswohnung vom Bauträger

Kauf einer fertigen Eigentumswohnung vom Bauträger[120]

Verhandelt ..... **114 M**
Vor dem Notar erschienen
1. Herr August Ehrlich, geb. am 30.06.1966 in Bedorf, Goethestraße 33, 45452 Bedorf, ausgewiesen durch deutschen Personalausweis Nr. 5783571215, ausgestellt am 17.04.2001 von der Gemeinde Bedorf. Er gab bekannt, dass er die nachfolgenden Erklärungen nicht im eigenen Namen abgebe, sondern vielmehr aufgrund in Ausfertigung vorgelegt, dieser Urkunde in beglaubigter Abschrift beigehefteten Vollmacht im Namen der im Handelsregister des Amtsgerichts Ahstadt unter HRB

---

120 Vgl. dazu auch die Fußnoten zu Muster 111 M. »Vollständig fertiggestellt« ist nach Auffassung von BGHZ 209, 128 eine Wohnung nicht, wenn noch einzelne Zusatzleistungen vereinbart werden.

Nr. 4747 eingetragenen »Eberwein-Modellhaus Bauträger GmbH mit dem Sitz in Bedorf (Anschrift .....);
2. Herr Emil Hauser, geb. am ....., ausgewiesen durch ....., und seine Ehefrau, Frau Thea Hauser, geb. Alt, geb. am ....., ausgewiesen durch ....., beide wohnhaft ....., im gesetzlichen Güterstand lebend.

Ich habe mich über den Inhalt des Grundbuchs unterrichtet. Die Erschienenen gaben bei gleichzeitiger Anwesenheit übereinstimmende Erklärungen ab, die ich wie folgt beurkunde:

1. Vorbemerkungen
   a) Im Wohnungsgrundbuch des Amtsgerichts Ahstadt von Bedorf Blatt 2142 ist eingetragen:
   Miteigentumsanteil zu 3,62/1000 an dem Grundstück der Gemarkung Bedorf FlStNr. 1863/18 Im schönsten Wiesengrund, Bauplatz zu 0,0934 ha, verbunden mit dem Sondereigentum an der im Aufteilungsplan mit Nr. 32 bezeichneten Wohnung;
   Eigentümer: Eberwein-Modellhaus Bauträger GmbH, Bedorf
   Abt. II: Gewerbebetriebsbeschränkung für den jeweiligen Eigentümer von FlStNr. 1862
   Abt. III: Buchgrundschuld zu 8 Mio. € für die Sparkasse Ahstadt;
   a) im Teileigentumsgrundbuch desselben Amtsgerichts von Bedorf Blatt 2181 ist eingetragen:
   Miteigentumsanteil von 0,3/1000 an demselben Grundstück, verbunden mit dem Sondereigentum an der im Aufteilungsplan mit Nr. 62 bezeichneten Garage. Übrige Eintragungen wie vorstehend für das Wohnungseigentum wiedergegeben.

2. Verkauf
2.1. Die Eberwein-Modellhaus Bauträger GmbH – nachstehend als »der Verkäufer« bezeichnet – verkauft die in Abschn. 1. bezeichneten Wohnungs- und Teileigentumsrechte – nachfolgend zusammenfassend »Wohnungseigentum« genannt – je mit allen Bestandteilen und dem Zubehör an Herrn Emil und Frau Thea Hauser – nachstehend als »der Käufer« bezeichnet – zu Miteigentum zu gleichen Bruchteilen. Mitverkauft sind auch etwaige Anteile des Verkäufers an der Instandhaltungsrücklage und an dem sonstigen gemeinschaftlichen Vermögen der Wohnungseigentümer.

2.2. Die Soll-Beschaffenheit des Vertragsgegenstands richtet sich ausschließlich nach gegenwärtigem Vertrag; vorvertragliche Informationen, insbesondere in einem Verkaufsprospekt, werden durch die Regelungen im gegenwärtigen Vertrag vollständig verdrängt. Der Vertragsgegenstand wird grundsätzlich verkauft wie er liegt und steht; dies ist die hiermit vertraglich vereinbarte Beschaffenheit.[121] Der Verkäufer ist nicht verpflichtet, die gegenwärtige Beschaffenheit noch irgendwie zu verändern oder zu verbessern. Er steht aber im Sinn einer Beschaffenheitsvereinbarung – nicht einer Garantie – dafür ein, dass bei Errichtung der Bauwerke die baurechtlichen Bestimmungen beachtet, zugelassene und normgerechte Baustoffe verwandt und die bei Beginn der Bauarbeiten allgemein anerkannten Regeln der Technik befolgt worden sind, und weiter, dass keine schädlichen Bodenveränderungen bestehen, die den nach gegenwärtigem Vertrag voraus-

---

[121] Die Mängelhaftung richtet sich nach BGH NJW 2016, 1575 nach Kaufrecht, wenn die Wohnung bereits drei Jahre vermietet war. Es wird vertreten, es sei – obwohl es nichts mehr zu bauen gibt – eine Baubeschreibung erforderlich (so Gutachten DNotI-Report 2017, 1034).

gesetzten Gebrauch des Vertragsgegenstands beeinträchtigen würden oder nach öffentlichem Recht beseitigt werden müssten.

2.3. Der Verkäufer hat dem Käufer den Vertragsgegenstand frei von Miet- und Pachtverhältnissen und frei von sonstigen gegen den Käufer fortgeltenden Besitzrechten zu verschaffen. Er garantiert, dass der Vertragsgegenstand nicht der Wohnungsbindung und keiner anderen Belegungs- oder Mietbindung unterliegt.

2.4. Der Käufer duldet das Fortbestehen der in Abt. II des Grundbuchs eingetragenen Belastung; der Verkäufer ist nicht verpflichtet, sie zu beseitigen. Der Verkäufer hat dem Käufer das Eigentum frei von weiteren im Grundbuch eingetragenen Belastungen zu verschaffen.
Die Beteiligten stimmen der Löschung des eingetragenen Grundpfandrechts mit Vollzugsantrag zu. Sie beauftragen den Notar, die Bewilligung zu erholen.

2.5. Im Übrigen wird der Vertragsgegenstand auch in der rechtlichen Beschaffenheit verkauft, die er derzeit hat. Der Verkäufer ist nicht verpflichtet, diese noch irgendwie zu verändern oder zu verbessern.
Der Käufer kennt insbesondere die Teilungserklärung und duldet die sich daraus ergebenden Beschränkungen, die zum Inhalt des Sondereigentums gehören. In den bestehenden Verwaltervertrag und in die sonstigen von der Gemeinschaft der Wohnungseigentümer abgeschlossenen derzeit laufenden Verträge tritt der Käufer mit Besitzübergang ein. Der Notar hat darauf hingewiesen, dass früher gefasste Beschlüsse der Wohnungseigentümer über die Verwaltung des gemeinschaftlichen Eigentums regelmäßig auch den Käufer binden.

2.6. Der Verkäufer darf die Teilungserklärung – auch in Bezug auf das gemeinschaftliche Eigentum und die Gemeinschaftsordnung – nach billigem Ermessen abändern, soweit das Sondereigentum des Käufers, die Rechte, die Bestandteil seines Sondereigentums sind (also insbesondere seine Sondernutzungsrechte) und sein Interesse am Gebrauch des gemeinschaftlichen Eigentums nicht beeinträchtigt und seine Lasten nicht erhöht werden. Die Befugnis besteht solange fort, als der Verkäufer noch Eigentümer auch nur eines Wohnungs- oder Teileigentums ist. Dazu erteilt der Käufer dem Verkäufer unter Befreiung vom Verbot des Insichgeschäfts und über seinen Tod hinaus Vollmacht, zu deren wirksamer Ausübung der Nachweis genügt, dass das Sondereigentum des Käufers und seine Sondernutzungsrechte von der Änderung nicht unmittelbar berührt werden.

3. Besitz, Gefahr, Nutzen, Lasten

3.1. Der Besitz ist – vorbehaltlich eines zulässigen Sicherungseinbehalts – Zug um Zug gegen vollständige Zahlung des Kaufpreises zu übergeben. Wegen seiner Verpflichtung, den Besitz zu übergeben, unterwirft sich der Verkäufer der sofortigen Zwangsvollstreckung aus dieser Urkunde. Der Verkäufer ermächtigt den Käufer, vom Zeitpunkt des vereinbarten Besitzüberganges an der Gemeinschaft der Wohnungseigentümer und dem Verwalter gegenüber alle Eigentümerrechte, insbesondere auch das Stimmrecht in der Eigentümerversammlung, auszuüben; der Verkäufer wird sich von diesem Zeitpunkt an der Ausübung dieser Rechte enthalten.

3.2. Die Gefahr eines zufälligen Untergangs und einer zufälligen Verschlechterung des Vertragsgegenstandes geht sofort auf den Käufer über; der Verkäufer tritt jedoch dem Käufer alle Versicherungs- und Schadensersatzansprüche ab, die er – auch als Mitglied der Eigentümergemeinschaft – wegen solcher Ereignisse gegen Dritte haben könnte. Der Verkäufer hat sich im

Übrigen so zu verhalten, dass sich der Vertragsgegenstand bis zum Besitzübergang nicht mehr verschlechtert, als dies bei Fortsetzung der bisherigen Nutzung – der Vertragsgegenstand steht leer – erwartet werden muss, und insbesondere die Maßnahmen zum laufenden Unterhalt des Vertragsgegenstandes bis zum Besitzübergang fortzuführen.

3.3. Die Nutzungen gebühren dem Käufer vom Zeitpunkt des Besitzüberganges an. Vom gleichen Zeitpunkt an hat er die laufenden Lasten des Wohnungseigentums zu tragen und insbesondere auch die laufenden Zahlungen an die Gemeinschaft der Wohnungseigentümer zu erbringen. Zahlungen, die bei Besitzübergang rückständig sein sollten, hat der Verkäufer unverzüglich zu leisten. Hierzu hat der Notar insbesondere darauf hingewiesen, dass der Käufer ungeachtet dessen der Gemeinschaft der Wohnungseigentümer gegenüber für Zahlungsrückstände des Verkäufers haftet, soweit dies die Teilungserklärung anordnen sollte.

3.4. Sollte die Abrechnung der dem Besitzübergang vorausgehenden Wirtschaftsjahre noch eine Nachschusspflicht in Geld ergeben, so obliegt deren Erfüllung dem Verkäufer; sollten für solche Wirtschaftsjahre Rückzahlungen in Geld geleistet werden, so gebühren sie noch dem Verkäufer. Hingegen sind solche Zahlungen für das bei Besitzübergang laufende Wirtschaftsjahr zeitanteilig aufzuteilen. Der Verkäufer erklärt hierzu verpflichtend, dass das laufende Wirtschaftsjahr und künftige Wirtschaftsjahre nicht mit bereits entstandenen oder von den Eigentümern bereits beschlossenen außerordentlichen Aufwendungen belastet sind.

3.5. Die Heizkosten sind in der Weise zu verteilen, dass die Zähler zum Tage des Besitzüberganges abgelesen werden und das mit der Abrechnung der Heizkosten betraute Fachunternehmen beauftragt wird, die Aufteilung der Kosten nach dem auch sonst angewandten Schlüssel vorzunehmen.

3.6. Für die Verteilung von Erschließungskosten und von Beiträgen für Ausgleichsmaßnahmen für den Naturschutz im Sinn des Baugesetzbuchs sowie von Beiträgen für Investitionsaufwand im Sinne des Kommunalabgabengesetzes ist ohne Rücksicht darauf, wem die Beitragsbescheide zugestellt werden, der gegenwärtige Herstellungszustand maßgebend. Der Verkäufer trägt die bereits beitrags- oder teilbeitragsfähig angefallenen Herstellungskosten für vorhandene oder im Bau befindliche Anlagen, soweit sie bei weitest gehender Ausnutzung der Möglichkeiten der Kostenspaltung auf den Vertragsgegenstand entfallen; er trägt weiter schon angefallene oder künftig noch anfallende Aufwendungen zum Grunderwerb für diese Anlagen. Schließlich trägt er Beiträge, die etwa durch das vertragsgegenständliche Bauvorhaben ausgelöst worden sein sollten. Darüber hinaus anfallende Kosten fallen dem Käufer zur Last. Bei Vorausleistungen, die der Verkäufer erbracht haben sollte, hat es aber sein Bewenden.

4. Auflassungsvormerkung, Auflassung

4.1. Die Vertragsteile bewilligen und beantragen, für die in diesem Vertrag begründeten Ansprüche des Käufers auf Übertragung des Wohnungs- und Teileigentums Vormerkungen in das Grundbuch einzutragen. Sie bewilligen und beantragen jetzt schon deren Löschung zugleich mit Eintragung des Eigentumsüberganges, vorausgesetzt das Eigentum wird in dem Rang eingetragen, den die Vormerkung sichert.

4.2. Zur Auflassung ist der Verkäufer erst verpflichtet, wenn der Kaufpreis vollständig bezahlt ist oder zumindest Zug um Zug bezahlt wird und dem Notar die Unbedenklichkeitsbescheinigung des Finanzamts vorliegt, die ausweist, dass der Eintragung des Eigentumsübergangs grunderwerbsteuerliche

Bedenken nicht entgegenstehen. Der Käufer ist dem Verkäufer gegenüber verpflichtet, die Grunderwerbsteuer zu zahlen.

5. **Kaufpreis**
5.1. Der Kaufpreis beträgt 200.000,00 € – zweihunderttausend Euro –.
5.2. Der Kaufpreis wird zur Zahlung fällig, sobald die nachgenannten Voraussetzungen eingetreten sind, der Notar dies dem Käufer mitgeteilt hat und seit Absendung der Mitteilung zwei Wochen vergangen sind. Er muss innerhalb der Frist beim Verkäufer eingehen; bis zur Fälligkeit ist er nicht zu verzinsen.
a) Die im vorhergehenden Abschnitt zur Eintragung bewilligten Auflassungsvormerkungen müssen im Rang unmittelbar nach den derzeit eingetragenen Belastungen eingetragen sein; auf Veranlassung des Käufers eingetragene Belastungen stören nicht;
b) für alle den Vormerkungen im Range vorgehenden Belastungen müssen, soweit sie nicht nach Maßgabe dieses Vertrages bestehen bleiben dürfen, zum Grundbuchvollzug geeignete Löschungsunterlagen vorliegen. Die Löschungsunterlagen dürfen dem Notar unter der Auflage zur Verfügung gestellt worden sein, sie nur zu verwenden, wenn Zahlungen an die Gläubiger geleistet werden, die allerdings insgesamt den Kaufpreis nicht übersteigen dürfen. Ist dem Notar eine solche Auflage gemacht worden, so hat der Käufer – wenn die übrigen Fälligkeitsvoraussetzungen vorliegen – diese Beträge zu Lasten des Kaufpreises an die Grundpfandrechtsgläubiger zu zahlen.
5.3. Der Käufer ist aufgefordert und berechtigt, vom Kaufpreis 5 %, also 10.000,00 €, zurückzuhalten. Soweit er nicht berechtigt ist, sich aus dem zurückbehaltenen Betrag wegen Sachmängeln zu befriedigen, ist der Betrag an den Verkäufer auszuzahlen, sobald alle etwaigen wesentlichen Mängel behoben sind. Der Verkäufer ist jederzeit befugt, sofortige Auszahlung des zurückbehaltenen Betrags zu verlangen, wenn er dem Käufer eine entsprechende Garantie oder ein sonstiges Zahlungsversprechen eines im Inland zum Geschäftsbetrieb befugten Kreditinstituts oder Kreditversicherers aushändigt.
5.4. Die Käufer schulden den Kaufpreis als Gesamtschuldner.
5.5. Die Ansprüche des Verkäufers auf den Kaufpreis verjähren nicht, solange dem Käufer noch unverjährte Ansprüche auf Vertragserfüllung oder Rechte wegen Verletzung einer vertraglichen Pflicht zustehen.
5.6. Der Kaufpreis ist auf das Konto bei der Sparkasse Ahstadt (IBAN DE75500400210000363654) zu zahlen, soweit er nicht an Gläubiger zu entrichten ist.
5.7. Wegen seiner Verpflichtung zur Zahlung des Kaufpreises unterwirft sich der Käufer der sofortigen Zwangsvollstreckung aus dieser Urkunde mit der Maßgabe, dass die Zwangsvollstreckung erst nach Fälligkeit und wegen des Einbehalts nach Abschn. 5.2a nur nach Stellung der dort erwähnten Garantie oder des sonstigen Zahlungsversprechens stattfinden darf. Die Zwangsvollstreckung darf aber nur mit dem Ziel der Zahlung an den Notar stattfinden; der Notar hat dann gegebenenfalls Auflagen aus dem beigetriebenen Betrag zu erfüllen und den Rest an den Verkäufer auszuzahlen.

6. **Finanzierung, Mitwirkung bei Belastung**
6.1. Es ist allein Sache des Käufers, den Kaufpreis rechtzeitig aufzubringen. Der Verkäufer vermittelt keine Finanzierungen und weist auch keine Finanzierungen nach. Falls der Käufer aber den Kaufpreis mit Darlehen finanzieren will, welche durch Grundpfandrechte zu sichern sind, verpflichtet er sich, vor Eigentumsübergang bei der Bestellung insoweit mitzuwirken, als es zur Begründung der Grundpfandrechte und zur dinglichen Zwangsvollstreckungsunterwerfung erforderlich ist. Der Verkäufer übernimmt jedoch

keine persönliche Haftung und im Verhältnis zum Käufer auch keine Kosten. Solange der Kaufpreis nicht vollständig bezahlt ist, kann der Verkäufer seine Mitwirkung davon abhängig machen, dass sichergestellt ist, dass die Grundpfandrechte nur zur Sicherung der Kaufpreiszahlung verwendet werden.

6.2. Der Verkäufer erteilt hiermit dem Käufer unter Befreiung vom Verbot der Mehrvertretung Vollmacht, ihn im vorstehenden Sinne bei der Bestellung von Grundpfandrechten zu vertreten. Untervollmacht kann erteilt werden. Von der Vollmacht kann jedoch nur zugunsten von Kreditunternehmen, die der deutschen Kreditaufsicht und zugunsten von Versicherungsunternehmen, die der deutschen Versicherungsaufsicht unterliegen, Gebrauch gemacht werden. Außerdem kann die Vollmacht wirksam nur in der Weise ausgeübt werden, dass in die Grundpfandrechtsbestellungsurkunde wörtlich der folgende Text aufgenommen wird, der nur an den offenen Stellen ergänzt und im Übrigen insofern verändert werden darf als Begriffe wie »Käufer«, »Verkäufer«, »Gläubiger«, »Pfandgegenstand«, »Grundpfandrecht« durch gleichbedeutende ersetzt und bei nicht vollstreckbaren Grundpfandrechten die auf die Unterwerfungserklärung zielenden Klauseln weggelassen werden dürfen:

»Eigentümer des Pfandgegenstandes ist noch der Verkäufer. Er hat ihn am ..... zu Urkunde des Notars ....., URNr. ....., an den Käufer verkauft. Der Verkäufer wirkt bei der Bestellung des Grundpfandrechts mit, aber nur insoweit, als es zu dessen Bestellung und Eintragung selbst samt dinglicher Zwangsvollstreckungsunterwerfung erforderlich ist; er übernimmt jedoch keine persönliche Haftung und im Verhältnis zum Käufer auch keine Kosten. In diesem Rahmen schließt er sich allen in dieser Urkunde enthaltenen Erklärungen, Bewilligungen und Anträgen an und wiederholt sie eigenen Namens. Der Notar wird angewiesen, dem Verkäufer eine Ausfertigung gegenwärtiger Urkunde zu erteilen und ihm zu gegebener Zeit eine Vollzugsmitteilung zu übersenden.

Der Verkäufer stellt das Grundpfandrecht dessen Gläubiger zur Sicherung von Ansprüchen, die sich gegen den Käufer oder sonst dritte Personen richten, nur unter folgenden Bedingungen zur Verfügung: entweder muss der volle in dem genannten Kaufvertrag vereinbarte Kaufpreis gezahlt sein oder werden oder der Grundpfandgläubiger tilgt mit seiner Zahlung jedenfalls einen Kaufpreisteil; leistet der Grundpfandgläubiger Zahlung nur in Höhe eines Kaufpreisteils, so darf er sich, solange der Kaufpreis nicht anderweitig voll bezahlt ist, aus dem Grundpfandrecht nur in Höhe der Teilzahlung befriedigen. Die Ansprüche auf Rückgewähr des Grundpfandrechts verbleiben beim Verkäufer; dieser tritt sie jedoch an den Käufer unter der aufschiebenden Bedingung der Zahlung des vollen Kaufpreises ab.«

7. Kosten, Steuern, Abschriften

7.1. Die Kosten der Errichtung, der Abschriften und des Vollzuges[122] dieser Urkunde, die Kosten erforderlicher Genehmigungen Dritter, die Kosten der Auflassung sowie die anfallende Grunderwerbsteuer trägt der Käufer. Soweit der Verkäufer zur Lastenfreistellung verpflichtet ist, trägt er die hierfür anfallenden Kosten.

7.2. Der Notar hat die Beteiligten über die Bedeutung der Unbedenklichkeitsbescheinigung belehrt. Die Beteiligten befreien die Finanzbehörden in

---

122 Nach Lange WM 2018, 258 verstößt die Verpflichtung des Käufers, die Kosten der Eintragung der Vormerkung zu tragen, gegen § 307 Abs. 1 Satz 1, Abs. 2 Nr. 1 BGB.

Ansehung des Verfahrens zur Veranlagung der Grunderwerbsteuer von der Pflicht, dem Notar gegenüber das Steuergeheimnis zu wahren.

7.3. Von dieser Urkunde sollen Abschriften erhalten:
- der Verkäufer,
- der Käufer,
- der Verwalter,
- das Amtsgericht – Grundbuchamt –,
- das Finanzamt – Grunderwerbsteuerstelle –,
- der Gutachterausschuss.

■ *Kosten.* 2,0 nach Nr. 21100 KV GNotKG.

V. Altbausanierung

1. Grundsatz

»Die« Altbausanierung gibt es nicht. Sie kann sich stufenlos als Durchführung schlichtester Schönheitsreparaturen bis zum Neubau im alten Gewand darstellen. Im ersteren Fall handelt es sich um den Verkauf einer gebrauchten Immobilie mit einigen untergeordneten Zusatzleistungen, im letzteren Fall rechtlich um den Verkauf eines neu herzustellenden Gebäudes,[123] der voll nach den vorstehenden Regelungen über den Bauträgervertrag zu behandeln ist, gegebenenfalls mit der Modifikation, dass der Rohbau bereits erstellt ist. Es ist die Aufgabe des Notars, den Charakter des Vertrags richtig einzuschätzen und dementsprechend zu formulieren. Der Bauträger ist häufig daran interessiert, den Vertragscharakter zu manipulieren, um sich von Risiken zu entlasten. Auch sträubt er sich oft dagegen, die Risiken, die dem Käufer drohen, klar und deutlich offenzulegen. Der Notar sollte solchem Drängen nicht nachgeben und dem Bauträger klarmachen, dass die gegenwärtige Rechtsprechungspraxis dahin geht, alle nicht glasklar offengelegten Risiken dem Bauträger als dem Verwender der Geschäftsbedingungen aufzuerlegen. Alle Unklarheiten gehen zulasten des Bauträgers. 115

Jedenfalls gelten alle Bauteile in dem Umfang, in dem Bauarbeiten ausgeführt werden, als »neu hergestellt«. Eine sachgerechte Differenzierung nach Art und Ausmaß der Renovierung und nach Gewähr für die Altsubstanz einerseits und die eigentlichen Renovierungsleistungen andererseits haben Rechtsprechung und Rechtsliteratur bisher nicht zu entwickeln vermocht.[124] Die Tendenz geht klar dahin, schon bei keineswegs vollständiger Neustrukturierung einen Neubau zu unterstellen.[125] 116

2. Mängelhaftung

Es ist von ausschlaggebender Wichtigkeit, die vertraglich vereinbarte Beschaffenheit so präzise wie möglich festzulegen. Insbesondere ist zu regeln, wieweit der Bauträger die zu erhaltende Altbausubstanz auf Mängel zu überprüfen hat, welche Arbeiten auszuführen sind und wer das Risiko erst während der Bauphase hervortretender, die vereinbarten Baumaßnahmen möglicherweise sogar unmöglich machender Mängel der Altbausubstanz zu tragen hat. Diese Festlegungen gehören so weit wie möglich in den eigentlichen Vertragstext, nicht in 117

---

123 Vgl. BGH DNotZ 2005, 464; BGH DNotZ 2007, 822.
124 BGHZ 98, 100 = NJW 1986, 2824; BGHZ 100, 391 = NJW 1988, 490; BGH DNotZ 1989, 299 m.w.N. (Anm. *Kanzleiter*); BGH NJW 1989, 2748.
125 BGH DNotZ 2005, 464; BGH DNotZ 2007, 822.

§ 33 Bauträgervertrag

eine etwa noch gemäß § 13a BeurkG ausgelagerte Baubeschreibung. Nachfolgend können nur typische Fälle angesprochen werden.

Minimalrenovierung

118 M Der Verkäufer hat folgende bauliche Leistungen zu erbringen: Die Fassade hat einen neuen Anstrich nach Vorgabe der Denkmalschutzbehörde zu erhalten; dabei sind Putzschäden in der Weise auszubessern, wie dies Malerbetriebe ausführen. Schäden der Dachhaut sind auszubessern. Im Gebäudeinneren haben alle Räume einen neuen Wandanstrich zu erhalten; Türen und Fenster sind neu zu lackieren. Alle Fußböden sind abzuschleifen, kleinere Schäden dabei auszubessern, und zu versiegeln.
Weitere Arbeiten obliegen dem Verkäufer nicht. Der Verkäufer weist nachdrücklich darauf hin, dass er das Gebäude weder statisch noch auf andere substanzielle Schäden hat begutachten lassen und dass eine solche Begutachtung auch nicht zu dem von ihm geschuldeten Leistungsumfang gehört. Er erklärt zwar, dass ihm von Schäden, die über das hinausgehen, was von einem Gebäude dieses Alters auch bei gutem Erhaltungszustand erwartet werden muss, nichts bekannt geworden ist; sollten dennoch solche Schäden später, auch während der Renovierungszeit, hervortreten, haftet der Verkäufer nicht. Sollten solche Schäden dazu führen, dass die vom Verkäufer geschuldeten Arbeiten nicht sinnvoll ausgeführt werden können, so hat der Käufer die Wahl, ob er auf seine Kosten einen Zustand herbeiführt, der die Ausführung der Arbeiten möglich macht, oder ob er auf die Arbeiten verzichtet; im letzteren Fall mindert sich der Kaufpreis um 130 % der Aufwendungen, die der Verkäufer dadurch erspart.
Die Haftung für die vom Verkäufer auszuführenden Arbeiten richtet sich nach den gesetzlichen Vorschriften. Im Übrigen kauft der Käufer den Vertragsgegenstand im gegenwärtigen tatsächlichen Zustand; dieser ist die vertraglich vereinbarte Beschaffenheit, die der Verkäufer auch dann nicht verändern oder gar verbessern muss, wenn sich herausstellen sollte, dass sie den Erwartungen des Käufers nicht gerecht wird.

Substanzielle Renovierung

119 M Der Verkäufer hat die vorhandene Bausubstanz sachverständig prüfen lassen. Das Gutachten des Dipl.-Ing. Franz Maurer vom ..... ist dem Käufer bekannt. Der Verkäufer ist verpflichtet, die in der beigefügten, vom Notar vorgelesenen Baubeschreibung aufgeführten Arbeiten auszuführen und den Vertragsgegenstand insgesamt in einen bezugsfertigen (»schlüsselfertigen«) Zustand zu versetzen. Sollte sich im Zuge der Bauarbeiten ergeben, dass über die in dem Gutachten festgestellten Mängel an der vorhandenen Bausubstanz hinaus weitere Mängel bestehen, die die Standfestigkeit des Gebäudes und seiner Bestandteile oder sonst die Benutzbarkeit des Vertragsgegenstands nachhaltig beeinträchtigen (z.B. Fäulnisschäden an vom Sachverständigen nicht freigelegten Deckenbalken), so wird der Verkäufer auch diese Mängel beseitigen. Darüber hinaus übernimmt der Verkäufer keine Haftung für Sachmängel der vorhandenen Bausubstanz, insbesondere nicht für Mängel, die erst nach Besitzübergabe hervortreten sollten. Insoweit ist der gegenwärtige tatsächliche Zustand auch die vertraglich vereinbarte Beschaffenheit. Die Haftung für die vom Verkäufer auszuführenden Arbeiten richtet sich nach den gesetzlichen Vorschriften.

3. Fälligkeit

Nach § 3 Abs. 2 Satz 3 MaBV gelten die Ratenregelungen der Sätze 1 und 2 bei Altbauten entsprechend mit der Maßgabe, dass die vorhandene und vertragsgemäß erhalten bleibende Substanz für die Ratenberechnung als schon erbrachte Bauleistung behandelt wird.[126]

120

Ratenplan bei Minimalrenovierung (vgl. Rdn. 118 M)

Der Kaufpreis ist wie folgt zu zahlen:
- 86 % sofort.[127]
- 14 % nach vollständiger Fertigstellung Zug um Zug gegen Besitzübergabe.

121 M

Ratenplan bei substanzieller Renovierung einschließlich neuem Dachstuhl

Der Kaufpreis ist wie folgt zu zahlen:
- 36,3 % sofort,[128]
- 28 % nach Fertigstellung der Zimmererarbeiten an der Dachkonstruktion;
- 7,7 % nach Herstellung der Dachflächen und Dachrinnen und der Fassadenarbeiten;
- 13,3 % nach Rohinstallation der Heizungs-, Sanitär- und Elektroanlagen und des Fenstereinbaus einschließlich der Verglasung;
- 2,8 % nach Fertigstellung der Fliesenarbeiten im Sanitärbereich;
- 8,4 % nach Bezugsfertigkeit Zug um Zug gegen Besitzübergabe;
- 3,5 % nach vollständiger Fertigstellung.

122 M

---

126 S. zu der Frage, was »entsprechend« bedeutet, *Basty*, MittBayNot 1997, 221.
127 Hier wird die Auffassung zugrundegelegt, dass das Merkmal »Beginn der Erdarbeiten« durch die Existenz der Altbausubstanz bereits erfüllt ist; nach anderer Auffassung setzt die Fälligkeit den »Beginn der Bauarbeiten« voraus. Des Weiteren wird unterstellt, dass die Baufortschrittsrate »Fassadenarbeiten« offen ist; diese ist mit der Bezugsfertigkeitsrate und der Rate »vollständige Fertigstellung« zur zweiten Rate zusammengefasst.
128 Hier wird die Auffassung zugrundegelegt, dass das Merkmal »Beginn der Erdarbeiten« durch die Existenz der Altbausubstanz bereits erfüllt ist; nach anderer Auffassung setzt die Fälligkeit den »Beginn der Bauarbeiten« voraus. Des Weiteren ist unterstellt, dass Estricharbeiten nicht anfallen und der Innenputz weitestgehend erhalten bleibt, so dass auch die Raten dafür sofort fällig sein können.

§ 34 Kombinierte Verträge, Bauherrenmodelle, Erwerbermodelle, Fondsmodelle, Timesharing

I. Allgemeines

1. Formen

1 Neben dem Bauträgervertrag (§ 33) finden sich in der Praxis verschiedene Formen von kombinierten Verträgen zum Erwerb von Immobilien. Modellhaft werden solche Gestaltungen dadurch, dass die Initiative hierfür nicht von demjenigen ausgeht, der die Immobilie letztlich erwerben will, sondern von Dritten, die die Steuerung übernehmen (häufig im Rahmen einer Geschäftsbesorgung oder als Treuhänder und aufgrund von Vollmachten). Neben der eher nahe liegenden Kombination von Kauf- und Werkvertrag – zuweilen in Kombination mit Vereinbarungen z.B. zur Finanzierung oder über Mietgarantien oder die Bildung von Miet-Pools (zu den steuerrechtlichen Folgen vgl. Rdn. 9) – finden sich nicht selten Gestaltungen auf gesellschaftsrechtlicher Basis. Anlass hierfür gaben nicht selten – zwischenzeitig weitgehend weggefallene – steuerrechtliche Anreize (vgl. Rdn. 8 f.). Heute scheint zuweilen im Vordergrund zu stehen, die Anwendung bestimmter den Verbraucher schützender Normen zu vermeiden (z.B. Kündigungssperrfristen).[1]

2 Folgende Gruppen kombinierter Verträge lassen sich mehr oder minder deutlich voneinander unterscheiden:

3 a) Das Generalübernehmermodell oder »kleine« oder »verdeckte« Bauherrenmodell, gekennzeichnet dadurch, dass der Verkauf eines einzelnen Eigenheims durch eine Kombination von Grundstückskaufvertrag und Bauwerkvertrag ersetzt wird;

4 b) die echte *Bauherrengemeinschaft*, gekennzeichnet dadurch, dass eine größere Zahl von Personen ein Bauvorhaben gewollt und bewusst auf eigene Rechnung und auf eigenes Risiko durchführt, häufig um es anschließend in der Weise zu liquidieren, dass jedem der Teilnehmer Sachanteile, meist Wohnungseigentum, zugewiesen werden;

5 c) das *Bauherrenmodell* im engeren Sinne, der Sache nach eine Bauherrengemeinschaft wie unter b), aber dadurch gekennzeichnet, dass eigentlicher Träger des Projekts ein Initiator ist, der die Rolle des Bauträgers vertritt,

6 d) das *Erwerbermodell*, eigentlich ein Kauf vom Bauträger, aber verbunden mit Elementen, die sonst beim Bauherrenmodell üblich sind;

7 e) *Fondsmodelle*, die sich vom Bauherrenmodell nur dadurch unterscheiden, dass die Gesellschaft nicht liquidiert wird, sondern auf Dauer ausgelegt ist.

---

[1] Zu dem sog. Münchener Modell (Erwerb eines Mehrfamilienhauses durch eine GbR mit anschließender Eigenbedarfskündigung von Mietverhältnissen im Interesse einzelner Gesellschafter und Aufteilung nach dem Wohnungseigentumsgesetz zwischen den Gesellschaftern nach Ablauf der Kündigungsfristen) und zu einer diesbezüglichen Novellierung des § 577a BGB vgl. *Klühs*, RNotZ 2012, 555.

2. »Modelle« und Steuerrecht

Anlass für solche Gestaltungen sind (waren) häufig steuerrechtliche Erwägungen (»Steuersparmodell«).[2] Erste Voraussetzung jeder einkommensteuerlichen Anerkennung ist allerdings, dass Gewinn- oder Überschusserzielungsabsicht bejaht werden kann.[3] Eine weiter gehende Sonderregelung findet sich in dem seit 10.11.2005 geltenden § 15b EStG;[4] er betrifft »Steuerstundungsmodelle«. Wenn eine modellhafte Gestaltung vorliegt und die Verluste der Anfangsphase mehr als 10 % des Eigenkapitals betragen, können diese Verluste nicht mehr mit Einkünften aus anderen Einkunftsarten, sondern nur noch mit künftigen Gewinnen aus derselben Einkunftsart verrechnet werden.

8

Ein Modell in diesem steuerrechtlichen Sinn ist nicht der Bauträgervertrag als solcher, mit dem der Erwerber neben dem Grundstück auch Bau- oder Modernisierungsleistungen erhält. Dieser kann aber »modellhaft« werden, wenn dem einzelnen Anleger gegenüber aufgrund eines vorgefertigten Konzepts Neben- oder Zusatzleistungen gegen Entgelt erbracht werden, die diesen in die Lage versetzen sollen, den sofort abziehbaren Aufwand zu erhöhen, z.B. für eine Mietgarantie oder eine Bürgschaft für die Endfinanzierung. Unerheblich ist insofern, ob die Zusatz- oder Nebenleistung vom Vertragspartner selbst, von ihm nahe stehenden Personen oder Gesellschaften oder auf Vermittlung des Vertragspartners von Dritten erbracht wird. Vereinbarungen, die die Bewirtschaftung oder Verwaltung betreffen (z.B. Aufwendungen für die Hausverwaltung, über den Abschluss eines Miet-Pools oder die Übernahme einer Tätigkeit als WEG-Verwalter) sind insofern unschädlich, soweit sie nicht Vorauszahlungen für mehr als 12 Monate vorsehen.

9

3. Zivilrechtliche Gesichtspunkte

a) Den Begriff *Bauträgermodell* greift der Bundesgerichtshof in einer Entscheidung vom 28.09.2000[5] auf. Angesprochen sind dort Gestaltungen, bei denen im Zusammenhang mit einem Bauträgervertrag (vgl. § 33) wesentliche Teile der Abwicklung über einen Treuhänder/Geschäftsbesorger bzw. eine Vollmacht erfolgen sollen; hier bedürfe derjenige, der ausschließlich oder hauptsächlich die rechtliche Abwicklung eines Grundstückserwerbs im Rahmen eines Bauträgermodells für den Erwerber besorgt, der Genehmigung nach Art. 1 § 1 Abs. 1 Satz 1 RBerG (jetzt § 3 Rechtsdienstleistungsgesetz). Andernfalls ist der betreffende Geschäftsbesorgungsvertrag nichtig.[6] Die Nichtigkeit erstreckt sich auch auf die hierzu erteilte rechtsgeschäftliche Vollmacht.[7] Der Notar muss dementsprechend Beurkundungen (Erwerbsverträge, Grundschulden) aufgrund entsprechender Vollmachten ablehnen. Im Rahmen von Modell-Gestaltungen vorgesehene Vollmachten können auch aus weiteren Gründen unwirksam sein. Unwirksam ist in der Regel eine *isolierte Vollmacht*. Für Bauherrenmodelle ist entschieden, dass, wenn der Betreuer beauftragt wird, im Namen und in Vollmacht des Auftraggebers ein Grundstück zu erwerben, nicht nur die Vollmacht, sondern auch der Betreuungsvertrag bzw. Geschäftsbesorgungsvertrag der notariellen Beurkundung bedarf.[8] Auch der Gesichtspunkt der *Unwiderruflichkeit* kann zum Beurkundungserfordernis führen.[9]

10

---

2 Vgl. BMF-Schreiben v. 20.10.2003, BStBl. I, 546, (»Fondserlass«); BMF-Schreiben v. 23.02.2001, BStBl. I, 175, mit Änderungen durch BMF-Schreiben v. 05.08.2003, BStBl. I, 406, (»Medienerlass«).
3 BFH BStBl. 1996 II, 219; BMF-Schreiben v. 08.10.2004 BStBl. I, 933.
4 Hierzu BMF-Schreiben v. 17.07.2007.
5 BGHZ 145, 265.
6 BGH NJW 2001, 70.
7 BGH v. 21.09.2001, NJW 2002, 60; BGH NJW 2002, 2325, 2326, BGH v. 20.04.2004, NJW 2004, 2745; BayObLG MittBayNot 2004, 116.
8 BGH DNotZ 1985, 294; BGH NJW 1992, 3237.
9 BGH IBR 2006, 174; OLG Schleswig DNotZ 2000, 775.

11 b) Die hier in Rede stehenden Gestaltungen bedürfen mit allen Nebenabreden der notariellen Beurkundung gemäß § 311b Abs. 1 BGB, wenn eine Verpflichtung zur Veräußerung oder zum Erwerb von Grundbesitz Gegenstand des Vertrags ist (vgl. § 32, § 34). Zum Beurkundungserfordernis führen gemäß § 4 Abs. 3 WEG auch Vereinbarungen über eine Verpflichtung zur Einräumung oder zum Erwerb von Sondereigentum im Sinne des Wohnungseigentumsgesetzes.

12 Unter diesen Gesichtspunkten ist auch ein *Gesellschaftsvertrag* beurkundungspflichtig, wenn sich dabei ein Gründungsgesellschafter zur Einbringung eines ihm gehörenden Grundstücks in die Gesellschaft verpflichtet oder sich Gesellschafter verpflichten, später den Grundbesitz – ggf. nach Teilung nach WEG – zu veräußern oder zu erwerben.[10] Nach der Rechtsprechung des Bundesgerichtshofs ist der Vertrag über die Gründung einer Gesellschaft nicht formbedürftig, wenn der Zweck allgemein als »Erwerb, Verwaltung und Verwertung« o.ä. beschrieben ist und nicht den Erwerb eines bestimmten Grundstücks oder die Veräußerung bindend festlegt.[11] Teilweise wird eine Beurkundungspflicht auch dann verneint, wenn der Vertrag über den Erwerb bereits abgeschlossen ist.[12]

13 Davon zu unterscheiden ist die Frage, ob der *Beitritt* zur Gesellschaft oder die *Übertragung einer Beteiligung* beurkundungspflichtig ist. Nach der Rechtsprechung bedarf die Übertragung und der Erwerb von Mitgliedschaftsrechten an einer Personengesellschaft sowie auch die Verpflichtung hierzu auch dann nicht der notariellen Form, wenn das Gesellschaftsvermögen im Wesentlichen aus Grundbesitz besteht.[13] Vertragsgegenstand sei die gesellschaftsrechtliche Beteiligung, nicht (unmittelbar) der Grundbesitz. Der Erwerb bzw. Verlust der (gesamthänderischen) Mitberechtigung an dem Gesellschaftsgrundstück sei hier nur Folge des Erwerbs oder Verlusts der Mitgliedschaft (§ 738 Abs. 1 Satz 1 BGB). Möglich ist nach dieser Rechtsprechung die Anwendung des § 311b BGB bei Umgehungsfällen, wenn also eine Gestaltung nur deshalb gewählt wird, um § 311b BGB auszuhebeln, oder wenn eine Erwerbspflicht im Fall der Liquidation der Gesellschaft besteht (Rdn. 28, 43).

14 c) Bei zusammengesetzten Verträgen kann das *Verbot der Architektenbindung* nach Art. 10 § 3 des Mietrechtsverbesserungsgesetzes zu beachten sein (vgl. § 45 Rdn. 9 ff.). Dieses sog. Koppelungsverbot,[14] nach dem eine Vereinbarung, mit der sich der Erwerber eines Grundstücks verpflichtet, bei der Planung oder Durchführung eines Bauvorhabens einen bestimmten Ingenieur oder Architekten in Anspruch zu nehmen, unwirksam ist, gilt für Bauträgerverträge nicht.[15]

II. Generalübernehmermodell, kleines/verdecktes Bauherrenmodell

1. Grundstück und Werkleistung aus einer Hand

15 Soll der Grundstücksverkäufer verpflichtet sein, auf dem verkauften Grundstück ein Bauwerk zu errichten, so handelt es sich um einen *einheitlichen Vertrag*, der insgesamt der *Beurkundungspflicht* nach § 311b Abs. 1 BGB unterliegt.[16] Soweit die Voraussetzungen des § 34c GewO bzw. der Makler- und Bauträgerverordnung vorliegen müssen deren Regelungen bei der Vertragsgestaltung umgesetzt werden (vgl. § 33). Die MaBV ist als gewerberechtliche

---

10 BFH NZM 2004, 660.
11 BGH NJW 1996, 1279; BGH NJW 1998, 376.
12 Vgl. *Reinelt*, NJW 1992, 2052.
13 BGHZ 86, 367; BGH NJW 1998, 376.
14 BGH DNotZ 2000, 848.
15 BGH NJW-RR 1991, 143; BGH DNotZ 1989, 746; BGH DNotZ 1987, 26; BGH DNotZ 1984, 690.
16 BGH NJW 1994, 721, BGH DNotZ 1981, 115.

Regelung insbesondere nur anwendbar, wenn der Veräußerer gewerbsmäßig tätig ist. Für das Kriterium der Gewerbsmäßigkeit wird man wohl nicht auf die betreffenden Grundsätze des Steuerrechts abstellen können; dort wird nämlich Gewerbsmäßigkeit – in Abgrenzung zu einer privaten Vermögensverwaltung – auch bei einem Handeln »wie ein Bauträger« angenommen. Nach neuerer Auffassung der Finanzverwaltung,[17] die an die betreffende Rechtsprechung des Bundesfinanzhofs anknüpft,[18] wird die Gewerbsmäßigkeit, also die erforderliche nachhaltige Teilnahme am wirtschaftlichen Verkehr, durch einen Verkauf vor Fertigstellung des Gebäudes indiziert.[19] Dies soll insbesondere unabhängig davon gelten, wie viele Objekte insgesamt verkauft werden oder verkauft werden sollen. Danach würde für jeden Vertrag, mit dem ein Grundstück (oder Miteigentumsanteil an einem Grundstück) unter gleichzeitiger Übernahme einer Bauverpflichtung veräußert wird, auch in Sanierungsfällen, die (wohl kaum widerlegbare) Vermutung der Gewerblichkeit bestehen.[20] Gewerberechtlichen Erwägungen dürfte es wohl eher entsprechen, darauf abzustellen, ob innerhalb eines überschaubaren Zeitraums von vielleicht 5 Jahren bei kleineren Vorhaben mehr als drei Objekte, bei größeren Vorhaben mehr als zwei Objekte verkauft werden.

16 Ist die Makler- und Bauträgerverordnung nicht anwendbar (z.B. weil es an der Gewerbsmäßigkeit fehlt), ist der Verkäufer nicht gehindert, Zahlungen des Erwerbers entgegenzunehmen, auch wenn die Voraussetzungen der MaBV nicht gegeben sind. Gleichwohl wird man die Verträge in aller Regel entsprechend gestalten, jedenfalls wenn allgemeine Geschäftsbedingungen verwendet werden oder auf der Erwerberseite ein Verbraucher beteiligt ist. Dies gilt insbesondere im Hinblick auf eine Sicherung des Erwerbsanspruch durch Auflassungsvormerkung (vgl. § 33 Rdn. 80) und die Vereinbarungen von Zahlungen nach Baufortschritt, um die Gefahren aufgrund ungesicherter Vorleistungen angemessen zu reduzieren. Andernfalls hat der Notar zumindest auf die betreffenden Risiken und auf Möglichkeiten, diese Risiken zu vermeiden, eindringlich hinzuweisen. Gut vertretbar erscheint aber eine Abweichung von der MaBV im Hinblick auf die Höhe der vereinbarten Zahlungen, wenn die Leistungen des Veräußerers einen höheren Wert haben als es den Höchstsätzen des § 3 Abs. 2 MaBV entspricht, wenn also z.B. der Wert des Grundstücks höher ist als 30 % der gesamten Vertragssumme.

17 Ob die Anwendbarkeit der MaBV schon allein dadurch entfällt, dass dem Erwerber vorab das Grundstück übereignet wird, erscheint nach einer Entscheidung des BGH unsicher.[21] Die MaBV setzt aber auch voraus, dass der Gewerbetreibende Bauherr ist.[22] Wer bestimmenden Einfluss auf Planung und Ablauf des Bauvorhabens hat, die Genehmigungsplanung betreibt und die Weisungs- und Steuerungsrechte während des Baugeschehens ausübt, ist als Bauherr im Sinne der gewerberechtlichen Vorschriften anzusehen.[23] Nachdem das Grundstückseigentum ein Indiz dafür sein kann, wer Bauherr ist, kann infolge des Eigentumserwerbs die Bauherreneigenschaft des Erwerbers zu bejahen sein und deswegen die MaBV nicht (mehr) gelten. Unklar ist die Anwendbarkeit der MaBV, wenn der Eigentumserwerb und/oder die vertragsgemäße Freistellung des Grundstücks von Grundpfand-

---

17 Vgl. Schreiben des Bundesministeriums der Finanzen v. 26.03.2004 (Az. IV A 6 – S. 2240-46/04) abgedruckt in MittBayNot 2004, 386; hierzu auch *Tiedtke/Wälzholz*, MittBayNot 2004, 325 und MittBayNot 2004, 5.
18 Vgl. BFH MittBayNot 2002, 217.
19 Vgl. Tz. 28 des Schreibens des Bundesministeriums der Finanzen vom 26.03.2004 (MittBayNot 2004, 386, 391); zum Merkmal der Nachhaltigkeit i.S.d. § 15 Abs. 2 EStG beim Verkauf eines einziges Grundstücks, vgl. BFH ZfIR 2006, 476 und BFH ZfIR 2006, 30 m. Anm. *Naujok*.
20 Vgl. auch BFH ZfIR 2007, 696 (Ls.) zur Gewerblichkeit der Einkünfte eines – an sich freiberuflich handelnden – Ingenieurs oder Architekten, der die schlüsselfertige Erstellung von Gebäuden (auf fremden Grund) erbringt, i.S.d. Gewerbesteuerrechts.
21 BGH ZfIR 2007, 618.
22 BGH NJW 1978, 1054; BVerwG NJW 1987, 511; OLG München NJW-RR 1998, 352.
23 DNotI-Report 2016, 41, 42 (zu dem Fall, dass eine Bauherrengemeinschaft das Bauvorhaben durchführt, aber nur einer aus dieser Gemeinschaft als Veräußerer auftritt).

rechten[24] bis zur vollständigen Zahlung sowohl des Grundstückspreises als auch des Werklohns hinausgeschoben wird.

18 Bestehen Zweifel hinsichtlich der Anwendbarkeit der MaBV, sollte der Vertrag erst recht entsprechend deren Vorgaben gestaltet werden. Andernfalls besteht in erster Linie für den Veräußerer das Risiko, dass – z.B. in einem Streit wegen Mängeln des Objekts – die Unwirksamkeit der betreffenden Regelungen geltend gemacht wird. Sieht der Vertrag z.B. Zahlung abweichend von § 3 MaBV vor (etwa eine erste Zahlung unmittelbar nach Vertragsschluss, also ohne dass die Voraussetzungen des § 3 Abs. 1 und 2 MaBV vorliegen) ist in der Folge der gesamte Zahlungsplan unwirksam; der Veräußerer kann dann verpflichtet sein, bereits erhaltene Leistungen zurück zu zahlen und einen Zinsausgleich gemäß § 818 Abs. 1 BGB leisten zu müssen.[25] Bestehen die Beteiligten gleichwohl auf von der MaBV abweichenden Regelungen, wird der Notar auf die Problematik hinweisen:

Belehrungsvermerk

19 M Der Notar hat auf die Bestimmungen der Makler- und Bauträgerverordnung (MaBV) hingewiesen und erläutert, unter welchen Voraussetzungen diese anwendbar ist. Er hat weiter dargestellt, dass die vorstehend getroffenen Regelungen zur Fälligkeit des Kaufpreises in verschiedener Hinsicht von der MaBV abweichen und die Folgen eines Verstoßes aufgezeigt, insbesondere dass bei Anwendbarkeit der MaBV der Kaufpreis in Folge der vereinbarten Abweichung insgesamt frühestens erst nach vollständiger Fertigstellung und Abnahme des Bauwerks fällig würde und der Veräußerer die Zahlungen vorher ungeachtet der hier getroffenen Vereinbarungen nicht entgegennehmen dürfte und erhaltene Zahlungen – u.U. zuzüglich eines Zinsausgleichs – zurückzahlen müsste. Hierzu erklären die Beteiligten, dass nach ihrer übereinstimmenden Einschätzung die Voraussetzungen für die Anwendbarkeit der MaBV nicht gegeben sind, weil der Veräußerer nicht gewerblich handelt. Der Notar hat darüber belehrt, dass Zweifel an die Richtigkeit dieser Einschätzung bestehen und die MaBV und deren Voraussetzungen nicht der Disposition der Vertragsteile zugänglich sind und die skizzierten Folgen demnach ggf. unabhängig von ihren derzeitigen Überzeugungen eintreten würden. Die Beteiligten wünschen trotz der bestehenden Zweifel und trotz der genannten Konsequenzen im Falle einer Fehleinschätzung die vorstehende Gestaltung.

2. Unterschiedliche Vertragspartner

20 In der Praxis finden sich immer wieder Konstellationen, bei denen Grundstück und Werkleistungen nicht aus einer Hand kommen.[26] Sofern der Erwerber das Grundstück und zum Zwecke seiner Bebauung einen Werkunternehmer selbstständig sucht, stehen diese Verträge in keinerlei rechtlich relevanten Beziehung. Auch die Absprache im Werkvertrag, dass dieser nur gelten soll, wenn es zu dem Kaufvertrag kommt, ändert hieran nichts; insbesondere führt sie nicht zur Beurkundungsbedürftigkeit des Werkvertrags.[27]

21 Modellhaft können diese Konstellationen dann werden, wenn Grundstück und Werkleistung als Paket angeboten werden. Der typische Fall ist, dass der Initiator das Grundstück »an der Hand« hat und dieses gemeinsam mit Bauleistungen anbietet. Das An-der-Hand-

---

24 Vgl. *Reithmann*, ZfIR 1997, 449, 450; *ders.*, DNotZ 2000, 130.
25 BGHZ 146, 250; BGH ZfIR 2007, 618.
26 Vgl. BGHZ 78, 346; OLG Hamm OLG-Report 1998, 298; – Hierzu näher auch Bauträgermerkblatt der Landesnotarkammer Bayern v. 01.08.1997 in Teil B (»verdecktes Bauherrenmodell«).
27 BGH DNotZ 2002, 944; BGH NJW 2001, 226; BGH DNotZ 2000, 635.

haben kann aufgrund lockerer Absprache mit dem Grundstückeigentümer beruhen oder rechtlich gesichert sein (z.B. durch ein Angebot des Grundstückseigentümers, u.U. ein Angebot an noch zu benennende Dritte, vgl. § 32 Rdn. 417 ff.); es kommen insbesondere auch unterschiedliche Formen rechtlicher oder wirtschaftlichen Verbundenheit oder Abhängigkeit in Betracht (z.B. Schwesterunternehmen). Aus Sicht des Erwerbers und auch des Initiators spricht bei solchen Gegebenheiten viel für ein – auch i.S.d. § 311b Abs. 1 BGB – einheitliches Vertragswerk; der Erwerber will die Bindung an den Werkvertrag nur, wenn er auch das Grundstück erhält, das Grundstück soll nur übereignet werden, wenn auch der Werkvertrag zur Durchführung kommt.[28]

Den Interessen von Initiator und Erwerber dürfte häufig eine Regelung gerecht werden, nach der der Grundstückskaufvertrag zur Rückabwicklung gebracht werden kann, wenn der Werkvertrag nicht ordnungsgemäß durchgeführt wird, wobei es höchst wünschenswert erscheint, in diesem Fall bestehende Rückzahlungsansprüche zu sichern. Ein Bedürfnis für solche Regelungen dürfte insbesondere dann bestehen, wenn sich der *Grundstückskaufpreis* eher als *überhöht* darstellt und wirtschaftlich nur dadurch tragbar wird, dass die Bauleistung zu niedrigeren als Marktpreisen angeboten wird. Beim Erwerb von noch zu errichtendem Wohnungs- oder Teileigentum kann es sachgerecht sein, alle erwerbenden Miteigentümer gesellschaftsvertraglich zum Zwecke der Errichtung des Gebäudes zusammenzuschließen, da die isolierte Herstellung einzelner Wohnungen nicht möglich ist.[29]   22

Rücktrittsrecht

Der Käufer ist berechtigt, vom schuldrechtlichen Teil dieses Kaufvertrags zurückzutreten, wenn der Werkvertrag in Teil D. dieser Urkunde vom Auftragnehmer aus von diesem zu vertretenden Gründen nicht erfüllt wird oder wenn ein Insolvenzverfahren über das Vermögen des Auftragnehmers eröffnet und das Verfahren nicht innerhalb von drei Monaten aufgehoben wird. Ihm ist bewusst, dass im Falle eines Rücktritts etwaige Rückzahlungsansprüche nicht gesichert wären.   23 M

Häufig wird sich der Grundstückseigentümer diese Sicht allerdings nicht zu eigen machen wollen und eine Rückabwicklung des Kaufvertrags ablehnen; dies wird insbesondere dann der Fall sein, wenn für ihn am Zustandekommen und der Abwicklung des Werkvertrags kein weiteres Interesse besteht. In diesen Fällen wird man einen Ausgleich der Interessen von Initiator und Erwerber in deren Vertragsverhältnis anstreben.   24

Es bedarf einer Vertragsgestaltung, die – unabhängig davon, ob die MaBV anwendbar ist (vgl. Rdn. 16), und auch, wenn der Grundstückeigentümer sich nicht einbinden lässt – Grundstückskauf und Werkvertrag miteinander verzahnt.[30] Zahlungen aufgrund des Werkvertrags sollten frühestens fällig werden, wenn der Grunderwerb sicher ist. Zu erwägen sind insbesondere auch einerseits ein Übereignungsanspruch des Initiators gegen den Erwerber für den Fall, dass dieser seine (Zahlungs-)Verpflichtungen aus dem Werkvertrag nicht erfüllt oder diesen kündigt (§ 649 BGB[31]), andererseits eine Erwerbsverpflichtung des Initiators, falls der Werkvertrag nicht erfüllt wird; die (bedingten) Zahlungsansprüche soll-   25

---

28 Zu Amtspflichten des Notars ggü. den am – nicht beurkundeten – Vertrag Beteiligten und der Haftung des Notars vgl. OLG Celle RNotZ 2006, 190; hierzu auch *Ganter*, DNotZ 2007, 246, 247.
29 Reithmann/Meichssner/v. Heymann/*Reithmann*, D.57.
30 Vgl. Landesnotarkammer Bayern, Bauträgermerkblatt, Teil B.
31 Ein Ausschluss oder eine Einschränkung des freien Kündigungsrechts ist in einem reinen Werkvertrag nach Auffassung des Bundesgerichtshofs mit den wesentlichen Grundgedanken der gesetzlichen Regelung des § 649 Satz 1 BGB nicht zu vereinbaren (§ 9 Abs. 2 Nr. 1 AGBG, jetzt § 307 Abs. 2 Nr. 1 BGB), BGH NJW 1999, 3261.

26 Im Hinblick auf die Grunderwerbsteuer (Einzelheiten § 32 Rdn. 10) wird bei den dargestellten Gestaltungen zur Bemessungsgrundlage neben dem Grundstückskaufpreis in aller Regel auch das Entgelt für die Werkleistungen gehören. Dies gilt auch, wenn der Grundstückseigentümer am Werkvertrag kein weiteres Interesse hat und die beiden Verträge nicht in einer Urkunde enthalten sind. Erfolgt die Beurkundung in getrennten Verträgen, müssen beide dem Finanzamt nach § 18 Abs. 1 Nr. 1 GrEStG *angezeigt* werden. Zusätzlich unterfällt der Bauwerkvertrag anders als der Bauträgervertrag im Fall einer Aufspaltung von Kauf- und Werkvertrag der USt.[33]

ten möglichst – z.B. durch Bürgschaft – gesichert werden:[32] Solche Vereinbarungen führen selbstverständlich zur Beurkundungspflicht hinsichtlich des Werkvertrags.

Grundstückskaufvertrag mit Fertighausvertrag

27 M Verhandelt zu ..... am .....
Es sind erschienen:
1. Herr Hans Grund, ...
2. Herr Franz Treu, ...
3. Herr Fritz Fertig, ...,
hier handelnd für Fa. Schnellbau Fertighaus GmbH mit Sitz in Holzminden, Anschrift .....
Vertretungsbescheinigung erfolgt gesondert.
Nach Unterrichtung über den Grundbuchinhalt beurkunde ich den Erklärungen der Erschienenen gemäß, was folgt:
1. Herr Grund und Herr Treu schließen hiermit den Grundstückskaufvertrag, der dieser Urkunde als Anlage 1 beigefügt ist. Auf diese Anlage wird verwiesen; sie wurde vom Notar vorgelesen.
2. Herr Treu und die Schnellbau Fertighaus GmbH schließen hiermit den Vertrag über die Errichtung eines Fertighauses, der dieser Urkunde als Anlage 2 beigefügt ist. Auch auf diese Anlage wird verwiesen; sie wurde vom Notar vorgelesen.
3. Zum Verhältnis zwischen Grundstückskaufvertrag Anlage 1 und Fertighausvertrag Anlage 2 wird vereinbart: Der Käufer kann die Erfüllung des Grundstückskaufvertrags weder ganz noch zum Teil deshalb verweigern, weil Störungen im Fertighausvertrag auftreten. Wird hingegen der Fertighausvertrag aus irgendeinem Grunde unwirksam oder fällt die Pflicht, ihn zu erfüllen, insgesamt fort, so ist der Verkäufer befugt, vom Grundstückskaufvertrag zurückzutreten. Weitergehende Ansprüche hat er für diesen Fall nicht. Wird der Grundstückskaufvertrag aus einem Grunde nicht erfüllt, den der Käufer nicht zu vertreten hat, so ist er befugt, vom Fertighausvertrag zurückzutreten. Hingegen bleibt er zur Erfüllung des Fertighausvertrags verpflichtet, wenn der Grundstückskaufvertrag aus einem von ihm zu vertretenden Umstand unwirksam oder unerfüllbar wird.

....., Notar
Anlage 1: Grundstückskaufvertrag (hier nicht abgedruckt; vgl. Muster in § 32 Rdn. 25 M).
Anlage 2: Fertighausvertrag (hier nicht abgedruckt; vgl. unten § 46 Rdn. 35 M, 51 M).

Kosten. 2,0 Gebühr gemäß Nr. 21100 KV GNotKG aus dem Gesamtpreis (§ 97 GNotKG).

---

32 Vgl. *Basty*, MittBayNot 1998, 419.
33 BFH ZNotP 2000, 31, 33; *Hartmann*, MittRhNotK 2000, 11, 23.

III. Die echte Bauherrengemeinschaft

Wollen mehrere Miteigentümer ein Grundstück gemeinsam bebauen und es anschließend nach § 3 WEG in Wohnungseigentum aufteilen, so bedarf ein dahingehender Vertrag der *notariellen Beurkundung* gemäß § 4 Abs. 3 WEG. Beurkundungspflichtig ist der ganze Vertrag, einschließlich der Vereinbarungen zur Bebauung, nicht nur die eigentliche Teilungserklärung. Der Vertrag gliedert sich zweckmäßigerweise in einen Vertrag zur Errichtung einer *Gesellschaft bürgerlichen Rechts*, durch den sich die Miteigentümer zur gemeinsamen Bebauung und zur Aufteilung in Wohnungseigentum verpflichten, und die eigentliche Teilungserklärung, die nach § 4 Abs. 2 WEG zu beurkunden ist, vielfach aber erst zu einem spätere Zeitpunkt beurkundet werden kann. 28

Abweichend von allgemeinen Grundsätzen besteht bei Bauherrengemeinschaften zur Herstellung von Wohnungseigentum die Möglichkeit, eine Haftungsbeschränkung in der Weise vorzusehen, dass jeder Gesellschafter nur quotal haftet.[34] Diese Haftungsbeschränkung muss im Zweifel zum Gegenstand der Vereinbarungen mit den Vertragspartnern gemacht werden.[35] 29

Vertrag über eine Bauherrengemeinschaft

Verhandelt zu ..... am ..... 30 M

**§ 1. Wir sind die Eigentümer des im Grundbuch des Amtsgerichts ..... von ..... Blatt ..... eingetragenen Grundstücks FlSt .....
Wir errichten hiermit eine Gesellschaft des bürgerlichen Rechts zu dem Zwecke, das Grundstück nach Maßgabe der folgenden Vereinbarungen gemeinsam zu bebauen und es in Wohnungs- und Teileigentum aufzuteilen.
§ 2. Die Gesellschafter entrichten grundsätzlich keine Beiträge. Die Gesellschaft sammelt kein Vermögen an, sondern beschränkt sich auf die Organisation des gemeinsamen Bauvorhabens.
§ 3. Das Bauvorhaben ist nach der von der Bauaufsichtsbehörde am ..... unter Az.: ..... erteilten Baugenehmigung und den genehmigten Bauplänen auszuführen; Baugenehmigung und Baupläne liegen heute in Urschrift vor; auf sie wird verwiesen; Pläne wurden den Beteiligten zur Durchsicht vorgelegt und von ihnen genehmigt. Auf das Beifügen dieser Unterlagen zu dieser Urkunde wird verzichtet.
Soweit Einzelheiten durch die Baupläne nicht festgelegt sind, entscheiden die Gesellschafter nach freiem Ermessen durch Beschluss. Mit dem Bau ist unverzüglich zu beginnen; er ist zügig fertig zu stellen. Mit der gesamten Objektplanung ist der Architekt X, der bereits die Eingabepläne gefertigt hat, zu beauftragen. Sämtliche Bauaufträge sind wie üblich in der Weise zu vergeben, dass mehrere Angebote eingeholt werden und der Zuschlag dem Bewerber erteilt wird, dessen Angebot als das günstigste erscheint; das günstigste Angebot muss nicht zwingend das billigste Angebot sein.
§ 4. Es wird die Teilungserklärung samt Gemeinschaftsordnung vereinbart, die dieser Urkunde als Anlage beigefügt ist; auf sie wird verwiesen; deren Text wurde vom Notar vorgelesen, deren Pläne wurden den Beteiligten zur Durchsicht vorgelegt und genehmigt.
§ 5. Von allen Bau- und Baunebenkosten – dazu gehören auch die vom Miteigentümer A verauslagten Kosten für die Vorplanung und die Entwurfsplanung – trägt jeder Gesellschafter grundsätzlich den Teil, der seinem Miteigentumsanteil entspricht. Aus-**

---

34 BGHZ 150, 1. – Zu etwaigen weiteren Fällen vgl. *Wälzholz*, MittBayNot 2003, 35.
35 Vgl. BGHZ 142, 315; BGHZ 146, 341.

genommen davon sind Boden- und Wandbeläge sowie Gegenstände der Sanitär- und Kücheneinrichtung; hierfür trägt jeder Miteigentümer die Kosten, die in seinem Sondereigentum tatsächlich anfallen. Jeder Gesellschafter trägt auch die Kosten für Arbeiten und Einrichtungen, die über das gemeinsam Beschlossene hinausgehen.
Jeder Gesellschafter haftet dementsprechend nur quotal.
Die quotale Haftung soll auch im Außenverhältnis gelten, soweit möglich.
Diese Haftungsbeschränkung ist bei jeglicher Korrespondenz im Namen der Gesellschaft und insbesondere bei der Erteilung von Aufträgen dem Auftragnehmer gegenüber zu verlautbaren.
§ 6. Jeder Gesellschafter finanziert seinen Kostenanteil selbst, gegebenenfalls durch Belastung des ihm hier zugewiesenen Wohnungseigentums. Der Zahlungsverkehr ist in der Weise abzuwickeln, dass jeder Gesellschafter dem Geschäftsführer eine Abbuchungsermächtigung für ein geeignetes Konto erteilt, die es dem Geschäftsführer ermöglicht, jede eingehende Rechnung nach Prüfung durch den Architekten nach dem vereinbarten Verhältnis aufzuteilen und von jedem Gesellschafter seinen Anteil einzuziehen. Zur Deckung von Kleinbeträgen darf der Geschäftsführer Vorschüsse abbuchen lassen, die gewährleisten, dass das von ihm auf eigenen Namen aber für Rechnung der Gesellschaft einzurichtende Gesellschaftskonto stets ein Guthaben von ca. 5.000,00 € ausweist. Jeder Gesellschafter ist verpflichtet, dafür zu sorgen, dass die Abbuchungsaufträge unverzüglich ausgeführt werden; er haftet den übrigen Gesellschaftern ohne Beschränkung auf Sorgfalt in eigenen Angelegenheiten für Schäden, die durch Zahlungsverzögerungen entstehen.
§ 7. Die Führung der laufenden Geschäfte der Gesellschaft wird dem Gesellschafter B. übertragen, der dafür bis zur Schlussabrechnung durch den Architekten eine monatliche Vergütung von 500,00 € zu beanspruchen hat. Dem Geschäftsführer wird hiermit von sämtlichen Gesellschaftern unter Befreiung vom Verbot des Selbstkontrahierens Vollmacht erteilt, alle Geschäfte im Rahmen des Gesellschaftszwecks vorzunehmen. Die Gesellschafterversammlung darf den Geschäftsführer jederzeit in der Weise abberufen, dass sie einen anderen Geschäftsführer aus dem Kreise der Gesellschafter bestellt. Geschäfte, die über den Kreis der laufenden Geschäfte hinaus gehen, führen die Gesellschafter gemeinschaftlich. Insbesondere behalten sie sich die Entscheidung über den Inhalt des Architektenvertrags sowie die Entscheidung über die einzelnen Bauaufträge vor, soweit die Vertragssumme mehr als 10.000,00 € beträgt.
§ 8. Soweit die Gesellschafter sich die Geschäftsführung vorbehalten haben oder eine Geschäftsführungsmaßnahme an sich ziehen wollen, entscheiden sie durch Mehrheitsbeschluss. Das Stimmrecht steht ihnen im Verhältnis ihrer Miteigentumsanteile zu. Beschlüsse werden in Versammlungen gefasst, die vom Geschäftsführer nach Bedarf oder auf Verlangen von mindestens zwei Gesellschaftern einzuberufen sind. Die Einberufungsfrist soll, wenn kein Fall besonderer Dringlichkeit vorliegt, nach dem gewöhnlichen Postlauf mindestens eine Woche betragen. Die Versammlung ist ohne Rücksicht auf die Zahl der erschienenen oder vertretenen Gesellschafter beschlussfähig. Es gilt die Mehrheit der abgegebenen gültigen Stimmen, wobei Stimmenthaltungen wie ungültige Stimmen behandelt werden. Der Geschäftsführer hat die Beschlüsse in einer Niederschrift festzuhalten.
§ 9. Die Durchführung des gemeinschaftlichen Vorhabens könnte beeinträchtigt oder vereitelt werden, wenn vor Beendigung der Gesellschaft über einzelne Miteigentumsanteile oder daraus gebildete Wohnungseigentumsrechte verfügt werden sollte. Die Gesellschafter verpflichten sich daher, über ihren Miteigentumsanteil oder daraus gebildete Wohnungseigentumsrechte nicht zu verfügen, sie insbesondere nicht zu veräußern oder zu belasten, und sich insgesamt so zu verhalten, dass auch keine verfügenden Eingriffe Dritter erfolgen.

§ 10. Durch den Tod eines Gesellschafters wird die Gesellschaft nicht aufgelöst; sie wird mit seinen Erben fortgesetzt. Die Gesellschaft endet, wenn sie ihren Zweck erreicht hat.
Anlage: Teilungserklärung *(s. dazu Muster § 58 Rdn. 4 M und 51 M)*

■ *Kosten.* 2,0 Gebühr gemäß Nr. 21100 KV GNotKG. Für die Begründung von Wohnungs- und Teileigentum ist nach § 42 GNotKG als Geschäftswert der (gesamte) Wert des bebauten Grundstücks bzw. des Grundstücks samt des Werts des zu errichtenden Gebäudes anzusetzen. Für die Übernahme der Verpflichtung zur Errichtung des Bauwerks ist nach § 50 Nr. 3 GNotKG als Wert anzusetzen
a) wenn es sich um ein Wohngebäude handelt 20 % des Verkehrswerts des Grundstücks,
b) wenn es sich um gewerblich genutztes Bauwerk handelt 20 % der voraussichtlichen Herstellungskosten.
Im Sinne des § 109 GNotKG betreffen diese nicht denselben Beurkundungsgegenstand und sind dem entsprechend zu addieren.

IV. Das große Bauherrenmodell, Erwerbermodelle

1. Das »Bauherrenmodell« zeichnete sich zunächst in erster Linie durch steuerliche Anreize aus. Anliegen war vor allem, Aufwendungen, die bei einem einfachen Kauf als Anschaffungskosten bewertet würden und die nur nach normalen Sätzen und nur soweit auf die Bausubstanz entfallend steuerlich abgeschrieben werden können, in Werbungskosten umzuqualifizieren, die sofort steuerwirksam sind; der Effekt wurde durch hohe Fremdfinanzierungen gesteigert, sodass sich steuerliche Verluste in Höhe eines Mehrfachen des eingesetzten Eigenkapitals ergaben. Der hierfür maßgebliche steuerliche Rahmen hat sich grundlegend geändert (Rdn. 8, 9); dementsprechend haben diese Modelle heute keine praktische Bedeutung mehr. **31**

2. Die *rechtliche Konstruktion* des am häufigsten praktizierten Kölner Modells sah meist etwa folgendermaßen aus: Der »Bauherr« schloss mit einem »Treuhänder«, meist einem den Vorschriften der Gewerbeordnung nicht unterliegenden Freiberufler oder einem von der MaBV ausgenommenen Kreditinstitut, einen sogenannten *Treuhandvertrag*, der ein Geschäftsbesorgungsvertrag i.S.d. § 675 BGB war.[36] Darin verpflichtete sich der Treuhänder, aufgrund einer ihm zu erteilenden Vollmacht namens des Bauherrn und der übrigen Bauherren, die ebenfalls zu vertreten dem Treuhänder gestattet war, ein bestimmtes Grundstück zu kaufen, den Gesellschaftsvertrag der Bauherren abzuschließen, dieses Grundstück in bestimmter Weise in Wohnungseigentum aufzuteilen, Verträge zur Bebauung des Grundstücks, darunter insbesondere auch Baubetreuungsverträge, Generalunternehmerverträge, Generalübernehmerverträge sowie Darlehensverträge zur Zwischen- und Endfinanzierung abzuschließen[37] und alle sonstigen Rechtsgeschäfte und Rechtshandlungen, die im Rahmen des Gesamtvorhabens erforderlich werden, vorzunehmen. Der Bauherr verpflichtete sich stets zur Durchführung des Gesamtvorhabens, also auch zum Grundstückserwerb und zur Aufteilung in Wohnungseigentum. Deshalb war der Treuhandvertrag nach §§ 311b Abs. 1 BGB, 4 Abs. 3 WEG *beurkundungsbedürftig*.[38] Die Beurkundungspflicht umfasste, wie stets, den Gesamtvertrag, also auch alle Abreden über die vom Treuhänder künftig abzuschließenden Verträge, **32**

---

36 Vgl. zu den Aufklärungspflichten des Treuhänders BGHZ 102, 220 = NJW 1988, 1663 und BGH NJW-RR 1989, 1102.
37 Vgl. OLG München DNotZ 1999, 801 m. Anm. *Buchner* = MittBayNot 1999, 372 m. Anm. *Volmer*, S. 346.
38 BGH DNotZ 1985, 294; BGH NJW 1988, 132; BGH DNotZ 1990, 658.

soweit solche Abreden getroffen werden sollten. Streng vom Treuhandvertrag selbst zu unterscheiden waren die Rechtsgeschäfte, zu deren *künftiger Vornahme* sich Bauherr und Treuhänder im Treuhandvertrag verpflichteten.

33 Es lag im beiderseitigen Interesse, dass diese Rechtsgeschäfte im Treuhandvertrag ihrem Inhalt nach bereits möglichst präzise festgelegt würden. Da der Treuhänder verpflichtet war, die *Interessen des Bauherrn zu wahren,* war er grundsätzlich auch verpflichtet, alle im Rahmen des Bauvorhabens zu erbringenden Leistungen auf den einschlägigen Märkten bestmöglich einzukaufen. Abweichend davon war es aber regelmäßig Wunsch des Initiators, dass bestimmte Leistungen von ihm selbst oder von bestimmten Dritten, die entweder wirtschaftlich mit ihm identisch oder etwa durch Vereinbarung von Rückvergütungen (»kick back«) mit ihm wirtschaftlich verbunden waren, zu überhöhten Entgelten erbracht würden. Wollte sich der Treuhänder nicht wegen Untreue (§ 266 StGB) strafbar machen, so durfte er solche für den Bauherren ungünstigen Rechtsgeschäfte nur vornehmen, wenn er dazu die *ausdrückliche Weisung* oder *Einwilligung* des Bauherrn hatte. Diese Weisungen und Einwilligungen mussten also im Treuhandvertrag *ausdrücklich* erscheinen.

34 3. Die Branche hat zu jeder Zeit versucht, der notariellen Beurkundung der eigentlichen vertraglichen Vereinbarungen zu entkommen, weniger aus Kostengründen (Kosten sollten im Gegenteil produziert werden), sondern um einerseits zu vermeiden, dass der Erwerber zwischen Zusage und Beurkundung wegen zwangsläufig eintretender Zeitdifferenz noch eine Überlegungsfrist gewinnt und um andererseits die lästige notarielle Belehrung auszuschalten. Als Mittel dazu diente der *systematische Einsatz von Vollmachten.* Dabei ist zu unterscheiden:

35 Der Treuhandvertrag wurde zwar notariell beurkundet, aber aufgrund einer nur beglaubigten Vollmacht. Dem begegnete das notarielle Standesrecht; außerdem bewirkte die Beglaubigung der Vollmacht noch keine Bindung. Das andere Verfahren bestand darin, die Beurkundung des Treuhandvertrags durch eine (als unwiderruflich bezeichnete oder jedenfalls verstandene) Vollmacht zu ersetzen, die es dem Treuhänder ermöglichen sollte, unmittelbar die Rechtsgeschäfte vorzunehmen, deren es zur Durchführung des Modells bedurfte (Grundstückskaufvertrag, Bauverträge, Grundpfandrechte, Teilungserklärung usw.). Nur zögernd hat sich dann die Erkenntnis durchgesetzt, dass einerseits eine Vollmacht entsprechend § 168 Satz 1 BGB unwirksam ist, wenn das ihr zugrundeliegende Rechtsgeschäft formnichtig ist[39] und andererseits auch die notarielle Beurkundung einer Vollmacht nicht zur Unwiderruflichkeit verhelfen kann, wenn das zugehörige Verpflichtungsgeschäft mangels Beurkundung nicht wirksam ist.[40] Nachdem diese Versuche damit gescheitert waren, weicht man jetzt zu denselben Zwecken auf gesellschaftsrechtliche Konstruktionen aus (nachf.).

36 4. Nach dem Schema der Bauherrenmodelle sind auch sonstige »Modelle« mit Steuerspareffekt, insbesondere sog. *Erwerbermodelle* angelegt. Statt dass unter Zahlung eines Maklerhonorars ein Kaufvertrag für ein Grundstück oder eine Eigentumswohnung unmittelbar zwischen Eigentümer und Käufer abgeschlossen wird, wird zur Produktion von Kosten, deren sofortige steuerliche Absetzbarkeit die Beteiligten erhoffen, ein funktionell überflüssiger »Treuhänder« zwischengeschaltet.[41] Wie beim Kölner Modell schließt der Käufer mit diesem Treuhänder einen Geschäftsbesorgungsvertrag ab, aufgrund dessen der Treuhänder im Namen des Käufers ein Bündel teils notwendiger, teils aber ebenfalls nur der Kostenproduktion dienender Verträge abschließt. Da der Grundvertrag, den der Treuhänder abschließen soll, ein schlichter Kaufvertrag über ein schon hergestelltes oder erst zu errich-

---

39 BGH DNotZ 1985, 294; BGH NJW-RR 1989, 1099 m.w.N.
40 BGH NJW 1988, 2603; BayObLG NJW-RR 1996, 848 m. Anm. *Wufka*, DNotZ 1997, 312.
41 Zutreffend *Fuellmich/Rieger*, ZIP 1999, 427 und 465.

tendes Wohnungseigentum (Bauträgervertrag) ist, erübrigt sich ein Gesellschaftsvertrag mit den anderen Käufern. Für die Beurkundungsbedürftigkeit des Treuhandvertrags, für das Beurkundungsverfahren, für die wirtschaftliche Beurteilung und die Belehrung über rechtliche und wirtschaftliche Risiken und für die Formbedürftigkeit oder Formfreiheit der Folgeverträge gilt das zum Bauherrenmodell ausgeführte.

V. Fondsmodelle

»*Geschlossene Immobilienfonds*« unterscheiden sich von offenen Immobilienfonds, die das »Gesetz über Kapitalanlagegesellschaften« einer strengen Regulierung und Aufsicht unterwirft, dadurch, dass sie jeglicher gesetzlicher Ordnung und jeglichen Verbraucherschutzes entbehren. Sie lassen sich unschwer so konstruieren, dass weder die MaBV (§ 34c GewO trifft nur den Vertrieb) noch die wesentlichen Schutznormen des AGBG Anwendung finden.[42] Sie folgen, was die Einschaltung von »Treuhändern« und die Verfahren zur Produktion von Kosten betrifft, in der Regel den für das Bauherrenmodell (oben Rdn. 30 ff.) entwickelten Schemata,[43] wenn es auch Konstruktionen ohne Treuhänder gibt. (Zur steuerrechtlichen Situation s. Rdn. 8 f.) 37

Kern der Konzeption ist eine Personengesellschaft und zwar entweder eine Gesellschaft bürgerlichen Rechts oder eine *Kommanditgesellschaft*. Die Gesellschaft wird meist von den Initiatoren errichtet; anschließend werden beitrittswillige Investoren geworben. Der Beitritt geschieht entweder direkt oder wie beim Bauherrenmodell über einen *Treuhänder*. Die Gesellschaft erwirbt und bebaut ein Grundstück; um bei der BGB-Gesellschaft zu vermeiden, dass die oft große Zahl von Gesellschaftern in das Grundbuch als Eigentümer eingetragen werden muss und bei Kommanditgesellschaft dasselbe für das Handelsregister auszuschalten, wird oft ein weiterer Treuhänder eingeschaltet, der nicht mit dem Treuhänder des Beitrittsverfahrens zu verwechseln ist. Aufgabe dieses Treuhänders ist es, das Eigentum für die Gesellschaft zu halten oder als Treuhandkommanditist zu wirken. Die dabei u.U. zusätzlich anfallende Grunderwerbsteuer wird in Kauf genommen. 38

Zweck der Gesellschaft sind stets der Erwerb, regelmäßig die Bebauung und anschließend die Verwaltung eines Grundstücks. Sodann erfolgt der Beitritt der Kapitalanleger. Nach der Rechtsprechung des BGH bedürfen weder dieser Vertrag noch der Beitrittsvertrag der notariellen Beurkundung (vgl. Rdn. 12, 13). 39

Die *Verwaltung der Gesellschaft* obliegt i.d.R. einer dem Initiator nahestehenden natürlichen oder – häufiger – juristischen Person, die selbst Gesellschafter – in der KG Komplementär – ist. Die übrigen Gesellschafter sind grundsätzlich gemäß § 710 BGB von der Geschäftsführung ausgeschlossen. Allerdings sind die von der Rechtsprechung entwickelten Grundsätze zur Publikums-Personengesellschaft zu beachten,[44] sodass Grundentscheidungen bei allen Gesellschaftern verbleiben müssen. 40

Regelmäßig soll die *Haftung* der Gesellschafter *beschränkt* werden.[45] Bei der KG folgt die Beschränkung bereits aus dem System. Bei der BGB-Gesellschaft besteht zwar nach allgemeinen Grundsätzen eine unbeschränkte Haftung des Gesellschafters mit seinem Privatvermögen für alle Verbindlichkeiten der Gesellschaft einschließlich einer Nachhaftung im Fall des Ausscheidens für die bisherigen Gesellschaftsverbindlichkeiten für weitere 5 Jahre (§ 736 Abs. 2 BGB i.V.m. § 160 HGB). Eine generelle Haftungsbeschränkung bzw. die Mög- 41

---

42 Zu Finanzierungsvollmacht und Verbraucherschutzrecht vgl. OLG München DNotZ 1999, 801 m. Anm. *Buchner* = MittBayNot 1999, 372 m. Anm. *Volmer*, S. 346, LG Heidelberg EWiR § 4 VerbrKrG 3/99, 574; LG Mannheim BB 1999, 2049.
43 *K. Wagner*, DStR 1996, 1008 zur »mittelbaren Beteiligung«.
44 BGHZ 104, 50 = NJW 1988, 1903; zusammenfassend *Schiefer*, DStR 1997, 119 und 164.
45 Ablehnend zur BGB-Gesellschaft mit beschränkter Haftung BGHZ 142, 315 = NJW 1999, 3483.

lichkeit hierzu ist nach der Rechtsprechung des BGH[46] bei geschlossenen Immobilienfonds ausnahmsweise anzuerkennen, nachdem hier der nach außen hin erkennbare Wille besteht, die Haftung auf das Gesellschaftsvermögen beschränken zu wollen; zumindest können entsprechende Regelungen in AGB genügen.

Beitritt zur Fondsgesellschaft

42 M

Verhandelt zu ..... am .....

Vor dem Notar ..... ist erschienen:
Herr ....., geb. ....., Anschrift .....
Er erklärt, dass er die nachfolgenden Erklärungen sowohl im eigenen Namen abgebe als auch zugleich als Vertreter ohne Vertretungsmacht im Namen der im Handelsregister des Amtsgerichts ....., HRB Nr. ....., eingetragenen ..... GmbH mit dem Sitz in Berlin (Anschrift) sowie aller Gesellschafter der u.a. von ihr am ..... zu Urkunde des Notars, URNr. ....., unter dem Namen »Gewerbezentrum ..... Ahstadt BGB-Gesellschaft« errichteten Gesellschaft bürgerlichen Rechts. Die schriftlich abzugebende Genehmigungserklärung der Vertretenen, welche namens der übrigen Gesellschafter von der Gewerbezentrum Ahstadt GmbH abgegeben werden wird, soll mit ihrem Eingang beim Notar wirksam sein.
Der Erschienene erklärte mit dem Antrag auf Beurkundung:
Ich verweise zunächst auf die erwähnte Urkunde des Notars .....; sie ist mir bekannt. Ich verzichte darauf, dass sie vorgelesen und hier beigefügt wird. Die gegenwärtigen Gesellschafter dieser Gesellschaft vereinbaren hiermit mit mir, dass ich der Gesellschaft als weiterer Gesellschafter mit einer in Geld zu erbringenden, sofort fälligen Kapitaleinlage von 30.000,00 € beitrete. Wegen meiner Verpflichtung zur Zahlung der Einlage an die Gesellschaft unterwerfe ich mich gegenüber der ..... GmbH als geschäftsführender Gesellschafterin der sofortigen Zwangsvollstreckung aus dieser Urkunde. Zum Beginn der Zwangsvollstreckung bedarf es nicht des Nachweises, dass die bisherigen Gesellschafter diesen Vertrag genehmigt haben. Der Notar hat mich insbesondere auf die im Gesellschaftsvertrag vereinbarten Nachschusspflichten hingewiesen.

..... Notar

■ *Kosten.* 2,0 Gebühr gemäß Nr. 21100 KV GNotKG aus dem Gesamtbetrag unter Berücksichtigung der Nachschusspflicht (§ 97 GNotKG).

43 Grundsätzlich ist der Beitritt zu einer BGB-Gesellschaft *formfrei* (vgl. Rdn. 12). Jedoch bleibt das ganze Geschäft beurkundungsbedürftig, wenn der Gesellschafter sich für den Fall der Kündigung oder eines sonstigen – sei es auch noch so fernliegenden – Falles zum *Erwerb* einer Gesellschaftsimmobilie verpflichtet.[47]

44 Bei der *Kommanditgesellschaft* ist der Beitritt grundsätzlich *formfrei*, weil sie gemäß § 124 Abs. 1 HGB unter ihrer Firma auftritt, also keine Erklärungen namens der Kommanditisten abgibt. Formbedürftig wird der Beitritt allerdings, wenn der Kommanditist sich für den Fall einer Liquidation *verpflichten* muss, eine bestimmte Immobilie (z.B. ein Wohnungseigentum) zu erwerben (§ 311b Abs. 1 Satz 1 BGB). Das Gleiche gilt, wenn es Inhalt des Beitrittsvertrags ist, dass der Beitretende im Fall der Liquidation Anspruch auf Übereignung einer bestimmten Immobilie haben soll; dazu genügt es bereits, wenn das im Gesellschaftsver-

---

46 BGHZ 150, 1; *Wälzholz,* MittBayNot 2003, 35.
47 Vgl. *Reimann,* DStR 1991, 154; zur steuerlichen Behandlung der Erwerbsverpflichtung aus dem Gesellschaftsvermögen BFH BStBl. 1992 II, 680.

trag nur allgemein formulierte Erwerbsrecht im Beitrittsvertrag auf ein bestimmtes Objekt konkretisiert wird.

Es sind unterschiedliche **Beitrittsverfahren** in Gebrauch. Das vorstehende Muster Rdn. 42 unterstellt einen Direktbeitritt, der mit dem Problem behaftet ist, dass nicht sicher ist, ob die zur Durchführung des Projekts nötige Zahl an Gesellschaftern geworben werden kann. Scheitert bei dieser Konstruktion das Vorhaben, so hat der Gesellschafter Teile des eingezahlten Kapitals verloren und nutzlos aufgewandt. Zur Sicherung kann im Gesellschaftsvertrag vereinbart werden: 45

Zahlungsaufschub

Zur Einzahlung ihres Beitrags sind die Gesellschafter erst dann verpflichtet, wenn das ganze Gesellschaftskapital gezeichnet ist. Die geschäftsführende Gesellschafterin darf vor diesem Zeitpunkt Verpflichtungen nur in der Weise eingehen, dass sie zunächst allein persönlich haftet und erst nach Zeichnung des ganzen Gesellschaftskapitals die Gesellschaft als Schuldnerin an ihre Stelle tritt. Ist am ..... das ganze Gesellschaftskapital noch nicht gezeichnet, so ist die Gesellschaft aufgelöst. Die geschäftsführende Gesellschafterin hat in diesem Falle alle der Gesellschaft entstandenen Aufwendungen allein zu tragen. 46 M

Die Vereinbarung kann mit der Verpflichtung verbunden werden, das Kapital vorweg in die *Verwahrung eines Notars* oder eines anderen Treuhänders zu geben, um zu sichern, dass es bei Fälligkeit bereitliegt. 47

Ein anderes Verfahren, das aber nur Sicherheit bietet, wenn der Initiator von hervorragender Bonität ist, besteht darin, dass der Initiator oder eine ihm nahestehende Person sofort das gesamte Ziel-Kapital der Gesellschaft zeichnet und der Investor der Gesellschaft dann dadurch beitritt, dass er sich vom Initiator einen *Teil seines Gesellschaftsanteils abtreten* lässt. 48

Beitritt zur Fondsgesellschaft

Verhandelt zu ..... am ..... 49 M

Vor dem Notar ..... ist erschienen:
Herr ....., geb .....
Er erklärte, dass er die nachfolgenden Erklärungen sowohl im eigenen Namen abgebe als auch zugleich als Vertreter ohne Vertretungsmacht im Namen von Frau Else Reichenberg-Müller, geb. Reichenberg, ..., Kauffrau, ... Die schriftlich abzugebende Genehmigungserklärung der Vertretenen soll mit ihrem Eingang beim Notar wirksam sein.
Der Erschienene erklärte mit dem Antrag auf Beurkundung:
Ich verweise zunächst auf die Urkunde des Notars .....; in, URNr. ..... Ich verzichte darauf, dass sie vorgelesen und hier beigefügt wird.
Frau Else Reichenberg-Müller hat zu dieser Urkunde einen Gesellschaftsanteil mit der Verpflichtung zur Leistung einer Kapitaleinlage von 5 Mio. € übernommen. Sie vereinbart hiermit mit mir, mir einen Teil ihres Gesellschaftsanteils mit einer Kapitaleinlage von 30.000,00 € zu verkaufen und ihn mit unmittelbarer Wirkung sofort an mich abzutreten. Dies lässt der Gesellschaftsvertrag ausdrücklich zu. Als Gegenleistung übernehme ich mit befreiender Wirkung in Ansehung des an mich abgetretenen Gesellschaftsanteils alle im Gesellschaftsvertrag begründeten Verpflichtungen. Wegen meiner Verpflichtung zur Zahlung der Einlage an die Gesellschaft unterwerfe ich mich

gegenüber der Gewerbezentrum Ahstadt GmbH als geschäftsführender Gesellschafterin der sofortigen Zwangsvollstreckung aus dieser Urkunde. Zum Beginn der Zwangsvollstreckung bedarf es nicht des Nachweises, dass Frau Else Reichenberg-Müller diesen Vertrag genehmigt hat. Der Notar hat mich insbesondere auf die im Gesellschaftsvertrag vereinbarten Nachschusspflichten hingewiesen. Zusätzlich verpflichte ich mich, an Frau Else Reichenberg-Müller einen sofort fälligen Kaufpreis in Geld von 4.750,00 € zu zahlen.

..... Notar

■ *Kosten.* Vgl. Rdn. 42.

50 Der Beitritt kann auch durch einen sog. *Treuhänder* vermittelt werden (oben Rdn. 38). Sinnvoll ist das nur, wenn dieser die Sicherungsfunktion übernimmt.

Geschäftsbesorgungsvertrag

51 M Verhandelt zu ..... am .....
Vor dem Notar ..... ist erschienen:
Herr ....., geb .....
Er erklärte, dass er die nachfolgenden Erklärungen sowohl im eigenen Namen abgebe als auch zugleich als Vertreter ohne Vertretungsmacht im Namen der im Handelsregister des Amtsgerichts Charlottenburg unter HRB ..... eingetragenen LKVG Ostdeutsche Treuhand GmbH Wirtschaftsprüfungsgesellschaft mit dem Sitz in Berlin (Anschrift .....). Die schriftlich abzugebende Genehmigungserklärung der Vertretenen soll mit ihrem Eingang beim Notar wirksam sein.
Der Erschienene erklärte mit dem Antrag auf Beurkundung:
Ich verweise zunächst auf die im Urkundeneingang erwähnte Urkunde des Notars .....; sie ist mir bekannt. Ich verzichte darauf, dass sie vorgelesen und hier beigefügt wird. Wir vereinbaren, dass ich hiermit die LKVG Ostdeutsche Treuhand GmbH Wirtschaftsprüfungsgesellschaft (nachfolgend »Treuhänderin« genannt) unwiderruflich beauftrage und bevollmächtige, in meinem Namen dieser Gesellschaft beizutreten, für mich die Verpflichtung zur Leistung einer Kapitaleinlage in Geld von 30.000,00 € zu übernehmen und mich wegen dieser Verpflichtung der sofortigen Zwangsvollstreckung zu unterwerfen. Vom Verbot des Selbstkontrahierens ist die Bevollmächtigte befreit. Die Treuhänderin darf meinen Beitritt erst dann erklären, wenn ihrem fachkundigen Urteil nach die Schließung der Gesellschaft, also die Zeichnung des ganzen Kapitals durch zahlungskräftige Personen, gesichert ist. Den Betrag von 30.000,00 € verpflichte ich mich sofort zu treuen Händen an die Treuhänderin zu zahlen. Wegen dieser Verpflichtung unterwerfe ich mich der sofortigen Zwangsvollstreckung aus dieser Urkunde. Zum Beginn der Zwangsvollstreckung bedarf es nicht des Nachweises, dass die Treuhänderin diesen Vertrag genehmigt hat. Als Gegenleistung verpflichte ich mich, an die Treuhänderin ein sofort fälliges Entgelt von 4.750,00 € zuzüglich Umsatzsteuer zu zahlen. Sollte die Gesellschaft am ..... noch nicht geschlossen sein, so hat die Treuhänderin den von ihr verwahrten Betrag von 30.000,00 € ohne Zinsen an mich zurückzuzahlen und zusätzlich die Hälfte des soeben vereinbarten Entgelts.

..... Notar

■ *Kosten.* Vgl. Rdn. 42.

VI. Timesharing

Für Teilzeit-Wohnrechteverträge (»Time-Sharing«) gelten seit der Schuldrechtsmodernisierung §§ 481 ff. BGB. Für bis zum 31.12.2001 abgeschlossene Verträge ist grundsätzlich das Gesetz über die Veräußerung von Teilzeitnutzungsrechten an Wohngebäuden (Teilzeit-Wohnrechtegesetz – TzWrG) vom 20.12.1996[48] anzuwenden, auf ein dabei begründetes Dauerschuldverhältnis ab 01.01.2003 das neue Recht. 52

Time-Sharing-Verträge betreffen nach der Definition des § 481 Abs. 1 BGB das vertraglich von einem Unternehmer einem Verbraucher gegen Zahlung eines Gesamtpreises eingeräumte Recht, für die Dauer von mehr als einem Jahr ein Wohngebäude mehrfach für einen bestimmten oder zu bestimmenden Zeitraum des Jahres zu Übernachtungszwecken zu nutzen. Gegenstand solcher Verträge sind in der Praxis in der Regel ausländische Immobilien. 53

Nach der Verordnung (EG) Nr. 593/2008 des Europäischen Parlaments und des Rates über das auf vertragliche Schuldverhältnisse anzuwendende Recht (Rom I) wird auf solche Verträge oft das Ort des Belegenheitsortes anwendbar sein (Rom I 4 Abs. 1 lit. c), sofern keine Rechtswahl zum deutschen Recht getroffen wird. Nicht selten wird aber Rom I 6 zur Anwendung deutschen Rechts führen, wenn nämlich der Verbraucher hier seinen gewöhnlichen Aufenthalt hat und der Unternehmer seine Tätigkeit hier ausübt oder seine Tätigkeit (auch) auf Deutschland ausrichtet. Dies gilt unabhängig davon, dass es sich um ein Vertrag über ein dingliches Recht handelt, da Rom I 6 Abs. 4 lit. c eine Unterausnahme für Verträge über Teilzeitnutzungsrechte an Immobilien vorsieht. 54

Für die Konzeption solcher Verträge kommen zunächst rein schuldrechtliche Konstruktionen in Betracht, die freilich keinerlei Sicherheit vermitteln. Denkbar sind auch gesellschaftsrechtliche Konstruktionen in Form einer Gesellschaft bürgerlichen Rechts oder in Form einer Kommanditgesellschaft entsprechend den Fonds-Gestaltungen (Rdn. 37 ff.), bei denen im Gesellschaftsvertrag Regelungen zur Art und zeitlichen Aufteilung der Nutzung getroffen werden. Sollen die Nutzungsberechtigten das Eigentum an der betreffenden Immobilie erwerben, kann im Rahmen einer Miteigentümervereinbarung die Aufhebung der Gemeinschaft ausgeschlossen und eine zeitlich gestaffelte, in das Grundbuch als Belastung eines jeden Miteigentumsanteils einzutragende Benutzungsregelung (§ 1010 BGB) vorgesehen werden; dies bietet allerdings keinen Schutz gegen eine Auflösung aus wichtigem Grunde (§ 749 Abs. 2 BGB). 55

Tragfähig erscheint als Regelungsgrundlage insbesondere auch das *Dauerwohnrecht* nach §§ 31 ff. WEG. Insofern könnten für alle Nutzungsberechtigten im Gleichrang Dauerwohnrechte bestellt werden, die inhaltlich so gestaltet sind, dass sie die Nutzungsberechtigung nur für jeweils einen bestimmten Zeitraum im Jahr gewähren (§ 33 Abs. 4 WEG); sie können auch befristet werden. Zusätzlich wird es schuldrechtlicher oder gesellschaftsvertraglicher Vereinbarungen bedürfen, die insbesondere die Pflege, den Unterhalt und die Verwaltung regeln, allerdings nicht an der Stabilität des Dauerwohnrechts teilhaben. 56

Teilzeit-Wohnrechteverträge bedürfen gemäß § 484 BGB der Schriftform, sofern nicht in anderen Vorschriften eine strengere Form vorgeschrieben wird. So kann bei Anwendbarkeit deutschen Rechtes nach § 311b Abs. 1 BGB die notarielle Beurkundung erforderlich sein, wenn Miteigentum erworben wird. Dem Verbraucher steht gemäß § 485 BGB ein Widerrufsrecht zu.[49] 57

---

48 BGBl. I S. 2154.
49 Näher hierzu *P. Meier*, ZfIR 2014, 799.

§ 35 Teilflächenkauf

I. Vertragsgegenstand

1. Beschreibung des Vertragsgegenstands

1 Bei Kaufverträgen über Grundstücksteilflächen muss der Vertragsgegenstand entsprechend dem übereinstimmenden Willen der Vertragsbeteiligten hinreichend genau beschrieben werden. Lange galt insofern die Formel, ein »außen stehender Dritter (müsse) aufgrund der Angaben im Vertrag oder der zeichnerischen Darstellung die Grenzen der veräußerten Grundstücksteilfläche einwandfrei und unschwer feststellen können«, wobei in Bezug genommene Pläne grundsätzlich maßstabsgerecht sein müssten.[1] Die neuere Rechtsprechung[2] macht deutlich, dass für die Frage der Leistungspflicht allein § 433 Abs. 1 BGB maßgebend ist und dessen Anforderungen durch die Beurkundungspflicht nicht erhöht werden. Es genügt, dass der Vertragsgegenstand anhand der vertraglichen Regelungen bestimmbar ist. Ein maßstabsgerechter Plan ist hierzu nicht zwingend erforderlich. Die genaue Grenzziehung des Grundstücks kann vereinbarungsgemäß später erfolgen. Einem der Vertragsteile oder einem Dritten, z.B. dem Vermessungsingenieur, kann insofern ein Bestimmungsrecht eingeräumt werden (§ 315 bzw. § 317 BGB).

2 Dem sachen- und grundbuchrechtlichen Bestimmtheitserfordernis ist demnach nicht notwendig schon bei Abschluss des schuldrechtlichen Vertrags zu genügen. Dies muss auch für die Auflassungsvormerkung als Schnittstelle zwischen Schuldrecht und Grundbuchrecht gelten: Unter grundbuchrechtlichen Gesichtspunkten und auch unter dem Gesichtspunkt des Verkehrsschutzes sind für die Eintragungsfähigkeit einer Vormerkung keine erhöhten Anforderungen zu stellen.[3] Der nach den Kriterien des BGH wirksame schuldrechtliche Anspruch muss für die Eintragung der Vormerkung genügen. Dies gilt auch dann, wenn die Bestimmung der Vertragsfläche gemäß § 315 BGB einem Vertragsteil obliegt.[4]

3 § 311b Abs. 1 BGB verlangt (nur), dass der wirkliche Wille der Vertragsteile beurkundet wird. Kommt es den Vertragsteilen darauf an, bereits bei Abschluss des Vertrags die Vertragsfläche abschließend und genau festzulegen, wird man auf einen maßstabsgerechten Plan oder die eindeutige Festlegung in anderer Weise, z.B. die verbale Beschreibung der betreffenden Fläche unter Bezugnahme auf markante Punkte in der Natur, nicht verzichten können. Andernfalls käme mangels übereinstimmender Willenserklärungen der Vertragsteile ein Vertrag nicht zustande.[5]

4 In Betracht kommen sowohl eine Beschreibung in Worten als auch eine Beschreibung anhand einer der Urkunde beizufügenden Lageskizze. § 9 Abs. 1 Satz 3 BeurkG ermöglicht die Bezugnahme auf einen Lageplan. Hierbei kann es sich um einen amtlichen Lageplan oder auch eine Handskizze handeln. Die Verweisung hat nach Maßgabe des § 13 Abs. 1 Satz 1 BeurkG zu erfolgen. Es reicht insbesondere nicht aus, wenn dem Vertrag ein Lageplan lediglich beigefügt wird. Eine besondere Unterzeichnung des Plans durch den Notar

---

1 Vgl. BGH DNotZ 2000, 121.
2 BGHZ 150, 334 = MittBayNot 2002, 390 m. Anm. *Kanzleiter*.
3 Anders OLG Hamm Rpfleger 2000, 449, 451; BayObLG MittBayNot 1981, 245.
4 BGH MittBayNot 1981, 233.
5 KG DNotI-Report 2004, 53; wegen falscher Sachbehandlung kann eine für den Vertrag erhobene Gebühr zurückzuerstatten sein, wenn die Beteiligten sich bei entsprechender Aufklärung der unterschiedlichen Auffassungen nicht einig geworden wären.

oder die Beteiligten ist nicht erforderlich, kann sich aber zu Beweiszwecken empfehlen. Worte und Zahlen auf einem Plan müssen nicht vorgelesen werden, soweit sie lediglich der Erläuterung dienen.

Noch zu vermessender Kaufgegenstand

I. (Vorbemerkung) 5 M

Im Grundbuch des Amtsgerichts ..... für ..... ist in Blatt ..... folgender Grundbesitz der Gemarkung ..... im Eigentum von A lastenfrei eingetragen:
FlSt ..... zu ..... qm.

II. (Kaufvertrag)

A
– nachstehend »Verkäufer« genannt –
verkauft aus dem in Abschnitt I. genannten Grundbesitz eine den Beteiligten nach Lage, Größe und Umfang in der Natur bekannte, erst noch zu vermessende Teilfläche von ca. ..... qm, wie sie in dem dieser Urkunde beigefügten Lageplan schwarz schraffiert eingezeichnet ist,
mit allen Rechten, Pflichten und Bestandteilen
an ..... und .....
– nachstehend »Käufer« genannt –
zum Miteigentum zu gleichen Teilen.
Auf den Lageplan wird verwiesen; er wurde den Beteiligten zur Durchsicht vorgelegt und von ihnen genehmigt. Das Ergebnis der amtlichen Vermessung bestimmt das endgültige Ausmaß der verkauften Teilfläche.

Liegt bereits ein amtliches Messungsergebnis vor (katasteramtlicher Fortführungsnachweis), kann auf diese öffentliche Urkunde nach Maßgabe des § 13 Abs. 4 BeurkG Bezug genommen werden: 6

Vermessener Grundbesitz

Auf den Fortführungsnachweis, der im Auszug zum grundbuchamtlichen Gebrauch vorliegt, einschließlich der ihm beigefügten Pläne wird verwiesen. Sein Inhalt ist den Beteiligten bekannt; Pläne wurden ihnen zur Durchsicht vorgelegt und von ihnen genehmigt. Sie verzichten auf dessen Vorlesung und Beifügung zu dieser Niederschrift. 7 M

Alternativ oder ergänzend/klar stellend kommt eine verbale Beschreibung der Vertragsfläche in Betracht, wobei darauf zu achten ist, dass Widersprüche vermieden werden. Es kann sich empfehlen, klar zu stellen, ob einer Einzeichnung im Plan oder ob der verbalen Beschreibung bei Zweifeln und Widersprüchen der Vorrang gebührt. 8

Die östliche Grenze des neu zu bildenden Grundstücks soll in einem Abstand von acht Metern parallel zur Bundesstraße bis zum Bach verlaufen;
oder: das Grundstück FlSt. 11 soll in der Weise geteilt werden, dass die derzeit zwischen Flurstück 2 und 3 verlaufende Grenze nach Süden verlängert wird, bis sie auf 9 M

die derzeitige Südgrenze von FlSt. 11 trifft; die sich so ergebende westliche Hälfte des Grundstückes ist Vertragsgegenstand).
Bei Zweifeln und Widersprüchen geht die vorstehende Beschreibung den Einzeichnungen in den Plänen vor.

10 Es ist möglich, einem Beteiligten oder einem Dritten ein Bestimmungsrecht nach Maßgabe der §§ 315, 317 BGB einzuräumen. Der Vertrag muss dann einen gewissen objektiven Maßstab vorgeben.[6]

Bestimmungsrecht

11 M Der Verkäufer wird hiermit ermächtigt, den genauen Grenzverlauf des Vertragsbesitzes nach billigem Ermessen zu bestimmen. Bei der Bestimmung hat er sich möglichst an die Einzeichnungen im vorgenannten Lageplan zu halten, wobei Abweichungen dann zulässig sind, wenn andernfalls die nach dem geltenden Bebauungsplan mögliche Bebauung des dem Verkäufer verbleibenden Restgrundstücks mit einem Wohngebäude mit den Außenmaßen von 9 × 11 m eingeschränkt wäre.

2. Flächenangaben

12 Häufig wird in einem Kaufvertrag über eine Grundstücksteilfläche die Bestimmung aufgenommen, es werde eine Fläche von »ca. ..... qm« verkauft. Diese Angabe ist nicht zwingend.

13 In der Regel wird es den Beteiligten auf den gewünschten Grenzverlauf in der Natur ankommen,[7] eher ausnahmsweise auf eine bestimmte Flächengröße (etwa dann, wenn eine Mindestgröße des Grundstücks Voraussetzung für eine angestrebte Bebauung ist). Der Notar hat den Willen der Beteiligten aufzuklären und den Vertrag eindeutig zu gestalten. Versäumnisse führen zur Amtshaftung.[8]

14 M Verkauft wird eine Fläche von mindestens 900 qm, wie sie sich aus dem dieser Urkunde beigefügten Lageplan ergibt; das Flächenmaß hat Vorrang vor dem im Lageplan dargestellten Grenzverlauf.

oder

15 M Verkauft wird die Teilfläche, wie sie im Lageplan eingezeichnet ist; die Einzeichnung hat Vorrang vor der angegebenen Flächengröße.

3. Abweichungen des Messungsergebnisses

16 Weicht das spätere Messungsergebnis nicht unerheblich von der nach dem Kaufvertrag vereinbarten Flächengröße oder dem im Vertrag festgelegten Grenzverlauf ab, kann die Identität von verkaufter und vermessener Fläche fraglich sein.[9] Ggf. bedarf es einer beurkundungspflichtigen Änderungsvereinbarung, mit der die vermessene Fläche zum Vertragsbesitz gemacht wird. Ggf. ist auch der Kaufpreis anzupassen (vgl. Rdn. 30).

17 Erhöht sich aufgrund des Messungsergebnisses der geschuldete Kaufpreis, bedarf es zum grundbuchamtlichen Vollzug der Auflassung regelmäßig einer weiteren oder ergänz-

---

[6] OLG Düsseldorf MittRhNotK 1997, 23.
[7] BGH DNotZ 1981, 235.
[8] OLG Nürnberg DNotZ 1990, 458.
[9] BGH MittBayNot 1995, 31.

ten *grunderwerbsteuerlichen Unbedenklichkeitsbescheinigung* (§ 22 GrEStG), es sei denn die Steuer wurde von Vornherein endgültig festgesetzt. Erreicht die Erhöhung nicht die Bagatellgrenze des § 3 Nr. 1 GrEStG von € 2.500,00, fällt wohl keine weitere Grunderwerbsteuer an.[10]

Ein Verzicht auf das *Vorkaufsrecht* nach Baugesetzbuch oder behördliche *Genehmigungen* zu dem abgeschlossenen Vertrag, z.B. nach Grundstückverkehrsgesetz, werden auch bei geringfügigen Flächenabweichungen für das Grundbuchverfahren hinreichend bleiben.[11] Wurde eine kleine Teilfläche verkauft (z.B. 10 m²), wird angesichts des Zwecks der Vorkaufsrechtserklärung bzw. des Genehmigungserfordernisses auch eine relativ große Flächenabweichung (z.B. von 3 m²) als unschädlich anzusehen sein, bei größeren Flächen wird man auf eine prozentuale Abweichung (je nach Sachverhalt zwischen 1 – 10 %) abzustellen haben (vgl. auch Rdn. 48). 18

II. Teilungsgenehmigung, Vermessung

1. Eine Grundstücksteilung kann genehmigungspflichtig sein. Nach Änderung des Baugesetzbuches (vom 18.08.1997, BGBl. I S. 2081) können insofern nur landesrechtliche Regelungen in Betracht kommen.[12] Für das grundbuchamtliche Verfahren bedarf es insofern entweder der Vorlage der Genehmigung oder eines entsprechenden Negativattestes der Gemeinde, es sei denn es wäre amtsbekannt, dass eine Genehmigung nicht erforderlich ist. 19

Gemäß § 18 BeurkG hat der Notar auf eine mögliche Genehmigungspflicht hinzuweisen. Regelmäßig – auch im Hinblick auf mögliche Vollzugsprobleme im Grundbuch – wird er anregen, entweder die erforderliche Teilungsgenehmigung oder eine entsprechende Negativbescheinigung einzuholen. Diese Aufgabe kann der Notar als betreuende Tätigkeit übernehmen. 20

Das Fehlen der Teilungsgenehmigung berührt nicht die Wirksamkeit eines Kaufvertrags über die Teilfläche, sondern nur seine Erfüllbarkeit. Für den Fall, dass eine zur Teilung erforderliche Genehmigung nicht erteilt wird, sollte Vorsorge getroffen werden. Der Vertrag kann entsprechend bedingt oder mit Rücktrittsvorbehalt abgeschlossen werden. Für die Bedingungslösung kann sprechen, dass der Vertrag dann gemäß § 14 Nr. 1 GrEStG vor Eintritt der Bedingung keine Grunderwerbsteuer auslöst. 21

Bedingung

Der Kaufvertrag wird unter der aufschiebenden Bedingung abgeschlossen, dass eine zur Grundstücksteilung erforderliche Genehmigung oder ein Zeugnis über die Genehmigungsfreiheit erteilt wird. Die Bedingung gilt als endgültig nicht eingetreten, wenn die Genehmigung bzw. das Negativzeugnis nicht innerhalb von 12 (zwölf) Monaten ab heute erteilt worden ist.
Die Bedingung gilt auch dann als eingetreten, wenn die Genehmigung unter Auflagen und/oder Bedingungen erteilt wird. In diesem Falle ist jedoch der Erwerber berechtigt, innerhalb einer Frist von 3 Monaten ab Erteilung der Genehmigung durch schriftliche Erklärung gegenüber dem Veräußerer vom Vertrag zurückzutreten.
Der Veräußerer übernimmt keine Gewähr, dass die Grundstücksteilung genehmigt wird. Wird die Genehmigung versagt, haben die Vertragsteile bereits erhaltene Leis- 22 M

---

10 Vgl. DNotI-Report 2012, 141.
11 Vgl. BayObLG DNotZ 1986, 221.
12 Vgl. www.dnoti/arbeitshilfen/immobilienrecht/genehmigungserfordernisse.

tungen zurückzugewähren. Kosten dieses Vertrags und seiner Rückabwicklung hat in diesem Fall der Veräußerer zu tragen.

Rücktrittsrecht

23 M   Beide Vertragsteile sind berechtigt, von diesem Kaufvertrag zurückzutreten, wenn eine zur Grundstücksteilung erforderliche Genehmigung nicht bis spätestens in 6 Monaten, gerechnet von heute, erteilt oder vorher versagt wird. Im Falle des Rücktritts hat der Käufer die für ihn eingetragene Vormerkung sowie etwaige Kaufpreisfinanzierungsgrundpfandrechte Zug um Zug gegen Rückzahlung gezahlter Kaufpreisteile zur Löschung zu bringen. Alle Notar- und Grundbuchkosten dieses Vertrags und seiner Rückabwicklung hat in diesem Fall der Verkäufer zu tragen und dem Käufer von diesem bereits gezahlte Kosten und Gebühren zu erstatten. Weitere Ansprüche sind in diesem Fall wechselseitig ausgeschlossen.

24   2. Voraussetzung für den Vollzug des Teilflächenkaufs im Grundbuch ist das Vorliegen des katasteramtlichen Fortführungsnachweises (vgl. § 2 Abs. 3 GBO). Hierzu wird durch das staatliche Vermessungsamt – oder, soweit landesrechtlich vorgesehen, durch private beliehene Vermessungsingenieure – eine Vermessung in der Natur und die Abmarkung durchgeführt. Bei großflächigen Siedlungs- und Baumaßnahmen können schon vorher mit vorausberechneten Festlegungsmaßen Flurstücke gebildet und ein entsprechender Fortführungsnachweis erstellt werden, aufgrund dessen die betreffenden Grundstücke in das Grundbuch eingetragen werden können (Planvermessung oder Sonderung). Nach Abschluss der Bauarbeiten werden dann die Vermessung in der Natur und die Abmarkung nachgeholt.

25   Der Kaufvertrag sollte eine Regelung enthalten, wer den Messungsantrag zu stellen hat. Der Notar kann dies für die Beteiligten aufgrund entsprechenden Auftrags übernehmen. Wegen der damit verbundenen Kosten sollte geregelt werden, ob die Vermessung *in dringlicher Weise* beantragt werden soll.

26 M   **Der Notar wird beauftragt, die amtliche Vermessung im normalen Geschäftsgang beim zuständigen Vermessungsamt zu beantragen.**

■ *Kosten.* Nach dem GNotKG ist diese Tätigkeit gebührenfrei, da sie im Gesetz nicht ausdrücklich aufgeführt wird.[13]

27   3. Es sollte auch ausdrücklich geregelt werden, wer die **Kosten** der Teilungsgenehmigung und der »Vermessung und Vermarkung« trägt.

28   Nach § 448 BGB in der Fassung vor der Schuldrechtsmodernisierung hatte der Verkäufer die »Kosten der Übergabe der verkauften Sache, insbesondere die Kosten des Messens und Wägens« zu tragen. In der aktuellen Gesetzesfassung wurde auf den Satzteil »insbesondere ..... verzichtet. In der Sache hat sich dadurch nichts geändert. Demnach sind nach der gesetzlichen Regelung die Kosten der Vermessung vom Verkäufer zu tragen; die Beteiligten wünschen häufig etwas anderes.

29   Die Übernahme der Vermessungskosten durch den Käufer kann zu einer Erhöhung der *Grunderwerbsteuer* führen. Solche Kostenübernahmen werden zur grunderwerbsteuerlichen Gegenleistung gerechnet (dabei wird aus Gründen der Verwaltungsvereinfachung auf die Ermittlung des Werts solcher Leistungen verzichtet, wenn angenommen werden kann, dass

---

13 Leipziger-GNotKG/*Harder*, Vorbem. 2.2 KV GNotKG Rn. 11.

der Wert nicht mehr als 2.500 € beträgt).[14] Auch der Geschäftswert für die *Notarkosten* wird durch die Kostenübernahme erhöht.[15]

III. Kaufpreis

Zum Kaufpreis können die Beteiligten vereinbaren, dass 30
- der vereinbarte Kaufpreis unabhängig vom späteren Messungsergebnis ist (Fixpreis),
- Abweichungen des Messungsergebnisses von der vereinbarten Circa-Fläche nur ab einem bestimmten Umfang auszugleichen sind,
- jede Änderung mit dem im Vertrag angegebenen Quadratmeterpreis auszugleichen ist, wobei in den letztgenannten Fällen auch die Fälligkeit eines etwaigen Mehr- oder Minderpreises zu regeln ist.

Kaufpreisausgleichung

Der Kaufpreis beträgt 200,– € pro Quadratmeter, somit vorläufig insgesamt 110.000,– € 31 M
(Euro einhundertzehntausend).
Eine sich durch die amtliche Vermessung ergebende Differenz gegenüber dem angenommenen Flächenmaß ist mit 200,– € pro Quadratmeter 14 Tage nach Beurkundung der Messungsanerkennung *[oder: Zugang des amtliches Messungsergebnisses bei beiden Beteiligten]***, nicht jedoch vor Fälligkeit des Gesamtkaufpreises, auszugleichen.**

Hier besteht in besonderem Maße das Risiko ungesicherter Vorleistungen des Käufers, insbesondere wenn ihm wegen einer erheblichen Minderfläche Rückzahlungsansprüche zustehen (zur Sicherung des Verkäufers wird man die Eigentumsumschreibung in der Regel von der Zahlung eines vom Käufer geschuldeten Ausgleichungsbetrags abhängig machen). Nach einer Entscheidung des OLG Nürnberg[16] hat der Notar Möglichkeiten der Absicherung ungesicherter Vorleistungen aufzuzeigen oder zumindest auf das damit verbundene Risiko hinzuweisen, wenn bei einer Kaufpreiszahlung nach Maßgabe einer vorläufigen, lediglich geschätzten Flächengröße mit einer nicht unerheblichen Erstattung oder Nachzahlung zu rechnen ist. Dies soll insbesondere dann gelten, wenn ein Beteiligter in finanziellen Schwierigkeiten ist. 32

IV. Auflassungsvormerkung

Zur Sicherung des Anspruchs auf Übertragung einer Teilfläche kann eine Auflassungsvormerkung an dem betreffenden Grundstück eingetragen werden (zum Bestimmtheitserfordernis s.o. Rdn. 2). An der noch unvermessen Teilfläche kann eine Vormerkung hingegen nicht eingetragen werden. 33

Im Hinblick auf die spätere Löschung der Auflassungsvormerkung sollte für den Fall, 34
dass Zwischeneintragungen erfolgen, differenziert werden. Hinsichtlich derjenigen Teilflächen aus dem Grundstück, die nicht verkauft sind, ist das Vorliegen von Zwischeneintragungen auch aus Sicht des Käufers ohne Bedeutung; insofern sollte die Löschung mit Vollzug der Grundstücksteilung ohne Weiteres möglich sein. Anders ist dies hingegen hin-

---
14 Erlass Baden-Württemberg vom 21.02.2003 - O 2124/17, DB 2003, 529.
15 Leipziger-GNotKG/*Heinze,* § 47 GNotKG Rn. 54.
16 OLG Nürnberg DNotZ 1990, 458.

sichtlich der verkauften Teilfläche; um die Rechte des Käufers zu sichern, bedarf es insoweit der Einschränkung der Löschungsbewilligung. Die Regelung zur Auflassungsvormerkung kann dementsprechend etwa wie folgt lauten:

35 M **Zur Sicherung des Anspruchs des Käufers auf Übertragung des Eigentums an der verkauften Teilfläche bewilligen und beantragen die Vertragsteile die Eintragung einer Vormerkung gemäß § 883 BGB zugunsten der Käufer in dem in Abschnitt II bezeichneten Berechtigungsverhältnis an dem in Abschnitt I dieser Urkunde genannten Grundstück an nächstoffener Rangstelle in das Grundbuch.**
Der Käufer bewilligt und beantragt, diese Vormerkung an der Vertragsfläche Zug um Zug mit Eintragung der Auflassung im Grundbuch, an den übrigen Flächen sofort mit Vollzug des Fortführungsnachweises wieder zu löschen, an der Vertragsfläche jedoch nur, wenn bei Eintragung der Auflassung keine Zwischeneintragungen bestehen bleiben, denen er nicht zugestimmt hat.

V. Auflassung

36 Der Vollzug der Auflassung im Grundbuch setzt die katastermäßige Bezeichnung des jeweiligen Grundstückes voraus. Dies heißt nicht zwingend, dass eine Auflassung erst erklärt werden könnte, wenn das Messungsergebnis vorliegt. Es kommen vielmehr zwei Verfahren in Betracht.

1. Mitbeurkundung der Auflassung/Identitätserklärung

37 Ausgehend von der zweifelsfreien Kennzeichnung des Grundstücksteils können die Vertragsteile die Auflassung sofort im Vertrag über die noch zu vermessende Teilfläche erklären. Für den grundbuchamtlichen Vollzug reicht dann gemäß § 28 GBO eine sogenannte Identitätserklärung, mit der bestätigt wird, dass das veräußerte Grundstück und das betreffende Flurstück nach Fortführungsnachweis identisch sind.

38 M **Die Vertragsteile sind darüber einig, dass das Eigentum an dem veräußerten Grundbesitz, wie in Abschnitt I.2 dieser Urkunde näher beschrieben, von dem Verkäufer auf die Käufer in dem in Abschnitt II der Vorurkunde angegebenen Berechtigungsverhältnis übergeht. Der Verkäufer bewilligt und der Käufer beantragt die Eintragung der Auflassung in das Grundbuch.**
Der Notar wird ermächtigt, den veräußerten Grundbesitz nach Vorliegen des amtlichen Messungsergebnisses zu bezeichnen.

39 Diese Identitätserklärung kann – aufgrund Vollmacht – durch Vertragsbeteiligte oder durch Mitarbeiter des Notariats abgegeben werden; aus haftungsrechtlichen Gründen stößt allerdings die Notariatsangestellten erteilte Vollmacht auf Bedenken; teilweise werden auch berufsrechtliche Vorbehalte gemacht. Es kann sich empfehlen, die Vollmacht nicht auf die Identitätserklärung zu beschränken, sondern sie vorsorglich auf die Wiederholung der Auflassung zu erstrecken.

40 Es ist auch möglich, dass der Notar von den Beteiligten ermächtigt wird, die katasteramtliche Bezeichnung nachträglich abzugeben. Diese Erklärung des Notars bedarf nicht der Beglaubigung durch einen anderen Notar; es handelt sich um eine notarielle Eigenurkunde (Unterzeichnung durch den Notar unter Beifügung des Siegels; keine Eintragung in die Urkundenrolle). Die erneute Erklärung der Auflassung im Wege der Eigenurkunde ist ausgeschlossen.

Eigenurkunde: Identitätsbescheinigung

Es wird hiermit bestätigt, dass das FlSt ..... laut Fortführungsnachweis Nr. ...... der Gemarkung ..... das mit Urkunde des unterzeichnenden Notars vom ..... URNr. ..... veräußerte Grundstück und somit Gegenstand insbesondere der in der vorgenannten Urkunde enthaltenen Auflassung ist.   41 M

■ *Kosten.* Nr. 25204 KV GNotKG stellt klar, dass für die Eigenurkunde keine Gebühr anfällt, wenn für die Tätigkeit bereits eine Betreuungsgebühr anfällt. Andernfalls fällt eine Gebühr i.H.d. für die Fertigung des Entwurfs der Erklärung zu erhebenden Gebühr an.

Wird dieses Verfahren gewählt, sollte von der Vollmacht nur Gebrauch gemacht werden, wenn nicht der geringste Zweifel an der Identität des neu gebildeten Grundstückes mit dem verkauften Grundstück besteht. Bei geringfügigen Abweichungen sollte der Notar die Beteiligten unter Übersendung einer Abschrift des Fortführungsnachweises um eine schriftliche Bestätigung bitten, bevor von der Vollmacht Gebrauch gemacht wird.   42

2. Nachträgliche Auflassung

Größere Verbreitung hat das Verfahren, dass nach Vorliegen des Messungsergebnisses die Auflassung nachträglich von den Beteiligten (ggf. aufgrund Vollmacht) erklärt wird. Dies hat insbesondere den Vorteil, dass eventuelle Abweichungen berücksichtigt und die erforderlichen Erklärungen in die Urkunde aufgenommen werden können.   43

Wird die nachträgliche Auflassung vorgesehen, empfehlen sich entsprechende Vollmachten, z.B. wechselseitig von Käufer und Verkäufer.   44

Messungsanerkennung mit Auflassung, Kaufpreisanpassung

I. Messungsanerkennung   45 M

Der mit Urkunde des Notars vom ..... URNr. ......,
– nachstehend auch Vorurkunde genannt –
von x
– nachstehend Verkäufer genannt –
an y
– nachstehend Käufer genannt –
verkaufte Grundbesitz ist vermessen.
Nach dem vorliegenden Auszug für den Notar aus dem Fortführungsnachweis Nr. ..... der Gemarkung ..... beschreibt sich der verkaufte Grundbesitz wie folgt:
FlSt ....., ... zu ..... qm.
Die Vertragsteile machen den vermessenen Grundbesitz zum Gegenstand der Vorurkunde, die in Urschrift vorliegt und den Beteiligten bekannt ist. Auf sie und den Fortführungsnachweis samt Kartenbeilage wird verwiesen. Karten wurden den Beteiligten zur Durchsicht vorgelegt und genehmigt. Auf Vorlesen und Beifügen wird verzichtet.

II. Auflassung

Die Vertragsteile sind darüber einig, dass das Eigentum an dem verkauften Grundbesitz von dem Verkäufer auf den Käufer – bei mehreren in dem in Abschnitt II der

Vorurkunde genannten Anteilsverhältnis – übergeht. Der Verkäufer *bewilligt* und der Käufer *beantragt* die Eintragung der Auflassung in das Grundbuch.
Die Beteiligten *bewilligen* und *beantragen* die Löschung der zugunsten des Käufers eingetragenen Auflassungsvormerkung an allen Grundstücksteilflächen, an dem vorgenannten Vertragsbesitz jedoch nur gemäß dem in der Vorurkunde enthaltenen Antrag.

III. Kaufpreisausgleichung

In der Vorurkunde ist eine Änderung des Kaufpreises vereinbart für den Fall, dass die vermessene Fläche größer oder kleiner als ..... qm ist.
Demnach hat der Käufer an den Verkäufer ..... €
– ..... Euro –
innerhalb von vierzehn Tagen, von heute an gerechnet, zu zahlen.
Er unterwirft sich wegen dieser Zahlungsverpflichtung der sofortigen Zwangsvollstreckung aus dieser Urkunde in sein gesamtes Vermögen. Zur Erteilung einer vollstreckbaren Ausfertigung genügt die Darlegung der Fälligkeit; die Beweislast in einem gerichtlichen Verfahren wird hierdurch nicht berührt.

■ *Kosten.* Im Sinne des GNotKG betreffen die Nachtragsvereinbarung und die Auflassung (bezüglich der betreffenden Fläche) denselben Beurkundungsgegenstand (§ 109 Abs. 1 Satz 1 GNotKG), es gilt § 94 Abs. 2 GNotKG, sodass der Höchste in Betracht kommende Gebührensatz maßgebend ist, dieser aber nicht den Betrag der Summe der bei getrennter Beurkundung entstandenen Gebühren übersteigen darf. Zu vergleichen sind somit eine 2,0 Gebühr gemäß Nr. 21100 KV GNotKG aus dem Nachzahlungsbetrag einerseits und andererseits (für die Auflassung) eine 0,5 Gebühr gemäß Nr. 21101 Nr. 2 KV GNotKG aus dem Nachzahlungsbetrag (hinsichtlich der betreffenden Fläche) sowie eine 2,0 Gebühr gemäß Nr. 21100 KV GNotKG aus dem Nachzahlungsbetrag für die schuldrechtliche Vereinbarung über die Zahlung. Insofern bleibt es bei einer 2,0 Gebühr gemäß Nr. 21100 KV GNotKG aus dem Nachzahlungsbetrag.

Im Sinne des GNotKG hat die Auflassung hinsichtlich der restlichen Fläche nicht denselben Beurkundungsgegenstand. Insofern fällt eine 0,5 Gebühr gemäß Nr. 21101 Nr. 2 KV GNotKG aus dem Kaufpreis ohne Nachzahlungsbetrag an.

Gemäß § 94 Abs. 1 GNotKG ist wiederum eine Vergleichsrechnung durchzuführen. Wäre eine 2,0 Gebühr aus dem Gesamtwert des Grundstücks niedriger als die Summe der wie vorstehend gesondert errechneten Gebühren, wäre dies der Rechnungsbetrag. Andernfalls verbleibt es bei
– einer 2,0 Gebühr aus dem Betrag der Kaufpreisanpassung (Nr. 21100 KV GNotKG),
– einer 0,5 Gebühr aus dem endgültigen Wert des Grundstücks, sofern das zugrunde liegende Rechtsgeschäft bei demselben Notar beurkundet wurde (Nr. 21101 Nr. 2 KV GNotKG); andernfalls fällt für die Auflassung eine 1,0 Gebühr gemäß Nr. 21102 Nr. 1 KV GNotKG an.

3. Vollmachten

46 Insbesondere zur Erklärung und Entgegennahme der Auflassung können sich Vollmachten empfehlen. Sie sollten so weit gefasst sein, dass sie auch andere aufgrund des Messungsergebnisses notwendigen Erklärungen, etwa Vereinigungen und Bestandteilszuschreibungen decken.[17]

---

17 BayObLG DNotZ 1997, 470.

Die Vertragsteile verpflichten sich, unverzüglich nach Vorliegen des Fortführungsnachweises das Ergebnis der Vermessung in einer Nachtragsurkunde anzuerkennen, die Auflassung zu erklären und entgegenzunehmen und dort alle zum grundbuchamtlichen Vollzug dieser Urkunde und des Fortführungsnachweises erforderlichen und zweckdienlichen Anträge zu stellen einschließlich Vereinigungen und Bestandteilszuschreibungen.

Der Käufer bevollmächtigt den Verkäufer unter Befreiung von den Beschränkungen des § 181 BGB zur Errichtung der Nachtragsurkunde und zur Abgabe aller entsprechenden Erklärungen und Anträge; wenn der geschuldete Kaufpreis bis dahin nicht vollständig gezahlt ist, kann der Verkäufer den Vollzug der Auflassung von der vollständigen Kaufpreiszahlung abhängig machen.

47 M

Probleme entstehen, wenn das amtliche Messungsergebnis nach Größe oder Zuschnitt des Grundstücks nicht unerheblich von den Angaben im Kaufvertrag abweicht. Bei Abweichungen in der Flächengröße von mehr als 10 % kann fraglich sein, ob eine Auflassungsvollmacht diesen Sachverhalt noch deckt mit der Folge, dass selbst eine im Grundbuch vollzogene Auflassung unwirksam wäre. Bei größeren Abweichungen sollten daher stets die Beteiligten selbst die Auflassung erklären. Die Wirksamkeit der Vollmacht kann jedoch auch für größere Abweichungen klargestellt werden:

48

Diese Vollmacht gilt auch dann, wenn die sich durch Vermessung ergebende Fläche die oben genannte Circa-Fläche um bis zu 50 % übersteigt oder unterschreitet.

49 M

Die Verwendung der Vollmacht kann für größere Abweichungen von der Überwachung durch den Notar abhängig gemacht werden:

50

Vorstehende Vollmacht gilt unabhängig vom amtlichen Messungsergebnis, insbesondere auch bei ganz erheblichen Flächenabweichungen. Sie ist im Außenverhältnis uneingeschränkt. Wenn jedoch die sich durch Vermessung ergebende Fläche die oben genannte Circa- Fläche um 10 % übersteigt oder unterschreitet, kann von ihr nur vor dem beurkundenden Notar, Vertreter oder Amtsnachfolger Gebrauch gemacht werden; dieser darf die Verwendung der Vollmacht nur zulassen, wenn der vertretene Vertragsteil der betreffenden Flächenabweichung vorher schriftlich zugestimmt hat.

51 M

VI. Vereinigung, Bestandteilszuschreibung

Besondere Regelungen sind erforderlich, wenn die verkaufte Teilfläche aus einem Grundstück nicht ein selbstständiges Grundstück im Rechtssinne, sondern einem anderen Grundstück »zugeschrieben« werden soll. Dies setzt einen entsprechenden Antrag der Beteiligten voraus. Es kann sich um eine Vereinigung mehrerer Grundstücke (§ 890 Abs. 1 BGB) oder um eine Zuschreibung als Bestandteil (§ 890 Abs. 2 BGB) handeln. Unterschiede bestehen für die im Grundbuch eingetragene Belastungen.

52

Bei der Vereinigung bleiben die auf den einzelnen Grundstücken lastenden Rechte bestehen. Gemäß § 5 GBO sollen Grundstücke nur dann vereinigt werden, wenn hiervon Verwirrung nicht zu besorgen ist.

53

Bei der Zuschreibung als Bestandteil (§ 890 Abs. 2 BGB) gilt für das Grundbuchverfahren § 6 GBO; auch sie ist ausgeschlossen, wenn hiervon Verwirrung zu besorgen ist. Bei der Zuschreibung geht das »Nebengrundstück« durch Einverleibung in das Hauptgrundstück auf. Die Belastungen des Hauptgrundstücks in Abteilung III des Grundbuchs gehen auf das zugeschriebene Grundstück ohne Weiteres über, während es bei der Vereinigung einer

54

Pfanderstreckung bedarf als Erweiterung des dem Grundpfandrecht unterliegenden Pfandbesitzes.

VII. Lastenfreistellung

55 Bei einer Grundstücksteilung bleiben grundsätzlich alle in Abt. II und III des Grundbuchs eingetragenen Belastungen auch an den abgeteilten Grundstücken bestehen. Sofern solche Belastungen vom Käufer nicht übernommen werden sollen, bedarf es einer Lastenfreistellung.

56 Für *Dienstbarkeiten* bestimmt § 1026 BGB, dass Grundstücksteile, die außerhalb des Ausübungsbereichs der Dienstbarkeit liegen, von der Dienstbarkeit frei werden. Das Grundbuch ist entsprechend zu berichtigen gemäß § 22 GBO. Die Voraussetzungen hierfür können offenkundig sein, wenn sich aus den dem Grundbuchamt bereits vorliegenden Plänen der Ausübungsbereich einer Dienstbarkeit eindeutig ergibt. Andernfalls ist der Unrichtigkeitsnachweis in der Form des § 29 GBO zu führen.

1. Pfandfreigabe

57 Der Gläubiger kann auf die Mitbelastung des weggemessenen Grundstücks verzichten. Zum grundbuchamtlichen Vollzug genügt grundsätzlich ein formloser Antrags des Grundstückseigentümers, auch bei Hypotheken (vgl. § 1175 Abs. 1 Satz 2 BGB), bei Grundschulden zusätzlich seiner Zustimmung in der Form des § 29 GBO (vgl. unten § 75 Rdn. 9 ff.); solche Erklärungen werden regelmäßig in den Kaufvertrag aufgenommen.

58 Seitens des Gläubigers bedarf es einer entsprechenden Pfandfreigabeerklärung in der Form des § 29 GBO und ggf. der Vorlage eines Grundschuld- oder Hypothekenbriefes:

59 M **Grundbuchstelle: Amtsgericht ..... für ..... Blatt .....**
Eigentümer: .....
Kostenschuldner: Eigentümer
Freizugebender Pfandbesitz: FISt ..... der Gemarkung .....
hieraus eine noch unvermessene Teilfläche von ca. ..... qm, wie sie mit Urkunde des Notars ..... in ..... vom ....., URNr. ....., veräußert wurde.
Betroffenes Recht und Berechtiger: Grundschuld zu ..... DM
Bewilligung: Der Berechtigte bewilligt hiermit die pfandfreie Abschreibung der vorbezeichneten Teilfläche von seinem vorbezeichneten Recht auf Kosten des angegebenen Kostenschuldners.
Im Übrigen bleibt das vorbezeichnete Recht unberührt.
Die Freigabe erfolgt unabhängig vom amtlichen Messungsergebnis; der Notar ..... in ..... sowie sein Vertreter und Amtsnachfolger werden vorsorglich zur Feststellung der freigegebenen Teilfläche ermächtigt.
Wert: .....
Ort/Datum   **Unterschrift**

■ **Kosten.**
a) Des Notars: Bei Fertigung eines Entwurfs fällt in erster Linie eine Entwurfsgebühr gemäß Nr. 24101 KV GNotKG an (0,3–1,0 Gebühr, mindestens 60 €), die erstmalige Beglaubigung ist dann kostenfrei (Vorbem. 2.4.1 Abs. 2 KV GNotKG). Weitere Vollzugstätigkeiten sind damit abgegolten, z.B. eine Einreichung beim Grundbuchamt (Vorbem. 2.4.1 Abs. 4 KV GNotKG). Im Übrigen fällt für die Beglaubigung eine 0,2 Gebühr an, mindestens aber 20 € und höchstens 70 € (Nr. 25100 KV GNotKG). Für die Beglaubigung einer separaten

Zustimmung des Eigentümers zur Löschung (§ 27 GBO) fällt eine pauschale Gebühr von 20 € an (NR. 25101 KV GNotKG).
b) Des Grundbuchamts: Nach § 44 GNotKG ist Geschäftswert der Wert des entlassenen Grundstücks, wenn dieser geringer als der Nennbetrag des Rechts. Entlassung aus der Mithaft 0,3 Gebühr (Nr. 14142 KV GNotKG) aus demselben Wert, Löschung des Grundpfandrechts 0,5 Gebühr (Nr. 14140 KV GNotKG).

2. Unschädlichkeitszeugnis

Bei (entgeltlicher oder unentgeltlicher) Veräußerung einer Grundstücksteilfläche, nicht hingegen bei einer Vermessung im eigenen Besitz,[18] kann diese unter bestimmten Voraussetzungen lastenfrei abgeschrieben werden, wenn dem Grundbuchamt ein sog. Unschädlichkeitszeugnis vorgelegt wird. Die Möglichkeit der Löschung aufgrund Unschädlichkeitszeugnisses besteht nicht nur bei Abschreibung von Teilflächen, sondern auch bei Veräußerung von Miteigentumsanteilen oder Veräußerung eines Grundstücks bei Gesamtbelastung, bei Wohnungs- oder Teileigentum oder Erbbaurechten. **60**

Die Voraussetzungen des Unschädlichkeitszeugnisses sind aufgrund des Vorbehalts in Art. 120 Abs. 1 EGBGB landesrechtlich unterschiedlich geregelt.[19] Das Zeugnis ersetzt die materiell-rechtliche Aufgabeerklärung und die formell-rechtliche Löschungsbewilligung des Berechtigten, einschließlich nur mittelbar Betroffener. Das Recht erlischt an der Teilfläche mit Löschung im Grundbuch. Das Zeugnis dient der Erleichterung des Grundstücksverkehrs in Fällen, in denen eine Erklärung des Berechtigten nicht oder nur schwer zu erlangen ist, etwa weil der Berechtigte oder sein Aufenthaltsort nicht oder nur schwer zu ermitteln ist (alternativ kommt auch die Bestellung eines Pflegers nach § 1911 BGB in Betracht, der allerdings zur Freigabe einer Teilfläche nach §§ 1915, 1821 Abs. 1 Nr. 1 BGB der vormundschaftsgerichtlichen Genehmigung bedarf). **61**

Das Zeugnis wird nur erteilt, wenn die Rechtsänderung für den betroffenen Berechtigten unschädlich ist. Die landesrechtlichen Regelungen sind unterschiedlich. Im Allgemeinen darf die freizustellende Fläche im Verhältnis zur belasteten Gesamtfläche nur von geringem Wert sein. Überwiegend darf der Wert der freizustellenden Teilfläche nicht mehr als 5–10 % des Werts der Gesamtfläche betragen. Dem Berechtigten muss die Belastung der Restfläche noch vollständige Sicherheit bieten. Wird das Unschädlichkeitszeugnis ohne Vorliegen dieser Voraussetzungen erteilt, ist es gleichwohl wirksam; es können jedoch Amtshaftungsansprüche gegeben sein.[20] **62**

Das Unschädlichkeitszeugnis setzt eine Veräußerung voraus, sodass damit eine Lastenfreistellung bei der Vermessung im eigenen Besitz oder nach bereits erfolgter Abschreibung der Teilfläche unter Mitübertragung der Belastung nicht erreicht werden kann.[21] Bei engem zeitlichem Zusammenhang zu einer Veräußerung kann das Zeugnis aber gleichwohl möglich sein.[22] Die Erteilung kann landesrechtlich unterschiedlich auch von Bedingungen oder Auflagen abhängig gemacht werden, etwa der Zahlung von Wertausgleich. **63**

In der Praxis kommen vor allem Belastungen mit Grundpfandrechten und Reallasten in Betracht. Der Hypotheken- oder Grundschuldbrief muss bei Vorliegen eines Unschädlichkeitszeugnisses dem Grundbuchamt nicht eingereicht werden. Wegen anderer Rechte sind die landesrechtlichen Regelungen unterschiedlich. **64**

Das Unschädlichkeitszeugnis wird nur auf Antrag erteilt, welcher formfrei gestellt werden kann. Auf seine Erteilung besteht unter den entsprechenden Voraussetzungen ein **65**

---

18 BayObLGZ 1989, 200.
19 Eine Übersicht zu den einschlägigen Landesgesetzen findet sich unter www.dnoti/Arbeitshilfen.
20 Vgl. *Panz*, BWNotZ 1998, 16.
21 BayObLG MittBayNot 1978, 152; a.A. LG Aachen MittRhNotK 1968, 377.
22 BayObLG MittBayNot 2004, 45.

Rechtsanspruch.[23] Die Zuständigkeit für seine Erteilung, die Antragsberechtigung, die Anforderungen an den Inhalt des Antrages sind landesspezifisch unterschiedlich geregelt (vgl. für Bayern: Art. 72, 73 AGBGB).

Antrag auf Erteilung eines Unschädlichkeitszeugnisses (Bayern)

66 M
An das Amtsgericht .....
– Grundbuchamt –
Betr.: Antrag auf Erteilung eines Unschädlichkeitszeugnisses
Grundbuch von ....., Band ..... Blatt .....
Mit meiner Urkunde URNr. ..... vom ..... wurde aus dem Grundstück FlSt ..... zu ..... qm eine Teilfläche veräußert, welche sich lt. Fortführungsnachweis Nr. ..... für die Gemarkung ..... wie folgt beschreibt:
.....
Aufgrund Vollmacht in o.g. Urkunde beantrage ich im Namen des Veräußerers die Erteilung eines Unschädlichkeitszeugnisses, wonach die lastenfreie Abschreibung dieser Teilfläche von folgendem Recht für dessen Berechtigte unschädlich ist:
.....
Den Betrag der durch die Veräußerung des Trenngrundstücks entstehenden Wertminderung gebe ich unter Beifügung entsprechender Belege an mit ..... €
Der betr. Fortführungsnachweis samt amtlichem Lageplan ist diesem Schreiben beigefügt. Das Zeugnis bitte ich an mich zu übersenden. Anfallende Kosten können bei mir erhoben werden.
Ort, Datum   Notar

VIII. Finanzierung

67 Die Eintragung eines Grundpfandrechtes an einem noch zu vermessenden Teilgrundstück ist nicht möglich. Für die Finanzierung stehen folgende Wege offen:

68 1. Das Grundpfandrecht kann an dem veräußerten Teilgrundstück nach dessen grundbuchmäßiger Bildung eingetragen werden. Sofern der Verkäufer in diesem Zeitpunkt noch Eigentümer ist, bedarf es hierzu seiner Mitwirkung. Da allerdings Darlehensgeber die Auszahlung von Darlehensmitteln in der Regel von der grundbuchmäßigen Eintragung des Rechts abhängig machen werden, kommt dieses Verfahren nur in Betracht, wenn auch die Kaufpreisfälligkeit auf diesen späten Zeitpunkt – möglicherweise gegen Vereinbarung einer Verzinsung – fixiert ist.

69 2. Ein Grundpfandrecht kann am Ausgangsgrundstück eingetragen werden.
70 Aufgrund einer entsprechenden Vollmacht des Verkäufers kann ein Grundpfandrecht am gesamten Ausgangsgrundstück eingetragen werden; hier ist auf der einen Seite durch entsprechende Bestimmungen, insbesondere Einschränkung der Zweckerklärung, sicherzustellen, dass eine Valutierung (zunächst) nur zum Zwecke der Kaufpreiszahlung erfolgen darf (s.o. zu § 32 Rdn. 344). Außerdem muss sich der Gläubiger verpflichten, die Fläche, die nicht Vertragsgegenstand ist, nach Vollzug der Eigentumsumschreibung von dem Grundpfandrecht freizugeben. Der Verkäufer trägt bei diesem Verfahren allerdings das Risiko, dass der Gesamtgrundbesitz in die Zwangsvollstreckung geraten kann und im Fall der Ver-

---

23 LG Hof MittBayNot 2009, 299.

äußerung weiterer Teilflächen aus demselben Grundstück die Abwicklung späterer Verträge erschwert wird.

3. Im Übrigen kommt zur Kreditsicherung nur noch die Verpfändung des Übereignungsanspruches in Betracht (s.o. zu § 32 Rdn. 359). 71

IX. Baurechtliche Folgen der Grundstücksteilung

Infolge einer Grundstücksteilung kann ein baurechtswidriger Zustand hinsichtlich der bestehenden Bebauung entstehen (zur Erschließung Rdn. 74). Es ist zu empfehlen, hier vor Vertragsabschluss Erkundigungen einzuholen oder für diese Fälle Vorsorge zu treffen (z.B. durch Rücktrittsrechte). 72

Der Notar hat die Beteiligten auf Folgendes hingewiesen:

**Infolge Wegfalls der Genehmigung von Grundstücksteilungen erfolgt keine Prüfung mehr hinsichtlich der baurechtlichen Zulässigkeit bestehender oder geplanter Gebäude. Wird z.B. durch das Überschreiten der Geschossflächenzahl oder fehlende Abstandsflächen ein baurechtswidriger Zustand erzeugt, kann die Bauaufsichtsbehörde einschreiten und ggf. die Nutzung untersagen oder die Bestellung von Dienstbarkeiten verlangen, u.U. sogar die Beseitigung von Anlagen. Den Beteiligten wurde daher empfohlen, entsprechende Erkundigungen einzuholen.
Sie erklären hierzu, dass sie ungeachtet dessen den Vertrag vorbehaltlos schließen wollen.** 73 M

X. Erschließung

Bei der Veräußerung von Grundstücksteilflächen bedarf die Erschließung der dadurch entstehenden Grundstücke besonderer Aufmerksamkeit. Dem Notar obliegt eine Aufklärungspflicht, wenn er z.B. erkennt, dass der verkauften Teilfläche die Erschließung durch eine öffentliche Straße fehlt.[24] Es kann sich empfehlen, insoweit einen Hinweis in das Muster des Kaufvertrags über eine Teilfläche aufzunehmen: 74

Die Beteiligten erklären, dass Sicherungen hinsichtlich der Erschließung, z.B. wegen Zuwegungen oder Ver- und Entsorgungsleitungen, nicht erforderlich sind. 75 M

Gegebenenfalls sind zur Sicherung der Erschließung des veräußerten und des im Eigentum des Verkäufers verbleibenden Grundstücks entsprechende Baulasten oder Dienstbarkeiten (z.B. Geh- und Fahrtrechte, Versorgungsleitungsrechte) zu bestellen (vgl. § 64). 76

▪ *Kosten.* § 110 Nr. 2b GNotKG bestimmt, dass die Bestellung von subjektiv-dinglichen Rechten stets gegenstandsverschieden ist und damit ggf. den Geschäftswert erhöhen (anders beschränkte persönliche Dienstbarkeiten oder Reallasten, bei denen sich die Gegenstandsgleichheit nach Maßgabe der allgemeinen Regelung des § 109 Abs. 1 GNotKG bestimmt).

---

24 OLG Celle IMR 2010, 73.

§ 36 Veräußerung landwirtschaftlicher Grundstücke, Landgüter und Höfe

Literatur: Kommentar zum Grundstückverkehrsgesetz: *Netz* (7. Aufl. 2015) – Monographien: *Wöhrmann*, Das Landwirtschaftserbrecht (2012) – Aufsätze: *Raude*, RNotZ 2016, 69; *Führ*, RNotZ 2012, 303; *Herrler*, DNotZ 2009, 408; *Gehse*, RNotZ 2007, 61 ff.; *Schmidt*, RNotZ 2016, 658; *Graß*, ZEV 2017, 376 – Zur Höfeordnung: siehe die Literaturhinweise bei § 109.

I. Genehmigungserfordernisse

1 Für die Veräußerung land- und forstwirtschaftlicher Grundstücke bedarf es im Einzelfall
 (1) der Genehmigung nach dem *Grundstücksverkehrsgesetz* (GrdstVG)[1]
 (2) der Genehmigung nach den dem GrdstVG entsprechenden landesrechtlichen Bestimmungen. Im Zuge der Föderalismusreform ist die Gesetzgebungskompetenz des Bundes betreffend den landwirtschaftlichen Grundstückverkehr, das landwirtschaftliche Pachtwesen und das ländliche Siedlungswesen aus Art. 74 Abs. 1 Nr. 18 GG entfallen. Nach Art. 125a GG gilt Bundesrecht, das wegen der Änderung des Art. 74 Abs. 1 GG nicht mehr als Bundesrecht erlassen werden könnte, als solches fort und kann durch Landesrecht ersetzt werden. Bislang hat jedoch nur Baden-Württemberg von seiner Gesetzgebungskompetenz Gebrauch gemacht und das *Agrarstrukturverbesserungsgesetz* (ASVG) erlassen;[2]
 (3) der Genehmigung nach der *Grundstücksverkehrsordnung* (GVO).[3]

1. Genehmigung nach dem Grundstückverkehrsgesetz (GrdstVG)

2 Neben den für den gesamten Grundstücksrechtsverkehr geltenden öffentlich-rechtlichen Beschränkungen unterliegt die rechtsgeschäftliche Veräußerung land- und forstwirtschaftlicher Grundstücke den speziellen Beschränkungen des Grundstücksverkehrsgesetzes (GrdstVG). Nachdem die Länder bis auf Baden-Württemberg (vgl. Rn. 1) bislang keinen Gebrauch von ihrem Recht zur Gesetzgebung gemacht haben, gilt das GrdstVG für diese Bundesländer einheitlich, jedoch ausgefüllt und modifiziert durch die aufgrund der Ermächtigung in § 32 Abs. 3 GrdstVG erlassenen Ausführungsgesetze und Durchführungsverordnungen der einzelnen Bundesländer zum Grundstücksverkehrsgesetz.[4]

3 Der Kontrolle des Grundstücksverkehrs nach dem GrdstVG unterliegen grundsätzlich folgende Grundstücke:
 – landwirtschaftliche Grundstücke,
 – forstwirtschaftliche Grundstücke,
 – Moor- und Ödland, das in landwirtschaftliche oder forstwirtschaftliche Kultur gebracht werden kann.

---

1 Gesetz über Maßnahmen zur Verbesserung der Agrarstruktur und zur Sicherung land- und forstwirtschaftlicher Betriebe – GrdstVG) vom 28.07.1961, BGBl. I S. 855, zuletzt geändert durch Art. 108 FGG-ReformG vom 17.12.2008 (BGBl. I S. 2586).
2 Gesetz über Maßnahmen zur Verbesserung der Agrarstruktur in Baden-Württemberg v. 10.11.2009, GBl. 2009, 645, zuletzt geändert durch Artikel 51 der Verordnung vom 23.02.2017 (GBl. S. 99, 105).
3 Grundstücksverkehrsordnung vom 15.12.1977, BGBl. I S. 2809, zuletzt geändert durch Artikel 18 des Gesetzes vom 21.11.2016 (BGBl. I S. 2591).
4 Zusammenstellung s. *Netz*, Grundstücksverkehrsgesetz, S. 142–228.

Landwirtschaft i.S.d. Grundstücksverkehrsgesetzes ist nach der in § 1 Abs. 2 GrdstVG enthaltenen Definition »die Bodenbewirtschaftung und die mit der Bodennutzung verbundene Tierhaltung, um pflanzliche oder tierische Erzeugnisse zu gewinnen, besonders der Ackerbau, die Wiesen- und Weidewirtschaft, der Erwerbsgartenbau, der Erwerbsobstbau und der Weinbau sowie die Fischerei in Binnengewässern«. Eine Definition der Forstwirtschaft enthält das GrdstVG nicht. Zur Forstwirtschaft rechnet jedes Grundstück, welches mit Holzpflanzen bestanden ist und durch Einschlag, Neuanpflanzung, Ausdünnung usw. bewirtschaftet wird. Nicht zur Forstwirtschaft zählen somit Grundstücke in Nationalparks, die sich in ihrer Entwicklung überlassen bleiben. Die Begriffe Wald und Forst sind nicht deckungsgleich: Wald ist der umfassende Begriff. Wald i.S.d. Gesetzes zur Erhaltung des Waldes und zur Förderung der Forstwirtschaft (Bundeswaldgesetz) ist jede mit Forstpflanzen bestockte Grundfläche, und dies unabhängig von ihrer Nutzung. Als Wald gelten auch kahlgeschlagene oder verlichtete Grundflächen, Waldwege, Waldeinteilungs- und Sicherungsstreifen, Waldblößen und Lichtungen, Waldwiesen, Wildäsungsplätze, Holzlagerplätze sowie weitere mit dem Wald verbundene und ihm dienende Flächen. Es zählen auch Weihnachtsbaumkulturen zu Wald i.S.d. Bundeswaldgesetzes, nicht jedoch Baumschulen. Mit Ödland werden Grundstücksflächen bezeichnet, die auch bei geordneter Wirtschaftsweise keinen Ertrag abwerfen können (so die Definition von Unland in § 45 Bewertungsgesetz). Hierzu zählen neben den Mooren vornehmlich Heideflächen und Triften sowie Böden ohne oder mit geringfügigen Nährstoffen (z.B. Bergbauabraumlagerflächen).

Ob ein Grundstück ein landwirtschaftliches oder forstwirtschaftliches ist, bestimmt sich nicht nach seiner tatsächlichen Nutzung, sondern nach seiner Eignung zur entsprechenden Nutzung. Insoweit steht dem Eigentümer keine »Prärogative« dergestalt zu, dass er eine entsprechende Widmung oder Entwidmung vornehmen könnte. Seine Qualität als land- oder forstwirtschaftliches Grundstück verliert das Grundstück erst mit dem Verlust seiner Eignung zur landwirtschaftlichen oder forstwirtschaftlichen Nutzung. Allein der Umstand, dass ein Grundstück im Flächennutzungsplan oder im Bebauungsplan als zu bebauendes vorgesehen ist, nimmt als solches dem Grundstück noch nicht seine Eignung zu land- oder forstwirtschaftlichen Zwecken. Dementsprechend ordnet § 4 Nr. 4 GrdstVG an, dass für Grundstücke, die im räumlichen Geltungsbereich eines Bebauungsplanes liegen, eine Genehmigung »nicht notwendig« ist. Würde allein die Einbeziehung eines land- oder forstwirtschaftlichen Grundstücks in einen Bebauungsplan die Eigenschaft dieses Grundstücks als landwirtschaftliches oder forstwirtschaftliches entfallen lassen, wäre diese Vorschrift überflüssig: das Grundstücksverkehrsgesetz wäre bei dieser Prämisse erst gar nicht anwendbar.

Das Grundstücksverkehrsgesetz erfasst nicht nur unbebaute Grundstücke. Dienen bebaute Grundstücke der Land- oder Forstwirtschaft, ist auch ihre Veräußerung genehmigungspflichtig. In Betracht kommen insbesondere Grundstücke, auf denen sich die Hofstelle befindet, d.h. die Wohn- und Wirtschaftsgebäude, von denen aus die zum Betrieb gehörenden Ländereien bewirtschaftet werden, Grundstücke mit Feldscheunen, Vorrats- oder Lagerhäusern, auch solche mit Wohngebäuden für Betriebsangehörige und Saisonarbeitskräfte.

Ob das Grundstücksverkehrsgesetz den Begriff »Grundstück« im rechtlichen oder im wirtschaftlichen Sinn verwendet, ist umstritten[5] Nach wohl herrschender Ansicht gilt im Bereich des GrdstVG der rechtliche Grundstücksbegriff.[6] Davon weichen jedoch so mache Ausführungsgesetze zum Grundstücksverkehrsgesetz ab, so z.B. der Runderlass des rheinland-pfälzischen Ministeriums für Landwirtschaft, Weinbau und Forsten betr. Grundstücksverkehr vom 22.12.1961, in dem es wörtlich heißt: »Es bedarf keiner besonderen

---

5 Brandenburgisches OLG NL-BzAR 2009, 291 ff., 294: es gilt der wirtschaftliche Grundstücksbegriff; Thüringer OLG NL-BzAR 2010, 207 ff., 208: es gilt der rechtliche Grundstücksbegriff.
6 *Netz*, 4.1.1.2, S. 262; *Demharter*, GBO, § 19 Rn. 123; OLG Schleswig RNotZ 2007, 210 ff.

Erwähnung im Gesetz, dass auch eine Mehrheit von Grundstücken Grundstück im Sinne des Gesetzes ist.« Unscharf formuliert das nordrhein-westfälische Ausführungsgesetz zum Grundstücksverkehrsgesetz vom 14.07.1981, in dem es heißt: »Die Veräußerung von Grundstücken bis zu einer Größe von 1,0 ha bedarf keiner Genehmigung nach dem Grundstücksverkehrsgesetz vom 28.07.1961.« Werden in einem Kaufvertrag mehrere Grundstücke (im Rechtssinn) verkauft, die keine wirtschaftliche Einheit darstellen, und überschreitet nur eines dieser Grundstücke die für die Genehmigungsbedürftigkeit festgelegte Größe, so bedarf der gesamte Kaufvertrag der Genehmigung, nicht etwa nur der Teil, der sich auf das die Freigrenze übersteigende Grundstück bezieht.

8 Die Bestellung eines Erbbaurechts an einem land- oder forstwirtschaftlichen Grundstück – ggf. geeignet, um eine Gewinnrealisierung zu vermeiden[7] – ist nicht genehmigungspflichtig (anders nach dem ASVG in Baden-Württemberg, vgl. Rn. 41a).[8] Auch die Veräußerung eines Erbbaurechts ist nach dem Grundstücksverkehrsgesetz nicht genehmigungspflichtig. Die Länder sind jedoch berechtigt, die Veräußerung eines Erbbaurechts, welches die land- oder forstwirtschaftliche Nutzung zum Gegenstand hat, der Genehmigungspflicht zu unterwerfen, § 2 Abs. 3 Nr. 1 GrdstVG. Die Veräußerung eines Erbbaurechts unterstellt bislang, soweit ersichtlich, nur Rheinland-Pfalz der Genehmigungspflicht nach dem GrdstVG.

9 Genehmigungspflichtig nach dem Grundstücksverkehrsgesetz ist die »Veräußerung« eines land- oder forstwirtschaftlichen Grundstücks. Die Genehmigungspflicht erstreckt sich sowohl auf das schuldrechtliche Verpflichtungsgeschäft (Kaufvertrag, Schenkungsvertrag usw.) als auch auf das dingliche Erfüllungsgeschäft, die Auflassung.[9] Mit der Genehmigung des schuldrechtlichen Rechtsgeschäfts gilt auch die in Ausführung des Vertrages vorgenommene Auflassung als genehmigt, § 2 Abs. 1 Satz 2 GrdstVG. Dies gilt indes nur in den Fällen, in denen das dingliche Erfüllungsgeschäft das schuldrechtliche Verpflichtungsgeschäft unverändert umsetzt. Weicht das dingliche Erfüllungsrechtsgeschäft vom schuldrechtlichen ab, ein Vorgang, der beim Verkauf noch nicht vermessener Teilflächen eines Grundstücks nicht selten ist, gelten die zum Problem der Vollmacht zur Erklärung der Auflassung entwickelten Grundsätze entsprechend (vgl. § 35 Rdn. 46 ff.). Entscheidend ist mithin die objektiv feststellbare Identität von verkauftem und aufgelassenem Grundstück; fehlt es hieran, bedarf die Auflassung einer eigenen Genehmigung.

10 Der Begriff »Veräußerung« erfasst zahlreiche Typen der Grundstücksverkehrsgeschäfte: entgeltliche wie unentgeltliche Grundstücksübertragungen, selbstverständlich auch Tauschgeschäfte, die Übergabe landwirtschaftlicher Betriebe in Vorwegnahme der Erbfolge, die Erbauseinandersetzung über ein Grundstück, die Erfüllung eines Grundstücksvermächtnisses, die Abtretung des Anspruchs auf Erwerb eines Grundstücks, die Einbringung eines Grundstücks in eine Gesellschaft, kurz alle rechtsgeschäftlichen Verträge, deren unmittelbares Ziel die Änderung der Eigentumszuordnung eines Grundstücks ist. Eigentumsänderungen, die lediglich Folgen eines primär nicht auf Eigentumsänderung gerichteten Rechtsgeschäfts sind (Beispiel: Vereinbarung der Gütergemeinschaft), und solche, die sich aufgrund Gesetzes ergeben, wie z.B. durch Zuschlag in der Zwangsversteigerung, unterliegen nicht der Genehmigungspflicht nach dem Grundstücksverkehrsgesetz. Des Weiteren bedürfen keiner Genehmigung nach dem Grundstücksverkehrsgesetz:
– die Aufhebung eines mangels Eigentumsumschreibung noch nicht vollzogenen Grundstücksübertragungsvertrages,
– die Einräumung eines Vorkaufsrechts,
– die Vereinbarung eines Ankaufsrechtes,
– das Angebot auf Abschluss eines Grundstücksübertragungsvertrages.

---

[7] S. Rdn. 60.
[8] *Netz*, 4.2.5.13, S. 316.
[9] Meikel/*Grziwotz*, GBO, Einl F Rn. 89 m.w.N.

11 Vertreten wird, dass die Vereinbarung eines Ankaufsrechts und das Angebot auf Abschluss eines Grundstücksübertragungsvertrages, wenn auch nicht genehmigungspflichtig, so aber doch genehmigungsfähig seien.[10] Dem wird man für die Fälle, in denen es für das Zustandekommen des Vertrages nur einer Annahmeerklärung bedarf und der Inhalt des Vertrages durch den zweiten Akt, der zur Vervollständigung führt, nicht abänderbar ist, folgen können.

12 *Grziwotz*[11] vertritt, dass auch die Erteilung einer unwiderruflichen Grundstücksveräußerungsvollmacht dann der Genehmigung bedarf, wenn die Bindung des Vollmachtgebers so weit geht, dass dieser auf Erfüllung verklagt werden kann. Aus Sicht der Funktion des Grundstücksverkehrsgesetzes ist dies nicht überzeugend, weil das aufgrund der Vollmacht abgeschlossene Rechtsgeschäft, selbst wenn es durch richterliche Entscheidung zustande kommt, seinerseits der Genehmigung bedarf.

13 Auch zu dem **Entwurf** eines auf Veräußerung eines land- oder forstwirtschaftlichen Grundstücks gerichteten Vertrages kann nach § 2 Abs. 1 Satz 3 GrdstVG die Genehmigung erteilt werden (vgl. auch Rdn. 33). Die Praxis macht von dieser Möglichkeit, soweit bekannt, wenig Gebrauch. Einen Entwurf zur Genehmigung vorzulegen mag im Einzelfall der Vermeidung ansonsten vergeblich aufgewendeter Beurkundungskosten dienen. Auch mag Beweggrund für das Ersuchen um Genehmigung eines Vertragsentwurfes sein, die Ausübung des gesetzlichen Vorkaufsrechts nach dem Reichssiedlungsgesetz zu vermeiden: der Entwurf eines Grundstückskaufvertrages löst das Vorkaufsrecht nicht aus. Wird die Genehmigung zum Entwurf erteilt, kann das Vorkaufsrecht nach Beurkundung des Entwurfs nicht mehr ausgeübt werden (die Ausübung des Vorkaufsrechts setzt einen noch nicht genehmigten, formgerecht abgeschlossenen Grundstückskaufvertrag voraus, § 4 Abs. 1 RSG). Wird die Erteilung der Genehmigung zum Entwurf versagt und besteht daher die Gefahr der Ausübung des Vorkaufsrechts durch das Siedlungsunternehmen, können die Beteiligten vom Abschluss des beabsichtigten Kaufvertrages Abstand nehmen.

14 An Besonderheiten der Regelungen des Grundstücksverkehrsgesetzes sei noch erwähnt:

15 **a)** Auch die Einräumung eines Nießbrauchs an einem land- oder forstwirtschaftlichen Grundstück bedarf der Genehmigung, § 2 Abs. 2 Nr. 3 GrdstVG. Die Genehmigung ist zu erteilen, wenn Nießbrauch zugunsten der folgenden Personen bestellt wird: Ehegatte, Lebenspartner, Verwandte gerader Linie (Eltern und Voreltern, Kinder und Kindeskinder), Verwandte bis zum dritten Grade in der Seitenlinie (Geschwister, Neffen, Onkel) und Verschwägerte bis zum zweiten Grade (Ehegatten von Geschwistern, Schwiegereltern), § 8 Nr. 2 GrdstVG.

16 **b)** Nach § 4 Nr. 4 GrdstVG bedarf die Veräußerung von Grundstücken, die im Geltungsbereich eines Bebauungsplanes i.S.v. § 30 BauGB liegen, keiner Genehmigung. Dies gilt indes nicht, wenn die Wirtschaftsstelle (Hofstelle) eines land- oder forstwirtschaftlichen Betriebes verkauft wird und wenn Grundstücke, die im Bebauungsplan selbst als land- bzw. forstwirtschaftliches Grundstück ausgewiesen sind, veräußert werden. Die Regelung, dass die Veräußerung land- und forstwirtschaftlicher Grundstücke, die im räumlichen Geltungsbereich eines Bebauungsplanes liegen, keiner Genehmigung bedarf, ist wenig praxisrelevant, weil ihre tatbestandlichen Voraussetzungen (Bestehen des Bebauungsplanes, mangelnde Ausweisung des Grundstücks als land- bzw. forstwirtschaftliches Grundstück im Bebauungsplan) dem Grundbuchamt zum Vollzug des Rechtsgeschäfts nachgewiesen werden müssen.

---

10 Meikel/*Griwotz*, GBO, Einl. F Rn. 89.
11 In *Meikel*, GBO, Einl. F Rn. 89.

17 c) § 8 GrdstVG verpflichtet die Genehmigungsbehörde, in bestimmten Fällen der Veräußerung land- und forstwirtschaftlicher Grundstücke die Genehmigung zu erteilen. Wichtig ist hierbei der Fall der geschlossenen Veräußerung oder Übertragung eines landwirtschaftlichen Betriebes an folgende Personen: Ehegatte, Lebenspartner, Verwandte gerader Linie (Eltern und Voreltern, Kinder und Kindeskinder), Verwandte bis zum dritten Grade in der Seitenlinie (Geschwister, Neffen, Onkel) und Verschwägerte bis zum zweiten Grade (Ehegatten von Geschwistern, Schwiegereltern). Liegt ein derartiges Angehörigenrechtsgeschäft vor, muss die Genehmigungsbehörde den Vertrag ohne Rücksicht auf seinen Inhalt genehmigen. Ein solches, zwingend zu genehmigendes Angehörigengeschäft kann sein:

18 aa) Ein Kaufvertrag, sofern durch ihn der Betrieb geschlossen, also insbesondere ohne Ausnahme von Betriebsgrundstücken, veräußert wird;

19 bb) Ein Übertragungsvertrag, der der Vorwegnahme der Erbfolge dient. Auch dieser Vertrag muss sich als »geschlossene« Übertragung darstellen. Vergleichbar mit der Rechtslage bei einem Hof i.S. der Höfeordnung soll die Zurückbehaltung von kleinen Grundstücken, die für den Fortbestand des Betriebes oder seine ordnungsgemäße Bewirtschaftung unbedeutend sind, der Bewertung als »geschlossene« Übergabe nicht entgegenstehen.[12] Unabhängig von der Frage der Bedeutung des Zurückbehalts einzelner Grundstücke für die Genehmigungsfreiheit eines Übertragungsrechtsgeschäftes ist in jedem Fall zu bedenken, dass eine solche Zurückbehaltung die Ertragswertbegünstigung für den Pflichtteil gefährden,[13] die Gewährung der Altershilfe für Landwirte infrage stellen (§ 2 ALG)[14] und zur Gewinnrealisierung führen kann.

20 Die sich aus § 8 Nr. 2 GrdstVG ergebende Privilegierung der Übertragung an Angehörige gilt nicht für die Übergabe eines Hofes i.S.d. HöfeO, § 31 Abs. 1 GrdstVG. Bei einem Hof i.S.d. HöfeO bedarf die Übergabe in jedem Fall, also auch bei Übergabe an nahe Angehörige, der Genehmigung, in diesem Fall jedoch nicht durch die Genehmigungsbehörde, sondern durch das Landwirtschaftsgericht.

21 d) Als Fälle, in denen die Genehmigung versagt oder unter Auflagen oder Bedingungen erteilt werden kann, sind in § 9 GrdstVG u.a. aufgeführt:

22 aa) Die Veräußerung würde eine »ungesunde Bodenverteilung« bedeuten (§ 9 Abs. 1 Satz 1 GrdstVG). Dieser Versagungsgrund kann auch bei der Veräußerung von Einzelgrundstücken in Betracht kommen. Ein Erwerb durch Nichtlandwirte wird zumindest dann als »ungesunde Bodenverteilung« angesehen, wenn ein Landwirt, dessen Betrieb dringend der Aufstockung bedarf, zu denselben Bedingungen zu erwerben in der Lage und bereit ist.[15] Die früher übliche grundsätzliche Hintansetzung der Erwerbswünsche von Nebenerwerbslandwirten gegenüber denen von Vollerwerbslandwirten hat die Rechtsprechung zwar aufgegeben.[16] Eine Gleichstellung der Erwerbsinteressen von Nebenerwerbslandwirten mit Vollerwerbslandwirten ist jedoch nur gerechtfertigt, wenn durch den Erwerb die wirtschaftliche Existenz des Nebenerwerbslandwirts als solchem verbessert wird. Auch der Erwerb durch Nichtlandwirte bedeutet nicht automatisch eine ungesunde Bodenverteilung.

---

12 *Wöhrmann*, § 17 Rn. 26 (für den Bereich der Höfeordnung); *Netz* 4.8.4.3, S. 444.
13 *Palandt/Weidlich*, § 2312 BGB Rn. 5.
14 Ein Anspruch auf Altersrente besteht gem. § 11 Abs. 1 des Gesetzes über die Alterssicherung der Landwirte (ALG) nur dann, wenn (u.a.) das Unternehmen der Landwirtschaft abgegeben ist, was gem. § 21 Abs. 1 ALG u.a. der Fall ist, wenn das Eigentum an den landwirtschaftlich genutzten Flächen mit Ausnahme stillgelegter Flächen an einen Dritten übergegangen ist (vgl. dazu *Raude*, RNotZ 2016, 69, 70).
15 Vgl. BGH DNotZ 2018, 233, 235; OLG Dresden, Beschl. v. 10.07.2008 – W XV 1366/07, NL Briefe zum Agrarrecht 2009, 340 ff. Rn. 24.
16 BGH NJW 1992, 1457.

Der Nichtlandwirt muss jedoch glaubhaft machen, dass er Vorkehrungen getroffen hat, die erwarten lassen, dass er sich mindestens zu einem leistungsfähigen Nebenerwerbslandwirt entwickeln wird.[17] Kauft ein Nichtlandwirt, so kann die Genehmigung nur versagt werden, wenn ein Landwirt, der das Land in eigene Bewirtschaftung nehmen will, bereit ist, den vereinbarten Kaufpreis zu zahlen.[18]

Das Erwerbsmotiv (z.B. Kapitalanlage) ist für sich allein kein die Versagung der Genehmigung rechtfertigender Grund. Entscheidend sind nur die Auswirkungen des Rechtsgeschäfts auf die Agrarstruktur.[19] Dabei ist es weder Aufgabe der Genehmigungsbehörde, im Sinne einer positiven Steuerung des Grundstücksverkehrs eine optimale Bodenverteilung zu erreichen, noch auf die Aufteilung unrentabler Betriebes hinzuwirken.[20] Das Genehmigungsverfahren dient nicht der Lenkung des landwirtschaftlichen Grundstücksverkehrs, sondern der Abwehr von Gefahren für die Agrarstruktur.[21] Die früher als herrschend vertretene Meinung, Bodenanhäufungen in einer Hand hätten als solche eine ungesunde Bodenverteilung zur Folge, ist weitgehend aufgegeben worden.[22] Eine feste Obergrenze gibt das Gesetz nicht vor; auch die Rechtsprechung hat sie letztlich nicht gefunden. Die durch Großbetriebe gekennzeichnete Landwirtschaftsstruktur in den neuen Bundesländern wird die Bewertung der Bodenanhäufung als »ungesunde Bodenverteilung« voraussichtlich ganz entfallen lassen. 23

bb) Die Veräußerung würde zu einer unwirtschaftlichen Verkleinerung eines Grundstücks oder mehrerer räumlich oder wirtschaftlich zusammenhängender Grundstücke führen (§ 9 Abs. 1 Satz 2 GrdstVG). Der Versagungsgrund der unwirtschaftlichen Verkleinerung liegt nur vor, wenn die Veräußerung nachteilige Folgen für die Agrarstruktur hat. Das ist z.B. dann der Fall, wenn durch Teilung und Veräußerung Grundstücke entstehen, die mit modernen landwirtschaftlichen Maschinen nicht mehr zu bearbeiten sind oder die Teilung im Nachhinein Maßnahmen staatlicher Flurbereinigungsverfahren wieder rückgängig macht. 24

cc) Der Gegenwert steht in einem groben Missverhältnis zum Verkehrswert des Grundstücks (§ 9 Abs. 1 Satz 3 GrdstVG). Von einem derartigen Missverhältnis geht die Rechtsprechung aus, wenn der vertraglich vereinbarte Kaufpreis mehr als 50 % über dem im innerlandwirtschaftlichen Grundstücksverkehr üblichen Kaufpreis liegt.[23] Der Versagungsgrund »grobes Missverhältnis« greift jedoch nur bei überhöhtem, nicht bei zu niedrigem Kaufpreis ein.[24] Kauft allerdings ein Landwirt zu überhöhtem Preis, so kann das nur in Ausnahmefällen zur Rechtfertigung der Versagung der Genehmigung führen.[25] 25

Das Hindernis des groben Missverhältnisses der Gegenleistung zum Verkehrswert besteht nicht nur für entgeltliche Grundstücksgeschäfte, sondern auch für typische Übergabeverträge.[26] Bei einer Veräußerung zu nicht landwirtschaftlichen Zwecken kommt ein grobes Wertmissverhältnis als Versagungsgrund nicht infrage (§ 9 Abs. 4 GrdstVG). 26

---

17 BGH NJW 1997, 1073.
18 BVerfG DNotZ 1967, 630; BGHZ 45, 279 = RdL 1966, 204; BGH DNotZ 198, 695; 1971, 656.
19 BVerfG v. 12.01.1967, DNotZ 1967, 625; JR 1967, 410.
20 BGH AgrarR 1973, 48.
21 BVerfG v. 19.06.1969, RdL 1969, 176.
22 *Faßbender/Hötzel/von Jeinsen/Pikalo*, § 17 HöfeO Rn. 209; zweifelnd *Lange/Wulff/Lüdtke-Handjery*, § 17 Rn. 40.
23 OLG Dresden, Beschl. v. 27.07.2006, W XV 1620/06, NL-BrzAR 129 ff., 131; vgl. auch BGHZ 210, 134 = DNotZ 2016, 951 = MittBayNot 2017, 188.
24 *Netz*, 4.12.3. a.E., S. 607.
25 Vgl. hierzu auch BGH MittBayNot 2014, 523 = NJW-RR 2014, 1168 (BGH 25.04.2014, BLw 5/13), wonach die Genehmigung nicht gemäß § 9 Abs. 1 Nr. 3 GrdstVG versagt werden kann, wenn zwar der vereinbarte Kaufpreis in einem deutlichen Missverhältnis zum landwirtschaftlichen Verkehrswert steht, neben dem Käufer allerdings weitere Bieter Interesse mit Kaufangeboten in vergleichbarer Höhe zeigten.
26 *Netz*, 4.12.8, S. 613; a.A. OLG Celle DNotZ 1967, 10, und *Faßbender* in der 21. Aufl.

27 e) Genehmigt werden kann auch unter Auflagen an den Übernehmer. Eine solche Auflage kann sein, das Grundstück einem Landwirt zu verpachten oder weiterzuveräußern oder Land entsprechender Größe oder entsprechender Bonität abzugeben. Die Auflage ist nur zulässig, wenn sie geeignet ist, die Versagung der Genehmigung nach § 9 GrdstVG (vornehmlich nach Abs. 1 Nr. 1) auszuräumen. Die Aufzählung der Auflagen in § 10 GrdstVG ist abschließend.[27] Der von der Auflage Betroffene kann bis 1 Monat nach Eintritt der Rechtskraft der Entscheidung vom Vertrag zurücktreten (§ 10 Abs. 2 GrdstVG). Zur Erfüllung der Auflage kann der Erwerber durch wiederholte Festsetzung von Zwangsgeld bis zu 500 € angehalten werden (§ 24 GrdstVG). Die Eintragung des Übernehmers im Grundbuch wird durch eine Auflage nicht gehemmt, da der Vertrag mit der Genehmigung unter Auflage sofort wirksam wird.

28 f) Wenn unter einer die Wirksamkeit des Vertrages aufschiebenden Bedingung genehmigt wird, muss der Eintritt der Bedingung dem Grundbuchamt durch eine Bescheinigung der Genehmigungsbehörde nachgewiesen werden. Tritt die Bedingung nicht fristgemäß ein, wird der Vertrag endgültig unwirksam. Zulässig sind bestimmte Bedingungen, welche die zuvor unter d) aufgeführten Versagungsgründe ausräumen und im Wesentlichen den unter e) für Auflagen genannten Maßnahmen entsprechen (§ 11 GrdstVG). Auch ein aufschiebend bedingter Kaufvertrag über landwirtschaftliche Grundstücke unterliegt allerdings dem siedlungsrechtlichen Vorkaufsrecht des § 4 RSG (hierzu nachstehend Rdn. 29).[28]

29 g) Mit dem Genehmigungsverfahren des Grundstücksverkehrsgesetzes ist bei landwirtschaftlichen Grundstücken – nicht bei forstwirtschaftlichen – die Ausübung des gesetzlichen Vorkaufsrechts des Siedlungsunternehmens nach dem Reichssiedlungsgesetz (RSG) verbunden, § 12 GrdstVG (Näheres s.o. § 6 Rdn. 82, 113 und unten Rdn. 33). Das Vorkaufsrecht des Siedlungsunternehmens setzt voraus, dass ein Grund vorliegt, die beantragte Genehmigung zu versagen, § 4 RSG. Um nun einerseits dem Vorkaufrecht durch das Versagen der Genehmigung nicht den Boden zu entziehen, andererseits Veräußerer und Erwerber Rechtsschutz gegen die Behauptung der Genehmigungsbedürftigkeit des Rechtsgeschäfts oder gegen die vorgesehene Versagung zu gewähren, teilt die Genehmigungsbehörde dem Veräußerer mit, dass das Siedlungsunternehmen das Vorkaufsrecht ausgeübt hat. Gegen diese Ausübungsmitteilung können Veräußerer und Erwerber binnen 2 Wochen nach Eingang der Ausübungsmitteilung beim Veräußerer Einwendungen durch Antrag auf Entscheidung des Landwirtschaftsgerichts geltend machen (§ 10 RSG i.V.m. § 22 GrdstVG).

30 h) Die zuständigen Genehmigungsbehörden auf Grundlage der Regelung in § 3 GrdstVG in Ausführungsgesetzen oder Verordnungen der Länder bestimmt worden. Genehmigungsbehörde ist:

(1) in Bayern	die Kreisverwaltungsbehörde bzw., wenn ein Bezirk am Vertrag beteiligt ist, das Staatsministerium für Ernährung, Landwirtschaft und Forsten
(2) in Berlin	der Senator für Wirtschaft und Arbeit,
(3) in Brandenburg	der Landkreis bzw. die kreisfreie Stadt
(4) in Bremen	die Landwirtschaftsbehörde,
(5) in Hamburg	die Umweltbehörde bzw. die Behörde für Wirtschaft und Arbeit
(6) in Hessen	der Kreisausschuss des Landkreises,

---

27 OLG Celle DNotZ 1964, 118; 1967, 113.
28 OLG Dresden NJW-RR 2017, 849.

(7) in Mecklenburg-Vorpommern	das Amt für Landwirtschaft,
(8) in Niedersachsen	der Landkreis bzw. die kreisfreie Stadt,
(9) in Nordrhein-Westfalen	der Geschäftsführer der Kreisstelle der Landwirtschaftskammer,
(10) in Rheinland-Pfalz	der Landkreis bzw. die kreisfreie Stadt,
(11) im Saarland	der Landkreis, der Stadtverband Saarbrücken, die Landeshauptstadt Saarbrücken und die kreisfreie Stadt,
(12) in Sachsen	das Staatliche Amt für Landwirtschaft beim Landkreis bzw. das Staatliche Amt für Landwirtschaft und Gartenbau bei den kreisfreien Städten,
(13) in Sachsen-Anhalt	Landkreis und kreisfreie Stadt,
(14) in Schleswig-Holstein	das Amt für Land- und Wasserwirtschaft,
(15) in Thüringen	das Landwirtschafts- und Flurneuordnungsamt.

Örtlich zuständig ist die Genehmigungsbehörde, in deren Bezirk die Hofstelle des Betriebs liegt, zu dem das Grundstück gehört. Ist keine Hofstelle vorhanden, so ist örtlich zuständig die Behörde, in deren Bezirk die veräußerten Grundstücke ganz oder zum größten Teil liegen (§ 18 Abs. 1 GrdstVG). **31**

i) Das Erfordernis der Genehmigung nach dem Grundstücksverkehrsgesetz ist grundsätzlich unabhängig von der Größe des betroffenen Grundstücks. Die meisten Länder (zu Baden-Württemberg s. Rn. 41a) haben jedoch von der Ermächtigung in § 2 Abs. 3 Nr. 2 GrdstVG Gebrauch gemacht und unterschiedliche Freigrenzen bestimmt (von 10 Ar bis zu 2 ha). Danach ist die Genehmigung nicht erforderlich:[29] **32**

(1) in *Bayern* bei der Veräußerung von Grundstücken von weniger als 1 ha.[30] Diese Freigrenze gilt jedoch nicht
– wenn aus einem landwirtschaftlichen Betrieb ab einer Größe von 1 ha ein mit Gebäuden der Hofstelle besetztes Grundstück veräußert wird,
– wenn innerhalb von 3 Jahren vor der Veräußerung aus dem gleichen Grundbesitz im Rahmen der Freigrenze Grundstücke veräußert worden sind und bei Einrechnung dieser Veräußerung die Fläche von 2 ha erreicht wird;[31]
(2) in *Berlin* bei der Veräußerung von Grundstücken bis zu einer Größe von 1 ha;
(3) in *Brandenburg* bei der Veräußerung von Grundstücken, die kleiner als 2 ha sind;
(4) in *Bremen* bei der Veräußerung von Grundstücken bis zu einer Größe von 25 a;
(5) in *Hamburg* bei der Veräußerung von Grundstücken bis zu einer Größe von 1 ha;
(6) in *Hessen* bei der Veräußerung von unbebauten Grundstücken, die kleiner als 25 a sind;
(7) in *Mecklenburg-Vorpommern* bei der Veräußerung eines Grundstücks von weniger als 2 ha;
(8) in *Niedersachsen* bei der Veräußerung von Grundstücken, die kleiner als 1 ha sind;
(9) in *Nordrhein-Westfalen* bei der Veräußerung von Grundstücken bis zur Größe von 1 ha;
(10) in *Rheinland-Pfalz* bei der Veräußerung eines Grundstücks, das folgende Größen nicht überschreitet:
– 10 a, wenn das Grundstück weinbaulich genutzt wird,
– 50 a bei allen anderen land-/forstwirtschaftlichen Nutzungsarten;
die Freigrenzen gelten nicht für die Veräußerung eines Grundstücks, auf dem sich die Wirtschaftsstelle eines land- oder forstwirtschaftlichen Betriebes befindet;

---

29 Vgl. auch http://www.dnoti.de/medien/cdd699af-3aa3-422f-8b62-fed1e4a0af0a/freigrenzen-stand-2016-12-20.pdf (Stand: 20.12.2016).
30 Erwirbt eine Gemeinde, ein Gemeindeverband oder ein kommunaler Zweckverband, beträgt die Freigrenze 2 ha.
31 Dazu *Schöner/Stöber*, Grundbuchrecht, Rn. 3962.

(11) im *Saarland* bei der Veräußerung einzelner oder mehrerer zusammenhängender Grundstücke, die eine Wirtschaftseinheit bilden, bis zur Größe von 15 a;
(12) in *Sachsen* bei der Veräußerung eines Grundstücks, das für sich allein oder zusammenhängend mit anderen Flächen 50 a nicht übersteigt, bei der Veräußerung an Gemeinden, Verwaltungsverbände oder Landkreis bis zu einer Größe von 1 ha. Die Genehmigungsfreiheit gilt nicht für die Veräußerung einer Hofstelle und für Grundstücke, die dem Weinbau, dem Erwerbsgartenbau oder der Teichwirtschaft dienen;
(13) in *Sachsen-Anhalt* bei der Veräußerung eines unbebauten Grundstücks, das kleiner als 2 ha ist, bei der Veräußerung eines Grundstücks mit einem für die land- oder forstwirtschaftliche Nutzung geeigneten Wirtschaftsgebäude, wenn das Grundstück kleiner als 25 a ist;
(14) in *Schleswig-Holstein* bei der Veräußerung eines Grundstücks bis zu einer Größe von 2 ha;
(15) in *Thüringen* bei der Veräußerung eines Grundstücks, das kleiner als 25 a ist.

33 j) Das Vorkaufsrecht des Siedlungsunternehmens für landwirtschaftliche Grundstücke beginnt grundsätzlich bei Grundstücken »in Größe von 2 ha aufwärts« (§ 4 Abs. 1 Reichssiedlungsgesetz i.d.F. v. 19.06.2001); ausnahmsweise auch bei kleineren Grundstücken, § 4 Abs. 4 RSG (von der Ermächtigung zur Herabsetzung der Mindestgröße haben zwei Bundesländer Gebrauch gemacht: in **Hessen** besteht das RSG-Vorkaufsrecht bei Grundstücken ab 0,5 ha Flächeninhalt, in **Thüringen** bei Grundstücken ab 0,25 ha); vgl. zu Baden-Württemberg und dem dort geltenden § 17 ASVG Rn. 41c. Forstwirtschaftliche Grundstücke unterliegen dem Vorkaufsrecht nach dem Reichssiedlungsgesetz nicht. Eine Zusammenstellung der Siedlungsbehörden findet sich bei Netz § 12 GrdstVG 4.18.1.2, S. 520, eine der Siedlungsunternehmen a.a.O., 4.18.1.3, S. 522. Das Reichsiedlungsgesetz geht nach der Rechtsprechung im Gegensatz zum Grundstücksverkehrsgesetz vom wirtschaftlichen Grundstücksbegriff aus;[32] vom Vorkaufsrecht erfasst werden daher auch Grundstücke, die jedes für sich kleiner als – i.d.R. –1 ha sind, die jedoch eine wirtschaftliche Einheit bilden und zusammen größer als 1 ha sind.[33] Beim Erwerb eines verpachteten Grundstücks erlangt das Siedlungsunternehmen ein außerordentliches Kündigungsrecht nach § 7 Ergänzungsgesetz zum Reichssiedlungsgesetz. Das Siedlungsunternehmen hat dem Pächter auf Antrag eine angemessene Entschädigung für die vorzeitige Auflösung des Pachtverhältnisses zu gewähren. Kommt eine Einigung hierüber nicht zustande, entscheidet die Siedlungsbehörde. Wenn mit der Ausübung des siedlungsrechtlichen Vorkaufsrechts gerechnet werden muss, kann es sinnvoll sein, einen noch nicht von allen Beteiligten genehmigten Vertrag oder einen Vertragsentwurf zur Genehmigung vorzulegen (§ 2 Abs. 1 Satz 3 GrstVG; s.a. Rdn. 13). Als eigenartige Ausnahme zur Lehre von der anfänglichen Unwirksamkeit des einen in Wirklichkeit nicht vereinbarten Kaufpreis ausweisenden Grundstückskaufvertrages (vulgo Schwarzkauf, § 117 BGB) gilt dem Siedlungsunternehmen gegenüber der Vertrag als rechtswirksam und das beurkundete Entgelt als vereinbart (§ 4 Abs. 3 Satz 2 RSG).

34 Das Vorkaufsrecht des Siedlungsunternehmens besteht nicht bei einem Verkauf an eine Körperschaft öffentlichen Rechts und bei einem Verkauf an den Ehegatten oder an eine Person, die mit dem Veräußerer in gerader Linie oder bis zum dritten Grad in der Seitenlinie verwandt oder bis zum zweiten Grad verschwägert ist, § 4 Abs. 2 RSG.

---

32 *Gehse*, S. 86 m.w.N.
33 Die unterschiedliche Auslegung (das Grundstücksverkehrsgesetz geht vom rechtlichen, das Reichssiedlungsgesetz vom wirtschaftlichen Grundstücksbegriff aus), erscheint wenig stimmig: so kommt das Vorkaufsrecht des RSG mangels Genehmigungsbedürftigkeit nach dem GrdstVG z.B. in Bayern nicht zum Zug, wenn zahlreiche, eine wirtschaftliche Einheit bildende Grundstücke, die jeweils knapp unter 1 ha, zusammen jedoch über 1 ha groß sind, verkauft werden.

Die Veräußerung eines Grundstücksbruchteils, der rechnerisch einer größeren Fläche als 35
der Freifläche entspricht, bedarf der Genehmigung nach dem GrdstVG. Die Veräußerung
eines Bruchteils, der einer kleineren Fläche als der Freifläche entspricht, bedarf nach h.M.
dann der Genehmigung, wenn das Grundstück selbst größer als die Freifläche ist.[34] Wäre
dem nicht so, könnte das Genehmigungserfordernis durch Aufteilung in mehrere Anteils-
käufe unterlaufen werden. Die Veräußerung eines Erbteils ist dann genehmigungsbedürftig, wenn sie an einen Nichterben erfolgt und der Nachlass im Wesentlichen aus einem
land- oder forstwirtschaftlichen Betrieb besteht (§ 2 Abs. 2 Nr. 1 und 2 GrdstVG). Für die
Veräußerung einzelner Grundstücke, die zu einem Anerbengut (z.B. zu einem Hof i.S.d.
HöfeO) gehören oder die im Verfahren nach §§ 13 ff. GrstVG zugewiesen worden waren,
gelten grundsätzlich keine Besonderheiten. Auch sie bedürfen im Einzelfall der Genehmigung nach dem Grundstücksverkehrsgesetz, nicht nach der Höfeordnung oder einer anderen Anerbenrechtsordnung. Zu beachten ist jedoch, dass die Veräußerung einzelner Grundstücke nachträgliche Abfindungsergänzungsansprüche auslösen kann (z.B. nach § 13
HöfeO oder § 17 GrdstVG).

Das gesetzliche Vorkaufsrecht nach dem RSG hat Vorrang vor rechtsgeschäftlich begrün- 36
deten Vorkaufsrechten. Zu einer Anspruchskonkurrenz kann es nicht kommen: vor Genehmigung des Rechtsgeschäfts kann das rechtsgeschäftlich begründete Vorkaufsrecht nicht
ausgeübt werden, wohl aber das nach dem RSG. Liegen die Voraussetzungen vor, nach
denen das gesetzliche Vorkaufsrecht des RSG ausgeübt werden kann, hat die Genehmigungsbehörde, bevor sie über den Antrag auf Genehmigung entscheidet, den Vertrag der
Siedlungsbehörde vorzulegen, § 12 RSG; die Erklärung über die Ausübung des Vorkaufsrechts durch das Siedlungsunternehmen ist alsdann über die Siedlungsbehörde der Genehmigungsbehörde zuzuleiten; das Vorkaufrecht wird dadurch ausgeübt, dass die Genehmigungsbehörde diese Erklärung dem Veräußerer mitteilt; damit gilt im Verhältnis zwischen
Veräußerer und Vorkaufberechtigten die Veräußerung als genehmigt (so § 6 Abs. 1 Satz 3
Halbs. 2 RSG). Eine Genehmigung des ursprünglichen Kaufvertrages findet nicht statt.
Vielmehr wird mit der Ausübung des Vorkaufsrechts der ursprüngliche Kaufvertrag endgültig unwirksam. Mit der Eigentumsumschreibung auf das Siedlungsunternehmen erlöschen rechtsgeschäftlich begründete Vorkaufsrechte, § 5 Satz 1 RSG; sie sind von Amts
wegen zu löschen.

k) Der den Vertrag beurkundende Notar hat kein eigenes Antragsrecht; er gilt lediglich als 37
zur Antragstellung ermächtigt (§ 3 Abs. 2 Satz 2 GrdstVG). Es gelten dieselben Grundsätze
wie zu § 15 Abs. 2 GBO. Die gesetzliche Vermutung der Berechtigung zur Antragstellung ist
auf jede Art widerlegbar. Die gesetzliche Vermutung soll auch dann Platz greifen, wenn der
Notar lediglich einen Vertragsentwurf gefertigt hat und diesen der Behörde zur Prüfung
vorlegt.[35] Da der Notar in den Fällen der gesetzlich vermuteten Antragsermächtigung auch
als zur Rücknahme des Antrages ermächtigt gilt, § 24 Abs. 3 Satz 1 BNotO, kann er den von
ihm gestellten Genehmigungsantrag auch wieder zurücknehmen. Die vermutete Ermächtigung erstreckt sich auch auf die Einlegung von Rechtsmitteln und die Entgegennahme
behördlicher Entscheidungen. Das Recht zur Antragsrücknahme usw. gilt jedoch nicht,
wenn der Notar den Antrag lediglich als Bote der Beteiligten überreicht hat.[36]

l) Die Genehmigung kann auch zum Entwurf eines Vertrages erteilt werden (§ 2 Abs. 1 Satz 3 38
GrdstVG), vgl. bereits Rdn. 13. Dieser Entwurf muss alle wesentlichen Bestandteile des
beabsichtigten Rechtsgeschäfts enthalten, insbesondere den Kaufpreis. Umstritten ist, ob

---

34 Vgl. *Hötzel*, AgrarR 1983, 176.
35 *Netz*, 4.3.2.4, S. 362.
36 Eylmann/Vaasen/*Hertel*, § 24 BNotO Rn. 37; OLG Karlsruhe/Freiburg RdL 196, 37 und 202; OLG Stuttgart AgrarR 1974, 109.

dieser Entwurf von den Beteiligten unterzeichnet sein muss.[37] Versagungsgründe, Auflagen und Bedingungen wird die Genehmigungsbehörde zu einem Entwurf, der alles Wesentliche enthält, mitteilen müssen. Das wird den Notar gelegentlich veranlassen, den Beteiligten dieses Verfahren nahezulegen. Insbesondere in den Fällen, bei denen nicht sicher ist, ob der Vertrag genehmigt wird, kann mit der Vorlage eines bloßen Entwurfs (oder eines von einem Beteiligten noch nicht genehmigten Vertrages) die Auslösung des siedlungsrechtlichen Vorkaufsrechts vermieden werden. Da der Notar verpflichtet ist, bei der Veräußerung eines landwirtschaftlichen Grundstücks von 2 ha und mehr Flächeninhalt oder von mehreren kleineren, eine wirtschaftliche Einheit bildenden Grundstücken von zusammen 2 ha oder mehr auf das siedlungsrechtliche Vorkaufsrecht hinzuweisen, sollte er die Beteiligten auch auf die Möglichkeit der Vorlage eines Entwurfs aufmerksam machen.

39 **m)** Bis zur Rechtskraft der Entscheidung können die Vertragsbeteiligten und aufgrund der Ermächtigungsvermutung für sie auch der Notar den Antrag auf Genehmigung zurücknehmen und damit das Verfahren beenden. Hat das Siedlungsunternehmen das Vorkaufsrecht aus § 4 RSG bereits ausgeübt, lässt eine Rücknahme des Genehmigungsantrages die Rechtswirkungen des Vorkaufs jedoch unberührt.[38] Die Vereinbarung eines Rücktrittsrechts oder einer auflösenden Bedingung für den Fall der Ausübung des Vorkaufsrechts ist dem Siedlungsunternehmen gegenüber nach § 8 Abs. 1 RSG i.V.m. § 465 BGB (*vormals § 506 BGB*), unwirksam.

40 **n)** Für die Eintragung im Grundbuch sind bei Veräußerung land- und forstwirtschaftlicher Grundstücke wegen der Genehmigung und wegen des damit zusammenhängenden Vorkaufsrechts des Siedlungsunternehmens bei landwirtschaftlichen Grundstücken zu unterscheiden:

41 **aa) genehmigungsfreie Veräußerungen** (Rdn. 16): sie richten sich nur nach bürgerlichem Recht (§§ 311b, 925 BGB). Dem Grundbuchamt ist die Genehmigungsfreiheit durch ein Negativzeugnis der Genehmigungsbehörde nachzuweisen (§ 5 GrdstVG), sofern sie sich nicht unmittelbar aus dem Gesetz ergibt (§ 4 bzw. § 2 Abs. 3 GrdstVG i.V.m. dem einzelnen Landesgesetz, s. Rdn. 32);

42 **bb) privilegierte Angehörigengeschäfte bei geschlossener Veräußerung des Betriebes** (Rdn. 17): bei ihnen ist der Genehmigungsbescheid dem Grundbuchamt vorzulegen (§ 7 Abs. 1 GrdstVG). Eine ohne Auflagen oder Bedingungen erteilte Genehmigung ist nicht anfechtbar (§ 22 Abs. 1 GrdstVG). Die Unanfechtbarkeit ergibt sich somit aus dem Wortlaut des Bescheides und braucht dem Grundbuchamt nicht zusätzlich durch eine Rechtskraftbescheinigung der Genehmigungsbehörde nachgewiesen werden;

43 **cc) genehmigungsbedürftige Veräußerungen** (Rdn. 9, 21 ff.): bei ihnen ist der Genehmigungsbescheid dem Grundbuchamt vorzulegen (§ 7 Abs. 1 GrdstVG). Ist dieser unter einer Bedingung erteilt, so ist der Eintritt der Bedingung dem Grundbuchamt durch eine Bescheinigung der Genehmigungsbehörde nachzuweisen (§ 11 Abs. 2 GrdstVG). Gilt die Genehmigung infolge Fristablaufs als erteilt (§ 6 Abs. 2 GrdstVG; s. § 6 Rdn. 83), ist dies durch ein Zeugnis, das die Behörde nach § 6 Abs. 3 GrdstVG zu erteilen hat, dem Grundbuchamt nachzuweisen.

---

37 Dafür *Netz*, 4.2.6.1, S. 332; dagegen *Gehse*, S. 83.
38 OLG Düsseldorf OLGZ 1971, 416; OLG Celle AgrarR 1996, 342; *Netz*, 10.7.1.5, S. 997 f.

o) Im Genehmigungsverfahren nach dem GrdstVG genügt die Übersendung einer einfachen 44
Abschrift des beurkundeten Vertrages. Der Antrag kann schriftlich oder zu Protokoll der
Genehmigungsbehörde gestellt werden.[39]

p) Bei einem Erwerb landwirtschaftlicher Grundstücke durch den Inhaber eines landwirt- 45
schaftlichen Betriebes können bei diesem die gesetzlichen Hofvoraussetzungen (z.B. Übersteigen des Schwellenwertes von 10.000 € Wirtschaftswert nach der HöfeO oder Vervollständigung der Besitzung durch den Erwerb einer Hofstelle) erfüllt werden und damit die Hofeigenschaft eintreten.[40] Dies sollte bedacht und zum Anlass für die Prüfung und Erörterung der erbrechtlichen Konsequenzen genommen werden. Entsprechendes gilt bei Veräußerungsvorgängen, die den Verlust der Hofeigenschaft zur Folge haben könnten.

q) Im Verfahren vor der Genehmigungsbehörde werden Gebühren und Auslagen nicht erho- 46
ben, § 23 GrdstVG.

2. Genehmigung nach dem Agrarstrukturverbesserungsgesetz (ASVG) in Baden-Württemberg

Baden-Württemberg hat als bisher einziges Bundesland von der seit der Förderalismusre- 47
form (s. Rn. 1, 2) bestehenden Landeskompetenz im Grundstücksverkehr Gebrauch gemacht
und im Herbst 2009 das am 01.07.2010 in Kraft getretene Agrarstrukturverbesserungsgesetz
(ASVG) erlassen.[41] Das Gesetz hält insbesondere hinsichtlich des Genehmigungserfordernisses, den Versagungsgründen etc. weitestgehend an den bisherigen bundesrechtlichen
Regelungen fest; es entspricht dem ausdrücklichen Willen des Landesgesetzgebers, dass auf
die an den bisherigen Begrifflichkeiten ausgerichtete Rechtsprechung des BGH weiterhin
zurückgegriffen werden soll.[42] Einzelne Abweichungen vom Wortlaut dienen vor allem der
sprachlichen Modernisierung und Klarstellung, weniger der inhaltlichen Veränderung: Beispielsweise enthält § 1 eine Vielzahl von Begriffsbestimmungen (u.a. zum Grundstücksbegriff i.S.d. ASVG), die sich i.R.d. GrdstVG bislang allein aus Rechtsprechung und Literatur
ergaben; weiterhin wurde in § 7 Abs. 1 Nr. 1 und Abs. 3 der unbestimmte Rechtsbegriff
»ungesund« durch den gleichbedeutenden, jedoch zeitgemäßeren Rechtsbegriff »agrarstrukturell nachteilig« ersetzt.[43]

Dennoch ergeben sich vereinzelt auch inhaltliche Änderungen; insbesondere ist im 48
Gegensatz zum GrdstVG (vgl. Rn. 7) auch die Bestellung eines Erbbaurechts genehmigungspflichtig, vgl. § 3 Abs. 2 Nr. 3 ASVG.[44] Auch enthält das Gesetz für einzelne Gemarkungen (vgl.§ 2 Abs. 1 i.V.m. Anlage zu § 2 Abs. 1 ASVG) deutlich herabgesetzte Freigrenzen für Grundstücksveräußerungen hinsichtlich der Genehmigungspflicht.[45] Ansonsten
bleiben die Freigrenzen gegenüber dem bisherigen baden-württembergischen Ausführungsgesetz zum GrdstVG unverändert, vgl. § 1 Abs. 1, 7 ASVG:[46] Genehmigungsfrei ist
demnach die Veräußerung eines Grundstücks bzw. der schuldrechtliche Vertrag hierüber,
wenn das zu veräußernde (bzw. das mit einem Nießbrauch oder Erbbaurecht zu belastende) Grundstück für sich allein oder zusammen mit anderen Grundstücken, mit denen es
eine zusammenhängende Fläche bildet, folgende Größen unterschreitet:

---

39 *Netz*, 4.3.1.1, S. 351.
40 Vgl. Heinemann/*Fackelmann*, Kölner Formularbuch Grundstücksrecht, 2. A. 2016, Teil 6 B Rn. 250 ff.
41 Abgedruckt bei *Netz*, 2.1.1, S. 141 ff.; kommentiert ebda, Abschnitt 12, S. 1051 ff.
42 LT-Drucks. 15/5140, S. 49.
43 LT-Drucks. 15/5140, S. 50.
44 Dazu *Netz*, 1.4.2.1, S. 1061.
45 Vgl. *Netz*, 12.4.1.7, S. 1059 f.
46 LT-Drucks. 15/5140, S. 45.

- 0,5 ha, wenn das Grundstück dem Weinbau oder dem Erwerbsgartenbau dient,
- 1,0 ha bei allen anderen Veräußerungen.

Die Freigrenzen gelten nicht für die Veräußerung eines Grundstücks, auf dem sich die Hofstelle befindet, § 1 Abs. 1 Buchst. a) ASVG. Die Landesregierung kann in bestimmten Landesteilen die Freigrenzen durch Rechtsverordnung auf 10 a senken, § 2 Abs. 2 Nr. 1 ASVG, soweit dies in dem jeweils betroffenen Teil des Landesgebiets zur Abwehr einer erheblichen Gefahr für die Agrarstruktur erforderlich ist.

49   Eine wichtige Sonderregel für das baden-württembergische Grenzgebiet enthält § 7 Abs. 3 ASVG, der eine Reaktion auf eine Änderung der Rechtsprechung des BGH im Jahr 2009 darstellt:[47] Demnach liegt eine agrarstrukturell nachteilige Verteilung des Grund und Bodens auch dann vor, wenn das veräußerte Grundstück der Erzeugung landwirtschaftlicher Produkte dient, die außerhalb des gemeinsamen Marktes (EU) zollfrei verbracht werden, und dadurch Wettbewerbsverzerrungen entstehen. Hintergrund der Regelung sind starke Ankauf- und Pachtaktivitäten schweizerischer Landwirte auf der deutschen Seite der Grenze; sie können die in Deutschland unter Inanspruchnahme von EU-Prämien erzeugten Produkte zollfrei in die Schweiz verbringen und dort zu wesentlich höheren Preisen vermarkten, was sich in einer entsprechend gesteigerten Wirtschaftskraft und damit Verdrängung deutscher Landwirte widerspiegelt. Bis zu der vorgenannten Entscheidung hatte der BGH die Verpachtung landwirtschaftlicher Flächen auf deutschem Hoheitsgebiet an schweizerische Landwirte als zu einer ungesunden Verteilung der Bodennutzung führen eingestuft; die Entscheidung hatte eine solche Einstufung hingegen als unzulässig eingestuft und im Hinblick auf Freizügigkeitsabkommen zwischen der EU, ihren Mitgliedstaaten und der Schweiz festgestellt, dass ein schweizerischer Landwirt mit Betriebssitz in der Schweiz i.R.d. GrdstVG wie ein deutscher Landwirt mit Betriebssitz in Deutschland behandelt werden muss.

50   Für Verfahren über Anträge auf gerichtliche Entscheidung, die vor Inkrafttreten des ASVG anhängig gemacht wurden, gelten die bisherigen Vorschriften weiter, vgl. Art. 7 Abs. 1 des Ersten Gesetzes zur Umsetzung der Föderalismusreform und zum Bürokratieabbau im Geschäftsbereich des Ministeriums für Ernährung und Ländlichen Raum.[48]

51   Die sachliche Zuständigkeit der Landwirtschaftsbehörde (Landkreise: Landratsamt als unter Landwirtschaftsbehörde, Stadtkreise: Bürgermeisteramt) ist ebenso wie die örtliche Zuständigkeit in § 26 ASVG geregelt.

52   Auch das Reichssiedlungsgesetz (RSG; dazu Rn. 29 ff.) wurde in Baden-Württemberg durch das ASVG abgelöst. Das Vorkaufsrecht des Siedlungsunternehmers für landwirtschaftliche Grundstücke bestimmt sich nun nach § 17 ASVG. Demnach ist Voraussetzung für das Recht, dass ein landwirtschaftliches Grundstück i.S.v. § 1 ASVG mit der in den §§ 1, 2 ASVG geregelten Mindestgröße (zwischen 10 Ar und 2 ha) durch Kaufvertrag veräußert wird, die Veräußerung einer Genehmigung nach § 3 ASVG bedarf und die Landwirtschaftsbehörde zu der Auffassung gelangt, dass die Genehmigung nach § 7 ASVG zu versagen wäre. Nach § 17 Abs. 2 ASVG kann die Landesregierung zudem durch Rechtsverordnung die vorkaufsrechtliche Mindestgröße für das ganze Land oder nur für Teile des Landes abändern.

53   Wie auch die bislang im GrdstVG enthaltenen Regelungen zum Grundstücksverkehr wird auch hinsichtlich des bislang im RSG geregelten Vorkaufsrechts inhaltlich, z.T. sogar im Wortlaut, an der bisherigen bundesrechtlichen Regelung festgehalten.[49] § 7 Abs. 1 Nr. 1 (agrarstrukturell nachteilige Verteilung des Grund und Bodens infolge Veräußerung) i.V.m. § 17 Abs. 1 Satz 2 ASVG bezweckt, dass landwirtschaftliche Flächen im Eigentum und nicht

---

47 BGH, Beschl. v. 24.04.2009 – BLw 10/07, BeckRS 2009, 13332; dazu LT-Drucks. 15/5140, S. 50; *Netz*, 12.3, S. 1053.
48 GBl. S. 645; vgl. dazu OLG Stuttgart, Beschl. v. 29.03.2011 – 101 W 4/10, BeckRS 2011, 08489 = RdL 2012, 16 = AUR 2011, 284.
49 LT-Drucks. 14/5140 S. 49; 55 f.; dazu AG Hechingen, Beschl. v. 30.08.2012 – 2 XV 3/12, Rn. 24 (juris).

nur in der Bewirtschaftung von Landwirten bleiben und die Verfügbarkeit der Fläche für landwirtschaftliche Zwecke für die Zukunft sichergestellt ist. Daher ist die Regelung verfassungskonform dahingehend auszulegen, dass im Zusammenhang mit der Ausübung des Vorkaufsrechtes eine agrarstrukturell nachteilige Verteilung von Grund und Boden bereits – aber auch nur dann – vorliegt, wenn das Grundstück an einen Nichtlandwirt verkauft und übereignet wird und in Bezug auf das Grundstück zumindest ein generelles agrarstrukturelles Interesse besteht.[50] Dies entspricht der Rechtsprechung zur entsprechenden Vorschrift des § 9 Abs. 1 Nr. 1 GrdstVG.

3. Genehmigung nach der Grundstücksverkehrsordnung (GVO)

Unabhängig davon, ob sich eine Veräußerung auf landwirtschaftliche, forstwirtschaftliche oder andere Grundstücke bezieht, bedürfen Verfügungen über Grundstücke in dem in Art. 3 des Einigungsvertrages bezeichneten Gebiet, im Folgenden Beitrittsgebiet genannt, nach wie vor zu ihrer Wirksamkeit der Genehmigung nach der nur im Beitrittsgebiet geltenden Grundstücksverkehrsordnung vom 15.12.1977, zu DDR-Zeiten Grundstücksverkehrsverordnung geheißen und damals grundlegend anderen Zwecken als heute dienend. Das Genehmigungserfordernis nach der GVO tritt ggf. neben das nach dem Grundstücksverkehrsgesetz. Die Grundstücksverkehrsordnung dient der Sicherung von sich aus dem Vermögensgesetz (VermG) ergebenden Restitutionsansprüchen in den neuen Bundesländern. Sie soll den Untergang von Restitutionsansprüchen verhindern und den Rechtsverkehr vor dem Erwerb restitutionsbelasteter Grundstücke schützen. § 3 Abs. 3 VermG verpflichtet den Verfügungsberechtigten, den Abschluss eines dinglichen Rechtsgeschäfts über einen Vermögensgegenstand zu unterlassen, wenn ein Anspruch auf Rückübertragung dieses Gegenstandes angemeldet worden ist. Dieses rein schuldrechtlich wirkende Unterlassungsgebot erfährt seine Durchsetzbarkeit durch die Grundbuchsperre, die § 2 Abs. 2 Satz 1 GVO anordnet. 54

Scheidet im Einzelfall der Grundstücksveräußerung eine Gefährdung von Restitutionsansprüchen aus, so muss die GVO-Genehmigung erteilt werden. Auf welche Fälle dies zutrifft, ist in § 1 Abs. 2 Halbs. 1 GVO geregelt. Die Genehmigungsbehörde kann das Genehmigungsverfahren aussetzen, wenn ein Restitutionsverfahren anhängig ist, über den Antrag jedoch noch nicht entschieden ist, § 1 Abs. 4 GVO. 55

Die folgenden Rechtsgeschäfte im Beitrittsgebiet bedürfen grundsätzlich der GVO-Genehmigung: 56
– die Auflassung eines Grundstücks und der schuldrechtliche Vertrag hierüber (so die schiefe Formulierung des Gesetzes),
– die Bestellung eines Erbbaurechts, die Übertragung eines Erbbaurechts und die schuldrechtlichen Verträge hierüber.

Grundstück i.S.d. GVO sind auch Teile eines Grundstücks sowie Gebäude und Rechte an Gebäuden oder Gebäudeteilen, die aufgrund von Rechtsvorschriften auf besonderen Grundbuchblättern (Gebäudegrundbuchblätter) nachgewiesen werden können, § 3 Satz 1 GVO. Bei Wohnungseigentum ist zu unterscheiden: die Schaffung von Wohnungseigentum nach § 3 WEG bedarf der Genehmigung, die nach § 8 WEG hingegen nicht, § 3 Satz 2 Nr. 2 GVO. Keiner GVO-Genehmigung bedürfen diejenigen Rechtsgeschäfte, bei denen der Übergang des Eigentums lediglich die Folge, nicht aber der Gegenstand des Rechtsgeschäfts ist, wie z.B. die Übertragung eines Anteils an einer Erbengemeinschaft oder an einer Gesellschaft, zu deren Vermögen Grundbesitz zählt. 57

Die Bedeutung der GVO-Genehmigung schwindet kontinuierlich und auch systematisch, weil die Zahl der Fälle, in denen sie einschlägig ist, abnimmt: der Verkehr mit Grundstü- 58

---

50 AG Hechingen, Beschl. v. 30.08.2012 – 2 XV 3/12 (juris).

cken, die einmal Gegenstand des Genehmigungsverfahrens nach der GVO waren, unterliegt fürderhin nicht mehr der Genehmigungspflicht. Dennoch gilt, dass die GVO-Genehmigung für den Grundstücksverkehr im Beitrittsgebiet noch lange Zeit Bedeutung haben wird.

59   Eine ausführliche Darstellung des Verfahrens der Genehmigung nach der Grundstücksverkehrsordnung findet sich in der Darstellung von Faßbender in der 21. bzw. 22. Aufl. (§ 40 Rn. 2 bis 24 bzw. § 36 Rn. 2 bis 22) sowie bei *Krauß*, Immobilienkaufverträge in der Praxis, Rn. 3757 ff.

II. Gewinnrealisierung

60   Wenn der Verkehrswert landwirtschaftlicher Grundstücke deren Buchwert (= achtfache Ertragsmesszahl bzw. Anschaffungspreis) übersteigt, führt die Veräußerung landwirtschaftlicher Betriebsgrundstücke und die Überführung landwirtschaftlicher Betriebsgrundstücke in das Privatvermögen zu einem einkommensteuerpflichtigen Veräußerungs- bzw. Entnahmegewinn. Das Ausmaß der Spreizung zwischen Buchwert und Verkehrswert, die Mitte der 80er Jahre nicht selten 100 % erreichte, war bis Ende der 90er Jahre deutlich zurückgegangen. Seitdem ist wieder ein Anstieg des Verkehrswerts landwirtschaftlicher Grundstücke zu verzeichnen. Der Preis je Hektar landwirtschaftlichen Bodens betrug 2016 für Deutschland im Durchschnitt 22.300 € (in den alten Bundesländern 32.500 €; in den neuen Bundesländern 13.800 €).[51] In Bayern und im Rheinland werden derzeit Preise von durchschnittlich über 40.000 €/ha erzielt,[52] vereinzelt sogar über 50.000 €/ha. Der Veräußerungsgewinn unterliegt dann der Einkommensbesteuerung nicht, wenn der Erlös fristgemäß und in geeigneter Weise in land- oder forstwirtschaftliches Betriebsvermögen (Grund und Boden, Aufwuchs, Gebäude) reinvestiert wird, § 6b EStG. Soll ein bislang zum Betriebsvermögen eines landwirtschaftlichen Betriebes gehörendes Grundstück einem Abkömmling des Landwirts als Baugrundstück zur Verfügung gestellt werden, lässt sich die den zu versteuernden Gewinn erhöhende Entnahme aus dem Betriebsvermögen dadurch vermeiden, dass dem Abkömmling anstelle des Eigentums ein Erbbaurecht am Betriebsgrundstück gewährt wird. Die Bestellung eines entgeltlichen Erbbaurechts an einem Betriebsgrundstück zwischen dem Landwirt und seinem Abkömmling stellt – selbst im Fall der Privatnutzung – grundsätzlich keine Entnahme des Grundstücks aus dem Betriebsvermögen dar: Die Vereinbarung eines verbilligten Erbbauzinses führt nicht zu einer Entnahme, sofern der verbilligte Erbbauzins die Geringfügigkeitsgrenze von 10 % des ortsüblichen vollen Erbbauzinses nicht unterschreitet.[53] Die Übereignung eines Betriebsgrundstücks zur Erfüllung eines entsprechenden Vermächtnisses führt beim Veräußerer zu einem Entnahmegewinn. Dies gilt es zu berücksichtigen, wenn im Rahmen der Regelung der Erbfolge weichenden Erben zur Abfindung Betriebsgrundstücke zugesprochen werden sollen.

III. Agrarförderung

1. Grundlagen

61   Die am 01.01.2005 in Kraft getretene Reform der Gemeinsamen Agrarpolitik der Europäischen Union (sog. GAP-Reform) leitete einen grundlegenden Systemwechsel der Subventio-

---

51   Deutscher Bauernverband, Situationsbericht 2017/18, S. 71.
52   Deutscher Bauernverband, Situationsbericht 2017/18, S. 71.
53   *Schmidt*, EStG, 37. Aufl. 2012, § 4 Rn. 360; BFH, Urt. v. 24.03.2011 – IV R 46/08, BStBl II 2011, 692 = BFHE 233, 162 = DB 2011, 2294 L.

nierung der Landwirtschaft ein. Ziel der Reform war, den subventionsbedingten Anreiz weg von der Produktion und hin auf den Absatz zu verlagern: Der Landwirt sollte angeregt werden, das zu produzieren, was am Markt am besten verkäuflich ist, und nicht das, was die Europäische Gemeinschaft am höchsten subventioniert. Die neue Einkommensergänzung der Betriebsinhaber erfolgte durch die Betriebsprämie. Die Betriebsprämie wurde allen landwirtschaftlichen Betriebsinhabern auf Antrag hin bis zum 31.07.2005 zugewiesen. Die Betriebsprämie war ein je Betrieb zunächst unterschiedlich hoher Eurobetrag je Hektar beihilfefähiger landwirtschaftlicher Fläche, im Sinne der *Gesamtheit der entkoppelten Direktzahlungen*, die ein Betriebsinhaber in 1 Jahr durch Aktivierung seiner Zahlungsansprüche erhält.[54] Die Begriffsbildung »Zahlungsanspruch« ist ein legislatorischer Fehlgriff: Der Zahlungsanspruch ist kein Anspruch auf Erhalt einer Zahlung, sondern das Recht, welches zum Erhalt der Prämie legitimiert.

Die Gültigkeit der Zahlungsansprüche gemäß EU-VO 1782/2003 und EU-VO 73/2009 ist mit dem 31.12.2013 ausgelaufen. Infolge der GAP-Reform 2013 wurde zum 01.01.2015 ein neues System der Direktzahlungen (1. Säule der GAP) eingeführt. In Deutschland wurde hierzu das Direktzahlungen-Durchführungsgesetz (DirektZahlDurchfG) erlassen.[55] Die Systematik der Direktzahlungen stellt sich seitdem im Überblick wie folgt dar: **62**
- Es besteht ein gestuftes System von Direktzahlungen (Basisprämie, vgl. Art. 21 ff. VO(EU) Nr. 1307/2013 bzw.§§ 6 ff. DirektZahlDurchfG, sowie fakultative Zusatzzahlungen, vgl. Art. 43 ff. VO(EU) Nr. 1307/2013):
  - **Basisprämie:** Die Basisprämienregelung löst die bisherige Betriebsprämienregelung ab, wobei das Prämienvolumen in Deutschland bis 2019 sinken wird. Die Gültigkeit der Zahlungsansprüche ist am 31.12.2014 abgelaufen; mit dem Antrag auf Basisprämie 2015 war die Neuzuweisung von Zahlungsansprüchen zu beantragen. Die zunächst regional unterschiedlichen Werte der Zahlungsansprüche werden seit 2017 schrittweise bis 2019 auf einen bundesweit einheitlichen Wert je Hektar angepasst.
  - **Umweltleistungen (»Greening«)**, vgl. Art. 43 ff. VO(EU) Nr. 1307/2013 und §§ 13 ff. DirektZahlDurchfG: Zusätzlich zur Basisprämie werden rund 85 € pro Hektar für konkrete Umweltleistungen (»Greening«) gewährt. Das Greening erstreckt sich auf folgende drei Maßnahmen: den Erhalt von Dauergrünlandflächen (Wiesen und Weiden), die Vielfalt beim Anbau von Kulturen auf Ackerflächen sowie die Bereitstellung »ökologischer Vorrangflächen« auf fünf Prozent des Ackerlands (z.B. Stilllegungsflächen, Terrassen, Pufferstreifen, Hecken, Knicks oder Baumreihen).[56]
  - **Zuschlag für kleine und mittlere Betriebe:** Unverändert gegenüber 2014 gibt es Umverteilungsprämien, vgl. Art. 41 f. VO(EU) Nr. 1307/2013 und § 21 DirektZahlDurchfG. Alle Betriebe erhalten für die ersten 30 Hektar zusätzlich etwa 50 € pro Hektar, für weitere 16 Hektar etwa 30 € pro Hektar.
  - **Zusatzförderung für Junglandwirte in der Niederlassungsphase**, vgl. Art. 50 ff. VO(EU) Nr. 1307/2013 und §§ 19 ff. DirektZahlDurchfG: Junglandwirte bis 40 Jahre erhalten auf Antrag ab 2015 für maximal fünf Jahre und 90 Hektar Landwirtschaftsfläche eine Zusatzförderung von etwa 44 € pro Hektar.

Grundlage der Ansprüche ist weiterhin die Anzahl der beihilfefähigen Hektarflächen, die den Betriebsinhabern im ersten Jahr der Regelungsanwendung zur Verfügung stehen. Handelbare Zahlungsansprüche entstehen nur für die Basisprämie.[57]

---

54 BMVEL, Meilensteine der Agrarpolitik S. 99.
55 Direktzahlungen-Durchführungsgesetz v. 09.07.2014 (BGBl. I S. 897), zuletzt geändert durch Artikel 1 des Gesetzes v. 21.10.2016 (BGBl. I S. 2370).
56 Unter »Greening« sind allgemeine, nicht vertragliche, jährliche, über Cross Compliance hinaus gehende Umweltmaßnahmen im Zusammenhang mit der Landwirtschaft zu verstehen.
57 Dazu *Strümpfel*, 2011, Betriebsprämienregelung/Werte und Preise von Zahlungsansprüchen 2012 und 2013, S. 2.

63 Die Erstzuweisung an die Landwirte erfolgte aufgrund ihrer Mehrfachanträge, vgl. Art. 12, im Jahr 2014. Nach Art. 25 VO(EU) Nr. 1307/2013 ist der Wert der Zahlungsansprüche in jedem Jahr neu zu berechnen.

64 Damit der Inhaber eines Zahlungsanspruchs die Prämie auch erhält, musste er den Zahlungsanspruch »aktivieren«, vgl. Art. 32 VO(EU) Nr. 1307/2013. Diese Aktivierung erfolgt durch den jährlich erforderlichen Nachweis der Bewirtschaftung einer beihilfefähigen Fläche. **Ein** Zahlungsanspruch bezieht sich jeweils auf **einen** Hektar Fläche. Ein Zahlungsanspruch kann in einem Antragsjahr nur von demjenigen genutzt werden, der ihn am 15.05. des jeweiligen Jahres innehat. Neben der Innehabung eines Zahlungsanspruchs und seiner Aktivierung durch Innehabung einer entsprechender Grundstücksfläche ist weitere Voraussetzung für den Erhalt der Prämie die Einhaltung bestimmter Auflagen, die den Zustand der landwirtschaftlichen Flächen, die der landwirtschaftlichen Erzeugung und die der landwirtschaftliche Tätigkeit betreffen (sog. Cross Compliance,[58] d.h. Über-Kreuz-Verpflichtung). Diese Auflagen ergeben sich aus zahlreichen EU-Verordnungen und -Richtlinien zum Umweltschutz, zur Lebensmittel- und Futtermittelsicherheit, zum Tierschutz, zum Bodenschutz usw.

65 Zahlungsansprüche sind veräußerlich; es können auch Bruchteile eines Zahlungsanspruchs veräußert werden.[59] Dem Veräußerer steht es frei, landwirtschaftliche Grundstücke mit und ohne Zahlungsanspruch zu veräußern (Gegenstand der Veräußerung der Zahlungsanspruch, nicht die Prämie). Erwirbt ein Betriebsinhaber landwirtschaftliche Flächen, ohne gleichzeitig Zahlungsansprüche zu erwerben, kann er für die neuen Flächen keine Basisprämie erhalten, es sei denn, er hatte »freie« Zahlungsansprüche. Veräußert ein Betriebsinhaber Flächen, ohne den entsprechenden Zahlungsanspruch abzutreten, bringen ihm die verbleibenden Zahlungsansprüche keine Basisprämie, es sei denn, er hatte oder erwarb rechtzeitig zahlungsanspruchsfreie Flächen.

66 In jedem Fall muss bei der Veräußerung eines landwirtschaftlichen Grundstücks festgelegt werden, ob es mit oder ohne Zahlungsanspruch verkauft wird.[60] Die Veräußerung der Zahlungsansprüche ist beurkundungspflichtig, sofern sie mit der Veräußerung eines Grundstücks zusammentrifft (§ 311b BGB). Der Teil des Gesamtkaufpreises, der im Einzelfall auf den gleichzeitig verkauften Zahlungsanspruch entfällt, unterliegt nicht der *Grunderwerbsteuer*. Nach Auffassung der Finanzverwaltung unterliegt der Verkauf eines Zahlungsanspruchs jedoch der *Regel-USt*.[61]

67 Zu beachten bleibt bei der Vertragsgestaltung Folgendes:
- Zahlungsansprüche können nur an Betriebsinhaber übertragen werden.[62]
- Der Umfang der abgetretenen Zahlungsansprüche sollte genau bezeichnet werden, möglichst mit Identifikationsnummer.
- Geklärt werden sollte auch, ob die Zahlungsansprüche seit Erhalt stets aktiviert wurden, da sie sonst verfallen sind bzw. zu verfallen drohen.
- Zahlungsansprüche können (bis 2019) nur innerhalb der Region, in der der übertragende Betriebsinhaber seine Betriebsstätte hat (Bundesland), übertragen werden. Eine Ausnahme hiervon ist der Erwerb durch Erbfolge: Hier können Zahlungsansprüche zwar über eine Region hinaus vererbt, jedoch nur innerhalb derselben Region aktiviert werden.

---

58 Vgl. *Gehse*, RNotZ 2007, 61 (67); *Schmitte*, MittBayNot 2004, 95 (96); *Jeinsen*, AgrarR 2003, 293 (294).
59 Vgl. Würzburger Notarhandbuch/*Hertel*, Teil 6 Rn. 84.
60 Dies gilt nicht bei rein forstwirtschaftlich genutzten Grundstücken, wohl aber für Baumschulen und Weihnachtsbaumkulturen.
61 So der BMF am 26.02.2007, BStBl. I, 271; a.A. HLBS Hauptverband der landwirtschaftlichen Buchstellen und Sachverständigen, Steuerforum 2008, 151; Niedersächsische FG, Urt. v. 13.08.2009 – 16 K 360/08, NL-Briefe zum Agrarrecht 2010, 30.
62 Vgl. Würzburger Notarhandbuch/*Hertel*, Teil 6 Rn. 81.

– Der Erwerber musste nach dem Erwerb des Grundstücks Inhaber eines landwirtschaftlichen Betriebs mit wenigstens 0,3 ha Flächeninhalt (bis 2009) bzw. wenigstens 1,0 ha Flächeninhalt (ab 2010) beihilfefähiger Fläche sein.
– Veräußerer und Erwerber müssen innerhalb eines Monats seit Übertragung des Zahlungsanspruchs die Übertragung auf amtlichem Formular der zuständigen Landesstelle melden (in der Regel über die Zentrale InVeKoS-Datenbank[63]). Hierauf sollte der Notar in der Urkunde hinweisen.

Weil die Zahlungsansprüche im Jahr 2005 den **Bewirtschaftern** landwirtschaftlicher Betriebe, d.h. bei verpachteten Betrieben den Pächtern, zugewiesen worden sind, stellte sich bald die Frage, ob die Pächter, denen Zahlungsansprüche zugewiesen worden waren, verpflichtet sind, die Zahlungsansprüche bei Beendigung des Pachtrechtsverhältnisses dem Eigentümer zu übertragen. Diese Frage hat der BGH inzwischen dahingehend entschieden, dass die Pächter ohne entsprechende Individualabrede zur Übertragung der ihnen zugewiesenen Zahlungsansprüche an den Eigentümer nicht verpflichtet sind.[64] Auch der EuGH hat inzwischen geurteilt, dass das Gemeinschaftsrecht den Pächter weder verpflichtet, dem Verpächter bei Beendigung des Pachtvertragsverhältnisses Zahlungsansprüche, die mit der Pachtfläche zusammenhangen, zu übertragen, noch für die ihm verbleibenden Zahlungsansprüche eine Vergütung zu zahlen.[65]

68

2. Muster

a) Verkauf eines Grundstücks ohne Zahlungsansprüche

Verkauf eines Grundstücks ohne Zahlungsansprüche (Betriebsprämie/Zahlungsansprüche)

**Der Kaufgegenstand wird dem Erwerber ohne jeden Zahlungsanspruch zur Beantragung der Betriebsprämie verkauft.
Alternative
Der Kaufgegenstand ist seit ..... dem Landwirt X verpachtet. Dem Erwerber ist bekannt, dass die auf den Kaufgegenstand entfallenden Zahlungsansprüche im Jahr 2015 dem Pächter zugewiesen worden sind. Da der Pachtvertrag eine Verpflichtung des Pächters zur Übertragung der Zahlungsansprüche bei Beendigung des Pachtverhältnisses nicht vorsieht, erwirbt der Erwerber den Kaufgegenstand ohne Zahlungsansprüche.**

69 M

b) Verkauf eines Grundstücks mit Zahlungsansprüchen

aa) Die Zahlungsansprüche stehen dem Veräußerer zu

Verkauf eines Grundstücks mit Zahlungsansprüchen (Betriebsprämie/Zahlungsansprüche)

Der Veräußerer verkauft dem dies annehmenden Erwerber insgesamt ..... Zahlungsansprüche gemäß VO(EU) 1307/2013 sowie dem Direktzahlungen-Durchführungsgesetz. Bei den verkauften Zahlungsansprüchen handelt es sich um die Zahlungsansprüche mit den Identifikationsnummern [.....]. Auf die verkauften Zahlungsansprüche entfällt ein Teilbetrag von ..... € des Kaufpreises, ggf. zuzüglich Umsatzsteuer.

70 M

---

63 Siehe *www.zi-daten.de*.
64 BGH, Urt. v. 24.11.2006 – LwZR 1/06, RNotZ 2007, 98 ff.
65 EuGH, Urt. v. 21.01.2010 – C-470/08, NL-Briefe zum Agrarrecht 2010, 110.

§ 36 Veräußerung landwirtschaftlicher Grundstücke, Landgüter und Höfe

Aufschiebend bedingt durch die Zahlung des Gesamtkaufpreises tritt der Veräußerer dem dies annehmenden Erwerber die verkauften Zahlungsansprüche ab. Der Veräußerer steht dem Erwerber dafür ein, dass die verkauften Flächen in gutem landwirtschaftlichen und ökologischen Zustand gehalten wurden (Cross Compliance). Er versichert, dass er die Zahlungsansprüche seit ihrem Erhalt stets aktiviert hat.
Der Notar hat darauf hingewiesen, dass die Übertragung auf amtlichem Vordruck der zuständigen Landesstelle anzuzeigen ist (online: www.zi-daten.de); diese Anzeige werden die Beteiligten selbst vornehmen. Der Notar hat weiter darauf hingewiesen, dass die Übertragung voraussetzt, dass der Erwerber Inhaber eines landwirtschaftlichen Betriebes in derselben Region ist und zumindest durch den in diesem Vertrag getätigten Erwerb über eine beihilfefähige Fläche von mindestens 0,3 ha verfügt.

bb) Die Zahlungsansprüche stehen einem Dritten zu

(1) Verkauf eines Grundstücks an dessen langjährigen Pächter

Verkauf Grundstück an Pächter (Betriebsprämie/Zahlungsansprüche)

71 M   Der Erwerber hat den Kaufgegenstand seit ..... gepachtet. Die auf den Kaufgegenstand entfallenden Zahlungsansprüche stehen mithin von Anbeginn dem Erwerber zu. Der Veräußerer ist für die Einhaltung der Cross-Compliance-Verpflichtungen nicht verantwortlich.

(2) Verkauf eines einem Dritten langjährig verpachteten Grundstücks

Verkauf verpachtetes Grundstück (Betriebsprämie/Zahlungsansprüche)

72 M   Der Veräußerer steht dem Erwerber dafür ein, dass der Pächter nach dem Pachtvertrag verpflichtet ist, die auf den Kaufgegenstand entfallenden Zahlungsansprüche mit Beendigung des Pachtverhältnisses dem Verpächter bzw. einem vom Verpächter zu bestimmenden Dritten entschädigungslos zu übertragen. Der Veräußerer verpflichtet sich, seinen Pächter anzuweisen, die auf den Kaufgegenstand entfallenden Zahlungsansprüche mit Beendigung des Pachtverhältnisses dem Erwerber zu übertragen.

c) Übergabe/Überlassung eines Grundstücks mit Zahlungsansprüchen

73   Bei einer landwirtschaftlichen Übergabe werden die Zahlungsansprüche regelmäßig zusammen mit den landwirtschaftlichen Grundstücken übertragen. Klarstellend sollte dies in der Urkunde geregelt werden, wobei die gängige Bezeichnung des Übergabegegenstandes »landwirtschaftlicher Betrieb mit allem lebenden und toten Inventar und Zubehör« ausreichen sollte.[66]

74 M   Mit übergeben sind insgesamt ..... Zahlungsansprüche gemäß VO(EU) 1307/2013 sowie dem Direktzahlungen-Durchführungsgesetz. Bei den übergebenen Zahlungsansprüchen handelt es sich um die Zahlungsansprüche mit den Identifikationsnummern [.....].
Der Veräußerer tritt dem dies annehmenden Erwerber die vorgenannten Zahlungsansprüche ab.

---

[66] Vgl. Würzburger Notarhandbuch/*Hertel*, Teil 6 Rn. 81.

Der Notar hat darauf hingewiesen, dass die Übertragung auf amtlichem Vordruck der zuständigen Landesstelle anzuzeigen ist (online: www.zi-daten.de); diese Anzeige werden die Beteiligten selbst vornehmen.

IV. Muster zur Veräußerung landwirtschaftlicher Grundstücke

1. Verkauf eines landwirtschaftlichen Grundstücks

Verkauf landwirtschaftliches Grundstück

Verhandelt zu ..... am ..... 75 M

Vor ....., Notar in .....
erschienen:
A) als Veräußerer:
   Herr _____, geboren am ....., wohnhaft _____, nach Angabe im gesetzlichen Güterstand verheiratet;
B) als Erwerber:
   Herr _____, geboren am ....., wohnhaft _____, nach Angabe im gesetzlichen Güterstand verheiratet.
Die Erschienenen wiesen sich aus durch Vorlage ihrer Personalausweise.
Zunächst erklärte der Veräußerer:
Ich bin Eigentümer des im Grundbuch des Amtsgerichts _____ von _____ Blatt _____ eingetragenen Grundstücks der Gemarkung _____

Flur _____ Nr. _____,   Landwirtschaftsfläche,
                         [Beschrieb],   _____ qm

Das Grundstück ist im Grundbuch wie folgt belastet:
Abt. II:

lfd. Nr. 2:   beschränkte persönliche Dienstbarkeit für die **RWE Power AG** (Masten- und Leitungsrecht)
lfd. Nr. 3:   Nießbrauch für _____, geboren am _____, _____;

Abt. III:

lfd. Nr. 1:   Briefgrundschuld für die **XY-Bank** in **Frankfurt**.

Ich beantrage die Löschung des Nießbrauchs, weil der Nießbrauchberechtigte nicht mehr lebt. Ich stimme der Löschung der Grundschuld zu und beantrage deren Löschung im Grundbuch.
Ich verpflichte mich, dem Notar unverzüglich die Sterbeurkunde des Jakob Mevis aus Pingsheim auszuhändigen. Ich beauftrage den Notar, die zur Löschung der Grundschuld erforderlichen Unterlagen bei der XY-Bank zu besorgen.
Hierauf erklärten die Erschienenen: Wir schließen folgenden

Kaufvertrag:

I.

Der Veräußerer verkauft dem dies annehmenden Erwerber das zuvor näher beschriebene Grundstück der Gemarkung _____ Flur _____ Nr. _____.

Fackelmann

§ 36 Veräußerung landwirtschaftlicher Grundstücke, Landgüter und Höfe

II.

1. Kaufpreis
Der Kaufpreis beträgt 63.981,– € (dreiundsechzigtausendneunhunderteinundachtzig Euro).

2. Kaufpreisfälligkeit
Der Kaufpreis ist zinslos fällig und zahlbar innerhalb einer Frist von vierzehn Tagen seit Zugang der Mitteilung des Notars beim Erwerber,
a) dass die Genehmigung nach dem Grundstücksverkehrsgesetz (in Baden-Württemberg: »nach dem Agrarstrukturverbesserungsgesetz«) auflagen- und bedingungsfrei vorliegt,
b) dass eine Eigentumsvormerkung zu Gunsten des Erwerbers in das Grundbuch eingetragen worden ist, dieser Vormerkung nur die eingangs aufgeführten Belastungen und Beschränkungen im Rang vorgehen und dass die zum grundbuchlichen Vollzug geeigneten Löschungsunterlagen der Volksbank Düren hinsichtlich der eingangs genannten Grundschuld vorliegen und Treuhandauflagen entweder erbracht sind oder durch Leistung aus dem Kaufpreis erbracht werden können,
c) dass die amtliche Sterbeurkunde des Ackerers Jakob Mevis vorliegt,
nicht jedoch vor dem .....[67]

3. Zahlungsverzug
Bei nicht fristgerechter Zahlung des Kaufpreises hat der Erwerber ohne jede Mahnung oder sonstige Rechtshandlung des Veräußerers diejenigen Teile des Kaufpreises, mit denen er zahlungssäumig wird, für die Zeit der Säumnis mit Jahreszinsen zu verzinsen, die fünf Prozentpunkte über dem jeweiligen Basiszinssatz liegen. Dem Veräußerer bleibt daneben die Geltendmachung eines ihm entstehenden höheren Schadens unbenommen. Die Zinsen sind, wenn sie denn anfallen, unaufgefordert mit dem Kapital zu leisten. Die Zahlung erfolgt dann nicht fristgerecht, wenn der Kaufpreis bis zu dem zuvor festgelegten Termin beim Veräußerer nicht eingegangen ist (= Wertstellung auf den Konten des Veräußerers bzw. dessen Gläubiger).

4. Vollstreckungsunterwerfung
Wegen der Verpflichtung zur Zahlung des Kaufpreises nebst Zinsen entsprechend § 288 Abs. 1 i.V.m. § 247 BGB seit dem heutigen Tag unterwirft sich der Erwerber der sofortigen Zwangsvollstreckung. Der Veräußerer gestattet dem Notar die jederzeitige Erteilung einer vollstreckbaren Ausfertigung dieser Urkunde ohne weitere Nachweise. Die Beteiligten sind darüber einig, dass der Beginn der Verzinsungspflicht in der Vollstreckungsunterwerfungserklärung lediglich aus vollstreckungsrechtlichen Gründen gewählt wurde. Für die Frage, ab wann der Erwerber tatsächlich Zinsen zu leisten hat, gelten demgegenüber allein die materiellrechtlichen Vereinbarungen dieses Vertrages.

5. Ablösung und Zahlungsanschrift
Der Erwerber ist berechtigt und verpflichtet, bei Fälligkeit des Kaufpreises aus dem Kaufpreis zunächst die Forderungen des Gläubigers der eingangs genannten Grundschuld zu erfüllen, und zwar in der Höhe, die der Gläubiger dem Notar gegenüber geltend macht und die der Notar dem Erwerber demnächst im Kaufpreisfälligkeitsschreiben mitteilen wird. Weder der Notar noch der Erwerber sind verpflichtet, die Berechtigung der Forderungen des Gläubigers zu prüfen. Soweit, wie die Forderungen des Gläubigers reichen, steht dem Veräußerer kein Anspruch auf Leistung des Kaufpreises an ihn oder an von ihm bestimmte Dritte, sondern nur ein Anspruch auf Leistung an den eingangs der Urkunde genannten Gläubiger bzw. dessen Rechts-

---

[67] Das Vorliegen der Vorkaufsrechtsverzichtserklärung zur Voraussetzung für die Fälligkeit des Kaufpreises zu machen erscheint dann entbehrlich, wenn der Fall der Ausübung des Vorkaufrechts nach Kaufpreiszahlung geregelt wird (s. § 32 Rdn. 345 und Abschnitt VI.2 dieses Musters).

nachfolger zu. Der nach Ablösung verbleibende Überschuss, ggf. auch der gesamte Kaufpreis, ist auf das Konto des Veräußerers Nr. ..... bei der ....., IBAN ....., BIC ....., zu überweisen.

III.

1. Agrarförderung
Der Veräußerer verkauft dem dies annehmenden Erwerber ..... Zahlungsansprüche von derzeit ..... € je ha. Hierbei handelt es sich um die Zahlungsansprüche (Basisprämie) mit den Identifikationsnummern ..... Aufschiebend bedingt durch die Zahlung des Kaufpreises tritt der Veräußerer dem dies annehmenden Erwerber die verkauften Zahlungsansprüche ab. Der Veräußerer steht dem Erwerber dafür ein, dass die verkauften Flächen in gutem landwirtschaftlichen und ökologischen Zustand gehalten wurden. Der Notar hat darauf hingewiesen, dass die Übertragung innerhalb eines Monats nach Vertragsschluss auf amtlichem Vordruck dem Direktor der Landwirtschaftskammer Nordrhein-Westfalen anzuzeigen ist. Der Notar soll in dieser Hinsicht nicht tätig werden.

2. Übernahme eines dinglichen Rechts
Die im Grundbuch eingetragene, eingangs erwähnte Dienstbarkeit ist dem Erwerber bekannt. Der Erwerber übernimmt diese Dienstbarkeit und die mit ihr verbundenen Verpflichtungen ohne Anspruch auf Entschädigung und dergleichen mehr mit Wirkung zum wirtschaftlichen Übergang.

3. Rücktrittsrecht des Veräußerers
Dem Veräußerer steht das Recht zu, durch einseitige schriftliche Erklärung auf Kosten des Erwerbers von diesem Vertrag zurückzutreten und/oder Schadensersatz zu verlangen, wenn der Erwerber den Kaufpreis binnen einer Frist von vier Wochen seit Fälligkeit nicht leistet.

4. Rücktrittsrecht des Erwerbers
Dem Erwerber steht das Recht zu, durch einseitige schriftliche Erklärung auf Kosten des Veräußerers von diesem Vertrag zurückzutreten und/oder Schadensersatz zu verlangen, wenn die Voraussetzungen zum Eintritt der Kaufpreisfälligkeit bis zum ..... nicht eingetreten sind.

5. Umschreibungsanweisung
Der Notar wird angewiesen, die Eigentumsumschreibung erst zu veranlassen, nachdem ihm der Veräußerer bestätigt oder der Erwerber nachgewiesen hat, dass der Kaufpreis – Verzugszinsen ausgenommen – geleistet worden ist. Der Veräußerer ist verpflichtet, dem Notar den Eingang des Kaufpreises unverzüglich schriftlich anzuzeigen. Bis zur Beantragung der Eigentumsumschreibung soll der Notar den Beteiligten nur einfache Abschriften dieser Urkunde und im Übrigen nur solche beglaubigte Abschriften und Ausfertigungen erteilen, die weder die Auflassung noch die Löschungsbewilligung des Erwerbers in Abschnitt V.4 enthalten.

IV.

1. Sachmängel
Der Kaufgegenstand wird in dem Zustand verkauft, in dem er sich heute befindet. Die Freiheit des Kaufgegenstandes von Sachmängeln ist daher nicht vereinbArt. Es handelt sich um ein landwirtschaftlich genutztes Grundstück mit gewöhnlicher Beschaffenheit. Eine besondere Beschaffenheit des Grundstücks wird nicht vereinbArt. Der Erwerber hatte Gelegenheit, sich vom Zustand des Kaufgegenstandes durch eigene Besichtigung zu überzeugen; ihm ist daher auch die Bodenqualität bekannt. Der Veräußerer versichert, dass ihm erhebliche, nicht offen sichtbare Mängel des Kaufgegen-

standes, auch schädliche Bodenverunreinigungen und Altlasten, nicht bekannt sind. Eine Abweichung des tatsächlichen Flächeninhalts von dem im Grundbuch angegebenen Flächeninhalt stellt keinen Mangel im Sinn des § 433 Abs. 1 BGB dar.

2. Rechtsmängel

Der Veräußerer steht dem Erwerber dafür ein, dass das veräußerte Grundstück bei Eigentumsübergang frei von nicht übernommenen Belastungen und Beschränkungen sowie frei von nicht übernommenen Zinsen, Steuern und Abgaben ist. Der Anspruch des Erwerbers auf Verschaffung des Eigentums am Kaufgegenstand verjährt 30 Jahre nach Beginn der gesetzlichen Verjährung.

Das veräußerte Grundstück ist dem Landwirt Günther Müller-Lüdenscheid aus Nörvenich-Poll verpachtet. Der Erwerber übernimmt das Pachtverhältnis mit Wirkung zum wirtschaftlichen Übergang in Kenntnis der Kündigungsfristen (mangels vertraglicher Vereinbarung zwei Jahre gemäß § 594a BGB). Der Notar hat darauf hingewiesen, dass der Erwerber kraft Gesetzes mit allen Rechten und Pflichten in den Pachtvertrag eintritt und dass der Veräußerer dem Pächter weiterhin wie ein Bürge haftet, solange er ihn nicht von der Veräußerung unterrichtet.

Oder: *Der Veräußerer garantiert dem Erwerber, dass das veräußerte Grundstück frei von Pacht- und sonstigen Nutzungsrechten Dritter ist.*

3. Wirtschaftlicher Übergang

Auf den Erwerber gehen über: der Besitz und die Nutzungen, die Verkehrssicherungspflichten, die Lasten und die Gefahr des zufälligen Untergangs und der zufälligen Verschlechterung mit Ablauf des Tages der Kaufpreiszahlung.

Ggf.: Dem Veräußerer verbleibt der Pachtzins bis zum Ende des laufenden Pachtjahres. Ihn treffen für diese Zeit im Verhältnis zum Erwerber auch die Beiträge zur landwirtschaftlichen Berufsgenossenschaft und die Umlage der Landwirtschaftskammer.

Ggf.: Die gesamte Pacht für das laufende Pachtjahr steht dem Erwerber zu, der für diesen Zeitraum auch die Beiträge zur landwirtschaftlichen Berufsgenossenschaft und die Umlage der Landwirtschaftskammer zu tragen hat.

4. Erschließungskosten

Erschließungsbeiträge und sonstige Anliegerbeiträge, für die bis heute ein Beitragsbescheid noch nicht bekanntgegeben ist, gehen zu Lasten des Erwerbers, und dies unabhängig davon, wann die Beitragspflicht entsteht und wem der Beitragsbescheid künftig bekanntgegeben wird. Dies gilt entsprechend für Erschließungsmaßnahmen, die in der Vergangenheit von privaten Erschließungsträgern erbracht wurden.

5. Notarkosten, Gerichtskosten und Steuern

Die mit diesem Vertrag und seinem Vollzug verbundenen Kosten sowie die Grunderwerbsteuer nebst Säumniszuschlägen trägt der Erwerber, soweit im Folgenden nichts anderes vereinbart ist. Die mit der Lastenfreistellung des Grundbesitzes verbundenen Kosten trägt der Veräußerer.

V.

1. Auflassung

Die Beteiligten sind darüber einig, dass das Eigentum an dem in Abschnitt I. verkauften Grundstück auf den Erwerber übergeht. Sie bewilligen[68] die Eintragung des Eigentumswechsels in das Grundbuch.

2. Eigentumsvormerkung

---

68 Die Beteiligten die Eigentumsumschreibung auch »beantragen« zu lassen ist angesichts der durch § 15 GBO unterstellten Antragsberechtigung des beurkundenden Notars weder erforderlich noch sachdienlich: es sollte bei Antragstellung immer eindeutig sein, wer den Antrag stellt, der Notar oder der einzelne Vertragsbeteiligte.

Die Beteiligten bewilligen zur Sicherung des Anspruchs auf Eigentumsübertragung die Eintragung einer Vormerkung zugunsten des Erwerbers. Sie bewilligen schon jetzt deren Löschung zugleich mit der Umschreibung des Eigentums, sofern außer unter Mitwirkung des Erwerbers vorgenommenen oder beantragten Eintragungen keine Zwischeneintragungen erfolgt sind und keine Zwischenanträge vorliegen.
Ggfs:
Nach Belehrung des Notars über die damit verbundenen möglichen Risiken erklärten die Beteiligten: Der Notar wird angewiesen, die Vormerkung nur auf besondere schriftliche Anweisung des Erwerbers hin in das Grundbuch eintragen zu lassen.
3. Antragsrecht
Alle Eintragungen sollen nur nach Maßgabe der Anträge des Notars erfolgen, der berechtigt ist, Anträge auch getrennt zur Erledigung einzureichen, sie einzuschränken und ganz oder teilweise zurückzuziehen.
4. Löschungsbewilligung
Der Erwerber bewilligt die Löschung der zu seinen Gunsten eingetragenen Vormerkung unabhängig von der Umschreibung des Eigentums.

VI.

1.
Auf die Genehmigungsvorschriften nach dem Grundstücksverkehrsgesetz wurde hingewiesen *(in Baden-Württemberg: »nach dem Agrarstrukturverbesserungsgesetz«)*. Wird eine behördliche Genehmigung versagt oder nur unter einer Bedingung oder Auflage erteilt, so sind die davon betroffenen Beteiligten berechtigt, binnen einer Frist von vier Wochen seit Kenntnis von der Entscheidung durch eingeschriebenen Brief von diesem Kaufvertrag zurückzutreten. Die Frist gilt als gewahrt, wenn die Rücktrittserklärung innerhalb der Frist abgesandt worden ist. Ein entsprechendes Rücktrittsrecht besteht weiterhin nach jeder gerichtlichen Entscheidung über die Erteilung der behördlichen Genehmigung. Die Kosten dieses Vertrages und seiner Rückabwicklung trägt in diesem Fall derjenige, der zurücktritt.
2.
Die Beteiligten wurden auf die Möglichkeit des Bestehens und auf die Bedeutung der gesetzlichen Vorkaufsrechte hingewiesen, insbesondere auf das Vorkaufsrecht des Siedlungsunternehmens aus § 4 Reichssiedlungsgesetz *(in Baden-Württemberg: »nach § 17 Agrarstrukturverbesserungsgesetz«)*. Mit der Ausübung eines gesetzlichen Vorkaufsrechts wird dieser Vertrag im Verhältnis der Beteiligten mit rückwirkender Kraft aufgelöst. Der Erwerber braucht in diesem Fall im Innenverhältnis keine Notar- und Gerichtskosten für diesen Vertrag und seine Rückabwicklung zu tragen. Für den Fall, dass ein Vorkaufsrecht ausgeübt wird und der Erwerber bereits Kaufpreisleistungen auf Grund des Vertrages erbracht hat, tritt der Veräußerer die entsprechenden Zahlungsansprüche, die ihm gegen den Vorkaufsberechtigten zustehen, dem dies annehmenden Erwerber ab.
3.
Die erforderlichen Genehmigungen bleiben vorbehalten. Sie sollen vom Notar eingeholt und, soweit wie rechtlich möglich, mit ihrem Eingang beim Notar allen Beteiligten gegenüber unmittelbar wirksam werden. Entscheidungen, durch die eine Genehmigung versagt oder nur unter einer Bedingung oder Auflage erteilt wird, sowie die Erklärung über die Ausübung eines Vorkaufsrechts sind den Beteiligten persönlich zuzustellen und dem Notar in Abschrift mitzuteilen.
4. *(nur im Anwendungsbereich der Höfeordnung)*

§ 36 Veräußerung landwirtschaftlicher Grundstücke, Landgüter und Höfe

Der Notar hat den Erwerber darauf hingewiesen, dass der sich aus diesem Vertrag ergebende Grundstückserwerb dazu führen kann, dass die landwirtschaftliche Besitzung des Erwerbers kraft Gesetzes zum Hof i.S. der HöfeO wird, welche erbrechtlichen Folgen dies haben würde und wie diese Folgen vermieden werden können.

5.
Die Beteiligten wurden auf die gesamtschuldnerische Haftung für die den Grundbesitz treffenden Steuern, die Grunderwerbsteuer und die Kosten hingewiesen. Sie wurden ferner darauf hingewiesen, dass die Eigentumsumschreibung im Grundbuch von der Vorlage der Unbedenklichkeitsbescheinigung des Finanzamtes und ggf. auch von der Zahlung eines Gerichtskostenvorschusses abhängig ist.

6.
Den Beteiligten ist bekannt, dass alle Vertragsvereinbarungen beurkundungspflichtig sind und insbesondere unrichtige Angaben über die Höhe des Kaufpreises die Nichtigkeit des Vertrages zur Folge haben. Sie versichern, dass nicht beurkundete Vertragsvereinbarungen nicht bestehen. Den Beteiligten ist weiterhin bekannt, dass die Beratung in Steuerangelegenheiten nicht Sache des Notars ist.

7.
Der Grundbuchinhalt ist vor Beurkundung festgestellt worden.
Diese Niederschrift wurde den Erschienenen vom Notar vorgelesen, von ihnen genehmigt und eigenhändig, wie folgt, unterschrieben.

- *Kosten.*
a) des Notars:[69] Geschäftswert ist (Austauschvertrag) die höhere der Gegenleistungen der Parteien, § 97 Abs. 3 GNotKG. Ausgangspunkt ist der Kaufpreis; hinzuzurechnende Leistungen des Käufers/vorbehaltene Nutzungen des Verkäufers sind hier nicht ersichtlich. Von dem so berechneten Geschäftswert ist eine 2,0 Gebühr nach Nr. 21100 KV GNotKG für das Beurkundungsverfahren zu erheben (Mindestgebühr 120,– €). Aus dem Geschäftswert des Beurkundungsverfahrens (vgl. § 112 Satz 1 GNotKG) entsteht darüber hinaus eine 0,5 Vollzugsgebühr nach Nr. 22110 KV GNotKG, vgl. zu den auslösenden Tatbeständen Vorbemerkung 2.1.1 Abs. 1 Nr. 1 und 9 KV (Einholung der Löschungsunterlagen, Genehmigung nach dem GrdstVG bzw. ASVG, Einholung der Vorkaufsrechtsverzichtserklärung). Eine 0,5 Betreuungsgebühr aus dem Geschäftswert des Beurkundungsverfahrens (§ 113 Abs. 1 GNotKG) entsteht nach Nr. 22200 KV GNotKG für die Fälligkeitsmitteilung und die Umschreibungssperre, vgl. Nr. 2 und 3 der Anmerkung zu Nr. 22200 KV GNotKG). Teilwerte werden dabei, anders als in der KostO, nicht mehr gebildet.
b) des Gerichts: Für die Eintragung der Vormerkung entsteht eine 0,5 Gebühr nach Nr. 14150 KV GNotKG aus dem nach § 45 Abs. 3 zu ermittelnden Geschäftswert (Wert des vorgemerkten Rechts, hier also Wert des Grundstücks, s.o.);[70] für die Löschung der Vormerkung entsteht eine Festgebühr i.H.v. 25 €. Für die Löschung der Grundschuld entsteht nach dem Nominalwert der Schuld (Geschäftswert nach § 53 Abs. 1 GNotKG) eine 0,5 Gebühr nach Nr. 14140 KV GNotKG. Für die Eigentumsumschreibung ist aus dem Geschäftswert (§ 36 Abs. 1 i.V.m. § 69 Abs. 1 GNotKG) = Wert des Grundstücks (§§ 46, 47 GNotKG, s.o.) eine 1,0 Gebühr nach Nr. 14110 KV GNotKG zu erheben.

---

69 Vgl. *Fackelmann*, Notarkosten nach dem neuen GNotKG, S. 129 ff. sowie die Kommentierungen zu den §§ 97, 46 und 47 in Hk GNotKG/*Fackelmann* und in Leipziger Kommentar zum GNotKG/*Heinze* bzw. *Deecke*.
70 Vgl. Leipziger Kommentar zum GNotKG/*Schulz*, Nr. 14150 KV Rn. 5 f.

2. Antrag auf Genehmigung eines Kaufvertrages

Antrag auf Genehmigung eines Kaufvertrages nach dem GrdstVG

An den Geschäftsführer der Kreisstelle Düren der Landwirtschaftskammer Nordrhein-Westfalen, Düren
Betr.: Genehmigung nach dem Grundstückverkehrsgesetz
Ich beantrage hiermit, zu dem beigefügten Kaufvertrag die Genehmigung nach dem Grundstücksverkehrsgesetz, hilfsweise ein Negativattest zu erteilen.
Anfechtbare Entscheidungen, insbesondere die Versagung der Genehmigung, eine eingeschränkte Genehmigung und die Erklärung über die Ausübung des Vorkaufsrechts nach dem Reichssiedlungsgesetz, bitte ich unmittelbar den Beteiligten zuzustellen. Eine Abschrift davon erbitte ich an mich.
Im Falle der Erteilung eines Zwischenbescheides oder einer anfechtbaren Entscheidung bitte ich, auf dem Bescheid den Tag des Eingangs dieses Antrages zu vermerken.

....., Notar

76 M

3. Antrag auf Erteilung eines Unanfechtbarkeitszeugnisses wegen Fristablaufs

Antrag auf Erteilung eines Unanfechtbarkeitszeugnisses wegen Fristablaufs (GrdstVG)

An den Geschäftsführer der Kreisstelle Düren der Landwirtschaftskammer Nordrhein-Westfalen, Düren
Der Antrag auf Genehmigung des Kaufvertrages vom ..... – meine UR.-Nr. ..... – ist am ..... bei Ihnen eingegangen. Bis zum ..... ist weder eine Entscheidung über die Genehmigung noch ein Zwischenbescheid zugestellt worden. Die Genehmigung gilt daher gemäß § 6 Abs. 2 GrdstVG als erteilt. Ich beantrage, mir darüber gemäß § 6 Abs. 3 GrdstVG ein Zeugnis zu erteilen.

....., Notar

77 M

4. Antrag auf Erteilung eines Unanfechtbarkeitszeugnisses wegen Eintritts der Rechtskraft

Antrag auf Erteilung eines Unanfechtbarkeitszeugnisses wegen Eintritts der Rechtskraft (GrdstVG)

An den Geschäftsführer der Kreisstelle Düren der Landwirtschaftskammer Nordrhein-Westfalen, Düren
Ihr Zeichen: .....
Gegen den am ..... zugestellten Bescheid, mit dem zu dem Kaufvertrag vom ..... – meine UR.Nr. ..... – die Genehmigung nach dem GrdstVG unter einer Auflage (§ 10 GrdstVG) erteilt worden ist, wurde innerhalb der Frist des § 22 GrdstVG Antrag auf gerichtliche Entscheidung nicht gestellt. Die Entscheidung über die Genehmigung ist damit unanfechtbar geworden. Ich beantrage, mir darüber gemäß § 6 Abs. 3 GrdstVG ein Zeugnis zu erteilen.

....., Notar

78 M

§ 36 Veräußerung landwirtschaftlicher Grundstücke, Landgüter und Höfe

5. Antrag auf Bescheinigung des Eintritts einer Bedingung

Antrag auf Bescheinigung des Eintritts einer Bedingung (GrdstVG)

79 M An den Geschäftsführer der Kreisstelle Düren der Landwirtschaftskammer Nordrhein-Westfalen, Düren
Ihr Zeichen: .....
Mit Bescheid vom ..... – zugestellt am ..... – haben Sie zu dem Kaufvertrag vom ..... – meine UR.Nr. ..... – die Genehmigung gemäß § 11 Abs. 1 Satz 2 GrdstVG unter der Bedingung erteilt, dass der Übernehmer das gekaufte Grundstück auf mindestens 10 Jahre einem Landwirt verpachtet. Gegen diesen Bescheid ist in der Frist des § 22 GrdstVG Antrag auf gerichtliche Entscheidung nicht gestellt worden. Die Entscheidung über die Genehmigung ist daher unanfechtbar geworden. Ausweislich des in der Anlage in Abschrift beigefügten Pachtvertrages vom ..... hat der Erwerber das Grundstück dem Landwirt Karl Adam in Vettweiß bis zum ..... verpachtet. Damit ist die Bedingung erfüllt. Ich beantrage, mir ein Zeugnis nach § 6 Abs. 3 GrdstVG über die Unanfechtbarkeit der Genehmigung und eine Bescheinigung nach 11 Abs. 2 GrdstVG über den Eintritt der Bedingung zu erteilen.

....., Notar

6. Antrag auf gerichtliche Entscheidung

Antrag auf gerichtliche Entscheidung (GrdstVG)

80 M An den Geschäftsführer der Kreisstelle Düren der Landwirtschaftskammer Nordrhein-Westfalen, Düren
Ihr Zeichen: .....
Mit Bescheid vom ..... – zugestellt am ..... – haben Sie zu dem Kaufvertrag vom ..... – meine UR.Nr. ..... – die Genehmigung mit der Begründung versagt, die Veräußerung bedeute eine ungesunde Bodenverteilung i.S.d. § 9 Abs. 1 Ziffer 1 GrdstVG, weil der Übernehmer nicht Landwirt im Hauptberuf sei. Da jedoch kein Hauptberufslandwirt am Erwerb des Grundstücks zu gleichen Bedingungen interessiert ist, hätte die Genehmigung nicht versagt werden dürfen. Namens der Beteiligten beantrage ich daher hiermit nach § 22 GrdstVG die Entscheidung durch das Landwirtschaftsgericht.

....., Notar

■ *Kosten.* Die 0,5 Gebühr Nr. 22123 KV GNotKG (Geschäftswert: § 112 Satz 1, Geschäftswert des zugrunde liegenden Beurkundungsverfahrens) entsteht nicht, da (vgl. Vorbemerkung 2.2.1.2 Nr. 1) der Notar eine Gebühr für das Beurkundungsverfahren erhalten hat und (vgl. Vorbemerkung 2.2.1.1 Abs. 1 S. 2 Nr. 11) die Tätigkeit für die Beteiligten gegenüber dem Gericht bereits von der Vollzugsgebühr erfasst ist (anders, wenn der Notar keine Vollzugsgebühr erhalten hat). Die Tätigkeit des Notars ist daher ohne weitere Gebühren zu erbringen.

7. Antrag auf Aufhebung einer Auflage

Antrag auf Aufhebung einer Auflage (GrdstVG)

81 M An das Amtsgericht – Landwirtschaftsgericht – 52349 Düren
Betr.: Antrag auf Aufhebung einer Auflage
Mit Bescheid vom ..... hat der Geschäftsführer der Kreisstelle Düren der Landwirtschaftskammer Nordrhein-Westfalen als Landesbeauftragter im Kreise – dessen

Aktenzeichen: ….. – zu dem Kaufvertrag vom ….. – meine UR.Nr. ….. – die Genehmigung unter der Auflage erteilt, dass der Erwerber das Grundstück auf 10 Jahre einem Landwirt verpachtet. Der Bescheid ist unanfechtbar geworden. Der Erwerber hat das Grundstück auf 10 Jahre dem Landwirt Karl Adam aus Vettweiß verpachtet. Dieser Pachtvertrag ist auf Wunsch des Pächters vorzeitig aufgehoben worden. Der Erwerber hat das Grundstück in eigene Bewirtschaftung genommen. Er ist inzwischen Hauptberufslandwirt geworden. Ich beantrage daher gemäß § 22 Abs. 4 GrdstVG, die Auflage der Verpachtung für die Zukunft aufzuheben.

….., Notar

- *Kosten.* Die Tätigkeit des Notars ist ohne weitere Gebühren zu erbringen. Die Festgebühr Nr. 22124 KV GNotKG (Stellung von Anträgen im Namen der Beteiligten) entsteht nicht, da (vgl. Rdn. 75 M) der Notar eine Gebühr für das Beurkundungsverfahren erhalten hat und die Vollzugsgebühr bereits die Tätigkeit für die Beteiligten gegenüber dem Gericht abdeckt.

8. Antrag auf Genehmigung nach der Rücknahme des ersten Genehmigungsantrages

Antrag auf Genehmigung nach der Rücknahme des ersten Genehmigungsantrags (GrdstVG)

An den Geschäftsführer der Kreisstelle Düren der Landwirtschaftskammer Nordrhein-Westfalen, Düren
Ihr Zeichen: …..
Hiermit stelle ich erneut den Antrag auf Genehmigung des Kaufvertrages vom ….. – meine UR.Nr. ….. –. Die in Ihrem Bescheid vom ….. geäußerten Bedenken gegen den Erwerb des Grundstücks durch den Erwerber sind ausgeräumt. Im Flurbereinigungsverfahren ist an die Stelle des gekauften Grundstücks das Grundstück Gemarkung Erp Flur 17 Nummer 28 getreten. Es ist für die landwirtschaftliche bzw. forstwirtschaftliche Nutzung kaum, als Hegegelände im Jagdbezirk des Erwerbers jedoch sehr gut geeignet. Den Antrag vom ….. auf Genehmigung des Vertrages und den Antrag auf gerichtliche Entscheidung vom ….. habe ich durch Schreiben vom ….. an das Landwirtschaftsgericht zurückgenommen. Danach ist die Genehmigungsbehörde für die Entscheidung über diesen neuen Antrag auf Genehmigung wieder zuständig.

….., Notar

82 M

- *Kosten.* Wie zum vorstehenden Muster Rdn. 81 M.

Würde nur der Antrag auf gerichtliche Entscheidung zurückgenommen, so würde die Genehmigungsversagung unanfechtbar, der Vertrag also unwirksam. Er müsste neu abgeschlossen werden. Würde nur der Genehmigungsantrag zurückgenommen, so könnte es zu einer wirksamen Sachentscheidung des Gerichts nicht mehr kommen. Der Antrag auf gerichtliche Entscheidung wäre daher als unzulässig zurückzuweisen.[71] Dies stünde einem neuen Genehmigungsantrag nicht entgegen. Die Gerichtsgebühren sind bei der Rücknahme des Antrags auf gerichtliche Entscheidung ebenso wie bei seiner Unzulässigkeit auf die Hälfte zu ermäßigen (§ 41 LwVG).

83

---

71 Vgl. Pikalo/Bendel/*Fassbender*, S. 1038.

V. Übergabevertrag

1. Einführung

84 Zahlreiche landwirtschaftliche Betriebe werden durch Rechtsgeschäft unter Lebenden übertragen, gehen also nicht erst durch Erbfolge auf die folgende Generation über. Die entsprechenden Übergabeverträge sind dadurch charakterisiert, dass mit ihnen die Erbfolge vorweggenommen wird, eine Formulierung, die auch das Gesetz in § 593a BGB und in § 17 HöfeO verwendet, die aber dessen ungeachtet schief ist: die Erbfolge als Universalsukzession entzieht sich ihrer Vorwegnahme. Gemeint ist: die Übertragung erfolgt an denjenigen, der den Gegenstand der Übertragung sonst im Erbgang hätte erlangen sollen. In der Regel werden in einem Übergabevertrag lebenslange wiederkehrende Versorgungsleistungen für den Übergeber und ggf. seinen Ehegatten und Abstandszahlungen (auch Gleichstellungsgeld oder Abfindung genannt) für weitere Abkömmlinge des Übergebers, die sog. weichenden Erben, vereinbArt. Dies alles ist jedoch für den Übergabevertrag nicht wesentlich. Seiner Struktur nach unterscheidet sich der Übergabevertrag vom Erbvertrag dadurch, dass der Eigentumsübergang rechtsgeschäftlich und noch zu Lebzeiten des Übergebers erfolgt, vom Kauf- und Tauschvertrag dadurch, dass keine gleichwertigen Leistungen ausgetauscht werden sollen, und vom Schenkungsvertrag dadurch, dass dieser nicht in jedem Fall, der Übergabevertrag dagegen stets mit Rücksicht auf die künftige Erbfolge abgeschlossen wird.

85 Der Übergabevertrag (auch Übertragungsvertrag, Überlassungsvertrag, umgangssprachlich auch Verpflegungsakt genannt) ist je nach Inhalt und Ausgestaltung ein Unterfall der Schenkung, der gemischten Schenkung oder der Schenkung unter Auflage. Wird kein Recht vorbehalten und keinerlei Gegenleistung ausbedungen, ist er eine Schenkung. Werden nur Abfindungszahlungen an Geschwister vereinbart, so liegt in der Regel eine Schenkung unter Auflage vor. Werden die Leistungen des Übernehmers dagegen als Gegenleistung für den übertragenen Gegenstand vereinbart, so handelt es sich in der Regel um eine gemischte Schenkung.

Die Übertragung auf ein Kind ist dann nicht Schenkung, sondern Ausstattung (§ 1624 BGB), wenn sie mit Rücksicht auf dessen Verheiratung oder zur Schaffung einer Existenz für das Kind erfolgt und den Vermögensverhältnissen der Eltern angemessen ist. Als Gestaltungsmöglichkeit bietet sich eine Ausstattung z.B. dann an, wenn bei der Übergabe mindestens einer der Übergeber nicht geschäftsfähig ist und unter Betreuung steht: Nach §§ 1908i Abs. 2 Satz 1, 1804 BGB ist der Betreuer, der den Übergeber i.R.d. Übergabevertrags vertreten muss, nur in engen (bei einer Hofübertragung bei weitem überschrittenen) Grenzen zu Schenkungen berechtigt,[72] sehr wohl jedoch zur Ausreichung einer (nach § 1908 BGB genehmigungsbedürftigen) Ausstattung.[73]

86 Die Frage, ob der Übergabevertrag eine Schenkung, eine gemischte Schenkung oder eine Schenkung unter Auflage ist, erlangt Bedeutung, wenn es darum geht, ob und inwieweit die Schenkung wegen Nichterfüllung einer Auflage (§ 527 BGB) oder wegen Verarmung des Schenkers (§ 528 BGB) zurückgefordert, wegen groben Undanks des Beschenkten widerrufen (§ 530 BGB) oder ihre Erfüllung wegen Eigenbedarfs des Schenkers verweigert werden darf (§ 519 BGB). Die Rückforderungsrechte wegen Nichterfüllung einer Auflage oder wegen Eigenbedarfs, das Widerrufsrecht wegen groben Undanks und die Eigenbedarfseinrede erstrecken sich bei der gemischten Schenkung und der Schenkung unter Auflage nur dann auf den übertragenen Gegenstand selbst (unter Rückgabe bzw. Erstattung der Gegenleistung), wenn sich feststellen lässt, dass die Übertragung ohne den Teil »Schenkung« überhaupt nicht vorgenommen worden wäre. Ergibt sich dagegen, dass der Schen-

---

[72] Vgl. BayObLG, FamRZ 1996, 1359; DNotZ 2003, 710; OLG Frankfurt am Main, Beschl. v. 10.09.2007 – 20 W 69/07, FamRZ 2008, 544.
[73] Vgl. OLG Stuttgart, Beschl. v. 30.06.2004 – 8 W 495/03, MittBayNot 2005, 229 m. Anm. *Böhmer*.

ker die Übertragung auch bei Kenntnis der späteren Vorgänge vorgenommen hätte, allerdings nur gegen eine gleichwertige Gegenleistung, so behält der Beschenkte den übertragenen Gegenstand, muss aber dem Schenker den Unterschiedsbetrag zwischen dem Verkehrswert des Gegenstandes und der vereinbarten Gegenleistung erstatten. Bei der gemischten Schenkung haftet der Schenker nur für Mängel des entgeltlichen Teils der Übertragung wie ein Verkäufer. Seine Haftung für den geschenkten Teil hingegen ist eingeschränkt (§§ 521, 523, 24, 526 BGB).

Der Hofübergabevertrag (i.t.S.) unterscheidet sich im zulässigen Inhalt, in der Wirkung und in der Abwicklung (Genehmigung) vom »gewöhnlichen« Übergabevertrag (vgl. Rdn. 170 M). In Anerbenrechtsgebieten muss daher bei der Vorbereitung des Vertrages als erstes geprüft werden, ob es sich beim Vertragsgegenstand um einen Hof im Sinn der Höfeordnung bzw. im Sinn des einschlägigen Anerbengesetzes handelt oder nicht. 87

2. Steuerliche Behandlung

a) Ertragsteuer

Die Übergabe eines land- oder forstwirtschaftlichen Betriebes kann sich ertragsteuerrechtlich als unentgeltliche, als teilentgeltliche und als vollentgeltliche Veräußerung darstellen, und dies unabhängig davon, ob die Übertragung bürgerlichrechtlich als gemischte Schenkung oder als Schenkung unter Auflage anzusehen ist. 88

Unentgeltlich ist die Übergabe eines land- bzw. forstwirtschaftlichen Betriebes nicht nur im Fall der reinen Schenkung, die eher selten sein dürfte, sondern auch dann, wenn dem Übergeber und seinem Ehegatten lediglich typische Altenteils- und andere wiederkehrende Versorgungsleistungen (wie z.B. Beköstigung am Tisch des Hauses, Stellung von Lebensmitteln für den täglichen Bedarf, Wartung und Pflege im Alter, bei Gebrechlichkeit und im Krankheitsfall, Taschengeld) zugesagt oder dem Übergeber Nutzungsrechte (Wohnungsrecht, Nießbrauch) eingeräumt werden oder der Erwerber betriebliche Verbindlichkeiten übernimmt. Eine solche im ertragsteuerlichen Sinn unentgeltliche Übergabe eines Betriebes führt nicht zur Aufdeckung stiller Reserven und nicht zu Anschaffungskosten des Übernehmers; der Übernehmer führt vielmehr die Buchwerte des Übergebers fort. 89

Bewirtschaftet der Übergeber den Betrieb aufgrund eines ihm vorbehaltenen Nießbrauchs weiterhin selbst, erzielt er nach wie vor laufende Einkünfte aus Land- und Forstwirtschaft; ihm steht infolgedessen auch die AfA auf Basis seiner tatsächlichen Aufwendungen zu (nicht auf Basis des Teilwertes des Nießbrauchs). Wird hingegen der Betrieb aufgrund des dem Übergeber vorbehaltenen Nießbrauchs dem Übernehmer verpachtet (= rheinische Hofübergabe), kommt es für die AfA-Befugnis darauf an, ob das Überlassungsverhältnis entgeltlich ist oder nicht: bei entgeltlichem Pachtvertrag erzielt der Übergeber/Nießbraucher weiterhin laufende Einkünfte und kann daher auch weiterhin die AfA geltend machen. Ist die Verpachtung eine unentgeltliche, was eher selten der Fall sein wird, geht die AfA-Befugnis auf den Übernehmer/Eigentümer über.[74] 90

Teilentgeltlich ist die Betriebsübergabe insbesondere dann, wenn der Übernehmer zu einer Abstandszahlung an den Übergeber und/oder zur Zahlung einer Abfindung (Gleichstellungsgeld) an Geschwister oder sonstige Dritte verpflichtet ist oder nicht betrieblich bedingte Verbindlichkeiten des Übergebers übernimmt. Der Verpflichtung zu einer Geldleistung steht die Verpflichtung zu einer Sachleistung gleich, wenn die Sachleistung aus dem »eigenen« Vermögen des Übernehmers erbracht wird. Die Klassifizierung einer Betriebsübergabe als teilentgeltliche Veräußerung bedeutet als solche jedoch noch nicht, dass der Übertragende einen Veräußerungsgewinn erzielt und der Übernehmer entspre- 91

---

74 BFH, Urt. v. 24.02.2005 – IV R 28/00, BFH/NV 05, 1062; *Schmidt*, § 13 EStG Rn. 98.

chende Anschaffungskosten hat. Bleiben die Gleichstellungsgelder, die Abstandszahlungen und die übernommenen privaten Verbindlichkeiten hinter dem Buchwert des Betriebs zurück, sind die Buchwerte fortzuführen; es entsteht kein Veräußerungsverlust. Übersteigen die Gleichstellungsgelder, die Abstandszahlungen und die übernommenen privaten Verbindlichkeiten den Buchwert, entsteht ein – tarifbegünstigter – Gewinn des Übergebers; der Übernehmer hat den Buchwert der Aktiva entsprechend aufzustocken.[75]

92   Eine teilentgeltliche Betriebsübertragung hat somit ertragsteuerlich dann dieselben Auswirkungen wie eine vollentgeltliche Übertragung, wenn das Entgelt höher ist als der Buchwert des Betriebes, und dann dieselben Wirkungen wie eine voll unentgeltliche, wenn das Entgelt niedriger als der Buchwert ist.[76]

93   *Vollentgeltlich* wird die Übertragung eines land- oder forstwirtschaftlichen Betriebes, die zur Vorwegnahme der Erbfolge vorgenommen wird, eher selten sein. Ist sie es im Einzelfall, nimmt ihr dieser Umstand solange nicht den Charakter des Übergabevertrages, als Gesichtspunkte der Versorgung des Übergebers und der Ausstattung des Übernehmers im Vordergrund stehen und die Ausgewogenheit von Leistung und Gegenleistung nicht das Ergebnis kaufmännisch kühlen Abwägens und Aushandelns, sondern der Berücksichtigung der persönlichen Bedürfnisse der Beteiligten ist.

94   An dieser Stelle sei darauf hingewiesen, dass die Anmerkungen zur ertragsteuerlichen Seite eines Übergabevertrages die Schwierigkeiten des Rechtsinstituts »Vermögensübertragung gegen Versorgungsleistungen« nur andeuten, jedoch weder umfassend noch ausreichend darstellen. Der Notar ist nicht verpflichtet, Vertragsbeteiligten steuerliche Belehrungen, viel weniger steuerlichen Rat zu erteilen. Der Notar ist in aller Regel – es sei denn, er verfügt über vertiefte steuerrechtliche Kenntnisse – gut beraten, die steuerliche Gestaltung eines Übergabevertrages dem Steuerberater zu überlassen und den Vertragsbeteiligten nahezulegen, den von ihm gefertigten Vertragsentwurf vom Steuerberater auf seine steuerlichen Folgen hin untersuchen zu lassen.

b) Inbesondere: steuerrechtliche Behandlung wiederkehrender Leistungen

95   Bei der Übertragung eines Betriebes werden oft wiederkehrende Zahlungen an den Übergeber und seinen Ehegatten vereinbArt. Derartige Zahlungen können Leibrenten i.S.d. § 22 Nr. 1 EStG – Sonstige Einkünfte – oder Versorgungsleistungen[77] i.S.v. § 10 Abs. 1 Nr. 1a EStG – Sonderausgaben – sein. Leibrenten sind beim Empfänger mit dem Ertragsanteil zu versteuern und beim Zahlungspflichtigen mit dem Ertragsanteil abziehbar.[78] Stellen sich die wiederkehrenden Zahlungen als Versorgungsleistungen i.S. § 10 Abs. 1 Nr. 1a EStG dar, unterliegen sie beim Empfänger in voller Höhe der Einkommensbesteuerung; umgekehrt kann der Zahlungspflichtige die wiederkehrenden Zahlungen in voller Höhe als Sonderausgaben absetzen.

aa) Rechtslage bis zum Veranlagungszeitraum 2007

96   Bis zum Veranlagungszeitraum 2007 war die einkommensteuerliche Behandlung einer wiederkehrenden, dem Empfänger lebenslang zustehenden Zahlung davon abhängig, ob die Höhe der Zahlungen während der Dauer ihrer Leistung gleichbleibend war (dann stellten

---

75 BFH, Urt. v. 16.12.1992 – XI R 34/92 BStBl II 93, 436 = DStR 1993, 716; BMF BStBl I 93, 80 Rn. 35–39; *Schmidt*, § 16 EStG Rn. 58.
76 *Schmidt*, § 16 EStG Rn. 59.
77 Der durch das Jahressteuergesetz 2008 vom 20.12.2007 in § 10 Abs. 1 Nr. 1a EStG eingeführte Begriff »Versorgungsleistungen«, ersetzt den bis dahin verwendeten Begriff »Renten und dauernde Lasten«.
78 Die durch das Alterseinkünftegesetz eingeführte nachgelagerte Besteuerung findet auf in Übergabeverträgen vereinbarte Renten **keine** Anwendung.

sie nach § 22 Nr. 1 S. 3 Buchst. a) Doppelbuchstabe bb EStG beim Zahlungspflichtigen mit dem Ertragsanteil abziehbare Sonderausgaben, beim Empfänger mit dem Ertragsanteil zu versteuernde »Sonstige Einkünfte« dar) oder ob die Zahlungen der Höhe nach abänderbar waren (dann stellten sie eine beim Zahlungspflichtigen in voller Höhe als Sonderausgaben abziehbare sog. dauernde Last i.S.v. § 10 Abs. 1 Nr. 1a EStG dar). Hierbei war zu berücksichtigen, dass die Vereinbarung einer Wertsicherungsklausel, durch die sich die Höhe der Zahlungen in Abständen der Geldwertentwicklung entsprechend verändert, keine Abänderbarkeit i.S. des zuvor genannten Abgrenzungskriteriums darstellte. Sollte eine beim Leistenden voll abzugsfähige, beim Zahlungsempfänger voll zu versteuernde Zahlung geschaffen werden, war es erforderlich, die Höhe der wiederkehrenden Zahlung – ggf. zusätzlich zur klassischen Wertsicherungsklausel – von Variablen wie Umsatz oder Gewinn, Höhe der jeweiligen Miet- oder Pachteinnahmen, Leistungsfähigkeit des Zahlungspflichtigen, Bedürftigkeit des Zahlungsempfängers oder dergleichen, abhängig zu machen.

bb) Rechtslage ab dem Veranlagungszeitraum 2008

Das Jahressteuergesetz 2008 hat den Begriff »dauernde Lasten« eliminiert; § 10 Abs. 1 Nr. 1a EStG spricht nunmehr von »lebenslangen und wiederkehrenden Versorgungsleistungen«. Gleichzeitig wurden in § 22 Nr. 1b EStG als »Sonstige Einkünfte« die Einkünfte aus Versorgungsleistungen i.S.v. § 10 Abs. 1 Nr. 1a EStG aufgenommen. Damit ist das Unterscheidungskriterium »Abänderbarkeit« aufgegeben worden. Liegen die übrigen Voraussetzungen vor, dann sind Versorgungsleistungen beim Leistenden auch dann voll abzugsfähig, wenn es an einer Abänderbarkeit der Höhe der wiederkehrenden Leistungen fehlt. 97

Wiederkehrende Versorgungsleistungen im Zusammenhang mit der Übergabe eines landwirtschaftlichen Betriebs stellen auf der Seite des Übergebers keine Veräußerungsentgelte, auf der Seite des Übernehmers keine Anschaffungskosten dar. Vielmehr sind sie – bei Erfüllung bestimmter Voraussetzungen, dazu sogleich – als **Sonderausgaben** des Übernehmers abzugsfähig nach § 10 Abs. 1 Nr. 1a Buchst. b) EStG.[79] Dies gilt ausweislich des Satzes 3 dieser Regelung auch für den Teil der Versorgungsleistungen, der auf den Wohnteil des übergebenen Betriebs entfällt.[80] Beim Übernehmer führen die Versorgungsleistungen nach dem Korrespondenzprinzip zu steuerpflichtigen **sonstigen Einkünften** gem. § 22 Nr. 1b EStG. Sofern – wie i.d.R. – nach erfolgter Betriebsübergabe die Steuerprogression beim Übernehmer höher ausfällt als beim Übergeber, ergibt sich daraus eine steuerliche Privilegierung der lebzeitigen Hofübergabe. 98

I.R.d. vorweggenommenen Erbfolge vereinbarte, wiederkehrende Leistungen an den Übergeber bzw. dessen Ehegatte sind Versorgungsleistungen i.S.v. § 10 Abs. 1 Nr. 1a und § 22 Nr. 1b EStG, wenn folgende Voraussetzungen gegeben sind:[81] 99
– Die Versorgungsleistungen müssen aus erzielbaren Nettoerträgen des übernommenen Vermögensgegenstandes geleistet werden können.[82] Dies ist anhand einer Ertragsprognose zum Zeitpunkt des Vertragsschlusses festzustellen, wobei hierfür nach der Rechtsprechung des BFH eine (widerlegbare) Vermutung besteht.[83]
– Der übergebene Vermögensgegenstand darf nicht weder einen positiven Substanz- noch einen positiven Ertragswert aufweisen.[84]

---

79 Nicht jedoch wiederkehrende Leistungen an Geschwister des Vermögensübernehmers, wenn die Zahlungen nicht der Versorgung, sondern lediglich der erbrechtlichen Gleichstellung dienen, vgl. FG München, Gerichtsbescheid v. 19.12.2013 – 10 K 2320/12.
80 Vgl. BMF-Schreiben v. 11.03.2010 (IV C 3 – S 2221/09/10004), Rn. 48.
81 Im Detail vgl. Sudhoff/*v. Sothen*, Unternehmensnachfolge, § 55 Rn. 38 ff.
82 Vgl. BFHE 202, 464; BMF v. 11.03.2010 – IV C 3 – S 2221/09/10004, Rn. 26 ff.
83 BFH GrS 1/00 v. 12.05.2003, BStBl. II 2004, S. 95; Blümich/*Hutter*, EStG, § 10 Rn. 103.
84 So der BFH GrS 2/00 vom 12.05.2003, BFHE 202, 477; anders die Finanzverwaltung, vgl. BMF v. 11.03.2010 – IV C 3 – S 2221/09/10004, Rn. 31.

§ 36 Veräußerung landwirtschaftlicher Grundstücke, Landgüter und Höfe

– Weiterhin müssen sich die Versorgungsleistungen auch tatsächlich am Versorgungsbedarf des Übergebers und nicht am Wert des übergebenen Hofes orientieren. Vermieden werden sollten daher grds. sowohl echte Kaufpreisrenten als auch wiederkehrende Leistungen an familienfremde Dritte (beiden kommt i.d.R. Entgeltcharakter zu; sie führen zu Anschaffungskosten).[85]
– Versorgungsleistungen müssen auf Lebenszeit des Berechtigten gezahlt werden.[86]
– Die Vereinbarung zur Zahlung von Versorgungsleistungen muss tatsächlich durchgeführt werden.

100 Der letztgenannte Punkt ist von erheblicher praktischer Bedeutung: Übergeber und Übernehmer sollten im eigenen Interesse genau auf die tatsächliche Erfüllung der im Übergabevertrag vereinbarten Versorgungsleistungen achten, da jedenfalls willkürliche Abweichungen die steuerliche Einstufung als »Vermögensübergabe gegen Versorgungsleistungen« und damit die steuerliche Abzugsfähigkeit der Versorgungsleistungen generell riskiert wird.[87] Die Geltendmachung als Sonderausgaben nach § 10 Abs. 1 Nr. 1a EStG scheitert dabei an dem in der Nichtleistung zum Ausdruck kommenden **fehlenden Rechtsbindungswillen**. Dieser »für die steuerliche Anerkennung einer Vermögensübergabe gegen Versorgungsleistungen erforderliche Rechtsbindungswille muss sich auf sämtliche für einen Versorgungsvertrag typusprägenden Leistungen – Sach- und Barleistungen – beziehen«.[88] Eine Teilanerkennung qua »Leistung in Teilen« ist nicht möglich. Die Geltendmachung als erwerbssichernder Aufwand hingegen scheitert an der einmal getroffenen Wahl des Vertragstyps der »Vermögensübergabe gegen Versorgungsleistungen«: Das nicht vertragsgerechte Verhalten des Übernehmers bewirkt grds. (auch für die Zukunft!), dass seine Leistungen generell als nicht steuerbare Unterhaltsleistungen zu betrachten sind, § 12 Nr. 1 EStG. Anders kann dies dann zu beurteilen sein, wenn die Zahlungen lediglich (kurzfristig) reduziert werden bzw. allein eine vereinbarte Wertsicherungsklausel unbeachtet bleibt, sofern sich Reduzierungen auch am verringerten Versorgungsbedürfnis des Übergebers und Leistungsempfängers orientieren.[89] Sofern also wesentliche Änderungen von Leistungsinhalten oder -modalitäten beabsichtigt sind, sollte stets der Weg der (auch ggü. der Finanzverwaltung offengelegten) **Vertragsänderung** gegangen werden.[90]

c) Schenkungsteuer

101 Der unentgeltliche Teil der Übergabe ist schenkungsteuerpflichtig. Die Bewertung des übergebenen Vermögens richtet sich dabei nach dem Bewertungsgesetz (BewG), wobei die Bewertung von land- und forstwirtschaftlichen Betrieben in den §§ 158 ff. BewG geregelt ist.[91] Nach § 160 Abs. 1 BewG umfasst ein Betrieb der Land- und Forstwirtschaft den Wirtschaftsteil (§ 162 Abs. 1 BewG), die Betriebswohnungen (§ 162 Abs. 8 BewG) und den Wohnteil (§ 162 Abs. 9 BewG – Wohnung des Betriebsleiters und der Altenteiler). Nach § 158 Abs. 4 Nr. 3 und 6 BewG gehören insb. Geschäftsguthaben, Geldforderungen und Zahlungsmittel nicht zum land- und forstwirtschaftlichen Vermögen; nach § 158 Abs. 5 BewG bleiben auch damit zusammenhängende Verbindlichkeiten bei der Bewertung außer Betracht.

102 Hinsichtlich des Wirtschaftsteils ist in § 163 BewG eine **pauschalierte Bewertung** vorgesehen, wobei sich der Reingewinn eines landwirtschaftlichen Betriebs (Betriebsergebnis abzüglich eines angemessenen Lohnansatzes für den Betriebsinhaber und der nicht ent-

---

85 Vgl. BFH v. 26.11.2003 – X R 11/01, BFHE 204, 192.
86 BMF v. 11.03.2010 – IV C 3 – S 2221/09/10004, Rn. 31; Blühmich/*Stuhrmann*, EStG, § 22 Rn. 52a; a.A. *Wälzholz* DStR 2008, 273 (277).
87 Dazu BFH v. 15.09.2010 – X R 13/09, ZEV 2011, 98 m. Anm. *Geck*, DStR 2010, 2502.
88 BFH v. 19.01.2005 – X R 23/04 (Leitsatz), MittBayNot 2006, 454.
89 BFH v. 15.09.2010 – X R 31/09, BFH/NV 2011. 583.
90 Vgl. dazu Sudhoff/*v. Sothen*, Unternehmensnachfolge, § 55 Rn. 41 m.w.N.
91 Überblick bei *Wellmann* ZErb 2010, 12 (15 ff.).

lohnten Arbeitskräfte) nach der Region (Bundesland oder Bezirk), der Nutzungsart (Ackerbau, Milcherzeugung, Futterbau, Veredelung) sowie der Betriebsgröße (gemessen an der EGE = Europäische Größenklasse) bestimmt. Dabei darf ein **Mindestwert**, der sich nach § 164 Abs. 1 BewG aus dem Wert für den Grund und Boden sowie dem Wert der übrigen Wirtschaftsgüter zusammensetzt, nicht unterschritten werden, vgl. § 162 Abs. 1 Satz 4 BewG i.V.m. den Anlagen 14 bis 18 BewG. Bei kleineren und mittleren Betrieben ergeben sich bei der Pauschalbewertung meist negative Werte, sodass die Mindestbewertung in der Praxis den Regelfall darstellt.[92] Sowohl eventuelle Betriebswohnungen als auch der Wohnteil sind nach den für Grundvermögen geltenden Vorschriften (§§ 182 bis 196 BewG) zu bewerten, allerdings ist zur Berücksichtigung landwirtschaftlicher Besonderheiten ein Abschlag von 15 % vorzunehmen. Von dem so ermittelten Wert sind an den Übergeber zu leistende Einmalzahlungen, wiederkehrende Versorgungsleistungen sowie ggf. vorbehaltene Nutzungsrechte abzuziehen. Darauf wird bei fünf- bzw. siebenjähriger Fortführung des Betriebes ein Verschonungsabschlag 85 % bzw. 100 % gewährt, vgl. § 13a Abs. 1, 4 i.V.m. § 13b ErbStG.[93] Für Betriebe mit nicht mehr als fünf Beschäftigten ist die Lohnsummenklausel nicht anwendbar, § 13 Abs. 1 Satz 4 ErbStG; die Befreiung greift also unabhängig von zukünftigen Lohnsummen.

Zu berücksichtigen sind noch der Abzugsbetrag nach § 13a Abs. 2 ErbStG sowie die Tarifbegrenzung nach § 19a ErbStG.

Vorsicht ist schließlich bei einer **späteren Veräußerung** des übergebenen Betriebs bzw. von Teilen desselben durch den Übernehmer angebracht: Nach § 162 Abs. 3 BewG erfolgt die Bewertung rückwirkend mit dem Liquidationswert gem. § 166 BewG, wenn der Betrieb innerhalb eines Zeitraums von 15 Jahren nach dem Bewertungsstichtag veräußert wird, es sei denn, der Veräußerungserlös wird binnen 6 Monaten ausschließlich zum Erwerb eines anderen Betriebs der Land- und Forstwirtschaft oder eines Anteils i.S.d. § 158 Abs. 2 Satz 2 BewG verwendet.

103

d) Grunderwerbsteuer

Grunderwerbsteuer wird in Höhe eines Prozentsatzes des Gesamtwertes der Gegenleistungen (= kapitalisierter Wert) erhoben. Nach § 11 GrEStG betrug die Grunderwerbssteuer bis 31.08.2006 bundesweit 3,5 % der Bemessungsgrundlage. Im Rahmen der Föderalismusreform I wurde die Steuerautonomie der Länder gestärkt, die seitdem nach Art. 105 Abs. 2a Satz 2 GG die Steuer selbst festlegen dürfen. Dies hat in den meisten Bundesländern – insbesondere im Jahr 2012 – zu einer starken Erhöhung der Steuer geführt. Seit dem 01.09.2006 dürfen die Bundesländer den Steuersatz selbst festlegen (s. Art. 105 Abs. 2a Satz 2 GG). Der aktuelle Steuersatz ist nachstehender Tabelle zu entnehmen:

104

Bundesland	Steuersatz GrESt	Erhöhung ab
Baden-Württemberg	5,0 %	05.11.2011
Bayern	3,5 %	n.a.
Berlin	6,0 %	01.01.2014
Brandenburg	6,5 %	01.07.2015
Bremen	5,0 %	01.01.2014
Hamburg	4,5 %	01.01.2009
Hessen	6,0 %	01.08.2014
Mecklenburg-Vorpommern	5,0 %	01.07.2012
Niedersachsen	5,0 %	01.01.2014

---

92 Vgl. *Spiegelberger*, Unternehmensnachfolge, § 5 Rn. 68; *Hutmacher* ZNotP 2008, 228.
93 Dazu *Wellmann* ZErb 2010, 12 (16).

Nordrhein-Westfalen	6,5 %	01.01.2015
Rheinland-Pfalz	5,0 %	01.03.2012
Saarland	6,5 %	01.01.2015
Sachsen	3,5 %	n.a.
Sachsen-Anhalt	5,0 %	01.03.2012
Schleswig-Holstein	6,5 %	01.01.2014
Thüringen	5,0 %	07.04.2011

105 Die wichtigsten Grunderwerbsteuervergünstigungen befinden sich in § 3 GrEStG.

106 **3. Gegenleistungen des Übernehmers**

a) Wohnungs- und Mitbenützungsrecht

aa) Allgemeines

107 Das regelmäßige Ziel des Übergebers, sich die Nutzung seiner bisherigen Wohnung bzw. eines ganzen Wohngebäudes an der Hofstelle unter Ausschluss des Übernehmers vorzubehalten, von der Unterhaltung des Wohnhauses jedoch entlastet zu werden, lässt sich durch Einräumung eines dinglich gesicherten Wohnungsrechts als besondere Art der beschränkt persönlichen Dienstbarkeit (§§ 1090, 1093 Abs. 1 Satz 1 BGB) erreichen. Soweit der Übernehmer (Eigentümer) nicht ausgeschlossen werden soll (Mitbenutzung von Kühlraum, Keller, Garten etc. sowie der bei bäuerlichen Übergaben übliche freie Umgang des Übergebers auf dem Anwesen), ist dies als (einfache) beschränkt persönliche Dienstbarkeit sicherbar, §§ 1090 bis 1092 BGB.[94]

108 Alle von den bestellten Wohnungs- und Mitbenutzungsrechten erfassten Räumlichkeiten sind genau zu bezeichnen; Gleiches gilt für die vom Eigentümer zu tragenden **Kosten und Lasten** wie Nebenkosten, gewöhnliche und außergewöhnliche Instandhaltungsaufwendungen etc. Soweit hierzu keine vertraglichen Regelungen getroffen werden, gelten durch Verweis in § 1093 Abs. 1 Satz 2 teilweise die Regelungen des Nießbrauchsrechts bzw. (soweit) landesrechtliche Bestimmungen:[95] So hat der Berechtigte etwa – ähnlich wie ein Mieter – gem. § 1041 Satz 2 BGB die gewöhnlichen Unterhaltskosten, der Eigentümer mangels Verweis auf § 1047 BGB hingegen die öffentlichen (Grundsteuer, Erschließungsbeiträge) und privatrechtliche Lasten (Zinsverpflichtungen) zu tragen.[96]

109 Vom Eigentümer getragene Kosten und Lasten kann dieser als Sonderausgabe (dauernde Last) nach § 10 Abs. 1 Nr. 1a EStG von der Steuer abziehen; der Berechtigte wiederum hat sie nach § 22 Nr. 1 EStG zu versteuern.[97]

110 Der Berechtigte ist über ein nach § 1093 BGB dinglich gesichertes Wohnungsrecht nur so lange abgesichert, als das maßgebliche Gebäude besteht: Das Wohnungsrecht erlischt mit dessen Zerstörung.[98] Die Vereinbarung und Eintragung einer **Wohnungsreallast**, § 1105 BGB, die ein (nicht auf bestimmte Räumlichkeiten bezogenes) allgemeines Wohnungsrecht sichert, ist daher grds. zu empfehlen.[99] Ergänzt werden kann dies noch mit der Vereinbarung einer Vormerkung zur Sicherung eines Anspruchs auf Bestellung eines Wohnungsrechts an einem wiedererrichteten Gebäude (»**Brandvormerkung**«).[100] Bei alledem sind landesrechtliche Regelungen zu beachten: So besteht z.B. nach Art. 12 Abs. 2 Satz 1

---

94 Beck'sches Notarhdb./*Jerschke* A V Rn. 152; zur Abgrenzung DNotI-Report 2002, 91.
95 Bspw. Art. 12 Abs. 1 BayAGBGB.
96 Vgl. BayObLG, DNotZ 1989, 569.
97 OFD München/Nürnberg, ZEV 2004, 505.
98 Vgl. MünchKomm/*Joost* § 1093 BGB Rn. 23; Staudinger/*Mayer* § 1093 BGB Rn. 57.
99 Vgl. *Spiegelberger*, Unternehmensnachfolge, § 5 Rn. 40; *Böhringer* BWNotZ 1990, 153.
100 Beck'sches Notarhdb./*Herrler* A V Rn. 348; Muster bei Langenfeld/*Günther*, Grundstückszuwendungen, Kap. 4 Rn. 26 Formulierungsvorschlag 4.4.

BayAGBGB für den Übernehmer bei unverschuldeter Zerstörung eine gesetzliche Verpflichtung zur Wiederherstellung der Wohnung; nach Art. 16 BayAGBGB kann der Berechtigte die erneute Absicherung eines entsprechenden Wohnungsrechts verlangen.

bb) Bedeutung der Rangstelle im Grundbuch

Die Rangstelle des Wohnungsrechts (ebenso wie aller übrigen Altenteilsrechte) ist von entscheidender Bedeutung für die tatsächliche Sicherheit des Berechtigten. Steht das Leibgeding im Fall der Zwangsversteigerung im Rang vor den Rechten der betreibenden Gläubiger, fällt es in das **geringste Gebot**, bleibt also auch nach dem Zuschlag bestehen, §§ 44 ff., 52 ZVG.[101] Bei Nach- oder Gleichrang hingegen erlischt es grds. mit dem Zuschlag (§§ 52, 91 ZVG) und der Berechtigte fällt auf eine Geldrente als Wertersatz zurück, § 92 ZVG, deren kapitalisierter Gesamtwert nach § 121 Abs. 1 ZVG in den Teilungsplan aufzunehmen ist, nach § 125 ZVG jedoch begrenzt auf die 25fache Jahresleistung. Hierauf sollte der Notar deutlich hinweisen und den Beteiligten Wege zu möglichen Abmilderungen der Risiken des Übergebers aufzeigen (bspw. die Vereinbarung eines nur selektiven Rangrücktritts des Übergebers oder einer Beschränkung der Rückgewähransprüche des Eigentümers auf Löschung des jeweiligen Grundpfandrechts).[102] 111

Von eher geringer praktischer Bedeutung ist hingegen das **Zwangsversteigerungsprivileg** des § 9 Abs. 1 EGZVG. Demnach bleibt ein nach Landesrecht als Altenteil begründetes (nachrangiges) Recht von einer Zwangsversteigerung unberührt, auch wenn es bei der Feststellung des geringsten Gebots nicht berücksichtigt wird. Jeder Berechtigte eines besser- oder gleichrangigen Rechts kann jedoch nach § 9 Abs. 2 EGZVG beantragen, das Erlöschen des Altenteils als Versteigerungsbedingung festzulegen. Ob eine Beeinträchtigung vorliegt, wird dann mittels eines sog. **Doppelausgebots** nach § 59 Abs. 2, 3 ZVG ermittelt.[103] In diesem Fall ist das Grundstück doppelt auszubieten, zum einen unter der Bedingung des Bestehenbleibens, zum anderen unter der Bedingung des Erlöschens des Leibgedings durch den Zuschlag.[104] Ein Zuschlag unter der Bedingung des Erlöschens darf nur erteilt werden, wenn unter der Bedingung des Bestehenbleibens der Berechtigte entweder nicht voll befriedigt wird oder zumindest weniger erhält als bei einem Zuschlag unter der Bedingung des Erlöschens.[105] In der Praxis ist dies in aller Regel nicht der Fall. 112

cc) Sozialrechtliche Erwägungen

Neben der Absicherung des Berechtigten spielt das Ziel der Verhinderung eines künftigen Sozialhilferegresses eine wichtige Rolle in der Beratung und Vertragsgestaltung. Ausgangspunkt ist, dass ein Wohnungsrecht nicht infolge subjektiver Ausübungshindernisse erlischt, bspw. weil der Übergeber dauerhaft in ein Alten- oder Pflegeheim ziehen muss. Das Recht erlischt vielmehr erst dann, wenn seine Ausübung aus tatsächlichen oder rechtlichen Gründen dauerhaft unmöglich wird, es also niemandem mehr einen Vorteil bietet.[106] Allein schon 113

---

101 Vgl. dazu *Wirich* ZErb 2010, 159, 161 f.
102 Vgl. BGH, Beschl. v. 14.03.2003 – IXa ZB 45/03, NJW 2003, 2164; zu Gestaltungsvarianten *Krauß*, Vermögensnachfolge, Rn. 2036 ff.
103 Alle alten Bundesländer mit Ausnahme von Bremen und Hamburg haben von dem Zwangsversteigerungsprivileg des § 9 Abs. 1 EGZVG für Altenteilsrechte Gebrauch gemacht; vgl. dazu *Wirich* ZErb 2010, 159 (162).
104 Dazu *Stöber*, ZVG, 19. Aufl. 2009, § 9 EGZVG Rn. 4.
105 Vgl. *Drischler*, Rpfleger 1983, 229 ff.
106 Vgl. BGH, Urt. v. 19.01.2007 – V ZR 163/06, NJW 2007, 1884, 1885; OLG Brandenburg v. 13.12.2007 – 5 U 39/05, OLGR 2008, 603; OLG Zweibrücken, OLGZ 1987, 27 (28); OLG Celle, NZM 1998, 929; MünchKomm/*Joost* § 1093 BGB Rn. 22; Staudinger/*Mayer* § 1093 BGB Rn. 62; DNotI-Report 2011, 160.

die theoretische Rückkehrmöglichkeit des Berechtigten schließt dies aus.[107] Sind seine eigenen Finanzmittel nicht hinreichend, um die Pflegekosten aufzubringen, wird der Sozialleistungsträger versuchen, Ansprüche aus dem Wohnungsrecht auf sich überzuleiten, § 93 SGB XII. Dabei ist zu differenzieren:

114 **Nebenleistungspflichten**, die i.R.d. Wohnungsrechts vereinbart sind (Strom, Heizung, Zahlung von Gebühren etc.), können gepfändet und damit auch übergeleitet werden. Dies lässt sich nur vermeiden, wenn schon die Anspruchsentstehung verhindert wird, der Übergeber also sämtliche Kosten der Wohnung selbst trägt – was kaum in seinem Interesse sein dürfte.

115 Das Wohnungsrecht selbst begründet hingegen keine positive Leistungspflicht, sondern lediglich eine Duldungspflicht des Eigentümers bzw. einen Duldungsanspruch des Berechtigten.[108] Ohne besondere Erlaubnis des Eigentümers darf der Berechtigte den Wohnraum nach der Vermutung des § 1092 Abs. 1 Satz 2 BGB nicht einem Dritten überlassen. Eine gesetzliche Ausnahme enthält § 1093 Abs. 2 BGB, wonach Familienangehörige und Hauspersonal[109] ohne besondere Erlaubnis in die Räumlichkeiten aufgenommen werden dürfen. Ein **Vermietungsrecht** – das ohne Weiteres pfändbar (§ 857 Abs. 3 ZPO) und damit überleitbar wäre, setzt also eine entsprechende vertragliche Vereinbarung voraus. Eine solche fehlt in aller Regel, allerdings haben der BGH und die Instanzrechtsprechung verschiedentlich über eine ergänzende Vertragsauslegung[110] bzw. über die Grundsätze des Wegfalls der Geschäftsgrundlage (§ 313 BGB)[111] Überlassungsrechte an Dritte bejaht. Ob dies angesichts § 1092 Abs. 1 Satz 2 BGB richtig sein kann, sei dahingestellt; um entsprechende Vertragslücken zu vermeiden, sollte die **Frage des Wegzugs** im Überlassungsvertrag ausdrücklich geregelt werden.

116 Sofern es sich bei dem Übergabevertrag um einen »echten« Leibgedingsvertrag i.S.d. Art. 96 EGBGB handelt, »wandelt« sich der nicht mehr erfüllbare Anspruch auf Gewährung der Wohnung nach den landesrechtlichen Vorschriften zum Leibgeding (z.B. Art. 18 ff. BayAGBGB) in einen überleitbaren Zahlungsanspruch um, dessen Höhe von den Umständen des Wegzugs abhängt:[112] Hat der Berechtigte den Wegzug selbst verschuldet oder trifft keine Seite ein Verschulden (z.B. Fall der Pflegebedürftigkeit des Berechtigten), beläuft sich diese **Geldrente** nach Art. 18 Satz 1, 19 BayAGBGB auf den Wert, um den der Übernehmer infolge der Befreiung von der Verpflichtung bereichert ist, d.h. auf die Höhe der ersparten Aufwendungen. Hat hingegen der Übernehmer den Wegzug schuldhaft verursacht (z.B. Fall des »Wegekelns« des Berechtigten), hat er dem Berechtigten nach § 20 BayAGBGB vollen Aufwendungsersatz für die Ersatzbeschaffung zu leisten.[113]

117 Allerdings sind diese Vorschriften regelmäßig **dispositiv** (vgl. § 7 BayAGBGB), sodass zivilrechtlich an sich nichts gegen einen völligen Ausschluss der überleitbaren Ansprüche spricht; ob dies jedoch **sittenwidrig** i.S.v. § 138 Abs. 1 BGB wäre, ist strittig.[114] Zumindest problematisch wird insoweit eine gezielte vertragliche Ausschlussregelung sein, wonach der Ausschluss explizit bei Unterbringung der Berechtigten in einem Alten- oder Pflege-

---

107 Vgl. BGH, NJW 1985, 1025; BGHZ 59, 51 (56 ff.); OLG Oldenburg, NJW-RR 1994, 467 (468); *Mayer* DNotZ 2008, 672 (674).
108 Vgl. *Mayer* DNotZ 2008, 672 (673).
109 Auch ständige Lebensgefährten, vgl. BGH, NJW 1982, 1868.
110 BGH, Beschl. v. 23.01.2003 – V ZB 48/02, MittBayNot 2004, 180; BGH, Beschl. v. 21.11.2002 – V ZB 40/02, NJW 2003, 1126; BGH, Urt. v. 19.01.2007 – V ZR 163/06, DNotZ 2008, 703.
111 OLG Köln, NJW-RR 1995, 1358; OLG Celle, NJW-RR 1999, 10 (11); dagegen (richtig) mit Verweis auf §§ 1092 Abs. 1 Satz 2, 1093 Abs. 2 BGB OLG Oldenburg, Nds. Rpfl. 1994, 35.
112 Vgl. zum Zeitpunkt des Vorliegens eines »Wegzugs auf Dauer aus besonderen Gründen« OLG Köln, NJW-RR 1989, 138; BayObLG, DNotZ 1998, 299; zur Höhe der Ansprüche im Detail *Krauß*, Vermögensnachfolge, Rn. 1210 ff.
113 Nachweise zum Rechtsstand in anderen Bundesländern bei *Wöhrmann*, Landwirtschaftserbrecht, § 14 Rn. 48.
114 Vgl. zum Streit *Everts* ZEV 2004, 495 (497); *Krauß*, Vermögensnachfolge, Rn. 1656 ff.

heim erfolgt. Ein *völliger* vertraglicher Ausschluss hingegen dürfte rechtswirksam vereinbar sein:[115] Die §§ 516 ff. BGB verlangen vom Übergeber nicht, dass er sich auch nur ein einziges Recht am übertragenen Gegenstand vorbehält; vielmehr könnte er sich seines Vermögens auch vollständig begeben, eingeschränkt lediglich durch die befristeten »Rückholmöglichkeiten« der §§ 528, 529 BGB. Dann muss es ihm erst recht und ohne das Verdikt der Sittenwidrigkeit möglich sein, seine vorbehaltenen Rechte zu beschränken.[116] Allerdings wäre ein gänzliches Erlöschen seiner Rechte bei Wegzug kaum im Interesse des Berechtigten, würde doch damit auch der Fall des durch den Übernehmer verschuldeten Wegzugs keine Zahlungspflichten auslösen; der Berechtigte wäre also gleichsam »auf Gedeih und Verderb an das Anwesen gekettet«. Vor diesem Hintergrund bietet sich eine Kompromisslösung an, wonach Geldersatz nur geschuldet ist, sofern der Übernehmer den Wegzug verschuldet hat: Dies führt zum einen nicht zwangsläufig zu einer Lastenverlagerung auf den Sozialleistungsträger und gewährt dem Übergeber zugleich ausreichenden Schutz vor den geschilderten Risiken. Durch höchstrichterliche Rechtsprechung abgesichert ist dieser Weg dennoch nicht, was zu entsprechenden Hinweisen des Notars führen sollte.

d) Pflegeverpflichtung

aa) Allgemeines

Der Umfang der vom Übernehmer geschuldeten Pflegeleistungen sollte möglichst exakt umschrieben werden, sonst stellt sich aus grundbuchrechtlicher Sicht die Frage der **Reallastfähigkeit**, § 1105 BGB. Aus sozialrechtlicher Perspektive wiederum ist eine exakte Bestimmung erforderlich sowohl zur negativen Abgrenzung des Pflegebereichs, für den nach § 65 Abs. 1 Satz 2 SGB XII Aufwendungsersatz für den Einsatz externer Pflegekräfte verlangt werden kann, als auch zur Bestimmung eines evtl. auf den Sozialleistungsträger übergegangenen Anspruchs, §§ 93, 94 SGB XII. **118**

Zur Bestimmbarkeit von Leistungsvoraussetzungen und -umfang bietet sich – auch vor dem Hintergrund des sozialrechtlichen Sonderstatus der Ansprüche auf häusliche Pflege – eine Differenzierung zwischen hauswirtschaftlichen Leistungen (vgl. § 14 Abs. 4 Nr. 4 SGB XI) und Pflegeleistungen (§ 14 Abs. 4 Nr. 1-3 SGB XI) an.[117] **119**

Hinsichtlich der **Pflegeleistungen** ist durch einen nicht kranken- oder altenpflegerisch ausgebildeten Übernehmer realistisch kaum mehr als die sog. Grundpflege zu leisten (Dienstleistungen in den Bereichen Körperpflege, Ernährung und Mobilität). Entsprechend sollte eine Pflegeverpflichtung den Pflichtenumfang benennen. Die Grenze dieser Verpflichtung bildet das Kriterium der Zumutbarkeit, das möglichst genau zu definieren ist. Sinnvoll erscheint eine **dreifache Umgrenzung**: Erstens durch den Grundsatz der Vorrangigkeit der Unterhaltsverpflichtungen des Übernehmers ggü. Ehegatten und Kindern, zweitens durch die Beschränkung der Pflichten auf solche Dienste, die durch den Übernehmer oder dessen Angehörige ohne externe Pflegekräfte erbringbar sind, drittens durch eine Umfangsbegrenzung. Letzteres fiel unter Geltung des § 15 SGB XI a.F. (bis 31.12.2016) leichter: Häufig orientierte sich die Vertragsgestaltung allein am zeitlichen Aufwand, etwa indem Pflegeleistungen nur bis zum Erreichen der Pflegestufe I, also für bis zu 90 Minuten, versprochen wurden, so dass keine Kollision mit den ab Pflegestufe I einsetzenden staatli- **120**

---

115 Vgl. *Volmer* MittBayNot 2009, 276 (281); *Krauß* NotBZ 2007, 129 (131); *Rosendorfer* MittBayNot 2005, 1 (6); *Everts* ZEV 2004, 497; einschr. *Mayer* DNotZ 2008, 672 (684 f.).
116 Höchstrichterlich entschieden ist dies freilich bisher nur für den Fall der Pflegeverpflichtungen, vgl. BGH, Urt. v. 06.02.2009 – V ZR 130/08, MittBayNot 2009, 294 (dazu s. Rn. 80). Es spricht allerdings nichts gegen eine Übertragung dieser Grundsätze auf vorbehaltene Wohnungsrechte, vgl. dazu auch *Volmer* MittBayNot 2009, 276 (281).
117 Nachstehende Ausführungen richten sich nach *Krauß*, Vermögensnachfolge, S. 1616 ff.

chen Leistungen eintreten konnte.[118] Die seit 01.01.2017 geltenden Pflegegrade (vgl. § 15 SGB XI n.F.) sind stärker qualitativ abgestuft; die Einordnung in einen Pflegegrad erfolgt anhand sog. Defizitpunkte. Für Pflegegrad 2 – in vielen Fällen dürfte er am ehesten der früheren Pflegestufe I entsprechen – sind beispielsweise mindestens 27 Defizitpunkte erforderlich. Neben der nach wie vor denkbaren zeitlichen Begrenzung ist es auch denkbar, für den Umfang der geschuldeten Pflegeleistungen auf das Erreichen bestimmter Pflegegrade abzustellen.

121 Geregelt werden sollte auch das Schicksal eines ggf. an den Übergeber gezahlten **Pflegegeldes**: Der Pflegebedürftige (nicht die pflegende Person) hat nach § 37 Abs. 1 SGB XI Anspruch auf Pflegegeld, soweit seine häusliche Pflege sichergestellt ist; diese Mittel sollen es dem Pflegebedürftigen ermöglichen, durch Zuwendung an die pflegende Person deren Motivation zu erhalten und zu fördern. Soll der Pflegebedürftige dieses Geld nicht zur freien Verfügung behalten dürfen, kann zum einen ein Zurückbehaltungsrecht des Übernehmers hinsichtlich seiner Pflegeleistungen für den Fall vereinbart werden, dass das Geld nicht an ihn weiter geleitet wird. Zum anderen kann der Übernehmer die Leistung von der Abtretung der Zahlungsansprüche an sich abhängig machen. In diesem Fall sind allerdings die Beschränkungen des § 53 Abs. 2 SGB I zu beachten.

122 Schließlich sollte klargestellt werden, dass die Pflegeverpflichtung lediglich unentgeltliche Dienstleistungen des Übernehmers umfasst, nicht jedoch sonstige Krankheitskosten wie Heilmittel, Arztkosten etc. Solche Kosten – ebenso wie Kosten für die externe Pflege des Übergebers – können vom Übernehmer nur i.R.d. gesetzlichen Elternunterhalts (§§ 1601 ff. BGB) gefordert werden.

bb) Wegzug des Pflegeberechtigten aus dem übergebenen Anwesen

123 Der Wegzug des Berechtigten, meist infolge Unterbringungsnotwendigkeit im Alten- oder Pflegeheim, ist ein in seiner Person liegendes Ausübungshindernis und führt nicht zum Erlöschen eines Wohnungsrechts nach § 1093 BGB.[119] Nach Landesrecht, in Bayern etwa Art. 18 BayAGBGB, hat der Übernehmer dem Übergeber vielmehr im Fall eines dauerhaften Wegzugs **Wertersatz** für die Befreiung von seinen Leistungspflichten zu gewähren. Die Berechnung dieses Wertersatzes kann auf verschiedene Weise erfolgen, bspw. auf Basis des Pflegegeldes nach § 64 Abs. 1 SGB XII i.V.m. § 37 Abs. 1 Satz 3 SGB XI oder des Pflegesatzes der örtlichen Sozialstation für eine Pflegekraft in entsprechendem Umfang.[120] Zwischen den Beteiligten ist eine solche Wertersatzpflicht meist nicht erwünscht, führen sie doch für den Übernehmer, der seine eigene Pflegeleistung nicht in barer Münze bewertet, zu einer zumindest subjektiv als erheblich empfundenen Verschärfung der Leistungspflicht.

124 Sollen vor diesem Hintergrund Wertersatzansprüche ausgeschlossen werden, bietet sich eine **Wegzugsklausel** an: Eine gezielt nur den Fall des pflegebedingten Wegzugs erfassende Ausschlussregelung dürfte nach § 138 Abs. 1 BGB sittenwidrig sein;[121] grds. zulässig sind hingegen Ausschlussregelungen, die sämtliche Fälle des Wegzugs erfassen, wie der BGH in einer Entscheidung aus dem Jahr 2009 klargestellt hat:[122] Eine Wegzugsklausel ist demnach lediglich eine (ausdrückliche) Unterlassung einer Vereinbarung von Versorgungsansprüchen des Übergebers für den Fall, dass infolge seiner Pflegebedürftigkeit eine Versorgung durch Gewährung von Unterkunft und häuslicher Pflege nicht mehr möglich oder ausrei-

---

118 *Krauß*, Vermögensnachfolge, Rn. 6757 (S. 2186).
119 Vgl. OLG Köln, MittBayNot 1996, 40.
120 Vgl. *Mayer* MittBayNot 2002, 152 (153); *Rosendorfer* MittBayNot 2005, 1 (4).
121 Vgl. *Schwarz* ZEV 1997, 309 (315); anders *Spiegelberger*, Vermögensnachfolge, § 5 Rn. 66 m.w.N.
122 Hier hat der BGH sogar ausdrücklich entschieden, dass eine Ruhensvereinbarung wirksam ist, vgl. BGH, Urt. v. 06.02.2009 – V ZR 130/08, MittBayNot 2009, 294.

chend sein würde. Darin liegt weder eine Abbedingung bestehender Ansprüche noch ein Verstoß gegen den Nachranggrundsatz von Sozialleistungsansprüchen, § 32 Abs. 1 SGB I.

e) Verköstigung und Kostgeld

Die Versorgung des Übergebers wird oft auch auf seine Beköstigung erstreckt. Dabei wird zumeist ausdrücklich vermerkt, dass die Beköstigung »am gemeinschaftlichen Tisch« zu erfolgen hat, damit der Übergeber nicht an einen »Katzentisch« gesetzt oder mit minderwertiger Kost abgespeist werden kann. Ihm wird das Recht zuzubilligen sein, verlangen zu können, dass ihm das Essen – etwa bei Krankheit oder bei Streit – in seiner Wohnung verabreicht wird. Soll sich der Übergeber an den Kosten seiner Ernährung beteiligen, so empfiehlt es sich, den monatlichen Geldbetrag zu bestimmen, der anfangs bezahlt wird, mit der Maßgabe, dass er sich entsprechend verändert, wenn sich die Lebenshaltungskosten oder die Altersrenten der gesetzlichen Rentenversicherung ändern. **125**

Gelegentlich wird, wenn auch mit nachlassender Tendenz, vereinbart, dass der Übernehmer dem Übergeber unentgeltlich Lebensmittel aus dem übergebenen Betrieb, wie Milch, Butter, Eier, Gemüse, Obst, Schlachtvieh und dergleichen mehr, liefern muss (Deputat, Naturalaustrag). **126**

f) Versorgungszahlungen

Das Altersgeld der Übergeber nach dem ALG reicht häufig nicht aus, um den monatlichen finanziellen Bedarf zu decken. Entsprechend bedeutsam sind fortlaufende Geldzahlungen des Übernehmers. Derartige Versorgungszahlungen sind seit dem Jahressteuergesetz 2008 bei landwirtschaftlichen Übergaben grds. als Sonderausgaben nach § 10 Abs. 1 Nr. 1a Satz 2 Buchst. b) EStG vom Übernehmer absetzbar.[123] Versorgungsleistungen müssen **lebenslang und wiederkehrend** vereinbart sein. Steuerschädlich ist daher bspw. eine auf eine bestimmte (Mindest-) Dauer begrenzte Leistungsverpflichtung.[124] Reduzierungen der Zahlbeträge für den Fall des Todes eines von mehreren Übergebern sind demgegenüber unproblematisch. Anders als im Fall des Wohnungsrechts, das naturgemäß bei Tod des Erstversterbenden in vollem Umfang zugunsten des Überlebenden fortbestehen bleiben soll, ist eine Reduzierung von Geldleistungen bei Tod des ersten Übergebers üblich und nachvollziehbar. **127**

Bei langfristigen Zahlungsverpflichtungen sollte eine Wertsicherungsklausel vereinbart werden. Seit dem 14.09.2007 sind solche Vereinbarungen nach dem Preisklauselgesetz (PrKG) ohne Genehmigungsvorbehalt zulässig (die Beteiligten haben die Rechtmäßigkeit der vereinbarten Klausel selbst zu prüfen).[125] Mit dem Wegfall der Genehmigungspflicht wurde zugleich das Risiko einer fehlerhaften Wertsicherung auf den Vertragsgestalter verlagert – hier sind entsprechende Haftungsrisiken zu vergegenwärtigen. Die im Muster vorgesehene Regelung (dynamische und proportionale Anpassungen; Vereinbarung betrifft auf Lebenszeit des Gläubigers zu entrichtende wiederkehrende Zahlungen) ist nach § 3 Abs. 1 Nr. 1 Buchst. a) PrKG zulässig. Generell regelungsbedürftig sind die folgenden Punkte: **128**
- Bezugsgröße (i.d.R. der vom Statistischen Bundesamt jeden Monat festgestellte Verbraucherpreisindex für Deutschland);

---

123 Vgl. Staudinger/*Amann* Vorb § 759 BGB Rn. 40 ff.; MünchKomm/*Habersack* § 759 BGB Rn. 17 ff.; vgl. zu Altfällen auch BFH, Urt. v. 14.11.2001 – X R 39/98, BFHE 197, 179 ff.
124 Vgl. BFHE 176, 19 (21).
125 Vgl. zu den im Einzelnen zulässigen Klauselarten *Wirich* ZErb 2009, 229 (234); *Spiegelberger*, Unternehmensnachfolge, § 4 Rn. 85 ff.

- Voraussetzungen der Anpassung (automatische Anpassung oder schriftliche Geltendmachung; gerade innerhalb von Familien ist m.E. die automatische Anpassung zur Vermeidung von Streitigkeiten sinnvoll);
- Anpassung für die Zukunft oder auch für abgelaufene Zeiträume;
- Vererblichkeit von Rückständen;
- Festlegung gewisser Toleranzschwellen, die vor einer Anpassung überschritten sein müssen (hier: 10 %);
- Festlegung von Mindestabständen für Anpassungsverlangen.[126]

129 Obgleich seit dem Jahressteuergesetz 2008 aus steuerlichen Gründen (Voraussetzung der Anerkennung einer dauernden Last) nicht mehr erforderlich, empfiehlt sich eine Anpassungsmöglichkeit nach § 239 FamFG und § 323a ZPO analog[127] weiterhin, um damit adäquat auf künftige Änderungen der wirtschaftlichen Situation der Beteiligten (im Gegensatz zur mit Wertsicherungsklauseln regelbaren Veränderungen der gesamtwirtschaftlichen Lage) reagieren zu können. Der dabei festzulegende **Anpassungsmaßstab** sollte Veränderungen sowohl aufseiten des Übernehmers als auch aufseiten des Übergebers berücksichtigen.[128] Die Rechtsprechung[129] gibt dabei einen gewissen Anpassungskorridor vor, der für spätere Erhöhungen der Versorgungsleistungen durch die Ertragskraft des übergebenen Vermögens (hier: des Hofs) z.Zt. der Übergabe im Zeitpunkt der ursprünglichen Vermögensübertragung begrenzt ist. Darüber liegende – freiwillige – Zahlungen, geleistet etwa angesichts eines erhöhten Versorgungsbedürfnisses des Übergebers, sind als steuerneutrale Unterhaltsleistungen, § 12 Nr. 2 EStG, zu werten.[130]

130 Als Reallast eintragungsfähig ist die Anpassungsvereinbarung regelmäßig nicht, da der Anpassungsmaßstab kaum dem sachenrechtlichen Bestimmbarkeitsgrundsatz entsprechen wird:[131] Nach dem OLG Oldenburg und dem BayObLG[132] wären dazu genaue Angaben über die Einkunfts- und Vermögensverhältnisse der Beteiligten z.Zt. der Übergabe erforderlich, was diese regelmäßig ablehnen.

g) Vereinbarung von Nachabfindungen

131 Es wäre den weichenden Erben angesichts vergleichsweise geringer Abfindungsleistungen schwer zu vermitteln, könnte der Übernehmer den Hof nach erfolgter Übergabe ohne Einschränkungen in Einzelteilen kommerzialisieren. § 2312 BGB regelt diesen Fall nicht bzw. nur unzureichend; für den BGH[133] gibt es »nach dem Gesetzeswortlaut und nach allgemeiner Auffassung keine Nachabfindungen«; Abweichungen lässt er lediglich situativ und in Ausnahmesituationen zu.[134] Vertragliche Regelungen sind daher schon zur Konfliktvermeidung zu empfehlen.

132 Im Anwendungsbereich der **HöfeO** sieht deren § 13 einen **gesetzlichen Anspruch** der weichenden Erben vor:[135] Veräußert demnach der Übernehmer den Hof als Ganzes, ein-

---

126 Dazu im Einzelnen *Reul* MittBayNot 2007, 445 ff.; *Krauß*, Vermögensnachfolge, Rn. 1763 ff.
127 § 323a ZPO regelt die Anpassung von wiederkehrenden Leistungen, die keine Unterhaltsansprüche sind, in vollstreckbaren Urkunden, § 239 FamFG hingegen die Anpassung von in vollstreckbaren Urkunden enthaltenen Unterhaltstiteln.
128 Die Anpassung darf aber den Übernehmer nicht sehenden Auges überfordern; das Muster sieht daher einen Ausschluss des Falles der Heimunterbringung vor.
129 BFH, Urt. v. 13.12.2005 – X R 61/01, BStBl. II 2008, S. 16.
130 Zum Ganzen *Seitz* DStR 2010, 629 (634); die Finanzverwaltung geht über diese Beschränkungen hinsichtlich nachträglicher Änderungen sogar noch hinaus, vgl. BMF v. 11.03.2010 – IV C 3 – S 2221/09/10004, abgedruckt in DStR 2010, 545 ff.
131 A.A. *Spiegelberger* § 4 Rn. 5; Staudinger/*Amann* § 1105 BGB Rn. 12.
132 OLG Oldenburg, NJW-RR 1990, 1174; BayObLG, RPfleger 1993, 485.
133 BGHZ 98, 382 (388).
134 Dazu MünchKomm/*Lange*, § 2312 BGB Rn. 19 ff. m.w.N.
135 Ausführlich *Führ*, RNotZ 2012, 303.

zelne Grundstücke oder wesentliche Teile des Hofzubehörs binnen 20 Jahren ab Übertragung, gibt er die Bewirtschaftung des Hofes binnen dieser Frist auf oder erzielt er aus nicht land- oder forstwirtschaftlicher Nutzung des Hofes erhebliche Gewinne (Umnutzung des Hofes in ein Ferienhotel mit Ponyzucht, Verpachtung von Gelände für Windenergieanlagen[136] etc.), haben die weichenden Erben[137] unter bestimmten Voraussetzungen[138] Anspruch auf Auszahlung einer Nachabfindung (in Ergänzung ihrer nach § 12 HöfeO erhaltenen Abfindung).[139]

Eine **vertragliche Regelung**, die im Anwendungsbereich des BGB-Landguterbrechts die Regelung des § 13 HöfeO nachbildet, sollte sich zu Voraussetzungen, insb. auch zu Ausnahmen, sowie zu Umfang und Sicherung der Nachabfindungsverpflichtung äußern. Ebenso möglich sind i.R.d. HöfeO Modifikationen des doch sehr statisch geratenen § 13 HöfeO (insb. bzgl. dessen Abs. 4, der den Bedürfnissen einer dynamischen Entwicklung in der Landwirtschaft kaum mehr entspricht). **133**

Zur **Vermeidung von Manipulationen** sollte jede Art der Veräußerung (entgeltlich oder unentgeltlich) von übertragenem Grundbesitz bzw. von Substituten erfasst werden. Bei unentgeltlicher Übertragung empfiehlt es sich, zur Berechnung den – im Dissensfall von einem Schiedsgutachter zu ermittelnden – Verkehrswert mit einem gewissen Abschlag heranzuziehen. Zudem sollte eine Bagatellgrenze vorgesehen sein, um insb. Fälle wie bloße Straßengrundabtretungen u.ä. nicht zu erfassen. Sinnvoll erscheint auch die im Muster vorgesehene, der Regelung des § 2325 Abs. 3 Satz 1 BGB nachempfundene Abschmelzung des auszukehrenden Veräußerungserlöses. **134**

Wichtig ist zudem die **Regelung von Ausnahmen**, um dem Übernehmer sowohl eine ordnungsgemäße Führung des landwirtschaftlichen Betriebs zu ermöglichen (z.B. Ausnahme für die Reinvestition des Veräußerungserlöses in den Hof und beim Tausch landwirtschaftlicher Grundstücke), als auch ihn bei bestimmten (nachvollziehbaren) Übertragungen im persönlichen Bereich nicht zu belasten. **135**

Die **dingliche Sicherung** der Ansprüche (Sicherungs- bzw. Höchstbetragshypothek sowie vinkulierte Sicherungsgrundschuld, §§ 1190 ff., 399 BGB) wird häufig gewünscht; zum jeweiligen Sicherungsgegenstand gelten die Ausführungen zu Ziffer III. Nr. 10. Schwierigkeiten macht die Bezifferung des abstrakt anzuerkennenden Betrages (Bestimmtheitsgebot). Hier sollten, soweit Anhaltspunkte über den Wert der ggf. veräußerbaren Grundstücke bestehen, Schätzwerte eingesetzt werden. **136**

Steuerlich gelten die Ausführungen zu Abfindungen entsprechend: Nachabfindungen stellen außerhalb des Geltungsbereichs der HöfeO und der Anerbengesetze mit Eintritt der aufschiebenden Bedingung der Nachveräußerung beim Übernehmer Anschaffungskosten dar (sofern der weichende Erbe, wie im Muster, einen aufschiebend bedingten, unmittelbaren Zahlungsanspruch erhält[140]). Für den Übergeber handelt es sich um Veräußerungsgewinne damit nachträgliche Einkünfte aus Land- und Forstwirtschaft, § 24 Nr. 2 EStG, auf die die Privilegierung des § 34 EStG nicht anwendbar ist. **137**

Vor Auszahlung der Nachabfindung an die weichenden Erben können nach herrschender Meinung vom Bruttoerlös die darauf als Entnahmegewinn entfallenden (tatsächlich **138**

---

136 Vgl. BGH, Beschl. v. 24.04.2009 – BLW 21/08, BGHZ 180, 285.
137 Zur Frage der (nicht zulässigen) analogen Anwendung auf Ehegatten des Übergebers vgl. OLG Celle, Beschl. v. 16.06.2008 – 7 W 109/07, RdL 2009, 49.
138 Dazu *Wöhrmann*, Landwirtschaftserbrecht, § 13 HöfeO Rn. 19 ff.
139 Zu Verjährungsfragen infolge der Erbrechtsreform zum 01.01.2010 s. *Graß*, ZEV 2012, 129.
140 Ansonsten mindert sich nachträglich der Wert des übertragenen Gutes, vgl. *Krauß*, Vermögensnachfolge, Rn. 5317 ff. m.w.N.

gezahlten bzw. zu zahlenden[141]) Einkommensteuern des Übernehmers abgezogen werden (sie gehören zu den abzugsfähigen öffentlichen Abgaben i.S.d. § 13 Abs. 5 Satz 1 HöfeO).[142]

h) Gutsabstandsgelder

139 Statt einer Rente oder zusätzlich dazu werden im Einzelfall auch einmalige Geldleistungen des Übernehmers an den Übergeber vereinbart, die entweder sofort oder nach Abruf in Teilen fällig werden (sog. Abstandsgeld). Damit soll ein bereits erkennbarer Geldbedarf des Übergebers (etwa für die Beschaffung einer Wohnung oder eines Kfz) oder ein in Zukunft entstehender zusätzlicher Bedarf (bei Krankheit, für die Ausstattung anderer Kinder etc.) abgedeckt werden. Oft will der Übergeber auch nur das Gefühl erhöhter Sicherheit gegen die Wechselfälle des Lebens haben oder bei Stundung der Zahlung den Übernehmer mit der Möglichkeit der Geltendmachung dieser Forderung zu Wohlverhalten veranlassen können.

140 Eine solche Vereinbarung ist zwar zivilrechtlich weitgehend problemlos, verlangt allerdings eine genaue Prüfung der steuerlichen Folgen für Übergeber und Übernehmer: Wie bei Abfindungen und Nachabfindungen kann es sich bei Abstandszahlungen an den Übergeber um Anschaffungskosten des Übernehmers bzw. um Veräußerungserlöse des Übergebers handeln.[143]

i) Altenteil

aa) Grundlagen

141 Nach Art. 96 EGBGB sind die landesgesetzlichen Vorschriften über einen mit der Überlassung eines Grundstücks in Verbindung stehenden Leibgedings-, Leibzuchts-, Altenteils- oder Auszugsvertrag von der Einführung des BGB unberührt geblieben, soweit sie das sich aus dem Vertrag ergebende Schuldverhältnis mangels individuell getroffener Vereinbarungen regeln. Von dieser Möglichkeit haben alle alten Bundesländer, Hamburg ausgenommen, und von den neuen Bundesländern Thüringen Gebrauch gemacht. Wer vertragliche Vereinbarungen im Zusammenhang mit der Übertragung einer landwirtschaftlichen Besitzung als Altenteil i.t.S. zu regeln oder ein Altenteil in einer Verfügung von Todes vorzusehen gedenkt, sollte das einschlägige Landesrecht kennen, welches ggf. das gesetzliche Leistungsstörungsrecht modifiziert und Wertersatz für nicht ausgeübte Nutzungsrechte anordnet (letzteres ermöglicht den Zugriff des Sozialhilfeträgers).

142 Der Begriff Altenteil findet sich in manchen Vorschriften, so in § 14 Abs. 2 HöfeO, § 49 GBO, § 850b ZPO; § 23 Nr. 2 Buchst. b) GVG und § 9 EGZVG. Eine Legaldefinition des Altenteils findet sich indes nirgends. Gemeinhin wird das Altenteil als Inbegriff von Nutzungen und Leistungsansprüchen des Berechtigten verstanden, die dessen langfristiger persönlicher Versorgung dienen und die als Gegenleistung für die Übertragung einer die Existenz des Verpflichteten zumindest teilweise begründenden und das Altenteil speisenden Wirtschaftseinheit zugesagt werden.[144] Das Altenteil umfasst nach seinem Grundgedanken die vollständige Versorgung und Betreuung des Altenteilers, der in früheren Zeiten in der Regel über keine Rente und häufig auch über kein nennenswertes Vermögen verfügte. So umfasst das klassische Altenteil die Verpflichtung des Übernehmers, dem Altenteiler Wohnung zu gewähren, die Betriebskosten der Wohnung zu tragen, für ihn zu kochen,

---

141 Vgl. BGH, Beschl. v. 13.10.2010 – BLw 4/10, AgrarR 2011, 313.
142 BGH, Beschl. v. 13.10.2010 – BLw 4/10, AgrarR 2011, 313; OLG Oldenburg, Urt. v. 23.03.2006 – 10 W 33/04, OLG-Report 2007, 74 ff.; Faßbender/Hötzel/v. Jeinsen/Pikalo/*Pikalo* § 13 HöfeO Rn. 39; *Dehne* AgrarR 1997, 352 (354); a.A. *Wöhrmann*, Landwirtschaftserbrecht, § 13 HöfeO Rn. 122.
143 BFH GrS v. 05.07.1990, 4-6/89, BStBl. II 1990, S. 847.
144 Vgl. BGH 125, 69 (72 f.); BayObLG, RPfleger 1975, 314; Palandt/*Bassenge*, Art. 96 EGBGB Rn. 2; Schöner/Stöber, Rn. 1323; Meikel/*Morvilius*, GBO, Einl B Rn. 562 ff.

zu waschen, zu putzen, ihn zu kleiden, seine Bekleidung auszubessern, ihm Nahrungsmittel aus der Produktion des Betriebes zu stellen, Krankheitskosten zu übernehmen, ihn mit dem Kfz zu Ärzten, zur Apotheke, zur Kirche, zum Friedhof und zu Stätten der Geselligkeit zu bringen, ein Taschengeld zu zahlen, in alten, kranken, gebrechlichen und siechen Tagen zu waschen, zu betten und zu pflegen, im Grunde genommen alles das zu tun, was Eltern für ihre unmündigen Kinder auch ohne Vertrag tun bzw. zu tun haben.

Über dieses Modell ist die Zeit hinweggegangen: die Altenteiler sind wirtschaftlich selbstständiger geworden; sie verspüren zunehmend den Hang zu mehr Unabhängigkeit; sie erfahren, dass die Pflege und Betreuung eines alten und gebrechlichen Menschen die Übernehmer angesichts eines allgemein festzustellenden Einstellungswandels nachhaltig belastet (eine Gesellschaft, die immer weniger Kinder zulässt, verliert Verständnis und Sensibilität für den existenziellen Generationenvertrag). Vom klassischen Altenteil sind in den Übertragungsverträgen der Gegenwart weitgehend nur das Wohnungsrecht und die Verpflichtung zur Leistung wiederkehrender Zahlungen übriggeblieben. Dieses »Leistungsbündel« stellt jedoch kein Altenteil dar. 143

[Nicht belegt] 144

bb) Muster

Pflegeverpflichtung im Übergabevertrag

Aus Anlass der Hofübergabe/Landgutübergabe gewährt der Übernehmer seinen Eltern, im Folgenden »die Altenteiler« oder »die Übergeber« genannt, das folgende Altenteil. 145 M
1. Wiederkehrende Versorgungsleistung
(Verwende das Muster Rdn. 174 M, dort Abschnitt II.1, die Eintragungsbewilligung Reallast inbegriffen)
2. Wohnungsrecht
(Verwende das Muster Rdn. 174 M, dort Abschnitt II.4, die Eintragungsbewilligung inbegriffen, jedoch ohne Regelung zur Kosten- und Lastenverteilung)
3. Reallast 1
Den jeweiligen Grundstückeigentümer trifft der gesamte, die Wohnung und ihre technischen Einrichtungen betreffende Instandhaltungs-, Instandsetzungs- und Erneuerungsaufwand, die regelmäßige Vornahme von Schönheitsreparaturen inbegriffen. Darüber hinaus trägt der jeweilige Eigentümer alle mit der Ausübung des Wohnungsrechtes unmittelbar und mittelbar verbundene Betriebskosten, die Kosten eines Telefons mit Festnetzanschluss (Grundgebühr, Gesprächskosten) inbegriffen.
Eintragungsbewilligung
Zur Sicherung dieses Rechts bewilligt der Übernehmer die Eintragung einer Reallast zu Lasten des Grundstücks ..... in das Grundbuch mit dem Vermerk, dass zur Löschung der Reallast dermaleinst der Nachweis des Todes des Berechtigten genügt.
4. Reallast 2
Für den Fall, dass das dem Wohnungsrecht unterliegende Gebäude zerstört oder die Wohnung aus einem anderen Grund ihre Verwendbarkeit für Wohnzwecke verliert, gewährt der Übernehmer den Altenteilern als Gesamtberechtigten nach § 428 BGB ein den zuvor zu 2. und zu 3. getroffenen Vereinbarungen entsprechendes Wohnungsrecht auf dem zuvor mit dem Wohnungsrecht belasteten Grundstück.
Eintragungsbewilligung
Zur Sicherung dieses Rechts bewilligt der Übernehmer die Eintragung einer Reallast zu Lasten des Grundstücks ..... in das Grundbuch mit dem Vermerk, dass zur Löschung der Reallast dermaleinst der Nachweis des Todes des Berechtigten genügt.

Fackelmann

5. Wart und Pflege
Der Übernehmer hat dem Übergeber (nachstehend insoweit auch »Berechtigter« genannt) bei Krankheit und Gebrechlichkeit folgende Wart- und Pflegeleistungen zu erbringen:

Soweit der Berechtigte hierzu nicht mehr selbst in der Lage ist, hat der Übernehmer persönlich oder durch Angehörige auf Verlangen dem Berechtigten unentgeltlich den Haushalt zu führen (insbesondere Wohnungsreinigung und Wäschewaschen).

Soweit der Übernehmer selbst oder durch Angehörige – insbesondere also ohne Inanspruchnahme von Pflegekräften – dazu in der Lage ist, hat er bei Krankheit und Gebrechlichkeit des Berechtigten dessen häusliche Pflege zu übernehmen (Grundpflege, also Dienste in den Bereichen Körperpflege, Ernährung und Mobilität). Dauerpflege ist nur in dem Umfang zu erbringen, der mit den notwendigen hauswirtschaftlichen Verrichtungen nach dem Urteil des Hausarztes des Veräußerers dem Umfang entspricht, der zum Erreichen des Pflegegrades 2 erforderlich ist.

Die vorgenannten Verpflichtungen ruhen jedoch vollständig und ersatzlos, solange und soweit ihre Erfüllung dem Übernehmer unter Berücksichtigung seiner beruflichen und familiären Verhältnisse, insbesondere der Betreuungsbedürfnisse seiner Kinder, und nach seinen Fähigkeiten, Kenntnissen und seiner Ausbildung zur Wart und Pflege unzumutbar ist.

Die vorgenannten Verpflichtungen ruhen für einen Berechtigten zudem in der Zeit, in der er sich nicht im Anwesen aufhält, insbesondere infolge Übersiedlung in ein Alten- oder Pflegeheim. Sie ruhen auch insoweit, als er Pflegesachleistungen im Rahmen gesetzlicher Ansprüche (z.B. häusliche Pflegehilfe oder Krankenpflege, Haushaltshilfe) erbracht werden.

Soweit der Übergeber künftig aufgrund seiner Pflegebedürftigkeit Geldleistungen nach den gesetzlichen Vorschriften oder aus Versicherungsverträgen erhält, kann die Übernahme der Pflegeleistungen, welche die Geldleistungen abdecken sollen, von der Abtretung bzw. Weiterleitung der entsprechenden Ansprüche bzw. Zahlungen an den Übernehmer abhängig gemacht werden. Die entsprechenden Anträge auf Erhalt der gesetzlichen Pflegeleistungen sind vom Antragsberechtigten zu stellen.

Krankheitskosten (insbesondere Heilmittel, Arztkosten etc.) hat der Übergeber nicht zu übernehmen. Insbesondere trägt der Übernehmer nicht einen eventuellen Mehrbedarf des Berechtigten infolge Übersiedlung in ein Alten- oder Pflegeheim.

Die Verpflichtung des Übernehmers ist höchstpersönlich und nicht vererblich, besteht jedoch auch bei Verlust des Eigentums am übergebenen Betrieb fort. Er darf sich zur Erfüllung jedoch auch seiner Angehörigen und externer Pflegekräfte bedienen, ohne dass der Berechtigte darauf einen Anspruch hat und ohne dass die Zumutbarkeitsgrenze dadurch geändert wird.

Die Übergeber und Berechtigter sind sich darüber einig, dass die vorstehend eingeräumten Rechte in ihrer Ausübung für den Berechtigten ersatzlos ruhen, sobald er sich stationär in ein Krankenhaus oder Pflegeheim begibt. Kehrt der Berechtigte zurück, leben die Rechte uneingeschränkt wieder auf.

Soweit Wart- und Pflegerechte ruhen, sind Ersatzansprüche [gemäß landesrechtlicher Norm, z.B. Art. 18 ff. BayAGBGB oder anderen Rechtsgründen] ausgeschlossen.

6. Beerdigung und Grabpflege
Der Übernehmer hat dem Letztversterbenden der Altenteiler auf seine Kosten eine würdige und angemessene klassische Beerdigung auszurichten, wozu Druck und Versand der Todesanzeige, die Veröffentlichung in den Dürener Nachrichten und der Dürener Zeitung, Druck und Verteilung eines dezenten Totenzettels, feierliches Messopfer in St. Anna und im Anschluss daran eine anständige Bewirtung der Trauergäste im »Schorsch Stollenwerk« gehören. Daneben muss der Übernehmer auf seine Kosten die Grabstelle herrichten, die Grabsteininschrift ergänzen, das Grab nach Einebnung

des Grabhügels bepflanzen und das Grab während der Ruhezeit regelmäßig pflegen, zu den ortsüblichen Zeiten mit frischen Blumen und Grablichtern ausschmücken und in einem allzeit würdigen Zustand halten. Dem Übernehmer stehen dieserhalb alle Leistungen aus der Sterbeversicherung zu. Sollte der Längerlebende der Altenteiler die Beerdigung des Erstversterbenden nicht ausrichten können, hat der Übernehmer die zuvor für den Tod des Längerlebenden vereinbarten Verpflichtungen auch für den Erstversterbenden der Altenteiler zu leisten. Die Kosten gehen in diesem Fall jedoch zu Lasten des Längerlebenden der Altenteiler.
7. Gesamteintragungsbewilligung
Die Beteiligten bewilligen, in das Grundbuch einzutragen:
– zu Lasten des Grundstücks der Gemarkung Birkesdorf Flur 1 Nr. 18 das Wohnungsrecht und die Reallasten 1 und 2, [ergänzen: Rangbestimmung]
– zu Lasten aller übertragenen Grundstücke zur Sicherung der Ansprüche aus den Vereinbarungen zu Nrn. 1 und 5 (nicht auch 6) eine Reallast, [ergänzen: Rangbestimmung]
alle Rechte gemäß § 49 GBO unter Zusammenfassung als Altenteil für die Eheleute ….. als Gesamtberechtigte nach § 428 BGB mit dem Vermerk, dass zur Löschung des Rechts dermaleinst der Nachweis des Todes der Berechtigten genügen soll.
Der Jahreswert des Wohnungsrechtes und der Reallast 2 beträgt jeweils 6.000 €, der der Reallast 1 12.000 €.

cc) Weitere gesetzliche Regelungen

Soweit im Übergabevertrag keine abweichenden Vereinbarungen getroffen werden, gelten bei einem Altenteil die folgenden gesetzlichen Regelungen, die im Wesentlichen in allen Bundesländern übereinstimmen: **146**

(1) Der Übergeber hat einen Anspruch auf dingliche Sicherung durch Wohnungsrecht und Reallast. **147**

(2) Auf die Geldrente finden die Vorschriften der §§ 759, 760 BGB Anwendung. Danach besteht die Zahlungspflicht bis zum Tode der Berechtigten. Im Zweifel ist der bestimmte Betrag der Jahresbetrag. Die Rente ist im Voraus zu entrichten, und zwar jeweils für 3 Monate (in Baden-Württemberg, Rheinland-Pfalz, Niedersachsen und Schleswig-Holstein für 1 Monat). Stirbt der Berechtigte, so ist der auf die Zeit danach entfallende Teil der Rente des letzten Zeitabschnitts nicht zu erstatten. **148**

(3) Naturalleistungen sind in mittlerer Art und Güte, wie sie auf dem Betrieb bei ordnungsgemäßer Bewirtschaftung zu erzielen wären, zur Verfügung zu stellen. **149**

(4) Die auf den dem Übergeber belassenen Teil des Betriebes entfallenden Lasten sind vom Übernehmer zu tragen. **150**

(5) Die Wohnung des Übergebers ist vom Übernehmer in Ordnung zu halten und bei Zerstörung wiederaufzubauen. In der Zwischenzeit ist dem Übergeber eine angemessene Ersatzwohnung zur Verfügung zu stellen. Insoweit ist das Altenteilerwohnungsrecht abweichend vom Wohnungsrecht des BGB (§ 1093) geregelt. **151**

(6) Das Wohnungsrecht umfasst das Recht, Familienmitglieder und Bedienungspersonal unterzubringen. Ist lediglich die Mitbenutzung der Wohnung gestattet, so gilt dies nicht für Familienmitglieder, die bereits aus dem Haushalt des Berechtigten ausgeschieden waren **152**

oder die erst später durch Heirat, Ehelicherklärung oder Annahme an Kindes Statt dazukommen.

153 (7) Bei Leistungsstörung sind die gesetzlichen Rücktrittsrechte des Übergebers und das Rückforderungsrecht bei Nichtvollziehung der Auflage (§ 527 BGB) ausgeschlossen (so in Bayern, Nordrhein-Westfalen, Niedersachsen und Schleswig-Holstein) oder eingeschränkt (so in Baden-Württemberg, Hessen und Rheinland-Pfalz).

154 (8) Macht der Übernehmer es dem Übergeber unzumutbar, weiter in dem Anwesen zu wohnen, so hat er ihm die Kosten einer angemessenen Ersatzwohnung zu erstatten und Schadensersatz zu leisten, auf Verlangen des Übergebers statt dessen Entschädigung in Geld.

155 (9) Macht der Übergeber es dem Übernehmer unzumutbar, weiter zusammenzuleben, so kann der Übernehmer ihm die Wohnung mit einer angemessenen Frist kündigen. Der Übernehmer hat dann i.H.d. Gebrauchsvorteils der frei werdenden Wohnung dem Übergeber eine Geldrente zu zahlen. Dasselbe gilt, wenn der Übergeber ohne Schuld des Übernehmers genötigt ist, die Wohnung zu verlassen.

156 (10) Beim Tod eines von mehreren Berechtigten ermäßigen sich die teilbaren Leistungen um dessen Kopfteil (in Niedersachsen und Schleswig-Holstein auf 60 %, in Baden-Württemberg auf 70 %). Das Wohnungsrecht verringert sich seinem Umfang nach nur bei größeren und teilbaren Wohnungen (in Niedersachsen und Schleswig-Holstein auch dann nicht).

4. Sonstiges

157 Oft wird für den Fall, dass der Übernehmer die übernommenen Pflichten zur Pflege und Betreuung des Übergebers beharrlich nicht erfüllt oder sonst erheblich und nachhaltig gegen den Geist des Vertrages verstößt,[145] dem Übergeber das Recht zum Rücktritt eingeräumt. Rücktrittsrechte werden gern auch für den Fall abredewidriger Belastung oder Veräußerung, Vereinbarung von ehelicher Gütergemeinschaft, Vermögensverfall, Misswirtschaft, Scheidung und Vorversterben vereinbArt. Werden auch dem Ehegatten des Übergebers für den Fall, dass er den Übergeber überlebt, den Rücktrittsrechten des Übergebers vergleichbare Rechte eingeräumt, was naheliegt und üblich ist, sollte der Fall der Scheidung der Ehe des Übergebers nicht vergessen werden. In aller Regel ist der Übergeber nicht daran interessiert, dass sein von ihm geschiedener Ehegatte nach seinem Tod dieselben Rechte hinsichtlich des übergebenen Betriebes behält, wie der Übergeber sie hatte (z.B. das Recht, bei Eintritt bestimmter Umstände die »Rückübereignung« des Betriebes verlangen zu können).

158 Hinsichtlich der dinglichen Sicherung des Rückübertragungsrechts ist die Problematik der Wiederaufladung von Vormerkungen zu berücksichtigen, die sich allerdings durch die jüngste Rechtsprechung des BGH hinsichtlich Übergabeverträgen praktisch erledigt hat.[146] Der im Muster vorgesehene Formulierungsvorschlag sieht unabhängig davon hinsichtlich der Löschung der Vormerkung eine Vollmachtslösung vor. Alternativ ließe sich die Vormerkung auch mit einer Befristung versehen, allerdings nicht aber auf den Tod, sondern auf einen Zeitpunkt ca. ein halbes bis ein Jahr nach dem Tod des Übergebers. Der Erbe des Übergebers hätte dann bis zu diesem Zeitpunkt Gelegenheit, den Vollzug der Rückauflassung durchzuführen.[147]

159 Erhält der Übernehmer den Betrieb gegen Leistungen, die beträchtlich unter seinem Verkehrswert liegen – was meist angezeigt ist, um den Erhalt des Betriebes nicht zu gefähr-

---

145 Zur Zulässigkeit einer solchen Regelung s. OLG Düsseldorf RNotZ 2010, 197 ff.
146 BGH, Beschl. v. 03.05.2012 – V ZB 258/11, NJW 2012, 2032.
147 Zu verbleibenden Schutzlücken in dieser Gestaltung vgl. *Heggen*, RNotZ 2011, 329, 331.

den –, erscheint es den Beteiligten in der Regel gerechtfertigt, dem Übernehmer zusätzliche Zahlungen an den Übergeber oder bzw. an die weichenden Erben für den Fall aufzuerlegen, dass er den Betrieb innerhalb eines bestimmten Zeitraumes versilbert (gesetzliches Vorbild: § 13 HöfeO,[148] Ergänzung der Abfindung wegen Wegfall des höferechtlichen Zwecks und § 17 GrstVG, Abfindungsergänzung). Ist der Übernehmer noch nicht verheiratet oder hat er noch keinen leiblichen Abkömmling, geht das Interesse des Übergebers häufig dahin, sicherzustellen, dass der Betrieb desungeachtet in der Familie bleibt. Es wird alsdann für den Fall, dass der Übernehmer ohne Hinterlassung leiblicher Abkömmlinge stirbt, der Rückfall des Betriebes an die Sippe vereinbart (Schoßfall). Dies Ergebnis kann durch eine bedingte, rechtsgeschäftliche Übereignungspflicht der Erben des Übernehmers an bestimmte oder bestimmbare Verwandte oder durch einen Erbvertrag erreicht werden, in dem der Übernehmer die Erbfolge in den Betrieb regelt und der Übergeber die entsprechenden Verfügungen als vertragsmäßige annimmt. Der Erbvertrag wird in diesen Fällen regelmäßig in einer gesonderten Urkunde niedergelegt, um die Behandlung des oft umfangreichen Übergabevertrages als Erbvertrag zu vermeiden (Sonderverwahrung, Abgabe an das Nachlassgericht, Eröffnung).

Regelt man den Schoßfall durch einen Erbvertrag, so ist zu berücksichtigen, dass der Übernehmer durch Vereinbarung der Gütergemeinschaft, insbesondere der fortgesetzten Gütergemeinschaft, den ihn überlebenden »eingeheirateten« Ehegatten in der Lage versetzt, die Interessen der Vertragserben, d.h. der übrigen Abkömmlinge des Übergebers bzw. der anderen Stämme des Übergebers an der Erhaltung des Vermögens in der Sippe zu beeinträchtigen. Bei der Lösung des Problems kinderloser Übernehmer durch einen Erbvertrag sind daher zusätzliche Sicherungen ratsam. Die Rechte der sippeangehörigen Vertragserben wären sonst auf die Ansprüche aus §§ 2287, 2288 BGB beschränkt. Auch wenn der überlebende Ehegatte nicht einfach die Ehegattenhofeigenschaft wieder einführen kann,[149] so dürfte er nicht gehindert sein, durch Rechtsgeschäft unter Lebenden den zweiten Ehegatten zum (Mit-)Eigentümer zu machen und den Anfall des gebundenen übrigen Vermögens u.U. bis zum Tode des zweiten Ehegatten hinauszuschieben. **160**

Erfolgt die Übertragung, wie meist, innerhalb der Familie, gilt es, das gesetzliche Erb- und Pflichtteilsrecht im Auge zu behalten. So sollte geregelt werden, welche erbrechtlichen Ansprüche dem Übernehmer am Nachlass des Übergebers und dessen Ehegatten künftig noch zustehen sollen. Häufig werden sich Eltern dasjenige Vermögen, welches ihnen nach der Übertragung verblieben ist, gegenseitig vererben wollen. In diesen Fällen liegt es nahe, den Übernehmer auf den Pflichtteil nach dem erstversterbenden Elternteil verzichten zu lassen. Sind die Beteiligten der Auffassung, dass der Übernehmer mit Erhalt des Betriebes erbrechtlich vollständig abgefunden ist, sollte der Übernehmer auch auf den Pflichtteil nach dem Längstlebenden der Eltern verzichten. Der Pflichtteilsverzicht ist jedoch nur dann ausreichend, wenn die Eltern die Erbfolge nach dem Längerlebenden von ihnen durch eine sachgerechte Verfügung von Todes wegen regeln. Ist dies nicht sichergestellt, sollte der Übernehmer auf sein Erbrecht nach dem Längerlebenden seiner Eltern verzichten.[150] Bei der Vereinbarung von Pflichtteilsverzichten sollte jedoch allen Beteiligten bewusst sein, dass sie damit ein probates Gestaltungsmittel zur späteren Reduzierung der Erbschaftsteuer aus der Hand geben. **161**

Bei erheblichem, neben dem land-/forstwirtschaftlichen Betrieb des Übergebers vorhandenen Vermögen kann es sachgerecht sein, für den ersten Erbfall an Stelle des Pflichtteilsverzichts zu vereinbaren, dass sich der Übernehmer die Zuwendung auf den Pflichtteil **162**

---

148 Hierzu ausführlich *Führ*, RNotZ 2012, 303 ff.
149 Fraglich, vgl. aber BGH AgrarR 1976, 9.
150 Wegen der mit einem Erbverzicht einhergehenden Änderung der Erb- und Pflichtteilsquote, §§ 2346 Abs. 1 Satz 2, 2310 Satz 2 BGB, ist der Pflichtteilsverzicht als Gestaltungsmittel dem Erbverzicht regelmäßig vorzuziehen.

anrechnen lassen muss. Wenngleich nicht erforderlich (s. Wortlaut des § 2315 BGB), sollte ggf. auch die Nichtanrechnung in den Vertrag aufgenommen werden, beweist dies doch allen, die es angeht, dass diese Frage bedacht und bewusst entschieden worden ist. Für den zweiten Erbfall sollte bei großen Vermögen überlegt werden, den Übernehmer in der Reihe der gesetzlichen Erben zu belassen und ihm die Ausgleichungspflicht nach § 2050 BGB aufzuerlegen. Bei der Anordnung von Ausgleichungspflichten zu berücksichtigen ist, dass es eine Ausgleichung nur unter Abkömmlingen gibt, die als gesetzliche Erben zur Erbfolge gelangen oder die zwar zu gewillkürten Erben berufen sind, hierbei aber entweder zu denjenigen Erbteilen, die ihren gesetzlichen Erbteilen entsprechen, eingesetzt oder auf dasjenige gesetzt sind, was sie als gesetzliche Erben erhalten würden, § 2052 BGB (Auslegungsregel).

163   Die nachträgliche Vereinbarung der Anrechnung einer Zuwendung auf den Pflichtteil oder der Ausgleichungspflicht ist den Vertragsbeteiligten einvernehmlich jederzeit möglich. Will der Übergeber derartiges jedoch nachträglich durch einseitige Verfügung anordnen, ist dies nur durch entsprechende Vorausvermächtnisse möglich, die der Übergeber seinen anderen Abkömmlingen von Todes wegen aussetzt. Hierdurch erreicht er jedoch nicht dasselbe wie mit einer vertraglich vereinbarten Ausgleichungspflicht, weil er den Pflichtteilsanspruch des Übernehmers durch die Vorausvermächtnisse nicht verkürzen kann, wohingegen eine vereinbarte Ausgleichungspflicht ggf. dazu führt, dass der Übernehmer vom verbliebenen Nachlass nichts mehr erhält.

164   Die Ausgleichung wird durchgeführt, indem die Zuwendung dem Nachlass zugerechnet und bei der Verteilung des Nachlasses dem Übernehmer als Vorempfang auf dessen Erbteil angerechnet wird (§ 2055 BGB). Der Wert der Zuwendung bestimmt sich dabei nach der Zeit, zu der die Zuwendung gemacht wurde. Zwischenzeitliche Wertsteigerungen werden also von Gesetzes wegen nicht angerechnet. Sollen auch zwischenzeitliche Wertsteigerungen ausgleichungspflichtig sein, was z.B. bei landwirtschaftlichen Grundstücken, die zu Bauland werden können, sachgerecht ist, muss dies ausdrücklich vereinbart werden. Hat der Übernehmer durch die Zuwendung bereits mehr erhalten, als er vom Nachlass zu verlangen hat, so braucht er den Mehrbetrag nicht herauszuzahlen (§ 2056 BGB). Allerdings kann für den Übernehmer bei einer Schenkung durch den Pflichtteilsergänzungsanspruch nach § 2325 BGB eine Herauszahlungspflicht entstehen.

165   Ist der zugewendete Gegenstand bei der Erbauseinandersetzung, insbesondere bei der Pflichtteilsberechnung, nicht mit seinem Verkehrswert, sondern mit seinem Ertragswert (beim Landgut) oder dem Hofeswert (beim Hof i.S.d. HöfeO) zu veranschlagen, so kann die Lage eintreten, dass dem Übernehmer noch Pflichtteilsansprüche zustehen, obwohl er nach dem Verkehrswert mehr erhalten hat, als ihm bei gleichmäßiger Verteilung des Nachlasses nach Verkehrswerten zugestanden hätte. Soll diese Folge ausgeschlossen werden, so bedarf es eines Pflichtteilsverzichts des Übernehmers am Nachlass des Übergebers.

166   Soweit die Zuwendung eine Schenkung ist, so wird sie, wenn der Übergeber innerhalb von 10 Jahren stirbt (§ 2325 Abs. 3 BGB), für die Pflichtteilsberechnung dem Nachlass hinzugerechnet, wobei sich die Zurechnung je Jahr seit Vollzug der Zuwendung um 10 % ihres Wertes verringert. Diese Hinzurechnung kann dazu führen, dass der Übernehmer nach dem Tod des Übergebers dessen Ehegatten Pflichtteilsergänzungszahlungen leisten muss. Auch dies kann nur durch einen Pflichtteilsverzicht, den der Ehegatte des Übergebers dem Übernehmer gegenüber abgibt, ausgeschlossen werden.

167   Pflichtteilsergänzungsansprüche können bei landwirtschaftlichen Besitzungen oft dadurch ausgeschlossen, zumindest aber verringert werden, dass für die Besitzung vor Vornahme der Übertragung die Hofeigenschaft eingeführt wird oder die Besitzung als Landgut i.S.v. §§ 2049, 2312 BGB übergeben wird. Die Hofeigenschaft führt dann freilich zu den bereits mit der Umschreibung des Eigentums entstehenden Ansprüchen der anderen

Abkömmlinge des Übergebers nach § 17 Abs. 2 i.V.m. § 12 HöfeO (die sog. Beerbung bei lebendigem Leib).

Nimmt der Übergeber die Übertragung vor, um im Scheidungsfall die Zugewinnausgleichsansprüche seines Ehegatten zu vereiteln oder zu mindern, kann es zu einer Haftung des Übernehmers für den ausgefallenen Ausgleichsanspruch kommen (§§ 1375 Abs. 2, 1390 BGB). Wenn der Übernehmer diese Folge ausschließen will, bedarf es entweder der Zustimmung seines Ehegatten zum Übergabevertrag, § 1575 Abs. 3 BGB, oder eines auf den Vorgang bezogenen Zugewinnausgleichsanspruchsverzichtsvertrages. **168**

Schließlich sollte in Übergabeverträgen, um Streitpotential für die Zukunft zu verringern, geregelt werden, dass mit der Übergabe alle in der Vergangenheit entstandenen Ansprüche des Übernehmers aus unbezahlter Arbeit im Betrieb des Übergebers oder aus Aufwendungen auf den Betrieb erfüllt und erloschen sind, und dies ggf. auch für den Fall, dass der Übergabevertrag wegen vorbehaltener Rücktrittsrechte des Übergebers rückabgewickelt wird. **169**

5. Muster

Übergabevertrag Landgut (nicht Hof i.S.d. Höfeordnung)

Verhandelt zu ..... am ..... **170 M**

Vor ..... Notar in .....
erschienen, dem Notar von Person bekannt:
A) als Übergeber:
   Adam Bauer, Landwirt, geboren am ....., wohnhaft Violengasse 3 in 52399 Merzenich;
B) als Übernehmer:
   dessen Sohn Peter Josef Bauer, Landwirt, geboren am ....., wohnhaft Violengasse 3 in 52399 Merzenich;
C) die Ehefrau des Adam Bauer und Mutter des Peter Bauer,
   Eva Maria Bauer geborene Förster, geboren am ....., wohnhaft Violengasse 3 in 52399 Merzenich.

Zunächst erklärte Adam Bauer, der Übergeber:
Ich bin Eigentümer der landwirtschaftlichen Besitzung »Violenhof« mit Hofstelle in Merzenich, Violengasse 3. Die landwirtschaftliche Besitzung ist kein Hof im Sinne der Höfeordnung, sondern ein Landgut. Die Hofeigenschaft hat die Besitzung auf Grund entsprechender Erklärung meines Vaters Egon Bauer vom 2. August 1981, UR.-Nr. ..... für ..... des beurkunden Notars, verloren; der Hofvermerk wurde am 21. August 1981 gelöscht. Ich habe das Landgut unmittelbar von meinem Vater geerbt.
Das Landgut besteht aus den im Grundbuch des Amtsgerichts Düren von Merzenich Blatt 1420 eingetragenen Grundstücken der
Gemarkung Merzenich

Flur 3 Nummer 17,	Hof- und Gebäudefläche, Violengasse 3,	groß 65,18 a,
Flur 5 Nummer 18,	Ackerland, Am Mühlenweg,	groß 9.45,74 a,
Flur 9 Nummer 36,	Grünland, Hohe Weide,	groß 6.87,25 a.

Die Grundstücke sind im Grundbuch wie folgt belastet:
Abt. II:
lfd. Nr. 2: beschränkte persönliche Dienstbarkeit für die RWE Power AG (Masten- und Leitungsrecht), lastend nur auf Merzenich Flur 9 Nr. 36;

§ 36 Veräußerung landwirtschaftlicher Grundstücke, Landgüter und Höfe

Abt. III:

lfd. Nr. 2: 125.000,– DM Briefgrundschuld nebst 15 % Zinsen p.a. seit dem 24. April 1991 und einer einmaligen Nebenleistung von 5 % des Grundschuldbetrages für die Volksbank Düren eG in Düren;

lfd. Nr. 3: 25.000,– € Briefgrundschuld nebst 15 % Zinsen p.a. seit dem 10. Juli 2004 und einer einmaligen Nebenleistung von 5 % des Grundschuldbetrages für die Volksbank Düren eG in Düren;

Die Grundschulden können derzeit nicht gelöscht werden, weil sie Betriebskredite sichern. Die Grundschulden werden daher im Folgenden von meinem Sohn Peter übernommen und stehen diesem weiterhin als Kreditsicherungsmittel, auch zur Aufnahme neuer Darlehn, zur Verfügung.
Hierauf erklärten die Erschienenen: Wir schließen folgenden

Landgutübergabevertrag

I. Übertragungsgegenstände

Adam Bauer überträgt unter Zustimmung seiner Ehefrau Eva Bauer, geborene Förster, seinem dies annehmenden Sohn Peter Bauer mit Wirkung zum Beginn des 1. Juli 2008 (= wirtschaftlicher Übergang) sein Landgut »Violenhof« mit der Hofstelle in Merzenich, Violengasse 3.

1.
Vom Übergabevertrag erfasst werden insbesondere:
a) alle in der Vorbemerkung näher beschriebenen, im Grundbuch von Merzenich Blatt 1420 eingetragenen Grundstücke mit den darauf stehenden Gebäuden, den sonstigen Bestandteilen, insbesondere der aufstehenden Saat, sowie allem Zubehör, insbesondere dem lebenden und toten Inventar, das Inventar der vom Übergeber und seiner Frau genutzten Wohnung im Erdgeschoss des Gutshauses jedoch ausgenommen,
b) die auf dem Hof lagernden und die bei der Buir-Bliesheimer Agrargenossenschaft eG in Nörvenich gelagerten, noch nicht verkauften Hoferzeugnisse,
c) alle Zahlungsansprüche,
d) die Anteile an der Molkerei in Düren,
e) die Genossenschaftsanteile an der Volksbank Düren eG,
f) die an den Hof gebundenen Brennereirechte und Braurechte, das Wasserentnahmerecht »Am Morschenicher Fließ« sowie alle Gemeindenutzungsrechte,
g) die betrieblichen Bankkonten bei der Volksbank Düren eG.

2.
Der Übergeber tritt dem Übernehmer mit Wirkung zum wirtschaftlichen Übergang die Rechte und Ansprüche aus allen bestehenden, den Betrieb betreffenden Verträgen ab, insbesondere den Dienst- und Arbeitsverträgen, den Bezugs- und Absatzverträgen, den Strom-, Gas- und Wasserlieferungsverträgen und den Versicherungsverträgen. Der Übernehmer tritt zur vollständigen Entlastung des Übergebers zum Zeitpunkt des wirtschaftlichen Übergangs in die Pflichten aus diesen Verträgen ein. Der Übernehmer wird bei den Vertragspartnern beantragen, den Übergeber aus diesen Verpflichtungen zu entlassen. Der Übernehmer wird prüfen, ob und welche Versicherungsverträge er aus Anlass der Übergabe kündigen kann; er ist berechtigt, Versicherungsverträge unter Beachtung der Kündigungsfristen nach seinem Ermessen zu kündigen.

3.
Der Übergeber tritt dem Übernehmer alle Ersatzansprüche für Altlasten und Bergschäden ab. Der Übergeber versichert, dass er diese Ansprüche in der Vergangenheit weder Dritten abgetreten noch auf diese Ansprüche verzichtet hat.
4.
Der Übergeber überträgt gemäß § 593a BGB dem Übernehmer seine Rechte und Pflichten aus folgenden Parzellenpachtverträgen:
a) bezüglich der Parzelle Merzenich Flur 3 Nummer 5 (Verpächter Karl Arnold),
b) bezüglich der Parzelle Morschenich Flur 4 Nummer 8 (Verpächter Otto Pohl).
5.
Die Beteiligten melden mit Wirkung zum wirtschaftlichen Übergang folgende Mitgliedschafts-, Bezugs- und Teilnahmerechte um:
a) beim Hauptzollamt wegen der Agrardiesel-Vergünstigung,
b) bei Post und Telefon,
c) bei der Berufsgenossenschaft, der Landwirtschaftskammer und dem Bauernverband,
d) bei der Alterskasse und der Krankenkasse.
6.
Der Übergeber ermächtigt und bevollmächtigt die Übernehmer unter Befreiung von den Beschränkungen des § 181 BGB, für ihn alle Erklärungen abzugeben, die zur Übertragung bzw. Beendigung der zuvor unter den Ziffern 2, 3 und 4 genannten und weiterer betriebsbedingten Dauerrechtsverhältnisse erforderlich oder zweckmäßig sind.
7.
Soweit zum Landgut »Violenhof« Grundstücke und Miteigentumsanteile gehören, die zuvor nicht aufgeführt sind, sind auch diese Grundstücke und Miteigentumsanteile dem Übernehmer übertragen. Die weiter unten in Abschnitt V. 1.enthaltene Auflassung erstreckt sich auch auf diese Grundstücke und Miteigentumsanteile. Der Übergeber ermächtigt und bevollmächtigt den Übernehmer unter Befreiung von den Beschränkungen des § 181 BGB, sich derart »vergessene« Grundstücke und Miteigentumsanteile aufzulassen.

II. Gegenleistungen und Auflagen

1. Versorgungsleistung 1
Peter Bauer hat seinem Vater Adam Bauer Zeit dessen ferneren Lebens zur Versorgung monatlich 2.500,- € (zweitausendfünfhundert Euro) zu zahlen. Die Zahlungen haben jeweils im Voraus am ersten Bankarbeitstag eines jeden Monats zu erfolgen, erstmals am 1. Juli 2013 für Juli 2013. Der Bemessung der Versorgungsleistung liegt die Überlegung zu Grunde, dass der Begünstigte die Einkommensteuer auf die Versorgungsleistung trägt. Ist dies nicht der Fall, ist die Höhe der Versorgungsleistung entsprechend abzuändern.
Die Versorgungsleistung ist auf Verlangen eines der Beteiligten wie folgt sich ändernden Geldwertverhältnissen anzupassen: Die Versorgungsleistung ändert sich in demselben Verhältnis nach oben wie unten, in dem sich der vom Statistischen Bundesamt in Wiesbaden oder seiner Nachfolgebehörde für die Bundesrepublik Deutschland amtlich festgestellte und veröffentlichte Verbraucherpreisindex für Deutschland in der Zeit ab dem Tag der Beurkundung ändert. Anpassungen finden jedoch nicht monatlich statt, sondern nur, wenn sich der Indexwert um wenigstens 10 % (zehn Prozent, nicht Prozentpunkte) seit dem Stand des Tages der Beurkundung bzw. seit dem Stand, der der letzten Anpassung zugrunde gelegt worden ist, verändert. Der veränderte Betrag der Versorgungsleistung ist ab Beginn des dritten Monats, der dem Monat der Über-

schreitung der Anpassungsschwelle folgt, zu leisten. Peter Bauer verpflichtet sich, die Indexentwicklung im Auge zu behalten und seinen Vater jedes Mal unverzüglich zu unterrichten, wenn der Indexwert die Anpassungsschwelle von 10 % erreicht bzw. erstmals überschritten hat. Von Adam Bauer trotz Kenntnis von der Erhöhungsmöglichkeit unterlassene Anpassungen bedeuten keinen Verzicht auf die Anpassung der Versorgungsleistung für die Zukunft, wohl aber für die Vergangenheit.
Eine Genehmigung der Wertsicherungsklausel durch das Bundesamt für Wirtschaft und Ausfuhrkontrolle in Eschborn ist seit dem 14. September 2007 weder erforderlich noch möglich. Sollte die Wertsicherungsklausel nach dem Preisklauselgesetz unwirksam sein, so soll dies auf den Vertrag im Übrigen keinen Einfluss haben. Die Beteiligten verpflichten sich für diesen Fall vielmehr, unverzüglich in notarieller Nachtragsurkunde eine Wertsicherungsklausel zu vereinbaren, die den Anforderungen des Preisklauselgesetzes genügt.
Eintragungsbewilligung 1
Zur Sicherung der wertgesicherten Versorgungsleistung bewilligen die Beteiligten die Eintragung einer dementsprechenden Reallast zu Lasten der zuvor übertragenen Grundstücke zu Gunsten des Adam Bauer in das Grundbuch mit dem Vermerk, dass zur Löschung der Reallast dermaleinst der Nachweis des Todes des Berechtigten genügen soll.
Vollstreckungsunterwerfung
Peter Bauer unterwirft sich der sofortigen Zwangsvollstreckung aus dieser Urkunde:
– wegen seiner Verpflichtung zur Zahlung der wertgesicherten Versorgungsleistung,
– wegen der Reallast,
– wegen der dem Grundstückseigentümer nach § 1108 BGB obliegenden Verpflichtung, die während der Dauer seines Eigentums fällig werdenden Leistungen auch persönlich zu bewirken.

Peter Bauer gestattet dem Notar, Adam Bauer auf entsprechenden Antrag hin jederzeit eine vollstreckbare Ausfertigung dieser Urkunde zu erteilen.
Peter Bauer verpflichtet sich zur Schaffung und Aushändigung weiterer Vollstreckungstitel, soweit sich die seinem Vater geschuldete Versorgungsleistung künftig erhöht. Die hiermit verbundenen Kosten tragen die Beteiligten zu je $1/2$ Anteil. Adam Bauer kann das Verlangen auf Schaffung weiterer Vollstreckungstitel nur stellen, wenn Peter Bauer mit einer Monatszahlung in Rückstand ist.
2. Versorgungsleistung 2
Für den Fall, dass Adam Bauer vor seiner Ehefrau Eva stirbt, hat Peter Bauer die Versorgungsleistung ab dem auf den Todesmonat seines Vaters folgenden Monat seiner Mutter Eva Bauer bis zu deren Todesmonat einschließlich zu leisten. Für diese Versorgungsleistung gelten alle zuvor in Abschnitt II.1 (Versorgungsleistung für Adam Bauer) getroffenen Vereinbarungen entsprechend. Eine Minderung der Höhe der monatlichen Zahlungen findet aus Anlass des Todes des Adam Bauer nicht statt.
Oder: Mit dem Tod des Adam Bauer verringert sich die Eva Bauer alsdann zustehende Versorgungsleistung auf 75 % des Betrages, den Peter Bauer zur Zeit des Todes seines Vaters diesem schuldete.
Eintragungsbewilligung 2
Zur Sicherung der wertgesicherten Versorgungsleistung bewilligen die Beteiligten die Eintragung einer dementsprechenden Reallast zu Lasten der in dieser Urkunde übertragenen Grundstücke zu Gunsten der Eva Bauer in das Grundbuch mit dem Vermerk, dass zur Löschung der Nachweis des Todes der Berechtigten genügen soll.
Vollstreckungsunterwerfung
Peter Bauer unterwirft sich der sofortigen Zwangsvollstreckung aus dieser Urkunde:
– wegen seiner Verpflichtung zur Zahlung der wertgesicherten Versorgungsleistung,

Veräußerung landwirtschaftlicher Grundstücke, Landgüter und Höfe § 36

- wegen der Reallast,
- wegen der dem Grundstückseigentümer nach § 1108 BGB obliegenden Verpflichtung, die während der Dauer seines Eigentums fällig werdenden Leistungen auch persönlich zu bewirken.

Peter Bauer gestattet dem Notar, Eva Bauer eine vollstreckbare Ausfertigung dieser Urkunde zu erteilen, sobald Eva Bauer dem Notar den Tod ihres Mannes durch Vorlage einer vom Standesamt beglaubigten Sterbeurkunde nachweist.

Peter Bauer verpflichtet sich zur Schaffung weiterer Vollstreckungstitel, soweit sich die seiner Mutter geschuldete Versorgungsleistung künftig erhöht. Die Kosten tragen die Beteiligten je zur Hälfte. Eva Bauer kann das Verlangen auf Schaffung weiterer Vollstreckungstitel nur stellen, wenn Peter Bauer mit einer Monatszahlung in Rückstand ist.

3. tandsgeld

Der Übernehmer hat dem Übergeber ein Abstandsgeld von 20.000,– € (zwanzigtausend Euro) zu leisten. Ein fester Zahlungstermin wird nicht vereinbArt. Der Übergeber kann das Abstandsgeld in Teilbeträgen von 500,– € (fünfhundert Euro) mit einer Frist von einem Monat zu jedem Monatsletzten abrufen, nicht jedoch mehr als insgesamt 2.500,– € (zweitausendfünfhundert Euro) in einem Kalenderjahr. Vorzeitige Zahlungen sind dem Übernehmer nicht gestattet. Das Abstandsgeld ist nicht zu verzinsen. Beim Tode des Übergebers geht die Forderung auf dessen Ehefrau Eva über. Was bis zum Tod des Längerlebenden der Eheleute Adam Bauer vom Abstandsgeld noch nicht schriftlich abgerufen wurde, ist dem Übernehmer hiermit erlassen.

4. Wohnungsrecht 1

Adam Bauer behält sich mit Wirkung zum wirtschaftlichen Übergang ein lebenslanges Wohnungsrecht nach § 1093 BGB an dem Grundstück der Gemarkung Merzenich Flur 3 Nr. 17 vor, welches seiner Natur nach unentgeltlich ist.

Das Wohnungsrecht gewährt das Recht, alle Räume im Erdgeschoss des Gutshauses »Violenhof« in Merzenich unter Ausschluss des Eigentümers als Wohnung zu nutzen. Das Wohnungsrecht umfasst die Mitbenutzung der dem gemeinschaftlichen Gebrauch der Bewohner bestimmten Räume, Einrichtungen und Anlagen von Gebäude und Grundstück, so insbesondere die Mitbenutzung der straßenseitigen Doppelgarage zum Abstellen eines Personenkraftwagens, die Mitnutzung des Hauskellers sowie die des Küchengartens und den freien Umgang und Aufenthalt in Hof und Park.

Der Wohnungsberechtigte ist befugt, seine Familie, eine Lebensgefährtin und die zu seiner standesgemäßen Bedienung und Pflege erforderlichen Personen in die Wohnung aufzunehmen, wobei die Feststellung der Erforderlichkeit allein seiner Entscheidung obliegt. Die Überlassung des Wohnungsrechts zur Ausübung durch Dritte (§ 1092 Abs. 1 S. 2 BGB) ist dem Wohnungsberechtigten nicht gestattet.

Die Verteilung von Kosten und Lasten wird wie folgt geregelt: Soweit Verbrauchskosten durch Messeinrichtungen getrennt erfasst werden können, trägt der Wohnungsberechtigte die für seine Wohnung und seinen Verbrauch anfallenden Kosten allein. An allen anderen Verbrauchskosten beteiligt er sich in dem Verhältnis, in dem die Zahl der die Wohnung ständig bewohnenden Personen zur Zahl der das Haus ständig bewohnenden Personen steht (Verteilung nach Köpfen). Alle übrigen Kosten und Lasten trägt der Eigentümer, den auch die Kosten der allfälligen Schönheitsreparaturen in der Wohnung treffen. Peter Bauer verpflichtet sich, das Gebäude, in dem der Wohnungsberechtigte seine Wohnung hat, auf seine Kosten allzeit derart instand zu halten und nach Beschädigung derart instand zu setzen, dass dem Wohnungsberechtigten ein ungehindertes und ungestörtes Wohnen möglich ist. Nach Zerstörung des Gebäudes ist auf Kosten des Eigentümers ein neues Wohngebäude zu errichten und dem Wohnungsberechtigten am neuen Gebäude ein gleichwertiges Wohnungsrecht einzuräu-

Fackelmann

men und im Grundbuch einzutragen. In der Zwischenzeit muss der Eigentümer auf seine Kosten dem Wohnungsberechtigten eine adäquate Ersatzwohnung stellen.

Eintragungsbewilligung 3
Die Beteiligten sind über die Entstehung des zuvor vereinbarten Wohnungsrechtes einig. Sie bewilligen die Eintragung einer den Vereinbarungen entsprechenden beschränkten persönlichen Dienstbarkeit zu Gunsten des Adam Bauer in das Grundbuch mit dem Vermerk, dass zur Löschung der Dienstbarkeit dermaleinst der Nachweis des Todes des Berechtigten genügen soll. Den Jahreswert des Wohnungsrechts geben die Beteiligten zum Zwecke der Berechnung der Kosten mit 3.600,– € an.

Die Beteiligten verpflichten sich, alles Zumutbare zu unternehmen, damit die Volksbank Düren eG dem Wohnungsrecht den Rang vor den beiden eingangs genannten Grundschulden einräumt.

Sollte der Übergeber das Wohnungsrecht auf eigenen Wunsch, der ihm jederzeit freisteht, aufgeben und anderweitig Wohnung nehmen, ist der Übernehmer verpflichtet, die Kosten einer angemessenen Ersatzwohnung bis zum Betrag von maximal 750,– € (siebenhundertfünfzig Euro) Kaltmiete je Monat zu übernehmen. Dieselbe Zahlung hat der Übernehmer zu leisten, wenn der Übergeber gezwungen ist, in ein Alterspflegeheim, ein Hospiz oder dergleichen überzusiedeln. Der vereinbarte Geldbetrag ist der in Abschnitt II.1. dieser Niederschrift enthaltenen Wertsicherungsklausel entsprechend den jeweiligen Geldwertverhältnissen anzupassen.

5. Wohnungsrecht 2
Für den Fall, dass Adam Bauer vor seiner Ehefrau Eva geborene Förster stirbt, steht dieser ab dem Tod ihres Mannes das dem Wohnungsrecht ihres Mannes inhaltlich entsprechende lebenslange Wohnungsrecht zu.

Eintragungsbewilligung 4
Die Beteiligten sind über die Entstehung des zuvor vereinbarten Wohnungsrechtes einig. Sie bewilligen die Eintragung einer den Vereinbarungen entsprechenden beschränkten persönlichen Dienstbarkeit zu Gunsten der Eva Bauer in das Grundbuch mit dem Vermerk, dass zur Löschung der Dienstbarkeit dermaleinst der Nachweis des Todes der Berechtigten genügen soll.

Auch Eva Bauer ist jederzeit zur Aufgabe der Wohnung berechtigt. Die Ersatzzahlungsverpflichtung aus Abschnitt II.4. a.E. gilt in diesem Fall entsprechend.

6. Auflösende Bedingung der Wohnungsrechte nach Ziffern 4 und 5
Die in Ziffern 4 und 5 geregelten dinglichen Wohnungsrechte und die ihnen zugrunde liegenden schuldrechtlichen Abrede erlöschen jeweils, wenn sie durch den jeweiligen Berechtigten voraussichtlich aus gesundheitlichen Gründen auf Dauer nicht mehr ausgeübt werden können und dies jeweils durch ein von einem Amtsarzt ausgestelltes Attest bestätigt wird.

7. Wart- und Pflegeverpflichtung
Der Übernehmer hat seinen Eltern (nachstehend insoweit auch »Berechtigter« genannt) bei Krankheit und Gebrechlichkeit folgende Wart- und Pflegeleistungen zu erbringen:

Soweit der Berechtigte hierzu nicht mehr selbst in der Lage ist, hat der Übernehmer persönlich oder durch Angehörige auf Verlangen dem Berechtigten unentgeltlich den Haushalt zu führen (insbesondere Wohnungsreinigung und Wäschewaschen).

Soweit der Übernehmer selbst oder durch Angehörige – insbesondere also ohne Inanspruchnahme von Pflegekräften – dazu in der Lage ist, hat er bei Krankheit und Gebrechlichkeit des Berechtigten dessen häusliche Pflege zu übernehmen (Grundpflege, also Dienste in den Bereichen Körperpflege, Ernährung und Mobilität).

Veräußerung landwirtschaftlicher Grundstücke, Landgüter und Höfe § 36

Dauerpflege ist nur in dem Umfang zu erbringen, der mit den notwendigen hauswirtschaftlichen Verrichtungen nach dem Urteil des Hausarztes des Veräußerers dem Umfang entspricht, der zum Erreichen des Pflegegrades 2 erforderlich ist.

Die vorgenannten Verpflichtungen ruhen jedoch vollständig und ersatzlos, solange und soweit ihre Erfüllung dem Übernehmer unter Berücksichtigung seiner beruflichen und familiären Verhältnisse, insbesondere der Betreuungsbedürfnisse seiner Kinder, und nach seinen Fähigkeiten, Kenntnissen und seiner Ausbildung zur Wart und Pflege unzumutbar ist.

Die vorgenannten Verpflichtungen ruhen für einen Berechtigten zudem in der Zeit, in der er sich nicht im Anwesen aufhält, insbesondere infolge Übersiedlung in ein Alten- oder Pflegeheim. Sie ruhen auch insoweit, als er Pflegesachleistungen im Rahmen gesetzlicher Ansprüche (z.B. häusliche Pflegehilfe oder Krankenpflege, Haushaltshilfe) erbracht werden.

Soweit der Übergeber künftig aufgrund seiner Pflegebedürftigkeit Geldleistungen nach den gesetzlichen Vorschriften oder aus Versicherungsverträgen erhält, kann die Übernahme der Pflegeleistungen, welche die Geldleistungen abdecken sollen, von der Abtretung bzw. Weiterleitung der entsprechenden Ansprüche bzw. Zahlungen an den Übernehmer abhängig gemacht werden. Die entsprechenden Anträge auf Erhalt der gesetzlichen Pflegeleistungen sind vom Antragsberechtigten zu stellen.

Krankheitskosten (insbesondere Heilmittel, Arztkosten etc.) hat der Übergeber nicht zu übernehmen. Insbesondere trägt der Übernehmer nicht einen eventuellen Mehrbedarf des Berechtigten infolge Übersiedlung in ein Alten- oder Pflegeheim.

Die Verpflichtung des Übernehmers ist höchstpersönlich und nicht vererblich, besteht jedoch auch bei Verlust des Eigentums am übergebenen Betrieb fort. Er darf sich zur Erfüllung jedoch auch seiner Angehörigen und externer Pflegekräfte bedienen, ohne dass der Berechtigte darauf einen Anspruch hat und ohne dass die Zumutbarkeitsgrenze dadurch geändert wird.

Die Übergeber und Berechtigter sind sich darüber einig, dass die vorstehend eingeräumten Rechte in ihrer Ausübung für den Berechtigten ersatzlos ruhen, sobald er sich stationär in ein Krankenhaus oder Pflegeheim begibt. Kehrt der Berechtigte zurück, leben die Rechte uneingeschränkt wieder auf.

Soweit Wart- und Pflegerechte ruhen, sind Ersatzansprüche ausgeschlossen.

8. Schuldübernahme

Peter Bauer übernimmt anstelle und zur vollständigen Entlastung seines Vaters Adam Bauer:

a) die im Grundbuch eingetragenen, eingangs aufgeführten Grundschulden nebst Zinsen und allen sonstigen Nebenleistungen ab Entstehung dem Inhalt der Grundpfandrechtsbestellungsurkunden entsprechend mit Wirkung vom Beginn des 1. Juli 2013 an;

b) die durch die Grundschulden gesicherten persönlichen Verbindlichkeiten aus Darlehen, Schuldversprechen und Schuldanerkenntnissen den die persönlichen Verbindlichkeiten betreffenden Urkunden entsprechend ebenfalls mit Wirkung vom Beginn des 1. Juli 2013 an.

Adam Bauer tritt mit Wirkung zum Eigentumsübergang dem dies annehmenden Peter Bauer die bei den übernommenen Grundschulden bislang entstandenen und bis zur Eigentumsumschreibung auf Peter Bauer noch entstehenden Eigentümergrundschulden samt allen Nebenleistungen ab Entstehung ab und bewilligt die Eintragung der Abtretung in das Grundbuch. Des Weiteren tritt Adam Bauer dem dies annehmenden Peter Bauer alle ihm gegen die Grundschuldgläubiger zustehenden Rechte auf Löschung, Rückgewähr, Abtretung, Verzicht, Aushändigung der Grundschuldbriefe usw. ab. Auf die durch die Grundschulden gesicherten Darlehn wird derzeit noch ein

Betrag von insgesamt etwa 36.000,– € geschuldet. Diese Angabe hat für den Vertrag jedoch keine konstitutive Bedeutung; Peter Bauer übernimmt die Darlehensverbindlichkeiten mit dem Valutenstand, den sie am Übernahmestichtag tatsächlich haben.
Der Notar hat die Beteiligten darauf hingewiesen, dass die Entlassung des Adam Bauer aus den persönlichen Verbindlichkeiten allein im Belieben des Gläubigers liegt. Der Notar wird beauftragt, den Gläubiger zu ersuchen, Adam Bauer aus der Haftung für die persönlichen Verbindlichkeiten (Darlehen sowie abstrakte Schuldversprechen und Schuldanerkenntnisse) zu entlassen. Die Entscheidung über dieses Gesuch ist den Beteiligten selbst zuzustellen; eine Abschrift der Entscheidung wird an den Notar erbeten. Sofern der Gläubiger die Entlassung des Adam Bauer aus der Schuldhaft ablehnt, soll dies auf den Vertrag im Übrigen keinen Einfluss haben; Peter Bauer ist in diesem Fall vielmehr verpflichtet, Adam Bauer von jedweder Inanspruchnahme durch den Gläubiger freizustellen. Sollte der Gläubiger aus Anlass der Schuldübernahme einmalige Leistungen fordern, so gehen diese allein zu Lasten Peter Bauer.
Abstraktes Schuldversprechen
Peter Bauer verpflichtet sich dem jeweiligen Gläubiger der einzelnen Grundschuld gegenüber zur Zahlung eines Geldbetrages, dessen Höhe der einzelnen von ihm übernommenen Grundschuld an Kapital, Jahreszinsen und sonstigen Nebenleistungen entspricht. Peter Bauer unterwirft sich wegen dieser persönlichen Zahlungsverpflichtung dem jeweiligen Gläubiger der einzelnen Grundschuld gegenüber der sofortigen Zwangsvollstreckung. Der jeweilige Gläubiger der Grundschulden kann die persönliche Haftung ohne vorherige Zwangsvollstreckung in das belastete Pfandobjekt geltend machen. Dem jeweiligen Gläubiger kann jederzeit ohne weitere Nachweise der das Entstehen und die Fälligkeit der Forderung begründenden Tatsachen eine vollstreckbare Ausfertigung dieser Urkunde erteilt werden.
9. Aufrechnung
Adam Bauer schuldet seinem Sohn Peter Bauer aus Darlehen und für nicht entgoltene, im Betrieb geleistete Dienste den Betrag von insgesamt 20.000 € (zwanzigtausend Euro). Diese Forderung wird hiermit als Gegenleistung für die Landgutübergabe verrechnet (aufgerechnet).
10. Abfindung weichender Erben
Peter Bauer verpflichtet sich, seiner Schwester Beate Hendricks geborene Bauer, geboren am 1. August 1971, wohnhaft Kammweg 28 in 52399 Merzenich, als Abfindung in Geld einen Betrag von 50.000 € (fünfzigtausend Euro) zu leisten. Die Abfindung ist zinslos fällig und zahlbar innerhalb von drei Monaten nach dem Tod des Längerlebenden der Eheleute Adam und Eva Bauer. Eine Anpassung der Abfindung an sich ändernde Geldwertverhältnisse wird nicht vereinbArt. Sollte Beate vor Erhalt der Abfindung sterben, ist die Abfindung deren Kindern untereinander zu gleichen Teilen leisten. Fehlen in diesem Fall Abkömmlinge, entfällt die Verpflichtung des Peter Bauer zur Leistung der Abfindung (ggf.: ..... ist die Abfindung demjenigen zu leisten, der im Zeitpunkt des Todes der Beate mit dieser rechtgültig verheiratet war und von ihr nicht getrennt i.S.v. § 1567 BGB lebte).
Beate Hendricks soll aus dieser Vereinbarung erst mit dem Tod des Längerlebenden der Eheleute Adam und Eva Bauer ein eigener Anspruch erwachsen. Bis dahin kann Adam Bauer, und nach dessen Tod auch Eva Bauer, die Abfindung herabsetzen oder dem Sohn Peter auch ganz erlassen.
Beate Hendricks muss sich alle Leistungen auf ihren Pflichtteilsanspruch nach ihrem Vater Adam Bauer anrechnen zu lassen. Der Übergeber verzichtet trotz notarieller Belehrung auf dingliche Sicherung der Abfindung, die durch Eintragung einer Hypothek oder Stellung einer Bankbürgschaft möglich wäre, weil er eine derartige Sicherung angesichts der guten familiären Verhältnisse für überzogen hält.

Veräußerung landwirtschaftlicher Grundstücke, Landgüter und Höfe § 36

Bemessungsgrundlage für Pflichtteilsansprüche weichender Erben soll der Ertragswert des Landgutes sein.
(Wenn gewünscht, insbesondere wenn der weichende Erbe im Übergabevertrag auf alle Erb- und Pflichtteilsansprüche verzichtet, ist die Abfindungsverpflichtung als Vertrag zu Gunsten Dritter zu gestalten.)
Alternativen zur Bemessung und zur Leistung der Abfindung
Peter Bauer verpflichtet sich, seine Schwester Beate Hendricks geborene Bauer mit der Hälfte des Ertragswertes des Betriebes abzufinden. Der Ertragswert soll sich nach dem Erlös errechnen, der an der Kölner Produktenbörse am Stichtag für 10.000 dz abzugsfreien Weizen inländischer Produktion netto zu erzielen wäre. Stichtag ist der erste Börsentag nach dem 15. Oktober, der auf den Tod des Längerlebenden der Eheleute Adam Bauer und Eva geborene Förster folgt.
Oder:
Der Ertragswert soll sich nach dem Erlös errechnen, der durch Anlieferung von 750 to Zuckerrüben bei der Zuckerfabrik Jülich in der Kampagne, die auf den Tod des Längerlebende der Eheleute Adam und Eva Bauer stattfindet, erzielt wird.
Die Abfindung ist in fünf gleichen Teilbeträgen zu leisten, von denen der erste ein Jahr nach dem Tode des Längerlebenden der Eheleute Adam Bauer fällig ist, die verbliebenen jeweils ein Jahr später. Zinsen fallen bei fristgerechter Zahlung nicht an. Beate Hendricks kann statt Geld die Lieferung des Weizens (bzw. der Zuckerrüben) an eine Stelle im Umkreis von bis zu 15 km von der Hofstelle aus verlangen. Der Übernehmer ist berechtigt, beliebig früher, jedoch nicht zur Unzeit, zu leisten.
11. Abfindungsergänzung weichender Erben (Nachabfindung)
a) Sofern der Übernehmer binnen fünfzehn Jahren, gerechnet ab dem Übergabezeitpunkt, den im Zuge gegenwärtiger Hofübergabe übergebenen Grundbesitz ganz oder in wesentlichen Teilen veräußert, hat er einen Anteil von 3 0 % – i.W. dreißig vom Hundert – des jeweiligen Nettoveräußerungserlöses (Veräußerungserlös abzüglich anteiliger Steuern) an seine Schwester Beate Hendricks, ersatzweise an deren Abkömmlinge zu gleichen Stammanteilen, auszuzahlen. Als wesentlicher Teil gilt eine Fläche von mehr als einem Hektar Land bei einer Veräußerung an denselben Erwerber binnen eines Jahres.
   – Gleiches gilt für Grundbesitz, der für im vorgenannten Sinne übergebenen Grundbesitz eingetauscht wurde oder der mit Mitteln aus der Veräußerung solchen Grundbesitzes erworben wurde.
   – Wird kein Kaufpreis in Geld, sondern eine andere oder keine Gegenleistung vereinbart, berechnet sich der Nettoveräußerungserlös im Sinne gegenwärtiger Regelung aus dem um 10 % verminderten Schätzwert, den im Dissensfall ein vom Bauernverband auszuwählender vereidigter Grundstückssachverständiger als Schiedsgutachter festsetzt.
   – Mit Ablauf jedes Jahres seit dem heutigen Tag reduziert sich der auszuzahlende Betrag um 1/15, beläuft sich also in 15 Jahren ab heute auf Null.
   – Die Auszahlung des Nettoveräußerungserlöses hat zu erfolgen nach Erhalt des Veräußerungserlöses durch den Übernehmer, spätestens jedoch binnen sechs Monaten nach der Veräußerung.
b) Vorstehende lit. a) gilt nicht, sofern
   – die Grundabtretung im Wege der Enteignung erzwungen werden könnte, z.B. Abtretungen für Straßenland;
   – der Übernehmer den Veräußerungserlös binnen eines Jahres in den von übernommenen Hof reinvestiert (z.B. Ankauf von land- und/oder forstwirtschaftlichen Grundbesitz, Erwerb von landwirtschaftlichen Geräten und Maschinen);

Fackelmann

- der Übernehmer Grundstücke gegen gleichwertige land- und forstwirtschaftliche Grundstücke zum Betrieb eintauscht;
- der Veräußerungserlös verwendet wird, um betriebliche Verbindlichkeiten zu tilgen, die trotz ordnungsgemäßer Bewirtschaftung entstanden sind oder welche bei Übergabe bereits bestanden und vom Erwerber im Rahmen der heutigen Übergabe zur weiteren Tilgung und Verzinsung übernommen werden;
- der Übernehmer mit seinem Ehegatten den Güterstand der Gütergemeinschaft eingeht, er Grundbesitz an seinen Ehegatten oder einen eigenen Abkömmling vererbt und soweit im Zusammenhang mit einer Scheidung der Übernehmer zur Abfindung der Ansprüche des einheiratenden Ehegatten zwingend einzelne betriebliche Grundstücke – nicht jedoch den gesamten Hof – veräußern muss;
- der Übernehmer Grundbesitz unentgeltlich an seinen Ehegatten oder an eigene Abkömmlinge überlässt, sofern jeder Erwerber in die vorstehenden Verpflichtungen eintritt;
- der Übernehmer Grundbesitz zur Erfüllung von Ansprüchen nach § 528 BGB überträgt.

c) Eine vom Notar angeregte Unterwerfung unter die Zwangsvollstreckung bezüglich eines abstrakt anzuerkennenden Betrags wünschen die Beteiligten nicht.
d) Zur Sicherung dieser bedingten Nachabfindungspflicht bestellt der Übernehmer hiermit zugunsten seiner Schwester Beate Hendricks an Grundstück [Grundbuchstelle des belasteten Grundstücks], eine Sicherungshypothek in Höhe von [geschätzter Betrag] € nebst [Zinssatz] % Zinsen ab Eintragung und bewilligt und beantragt deren Eintragung im Grundbuch. Die Vollstreckung aus der Hypothek ist gegen den Eigentümer zulässig, § 800 Abs. 1 ZPO. Der Übernehmer unterwirft sich seiner Schwester Beate Hendricks gegenüber wegen des hiermit abstrakt anerkannten Betrags von [geschätzter Betrag] € der sofortigen Zwangsvollstreckung in sein gesamtes Vermögen, § 794 Abs. 1 Nr. 5 ZPO. Vollstreckbare Ausfertigung darf der Notar auf Antrag ohne weitere Nachweise erteilen.

III. Beschränkungen und Rücktrittsrechte

1. Verfügungsbeschränkung
Peter Bauer verpflichtet sich seinem Vater gegenüber, künftig über die in dieser Urkunde erworbenen Grundstücke ohne vorherige schriftliche Zustimmung des Vaters nicht zu verfügen, die Grundstücke, einzelne Grundstücke und Teile derselben mithin ohne die erforderliche Zustimmung insbesondere nicht zu verkaufen, zu verschenken, sonst wie zu veräußern und zu belasten. Diesen rechtsgeschäftlichen Verfügungen stehen Verfügungen gleich, die im Wege der Zwangsvollstreckung, der Arrestvollziehung und durch den Insolvenzverwalter erfolgen. Nach dem Tod des Vaters ist zu allen Verfügungen im zuvor beschriebenen Sinn die Zustimmung der Mutter Eva Bauer erforderlich. Vom Verfügungsverbot ausgenommen ist die Übertragung des Grundbesitzes im Rahmen des Generationswechsels auf einen Nachfolger, der zu den leiblichen *(ggf.: ehelichen)* Abkömmlingen der Peter Bauer gehört. Die Neuvalutierung der von Peter Bauer übernommenen Grundschulden stellt keinen Verstoß gegen das Verfügungsverbot dar.
Adam Bauer gestattet seinem Sohn Peter bereits jetzt die Belastung der übertragenen Grundstücke mit einer Grundschuld bis zu 50.000,– € (fünfzigtausend Euro) nebst banküblichen Nebenleistungen, das Grundstück der Hofstelle Gemarkung Merzenich Flur 3 Nr. 17 jedoch ausgenommen.

Rangvorbehalt
Peter Bauer ist berechtigt, Grundpfandrechte bis zur gesamten Höhe von 50.000,– € (fünfzigtausend Euro) nebst bis zu 15 % Jahreszinsen vom Tage der Eintragungsbewilligung an und bis zu 5 % einmaliger Nebenleistung mit Rang vor den beiden Reallasten (Eintragungsbewilligung 1 und 2) und vor den beiden Vormerkungen (Eintragungsbewilligung 6 und 7) in das Grundbuch eintragen zu lassen.

Eintragungsbewilligung 5
Die Beteiligten bewilligen die Eintragung des dementsprechenden Rangvorbehalts bei den zu Gunsten der Eheleute Adam und Eva Bauer einzutragenden Reallasten und Vormerkungen.

Im Innenverhältnis vereinbaren die Beteiligten, dass die den Rangvorbehalt ausnutzenden Grundpfandrechte nur betrieblichen Zwecken dienen dürfen.

2. Rücktrittsrecht 1
Adam Bauer steht das Recht zu, durch einseitige Erklärung auf Kosten seines Sohnes Peter Bauer von diesem Vertrag zurückzutreten und die kosten- und steuerfreie Rückübereignung aller in diesem Vertrag übertragene Gegenstände bzw. der an deren Stelle getretenen Ersatzgegenstände zu verlangen,
a) wenn Peter Bauer die Verpflichtungen zur Betreuung und Versorgung seiner Eltern beharrlich nicht erfüllt oder sonst wie erheblich und nachhaltig gegen den Geist dieses Vertrages verstößt;
b) wenn Peter Bauer gegen die von ihm in dieser Urkunde übernommenen Verpflichtungen, über die erworbenen Grundstücke nicht zu verfügen, auch nur hinsichtlich eines Grundstücks verstößt;
c) wenn Zwangsvollstreckungsmaßnahmen in die übertragenen Grundstücke, auch in einzelne Grundstücke, ausgebracht werden;
d) wenn über das Vermögen des Peter Bauer das Insolvenzverfahren oder ein dem vergleichbares ausländisches Schuldenregulierungsverfahren eröffnet wird oder Peter Bauer auf Grund § 26 Abs. 2 InsO in das Schuldnerverzeichnis eingetragen wird;
e) wenn Peter Bauer mit drei aufeinander folgenden Monatsraten der Versorgungsleistung trotz schriftlicher Mahnung in Rückstand gerät oder über einen längeren Zeitraum mit einer Summe, die drei Monatsraten entspricht;
f) wenn sich Peter Bauer durch eine schwere Verfehlung gegen die Eltern oder einen der Eltern groben Undanks schuldig macht;
g) wenn ein Umstand eintritt, der Adam Bauer oder seine Ehefrau Eva berechtigen würde, ihrem Sohn Peter den Pflichtteil zu entziehen;
h) wenn die Ehe des Peter Bauer geschieden wird und seine Ehefrau Zugewinnausgleichsansprüche aus dem ihm heute übertragenen Vermögen herleitet;
i) wenn die durch diesen Vertrag übertragenen Gegenstände oder einzelne derselben durch Eintritt des Güterstandes der Gütergemeinschaft in das Gesamtgut der ehelichen Gütergemeinschaft fallen;
j) wenn Peter Bauer vor seinem Vater stirbt und die landwirtschaftliche Besitzung oder Teile derselben aufgrund gesetzlicher Erbfolge oder aufgrund Verfügung von Todes wegen auf andere Personen als leibliche Abkömmlinge der Peter Bauer übergeht und dieser Zustand nicht binnen sechs Monaten seit dem Tod des Peter Bauer dahingehend korrigiert ist, dass ausschließlich leibliche Abkömmlinge des Peter Bauer das Eigentum an den ihm heute übertragenen Gegenständen erhalten.

Das Rücktrittsrecht ist nicht abtretbar und nicht vererblich, letzteres jedoch dann, wenn das Rückübereignungsverlangen rechtshängig (nicht anhängig) ist, und kann im Fall f (grober Undank) und im Fall g) (Pflichtteilsentziehung) durch einen Betreuer und durch einen Bevollmächtigten nicht geltend gemacht werden, es sei denn, Eva Bauer geb. Förster ist Betreuerin oder Bevollmächtigte ihres Ehemannes Adam Bauer.

§ 36 Veräußerung landwirtschaftlicher Grundstücke, Landgüter und Höfe

Bei Rückübereignung dürfen die Grundstücke nur mit Grundpfandrechten belastet sein, deren Eintragung Adam Bauer zugestimmt hat. Im Falle des Rücktritts sind Nutzungen nicht herauszugeben und Verwendungen, gleich ob notwendige oder nützliche, nicht zu ersetzen. Im Übrigen gelten die Regelungen des Rücktritts im Bürgerlichen Gesetzbuch.

Eintragungsbewilligung 6
Zur Sicherung des bedingten Anspruchs des Adam Bauer auf Rückerwerb des Eigentums bewilligen die Beteiligten die Eintragung einer Vormerkung zu dessen Gunsten zu Lasten aller in dieser Urkunde übertragenen Grundstücke.

3. »Rücktrittsrecht« 2
Nach dem Tod des Adam Bauer steht Eva Bauer geb. Förster unter denselben Voraussetzungen, wie in Abschnitt III.2. vereinbart, das Recht zu, die unentgeltliche sowie kosten- und steuerfreie Übereignung der in dieser Urkunde übertragenen Gegenstände bzw. der an deren Stelle getretenen Ersatzgegenstände zu verlangen, wobei der Fall 2.j) eintritt, wenn Peter Bauer nach dem Vater, aber vor der Mutter stirbt. Auch in diesem Fall dürfen die Grundstücke nur mit Rechten belastet sein, denen entweder Adam Bauer oder Eva Bauer zugestimmt haben.
Für den Übereignungsanspruch gelten die in Abschnitt III.2. getroffenen Regelungen entsprechend. Verfügungen, denen Adam Bauer zugestimmt hat, sind auch Eva Bauer gegenüber wirksam.

Eintragungsbewilligung 7
Zur Sicherung des bedingten Anspruchs der Eva Bauer auf Eigentumserwerb bewilligen die Beteiligten die Eintragung einer Vormerkung zu deren Gunsten zu Lasten der in dieser Urkunde übertragenen Grundstücke.
Adam Bauer und Eva Bauer geb. Förster bevollmächtigen hiermit jeweils über ihren Tod hinaus den Peter Bauer und dessen Gesamtrechtsnachfolger unwiderruflich und unter Befreiung von den Beschränkungen des § 181 BGB, die Löschung der vorgenannten, die Rücktrittsrechte sichernden Vormerkungen unter Vorlage der Sterbeurkunden des Adam Bauer und der Eva Bauer geb. Förster zu bewilligen.
Peter Bauer bevollmächtigt unter Befreiung von den Beschränkungen des § 181 BGB über seinen Tod hinaus den Adam Bauer und unter der Bedingung, dass der unter 3. geregelte Fall eingetreten ist, die Eva Bauer geb. Förster unter Nachweis einer der vorstehend bezeichneten Voraussetzungen a) bis j) für die Rückübertragung in der Form des § 29 GBO, mit Stellung seines Verlangens auf Rückübertragung alles zu tun, was zur Rückübertragung des Vertragsbesitzes erforderlich oder dienlich ist, insbesondere die Rückauflassung zu erklären und die Eigentumsumschreibung auf sich zu bewilligen.
Der gesicherte Anspruch erlischt mit dem Tod der Eva Bauer, es sei denn, er ist im Zeitpunkt des Todes der Eva Bauer rechtshängig.

4. Bedingte Übereignungsverpflichtung
Für den Fall, dass Peter Bauer nach seinen Eltern stirbt, verpflichtet er sich und seine Erben hiermit kraft Rechtsgeschäfts unter Lebenden, das hier erworbenen Landgut nebst Bestandteilen und Zubehör zum Zeitpunkt seines Todes seinen leiblichen Abkömmlingen oder einem seiner leiblichen Abkömmlinge, mangels eigener leiblicher Abkömmlinge seiner Schwester Beate Hendricks und wiederum ersatzweise deren Abkömmlingen zu übereignen. Das Landgut ist unter Übernahme der eingetragenen Grundpfandrechte einschließlich der hierdurch gesicherten Verbindlichkeiten, im Übrigen unentgeltlich und in dem Zustand, in dem es sich dann befindet, auf Kosten des jeweiligen Erwerbers zu übertragen.
Sofern Peter Bauer eine Ehefrau hinterlässt, ist dieser auf Verlangen an dem Landgut ein lebenslanges unentgeltliches Nießbrauchsrecht einzuräumen, dies jedoch nur,

wenn die Eheleute Peter Bauer im Zeitpunkt des Todes des Peter Bauer nicht getrennt lebten (i.S.v. § 1567 BGB) und wenn sich die Ehefrau den Kapitalwert des Nießbrauchs, berechnet nach dem durchschnittlichen Reinertrag der vorangegangenen drei Kalenderjahre und anhand der Allgemeinen Sterbetafel unter Einrechnung eines Zinsfußes von 3 %, auf ihre Pflichtteils- und Zugewinnausgleichsansprüche anrechnen lässt.

Auf Sicherung dieser bedingten Eigentumserwerbsansprüche durch Eintragung von Vormerkungen, deren Möglichkeit der Notar den Beteiligten dargelegt hatte, verzichten die Beteiligten nach eingehender Erörterung der mit der Eintragung derartiger Vormerkungen verbundenen Vor- und Nachteile.

5. Pflichtteilsverzicht Peter Bauer
Peter Bauer verzichtet für sich und seine Abkömmlinge einem jeden seiner Eltern gegenüber auf den Pflichtteil, Pflichtteilsergänzungsansprüche inbegriffen. Ein jeder der Eheleute Adam und Eva Bauer nimmt den Verzicht des Sohnes Peter hiermit an.

6. Pflichtteilsverzicht Eva Bauer
Eva Bauer verzichtet ihrem dies annehmenden Ehemann Adam Bauer gegenüber auf Pflichtteilsansprüche, soweit es das übertragene Landgut anbetrifft.

7. Scheidung der Ehe des Übergebers
Mit einer Scheidung der Ehe des Adam Bauer erlöschen alle Rechte, die in diesem Vertrag Eva Bauer geboren Förster eingeräumt werden. Diese Rechte ruhen für Zeiten, in denen die Eheleute Bauer getrennt i.S.v. § 1567 BGB leben. Stirbt Adam Bauer in Zeiten der Trennung, erlöschen die Rechte der Eva Bauer mit dem Tod des Adam Bauer. Für das Erlöschen der Rechte und für ihr Ruhen steht Eva Bauer Anspruch auf Ersatz, Entschädigung und dergleichen nicht zu.

IV. Allgemeine Vertragsvereinbarungen

1. Sachmängel
Der Übergeber schuldet alle übertragenen körperlichen Gegenstände (Grundstücke, Gebäude, bewegliche Gegenstände) in dem Zustand, in dem sich die Gegenstände heute befinden. Alle Rechte des Übernehmers wegen Sachmängeln der übertragenen Gegenstände, auch wegen schädlicher Bodenveränderungen, werden soweit wie möglich ausgeschlossen, desgleichen alle Ansprüche auf Schadensersatz.

2. Rechtsmängel
Dienstbarkeiten, Baulasten sowie Miet- und Pachtverhältnisse übernimmt der Übernehmer. Im Übrigen wird der Grundbesitz frei von Belastungen und Beschränkungen, Steuern und sonstigen Abgaben übertragen, soweit in diesem Vertrag nicht ausdrücklich etwas anderes vereinbart ist.

3. Erschließungskosten
Alle Erschließungsbeiträge nach dem Baugesetzbuch und alle Anliegerbeiträge nach dem Kommunalabgabengesetz, für die bislang ein Beitragsbescheid nicht bekannt gegeben worden ist, gehen zu Lasten des Übernehmers, und dies unabhängig, wann die Beitragspflicht entstanden ist bzw. entsteht und wem künftig Beitragsbescheide bekanntgegeben werden.

4. Wirtschaftlicher Übergang
Auf den Übernehmer gehen über: der Besitz und die Nutzungen, die Lasten einschließlich aller Verpflichtungen aus den die übertragenen Gegenstände betreffenden Versicherungen und die Gefahr mit Beginn des 1. Juli 2013.

5. Kosten und Steuern
Die mit dieser Urkunde jetzt und in der Folge verbundenen Kosten und Steuern trägt der Übernehmer. Der Verkehrswert des übertragenen Betriebes beträgt 750.000,– €, sein Einheitswert 58.166,– €, der vierfache Einheitswert mithin 232.664,– €. (Sofern die

Gegenleistungen des Übernehmers höher als der vierfache Einheitswert sind: Die von Peter Bauer zu erbringenden Gegenleistungen haben einen Geschäftswert von insgesamt ......,– €, der damit auch den Geschäftswert des Übergabevertrages darstellt.)

V. Dingliche Erklärungen

1. Auflassung
Die Beteiligten sind darüber einig, dass das Eigentum an den in Abschnitt I. übertragenen Grundstücken auf Peter Bauer übergeht. Sie bewilligen die Eintragung des Eigentumswechsels in das Grundbuch.
2. Rangbestimmung gemäß § 45 Abs. 3 GBO
Die Beteiligten beantragen, die beschränkten dinglichen Rechte mit folgendem Rang untereinander in das Grundbuch einzutragen:

1. Rang:	Reallast für Adam Bauer =	Eintragungsbewilligung 1,
2. Rang:	Wohnungsrecht für Adam Bauer =	Eintragungsbewilligung 3,
3. Rang:	Vormerkung für Adam Bauer =	Eintragungsbewilligung 6,
4. Rang:	Reallast für Eva Bauer =	Eintragungsbewilligung 2,
5. Rang:	Wohnungsrecht für Eva Bauer =	Eintragungsbewilligung 4,
6. Rang:	Vormerkung für Eva Bauer =	Eintragungsbewilligung 7.

3. Antragsrecht
Alle Eintragungen sollen nur nach Maßgabe der Anträge des Notars erfolgen, der berechtigt ist, Anträge auch getrennt zur Erledigung einzureichen, sie einzuschränken und ganz oder teilweise zurückzuziehen.
4. Einigung hinsichtlich der beweglichen Gegenstände
Die Beteiligten sind darüber einig, dass das Eigentum an den in Abschnitt I. übertragenen beweglichen Gegenständen zum Beginn des [Datum] auf Peter Bauer übergeht.
5. Abtretung von Rechten und Ansprüchen
Adam Bauer tritt seinem dies annehmenden Sohn Peter Bauer alle in Abschnitt I. übertragenen Rechte und Ansprüche mit Wirkung zum Beginn des [Datum] ab.

VI. Genehmigungen, Hinweise, Vollmacht

1.
Auf die Genehmigungsvorschriften nach dem Grundstücksverkehrsgesetz wurde hingewiesen, desgleichen auf den Genehmigungszwang nach § 8 Ziff. 2 GrdstVG.
2.
Alle erforderlichen Genehmigungen bleiben vorbehalten. Sie sollen vom Notar herbeigeführt werden. Alle Genehmigungen sollen, soweit wie rechtlich möglich, mit Eingang beim Notar allen Beteiligten gegenüber unmittelbar wirksam werden.
3.
Die Beteiligten wurden auf Folgendes hingewiesen: Das Eigentum geht erst mit der Umschreibung im Grundbuch über. Der Anspruch auf Übereignung kann durch Eintragung einer Vormerkung gesichert werden. Die Beteiligten verzichten auf die Eintragung dieser Vormerkung. Der Grundbuchinhalt ist vor Beurkundung festgestellt worden.
4. Vollmacht
Die Beteiligten bevollmächtigen unter Befreiung von den Beschränkungen des § 181 BGB die Notariatsangestellten

xxx
yyy
zzz
alle dienstansässig in Düren, ……, und zwar dergestalt, dass jede der Bevollmächtigten allein zu handeln berechtigt ist,
- zu übertragen vergessene, zum Landgut gehörende Grundstücke als von diesem Vertrag erfasst zu bezeichnen und alle zur Übereignung solcher Grundstücke auf Peter Bauer und zur Belastung mit den Rechten des Übergebers und seiner Ehefrau erforderlichen und sachdienlichen Erklärungen abzugeben,
- im Übrigen alle Erklärungen, Eintragungsbewilligungen und Eintragungsanträge abzugeben und entgegenzunehmen, die zum Vollzug, zur Klarstellung, zur Berichtigung und zur Ergänzung der in dieser Niederschrift enthaltenen Vereinbarungen sachdienlich sind.

Die Vollmacht kann nur dem Notar gegenüber widerrufen werden. Die Erteilung einer gesonderten Vollmachtsurkunde wird ausgeschlossen. Die Bevollmächtigten sind im Rahmen der Vollmacht zu handeln berechtigt, jedoch nicht verpflichtet. Ein Auftrag oder ein Geschäftsbesorgungsvertrag liegt der Bevollmächtigung nicht zugrunde.

Diese Niederschrift wurde den Erschienenen vom Notar vorgelesen, von ihnen genehmigt und eigenhändig, wie folgt, unterschrieben:

■ *Kosten.* a) Des Notars: Der Übergabevertrag ist ein Austauschvertrag i.S.d. § 97 Abs. 3 GNotKG. Daher sind die Leistungen des Übergebers mit denen des Übernehmers zu vergleichen. Ist – wie regelmäßig – der Wert der Leistungen verschieden, wird der Geschäftswert von der höheren Leistung bestimmt. Der hier zu bewertende Übergabevertrag erfüllt den Tatbestand des § 48 Abs. 1 Satz 1 GNotKG: ein landwirtschaftlicher »Betrieb mit Hofstelle« wird durch Übergabevertrag zur Fortführung an einen Abkömmling übertragen.[151] Das Landgut hat somit einen Gegenstandswert von 4 × 58.166 € = 232.664 € (= vierfacher Einheitswert). Das Rübenkontingent ist nur gesondert zu bewerten, wenn es einen eigenen Verkehrswert hat, vgl. § 46 Abs. 1 GNotKG. Dafür ergibt der Sachverhalt hier keinen Anhaltspunkt. Dasselbe gilt bezüglich der abgetretenen Beteiligungen und Mitgliedschaftsrechte. Diesem Gegenstandswert von 232.664 € sind die Leistungen des Übernehmers gegenüberzustellen. Sie setzen sich zusammen aus:
- der *Versorgungsleistung* (II. 1 und 2): sie ist mit ihrem Kapitalwert gemäß § 52 Abs. 1 und 4 GNotKG zu veranschlagen; das Verwandtenprivileg des § 24 Abs. 3 KostO wurde nicht in das GNotKG übernommen. Sind beide Eltern bspw. zwischen 50 und 70 Jahre alt, ergibt sich nach § 52 Abs. 4 Satz 1 GNotKG der Multiplikator 10. Der Kapitalwert der Rente beträgt mithin 2.500 × 12 × 10 = 300.000 €. Für die Anpassungsklausel ist nach § 52 Abs. 7 kein Zuschlag vorzunehmen; es bleibt daher bei einem Wert von 300.000 €.
- dem *Abstandsgeld* von 20.000 € (II.3): Der Anspruch ist in voller Höhe entstanden; die bloße Ungewissheit seiner Geltendmachung kann nicht zu einer Reduzierung des Geschäftswerts nach § 36 Abs. 1 analog führen. Der Geschäftswert beträgt nach § 97 Abs. 1 daher 20.000 €.
- dem *Wohnungsrecht* (II. 4 und 5): es ist bei einem Jahreswert von 3.600 € mit dem 10fachen (Alter der Berechtigten s.o., § 52 Abs. 1, 4 GNotKG), d.h. mit 36.000 € in Ansatz zu bringen;
- der *Wart- und Pflegeverpflichtung* (II.6): sie ist bei einem Jahreswert von 6.000 € mit dem *10fachen (Alter der Berechtigten s.o., § 52 Abs. 1, 4 GNotKG), d.h. mit 60.000 € in Ansatz zu bringen;

---

151 Vgl. Hk GNotKG/*Fackelmann*, § 48 Rn. 11 ff.; Leipziger GNotKG/*Heinze*, § 48 GNotKG Rn. 7 ff.

- der *Schuldübernahme* (II.7): sie hat nach § 97 Abs. 1 einen Geschäftswert von 36.000 € (dem abstrakten Schuldversprechen zum Trotz nicht mit dem Nominalwert der Grundschulden);
- der *Aufrechnung* (II.8): sie ist mit 20.000 € anzusetzen, § 97 Abs. 1;
- der *Abfindung* (II.9): sie ist mit 50.000 € in Ansatz zu bringen, § 97 Abs. 1;
- der *Abfindungsergänzungspflicht* (II.10): weil sie rechtsgeschäftlich begründet wird, ist sie Gegenleistung des Übernehmers. Die Ergänzungspflicht beläuft sich auf 30 % des Verkehrswerts des veräußerten Grundbesitzes. Dessen Wert ist nach § 46 GNotKG zu ermitteln; § 48 findet keine Anwendung (die Nachabfindungsregelung betrifft den Verkauf einzelner Grundstücke, nicht die Übergabe oder Zuwendung eines Betriebes). Hier ist den Angaben zufolge von 750.000 € auszugehen. Hieran wäre die weichende Erbin mit 30 %, d.h. mit 225.000 € beteiligt. Angesichts der geringen Wahrscheinlichkeit kann der Wert der Abfindungsergänzungspflicht mit 10 % = 22.500 € veranschlagt werden, §§ 97, 36 Abs. 1 GNotKG.
- der *Verfügungsbeschränkung* (III.1): diese ist nach § 50 Nr. 1 GNotKG mit 10 % des Verkehrswerts des Grundstücks (nicht: des nach § 48 Abs. 1 Satz 1 GNotKG berechneten Werts) zu veranschlagen, hier angenommen mit 500.000 €, d.h. 10 % = 50.000 €;
- der *bedingten Rückübereignungsverpflichtung* (III.2 und 3): sie ist als Sicherungsmaßnahme anzusehen und daher gemäß § 109 Abs. 1 Satz 1, 2 GNotKG gegenstandsgleich und daher nicht zusätzlich zu veranschlagen.
- der *Sippebindung* (III.4): diese ist nach § 50 Nr. 1 GNotKG mit 10 % des Verkehrswerts des Grundstücks (nicht: des nach § 48 Abs. 1 Satz 1 GNotKG berechneten Werts) zu veranschlagen, hier angenommen mit 500.000 €, d.h. 10 % = 50.000 €;
- dem *Pflichtteilsverzicht des Übernehmers* (III.5): Der Pflichtteilsverzicht erstreckt sich auf das hoffreie Vermögen des Übergeber und seiner Ehefrau. Dieses ist nach § 102 Abs. 4, 1 GNotKG wertmäßig zu bestimmen; daraus ist der Pflichtteil zu rechnen (hier mit 30.000 € unterstellt).

Die Summe der Gegenleistungen beläuft sich mithin auf 674.500 €. Da dieser Geschäftswert den nach § 48 Abs. 1 Satz 1 GNotKG festgestellten Wert des landwirtschaftlichen Betriebs übersteigt, ist der Geschäftswert der Gegenleistung anzusetzen. Hinzu tritt der Wert der Erklärungen des Übernehmers gegenüber der Grundschuldgläubigerin (gegenstandsverschieden zum Veräußerungsvertrag, vgl. § 110 Nr. 2 lit. a GNotKG) i.H.v. 150.000 €. Da für Übergabevertrag (2,0 Gebühren nach Nr. 21100 KV GNotKG) und Finanzierungserklärungen (1,0 Gebühren nach Nr. 21200) unterschiedliche Gebührensätze gelten, sind nach § 94 Abs. 1 getrennte Gebühren auszuweisen (der Wertvergleich nach § 94 GNotKG a.E. führt zu keinem anderen Ergebnis). Hinzu kommt eine 0,5 Gebühr gemäß Nr. 22110 i.V.m. Vorbemerkung 2.2.1.1 Abs. 1 Satz 2 Nr. 1 KV GNotKG für die Einholung der Genehmigung nach dem GrdstVG (hier max. 50 €, Nr. 22112 KV).

b) Des Gerichts: Es entsteht eine 1,0 Gebühr nach Nr. 14110 Nr. 1 KV GNotKG aus dem Geschäftswert des Gegenstands der Umschreibung, § 36 Abs. 1 i.V.m. § 69 Abs. 1 Satz 1 GNotKG, also des Werts übertragenen Grundstücke. Dieser richtet sich nach § 48 Abs. 1 Satz 1; der vierfache Einheitswert beträgt (s.o.) hier 232.664 €. Die Verwandtenbegünstigung des § 60 Abs. 2 hat das GNotKG nicht übernommen.

171 *Anmerkung:* Der Vertrag bedarf der Genehmigung nach dem GrdstVG bzw. nach dem ASVG (Baden-Württemberg); in den neuen Bundesländern ggf. derjenigen nach der GVO (s. Rn. 2 bzw. 42 ff.). Da der Hofvermerk die Hofeigenschaft lediglich vermuten lässt,[152] kann weder aus dessen Eintragung auf dem Deckblatt des Grundbuchs (»in der Aufschrift des Grund-

---

[152] § 5 HöfeVfO: Die Eintragung des Hofvermerks begründet die Vermutung, dass die Besitzung die durch den Vermerk ausgewiesene Eigenschaft hat.

buchs« § 6 Abs. 1 HöfeVfO) zuverlässig geschlossen werden, es handele sich um einen Hof i.S.d. HöfeO, noch aus dem Fehlen oder der Löschung eines Hofvermerkes, dass es sich um einen Nicht-Hof handelt. Die Frage der Hofeigenschaft kann in zweifelhaften Fällen nur durch die Einsicht in die Höfeakten beim Landwirtschaftsgericht bzw. in die Grundakten und auch dadurch nur sehr beschränkt geklärt werden.[153] Verbleiben Zweifel, so sollte der Übergeber zu einer vorsorglichen Hofaufhebungserklärung veranlasst werden. Die Frage hat Bedeutung für die Wirkungen des Vertrages (§§ 17 Abs. 2, 12, 13 HöfeO) und für die Zuständigkeit bei der Genehmigung: bei Höfen i.S.d. HöfeO ist das Landwirtschaftsgericht zuständig, bei Nicht-Höfen die Genehmigungsbehörde nach dem GrdstVG. Zwar besteht nahezu Einmütigkeit darüber, dass die Genehmigung des Vertrages über einen Nicht-Hof durch das Landwirtschaftsgericht die der Genehmigungsbehörde ersetzt.[154] Auch nimmt die h.M. an, dass die Genehmigung eines Hofübergabevertrages durch die Genehmigungsbehörde zunächst zwar anfechtbar, mit Ablauf der Frist des § 22 GrdstVG (2 Wochen) jedoch rechtsbeständig wird.[155] Von der Unwirksamkeit der Genehmigung des Hofübergabevertrages durch die nach dem GrstVG zuständige Behörde gehen *Pikalo*[156] und *Lüdtke-Handjery*[157] aus. Ein sicheres Ergebnis erreicht man für die Beteiligten entweder über eine vorsorgliche Hoferklärung oder über ein positives oder negatives Hoffeststellungsverfahren nach § 11 HöfeVfO. Der Notar hat den Vertrag der Grunderwerbsteuerstelle, in deren Bezirk der Grundbesitz liegt, und der Schenkungsteuerstelle, in deren Bezirk der Übergeber wohnt, anzuzeigen. Die Pflichtteilsverzichte führen nicht zu einer Änderung der Erbfolge, sodass der Vorgang dem Geburtsstandesamt nicht anzuzeigen ist.

Antrag auf Genehmigung eines Verwandtengeschäfts

An den Geschäftsführer der Kreisstelle Düren der Landwirtschaftskammer Nordrhein-Westfalen, Düren
Betr.: Genehmigung nach dem Grundstückverkehrsgesetz
Ich beantrage hiermit, zu dem beigefügten Übergabevertrag die Genehmigung nach § 8 Nr. 2 GrdstVG zu erteilen.
Anfechtbare Entscheidungen bitte ich unmittelbar den Beteiligten zuzustellen. Eine Abschrift davon erbitte ich an mich. Im Falle der Erteilung eines Zwischenbescheides oder einer anfechtbaren Entscheidung bitte ich, auf dem Bescheid den Tag des Eingangs dieses Antrages zu vermerken.
....., Notar

172 M

■ *Kosten.* Im Genehmigungsverfahren nach dem GrdstVG werden Gebühren und Auslagen nicht erhoben (§ 23 GrdstVG). Im gerichtlichen Verfahren wird in der ersten Instanz eine 0,5 Gebühr nach Nr. 15112 KV GNotKG vom Geschäftswert des zugrunde liegenden Geschäfts, § 60 Abs. 1 GNotKG, erhoben, im Beschwerdeverfahren eine 1,0 Gebühr nach Nr. 15123 KV GNotKG, im Rechtsbeschwerdeverfahren eine 1,5 Gebühr nach Nr. 15133 KV GNotKG; der Geschäftswert bestimmt sich im Rechtsmittelverfahren jeweils nach § 61 GNotKG. Für die Vertretung der Beteiligten durch den Notar im gerichtlichen Verfahren entstehen nach Vorbemerkung 2.2.1.2 KV GNotKG keine gesonderten Gebühren (vgl. Rdn. 69).

---

153 Vgl. AgrarR 1982, 226 ff.
154 *Wöhrmann/Stöcker*, § 17 Rn. 114.
155 *Wöhrmann/Stöcker*, a.a.O. Rn. 116; *Fassbender/Hötzel/von Jeinsen/Pikalo*, § 17 Rn. 204.
156 *Pikalo*, AgrarR 1981, 132.
157 *Lange/Wulff/Lüdtke-Handjery*, § 17 HöfeO Rn. 128.

VI. Höfe und Hoferklärungen

173 1. Das Reichserbhofgesetz vom 29.09.1933 hatte alle Anerberbenrechte der Länder außer Kraft gesetzt und stattdessen ein im gesamten Reich geltendes, zwingendes Erbhofrecht eingeführt. Diese Erbhofgesetzgebung wurde durch das Kontrollratsgesetz Nr. 45 vom 20.02.1947 aufgehoben und gleichzeitig die am 01.01.1933 geltenden Landesrechte und auch der Vorbehalt für die landesgesetzlichen Vorschriften zum Anerbenrecht wieder in Kraft gesetzt.

174 a) In der früheren britischen Zone (also den Ländern Hamburg, Niedersachsen, Nordrhein-Westfalen und Schleswig-Holstein) führte die Militärregierungsverordnung Nr. 84 vom 24.04.1947[158] die Höfeordnung ein.[159] *Bremen* folgte mit einem Höfegesetz am 19.07.1948,[160] zuletzt geändert durch Ges. v. 23.02.1971.[161] *Hessen* dehnte die Landgüterordnung für den Regierungsbezirk Kassel v. 01.07.1887 auf das ganze Land aus durch Gesetz vom 01.12.1947.[162] Sie wurde durch Ges. v. 13.08.1970 neu gefasst.[163] *Württemberg-Baden* belebte das Württ. Anerbenges. v. 14.02.1930 am 30.07.1948[164] – zuletzt geändert durch das Ges. v. 25.11.1985[165] – und das Badische Ges. v. 26.08.1898 über die geschlossenen Hofgüter – wieder. *Rheinland-Pfalz* führte die Höfeordnung v. 07.10.1953[166] ein. Sie wurde am 18.04.1967 neu gefasst[167] und durch Gesetz v. 18.12.1981 geändert.[168] Anerbenrechtsordnungen fehlen in *Bayern*, in *Berlin* und im *Saarland*. Auch in den neuen Bundesländern gelten derzeit keine Anerbenrechtsordnungen.[169]

175 Als für einen Teil der Bundesrepublik geltendes Recht wurde die nordwestdeutsche Höfeordnung am 24.08.1964 durch das 1. Gesetz zur Änderung der Höfeordnung geändert.[170] Die Änderungen betrafen die gesetzliche Hoferbenordnung. Mit dem 2. Ges. zur Änderung der HöfeO v. 29.03.1976[171] wurde sie grundlegend umgestaltet und am 26.07.1976 neu gefasst.[172] Zugleich erging die HöfeVfO. Sie löste die noch in Kraft gebliebenen Teile der LVO ab. Die in der damaligen SBZ nach dem II. Weltkrieg wieder in Kraft getretenen Anerbengesetze sind in *Mecklenburg* durch Gesetz v. 24.08.1951, im Übrigen wohl durch das EGZGB am 01.01.1976 aufgehoben worden. *Baden-Württemberg* hat die in Württemberg geltenden Anerbengesetze im Gesetz v. 18.12.1995[173] mit Wirkung v. 31.12.2000 aufgehoben. Danach bleiben sie nur noch anwendbar, wenn der Erblasser vor dem 01.01.1930 geboren war.

176 b) Die Vererbung nach Anerbenrecht ist außerhalb des Geltungsbereichs der nordwestdeutschen Höfeordnung abhängig von der Eintragung in eine Höferolle, die auf Antrag des Eigentümers vorgenommen und auf seinen einseitigen Antrag wieder gelöscht wird. In Rheinland-Pfalz muss das Landwirtschaftsgericht der Löschung zustimmen. Die Zustim-

---

158 Amtsblatt der brit. Militärregierung Nr. 18 S. 505.
159 Anl. B zur VO.
160 GBl. S. 124.
161 GBl. S. 14.
162 GVBl. 1948, S. 12.
163 GVBl. S. 548.
164 RegBl. 165.
165 GBl. S. 289.
166 GVBl. S. 101.
167 GVBl. S. 138.
168 GVBl. S. 331.
169 Im Einzelnen s. *Lange/Wulff/Lüdtke-Handjery*, Einl. zur HöfeO Rn. 12 ff.; *Raude*, RNotZ 2016, 69, 70 ff.
170 BGBl. S. 693.
171 BGBl. I S. 881.
172 BGBl. I S. 1933.
173 GBl. 1996, S. 29.

mung setzt einen wichtigen Grund voraus. Nach dem Badischen Hofgütergesetz ist die Löschung der Hofeigenschaft an die Genehmigung des Landwirtschaftsamts gebunden.

c) Dem Anerbenrecht kann nur ein land- oder forstwirtschaftlicher Berieb unterliegen. Häufig finden sich neben der reinen Land- und Forstwirtschaft noch Verarbeitungsbetriebe, wie z.B. Molkereien, Käsereien, Brennereien, Sägewerke, Sandgruben, Kieswerke, eine Straußwirtschaft und dergleichen. Man spricht in solchen Fällen von einem *gemischten Betrieb*.[174] Ein solcherart gemischter Betrieb kann nur dann »Hof« sein, wenn der landwirtschaftliche Betriebsteil überwiegt und für sich allein einen Wirtschaftswert von mindestens 5.000,- € hat. **177**

d) Im Geltungsbereich der nordwestdeutschen HöfeO haben alle Besitzungen mit einem Wirtschaftswert unter 20.000 DM die Hofeigenschaft verloren, bei denen am 01.07.1976 ein Hofvermerk nicht eingetragen war. Dies gilt nicht, wenn sie an diesem Stichtag einem Hofvorerben gehörten.[175] Alle Besitzungen mit einem Wirtschaftswert von weniger als 10.000 DM haben am 31.12.1978 die Hofeigenschaft verloren. Auch dies gilt nicht für Besitzungen in Vorerbschaftseigentum (Art. 3, § 3 des 2. Änderungsgesetzes zur HöfeO). **178**

Eine landwirtschaftliche Besitzung, die einer natürlichen Person oder Ehegatten gehört, erlangt die Hofeigenschaft **kraft Gesetzes**, wenn sie einen Wirtschaftswert von 10.000 € oder mehr hat. Eine landwirtschaftliche Besitzung mit einem Wirtschaftswert von 5.000 € oder mehr, aber weniger als 10.000 €, die einer natürlichen Person oder Ehegatten gehört, wird »Hof«, wenn der Eigentümer erklärt, dass sie Hof sein soll **und** der Hofvermerk auf dem Deckblatt des Grundbuchs eingetragen wird (§ 1 Abs. 1 Satz 3 HöfeO). Eine Besitzung verliert die Hofeigenschaft, wenn der Eigentümer erklärt, dass sie kein Hof mehr sein soll, mit der Löschung des Hofvermerks. Die Hoferklärung bedarf der notariellen Beglaubigung (§ 4 Abs. 2 HöfeVfO) oder der Beurkundung. Sie ist dem örtlich zuständigen Landwirtschaftsgericht gegenüber abzugeben (§ 4 Abs. 1 HöfeVfO), bei diesem also in Urschrift (wenn die Unterschrift unter der Erklärung beglaubigt wurde) bzw. in Ausfertigung (bei Beurkundung der Erklärtung) einzureichen. Örtlich zuständig ist das Landwirtschaftsgericht, in dessen Bezirk die Hofstelle liegt (§ 10 LwVG). Das Landwirtschaftsgericht ersucht aufgrund der Hoferklärung das Grundbuchamt um die Eintragung bzw. Löschung des Hofvermerks (§ 3 Abs. 1 HöfeVfO). Die Eintragung wirkt auf den Zeitpunkt des Eingangs der Hoferklärung beim Landwirtschaftsgericht zurück (§ 1 Abs. 7 HöfeO). Letztlich beginnt bzw. endet also die Hofeigenschaft mit dem von der Geschäftsstelle des Landwirtschaftsgerichts auf der Hoferklärung festzuhaltenden Eingangszeitpunkt, nicht etwa mit deren Beurkundung. Um die Vererbung der Besitzung nach dem vom Eigentümer nicht mehr gewollten Erbstatut zu vermeiden, ist daher die Zuleitung der Erklärung an das Landwirtschaftsgericht stets eilbedürftig. **179**

Wird der Hof an mehrere Personen, die weder miteinander verheiratet sind noch in eingetragener Lebenspartnerschaft leben, oder an eine juristische Person veräußert oder verliert die Besitzung ihre Hoffähigkeit durch die Abtrennung allen Landes oder durch ihre Umwidmung zu einem gewerblichen Betrieb, geht die Hofeigenschaft allein durch den entsprechenden Vorgang und unabhängig von der Löschung des Hofvermerks verloren (Beachte: die Eintragung des Hofvermerks schafft lediglich eine Vermutung, § 5 HöfeVfO). Schrumpft die Besitzung auf einen Wirtschaftswert von weniger als 5.000 € oder verliert die Hofstelle ihre Eignung für die Bewirtschaftung des Betriebes, so tritt der Verlust der Hofeigenschaft erst mit der Löschung des Hofvermerks ein (§ 1 Abs. 3 Satz 2 HöfeO). Ob diese **180**

---

174 S. *Faßbender/Hötzel/von Jeinsen/Pikalo*, § 1 Rn. 11–17.
175 OLG Köln DNotZ 1978, 308 = AgrarR 1978, 87.

Regelung verfassungskonform ist, wird bestritten.[176] Erfährt das Landwirtschaftsgericht vom Absinken des Wirtschaftwertes unter die Qualifikationsschwelle oder vom dauerhaften Wegfall der Hofstelle, hat es von Amts wegen nach Anhörung und Belehrung des Eigentümers (§ 8 HöfeVfO) das Grundbuchamt um die Löschung des Hofvermerks zu ersuchen (§ 3 Abs. 1 Satz 1 HöfeVfO).

181 e) Umstritten ist die Frage, welchen Einfluss ein Eigentumswechsel auf die landwirtschaftsspezifische Eigenschaft einer landwirtschaftlichen Besitzung hat (Hof oder Nicht-Hof). Hier ist nach dem gesetzlichen Regel-Ausnahme-Verhältnis zu unterscheiden:

182 aa) Eine landwirtschaftliche Besitzung, deren Wirtschaftswert 10.000 € erreicht oder übersteigt, wird mit Umschreibung des Eigentums auf den Rechtsnachfolger dann von Gesetzes wegen und ohne Zutun des Erwerbers/Eigentümers zum Hof i.S.d. HöfeO, wenn die weiteren Voraussetzungen für die Hofeigenschaft in der Hand des Erwerbers gegeben sind (Alleineigentum einer natürlichen Person oder gemeinschaftliches Eigentum von Ehegatten bzw. Lebenspartnern), § 1 Abs. 1 Satz 1 HöfeO. Dies gilt auch dann, wenn der Veräußerer die Hofeigenschaft in der Vergangenheit durch Erklärung aufgehoben hatte.[177] Zu begründen ist dies damit, dass die landwirtschaftsspezifische Eigenschaft einer landwirtschaftlichen Besitzung nach der HöfeO – anders als beim Reichserbhofgesetz – der Besitzung nicht als solcher anhaftet, sondern sich aus der Wahl des Erbstatuts, d.h. nach dem Willen des jeweiligen Eigentümers, ergibt, wobei das Gesetz bei Besitzungen, deren Wirtschaftswert 10.000 € und mehr ist, das Vorliegen dieses Willens unterstellt. Die Wahl des Erbstatuts muss jedoch jedem Rechtsnachfolger genuin zustehen; es wäre systemwidrig, diese Wahl einen Dritten treffen zu lassen.

183 bb) Eine landwirtschaftliche Besitzung, deren Wirtschaftswert sich auf mehr als 5.000 €, aber weniger als 10.000 € beläuft, ist in der Hand des Rechtsnachfolgers Nicht-Hof, auch wenn der Rechtsvorgänger die Besitzung durch Erklärung dem Höferecht unterstellt hatte. Wäre dem nicht so, würde das Gesetz dem Erwerber einer solchen Besitzung eine Erblasserwillen unterstellen, den das Gesetz bei Besitzungen dieser Größenklasse dem Eigentümer gerade nicht unterstellt.[178] Dem scheint zwar die Regelung in § 1 Abs. 4 HöfeO zu widersprechen. Dies liegt jedoch nur daran, dass man die Hofeigenschaft für eine dingliche Eigenschaft der Besitzung hält, eine Rechtsfolge, die weder erforderlich noch sachdienlich ist.

184 cc) Zum Teil wird bei der Frage der Fortwirkung der landwirtschaftsspezifischen Eigenschaft der Besitzung nach der Art des Eigentumsübergangs differenziert: bei Übergang aufgrund Erbfolge oder Übertragung zwecks Vorwegnahme der Erbfolge soll das vom Erblasser bzw. Übergeber gewählte Erbstatut fortwirken, bei allen anderen Rechtsgeschäften, vornehmlich dem gemeinen Verkauf an fremde Dritte, hingegen nicht.[179] Dieser Lösungsansatz lässt sich jedoch weder mit der Theorie der Dinglichkeit der Hofeigenschaft noch mit der der Erbstatutswahlabhängigkeit schlüssig begründen.

185 dd) Es ergibt sich, dass es ratsam ist, bei jedem Eigentumswechsel eine vorsorgliche Hoferklärung abzugeben, um die Beteiligten von unkalkulierbaren Folgen zu schützen.

---

[176] So durch *Faßbender* in der 21. Aufl. § 40 Rn. 103: »Denn damit werden Besitzungen, die keine »leistungsfähigen Höfe in bäuerlichen Familien« mehr sind, ohne rechtfertigenden Grund dem landwirtschaftlichen Sonderrecht unterstellt.«.
[177] So *Faßbender/Hötzel/von Jeinsen/Pikalo*, § 1 Rn. 75; a.A. *Lange/Wulff/Lüdtke-Handjery*, § 1 Rn. 56.
[178] A.A. *Wöhrmann/Stöcker*, § 1 Rn. 93.
[179] So der BGH für den Fall, dass der Erblasser/Übergeber die Hofeigenschaft aufgehoben hatte, AgrarR 1993, 22.

ee) *Ehegattenhöfe* alten Rechts sind übergeleitet worden, sofern am 01.07.1976 der Ehegattenhofvermerk eingetragen war (Art. 3, § 2 Abs. 1 des 2. ÄndGes.). Bis zum 31.12.1976 konnte jeder Ehegatte gegenüber dem Landwirtschaftsgericht erklären, dass die Besitzung nicht mehr Ehegattenhof sein sollte, sofern sie »nicht im gemeinschaftlichen Eigentum der Ehegatten« stand (Art. 3 § 2 Abs. 2). Besitzungen mit mindestens 20.000 DM Wirtschaftswert, die im gemeinschaftlichen Eigentum von Ehegatten standen, sind auch ohne Eintragung des Vermerks Ehegattenhof geblieben. Nichthöfe dieser Größe, die durch ein Umsatzgeschäft (Kauf, Tausch) in das gemeinschaftliche Eigentum von Ehegatten gelangen, werden kraft Gesetzes Ehegattenhof, wenn ihr Wirtschaftswert wenigstens 10.000 € beträgt. Besitzungen ab 5.000 € Wirtschaftswert, die zwar Ehegatten gehören, aber nicht in ihrem gemeinschaftlichen Eigentum stehen, werden nur durch eine Einführungserklärung der Ehegatten zum Ehegattenhof.

186

Nicht eindeutig ist, was das Gesetz mit »gemeinschaftlichen Eigentum« meint, welches kraft Gesetzes Ehegattenhofeigenschaft zur Folge hat, wenn die übrigen Qualifikationen erfüllt sind (bis 30.06.1976 verlangte die HöfeO für die kraft Gesetzes eintretende Ehegattenhofeigenschaft lediglich Besitzungen, die »im Eigentum von Ehegatten« stehen). Erwerben Eheleute eine hoffähige Besitzung gemeinsam, so liegt »gemeinschaftliches« Eigentum nur vor, wenn die (ggf. innere) Beteiligungsquote $^1/_2$ zu $^1/_2$ ist. Überträgt jedoch der Alleineigentümer eines Hofes seinem Ehegatten einen Miteigentumsanteil an allen Grundstücken der landwirtschaftlichen Besitzung, so entsteht die Ehegattenhofeigenschaft auch dann, wenn die Miteigentumsquote geringer als $^1/_2$ ist. Begründet wird diese Ausnahme damit, dass der Übertragende durch die Übertragung zum Ausdruck bringt, dass er einen gemeinschaftlichen Betrieb und damit auch einen Ehegattenhof will.[180] Die Übertragung einzelner Grundstücke zu Alleineigentum des Ehegatten und die Übertragung von Miteigentum an einzelnen Grundstücken führt jedoch nie zu »gemeinschaftlichem« Eigentum und damit nie zur Ehegattenhofeigenschaft kraft Gesetzes.

187

Unabhängig von der Entstehung der Ehegattenhofeigenschaft kraft Gesetztes steht es Landwirteheleuten frei, durch gemeinsame Hofeinführungserklärung die Ehegattenhofeigenschaft einzuführen, und dies auch dann, wenn dem »aufzunehmenden« Ehegatten nur ein kleines Ackergrundstück von geringem Wert gehört oder er nur an **einem** Hofgrundstück eigentumsmäßig beteiligt ist, sofern der Hof eine Mindestwirtschaftswert von 5.000 € hat.

188

Die Eigenschaft als Ehegattenhof geht unabhängig von ihrer Entstehung mit der Rechtskraft der Scheidung, der Aufhebung und der Nichtigerklärung der Ehe verloren (§ 1 Abs. 5 HöfeO).

189

Begründet der Hofeigentümer an der Hofstelle Wohnungs- bzw. Teileigentum und überträgt er alsdann ein Sondereigentumsrecht an eine Dritten, so soll die landwirtschaftlichen Besitzung mangels im Alleineigentum stehender Hofstelle die Eignung zum Hof i.S.d. Höfeordnung verlieren (so das OLG Köln[181]). Die Begründung des OLG Köln wirkt formal und überzeugt nicht. Der ratio legis ist Genüge getan, wenn die für den Betrieb der Landwirtschaft erforderlichen Wirtschaftsgebäude im alleinigen (Teil-)Eigentum des Eigentümers der übrigen landwirtschaftlichen Besitzung stehen. Für die Bewirtschaftung nicht erforderliche Teile der Hofanlage (Vierkanthof mit Scheunen und Stallungen, die heute oft keine Bedeutung für die Bewirtschaftung mehr haben) können einem Dritten als Wohnungs- oder Teileigentümer gehören, ohne die Funktion des Höferechts zu stören und dessen Sinn und Zweck zu beeinträchtigen.

190

Eine »Besitzung« besteht aus allem Land, das dem Eigentümer der Hofstelle gehört und das er von der Hofstelle aus zu bewirtschaften pflegt. Ein und dieselbe Besitzung kann nur

191

---

180 *Faßbender/Hötzel/von Jeinsen/Pikalo*, § 1 Rn. 151.
181 OLG Köln, Beschl. v. 20.09.2006, DNotZ 2007, 636 f.; a.A. *Faßbende/Hötzel/von Jeinsen/Pikalo*, § 1 Rn. 30.

§ 36 Veräußerung landwirtschaftlicher Grundstücke, Landgüter und Höfe

entweder ganz Hof oder ganz Nicht-Hof sein. Eine partielle Hofaufhebung bzw. -einführung ist nicht wirksam.[182] Gehört die Besitzung teils Ehegatten in Gütergemeinschaft, teils dem einzelnen Ehegatten als Vorbehaltsgut, so kann nicht der gesamtgutzugehörige Teil Ehegattenhof, der vorbehaltsgutzugehörige Teil hingegen höferechtsfrei sein.[183]

192 2. Nach der ständigen Rechtsprechung des BGH[184] soll auch derjenige Hofeigentümer, der den Hoferben durch eine nach § 6 Abs. 1 Nr. 1 oder Nr. 2 HöfeO bindende Hoferbenbestimmung bereits festgelegt hat, die Bindung dadurch unterlaufen können, dass er die Hofeigenschaft aufhebt.[185] Diese grundlegende Entscheidung ist auf erheblichen Widerspruch nahezu der gesamten landwirtschaftrechtlichen Wissenschaft und Literatur gestoßen.[186]

193 3. Entwirft oder beurkundet der Notar die Hoferklärung, so trifft ihn die Prüfungs- und Belehrungspflicht wie bei einem Testament. Die Hoferklärung wird, wenn Zweifel an der Testierfähigkeit oder -freiheit des Eigentümers bestehen, zweckmäßigerweise beurkundet, damit Anlass und Grund für diese Zweifel im Urkundeneingang dargelegt werden können. In unübersichtlichen Fällen ist die Absicherung des vom Eigentümer für die Besitzung gewählten Erbstatuts durch ein positives oder negatives Hoffeststellungsverfahren nach § 11 Abs. 1a HöfeVfO ratsam. Auch wenn der Feststellungsantrag nicht in die Hoferklärung aufgenommen wird, gehört es zum Amt des Notars, der sie beglaubigt oder beurkundet, dem Eigentümer in dem Feststellungsverfahren beizustehen. Er kann dabei nicht als Rechtsanwalt auftreten und demgemäß auch nur die Gebühr nach § 147 KostO dafür erheben.

Erklärung zur Einführung der Hofeigenschaft

194 M An das Amtsgericht – Landwirtschaftsgericht –
Jülich
Betr.: Hofeinführung
Ich bin Eigentümer der in den Grundbüchern von Titz Blatt 1914 und Gevelsdorf Blatt 1918 eingetragenen landwirtschaftlichen Besitzung mit der Hofstelle in Titz, Hauptstraße 121. Sie hat einen Wirtschaftswert von 9.500 € und einen Einheitswert von 14.500 €. Am 1. Juli 1976 war der Hofvermerk nicht eingetragen. Die Besitzung hat daher an diesem Tag die Hofeigenschaft verloren. Ich bestimme, dass sie fortan wieder die Hofeigenschaft haben soll.
Der Notar hat mich über die rechtlichen Auswirkungen der Hofeigenschaft belehrt, insbesondere darüber,
– dass ein Hof nur geschlossen an eine wirtschaftsfähige natürliche Person vererbt werden kann und dass dem widersprechende Verfügungen von Todes wegen insoweit unwirksam sind,
– dass die weichenden Erben grundsätzlich nach dem 1$^1/_2$ fachen des Einheitswerts in Geld abgefunden werden,
– dass ich über den Hof keine Verfügung von Todes wegen treffen kann, die das Hoferbrecht aushöhlt,

---

182 Vgl. BGH NJW 1989, 1222; a.A. *Wöhrmann/Stöcker*, § 1 Rn. 166.
183 Str., *Fassbender*, AgrarR 1979, 23.
184 S. AgrarR 1987, 222.
185 Vgl. dazu *Faßbender*, AgrarR 1987, 295 und 1988, 125.
186 Siehe *Faßbender/Hötzel/von Jeinsen/Pikalo*, § 6 Rn. 18.

– dass bei einem Hof durch die vorbehaltlose Übertragung der Bewirtschaftung, die Beschäftigung auf dem Hof, durch sonstiges schlüssiges Verhalten oder durch formlose Erklärung eine bindende Hoferbenbestimmung eintreten kann.

Ort, Datum   Unterschrift
(Beglaubigungsvermerk des Notars)

- **Kosten.** Für die Beglaubigung einer vom Notar entworfenen Hoferklärung entsteht eine 1,0 Gebühr nach Nr. 24101 i.V.m. Vorbemerkung 2.4.1 Abs. 2 KV GNotKG (i.V.m. § 92 Abs. 2 BGB, da vollständiger Entwurf). Der Geschäftswert ist nach § 36 Abs. 1 GNotKG mit 20 % des Werts nach § 48 Abs. 1 Satz 1 (vierfacher Einheitswert) zu bestimmen. Gerichtskosten (vom Landwirtschaftsgericht und vom Grundbuchamt) werden mangels Gebührentatbestand im Kostenverzeichnis zum GNotKG nicht erhoben (str.).[187]

Erklärung zur Wiedereinführung der Hofeigenschaft (Alleineigentumshof)

Verhandelt zu Hückelhoven-Brachelen am ..... **195 M**

Vor ....., Notar in Linnich,
erschien, von Person bekannt:
Frau Witwe Peter May, Anna geborene Müller, Landwirtin i.R., geboren am ....., wohnhaft in Hückelhoven-Brachelen, Altersheim St. Josef.
Anna May lag zu Bett. Zusammengefasst erklärte Anna May teils sinnvoll und folgerichtig, teils ohne Zusammenhang und verworren: Mir geht es gesundheitlich nicht mehr gut. Ich kann kaum noch gehen, stehe oft tagelang nicht auf und schlafe auch tagsüber viel. Auch weiß ich manchmal nicht, wo ich gerade bin. Zeitweilig – wie in den letzten Tagen – geht es mir aber noch so gut, dass ich mir über die Vererbung meines landwirtschaftlichen Betriebes hier in Brachelen Gedanken mache. Der kann nicht aufgeteilt werden. Ich möchte, dass mein Sohn Karl den Betrieb allein erbt. Er bewirtschaftet ihn schon seit über 15 Jahren und muss darauf sein Brot verdienen. Die anderen Kinder haben eine gute Ausbildung und die Mädchen zusätzlich eine Aussteuer bekommen. Sie sollen nach meinem Tod nur noch etwas Geld bekommen, so wie bei einem Erbhof. Mein Mann und ich sind etwa 1950 aus der Höferolle herausgegangen. Ich möchte jetzt, dass der Betrieb wieder Erbhof wird. An Eigentum habe ich etwa 40 Morgen. Ich glaube, der Einheitswert ist 45.000 DM. Mein Mann und ich haben uns gegenseitig alles vermacht, aber weiter nichts geregelt.
Die Zweifel des Notars an der Testierfähigkeit der Anna May wurden durch die Verhandlung zwar nicht ausgeräumt, verdichteten sich aber auch nicht zu der Überzeugung, dass Anna May die Testierfähigkeit fehlt. Der Notar hat durch Einsicht in die Grundbücher festgestellt, dass Anna May Eigentümerin der landwirtschaftlichen Besitzung mit der Hofstelle in Brachelen, Annastraße 17, ist. Der Grundbesitz ist in den Grundbüchern von Brachelen Blatt 1728, Linnich Blatt 1829 und Lindern Blatt 0222 eingetragen und umfasst 9,79 ha. Der 1948 eingetragene Ehegattenhofvermerk ist am 14.01.1951 gelöscht worden, und zwar aufgrund einer Aufhebungserklärung der Eheleute Peter May und Anna May geborene Müller.

---

[187] BR-Drucks. 517/12, S. 312; Schleswig-Holstein. OLG JurBüro 2016, 478 ff. Das OLG Hamm Beschl. v. 11.8.2016 – I-10W 23/16; ebenso Korintenberg/Heyl'l, GNotKG, KV Nr. 14160 Rn. 22; Hk GNotKG Fackelmann/Heinemann/Drempetic, KV Nr. 14160 Rn. 21; a.A. OLG Celle Beschl. v. 28.1.2015 – 7 W 1/15 L – demnach kommt die für die § 18 HöfeVfO a.F. vorgesehene Gebührenfreiheit nach Inkrafttreten des GNotKG nicht mehr in Betracht, da der Gesetzgeber nur für das Grundbuchverfahren Gebührenfreiheit vorgesehen hat, die Folge sei eine 0,5 Gebühr nach Nr. 15112 KV GNotKG; zum Ganzen *Schmidt*, RNotZ 2016, 658, 663.

§ 36   Veräußerung landwirtschaftlicher Grundstücke, Landgüter und Höfe

Der Notar hat Anna May darüber belehrt, dass ..... (Belehrung wie im Muster Rdn. 194 M)
Anna May erklärte:
Ich bestimme, dass mein landwirtschaftlicher Betrieb in Brachelen mit dem Land in Linnich und Lindern wieder Hof im Sinne der Höfeordnung sein soll.
Diese Niederschrift .....
Anmerkung: **Von der Urkunde ist eine Ausfertigung, nicht etwa nur eine beglaubigte Abschrift, beim Landwirtschaftsgericht einzureichen.**

- *Kosten.* Wie voriges Muster Rdn. 194 M.

Erklärung zur Aufhebung der Hofeigenschaft

196 M   An das Amtsgericht – Landwirtschaftsgericht –
Düren
Betr.: Aufhebung der Hofeigenschaft
Ich, der unterzeichnende Landwirt Egon Bahr, bin Eigentümer der im Grundbuch des Amtsgerichts Düren von Birkesdorf Blatt 1348 eingetragenen landwirtschaftlichen Besitzung mit der Hofstelle in Düren-Birkesdorf, Hospitalstraße 25.
Ich erkläre, dass diese meine landwirtschaftliche Besitzung fortan kein Hof i.S.d. Höfeordnung sein soll.
An der Abgabe dieser Erklärung bin ich weder durch erbrechtliche noch durch höferechtliche Gründe gehindert. Der beglaubigende Notar hat mich über die Auswirkungen der Aufhebung der Hofeigenschaft belehrt.
Ort, Datum   Unterschrift
Beglaubigungsvermerk

- *Kosten.* Wie zu Rdn. 198 M, allerdings ist der Geschäftswert (§ 36 GNotKG) nicht unter Berücksichtigung von § 48 GNotKG zu ermitteln (vierfacher Einheitswert), da der Grund für die Privilegierung nach § 48 GNotKG bei der Löschung des Hofvermerks ja gerade entfällt, sondern mit einem Bruchteil des Verkehrswerts, z.B. 20 %, anzusetzen.[188]

Erklärung zur Einführung der Ehegattenhofeigenschaft

197 M   An das Amtsgericht – Landwirtschaftsgericht – Jülich
Betr.: Einführung der Ehegattenhofeigenschaft
Wir sind zu je $^1/_2$ Anteil Eigentümer der landwirtschaftlichen Besitzung mit der Hofstelle in Boslar, Dorfplatz 18, eingetragen in den Grundbüchern von Boslar Blatt 21 und Hottorf Blatt 142 Wir bestimmen, dass diese Besitzung fortan die Eigenschaft eines Ehegattenhofes im Sinne der Höfeordnung haben soll.
Der Notar hat uns über die rechtlichen Auswirkungen der Ehegattenhofeigenschaft belehrt, insbesondere darüber,
- dass sich der Anteil des erstversterbenden Ehegatten auf den überlebenden zu Volleigentum vererbt und frühere Verfügungen von Todes wegen, die dem widersprechen, insoweit unwirksam sind,
- dass wir den Hoferben nach dem Längerlebenden von uns nur gemeinsam bestimmen können,

---
[188] A.A. OLG Oldenburg, Beschl. v.26.01.2016 – Az. 10 W 22/15: Bruchteil des Verkehrswertes, hier: 1/5; ebenso OLG Hamm, Beschl. v. 01.08.2016 – Az. 10 W 23/16.

– dass der länger lebende Ehegatte beim Fehlen einer gemeinsamen Hoferbenbestimmung jede beliebige wirtschaftsfähige Person, also nicht nur Sippeangehörige, zum Hoferben bestimmen kann,
– dass ..... (sonstige Belehrung wie Muster 150 M).
Der Einheitswert des Hofes beläuft sich auf 50.000 €.
Ort, Datum   Unterschrift
(Beglaubigungsvermerk des Notars)

■ *Kosten.* Wie zu Rdn. 198 M.

Erklärung zur Aufhebung der Ehegattenhofeigenschaft

An das Amtsgericht – Landwirtschaftsgericht – Jülich   **198 M**
Betr.: Aufhebung der Ehegatten- und der Hofeigenschaft
Wir sind Eigentümer der ..... (wie Muster Rdn. 198 M). Durch Erklärung vom ..... hatten wir für unsere Besitzung die Ehegattenhofeigenschaft eingeführt. Wir bestimmen, dass die Besitzung fortan nicht mehr Ehegattenhof und auch nicht mehr Hof im Sinne der Höfeordnung sein soll.
Wir wurden vom Notar darüber belehrt, dass sich die dem erstversterbenden Ehegatten gehörenden Betriebsteile nach der Aufhebung der Ehegattenhofeigenschaft bei gesetzlicher Erbfolge zur Hälfte auf den überlebenden Ehegatten und zur Hälfte auf die Abkömmlinge des Erstversterbenden vererben, und dass mit dem Tode des überlebenden Ehegatten dessen Anteil am Betrieb bei gesetzlicher Erbfolge gleichmäßig auf dessen Kinder übergeht. Wir wurden vom Notar ferner darüber belehrt, dass es bei gesetzlicher Erbfolge zu einem Zuweisungsverfahren nach §§ 13 ff. GrdstVG kommen kann.
Der Verkehrswert des Hofes beträgt 250.000 €, sein Einheitswert 15.000 €.
Ort, Datum   Unterschrift
(Beglaubigungsvermerk des Notars)

■ *Kosten.* Wie zu Rdn. 194 M, Geschäftswert jedoch 250.000 €, da die Erklärung nicht der geschlossenen Fortführung des Betriebes dient.

VII. Hofübergabevertrag

Für den Hofübergabevertrag gelten gegenüber dem Vertrag zur Übertragung eines Landguts (Nicht-Hof) (vgl. oben Rdn. 88 ff.) einige Besonderheiten. Er ist »Übergabe des Hofes an den Hoferben im Wege der vorweggenommenen Erbfolge« (so der Wortlaut in § 17 Abs. 1 HöfeO). Sprachlich ist die Formulierung missglückt: die Erbfolge, die vom Grundsatz der Universalsukzession geprägt ist, kann man nicht »vorwegnehmen«. Ob es sich beim Übertragungsgegenstand um einen Hof i.S.d. HöfeO handelt, muss vor der Beurkundung des Übergabevertrages gründlich geklärt werden. Die Eintragung eines Hofvermerks im Grundbuch allein reicht zur Feststellung der Hofeigenschaft nicht aus, weil der Eintragung des Hofvermerks keine konstitutive Wirkung zukommt, sondern lediglich eine widerlegbare gesetzliche Vermutung für das Bestehen der Hofeigenschaft begründet (§ 5 HöfeVfO). Umgekehrt kann aus dem Fehlen eines Hofvermerks oder dessen Löschung nicht mit Gewissheit geschlossen werden, dass es sich um einen Nicht-Hof handelt. Bleiben Zweifel, sollte entweder vorsorglich eine Hoferklärung abgegeben oder ein Hoffeststellungsverfahren nach § 11 HöfeVfO eingeleitet werden. Der Übernehmer braucht nicht zum Kreis der

199

gesetzlichen Hoferben (§§ 5, 6 HöfeO) zu gehören. Leistungen an den Übergeber und dessen Ehegatten sind zwar typisch, aber nicht wesentlich für den Hofübergabevertrag. Dasselbe gilt für Abfindungen, die zugunsten weichender Erben vereinbart werden. Die Übertragung des Hofes auf einen hoferbberechtigten Abkömmling wird zugunsten der anderen Abkömmlinge wie der Erbfall in den Hof behandelt (§ 17 Abs. 2 HöfeO). Die Abfindungsansprüche der anderen Abkömmlinge entstehen daher bereits mit dem Übergang des Eigentums am Hof (das ist beim Landgut nicht der Fall). Der Hofübergabevertrag ist ein Rechtsgeschäft unter Lebenden und steht einer Verfügung von Todes wegen nahe. Mit dem typischen Hofübergabevertrag wird einer natürlichen Obliegenheit entsprochen. Daher wird er nicht als (gemischte) Schenkung, sondern als Vertrag sui generis verstanden.[189] Der Hofübergabevertrag unterliegt einer doppelten Inhaltskontrolle: einmal nach der HöfeO und zusätzlich nach dem GrdstVG. Das Verwandtenprivileg des § 8 Nr. 2 GrdstVG gilt für Höfe i.S.d. Höfeordnung nicht (§ 31 Abs. 1 GrdstVG).

200 Gemäß § 17 i.V.m. § 16 HöfeO muss der Übergabevertrag allen Anforderungen gerecht werden, die die Höfeordnung für die Hoferbfolge vorgibt. Demnach
(1) kann der Hof nicht auf mehrere Personen (außer auf ein Ehepaar und auf Lebenspartner i.t.S.) oder eine juristische Person übertragen werden (§ 4 HöfeO),
(2) muss der Übernehmer wirtschaftsfähig sein. Ausnahmen hierzu: 1. der Übergeber hat weder wirtschaftsfähige Abkömmlinge noch einen wirtschaftsfähigen Ehegatten (§§ 6 Abs. 6, 7 Abs. 1 HöfeO); 2. allein mangelnde Altersreife ist der Grund für die Wirtschaftsunfähigkeit des Übernehmers (§ 6 Abs. 6 Satz 2 HöfeO); 3. der Hof wird dem Ehegatten übertragen (§ 6 Abs. 6 Satz 2 HöfeO),
(3) dürfen wesentliche Teile des Hofes weder vorbehalten noch weichenden Erben übertragen werden (§ 4 HöfeO, § 9 GrdstVG),
(4) müssen die Gegenleistungen so bemessen sein, dass sie vom Übernehmer aufgebracht werden können,
(5) darf der Hofübergabevertrag nicht mit erbrechtlichen Bindungen kollidieren, die sich aus einem früheren Übergabevertrag, einem Erbvertrag, einem bindend gewordenen Testament, einer gemeinsamen Hoferbenbestimmung beim Ehegattenhof gemäß § 8 HöfeO, einem faktischen Erbvertrag nach §§ 6, 7 HöfeO oder einer sonstigen formlosen bindenden Hoferbenbestimmung ergeben.

201 Ein gegen zwingende Normen der HöfeO verstoßender Hofübergabevertrag ist nach h.M. nicht von Anfang an unwirksam, sondern bis zur Rechtskraft der Genehmigungsversagung schwebend unwirksam.[190] Die höferechtlichen Übertragungshindernisse kann der Eigentümer umgehen, indem er die Hofeigenschaft vor Abschluss des Übergabevertrages aufhebt, wozu er nach der ständigen Rechtsprechung des BGH auch bei bestehender, formlos bindender Hoferbenbestimmung befugt sein soll.

202 Ein Grund, die Zustimmung zum Hofübergabevertrag zu versagen, kann sich nach § 9 GrdstVG ergeben, wenn
(1) Grundstücke für einen Nichtlandwirt vorbehalten oder ihm übertragen werden,
(2) an Hofgrundstücken ein Nießbrauchsrecht für einen Nichtlandwirt bestellt wird,
(3) durch die Übertragung eine die Agrarstruktur erheblich beeinträchtigende Anhäufung mehrerer Höfe in einer Hand eintreten würde,
(4) ohne billigenswerte Gründe ins Gewicht fallende Teile des Hofes abgetrennt werden.

203 Eine Inhaltskontrolle nach bürgerlichem oder sonstigem, nicht höfespezifischem Recht findet im Rahmen der Genehmigung des Hofübergabevertrages nach § 17 HöfeO grundsätzlich nicht statt. Liegt die bürgerlich-rechtliche Unwirksamkeit des Vertrages jedoch auf der Hand – Beispiel: der Hofübergeber ist gerichtsbekannt geschäftsunfähig- oder droht

---

189 Str., vgl. *Wöhrmann*, Landwirtschaftsrecht, § 17 Rn. 4 ff. m.w.N. und *Pikalo*, AgrarR 1981, 133.
190 *Faßbender/Hötzel/von Jeinsen/Pikalo*, § 17 Rn. 224 f.

einem Vertragserben für das Gericht erkennbar der Verlust seiner Rechte, ist die Genehmigung allerdings zu versagen.[191]

Die Übertragung einzelner Hofgrundstücke außerhalb eines Hofübergabevertrages ist selbst kein Hofübergabevertrag, und dies auch dann nicht, wenn im zeitlichen und sachlichen Zusammenhang mit dem Hofübergabevertrag getätigt. Für ihre Genehmigung ist daher ausschließlich die Genehmigungsbehörde nach dem GrdstVG zuständig.[192] Dasselbe gilt, wenn ein Hof »normal« verkauft wird. Die Genehmigung eines Hofübergabevertrages durch die hierfür nicht zuständige Genehmigungsbehörde nach dem GrdstVG ist zwar anfechtbar, wird aber mit Ablauf der Rechtsmittelfrist wirksam.[193] **204**

Der Notar, der den Hofübergabevertrag beurkundet hat, gilt als ermächtigt, dessen Genehmigung zu beantragen und für die Beteiligten Rechtsmittel gegen die Genehmigungsversagung bzw. eine eingeschränkte Genehmigung einzulegen, § 16 HöfeO i.V.m. 13 HöfeVfO. Es gehört zu seinem Amt, die Beteiligten bei der Durchsetzung des Vertrages zu betreuen.[194] Antragsberechtigt ist jeder Vertragsschließende (§ 16 i.V.m. 13 Abs. 1 HöfeVfO) und ein Dritter, wenn der Übergabevertrag ohne Änderungsvorbehalt auch zu seinen Gunsten abgeschlossen wurde.[195] Am Genehmigungsverfahren zu beteiligen und beschwerdeberechtigt (§§ 22, 24 LwVG) sind außer den Vertragsschließenden und begünstigten Dritten auch übergangene, aber durch Erbvertrag, gemeinschaftliches Testament oder durch formlos bindenden Hoferbenbestimmung bindend berufene Hofanwärter.[196] Die weichenden Erben sind nicht Beteiligte im materiellen Sinn, weil sie durch das verfahrensgegenständliche Rechtsgeschäft weder unmittelbar berührt noch betroffen werden Auch die sich aus der Eigentumsumschreibung für die weichenden Erben ergebenden Abfindungsansprüche aus § 17 Abs. 2 i.V.m. § 12 HöfeO verschaffen diesen nicht die Stellung eines Beteiligten, weil diese Rechte den weichenden Erben unabhängig vom Inhalt des Übergabevertrages von Gesetzes wegen zustehen. Dennoch hat der BGH in einem obiter dictum die weichenden Erben im Verfahren der Genehmigung eines Hofübergabevertrages ausdrücklich als Beteiligte im formellen Sinn bezeichnet.[197] Ein Gutachten des Deutschen Notarinstituts kommt zu dem Schluss, dass es vertretbar sei, die weichenden Erben als Beteiligte hinzuzuziehen.[198] **205**

Der typische Hofübergabevertrag kann vom gesetzlichen Vertreter für den nicht geschäftsfähigen Übergeber mit einem Anwärter seiner Wahl und zu frei vereinbarten Bedingungen abgeschlossen werden.[199] Er bedarf der Zustimmung des Familien- bzw. Betreuungsgerichts. Ein atypischer Hofübergabevertrag (Schenkung) kann für einen nicht geschäftsfähigen Eigentümer nicht wirksam geschlossen werden (§§ 1641, 1804 BGB). **206**

Der Hofübergabevertrag weicht seinem Inhalt nach nicht signifikant von sonstigen Übergabeverträgen ab. Auch die Motiv- und Interessenlage ist bei beiden Vertragstypen im Wesentlichen gleich. Die Ausführungen dazu unter Rdn. 84 ff. und die Regelungen im Muster Rdn. 170 M können daher für den Hofübergabevertrag sinngemäß übernommen werden. Allerdings gestalten sich die Abfindungsansprüche der weichenden Erben anders. Sofern an einen hoferbenberechtigten Abkömmling übergeben wird, entstehen die Ansprüche aus § 12 HöfeO bereits mit der Umschreibung des Eigentums, § 17 Abs. 2 HöfeO. Sie **207**

---

191 *Faßbender/Hötzel/von Jeinsen/Pikalo*, § 17 Rn. 226; zur Frage der Beschwerdebefugnis gegen die Versagung der Genehmigung vgl. BGH ZEV 2016, 646.
192 *Faßbender/Hötzel/von Jeinsen/Pikalo*, § 17 Rn. 201 ff.; a.A. OLG Hamm AgarR 1978, 289.
193 Str., vgl. *Faßbender/Hötzel/von Jeinsen/Pikalo*, § 17 Rn. 204; a.A. *Lange/Wulff/Lüdtke-Handjery*, § 17 Rn. 128.
194 *Faßbender/Hötzel/von Jeinsen/Pikalo*, § 16 HöfeVfO Rn. 29.
195 Vgl. *Faßbender/Hötzel/von Jeinsen/Pikalo*, § 16 HöfeVfO Rn. 9.
196 *Faßbender/Hötzel/von Jeinsen/Pikalo*, § 16 HöfeVfO Rn. 7.
197 BGH, Beschl. v. 27.09.2007 – BLw 14/07, ZEV 2009, 145.
198 Gutachten Nr. 92802.
199 *Faßbender/Hötzel/von Jeinsen/Pikalo*, § 17 Rn. 55, nach früher h.M. nur mit dem nächstberufenen Hoferben und zu den gesetzlichen Abfindungsbedingungen.

§ 36 Veräußerung landwirtschaftlicher Grundstücke, Landgüter und Höfe

werden als gesetzliche Vermächtnisse qualifiziert und sind daher steuerunschädlich, d.h. führen weder zu einem Veräußerungsgewinn noch zu Anschaffungskosten.[200] Die Abfindungsergänzungsansprüche nach § 13 HöfeO werden im Hofübergabevertrag regelmäßig angesprochen, oft modifiziert, gelegentlich auch ausgeschlossen, wobei beachtet werden muss, dass dies ohne Mitwirkung der weichenden Erben nur bis zur Grenze des Pflichtteils möglich ist. Aus Gründen der Planungssicherheit und der Wahrung des Familienfriedens ist allerdings anzustreben, die weichenden Erben in den Vorgang der Hofübergabe einzubeziehen. Die Erklärung der weichenden Erben, auf Ansprüche, die über die im Übergabevertrag geregelten hinausgehen, zu verzichten, sollte, um spätere Auslegungsschwierigkeiten auszuschließen, klarstellen, ob davon auch die Abfindungsergänzungsansprüche aus § 13 HöfeO erfasst sein sollen.

208   Das folgende Muster stellt ein Modell dar, das im Rheinland seit alters her eingebürgert ist (daher »Rheinische Hofübergabe«), das jedoch auch in anderen Regionen Anklang gefunden hatte. Wegen der wechselhaften Behandlung des Nießbrauchs durch die Finanzverwaltung, der Frage des wirtschaftlichen Eigentums, der Probleme der Harmonisierung der verschiedenen rechtlichen Ebenen (Eigentum, Nießbrauch, Pachtrechtsverhältnis) und nicht zuletzt wegen des Umstandes, dass der dem den Übergeber überlebenden Ehegatten eingeräumte Nießbrauch ein Zuwendungsnießbrauch ist, steht die steuerliche Beratung dem Modell »Rheinische Hofübergabe« zunehmend reserviert gegenüber. Ein Gestaltungsvorteil, den der Vorbehalt des Nießbrauchs mit sich bringt, liegt darin, dass der Hofeigentümer den Hof zeitlich früh in die nächste Generation übertragen und sich qua Nießbrauch die Bewirtschaftung desselben vorbehalten kann. Das typische Generationenproblem ist gelöst: der Hofnachfolger hat eine feste Lebens- und Planungsgrundlage, der Übergeber behält zunächst weiterhin das Sagen. Wenn es an der Zeit ist, kann der Übergeber/Nießbraucher dem Übernehmer/Eigentümer die Bewirtschaftung des Hofes schrittweise überlassen, sei es auf der faktischen Ebene durch Reduzierung des Arbeitseinsatzes oder durch Rückzug aus der Leitung des Betriebes, sei es auf der rechtlichen Ebene durch die Bildung einer Betriebsgemeinschaft oder durch Abschluss eines Pachtvertrages, Möglichkeiten, die sich durch eine große Gestaltungsflexibilität auszeichnen. Diese Flexibilität mag so manchem Hofeigentümer die Scheu vor der Übergabe des Hofes nehmen. Die Hofübergabe gegen Nießbrauchvorbehalt hat somit ihre Berechtigung in den Fällen, in denen Übergeber und Übernehmer noch jung sind. Hat der Übergeber jedoch das 60. Lebensjahr überschritten und steht der Übernehmer im besten Mannesalter, ist eine Hofübergabe mit den Regelungen, wie sie zuvor im Muster des Landgutübergabevertrages vorgestellt wurden, der »Rheinischen Hofübergabe« vorzuziehen.

209   Die Besonderheit der »Rheinischen Hofübergabe« besteht in der Übereignung des Hofes mit allem Zubehör unter Vorbehalt des Nießbrauchs für den Übergeber und seinen Ehegatten und in der kraft des Nießbrauchs vorgenommenen Verpachtung des Hofes mit Zubehör an den Übernehmer. Die Wohnung des Übergebers wird vom Pachtverhältnis ausgenommen. Neben einem Pachtzins in Geld verpflichtet sich der Übernehmer/Pächter zur Pflege, Beköstigung, Versorgung mit Strom, Gas, Heizung und Wasser etc. als Gegenleistung für die Nutzungsüberlassung, nicht für die Eigentumsübertragung. Es sollte stets deutlich gemacht werden, was Bedingung des Pachtvertrages und was als Gegenleistung für die Übereignung gewollt ist, damit bei einer Kündigung des Pachtvertrages klar ist, welche Rechte bzw. Pflichten entfallen und welche weiter gelten. Bei Verletzung von Pflichten des Pachtvertrages kann sich der Übergeber/Verpächter durch die Kündigung des Pachtvertrages zur Wehr setzen, bei schwersten Pflichtverletzungen durch den Rücktritt vom Übergabevertrag insgesamt. Soweit vertragliche Regelungen fehlen, ergeben sich die Rechte und

---

[200] BFH, Urt. v. 25.11.1993 – IV R 66/93, BStBl II 94/623 = DStR 1994, 389 (Ls.) = BB 1994, 493; *Schmidt*, § 16 EStG Rn. 592.

Pflichten der Beteiligten aus den gesetzlichen Vorschriften über den Nießbrauch und die Landpacht. Das Nießbrauchsrecht führt de facto zu einer – zumeist erwünschten – Veräußerungs- und Belastungssperre.

Die Pachtleistungen sind beim Übernehmer/Pächter als Betriebsausgaben in voller Höhe absetzbar. Dies gilt jedoch nicht, wenn und soweit die Pachtleistungen – was selten vorkommt – höher als die ortsüblichen sind. Der Übergeber/Nießbraucher/Verpächter kann die Pacht als Einkünfte aus Landwirtschaft deklarieren, sodass ihm auch weiterhin der Sonderfreibetrag für Landwirte zusteht. Auch die AfA steht weiterhin dem Übergeber/Nießbraucher/Verpächter zu. Dies gilt nur in den Fällen nicht, in denen die Gebrauchsüberlassung (die Verpachtung) unentgeltlich erfolgt; in diesen Fällen geht die AfA-Befugnis auf den Übernehmer/Eigentümer über.[201] 210

Zur steuerlichen Anerkennung des bürgerlich-rechtlich wirksam Vereinbarten kann es zweckmäßig sein, die Verpachtung von der Übergabe zu trennen bzw., wenn der Hof dem Übernehmer bereits verpachtet ist, getrennt zu lassen, die Verpachtung nicht bis zur Beendigung des Nießbrauchs, also nur auf Zeit, vorzunehmen und außer den gesetzlichen noch weitere Kündigungsgründe zu vereinbaren. Auch beim Hofübergabevertrag gilt das zum Landgutübergabevertrag Ausgeführte (s. Rdn. 94): Konzeption und Inhalt des Hofübergabevertrages sollten der Prüfung durch einen Steuerberater unterliegen. 211

Mit der Genehmigung des Übergabevertrages wird – sofern der Pachtvertrag anzeigepflichtig ist, was bei Verwandtengeschäften nicht der Fall ist, § 3 Abs. 1 Nr. 2 Landpachtverkehrsgesetz – zugleich die Beanstandungsfreiheit des Pachtvertrages festgestellt. 212

Hofübergabe mit Nießbrauchsvorbehalt und Verpachtung des Hofes an den Übernehmer (»Rheinische Hofübergabe«)

Verhandelt zu Nörvenich am ..... 213 M

Vor ....., Notar in Düren,
erschienen, dem Notar von Person bekannt:
A) als Übergeber:
    Adam Bauer, Landwirt, geboren am ....., wohnhaft Kirchgasse 2 in Nörvenich;
B) als Übernehmer
    dessen Sohn Peter Bauer, Landwirt, geboren am ....., wohnhaft Kirchgasse 2 in 52388 Nörvenich, im gesetzlichen Güterstand verheiratet;
C) die Ehefrau des Adam Bauer und Mutter des Peter Bauer,
    Eva Bauer geborene Förster, geboren am ....., wohnhaft Kirchgasse 2 in 52388 Nörvenich.
Zunächst erklärte Adam Bauer:
Ich bin Eigentümer der landwirtschaftlichen Besitzung »Engelshof« mit Hofstelle in Nörvenich, Kirchgasse 2. Die landwirtschaftliche Besitzung ist Hof im Sinne der Höfeordnung. Durch Erklärung vom 19. Januar 2008, UR.-Nr. ..... für 2008 des beurkundenden Notars, habe ich dem Landwirtschaftsgericht Düren gegenüber erklärt, dass meine landwirtschaftliche Besitzung Hof i.S. der Höfeordnung sein soll. Das Grundbuchamt hat den Hofvermerk am 4. Februar 2008 in der Aufschrift des Grundbuchs von Nörvenich Blatt 78, in dem der gesamte zu meiner landwirtschaftlichen Besitzung zählende Grundbesitz verzeichnet ist, eingetragen.
Die landwirtschaftliche Besitzung besteht aus den folgenden Grundstücken der Gemarkung Nörvenich

---

201 BFH, Urt. v. 24.02.2005 – IV R 28/00, BFH/NV 05, 1062; *Schmidt*, § 13 EStG Rn. 98.

§ 36 Veräußerung landwirtschaftlicher Grundstücke, Landgüter und Höfe

Flur 19 Nr. 43, Hof- und Gebäudefläche,
Landwirtschaftsfläche,
Wasserfläche, Kirchgasse 2, groß 1.12,50 Ar;
usw.

Die Grundstücke sind im Grundbuch wie folgt belastet:
Abt. II:

lfd. Nr. 2:	beschränkte persönliche Dienstbarkeit für die Thyssengas AG, Dortmund (Gas-Pipeline-Recht), lastend nur auf Nörvenich Flur 9 Nr. 36;
lfd. Nr. 3:	beschränkte persönliche Dienstbarkeit für die Phoenix Renewable Energies AG, Dormagen (Windkraftanlagenrecht), lastend nur auf Nörvenich Flur 12 Nr. 78;
lfd. Nr. 4:	beschränkte persönliche Dienstbarkeit für die Phoenix Renewable Energies AG, Dormagen (Wegerecht), lastend nur auf Nörvenich Flur 12 Nr. 78;

Abt. III:

lfd. Nr. 2:	25.000,– DM Buchgrundschuld nebst 10 % Zinsen p.a. seit dem 24. April 1953 für die Dürener Bank AG, Düren;
lfd. Nr. 3:	50.000,– € Briefgrundschuld nebst 15 % Zinsen p.a. seit dem 10. Juli 2004 und einer einmaligen Nebenleistung von 5 % des Grundschuldbetrages für die Volksbank Düren eG in Düren.

Die Grundschuld III/2 (Dürener Bank, Rechtsnachfolger = Commerzbank) sichert keine Verbindlichkeiten; sie soll gelöscht werden. Die Grundschuld III/3 (Volksbank Düren) kann derzeit nicht gelöscht werden, weil sie Betriebskredite sichert. Diese Grundschuld wird daher im Folgenden übernommen und steht dem Übernehmer weiterhin als Kreditsicherungsmittel, ggf. auch für neue Darlehn, zur Verfügung.
Ich stimme der Löschung der Grundschuld Abt. III lfd. Nr. 2 zu und beantrage deren Löschung im Grundbuch. Ich beauftrage den Notar, die zur Löschung der Grundschuld notwendigen Unterlagen zu beschaffen.
Dies vorausgeschickt, erklärten die Erschienenen:
Wir schließen folgenden

Hofübergabevertrag:

I.

Adam Bauer überträgt unter Zustimmung seiner Ehefrau Eva geborene Förster seinem dies annehmenden Sohn Peter Bauer seine landwirtschaftliche Besitzung »Engelshof« mit der Hofstelle in Nörvenich, Kirchgasse 2.
1.
Vom Hofübergabevertrag erfasst werden insbesondere:
(Wegen der Beschreibung des Hofes s. Rdn. 170 M unter I.)
2.
Vom Hofübergabevertrag nicht erfasst werden:
– die in der Wohnung der Eheleute Adam Bauer im Gutshaus »Engelshof« befindlichen Möbel und alle anderen Gegenstände des Haushalts;
– das Personenkraftfahrzeug Mercedes 270 CDI, amtliches Kennzeichen DN-AB 138;
– der Nutzungsvertrag, den Adam Bauer mit dem Windkraftanlagenbetreiber Phoenix Renewable Energies AG mit Sitz in Dormagen geschlossen hat;
– das alte Tonneau in der Remise (die »Hochzeitskutsche«).

II.

1. Nießbrauch 1
Adam Bauer behält sich den lebenslangen Nießbrauch an dem übertragenen Hof vor, d.h. an allen Grundstücken, an den Hofbestandteilen und am Zubehör. Sicherheitsleistung nach § 1051 BGB kann der Eigentümer nicht verlangen. Auf die Feststellung des Zustandes der nießbrauchbelasteten Gegenstände (§ 1034 BGB) und auf die Aufnahme eines Verzeichnisses (§ 1035 BGB) wird verzichtet.

Eintragungsbewilligung 1
Die Beteiligten sind über die Entstehung des Nießbrauchs einig. Sie bewilligen die Eintragung des Nießbrauchs zu Gunsten des Adam Bauer in das Grundbuch zu Lasten der in dieser Urkunde übertragenen Grundstücke mit dem Vermerk, dass zur Löschung des Nießbrauchs dermaleinst der Nachweis des Todes des Berechtigten genügen soll. Den Jahreswert des Nießbrauchs beziffern wir mit 125,- € je Morgen (= 25 Ar), die Hofstelle inbegriffen.

2. Nießbrauch 2
Für den Fall, dass Adam Bauer vor seiner Ehefrau Eva geb. Förster stirbt, räumt er seiner Ehefrau Eva den gleichen lebenslangen Nießbrauch ein, den er sich zuvor vorbehalten hat.

Eintragungsbewilligung 2
Die Beteiligten sind über die Entstehung des zuvor vereinbarten Nießbrauchs einig. Sie bewilligen die Eintragung des Nießbrauchs zu Gunsten der Eva Bauer geb. Förster in das Grundbuch zu Lasten der in dieser Urkunde übertragenen Grundstücke mit dem Vermerk, dass zur Löschung des Nießbrauchs dermaleinst der Nachweis des Todes der Berechtigten genügen soll.

3. Verpachtung
Kraft seines Nießbrauchsrecht verpachtet Adam Bauer seinem Sohn Peter Bauer vom 1. Juli 2013 an den Hof mit allen Bestandteilen und allem Zubehör, die vom Übergabevertrag nicht erfassten Gegenstände ausgenommen, bis zum 30. Juni 2015.[202] Wird der Pachtvertrag nicht spätestens ein Jahr vor seinem Ablauf gekündigt, so verlängert er sich jeweils um drei Jahre.
Aufschiebend bedingt durch den Tod des Adam Bauer verpachtet Eva Bauer kraft des ihr alsdann zustehenden Nießbrauchs den Hof mit allem Zubehör und allen sonstigen Bestandteilen mindestens bis zum 30. Juni 2018 zu denselben Vertragsbedingungen, wie zuvor vereinbArt. Eva Bauer stimmt hiermit allen Änderungen des heute abgeschlossen Pachtvertrages zu, die ihr Mann Adam Bauer mit ihrem Sohn Peter Bauer künftig vereinbArt. Auch allen »automatischen« Vertragsverlängerungen stimmt sie bereits heute zu. Mithin gilt ab dem Tod des Adam Bauer das Pachtvertragsverhältnis mit Eva Bauer in dem rechtlichen Zustand, in dem es sich beim Tod des Adam Bauer befunden hat.
Für beide Pachtrechtsverhältnisse gilt der dieser Niederschrift als zu verlesende Anlage beigefügte Pachtvertrag.

4. Pachtzins, Vollstreckungsunterwerfung
Peter Bauer schuldet seinem Vater Adam Bauer und nach dessen Tod seiner Mutter Eva Bauer aus dem Pachtrechtsverhältnis einen Pachtzins von derzeit 12.000,- € (zwölftausend Euro) fürs Jahr. Wegen dieser Zahlungsverpflichtung unterwirft sich Peter Bauer der sofortigen Zwangsvollstreckung.

---

202 Wenn mit der Hofabgabe die Voraussetzungen zur Erlangung der Altersrente geschaffen werden sollen, muss die Laufzeit des Pachtvertrages mindestens 9 Jahre betragen und dürfen vom Gesetz abweichende Kündigungsgründe nicht vereinbart werden.

§ 36 Veräußerung landwirtschaftlicher Grundstücke, Landgüter und Höfe

Peter Bauer gestattet dem Notar unwiderruflich, seinem Vater Adam Bauer und nach dessen Tod seiner Mutter Eva Bauer auf Anforderung hin jederzeit zum Zweck der Zwangsvollstreckung eine vollstreckbare Ausfertigung dieser Urkunde zu erteilen, die jedoch lediglich den Urkundeneingang, die Vollstreckungsunterwerfung nebst Erteilungsanweisung und den Urkundenschluss enthalten soll.

5. Krankheitskosten

Der Übernehmer hat für den Übergeber und dessen Ehefrau alle Krankheitskosten zu übernehmen, die die Krankenkasse nicht trägt bzw. nicht erstattet. Hiervon ausgenommen sind jedoch Kosten, die nicht approbierte Heilkundige (Heilpraktiker usw.) in Rechnung stellen. Derartige Kosten hat allein der Übergeber zu tragen. Der Übergeber verpflichtet sich, die derzeit bestehende private Zusatz-Krankenversicherung aufrechtzuerhalten und im Leistungsumfang nicht zu verringern. Die Kosten der gesetzlichen Krankenversicherung und die der privaten Zusatzversicherung gehen auch künftig allein zu Lasten des Übergebers.

6. Begräbnis und Grabpflege

Der Übernehmer hat dem Letztversterbenden der Eheleute Adam und Eva Breuer ein standesgemäßes christliches Begräbnis zu bereiten. *(weiter siehe Muster Rdn. 149 M, Ziff. 6)*

7. Schuldübernahme

(siehe Muster Rdn. 170 M, Abschnitt II.8)

8. Aufrechnung

Den Beteiligten ist bewusst, dass der Sohn Peter seit Beendigung der Realschule über Jahre hinweg gegen unzureichendes Entgelt auf dem Hof gearbeitet und in dieser Zeit auf mancherlei Kurzweil und Annehmlichkeit verzichtet hat, die heute üblich sind und als selbstverständlich gelten. Soweit Peter Bauer hieraus Zahlungsansprüche gegen seinen Vater Adam Bauer herleiten kann, sind diese Ansprüche mit der hier vorgenommen Hofübergabe abgegolten. Dies gilt auch dann, wenn es, gleich aus welchem Grund, zur Rückübereignung des Hofes aufgrund der in diesem Vertrag getroffenen Vereinbarungen kommt.

9. Abfindung weichender Erben

(wie Muster Rdn. 170 M, Abschnitt II.10)

Zusätzlich erhält Beate Hendricks ab dem Tod des Längerlebenden der Eheleute Adam und Eva Bauer die Einnahmen aus dem mit der Phoenix Renewable Energies AG, Dormagen, abgeschlossen Nutzungsvertrag über die drei Windkraftanlagenstandorte, soweit der Vertrag zu diesem Zeitpunkt noch in Kraft ist. Ist das nicht mehr der Fall oder werden aus anderen Gründen Zahlungen des Betreibers nicht mehr geleistet, steht Bettina Hendricks wegen des Ausfalls der Zahlungen kein Entschädigungs- oder Ersatzanspruch zu.

10. Abfindungsergänzung

Abfindungsergänzungsansprüche nach § 13 HöfeO werden hiermit bis auf den Pflichtteil ausgeschlossen.

Oder

Die Abfindungsergänzungsansprüche nach § 13 HöfeO sollen in der heute gültigen Fassung des Gesetzes gelten.

Oder

Die Abfindungsergänzungsansprüche nach § 13 HöfeO gelten in der heute gültigen Fassung des Gesetzes mit den folgenden Modifikationen:
– die Abfindungsergänzungsfrist wird von 20 Jahren auf 15 Jahre verkürzt, ohne dass sich die Nachabfindungsquote ändert;

- eine Veräußerung oder Verwertung von Hofeszubehör löst keine Abfindungsergänzung aus, und dies auch dann nicht, wenn hierdurch erhebliche Gewinne erzielt werden;
- Erlöse aus der Umnutzung landwirtschaftlicher Gebäude oder aus der Umstellung der Bewirtschaftung, gleich welcher Größenordnung, sind abfindungsergänzungsfrei;
- jede Verwertung von Vermögen der landwirtschaftlichen Besitzung zu außerlandwirtschaftlichen Zwecken (z.B. Verkauf, Ausbeutung von Bodenschätzen usw.) soll innerhalb der Abfindungsergänzungsfrist insoweit zu keiner Abfindungsergänzung führen, als der Verwertungserlös nachweislich in landwirtschaftliche Nutzflächen des Betriebes, gleich welchen Flächeninhalts, d.h. nicht nur für die Anschaffung gleichwertigen Ersatzes, reinvestiert wird;
- die Frist zur Reinvestition wird von zwei auf vier Jahre verlängert.
- verschenkt der Übernehmer ein Grundstück, so löst dies unabhängig von der in § 13 I 2 HöfeO angeordneten Wertgrenze die Pflicht zur Abfindungsergänzung aus, wobei als Veräußerungserlös in diesem Fall der Verkehrswert des verschenkten Grundstücks gilt; die Regelung gilt entsprechend für gemischte Schenkungen; abfindungsergänzungsfrei sind jedoch Schenkungen von Baugrundstücken ortsüblicher Größe an leibliche Abkömmlinge.

11. Zuflucht
Die nach Scheidung ihrer ersten Ehe derzeit nicht verheiratete Tochter Beate Hendricks hat, solange sie unverheiratet und ungebunden ist, das Recht auf Heimatzuflucht auf dem Hof. Dies gilt auch für Zeiten nach Scheidung einer weiteren Ehe und für Zeiten des Witwenstandes. Gegen Leistung angemessener Arbeitshilfe stehen ihr und ihren zu der entsprechenden Zeit unterhaltsberechtigten Kindern alsdann Unterkunft und standesgemäßer Unterhalt auf dem Hofe in dem Umfang zu, wie er nicht anderweitig gedeckt ist.

III.

1. Verfügungsbeschränkung
(wie Muster Rdn. 170 M, Abschnitt III.1)
2. Rücktritt 1
(wie Muster Rdn. 170 M, Abschnitt III.2)
Der Rücktritt vom Hofübergabevertrag berechtigt den Übergeber gleichzeitig zur fristlosen Kündigung des über den Hof abgeschlossenen Pachtvertrages.
3. »Rücktritt« 2
(wie Muster Rdn. 170 M Abschnitt III.3)
4. Bedingte Übereignungsverpflichtung
(wie Muster Rdn. 170 M, Abschnitt III.4)
5. Pflichtteilsverzicht Peter Bauer
(wie Muster Rdn. 170 M, Abschnitt III.5)
6. Pflichtteilsverzicht Eva Bauer
(wie Muster Rdn. 170 M, Abschnitt III.6)
7. Scheidung der Ehe des Übergebers
(wie Muster Rdn. 170 M, Abschnitt III.7)

IV.

Dem Hofübergabevertrag werden weiterhin die folgenden Vereinbarungen zugrunde gelegt:
(wie Muster Rdn. 170 M, Abschnitt IV)

§ 36 Veräußerung landwirtschaftlicher Grundstücke, Landgüter und Höfe

1. Sachmängel
2. Rechtsmängel
3. Erschließungskosten
4. Wirtschaftlicher Übergang

Auf den Erwerber gehen über:
– der Besitz, die Nutzungen und die Gefahr vorbehaltlich des Nießbrauchs mit dem 1. Juli 2013,
– die Lasten mit der Beendigung des Nießbrauchs, vorbehaltlich von im Pachtvertrag getroffenen abweichenden Vereinbarungen,
– die Rechte aus den Versicherungen und die Mitteilungspflichten sofort,
– die Beitragspflicht aus den Versicherungen mit der Beendigung des Nießbrauchs, vorbehaltlich der im Pachtvertrag getroffenen anderweitigen Vereinbarungen.

5. Kosten und Steuern

Die mit dieser Urkunde jetzt und in der Folge verbundenen Kosten und Steuern trägt der Übernehmer. Der Einheitswert des übertragenen Betriebes beträgt 124.800 €, so dass sich der vierfache Einheitswert auf 499.200 € beläuft. Die von Peter Bauer zu erbringenden Gegenleistungen haben einen Geschäftswert von insgesamt ……,– €, so dass sich der Geschäftswert des Übergabevertrages auf ……,– € beläuft.

V. Dingliche Erklärungen

(wie Muster Rdn. 170 M, Abschnitt V)
1. Auflassung
2. Rangbestimmung nach § 45 Abs. 3 GBO

Die Beteiligten beantragen, die beschränkten dinglichen Rechte mit folgendem Rang untereinander in das Grundbuch einzutragen:

1. Rang:	Nießbrauch für Adam Bauer =	Eintragungsbewilligung 1,
2. Rang:	Vormerkung für Adam Bauer =	Eintragungsbewilligung 3,
3. Rang:	Nießbrauch für Eva Bauer =	Eintragungsbewilligung 2,
4. Rang:	Vormerkung für Eva Bauer =	Eintragungsbewilligung 4.

3. Antragsrecht
4. Einigung hinsichtlich der beweglichen Gegenstände
5. Abtretung von Rechten und Ansprüchen

VI.

1.
Die Beteiligten wurden über die Genehmigungsbedürftigkeit dieses Vertrages nach der Höfeordnung in Verbindung mit dem Grundstückverkehrsgesetz belehrt.
2.
Die erforderlichen Genehmigungen bleiben vorbehalten. Alle Genehmigungen und sonstigen Erklärungen soll der Notar einholen, insbesondere die Genehmigung des Landwirtschaftsgerichts. Anfechtbare Entscheidungen sind den Beteiligten selbst zuzustellen. Von ihnen wird eine Abschrift an den Notar erbeten. Alle übrigen Genehmigungen und Erklärungen werden wirksam mit ihrem Eingang beim Notar.
3. usw.
(wie Muster Rdn. 170 M, Abschnitt VI)
Diese Niederschrift nebst Anlage (Pachtvertrag) wurde den Erschienenen vom Notar vorgelesen, von ihnen genehmigt und eigenhändig, wie folgt, unterschrieben:
Anlage zum Hofübergabevertrag vom ……, UR.-Nr. …… für …… des Notars …… in ……

Pachtvertrag über den Engelshof in Nörvenich, Kirchgasse 2, zwischen Adam Bauer/ Eva Bauer als Verpächter und Peter Bauer als Pächter
Verpachtet wird der gesamte landwirtschaftliche Betrieb »Engelshof« in Nörvenich, wie er zuvor übertragen worden ist, d.h. alle Grundstücke, die Grundstücksbestandteile, das lebende und tote Inventar und das sonstige Zubehör.
1. Auf die Beschreibung der Pachtgegenstände wird verzichtet. Der Pächter erkennt an, dass sie zur vertragsgemäßen Nutzung geeignet und mängelfrei sind. Mitverpachtet ist das bisher vom Übergeber gepachtete Grundstück ....., und zwar dieses kraft des ihm zustehenden Rechts auf Unterverpachtung, sowie das Grundstück ....., dieses aufgrund § 593a BGB. Den Wert des Zubehörs veranschlagen wir auf 62.500 € (zweiundsechzigtausendfünfhundert Euro). Dem Pächter obliegt die Unterhaltung, die Ausbesserung, die Erneuerung und die Ersetzung der Pachtgegenstände, auch soweit dies nicht zu ihrer gewöhnlichen Unterhaltung gehört. Er trägt auch die Gefahr des zufälligen Untergangs. Verwendungen dafür sind vom Verpächter nicht zu ersetzen, auch dann nicht, wenn sie den Wert der Pachtgegenstände über die Pachtzeit hinaus erhöhen.
2. Das Nießbrauchsrecht des Verpächters erfasst alle Ersatzgegenstände und die vom Pächter zusätzlich angeschafften Gegenstände, sobald sie in das Inventar einverleibt werden. Dies gilt nicht nur für notwendige Ersatzstücke. Der Pächter kann über das Inventar innerhalb der Grenzen ordnungsmäßiger Wirtschaft verfügen. Das Nießbrauchsrecht des Verpächters erlischt an den veräußerten oder sonst in Abgang kommenden Gegenständen mit ihrer Auskehrung aus dem Inventar.
3. Bei Beendigung des Pachtverhältnisses ist das gesamte Zubehör, also einschließlich aller neu bzw. zusätzlich angeschafften Gegenstände, dem Verpächter herauszugeben. Sie bleiben Eigentum des Pächters. Ihre Nutzung gebührt dem Nießbraucher. Für den Betrag, den das Zubehör bei seiner Herausgabe an den Verpächter unter Berücksichtigung inzwischen eingetretener Geldwertveränderungen mehr als 62.500 € (zweiundsechzigtausendfünfhundert Euro) wert ist, hat der Verpächter dem Pächter bis zur Beendigung des Nießbrauchs 4 % Zinsen fürs Jahr zu zahlen, und zwar jeweils jährlich, erstmals ein Jahr nach der Herausgabe des Inventars.
Einigen sich die Beteiligten über den Mehrwert nicht, so ist er von einem von der Landwirtschaftskammer Nordrhein in Bonn zu benennenden vereidigten Sachverständigen als Schiedsgutachter verbindlich festzustellen. Ein weitergehender Ersatz für den Mehrwert der Pachtgegenstände ist ausgeschlossen.
4. Der Verpächter kann das Pachtverhältnis fristlos kündigen
   a) wenn der Pächter mit der Entrichtung des Pachtzinses oder eines nicht unerheblichen Teiles davon länger als drei Monate in Verzug ist; die Kündigung ist ausgeschlossen, wenn der Verpächter zuvor befriedigt wird;
   b) wenn der Pächter von den Pachtsachen einen vertragswidrigen Gebrauch macht, insbesondere die landwirtschaftliche Bestimmung von Pachtgegenständen bzw. die bisherige Nutzung von Pachtgegenständen ohne Einwilligung des Verpächters ändert, und dies ungeachtet einer Abmahnung des Verpächters fortsetzt,
   c) wenn der Pächter den Hof oder nicht unwesentliche Teile desselben unterverpachtet oder sonst einem Dritten zur Nutzung überlässt. Dem Pächter steht kein Kündigungsrecht für den Fall zu, dass der Verpächter einer Unterverpachtung oder Nutzungsüberlassung nicht zustimmt. Die Einbringung der Pachtgegenstände in einen landwirtschaftlichen Zusammenschluss zum Zweck der gemeinsamen Nutzung ist dem Pächter gestattet, wenn die Überlassung zur Erhaltung oder nachhaltigen Verbesserung der Rentabilität des Hofes geeignet

§ 36 Veräußerung landwirtschaftlicher Grundstücke, Landgüter und Höfe

ist und dem Verpächter bei Berücksichtigung seiner berechtigten Interessen zugemutet werden kann,
   d) wenn der Pächter sonstige Verpflichtungen aus diesem Vertrag nachhaltig nicht oder andauernd nur schlecht erfüllt,
   e) aus einem sonstigen wichtigen Grunde, insbesondere bei Unverträglichkeit des Pächters oder bei Misswirtschaft.
   Die fristlose Kündigung bedarf der Schriftform.
5. Mit dem Tod des Längerlebenden der Eheleute Adam und Eva Bauer endet das Pachtverhältnis. Beim Tod des Pächters setzt sich der Vertrag mit dessen Ehefrau fort. Verpächter und Pächter sind in diesem Fall jedoch berechtigt, das Pachtverhältnis mit einer Frist von sechs Monaten zum Ende des Pachtjahres zu kündigen. Das Pachtjahr entspricht dem Wirtschaftsjahr (1. Juli bis 30. Juni des Folgejahres). Wird der Pächter berufsunfähig i.S.d. § 1246 Abs. 2 RVO bzw. voll erwerbsgemindert i.S.d. § 41 Abs. 2 SGB VI, kann er das Pachtverhältnis mit einer Frist von sechs Monaten zum Ende des Pachtjahres kündigen.
6. Wird das Pachtverhältnis beendet, gilt Folgendes:
   a) Der Pächter ist berechtigt, Einrichtungen, mit denen er die Pachtgegenstände versehen hat, wegzunehmen. Der Verpächter kann die Ausübung des Wegnahmerechts durch Zahlung einer angemessenen Entschädigung abwenden, es sei denn, dass der Pächter ein berechtigtes Interesse an der Wegnahme hat.
   b) Der Verpächter hat für seine Forderungen aus dem Pachtverhältnis ein Pfandrecht an den eingebrachten Sachen des Pächters sowie an den Früchten der Pachtgegenstände.
   c) Der Pächter hat bis zur Befriedigung von Forderungen gegen den Verpächter ein Zurückbehaltungsrecht an dem Inventar, nicht an den Grundstücken.
   d) Der Pächter ist unbeschadet dessen verpflichtet, die Pachtgegenstände in dem Zustand herauszugeben, der einer bis zur Rückgabe fortgesetzten ordnungsgemäßen Wirtschaft entspricht.
   e) Der Pächter hat von den vorhandenen landwirtschaftlichen Erzeugnissen so viel zurückzulassen, wie zur Fortführung der Wirtschaft bis zur nächsten Ernte nötig ist. Ein Mehrwert gegenüber den übernommenen Erzeugnissen und der Wert des auf dem Hof gewonnenen und zurückzulassenden Düngers und Komposts ist nicht zu ersetzen.
   f) Endet das Pachtverhältnis im Laufe einer Bewirtschaftungsperiode, so hat der Verpächter dem Pächter den Wert der aufstehenden Saat zu ersetzen. Dabei ist das Ernterisiko angemessen zu berücksichtigen. Ist der Wert aus jahreszeitlich bedingten Gründen nicht festzustellen, so sind dem Pächter die Aufwendungen für die Saat (Ackerarbeiten, Kunstdünger und Saatgut) insoweit zu ersetzen, als sie einer ordnungsgemäßen Wirtschaft entsprechen.
   g) Gibt der Pächter die Pachtgegenstände nach Beendigung des Pachtverhältnisses nicht zurück, so kann der Verpächter für die Dauer der Vorenthaltung als Entschädigung die vereinbarten Pachtleistungen verlangen. Die Geltendmachung eines weiteren Schadens bleibt dem Verpächter vorbehalten.
7. Der Pächter hat den Hof mit einem angemessenen Viehbestand besetzt zu halten. Auf je 1 Hektar der gesamten landwirtschaftlichen Nutzfläche einschließlich fremden Pachtlandes müssen mindestens zwei Stück Großvieh entfallen. Sechs Schweine gelten als ein Stück Großvieh. Vieh, das jünger als vier Monate ist, bleibt außer Ansatz.
8. Dem Pächter obliegt die Hege und Pflege sowie der laufende Ersatz in Abgang kommender Obstbäume unter Beachtung der für den Obstbau geltenden Erfahrungen.

9. Nicht verpachtet ist das Recht auf Gewinnung von Bodenbestandteilen. Der Pächter darf solche Bodenbestandteile jedoch unentgeltlich entnehmen, soweit es zur ordnungsmäßigen Fortführung, insbesondere zur laufenden Unterhaltung und zu den gewöhnlichen Ausbesserungen des Hofes erforderlich ist und soweit die Entnahme den Regeln einer ordnungsmäßigen Wirtschaft entspricht.
10. Die Rechte des Pächters wegen Sach- und Rechtsmängel werden im gesetzlich zulässigen Umfang ausgeschlossen.
11. Der Pächter hat dem Verpächter jährlich 12.000 € (zwölftausend Euro) an Pacht zu zahlen. Die Pacht ist nachträglich am 30. Juni eines jeden Jahres, demnach erstmals am 30. Juni 2011, in der Wohnung des Verpächters bzw. nach dessen anderer Anweisung zu zahlen.

    Der Pächter kann gegen die Pachtzinsforderung nur mit Forderungen aufrechnen, die der Verpächter anerkannt hat oder über die ein mindestens vorläufig vollstreckbarer Titel vorliegt.

    Ändern sich in Zukunft die Voraussetzungen, die für die Festsetzung der Vertragsleistungen maßgebend waren, nachhaltig so, dass die gegenseitigen Verpflichtungen in ein grobes Missverhältnis zueinander geraten, so kann jede Vertragsseite eine Änderung des Vertrages verlangen. Dies gilt nicht, wenn sich der Ertrag des Hofes lediglich infolge der Bewirtschaftung der Pachtsache durch den Pächter verbessert oder verschlechtert. Die Änderung kann nur für die Zukunft verlangt werden, und zwar frühestens nach Ablauf des zweiten Pachtjahres.
12. Von der Verpachtung ausgenommen ist die Wohnung des Verpächters, bestehend aus allen Räumen im Erdgeschoss des Guthauses »Engelshof« in Nörvenich sowie dem Kellerraum an der Straße links.

    Der Pächter hat die Wohnung des Verpächters innen wie außen instand zu halten und regelmäßig zu säubern. Der Pächter trägt ferner die Kosten des Verpächters für Strom, Gas, Heizung, Wasser, Abwasser, Müllabfuhr und Straßenreinigung sowie die Radio- und Fernsehgebühren und die Grundgebühr für ein Telefon im Festnetz.
13. Der Pächter hat den Verpächter kostenlos am gemeinschaftlichen Tisch, auf Verlangen des Verpächters jedoch in dessen Wohnung, zu beköstigen. Der Verpächter kann stattdessen die Lieferung folgender Naturalien verlangen: .....
14. Der Pächter verpflichtet sich, den Verpächter Zeit dessen ferneren Lebens in gesunden und kranken Tagen in dessen Wohnung vollständig und unentgeltlich zu pflegen und zu betreuen bzw. ihn kostenlos pflegen und betreuen zu lassen.
15. Der Pächter trägt die den Hof treffenden laufenden und einmaligen Grundbesitzabgaben und öffentlichen Lasten aller Art, insbesondere die Grundsteuer nebst Zuschlägen, die Beiträge zur Berufsgenossenschaft und zur Landwirtschaftskammer, Beiträge zu Wasser- und Bodenverbänden und zu sonstigen Unterhaltungsverbänden sowie die Schornsteinfegergebühren. Dies gilt auch für in Zukunft neu eingeführte Grundbesitzabgaben sowie für Beiträge zu Flurbereinigungs- und Umlegungsverfahren und für die Kosten einer Drainage.
16. Der Pächter hat die Gebäude, das Inventar, die Erzeugnisse und Vorräte gegen die üblichen Risiken (Feuer, Sturm, Wasserschaden, Elementarschäden, Hagel, Seuchen etc.) ausreichend, die Gebäude zum gleitenden Neuwert, auf seine Kosten versichert zu halten. Im Schadensfall ist die Versicherungssumme zur Behebung des Schadens zu verwenden, es sei denn, dass dies der Sachlage nach nicht angebracht ist. In die bestehenden Versicherungen tritt der Pächter ein, desgleichen in alle Dienst- und Dauerlieferungsverträge.
17. Der Ersatz des Wildschadens richtet sich nach den jeweils geltenden gesetzlichen Bestimmungen.

§ 36   Veräußerung landwirtschaftlicher Grundstücke, Landgüter und Höfe

18. **Änderungen des Pachtvertrages bedürfen der Schriftform. Die Änderung dieser Vereinbarung bedarf ihrerseits der Schriftform. Mündliche Nebenabreden sind nicht getroffen. Alle Bewertungsfragen im Zusammenhang mit diesem Vertrag soll, soweit gesetzlich zulässig, ein von der Landwirtschaftskammer Nordrhein Bonn zu benennender vereidigter Sachverständiger als Schiedsgutachter für die Beteiligten verbindlich entscheiden. Alle sonstigen Streitigkeiten aus diesem Pachtvertrag sollen, soweit gesetzlich zulässig, vom Landwirtschaftsgericht Düren entschieden werden.**
19. **Für den Fall, dass der Pachtvertrag aufgrund ordentlicher Kündigung vor dem Erlöschen des Nießbrauchs endet, räumt der Verpächter dem Pächter ein Vorpachtrecht ein.**

■ *Kosten.* a) Kosten des Notars: Siehe dazu zunächst die Kostenberechnung bei Rdn. 170 M. Es entsteht eine 2,0 Gebühr nach Nr. 21100 KV GNotKG; der Geschäftswert bestimmt sich nach § 97 Abs. 3 GNotKG bzgl. des Übergabevertrags und nach § 99 Abs. 1 Satz 1 GNotKG für den Pachtvertrag. Die Verpachtung ist mit der Übereignung nicht gegenstandsgleich, § 86 Abs. 2 GNotKG, sodass die Geschäftswerte nach § 35 Abs. 1 GNotKG zu addieren sind. Die gesamten Pächterleistungen können anhand des angegebenen Nießbrauchswerts von 125 € je 25 Ar errechnet werden. Nach § 99 Abs. 1 GNotKG sind alle Leistungen des Pächters während der gesamten Vertragslaufzeit zur Bildung des Geschäftswerts zu addieren. Hinzu kommt aus einem Geschäftswert von 50.000 € eine 1,0 Gebühr Nr. 21200 KV GNotKG für die (gegenstandsverschiedene, § 110 Nr. 2 lit. a GNotKG) Erklärungen des Übernehmers gegenüber der Grundschuldgläubigerin. Der Gebührenvergleich nach § 94 Abs. 1 GNotKG a.E. führt zu keinem anderen Ergebnis.

Übergabe und Verpachtung sind ein einheitlicher Vertrag. Daher bedarf der Vertrag insgesamt der Genehmigung. Demnach ist Geschäftswert für die Vollzugsgebühr nach § 112 S. 1 GNotKG die Summe der beiden Werte; hieraus entsteht eine 0,5 Gebühr Nr. 22110 KV GNotKG (vgl. Vorbemerkung 2.2.1.1. Abs. 1 Satz 2 Nr. 1), höchstens jedoch 50 €, vgl. Nr. 22112 KV GNotKG. Mit der Vollzugsgebühr ist die Vertretung der Beteiligten vor dem Landwirtschaftsgericht abgegolten, vgl. Rdn. 69. Zusätzlich fallen wegen der Beurkundung außerhalb der Geschäftsstelle eine Zeitgebühr von 50 € je angefangener halber Stunde der Abwesenheit an; hinzu kommen Auslagen für Fahrtkosten nach Nr. 32006, 32007 KV GNotKG. Die – von den Beteiligten besonders in Auftrag gegebene – Vertretung vor dem Oberlandesgericht löst keine zusätzlichen Gebühren aus, da der Notar (vgl. Vorbemerkung 2.2.1.2) bereits Gebühren für die Beurkundung erhalten hat. Dies gilt auch für den Anwaltsnotar, der den Vertrag beurkundet hat, da er in dieser Sache nicht als Anwalt tätig werden kann.

b) Kosten des Landwirtschaftsgerichts: Im gerichtlichen Verfahren wird in der ersten Instanz eine 0,5 Gebühr nach Nr. 15112 KV GNotKG vom Geschäftswert des zugrunde liegenden Geschäfts, § 60 Abs. 1 GNotKG, erhoben, im Beschwerdeverfahren eine 1,0 Gebühr nach Nr. 15123 KV GNotKG, im Rechtsbeschwerdeverfahren eine 1,5 Gebühr nach Nr. 15133 KV GNotKG; der Geschäftswert bestimmt sich im Rechtsmittelverfahren jeweils nach § 61 GNotKG. Für die Vertretung der Beteiligten im gerichtlichen Verfahren entstehen nach Vorbemerkung 2.2.1.2 KV GNotKG keine gesonderten Gebühren, da der Notar bereits eine Gebühr für das Beurkundungsverfahren erhalten hat, das das zu vollziehende Geschäft betrifft.

c) Kosten des Grundbuchamts: Siehe dazu zunächst die Kostenberechnung bei Rdn. 170 M. Für die Eintragung der Eigentumsvormerkung zugunsten der Übernehmer fällt eine 0,5 Gebühr nach Nr. 14150 KV GNotKG an (Geschäftswert: Wert des vorgemerkten Rechts, § 45 Abs. 3 GNotKG).

Veräußerung landwirtschaftlicher Grundstücke, Landgüter und Höfe § 36

Anmerkungen:
Dem Landwirtschaftsgericht sind zwei beglaubigte Abschriften einzureichen (eine für die Landwirtschaftsbehörde). Nur beglaubigte Abschriften (oder Ausfertigungen) machen eine Beweisaufnahme über den Vertragsinhalt (§ 15 LwVG) überflüssig. Der Pachtvertrag ist anzeigefrei nach § 3 Abs. 1 Satz 2 LPachtVG. Der Vertrag ist der Grunderwerbsteuerstelle, in deren Bezirk der Grundbesitz liegt, und der Schenkungsteuerstelle, in deren Bezirk der Übergeber wohnt, anzuzeigen.

214

Antrag auf Genehmigung eines Hofübergabevertrages (ohne Begründung)

An das Amtsgericht – Landwirtschaftsgericht – Düren
In der Anlage übersende ich zwei beglaubigte Abschriften des Hofübergabevertrages vom ..... – meine UR.Nr. ..... – mit dem Antrag auf Genehmigung.
Zu der hiermit gemäß § 15 I LwVG beantragten mündlichen Verhandlung bitte ich, die Eheleute Adam Bauer, die Eheleute Peter Bauer und Frau Beate Hendricks geborene Bauer, wohnhaft in Bonn, Beethovenplatz 8, sowie mich zu laden.

....., Notar

215 M

Wenn die weichenden Erben durch Vereinbarungen betroffen sind, die den Charakter echter Verträge zugunsten Dritter haben, sind sie am Verfahren zu beteiligen und auch beschwerdeberechtigt.[203] Der Antrag bedarf keiner Begründung. Auch brauchen Beweise nicht angeboten zu werden. Das Gericht hat von sich aus zu ermitteln (§ 14 LwVG i.V.m. § 12 FGG). Nur ausnahmsweise ist es angezeigt, im Antrag über die aus dem Vertrag zu entnehmenden Angaben hinaus Ausführungen zu Grund, Zweck und Umständen des Vertrages zu machen, so etwa, wenn Vereinbarungen getroffen wurden, die nur unter atypischen Verhältnissen genehmigt werden können, oder wenn die Wirtschaftsfähigkeit des Übernehmers zweifelhaft bzw. entbehrlich ist.

216

Antrag auf Genehmigung eines Hofübergabevertrages (mit Begründung)

An das Amtsgericht – Landwirtschaftsgericht – Düren
In der Anlage ..... *(wie im vorstehenden Muster)*
Der Übernehmer Peter Bauer leidet an den Folgen der englischen Krankheit. Sein Intelligenzquotient liegt bei 85. Er hat die Hauptschule besucht, aber nicht regulär abgeschlossen. Unternehmerische Entscheidungen zu treffen ist er allein nicht in der Lage. Die praktischen Arbeiten auf dem Hof erledigt er jedoch zuverlässig und fleißig. Mit Geld geht er behutsam um. Er lebt vernünftig und zeigt kein Verhalten, das als unsolide angesehen werden könnte. Seine Frau ist eine tüchtige Bäuerin, die auch die unternehmerischen Entscheidungen zu treffen vermag. Die Eheleute Peter Bauer haben zwei gesunde und intelligente Kinder, von denen das älteste Landwirt werden will.
Zu der hiermit .....
(wie voriges Muster)

....., Notar

217 M

---

[203] Vgl. *Faßbender/Hötzel/von Jeinsen/Pikalo*, § 16 HöfeVfO Rn. 9.

§ 37 Grundstückstausch

1 Für Tauschverträge über Grundstücke (§ 480 BGB) gelten grundsätzlich dieselben Gestaltungsüberlegungen wie zum Kaufvertrag (vgl. oben § 32).

2 Ein (privatrechtliches oder öffentlich-rechtliches) Vorkaufsrecht wird durch einen Tauschvertrag nicht ausgelöst. Wurde ein Vorkaufsrecht nicht für mehrere oder alle oder »für den ersten echten Verkaufsfall« eingeräumt (vgl. § 62 Rdn. 9 ff.), erlischt es infolge der Veräußerung im Wege des Tauschs.

3 Grunderwerbsteuer entsteht für jeden Grundstückserwerb (§ 1 Abs. 5 GrEStG).

4 Werden an Stelle des von den Vertragsteilen gewünschten Tauschs zwei selbstständige Kaufverträge oder zwei Schenkungsverträge beurkundet, sind diese aufgrund §§ 311b Abs. 1, 125 BGB unwirksam.

Tauschvertrag mit Auflassung

5 M   Verhandelt am .....

Es erscheinen .....
Auf Ansuchen der Erschienenen beurkunde ich nach Unterrichtung über den Grundbuchinhalt ihren Erklärungen gemäß, was folgt:

I. Vorbemerkung

1. Im Grundbuch des Amtsgerichts ..... für ..... ist in Band ..... Blatt ..... folgender Grundbesitz der Gemarkung ..... im Eigentum von ..... vorgetragen:
FlSt ..... zu ..... qm
Abt. II und III des Grundbuchs sind ohne Eintragung.
2. Im Grundbuch des Amtsgerichts ..... für ..... ist in Band ..... Blatt ..... folgender Grundbesitz der Gemarkung ..... im Eigentum von ..... vorgetragen:
FlSt ..... zu ..... qm
Abt. II des Grundbuchs ist ohne Eintragung.
In Abt. III ist eine Buchgrundschuld zu ..... € für ..... eingetragen.

II. Tausch

Es vertauschen gegenseitig jeweils mit allen Rechten, Pflichten und Bestandteilen
1. .....
– nachstehend insoweit Veräußerer genannt –
an .....
– nachstehend insoweit Erwerber genannt –
zum Alleineigentum
den in Abschnitt I.1. genannten Grundbesitz,
2. .....
– nachstehend insoweit Veräußerer genannt –
an .....
– nachstehend insoweit Erwerber genannt –
zum Alleineigentum
den in Abschnitt I.2 genannten Grundbesitz.

III. Tauschaufgabe

Nach Angabe der Beteiligten beträgt der Tauschwert
- für das in I.1 genannte Grundstück ..... €
- für das in I.2 genannte Grundstück ..... €
- ..... hat daher an ..... eine Tauschaufgabe in Höhe von ..... €
- ..... Euro –

zu zahlen.
Er unterwirft sich wegen dieser Zahlungsverpflichtung der sofortigen Zwangsvollstreckung aus dieser Urkunde in sein gesamtes Vermögen. Zur Erteilung einer vollstreckbaren Ausfertigung genügt die Darlegung der Fälligkeit.
Die Tauschaufgabe ist zur Zahlung fällig zehn Tage nach Absendung einer Bestätigung des Notars über
- die Eintragung der Auflassungsvormerkung zugunsten dessen, der die Tauschaufgabe zu leisten hat, an der vereinbarten Rangstelle,
- das Vorliegen der Löschungsunterlagen für die dieser Auflassungsvormerkung im Range vorgehenden und zur Lastenfreistellung wegzufertigenden Belastungen beim Notar, vorausgesetzt, dass etwaige Auflagen der Gläubiger aus der Tauschaufgabe erfüllt werden können,
- das Vorliegen der Genehmigung nach dem Grundstückverkehrsgesetz zu diesem Vertrag, ersatzweise Negativattest.

Soweit zur Lastenfreistellung von dem Gläubiger der in I.2 genannten Grundschuld Zahlungen verlangt werden, sind sie nach Mitteilung des Notars in der geforderten Höhe in Anrechnung auf die Tauschaufgabe direkt an die Berechtigten zu deren Ablösung zu zahlen.
Im übrigen ist die Tauschaufgabe zu überweisen
auf das Konto von .....
bei ....., IBAN ....., BIC .....
Sie muss bei Fälligkeit auf diesem Konto eingegangen sein und ist bis dahin nicht zu verzinsen.

IV. Auflassung, Auflassungsvormerkung

1. Die Vertragsteile sind darüber einig, dass das Eigentum an dem getauschten Grundbesitz jeweils von dem Veräußerer auf den Erwerber – bei mehreren in dem in Abschnitt II bezeichneten Berechtigungsverhältnis – übergeht. Der jeweilige Veräußerer bewilligt und der jeweilige Erwerber beantragt die Eintragung der Auflassung in das Grundbuch.
Die Vertragsteile weisen den Notar unwiderruflich an, diese Auflassungen dem Grundbuchamt zum Vollzug erst vorzulegen, wenn die Zahlung der Tauschaufgabe nachgewiesen ist und die Voraussetzungen für die Eigentumsumschreibung hinsichtlich aller getauschten Grundstücke vorliegen.
Bis dahin darf der Notar von dieser Urkunde nur einfache Abschriften oder beglaubigte Abschriften im Auszug – ohne die Auflassung – erteilen.
Vorher ist auch der Anspruch auf Eigentumsverschaffung nicht abtretbar und nicht verpfändbar.
2. Zur Sicherung des Anspruchs des jeweiligen Erwerbers auf Übertragung des Eigentums an dem getauschten Grundbesitz bewilligen und beantragen die Vertragsteile jeweils die Eintragung einer Vormerkung gemäß § 883 BGB zugunsten des jeweiligen Erwerbers – bei mehreren in dem bezeichneten Berechtigungsverhältnis – an dem

Vertragsgrundbesitz im Rang nach den in Abschnitt I genannten Belastungen in das Grundbuch.
Der jeweilige Erwerber bewilligt und beantragt die Löschung dieser Vormerkung Zug um Zug mit der Eintragung der Auflassung, vorausgesetzt, dass bei Eintragung der Auflassung keine Zwischeneintragungen bestehen bleiben, denen er nicht zugestimmt hat.

V. Besitzübergang

Besitz, Nutzungen und Lasten, insbesondere auch die laufenden Steuern und öffentlichen Abgaben, die Gefahr eines zufälligen Untergangs und einer zufälligen Verschlechterung, sowie die Verkehrssicherungspflicht gehen mit Wirkung ab heute auf den jeweiligen Erwerber über.
Soweit laufende Abgaben und Lasten vom Veräußerer heute bereits bezahlt sind, ist der Erwerber zum Ausgleich nicht verpflichtet.
Der Vertragsbesitz ist nach Versicherung des jeweiligen Veräußerers nicht vermietet oder verpachtet.

VI. Erschließungskosten

Jeder Veräußerer hat alle Erschließungs-, Anlieger- und Anschlußkosten für den von ihm veräußerten Grundbesitz zu zahlen, für die Bescheide bis zum heutigen Tag zugegangen sind. Alle übrigen derartigen Kosten, auch für bereits ganz oder teilweise fertig gestellte Anlagen, hat der Erwerber zu tragen; ihm stehen etwaige Rückerstattungen zu.

VII. Haftung

Der Vertragsbesitz wird jeweils im derzeitigen, dem Erwerber bekannten Zustand veräußert. Jede Haftung für Sachmängel wird ausgeschlossen. Insbesondere haftet kein Veräußerer für die Richtigkeit der angegebenen Flächengröße, für Bodenbeschaffenheit, Bauzustand bestehender Gebäude und Anlagen und Verwertbarkeit des Vertragsgrundbesitzes für die Zwecke des Erwerbers. Jeder Veräußerer versichert, dass ihm verborgene Mängel, die bei einer Besichtigung nicht erkannt werden können, nicht bekannt sind.
Jeder Veräußerer haftet für ungehinderten Besitz- und lastenfreien Eigentumsübergang, soweit in dieser Urkunde nichts anderes bestimmt ist. Er übernimmt keine Haftung für die Freiheit von altrechtlichen, im Grundbuch nicht eingetragenen Dienstbarkeiten; solche sind ihm nach seiner Versicherung nicht bekannt.
Der Grundbesitz wird jeweils lastenfrei veräußert.
Die Beteiligten stimmen allen Erklärungen, die der Lastenfreistellung dienen, wie Löschungen und Pfandfreigaben, zu und beantragen deren Vollzug im Grundbuch.

VIII. Kosten

Die Kosten dieser Urkunde und der erforderlichen Genehmigungen tragen die Beteiligten je zur Hälfte. Die Kosten des Vollzugs im Grundbuch sowie die Grunderwerbsteuer trägt jeder Erwerber hinsichtlich seines Erwerbs. Kosten der Lastenfreistellung trägt der jeweilige Veräußerer hinsichtlich des von ihm eingetauschten Grundbesitzes.

IX. Hinweise

Der Notar hat die Beteiligten darauf hingewiesen,
- dass alle Vereinbarungen richtig und vollständig beurkundet werden müssen und der Vertrag andernfalls unwirksam sein kann,
- dass die Eigentumsumschreibung erst möglich ist, wenn etwa erforderliche Genehmigungen, insbesondere die Genehmigung nach Grundstückverkehrsgesetz, ersatzweise Negativattest, und die grunderwerbsteuerlichen Unbedenklichkeitsbescheinigungen vorliegen,
- dass der Grundbesitz für rückständige öffentliche Lasten und beide Vertragsteile kraft Gesetzes als Gesamtschuldner für Grunderwerbsteuer und Kosten bei Notar und Grundbuchamt haften,
- dass Zahlungen vor lastenfreiem Eigentumsübergang Vertrauenssache sind, ebenso Aufwendungen in den Vertragsgegenstand.

X. Notarermächtigung

Die Vertragsteile beauftragen und bevollmächtigen den Notar, für sie einzuholen und entgegenzunehmen
- Genehmigungen, auch nicht erschienener Beteiligter,
- Vollzugsmitteilungen des Grundbuchamts,
- Erklärungen zur Lastenfreistellung wie Löschungen, Pfandfreigaben und Rangrücktritte.

Diese Vollmacht erstreckt sich nicht auf die Entgegennahme von Bescheiden, mit denen eine Genehmigung versagt oder unter Auflage erteilt wird; derartige Bescheide sind den Beteiligten selbst zuzustellen.

Der Notar ist ermächtigt, Teilvollzug dieser Urkunde zu beantragen, Anträge zurückzunehmen und erneut zu stellen, sowie Rangbestimmungen zu treffen.

XI. Abschriften, Ausfertigungen

Von dieser Urkunde erhalten einfache Abschriften:
- jeder Vertragsteil,
- Finanzamt – Grunderwerbsteuerstelle –
- Landratsamt,

beglaubigte Abschrift:
- Grundbuchamt

Ausfertigungen:
- jeder Vertragsteil nach grundbuchamtlichem Vollzug mit Vollzugsmitteilung.

■ *Kosten.*
a) Des Notars: Geschäftswert ist – auch bei einem sog. Ringtausch – der Wert des höherwertigen Grundstücks (§ 97 Abs. 3 GNotKG), aus diesem Wert: 2,0 Beurkundungsgebühr (Nr. 21100 KV GNotKG), 0,5 Vollzugsgebühr, max. 50 € (Nr. 22112 KV GNotKG), 0,5 Betreuungsgebühr (Nr. 21200 KV GNotKG), sowie Auslagen (Nr. 32000 ff. KV GNotKG).
b) Des Grundbuchamts: 1,0 Gebühr für die Eigentumsumschreibung (Nr. 14110 KV GNotKG), 0,5 Gebühr für die Eintragung der Vormerkung (Nr. 14150 KV GNotKG), für deren Löschung fällt keine Gebühr an (vgl. Vorbem. 1.4.1.4 sowie Nr. 14150 KV GNotKG).

§ 38 Versteigerung

I. Freiwillige Grundstücksversteigerung

1 1. Zur freiwilligen Grundstücksversteigerung (§ 156 BGB) hat die Bundesnotarkammer einen *Leitfaden*[1] erstellt. Er fasst aus notarieller Sicht wesentliche Anforderungen an das Verfahren zusammen.

Grundsätzlich gilt auch bei diesen Verfahren § 17 Abs. 2a Satz 2 Nr. 2 BeurkG. Jedoch kann von der Einhaltung der 14-Tages-Frist im Hinblick auf die Besonderheiten des Versteigerungsverfahrens abgewichen werden, insbesondere weil erst mit dem Zuschlag feststeht, mit wem der Vertrag zustande kommt.[2]

2 Neben der freiwilligen Versteigerung finden sich in der Praxis auch *Käuferfindungsverfahren* (unechte Grundstücksversteigerung), die formal ähnlich wie Verfahren nach § 156 BGB gestaltet sind. Hier führt jedoch das Verfahren nicht zum Erwerb des Grundstücks, vielmehr wird letztlich mit dem gefundenen Käufer ein Kaufvertrag nach allgemeinen Regelungen abgeschlossen. In diesen Fällen gelten die allgemeinen Regeln, insbesondere auch zur 14-Tages-Frist.[3]

3 2. Die freiwillige Grundstücksversteigerung stellt eine Grundstücksveräußerung dar, bedarf also der notariellen Beurkundung nach § 311b Abs. 1 BGB.[4] Einige Landesrechte enthalten Verfahrensvorschriften. So sehen etwa die Ausführungsgesetze zum BGB von Bremen, Hessen, Rheinland-Pfalz und Saarland im Sinne von Art. 143 Abs. 2 EGBGB vor, dass bei der freiwilligen Versteigerung durch den Notar Eigentümer und Ersteigerer die *Auflassung* nicht bei gleichzeitiger Anwesenheit zu erklären haben, wenn sie noch im Versteigerungstermin erklärt wird.

4 3. Allgemeine Versteigerungsbedingungen, Gebote und Zuschlag sind *Willenserklärungen* und entsprechend (§§ 13 bis 15 BeurkG) zu beurkunden. Tatsachenfeststellungen spielen nur am Rande eine Rolle.

5 4. Das Verfahren gestaltet sich unterschiedlich, je nachdem ob die Versteigerung durch einen *privaten Auktionator* (§ 34b GewO) oder durch den *Notar* selbst (§ 20 Abs. 3 BNotO) durchgeführt wird:

6 a) Erfolgt die Versteigerung durch einen *privaten Auktionator*, so handelt dieser im Namen des Eigentümers; er bedarf einer grundbuchtauglichen Vollmacht. Der Notar nimmt nur Beurkundungsaufgaben wahr. Der Auktionator gibt nicht etwa ein Angebot ab, sondern fordert zur Abgabe von Angeboten auf; der Inhalt der Angebote wird aber vorher in Form von Versteigerungsbedingungen festgelegt, die vom Auktionator bekanntzugeben sind. Die Versteigerungsbedingungen werden Bestandteil der Gebote der Bieter; damit die Gebote vollständig sind, müssen sie also den vollen Text des Kaufvertrages enthalten, wie er mit dem Meistbietenden zustande kommen soll. Zweckmäßigerweise werden sie in Form einer »Verweisungsurkunde« nach § 13a BeurkG niedergelegt, damit sie einem erst später hinzukommenden Bieter nicht nochmals vorgelesen werden müssen.

---

[1] DNotZ 2005, 161.
[2] Vgl. BT-Drucks. 17/13137 S. 4; *Becker*, notar 2014, 359.
[3] BGH DNotZ 2015, 314; *Rachlitz* MittBayNot 2015, 161.
[4] BGHZ 138, 339.

Die Gebote der Bieter sind *Vertragsangebote* im Rechtssinn. Sie müssen aber nicht jeweils sofort und einzeln beurkundet werden, weil Bieter, die nicht an ihr Gebot gebunden bleiben, nicht als beteiligt gelten (§ 15 Satz 2 BeurkG) und die Bindung nach § 156 Satz 2 BGB jeweils erlischt, wenn ein Übergebot abgegeben wird. Dennoch sollte der Notar sich bei jedem Bieter sofort über dessen Person vergewissern und die zur Beurkundung erforderlichen Daten erheben. Aber erst wenn der Auktionator erklärt, die Bieterstunde zu schließen, beurkundet der Notar das Höchstgebot unter voller Wahrung der Vorschriften der §§ 9 ff. BeurkG. Der Höchstbieter muss zu diesem Zeitpunkt allerdings nicht mehr anwesend sein; § 15 Satz 2 BeurkG schränkt § 13 Abs. 1 BeurkG insofern ein. In der Niederschrift ist festzustellen, dass sich der betreffende Bieter vor dem Schluss der Verhandlung entfernt hat; dieser Vermerk ist in solchen Fällen für die Wirksamkeit der Beurkundung unerlässlich.[5] Auf die Auflassung ist diese Erleichterung nicht anwendbar; insofern bedarf es ggf. einer gesonderten Urkunde bei gleichzeitiger Anwesenheit, sofern landesrechtlich nichts Anderes regelt (vgl. Art. 143 Abs. 2 EGBGB, s.o. Rdn. 3). 7

Die Annahme des Angebots (Höchstgebot) heißt nach § 156 Satz 1 BGB »Zuschlag«. Den (der Form des § 311b Abs. 1 BGB unterliegenden) *Zuschlag* erklärt der Auktionator aufgrund der ihm vom Eigentümer erteilten Vollmacht zu notarieller Urkunde; der Eigentümer ist in der Urkunde hinreichend zu bezeichnen.[6] Da der Zuschlag zugleich die Feststellung des Meistgebots enthält, kann er vom Auktionator nur persönlich erklärt werden.[7] 8

Versteigerungsvollmacht, Allgemeine Versteigerungsbedingungen

Verhandelt zu ..... am ..... 9 M
Ich erteile hiermit dem Auktionator ....., geb. am ....., geschäftsansässig/wohnhaft ....., Vollmacht folgenden Inhalts:
Ich bin Eigentümerin des im Grundbuch des Amtsgerichts ..... von ..... Blatt ..... eingetragenen Grundstücks der Gemarkung ....., FlSt ....., zu ..... m². Ich ermächtige den Auktionator, dieses Grundstück öffentlich zu versteigern, den Zuschlag zu erteilen und die Auflassung an den Ersteigerer zu erklären. Die Vollmacht ist dahin eingeschränkt, dass nur solche Gebote berücksichtigt werden dürfen, die den hier als Anlage beigefügten, vom Notar vorgelesenen Versteigerungsbedingungen entsprechen. Soweit in diesen Versteigerungsbedingungen vorgesehen ist, dass ich als Eigentümerin und Verkäuferin weitere Erklärungen abzugeben habe, ermächtige ich den Auktionator auch dazu. Die Vollmacht ist des weiteren dahin eingeschränkt, dass nur solche Gebote berücksichtigt werden dürfen, die einen Kaufpreis von mehr als 200.000,00 € anbieten. Die Vollmacht gilt über meinen Tod hinaus. Dem Auktionator ist eine Ausfertigung zu erteilen.

..... Notar

Anlage: Die Anlage besteht in einem bis auf den Kaufpreis vollständigen Entwurf eines Grundstückskaufvertrags nach den Mustern in § 32.

■ *Kosten.* 1,0 Gebühr (Nr. 21200 KV GNotKG); Geschäftswert der Vollmacht ist nach § 98 GNotKG »die Hälfte des Geschäftswerts für die Beurkundung des Geschäfts, auf das sich die Vollmacht bezieht«, also die Hälfte des Werts des Grundstücks bzw. des zu erwartenden Höchstgebots (hier mindestens 100.000 €), höchstens 1.000.000 € (§ 98 Abs. 4 GNotKG).

---

5 BGHZ 138, 339, 344.
6 KG ZNotP 2002, 187.
7 BGHZ 138, 339 = NJW 1998, 2350.

§ 38 Versteigerung

Niederschrift über eine freiwillige Versteigerung

10 M Heute, den ....., begab ich, ..., Notar mit dem Amtssitz in ....., mich nach ....., wo ich um 10.00 Uhr antraf:
1. Den Auktionator ....., geb. am ....., geschäftsansässig/wohnhaft ....., ausgewiesen durch .....
2. Eine Zahl von Bietinteressenten.

Über den Grundbuchinhalt habe ich mich unterrichtet.
Der Auktionator stellte zunächst fest, dass zu der gegenwärtigen Versteigerung durch Anzeigen im ..... er Tagblatt und im ..... er Kurier jeweils am ..... öffentlich eingeladen worden sei. Sodann gab er bekannt, dass er die Versteigerungsbedingungen und den Zuschlag nicht im eigenen Namen verkünden werde, sondern aufgrund Vollmacht, Urkunde des Notars ..... vom ....., URNr. ....., die in Ausfertigung zur allgemeinen Einsicht vorlag und hier in beglaubigter Abschrift beigefügt ist, im Namen der Grundstückseigentümerin, Frau ....., geb. am ....., Geschäftsfrau, ... weg 99, ... stadt.
Der Auktionator verlas daraufhin mit dem Antrag auf Beurkundung in Gegenwart des Notars die der Vollmacht und auch gegenwärtiger Urkunde beigefügten Versteigerungsbedingungen. Daraufhin forderte er zur Abgabe von Geboten auf der Grundlage und mit dem Inhalt der Versteigerungsbedingungen auf. Er erklärte, Gebote bis 11.15 Uhr entgegenzunehmen. Meistbietender blieb Herr F.C., geb. am ....., Kaufmann, ... straße 45, ... dorf, ausgewiesen durch seinen deutschen Personalausweis Nr. ..... Sein Gebot belief sich auf 242.000,00 €. Danach schloss der Auktionator die Bieterstunde um 11.15 Uhr und erklärte, Herrn F.C. den Zuschlag zu erteilen. Des weiteren erklärte er, namens der Grundstückseigentümerin alle Erklärungen abzugeben, die in den Versteigerungsbedingungen für die Verkäuferseite vorformuliert seien. Er stellte aber klar, dass er die Auflassung noch nicht erkläre.
Die Niederschrift wurde vom Notar vorgelesen, vom Auktionator und dem Meistbietenden genehmigt und eigenhändig unterschrieben.

..... Notar

■ *Kosten.* 2,0 Gebühr (Nr. 21100 KV GNotKG), ggf. Vollzugs- und Betreuungsgebühr (vgl. § 32 Rdn. 25). Zusatzgebühr für Tätigkeit außerhalb der Geschäftsstelle (Nr. 26002 KV GNotKG) i.H.v. 50 € für jede angefangene Stunde der Abwesenheit von der Geschäftsstelle.

11 b) Gemäß § 20 Abs. 3 Satz 1 BNotO kann der *Notar auch selbst als Auktionator auftreten* und dennoch selbst beurkunden.[8] Die für die gewerblichen Versteigerer geltenden Vorschriften (Versteigererverordnung – VerstV) sind auf den Notar nicht anzuwenden. Obwohl der Notar als Versteigerer am Rechtsgeschäft beteiligt ist, ist er nicht nach §§ 16 Abs. 1 BNotO, 6 Abs. 1 Nr. 4 BeurkG ausgeschlossen, weil ihm das Gesetz die Doppelrolle ausdrücklich gestattet. Der Notar erklärt als Auktionator den Zuschlag im Namen des Eigentümers und beurkundet die Erklärungen des Meistbietenden und auch seine eigenen Erklärungen. Da dies ausdrücklich zulässig ist, muss es wohl auch möglich sein, dass der Notar die »Verweisungsurkunde« als *Eigenurkunde* errichtet; sicherer ist aber eine Fremdurkunde. Was seine Vollmacht betrifft, so genügt es in jedem Fall, dass er seine Bevollmächtigung im Versteigerungsprotokoll feststellt. Im Übrigen müssen aber die Beurkundungsformalitäten ebenso gewahrt werden wie bei Versteigerung durch einen Dritten. Die Vorschriften des § 383 BGB müssen nur dann beachtet werden, wenn es sich um eine Versteigerung anstelle einer Hinterlegung handelt; sie geben aber eine Leitlinie auch für andere Versteigerungen.

---

8 BGHZ 138, 339, 344 f.

Versteigerung eines Grundstücks zur Auseinandersetzung einer Erbengemeinschaft

Heute, den ....., begab ich, Dr. ....., Notar mit dem Amtssitz in ....., mich nach ....., ... straße 22, um dort im Auftrag von 12 M
a) Frau A. S., geb. am ....., Geschäftsfrau, ... weg 99, ... stadt, verwitwet, die sich mir gegenüber durch Vorlage ihres deutschen Reisepasses Nr. ..... ausgewiesen hat,
b) B.S., geb. am ....., Schüler, ... weg 99, ... stadt, nicht verheiratet, gesetzlich vertreten durch seine Mutter, Frau A.S., wie eben angegeben,
c) Herrn C.S., geb. am ....., Angestellter, ... straße 67, ... stadt, verheiratet, im gesetzlichen Güterstand lebend, der sich mir gegenüber durch Vorlage seines deutschen Personalausweises Nr. ..... ausgewiesen hat,

das im Grundbuch des Amtsgerichts ..... von ..... Blatt ..... eingetragene Grundstück der Gemarkung ..... FlStNr. ...... zu 0,776 ha öffentlich zu versteigern.
Hierzu stelle ich fest, von den genannten Beteiligten mündlich mit der Versteigerung beauftragt und zu ihr bevollmächtigt worden zu sein; die Vollmacht umfasst auch die Erklärung der Auflassung und sonstige Erklärungen, insbesondere auch Eintragungsbewilligungen, die in den Versteigerungsbedingungen vorgesehen sind. Über den Grundbuchinhalt habe ich mich unterrichtet. Als Eigentümer sind die vorstehend unter a, b und c genannten Personen in Erbengemeinschaft eingetragen. In Abt. II des Grundbuchs ist eingetragen: Nr. 1: Geh- und Fahrtrecht für den jeweiligen Eigentümer des Grundstücks FlSt. Nr. ..... ; Nr. 2: Wohnungsrecht auf Lebensdauer für M.S., geb. am ....., ... stadt. In Abt. III des Grundbuchs ist eingetragen: Grundschuld ohne Brief zu 60.000,– DM für Sparkasse ..... stadt, ... stadt.
Ich stelle weiter fest, dass ich zu der gegenwärtigen Versteigerung durch Anzeigen im ..... er Tagblatt und im ..... er Kurier jeweils am ..... öffentlich eingeladen habe.
Um 10.00 Uhr hat sich eine Anzahl Bietinteressenten eingefunden.
Die Versteigerungsbedingungen gab ich unter Hinweis darauf, dass sie auch in schriftlicher Form vorlägen und bei mir eingesehen werden könnten, wie folgt bekannt:
1. Verkauft wird das vorbezeichnete Grundstück mit allen Bestandteilen und dem Zubehör. Heizöl ist nicht mit verkauft.
2. Bewegliche Einrichtungsgegenstände sind nicht mit verkauft.
3. Der Zuschlag wird nur unter Vorbehalt der Genehmigung des Vormundschaftsgerichts erteilt. Der Meistbietende bleibt bis zur Entscheidung darüber, jedoch nicht länger als drei Monate von heute ab, an sein Gebot gebunden. Der Notar ist von Frau A.S. ermächtigt worden, die Genehmigung beim Vormundschaftsgericht zu beantragen, sie in Empfang zu nehmen und sie dem Ersteher mitzuteilen. Der Ersteher ermächtigt den Notar, diese Mitteilung für ihn in Empfang zu nehmen.
4. Der Ersteher duldet das Fortbestehen des Geh- und Fahrtrechts Abt. II Nr. 1; die Verkäufer sind nicht verpflichtet, es zu beseitigen.
   Was das in Abt. II Nr. 2 eingetragene Wohnungsrecht betrifft, wird das Grundstück doppelt, mit und ohne Übernahme des Wohnungsrechts, ausgeboten.
   Die Verkäufer sind verpflichtet, dem Ersteher den Vertragsgegenstand frei von weiteren im Grundbuch eingetragenen Belastungen und – mit Ausnahme ggf. des Besitzes aufgrund des Wohnungsrechts – frei von Miet- und Pachtverhältnissen und sonstigen gegenüber dem Ersteher fortgeltenden Besitzrechten zu übertragen. Im Übrigen wird er sowohl in der tatsächlichen als auch in der rechtlichen Beschaffenheit verkauft, die er derzeit – gleich ob bekannt oder nicht – hat; dies ist die hiermit vertraglich vereinbarte Beschaffenheit, die die Verkäufer auch dann nicht zu verändern oder gar zu verbessern verpflichtet sind, wenn sie den Erwartungen des Erstehers nicht entsprechen sollte.

§ 38 Versteigerung

5. Der Besitz ist dem Ersteher Zug um Zug gegen Zahlung des Kaufpreises an den Notar zu übergeben. Wegen ihrer Verpflichtung zur Übergabe des Besitzes unterwerfen sich die Verkäufer der sofortigen Zwangsvollstreckung aus dieser Urkunde. Die Gefahr eines zufälligen Untergangs und einer zufälligen Verschlechterung des Vertragsgegenstandes geht sofort auf den Ersteher über; die Verkäufer treten jedoch dem Ersteher – bedingt durch die Zahlung des Kaufpreises – alle Versicherungs- und Schadensersatzansprüche, die sie wegen solcher Ereignisse gegen Dritte haben könnten, ab. Sie verpflichten sich hierzu, alle bestehenden Schadensversicherungen – zumindest die Versicherung gegen Feuerschäden zum gleitenden Neuwert sowie eine Leitungswasser-, Sturmschaden- und Hagelversicherung – bis zum Besitzübergang ordnungsgemäß aufrechtzuerhalten. Die Nutzungen gebühren dem Ersteher vom Zeitpunkt des Besitzübergangs an. Vom gleichen Zeitpunkt an hat er die laufenden Grundstückslasten zu tragen. Bei Besitzübergang rückständige Grundstückslasten haben die Verkäufer unverzüglich wegzufertigen.
Soweit den Verkäufern oder ihren Rechtsvorgängern Beitrags- oder Vorausleistungsbescheide für Erschließungskosten im Sinne des Baugesetzbuches oder für Investitionsaufwand und Grundstücksanschlüsse im Sinne des Kommunalabgabengesetzes bereits zugestellt worden sind, ist es Sache der Verkäufer, diese Beiträge oder Vorausleistungen zu tragen. Alle anderen Beiträge solcher Art hat der Ersteher zu tragen, auch wenn die Bescheide noch den Verkäufern zugestellt werden sollten. Die Verkäufer versichern hierzu, dass ihres Wissens für alle bereits entstandenen Beiträge die Beitragsbescheide ergangen sind; eine Gewähr hierfür übernehmen sie aber nicht.
6. Der Kaufpreis beträgt ohne Übernahme des Wohnungsrechts mindestens 300.000,– €, mit Übernahme des Wohnungsrechts mindestens 260.000,– €. Der sich aus dem Meistgebot ergebende Kaufpreis ist innerhalb zweier Wochen nach dem Zuschlag und dem Wirksamwerden der vormundschaftsgerichtlichen Genehmigung an den Notar zur Verwahrung zu zahlen. Dieser wird angewiesen, die Hälfte davon an Frau A.S. und je $1/4$ an B.S. – zu Händen von Frau A.S. – und an C.S. auszuzahlen, sobald die nachfolgend zur Eintragung beantragte Vormerkung gemäß § 883 BGB im Range nur nach den vom Ersteher zu übernehmenden Belastungen eingetragen ist und dem Notar das Zeugnis der Gemeinde vorliegt, dass dieser gesetzliche Vorkaufsrechte nicht zustehen oder sie solche Vorkaufsrechte aus Anlass vorliegenden Verkaufs nicht ausübt. Wegen seiner Verpflichtung, den Kaufpreis an den Notar zu zahlen, unterwirft sich der Ersteher der sofortigen Zwangsvollstreckung aus dieser Urkunde.
7. Die Kosten des Versteigerungsverfahrens, der Errichtung, der Abschriften und des Vollzugs dieser Urkunde, die Kosten der Verwahrung des Kaufpreises durch den Notar, die Kosten der Auflassung sowie die anfallende Grunderwerbsteuer trägt der Ersteher. Hinterlegungszinsen gebühren den Verkäufern. Soweit die Verkäufer zur Lastenfreistellung verpflichtet sind, tragen sie die hierfür anfallenden Kosten. Über die Bedeutung der Unbedenklichkeitsbescheinigung hat der Notar die Beteiligten belehrt.«

Nach Verlesung der Bedingungen habe ich zur Abgabe von Geboten aufgefordert und erklärt, dass die Bieterstunde um 11.15 Uhr geschlossen würde. Es wurde eine Anzahl Gebote abgegeben. Nachdem die Bieterstunde um 11.15 geschlossen worden war, blieben Meistbietende:
a) ohne Übernahme des Wohnungsrechts:
   A.B. geb. am ....., ..., ausgewiesen durch ....., mit einem Gebot von 324.000,– €;
b) mit Übernahme des Wohnungsrechts:
   C.D. geb. am ....., ..., ausgewiesen durch ....., mit einem Gebote von 310.000,– €.

Nach Anhörung der Verkäufer habe ich erklärt, dem C.D. den Zuschlag zu erteilen. Die Vertragsteile erklärten, über den Eigentumsübergang einig zu sein. Sie bewilligen und beantragen, ihn in das Grundbuch einzutragen. Zunächst bewilligen und beantragen sie die Eintragung einer Vormerkung zur Erhaltung des Rechts auf Eigentumsverschaffung für den Ersteher und deren Löschung bei Eigentumsumschreibung, wenn sie im Range der Vormerkung erfolgt. Der Notar soll den Antrag auf Eintragung der Vormerkung wie des Eigentumsübergangs erst stellen, wenn der Kaufpreis bei ihm hinterlegt ist, und vorher auch keine Ausfertigungen oder beglaubigten Abschriften dieser Urkunde erteilen, welche die Auflassung oder die Eintragungsbewilligung enthalten.

Die Niederschrift wurde vom Notar vorgelesen, von Herrn C.D.[9] genehmigt und eigenhändig unterschrieben:

....., Notar

■ *Kosten.* Der Geschäftswert ist nach dem Wert der zu versteigernden Grundstücke zu bemessen (§ 116 GNotKG), hieraus
Nr. 23600 KV GNotKG: 0,5 – Verfahrensgebühr,
Nr. 23601 KV GNotKG: 0,5 – Gebühr für (ggf.) Aufnahme einer Schätzung,
Nr. 23602 KV GNotKG: 1,0 – Gebühr für Abhaltung des Versteigerungstermins,
Nr. 23603 KV GNotKG: 1,0 – Gebühr für Beurkundung des Zuschlags.

II. Zwangsversteigerung nach dem WEG

Bis zum Jahr 2007 war dem Notar mit §§ 53 bis 58 WEG die Versteigerung nach den Grundsätzen der freiwilligen Gerichtsbarkeit übertragen, wenn ein Wohnungseigentümer nach den §§ 18 und 19 WEG zur Entziehung des Wohnungseigentums verurteilt ist. Nunmehr gelten diesbezüglich die allgemeinen Regeln des ZVG.

III. Versteigerung eines GmbH-Geschäftanteils

Einzelheiten zur (»freiwilligen«, d.h. im Auftrag der Geschäftsführung durchzuführenden) Versteigerung eines kaduzierten GmbH-Geschäftsanteils nach § 23 GmbHG in DNotI-Report 1997, 235; *Bürger*, NotBZ 2011, 8.

---

9 B. bleibt nur noch bis zur Erteilung des Zuschlags an D. an sein Gebot gebunden und ist deshalb nicht mehr als Beteiligter nach §§ 9 und 13 BeurkG zu behandeln.

§ 39 Grundstücksschenkung und -überlassung

I. Form, Zweck

1 Schenkungs*versprechen* bedürfen gemäß § 518 BGB zu ihrer Gültigkeit der notariellen Beurkundung, ebenso die Schenkung eines Grundstücks gemäß § 311b Abs. 1 BGB.

2 Werden bei der Überlassung von Grundstücken – wie üblich – im Zusammenhang mit der Zuwendung Rechte vorbehalten oder Leistungen (auch an Dritte, z.B. »weichende Erben«) vereinbart, bedürfen auch diese Vereinbarungen der Beurkundung, § 311b Abs. 1 Satz 1 BGB.

3 Zweckmäßig ist es, insbesondere die Zuwendung an Ehegatten (hierzu nachstehend Rdn. 23 ff.) und an Kinder (hierzu Rdn. 38 ff.) zu differenzieren.

II. Steuerrechtliche Fragen

1. Schenkungsteuer

4 **a)** Unentgeltliche Vermögenszuwendungen können der Schenkungsteuer nach dem Erbschaftsteuer- und Schenkungsteuergesetz (ErbStG) unterliegen. Der Notar hat stets darauf hinzuweisen, dass Schenkungen grundsätzlich der Steuerpflicht nach dem Erbschaft- und Schenkungsteuergesetz unterliegen.[1] Er schuldet aber keine Beratung darüber, ob und in welcher Höhe Schenkungsteuer anfallen kann. Erteilte Auskünfte müssen freilich richtig sein.

5 **b)** Es werden drei *Steuerklassen* unterschieden (§ 15 ErbStG).
Zur Steuerklasse I gehören Ehegatten und Lebenspartner, Kinder und Stiefkinder sowie deren Abkömmlinge, bei Erwerben von Todes wegen auch die Eltern und Voreltern.
Zur Steuerklasse II gehören die Eltern und Voreltern, soweit sie nicht in Steuerklasse I gehören, die Geschwister, die Abkömmlinge 1. Grades von Geschwistern, die Stiefeltern, die Schwiegerkinder, die Schwiegereltern und ein geschiedener Ehegatte.
Zur Steuerklasse III gehören alle übrigen Erwerber.

6 **c)** Die *Steuerfreibeträge* betragen gemäß § 16 ErbStG für Ehegatten und Lebenspartner 500.000 €, für Kinder sowie Kinder verstorbener Kinder 400.000 €, für Enkel 200.000 € und für sonstige Personen der Steuerklasse I 100.000 €, für Personen der Steuerklasse II und III 20.000 €.

7 **d)** Daneben regelt § 17 ErbStG besondere **Versorgungsfreibeträge**. Der Versorgungsfreibetrag beträgt bei Ehegatten und Lebenspartner 256.000 €, ist jedoch dann zu kürzen, wenn der Ehegatte durch nicht der Erbschaftsteuer unterliegende Versorgungsbezüge, die zu kapitalisieren sind, bereits abgesichert ist. Auch Kindern stehen danach je nach Lebensalter, höchstens bis zur Vollendung des 27. Lebensjahres, weitere Freibeträge zu.

---

1 Vgl. OLG Oldenburg DNotZ 2010, 312 m. Anm. *Wachter*.

e) § 13 regelt besondere *Steuerbefreiungen*, z.B. für Hausrat im Wert bis 41.000 € bei Zuwendung an Personen der Steuerklasse I. Für bewegliche Güter, z.B. ein Auto, besteht für alle Steuerklassen ein Freibetrag von 12.000 €. 8

Besondere Bedeutung für die notarielle Praxis hat die Regelung des § 13 Abs. 1 Nr. 4a ErbStG, wonach sämtliche das Familienwohnheim betreffende lebzeitigen Zuwendungen unter Ehegatten und Lebenspartnern, z.B. die Übertragung des (Mit-)Eigentums oder die Übernahme der Kosten für Anschaffung, Herstellung oder Sanierung, steuerfrei sind. Entsprechendes gilt mit gewissen Einschränkungen, insbesondere im Hinblick auf eine Weiternutzung als Familienheim, für dessen Zuwendung von Todes wegen an Ehegatten (z.B. maximal 200 Quadratmeter Wohnfläche), Lebenspartner und Kinder, § 13a Abs. 1 Nr. 4b und 4c ErbStG. 9

f) Die *Steuersätze* betragen gemäß § 19 ErbStG 10

bei einem Wert des steuerpflichtigen Erwerbs bis einschließlich ... €	Vom-Hundert-Satz in der Steuerklasse		
	I	II	III
75.000	7	15	30
300.000	11	20	30
600.000	15	25	30
6.000.000	19	30	30
13.000.000	23	35	50
26.000.000	27	40	50
über 26.000.000	30	43	50

g) Das Gesetz enthält Sonderregelungen und Steuerbefreiungen für **Betriebsvermögen**, sofern es sich nicht um sog. Verwaltungsvermögen handelt (vgl. §§ 13a, 13b, 13c ErbStG). Es empfiehlt sich, diesen Umstand in der Urkunde zu verlautbaren. 11

Mit diesem Vertrag wird dem Erwerber Betriebsvermögen im Wege der vorweggenommenen Erbfolge zugewendet. 12 M

Für die *Bewertung* von Immobilien ist im Prinzip deren Verkehrswert maßgebend. Einzelheiten regeln §§ 179, 182 ff. BewG.[2] Zu Wohnzwecken vermietete Objekte werden gemäß § 13d ErbStG nur mit 90 % ihres gemeinen Werts angesetzt. 13

h) *Gegenleistungen*, die bei lebzeitigen Zuwendungen vereinbart werden, können den Umfang des steuerpflichtigen Erwerbs mindern. Dasselbe gilt für sog. *Leistungsauflagen* (z.B. Leibrenten, dauernde Lasten) und – abweichend von der bis zum 01.01.2009 geltenden Rechtslage – sog. *Duldungsauflagen* (z.B. Wohnungsrecht, Nießbrauch, hierzu § 63 Rdn. 39 f.). 14

Soweit Gegenleistungen nicht an den Schenker zu leisten sind, sondern an Dritte (z.B. an den Ehegatten des Schenkers oder Geschwister des Beschenkten), ist zu beachten, dass hierin eine (weitere) Schenkung des Veräußerers an diese liegen kann (Vertrag zugunsten Dritter, Schenkung im Valutaverhältnis). Soweit nur ein Elternteil schenkt und der Beschenkte sich auch zu Leistungen an dessen Ehegatten verpflichtet (z.B. Einräumung eines Rentenstammrechts), liegt eine freigebige Zuwendung des Schenkers an seinen Ehegatten nach der Rechtsprechung des BFH[3] aber nur insoweit vor, als dieser über die eingehenden Zahlungen im Innenverhältnis rechtlich und tatsächlich frei verfügen kann. 15

---

2 Hierzu näher *Bauer/Wartenburger*, MittBayNot 2009, 85, 88 ff. sowie MittBayNot 2010, 175.
3 BFH ZEV 2007, 599.

2. Grunderwerbsteuer

16 Die Zuwendung von Grundbesitz kann auch *Grunderwerbsteuer* auslösen. Die reine Schenkung unterliegt gemäß § 3 Abs. 2 Satz 1 GrEStG jedoch nicht der Grunderwerbsteuer. Eine Doppelbelastung desselben Vorgangs mit Schenkungsteuer und Grunderwerbsteuer wird – auch aus verfassungsrechtlichen Gründen[4] – vermieden. Die Befreiung von der Grunderwerbsteuer reicht allerdings nur soweit, wie das Rechtsgeschäft der Schenkungsteuer unterliegt. Bei gemischten Schenkungen und Schenkungen unter Auflage kann daher hinsichtlich des entgeltlichen Teils Grunderwerbsteuer anfallen, soweit nicht eine persönliche Grunderwerbsteuerbefreiung besteht, so nach § 3 Nr. 4 und 6 GrEStG für Veräußerungen an Verwandte in gerader Linie, an Stiefkinder oder an Ehegatten.

17 Auszahlungen an Dritte (z.B. an »weichende Erben«) und die Übernahme von Schulden des Veräußerers (Leistungsauflage) führen daher für den nicht befreiten Personenkreis in entsprechender Höhe zur Grunderwerbsteuerpflicht. Das Gleiche gilt für Nutzungs- und Duldungsauflagen, z.B. Nießbrauchs- und Wohnungsrechte, zugunsten anderer Personen als den Veräußerer und dessen Ehegatten entsprechend deren kapitalisiertem Wert (sie mindern andererseits die Schenkungsteuer).

3. Steuerliche Beistandspflichten der Notare

18 Im Hinblick auf Schenkung- und Grunderwerbsteuer treffen den Notar steuerliche Beistandspflichten. Zu Einzelheiten vgl. das zu § 32 Rdn. 444 abgedruckte Merkblatt.

III. Anfechtungsrechte

19 Gläubigern des Schenkenden können innerhalb bestimmter Fristen Anfechtungsrechte zustehen,[5] nämlich

– binnen 10 Jahren bei Rechtshandlungen mit dem Vorsatz der Gläubigerbenachteiligung (§ 3 Abs. 1 AnfG, § 133 Abs. 1 InsO).
– binnen 4 Jahren bei unentgeltlichen Leistungen mit Ausnahme von Gelegenheitsgeschenken (§ 4 Abs. 1 AnfG, § 134 Abs. 1 InsO).

20 Zudem können insolvenzspezifische Anfechtungsrechte wegen die Insolvenzmasse schmälernden Handlungen nach §§ 129 ff. InsO bestehen.

21 Bei *entgeltlichen* Verträgen mit nahestehenden Personen eröffnen § 3 Abs. 2 AnfG und § 133 Abs. 2 InsO Gläubigern ein Anfechtungsrecht binnen einer 2-Jahres-Frist.

22 Auf solche Anfechtungsmöglichkeiten wird der Notar dann hinzuweisen haben, wenn es den Beteiligten erkennbar um eine Übertragung zur Benachteiligung von Gläubigern geht oder andere Anfechtungsgründe erkennbar sind, möglicherweise auch bei allen Vermögensübertragungen mit dem Ziel der Haftungsabschirmung.

IV. Überlassung an Ehegatten

23 1. Die Zuwendung von Grundbesitz zwischen Ehegatten erfolgt eher ausnahmsweise als Schenkung i.S.d. §§ 516 ff. BGB, wofür Voraussetzung die Einigkeit über die Unentgeltlichkeit wäre, sondern in der Vorstellung oder Erwartung, dass die eheliche Lebensgemeinschaft

---

4 BVerfG BStBl. 1984, 608.
5 Vgl. BGH MittBayNot 2015, 63 mit Anm. *Huber*; *Reul*, DNotZ 2007, 649.

Bestand haben werde, also »um der Ehe willen«. Solche sog. ehebedingte Zuwendungen sind im Bereich des Erbrechts, also im Anwendungsbereich der §§ 2325, 2287, 2288 BGB, grundsätzlich wie eine Schenkung zu behandeln.[6] Daneben kann auch eine sog. Ehegatteninnengesellschaft als Gestaltung in Betracht kommen.[7] Selbstverständlich sind auch zwischen Ehegatten Kaufverträge und Treuhandvereinbarungen möglich.

Verschiedene Motive und Erwägungen können unterschieden werden. **24**

Bei in *Gütertrennung* verheirateten Ehegatten soll nicht selten eine Beteiligung an dem erzielten Vermögenszuwachs erfolgen. **25**

Bei Ehegatten, die im Güterstand der *Zugewinngemeinschaft* leben, wird häufig ein »*freiwilliger Ausgleich*« *des Zugewinns* gewünscht, obwohl ein Ausgleichsanspruch bei intakter Ehe nicht besteht. Hier kann es angebracht sein, mit den Ehegatten Kosten und Nutzen einer solchen Zuwendung zu erörtern, etwa auch im Hinblick darauf, dass sich im Fall des Vorversterbens des Zuwendungsempfängers Pflichtteilsansprüche vorhandener Abkömmlinge aus dem zugewendeten Vermögen rechnen können, während die Zuwendung im Fall des Vorversterbens des Zuwendenden wegen § 2325 BGB zu Pflichtteilsergänzungsansprüchen führen wird; deshalb wird bei dieser Motivlage eine Verfügung von Todes wegen der Ehegatten häufig eine sinnvolle Alternative darstellen. **26**

Größere praktische Bedeutung hat die Ehegattenzuwendung *aus Haftungsgründen*, bei der die Erwägung im Vordergrund steht, das Vermögen auf den Ehegatten mit dem geringeren Haftungsrisiko zu verlagern,[8] die Zuwendung zur Sicherung der *Altersvorsorge*[9] und die Zuwendung aus steuerlichen Motiven, wo es häufig darum geht, dass der nicht unternehmerisch tätige Ehegatte Eigentümer der Immobilie wird, um so deren Eigenschaft als Betriebsvermögen aufseiten des unternehmerisch tätigen Ehegatten zu vermeiden. Anlass für eine Übertragung an den Ehegatten ist nicht selten auch eine für einen späteren Zeitpunkt beabsichtigte Zuwendung an Kinder unter Ausnutzung der beiderseitigen Steuerfreibeträge. **27**

Am häufigsten sind Zuwendungen hinsichtlich des Familienheims, sei es dass diesbezüglich der eine Ehegatte dem anderen unmittelbar Mit- oder Alleineigentum einräumt, sei es, dass aus dem Vermögen, dem Einkommen oder der Arbeit des einen Ehegatten (auch) der andere Ehegatte wegen seines Mit- oder Alleineigentums bereichert wird. **28**

2. Grundsätzlich unterliegen Ehegattenzuwendungen der Schenkungsteuer. Jedoch besteht für lebzeitige Zuwendungen zwischen Ehegatten hinsichtlich des Familienwohnheims eine generelle Befreiung von der Schenkungsteuer gemäß § 13 Abs. 1 Nr. 4a ErbStG (vgl. Rdn. 8). **29**

Eine generelle Befreiung von der Grunderwerbsteuer ergibt sich für Zuwendungen zwischen Ehegatten aus § 3 Nr. 4 GrEStG. **30**

3. Muster

Verhandelt am ..... **31 M**
Auf Ansuchen der Erschienenen beurkunde ich nach Unterrichtung über den Grundbuchinhalt ihren Erklärungen gemäß, was folgt:

I. Vorbemerkung

Im Grundbuch des Amtsgerichts ..... für ..... ist in Blatt ..... folgender Grundbesitz der Gemarkung ..... im Alleineigentum von ..... vorgetragen:
FlSt ..... zu ..... qm.

---

6 BGHZ 116, 178.
7 Vgl. BGH NJW 2011, 2880; BGH MittBayNot 1999, 565.
8 Vgl. BGH DNotZ 1991, 492.
9 Vgl. BGHZ 116, 167, 173.

Abt. II ist ohne Eintragung.
In Abt. III ist eine Buchgrundschuld zu ..... € für ..... eingetragen

II. Überlassung

A
– nachstehend »Veräußerer« genannt –
überlässt
einen ½-Miteigentumsanteil an dem in Abschnitt I genannten Grundbesitz mit allen Rechten, Pflichten, Bestandteilen und dem Zubehör
an seine Ehefrau, B
– nachstehend »Erwerber« genannt –
zur Alleinberechtigung, so dass die Beteiligten nach Vollzug dieser Urkunde im Grundbuch Miteigentümer je zur Hälfte dieses Grundbesitzes sein werden.

III. Auflassung, Vormerkung

Die Vertragsteile sind darüber einig, dass das Eigentum an dem überlassenen ½-Miteigentumsanteil von dem Veräußerer auf den Erwerber übergeht. Der Veräußerer bewilligt und der Erwerber beantragt die Eintragung der Auflassung in das Grundbuch. Auf die Eintragung einer Auflassungsvormerkung wird verzichtet.

IV. Besitzübergang

Besitz, Nutzungen und Lasten, insbesondere auch die laufenden Steuern und öffentlichen Abgaben, die Gefahr eines zufälligen Untergangs und einer zufälligen Verschlechterung, sowie die Verkehrssicherungspflicht gehen mit Wirkung ab heute auf den Erwerber über.
Der Vertragsbesitz ist nicht vermietet und nicht verpachtet. Er wird von den Ehegatten selbst genutzt.

V. Erschließungskosten

Der Erwerber hat sämtliche für den überlassenen Miteigentumsanteil angefallenen und anfallenden Anlieger- und Erschließungskosten sowie Kosten naturschutzrechtlicher Ausgleichsmaßnahmen, soweit diese bis heute noch nicht bezahlt sind, zu tragen, auch für bereits ganz oder teilweise fertig gestellte Anlagen und auch, soweit sie bereits fällig oder in Rechnung gestellt sind. Ihm stehen etwaige Rückerstattungen zu.

VI. Haftung

Der Veräußerer übernimmt für Sach- und Rechtsmängel aller Art keine Haftung.
Die in Abschnitt I genannte Grundschuld wird vom Erwerber zur weiteren dinglichen Haftung übernommen. Sie sichert gemeinsame Verbindlichkeiten der Beteiligten. Hieran soll sich nichts ändern. Auf eine sachgerechte Anpassung der Sicherungsvereinbarung/Zweckerklärung werden die Beteiligten selbst hinwirken.
Der Veräußerer überträgt anteilig entsprechend dem übertragenen Miteigentumsanteil auf den Erwerber alle ihm gegenwärtig und künftig an dem übernommenen Grundpfandrecht zustehenden Rechte, insbesondere Rückgewähransprüche, und bewilligt

die entsprechende Umschreibung der Eigentümerrechte im Grundbuch. Der Erwerber ist mit der Übertragung einverstanden.

VII. Rechtsgrund, Rückübertragung

Bei heutiger Zuwendung handelt es sich nicht um eine Schenkung, sondern um eine unbenannte (ehebedingte) Zuwendung, mit der ein Beitrag zur Verwirklichung der ehelichen Lebensgemeinschaft erbracht werden soll. Der Notar wies auf die weitgehende Gleichstellung der ehebedingten mit einer unentgeltlichen Zuwendung hin (insbesondere gegenüber Gläubigern) sowie auf den Begriff der Einsatzgemeinschaft im Sozialhilferecht.

Variante 1 (Vertragsgegenstand verbleibt dem Erwerber-Ehegatten auch im Fall der Scheidung; Ausgleich nur über den Zugewinn):
Die heutige Zuwendung soll dem Erwerber auch dann verbleiben, wenn die Ehe der Beteiligten geschieden wird. Die Beteiligten sehen den Fortbestand der Ehe nicht als Geschäftsgrundlage dieser Zuwendung an. Die Vereinbarung eines Rückforderungsrechts des Veräußerers für den Fall der Scheidung der Ehe wird nicht gewünscht. Bei Beendigung des Güterstandes der Ehegatten soll der Zugewinnausgleich nach den gesetzlichen Bestimmungen durchgeführt werden.

Variante 2 (Kein Ausgleich, auch nicht über den Zugewinn):
Zusätzlich vereinbaren die Beteiligten ehevertraglich Folgendes: Der gesamte Schenkungsgegenstand soll abweichend von der gesetzlichen Regelung bei der Berechnung des Zugewinns im Fall einer Scheidung nicht berücksichtigt werden, also weder ein Rechnungsposten des Anfangs- noch des Endvermögens des Erwerbers sein. Das gilt auch für Surrogate.

Variante 3: Vertragsgegenstand verbleibt dem Erwerber-Ehegatten auch im Fall der Scheidung; Anrechnung auf den Zugewinn (regelmäßig gewünscht):
Der Erwerber hat sich den Wert der Zuwendung im Falle der Scheidung gemäß § 1380 BGB auf seinen gesetzlichen Zugewinnausgleichsanspruch anrechnen zu lassen. Soweit eine Anrechnung nicht möglich ist, ist der Wert dem Endvermögen des Beschenkten zuzurechnen (jedoch nicht dessen Anfangsvermögen), so dass die Ansprüche des Veräußerers bei Scheidung der Ehe im Wege des Zugewinnausgleichsverfahrens geregelt werden. Im Sterbefall ist der Wert der Zuwendung auf einen etwaigen Pflichtteilsanspruch des Erwerbers gegenüber dem Veräußerer anzurechnen. Eine Rückübertragungsverpflichtung im Fall der Scheidung wird nicht gewünscht. § 530 BGB bleibt vorbehalten.

VIII. Hinweise

Der Notar hat die Erschienenen insbesondere auf folgendes hingewiesen:
– Das Eigentum geht nicht mit Abschluss dieses Vertrages, sondern erst mit Umschreibung im Grundbuch auf den Erwerber über;
– Schenkungen unterliegen grundsätzlich der Steuerpflicht nach dem Erbschaft- und Schenkungsteuergesetz.
– Der überlassene Grundbesitz haftet für rückständige öffentliche Lasten und Abgaben, die Beteiligten als Gesamtschuldner für anfallende Notar- und Grundbuchkosten und etwa anfallende Grunderwerbsteuer.
– Alle Vereinbarungen müssen richtig und vollständig beurkundet sein. Andernfalls droht die Unwirksamkeit des ganzen Vertrages. Die Beteiligten erklären hierzu, dass keine Nebenabreden bestehen.

IX. Notarermächtigung

Die Beteiligten beauftragen und ermächtigen den Notar für sie einzuholen und entgegenzunehmen
- Vollzugsmitteilungen des Grundbuchamtes,
- etwa für diesen Vertrag erforderliche Genehmigungen,
- zur Lastenfreistellung erforderliche Unterlagen, insbesondere Löschungen und Pfandfreigaben.

Der Notar ist ermächtigt, Teilvollzug dieser Urkunde zu beantragen, Rangbestimmungen zu treffen, Anträge zu stellen, zurückzunehmen und erneut zu stellen.

X. Schlussbestimmungen

Die Kosten dieser Urkunde, des Vollzugs, erforderlicher Genehmigungen sowie etwa anfallende Schenkungs- und Grunderwerbsteuer trägt der Erwerber.
Die Kosten einer etwaigen Lastenfreistellung trägt der Veräußerer.
Von dieser Urkunde erhalten einfache Abschrift:
- Erwerber,
- Veräußerer,
- Finanzamt – Grunderwerbsteuerstelle –,

beglaubigte Abschrift:
- Grundbuchamt;
- Finanzamt – Schenkungsteuerstelle –;

Ausfertigung:
- Veräußerer und Erwerber nach grundbuchamtlichem Vollzug mit Vollzugsmitteilung.

■ *Kosten.* Notar: 2,0 Gebühr (Nr. 21100 KV GNotKG) aus dem Wert des Vertragsobjekts ohne Abzug von Schulden (§§ 97 i.V.m. 46, 38 GNotKG). Grundbuchamt: 1,0 Gebühr (Nr. 14110 KV GNotKG).

32 4. Auch im Fall des Scheiterns der Ehe bleibt die – ggf. durch eine Ehegattenzuwendung – erreichte dingliche Vermögenzuordnung unberührt. Eine Rückforderung der Zuwendung kommt, sofern nichts anderes vereinbart ist (auch bei in Gütertrennung verheirateten Ehegatten), nur unter den Voraussetzungen des Wegfalls der Geschäftsgrundlage (§ 313 BGB) in Betracht.[10]

33 Bei Überlassungen an Ehegatten sollte daher ausdrücklich angesprochen und geregelt werden, ob die Zuwendung auch z.B. im Fall einer Scheidung der Ehe Bestand behalten soll.[11] Ob sich die Belehrungspflicht des Notars nach § 17 Abs. 1 BeurkG auch darauf erstreckt, dass eine *Rückforderungsklausel* vereinbart werden kann, ist streitig.[12] Die Voraussetzungen, unter denen eine Rückübertragung verlangt werden kann, sollten klar und handhabbar geregelt werden; sie können sich insbesondere auch auf den Fall der Insolvenz des Erwerbers erstrecken[13] oder auf den Fall der wesentlichen Verschlechterung der Vermögensverhältnisse des Erwerbers[14] oder dass die Zwangsvollstreckung in den Vertragsbesitz droht (sog. enumerative Rückforderungsrechte).[15] Es kann auch geregelt werden,

---

10 BGH NJW 2012, 3374; BGHZ 115, 132; zur Ehegatteninnengesellschaft BGH MittBayNot 1999, 565.
11 Vgl. BGH DNotZ 2014, 683, 685.
12 OLG Düsseldorf MittRhNotK 1996, 361; OLG Koblenz DNotI-Report 1998, 140.
13 Vgl. *Reul*, DNotZ 2008, 824 m.w.N.
14 OLG München MittBayNot 2008, 50.
15 OLG München MittBayNot 2009, 464 m. Anm. *Wartenburger*.

dass die Rückübertragung »jederzeit ohne Angabe von Gründen« verlangt werden kann, ohne dass dies einer schenkungsteuerlichen Anerkennung entgegensteht.[16]
Eine sittenwidrige Übervorteilung des Übertragungsverpflichteten muss ausgeschlossen sein.[17] Es muss ein ausgewogenes Verhältnis von Leistung und Gegenleistung bestehen. Problematisch können insofern insbesondere Fälle sein, in denen der Übertragungsverpflichtete erhebliche Eigenmittel für die Immobilie aufgewendet hat oder – z.B. zur Lastenfreistellung – noch aufbringen muss und kein anderweitiger Ausgleich erfolgt. Insbesondere ist zu regeln, inwieweit Verwendungen des Interims-Eigentümers, i.e. der beschenkte Ehegatte, ersetzt werden müssen. Hier sind verschiedene Möglichkeiten denkbar:

(1) Es wird lediglich der status quo ante hergestellt. Die Verwendungen des beschenkten Ehegatten und etwa auch dessen Tilgungen werden lediglich im Zugewinn (erhöhtes Endvermögen des schenkenden Ehegatten) berücksichtigt.

(2) In Modifikation zu (1) wird teilweise vereinbart, dass der beschenkte Ehegatte zumindest die Hälfte seiner Verwendungen/Tilgungen erhält (dies ist im Zugewinnausgleich keineswegs gesichert). Die andere Hälfte gilt gleichsam als Nutzungsentschädigung.

(3) Der Schenkungsgegenstand wird (ehevertraglich) komplett aus dem Zugewinn herausgenommen. Die geleisteten Verwendungen/Tilgungen werden komplett erstattet.

(4) Eine etwaige Werterhöhung des Vertragsobjekts wird im Zugewinn ausgeglichen, die Verwendungen/Tilgungen werden außerhalb des Zugewinns ausgeglichen.

Der (bedingte) Rückübertragungsanspruch kann durch Vormerkung gesichert werden; hierauf werden Ehegatten im Hinblick auf das bestehende Vertrauensverhältnis und aus Kostengründen allerdings häufig (vorerst) verzichten wollen.

Rückübertragungsansprüche sind *pfändbar*. Für ein freies Rückforderungsrecht hat der BGH[18] entschieden, dass sich im Gläubiger dieses Recht jedenfalls zusammen mit dem künftigen oder aufschiebend bedingten und durch eine Vormerkung gesicherten Rückauflassungsanspruch pfänden und sich zur Einziehung überweisen lassen kann. Diese Gestaltung darf daher nicht gewählt werden, wenn es den Beteiligten darauf ankommt, einen späteren Zugriff wegen Schulden des Schenkenden (zu Anfechtungsrechten der Gläubiger Rdn. 19 ff.) zu vermeiden.

Für auf bestimmte Fälle, insbesondere den Fall der Scheidung, eingeschränkte Rückforderungsrechte besteht nach der Entscheidung des Bundesgerichtshofs vom 20.02.2003[19] zumindest eine begründete Hoffnung, dass jedenfalls das Ausübungsrecht nur beschränkt pfändbar ist bzw. dass entsprechende Gestaltungen möglich sind;[20] nach der Entscheidung vom 19.04.2007[21] gilt dies auch für das Rückforderungsrecht für den Fall des Insolvenz des Erwerbers, auch wenn insofern das Bedenken bleibt, dass mit solchen Gestaltungen sowohl aufseiten des Schenkers als auch des Beschenkten unpfändbares Vermögen geschaffen wird; jedenfalls Gläubiger des Erwerbers werden durch solche Vereinbarungen nicht benachteiligt und können die Vereinbarung des Rückübertragungsanspruchs nicht anfechten.[22] Solche Gestaltungen führen jedoch nicht zur Unpfändbarkeit des Anspruchs gemäß § 851 ZPO sondern allenfalls zu einer eingeschränkten Pfändbarkeit nach § 852 Abs. 2 ZPO.[23] Ein Pfändungsgläubiger könnte demnach zwar nicht das Rückforderungsverlangen stellen, aber in dem Fall, dass der Schenker dieses geltend gemacht hat, seine Rechte am

---

16 BFH BStBl. 1989 II, S. 1034; anders aber wohl hinsichtlich der ertragsteuerlichen Auswirkungen (Erwerber wird i.d.R. nicht als Mitunternehmer gelten).
17 Vgl. BGH DNotZ 2014, 683, 685.
18 BGHZ 154, 64.
19 BGHZ 154, 64.
20 Vgl. *Berringer*, DNotZ 2004, 245; *Langenfeld*, ZEV 2003, 295.
21 BGH DNotZ 2007, 682; hierzu *Reul*, DNotZ 2007, 649.
22 BGH DNotZ 2008, 518.
23 Vgl. hierzu auch OLG München DNotZ 2010, 917 ff., wonach der pfändbare (enumerative) Rückforderungsanspruch in die Insolvenzmasse des rückforderungsberechtigten Ehegatten fällt.

Grundstück durchsetzen. Ein entsprechender Pfändungsvermerk kann bei einer zur Sicherung des Übertragungsanspruchs eingetragenen Auflassungsvormerkung eingetragen werden.[24] Pfändungsgläubiger können somit zumindest weitere Verfügungen über den Grundbesitz blockieren. Ob der Schenker sein Rückforderungsrecht nach einer Pfändung ohne Weiteres aufgeben kann,[25] ist fraglich. Wem es darauf ankommt, jeglichen Zugriff von Gläubigern des Schenkers auf das Grundstück zu vermeiden, wird daher auf die Vereinbarung von Rückforderungsrechten verzichten.

Rückübertragungsanspruch

36 M **Der Erwerber verpflichtet sich, den gesamten heutigen Vertragsbesitz samt Bestandteilen an den Veräußerer**
– **im Folgenden auch »Berechtigter« genannt –**
auf dessen Verlangen und dessen Kosten zu übertragen und zu übereignen.
Der Berechtigte kann das Verlangen stellen, wenn
a) **der Erwerber ohne Zustimmung des Berechtigten über den Vertragsbesitz oder über Teile davon verfügt, insbesondere diesen veräußert oder belastet; oder**
b) **über das Vermögen des Erwerbers ein Insolvenzverfahren eröffnet oder dessen Eröffnung mangels Masse abgelehnt wird; oder**
c) **Zwangsvollstreckungen in den Vertragsbesitz oder Teile davon betrieben werden; oder**
d) **einer der Beteiligten Antrag auf Scheidung ihrer Ehe gestellt hat und die gesetzlichen Voraussetzungen der Scheidung vorliegen.**
Die Übertragung aus dem in d) genannten Grund muss spätestens bis zur Rechtskraft der Scheidung geltend gemacht werden. Wurde sie aus diesem Grund nicht bis dahin geltend gemacht, entfällt der Rückübertragungsanspruch auch aus den anderen vorgenannten Gründen.
Der Anspruch ist höchstpersönlich. Er ist nicht vererblich und nicht übertragbar. Ist das Übertragungsverlangen gestellt, entsteht ein vererblicher und übertragbarer Übereignungsanspruch.
Für die Übertragung schuldet der Berechtigte keine Gegenleistung. Der Vermögensausgleich der Ehegatten erfolgt im Rahmen des Zugewinnausgleichs.
Zur Sicherung des bedingten Übereignungsanspruchs bewilligen die Vertragsteile die Eintragung einer Vormerkung gemäß § 883 BGB für den Berechtigten im Grundbuch am Vertragsbesitz. Sie erhält nächstoffene Rangstelle.
Eintragungsantrag wird heute nicht gestellt. Der Notar hat über die damit verbundenen Risiken belehrt.

■ *Kosten.* Zusätzliche Notarkosten entstehen durch die Übertragungsverpflichtung nicht; beim Grundbuchamt fällt ggf. eine $^5/_{10}$-Gebühr für die Eintragung der Vormerkung an (nach dem Ziff. 14150 KV GNotKG wohl aus dem Wert des Grundstücks,[26] § 51 Abs. 1 Satz 1 GNotKG).

37 5. Regelungsbedürftig kann, wenn für den Fall der Trennung oder Scheidung kein Rückübertragungsanspruch vereinbart wird, weiter die Frage sein, wie sich die Zuwendung im Rahmen des Zugewinnausgleichs auswirken soll. Auf Ehegattenzuwendungen findet § 1374 Abs. 2 BGB keine Anwendung; sie fallen in den Zugewinn und erhöhen diesen, soweit ihr

---

24 BGH NJW 1993, 2876.
25 *Berringer*, DNotZ 2004, 245, 256.
26 OLG Bamberg ZfIR 2015, 388 mit abl. Anm. *Wilsch*.

Wert beim Ende des Güterstands noch vorhanden ist.[27] Wenn und soweit der zuwendende Ehegatte danach noch den höheren Zugewinn hat, erfolgt eine Anrechnung auf den Ausgleichsanspruch nach Maßgabe des § 1380 BGB. In anderen Fällen kann die Zuwendung zu dem aus Sicht des Zuwendenden häufig befremdlichen Ergebnis führen, dass er über den Zugewinnausgleichsanspruch nur noch den halben Wert seiner Zuwendung erhält.[28] Dies kann Anlass geben, im Rahmen des Überlassungsvertrags die gesetzlichen Bestimmungen zum Zugewinnausgleich zu modifizieren.

Denkbar sind insbesondere drei Varianten (vgl. hierzu die Formulierungsbeispiele unter 31M Ziff. VII.):

(1) Der Vertragsgegenstand verbleibt dem Erwerber-Ehegatten auch im Fall der Scheidung; ein Ausgleich erfolgt nur über den Zugewinn.

(2) Es erfolgt kein Ausgleich, auch nicht über den Zugewinn, was ehevertraglich vereinbart wird. Ggf. kann es sich als Alternative empfehlen, im Rahmen eines Ehevertrages für die Berechnung des Zugewinnausgleichs das jeweilige Anfangsvermögen beider Ehegatten in einer Weise festzulegen, dass die angemessene Berücksichtigung der Zuwendung (ggf. einschließlich vorehelicher Zuwendungen) gewährleistet ist; vgl. hierzu – und zu weiteren ehevertraglichen Möglichkeiten – auch § 83 Rdn. 22 M, 25 ff.

(3) Der Vertragsgegenstand verbleibt dem Erwerber-Ehegatten auch im Fall der Scheidung, wobei eine Anrechnung auf den Zugewinnanspruch erfolgt:

V. Zuwendung an Kinder

1. Rechtsgrund

a) Die ganz oder teilweise unentgeltliche Zuwendung an Kinder kann sehr unterschiedlich motiviert sein. Bei Zuwendungen an Kinder oder andere nähere Verwandte wird es sich häufig um eine »*Vorwegnahme der Erbfolge*« handeln. Man versteht hierunter die Übertragung des Vermögens (oder eines wesentlichen Teils davon) durch den (künftigen Erblasser) auf einen oder mehrere als Erben in Aussicht genommene Empfänger.[29] Der Begriff »*vorweggenommene Erbfolge*« ist gesetzlich nicht definiert, wird aber vom BGH und BFH – mit unterschiedlichen Akzenten bei der Definition – als selbstverständlich vorausgesetzt.[30] Für sie bestehen vielfältige Gestaltungsmöglichkeiten, insbesondere hinsichtlich der vom Erwerber zu erbringenden Gegen- und vor allem Versorgungsleistungen sowie Ausgleichszahlungen. Solche unterliegen der 10-jährigen Verjährungsfrist gemäß § 196 BGB.[31]

38

Die »Vorwegnahme der Erbfolge« ist nicht Rechtsgrund, sondern Motiv für eine Zuwendung; die Verwendung dieses Begriffs sagt insbesondere nichts darüber aus, ob die Zuwendung entgeltlich oder (teilweise) unentgeltlich ist.[32] Es kann sich um eine reine oder um eine gemischte *Schenkung* handeln. Der Vertrag sollte dies klarstellen.

39

Ggf. sollte zum Ausdruck gebracht werden, dass es sich bei der Zuwendung um eine *Ausstattung* i.S.d. § 1624 BGB handelt, wenn nämlich eine angesichts der Vermögensverhältnisse der Eltern angemessene Zuwendung mit Rücksicht auf die Verheiratung oder auf die Erlangung einer selbstständigen Lebensstellung des Kindes etc. erfolgt, weil dann insbesondere die Bestimmungen der §§ 528, 530 BGB über die Rückforderung wegen Verarmung des Schenkers[33] und den Widerruf einer Schenkung keine Anwendung finden.

40

---

27 BGHZ 101, 65, 69.
28 Vgl. BGHZ 115, 132, 139.
29 BGHZ 113, 310, 313.
30 BGH DNotZ 1996, 640; ähnlich in der Entscheidung BGH DNotZ 1992, 32; BFH BStBl. 1992 II, 609.
31 BGH NJW 2014, 1000.
32 BGH MittBayNot 1995, 196.
33 Zur 10-Jahresfrist des § 529 BGB BGH MittBayNot 2012, 34.

41 **b)** Bei solchen Zuwendungen gilt es häufig, die Interessen aller Familienmitglieder auszugleichen (z.B. Wohnungsrecht für den Veräußerer, Ausgleichszahlungen an weitere Kinder in Verbindung mit Pflichtteilsverzichtsvereinbarungen). Häufig muss auch berücksichtigt werden, dass der Erwerber Investitionen auf den Vertragsbesitz vornehmen will oder soll (Renovierung, Ausbau), sodass auch Interessen von Kreditgebern eine Rolle spielen.

42 Bei den sich daraus ergebenden Gestaltungen hat der Notar hinreichende **Sicherungen** für die Beteiligten anzuraten.[34] Besondere Bedeutung hat in diesem Zusammenhang die Rangstelle von im Grundbuch zugunsten des Veräußerers zur Eintragung kommenden Rechten (z.B. eines Wohnungs- oder Nießbrauchrechts). Zu beachten ist dabei auch, dass etwaige Kreditgeber des Erwerbers kaum bereit sein werden, solchen Rechten den Vorrang vor zur Kreditsicherung eingetragenen oder einzutragenden Grundpfandrechten einzuräumen. Unter diesem Gesichtspunkt – aber ggf. auch im Hinblick darauf, dass der Veräußerer sich Teile seines Vermögens vielleicht vorbehalten will – können Gestaltungen erwogen werden, nach denen nicht ein ganzes Grundstück samt Gebäude übertragen wird, sondern vielleicht nur eine Teilfläche (zur Bebauung durch den Erwerber) oder – nach Aufteilung nach dem Wohnungseigentumsgesetz – ein Teil eines Gebäudes.[35]

2. Ansprüche des Veräußerers

a) Mehrere Berechtigte

43 Sofern mehrere Personen im Zusammenhang mit der Übertragung Rechte erhalten (beide Elternteile des Erwerbers), ist deren Berechtigungsverhältnis zu regeln. Es kann z.B. ein Recht zur Gesamtberechtigung (§ 428 BGB) oder es können mehrere sukzessive Rechte eingeräumt werden; auch die Gestaltung zweier gleichrangiger Rechte, die sich gegenseitig beschränken, kommt in Betracht (vgl. §§ 1024, 1060 BGB), z.B.

Mehrere Berechtigte

44 M **Mehrere Berechtigte sind Gesamtgläubiger gemäß § 428 BGB mit der Maßgabe, dass nach dem Ableben eines von ihnen die nachgenannten Rechte dem Überlebenden allein und ungeschmälert zustehen, soweit nicht ausdrücklich etwas anderes bestimmt ist.**

45 Dabei kann auch Anlass bestehen, den Fall der Scheidung der Veräußerer anzusprechen und zu regeln, z.B. als aufschiebende oder auflösende Bedingung, wonach einer von ihnen das Recht nur dann erhält, wenn die Ehe noch nicht rechtskräftig geschieden ist (oder die Voraussetzungen des § 2077 BGB vorliegen).

46 Bei der Einräumung von Rechten im Wege eines Vertrags zugunsten Dritter ist zu beachten, dass es zur Entstehung eines dinglichen Rechts der (formlosen) Einigung zwischen Eigentümer und Berechtigtem bedarf.[36] Hierauf sollte der Notar in solchen Fällen hinweisen und, soweit erforderlich, auf diese Einigung hinwirken. Auch für den sicheren Nachweis dieser Einigung sollte Sorge getragen werden; der Notar kann z.B. die entsprechenden Erklärungen zur Urkunde nehmen.

---

[34] BGH DNotZ 1997, 64.
[35] Vgl. BGH DNotZ 1996, 568, 571.
[36] BGH DNotZ 1995, 494.

b) Wohnungsrecht

Häufig will der Veräußerer das übergebene Anwesen ganz oder teilweise weiter nutzen. Für die Nutzung im Ganzen bietet sich die Vereinbarung eines Nießbrauchsrechts an (hierzu unten Rdn. 80 ff.), für die Nutzung von Teilen des Anwesens ein Wohnungsrecht (hierzu näher auch § 65). Solche Rechte können sowohl (nur) schuldrechtlich als auch dinglich vereinbart werden. Zur dinglichen Sicherung eines Wohnungsrechts kommen eine *beschränkte persönliche Dienstbarkeit* oder ein *Leibgeding* (hierzu unten Rdn. 59) in Betracht. 47

Wohnungsrecht (Grundmuster)

Der Erwerber räumt dem Berechtigten auf dessen Lebenszeit das unentgeltliche Wohnungs- und Mitbenutzungsrecht ein. 48 M
a) Der Wohnungsberechtigte ist berechtigt, in dem auf dem vorgenannten Grundstück aufstehenden Gebäude die abgeschlossene Wohnung im Erdgeschoß zu Wohnzwecken sowie von der aufstehenden Doppelgarage die von der Zufahrt aus gesehen linke Garage unter Ausschluss des Eigentümers zu benutzen.
Daneben kann der Wohnungsberechtigte alle zum gemeinschaftlichen Gebrauch der Bewohner bestimmten Anlagen und Einrichtungen mitbenutzen, insbesondere auch den Garten.
b) Die Ausübung des Wohnungs- und Mitbenutzungsrechts kann Dritten nicht überlassen werden. Der Wohnungsberechtigte ist jedoch befugt, seine Familie sowie zur Bedienung und Pflege erforderliche Personen aufzunehmen. Wird das Wohnungsrecht vom Berechtigten nicht ausgeübt, kann er den Mietwert nicht ersetzt verlangen.
c) Der Wohnungsberechtigte hat die gewöhnlichen Ausbesserungs- und Erneuerungsaufwendungen, insbesondere auch die Schönheitsreparaturen, für die dem Wohnungsrecht unterliegenden Räume und Gebäudeteile zu tragen. Den Eigentümer treffen alle weitergehenden Instandhaltungsaufwendungen; er ist weiter verpflichtet, die vom Wohnungsrecht betroffenen Räume und Gebäudeteile in bewohnbarem Zustand zu erhalten.
d) Der Wohnungsberechtigte hat die durch Zähler und Meßgeräte ausscheidbaren Nebenkosten für die vom Wohnungsrecht betroffenen Räume, z.B. Strom, Heizung, Wasser, zu tragen. Sonstige Kosten, z.B. für Versicherungen und Müllabfuhr, trägt der Eigentümer.

Die Wohnbedürfnisse des Veräußerers können grundsätzlich auch mittels eines *Mietvertrags* (auf Lebenszeit) gesichert werden. Ein Mietverhältnis hat allerdings den Nachteil, dass – anders als bei einem Wohnungsrecht – im Fall der Zwangsversteigerung des Objekts ein außerordentliches Kündigungsrecht des Ersteigerers gemäß § 57a ZVG bestehen kann (vgl. § 65 Rdn. 9). 49

Aus steuerlichen Gründen zeitweilig beliebt war die Kombination eines Mietvertrags mit einer dauernden Last (hierzu näher unten Rdn. 67 ff.), bei dem der Veräußerer/Mieter die Mittel zur Bezahlung der Miete ganz oder teilweise vom Erwerber/Vermieter erhalten sollte, um letzterem Einkünfte aus Vermietung und Verpachtung gutzubringen, die ihn dazu berechtigen sollten, Aufwendungen auf das Objekt steuerlich abzuschreiben. Diesen Kombinationsmodellen wurde jedoch die steuerliche Anerkennung versagt.[37] 50

---

[37] Vgl. *Wegmann*, MittBayNot 1994, 309.

c) Wart und Pflege

51 Nicht selten soll im Rahmen einer Veräußerung[38] auch eine Verpflichtung zur Versorgung »in alten und kranken Tagen« übernommen werden. Deren Umfang sollte klar geregelt werden. Dabei ist einerseits den Bedürfnissen des (möglicherweise einmal) Pflegebedürftigen Rechnung zu tragen, anderseits den Interessen des Verpflichteten, der z.B. in der Lage bleiben soll, seinem Beruf nachzugehen. Problematisch sind insofern insbesondere Verpflichtungen die eine Verpflichtung »zur erforderlichen Pflege« vorsehen. Häufig wird den Beteiligten eine – im nachstehenden Muster vorgesehene – überschaubare Pflegeverpflichtung im Hinblick darauf genügen, dass die erforderlichen weiteren Leistungen durch Pflegedienste erbracht und aufgrund der Leistungen aus der Pflegeversicherung auch finanziert werden können.

52 »Wegzugsklauseln«, wonach die vereinbarte Versorgungsleistung nur solange geschuldet sind, wie sie von dem Verpflichteten in dem übergebenen Anwesen erbracht werden können, bzw. *Ruhensvereinbarungen*, wonach die betreffenden Pflichten in den Zeiträumen ruhen sollen, in denen der Berechtigte sich in einem Krankenhaus oder Alten- oder Pflegeheim aufhält, sind grundsätzlich anzuerkennen.[39] Nach der Rechtsprechung des BGH[40] kann bei solchen Regelungen typischerweise auch nicht angenommen werden, dass an die Stelle des ersparten Zeitaufwands ein Zahlungsanspruch des Übergebers treten soll. Bei einem höchstpersönlichen Wohnungsrecht besteht im Fall eines Wegzugs grundsätzlich auch kein Anspruch des Wohnungsberechtigten auf eine Vermietung oder auf Einnahmen aus einer Vermietung, die der Eigentümer erzielt.[41] Dies kann im Vertrag klar gestellt werden. Wollen die Vertragsbeteiligten etwas anderes, *muss* der Zahlungsanspruch nach Voraussetzungen und Höhe geregelt werden.

Pflegeverpflichtung

53 M Der Erwerber verpflichtet sich, dem Berechtigten, solange er sich in dem mit dem Wohnungsrecht belasteten Räumen aufhält, Wart und Pflege nach Maßgabe der nachstehenden Bestimmungen zu leisten.
Soweit der Berechtigte hierzu nicht in der Lage ist, hat der Verpflichtete selbst oder durch Dritte alle häuslichen Arbeiten für den Berechtigten zu verrichten, für ihn zu kochen, zu waschen und alle erforderlichen Besorgungen zu erledigen. Ferner hat er den Berechtigten bei Bedarf zum Arzt, Apotheker, Geistlichen und zu Behörden zu bringen.
Soweit dem Verpflichteten – insbesondere ohne Inanspruchnahme fremder Pflegekräfte – zumutbar, hat er dem Berechtigten bei Gebrechlichkeit und Krankheit häusliche Pflege zu leisten. Dauerpflege ist nur zu erbringen, wenn sie nach dem Urteil des Hausarztes einen durchschnittlichen täglichen Zeitaufwand von weniger als einer Stunde erfordert.
Diese Verpflichtungen ruhen, soweit die Leistungen im Rahmen gesetzlicher Ansprüche, z.B. auf Haushaltshilfe, häusliche Krankenpflege oder Pflegehilfe, erbracht werden.

---

38 Bei der Kombination einer Pflegeverpflichtung mit einem Erbvertrag kann auch bei einer schuldlos unterbliebenen Pflegeleistung (z.B. weil diese aufgrund eines dauernden Heimaufenthalts des Berechtigten unmöglich geworden ist) ein Rücktritt vom Erbvertrag in Betracht kommen kann, BGH MittBayNot 2011, 318 m. Anm. *Kornexl.*
39 BGH DNotZ 2009, 441; *Herrler*, DNotZ 2009, 408; *Volmer*, MittBayNot 2009, 276.
40 BGH MittBayNot 2010, 467 m. Anm. *Franck.*
41 BGH DNotZ 2012, 159.

Die Kosten für Naturalien, ärztliche Behandlungen, Arzneimittel, Krankenhaus- und Heimaufenthalte hat der Berechtigte selbst zu tragen.

Sofern eine weitergehende Pflege erbracht werden soll, sollte berücksichtigt werden, dass ggf. Ansprüche nach dem Pflegeversicherungsgesetz bestehen können. Sie stehen dem Pflegebedürftigen zu, nicht unmittelbar demjenigen, der pflegt. Regelmäßig wird es gewünscht sein, dass solche Leistungen an den Pflegenden weitergeleitet werden müssen. 54

Beschränkte Pflegeverpflichtung

Soweit dem Verpflichteten zumutbar, hat er dem Berechtigten bei Gebrechlichkeit und Krankheit häusliche Wart und Pflege zu erbringen. Zumutbar sind Wart- und Pflegeleistungen (insbesondere hauswirtschaftliche Versorgung sowie Hilfe bei Körperpflege, Ernährung und Mobilität) bis einschließlich Pflegegrad 2 (zwei) i.S.v. § 15 SGB XI – aber beschränkt auf einen Zeitaufwand von ein/zwei/drei Stunden pro Tag (im Wochendurchschnitt). 55 M
Die Leistungsverpflichtungen ruhen für einen Berechtigten in der Zeit, in der er sich nicht im übergebenen Anwesen aufhält, insbesondere bei Aufenthalt des jeweiligen Berechtigten in einem Krankenhaus, Alten- oder Pflegeheim.
Sie ruhen für den jeweiligen Berechtigten insoweit, als dieser aufgrund seiner Pflegebedürftigkeit häusliche Pflegehilfe oder Pflegegeld nach den gesetzlichen Vorschriften des Pflegeversicherungsgesetzes beanspruchen kann. Soweit dem Erwerber das Pflegegeld überlassen wird, sind die vorgenannten zumutbaren Pflegeleistungen zu erbringen. Die entsprechenden Anträge auf Erhalt der gesetzlichen Pflegeleistungen sind vom Anspruchsberechtigten zu stellen.

Zuweilen wird gewünscht, dass andere Beteiligte, namentlich Geschwister, insofern eine Freistellung übernehmen, insbesondere um den zur Pflege Verpflichteten zu entlasten. 56

Übernahme der Pflege durch Dritte

..... verpflichtet sich, die vorstehenden Verpflichtungen zu Wart und Pflege für zwei mal vierzehn Tage pro Kalenderjahr zu übernehmen, insbesondere in Ferien- bzw. Urlaubszeiten. Die betreffenden Zeiträume legen die Beteiligten im gegenseitigen Einvernehmen und unter Berücksichtigung der wechselseitigen Interessen fest. Jeder kann verlangen, dass die betreffenden Zeiträume zu Beginn jeden Kalenderjahres im vorhinein bestimmt werden; in geraden Kalenderjahren bestimmt sie ....., in ungeraden Kalenderjahren ..... Eine verlangte Festlegung hat bis spätestens 15. Januar jeden Jahres zu erfolgen, andernfalls bestimmt die Zeiträume der andere Teil. 57 M

d) **Sicherungen; Altenteil/Leibgeding**

Leistungen, die der Veräußerer sich vorbehält, können im Grundbuch gesichert werden, ein Wohnungsrecht als beschränkte persönliche Dienstbarkeit gemäß § 1093 BGB, der Anspruch auf wiederkehrende Leistungen durch Reallast gemäß §§ 1105 ff. BGB (vgl. unten § 65 bzw. § 66). 58

Zur Sicherung mehrerer Rechte und Verpflichtungen kann häufig auch ein *Altenteil/Leibgeding* als Sicherung eingetragen werden (vgl. Art. 96 EGBGB, § 49 GBO). Gegenüber der Bestellung von Einzelrechten bietet die Sicherung als Leibgeding den Vorteil der größeren Einfachheit und Übersichtlichkeit, der geringeren Kostenbelastung sowie – je nach Landes- 59 recht – auch Vorteile in der Zwangsversteigerung, wenn aus vorrangigen Rechten vollstreckt wird (vgl. § 9 EGZVG). Die entsprechende Eintragung im Grundbuch gemäß § 49 GBO setzt jedoch nicht voraus, dass es sich auch um ein Leibgeding i.S.d. Art. 96 EGBGB handelt.[42]

60 Ein Leibgeding i.S.d. Art. 96 EGBGB kommt nur unter eingeschränkten Voraussetzungen in Betracht.[43] Einerseits muss es um die Versorgung der weichenden Generation gehen, andererseits muss das übergebene Objekt wenigstens teilweise der Existenzsicherung der nachrückenden Generation dienen. Insbesondere genügt nicht die Gewährung eines Wohnrechts mit Übernahme einer Pflege- und Versorgungsverpflichtung.[44]

Leibgeding

61 M **Zur Sicherung des vorstehend unter 1. eingeräumten Wohnungs- und Mitbenutzungsrechts bestellt der Erwerber dem Berechtigten eine beschränkte persönliche Dienstbarkeit und für die wiederkehrenden Leistungen gemäß 2. eine Reallast am Vertragsgrundbesitz. Er bewilligt und beantragt die Eintragung dieser Rechte im Grundbuch unter der zusammenfassenden Bezeichnung als Leibgeding vereinbarungsgemäß mit dem Vermerk, dass zur Löschung des Rechts der Nachweis des Todes des Berechtigten genügen soll. Das Leibgeding soll in Abt. II und III erste Rangstelle erhalten, jedenfalls vorerst nächstoffene Rangstelle.**

62 Wenn Grundpfandrechte im Rang vorgehen, bedeutet auch ein Leibgeding wegen der Möglichkeit des Doppelausgebots für den Berechtigten keine absolute Sicherheit. Hierauf ist ggf. hinzuweisen.[45]

Belehrung Rangstelle

63 M **Der Notar hat über die Bedeutung der Rangstelle belehrt; er hat insbesondere auf das Risiko hingewiesen, dass das Leibgeding ausfallen kann, wenn Gläubiger vorrangiger Belastungen die Zwangsversteigerung betreiben.**

64 In solchen Fällen kann es geboten sein, Gestaltungsalternativen in Erwägung zu ziehen, die dieses Risiko vermeiden.[46] Häufig wird auch unter Berücksichtigung der Interessen von Finanzierungsgläubigern in Betracht kommen, das Gebäude nach dem Wohnungseigentumsgesetz aufzuteilen, sodass der Veräußerer entweder Eigentümer »seiner« Wohnung bleiben oder ein erstrangiges Wohnungs- oder Nießbrauchsrecht an »seiner« Wohnung zur Eintragung gebracht werden kann.

e) Beerdigung und Grabpflege

65 M **Der Erwerber ist verpflichtet, den Veräußerer seinerzeit standesgemäß bestatten zu lassen und die nicht anderweitig, insbesondere durch eine Sterbeversicherung, gedeckten Kosten der Beerdigung und der Errichtung einer Grabstätte einschließlich der Anbringung von Inschriften, zu tragen.**

---

42 BGHZ 125, 69.
43 BGHZ 125, 69; BGH MittBayNot 1989, 81.
44 BGH MittRhNotK 2000, 203.
45 Vgl. BGH DNotZ 1996, 568; BGH DNotZ 1997, 64.
46 Vgl. BGH DNotZ 1996, 568, 571.

Er hat ferner auf die Dauer der ortsüblichen Liegezeit für die ordentliche Pflege des Grabes des Veräußerers zu sorgen und die damit verbundenen Kosten zu tragen.

Auch diese Verpflichtung kann durch Reallast oder im Rahmen eines Leibgedings grundbuchmäßig gesichert werden. Nachteile entstünden jedoch hinsichtlich einer späteren Löschung des Rechts, da es sich nicht um ein auf Lebenszeit des Berechtigten beschränktes Recht handelte (§ 23 Abs. 2 mit § 24 GBO). Eine Sicherung im Grundbuch wird deshalb für solche Rechte im Allgemeinen nicht gewünscht werden. 66

f) Wiederkehrende Zahlungen

Häufig verpflichtet sich der Erwerber im Rahmen einer Vermögensübertragung auch zu wiederkehrenden Zahlungen, insbesondere bei der Übertragung von Betriebsvermögen. Dies kann im Wege der Verpflichtung zur Zahlung einer *Leibrente* oder im Wege einer *dauernden Last* erfolgen (wobei diese Begriffe mit dem Jahressteuergesetz 2008 jedenfalls in steuerrechtlicher Hinsicht gegenstandslos geworden sind, Rdn. 14). In zivilrechtlicher Sicht unterscheiden diese Gestaltungen sich im Wesentlichen dadurch, dass die Rente für beide Seiten fest und – sofern nichts anderes vereinbart wird – nicht abänderbar ist. Eine dauernde Last zeichnet sich demgegenüber von vornherein dadurch aus, dass sie entsprechend der Leistungsfähigkeit des Zahlungsverpflichteten einerseits und entsprechend den Bedürfnissen des Zahlungsempfängers andererseits abänderbar ist (§ 239 FamFG); der Veräußerer trägt also z.B. das Risiko, dass sich die Ertragslage des übertragenen Vermögens (eines Betriebs) verschlechtert und er deshalb eine Minderung seiner Zahlungen in Kauf nehmen muss, während den zur Zahlung verpflichteten Erwerber das Risiko höherer Zahlungsverpflichtungen im Fall der Pflegebedürftigkeit des Berechtigten trifft. 67

Unterschiede hinsichtlich des Einkommensteuerrechts wurden durch die durch das Jahressteuergesetz von 2008 neu gefassten § 10a Abs. 1 Nr. 1a EStG und § 22 Nr. 1b EStG weit gehend beseitigt.[47] Liegen deren Voraussetzungen vor, kann der Zahlungsverpflichtete die betreffenden Ausgaben als Sonderausgaben auch dann steuermindernd geltend machen, wenn eine Änderbarkeit nach § 239 FamFG ausgeschlossen ist. Voraussetzung ist aber, dass die betreffenden Leistungen beim Empfänger der Besteuerung nach § 22 Nr. 1b EStG unterliegen. Ausgeschlossen ist ein Sonderausgabenabzug jedoch insbesondere bei entsprechenden Vereinbarungen im Zusammenhang mit der Übertragung von Grundstücken des Privatvermögens oder von betrieblichen Grundstücken, soweit nicht der gesamte Betrieb oder ein Teilbetrieb übergeben werden. 68

Bei steuerverstricktem Vermögen kann die Vereinbarung wiederkehrender Zahlungen zu einer Aufdeckung stiller Reserven führen. Dies kann auch für die Übertragung eines Grundstücks im Privatvermögen von Bedeutung sein, wenn der Schenker dieses innerhalb von 10 Jahren vor der Schenkung erworben hat (vgl. § 23 Abs. 1 Nr. 1a EStG; außerdem ist dann auch mit einer Besteuerung von Zinsanteilen, die in den wiederkehrenden Zahlungen liegen, zu rechnen.[48] Dies kann Anlass geben, von einer Vereinbarung wiederkehrender Zahlungen zu verzichten und statt dessen einen (Quoten-)Nießbrauch vorzusehen.[49] 69

Dauernde Last

Der Erwerber verpflichtet sich, an den Veräußerer auf dessen Lebensdauer als dauernde Last einen monatlichen Betrag in Höhe von ..... € (..... EURO) zu zahlen. Dieser 70 M

---

47 Hierzu näher *Wälzholz*, MittBayNot 2008, 93.
48 *Wälzholz*, MittBayNot 2008, 93, 97 f.
49 *Wälzholz*, MittBayNot 2008, 93, 97.

Betrag ist jeweils am ersten Werktag eines Monats im Voraus zur Zahlung fällig, erstmals am
- Wegen der Zahlungsverpflichtung in Höhe von ..... € unterwirft sich der Erwerber der sofortigen Zwangsvollstreckung aus dieser Urkunde in sein gesamtes Vermögen. Er macht die Erteilung der vollstreckbaren Ausfertigung dieser Urkunde nicht vom Nachweis der die Vollstreckbarkeit begründenden Tatsachen abhängig.
- Sofern durch eine Änderung der wirtschaftlichen Verhältnisse der den derzeitigen Lebensverhältnissen entsprechende Unterhalt des Erwerbers oder des Berechtigten nicht mehr gewährleistet ist, kann jeder von ihnen eine Abänderung des vorgenannten Betrages gemäß § 239 FamFG verlangen.

Eine Abänderung kann sich insbesondere aus einem Minderbedarf des Berechtigten wegen des Bezugs einer Rente ableiten.

Verlässt der Berechtigte das mit dem vorbestellten Wohnungsrecht belastete Anwesen, gleich aus welchem Grund, führt ein etwaiger Mehrbedarf in seiner Person nicht zu einer Anpassung der dauernden Last. Die Vereinbarung über die Anpassung des geschuldeten Geldbetrags nach § 249 FamFG soll nicht Inhalt der nachstehend bestellten Reallast sein.

- Der monatlich zu leistende Geldbetrag dient der Versorgung des Berechtigten und soll deshalb wertgesichert sein. Die Vertragsteile vereinbaren daher folgende Wertsicherung:

Ändert sich der vom Statistischen Bundesamt in Wiesbaden für die gesamte Bundesrepublik Deutschland amtlich festgestellte Verbraucherpreisindex für die Lebenshaltung aller privaten Haushalte (Basis 2010 = 100) künftig gegenüber dem Preisindex für den Monat ..... nach oben oder nach unten, so ändert sich der monatliche Geldbetrag im gleichen prozentualen Verhältnis. Der Geldbetrag ändert sich jedoch nur bei Änderungen des Preisindexes von mehr als 5 %. Der geänderte Geldbetrag ändert sich jeweils erneut, wenn sich der Preisindex gegenüber seinem Stand anlässlich der vorausgegangenen Änderung erneut um mehr als 5 % nach oben oder nach unten ändert. Die Änderung tritt jeweils automatisch mit Wirkung ab dem auf die entsprechende Preisindexänderung folgenden Monatsersten ein. Änderungen bereits gezahlter Geldbeträge können rückwirkend nur für sechs Monate verlangt werden.

Zur Sicherung der vorstehend vereinbarten wertgesicherten laufenden Zahlungsverpflichtung wird hiermit eine Reallast bestellt; deren Eintragung in das in Abschnitt I genannte Grundbuch an nächstoffener Rangstelle in Abt. II und an erster Rangstelle in Abt. III wird hiermit bewilligt und beantragt.

71 Eine Sicherung der wiederkehrenden Zahlungsverpflichtung kann im Wege einer Reallast oder im Rahmen eines Leibgedings erfolgen. Die Grundbucheintragung erstreckt sich nicht auf die Zwangsvollstreckungsunterwerfung; die Abänderungsmöglichkeit nach § 239 FamFG kann mangels Bestimmtheit nicht Inhalt der Reallast sein.[50] Deshalb wird sich auch die Wertsicherungsklausel empfehlen; deren Genehmigungspflicht nach dem Preisangaben- und Preisklauselgesetz wurde aufgehoben.[51] Obwohl die Entwicklung der Kaufkraft auch im Rahmen der Anpassung nach § 239 FamFG berücksichtigt werden könnte, kann so wenigstens eine der Geldwertentwicklung angepasste grundbuchmäßige Sicherung erreicht werden.

72 Bei Reallasten besteht für den Reallastgläubiger das Risiko des Erlöschens, wenn er aus ihr die Zwangsversteigerung betreibt und der Zuschlag erteilt wird.[52] Die Sicherheit für danach geschuldete Leistungen ginge damit verloren. Zu erwägen sind daher ergänzende

---

50 BayObLG MittBayNot 1993, 291; BayObLG DNotZ 1980, 94.
51 Vgl. *Reul*, MittBayNot 2007, 445.
52 OLG München ZfIR 2007, 802.

Sicherheiten. Bei Übertragungsverträgen wird häufig eine Rückübertragungsverpflichtung vereinbart (Rdn. 88 ff.), die auf die Fälle des (nachhaltigen) Verzugs mit den laufend geschuldeten Zahlungen erstreckt werden kann. Denkbar ist auch die Vereinbarung eines vormerkungsgesicherten Anspruchs auf Neubestellung einer Reallast für den Fall, dass diese aufgrund einer Zwangsversteigerung ausfällt, wobei diese Vormerkung im Rang vor der Reallast zur Eintragung zu bringen wäre (»vorrangige Erneuerungsvormerkung«). Als Alternative kann man eine Grundschuld oder Hypothek im Rang nach der Reallast in Betracht ziehen, aus der der Reallastgläubiger bei Rückständen die Zwangsvollstreckung betreiben könnte.

g) Schuld-, Erfüllungsübernahme

73 Nicht selten hat der Veräußerer Schulden, die nach Übertragung des Grundbesitzes vom Erwerber getragen werden sollen. Dies kann durch Schuldübernahme gemäß § 414 BGB erfolgen, also durch einen Vertrag zwischen dem Gläubiger und dem Erwerber, oder durch Vertrag zwischen Schenker und Erwerber mit Genehmigung des Gläubigers gemäß § 415 BGB (vgl. § 30). Es ist nicht abschließend geklärt, ob bei einer Übernahme von Verbindlichkeiten bei Kreditinstituten die Anforderungen der §§ 491 ff. BGB für Verbraucherkredite zu beachten sind (dies würde in der notariellen Praxis zu kaum zu bewältigenden Informationspflichten führen), Art. 247 EGBGB;[53] mit Entscheidung vom 26.05.1999[54] hat der Bundesgerichtshof die Anwendbarkeit des Verbraucherkreditgesetzes auf eine Vertragsübernahme im Wege einer dreiseitigen Vereinbarung bejaht, jedoch für eine zweiseitige Vereinbarung offen gelassen.[55] Viele Kreditgeber bevorzugen zur Vermeidung der sich hierdurch ergebenden Unsicherheiten an Stelle einer Schuldübernahme den Neuabschluss eines Kreditvertrags mit dem Übernehmer zu denselben Konditionen (und mit denselben Laufzeiten). Hierzu s.a. § 50 Rdn. 37.

74 Von besonderer Bedeutung ist nicht zuletzt das Schicksal der Rückgewähransprüche. Unter Rückgewähransprüchen versteht man die Handlungsmöglichkeiten des Schuldners für den Fall, dass die dem Grundpfandrecht zugrundeliegende Darlehensverbindlichkeit ganz oder teilweise nicht mehr valutiert: Neuvalutierung der Grundschuld, Abtretung, Verzicht (mit der Folge, dass eine Eigentümergrundschuld entsteht) oder Aufhebung (Löschung). Werden die Rückgewähransprüche nicht mit abgetreten, verbleiben sie – falls nicht eine konkludente Abtretung mittels Auslegung ermittelt werden kann – beim Veräußerer, was i.d.R. nicht sachgerecht sein wird. Eine uneingeschränkte Abtretung der Rückgewähransprüche an den Erwerber ist aber zumindest dann nicht risikofrei, wenn sich der Veräußerer Rechte (z.B. Wohnrecht etc.) vorbehält. Kommt es zu einem späteren Zeitpunkt zu einer Zwangsversteigerung aus dem dann vorrangigem Grundpfandrecht, fallen die Vorbehaltsrechte nicht in das geringste Gebot und drohen ersatzlos zu erlöschen (§§ 52, 91 ZVG). Häufig wird sich in diesen Fällen eine Vereinbarung zwischen Veräußerer und Erwerber des Inhalts anbieten, dass zumindest eine Neuvalutierung nur mit Zustimmung des Veräußerers zulässig ist, im Übrigen aber die Rückgewähransprüche abgetreten werden.

Schuldübernahme

75 M Der Erwerber übernimmt in schuldbefreiender Weise zur weiteren Verzinsung und Tilgung mit Wirkung von heute an die Darlehensschuld des Veräußerers bei der .....

---

53 Vgl. *Kurz*, DNotZ 1997, 552.
54 BGHZ 142, 23.
55 Diese verneint OLG Düsseldorf MittBayNot 2001, 313; s.a. OLG Dresden 04.10.2006 – 8 U 639/06.

in Höhe von ..... €, sowie die zur Sicherung dieser Verbindlichkeit im Grundbuch eingetragene Grundschuld über ..... € samt Zinsen von ..... seit ..... und Nebenleistungen von .....
Sollte der Schuldenstand zum Übernahmezeitpunkt höher oder niedriger sein, sind die Beteiligten zum Ausgleich des Differenzbetrags nicht verpflichtet.
Der Veräußerer verpflichtet sich, das Grundpfandrecht nicht weiter zu valutieren. Auf eine notwendige Änderung der Zweckbestimmungserklärung werden die Beteiligen selbst beim Gläubiger hinwirken.
Der Kredit ist derzeit mit ..... % p.a. (nominal) zu verzinsen. Für die Übernahme der Schuld wird die Gläubigerin voraussichtlich ..... € Kosten in Rechnung stellen. Zinssatz und Kreditkosten kann die Gläubigerin unter folgenden Voraussetzungen neu festsetzen: .....
Der Erwerber tritt in die ihm bekannten Rechtsverhältnisse mit dem Darlehensgläubiger ein. Der Veräußerer überträgt auf den Erwerber alle ihm gegenwärtig und künftig an dem übernommenen Grundpfandrecht zustehenden Rechte, insbesondere Rückgewähransprüche, und bewilligt die entsprechende Umschreibung der Eigentümerrechte im Grundbuch. Der Erwerber ist mit der Übertragung einverstanden.
Den Beteiligten ist bekannt, dass die befreiende Wirkung der Schuldübernahme nur eintritt, wenn der Gläubiger sie genehmigt. Der Notar wird beauftragt, dem Gläubiger die Schuldübernahme mitzuteilen und die Genehmigung für die Beteiligten einzuholen und entgegenzunehmen; sie soll mit Eingang beim Notar rechtswirksam sein.
Die Vertragsteile sind darüber einig, dass die Schuldübernahme bis zur Erteilung der Genehmigung und im Falle ihrer Verweigerung als Erfüllungsübernahme gilt; der Erwerber hat den Veräußerer also von jeder Inanspruchnahme freizustellen. Ein Rücktrittsrecht für den Fall, dass die Schuldübernahme nicht genehmigt wird, wollen die Beteiligten nicht vereinbaren.
Die befreiende Schuldübernahme, die Übernahme des Grundpfandrechts und die Übertragung der Eigentümerrechte erfolgen jeweils unter der aufschiebenden Bedingung der vertragsgemäßen Eigentumsumschreibung auf den Erwerber.
Der Erwerber übernimmt gegenüber dem Grundpfandrechtsgläubiger die persönliche Haftung für die Zahlung eines jederzeit fälligen Geldbetrages, dessen Höhe dem Nominalbetrag des übernommenen Grundpfandrechts samt Zinsen und Nebenleistungen entspricht (§ 780 BGB). Der Erwerber unterwirft sich wegen dieser Zahlungsverpflichtung der sofortigen Zwangsvollstreckung aus dieser Urkunde in sein gesamtes Vermögen.
Der Notar ist berechtigt, dem Gläubiger auf Antrag eine vollstreckbare Ausfertigung dieser Urkunde zu erteilen, ohne dass es des Nachweises der die Vollstreckbarkeit begründenden Tatsachen bedarf.

■ *Kosten.* Nach § 110 Nr. 2a GNotKG sind ein Veräußerungsvertrag und Erklärungen zur Finanzierung der Gegenleistung gegenüber Dritten verschiedene Beurkundungsgegenstände. Neben den Vertragsgebühren ist also eine 1,0 Gebühr gemäß Nr. 21200 KV GNotKG zu erheben, sofern die 2,0 Vertragsgebühr gemäß Nr. 21100 KV GNotKG niedriger ist, nur diese (§ 94 GNotKG). Für die Anforderung und Prüfung einer Erklärung über die Zustimmung zu einer Schuldübernahme fällt eine 0,5 Gebühr aus dem Wert der Schuld gemäß Nr. 22110 KV GNotKG an (Vorbem. 2.2.1.1 Abs. 1 Nr. 8 KV GNotKG).

76 Eine Erfüllungsübernahme, nach der es grundsätzlich bei der Haftung des Veräußerers im Außenverhältnis bleibt, vermeidet die Unsicherheiten im Hinblick auf §§ 491 ff. BGB.[56] Sie

---
56 *Amann,* MittBayNot 2002, 245 ff.

kann auch dann sinnvoll sein, wenn den Beteiligten aufgrund vorab geführter Verhandlungen klar ist, dass keine Genehmigung zu einer Schuldübernahme erfolgt oder wenn sie mit dem Gläubiger nicht in Kontakt treten wollen (allerdings kann zu beachten sein, dass die Veräußerung von Grundbesitz, der als Sicherheit für Verbindlichkeiten dient, Grund geben kann, den Darlehensvertrag zu kündigen).

Erfüllungsübernahme (aus bisheriger Gesamtschuld)

Es bestehen derzeit folgende Verbindlichkeiten der Beteiligten, für die sie beide als Gesamtschuldner haften 77 M
– .....
– .....
Sie werden durch die in Abschnitt I genannten Grundpfandrechte gesichert.
Der Erwerber übernimmt hiermit die Erfüllung aller vorgenannten Verbindlichkeiten mit Wirkung ab heute. Er hat den Veräußerer von jeder Inanspruchnahme freizustellen.
Der Erwerber hat insbesondere alle ab heute fällig werdenden Zahlungen auf Zins und Tilgung zu leisten sowie, wenn solche Schulden abgelöst werden, eine etwa fällig werdende Vorfälligkeitsentschädigung.
Der Notar hat erläutert, dass der Veräußerer bis zur vollständigen Tilgung der Verbindlichkeiten oder einer Haftentlassung durch den Gläubiger wie ein Bürge haftet.

Eine Erfüllungsübernahme kann mit der Verpflichtung verbunden werden, auch im Außenverhältnis – auf welchem Weg auch immer – eine Schuldbefreiung herbeizuführen. Geregelt werden sollte, ob und wie diese Verpflichtung zu sichern ist (z.B. dadurch, dass eine Eigentumsumschreibung erst erfolgt, wenn die Schuldbefreiung durchgeführt oder zumindest gesichert ist). Auf die Risiken einer Eigentumsumschreibung ohne entsprechende Sicherung sind die Beteiligten hinzuweisen. 78

Verpflichtung zur Schuldbefreiung

Darüber hinaus hat der Erwerber dafür zu sorgen, dass der Veräußerer künftig auch im Außenverhältnis nicht mehr für die vorgenannten Verbindlichkeiten haftet. Dem Erwerber steht es frei, dies zu bewirken, indem er mit den Gläubigern eine befreiende Schuldübernahme vereinbart oder indem er die Verbindlichkeiten tilgt – ggf. unter Begründung neuer eigener Darlehensverbindlichkeiten mit dem betreffenden Gläubiger – oder indem er auf andere Weise die Freistellung des Veräußerers herbeiführt. Hierbei handelt es sich um eine wesentliche Pflicht des Erwerbers, deren Erfüllung der Erwerber dem Veräußerer innerhalb von drei Monaten ab heute durch Bestätigung der Gläubiger nachzuweisen hat. Die Bestätigung darf an die Bedingung geknüpft sein, dass der Erwerber im Grundbuch als Eigentümer eingetragen wird.
Die Vorlage der heutigen Urkunde zur Eigentumsumschreibung auf den Erwerber soll unabhängig von der Erfüllung dieser Freistellungsverpflichtung erfolgen. 79 M

h) Nießbrauch

aa) Ein Nießbrauch (§ 1030 BGB; hierzu näher auch § 63) berechtigt den Begünstigten, die Nutzungen der Sache zu ziehen. Beim vorbehaltenen Nießbrauch bleibt der Veräußerer wirtschaftlich Eigentümer. 80

§ 39 Grundstücksschenkung und -überlassung

81 bb) Die Einräumung eines Nießbrauchsrechts an einem Grundstück kann genehmigungsbedürftig sein, z.B. nach dem Grundstückverkehrsgesetz bei land- und forstwirtschaftlichen Grundstücken, bei in eine Umlegung einbezogenen Grundstücken nach § 51 BauGB, bei in einem Sanierungsgebiet belegenen Grundstücken nach § 144 Abs. 2 Nr. 2 BauGB.

82 cc) Besondere Aufmerksamkeit bedarf die Ausgestaltung des Nießbrauchs im Hinblick auf Lasten und Aufwendungen auf den Nießbrauchsgegenstand. Nach der gesetzlichen Regelung hat der Berechtigte die laufenden Lasten und Aufwendungen zu tragen, da diese wirtschaftlich durch die Vorteile der Nutzungsziehung aufgewogen werden, während außergewöhnliche Lasten vom Eigentümer zu tragen sind; dies betrifft bei einem Gebäude insbesondere Großreparaturen. Häufig wird gewünscht sein, dass der Nießbrauchsberechtigte auch solche, den Eigentümer treffende Kosten zu tragen hat (vgl. das nachstehende Muster; wegen Gestaltungsalternativen vgl. § 63 Rdn. 12 ff.)

Nießbrauch

83 M Der Veräußerer behält sich auf seine Lebensdauer das unentgeltliche Nießbrauchsrecht am Vertragsgrundbesitz einschließlich Zubehör vor.
Für den Nießbrauch gelten die gesetzlichen Bestimmungen mit der Maßgabe, dass der Nießbrauchsberechtigte, soweit gesetzlich möglich, sämtliche mit dem Vertragsbesitz verbundenen Lasten und Kosten zu tragen hat, auch solche, die nach den gesetzlichen Bestimmungen vom Eigentümer zu tragen wären.
Der Nießbraucher hat insbesondere auch Zins und Tilgung für die derzeit durch Grundpfandrechte am Vertragsbesitz gesicherten Verbindlichkeiten zu tragen.

84 dd) In steuerlicher Sicht ist die Differenzierung von Vorbehaltsnießbrauch und Zuwendungsnießbrauch zu beachten. Wenn der Veräußerer sich im Rahmen der Zuwendung den Nießbrauch vorbehält, behält er die Berechtigung, Abschreibungen für Abnutzung (AfA) geltend zu machen. Wird der Nießbrauch hingegen unentgeltlich (sonst § 22 EStG) zugewendet, geht die AfA-Befugnis sowohl dem Eigentümer als auch dem Nießbrauchsberechtigten verloren.[57] Hierauf sollte in Fällen, in denen es den Beteiligten auf die Abschreibungen ankommt, geachtet werden (»Werbungskostenleerlauf«). Ist ein Ehegatte Alleineigentümer des Grundbesitzes, sollte der Nießbrauch nicht beiden gemeinsam gemäß § 428 BGB zustehen, da damit die Abschreibungsmöglichkeit hälftig verloren geht. Steuerlich günstiger ist in diesen Fällen die Gestaltung, nach der sich der Eigentümer zunächst den vollen Nießbrauch vorbehält und dem Ehegatten der Nießbrauch nur aufschiebend bedingt durch dessen Ableben zugewendet wird.

Bedingter Nießbrauch

85 M Aufschiebend bedingt durch das Ableben von des Veräußerers wird hiermit ..... ein inhaltsgleiches Nießbrauchsrecht am Vertragsbesitz eingeräumt; dessen Eintragung im Grundbuch wird hiermit bewilligt und beantragt. Es soll Rang nach dem vorstehend bewilligten Nießbrauch für ..... erhalten.

86 ee) Bei **Wohnungseigentum** kann sich im Rahmen eines Nießbrauchs auch eine Regelung empfehlen, dass der Berechtigte weiterhin berechtigt bleibt, an Versammlungen der Eigentü-

---

57 BFH BStBl. 1983 II, 626.

mer teilzunehmen und das Stimmrecht auszuüben, da diese Rechte nach Gesetz dem Eigentümer zustünden.

Vollmacht für Wohnungseigentum

Der Erwerber erteilt hiermit dem Veräußerer unter Befreiung von den Beschränkungen des § 181 BGB Vollmacht, ihn gegenüber der Eigentümergemeinschaft und gegenüber dem Verwalter umfassend zu vertreten, insbesondere an der Eigentümerversammlung teilzunehmen und für ihn abzustimmen. Der Notar hat darauf hingewiesen, dass die Möglichkeit zur Vertretung in der Eigentümerversammlung durch Teilungserklärung bzw. Gemeinschaftsordnung eingeschränkt sein kann. Die Vollmacht ist auf die Dauer des Nießbrauchs nur aus wichtigem Grund widerruflich. 87 M

i) Verfügungsverbot, Rückübertragungsanspruch

Häufig soll verhindert werden, dass der Zuwendungsempfänger über den zugewendeten Grundbesitz zu Lebzeiten des Zuwendenden verfügt. Auch zeitlich befristete Verfügungsverbote werden zuweilen gewünscht.[58] Da ein Verfügungsverbot gemäß § 137 BGB keine Drittwirkung hat, sollte eine Gestaltung gewählt werden, die dem Veräußerer (oder Dritten) für diesen Fall einen *bedingten Rückübertragungsanspruch* gewährt, wobei dann auch die weiteren Rechte und Pflichten im Zusammenhang mit der Rückübertragung (z.B. Ersatz von Aufwendungen und Rückzahlung von Ausgleichszahlungen an weichende Erben) geregelt werden sollten (vgl. auch Rdn. 123). Sollen bestimmte Weiterübertragungen (z.B. an Kinder) ermöglicht werden, ist zu beachten, dass in der Folge einer zugelassenen Weiterübertragung die Vormerkung erlöschen kann.[59] Jedenfalls bei der Übertragung von betrieblichem Vermögen ist vorzusehen, dass das geregelte Verfügungsverbot nicht gilt (bzw. der Veräußerer einer Verfügung zustimmen muss), wenn die betreffende Verfügung mit den Grundsätzen ordnungsgemäßer Wirtschaft zu vereinbaren ist und den Zweck des Verfügungsverbots nicht wesentlich gefährdet.[60] 88

Die Rückübertragungsverpflichtung kann auch für beliebige darüber hinaus gehende Fälle vorgesehen werden. In der Literatur hat sich ein Kanon von Rückforderungsrechten herausgebildet. **Die** wichtigsten hiervon sind (neben dem Verfügungsverbot): 89

– die Belastung des Grundbesitzes mit Grundpfandrechten durch den Erwerber;
– die Insolvenz des Erwerbers sowie Zwangsvollstreckungsmaßnahmen in den übertragenen Grundbesitz (sog. »Vermögensverfall«); Gläubiger des Erwerbers werden durch solche Vereinbarungen nicht benachteiligt und können die Vereinbarung des Rückübertragungsanspruchs nicht anfechten.[61] Dem Veräußerer kann nicht zum Vorwurf gemacht werden kann, dass er nicht mehr geschenkt hat. Auch das Wahlrecht des Insolvenzverwalters wird nicht beeinträchtigt, da der Schenkungsvertrag bereits vollzogen ist;
– Stellen des Scheidungsantrages bei Ehegattenübertragungen; die Sinnhaftigkeit eines solchen Rückforderungsgrundes wird dabei oftmals fraglich sein, da der fortlaufende Wertzuwachs der Zuwendung aufgrund des abnehmenden Werts des Nießbrauchs für den dazwischen liegenden Zeitraum bzw. die Zeit zwischen dem Erwerb des Grundstücks und dem Erlöschen des Nießbrauchs nicht dem Zugewinnausgleich unterliegt.[62] Vielmehr wird bei der Berechnung des Zugewinns des Zuwendungsempfängers auf ein

---

58 Zur Zulässigkeit einer 30-jährigen Frist BGH MittBayNot 2013, 218 mit Anm. *Hertel.*
59 OLG Frankfurt am Main DNotZ 2009, 130.
60 BGH MittBayNot 2013, 218 mit Anm. *Hertel.*
61 BGH DNotZ 2008, 518.
62 BGH Beschl. v. 20.05.2015 – XII ZB 314/14.

Einstellen des Wertes des Nießbrauchs zum Ausgangs- und Endzeitpunkt in die Vermögensbilanz insgesamt verzichtet. Nur wenn der Wert des Nießbrauchs gestiegen ist, weil das belastete Grundstück im maßgeblichen Zeitraum einen Wertzuwachs erfahren hat, muss der Wert des Nießbrauchs im Anfangs- und Endvermögen eingestellt werden, ohne dass es weiterer Korrekturen des Anfangsvermögens bedarf.

- das Vorversterben des Erwerbers (unter Umständen beschränkt darauf, dass der Rückforderungstatbestand nur greift, wenn nicht ausschließlich Abkömmlinge Erben werden); der steuerliche Vorteil liegt hier in § 29 ErbStG, da sowohl eine etwa bereits gezahlte Schenkungsteuer storniert wird und auch für die Rückübertragung mangels Unentgeltlichkeit keine Schenkungsteuer anfällt;
- die Veränderung steuerlicher Tatbestände (sog. »Steuerklausel«). Dies gilt insbesondere für die Nachversteuerung nach § 13a, b ErbStG.
- Eintritt der Geschäftsunfähigkeit auf Seiten des Erwerbers.[63]

Eine Rückübertragungsverpflichtung wird man wohl auch für den Fall vorsehen können, dass der Erwerber Sozialhilfe, Arbeitslosengeld oder vergleichbare Leistungen in Anspruch nimmt.[64] Empfehlenswert ist dies freilich nicht, da der Verstoß gegen den sozialhilferechtlichen Subsidiaritätsgrundsatz allzu offensichtlich ist. Ein freies Rückforderungsrecht (»jederzeit ohne Angabe von Gründen«) kommt ebenfalls in Betracht, ohne dass dadurch die schenkungssteuerliche Anerkennung der Überlassung gefährdet wäre.[65] Solche Gestaltungen führen allerdings zur Pfändbarkeit des Anspruchs, sodass Gläubiger des Rückforderungsberechtigten bei freiem Rückforderungsrecht die sofortige Übertragung bzw. Verwertung des Grundstücks erzwingen können, bei eingeschränkten Rückforderungsrechten möglicherweise nur mit Einschränkungen (vgl. Rdn. 34 f.).

90 Ob die Vereinbarung eines Rückübertragungsanspruchs im Hinblick auf *Pflichtteilsergänzungsansprüche* den Anlauf der 10-Jahres-Frist des § 2325 Abs. 3 BGB hindert, ist offen.[66] Dies dürfte bei einem freien Rückforderungsrecht zu bejahen sein, nicht aber dann, wenn die Rückforderungsgründe außerhalb des Einflussbereichs des Schenkenden liegen.[67]

91 Ein (so bedingter) Rückübertragungsanspruch kann durch Vormerkung gemäß § 883 BGB gesichert werden, auch im Fall eines mehrfach bedingten Rückübereignungsanspruches.[68] Auch der vorbehaltene Anspruch auf Rückübereignung im Fall einer schweren Verfehlung gegenüber dem Schenker oder des groben Undanks (§ 530 BGB) ist vormerkungsfähig.[69]

92 Eine Löschungserleichterung nach § 23 GBO kann bei der Vormerkung allerdings nicht eingetragen werden.[70] Nach dem Tod des Schenkers ist daher zur Löschung grundsätzlich die Bewilligung der Erben erforderlich.[71] Um zu gegebener Zeit eine weniger aufwendige Löschung zu ermöglichen, kann sich deshalb eine Löschungsvollmacht empfehlen (eine *vereinbarungsgemäß*, d.h. unter Mitwirkung des Berechtigten, eingetragene Löschungserleichterung wird man so umdeuten können, str.).[72]

---

63 OLG München NotBZ 2014, 114.
64 Vgl. DNotI-Report 2014, 113, 115 f.
65 BFH BStBl. 1989 II, 1034; anders aber wohl hinsichtlich der ertragsteuerlichen Auswirkungen.
66 So OLG Düsseldorf DNotZ 2009, 67 m. abl. Anm. *Diehn*.
67 DNotI-Report 2011, 65; *Herrler* ZEV 2008, 461, 463 f.
68 BGH DNotZ 1997, 720.
69 BGH DNotZ 2002, 775.
70 BGHZ 134, 182; *Wufka*, MittBayNot 1996, 156.
71 OLG Naumburg MittBayNot 2015, 230 mit Anm. *Everts*.
72 Zu einer Löschung aufgrund Unrichtigkeitsnachweis DNotI-Report 2012, 173.

Rückübertragungsverpflichtung

93 M

1. Der Erwerber verpflichtet sich, den gesamten heutigen Vertragsbesitz auf seine Kosten an ..... (im Folgenden auch »Berechtigter« genannt) auf dessen Verlangen zu übertragen und zu übereignen.
2. Der Berechtigte kann das Verlangen stellen, wenn
a) der Erwerber ohne Zustimmung des Berechtigten über den Vertragsbesitz oder über Teile davon verfügt, insbesondere diesen veräußert oder belastet; oder
b) über das Vermögen des Erwerbers ein Insolvenzverfahren eröffnet oder die Eröffnung mangels Masse abgelehnt wird; oder
c) Zwangsvollstreckungen in den Vertragsbesitz oder Teile davon betrieben werden; oder
d) der Erwerber vor dem Berechtigten verstirbt.
Der Anspruch ist höchstpersönlich. Er ist nicht vererblich und nicht übertragbar. Ist das Übertragungsverlangen gestellt, entsteht ein vererblicher und übertragbarer Übereignungsanspruch.
Der Berechtigte ist verpflichtet, solchen Verfügungen zuzustimmen, die mit den Grundsätzen ordnungsgemäßer Wirtschaft zu vereinbaren sind und den Zweck des vereinbarten Verfügungsverbots nicht wesentlich gefährden.
3. Für die Übertragung schuldet der Berechtigte keine Gegenleistung, sofern die Übertragung aus dem in 1.a genannten Grund verlangt wird.
In den übrigen Fällen hat er die Aufwendungen des Erwerbers in den Vertragsbesitz zu ersetzen, soweit solche vor dem Übertragungsverlangen gemacht wurden und zu diesem Zeitpunkt den Wert der Sache noch erhöhen, sowie vom Erwerber aufgrund dieses Vertrags geleistete Zahlungen (ohne Zinsen).
Grundstücksbelastungen muss der Berechtigte nur übernehmen, soweit sie bereits heute im Grundbuch eingetragen sind oder mit seiner Zustimmung im Grundbuch eingetragen werden.
4. Zur Sicherung des bedingten Übereignungsanspruchs bewilligen und beantragen die Vertragsteile die Eintragung einer Vormerkung gemäß § 883 BGB für den Berechtigten im Grundbuch am Vertragsbesitz. Sie erhält Rang nach dem vorbestellten Leibgeding, jedenfalls nächstoffene Rangstelle. Teilvollzug ist zulässig.
5. Ein inhaltsgleicher Anspruch wird hiermit ..... aufschiebend bedingt durch das Ableben des Veräußerers eingeräumt. Zu dessen Sicherung wird hiermit die Eintragung einer Auflassungsvormerkung bewilligt, jedoch heute nicht beantragt. Sie soll Rang nach den übrigen aufgrund dieser Urkunde zur Eintragung kommenden Belastungen erhalten, jedenfalls nächstoffene Rangstelle.
6. Der Berechtigte erteilt dem Erwerber und allen seinen Rechtsnachfolgern im Eigentum des belasteten Grundbesitzes hiermit unter Befreiung von den Beschränkungen des § 181 BGB Vollmacht, die zur Eintragung kommende Vormerkung nach seinem Ableben zur Löschung im Grundbuch zu bewilligen; von dieser Vollmacht kann nur unter Vorlage der Sterbeurkunde des Berechtigten Gebrauch gemacht werden.

94

An Stelle der vorstehend empfohlenen Löschungsvollmacht kommen auch Gestaltungen in Betracht, nach denen für die Löschung der Vormerkung ein Todesnachweis genügt. Den Beteiligten werden damit Aufwand und Kosten erspArt. Freilich ist damit auch eine Verlust an *Sicherheit* verbunden: Im Fall des Todes des Vormerkungsberechtigten können die Rechte aus der Vormerkung gegen nachrangige Berechtigte selbst dann nicht mehr durchgesetzt werden, wenn der Anspruch bereits zu Lebzeiten geltend gemacht war.

Befristete Vormerkung

95 M Zur Sicherung des bedingten Übereignungsanspruchs bewilligen und beantragen die Vertragsteile die Eintragung einer auf Lebenszeit des Berechtigten befristeten Vormerkung gemäß § 883 BGB am Vertragsbesitz; sie erhält Rang nach .....
Der Notar hat darauf hingewiesen, dass aufgrund vorstehender Gestaltung der durch die Vormerkung vermittelte Schutz auf jeden Fall mit dem Tod des Berechtigten erlischt.

96 Sind mehrere Personen aus dem Rückübertragungsanspruch berechtigt, ist das Berechtigungsverhältnis zu regeln.

Mehrere Berechtigte

97 M Die Veräußerer sind, solange beide leben, Gesamtgläubiger gemäß § 428 BGB, denen der Anspruch zu gleichen Bruchteilen zusteht; nach dem Tod des Erstversterbenden steht der Anspruch dem Längerlebenden allein zu.

Oder

98 M Für das Berechtigungsverhältnis der Berechtigten gelten §§ 461, 472 BGB entsprechend.

99 Eine nachträgliche *Aufladung der Vormerkung* ist möglich.[73] Zu dem durch Vormerkung gesicherten Anspruch können die Vertragsbeteiligten nachträglich Ergänzungen und Modifizierungen vereinbaren. Zu einer bereits eingetragenen Vormerkung, die keinen Anspruch (mehr) sichert, kann ein Übereignungsanspruch auch neu begründet werden. Gläubiger, Schuldner und Anspruchsziel müssen identisch bleiben, der Eigentümer muss die Erweiterung formfrei gemäß § 885 Abs. 1 Satz 1 BGB bewilligen. Diese Bewilligung muss dem Grundbuchamt nicht zugehen, sie ist bereits wirksam, wenn sie dem Vormerkungsberechtigten zugeht. Der so modifizierte oder neu begründete Übertragungsanspruch wird dann – also ohne dass dies unmittelbar aus dem Grundbuch verlautbart – durch die eingetragene Vormerkung gesichert.

100 Ist allerdings die Vormerkung für einen höchstpersönlichen, nicht vererblichen und nicht übertragbaren Rückübertragungsanspruch des Berechtigten eingetragen, kann sie nicht ohne Grundbucheintragung einen anderweitigen, vererblichen Anspruch sichern[74] (sodass sich unter dem Gesichtspunkt der Aufladbarkeit keine Beschränkungen wegen der Löschung der Vormerkung im Todesfall ergeben); dies setzt allerdings, abweichend von dem hier vorgeschlagenen Muster voraus, dass es sich generell um einen nicht vererblichen und nicht veräußerlichen Anspruch handelt.

3. Weichende Erben

101 Im Zusammenhang mit der Übertragung von Vermögen an ein Kind sollen häufig auch die Interessen weiterer Abkömmlinge (»weichende Erben«) des Veräußerers berücksichtigt werden, insbesondere auch um Pflichtteilsergänzungsansprüche zu vermeiden (s.u. Rdn. 111 ff.). Sofern der Erwerber diese Ausgleichszahlungen zu erbringen hat, bedürfen auch diese wegen § 311b Abs. 1 BGB der Beurkundung.

---

73 BGHZ 143, 175; NJW 2008, 578 (dies gilt aber nicht bei fehlender Anspruchskongruenz, insb. bei unterschiedlichen Vertragsbeteiligten, BGH DNotZ 2012, 763).
74 BGH DNotI-Report 2012, 98.

a) Zahlungsverpflichtungen

Der Erwerber verpflichtet sich, an ...... € (..... EURO) zu zahlen. Dieser Betrag ist am ..... zur Zahlung fällig und bis dahin unverzinslich. 102 M
Der Erwerber unterwirft sich wegen dieser Zahlungsverpflichtung der Zwangsvollstreckung aus dieser Urkunde in sein gesamtes Vermögen. Zur Erteilung einer vollstreckbaren Ausfertigung genügt die Darlegung der Fälligkeit.

Bei Zahlungsvereinbarungen ist klar zu regeln, ob die Forderungen zu verzinsen sind. Dies 103
wird sich gerade bei längerfristigen Stundungen empfehlen können. Dort kann darauf hinzuweisen sein, dass Zinsanteile zu versteuern sind gemäß § 20 Abs. 1 Nr. 7 EStG.

Verzinsung

Dieser Betrag ist ab heute bis zur Fälligkeit mit 6 % p.a. [oder: zwei Prozentpunkten 104 M
über dem jeweils gültigen Basiszinssatz (§ 247 BGB) p.a.] zu verzinsen. Die Zinsen sind mit der Hauptsache zu leisten.

Ein Bedürfnis zur Sicherstellung des Zahlungsanspruchs im Grundbuch werden die Beteiligten 105
schon aus Kostengründen häufig nicht wünschen. Andernfalls kommt insbesondere
eine Hypothekenbestellung in Betracht:

Hypothek

Zur Sicherung der vorstehenden Forderung bestellt der Schuldner zugunsten des 106 M
Gläubigers als Alleinberechtigtem eine Hypothek zu ..... € an dem Vertragsbesitz. Die Erteilung eines Hypothekenbriefes ist ausgeschlossen.
Der Schuldner unterwirft sich wegen der vorgenannten Zahlungsverpflichtung der sofortigen Zwangsvollstreckung aus dieser Urkunde persönlich in sein gesamtes Vermögen und in Ansehung der vorstehend bestellten Hypothek samt Zinsen und Nebenleistungen auch dinglich in der Weise, dass die Zwangsvollstreckung gegen den jeweiligen Eigentümer des mit der Hypothek belasteten Grundbesitzes zulässig sein soll. Dem Gläubiger ist auf Antrag vollstreckbare Ausfertigung dieser Urkunde nach Darlegung, aber ohne Nachweis der Fälligkeit zu erteilen.
Die Vertragsteile bewilligen und beantragen die Eintragung der vorbestellten Hypothek zugunsten des Gläubigers als Alleinberechtigtem mit den angegebenen Zins- und Zahlungsbestimmungen und der dinglichen Unterwerfungsklausel in das Grundbuch. Sie soll in Abt. II Rang nach dem vorbestellten Leibgeding erhalten, in Abt. III erste Rangstelle, jedenfalls nächstoffene Rangstelle.

b) Bedingte Zahlungsverpflichtungen

Die Höhe von Ausgleichzahlungen an weichende Erben ist im Verhältnis zum Wert des 107
übertragenen Vermögens oft eher bescheiden. Grund hierfür ist die oft nur eingeschränkte
finanzielle Leistungsfähigkeit des Erwerbers sowie der Umstand, dass das übertragene Vermögen
in der Familie erhalten werden soll. Gleichwohl ist freilich der Erwerber – sieht man
von vereinbarten Veräußerungsbeschränkungen ab (s.o. Rdn. 88 ff.) – zu Veräußerungen
berechtigt. Damit würden die Grundüberlegungen für eine niedrige Ausgleichszahlung
entfallen. Dies kann Anlass geben, für den Fall einer Veräußerung Nachzahlungsverpflichtungen
zu vereinbaren:

Bedingte Zahlungsverpflichtung

108 M Sollte der Erwerber den heute übernommenen Grundbesitz oder Teile hiervon innerhalb von 15 Jahren ab heute veräußern, hat er an seine beiden Geschwister ....., jeweils ein Fünftel des erzielten Kaufpreises bzw. des Schätzwerts ohne Abzug von Schulden (jedoch nach Abzug einer etwaigen Entnahmesteuer) innerhalb eines Jahres nach Abschluss des schuldrechtlichen Veräußerungsvertrages zu zahlen. Der Schätzwert ist maßgebend, wenn bei der Veräußerung kein Kaufpreis, sondern andere oder keine Gegenleistungen vereinbart sind; der Schätzwert ist für die Beteiligten verbindlich durch einen vom örtlichen Bauernverband auszuwählenden Sachverständigen festzustellen, dessen Kosten der Erwerber zu tragen hat.
Der Anspruch entfällt,
– soweit der Veräußerungserlös für den übernommenen landwirtschaftlichen Betrieb verwendet wird,
– bei Veräußerungen an Ehegatten und Abkömmlinge, soweit diese die hier eingegangene Verpflichtung übernehmen und sich in gleicher Weise binden.
Dieser Anspruch steht den Berechtigten jeweils in der Weise höchstpersönlich zu, dass er erlischt, wenn er nicht vor dem Ableben des Berechtigten mindestens schriftlich geltend gemacht wurde.

c) Freistellung von Unterhalt

109 Unabhängig von der Übertragung von Vermögen bleiben alle Kinder verpflichtet, Eltern im Fall der Not Unterhalt zu leisten, wobei ein Rückforderungsanspruch gemäß § 528 BGB im Verhältnis zu gesetzlichen Unterhaltspflichten vorrangig zur Leistung verpflichtet. Insofern werden zuweilen abweichende Vereinbarungen für das Innenverhältnis der möglicherweise Unterhaltsverpflichteten gewünscht.

Freistellung wegen Unterhaltszahlungen

110 M Der Erwerber verpflichtet sich gegenüber seinen Geschwistern, ..., sie in vollem Umfang von jeder Inanspruchnahme zu gesetzlicher Unterhaltsleistung gegenüber den Eltern freizustellen. Gleiches gilt für die Rückzahlung erhaltener Abstandsgelder. Diese Verpflichtung erlischt, wenn die vom Erwerber insgesamt aufgrund dieses Vertrags geleisteten Zahlungen zuzüglich etwa von ihm darüber hinaus an die Eltern geleisteten Zahlungen für Unterhalt den heutigen Verkehrswert des ihm mit dieser Urkunde überlassenen Grundbesitzes erreichen.

4. Pflichtteilsrechte, Pflichtteilsverzichte

111 Schenkungen (auch gemischte Schenkungen, diese hinsichtlich des unentgeltlichen Teils)[75] können gemäß § 2325 BGB zu Pflichtteilsergänzungsansprüchen insbesondere weiterer Kinder des Veräußerers führen. Die Pflichtteilsberechtigung muss nicht bereits im Zeitpunkt der Schenkung bestanden haben,[76] sie kann auch zugunsten später hinzu kommender Berechtigter (Kinder oder Ehegatten) eingreifen.

---

[75] Zur Zuwendung von Ansprüchen aus einer Lebensversicherung (i.d.R. anzurechnen mit dem Rückkaufwert im Zeitpunkt des Erbfalls), BGH RNotZ 2010, 405 m. Anm. *Worm*.
[76] BGH DNotZ 2012, 860 m. Anm. *Lange* (der BGH gibt mit diesem Urteil eine frühere Rechtsprechung – Dogma der pflichtteilsrechtlichen Doppelberechtigung – auf).

112 Erfolgte die Schenkung innerhalb des ersten Jahres vor dem Erbfall, wird sie in vollem Umfang berücksichtigt, mit jedem Folgejahr wird sie um $1/10$ abgeschmolzen, nach Ablauf von 10 Jahren bleibt sie gänzlich unberücksichtigt. Bei Grundstücksschenkungen beginnt die Frist erst mit der Eigentumsumschreibung im Grundbuch.[77] Die 10-Jahres-Frist wird nur in Gang gesetzt, wenn der Schenker nicht nur das Eigentum, sondern auch den »Genuss« des geschenkten Gegenstands aufgegeben hat; kann er den Gegenstand aufgrund vorbehaltener dinglicher Rechte oder aufgrund schuldrechtlicher Vereinbarung *im Wesentlichen* weiterhin selbst nutzen, z.B. aufgrund eines uneingeschränkten Nießbrauchs, liegt eine Leistung i.S.d. § 2325 Abs. 3 Halbs. 1 BGB nicht vor;[78] dies gilt möglicherweise auch bei der Vereinbarung von Rückforderungsrechten.[79]

113 Um spätere Streitigkeiten über Pflichtteils- bzw. Pflichtteilsergänzungsansprüche zu vermeiden, ist es zweckmäßig, hierzu Vereinbarungen zu treffen, also entsprechende Verzichte der betreffenden Kinder in den Vertrag aufzunehmen.

114 a) Ein *Erbverzicht* (§ 2346 Abs. 1 BGB) ist in aller Regel unzweckmäßig. Er hat die Folge, dass der Verzichtende von der gesetzlichen Erbfolge ausgeschlossen wird, wie wenn er z.Zt. des Erbfalles nicht mehr lebte (»Vorversterbensfiktion«[80]; gleichzeitig werden Pflichtteilsrechte ausgeschlossen. Der Erbverzicht führt damit zu einer unmittelbaren Änderung der gesetzlichen Erbfolge (und ist deshalb auch vom Notar dem Zentralen Testamentsregister mitzuteilen). Der Erbverzicht kann damit zwar eine Verfügung von Todes wegen entbehrlich machen. Jedoch führt er gleichzeitig über die Beeinflussung der Erbfolge zu einer Erhöhung der Pflichtteilsrechte weiterer Kinder. Dies wird regelmäßig nicht gewünscht sein, gerade wenn man die Möglichkeit einbezieht, dass sich die Vorstellungen des Erblassers langfristig noch ändern können. Sachgerecht ist daher regelmäßig die Beschränkung auf den Pflichtteilsverzicht. Beim Erbverzicht hingegen drohen Schadenersatzansprüche gegen den Notar unter dem Gesichtspunkt einer verfehlten Gestaltung.[81]

115 b) Zweckmäßig sind daher in der Regel *Pflichtteilsverzichtsvereinbarungen*. Dabei sollte darauf hingewiesen werden, dass noch eine den Verzichtenden enterbende Verfügung von Todes wegen errichtet werden muss, um ihn von der gesetzlichen Erbfolge auszuschließen. Der Erwerber läuft freilich Gefahr, dass der Erblasser und der Verzichtende den Pflichtteilsverzichtsvertrag nachträglich wieder aufheben.[82] Hiergegen lässt sich durch eine schuldrechtliche Verpflichtung des Inhalts Vorsorge treffen, dass eine Aufhebung des Pflichtteilsverzichts nur mit Zustimmung des Erwerbers erfolgen darf (Erbschaftsvertrag i.S.d. § 311b Abs. 5 BGB).

Pflichtteilsverzicht

116 M **..... verzichtet hiermit mit Wirkung für sich und seine Abkömmlinge gegenüber seinen Eltern, ... und ....., auf sein gesetzliches Pflichtteilsrecht einschließlich etwaiger Pflichtteilsergänzungsansprüche im Hinblick auf alle vertragsgegenständlichen Zuwendungen.**
..... und ..... nehmen diesen Verzicht hiermit an.

---

77 BGH DNotZ 1988, 441; BGH MittBayNot 2012, 34, 35.
78 BGH MittBayNot 1994, 340; vgl. *Walter*, MittBayNot 2015, 373; zum Wohnungsrecht vgl. zuletzt BGH vom 29.06.2016 IV ZR 474/15.
79 OLG Düsseldorf DNotZ 2009, 67 m. abl. Anm. *Diehn*.
80 Vgl. insofern zu einer verunglückten Gestaltung BGH v. 27.06.2012.
81 BGH DNotZ 1991, 539.
82 Vgl. *Kanzleiter*, DNotZ 2009, 86 m.w.N.

Der Notar hat darauf hingewiesen, dass das gesetzliche Erbrecht des Verzichtenden bestehen bleibt. Es bedarf daher einer Verfügung von Todes wegen, wenn der Pflichtteilsverzicht Wirkung entfalten soll.

117 Ein Pflichtteilsverzicht kann beschränkt werden: Bei einem **gegenständlich beschränkter Pflichtteilsverzicht** wird vereinbart, dass ein bestimmter Nachlassgegenstand bei der späteren Berechnung des Pflichtteils wertmäßig nicht zu berücksichtigen ist.

Gegenständlich beschränkter Pflichtteilsverzicht

118 M ..... erklärt sich mit der Übertragung des Vertragsgrundbesitzes auf den Erwerber einverstanden. Er verzichtet hiermit mit Wirkung für sich und seine Abkömmlinge gegenüber dem Veräußerer und gegenüber dem Erwerber auf sein gesetzliches Pflichtteilsrecht und auf etwaige Pflichtteilsergänzungsansprüche gegenständlich beschränkt auf den mit dieser Urkunde überlassenen Grundbesitz, so dass der Wert dieses Grundbesitzes bei der Berechnung von Pflichtteils- und Pflichtteilsergänzungsansprüchen außer Ansatz bleibt.
Der Veräußerer und der Erwerber nehmen diese Verzichte an.
Der Notar hat auf die Bestimmungen des gesetzlichen Erb- und Pflichtteilsrechts und insbesondere darauf hingewiesen, dass das gesetzliche Erbrecht und die Pflichtteilsansprüche des Verzichtenden im Übrigen bestehen bleiben.

■ *Kosten.* Pflichtteilsverzichte weichender Erben stehen nicht im Austauschverhältnis zu den Leistungen des Veräußerers im Verhältnis zum Erwerber. Die Erklärungen hierzu betreffen also nicht denselben Beurkundungsgegenstand, § 109 GNotKG.[83] Für die Bewertung des gegenständlich beschränkten Pflichtteilsverzichts gilt (wohl) § 102 Abs. 3 mit Abs. 4 GNotKG.[84] Der Wert des Verzichts ist zu schätzen.

119 Nicht selten soll mit dem Pflichtteilsverzicht verhindert werden, dass Kinder bereits nach dem Ableben des ersten Elternteils gegen den (ggf. zum Alleinerben berufenen) länger lebenden Elternteil Pflichtteilsrechte geltend machen können. Dann bietet sich ein *Verzicht auf den Tod des erstversterbenden Elternteils* an.

Verzicht auf den zuerst versterbenden Elternteil

120 M ..... verzichtet hiermit für sich und seine evt. auch künftigen Abkömmlinge auf sein gesetzliches Pflichtteils- und Pflichtteilsergänzungsrecht am Nachlass des erstversterbenden Elternteils. Dieser Verzicht steht unter der auflösenden Bedingung, dass der Verzichtende nach dem Ableben des Überlebenden der Eltern zumindest zur gesetzlichen Erbquote gesetzlicher oder testamentarischer Erbe wird. ..... und ..... nehmen den Verzicht an. Pflichtteilsrechte nach dem längerlebenden Elternteil bleiben unberührt und vorbehalten.
Der Notar hat darauf hingewiesen, dass das gesetzliche Erbrecht des Verzichtenden bestehen bleibt. Es bedarf daher einer Verfügung von Todes wegen, wenn der Pflichtteilsverzicht Wirkung entfalten soll.

---

83 Leipziger-GNotKG/*Deeke*, § 97 GNotKG Rn. 36.
84 Leipziger-GNotKG/*Hüttinger*, § 36 GNotKG Rn. 26 sowie *Zimmer*, § 102 GNotKG Rn. 25; anders Leipziger-GNotKG/*Deeke*, § 97 GNotKG Rn. 36, wonach für die Bestimmung des Wert § 36 GNotKG heranzuziehen ist.

c) Erb- und Pflichtteilsverzicht setzen einen notariellen Vertrag voraus. Der Erblasser muss *persönlich handeln*.[85] Der Verzichtende kann sich hingegen vertreten lassen. Gleichzeitige Anwesenheit der Beteiligten ist nicht erforderlich.

121

d) Erb- und Pflichtteilsverzichte sind grundsätzlich unabhängig von der Leistung einer versprochenen *Abfindung* wirksam. Will man insofern eine Sicherung vorsehen, kann der Verzicht entweder unter eine *auflösende Bedingung* gestellt werden, wonach er seine Wirksamkeit verliert, wenn der Anspruch des Verzichtenden auf die Abfindung in einem bestimmten Zeitpunkt nicht erfüllt ist, oder unter eine *aufschiebende Bedingung*, nach der der Verzicht erst nach Leistung der Abfindung wirksam wird.[86] Hierbei ist der Frage des (sicheren) Nachweises des Eintritts bzw. des Nichteintritts der Bedingung besondere Aufmerksamkeit zu schenken. In Betracht kommt, dass der Notar später eine entsprechende Erklärung/Quittung zur Urkunde nimmt oder dass die Zahlung über den Notar abgewickelt wird (Anderkonto).

122

e) Kommt es aufgrund Gesetzes oder vertraglicher Regelung (vgl. Rdn. 93) zu einer Rückübertragung des überlassenen Grundbesitzes, kann sich die Frage stellen, ob ein Pflichtteilsverzicht wirksam bleibt. Das OLG München geht in einer Entscheidung vom 14.05.2014 davon aus, dass der Pflichtteilsverzicht weichender Geschwister insofern auflösend bedingt ist.[87] Klarstellende Regelungen – ggf. auch wegen vereinbarter Ausgleichszahlungen an Geschwister – sind zu empfehlen.

123

Bedingter Pflichtteilsverzicht

….. verzichtet hiermit mit Wirkung für sich und seine Abkömmlinge gegenüber seinen Eltern, ….. und ….., auf sein gesetzliches Pflichtteilsrecht hinsichtlich des Nachlasses des erstversterbenden Elternteils, bedingt allerdings dadurch, dass der längerlebende Elternteil uneingeschränkter Alleinerbe nach dem erstversterbenden Elternteil wird. Dieser Pflichtteilsverzicht ist auflösend bedingt dadurch, dass der vertragsgegenständliche Grundbesitz aufgrund Gesetzes oder aufgrund der Regelung in Abschnitt ….. dieser Urkunde an den Veräußerer zurück übertragen wird. Dies gilt auch im Falle der Rückübertragung wegen Versterbens des Erwerbers.
In diesem Fall sind Zahlungen, die der Verzichtende aufgrund des heutigen Vertrags erhalten hat, <nicht> an den Zahlenden/an den Veräußerer »zinsfrei« zurückzuzahlen.

124 M

Sicherung des Bestands des Pflichtteilsverzichts

Dieser Pflichtteilsverzicht bleibt auch dann wirksam, wenn eine Rückübertragung des vertragsgegenständlichen Grundbesitzes aufgrund Gesetzes oder aufgrund der Regelung in Abschnitt ….. dieser Urkunde erfolgt.

125 M

Wegen der Möglichkeit des Versterbens des Erblassers vor Eintritt der Bedingung scheint eine Gestaltung, nach der nur eine schuldrechtliche Verpflichtung zur Abgabe des Verzichts nach Leistung der Abfindung begründet wird, nicht zu empfehlen.

126

---

[85] BGH NJW 1996, 1062.
[86] Vorzuziehen ist eine auflösende Bedingung, um das Risiko des Todes des Erblassers vor Bedingungseintritt zu vermeiden; BGH DNotZ 1997, 422 ff.
[87] OLG München MittBayNot 2015, 240.

127 f) Der Erbverzicht muss – anders als der Pflichtteilsverzicht, der keine Auswirkung auf die Erbfolge hat – gemäß § 78b Abs. 2 BNotO durch den Notar im Zentralen Testamentsregister aufgenommen werden.

128 Gegenüber dem Finanzamt besteht eine Anzeigepflicht gemäß § 7 Abs. 1 Nr. 6, 34 ErbStG, § 13 ErbStDV.

129 g) Sind die Betreffenden zur Abgabe eines Verzichts nicht bereit, sollte dann, wenn es sich um ein *Landgut* handelt, klargestellt werden, dass für die Berechnung der Höhe der Ansprüche der Ertragswert des Landguts zugrunde zu legen ist; das *Ertragswertprivileg* (§ 2312 BGB) gilt für Pflichtteilsergänzungsansprüche bei der lebzeitigen Übergabe analog, wobei allerdings seine Voraussetzungen zum Zeitpunkt des Erbfalls gegeben sein müssen.[88]

5. Anrechnung, Ausgleichung

130 a) Auch seitens des Erwerbers des zugewendeten Gegenstands bieten sich Pflichtteilsverzichtsvereinbarungen an, um dem Veräußerer die regelmäßig gewünschte uneingeschränkte Möglichkeit zu Verfügungen von Todes wegen zu verschaffen; neben einem uneingeschränkten Pflichtteilsverzicht gegenüber den Eltern kommt insbesondere auch ein Verzicht auf den Tod des erstversterbenden Elternteils in Betracht (s.o. Rdn. 120 M).

131 Wo dies nicht gewünscht wird, sollte der Vertrag eine Aussage über die *Pflichtteilsanrechnung* nach § 2315 BGB enthalten. Es kann sich empfehlen, den Wert der Zuwendung (vgl. auch Rdn. 137) ausdrücklich in der Urkunde festzuhalten:

Anrechnung

132 M **Der Erwerber hat sich den Wert der Zuwendung in Höhe von ..... € auf seinen Pflichtteil nach dem Veräußerer anrechnen zu lassen.**

133 Es handelt sich um eine einseitige Erklärung des Zuwendenden. Eine nachträgliche Bestimmung der Anrechnung kann nur durch Vertrag erfolgen, der den Bestimmungen über den Pflichtteilsverzicht folgt. Eine Anrechnungsbestimmung kann nachträglich formlos und einseitig wieder aufgehoben werden, auch in einem Testament.

134 b) Lebzeitige Zuwendungen an Abkömmlinge können gemäß §§ 2050, 2052 BGB zu einer *Ausgleichungspflicht* von Abkömmlingen (nicht jedoch zwischen einem Kind und dem Ehegatten des Erblassers[89]) führen. Eine Ausgleichungspflicht ohne besondere Anordnung des Zuwendenden besteht in Fällen der Ausstattung und der Zuschüsse i.S.d. § 2050 Abs. 2 BGB. Andere Zuwendungen, also insbesondere Schenkungen, führen nur dann zu einer Ausgleichungspflicht, wenn dies vom Erblasser ausdrücklich angeordnet wurde.

135 Um Zweifel über den Grund einer Zuwendung zu vermeiden, sollte bei jedem Übertragungsvertrag eine ausdrückliche Aussage über die Ausgleichungspflicht aufgenommen werden.

---

88 BGH NJW 1995, 1352.
89 Vgl. BGH ZNotP 2010, 28.

Ausgleichung

Der Erwerber ist [nicht] verpflichtet, die mit dieser Urkunde erfolgte Zuwendung gemäß §§ 2050, 2052 BGB im Rahmen einer Erbauseinandersetzung zur Ausgleichung zu bringen. 136 M

Auch im Rahmen der Ausgleichung stellt sich die Frage nach dem Zuwendungswert, sodass es sich empfehlen kann, eine entsprechende Wertbestimmung in die Urkunde aufzunehmen. 137

Ausgleichungsbestimmungen sind auch bei der späteren Errichtung von Verfügungen von Todes wegen zu beachten. Soll mit ihnen ein »gerechter« Ausgleich zwischen den Kindern erreicht werden, kann eine nicht mitbedachte Ausgleichungsbestimmung dazu führen, dass im Ergebnis das betreffende Kind doch weniger erhält als eigentlich vorgesehen. Zum anderen droht, dass Ausgleichungsbestimmungen deshalb ins Leere gehen, weil Abkömmlinge nicht entsprechend § 2052 BGB bedacht werden oder weil auch der Ehegatte begünstigt werden soll.[90] Es erscheint daher erwägenswert, in einem Zuwendungsvertrag unter Lebenden eine Ausgleichungspflicht ausdrücklich auszuschließen und den Beteiligten anzuraten, die gerechte Verteilung des Nachlasses von vorne herein im Wege einer Verfügung von Todes wegen, insbesondere im Wege einer Teilungsanordnung oder durch Vorausvermächtnisse, zu bestimmen. Wurde eine Anrechnung vorgesehen, stellt sich ggf. die Frage, wie diese später wieder aufgehoben werden kann. Nach richtiger Auffassung genügt hierzu eine einseitige formlose Erklärung des Erblassers (»actus contrarius« zur Anordnung).[91] 138

VI. Überlassung an Minderjährige

Minderjährige zwischen 7 und 18 Jahren können bei für sie lediglich rechtlich vorteilhaften Geschäften für sich selbst handeln, § 107 BGB. Andernfalls muss ihr gesetzlicher Vertreter auftreten. Dies sind in der Regel die Eltern gemeinsam (§ 1629 Abs. 1 BGB), wobei ihre Vertretungsmacht dem Notar oder im Grundbuchverfahren nicht besonders nachzuweisen ist, oder derjenige, dem die elterliche Sorge allein übertragen wurde (§ 1671 BGB), was durch Vorlage der Gerichtsentscheidung nachzuweisen ist. Der gesetzliche Vertreter kann auch bei lediglich vorteilhaften Geschäften für den Minderjährigen handeln. 139

Sofern ein Geschäft nicht lediglich rechtlich vorteilhaft ist, bedürfen Eltern der familiengerichtlichen *Genehmigung* gemäß §§ 1643 Abs. 1, 1821 Abs. 1 Nr. 5 BGB.[92] 140

Eltern, die selbst ihrem Kind etwas zuwenden wollen,[93] sind von der Vertretung ausgeschlossen, es sei denn das Geschäft ist für das Kind lediglich rechtlich vorteilhaft oder es handelt sich um die Erfüllung einer Verbindlichkeit. Zur Vertretung des Kindes ist dann die Bestellung eines Ergänzungspflegers erforderlich (§§ 1629 Abs. 2 Satz 1, 1795 Nr. 1, 1909 BGB). Dessen Verfügung bedarf der Genehmigung nach §§ 1821, 1822 BGB. Für die Genehmigung ist das Familiengericht zuständig, in dessen Bezirk das Kind seinen gewöhnlichen Aufenthalt hat.[94] 141

Die Genehmigung des Familiengerichts wird erst mit **Rechtskraft** wirksam (§ 40 Abs. 2 FamFG). Nachgewiesen wird die Rechtskraft durch eine mit Rechtskraftvermerk (§ 46 FamFG) versehene Beschlussausfertigung, die ggf. zu beantragen ist.[95] Soweit die Mittei- 142

---

90 Vgl. BGH ZNotP 2010, 28; *Heinze*, ZNotP 2010, 64.
91 Kölner Formularbuch Erbrecht/*Worm* Kapitel 10 Rn. 65.
92 Vgl. *Brambring*, NotBZ 2009, 394.
93 Vgl. *Kölmel*, RNotZ 2010, 1; *ders.*, RNotZ 2010, 618; *ders.*, RNotZ 2011, 332.
94 Vgl. *Sonnenfeld*, NotBZ 2009, 295, 297.
95 *Sonnenfeld*, NotBZ 2009, 295, 299.

lung an den Vertragspartner erforderlich ist (§ 1829 BGB), empfiehlt sich eine Doppelvollmacht (vgl. § 97 Rdn. 31 ff.), von der erst nach Eintritt der Rechtskraft Gebrauch gemacht werden darf.

143 Empfehlenswert erscheint, den beabsichtigten Inhalt des Vertrags ggf. mit dem Familiengericht abzustimmen. Zuweilen werden Modifizierungen gegenüber üblichen Gestaltungen verlangt, z.B. im Rahmen einer Rückübertragungsverpflichtung (vgl. Rdn. 88) die Regelung, dass eine Rückübertragung nach bereicherungsrechtlichen Bestimmungen erfolgt, oder im Hinblick auf die Pflichtteilsanrechnung (Rdn. 130), dass höchstens der Wert des übertragenen Grundbesitz im Zeitpunkt des Todes des Veräußerers anzurechnen ist. Im Hinblick auf Kosten und Steuern, die üblicherweise vom Erwerber zu tragen sind, wird sich eine abweichende Regelung jedenfalls dann empfehlen, wenn eigenes Vermögen des Minderjährigen nicht vorhanden ist.

144 Für die Frage des *lediglich rechtlichen Vorteils* kommt es lediglich auf die unmittelbaren rechtlichen, nicht wirtschaftlichen, Folgen des Geschäfts an. Außer der Schenkung sind daher alle Geschäfte des Schuldrechts für den Minderjährigen nachteilig. Vorteilhaft, weil den rechtlichen Vorteil nur einschränkend, ist aber die Schenkung eines mit öffentlichen Lasten,[96] einer Dienstbarkeit, einem Wohnungsrecht,[97] oder einem Grundpfandrecht (sofern keine Schuldübernahme erfolgt) belasteten Grundstück. Der Vorbehalt eines lebenslangen *Nießbrauchs* ist nur dann lediglich rechtlich vorteilhaft, wenn der Nießbrauchsberechtigte Kosten jeglicher Art übernimmt.[98] Sollen also für den Inhalt des Nießbrauchs die gesetzlichen Bestimmungen gelten, ist ein Ergänzungspfleger erforderlich. Hierbei macht es keinen Unterschied, ob die Belastung bereits besteht oder unmittelbar anlässlich der Schenkung vom Minderjährigen für den Schenker bestellt wird. Eine Belastung, die in unmittelbarem Zusammenhang mit dem Grundstückserwerb erfolgt, bedarf keiner Genehmigung.[99] Auch die Anordnung einer Ausgleichungspflicht nach §§ 2050 ff. BGB (Rdn. 134 ff.) ist nicht schädlich. Hingegen kann die Vereinbarung einer Rückübertragungsverpflichtung zu Nachteilen i.S.d. § 107 BGB führen,[100] ebenso die Einräumung eines nur schuldrechtlichen Wohnungsrechts. Der Erwerb eines Nachlassgrundstücks durch den Minderjährigen ist lediglich dann rechtlich vorteilhaft, wenn der Minderjährige dabei nicht auf Auseinandersetzungsansprüche verzichtet.[101]

145 Bei der Beurteilung des rechtlichen Vorteils sind Verpflichtungs- und Erfüllungsgeschäft grundsätzlich getrennt zu beurteilen. So ist etwa der schuldrechtliche Vertrag über die Schenkung eines mit einer Reallast belasteten Grundstücks oder eines Erbbaurechts lediglich rechtlich vorteilhaft. Die dingliche Erfüllung führt aufgrund § 1108 BGB jedoch zu einer persönlichen Verpflichtung des Minderjährigen und ist demnach nicht lediglich rechtlich vorteilhaft; der Minderjährige bedarf insoweit der Mitwirkung seines gesetzlichen Vertreters. Gleiches gilt bei Schenkung eines vermieteten Grundstücks.[102] Auch der Erwerb von Wohnungs- oder Teileigentum ist nach der Rechtsprechung nie lediglich rechtlich vorteilhaft.[103]

146 Bei der Schenkung des gesetzlichen Vertreters an den Minderjährigen sind schuldrechtliches und dingliches Geschäft einer Gesamtbetrachtung zu unterziehen.[104] Eine isolierte Betrachtung würde hier dazu führen, dass das nachteilige Erfüllungsgeschäft (zu dem ohne Mitwirkung des gesetzlichen Vertreters wirksam zustande gekommenen Verpflichtungs-

---

96 BayObLG NJW 1968, 941.
97 BayObLG NJW 1967, 1912.
98 OLG Celle NotBZ 2014, 46; OLG München NJW-RR 2012, 137.
99 BGH DNotZ 1998, 490.
100 Vgl. BGH NJW 2005, 417.
101 BayObLG NJW 1968, 941.
102 BGH NJW 2005, 1431.
103 BGHZ 161, 170.
104 BGHZ 78, 34.

geschäft) gemäß § 181 letzter Halbs. BGB ohne Beteiligung eines Pflegers geschlossen werden könnte, was den Schutzzweck der §§ 107, 181 BGB unterlaufen würde. Hier kann der Minderjährige also weder Verpflichtungs- noch Erfüllungsgeschäft selbst wirksam abschließen, die Eltern sind aufgrund § 181 BGB verhindert. Die Bestellung eines Ergänzungspflegers ist nach § 1909 BGB für beide Geschäfte erforderlich. Gleich zu beurteilen ist die Schenkung durch eine der in § 1795 Abs. 1 Nr. 1 BGB genannten Personen. Handelt der beschränkt geschäftsfähige Minderjährige selbst, bedarf er der Genehmigung des Ergänzungspflegers; die Eltern können diese aufgrund § 181 BGB (evtl. i.V.m. § 1795 BGB) nicht erteilen.

Schenkung eines Grundstücks durch den Vater an die minderjährige Tochter unter Vorbehalt eines Wohnungsrechts

Verhandelt zu am ..... 147 M

Vor mir, dem unterzeichneten Notar .....
erschienen, jeweils persönlich bekannt:
1. Herr .....
2. dessen Tochter,
Frau .....
Auf Ansuchen der Erschienenen beurkunde ich nach Unterrichtung über den Grundbuchinhalt ihren Erklärungen gemäß, was folgt:

I. Vorbemerkung

Im Grundbuch des Amtsgerichts ..... für .....
Band ..... Blatt .....
ist im Eigentum von Herrn ..... folgender Grundbesitz der Gemarkung ..... eingetragen:
FlSt .....
Abt. II und III sind ohne Eintragung.

II. Überlassung

Herr .....
– nachstehend »Veräußerer« genannt –
überlässt
den in Abschnitt I genannten Grundbesitz mit allen Rechten, Pflichten, Bestandteilen und dem Zubehör
an seine Tochter .....
– nachstehend »Erwerber« genannt –
zum Alleineigentum.

III. Auflassung

Die Vertragsteile sind darüber einig, dass das Eigentum an dem überlassenen Grundbesitz von dem Veräußerer auf den Erwerber übergeht. Der Veräußerer bewilligt und der Erwerber beantragt die Eintragung der Auflassung in das Grundbuch.

IV. Besitzübergang

Besitz, Nutzungen und Lasten, insbesondere auch die laufenden Steuern und öffentlichen Abgaben, die Gefahr eines zufälligen Untergangs und einer zufälligen Ver-

schlechterung, sowie die Verkehrssicherungspflicht gehen mit Wirkung ab heute auf den Erwerber über.
Der Vertragsbesitz ist nicht vermietet oder verpachtet.

V. Erschließungskosten

Der Veräußerer trägt alle Erschließungs-, Anlieger- und Anschlusskosten für den Vertragsgrundbesitz, für die Bescheide bis zum heutigen Tag zugegangen sind. Alle übrigen derartigen Kosten, auch für bereits ganz oder teilweise fertig gestellte Anlagen, hat der Erwerber zu tragen. Ihm stehen etwaige Rückerstattungen zu.

VI. Haftung

Jede Haftung des Veräußerers für Sachmängel wird hiermit ausgeschlossen. Der Vertragsbesitz wird im derzeitigen, dem Erwerber bekannten Zustand veräußert.
Der Veräußerer haftet für ungehinderten Besitz- und lastenfreien Eigentumsübergang, soweit in dieser Urkunde nichts anderes bestimmt ist.
Der Grundbesitz wird lastenfrei veräußert, vorbehaltlich des aufgrund dieser Urkunde zur Eintragung kommenden Wohnungsrechts.

VII. Wohnungsrecht

Der Erwerber räumt dem Berechtigten auf dessen Lebenszeit ein dingliches Wohnungs- und Mitbenutzungsrecht am Vertragsgrundbesitz ein:
Der Wohnungsberechtigte ist berechtigt, in dem auf dem vorgenannten Grundstück aufstehenden Gebäude die Wohnung zu Wohnzwecken sowie den Kellerraum unter Ausschluss des Eigentümers zu benutzen.
Daneben kann der Wohnungsberechtigte alle zum gemeinschaftlichen Gebrauch der Bewohner bestimmten Anlagen und Einrichtungen mitbenutzen, insbesondere auch den Garten.
Die Ausübung des Wohnungs- und Mitbenutzungsrechts kann Dritten nicht überlassen werden. Der Wohnungsberechtigte ist jedoch befugt, seine Familie sowie zur Bedienung und Pflege erforderliche Personen aufzunehmen. Wird das Wohnungsrecht vom Berechtigten nicht ausgeübt, kann er den Mietwert nicht ersetzt verlangen.
Der Wohnungsberechtigte hat die gewöhnlichen Ausbesserungs- und Erneuerungsaufwendungen, insbesondere auch die Schönheitsreparaturen, für die dem Wohnungsrecht unterliegenden Räume und Gebäudeteile zu tragen. Den Eigentümer treffen alle weitergehenden Instandhaltungsaufwendungen; er ist weiter verpflichtet, die vom Wohnungsrecht betroffenen Räume und Gebäudeteile in bewohnbarem Zustand zu erhalten.
Der Wohnungsberechtigte hat die durch Zähler und Messgeräte ausscheidbaren Nebenkosten für die vom Wohnungsrecht betroffenen Räume, z.B. Strom, Heizung, Wasser, zu tragen. Sonstige Kosten, z.B. für Versicherungen und Müllabfuhr, trägt der Eigentümer.
Der Berechtigte verpflichtet sich, das Wohnungsrecht löschen zu lassen, wenn der Berechtigte das Wohnungsrecht voraussichtlich auf Dauer nicht mehr ausüben kann. Ein derartiger Fall liegt insbesondere dann vor, wenn der Berechtigte dauerhaft aus der Wohnung auszieht. Der Berechtigte ist dann zur Bewilligung der Löschung des Wohnungsrechts verpflichtet. Ansprüche auf Geldersatzleistungen stehen dem Wohnungsrechtsberechtigten in diesem Fall nicht zu.

Zur Sicherung des vorstehend eingeräumten Wohnungs- und Mitbenutzungsrechts bestellt der Erwerber dem Berechtigten eine beschränkte persönliche Dienstbarkeit am Vertragsgrundbesitz. Er bewilligt und beantragt die Eintragung dieses Rechtes im Grundbuch mit Eigentumsumschreibung auf den Erwerber, vereinbarungsgemäß mit dem Vermerk, dass zur Löschung des Rechts der Nachweis des Todes des Berechtigten genügen soll. Die beschränkte persönliche Dienstbarkeit soll in Abt. II und III erste Rangstelle erhalten, jedenfalls vorerst nächstoffene Rangstelle.

VIII. Hinweise

Der Notar hat die Erschienenen insbesondere auf folgendes hingewiesen:
- Das Eigentum geht nicht mit Abschluss dieses Vertrages, sondern erst mit Umschreibung im Grundbuch auf den Erwerber über;
- Schenkungen unterliegen grundsätzlich der Steuerpflicht nach dem Erbschaft- und Schenkungsteuergesetz.
- Der überlassene Grundbesitz haftet für rückständige öffentliche Lasten und Abgaben, die Beteiligten als Gesamtschuldner für Notar- und Grundbuchkosten und Grunderwerbsteuer.
- Alle Vereinbarungen müssen richtig und vollständig beurkundet sein. Andernfalls droht die Unwirksamkeit des ganzen Vertrages. Die Beteiligten erklären hierzu, dass keine Nebenabreden bestehen.

IX. Notarermächtigung

Die Beteiligten beauftragen und bevollmächtigen den Notar, für sie einzuholen und entgegenzunehmen:
Vollzugsmitteilungen des Grundbuchamtes,
– etwa für diesen Vertrag erforderliche Genehmigungen.
Soweit Genehmigungen nicht oder mit Auflagen erteilt werden, sind sie unmittelbar den Vertragsteilen zuzustellen. Der Notar ist ermächtigt, Teilvollzug dieser Urkunde zu beantragen, Anträge zu stellen, zurückzunehmen und erneut zu stellen.

X. Schlussbestimmungen

Die Kosten dieser Urkunde, des Vollzugs, etwa erforderlicher Genehmigungen sowie anfallende Schenkungs- und Grunderwerbsteuer trägt der Erwerber.
Von dieser Urkunde erhalten einfache Abschrift:
- Erwerber,
- Veräußerer,
- Finanzamt – Grunderwerbsteuerstelle –,
beglaubigte Abschrift:
- Grundbuchamt,
- Finanzamt – Schenkungsteuerstelle –,
Ausfertigung:
- Veräußerer und Erwerber nach grundbuchamtlichem Vollzug mit Vollzugsmitteilung.

XI. Rechtsgrund, Ausgleichung, Anrechnung

Die vertragsgegenständliche Zuwendung erfolgt unentgeltlich im Wege der Schenkung, soweit sich aus dieser Urkunde nichts anderes ergibt.

Die Zuwendung ist im Rahmen einer Erbauseinandersetzung nicht gemäß §§ 2050, 2052 BGB zur Ausgleichung zu bringen.
Die Zuwendung hat sich deren Empfänger zu ihrem heutigen Verkehrswert, ohne Berücksichtigung eines Geldwertverlustes, höchstens aber mit dem Wert des übertragenen Grundbesitz im Zeitpunkt des Todes des Veräußerers auf seinen Pflichtteil am Nachlass des Zuwendenden anrechnen zu lassen.

■ *Kosten.* Notar: 2,0 Gebühr (Nr. 21100 KV GNotKG) aus dem Wert des Vertragsobjekts ohne Abzug von Schulden (§§ 97 i.V.m. 46, 38 GNotKG). Grundbuchamt: 1,0 Gebühr (Nr. 14110 KV GNotKG).

148 Zuweilen kann ein Hinweis auf die *beschränkte Haftung* Minderjähriger gemäß § 1629a BGB geboten sein. Danach haftet ein Minderjähriger für Verpflichtungen aus von seinem Vertreter vorgenommenen Rechtsgeschäften nur beschränkt mit dem Bestand des bei Eintritt der Volljährigkeit vorhandenen Vermögens.

VII. Überlassung an Schwiegerkinder

149 Soll Grundbesitz Schwiegerkindern übertragen werden, ist zunächst zu beachten, dass diese nach § 15 ErbStG zur Steuerklasse II gehören. Sie haben demnach wesentlich geringere Steuerfreibeträge (20.000 €) als Kinder (400.000 €) und bei Überschreitung der Freibeträge wesentlich höhere Steuersätze. Hierauf hat der Notar ggf. hinzuweisen.[105] Das Problem kann möglicherweise durch eine sog. *Kettenschenkung* vermieden werden, wonach zunächst nur dem Kind geschenkt wird und dieses später an seinen Ehegatten weiter überträgt. Sofern diesbezüglich keine Verpflichtung gegenüber dem schenkenden Elternteil besteht, liegt hierin schenkungsteuerlich keine Schenkung des Elternteils an das Schwiegerkind.[106]
Der BGH hat mit Urt. v. 03.02.2010 klargestellt, dass eine Zuwendung von Schwiegereltern an ihr Schwiegerkind als Schenkung zu qualifizieren ist (und nicht etwa als unbenannte Zuwendung, die fiktiv als vom eigenen Kind geschenkt gilt und damit in den Zugewinn fällt).[107] Regelungsbedürftig bei Übertragung von Vermögen auf Schwiegerkinder[108] wird regelmäßig sein, ob das Schwiegerkind die Immobilie auch dann behalten soll, wenn die Ehe mit dem Kind des Schenkers scheitert. Für diesen Fall (oder auch für weitere Fälle) kann die Vereinbarung entweder eines Rückübertragungsanspruchs zugunsten des Schenkers und/oder eines Übertragungsanspruchs zugunsten des Kindes, also des Ehepartners des Beschenkten, in Betracht gezogen werden (vgl. Rdn. 88). Wird keine entsprechende Vereinbarung getroffen, wird in aller Regel kein Rückgewähranspruch bestehen.[109] Nur in (extremen) Ausnahmefällen wird über die Grundsätze des Wegfalls der Geschäftsgrundlage ein gesetzlicher Rückforderungsanspruch bestehen (zumal die Grundsätze über den Wegfall der Geschäftsgrundlage primär auf eine Vertragsanpassung abzielen).[110]

150 Die Auswirkungen einer Schwiegerelternzuwendung können aber im Rahmen einer Scheidung von Kind und Schwiegerkind geregelt werden. Dies gilt insbesondere dann, wenn im Zusammenhang mit der Schenkung Leistungen an den Schenker vereinbart werden, die nach neuerer Rechtsprechung im Rahmen der Berechnung des Zugewinnaus-

---
105 Vgl. OLG Oldenburg DNotZ 2010, 312 m. Anm. *Wachter.*
106 BFH DNotZ 2014, 103.
107 BGH BeckRS 2010, 12197.
108 Zu Rückforderungsansprüchen nach den Grundsätzen über den Wegfall der Geschäftsgrundlage (§ 313 BGB) oder wegen Zweckverfehlung (§ 812 Abs. 1 Satz 2 Alt. 2 BGB) BGH DNotZ 2012, 538; BGH DNotZ 2015, 264.
109 BGH DNotZ 2015, 264, 267.
110 OLG Bremen NJW-RR 2010, 1301.

gleichs zu berücksichtigen sind,[111] wie z.B. die Zahlung einer Leibrente[112] oder die Einräumung eines Wohnrechts.[113] Zu erwägen ist z.B. der Abschluss eines Ehevertrags, mit dem solche Positionen vom Zugewinnausgleich ausgenommen werden (vgl. § 83 Rdn. 23 f.).[114]

VIII. Überlassung bei nichtehelicher Lebensgemeinschaft

151 Die Überlassung von Grundbesitz kann – ebenso wie der gemeinsame Erwerb, wenn die Mittel hierfür überwiegend von einem Teil aufgebracht werden – problematisch sein. Dies gilt angesichts der geringen steuerlichen Freibeträge (Rdn. 10) für damit verbundene Zuwendungen an den Partner.

152 Der BGH qualifiziert Leistungen eines Partners an den anderen als unbenannte Zuwendung.[115] Leistet der eine Partner Arbeit, spricht der BGH von einem familienrechtlichen Kooperationsvertrag.[116] Dieser Vertragstyp zeichnet sich dadurch aus, dass der zuwendende Partner erwartet, dass er am Gegenstand der Zuwendung partizipiert, der empfangende Partner aber nicht zur Gewährung dieser Teilhabe verpflichtet ist. Es fehlt mithin am Rechtsbindungswillen. Entgegen seiner früheren Rechtsauffassung bejaht der BGH nun grds. einen Ausgleich im Rahmen einer unbenannten Zuwendung bzw. eines familienrechtlichen Kooperationsvertrags. Der BGH sieht dabei die Zweckverfehlungskondiktion nach § 812 Abs. 1 Satz 2 Alt. 2 BGB bzw. den Wegfall der Geschäftsgrundlage nach § 313 BGB als maßgebliche Rechtsgrundlage an, soweit den Zuwendungen die Erwartung zugrunde lag, die Lebensgemeinschaft werde Bestand haben. Diese Anspruchsgrundlagen führen aber keineswegs dazu, dass der Zuwendende bei Scheitern der Beziehung einen unmittelbaren Rückforderungsanspruch hat. Der BGH betont zunächst, dass zunächst die Zuwendungen ausscheiden, die im Rahmen des täglichen Zusammenlebens ohnehin bzw. unabhängig vom Fortbestehen der Lebensgemeinschaft erbracht wurden (sog. gemeinschaftsbezogene Zuwendungen, insbesondere zu laufenden Kosten, ggf. auch durch größere Einmalzahlungen).[117] Im Übrigen wird sich immer die Frage stellen, inwieweit der Zweck bei längerem Zusammenleben tatsächlich verfehlt ist. Auf die Rechtsprechung des BGH sollten sich Partner einer nichtehelichen Lebensgemeinschaft angesichts der damit verbundenen Unwägbarkeiten daher nicht verlassen. Angemessene Lösungen lassen sich nicht selten durch Darlehensvereinbarungen oder gesellschaftsrechtliche Vereinbarungen treffen (vgl. § 91). Ansonsten wird es sich häufig um sog. gemeinschaftsbezogene Zuwendungen, z.B. zur Absicherung des Partners für den Fall des Todes des Zuwendenden, handeln

Überlassung an Partner einer nichtehelichen Lebensgemeinschaft

153 M **Zu der mit diesem Vertrag erfolgenden Übertragung von Grundbesitz erklären die Beteiligten, dass sie ab ..... bis ..... in einer nichtehelichen Lebensgemeinschaft gelebt haben und diese nunmehr beendet ist. Sie stellen übereinstimmend fest, dass der heutige Erwerber im Zusammenhang mit der Lebensgemeinschaft erheblich höhere Leistungen erbracht hat als der Veräußerer. Dies soll mit dem heutigen Vertrag ausgeglichen werden.**

---

111 Vgl. *Schlögel*, MittBayNot 2008, 98.
112 Zu deren Behandlung im Zugewinnausgleich BGHZ 164, 69.
113 Zu deren Behandlung im Zugewinnausgleich BGH MittBayNot 2008, 129.
114 Vgl. *Schlögel*, MittBayNot 2008, 98, 102.
115 Siehe zuletzt BGH MittBayNot 2014, 454 ff.
116 BGH FamRZ 2008, 1822 ff.; BGH ZEV 2012, 47 ff.
117 Vgl. BGH NotBZ 2014, 376.

§ 39 Grundstücksschenkung und -überlassung

Die Vertragsteile erkennen an, dass mit der Erfüllung der Vereinbarungen in dieser Urkunde alle bislang entstandenen Ansprüche im Zusammenhang mit ihrer bisherigen Lebensgemeinschaft – egal aus welchem Rechtsgrund – gegenstandslos sind. Auf weitergehende Ansprüche wird verzichtet. Der Verzicht des anderen wird hiermit jeweils angenommen.

§ 40 Schenkung beweglicher Sachen und Forderungen

I. Begriff

Eine Schenkung setzt die Entreicherung des Schenkers voraus; seine gegenwärtige Vermögenssubstanz muss vermindert werden. Aufseiten des Beschenkten muss eine Mehrung des Vermögens eintreten, sei es durch die Vermehrung seiner Aktiva, sei es durch Verminderung seiner Passiva. Entreicherungsgegenstand und Bereicherungsgegenstand müssen nicht identisch sein, so etwa bei der »mittelbaren Grundstücksschenkung«, bei der auf der Seite des Schenkers Geld hingegeben wird, das zum Erwerb des Grundbesitzes beim Beschenkten führt.

Eine Schenkung erfolgt durch Vertrag. Die Parteien müssen darüber einig sein, dass die Zuwendung unentgeltlich, also ohne Gegenleistung, erfolgt. Dies kann z.B. durch die Formulierung »*unentgeltlich im Wege der Schenkung*« zum Ausdruck gebracht werden. Erfolgt eine Zuwendung ohne den Willen des Empfängers, gilt § 516 Abs. 2 BGB; der Zuwendende kann eine angemessene Frist zur Erklärung über die Annahme der Schenkung setzen, erfolgt dann keine ausdrückliche Ablehnung der Schenkung, gilt sie als angenommen

Schenkungen können vorliegen bei dem Erlass einer Forderung, dem Verzicht auf ein Recht oder der Zuwendung an einen Ehegatten (vgl. § 39 Rdn. 23). § 516 BGB gilt auch für eine belohnende (remuneratorische) Schenkung und die Zuwendung der Kommanditistenstellung.[1] Jedoch ist nicht jeder Vertrag ohne konkrete Gegenleistung eine Schenkung; in Betracht kommen insbesondere auch ein Vergleich oder ein Treuhandverhältnis. Auch die Aufnahme in eine oHG ist in der Regel keine Schenkung, auch wenn sie ohne Einlageverpflichtung erfolgt.[2] An einer Vermögenseinbuße fehlt es bei der unentgeltlichen Gebrauchsüberlassung oder der unentgeltlichen Leistung von Diensten oder Arbeiten; allenfalls der Verzicht auf einen entstandenen Vergütungsanspruch kann insofern Gegenstand einer Schenkung sein.[3] Ob zunächst unentgeltlich erbrachte Dienste nachträglich in entgeltlich vereinbarte umgewandelt werden können, ist streitig.[4]

Zuwendungen von Eltern an Kinder anlässlich der Verheiratung oder zur Erlangung einer selbstständigen Lebensstellung sind nicht Schenkung i.S.d. § 516 BGB sondern *Ausstattung*, soweit sie angesichts der Vermögensverhältnisse der Eltern angemessen sind (§ 1624 BGB). Im Unterschied zur Schenkung finden insbesondere die Bestimmungen der §§ 528, 530 BGB über die Rückforderung wegen Verarmung des Schenkers und den Widerruf einer Schenkung, des § 2325 BGB bzgl. Pflichtteilsergänzungsansprüche (dafür aber § 2316 BGB!) sowie § 4 AnfG, § 134 InsO (insoweit str.) keine Anwendung. Der Vertrag sollte ggf. die maßgeblichen Umstände zum Ausdruck bringen. Gleichermaßen sollte der Vertrag ein Überschreiten der Angemessenheit der Vermögensverhältnisse der Eltern (sog. »Übermaß«) kenntlich machen.

---

1 BGHZ 112, 40.
2 BGHZ 7, 174, 178. Die »Gegenleistung« wird in der Übernahme der persönlichen Haftung gem. § 128 HGB gesehen.
3 BGHZ 101, 229, 231.
4 Vgl. *Keim*, FamRZ 2004, 1081; vgl. hierzu auch *Weber*, ZEV 2017, 117, 118 ff.; zur schenkungsteuerlichen Problematik vgl. *Herrler* in Dauner-Lieb/Grziwotz, Pflichtteilsrecht, Anh. 2, Rn. 60.

Ausstattung

5 M Die Zuwendung wird als Ausstattung zur Erhaltung einer eigenen Lebensstellung gewährt, unter Anrechnung auf die gesetzlichen Pflichtteilsansprüche des Beschenkten. Eine Erbausgleichung wird jedoch ausgeschlossen. Wir stellen fest, dass bei dieser Ausstattung ein Übermaß vorliegt. Wir bestimmen, dass hinsichtlich des Übermaßes Unentgeltlichkeit und damit insoweit eine Schenkung vorliegt. Der Wert der Ausstattung beträgt EUR ....., der Wert des Übermaßes beträgt EUR .....

Überlassung einer stillen Beteiligung

6 M Verhandelt zu ..... am .....

1. Herr A. ist alleiniger Inhaber der Firma Paul Leitzmann in E.
Herr B. ist seit dem ..... als Handlungsbevollmächtigter und seit dem ..... als Prokurist in der Firma tätig.
2. Herr A. überlässt Herrn B. eine stille Beteiligung an diesem Unternehmen in Höhe von 10 v.H. des in der Bilanz zum 31. Dezember des jetzt vergangenen Jahres enthaltenen Vermögens, also vom Anlagevermögen, in dem Grundstücke nicht enthalten sind, sowie vom Umlaufvermögen.
Im Verhältnis der Beteiligten zueinander soll der stille Gesellschafter mit 10 v.H. am Vermögen der Firma Paul Leitzmann als beteiligt gelten. Bei einer Auflösung der stillen Gesellschaft und einer Auseinandersetzung steht ihm ein Anteil von 10 v.H. des zu verteilenden Vermögens zu. Am Gewinn und Verlust nimmt der stille Gesellschafter ebenfalls mit 10 v.H. teil.
3. Die Überlassung der stillen Beteiligung erfolgt zur Abgeltung der Dienste, die Herr B. der Firma während der langen Erkrankung des Herrn A. in den letzten beiden Jahren durch die alleinige Leitung des Geschäfts geleistet hat. Die Geschäftsführung ist durch das ihm als Prokuristen gezahlte Gehalt nicht abgegolten worden. Die Überlassung ist also nicht als Schenkung anzusehen. Sollte sie aber ganz oder teilweise steuerlich als Schenkung behandelt werden, so wird Herr A. Herrn B. auf zwei Jahre ein zinsloses Darlehn zur Begleichung der Schenkungsteuer gewähren, ebenso wie er ihm den Betrag zur Nachzahlung der Lohnsteuer leihen würde.
4. Der Wert der überlassenen stillen Beteiligung beträgt den 10. Teil des in der letzten Bilanz ausgewiesenen Überschusses des Aktivvermögens über die Schulden von 179.000 €, also 17.900 €.
5. Die Kosten des Vertrages trägt Herr A.

....., Notar

■ *Kosten.* 2,0 Gebühr gemäß Nr. 21100 KV GNotKG.

II. Gemischte Schenkung

7 Bei einer gemischten Schenkung besteht ein objektives Missverhältnis zwischen Zuwendung und Gegenleistung, wobei sich die Vertragsteile darüber einig sind, dass der Mehrwert unentgeltlich schenkungsweise zugewendet werden soll. Das kann insbesondere bei einem Kaufvertrag zu einem Freundschaftspreis gelten. Da der Ausgangstatbestand derselbe ist wie bei einem wucherähnlichen Geschäft, das u.U. nach § 138 Abs. 1 BGB sittenwidrig sein kann,[5] sollte klar zum Ausdruck kommen, dass es sich um eine (gemischte) Schenkung handelt.

Soweit der Wert der Leistung von ..... den Wert der Gegenleistung übersteigt, erfolgt die Zuwendung unentgeltlich im Wege der Schenkung.   8 M

III. Schenkungsversprechen

Das Schenkungsversprechen bedarf nach § 518 BGB notarieller Beurkundung. Der Beurkundung bedarf nur die Willenserklärung des Schenkers, nicht die Annahmeerklärung des Beschenkten. Die vollzogene Schenkung ist formlos gültig. Die Vollziehung heilt den Mangel der Form (unten Rdn. 14 ff.).   9

Ich verspreche hiermit meiner Tochter, ..., bis spätestens ..... einen Geldbetrag in Höhe von ..... € (..... Euro) auf deren Konto ..... zu überweisen. Die Zuwendung erfolgt schenkungsweise unter Anrechnung auf den Pflichtteil. Der Geldbetrag steht meiner Tochter zur freien Verfügung; die Zuwendung erfolgt ohne Zweckbindung und ohne Auflagen.   10 M

■ *Kosten.* Bei einseitiger Erklärung 1,0 Gebühr (Nr. 21200 KV GNotKG), bei vertraglicher Regelung 2,0 Gebühr (Nr. 21100 KV GNotKG) aus dem Wert der Leistung (§ 97 GNotKG).

Als Schenkungsversprechen beurkundungsbedürftig ist auch ein Unterhalts- oder Rentenversprechen (vgl. auch § 520 BGB), das ohne eine gesetzliche Verpflichtung bzw. ohne Gegenleistung mit Bereicherungswillen gegeben wird.[6] Dies gilt aber nach der Rechtsprechung offensichtlich nicht für das Unterhaltsversprechen zugunsten des künftigen Kindes, das in der Einwilligung in eine heterologe Insemination (§ 1600 Abs. 2 BGB) erkannt wird.[7]   11

Schenkung einer Geldrente

Verhandelt zu ..... am .....   12 M
A. erklärte: Ich verpflichte mich hiermit, schenkungsweise meinem am ..... geborenen, also noch minderjährigen Neffen B eine Unterstützung von monatlich 400 € (Euro vierhundert), beginnend von heute, bis zur Vollendung seines 25. Lebensjahres zu gewähren. Diese Verpflichtung soll auf meine Erben übergehen.
An den Unterstützungsgeldern soll dem Vater des beschenkten Kindes kein Verwaltungsrecht zustehen. Sie sollen vielmehr, solange die elterliche Sorge dem Vater zusteht, durch einen Pfleger verwaltet werden, der einen ihm angemessen erscheinenden Teil zur Bestreitung der Kosten der allgemeinen und beruflichen Ausbildung des Beschenkten verwenden, den Rest aber mündelsicher anlegen soll. Als Pfleger benenne ich meinen Vetter ..... Ihm stehen die nach §§ 1852 und 1854 BGB zulässigen Befreiungen zu. Ihm soll nach seiner Verpflichtung eine Ausfertigung dieser Urkunde übersandt werden.

....., Notar

---

5 Vgl. BGHZ 146, 298; BGH NJW 2002, 3165.
6 BGH NJW-RR 1986, 816.
7 BGHZ 87, 169, 181; BGHZ 129, 297, 305.

■ *Kosten.* Für die Wertermittlung gilt § 52 GNotKG. Maßgebend ist der auf die Dauer des Rechts entfallende Wert, max. der auf 20 Jahre entfallende Wert des Rechts (§ 52 Abs. 2 GNotKG). Eine – im Vertragstext nicht vorgesehene – Preisklausel bliebe unberücksichtigt (§ 52 Abs. 7 GNotKG). Hieraus 1,0 Gebühr (Nr. 21200 KV GNotKG) bei einseitiger Erklärung, bei vertraglicher Vereinbarung 2,0 Gebühr (Nr. 21100 KV GNotKG).

13 Ein Schenkungsversprechen kann unter der (aufschiebenden) Bedingung abgegeben werden, dass der Beschenkte den Schenker überlebt; hierfür gelten gemäß § 2301 Abs. 1 Satz 1 BGB die Vorschriften über Verfügungen von Todes wegen (hierzu § 110). Hiervon abzugrenzen ist das durch den Tod des Schenkers befristete Schenkungsversprechen, für das allein §§ 516 ff., 163, 158 BGB gelten. Dabei erhält der Beschenkte im Unterschied zum Schenkungsversprechen unter Überlebensbedingung bereits einen (noch nicht fälligen) Anspruch, der im Fall seines Todes auf seine Erben übergeht. Eine weitere Möglichkeit der Zuwendung auf den Tod eröffnet § 331 BGB, der Vertrag zugunsten Dritter auf den Todesfall (hierzu § 110).

IV. Vollzug der Schenkung

14 Die Frage, ob eine Schenkung *vollzogen* ist, ist insbesondere für die Gültigkeit des Geschäfts bei Nichtwahrung der notariellen Form (oben Rdn. 9) und für den Beginn der 10-Jahres-Frist beim Pflichtteilsergänzungsanspruch (§ 2325 Abs. 3 BGB) bedeutsam. Vollzogen ist die Schenkung in der Regel mit der Bewirkung der Leistung.

15 1. Bei beweglichen Sachen und Inhaberpapieren (Aktien) ist die Schenkung vollzogen mit der Übergabe oder deren Surrogation (Besitzmittlerverhältnis oder Abtretung des Herausgabeanspruchs) gemäß §§ 929 bis 931 BGB. In der Übergabe oder dem Übergabeersatz liegt in der Regel auch die Einigung. Doch empfiehlt es sich, die dingliche Einigung ausdrücklich in die Schenkungsurkunde aufzunehmen;

16 2. Bei Forderungen erfolgt der Vollzug der Schenkung mit der *Abtretung. Sparkassenguthaben* sind Forderungen, können also durch deren bloße Abtretung geschenkt werden. Die Übergabe des Sparbuchs ist nicht erforderlich, weil das Buch nur Legitimationspapier ist (§ 952 BGB), wenn auch ein qualifiziertes (§ 808 BGB). Die Übergabe wird jedoch in der Regel als stillschweigende Abtretung anzusehen sein. Das Einrichten eines Spar- oder sonstigen Kontos auf den Namen eines anderen ist dann eine vollzogene Schenkung, wenn mit dem Kreditinstitut ein echter Vertrag zugunsten Dritter (§ 328 BGB) abgeschlossen wird; wird das Sparbuch vom Zuwendenden zurückgehalten, wird dies meist gegen den Vollzug der Schenkung sprechen.[8] Soll der Dritte bereits Gläubiger werden, ohne dass es ihm schon mitgeteilt wird, so kann der Schenker dem Kreditinstitut erklären:

17 M ..... Das Guthaben, das ich heute auf dem Sparbuch Nr. ..... auf den Namen von ..... in ..... angelegt habe, und sein zukünftiger Bestand steht dem Genannten zu .....
Variante Vertrag zugunsten Dritter:
A ist Inhaber des Sparkontos Nr. 1234 bei der Bank B. A vereinbart hiermit mit der Bank B, dass mit dem Tod des A alle Rechte aus diesem genannten Sparkonto unmittelbar auf C übergehen. Der Nachweis des Todes des A erfolgt durch Vorlage einer Sterbeurkunde.
A ist jederzeit berechtigt, diesen Vertrag durch einstweilige schriftliche Erklärung gegenüber der Bank B zu widerrufen. Dieses Widerrufsrecht erlischt jedoch mit seinem Tod, so dass die Erben des A kein Widerrufsrecht haben. Sollte C vor A versterben, wird dieser Vertrag unwirksam.

---

8 OLG Koblenz NJW-RR 1995, 1074.

3. Wenn eine Forderung schenkweise *erlassen* werden soll, genügt der formlose Abschluss des Erlassvertrages (vgl. § 28). Der schenkweise vereinbarte Erlass ist bereits Vollzug der Schenkung, also formlos wirksam (§ 518 Abs. 2 BGB). 18

4. Die schenkweise Begründung einer *Forderung*, auch einer durch eine Hypothek gesicherten, bedarf notarieller Beurkundung und der Übergabe des Hypothekenbriefes.[9] 19

5. Umstritten ist, ob für die Beteiligung als stiller Gesellschafter der Vertragsabschluss oder (nur) die »Einbuchung« für den Schenkungsvollzug i.S.d. § 518 Abs. 2 BGB ausreichen. Der BFH differenziert insoweit zwischen der typischen und der atypischen Unterbeteiligung und sieht nur bei letzterer bereits in der »Einbuchung« die Ausführung der Schenkung.[10] Die typische Unterbeteiligung räumt dem Unterbeteiligten lediglich eine Gläubigerstellung ein, mit der Konsequenz, dass eine Bereicherung des Zuwendungsempfängers erst stattfindet, wenn tatsächlich Gewinnausschüttungen oder Liquidationserlöse zufließen. Im Einzelfall kann jedoch die Zuwendung sowohl der typischen als auch der atypischen Unterbeteiligung als Ausstattung i.S.d. § 1624 BGB formfrei möglich sein. 20

V. Schenkung unter einer Auflage

Schenkungen können unter Auflagen erfolgen. Die Auflage kann in einem Tun oder Unterlassen des Beschenkten bestehen. Sie kann zugunsten des Schenkers oder eines Dritten oder auch zugunsten des Beschenkten selbst gemacht werden (z.B. die Auflage den geschenkten Geldbetrag für einen Erholungsurlaub zu verwenden). 21

Der durch die Auflage begünstigte Dritte hat einen Anspruch auf ihre Erfüllung, nachdem der geschenkte Gegenstand geleistet ist; abweichende Vereinbarungen sind möglich. Wird die Auflage nicht vollzogen, kann die Herausgabe des Geschenks nach näherer Maßgabe des § 527 BGB verlangt werden. Im Hinblick auf diese Rechtsfolgen sollte bei entsprechenden Bestimmungen klar geregelt werden, ob es sich um eine Auflage handelt oder um einen – rechtlich unverbindlichen – Wunsch oder eine Empfehlung. 22

Schenkung mit Auflage

Verhandelt zu ..... am ..... 23 M

V. Sch. und dessen Sohn S. Sch. erklärten:
V. Sch. schenkt S. Sch. 150.000 € (Euro einhundertfünfzigtausend) in bar. Die Schenkung erfolgt unter der Auflage, dass S. Sch. den geschenkten Betrag als seine Kommanditeinlage in die mit dem Schenker alsbald zu gründende Kommanditgesellschaft einbringt, deren persönlich haftender Gesellschafter V. Sch. und deren Kommanditist S. Sch. wird.
Die Schenkung ist ausgleichungspflichtig gemäß § 2050 BGB und bei Geltendmachung des Pflichtteils darauf anzurechnen.
S. Sch. nimmt die Schenkung an und erklärt sich mit der Auflage und mit der Anrechnung auf seinen Erbteil bzw. Pflichtteil einverstanden.

■ *Kosten.* 2,0 Gebühr (Nr. 21100 KV GNotKG) aus dem Wert der Leistung (97 GNotKG).

---

9 RGZ 88, 366.
10 BFH, DStR 2008, 768.

§ 41 Mietvertrag

I. Einführung

1. Systematik

1 Das Mietrechtsreformgesetz vom 19.06.2001,[1] das am 01.09.2001 in Kraft getreten ist, hat die Systematik des Mietrechts geändert. Durch das Mietrechtsreformgesetz ist eine Gliederung der einzelnen Vorschriften nach der Art des Mietobjekts eingeführt worden.

2 Das Mietrecht des BGB ist seitdem aufgeteilt in die Abschnitte Allgemeine Vorschriften für Mietverhältnisse (§§ 535 bis 548 BGB), Mietverhältnisse über Wohnraum (§§ 549 bis 577a BGB) und Mietverhältnisse über andere Sachen (§§ 578 bis 580a BGB).

3 Die zentrale Norm für das Gewerberaummietrecht ist § 578 BGB, der für Mietverhältnisse über Grundstücke und Räume, die keine Wohnräume sind, teilweise auf die Anwendung der Normen des Abschnitts für Mietverhältnisse über Wohnraum (§§ 549 bis 577a BGB) verweist.

2. Abgrenzung zu anderen Verträgen

4 Die Zahlung von Miete für die Gebrauchsüberlassung der Mietsache auf Zeit ist wesentliches Merkmal des Mietvertrags (§ 535 BGB). Bei unentgeltlicher Gebrauchsüberlassung einer Sache liegt Leihe vor (§ 598 BGB).

5 Im Rahmen eines Pachtvertrags (§§ 581 ff. BGB) tritt neben die reine Gebrauchsüberlassung zusätzlich das Recht des Pächters in bestimmtem Umfange Früchte aus dem Pachtgegenstand zu ziehen.

6 Der Übergang vom Mietvertrag zum Pachtvertrag ist fließend. Auf den Pachtvertrag finden weitgehend die Bestimmungen des Mietrechts Anwendung (§ 581 Abs. 2 BGB). Wegen der teilweise abweichenden Regelungen kann im Einzelfall eine Abgrenzung erforderlich sein (s. hierzu § 42 Pachtvertrag).

7 Der Mietvertrag über ein Grundstück ist mit einem Erbbaurecht insoweit vergleichbar, als dass in beiden Fällen ein Grundstück auf Zeit überlassen wird. Der wesentliche Unterschied besteht – neben der teilweise dinglichen Rechtsnatur des Erbbaurechts – in der Dauer der Gebrauchsüberlassung. Anders als ein Erbbaurechtsvertrag kann ein Mietvertrag, der für eine längere Laufzeit als 30 Jahre geschlossen wird, von jeder Vertragspartei nach Ablauf von 30 Jahren nach Überlassung der Mietsache außerordentlich gekündigt werden, § 544 Satz 1 BGB.

3. Abgrenzung Wohnraum-/Geschäftsraummiete

8 Sind durch einen einheitlichen Vertrag sowohl Wohn- als auch Gewerberäume vermietet, so richtet sich die rechtliche Beurteilung hinsichtlich der Fragen, zu denen nur eine einheitliche Feststellung möglich ist, z.B. der Anwendung der Kündigungsschutzbestimmungen für Wohnraum, danach, welche der beiden Nutzungsarten überwiegt.[2] Lässt sich nicht feststel-

---

[1] BGBl. I S. 1149.
[2] BGH NJW 1977, 1394; 1979, 309; BGH NJW-RR 1986, 877; OLG Köln ZMR 2001, 963; OLG Stuttgart NZM 2008, 726.

len, welche Nutzungsart überwiegt, ist Wohnraummietrecht anzuwenden.[3] Das gilt nicht bei der Anmietung durch juristische Personen. Mietet eine juristische Person ist gewerbliches Mietrecht anzuwenden, auch wenn nach dem Mietzweck das Mietobjekt als Wohnraum genutzt werden soll.[4]

II. Wohnraummiete

1. Entwicklung des Wohnraummietrechts

Aus der Vielzahl der Gesetze, die von der Wohnungszwangswirtschaft seit dem Ersten Weltkrieg in die soziale Marktwirtschaft überleiten sollten, seien hervorgehoben: Das Gesetz über den Abbau der Wohnungszwangswirtschaft und über ein soziales Miet- und Wohnrecht v. 23.06.1960;[5] dazu das 1. ÄnderungsGes. v. 29.07.1963,[6] das 2. Änderungsgesetz v. 14.07.1964[7] und das 3. Änderungsgesetz v. 21.12.1967.[8] Darin wurden die Bestimmungen des BGB unter Aufrechterhaltung des Rahmens erheblich geändert. Namentlich wurde das Kündigungsrecht des Vermieters stark eingeschränkt. Im Gesetz zur Verbesserung des Mietrechts und zur Begrenzung des Mietanstiegs vom 04.11.1971[9] wurde der Kündigungsschutz des Mieters weiter verstärkt. Es folgte das 2. Gesetz über den Kündigungsschutz der Mietverhältnisse über Wohnraum – 2. WKSchG – v. 18.12.1974[10] zuletzt geändert durch Gesetz v. 17.05.1990[11] bzw. durch Gesetz v. 21.02.1996.[12] Das Gesetz zur Regelung der Miethöhe (MHG), welches als Art. 3 des 2. WKSchG v. 18.12.1974 verkündet worden ist, regelte im Einzelnen die Möglichkeiten der Mieterhöhung. Grundsätzlich wurde in § 1 jedoch die Kündigungsmöglichkeit zum Zwecke der Mieterhöhung ausdrücklich ausgeschlossen. 9

Eine nochmalige Änderung des Kündigungsschutzrechtes erfolgte durch das Gesetz zur Erhöhung des Angebots an Mietwohnungen v. 20.12.1982.[13] Neben der Erleichterung des formellen Verfahrens zur Erhöhung der Grundmiete wurde hierdurch der in Art. 2 des 2. WKSchG geregelte Bestandsschutz für befristete Mietverhältnisse als Dauerrecht in das BGB übernommen. Einschränkend ist – neu eingeführt durch Art. 4 des Gesetzes v. 21.07.1993[14] – die Möglichkeit geschaffen worden, in Ausnahmefällen Zeitmietverträge abzuschließen, die ein Verlängerungsrecht des Mieters ausschließen, also ausnahmsweise keinen Bestandsschutz genießen (s.u. Rdn. 26). 10

Die Zersplitterung des Mietrechts durch zahlreiche Einzelgesetze wurde durch das Mietrechtsreformgesetz vom 19.06.2001[15] weitgehend beseitigt. Hierfür wurden das im BGB geregelte private Wohnraummietrecht sowie sonstige, außerhalb des BGB kodifizierte mietrechtliche Vorschriften für preisfreien Wohnraum, die sich nicht mit dem Kostenmietrecht befassen, in das BGB eingegliedert. Das öffentliche Wohnungsrecht für preisgebundenen Wohnraum wurde nicht in das BGB mit einbezogen. Dieses ist Gegenstand der am 01.01.2002 in Kraft getretenen Reform des Wohnungsbaurechts. 11

---

3 Vgl. LG Frankfurt am Main WuM 1992, 112.
4 BGH, Urt. v. 16.07.2008 – VIII ZR 282/07, NJW 2008, 3361.
5 BGBl. I S. 389.
6 BGBl. I S. 505.
7 BGBl. I S. 457.
8 BGBl. I S. 1248.
9 BGBl. I S. 1745; Berliner GVBl. 2042.
10 BGBl. I S. 3603.
11 BGBl. I S. 926.
12 BGBl. I S. 222.
13 BGBl. I S. 1912.
14 BGBl. I S. 1257.
15 BGBl. I S. 1149.

12 Ziel der Reform war es auch, das neue Mietrecht an veränderte gesellschaftliche Bedingungen anzupassen. Um eine größere Mobilität von Mietern zu gewährleisten, wurden die gesetzlichen Kündigungsfristen verkürzt. Nun gibt es landesgesetzliche Regelungen im Bereich der Verlängerungsmöglichkeit der Kündigungssperrfrist bei der Umwandlung von Miet- in Eigentumswohnungen, womit den unterschiedlichen Situationen auf den Wohnungsteilmärkten Rechnung getragen werden soll.

13 Weiterhin ist durch die Einführung eines qualifizierten Mietspiegels eine Stärkung der Vergleichsmieten (§§ 558 bis 558e BGB) und Mieterhöhungsverfahren eingetreten. Als neue Begründungsmittel der Mieterhöhung sind der qualifizierte Mietspiegel in § 558d BGB und die Mietdatenbank in § 558e BGB dazugekommen.

14 Die im Rahmen des Schutzes vor Mietpreisüberhöhungen nach § 5 WiStrG häufig angewandte Berufung des Vermieters auf seine laufenden Aufwendungen bei Überschreitung der Vergleichsmiete wurde von der bisherigen Beschränkung auf Neubauten nunmehr auf Altbauten ausgedehnt.

15 Im Bereich der formellen und prozessualen Regelung der Mieterhöhung wurde die Klagefrist auf Zustimmung zu einer Mieterhöhung von bisher 2 auf 3 Monate verlängert (§ 558b Abs. 2 BGB). Im Rahmen der Zustimmungsklage besteht die Möglichkeit der Nachholung von formellen Voraussetzungen des Mieterhöhungsverlangens durch den Vermieter (§ 558b Abs. 3 BGB).

16 Ferner ist eine größere Beachtung von umweltrechtlichen Gesichtspunkten durch eine stärkere Verbrauchsorientierung im Bereich der Abrechnung von Betriebskosten zu nennen. Dies äußert sich durch eine Ausweitung der Modernisierungsumlage auf jegliche Form der nachhaltigen Einsparung von Energie, die ausdrückliche Aufnahme des bislang lediglich richterlichen Grundsatzes der Wirtschaftlichkeit im Betriebskostenrecht (§§ 556 Abs. 3, 560 Abs. 5 BGB) sowie die allgemeine Pflicht zur verbrauchs- oder verursachungsabhängigen Abrechnung von Betriebskosten (§ 556a BGB). Dadurch können bauliche Maßnahmen, die zur nachhaltigen Einsparung von Energie und Wasser führen, auf Mieter umgelegt werden. Für den Vermieter sind die Voraussetzungen an den Inhalt der Modernisierungsmittel gelockert worden. Zwar muss er wie bisher konkret die Art der Modernisierungsmaßnahmen dem Mieter mitteilen, jedoch nur den voraussichtlichen Umfang, den voraussichtlichen Beginn und die voraussichtliche Dauer der Maßnahme. Auch hier wurde die Frist der Mitteilung auf 3 Monate verlängert, sodass sie nun mit der Sonderkündigungsfrist des Mieters bei einer Modernisierung übereinstimmt.

17 Partner von gleichgeschlechtlichen Lebensgemeinschaften erlangen durch die Reform ähnliche Rechte und Pflichten wie Eheleute. Das wirkt sich insbesondere auf das Eintrittsrecht nach dem Tod des Mieters aus.

18 Eine weitere Neuerung hat die Energieeinsparverordnung (EnEV) vom 24.07.2007 gebracht, die am 01.10.2007 in Kraft getreten ist. Nach § 16 Abs. 1 EnEV sind für zu errichtende Gebäude Energieausweise zu erstellen. Energieausweise sind vom Vermieter, Verpächter und Leasinggeber bei der Vermietung, Verpachtung oder beim Leasing einer Wohnung, eines Gebäudes oder einer sonstigen Einheit vorzulegen (§ 16 Abs. 2 EnEV).

19 Durch das Gesetz über die energetische Modernisierung von vermietetem Wohnraum und über die vereinfachte Durchsetzung von Räumungstiteln (Mietrechtsänderungsgesetz) wurde das Mietrecht im Jahr 2012 erneut geändert.

20 Am 01.06.2015 ist das Gesetz zur Dämpfung des Mietanstiegs auf angespannten Wohnungsmärkten und zur Stärkung des Bestellerprinzips bei der Wohnraumvermittlung (Mietrechtsnovellierungsgesetz – MietNovG) in Kraft getreten. Danach darf die Miete für Wohnraum zu Beginn des Mietverhältnisses die ortsübliche Vergleichsmiete höchstens um 10 Prozent übersteigen.

2. Mehrheit von Mietern

Bei mehreren Personen auf Mieterseite (z.B. Ehepaar, nicht eheliche Lebensgemeinschaft) können nur diejenigen Mieter Rechte unmittelbar gegenüber dem Vermieter geltend machen und gleichzeitig auch für die Erfüllung der Mieterpflichten haften, die im Vertrag als Mieter aufgeführt sind und diesen unterzeichnet haben. Bei Ehepaaren auf Mieterseite ist es streitig, ob beide Ehepartner Vertragspartner geworden sind, wenn zwar beide im Vertrag ausdrücklich genannt sind, jedoch nur einer unterzeichnet hat. Die Frage hängt davon ab, ob nach den Umständen des Einzelfalls der eine Ehegatte als Vertreter und mit Vollmacht für den anderen Ehegatten unterschrieben hat. Zumindest im Wohnraum-Mietrecht geht die Tendenz dahin, eine solche Vollmacht anzunehmen.[16]

Rechtsgeschäftliche (Willens-)Erklärungen, wie etwa Mieterhöhungsverlangen oder Kündigungen, müssen sämtlichen Vertragspartnern zugehen. Zu differenzieren ist bei in Formularmietverträgen (§§ 305 ff. BGB) häufig enthaltenen *Vollmachtsklauseln*, wonach sich die Mieter gegenseitig zur Abgabe und/oder Entgegennahme von rechtsgeschäftlichen Erklärungen bevollmächtigen:

Die formularmäßige Vereinbarung sogenannter *Abgabevollmachten*, mit denen sich die Mieter gegenseitig zur Abgabe von Willenserklärungen bevollmächtigen, wird weithin als unwirksam angesehen, weil sie die Gefahr »gegenseitiger Selbstentrechtung« beinhalten und damit die Mieter unangemessen benachteiligt (§ 307 Abs. 1 BGB).[17]

Hinsichtlich der formularvertraglichen Vereinbarung von *Empfangsvollmachten*, mit denen sich die Mieter wechselseitig zur Entgegennahme von Willenserklärungen bevollmächtigen, hält der BGH selbst dann für unbedenklich, wenn sie den Zugang von Kündigungserklärungen des Vermieters erfasst. Insbesondere werde ein bereits aus der Wohnung ausgezogener Mieter durch den Zugang der vermieterseitigen Kündigungserklärung bei den in der Wohnung verbliebenen Mietern nicht benachteiligt, da er regelmäßig ohnehin kein eigenes Interesse mehr an der Fortsetzung des Mietverhältnisses habe; außerdem könne die Vollmacht – auch eine unwiderruflich erteilte – aus wichtigem Grunde widerrufen werden.[18] Da es sich um eine gegenseitige Bevollmächtigung zum Empfang von Willenserklärungen (§ 164 Abs. 3 BGB) handelt, liege auch kein Verstoß gegen das Verbot einer Zugangsfiktion nach § 308 Nr. 6 BGB vor.[19]

Die gesamthänderische oder gesamthandähnliche Verbindung der Mieter im Innenverhältnis[20] bewirkt, dass ein einheitliches Mietverhältnis vorliegt, aus dem sich keiner der Mitmieter ohne Einverständnis des anderen lösen kann.[21] Dies ist insbesondere bei der Trennung von Ehepaaren oder nicht ehelichen Lebensgemeinschaften bedeutsam.[22]

3. Mietdauer

Das für den Wohnraum gesetzliche Leitbild des Mietvertrags ist der Mietvertrag auf unbestimmte Zeit. Die Möglichkeit, einen Wohnraummietvertrag auf Zeit zu schließen, hat der

---

16 OLG Düsseldorf WuM 1989, 362; OLG Schleswig ZMR 1993, 69; verneinend LG Mannheim ZMR 193, 415; LG Berlin GE 1995, 1343; offen lassend BGH NJW 1994, 1649, 1650.
17 OLG Celle WuM 1990, 103, 112; OLG Frankfurt NJW-RR 1992, 396 = WuM 1992, 56, 61 f.; LG Frankfurt am Main WuM 1990, 271, 281 f.
18 BGH NZM 1998, 22, 24 f.
19 BGH NZM 1998, 22, 23; BGH 108, 98, 101 = NJW 1989, 2383 = LM Nr. 64 zu § 164 BGB.
20 Vgl. OLG Koblenz WuM 1984, 18 f.
21 Vgl. OLG Celle WuM 1982, 102; OLG Koblenz WuM 1984, 18 f.
22 Zum Innenverhältnis bei Beendigung einer nicht ehelichen Lebensgemeinschaft OLG Düsseldorf NZM 1998, 72; OLG München ZMR 1994, 216 = OLG-Report 1994, 75; LG München NJW-RR 1993, 334 = WuM 1993, 611; LG Berlin NJW-RR 1995, 463; LG Hamburg WuM 1993, 343; für Ehegatten s.a. OLG München FamRZ 1996, 291; LG Duisburg NZM 1998, 73 f.

Gesetzgeber im Wege des Mietrechtsreformgesetzes weiter eingeschränkt. Ein Zeitmietvertrag ist nur unter den Voraussetzungen des § 575 Abs. 1 BGB möglich. Eine zum Nachteil des Mieters abweichende Vereinbarung ist unwirksam (§ 575 Abs. 4 BGB). Die verbleibenden Möglichkeiten einer Befristung sind die Fälle, in denen der Vermieter nach Ablauf der Mietzeit die Räume als Wohnung für sich, seine Familienangehörigen oder Angehörige seines Haushalts nutzen will, in zulässiger Weise die Räume beseitigen oder so wesentlich verändern oder instand setzen will, dass die Maßnahmen durch eine Fortsetzung des Mietverhältnisses erheblich erschwert würden oder die Räume an einen zum Dienstvertrag Verpflichteten vermieten will. Weitere Voraussetzung ist, dass der Vermieter dem Mieter den Grund der Befristung bei Vertragsschluss schriftlich mitteilt.

27 Zum Schutz des Mieters ist die Umgehung der eingeschränkten Befristung in § 572 BGB weitgehend ausdrücklich ausgeschlossen. Nach § 572 Abs. 1 BGB kann sich der Vermieter nicht auf eine Vereinbarung berufen, nach der der Vermieter berechtigt sein soll, nach Überlassung des Wohnraums an den Mieter vom Vertrag zurückzutreten. Ferner kann der Vermieter sich nicht auf eine Vereinbarung berufen, nach der das Mietverhältnis zum Nachteil des Mieters auflösend bedingt ist (§ 572 Abs. 2 BGB).

28 Möglich ist dagegen der – auch formularmäßig vereinbarte – beidseitige Ausschluss des Kündigungsrechts für einen bestimmten Zeitraum.[23] In einem Mietvertrag über Wohnraum ist ein – auch beidseitiger – formularmäßiger Kündigungsverzicht wegen unangemessener Benachteiligung des Mieters jedoch in der Regel unwirksam, wenn seine Dauer mehr als 4 Jahre beträgt.[24]

4. Neben-/Betriebskosten

29 Betriebskosten sind (für Wohnraum) legal definiert als die Kosten, die dem Eigentümer oder Erbbauberechtigten durch das Eigentum oder Erbbaurecht am Grundstück oder durch den bestimmungsgemäßen Gebrauch des Gebäudes, der Nebengebäude, Anlagen, Einrichtungen und des Grundstücks laufend entstehen (§ 536 Abs. 1 Satz 2 BGB, § 1 Abs. 1 Satz 1 BetrKV). Der Vermieter hat die auf der Mietsache ruhenden Lasten zu tragen (§ 535 Abs. 1 Satz 3 BGB). Dieses gesetzliche Leitbild steht im Widerspruch zur Vertragspraxis, wurde jedoch in der Mietrechtsreform beibehalten. Die Betriebskosten gewinnen zunehmend an Bedeutung. Insoweit wird teilweise von »zweiter Miete« gesprochen.

30 Die Überwälzung von Betriebskosten auf den Mieter ist in der Praxis allgemein üblich und im Wohnraummietrecht in den Grenzen des § 556 BGB zulässig. Aufgrund des gesetzlichen Leitbildes (§ 535 Abs. 1 Satz 3 BGB) bedarf die Überwälzung der Betriebskosten einer ausdrücklichen vertraglichen Abrede. Nach der Rechtsprechung ist eine konkrete Bezeichnung der einzelnen Kostenpositionen erforderlich.[25] Formulierungen wie »Der Mieter trägt sämtliche Nebenkosten« oder »Der Mieter übernimmt alle anfallenden Betriebskosten« reichen für eine Übertragung der Kostenlast auf den Mieter nicht aus. Möglich und üblich ist ein Verweis auf die Aufstellung der Betriebskosten in der Betriebskostenverordnung v. 25.11.2003.[26] Nach Feststellung des BGH ist es inzwischen allgemeine Auffassung in der Rechtsprechung, dass für die Umlegung von Betriebskosten an sich der Verweis auf die Betriebskostenverordnung (bzw. vor deren Erlass auf die Anlage 3 zu § 27 Abs. 1 II. BV) genügt.[27]

31 Der Abrechnungsmaßstab für Betriebskosten für Mietverhältnisse über Wohnraum bestimmt sich nach § 556a BGB und der HeizkostenVO. Nach § 556a BGB sind Betriebs-

---

23 BGH, Urt. v. 19.11.2008 – VIII ZR 30/08; NJW 2005, 1574; NJW 2004, 3117.
24 BGH NJW 2005, 1574.
25 BGH NZM 2004, 417.
26 BGBl. I S. 2346, 2347.
27 BGH NZM 2004, 417.

kosten nach dem Anteil der Wohnfläche umzulegen. Verbrauchsabhängige Nebenkosten hat der Vermieter nach einem Maßstab umzulegen, der dem unterschiedlichen Verbrauch oder der unterschiedlichen Verursachung Rechnung trägt.

Im Anwendungsbereich der HeizkostenVO sind die Kosten einer zentralen Heiz- und/ oder Warmwasserversorgungsanlage mindestens zu 50 %, höchstens aber zu 70 % nach dem erfassten Verbrauch zu verteilen. Die übrigen Kosten sind nach der Wohn- oder Nutzfläche oder nach dem umbauten Raum zu verteilen; es kann auch die Wohn- oder Nutzfläche oder der umbaute Raum der beheizten Räume zugrunde gelegt werden. Soweit die Kosten der Versorgung mit Wärme oder Warmwasser entgegen den Vorschriften der HeizkostenVO nicht verbrauchsabhängig abgerechnet werden, hat der Nutzer/Mieter das Recht, bei der nicht verbrauchsabhängigen Abrechnung der Kosten den auf ihn entfallenden Anteil um 15 % zu kürzen, § 12 HeizkostenVO. Ausnahmen regelt § 11 HeizkostenVO. Bei Gebäuden mit mehr als zwei Wohnungen sind die Bestimmungen der HeizkostenVO zwingend (§ 2 HeizkostenVO). 32

Bei der Abrechnung hat der Vermieter nach § 556 Abs. 3 Satz 1 BGB das Gebot der Wirtschaftlichkeit zu beachten. Falls der Mieter sich darauf beruft, dass der Vermieter das Gebot nicht eingehalten habe, muss er darlegen, welche das Mietobjekt betreffende Leistung zu welchem günstigeren Preis hätte bezogen werden können.[28] 33

5. Schönheitsreparaturen

Die Verpflichtung, Schönheitsreparaturen durchzuführen, ist Teil der Instandhaltungspflicht. Nach dem gesetzlichen Leitbild ist die Instandhaltung und damit die Durchführung von Schönheitsreparaturen eine Verpflichtung des Vermieters (§ 535 Abs. 1 Satz 2 BGB). Dementsprechend stellt § 538 BGB klar, dass Veränderungen oder Verschlechterungen der Mietsache, die durch den vertragsgemäßen Gebrauch herbeigeführt werden, der Mieter nicht zu vertreten hat. Insoweit entspricht das gesetzliche Leitbild ebenso wenig der Vertragspraxis wie im Fall der Übernahme von Betriebskosten. In Wohnraummietverträgen ist es allgemein üblich, die Verpflichtung zur Durchführung von Schönheitsreparaturen auf den Mieter zu übertragen. Erforderlich ist aber eine ausdrückliche und eindeutige, vertraglich vereinbarte Renovierungsklausel.[29] Die Rechtsprechung im Zusammenhang mit der Überbürdung der Verpflichtung zur Durchführung von Schönheitsreparaturen auf den Mieter ist sehr vielfältig, wobei jedoch zu differenzieren ist zwischen Schönheitsreparaturen, der Durchführung von sog. Kleinreparaturen bzw. der Behebung von Bagatellschäden sowie der Wartung von Thermen und Durchlauferhitzern. 34

Zu den Schönheitsreparaturen ist das Anstreichen, Kalken und Tapezieren der Wände und Decken, das Streichen der Fußböden, der Heizkörper einschließlich der Heizungsrohre, der Innentüren sowie der Fenster und Außentüren von innen zu zählen (§ 28 Abs. 4 Satz 3 II. Berechnungsverordnung). Dieser eigentlich für öffentlich geförderten Wohnraum geschaffenen Definition wird vom BGH Allgemeingültigkeit zugesprochen. Sie wird auch auf Mietverträge über frei finanzierte Wohnungen angewandt.[30] Schäden, die der Mieter nicht verschuldet hat, unterfallen nicht dem Begriff der Schönheitsreparaturen. Gleiches gilt für das Abschleifen und Versiegeln von Parkettfußböden und das Auswechseln von Teppichböden, die seitens des Vermieters eingebracht worden sind.[31] 35

---

28 BGH NZM 2007, 563.
29 Vgl. bspw. OLG Celle WuM 1980, 185; OLG Karlsruhe WuM 1992, 349 = NJW-RR 1992, 969.
30 NJW 1987, 2575; NJW 1985, 480; NJW 2009, 1408.
31 AG Dortmund NJWE-MietR 1996, 125; LG Berlin GE 1996, 925 und 1183 f.; LG Köln WuM 1994, 200; OLG Hamm WuM 1991, 248; LG Duisburg WuM 1989, 10; AG Freiburg WuM 1984, 80; LG Kassel WuM 1975, 35; LG Lüneburg WuM 1976, 6.

36 Die Abwälzung von Schönheitsreparaturen durch Formularverträge ist grundsätzlich möglich. Der BGH hat den Bedingungen, unter denen die Übertragung von Schönheitsreparaturen nach § 307 BGB noch möglich ist, in seiner jüngeren Rechtsprechung jedoch weitere Grenzen gezogen. Ein Ende dieser Entwicklung, die sich inzwischen auch auf das gewerbliche Mietrecht auswirkt, ist nicht absehbar. So kann sich eine Unwirksamkeit aus den Vorgaben für eine Farbwahl beim Streichen der Wände ergeben. Die Vorgabe, eine Wohnung in hellen und neutralen Farbtönen zu streichen, soll wirksam sein, die Vorgabe, auch während des laufenden Mietverhältnisses hell und neutral zu streichen, dagegen nicht.[32]

37 Mit § 307 BGB nicht vereinbar sind nach ständiger Rechtsprechung des BGH sog. »starre« Fristen, nach denen der Mieter Schönheitsreparaturen unabhängig vom Zustand der Mieträume in bestimmten Abständen durchführen muss.[33] Noch zulässig sind Fristen, nach denen Schönheitsreparaturen »im Allgemeinen« innerhalb der nach der Nutzungsart der Räume gestaffelten Fristen von 3, 5 bzw. 7 Jahren auszuführen sind, wenn der tatsächliche Zustand der Wohnung berücksichtigt wird.[34] Dabei sind üblich für Küche, Wohnküche, Kochküche, Bad, Dusche, WC eine Frist von 3 Jahren, für Wohnzimmer, Schlafzimmer, Diele, Korridor und sonstige Nebenräume eine Frist von 5 Jahren, für Nebenräume (z.B. Speisekammer, Besenkammer) 7 Jahre. Noch unbedenklich sind auch Schönheitsreparaturen, die »in der Regel« auszuführen sind.[35] Dagegen soll die Vorgabe »regelmäßig in folgenden Zeiträumen« zur Unwirksamkeit führen.[36]

38 Die Unwirksamkeit von Schönheitsreparaturklauseln kann sich auch aufgrund des sog. Summierungseffekts ergeben. Ein zur Unwirksamkeit einer Formularklausel führender Summierungseffekt aufgrund des Zusammentreffens zweier – jeweils für sich genommen – unbedenklicher Klauseln kann auch dann vorliegen, wenn nur eine der beiden Klauseln formularmäßig, die andere dagegen individuell vereinbart worden ist.[37] Der sich auf die Wirksamkeit der Schönheitsreparaturklausel auswirkende Summierungseffekt kann sich insbesondere aus der Vereinbarung einer Endrenovierungsklausel ergeben. So führt eine – auch einzelvertraglich vereinbarte – Endrenovierungsklausel dazu, dass eine für sich genommen nicht zu beanstandende Schönheitsreparaturklausel unwirksam wird.[38] In Allgemeinen Geschäftsbedingungen sind Endrenovierungsklauseln bereits für sich genommen problematisch. So ist auch eine sogenannte isolierte Endrenovierungsklausel in Allgemeinen Geschäftsbedingungen unwirksam, die einen Mieter auch dann zur Renovierung verpflichtet, wenn er die Wohnung nur kurze Zeit genutzt hat.[39]

39 Zieht der Mieter aus, ohne die vertraglich geschuldeten Schönheitsreparaturen durchgeführt zu haben, stellt sich regelmäßig die Frage, ob durch den Auszug die für eine Schadensersatzforderung des Vermieters erforderliche Fristsetzung (§§ 280, 281 BGB) entbehrlich geworden ist. Der Anspruch auf Schadensersatz für nicht durchgeführte Schönheitsreparaturen setzt grundsätzlich zumindest voraus, dass der Vermieter dem Mieter die durchzuführenden Arbeiten eindeutig bezeichnet hat.[40] Liegt diese Voraussetzung vor, kann in dem Auszug des Mieters ohne Durchführung der Schönheitsreparaturen eine endgültige Erfüllungsverweigerung liegen.[41]

---

32 BGH NJW 2008, 2499.
33 BGH NJW 2006, 1728; ZMR 2007, 28, 30.
34 BGH NJW 2005, 3416; BGH ZMR 2007, 28, 30.
35 BGH NJW 2006, 2116; NJW 2005, 3416.
36 KG NJW 2008, 2787.
37 BGH NJW 2006, 2116.
38 BGH, Urt. v. 12.03.2014 – VIII ZR 108/13; BGH NJW 2006, 2116.
39 BGH, NJW, 2007, 3776.
40 BGH NJW 2006, 2116.
41 KG ZMR 2007, 112, 113.

Die im Zusammenhang mit den Schönheitsreparaturen häufig vereinbarte Abgeltungs- **40** klausel ist auch formularmäßig weiterhin möglich. Bei einer Abgeltungsklausel handelt es sich um eine – zeitlich vorverlagerte – Ergänzung der vertraglichen Verpflichtung des Mieters zur Durchführung von Schönheitsreparaturen nach dem Fristenplan.[42] Nach der neuesten Rechtsprechung des BGH ist bei Vereinbarung einer Abgeltungsklausel zu beachten, dass sich diese nicht nach einem starren Fristenplan ausrichten darf. Insoweit wirkt sich die Unwirksamkeit einer starren Fristenregelung für Schönheitsreparaturen auch auf die Abgeltungsklausel aus.[43]

6. Sonstige Instandhaltung und Instandsetzung (Reparatur)

Die Instandhaltung und Instandsetzung des Mietobjekts ist Teil der Erhaltungspflicht des **41** Vermieters nach § 535 Abs. 1 Satz 2 BGB. In Allgemeinen Geschäftsbedingungen ist eine Abwälzung auf den Mieter nur in engen Grenzen möglich. Mit § 307 BGB vereinbar ist es, dem Mieter die Kosten für sog. Kleinreparaturen aufzuerlegen. Die Kostentragungspflicht des Mieters muss jedoch eine *betragsmäßige Höchstgrenze* aufweisen, bis zu der sich der Mieter innerhalb eines bestimmten Zeitraums (in der Regel 1 Jahr) höchstens an Kleinreparaturen etc. zu beteiligen hat. Auch muss der pro Kleinreparatur im Einzelfall zu leistende Aufwand auf einen Höchstbetrag festgelegt, also bestimmt sein, bis zu welchem Betrag eine Maßnahme noch als Kleinreparatur anzusehen ist. Wo die Grenze jeweils liegt, ist unklar. In der Regel wird eine Kostentragungspflicht im Einzelfall bis zu 100 € nicht gegen § 307 BGB verstoßen.[44] 200 € bei einer Monatsmiete von 260 € sind dagegen zu viel.[45] Weiterhin ist es zur Wirksamkeit der formularmäßigen Abwälzung der Kostentragungspflicht auf den Mieter erforderlich, dass die Kosten nur für solche Teile zu tragen sind, die dem häufigen Zugriff des Mieters ausgesetzt sind.[46]

Die Abwälzung der Reparaturpflicht auf den Mieter durch Allgemeine Geschäftsbedin- **42** gungen ist – im Gegensatz zur Kostentragungspflicht – nicht möglich. Das gilt auch für Kleinreparaturen.[47]

Die vorstehenden Ausführungen gelten im Ergebnis auch für solche Klauseln entspre- **43** chend, die die Wartung von Heizthermen, Warmwassergeräten, Durchlauferhitzern etc. betreffen, bei denen es sich eigentlich nicht um Kleinreparaturen handelt (sog. Wartungsklauseln). Die formularmäßige Abwälzung der Kostentragung für die Wartung mitvermieteter technischer Anlagen und Geräte (Warmwassergeräte, Durchlauferhitzer etc.) stellt grundsätzlich keine unangemessene Benachteiligung i.S.d. § 307 BGB dar. Auch insoweit ist die Wirksamkeit einer formularmäßigen Klausel an die Festsetzung einer betragsmäßigen *Obergrenze*, bis zu welcher der Mieter die jährlich entstehenden Wartungskosten zu tragen hat, gebunden.[48]

7. Rückgabe der Mietsache

Eine Klausel in einem vom Vermieter gestellten Formularmietvertrag über Wohnraum, **44** wonach der Mieter verpflichtet ist, die Mieträume bei Beendigung des Mietverhältnisses unabhängig vom Zeitpunkt der Vornahme der letzten Schönheitsreparaturen renoviert zurückzugeben (sog. Schlussrenovierungsklausel), ist unwirksam.[49] Eine formularmäßige

---

42 BGHZ 105, 71, 77.
43 BGH ZMR 2007, 28, 30.
44 AG Braunschweig ZMR 2005, 717.
45 AG Bremen NZM 2008, 247.
46 BGH NJW 1989, 2247.
47 BGHZ 118, 194.
48 Vgl. BGH NJW 1991, 1750, 1752 = WuM 1991, 381, 383; vgl. auch OLG Hamburg WuM 1991, 385.
49 Bereits BGH NZM 1998, 710/711 m.w.N.

Klausel, nach der der Mieter bei Beendigung des Mietverhältnisses je nach dem Zeitpunkt der letzten Schönheitsreparatur während der Mietzeit einen prozentualen Anteil an den Renovierungskosten zu zahlen hat (sog. Quoten- oder Abgeltungsklausel), ist grundsätzlich wirksam.[50] Voraussetzung für die Wirksamkeit ist, dass sie einen Kostenvoranschlag des Vermieters nicht ausdrücklich für verbindlich erklärt, die für die Abgeltung maßgeblichen Fristen und Prozentsätze am Verhältnis zu den üblichen Renovierungsfristen (z.B. 20 % pro Jahr für Trockenräume; 33 % pro Jahr für Nassräume) ausrichtet und dem Mieter nicht untersagt, seinen anteiligen Zahlungsverpflichtungen dadurch zuvorzukommen, dass er die Schönheitsreparaturen bzw. Renovierungsarbeiten in kostensparender Eigenarbeit selbst ausführt. Wirksam ist eine derartige Klausel auch bei Vermietung einer unrenovierten oder renovierungsbedürftig überlassenen Wohnung jedenfalls dann, wenn die für die Durchführung wie für die anteilige Abgeltung der Schönheitsreparaturen maßgeblichen Fristen nicht vor dem Anfang des Mietverhältnisses zu laufen beginnen.[51] Eine formularmäßige Regelung, nach der der Mieter trotz Durchführung der laufenden Schönheitsreparaturen innerhalb der vereinbarten Fristen (s.o.) und, obwohl die Wohnung sich in einem Zustand befindet, der einer normalen Abnutzung entspricht, verpflichtet sein soll, an den Vermieter den Betrag zu zahlen, der fiktiv aufgewendet werden müsste, um die Wohnung zum Zeitpunkt der Vertragsbeendigung zu renovieren, ist unwirksam.[52]

8. Mietsicherheit

45 Eine *Mietsicherheit* kann der Vermieter nur verlangen, wenn diese zwischen den Parteien vertraglich vereinbart worden ist. Höhe, Fälligkeit, Verzinsung und Anlage der Mietsicherheit sind in § 551 BGB geregelt. Danach gelten folgende Grundsätze:
- Die Mietsicherheit darf drei Monatsmieten nicht übersteigen, wobei gesondert abzurechnende Nebenkosten unberücksichtigt bleiben;
- ist die Mietsicherheit in Geld zu leisten, darf der Mieter in drei gleichen Raten zahlen, wobei die erste Rate bei Mietbeginn fällig ist;
- der Vermieter hat eine ihm als Sicherheit überlassene Geldsumme bei einem Kreditinstitut zu dem für Spareinlagen mit dreimonatiger Kündigungsfrist üblichen Zinssatz getrennt vom Vermögen des Vermieters anzulegen;
- die Zinsen stehen dem Mieter zu und erhöhen die Mietsicherheit.

Wohnungsmietvertrag

46 M Zwischen
..... wohnhaft .....

– nachfolgend »Vermieter« genannt –

und

..... wohnhaft .....

– nachfolgend »Mieter« genannt –

wird folgender Mietvertrag über Wohnraum geschlossen.

§ 1 Mietobjekt

1.1. Der Vermieter ist Eigentümer des Gebäudes ..... in .....

---

50 BGH NZM 2004, 903.
51 Vgl. BGH WuM 1988, 294 = BGH NJW 1988, 2790.
52 Vgl. LG Frankfurt am Main WuM 1996, 208 f.

1.2 Der Vermieter vermietet an den Mieter die Wohnung im ..... Geschoss des Gebäudes mit einer Wohnfläche von ca. ..... m². Die Wohnung befindet sich von der Straße aus betrachtet auf der linken Seite.
1.3 Mit vermietet ist der Garten im Erdgeschoss zur Alleinnutzung sowie ein Stellplatz mit der Nr. ..... in der Tiefgarage des Gebäudes.
1.4 Dem Mieter werden vom Vermieter für die Mietzeit folgende Schlüssel ausgehändigt: ..... Nach Beendigung des Mietverhältnisses sind sämtliche Schlüssel einschließlich etwaiger, vom Mieter selbst beschaffter, an den Vermieter herauszugeben.

§ 2 Mietzeit

2.1 Das Mietverhältnis läuft auf unbestimmte Zeit. Es kann von der Parteien mit den gesetzlichen Frist gekündigt werden.

§ 3 Miete/Betriebskostenvorauszahlung/Heizkostenvorauszahlung Mieterhöhung

3.1 Die monatliche Miete beträgt:
Wohnung ..... €
Stellplatz ..... €
zusammen: ..... €.
3.2 Die monatliche Vorauszahlung für Betriebskosten beträgt: ..... €.
3.3 Die monatliche Heizkostenvorauszahlung beträgt: ..... €.
3.4 Die monatliche Zahlungsverpflichtung des Mieters gemäß Ziffer 3.1 bis 3.3 beträgt insgesamt ..... €
3.5 Die Miete gemäß Ziffer 3.1 wird durch den vom Statistischen Bundesamt ermittelten Verbraucherpreisindex für Deutschland bestimmt (Indexmiete). Verändert sich die Miete gegenüber dem Stand bei Beginn der Mietzeit oder seit der letzten Mietanpassung nach oben oder nach unten, kann die Miete von jeder der Vertragsparteien im Verhältnis der Indexveränderung durch Erklärung gegenüber der jeweils anderen Partei angepasst werden. Eine Anpassung ist nur möglich, wenn seit der letzten Anpassung mindestens ein Jahr vergangen ist.

§ 4 Zahlung der Miete

4.1 Die Miete ist monatlich im Voraus, spätestens am dritten Werktag (am Ort des Mietobjekts) des Monats an den Vermieter zu zahlen. Die Zahlung hat auf das jeweils vom Vermieter bestimmte Konto zu erfolgen. Soweit der Vermieter keine andere Bestimmung trifft, ist die Miete auf folgendes Konto zu zahlen:
IBAN: .....
4.2 Für die Rechtzeitigkeit der Zahlung kommt es nicht auf die Absendung, sondern auf die Gutschrift der Miete auf dem Konto des Vermieters an.

§ 5 Aufrechnung/Minderung/Zurückbehaltungsrecht

6.2 Der Mieter kann gegen eine Mietforderung mit einer Forderung nur aufrechnen oder ein Zurückbehaltungsrecht geltend machen, wenn der Mieter seine Absicht dem Vermieter mindestens einen Monat vor Fälligkeit der jeweiligen Miete in Textform angezeigt hat.

§ 6 Betriebskosten

Die folgenden Betriebskosten sind vom Mieter anteilig zu tragen:
1. die laufenden öffentlichen Lasten des Grundstücks, hierzu gehört namentlich die Grundsteuer;
2. die Kosten der Wasserversorgung, hierzu gehören die Kosten des Wasserverbrauchs, die Grundgebühren, die Kosten der Anmietung oder anderer Arten der Gebrauchsüberlassung von Wasserzählern sowie die Kosten ihrer Verwendung einschließlich der Kosten der Eichung sowie der Kosten der Berechnung und Aufteilung, die Kosten der Wartung von Wassermengenreglern, die Kosten des Betriebs einer hauseigenen Wasserversorgungsanlage und einer Wasseraufbereitungsanlage einschließlich der Aufbereitungsstoffe;
3. die Kosten der Entwässerung, hierzu gehören die Gebühren für die Haus- und Grundstücksentwässerung, die Kosten des Betriebs einer entsprechenden nicht öffentlichen Anlage und die Kosten des Betriebs einer Entwässerungspumpe;
4. die Kosten
4.1 des Betriebs der zentralen Heizungsanlage einschließlich der Abgasanlage, hierzu gehören die Kosten der verbrauchten Brennstoffe und ihrer Lieferung, die Kosten des Betriebsstroms, die Kosten der Bedienung, Überwachung und Pflege der Anlage, der regelmäßigen Prüfung ihrer Betriebsbereitschaft und Betriebssicherheit einschließlich der Einstellung durch eine Fachkraft, der Reinigung der Anlage und des Betriebsraums, die Kosten der Messungen nach dem Bundes-Immissionsschutzgesetz, die Kosten der Anmietung oder anderer Arten der Gebrauchsüberlassung einer Ausstattung zur Verbrauchserfassung sowie die Kosten der Verwendung einer Ausstattung zur Verbrauchserfassung einschließlich der Kosten der Eichung sowie der Kosten der Berechnung und Aufteilung
oder
4.2 des Betriebs der zentralen Brennstoffversorgungsanlage,
hierzu gehören die Kosten der verbrauchten Brennstoffe und ihrer Lieferung, die Kosten des Betriebsstroms und die Kosten der Überwachung sowie die Kosten der Reinigung der Anlage und des Betriebsraums
oder
4.3 der eigenständig gewerblichen Lieferung von Wärme, auch aus Anlagen im Sinne der Ziffer 4.1, hierzu gehören das Entgelt für die Wärmelieferung und die Kosten des Betriebs der zugehörigen Hausanlagen entsprechend Ziffer 4.1
oder
4.4 der Reinigung und Wartung von Etagenheizungen und Gaseinzelfeuerstätten, hierzu gehören die Kosten der Beseitigung von Wasserablagerungen und Verbrennungsrückständen in der Anlage, die Kosten der regelmäßigen Prüfung der Betriebsbereitschaft und Betriebssicherheit und der damit zusammenhängenden Einstellung durch eine Fachkraft sowie die Kosten der Messungen nach dem Bundes-Immissionsschutzgesetz;
5. die Kosten
5.1 des Betriebs der zentralen Warmwasserversorgungsanlage,
hierzu gehören die Kosten der Wasserversorgung entsprechend Nummer 2, soweit sie nicht dort bereits berücksichtigt sind, und die Kosten der Wassererwärmung entsprechend Nummer 4 Ziffer 4.1
oder
5.2 der eigenständig gewerblichen Lieferung von Warmwasser, auch aus Anlagen im Sinne des Ziffer 5.1, hierzu gehören das Entgelt für die Lieferung des Warmwassers

und die Kosten des Betriebs der zugehörigen Hausanlagen entsprechend Nummer 4 Ziffer 4.1
oder
5.3 der Reinigung und Wartung von Warmwassergeräten, hierzu gehören die Kosten der Beseitigung von Wasserablagerungen und Verbrennungsrückständen im Innern der Geräte sowie die Kosten der regelmäßigen Prüfung der Betriebsbereitschaft und Betriebssicherheit und der damit zusammenhängenden Einstellung durch eine Fachkraft;
6. die Kosten verbundener Heizungs- und Warmwasserversorgungsanlagen
6.1 bei zentralen Heizungsanlagen entsprechend Nummer 4 Ziffer 4.1 und entsprechend Nummer 2, soweit sie nicht dort bereits berücksichtigt sind,
oder
6.2 bei der eigenständig gewerblichen Lieferung von Wärme entsprechend Nummer 4 Ziffer 4.2 und entsprechend Nummer 2, soweit sie nicht dort bereits berücksichtigt sind,
oder
6.3 bei verbundenen Etagenheizungen und Warmwasserversorgungsanlagen entsprechend Nummer 4 Ziffer 4.4 und entsprechend Nummer 2, soweit sie nicht dort bereits berücksichtigt sind;
7. die Kosten des Betriebs des Personen- oder Lastenaufzugs, hierzu gehören die Kosten des Betriebsstroms, die Kosten der Beaufsichtigung, der Bedienung, Überwachung und Pflege der Anlage, der regelmäßigen Prüfung ihrer Betriebsbereitschaft und Betriebssicherheit einschließlich der Einstellung durch eine Fachkraft sowie die Kosten der Reinigung der Anlage;
8. die Kosten der Straßenreinigung und Müllbeseitigung, zu den Kosten der Straßenreinigung gehören die für die öffentliche Straßenreinigung zu entrichtenden Gebühren und die Kosten entsprechender nicht öffentlicher Maßnahmen; zu den Kosten der Müllbeseitigung gehören namentlich die für die Müllabfuhr zu entrichtenden Gebühren, die Kosten entsprechender nicht öffentlicher Maßnahmen, die Kosten des Betriebs von Müllkompressoren, Müllschluckern, Müllabsauganlagen sowie des Betriebs von Müllmengenerfassungsanlagen einschließlich der Kosten der Berechnung und Aufteilung;
9. die Kosten der Gebäudereinigung und Ungezieferbekämpfung, zu den Kosten der Gebäudereinigung gehören die Kosten für die Säuberung der von den Bewohnern gemeinsam genutzten Gebäudeteile, wie Zugänge, Flure, Treppen, Keller, Bodenräume, Waschküchen, Fahrkorb des Aufzugs;
10. die Kosten der Gartenpflege, hierzu gehören die Kosten der Pflege gärtnerisch angelegter Flächen einschließlich der Erneuerung von Pflanzen und Gehölzen, der Pflege von Spielplätzen einschließlich der Erneuerung von Sand und der Pflege von Plätzen, Zugängen und Zufahrten, die dem nicht öffentlichen Verkehr dienen;
11. die Kosten der Beleuchtung, hierzu gehören die Kosten des Stroms für die Außenbeleuchtung und die Beleuchtung der von den Bewohnern gemeinsam genutzten Gebäudeteile, wie Zugänge, Flure, Treppen, Keller, Bodenräume, Waschküchen;
12. die Kosten der Schornsteinreinigung, hierzu gehören die Kehrgebühren nach der maßgebenden Gebührenordnung, soweit sie nicht bereits als Kosten nach Nummer 4 Ziffer 3.1 berücksichtigt sind;
13. die Kosten der Sach- und Haftpflichtversicherung, hierzu gehören namentlich die Kosten der Versicherung des Gebäudes gegen Feuer-, Sturm-, Wasser- sowie sonstige Elementarschäden, der Glasversicherung, der Haftpflichtversicherung für das Gebäude, den Öltank und den Aufzug;
14. die Kosten für den Hauswart, hierzu gehören die Vergütung, die Sozialbeiträge und alle geldwerten Leistungen, die der Eigentümer oder Erbbauberechtigte dem Haus-

wart für seine Arbeit gewährt, soweit diese nicht die Instandhaltung, Instandsetzung, Erneuerung, Schönheitsreparaturen oder die Hausverwaltung betrifft; soweit Arbeiten vom Hauswart ausgeführt werden, dürfen Kosten für Arbeitsleistungen nach den Nummern 2 bis 10 und 16 nicht angesetzt werden;
15. die Kosten
15.1 des Betriebs der Gemeinschafts-Antennenanlage,
hierzu gehören die Kosten des Betriebsstroms und die Kosten der regelmäßigen Prüfung ihrer Betriebsbereitschaft einschließlich der Einstellung durch eine Fachkraft oder das Nutzungsentgelt für eine nicht zu dem Gebäude gehörende Antennenanlage sowie die Gebühren, die nach dem Urheberrechtsgesetz für die Kabelweitersendung entstehen,
oder
15.2 des Betriebs der mit einem Breitbandnetz verbundenen privaten Verteilanlage; hierzu gehören die Kosten entsprechend Ziffer 15.1, ferner die laufenden monatlichen Grundgebühren für Breitbandanschlüsse;
16. die Kosten des Betriebs der Einrichtungen für die Wäschepflege, hierzu gehören die Kosten des Betriebsstroms, die Kosten der Überwachung, Pflege und Reinigung der Einrichtungen, der regelmäßigen Prüfung ihrer Betriebsbereitschaft und Betriebssicherheit sowie die Kosten der Wasserversorgung entsprechend Nummer 2, soweit sie nicht dort bereits berücksichtigt sind.

§ 7 Übergabe/Schönheitsreparaturen

7.1 Die Übergabe des Mietobjekts erfolgt am .....
7.2 Die Übergabe des Mietobjekts erfolgt in unrenovierten Zustand.
7.3 Anlässlich der Übergabe verpflichten sich die Vertragsparteien, ein Übergabeprotokoll zu erstellen, in dem etwaige Mängel des Mietobjekts aufgelistet sind.
7.4 Der Mieter ist berechtigt, weder Vermieter noch Mieter sind verpflichtet, Schönheitsreparaturen vorzunehmen.

§ 8 Kleinreparaturen

8.1 Der Mieter ist verpflichtet, Kleinreparaturen an den Einrichtungen des Mietobjekts bis zu einem Betrag von 80 € im Einzelfall und jährlich bis zu einem Gesamtbetrag von 6 % der für ein Jahr geschuldeten Miete (ohne Vorauszahlungen) zu übernehmen.

§ 9 Sicherheitsleistung

9.1 Der Mieter zahlt dem Vermieter zur Sicherung aller Forderungen aus diesem Mietvertrag eine Kaution in Höhe von ...... € (drei Monatsmieten ohne Heiz- und Betriebskostenvorauszahlungen)
9.2 Der Mieter ist berechtigt, die Kaution in drei gleichen monatlichen Teilzahlungen zu erbringen. Die erste Teilzahlung ist zu Beginn des Mietverhältnisses fällig. Die weiteren Teilzahlungen werden zusammen mit den unmittelbar folgenden Mietzahlungen fällig.
9.3 Der Vermieter legt die Kaution bei einem Kreditinstitut zu dem für Spareinlagen mit dreimonatiger Kündigungsfrist üblichen Zinssatz an. Die Zinsen erhöhen die Sicherheit.

§ 10 Betreten der Mieträume durch den Vermieter

10.1 Der Vermieter und/oder ein von ihm Beauftragter kann das Mietobjekt mit dem Mieter zur Prüfung seines Zustands oder aus anderen wichtigen Gründen betreten, wenn der Vermieter dieses mit angemessener Frist zuvor angekündigt. Bei Gefahr in Verzug ist der Zutritt ohne Ankündigungsfrist zu jeder Tages- und Nachtzeit zu gestatten.

10.2 Beabsichtigt der Vermieter einen Verkauf des Mietobjekts, ist der Vermieter mit dem Kaufinteressenten berechtigt, das Mietobjekt in der Zeit von 10 bis 12 und von 15 bis 18 Uhr zu betreten, wenn der Vermieter dies mit angemessener Frist angekündigt hat und keine berechtigten Interessen des Mieters entgegenstehen.

§ 11 Beendigung des Mietverhältnisses

11.1 Das Mietobjekt ist bei Beendigung des Mietverhältnisses von dem Mieter an den Vermieter in vertragsgemäßem Zustand mit sämtlichen, auch vom Mieter gefertigten Schlüsseln zurückzugeben.

11.2 Im Falle der Kündigung oder sonstiger Beendigung des Mietverhältnisses hat der Mieter die Anbringung von Vermietungs- oder Veräußerungsplakaten an den Fenstern oder sonstigen geeigneten Stellen durch den Vermieter und/oder seinen Beauftragten zu gestatten.

§ 12 Schriftform

12.1 Nachträgliche Änderungen und Ergänzungen einschließlich der Aufhebung dieses Vertrags bedürfen der Schriftform. Die nachträgliche Abänderung dieses Schriftformerfordernisses bedarf ebenfalls der Schriftform.

§ 13 Salvatorische Klausel

13.1 Sollten einzelne Bestimmungen dieses Vertrags unwirksam oder nichtig sein oder werden, bleibt die Wirksamkeit der übrigen Bestimmungen hiervon unberührt. Die Vertragsparteien verpflichten sich, in einem solchen Fall eine neue, wirksame Regelung zu vereinbaren, die dem wirtschaftlichen Sinn und Zweck des ursprünglich Gewollten möglichst nahe kommt.

....., den ....., den
....
(Vermieter) (Mieter)

■ *Kosten.* Der Geschäftswert bei der Beurkundung eines Mietvertrages bestimmt sich nach § 99 Abs. 1 GNotKG. Danach ist der Geschäftswert der Wert aller Leistungen des Mieters während der gesamten Vertragslaufzeit. Bei Mietverträgen von unbestimmter Vertragsdauer ist der auf die ersten fünf Jahre entfallende Wert der Leistungen maßgebend. Ist jedoch die Auflösung des Vertrags erst zu einem späteren Zeitpunkt zulässig, ist dieser maßgebend. Die Wertobergrenze ist der auf die ersten 20 Jahre entfallende Wert (§ 99 Abs. 1 Satz 3 GNotKG).

III. Kündigung des Wohnraummietvertrags

1. Form der Kündigung

Die Kündigung eines Mietverhältnisses über Wohnraum ist nur wirksam, wenn sie schriftlich erfolgt (§§ 568 Abs. 1, 126 BGB).

Der Hinweis des Gesetzgebers in § 564a Abs. 1 Satz 2 BGB a.F., dass in Kündigungsschreiben die Gründe der Kündigung angegeben werden sollen, wurde nicht in § 568 BGB übernommen. Die Kündigung des Vermieters muss zu ihrer Wirksamkeit trotzdem begründet werden. Das ergibt sich für die ordentliche Kündigung aus § 573 Abs. 3 Satz 1 BGB und für die außerordentliche fristlose Kündigung aus wichtigem Grund aus § 569 Abs. 4 BGB.

49 Der Vermieter soll den Mieter darüber hinaus auf die Möglichkeit, die Form und die Frist des Widerspruchs nach den §§ 574 bis 574b BGB rechtzeitig hinweisen. Ein Verstoß gegen diese Sollvorschrift führt insbesondere dazu, dass bei der Würdigung der berechtigten Interessen des Vermieters gemäß § 574 Abs. 1 Satz 1 BGB im Fall des Widerspruchs durch den Mieter die im Kündigungsschreiben nicht enthaltenen Gründe unberücksichtigt bleiben (§ 574 Abs. 3 BGB).

50 In Ausnahmefällen ist eine Begründung des berechtigten Interesses und der Hinweis auf das Widerspruchsrecht des Mieters insoweit entbehrlich, als bei Beendigung des Mietverhältnisses die Schutzvorschriften der §§ 573 und 574 BGB nicht gelten. Das ist gemäß § 549 Abs. 2 BGB der Fall bei Mietverhältnissen über
(1) Wohnraum, der nur zum vorübergehenden Gebrauch vermietet ist,
(2) Wohnraum, der Teil der vom Vermieter selbst bewohnten Wohnung ist und den der Vermieter überwiegend mit Einrichtungsgegenständen auszustatten hat, sofern der Wohnraum dem Mieter nicht zum dauernden Gebrauch mit seiner Familie oder mit Personen überlassen ist, mit denen er einen auf Dauer angelegten gemeinsamen Haushalt führt,
(3) Wohnraum, den eine juristische Person des öffentlichen Rechts oder ein anerkannter privater Träger der Wohlfahrtspflege angemietet hat, um ihn Personen mit dringendem Wohnungsbedarf zu überlassen, wenn sie dem Mieter bei Vertragsschluss auf die Zweckbestimmung des Wohnraums und die Ausnahme von den genannten Vorschriften hingewiesen hat.

51 Für Wohnraum in einem Studenten- oder Jugendwohnheim gilt § 573 Abs. 3 BGB ebenso nicht (§ 549 Abs. 3 BGB). Insoweit ist die Angabe eines berechtigten Interesses des Vermieters nicht erforderlich. Die Ausnahme für Studenten- oder Jugendwohnheime erstreckt sich jedoch nicht auf die Möglichkeit des Widerspruchs nach § 574 BGB (Widerspruch des Mieters gegen die Kündigung).

2. Ordentliche Kündigung

52 Der Mieter ist berechtigt, das Mietverhältnis zu kündigen, ohne hierfür einen Grund haben oder angeben zu müssen. Die ordentliche Kündigung des Vermieters ist nur wirksam, wenn er ein berechtigtes Interesse an der Beendigung des Mietverhältnisses hat (§ 573 Abs. 1 Satz 1 BGB). Dies wird insbesondere angenommen, wenn der Mieter seine vertraglichen Verpflichtungen nicht unerheblich verletzt hat (§ 573 Abs. 2 Nr. 1 BGB) – was den Vermieter im Einzelfall aber auch zur außerordentlichen Kündigung (vgl. §§ 543, 569 BGB) berechtigen kann.

53 Ein berechtigtes Interesse des Vermieters an der Beendigung des Mietverhältnisses liegt nach § 573 Abs. 2 Nr. 2 BGB insbesondere vor, wenn der Vermieter die Räume als Wohnung für sich, seine Familienangehörigen oder Angehörige seines Haushalts benötigt.

54 Was im Rahmen dieser *sogenannten Eigenbedarfskündigung* im Einzelfall unter dem Merkmal »benötigt« zu verstehen ist, ist jedoch häufig zweifelhaft gewesen. Wiederholt hat sich zu dieser Frage das Bundesverfassungsgericht geäußert. Nach zunächst nicht ganz eindeutigen Beschlüssen[53] müssen nach inzwischen ständiger Rechtsprechung für den Eigenbedarf des Vermieters *vernünftige, nachvollziehbare Gründe* unter Berücksichtigung der eigenverantwortlichen Lebensplanung des Eigentümers vorliegen.[54] Hiernach genügt der *bloße Wunsch* des Vermieters, in der eigenen Wohnung zu wohnen *nicht*. Andererseits ist das Vor-

---

53 Vgl. BVerfG WuM 1988, 46; 1988, 245.
54 St. Rspr.: BVerfGE 79, 292, 303 ff. = NJW 1989, 970 f. = WuM 1989, 114 ff.; BVerfG NJW 1990, 309; NJW 1992, 3032; NJW 1993, 1637; NJW 1994, 308 f.; NJW 1994, 995 f.; s.a. BGHZ 103, 91 = LM Nr. 5 zu § 564b BGB = NJW 1988, 904.

liegen einer *Not- oder Zwangslage* nicht erforderlich. Unter Berücksichtigung des aus Art. 14 GG fließenden Eigentumsschutzes findet jedoch eine Abwägung des Mieterinteresses einerseits und des Vermieterinteresses andererseits nicht automatisch statt. Grundsätzlich wird im Rahmen einer Eigenbedarfskündigung nur auf das Interesse des Vermieters abgestellt. Die vom Mieter geltend gemachten Interessen können nur im Einzelfall auf dessen Widerspruch hin im Rahmen der Sozialklausel (§ 574 BGB) Berücksichtigung finden. Zwar stellt die höchstrichterliche Rechtsprechung demzufolge keine sehr hohen Anforderungen an eine Eigenbedarfskündigung, jedoch wird ausdrücklich klargestellt, dass in jedem Einzelfall zu prüfen ist, ob der vorgetragene Eigenbedarf vernünftig und nachvollziehbar ist. Diese Rechtsprechung will insbesondere den vorgeschobenen und rechtsmissbräuchlichen »Eigenbedarfskündigungen« einen Riegel vorschieben;[55] so z.B. wenn der Eigenbedarf *treuwidrig selbst herbeigeführt* worden ist, *vergleichbarer Ersatzwohnraum* vorhanden ist oder *überhöhter Wohnbedarf* beansprucht wird.[56]

Wer im Einzelnen zu den Familienangehörigen zählt, ist gesetzlich nicht definiert und in Rechtsprechung und Literatur umstritten. Allgemein anerkannt ist, dass zumindest die Kinder und der Ehegatte des Vermieters zum geschützten Personenkreis zählen. Darüber hinaus werden auch Geschwister von der Rechtsprechung als Familienangehörige i.S.d. § 573 Abs. 2 Nr. 2 BGB geschützt.[57] Darüber hinaus hat die Rechtsprechung weitere enge Familienangehörige in den Schutzbereich einbezogen, wie Verwandte in gerader Linie,[58] Enkelkinder, Nichten/Neffen[59] und Schwiegereltern.[60]

55

Keinen Eigenbedarf kann eine juristische Person als Vermieter geltend machen.[61] Eine juristische Person kann einen Wohnung nicht »für sich benötigen« (§ 573 Abs. 2 Nr. 2 BGB) und hat auch keine Familienangehörigen. Etwas anderes gilt nach der Rechtsprechung des BGH für die Gesellschafter einer Gesellschaft bürgerlichen Rechts,[62] auch wenn diese rechtsfähig ist. Der Eigenbedarf ist jedoch auf die natürlichen Personen beschränkt, die bereits bei Abschluss des Mietvertrags Gesellschafter der vermietenden Gesellschaft bürgerlichen Rechts waren.[63]

56

Ein berechtigtes Interesse liegt vor, wenn der Vermieter durch die Fortsetzung des Mietverhältnisses an einer angemessenen wirtschaftlichen Verwertung des Grundstücks gehindert ist und dadurch erhebliche Nachteile erleiden würde. Die Möglichkeit, im Fall einer anderweitigen Vermietung als Wohnraum eine höhere Miete zu erzielen, bleibt dabei außer Betracht. Der Vermieter kann sich auch nicht darauf berufen, dass er die Mieträume im Zusammenhang mit einer beabsichtigten oder nach Überlassung an den Mieter erfolgten Begründung von Wohnungseigentum veräußern will (§ 573 Abs. 2 Nr. 3 BGB). Im Gegensatz zur Kündigung wegen Eigenbedarfs hat sich für die Kündigung wegen *Hinderung angemessener wirtschaftlicher Verwertung* eine einheitliche obergerichtliche bzw. höchstrichterliche Grundsatzrechtsprechung noch nicht herausgebildet. Es existiert eine Fülle uneinheitlicher Instanzrechtsprechung der Amts- und Landgerichte, was erhebliche Rechtsunsicherheit zur Folge hat.[64]

57

Ist an den vermieteten Wohnräumen nach der Überlassung an den Mieter Wohnungseigentum begründet und das Wohnungseigentum veräußert worden, so kann sich der Erwerber auf berechtigte Interessen nicht vor Ablauf von *3 Jahren* seit der Veräußerung berufen

58

---
55 Zuletzt BVerfG NJW 1994, 995, 996.
56 Vgl. BVerfGE 79, 292, 303 ff. = NJW 1989, 1970; BVerfG NJW 1994, 995 f.
57 BGH NJW 2003, 2604.
58 LG Berlin GE 91, 1205.
59 AG Ludwigsburg WuM 1990, 391.
60 LG Köln WuM 1994, 541.
61 BGH NZM 2007, 639.
62 BGH NJW 2007, 2845.
63 BGH NJW 2007, 2845.
64 *Schönleber*, NZM 1998, 601 ff. m.w.N.

(§ 577a Abs. 1 BGB). Ist die ausreichende Versorgung der Bevölkerung mit Wohnungen zu angemessenen Bedingungen in einer Gemeinde oder einem Teil hiervon besonders gefährdet, so verlängert sich diese Frist *bis zu 10 Jahre*. Diese Gebiete werden durch Rechtsverordnung der Landesregierungen für die Dauer von jeweils höchstens 10 Jahren bestimmt (§ 577a Abs. 2 Satz 2 BGB). Ein Hinweis auf Verordnungen der Länder findet sich in der Textsammlung »Schönfelder« als Fußnote zu § 577a Abs. 2 BGB.

59 Bis zum Ablauf von 10 Jahren nach der Veräußerung werden berechtigte Interessen des Vermieters i.S.d. § 573 Abs. 2 Nr. 2 u. 3 BGB nicht berücksichtigt.

60 Auch danach werden berechtigte Interessen des Vermieters i.S.d. § 573 Abs. 2 Nr. 2 u. 3 BGB nicht berücksichtigt, wenn die vertragsmäßige Beendigung des Mietverhältnisses für den Mieter oder ein bei ihm lebendes Mitglied seiner Familie eine nicht zu rechtfertigende Härte bedeuten würde, es sei denn, der Vermieter weist dem Mieter angemessenen Ersatzwohnraum zu zumutbaren Bedingungen nach.

3. Kündigungsfristen

61 Die Fristen für die ordentliche Kündigung von Wohnraummietverhältnissen ergeben sich aus § 573c BGB. Danach ist die Kündigung spätestens am 3. Werktag eines Kalendermonats zum Ablauf des übernächsten Monats zulässig. Die Kündigungsfrist für den Vermieter verlängert sich nach 5 und 8 Jahren seit Überlassung des Wohnraums um jeweils 3 Monate (§ 573c Abs. 1 BGB). Für Wohnraum, der nur zum vorübergehenden Gebrauch vermietet ist, kann eine kürzere Kündigungsfrist vereinbart werden (§ 573c Abs. 2 BGB). Bei Mietverhältnis über Wohnraum, der Teil der vom Vermieter selbst bewohnten Wohnung ist, ist die Kündigung spätestens am 15. eines Monats zum Ablauf des Monats zulässig (§§ 573c Abs. 3 BGB, 549 Abs. 2 Nr. 2 BGB).

62 Widerspricht der Mieter der (berechtigten) Kündigung des Vermieters, kann der Mieter verlangen, dass das Mietverhältnis so lange fortgesetzt wird, wie dies unter Berücksichtigung aller Umstände angemessen ist (§ 574a Abs. 1 Satz 1 BGB).

63 Der Widerspruch des Mieters ist begründet, wenn die Beendigung des Mietverhältnisses für den Mieter, seine Familie oder einen anderen Angehörigen seines Haushalts eine Härte bedeuten würde, die auch unter Würdigung der berechtigten Interessen des Vermieters nicht zu rechtfertigen ist (§ 574 Abs. 1 Satz 1 BGB). Eine Ausnahme zugunsten des Vermieters gilt für den Fall, dass ein Grund vorliegt, der den Vermieter zur außerordentlichen fristlosen Kündigung berechtigt (§§ 543, 574 Abs. 1 Satz 2 BGB). Gesetzlich anerkannter Grund für eine solche Härte ist, wenn angemessener Ersatzwohnraum zu zumutbaren Bedingungen nicht beschafft werden kann (§ 574 Abs. 2 BGB).

64 Ein Widerspruch des Mieters ist – ebenso wie die Kündigung des Vermieters – schriftlich zu erklären (§ 574b Abs. 1 Satz 1 BGB). Die Frist für den Widerspruch beträgt 2 Monate. Hält der Mieter diese Frist nicht ein, kann der Vermieter die Fortsetzung des Mietverhältnisses nach § 574b Abs. 2 Satz 1 BGB ablehnen.

65 Während die Angabe der Gründe für ein berechtigtes Interesse des Vermieters in der Kündigung Wirksamkeitsvoraussetzung der Kündigung sind, soll der Mieter lediglich auf Verlangen des Vermieters über die Gründe des Widerspruchs unverzüglich Auskunft erteilen (§ 574b Abs. 1 Satz 2 BGB).

4. Abdingbarkeit zulasten des Mieters

66 Die Kündigungsschutzbestimmungen zugunsten des Mieters sind zwingendes Recht. Sie sind – auch durch Individualvereinbarung – nicht zum Nachteil des Mieters abdingbar (§§ 569 Abs. 5, 571 Abs. 3, 573 Abs. 4, 573a Abs. 4, 573b Abs. 5, 573c Abs. 4, 573d Abs. 3, 574 Abs. 4, 574a Abs. 3, 574b Abs. 3, 574c Abs. 3 BGB).

5. Werkswohnungen

Für *Werkswohnungen* gelten Sondervorschriften (§§ 576 bis 576b BGB). Zu unterscheiden ist zwischen der *Werkmietwohnung* (§ 576a BGB) und der *Werkdienstwohnung* (§ 576b BGB). Im Gegensatz zur Werkdienstwohnung zeichnet sich die Werkmietwohnung durch das Vorliegen eines mit Rücksicht auf das Bestehen eines Dienstverhältnisses abgeschlossenen *selbstständigen Mietvertrags* aus. Ist das Mietverhältnis auf unbestimmte Zeit eingegangen, so ist nach Beendigung des Dienstverhältnisses eine vermieterseitige Kündigung unter Geltung verkürzter Kündigungsfristen zulässig (§ 576 Abs. 1 Nr. 1 BGB). Noch weiter verkürzte Kündigungsfristen gelten für sogenannte *funktionsgebundene Werkmietwohnungen* (576 Abs. 1 Nr. 2 BGB). **67**

Fristlose Kündigung wegen Zahlungsverzuges

Kündigung **68 M**
Ich kündige den Mietvertrag vom ..... über Ihre Wohnung in meinem Hause ..... aus wichtigem Grund mit sofortiger Wirkung.
Der Grund für die Kündigung ist, dass Sie für zwei aufeinanderfolgende Termine mit der Entrichtung der Miete in Verzug sind. Sie waren nach § 556b Abs. 1 BGB verpflichtet, die Miete jeweils spätestens zum 3. Werktag eines Monats zu entrichten. Dieser Verpflichtung sind Sie trotz meiner Zahlungsaufforderung vom ..... nicht nachgekommen. Das Kündigungsrecht ergibt sich aus § 543 Abs. 1 in Verbindung mit § 543 Abs. 2 Nr. 3 lit. a BGB.
Ich fordere Sie auf, die Wohnung bis spätestens zum ..... in vertraglich vereinbartem Zustand an ..... herauszugeben.
Ich bin nicht damit einverstanden, dass Sie über diesen Zeitpunkt hinaus den Gebrauch der Wohnung fortsetzen. Sollten Sie dies dennoch tun, verlängert sich der Mietvertrag dadurch nicht (§ 545 BGB).
Mit freundlichen Grüßen
Ort, Datum, **Unterschrift**

Fristgemäße Kündigung des Vermieters wegen Eigenbedarfs

Kündigung **69 M**
Ich kündige den Mietvertrag vom ..... über Ihre Wohnung in meinem Hause ..... zum .....
Der Grund für die Kündigung ist, dass ich die Räume als Wohnung für ..... benötige (§ 573 Abs. 2 Nr. 2 BGB). Im Einzelnen [möglichst genaue, ausführliche Darstellung der den Eigenbedarf begründenden Umstände].
Ich weise Sie auf die Regelung des § 574 BGB über das Widerspruchsrecht des Mieters gegen eine Kündigung hin. Ein etwaiger Widerspruch muss mir schriftlich bis spätestens zwei Monate vor dem vorgenannten Ablauf des Mietverhältnisses zugehen. Für den Fall des Widerspruchs bitte ich bereits jetzt um die Angabe der Gründe (§ 574b Abs. 1 S. 2 BGB).
Ich bin nicht damit einverstanden, dass Sie über diesen Zeitpunkt hinaus den Gebrauch der Wohnung fortsetzen. Sollten Sie dies dennoch tun, verlängert sich der Mietvertrag dadurch nicht (§ 545 BGB).
Mit freundlichen Grüßen
Ort, Datum, **Unterschrift**

Widerspruch des Mieters

70 M **Ihre Kündigung des Mietverhältnisses**
Unter Bezugnahme auf Ihr Kündigungsschreiben vom ..... widerspreche ich Ihrer Kündigung des Mietverhältnisses und verlange dessen Fortsetzung auf unbestimmte Zeit. Die Kündigung des Mietverhältnisses bedeutet für mich und meine Familie eine unzumutbare Härte, da angemessener Ersatzwohnraum zu zumutbaren Bedingungen nicht zu beschaffen ist. (Die Widerspruchsgründe sollten näher begründet werden.)
Ort, Datum, Unterschrift

IV. Mieterhöhung

71 Die Höhe der Miete können Vermieter und Mieter grundsätzlich frei vereinbaren. Die bedeutendste Einschränkung dieser Regel ist § 5 WiStrG, nach dem ordnungswidrig handelt, wer vorsätzlich oder leichtfertig für die Vermietung von Räumen zum Wohnen oder damit verbundene Nebenleistungen unangemessen hohe Entgelte fordert, sich versprechen lässt oder annimmt. Nach § 5 Abs. 2 WiStrG sind Entgelte unangemessen hoch, die infolge der Ausnutzung eines geringen Angebots an vergleichbaren Räumen die üblichen Entgelte um mehr als 20 % übersteigen, die in der Gemeinde oder in vergleichbaren Gemeinden für die Vermietung von Räumen vergleichbarer Art, Größe, Ausstattung, Beschaffenheit und Lage vereinbart worden sind. Eine weitere Ausnahme ist die Vermietung im öffentlich geförderten Wohnraum. In diesem Bereich ergibt sich die maximale Höhe der zulässigen Miete aus der Förderzusage (§ 28 Wohnraumförderungsgesetz).

72 Bei Vertragsabschluss stehen den Vertragsparteien zwei Möglichkeiten zur Verfügung, künftige Mieterhöhungen zu vereinbaren, die Staffelmiete (§ 557a BGB) und die Indexmiete (§ 557b BGB). Andere vertragliche Regelungen zum Nachteil des Mieters sind unwirksam (§ 557 Abs. 4 BGB).

73 Die Staffelmiete kann für bestimmte Zeiträume in unterschiedlicher Höhe schriftlich vereinbart werden. Dabei ist die jeweilige Miete oder die jeweilige Erhöhung in einem Geldbetrag auszuweisen. Das ergibt sich aus § 557a Abs. 1 BGB. Eine Staffel muss jeweils mindestens 1 Jahr laufen. Erhöhungen in kürzeren Abständen sind unwirksam (§ 557a Abs. 4 BGB). Eine vertragliche Staffelmiete und die gesetzliche Mieterhöhung bis zur ortsüblichen Vergleichsmiete schließen sich gegenseitig aus (§ 557a Abs. 2 BGB).

74 Als Alternative zur Staffelmiete können die Vertragsparteien den Mietzins indexieren. Zulässiger Index ist der vom Statistischen Bundesamt ermittelte Preisindex für die Lebenshaltung aller privaten Haushalte in Deutschland. Auch die Vereinbarung der Indexierung muss schriftlich erfolgen (§ 557b Abs. 1 BGB). Die Miete muss jeweils mindestens 1 Jahr nach der Indexierung unverändert bleiben. Eine Erhöhung bis zur ortsüblichen Vergleichsmiete nach § 558 BGB ist neben der Indexierung ausgeschlossen (§ 557b Abs. 2 Satz 3 BGB). Die Mieterhöhung erfolgt – anders als im Gewerberaummietrecht üblich – nicht automatisch. Die Veränderung der Miete muss durch Erklärung in Textform geltend gemacht werden. Dabei sind die eingetretene Änderung des Preisindexes sowie die jeweilige Miete oder die Erhöhung auf einen Geldbetrag anzugeben. Die geänderte Miete ist mit Beginn des übernächsten Monats nach dem Zugang der Erklärung zu entrichten (§ 557b Abs. 3 BGB).

75 Alternativ zur vertraglich vereinbarten Staffelmiete oder Indexmiete steht dem Vermieter die Möglichkeit einer Mieterhöhung bis zur ortsüblichen Vergleichsmiete nach § 558 BGB zu. Die Einzelheiten der Mieterhöhung bis zur ortsüblichen Vergleichsmiete ergeben sich aus §§ 558 bis 558e BGB. Insbesondere muss der Vermieter das Mieterhöhungsverlangen dem Mieter in Textform erklären und begründen (§ 558a BGB). Der Mieter muss der Mieterhöhung zustimmen (§ 558b Abs. 1 BGB). Erteilt der Mieter die Zustimmung zur Mieterhö-

hung nicht, kann der Vermieter die Mieterhöhung durch eine Klage durchsetzen, die in der Frist des § 558b Abs. 2 Satz 2 BGB erhoben werden muss.

Der zweite gesetzliche Grund für eine Mieterhöhung – neben der Mieterhöhung bis zur ortsüblichen Vergleichsmiete – ist die Mieterhöhung bei Modernisierung (§ 559 BGB). Danach kann der Vermieter die Miete erhöhen, wenn er bauliche Maßnahmen durchgeführt hat, die den Gebrauchswert der Wohnung nachhaltig erhöhen, die allgemeinen Wohnverhältnisse auf Dauer verbessern oder nachhaltig Einsparungen von Energie oder Wasser bewirken, oder er andere bauliche Maßnahmen aufgrund von Umständen durchgeführt hat, die er nicht zu vertreten hat. Die Grenze der Mieterhöhung beträgt 11 % der für die Wohnung aufgewendeten Kosten (§ 559 Abs. 1 BGB). Anders als bei der Mieterhöhung bis zur ortsüblichen Vergleichsmiete ist nach einer Modernisierung die Zustimmung des Mieters zur Mieterhöhung nicht erforderlich. Die Mieterhöhung ist (lediglich) dem Mieter in Textform zu erklären. Die Erklärung ist nur wirksam, wenn in ihr die Erhöhung aufgrund der entstandenen Kosten berechnet und entsprechend den Voraussetzungen der §§ 559 und 559a BGB erläutert wurde (§ 559b Abs. 1 BGB). 76

Mieterhöhung

In § ..... unseres Mietvertrages vom ..... über das Objekt ..... ist eine Indexklausel vereinbArt. Diese lautet wie folgt: »Steigt oder fällt der vom Statistischen Bundesamt ermittelte Preisindex für die Lebenshaltung aller privaten Haushalte in Deutschland, so verändert sich die vereinbarte Miete entsprechend«. 77 M
Der Index ist seit dem Abschluss des Mietvertrags von ..... auf ..... im Monat ..... gestiegen. Das entspricht einer Steigerung von ..... %.
Die in § ..... des Mietvertrags vereinbarte Miete von ..... € erhöht sich damit um ..... € auf ..... € (geänderte Miete). Die geänderte Miete ist mit Beginn des übernächsten Monats nach dem Zugang dieser Erklärung zu entrichten (§ 557b Abs. 3 S. 3 BGB).
Mit freundlichen Grüßen
Ort, Datum, **Unterschrift**

V. Gewerberaummiete

1. Systematik des Gewerberaummietrechts

Die Regelungen zum Gewerberaummietrecht finden sich in §§ 578 bis 580a BGB. Zentrale Norm ist dabei § 578 BGB, der – nur in einigen Punkten – auf die Vorschriften des Wohnraummietrechts verweist. Wesentliche Bereiche des Mietvertrags sind daher – abweichend vom Wohnraummietrecht – gesetzlich nicht geregelt. Das gilt insbesondere für zentrale Bereiche wie die Wertsicherung durch Mieterhöhungen und die Vorschriften über Betriebskosten. 78

2. Mietobjekt

Das Mietobjekt ist wesentlicher Bestandteil des Mietvertrags. Lässt sich das Mietobjekt aus dem Mietvertrag nicht – notfalls mithilfe von Vertragsauslegung – feststellen, liegt kein Mietvertrag vor. Soweit ein Grundstück insgesamt gemietet wird, ist die Identifizierung durch Angabe der Grundbuchdaten ohne Weiteres möglich. Insbesondere, wenn nur Teile eines Grundstücks oder eines Gebäudes vermietet werden, lassen sich Unklarheiten durch 79 die Kennzeichnung des Mietobjekts im Lageplan vermeiden. Besondere Sorgfalt ist bei der Vermietung von Projekten, der sogenannten »Vermietung vom Reißbrett« geboten.[65]

3. Mietzweck

80 Der Mietzweck hat nicht nur Bedeutung für die Frage, ob ein Wohn- oder Geschäftsraum im Mietverhältnis vereinbart wird. Von ihm hängt auch ab, wann im Einzelfall ein Mangel vorliegt und inwieweit der Mieter unter Umständen Konkurrenzschutz genießt.

4. Miete

81 Die Miete kann mit oder ohne USt geschuldet sein. Ob der Vermieter USt abführen muss, hängt davon ab, ob er für die USt optiert hat.

82 Im Wohnraummietrecht ist die Miete nach § 556b Abs. 1 BGB zu Beginn, spätestens bis zum 3. Werktag der einzelnen Zeitabschnitte zu entrichten, nach denen sie bemessen ist. Diese Regelung gilt mangels Verweises in § 578 BGB auf § 556b BGB im gewerblichen Mietrecht nicht, wenn sie nicht ausdrücklich vereinbart wird.

5. Neben-/Betriebskosten

83 Bei der Umlage von Neben-/Betriebskosten genießen die Vertragsparteien im gewerblichen Mietrecht einen wesentlich größeren Gestaltungsspielraum als im Wohnraummietrecht. Die umlegbaren Betriebskosten sind nicht durch § 556 i.V.m. § 1 BetrKV beschränkt.

84 Die Möglichkeit der Umlage von Neben-/Betriebskosten durch Allgemeine Geschäftsbedingungen wird von der Rechtsprechung zunehmend kritisch betrachtet, soweit diese über den Katalog der BetriebskostenVO hinausgehen. Der für das gewerbliche Mietrecht zuständige XII. Zivilsenat des BGH hat sich in einer Reihe neuerer Entscheidungen der Rechtsprechung des für Wohnraummietrecht zuständigen VIII. Zivilsenats angeschlossen. Eine Ausnahme stellt die Umlagefähigkeit von Verwaltungskosten durch AGB dar. So verstößt nach Ansicht des BGH die Umlage von »Kosten der kaufmännischen und technischen Hausverwaltung« weder gegen das Transparenzgebot des § 305c BGB noch sei eine Begrenzung der Höhe nach erforderlich.[66]

85 Zumindest der teilweise in der Literatur und vereinzelten Entscheidungen vertretenen Auffassung, die Ausschlussfrist des § 556 Abs. 3 Satz 3 BGB sei auch im gewerblichen Mietrecht anwendbar, hat der BGH einen Riegel vorgeschoben.[67]

6. Schriftform

86 Mietverträge über Grundstücke und Räume gelten – unabhängig von der Vereinbarung einer längeren Laufzeit – für unbestimmte Zeit, wenn sie nicht in schriftlicher Form geschlossen sind (§§ 578, 550, 126 BGB). Sie können dann mit den gesetzlichen Fristen des § 580a BGB gekündigt werden (zu den Voraussetzungen der mietvertraglichen Schriftform s.u. § 42).

Gewerberaummietvertrag

87 M Zwischen
….. GmbH, eingetragen beim Amtsgericht ….. unter der Nr. HRB …..
– nachfolgend »Vermieter« genannt –

---
65 BGH, Urt. v. 02.11.2005 – XII ZR 233/03.
66 BGH NJW 2010, 671.
67 BGH NJW 2010, 1065.

und
..... GmbH, eingetragen beim Amtsgericht ..... unter der Nr. HRB .....
– nachfolgend »Mieter« genannt –
wird folgender Vertrag geschlossen.

§ 1 Mietobjekt

Anlage 1,

1.1 Der Vermieter ist Eigentümer des im Grundbuch des Amtsgerichts ....., für ..... Blatt ....., Flur ....., Flurstück ..... eingetragenen Grundstücks mit einer Fläche von ..... m² (nachfolgend »Objekt« genannt). Die Lage des Objekts ist in dem anliegenden Lageplan, ...
farblich gekennzeichnet.
1.2 Der Vermieter vermietet an den Mieter die im Grundrissplan,

Anlage 2,

farblich gekennzeichneten Räume mit einer Fläche von insgesamt ca. ..... m² sowie ..... Stellplätze im ersten Untergeschoss (nachfolgend insgesamt als »Mietobjekt« bezeichnet).
1.3 Sollten sich bei nachträglicher Vermessung Abweichungen von der oben angegebenen Größe des Mietobjekts ergeben, so ist keine der Parteien berechtigt, deswegen eine Änderung des Mietpreises zu fordern. Die Ausnutzung von Fassaden- bzw. Wandflächen am oder im Hause, auf dem Dach oder außerhalb der Miträume bedarf besonderer schriftlicher Vereinbarung.
1.4 Dem Mieter werden vom Vermieter für die Mietzeit folgende Schlüssel ausgehändigt: ..... Nach Beendigung des Mietverhältnisses sind sämtliche Schlüssel einschließlich etwaiger, vom Mieter selbst beschaffter, an den Vermieter herauszugeben.

§ 2 Mietzweck

2.1 Der Vermieter vermietet das Mietobjekt zur Nutzung als ..... Eine Veränderung des Mietzwecks bedarf der schriftlichen Genehmigung des Vermieters. Ein Anspruch auf Erteilung einer solchen Genehmigung besteht nicht.
2.2 Der Vermieter überlässt den Gebrauch des Mietobjekts in einem für den Mietzweck grundsätzlich geeigneten Zustand. Der Vermieter leistet jedoch keine Gewähr dafür, dass das Mietobjekt den technischen Anforderungen des Mieters sowie den für den besonderen Bedarf des Mieters einschlägigen behördlichen sowie sonstigen Vorschriften entsprechen. Etwaige notwendig werdende, das Mietobjekt betreffenden Genehmigungen hat der Mieter auf eigene Kosten zu besorgen, behördliche Auflagen etc. auf eigene Kosten zu erfüllen. Das Mietobjekt darf nur in der behördlich genehmigten Weise unter Einhaltung der behördlichen Auflagen sowie sonstiger öffentlich-rechtlicher Bestimmungen genutzt werden.

§ 3 Mietzeit

3.1 Der Mietvertrag wird auf die Dauer von ..... Jahren fest geschlossen. Die Vertragsparteien verpflichten sich, den Zeitpunkt der Übergabe in einem Nachtrag zum Mietvertrag zu bestätigen, der dem gesetzlichen Schriftformerfordernis genügt.
3.2 Dem Mieter wird die Option eingeräumt, das Mietverhältnis um .....x ..... Jahre zu den Bedingungen dieses Vertrags zu verlängern. Die Option muss mindestens ein Jahr

§ 41 Mietvertrag

vor Ablauf der Festlaufzeit gemäß § 2 Ziff. 2.1 bzw. dem Ablauf des vorangegangenen Optionszeitraums ausgeübt werden. Die Ausübung ist nur wirksam, wenn sie durch eingeschriebenen Brief erfolgt.
3.3 Dieses Mietverhältnis verlängert sich automatisch um jeweils ein Jahr, wenn es nicht spätestens sechs Monate vor Ablauf gekündigt wird. Die Kündigung ist nur wirksam, wenn sie durch eingeschriebenen Brief erfolgt.

§ 4 Miete

4.1 Die Miete für das Mietobjekt gemäß § 1 Ziff. 1.2 beträgt monatlich ..... € zzgl. Umsatzsteuer.
4.2 Kommt der Mieter mit einer Zahlungsverpflichtung aus diesem Vertrag in Verzug, ist er verpflichtet, dem Vermieter Zinsen in Höhe des gesetzlichen Zinssatzes zu zahlen. Der Vermieter ist nicht gehindert, einen höheren Schaden geltend zu machen. Die weiteren vertraglichen und gesetzlichen Rechte des Vermieters aufgrund eines Zahlungsverzugs des Mieters bleiben unberührt.
4.3 Der Vermieter hat gemäß § 9 Umsatzsteuergesetz für die Umsatzsteuer optiert. Der Vermieter ist sich bewusst, dass das Objekt und das Mietobjekt ausschließlich für Umsatz verwendet werden darf, die den Vorsteuerabzug nicht ausschließen und dass der Vermieter die Voraussetzungen gegenüber der Finanzbehörde gemäß § 9 Abs. 2 Umsatzsteuergesetz nachzuweisen hat. Vor diesem Hintergrund garantiert der Mieter, das Mietobjekt nicht für Umsätze zu verwenden, die den Vorsteuerabzug ausschließen und verpflichtet sich, dem Vermieter auf dessen Anfrage innerhalb von fünf Werktagen einen entsprechenden Nachweis zu erbringen.
4.4 Der Vermieter wird dem Mieter auf Verlangen eine Rechnung ausstellen, die den Anforderungen des Umsatzsteuergesetzes genügt.

§ 5 Zahlung der Miete

5.1 Die Miete ist monatlich im Voraus, spätestens am dritten Werktag (am Ort des Objekts) des Monats an den Vermieter zu zahlen. Die Zahlung hat auf das jeweils vom Vermieter bestimmte Konto zu erfolgen. Soweit der Vermieter keine andere Bestimmung trifft, ist die Miete auf folgendes Konto zu zahlen:
IBAN: .....
BIC: .....
5.2 Für die Rechtzeitigkeit der Zahlung kommt es nicht auf die Absendung, sondern auf die Gutschrift der Miete auf dem Konto des Vermieters an.

§ 6 Aufrechnung/Minderung/Zurückbehaltungsrecht

6.1 Der Mieter kann gegenüber der Miete und den Betriebskosten nicht aufrechnen und kein Zurückbehaltungsrecht geltend machen, es sei denn, die Gegenforderung ist unstreitig oder rechtskräftig festgestellt.
6.2 Ein Minderungs- oder Zurückbehaltungsrecht kann der Mieter nur ausüben, wenn er dies dem Vermieter mindestens einen Monat vor Fälligkeit der jeweiligen Miete angekündigt hat.

§ 7 Betriebskosten

7.1 Die verbrauchsabhängigen Betriebskosten des Mietobjekts für Strom, Heizung und Wasser gehen zu Lasten des Mieters. Der Mieter verpflichtet sich, – soweit möglich – mit den Versorgungsunternehmen unmittelbar Verträge abzuschließen. Soweit das

nicht möglich ist, wird der Vermieter diese Verträge abschließen und die daraus resultierenden Kosten als Betriebskosten auf den Mieter umlegen.
7.2 Der Mieter ist verpflichtet, die Betriebskosten gemäß der Betriebskostenverordnung zu zahlen. Darüber hinaus trägt der Mieter die Kosten für ..... und ..... Der Mieter trägt auch die Kosten der kaufmännischen und technischen Hausverwaltung.
7.3 Der Vermieter ist verpflichtet, die Betriebskosten jährlich abzurechnen, und zwar jeweils innerhalb eines Jahres nach Ablauf des Abrechnungszeitraums.
7.4 Der Mieter ist verpflichtet, eine Betriebskostenvorauszahlung in Höhe von ..... zzgl. Umsatzsteuer an den Vermieter zu zahlen.
7.5 Für die Zahlung der Betriebskostenvorauszahlung und der Verwaltungskostenpauschale gelten die Vorschriften über die Zahlung der Miete entsprechend.

§ 8 Übergabe

8.1 Die Übergabe des Mietobjekts erfolgt am ..... Sollte sich die Übergabe verschieben, wird der Vermieter dem Mieter dieses zwei Wochen vor dem genannten Termin mitteilen.
8.2 Anlässlich der Übergabe verpflichten sich die Vertragsparteien, ein Übergabeprotokoll zu erstellen, in dem etwaige Mängel des Mietobjekts aufgelistet sind. Der Mieter hat das Mietobjekt bereits besichtigt. Die Vertragsparteien sind sich einig, dass keine Mängel vorhanden sind, die eine Übergabe hindern oder zur Minderung der Miete berechtigen.

§ 9 Benutzung des Mietobjekts

9.1 Der Mieter verpflichtet sich, das Mietobjekt und die gemeinschaftlichen Flächen/Einrichtungen schonend und pfleglich zu behandeln sowie in ordnungsgemäßem Zustand zu erhalten.
9.2 Die Nutzung, Lagerung gewässer- sowie sonstiger umweltgefährdender Stoffe/Materialien ist dem Vermieter anzuzeigen und bedarf dessen schriftlicher Zustimmung. Der Mieter ist bei Verwendung solcher gewässer- bzw. umweltgefährdender Stoffe und Materialien verpflichtet, diese separat auf eigene Kosten zu versichern. Entsprechendes gilt auch für sonstige Umwelteinwirkungen und Emissionen etc., die von dem Mieter ausgehen bzw. durch die Nutzung des Mietobjektes verursacht werden. Für etwaige Gewässer-/Umweltschäden etc. haftet der Mieter und hat den Vermieter von Ansprüchen Dritter freizustellen.
9.3 Untervermietung oder sonstige Gebrauchsüberlassung an Dritte ist nur nach vorheriger schriftlicher Zustimmung des Vermieters zulässig. Der Vermieter kann einer Untervermietung oder sonstigen Gebrauchsüberlassung an Dritte widersprechen, wenn ein wichtiger Grund vorliegt. Bei unbefugter Untervermietung kann der Vermieter verlangen, dass der Mieter das Untermietverhältnis unverzüglich, spätestens binnen Monatsfrist, beendet. Anderenfalls ist der Vermieter berechtigt, das Hauptmietverhältnis fristlos zu kündigen. Ein vorzeitiges Kündigungsrecht des Mieters für den Fall der Versagung der Untervermietungserlaubnis besteht nicht. Der Vermieter ist berechtigt, die Zustimmung zur Untervermietung von einer Erhöhung der Mietsicherheit abhängig zu machen.
9.4 Für den Fall der Untervermietung oder sonstigen Gebrauchsüberlassung an Dritte tritt der Mieter dem diese Abtretung annehmenden Vermieter schon jetzt sämtliche ihm gegen den Untermieter zustehenden Forderungen nebst etwaiger Pfandrechte sicherungshalber ab.

§ 10 Ausbesserungen, Modernisierungen und bauliche Veränderungen durch den Vermieter

10.1 Der Vermieter darf Ausbesserungen, Modernisierungen und bauliche Veränderungen, die zur Erhaltung des Objekts oder des Mietobjekts oder zur Abwendung drohender Gefahren oder zur Beseitigung von Schäden notwendig werden, auch ohne Zustimmung des Mieters vornehmen.

10.2 Ausbesserungen, Modernisierungen und bauliche Veränderungen, die zwar nicht notwendig, aber zweckmäßig sind, dürfen ebenfalls ohne Zustimmung des Mieters vorgenommen werden, wenn diese den Mieter nicht erheblich beeinträchtigen.

10.3 Soweit dies zur Durchführung von Ausbesserungen, Modernisierungen und baulichen Veränderungen erforderlich ist, hat der Mieter die betroffenen Räume und sonstigen Bereiche zugänglich zu halten. Die Maßnahmen dürfen von dem Mieter nicht behindert oder verzögert werden.

10.4 Soweit der Mieter die Arbeiten dulden muss, kann er weder den Mietzins mindern noch ein Zurückbehaltungsrecht ausüben, noch Schadenersatz verlangen. Diese Rechte stehen ihm jedoch zu, wenn es sich um Maßnahmen handelt, die den Gebrauch des Mietobjekts zu dem vereinbarten Zweck ganz oder teilweise ausschließen oder erheblich beeinträchtigen.

10.5 Die Heizungsanlage und Warmwasserversorgung kann der Vermieter auf andere Heizstoffe oder Fernwärme umstellen. Der Vermieter ist berechtigt, die Kosten des Betriebs und der Wartung sowie des Contractings im Rahmen der Betriebskosten auf den Mieter umzulegen.

§ 11 Bauliche Änderungen durch den Mieter

11.1 Bauliche Änderungen durch den Mieter, z.B. Um- und Einbauten, Installationen sowie sonstige Veränderungen des Mietobjekts bedürfen der schriftlichen Zustimmung des Vermieters. Für die öffentlich-rechtliche Zulässigkeit der Baumaßnahmen etc. sowie für die Einholung behördlicher Genehmigungen sowie die Erfüllung behördlicher Auflagen ist der Mieter auf eigene Kosten verantwortlich. Für Schäden, die durch die von ihm durchgeführten baulichen Änderungen etc. entstehen, haftet der Mieter. Der Mieter ist verpflichtet, dem Vermieter auf Anfrage die Baugenehmigung in Kopie zu überlassen sowie nach Durchführung der Arbeiten eine Kopie der Bestandspläne zu übergeben.

11.2 Einrichtungen und sonstige bauliche Veränderungen des Mietobjekts hat der Mieter bei Beendigung des Mietverhältnisses auf eigene Kosten wieder zu entfernen und den ursprünglichen Zustand auf eigene Kosten wiederherzustellen. Der Vermieter kann jedoch verlangen, dass die Einrichtungen oder sonstige bauliche Veränderungen bei Beendigung des Mietverhältnisses entschädigungslos zurückgelassen werden. Eine Zustimmung zur Durchführung baulicher Maßnahmen durch den Mieter beinhaltet nicht das Einverständnis, dass der Mieter das Mietobjekt nach Ende des Mietverhältnisses in dem umgebauten Zustand belassen darf.

§ 12 Schönheitsreparaturen/Instandhaltung/Instandsetzung/Haftung

12.1 Die laufenden Schönheitsreparaturen des Mietobjekts hat der Mieter auf eigene Kosten regelmäßig durchzuführen oder durchführen zu lassen. Hierzu gehören insbesondere das Reinigen, Streichen etc. von Wänden und Decken, Heizkörpern, Klimaanlagen, sonstiger Verkleidungen, Fenstern, Einbauschränken, Innen- und Außentüren sowie sämtliche notwendigen sonstigen malermäßigen Arbeiten (z.B. Tapezierarbeiten) sowie die Pflege, Reinigung und ggf. Austausch/Erneuerung der Teppichböden bzw. der sonstigen Bodenbeläge (z.B. Parkett, Linoleum etc.).

12.2 Für sämtliche durch den Mietgebrauch veranlasste Wartungs-, Instandhaltungs- sowie Instandsetzungsmaßnahmen des Mietobjekts einschließlich des Zubehörs nebst sämtlichen sonstigen Einrichtungen und Anlagen ist der Mieter auf eigene Kosten verantwortlich. Soweit es sich um in das Gebäude integrierte Einrichtungen, Anlagen, Zubehörteile handelt, behält sich der Vermieter das Recht vor, die notwendigen Instandhaltungs- bzw. Instandsetzungsmaßnahmen auf Kosten des Mieters selbst durchzuführen. Die Vertragsparteien stellen klar, dass die Instandhaltungs- und Instandsetzungsverpflichtung des Mieters nicht Instandhaltung und Instandsetzung von Dach und Fach umfasst.

12.3 Der Mieter haftet für Schäden, die durch Verletzung der ihm obliegenden Sorgfaltspflicht schuldhaft verursacht werden. Dies gilt auch für durch Familienangehörige, Arbeiter, Angestellte, Untermieter, beauftragte Handwerker, Lieferanten, Kunden etc. schuldhaft verursachte Schäden. Die Haftung erstreckt sich auch auf Schäden, die durch fahrlässiges Umgehen mit Wasser-, Gas- oder Stromleitungen, mit den Sanitär- und Heizungsanlagen, durch Offenstehenlassen von Türen, unzureichende Beheizung oder durch sonstige Sorgfaltspflichtverletzungen entstehen. Leitungsverstopfungen bis zum Hauptrohr hat der Mieter stets und in jedem Fall unverzüglich auf eigene Kosten zu beseitigen oder beseitigen zu lassen.

12.4 Der Mieter muss das Mietobjekt auf eigene Kosten von Ungeziefer freihalten. Er kann sich nur dann darauf berufen, dass das Mietobjekt bereits bei Übernahme von Ungeziefer befallen war, wenn er dies gegenüber dem Vermieter unverzüglich nach Übernahme des Mietobjekts gerügt und durch Bescheinigung eines Schädlingsbekämpfers belegt hat.

12.5 Der Mieter ist verpflichtet, diejenigen Schäden, für die er einstehen muss, sofort zu beseitigen. Kommt er dieser Verpflichtung auch nach schriftlicher Aufforderung innerhalb angemessener Frist nicht nach, so kann der Vermieter die erforderlichen Arbeiten auf Kosten des Mieters selbst vornehmen oder vornehmen lassen. Bei Gefahr drohender Schäden oder unbekanntem Aufenthalt des Mieters bedarf es einer schriftlichen Aufforderung mit Fristsetzung nicht.

§ 13 Sicherheitsleistung/Vermieterpfandrecht

13.1 Der Mieter ist verpflichtet, dem Vermieter zur Sicherung aller Forderungen aus und im Zusammenhang mit diesem Mietvertrag bis ..... Monate vor Übergabe des Mietobjekts eine Kaution in Höhe von ..... Monatsmieten auszuhändigen.

Die Sicherheitsleistung kann auch in Form einer unwiderruflichen selbstschuldnerischen Bankbürgschaft unter Ausschluss der Einrede der Anfechtbarkeit und Aufrechenbarkeit sowie ohne Hinterlegungsvorbehalt erfolgen. Der Vermieter darf sich auch während der Mietzeit für sämtliche Forderungen, die er gegen den Mieter aus oder im Zusammenhang mit dem Mietverhältnis erlangt (z.B. Mietzins, Neben-/Betriebskosten, Schadenersatz etc.) aus der Sicherheitsleistung befriedigen. Der Mieter ist in diesem Falle verpflichtet, die Sicherheitsleistung wieder auf die vereinbarte Höhe aufzustocken. Der Vermieter ist berechtigt, die Übergabe des Mietobjekts zu verweigern, wenn der Mieter die Sicherheitsleistung nicht rechtzeitig stellt; die Pflicht des Mieters zur Mietzinszahlung bleibt hiervon unberührt.

13.2 Der Mieter erklärt, dass sämtliche in das Mietobjekt eingebrachten Sachen sein freies Eigentum und nicht gepfändet oder verpfändet sind, mit Ausnahme folgender **Gegenstände**: .....

13.3 Der Mieter ist verpflichtet, den Vermieter von der Pfändung eingebrachter Sachen unverzüglich zu unterrichten.
13.4 Verstößt der Mieter hiergegen oder gibt er wissentlich unrichtige Erklärungen ab, ist der Vermieter zur fristlosen Kündigung des Mietvertrags berechtigt.

§ 14 Betreten der Mieträume durch den Vermieter

14.1 Der Vermieter und/oder ein von ihm Beauftragter kann das Mietobjekt während der Geschäftszeiten zur Prüfung seines Zustands oder aus anderen wichtigen Gründen betreten. Bei Gefahr in Verzug ist der Zutritt zu jeder Tages- und Nachtzeit zu gestatten.
14.2 Will der Vermieter das Grundstück verkaufen, so darf er und/oder sein Beauftragter die Mieträume zusammen mit den Kaufinteressenten während der Geschäftsstunden betreten.
14.3 Ist das Mietverhältnis gekündigt oder steht die Beendigung des Mietverhältnisses aus sonstigen Gründen bevor, so darf der Vermieter und/oder sein Beauftragter die Mieträume mit den Mietinteressenten während der Geschäftszeiten betreten.
14.4 Der Mieter hat dafür Sorge zu tragen, dass das Mietobjekt auch während seiner Abwesenheit betreten werden kann. Bei längerer Abwesenheit hat er den Vermieter zu benachrichtigen und die Schlüssel an geeigneter Stelle zu hinterlegen.

§ 15 Werbemaßnahmen

15.1 Die Sammelschildanlage am Hauseingang hat der Mieter mitzubenutzen. Die durch das Anbringen eines Schildes entstehenden Kosten gehen zu Lasten des Mieters.
15.2 Sonstige Vorrichtungen, die der Werbung dienen (z.B. Leuchtreklame etc.) dürfen an den Außenflächen des Hauses einschließlich der Fenster nur mit vorheriger schriftlicher Zustimmung des Vermieters angebracht werden. Der Vermieter kann diese Zustimmung aus wichtigem Grunde verweigern. Sämtliche etwaig erforderliche öffentlich-rechtliche Genehmigung hat der Mieter auf eigene Kosten zu besorgen, sonstige behördliche Auflagen etc. auf eigene Kosten zu befolgen. Bei Beendigung des Mietverhältnisses ist der Mieter zur Wiederherstellung des ursprünglichen Zustands auf eigene Kosten verpflichtet.
15.3 Der Mieter haftet für alle Schäden, die im Zusammenhang mit diesen Vorrichtungen entstehen.
15.4 Der Vermieter erteilt bereits jetzt sein Einverständnis für die Anbringung von ..... durch den Mieter an folgenden Flächen, die in dem als Anlage 3 beiliegenden Plan gekennzeichnet sind.

§ 16 Konkurrenzschutz

Der Vermieter gewährt dem Mieter keinen Konkurrenzschutz.

§ 17 Beendigung des Mietverhältnisses

17.1 Das Mietobjekt ist bei Beendigung der Mietzeit von dem Mieter an den Vermieter in vertragsgemäß instand gehaltenem und instand gesetztem Zustand gemäß § 12 dieses Vertrags mit sämtlichen, auch vom Mieter gefertigten Schlüsseln zurückzugeben.
17.2 Im Falle der Kündigung oder sonstiger Beendigung des Mietverhältnisses hat der Mieter die Anbringung von Vermietungs- oder Veräußerungsplakaten an den Fenstern oder sonstigen geeigneten Stellen durch den Vermieter und/oder seinen Beauftragten zu gestatten.

§ 18 Mehrere Personen als Mieter

Mehrere Personen als Mieter bevollmächtigen sich hiermit gegenseitig, einseitige Willenserklärungen oder sonstige Handlungen des Vermieters (z.B. Kündigungen) entgegenzunehmen. Solche Erklärungen und Handlungen des Vermieters sind auch dann wirksam, wenn sie nur einem Mieter zugehen (Empfangsvollmacht).

§ 19 Umwandlung des Mieters

Eine Umwandlung des Mieters i.S.d. § 1 Abs. 1 Umwandlungsgesetz bedarf der vorherigen schriftlichen Zustimmung des Vermieters.

§ 20 Schriftform

20.1 Nachträgliche Änderungen und Ergänzungen einschließlich der Aufhebung dieses Vertrags bedürfen der Schriftform. Die nachträgliche Abänderung dieses Schriftformerfordernisses bedarf ebenfalls der Schriftform.
20.2 Die Vertragsparteien sind sich den gesetzlichen Anforderungen an die Schriftform von Mietverträgen nach §§ 578, 550, 126 BGB bewusst. Vor diesem Hintergrund vereinbaren sie, jeweils auf Verlangen der anderen Vertragspartei alle Erklärungen abzugeben und Handlungen vorzunehmen, die erforderlich sind, um etwaige Schriftformverstöße zu heilen. Diese Verpflichtung gilt insbesondere für Zusätze, Nachträge und Ergänzungen dieses Mietvertrags. Diese Verpflichtung gilt nicht für einen Rechtsnachfolger des Vermieters, der gemäß §§ 578, 566 BGB in den Mietvertrag eintritt.

§ 21 Salvatorische Klausel

Sollten einzelne Bestimmungen dieses Vertrags unwirksam oder nichtig sein oder werden, bleibt die Wirksamkeit der übrigen Bestimmungen hiervon unberührt. Die Vertragsparteien verpflichten sich, in einem solchen Fall eine neue, wirksame Regelung zu vereinbaren, die dem wirtschaftlichen Sinn und Zweck des ursprünglich Gewollten möglichst nahe kommt.

§ 22 Schlussbestimmungen

Dieser Mietvertrag ist in ..... Originalen ausgefertigt und bei seiner Unterzeichnung mit den folgenden Anlagen fest verbunden:
Anlage 1 – Lageplan
Anlage 2 – Grundrissplan
Anlage 3 – Werbeflächen

....., den ....., den
....
(Vermieter) (Mieter)

■ *Kosten.* Der Geschäftswert bei der Beurkundung eines Mietvertrags bestimmt sich nach § 99 Abs. 1 GNotKG. Danach ist der Geschäftswert der Wert aller Leistungen des Mieters während der gesamten Vertragslaufzeit. Bei Mietverträgen von unbestimmter Vertragsdauer ist der auf die ersten 5 Jahre entfallende Wert der Leistungen maßgebend. Ist jedoch die Auflösung des Vertrags erst zu einem späteren Zeitpunkt zulässig, ist dieser maßgebend. Die Wertobergrenze ist der auf die ersten 20 Jahre entfallende Wert (§ 99 Abs. 1 Satz 1 GNotKG).

VI. Geschäfts-/Gewerberaummiete mit Vorkaufsrecht

88 1. Die Vereinbarung eines persönlichen oder dinglichen Vorkaufsrechts an einem Grundstück bedarf der notariellen Beurkundung nach § 311b Abs. 1 BGB, weil darin eine bedingte Verpflichtung zur Veräußerung des Grundstücks liegt.[68] Wird die Form nicht gewahrt, so ist auch der mit dem Vorkaufsrecht verbundene Mietvertrag nichtig, es sei denn, dass er auch ohne das Vorkaufsrecht geschlossen worden wäre (§ 139 BGB). Das gilt nicht, wenn der Mietvertrag eine salvatorische Erhaltungsklausel enthält. In einem solchen Fall ergibt sich entgegen der Regelung des § 139 BGB eine Vermutung für die Wirksamkeit der Vereinbarung der von der Nichtigkeit des Vorkaufsrechts nicht betroffenen mietvertraglichen Regelungen.

89 2. Für die Ausübung des Vorkaufsrechts durch den Mieter gelten, soweit nichts Abweichendes vereinbart ist, die §§ 463 ff. BGB. Bei der Vereinbarung eines Vorkaufsrechts muss geprüft werden, ob ein solches dem Mieter nur für den ersten, für mehrere oder für alle Verkaufsfälle eingeräumt werden soll. Dabei ist zu beachten, dass das Vorkaufsrecht eine Belastung der Liegenschaft darstellt. Bei der Vereinbarung eines einfachen Vorkaufsrechts (nur für den ersten Verkaufsfall) ist zu berücksichtigen, dass das Vorkaufsrecht auch dann erlischt, wenn das Grundstück auf andere Weise als durch Verkauf in das Eigentum eines Sonderrechtsnachfolgers des Verpflichteten übergeht.

90 Das *schuldrechtliche Vorkaufsrecht* gemäß §§ 463 ff. BGB kann durch Vormerkung grundbuchlich zugunsten des Mieters gesichert werden.[69] Das Vorkaufsrecht kann jedoch auch als *dingliches Vorkaufsrecht* gemäß §§ 1094 ff. BGB vereinbart und im Grundbuch eingetragen werden. Im letzteren Falle entsteht ein subjektiv-dingliches Recht, das eine unmittelbare Belastung des Grundstücks mit Wirkung gegen jeden Dritten darstellt.

91 3. Ein Vorkaufsrecht zugunsten des Mieters kann bspw. durch folgende zusätzliche Regelung im Mietvertrag vereinbart werden:

Vorkaufsrecht bei Gewerberaummiete

92 M § ..... Vorkaufsrecht
1. Der Vermieter räumt als Grundstückseigentümer dem Mieter für die Dauer des Mietvertrags ein Vorkaufsrecht (ggf. für alle Verkaufsfälle) an dem Grundstück ..... ein.
2. Der Vermieter/Eigentümer bewilligt und der Mieter/Vorkaufsberechtigte beantragt die Eintragung dieses Vorkaufsrechts im Grundbuch von ..... beim Amtsgericht ..... Blatt .....

- *Kosten.*
a) Des Notars: Das Vorkaufsrecht dient nicht, jedenfalls nicht ausschließlich, der Sicherung der Ansprüche des Mieters aus dem Mietvertrag und hat deshalb einen davon verschiedenen, eigenen Gegenstand, für den in der Regel der halbe Wert des Mietobjekts, d.h. des Grundstücks, anzusetzen ist (§ 51 Abs. 1 GNotKG).
b) Des Grundbuchamts: § 51 Abs. 1 GNotKG.

---

68 RGZ 125, 261; 148, 108; BGH DNotZ 1968, 83; BGH NJW-RR 1991, 206.
69 Vgl. RGZ 72, 392.

§ 42 Pachtvertrag

Literatur: *Brauneis*, Der Unternehmenspachtvertrag, 2. Auflage 2008; *Dörmer*, Die Unternehmenspacht, 2010; *Bub/Treier*, Handbuch der Geschäfts- und Wohnraummiete, 5. Aufl. 2018; *Faßbender/Hötzel/Lukanow*, Landpachtrecht, Kommentar, 3. Aufl. 2005; *Gerber/Eckert/Günter*, Gewerbliches Miet- und Pachtrecht, 8. Aufl. 2012; *Kern*, Berliner Kommentar Pachtrecht, 2012; *Klein-Blenkers*, Das Recht der Unternehmenspacht, 2008; *Lorz/Metzger/Stöckel*, Jagdrecht, Fischereirecht, Kommentar, 4. Aufl. 2011; *Mainczyk/Nessler*, Bundeskleingartengesetz, Praktiker-Kommentar, 11. Aufl. 2015; *Maser*, Betriebspacht- und Betriebsüberlassungsverhältnisse in Konzernen, 1985; *Nelißen*, »Wirksamer Abschluss von Betriebspachtverträgen«, Der Betrieb 2007, 786 f.; *Rixen/Krämer*, Kommentar zum ApoG, Apothekengesetz mit Apotekenbetriebsordnung, 1. Aufl. 2014; *Staudinger*, Kommentar zum BGB, Buch II, §§ 581 bis 606 »Pacht, Landpacht, Leihe«, Neub. 2013; *Wichert*, Gewerbemietrecht und Pacht, 2. Aufl. 2013; *Wolf/Eckert/Ball*, Handbuch des gewerblichen Miet-, Pacht- und Leasingrechts, 11. Aufl. 2017.

I. Einleitung und rechtliche Grundlagen

Seit dem Inkrafttreten des neuen Pachtrechtes am 01.07.1986 auf Grundlage des »Gesetzes zur Neuordnung des landwirtschaftlichen Pachtrechts« vom 08.11.1985[1] regeln die §§ 581 bis 584b BGB das Pachtrecht für nichtlandwirtschaftliche Pachtverhältnisse. Das speziell für landwirtschaftliche Pachtverhältnisse maßgebliche Vertragsrecht für den »Landpachtvertrag« regeln die §§ 585 bis 597 BGB. Die vertragstypischen Pflichten beim Pachtvertrag sind in § 581 Abs. 1 BGB normiert. Wegen der Nähe zum Mietrecht (= entgeltliche Gebrauchsüberlassung) verweist § 581 Abs. 2 BGB – außer für das Landpachtrecht (§§ 585 bis 597 BGB) – als Generalverweisung auf die entsprechend anzuwendenden Vorschriften des BGB-Mietrechts (§§ 535 bis 580a BGB), soweit die hiervon teilweise inhaltlich abweichenden §§ 582 bis 584b BGB keine anderslautenden Regelungen enthalten. Daneben gibt es pachtrechtliche Sonderfälle, in denen besondere gesetzliche Regelungen einschlägig sind:

1. Apothekenpacht

Für die Verpachtung von *Apotheken ist* zusätzlich *das* »Gesetz über das Apothekenwesen« (Apothekengesetz – ApoG) in der Fassung der Bekanntmachung vom 15.10.1980,[2] das zuletzt durch Art. 3 des Gesetzes vom 19.10.2012.[3] geändert worden ist, zu beachten (s.u. Rdn. 29–32 M).

2. Betriebspacht

Beim Abschluss von *Betriebspacht- oder Betriebsüberlassungsverträgen* als Unternehmensverträge gelten für Aktiengesellschaften und Kommanditgesellschaften auf Aktien zusätzlich die Sondervorschriften der §§ 291 ff., 292 Abs. 1 Nr. 3. Aktiengesetz (AktG).

---

1 BGBl. I S. 2065.
2 BGBl. I S. 1993.
3 BGBl. I S. 2192.

3. Landpacht

4 Für *Landpachtverträge* (s.u. Rdn. 33–45 M) gelten neben den bereits genannten Spezialvorschriften der §§ 585 bis 597 BGB das »Gesetz über die Anzeige und Beanstandung von Landpachtverträgen« (Landpachtverkehrsgesetz – LPachtVG) vom 08.11.1985[4] das zuletzt durch Art. 15 des Gesetzes vom 13.04.2006[5] geändert worden ist. In gerichtlichen Streitfällen gilt im Übrigen das »Gesetz über das gerichtliche Verfahren in Landwirtschaftssachen« (LwVG) vom 21.07.1953[6] in der im Bundesgesetzblatt Teil III, Gliederungsnummer 317-1, veröffentlichten bereinigten Fassung, das zuletzt durch Art. 17 des Gesetzes vom 23.07.2013[7] geändert worden ist.

5 In den neuen Bundesländern finden für Landpachtverträge im Übrigen die §§ 581 bis 597 BGB für die Flächen der früheren landwirtschaftlichen Produktionsgenossenschaften (LPG) auf Grundlage des »Gesetzes über die strukturelle Anpassung der Landwirtschaft an die soziale und ökologische Marktwirtschaft in der Deutschen Demokratischen Republik« (Landwirtschaftsanpassungsgesetz – LwAnpG) vom 29.06.1990,[8] neu gefasst durch Bekanntmachung vom 03.07.1991,[9] das zuletzt durch Art. 40 des Gesetzes vom 23.07.2013[10] geändert worden ist, Anwendung.

4. »Datschen-Regelung«

6 Teilweise gilt bis heute bezüglich der Bodenflächen gemäß §§ 312 bis 315 ZGB (Zivilgesetzbuch der DDR) in den neuen Bundesländern die sog. »*Datschen-Regelung*«[11] gemäß des »Gesetzes zur Anpassung schuldrechtlicher Nutzungsverhältnisse an Grundstücken im Beitrittsgebiet« (Schuldrechtsanpassungsgesetz – SchuldRAnpG) vom 21.09.1994,[12] das zuletzt durch Art. 1 des Gesetzes vom 17.05.2002[13] geändert worden ist, sowie die »Verordnung über eine angemessene Gestaltung von Nutzungsentgelten« (Nutzungsentgeltverordnung – NutzEV) in der Fassung der Bekanntmachung vom 24.06.2002.[14] Der besondere Kündigungsschutz für auf fremdem Grund befindlichen Datschen endet – von bestimmten Ausnahmen abgesehen – mit Ablauf des 03.10.2015. Rechtslage **bis 03.10.2015**: Ordentliche Kündigungen des Grundstückseigentümers sind nur in folgenden Fällen zulässig: § 23 Abs. 3 Nr. 1 SchuldRAnpG (Eigenbedarfskündigung zwecks Errichtung eines Ein- oder Zweifamilienhauses für eigene Wohnzwecken), § 23 Abs. 2 Nr. 2 SchuldRAnpG (sog. »B-Plan-Kündigung«), § 23 Abs. 6 SchuldRAnpG (Kündigung bei besonderem Investitionszweck), § 23 Abs. 3 Nr. 2 SchuldRAnpG (Eigenbedarfskündigung für eigene kleingärtnerische Zwecke, zur Erholung oder Freizeitgestaltung). Seit dem **04.10.2015** kann der Grundstückseigentümer den Vertrag nach Maßgabe der allgemeinen Bestimmungen des BGB kündigen. Hatte der Nutzer am 03.10.1990 das 60. Lebensjahr bereits vollendet, ist eine Kündigung durch den Grundstückseigentümer zu Lebzeiten dieses Nutzers ausgeschlossen(§ 23 Abs. 5 SchuldRAnpG). Außerhalb des Anwendungsbereichs der vorgenannten Sondervorschriften gelten im Übrigen auch für bereits vor dem 03.10.1990 in der ehemaligen DDR abgeschlossene Pachtverträge die Vorschriften des Bürgerlichen Gesetzbuches.

---

4 BGBl. I S. 2075.
5 BGBl. I S. 855.
6 BGBl. I S. 667.
7 BGBl. I S. 2586.
8 GBl. DDR 1990 I S. 642.
9 BGBl. I S. 1418.
10 BGBl. I S. 2586.
11 Hierzu ausführlich auch: Staudinger/*Emmerich*, BGB, Vorbem. zu § 581 Rn. 179 ff.
12 BGBl. I S. 2538.
13 BGBl. I S. 1580.
14 BGBl. I S. 2562.

5. Jagd- und Fischereipacht

Für die Vereinbarung von *Jagdpachtverträgen* gelten die §§ 11 bis 14 des Bundesjagdgesetzes in der Fassung der Bekanntmachung vom 29.09.1976,[15] das durch Art. 422 der Verordnung vom 31.08.2015[16] geändert worden ist und zwar in Verbindung mit den jeweiligen Ausführungsgesetzen der Bundesländer. Die *Fischereipacht* ist zumeist in den Landesfischereigesetzen normiert vgl. Art. 69 EGBGB (s.u. Rdn. 46–55).

6. Kleingartenpacht

Die sog. *Kleingartenpacht* ist in den §§ 4 ff. des Bundeskleingartengesetzes (BKleingG) vom 28.02.1983[17] geregelt, das zuletzt durch Art. 11 des Gesetzes vom 19.09.2006[18] geändert worden ist. Für Kleingartenpachtverträge gelten die Vorschriften des BGB über den Pachtvertrag, soweit sich aus dem BKleingG nichts anderes ergibt (s.u. Rdn. 56, 57).

II. Abgrenzung Pacht und Miete

Wegen der bereits erwähnten Generalverweisung für das Pachtvertragsrecht (mit Ausnahme des Landpachtrechts) auf die gesetzlichen Regelungen des Mietrechts in § 581 Abs. 2 BGB ist zunächst ergänzend auf § 41 (Rdn. 1–49) mit den dortigen Ausführungen zum Mietvertrag zu verweisen. Denn sowohl Pacht als auch Miete betreffen dem Kern ihres Wesens nach die entgeltliche Gebrauchsüberlassung. Hierbei kann sich die Gebrauchsüberlassung bei der Miete jedoch nur auf bewegliche oder unbewegliche (körperliche) Sachen i.S.v. § 90 BGB beziehen. Bei der Pacht hingegen erstreckt sich die Gebrauchsüberlassung i.d.R. sowohl auf Sachen (Grundstücke, Gebäude, Räume, Inventar etc.), als auch auf (unkörperliche) Rechte (das Recht zur sog. Fruchtziehung). Bei der Verpachtung isolierter Rechte (z.B. Markenrechte) entfällt die Gebrauchsüberlassung an einer Sache sogar gänzlich; ebenso bei der Jagd- und Fischerpacht, bei der es sich um eine reine Rechtspacht handelt. Ein Gebrauchsüberlassungsvertrag ist also immer dann, wenn über die Gebrauchsüberlassung des körperlichen Pachtgegenstandes hinaus, das Recht des Fruchtgenusses (Ausbeute) gemäß § 99 BGB gewährt wird, nicht lediglich Miete, sondern Pacht. Der dem Pächter überlassene Pachtgegenstand muss aber zur Fruchtziehung geeignet sein, dem Pächter muss es also objektiv möglich sein, den Pachtgegenstand zu bewirtschaften und Erträge hieraus zu ziehen. Dies ist grundsätzlich bei Grundstücken, land- und forstwirtschaftlichen Betrieben, Handelsunternehmen, Apotheken, Gaststätten, Tankstellen, Jagd- und Fischereirechten, Bodenabbau- und sonstige Ausbeuteverträgen (z.B. Recht zur Auskiesung) der Fall (*vgl. zur Abgrenzung ergänzend* § 41 Rdn. 4–8). Die Überlassung eines leeren, nicht mit Inventar ausgestatteten Gewerberaumes (z.B. eine nicht mit Küche, Tischen, Stühlen, Theke etc. eingerichtete Gastronomiefläche) genügt hierfür grundsätzlich nicht, da dieser erst hergerichtet, also ausgestattet werden muss, um mit ihm Erträge erwirtschaften zu können. In einem solchen Fall ist das zugrunde liegende Rechtsverhältnis ein Mietvertrag. Da bei der Abgrenzung von Miete und Pacht in der Praxis häufig Fehler gemacht werden, ist es ratsam, den Willen der künftigen Vertragsparteien präzise zu ermitteln, um das richtige Rechtsinstitut für die

---

15 BGBl. I S. 2849.
16 BGBl. I S. 1474.
17 BGBl. I S. 210.
18 BGBl. I S. 2146.

Vertragsgestaltung zu wählen. Ein Unterschied kann sich beispielsweise bei den anzuwendenden Kündigungsregelungen ergeben: So ist bei unbefristeten Pachtverhältnissen über ein Grundstück oder ein Recht die ordentliche Kündigung nur zum Ende des jeweiligen – im Vertrag vereinbarten – Pachtjahrs zulässig (§ 584 BGB), während bei Mietverhältnissen über Geschäftsräume die ordentliche Kündigung mit Halbjahresfrist zum Ablauf eines Kalendervierteljahrs zulässig ist (§ 580a Abs. 2 BGB).

III. Schriftform und notarielle Beurkundung bei unbeweglichen Sachen

10   Über die Verweisung in den §§ 581 Abs. 2 und 578 Abs. 1, 2 BGB auf § 550 BGB gilt auch bei der langfristigen Verpachtung von Grundstücken und Räumen für befristete Verträge ab einer Laufzeit von **mehr als 1 Jahr** das mietrechtliche Schriftformerfordernis. Gemäß § 585a BGB ist das Schriftformerfordernis auch beim Abschluss von Landpachtverträgen einschlägig, jedoch nur für befristete Verträge ab einer Laufzeit von **mehr als 2 Jahren**.

11   Für die Anforderungen an die Einhaltung des Schriftformerfordernisses gelten die allgemeinen Grundsätze gemäß § 126 BGB. Im Fall eines Verstoßes hiergegen ist der Pachtvertrag jedoch nicht nichtig (anders § 125 BGB), sondern gilt dieser gemäß § 550 BGB als auf unbestimmte Zeit abgeschlossen und ist damit – erstmals nach Ablauf eines Jahres (bzw. nach 2 Jahren beim Landpachtvertrag) – jederzeit unter Einhaltung der gesetzlichen Kündigungsfrist (§ 584 BGB) ordentlich kündbar. Zu beachten ist, dass nicht nur (äußere) Formfehler der Vertragsurkunde z.B. die mangelnde Erkennbarkeit der Urkundeneinheit, Fehler bei der Parteibezeichnung, fehlender Vertreterhinweis[19] bei mehreren Pächtern (z.B. bei Eheleuten, einer GbR oder einer Erbengemeinschaft etc.) zu einem Schriftformverstoß führen können, sondern auch inhaltliche Formulierungsmängel (z.B. fehlende Bestimmbarkeit des Pachtgegenstandes oder der Pachtlaufzeit).

12   Nach ständiger, zumeist zu mietrechtlichen Sachverhalten ergangener Rechtsprechung des BGH ist es zur Wahrung der Schriftform des § 550 BGB grundsätzlich erforderlich, dass sich die für das Zustandekommen des Pachtvertrages notwendige Einigung über alle wesentlichen Vertragsbedingungen – insbesondere Pachtgegenstand, Pachtzins sowie Dauer und Parteien des Pachtverhältnisses – aus der schriftlich aufzusetzenden und beidseitig eigenhändig zu unterschreibenden Vertragsurkunde ergeben.[20] Für die Einhaltung der Schriftform ist es aber unschädlich, wenn Anlagen auf die der Vertrag verweist, bei Vertragsabschluss fehlen und auch später nicht nachgereicht werden, sofern diese Anlagen **nur** Beweiszwecken dienen sollen (hier: Grundrissplan und Inventarverzeichnis des Hotels »im laufenden Betrieb«, das vermietet wurde »wie von den Parteien besichtigt«), wenn sich im Übrigen alle vertragswesentlichen Vereinbarungen aus dem Vertrag oder den sonstigen Anlagen ergeben.[21] Durch § 550 BGB soll nach der Rechtsprechung des BGH in erster Linie sichergestellt werden, dass ein späterer Grundstückserwerber, der kraft Gesetzes aufseiten des Vermieters oder Verpächters in ein Miet- oder Pachtverhältnis eintritt, dessen Bedingungen aus dem schriftlichen Vertrag ersehen kann. Sinn und Zweck der Schriftform ist es hingegen nicht, dem Erwerber Gewissheit darüber zu verschaffen, ob der Pachtvertrag wirksam zustande gekommen ist oder etwa noch besteht.[22]

13   Wegen der Verweisungsvorschriften des § 581 Abs. 2 BGB finden die §§ 550, 578 BGB Anwendung. Zu den sogenannten Schriftformheilungsklauseln können die Urteile des

---

19 Siehe zuletzt auch BGH, 23.01.2013, ZIP 2013, 523.
20 Vgl. grundlegend insb. BGH NJW 2009, 2195, 2196 und BGH NJW 2008, 2178.
21 BGH NZM 2009, 198 = GuT 2009, 29.
22 Vgl. BGH NJW 2008, 2178; BGH NJW 2009, 2195, 2196; BGH NJW 2007, 3346, 3347 und BGHZ 160, 97, 104.

BGH vom 22.01.2014[23] und 30.04.2014[24] übertragen werden. Eine vertraglich vereinbarte Schriftformheilungsklausel hindert den Grundstückserwerber nicht daran einen Mietvertrag, in den er nach § 566 Abs. 1 BGB eingetreten ist, unter Berufung auf einen Schriftformmangel zu kündigen, ohne zuvor von dem Mieter eine Heilung des Mangels verlangt zu haben. In dem am 22.01.2014 entschiedenen Fall, hatten die Vertragsparteien sich verpflichtet, »alle Handlungen vorzunehmen und Erklärungen abzugeben, die erforderlich sind, um dem gesetzlichen Schriftformerfordernis Genüge zu tun, und den Mietvertrag nicht unter Berufung auf die Nichteinhaltung der gesetzlichen Schriftform vorzeitig zu kündigen«. Der Erwerber soll demgegenüber aber durch das Schriftformerfordernis gerade davor geschützt werden, sich auf einen Miet- oder Pachtvertrag einzulassen, dessen wirtschaftliche Bedingungen sich anders als erwartet darstellen. Ist das infolge formwidriger, z.B. nur mündlicher Abreden dennoch der Fall, hat er gemäß §§ 550, 542 Abs. 1 BGB das Recht, den Vertrag vorzeitig zu kündigen. Diese Möglichkeit würde ihm genommen, wenn er infolge einer Schriftformheilungsklausel verpflichtet wäre, den langfristigen Bestand des Mietverhältnisses sicherzustellen. Mit seinen aktuellen Entscheidungen vom 27.09.2017 und 11.04.2018 hat der BGH nun grundsätzlich über die Zulässigkeit von Schriftformheilungsklauseln befunden und diese für allgemein unwirksam angesehen.[25] Der BGH führt im Leitsatz aus: »So genannte Schriftformheilungsklauseln sind mit der nicht abdingbaren Vorschrift des § 550 BGB unvereinbar und daher unwirksam. Sie können deshalb für sich genommen eine Vertragspartei nicht daran hindern, einen Mietvertrag unter Berufung auf einen Schriftformmangel ordentlich zu kündigen«.[26]

So genügt etwa ein Pachtvertrag der Schriftform, der vorsieht, dass er erst nach Zustimmung eines Dritten wirksam werden soll, ohne dass die Zustimmung schriftlich erfolgen muss (§ 182 Abs. 2 BGB). Ebenso genügt ein Pachtvertrag der Schriftform, der vorsieht, dass er nur im Fall des Eintritts einer Bedingung wirksam werden soll, oder der aufseiten einer Partei von einem als solchen bezeichneten vollmachtlosen Vertreter unterzeichnet ist.[27] Dies gilt gemäß Urt. v. 24.02.2010 auch dann, wenn der Erwerber aus der Urkunde nicht ersehen kann, ob das Angebot auf Abschluss des Miet- oder Pachtvertrages von der anderen Vertragspartei rechtzeitig angenommen worden ist, etwa weil eine Annahmefrist gesondert eingeräumt oder eine in der Urkunde enthaltene Annahmefrist verlängert wurde.[28] Bei einem Pächterwechsel muss die schriftliche Vereinbarung zwischen dem früheren und dem neuen Pächter eine hinreichend deutliche Bezugnahme auf den Ausgangsvertrag enthalten, wenn die Schriftform gewahrt bleiben soll; die für die Wirksamkeit der Vertragsübernahme erforderliche Zustimmung des Verpächters kann hingegen wegen § 182 Abs. 2 BGB formlos erfolgen.[29] Vereinbaren die Parteien bei Auswechselung des (Miet-)Gegenstandes die Fortgeltung des bisherigen Vertrages, ist die Schriftform des § 550 BGB nur gewahrt, wenn sich alle wesentlichen Vertragsbedingungen, insbesondere der Vertragsgegenstand, der Pachtzins sowie die Dauer und die Parteien des Vertragsverhältnisses aus der Urkunde ergeben.[30]

---

23 Vgl. BGH NJW 2014, 1087 = BGHZ 200, 98–110.
24 Vgl. BGH NJW 2014, 2102.
25 Vgl. BGH, Urt. v. 27.09.2017, XII ZR 114/16, NZM 2018, 38 f. = NJW 2017, 3772.
26 Vgl. BGH, Urt. v. 11.04.2018, XII ZR 43/17, BB 2018, 1106–1108.
27 Vgl. BGHZ NJW 2008, 2178; BGH NJW 2007, 3346, 3347.
28 BGH NJW 2010, 1518–1520.
29 BGH, 30.01.2013, XII ZR 38/12, NSW BGB § 550 (BGH-intern); im Anschluss an BGH NZM 2005, 584 und BGHZ 154, 171 = NJW 2003, 2158.
30 Zur Wohnraummiete: BGH, 24.01.2012, VIII ZR 235/11, GuT 2012, 29–30, NJW-RR 2012, 909–910 im Anschluss an BGH NJW 2007, 3202 und BGH NJW 2010, 1518 s.o.

15 Siehe zum Landpachtrecht auch das Urteil des BGH »Senat für Landwirtschaftssachen« vom 27.09.2009, wonach kein Mangel der Schriftform gegeben ist, wenn aus der Bezeichnung der Gesellschaft bürgerlichen Rechts im Rubrum der Vertragsurkunde zwar nicht ersichtlich ist, aus welchen Gesellschaftern sie besteht, bei Vertragsschluss aber alle vorhandenen Gesellschafter den Pachtvertrag unterzeichnet haben und zudem unter ihrer Unterschrift der Zusatz »Gesellschafter der GbR« vorhanden ist.[31]

16 Enthält der Pachtvertrag eine Verpflichtung des verpachtenden Grundstückseigentümers zur Übertragung von Grundeigentum i.S.v. § 311b BGB an den Pächter, z.B. in Form einer Kaufoption oder eines Vorkaufsrechts, geht die herrschende Auffassung von einem gemischten Rechtsgeschäft (Kauf und Pacht) aus, das zu einer Beurkundungspflicht des gesamten Rechtsgeschäfts, also auch des pachtvertraglichen Teils führt, wenn beide Rechtsgeschäfte in einer inneren Bedingung zueinanderstehen, also insbesondere das beurkundungspflichtige Grundstücksgeschäft (z.B. die Kaufoption oder die Vorkaufsrechtsvereinbarung) als einheitliches Rechtsgeschäft ohne den Pachtvertrag nicht geschlossen würde.[32] Die nach § 139 BGB im Zweifel anzunehmende Gesamtnichtigkeit auch des pachtvertraglichen Teils kann nur ausnahmsweise entfallen. Hierfür kommt es maßgeblich darauf an, welche Bedeutung das wegen der fehlenden notariellen Beurkundung nichtig vereinbarte Vorkaufsrecht nach dem Willen der Vertragsparteien für den Gesamtvertrag haben sollte. Diejenige Vertragspartei, die sich auf eine bloße Teilnichtigkeit der vorkaufsrechtlichen Vertragsregelung beruft, muss also darlegen und beweisen, ob die Parteien den Vertrag unter Berücksichtigung des nach dem insoweit maßgeblichen hypothetischen Parteiwillen zum Zeitpunkt des Vertragsschlusses auch ohne das Vorkaufsrecht geschlossen haben würden.[33] Gelingt dies nicht, verbleibt es bei der Rechtsfolge der Gesamtnichtigkeit gemäß § 139 BGB.

17 Die Aufnahme einer Vollstreckungsunterwerfungserklärung des Pächters wegen der Pachtzinsraten erfordert ebenfalls die notarielle Beurkundung, § 794 Abs. 1 Nr. 5 ZPO. Soll die Beurkundung des gesamten Pachtvertrags vermieden werden, empfiehlt es sich, für die Unterwerfung unter die sofortige Zwangsvollstreckung eine separate Urkunde zu errichten.

IV. Verpachtung gewerblicher Grundstücke und Räume

18 1. Um in Abgrenzung zur einfachen Vermietung (s.o.) ein Pachtverhältnis zu begründen, müssen die an den Pächter zu überlassenden Gewerberäume oder gewerblichen Grundstücke zusammen mit der für die Bewirtschaftung durch den Pächter, also für den von ihm zu betreibenden gewerblichen oder landwirtschaftlichen Betrieb notwendigen beweglichen Betriebseinrichtung (Inventar) ausgestattet sein. Vorhanden sein muss also z.B. das Inventar und die Betriebsausstattung eines Hotels, einer Gaststätte, einer Apotheke oder einer Tankstelle etc., der Maschinenpark einer Fabrik, das Vieh oder die Maschinen und Geräte eines land- oder forstwirtschaftlichen Betriebs, die Boote nebst Inventar einer Bootsvermietung usw. Die Ertragserzielung (»Fruchtziehung«) durch den Pächter erfordert mithin einen im wesentlichen eingerichteten Betrieb; ist ein solcher nicht vorhanden und erhält der Nutzer lediglich das Recht, in den Räumen oder auf dem Grundstück erst noch seinen Betrieb einzurichten, handelt es sich nicht um einen Pachtvertrag, sondern um einen Mietvertrag. Die Abgrenzung kann im Einzelfall schwierig sein.

---

[31] BGH, 27.09.2009, LwZR 17/09, NL-BzAR 2011, 88–90; Fortführung BGH Grundeigentum 2008, 195.
[32] BGH Grundeigentum 1994, 1049 = DWW 1994, 283; s. zum Mietkauf auch BGH ZMR 1987, 86.
[33] Vgl. BGH Urt. v. 29.06.1992, BGHR BGB § 139 Teilunwirksamkeitsklausel 1 und vom 15.03.1989 – BGHR BGB § 139 Unternehmenskauf 1; vgl. BGH Urt. v. 29.06.1992, BGHR BGB § 139 Teilunwirksamkeitsklausel 1 und vom 15.03.1989 – BGHR BGB § 139 Unternehmenskauf 1.

2. Instandhaltung und Instandsetzung: Zu den wirtschaftlich bedeutenden Regelungsthemen im Pachtvertrag gehören die Vereinbarungen zur Erhaltung (Instandhaltung und Instandsetzung) des Pachtgegenstands. Zu unterscheiden ist zwischen den unbeweglichen Teilen des Pachtgegenstands (Grundstück, Gebäude, Räume etc.) und dem beweglichen Teil (dem Inventar, den Betriebsvorrichtungen, den Waren u.Ä.). Als Inventar ist die Gesamtheit aller beweglichen Sachen, die in einem räumlichen Zusammenhang zum verpachteten Grundstück, Gebäude oder sonstigen Raum stehen und dazu bestimmt sind, den unbeweglichen Teil des Pachtgegenstands seinem Zweck entsprechend zu nutzen (§ 98 BGB).

19

Anders als im Mietrecht, bei dem alle Pflichten zur Erhaltung des Mietgegenstands als Inhalt der Gebrauchsüberlassungspflicht den Vermieter treffen, wenn im Mietvertrag hierzu nichts Abweichendes vereinbart ist, enthält das Pachtrecht jedenfalls für die Erhaltung des Inventars in §§ 582 ff. BGB Regelungen, die dem Pächter diverse Pflichten auferlegen. Treffen die Parteien zum Inventar keine abweichenden vertraglichen Vereinbarungen, obliegt die Erhaltung des Inventars und die Ersatzbeschaffung einzelner Inventarstücke den Pächter. (§ 582 BGB). Hiernach muss der Pächter den Verlust (»den Abgang«) von Inventarstücken auch dann ersetzen, wenn ihn kein Verschulden hieran trifft (§ 582 Abs. 2 Satz 1 BGB). Für Tiere, die zum Inventar gehören gilt § 582 Abs. 2 Satz 2 BGB; hiernach trifft den Pächter auch der »gewöhnliche Abgang«, wenn dies ordnungsgemäßer Wirtschaft entspricht.

20

Da der Pachtgegenstand sich jedoch regelmäßig nicht nur aus dem Inventar, sondern auch aus Gebäuden, Räumen und sonstigen technischen Einrichtungen, die mit dem Gebäude fest verbunden sind, zusammensetzt, enthalten Pachtverträge in der Praxis sinnvollerweise regelmäßig umfassende, nicht nur das Inventar, sondern den gesamten Pachtgegenstand betreffende Vereinbarungen zur Instandhaltung (Wartung und Pflege), Instandsetzung (Reparatur) sowie zur Erneuerung (Ersatzbeschaffung). Soweit diese Regelungen umfassende, den Pächter treffende Vereinbarungen zur Instandsetzung oder gar Ersatzbeschaffung mit verpachteter Gebäudebestandteile enthalten, muss die im Mietrecht ergangene Rechtsprechung beachtet werden, die eine unangemessene Benachteiligung des Mieters verbietet.[34]

21

Nach § 535 Abs. 1 i.V.m. § 582 Abs. 2 BGB hat der Verpächter dem Pächter, den Pachtgegenstand – soweit sich aus den §§ 582 bis 584b BGB nicht etwas ergibt – in einem zum vertragsgemäßen Gebrauch geeigneten Zustand zu überlassen und in diesem Zustand zu erhalten. Dem Verpächter obliegt somit die Instandhaltung und Instandsetzung des Pachtgegenstands. Unter den Kosten der Instandhaltung werden – wenn die Parteien keine andere Vereinbarung getroffen haben – in Anlehnung an § 28 Abs. 1 II. Berechnungsverordnung die Kosten verstanden, die zur Erhaltung des bestimmungsgemäßen Gebrauchs aufgewendet werden müssen, um die durch Abnutzung, Alterung und Witterungseinwirkung entstehenden baulichen und sonstigen Mängel ordnungsgemäß zu beseitigen. Bei den Instandsetzungskosten handelt es sich in der Regel um Kosten aus Reparatur und Wiederbeschaffung. Die Verpflichtung zur Instandhaltung und Instandsetzung kann nach h.M. in Rechtsprechung und Literatur bei der Gewerberaummiete formularmäßig auf den Mieter übertragen werden, soweit sie sich auf Schäden erstreckt, die dem Mietgebrauch oder der Risikosphäre des Mieters zuzuordnen sind. Die zulässige Abweichung vom gesetzlichen Leitbild findet insbesondere dort ihre Grenze, wo dem Pächter die Erhaltungslast für Abnutzungen u.Ä. übertragen wird, die nicht durch seinen Gebrauch der Miet- oder Pachtsache veranlasst sind und die nicht in seinen Risikobereich fallen.[35]

22

---

34 Siehe zuletzt: BGH NZM 2005, 504 sowie BGH NZM 2005, 863; BGH NJW 2008, 3772 sowie BGH NJW 2009, 510; BGH NZM 2009, 397.
35 Siehe z.B. BGH NJW-RR 2006, 84; BGH NJW-RR 1987, 906; *Bub/Treier*, Handbuch der Geschäfts- und Wohnraummiete 4. Aufl. Kap. III Rn. 1080; *Wolf/Eckert/Ball*, Handbuch des gewerblichen Miet-, Pacht- und Leasingrechts, 10. Aufl. Rn. 370.

§ 42 Pachtvertrag

23 Empfehlenswert ist deshalb, jeweils eine möglichst individuelle, nicht dem AGB-Recht unterfallende, den jeweiligen Pachtgegenstand konkret betreffende Vereinbarung auszuhandeln und zu formulieren.

24 3. Inventarübernahme zum Schätzwert: Über die einfache Überlassung des Inventars hinaus, können die Vertragsparteien auch vereinbaren, dass der Pächter das Inventar zum *Schätzwert* mit der Verpflichtung übernimmt, es bei Beendigung des Pachtvertrages ebenfalls wieder zum Schätzwert an den Verpächter zurückzugeben (§ 582a BGB). Im Gegensatz zur einfachen Überlassung des Inventars kann der Pächter in diesem Fall im Rahmen ordnungsgemäßer Wirtschaft über das Inventar verfügen. Den Pächter trifft in diesem Fall auch die Gefahr des zufälligen Untergangs und der zufälligen Verschlechterung. Diese weitgehende *Erhaltungs- und Ersetzungspflicht* des Pächters umfasst im Rahmen ordnungsgemäßer Bewirtschaftung auch eine erforderliche Modernisierung des Inventars. Der Verpächter bleibt auch in diesem Fall Eigentümer des gesamten Inventars, nicht etwa der Pächter. Die durch den Pächter angeschafften Inventarersatzstücke werden kraft Gesetzes automatisch mit ihrer Einbringung in den Pachtgegenstand Eigentum des Verpächters. Dies gilt grundsätzlich sogar für überflüssige Anschaffungen des Pächters. Bei Vertragsende kann der Verpächter jedoch die Übernahme überflüssiger oder zu wertvoller Inventarersatzstücke ablehnen (§ 582a Abs. 2 Satz 2 BGB).

25 4. Öffentlich-rechtliche Genehmigungen: Von besonderer Bedeutung können im Einzelfall auch die für den Betrieb des Pachtgegenstandes erforderlichen öffentlich-rechtlichen Genehmigungen (z.B. Baugenehmigung, Nutzungsänderungsgenehmigung, Betriebsgenehmigung etc.) sein. Denn in Ermangelung abweichender Vereinbarungen der Vertragsparteien, fällt es in die Risikosphäre des Verpächters, dass die für den Betrieb des Pachtgegenstandes erforderlichen öffentlich-rechtlichen Genehmigungen für den Pachtgegenstand vorliegen. Ausnahmsweise kann im Einzelfall eine andere Bewertung maßgeblich sein. So hat der BGH entschieden, dass ein Betriebsgelände, das an die Pächterin »zum Zwecke ihres Betriebes« verpachtet wurde, nicht mit einem Fehler i.S.d. § 537 BGB behaftet ist, wenn die öffentlich-rechtliche Genehmigung für den Betrieb eines neuen, bisher nicht geführten Unternehmens verweigert wird.[36]

Die Möglichkeit der Bildung einer formularvertraglich abweichende Vereinbarungen zulasten des Pächters sind beschränkt. So bestätigte der BGH am 24.10.2007 die Wirksamkeit der fristlosen Kündigung eines Gewerberaummieters, dem die Nutzung des Mietgegenstandes (Büro/Lager etc. einer Filmcateringgesellschaft mit Küche) durch Ordnungsverfügung mit Zwangsmittelandrohung untersagt wurde. Der BGH führt aus, dass ein formularmäßiger Haftungsausschluss im Gewerberaummietvertrag dann unwirksam ist, wenn er die Haftung des Vermieters auch für den Fall ausschließt, dass die erforderliche behördliche Genehmigung für den vom Mieter vorgesehenen Gewerbebetrieb aus Gründen versagt wird, die ausschließlich auf der Beschaffenheit oder der Lage des Mietobjekts beruhe.[37] Da vorformulierte Klauseln zur Verantwortlichkeit der Einholung öffentlich-rechtlicher Genehmigungen zulasten des Pächters nach den Vorschriften des AGB-Rechts unwirksam sein können, ist die Aushandlung einer individuellen Vertragsvereinbarung zu diesem wichtigem Thema stets zu empfehlen.

26 5. Neben- und Betriebskosten: Sofern und soweit der Pächter neben der Pacht Neben- oder Betriebskosten tragen soll, muss dies konkret, transparent und ausreichend bestimmt im Vertrag vereinbart werden. Regelungen wie z.B. »*Der Pächter ist verpflichtet, alle Nebenkosten*

---

36 BGH NJW-RR 1991, 1102.
37 BGH ZMR 2008, 274.

des Pachtgegenstandes zu tragen« sind nach einhelliger Meinung zu unbestimmt und damit unwirksam. Der BGH hat zuletzt am 26.09.2012 noch einmal entschieden, dass nach § 307 Abs. 1 Satz 2 BGB sich eine unangemessene Benachteiligung auch daraus ergibt, dass eine Bestimmung nicht klar und verständlich ist und deshalb gerade bei Vereinbarungen zur Übertragung von Mietnebenkosten dem Transparenzgebot eine besondere Bedeutung zukomme. Da die Nebenkosten Bestandteil der Miete sind, könne der Mieter die Angemessenheit und Marktgerechtigkeit der von ihm zu zahlenden Miete nur dann verlässlich beurteilen, wenn er sich anhand einer ausdrücklichen und inhaltlich genügend bestimmten Umlagevereinbarung zumindest ein grobes Bild davon machen kann, welche zusätzlichen Kosten neben der Grundmiete auf ihn zukommen können.[38] Diese Grundsätze gelten wegen der Verweisung auf das Mietrecht auch im Pachtrecht.

6. Rückgabe des Pachtgegenstandes: Nach Vertragsende ist der Pächter verpflichtet, dem Verpächter den gesamten Pachtgegenstand mitsamt dem Inventar einschließlich der von ihm angeschafften Inventarersatzstücke zurückgeben. Verbindet ein Pächter eine Sache (z.B. Windkraftanlage) mit einem ihm nicht gehörenden Grundstück, spricht eine tatsächliche Vermutung dafür, dass er dabei nur im eigenen Interesse handelt und nicht zugleich in der Absicht, die Sache nach der – zudem außerordentlichen herbeiführbaren – Beendigung des Vertragsverhältnisses dem Grundstückseigentümer zufallen zu lassen.[39] Bei einer Inventarübernahme zum Schätzwert (s.o. Rdn. 24) ist der Pächter überdies verpflichtet, die Differenz zwischen dem Schätzwert des von ihm übernommenen und dem Schätzwert des an den Verpächter zurückgegebenen Inventars auszugleichen. Inflationsschwankungen spielen insoweit keine Rolle, da den Schätzwerten einheitlich jeweils das Preisniveau zum Zeitpunkt der Beendigung des Pachtvertrages zugrunde zu legen ist (§ 582a Abs. 3 Satz 4 BGB). Im Rahmen ordnungsgemäßer Bewirtschaftung überflüssige oder zu wertvolle Inventarersatzstücke kann der Verpächter ablehnen (s.o.), um einen etwaigen Ausgleichsanspruch des Pächters abzuwenden oder herabzusetzen. Lehnt der Verpächter einzelne Inventarersatzstücke ab, geht das Eigentum hieran auf den Pächter über (§ 582a Abs. 3 Satz 2 BGB).

Hinweis: Bei Vereinbarung einer *Wertsicherungsklausel* in der Klausel gelten die Ausführungen zum Mietvertrag in § 41 Rdn. 72 ff. entsprechend.

Musterbeispiel Pachtvertrag

zwischen
..... – nachfolgend »Verpächter« genannt –
und
..... – nachfolgend »Pächter« genannt –
wird folgender Pachtvertrag geschlossen:

§ 1 Pachtgegenstand

1.1 Der Verpächter ist Eigentümer des im Grundbuch des Amtsgerichts ....., für ..... Blatt ....., Flur ....., Flurstück ..... eingetragenen Grundstücks mit einer Fläche von ..... m² (nachfolgend »Pachtgrundstück« genannt). Die Lage des Pachtgrundstückes ist in dem beiliegenden Lageplan (Anlage 1) farblich gekennzeichnet.

---

38 BGH NZM 2013, 85–88; BGH NZM 2010, 279; BGH NZM 2005, 863, 865.
39 BGH NZM 2017, 851-853.

§ 42 Pachtvertrag

1.2 Der Verpächter verpachtet an den Pächter die im beiliegenden Grundrissplan (Anlage 2) farblich gekennzeichneten Pachträume mit einer Fläche von insgesamt ..... m² sowie ..... Stellplätze, wie in der Anlage 1 markiert; mit verpachtet sind die in den Pachträumen und auf dem Pachtgrundstück befindlichen, in der beiliegenden Inventarauflistung (Anlage 3) genannten Gegenstände (nachfolgend einschließlich Pachtgrundstück und Pachträumen insgesamt als »Pachtgegenstand« bezeichnet).
1.3 Für den Fall, dass sich nachträglich Abweichungen von der oben angegebenen Größe des Pachtgrundstückes oder der Pachträume herausstellen sollten, so hat keine der Parteien das Recht, deswegen eine Änderung der Pacht zu fordern. Die Ausnutzung von Fassaden- bzw. Wandflächen am oder im Gebäude, auf dem Dach oder außerhalb der Pachträume bedarf besonderer schriftlicher Vereinbarung.
1.4 Dem Pächter werden vom Verpächter für die Pachtzeit folgende Schlüssel ausgehändigt: ..... Nach Beendigung des Pachtverhältnisses sind sämtliche Schlüssel einschließlich etwaiger, vom Pächter selbst beschaffter, an den Verpächter herauszugeben.

§ 2 Pachtzweck, öffentlich-rechtliche Genehmigungen

2.1 Der Verpächter verpachtet das Pachtgegenstand zum Betriebe eines ..... Eine Veränderung des Pachtzwecks bedarf der schriftlichen Zustimmung des Verpächters. Ein Anspruch auf Erteilung einer solchen Zustimmung besteht nicht.
2.2 Der Verpächter überlässt den Gebrauch des Pachtgegenstands in einem für den Pachtzweck grundsätzlich geeigneten Zustand. Der Verpächter leistet jedoch keine Gewähr dafür, dass der Pachtgegenstand darüber hinaus den technischen Anforderungen des Pächters sowie den für den einschlägigen behördlichen sowie sonstigen Vorschriften entsprechen. Etwaige infolge der Anpachtung durch den Pächter notwendig werdende, den Pachtgegenstand betreffende Genehmigungen (z.B. Bau-/Nutzungsänderungsgenehmigung) hat der Pächter auf eigene Kosten zu besorgen, behördliche Auflagen/Bedingungen etc. auf eigene Kosten zu erfüllen. Der Pachtgegenstand darf nur in der behördlich genehmigten Weise unter Einhaltung der behördlichen Auflagen sowie sonstiger öffentlich-rechtlicher Bestimmungen genutzt werden. Die Pflicht des Pächters, die seinen Betrieb oder seine Person/Firma erforderlichen Genehmigungen (z.B. Konzessionen) zu beschaffen, bleibt von vorstehender Regelung unberührt.

§ 3 Pachtzeit

3.1 Die Übergabe des Pachtgegenstands an den Pächter erfolgt am ..... Für den Fall, dass sich die Übergabe verschieben sollte, wird der Verpächter dem Pächter dieses zwei Wochen vor dem genannten Termin mitteilen. Der Pachtvertrag wird auf die Dauer von ..... Jahren fest befristet. Die Vertragsparteien verpflichten sich, den tatsächlichen Übergabezeitpunkt erforderlichenfalls in einem Nachtrag zum Pachtvertrag zu bestätigen, um der gesetzlichen Schriftform zu genügen.
3.2 Dem Pächter wird die Option eingeräumt, das Pachtverhältnis um .....× ..... Jahre zu verlängern. Die Option muss mindestens ein Jahr vor Ablauf der Festlaufzeit gemäß § 3 Ziff. 3.1 bzw. dem Ablauf des vorangegangenen Optionszeitraums schriftlich ausgeübt werden. Maßgeblich ist der Zeitpunkt des Zugangs der Optionsausübung.
3.3 Das Pachtverhältnis verlängert sich automatisch um jeweils ein weiteres Jahr, wenn es nicht spätestens sechs Monate vor Ablauf schriftlich gekündigt wird. Maßgeblich ist der Zeitpunkt des Zugangs der Optionsausübung. Erfolgt keine rechtzeitige Rückgabe des Pachtgegenstands an den Pächter, ist eine stillschweigende Verlängerung des Pachtvertrags ausgeschlossen.

§ 4 Pacht

4.1 Die Pacht beträgt monatlich ..... € netto zzgl. Mehrwertsteuer, derzeit ..... % = ... €, insgesamt also ..... € brutto.
4.2 Kommt der Pächter mit einer Zahlungsverpflichtung aus diesem Vertrag in Verzug, ist er verpflichtet, dem Verpächter Zinsen in Höhe von 8 Prozentpunkten über dem Basiszinssatz zu zahlen. Der Verpächter ist nicht gehindert, einen höheren Schaden geltend zu machen. Die weiteren vertraglichen und gesetzlichen Rechte des Verpächters aufgrund eines Zahlungsverzugs des Pächters bleiben unberührt.
4.3 Der Verpächter hat gemäß § 9 Umsatzsteuergesetz für die Umsatzsteuer optiert. Der Pächter ist sich bewusst, dass der Pachtgegenstand ausschließlich für Umsatz verwendet darf, die den Vorsteuerabzug nicht ausschließen und dass der Verpächter die Voraussetzungen gegenüber der Finanzbehörde gemäß § 9 Abs. 2 Umsatzsteuergesetz nachzuweisen hat. Vor diesem Hintergrund garantiert der Pächter, den Pachtgegenstand nicht für Umsätze zu verwenden, die den Vorsteuerabzug ausschließen und verpflichtet sich, dem Verpächter auf dessen Anfrage innerhalb von fünf Werktagen einen entsprechenden Nachweis zu erbringen.
4.4 Der Verpächter wird dem Pächter auf Verlangen eine Rechnung ausstellen, die den Anforderungen des Umsatzsteuergesetzes genügt.

§ 5 Zahlung der Pacht

5.1 Die Pacht ist monatlich im Voraus, spätestens am dritten Werktag des Monats an den Verpächter zu zahlen. Die Zahlung hat auf das jeweils vom Verpächter bestimmte Konto zu erfolgen. Soweit der Verpächter keine andere Bestimmung trifft, ist die Pacht auf folgendes Konto zu zahlen: Kontonummer: ....., Bank: ....., Bankleitzahl: .....
5.2 Für die Rechtzeitigkeit der Zahlung kommt es nicht auf die Absendung, sondern auf die Gutschrift der Pacht auf dem Konto des Verpächters an.

§ 6 Aufrechnung/Minderung/Zurückbehaltungsrecht

6.1 Der Pächter kann gegenüber der Pacht und den Betriebskosten nicht aufrechnen und kein Zurückbehaltungsrecht geltend machen, es sei denn, die Gegenforderung ist unstreitig oder rechtskräftig festgestellt.
6.2 Ein Minderungs- oder Zurückbehaltungsrecht kann der Pächter nur ausüben, wenn er dies dem Verpächter mindestens einen Monat vor Fälligkeit der jeweiligen Pacht angekündigt hat.

§ 7 Neben- und Betriebskosten

7.1 Die verbrauchsabhängigen Betriebskosten des Pachtgegenstands für Strom, Heizung, Wasser, ... gehen zu Lasten des Pächters.
Der Pächter ist im Übrigen verpflichtet, die Betriebskosten gemäß der Betriebskostenverordnung vom 25.11.2003 in der jeweils aktuellen Fassung zu zahlen.
Darüber hinaus trägt der Pächter die in der Betriebskostenverordnung nicht geregelten sonstigen Kosten, die in der beiliegenden Neben-/Betriebskostenauflistung (Anlage 4) im Einzelnen aufgeführt sind.
Der Pächter ist des Weiteren verpflichtet, eine monatliche Verwaltungskostenpauschale in Höhe von ..... % der jeweiligen Monatspacht an den Verpächter zu zahlen.
7.2 Der Pächter ist verpflichtet, bezüglich sämtlicher von ihm zu tragender Neben-/Betriebskosten – soweit möglich – mit den Versorgungsunternehmen oder sonstigen Leistungsanbietern unmittelbar Verträge abzuschließen und diese jeweils unmittelbar

mit den Versorgungsunternehmen oder sonstigen Leistungsanbietern abzurechnen. Sofern und soweit das nicht möglich ist, wird der Verpächter diese Verträge abschließen und die daraus resultierenden Kosten als Betriebskosten jährlich, ggf. anteilig auf den Pächter umlegen. Die Umlage erfolgt nach folgendem Verteilungsschlüssel ..... (Anm.: z.B. Flächenverhältnis), den der Verpächtern nach billigem Ermessen (§ 315 BGB) berechtigt ist, mit Wirkung zum nächsten Abrechnungszeitraum zu ändern.
7.3 Der Pächter ist verpflichtet, eine Neben- und Betriebskostenvorauszahlung in Höhe von monatlich ..... € netto zzgl. Mehrwertsteuer, derzeit ..... % = ... €, insgesamt also ..... € brutto. an den Verpächter zu zahlen. Der Verpächter hat das Recht die monatlichen Neben-/Betriebskostenvorauszahlungen nach billigem Ermessen (§ 315 BGB) an die tatsächliche Höhe der Neben- und Betriebskosten anzupassen.
7.4 Für die Zahlung der Betriebskostenvorauszahlung und der Verwaltungskostenpauschale gelten die vorstehenden Vorschriften über die Zahlung der Pacht entsprechend.

§ 8 Übergabezustand des Pachtgegenstands

8.1 Der Verpächter gewährt den Gebrauch des Pachtgegenstands einschließlich sämtlicher mitverpachteter Inventarteile in dem Zustand, in dem er sich bei Übergabe befindet. Der Pächter hat den Pachtgegenstand bereits besichtigt und bestätigt, dass keine Mängel vorhanden sind, die eine Übergabe hindern oder zur Minderung der Pacht berechtigen.
8.2 Anlässlich der Übergabe verpflichten sich die Vertragsparteien, ein Übergabeprotokoll zu erstellen, in dem etwaige Mängel des Pachtgegenstands, sonstige Beanstandungen und Vorbehalte aufgelistet werden. Sofern und soweit in dem Übergabeprotokoll keine Mängel, Beanstandungen oder Vorbehalte enthalten sind, erkennt der Pächter den Pachtgegenstand als zum vertragsgemäßen Gebrauch tauglich an.

§ 9 Benutzung und Versicherung des Pachtgegenstands, Unterverpachtung

9.1 Der Pächter verpflichtet sich, den Pachtgegenstand nebst der gemeinschaftlichen Flächen und Einrichtungen schonend und pfleglich zu behandeln sowie in ordnungsgemäßem Zustand zu erhalten. Sämtliche, den gesamten Pachtgegenstand und dessen angrenzenden Wege und Zuwegungen betreffenden Verkehrssicherungspflichten gehen zulasten des Pächter, der den Verpächter insoweit von Ansprüchen Dritter freistellt.
9.2 Der Pächter ist verpflichtet, den Pachtgegenstand neben dem Abschluss einer ausreichenden Objekt- und Betriebshaftpflichtversicherung auf eigene Rechnung in geschäftsüblicher und angemessener Höhe gegen Feuer, Leitungswasser, Sturmschäden, Öltankschäden, Einbruch-, Diebstahl-, Glasschäden sowie alle sonstigen aus dem Betrieb des Pachtgegenstands resultierenden Risiken und Gefahren zu versichern. Sofern und soweit der bisherige Versicherungsnehmer und die jeweilige Versicherung hiermit einverstanden sind, hat der Pächter das Recht, in bereits bestehende Versicherungsverträge einzutreten; er ist hierzu verpflichtet, wenn die Kündigung eines für den Pachtgegenstand bereits bestehenden Versicherungsvertrages nicht oder mit erheblichen Kostenaufwand möglich ist. Der Pächter stellt den Verpächter von der Haftung für jegliche Versicherungsschäden frei.
9.3 Gewässer- oder umweltgefährdende Stoffe und Materialien sind dem Verpächter anzuzeigen; deren Nutzung und Lagerung bedarf der schriftlicher Zustimmung des Verpächters. Der Pächter ist bei Verwendung solcher Stoffe und Materialien verpflichtet, diese separat auf eigene Kosten zu versichern. Entsprechendes gilt auch für sonstige Umwelteinwirkungen und Emissionen etc., die von dem Betrieb des Pächters ausgehen bzw. durch die Nutzung des Pachtgegenstands verursacht werden. Für etwaige

Gewässer- oder Umweltschäden etc. haftet der Pächter und hat den Verpächter von Ansprüchen Dritter freizustellen.

9.4 Eine Unterverpachtung oder sonstige Gebrauchsüberlassung an Dritte bedarf stets der vorherigen schriftlichen Zustimmung des Verpächters. Der Verpächter kann einer Unterverpachtung oder sonstigen Gebrauchsüberlassung an Dritte aus wichtigem Grund widersprechen. Bei unbefugter Unterverpachtung kann der Verpächter verlangen, dass der Pächter das Unterpachtverhältnis unverzüglich, spätestens binnen Monatsfrist, beendet. Anderenfalls ist der Verpächter berechtigt, das Hauptpachtverhältnis fristlos zu kündigen. Der Verpächter ist berechtigt, die Zustimmung zur Unterverpachtung von einer Erhöhung der Pachtsicherheit abhängig zu machen.

9.5 Der Pächter tritt dem diese Abtretung annehmenden Verpächter schon jetzt sämtliche ihm gegen den Unterpächter aus dem Unterpachtvertrag oder sonstigen Gebrauchsüberlassungsvertrag zustehenden Forderungen nebst etwaiger Pfandrechte sicherungshalber ab und verpflichtet sich, diese Sicherungsabtretung nötigenfalls in separater Urkunde zu wiederholen.

§ 10 Ausbesserungen, bauliche Veränderungen durch den Verpächter

10.1 Ausbesserungen, Modernisierungen oder bauliche Veränderungen, die zur Erhaltung des Gebäudes und des Pachtgegenstands oder zur Abwendung drohender Gefahren oder zur Beseitigung von Schäden notwendig werden, darf der Verpächter auch ohne Zustimmung des Pächters vornehmen. Hierzu zählen auch Ausbesserungen, Modernisierungen und bauliche Veränderungen, die zwar nicht notwendig, aber zweckmäßig sind, wenn diese den Pächter nicht erheblich beeinträchtigen.

10.2 Soweit zur Durchführung von Ausbesserungen, Modernisierungen und baulichen Veränderungen erforderlich, hat der Pächter die betroffenen Räume und sonstigen Bereiche zugänglich zu halten. Die Maßnahmen dürfen von dem Pächter nicht behindert oder verzögert werden.

10.3 Wegen Maßnahmen, die der Pächter hiernach zu dulden hat, kann er weder den Pachtzins mindern noch ein Zurückbehaltungsrecht ausüben, noch Schadenersatz verlangen. Diese Rechte stehen ihm jedoch zu, wenn es sich um Maßnahmen handelt, die den Gebrauch des Pachtgegenstands zu dem vereinbarten Zweck ausschließen oder in unzumutbarer Weise beeinträchtigen.

10.4 Die Heizungsanlage und Warmwasserversorgung kann der Verpächter auf andere Heizstoffe, Fernwärme oder Wärme-Contracting umstellen. Der Verpächter ist berechtigt, die Kosten des Betriebs und der Wartung sowie die Contracting-Kosten im Rahmen der Betriebskosten auf den Pächter umzulegen.

§ 11 Bauliche Änderungen durch den Pächter

11.1 Bauliche Änderungen durch den Pächter, z.B. Um- und Einbauten, Installationen sowie sonstige Veränderungen des Pachtgrundstücks oder der Pachträume bedürfen stets der vorherigen schriftlichen Zustimmung des Verpächters. Für die öffentlich-rechtliche Zulässigkeit der jeweiligen Maßnahmen, für die Einholung behördlicher Genehmigungen sowie die Erfüllung behördlicher Auflagen und Bedingungen ist der Pächter auf eigene Kosten verantwortlich. Für Schäden, die durch die von ihm durchgeführten Maßnahmen entstehen, haftet der Pächter. Der Pächter ist verpflichtet, dem Verpächter auf Anfrage die Baugenehmigung und die Bestandspläne in Kopie zu überlassen.

11.2 Einrichtungen, Einbauten und sonstige bauliche Veränderungen des Pachtgrundstücks oder der Pachträume hat der Pächter bei Beendigung des Pachtverhältnisses auf eigene Kosten wieder zu entfernen und den ursprünglichen Zustand wiederherzustellen. Der Verpächter kann jedoch verlangen, dass die Einrichtungen, Einbauten oder sonstige bauliche Veränderungen bei Beendigung des Pachtverhältnisses zurückgelassen werden, wenn er hierfür eine dem Zeitwert angemessene Entschädigung an den Pächter entrichtet. Eine Zustimmung des Verpächters zur Durchführung baulicher Maßnahmen beinhaltet keinen Verzicht auf die Rückbaupflicht des Pächters.

§ 12 Schönheitsreparaturen, Instandhaltung/Instandsetzung, Haftung

12.1 Die laufenden Schönheitsreparaturen des Pachtgegenstands hat der Pächter auf eigene Kosten regelmäßig sach- und fachgerecht durchzuführen. Hierzu gehören insbesondere das Streichen von Wänden und Decken, Heizkörpern, Verkleidungen, Fenstern, Einbauten, Türen sowie sämtliche sonstigen üblichen malermäßigen Arbeiten (bspw. Tapezierarbeiten) sowie die Pflege, Reinigung, ggf. Erneuerung der Bodenbeläge/Teppichböden. Der Pächter muss das Pachtgegenstand auf eigene Kosten von Ungeziefer freihalten.

12.2 Für sämtliche durch den Pachtgebrauch veranlasste Wartungs-, Instandhaltungssowie Instandsetzungsmaßnahmen des Pachtgegenstands einschließlich des Ersatzes/der Erneuerung abhanden gekommenen oder unbrauchbar gewordenen Inventars und sämtlicher sonstigen Einrichtungen/Anlagen ist der Pächter auf eigene Kosten verantwortlich. Hierzu gehören alle Maßnahmen, die erforderlich sind, um den Pachtgegenstand in vertragsgemäßem Zustand zu erhalten bzw. das Pachtgegenstand in vertragsgemäßen Zustand zurückzuversetzen. Soweit es sich um in das Gebäude integrierte Einrichtungen, Anlagen, Zubehörteile handelt, behält sich der Verpächter das Recht vor, die notwendigen Instandhaltungs- bzw. Instandsetzungsmaßnahmen auf Kosten des Pächters selbst durchzuführen. Sofern und soweit vorstehende Maßnahmen allerdings Dach und Fach betreffen, gehen diese zulasten des Verpächters. Für Instandsetzungen am Gebäude und an fest mit dem Gebäude verbundenen Anlagen/Teile ist die Instandsetzungspflicht des Pächters betragsmäßig auf 8 % der Jahresnettokaltpacht pro Pachtjahr beschränkt. Diese Beschränkung gilt nicht für Instandsetzungen am Inventar.

12.3 Der Pächter haftet für Schäden, die durch Verletzung der ihm obliegenden Sorgfaltspflicht schuldhaft verursacht werden. Dies gilt auch für durch Mitarbeiter, Unterpächter, beauftragte Handwerker, Lieferanten, Kunden Familienangehörige o.Ä. schuldhaft verursachte Schäden. Die Haftung erstreckt sich auch auf Schäden, die durch unzureichende Beheizung entstehen. Leitungsverstopfungen bis zum Hauptrohr hat der Pächter stets – verschuldensunabhängig – und in jedem Fall unverzüglich auf eigene Kosten zu beseitigen oder beseitigen zu lassen.

12.4 Schäden, für die er einstehen muss, hat der Pächter sofort zu beseitigen. Gerät er hiermit nach schriftlicher Aufforderung in Verzug, so kann der Verpächter die erforderlichen Arbeiten auf Kosten des Pächters selbst vornehmen. Bei Gefahr in Verzug oder unbekanntem Aufenthalt des Pächters bedarf es einer schriftlichen Aufforderung nicht.

12.5 Der Verpächter haftet nicht für Störungen des Pachtgebrauchs, die von Dritten einschließlich sonstiger Pächter von Grundstück oder Gebäude verursacht werden. Er wird sich jedoch bemühen, auf die Beseitigung ihm bekannt gegebener Störungen hinzuwirken.

12.6 Schadenersatzansprüche des Pächters gegen den Verpächter aus oder in Zusammenhang mit dem Pachtverhältnis, solcher aus vorvertraglichen Schuldverhältnissen oder unerlaubter Handlung sind ausgeschlossen, es sei denn, sie beruhen auf Vorsatz oder grober Fahrlässigkeit, auf fahrlässiger Verletzung wesentlicher Vertragspflichten oder Rechtsgüter (Leib oder Leben) durch den Verpächter oder seiner Erfüllungsgehil-

fen oder auf dem Fehlen einer zugesicherten Eigenschaft des Pachtgegenstands. Eine verschuldensunabhängige Haftung für bei Abschluss des Pachtvertrages vorhandene Mängel findet nicht statt.
12.7 Schadenersatzansprüche des Pächters für auf bauliche Mängel des Grundstückes, Gebäudes oder Inventars zurückzuführende Beschädigungen der vom Pächter eingebrachten Gegenstände o.Ä. sind im Übrigen auch dann ausgeschlossen, wenn die Schäden versicherbar sind.
12.8 In diesem Vertrag anderweitig vereinbarte Haftungsausschlüsse und/oder Haftungsbeschränkungen bleiben unberührt.

§ 13 Sicherheitsleistung, Kaution

13.1 Der Pächter hat dem Verpächter zur Sicherung aller Forderungen aus und im Zusammenhang mit diesem Pachtvertrag bis zum ..... eine Kaution in Höhe von ..... € auszuhändigen.
13.2 Die Sicherheitsleistung kann auch in Form einer unwiderruflichen selbstschuldnerischen und auf erste Anforderung zahlbaren Bankbürgschaft unter Ausschluss der Einrede der Anfechtbarkeit und Aufrechenbarkeit sowie ohne Hinterlegungsvorbehalt erfolgen. Der Verpächter darf die Sicherheitsleistung auch während des laufenden Pachtverhältnisses in Anspruch nehmen. Der Pächter ist in diesem Falle verpflichtet, die Sicherheitsleistung wieder auf die vereinbarte Höhe aufzufüllen.
Der Verpächter ist berechtigt, die Übergabe des Pachtgegenstands zu verweigern, wenn der Pächter die Sicherheitsleistung nicht rechtzeitig stellt; die Pflicht des Pächters zur Pachtzinszahlung bleibt hiervon unberührt.
13.3 Für den Fall der Hingabe einer Bankbürgschaft sind sich die Parteien sich einig, dass der Verpächter hierdurch im Vergleich zur Zahlung einer Barkaution rechtlich nicht benachteiligt wird und so behandelt wird, als hätte er eine Barkaution erhalten; er behält also insb. auch das Aufrechnungsrecht gemäß § 215 BGB.

§ 14 Betreten der Pachträume durch den Verpächter

14.1 Der Verpächter und/oder ein von ihm Beauftragter kann den Pachtgegenstand während der Geschäftszeiten zur Prüfung seines Zustands oder aus anderen sachlichen Gründen betreten. Bei Gefahr in Verzug ist der Zutritt zu jeder Tages- und Nachtzeit zu gestatten.
14.2 Will der Verpächter das Grundstück verkaufen oder bei bevorstehender Pachtvertragsbeendigung neu verpachten, so darf er und/oder sein Beauftragter der Pachtgegenstand zusammen mit den Kauf- bzw. Pachtinteressenten nach vorheriger Ankündigung während der Geschäftsstunden betreten.
14.3 Der Pächter hat dafür Sorge zu tragen, dass der Pachtgegenstand auch während seiner Abwesenheit betreten werden kann. Bei längerer Abwesenheit hat er den Verpächter zu benachrichtigen und die Schlüssel an geeigneter Stelle zu hinterlegen.

§ 15 Werbemaßnahmen

15.1 Vorrichtungen, die der Werbung dienen (z.B. Leuchtreklame etc.) dürfen an den Außenflächen/Fenstern des Gebäudes nur mit vorheriger schriftlicher Zustimmung des Verpächters angebracht werden. Der Verpächter kann diese Zustimmung aus wichtigem Grunde verweigern. Sämtliche etwaig erforderlichen öffentlich-rechtliche Genehmigung hat der Pächter auf eigene Kosten zu besorgen, sonstige behördliche Auflagen etc. auf eigene Kosten zu befolgen. Bei Beendigung des Pachtverhält-

nisses ist der Pächter zur Wiederherstellung des ursprünglichen Zustands auf eigene Kosten verpflichtet.
15.2 Der Pächter haftet für alle Schäden, die im Zusammenhang mit diesen Vorrichtungen entstehen.
15.3 Der Verpächter erteilt bereits jetzt sein Einverständnis für die Anbringung von ..... durch den Pächter an folgenden Flächen, die in dem beiliegenden Plan (Anlage 5) gekennzeichnet sind.

§ 16 Konkurrenzschutz und Betriebspflicht

16.1 Der Verpächter gewährt dem Pächter keinen Konkurrenzschutz.
16.2 Der Pächter ist verpflichtet, den Pachtgegenstand während der gesamten Pachtzeit laufend zu betreiben und insb. nicht – auch nicht zeitweise – ungenutzt leer stehen zu lassen. Schließungen aufgrund Inventur oder Betriebsferien sind zulässig.

§ 17 Ende der Pachtzeit, Rückgabe des Pachtgegenstands

17.1 Der Pachtgegenstand ist am Ende der Pachtzeit von dem Pächter an den Verpächter in vertragsgemäß, also insb. ohne Instandhaltungs- oder Instandsetzungsrückstau mit dem gesamten, ggf. ersatzbeschafften Inventar gereinigt zurückzugeben. Fällige Schönheitsreparaturen sind rechtzeitig vor Rückgabe vom Pächter sach- und fachgerecht durchzuführen.
17.2 Im Falle der Kündigung oder sonstiger Beendigung des Pachtverhältnisses hat der Pächter die Anbringung von Verpachtungs- oder Veräußerungsplakaten an den Fenstern oder sonstigen geeigneten Stellen durch den Verpächter und/oder seinen Beauftragten zu gestatten.

§ 18 Bevollmächtigung, Umwandlung/Veräußerung des Betriebes

18.1 Mehrere Personen als Pächter bevollmächtigen sich hiermit gegenseitig, einseitige Willenserklärungen oder sonstige Handlungen des Verpächters (z.B. Kündigungen) entgegenzunehmen. Solche Erklärungen und Handlungen des Verpächters sind auch dann wirksam, wenn sie nur einem Pächter zugehen (Empfangsvollmacht).
18.2 Eine Umwandlung des Pächters i.S.d. § 1 Abs. 1 Umwandlungsgesetz bedarf der vorherigen schriftlichen Zustimmung des Verpächters.
18.3 Bei Veräußerung des Betriebes durch den Pächter oder eines Teiles hiervon bedarf es in Ansehung des Überganges des Pachtvertrages auf den Rechtsnachfolger der vorherigen schriftlichen Vereinbarung mit dem Verpächter. Ein Anspruch des Pächters auf Übertragung dieses Vertrages auf einen etwaigen Erwerber/Rechtsnachfolger besteht nicht.

§ 19 Schriftform und Salvatorische Klauseln

19.1 Nachträgliche Änderungen und Ergänzungen einschließlich der Aufhebung dieses Vertrags bedürfen der Schriftform. Die nachträgliche Abänderung dieses Schriftformerfordernisses bedarf ebenfalls der Schriftform. Die stillschweigende Abbedingung dieses Schriftformerfordernisses wird ausdrücklich ausgeschlossen.
19.2 Sollten einzelne Bestimmungen dieses Vertrags ganz oder teilweise unwirksam oder nichtig sein bzw. werden, bleibt die Wirksamkeit der übrigen Bestimmungen hiervon unberührt. Die Vertragsparteien verpflichten sich, in einem solchen Fall eine neue,

wirksame Regelung zu vereinbaren, die dem wirtschaftlichen Sinn und Zweck des ursprünglich Gewollten möglichst nahe kommt. Ist dies nicht möglich, gilt das Gesetz.
19.3 Dieser Pachtvertrag ist ..... fach ausgefertigt und bei seiner Unterzeichnung mit den folgenden Anlagen fest verbunden:
Anlage 1: Lageplan
Anlage 2: Grundrissplan
Anlage 3: Inventarauflistung
Anlage 4: Neben- und Betriebskostenauflistung
Anlage 5: Werbung/Leuchtreklame.

....., den ....., den
(Verpächter) (Pächter)

■ *Kosten.* Bei Pachtverträgen von bestimmter Dauer ist nach § 99 Abs. 1 Satz 1 GNotKG der Wert aller Leistungen des Pächters während der gesamten Vertragszeit für den Geschäftswert maßgeblich; bei solchen von unbestimmter Dauer der auf die ersten fünf Jahre entfallende Wert der Leistungen des Pächters gemäß § 99 Abs. 1 Satz 2 Hs. 1 GNotKG. Soweit die Auflösung des Pachtvertrages jedoch erst zu einem späteren Zeitpunkt zulässig ist, ist dieser Zeitpunkt für die Bestimmung des Wertes nach § 99 Abs. 1 Satz 2 Hs. 2 GNotKG entscheidend. Insgesamt darf der Geschäftswert jedoch nach § 99 Abs. 1 Satz 3 GNotKG den auf die ersten 20 Jahre entfallenden Wert der Leistungen des Pächters nicht übersteigen. Gebührensatz: 2,0 Gebühr, mindestens jedoch 120,00 € (Nr. 21100 KV).

V. Verpachtung von Apotheken nach dem Apothekengesetz

Rechtsgrundlage für die Verpachtung des Betriebes einer Apotheke ist das »Gesetz über das Apothekenwesen« (Apothekengesetz – ApoG) in der Fassung der Bekanntmachung vom 15.10.1980,[40] das zuletzt durch Art. 1 des Gesetzes vom 15.07.2013[41] geändert worden ist. Die Apothekenpacht ist Unternehmens- bzw. Betriebspacht. Die Verpachtung einer Apotheke, die nicht mit der bloßen Vermietung von Geschäftsräumen zum Zwecke der Nutzung als Apothekenräume verwechselt werden darf, ist grundsätzlich *unzulässig* und nur in den in § 9 ApoG genannten Ausnahmen gestattet. Die Verpachtung einer Apotheke ist nach § 2 Abs. 4 ApoG nur in folgenden Fällen zulässig:

– wenn und solange der Verpächter als approbierter Apotheker im Besitz der Erlaubnis ist und die Apotheke aus einem in seiner Person liegenden wichtigen Grund nicht selbst betreiben kann oder aufgrund Gebrechlichkeit die Erlaubnis wegen nach § 2 Abs. 1 Nr. 7 ApoG widerrufen oder aus demselben Grund durch Widerruf der Approbation nach § 4 Abs. 1 Satz 1 Nr. 3 der Bundes-Apothekerordnung (BApO) erloschen ist;
– nach dem Tode des approbierten Apothekers durch seine erbberechtigten Kinder bis zu dem Zeitpunkt, in dem das jüngste der Kinder das 23. Lebensjahr vollendet. Ergreift eines dieser Kinder vor Vollendung des 23. Lebensjahres den Apothekerberuf, so kann die Frist auf Antrag verlängert werden, bis es in seiner Person die Voraussetzungen für die Erteilung der Erlaubnis erfüllen kann;
– durch den überlebenden erbberechtigten Ehegatten oder Lebenspartner (sog. »Witwenprivileg«) bis zu dem Zeitpunkt der Wiederverheiratung oder der Begründung einer Lebenspartnerschaft, sofern der erbberechtigte Ehegatte oder Lebenspartner nicht selbst eine Apothekenbetriebserlaubnis erhält.

---
40 BGBl. I S. 1993.
41 BGBl. I S. 2420.

§ 42 Pachtvertrag

Gemäß § 9 Satz 2 ApoG wird die Zulässigkeit der Verpachtung nicht dadurch berührt, dass nach Eintritt der in § 9 Satz 1 ApoG geregelten Ausnahmefälle die Apotheke innerhalb desselben Ortes oder in einen angrenzenden Stadtbezirk verlegt wird oder dass ihre Betriebsräume geändert werden. Handelt es sich im Fall der Verlegung oder der Veränderung der Betriebsräume um eine Apotheke, die nach § 9 Satz 1 Nr. 1 ApoG verpachtet ist, so bedarf der Verpächter keiner neuen Erlaubnis.

30 Der Pächter bedarf der Erlaubnis nach § 1 ApoG. Der Pachtvertrag darf die berufliche Verantwortlichkeit und Entscheidungsfreiheit des pachtenden Apothekers nicht beeinträchtigen (§ 9 Abs. 2 ApoG). Rechtsgeschäfte, die gegen § 9 ApoG verstoßen, sind nichtig (§ 12 ApoG). So kann eine erheblich überhöhte Umsatzpacht im Einzelfall nichtig sein, wenn der Apotheker wegen der Pachtüberhöhung an der Erfüllung seiner öffentlichen Aufgabe, eigenverantwortlich an der ordnungsgemäßen Arzneimittelversorgung mitzuwirken (§ 1 ApoG), gehindert wäre.[42] Die den Städten und Gemeinden sowie sonstigen Gebietskörperschaften gehörenden Apotheken können gemäß § 26 Abs. 1 ApoG frei verpachtet werden, sofern der Pächter die Voraussetzungen von § 1 ApoG erfüllt.

31 Wegen der Möglichkeit, dem Verpächter mit einer Vollstreckungsunterwerfung einen vollstreckbaren Titel zu verschaffen, empfiehlt sich die Beurkundung. Sie ist erforderlich, wenn dem Pächter ein An-/Vorkaufsrecht an dem Pachtgrundstück eingeräumt werden soll (s.o. Rdn. 10).

Musterbeispiel Apothekenpachtvertrag mit Ankaufsrecht

32 M Verhandelt zu ..... am .....
Vor Notar ..... in ..... erschienen, von Person bekannt:
I. Herr ....., geb. am ....., Witwer der Apothekerin Frau Dr. ....., wohnhaft in .....
– nachstehend »Verpächter« genannt –,
II. Herr ....., Apotheker, geb. am ....., wohnhaft in .....
– nachstehend »Pächter« genannt –.
Vorbemerkung und Rücktrittsrecht:
Die am ..... verstorbene Apothekerin, Frau Dr. ..... betrieb in ihrem Hause ..... in ..... auf Grund der ihr erteilten Erlaubnis eine Apotheke unter der Firma » .....-Apotheke«. Sie ist nach dem in beglaubigter Abschrift mit der Eröffnungsverhandlung vorgelegten notariellen Testament vom ..... allein beerbt worden von ihrem Ehemann. Dieser ist nach § 9 Abs. 1 Nr. 3 des ApoG bis zu seiner Wiederverheiratung oder bis zu seinem Ableben zur Verpachtung berechtigt.
Der Pächter, der die Zulassung als Apotheker besitzt, hat die Apotheke seit dem Tode der Inhaberin für den Verpächter mit Genehmigung der Landesgesundheitsbehörde verwaltet.
Der Pächter hat die Erlaubnis zum Betrieb der ..... Apotheke bereits beantragt. Der Pächter hat das Recht, von diesem Vertrag durch schriftliche Erklärung zurückzutreten, wenn ihm die für den Betrieb der Apotheke notwendige Apothekenbetriebserlaubnis ohne eigenes Verschulden nicht bis zum ..... erteilt wird. Dieses Rücktrittsrecht erlischt am .....

§ 1 Pachtgegenstand, Firmenbezeichnung

1.1 Der Verpächter verpachtet an den Pächter die in dem als Anlage 1 beiliegenden Grundrissplan farblich gekennzeichnete » .....-Apotheke« mit einer Fläche von insge-

---

42 Siehe BGH NJW 1979, 2351.

samt ..... m². Zu dem verpachteten Apothekenbetrieb gehören neben diesen gewerblichen Apothekenräumen die Geschäftseinrichtung einschließlich der Prüfgeräte und Prüfmittel gemäß der Apothekenbetriebsordnung (ApBetrO) gemäß der als Anlage 2 beiliegenden Inventaraufstellung. (nachfolgend einschließlich Pachträumen insgesamt als »Pachtgegenstand« bezeichnet).
Sollten sich bei nachträglicher Vermessung Abweichungen von der oben angegebenen Größe der Pachträume ergeben, so ist keine der Parteien berechtigt, deswegen eine Änderung der Pacht zu fordern. Dem Pächter werden von dem Verpächter für die Pachtzeit folgende Schlüssel ausgehändigt: ..... Nach Beendigung des Pachtverhältnisses sind sämtliche Schlüssel einschließlich etwaiger, vom Pächter selbst beschaffter, an den Verpächter herauszugeben.
1.2 Der Pächter hat die wirtschaftliche Situation der Apotheke durch Einsichtnahme in deren Geschäftsbücher, insbesondere deren Umsatz und die Ertragslage bis zum Zeitpunkt des Vertragsabschlusses geprüft. Der Verpächter hat dem Pächter insb. auch die die GuV, die Umsatzsteuerbescheide bzw. Umsatzsteuervoranmeldungen der letzten drei Geschäftsjahre nebst Inventurergebnissen vorgelegt, was der Pächter hiermit bestätigt. Darüber hinaus wird dem Pächter jederzeitiges Einsichtsrecht gewährt. Eine Haftung für den betriebswirtschaftlichen Erfolg der Apotheke wird von dem Verpächter nicht übernommen, eine diesbezügliche Haftung ist ausgeschlossen.
1.3 Mit Wirkung ab Übergabe des Pachtgegenstands an den Pächter zu Beginn der Pachtzeit tritt der Pächter anstelle des Verpächters gemäß § 613a BGB in sämtliche, nachfolgend aufgezählte Arbeitsverträge ein: ..... Ferner übernimmt er in folgende Dauerschuldverhältnisse ein, sofern und soweit die jeweiligen Vertragspartner hiermit einverstanden sind: .....
Der Pächter stellt die Verpächter insoweit von allen Ansprüchen Dritter/Angestellter frei.
Nach Ende der Pachtlaufzeit hat der Verpächter gegenüber dem Pächter die gleiche Verpflichtung, die auch dadurch erfüllt werden kann, dass ein etwaiger Folgepächter in die Verträge eintritt.
1.4 Die Haftung des Pächters für Verbindlichkeiten, die vor Beginn des Pachtverhältnisses in der Person des vorherigen Apothekenbetreibers entstanden sind, wird hiermit ausdrücklich ausgeschlossen. Der Pächter wird die bisherige Firma der Apotheke mit Nachfolgevermerk wie folgt ändern:
» .....-Apotheke, Pächter .....«.
Beide Seiten verpflichten sich, diesen Haftungsausschluss und die Änderung der Firma unverzüglich in das Handelsregister eintragen zu lassen.

§ 2 Pachtzweck, öffentlich-rechtliche Genehmigungen

2.1 Der Verpächter verpachtet den Pachtgegenstand ausschließlich zum Betriebe der« .....-Apotheke. Eine Änderung des Pachtzwecks ist unzulässig.
2.2 Der Verpächter überlässt den Pachtgegenstand in einem für den Pachtzweck geeigneten Zustand. Der Verpächter erklärt, dass alle nach der Apothekenbetriebsordnung vorgeschriebenen Einrichtungsgegenstände einschließlich der Hilfsmittel, Herstellungs- und Prüfgeräte nach der ApBetrO betriebsfertig vorhanden sind. Sofern dies für einzelne Teile nicht der Fall sein sollte, hat der Verpächter die fehlenden Teile unverzüglich auf seine Kosten zu beschaffen.
Der Verpächter leistet jedoch keine Gewähr dafür, dass der Pachtgegenstand während der gesamten Pachtzeit fortlaufend den technischen Anforderungen sowie den einschlägigen behördlichen Vorschriften entspricht. Etwaige nachträglich notwendig werdende, den Pachtgegenstand betreffende Genehmigungen hat der Pächter auf eigene

§ 42 Pachtvertrag

Kosten zu besorgen, behördliche Auflagen/Bedingungen etc. auf eigene Kosten zu erfüllen. Der Pachtgegenstand darf nur in der behördlich genehmigten Weise unter Einhaltung der behördlichen Auflagen sowie sonstiger öffentlich-rechtlicher Bestimmungen genutzt werden. Der Pächter haftet für die Beachtung aller Vorschriften bezüglich der Apothekenbetriebsräume und ihres Zuganges. Er ist verpflichtet, für den Fall, dass der Verpächter wegen Nichtbeachtung solcher Vorschriften in Anspruch genommen wird, diese schadlos zu halten.

Zusätzliche, den Apothekenbetrieb betreffende Anschaffungen des Pächters auf Grund zwingender apotheken- oder arzneimittelrechtlicher Bestimmungen, hat der Verpächter bei Beendigung des Pachtvertrages zum Zeitwert zu übernehmen. Alle anderen Anschaffungen braucht er nur dann zu übernehmen, wenn seine schriftliche Zustimmung dazu eingeholt worden war; er hat das Recht, alternativ die Überlassung zum Zeitwert zu fordern oder die Wiederherstellung des früheren Zustandes zu verlangen.

2.3 Die Pflicht des Pächters, die seine Person erforderlichen Genehmigungen (insb. Apothekenerlaubnis gemäß ApoG) zu beschaffen, bleibt von vorstehender Regelung unberührt.

§ 3 Pachtzeit, Kündigung, Wettbewerbsverbot

3.1 Die Pachtzeit beginnt am ..... und wird auf die Dauer von ..... Jahren befristet geschlossen. Dem Pächter wird die Option eingeräumt, das Pachtverhältnis um .....x ..... Jahre zu verlängern.

Die Option muss mindestens ein Jahr vor Ablauf der Festlaufzeit bzw. dem Ablauf des vorangegangenen Optionszeitraums schriftlich ausgeübt werden. Maßgeblich ist der Zeitpunkt des Zugangs der Optionsausübung.

Das Pachtverhältnis verlängert sich automatisch um jeweils ein weiteres Jahr, wenn es nicht spätestens sechs Monate vor Ablauf schriftlich gekündigt wird. Maßgeblich ist der Zeitpunkt des Zugangs der Kündigung. Für den Fall einer verspäteten Rückgabe des Pachtgegenstands bei Vertragsende findet keine stillschweigende Verlängerung des Pachtvertrags statt.

3.2 Die Verpächter ist zur fristlosen Kündigung berechtigt,

3.2.1 wenn der Pächter mit der Zahlung des Pachtzinses oder der Nebenkosten in Höhe eines Betrages von mehr als einer Monatspacht länger als einen Monat in Verzug gerät,

3.2.2 wenn der Umsatz in einem Jahr unter ..... € sinkt und der Pächter nicht nachweisen kann, das auch der Umsatz der anderen Apotheken in ..... durchschnittlich um mindestens 33 % gegenüber dem letzten Jahr vor Beginn des Pachtvertrages gesunken ist,

3.2.3 wenn die dem Pächter erteilte Apothekenbetriebserlaubnis gleich aus welchem Grund erlischt oder widerrufen wird oder der Pächter verstirbt.

3.3 Sofern zu den Erben des Pächters ein approbierter Apotheker zählen sollte, der die Voraussetzungen für die Leitung der Apotheke erfüllt, so kann dieser den Pachtvertrag durch Erklärung gegenüber dem Verpächter übernehmen. Die Erklärung muss dem Verpächter innerhalb Monatsfrist nach dem Tode des Pächters zugehen. Der Verpächter hat das Recht, der Erklärung des Erben innerhalb einer Woche nach deren Zugang zu widersprechen. Gegenüber dem überlebenden Ehegatten des Pächters oder einem Abkömmling als Erbe ist der Widerspruch nur aus einem wichtigen, in der Person liegenden Grunde zulässig.

3.4 Der Pächter ist zur fristlosen Kündigung des Pachtvertrages berechtigt, wenn die Angaben des Verpächter über Grundlagen dieses Vertrages zu vertragswesentlichen Tatsachen unrichtig sind, wenn er durch Maßnahmen des Verpächters an dem Betrieb

der Apotheke nachhaltig gehindert wird oder wenn der Verpächter es trotz zweimaliger schriftlicher Aufforderung verabsäumt, seinen vertraglichen Verpflichtungen hinsichtlich der Apothekenräume oder des Inventars nachzukommen.
3.5 Der Verpächter ist im Übrigen aus wichtigem Grunde zur fristlosen Kündigung berechtigt. Hierzu zählen insb. erhebliche Verstöße des Pächters gegen seine Pflichten als Apothekenleiter.
Einen wichtigen Grund zur fristlosen Kündigung stellt dar, wenn der Pächter, sein Ehegatte oder ein Abkömmling des Pächters es unternehmen, sich in einem Umkreis von ..... Kilometern Luftlinie um den Pachtgegenstand herum an einer bestehenden oder neu zu gründenden Apotheke mittelbar oder unmittelbar zu beteiligen, oder den Verpächter als Nutzungsberechtigten der Apothekenbetriebsräume zu verdrängen.
3.6 Nach dem Tod des Verpächters wird das Pachtverhältnis mit deren Erben fortgesetzt, soweit diese nach dem ApoG das Recht zur Verpachtung haben. Anderenfalls endet der Pachtvertrag kraft Gesetzes mit dem Tod des Verpächters, es sei denn, dass auf Antrag des Pächters die Fortsetzung des Pachtverhältnisses nach § 9 Abs. 1a ApoG gestattet wird.
Sofern die die Erben des Verpächters gemäß § 13 ApoG verwaltungsberechtigt sind und von diesem Recht Gebrauch machen, hat der Pächter wiederum das Recht, durch schriftlich gegenüber den Erben abzugebende Erklärung, die Verwaltung der Apotheke zu übernehmen. In diesem Falle beschränkt sich der Gewinnanteil der Erben auf die sich auf ..... € Der übrige Gewinn steht dem Verwalter (Pächter) als Entgelt zu.

§ 4 Umsatz- und Mindestpacht

4.1 Die jährliche Pacht einschließlich des Nutzungsentgelts für die Pachträume beträgt ..... % des jährlichen Umsatzes ggf. zzgl. Mehrwertsteuer. Errechnet wird der Umsatz auf Basis von dem Pächter für jeden Monat vorzulegenden von einem Steuerberater attestierten Abschriften der Umsatzsteuererklärungen, den nach Eingang dem Verpächter vorzulegenden Umsatzsteuerbescheide des Finanzamts und der für jedes Geschäftsjahr aufzustellenden Bilanz bzw. Gewinn- und Verlustrechnung.
Pachtpflichtiger Umsatz im Sinne dieser Regelung ist der gesamte im und im Zusammenhang mit dem Pachtgegenstand erzielte Nettoumsatz der ..... Apotheke, d.h. der Gesamtumsatz ohne Hinzurechnung der Mehrwertsteuer. Zu dem pachtpflichtigen Umsatz gehören insbesondere auch über oder in Zusammenhang mit dem Pachtgegenstand abgewickelte Versand- oder Internet- und Onlineverkäufe o.Ä. Von dem pachtpflichtigen Umsatz ausgenommen sind der Eigenverbrauch des Pächters sowie die Verkäufe an die Mitarbeiter und an den Verpächter zum Einkaufspreis. Die Vorschriften der Arzneimittel-Preisverordnung bleiben unberührt.
4.2 Unabhängig von der Höhe der vorstehend vereinbarten Umsatzpacht ist der Pächter verpflichtet an den Verpächter eine Mindestpacht i.H.v. monatlich ..... € zu zahlen. Diese Mindestpacht ist auch dann zur Zahlung fällig, wenn die Apotheke gleich aus welchem Grund, z.B. Erkrankung des Pächters nicht betrieben werden kann.
4.3 Kommt der Pächter mit einer Zahlungsverpflichtung aus diesem Vertrag in Verzug, ist er verpflichtet, dem Verpächter Zinsen in Höhe von 8 Prozentpunkten über dem Basiszinssatz zu zahlen. Die Geltendmachung eines höheren Schadens bleibt dem Verpächter vorbehalten. Sonstige vertraglichen und gesetzlichen Rechte des Verpächter bleiben unberührt.
4.4 Der Verpächter ist berechtigt, für jedes Geschäftsjahr nach dessen Abschluss Einsicht in die Geschäftsbücher und die Unterlagen des Pächters zu nehmen oder durch einen Steuerberater oder Wirtschaftsprüfer nehmen zu lassen sowie über die Umsätze Auskünfte beim Finanzamt einzuholen.

§ 42 Pachtvertrag

4.5 Sofern und soweit der Verpächter für die Pachtgebäude zur Mehrwertsteuer optiert oder aus anderen Gründen zur Abführung von Mehrwertsteuer verpflichtet ist, ist der Pächter verpflichtet, auf die nach diesem Vertrag geschuldeten Pacht- und Neben-/Betriebskostenzahlungen Mehrwertsteuer in der jeweils gesetzlich vorgeschriebenen Höhe, derzeit 19 % zu entrichten. Der Pächter garantiert, dass er in diesem Fall den Pachtgegenstand nicht für Umsätze verwenden wird, die den Vorsteuerabzug ausschließen. Der Verpächter wird dem Pächter auf Verlangen eine den Vorschriften des Umsatzsteuergesetzes entsprechende Rechnung ausstellen.

§ 5 Zahlung der Pacht, Vollstreckungsunterwerfung

5.1 Die Pacht ist monatlich im Voraus, spätestens am 5. Werktag des Monats an den Verpächter zu zahlen. Soweit der Verpächter keine andere Bestimmung trifft, ist die Pacht auf folgendes Konto zu zahlen: Kontonummer: ….., Bank: ….., Bankleitzahl: …..
5.2 Für die Rechtzeitigkeit der Zahlung kommt es nicht auf die Absendung, sondern auf die Gutschrift der Pacht auf dem Konto des Verpächter an.
5.3 Wegen der monatlichen Mindestpacht i.H.v. ….. € unterwirft sich der Pächter der sofortigen Zwangsvollstreckung aus dieser Urkunde und gestattet die Erteilung einer vollstreckbaren Ausfertigung an den Verpächter.

§ 6 Aufrechnung/Minderung/Zurückbehaltungsrecht

6.1 Der Pächter kann gegenüber der Pacht und den Betriebskosten nicht aufrechnen und kein Zurückbehaltungsrecht geltend machen, es sei denn, die Gegenforderung ist unstreitig oder rechtskräftig festgestellt.
6.2 Ein Minderungs- oder Zurückbehaltungsrecht kann der Pächter nur ausüben, wenn er dies dem Verpächter mindestens einen Monat vor Fälligkeit der jeweiligen Pacht angekündigt hat.

§ 7 Neben- und Betriebskosten

7.1 Jeder Vertragsteil trägt die ihn persönlich betreffenden Steuern/Abgaben selbst. Den Pächter treffen insbesondere die Gewerbe- und die Umsatzsteuer, die Beiträge für die Berufsgenossenschaft, die Standesvertretung und das Gesundheitswesen, die Kosten der Haftpflichtversicherung sowie der Versicherungen gegen Feuer, Einbruch-Diebstahl, Glas- und Wasserschäden.
Des Weiteren gehen die verbrauchsabhängigen Betriebskosten des Pachtgegenstands für Strom, Heizung, Wasser (Frischwasser/Abwasser), ….. zu Lasten des Pächters. Der Pächter ist im Übrigen verpflichtet, die in der Betriebskostenverordnung vom 25.11.2003 in der jeweils aktuellen Fassung aufgezählten Betriebskosten zu zahlen. Darüber hinaus trägt der Pächter die in der Betriebskostenverordnung nicht geregelten sonstigen Kosten, die in der beiliegenden Neben-/Betriebskostenauflistung (Anlage 4) im Einzelnen aufgeführt sind.
Der Pächter ist des Weiteren verpflichtet, eine monatliche Verwaltungskostenpauschale in Höhe von ….. % der jeweiligen Monatspacht an den Verpächter zu zahlen.
7.2 Der Verpächter ist gegen Kostenumlage auf den Pächter verpflichtet, das Gebäude zum gleitenden Neuwert gegen die üblichen Risiken versichert zu halten. Der Pächter ist verpflichtet, bezüglich sämtlicher von ihm zu tragender Neben-/Betriebskosten – soweit möglich – mit den Versorgungsunternehmen oder sonstigen Leistungsanbietern unmittelbar Verträge abzuschließen und diese jeweils unmittelbar mit den Versorgungsunternehmen oder sonstigen Leistungsanbietern abzurechnen. Sofern und

soweit das nicht möglich ist, wird der Verpächter diese Verträge abschließen und die daraus resultierenden Kosten als Betriebskosten jährlich, ggf. anteilig auf den Pächter umlegen. Die Umlage erfolgt nach folgendem Verteilungsschlüssel ..... (*Anm.: z.B. Flächenverhältnis*), den der Verpächter nach billigem Ermessen (§ 315 BGB) berechtigt ist, mit Wirkung zum nächsten Abrechnungszeitraum zu ändern. In die Versicherungsverträge tritt der Pächter ein, behält sich aber das Recht der Kündigung der bisherigen Verträge und den Abschluss neuer Versicherungsverträge vor.
7.3 Der Pächter ist verpflichtet, eine Neben- und Betriebskostenvorauszahlung in Höhe von monatlich ..... € netto zzgl. Mehrwertsteuer, derzeit ..... % = ... €, insgesamt also ..... € brutto. an den Verpächter zu zahlen. Der Verpächter hat das Recht die monatlichen Neben-/Betriebskostenvorauszahlungen nach billigem Ermessen (§ 315 BGB) an die tatsächliche Höhe der Neben- und Betriebskosten anzupassen.
7.4 Für die Zahlung der Betriebskostenvorauszahlung und der Verwaltungskostenpauschale gelten die vorstehenden Vorschriften über die Zahlung der Pacht entsprechend.

§ 8 Übergabezeitpunkt, Zustand des Pachtgegenstands, Apothekenbetrieb, Warenlager

8.1 Die Übergabe des Pachtgegenstands erfolgt am ..... Für den Fall, dass sich die Übergabe verschieben sollte, wird der Verpächter dem Pächter dieses zwei Wochen vor dem v.g. Termin mitteilen.
8.2 Der Verpächter gewährt den Gebrauch des Pachtgegenstands einschließlich sämtlicher mit verpachteter Inventarteile in dem Zustand, in dem er sich bei Übergabe befindet. Der Pächter hat die Apothekenräume einschließlich Einrichtung und Zubehör am ..... besichtigt und bestätigt, dass keine Mängel vorhanden sind, die eine Übergabe hindern oder zur Minderung der Pacht berechtigen.
8.3 Anlässlich der Übergabe verpflichten sich die Vertragsparteien, ein Übergabeprotokoll zu erstellen, in dem etwaige Mängel des Pachtgegenstands, sonstige Beanstandungen und Vorbehalte aufgelistet werden. Sofern und soweit in dem Übergabeprotokoll keine Mängel, Beanstandungen oder Vorbehalte enthalten sind, erkennt der Pächter den Pachtgegenstand als zum vertragsgemäßen Gebrauch tauglich an.
8.4 Der Pächter bestätigt, dass sich der verpachtete Apothekenbetrieb einschließlich der zu führenden Bücher und sonstigen Hilfsmittel in ordnungsgemäßem Zustand befindet. Der Pächter trägt ab Übergabe die Gefahr des Unterganges der Geschäftseinrichtung nebst Warenlager. Er hat bei der Beendigung der Pacht die Geschäftseinrichtung der Apotheke in einer den Bestimmungen der Apothekenbetriebsordnung entsprechenden Beschaffenheit unter Berücksichtigung einer üblichen Abnutzung zurückzugeben.
8.5 Der Pächter übernimmt das Warenlager käuflich zu einem Pauschalpreis von ..... €. *Alternativ*: Für die Ermittlung des Kaufpreises ist eine Inventur durchzuführen, mit deren Erstellung die Vertragsparteien einvernehmlich den Sachverständigen ..... als Schiedsgutachter im Sinne von § 317 BGB beauftragen; die Kosten hierfür werden hälftig geteilt. Die von dem Sachverständigen nach billigem Ermessen getroffenen Feststellungen sind für beide Seiten bindend. Für den Fall, dass am Warenlager Rechte Dritter bestehen, hat der Pächter das Recht, die Dritten unter Anrechnung auf den Übergabepreis unmittelbar zu befriedigen. Die Übernahme von Waren, die dem normalen Geschäftsumfang der Apotheke nicht angemessen sind, kann der Pächter bei Pachtzeitbeginn innerhalb einer Frist von vier Wochen ab Zugang des Inventurergebnisses ablehnen.
8.6 Der Kaufpreis für das Warenlager ist Zug um Zug mit Übergabe des Pachtgegenstands zur Zahlung durch den Pächter fällig. Für den Fall, dass das Inventurergebnis zu

diesem Zeitpunkt noch nicht vorliegen sollte oder noch Unklarheiten über das Inventurergebnis bestehen, ist der Pächter verpflichtet, bei Übergabe an die Verpächtern eine Abschlagszahlung i.H.v. ..... € zzgl. MwSt. an den Verpächter zu zahlen; Der Restbetrag bzw. eine etwaige Zuvielzahlung ist innerhalb von 14 Tagen nach Zugang des Inventurergebnisses zu zahlen bzw. zurückzuerstatten.

8.7 Bei Beendigung des Pachtvertrages und Rückgabe des Pachtgegenstandes an den Verpächter gilt vorstehende Ziffer 8.5 für die Rückübertragung des Warenlagers auf den Verpächter entsprechend.

§ 9 Benutzung und Versicherung des Pachtgegenstands, Unterverpachtung

9.1 Der Pächter verpflichtet sich, den Pachtgegenstand nebst etwaiger gemeinschaftlicher Flächen und Einrichtungen schonend und pfleglich zu behandeln sowie in ordnungsgemäßem Zustand zu erhalten. Sämtliche, den gesamten Pachtgegenstand und dessen angrenzenden Wege und Zuwegungen betreffenden Verkehrssicherungspflichten gehen zulasten des Pächter, der den Verpächter insoweit von Ansprüchen Dritter freistellt.

9.2 Der Pächter ist verpflichtet, den Pachtgegenstand einschließlich der Einrichtung der Apothekenbetriebsräume neben dem Abschluss einer ausreichenden Objekt-, Betriebshaftpflicht- und Betriebsunterbrechungsversicherung auf eigene Rechnung in geschäftsüblicher und angemessener Höhe gegen Feuer, Leitungswasser, Sturmschäden, Öltankschäden, Einbruch-, Diebstahl-, Glasschäden sowie alle sonstigen aus dem Apothekenbetrieb resultierenden Risiken zu versichern. Sofern und soweit der bisherige Versicherungsnehmer und die jeweilige Versicherung hiermit einverstanden sind, hat der Pächter das Recht, in bereits bestehende Versicherungsverträge einzutreten; er ist hierzu verpflichtet, wenn die Kündigung eines für den Pachtgegenstand bereits bestehenden Versicherungsvertrages nicht oder mit erheblichen Kostenaufwand möglich ist. Der Pächter stellt den Verpächter von der Haftung für jegliche Versicherungsschäden frei.

9.3 Gewässer-/umweltgefährdende Stoffe/Materialien sind dem Verpächter anzuzeigen; deren Nutzung und Lagerung bedürfen dessen schriftlicher Zustimmung. Der Pächter ist bei Verwendung solcher gewässer- oder umweltgefährdender Stoffe/Materialien verpflichtet, diese separat auf eigene Kosten zu versichern. Entsprechendes gilt für sonstige Umwelteinwirkungen/Emissionen. Für etwaige Gewässer- oder Umweltschäden etc. haftet der Pächter und stellt den Verpächter von Ansprüchen Dritter frei.

9.4 Sofern und soweit gemäß Apothekengesetz überhaupt zulässig, ist eine Unterverpachtung oder sonstige Gebrauchsüberlassung der Apotheke und der Apothekenräume an Dritte ohne vorherige schriftliche Zustimmung des Verpächters unzulässig. Auf die Zustimmung besteht kein Anspruch. Bei unbefugter Unterverpachtung kann der Verpächter verlangen, dass der Pächter das Unterpachtverhältnis unverzüglich, spätestens binnen Monatsfrist, beendet. Anderenfalls ist der Verpächter berechtigt, das Hauptpachtverhältnis fristlos zu kündigen. Ein vorzeitiges Kündigungsrecht des Pächters für den Fall der Versagung der Unterverpachtungserlaubnis besteht unter keinem rechtlichen Gesichtspunkt.

9.5 Für den Fall der Unterverpachtung oder sonstigen Gebrauchsüberlassung an Dritte tritt der Pächter dem diese Abtretung annehmenden Verpächter schon jetzt sämtliche ihm gegen den Unterpächter zustehenden Forderungen nebst etwaiger Pfandrechte sicherungshalber ab und verpflichtet sich, diese Sicherungsabtretung nötigenfalls in separater Urkunde zu wiederholen.

§ 10 Ausbesserungen/bauliche Veränderungen durch den Verpächter

10.1 Der Verpächter darf Ausbesserungen, Modernisierungen und bauliche Veränderungen, die zur Erhaltung des Gebäudes und der Apothekenbetriebsräume oder zur Abwendung drohender Gefahren oder zur Beseitigung von Schäden notwendig werden, auch ohne Zustimmung des Pächters vornehmen. Hierzu zählen auch Ausbesserungen, Modernisierungen und bauliche Veränderungen, die zwar nicht notwendig, aber zweckmäßig sind, wenn diese den Pächter nicht erheblich beeinträchtigen.
10.2 Soweit dies zur Durchführung von Ausbesserungen, Modernisierungen und baulichen Veränderungen erforderlich ist, hat der Pächter die betroffenen Räume und sonstigen Bereiche zugänglich zu halten. Die Maßnahmen dürfen von dem Pächter nicht behindert oder verzögert werden.
10.3 Bezüglich Maßnahmen, die der Pächter zu dulden hat, kann er weder den Pachtzins mindern noch ein Zurückbehaltungsrecht ausüben, noch Schadenersatz verlangen. Diese Rechte stehen ihm jedoch zu, wenn es sich um Maßnahmen handelt, die den Gebrauch des Pachtgegenstands zu dem vereinbarten Zweck ausschließen oder in unzumutbarer Weise beeinträchtigen.
10.5 Die Heizungsanlage und Warmwasserversorgung kann der Verpächter auf andere Heizstoffe, Fernwärme oder Wärme-Contracting umstellen. Dier Verpächter ist berechtigt, die Kosten des Betriebs und der Wartung sowie die Contracting-Kosten im Rahmen der Betriebskosten auf den Pächter umzulegen.

§ 11 Bauliche Änderungen durch den Pächter

11.1 Bauliche Änderungen der Apothekenbetriebsräume durch den Pächter, z.B. Um- und Einbauten, Installationen sowie sonstige Veränderungen des Pachtgegenstands sowie der Außenfront der Apotheke bedürfen stets der vorherigen schriftlichen Zustimmung des Verpächters. Für die öffentlich-rechtliche Zulässigkeit der jeweiligen Maßnahmen, für die Einholung behördlicher Genehmigungen sowie die Erfüllung behördlicher Auflagen und Bedingungen ist der Pächter auf eigene Kosten verantwortlich. Für Schäden, die durch die von ihm durchgeführten Maßnahmen entstehen, haftet der Pächter. Der Pächter ist verpflichtet, den Verpächter auf Anfrage die Baugenehmigung und die Bestandspläne in Kopie zu überlassen.
11.2 Einrichtungen, Einbauten und sonstige bauliche Veränderungen der Apothekenbetriebsräume bzw. Pachtgegenstands hat der Pächter bei Beendigung des Pachtverhältnisses auf eigene Kosten wieder zu entfernen und den ursprünglichen Zustand wiederherzustellen. Die Verpächter kann jedoch verlangen, dass die Einrichtungen, Einbauten oder sonstige bauliche Veränderungen bei Beendigung des Pachtverhältnisses zurückgelassen werden. Insoweit gelten die gesetzlichen Bestimmungen. Eine Zustimmung des Verpächters zur Durchführung baulicher Maßnahmen beinhaltet keinen Verzicht auf die Rückbaupflicht des Pächters.

§ 12 Schönheitsreparaturen, Instandhaltung/Instandsetzung, Haftung

12.1 Die laufenden Schönheitsreparaturen in den Apothekenbetriebsräumen hat der Pächter auf eigene Kosten regelmäßig sach- und fachgerecht durchzuführen, sofern und soweit der Abnutzungsgrad dies erfordert. Hierzu gehören insbesondere das Streichen von Wänden und Decken, Heizkörpern, Verkleidungen, Fenstern, Einbauten, Türen sowie sämtliche sonstigen üblichen malermäßigen Arbeiten (z.B. Tapezierarbeiten) sowie die Pflege, Reinigung, ggf. Erneuerung der Bodenbeläge/Teppichböden. Der Pächter muss den Pachtgegenstand auf eigene Kosten von Ungeziefer freihalten.

12.2 Für sämtliche durch den Pachtgebrauch veranlasste Wartungs-, Instandhaltungs- sowie Instandsetzungsmaßnahmen am Pachtgegenstand einschließlich des Ersatzes/der Erneuerung abhanden gekommenen oder unbrauchbar gewordenen Inventars und sämtlicher sonstigen Einrichtungen und Anlagen ist der Pächter auf eigene Kosten verantwortlich. Hierzu gehören alle Maßnahmen, die erforderlich sind, um den Pachtgegenstand in vertragsgemäßem Zustand zu erhalten bzw. den Pachtgegenstand in vertragsgemäßen Zustand zurückzuversetzen. Soweit es sich um in das Gebäude integrierte Einrichtungen, Anlagen, Zubehörteile handelt, behält sich der Verpächter das Recht vor, die notwendigen Instandhaltungs- bzw. Instandsetzungsmaßnahmen auf Kosten des Pächters selbst durchzuführen. Sofern und soweit vorstehende Maßnahmen allerdings »Dach und Fach« betreffen oder nicht aus dem Pachtgebrauch des Pächters resultieren, gehen diese zulasten des Verpächters. Für Instandsetzungen am Gebäude und an fest mit dem Gebäude verbundenen Anlagen/Teilen ist die Instandsetzungspflicht des Pächters betragsmäßig auf 8 % der Jahresnettokaltpacht pro Pachtjahr beschränkt. Diese Beschränkung gilt nicht für Instandsetzungen am Inventar.

12.3 Der Pächter haftet für schuldhaft verursachte Schäden. Dies gilt auch für durch Mitarbeiter, Angestellte, Unterpächter, beauftragte Handwerker, Lieferanten, Kunden, Familienangehörige o.Ä. schuldhaft verursachte Schäden. Die Haftung erstreckt sich auch auf Schäden, die durch fahrlässiges Umgehen mit Wasser-, Gas- oder Stromleitungen, mit den Sanitär- und Heizungsanlagen, unzureichende Beheizung etc. entstehen. Leitungsverstopfungen bis zum Hauptrohr hat der Pächter stets unverzüglich auf eigene Kosten zu beseitigen.

12.4 Der Pächter ist verpflichtet, diejenigen Schäden, für die er einstehen muss, sofort zu beseitigen. Kommt er dieser Verpflichtung auch nach schriftlicher Mahnung innerhalb angemessener Frist nicht nach, so kann der Verpächter die erforderlichen Arbeiten auf Kosten des Pächters selbst vornehmen. Bei Gefahr in Verzug oder unbekanntem Aufenthalt des Pächters bedarf es einer schriftlichen Aufforderung mit Fristsetzung nicht.

12.5 Der Verpächter haftet nicht für Störungen des Pachtgebrauchs, die von Dritten einschließlich sonstiger Pächter von Grundstück oder Gebäude verursacht werden. Er wird sich jedoch bemühen, auf die Beseitigung ihm bekannt gegebener Störungen hinzuwirken.

12.6 Schadenersatzansprüche des Pächters gegen den Verpächter aus oder in Zusammenhang mit dem Pachtverhältnis, solcher aus vorvertraglichen Schuldverhältnissen oder unerlaubter Handlung sind ausgeschlossen, es sei denn, sie beruhen auf Vorsatz oder grober Fahrlässigkeit, auf fahrlässiger Verletzung wesentlicher Vertragspflichten oder Rechtsgüter (Leib oder Leben) durch den Verpächter oder seiner Erfüllungsgehilfen oder auf dem Fehlen einer zugesicherten Eigenschaft des Pachtgegenstands. Eine verschuldensunabhängige Haftung für bei Abschluss des Pachtvertrages vorhandene Mängel findet nicht statt.

12.7 Schadenersatzansprüche des Pächters für auf bauliche Mängel des Pachtgegenstands, Grundstückes oder Gebäudes zurückzuführende Beschädigungen der vom Pächter eingebrachten Gegenstände o.Ä. sind im Übrigen auch dann ausgeschlossen, wenn die Schäden versicherbar sind.

12.8 In diesem Vertrag anderweitig vereinbarte Haftungsausschlüsse und/oder Haftungsbeschränkungen bleiben unberührt.

§ 13 Sicherheitsleistung, Kaution

13.1 Der Pächter ist verpflichtet, dem Verpächter zur Sicherung aller Forderungen aus und im Zusammenhang mit diesem Pachtvertrag bis zum ..... eine Kaution in Höhe von ..... € auszuhändigen.

13.2 Die Sicherheitsleistung kann auch in Form einer unwiderruflichen selbstschuldnerischen und auf erste Anforderung zahlbaren Bankbürgschaft unter Ausschluss der Einrede der Anfechtbarkeit und Aufrechenbarkeit sowie ohne Hinterlegungsvorbehalt erfolgen. Der Verpächter darf auch während der Pachtlaufzeit für sämtliche Forderungen, die Sicherheitsleistung in Anspruch nehmen. Der Pächter ist in diesem Falle verpflichtet, die Sicherheitsleistung wieder auf die vereinbarte Höhe aufzufüllen. Der Verpächter ist berechtigt, die Übergabe des Pachtgegenstands zu verweigern, wenn der Pächter die Sicherheitsleistung nicht rechtzeitig stellt; ohne dass die Pflicht des Pächters zur Pachtzinszahlung entfällt.

13.3 Für den Fall der Hingabe einer Bankbürgschaft sind sich die Parteien sich einig, dass der Verpächter hierdurch im Vergleich zur Zahlung einer Barkaution rechtlich nicht benachteiligt wird und so behandelt wird, als hätte er eine Barkaution erhalten; er behält insb. das Aufrechnungsrecht gemäß § 215 BGB.

§ 14 Besichtigung der Pachträume durch den Verpächter

14.1 Der Verpächter und/oder ein von ihm Beauftragter kann den Pachtgegenstand während der Geschäftszeiten zur Prüfung seines Zustands oder aus anderen sachlichen Gründen betreten. Bei Gefahr in Verzug ist der Zutritt zu jeder Tages- und Nachtzeit zu gestatten.

14.2 Will der Verpächter das Grundstück verkaufen oder bei bevorstehender Pachtvertragsbeendigung neu verpachten, so darf er und/oder sein Beauftragter den Pachtgegenstand zusammen mit den Kauf- bzw. Pachtinteressenten nach vorheriger Ankündigung während der Geschäftsstunden betreten.

14.3 Der Pächter hat dafür Sorge zu tragen, dass der Pachtgegenstand auch während seiner Abwesenheit betreten werden kann. Bei längerer Abwesenheit hat er den Verpächter zu benachrichtigen und die Schlüssel an geeigneter Stelle zu hinterlegen.

§ 15 Werbemaßnahmen

15.1 Vorrichtungen, die der Werbung dienen (z.B. Leuchtreklame etc.) dürfen an den Außenflächen/Fenstern des Gebäudes stets nur mit vorheriger schriftlicher Zustimmung des Verpächters angebracht werden. Der Verpächter kann diese Zustimmung aus wichtigem Grunde verweigern. Sämtliche etwaig erforderlichen öffentlich-rechtliche Genehmigung hat der Pächter auf eigene Kosten zu besorgen, sonstige behördliche Auflagen etc. auf eigene Kosten zu befolgen.

15.2 Der Pächter haftet für alle Schäden, die im Zusammenhang mit diesen Vorrichtungen entstehen. Bei Beendigung des Pachtverhältnisses ist der Pächter zur Wiederherstellung des ursprünglichen Zustands auf eigene Kosten verpflichtet. Wahlweise kann der Verpächter verlangen, dass ihm die angebrachten Gegenstände zum Zeitwert überlassen werden.

15.3 Dier Verpächter erteilt bereits jetzt sein Einverständnis für die Anbringung von ..... durch den Pächter an folgenden Flächen, die in dem beiliegenden Plan (Anlage 5) gekennzeichnet sind.

§ 16 Konkurrenzschutz und Betriebspflicht

16.1 Der Verpächter gewährt dem Pächter keinen Konkurrenzschutz.
16.2 Der Pächter ist verpflichtet, den Pachtgegenstand während der gesamten Pachtzeit laufend zu betreiben und insb. nicht – auch nicht zeitweise – ungenutzt leer stehen zu lassen. Schließungen aufgrund Inventur oder Betriebferien sind zulässig.

§ 17 Ende der Pachtzeit, Rückgabe des Pachtgegenstands

17.1 Der Pachtgegenstand ist am Ende der Pachtzeit von dem Pächter an den Verpächter in vertragsgemäß, also insb. ohne Instandhaltungs- oder Instandsetzungsrückstau mit dem gesamten, ggf. ersatzbeschafften Inventar gereinigt zurückzugeben. Fällige Schönheitsreparaturen sind rechtzeitig vor Rückgabe vom Pächter sach- und fachgerecht durchzuführen.
17.2 Im Falle der Kündigung oder sonstiger Beendigung des Pachtverhältnisses hat der Pächter die Anbringung von Verpachtungs- oder Veräußerungsplakaten an den Fenstern oder sonstigen geeigneten Stellen durch den Verpächter und/oder seinen Beauftragten zu gestatten.

§ 18 Verbot der Abtretung, Veräußerung und Übertragung

18.1 Der Pächter ist nicht berechtigt, seine Rechte und Pflichten aus dem Pachtverhältnis in irgendeiner Weise auf einen Dritten zu veräußern, übertragen oder abzutreten.
18.2 Die Veräußerung des Apothekenbetriebes durch den Pächter oder eines Teiles hiervon ist ohne vorherige Vereinbarung mit des Verpächters gestattet. Die Übertragung dieses Vertrages auf einen etwaigen Erwerber/Rechtsnachfolger bedarf stets der vorherigen Vereinbarung mit dem Verpächter, auf die kein Anspruch besteht.

§ 19 Ankaufsrecht des Pächters

19.1 Für den Fall, dass der Verpächter während der Pachtlaufzeit wieder heiraten, eine Lebenspartnerschaft eingehen oder versterben sollte, würden die Voraussetzungen für die Verpachtung an den Pächter nach dem ApoG entfallen und dem Pächter die ihm erteilte Betriebserlaubnis widerrufen werden. Für diesen Fall wird dem Pächter das Recht eingeräumt, das Grundstück, auf dem sich der Pachtgegenstand befindet, verzeichnet im Grundbuch von ....., Blatt ....., nebst Apotheken sowie das Recht, die Apotheke unter der Firma ..... mit oder ohne Nachfolgezusatz zu betreiben, mithin alle Sachen und Rechte, die zur Weiterführung der Apotheke erforderlich sind, anzukaufen. Der Ankauf ist aber nur als Gesamtheit aller Sachen und Rechte, nicht jedoch in Teilen möglich.
19.2 Das Ankaufsrecht ist durch eine notariell beurkundete Erklärung gegenüber dem Verpflichteten auszuüben. Es erlischt einen Monat nach dem Zeitpunkt, in dem der Pächter Kenntnis von dem Eintritt der Voraussetzungen für das Entstehen des Ankaufrechts bzw. im Falle des Versterbens des Verpächters von der Person des Erben erlangt hat. Für die Rechtzeitigkeit der Ausübungserklärung ist der Tag ihrer Beurkundung maßgebend.
19.3 Die Übergabe erfolgt nach Ausübung des Rechts mit Wirkung vom Tage des Eintritts des Ankaufsrechts.
19.4 Die Höhe des Kaufpreises für das Grundstück, für die Einrichtung der Apotheke und für das Recht, den Betrieb mit der alten Firma fortzuführen, soll im Falle von Meinungsverschiedenheiten hierzu ein von der Apothekerkammer ..... zu benennender vereidigter Sachverständiger als Schiedsgutachter nach billigem Ermessen (§ 317 BGB) verbindlich bestimmen.

Bis zur endgültigen Bestimmung des Kaufpreises ist der zu diesem Zeitpunkt maßgebliche Pachtzins als Vorauszahlung auf den Kaufpreis weiterzuzahlen. Der Kaufpreis ist binnen 3 Monaten nach dessen endgültiger Bestimmung Zug um Zug gegen Auflassung, Übereignung der Einrichtung und Anmeldung des Firmenüberganges zur Eintragung im Handelsregister zu zahlen.

Für den Fall, dass die Durchführung des Ankaufs – gleich aus welchem Grunde – scheitern sollte, sind die vorstehenden Pachtzinszahlungen – die bis zur Rückgabe des Pachtgegenstandes weiter zu zahlen sind – nicht an den Pächter zu erstatten, sondern gelten als Nutzungsentschädigung für die Nutzung des Pachtgegenstands.

19.5 Der Verpächter bewilligt und der Pächter beantragt, eine Vormerkung zur Sicherung des Anspruchs des Verpächters auf Auflassung im Grundbuch von ..... Blatt ..... einzutragen.

§ 20 Wettbewerbsverbot

20.1 Der Pächter verpflichtet sich, während der gesamten Pachtlaufzeit und innerhalb von ..... Jahren danach in einem Umkreis von ..... Kilometer Luftlinie um die ..... Apotheke herum keine eigene Apotheke zu eröffnen, eine Apotheke weder zu pachten noch zu übernehmen, sich nicht mittelbar oder unmittelbar an einer Apotheke zu beteiligen, durch seinen Ehegatten oder Lebenspartner betreiben zu lassen, in die Dienste einer solchen zu treten oder während der Dauer des Pachtverhältnisses ein solches Vorhaben zu betreiben.

20.2 Für den Fall des Verstoßes hiergegen kann der Verpächter unbeschadet ihres Anspruchs auf Unterlassung oder Schadenersatz für jeden Monat einer Zuwiderhandlung eine Vertragsstrafe i.H.v. ..... € verlangen.

20.3 Soweit der Ehegatte des Pächters oder dessen Abkömmlinge Apotheker sind oder werden, verpflichtet sich der Pächter darauf hinzuwirken, dass auch diese das Wettbewerbsverbot beachten. Für jeden Fall der Zuwiderhandlung trifft den Pächter die Verpflichtung zur Zahlung der Vertragsstrafe sowie des Ersatzes des darüber hinausgehenden Schadens ohne Rücksicht auf eigenes Verschulden.

§ 21 Kosten

21.1 Die Kosten dieses Vertrages und seiner Durchführung trägt der Pächter, und zwar auch dann, wenn ihm die Betriebserlaubnis nicht erteilt werden sollte.

21.2 Beide Teile beantragen unter Vorlegung dieses Vertrages die Genehmigung des Pachtvertrages bei der Landesgesundheitsbehörde.

§ 22 Schriftform und Salvatorische Klauseln

22.1 Nachträgliche Änderungen und Ergänzungen einschließlich der Aufhebung dieses Vertrags bedürfen der Schriftform. Die nachträgliche Abänderung dieses Schriftformerfordernisses bedarf ebenfalls der Schriftform. Die stillschweigende Abbedingung dieses Schriftformerfordernisses wird ausdrücklich ausgeschlossen.

22.2 Sollten einzelne Bestimmungen dieses Vertrags ganz oder teilweise unwirksam oder nichtig sein bzw. werden, bleibt die Wirksamkeit der übrigen Bestimmungen hiervon unberührt, sofern und soweit § 12 Apothekengesetz nicht etwas anderes bestimmt. Die Vertragsparteien verpflichten sich, in einem solchen Fall eine neue, wirksame Regelung zu vereinbaren, die dem wirtschaftlichen Sinn und Zweck des ursprünglich Gewollten möglichst nahe kommt. Ist dies nicht möglich, gilt das Gesetz.

22.3 Dieser Pachtvertrag ist bei seiner Unterzeichnung mit den folgenden Anlagen fest verbunden:
Anlage 1: Lageplan
Anlage 2: Grundrissplan
Anlage 3: Inventarauflistung
Anlage 4: Neben- und Betriebskostenauflistung
Anlage 5: Werbung/Leuchtreklame
Diese Niederschrift wurde in Anwesenheit des Notars vorgelesen, genehmigt und wie folgt unterschrieben:

....., Notar

- **Kosten.**
1. Des Notars: Bei Pachtverträgen von bestimmter Dauer ist nach § 99 Abs. 1 Satz 1 GNotKG der Wert aller Leistungen des Pächters während der gesamten Vertragszeit für den Geschäftswert maßgeblich; bei solchen von unbestimmter Dauer der auf die ersten fünf Jahre entfallende Wert der Leistungen des Pächters gemäß § 99 Abs. 1 Satz 2 Hs. 1 GNotKG. Soweit die Auflösung des Pachtvertrages jedoch erst zu einem späteren Zeitpunkt zulässig ist, ist dieser Zeitpunkt für die Bestimmung des Wertes nach § 99 Abs. 1 Satz 2 Hs. 2 GNotKG entscheidend. Insgesamt darf der Geschäftswert jedoch nach § 99 Abs. 1 Satz 3 GNotKG den auf die ersten 20 Jahre entfallenden Wert der Leistungen des Pächters nicht übersteigen. Nach § 37 Abs. 1 Satz 1 GNotKG ist der Wert einer Vertragsstrafe nicht zu berücksichtigen. Geschäftswert für das Ankaufsrechtes ist nach § 51 Abs. 1 Satz 1 GNotKG der Wert des Gegenstandes, auf den sich das Recht bezieht. Dies richtet sich nach dem vollen Verkehrswert. Gebührensatz: 2,0 Gebühr, mindestens jedoch 120,00 € (Nr. 21100 KV) auf Grundlage des gemäß § 35 Abs. 1 GNotKG addierten Gesamtbetrages.
2. Des Grundbuchamtes: Gebührensatz: 0,5 Gebühr (Nr. 14150 KV).

VI. Verpachtung von landwirtschaftlichen Betrieben (Landpacht)

33 1. Bei der Anpachtung von Betrieben nebst Grundstücken, die überwiegend der Landwirtschaft dienen, ist gemäß § 585 Abs. 1 Satz 1 BGB Landpacht gegeben. Landwirtschaft meint die Bodenbewirtschaftung und die mit der Bodennutzung verbundene Tierhaltung, zum Zwecke der Gewinnung pflanzlicher oder tierischer Erzeugnisse sowie die gartenbauliche Erzeugung, § 585 Abs. 1 Satz 2 BGB. Bei Pachtverträgen über Mischbetriebe (z.B. Verpachtung sowohl land- als auch forstwirtschaftlicher Grundstücke) findet unter der Voraussetzung, dass die landwirtschaftliche Nutzung überwiegt, ebenfalls das Landpachtrecht Anwendung.

34 2. Das Landpachtrecht ist in §§ 585 bis 597 BGB normiert, wobei § 585 Abs. 2 BGB eine Verweisungsvorschrift auf das allgemeine Pachtrecht (§§ 581 ff. BGB) enthält. Sondervorschriften finden sich im »Gesetz über die Anzeige und Beanstandung von Landpachtverträgen« (Landpachtverkehrsgesetz – LPachtVG) vom 08.11.1985[43] in der Änderungsfassung vom 13.04.2006[44] und für gerichtliche Streitfälle im »Gesetz über das gerichtliche Verfahren in Landwirtschaftssachen« (LwVG) vom 21.07.1953[45] in der bereinigten Änderungsfassung, das zuletzt durch Art. 17 des Gesetzes vom 23.07.2013 geändert worden ist.[46] Zu beachten ist

---
43 BGBl. I S. 2075.
44 BGBl. I S. 855.
45 BGBl. I S. 667.
46 BGBl. I S. 2586.

beim Abschluss von Landpachtverträgen auch die Höfeordnung (HöfeO) vom 26.07.1976,[47] die zuletzt durch Art. 19 des Gesetzes vom 29.06.2015 geändert worden ist.[48]

3. Bei Verträgen mit einer festen Laufzeit von mehr als 2 Jahren bedarf der Vertrag der Schriftform (§ 585a BGB), bei deren Nichteinhaltung der Vertrag als auf unbestimmte Zeit abgeschlossen gilt und innerhalb gesetzlicher Frist jederzeit gekündigt werden kann. Die gesetzliche Kündigungsfrist beträgt 2 Jahre zum Ende eines Pachtjahres (§ 594a BGB). Die Schriftformvorschrift entspricht im Übrigen inhaltlich im Wesentlichen der des Mietrechts gemäß § 550 BGB (s. hierzu oben Rdn. 10). Eine feste Pachtlaufzeit von mehr als 30 Jahren ist – wie auch im Mietrecht – unzulässig und führt zur ordentlichen Kündbarkeit des Pachtvertrages nach Ablauf des 30. Pachtjahres, es sei denn, es handelt sich um einen Lebenszeitvertrag (§ 594b BGB). Bei Einräumung eines dinglichen Vorkaufsrechts oder Unterwerfung unter die sofortige Zwangsvollstreckung ist eine notarielle Beurkundung erforderlich (§ 311b BGB, § 794 Abs. 1 Nr. 5 ZPO). Die Beurkundung ist auch zweckmäßig, wenn dem Verpächter ein sofort vollstreckbarer Titel ohne die Notwendigkeit einer kosten- und zeitträchtigen Prozessführung verschafft werden soll. **35**

4. Folgende von dem nicht landwirtschaftlichen Miet- und Pachtrecht abweichende spezielle Regelungsinhalte des gesetzlichen Landpachtrechtes sind hervorzuheben: **36**

– Betriebsbeschreibung zu Beginn und am Ende der Pachtzeit (§ 585b BGB),
– Inventarübernahme zum Schätzwert und Verfügungsbeschränkungen (§§ 585 Abs. 2 i.V.m. §§ 582a, 583a BGB),
– Duldungspflicht für Maßnahmen zur Erhaltung und Verbesserung des Pachtsache (§ 588 BGB),
– Einschränkungen zur Nutzungsüberlassung/Unterverpachtung an Dritte, (§ 589 BGB),
– Änderung der landwirtschaftlichen Bestimmung, wertverbessernde Verwendungen und Wegnahme von Einrichtungen (§§ 590, 590b, 591, 591a BGB),
– Pachtvertragsübergang für den Fall einer Betriebsübergabe zum Zwecke der Vorwegnahme der Erbfolge (§ 593a BGB),
– Anspruch auf Klärung der Vertragsfortsetzung vor Ablauf der Pachtzeit bei mindestens dreijähriger Restlaufzeit; automatische Verlängerung auf unbestimmte Zeit, wenn die formgerechte Anfrage nicht innerhalb einer dreimonatigen Frist schriftlich abgelehnt wird (§ 594 BGB),
– Sonderkündigungsrecht des Pächters bei Berufsunfähigkeit (§ 594c BGB),
– Anspruch des Pächters auf Wertersatz der noch nicht geernteten Früchte bei Beendigung der Pachtzeit im Laufe eines Pachtjahres, sog. Halmtaxe (§ 596a BGB),
– Pächter trägt gewöhnliche Ausbesserungen (§ 586 Abs. 1 Satz 2 BGB). Nach Beendigung der Pacht hat er die Pachtsache in dem Zustand zurückzugeben, der sich bei ordnungsmäßiger Bewirtschaftung ergibt (§§ 596, 596a BGB). Rückgabe des Betriebs mit den bis zur nächsten Ernte erforderlichen Erzeugnissen (§ 596b BGB),
– Kündigungsrecht der Erben und des Verpächters beim Tode des Pächters. Widerspruchsrecht der Erben gegen eine Verpächterkündigung mit Anspruch Fortsetzung des Pachtvertrags verlangen, wenn gewährleistet ist, dass die Pachtsache ordnungsgemäß weiter bewirtschaftet wird (§ 594d BGB),
– Fortsetzungsanspruch des Pächter, wenn Landpachtvertrag dessen Lebensgrundlage bildet (§ 595 BGB),

---

47 BGBl. I S. 1933.
48 BGBl. I S. 1042.

§ 42 Pachtvertrag

- Rücklassungspflicht bei Pachtende, um die Weiterbewirtschaftung zu ermöglichen (§ 596b BGB),
- Zuständigkeit der Landwirtschaftsgerichte auch für Angelegenheiten, die ansonsten in die Zuständigkeit der Ordentlichen Gerichte fallen würde (LwVG).

37 5. Der Verpächter hat den Abschluss eines Landpachtvertrags durch Vorlage oder im Fall eines mündlichen Vertragsabschlusses durch Mitteilung des Inhalts des Landpachtvertrags innerhalb einer Frist von 1 Monat ab Vertragsschluss der zuständigen Behörde anzuzeigen (§ 2 LPachtVG). Entsprechendes gilt für Änderungen eines anzeigepflichtigen Landpachtvertrages über die Pachtsache, die Pachtdauer und die Vertragsleistungen, sofern die Änderung nicht im Wege des Vergleichs vor einem Gericht oder vor einer berufsständischen Pachtschlichtungsstelle getroffen worden ist. Zur Anzeige ist auch der Pächter berechtigt.

38 *Ausnahmen* (§ 3 LPachtVG): Der Anzeigepflicht unterliegen nicht Landpachtverträge, die im Rahmen eines behördlich geleiteten Verfahrens abgeschlossen werden sowie Landpachtverträge zwischen Ehegatten oder Personen, die in gerader Linie verwandt oder bis zum dritten Grad in der Seitenlinie verwandt oder bis zum zweiten Grad verschwägert sind. Die Landesregierungen können durch Rechtsverordnung Landpachtverträge über landwirtschaftliche Betriebe oder Grundstücke bis zu einer bestimmten Größe zwecks Vereinfachung der Durchführung des LPachtVG von der Anzeigepflicht ausnehmen.

39 Örtlich zuständig ist die Behörde, in deren Bezirk die Hofstelle des Verpächters liegt. Ist eine solche Hofstelle nicht vorhanden, so ist die Behörde zuständig, in deren Bezirk die verpachteten Grundstücke ganz oder zum größten Teil liegen.

40 6. *Beanstandung* (§ 4 LPachtVG): Nach erfolgter Anzeige gemäß § 2 LPachtVG kann die zuständige Behörde innerhalb eines Monats oder bei rechtzeitiger Erteilung eines Zwischenbescheides innerhalb von 2 Monaten ab Eingang der Anzeige bei ihr einen anzeigepflichtigen Landpachtvertrag oder eine anzeigepflichtigen Vertragsänderung beanstanden, wenn
- die Verpachtung eine ungesunde Verteilung der Bodennutzung, insbesondere eine ungesunde Anhäufung von land- und forstwirtschaftlichen Nutzflächen, bedeutet,
- durch die Verpachtung ein Grundstück oder eine Mehrheit von Grundstücken, die räumlich oder wirtschaftlich zusammenhängen, unwirtschaftlich in der Nutzung aufgeteilt wird oder
- die Pacht nicht in einem angemessenen Verhältnis zu dem Ertrag steht, der bei ordnungsmäßiger Bewirtschaftung nachhaltig zu erzielen ist.

Infolge der Beanstandung gilt der anzeigepflichtige Landpachtvertrag oder die anzeigepflichtige Vertragsänderung als aufgehoben, wenn nicht durch eine der Vertragsparteien die gerichtliche Entscheidung hierüber beantragt wird (§§ 4, 7 LPachtVG). Gemäß § 5 LPachtVG (Härteklausel) dürfen Landpachtverträge und Vertragsänderungen nicht nach § 4 LPachtVG beanstandet werden, wenn dies eine unzumutbare Härte für einen der Vertragsparteien bedeuten würde.

41 7. Stellt eine Vertragspartei den Antrag auf gerichtliche Entscheidung, kann das Landwirtschaftsgericht entweder feststellen, dass der anzeigepflichtige Landpachtvertrag oder die anzeigepflichtige Vertragsänderung nicht zu beanstanden ist, oder den Landpachtvertrag aufheben. Erachtet das Landwirtschaftsgericht die behördliche Beanstandung für begründet, kann es den Vertrag – anstatt ihn aufzuheben – entsprechend ändern (§ 8 Abs. 1 LPachtVG). Auf Antrag eines Vertragsteils kann das Landwirtschaftsgericht Anordnungen über die Abwicklung eines aufgehobenen Landpachtvertrags treffen. Der Inhalt solcher Anordnungen gilt dann unter den Vertragsteilen als verbindlicher Vertragsinhalt.

42 Das Landwirtschaftsgericht kann – wenn sich ein Vertragsteil weigert, in eine Änderung des Landpachtvertrags einzuwilligen – auf Antrag der anderen Vertragspartei den Inhalt

des Pachtvertrages ändern, wenn sich nach Abschluss des Pachtvertrags die Verhältnisse, die für die Festsetzung der Vertragsleistungen maßgebend waren, so nachhaltig geändert haben, dass die gegenseitigen Verpflichtungen in ein grobes Missverhältnis zueinander geraten sind, § 593 Abs. 1 BGB. Eine Änderung kann frühestens 2 Jahre nach Beginn des Pachtverhältnisses oder nach dem Wirksamwerden der letzten Änderung der Vertragsleistungen verlangt werden, § 593 Abs. 2 BGB. Dies gilt nicht, wenn verwüstende Naturereignisse, gegen die ein Versicherungsschutz nicht üblich ist, das Verhältnis der Vertragsleistungen grundlegend und nachhaltig verändert haben. Ein Antrag nach § 593 Abs. 4 BGB auf Änderung eines anzuzeigenden Landpachtvertrags ist nur zulässig, wenn der Vertrag ordnungsgemäß angezeigt worden ist (§ 9 LPachtVG). Ebenso kann das Landwirtschaftsgericht auf Antrag des Pächters die Fortsetzung des Pachtverhältnisses über den Zeitpunkt der vertragsmäßigen Beendigung hinaus anordnen, wenn
- bei einem Betriebspachtverhältnis der Betrieb seine wirtschaftliche Lebensgrundlage bildet,
- bei dem Pachtverhältnis über ein Grundstück der Pächter auf dieses Grundstück zur Aufrechterhaltung seines Betriebs, der seine wirtschaftliche Lebensgrundlage bildet, angewiesen ist

und die vertragsmäßige Beendigung des Pachtverhältnisses für den Pächter oder seine Familie eine Härte bedeuten würde, die auch unter Würdigung der berechtigten Interessen des Verpächters nicht zu rechtfertigen ist. Der Pächter kann verlangen, dass das Pachtverhältnis so lange fortgesetzt wird, wie dies unter Berücksichtigung aller Umstände angemessen ist (§ 595 BGB).

8. »*Gleitende Hofübergabe*«: Der Eigentümer eines landwirtschaftlichen Betriebs kann dem Hoferben den Hof im Wege der vorweggenommenen Erbfolge (Übergabevertrag) übergeben, § 7 HöfeO. Der Abschluss eines Landpachtvertrags kann vor diesem Hintergrund auch zur Vorbereitung der Eigentumsübertragung des Betriebs auf den Erben zwecks Vorwegnahme der Erbfolge erfolgen. Die Vereinbarung eines Wohnrechts nebst Naturalunterhalt zugunsten des überlassenden Verpächters, dessen seines Ehegatten oder dessen unverheirateten Kindern, kann dies die spätere Vereinbarung des dinglichen Altenteilsrechts bei einer nachfolgenden Eigentumsübereignung ggf. vereinfachen. Verpachtet der Eigentümer des Hofs diesen dauerhaft an einen Abkömmling, ohne sich eine anderweitige Hoferbenbestimmung vorzubehalten, so bewirkt dies die Bindung des Eigentümers bei, §§ 6 Abs. 1, 7 Abs. 2 HöfeO.

9. Eine identitätswahrende Umwandlung einer – den landwirtschaftlichen Betrieb als Pächter betreibenden – Gesellschaft bürgerlichen Rechts zunächst in eine offene Handelsgesellschaft und danach – formwechselnd – in eine Gesellschaft mit beschränkter Haftung (§§ 190 ff. UmwG), die nunmehr als »neue« Pächterin auftritt, stellt keine Überlassung der Pachtsache an einen Dritten dar.[49] Ein infolge der Umwandlung durch Verschmelzung (§ 2 UmwG) herbeigeführter gesetzlicher Pächterwechsel erlaubt nach dem Urteil des BGH keine entsprechende Anwendung der Vorschrift des § 589 Abs. 1 Nr. 1 BGB (Erlaubnispflichtige Nutzungsüberlassung an Dritte). Das gilt erst recht, wenn kein Wechsel auf der Pächterseite stattgefunden hat, sondern die ursprüngliche Pächterin trotz der Änderung ihres rechtlichen Charakters in eine OHG dieselbe geblieben ist und diese – nach der Umwandlung in eine GmbH gemäß § 202 Abs. 1 Nr. 1 UmwG – in der neuen Rechtsform bestehen blieb.

---

49 BGH NZM 2010, 280 ff.; Fortführung von BGH, BGHZ 150, 365.

§ 42 Pachtvertrag

Musterbeispiel Landpachtvertrag über einen landwirtschaftlichen Betrieb mit Grundstücken und Inventar

45 M Zwischen ....., im folgenden Verpächter genannt,
und ....., im folgenden Pächter genannt,
wird folgender Landpachtvertrag geschlossen:

§ 1 Pachtgegenstand, Pachtzweck, Bewirtschaftung

1.1 Verpachtet wird der in ..... gelegene, im Grundbuch von ..... Blatt ..... eingetragene landwirtschaftliche Betrieb mit einer Gesamtgröße von ..... Hektar. Zum Pachtgegenstand gehören folgende – ausschließlich zu landwirtschaftlichen Zwecken zu nutzende – Grundstücke:
– Gemarkung ..... Flur ..... Nr. ..... Lage ..... Größe .....
– Gemarkung ..... Flur ..... Nr. ..... Lage ..... Größe .....
Die mit verpachteten Grundstücke sind in dem diesem Vertrag als Anlage ..... beigefügten Lageplan, in dem auch der übrige Pachtgegenstand mit Gebäuden enthalten ist, eingezeichnet.
1.2 Sämtliche mit der Bewirtschaftung des Pachtgegenstandes einschließlich der zugehörigen Grundstücke verbundenen Lieferrechte, die in der diesem Vertrag als Anlage ..... beigefügten Auflistung beschrieben sind, gehen mit Wirkung des Zeitpunktes des Pachtbeginns auf den Pächter über. Er ist verpflichtet diese zu erhalten. Bei Beendigung der Pachtlaufzeit gehen diese Lieferrechte einschließlich etwaiger neu hinzugekommener Lieferrechte in ihrem zu diesem Zeitpunkt bestehen Umfang mit der Rückgabe des Pachtgegenstandes an den Verpächter entschädigungslos auf diesen über.
1.3 Die Übergabe der verpachteten Grundstücke an den Pächter erfolgt nach ihrer Aberntung im Herbst 20 ..... Der Pächter hat das Recht, diese ohne förmliche Übergabe in Besitz zu nehmen; sie gelten damit als ordnungsgemäß übergeben. Der Pächter bestätigt mit der Inbesitznahme, dass sich die Grundstücke in einem zur vertragsgemäßen Bewirtschaftung geeigneten Zustand befinden.
1.4 Der Pächter ist verpflichtet, den Pachtgegenstand nach den Grundsätzen einer ordnungsmäßigen Wirtschaftsführung zu bewirtschaften. Zur laufenden ordnungsmäßigen Wirtschaftsführung zählen insbesondere die ausreichende Düngung, die Vermeidung von Überdüngung, die Vermeidung oder Beseitigung von Bodenverdichtungen, Staunässe und Erosion, die Beseitigung störender Steine und die laufende Bekämpfung von hartnäckigen Unkräutern, Wurzeln und Schädlingen.
Der Verpächter hat das Recht von dem Pächter alle ..... Jahre geeignete Nachweise (Bodenuntersuchung) über die Versorgung des Bodens mit Nährstoffen zu verlangen. Kommt der Pächter hiermit nach Mahnung in Verzug, hat der Verpächter das Recht, die erforderlichen Bodenuntersuchungen auf Kosten des Pächters im Wege der Ersatzvornahme durchführen zu lassen.
1.5 Eine Änderung der landwirtschaftlichen Zweckbestimmung des Pachtgegenstandes nebst sämtlicher Grundstücke oder Teilen hiervon ist dem Pächter nicht gestattet, es sei denn, der Verpächter hat hierzu vorher sein schriftliches Einverständnis erteilt, auf das der Pächter keinen Anspruch hat.
1.6 Der Pächter hat die auf den Pachtgrundstücken befindlichen Anlagen und Einrichtungen, insbesondere die Wege, Gräben, Grenzsteine, Einfriedungen und Drainagen, auf seine Kosten in ordnungsmäßigem Zustand zu erhalten, solange sie nach wirtschaftlichen Grundsätzen durch laufende Reparaturen erhalten werden können. Bei Meinungsverschiedenheiten entscheidet der Schätzungsausschuss.

1.7 Der Pächter verzichtet gegenüber dem Verpächter wegen Mängeln oder Schäden, die in der Hofbeschreibung oder in einem beiderseits unterschriebenen Protokoll (z.B. einem Bau- und Kostenbeteiligungsplan) aufgeführt sind oder die dem Pächter bei Abschluss des Pachtvertrages auf andere Weise bekannt gewesen sind, auf sämtliche Gewährleistungsansprüche einschließlich des Anspruches auf Mängel-/Schadensbeseitigung.

1.8 Nicht Gegenstand dieses Pachtvertrages ist das Recht zur Bodenausbeute (z.B. Mergel, Sand, Kies, Ton, Kalk, Torf, Bruchstein etc.). Der Pächter hat aber das Recht Bodenbestandteile unentgeltlich zu entnehmen, sofern und soweit er diese zur ordnungsmäßigen Betriebsführung des Pachtbetriebes, insb. zur laufenden Unterhaltung bzw. für Ausbesserungen der Betriebsbestandteile benötigt.

1.9 Der Verpächter oder ein von ihm Beauftragter ist befugt, den Pachtgegenstand zu besichtigen. Dies darf nicht zur Unzeit geschehen. Der Pächter hat dem Verpächter auf Verlangen Einsicht in den Bestellungs- und Düngeplan zu geben.

§ 2 Verpächtereigenes Inventar, landwirtschaftliche Erzeugnisse etc.

2.1 Der Verpächter übergibt das zum Betrieb gehörende lebende und tote Inventar zu einem Schätzwert, der vom Schätzungsausschuss (siehe § 8 des Vertrages) nach billigem Ermessen (§ 317 BGB) bestimmt wird. Im Übrigen wird auf die diesem Vertrag als Anlage ..... beigefügte Hofbeschreibung mit Inventarauflistung verwiesen, aus der der Pachtgegenstand im Einzelnen beschrieben ist.

2.2 Unabhängig von Ziffer 2.1 ist der Pächter bei Übergabe des Pachtgegenstandes verpflichtet, den ebenfalls durch den Schätzungsausschuss gemäß § 317 BGB zu bestimmenden Wert der vorhandenen landwirtschaftlichen Erzeugnisse und Vorräte sowie die Feldbestellungskosten an den Verpächter auszuzahlen. Hierzu zählen die für die Erzielung der Ernte gemachten notwendigen Aufwendungen an Ackerarbeiten, Dünger, Pflanzenschutz und Saatgut. Der auf dem Pachtgegenstand gewonnene Dünger und Kompost ist bei der Übergabe unentgeltlich zu überlassen. Die Veräußerung von Dünger und Kompost ist nur mit schriftlicher Zustimmung des Verpächters gestattet. Bei der Rückgabe des Pachtgegenstandes bei Pachtvertragsende an den Verpächter gilt vorstehende Regelung entsprechend umgekehrt.

2.3 Die Gefahr des zufälligen Untergangs und einer zufälligen Verschlechterung des gesamten Inventars oder Teilen hiervon trägt der Pächter. Er kann über die einzelnen Stücke im Rahmen einer ordnungsmäßigen Wirtschaft verfügen und hat das Inventar nach den Regeln einer ordnungsmäßigen Wirtschaft zu erhalten. Vom Pächter angeschaffte Inventarersatzstücke werden mit der Einbringung in den Pachtbetrieb Eigentum des Verpächters.

2.4 Für den Fall, dass der Pächter zusätzliche Inventarstücke anschafft, die nicht in das Eigentum des Verpächters übergehen sollen, bedarf es hierfür der vorherigen schriftlichen Zustimmung des Verpächters, auf die der Pächter keinen Anspruch hat.

2.5 Bei Beendigung der Pachtzeit ist der Pächter verpflichtet, das vorhandene Inventar dem Verpächter zu übergeben. Der Verpächter kann die Übernahme von durch den Pächter angeschaffter Inventarersatzstücke ablehnen, die nach den Regeln einer ordnungsmäßigen Wirtschaft für den Pachtbetrieb überflüssig oder zu wertvoll sind. Mit der berechtigten Ablehnung geht das Eigentum an den abgelehnten Stücken auf den Pächter über.

2.6 Den Schätzwert des vom Pächter zu übergebenden Inventars bestimmt der Schätzungsausschuss nach billigem Ermessen (§ 317 BGB). Den Differenzbetrag im Vergleich zum Schätzwert des bei Pachtbeginn übernommenen Inventars ist von der Vertragspartei, zu deren Lasten sich ein negativer Saldo ergibt, an die andere Vertrags-

partei auszuzahlen. Für die Ermittlung der Schätzwerte sind die Preise im Zeitpunkt der Beendigung der Pachtzeit zugrunde zu legen. Der Differenzbetrag ist unverzüglich, spätestens innerhalb von 14 Tagen nach Bestimmung durch den Schätzungsausschuss zur Zahlung fällig.
Alternativ bei pächtereigenem Inventar:

§ 2 Pächtereigenes Inventar, landwirtschaftliche Erzeugnisse etc.

2.1 Das lebende und tote Inventar ist Eigentum des Pächters, soweit nicht ausdrücklich einzelne Gegenstände in der Hofbeschreibung unter der Bezeichnung »mitverpachtetes Inventar« aufgeführt sind.
2.2 Der Pächter ist verpflichtet, den Hof mit einem angemessenen Viehbestand besetzt zu halten. Je ..... ha Pachtfläche müssen mindestens ..... Stück Großvieh vorhanden sein. Vieh unter 4 Monaten bleibt außer Betracht.
2.3 Bei Ende der Pachtzeit hat der Verpächter das Recht, das Inventar zu den Werten zu übernehmen, die der Schätzungsausschuss (siehe § 8 des Vertrages) nach billigem Ermessen bestimmt (§ 317 BGB); wenn der Pächter dies verlangt, ist der Verpächter zur Übernahme verpflichtet. Es genügt, wenn der Pachtnachfolger das Inventar übernimmt. Ausgeschlossen von der Übernahme sind solche Inventarstücke, die gemäß Gutachten des Schätzungsausschusses nach den Regeln einer ordnungsmäßigen Wirtschaft für den Hof überflüssig oder zu wertvoll sind.
Der Pächter hat die Pflicht, spätestens zwei Jahre vor Pachtzeitende, bei außerordentlicher Vertragsbeendigung unverzüglich, dem Verpächter ein Inventarverzeichnis auszuhändigen. Der Verpächter ist berechtigt, bei der Aufstellung des Inventarverzeichnisses mitzuwirken. Der Verpächter kann auf eigene Kosten verlangen, dass das Inventarverzeichnis durch einen von der Landwirtschaftskammer in ..... zu bestimmenden Sachverständigen erstellt werden soll.
2.4 Endet der Pachtvertrag ist der Verpächter verpflichtet bei Rückgabe des Pachtgegenstandes an ihn, dem Pächter ebenfalls durch den Schätzungsausschuss gemäß § 317 BGB zu bestimmenden Wert der vorhandenen landwirtschaftlichen Erzeugnisse und Vorräte sowie die Feldbestellungskosten auszuzahlen. Hierzu zählen die für die Erzielung der Ernte gemachten notwendigen Aufwendungen an Ackerarbeiten, Dünger, Pflanzenschutz und Saatgut. Der auf dem Pachtgegenstand gewonnene Dünger und Kompost ist bei der Übergabe unentgeltlich zu überlassen.

§ 3 Pachtdauer, vorzeitige Kündigung, Teilkündigung einzelner Grundstücke

3.1 Der Vertrag wird auf ..... Jahre befristet abgeschlossen und beginnt am ..... Das Pachtjahr läuft jeweils vom 1. Juli bis 30. Juni eines jeden Jahres. Der Pächter kann die einzelnen Grundstücke jeweils nach ihrer Aberntung in Besitz nehmen; einer förmlichen Übergabe bedarf es nicht. Er hat das Recht, noch nach der Beendigung der Pachtlaufzeit nicht abgeerntete Grundstücke abzuernten. Beide Vertragsteile verpflichten sich, alles in ihrer Macht stehende zu tun, um bei Beginn und Ende der Pachtzeit eine Verminderung des Ertrags zu vermeiden und jeweils eine reibungslose Fortführung des Betriebes Sorge zu tragen.
3.2 Der Pachtvertrag verlängert sich jeweils um drei Jahre, wenn er nicht von einer Vertragspartei unter Einhaltung der Frist des § 594a) BGB schriftlich gekündigt wird. Maßgeblich für die Einhaltung der Frist ist der Zugang der Kündigung beim Empfänger. Eine Verlängerung des Pachtvertrags in Ermangelung einer Verlängerungsablehnung gemäß § 594 BGB ist ausgeschlossen.

3.3 Der Verpächter kann nach schriftlicher Abmahnung den Vertrag außer wegen der im Gesetz aufgeführten Gründe auch dann fristlos kündigen, wenn hierfür ein wichtiger Grund gegeben ist. Ein solcher liegt vor, wenn dem Verpächter die Fortsetzung des Pachtverhältnisses nicht zugemutet werden kann, weil der Pächter nicht ordnungsmäßig wirtschaftet und die schriftlich gerügten Bewirtschaftungsmängel nicht innerhalb angemessener Frist abstellt. Bei Meinungsverschiedenheit ist ein Gutachten des Schätzungsausschusses über zur Frage der ordnungsgemäßen Bewirtschaftung des Pachtgegenstands einzuholen, § 317 BGB. Ein wichtiger Grund liegt auch vor, wenn die Fortsetzung des Pachtverhältnisses aus einem in der Person des Pächters liegenden Grunde für den Verpächter eine unbillige Härte darstellt.

3.4 Liegt ein Grund zur außerordentlichen fristlosen Kündigung des Pachtvertrages vor, kann diese auch zum Ende des laufenden Pachtjahres erklärt werden. Endet das Pachtverhältnis durch eine berechtigte, vom Pächter zu vertretende vorzeitige Kündigung des Pachtvertrages, ist der Pächter verpflichtet, dem Verpächter den durch die Kündigung resultierenden Schaden zu ersetzen. Hierunter fällt auch der Schaden, den der Verpächter dadurch erleidet, dass der den Pachtgegenstand oder Teile hiervon nicht unverzüglich bzw. lediglich zu einer geringeren Pacht neu verpachten kann. § 596a BGB, die sog. »Halmtaxe« findet auch in einem solchen Fall Anwendung. Im Streitfall bestimmt der Schätzungsausschuss, § 317 BGB.

3.5 Will der Verpächter einzelne Grundstücke des Pachtgegenstandes an einen Dritten veräußern oder selbst bewirtschaften oder einer nichtlandwirtschaftlichen Nutzung zuführen, hat er das Recht, diese auch während der laufenden Pachtzeit gegen eine angemessene Reduzierung der Pacht aus der Verpachtung zu entnehmen (Teilkündigung). Die Kündigungsfrist für eine solche Teilkündigung beträgt sechs Monaten zum Ende eines Pachtjahres. Für Vorteile, die der Verpächter oder der Erwerber aus der Fruchtfolge ziehen kann, ist dem Pächter ein angemessener Ausgleich zu gewähren. Bei Meinungsverschiedenheiten bestimmt der der Schätzungsausschuss die Höhe der Ausgleichszahlung nach billigem Ermessen.

§ 4 Pacht, Sicherheitsleistung

4.1 Die jährliche Pacht beträgt ...... €, dies entspricht pro Hektar einem Betrag von ...... €. Die Pacht ist kalendervierteljährlich im Voraus an die vom Verpächter anzugebende Stelle zu zahlen.[50] Maßgeblich für die Rechtzeitigkeit der Zahlung ist der Eingang beim Verpächter.

4.2 Dem Pächter stehen ohne Erhöhung der Pacht sämtliche Rechte, die mit dem Eigentum an dem Pachtgegenstand verbunden sind zur Ausübung zu. Dies gilt auch dann, wenn sie nicht im Grundbuch eingetragen sind bzw. nicht ausdrücklich in diesem Vertrag erwähnt werden.

4.3 Der Pächter kann gegen die Pachtforderung des Verpächters nur mit Forderungen aufrechnen, die der Verpächter anerkannt oder der Schätzungsausschuss verbindlich bestimmt hat oder die rechtskräftig durch ein Gericht festgestellt sind.

4.4 Ändern sich die in dem Landkreis, in dem sich der Pachtgegenstand befindet, allgemein übliche Pacht für mit dem Pachtgegenstand vergleichbare landwirtschaftliche Betriebe, so haben beide Vertragsteile das Recht, eine angemessene Anpassung der vereinbarten Pacht zu verlangen. Dies aber nur unter der Voraussetzung, dass die Änderung der allgemein üblichen Pacht für mit dem Pachtgegenstand vergleichbare landwirtschaftliche Betriebe mindestens 5 % beträgt. Im Falle von Meinungsver-

---

50 An dieser Stelle ist die Aufnahme einer Unterwerfung des Pächters unter die sofortige Zwangsvollstreckung wegen der laufenden Pachtzahlungen möglich. In diesem Fall ist eine notarielle Beurkundung erforderlich.

§ 42 Pachtvertrag

schiedenheiten erfolgt die Bestimmung der Höhe der Anpassung der Pacht durch den Schätzungsausschuss als Schiedsgutachter nach billigem Ermessen, § 317 BGB.

4.5 Der Pächter ist verpflichtet, dem Verpächter zur Sicherung aller Forderungen aus und im Zusammenhang mit diesem Pachtvertrag bis zum ..... eine Kaution in Höhe von ..... Monatspachten auszuhändigen.

4.6 Die Sicherheitsleistung kann auch in Form einer unwiderruflichen selbstschuldnerischen und auf erste Anforderung zahlbaren Bankbürgschaft unter Ausschluss der Einrede der Anfechtbarkeit und Aufrechenbarkeit sowie ohne Hinterlegungsvorbehalt erfolgen. Der Verpächter darf sich auch während der Pachtzeit für sämtliche Forderungen, die er gegen den Pächter aus oder im Zusammenhang mit dem Pachtverhältnis erlangt (bspw. Pachtzins, Neben-/Betriebskosten, Schadenersatz) aus der Sicherheitsleistung befriedigen. Der Pächter ist in diesem Falle verpflichtet, die Sicherheitsleistung wieder auf die vereinbarte Höhe aufzustocken. Der Verpächter ist berechtigt, die Übergabe des Pachtgegenstands zu verweigern, wenn der Pächter die Sicherheitsleistung nicht rechtzeitig stellt; die Pflicht des Pächters zur Pachtzinszahlung bleibt hiervon unberührt.

§ 5 Neben- und Betriebskosten, Steuern und Abgaben

5.1 Die verbrauchsabhängigen Betriebskosten des Pachtgegenstands für Strom, Heizung, Wasser, ... gehen zu Lasten des Pächters. Der Pächter ist im Übrigen verpflichtet, die in der Betriebskostenverordnung vom 25.11.2003 in der jeweils aktuellen Fassung beschriebenen Betriebskosten zu tragen. Darüber hinaus trägt der Pächter die in der Betriebskostenverordnung nicht geregelten sonstigen Kosten des Pachtgegenstandes, die in der diesem Vertrag als Anlage ..... beigefügten Auflistung im Einzelnen aufgezählt sind. Die Beiträge zur landwirtschaftlichen Berufsvertretung, zur Berufsgenossenschaft und die Bodenverbandsbeiträge trägt der Pächter.

5.2 Der Pächter ist verpflichtet, bezüglich sämtlicher von ihm zu tragender Neben-/Betriebskosten – soweit möglich – mit den Versorgungsunternehmen oder sonstigen Leistungsanbietern unmittelbar Verträge abzuschließen und diese jeweils unmittelbar mit den Versorgungsunternehmen oder sonstigen Leistungsanbietern abzurechnen. Sofern und soweit das nicht möglich ist, wird der Verpächter diese Verträge abschließen und die daraus resultierenden Kosten als Betriebskosten dem Pächter jeweils unmittelbar in Rechnung stellen.

5.3 Die Kosten einer etwaigen Flurbereinigung tragen Verpächter und Pächter je zur Hälfte, sofern der Pachtvertrag zum Zeitpunkt der Besitzeinweisung noch mindestens eine Restlaufzeit von ..... Jahren hat. Für den Fall, dass die Restlaufzeit kürzer ist, trägt der Verpächter diese Kosten alleine.

5.4 Der Pächter ist verpflichtet, Inventar, Erzeugnisse und Vorräte angemessen und ortsüblich zu versichern. Der Pächter hat ferner eine ausreichende Hagelversicherung abzuschließen.

Der Verpächter hat das Recht, vom Pächter zu verlangen, dass er ihm einen Nachweis ordnungsgemäßer Versicherung vorlegt. Der Verpächter hat ferner das Recht, von dem jeweiligen Versicherungsunternehmen eine Benachrichtigung für den Fall zu verlangen, dass die Aufhebung des Versicherungsschutzes droht. In diesem Fall hat der das Recht, für Rechnung des Pächters die rückständigen Versicherungsbeiträge zahlen oder sonstige Maßnahmen zu Ergreifen, die zur Erhaltung eines ausreichenden Versicherungsschutzes notwendig sind. Zahlt der Verpächter Versicherungsbeiträge für den Pächter, ist dieser verpflichtet die Zahlungen dem Verpächter zu erstatten. Der Abschluss und die Unterhaltung einer angemessenen und ortsüblichen Gebäudesach- und Haftpflichtversicherung erfolgt durch den Verpächter; bzgl. der Kostenumlage auf den Pächter gilt Ziff. 5.1.

§ 6 Wildschaden und Vorpachtrecht an der Jagd

6.1 Für den Ersatz von Wildschäden gelten die jagdrechtlichen Vorschriften. Der Pachtbetrieb stellt einen Eigenjagdbezirk dar. Wenn der Pächter nicht gleichzeitig Jagdpächter ist, ist der Verpächter verpflichtet, dem Pächter den Wildschaden zu ersetzen. Hat der Verpächter die Jagd an einen anderen verpachtet und dieser den Ersatz des Wildschadens übernommen, so haftet der Verpächter gegenüber dem Pächter in Form einer Ausfallhaftung nur sofern und soweit, der Pächter den Wildschaden von dem Jagdpächter nicht ersetzt bekommt.

6.2 Dem Pächter wird hiermit das Vorpachtrecht an der Jagd eingeräumt. Der Verpächter ist verpflichtet, dem Pächter den Inhalt eines etwaigen mit einem Dritten abgeschlossenen Jagdpachtvertrages mitzuteilen. Das Vorpachtrecht kann bis zum Ablauf von ..... Wochen nach dem Zugang der Mitteilung ausgeübt werden.

§ 7 Obstbäume

7.1 Zum Pachtgegenstand gehören auch die dort vorhandenen Obstbäume und -sträucher sowie wild gewachsene Bäume. Beide Seiten sind verpflichtet deren Art und Zahl bei Pachtbeginn gemeinsam festzustellen und in einem Verzeichnis festzuhalten. Im Streitfall bestimmt der Schätzungsausschuss gemäß § 317 BGB.

7.2 Das Nutzungsrecht des Pächters an den vorgenannten Bäumen und Sträuchern beschränkt sich auf die Aberntung. Abgestorbene oder zerstörte Bäume und Sträucher sind zu entfernen; das Holz darf der Pächter verwerten. Der Pächter ist verpflichtet, unter Beachtung der für den Obstbau geltenden Regeln die Bäume und Sträucher zu hegen und zu pflegen sowie für den laufenden Ersatz Sorge zu tragen.

7.3 Die in dem Verzeichnis gemäß vorstehende Ziffer 7.1. aufgeführten vom vom Pächter übernommenen Bäume und Sträucher ist der Pächter verpflichtet, nach Ende der Pachtzeit in einem entsprechenden Bestand an den Verpächter zurückzugeben. Bei Meinungsverschiedenheiten über einen etwaigen Mehr- oder Minderbestand und dessen Wert bestimmt der Schätzungsausschuss als Schiedsgutachter gemäß § 317 BGB. Für den Fall, dass ein etwaiger Minderbestand auf unabwendbares Ereignis zurückzuführen sein sollte, ist die diesbezügliche Haftung des Pächters auf maximal 50 % des Bestandes bei Übernahme beschränkt.

§ 8 Schätzungsausschuss

8.1 Der Schätzungsausschuss besteht grds. aus drei Sachverständigen und tritt zusammen, wenn auf Grundlage dieses Pachtvertrags über eine zu begutachtende oder zu bestimmende Tatsache zwischen den Parteien Meinungsverschiedenheiten bestehen sowie jeweils vor der Übergabe und der Rückgabe des Pachtgegenstandes. Jede Vertragspartei hat das Recht, einen Sachverständigen als Schätzer zu benennen. Der dritte Sachverständige ist als Obmann durch die Landwirtschaftskammer ..... zu benennen. Der Obmann kann weitere Sachverständige für Sonderfragen hinzuziehen.

8.2 Will eine Partei den Schätzungsausschuss anrufen, so hat sie der anderen Partei ihren Schätzer schriftlich mit der Aufforderung zu benennen, dass diese binnen einer Frist von ..... Wochen ihren Schätzer zu benennen habe. Die betreibende Partei hat sodann unter Mitteilung der beiden Schätzer die Landwirtschaftskammer um die Bestellung des dritten Sachverständigen als Obmann zu bitten. Für den Fall, dass der andere Vertragsteil Partei den von ihm zu benennenden Schätzer nicht fristgemäß benennen sollte, so hat der den Zusammentritt des Schätzungsausschusses betreibende Vertragsteil das Recht, den von der anderen Partei zu benennenden Schätzer von der Landwirtschaftskammer verbindlich benennen lassen.

8.3 Der Schätzungsausschuss ist kein Schiedsgericht, er entscheidet als Schiedsgutachter. Für seine Tätigkeit ist ihm aufzugeben, die »*Schätzungsordnung für das landwirtschaftliche Pachtwesen*« in ihrer jeweils aktuellen Fassung zugrunde zu legen. Sofern und soweit der Schätzungsausschuss Tatsachen zu bestimmen hat, gilt § 317 BGB.

8.4 Jede Partei trägt die Kosten des von ihr oder für sie von der Landwirtschaftskammer benannten Schätzers, die übrigen Kosten tragen die Parteien je zur Hälfte.

8.5 Die Bestimmungen des § 585b BGB über die Beschreibung des Pachtgegenstandes gelten ergänzend, sofern und soweit vorstehend nicht abweichendes geregelt ist.

§ 9 Instandhaltung und Instandsetzung der Gebäude und Anlagen

9.1 Die gewöhnlichen Ausbesserungen, d.h. die laufende Unterhaltung nebst Reparaturen (Instandhaltung, Instandsetzung einschließlich Schönheitsreparaturen) der Gebäude und Anlagen des Pachtgegenstandes obliegen dem Pächter auf seine Kosten.

9.2 Die Ersatzbeschaffung (Erneuerung) von Gebäuden und baulichen Anlagen, deren Instandsetzung nicht mehr möglich ist, obliegt dem Verpächter, es sei denn, dass der Erneuerungsbedarf durch den Pächter schuldhaft verursacht worden ist. Bei Meinungsverschiedenheiten bestimmt der Schätzungsausschuss.

9.3 Für den Fall, dass nach dem Gutachten des Schätzungsausschusses im Falle eines Neubaus von Gebäuden oder baulichen Anlagen die Ertragsfähigkeit des Betriebes mehr als nur unerheblich erhöht wird und die Kosten des Neubaus nicht durch eine Versicherung getragen werden, hat der Pächter das vom Verpächter für den Neubau aufgewendete Kapital zu angemessenen Marktkonditionen zu verzinsen und einen der gewöhnlichen Lebensdauer der neu errichteten baulichen Anlage entsprechenden Tilgungsbetrag (mind. ......% p.a.) an den Verpächter zu zahlen.

§ 10 Verbesserungen des Pachtgegenstands durch den Pächter

10.1 Nach vorheriger schriftlicher Zustimmung des Verpächters hat der Pächter das Recht, auf den Pachtgrundstücken vorhandene Anlagen zu verbessern und neue Anlagen zu erstellen, sofern und soweit dies nach den anerkannten Grundsätzen einer ordnungsmäßigen Bewirtschaftung zweckmäßig ist. Der Verpächter kann seine Zustimmung aus wichtigem Grunde versagen. Versagt der Verpächter seine Zustimmung, hat der Pächter das Recht, gemäß § 590 BGB das Landwirtschaftsgericht mit dem Antrag anzurufen, festzustellen, dass die vom Pächter beabsichtigte Verbesserungsmaßnahme zur nachhaltigen Verbesserung oder zur Erhaltung der Rentabilität der landwirtschaftlichen Bodennutzung geeignet ist und dem Verpächter deshalb der etwaige spätere Aufwendungsersatz hierfür zugemutet werden kann. Für den Fall, dass solche Verbesserungsmaßnahmen während der letzten drei Pachtjahre durchgeführt werden, so bedarf es in jedem Falle der Zustimmung des Verpächters; die Feststellung des Landwirtschaftsgerichtes genügt dann nicht.

10.2 Für andere als notwendige Verwendungen auf den Pachtgegenstand ist der Verpächter nach Ende der Pachtzeit lediglich insoweit zum Ersatz verpflichtet, als solche nicht notwendigen Verwendungen den wirtschaftlichen Wert des Pachtgegenstandes zum Zeitpunkt der Beendigung des Pachtvertrags noch erhöhen und es dem Verpächter möglich ist, die Werterhöhung ohne schuldhaftes Unterlassen tatsächlich zu realisieren. Geringfügige Werterhöhungen, die den für das unmittelbar vorausgegangene

Pachtjahr vereinbarten Pachtzinses nicht um mind. 25 % übersteigen, sind vom Verpächter nicht zu ersetzen. Bei Meinungsverschiedenheiten entscheidet das Landwirtschaftsgericht (§ 591 Abs. 2 BGB). Sofern vorstehend nicht abweichendes geregelt ist, bleibt im Übrigen § 588 BGB unberührt.
10.3 Für den Fall, dass der der Pächter ohne vorherige schriftliche Zustimmung des Verpächters oder ohne Zustimmung des Landwirtschaftsgerichts bauliche Anlagen oder Einrichtungen ändert oder neu errichtet, ist ein Anspruch auf Erstattung von Aufwendungen gleich welcher Höhe ausgeschlossen.

§ 11 Unterverpachtung und Nutzungsüberlassung an Dritte

11.1 Eine Unterverpachtung oder sonstige Nutzungsüberlassung an Dritte des Pachtgegenstands oder Teilen hiervon (einzelne Pachtgrundstücke) ist ausgeschlossen, es sei denn, der Verpächter hat hierzu vorher seine schriftliche Zustimmung erteilt, auf die der Pächter keinen Anspruch hat. Bei der Übergabe seines Betriebes zum Zwecke der Vorwegnahme der Erbfolge kann der Pächter die Pachtgrundstücke an den Übernehmer unterverpachten. Der gesetzliche Pachtübergang nach § 593a BGB wird jedoch ausgeschlossen.
11.2 Der Zustimmung bedarf es ausnahmsweise nicht, wenn der Pächter nur geringfügige Flächen aus Anlass eines Arbeitsverhältnisses oder im Wege des sog. »Pflugtauschs« einem anderen überlässt.
11.3 Überlässt der Pächter die Nutzung einem anderen, so hat er ein diesem oder dessen Mitarbeitern, Angestellten, Lieferanten, Besuchern etc. bei der Nutzung zur Last fallendes Verschulden zu vertreten, auch wenn der Verpächter der Überlassung zugestimmt hat.

§ 12 Gewährleistung, Haftung der Vertragsparteien

12.1 Der Pächter haftet für schuldhaft verursachte Schäden. Dies gilt auch für durch Mitarbeiter, Angestellte, Unterpächter, beauftragte Handwerker, Lieferanten, Kunden, Familienangehörige o.Ä. schuldhaft verursachte Schäden.
12.2 Der Pächter ist verpflichtet, diejenigen Schäden, für die er einstehen muss, sofort zu beseitigen. Kommt er dieser Verpflichtung auch nach schriftlicher Mahnung innerhalb angemessener Frist nicht nach, so kann der Verpächter die erforderlichen Arbeiten auf Kosten des Pächters selbst vornehmen. Bei Gefahr in Verzug oder unbekanntem Aufenthalt des Pächters bedarf es einer schriftlichen Aufforderung mit Fristsetzung nicht.
12.3 Der Verpächter haftet nicht für Störungen des Pachtgebrauchs, die von Dritten einschließlich sonstiger Pächter von Grundstück oder Gebäude verursacht werden. Er wird sich jedoch bemühen, auf die Beseitigung ihm bekannt gegebener Störungen hinzuwirken.
12.4 Schadenersatzansprüche des Pächters gegen den Verpächter aus oder in Zusammenhang mit dem Pachtverhältnis, solcher aus vorvertraglichen Schuldverhältnissen oder unerlaubter Handlung sind ausgeschlossen, es sei denn, sie beruhen auf Vorsatz oder grober Fahrlässigkeit, auf fahrlässiger Verletzung wesentlicher Vertragspflichten oder Rechtsgüter (Leib oder Leben) durch den Verpächter oder seiner Erfüllungsgehilfen oder auf dem Fehlen einer zugesicherten Eigenschaft des Pachtgegenstands. Eine verschuldensunabhängige Haftung für bei Abschluss des Pachtvertrages vorhandene Mängel findet nicht statt.
12.5 Schadenersatzansprüche des Pächters für auf bauliche Mängel des Pachtgegenstands, Grundstückes oder Gebäudes zurückzuführende Beschädigungen der vom

Pächter eingebrachten Gegenstände o.Ä. sind im Übrigen auch dann ausgeschlossen, wenn die Schäden versicherbar sind.
12.6 In diesem Vertrag anderweitig vereinbarte Haftungsausschlüsse und/oder Haftungsbeschränkungen bleiben unberührt.
12.7 Weicht die wirkliche Größe des Pachtgegenstands nebst Grundstücken von der in § 1 angegebenen Größenangabe ab, so kann die benachteiligte Partei Rechte daraus nur herleiten, wenn die Abweichung mehr als ..... % nach oben oder unten beträgt. In einem solchen Fall ist der Anspruch stets auf die angemessene Angleichung der Pacht noch oben oder unten beschränkt.
12.8 Sämtliche im Grundbuch eingetragenen Grunddienstbarkeiten und/oder zulasten des Verpächters eingetragene beschränkt persönliche Dienstbarkeiten, mit denen der verpachtete Grundbesitz belastet ist, muss der Pächter dulden.
12.9 Für den Fall, dass sich während der Pachtzeit ein Mangel zeigt oder eine Vorkehrung gegen eine nicht vorhergesehene Gefahr erforderlich wird, ist der Pächter verpflichtet, dem Verpächter den Mangel oder die notwendige Vorkehrung unabhängig davon, welcher Vertragsteil für die Beseitigung/Erledigung verantwortlich ist, unverzüglich schriftlich anzuzeigen. Aus einer unterlassenen Anzeige resultierender Schaden ist vom Pächter zu tragen. Bei Gefahr im Verzuge hat der Pächter sofort die notwendigen Maßnahmen zu treffen.

§ 13 Rückgabe des Pachtgegenstands bei Pachtende

13.1 Das Pachtgegenstand ist am Ende der Pachtzeit von dem Pächter an den Verpächter in vertragsgemäß, also insb. ohne Instandhaltungs- oder Instandsetzungsrückstau mit dem gesamten Inventar einschließlich Inventarersatzstücken besenrein zurückzugeben, sofern und soweit in diesem Vertrag keine hiervon abweichenden Regelungen getroffen wurden. Fällige Instandhaltungen und Instandsetzungen (einschließlich Schönheitsreparaturen) sind rechtzeitig vor Rückgabe vom Pächter sach- und fachgerecht durchzuführen.
13.2 Für die Rückgabe des Pachtgegenstands und deren Abwicklung gelten im Übrigen dieselben Grundsätze und Vereinbarungen, wie sie für die Übergabe des Pachtgegenstand bei Pachtbeginn gelten, entsprechend (siehe insb. § 2 dieses Vertrages) Bei Meinungsverschiedenheiten bestimmt Schätzungsausschuss nach billigem Ermessen.

§ 14 Schriftform, Salvatorische Klauseln, Sonstige Vereinbarungen

14.1 Nachträgliche Änderungen und Ergänzungen einschließlich der Aufhebung dieses Vertrags bedürfen der Schriftform. Die nachträgliche Abänderung dieses Schriftformerfordernisses bedarf ebenfalls der Schriftform. Die stillschweigende Abbedingung dieses Schriftformerfordernisses wird ausdrücklich ausgeschlossen.
14.2 Sollten einzelne Bestimmungen dieses Vertrags ganz oder teilweise unwirksam oder nichtig sein bzw. werden, bleibt die Wirksamkeit der übrigen Bestimmungen hiervon unberührt. Die Vertragsparteien verpflichten sich, in einem solchen Fall eine neue, wirksame Regelung zu vereinbaren, die dem wirtschaftlichen Sinn und Zweck des ursprünglich Gewollten möglichst nahe kommt. Ist dies nicht möglich, gilt das Gesetz.
14.3 Sofern und soweit in diesem Vertrag keine abweichenden Vereinbarungen getroffen worden sind, gelten die Bestimmungen der §§ 585 bis 597 BGB ergänzend.
14.4 Dieser Vertrag wird vom Verpächter der Behörde gemäß dem Landpachtverkehrsgesetz unter Übersendung einer Abschrift angezeigt. Die Kosten des Vertrages und seiner Durchführung tragen Verpächter und Pächter je zur Hälfte.

14.5 Dieser Pachtvertrag ist bei seiner Unterzeichnung mit den folgenden Anlagen fest verbunden:
Anlage 1: Lageplan mit Gebäuden
Anlage 2: Hofbeschreibung mit Inventarauflistung
Anlage 3: Neben- und Betriebskostenauflistung

Ort, den .....   Ort, den .....
(Verpächter)   (Pächter)

■ *Kosten.* Bei Pachtverträgen von bestimmter Dauer ist nach § 99 Abs. 1 Satz 1 GNotKG der Wert aller Leistungen des Pächters während der gesamten Vertragszeit für den Geschäftswert maßgeblich; bei solchen von unbestimmter Dauer der auf die ersten fünf Jahre entfallende Wert der Leistungen des Pächters gemäß § 99 Abs. 1 Satz 2 Hs. 1 GNotKG. Soweit die Auflösung des Pachtvertrages jedoch erst zu einem späteren Zeitpunkt zulässig ist, ist dieser Zeitpunkt für die Bestimmung des Wertes nach § 99 Abs. 1 Satz 2 Hs. 2 GNotKG entscheidend. Insgesamt darf der Geschäftswert jedoch nach § 99 Abs. 1 Satz 3 GNotKG den auf die ersten 20 Jahre entfallenden Wert der Leistungen des Pächters nicht übersteigen. Gebührensatz: 2,0 Gebühr, mindestens jedoch 120,00 € (Nr. 21100 KV).

VII. Verpachtung von Jagd- und Fischereirechten

1. Für den Abschluss von *Jagd und Fischereipachtverträgen* gelten – in Verbindung mit den jeweiligen Ausführungsgesetzen der Bundesländer – die §§ 11 bis 14 des Bundesjagdgesetzes in der Fassung vom 29.09.1976,[51] das zuletzt durch Art. 422 der Verordnung vom 31.08.2015 geändert worden ist.[52] Ergänzend gelten die Vorschriften des BGB (§§ 581 i.V.m. §§ 535 ff. BGB). Die Fischereipacht ist zumeist in den Landesfischereigesetzen normiert, vgl. Art. 69 EGBGB 46

Gegenstand der Jagd- und Fischereipacht ist das *Jagd- bzw. Fischereiausübungsrecht* des Eigentümers, nicht der Gebrauch oder die Nutzung einer Sache. Der Jagdpachtvertrag ist ein privatrechtlicher Vertrag, auf den die Vorschriften über das Pachtverhältnis (§§ 581 ff. BGB) anzuwenden sind, soweit nicht spezielle jagdrechtliche Bestimmungen oder jagdrechtliche Besonderheiten entgegenstehen.[53] Gegenstand des Pachtvertrags ist das Jagdausübungsrecht; es handelt sich daher um eine *Rechtspacht, keine Grundstückspacht.*[54] Der Jagd- oder Fischereipächter wird also nicht Besitzer des Grundstücks (oder Gewässers). Die mietrechtlichen Regeln über die Sachmängelgewährleistung gelten jedoch entsprechend.[55] 47

Das Jagdausübungsrecht ist unteilbar. Gegenstand des Jagdpachtvertrags kann stets nur die Ausübung des Jagdrechts in seiner Gesamtheit sein. Ein Teil des Jagdausübungsrechts (z.B. Beschränkungen nach Wildarten oder Jahreszeiten) kann nicht Gegenstand eines Jagdpachtvertrages sein. Der Verstoß hiergegen führt zur Nichtigkeit des Pachtvertrags gemäß § 11 Abs. 1 Satz 2 und Abs. 6 BJagdG.[56] Der Verpächter hat aber die Möglichkeit, sich einen Teil der Jagdnutzung, der sich auf bestimmtes Wild bezieht, vorzubehalten (§ 11 Abs. 1 BJagdG). Die Verpachtung eines Teils eines Jagdbezirkes ist nur zulässig, wenn bei Eigenjagdbezirken sowohl der verpachtete als auch der verbleibende Teil die gesetzliche Mindestgröße, bei gemeinschaftlichen Jagdbezirken die Mindestgröße von 250 ha haben (§ 11 Abs. 2 BJagdG). Die Länder können die Verpachtung eines Teiles von geringerer Größe an den Jagdausübungsberechtigten eines angrenzenden Jagdbezirkes zulassen, soweit dies einer 48

---

51 BGBl. I S. 2849.
52 BGBl. I S. 1474.
53 Siehe BGH NJW-RR 1987, 839.
54 BGH ZMR 2008, 523; NZM 2008, 462.
55 Vgl. BGH ZMR 2008, 523; NZM 2008, 462, Staudinger/*Sonnenschein*/*Veit*, BGB, § 581 Rn. 55, 298.
56 BGH NJW 1991, 3033.

besseren Reviergestaltung dient. Die Gesamtfläche, auf der einem Jagdpächter die Ausübung des Jagdrechts zusteht, darf nicht mehr als 1.000 ha umfassen (§ 11 Abs. 2, 3 BJagdG).

49 Der Jagdpachtvertrag ist schriftlich abzuschließen. Die Pachtdauer soll mindestens 9 Jahre betragen. Die Länder können die Mindestpachtzeit höher festsetzen. Ein laufender Jagdpachtvertrag kann auch auf kürzere Zeit verlängert werden. Beginn und Ende der Pachtzeit soll mit Beginn und Ende des Jagdjahres (1. April bis 31. März) zusammenfallen (§ 11 Abs. 4 BJagdG); dies gilt abweichend zur Rechtsprechung zum Mietrecht (§ 550 BGB), auch für Vorverträge.[57]

50 Jagdpächter darf nur sein, wer seit mindestens 3 Jahren einen *Jagdschein* hat (§ 11 Abs. 5 BJagdG). Der Verstoß hiergegen führt zur Nichtigkeit des Jagdpachtvertrags gemäß § 11 Abs. 6 BJagdG.[58]

51 Jagdpachtverträge sind gegenüber der zuständigen Behörde anzuzeigen (§ 12 BJagdG). Die Behörde kann den Vertrag binnen 3 Wochen nach Eingang der Anzeige beanstanden, wenn die Vorschriften über die Pachtdauer nicht beachtet sind oder wenn zu erwarten ist, dass durch eine vertragsmäßige Jagdausübung die Vorschriften des § 1 Abs. 2 BJagdG verletzt werden. In dem Beanstandungsbescheid sind die Vertragsparteien aufzufordern, den Vertrag innerhalb bestimmter Frist, die mindestens 3 Wochen ab Zustellung des Bescheides betragen soll, aufzuheben oder zu ändern. Kommen die Vertragsteile der behördlichen Aufforderung nicht nach, so gilt der Vertrag mit Ablauf der Frist als aufgehoben (§ 12 Abs. 3 BJagdG), sofern nicht einer der Vertragsteile binnen der Frist einen Antrag auf Entscheidung durch das örtlich zuständige Amtsgericht stellt. Das Amtsgericht kann entweder den Vertrag aufheben oder feststellen, dass er nicht zu beanstanden ist. Die Bestimmungen für die gerichtliche Entscheidung über die Beanstandung eines Landpachtvertrages (§§ 8 f. LPachtVG i.V.m. dem Landwirtschaftsverfahrensgesetz – LwVG) gelten sinngemäß; das Amtsgericht hat jedoch ohne Hinzuziehung ehrenamtlicher Richter zu entscheiden.

52 Der Jagdpachtvertrag endet in der Regel durch Ablauf der Zeit, für den er geschlossen worden ist, es sei denn, er wird vorher aus *wichtigem Grund* außerordentlich gekündigt. Im Übrigen erlischt der Jagdpachtvertrag, wenn dem Pächter der Jagdschein unanfechtbar entzogen worden ist. Er erlischt auch dann, wenn die Gültigkeitsdauer des Jagdscheines abgelaufen ist und entweder die zuständige Behörde die Erteilung eines neuen Jagdscheines unanfechtbar abgelehnt hat oder der Pächter die Voraussetzungen für die Erteilung eines neuen Jagdscheines nicht fristgemäß erfüllt. Der Pächter hat dem Verpächter den aus der Beendigung des Pachtvertrages entstehenden Schaden zu ersetzen, wenn ihn ein Verschulden trifft, § 13 BJagdG.

53 Sind mehrere Pächter an einem Jagdpachtvertrag als *Mitpächter* beteiligt, so bleibt der Vertrag, wenn er im Verhältnis zu einem Mitpächter gekündigt wird oder erlischt, mit den übrigen Mitpächtern bestehen, es sei denn, der Jagdpachtvertrag entspricht infolge des Ausscheidens eines Pächters nicht mehr den Vorschriften zur Größe des Jagdpachtbezirks (s.o. Rdn. 48 zu § 11 Abs. 2 und 3 BJagdG) und dieser Mangel wird bis zum Beginn des nächsten Jagdjahres nicht behoben. Ist einem der Mitpächter die Aufrechterhaltung des Vertrages infolge des Ausscheidens eines Mitpächters nicht mehr zuzumuten, so kann er den Vertrag mit sofortiger Wirkung kündigen. Die Kündigung muss unverzüglich nach Erlangung der Kenntnis von dem Kündigungsgrund erfolgen, § 13a BJagdG. Die Mitpächter bilden in ihrem Innenverhältnis eine Gesellschaft bürgerlichen Rechts gemäß §§ 705 ff. BGB.[59]

54 Wird ein Eigenjagdbezirk ganz oder teilweise veräußert, so finden die Vorschriften des Mietrechts (§§ 566 bis 567b BGB) gemäß § 14 BJagdG mit der Folge entsprechende Anwendung, dass der Jagdpachtvertrag auf den neuen Grundstückseigentümer übergeht. Das Gleiche gilt im Fall der Zwangsversteigerung bzgl. § 57 ZVG; das Kündigungsrecht des

---

57 BGH NJW 1973, 1839.
58 BGH NJW 1959, 1586.
59 BGH NJW 1991, 3033.

Erstehers ist jedoch ausgeschlossen, wenn nur ein Teil eines Jagdbezirkes versteigert ist und dieser Teil nicht allein schon die Erfordernisse eines Eigenjagdbezirkes erfüllt. Wird ein zu einem gemeinschaftlichen Jagdbezirk gehöriges Grundstück veräußert, so hat dies auf den Pachtvertrag keinen Einfluss; der Erwerber wird vom Zeitpunkt des Erwerbes an auch dann für die Dauer des Pachtvertrages Mitglied der Jagdgenossenschaft, wenn das veräußerte Grundstück an sich mit anderen Grundstücken des Erwerbers zusammen einen Eigenjagdbezirk bilden könnte. Das Gleiche gilt für den Fall der Zwangsversteigerung eines Grundstücks, § 11 Abs. 2 BJagdG.

2. Für die *Fischereipacht* gelten im Wesentlichen dieselben Grundsätze wie für die Jagdpacht; die Fischereipacht richtet sich jedoch nicht nach dem BJagdG, sondern nach den Fischereigesetzen der Länder;[60] so z.B. für das Land Nordrhein-Westfalen nach dem Landesfischereigesetz (LFischG NW) vom 22.06.1994. Fischereipacht ist wie die Jagdpacht ebenfalls *Rechtspacht*; verpachtet ist das Fischereirecht, nicht das Gewässer. Das Landpachtverkehrsgesetz (LPachtVG) gilt gemäß § 11 LPachtVG auf für Verträge, durch die Betriebe oder Grundstücke überwiegend zur Fischerei verpachtet werden, soweit nicht Rechtsvorschriften der Bundesländer inhaltsgleiche oder entgegenstehende Bestimmungen enthalten. 55

VIII. Verpachtung von Kleingärten

Für die sog. *Kleingartenpacht* gelten die §§ 4 bis 13 BKleingG (Bundeskleingartengesetz) vom 28.02.1983,[61] in der Fassung vom 19.09.2006.[62] Für Kleingartenpachtverträge gelten hiernach grundsätzlich ebenfalls die Bestimmungen des Bürgerlichen Gesetzbuches zum Pachtrecht, soweit sich aus dem BKleingG nichts anderes ergibt. Aus dem BKleingG ergeben sich auf das Wesentliche zusammengefasst folgende Besonderheiten: 56

Als Pacht für den Kleingarten darf höchstens der vierfache Betrag der ortsüblich für den erwerbsmäßigen Obst- und Gemüseanbau gezahlten Pacht verlangt werden (§ 5 BKleingG). Ist die vereinbarte Pacht niedriger oder höher als die sich nach dem BKleingG ergebende Höchstpacht, kann die jeweilige Vertragspartei der anderen Vertragspartei erklären, dass die Pacht bis zur Höhe der Höchstpacht herauf- oder herabgesetzt wird. Kleingartenpachtverträge über Dauerkleingärten können nur auf *unbestimmte Zeit* geschlossen werden; befristete Verträge gelten als auf unbestimmte Zeit geschlossen (§ 6 BKleingG). Stirbt der Kleingärtner, endet der Kleingartenpachtvertrag mit dem Ablauf des auf den Todeszeitpunkt folgenden Kalendermonats. Ein Kleingartenpachtvertrag, den Eheleute oder Lebenspartner gemeinschaftlich abgeschlossen haben, wird beim Tode eines Ehegatten oder Lebenspartners mit dem überlebenden Ehegatten oder Lebenspartner automatisch fortgesetzt. Erklärt der überlebende Ehegatte oder Lebenspartner jedoch binnen eines Monats nach dem Todesfall gegenüber dem Verpächter, dass er den Kleingartenpachtvertrag nicht fortsetzen will, endet der Vertrag, § 12 BKleingG. 57

In dem zuletzt veröffentlichten Urt. v. 21.02.2013 hat der BGH entschieden, dass in einem vorformulierten, dem AGB-Recht unterfallenden Kleingartenpachtvertrag wirksam vereinbart werden kann, dass der aus dem Vertrag ausscheidende Pächter für den Fall, dass kein Nachpächter vorhanden ist, den Kleingarten bis zur Neuverpachtung unter Fortzahlung der vereinbarten Entgelte und Gebühren zu bewirtschaften oder die Baulichkeiten einschließlich Fundamente, befestigte Wege und Anpflanzungen zu entfernen und den Kleingarten im umgegrabenen Zustand zurückzugeben hat.[63] 58

---

60 Art. 69 EGBGB.
61 BGBl. I S. 210.
62 BGBl. I S. 2146.
63 BGH, 21.02.2013 – III ZR 266/12 = NJW-RR 2013, 910.

§ 43 Leasingvertrag (Mobilien)

Literatur: *Assies/Vander*, in: Assies/Beule/Heise/Strube, Handbuch des Fachanwalts Bank- und Kapitalmarktrecht, 5. Auflage 2018, Kapitel 4. H. Leasing, Factoring; *Beckmann/Scharff*, Leasingrecht, 4. Auflage 2015; *Koch*, in: Münchener Kommentar zum BGB, Schuldrecht Besonderer Teil I, 7. Auflage 2016, Leasing; *Graf von Westphalen*, Der Leasingvertrag, 7. Auflage 2015.

I. Rechtsnatur und Erscheinungsformen

1. Rechtsnatur

1 Der Leasingvertrag ist eine moderne, vornehmlich aus steuerlichen oder absatzfördernden Gründen gewählte Vertragsform. Der Vertrag ist nach ständiger Rechtsprechung und h.M. im Schrifttum ein atypischer Mietvertrag,[1] der neben dem mietrechtlichen Charakter auch Elemente des Darlehens und der Geschäftsbesorgung enthält.[2] Daneben weist der Leasingvertrag aufgrund der vertragstypischen Abtretungskonstruktion enge Bezüge zum Kaufrecht auf. Wesentliche rechtliche Grundsätze, genannt sei der leasingtypische Schadensersatzanspruch, hat die Rechtsprechung insbesondere in den 90er Jahren entwickelt.

2. Erscheinungsformen

2 Die Leasingpraxis hat eine Vielzahl verschiedener Formen des Leasingvertrages herausgebildet.[3] Ihre Modifikationen erfahren diese Vertragstypen teilweise bereits vor dem Hintergrund der beteiligten Vertragspartner (z.B. direktes oder Hersteller-Leasing als unmittelbares Vertragsverhältnis zwischen Hersteller und Abnehmer einerseits und indirektes oder Lieferantenleasing als Dreiecksverhältnis zwischen Hersteller, Lieferant sowie Leasinggeber und Abnehmer = Leasingnehmer). Zusätzliche Individualisierungen erfolgen durch die Natur der jeweiligen Leasinggegenstände (so z.B. Mobilien- oder Immobilienleasing sowie auch Immaterialgüter-Leasing).

3 In der Praxis vorwiegend anzutreffen ist das Finanzierungsleasing, bei dem der Leasingnehmer für die volle Amortisation der vom Leasinggeber für die Anschaffung des Leasinggutes gemachten Aufwendungen und Kosten aufzukommen hat. Bei Vollamortisationsverträgen erfolgt dies insgesamt über die zu zahlenden Leasingraten, bei Teilamortisationsverträgen durch Zahlung der Leasingraten und die Realisierung des vom Leasingnehmer abzusichernden Restwertes. Weitere Vertragsformen sind der kündbare Vertrag sowie der Kilometerabrechnungsvertrag im Bereich des Fahrzeugleasings. Letzterer wird trotz seiner besonderen Nähe zur Miete ebenfalls als Finanzierungsleasing eingeordnet.[4]

4 Beim Hersteller- und Händlerleasing schließt der Lieferant selbst einen Leasingvertrag mit dem Leasingnehmer ab, um sein Produkt in Verbindung mit einer Finanzierung besser absetzen zu können. Obwohl es damit an dem leasingtypischen Dreiecksverhältnis fehlt und auch keine Ersetzung der mietvertraglichen Gewährleistung durch die kaufrechtlichen mangelbedingten Rechte erfolgen kann, rechnet der BGH auch solche Verträge zu den

---

1 StRspr. seit BGH WM 1975, 1203, 1204; MüKo-BGB/*Koch*, Leasing, Rn. 26 m.w.N.
2 Palandt/*Weidenkaff*, Einf. vor § 535 BGB Rn. 38.
3 Ausführlich zu den unterschiedlichen Erscheinungsformen: Assies/Beule/Heise/Strube/*Assies/Vander*, Hdb. FA BKR, Kapitel 4 H, Rn. 1756 ff.
4 BGH WM 1998, 928, 930.

Finanzierungsleasingverträgen.[5] Allerdings kommen die ansonsten leasingtypische Abtretungskonstruktion und die Gefahrverlagerung mangels Dreiecksverhältnisses nicht zur Anwendung.

Bedeutsam ist auch das Operating-Leasing. Hier wird eine feste Laufzeit nicht vereinbart, es gibt nur eine kurze Grundlaufzeit und danach ein jederzeitiges Kündigungsrecht. Anders als bei klassischen Voll- und Teilamortisationsverträgen übernimmt die objektbezogenen Risiken regelmäßig der Leasinggeber. Beim Operating-Leasing handelt es sich um einen Gebrauchsüberlassungsvertrag, der von der ganz h.M. als gewöhnlicher Mietvertrag qualifiziert wird, wenn er nicht auf kurze Zeit geschlossen oder vom Leasingnehmer nicht kurzfristig gekündigt werden kann.[6]

Vor allem in wirtschaftlich problematischen Zeiten gewinnt das sog. Sale-and-lease-back-Verfahren an Bedeutung. Hier erwirbt der Leasinggeber zunächst ein zuvor im Eigentum des späteren Leasingnehmers stehendes Objekt, um es dann an den Leasingnehmer zurückzuverleasen. Beim Sale-and-lease-back-Verfahren handelt es sich nicht um ein klassisches Leasinggeschäft, es wird aber zivil- und aufsichtsrechtlich als solches behandelt.[7] Die Besonderheit liegt darin, dass sich der Leasinggeber den Leasinggegenstand nicht von einem Dritten, sondern vom Leasingnehmer verschafft. Der Leasingnehmer tritt in Doppelfunktion als Verkäufer einerseits und Leasingnehmer andererseits auf. Daher fehlt es auch beim Sale-and-lease-back-Verfahren an dem für das Finanzierungsleasing typischen Dreiecksverhältnis.

Zielt die Vertragsgestaltung darauf ab, die Leasingsache dauerhaft auf den Leasingnehmer zu übertragen, handelt es sich nicht um Finanzierungsleasing, sondern um ein verdecktes Teilzahlungsgeschäft.[8]

In jüngerer Zeit gewinnt der Mietkauf zunehmend an Bedeutung. Mietkäufe sind – wie das Finanzierungsleasing – sonstige Finanzierungshilfen i.S.d. § 506 Abs. 2 BGB.[9] Es handelt sich um Mietverträge ohne steuerliche Vergünstigungen mit dem von vornherein festgelegten Ziel des späteren Eigentumserwerbs durch den Mieter. Ein bedeutsamer Unterschied zum Teilzahlungsgeschäft besteht darin, dass der Mieter nicht zwingend die Kaufoption ausüben muss, er also bei veränderten wirtschaftlichen Bedingungen eine Wahlmöglichkeit behält.

II. Grundlagen

1. Wirtschaftliche Bedeutung

Nachdem das Investitionsvolumen im Jahr 2006 bereits mehr als 54 Mrd. € mit damals steigender Tendenz betragen hatte, fiel es 2009 auf 42 Mrd. €. Zwischenzeitlich ist allerdings wieder ein dynamisches Wachstum zu verzeichnen. Im Jahr 2015 betrug das Investitionsvolumen bereits wieder 52,2 Mrd. €, im Jahr 2017 lag es nach Branchenangaben bei sogar 67 Mrd. €. Das Mobilien-Leasing hatte an den gesamtwirtschaftlichen Ausrüstungsinvestitionen im Jahr 2017 einen Anteil von mehr als 24 %, wobei ca. 1.800.000 Neuverträge abgeschlossen wurden. Klassische Teil- und Vollamortisationsverträge stehen beim beim Mobilien-Leasing mit 48 % nach wie vor an erster Stelle, 39 % sind Leasingverträge mit offenen Restwerten, 13 % der Neuverträge entfallen auf Mietkäufe.[10]

---

5 BGH NJW 1998, 1637.
6 MüKo-BGB/*Koch*, Leasing, Rn. 5.
7 BGH NJW 1990, 829, 831; MüKo-BGB/*Koch*, Leasing, Rn. 13.
8 BGH NJW 1989, 2132; BGH NJW 1995, 519 = WiB 1995, 257 m. Anm. *Assies*.
9 BGH NJW 2002, 133, 134 (noch zu § 499 Abs. 1 BGB a.F.).
10 Quelle: Bundesverband Deutscher Leasing-Unternehmen (www.bdl-leasing-verband.de) in Zusammenarbeit mit dem ifo Institut für Wirtschaftsförderung.

2. Rechtsquellen

10 Trotz der erheblichen wirtschaftlichen Bedeutung ist das Leasing bis heute Sonderrecht geblieben und nicht in das BGB integriert worden. Die wesentlichen Aspekte des Leasingrechts richtet sich damit weiterhin nach den von der Rechtsprechung entwickelten Grundsätzen. Es ist folglich nach wie vor in ganz erheblichem Umfang geprägt vom Richterrecht. Seit Inkrafttreten des Jahressteuergesetzes 2009 (JStG 2009)[11] am 24.12.2008 ist das Finanzierungsleasing als Finanzdienstleistung i.S.v. § 1 Abs. 1a KWG unter die Aufsicht durch die Bundesanstalt für Finanzdienstleistungsaufsicht (BaFin) gestellt. Hierzu wurde § 1 Abs. 1a Satz 2 KWG um die Tätigkeit Finanzierungsleasing (Nr. 10) ergänzt.

3. Steuer- und Bilanzrecht

11 Für Unternehmen ist das Leasing vor allem wegen der erstrebten steuerlichen Zuordnung des Leasinggegenstandes zum Leasinggeber interessant.[12] Auf Seiten des Leasingnehmers entsteht so eine Bilanzneutralität. Die Zuordnung hängt davon ab, wer wirtschaftlicher Eigentümer der Sache ist.[13] Nur für den Fall, dass das wirtschaftliche Eigentum bei dem Leasinggeber verbleibt, kann es auch steuerlich dort zugerechnet werden. Unter anderem das »Unternehmenssteuerreformgesetz 2008«[14] und das »Gesetz zur Schaffung einer Nachfolgeregelung und Änderung des Investitionszulagengesetzes 2007«[15] haben im Detail einige Änderungen gebracht.[16]

12 Aufgrund der Zuordnungsregelungen in § 39 AO kann die angestrebte steuerliche Gestaltung durch den Leasingvertrag grundsätzlich nur dann wirksam herbeiführen, wenn er den Anforderungen der für die spezifische Vertragsform ergangenen Erlasse des Bundesministers der Finanzen (sog. Leasingerlasse) Rechnung trägt. Bei diesen Erlassen handelt sich um norminterpretierende Verwaltungsvorschriften, denen die Vermutung der Richtigkeit zukommt, die aber mangels Rechtsnormqualität die Gerichte nicht binden.[17] Die konkreten steuerlichen Vorgaben sind in folgenden Erlassen (online abrufbar unter: www.leasing-verband.de – Kategorie: »Leasing«) geregelt:
- Mobilienerlass/Vollamortisation
  (BMF-Schreiben vom 19.04.1971 – IV B/2-S 2170-31/1, BB 1971, 506)
- Mobilienerlass/Teilamortisation
  (BMF-Schreiben vom 22.12.1975 – IV B/2-S 2170-161/75, BB 1976, 72)
- Immobilienerlass/Vollamortisation
  (BMF-Schreiben vom 21.03.1972 – F/IV B/2-S 2170-11/72, BB 1972, 433)
- Immobilienerlass/Teilamortisation
  (BMF-Schreiben vom 23.12.1991 – IV B/2-S 2170-115/91, BStBl. 1992 I S. 13 = DB 1992, 112)

13 Eine erlasskonforme Gestaltung setzt grundsätzlich voraus, dass der Leasingvertrag eine feste Grundlaufzeit von mindestens 40 % und höchstens 90 % der betriebsgewöhnlichen Nutzungsdauer des Leasinggegenstandes vorsieht und das zu zahlende Entgelt bei Ausübung einer Kauf- oder Mietverlängerungsoption dem unter Anwendung der linearen Abschreibung für Abnutzung (AfA) ermittelten Buchwert des Leasingobjektes entspricht.

---

11 Siehe BGBl. 2008 I, S. 2794.
12 Zu den steuerrechtlichen Vorteilen vgl. den Überblick bei Schimansky/Bute/Lwowski/*Martinek/Oechsler* Bankrechts-Handbuch § 101 Rn. 4; MüKo-BGB/*Koch*, Finanzierungsleasing, Rn. 16 f.
13 BFH BB 1970, 291 = BStBl. II 1970, S. 264; FG Hamburg, DStRE 2010, 687 (ausführlich auch zur Abgrenzung von Spezial- und Finanzierungsleasing).
14 BStBl. I 2007, S. 630.
15 BGBl I 2008, S. 2350.
16 Vgl. wegen der Einzelheiten *Weber*, NJW 2009, 2927, 2928.
17 BFH DB 2000, 753, 754 f.

Die Kriterien zur Entscheidung über die Zurechnung bei Teilamortisationsverträgen finden sich in den entsprechenden Teilamortisationserlassen der Finanzverwaltung. Für eine Zuordnung zum Leasinggeber ist es danach vor allem unabdingbar, dass dieser an einer möglichen Wertsteigerung jedenfalls auch beteiligt ist. Für eine erlasskonforme Gestaltung müssen die Vorgaben der Leasingerlasse zwingend eingehalten werden. Bei der Abfassung von Leasingverträgen sind die Inhalte der Leasingerlasse deshalb stets exakt umzusetzen, um steuerschädliche Ausgestaltungen zu vermeiden.

Für den Leasingnehmer weiter vorteilhaft ist die Schonung des Eigenkapitals (Zahlung der Leasingraten aus den laufenden Einnahmen statt Vorabinvestition mit nachfolgender Abschreibung für Abnutzung (AfA); besonders relevant im Zusammenhang mit den Basel Bestimmungen) und die bei ihm gegebene und bereits angesprochene Bilanzneutralität. Die Vertragsparteien kommen allerdings nur in den Genuss der steuerrechtlichen Vorteile, wenn neben den Runderlassen des Bundesfinanzministeriums keine Konflikte mit sonstigen steuerrechtlichen Normen vorliegen. Insoweit birgt insbesondere die Vereinbarung einer Kaufoption, also das Recht des Leasingnehmers, den Leasinggegenstand zum Ende der Vertragslaufzeit zu erwerben, eine Gefahr. Während ein sog. Andienungsrecht des Leasinggebers, d.h. das Recht des Leasinggebers, vom Leasingnehmer den Erwerb des Leasinggegenstandes zu verlangen, steuerrechtlich keine negativen Konsequenzen hervorruft, gerät eine Kaufoption in Konflikt mit § 39 Abs. 2 Nr. 1 AO.[18] Daneben ist auch zu beachten, dass die Vereinbarung einer Kaufoption dem Leasingvertrag den Charakter des Finanzierungsleasings nimmt.[19]

III. Vertragsschluss

1. Leasingtypisches Dreiecksverhältnis

Beim Leasing sind der Leasingvertrag zwischen dem Leasinggeber und dem Leasingnehmer einerseits sowie der Beschaffungsvertrag (Kaufvertrag oder Werkvertrag) andererseits zu unterscheiden. Beide Verträge sind rechtlich selbstständig, wirtschaftlich aber miteinander verknüpft.[20] Das sog. leasingtypische Dreiecksverhältnis besteht aus dem Leasingvertrag zwischen Leasinggeber und Leasingnehmer, dem Kaufvertrag zwischen Lieferanten und Leasinggeber sowie der leasingtypischen Abtretungskonstruktion wiederum im Verhältnis Leasinggeber zu Leasingnehmer.

2. Vertragspflichten

Nach der Definition des BGH überlässt der Leasinggeber dem Leasingnehmer eine Sache oder Sachgesamtheit gegen ein in Raten gezahltes Entgelt zum Gebrauch, wobei die Gefahr der Haftung für Instandhaltung, Sachmängel, Untergang und Beschädigung der Sache allein den Leasingnehmer trifft.[21] Als Kompensation für diese vom Mietrecht zu Lasten des Leasingnehmers abweichende Gefahrtragung überträgt der Leasinggeber im Rahmen der nach der Rechtsprechung des BGH gerade leasingtypischen Abtretungskonstruktion seine Gewährleistungsansprüche aus dem mit dem Lieferanten geschlossenen Kauf- oder Werkvertrag an den Leasingnehmer.[22] Der Unterschied rechtfertigt sich nach der Rechtsprechung deshalb, weil sich im Unterschied zu einem reinen Mietverhältnis die Parteien des Leasingvertrags darüber einig sind, dass die vereinbarten Leasingraten nicht nur ein Entgelt für die

---

18 Vgl. OLG Düsseldorf OLGR Düsseldorf 2003, 214.
19 BGH NJW 2002, 133.
20 Beckmann/*Scharff*, Finanzierungsleasing, § 1, Rn. 35.
21 BGH WM 1975, 1203, 1204; BGHZ NJW 1986, 1335.
22 MüKo-BGB/*Koch*, Leasing, Rn. 36, 100 ff. m.w.N.

Gebrauchsüberlassung, sondern auch dazu bestimmt sind, den Kapitaleinsatz des Leasinggebers einschließlich des kalkulierten Gewinns zu tilgen.[23] Die Finanzierungs- und Überlassungsverpflichtung auf der einen und die Zahlungsverpflichtung auf der anderen Seite stehen dabei in einem synallagmatischen Verhältnis.[24]

3. Vertragsschluss; Standard- und Eintrittsmodell

17 In der Praxis unterscheidet man hauptsächlich zwei Modelle, die im Zusammenhang mit dem Abschluss eines Leasingvertrages praktiziert werden.[25]

18 Klassisch (sog. Standardmodell) wird der Abschluss eines Leasingvertrages dadurch vorbereitet, dass sich ein potenzieller Leasingnehmer mit einem Lieferanten für das zu finanzierende Objekt in Verbindung setzt und beide Parteien Vertragsverhandlungen aufnehmen. Hierbei wird insbesondere ein Einvernehmen über den Leasinggegenstand, den Preis und sonstige Vertragsmodalitäten hergestellt. Es erfolgt jedoch kein Vertragsschluss zwischen dem potenziellen Leasingnehmer und dem Lieferanten. Vielmehr wird der Vertrag über den Erwerb des Leasinggegenstandes nur bis zur Unterschriftsreife vorbereitet und dem Leasinggeber zum Zwecke der Übernahme der Finanzierung übermittelt.

19 Bei dem hiervon abweichenden Eintrittsmodell schließt demgegenüber zunächst der Leasingnehmer im eigenen Namen mit dem Lieferanten einen Kaufvertrag über das Leasingobjekt. Tritt der Leasinggeber in den Kaufvertrag ein, handelt es sich nach herrschender Auffassung um eine Vertrags- bzw. Schuldübernahme i.S.d. §§ 414 ff. BGB.[26] Vorsicht ist geboten, wenn der Lieferant zunächst einen Kaufvertrag mit dem Leasingnehmer und danach einen gesonderten Kaufvertrag mit dem Leasinggeber schließt. In solchen Fällen ist regelmäßig davon auszugehen, dass hierdurch der erste Vertrag einvernehmlich aufgehoben wird. Es gelten damit ausschließlich die Bedingungen des zweiten Vertrages. Der Leasinggeber muss deshalb organisatorisch sicherstellen, dass keine Abweichungen entstehen, weil er ansonsten seiner Gebrauchsüberlassungspflicht – jedenfalls bei erheblichen Abweichungen – nicht nachkommen kann.

20 Beim Eintrittsmodell können sich vor allem dann Probleme ergeben, wenn der Leasingnehmer den Kaufvertrag bereits abgeschlossen hat, der Leasingvertrag dann aber nicht (etwa aus Gründen mangelnder Bonität) zustande kommt und damit der Eintritt des Leasinggebers in den Leasingvertrag nicht erfolgt. Sofern im Kaufvertrag keine Leasingfinanzierungsklausel (z.B. »Finanzierung über Leasing«) im Sinne einer aufschiebenden oder auflösenden Bedingung für den Fall des Nichtzustandekommens des Leasingvertrags enthalten ist, bleibt der Käufer grundsätzlich an den von ihm geschlossenen Kaufvertrag gebunden.[27] Allerdings hat der BGH das Risiko eines Käufers bei nicht zustande kommender Leasingfinanzierung und einer in diesem Fall drohenden Inanspruchnahme aus dem Kaufvertrag begrenzt, indem er im Rahmen der Auslegung davon ausgeht, dass der Kaufvertrag in der Regel dahingehend zu verstehen sei, dass dessen Bestand – konkludent – unter der Bedingung des Leasingvertragsschlusses gestellt wurde. Insbesondere soll in hiervon dann ausgegangen werden, wenn der Abschluss des Kaufvertrags und die Antragstellung auf Abschluss des Leasingvertrags auf den gleichen Zeitpunkt fallen.[28] Führe eine derartige Vertragsauslegung nicht zu einer auflösenden Bedingung, zieht der BGH wertende Gesichtspunkte heran mit der Folge, dass nach seiner Auffassung regelmäßig davon

---

23 BGH NJW 1998, 3270; BGH NJW 1995, 1019.
24 BGH NJW 1978, 1432, 1434; vgl. auch MüKo-BGB/*Koch*, Leasing, Rn. 33 m.w.N.
25 Eingehend zu den verschiedenen Vertragsschlussmodellen: Assies/Beule/Heise/Strube/*Assies/Vander*, Hdb. FA BKR, Kapitel 4 H, Rn. 1584 ff.
26 BGH NJW 1990, 1290, 1292; NJW-RR 1993, 307, 308; a.A. OLG Dresden NJW-RR 196, 625, das von einer Erfüllungsübernahme i.S.d. § 329 BGB ausgeht.
27 BGH NJW-RR 1990, 1011.
28 BGH NJW 2014, 1519.

auszugehen sei, dass das Zustandekommen des in Aussicht gestellten Leasingvertrags Geschäftsgrundlage des Beschaffungsvertrags sei.[29] Kein Schutz des Käufers – und damit eine Bindung an den Beschaffungsvertrag – sei jedoch geboten, wenn dieser bei Vertragsabschluss deutlich gemacht habe, auch für den Fall des Nichtzustandekommens des Leasingvertrags das Finanzierungsrisiko uneingeschränkt übernehmen zu wollen.[30] Eine eindeutige Absage erteilte der BGH in gleicher Entscheidung der Anwendbarkeit der §§ 358, 359 BGB a.F. und damit dem sog. Einwendungsdurchgriff. Zu Recht geht der BGH davon aus, dass die strengen Voraussetzungen des § 358 Abs. 3 BGB a.F. weder unmittelbar noch analog gegeben sind.[31]

4. Stellung des Lieferanten

Der Lieferant ist bei Abschluss des Leasingvertrages grundsätzlich kein Vertreter des Leasinggebers.[32] Die Umstände, dass der Lieferant den Kontakt zum Leasinggeber herstellt, mit der Vorbereitung des Leasingvertrages befasst ist und bei der Übergabe des Leasinggegenstandes vom Leasinggeber als Erfüllungsgehilfe eingeschaltet wird, reichen ohne Hinzutreten weiterer Besonderheiten als Grundlage für eine Bevollmächtigung nicht aus. Der Lieferant ist daher in der Regel weder vom Leasinggeber zum Abschluss des Leasingvertrages noch zur Entgegennahme rechtsgeschäftlicher Erklärungen oder zur Vertragsänderung oder vorzeitigen Vertragsaufhebung berechtigt.[33] Ist allerdings auf dem Leasingvertrag unter der Rubrik »Ihr Ansprechpartner« der Lieferant mit Namen und Anschrift eingetragen, ergibt sich hieraus regelmäßig eine umfassende Bevollmächtigung. Eine solche kann nach allgemeinen Grundsätzen auch aus Rechtsscheingesichtspunkten resultieren.[34]

21

Der Lieferant kann also grundsätzlich im Hinblick auf den Abschluss des Leasingvertrages Erfüllungsgehilfe des Leasinggebers sein. Anzunehmen ist dies insbesondere dann, wenn er bei der Vertragsanbahnung typische Aufgaben des Leasingnehmers wahrnimmt und seine Erklärungen, sein Verhalten in einem inneren und sachlichen Zusammenhang zu den übertragenen Aufgaben stehen.[35] Im Mittelpunkt stehen hier solche Fälle, in denen der Lieferant im Rahmen der Leasingvertragsanbahnung tätig wird, ihm zum Beispiel die Leasingverträge von der Leasinggesellschaft zur Verfügung gestellt wurden, die er sodann gemeinsam mit dem späteren Leasingnehmer ausfüllt. Eine ständige oder besonders enge Verbindung zwischen Leasinggeber und Lieferanten ist insofern nicht erforderlich.[36] Der pauschale Vortrag des Leasingnehmers, der Leasinggeber sei ständiger Finanzierungspartner des Lieferanten reicht allerdings zur Annahme einer Erfüllungsgehilfeneigenschaft nicht aus.[37] Ebenfalls nicht ausreichend für die Annahme einer Erfüllungsgehilfeneigenschaft ist es nach der Rechtsprechung des BGH, wenn der Kontakt zum Leasinggeber durch den Lieferanten erst nach Abschluss des Kaufvertrags hergestellt wird.[38] Bei der Lieferung des Leasingobjektes durch den Lieferanten ist dieser bezogen auf die Sachverschaffungspflicht (aber auch darauf beschränkt) immer Erfüllungsgehilfe des Leasinggebers.[39]

22

Eine Erfüllungsgehilfeneigenschaft kann unter den genannten Voraussetzungen nach der Rechtsprechung des BGH im Rahmen der im Verhandlungsstadium entstehenden Sorg-

23

---

29 BGH NJW 2014, 1519.
30 BGH NJW 2014, 1519.
31 BGH NJW 2014, 1519.
32 BGH NJW 1988, 204; BGH NJW 1985, 2258.
33 BGH NJW 1985, 2258; OLG Frankfurt NJW 1987, 2447, 2448.
34 OLG Dresden NJW-RR 2003, 269.
35 BGH NJW-RR 2014, 622.
36 BGH NJW 1985, 2258, 2260.
37 BGH NJW 1995, 1146, 1147.
38 BGH NJW 2011, 2877.
39 OLG Düsseldorf NJW-RR 2005, 700.

falts- und Aufklärungspflichten anzunehmen sein.[40] Der Leasinggeber kann gegenüber dem Leasingnehmer gemäß § 278 BGB haften, wenn der Lieferant diese Pflichten schuldhaft verletzt.[41] Dem Leasinggeber kann allerdings nicht jedwedes pflichtwidriges Verhalten zugerechnet werden. Die Voraussetzungen, die an eine Erfüllungsgehilfenstellung und die Verantwortlichkeit des Vertragspartners für eine Haftung aus Verschulden bei Vertragsschluss gestellt werden, entsprechen denen, die nach § 123 Abs. 2 BGB für die Annahme einer »Vertrauensperson« oder eines »Repräsentanten« erforderlich sind.[42] Die Schadensersatzpflicht des Leasinggebers wegen der Verletzung vorvertraglicher (Aufklärungs-) Pflichten kann im Ergebnis sogar darauf hinauslaufen, dass dieser den Leasingnehmer von den Verpflichtungen aus dem Leasingvertrag freistellen muss.[43] Durch eine formularmäßige Regelung kann diese Haftung des Leasinggebers nicht ausgeschlossen werden, auch nicht im Verhältnis zwischen Unternehmern.[44]

24 Wird dem Lieferanten die Eigenschaft eines Erfüllungsgehilfen zugesprochen, kommt auch eine Wissenszurechnung gemäß § 166 BGB in Betracht. Die Norm gilt nicht nur im Rahmen von Vertretergeschäften, sondern für alle Personen, die vom Geschäftsherrn dazu berufen sind, bestimmte Aufgaben im Rechtsverkehr als dessen Repräsentant in eigener Verantwortung zu erledigen und die dabei anfallenden Informationen zur Kenntnis zu nehmen und auch weiterzugeben.[45] Die Vorschrift gelangt auch zur Anwendung, wenn der Geschäftsherr dem Verhandlungsgehilfen die Vorbereitung eines Vertragsabschlusses überlässt.[46] Handelt der Lieferant mit Wissen und Wollen des Leasinggebers, ist der Lieferant regelmäßig nicht Dritter i.S.v. § 123 Abs. 2 BGB.[47]

25 Für gewöhnlich fehlt dem Lieferanten eine Vollmacht, um mit dem Leasingnehmer Nebenabreden wirksam zu vereinbaren. Teilweise wird in der Rechtsprechung allerdings angenommen, dass der Lieferant einen Hinweis darauf schulde, dass seine mündlichen Zusagen nicht Vertragsbestandteil werden, und dem Leasinggeber eine hierauf bezogene Pflichtverletzung über § 278 BGB zuzurechnen sei.[48] Dieser Auffassung ist allerdings nicht zu folgen. Sie führt zu weit, weil eine Zurechnung des Verhaltens des Lieferanten jedenfalls nur dann angenommen werden kann, wenn sich der Lieferant im Rahmen der üblichen Vertragsmodalitäten bewegt, also insbesondere nicht im Fall atypischer Nebenabreden, die nicht zum Gegenstand des (schriftlichen) Leasingvertrages gemacht werden.[49] Sondervereinbarungen zwischen dem Leasingnehmer und dem Lieferanten sind dem Leasinggeber deshalb nur zuzurechnen, wenn sich der Lieferant im Rahmen des ihm vom Leasinggeber erteilten Auftrages bewegt. Keine Zurechnung erfolgt indes dann, wenn der Lieferant nur bei Gelegenheit des Auftrages tätig wird und einen atypischen Fall regelt.[50] Eine Umtauschvereinbarung zwischen Lieferanten und Leasingnehmer begründet so grundsätzlich keine Verpflichtungen des Leasinggebers.[51] Es finden die Regelungen zum Vertreter ohne Vertretungsmacht Anwendung (insbesondere haftet der Lieferant gemäß § 179 BGB).

---

40 BGH NJW 1989, 287.
41 BGH NJW 1985, 2258.
42 BGH NJW 1989, 287.
43 BGH NJW 1985, 2258, 2261.
44 BGH NJW 1985, 2258.
45 BGH NJW 2005, 365.
46 BGH NJW 1992, 899.
47 BGH NJW 1988, 198; Palandt/*Weidenkaff*, vor § 535 BGB Rn. 47.
48 LG Neubrandenburg VuR 2004, 443 m. Anm. *Gaedtke*.
49 Vgl. OLG Frankfurt NJW 1986, 2509.
50 Vgl. BGH CR 1995, 527; OLG Düsseldorf OLGR Düsseldorf 1992, 154; OLG München DB 2002, 2373; a.A. LG Neubrandenburg VuR 2004, 443, das eine Schadensersatzpflicht des Leasinggebers annimmt.
51 OLG Frankfurt NJW 1986, 2509.

IV. Lieferung

1. Grundlagen

Der Leasinggegenstand wird regelmäßig unmittelbar vom Lieferanten an den Leasingnehmer ausgeliefert. Der Leasinggeber erwirbt dann kraft Geheißerwerbs gemäß § 929 Satz 1 BGB i.V.m. § 868 BGB das Eigentum am Leasinggegenstand. Durch die Auslieferung des Leasinggegenstandes erfüllt einerseits der Lieferant seine Lieferverpflichtung aus dem Kaufvertrag, während andererseits der Leasinggeber unter Zuhilfenahme des Leasingnehmers seiner kaufrechtlichen Abnahmeverpflichtung nachkommt. Gleichzeitig erfüllt der Leasinggeber dem Leasingnehmer gegenüber durch die Übergabe des Leasinggegenstandes durch den Lieferanten seine Verpflichtung zur Gebrauchsüberlassung. Vom Zeitpunkt der Lieferung an ist der Leasingnehmer zur Zahlung der Leasingraten verpflichtet.[52] Für eine unberechtigte Verzögerung der Annahme des Leasinggegenstandes durch den Leasingnehmer haftet der Leasinggeber im Verhältnis zum Lieferanten gemäß §§ 280, 286 ff. BGB i.V.m. § 278 BGB, wobei er sich bei dem Leasingnehmer schadlos halten kann. Auf der anderen Seite muss sich der Leasinggeber ein etwaiges Verschulden des Lieferanten im Rahmen der Gebrauchsüberlassung gemäß § 278 BGB im Verhältnis zum Leasingnehmer zurechnen lassen, kann er sich auch insoweit nur intern schadlos halten.

26

2. Übernahmebestätigung

Den bei der Lieferung eines Leasinggegenstandes verwendeten Übernahmebestätigungen kommt in der Praxis eine besondere Bedeutung zu. Der Leasingnehmer quittiert hier die Lieferung des Leasinggegenstandes. Auf die Erteilung einer solchen Bestätigung hat der Leasinggeber gemäß § 368 Satz 1 BGB einen Anspruch. Der Leasingnehmer muss aber nicht das Formular des Leasinggebers verwenden.[53] Es genügt, wenn er in der vertraglich vorgesehenen Form eine Bestätigung abgibt, welche die Identifizierung des Leasinggegenstandes ermöglicht und das Datum der Auslieferung enthält.[54]

27

Vielfach werden die Formulare für die Übernahmebestätigung mit einer ganzen Reihe weiterer Erklärungen versehen. Nach herrschender Auffassung darf im Rahmen einer Übernahmebestätigung nicht mehr als der bloße Empfang bestätigt werden.[55] Diese Wertung ist § 309 Nr. 12b BGB zu entnehmen. Dennoch sehen die in der Praxis verbreiteten Übernahmebestätigungen vielfach vor, dass neben der Entgegennahme des Leasinggegenstandes auch die Mängelfreiheit, die Ordnungs- und Vertragsgemäßheit sowie die Funktionsfähigkeit des Leasinggegenstandes bestätigt werden. Zudem sind in der Praxis Klauseln verbreitet, kraft derer der Leasingnehmer bestätigt, dass keine über den im Leasingvertrag schriftlich fixierten Vertragsinhalt hinausgehenden Vereinbarungen (vor allem nicht mit dem Lieferanten) getroffen wurden.

28

Die Abgabe der Übernahmebestätigung und die Annahme des Leasingobjekts betreffen in erster Linie die Darlegungs- und Beweislast. Gemäß § 363 BGB trifft den Leasingnehmer nach Annahme der als Erfüllung angebotenen Leistung die Beweislast, wenn er die Leistung deshalb nicht als Erfüllung gelten lassen will, weil sie eine andere als die geschuldete Leistung oder weil sie unvollständig gewesen sei.[56] Es tritt folglich eine Umkehr der Beweislast ein, die sich auch auf Mängel der Leistung erstreckt.[57]

29

---

52 BGH NJW 1993, 1381, 1383.
53 BGH NJW 1993, 1381, 1383; MüKo-BGB/*Koch*, Leasing, Rn. 77.
54 BGH NJW 1995, 187.
55 Beckmann/Scharff/*Beckmann* Finanzierungsleasingverträge, § 3 Rn. 50.
56 Vgl. BGH WM 2007, 467, 469.
57 BGH WM 2007, 467; BGH NJW 1985, 2328.

30 Bei schuldhafter Verletzung dieser Verpflichtung, z.B. bei vorbehaltloser Unterzeichnung der Übernahmebestätigung trotz Unvollständigkeit, Mangelhaftigkeit oder sonstiger Fehlerhaftigkeit der Lieferung, kann der Leasingnehmer dem Leasinggeber gemäß § 280 Abs. 1 BGB zum Schadensersatz verpflichtet sein.[58] In Betracht kommt darüber hinaus eine außerordentliche Kündigung des Leasingvertrages.[59]

31 Während der BGH nach früherer Rechtsprechung ein etwaiges Fehlverhalten des Lieferanten dem Leasinggeber gemäß § 166 BGB zurechnete,[60] hat er diesen Standpunkt mit Urt. v. 20.10.2004[61] aufgegeben. Der BGH hat klargestellt, dass der Lieferant bei der Einholung der Übernahmebestätigung weder Erfüllungsgehilfe noch Wissensvertreter des Leasinggebers ist. Ein Fehlverhalten des Lieferanten ist dem Leasinggeber damit grundsätzlich nicht zuzurechnen.

3. Handelsrechtliche Rügeobliegenheit

32 Im Rahmen der Lieferung des Leasinggegenstandes stellt sich die Frage, in welchem Umfang die handelsrechtliche Rügeobliegenheit gemäß § 377 HGB Bedeutung erlangt. Für den Leasinggeber besteht die Gefahr, dass er wegen einer nicht rechtzeitigen Rüge seitens des Leasingnehmers seine Gewährleistungs- und Erfüllungsansprüche gegen den Lieferanten verliert. Aus diesem Grunde sehen Leasingverträge in der Regel die Verpflichtung des Leasingnehmers zur Untersuchung des Leasinggegenstandes bei Lieferung desselben vor.[62] Im Verhältnis zu nichtkaufmännischen Leasingnehmern muss die Untersuchungspflicht allerdings auf offensichtliche und damit auch von § 536b BGB erfasste Mängel beschränkt werden, um einem Verstoß gegen die §§ 305 ff. BGB zu entgehen.[63] Zudem empfiehlt es sich, eine solche Regelung in eine deutlich hervorgehobenen Art und Weise in den Vertrag aufzunehmen, um die Annahme einer überraschenden Klausel durch Gerichte zu vermeiden.

V. Gefahrtragung

1. Preisgefahr

33 Gemäß §§ 536 Abs. 1, 326 Abs. 1 Satz 1 BGB hat der Vermieter die Preis- bzw. Gegenleistungsgefahr zu tragen. Er verliert dementsprechend seinen Anspruch auf Zahlung des Mietzinses, wenn die Mietsache durch Zufall untergeht oder aus sonstigen (weder vom Verkäufer noch vom Käufer zu vertretenden) Umständen nicht mehr zu gebrauchen ist.

34 Dieser mietvertragliche Grundsatz wird der leasingvertraglichen Konstellation nach der Rechtsprechung des BGH allerdings nicht gerecht, da neben der reinen Gebrauchsüberlassungspflicht auch die Finanzierungsfunktion des Leasinggebers und der leasingtypische Beschaffungsvorgang zu beachten sind. Die Interessenlage beim Leasing bildet folglich § 446 BGB ab, welcher die Gegenleistungsgefahr mit Übergabe der Sache dem Empfänger der Sache zuordnet. Entsprechend ist die Zuweisung der Gegenleistungsgefahr an den Leasingnehmer angemessen i.S.v. § 307 Abs. 2 Nr. 2 BGB.[64]

35 Preisgefahrklauseln erfordern allerdings eine angemessene Risikoverteilung. Das setzt voraus, dass sich die Abwälzung auf Risiken beschränkt, die dem Einflussbereich des Lea-

---

58 BGH NJW 1988, 204, 206; BGH NJW 2005, 365; eingehend hierzu: Assies/Beule/Heise/Strube/*Assies/Vander*, Hdb. FA BKR, Kapitel 4 H, Rn. 1642 ff.
59 Vgl. OLG Karlsruhe ZGS 2007, 277 = OLGR Karlsruhe 2007, 427.
60 BGH NJW 1988, 204, 207.
61 BGH NJW 2005, 365.
62 Vgl. Beckmann/Scharff/*Beckmann*, Finanzierungsleasing, § 12 Rn. 1 ff.
63 Vgl. MüKo-BGB/*Koch*, Leasing, Rn. 72 m.w.N.
64 BGH NJW 1988, 198, 199 f.; BGH NJW 2004, 1041; vgl. MüKo-BGB/*Koch*, Leasing, Rn. 85 m.w.N.

singnehmers zuzurechnen sind.⁶⁵ Problematisch sind deshalb Klauseln, die dem Leasingnehmer zum Beispiel die Gefahrtragung in Anlehnung an § 447 BGB bereits vor Ablieferung des Leasinggegenstandes auferlegen.

Für den Fall des Untergangs oder einer erheblichen Beschädigung des Leasinggegenstandes muss dem Leasingnehmer im Rahmen der Preisgefahrklausel ein außerordentliches Kündigungsrecht eingeräumt werden.⁶⁶ Dies gilt insbesondere beim Kfz-Leasing.⁶⁷ In Leasingverträgen erfolgt regelmäßig eine Beschränkung dieses Kündigungsrechts unter Bezugnahme auf den erforderlichen Reparaturaufwand, wobei jedenfalls ein Kündigungsausschluss bis zu einem Reparaturaufwand von 80 % des Zeitwerts unangemessen ist.⁶⁸ In Anlehnung an die Rechtsprechung des BGH dürfte der relevante Schwellenwert bei einem Wert von Zweidritteln liegen.⁶⁹

2. Sachgefahr

Auch die Sachgefahr wird dem Leasingnehmer regelmäßig auferlegt. Auch die Verpflichtung des Leasingnehmers zur Durchführung der Instandhaltung, Instandsetzung und Ersatzbeschaffung ist dabei grundsätzlich nicht zu beanstanden.⁷⁰ Der Leasingnehmer kann zudem verpflichtet werden, sämtliche Betriebs- und Unterhaltskosten zu tragen.⁷¹ Trotz Abweichung vom gesetzlichen Leitbild des Mietvertrages stellen entsprechende Verpflichtungen keine unangemessenen Benachteiligungen dar, weil der Leasingnehmer nach der Rechtsprechung insoweit einem Käufer gleichzustellen ist.⁷² Eine Grenze findet die Pflicht zur Instandhaltung, Instandsetzung und Ersatzbeschaffung allerdings im Kündigungsrecht des Leasingnehmers. Insoweit gelten die zur Preisgefahr gemachten Ausführungen entsprechend. Bei sog. Koppelungsgeschäften (beispielsweise von zusätzlichen Wartungsverträgen) ist das Transparenzgebot zu beachten.⁷³

Eine Klausel, wonach die Anlieferung, Aufstellung und Montage der Leasingsache bereits auf Gefahr des Leasingnehmers durchgeführt werden, verstößt allerdings gegen § 307 BGB, da diese Leistungen mit der Hauptleistungspflicht des Leasinggebers zur Besitzverschaffung in untrennbarem Zusammenhang stehen.⁷⁴ Daraus folgt, dass die Zuweisung der Sachgefahr also grundsätzlich erst ab dem Zeitpunkt der Besitzverschaffung möglich ist.

Der Leasingnehmer wird ganz überwiegend auch dazu verpflichtet, den Leasinggegenstand auf eigene Kosten gegen das Risiko des Untergangs oder einer Beschädigung zu versichern. Diese Verpflichtung ist AGB-rechtlich nicht zu beanstanden.⁷⁵ In der Praxis werden in Bezug auf die Berechtigung des Leasinggebers aus dem vom Leasingnehmer abzuschließenden Versicherungsverhältnis zwei Varianten praktiziert. Zum einen besteht die Möglichkeit, dass der Versicherungsvertrag vom Leasingnehmer im eigenen Namen, aber zugunsten des Leasinggebers abgeschlossen wird. Auf der anderen Seite sehen die Verträge teilweise vor, dass der Leasingnehmer seine Versicherungsansprüche gegen die Versicherungsgesellschaft an den Leasinggeber abtritt. Die Vertragsbedingungen zur Absicherung des Leasinggebers sehen zudem regelmäßig vor, dass der Leasingnehmer zum Nachweis des Versicherungsabschlusses einen Sicherungsschein vorzulegen hat.

---

65 BGH NJW 1985, 1535, 1536 f.; a.A. *Canaris*, AcP 1990, 437.
66 BGH NJW 1987, 377, 378; BGH NJW 1998, 2284, 2285.
67 MüKo-BGB/*Koch*, Leasing, Rn. 90.
68 BGH NJW 1998, 2284, 2285.
69 Assies/Beule/Heise/Strube/*Assies/Vander*, Hdb. FA BKR, Kapitel 4 H, Rn. 1661.
70 Vgl. MüKo-BGB/*Koch*, Leasing, Rn. 92.
71 Assies/Beule/Heise/Strube/*Assies/Vander*, Hdb. FA BKR, Kapitel 4 H, Rn. 1663.
72 BGH NJW 1987, 377; Beckmann/Scharff/*Beckmann*, Finanzierungsleasing, § 2 Rn. 114 ff.
73 MüKo-BGB/*Koch*, Leasing, Rn. 95.
74 Beckmann/Scharff/*Scharff*, Finanzierungsleasing, § 4 Rn. 16.
75 BGH NJW 1992, 683, 685; MüKo-BGB/*Koch*, Leasing, Rn. 93.

VI. Gewährleistung

1. Leasingtypische Abtretungskonstruktion

40 Durch die allgemein anerkannte leasingtypische Abtretungskonstruktion[76] wird die Beschränkung der Haftung des Leasinggebers sichergestellt. Diese sieht einen Ausschluss der Sachmängelhaftung aus dem Mietvertrag gegen Abtretung sämtlicher Gewährleistungsrechte aus dem Kaufvertrag zwischen dem Leasinggeber und dem Lieferanten vor. Während also der gewährleistungsrechtliche Verweis auf Dritte grundsätzlich gegen § 309 Nr. 8 Buchst. b) Buchst. aa) BGB verstößt, ist die Wirksamkeit der Abtretungskonstruktion wegen der Besonderheiten des Finanzierungsleasings unbestritten.[77] Hieran haben auch die mit der Schuldrechtsreform eingetretenen Änderungen des allgemeinen und besonderen Schuldrechts nichts geändert.[78] Die leasingtypische Abtretungskonstruktion darf allerdings nicht dazu führen, dass der Leasingnehmer rechtlos gestellt wird. Die Übertragung der kaufrechtlichen Gewährleistungsrechte bzw. die Ermächtigung zur Ausübung derselben muss deshalb nach ständiger Rechtsprechung unbedingt und vorbehaltlos erfolgen.[79]

41 Der Leasingnehmer wird nicht lediglich ermächtigt, sondern unter gleichzeitiger Abtretung aller Rechte und Ansprüche aus dem Liefervertrag gegen den Lieferanten auch verpflichtet, die abgetretenen Rechte und Ansprüche gegen den Lieferanten unverzüglich geltend zu machen.[80] Die Verpflichtung dient dem Sacherhaltungsinteresse des Leasinggebers. Soweit zwischen Leasinggeber und Lieferanten Ansprüche aus Garantien gemäß § 443 BGB in Betracht kommen, sollten auch diese zum Gegenstand der leasingtypischen Abtretung gemacht und der Leasingnehmer dazu verpflichtet werden, solche Ansprüche vorrangig gegenüber dem Lieferanten geltend zu machen.[81]

42 Stellt sich die leasingtypische Abtretungskonstruktion im Einzelfall als unwirksam heraus,[82] haftet der Leasinggeber nach allgemeinen Grundsätzen, also wie ein Vermieter. Eine Berufung auf die vorrangige Haftung des Lieferanten ist ihm dann nicht möglich. Der Leasinggeber haftet vielmehr unmittelbar nach den mietrechtlichen Gewährleistungsvorschriften (§§ 536 ff. BGB).[83]

43 Selbst eine wirksame Drittverweisung führt allerdings nicht in jedem Fall zu einem völligen Ausschluss der Eigenhaftung des Leasinggebers. Im Fall einer subsidiären Haftung ist der Leasingnehmer so zu stellen, wie er stünde, wenn die Rückabwicklung des Liefervertrages durchgeführt worden wäre.[84] Vor allem in solchen Fällen, in denen der vom Leasingnehmer beabsichtigte und berechtigte Rücktritt wegen Vermögenslosigkeit des Lieferanten nicht realisiert werden kann, wird der Leasingnehmer im Verhältnis zum Leasinggeber so gestellt, als wäre der Kaufvertrag rückgängig gemacht worden, sodass der Leasinggeber den entstehenden Ausfall zu tragen hat.[85] Damit trägt der Leasinggeber im Ergebnis das Insolvenzrisiko des Lieferanten. Selbst im kaufmännischen Geschäftsverkehr kann dieses Risiko durch Formularvertrag nicht wirksam auf den Leasingnehmer übertragen werden.[86]

---

[76] Vgl. bereits BGH NJW 1977, 848.
[77] Vgl. MüKo-BGB/*Basedow*, § 309 Nr. 8 BGB Rn. 25.
[78] Vgl. MüKo-BGB/*Koch*, Leasing, Rn. 101 ff.; vgl. auch Palandt/*Weidenkaff*, v. § 535 BGB Rn. 56; a.A. *Graf von Westphalen*, ZIP 2001, 2258.
[79] BGH NJW 1987, 1072; BGH NJW-RR 2003, 51; vgl. auch Palandt/*Weidenkaff*, vor § 535 BGB Rn. 53.
[80] Vgl. Beckmann/Scharff/*Beckmann*, Finanzierungsleasing, § 3 Rn. 8.
[81] *Graf von Westphalen*, ZIP 2001, 2263.
[82] Vgl. zu den Wirksamkeitsanforderungen Assies/Beule/Heise/Strube/*Assies/Vander*, Hdb. FA BKR, Kapitel 4 H, Rn. 1683.
[83] BGH NJW 1987, 1072, 1073; BGH NJW 1982, 105; a.A. MüKo-BGB/*Koch*, Leasing, Rn. 123.
[84] BGH NJW 1985, 129.
[85] BGH NJW 1990, 314 m.w.N.
[86] BGH NJW 1991, 1746 m.w.N.

2. Geltendmachung von Gewährleistungsansprüchen

Eine wirksame Drittverweisungsklausel verpflichtet den Leasingnehmer dazu, Ansprüche wegen bestehender Mängel gegenüber dem Lieferanten geltend zu machen. Die wirksame Drittverweisung hat zunächst zur Folge, dass sich der Leasingnehmer dem Leasinggeber gegenüber nicht auf einen Mangel des Leasingobjekts berufen kann, er also insbesondere nicht zur Einstellung der Leasingzahlungen berechtigt ist.[87] Der Leasingnehmer hat sich zunächst ausschließlich an den Lieferanten zu halten.

Wenn der gelieferte Leasinggegenstand mangelhaft ist, kommen in erster Linie Nacherfüllungsansprüche in Betracht. Bei der Nacherfüllung in Form der Neulieferung sollte vorsorglich im Leasingvertrag klargestellt werden, dass der Leasingnehmer auch Eigentümer der nachgelieferten neuen Sache wird. Parallel dazu sollte eine solche Klarstellung auch im Liefervertrag erfolgen.[88] Alternativ zur Neulieferung kann auch eine Nachbesserung verlangt werden, wobei ein möglicher Vorteilsausgleich (insbesondere bei umfangreichem Austausch von Bestandteilen des Leasingobjekts durch neue Ersatzteile) zu berücksichtigen sein wird.

Im Fall einer Mangelhaftigkeit des Leasingobjekts kommt auch eine Minderung in Betracht. Aufgrund der leasingtypischen Abtretungskonstruktion kann der Leasingnehmer nicht unmittelbar im Verhältnis zum Leasinggeber die Leasingraten kürzen. Er muss vielmehr auch hier dem Lieferanten gegenüber die Minderung erklären und ihn zugleich auf Rückzahlung des Minderungsbetrages an den Leasinggeber in Anspruch nehmen. Die Höhe des Minderungsbetrages richtet sich nach § 441 Abs. 3 BGB. Korrespondierend zu dieser Minderungshöhe muss der Leasinggeber anschließend den Leasingvertrag neu kalkulieren und bereits gezahlte und zukünftige Leasingraten anteilig anpassen, erfolgte Überzahlungen auskehren.[89]

Bei einem wirksamen Rücktritt wird der Kaufvertrag zwischen Leasinggeber und Lieferant rückabgewickelt. Der Leasingnehmer kann im Rahmen des Rücktritts nicht Rückzahlung des Kaufpreises an sich selbst verlangen, sondern ist auch ohne ausdrückliche Weisung des Leasinggebers verpflichtet, vom Lieferanten Rückzahlung an den Leasinggeber zu verlangen.[90] Ob der Vollzug des Rücktritts auch seit Schuldrechtsreform zum Wegfall der Geschäftsgrundlage führt (ganz herrschende Meinung in der Literatur und ständige Rechtsprechung des BGH vor der Schuldrechtsreform[91]) wird von Teilen der Literatur seither in Zweifel gezogen.[92] Dem Leasinggeber wird die Erfüllung der Gebrauchsüberlassungspflicht bei einer Rückabwicklung des Kaufvertrages unmöglich, sodass der Leasinggeber gemäß § 346 Abs. 1 BGB seinen Anspruch auf künftige Leasingraten verliert.[93] In den dann erforderlichen Bereicherungsausgleich sind die vom Leasinggeber bereits empfangenen Brutto-Leasingraten und die vom Leasingnehmer gezogenen Nutzungen einzubeziehen.[94] Der Leasinggeber ist in diesem Zusammenhang nicht berechtigt, vom Leasingnehmer eine Erstattung des Kaufpreises, einen Ausgleich für die mit dem Abschluss des Leasingvertrages verbunden Kosten, entgangenen Gewinn oder eine Kapitalverzinsung zu verlangen.[95]

---

87 BGH NZI 2014, 177; BGH NJW 1986, 1744.
88 Beckmann/Scharff/*Beckmann*, Finanzierungsleasing, § 3 Rn. 108.
89 MüKo-BGB/*Koch*, Leasing, Rn. 115.
90 BGH WM 1992, 1609; vgl. Beckmann/Scharff/*Beckmann*, Finanzierungsleasing, § 3, Rn. 138.
91 BGH NJW 1977, 848; BGH NJW 1991, 1746; zu den insoweit wegen der Änderungen durch die Schuldrechtsreform bestehenden Bedenken: Assies/Beule/Heise/Strube/*Assies/Vander*, Hdb. FA BKapMR, Kapitel 4 H, Rn. 1361 ff.
92 *Graf v. Westphalen*, ZIP 2001, 2258 ff.
93 MüKo-BGB/*Habersack*, Leasing bis zur 4. Auflage, Rn. 99.
94 BGH NJW 1990, 314; BGH NJW 1994, 576, 578.
95 BGH NJW 1982, 105; BGH NJW 1990, 314.

48 Der Leasingnehmer ist auf die kraft wirksamer Abtretungskonstruktion übertragenen kaufrechtlichen Gewährleistungsansprüche beschränkt. Dies bedeutet für den Fall der Verjährung von Gewährleistungsansprüchen aus dem Kaufvertrag, dass ihm im Fall der Erhebung der Verjährungseinrede durch den Lieferanten weder Mängelrechte noch das Kündigungsrecht gemäß § 543 BGB dem Leasinggeber gegenüber zustehen.[96]

49 Wenn der Lieferant während eines laufenden Rechtsstreits mit dem Leasingnehmer insolvent und ein Antrag auf Eröffnung des Insolvenzverfahrens gestellt wird, muss der Leasingnehmer den auf Feststellung des Rücktritts bzw. Rückzahlung des Kaufpreises gerichteten Klageantrag auf einen Feststellungsantrag dahin gehend umzustellen, dass der Anspruch auf Rückzahlung des Kaufpreises zur Tabelle festgestellt wird.[97]

3. Wirkung der Geltendmachung von Gewährleistungsrechten

50 Sobald der Leasingnehmer gegen den Lieferanten eine Klage auf Rückzahlung des Kaufpreises erhoben hat, ist er nicht mehr zur Zahlung rückständiger oder laufender Leasingraten verpflichtet.[98] Entgegen abweichender Stimmen in der Literatur[99] ist der Leasingnehmer nach herrschender Auffassung aber nicht schon bei Erklärung des Rücktritts zur Leistungsverweigerung berechtigt.[100] Das Leistungsverweigerungsrecht des Leasingnehmers im Fall gerichtlicher Geltendmachung kann auch nicht durch abweichende Regelungen in AGB ausgeschlossen werden.[101] Allerdings kann der Leasinggeber in seinen Leasingbedingungen eine Regelung vorsehen, wonach der Leasingnehmer zur Hinterlegung oder Sicherung der bis zur Rechtskraft des Urteils anfallenden Raten verpflichtet ist.[102]

4. Wirkung rechtskräftiger Gewährleistungsstreitigkeiten

51 Im Rahmen der leasingtypischen Abtretungskonstruktion erklärt der Leasinggeber gleichzeitig, dass er das Ergebnis eines Verfahrens über Gewährleistungsrechte als für sich verbindlich anerkennt.[103] Der Leasingnehmer kann diese Bindungswirkung in AGB nicht infrage stellen, insbesondere nicht vom tatsächlichen Vorliegen eines Sachmangels abhängig machen.[104]

52 Eine Bindungswirkung tritt vor allem durch eine streitige gerichtliche Entscheidung ein, mit der ein erklärter Rücktritt für wirksam angesehen oder der Lieferant zur Rückzahlung des Kaufpreises verurteilt wird. Gleiches gilt regelmäßig auch für gerichtliche Vergleiche, die eine Wandlung (nach altem Recht) feststellen.[105] Die Bindungswirkung findet allerdings ihre Grenzen, wenn der Leasingnehmer im Rahmen des gerichtlichen Vergleichs über den normalen Rücktritt hinausgehende Vereinbarungen trifft, insbesondere etwa einen Teilerlass hinsichtlich des Rückzahlungsanspruchs regelt.[106] Grundsätzlich muss sich der Leasinggeber auch eine außergerichtlich hergestellte Übereinkunft zwischen Leasingnehmer und Lieferanten über einen Rücktritt als verbindlich entgegenhalten lassen.[107]

---

96 BGH NJW 1989, 1279, 1280; BGH NJW 1993, 122, 123 f.
97 BGH NJW-RR 1994, 1251; Zöller/*Greger*, § 240 ZPO Rn. 14; vgl. auch § 180 Abs. 2 InsO; vgl. auch BGH NZI 2014, 177.
98 BGH NJW 1986, 1744 (1745).
99 Vgl. *Reinking*, ZGS 2002, 229, 334; *Graf von Westphalen*, ZIP 2001, 2258, 2260 f.
100 Vgl. nur Palandt/*Weidenkaff*, vor § 535 BGB Rn. 58.
101 BGH NJW 1986, 1744, 1745.
102 *Assies*, BKR 2002, 317, 318; Assies/Beule/Heise/Strube/*Assies/Vander*, Hdb. FA BKR, Kapitel 4 H, Rn. 1725.
103 Vgl. nur MüKo-BGB/*Koch*, Leasing, Rn. 117.
104 BGH NJW 1991, 1746.
105 BGH, WM 1992, 1609.
106 Vgl. BGH WM 1992, 1609.
107 BGH NJW 1985, 1535; BGH WM 1992, 1609, 1611.

VII. Abwicklung beendeter Leasingverträge

1. Grundlagen

Vollamortisationsverträge sehen eine feste Grundlaufzeit vor. Endet diese, wird der Leasingvertrag beendet, ohne dass es einer Kündigung bedarf. Etwas anderes gilt bei Verträgen mit Nutzungsoption, die eine automatische Vertragsverlängerung vorsehen, wenn der Leasingnehmer nicht zum Ende der Grundlaufzeit kündigt. Hier ist allerdings im Einzelfall zu prüfen, ob die Verlängerungsklausel Wirkung entfaltet, was nach Auffassung des OLG Saarbrücken nicht der Fall sein soll, wenn auf der ersten Seite des Vertrages ohne einschränkenden Hinweis eine Laufzeit in Monaten angegeben ist.[108] Auch bei Teilamortisationsverträgen wird regelmäßig eine feste Grundlaufzeit vereinbart, die bis zu 90 % der betriebsgewöhnlichen Nutzungsdauer des Leasingobjekts betragen kann. In diesen Fällen sehen die Leasingbedingungen wie beim Vollamortisationsvertrag meist eine automatische Beendigung ohne Kündigungserfordernis vor. Ist keine Festlaufzeit vereinbart, läuft der Vertrag bis zu seiner Kündigung, die frühestens nach Ablauf von 40 % der gewöhnlichen Nutzungsdauer der Leasingsache erfolgen darf, wenn sie sich nicht steuerschädlich auswirken soll (hierzu bereits oben § 43 Rdn. 13 ff.). Der Anspruch des Leasinggebers auf Vollamortisation seiner Aufwendungen sowie auf seinen Gewinn bleibt auch im Fall einer vorzeitigen Vertragskündigung bestehen.[109]

53

Den Vertragsparteien ist es unbenommen, durch einen Aufhebungsvertrag eine vorzeitige Vertragsbeendigung einvernehmlich zu vereinbaren. Auch in einem solchen Fall steht dem Leasinggeber – selbst ohne ausdrückliche Vereinbarung – ein Vollamortisationsanspruch zu.[110] Im Einzelfall ist allerdings durch Auslegung zu ermitteln, ob die Parteien ggf. Abweichendes vereinbart haben.

54

2. Wegfall des Besitzrechts und Nutzungsentschädigung

Mit der Beendigung des Leasingvertrages erlischt das Besitzrecht des Leasingnehmers. Er muss das Leasingobjekt an den Leasinggeber in ordnungsgemäßem Zustand zurückgeben.[111] Dies gilt nicht, wenn der Leasinggeber von einem Andienungsrecht Gebrauch macht. Nach herrschender Auffassung handelt es sich bei der Rückgabeverpflichtung um eine Bringschuld. Geschuldet wird deshalb die Rückgabe am Sitz des Leasinggebers.[112]

55

Gibt der Leasingnehmer das Leasingobjekt nach Beendigung des Vertrages nicht zurück, kann der Leasinggeber ggf. eine Nutzungsentschädigung verlangen.[113] Dies ergibt sich aus § 546a Abs. 1 BGB, der analog auf Finanzierungsleasingverträge anwendbar ist.[114] Unwirksam ist allerdings eine Vertragsklausel, die von dem gesetzlichen Leitbild (§ 546a BGB) abweichende Voraussetzungen für den Anfall der Nutzungsentschädigung aufstellt.[115] Der Höhe nach bestimmt sich die Nutzungsentschädigung nach dem objektiven Wert der Nutzung, welcher regelmäßig den Leasingraten entsprechen dürfte.[116] Die Nutzungsentschädigung umfasst auch die Umsatzsteuer.[117]

56

---

108 NJW-RR 2009, 989 m. Anm. *Weber*; vgl. auch BGH NJW 1983, 2772, 2773.
109 BGH NJW 1991, 221; BGH NJW 1995, 1541; *Assies*, WiB 1995, 497, 499 m.w.N.
110 OLG Düsseldorf OLG-Report 2001, 401.
111 Beckmann/Scharff/*Scharff*, Finanzierungsleasing, § 18 Rn. 119 ff.
112 BGH NJW 1982, 1747, 1748; BGH NJW 1988, 2665, 2666; a.A. *Beckmann*, bis zur 3. Auflage § 8 Rn. 176; vgl. zum Streitstand Beckmann/Scharff/*Scharff*, § 18 Rn. 133 ff.
113 BGHZ 107, 123; BGH WM 2005, 1332; *Assies*, WiB 1995, 497 f.; *ders.*, WiB 1996, 564, 56 jeweils m.w.N.
114 BGHZ 71, 196, 205 f.; OLG Hamm NJW-RR 1999, 1729; a.A. *Tiedtke*, ZIP 1989, 1437.
115 BGH WM 2005, 1332.
116 Vgl. BGH NJW-RR 2005, 1081.
117 BGH NJW 1988, 2665; BGH NJW 1989, 1730, 1732.

3. Vorzeitige Vertragsbeendigung

57 Bei Finanzierungsleasingverträgen steht dem Leasinggeber die volle Amortisation seiner Aufwendungen zu.[118] Bei einer vorzeitigen Vertragsbeendigung wird deshalb eine Abschlusszahlung vom Leasingnehmer geschuldet, die der BGH in ständiger Rechtsprechung als leasingtypisch ansieht.[119]

58 Der leasingtypische Schadenersatzanspruch ist konkret zu berechnen.[120] Für die Praxis gängige Grundlagen hierzu hat das OLG Celle aufgestellt.[121] Abrechnungsklauseln in Allgemeinen Geschäftsbedingungen hat der BGH bislang sämtlich als unwirksam angesehen.[122] Dennoch sind Abrechnungsklauseln in AGB nach wie vor weit verbreitet, dienen sie doch der Klarstellung für die maßgeblichen Berechnungsfaktoren.

59 Der leasingtypische Schadensersatz besteht zunächst aus den ausstehenden Netto-Leasingraten vom Zeitpunkt der Kündigung bis zum Ablauf der vereinbarten Grundlaufzeit. Bei Teilamortisationsverträgen kommt der kalkulierte Netto-Restwert hinzu. Beide Beträge sind auf den Barwert abzuzinsen. Bei der erforderlichen konkreten Schadensberechnung sind auch die Vorteile anzurechnen, die durch die vorzeitige Beendigung entstanden sind. Hierbei kann es sich insbesondere um ersparte Refinanzierungs- und Verwaltungskosten sowie ersparte Risikoaufwendungen handeln.[123] In Bezug auf Verwaltungskosten wird z.T. die Auffassung vertreten, dass Ersparungen bei notleidenden Verträgen nicht vorliegen, da diese höheren Aufwand erfordern als regulär durchgeführte Verträge.[124] In jedem Fall anzurechnen ist der für das Leasinggut erzielte Verwertungserlös.[125] Sehen AGB vor, dass im Fall vorzeitiger Vertragskündigung nur 90 % des Verwertungserlöses auf den Schadenersatzanspruch angerechnet werden, verstößt die entsprechende Klausel wegen unangemessener Benachteiligung gegen § 307 Abs. 1 BGB.[126]

60 Der Leasinggeber ist im Fall vorzeitiger Vertragsbeendigung zur bestmöglichen Verwertung des Leasinggutes verpflichtet.[127] Dieser Verpflichtung entspricht der Leasinggeber bei einem Verkauf an einen Händler nur dann, wenn er dem Leasingnehmer eine ausreichende Frist zum Erwerb oder zur Benennung eines Käufers einräumt.[128] Werden die am Markt erzielbaren Preise nicht unterschritten, kann dem Leasinggeber nicht vorgeworfen werden, unberechtigt an einen Händler veräußert zu haben.[129]

61 Unabhängig vom jeweiligen Beendigungsgrund ist der leasingtypische Schadenersatzanspruch nach der Rechtsprechung des BGH ohne Umsatzsteuer zu berechnen.[130] Insoweit fehle es an einer steuerbaren Leistung i.S.d. § 1 Abs. 1 Nr. 1 UStG.

4. Abwicklung bei vertragsgemäßer Vertragsbeendigung

62 Mit dem Ende der Grundlaufzeit hat der Leasinggeber die volle Amortisation seiner Aufwendungen erreicht. Der Leasingnehmer schuldet dann nur noch die Rückgabe der Lea-

---

118 BGH NJW 1985, 2253.
119 BGH NJW 1982, 870, 872; BGH NJW 1997, 3166, 3167; MüKo-BGB/*Koch*, Leasing, Rn. 141 m.w.N.
120 Statt aller: BGH NJW 1984, 2687, 2688; BGH NJW 1985, 2253, 2255; zu den einzelnen Berechnungsparametern: Assies/Beule/Heise/Strube/*Assies/Vander*, Hdb. FA BKapMR, Kapitel 4 H, Rn. 1752 ff.
121 OLG Celle NJW-RR 1994, 743; vgl. auch OLG Dresden NJW-RR 1999, 703, 704.
122 Vgl. nur BGH NJW 1982, 870, 871; BGH NJW 1996, 455, 456.
123 *Assies*, WIB 1995, 497, 499; ders., DStR 1997, 1976, 1978.
124 Vgl.Beckmann/Scharff/*Scharff*, Finanzierungsleasing, § 18 Rn. 34 ff.; *Assies*, WiB 1995, 497, 499 f.
125 BGH NJW 1985, 2253; BGH NJW 1995, 1541, 1543.
126 BGH NJW 2002, 2713.
127 BGH NJW 1997, 3166; BGH NJW 1985, 2258; einschränkend *Assies*, WiB 1995, 497, 49; ders., DStR 1997, 1976, 1978.
128 BGH NJW 1997, 3166, 3167; OLG Düsseldorf NJW-RR 1999, 1661, 1662.
129 OLG Düsseldorf MDR 2009, 1267 = OLGR Düsseldorf 2009, 529.
130 BGH DB 2007, 1023 mit zahlreichen Nachw. zum Meinungsstand.

singsache in vertragsgemäßem Zustand. Da die Verwertung des Leasingobjekts allein der Erzielung eines möglichen Mehrerlöses (sog. Nachverwertungserlös) für den Leasinggeber dient (etwaige Erlöse stehen nur ihm zu), sind Belange des Leasingnehmers nicht zu berücksichtigen.

Bei Teilamortisationsverträgen wird die volle Amortisation erst durch die Verwertung des Leasingobjekts sichergestellt. Ohne vertragliche Regelung besteht eine Verpflichtung zum Restwertausgleich allerdings nicht.[131] Deshalb wird der kalkulierte Restwert in Leasingbedingungen vom Leasingnehmer regelmäßig garantiert. Entsteht eine Unterdeckung, ist der Leasingnehmer zu einer Differenzzahlung verpflichtet. Wird ein Mehrerlös erzielt und sieht der Leasingvertrag eine Mehrerlösbeteiligung vor, wird dieser zwischen den Vertragsparteien entsprechend aufgeteilt. In Anlehnung an den Teilamortisationserlass sehen die Verträge regelmäßig eine Verteilung des Mehrerlöses im Verhältnis 75 % zu 25 % zugunsten des Leasingnehmers vor. Übersteigt der Verwertungserlös den leasingtypischen Schadensersatz und sieht der Vertrag keine Mehrerlösbeteiligung vor, verbleibt der Mehrerlös bei dem Leasinggeber.[132] Der BGH hat im Zusammenhang mit Teilamortisationsverträgen im vergangenen Jahr bestätigt, dass sog. »Restwertgarantieklauseln« weder überraschend sind noch eine Verletzung des Transparenzgebots gemäß § 307 Abs. 1 Satz 2 BGB verletzten, solange die Klauseln deutlich sichtbar eingesetzt wurden.[133]

63

VIII. Besonderheiten beim Verbraucherleasing

In den §§ 506 bis 509 BGB sind »Finanzierungshilfen zwischen einem Unternehmer und einem Verbraucher« geregelt. Den bedeutsamsten Anwendungsfall stellt das Finanzierungsleasing dar (anders verhält es sich beim Operating Leasing, bei dem der Leasingnehmer nicht für einen bestimmten Wert des Gegenstandes i.S.v. § 506 Abs. 2 Satz 1 Nr. 3 BGB einzustehen hat)[134]. Als sonstige Finanzierungshilfe fällt es unter die Regelung des § 506 Abs. 2 BGB mit der Folge, dass die Verbraucherschutzbestimmungen insgesamt auf Leasingverträge Anwendung finden. Vor Einführung dieser Vorschriften im Jahre 2010 fanden diese für Verbraucherdarlehensverträge nur nach Maßgabe der speziellen Verweisungsnorm des § 500 BGB a.F. Anwendung. Es galten danach die Vorschriften der §§ 358, 359 BGB a.F. über verbundene Verträge, das Schriftformerfordernis nach § 492 Abs. 1 BGB (jedoch ohne die Vorschrift in Satz 5 über den Mindestinhalt des Vertrages), die Verpflichtung zur Überlassung einer Abschrift des Vertrages an den Leasingnehmer gemäß § 492 Abs. 3 BGB, das Widerrufsrecht nach § 495 Abs. 1 BGB, der Einwendungsverzicht sowie das Wechsel- und Scheckverbot gemäß § 496 BGB, die Höhe und Berechnung von Verzugszinsen sowie der Anrechnung von Teilleistungen nach § 497 BGB und die Gesamtfälligstellung wegen Zahlungsverzug mit Teilzahlungen gemäß § 498 BGB.

64

Durch die Einführung des § 506 Abs. 2 BGB finden nun auch die Heilungsvorschriften auf Leasingverträge Anwendung, insbesondere auch § 494 BGB, der die Folge von Formmängeln regelt. Ein Verstoß gegen die Schriftform führt damit auch bei Finanzierungsleasingverträgen nicht mehr zur unheilbaren Nichtigkeit des Vertrages gemäß § 125 Satz 1 BGB (§ 494 Abs. 2, 3 BGB). Durch die Umsetzung der Verbraucherrechte-Richtlinie (in Kraft seit dem 13.06.2014) hat sich an den Vorschriften der §§ 506 bis 509 BGB nichts Wesentliches geändert. Allerdings ist zu beachten, dass die Möglichkeit des Verbrauchers nach altem Recht, anstelle des Widerrufs eine Rückgabe der Sache vorzunehmen, seit Umsetzung der Richtlinie nicht mehr existiert.

65

---

131 BGH NJW 2001, 2165, 2166 f.; OLG Dresden ZMR 2000, 601.
132 BGH WM 2008, 368; OLG Düsseldorf OLGR Düsseldorf 2009, 309.
133 BGH NJW 2014, 2940.
134 Palandt/*Weidenkaff* § 506 Rn. 5.

§ 43 Leasingvertrag (Mobilien)

66 Bei einem Leasingvertrag mit einem Verbraucher bestehen im erheblichen Umfang vorvertragliche Informationspflichten gemäß § 506 Abs. 1 BGB i.V.m. § 491a BGB. Die Einzelheiten ergeben sich aus Art. 247 EGBGB. Die Unterrichtung muss in Textform[135] und rechtzeitig vor Vertragsschluss vorgenommen werden. Der Gesetzgeber hat ein Informationsmuster zur Verfügung gestellt (vgl. Anlage 4 zu Art. 247 § 2 EGBGB). Der Verbraucher muss insbesondere über sein Widerrufsrecht informiert werden. Geschieht dies nicht, behält er – auch nach Umsetzung der Verbraucherrechte-Richtlinie – ein »ewiges« Widerrufsrecht (vgl. § 356 Abs. 3 Satz 3 BGB). Eine Musterwiderrufsbelehrung findet sich in der **Anlage 7** zu Art. 247 § 6 EGBGB, welches mit einer Gesetzlichkeitsfiktion ausgestattet wurde.[136] Der Beginn der Widerrufsfrist richtet sich nach § 355 Abs. 2 Satz 2 i.V.m. § 356b Abs. 1 BGB.

67 Seit Umsetzung der Verbraucherrechterichtlinie wird die Frage der analogen Anwendbarkeit des Verbraucherrechts auf Sicherheitenverträge, insbesondere auf die Hereinnahme einer Bürgschaft neu erörtert. Nach altem Recht wurde ein Widerrufsrecht bei Vorliegen einer Haustürsituation gemäß § 312 BGB a.F. bejaht.[137] Durch die Umsetzung der Verbraucherrechterichtlinie wurde nicht nur eine Vereinheitlichung zwischen Fernabsatzverträgen und Verträgen außerhalb von Geschäftsräumen hergestellt, zudem wurde die Formulierung »entgeltliche Leistung« gemäß § 312 BGB a.F. durch die Tatbestandsvoraussetzung »entgeltliche Leistung eines Unternehmers« ersetzt, so dass ein Teil der Literatur die Ansicht vertritt, dass bei Verträgen über die Stellung von Drittsicherheiten zu Gelddarlehen – und damit auch zu Leasingverträgen – nunmehr – auch im Falle einer Haustürsituation – weder ein Widerrufsrecht nach § 312g BGB bestehe noch vorvertragliche Informationen nach § 312d BGB erforderlich seien.[138] Gegen diese Ansicht und darüber hinaus für eine Erweiterung der analogen Anwendbarkeit des Verbraucherrechts auch auf die Fälle der Fernabsatzsituation könnte der Gestaltungshinweis 3 der Anlage 3 zu Art. 246b § 2 Abs. 3 EGBGB sprechen, in dem die »Hereinnahme einer Bürgschaft« ausdrücklich benannt wird. Auch *Scharff* zieht einen bewussten Ausschluss des Anwendungsbereichs durch den Gesetzgeber – jedenfalls bei der Frage des Widerrufsrechts bei Haustürgeschäften – ohne nähere Gesetzesbegründung, insbesondere vor dem Hintergrund der eingehenden jahrzehntelangen Diskussion in Zweifel.[139]

IX. Leasing in der Insolvenz

68 Das leasingtypische Dreiecksverhältnis bedingt, dass insolvenzrechtliche Fragestellungen beim Leasing häufiger eine Rolle spielen. In den weit überwiegenden Fällen steht die Insolvenz des Leasingnehmers in Rede. Insbesondere aber auch die Insolvenz des Lieferanten hat auf den Leasingvertrag nicht nur vor sondern auch nach Lieferung des Leasingobjekts erhebliche Auswirkungen.[140]

69 Nach Inkrafttreten der neuen Insolvenzordnung (InsO) kommt dem Kündigungsrecht des Leasinggebers bei Zahlungsverzug des Leasingnehmers ganz besondere Bedeutung zu. Im Gegensatz zu den früheren konkursrechtlichen Regelungen trifft die Insolvenzordnung im Hinblick auf das Fortbestehen von Leasingverträgen in der Insolvenz des Leasingnehmers eine eigenständige Abgrenzung.

---

135 Zu beachten ist die neue Fassung des § 126b BGB seit dem 13.06.2014: »dauerhafter Datenträger«.
136 Vgl. Assies/Beule/Heise/Strube/*Assies/Vander*, Hdb. FA BKR, Kapitel 4 H, Rn. 1786 m.w.N.
137 EuGH NJW 1998, 1295; BGH NJW 1993, 1595; BGH NJW 1998, 2356.
138 *Loewenich*, NJW 2014, 1409, 1411.
139 Beckmann/Scharff/*Scharff*, Finanzierungsleasing, § 21 Rn. 73 ff.
140 Ausführlich zu den unterschiedlichen Insolvenzfällen im leasingtypischen Vertragsdreieck: Assies/Beule/Heise/Strube/*Assies/Vander*, Hdb. FA BKR, Kapitel 4 H, Rn. 1849 ff.

Grundsätzlich steht dem Insolvenzverwalter gemäß § 103 InsO ein Wahlrecht zu, die weitere Erfüllung des Vertrages zu verlangen oder aber diese abzulehnen. Von diesem Wahlrecht sind grundsätzlich Leasingverträge über bewegliche Sachen erfasst. Wählt der Insolvenzverwalter nach Aufforderung des Leasinggebers die Beendigung des Vertrages, hat der Leasinggeber gemäß § 47 InsO ein Aussonderungsrecht am Leasinggegenstand. Auch in diesem Fall steht dem Leasinggeber der leasingtypische Schadensersatz zu, der allerdings eine einfache Insolvenzforderung ist.[141]

Wählt der Insolvenzverwalter die weitere Erfüllung des Leasingvertrages, steht dem Leasinggeber nicht die Möglichkeit offen, bereits wegen vorliegender Zahlungsrückstände und Verzugs des Leasingnehmers vor Antrag auf Eröffnung des Insolvenzverfahrens eine Kündigung auszusprechen (§ 112 InsO). Bleiben allerdings nach Insolvenzantragstellung Zahlungen aus, die nach den Leasingbedingungen eine Kündigung rechtfertigen, ist der Leasinggeber zur Kündigung berechtigt.[142] In diesem Zusammenhang ist darauf hinzuweisen, dass eine Nutzung vertraglich überlassener Gegenstände über einen längeren Zeitraum hinaus ohne jegliche Zahlungsverpflichtung nach Ansicht des BGH grundsätzlich nicht in Betracht kommt. Der BGH geht davon aus, dass § 112 InsO dem Vermieter (also auch dem Leasinggeber) äußerstenfalls einen (weiteren) Ausfall einer Nutzungsentschädigung für 2 Monate zumutet.[143] Seit dem 01.07.2007 kann der Insolvenzverwalter über § 21 Abs. 2 Nr. 5 InsO allerdings einen Verwertungsstopp über das Insolvenzgericht erwirken und die eigene Nutzungsbefugnis für künftige Aus- und Absonderungsgüter feststellen lassen. Der daraus (allerdings mit zeitlicher Verzögerung und nur orientiert am Nutzungswert) resultierende Wertersatzanspruch ist Masseverbindlichkeit.[144]

Eine ausdrücklich vom Gesetzgeber eingefügte Sonderregelung gilt hingegen für die von dritter Seite, insbesondere von Kreditinstituten, refinanzierten Mobilien-Leasingverträge. In § 108 Abs. 1 Satz 2 InsO ist festgelegt, dass derartige Miet- und Pachtverhältnisse fortbestehen, die sonstige Gegenstände betreffen, die einem Dritten, der ihre Anschaffung oder Herstellung finanziert hat, zur Sicherheit übertragen wurden. Diese Regelung wurde eingefügt, um die Refinanzierungsmöglichkeiten bei Leasingverträgen über bewegliche Gegenstände aufrechtzuerhalten und Banken in diesem Bereich nicht mit dem Insolvenzrisiko und dem Risiko der Auflösung der Leasingverträge zu konfrontieren.[145] Im Endeffekt bedeutet dies, dass von dritter Seite refinanzierte Mobilien-Leasingverträge insolvenzfest sind bzw. durch die Finanzierungswahl unter Sicherungsübertragung an die Bank aus dem Risikobereich einer insolvenzbedingten Kündigung des Verwalters nach § 103 InsO hinausgenommen werden können.[146]

X. Vertragsgestaltung

Die Vielfalt der im Bereich des Leasinggeschäftes möglichen Vertragsformen und das Erfordernis einer hohen individuellen Anpassung des Vertrages an die Bedürfnisse und Gegebenheiten des Leasingnehmers machen deutlich, dass der nachfolgende Mustervertrag nicht ohne Weiteres auf jedes Leasinggeschäft angewendet werden kann. Für das Muster wurde eine Form des Vollamortisationsvertrages zur Anwendung unter Kaufleuten gewählt, ohne dass individuelle Besonderheiten Berücksichtigung finden konnten.

Wird ein Vertragsformular und kein Fließtext verwendet, ist Folgendes zu beachten: Die Regelungen bis einschließlich § 3 der Leasingbedingungen sollten auf der Vorderseite des

---
141 BGH ZIP 1993, 1874, 1875; BGH NJW 2007, 1591.
142 BGH NJW 2002, 3326; BGH WM 2002, 1888; OLG Köln ZIP 2003, 543.
143 Vgl. BGH NJW 2002, 3326.
144 BGH WM 2012, 706, 708.
145 Vgl. BT-Drucks. 13/4699, S. 1 f., 6.
146 Vgl. insb. FK-InsO/*Wegener*, § 108 InsO Rn. 8 f.; *Schmid-Burgk/Ditz*, ZIP 1996, 1123, 1124.

Vertrages abgedruckt werden. Daneben muss ein ausdrücklicher Hinweis auf die Einbeziehung der weiteren Bedingungen ab § 4, die sich auf der Vertragsrückseite befinden sollten, bereits auf der Vorderseite aufgenommen werden. Es bietet sich schließlich an, ebenfalls auf der Vorderseite des Vertrages explizit auf wichtige Klauseln (Gewährleistung, Haftung, leasingtypischer Schadensersatz und dessen Berechnung) zu verweisen.

75 Bei Teilamortisationsverträgen sind insbesondere Regelungen zum kalkulierten Restwert und dessen Absicherung durch die Leasingnehmerin und zu einem etwaigen Andienungsrecht zusätzlich aufzunehmen. Auch die Abrechnungsklausel ist bei dieser Vertragsgestaltung zu modifizieren.

76 Unerlässlich ist im Übrigen der Hinweis auf die sich ständig im Fluss befindliche Rechtsprechung im Bereich des Leasingvertragsrechts. Nicht selten werden Entscheidungen getroffen, die bis dahin durchaus gebräuchliche Klauseln für unvereinbar mit AGB-rechtlichen Bestimmungen oder besonderen Vorgaben des Verbraucherschutzes qualifizieren. Insofern ist es für den beratenden Juristen dringend erforderlich, sich bei der konkreten Abfassung eines Leasingvertrages stets ein Bild vom Stand der aktuellen Rechtsprechung zu verschaffen.

Vollamortisationsvertrag über Mobilienleasing mit einem Kaufmann (Lieferantenleasing)

77 M **Leasingvertrag zwischen**
Firma LG – Leasinggeberin –
und
Firma LN – Leasingnehmerin –

§ 1 Vertragsgegenstand und Vertragsschluss

1. Vertragsgegenstand ist die gebrauchsweise Überlassung des nachfolgend beschriebenen und von der Leasingnehmerin nach ihren Wünschen und Vorstellungen ohne Mitwirkung der Leasinggeberin ausgewählten Leasinggegenstandes:
(genaue Beschreibung des Leasinggegenstandes, Lieferanten/Herstellers, Anzahl, Standort, Lieferzeit)
2. Konstruktions- und Formänderungen des Leasinggegenstandes sowie Änderungen des Lieferumfangs seitens des Herstellers bleiben während der Lieferzeit vorbehalten, wenn die Änderungen oder Abweichungen unter Berücksichtigung der Interessen der Leasinggeberin für die Leasingnehmerin zumutbar sind.
3. Die Leasingnehmerin ist an ihr Vertragsangebot für einen Zeitraum von bis zu einem Monat nach Zugang ihres Angebots bei der Leasinggeberin gebunden.
4. Der Vertrag kommt mit Unterzeichnung dieses Antrags durch die Leasingnehmerin und durch Annahmeerklärung der Leasinggeberin zustande. Die Leasingnehmerin verzichtet auf den Zugang der Annahmeerklärung. Die Leasinggeberin wird den Leasingnehmer über eine Annahme unverzüglich unterrichten.
5. Der Lieferant/Hersteller ist nicht bevollmächtigt, als Vertreter der Leasinggeberin Erklärungen abzugeben oder entgegenzunehmen oder Vereinbarungen zu treffen, die nicht im Leasingvertrag niedergelegt sind. Die Leasingnehmerin ist verpflichtet, die Leasinggeberin über sämtliche Abreden mit dem Lieferanten umfassend zu informieren und sämtliche Unterlagen, insbesondere den Liefervertrag, spätestens gemeinsam mit der Abgabe des Leasingantrags, vollständig vorzulegen. Soweit beim Liefervertrag zusätzliche Allgemeine Geschäftsbedingungen des Lieferanten/Herstellers einbezogen worden sind, versichert die Leasingnehmerin, dass ihre diese Bedingungen ausgehändigt wurden.

§ 2 Vertragsausführung

1. Die Leasinggeberin erwirbt den von der Leasingnehmerin in § 1 Ziff. 1 genau bezeichneten Leasinggegenstand von dem Lieferanten/Hersteller zur Überlassung an die Leasingnehmerin.
2. Die Leasinggeberin wird der Leasingnehmerin nach Abschluss dieses Vertrages das ausschließliche Recht einräumen, den Leasinggegenstand vereinbarungsgemäß zu nutzen, ohne dass der Leasingnehmerin ein Anspruch auf Übertragung des Eigentums an dem Leasinggegenstand zusteht.
3. Die Leasingnehmerin hat keinen Anspruch darauf, dass die Leasinggeberin den Leasinggegenstand von dem Lieferanten/Hersteller zu anderen als dessen gewöhnlichen Liefer- und Zahlungsbedingungen kauft, die von der Leasingnehmerin als verbindlich anerkannt werden.

§ 3 Vertragsdauer und Leasingraten

1. Die Leasinggeberin überlässt der Leasingnehmerin den unter § 1 Ziff. 1 beschriebenen Leasinggegenstand für die Dauer von ..... Monaten. Vor Ablauf dieser Leasingzeit ist der Vertrag nur aus den vertraglich vorgesehenen Gründen kündbar.
2. Die Leasingzeit beginnt mit dem Ersten des auf die Aushändigung des Leasingobjekts an die Leasingnehmerin folgenden Monats. Verweigert die Leasingnehmerin die Annahme des Leasinggegenstandes ohne Rechtsgrund, beginnt die Laufzeit des Vertrages mit dem Ersten des auf die ordnungsgemäße Bereitstellung des Leasinggegenstandes folgenden Monats.
3. Die Leasingrate beträgt monatlich ..... €
zuzüglich der jeweils gültigen Mehrwertsteuer (z.Z. 19 %) ..... €
gesamt: ..... €
Es wird eine Leasingsonderzahlung vereinbart ..... €
zuzüglich der jeweils gültigen Mehrwertsteuer (z.Z. 19 %) ..... €
gesamt: ..... €
4. Die erste Leasingrate (zuzüglich einer etwaig vereinbarten Leasingsonderzahlung) ist am Tage der Übernahme des Leasinggegenstands durch die Leasingnehmerin, bei unrechtmäßiger Annahmeverweigerung am Tage der Bereitstellung, fällig. Der Zeitraum zwischen Übernahme des Leasinggegenstandes bis zum Beginn der Leasingzeit wird anteilig je Tag mit 1/30 der jeweiligen durchschnittlichen Leasingrate berechnet.
5. Für die Rechtzeitigkeit der Zahlung kommt es nicht auf die Anweisung, sondern auf den Eingang des Geldes bei der Leasinggeberin an.
6. Die Leasinggeberin wird durch Unterzeichnung dieses Vertrages ermächtigt, die jeweils am 1. eines jeden Kalendermonats im Voraus fälligen Leasingzahlungen im Bankeinzugsverfahren von dem nachbenannten Konto der Leasingnehmerin zu erheben:
Kontoinhaber:
Bank:
IBAN:
BIC:

§ 4 Preisberechnung, Preisanpassung und Kostentragung

1. Die Kalkulation der Leasingraten (einschließlich etwaiger Sonder- bzw. Abschlusszahlungen) basiert auf den Anschaffungskosten des Leasinggegenstandes, dem zum Zeitpunkt des Abschlusses des Leasingvertrages gültigen Steuer- und Abgabenrecht und der Geld- und Kapitalmarktlage.

2. Hat sich der ..... *[Referenzzins, z.B. SRF-Satz, EURIBOR-Dreimonatsgeld, pp.]* bis zur Fälligkeit der ersten Leasingrate um mehr als 0,25 Prozentpunkte verändert, werden die Leasingraten durch die Leasinggeberin entsprechend angepasst und neu festgesetzt.
3. Die Leasingnehmerin übernimmt alle öffentlich-rechtlichen Kosten, Gebühren, Beiträge und Steuern in ihrer jeweils gültigen Höhe, die gegenwärtig und/oder zukünftig aufgrund dieses Vertrages oder Besitzes und/oder Gebrauchs des Leasinggegenstandes anfallen.

§ 5 Erwerb des Leasinggegenstandes

1. Der Leasingnehmerin ist bekannt, dass die Leasinggeberin den Leasinggegenstand weder herstellt noch vertreibt, sondern vom Lieferanten/Hersteller aufgrund der von der Leasingnehmerin ausgehandelten Einzelheiten (insbesondere Fabrikat, Funktionsweise, Qualität, Lieferzeit und sonstige Bedingungen) zu Eigentum erwirbt. Der Leasingnehmerin sind aufgrund der selbst ausgehandelten Einzelheiten die Verkaufs-, Lieferungs- und Gewährleistungsbedingungen des Lieferanten/Herstellers bekannt. Die Leasingnehmerin informiert die Leasinggeberin umfassend über bereits erfolgte Vertragsverhandlungen bzw. Bestellungen des Leasinggegenstandes und händigt der Leasinggeberin sämtliche in diesem Zusammenhang stehenden Unterlagen aus.
2. Kommt der Liefervertrag zwischen dem Lieferanten/Hersteller und der Leasinggeberin aus nicht von der Leasinggeberin zu vertretenden Gründen nicht rechtswirksam zustande, steht der Leasinggeberin das Recht zu, vom Leasingvertrag Abstand zu nehmen.

§ 6 Eigentum an dem Leasinggegenstand

1. Das Eigentum an dem Leasinggegenstand steht ausschließlich der Leasinggeberin zu. Ein Erwerbsrecht der Leasingnehmerin besteht ausdrücklich nicht.
2. Die Leasingnehmerin ist zu einer Änderung des vereinbarten Standortes des Leasinggegenstandes, des vereinbarten Verwendungszwecks oder des Leasinggegenstandes selbst nur nach vorheriger schriftlicher Zustimmung der Leasinggeberin befugt.
3. Wesentliche Änderungen und Einbauten am Leasinggegenstand bedürfen der schriftlichen Einwilligung der Leasinggeberin. Die Leasingnehmerin ist verpflichtet, den Leasinggegenstand von allen Rechten Dritter freizuhalten. Die Leasingnehmerin hat insbesondere dafür Sorge zu tragen, dass der Leasinggegenstand nicht zum wesentlichen Bestandteil einer anderen, nicht im Eigentum der Leasinggeberin stehenden Sache gemacht wird. Sämtliche Einbauten gehen in das Eigentum der Leasinggeberin über. Ein Anspruch auf Entschädigung steht der Leasingnehmerin auch für notwendige Verwendungen nicht zu.
4. Es besteht Einigkeit zwischen den Parteien, dass eine evtl. Verbindung des Leasinggegenstandes mit einem Grundstück oder Gebäude nur zu einem vorübergehenden Zweck i.S.d. § 95 BGB und mit der Absicht geschieht, die Aufhebung der Verbindung mit Ablauf der vereinbarten Leasingzeit vorzunehmen. Gleiches gilt für die Verbindung mit einer beweglichen Sache.
5. Die Leasinggeberin ist berechtigt, den Leasinggegenstand zu den üblichen Geschäftszeiten nach vorheriger Terminsabstimmung mit der Leasingnehmerin zu besichtigen. Die Leasingnehmerin ist verpflichtet, auf Verlangen der Leasinggeberin den Leasinggegenstand an gut sichtbarer Stelle als Eigentum der Leasinggeberin zu kennzeichnen. Die Leasingnehmerin darf über den Vertragsgegenstand nicht verfügen, ihn nicht verpfänden oder belasten.

6. Die Leasingnehmerin hat den Leasinggegenstand vor rechtlichen und/oder tatsächlichen Zugriffen und/oder Beeinträchtigungen durch unbefugte Dritte auf eigene Kosten zu schützen. Die Leasingnehmerin ist verpflichtet, der Leasinggeberin unverzüglich drohende oder bewirkte Vollstreckungsmaßnahmen, Pfändungen, Ansprüche aus angeblichen Pfandrechten oder ähnliches schriftlich anzuzeigen und in diesem Zusammenhang in ihren Händen befindliche Urkunden, insbesondere Pfändungsprotokolle sowie Namen und Anschrift des die Zwangsvollstreckung betreibenden Gläubigers, bekanntzugeben. Die Leasingnehmerin ist weiterhin verpflichtet, der Leasinggeberin unverzüglich schriftlich anzuzeigen, wenn sie von drohenden oder bewirkten Vollstreckungsmaßnahmen in das Grundstück, auf dem sich der Leasinggegenstand befindet, Kenntnis erlangt. Alle Interventionskosten der Leasinggeberin sind von der Leasingnehmerin zu tragen.

§ 7 Lieferung und Übergabe

1. Die Auslieferung des Leasinggegenstandes durch den Lieferanten/Hersteller erfolgt unmittelbar an die Leasingnehmerin.
2. Die Leasingnehmerin ist verpflichtet, den Leasinggegenstand unverzüglich nach Übernahme zu untersuchen und etwaige Mängel ohne schuldhaftes Zögern gegenüber dem Lieferanten/Hersteller zu rügen und die Leasinggeberin hiervon gleichzeitig in Kenntnis zu setzen. Das gleiche gilt, falls sich nach Abgabe der Übernahmebestätigung verdeckte Mängel an dem Leasinggegenstand zeigen. Die Untersuchung ist mit fachmännischer Sorgfalt auf alle in Betracht kommenden Mängel zu erstrecken. Das Vorstehende gilt im Falle der Nacherfüllung entsprechend.
3. Die Leasingnehmerin ist verpflichtet, den ordnungsgemäß gelieferten Leasinggegenstand abzunehmen und seinen Zustand als vertragsgemäß durch Unterzeichnung der Übernahmebestätigung, regelmäßig auf dem von der Leasinggeberin hierzu überlassenen Formular, zu bescheinigen. Mängel oder sonstige Rügen hat die Leasingnehmerin auf der Übernahmebestätigung genau zu bezeichnen. Die Leasingnehmerin haftet der Leasinggeberin für unvollständige oder fehlerhafte Angaben in der Übernahmebestätigung.
4. Mit Eingang der unterzeichneten Übernahmebestätigung, die den Leasinggegenstand als uneingeschränkt ordnungsgemäß ausweist, wird die Leasinggeberin von der Leasingnehmerin angewiesen, an den Lieferanten/Hersteller den vereinbarten Kaufpreis auszuzahlen. Ist die Übernahmebestätigung unrichtig und diese Unrichtigkeit von der Leasingnehmerin zu vertreten, ist die Leasingnehmerin zum Schadensersatz verpflichtet. Die Leasingnehmerin kann den Nachweis erbringen, dass sie kein oder nur ein gemindertes Verschulden trifft.
5. Die Kosten der Lieferung, Montage und Installation des Leasinggegenstandes trägt die Leasingnehmerin, sofern sich nicht etwas anderes aus den Geschäftsbedingungen des Lieferanten oder den mit ihm getroffenen Vereinbarungen ergibt. Die Leasingnehmerin trägt insoweit auch die Sachgefahr.

§ 8 Lieferungsverzug und Lieferungsausfall

1. Ist es dem von der Leasingnehmerin bestimmten Lieferanten/Hersteller aus einem weder von der Leasinggeberin noch von der Leasingnehmerin zu vertretenden Grunde nicht möglich, den Leasinggegenstand zu liefern, haben beide Parteien das Recht, durch schriftliche Erklärung von diesem Vertrag zurückzutreten. Dieses Recht steht der Leasingnehmerin aber nur dann zu, wenn es die Leasinggeberin ablehnt oder es ihr innerhalb einer angemessenen Frist nicht gelingt, den Leasinggegenstand zu den

§ 43 Leasingvertrag (Mobilien)

gleichen oder nur unwesentlich abweichenden Konditionen anderweitig zu erwerben. Die Leasingnehmerin ist daher vor Ausspruch der Rücktrittserklärung verpflichtet, der Leasinggeberin durch eingeschriebenen Brief eine angemessene Frist zur Ersatzbeschaffung zu setzen.
2. Die Leasinggeberin haftet nicht für eine nicht rechtzeitige und/oder nicht ordnungsgemäße Lieferung durch den Lieferanten/Hersteller, sofern diese nicht auf Vorsatz oder grober Fahrlässigkeit der Leasinggeberin, ihres gesetzlichen Vertreters oder eines Erfüllungsgehilfen beruht.
3. Die Leasinggeberin tritt jedoch bereits an dieser Stelle etwaig bestehende gesetzliche und vertragliche Ansprüche wegen Lieferverzugs oder nicht bzw. nicht ordnungsgemäßer Lieferung gegen den Lieferanten/Hersteller an die diese Abtretung annehmende Leasingnehmerin ab. Ausgenommen sind Ansprüche auf Übereignung des Leasinggegenstandes, auf Rückzahlung des von der Leasinggeberin gezahlten Kaufpreises und auf Ersatz eines der Leasinggeberin entstandenen Schadens. Die Leasingnehmerin ist verpflichtet, die abgetretenen Ansprüche im eigenen Namen und für eigene Rechnung gegenüber dem Lieferanten/Hersteller des Leasinggegenstandes innerhalb der gesetzlichen Fristen – notfalls im Klagewege – geltend zu machen.

§ 9 Gewährleistung und Haftung

1. Die Gewährleistung der Leasinggeberin für Sach- und Rechtsmängel des Leasinggegenstandes beschränkt sich auf die endgültige Abtretung aller mit dem Abschluss des Liefervertrages mit dem Lieferanten/Hersteller erworbenen Gewährleistungs-, Garantie- und Schadensersatzansprüche aus dem Liefervertrag. Die Leasingnehmerin wird hiermit ausdrücklich zur Geltendmachung der Wandlung nach vorheriger Information der Leasinggeberin ermächtigt und verpflichtet. Ausgenommen von der Abtretung sind die Ansprüche der Leasinggeberin auf Verschaffung des Eigentums, aus einer Rückabwicklung des Liefervertrages, Ansprüche auf Rückgewähr, insbesondere auch Ansprüche aus oder im Zusammenhang mit von der Leasinggeberin geleisteten Anzahlungen sowie auf Ersatz eines der Leasinggeberin entstandenen Schadens. Soweit Rechte und Ansprüche nicht abgetreten sind, wird die Leasingnehmerin zur Geltendmachung dieser Rechte und Ansprüche im eigenen Namen und für eigene Rechnung mit der Maßgabe ermächtigt und verpflichtet, dass Zahlungen aus der Rückabwicklung, einer Minderung und auf einen Schaden der Leasinggeberin ausschließlich an die Leasinggeberin zu leisten sind. Die Leasingnehmerin nimmt diese Abtretungen und Ermächtigung ausdrücklich an.
2. Im Übrigen sind alle Ansprüche und Rechte der Leasingnehmerin gegen die Leasinggeberin wegen der Beschaffenheit, Sach- und Rechtsmängeln des Leasinggegenstandes oder wegen dessen mangelnder Verwendbarkeit ausgeschlossen.
3. Zur teilweisen oder vollständigen Aufgabe von Rechten aus oder im Zusammenhang mit dem Vertrag zwischen Leasinggeberin und Lieferant/Hersteller, insbesondere im Zusammenhang mit einem gerichtlichen oder außergerichtlichen Vergleich, ist die Leasingnehmerin nur nach vorheriger Zustimmung der Leasinggeberin befugt.
4. Die Leasingnehmerin ist verpflichtet, die ihr abgetretenen Ansprüche fristgerecht geltend zu machen, insbesondere bei einem Rücktritt zügig eine außergerichtliche Einigung über die Rückabwicklung herbeizuführen oder bei Misslingen Klage auf Rückabwicklung zu erheben. Sie ist weiter verpflichtet, die Leasinggeberin über die Geltendmachung der abgetretenen Ansprüche fortlaufend unterrichtet zu halten, sofern irgendwelche Mängel- oder Gewährleistungsfälle auftreten. Verletzt die Leasingnehmerin die ihr obliegenden Unterrichtungspflichten, so ist sie der Leasinggeberin zum Ersatz des hieraus entstandenen Schadens verpflichtet.

5. Verlangt die Leasingnehmerin vom Lieferanten/Hersteller wegen einer Leistungsstörung Rückabwicklung des Liefervertrages, ist die Leasingnehmerin verpflichtet, Rückzahlung des Kaufpreises, bei Minderung teilweise Rückzahlung, jeweils zuzüglich gesetzlicher Zinsen, an die Leasinggeberin zu verlangen. Kann die Leasinggeberin vom Lieferanten/Hersteller Aufwendungs- oder Schadensersatz verlangen, ist die Leasingnehmerin auf Weisung der Leasinggeberin verpflichtet, diese Ansprüche im Zusammenhang mit der Rückabwicklungsklage geltend zu machen. Entstehen der Leasingnehmerin durch die gerichtliche Geltendmachung von Aufwendungs- oder Schadensersatzansprüchen Mehrkosten, wird die Leasinggeberin der Leasingnehmerin diese erstatten.

6. Setzt die Leasingnehmerin gegen den Lieferanten/Hersteller einen Anspruch auf Lieferung eines neuen Leasinggegenstandes durch, erklärt sich die Leasinggeberin damit einverstanden, dass der bisherige Leasinggegenstand durch einen gleichwertigen neuen Leasinggegenstand ausgetauscht wird. Die Leasingnehmerin ist zu einer Vereinbarung mit dem Lieferanten/Hersteller des Inhalts verpflichtet, dass der Lieferant/Hersteller das Eigentum am neuen Leasinggegenstand unmittelbar auf die Leasinggeberin überträgt. Die Leasingnehmerin wird der Leasinggeberin Identifikationsmerkmale (insbesondere Seriennummer) des neuen Leasinggegenstandes mitteilen. Muss die Leasinggeberin an den Lieferanten/Hersteller eine Nutzungsentschädigung, Wertersatz oder einen Bereicherungsausgleich zahlen, muss die Leasingnehmerin diese Kosten der Leasinggeberin erstatten. Ein etwaiger hieraus resultierender finanzieller Vorteil bei der Verwertung des Leasinggegenstandes zum Ende der Vertragslaufzeit wird der Leasingnehmerin bis zur Höhe der gezahlten Nutzungsentschädigung bzw. des geleisteten Wertersatzes oder Bereicherungsausgleichs erstattet.

7. Hat die Leasingnehmerin eine Minderung durchgesetzt, wird eine Anpassung des Leasingvertrages dahingehend vorgenommen, dass sich die Leasingraten entsprechend ermäßigen.

8. Eine gegenüber dem Lieferanten/Hersteller berechtigt durchgeführter Rücktrittführt zum Wegfall der Geschäftsgrundlage dieses Vertrages. Nach Vollziehung des Rücktritts sind die bereits gezahlten Leasingraten an die Leasingnehmerin zurückzuerstatten, soweit diese über den Wert der von der Leasingnehmerin aus der Überlassung des Leasinggegenstandes gezogenen Nutzungen und der erlangten Gebrauchsvorteile hinausgehen. Die Leasingnehmerin hat einen geringeren als den von der Leasinggeberin angesetzten Nutzungswert nachzuweisen. Eine Rückgewähr des Leasinggegenstandes an den Lieferanten/Hersteller nimmt die Leasingnehmerin auf eigene Kosten und Gefahr nur Zug um Zug gegen Erfüllung der Zahlungsverpflichtung des Lieferanten/Herstellers gegenüber der Leasinggeberin durch.

9. Die Leasingnehmerin ist zur – im Falle der Minderung anteiligen – vorläufigen Verweigerung der Zahlung der Leasingraten wegen etwaiger Mängel erst dann berechtigt, wenn sie Klage gegen den Lieferanten/Hersteller auf Rückabwicklung des Liefervertrages, Schadensersatz statt der Leistung oder Minderung des Kaufpreises erhoben hat. Die gerichtliche Geltendmachung von Nacherfüllungsansprüchen entbindet die Leasingnehmerin nicht von der Verpflichtung zur Leistung der vereinbarten Zahlungen. Stellt die Leasingnehmerin während einer gerichtlichen Auseinandersetzung über eine Minderung des Kaufpreises, einen von ihr erklärten Rücktritt vom Liefervertrag mit dem Lieferanten oder Schadenersatzansprüche statt der Erfüllung des Liefervertrages die Zahlung der Leasingraten ein, kann die Leasinggeberin nach ihrer Wahl von der Leasingnehmerin Zahlung der Leasingraten auf ein Treuhandkonto oder eine Bankbürgschaft für die Forderungen aus dem Leasingvertrag verlangen. Alternativ ist die Leasinggeberin berechtigt, den Leasinggegenstand bis zum Abschluss des Rechtsstreits sicherstellen.

10. Sofern ausnahmsweise ein gebrauchter Gegenstand als Leasinggegenstand zum Vertragsgegenstand gemacht wird, gilt der Leasinggegenstand als überlassen wie besichtigt, d.h. unter Ausschluss jeglicher Gewährleistung.
11. Scheitert die Durchsetzung der Ansprüche nach den vorstehenden Absätzen ausschließlich an der Insolvenz des Lieferanten/Herstellers, haftet die Leasinggeberin an dessen Stelle nachrangig.
12. Hat die Leasinggeberin für einen Schaden der Leasingnehmerin aufgrund eigenen Verschuldens oder Verschuldens seiner gesetzlichen Vertreter oder seiner Erfüllungsgehilfen einzustehen, ist die Haftung der Leasinggeberin auf Fälle von Vorsatz und grober Fahrlässigkeit beschränkt. In Fällen der Verletzung von Leben, Körper oder Gesundheit sowie bei Verletzung wesentlicher Vertragspflichten wird auch für einfache Fahrlässigkeit gehaftet. Unberührt bleibt eine Haftung nach dem Produkthaftungsgesetz.

§ 10 Sach- und Preisgefahr

1. Die Leasingnehmerin trägt die Sach- und Preisgefahr für den Leasinggegenstand, insbesondere alle Gefahren des zufälligen Unterganges, des Abhandenkommens, des Totalschadens, des Wegfalls der Gebrauchsfähigkeit, der Beschädigung sowie des vorzeitigen Wertverfalls. Dies gilt nicht, soweit die Leasinggeberin die betreffenden Umstände zu vertreten hat.
2. Der Eintritt der Ereignisse nach vorstehendem Absatz entbindet die Leasingnehmerin nicht von der Erfüllung ihrer Verpflichtungen aus dem Leasingvertrag. Die Leasingnehmerin wird insbesondere nicht von der Verpflichtung zur Zahlung der vereinbarten Leasingraten befreit.
3. Die Leasingnehmerin ist verpflichtet, die Leasinggeberin über Ereignisse im Sinne von Ziff. 1 unverzüglich schriftlich zu unterrichten.
4. Die Leasingnehmerin ist verpflichtet, den Leasinggegenstand unverzüglich auf ihre Kosten instand zu setzen oder ihn durch ein gleichartiges oder gleichwertiges Objekt zu ersetzen. In diesen Fällen wird der Leasingvertrag unverändert fortgesetzt. Die Leasinggeberin ist im Falle der Ersetzung des Leasinggegenstandes durch ein gleichartiges oder gleichwertiges Gerät verpflichtet, der Leasinggeberin Eigentum an dem betreffenden Gegenstand zu verschaffen.
5. Im Falle des zufälligen Untergangs, des Abhandenkommens oder in dem Fall, dass der nach vorstehendem Absatz erforderliche Reparaturaufwand 2/3 des Zeitwertes des Leasinggegenstandes übersteigt, sind Leasingnehmerin und Leasinggeberin berechtigt, den Leasingvertrag zu kündigen. Dieses Kündigungsrecht kann von den Vertragsparteien allerdings nur innerhalb einer Frist von einem Monat, gerechnet ab Kenntnis des Ereignisses, ausgeübt werden. Im Fall einer Kündigung hat die Leasingnehmerin die Leasinggeberin wirtschaftlich so zu stellen, wie diese bei ungestörtem Ablauf des Leasingvertrages gestanden hätte. Zur Berechnung des Anspruchs auf volle Amortisation findet § 14 Abs. 3 entsprechende Anwendung. Kündigt keine der Parteien den Leasingvertrag wirksam, sind die Vertragsparteien weiterhin an die Erfüllung ihrer vertraglichen Pflichten gebunden, insbesondere hat die Leasingnehmerin die Leasingraten zu zahlen und den Leasinggegenstand auf eigene Kosten zu reparieren bzw. durch einen neuen Leasinggegenstand zu ersetzen.

§ 11 Versicherung/Abtretung von Schadensersatzansprüchen

1. Die Leasingnehmerin ist verpflichtet, für die Dauer der Leasingzeit den Leasinggegenstand auf eigene Kosten zum – soweit möglich gleitenden – Neuwert gegen branchenüblich versicherbare Verluste oder Schäden, insbesondere gegen eine Beschä-

digung durch Feuer, Diebstahl, Blitzschlag, Explosion und Wasserschäden aller Art hinreichend zu versichern. Soweit dies branchenüblich ist, wird die Leasingnehmerin zudem eine Maschinenkaskoversicherung, bei entsprechenden Geräten eine Schwachstromversicherung abzuschließen. Die Leasingnehmerin sorgt zudem dafür, dass eine Haftpflichtversicherung/Betriebsunterbrechungsversicherung besteht. Die Leasingnehmerin wird der Leasinggeberin den Nachweis über den Abschluss einer ordnungsgemäßen Versicherung durch Vorlage des Versicherungsscheines erbringen und auf Anforderung einen Sicherungsschein der jeweiligen Versicherungsgesellschaft aushändigen. Die Leasingnehmerin hat der Leasinggeberin auf deren Verlangen die regelmäßige und pünktliche Zahlung der Versicherungsprämien nachzuweisen.
2. Die Leasingnehmerin hat die Beantragung der abzuschließenden Versicherungen bzw. eine vorläufige Kostendeckung spätestens 14 Tage nach Inbesitznahme des Leasinggegenstandes der Leasinggeberin gegenüber nachzuweisen. Erfüllt die Leasingnehmerin diese Verpflichtung nicht, ist die Leasinggeberin nach fruchtlosem Ablauf einer angemessenen Nachfrist berechtigt, die fehlenden Versicherungen auf Kosten der Leasingnehmerin abzuschließen.
3. Die Leasingnehmerin tritt hiermit unwiderruflich sämtliche Rechte aus den o.g. Versicherungsverträgen und etwaige Ansprüche gegen Schädiger und/oder deren Versicherer an die Leasinggeberin ab. Die Leasinggeberin nimmt die Abtretung an.
4. Die Versicherungsentschädigungen oder Entschädigungsleistungen Dritter werden auf die von der Leasingnehmerin zu erbringenden Leistungen angerechnet. Eine Anrechnung auf rückständige Raten erfolgt nicht. Ein etwaiger Überschuss steht der Leasinggeberin zu.
5. Die Leasingnehmerin wird ermächtigt und verpflichtet, die abgetretenen Ansprüche gegen die Versicherer und die Schädiger auf eigene Kosten geltend zu machen und den Schadensfall abzuwickeln. Etwaige Zahlungen sind zugunsten der Leasingnehmerin geltend zu machen. Die Leasinggeberin ist unverzüglich über den Schadensfall zu informieren und über dessen Abwicklung fortlaufend zu unterrichten.
6. Zum Abschluss einer Leasingratenausfallversicherung bzw. Kündigungsschadensversicherung besteht keine Verpflichtung. Der Abschluss einer solchen Versicherung wird jedoch wegen der leasingtypischen Gefahrtragungsregelung (vgl. § 10) ausdrücklich empfohlen.

§ 12 Auskünfte und Besichtigung

1. Die Leasingnehmerin verpflichtet sich, bis zum Ablauf dieses Vertrages der Leasinggeberin alle für die Einschätzung der wirtschaftlichen Verhältnisse erforderlichen Auskünfte zu erteilen und auf Wunsch durch entsprechende Unterlagen zu belegen, bei berechtigten Zweifeln an der Bonität der Leasingnehmerin auch durch Bilanzen und/oder Gewinn- und Verlustrechnungen.
2. Die Leasingnehmerin hat einen Wechsel ihres Sitzes sowie Veränderungen des gewöhnlichen Standortes des Leasinggegenstandes der Leasinggeberin unverzüglich anzuzeigen.
3. Die Leasingnehmerin gestattet der Leasinggeberin, den Leasinggegenstand während der üblichen Geschäftszeichen zu besichtigen.

§ 13 Sonstige Nebenpflichten der Leasingnehmerin

1. Die Leasingnehmerin wird alle gesetzlichen Bestimmungen, Vorschriften und Verordnungen beachten und erfüllen, die im Zusammenhang mit dem Besitz, dem Gebrauch, der Pflege und der Erhaltung des Leasinggegenstandes stehen. Die Leasingnehmerin

§ 43 Leasingvertrag (Mobilien)

wird die Leasinggeberin von allen Ansprüchen Dritter freistellen, die aus einem Verstoß gegen die obigen Grundsätze entstehen.
2. Die Leasingnehmerin hat den Leasinggegenstand schonend und pfleglich zu behandeln. Sie darf den Leasinggegenstand nur unter Beachtung der Gebrauchsanweisung sowie der Wartungs- und Pflegeempfehlungen des Lieferanten/Herstellers verwenden.
3. Die Leasingnehmerin wird den Leasinggegenstand auf ihre Kosten in ordnungsgemäßem und betriebsbereitem Zustand halten und die notwendigen Reparaturarbeiten auf eigene Kosten sach- und fachgerecht durchführen lassen. Die Leasinggeberin kann den Abschluss eines Wartungsvertrages mit dem Lieferanten/Hersteller oder einem anderen von ihr zu benennenden Fachunternehmen verlangen, sofern dies unter Berücksichtigung der Eigentümerinteressen der Leasinggeberin einerseits und den berechtigten Interessen der Leasingnehmerin anderseits angemessen ist, insbesondere wenn der Abschluss von Wartungsverträgen für den Leasinggegenstand wegen der Beschaffenheit des Leasinggegenstandes branchenüblich ist. Die Kosten eines solchen Wartungsvertrages gehen ebenso wie alle anderen Wartungs-, Pflege-, Reparatur- und Gebrauchskosten zu Lasten der Leasingnehmerin. Kommt die Leasingnehmerin diesen Verpflichtungen nicht nach, ist die Leasinggeberin berechtigt, nach fruchtlosem Ablauf einer angemessenen Nachfrist diese Verpflichtungen auf Kosten der Leasingnehmerin zu erfüllen.
4. Eine Überlassung des Leasinggegenstandes an Dritte bedarf der vorherigen schriftlichen Zustimmung durch die Leasinggeberin. Bei Verweigerung der Zustimmung zur Untervermietung oder sonstigen Überlassung an Dritte ist die Leasingnehmerin nicht berechtigt, den Vertrag vorzeitig zu kündigen.

§ 14 Kündigung und Vertragsaufhebung

1. Ordentliche Kündigung. Dieser Leasingvertrag ist unkündbar, insbesondere ist das Kündigungsrecht der Erben gemäß § 580 BGB ausgeschlossen. Unbeschadet hiervon bleiben ein kraft Gesetzes nicht abdingbares Kündigungsrecht oder sich aus diesem Vertrag ergebende besondere Kündigungsvorschriften bzw. Rücktrittsregelungen.
2. Außerordentliche Kündigung. Das Recht beider Vertragsparteien zur außerordentlichen Kündigung des Leasing-Vertrages bei Vorliegen eines wichtigen Grundes bleibt unberührt. Die Leasinggeberin ist zur außerordentlichen Kündigung insbesondere berechtigt, wenn
a) die Leasingnehmerin sich mit ihren Zahlungen, gleich aus welchem Rechtsgrund, gegenüber der Leasinggeberin mit mindestens zwei aufeinanderfolgenden Raten in Verzug befindet oder in einem Zeitraum, der sich über mehr als zwei Zahlungstermine erstreckt, in Höhe eines Gesamtbetrages von zumindest zwei Leasingraten in Verzug geraten ist;
b) sich aus den Umständen die Besorgnis ergibt, dass sich die Vermögensverhältnisse der Leasingnehmerin seit Vertragsschluss derart verschlechtert haben oder eine so weitgehende Verschlechterung voraussehbar ist, dass konkrete Zweifel an der vollständigen und ordnungsgemäßen Abwicklung dieses Leasingvertrages bestehen, insbesondere wenn nachhaltige Pfändungen oder sonstige Zwangsvollstreckungsmaßnahmen von Gläubigern der Leasingnehmerin erfolgen;
c) der Leasinggegenstand außerhalb des EU-Wirtschaftsraums verbracht wird;
d) der Leasingnehmer gegen seine vertraglichen Versicherungspflichten verstößt;
e) die Leasingnehmerin vorsätzlich oder grob fahrlässig eine fehlerhafte Übernahmebestätigung abgibt und der Leasinggeberin die Fortsetzung bzw. Durchführung des Leasingvertrages nicht zugemutet werden kann.

3. Im Falle der fristlosen Kündigung durch die Leasinggeberin ist die Leasingnehmerin zum Schadensersatz verpflichtet. Die Leasinggeberin ist im Wege des Schadensersatzes wirtschaftlich so zu stellen, wie diese bei ungestörtem Ablauf des Leasingvertrages gestanden hätte. Sofern nicht die Leasinggeberin einen höheren Schaden oder die Leasingnehmerin einen niedrigeren Schaden nachweist, hat die Leasingnehmerin als Schadensersatz denjenigen Betrag an die Leasinggeberin zu zahlen, der sich aus der Summe der ab dem Kündigungszeitpunkt offenen Rest-Leasingraten bis zum Ablauf der vertraglich vereinbarten Leasingzeit zzgl. einer etwaig an die Refinanzierungsbank zu zahlenden Vorfälligkeitsentschädigung und unter Berücksichtigung einer finanzmathematischen Abzinsung (Barwertformel für vorschüssige Zahlungsweise) mit dem Refinanzierungszinssatz sowie derjenigen ersparten, laufzeitabhängigen Aufwendungen, welche anteilig auf die Zeit nach erfolgter Kündigung entfallen wären, ergibt. Der Schadensersatzanspruch ist sofort fällig. Einen etwaigen Verwertungserlös des Leasinggegenstandes wird die Leasinggeberin unter Abzug der Verwertungskosten auf die Schadensersatzsumme anrechnen. Eine Anrechnung auf einen etwaigen Ratenrückstand für Zeiträume vor der Kündigung erfolgt nicht. Soweit zwischen den Vertragsparteien nicht zuvor eine einvernehmliche Einigung über den anzusetzenden Restwert erfolgt, bemüht sich die Leasinggeberin um eine bestmögliche Verwertung. Der anzusetzende Restwert kann nach schriftlicher Aufforderung der Leasingnehmerin auch auf ihre Kosten durch Sachverständigengutachten ermittelt werden. Diese Aufforderung muss innerhalb einer angemessenen Frist von grundsätzlich zwei Wochen nach Zugang der Kündigung erfolgen. Die Leasingnehmerin ist berechtigt, innerhalb einer Frist von 14 Tagen nach Zugang der Kündigung Kaufinteressenten nachzuweisen. Sofern die Leasingnehmerin einen solchen Nachweis unterlässt, gilt der erzielte Verwertungserlös als ordnungsgemäß. Die Leasinggeberin ist nur zur Berücksichtigung solcher Kaufinteressenten verpflichtet, die den Leasinggegenstand in Ausübung ihrer gewerblichen oder selbständigen beruflichen Tätigkeit erwerben wollen.
4. Der Leasinggeberin steht ein Anspruch auf volle Amortisation auch in den Fällen einer – vorbehaltlich einer abweichenden, schriftlichen Vereinbarung – einvernehmlichen Vertragsaufhebung zu. Die Regelungen des vorstehenden Absatzes finden entsprechende Anwendung.

§ 15 Rückgabe des Leasinggegenstandes

1. Nach Beendigung des Leasingvertrages ist die Leasingnehmerin verpflichtet, den Leasinggegenstand unverzüglich auf eigene Kosten und Gefahr an den von der Leasinggeberin bestimmten in der Bundesrepublik Deutschland gelegenen Ort zu verbringen. Die Leasingnehmerin hat den Leasinggegenstand auf eigene Kosten gegen alle bei diesem Transport branchenüblich kalkulierbaren Schäden zu versichern.
2. Die Leasingnehmerin hat den Leasinggegenstand unter Berücksichtigung des bei einem vertragsgemäßen Gebrauch entstandenen normalen Verschleißes in einen dem Überlassungszeitraum entsprechenden Zustand zu bringen. Insbesondere hat die Leasingnehmerin auf Verlangen der Leasinggeberin von ihr vorgenommene technische Veränderungen oder Einbauten sach- und fachgemäß zu entfernen.
3. Stellt die Leasinggeberin nach Übergabe des Leasinggegenstandes Mängel oder Schäden fest, die über eine Verschlechterung der Leasingsache durch ordnungsgemäßen Gebrauch hinausgehen, so ist die Leasingnehmerin verpflichtet, diese Mängel unverzüglich auf eigene Kosten sach- und fachgerecht beseitigen zu lassen. Die Leasinggeberin ist berechtigt, die notwendigen Arbeiten nach fruchtlosem Ablauf einer angemessenen Nachfrist auf Kosten der Leasingnehmerin selbst vorzunehmen oder durch Dritte vornehmen zu lassen.

§ 43   Leasingvertrag (Mobilien)

4. Gibt die Leasingnehmerin trotz Mahnung und einer angemessenen Fristsetzung den Leasinggegenstand nicht zurück, so ist die Leasinggeberin berechtigt, für den Zeitraum der Vorenthaltung eine Entschädigungszahlung zu verlangen, die der Höhe nach der Summe der von der Leasingnehmerin zu zahlenden Leasingraten für den Zeitraum der Vorenthaltung entspricht. Eine stillschweigende Verlängerung des Leasingvertrages gemäß § 568 BGB findet nicht statt. Es bleibt der Leasinggeberin vorbehalten, einen von der Leasingnehmerin zu ersetzenden höheren Schaden, der Leasingnehmerin bleibt nachgelassen, einen geringeren Schaden nachzuweisen.

§ 16 Aufrechnung und Abtretung

1. Die Leasingnehmerin ist nur berechtigt, mit unbestrittenen oder rechtskräftig festgestellten Forderungen aufrechnen. Ein Zurückbehaltungsrecht kann die Leasingnehmerin nur geltend machen, soweit dieses Recht auf Ansprüchen aus diesem Vertrag beruht.
2. Die Leasingnehmerin ist zur Abtretung der ihr gegen die Leasinggeberin zustehenden Rechte und Ansprüche nur mit schriftlicher Einwilligung der Leasinggeberin berechtigt.

§ 17 Zession

Die Leasinggeberin ist berechtigt, diesen Vertrag insgesamt oder aber einzelne Rechte und/oder Pflichten hieraus auf Dritte zu übertragen. Mit Unterzeichnung des Leasingvertrages genehmigt die Leasingnehmerin bereits im Voraus eine etwaige Übertragung und stimmt – soweit erforderlich – einer Abtretung der Ansprüche und einer Übertragung der Rechte und Pflichten zu. Die Leasingnehmerin verpflichtet sich, nach einer entsprechenden Mitteilung Zahlungen nur an die von der Leasinggeberin benannte Stelle zu leisten.
[Soweit eine Zession erfolgen soll, ist zu erwägen, diese auf der ersten Seite deutlich gekennzeichnet zu verwenden, um AGB-rechtlichen Problemen entgegenzuwirken. Insbesondere die Übertragung vertraglicher Pflichten auf Dritte ist AGB-rechtlich regelmäßig ausgeschlossen, so dass im Ergebnis die Einholung einer ausdrücklichen Zustimmung anzuraten ist.]

§ 18 Datenschutzhinweis[/Einwilligung]

Die Leasinggeberin ist befugt, Daten, die auch personenbezogen sein können, über die Beantragung (z.B. Leasingnehmerin, Gesamtschuldner, Bürge, Leasingraten, Laufzeit des Leasingvertrages, Beginn und Höhe der Leasing-Zahlungen) und die Durchführung des Leasingvertrages (z.B. vorzeitige Vertragsablösung, fristlose Kündigung, Klageerhebung, Zwangsvollstreckungsmaßnahmen) intern zu speichern, für die Bearbeitung und Abwicklung des Leasingvertrages zu nutzen und zum Zwecke der Refinanzierung des Leasingvertrages im erforderlichen Umfang an ein Refinanzierungsinstitut zu übermitteln.
[Die ggf. erforderliche Einholung einer weitergehenden datenschutzrechtlichen Einwilligung in AGB ist nur möglich, wenn die Klausel entsprechend hervorgehoben wird (Fettdruck, Rahmen, etc.). Im Idealfall findet eine betreffende Einwilligungsklausel auf der ersten Seite des Vertragsmusters im Zusammenhang mit dem Unterschriftenfeld Verwendung; es ist allerdings darauf hinzuweisen, dass eine ordnungsgemäße Einwilligung, insbesondere wenn Daten an die SCHUFA übertragen werden sollen, nicht zuletzt aus Darstellungsgründen im Rahmen einer ausführlichen und gesonderten Datenschutzerklärung erfolgen sollte.]

§ 43 Leasingvertrag (Mobilien)

Im Sinne einer leasingbezogenen SCHUFA-Klausel könnte wie folgt verfahren werden:
»Die Leasingnehmerin willigt ein, dass die Leasinggeberin der SCHUFA Holding AG, Kormoranweg 5, 65201 Wiesbaden, Daten über die Beantragung, die Aufnahme (Leasingnehmerin, Summe aller Leasingraten, Laufzeit, Ratenbeginn) und vereinbarungsgemäße Abwicklung (z.B. vorzeitige Vertragsbeendigung, Laufzeitverlängerung) dieser Geschäftsverbindung übermittelt. Unabhängig davon wird die Leasinggeberin der SCHUFA auch Daten über ihre gegen die Leasingnehmerin bestehenden fälligen Forderungen übermitteln. Dies ist nach dem Bundesdatenschutzgesetz (§ 28a Abs. 1 Satz 1) zulässig, wenn die Leasingnehmerin die geschuldete Leistung trotz Fälligkeit nicht erbracht hat, die Übermittlung zur Wahrung berechtigter Interessen des Leasingunternehmens oder Dritter erforderlich ist und
- *die Forderung vollstreckbar ist oder die Leasingnehmerin die Forderung ausdrücklich anerkannt hat oder*
- *die Leasingnehmerin nach Eintritt der Fälligkeit der Forderung mindestens zweimal schriftlich gemahnt worden ist, die Leasinggeberin die Leasingnehmerin rechtzeitig, jedoch frühestens bei der ersten Mahnung, über die bevorstehende Übermittlung nach mindestens vier Wochen unterrichtet hat und die Leasingnehmerin die Forderung nicht bestritten hat oder*
- *das der Forderung zugrunde liegende Vertragsverhältnis aufgrund von Zahlungsrückständen von der Leasinggeberin fristlos gekündigt werden kann und die Leasinggeberin die Leasingnehmerin über die bevorstehende Übermittlung unterrichtet hat.*

Darüber hinaus wird die Leasinggeberin der SCHUFA auch Daten über sonstiges nicht vertragsgemäßes Verhalten (z.B. betrügerisches Verhalten) übermitteln. Diese Meldungen dürfen nach dem Bundesdatenschutzgesetz (§ 28 Abs. 2) nur erfolgen, soweit dies zur Wahrung berechtigter Interessen der Leasinggeberin oder Dritter erforderlich ist und kein Grund zu der Annahme besteht, dass das schutzwürdige Interesse des Betroffenen an dem Ausschluss der Übermittlung überwiegt.
Insoweit befreit die Leasingnehmerin die Leasinggeber zugleich vom Bankgeheimnis. Die SCHUFA speichert und nutzt die erhaltenen Daten. Die Nutzung umfasst auch die Errechnung eines Wahrscheinlichkeitswertes auf Grundlage des SCHUFA-Datenbestandes zur Beurteilung des Kreditrisikos (Score). Die erhaltenen Daten übermittelt die SCHUFA an ihre Vertragspartner im Europäischen Wirtschaftsraum und der Schweiz, um diesen Informationen zur Beurteilung der Kreditwürdigkeit von natürlichen Personen zu geben. Vertragspartner der SCHUFA sind Unternehmen, die aufgrund von Leistungen oder Lieferung finanzielle Ausfallrisiken tragen (insbesondere Kreditinstitute sowie Kreditkarten- und Leasinggesellschaften, aber auch etwa Vermietungs-, Handels-, Telekommunikations-, Energieversorgungs-, Versicherungs- und Inkassounternehmen). Die SCHUFA stellt personenbezogene Daten nur zur Verfügung, wenn ein berechtigtes Interesse hieran im Einzelfall glaubhaft dargelegt wurde und die Übermittlung nach Abwägung aller Interessen zulässig ist. Daher kann der Umfang der jeweils zur Verfügung gestellten Daten nach Art der Vertragspartner unterschiedlich sein. Darüber hinaus nutzt die SCHUFA die Daten zur Prüfung der Identität und des Alters von Personen auf Anfrage ihrer Vertragspartner, die beispielsweise Dienstleistungen im Internet anbieten. Die Leasingnehmerin kann Auskunft bei der SCHUFA über die die Leasingnehmerin betreffenden gespeicherten Daten erhalten. Weitere Informationen über das SCHUFA-Auskunfts- und Score-Verfahren sind unter www.meineschufa.de abrufbar. Die postalische Adresse der SCHUFA lautet: SCHUFA Holding AG, Verbraucherservice, Postfach 5640, 30056 Hannover.«]

§ 19 Schlussbestimmungen

1. Mündliche Nebenabreden sind nicht getroffen. Sämtliche von diesem Vertrag abweichenden Vereinbarungen bedürfen der Schriftform. Dieses gilt auch für eine Änderung der Schriftformklausel. Vereinbarungen mit Dritten werden nur Vertragsbestandteil, wenn diese Vereinbarungen im Leasingvertrag selbst schriftlich fixiert und/oder in Bezug genommen werden und sich die Leasinggeberin mit diesen einverstanden erklärt.
2. Sofern eine oder mehrere Bestimmungen dieses Vertrages unwirksam sein sollten, berührt diese Unwirksamkeit nicht die übrigen Bestimmungen des Vertrages. Die Parteien verpflichten sich, in einem derartigen Fall einer neuen Regelung zuzustimmen, die dem wirtschaftlichen Zweck der ungültigen Bestimmung in rechtswirksamer Art Rechnung trägt.
3. Erfüllungsort für alle Rechte und Pflichten aus dem Vertrag ist Köln.
4. Die Vertragsbeziehung unterliegt dem Recht der Bundesrepublik Deutschland.
5. Sofern die Leasingnehmerin Kaufmann, Körperschaft des Öffentlichen Rechts oder ein öffentlich-rechtliches Sondervermögen ist oder keinen allgemeinen Gerichtsstand in Deutschland hat, ist Gerichtsstand für alle Rechtsstreitigkeiten aus und im Zusammenhang mit dem Vertragsverhältnis ..... *[Sitz der Leasinggeberin]*. Die Leasinggeberin ist auch berechtigt, die Leasingnehmerin nach ihrer Wahl an deren (Wohn-)Sitz zu verklagen.

XI. Besondere Regelungen beim Verbraucherleasing

78 Wie bereits unter Rdn. 66 dargestellt wurde, bestehen in erheblichem Umfang vorvertragliche Informationspflichten, wenn der Leasingvertrag mit einem Verbraucher abgeschlossen werden soll. § 506 Abs. 1 BGB verweist hierzu auf § 491a BGB. Der künftige Leasingnehmer ist über die sich aus Art. 247 EGBGB ergebenden Einzelheiten in der dort vorgesehenen Form zu unterrichten. Die Unterrichtung muss rechtzeitig vor dem Abschluss des Verbraucherleasingvertrags in Textform (§ 126b BGB) erfolgen und die sich aus den Art. 247 EGBGB §§ 3 bis 5 und 8 bis 13 ergebenden Informationen enthalten. Das zu verwendende Informations-Muster hat der Gesetzgeber zur Verfügung gestellt (Anlage 4 des Gesetzes; »Europäische Standardinformationen für Verbraucherkredite«). Das Formular ist dann ordnungsmäßig ausgefüllt, wenn es die tatsächlichen Vertragsbedingungen und – soweit bekannt – die Wünsche des potenziellen Leasingnehmers wiedergibt. Inhaltlich deckt sich das Muster mit einigen neuen Informationspflichten für den Vertrag selbst (Art. 247 EGBGB § 2 Abs. 1 Nr. 1 bis 14).

79 Dem Verbraucher steht gemäß § 506 Abs. 1 i.V.m. §§ 495 Abs. 1 Nr. 1, 355 BGB i.V.m. Art. 247 § 6 Abs. 2 EGBGB ein Widerrufsrecht zu.

80 Besteht ein Widerrufsrecht nach § 495 BGB müssen im Vertrag Angaben zur Frist und anderen Umständen für die Erklärung des Widerrufs sowie ein Hinweis auf die Verpflichtung des Darlehensnehmers enthalten sein, ein bereits ausbezahltes Darlehen zurückzuzahlen und Zinsen zu vergüten. Der pro Tag zu zahlende Zinsbetrag ist anzugeben (Art. 247 § 6 Abs. 2 BGB).

81 Enthält der Leasingvertrag eine Vertragsklausel in hervorgehobener und deutlich gestalteter Form, die dem Muster in Anlage 7 entspricht, genügt diese den Anforderungen gemäß Art. 247 § 6 Abs. 2 Satz 1, 2 EGBGB (Art. 247 § 6 Abs. 2 Satz 3 EGBGB).

82 Das Muster der Anlage 7 zu Art. 247 EGBGB legt einen Darlehensvertrag zugrunde, ist folglich für Leasingverträge sprachlich anzupassen.

83 Die Widerrufsinformation gemäß Anlage 7 muss in einer hervorgehobenen und deutlich gestalteten Form in Verbraucherleasingverträge aufgenommen werden, wobei der Leasingnehmer diese aus Beweisgründen gesondert unterzeichnen sollte.

§ 14 Abs. 2 lit. a (Kündigung wegen Zahlungsverzugs)   **84 M**

Wegen Zahlungsverzugs der Leasingnehmerin kann die Leasinggeberin den Leasingvertrag nur kündigen, wenn die Leasingnehmerin mit mindestens zwei aufeinanderfolgenden Leasingraten ganz oder teilweise und mit mindestens 10 %, bei einer Laufzeit des Leasingvertrages von mehr als drei Jahren mit 5 % der Summe der Leasingraten (einschließlich etwaiger vertraglich vereinbarter Leasingsonderzahlungen) in Verzug ist und die Leasinggeberin der Leasingnehmerin erfolglos eine zweiwöchige Frist zur Zahlung des rückständigen Betrags mit der Erklärung gesetzt hat, dass sie bei Nichtzahlung innerhalb der Frist die gesamte Restschuld verlangt.

Widerrufsinformation (analog Muster Anlage 7 zu Art. 247 EGBGB;   **85 M**
die Gestaltungshinweise[147] sind zu beachten)

Widerrufsrecht
Der Leasingnehmer kann seine Vertragserklärung innerhalb von 14 Tagen ohne Angabe von Gründen widerrufen. Die Frist beginnt nach Abschluss des Vertrags, aber erst, nachdem der Leasingnehmer alle Pflichtangaben nach § 492 Absatz 2 BGB (z.B. Angabe zur Art des Leasingvertrags, Angabe zum Leasinggegenstand, Angabe zur Vertragslaufzeit) erhalten hat. Der Leasingnehmer hat alle Pflichtangaben erhalten, wenn sie in der für den Leasingnehmer bestimmten Ausfertigung seines Antrags oder in der für den Leasingnehmer bestimmten Ausfertigung der Vertragsurkunde oder in einer für den Leasingnehmer bestimmten Abschrift seines Antrags oder der Vertragsurkunde enthalten sind und dem Leasingnehmer eine solche Unterlage zur Verfügung gestellt worden ist. Über in den Vertragstext nicht aufgenommene Pflichtangaben kann der Leasingnehmer nachträglich auf einem dauerhaften Datenträger informiert werden; die Widerrufsfrist beträgt dann einen Monat. Der Leasingnehmer ist mit den nachgeholten Pflichtangaben nochmals auf den Beginn der Widerrufsfrist hinzuweisen. Zur Wahrung der Widerrufsfrist genügt die rechtzeitige Absendung des Widerrufs, wenn die Erklärung auf einem dauerhaften Datenträger (z.B. Brief, Telefax, E-Mail) erfolgt. Der Widerruf ist zu richten an:
[Hier sind einzufügen: Name/Firma und ladungsfähige Anschrift des Widerrufsadressaten. Zusätzlich können angegeben werden: Telefaxnummer, E-Mail-Adresse und/oder, wenn der Darlehensnehmer eine Bestätigung seiner Widerrufserklärung an den Darlehensgeber erhält, auch eine Internet-Adresse.]
Besonderheiten bei weiteren Verträgen
Hier sind ggf. Bestimmungen zu verbundenen Verträgen aufzunehmen (vgl. die Gestaltungshinweise zum Muster für eine Widerrufsinformation für Verbraucherdarlehensverträge).
Widerrufsfolgen(vgl. auch hierzu die Gestaltungshinweise zum Muster für eine Widerrufsinformation für Verbraucherdarlehensverträge).
Ort, Datum, Unterschrift
[Ende der Widerrufsinformation]

XII. Übernahmebestätigung

Die Übernahmebestätigung soll grundsätzlich nur den Empfang der Ware dokumentieren.   **86**
In der Praxis werden darüber hinaus allerdings weitere Erklärungen abverlangt. Die Wirksamkeit der sonstigen – über den reinen Empfang der Ware – hinausgehenden Erklärung ist

---

147 Abgedruckt in Palandt/*Weidenkaff*, Anl. 7 zu EGBGB 247 § 6 und § 12.

bislang nicht geklärt. Daher sollten diese jedenfalls grammatikalisch getrennt werden. Ggf. sind einzelne, besonders wichtige Komponenten durch Fettdruck hervorzuheben.

87 M **Übernahmebestätigung**

Genaue Bezeichnung des Leasinggegenstandes: *[Artikelbezeichnung, Maschinen- und/oder Gerätenummer, Ausstattung, etc.]*
1. Der vorstehend konkret bezeichnete Leasinggegenstand ist durch den Lieferanten/ Hersteller vollständig geliefert worden.
2. Der Leasinggegenstand wurde betriebsbereit geliefert und an der vertraglich vorgesehen Stelle abgestellt bzw. aufgebaut. Beanstandungen haben sich nicht ergeben, insbesondere konnten trotz eingehender Prüfung keine Mängel festgestellt werden. Der übernommene Leasinggegenstand entspricht der Bezeichnung im Leasingvertrag und allen getroffenen Vereinbarungen und Zusagen.
3. Außerhalb des schriftlichen Leasingvertrages wurden keine Nebenabreden getroffen. Insbesondere wurden keine Nebenabreden mit dem Lieferanten getroffen, die nicht im schriftlichen Leasingvertrag dokumentiert sind.
4. Der Leasingnehmerin ist bekannt, dass die Leasinggeberin den Kaufpreis für den Leasinggegenstand erst nach Vorliegen dieser rechtsverbindlich unterzeichneten Übernahmebestätigung und im Vertrauen auf ihre Richtigkeit an den Lieferanten/Hersteller bezahlen wird. Der Leasingnehmerin ist sich bewusst, dass die Abgabe einer inhaltlich fehlerhaften Übernahmebestätigung zu Schadensersatzansprüchen sowie einer außerordentlichen Kündigung des Leasingvertrages führen kann.
Datum
Unterschrift

§ 44 Immobilienleasingvertrag

Literatur: *Loose*, Grunderwerbsteuerliche Risiken des Immobilienleasings, FS für Sebastian Spiegelberger, 2009, S. 360 ff.; *Schäfer/Conzen*, Praxishandbuch der Immobilien-Investitionen, 3. Aufl. 2016; *Stoschek/Sommerfeld/Mies*, Grunderwerbsteuer und Immobilienleasingverträge, DStR 2008, 2046; *Harriehausen*, Die aktuellen Entwicklungen im Leasingrecht, NJW 2016, 1421 ff.

I. Einleitung

Das Immobilienleasing hat sich nach den Rückschlägen im Zusammenhang mit der Bankenkrise 2008 auf deutlich niedrigerem Niveau als vor der Bankenkrise bei einem jährlichen Neugeschäft zwischen ein und zwei Milliarden Euro eingependelt. Im Jahr 2006 lag es noch bei 7,5 Milliarden Euro. Zuletzt ist das Neugeschäft von 1,5 Milliarden Euro im Jahr 2016 um über 20 % auf 1,2 Milliarden Euro im Jahr 2017 zurückgegangen. Das Mobilienleasing hat hingegen mit 57,3 Milliarden Euro einen Rekord erreicht.[1] Die Immobilien-Leasing-Quote – der Anteil des Leasing an den gesamtwirtschaftlichen Bauinvestitionen (ohne Wohnungsbau) – ging von 1,3 Prozent (2016) auf 1,0 Prozent im Jahr 2017 zurück.[2] Die Gründe für den deutlichen Unterschied in der Höhe der Leasing-Quoten bei Mobilien und Immobilien liegen in der Leasing-Fähigkeit der Objekte und in strukturellen Konkurrenzverhältnissen auf den Märkten. Bei den Bauinvestitionen ist aus rechtlichen, steuerlichen und wirtschaftlichen Gründen ein relativ geringerer Teil der Objekte leasingfähig als bei den Ausrüstungsinvestitionen. Außerdem gibt es hier andere Formen der strukturierten Finanzierungen, die in den vergangenen Jahren an Boden gewonnen haben.[3] In den letzten Jahren haben sich die bankenabhängigen Leasing-Gesellschaften weitgehend aus dem Geschäft mit Großimmobilien zurückgezogen.[4]

Von den Public Private Partnership (PPP) – Projekten geht derzeit kein Wachstum mehr für das Immobilienleasing aus. Die allgemeinen Grundsätze des öffentlichen Haushaltsrechts (wie z.B. Grundsatz der Wirtschaftlichkeit und Sparsamkeit) sind auch bei PPP-Projekten zu beachten.[5] Aufgrund der angespannten Haushaltslage ist die öffentliche Hand mit Investitionen zurückhaltend. Neue Impulse können sich daraus ergeben, dass der Zustand der Infrastruktur Investitionen dringend notwendig macht.[6]

Wirtschaftlicher Hintergrund für die Entscheidung zum Immobilienleasing sind neben den steuerlichen Anreizen oftmals die Vorteile gegenüber einer Kreditfinanzierung. Aufgrund der immer restriktiver werdenden Kreditvergabe an mittelständische Unternehmen und der Forderung der Banken nach einer immer höheren Eigenkapitalquote bietet das Immobilienleasing den Vorteil, dass gerade kein Eigenkapitalanteil gefordert wird. Das Eigenkapital wird geschont, was im Hinblick auf das sich im Zusammenhang mit Basel II und Basel III ergebende Rating des Leasingnehmers für die Aufnahme anderer betriebs-

---

1 Report, Zahlen & Daten zum Leasingmarkt 2017, Bundesverband Deutscher Leasing-Unternehmen, abrufbar unter: bdl.leasingverband.de.
2 Report, Zahlen & Daten zum Leasingmarkt 2017, Bundesverband Deutscher Leasing-Unternehmen, abrufbar unter: bdl.leasingverband.de.
3 Jahresbericht 2014 des Bundesverband Deutscher Leasing-Unternehmen, a.a.O.
4 Leasing-Quoten nach Leasing-Nehmerbereichen, Bundesverband Deutscher Leasing-Unternehmen, Februar 2018, abrufbar unter: bdl.leasingverband.de.
5 BGH NVwZ-RR 2007, 47 f.
6 Kleine/Kling/Krautbauer, Infrastrukturfinanzierung: Einbindungsmöglichkeiten privaten Kapitals in Deutschland, Januar 2015, abrufbar unter: www.steinbeis-research.de.

notwendiger Kredite wichtig ist: Die Bonitätseinstufung verbessert sich und damit zugleich die Möglichkeit, einfacher und günstiger Fremdkapital für andere Investitionen zu beschaffen.

4 Bisher bestand ein weiterer Vorteil des Immobilienleasings in der sog. Off-Balance-Gestaltung. Anders als eine zu Eigentum erworbene Immobilie mit den damit verbundenen Krediten wurde eine geleaste Immobilie nicht in der Bilanz des Leasingnehmers geführt, weil es sich nicht um Anschaffungskosten handelt. Die geleaste Immobilie erschien lediglich in der Bilanz des Leasinggebers. Auch dies führte zu einer Verbesserung bei der Bewertung des Unternehmens, weil einerseits die mit der Immobilie zusammenhängenden Kredite keine Berücksichtigung fanden und andererseits die Immobilie mit einem oft schwer zu ermittelnden Wert und den damit verbundenen Unwägbarkeiten ebenfalls nicht in die Bilanz aufgenommen wurde. Für Geschäftsjahre, die am oder nach dem 01.01.2019 beginnen, ist allerdings zwingend der neue Leasingbilanzierungsstandart IFRS 16 anzuwenden, der die bisherigen Regelungen des IAS 17 ablöst. In Zukunft sind grundsätzlich alle Leasingverhältnisse nicht nur beim Leasinggeber, sondern auch beim Leasingnehmer in der Weise zu bilanzieren, dass der Leasingnehmer für die Verpflichtung zur Leistung von Leasingraten eine Leasingverbindlichkeit passiviert und für das bis zum Ende der Vertragslaufzeit gewährte Nutzungsrecht einen Vermögenswert aktiviert.[7]

5 Ein weiterer Vorteil gegenüber einem kreditfinanzierten Immobilienerwerb besteht darin, dass die Kostenbelastung langfristig sicherer kalkulierbar ist. Die Abhängigkeit der Kalkulation vom wechselnden Zinsniveau entfällt. Ein wesentlicher Vorteil gegenüber der Anmietung einer Immobilie besteht darin, dass es sich beim Immobilienleasing meist um ein neu angeschafftes bzw. errichtetes oder zumindest grundlegend saniertes Gebäude handelt. Der Leasingnehmer hat somit die Möglichkeit, ein auf seine Bedürfnisse zugeschnittenes Objekt nutzen zu können.

II. Rechtsgrundlagen

6 Auf den Immobilienleasingvertrag finden die Vorschriften über den Mietvertrag (§§ 535 ff. BGB) entsprechende Anwendung. Dieser Grundsatz wird dadurch eingeschränkt, dass zu prüfen ist, ob der typische Gehalt des Leasingvertrages bei der jeweils betreffenden Frage mit demjenigen eines normalen Mietvertrages übereinstimmt.[8] Um in den Genuss steuerlicher Vorteile zu kommen, sind bei der Vertragsgestaltung die BMF-Schreiben vom 21.03.1972 (F-IV B 2-S 2170-11/72, BStBl. I 1972, 188), vom 23.12.1991 (IV B 2-S 2170-115/91, BStBl. I 1992, 13), sowie vom 10.09.2002 (IV A 6-S 2196-1/02, DB 2002, 2245) zu berücksichtigen.

III. Vertragsformen

7 Zu unterscheiden sind zunächst Voll- und Teilamortisationsverträge. Bei der Vollamortisation werden während der unkündbaren Mietdauer die Kosten des Leasinggebers vollständig oder zumindest großteils durch die Leasingraten gedeckt. Beim Immobilienleasing ist diese Gestaltung der Ausnahmefall. Hingegen werden beim Teilamortisationsvertrag während der unkündbaren Mietdauer durch die Leasingraten die Anschaffungs- oder Herstellungskosten sowie die Nebenkosten einschließlich Finanzierungskosten des Leasinggebers nur z.T. gedeckt. Die Deckung der verbleibenden Kosten geschieht regelmäßig durch die Verwertung des Objekts nach Ablauf der Vertragslaufzeit.

---

7 *Harriehausen*, NJW 2016, 1421, 1424.
8 KG, Urt. v. 24.11.2016 – 8 U 70/15, WM 2017, 2075 (zur Ablehnung der Anwendbarkeit von §§ 550, 578 BGB auf Immobilienleasingverträge).

Weiter zu differenzieren ist danach, ob der Leasinggegenstand neu errichtet wird (Neubau-Leasing), ob er zuvor im Eigentum des Leasingnehmers stand (Sale-and-lease-back) oder ob der Leasinggeber das Objekt von einem Dritten, zumeist über eine Objektgesellschaft, erwirbt (Buy-and-lease). 8

Die Sale-and-lease-back-Gestaltung setzt bei dem Leasingnehmer und bei dem Grundstücks-/Gebäudeeigentümer bislang gebundene Eigenmittel frei; dabei können stille Reserven gehoben werden. Diese Mittel können z.B. für Investitionen im Kerngeschäft oder zur Überwindung absehbarer Liquiditätsengpässe verwendet werden. 9

Der klassische Fall ist jedoch das Neubau-Leasing. Dabei erhält der Leasingnehmer eine auf die Bedürfnisse seines Betriebes zugeschnittene Immobilie; dies führt im Fall einer Objektverwertung aufseiten des Leasinggebers jedoch zu einem erhöhten Risiko. Dieses Neubau-Leasing wird oft mit verschiedenen Dienstleistungen von Tochterfirmen des Leasinggebers verbunden: Quasi aus einer Hand erhält der Leasingnehmer die Leistungen Baukoordination, d.h. Projektsteuerung, Ausschreibung, Vergabe und Beauftragung der das Projekt ausführenden Firmen. Hierdurch erweitert sich die Wertschöpfungskette des Leasinggebers; der Vorteil des Leasingnehmers liegt darin, dass diese dem Leasinggeber angegliederten Baumanagementgesellschaften ein hohes Maß an baulicher Kompetenz haben und durch ihr häufiges Auftreten im Markt oft bessere Preise erzielen als der Leasingnehmer, der nur verhältnismäßig selten eine Immobilie größeren Umfangs errichtet. Denkbar ist aber auch eine Vertragskonstruktion, wonach der Leasingnehmer weitgehend selbst den Bau des Leasinggegenstandes in Händen hält: In diesem Fall wird ein Generalübernehmervertrag zwischen ihm als Generalübernehmer und dem Leasinggeber als Auftraggeber abgeschlossen. Der Leasinggeber setzt dann in der Regel nur noch einen Projektcontroller ein, der darauf achtet, dass Termine und Kostenvorgaben eingehalten werden. 10

Je nach der steuerlichen Bewertung werden beim Neubau-Leasing der Immobilie bei der Erstellung großer industrieller Anlagen (z.B. Anlagen für die Erzeugung erneuerbarer Energien; Hochregallager; Abfüll- und/oder Sortieranlagen etc.) Immobilien- und Mobilien-Leasingvertrag miteinander verknüpft. Dabei kann es vorkommen, dass sich das Immobilienleasing wirtschaftlich betrachtet auf einen kleinen Anteil (Grundstück und Fundamente/Halle) beschränkt, während die Betriebsvorrichtung, die im steuerlichen Sinne eine Mobilie darstellt, das wirtschaftliche Übergewicht hat. Hierüber ist dann ein getrennter Mobilienleasing-Vertrag abzuschließen, wobei jedoch Mobilien- als auch Immobilienleasing-Vertrag in bestimmten Punkten (z.B. Zeitpunkt des Beginns, Frage der Übergabe etc.) aufeinander abzustimmen sind.

Nicht unüblich ist es auch, eine Kombination aus Neubau-Leasing und Sale-and-leaseback des Grundstücks, in welcher Form auch immer, zu wählen. Bei diesen Sale-and-leaseback bezogen auf das Grundstück kann der Leasingnehmer sein entsprechendes Eigentum auf den Leasinggeber übertragen; denkbar ist auch, dass sich die Zurverfügungstellung des Grundstücks auf die Einräumung eines Erbbaurechts durch den Leasingnehmer zugunsten des Leasinggebers beschränkt. 11

IV. Form des Leasingvertrages

Da der Immobilienleasingvertrag stets eine über 1 Jahr hinausgehende Laufzeit hat, bedarf er nach verbreiteter Auffassung in der Literatur gemäß §§ 578, 550 BGB der Schriftform. Nach Auffassung des KG sind die §§ 578, 550 BGB hingegen auf den Immobilienleasingvertrag nicht anwendbar.[9] 12

---

9 Urt. v. 24.11.2016 – 8 U 70/15, WM 2017, 2075.

13 Darüber hinaus ist gemäß § 311b Abs. 1 Satz 1 BGB eine notarielle Beurkundung erforderlich, wenn der Leasingvertrag eine Veräußerungs- oder Erwerbsverpflichtung enthält. Beim Sale-and-lease-back-Vertrag ist dies stets der Fall, bei anderen Immobilienleasingverträgen ist die Vereinbarung eines Ankaufsrechts häufigster Anwendungsfall der Beurkundungspflicht.

V. Grunderwerbssteuerpflicht bei Vereinbarung eines Ankaufsrechts?

14 Wird dem Leasingnehmer im Leasingvertrag ein Ankaufsrecht eingeräumt, könnte dies eine Verwertungsbefugnis i.S.v. § 1 Abs. 2 GrEStG begründen. In einer Entscheidung vom 15.03.2006 folgte der BFH[10] dem FG Köln[11] darin, das Vorliegen einer Verwertungsbefugnis zu verneinen, wenn dem Leasingnehmer lediglich das Recht eingeräumt wird, zum Ablauf des Leasingvertrages den Abschluss eines Kaufvertrages über das Leasingobjekt mit dem Leasinggeber (zu einem feststehenden Kaufpreis) herbeizuführen. Der BFH begründet dies damit, dass der Leasingnehmer nicht derart an der Substanz des Grundstücks beteiligt ist, dass er an der ganzen Substanz des Grundstücks seinem Wert nach teilhätte und ggf. auch die Substanz des Grundstücks angreifen könnte. Das wäre dann der Fall, wenn der Leasingnehmer die Übereignung des Grundstücks jederzeit herbeiführen könnte, nicht aber, wenn dies erst zum Ablauf des Leasingvertrages möglich ist. Der BFH stellte klar, dass die ertragssteuerrechtliche Zuordnung des Leasingobjekts für die Frage der Grunderwerbssteuer nicht entscheidend ist.

15 Macht der Leasingnehmer nach Ablauf des vereinbarten Nutzungszeitraums von seinem Ankaufsrecht Gebrauch, fällt Grunderwerbssteuer nach § 1 Abs. 1 GrEStG an. Zu beachten ist, dass nach der Ansicht des BFH[12] in die Bemessungsgrundlage Nutzungsentgelte als sonstige Leistung i.S.d. § 9 Abs. 1 Nr. 1 GrEStG einzubeziehen sein können, wenn und soweit sie als versteckte Kaufpreisratenzahlungen anzusehen sind.[13]

VI. Vertragslaufzeit

16 Bei der Vereinbarung der Vertragslaufzeit ist zum einen § 544 BGB zu beachten, zum anderen die o.g. Leasingerlasse des BMF. § 544 BGB bestimmt, dass ein Mietvertrag, der für eine längere Zeit als 30 Jahre geschlossen wird, von jeder Vertragspartei nach Ablauf von 30 Jahren außerordentlich gekündigt werden kann. Eine bindende Vereinbarung einer längeren Vertragslaufzeit ist mithin nicht möglich. Damit das Objekt steuerrechtlich dem Leasinggeber zugerechnet werden kann, ist der Vorgabe der Leasingerlasse,[14] dass die unkündbare Vertragslaufzeit max. 90 % der betriebsgewöhnlichen Nutzungsdauer betragen darf, Rechnung zu tragen. Durch das Steuersenkungsgesetz vom 23.10.2000[15] wurde die Abschreibung von Betriebsgebäuden von 4 % auf 3 % abgesenkt. Hieraus resultierte eine Erhöhung der betriebsgewöhnlichen Nutzungsdauer von 25 Jahren auf 33 Jahre und 4 Monate.[16] Bei Zugrundelegung von 90 % dieser betriebsgewöhnlichen Nutzungsdauer ergibt sich eine maximale Laufzeit von ebenfalls 30 Jahren.

---

10 BFH v. 15.03.2006 – II R 28/04, BStBl. II 2006, 630.
11 FG Köln, Urt. v. 25.06.2003 – 5 K 6705/00, DStRE 2004, 49.
12 BFH BFH/NV 2006, 1702.
13 Vgl. *Loose*, FS Spiegelberger, 2009, S. 366, 368; *Stoschek/Sommerfeld/Mies*, DStR 2008, 2046, 2048.
14 BMF-Schreiben vom 21.03.1972, F-IV B 2-S 2170-11/72, BStBl. I 1972, 188 und vom 23.12.1991, IV B 2-S 2170-115/91, BStBl. I 1992, 13.
15 BGBl. I 2000, S. 1433.
16 Vgl. BMF-Schreiben vom 10.09.2002, IV A 6-S 2196-1/02, DB 2002, 2245.

VII. Vertragsmuster

Das nachfolgende Vertragsmuster betrifft den Fall des Neubau-Leasings. Die Immobilie wird auf einem im Eigentum des Leasingnehmers stehenden Grundstück errichtet; an diesem Grundstück ist dem Leasinggeber von dem Leasingnehmer ein Erbbaurecht eingeräumt worden. Die Immobilie ist dafür vorgesehen, Betriebsvorrichtungen aufzunehmen, über die ein separater Mobilien-Leasingvertrag abzuschließen ist.

Zwischen

.....   – nachstehend »LG« genannt –

und

.....   – nachstehend »LN« genannt –

wird folgender
IMMOBILIENLEASING-VERTRAG
geschlossen:

I. VERTRAGSDATEN

1. LEASING-GEGENSTAND

Eine Halle für ..... (Halle Nr. .....), zwei Hallen für ..... (Hallen Nr. .....), jedoch ohne Betriebsvorrichtungen wie .....
einschließlich Erbbaurecht, eingetragen im Grundbuch des Amtsgerichtes ....., Grundbuch von ....., Bl ....., Gemarkung ....., Flur ....., Flurstück ....., ... fläche, ... qm groß
Standort: .....
Art der Nutzung: .....

2. GESAMTMIETZEIT

..... Jahre (davon kalkulatorische 1. Mietperiode ..... Jahre) mit dem voraussichtlichen Mietbeginn ab .....

3. GESAMTINVESTITIONSKOSTEN

Berechnungsgrundlagen für die Mieten, Mieterdarlehen und Verwaltungskostenbeiträge sind die Gesamtinvestitionskosten (GIK) von voraussichtlich: ..... €

für Erbbaurecht:	..... €	AfA ..... % p.a.
für Gebäude:	..... €	AfA ..... % p.a.
nicht aktivierte Kosten:	..... €	kalk. AfA ..... % p.a.

4. ENTGELTE/MIETERDARLEHEN/VORLEISTUNGSKOSTEN

a) Mieten und Mieterdarlehen ab Mietbeginn   siehe Abschnitt II § 3
b) Verwaltungskostenbeitrag ab .... % p.a. der GIK
c) Auf die vom LG gegenüber dem Finanzamt als Vorsteuer geltend zu machende Umsatzsteuer vom Tage der Zahlung durch den LG bis zum Tage der Rückerstattung   ..... % p.a. über dem Basiszinssatz gemäß § 247 BGB

§ 44 Immobilienleasingvertrag

5. UMSATZSTEUER

Auf alle Entgelte im Sinne des UStG zahlt der LN die Umsatzsteuer aufgrund Gesetz oder Option in der jeweils geltenden Höhe.

6. MIETEN UND MIETERDARLEHEN

Die Aufteilung von Mieten und Mieterdarlehen ergibt sich aus der Anlage 1 zu diesem Vertrag. Die voraussichtliche Höhe des Mieterdarlehens beträgt zum Ablauf der Gesamtmietzeit ..... €

7. ZUSATZVEREINBARUNGEN

Anlage 1: – Aufteilung von Mieten und Mieterdarlehen

8. BESTIMMUNGEN DES IMMOBILIENLEASING-VERTRAGES

Die Bestimmungen gemäß nachfolgendem Abschnitt II §§ 1 bis 11 und die oben aufgeführten Anlagen sind wesentliche Bestandteile des Immobilienleasing-Vertrages und werden von den Vertragsparteien durch die Unterzeichnung anerkannt. Hinweise auf Nummerierungen ohne besondere Kennzeichnung beziehen sich auf diesen Vertrag.
[Unterschriften]

II. BESTIMMUNGEN DES IMMOBILIENLEASING-VERTRAGES

§ 1 Beginn der Gesamtmietzeit

1. Mit der Übernahme des Leasing-Gegenstandes durch den LN beginnt die Gesamtmietzeit nach Maßgabe von Ziff. II. § 1 Abs. 2–6 dieses Vertrages.
2. Die Übernahme ist in einem schriftlichen Übernahmeprotokoll festzuhalten, das von beiden Parteien zu unterzeichnen ist. Etwaige Mängel oder Restarbeiten sind zu vermerken, unabhängig davon, ob sie von einer der Parteien anerkannt werden oder nicht. Die Übergabe setzt einen fix und fertigen schlüsselfertigen und funktionsbereiten Leasing-Gegenstand voraus. Die Übernahme des Leasing-Gegenstandes erfolgt auch, wenn noch unwesentliche Restarbeiten incl. Mängelbeseitigung erforderlich sein sollten, die vertragsgemäße Nutzung aber dem LN objektiv möglich ist.
3. Die Übernahme erfolgt zu einem vereinbarten Termin oder wenn der LG mit einer Frist von 14 Werktagen dazu schriftlich eingeladen hatte. Die ordnungsgemäße Mitteilung des Übergabetermins setzt die gleichzeitige schriftliche Übermittlung der für die Nutzung des Leasing-Gegenstandes erforderlichen Dokumentationen (z.B. TÜV-Protokolle, Protokolle von Testläufen während der Inbetriebnahme-Phase, Revisionszeichnungen, Bedienungsanleitungen etc.), Protokolle über die Vorbegehung der beauftragten Gewerke zur Vorbereitung deren Abnahme durch den LG und den LN nicht älter als 14 Werktage vor der Mitteilung des Übernahmetermins und insbesondere die für die Erlangung der öffentlich-rechtlichen Schlussabnahme erforderlichen Unterlagen, insbesondere die durchgeführte Schlussabnahme, § 82 BauO NW, und das entsprechende Protokoll voraus. Erscheint der LN nicht, kann die Übernahme in Abwesenheit des LN erfolgen.
4. Nimmt der LN den Leasing-Gegenstand ganz oder teilweise vor dem Übernahmezeitpunkt gemäß Abs. 1 oder ohne Übernahmeprotokoll in Gebrauch, so gilt die Übernahme nach Ablauf von 14 Werktagen nach Beginn des Gebrauchs als erfolgt, dies gilt jedoch nicht für den parallelen Einbau von anderen nicht zum Immobiliengegenstand gehörenden Gegenständen, die für die spätere Gesamtnutzung der Immobilie notwendig sind, Testläufen und einen Probebetrieb mit den v.g. Einbauten. Der LN kann

ihm ggf. zustehende Rechte auf Ausführung von Restarbeiten incl. Mängelbeseitigung nur bis zum Ablauf dieser Frist i.S.d. Abs. 4 Satz 1 geltend machen, wenn es sich um offenkundige Mängel oder Restarbeiten handelt. Im Übrigen sind seine Rechte nicht beschränkt. Der Beginn der Montage von Betriebseinrichtungen wie z.B. der ......-Produktionsanlage stellt keine Übernahme dar.

5. Fällt der Übernahmezeitpunkt auf einen Termin bis einschließlich dem 15. des Übernahmemonats, ist Beginn der Gesamtmietzeit der Erste dieses Monats; fällt er auf einen Termin nach dem 15. des Übernahmemonats, ist Beginn der Gesamtmietzeit der Erste des Folgemonats.

§ 2 Gesamtinvestitionskosten

1. GIK sind mit Ausnahme der als Vorsteuer für den Leasing-Gegenstand abzugsfähigen Umsatzsteuer alle Aufwendungen, die dem LG anlässlich der Beschaffung oder Errichtung des Leasing-Gegenstandes einschließlich der Kosten der dafür benötigten Investitionsmittel erwachsen. Dazu gehören insbesondere:
– die Gegenleistung für die jeweiligen Erbbaurechte einschließlich Erwerbsnebenkosten, wie z.B. die Kosten der Beurkundung,
– Grunderwerbsteuer,
– Bau- und Baunebenkosten einschließlich Sanierungs- und Erschließungskosten, sonstige öffentliche Gebühren, Kosten der Bauzwischenfinanzierung, Disagio, Kosten der Versicherung während der Bauzeit, sofern diese nicht bereits im Rahmen von Ziff. II. § 4 dieses Vertrages beglichen wurden, nur die tatsächlich von dem LG gezahlten Rechnungsbeträge netto fließen in die GIK ein; Skonti, Minderungen, abgesehen von Einbehalten für Mängelansprüche – Gewährleistungseinbehalt –, reduzieren die GIK. In Abzug zu bringen sind Vertragsstrafen und sonstige Ansprüche des Auftraggebers gegenüber Baubeteiligten wegen Verzuges, Minderung etc.; diese Abzüge mindern die GIK ebenfalls. Nicht zu den GIK zählen Beschleunigungskosten, Beschleunigungsprämien, Zulagen für Überstunden außerhalb der gewöhnlichen Arbeitszeiten, es sei denn, der LN hat diesen Kosten ausdrücklich schriftlich zugestimmt.
– Kosten der Wertschätzung und Beleihung, insbesondere der Gutachterkosten.
– Einbezogen werden auch die Kosten, die erst nach Übernahme des Leasing-Gegenstandes oder nach Feststellung der GIK in Rechnung gestellt werden. Im Übrigen gilt § 3 Abs. 5 dieses Vertrages.

2. Der LG wird alle Verträge anlässlich der Beschaffung oder Errichtung des Leasing-Gegenstandes abschließen. Die v.g. Vertragsabschlüsse erfolgen ausschließlich auf der Basis der dem LG von dem LN zur Verfügung gestellten Vertragsentwürfe und nach vorheriger schriftlicher Zustimmung des LN. Entsprechendes gilt für die Entscheidung des LG als Bauherr für sämtliche Nachträge sowie sonstige kostenerhöhende Maßnahmen (z.B. Beschleunigungskosten, Überstundenzuschläge etc.). Der LG verpflichtet sich, eine Kopie der unterzeichneten Verträge nebst kompletten Anlagen jeweils unverzüglich dem LN zur Verfügung zu stellen. Durch die Zustimmung akzeptiert der LN, dass alle Zahlungsverpflichtungen aus diesen Verträgen und deren Vollzug – soweit nichts anderes vereinbart ist – zu Lasten der GIK zählen; zu den Mietnebenkosten zählen die Beträge nur nach vorheriger schriftlicher Zustimmung des LN.

3. Sobald der LG alle für die Feststellung der GIK erforderlichen Rechnungen, Bescheide und sonstigen Abrechnungen erhalten hat, wovon der LG dem LN jeweils vollständige Kopien überlassen hat, werden LN und LG gemeinsam die GIK feststellen.

§ 3 Vorleistungen/Entgelte und Mieterdarlehen/Anpassungen

1. Dem LN ist bekannt, dass der LG erst über Investitionsmittel verfügen kann, wenn die ranggerechte Belastung des Leasing-Gegenstandes zugunsten des Finanziers des LG gewährleistet, diesem nachgewiesen worden ist, sowie die banküblichen Auflagen erfüllt sind. Sind Zahlungen zu leisten, bevor der LG über die Investitionsmittel verfügen kann, tritt der LN in Vorlage.
2. Bis zum Beginn der Gesamtmietzeit zahlt der LN die in diesem Zeitraum bei dem LG nachweislich angefallenen Grundbesitzabgaben und Versicherungsbeiträge gemäß Ziff. II. § 8 Abs. 1 dieses Vertrages.
3. Nach der Festlegung der GIK i.S.d. § 2 Abs. 3 dieses Vertrages werden die Mieten und Mieterdarlehen auf Basis von ..... €, Zinssatz: ..... % p.a./..... Jahre fest, Laufzeit: ..... Jahre; Bereitstellungsprovision ..... % p.M., beginnend ab dem ..... gezahlt; Bereitstellungsprovision wird vierteljährlich, nachträglich festgelegt.
4. Der LN kann jedoch auch vor der Festlegung der GIK auf der Grundlage der vorläufigen GIK eine Festlegung der Mieten, Mieterdarlehen und Verwaltungskostenbeiträge auf der Basis der in Ziff. II § 3 Abs. 3 dieses Vertrages festgelegten Zinssatzes verlangen. Nach der endgültigen Festlegung der GIK werden die Mieten dann an die GIK angepasst. Werden die voraussichtlichen GIK dann nicht erreicht, hat der LN dem LG die Kosten zu erstatten, die aus der Nichtinanspruchnahme bereitgestellter Finanzierungsmittel entstehen. Bei einer Überschreitung der voraussichtlichen GIK kann der LG vom LN verlangen, dass dieser die Differenz als weiteres Darlehen des LN an den LG gewährt. Fällt die endgültige GIK niedriger aus als diejenige, die der vorläufigen Berechnung zugrunde gelegt worden ist, ist dies zugunsten des LN bei der Gesamtberechnung der Miete zu berücksichtigen.
5. Eine Mietanpassung erfolgt auch für den Fall, dass nach der Festlegung der GIK Kosten im Sinne von § 2 Abs. 1 dieses Vertrages in Rechnung gestellt werden, die bisher noch nicht in den GIK berücksichtigt werden konnten.
6. Mieterdarlehen dienen in ihrer vollen Höhe dem LG zur Rückführung der von ihm aufgenommenen Investitionsmittel. Mieterdarlehen werden unverzinslich gewährt. Dies wird bei der Vereinbarung der Mieten berücksichtigt.
Das Mieterdarlehen wird nach Veräußerung des Leasing-Gegenstandes unverzüglich, andernfalls spätestens ein Jahr nach Ablauf der Gesamtmietzeit zurückgezahlt.
7. Zum Ende der Zinsfestschreibung ist der LG berechtigt und verpflichtet, die Mieten und Mieterdarlehen unter Berücksichtigung der Restlaufzeit der jeweiligen Mietperiode an die entsprechenden Konditionen seiner Finanzierung anzupassen; hierzu ist die schriftliche Zustimmung des LN erforderlich.
8. Der LN erstattet dem LG die im Falle einer Anschlussfinanzierung entstehenden Fremdkosten, die z.B. dadurch anfallen können, dass Banken Wertgutachten fordern, Gerichtskosten für Übertragung von Sicherheiten entstehen; eigene Kosten/Vergütung wird der LG nicht in Rechnung stellen.
9. Den Mieten und Mieterdarlehen liegen die in Ziff. I Abs. 3 genannten Abschreibungssätze zugrunde. Sollte aufgrund geänderter Rechtslage in Gesetzen, Verordnungen, Erlass oder nach dem Ergebnis einer Betriebsprüfung eine Veränderung der Abschreibungssätze notwendig werden, bleibt die Summe aus Mieten und Mieterdarlehen unverändert. Die Aufteilung des Gesamtbetrages ist den geänderten Abschreibungssätzen anzupassen. Dies gilt auch bei einer Veränderung der Abschreibungsgrundlagen. Der LG berechnet die Anpassungen unter Berücksichtigung der unveränderten Bedingungen und teilt sie dem LN mit.

§ 4 Mietnebenkosten

Ab Vertragsabschluss trägt der LN:
1. nachweislich bei dem LG angefallene objektbezogene Nebenkosten wie Grundbesitzabgaben, Grundsteuer, Müllabfuhr, Straßenreinigung, Kanal-/Schornsteinfegergebühren und Versicherungsbeiträge; laufende Kosten, die dem LG aufgrund der vom LG abgeschlossenen Finanzierungsverträge entstehen, z.B. Kosten der nach dem KWG erforderlichen Leasing-Gegenstandsbegutachtung, Bereitstellungsprovisionen, Zwischenfinanzierungskosten.
2. die beim LG oder seinen Gesellschaftern eventuell anfallende Vermögensteuer und die darauf lastenden Ertragsteuern, die Körperschaftsteuer einschließlich Solidaritätszuschlag aufgrund von Buchgewinnen sowie die beim LG oder seinem Organträger verursachte Gewerbesteuer. Dies gilt insbesondere auch bei einer Ertragsteuerbelastung durch gesetzlich begrenzte Verlustverrechnungsmöglichkeiten bzw. eine zukünftige Änderung/Verbreiterung der Bemessungsgrundlage/des steuerlichen Gewinns. Zu den Nebenkosten zählen auch steuerliche Nebenleistungen sowie evtl. neu eingeführte Steuern und Belastungen.

§ 5 Zahlungsmodalitäten

1. Der LN ist nicht berechtigt, gegen Forderungen aus diesem Vertrag aufzurechnen, soweit es sich nicht um unbestrittene oder rechtskräftig festgestellte Forderungen handelt.
2. Mieten, Mieterdarlehen und Verwaltungskostenbeiträge inkl. zu tragender Umsatzsteuer sowie die entsprechenden vorläufigen Zahlungen gemäß § 3 Abs. 3 dieses Vertrages sind vierteljährlich im Voraus/monatlich nachschüssig anteilig fällig und am fünften Werktag des Quartals/des folgenden Monats zu zahlen. Alle übrigen Leistungen, Zahlungen und Erstattungen sind fünf Werktage nach Zugang der Rechnungsstellung durch den LG bei dem LN fällig.
3. Bei Teilzahlung oder verspäteter Zahlung verrechnet der LG eingehende Beträge nach seiner Wahl mit fälligen Beträgen.
4. Die Zahlungen des LN haben bargeldlos und für den LG kostenfrei zu erfolgen.

§ 6 Nutzen/Unterhaltung/Gebrauchsüberlassung, Einbauten und Veränderungen

1. Der LN ist verpflichtet, den Leasing-Gegenstand ohne eine die Interessen des LG beeinträchtigende Unterbrechung in der vereinbarten Art gemäß Ziff. I Abs. 1 zu nutzen.
2. Der LN wird den LG unverzüglich schriftlich unterrichten, wenn die Nutzung des Leasing-Gegenstandes wegen Mängeln, wegen ganzen oder teilweisen Untergangs, wegen ganzer oder teilweiser Zerstörung oder aus sonstigen Gründen langfristig ausgeschlossen ist.
3. Der LN wird den Leasing-Gegenstand mit der Sorgfalt eines ordentlichen Kaufmanns auf seine Kosten in der Weise unterhalten (instand setzen und instand halten), dass er jederzeit funktionsfähig und seine vertragsgemäße Nutzung gewährleistet ist. Die Betriebs-, Unterhaltungs- und Erhaltungskosten sowie alle Reparaturen einschließlich der Schönheitsreparaturen trägt der LN mit Ausnahme bei ganzem oder teilweisem zufälligen Untergang des Leasing-Gegenstandes, bei ganzer oder teilweiser Zerstörung des Leasing-Gegenstandes, die der LN nicht zu vertreten hat, sowie,

wenn die Nutzung des Leasing-Gegenstandes aus anderen Gründen, die der LN nicht zu vertreten hat, langfristig ausgeschlossen ist.[17]

4. Der LN hat u.a. jede Beeinträchtigung – Beschädigung, Zerstörung und Untergang – des Leasing-Gegenstandes zu vertreten, die im Zusammenhang mit seiner Nutzung durch den LN stehen oder in seinem Verantwortungs- und Gefahrenbereich entstanden sind.

5. Nach erfolgloser schriftlicher Abmahnung ist der LG berechtigt, die zur Wiederherstellung des vertragsgemäßen Zustandes des Leasing-Gegenstandes erforderlichen Reparaturen einschließlich Baumaßnahmen auf Kosten des LN durchführen zu lassen.

6. Der LN ist dem LG für die Einhaltung aller an den unmittelbaren Besitz oder die Nutzung des Leasing-Gegenstandes anknüpfenden gesetzlichen und behördlichen Bestimmungen verantwortlich. Insoweit erfüllt der LN auf seine Kosten alle gegenwärtigen und künftigen Verpflichtungen, die ihm obliegen würden, wenn er Eigentümer des Leasing-Gegenstandes wäre. Soweit erforderlich wird der LN die zur Nutzung notwendigen Genehmigungen einholen und sie dem LG auf Verlangen nachweisen.

Der LN wird den LG von sämtlichen Ansprüchen Dritter freistellen, denen der LG als Eigentümer, Erbbauberechtigter oder Anwartschaftsberechtigter des Leasing-Gegenstandes wegen Umständen ausgesetzt ist, die während der Besitzdauer des LN oder während der Dauer des Vertrages, beginnend mit seiner Unterzeichnung, eingetreten sind und deren Eintritt der LN zu vertreten hat.

7. Zur Untervermietung oder Gebrauchsüberlassung an Dritte bedarf der LN der vorherigen schriftlichen Zustimmung des LG. Der LG kann dem nur aus wichtigem Grund schriftlich widersprechen. Einer Zustimmung des LG bedarf es im Fall der Untervermietung oder Gebrauchsüberlassung an ein verbundenes Unternehmen i.S.d. § 15 AktG oder an ein Unternehmen, an dem im Wesentlichen die Gesellschafter des LN beteiligt sind, nicht.

Zur Sicherung aller gegenwärtigen und zukünftigen Ansprüche des LG tritt der LN hiermit seine gegenwärtigen und zukünftigen Ansprüche aus Untermietverhältnissen bereits jetzt an den LG ab. Die Abtretung steht unter der aufschiebenden Bedingung, dass der LG positive Kenntnis von dem Untermietverhältnis hat und der LN mit der Summe einer Mietrate in Rückstand ist. Auf Verlangen des LG ist diese Abtretung bei Abschluss eines Untermietvertrages erneut vorzunehmen.

Der Bedingungseintritt muss gegenüber den Untermietern nicht nachgewiesen werden. Der LN erklärt hiermit, dass die Mieter nach der Offenlegung der Abtretung mit schuldbefreiender Wirkung an den LG zahlen können. Diese Abrede ist ein Vertrag zugunsten Dritter.

Bei einem Einzug der abgetretenen Ansprüche durch den LG ist dieser wegen seiner Haftung gemäß § 13c UStG berechtigt, die in den Forderungen enthaltene Umsatzsteuer an das Finanzamt abzuführen. Der LN erklärt sich damit einverstanden, dass der LG die Zahlungen im Sinne des § 48 AO bewirken kann und teilt dem LG hierzu bereits bei Abschluss dieses Vertrages seine Steuernummer und die Adresse des zuständigen Finanzamtes mit.

Nicht als Untervermietung oder Gebrauchsüberlassung im vorbezeichneten Sinn gilt der Fall, dass der LN einem Dritten die Mitbenutzung des Leasing-Gegenstandes im Hinblick auf eine evtl. Erweiterung, insbesondere auch der Betriebsvorrichtung (.....) einräumt, ohne dass hierdurch dem Mitbenutzer ein Rechtsanspruch gewährt wird.

8. Einbauten, bauliche Veränderungen und Nutzungsänderungen bedürfen der schriftlichen Einwilligung des LG. Der LG erklärt sich bereits jetzt mit allen baulichen Veränderungen einverstanden, die im Zusammenhang mit einer Erweiterung des/der .....

---

17 Zur Wirksamkeit der formularmäßigen Übertragung aller Instandhaltungspflichten auf den LN: BGH, Urt. v. 26.11.2014 – XII ZR 120/13, NZM 2015, 251.

notwendig werden. Im Übrigen kann der LG die Einwilligung nicht verweigern, wenn der Wert oder die Funktionsfähigkeit des Leasing-Gegenstandes nicht beeinträchtigt wird und alle hierzu erforderlichen öffentlich-rechtlichen Genehmigungen vor Ausführung vorliegen. Schäden, die aufgrund von Versäumnissen des LN entstehen, gehen zu seinen Lasten.
9. Bezüglich der [..... einzelne Betriebsvorrichtungen .....] wird vereinbart, dass der LG hiermit auf sein Vermieterpfandrecht gemäß §§ 562 ff. BGB und auf sonstige Rechte an den v.g. Anlagen verzichtet. Der LN nimmt diesen Verzicht hiermit an. Der LG erklärt sich bereit, diesen Verzicht auf Anforderung des LN nochmals in privatschriftlicher Form gesondert zu wiederholen.

§ 7 Mängel

1. Der LG tritt hiermit die ihm gegen Dritte zustehenden Ansprüche gemäß §§ 437, 634 BGB wegen bereits bei Übernahme des Leasing-Gegenstandes ggf. bestehender und begründeter Mängel an den dies annehmenden LN erfüllungshalber ab, sofern diese nicht gegen den LN z.B. als Generalübernehmer bestehen. Dies gilt auch für gestellte oder zu stellende Sicherheiten von Subunternehmern. Der LG wird Gewährleistungseinbehalte (z.B. Gewährleistungsbürgschaften) nur im Einvernehmen mit dem LN an den betreffenden Baubeteiligten herausgeben. Wird ein Gewährleistungseinbehalt auf Wunsch des LN nicht an den Baubeteiligten zurückgegeben, obwohl dieser dies fordert, und kommt es deshalb zu einem Rechtsstreit zwischen ihm und dem LG, so stellt der LN den LG von allen Prozesskosten frei.
2. Der LN ist berechtigt und verpflichtet, die ihm abgetretenen Ansprüche auf seine Kosten unverzüglich geltend zu machen, insbesondere rechtzeitig Klage zu erheben. Der LN wird Zahlung zu treuen Händen des LG verlangen. Der LN wird den LG über den Gang von Verfahren laufend und zeitnah unterrichten. Der LG hat treuhänderisch gehaltene Beträge gegen Nachweis der zweckgerechten Mängelbeseitigung freizugeben. Der LN ist verpflichtet, erlangte Zahlungen und Leistungen zur Wiederherstellung des Leasing-Gegenstandes zu verwenden.
3. Im Übrigen ist die Geltendmachung von Ansprüchen durch den LN wegen eines Mangels des Leasing-Gegenstandes oder wegen Verzuges des LG mit der Beseitigung des Mangels ausgeschlossen, es sei denn, der Mangel oder der Verzug ist nicht vom LN zu vertreten.
4. Unberührt hiervon bleibt der Anspruch des LN auf Mängelbeseitigung, soweit der LN seine Verpflichtungen gemäß § 7 Abs. 2 dieses Vertrages erfüllt hat und nicht rechtskräftig abgewiesen wurde. Der LN ist weiterhin zur Mietminderung berechtigt, wenn ein Ausnahmefall gemäß § 6 Abs. 3 und 4 dieses Vertrages vorliegt und die Beeinträchtigung der vertragsgemäßen Nutzung des Leasing-Gegenstandes erheblich ist. Eine erhebliche Beeinträchtigung der Nutzung liegt in der Regel vor, wenn der Untergang, die Zerstörung oder der langfristige Nutzungsausschluss einen erheblichen Anteil der Gebäudefläche des Leasing-Gegenstandes betrifft oder die Nutzung dem LN nicht mehr zuzumuten ist.

§ 8 Versicherungen

1. Für die Dauer der Errichtung des Leasing-Gegenstandes und bis zu dessen Übernahme durch den LN schließt der LG eine Rohbau-, Feuer-, Bauleistungs- und eine Bauherrenhaftpflichtversicherung ab.
2. Für die Zeit nach der Übernahme des Leasing-Gegenstandes durch den LN schließt der LG für Gebäude und Baulichkeiten eine Feuer-, Sturm- und Hagelversicherung jeweils zum Neuwert einschließlich Aufräumungs- und Abbruchkosten sowie Leitungs-

§ 44 Immobilienleasingvertrag

wasserschäden ab. Der LN wird dem LG den entsprechenden Versicherer spätestens innerhalb von einer Woche nach Zugang der Mitteilung des Übernahmetermins gemäß Ziff. II. § 1 Abs. 3 dieses Vertrages mitteilen. Geschieht dies nicht, bestimmt der LG den Versicherer.
Die Versicherung des Leasing-Gegenstandes durch den LG umfasst keine Gegenstände, die steuerrechtlich Betriebsvorrichtungen und nicht Gegenstand dieses Vertrages sind. Die Abgrenzung erfolgt ggf. in einer Zusatzvereinbarung.
3. Der LN verpflichtet sich, die zum Abschluss und zur Aufrechterhaltung der o.g. Versicherungen erforderlichen Unterlagen und Daten dem LG zur Verfügung zu stellen.
4. Der LN verpflichtet sich, den LG auf einen fehlenden oder nicht ausreichenden allgemeinen oder besonderen Versicherungsschutz unverzüglich aufmerksam zu machen. Dies gilt insbesondere für vom LN herbeigeführte Umstände, die sich gefahrenverändernd oder gefahrenerhöhend auswirken können, insbesondere bei der Vornahme von Einbauten, baulichen Maßnahmen oder Nutzungsänderungen.
5. Einen Schadenfall wird der LN dem Versicherer und dem LG unverzüglich schriftlich mitteilen und dafür Sorge tragen, dass der Schadensort bis zur Besichtigung durch den Versicherer unverändert bleibt. Ungeachtet dessen obliegen dem LN Maßnahmen, die zur Minderung des Schadens oder zur Vermeidung von Folgeschäden notwendig sind. Diese Maßnahmen wird der LN in Abstimmung mit dem LG und dem jeweiligen Versicherer gemäß § 9 dieses Vertrages durchführen.
6. Der LN schließt eine Betriebs-, Haus- und Grundbesitzerhaftpflichtversicherung einschließlich Umwelthaftpflicht ab. Zusätzlich schließt der LG eine subsidiäre Haus- und Grundbesitzerhaftpflichtversicherung ab, sofern und soweit durch seinen Beitritt zu bestehenden Versicherungen oder zu einer neu abzuschließenden neuen Versicherung für den LG kein Versicherungsschutz für den v.g. Bereich zu erlangen ist.
Darüber hinaus ist der LN verpflichtet, ausreichende Betriebsversicherungen, insbesondere eine Betriebsunterbrechungsversicherung und bei Untervermietung eine Mietverlustversicherung zu unterhalten.
Der LG kann geeignete Nachweise über Abschluss und Bestand der Versicherungen des LN verlangen.
7. Zur Sicherung von Ansprüchen des LG, die mit einem Versicherungsfall i.S.d. Ziff. II. § 8 Abs. 2 dieses Vertrages im Zusammenhang stehen, tritt der LN seine sich aus diesen Versicherungen ergebenden Ansprüche an den LG ab; der LG nimmt diese Abtretung hiermit an.

§ 9 Wiederaufbau

1. In einem Versicherungsschadenfall gemäß § 8 beauftragt der LN in eigenem Namen und für eigene Rechnung Fachunternehmen mit den notwendigen Sicherungsmaßnahmen und der anschließenden Beseitigung der Schäden. Er legt die Rechnungen nach Prüfung und Begleichung dem LG vor.
2. Der LG ist verpflichtet, den von dem Versicherer erlangten Ersatz in voller Höhe für die Wiederherstellung des Leasing-Gegenstandes zu verwenden.
3. Soweit der LN die ganze oder teilweise Zerstörung oder Beschädigung des Leasing-Gegenstandes im Sinne von § 6 Abs. 3 und 4 zu vertreten hat, trägt er die neben den Versicherungsleistungen für eine vertragliche Nutzung des Leasing-Gegenstandes evtl. noch erforderlichen zusätzlichen Wiederherstellungskosten sowie etwaige Sachverständigenkosten. Ein Wegnahmerecht oder Entschädigungsanspruch hinsichtlich dieser zusätzlichen Aufwendungen steht dem LN nicht zu.
4. Die Regelungen der Abs. 1 und 2 gelten in Fällen der Mängelbeseitigung gemäß § 7 Abs. 2 entsprechend.

5. Liegt ein Schadenfall vor, den der LN nicht zu vertreten hat, und reichen Versicherungsleistungen oder sonstige Leistungen Dritter aus dem Schadenereignis zur Wiederherstellung des Leasing-Gegenstandes nicht aus, haben beide Beteiligten das Recht, den Leasing-Vertrag zu kündigen. Die Erklärungsfrist hierzu beträgt 3 Monate ab dem schädigenden Ereignis.

§ 10 Beendigung

1. Dieser Vertrag ist grundsätzlich unkündbar.
2. Die erste Mietzeit gemäß Ziff. I.2. dieses Vertrages beträgt ..... Jahre; erklärt der LN nicht einen Monat vor Ablauf der 1. Mietperiode, dass er die Verlängerung um weitere ..... Jahre wünscht, endet der Vertrag nach der ersten Mietperiode.
3. Jeder Partner kann den Vertrag aus wichtigem Grund fristlos kündigen, insbesondere wenn
a) der Erwerb oder die Errichtung des Leasing-Gegenstandes endgültig unterbleibt, und zwar aus Gründen, die der Kündigende gemäß § 276 BGB nicht zu vertreten hat oder
b) der andere Partner oder ein Dritter, der für die Verpflichtung des LN als Bürge, Gesamtschuldner oder in sonstiger Weise einsteht, wesentlichen vertraglichen Verpflichtungen trotz schriftlicher Mahnung des Vertragspartners nicht innerhalb von zwei Monaten nachkommt oder erhebliche Folgen von Vertragsverletzungen nicht unverzüglich beseitigt.
4. Der LG ist ferner berechtigt, den Vertrag fristlos zu kündigen, wenn der LN mit seinen Zahlungsverpflichtungen aus diesem Vertrag in Höhe des Betrages einer Rate aus Mieten und Mieterdarlehen über mehr als zwei Monate in Verzug ist.
5. Im Falle einer fristlosen Kündigung vor Übernahme des Leasing-Gegenstandes erstattet der LN dem LG die entstandenen oder noch entstehenden Aufwendungen im Sinne von § 3 Abs. 1, sofern der LN die Kündigung zu vertreten hat. Die Vorschriften des Bürgerlichen Gesetzbuches über den Auftrag, insbesondere § 667 BGB auf Herausgabe des Erlangten, finden entsprechende Anwendung. Der LN hat den LG die im Zusammenhang mit der Abwicklung entstehenden nachgewiesenen Kosten zu erstatten zzgl. eines Betrages von 10 % hierauf.
6. Der LG kann bei einer vom LN zu vertretenden Kündigung vor Übernahme des Leasing-Gegenstandes auch vom LN verlangen, dass dieser in alle vom LG in Erfüllung dieses Vertrages mit Dritten geschlossenen Verträge anstelle des LG eintritt bzw. letzteren von allen Verpflichtungen aus diesen Verträgen freistellt.

§ 11 Sonstiges

1. Dem LG oder seinen Beauftragten ist zur Geschäftszeit sowie nach vorheriger Ankündigung der Zutritt zum Leasing-Gegenstand gestattet.
2. Zum Ende des Immobilien-Leasing-Vertrages hat der LN den Leasing-Gegenstand dem LG in vertragsgemäßem Zustand geräumt zurückzugeben. Während der Dauer der Vorenthaltung, also wenn der LN den Leasing-Gegenstand nicht zurückgibt und das Unterlassen der Herausgabe dem Willen des LG widerspricht, hat der LN sämtliche Verpflichtungen dieses Vertrages zu erfüllen.
Die Regelung des § 545 BGB, wonach das Mietverhältnis als auf unbestimmte Zeit verlängert gilt, wenn der Mieter nach dem Ablauf der Mietzeit den Gebrauch der Mietsache fortsetzt, wird ausgeschlossen. Setzt der Mieter den Gebrauch der Mietsache nach Ablauf der Mietzeit fort, so gilt das Mietverhältnis nicht als verlängert.

3. Der LN gibt dem LG alle für die Geschäftsverbindung wesentlichen Tatsachen umgehend und unaufgefordert bekannt. Insbesondere wird der LN den LG über seine rechtlichen Verhältnisse sowie über seine Ertrags- und Vermögenslage unterrichten und dem LG jährlich, spätestens 6 Monate nach Bilanzstichtag, den Jahresabschluss nebst Gewinn- und Verlustrechnung und, soweit vorhanden, Geschäfts- und Wirtschaftsprüferbericht übersenden. Verzögert sich die Festsetzung eines Jahresabschlusses, wird der LN dem LG vorläufige Zahlen überlassen und ihm Einblick in sein Rechnungswesen gestatten. Die vorgenannten Pflichten gelten auch für Bürgen, für Gesamtschuldner oder für sonstige für die Ansprüche aus diesem Vertrag Mitverpflichtete sowie deren Komplementären und Komplementären des LN.

Sofern die Finanziers die vorgenannten Unterlagen in Besitz haben bzw. die vorgenannten Tatsachen kennen, wird der LG hiermit ermächtigt, die Unterlagen und Tatsachen bei den Finanziers anzufordern bzw. sich übermitteln zu lassen.

Diese Verpflichtung dient dazu, den LG in die Lage zu versetzen, die Voraussetzungen des § 18 KWG zu erfüllen und zu verhindern, dass die refinanzierende Bank dem LG die Finanzierung wegen der Nichterfüllung der Voraussetzungen des § 18 KWG kündigen muss.

4. Nach § 9 Abs. 2 UStG ist ein Vorsteuerabzug bei vermieteten Grundstücken nur möglich, soweit der LN das Grundstück ausschließlich für Umsätze verwendet oder zu verwenden beabsichtigt, die den Vorsteuerabzug nicht ausschließen. LG und LN gehen davon aus, dass alle Umsätze umsatzsteuerpflichtig sind. Sollte dies nicht zutreffen oder im Laufe der Mietzeit die Umsatzsteuerpflichtigkeit ganz oder teilweise entfallen, ist der LN verpflichtet, dem LG die steuerbefreiten Umsätze anzuzeigen.

5. Nebenabreden und Vertragsänderungen bedürfen der beiderseitigen schriftlichen Vereinbarung. Dies gilt auch bei einer Aufhebung dieser Schriftformklausel.

6. Der LN kann die ihm aus dem Immobilienleasing-Vertrag zustehenden Ansprüche und Rechte nur mit vorheriger Zustimmung des LG auf Dritte übertragen.

7. Sollten eine oder mehrere Bestimmungen dieses Vertrages ungültig sein oder werden, bleiben dennoch alle übrigen Bestimmungen wirksam. An ihrer Stelle gelten solche zusätzlichen Regelungen, die dem von den Parteien Gewollten am nächsten kommen. Dies gilt entsprechend im Falle einer Vertragslücke.

§ 45 Architektenvertrag

Literatur: *Berg/Vogelheim/Wittler,* Entwickeln, Planen, Bauen, 2010; *Fuchs/Berger/Seifert,* Beck´scher HOAI- und Architektenrechts-Kommentar: HOAI, 2016; *Glöckner/von Berg,* Bau- und Architektenrecht, Kommentar, 2. Aufl. 2015, *Korbion/Mantscheff/Vygen,* Honorarordnung für Architekten und Ingenieure, 8. Aufl. 2013; *Kniffka,* Bauvertragsrecht, 3. Aufl. 2018; *Locher/Koeble/Frik,* Kommentar zur HOAI, 13. Aufl. 2017; *Löffelmann/Fleischmann,* Architektenrecht, 7. Aufl. 2017; *Pott/Dahlhoff/Kniffka/Rath,* HOAI, 10. Aufl. 2016; *Werner/Pastor,* Der Bauprozess, 16. Aufl., 2018.

I. Rechtsnatur

Mit Wirkung zum 01.01.2018 sind der Architektenvertrag und Ingenieurvertrag erstmals als solche im BGB geregelt. Durch die Einordnung in das Werkvertragsrecht ist klargestellt, dass es sich um Werkverträge handelt. Dabei setzte das BGB in § 650p Abs. 1 BGB voraus, dass zwischen den Parteien Planungs- und Überwachungsziele (werkvertraglicher Erfolg) vereinbart werden, deren Erreichung der Architekt schuldet.

Soweit das nicht der Fall ist, sieht das bürgerliche Recht in §§ 650p, 650r BGB ein sog. Zwei-Stufen-Modell vor. Danach hat der Architekt in einer Art Zielfindungsphase eine Planungsgrundlage zur Ermittlung dieser Ziele (werkvertraglicher Erfolg) zu erstellen, die der dem Auftraggeber gemeinsam mit einer Kosteneinschätzung vorlegt. Bei der Formulierung des Gesetzes, insbesondere bei den Rechtsbegriffen der »Planungsgrundlage« und der »Kosteneinschätzung« hat sich der Gesetzgeber bewusst nicht an der Nomenklatur der HOAI oder der DIN 276 orientiert, um es den Parteien des Vertrags zu überlassen,[1] welche Informationen sie auf welche Art und Weise beschaffen und vereinbaren wollen, um den werkvertraglichen Erfolg zu definieren. Die nachfolgenden Formulare weisen dazu einen möglichen, aber nicht zwingenden Weg.

Der Architekt schuldet mithin einen Erfolg. Entweder den im Vertrag durch die Vereinbarung der Planungs- und Überwachungsziele definierten oder denjenigen Erfolg, den die Parteien im Rahmen der Zielfindungsphase gemeinsam erarbeiten und definieren. Es bleibt aber dabei, dass sich dieser Erfolg nicht nur auf das Bauwerk selbst bezieht. Bei der Vollarchitektur erfasst die Aufgabe des Architekten über die bloße Erstellung der Planung hinaus auch weitergehende Beratungsleistungen wie z.B. bei der Kostenplanung, der Vergabe sowie Koordinations- und Integrationsleistungen, insbesondere bei der Objektüberwachung. Der Architekt schuldet den Erfolg mithin in drei Stufen: Zunächst als Ergebnis der Zielfindungsphase die Planungsgrundlage und Kosteneinschätzung, danach bei der Genehmigungsplanung eine der Bauaufgabe entsprechende, dauerhaft genehmigungsfähige Planung und am Ende der von ihm zu erbringenden Leistungen – mit Ausnahme der Objektbetreuung – das »Entstehenlassen eines mangelfreien Bauwerks.«[2] Bei der Formulierung des Architektenvertrages sind die Parteien im Übrigen frei, weitere werkvertragliche Erfolge und/oder Teilerfolge zu definieren und im Einzelnen festzuhalten, was der Architekt an erfolgsbezogener Leistungspflicht zu erbringen hat.[3]

---

1 BT-Drucks. 18/8486, S. 67
2 BGH BauR 1982, 79.
3 BGH NJW 2004, 2588 = NZBau 2004, 509.

II. Formvorschriften/Verbraucherverträge

4 Im Grundsatz ist der Abschluss des Architektenvertrages formfrei möglich. Wie bei jedem anderen Vertrag ist aber darauf zu achten, ob nicht ausnahmsweise aufgrund gesetzlicher Vorschriften besondere Formvorschriften zur Anwendung kommen.

5 Private Bauherren sind Verbraucher im Sinne des § 13 BGB und genießen als solche besondere Widerrufs- und vertragliche Rückgaberechte. Was bislang nur für den normalen Handel, etwa im Internet, bekannt war, gilt seit Mitte Juni 2014 auch für Verträge mit Architekten und Fachplanern.[4]

6 Werden Verträge mit Architekten oder Fachplanern außerhalb der Geschäftsräume des Architektur- oder Ingenieurbüros geschlossen, kann der private Bauherr diese gemäß § 312b BGB innerhalb von 14 Tagen widerrufen. Das wird gerade bei Architekten, die das Grundstück des Verbrauchers besichtigen oder sich zu Planungsbesprechungen in dessen Immobilie befinden, recht häufig der Fall sein. Diese Frist beginnt aber erst zu laufen, wenn der Verbraucher ordnungsgemäß über sein Widerrufsrecht belehrt worden ist, § 312d Abs. 2 BGB in Verbindung mit Art. 246a EGBGB.

7 Der Architekt muss den Auftraggeber daher darauf hinweisen, dass er den Vertrag wegen des Vertragsschlusses außerhalb der Geschäftsräume des Architekten binnen 14 Tagen durch Erklärung gegenüber dem Architekten widerrufen kann. Bei Verbrauchern ist daher an geeigneter Stelle folgende Klausel aufzunehmen:

8 M Der Architekt weist den Auftraggeber gemäß Art. 246a BGB auf Folgendes hin:
1. Die Identität des Architekten ist dem Eingang des Vertrags zu entnehmen. Er ist telefonisch unter ..... und per Mail unter ..... erreichbar.
2. Die Vergütung richtet sich nach HOAI 2013 und bestimmt sich nach den anrechenbaren Kosten, dem Leistungsbild, der Honorarzone und der dazugehörigen Honorartafel. Auf die Honorarvereinbarungen in diesem Vertrag wird nochmals hingewiesen. Die Vergütung kann mit Vertragsabschluss nicht abschließend bestimmt werden.
3. Der Architekt kann nach § 15 HOAI Abschlagszahlungen für nachgewiesene Leistungen verlangen; im Falle von Leistungsänderungen kann der Architekt Abschlagszahlungn in Höhe von 80% seines Angebots verlangen (§§ 650q, 650c BGB,. Der Architekt kann nach §§ 650q Abs. 1, 650c BGB unter den dort genannten Voraussetzungen eine Sicherungshypothek und nach §§ 650q, 650f BGB eine Sicherheit für seine Leistungen verlangen.
4. Der Architekt haftet für seine Leistungen nach den Vorschriften des BGB. Auf die Vereinbarungen zur Gewährleistung und etwaiger Garantien in diesem Vertrag wird nochmals hingewiesen.

Der Auftraggeber ist berechtigt, den Vertrag binnen 14 Tagen ohne Angabe von Gründen durch Erklärung gegenüber dem Architekten zu widerrufen. Die Widerrufsfrist beginnt mit der beidseitigen Unterzeichnung dieses Vertrags. Um das Widerrufsrecht auszuüben, muss der Auftraggeber den Architekten mittels einer eindeutigen Erklärung (z.B. ein mit der Post versandter Brief, Telefax oder E-Mail) über den Entschluss, diesen Vertrag zu widerrufen, informieren. Der Auftraggeber kann dafür das beigefügte Muster-Widerrufsformular verwenden, das jedoch nicht vorgeschrieben ist. Zur Wahrung der Widerrufsfrist reicht es aus, wenn der Auftraggeber die Mitteilung über die Ausübung des Widerrufs vor Ablauf der Widerrufsfrist absendet.

---

4 OLG Köln Beschl. v. 23.03.2017 – 16 U 153/16; Fuchs/Berger/Seifert/*Berger*, HOAI, Syst A I Rn. 25 m.w.N.

Wenn der Auftraggeber diesen Vertrag widerruft, wird der Architekt alle Zahlungen, die er erhalten hat, unverzüglich und spätestens binnen 14 Tagen ab dem Tag zurückzuzahlen, an dem die Mitteilung über den Widerruf dieses Vertrags bei ihm eingegangen ist. Für diese Rückzahlung verwendet der Architekt dasselbe Zahlungsmittel, das bei der ursprünglichen Transaktion eingesetzt wurde; in keinem Fall werden wegen dieser Rückzahlung Entgelte berechnet.

Hat der Auftraggeber verlangt, dass die Leistung des Architekten während der Widerrufsfrist beginnen soll, so hat er einen angemessenen Betrag zu zahlen, der dem Anteil der bis zu dem Zeitpunkt, zu dem er den Architekten über die Ausübung des Widerrufsrechts unterrichtet hat, bereits erbrachten Dienstleistungen im Vergleich zum Gesamtumfang der im Vertrag vorgesehenen Dienstleistungen entspricht.

III. Kopplungsverbot

Architektenverträge, die gegen ein gesetzliches Verbot verstoßen, sind gemäß § 134 BGB unwirksam. § 3 des Gesetzes zur Regelung von Ingenieur- und Architektenleistungen (IngAlG), das als Art. 10 des Gesetzes zur Verbesserung des Mietrechts und zur Begrenzung des Mietanstiegs sowie zur Regelung von Ingenieur- und Architektenleistungen (MRVG) erlassen wurde, normiert ein Kopplungsverbot. Danach sind Vereinbarungen unwirksam, durch die sich der Erwerber des Grundstücks im Zusammenhang mit dem Erwerb verpflichtet, bei der Planung oder Ausführung eines Bauwerks die Leistung eines bestimmten Ingenieurs oder Architekten in Anspruch zu nehmen. Ein Verstoß gegen das Kopplungsverbot führt zur Nichtigkeit des Architekten- bzw. Ingenieurvertrages, wohingegen der Grundstückskaufvertrag seine Gültigkeit behält (Art. 10 § 3 S. 2 MRVG). **9**

Nach der Rechtsprechung ist der Anwendungsbereich des Kopplungsverbots weit.[5] Entscheidend ist, ob der Grundstückserwerber sich nach Abschluss des Kaufvertrages tatsächlich noch frei entscheiden kann, ob er den Architekten beauftragen will oder nicht. Als ausreichend wird bereits eine moralische Verpflichtung und/oder ein »psychologischer Zwang« erachtet.[6] **10**

Mit Urteil vom 25.09.2008[7] hat der Bundesgerichtshof seine Rechtsprechung zum Kopplungsverbot geändert und entschieden, dass ein Fall des Kopplungsverbots nicht vorliegt, wenn der Grundstückserwerber von sich aus auf den Architekten herantritt, diesem einen Architektenvertrag in Aussicht stellt und gleichzeitig dessen Hilfe bei der Beschaffung des Grundstücks in Anspruch nimmt. Denn dann habe der Grundstückserwerber seine Auswahlentscheidung zugunsten des Architekten bereits getroffen und falle damit nicht mehr unter den Schutzzweck des Kopplungsverbots.[8] **11**

Obwohl Generalunternehmer, -übernehmer oder Bauträger als solche nicht unter das Kopplungsverbot fallen, wird die Anwendung des Kopplungsverbots auch dann bejaht, wenn ein freiberuflicher Architekt oder Ingenieur als Generalunternehmer, -übernehmer oder Bauträger tätig wird. Nach der Rechtsprechung ist allein maßgeblich, dass »daneben« die Architekten- bzw. Ingenieurseigenschaft besteht.[9] Unter den Schutzbereich des Verbotes fallen weiter nicht nur der Grundstückserwerber, sondern auch der Erwerber eines dinglichen Rechts an dem Grundstück, wie z.B. eines Erbbaurechts. Als ausreichend wurde bereits angesehen, dass das Grundstück Familienangehörigen des Architekten bzw. Inge- **12**

---

5 Die Verfassungsmäßigkeit des Kopplungsverbot ist bestätigt worden durch BGH, IBR 2010, 572 sowie nachfolgend BVerfG, Beschluss vom 16.06.2011 – 1 BvR 2394/10; LG Hannover, Beschluss vom 21.02.2014 - 14 S 80/13.
6 OLG Frankfurt NZBau 2010, 637
7 BGH BauR 2008, 2059; vorgehen OLG Düsseldorf BauR 2008, 546.
8 BGH BauR 2008, 2059, 2061.
9 BGHZ 70, 55.

nieurs gehört oder die Kopplung über einen Makler hergestellt wurde.[10] Das Kopplungsverbot soll sogar im Bereich öffentlicher Planungswettbewerbe gelten, wenn die Stadt nach Durchführung eines Wettbewerbs die Grundstückserwerber an die Preisträger verweist.[11]

IV. Hinweispflicht auf fehlende Architekteneigenschaft

13 Wer als Unternehmer Vertragspartner eines Architektenvertrages werden will, aber nicht berechtigt ist, die Berufsbezeichnung »Architekt« zu tragen, ist dazu verpflichtet, den Auftraggeber vor Vertragsschluss auf diesen Umstand hinzuweisen[12]. Nach den Architektengesetzen der Länder ist die Berufsbezeichnung »Architekt« gesetzlich geschützt[13]. Wer die Berufsbezeichnung führt, ohne in die Architektenliste des Landes eingetragen zu sein, verstößt jedoch nicht gegen ein gesetzliches Verbot i.S.d. § 134 BGB. Der Vertrag ist somit nicht von vornherein nichtig.[14] Unterbleibt der Hinweis auf die fehlende Architekteneigenschaft und ist diese dem Auftraggeber auch nicht aufgrund sonstiger Umstände bekannt, kann der Auftraggeber den Vertrag wegen eines Irrtums über die Architekteneigenschaft als »Eigenschaft der Person« i.S.d. § 119 Abs. 2 BGB anfechten. Handelt der Nicht-Architekt arglistig, kann nach § 123 Abs. 1 BGB angefochten werden.[15]

V. Inhalt eines typischen Architektenvertrages

1. Einheitsarchitektenvertrag/Musterverträge

14 Mit dem von der Bundesarchitektenkammer ihren Mitgliedern empfohlenen »Einheitsarchitektenvertrag« (letzte Fassung veröffentlicht im Bundesanzeiger Nr. 152 v. 13.08.1994), der beim Bundeskartellamt angemeldet wurde, wurde der Versuch unternommen, Auftraggebern und Architekten einen Mustervertrag an die Hand zu geben. Dieser Einheitsarchitektenvertrag wurde allerdings den Anforderungen der Praxis nicht gerecht und hielt teilweise der Rechtsprechung des Bundesgerichtshofs zum seinerzeit noch geltenden AGBG nicht stand. Seit Oktober 1997 ist die Bundesarchitektenkammer daher von ihrer Empfehlung abgerückt. Soweit von der Architektenkammer noch »Einheitsarchitektenverträge« ausgegeben werden, geschieht dies nur noch mit dem Hinweis, dass die Verwendung von den Kammern nicht empfohlen wird. In der Folge haben verschiedene Autoren versucht, dieses Formularvakuum zu füllen.[16] Soweit es die Bauaufgabe erfordert – und dies wird nicht selten der Fall sein – etwas Neues, Einmaliges zu entwickeln oder auch nur den individuellen Standort des Gebäudes mit bekannten architektonischen Mitteln zu unterstreichen, bietet ein »Einheitsarchitektenvertrag« nur eine unzureichende Lösung. Bei der Vertragsgestaltung sind stets die individuellen Gegebenheiten des konkreten Vorhabens im Blick zu behalten.

---

10 BGH NJW 1998, 3716 = BauR 1998, 579.
11 BGH BauR 1982, 512.
12 OLG Stuttgart BauR 1997, 681; OLG Düsseldorf NJW-RR 1993, 1173 = BauR 1993, 630, 632; vgl. auch: OLG Frankfurt Urt. v. 24.05.2017 – 4 U 269/15.
13 BGH GRUR 2010, 1115
14 Vgl. aber zur fehlenden Eintragung in die Handwerksrolle und daraus folgender Nichtigkeit: OLG Frankfurt, Urt. v. 24.05.2017 - 4 U 269/15.
15 OLG Stuttgart BauR 1997, 681; OLG Düsseldorf NJW-RR 1993, 1173 = BauR 1993, 630, 632.
16 Zuletzt Thode/Wirth/Kuffer/*Knipp*, § 7 Rn. 125.

2. Einzelne Regelungen des Architektenvertrages

a) Parteien des Vertrages

Wie bei jedem anderen Vertrag auch, sind beim Architektenvertrag die Vertragsparteien eindeutig identifizierbar, unter Aufzeigung der zum Vertragsschluss gültigen Vertretungsverhältnisse und ladungsfähigen Anschriften zu bezeichnen. Dies ist im Hinblick darauf hervorzuheben, dass Architekten häufig ihren Büros Phantasienamen geben oder diese dem eigenen Namen hinzufügen. Durch Bezeichnungen wie »Planungsgruppe«[17] oder der Verwendung der Mehrzahl »Architekten« versuchen sie auch oft, dem Auftraggeber eine nicht vorhandene Größe des beauftragten Planungsbüros zu suggerieren. Sind aus der Bezeichnung des Architektenbüros die verantwortlichen natürlichen Personen oder Berufsträger nicht eindeutig zu erkennen, muss geklärt werden, wer tatsächlich Vertragspartner werden soll. 15

Bei außerhalb der Geschäftsräume des Architekten zustande gekommenen Verbraucherverträgen gilt dies aufgrund der Hinweispflichten in Art. 246a EGBGB in besonderem Maße. Fehler, Ungenauigkeiten oder Auslassungen machen die Hinweise insofern unwirksam mit der Folge, dass die Widerrufsfrist nicht zu laufen beginnt. 16

b) Vorbemerkung

Eine Vorbemerkung ermöglicht es den Parteien, außerhalb der Definition der vertraglichen Rechte und Pflichten anzugeben, was von ihnen zur Grundlage des Vertrages gemacht wird. Diese Vorbemerkung sollte das vertragliche, wirtschaftliche und tatsächliche Umfeld beschreiben, innerhalb dessen es zum Vertragsschluss gekommen ist und innerhalb dessen die vertraglichen Rechte und Pflichten, so wie sie nachstehend beschrieben werden, definiert worden sind. Eine solche die Geschäftsgrundlage i.S.d. § 313 BGB wiedergebende Vorbemerkung ist somit im Streitfall Auslegungshilfe. Bei einer Störung der so definierten Geschäftsgrundlage kann möglicherweise eine Vertragsanpassung oder die Beendigung des Vertrages herbeigeführt werden. 17

Insbesondere Fertigstellungstermine oder -fristen, die der Architekt nur begrenzt beherrschen kann und die daher nicht als Fristen für Architektenleistungen vereinbart werden sollten, wie etwa der Fertigstellungstermin durch den Bauunternehmer oder die beabsichtigte Indienststellung des Gebäudes, empfehlen sich für eine Aufnahme in die Vorbemerkungen. Denn dadurch kann dem Architekten auch außerhalb einer Terminvereinbarung für seine Leistungen verdeutlicht werden, dass die Termine für den Auftraggeber wirtschaftlich besonders bedeutsam sind, und er kann angehalten werden, diesen Terminen besondere Aufmerksamkeit zu widmen. 18

Der Auftraggeber hat das Grundstück mit der postalischen Adresse Musterstraße 1, 12345 Musterstadt erworben und beabsichtigt darauf 8 MFH mit einer GFZ von ….. qm zu errichten.
Die Baumaßnahme muss bis zum ….. abgeschlossen sein.
Der Auftraggeber beabsichtigt, die Objekte in Wohnungseigentum aufzuteilen und an Dritte zu veräußern. Dem Architekten ist bekannt, dass der Auftraggeber insoweit bereits während der Planungs- und Bauphase mit seinen Erwerbern terminliche Absprachen treffen wird, die vertragsstrafebewehrt sind und beträchtliche Schadensersatzansprüche nach sich ziehen können, wenn die Fertigstellung der Baumaßnahme nicht rechtzeitig gelingt.
Dies vorausgeschickt, treffen die Parteien folgende Vereinbarung: 19 M

---

17 Vgl. BGH BauR 1999, 668.

20 In die Vorbemerkung können darüber hinaus noch besondere Angaben zu den beteiligten Personen aufgenommen werden. Dies empfiehlt sich z.B. dann, wenn der Architekt deshalb beauftragt worden ist, weil er mit einer besonders großen Erfahrung bei der Realisierung vergleichbarer Projekte geworben hat. Sofern der Auftraggeber auf dem Immobiliensektor über sehr weitreichende Erfahrungen verfügt und daher in bestimmten Punkten dem beauftragten Architekten möglicherweise an Fachkenntnissen und Erfahrungen überlegen ist, ist es auch empfehlenswert, dies in der Vorbemerkung zu erwähnen. Vor dem Hintergrund der Entscheidungen des BGH vom 11.11.2004[18] oder 21.03.2013,[19] in welchen der BGH den Architekten sehr weitreichende Beratungs- und Hinweispflichten im Hinblick auf die zu erwartenden Baukosten auferlegt hat, ist es sinnvoll, auf einen bauerfahrenen und in der Kalkulation von Bauvorhaben geschulten Auftraggeber hinzuweisen.

21 Bemerkungen über das berufliche Selbstbild des Architekten, wie sie im »Einheitsarchitektenvertrag 1994« enthalten sind, sind hingegen nicht weiterführend. Insbesondere der Hinweis, dass es sich bei dem Architekten um den »unabhängigen Sachwalter« des Auftraggebers handelt, sollte unterbleiben. Die Sachwalterstellung des Architekten ist bei umfassender Beauftragung anerkannt,[20] nicht aber dessen Unabhängigkeit. Vielmehr ist er weisungsgebundener Werkunternehmer und bei der Erfüllung seiner Pflichten im Rahmen der konkreten Bauaufgabe keineswegs unabhängig.

c) Vertragsgrundlagen und -bestandteile

22 Die vertragliche Leistungspflicht des Architekten wird in den Vertragsgrundlagen und -bestandteilen näher definiert. Hierbei ist es üblich, dem Architektenvertrag Anlagen beizufügen und diese zur Vertragsgrundlage bzw. zum Vertragsbestandteil zu erklären.

23 M **Grundlagen und Bestandteile des Vertrages sind**
1. **die Regelungen in diesem Vertrag,**
2. **die Baubeschreibung vom ......,**
3. **der von dem Architekten erstellte Kostenrahmen vom ......,**
4. **die Vorentwürfe des Architekten vom ......,**
5. **die HOAI 2013,**
6. **das BGB,**
7. **die anerkannten Regeln der Technik und die allgemeinen technischen Vorschriften für Leistungen, insbesondere die einschlägigen DIN-Vorschriften in der im Zeitpunkt der Abnahme gültigen Fassung sowie**
8. **alle öffentlich-rechtlichen Normen, Ortsatzungen usw., die das Bauvorhaben betreffen.**

24 In Betracht kommen ferner z.B.
– ein bereits eingeholter Bauvorbescheid oder die Baugenehmigung;
– Qualitätsbeschreibung, Liste der zu verwendenden Baustoffe usw.;
– bereits erstellte Planungen und/oder Vorgaben anderer am Bau Beteiligter, beispielsweise Baugrundgutachten, Schadstoffgutachten, Rechtsgutachten, bereits vorliegende Statiken oder Prüfstatiken;
– Flächenberechnungen jeder Art, beispielsweise Nutzung- oder Wohnflächenberechnung;

---
[18] BGH IBR 2005, 96; vgl. auch OLG Dresden Urt. v. 14.05.2003 - 11 U 2152/01.
[19] BGH IBR 2013, 284
[20] BGH BauR 2009, 1607

- Kalkulationen bzgl. der zu erzielenden Miete oder sonstige Renditevorgaben;
- bei technischen Anlagen Definitionen von Abgaswerten usw.

d) Rangfolgeregelung

Widersprüche und Zielkonflikte in umfangreichen Vertragswerken sind nach der Rechtsprechung des BGH im Wege der Auslegung zu lösen, bevor in die Anwendung von Rangfolgeregelungen eingestiegen wird. Die Leistungsbeschreibung eines Bauvertrages ist gemäß einer Entscheidung des BGH vom 11.03.1999[21] als sinnvolles Ganzes auszulegen. Es gibt keinen grundsätzlichen Vorrang des Leistungsverzeichnisses vor den Vorbemerkungen. Vorbemerkungen, die konkret auf das Bauvorhaben bezogen sind, kann ein größeres Gewicht beigemessen werden als nicht genügend angepassten Formulierungen eines Standard-Leistungsverzeichnisses. Fortgesetzt wird diese Rechtsprechung durch ein Urteil des BGH vom 05.12.2002.[22] Danach ist bei einem Bauvorhaben grundsätzlich davon auszugehen, dass die Leistungen widerspruchsfrei angeboten werden. Da der Architektenvertrag vorliegend durch die Aufnahme von Vertragsgrundlagen und -bestandteilen entsprechend dem Grundgedanken des § 1 VOB/B aufgebaut ist, sind diese vom BGH entwickelten Grundsätze auch beim Architektenvertrag zu beachten. 25

Erst wenn die Auslegung der Vertragsgrundlagen und -bestandteile sowie des Vertragstextes einen Widerspruch ergibt, kommen vertraglich vereinbarte Rangfolgeregelungen zum Zuge, denen zu entnehmen ist, wie im Falle von Widersprüchen zu verfahren ist. Das Architektenvertragsrecht kennt keine § 1 VOB/B entsprechende Regelung. Somit empfiehlt es sich, eine solche für den Fall von Widersprüchen in den Vertrag aufzunehmen und eine Rangfolge vorzugeben, nach der die Vertragsgrundlagen und -bestandteile im Fall von Widersprüchen gelten sollen. 26

Die in vorstehenden Vertragsbestandteilen und -grundlagen enthaltenen Beschreibungen des vertraglich geschuldeten Erfolgs verstehen sich als einheitliche Beschreibung, innerhalb derer bei Unklarheiten der von dem Architekten geschuldete werkvertragliche Erfolg ggf. durch Auslegung zu ermitteln ist. Ergibt diese Auslegung etwaige Widersprüche, so gelten die jeweils konkreteren Feststellungen und bei gleicher Konkretisierung im Zweifel die Regelungen in einer der vorstehenden Reihenfolge entsprechenden Rangfolge. 27 M

e) Stufenweise Beauftragung

Bis Ende der 70er Jahre gingen die Gerichte davon aus, dass im Regelfall die sog. »Vollarchitektur« beauftragt worden sei.[23] Inzwischen ist die Beschreibung des Leistungsumfangs des Architekten immer mehr in den Blickpunkt gerückt. Hintergrund hierfür ist, dass sich Architekten nach der Aufgabe der vorgenannten Rechtsprechung nicht mehr ohne nähere Begründung auf einen Gesamtauftrag im Sinne der Vollarchitektur berufen konnten.[24] Im Zuge dieser Auseinandersetzung mit der Leistungsbeschreibung von Architektenleistungen in verschiedenen Phasen ist es heute gängige Praxis, Architekten stufenweise zu beauftragen, wobei die Novellierung des BGB ein außerhalb der bisherigen Praxis stehendes Zwei-Stufen-Modell etabliert hat. Dabei ist bei einer vertraglichen Stufenvereinbarung zu beachten, 28

---

21 BGH NJW 1999, 2432 = BauR 1999, 897
22 BGH NJW 2003, 743 = NZBau 2003, 149. Vgl. auch: OLG Oldenburg IBR 2011, 127; OLG Düsseldorf IBR 2012, 150; OLG Bremen IBR 2012,314
23 Vgl. OLG Köln BauR 1973, 251; OLG Düsseldorf BauR 1979, 262.
24 Vgl. OLG Düsseldorf BauR 1979, 347.

dass stets diejenige Fassung des BGB und der HOAI anwendbar ist, die zu dem Zeitpunkt in Kraft war, als die gegenseitigen Leistungspflichten entstanden. Im Regelfall also, als die entsprechenden Stufen abgerufen wurden.[25] Es kann daher sein, dass bei einer gestuften Beauftragung für nachfolgende Stufen eine andere Gesetzesfassung einschlägig ist, als bei der Formulierung des Vertrags vorgesehen.[26] Insofern ist bei einer entsprechenden Vertragsgestaltung vor Abruf einer Stufe stets zu prüfen, ob die Vereinbarungen zum Honorar noch gültig oder ob nichts davon abweichende, neu Vereinbarung geboten sind.

29 Bei der öffentlichen Hand ist eine stufenweise Beauftragung standardmäßig in den RBBau-Vertragsmustern vorgegeben. Hierzu hat das OLG Dresden am 15.4.1999 entschieden[27], dass der Architekt keinen Anspruch auf Weiterbeschäftigung hat. Die Stufenklausel kann sich daher an der Formulierung der RBBau orientieren.

30 Eine Formulierung mit sinnvollen Leistungsblöcken bzw. -stufen lautet beispielsweise folgendermaßen:

31 M **Der Auftraggeber beauftragt den Architekten hiermit mit dem vollen, unter Ziff ..... geregelten Leistungsumfang. Die gegenseitigen sich aus diesem Vertrag ergebenden Rechte und Pflichten stehen jedoch unter der aufschiebenden Bedingung, dass der Auftraggeber die Leistungen des Architekten gem. nachfolgenden Stufen abruft.**
Stufe 1: Zielfindungsphase (§ 650q Abs. 2 BGB) und Leistungsphasen 1–4 (Anlage 10.1 HOAI 2013) gem. nachfolgender Beschreibung des Leistungsumfangs;
Stufe 2: Leistungsphase 5 (Anlage 10.1 HOAI 2013) gem. nachfolgender Beschreibung des Leistungsumfangs;
Stufe 3: Leistungsphasen 6 und 7 (Anlage 10.1 HOAI 2013) gem. nachfolgender Beschreibung des Leistungsumfangs;
Stufe 4: Leistungsphasen 8 und 9 (Anlage 10.1 HOAI 2013) gem. nachfolgender Beschreibung des Leistungsumfangs.
Mit der Unterzeichnung dieses Vertrages ruft der Auftraggeber die Stufe 1 ab; der Abruf der Stufen 2, 3 und 4 erfolgt jeweils in Textform, mit einer Vorlaufzeit von mindestens acht Werktagen.
Ruft der Auftraggeber nach Abruf einer Stufe keine weiteren Leistungen des Architekten mehr ab, so stehen dem Architekten insoweit keine Vergütungs- und/oder Schadensersatzansprüche wegen nicht erbrachter Leistungen zu.

f) Leistungspflichten des Architekten

32 Da es sich bei dem Architektenvertrag um einen Werkvertrag handelt, ist der von dem Architekten geschuldete Erfolg (Planungs- und Überwachungsziele) klar und deutlich zu definieren, 650q Abs. 1 BGB. Formelhafte und ungenaue Beschreibungen der Bauaufgabe (z.B. »Einfamilienhaus mit Garage«, »zwei Mehrfamilienhäuser«) sind ungeeignet und lenken den Blick darauf, dass eine Zielfindungsphase vorgeschaltet werden sollte. Andererseits kann aber auch eine zu starke Präzisierung der Bauaufgabe hinderlich sein, da die planerische Lösung erst im Laufe des Planungsprozesses entwickelt wird und allzu starre Vorgaben bereits zu Beginn des Planungsprozesses den Architekten in seiner Kreativität hindern können. Die Beschreibung des werkvertraglich geschuldeten Erfolges ist in höchstem Maße abhängig von individuellen und konkreten Vorhaben. Sie ist ebenso vielgestaltig wie der Erfolg selbst, weshalb jede zu verwirklichende Bauaufgabe die zu ihr passende Beschreibung erfordert, die die wichtigen Leistungen und Leistungsziele aufgreift und

---

25 BGH Urt. v. 18.12.2014 – VII ZR 350/13
26 Vgl. BGH Urt. v. 18.12.2014 – VII ZR 350/13; OLG Koblenz IBR 2014, 90
27 OLG Dresden IBR 2001, 26 mit Nichtannahmebeschluss des BGH.

beschreibt und die weniger wichtigen offen lässt. Hier das richtige Maß zu finden und das vorliegende Formular zu individualisieren, ist für den Erfolg des Vertrags von entscheidender Bedeutung.

Über die reine Beschreibung des Bauwerks hinaus kann es sinnvoll sein, Beschaffenheitsvereinbarungen i.S.d. § 633 Abs. 2 BGB hinzuzufügen. Dies ist dann zu empfehlen, wenn für eine Vertragspartei bestimmte Beschaffenheitsmerkmale des zu planenden und zu errichtenden Bauwerks von besonderer Bedeutung sind. Diese können sich sowohl auf architektonische Vorgaben (z.B. Anzahl der Wohnungen in einem Mehrfamilienhaus, Anzahl der Etagen, Fassadenmaterial usw.) als auch auf wirtschaftliche Vorgaben (z.B. eine Kostenvorgabe als Kostenobergrenze i.S.d. Abschnitts 3.2.2 DIN 267-1:2008-12[28]) beziehen. 33

Abzuraten ist davon, die in den Anlagen zur HOAI 2013 aufgeführten Leistungsbilder in die Leistungsbeschreibung in Form eines Leistungskataloges ungeprüft einfach vollständig zu übernehmen. Ebenso wenig kann empfohlen werden, aus Musterverträgen Leistungskataloge, die aus den Leistungsbildern der HOAI entwickelt wurden, ungeprüft zu übernehmen. Häufig umfassen derartige Leistungskataloge eine Vielzahl von Leistungen, auf die es dem Auftraggeber nicht ankommt, die der Architekt dann aber – gegen Entgelt – gleichwohl zu erbringen hat. Der Architekt sollte bei der Vorgabe von Leistungskatalogen überprüfen, ob derart weitreichende Verpflichtungen im Rahmen der konkreten Bauaufgabe sinnvoll sind, da er bei der Nichtabarbeitung der Leistungskataloge mit Honorarkürzungen durch den Auftraggeber zu rechnen hat. 34

Orientiert sich die Leistungsbeschreibung an den Leistungsbildern der HOAI 2013, so ist der Vertrag im Regelfall dahin gehend auszulegen, dass der Architekt über die allgemeinen Leistungskriterien hinaus die in den Leistungsbildern beschriebenen Arbeitsschritte als Teilerfolge des geschuldeten Gesamterfolges schuldet.[29] Der Auftraggeber kann in diesem Fall von dem Architekten eine Vielzahl einzelner Leistungen verlangen, wie z.B. Kostenermittlungen, Teilnahme am gemeinsamen Aufmaß mit dem Unternehmer, alle zur Leistungskontrolle erforderlichen Pläne, das Bautagebuch,[30] die Auflistung der Gewährleistungsansprüche, Hinweise zur Gebäudeunterhaltung etc. Erbringt der Architekt entgegen der vertraglichen Vereinbarung solche Arbeitsschritte als Teilerfolg nicht, kann dies nach dem allgemeinen Leistungsstörungsrecht Gewährleistungsansprüche des Auftraggebers nach sich ziehen und somit zur Honorarreduzierung führen. 35

Wegen der erheblichen Auswirkungen auf die Leistungspflicht des Architekten und dessen Honoraranspruch (vgl. § 8 Abs. 1 und 2 HOAI 2013) sollte jeder Leistungskatalog – auch der an den Leistungsbildern der HOAI 2013 orientierte – im Einzelnen geprüft und bewertet werden, bevor dieser einem Architektenvertrag zugrunde gelegt wird. 36

Der Leistungsumfang im Architektenvertrag kann beispielsweise wie folgt definiert werden:

Zielfindungsphase
Der Architekt hat innerhalb der Stufe 1 auf Basis der vom Auftraggeber beigestellten Bedarfsplanung oder dessen Planungsvorgaben eine Planungsgrundlage zur Ermittlung der Planungsziele (Termine, Kosten/Wirtschaftlichkeit, Qualitäten) zu erstellen. Er legt dem Auftraggeber die Planungsgrundlage in Textform zusammen mit seiner Kosteneinschätzung (Kostenrahmen nach DIN 276-1:2008-12) für das Bauvorhaben bis zum ….. zur Zustimmung vor. 37 M

---

28 Wenn hier die DIN 276 erwähnt ist, ist stets die Fassung DIN 276-1:2008-12 aus Dezember 2008 gemeint.
29 BGH NJW 2004, 2588 = NZBau 2004, 509. Vgl. auch BGH IBR 2011, 588 für den Fall eines nicht geführten Bautagebuchs
30 BGH IBR 2011, 588

§ 45 Architektenvertrag

Die Planungsgrundlage hat im Wesentlichen die Angaben zu enthalten, die in den Prüflisten A., B. und C. nach DIN 18205:1996-04 ausgewiesen sind, und die Planungs- und Überwachungsziele (Termine, Kosten/Wirtschaftlichkeit, Qualitäten) am Ende zusammenfassend zu beschreiben.
Die in der Planungsgrundlage benannten Planungs- und Überwachungsziele gelten mit Zustimmung des Auftraggebers in Textform als vereinbarte Beschaffenheiten (§ 633 Abs. 2 BGB) der Leistungen des Architekten und des Bauvorhabens im gleichen Rang wie die unter Ziff. ..... benannten Vertragsgrundlagen.

Sonderkündigungsrecht
Der Auftraggeber kann den Vertrag binnen 2 Wochen nach Vorlage der Planungsgrundlage ohne Angabe von Gründen kündigen.
Äußert sich der Auftraggeber nicht binnen vorstehender Frist, kann der Architekt dem Auftraggeber in Textform eine Frist von weiteren 2 Wochen für die Zustimmung zur Planungsgrundlage nach § 650p Absatz 2 Satz 2 BGB setzen. Er kann den Vertrag kündigen, wenn der Auftraggeber die Zustimmung verweigert oder innerhalb der Frist nach Satz 1 keine Erklärung zur Planungsgrundlage abgibt.
Die Kündigung hat in jedem Fall schriftlich zu erfolgen.
Wird der Vertrag gekündigt, erhält der Architekt für die bis zum Sonderkündigungsrecht abgearbeiteten Leistungen einschließlich der ganz oder teilweise abgearbeiteten Grundleistungen der LPH 1 und/oder 2 nach HOAI 2013 eine pauschale Vergütung von ..... € netto.

Planungsphase
Der Architekt schuldet als Ergebnis der Stufe 1 eine den Vertragsgrundlagen und sonstigen vertraglichen Vereinbarungen entsprechende, dauerhaft genehmigungsfähige Planung und als Ergebnis aller Leistungen (Stufe 4) das Entstehenlassen mangelfreier und funktionsfähiger Gebäude mit den vereinbarten Beschaffenheiten im Sinne von werkvertraglich geschuldeten Erfolgen. Darüber hinausgehende Teilerfolge schuldet der Architekt nur dann, wenn dies in diesem Vertrag ausdrücklich vereinbart ist.
Hierzu erbringt der Architekt aus dem Leistungskatalog (Anlage 10.1 zur HOAI 2013) und ggf. auch darüber hinaus alle diejenigen Leistungen, die zur Erreichung dieses Erfolges notwendig sind, gleich ob sie von der HOAI als Grund-, Besondere oder Beratungsleistungen eingestuft werden.
Der Architekt schuldet als selbständigen Teilerfolg innerhalb des vorstehend beschriebenen Gesamterfolges
1. die Kostenkontrolle und Kostensteuerung (Abschnitt 3.5 DIN 276-1:2008-12) einschließlich aller Kostenermittlungen (Abschnitt 3.3 DIN 276-1:2008-12) bis zur Kostenberechnung;
2. ergänzend zur Leistungsphase 3 (Stufe 1)
   – die Fertigung aller Pläne, die für die Abgeschlossenheitsbescheinigung i.S.d. § 7 Abs. 4 WEG benötigt werden,
   – die Fertigung vollständig unbemaßter und kolorierter Pläne für die Verkaufsunterlagen, im Maßstab 1:100 oder 1:50 nach Wahl des Auftraggebers,
   – die Übergabe aller Pläne, zusammengestellt mit Leistungsstand »Entwurfsplanung« als Datei im *.DXF-Format und *.PLT-Format auf Datenträger (CD, DVD, Speicherkarte usw.),
3. innerhalb der Leistungsphase 5 (Stufe 2) die Ausführungsplanung (zeichnerische Darstellung 1: 50 bis 1: 1) betreffend die Integration der Fachplanerleistungen TGA einschließlich Isometrien;
4. ergänzend zur Leistungsphase 5 (Stufe 2)

- die Fertigung aller technischen Unterlagen, die für die Zertifizierung der Gebäude bei dem Passivhausinstitut XY benötigt werden,
- die Übergabe aller Pläne, zusammengestellt mit Leistungsstand »Ausführungsplanung« als Datei im *.DXF-Format und *.PLT-Format auf Datenträger (CD, DVD, Speicherkarte usw.);
5. innerhalb der Leistungsphase 6 und 7 (Stufe 3) die Erstellung der Ausschreibungsunterlagen auf Basis von Leistungsverzeichnissen (Einzelgewerke);
6. innerhalb der Leistungsphase 8 (Stufe 4) nur diejenigen Grundleistungen, die bei einer Vergabe an einen Generalunternehmer relevant werden;
7. innerhalb der Leistungsphase 9 (Stufe 4) alle Grundleistungen nach Anlage 10.1 HOAI 2013

Siehe Rdn. 44 und 45 M.   **38**

[Nicht belegt]   **39**
Danach können sich allgemeine Hinweise für die Leistungspflicht des Architekten anschließen, die teils vertragsgestaltenden, teils aber auch lediglich hinweisenden Charakter haben. Nach der Aufnahme des Wirtschaftlichkeitskriteriums in § 3 Abs. 4 HOAI 2013 wird in diesem Zusammenhang oft versucht, dem Architekten die Planung des »wirtschaftlichsten« Bauwerks oder eine Planung »größtmöglicher Wirtschaftlichkeit im Hinblick auf die spätere Bewirtschaftung« aufzugeben. Bei der Verwendung von derlei Superlativen ist jedoch Vorsicht angebracht. Nehmen Architekten derlei Vorgaben ernst, läuft dies oft dem Interesse des Auftraggebers entgegen, preiswert zu bauen. Man könnte beispielsweise formulieren: **40**

Der Architekt ist im Übrigen verpflichtet, die ihm übertragenen Leistungen nach den allgemein anerkannten Regeln der Bautechnik zu erbringen. Der Architekt ist verpflichtet, die ihm übertragenen Leistungen so rechtzeitig zu erbringen, dass zwischen dem Auftraggeber und den ausführenden Unternehmen vereinbarte Fertigstellungstermine nicht gefährdet oder verzögert werden.   **41 M**
Im Rahmen der vereinbarten Leistungen ist der Architekt gegenüber dem Auftraggeber zur umfassenden Unterrichtung und Beratung hinsichtlich aller die Durchführung seiner Aufgaben betreffenden Angelegenheiten verpflichtet. Dazu gehört insbesondere, dass der Architekt an den wöchentlichen Jour-Fixe-Terminen teilnimmt und diese auf Anforderung für den Auftraggeber protokolliert.
Der Architekt hat den Auftraggeber über die Notwendigkeit des Einsatzes von Sonderfachleuten zu beraten und die von den Sonderfachleuten zu erbringenden Leistungen fachlich und zeitlich zu koordinieren, mit seinen Leistungen abzustimmen und in diese einzuarbeiten. Er hat seine Leistungen mit den übrigen am Bau Beteiligten zeitlich und fachlich zu koordinieren, die hierfür erforderlichen Abstimmungen vorzunehmen und auf Zweckmäßigkeit und Wirtschaftlichkeit zu achten.
Nach Beendigung der Leistungen des Architekten und nach deren Vergütung kann der Auftraggeber verlangen, dass ihm die genehmigten Bauvorlagen, Pausen der Original-Zeichnungen und sonstige Unterlagen ausgehändigt werden. Der Architekt ist nicht verpflichtet, die Bauunterlagen länger als fünf Jahre nach Abnahme der letzten von ihm erbrachten Leistungen aufzubewahren. Vor der Vernichtung hat der Architekt dem Auftraggeber die Unterlagen kostenfrei anzubieten.
Der Architekt ist verpflichtet, alle für die Erfüllung dieses Vertrages notwendigen Zeichnungen und Pläne in einem CAD-System anzufertigen und dem Auftraggeber diese Pläne fortlaufend mit jedem Planungsstand, mindestens einmal monatlich in aktueller Form, in *.DXF-Format und *.PLT-Format per E-Mail oder auf Datenträger (CD, DVD, Speicherkarte usw.) auszuhändigen. Berechnungen und Ausarbeitungen schrift-

§ 45   Architektenvertrag

licher Art sind in einem entsprechenden EDV-System zu erstellen. Alle Zeichnungen, Pläne, Ausarbeitungen und Berechnungen und deren ggf. erforderlichen Varianten und Nachträge übergibt der Architekt dem Auftraggeber in schriftlicher und digitaler Form.

42   Es ist unüblich, in Architektenverträgen Arbeits- oder Anwesenheitszeiten zu regeln. Wenn der Auftraggeber aber ein berechtigtes Interesse daran hat, dass der Architekt regelmäßig Besprechungen durchführt, leitet oder während der »Kernarbeitszeiten« auf der Baustelle anwesend ist, sollte dies im Vertrag geregelt werden:

43 M **Der Architekt ist verpflichtet, mindestens einmal wöchentlich eine Baustellenbesprechung vor Ort abzuhalten und alle am Bau Beteiligten dazu einzuladen. Der Architekt hat die Besprechung zu protokollieren und dem Auftraggeber das Protokoll binnen einer Woche zur Verfügung zu stellen.**
Im Übrigen ist der Architekt verpflichtet, von Montag bis Freitag, jeweils von 08:00 bis 16:30 Uhr auf der Baustelle anwesend zu sein, wenn nicht ein wichtiger Grund entgegen steht.

g) Leistungsänderungen

44   Durch §§ 650q, 650b BGB sind erstmals auftraggeberseitige Leistungsbestimmungsrechte in das Gesetz aufgenommen worden. Diese orientieren sich aber nicht an der HOAI oder VOB/B. Der Gesetzgeber hat vielmehr ein eigenes System geschaffen, welches sich in Architektenverträgen wiederspiegeln sollte:

45 M **Der Auftraggeber ist berechtigt, Änderungen des vereinbarten Werkerfolgs oder Änderungen, die zur Erreichung des vereinbarten Werkerfolgs notwendig sind, des Leistungsablaufs und andere Änderungen der Leistungspflichten des Architekten zu verlangen. Einigen sich die Parteien nicht binnen 30 Kalendertagen über ein vom Architekten infolgedessen gemäß nachfolgendem Absatz zu unterbreitendes Angebot, ist der Auftraggeber berechtigt, die Leistungsänderung einseitig anzuordnen (§ 650b Abs. 2 BGB).**
Im Falle eines Änderungsbegehrens ist der Architekt verpflichtet, binnen 8 Kalendertagen ein Angebot über die Mehr- oder Mindervergütung zu erstellen und dem Auftraggeber vorzulegen. Einigen sich Auftraggeber und Architekt infolgedessen über Änderungen des Leistungsinhalts einschließlich Vergütungsfolgen oder macht der Auftraggeber von seinem Anordnungsrecht Gebrauch, ist das Honorar anzupassen. Soweit die Leistungen vom Anwendungsbereich der HOAI erfasst werden, hat das Angebot den Entgeltberechnungsregeln der HOAI zu entsprechen. Andernfalls ist der Architekt berechtigt, die durch die Anordnung entstehenden zusätzlichen Aufwendungen im Stundensatz abzurechnen. Es werden folgende Stundensätze vereinbart:
für Gesellschafter/Partner ......,00 €/h
für Architekten ......,00 €/h
für Technische Zeichner oder sonstige Mitarbeiter ......,00 €/h.
Die Abrechnung im Stundensatz setzt voraus, dass der Architekt dem Auftraggeber vor Ausführung der Leistungen unter Vorausschätzung des erforderlichen Zeitbedarfs angezeigt hat, dass er Leistungen im Stundensatz abzurechnen gedenkt. Unterlässt der Architekt eine solche Anzeige oder zeigt er dies verspätet an, darf der Auftraggeber die Vergütung insoweit unter Einschätzung eines üblichen und angemessenen Zeitaufwands und Berücksichtigung der Interessen des Architekten einseitig festsetzen (§ 315 BGB).

Sofern sich zwischen den Leistungen des Architekten und weiteren am Projekt auf Seiten des Auftraggebers fachlich Beteiligten im Hinblick auf Schnittstellen oder in sonstiger Weise Abgrenzungsschwierigkeiten ergeben, billigt der Architekt dem Auftraggeber das Recht zu, die Meinungsverschiedenheiten nach Anhörung beider Seiten zu entscheiden und insbesondere die Reichweite der Leistungspflicht des Architekten in Bezug auf Schnittstellen oder sonstige Abgrenzungsschwierigkeiten einseitig festzulegen (§ 315 BGB). Für die Entgeltanpassung gelten die vorigen Absätze entsprechend.
Die Ausübung vorstehender Änderungsbegehren und Leistungsbestimmungsrechte erfolgt ausschließlich in Textform. Etwaige oder angebliche mündliche Anordnungen sind unwirksam.

h) Vertretung des Auftraggebers

46 Der auf der Baustelle tätige Architekt ist nicht kraft seiner Funktion – und schon gar nicht »originär«[31] – bevollmächtigt, den Auftraggeber rechtsgeschäftlich zu vertreten. Eine wirksame Vertretung des Auftraggebers durch den Architekten findet nur statt, wenn der Architekt im Architektenvertrag (§ 167 Abs. 1 1. Alt. BGB) oder im Bauvertrag mit dem Unternehmer (§ 167 Abs. 1 2. Alt. BGB) zur Vornahme bestimmter rechtsgeschäftlicher Handlungen bevollmächtigt wird. Oder wenn der Auftraggeber eine solche Tätigkeit duldet[32] oder einen entsprechenden Rechtsschein setzt. Zur Vermeidung von Unklarheiten[33] empfiehlt sich folgende Formulierung, auf die in den Bauverträgen hingewiesen werden sollte:

47 M Der Architekt ist im Rahmen der ihm übertragenen Leistungen berechtigt und verpflichtet, die Rechte des Auftraggebers zu wahren, insbesondere hat er den am Bau Beteiligten die technisch und sicherheitstechnisch notwendigen Weisungen (§ 4 Abs. 1 Nr. 3 VOB/B) zu erteilen.
Ohne ausdrückliche schriftliche Bevollmächtigung darf der Architekt rechtsgeschäftliche Verpflichtungen nur eingehen und rechtsgestaltende Erklärungen nur abgeben, wenn Gefahr in Verzug und das Einverständnis des Auftraggebers nicht rechtzeitig zu erlangen ist.
Über die Vergabe von Aufträgen an Sonderfachleute entscheidet der Auftraggeber.
Der Architekt hat Schriftwechsel und Verhandlungen mit den Behörden bzw. Versorgungsunternehmen nur mit Zustimmung des Auftraggebers zu führen.

i) Baukostengarantie, vereinbartes Baukostenlimit und Baukostenvorgabe

48 Aus Sicht des Auftraggebers kann es sinnvoll sein, mit dem Architekten eine Vereinbarung im Hinblick auf das zur Verfügung stehende Baukostenbudget zu treffen. Eine solche Vereinbarung ist in der Praxis aber oft nicht durchsetzbar. Dies hängt damit zusammen, dass Ansprüche wegen Schäden aus der Überschreitung von Vor- und Kostenanschlägen gem. Ziff. 4.2 BBR (2007) vom Versicherungsschutz ausgenommen sind.

49 Seit die HOAI in der Novellierung aus 2009 die Möglichkeit einer Baukostenvereinbarung vorgesehen hat, hat die Akzeptanz von Baukostenlimitvereinbarungen zugenommen, auch wenn § 6 Abs. 3 HOAI 2013 unmittelbar nur für die Honorarberechnung von Bedeutung ist. Auch die in § 7 Abs. 6 HOAI 2013 aufgenommene Regelung, die es erlaubt, den

---

31 *Quack*, BauR 1995, 441.
32 OLG Jena BauR 2008, 1899; BGH Beschluss vom 19.06.2008 – VII ZR 193/07
33 vgl. OLG Oldenburg IBR 2011, 191

Architekt finanziell an eingesparten oder überschrittenen Kosten im Sinne einer Bonus-Malus-Regelung[34] zu beteiligen, mag insofern eine Rolle gespielt haben.

50 Wollen die Vertragsparteien eine erweiterte Haftung des Architekten für den Fall der Baukostenüberschreitung vereinbaren, empfiehlt es sich hierzu schon aus Gründen der Abgrenzung zu § 7 Abs. 6 HOAI 2013, den Haftungsgrund und den Umfang der Haftung vertraglich genau zu definieren[35]. In der Rechtsprechung hat sich nämlich eine Systematisierung der denkbaren Arten von Baukostenüberschreitungen nicht herausbilden können;[36] auch fehlt oft eine exakte Zuordnung der einzelnen Begrifflichkeiten zu den Anspruchsgrundlagen des BGB. Einzelfallbezogene Entscheidungen werden teilweise im Schrifttum in unzulässiger Weise generalisiert.

51 Bei der Formulierung eines Architektenvertrages bieten sich folgende Regelungen und Begrifflichkeiten an:

52 Bei der Baukostengarantie muss – auch wenn das Wort »Garantie« nicht genannt wird – deutlich werden, dass der Architekt verschuldensunabhängig für eine Überschreitung der Kosten einstehen und haften will. Erforderlich ist die ausdrückliche Erklärung des Architekten, dass die Baukosten einen bestimmten Betrag nicht übersteigen werden und dass der Architekt bei einer Überschreitung der Höchstgrenze den Mehrbetrag (verschuldensunabhängig) übernimmt.[37] Da es sich bei der Vereinbarung einer selbständigen Baukostengarantie um einen Erfüllungs- und keinen Gewährleistungsanspruch handelt, kommen im Garantiefall die Grundsätze über die Vorteilsanrechnung nicht zum Zuge. In der Vereinbarung muss zu erkennen sein, ob der Architekt sich selbst bei atypischen Geschehensabläufen zur Einhaltung der genannten Bausumme verpflichten will (sog. »totale Baukostengarantie«) oder ob er die Garantie nur für typische Geschehensabläufe (sog. »beschränkte Baukostengarantie«) übernehmen will. In manchen Bundesländern (z.B. Baden-Württemberg) ist es dem Architekten standesrechtlich verboten, eine Baukostengarantie zu vereinbaren. Eine dennoch abgegebene Garantieerklärung ist aber nicht unwirksam.

53 M **Der Architekt garantiert unabhängig von eigenem Verschulden, dass das Bauvorhaben einschließlich aller Nebenkosten und einschließlich der an den Architekten selbst und ggf. an Fachplaner zu zahlenden Honorare maximal brutto
….. €
kosten wird. Für eine Überschreitung dieser Garantiesumme haftet der Architekt verschuldensunabhägig und ohne Möglichkeit des Vorteilsausgleichs im Sinne eines selbständigen Schuldversprechens (Garantie).**

54 Bei dem »Baukostenlimit« oder einer »Budgetvereinbarung« handelt es sich im Regelfall um die Vereinbarung einer Beschaffenheit i.S.d. § 633 Abs. 2 S. 1 BGB. Das vereinbarte Baukostenbudget wird als Beschaffenheit des Werkes selbst definiert, so dass der Auftraggeber im Falle der Nichteinhaltung des Budgets die sich aus § 634 BGB ergebenden Gewährleistungsrechte gegen den Architekten hat. Auch diese Haftung im Rahmen des gesetzlichen Gewährleistungsrechts ist verschuldensunabhängig, allerdings kommen die Grundsätze über die Vorteilsanrechnung zur Anwendung. Wegen der unterschiedlichen Begrifflichkeiten, sollten

---

34 § 7 Abs. 6 HOAI 2013 stellt in Form der Malus-Regelung wohl keine »Haftungsbegrenzung« dar, nach der eine etwaige Haftung des Architekten wegen Überschreitung eines Budgets auf 5 % des Honorars beschränkt wäre. Zu einer solchen Regelung hätte dem Verordnungsgeber die Ermächtigungsgrundlage gefehlt.
35 vgl. OLG Saarbrücken IBR 2011, 1303
36 *Niestrate*, Rn. 378.
37 BGH BauR 1987, 225.

die Pflichten des Architekten und die Haftungsansprüche dem Grunde und der Höhe nach im Einzelnen aufgeführt werden.

Die DIN 276-1:2008-12 verwendet in Abschnitt 3.2.2 bei der Kostenvorgabe die Begriffe »Kostenobergrenze« oder »Zielgröße für die Planung«. Bei Vereinbarung der Beschaffenheit im Sinne einer »Kostenobergrenze« gilt kein Toleranzrahmen.[38] Wird die Budgetvorgabe als »Zielgröße für die Planung« bezeichnet, wird der Auftraggeber vom Architekten in aller Regel nicht erwarten können, dass er bei einer Überschreitung des Budgets ohne weiteres haftet; vielmehr kann man in einem solchen Fall davon ausgehen, dass dem Architekten bei der Kostenplanung ein gewisser Toleranzrahmen[39] zur Verfügung steht. 55

Dem Architekten ist bekannt, dass für das Bauvorhaben einschließlich aller Nebenkosten und einschließlich der an den Architekten selbst und ggf. an Fachplaner zu zahlenden Honorare ein Budget im Sinne einer Kostenobergrenze (Abschnitt 3.2.2 DIN 276-1:2008-12) von insgesamt brutto ..... € 56 M
zur Verfügung steht. Der Architekt ist verpflichtet, seine Planungen und Ausschreibungen so zu gestalten (vereinbarte Beschaffenheit), dass das vorstehende Budget in jedem Fall gehalten werden kann.
Budgetüberschreitungen sind ausschließlich dann zulässig, wenn diese von dem Auftraggeber schriftlich genehmigt worden sind und ein neues Budget enthalten, für das die Regelungen im vorstehenden Absatz entsprechend gelten.

Kommt die Vereinbarung einer Garantie oder eines Baukostenlimits nicht in Betracht, eröffnet Abschnitt 3.2 DIN 276-1:2008-12 die Möglichkeit, einseitig Kosten vorzugeben. 57

j) Vertragstermine

Obwohl es in der Praxis unüblich ist, empfiehlt es sich, in einem Architektenvertrag Fristen zu vereinbaren. Für Fristen, deren Einhaltung allein in der Sphäre des Architekten liegt (z.B.: Vorlage der Entwurfsplanung, Vorlage der Baugenehmigungsunterlagen usw.) ist dies unproblematisch. Bei Fristen, die der Architekt nur in Zusammenarbeit mit den Bauunternehmern einhalten kann (z.B. Fertigstellungsfristen), ist zu regeln, welche Rechtsfolgen eine Fristversäumung nach sich ziehen soll, damit der Architekt als Vertragspartner nicht mit Risiken belastet wird, die außerhalb seiner Sphäre und seiner Einflussmöglichkeiten liegen. 58

Eine Regelung zu den Vertragsterminen kann beispielsweise folgendermaßen lauten:

Der Architekt ist verpflichtet, 59 M
– die Genehmigungsplanung bei dem Auftraggeber in vollständiger, unterschriftsreifer und abgabefertiger Form bis zum ..... vorzulegen,
– die Ausführungsplanung bis drei Monate nach Abruf fertig zu stellen und dem Auftraggeber zu übergeben.

k) Honorierung des Architekten

Für die Vereinbarung von Architektenhonoraren gibt die HOAI 2013[40] einen recht engen Wirksamkeitskorridor vor. Dies betrifft zum einen den Zeitpunkt der Honorarvereinbarung 60

---

38 OLG Frankfurt IBR 2012, 336; OLG Brandenburg IBR 2011, 648; vgl. auch OLG Hamburg IBR 2011, 470 sowie BGH IBR 213, 285 zu den den Architekten treffenden Beratungspflichten
39 vgl. OLG Köln BauR 2007, 1109
40 Die HOAI ist gemäß § 58 HOAI 2013 am 17.07.2013 in Kraft getreten. Zur Anwendbarkeit der verschiedenen Fassungen der HOAI in Stufenverträgen siehe BGH, Urt. v. 18.12.2014 – VII ZR 350/13

(§ 7 Abs. 1 HOAI 2013 »bei Auftragserteilung«) und zum anderen die Höhe des zu vereinbarenden Honorars (§ 7 Abs. 1 HOAI 2013 »im Rahmen der durch diese Verordnung festgesetzten Mindest- und Höchstsätze«). Wird keine Honorarvereinbarung getroffen, gelten gemäß § 7 Abs. 5 HOAI 2013 die Mindestsätze als vereinbArt. Dies vorausgeschickt, erfordert jedwede vertragliche Vergütungsvereinbarung zwischen Bauherr und Architekt folgende Vorprüfung:

– Anwendbarkeit der HOAI 2013 (§ 1 HOAI 2013 sowie Überprüfung etwaiger Öffnungsklauseln).[41] Ist die HOAI nicht anwendbar oder erlaubt die HOAI 2013 ausdrücklich die freie Vereinbarung eines Honorars, kann das Honorar frei vereinbart werden. Ist die HOAI 2013 auf den Architektenvertrag anwendbar, muss die

– Klärung der Honorarberechnungsparameter stattfinden. Diese sind in § 6 HOAI 2013 zusammengefasst und bestehen bei der Objektplanung Gebäude beispielsweise aus den anrechenbaren Kosten (§ 4 HOAI 2013), der Honorarzone, der das Objekt angehört (§ 5 HOAI 2013) und den beauftragten Leistungen unter Berücksichtigung des § 8 HOAI 2013. Zu beachten sind weiter besondere Honorarbegrenzungsvorschriften (Beispiel: § 11 HOAI 2013) sowie etwaige Zu- oder Abschläge (Beispiel: § 36 HOAI 2013 bei Umbauten und Modernisierungen). Dann muss die

– Honorarberechnung durchgeführt werden, und zwar nach Mindest- und Höchstsätzen. Nun erhält man zwischen dem so errechneten Mindest- und Höchsthonorar einen Honorarbereich, innerhalb dessen § 7 Abs. 1 HOAI 2013 die Vereinbarung eines Honorars gestattet.[42]

61 Im Rahmen des Schriftformerfordernisses nach § 7 Abs. 1 HOAI 2103 ist es nicht ausreichend, einen mündlich geschlossenen Vertrag anschließend schriftlich zu fixieren. Maßgeblich ist gemäß § 7 Abs. 1 HOAI 2103 der Zeitpunkt der Auftragserteilung.[43] Die Unwirksamkeit der Honorarvereinbarung bei vorhergehender Tätigkeit des Architekten aufgrund mündlicher Vereinbarungen lässt sich vermeiden, indem zunächst der mündlich geschlossene Architektenvertrag aufgehoben, anschließend für die bereits erbrachten Leistungen ein Honorar vereinbart und schließlich für die noch zu erbringenden Leistungen ein gesonderter, schriftlicher Architektenvertrag, der die Honorarvereinbarung i.S.d. § 7 Abs. 1 HOAI 2103 enthält, geschlossen wird.

62 Gleichwohl wird man bei Vertragsschluss trotz dieser umfangreichen Vorprüfung nicht stets garantieren können, dass das vereinbarte Honorar auch am Ende des Bauvorhabens noch innerhalb des Mindest- und Höchstsatzhonorars liegt. Während der Durchführung des Bauvorhabens wird sich das Mindest- und Höchstsatzhonorar mit hoher Wahrscheinlichkeit verschieben, sei es durch die in der HOAI 2013 angelegte Veränderung von Honorarberechnungsparametern, durch Fehleinschätzung der Parteien oder durch Änderungen der Bauaufgabe infolge von Änderungswünschen des Auftraggebers, behördlichen Festlegungen usw. Dennoch sollte davon abgesehen werden, ein Honorar zu vereinbaren, das von vornherein unwirksam ist. Liegt das Honorar innerhalb der Mindest- und Höchstsätze, sind die Parteien in der Vereinbarung des Honorars an keine weiteren Maßgaben gebunden. Zulässig und gebräuchlich sind beispielsweise die Vereinbarung von Pauschalen, Stundenhonoraren oder auch prozentuale Festlegungen in Bezug auf die Bausumme.

Die Vereinbarung einer Pauschale kann folgendermaßen formuliert werden:

---

41 BGH IBR 2012, 268 stellt dies für den Fall von Baukosten oberhalb der Honorartafeln ausdrücklich klar.
42 Berg/Vogelheim/Wittler/*Vogelheim*, Rn. 244.
43 BGH Urt. v. 18.12.2014 – VII ZR 350/13

**Die Leistungen des Architekten werden pauschal honoriert. Die Parteien vereinbaren, dass der Architekt für alle nach diesem Vertrag zu erbringenden Leistungen eine Pauschale von netto
..... €
erhält. Daraus entfallen auf
die Stufe 1 ..... €
die Stufe 2 ..... €
die Stufe 3 ..... €
die Stufe 4 ..... €.**

63 M

Wird in dem Vertrag kein bestimmtes Architektenhonorar festgelegt, ist es gebräuchlich, dass sich die Parteien über bestimmte Honorarabrechnungsparameter einigen und diese im Vertrag festlegen. Dies kann folgende Punkte betreffen:

64

- vorläufige Schätzung der anrechenbaren Kosten nach § 4 HOAI 2013 oder alternativ eine Baukostenvereinbarung i.S.d. § 6 Abs. 3 HOAI 2013
- Honorarzone, der das Objekt nach § 6 Abs. 1 Nr. 3 oder § 6 Abs. 2 Nr. 2 HOAI 2013 in Verbindung mit § 35 Abs. 2 bis 6 und Anlage 10.2 oder 10.3 HOAI 2013 angehört,
- Honorarsatz nach § 7 Abs. 1 HOAI 2013,
- für den Fall, dass es sich um einen Umbau oder eine Modernisierung i.S.d. § 2 Nr. 5 oder 6 HOAI 2013 handelt, die Höhe des Zuschlags nach § 36 HOAI 2013,
- den »Zuschlag« für Bauüberwachung bei Instandhaltung und Instandsetzung nach § 12 HOAI 2013,
- Höherbewertung einzelner Leistungsphasen bei der Beauftragung dieser Leistungsphasen als Einzelleistungen nach § 9 HOAI 2013,
- Honorar für etwaig übertragene Besondere oder sonstige nicht dem Preisrecht unterliegende Leistungen und
- die Festlegung von Stundensätzen.

Auch hinsichtlich der Vereinbarung von Honorarberechnungsparametern ist zu beachten, dass dies nur dann zulässig ist, wenn das unter Anwendung der vereinbarten Honorarberechnungsparameter errechnete Honorar wiederum zwischen Mindest- und Höchstsatzhonorar i.S.d. § 7 Abs. 1 HOAI 2013 liegt. Hierbei sind die Parameter, die die Gefahr einer Mindestsatzunterschreitung oder Höchstsatzüberschreitung in sich bergen, von denjenigen zu unterscheiden, die mindest- bzw. höchstsatzdefinierend sind:

65

Vereinbaren die Parteien nach § 6 Abs. 3 HOAI 2013 beispielsweise zulässigerweise für die Baukosten eine bestimmte Summe, so berührt dies die Mindest- und Höchstsätze nicht, da sich der Mindest- und Höchstsatz unter Zugrundelegung dieser Vereinbarung errechnet. Eine fehlerhaft vereinbarte, den objektiven Kriterien widersprechende Honorarzonenvereinbarung aber beispielsweise führt nahezu zwingend zu einer Mindestsatzunter- oder Höchstsatzüberschreitung. Allerdings billigt die Rechtsprechung seit der Entscheidung des BGH vom 13.11.2003[44] den Parteien hierzu einen Beurteilungsspielraum zu.

66

Darüber hinaus gibt es Honorarberechnungsparameter, die unabhängig von Mindest- und Höchstsatz vereinbart werden können. Darunter fällt beispielsweise die Höhe des Zuschlags für Leistungen im Bestand nach § 36 HOAI oder Bonus- und Malusregelungen.[45] Auch die Vereinbarung zu den Nebenkosten nach § 14 Abs. 3 HOAI 2013 ist unabhängig von Mindest- und Höchstsatz möglich. Die Nebenkosten sind insoweit kein Honorar, sondern stehen neben diesem.[46]

67

Werden in dem Vertrag Honorarberechnungsparameter vereinbart, sollten stets all diejenigen Honorarberechnungsparameter einer vertraglichen Einigung zugeführt werden, die

68

---

44 BGH NZBau 2004, 159 = BauR 2004, 354.
45 BGH, Urteil vom 22.11.2012 – VII ZR 200/10
46 BGH NZBau 2004, 102 = BauR 2004, 356.

§ 45 Architektenvertrag

69 mindest- und höchstsatzdefinierend sind. Aufgrund der Entscheidung des BGH vom 13.11.2003[47] ist es auch empfehlenswert, die Honorarzone zu vereinbaren.
Bei einer Honorarvereinbarung mit Honorarberechnungsparametern kann unter dem Punkt »Leistungsumfang/Pflichten des Architekten« eine Tabelle zum vereinbarten Leistungsumfang, orientiert an § 34 HOAI 2013, nach folgendem Muster eingefügt werden, auf die bei der Formulierung der Honorarklausel verwiesen werden kann:

70 M

Stufe	Phase	Beschreibung	%HOAI	%
1	1	Grundlagenermittlung	2	.....
1	2	Vorplanung	7	.....
1	3	Entwurfsplanung	15	.....
1	4	Genehmigungsplanung	3	.....
2	5	Ausführungsplanung	25	.....
3	6	Vorbereitung der Verg.	10	.....
3	7	Mitwirken bei der Verg.	4	.....
4	8	Objektüberwachung	32	.....
4	9	Objektbetreuung	2	.....
			100	.....

Die Vereinbarung von Honorarberechnungsparametern kann dann beispielsweise wie folgt formuliert werden:

Die Leistungen des Architekten sind nach den oben vereinbarten Prozentsätzen zu bewerten.

71 M **Die Honorierung richtet sich leistungszeitunabhängig nach den anrechenbaren Kosten des Objekts, der Honorarzone, der das Objekt angehört und nach der Honorartafel des § 35 Abs. 1 HOAI 2013.**
Für die Leistungen des Architekten werden folgende Honorarberechnungsparameter vereinbart:
Anrechenbare Kosten (vorläufige Schätzung) ..... €
Honorarzone .....
Honorarsatz von[48]
Prozentsatz Stufe 1 ..... %
Prozentsatz Stufe 2 ..... %
Prozentsatz Stufe 3 ..... %
Prozentsatz Stufe 4 ..... %

72 § 6 Abs. 3 HOAI 2013 bietet die Möglichkeit, die anrechenbaren Kosten i.S. einer Honorarberechnungsgrundlage zu vereinbaren und das Honorar so weiter von den tatsächlichen Baukosten abzukoppeln. Eine solche Vereinbarung ist aber nur zulässig, wenn noch keine Kostenschätzung oder -berechnung vorliegt. Gleichwohl soll es sich nach dem Wortlaut der HOAI um »nachprüfbare Baukosten« handeln, was in der Begründung zur HOAI 2009[49]

---

47 BGH NZBau 2004, 159 = BauR 2004, 354.
48 Alternative: »mitte« oder »bis« oder eine prozentuale Angabe zwischen 0 % (Mindestsatz) und 100 % (Höchstsatz).
49 BR-Drucks. 395/09, S. 164.

nochmals ausdrücklich bestätigt wurde. Obgleich dies nicht ausdrücklichen Eingang in die HOAI gefunden hat, wird daher empfohlen, im Vertrag oder in einer Anlage zu begründen, auf welcher Basis die Parteien die in der Baukostenvereinbarung festgelegten Kosten ermittelt haben. Liegt beispielsweise eine Kostenvorgabe oder ein Kostenrahmen nach Abschnitt 3.4.1 DIN 276-1:2009-12 vor, empfiehlt es sich, darauf Bezug zu nehmen.

Bei einer Vereinbarung nach § 6 Abs. 3 HOAI 2013 kann man wie nachfolgend formulieren. Soll es bei dem Regelfall des § 6 Abs. 1 oder 2 HOAI 2013 verbleiben, ist keine Regelung notwendig. **73**

Die Parteien vereinbaren abweichend von der in der HOAI vorgeschriebenen Honorarermittlung, dass das Honorar auf Grundlage von vereinbarten Baukosten in Höhe von ..... € ermittelt wird. Die Kosten ergeben sich aus der von den Parteien gemeinsam erstellten Aufstellung, die dem Vertrag als Anlage ..... beigefügt ist. **74 M**

Siehe Rdn. 44 und 45 M. **75**

Nebenkosten sind nach § 14 HOAI 2013 im Einzelnachweis abzurechnen, wenn nicht bei Auftragserteilung anders vereinbArt. Nach § 14 Abs. 1 S. 1 2013 HOAI kann auch vereinbart werden, dass Nebenkosten nicht erstattet werden. **76**

Die nach § 14 HOAI 2013 mögliche Berechnung der Nebenkosten erfolgt mit einer Pauschale von ..... % des Nettohonorars.
Oder:
Alle Nebenkosten sind im Honorar enthalten. Eine gesonderte Erstattung findet nicht statt. **77 M**

Üblich ist es, beim Honorar klarstellend zu vermerken:

Die Umsatzsteuer ist in den Honoraren und Nebenkosten gem. § 16 HOAI 2103 nicht enthalten und wird zusätzlich in Rechnung gestellt. **78 M**

In besonderen Fällen ist eine Honorarvereinbarung auch unterhalb des Mindest- bzw. oberhalb des Höchstsatzes zulässig. **79**

§ 7 Abs. 3 HOAI 2013 lässt eine Mindestsatzunterschreitung in »Ausnahmefällen« zu. Bis ins Jahr 1997 wurden zwei Fallgruppen als »Ausnahmefälle« anerkannt. Einerseits waren persönliche Gründe, wie verwandtschaftliche oder enge freundschaftliche Beziehungen sowie soziale Gründe erfasst, andererseits wenig aufwändige Leistungen. In einem Grundsatzurteil vom 22.5.1997[50] hat der BGH den Anwendungsbereich erweitert. Ein Ausnahmefall liegt danach vor, wenn aufgrund der besonderen Umstände des Einzelfalles unter Berücksichtigung des Zwecks der Mindestregelung ein unter den Mindestsätzen liegendes Honorar angemessen ist. Die zulässigen Ausnahmefälle dürfen einerseits nicht dazu führen, dass der Zweck der Mindestregelung gefährdet werde, einen »unseriösen Preiswettbewerb« unter Ingenieuren und Architekten zu verhindern. Andererseits können alle Umstände eine Unterschreitung der Mindestsätze rechtfertigen, die das Vertragsverhältnis in dem Sinne deutlich von den üblichen Vertragsverhältnissen unterscheide, dass ein unter den Mindestsätzen liegendes Honorar angemessen sei. Dies könne der Fall sein, wenn die geschuldete Leistung nur einen besonders geringen Aufwand erfordere, sofern dieser Umstand nicht schon bei den Bemessungsmerkmalen der HOAI zu berücksichtigen sei. Ein **80**

---

50 BGH NJW 1997, 2329 = BauR 1997, 677.

Ausnahmefall könne ferner beispielsweise bei engen Beziehungen rechtlicher, wirtschaftlicher, sozialer oder persönlicher Art oder sonstigen besonderen Umständen, wie etwa der mehrfachen Verwendung eines Plans, liegen. Eine Auftragshäufung i.S. eines »Mengenrabatts« soll hingegen nicht ausreichen,[51] ebenso wenig ein Nachlass für die Vermittlung weiterer Aufträge[52] und auch nicht das Interesse des Auftraggebers, möglichst kostengünstig zu planen.[53] Sofern ein Honorar unter den Mindestsätzen auf § 7 Abs. 3 HOAI 2013 gestützt wird, sollten die Gründe hierfür im Vertrag im Einzelnen dargelegt werden, damit sie einer gerichtlichen Prüfung zugänglich sind.

81   Eine Höchstsatzüberschreitung lässt § 7 Abs. 4 HOAI 2013 bei außergewöhnlichen oder ungewöhnlich lange dauernden Leistungen zu. Dabei haben Umstände, soweit sie bereits für die Einordnung in Honorarzonen oder Schwierigkeitsstufen, für die Vereinbarung von besonderen Leistungen oder für die Einordnung in den Rahmen der Mindest- und Höchstsätze mitbestimmend gewesen sind, außer Betracht zu bleiben. Da die HOAI insoweit bereits Spielräume bietet, wird es dem Architekten in der Praxis selten gelingen, ein den Höchstsatz übersteigendes Honorar zulässigerweise zu vereinbaren.

l) Zahlungen

82   Hinsichtlich der Zahlungsmodalitäten empfiehlt sich eine Vereinbarung zu den in § 15 Abs. 2 HOAI 2013 in »angemessenen« zeitlichen Abständen vorgesehenen Abschlagszahlungen. Darüber hinaus sollte bei Nachträgen klarstellend auf §§ 650q Abs. 1, 650c Abs. 3 BGB verwiesen werden.[54] Hierzu wird darauf hingewiesen, dass aufgrund der »unvollständigen« Verweisung in § 650q BGB jedenfalls bei Architekten- und Ingenieurverträgen keine Einstweilige Verfügung nach § 650d BGB beantragt werden kann.

Die Zahlungsmodalitäten können folgendermaßen formuliert werden:

83 M   **Der Architekt ist berechtigt, maximal monatlich Abschlagszahlungen in Höhe des Wertes der von ihm erbrachten und nach dem Vertrag geschuldeten Leistung zu verlangen. Es wird vermutet, dass der Wert der von ihm erbrachten und nach dem Vertrag geschuldeten Leistung dem nach dem Zahlungsplan geschuldeten Abschlag entspricht.**
Treffen die Parteien im Falle eines Änderungsbegehrens nicht in Textform eine abweichende Vereinbarung, ist der Architekt berechtigt, abschlagsweise jeweils 80,0 % des von ihm geleisteten Aufwands abzurechnen.
Abschlagszahlungen können erst verlangt werden, wenn der Nachweis über den Abschluss einer vertragsgemäßen Haftpflichtversicherung nach Ziff. 12 dieses Vertrages vorliegt.
Nach (Teil-) Abnahme hat der Architekt seine Leistungen prüffähig schlusszurechnen.

m) Abnahme

84   In der Praxis wurde die Abnahme im Regelfall konkludent erteilt, wenn die Abnahme des Gebäudes, der technischen Anlage usw. gegenüber dem ausführenden Unternehmen erklärt wurde. Mit der BGB Novelle 2018 wurde dieser Vorgang als Teilabnahme im BGB geregelt, was vertraglich wie folgt umgesetzt werden kann:

---

51 BGH IBR 2012, 88; KG IBR 2001, 432.
52 OLG Köln IBR 2000, 439.
53 OLG Köln BauRB 2005, 75.
54 Anwendbarkeit streitig. Dafür: *Koeble*, Editorial BauR 2017, Heft 9. Dagegen: *Kniffka/Retzlaff*, BauR 2017, 1747, 1869.

Am Ende aller Leistungen findet binnen 2 Wochen nach Aufforderung durch den Architekten eine förmliche Abnahme statt, zu der vom Auftraggeber ein Abnahmeprotokoll erstellt wird, in dem auf Verlangen des Architekten die gemeinsam festgestellten Zustände aufzunehmen sind. Etwaige Meinungsverschiedenheiten der Parteien sind zu kennzeichnen. § 650g Abs. 1 und 2 BGB bleiben unberührt.
Der Architekt kann ab der Abnahme der letzten Leistung des bauausführenden Unternehmers oder der bauausführenden Unternehmer eine förmliche Teilabnahme der von ihm bis dahin erbrachten Leistungen verlangen. Eine konkludente Abnahme mit der Abnahme der Unternehmergewerke findet nicht statt.

85 M

n) Haftung des Architekten

Die Gewährleistung des Architekten richtet sich nach §§ 633 ff. BGB. Danach kann der Auftraggeber bei Vorliegen eines Sach- oder Rechtsmangels nach § 635 BGB Nacherfüllung verlangen, nach § 637 BGB den Mangel selbst beseitigen und Ersatz der erforderlichen Aufwendungen verlangen, nach §§ 636, 323 und 326 Abs. 5 BGB von dem Vertrag zurücktreten oder nach § 638 BGB die Vergütung mindern und nach §§ 636, 280, 281, 283 und 311a BGB Schadenersatz oder nach § 284 BGB Ersatz vergeblicher Aufwendungen verlangen.

86

§ 634a Nr. 2 BGB regelt, dass die Gewährleistungsfrist für Architekten fünf Jahre beträgt. Davon abweichende Vereinbarungen – beispielsweise die Verlängerung der Gewährleistung für die Planung von Abdichtungsmaßnahmen – sind in der Praxis unüblich, dürften aber entsprechend der Rechtsprechung zum Bauvertrag möglich sein.

87

Architekten sehen in ihren Verträgen gerne eine Einschränkung ihrer Haftung auf leichte Fahrlässigkeit vor, indem sie die Haftung teils dem Grunde nach und teils nur der Höhe nach auf die Deckungssumme ihrer Haftpflichtversicherung beschränken. Es ist zweifelhaft, ob derlei Klauseln einer AGB-rechtlichen Kontrolle standhalten.[55]

88

Hinsichtlich der Haftung des Architekten kann folgende klarstellende Formulierung in den Vertrag aufgenommen werden:

Der Architekt hat das Werk frei von Sach- und Rechtsmängeln herzustellen. Das Werk ist frei von Sachmängeln, wenn es die vereinbarte Beschaffenheit hat. Soweit eine Beschaffenheit nicht vereinbart ist, ist das Werk frei von Sachmängeln, wenn es sich für die nach dem Vertrag vorausgesetzte, sonst für die gewöhnliche Verwendung eignet, den anerkannten Regeln der Technik entspricht und eine Beschaffenheit aufweist, die bei Werken der gleichen Art üblich ist und die der Auftraggeber nach der Art des Werkes erwarten kann.
Die Verjährung der vertraglichen Ansprüche gegen den Architekten bestimmt sich nach den Vorschriften des Werkvertragsrechts. Die Verjährung beginnt mit der Abnahme.

89 M

Soweit mit dem Architekten Beschaffenheiten vereinbart werden, die sich auf die Baukosten oder Bauzeiten beziehen oder der Architekt sogar Garantien oder garantieähnliche Versprechen hierzu abgibt, ist zu beachten, dass die Haftpflichtversicherungen der Architekten für aus derlei Versprechen folgenden Ansprüche nach den BBR/Arch (Musterbedingungen des GDV, Stand Februar 2018) oder den AHB keinen Deckungsschutz vorsehen. Es kann – je nach Leistungsversprechen – sinnvoll sein, dazu individuell angepasste Haftungs- und Haftungsfolgenvereinbarungen zu treffen. Der bloße Hinweis auf die gesetzlichen Regelungen

90

---

55 Vgl. BGH NJW 1993, 335; OLG Stuttgart IBR 1992, 280.

würde den Architekten ohne entsprechenden Deckungsschutz in der vollen Haftung lassen, was weder von ihm noch von seinem Auftraggeber gewünscht sein kann.

o) Versicherung

91 Zur Absicherung der Risiken des Auftraggebers ist das Vorliegen einer ausreichenden Haftpflichtversicherung erforderlich. Im Architektenvertrag sollte geregelt sein, welche Deckungssumme die von dem Architekten vorzuhaltende Haftpflichtversicherung aufweisen muss und ob diese für das Bauvorhaben reserviert werden muss, damit nicht die Deckungssumme durch Schadensfällen an anderen Bauvorhaben möglicherweise aufgebraucht ist und für den konkreten Schadensfall kein Versicherungsschutz mehr zur Verfügung steht. Der Umfang der Haftpflichtversicherung ist zu prüfen und an den Erfordernissen des konkreten Bauvorhabens zu messen.

92 M Der Architekt ist verpflichtet, eine ausreichende Haftpflichtversicherung nachzuweisen. Diese muss, reserviert für die hier vereinbarten Leistungen, eine einheitliche Deckungssumme je Schadensfall, jährlich 2-fach maximiert in Höhe von
..... €
für Personen-, Sach- und sonstige Schäden aufweisen.

p) Urheberrecht

93 Die Regelung von Urheber- und Urhebernutzungsrechten nimmt in Architektenverträgen oftmals viel Raum ein, ohne dass die Schaffung einer urheberrechtsfähigen Planung dem Ziel der vertraglichen Zusammenarbeit entspräche. Der Übertragung der Nutzungsrechte auf den Auftraggeber bedarf es nicht, da der Architekt bei der Durchführung der Baumaßnahme von seinem eigenen Nachbaurecht Gebrauch macht.[56] Sinnvoll kann es sein,
- zu definieren, unter welchen Bedingungen der Auftraggeber und/oder der Architekt Veröffentlichungen über das Werk vornehmen dürfen, ohne den jeweils anderen zu benennen oder auf welche Art und Weise die Benennung des jeweiligen Vertragspartners ggf. zu erfolgen hat;
- zu definieren, dass die Urhebernutzungsrechte (Nachbaurecht, Recht, das Gebäude zu verändern, umzunutzen oder abzureißen) auf den Auftraggeber übergehen, möglicherweise zu regeln, ob und in welchem Umfang der Architekt in derlei verändernde Prozesse einbezogen werden muss und
- ob dem Architekten – und wenn ja, in welchem Umfang – hierfür eine besondere Vergütung zusteht, was aber im Regelfall nicht der Fall sein wird.

Eine Formulierung zum Urheberrecht kann folgendermaßen lauten:

94 M Soweit der Architekt eine urheberrechtsfähige Planung erbringt, verbleibt das Urheberrecht bei dem Architekten. Der Architekt ist zu Veröffentlichungen über das Gebäude unter Namensnennung des Auftraggebers berechtigt.
Der Architekt überträgt mit Zahlung der Vergütung für die Stufe 1 sämtliche urheberrechtlichen Nutzungsrechte einschließlich des Rechts, das Gebäude zu verändern, ggf. nachzubauen und zu beseitigen, auf den Auftraggeber, einschließlich des Rechts, die dem Auftraggeber übertragenen urheberrechtlichen Nutzungsrechte durch weitere Übertragung auf Dritte zu verwerten; diese Rechtsübertragung ist mit dem dem Architekten für die Stufe 1 geschuldeten Honorar abgegolten.

---

[56] BGHZ 131, 8 = NJW 1995, 3252.

Der Auftraggeber ist im Falle der Veränderung und/oder Beseitigung des Gebäudes verpflichtet, eine Stellungnahme des Architekten hierzu einzuholen. Ein Rechtsanspruch des Architekten, im Rahmen von derlei Vorhaben von dem Auftraggeber beauftragt zu werden, besteht nicht.

q) Kündigung

Das Recht zur außerordentlichen Kündigung ist seit dem 01.01.2018 in § 648a BGB normiert. Der Gesetzgeber hat sich dabei an der Rechtsprechung zum Kündigungsrecht aus wichtigem Grund orientiert. Da das Gesetz offen lässt, was ein wichtiger Grund im Sinne der Vorschrift sein könnte und dies der Definition der Parteien überlässt, sollten mögliche Gründe in den Vertrag aufgenommen werden. Das können neben solchen Gründen, die ganz allgemein von solcher Wichtigkeit sind, dass sie ein Festhalten am Vertrag als unzumutbar erscheinen lassen auch Gründe sein, die einer besonderen Situation geschuldet sind, etwa wenn die Finanzierung des Bauvorhabens nicht gesichert oder die Erteilung von Baurecht ungewiss ist. Daneben sieht § 650r BGB ein Sonderkündigungsrecht nach der Zielfindungsphase vor, welches sinnvollerweise dort geregelt wird. 95

Eine Formulierung des außerordentlichen Kündigungsrechts kann beispielsweise folgendermaßen lauten:

Beide Parteien sind berechtigt, den Vertrag ganz oder teilweise aus wichtigem Grund zu kündigen (§ 648a BGB). Ein wichtiger Grund liegt insbesondere vor, wenn 96 M
- **das Bauvorhaben eingestellt, nicht weiter verfolgt oder über einen Zeitraum von mehr als 6 Monaten verschoben wird, es sei denn, der Grund dafür ist von der kündigenden Vertragspartei verschuldet worden,**
- **der Architekt trotz Aufforderung des Auftraggebers mit einer Handlungsfrist von 14 Tagen wesentliche Vertragspflichten nicht erfüllt, insbesondere vereinbarte Planungsziele nicht oder nur grob mangelhaft erreicht,**
- **der Architekt den vereinbarten Versicherungsschutz trotz Aufforderung des Auftraggebers mit einer Handlungsfrist von 14 Tagen nicht nachweist und/oder diesen während der Vertragslaufzeit einschließlich der Gewährleistung nicht aufrecht hält,**
- **eine der Parteien die Tätigkeit einstellt, auch nur zeitweise zahlungsunfähig wird oder ein gerichtliches oder außergerichtliches Insolvenzverfahren gegen sie eingeleitet wird, und er oder der (vorläufige) Insolvenzverwalter eine Aufforderung der anderen Partei sich dazu zu erklären, ob der Vertrag weiterhin erfüllt wird mit einer Handlungsfrist von 14 Tagen ungenutzt verstreichen lässt,**
oder
- **sich die Kreditwürdigkeit einer Vertragspartei so verschlechtert, dass eine Erfüllung des Vertrages objektiv gefährdet erscheint.**

Wird aus einem wichtigen Grund gekündigt, erhält der Auftragnehmer die erbrachten Leistungen vergütet; wegen nichterbrachter Leistungen steht dem Auftragnehmer keine Vergütung zu. Die Berechtigung, Schadensersatz zu verlangen, bleibt unberührt. Das freie Kündigungsrecht des Auftraggebers (§ 648 BGB) bleibt unberührt. § 648a Abs. 2 BGB gilt entsprechend.
Die Kündigung hat in jedem Fall schriftlich zu erfolgen.
Für die Leistungsstandsfeststellung nach § 648a Abs. 4 BGB gelten die Fristen zur Abnahme entsprechend.

Bei einer Kündigung aus einem nicht ausdrücklich im Vertrag geregelten wichtigen Grund muss beachtet werden, dass die Rechtsprechung regelmäßig eine vorhergehende Abmah- 97 nung oder Nachfristsetzung verlangt und dass die beabsichtigte Folge des nicht-vertragsgemäßen Verhaltens (Kündigung) in dem Schreiben anzukündigen ist[57].

r) Schlussbestimmungen

98 In den Schlussbestimmungen bietet es sich an, eine Schriftformklausel aufzunehmen, zu regeln, wie mit etwaigen unwirksamen Bestandteilen des Vertrages umzugehen ist (salvatorische Klausel[58]) und eine Gerichtsstandsvereinbarung zu treffen.

99 M Mündliche Nebenabreden bestehen nicht. Änderungen und Ergänzungen dieses Vertrages – insbesondere die Vereinbarung von Nachträgen – bedürfen zu ihrer Wirksamkeit der Schriftform. Von diesem Schriftformerfordernis kann nur durch schriftliche Vereinbarung abgewichen werden.
Sollte eine Bestimmung dieses Vertrages unwirksam sein oder werden oder der Vertrag eine Lücke enthalten, so berührt dies die Wirksamkeit des Vertrages im Übrigen nicht. Die Parteien haben alles zu tun, um eine unwirksame Bestimmung durch eine solche – wirksame – Bestimmung zu ersetzen, die der unwirksamen Bestimmung in wirtschaftlicher Beziehung möglichst nahe kommt.
Erfüllungsort und Gerichtsstand ist .....

---

57 OLG Bremen IBR 2012, 651; BGH Beschl. v. 22.08.2012 – VII ZR 70/11.
58 BGH NJW 2010, 1660.

§ 46 Bauvertrag, Baubetreuungsvertrag

I. Bauvertrag

Literatur: *v. Berg/Vogelheim/Wittler*, Entwickeln – Planen – Bauen, 2010; Eschenbruch, Bauvertragsmanagement, 1. Aufl. 2017; *Franke/Kemper/Zanner/Grünhagen*, VOB-Kommentar, 6. Aufl., 2017; *Glöckner/v. Berg*, Bau- und Architektenrecht, 2. Aufl., 2015; *Heiermann/Riedl/Rusam*, Handkommentar zur VOB, 14. Aufl., 2017; *Ingenstau/Korbion/Leupertz/v. Wietersheim*, VOB Teile A und B Kommentar, 20. Aufl., 2017; *Kapellmann/Langen*, Einführung in die VOB/B, 26. Aufl. 2017; *Keldungs/Brück*, Der VOB-Vertrag, 9. Aufl., 2008; *Kniffka*, Bauvertragsrecht, 3. Aufl. 2018; *Leinemann*, VOB/B-Kommentar, 6. Aufl., 2016; *Locher*, Das private Baurecht, 8. Aufl., 2012; *Mintgens*, Baurecht kompakt, 2009; *Werner/Pastor*, Der Bauprozess, 16. Aufl., 2018; *Vygen/Joussen*, Bauvertragsrecht nach VOB und BGB, 6. Aufl., 2018; *Zerhusen*, Fachanwaltsmandat Privates Baurecht, 3. Aufl., 2008.; **Zu II.:** *Pause*, Bauträgerkauf und Baumodelle, 6. Aufl. 2018; *Locher*, Das private Baurecht, 8. Aufl. 2012.

1. Allgemeines

Mit dem »Gesetz zur Reform des Bauvertragsrechts, zur Änderung der kaufrechtlichen Mängelhaftung, zur Stärkung des zivilprozessualen Rechtsschutzes und zum maschinellen Siegel im Grundbuch- und Schiffsregisterverfahren« hat der Gesetzgeber u.a. das bis dato im allgemeinen Werkvertragsrecht beheimatete Recht des Bauvertrages umfassend neu geregelt. Neue Regelungen finden sich in Titel 9. Werkvertrag und ähnliche Verträge, Untertitel 1. Werkvertrag, Kapitel 2. Bauvertrag und Kapitel 3. Verbraucherbauvertrag des BGB. Auch nach der Reform bleiben Bauverträge und Verbraucherbauverträge Werkverträge, die den Unternehmer (Auftragnehmer) zur Herstellung des versprochenen Werkes und den Besteller (Auftraggeber) zur Entrichtung der vereinbarten Vergütung verpflichten (§ 631 Abs. 1 BGB). Die speziellen Regelungen in Kapitel 2 und Kapitel 3 gelten ergänzend zu den allgemeinen Regelungen des Werkvertragsrechtes (§§ 650a Abs. 2 Satz 2, 650i Abs. 3 BGB). 1

Das neue Bauvertragsrecht ist am 01.01.2018 in Kraft getreten und gilt für alle ab diesem Datum abgeschlossenen Bauverträge. Für bis zum 31.12.2017 abgeschlossene Bauverträge gilt noch das alte Recht; insoweit wird ergänzend auf die Vorauflage verwiesen.

Nach der neuen Legaldefinition des § 650a Abs. 1 Satz 1 BGB ist ein Bauvertrag ein Vertrag zwischen einem Auftraggeber (Besteller), dem Bauherrn, und einem Auftragnehmer (Unternehmer) über die Herstellung, die Wiederherstellung, die Beseitigung oder den Umbau eines Bauwerks, einer Außenanlage oder eines Teils davon. Auch ein Vertrag über die Instandhaltung eines Bauwerks ist ein Bauvertrag, wenn das Werk für die Konstruktion, den Bestand oder den bestimmungsgemäßen Gebrauch von wesentlicher Bedeutung ist (§ 650a Abs. 2 BGB). 2

Verbraucherbauverträge sind Verträge, durch die der Unternehmer von einem Verbraucher zum Bau eines neuen Gebäudes oder zu erheblichen Umbaumaßnahmen an einem bestehenden Gebäude verpflichtet wird (§ 650i Abs. 1 BGB). Ein Verbraucherbauvertrag bedarf der Textform (§§ 650i Abs. 2, 126b BGB). Der Unternehmer ist zu einer Baubeschreibung verpflichtet, es sei denn, der Verbraucher oder ein von ihm Beauftragter macht die wesentlichen Planungsvorgaben (§ 650j BGB). Die Angaben einer vorvertraglich zur Verfügung gestellten Baubeschreibung werden Inhalt des Vertrages, es sei denn, die Vertragsparteien haben etwas anderes vereinbart (§ 650k Abs. 1 BGB). Der Verbraucherbauvertrag muss verbindliche Angaben zum Zeitpunkt der Fertigstellung des Werks oder – falls nicht möglich – zur Dauer der Bauausführung enthalten. Enthält der Vertrag diese Angaben nicht, werden die vorvertraglich in der Baubeschreibung übermittelten Angaben zum 3

Zeitpunkt der Fertigstellung des Werks oder zur Dauer der Bauausführung Inhalt des Vertrags (§ 650k Abs. 3 BGB). Dem Verbraucher steht ein Widerrufsrecht gemäß § 355 BGB zu, es sei denn, der Vertrag wurde notariell beurkundet. Über das Widerrufsrecht muss der Unternehmer den Verbraucher belehren (§ 650l BGB). § 650m BGB enthält gegenüber dem Werkvertrag modifizierte Regelungen über Abschlagszahlungen und Sicherheitsleistungen des Unternehmers. In § 650n BGB ist die Erstellung und Herausgabe von Unterlagen durch den Unternehmer an den Verbraucher geregelt. Nach § 650o BGB sind die Regelungen der §§ 640 Abs. 2 Satz 2, 650i bis 650l und 650n nicht zu Lasten des Verbrauchers abdingbar.

4   Als Werkvertrag i.S.d. § 631 BGB ist auch der Bauvertrag nach neuem Recht auf die Herstellung eines körperlichen Arbeitsergebnisses gerichtet. Dabei kann es sich um die Erstellung eines fertigen Neubaus (Schlüsselfertigbau), einzelner Teile davon (z.B. Rohbau), Umbauten, Renovierungsarbeiten oder um Einzelleistungen (z.B. Maurer-, Malerarbeiten, Installation, Heizungsbau) handeln. Typisch für die Errichtung eines Bauwerks ist das Zusammenwirken des einzelnen Bauunternehmers mit dem Bauherrn, Architekten oder Statiker und anderen am Bau beteiligten Unternehmern und Handwerkern.[1]

a) Hauptunternehmer und Nachunternehmer

5   Als Hauptunternehmer wird ein Bauunternehmer bezeichnet, der mehrere Bauleistungen selbst übernimmt und einen Teil dieser übernommenen Leistungen an Nachunternehmer weiter vergibt.[2] Vertragliche Beziehungen bestehen dann einerseits zwischen dem Hauptunternehmer und dem Bauherrn und anderseits zwischen Hauptunternehmer und Nachunternehmer. Es bestehen demzufolge keine direkten Beziehungen zwischen dem Bauherrn und dem Nachunternehmer.

b) Generalunternehmer und Generalübernehmer

6   Wenn vom Bauherrn ein Bauunternehmer beauftragt wird, der die vollständige Erbringung der Bauleistung für verschiedene Gewerke übernimmt und dabei wesentliche Teile (in der Praxis zumeist den Rohbau) selbst ausführt, wird dieser auch als Generalunternehmer bezeichnet. Davon kann der Generalübernehmer unterschieden werden, der ebenfalls die gesamte Bauleistung übernimmt, jedoch für sämtliche zu erbringende Bauleistungen Nachunternehmer beauftragt.

c) Totalunternehmer und Totalübernehmer

7   Planungsleistungen wie Architekten- oder Ingenieurleistungen gehören nicht zum Aufgabenbereich der Generalunter- und Generalübernehmer. Wenn diese neben den Bauleistungen als eigene Planungsleistungen zu erbringen sind, handelt es sich um Totalunternehmer. Der Totalübernehmer hingegen vergibt sämtliche Leistungen, also auch die Planungsleistungen, vollständig an Dritte weiter.

d) Arbeitsgemeinschaft (ARGE)

8   Als ARGE bezeichnet man den Zusammenschluss mehrerer Unternehmen auf vertraglicher Grundlage mit dem Zweck, Bauaufträge der gleichen oder verschiedener Fachrichtungen oder Gewerbezweige durchzuführen.[3] Die Unternehmen werden grundsätzlich gemeinsam

---

1 Palandt/*Sprau*, § 650a BGB Rn. 2.
2 Glöckner/v. Berg/*Vogelheim*, § 631 BGB Rn. 8.
3 *Locher*, Rn. 586.

Vertragspartner des Bauherrn sowie ihrer Nachunternehmer. Vorteil der ARGE für den Bauherrn ist, dass bei Ausfall eines Unternehmens die übrigen Unternehmer zur Erfüllung des gesamten Bauvorhabens weiterhin verpflichtet sind. Auf der anderen Seite vermindern die Unternehmen das wirtschaftliche Risiko bei Insolvenz des Bauherrn.

2. Zustandekommen

Der Bauvertrag kommt wie jeder andere Vertrag durch Angebot und Annahme zustande. In der Regel übermittelt der Bauherr dem Unternehmer eine Leistungsbeschreibung. Wenn der Unternehmer diese mit Preisen konkretisiert und zurückschickt, ist darin ein Angebot zu sehen. Befristet der Bieter sein Angebot, kann die wirksame Annahme nur innerhalb der Frist erfolgen, § 148 BGB. Wird die Annahme nicht fristgemäß oder mit auch nur geringfügigen[4] Änderungen oder Ergänzungen erklärt, liegt ein neues Angebot vor, das seinerseits der Annahme bedarf, § 150 BGB.

3. Formvorschriften

Grundsätzlich bestehen für den Abschluss eines Bauvertrags keine Formvorschriften, es sei denn, es handelt sich um einen Verbraucherbauvertrag; dieser bedarf der Textform (§ 650l Abs. 2 BGB) Um späteren Beweisschwierigkeiten zu begegnen, ist es jedoch ratsam, einen schriftlichen Vertrag zu schließen. Die Parteien können vertraglich ebenfalls eine Schriftformklausel für spätere vertragliche Vereinbarungen oder Änderungen vereinbaren. Eine Ausnahme von der grundsätzlichen Formfreiheit gilt nach dem Bundesgerichtshof für den Fall, dass der Bauvertrag mit dem Erwerbsvertrag für das Baugrundstück eine rechtliche Einheit bildet, d.h. beide Verträge »miteinander stehen und fallen«.[5] Dann bedarf er der notariellen Beurkundung nach § 311b BGB.

4. Vorbemerkung, Vertragsgrundlagen und -bestandteile

Bei den Vertragsverhandlungen müssen die jeweiligen Leistungspflichten genau festgelegt werden. Einem Bauvertrag kann eine Vorbemerkung oder Präambel vorangestellt werden. In eine solche Vorbemerkung gehören wichtige Hinweise für die Planung, Kalkulation und Abwicklung des Bauvorhabens, die entweder eine Geschäftsgrundlage i.S.d. § 313 BGB darstellen oder für die Auslegung oder Interpretation vertraglicher Pflichten und Nebenpflichten von Bedeutung sein können. Dabei kommt es bei der Formulierung auf die konkrete Situation der Parteien und der Bauaufgabe an.[6] Der Leistungsumfang des Unternehmers wird durch den Bauvertrag definiert. Daher müssen Vertragsgrundlagen und -bestandteile exakt bestimmt werden. Gängige Vertragsbestandteile sind neben den Regelungen im Bauvertrag selbst das Verhandlungsprotokoll, die Leistungsbeschreibung (Baubeschreibung) einschließlich allgemeiner und technischer Vorbemerkungen, Baupläne, Besondere Vertragsbedingungen (BVB), Zusätzliche Vertragsbedingungen (ZVB), Zusätzliche Technische Vertragsbedingungen (ZTV), die Baugenehmigung, Termin- und Zahlungspläne, Baustelleneinrichtungspläne, Baugrund- und Sanierungsgutachten, Beweissicherungsgutachten, Formulare für Bürgschaften sowie die VOB/B und die VOB/C. Es kommt auch hier auf den Einzelfall an. Ein Bauvertrag enthält häufig auch sogenannte Rangfolgeregelungen, die im Fall von Widersprüchlichkeiten innerhalb der Vertragsgrundlagen den Vorrang einer bestimmten Vertragsgrundlage bestimmen.

---

4 BGH NJW 2001, 221.
5 BGH NJW 1994, 721.
6 *v. Berg/Vogelheim/Wittler*, Rn. 582.

5. Vergütung der verschiedenen Vertragsformen

12 In der Regel wird die Vergütung zwischen den Vertragsparteien vereinbArt. In Betracht kommt die Vereinbarung von Einheitspreisen, Pauschalsummen, Stundenlohnsätzen oder Selbstkostenerstattung. Diese Vergütungsformen können auch miteinander kombiniert werden.

a) Einheitspreisvertrag

13 Beim Einheitspreisvertrag werden Einheitspreise für technisch und wirtschaftlich einheitliche Teilleistungen vereinbart, deren Menge nach Maß, Gewicht oder Stückzahl angegeben wird. In den Ausschreibungs- und Vertragsunterlagen wird die jeweilige Teilleistung unter einer Ordnungsnummer (Position) beschrieben und die voraussichtlich auszuführende Menge (Vordersatz) angegeben sowie ein Einzelpreis verbindlich vereinbArt. Die Multiplikation von Vordersatz und Einzelpreis bildet den so genannten vorläufigen Gesamtpreis für die Einzelleistung. Die Summe aller Gesamtpreise ergibt dann die Auftragssumme oder den Vertragspreis. Es bleibt ein vorläufiger Vertragspreis, da es für die endgültige Berechnung der Vergütung erforderlich ist, nach Fertigstellung des Werks festzustellen, was an den jeweiligen Mengen tatsächlich erbracht wurde.[7]

b) Pauschalpreisvertrag

14 Beim Pauschalvertrag muss eine Prüfung der tatsächlich ausgeführten Leistungen und Mengen hingegen nicht erfolgen, um die Vergütung zu berechnen. Die Vertragsparteien vereinbaren bei Vertragsabschluss einen verbindlichen Pauschalpreis für die beauftragten Leistungen, wobei eine Preisanpassung grundsätzlich nicht stattfindet. Unterschieden wird zwischen dem Detail- und dem Globalpauschalvertrag.

15 Beim *Detailpauschalvertrag* ist die Leistung detailliert beschrieben. Die Parteien legen die Summe aller Gesamtpreise wie beim Einheitspreisvertrag zugrunde, vereinbaren jedoch, dass dieser für die Vergütung des Auftragnehmers abschließend verbindlich sein soll. Ein späteres Aufmaß ist danach also nicht notwendig, da unabhängig von der tatsächlich ausgeführten Menge nur der Pauschalpreis zum Zeitpunkt des Vertragsschlusses maßgeblich bleiben soll.[8]

16 Beim *Globalpauschalpreisvertrag* wird nicht nur die Vergütung pauschaliert, sondern auch die zu erbringende Leistung selbst. Der Auftragnehmer hat hiernach unabhängig von der Leistungsbeschreibung alles zu erbringen, was für die Erreichung des vertraglichen vorausgesetzten Erfolgs notwendig ist. Diese Vereinbarung findet zumeist im Schlüsselfertigbau Anwendung.

c) Stundenlohnvertrag

17 Beim Stundenlohnvertrag ist die Anzahl der für die einzelne Werkleistung aufgewendeten Stunden die Grundlage der Vergütung. Vergütet wird der Zeitaufwand des Unternehmers, den dieser zur Ausführung der vertraglich vereinbarten Leistung benötigt; hinzu kommen die Materialkosten. Für die Abrechnung sind genaue Angaben zu Tag, Ort, Tätigkeit, Personal, Material und der Zeitdauer der Tätigkeit notwendig, die zumeist auf Stundenlohnzetteln aufgeführt werden und die vom Bauherrn gegengezeichnet werden.

---

7 Glöckner/v. Berg/*Kemper/Luig*, § 2 VOB/B Rn. 17.
8 Vgl. *Franke/Kemper/Zanner/Grünhagen*, B § 2 Rn. 37 ff.

d) Selbstkostenerstattungsvertrag

Beim Selbstkostenerstattungsvertrag muss der Bauherr dem Unternehmer sämtliche bei Ausführung der Leistung angefallenen Selbstkosten, also den Gesamtaufwand des Unternehmers vergüten. Hierzu gehören Löhne, Lohnneben- und Materialkosten, Gerätevorhaltung, allgemeine Geschäftskosten und ein Gewinnzuschlag. In der Praxis ist diese Art der Vergütung nicht häufig anzutreffen. **18**

e) Fehlende Vergütungsvereinbarung

Fehlt es bei Vertragsabschluss an einer Vergütungsregelung, so gilt sie kraft Fiktion als stillschweigend vereinbart, wenn die Herstellung des Werks nur gegen eine Vergütung zu erwarten ist (§ 632 Abs. 1 BGB). Bei Bauleistungen ist dies regelmäßig der Fall. Gemäß § 632 Abs. 2 BGB gilt dann die übliche Vergütung als vereinbArt. Unter üblicher Vergütung ist die Vergütung zu verstehen, die z.Zt. des Vertragsschlusses nach allgemeiner Auffassung der beteiligten Kreise am Ort der Werkleistung gewährt zu werden pflegt.[9] **19**

f) Änderung des Vertrags; Anordnungsrecht des Bestellers; Vergütungsanpassung bei Änderungsanordnungen

Bauverträge sind in der Regel auf einen längeren Leistungsaustausch angelegt; nicht wenige Bauvorhaben benötigen Jahre vom ersten Spatenstich bis zur Abnahme. In dieser Zeit kann aus den unterschiedlichsten Gründen der Wunsch oder auch die Notwendigkeit entstehen, Änderungen des Leistungsinhalts vorzunehmen. Es kann Änderungen in technischen oder behördlichen Vorschriften/Anforderungen geben, die sich auf den Leistungsinhalt auswirken. Bedürfnisse des Nutzers können sich ändern oder erst nach Vertragsschluss entstehen. Nicht selten kommt es vor, dass Bauverträge auf der Basis einer unvollständigen Planung abgeschlossen werden, die im Laufe der Bauzeit »nachgebessert« wird, um nur einige Beispiele für einen Änderungsbedarf auf Bauherrenseite zu nennen. **20**

Das BGB in der bis zum 31.12.2017 geltenden Fassung hatte auf die hiermit verbundenen Fragestellungen kaum Antworten. Wenn Änderungsrechte nicht wirksam vertraglich vereinbart waren, sei es durch Allgemeine Geschäftsbedingungen, individualvertragliche Regelungen oder durch wirksame Einbeziehung der VOB/B, konnte der Besteller einen Änderungswunsch in der Regel nicht einseitig durchsetzen, sondern war auf eine Vereinbarung mit dem Unternehmer angewiesen. **21**

Dies zu ändern, aber auch die Folgen einer Leistungsänderung (Vergütungsanpassung) zu regeln, ist ein Kernanliegen der gesetzgeberischen Reform. Das neue Bauvertragsrecht enthält nun detaillierte Regelungen über Änderungsbegehren des Bestellers und damit einhergehende einseitige Anordnungsrechte (§ 650b BGB), über damit einhergehende Vergütungsanpassungen (§ 650c BGB) und das Nichterfordernis der Glaubhaftmachung eines Verfügungsgrundes zum Erlass einer einstweiligen Verfügung über das Anordnungsrecht gemäß § 650 oder die Vergütungsanpassung gemäß § 650c nach Beginn der Bauausführung (§ 650d BGB). **22**

6. Allgemeine Geschäftsbedingungen, §§ 305 ff. BGB

a) Begriff

Gemäß § 305 Abs. 1 BGB sind Allgemeine Geschäftsbedingungen (AGB) alle für eine Vielzahl von Verträgen vorformulierten Vertragsbedingungen, die eine Vertragspartei (Verwen- **23**

---

9 BGH NJW 2001, 151 = BauR 2001, 249.

der) der anderen Vertragspartei bei Abschluss eines Vertrags stellt. Unerheblich ist, ob derjenige, der die AGB verwendet, diese auch ausgearbeitet hat.[10] Vom Stellen der AGB ist das Aushandeln von Individualabreden zu unterscheiden. Von Letzterem kann in der Regel nur ausgegangen werden, wenn der Verwender eine Klausel ernsthaft zur Disposition stellt.

b) Einbeziehung

24 Die Voraussetzungen für eine wirksame Einbeziehung von AGB sind in § 305 Abs. 2 und 3 BGB festgelegt. Danach werden AGB nur dann Bestandteil des Vertrags, wenn der Verwender bei Vertragsschluss die andere Vertragspartei ausdrücklich auf sie hinweist und der anderen Vertragspartei die Möglichkeit verschafft, in zumutbarer Weise von ihrem Inhalt Kenntnis zu nehmen. Die gilt bei Verträgen mit einem Verbraucher auch dann, wenn der Unternehmer die *Allgemeinen Vertragsbedingungen für die Ausführung von Bauleistungen (VOB/B)* einbeziehen will. § 305 Abs. 2 und 3 BGB findet gem. § 310 Abs. 1 BGB keine Anwendung, wenn die AGB gegenüber einem Unternehmer verwendet werden.

c) Unwirksame Klauseln nach § 307 BGB

25 Finden die AGB Anwendung, so unterliegen sie einer Inhaltskontrolle nach den §§ 307 bis 309 BGB. Dabei stellt § 307 BGB eine Generalklausel dar, in der die Ausprägungen der Wertungsklauseln der §§ 308, 309 BGB Berücksichtigung finden. Von der Rechtsprechung sind verschiedene Klauseln als unwirksam qualifiziert worden. Dazu zählen bspw.: Begründung eines Minderungsrechts für Abweichungen, die keine Mängel im Rechtssinn sind;[11] Ausschluss jeglicher Nachforderungen, wenn sie nicht auf schriftlichen Zusatz- und Nachtragsaufträgen des Auftraggebers beruhen;[12] Zahlungsfrist von 1 Monat oder 90 Tagen für den Auftraggeber;[13] Zinssatz von 4 % für Überzahlungen.[14] Es ist zu erwarten, dass sich die Gerichte in Zukunft verstärkt mit Regelungen in Allgemeinen Geschäftsbedingungen zu Leistungsänderungsrechten des Bestellers und deren Folgen befassen werden und diese unter dem Gesichtspunkt, dass es sich bei den §§ 650b bis 650d BGB um nunmehr geschaffene gesetzliche Leitbilder handeln könnte, einer kritischen Überprüfung unterzogen werden.

d) Insbesondere: Vertragsstrafe

26 Die Vertragsstrafe ist eine meist in Geld bestehende Leistung, die der Schuldner für den Fall der Nichterfüllung oder nicht gehörigen Erfüllung einer Verbindlichkeit verspricht.[15] Sie muss hinreichend klar und widerspruchsfrei vereinbart sein. Handelt es sich um eine Vertragsstrafe, die die rechtzeitige Fertigstellung des Bauwerks betreffen soll, so ist zunächst die Vereinbarung verbindlicher Vertragsfristen notwendig. Einer Inhaltskontrolle halten Vertragsstrafen nur stand, wenn sie die andere Vertragspartei nicht unangemessen benachteiligen. Der Bundesgerichtshof hat für Vertragsstrafen bei Fristüberschreitungen das Erfordernis der zweifachen Begrenzung der Höhe der Vertragsstrafe aufgestellt. Das bedeutet, die Vertragsstrafe muss sowohl hinsichtlich des Tagessatzes als auch des Höchstsatzes begrenzt sein. Die Tagessatzhöhe muss deutlich unter 0,5 % begrenzt sein. Es ist nach Arbeitstagen (Fünftagewoche), Werktagen (Sechstagewoche) und Kalendertagen (Siebentagewoche) zu

---

10 BGHZ 126, 326 = NJW 1994, 2825.
11 BGH NJW-RR 2004, 1022.
12 BGH NJW 2004, 502; NJW-RR 2005, 246.
13 OLG München NJW-RR 1989, 276; OLG Köln NJW-RR 2006, 670.
14 BGHZ 102, 47.
15 Palandt/*Grüneberg*, § 339 BGB Rn. 1.

unterscheiden. Zulässig sind Strafen von 0,2 % der Auftragssumme je Werktag[16] und je Kalendertag[17] oder 0,3 % der Auftragssumme je Arbeitstag.[18] Mit § 307 BGB unvereinbar sind dagegen 0,5 % je Arbeitstag[19] und pro Werktag[20] oder 0,3 % der Auftragssumme pro Kalendertag.[21] Hinsichtlich der angemessenen Höchstgrenze hat der Bundesgerichtshof eine Klausel als unwirksam angesehen, die 5 % der Auftragssumme überschritten hat.[22]

e) Insbesondere: Sicherheiten

Zu den Sicherheiten im Einzelnen s. Rdn. 29 und Rdn. 50. Auch auf diesem Gebiet finden sich zahlreiche Beispiele der Rechtsprechung für unwirksame Klauseln. Die Kombination von 10 %-igem Sicherheitseinbehalt und einer Vertragserfüllungsbürgschaft i.H.v. 20 % ist unwirksam.[23] Ebenso unwirksam ist eine Klausel, die bestimmt, dass die Parteien als Sicherheit einen Bareinbehalt von 10 % der Bruttoauftragssumme für die Dauer der Verjährungsfrist von 5 Jahren vereinbaren.[24] Zulässig ist dagegen eine Klausel, die den Auftragnehmer verpflichtet, dem Auftraggeber nach Vertragsabschluss eine selbstschuldnerische Vertragserfüllungsbürgschaft i.H.v. 5 % der Auftragssumme zu überreichen.[25] Ferner ist eine Klausel unwirksam, wenn 5 % der Vergütung erst 60 Monate nach kompletter Fertigstellung aller vom Unternehmer zu erbringenden Leistungen einschließlich eventueller Mängelansprüche fällig sind.[26]

27

7. Abnahme und Haftung

Unter Abnahme i.S.v. § 640 BGB ist die körperliche Hinnahme der vollendeten Leistung und deren Billigung als eine wenigstens in der Hauptsache vertragsgemäße Leistung zu verstehen.[27] Da der Bauherr bereits als Eigentümer die tatsächliche Gewalt über die Bauleistung hat, besteht die Abnahme hier in der Anerkennung der Leistung als einer in der Hauptsache nach vertragsgemäßen Erfüllung der Leistungspflichten des Unternehmers. Diese Willenserklärung kann durchaus konkludent durch Inbetriebnahme, Bezahlen oder Ähnliches erfolgen. Ferner kann eine fiktive Abnahme erfolgen, wenn der Unternehmer dem Besteller nach Fertigstellung des Werks eine angemessene Frist zur Abnahme gesetzt hat und der Besteller die Abnahme nicht innerhalb dieser Frist unter Angabe mindestens eines Mangels verweigert hat (§ 640 Abs. 2 Satz 1 BGB). Ist der Besteller ein Verbraucher so treten diese Rechtsfolgen nur dann ein, wenn der Unternehmer den Besteller zusammen mit der Aufforderung zur Abnahme auf die Folgen einer nicht erklärten oder ohne Angabe von Mängeln verweigerten Abnahme hingewiesen hat; der Hinweis muss in Textform erfolgen (§ 640 Abs. 2 Satz 2 BGB). An die Abnahme sind wichtige Folgen geknüpft, bspw. erlischt der Erfüllungsanspruch und die Vergütung wird fällig (§ 641 BGB). Die Verjährung der Mängelansprüche beginnt (§ 634a Abs. 2 BGB). Es tritt eine Umkehr der Beweislast ein. Nach der Abnahme ist der Bauherr für Mängel beweispflichtig. Die Gefahr geht auf den Bauherrn über (§ 644 BGB). Eine Vertragsstrafe kann nicht mehr verlangt werden, wenn sie nicht bei der Abnahme vorbehalten wird (§ 341 Abs. 3 BGB). In AGB kann aber wirksam vereinbart werden, dass der

28

---

16 BGH NJW 1979, 212.
17 OLG Düsseldorf NJW-RR 2001, 1597.
18 KG Berlin KG-Report 1999, 254.
19 BGH NJW 2000, 2106.
20 BGH NJW-RR 2002, 806.
21 OLG Dresden BauR 2001, 949.
22 BGH NJW 2003, 1805.
23 OLG Brandenburg BauR 2001, 1450.
24 OLG Brandenburg BauR 2001, 1450.
25 BGH BauR 2000, 1498.
26 OLG Hamm NJW-RR 1988, 726.
27 BGHZ 48, 262.

Vorbehalt der Geltendmachung noch bis zur Schlusszahlung möglich ist.[28] Ebenso führt die Abnahme zum Ausschluss von Mängelbeseitigungsansprüchen, wenn der Bauherr den Mangel kennt und sich diese Rechte nicht vorbehält (§ 640 Abs. 3 BGB). Nimmt man trotz Kenntnis von einem Mangel die Bauleistung vorbehaltlos ab, führt dies zum Verlust der Ansprüche nach §§ 634 Nr. 1–3 BGB. Ausgeschlossen wird hingegen nicht der Schadensersatzanspruch nach §§ 634 Nr. 4, 280, 281 BGB.[29] Eine abweichende Parteivereinbarung ist jedoch möglich.

8. Sicherungsrechte und Versicherungen

29   Gesetzliche Sicherungsrechte sind in sowohl in §§ 232 ff. BGB als auch in §§ 648, 648a BGB geregelt. Gemäß § 232 Abs. 1 BGB ist zwischen Hinterlegung, Verpfändung, Hypotheken und anderen Sicherheitsleistungen auf der einen Seite und Bürgschaft gem. § 232 Abs. 2 BGB auf der anderen Seite zu unterscheiden. Die Bürgschaft ist nach dem System des BGB ein nachrangiges Sicherungsmittel. Im Vertrag muss daher ausdrücklich vereinbart werden, dass die Sicherheit auch in Form der Bürgschaft erbracht werden kann. Ferner kann der Unternehmer von seinem Bauherrn eine Sicherheitsleistung verlangen, § 650f BGB. Diese ist unabhängig von den Eigentumsverhältnissen am Grundstück und kann auch in Form einer Garantie oder eines sonstigen Zahlungsversprechens abgegeben werden, § 650f Abs. 2 BGB. Mit dem Erhalt einer Sicherheitsleistung nach § 650f BGB besteht nach § 650f Abs. 4 BGB der Anspruch auf Einräumung einer Sicherheitshypothek gem. § 650e BGB nicht mehr. Letztere bietet oft nicht ausreichenden Schutz, da der Bauherr auch Eigentümer des Grundstücks sein muss, auf dem das Bauwerk errichtet wird.[30]

30   Üblich ist es, dass der Bauunternehmer eine Betriebshaftpflichtversicherung und der Bauherr eine Bauleistungsversicherung abschließt. Letztere deckt das Risiko unvorhersehbarer Beschädigungen oder Zerstörungen der Bauleistung oder sonstiger versicherter Sachen ab. Sie umfasst also in der Regelfall auch Risiken des Unternehmers. Der Bauherr hat aber nicht die Pflicht, die vom Unternehmer erbrachte Leistung zu versichern.[31] Der Bauleistungsversicherung liegen grundsätzlich entweder die »Allgemeinen Bedingungen für die Bauwesenversicherung von Unternehmerleistungen« (ABU) oder die »Allgemeinen Bedingungen für die Bauwesenversicherung von Gebäudeneubauten durch Auftraggeber« (ABN) nebst Klauseln und Zusatzbedingungen zugrunde.

9. Kündigung durch den Bauherrn

31   Der Bauherr kann den Vertrag jederzeit bis zur Abnahme kündigen, § 648 Satz 1 BGB. In diesem Fall ist der Unternehmer berechtigt, die vereinbarte Vergütung für den geleisteten Arbeitsteil zu verlangen, § 648 Satz 2 BGB. Bei der Vergütung der aufgrund der Kündigung nicht mehr ausgeführten Leistungen muss er sich das anrechnen lassen, was er infolge der Aufhebung des Vertrages an Aufwendungen erspart oder durch anderweitige Verwendung seiner Arbeitskraft erwirbt oder zu erwerben böswillig unterlässt. Es wird vermutet, dass danach dem Unternehmer 5 % der auf den noch nicht erbrachten Teil der Werkleistung entfallenden vereinbarten Vergütung zustehen, § 648 Satz 3 BGB. Für die Unterscheidung zwischen erbrachten und nicht erbrachten Leistungen ist die Differenzierung in der Schlussrechnung notwendig. Das gilt sowohl beim Einheitspreisvertrag[32] als auch beim Pauschalvertrag.[33] § 648 Satz 1 BGB ermöglicht auch eine Teilkündigung, bei der nur der

---

28 BGH NJW 1979, 212.
29 BGH NJW 1980, 1952.
30 BGH BauR 1988, 88.
31 Glöckner/v. Berg/*Vogelheim*, § 241 BGB, Rn. 19.
32 BGHZ 131, 362.
33 BGH NJW-RR 1998, 234.

gekündigte Bauteil für die Zukunft entfällt. Die Kündigung des Bauvertrages bedarf grundsätzlich zu ihrer Wirksamkeit der Schriftform (§ 650h BGB). Ein weiteres Kündigungsrecht des Bauherrn ergibt sich aus § 649 BGB. Danach kann dieser kündigen, wenn sich im Laufe der Bauarbeiten herausstellt, dass die Kosten des vor Ausführung abgegebenen Kostenvoranschlags wesentlich überschritten werden. Eine wesentliche Kostenüberschreitung dürfte bei ca. 20 % (+/- 5 %) liegen, wobei jeweils auf den Einzelfall abzustellen ist.[34]

10. Kündigung des Unternehmers

Der Bauunternehmer ist darauf angewiesen, dass der Bauherr ein baureifes Grundstück sowie die notwendigen Ausführungsunterlagen, Pläne und Zeichnungen bereitstellt etc. Ist für die Herstellung des Werkes eine Handlung des Bauherrn erforderlich und kommt dieser durch Unterlassen der Handlung in Verzug der Annahme, kann der Unternehmer dem Bauherrn zur Nachholung der Handlung eine angemessene Frist mit der Erklärung bestimmen, dass er den Vertrag kündige, wenn die Handlung nicht bis zum Ablauf der Frist vorgenommen werde, § 643 Satz 1 BGB. Der Vertrag gilt als aufgehoben, wenn nicht die Nachholung bis zum Ablauf der Frist erfolgt, § 643 Satz 2 BGB. Zu den Mitwirkungshandlungen werden insbesondere die Zurverfügungstellung von Plänen sowie das Treffen von für die Ausführung des Baus notwendigen Entscheidungen gezählt.[35] Ferner besteht eine Kündigungsmöglichkeit nach § 650f Abs. 5 BGB, wenn der Bauherr die Bauhandwerkersicherung nicht fristgemäß leistet. Auch diese Kündigungen bedürfen der Schriftform (§ 650h BGB).

32

11. Kündigung aus wichtigem Grund

Ein gesetzliches Recht zur außerordentlichen Kündigung ist nun in § 648a BGB für alle Werkverträge und damit auch für den Bauvertrag normiert. Hiernach können beide Vertragsparteien den Bauvertrag aus wichtigem Grund kündigen. Ein wichtiger Grund liegt vor, wenn dem kündigenden Teil unter Berücksichtigung aller Umstände des Einzelfalls und unter Abwägung der beiderseitigen Interessen die Fortsetzung des Vertragsverhältnisses bis zur Fertigstellung nicht zugemutet werden kann (§ 648a Abs. 1 BGB). Auch eine Teilkündigung ist möglich; sie muss sich auf einen abgrenzbaren Teil des geschuldeten Werks beziehen (§ 648a Abs. 2 BGB). Nach der Kündigung kann jede Vertragspartei von der anderen die Mitwirkung an einer gemeinsamen Feststellung des Leistungsstandes verlangen (§ 648a Abs. 3 BGB). Kündigt eine Vertragspartei aus wichtigem Grund, ist der Unternehmer nur berechtigt, die Vergütung zu verlangen, die auf den bis zur Kündigung erbrachten Teil des Werks entfällt; unberührt bleibt die Berechtigung, Schadensersatz zu verlangen (§ 648a Abs. 5, 6 BGB).

33

Von der Rechtsprechung sind als wichtige Gründe bspw. angenommen worden: ernsthafte Gefährdung der Erreichung des Vertragszwecks[36] oder auch der Umstand, dass der Bauherr die Mitarbeiter des Unternehmers hinter dessen Rücken »schwarz« für sich arbeiten lässt.[37] Auch wenn der Bauherr vereinbarte oder nach § 632a BGB geschuldete Abschlagszahlungen verweigert, kommt eine Kündigung des Vertrags in Betracht.[38] Auch die Kündigung aus wichtigem Grund bedarf im Bauvertrag der Schriftform (§ 650h BGB).

34

---

34 Palandt/*Sprau*, § 649 BGB Rn. 3.
35 BGH DB 1977, 624; OLG Köln BauR 1990, 729.
36 BGH BauR 1983, 459.
37 OLG Köln ZfBR 1993, 27.
38 Vgl. BGH NJW 2000, 1114.

§ 46 Bauvertrag, Baubetreuungsvertrag

12. Muster BGB-Bauwerksvertrag

35 M

BAUVERTRAG

zwischen

.....

– nachfolgend AG genannt –

und

.....

– nachfolgend AN genannt –

1. Gegenstand des Vertrags
Der AG überträgt dem AN die Ausführung der Arbeiten des Gewerkes..... (z.B. Dachdecker) für das Bauvorhaben ..... Der Umfang der geschuldeten Leistungen ergibt sich aus dem Angebot des AN vom .....

2. Vertretung der Vertragspartner
2.1 Der AG wird vertreten durch .....
2.2 Der AN wird vertreten durch .....

3. Ausführungsfrist
Der AN beginnt die Arbeiten am ..... und stellt die Bauleistung bis zum ..... fertig.

4. Vergütung
Als Vergütung für die in Nr. 1 bezeichneten Leistungen wird vereinbart:
entweder
die vorläufige Summe von ..... € zur Abrechnung nach ausgeführten Mengen zu Einheitspreisen gemäß beiliegendem Leistungsverzeichnis – Einheitspreisvertrag
oder
die Pauschalsumme von ..... € – Pauschalvertrag
Die vom Pauschalvertrag erfassten Leistungen erstrecken und beschränken sich auf .....
oder
Abrechnung nach Stundenlohn zu folgenden Verrechnungssätzen – Stundenlohnvertrag

5. Vertragsstrafe
Im Falle des Verzugs hat der AN hinsichtlich der vereinbarten Fertigstellungsfrist 0,2 % der Bruttoabrechnungssumme für jeden Werktag der Verspätung zu zahlen, insgesamt jedoch höchstens 5 % der Bruttoabrechnungssumme.

6. Mängelansprüche
Der AN übernimmt die Gewährleistung für das Bauvorhaben für die Dauer von ..... Jahren.
Der Lauf der Verjährungsfrist für Mängelansprüche beginnt mit der Abnahme der Bauleistung.

7. Sicherheitsleistung
Als Sicherheit für Mängelansprüche kann der AG 5 % der Bruttoabrechnungssumme bis zum Ablauf der Verjährungsfrist für Mängelansprüche einbehalten. Der Auftragnehmer ist berechtigt, den Einbehalt durch eine selbstschuldnerische Bürgschaft in gleicher Höhe abzulösen.

8. Kündigung
Beide Parteien sind berechtigt, den Bauvertrag aus wichtigem Grunde zu kündigen. Ein wichtiger Grund liegt insbesondere vor, wenn
.....
.....
§§ 648 und 648a BGB bleiben unberührt.

9. Vorschriften des BGB
Im Übrigen finden die gesetzlichen Vorschriften des BGB Anwendung.
10. Vertragsänderungen/Nebenabreden
Mündliche und sonstige Nebenabreden bestehen nicht. Änderungen und Ergänzungen dieses Vertrags bedürfen zu ihrer Wirksamkeit der Schriftform. Von diesem Schriftformerfordernis kann nur durch schriftliche Vereinbarung abgewichen werden.
11. Salvatorische Klausel
Sollte eine Bestimmung dieses Vertrags unwirksam sein oder werden oder der Vertrag eine Lücke enthalten, so berührt dies die Wirksamkeit des Vertrags im Übrigen nicht. Die Parteien haben alles zu tun, um eine unwirksame Bestimmung durch eine solche – wirksame – Bestimmung zu ersetzen, die der unwirksamen Bestimmung in wirtschaftlicher Hinsicht möglichst nahe kommt.
Erfüllungsort und Gerichtsstand ist .....
....., den ...., den .....

13. VOB-Vertrag

Um vertragliche Pflichten, die Gefahrtragung und Verantwortlichkeit der verschiedenen Beteiligten zu konkretisieren und gegeneinander abzugrenzen, werden in Bauverträgen die vertraglichen Pflichten oft im Einzelnen ergänzend oder abweichend vom BGB durch besondere Vertragsbedingungen geregelt. In Bauverträgen häufig vereinbarte Vertragsbedingungen sind die »Allgemeinen Vertragsbedingungen für die Ausführung von Bauleistungen« (VOB/B). Die VOB/B sind Bestandteil der vom »Deutschen Vergabe- und Vertragsausschuss für Bauleistungen« (DVA) herausgegebenen »Vergabe- und Vertragsordnung für Bauleistungen« (VOB), die seit der Neufassung 2002 umbenannt ist und früher bekannt war unter der Bezeichnung »Verdingungsordnung für Bauleistungen« (VOB). Mitglieder im DVA sind Vertreter der öffentlichen Hand (Bund, Länder, kommunale Spitzenverbände) als Auftraggeber von öffentlichen Bauleistungen und Spitzenorganisationen der Auftragnehmer im Bereich des öffentlichen Bauauftragswesens.

Die VOB ist weder Gesetz noch Rechtsverordnung. Nach den §§ 305, 308 Nr. 5, 309 Nr. 8b ff. BGB ist davon auszugehen, dass die VOB in den AGB-rechtlichen Regelungsbereich fällt.

a) Die drei Teile der VOB

Teil A behandelt die Allgemeinen Bestimmungen über die Vergabe von Bauleistungen und gilt, wenn nicht ausdrücklich schon bei den Vertragsverhandlungen auch zwischen Privaten einbezogen, für öffentliche Auftraggeber. Er bezieht sich auf den Ablauf bis zum endgültigen Abschluss eines Bauvertrags. Die allgemeinen Bestimmungen des BGB über das Zustandekommen eines Vertrags werden durch die Einzelbestimmungen des Teils A erläutert oder abgeändert. Teil A besitzt also auch materiellen Gehalt.[39]

Teil B regelt die Allgemeinen Vertragsbedingungen für die Ausführung von Bauleistungen nach Vertragsschluss. Dies sind die Vorgänge, die bis zur Erfüllung, also der Herstellung des ordnungsgemäßen Werks und der Bezahlung der vereinbarten Vergütung, für die Vertragspartner von Bedeutung sind. Vor allem regelt der Teil B die Folgen der Verletzung der vertraglichen Pflichten.

Teil C erfasst die Allgemeinen Technischen Vorschriften für Bauleistungen, die ebenfalls zum VOB-Vertrag gehören. Diese sind Bestandteil der allgemein anerkannten Regeln der Baukunst bzw. -technik. Die Bestimmungen der VOB/C enthalten außerdem Vorschriften

---
39 *Locher*, Rn. 140.

über Bauteile, Stoffe, über Nebenleistungen und die Abrechnung. Die Bestimmungen des Teils C sind nach § 1 Abs. 1 Satz 2 VOB/B Gegenstand des VOB-Bauvertrags.

b) Einbeziehung in den Vertrag/Privilegierung des VOB-Vertrags

41 Die Anwendung der VOB/B muss im konkreten Einzelfall zwischen Bauherr und Bauunternehmer vereinbart werden. Zur wirksamen Einbeziehung muss der Verwender vor Vertragsschluss dem Vertragspartner die Möglichkeit eröffnen, sich in zumutbarer Weise von der VOB/B Kenntnis zu verschaffen, s.o. Bei einem Vertragspartner, der baurechtlich über wenig Erfahrungen verfügt, ist der sicherste Weg die vollständige Wiedergabe im Vertragstext oder die Aushändigung der VOB/B an den Vertragspartner.[40] Wenn beide Vertragspartner übereinstimmend die VOB/B ohne jede Änderung einbeziehen wollen, findet keine Inhaltskontrolle stattfindet, da sie in diesem Fall nicht mehr einseitig von einer Vertragspartei gestellt sind, § 305 Abs. 1 Satz 1 BGB.[41] Wird die VOB/B gegenüber Unternehmern verwendet, so findet eine Inhaltskontrolle einzelner Klauseln gem. § 310 Abs. 1 Satz 3 BGB nicht statt. Mit dieser Neufassung des § 310 BGB durch das Forderungssicherungsgesetz mit Wirkung zum 01.01.2009 wurde die Rechtsprechung festgeschrieben, die schon zuvor die VOB/B als ein ausgewogenes Vertragswerk angesehen hatte, das die Interessen sowohl des Bauherrn als auch des Unternehmers in angemessener Weise berücksichtigt und – bei einer Vereinbarung »als Ganzes« einer Inhaltskontrolle daher standhält.[42] Die Privilegierung entfällt dementsprechend, wenn die VOB/B nur in Teilen in den Vertrag einbezogen wurde oder – z.B. in weiteren Besonderen oder Zusätzlichen Vertragsbedingungen – abweichende Regelungen enthalten sind. Da in diesen Fällen die Ausgewogenheit nicht mehr gegeben ist, findet nunmehr eine AGB-rechtliche Kontrolle statt, sodass jede in der VOB/B enthaltene Regelung wieder an den §§ 305 ff. BGB zu messen ist. Wird die VOB/B dagegen gegenüber einem Verbraucher verwendet, so findet eine uneingeschränkte Inhaltskontrolle statt.[43]

c) Wesentliche Abweichungen des VOB-Vertrags vom BGB-Werkvertrag

42 aa) Der Bauherr/Auftraggeber kann *Änderungen des Bauentwurfs* anordnen (§ 1 Abs. 3 VOB/B) und die Ausführung von *nicht vereinbarten Leistungen* vom Auftragnehmer verlangen, wenn sie zur Ausführung der vertraglichen Leistung erforderlich werden, außer wenn sein Betrieb auf derartige Leistungen nicht eingerichtet ist (§ 1 Abs. 4 Satz 1 VOB/B). Diese Regelungen der VOB/B unterscheiden sich von der neuen gesetzlichen Vorschrift des § 650b BGB, so dass die Gerichte bei einer nicht privilegierten Vereinbarung der VOB/B »als Ganzes« die Frage zu beantworten müssen, ob sie noch der Inhaltskontrolle standhalten.

43 bb) Spezielle *Vergütungsregelungen* sind in § 2 VOB/B getroffen. Diese betreffen sowohl den Einheitspreisvertrag (vgl. § 2 Abs. 2 VOB/B) als auch den Pauschalvertrag (vgl. § 2 Abs. 7 VOB/B). § 2 VOB/B regelt insbesondere auch Vergütungsanpassungen für geänderte (§ 2 Abs. 5) und zusätzliche (§ 2 Abs. 6) Leistungen. Nach § 2 Abs. 6 Nr. 1 S. 2 VOB/B muss der Auftragnehmer dem Auftraggeber den Vergütungsanspruch für die Ausführung einer im Vertrag nicht vorgesehenen Leistung ankündigen, bevor er mit der Ausführung beginnt. Auch hier stellt sich die Frage der AGB-rechtlichen Wirksamkeit bei Vereinbarung der VOB/B unter Abänderungen und nicht »als Ganzes«.

---

40 *Berg/Vogelheim/Wittler*, Rn. 588.
41 LG Berlin BauR 2004, 1781 (keine Berufung auf § 305 Abs. 2 BGB, wenn beide Vertragsparteien von Einbeziehung ausgehen).
42 BGHZ 86, 135.
43 BGH, BauR 2008, 1604; *Ingenstau/Korbion/Leupertz/v. Wietersheim*, Einleitung Rn. 61.

cc) Die §§ 8, 9 VOB/B enthalten besondere, teilweise vom Werkvertragsrecht des BGB erheblich *abweichende Kündigungsbestimmungen*. Die Kündigungserklärungen bedürfen zwingend der Schriftform (§ 8 Abs. 5, § 9 Abs. 2 Satz 1 VOB/B). Dies gilt sowohl bei ordentlichen als auch bei außerordentlichen Kündigungen. In § 8 Abs. 2, 3 und 4 VOB/B sind besondere Kündigungsrechte des Auftraggebers aus wichtigem Grund ausgeformt. Dabei handelt es sich in Abs. 2 um die wichtigen Gründe der Zahlungseinstellung des Auftragnehmers, der Beantragung des Insolvenzverfahrens durch ihn oder zulässigerweise vom Auftraggeber oder einen anderen Gläubiger, der Eröffnung des Insolvenzverfahrens oder der Ablehnung der Eröffnung mangels Masse. In Abs. 3 besteht der wichtige Grund im Ablauf der gesetzten Frist in den Fällen des § 4 Abs. 7, § 4 Abs. 8 Nr. 1 und § 5 Abs. 4 VOB/B. Die Kündigung nach § 8 Abs. 3 VOB/B kann auch auf einen in sich abgeschlossenen Teil der Leistung beschränkt werden. Sie kann jedoch nicht schon mit der Fristsetzung verbunden, sondern erst nach Fristablauf erklärt werden. Schließlich regelt Abs. 4, dass der Auftraggeber den Auftrag entziehen kann, wenn der Auftragnehmer eine Abrede getroffen hat, die eine unzulässige Wettbewerbsabrede darstellt. § 9 Abs. 1 Nr. 2 VOB/B gibt dem Auftragnehmer ein Kündigungsrecht, wenn der Auftraggeber eine fällige Zahlung nicht leistet oder in anderer Weise in Schuldnerverzug gerät. Eine weitere Besonderheit findet sich in § 6 Abs. 7 VOB/B. Danach kann jeder Teil den Vertrag kündigen, wenn eine Unterbrechung länger als 3 Monate dauert.

44

dd) Besonderheiten bei der *Abnahme* ergeben sich aus § 12 VOB/B. Dieser regelt das auf Verlangen von einer Partei durchzuführende förmliche Abnahmeverfahren (§ 12 Abs. 4) und die Fiktion der Abnahme in folgenden Fällen: mit Ablauf von 12 Werktagen ab schriftlicher Mitteilung über die Fertigstellung (§ 12 Abs. 5 Nr. 1) und 6 Werktage nach Benutzung der Leistung (§ 12 Abs. 5 Nr. 2). Teilabnahmen sind auf Verlangen für in sich abgeschlossene Teile der Leistung vorzunehmen (§ 12 Abs. 2). Ein Abnahmeverweigerungsrecht besteht nur bei wesentlichen Mängeln (§ 12 Abs. 3 VOB/B). Für die Beurteilung, ob ein solcher Mangel vorliegt, kommt es darauf an, welche Auswirkung der Mangel im Einzelfall auf die Gebrauchstauglichkeit des Werks hat.[44]

45

ee) Es sind kürzere Gewährleistungsfristen nach § 13 Abs. 4 VOB/B sowie teilweise abweichende Voraussetzungen und Rechtsfolgen für *Sachmängelansprüche* geregelt.

46

ff) § 14 VOB/B setzt eine prüfbare Abrechnung voraus, um die Werklohnforderung fällig stellen zu können, § 16 Abs. 3 Nr. 1 VOB/B, wobei Einwendungen gegen die Prüfbarkeit in der Regel innerhalb von 30 Tagen nach Zugang der Schlussrechnung unter Angabe der Gründe erhoben werden müssen, ansonsten kann sich der Auftraggeber auf die fehlende Prüfbarkeit nicht mehr berufen (§ 16 Abs. 3 Nr. 1 S. 3). Dagegen wird bei einem BGB-Werkvertrag die Forderung auch ohne prüfbare Rechnung mit der Abnahme zur Zahlung fällig.

47

gg) Beim BGB-Vertrag konnten *Abschlagszahlungen* nach § 632a BGB in der bis zum 31.12.2008 geltenden Fassung nur für in sich abgeschlossene Teile der Leistung verlangt werden. Nach § 16 Abs. 1 VOB/B können Abschlagszahlungen hingegen bei nachgewiesenen, aber nicht notwendig in sich abgeschlossenen Teilen der Leistung gewährt werden. In der seit dem 01.01.2009 geltenden Fassung des § 632a BGB war das Vorliegen einer in sich abgeschlossenen Teilleistung zwar nicht mehr Voraussetzung für eine Abschlagszahlung. Im Gegensatz zur Regelung des § 16 Abs. 1 VOB/B war jedoch die Feststellung eines Wertzuwachses beim Besteller Voraussetzung für den Anspruch. § 632a Abs. 1 BGB n.F. regelt nun für ab dem 01.01.2018 abgeschlossene Bauverträge, dass der Unternehmer von dem Besteller eine Abschlagszahlung in Höhe des Wertes der von ihm erbrachten und nach dem Vertrag geschuldeten Leistungen verlangen kann. Fälligkeitsvoraussetzung für Abschlagsrechnun-

48

---

[44] BGH BauR 1981, 284.

gen nach der VOB/B ist die Vorlage einer prüffähigen Aufstellung, die eine rasche und sichere Beurteilung der Leistungen ermöglichen muss sowie der Ablauf von 21 Tagen nach Zugang dieser Aufstellung beim Auftraggeber, § 16 Abs. 1 Nr. 3 VOB/B.

49 hh) Für die Vergütung von *Stundenlohnarbeiten* ist nach § 2 Abs. 10 und § 15 VOB/B zwingend erforderlich, dass eine ausdrückliche Vereinbarung vor Ausführung der Leistungen erfolgt. Der Auftraggeber hat gem. § 15 Abs. 3 Satz 3 VOB/B die Pflicht, die von ihm bescheinigten Stundenlohnzettel unverzüglich, spätestens jedoch innerhalb von 6 Werktagen nach Zugang, zurückzugeben. Hält er die Sechstagesfrist nicht ein, gelten die Stundenlohnzettel als anerkannt, § 15 Abs. 3 Satz 5 VOB/B.

50 ii) *Sicherheitsleistungen* sind in § 17 VOB/B geregelt. Die dortigen Regelungen gelten nur bei vertraglicher Vereinbarung einer Sicherheitsleistung. Zweck, Art und Berechnung der Sicherheit sind zu bestimmen.[45] Möglich sind Einbehalt, Hinterlegung und Bürgschaft, wobei Letztere hier kein nachrangiges, sondern ein gleichwertiges Sicherungsmittel darstellt. Zwischen den verschiedenen Arten der Sicherheitsleistung kann der Auftragnehmer wählen und auch eine Sicherheit durch eine andere austauschen (§ 17 Abs. 3 VOB/B). Wurde eine Sicherheitsleistung durch Einbehalt von Zahlungen vereinbart, darf der Auftraggeber seine Zahlungen jeweils nur um höchstens 10 % kürzen, bis die vereinbarte Sicherheitssumme erreicht ist, § 17 Abs. 6 Nr. 1 S. 1 VOB/B. Der Auftraggeber hat dem Auftragnehmer den jeweils einbehaltenen Betrag mitzuteilen und binnen 18 Werktagen nach Mitteilung auf ein Sperrkonto bei einem gem. § 17 Abs. 5 VOB/B in Absprache mit dem Auftragnehmer bestimmten Geldinstitut einzuzahlen, § 17 Abs. 6 Nr. 1 S. 3 VOB/B. Ferner muss der Auftraggeber veranlassen, dass das Geldinstitut den Auftragnehmer von der Einzahlung des Sicherheitsbetrages auf das Sperrkonto benachrichtigt, § 17 Abs. 6 Nr. 1 S. 4 VOB/B. Der Auftragnehmer kann die Einzahlung durchsetzen, indem er dem Auftraggeber nach Ablauf der 18-tägigen Frist eine Nachfrist setzt (§ 17 Abs. 6 Nr. 3 Satz 1 VOB/B). Zahlt der Auftraggeber auch dann den Einbehalt nicht auf das Sperrkonto, verliert er seinen Anspruch auf Sicherheitsleistung und muss den Einbehalt sogleich vollständig ausbezahlen (§ 17 Nr. 6 Abs. 3 Satz 2 VOB/B). § 17 Abs. 2 VOB/B nennt die Hinterlegung als weitere mögliche Sicherheit. Hierbei hat der Auftragnehmer den Betrag auf ein Sperrkonto einzuzahlen, über das beide Parteien nur gemeinsam verfügen können (§ 17 Abs. 5 Satz 1 VOB/B). Fallen für den hinterlegten Betrag Zinsen an, stehen diese gemäß § 17 Nr. 5 S. 2 VOB/B dem Auftragnehmer zu. Daneben ist auch die Sicherheitsleistung durch Bürgschaft möglich, die in § 17 Abs. 4 VOB/B näher ausgestaltet ist. Danach hat der Auftragnehmer eine schriftliche Bürgschaftserklärung unter dem Verzicht auf die Einrede der Vorausklage beizubringen. Ferner darf die Bürgschaftserklärung nicht auf bestimmte Zeit begrenzt sein. Der Auftraggeber kann als Sicherheit ferner keine Bürgschaft fordern, die dem Bürgen zur Zahlung auf erstes Anfordern verpflichtet, § 17 Abs. 4 Satz 3 VOB/B.

d) Muster Bauvertrag mit einbezogener VOB/B

51 M   **BAUVERTRAG**

zwischen

......

                                                                                          – nachfolgend AG genannt –

und

......

                                                                                          – nachfolgend AN genannt –

---

45 *Heiermann/Riedl/Rusam*, B § 17 Rn. 10.

Präambel

[vgl. Ausführungen zum Architektenvertrag, § 45 Rdn. 17, 22]

1. Vertragsgegenstand

1.1 Der AG überträgt dem AN die Ausführung der Arbeiten an dem in der Präambel beschriebenen Objekt.
1.2 Der AN benennt den Bauleiter ..... als Ansprechpartner des AG vor Ort und erteilt ihm hiermit unwiderruflich Vollmacht, den AN gegenüber dem AG zu vertreten.
1.3 Vertragsbestandteile und -grundlagen sind die dem AN auf ..... CD-Roms zur Verfügung gestellten Beschreibungen und Pläne, nämlich
1.3.1 das Angebot des AN vom .....;
1.3.2 die Leistungsbeschreibung (Baubeschreibung und Leistungsverzeichnis), Anlage 1
1.3.3 die Pläne ....., Anlagenkonvolut 2
1.3.4 das Verhandlungsprotokoll vom ....., Anlage 3;
1.3.5 die Besonderen Vertragsbedingungen (BVB), Anlage 4;
1.3.6 die Zusätzlichen Vertragsbedingungen (ZVB), Anlage 5;
1.3.7 die Zusätzlichen Technischen Vertragsbedingungen, Anlage 6;
1.3.8 .....
1.3.9 .....
1.3.10 die VOB/B in der bei Vertragsunterzeichnung geltenden Fassung;
1.3.11 die anerkannten Regeln der Technik, die VOB/C sowie alle DIN-Normen des Deutschen Instituts für Normung e.V., die einheitlichen technischen Baubestimmungen (ETB), die Unfallverhütungsvorschriften der Berufsgenossenschaften, die von den Bauaufsichtsbehörden eingeführten Technischen Baubestimmungen des Deutschen Instituts für Normung e.V., jeweils in der zum Zeitpunkt des Vertragsschlusses geltenden Fassung;
1.3.12 die Vorschriften des BGB.

2. Nachunternehmer

Bei Übertragung von Teilleistungen auf Nachunternehmer, die nicht bereits im Angebot namentlich benannt worden sind, hat der AN den AG über die Person und den Leistungsumfang des Nachunternehmers spätestens 1 Woche vor Vertragsschluss schriftlich zu informieren. Der AG hat das Recht, der Übertragung auf Nachunternehmer binnen 5 Kalendertragen zu widersprechen, wenn ein wichtiger Grund vorliegt.
Die AN ist verpflichtet, bei der Weitergabe von Bauleistungen an Nachunternehmer die VOB/B zugrunde zu legen.

3. Vergütung

Der AN wird als Vergütung für alle von ihm nach diesem Vertrag zu erbringenden Lieferungen und Leistungen einen Pauschalpreis in Höhe von netto
..... €
(in Worten ..... Euro)
erhalten.
andere Möglichkeit:
3.1 Der Angebotspreis beträgt ..... €.
3.2 Die tatsächliche Vergütung wird nach den Einheitspreisen und den tatsächlich angefallenen Massen/Mengen entsprechend dem Leistungsverzeichnis vom ..... berechnet.
3.3 Die vereinbarten Einheitspreise stellen Festpreise dar. Die Regelungen in § 2 Abs. 3 ff. VOB/B bleiben hiervon unberührt.

4. Zahlungen

4.1 Der AN wird dem AG binnen 10 Tagen nach Vertragsunterzeichnung einen an Leistungsständen orientierten Zahlungsplan vorlegen. Nach Genehmigung durch den AG wird der Zahlungsplan Vertragsgrundlage.
4.2 Bis dahin ist der AN berechtigt, maximal einmal monatlich Abschlagszahlungen für nachgewiesene vertragsgemäße Leistungen nach der VOB/B zu verlangen.
4.3 Zahlt der AG auf eine berechtigte Anforderung des AN innerhalb von 10 Tagen nach Zugang einer Abschlagsrechnung oder innerhalb von 20 Tagen nach Zugang der Schlussrechnung, ist der AG berechtigt, von seinen Zahlungen ..... % Skonto in Abzug zu bringen. Für die Rechtzeitigkeit der Zahlung ist die Leistungshandlung des AG maßgeblich.

5. Leistungsänderungen/zusätzliche Leistungen

5.1 Der AG darf Änderungen des Bauentwurfs und zusätzliche Leistungen anordnen.
5.2 Ordnet der AG Änderungen von Leistungen oder die Ausführung im Vertrag nicht vorgesehener Leistungen an, so ist der AN verpflichtet, die daraus resultierenden Mehrkosten schriftlich, rechtzeitig vor Ausführung spezifiziert und in Fortschreibung der Angebotskalkulation sowie unter Berücksichtigung vereinbarter Preisnachlässe mitzuteilen und ein entsprechendes Nachtragsangebot vorzulegen. Führen angeordnete Leistungsänderungen zu zeitlichen Verzögerungen, so hat der AN darauf im Nachtragsangebot hinzuweisen.

6. Stundenlohnarbeiten

Stundenlohnarbeiten bedürfen der ausdrücklichen schriftlichen Beauftragung durch den AG. Die Vergütung dieser Arbeiten erfolgt mit einem einheitlichen Mittellohn, dessen Höhe der AN im Zweifel unter Vorlage seiner Angebotskalkulation nachzuweisen hat.
Nicht besonders vergütet werden Aufsichtsstunden, es sei denn, der AG fordert diese ausdrücklich. Die Beaufsichtigung von Stundenlohnarbeiten darf nur von mitarbeitenden Vorarbeitern ausgeführt werden.
Im Übrigen gilt § 15 VOB/B.

7. Ausführungsfristen/Vertragsstrafe

7.1 Der AN kann mit den Arbeiten sofort beginnen. Die Arbeiten sind bis zum ..... fertigzustellen.
7.2 Der AN wird dem AG binnen 10 Tagen nach Vertragsunterzeichnung einen Ausführungsterminplan vorlegen, der den Vertragstermin ausweist. Nach Genehmigung durch den AG wird der Ausführungsterminplan Vertragsgrundlage.
7.3 Für den Fall, dass der AN den vorstehend unter Ziff. 7.1 aufgeführten Fertigstellungstermin nicht einhält, ist dieser zur Zahlung einer Vertragsstrafe von 0,2 % für jeden Kalendertag der Verspätung verpflichtet, es sei denn, der AN hat die Verspätung/Fristüberschreitung nicht zu vertreten. Die Vertragsstrafe, die insgesamt verwirkt werden kann, ist auf maximal 5 % der Bruttoschlusszahlungssumme begrenzt.
7.4 Eine verwirkte Vertragsstrafe braucht in Abweichung von § 11 Abs. 4 VOB/B nicht bei der Abnahme vorbehalten zu werden; sie kann auch bis zur Fälligkeit der Schlusszahlung geltend gemacht werden.
7.5 Dem AG bleibt die Geltendmachung über die Vertragsstrafe hinausgehender Schadensersatzansprüche vorbehalten.

8. Abnahme

8.1 Die Abnahme der Leistungen des AN erfolgt förmlich.
8.2 Voraussetzungen der Abnahme sind:
a) die vertragsgemäße Erbringung sämtlicher dem AN übertragenen Leistungen in einer im wesentlichen mängelfreien Ausführung;
b) das Vorliegen aller zur Benutzung und Inbetriebnahme erforderlichen behördlichen Genehmigungen und Abnahmen respektive die Vorlage entsprechender Bescheinigungen durch den AN sowie die Vornahme behördlicher Anzeigen;
c) die Vorlage aller Prüf- und Abnahmebescheinigungen von Sachverständigen oder des TÜV über die Abnahmefähigkeit technischer Systeme.

9. Mängelansprüche/Verjährung

9.1 Die Verjährungsfristen für Mängelansprüche betragen ..... Jahre für alle Abdichtungsmaßnahmen; im übrigen ..... Jahre.
Die Verjährungsfristen für Mängelansprüche beginnen mit der Abnahme. Im Übrigen richten sich die Mängelansprüche nach § 13 VOB/B.
9.2 Die Regelverjährungsfrist für alle Leistungen des AN beträgt gem. § 195 BGB drei Jahre. Sie endet jedoch keinesfalls vor Ablauf der in den vorstehenden Absätzen vereinbarten Gewährleistungsfristen.

10. Haftung der Vertragsparteien/Versicherung

10.1 Der AN hat sich in erforderlichem und angemessenen Umfang gegen alle sich im Zusammenhang mit der Ausführung der ihm übertragenen Leistungen im Zusammenhang stehenden und von ihm übernommenen Risiken zu versichern; die vom AN abzuschließende Versicherung muss, soweit dies zu üblichen Bedingungen versicherbar ist, auch den Ersatz von Mangelfolgeschäden umfassen.
Die Haftpflichtversicherung muss eine für das Bauvorhaben reservierte Deckungssumme für Personen-, Sach- und Vermögensschäden von mindestens ..... Mio. € aufweisen.
Der AN ist darüber hinaus verpflichtet, eine Bauleistungsversicherung abzuschließen. Der AN ist verpflichtet, dem AG binnen 10 Tagen nach Vertragsunterzeichnung entsprechende Versicherungsbescheinigungen vorzulegen und den Nachweis zu führen, dass die Versicherungsprämien gezahlt wurden.
10.2 Der AN versichert, dass er Mitglied der zuständigen Berufsgenossenschaft ist und seine Verpflichtungen gegenüber dieser sowie gegenüber den Sozialversicherungsträgern in vollem Umfang erfüllt. Auf Verlangen es AGs wird er dies nachweisen und eine Unbedenklichkeits- und Freistellungsbescheinigung des zuständigen Finanzamtes vorlegen.
10.3 Der AN hat Sorge dafür zu tragen, dass für sämtliche von ihm eingesetzten Nachunternehmer ebenfalls ein entsprechender Haftpflichtversicherungsschutz besteht und diesen dem AG nachzuweisen.

11. Sicherheiten

11.1 Sicherheiten für den AG
11.1.1 Der AN hat dem AG unverzüglich nach Abschluss des Vertrags Sicherheit für die ordnungsgemäße und fristgerechte Erfüllung sämtlicher Verpflichtungen des ANs aus dem Vertrag einschließlich etwaiger Schadensersatzpflichten und der Verpflichtung zur Rückerstattung etwaiger Überzahlungen nach § 17 VOB/B über einen Betrag in Höhe von 5 % des Brutto-Pauschalpreises zu leisten.

Bis der AN Sicherheit leistet, ist der AG berechtigt, fällige Abschlagszahlungen solange einzubehalten, bis der Betrag, den die Sicherheit absichern soll, erreicht ist (Sicherheit durch Einbehalt).

Die Sicherheit wird auf Verlangen des AN zurückgegeben, wenn dessen Leistungen abgenommen und die bei der Abnahme gerügten Mängel vollständig beseitigt sind, nicht jedoch vor Ablauf der Prüfungsfrist des § 16 Abs. 3 Nr. 1 VOB/B.

11.1.2 Der AG ist zur Absicherung seiner Ansprüche auf Nacherfüllung, Mängelbeseitigung und/oder Gewährleistung berechtigt, von seiner Schlusszahlung einen Einbehalt in Höhe von 5 % der Brutto-Schlussrechnungssumme für die Dauer der gesamten Gewährleistungszeit vorzunehmen. Der AN ist berechtigt, diesen Einbehalt durch eine Bürgschaft nach § 17 VOB/B abzulösen.

11.2 Sicherheiten für den AN

11.2.1 Der AG ist zur Absicherung der Zahlungsansprüche des AN verpflichtet, dem AN Sicherheit in Höhe von ..... % der Brutto-Angebotssumme zu stellen. Die Sicherheit bleibt ist bis zur Schlusszahlung befristet und ist danach von dem AN zurückzugeben.

11.2.2 Das Vorleistungsrisiko des AN ist durch die Stellung der Zahlungssicherheit und die Gewährung von Abschlagszahlungen erheblich gemindert. Gleichwohl steht dem AN selbstverständlich des Recht zu, auch das danach noch bestehende Risiko durch Anforderung einer Sicherheit nach § 650f BGB oder durch eine Bauhandwerkersicherungshypothek (§ 650e BGB) vollständig inklusive Nebenkosten abzusichern.

Macht der AN von einer dieser Sicherungsmöglichkeiten Gebrauch, so ist vereinbart, dass anstelle der Ziff. 4.1 und 4.2 dieses Vertrags oder § 16 Abs. 1 VOB/B die gesetzliche Regelung (§ 632a BGB) gelten soll.

11.2.3 Hinsichtlich der dem AN zustehenden Sicherheiten gilt § 17 Abs. 3 VOB/B zugunsten des AG entsprechend. Danach ist der AG insbesondere berechtigt, eine etwaige Sicherungshypothek gemäß § 650e BGB durch eine § 650f-Bürgschaft in entsprechender Höhe abzulösen oder eine § 650f-Bürgschaft durch eine Hypothek in entsprechender Höhe an rangbereiter Stelle zu ersetzen.

11.3 Im Übrigen gelten § 17 VOB/B und §§ 232 bis 240 BGB.

12. Gefahrtragung

Der AN trägt in Abweichung von § 7 VOB/B die Gefahr nach den gesetzlichen Bestimmungen (§ 644 BGB). Dies gilt auch für Stoffe, Bauteile und sonstige Gegenstände, die zur Erbringung der vertraglichen Leistung des ANs gehören und von ihm oder seinem Lieferanten dem AG oder anderen Unternehmen vor Abnahme übereignet worden sind (z.B. wegen Vorauszahlungen).

13. Kündigung

13.1 Dieser Vertrag ist entsprechend den Regelungen der §§ 8, 9 VOB/B kündbar.

13.2 Der AG ist neben dem Recht zur freien Kündigung berechtigt, den Vertrag aus wichtigem Grund fristlos zu kündigen. Ein wichtiger Grund liegt insbesondere vor, wenn

a) das Bauvorhaben eingestellt, nicht weiter verfolgt oder auf unabsehbare Zeit ruhend gestellt wird, es sei denn, der AG hat die zugrunde liegenden Umstände zu vertreten;

b) sich die Kreditwürdigkeit des AN so verschlechtert, dass eine Erfüllung des Vertrages objektiv gefährdet erscheint,

c) der AN vertraglich vereinbarte Termine trotz Abmahnung wiederholt nicht einhält,

d) der AN nicht im Sinne des Bauherrn handelt und eine diesbezügliche Mahnung des Bauherrn oder des AG mit einer Handlungsfrist von 14 Tagen ungenutzt verstreichen lässt,
oder
e) der AN seine Tätigkeit einstellt, auch nur zeitweise zahlungsunfähig wird oder ein gerichtliches oder außergerichtliches Insolvenzverfahren gegen ihn eingeleitet wird.

Wird aus einem Grund gekündigt, den der AN zu vertreten hat, so steht dem AN eine Vergütung nur für die bis zur Kündigung erbrachten Leistungen zu. Wird aus einem Grund gekündigt, den der AG oder keine der Parteien zu vertreten hat, richtet sich der Vergütungsanspruch des AN nach §§ 643, 645 BGB.

13.3 Kündigungen sind generell durch eingeschriebenen Brief mit Rückschein auszusprechen. Jedoch werden die Kündigungsfolgen auf den Zeitpunkt zurückbezogen, zu dem der jeweilige Erklärungsgegner erstmals von der Kündigung zuverlässig Kenntnis erhalten hat.

13.4 Im Falle einer AG-seitigen Kündigung des Vertrages ist der AN verpflichtet, für die von ihm ausgeführten und abgerechneten Leistungen die Gewährleistung entsprechend der vertraglichen Vereinbarung so zu übernehmen, als wäre der Auftrag nicht gekündigt worden; die Gewährleistungspflicht beginnt mit der Abnahme der Leistungen.

14. Schlussbestimmungen

14.1 Mündliche und sonstige Nebenabreden bestehen nicht. Änderungen und Ergänzungen dieses Vertrags – insbesondere die Vereinbarung von Nachträgen – bedürfen zu ihrer Wirksamkeit der Schriftform. Von diesem Schriftformerfordernis kann nur durch schriftliche Vereinbarung abgewichen werden.

14.2 Sollte eine Bestimmung dieses Vertrags unwirksam sein oder werden oder der Vertrag eine Lücke enthalten, so berührt dies die Wirksamkeit des Vertrags im Übrigen nicht. Die Parteien haben alles zu tun, um eine unwirksame Bestimmung durch eine solche – wirksame – Bestimmung zu ersetzen, die der unwirksamen Bestimmung in wirtschaftlicher Hinsicht möglichst nahe kommt.

Erfüllungsort und Gerichtsstand ist .....

....., den ...., den .....

II. Der Baubetreuungsvertrag

1. Allgemeines

Beim Baubetreuungsvertrag verpflichtet sich der Baubetreuer gegenüber dem Bauherrn gegen eine Vergütung zur planerischen, meist auch organisatorischen, wirtschaftlichen und finanziellen Gestaltung, Durchführung, Beaufsichtigung und Abrechnung des Baugeschehens.[46] Typischerweise steht das Grundstück dabei im Eigentum des Betreuten. Der Baubetreuer bedarf der Genehmigung nach § 34c Abs. 1 Nr. 3b GewO. Für ihn gelten die Bestimmungen der §§ 2, 3 MaBV, wenn er auch Vermögenswerte des Bestellers erhält oder zu deren Verwendung ermächtigt wird. Er kann diesen Sicherungspflichten entgehen, wenn er Eigenleistungen erbringt.

---

46 Palandt/*Sprau*, § 675 BGB Rn. 18.

2. Baubetreuung im engeren Sinn

53 Bei der Baubetreuung im engeren Sinn handelt der Betreuer im Namen, in Vollmacht und auf Rechnung des Betreuten und verwaltet in der Regel auch die dem Betreuten bereitgestellten Mittel.[47] Er schließt in Vertretung des Betreuten in dessen Namen die Bauwerkverträge ab. Vertragliche Verpflichtungen hinsichtlich dieser Verträge bestehen also nur zwischen dem Betreuten und den Unternehmern. Das Bauherrenrisiko bleibt damit grundsätzlich beim Betreuten (Bauherrn). Die Bauleistung erfolgt nach den vom Betreuten genehmigten Plänen. Der Betreuer rechnet entweder später ab und erhält eine Betreuungsgebühr, oder er gibt dem Betreuten gegenüber eine Festpreisgarantie ab.[48] Als Aufgaben des Baubetreuers kommen in Betracht: Wirtschaftlichkeitsberechnung; Aufstellung eines Finanzierungsplans; Mitwirkung bei der Beschaffung von Krediten und staatlichen Zuwendungen; Bewirtschaftung der Baumittel; Regelung der dinglichen Rechtsverhältnisse am Baugrundstück; Abschluss von Versicherungen; Vorbereitung und der Abschluss von Verträgen mit Architekten, Ingenieuren und Bauunternehmern; rechtliche und wirtschaftliche Beratung des Bauherrn; Erledigung von Schriftwechsel; Erteilung von Auskünften; Übernahme der Erstvermietung.

a) Vollbetreuung

54 Werden sowohl technische als auch wirtschaftliche Betreuung gefordert, liegt ein Fall der sogenannten Vollbetreuung vor. Es handelt sich insofern um einen Werkvertrag, als dass der Baubetreuungsvertrag auf die Erstellung des gesamten Bauwerks gerichtet ist und der Beauftragte im Hinblick auf eine verantwortliche Planung, Errichtung und Abwicklung des Baus Erfolg schuldet. Aufgrund der wirtschaftlichen Betreuungsleistung hat der Baubetreuungsvertrag auch Geschäftsbesorgungscharakter.[49] Nach der Rechtsprechung des Bundesgerichtshofs zum Rechtsberatungsgesetz war die Vollbetreuung durch einen gewerblichen Baubetreuer oder ein Baubetreuungsunternehmen im Hinblick auf Art. 1 § 1 RBerG erlaubnisfrei, da die Rechtsbesorgung nur als Nebenzweck anzusehen ist.[50]

b) Teilbetreuung

55 Es liegt hingegen ein Fall der Teilbetreuung vor, wenn der Baubetreuer lediglich wirtschaftliche Betreuung schuldet. Der Baubetreuungsvertrag stellt sich dann in der Regel als Dienstvertrag dar.[51] Für den Dienstvertrag ist insbesondere eine Kündigung nach § 627 BGB möglich. Diese Vorschrift regelt die Möglichkeit der außerordentlichen Kündigung bei Diensten höherer Art.

3. Formbedürftigkeit

56 Soll der Betreuer das Grundstück für Rechnung des Bauherrn erwerben, greift die 2. Alt. des § 311b Abs. 1 Satz 1 BGB ein.[52] Danach bedarf ein Vertrag, durch den sich der eine Teil verpflichtet, Eigentum an einem Grundstück zu erwerben, der notariellen Beurkundung. Die erforderliche umfassende notarielle Beurkundung erfasst auch die Vollmacht. Dies ergibt sich schon aus der Interessenlage. Verstöße können gemäß § 311b Abs. 1 Satz 2 BGB geheilt werden, wenn die Auflassung und die Eintragung in das Grundbuch erfolgen.

---

47 Glöckner/v. Berg/*Kessen*, Vor. zu §§ 631 BGB Rn. 50.
48 Vgl. *Ingenstau/Korbion/Leupertz/v. Wietersheim*, Anhang 2 Rn. 287.
49 BGH NJW 1994, 2825.
50 BGH NJW 1976, 1635; BGHZ 145, 265.
51 OLG Hamm MDR 1982, 317.
52 BGH NJW 1985, 730.

4. Vollmacht

Der Betreuer hat vielfach Vollmacht des Bauherrn. Deren Umfang richtet sich nach der Erteilung im Einzelfall. Ob der Baubetreuer durch Vertrag mit Dritten, die er im Rahmen seiner Tätigkeit abschließt, den Bauherrn (wie in der Regel) oder sich selbst (ausnahmsweise) verpflichtet, hängt davon ab, ob er im eigenen oder im fremden Namen auftritt (§ 164 BGB). Zur wirksamen Vertretung des Betreuten muss der Betreuer eindeutig in fremdem Namen handeln. Im Gegensatz zum Architekten hat der Baubetreuer grundsätzlich das Recht, aufgrund seiner Vollmacht Bauverträge für den Betreuten abzuschließen. Dies gilt auch für umfangreiche Bauvorhaben.[53] Seine Vollmacht reicht auch dahin, die Bauarbeiten in Namen des Betreuten zu vergeben und diesen über die vereinbarte Vergütung hinaus zu verpflichten.[54] Eine Festpreisvereinbarung zwischen Baubetreuern und Bauherren (z.B. für schlüsselfertige Übergabe) steht dem Abschluss der Werkverträge mit den Handwerkern namens und in Vollmacht der Bauherren ebenfalls nicht entgegen. Sie kann als Preisgarantie des Inhalts aufgefasst werden, dass der Baubetreuer den Auftraggeber von weitergehenden Handwerkerforderungen freizustellen hat.[55] Eine nicht wirksam erteilte Vollmacht kann auch über die in §§ 171 ff. BGB geregelten Fälle hinaus aus allgemeinen Rechtsscheingesichtspunkten dem Geschäftsgegner gegenüber als wirksam zu behandeln sein. Das ist der Fall, wenn das Vertrauen des Dritten auf den Bestand der Vollmacht an andere Umstände als an die Vollmachtsurkunde anknüpft und nach den Grundsätzen über die Duldungsvollmacht schutzwürdig erscheint.[56]

57

5. Haftung

Hat der Baubetreuer die Planungen übernommen, so haftet er nach den für den Architektenvertrag entwickelten Grundsätzen. Diesen entsprechend haftet der Baubetreuer deshalb nur, wenn seine Leistung mangelhaft ist und dieser Mangel zu einem Fehler des Bauwerks führt.[57] Führt der Bauunternehmer Bauarbeiten mangelhaft aus und verletzt der Betreuer seine Überwachungspflichten, so haften beide als Gesamtschuldner. Treten bei der Vollbetreuung Fehler im wirtschaftlichen Bereich auf, so ist das geschuldete Gesamtwerk nicht einwandfrei bewirkt. Das »gesamte Betreuungswerk« ist mangelhaft. Dann sind die §§ 633 ff. BGB auch für Fehlleistungen im wirtschaftlichen Bereich heranzuziehen. Der Betreuer haftet auch für Vertretungsmängel. Eine Haftung nach § 179 BGB ist zu bejahen, wenn der Baubetreuer gegenüber Dritten die Vertretungsmacht überschreitet. Eine Überschreitung der Vollmacht kann bspw. vorliegen, wenn der Betreuer die Erwerber in dem in ihrem Namen mit dem Unternehmer abgeschlossenen Vertrag gesamtschuldnerisch verpflichtet, ohne dazu ausdrücklich ermächtigt zu sein. Bei Verletzung der Auskunftspflichten kommt ein Schadensersatzanspruch aus § 280 Abs. 1 BGB in Betracht wegen Verletzung einer Nebenpflicht. Dies gilt ebenfalls für Aufklärungs- und Beratungspflichten, die den Baubetreuer auch in steuerlicher Hinsicht treffen. Er muss den Betreuten über Steuervergünstigungen aufzuklären.

58

6. Vergütung

Hat der Baubetreuer auch die technische Baubetreuung zu erbringen, so bemisst sich sein Honorar ohne ausdrückliche Vereinbarung nicht nach der HOAI. Denn die HOAI ist auf

59

---

53 BGHZ 76, 86.
54 BGHZ 76, 86.
55 BGHZ 67, 334.
56 BGHZ 102, 62.
57 BGH NJW 1994, 2825.

Anbieter, die neben oder zusammen mit Bauleistungen auch Architekten- oder Ingenieurleistungen zu erbringen haben, nicht anzuwenden.[58] Während ein Pauschal(-»fest«-)preis typisch für den Bauträgervertrag ist und die Differenz zwischen tatsächlichen Kosten und Festpreis dem Bauträger gebührt, ist bei einem Baubetreuungsvertrag ein Festpreis als Garantie auszulegen.[59] Die Garantie bezieht sich auf die Kosten fremder Leistungen, die Festpreisvereinbarung auf die eigenen Leistungen.[60]

7. Auskunft und Rechnungslegung

60 Aus dem Geschäftsbesorgungscharakter der Betreuungstätigkeit folgt, dass den Betreuer eine umfassende Benachrichtigungs-, Auskunfts- und Rechnungslegungspflicht trifft, §§ 675, 666 BGB. Diese beziehen sich z.B. auf die mit ausführenden Unternehmern geschlossenen Verträge, die Kosten des Bauvorhabens einschließlich der Kalkulationsgrundlagen, falls es sich um die Nichteinhaltung eines sogenannten Festpreises handelt, und die Kosten der Betreuung.[61] Außerdem hat der Betreuer nach Abschluss des Bauvorhabens über dieses Rechenschaft abzulegen. Das bedeutet, dass der unter Beifügung von Belegen eine Abrechnung über Einnahmen und Ausgaben zu erstellen hat, die bei Beteiligung mehrerer Betreuter sowohl für das Vorhaben insgesamt als auch für den Betreuten erfolgen muss. Eine vertragliche Beschränkung der Pflicht zur Rechnungslegung ist jedenfalls in AGB nicht möglich.

Baubetreuungsvertrag (wirtschaftliche und technische Baubetreuung)[62]

61 M Zwischen
der (.....) Grundstücksverwaltungsgesellschaft mbH & Co. KG, vertreten durch die persönlich haftende Gesellschafterin, die Firma (.....) Gesellschaft für (.....) mbH in (.....), vertreten durch den Geschäftsführer Herrn (.....)
– Betreuter –
und
der (.....) Grundstücksentwicklungsgesellschaft mbH, vertreten durch den Geschäftsführer Herrn (.....)
– Betreuer –
wird folgender

Baubetreuungsvertrag

geschlossen:

§ 1 Baugrundstück und Bauvorhaben

1. Der Betreute beabsichtigt, in (.....) im Wege des Erbbaurechts für die Dauer von 99 Jahren auf dem Grundstück Blatt (.....) auf einer noch zu vermessenden Teilfläche ein Senioren-, Wohn- und Pflegeheim um-, aus-, an- und neu zu bauen.
Der Betreuer übernimmt die komplette wirtschaftliche, technische und organisatorische Vorbereitung, Durchführung und Abwicklung des vorgenannten Bauvorhabens.

---

58 BGH, NJW 1997, 2329.
59 BGH, NJW 1977, 294.
60 *Locher*, Rn. 630.
61 *Glöckner*/v. Berg/*Kessen*, Vor. zu §§ 631 ff. BGB, Rn. 50.
62 Mit freundlicher Genehmigung des Kollegen Rechtsanwalt Wolfgang Kromik, Bad Honnef, der diesen Mustervertrag für das von *Wirth* herausgegebene und im Werner Verlag erschienene Darmstädter Baurechtshandbuch – Privates Baurecht – entwickelt hat.

2. Die Errichtung erfolgt laut Plankonzept des Architekturbüros (.....), (Anlage .....), der groben Gesamtkostenschätzung (Anlage .....), der Wirtschaftlichkeitsberechnung (Anlage .....) und dem Kurzzahlungsplan (Anlage .....).

§ 2 Änderungen

Änderungen gegenüber den Vorgaben gemäß § 1 sind nur einvernehmlich durch den Betreuten und den Betreuer möglich, es sei denn, es ergeben sich Änderungen in Folge behördlicher Anordnungen oder Auflagen sowie Änderungen der Rechtslage. In diesen Fällen wird der Betreuer dem Betreuten die nötigen Änderungen anzeigen und gemeinschaftlich die bestehende Planung korrigieren.

§ 3 Übernahme der Betreuung

Der Betreuer wird beauftragt und laut anliegender Vollmacht ermächtigt, das Bauvorhaben nach den Bestimmungen dieses Vertrages vorzubereiten und zu betreuen. Er kann die Erfüllung seiner Leistungen Dritten übertragen und Untervollmacht erteilen. Die Vollmacht ist für die Dauer des Vertrages unwiderruflich. Sie erlöscht bei Kündigung oder sonstiger Beendigung des Vertragsverhältnisses. Der Betreuer wird die erteilten Untervollmachten gleichermaßen zeitlich auf die Dauer des Vertragsverhältnisses begrenzen.

§ 4 Technische Betreuung

1. Im Rahmen der technischen (.....) Betreuung wird der Betreuer
a) die Grundlagenermittlung sowie die Vor- und Entwurfsplanung erstellen;
b) die Genehmigungsplanung erstellen und die Einreichung der Bauvorlagen überwachen;
c) die Vergabe der Bauleistungen als Einzelgewerke- oder GU-Vergabe vorbereiten;
d) die Koordination der Objektdurchführung vornehmen;
e) die Erschließung sicherstellen;
f) den Baufortschritt dokumentieren und den Auftraggeber hierüber umfassend informieren;
g) die Terminvorgaben überwachen;
h) die Kosten- und Qualitätskontrolle vornehmen;
i) die Beauftragung aller notwendigen Leistungen an Architekten, Fachingenieure veranlassen und den Abschluss der Bauverträge mit den ausführenden Unternehmungen bzw dem GU durch den Betreuten vorbereiten;
j) die Wahrnehmung von Gewährleistungsmängeln gegen die ausführenden Unternehmen (ohne gerichtliche Wahrnehmung) übernehmen.

2. Folgende Leistungen der technischen Betreuung können durch den Betreuer auf eigene Rechnung gesondert an Dritte vergeben werden:
(.....)
(.....)
(.....)

§ 5 Wirtschaftliche Betreuung

1. Im Rahmen der wirtschaftlichen Betreuung wird der Betreuer
a) die Gesamtkosten nach den Vorgaben des Betreuten kalkulieren;
b) den Finanzierungsplan gemeinsam mit dem Betreuten aufstellen;
c) den Rechnungsverkehr abwickeln sowie das Baubuch in Abstimmung mit dem Betreuten erstellen; der Zahlungsverkehr wird durch den Betreuten durchgeführt;
d) im Rahmen der Vollmacht die den Betreuten obliegenden Anzeige-, Mitteilungs- und Vorlagepflichten wahrnehmen;

e) die Rechte des Bauherrn gegenüber Behörden, Bauausführenden, Dienstleistern, Lieferanten usw wahrnehmen;
f) die Schlussrechnung aufstellen.

2. Folgende Versicherungen sind unmittelbar vom Betreuten abzuschließen:
a) Bauwesen-Versicherung
b) Bauherren-Haftpflichtversicherung
c) Gewässerschaden-Haftpflichtversicherung
d) Gebäude-Versicherung
e) Leitungswasserschäden-Versicherung
f) Sturmschäden-Versicherung
g) alle weiteren erforderlichen Versicherungen.

§ 6 Pflichten des Betreuers

1. Der Betreuer wird die Interessen des Betreuten mit der Sorgfalt eines ordentlichen Kaufmanns wahrnehmen.
2. Die Baukosten werden von ihm sorgfältig kalkuliert und die Kalkulation dem Betreuten rechtzeitig vor Baubeginn bekanntgegeben. Eine Baukostengarantie wird jedoch vom Betreuer nicht übernommen.
3. Der Betreuer wird dem Betreuten in regelmäßigen Abständen – mindestens 1 × monatlich – über den Fortschritt des Bauvorhabens sowie den Stand der Baukosten schriftlich Bericht erstatten und den Baufortschritt jeweils mittels einer Foto-Dokumenation belegen.

§ 7 Pflichten des Betreuten

1. Der Betreute verpflichtet sich, neben den bereits in diesem Vertrag genannten Aufgaben, alles zu tun, was erforderlich ist, um die Durchführung des Bauvorhabens sicherzustellen, und alles zu unterlassen, was eine zügige Durchführung gefährden kann.
2. Der Betreute hat den Betreuer über alle wesentlichen, das Bauvorhaben betreffenden Umstände zu unterrichten.
3. Der Betreute hat den Abschluss der notwendigen Versicherungen gemäß § 4 Abs. 2 dieses Vertrages mit Abschluss dieses Betreuungsvertrages nachzuweisen.

§ 8 Betreuungsentgelt

1. Das Entgelt für die wirtschaftliche, technische und organisatorische Baubetreuung beträgt als Pauschalvergütung (…..) € (i.W. […..] EURO) zzgl. gesetzliche Mehrwertsteuer von z.Z. (…..) € (i.W. […..] EURO), insgesamt (…..) € (i.W. […..] EURO).
Die Vergütung wurde gemäß der diesem Vertrag beigefügten Kalkulation, Anlage (…..), ermittelt.
2. Das Entgelt wird gemäß einem gemeinsam abzustimmenden Zahlungsplan, der die erbrachten Leistungen zu berücksichtigen hat, in Teilbeträgen ausgezahlt. Die Parteien verpflichten sich, diesen Zahlungsplan gemeinsam aufzustellen.

§ 9 Zahlungsverkehr

Der Zahlungsverkehr wird ausschließlich durch den Betreuten abgewickelt.

§ 10 Haftung und Gewähr

1. Der Betreuer erbringt seine Betreuungsleistungen unter Berücksichtigung der anerkannten Regeln der Technik und nach ordnungsgemäßen kaufmännischen Grundsätzen.

2. Für die mit diesem Vertrag vereinbarten Betreuungsleistungen haftet der Betreuer auf Schadenersatz bis zur Höhe des Betreuungsentgeltes. Im Falle von Vorsatz oder grober Fahrlässigkeit haftet der Betreuer unbeschränkt.
3. Im übrigen haftet der Betreuer nach dem Werkvertragsrechts des Bürgerlichen Gesetzbuches, soweit in Ziff. 4 nicht etwas anderes vereinbart ist.
4. Soweit nicht Vorsatz oder grobe Fahrlässigkeit vorliegen, ist die Haftung des Betreuers für Schäden, die als Folgen einer mangelhaften Ausführung der von ihm übernommenen technischen Betreuungsleistung auftreten, der Höhe nach, je Schadensfall (.....), begrenzt:
a) für Personenschäden (.....) €
b) für sonstige Schäden (.....) €
5. Für die genannten Haftungssummen hat der Betreuer eine Haftpflichtversicherung in entsprechender Höhe abzuschließen.
6. Bei gemäß § 4 Ziff. 2 an Dritte vergebenen Leistungen sind die Erbringer Erfüllungsgehilfen des Betreuers. Er wird die Beauftragten verpflichten, die in diesem Zusammenhang stehenden Risiken im üblichen Maße durch Versicherungen abzudecken.
7. Übergibt der Betreuer Leistungen aus diesem Vertrag an Dritte, sei es im eigenen Namen oder in Untervollmacht für den Betreuten, ist er verpflichtet, die Dauer der Mängelbeseitigungspflichten auf 5 Jahre (Mängelbeseitigungspflicht nach BGB), die Mängelrechte im Übrigen nach den Bestimmungen der VOB zu vereinbaren.
8. Der Betreuer verpflichtet sich, auch nach Ablauf der Verjährungsfrist für den Betreuten bei evtl. Geltendmachung von Mängelbeseitigungsansprüchen gegenüber Dritten zu unterstützen; für diese Leistung wird nachträglich ein Honorar gemessen an dem Einzelfall vereinbart.

§ 11 Dauer des Vertrages

Die Beendigung dieses Vertrages tritt durch Zweckerreichung nach vollständiger und ordnungsgemäßer Leistungserbringung ein. Sie setzt voraus, dass die ausstehenden Restarbeiten bzw die Beseitigung der festgestellten Mängel laut Abnahmeprotokoll erfolgt sind, dem Betreuten die Bezugsfertigkeit des Bauobjektes gemeldet, die Gesamtabrechnung für das Bauvorhaben vom Betreuer erstellt und dem Betreuten zusammen mit den den Bau betreffenden Unterlagen übermittelt worden ist.

§ 12 Kündigung

1. Der Baubetreuungsvertrag kann von beiden Parteien nur aus wichtigem Grunde schriftlich gekündigt werden. Ein wichtiger Grund liegt insbesondere vor, wenn eine der Parteien ihre vertraglichen Verpflichtungen trotz Abmahnung und Fristsetzung nicht erfüllt.
2. Eine Kündigung aus wichtigem Grund hat durch eingeschriebenen Brief zu erfolgen. Ist der Vertrag wirksam gekündigt, sind von dem Betreuer ihm übergebene Unterlagen und erhaltene Zahlungs-/Rechnungsbelege unverzüglich dem Betreuten zu übergeben.
3. Wird dieser Vertrag aus einem wichtigem Grunde gekündigt, der im Bereich des Betreuers liegt, so kann der Betreuer ein den bereits erbrachten Leistungen entsprechendes Honorar verlangen. Im Übrigen gelten die gemäß § 10 geregelten Haftungsbestimmungen sinngemäß.
4. Endet das Betreuungsverhältnis durch Kündigung des Betreuers und hat der Betreute den wichtigen Grund zur Kündigung gesetzt, so bleibt der Betreute zur Bezahlung der vollen Vergütung abzüglich ersparter Aufwendungen verpflichtet.

§ 13 Rechtsnachfolger

Der Betreute ist verpflichtet, sämtliche Verpflichtungen aus diesem Vertrag seinen Rechtsnachfolgern aufzuerlegen und diese entsprechend zu verpflichten.

Der Betreute haftet neben seinen Rechtsnachfolgern weiter, sofern nicht der Betreuer den Eintritt des Rechtsnachfolgers in das Schuldverhältnis schriftlich genehmigt. Diese Regelung gilt analog auch für den Betreuer.

§ 14 Schlussvorschriften

1. Änderungen dieses Vertrages sind schriftlich zu vereinbaren.
2. Ist oder wird eine Bestimmung dieses Vertrages unwirksam, so wird die Wirksamkeit des übrigen Vertrages hierdurch nicht berührt. Die Vertragspartner verpflichten sich, die unwirksame Bestimmung durch eine Regelung zu ersetzen, die dem wirtschaftlichen Zweck der unwirksamen Bestimmung möglichst nahe kommt.
3. Als Erfüllungsort und Gerichtsstand wird (.....) vereinbart.

(.....)	(.....)
Ort	Datum
(.....)	(.....)
Betreuer	Betreuter

§ 47 Maklervertrag

Literatur: *Bethge*, Maklerrecht in der anwaltlichen Praxis, 3. Aufl. 2005; *Dehner*, Das Maklerrecht – Leitfaden für die Praxis 2001; *Dyckerhoff/Brandt/Brandt*, Das Recht des Immobilienmaklers, 11. Aufl. 2003; *v. Gerkan*, Maklerklauseln in notariellen Kaufverträgen, NJW 1982, 1742 und DNotZ 1983, 227; *Fischer*, Maklerrecht anhand der höchstrichterlichen Rechtsprechung, 4. Aufl. 2017; *Hamm/Schwerdtner*, Maklerrecht, 7. Aufl. 2016; *Hogenschurz*, Die neuere Rechtsprechung zum Maklervertrag über Immobilien, ZfIR 2011, 77 ff.; *Ibold*, Maklerrecht, 3. Aufl. 2015; *Kampe*, Auftrag und Leistungsprozesse des Immobilienmaklers, 2006; *Lück*, Maklerrecht, Nachbarrecht, Immobilienrecht, 2. Aufl. 2012; *Mutschler*, Maklerrecht, Leitfaden des Immobilienmaklers für Studium und Praxis, 1. Aufl. 2013; *Münchener Kommentar zum BGB*, Band 5/2, Schuldrecht Besonderer Teil III §§ 651a–704, 7. Aufl. 2017; *Piehler*, Maklerklauseln in notariellen Kaufverträgen, DNotZ 1983, 22; *Seydel/Heinbuch*, Maklerrecht – Ein Leitfaden für Makler und ihre Kunden, 4. Aufl. 2005; *Staudinger*, Kommentar zum BGB, Buch 2, Recht der Schuldverhältnisse, §§ 652–661a »Maklervertrag« Neubearbeitung 2016.

I. Gesetzliche Regelungen

Durch Art. 1 Nr. 48–50 Schuldrechtsmodernisierungsgesetz ist der Titel 10 »Mäklervertrag« in drei Untertitel aufgeteilt worden: §§ 652 bis 655 BGB (»Allgemeine Vorschriften«), §§ 655a bis 655e BGB (»Darlehensvermittlungsvertrag«) und § 656 BGB (»Heiratsvermittlung«). Die Vorschriften über den Darlehensvermittlungsvertrag sind neu eingefügt worden, während die Übrigen Regelung unverändert geblieben sind. **1**

Das Immobilienmaklerrecht ist demnach im BGB nur in vier Paragrafen geregelt und deshalb kasuistisch durch eine Vielzahl von Urteilen der Oberlandesgerichte und des Bundesgerichtshofs im weitesten Sinne wie kaum ein anderes Rechtsgebiet richterrechtlich geprägt. Als Folge der zu knappen Regelung im Gesetz spielen Maklerprozesse in der Praxis eine große Rolle. Die dispositive Natur und die den Erfordernissen der Praxis nicht gerecht werdenden gesetzlichen Regelungen haben zu einer umfangreichen Rechtsprechungskasuistik geführt. Insoweit sind insbesondere die AGB-rechtlichen Regelungen der §§ 305 ff. BGB sowie Verkehrssitte und -gebräuche und die Kenntnis der jeweils aktuellen Rechtsprechung von großer Bedeutung. **2**

Für den sog. Handelsmakler gelten neben den §§ 652 ff. BGB ergänzend auch die Vorschriften §§ 93 bis 104 HGB. Der Unterschied liegt hauptsächlich in der Art der zu vermittelnden Geschäfte, die in § 93 Abs. 1 HGB abschließend aufgezählt sind. Handelsmakler ist, wer gewerbsmäßig für andere Personen, ohne von ihnen aufgrund eines Vertragsverhältnisses ständig damit betraut zu sein, die Vermittlung von Verträgen über Anschaffung oder Veräußerung von Waren oder Wertpapieren, über Versicherungen, Güterbeförderungen, Schiffsmiete oder sonstige Gegenstände des Handelsverkehrs übernimmt. Auf die Vermittlung anderer als der bezeichneten Geschäfte, insbesondere also auch auf die Vermittlung Immobiliengeschäften finden die Vorschriften §§ 93 bis 104 HGB keine Anwendung. Die Kaufmannseigenschaft des Maklers ist nicht entscheidend. Auch der Zivilmakler ist häufig Kaufmann, was insbesondere für die Anwendbarkeit des § 354 HGB Bedeutung haben kann. **3**

Zudem werden die maklerrechtlichen Bestimmungen durch zahlreiche Spezialvorschriften ergänzt, da ein Makler grundsätzlich in ganz verschiedenen Geschäftsfeldern tätig werden kann. Insoweit erscheint es teilweise notwendig, die Tätigkeiten des Maklers besonderen Anforderungen zu unterwerfen. Beispielhaft für solche spezialgesetzlichen Ausprägungen sollen hier der Stellenmakler (§§ 292 bis 301 SGB III), der Wohnungsmakler **4** gemäß des Gesetzes zur Regelung der Wohnungsvermittlung (WoVermRG),[1] der Abfallmakler (§ 50 KrW-/AbfG) sowie der Versicherungsmakler/Versicherungsvertreter (§§ 84, 92, 93 HGB, §§ 43 bis 48 VVG) genannt werden.

5 Immobilienmakler können sich – freiwillig – der seit dem 01.04.2010 geltenden Europäischen DIN-Norm DIN EN 15733 »Dienstleistungen von Immobilienmaklern – Anforderungen an die Dienstleistungen von Immobilienmaklern« unterwerfen. Diese vom Europäischen Institut für Normung (CEN) erarbeitete Norm enthält neben Leistungs- und Informationspflichten des Immobilienmaklers gegenüber seinen Auftraggebern Regelungen zur Qualifikation des Immobilienmaklers, eine Versicherungsverpflichtung, Regelungen zum Beschwerdemanagement sowie einen Moralkodex. Bei der DIN-Norm handelt es sich nicht um eine verbindlich geltende Vorschrift, sondern nur um eine Empfehlung. Es ist zu erwarten, dass sich eine große Anzahl von Immobilienmaklern insbesondere aus Marketinggesichtspunkten diesen Regelungen im Rahmen eines Zertifizierungsprozesses unterwerfen werden. Von großer praktischer Bedeutung sind die in der DIN EN 15733 geregelten Informationspflichten. Der Immobilienmakler muss z.B. vom Verkäufer einer Immobilie Nachweise über dessen Eigentum und Informationen über die Bebauungssituation des Grundstücks sowie zu etwaigen Nutzungseinschränkungen einholen und den Käufer gegebenenfalls über bekannte Unzulänglichkeiten informieren. Hat der Makler Bedenken bzgl. der Zahlungsfähigkeit des Kaufinteressenten muss der Makler seinen Kunden (Verkäufer) entsprechend informieren und darf keine Informationen zurückhalten.

II. Gesetzliche und standesrechtliche Verbote

6 Grundsätzlich dürfen Maklergeschäfte sowohl gewerblich als auch gelegentlich ausgeübt werden, wobei zu beachten ist, dass § 34c GewO die gewerbliche Tätigkeit teilweise an die Erlaubnis der zuständigen Behörde bindet. Die Ausübung eines Maklergeschäfts ohne die nach § 34c GewO erforderliche gewerberechtliche Erlaubnis lässt die zivilrechtliche Wirksamkeit des geschlossenen Maklervertrags jedoch unberührt.[2]

7 Auch Verstöße gegen Berufs- und Standesregelungen führen in der Regel nicht zur Nichtigkeit des Maklervertrags, so die Maklertätigkeit eines Steuerberaters entgegen § 57 Abs. 4 Satz 1 StBerG[3] oder die ständige Ausübung des Maklerberufs durch einen Rechtsanwalt entgegen § 7 Nr. 8 BRAO.[4] Die Sittenwidrigkeit einer Vereinbarung oder eine etwaige Pflichtenkollision können sich aber aus anderen Erwägung herleiten lassen.[5] Gelegentliche Maklergeschäfte kann der Rechtsanwalt dagegen wirksam ohne Weiteres vornehmen.[6] Notaren ist dagegen die Vermittlung (auch in Form des Nachweises) von Darlehen und Grundstücksgeschäften verboten, § 14 Abs. 4 BNotO. Dies gilt auch für Anwaltsnotare sowie für Rechtsanwälte, die sich mit einem Anwaltsnotar zu gemeinsamer Berufsausübung verbunden haben.[7] Ein Verstoß führt gemäß § 134 BGB zur Nichtigkeit.[8]

8 Nach der Rechtsprechung des BGH war auch der Geschäftsbesorgungsvertrag zur Abwicklung eines Grundstückserwerbs im Bauträgermodell ohne die notwendige Genehmigung generell wegen Verstoßes gegen Art. 1 § 1 Abs. 1 RBerG nach § 134 BGB nichtig.[9] Auch i.Ü. war dem Makler Rechtsberatung für seinen Auftraggeber in der Regel nur gestat-

---

1 Siehe unten Rdn. 46.
2 BGHZ 78, 263; 78, 269.
3 BGHZ 78, 263; 95, 81.
4 BGH NJW 1995, 2357; NJW 2000, 3067; NJW 2004, 212.
5 Vgl. BGHZ 78, 263; BGH NJW-RR 2000, 437.
6 BGH NJW 1992, 681; NJW 1996, 2499.
7 BGHZ 147, 39.
8 BGH DNotZ 1991, 318; NJW 2001, 1569.
9 BGHZ 145, 265.

tet, soweit sie mit der Vermittlung in unmittelbarem Zusammenhang stand, Art. 1 § 5 Nr. 1 RBerG.[10] Nach Außerkrafttreten des RBerG und Einführung des § 5 RDG dürfte diese nunmehr als zum Berufsbild gehörende Nebenleistung in erheblich größerem Umfang zulässig sein.

III. Formvorschriften

Maklerverträge sind grundsätzlich formfrei gültig, können also auch mündlich oder konkludent abgeschlossen werden. Jedoch kann sich aus besonderen Vorschriften anderes ergeben. Insbesondere kann sich aus dem Schutzzweck die für den zu vermittelnden Vertrag geltende Form ausnahmsweise auch auf den Maklervertrag erstrecken und dessen Formbedürftigkeit zur Folge haben.

Insoweit ist § 311b BGB zwar in der Regel nicht anwendbar, weil für den Auftraggeber keine Verpflichtung zum Grundstücksverkauf oder -kauf mit dem vom Makler benannten Vertragspartner entsteht. Etwas anderes kann jedoch dann gelten, wenn sich der Auftraggeber verpflichtet, ein Grundstück zu feststehenden Bedingungen an jeden vom Makler zugeführten Interessenten zu verkaufen oder es anzukaufen.[11] Ferner ist § 311b BGB dann anwendbar, wenn durch die Vereinbarung einer erfolgsunabhängigen Leistung auf den Auftraggeber Druck zum Abschluss des Hauptvertrages ausgeübt wird, so z.B. durch Vertragsstrafen, Aufwandsentschädigungen, Reservierungsentgelte etc. Als Orientierungsmaßstab zur Feststellung eines ungerechtfertigten Zwangs des Auftraggebers ist die Grenze zwischen Formfreiheit und Formbedürftigkeit bei einem Betrag i.H.v. 10 bis 15 % der im Erfolgsfall zu zahlenden Provision zu ziehen.[12] Eine zwischen einem Makler und einem Kaufinteressenten abgeschlossene Reservierungsvereinbarung ist nicht deshalb beurkundungsbedürftig, weil durch sie ein unangemessener Druck zur Veräußerung des Grundstücks ausgeübt würde.[13] Ohne notarielle Beurkundung kann der Makler sich jedoch nicht zusagen lassen, dass sein Auftraggeber ein Entgelt auch bei Nichtzustandekommen des Hauptvertrages zu zahlen hat, wenn diese Zusage den Auftraggeber derart in seiner Entschlussfreiheit beeinträchtigt, dass er bei dem Verkauf oder Erwerb von Immobilien unter Zwang steht.[14] Die vorgenannte Grenze von 10 bis 15 % der vereinbarten Provision stellt hierbei die Obergrenze dar, sodass im Einzelfall schon die Vereinbarung eines geringeren Prozentsatzes die Beurkundung notwendig machen kann.[15] Wenn der Abschluss des beurkundungspflichtigen Immobilienkaufvertrags und der Abschluss des Maklervertrags – was in der Praxis durchaus vorkommt – jedoch derart eng miteinander verknüpft werden, dass die Beurkundung des Kaufvertrags von dem Abschluss des Maklervertrags abhängig gemacht wird, der Immobilienkaufvertrag also mit dem Zustandekommen des Maklervertrags »steht und fällt«, kann wegen der Einheitlichkeit des Rechtsgeschäfts zu Vermeidung der Rechtsfolge des § 139 BGB (Teilnichtigkeit) auch der Maklervertrag beurkundungspflichtig sein. Verneint hat der BGH die notarielle Form im Hinblick auf § 15 Abs. 3 GmbH-Gesetz.[16]

In Sonderfällen existieren besondere Formvorschriften: So ist bei kreditfinanzierter Vermittlung gemäß § 492 BGB,[17] für Darlehensvermittlungsverträge gemäß § 655b BGB und für

---

10 BGH BB 1974, 815; OLG Düsseldorf JR 1968, 25; OLG Koblenz ZMR 2002, 678.
11 BGH NJW 1970, 1915; NJW-RR 1990, 57.
12 BGH DNotZ 1971, 39; NJW 1980, 1622; DNotZ 1984, 245; DNotZ 1989, 225.
13 BGHZ 103, 235.
14 BGH ZMR 1986, 432.
15 BGH ZMR 1986, 432.
16 BGH BB 1997, 1277.
17 BGH ZIP 2005, 1179.

Arbeitsvermittlungsverträge mit dem Arbeitsuchenden gemäß § 296 Abs. 1 SGB III Schriftform vorgeschrieben.

IV. Gesetzliche Voraussetzungen des Provisionsanspruchs

12 Das Gesetz regelt in § 652 Abs. 1 BGB, dass derjenige, der für den Nachweis der Gelegenheit zum Abschluss eines Vertrags (= Nachweismakler) oder für die Vermittlung eines Vertrags (= Vermittlungsmakler) eine Provision verspricht, zur Provisionszahlung nur dann verpflichtet, wenn der nachzuweisende bzw. zu vermittelnde (Haupt-)Vertrag (z.B. der Kauf- oder Mietvertrag) infolge des Nachweises oder infolge der Vermittlung des Maklers zustande kommt. Der Provisionsanspruch des Maklers erfordert also im Wesentlichen das Vorliegen von drei Anspruchsvoraussetzungen:

(i) Das »Versprechen« (vereinbaren) einer Provisionspflicht,

(ii) das Erbringen einer kausalen Maklerleistung (das »Nachweisen« oder das »Vermitteln« des Maklers) und

(iii) das hieraus resultierende ursächliche Zustandekommen des nachgewiesenen oder vermittelten (Haupt-)Vertrags zwischen den Vertragsparteien.

Für das Entstehen eines Maklerprovisionsanspruches ist also stets das Vorliegen eines Dreiecksverhältnisses erforderlich: Der Makler und die beiden Parteien des Hauptvertrags. Fehlt eine dieser Voraussetzungen ist der Provisionsanspruchs Maklers in der Regel zu verneinen.

V. Vertragsabschluss und Provisionsvereinbarung

13 Nicht selten führt der Makler die beiden Vertragsparteien zwar erfolgreich zum Abschluss des Kauf- oder Mietvertrags, hat aber trotzdem keinen Provisionsanspruch, weil es am Zustandekommen des Maklervertrags bzw. einer wirksamen Provisionsabrede fehlt. Der Volksmund sagt nicht ohne Grund »*des Maklers Müh' ist oft umsonst*«. Der Makler muss deshalb bei der Anbahnung des – sei es ausdrücklichen, sei es konkludenten – Maklervertrags darauf achten, dass er gegenüber derjenigen Vertragspartei, von der er die Provision beanspruchen möchte, ein hinreichend bestimmtes und vor allem auch rechtzeitiges Provisionsverlangen zum Ausdruck bringt. Durch die bloße Entgegennahme bzw. das bloße Dulden von Maklerleistungen kann nach ständiger Rechtsprechung nicht ohne Weiteres auf das Zustandekommen eines Maklervertrags bzw. einer Provisionsvereinbarung geschlossen werden.[18] Dies gilt insbesondere in den häufigen Fällen, in denen es an einem schriftlichen Maklervertrag fehlt. Nach der Rechtsprechung darf z.B. ein Kaufinteressent, dem nichts Gegenteiliges bekannt ist, davon ausgehen, dass der Makler, der ein Objekt anbietet, seine Maklerleistung für den Verkäufer erbringt und seine Vergütung oder eine Provision von diesem erhält. Nach der Rechtsprechung des BGH[19] kann eine Provisionsabrede gemäß § 652 BGB zwar auch stillschweigend durch schlüssiges Verhalten getroffen werden, hieran werden aber strenge Anforderungen gestellt.[20] Derjenige, der sich an einen Makler wendet, der im geschäftlichen Verkehr Immobilienangebote verbreitet, erklärt damit gerade noch nicht schlüssig seine Bereitschaft zur Zahlung einer Maklerprovision. Selbst die Besichtigung des Verkaufsobjekts zusammen mit dem Makler reicht bei dieser Sachlage für einen schlüssigen Vertragsschluss nicht aus.[21] Demgemäß reicht die bloße Besichtigung des Ver-

---

[18] BGH NJW 1984, 232; NJW-RR 1987, 173; OLG Dresden NZM 1998, 1016.
[19] Zuletzt Urt. v. 03.05.2012, NJW 2012, 2268 = ZfIR 2012, 543.
[20] BGH Urt. v. 22.09.2005, NJW 2005, 3779, 3780 m.w.N; Urt. v. 28.09.1982, WM 1983, 1287, 1289.
[21] BGH NJW 2005, 3779; BGHNJW-RR 2007, 400, 401; OLG Brandenburg NJW-RR 2009, 1145.

kaufobjekts zusammen mit dem Makler für einen schlüssigen Vertragsschluss nicht (mehr) aus, selbst dann nicht, wenn dem Kaufinteressenten ein Exposé übergeben wird.[22] Etwas anderes gilt nur dann, wenn der Makler den Kaufinteressenten zuvor unmissverständlich auf eine von ihm im Erfolgsfall zu zahlende Käuferprovision hingewiesen hat.[23] Ein Kaufinteressent hingegen, der in Kenntnis eines eindeutigen Provisionsverlangens (z.B. in einem ihm übersandten Exposé) – zeitlich später – Leistungen des Maklers entgegen nimmt, erklärt damit schlüssig sein Einverständnis mit dem Provisionsbegehren und nimmt damit konkludent das in dem Provisionsverlangen liegende Angebot des Maklers auf Abschluss eines Maklervertrags an.[24] Um dies zu vermeiden, müsste der Kaufinteressent vor Inanspruchnahme der Maklerdienste unmissverständlich zum Ausdruck bringen, keine Provisionsvereinbarung abschließen zu wollen.[25] Deshalb ist aus Sicht des Maklers insbesondere auch der richtige Zeitpunkt des Provisionsverlangens von großer Bedeutung: Äußert der Makler sein Provisionsverlangen erst nachdem er seine zum Abschluss des Kaufvertrags führenden Informationen preisgegeben hat und nimmt der Interessent danach keine Maklerleistungen mehr entgegen (z.B. bei Übergabe des Exposés erst im Besichtigungstermin mit dem Verkäufer), fehlt es regelmäßig am Zustandekommen des Maklervertrags. Ohne ein rechtzeitiges ausdrückliches Provisionsverlangen ist es für den Makler also »gefährlich«, einem Interessenten Informationen zu überlassen, bevor er seinen Provisionsanspruch wirksam vereinbart hat. Der BGH stuft die Ausnutzung der mit dem Exposé erhaltenen Informationen durch den Interessenten nicht als treuwidrig ein.[26]

Der bloße Hinweis auf die Provision in Zeitungs- oder Internetanzeigen ist in der Praxis nicht unproblematisch. Nach der Rechtsprechung kommt ein Maklervertrag regelmäßig noch nicht dadurch zustande, dass der Makler Immobilienangebote in Zeitungs- oder Internetanzeigen verbreitet und sich der Interessent daraufhin von sich aus an ihn wendet. Da sich der Makler mit solchen Anzeigen nur an einen unbestimmten Kreis von potenziellen Interessenten wendet, nicht aber an einen konkreten Vertragspartner,[27] handelt es sich bei solchen Inseraten lediglich um eine unverbindliche »Einladung« (»*invitatio ad offerendum*«). Weist der Makler in einem Zeitungs- oder im Internetinserat eindeutig auf die fällig werdende Maklerprovision hin, sodass der Interessent von einer eigenen Provisionspflicht ausgehen kann, und erhält der Interessent auf seine daraufhin erfolgte Anfrage beim Makler Namen und Anschrift des Verkäufers, kommt der Maklervertrag zustande und löst dies den Anspruch auf Zahlung der Provision aus. Die Bezugnahme des Interessenten auf die konkrete Anzeige bestimmt dabei den Inhalt des Nachweis- oder Vermittlungsersuchens derart, dass der Makler seinerseits von einem Angebot auf Abschluss eines Maklervertrags ausgehen darf. Kam der Maklervertrag durch Verwendung von Fernkommunikationsmitteln zustande, steht dem Maklerkunden die Widerrufsmöglichkeit nach §§ 312g, 355 BGB zu.[28] **14**

Anderes gilt bei sog. **Suchauftrag**: Ein solcher liegt vor, wenn der Interessent dem Makler einen Suchauftrag erteilt, der über dessen Angebotsbestand hinausgeht. Wenn der Auftraggeber dem gewerbsmäßigen Makler einen über dessen »Bestand« hinausgehenden Suchauftrag erteilt, genügt die Aufnahme der Maklertätigkeit für das Zustandekommen einer Provisionsvereinbarung auch ohne ausdrücklichen Provisionshinweis des Maklers, weil **15**

---

22 BGH NJW 2005, 3779; BGH NJW-RR 2007, 400, 401; OLG Brandenburg NJW-RR 2009, 1145.
23 BGH WuM 2007, 27; OLG Brandenburg NJW-RR 2009, 1145.
24 Ständige Rspr.: BGH NJW-RR 2007, 400, 401; BGH NJW 2002, 817; BGH NJW-RR 1999, 361, 362.
25 Vgl. BGH NJW-RR 1996, 114, 115.
26 BGHZ 95, 393; BGH NJW-RR 1996, 114.
27 BGHZ 95, 393, 395; BGH WM 1971, 1098, 1099, Staudinger/*Reuter*, §§ 652, 653, Rn. 11.
28 BGH NZM 2017, 641-644; BGH NZM 2017, 127-133; BGH NJW-RR 2010, 257; BGH NJW 2005, 3779; OLG Frankfurt MietRB 2011, 280.

dann der Maklerkunde in diesen Fällen von einer vom Verkäufer provisionierten Leistung des Maklers denknotwendig nicht ausgehen kann.[29]

VI. Maklerleistung

16 In schriftlichen Maklerverträgen oder in schriftlichen Beauftragungs- bzw. Bestätigungsschreiben sollte ausdrücklich vereinbart werden, ob der Makler nur die konkrete Vertragsgelegenheit (also i.d.R. das zum Verkauf stehende Objekt) nachzuweisen hat oder ob der Makler das Zustandekommen des Hauptvertrags (i.d.R. Kauf- oder Mietvertrag) zu vermitteln hat, also die Vertragsparteien durch aktives Handeln (z.B. Teilnahme an den Vertragsverhandlungen) zusammenbringen soll, um hinreichend bestimmt festzulegen, ob ein Nachweis- oder ein Vermittlungsmaklervertrag abgeschlossen werden soll.[30] Anderenfalls muss die vom Makler geschuldete Leistung bei fehlender ausdrücklicher Regelung durch Auslegung ermittelt werden. Der Makler darf sich jedoch auch zu beiden Tätigkeiten verpflichten und wird dies häufig auch tun, um die Möglichkeit der Vermittlungsprovision zu erhalten, wenn die Nachweisprovision – etwa wegen Vorkenntnis des Auftraggebers – nicht verdient wird. Die Vereinbarung einer »Vermittlungsprovision« spricht nicht gegen einen Nachweismaklervertrag.[31] Der Makler sollte sich aber nicht kumulativ, sondern alternativ zum Nachweis oder zur Vermittlung verpflichten, denn bei fehlender Vermittlungsleistung kann Streit über die verdiente Provision entstehen, wenn der Makler lediglich den Nachweis erbracht hat. So hat der vom Verkäufer beauftragte Makler den für seinen Provisionsanspruch erforderlichen Nachweis bereits erbracht, wenn er seinem Auftraggeber einen Kaufinteressenten benennt und damit in die Lage versetzt, mit diesem in konkrete Vertragsverhandlungen einzutreten.[32] Zur Kausalität der Maklerleistung siehe unten Ziffer VII., Rdn. 21.

17 Außerdem können in den Maklervertrag weitere Verpflichtungen des Maklers aufgenommen werden, die größtenteils auf dem zwischen dem Makler und dem Auftraggeber bestehenden besonderen Treueverhältnisses beruhen. Art und Umfang der sich hieraus ergebenden Pflichten richten sich nach den Umständen des Einzelfalls, etwa der wirtschaftlichen Bedeutung des Geschäfts und der (Un-)Erfahrenheit des Auftraggebers.[33] Besondere Fachkenntnisse können vom Nachweismakler nicht erwartet werden.[34]

18 Nicht jede objektiv erhebliche Pflichtverletzung lässt jedoch den Provisionsanspruch des Maklers nach § 654 BGB entfallen, vielmehr ist eine schwerwiegende Treuepflichtverletzung erforderlich, bei der sich der Makler seines Lohns »unwürdig« erwiesen haben muss.[35] § 655b BGB stellt eine Spezialvorschrift für die Vermittlung von Verbraucherdarlehensverträgen dar, die mangels planwidriger Regelungslücke nicht auf die Vermittlung anderer Verträge entsprechend anwendbar ist.[36]

19 In Fällen, in den Zahlungen zwischen den Vertragsparteien unmittelbar über den Makler abgewickelt werden, enthält die auf der Grundlage von § 34c Abs. 3 GewO erlassene Makler- und Bauträgerverordnung (MaBV) vom 07.11.1990[37] in der Fassung vom 02.05.2012[38] zusätzliche Pflichten des Maklers. Insbesondere die §§ 2 bis 8 MaBV normieren zahlreiche Pflichten des Maklers, die durch vertragliche Vereinbarung weder ausgeschlossen noch beschränkt

---

29 Streitig: a.A. Brandenburgisches Oberlandesgericht, NJW-RR 2009, 1145, 1146.
30 Zur Abgrenzung s.o. Nr. 3.
31 OLG München NJW-RR 1996, 239.
32 BGH NJW-RR 2009, 1282.
33 OLG Karlsruhe NJW-RR 1995, 500.
34 OLG Celle NJW-RR 2003, 418.
35 BGH NJW-RR 2005, 1423; BGH NJW-RR 2012, 1073.
36 Zum Versicherungsmaklervertrag: BGH NJW-RR 2012, 1073 = NJW 2012, 3718–3719.
37 BGBl. I S. 2479.
38 BGBl. I S. 1006.

werden können, § 12 MaBV. Da jedoch lediglich in seltenen Fällen die Zahlungen über den Makler geleitet werden, haben die §§ 2 bis 8 MaBV für das Verhältnis zwischen Makler und Auftraggeber nur geringe Bedeutung. Die Vorschriften wirken i.Ü. auf das zivilrechtliche Vertragsverhältnis nicht unmittelbar ein.[39] Vereinbarungen, die zum Nachteil des Kunden gegen §§ 2 bis 8 der MaBV verstoßen, können aber gemäß § 12 MaBV, § 134 BGB nichtig sein.[40] Daneben regelt die Verordnung umfassende Buchführungs-, Informations- und Aufbewahrungspflichten, §§ 10, 11 und 14 MaBV. Die MaBV schreibt zwar nicht vor, dass einzelne Tatsachen, die der Makler nach den Vorschriften der MaBV aufzuzeichnen und über die er seinen Auftraggeber zu informieren hat, in dem Maklervertrag festzuhalten sind, jedoch erscheint dies bereits aus Beweisgründen zweckmäßig.

VII. Zustandekommen des (Haupt-)Vertrags

Gemäß § 652 Abs. 1 Satz 1 BGB steht der Provisionsanspruch dem Makler nur zu, wenn mit einem Dritten der beabsichtigte Vertrag gültig zustande kommt. Erwerb durch Zwangsversteigerung genügt insoweit nicht,[41] kann aber durch Individualvereinbarung, nicht durch AGB dem Erwerb durch Kaufvertrag gleichgestellt werden.[42] Kein Provisionsanspruch entsteht bei Abschluss eines aufschiebend bedingten Rechtsgeschäfts, wenn die Bedingung nicht eintritt. Es gilt jedoch § 162 BGB.[43] Entsprechendes gilt für Verträge, die zu ihrer Wirksamkeit einer Genehmigung bedürfen.[44] Auch eine wirksame Anfechtung des vermittelten Vertrages lässt den Provisionsanspruch entfallen.[45] Wird der Vertrag unter auflösender Bedingung geschlossen, fällt die Provision sofort an. Soweit keine abweichende Vereinbarung im Maklervertrag getroffen worden ist, berührt der Eintritt der auflösenden Bedingung den Provisionsanspruch des Maklers nicht mehr.[46] Auch der nachträgliche Wegfall des abgeschlossenen (Haupt-)Vertrages infolge Unmöglichkeit, Kündigung oder Aufhebungsvereinbarungen berührt den Anspruch des Maklers regelmäßig nicht.[47] Das Gleiche gilt bei Ausübung eines gesetzlichen Rücktrittsrechts.[48] Bei der Ausübung von Mängelrechten durch eine Vertragspartei des Hauptvertrags, wie z.B. Minderung, Schadensersatz, bleibt die einmal entstandene Maklerprovision ebenfalls unberührt, auch wenn der Vertrag infolge der Ausübung der Mängelrechte rückabgewickelt wird.[49] Etwas anderes gilt nur dann, wenn die Gründe des Rücktrittsrechts – ähnlich einer Anfechtung – auch eine Auflösung ex tunc ermöglicht hätten.[50] Bei einem vertraglichen Rücktrittsrecht ist das Bestehen/der Wegfall des Vergütungsanspruchs Auslegungsfrage.[51] Besteht ein freies vertragliches Rücktrittsrecht, entsteht der Provisionsanspruch des Maklers erst, wenn das Rücktrittsrecht nicht mehr ausgeübt werden kann, selbst wenn nach einer notariell beurkundeten Maklerklausel die Provision »mit heutiger Unterzeichnung verdient und fällig ist«.[52] In solchen Fallkonstellationen werden bei Ausübung des vertraglich vereinbarten Rücktrittsrechts regelmäßig

20

---

39 BGHZ 146, 250.
40 OLG Karlsruhe WM 2001, 729.
41 OLG Celle MDR 2005, 537.
42 BGHZ 112, 59; 119, 32.
43 BGH NJW-RR 2002, 50.
44 BGH NJW-RR 2008, 564; NJW-RR 1991, 1073.
45 BGH DB 1980, 2076.
46 BGH WM 1977, 21.
47 BGH WM 1977, 21; OLG Frankfurt NJW-RR 2009, 281.
48 BGH NJW 1974, 694; BGH NJW-RR 2001, 562; zum vertraglichen Rücktrittsrecht s.u.
49 OLG Hamm NJW-RR 2000, 1724.
50 BGH NJW 2001, 966.
51 BGH DB 1973, 226; KG MDR 1973, 1018.
52 OLG Karlsruhe NJW-RR 2005, 574.

21 Der Provisionsanspruch des (Nachweis-)Maklers setzt nach § 652 Abs. 1 BGB weiter voraus, dass der Hauptvertrag »infolge« des Nachweises zustande kommt, das heißt die von ihm entfaltete Nachweistätigkeit für den Abschluss des Hauptvertrags kausal geworden ist. Dies bedeutet nicht, dass sein Handeln allein ursächlich sein muss oder auch nur die Hauptursache bildet; es reicht aus, wenn das Verhalten des Maklers zumindest mitursächlich geworden ist. Hierbei genügt allerdings nicht, dass die Maklertätigkeit auf anderem Weg adäquat kausal den Abschluss bewirkt hat; vielmehr muss der Hauptvertrag bei wertender Betrachtung sich zumindest auch als Ergebnis einer dafür wesentlichen Maklerleistung darstellen.[54] Für die Kausalität trägt grundsätzlich der Makler die Darlegungs- und Beweislast. Der Schluss auf den notwendigen Ursachenzusammenhang ergibt sich dabei von selbst, wenn der Nachweistätigkeit der Vertragsschluss in angemessenem Zeitabstand folgt.[55] Für eine entsprechende tatsächliche Vermutung besteht allerdings kein Raum, wenn der Kunde die ihm vom Makler gegebenen Informationen zuvor bereits anderweitig erlangt hat. Denn dann spricht nichts dafür, dass gerade die Hinweise des Maklers zum Erfolg (Abschluss des Hauptvertrags) geführt haben. Jedoch steht, da Mitursächlichkeit ausreicht, eine Vorkenntnis einem Vergütungsanspruch des Maklers nicht entgegen, falls dieser – über die Mitteilung der bereits bekannten Umstände hinaus – dem Kunden eine wesentliche Maklerleistung erbringt.

22 Nach § 652 Abs. 1 BGB steht dem Makler allerdings eine Provision nur dann zu, wenn der Vertrag, mit dessen Herbeiführung er beauftragt ist, tatsächlich zustande kommt. Führt die Tätigkeit des Maklers zum Abschluss eines Vertrags mit anderem Inhalt, so entsteht kein Anspruch auf Maklerlohn. Dies bedeutet allerdings nicht, dass sich das nachgewiesene und das abgeschlossene Geschäft vollständig decken müssen. Ausreichend ist, dass bei wirtschaftlicher Betrachtungsweise in persönlicher und inhaltlicher Hinsicht Kongruenz besteht.[56] Beim Erwerb des nachgewiesenen Objekts durch einen Dritten kann die wirtschaftliche Identität bejaht werden, wenn zwischen dem Maklerkunden und dem Dritten besonders enge persönliche oder besonders ausgeprägte wirtschaftliche Beziehungen bestehen. So ist der Maklerkunde, der in einer von ihm unterzeichneten Nachweisbestätigung einschränkungslos eine Provisionsverpflichtung übernommen hat, eine eigene Verpflichtung eingegangen, wenn ein mit ihm »*verbundenes Haus*« (z.B. auch sein Bruder) das Objekt unabhängig davon erwirbt, ob dieser selbst ebenfalls zur Zahlung der Provision verpflichtet ist oder nicht.[57] Maßgeblich für die Bejahung eines Provisionsanspruchs ist, ob der Maklerkunde im Hinblick auf seine Beziehung zu dem Erwerber gegen Treu und Glauben verstoßen würde, wenn er sich darauf beriefe, der ursprünglich von ihm erstrebte Vertrag sei nicht von ihm, sondern von dem Dritten abgeschlossen worden.[58]

23 Der BGH hat zur wirtschaftlichen Gleichwertigkeit des abgeschlossenen Vertrags im Verhältnis zu dem im Maklervertrag zugrunde gelegten Vertrag ausgeführt, dass es bei Grundstücksgeschäften häufig vorkomme, dass Vertragsschließende ihre Vorstellungen, die sie bei Beginn der Vertragsverhandlungen und bei Beauftragung des Maklers gehabt hätten, nicht voll verwirklichen könnten. Das erforderliche (gegenseitige) Nachgeben, um den Vertragsschluss herbeizuführen, könne sich dabei auf die Höhe des Kaufpreises und die Nebenbestimmungen, aber auch auf den Umfang der Sachleistung beziehen. Soweit sich die Abweichungen im Rahmen dessen hielten, womit der Maklerkunde bei der Beauftra-

---

53 *Hogenschurz*, ZfIR 2011, 77, 80.
54 Statt aller BGH NJW 2008, 651.
55 BGH NJW 2008, 651.
56 BGH NJW 2008, 651 und BGH VersR 2014, 705.
57 BGH NZM 2018, 211.
58 BGH NJW 2008, 651 und BGH VersR 2014, 705.

gung des Maklers gerechnet habe, könnten sie den Provisionsanspruch nicht ausschließen.[59] In seinem Urteil vom 13.12.2007 (Fn. 55) hat der BGH die notwendige (wirtschaftliche) Kongruenz des abgeschlossenen Vertrags mit der nachgewiesenen Gelegenheit wegen des geringen Umfangs des gewährten Preisnachlasses (ca. 15 %) bejaht. In einem weiteren Urteil hat er die wirtschaftliche Gleichwertigkeit ebenfalls für gegeben erachtet, weil der niedrigere Kaufpreis unter Berücksichtigung von (zu übernehmenden) Verbindlichkeiten zustande gekommen war.[60] Entscheidend ist, ob sich nach den Umständen des Einzelfalls der abgeschlossene Vertrag als ein wirtschaftlich anderer darstellt als der nach dem Maklervertrag nachzuweisende Vertrag. Dabei ist bei für den Maklerkunden günstigen Preisabweichungen besonders zu beachten, ob diese sich noch in einem erwartbaren Rahmen bewegen, oder ob letztlich die abweichende Preisgestaltung auf Umständen beruht, die die wirtschaftliche Identität des nachgewiesenen zum abgeschlossenen Geschäft in Frage stellen. Dabei ist kein allzu strenger Maßstab anzulegen, da sich insbesondere bei Grundstücken, die längere Zeit angeboten werden, der Preis typischerweise nach unten bewegt. Preisnachlässe von bis zu 15 % stellen die wirtschaftliche Kongruenz im Allgemeinen nicht in Frage, bei Preisnachlässen von mehr als 50 % ist sie regelmäßig zu verneinen.[61]

Das Risiko der Leistungsfähigkeit und -bereitschaft seines Vertragspartners des Hauptvertrags trägt grundsätzlich der Auftraggeber, nicht der Makler.[62]

VIII. Verflechtung von Makler und Vertragspartei

Makler und Vertragspartei des Hauptvertrags dürfen nach der sog. »Verflechtungsrechtsprechung« des BGH nicht wirtschaftlich identisch sein, sog. »echte Verflechtung«. Eine solche liegt vor, wenn aufgrund organisatorischer Gegebenheiten der Makler auf die Partei bzw. umgekehrt die Partei auf den Makler beherrschenden Einfluss ausübt, sodass eine selbstständige Entscheidungsbefugnis des Maklers oder der Partei fehlt, so etwa im Fall einer 90 %-igen Beteiligung der Maklerfirma an der Verkäufer-GmbH.[63] Das Gleiche gilt, wenn ein Dritter sowohl den Makler wie auch die Partei beherrscht.[64] Die in einem zwischen Unternehmern geschlossenen Grundstückskaufvertrag enthaltene Klausel, in der sich der Käufer verpflichtet, die seitens des Verkäufers einem – mit diesem gesellschaftsrechtlich verflochtenen – Dritten aufgrund eines selbstständigen Provisionsversprechens geschuldete Vergütung zu zahlen, ist wirksam, wenn die Verflechtung dem Käufer bekannt ist.[65]

Ein Provisionsanspruch ist auch ausgeschlossen, wenn die Unparteilichkeit des Maklers aus anderen Gründen als rechtliche oder wirtschaftliche Identität infrage gestellt ist, sog. »unechte Verflechtung«. Dies wird grundsätzlich angenommen, wenn der Makler zu der Vertragspartei in einer Beziehung steht, aufgrund derer er sich wegen eines institutionalisiertem Interessenkonflikts im Streitfall bei regelmäßigem Verlauf auf die Seite dieser Vertragspartei stellen wird, sodass er unabhängig von seinem Verhalten im Einzelfall als ungeeignet für die dem gesetzlichen Leitbild entsprechende Tätigkeit erscheint.[66] Ein solcher liegt insbesondere auch bei einem Geschäft des Verwalters einer Wohnungseigentumsanlage, von dessen Zustimmung gemäß § 12 WEG die Gültigkeit eines Wohnungsverkaufs abhängt, vor.[67] Zur »unechten Verflechtung« zwischen einem Versicherungsmakler und

---

59 Vgl. BGH NJW 1987, 1628 zum Vermittlungsmaklervertrag sowie BGH NJW 1980, 123.
60 BGH NJW 1998, 2277 zum Nachweismakler.
61 BGH ZMR 2015, 169 und BGH VersR 2014, 705.
62 BGH NJW-RR 2005, 1506.
63 BGH NJW 1971, 1839; OLG Karlsruhe NJW-RR 1996, 629.
64 BGH NJW 1974, 1130.
65 BGH NJW 2009, 1199.
66 BGH NJW 1987, 1008; OLG Frankfurt NJW-RR 2002, 56; NJW-RR 2003, 1428; NJW 2009, 1809.
67 BGHZ 112, 240; BGH NJW 2003, 1249.

dem Partner des vermittelten Hauptvertrags (hier: Lebensversicherer), wenn der – mit der Konzernmutter des Versicherers langfristig kooperierende – Makler Fondspolicen und Anlagestrategien des Versicherers allgemein mit seinem Firmennamen versieht und die so gekennzeichneten Produkte besonders bewirbt, s.a. BGH NJW 2012, 1504.

27 Eigengeschäfte des Maklers führen ebenfalls nicht zu einem Provisionsanspruch. Die Maklertätigkeit setzt notwendigerweise das Zusammenwirken der Beteiligten des Hauptvertrages und des Maklers voraus.[68] Ist der Vertragspartner somit nicht Dritter, scheidet ein Provisionsanspruch gemäß § 652 BGB aus und kann grundsätzlich auch nicht in AGB vereinbart werden. Kennt der Auftraggeber jedoch die tatsächlichen Umstände, die das Eigengeschäft begründen, kann eine von den Voraussetzungen des § 652 BGB unabhängige Vergütung im Wege eines selbstständigen Schuldversprechens vereinbart sein.[69] Ein Eigengeschäft liegt insbesondere auch dann vor, wenn der Makler als Partei kraft Amtes das von ihm verwaltete Vermögen nachweist oder vermittelt.[70]

Maklervertrag zum Verkauf einer Immobilie

28 M 1. Herr/Frau/Firma .....
erteilt dem Makler ..... in .....

den AUFTRAG

zum Verkauf des folgenden Objektes:
.....
zu einem Kaufpreis in Höhe von ca. ..... €.
2. Der Makler ist mit dem Nachweis von Kaufinteressenten und/oder mit der Vermittlung eines Kaufvertragsabschlusses beauftragt.
3. Der Auftraggeber verpflichtet sich, bei Zustandekommen des Kaufvertrages über das vorgenannte Objekt und notarieller Beurkundung an den Makler eine Provision in Höhe von ..... % des Gesamtkaufpreises einschließlich gesetzlicher Umsatzsteuer zu bezahlen. Fälligkeit ist der Zeitpunkt des Abschlusses des notariellen Kaufvertrages.
4. Der einmal entstandene Provisionsanspruch des Maklers wird nicht dadurch hinfällig, dass der Kaufvertrag von den Kaufvertragsparteien wieder aufgehoben, angefochten oder rückgängig gemacht wird, es sei denn, der Makler hat die nachträgliche Aufhebung, Anfechtung oder Rückgängigmachung durch eine Sorgfaltspflichtverletzung verschuldet. Die nachträgliche Minderung des Kaufpreises berührt den Provisionsanspruch des Maklers nicht.
5. Die Verhandlungen mit dem nachgewiesenen oder vermittelten Käufer wird der Auftraggeber selbst führen. Werden sie abgebrochen, demnächst aber wieder aufgenommen, so behält der Makler seinen Anspruch auch, wenn ihm inzwischen der Auftrag gekündigt ist. Die Kündigung durch den Auftraggeber ist jederzeit möglich.
6. Die vereinbarte Vergütung in Höhe von ..... % ist auch dann verdient, wenn der Auftraggeber beim Abschluss nicht gewusst hat, dass der Käufer ihm vom Makler zugeführt war.
7. Der Makler darf Aufträge von Kaufinteressenten übernehmen, wenn sie auf nicht mehr als den Nachweis eines Verkäufers gerichtet sind.
8. Ort, Datum   Unterschriften

---

68 BGH NJW 2009, 1809.
69 BGH NJW 2009, 1199.
70 BGH NJW 2000, 3781.

- **Kosten.** Die Bestimmung des Geschäftswertes erfolgt nach § 99 Abs. 2 GNotKG auf Grundlage des Wertes aller Bezüge des Verpflichteten. Der Maklervertrag ist ein »ähnlicher Vertrag« im Sinne der Vorschrift. Gebührensatz: 2,0 Gebühr, mindestens jedoch 120,00 € (Nr. 21100 KV).

IX. Alleinauftrag

Der Alleinauftrag ist eine von der Praxis entwickelte Sonderform des Maklervertrages. Die Rechtsprechung unterscheidet zwischen dem »einfachen« und dem »erweiterten« bzw. »qualifizierten« Alleinauftrag. Der »einfache« Alleinauftrag verbietet dem Auftraggeber des Maklers, neben dem beauftragten Makler noch weitere Makler zu beauftragen. Durch den »erweiterten« oder »qualifizierten« Alleinauftrag wird dem Auftraggeber des Maklers darüber hinaus untersagt, selbst eigene Vermarktungsbemühungen zu entfalten. Durch den Alleinauftrag will sich der Makler also davor schützen, trotz seiner Aufwendungen und Bemühungen infolge der Aktivitäten eines anderen Maklers oder (beim qualifizierten Alleinauftrag) wegen eigner Aktivitäten des Auftraggebers selbst, keine Vergütung zu erhalten. Zudem steht aus der Sicht des Maklers oft das Interesse im Vordergrund, den Auftraggeber ausschließlich an sich zu binden und auf diese Weise sicherzustellen, dass weitere Makler von der Mitwirkung ausgenommen bleiben. Erreicht wird dies durch eine Vereinbarung, die das grundsätzlich jederzeit mögliche Widerrufsrecht des Auftraggebers einschränkt und diesen darüber hinaus dazu verpflichtet, zum Nachweis oder zur Vermittlung nicht die Hilfe eines anderen Maklers in Anspruch zu nehmen.

29

Ein einfacher Alleinauftrag wird grundsätzlich als wirksam angesehen, soweit er nicht ausdrücklich unbefristet abgeschlossen wird und den Auftraggeber dadurch in sittenwidriger Weise in seiner wirtschaftlichen Bewegungsfreiheit einengt.[71] In AGB darf die Bindung nach Lage des Einzelfalls nicht unangemessen lang sein.[72] Nach der Rechtsprechung des BGH schränkt jedoch ein auf unbeschränkte Zeit eingegangener, erweiterter bzw. qualifizierter Maklerallleinauftrag die Entscheidungsfreiheit des Auftraggebers des Maklers in nicht hinnehmbarer Weise ein. Ob dadurch der gesamte Maklervertrag nach § 138 Abs. 1 BGB nichtig ist oder stattdessen nur eine Bindung der Parteien für angemessene Zeit eintritt, ist im jeweiligen Einzelfall zu bewerten.[73] Eine zeitlich unbegrenzte Reservierungsvereinbarung ist nach § 138 BGB nichtig.[74] Gleiches kann dann gelten, wenn bei einer befristeten Reservierungsvereinbarung dem potenziellen Käufer bewusst ist, dass sein Kaufangebot unangemessen niedrig ist.[75]

30

Verletzt der Auftraggeber seine Vertragspflichten aus dem Alleinauftrag, verkauft er z.B. über einen anderen Makler, so macht er sich dem Makler gegenüber schadensersatzpflichtig. Insoweit kann der Makler regelmäßig den entgangenen Gewinn als Schadensersatz verlangen. Will sich der Makler eine erweiterte Provision, pauschalisierten Schadensersatz, Vertragsstrafen oder ein Reuegeld im Alleinauftrag versprechen lassen, so sind insbesondere §§ 309 Nr. 5 und 6 BGB zu beachten.

31

Einfacher Alleinauftrag zum Verkauf einer Immobilie

1. Herr/Frau/Firma ..... erteilt dem Makler ..... in .....

32 M

---

71 BGH WM 1974, 257; BGH NZM 1998, 677.
72 BGH NJW 1986, 1173.
73 BGH NZM 1998, 677.
74 BGH DNotZ 1989, 225.
75 BGH DNotZ 1989, 225.

§ 47 Maklervertrag

den ALLEINAUFTRAG
zum Verkauf des folgenden Objektes:
.....
zu einem Kaufpreis in Höhe von ca. ..... €.

2. Der Makler verpflichtet sich, unter Wahrung der strikten Unparteilichkeit im Interesse des Auftraggebers tätig zu werden sowie den Alleinauftrag mit Sorgfalt, Intensität und unter Ausnutzung aller sich bietenden Abschlusschancen auszuführen. Der Makler ist insoweit insbesondere verpflichtet, den Auftraggeber laufend über den Stand seiner Vermarktungsbemühungen zu unterrichten und dem Auftraggeber alle Informationen und Unterlagen zu geben, die für dessen Entscheidung über den Abschluss des Kaufvertrages von Bedeutung sein können, soweit dieser nicht zur Erlangung derartiger Informationen besondere Nachforschungen anstellen muss. Der Makler ist mit dem Nachweis von Kaufinteressenten und/oder mit der Vermittlung eines Kaufvertragsabschlusses beauftragt. Insofern darf der Makler auch für den Käufer entgeltlich bzw. gegen Provision tätig werden.

3. Der Auftraggeber verpflichtet sich mit diesem Alleinauftrag, für die Dauer dieses Vertrages neben dem Makler keine weiteren Makler zu beauftragen oder anderweit hinzuzuziehen. Der Auftraggeber verpflichtet sich, das vorgenannte Verkaufsobjekt ausschließlich durch den Makler vermarkten zu lassen. Weiterhin verpflichtet sich der Auftraggeber, anderen tätigen Maklern eine Fortsetzung ihrer Bemühungen zu untersagen.

4. Der Auftraggeber verpflichtet sich, für den Fall, dass diesem ein ihm durch den Makler nachgewiesener Kaufinteressent bereits bekannt sein sollte, dies dem Makler unverzüglich, spätestens jedoch innerhalb einer Woche nach erfolgtem Nachweis, mitzuteilen. Hierbei ist der Interessent verpflichtet, den Makler darüber in Kenntnis zu setzen, auf welche Weise, wann und durch wen er von dem Kaufinteressenten Kenntnis erlangt hat.

5. Der Auftraggeber verpflichtet sich, bei Zustandekommen des Kaufvertrages über das vorgenannte Objekt und notarieller Beurkundung eine einmalige Maklerprovision in Höhe von ..... % des Gesamtkaufpreises einschließlich gesetzlicher Umsatzsteuer zu bezahlen. Fälligkeit ist der Zeitpunkt des Abschlusses des notariellen Kaufvertrages.

6. Der einmal entstandene Provisionsanspruch des Maklers wird nicht dadurch hinfällig, dass der Kaufvertrag von den Kaufvertragsparteien wieder aufgehoben, angefochten oder rückgängig gemacht wird, es sei denn, der Makler hat die nachträgliche Aufhebung, Anfechtung oder Rückgängigmachung durch eine eigene Sorgfaltspflichtverletzung verschuldet. Die nachträgliche Minderung des Kaufpreises berührt den Provisionsanspruch des Maklers nicht.

7. Die Parteien sind sich darüber einig, dass auch eine bloße Mitwirkung oder Mitverursachung des Maklers zu einem Kaufvertrag oder der Nachweis des Meistbietenden bei Zuschlag in einer Zwangs- oder freiwilligen Versteigerung den vollen Provisionsanspruch begründet.

8. Wird ein provisionspflichtiger Vertragsabschluss infolge eines Verhaltens des Auftraggebers erheblich behindert oder vereitelt oder verletzt der Auftraggeber seine Alleinauftragspflichten, hat der Auftraggeber dem Makler dessen nachweisliche Aufwendungen, insbesondere die Kosten der Inserate, Exposés, sonstiger Prospekte, Fahrtkosten, Telefon- und Telefaxkosten, Auslagen für Grundbuchauszüge etc. zu ersetzen. Dabei werden die von dem Makler erbrachten Aufwendungen mit ..... € bestimmt. Das Recht des Auftraggebers, niedrigere Aufwendungen nachzuweisen, bleibt unberührt.

9. Der Auftraggeber erteilt hiermit dem Makler die Vollmacht zur Einsichtnahme in sämtliche das Verkaufsobjekt betreffende Akten, insbesondere in das Grundbuch und die Grundakten, in sämtliche Versicherungsunterlagen und alle weiteren Unterlagen in amtlichen Registern, in denen das Verkaufsobjekt verzeichnet ist. Er verpflichtet sich zudem, dem Makler sämtliche weiteren erforderlichen Unterlagen, wie z. Bsp. Mietverträge, für die Dauer dieses Vertrages zur Verfügung zu stellen sowie dem Makler den Zugang zu dem Verkaufsobjekt zu gewähren.
10. Dieser Vertrag gilt ab dem ..... und endet am ..... Der Vertrag verlängert sich über den vorgenannten Endzeitpunkt hinaus um jeweils weitere drei Monate, wenn er nicht von einer der beiden Vertragsseiten unter Einhaltung einer Frist von einem Monat schriftlich gekündigt wird. Nach Ablauf von einem Jahr nach dem vorgenannten Beginnzeitpunkt ist eine automatische Verlängerung ausgeschlossen und es bedarf einer ausdrücklichen schriftlichen Verlängerung oder Erneuerung dieses Vertrages. Das Recht zur außerordentlichen Kündigung aus wichtigem Grund bleibt von dieser Regelung unberührt.
11. Ort, Datum   Unterschriften

Hinsichtlich der Wirksamkeit der vorbenannten Klauseln in AGB wird auf die Ausführungen in den vorstehenden Ziffern sowie in nachstehenden Rdn. 34 ff. verwiesen. **33**

X. AGB-Klauseln in Maklerverträgen

Von Sonderregelungen für bestimmte Geschäfte abgesehen ist das Maklerrecht dispositiv. **34** Da die gesetzlichen Regelungen in vielen Punkten den Anforderungen der Praxis nicht gerecht werden, kommt den vertraglichen Vereinbarungen der Parteien, vor allem in AGB, besondere Bedeutung zu. Individualvereinbarungen finden insoweit ihre Grenze grundsätzlich nur in den Regeln des redlichen Verkehrs und der guten Sitten, ferner in den gesetzlichen Sondervorschriften. Insbesondere sind bei der Vermittlung von Verbraucherdarlehen Abweichungen zulasten des Verbrauchers unwirksam, § 655e Abs. 1 BGB, ebenso bei Arbeitsvermittlungsverträgen mit dem Arbeitnehmer sowie bei der Wohnungsvermittlung. Für AGB enthalten die §§ 305 ff. BGB weitere Einschränkungen. Neben §§ 309 Nr. 5 und 6 BGB sowie § 309 Nr. 12 BGB im Zusammenhang mit der kausalen Tätigkeit des Maklers als Voraussetzung für die Entstehung des Vergütungsanspruchs greifen nicht selten auch das Verbot überraschender Klauseln gemäß § 305c Abs. 1 BGB und die Generalklausel des § 307 BGB ein. Zusammenfassung der wichtigsten AGB-Rechtsprechung des BGH:[76]

Eine Provision unabhängig vom Erfolg kann nur im Wege einer eindeutigen und klaren **35** Individualabrede vereinbart werden.[77] Bei **Doppeltätigkeit** des Maklers ist jedoch auch eine solche Vereinbarung zulasten einer Seite unwirksam.[78] In AGB sind derartige Vereinbarungen gegenüber Unternehmern wie Verbrauchern unwirksam, § 307 Abs. 2 Nr. 1 BGB.[79] Daraus folgt aber nicht, dass der Makler mit jeder vermittelnden Tätigkeit nach beiden Seiten seinen Provisionsanspruch automatisch verwirkt. Dies ist nur dann der Fall, wenn der Makler mit seiner Tätigkeit das Vertrauen und die Interessen seiner Auftraggeber verletzt. Dies ist dann nicht der Fall, wenn er ihnen seine Tätigkeit für die jeweils andere Seite offenlegt und sich darauf beschränkt, als »ehrlicher Makler« zwischen ihren Interessen zu vermitteln.[80] Der BGH hält bei Immobiliengeschäften allerdings eine Tätigkeit des Maklers

---
[76] Die Zusammenfassung erhebt keinen Anspruch auf Vollständigkeit.
[77] BGHZ 119, 32; BGH DB 1976, 189.
[78] BGHZ 61, 17.
[79] BGHZ 99, 374.
[80] BGH NJW-RR 2000, 430.

für beide Seiten nach »dem Inhalt des Vertrags« für grundsätzlich zulässig, sofern er für beide Teile als Nachweismakler oder für den einen als Vermittlungs- und für den anderen als Nachweismakler tätig geworden ist.[81] Das gilt in der Regel auch ohne ausdrückliche Gestattung selbst dann, wenn dem Maklerkunden die Doppeltätigkeit des Maklers unbekannt gewesen war.[82] Nur wenn der Makler eine Vermittlungstätigkeit für beide Auftraggeber ausübt, muss der Doppelauftrag für beide Seiten wenigstens eindeutig erkennbar oder absehbar sein.[83] Keine Unwirksamkeit liegt auch vor, wenn der Auftraggeber die Umstände kennt, die das Entstehenlassen einer Maklerprovision aus tatsächlichen Gründen verhindern.[84] Gleiches gilt für sog. **Nichtabschlussklauseln** sowie für Klauseln, die das Erfordernis der Wirksamkeit des Hauptvertrages einschränken.[85] Eine Regelung, wonach der Makler einen sogleich mit Unterschriftsleistung zu erbringenden Betrag von 750 € für den Verzicht auf weiteres Anbieten des Kaufobjekts auch denn behalten darf, wenn es nicht zum Abschluss des Kaufvertrags kommt, benachteiligt den Kaufinteressenten unangemessen und ist deshalb gemäß § 307 BGB unwirksam.[86] Das Erfordernis der Kausalität der Maklerleistung kann wirksam nur in Individualabreden abbedungen werden.[87] Im Rahmen von AGB kann kein Vorschuss verlangt werden; dies ist lediglich individualvertraglich möglich. Eine **Folgegeschäftsklausel**, wonach die Provisionspflicht auch auf die aus dem nachgewiesenen oder vermittelten Vertrag folgenden weiteren Vertragsabschlüsse erstreckt werden soll, ist allenfalls durch Individualvertrag möglich.[88] Auch **Vorkenntnisklauseln**, d.h. die Verpflichtung des Auftraggebers zur Anzeige oder zum Widerspruch innerhalb bestimmter Frist, da andernfalls die Möglichkeit zum Vertragsabschluss als bisher unbekannt gilt, ist lediglich in Individualvereinbarungen möglich.[89] Eine **Rückfrageklausel** mit dem Inhalt, dass der Auftraggeber die vereinbarte Vergütung auch dann zu leisten hat, wenn er den Vertrag ohne Inanspruchnahme des Maklers abschließt, es sei denn, er weist nach, dass die Tätigkeit des Maklers hierfür nicht ursächlich geworden ist, kann in AGB nicht wirksam vereinbart werden.

36 In Maklerverträgen sind des Weiteren auch häufig **Provisionssicherungsklauseln** zugunsten des Maklers enthalten. Verpflichtet sich der Auftraggeber bei näher bezeichneten Vertragsverletzungen zur Zahlung der vollen Vergütung, ist durch Auslegung zu ermitteln, ob es sich um ein erweitertes Provisionsversprechen, einen pauschalierten Schadensersatzanspruch oder um das Versprechen einer herabsetzbaren Vertragsstrafe gemäß § 343 BGB handelt.[90] Derartige Klauseln sind nur in Individualvereinbarungen unbedenklich, jedenfalls soweit die Zahlungspflicht an einen zustande gekommenen Hauptvertrag anknüpft. Bei Klauseln in AGB sind §§ 309 Nr. 5 und 6 BGB zu beachten. Außerdem verändern Klauseln, die in die Abschlussfreiheit des Auftraggebers eingreifen oder Zahlungspflichten unabhängig vom Zustandekommen eines Vertrages oder bei Direktabschluss im Fall eines Alleinauftrags vorsehen, den gesetzlichen Vertragstypen und sind gemäß § 307 Abs. 2 Satz 1 BGB unwirksam.[91] Konkrete ergebnisbezogene Aufwandsberechnungen des Maklers für den Fall der Pflichtverletzungen des Auftraggebers sind dagegen auch in AGB

---

81 Statt aller BGH NJW-RR 2003, 991.
82 OLG Hamm VersR 1991, 545; NZM 2001, 905, 906; *Dehner*, Rn. 262; *Fischer*, NZM 2001, 873, 880.
83 BGH NJW-RR 2003, 991; a.A. MüKo-BGB/*Roth*, 3. Aufl., § 654 BGB Rn. 8 ff.; *Schwerdtner*, Maklerrecht, 4. Aufl., Rn. 855 ff.; Staudinger/*Reuter*, 13. Bearb. 1995, § 654 BGB Rn. 4.
84 BGH NJW 2009, 1199.
85 BGH NJW 1973, 1276.
86 BGH NJW 2010, 3568.
87 BGHZ 60, 377; NJW 1985, 2477; OLG Naumburg MDR 2009, 134.
88 Vgl. aber BGH NJW-RR 1991, 51.
89 BGH NJW 1976, 2345; OLG München NJW-RR 1995, 1524.
90 BGHZ 49, 84; NJW 1964, 1467.
91 BGH DB 1981, 1280.

wirksam, soweit die Grenzen des § 308 Nr. 7 Buchst. b) BGB bzw. § 309 Nr. 5 BGB beachtet werden.

Sogenannte **Verweisungs- oder Hinzuziehungsklauseln** sollen die Mitwirkung des allein beauftragten Maklers am Vertragsschluss dadurch sicherstellen, dass sich der Auftraggeber verpflichtet, sämtliche Interessenten an den Makler zu verweisen. Derartige Klauseln führen zu einem **qualifizierten Alleinauftrag**.[92] Diese können lediglich individualvertraglich vereinbart werden.[93] Die Bindung muss jedoch zeitlich angemessen befristet sein. Auch sog. **Widerrufsklauseln**, die den Makler vor Ausschaltung während der Laufzeit des Alleinauftrags schützen sollen, sind zumindest dann in AGB unwirksam, wenn sie Provisionspflichten schon bei vorzeitigem Widerruf des Auftrages begründen, ohne dass der Widerruf zu einem vertragswidrigen Abschluss geführt hätte.[94] Nichtabschlussklauseln, nach denen sich der Auftraggeber verpflichtet, bei Nichtabschluss mit Kaufwilligen die Gesamtprovision zu zahlen, sind ebenfalls lediglich individualvertraglich zulässig.[95] 37

Eine **Doppeltätigkeit** des Maklers ist insbesondere bei Immobiliengeschäften nicht zu beanstanden, soweit der Makler seine strikte Unparteilichkeit nicht verletzt, § 654 BGB; und zwar selbst dann nicht, wenn dem Auftraggeber die Doppeltätigkeit des Maklers gar nicht bekannt war.[96] Die Gestattung einer Doppeltätigkeit kann insoweit auch in AGB erfolgen, wenn der Makler für einen Vertragsteil als Nachweis- und für den anderen Teil als Vermittlungsmakler tätig wird.[97] Bei Grundstücksgeschäften kann Doppeltätigkeit im Einzelfall ortsüblich sein.[98] Bei einem erteilten Alleinauftrag dürfte dagegen eine Doppeltätigkeit des Maklers aufgrund der auftretenden Interessenkollision lediglich durch Individualvereinbarung möglich sein. 38

Dem Makler steht kein Provisionsanspruch zu, wenn sein Kunde das vom Makler benannte Grundstück im Wege der **Zwangsversteigerung** erwirbt. Durch Individualvereinbarung kann der Erwerb in der Zwangsversteigerung dem Abschluss eines Grundstückskaufvertrages gleichgestellt werden,[99] nicht jedoch in allgemeinen Geschäftsbedingungen. 39

Soweit die Provisionshöhe in dem Maklervertrag ausdrücklich vereinbart worden ist, enthält die Provision bei einem nicht kaufmännischen Auftraggeber die gesetzliche USt Aufgrund dessen verstößt eine Klausel »zuzüglich der jeweils gesetzlich geltenden Umsatzsteuer« gegen § 309 Nr. 1 BGB.[100] 40

XI. Maklerklauseln in Grundstückskaufverträgen

Eine Bestimmung im Grundstückskaufvertrag »Die Maklergebühr trägt der Käufer« kann entweder eine Vereinbarung unter den Kaufvertragsparteien mit dem Inhalt sein, dass der Käufer selbst und unmittelbar eine Verpflichtung gegenüber dem Makler eingegangen ist, oder eine Erfüllungsübernahme für die Provisionsschuld des Verkäufers durch den Käufer und ein Zahlungsversprechen gegenüber dem Verkäufer zugunsten des Maklers als Dritten 41

---

92 S.o. Nr. 9.
93 BGH NJW 1991, 1679; NJW-RR 1999, 998.
94 BGH NJW 1967, 1225; NJW 1979, 367.
95 BGH NJW 1967, 1225.
96 BGH ZNotP 2003, 262; OLG Hamm NJW-RR 1994, 125.
97 BGH NJW-RR 2000, 430; OLG Koblenz ZMR 2002, 363; a.A. MüKo-BGB/*Roth*, § 654 BGB Rn. 9; Hamm/ *Schwerdtner*, Rn. 855 ff., 866 ff.
98 OLG Rostock, MDR 2009, 193.
99 BGH NJW 1990, 2744 = BGHZ 112, 59; BGH NJW 1992, 2568; a.A. Staudinger/*Reuter*, §§ 652, 653 BGB Rn. 256; MüKo-BGB/*Roth*, § 652 BGB Rn. 109.
100 BGH NJW 1980, 2133.

(§§ 328, 329 BGB) darstellen. Ob in der Klausel auch bei einer Rückabwicklung des Hauptvertrages ein eigenständiger Schuldgrund gesehen werden kann infolgedessen der Lohnanspruch des Maklers erhalten bleibt, ist im Einzelfall Auslegungsfrage.[101] Hat ein Makler ohne den Abschluss eines Maklervertrages bzw. ohne vorherige Provisionsvereinbarung Maklerleistungen erbracht, so gibt es weder für den Verkäufer noch für den Käufer eine Vergütungspflicht bzw. Anlass, bei Abschluss des Kaufvertrags gegenüber dem Makler ein (selbstständiges) Provisionsversprechen abzugeben.[102] Der Makler kann auch aus einer im notariellen Kaufvertrag enthaltenen »Maklerklausel« keinen Provisionsanspruch für sich herleiten, wenn die Klausel ausdrücklich auf eine »vereinbarte« Provision Bezug nimmt, eine solche Vereinbarung aber gerade nicht vorliegt und der Klausel nicht entnommen werden kann, dass der Makler unabhängig von einer vorherigen Vereinbarung Anspruch auf eine Provision haben sollte.[103] Maklerklauseln findet man in unterschiedlichen Ausgestaltungen, nämlich in der Regel als (i) reine deklaratorische Klauseln zur Beweissicherung, (ii) deklaratorische Maklerklauseln mit Vollstreckungsunterwerfungserklärung, (iii) konstitutive Maklerklauseln (im Sinne von echten Verträgen zugunsten eines Dritten) und als (iv) Abwälzungsvereinbarungen, wonach sich der Käufer gegenüber dem Verkäufer verpflichtet, die durch diesen geschuldete Provision zu übernehmen oder diesen freizustellen. Deklaratorische Maklerklauseln dienen ausschließlich der Beweiserleichterung; sie begründen keinen Zahlungsanspruch des Maklers. Konstitutive Maklerklauseln und Abwälzungsvereinbarungen wirken sich kostenrechtlich aus, denn ihr Wert kann einen Mehrwert auslösen. Sie sollen zugunsten des Maklers einen eigenen materiell-rechtlichen Anspruch begründen, in der Regel über die Beurkundung eines abstrakten Schuldanerkenntnisses oder Schuldversprechens gemäß §§ 780 f. BGB und/oder durch die Beurkundung eines echten Vertrages zugunsten Dritter nach § 328 BGB. Dabei kann sich der Anspruch des Maklers entweder gegen seinen ursprünglichen Vertragspartner oder auch gegen die andere Kaufvertragspartei des Kaufvertrages (oder gegen beide Parteien) richten. Wenn der Käufer es z.B. akzeptiert – ggf. nach vorausgegangener Belehrung durch den beurkundenden Notar – eine Maklerklausel in den notariellen Kaufvertrag aufzunehmen, mit der er ausdrücklich anerkennt, dass der Vertrag durch den Makler vermittelt bzw. nachgewiesen wurde und er als Käufer eine Maklerprovision in bestimmter Höhe schulde, führt dies zu einer unmittelbaren Anspruchsberechtigung des Maklers gemäß § 328 Abs. 1 BGB in Form eines deklaratorischen Schuldanerkenntnisses.[104] Die Aufnahme einer konstitutiven Maklerklausel in einen Kaufvertrag zwischen zwei Verbrauchern führt – nach streitiger Auffassung – zur Anwendbarkeit des § 17 Abs. 2a BeurkG und damit zur Pflicht, die Zwei-Wochen-Frist einzuhalten.[105] Eine Maklerklausel in Form einer Abwälzungsvereinbarung ist gemäß § 311b BGB beurkundungspflichtig, wenn z.B. der Käufer die eigentlich den Verkäufer treffende Pflicht zur Zahlung der Provision übernimmt.[106] Es gibt Stimmen, die sich grundsätzlich gegen die Zulässigkeit von Maklerklauseln in notariellen Kaufverträgen aussprechen. Diese übersehen aber, dass es durchaus darauf ankommt, von welcher Partei der Wunsch nach Beurkundung der Maklerklausel im Einzelfall ausgeht und, dass die Beurkundung der Provisionsvereinbarung zur Vermeidung der Nichtigkeit des Kaufvertrages sogar rechtlich geboten sein könne (siehe oben zu § 311b BGB).

42 Von besonderer Bedeutung ist bei der Beurkundung von Maklerklauseln jedoch die notarielle Neutralität gemäß § 17 BeurkG; im besonderen Maße gegenüber Verbrauchern (§ 17 Abs. 2a BeurkG; beachte auch das Widerrufsrecht gemäß § 312g BGB). Problematisch kann

---

101 BGHZ 131, 318; 138, 170; s.a. BGH ZfIR 2007, 683.
102 BGH ZfIR 2007, 683.
103 OLG Karlsruhe ZfIR 2010, 183 ff.
104 OLG Koblenz GuT 2011, 51; zur Auslegung von Maklerklauseln vgl. auch Palandt/*Sprau* § 652 Rn. 23.
105 Vgl. dazu Gutachten des DNotI, DNotI-Report 2014, S. 129, 131.
106 Siehe *Wälzholz*, MittBayNot 2000, 357 ff.

es deshalb sein, wenn durch Schaffung eines eigenen unmittelbaren Vergütungsanspruchs des Maklers dessen Rechtsstellung durch die Beurkundung erheblich verbessert wird. Es wird deshalb vertreten, dass konstitutive Maklerklauseln in der Regel nicht den Interessen der Kaufvertragsparteien entsprechen, denn diese wollen mit der notariellen Urkunde ausschließlich ihre unmittelbaren kaufvertraglichen Rechte und Pflichten regeln.[107] Nach dieser Auffassung sind die notarielle Neutralitätspflicht und die Pflichten aus § 17 BeurkG verletzt, wenn der Notar allein auf Veranlassung des Maklers Vertragsentwürfe mit einer solchen Maklerklausel versendet und ohne vertiefende Hinweise und Belehrungen hierzu später beurkundet. Dies umso mehr, wenn sich eine der Kaufvertragsparteien zugunsten des Maklers zusätzlich sogar der sofortigen Zwangsvollstreckung aus der Urkunde unterwerfen soll. In solchen Konstellationen ist der Wille der Kaufvertragsparteien stets eingehend zu erforschen und diese sind insbesondere auch über die rechtliche Tragweite einer solchen Unterwerfungserklärung ausdrücklich zu belehren. Nach einer aktuellen Entscheidung des BGH, ist eine beurkundete Maklerklausel in sich widersprüchlich und steht deshalb mit § 17 Abs. 1 BeurkG nicht in Einklang, wenn sie nach ihrem Wortlaut eine Verpflichtung des Erwerbers zur Zahlung einer näher bestimmten Maklercourtage und einen bestimmbaren Fälligkeitszeitpunkt zur Erfüllung dieser Verpflichtung enthält (Schuldanerkenntnis), im Gegensatz dazu jedoch die Wendung beinhaltet, es werde hierdurch kein Vertrag zugunsten Dritter bewirkt.[108] Vor diesem Hintergrund dürften schließlich auch solche Maklerklauseln bedenklich sein, nach denen die Provision aus dem Kaufpreis bedient werden soll, was z.B. über eine Anweisung der Beteiligten an den Notar erfolgen kann, einen Teil des Kaufpreises (in Höhe der Provision) direkt an den Makler auszuzahlen. Solche Klauseln dürfen wegen § 17 BeurkG nur nach eingehender Belehrung der Kaufvertragsparteien und Hinweis auf deren Rechtsfolgen und deren Entbehrlichkeit für den Kaufvertrag in die Urkunde aufgenommen werden, nicht aber auf einseitigen Wunsch lediglich des Maklers.

Wenn der Makler eine Abschrift des Vertrages erhalten soll, müssen die Beteiligten den Notar entsprechend gemäß § 51 Abs. 2 BeurkG ermächtigen.

43

Um Rückfragen des Finanzamtes nach der Übernahme der Provision zu vermeiden, die zu einer Verzögerung des Steuerbescheides und der Unbedenklichkeitsbescheinigung führen können, ist eine Klarstellung der Provisionsverpflichtung zweckmäßig, da eine Provisionsübernahme durch den Käufer als Mehrleistung gemäß § 9 Abs. 2 Nr. 1 GrEStG mit zu versteuern ist.

44

Beispielhafte Maklerprovisionsregelung im Grundstückskaufvertrag[109]

»§ ..... Maklerprovision
Der ..... (Käufer oder Verkäufer) erklärt, dass der heute beurkundete Kaufvertrag durch die Firma ..... (nachstehend kurz »Makler« genannt), provisionspflichtig nachgewiesen bzw. vermittelt worden ist und mit dieser eine Provision in Höhe von ..... % (zuzüglich oder einschließlich 19 % MwSt) des hier beurkundeten Kaufpreises vereinbart ist.
Der ..... (Käufer oder Verkäufer) erkennt hiermit in Form eines echten Vertrages zugunsten Dritter gegenüber dem Makler an, diesem die Zahlung einer Provision in Höhe von ..... € brutto (einschließlich MwSt) zu schulden. Die Zahlung dieses Betrages ist gleichzeitig mit Eintritt der oben in § ..... dieser Urkunde vereinbarten Kaufpreis-

45 M

---

107 *Wälzholz*, MittBayNot 2000, 357, 365.
108 BGH DNotZ 2015, 461; siehe auch BVerfG, Nichtannahmebeschl. v. 09.04.2015 – 1 BvR 574/15 und auch das Rundschreiben Nr. 05/2015 der Bundesnotarkammer vom 02.06.2015.
109 Vertiefend zu Maklerklauseln in Grundstückskaufverträgen und deren Wirksamkeit s.a. Rundschreiben der Rheinischen Notarkammer Nr. 7/2002 vom 07.08.2002; *v. Gerkan*, NJW 1982, 1742 und DNotZ 1983, 227; *Piehler*, DNotZ 1983, 22.

fälligkeit zur Zahlung an den Makler auf dessen Konto bei der ..... (IBAN ....., BIC .....) zur Zahlung fällig.
Der ..... (Käufer oder Verkäufer) verzichtet hiermit ausdrücklich auf etwaige Einwendungen gegen den Provisionsanspruch, insbesondere auf die Einwendung, der Provisionsanspruch sei nicht oder nicht in dieser Höhe entstanden.
Der Notar hat die Parteien ausdrücklich darüber belehrt und darauf hingewiesen, dass diese Maklerklausel für die Beurkundung und den Vollzug des Kaufvertrags rechtlich nicht notwendig ist und ausschließlich den Provisionsinteressen des Maklers dient. Er hat auch darauf hingewiesen, dass möglicherweise erst die Beurkundung dieser Maklerklausel zum Entstehen des Provisionsanspruches des Maklers führt. Die Parteien wünschen hiernach ausdrücklich die Beurkundung dieser Maklerklausel.«

XII. Besonderheiten bei der Wohnungsvermittlung

46 Wohnungsvermittler haben nach dem Wohnungsvermittlungsgesetz vom 04.11.1971[110] in der Fassung vom 21.04.2015[111] (WoVermRG) eine Reihe strenger Vorschriften zu befolgen. Das Gesetz bezweckt neben einer Verbesserung der Markttransparenz auf dem Gebiet der Wohnungsvermittlungen in erster Linie, die Wohnungssuchenden vor ungerechtfertigten wirtschaftlichen Belastungen zu schützen, die sich aus missbräuchlichen Vertragsgestaltungen oder unlauteren Geschäftsmethoden für sie ergeben.[112] Es gilt jedoch nicht zugunsten der Vermieter, Eigentümer etc.[113] Ein Anspruch auf Entgelt steht dem Wohnungsvermittler nur für neue Mietverträge, nicht für Vertragsverlängerungen zu und auch nicht für eigene oder selbst verwaltete Wohnungen oder für Wohnungen einer juristischen Person, an der der Vermittler beteiligt ist.

47 § 2 Abs. 1 WoVermG macht den Provisionsanspruch in jedem Fall vom Erfolg infolge ursächlicher Maklertätigkeit abhängig, sodass kein Anspruch entsteht, wenn Mieter und Eigentümer ohnehin abschlussbereit sind. Die im Rahmen von Maklerverträgen nur durch Individualvereinbarung mögliche Begründung einer erfolgsunabhängigen Provision ist bei der Wohnungsvermittlung daher von vornherein ausgeschlossen. Gegenüber dem Wohnungssuchenden besteht auch kein Anspruch für die Vermittlung öffentlich geförderter oder sonst preisgebundener Wohnungen und Wohnräume, § 2 Abs. 3 WoVermG. Vorschüsse dürfen nicht verlangt oder angenommen werden, § 2 Abs. 4 WoVermG. Abweichende Vereinbarungen sind unwirksam, § 2 Abs. 5 WoVermG.

48 Das Entgelt ist in einem Bruchteil oder Vielfachen der Monatsmiete anzugeben, § 3 Abs. 1 WoVermG. Der Höhe nach begrenzt § 3 Abs. 2 WoVermG die Provision auf zwei Monatsmieten zuzüglich der gesetzlichen USt. Weitere Leistungen können nicht verlangt werden, nachgewiesene Auslagen jedoch dann, wenn diese eine Monatsmiete übersteigen oder für das Nichtzustandekommen eines Mietvertrages verlangt werden, § 3 WoVermG. Eine Vertragsstrafe wegen Nichterfüllung zulässiger Verpflichtungen darf nur bis 10 % des vereinbarten Entgeltes, höchstens jedoch bis zu einem Betrag i.H.v. 25 € vereinbart werden, § 4 WoVermG. Nach diesem Gesetz nicht zustehende Zahlungen kann der Wohnungssuchende vom Vermittler trotz eigenen Verstoßes zurückfordern, wobei die Anwendbarkeit von § 817 Satz 2 BGB ausdrücklich ausgeschlossen ist, § 5 WoVermG.

49 Für den Wohnungsmakler ist im Hinblick auf seinen Provisionsanspruch das am 21. April 2015[114] eingeführte »Bestellerprinzip« von besonderer Bedeutung. Das in § 2

---

110 BGBl. I S. 1745, 1747.
111 BGBl. I S. 610.
112 KG NZM 2004, 431.
113 OLG Naumburg NZM 2005, 151.
114 BGBl. I S. 610.

Abs. 1a WoVermEG geregelte Bestellerprinzip besagt, dass der Wohnungsvermittler vom Wohnungssuchenden für die Vermittlung oder den Nachweis der Gelegenheit zum Abschluss von Mietverträgen über Wohnräume kein Entgelt fordern, sich versprechen lassen oder annehmen darf, es sei denn, der Wohnungsvermittler holt ausschließlich wegen des Vermittlungsvertrags mit dem Wohnungssuchenden vom Vermieter oder von einem anderen Berechtigten den Auftrag ein, die Wohnung anzubieten.

Wohnungsvermittlung

1. Herr/Frau/Firma .....
erteilt dem Makler ..... in .....

50 M

den AUFTRAG

zur Suche des folgenden Objektes:
Mietwohnung im Stadtteil ..... von ..... möglichst zum ..... mit einer Größe von etwa ..... m² zu einem monatlichen Mietzins bis ..... € je m² (Kaltmiete). Die Wohnung soll möglichst in einem Ein- oder Zweifamilienhause liegen und Zentralheizung haben. Die Dauer des Mietvertrages soll zunächst ..... Jahre betragen.
2. Der Auftraggeber gibt dem Makler den Alleinauftrag zum Nachweis der gesuchten Wohnung bis Ende nächsten Monats, er wird bis dahin keinen anderen Vermittler in Anspruch nehmen und auch nicht selbst inserieren.
3. Der Auftraggeber verpflichtet sich, für den Fall des Abschlusses des Mietvertrages an den Makler ein Entgelt in Höhe von ..... Monatsmieten zu zahlen. Dieser Betrag ist sofort nach Abschluss des Mietvertrages fällig.
4. Der Auftraggeber verpflichtet sich, den Makler von dem Abschluss eines Mietvertrages unverzüglich zu unterrichten.
5. Verstößt der Auftraggeber gegen eine der von ihm eingegangenen Verpflichtungen, so hat der Auftraggeber an den Makler eine Vertragsstrafe in Höhe von 10 v.H. des vereinbarten Entgeltes, höchstens jedoch 25 €, zu zahlen.
6. Bei Nichtzustandekommen eines nachgewiesenen Mietvertrages bis Ende nächsten Monats hat der Auftraggeber die von dem Makler nachgewiesenen Auslagen zu erstatten, maximal jedoch ..... €.
7. Ort, Datum **Unterschrift**

■ *Kosten.* Die Bestimmung des Geschäftswertes erfolgt nach § 99 Abs. 2 GNotKG auf Grundlage des Wertes aller Bezüge des Verpflichteten. Der Vertrag ist ein »ähnlicher Vertrag« im Sinne der Vorschrift. Gebührensatz: 2,0 Gebühr, mindestens jedoch 120,00 € (Nr. 21100 KV).

XIII. Besonderheiten bei der Darlehensvermittlung

Das Recht der Darlehensvermittlung ist in den neu eingeführten §§ 655a–e BGB geregelt. Jeder Darlehensvermittlungsvertrag bedarf der Schriftform, § 655b BGB. Der Darlehensvermittlungsvertrag muss den in § 655b Abs. 1 Satz 1–3 BGB aufgeführten Anforderungen genügen. Ist dies nicht der Fall, ist nach § 655b Abs. 2 BGB der Vertrag nichtig. Die Konsequenzen aus dem Fehlen der Schriftform beschränken sich jedoch nicht auf die in § 655b Abs. 2 BGB angeordnete Nichtigkeitsfolge. Vielmehr wird mit Rücksicht auf den Schutz-

51

zweck des Schriftformerfordernisses jedweder Vergütungsanspruch des Darlehensvermittlers ausgeschlossen.[115]

52 § 655c BGB verschärft die Voraussetzungen für die Entstehung des Provisionsanspruchs des Maklers gemäß § 652 BGB zum Schutz des Verbrauchers. Insoweit wird insbesondere der Grundsatz des Erfolgshonorars verschärft. § 655d Satz 1 BGB untersagt es dem Vermittler für im Zusammenhang mit der Darlehensvermittlung stehende Dienste und Leistungen ein über § 655c Satz 1 BGB hinausgehendes, insbesondere ein erfolgsunabhängiges, (Neben-)Entgelt (z.B. interne Wertermittlungsgebühren) zu verlangen. Eine dem entgegenstehende Vereinbarung ist gemäß § 655e Abs. 1 Satz 1 BGB unwirksam.[116] Der Darlehensnehmer soll erst Provision zahlen, nachdem der von ihm angestrebte Finanzierungserfolg endgültig eingetreten ist. Auch soll die freie Widerrufsmöglichkeit hinsichtlich des Darlehens (§§ 355, 495 BGB) nicht durch die Provisionsverpflichtung beeinträchtigt werden. Weiß der Darlehensvermittler, dass mithilfe des Verbraucherdarlehensvertrags ein anderes Darlehen vorzeitig abgelöst wird, so stellt § 655c Satz 2 BGB noch weitere Anforderungen an einen Vergütungsanspruch. Soweit der Verbraucherdarlehensvertrag der Umschuldung dient, entsteht der Vergütungsanspruch nur, wenn sich der effektive Jahreszins oder der anfängliche effektive Jahreszins ungeachtet etwaiger Vermittlungskosten nicht erhöht. Mit dieser Regelung sollen wirtschaftlich sinnlose Umschuldungen vermieden und der Verbraucher vor einer Verschlechterung seiner Lage geschützt werden. Die Provision soll somit nur dann verdient sein, wenn das vermittelte Darlehen keine ungünstigeren Konditionen aufweist; auf die betragsmäßige Gesamtbelastung kommt es nicht an. Abweichende Vereinbarungen zulasten des Verbrauchers sind unwirksam, § 655e BGB.

---

115 BGH NJW-RR 2005, 1572.
116 BGH NJW-RR 2012, 1073; MüKo-BGB/*Habersack*, § 655d BGB Rn. 1, 4; auch Staudinger/*Kessal-Wulf*, § 655d BGB Rn. 1.

§ 48 Urheberrecht und Verlagsvertrag

Rechtsgrundlagen: Urheberrechtsgesetz v. 09.09.1965,[1] zuletzt geändert durch Art. 1 des Gesetzes vom 01.09.2017,[2] Verlagsgesetz v. 19.06.1901, zuletzt geändert durch Art. 2 des Gesetzes v. 22.03.2002,[3] Urheberrechtswahrnehmungsgesetz v. 09.09.1965,[4] zuletzt geändert durch Art. 7 des Gesetzes v. 24.05.2015.[5]

Literatur: *Berger/Wündisch*, Das neue Urhebervertragsrecht, 2. Aufl. 2015; *Delp*, Der Verlagsvertrag, 8. Aufl. 2008; *Dreier/Schulze*, Urheberrechtsgesetz, 5. Aufl. 2015; *Haas*, Das neue Urhebervertragsrecht, 2002; *Hucko*, Das neue Urhebervertragsrecht, 2002; *Jacobs*, Die angemessene und die unangemessene Vergütung – Überlegungen zum Verständnis der §§ 32, 32a UrhG, FS für Eike Ullmann 2006, 79;; *Möhring/Nicolini*, Urheberrecht, 4. Aufl. 2018; *Rehbinder/Peukert*, Urheberrecht, 18. Aufl. 2018; *Schricker/Loewenheim*, Urheberrecht, Kommentar, 5. Aufl. 2018; *Schwartmann*, Praxishandbuch Medien-, IT- und Urheberrecht, 4. Aufl. 2017; *Ulmer-Eilfort/Obergfell*, Verlagsrecht 2013; *Wandtke/Bullinger*, Praxiskommentar zum Urheberrecht, 5. Aufl. 2018.

I. Urheberrecht

1. Allgemeines

In objektiver Hinsicht bedeutet »Urheberrecht« die Gesamtheit aller Rechtsnormen, die die Werkherrschaft regeln und bestimmte geistige (unkörperliche) Schöpfungen schützen. In subjektiver Hinsicht beschreibt das Urheberrecht das Recht des Urhebers eines schöpferischen Werkes auf dem Gebiet der Literatur, der Wissenschaft und der Kunst (§ 1 UrhG). Dem Urheber werden eigentumsähnliche Rechte an seinem Werk als immateriellem Gut eingeräumt; diese Rechte ermöglichen es dem Urheber, selbst zu entscheiden, wer sein Werk auf welche Art und Weise nutzen darf. **1**

Die wichtigsten *Rechtsquellen* des nationalen Urheberrechts sind das Urheberrechtsgesetz (UrhG), das Verlagsgesetz (VerlG) und das Urheberrechtswahrnehmungsgesetz (UrhWahrnG). Das Urheberrecht hat territoriale Wirkung; allerdings wird über internationale Abkommen versucht, den Urhebern auch in anderen Staaten den erforderlichen Schutz zukommen zu lassen. Das wichtigste internationale Abkommen ist die revidierte Berner Übereinkunft zum Schutz von Werken der Literatur und Kunst (RBÜ) mit dem Prinzip der Inländerbehandlung. Danach ist jeder Angehörige eines Verbandsstaates in den anderen Verbandsstaaten wie ein dortiger Inländer zu behandeln. **2**

Die vorrangige *Funktion* des Urheberrechts ist der *Schutz der schöpferischen Leistungen* des Urhebers. Dieser Schutz ist Ausfluss der in Art. 1, Art. 2 Abs. 2 und Art. 14 GG verankerten Persönlichkeitsrechte. Ausgestaltet sind diese Rechte durch die Verwertungsrechte (§§ 15 ff. und 77 ff. UrhG) und die Urheberpersönlichkeitsrechte (§§ 12 ff., 74, 75, 94, 95 UrhG). Auch die Regelungen hinsichtlich des Verbots der Umgehung technischer Schutzrechtsmaßnahmen (§§ 95a ff. UrhG) und die zivil- und strafrechtlichen Sanktionen (§§ 97 ff., 106 ff. UrhG) dienen der Erfüllung der Schutzfunktion. **3**

Als Ausfluss der *Vergütungsfunktion* knüpfen die in §§ 32 ff., 54 UrhG geregelten Vergütungsansprüche von Werkschaffenden an den Gedanken an, dass das Urheberrecht eine

---

1 BGBl. I S. 1273.
2 BGBl. I S. 3346.
3 BGBl. I S. 1155.
4 BGBl. I S. 1294.
5 BGBl. I S. 1190.

angemessene Beteiligung des Urhebers an den mit seinem Werk erzielten wirtschaftlichen Vorteilen gewährleisten soll. Neben dem Schutz des Urhebers dient das Urheberrecht auch denjenigen, die die Werke wirtschaftlich nutzen. Diese *Verwertungsfunktion* findet ihre Ausprägung vor allem in den Regelungen der §§ 81, 85, 87, 87a–e UrhG und § 94 UrhG.

4   Eine der größten Herausforderungen dieser Verwertungsfunktion ist die *Anpassung* des Urheberrechts an die neuen technischen Entwicklungen des digitalen Zeitalters. Dieser Anpassung widmet sich auch – aufbauend auf der ersten Novelle aus dem Jahr 2003 – der sog. »zweite Korb« der Urheberrechtsnovelle, die am 01.01.2008 in Kraft getreten ist. Das Gesetz bringt die Interessen der Urheber an der Wahrung und Verwertung ihres geistigen Eigentums und die Belange der Geräteindustrie, der Verbraucher und der Wissenschaft an der Nutzung der Werke in einen angemessenen Ausgleich.

5   Einer der wichtigsten Regelungsgegenstände des Reformgesetzes ist die *Übertragung unbekannter Arten von Nutzungsrechten* durch den Urheber.

6   Bisher durften keine Verträge über die Verwertung urheberrechtlich geschützter Werke in einer Nutzungsart geschlossen werden, die es zum Zeitpunkt des Vertragsschlusses noch gar nicht gab, z.B. im zwischenzeitlich entwickelten Internet. Wollte der Verwerter das Werk auf diese neue Art nutzen, musste er sich dahin gehend mit dem Urheber einigen. Nach der Urheberrechtsnovelle soll der Urheber über seine Rechte auch für die Zukunft vertraglich verfügen können. Mit dem sog. »zweiten Korb« wurde damit § 31 Abs. 4 UrhG a.F. abgeschafft und in §§ 31a, 32c und 137l UrhG vorgesehen, dass der Urheber auch einen Vertrag abschließen kann, mit dem er Rechte an unbekannten Nutzungsarten einräumt oder sich dazu verpflichtet.[6] Dies liegt nicht nur im Interesse der Verwerter und der Verbraucher, sondern dient auch dem Urheber selbst. Sein Werk bleibt zukünftigen Generationen in neu entwickelten Medien erhalten. Der Urheber wird durch den Erhalt einer gesonderten, angemessenen Vergütung für die Nutzung seines Werkes in dieser neuen Nutzungsart ausreichend geschützt. Außerdem muss der Verwerter den Urheber informieren, bevor er mit der neuartigen Nutzung beginnt. Danach kann der Urheber die Rechtseinräumung binnen 3 Monaten widerrufen. Mit einer parallelen Regelung wird auch die Verwertung schon bestehender Werke, die in Archiven liegen, in neuen Nutzungsarten ermöglicht. Eine Öffnung der Archive liegt auch im Interesse der Allgemeinheit, weil sie gewährleistet, dass Werke aus der jüngeren Vergangenheit in den neuen Medien genutzt werden können und Teil des Kulturlebens bleiben.

7   Dennoch besteht nach Verabschiedung des »zweiten Korbs« weiterer Änderungsbedarf.[7] Auf Anregung des Rechtsausschusses hatte der Bundestag das BMJ aufgefordert, einige Aspekte auf gesetzgeberischen Handlungsbedarf zu prüfen und ggfs. entsprechende Lösungsvorschläge zu unterbreiten (sog. »dritter Korb«).[8] Dazu gehören u.a. der Zugriff der Universitäten und öffentlich geförderten Einrichtungen auf Publikationen ihrer Mitarbeiter, die Beteiligung der Sendeunternehmen an den Einnahmen aus der Pauschalvergütung, der Auskunftsanspruch gegen Internet-Provider, die Regelung des Handelns mit gebrauchter Software und die strafrechtliche Bagatellklausel.

2. Schutzobjekte

8   *Schutzobjekte* des Urheberrechts sind *Werke der Literatur, der Wissenschaft und der Kunst*. § 2 Abs. 1 UrhG bestimmt (nicht abschließend), dass hierzu Sprachwerke, wie Schriftwerke, Reden und Computerprogramme, Werke der Musik, pantomimische Werke einschließlich der Werke der Tanzkunst, Werke der bildenden Künste, einschließlich der Werke der Bau-

---

6 Vgl. hierzu BGH GRUR 2009, 395, 397 – Klingeltöne für Mobiltelefone; weitere Beispiele bei *Dreier/Schulze*, § 31a UrhG Rn. 41 ff.
7 Vgl. hierzu die Nachweise in *Dreier/Schulze*, Einl. UrhG Rn. 57.
8 Siehe hierzu BT-Drucks. 16/5939, S. 3 f.

kunst und der angewandten Kunst und Entwürfe solcher Werke, Lichtbildwerke, Filmwerke, Darstellungen wissenschaftlicher oder technischer Art, wie Zeichnungen, Pläne, Karten, Skizzen, Tabellen und plastische Darstellungen, gehören.

Dem Urheberschutz zugänglich sind nur Werke, die *persönliche geistige Schöpfungen* darstellen (§ 2 Abs. 2 UrhG). Dies setzt voraus, dass das Werk durch seinen Inhalt oder seine Form eine individuelle Prägung aufweist, deren ästhetischer Gehalt einen solchen Grad erreicht, dass nach den im Leben herrschenden Anschauungen von Kunst gesprochen werden kann.[9]

9

Weitere Voraussetzung ist, dass das Werk *sinnlich wahrnehmbar* ist.[10] Eine Veröffentlichung oder eine Verkörperung des Werkes ist dagegen nicht erforderlich; maßgebend ist allein der Schaffensprozess. Zur Entstehung des Schutzes muss deshalb auch kein amtliches oder sonstiges Verfahren durchgeführt werden; ist das schöpferische Werk verlautbart worden, ist das Urheberrecht entstanden.

10

3. Der Urheber

Aufgrund der zwingenden Regelung des § 7 UrhG gilt im deutschen Urheberrecht ausnahmslos das sog. *Schöpferprinzip*. Nach diesem Grundsatz ist nur derjenige Urheber im Rechtssinne, der das Werk tatsächlich geschaffen hat. Dies kann nur eine natürliche Person sein. Eine juristische Person kann nicht selbst handeln, so dass eine originäre Urheberschaft einer juristischen Person grundsätzlich nicht möglich ist. Ausfluss des Schöpferprinzips ist des Weiteren, dass das originäre Urheberrecht nicht übertragbar ist.[11] Es können nur Nutzungsrechte an dem Werk eingeräumt werden; das Urheberrecht selbst ist untrennbar mit der natürlichen Person verbunden, die das Werk erschaffen hat (§ 29 UrhG). Eine Ausnahme gilt für eine Übertragung durch letztwillige Verfügung oder bei Übertragung an Miterben im Wege der Erbauseinandersetzung (§ 29 Abs. 1 Halbs. 2 UrhG; vgl. auch § 28 UrhG zur Vererbung des Urheberrechts). Da das Schöpferprinzip eines der Grundprinzipien des deutschen Urheberrechts darstellt, ist eine vertragliche Abbedingung des originären Urheberrechts nicht möglich. Dies gilt auch für Werke, die im Arbeitsverhältnis geschaffen werden (vgl. auch §§ 43, 69b UrhG).

11

Haben mehrere ein Werk gemeinsam geschaffen, ohne dass sich ihre Anteile gesondert verwerten lassen,[12] so sind sie gemäß § 8 Abs. 1 UrhG *Miturheber* des Werkes. Ein gemeinsames Werk mehrerer Schöpfer ist auch dann anzunehmen, wenn mehrere Personen zunächst ein Werk gemeinsam entworfen und zu diesem danach in gegenseitiger Unterordnung unter die gemeinsame Gestaltungsidee für sich genommen selbstständige und voneinander unabhängige schöpferische Einzelbeiträge geleistet haben.[13] In Fall einer Miturheberschaft stehen denjenigen, die an der Werkschaffung schöpferisch beteiligt waren, die Urheberrechte an dem Werk gemeinsam zu.[14] Voraussetzung ist das Vorliegen einer einheitlichen Idee, der sich die Miturheber unterordnen, um gemeinschaftlich und willentlich ein einheitliches Werk zu schaffen.[15] Entscheidendes Kriterium für die gemeinsame Werkschöpfung ist die Zusammenarbeit, die zur Entstehung des Werkes führt. Hierdurch unterscheidet sich die Miturheberschaft von der Bearbeitung (§ 3 UrhG).

12

---

9 BGH GRUR 1988, 302 – Le Corbusier-Sessel; BGH GRUR 2008, 984, 985 f. – St. Gotthard; EuGH GRUR 2009, 1041, 1044 – Infopaq/DDF; OLG Hamm GRUR 2011, 419 – Move.
10 BGHZ 37, 1, 7 – AKI; BGH GRUR 1995, 1041, 1046 – Inkassoprogramm; *Schricker/Loewenheim*, § 2 UrhG Rn. 20.
11 BGH GRUR 2012, 1022 – Kommunikationsdesigner; *Wandtke/Bullinger/Thum*, § 7 UrhG Rn. 3.
12 Vgl. zu den Voraussetzungen der gesonderten Verwertbarkeit BGH GRUR 2003, 234 – Staatsbibliothek; BGH GRUR 2009, 1046, 1048 – Kranhäuser; vgl. auch *Schricker/Loewenheim*, § 8 UrhG Rn. 6.
13 BGH GRUR 2009, 1046, 1048 – Kranhäuser; OLG Düsseldorf ZUM 2004, 71, 73 – Kopf-Skulptur.
14 *Wandtke/Bullinger/Thum*, § 8 UrhG Rn. 21 ff.
15 BGH GRUR 2005, 860, 862 – Fash 2000.

13 Liegen die Voraussetzungen für eine solche gemeinsame Schöpfung vor, so besteht ein einheitliches Urheberrecht mehrerer Personen. Die Miturheber bilden gemäß § 8 Abs. 2 Satz 1 UrhG eine *Gesamthandsgemeinschaft*, auf die die Vorschriften der §§ 705 ff. BGB entsprechend anzuwenden sind.

4. Wirkung des Urheberrechts

14 Das Urheberrecht hat eine *verwertungsrechtliche* und eine *persönlichkeitsrechtliche Wirkung* (§ 11 UrhG). Das Urheberpersönlichkeitsrecht und die Verwertungsrechte können zwar in Erbfolge auf Erben übergehen, im Übrigen sind sie jedoch nicht übertragbar (§§ 28, 29 UrhG).

15 Nach § 12 UrhG hat der Urheber das Recht zu bestimmen, ob und wie sein Werk veröffentlicht wird. Nur das *Erstveröffentlichungsrecht* steht dem Urheber zu; ist das Werk einmal mit Zustimmung des Urhebers veröffentlicht worden, dann stellt eine weitere Veröffentlichung keine Verletzung i.S.d. § 12 UrhG mehr dar.

16 Darüber hinaus hat der Urheber das Recht auf *Anerkennung seiner Urheberschaft* (§ 13 Satz 1 UrhG). Hierdurch kann er von jedem, der sein Werk an die Öffentlichkeit bringt, verlangen, dass er als Urheber genannt wird. Dieses Recht ermöglicht ihm, gegen Dritte, die sich die Urheberschaft an seinem Werk anmaßen, vorzugehen. Aus dem Recht auf Anerkennung der Urheberschaft folgt, dass der Urheber auf seinem Werk seinen Namen oder einen von ihm gewählten Namen aufbringen kann (§ 13 Satz 2 UrhG).

17 Nach § 14 UrhG kann der Urheber verbieten, dass sein Werk entstellt oder sonst beeinträchtigt wird. Eine solche entstellende Änderung liegt bei einem Plagiat vor, da hier eine Änderung des Werkes erfolgt ist, die diesem nicht dienen soll.[16]

18 Durch die *Verwertungsrechte* werden die wirtschaftlichen Interessen des Urhebers an seinem Werk geschützt. Das allgemeine Verwertungsrecht des Urhebers ist als ausschließliches Recht ausgestaltet, wirkt mithin gegenüber jedermann. Diesem Gesamtverwertungsrecht »entspringen« die einzelnen besonderen Verwertungsrechte, die in § 15 Abs. 1 und 2 UrhG nicht abschließend, sondern nur beispielhaft aufgezählt sind. So wird eine Benachteiligung des Urhebers dahin gehend verhindert, dass durch abschließend aufgezählte Verwertungsrechte bestimmte neuartige Technologien und dadurch entstehende neue Nutzungsarten nicht mehr geschützt wären.[17] Einer solchen Benachteiligung ist zuletzt durch die Regelungen der bereits erwähnten Urheberrechtsnovelle zum 01.01.2008 entgegengewirkt worden.[18]

19 Eine Verwertung des Werkes liegt nicht nur dann vor, wenn das Werk identisch verwertet wird, sondern kann auch vorliegen, wenn es in ähnlicher Form durch Bearbeitung oder andere Umgestaltungen benutzt wird (§ 23 UrhG). Voraussetzung ist dann, dass die die schöpferische Leistung darstellenden Merkmale des Werkes auch beim Werk des Dritten enthalten sind. Inwieweit ein geändertes Werk in ein Verwertungsrecht eines Urhebers eingreift, hängt vom Schutzbereich des Werkes ab, der umso höher anzusetzen ist, je größer die schöpferische Leistung war, die zur Schaffung des Werkes notwendig war. Bearbeitungen können nach § 3 UrhG unbeschadet des Urheberrechts am bearbeiteten Werk wie selbstständige Werke schutzfähig sein.[19]

20 Die Generalklausel des § 15 UrhG unterscheidet zwischen körperlichen und unkörperlichen Verwertungsrechten. Während bei der körperlichen Verwertung die Herstellung des körperlichen Gegenstandes entscheidend ist, ist bei der unkörperlichen Verwertung die öffentliche Wiedergabe maßgeblich (vgl. die Legaldefinition in § 15 Abs. 3 UrhG). Zu den

---

16 Vgl. auch BGH GRUR 2009, 395, 397 – Klingeltöne für Mobiltelefone, wonach es ausreicht, dass durch die Form und Art der Werkwiedergabe und -nutzung Urheberinteressen beeinträchtigt werden können.
17 Vgl. BGH GRUR 2009, 840 – Le Corbusier-Möbel II; BGH CR 2013, 455, 456 – Die Realität.
18 Vgl. hierzu *Wandtke/Bullinger/Heerma*, § 15 UrhG Rn. 15 ff.
19 Vgl. hierzu BGH NJW 2000, 140 – Comic-Übersetzungen II.

körperlichen Verwertungsrechten gehören insbesondere das Vervielfältigungsrecht (§ 16 UrhG[20]), das Verbreitungsrecht (§ 17 UrhG[21]) und das Ausstellungsrecht (§ 18 UrhG). § 15 Abs. 2 UrhG normiert in fünf Ziffern Arten der Verwendung in unkörperlicher Form und ordnet diese ausschließlich dem Urheber zu.

Zu beachten ist, dass die einzelnen Verwertungsrechte *voneinander unabhängig* sind, sodass jeder Eingriff in eines der Verwertungsrechte eine Verletzung des Urheberrechts darstellt. Soweit Verwertungsrechte europäischen Richtlinien entsprechen, ist ihr Inhalt im Zweifel nach diesen Richtlinien und der dazu ergangenen Rechtsprechung des EuGH zu bestimmen.[22]

5. Einräumung von Nutzungsrechten

Der Urheber oder sein erbrechtlicher Nachfolger schöpft sein Recht in der Regel durch Einräumung eines Nutzungsrechts aus. Mit Nutzungsrechten meint das Gesetz in §§ 31 ff. UrhG die Rechte zur Nutzung des Werkes bezogen auf die jeweils konkrete NutzungsArt. Eine Nutzungsart ist eine konkrete technisch und wirtschaftlich eigenständige Verwendungsform eines Werkes,[23] also eine bestimmte Art und Weise der wirtschaftlichen Nutzung eines Werkes, wie die Vervielfältigung und Verbreitung in Buchform, auf DVD, als Element eines Sammelwerkes etc.

Ist es ein *einfaches* Nutzungsrecht, so kann das Werk auch noch vom Urheber selbst und durch andere vom Urheber Berechtigte genutzt werden. Ein einfaches Nutzungsrecht, das sich von einem ausschließlichen Nutzungsrecht ableitet, erlischt nicht, wenn das ausschließliche Nutzungsrecht aufgrund eines wirksamen Rückrufs wegen Nichtausübung (§ 41 UrhG) erlischt.[24] Handelt es sich um ein *ausschließliches* Nutzungsrecht (wie häufig), berechtigt § 31 UrhG dessen Inhaber, das Werk unter Ausschluss aller anderen Personen auf die ihm erlaubte Art zu nutzen und Dritten Nutzungsrechte einzuräumen. So kann es niemand neben dem Berechtigten nutzen (§ 31 UrhG). Bei der Nutzungsrechtseinräumung kann allerdings bestimmt werden, dass die Nutzung durch den Urheber vorbehalten bleibt (§ 31 Abs. 3 Satz 2 UrhG). Beide Nutzungsrechte haben keinen schuldrechtlichen, sondern dinglichen Charakter.[25]

Die Einräumung des Nutzungsrechts kann räumlich, zeitlich oder inhaltlich beschränkt werden (§ 31 Abs. 1 Satz 2 Halbs. 2 UrhG). Die Übertragung des Nutzungsrechts bedarf der Zustimmung des Urhebers, der sie jedoch nicht wider Treu und Glauben verweigern darf (§ 34 Abs. 1 UrhG).

Große Bedeutung im Zusammenhang mit der Einräumung von Nutzungsrechten an einem urheberrechtlich geschützten Werk hat die von der Rechtsprechung entwickelte und § 31 Abs. 5 UrhG zugrunde gelegte *Zweckübertragungstheorie*. Im Rahmen des Urhebervertragsrechts kommt es häufig vor, dass die einzelnen Modalitäten, Art, Inhalt und Umfang der Werknutzung nicht ausdrücklich bezeichnet worden sind. Für diese Fälle gibt *§ 31 Abs. 5 UrhG* eine äußerst bedeutsame *Auslegungsregel*, wonach der von beiden Parteien zugrunde gelegte Vertragszweck maßgebend dafür ist, ob ein Nutzungsrecht eingeräumt wird, auf welche Nutzungsarten es sich erstreckt, ob es sich um ein einfaches oder ein aus-

---

20 Siehe BGH BGHZ 144, 232, 235 – Parfumflakon; EuGH GRUR 2012, 156, 163 – Football Association League u. Murphy.
21 Vgl. hierzu BGH GRUR 2007, 871 ff. – Wagenfeld-Leuchte; EuGH GRUR 2008, 604, 605 – Peek & Cloppenburg KG/Cassina; BGH GRUR 2009, 840, 841 – Le Corbusier-Möbel II.
22 EuGH GRUR 2009, 1041, 1044 – Infopaq/DDF.
23 BGH BGHZ 95, 274 – Gema-Vermutung I; BGH GRUR 2005, 937, 939 – Zauberberg; BGH GRUR 1997, 215, 217 – Klimbim; BGH GRUR 2010, 62, 63 – Nutzung von Musik für Werbezwecke.
24 BGH GRUR 2009, 946 – Reifen Progressiv; LG München GRUR-RR 2012, 142, 143 – Insolvenzfestigkeit; BGH GRUR 2012, 916 – M2Trade.
25 BGH GRUR 2009, 946, 948 – Reifen Progressiv; siehe auch *Dreier/Schulze*, § 31 UrhG Rn. 7 ff.

schließliches Nutzungsrecht handelt, wie weit Nutzungsrecht und Verbotsrecht reichen und welchen Einschränkungen das Nutzungsrecht unterliegt. Aus § 31 Abs. 5 UrhG ergibt sich somit folgender Grundsatz: Im Zweifel ist davon auszugehen, dass der Urheber Rechte nur in dem Umfang überträgt, der für die Erreichung des Vertragszwecks erforderlich ist.[26] Der Urheber soll durch die Zweckübertragungstheorie vor unbedachten Rechtseinräumungen geschützt werden.[27]

25 Da somit jede Unklarheit darüber, ob bestimmte Urheberrechte durch den betreffenden Vertrag auf den Nutzungsberechtigten übertragen worden sind, zu dessen Lasten geht, empfiehlt es sich, im Nutzungsvertrag alle Nutzungsformen ausdrücklich aufzuführen, die für den Nutzungsberechtigten – möglicherweise auch erst in späterer Zukunft – von Interesse sein könnten.

6. Dauer des Schutzes

26 Der Urheberrechtsschutz endet regelmäßig *70 Jahre nach dem Tode des Urhebers* und außerdem 10 Jahre seit der ersten Veröffentlichung des Werkes, sofern es nach Ablauf von 60, aber vor Ablauf von 70 Jahren nach dem Tode des Urhebers erstmals publiziert wurde (§ 64 UrhG). Mit Ablauf der Schutzdauer wird das Werk gemeinfrei, kann also von jedermann genutzt werden.

7. Vergütung des Urhebers

27 Im Laufe seiner Entwicklung ist im Urheberrecht der Gedanke einer *angemessenen Beteiligung* des Urhebers an den wirtschaftlichen Vorteilen, die durch die Verwertung seines Werkes erzielt werden, immer wichtiger geworden. Im Rahmen der Urheberrechtsreform im Jahr 2003 wurde dieser Gedanke ausdrücklich in das Gesetz aufgenommen (vgl. § 11 Satz 2 UrhG) und durch die Vorschriften der §§ 32, 32a, 32c, 36, 36a UrhG ergänzt.

28 Bei den *vertraglichen Vergütungsansprüchen* des Urhebers ist zwischen dem Anspruch auf *angemessene Beteiligung bei Vertragsschluss* nach § 32 UrhG, dem Anspruch auf *eine weitere Beteiligung* gemäß § 32a UrhG sowie dem Anspruch auf *eine gesonderte Vergütung für die Aufnahme einer neuen Nutzungsart* nach § 32c UrhG zu unterscheiden.

29 § 32 Abs. 1 Satz 1 und Satz 2 UrhG regeln eine auch in Bezug auf andere Vertragsarten bekannte Verfahrensweise:

30 Nach § 32 Abs. 1 Satz 1 UrhG hat die *vertraglich vereinbarte Vergütung Vorrang*. Stellt sie eine angemessene Vergütung dar, erlischt zugleich der gesetzliche Vergütungsanspruch. Ist die *Höhe der Vergütung nicht bestimmt*, gilt eine *angemessene Vergütung als vereinbart* (Satz 2).

31 Ist zwar eine Vergütung bestimmt, die vereinbarte Vergütung aber *nicht angemessen*, kann der Urheber nach § 32 Abs. 1 Satz 3 UrhG von seinem Vertragspartner die *Einwilligung in die Änderung des Vertrages verlangen*, durch die dem Urheber die angemessene Vergütung gewährt wird. Maßgebend ist die Situation im Zeitpunkt des Vertragsabschlusses, während nachträgliche Veränderungen der Ertragssituation und damit auch Abweichungen gegenüber den ursprünglich vorgestellten angemessenen Beteiligungssätzen über § 32a UrhG zu korrigieren sind.[28]

---

26 Ständige Rspr., vgl. nur BGH GRUR 2003, 234, 236 – EROC III; BGH GRUR 2010, 62, 63 – Nutzung von Musik für Werbezwecke; BGH WRP 2010, 916, 919 – Vorschaubilder; BGH ZUM 2011, 560, 564 – Der Frosch mit der Maske; BGH GRUR 2013, 1213 – SUMO.
27 Siehe hierzu auch *Wandtke/Bullinger/Grunert*, § 31 UrhG Rn. 39.
28 BVerfG NJW 2014, 46 – Drop City; BGH ZUM 2011, 408, 411 – Angemessene Übersetzungsvergütung V; BGH ZUM 2011, 403, 405 – Angemessene Übersetzungsvergütung IV; BGH GRUR 2011, 328, 330 – Destructive Emotions.

Eine Vergütung ist angemessen, wenn sie im Zeitpunkt des Vertragsschlusses dem entspricht, was im Geschäftsverkehr nach Art und Umfang der eingeräumten Nutzungsmöglichkeit unter Berücksichtigung aller Umstände üblicher- und redlicherweise zu leisten ist (§ 32 Abs. 2 Satz 2 UrhG) und sie sowohl die Interessen des Urhebers wie auch die des Verwerters gleichberechtigt berücksichtigt.[29] Zur Bestimmung der Angemessenheit stellen Vereinigungen von Urhebern mit Vereinigungen von Werknutzern *gemeinsame Vergütungsregeln* auf (§ 36 Abs. 1 UrhG). Darüber hinaus können Schlichtungsstellen tätig werden, wenn eine Partei die Durchführung eines solchen Schlichtungsverfahrens verlangt (§ 36a UrhG).

In Ablösung des bisherigen Bestsellerparagrafen (§ 36 UrhG a.F.) gibt § 32a UrhG dem Urheber einen *Ausgleichsanspruch* für den Fall, dass *ex post* ein auffälliges Missverhältnis zwischen den Erträgen oder Vorteilen der Nutzung und seiner Vergütung festgestellt wird.[30] Ist die vereinbarte oder angepasste Vergütung angemessen i.S.d. § 32 UrhG, kommt ein Korrekturanspruch nach § 32a UrhG nur in Betracht, wenn eine besonders erfolg- und ertragreiche Werknutzung über die bei Vertragsabschluss bestehenden Vorstellungen hinaus erfolgt ist. Dies wird regelmäßig nur bei Pauschalvergütungsregelungen zu einer *Anpassung* führen können. Steht dem Urheber dagegen ein prozentualer Beteiligungsanspruch zu, wird auch eine unerwartete Werknutzung (z.B. unerwartete Auflagensteigerung) hierdurch »aufgefangen«. Etwas anderes kann nur dann gelten, wenn sich die vereinbarte prozentuale Beteiligung im Hinblick auf die zunächst zugrunde gelegte geringe Auflagenhöhe und den damit üblicherweise verbundenen hohen Kostenrahmen im unteren Üblichkeitsbereich bewegt.

Von einem solchen *auffälligen Missverhältnis* spricht man ausweislich der Gesetzesbegründung dann, wenn die vereinbarte Vergütung um 100 % von der angemessenen abweicht, die tatsächliche Vergütung also weniger als die Hälfte der nun angemessenen Vergütung beträgt.[31]

Über § 32a Abs. 2 UrhG wird bei Rechtseinräumung von Nutzungsrechten durch den Hauptvertragspartner an Dritte zugunsten des Urhebers auch ein Anspruch gegen diesen Dritten begründet. Hiernach haftet der Dritte dem Urheber unmittelbar nach Maßgabe des Abs. 1 unter Berücksichtigung der vertraglichen Beziehungen in der *Lizenzkette*, sofern die Voraussetzungen des Abs. 1 im Verhältnis zu diesem vorliegen.

Als Schutzvorschriften zugunsten des Urhebers sind die Vergütungsvorschriften der §§ 32, 32a UrhG *zwingend*, soweit es sich um Nutzungshandlungen in Deutschland handelt oder ansonsten deutsches Recht Anwendung findet (§ 32b UrhG). Die Vergütungsvorschriften finden auch auf Arbeitnehmer Anwendung, die das Werk in Erfüllung ihrer Verpflichtung aus dem Arbeitsverhältnis geschaffen haben, soweit sich aus dem Inhalt oder dem Wesen des Arbeitsvertrages nichts anderes ergibt (§ 43 UrhG).[32]

II. Verlagsrecht und Verlagsvertrag

1. Allgemeines

Der Begriff »Verlagsrecht« ist mehrdeutig. Objektiv ist darunter die gesetzliche Regelung des Verlagsverhältnisses als Teil des Urhebervertragsrechts zu verstehen; subjektiv bedeutet es

---

29 Vgl. zur Angemessenheit der Vergütung nach § 32 UrhG BGH GRUR 2009, 1148, 1150 – Talking to Addison; BGH ZUM 2010, 255, 258 – Literarische Übersetzer; BVerfG NJW 2014, 46 – Drop City; *Schricker/Loewenheim/Haedicke*, § 32 UrhG Rn. 28 ff.
30 Vgl. hierzu BGH GRUR 2009, 939, 941 – Mambo No. 5; BGH GRUR 2012, 1248 – Fluch der Karibik.
31 *Schricker/Loewenheim/Haedicke*, § 32a UrhG Rn. 19 ff.; BGH GRUR 2012, 1248 – Fluch der Karibik; BGH GRUR 2012, 496, 498 – Das Boot; siehe auch OLG München ZUM 2011, 665, 673 – Pumuckl-Verwertung.
32 Vgl. zu Einzelheiten bzgl. der Vergütungsvorschriften *Kuck* in: Schwartmann, Praxishandbuch Medien-, IT- und Urheberrecht, 3.18, Rn. 242 ff.; BAG NZA 2006, 107; BGH GRUR 2011, 59 – Lärmschutzwand.

ein urheberrechtliches Nutzungsrecht, das im Rahmen eines Verlagsvertrages regelmäßig als »*Hauptrecht*« bezeichnet wird.

38 Als Teil des Urhebervertragsrechts findet das Verlagsrecht im objektiven Sinne seine Grundlage zunächst im Urheberrecht, dort insbesondere in den §§ 31 ff. UrhG. Die entscheidende Rechtsgrundlage im Verhältnis zwischen Verlag und Urheber ist der Verlagsvertrag. Für den Verlagsvertrag wurde durch die Entwicklung des Verlagsgesetzes (VerlG) ein gesetzlicher Rahmen geschaffen.[33] Im Verhältnis zwischen UrhG und VerlG gilt der Grundsatz, dass das UrhG als jüngeres Gesetz das ältere Spezialgesetz, das VerlG, unangetastet lässt. Dieser Grundsatz gilt jedoch nicht ohne Einschränkungen: *Zwingende Regelungen* des UrhG – etwa die Vergütungsregelung des § 32 UrhG – *gehen* allen anderen Regelungen vor. Sie sind vertraglich nicht einschränkbar und unterliegen nicht der Inhaltskontrolle gemäß § 307 BGB (s. Rdn. 43).

39 Der Verlagsvertrag ist *nicht formpflichtig*. Er kann also auch mündlich oder durch schlüssiges Verhalten abgeschlossen werden. Jedoch empfiehlt es sich grundsätzlich, einen schriftlichen Verlagsvertrag zu erstellen, der die wechselseitigen Rechte und Pflichten im Einzelnen regelt.

40 Die Parteien des Verlagsvertrages sind der Verfasser (Urheber) und der Verleger (§ 1 VerlG). Es handelt sich um ein Dauerschuldverhältnis.[34]

41 Verlagsverträge können über Werke der Literatur und Tonkunst abgeschlossen werden (§ 1 VerlG). Allerdings muss das Werk »verlagsfähig« sein, d.h. es muss durch Druck, Fotokopie oder sonst wie vervielfältigt oder verbreitet werden können. Vertragsgegenstand können nicht nur fertige, sondern auch künftige Werke sein (§ 11 Abs. 2 VerlG). Im letzteren Fall ist der Verfasser verpflichtet, das mit der Schaffung des bestimmten oder bestimmbaren Werkes künftig entstehende Verlagsrecht dem Verleger einzuräumen.

42 Die Grundsätze zum Verlagsvertrag werden zudem *analog* auf den Bühnenverlagsvertrag, den Kunst- oder Kunstwerkvertrag (Edition von Werken der bildenden Kunst) und den Illustrationsvertrag angewandt.

43 Es gilt der Grundsatz der *Vertragsfreiheit*. Zur Anwendung kommen die allgemeinen Regelungen zum Vertrag (§§ 145 ff. BGB, §§ 133, 157 BGB), allgemeine Regelungen zu den Leistungsstörungen (§§ 320 ff. BGB) und zu den Grenzen der Vertragsfreiheit (§§ 134, 138 BGB). Die Frage, ob für vertragliche Regelungen über Urheberrechte das in den §§ 305 ff. BGB geregelte Recht der Allgemeinen Geschäftsbedingungen zur Anwendung kommt, ist von erheblicher praktischer Bedeutung. Zahlreiche Medienunternehmen verwenden angesichts der Fülle der abzuschließenden Verwertungsverträge – insbesondere im Interesse einer gleichmäßigen, fehlerfreien, raschen und transparenten Abwicklung – zumindest teilweise vorgefertigte Formulare, die als vorformulierte Vertragsbedingungen regelmäßig in den Anwendungsbereich der §§ 305 ff. BGB fallen. In diesem Zusammenhang ist zu beachten, dass es sich bei den Vergütungsregelungen der §§ 32 und 32a UrhG um zwingende Vorschriften handelt, die grundsätzlich Vorrang haben und von der Inhaltskontrolle nach §§ 307 ff. BGB ausgeschlossen sind.[35]

2. Einräumung von Nutzungsrechten

44 Durch einen Verlagsvertrag wird dem Verleger die Befugnis zur Vervielfältigung und Verbreitung des urheberrechtlich geschützten Werkes eingeräumt, wobei der Verleger gleichzeitig die Verpflichtung übernimmt, diese ihm übertragenen Befugnisse auf eigene Rechnung auch tatsächlich auszuüben (§§ 1, 14, 15, 22 VerlG). Das *Verlagsrecht* des Verlegers ist nach der Legaldefinition in § 8 VerlG das ausschließliche Recht zur Vervielfältigung und

---

33 *Ulmer-Eilfort/Obergfell*, Einl. Rn. 2; *Möhring/Nicolini/Wegner*, § 1 VerlG Rn. 2.
34 *Möhring/Nicolini/Wegner*, Vorbem. § 1 VerlG Rn. 1.
35 Vgl. hierzu auch BVerfG NJW 2014, 46 – Drop City; siehe auch *Dreier/Schulze*, Vor § 31 UrhG Rn. 14 ff.

Verbreitung; es handelt sich daher um ein ausschließliches Nutzungsrecht, ohne dass es insoweit einer ausdrücklichen Regelung bedürfte.[36] Da § 8 VerlG dispositiv ist, können die Parteien das Verlagsrecht durch eine entsprechende vertragliche Regelung jedoch auch als einfaches Nutzungsrecht ausgestalten.

Wie bereits zuvor erwähnt, ist die Einräumung erst *künftig entstehender* Nutzungsrechte seit dem 01.01.2008 durch die Einführung des § 31a UrhG (Verträge für unbekannte Nutzungsarten) und des § 32c UrhG (Vergütung für später bekannte Nutzungsarten) möglich. Eine solche Regelung bedarf der Schriftform. Allerdings kann der Urheber die Einräumung des Nutzungsrechts widerrufen (§ 31a Abs. 1 UrhG). Das Widerrufsrecht erlischt nach Ablauf von 3 Monaten, nachdem der Verwerter dem Urheber die beabsichtigte Nutzung mitgeteilt hat. Das Widerrufsrecht entfällt auch, wenn sich die Parteien nach Bekanntwerden der neuen Nutzungsart auf eine angemessene Vergütung nach § 32c Abs. 1 UrhG geeinigt haben. 45

In § 137l Abs. 1 UrhG findet sich eine Übergangsregelung: Danach gilt für alle zwischen dem Inkrafttreten des UrhG am 01.01.1966 und dem Inkrafttreten des »zweiten Korbs« am 01.01.2008 abgeschlossenen Verlagsverträge, dass die bei Vertragsschluss unbekannten Nutzungsrechte nachträglich dem Verleger anwachsen (Übertragungsfiktion). Dies allerdings unter der Voraussetzung, dass dem Verleger seinerzeit »alle wesentlichen Nutzungsrechte« ausschließlich sowie räumlich und zeitlich unbegrenzt eingeräumt wurden und der Urheber (Verfasser) der Nutzung nicht widerspricht. Der Widerspruch für bereits bekannte Nutzungsrechte konnte allerdings nur innerhalb 1 Jahres ab Inkrafttreten des »zweiten Korbs« erfolgen. 46

3. Pflichten der Parteien

Die grundlegenden Rechte und Pflichten von Verfasser und Verleger ergeben sich aus § 1 VerlG. 47

a) Pflichten des Verfassers

Der Verfasser ist nach §§ 1, 8 VerlG verpflichtet, dem Verleger das *Verlagsrecht*, also das ausschließliche Recht zur Vervielfältigung und Verbreitung des Werkes, zu überlassen. Das ausschließliche Verlagsrecht ist in eine *positive* und eine *negative* Befugnis unterteilt: Positiv ist der Verleger berechtigt, das Werk in dem ihm vertraglich gestatteten Umfang zu vervielfältigen und zu verbreiten. Zum Schutz seiner exklusiven Nutzungsbefugnis hat der Verleger zudem die Möglichkeit, andere von der Nutzung auszuschließen (negatives Verbotsrecht, § 9 Abs. 2 VerlG). 48

Bei Ablieferung des Manuskripts erwirbt der Verleger alle Rechte insoweit und nur in dem Umfang, in dem deren Übertragung zur Erreichung des Vertragszwecks, wie er sich bei Abschluss des Vertrages darstellte, erforderlich ist.[37] Die Übertragung der Nutzungsrechte auf den Verleger entsprechend dem Verlagsvertrag hat auf das Urheberpersönlichkeitsrecht keinen Einfluss. Letzteres verbleibt beim Verfasser und erstarkt mit dem Erlöschen des Verlagsrechts bei ihm bzw. seinem Rechtsnachfolger wieder zum Vollrecht. 49

Darüber hinaus hat der Verfasser nach §§ 10, 11 VerlG dem Verleger das Manuskript in druckreifem und vertragsgemäßem Zustand *rechtzeitig abzuliefern*; dies bedeutet bei einem bereits vollendeten Werk sofort (§ 11 Abs. 1 VerlG), bei künftigen Werken bemisst sich die Ablieferungsfrist in erster Linie nach der vertraglichen Vereinbarung (§ 11 Abs. 2 VerlG). 50

---

36 Möhring/Nicolini/*Wegner*, § 8 VerlG Rn. 1.
37 Vgl. *Schricker/Loewenheim/Dietz*, Vor §§ 12 ff. UrhG Rn. 26 ff.

51 In der Regel trifft den Verfasser gemäß § 8 VerlG eine *Rechtsverschaffungspflicht*, d.h. dass der Verfasser rechtliche Hindernisse beseitigen muss, die der Bestellung des Verlagsrechtes für den Verleger entgegenstehen.[38] Bei Nichterfüllung dieser Verpflichtung ergibt sich für den Verfasser eine Gewährleistungshaftung.

52 Regelmäßig entspringt für den Verfasser aus einem Verlagsvertrag auch eine *Enthaltungspflicht* nach § 2 Abs. 1 VerlG. Danach muss sich dieser während der Dauer des Vertragsverhältnisses jeder Vervielfältigung und Verbreitung des Werkes enthalten, die einem Dritten aufgrund des Urheberrechts untersagt ist. Das bedeutet, dass der Verfasser nach Abschluss des Verlagsvertrages das Werk nur in dem Umfang vervielfältigen und verbreiten darf, wie es aufgrund urheberrechtlicher (Schranken-)regelungen auch jeder andere darf.

b) Pflichten des Verlegers

53 Eine der Hauptpflichten des Verlegers besteht in der *Vervielfältigung und Verbreitung* des Werkes (§ 14 VerlG).

54 Ergibt sich eine solche Verpflichtung nicht aus dem Vertrag, handelt es sich in der Regel lediglich um einen sog. *Bestellvertrag* (§ 47 Abs. 1 VerlG). Ein Bestellvertrag kann dann vorliegen, wenn dem Verfasser zumindest der Inhalt des von ihm zu erstellenden Werkes vom Besteller genau vorgeschrieben ist. Je differenzierter der Auftraggeber Plan, Inhalt, Art und Methode des Werkes vorgeschrieben hat, desto eher ist von einem Bestellvertrag auszugehen.[39] Je höher jedoch der Rang des eigenständigen Werkes und je freier der Autor bei der Gestaltung des Werkes ist, desto eher liegt der Abschluss eines Verlagsvertrages nahe.

55 Ist nichts anderes vereinbart, so ist das Werk zudem *sofort nach Zugang* des vollständigen und vertragsgemäßen Werkes *zu vervielfältigen* (§ 15 Satz 1 VerlG).

56 Den Verleger trifft die Pflicht, das Werk in einer *zweckentsprechenden und üblichen Weise* zu vervielfältigen. Dabei werden Form und Ausstattung grundsätzlich vom Verleger bestimmt, da er das wirtschaftliche Risiko trägt und den Markt, auf dem sich das Werk behaupten muss, kennt. Der Verleger hat jedoch die im Verlagsbuchhandel herrschenden Übungen zu beachten und auf Zweck und Inhalt des Werkes Rücksicht zu nehmen (§ 14 VerlG).

57 Auch die *Verbreitung* hat in einer zweckentsprechenden und üblichen Weise zu erfolgen. Dies beinhaltet unter anderem die Vorbereitung der Verbreitung mit geeigneten Werbemaßnahmen und die Aufnahme des Werkes in seinen Katalog.

Enthält der Verlagsvertrag keine anderslautende Regelung, ist der Verleger im Zweifel nur zu einer Auflage des Werks berechtigt (§ 5 VerlG). Hat er das Recht, eine neue Auflage zu veranstalten, ist er nicht verpflichtet, hiervon Gebrauch zu machen. Allerdings steht dem Verfasser das Recht zur Fristsetzung und zum Rücktritt vom Vertrag zu (§ 17 VerlG).

58 Der Verfasser hat, wenn nichts anderes vereinbart ist, Anspruch auf ein *angemessenes Honorar* (§ 22 Abs. 2 VerlG), welches bei der Ablieferung des Werkes zu entrichten ist (§ 23 Satz 1 VerlG). Als stillschweigend vereinbart gilt eine Vergütung gemäß § 22 Abs. 1 Satz 2 VerlG, wenn die Überlassung des Werkes den Umständen nach nur gegen eine Vergütung zu erwarten ist.

59 Im Übrigen gelten die Vorschriften des Urheberrechts zur angemessenen Vergütung, durch welche die Vertragsfreiheit der Parteien in diesem Bereich eingeschränkt wird.

60 Seit Inkrafttreten des »Gesetzes zur Stärkung der vertraglichen Stellung von Urhebern und ausübenden Künstlern« am 01.07.2002 regelt § 32 Abs. 1 UrhG auch die Vergütung des Verfassers im Rahmen eines Verlagsvertrages.

61 In der Regel wird das Honorar je nach Art und Umfang der Auflage und Ausstattung des Werkes und unter Berücksichtigung der Bekanntheit des Autors prozentual mit 5–20 % des

---

[38] Vgl. *Dreier/Schulze*, Vor § 31 UrhG Rn. 31; BGH GRUR 2010, 1093, 1094 – Conciercto de Aranjuez.
[39] Vgl. zu den Voraussetzungen *Dreier/Schulze*, Vor § 31 UrhG Rn. 159 ff.

Ladenverkaufspreises (jeweils exklusive USt) berechnet.[40] Darüber hinaus garantiert der Verlag nicht selten ein einmaliges, auf die Verkaufserlöse anzurechnendes Honorar in unterschiedlicher Höhe. Wurde – wie zumeist im Verlagsbuchhandel – ein Absatzhonorar vereinbart, ist mangels anderslautender vertraglicher Regelung nach Abschluss eines Geschäftsjahres abzurechnen (§ 24 VerlG).

Anspruchsberechtigt sind zunächst der Verfasser, auch derjenige in Arbeits- oder Dienstverhältnissen (§ 43 UrhG), sowie die Rechtsnachfolger des Verfassers (§ 30 UrhG). **62**

Nach § 4 VerlG ist auch der Verleger zur Enthaltung verpflichtet, d.h. er ist nicht berechtigt, das Vertragswerk für eine Gesamtausgabe der Werke des Verfassers oder ein Sammelwerk i.S.d. § 4 Abs. 1 UrhG zu verwerten. Auch Teile einer bereits verlegten Gesamtausgabe oder eines bereits verlegten Sammelwerkes dürfen nicht ohne Zustimmung des Verfassers vervielfältigt und verbreitet werden. **63**

Der Verleger setzt den *Ladenpreis* fest (§ 21 VerlG) und bestimmt die *Ausstattung* des Werkes. Dieses Recht steht dem Verleger für jede Auflage gesondert zu. Im Einzelfall wird dem Urheber ein Beteiligungsrecht an der Preisfindung und der Gestaltung der Ausstattung des Werkes vertraglich eingeräumt. **64**

Da die Interessen des Verlegers sich in Hinsicht auf die Preisgestaltung mit jenen des Verfassers eventuell nicht decken, erscheint es sachgerecht, die gesetzliche Regelung des § 21 VerlG in den Verlagsvertrag zu übernehmen und dem Verfasser selbst dann kein Beteiligungsrecht an der Bestimmung des Ladenpreises einzuräumen, wenn sich sein Honorar prozentual am Ladenpreis ausrichtet. **65**

Der Verleger darf den von ihm festgesetzten Ladenpreis nicht gegen das Interesse des Verfassers ermäßigen und nicht ohne Zustimmung erhöhen. Von der Vorschrift des § 21 VerlG können jedoch abweichende Vereinbarungen getroffen werden. **66**

Der Verleger ist darüber hinaus zur *Überlassung von Freiexemplaren* an den Verfasser verpflichtet (§ 25 VerlG). **67**

4. Beendigung des Verlagsvertrages

Regelmäßig endet das Vertragsverhältnis zwischen Verleger und Verfasser, wenn die vereinbarten Auflagen oder Abzüge vergriffen sind (§ 29 Abs. 1 VerlG) und dem Verleger keine darüber hinaus gehenden Verwertungsrechte mehr zustehen. **68**

§ 18 VerlG sieht die Möglichkeit der *Kündigung* des Verlagsvertrages vor, wenn der Zweck, welchem das Werk dienen sollte, nach dem Abschluss des Vertrages wegfällt; der Anspruch des Verfassers auf die Vergütung bleibt unberührt. Die Kündigung wirkt ex nunc. **69**

Beide Parteien haben das Recht, vom Verlagsvertrag *zurückzutreten*. Der Rücktritt wirkt grundsätzlich ex tunc. Eine Rückgewähr der empfangenen Leistungen muss allerdings nur dann erfolgen, wenn das Werk im Zeitpunkt der Rücktrittserklärung nicht bereits ganz oder teilweise an den Verleger abgeliefert worden war (§ 38 VerlG). **70**

Ein Rücktrittsrecht des *Verlegers* besteht, wenn das Werk ganz oder z.T. nicht rechtzeitig abgeliefert wurde und auch eine *Nachfristsetzung mit Ablehnungsandrohung* erfolglos geblieben ist (§ 30 Abs. 1 Satz 1 und 3 VerlG). Auch bei nicht vertragsgemäßer Beschaffenheit des vom Verfasser abgelieferten Werkes steht dem Verleger ein Rücktrittsrecht zu (§ 31 Abs. 1 VerlG). **71**

Der Verfasser kann dementsprechend vom Vertrag zurücktreten, wenn der Verleger das Werk *nicht vertragsgemäß vervielfältigt und verbreitet* bzw. wenn die Vervielfältigung und Ver- **72**

---

40 Vgl. hierzu *Dreier/Schulze*, § 32 UrhG Rn. 48; *Schricker/Loewenheim/Haedicke*, § 32 UrhG Rn. 33 ff.; siehe auch die Beispiele in Möhring/Nicolini/*Wegner*, § 32 UrhG Rn. 7 ff.

breitung des Werkes trotz Nachfristsetzung mit Ablehnungsandrohung nicht erfolgen (§§ 32, 30 VerlG).

Muster eines Verlagsvertrages [Kurze Fassung]

73 M Zwischen
.....
– Im Folgenden »Verfasser« genannt –
und
dem .....
– Im Folgenden »Verlag« genannt –
wird ein

VERLAGSVERTRAG

geschlossen, dessen Rechte und Pflichten auch für die Rechtsnachfolger der vertragsschließenden Parteien gelten.
1. Gegenstand dieses Vertrages ist das vorliegende/noch zu erstellende Werk des Verfassers mit dem Titel/Arbeitstitel: .....
2. Der endgültige Titel wird in Abstimmung zwischen Verfasser und Verlag festgelegt, wobei der Verfasser berechtigt ist, dem Stichentscheid zu widersprechen, wenn die Verwendung des Titels sein Persönlichkeitsrecht verletzen würde.
3. Der Verfasser versichert, alleiniger Inhaber aller Rechte an diesem Werk zu sein und überträgt dem Verlag räumlich unbeschränkt und für die Dauer des gesetzlichen Urheberrechts das ausschließliche Recht der Vervielfältigung und Verbreitung an diesem Werk für die erste und alle folgenden Auflagen und Ausgaben.
4. Der Verfasser garantiert, dass er allein berechtigt ist, über die umfassenden urheberrechtlichen Nutzungsrechte an seinem Werk zu verfügen. Er garantiert des Weiteren, dass er Verfügungen, die die mit diesem Vertrag eingebrachten Nutzungsrechte beeinträchtigen könnten, nicht getroffen hat.
5. Das satzfähige Manuskript, das ..... Druckbogen nicht übersteigen soll, ist spätestens zum ..... beim Verlag abzuliefern.
6. Der Verfasser richtet sich bei der Abfassung des Werkes nach den mit dem Verlag getroffenen schriftlichen und/oder mündlichen Vereinbarungen und wird Änderungswünsche des Verlages bei der Textgestaltung, Anordnung und Auswahl berücksichtigen. Der Verfasser übernimmt auch die Korrektur ohne besondere Vergütung.
7. Das Werk soll als Taschenbuch (alternativ: andere Veröffentlichungsformen) erscheinen. Als Veröffentlichungstermin ist der ..... vorgesehen.
8. Der Verfasser erhält für jedes verkaufte und bezahlte Exemplar der ersten und aller folgenden Auflagen ein Honorar von ..... % auf der Basis des um die darin enthaltene Mehrwertsteuer verminderten Ladenverkaufspreises (Nettoladenverkaufspreis), den der Verlag nach eigenem Ermessen festsetzt. Die Abrechnung erfolgt vierteljährlich.
Der Verfasser erhält ferner für je 1000 Exemplare der gedruckten Auflage 2 Freiexemplare und kann weitere Exemplare zum eigenen Gebrauch mit einem Rabatt von ..... % vom Verlag beziehen, die er jedoch nicht weiterveräußern darf.
9. Der Verlag ist jederzeit zur Veranstaltung von Neuauflagen berechtigt; der Verfasser ist verpflichtet, sie ohne weitergehende Vergütung zu besorgen.
10. Der Verlag ist berechtigt, das Werk zu verramschen oder zu makulieren, wenn der Verkauf in zwei aufeinanderfolgenden Kalenderjahren unter ..... Exemplaren pro Jahr gelegen hat. Er wird den Verfasser rechtzeitig von solchen Maßnahmen unterrichten und ihm eine Frist von 4 Wochen zum Erwerb der Restbestände einräumen, die zum

Herstellungspreis angeboten werden. Übernimmt der Verfasser die Restbestände nicht, kann der Verlag ohne Vergütungspflichten hierüber nach seinem Ermessen verfügen.
11. Der Verlag kann das Verlagsrecht auch auf Dritte übertragen.
12. Der Verfasser verpflichtet sich, in einem anderen Verlag ohne Genehmigung des Verlages weder Auszüge aus seinem Werk zu veröffentlichen noch ein Werk erscheinen zu lassen, das den gleichen Gegenstand oder Teile davon in ähnlicher Weise wiedergibt und das daher geeignet ist, mit dem vorliegenden Werk in Konkurrenz zu treten, oder an einer derartigen Maßnahme in irgendeiner Weise teilzunehmen.
.....

Muster eines Verlagsvertrages [ausführliche Fassung mit Besonderheiten]

Zwischen   74 M
.....
– Im Folgenden »Verfasser« genannt –
und
dem .....
– Im Folgenden »Verlag« genannt –
wird ein

VERLAGSVERTRAG

geschlossen, dessen Rechte und Pflichten auch für die Rechtsnachfolger der vertragsschließenden Parteien gelten.
Soweit in der Person des Verfassers ein Rechtsnachfolger eintritt, hängt die Fortführung des Verlagsvertrages mit diesem Rechtsnachfolger von der Zustimmung des Verlages ab.
Der Vertrag ist in zwei gleich lautenden Ausfertigungen von den Vertragsschließenden zur Bekundung ihres Einverständnisses unterschrieben. Jeder Teil hat eine Ausfertigung erhalten.

§ 1 Vertragsgegenstand

1. Gegenstand dieses Vertrages ist das vorliegende (noch zu erstellende) Werk des Verfassers mit dem Titel/Arbeitstitel: .....
2. Der endgültige Titel und ein evtl. Untertitel werden in Abstimmung zwischen Verlag und Verfasser festgelegt. Kommt eine Einigung zwischen den Parteien über die endgültige Titelgestaltung nicht zustande, ist der Verlag berechtigt, den Titel zu bestimmen. Wird der Verfasser durch die Titelwahl in seinem Persönlichkeitsrecht verletzt, kann er der Entscheidung des Verlages unter Angabe der Gründe widersprechen. In diesem Fall ist ein neuer Titel auszuwählen, für dessen Bestimmung das vorstehende Verfahren entsprechend gilt.
3. Der Verfasser garantiert, dass er allein berechtigt ist, über die urheberrechtlichen Nutzungsrechte an seinem Werk zu verfügen und dass er bisher keine den Rechtseinräumungen dieses Vertrages entgegenstehenden Verfügungen getroffen hat. Dies gilt auch für die vom Verfasser gelieferten Text- und Bildvorlagen, deren Nutzungsrechte bei ihm liegen. Der Verfasser garantiert insbesondere, dass das Werk keine Darstellungen von Personen oder Ereignissen enthält, mit denen das Risiko einer Persönlichkeitsrechtsverletzung verbunden ist, es sei denn, der Verfasser hätte den Verlag vor Abschluss dieses Vertrages schriftlich darauf hingewiesen.

4. Der Verfasser übernimmt die alleinige Haftung für Ansprüche Dritter wegen der Verletzung evtl. Rechte durch die Vervielfältigung seines Werkes oder hierin enthaltener Bilder, Skizzen, Tabellen o.ä. und stellt den Verlag von allen gegen ihn geltend gemachten Ansprüchen frei. Der Verfasser verpflichtet sich, dem Verlag alle Folgeschäden zu ersetzen, die dem Verlag durch die Geltendmachung von Rechten Dritter entstehen.
5. Der Verlag ist berechtigt, die wissenschaftliche, künstlerische oder literarische Qualität des Werkes durch einen neutralen, vom Verlag zu bestimmenden Sachverständigen beurteilen zu lassen. Verlag und Verfasser unterwerfen sich der Entscheidung dieses Sachverständigen. Kommt der Sachverständige zu dem Ergebnis, dass das Manuskript Qualitätsmängel aufweist, und behebt der Verfasser nicht innerhalb einer Frist von ..... Wochen nach Erhalt des Gutachtens diese Mängel vollständig, ist der Verlag nicht zur Herstellung und Vervielfältigung verpflichtet. Der Verfasser wird in diesem Fall an ihn geleistete Vorschüsse in voller Höhe zurückzahlen.

§ 2 Rechtseinräumungen

1. Der Verfasser überträgt dem Verlag räumlich und inhaltlich unbeschränkt für die Dauer des gesetzlichen Urheberrechts das ausschließliche Recht zur Vervielfältigung und Verbreitung (Verlagsrecht) des Werkes für alle Druck- und körperlichen elektronischen Ausgaben und Auflagen und ohne Stückzahlbegrenzung für die deutsche Sprache.
2. Der Verfasser räumt dem Verlag für die Dauer des Hauptrechts gemäß Abs. 1 und § 6 Abs. 2 außerdem folgende ausschließlichen Nebenrechte – insgesamt oder einzeln – ein:
a) das Recht des ganzen oder teilweisen Vorabdrucks und Nachdrucks, auch in Zeitungen und Zeitschriften;
b) das Recht zur Übersetzung in eine andere Sprache und Mundart;
c) das Recht zur Vergabe von Lizenzen für deutschsprachige Ausgaben in anderen Ländern sowie für Taschenbuch-, Volks-, Sonder-, Reprint-, Schul- oder Buchgemeinschaftsausgaben oder andere Druck- und körperliche elektronische Ausgaben;
d) das Recht zur Herausgabe von Mikrokopieausgaben;
e) das Recht zur sonstigen Vervielfältigung, insbesondere durch fotomechanische oder ähnliche Verfahren (z.B. Fotokopie);
f) das Recht zur Aufnahme auf Vorrichtungen zur wiederholbaren Wiedergabe mittels Bild- und Tonträger (z.B. Hörbuch), sowie das Recht zu deren Vervielfältigung, Verbreitung und Wiedergabe;
g) das Recht zum Vortrag des Werks durch Dritte;
h) die am Werk oder seiner Bild- oder Tonträgerfixierung oder durch Lautsprecherübertragung oder Sendung entstehenden Wiedergabe- und Überspielungsrechte;
i) das Recht zur Vergabe von deutsch- oder fremdsprachigen Lizenzen in das In- und Ausland zur Ausübung der Nebenrechte aus lit. a) bis h).
3. Darüber hinaus räumt der Verfasser dem Verlag für die Dauer des Hauptrechts gemäß Abs. 1 weitere ausschließliche Nebenrechte – insgesamt oder einzeln – ein:
a) das Recht zur Bearbeitung als Bühnenstück sowie das Recht der Aufführung des so bearbeiteten Werkes;
b) das Recht zur Verfilmung einschließlich der Rechte zur Bearbeitung als Drehbuch und zur Vorführung des so hergestellten Films;
c) das Recht zur Bearbeitung und Verwertung des Werks im Fernseh- oder Hörfunk einschließlich des Wiedergaberechts;
d) das Recht zur Vertonung des Werks;

e) das Recht zur Vergabe von Lizenzen zur Ausübung der Nebenrechte nach Abs. 3 lit. a) bis d).
4. Der Verfasser räumt dem Verlag ferner für die Dauer des Hauptrechts gemäß Abs. 1 alle durch die Verwertungsgesellschaft Wort nach deren Satzung, Wahrnehmungsvertrag und Verteilungsplan wahrgenommenen Rechte zur gemeinsamen Einbringung ein. Bereits geschlossene Wahrnehmungsverträge bleiben hiervon unberührt.
5. Der Verfasser räumt dem Verlag ferner auf der Grundlage der §§ 31a und 32c UrhG für die Dauer des Hauptrechts gemäß Abs. 1 weitere (ausschließliche) Nutzungsrechte für alle zum jetzigen Zeitpunkt noch unbekannten Nutzungsarten ein.
6. Für die Rechtseinräumungen nach Abs. 2 bis 5 gelten folgende Beschränkungen:
a) Soweit der Verlag selbst die Rechte gemäß Abs. 2, 3 und 5 ausübt, gelten für die Ermittlung des Honorars die Bestimmungen über das Verfasserhonorar nach § 5 anstelle der Bestimmungen für die Verwertung von Nebenrechten. Enthält § 5 für das jeweilige Recht keine Vergütungsregelung, so ist eine solche nachträglich zu vereinbaren.
b) Der Verlag darf das ihm nach Abs. 2 bis 5 eingeräumte Vergaberecht nicht ohne Zustimmung des Verfassers abtreten. Dies gilt nicht gegenüber ausländischen Lizenznehmern für die Einräumung von Sublizenzen in ihrem Sprachgebiet sowie für die branchenübliche Sicherungsabtretung von Verfilmungsrechten zur Produktionsfinanzierung.
c) Das Recht zur Vergabe von Nebenrechten nach Abs. 2 bis 5 endet mit der Beendigung des Hauptrechts gemäß Abs. 1; der Bestand bereits abgeschlossener Lizenzverträge bleibt davon unberührt.
d) Ist der Verlag berechtigt, das Werk zu bearbeiten oder bearbeiten zu lassen, so hat er Beeinträchtigungen des Werkes zu unterlassen, die geistige und persönliche Rechte des Verfassers am Werk zu gefährden geeignet sind. Im Falle einer Vergabe von Lizenzen zur Ausübung der Nebenrechte gemäß Abs. 2 und Abs. 3 wird der Verlag darauf hinwirken, dass der Verfasser vor Beginn einer entsprechenden Bearbeitung des Werkes gehört wird. Möchte der Verlag einzelne Nebenrechte selbst ausüben, so hat er den Verfasser anzuhören und ihm bei persönlicher und fachlicher Eignung die entsprechende Bearbeitung des Werkes anzubieten, bevor damit Dritte beauftragt werden.

§ 3 Vertragspflicht

1. Das Werk soll als Taschenbuch *[alternativ: in anderen Veröffentlichungsformen]* erscheinen. Nachträgliche Änderungen der Form der Erstausgabe bedürfen des Einverständnisses des Verfassers.
2. Der Verlag ist verpflichtet, das Werk in der in Abs. 1 genannten Form zu vervielfältigen, zu verbreiten und dafür angemessen zu werben.
3. Ausstattung, Buchumschlag, Auflagenhöhe, Auslieferungstermin, Ladenpreis und Werbemaßnahmen werden vom Verlag nach pflichtgemäßem Ermessen unter Berücksichtigung des Vertragszwecks sowie der im Verlagsbuchhandel für Ausgaben dieser Art herrschenden Übung bestimmt.
4. Das Recht des Verlags zur Bestimmung des Ladenpreises nach pflichtgemäßem Ermessen schließt auch dessen spätere Herauf- oder Herabsetzung ein. Vor Herabsetzung des Ladenpreises wird der Verfasser benachrichtigt.
5. Als Veröffentlichungstermin ist der ..... vorgesehen. Eine Änderung des Veröffentlichungstermins erfolgt in Absprache mit dem Verfasser.

§ 4 Zukünftige Werke

1. An den nächsten ..... von dem Verfasser zur Veröffentlichung bestimmten Werken räumt der Verfasser dem Verlag eine Option auf den Erwerb der Verlagsrechte ein. Für die Einräumung dieser Option zahlt der Verlag dem Verfasser ..... € (in Worten: .....) bei Abschluss dieses Vertrages. Diese Optionsgebühr ist im Falle der Ausübung der Option jeweils anteilig auf die Einkünfte des Verfassers aus dem mit der Option in Anspruch genommenen Werk verrechenbar, im Falle der Nichtausübung der Option jedoch insoweit nicht seitens des Verfassers zurückzuzahlen.
2. Der Verlag hat ferner in sinngemäßer Anwendung der vorstehenden Bestimmung eine kostenlose Option auf alle Werke des Verfassers, die in anderen Verlagen erschienen sind, sofern und sobald diese Verlagsverträge ihr Ende finden und die Rechte an den Verfasser zurückfallen. Die Bestimmung über die Optionsgebühr findet keine Anwendung.
3. Der Verlag hat sich innerhalb von ..... Monaten nach Eingang des druckfertigen Manuskriptes eines neuen Werkes bzw. nach entsprechender Freigabemitteilung im Sinne des Abs. 2 dem Verfasser gegenüber darüber zu erklären, ob er von der Option Gebrauch macht und das Verlagsrecht an den ihm angebotenen Werken in Anspruch nimmt.
4. Macht der Verlag dem Verfasser gegenüber von der Option Gebrauch, so gelten mangels anderweitiger Vereinbarungen alle sonstigen Bestimmungen dieses Vertrages entsprechend.

§ 5 Verfasserhonorar

1. Der Verfasser erhält für jedes verkaufte und bezahlte Exemplar ein Honorar auf der Basis des um die darin enthaltene Mehrwertsteuer verminderten Ladenverkaufspreises (Nettoladenverkaufspreis).
[alternativ:
Der Verfasser erhält für jedes verkaufte und bezahlte Exemplar ein Honorar auf der Basis des um die darin enthaltene Mehrwertsteuer verminderten Verlagsabgabepreises (Nettoverlagsabgabepreis).]
2. Das Honorar für die verschiedenen Ausgaben (z.B. Taschenbuch) beträgt für
a) ..... – Ausgaben ..... % vom Preis gemäß Abs. 1.
   Es erhöht sich nach dem Absatz des Werkes
   von ..... bis ..... Exemplaren auf ..... %;
   von ..... bis ..... Exemplaren auf ..... %;
   ab ..... Exemplaren auf ..... %.
b) ..... – Ausgaben ..... % vom Preis gemäß Abs. 1.
   Es erhöht sich nach dem Absatz des Werkes
   von ..... bis ..... Exemplaren auf ..... %;
   von ..... bis ..... Exemplaren auf ..... %;
   ab ..... Exemplaren auf ..... %.
c) ..... – Ausgaben ..... % vom Preis gemäß Abs. 1.
   Es erhöht sich nach dem Absatz des Werkes
   von ..... bis ..... Exemplaren auf ..... %;
   von ..... bis ..... Exemplaren auf ..... %;
   ab ..... Exemplaren auf ..... %.
d) Für Verlagserzeugnisse, die nicht der Preisbindung unterliegen (z.B. Hörbücher), erhält der Verfasser für jedes verkaufte und bezahlte Exemplar ein Honorar auf der Basis des um die darin enthaltene Mehrwertsteuer verminderten Verlagsabgabe-

preises (Nettoverlagsabgabepreis), und zwar für ..... – Ausgaben ..... % vom Nettoverlagsabgabepreis.
Es erhöht sich nach dem Absatz des Werkes
von ..... bis ..... Exemplaren auf ..... %;
von ..... bis ..... Exemplaren auf ..... %;
ab ..... Exemplaren auf ..... %.
3. Auf seine Honoraransprüche – einschließlich der Ansprüche aus § 6 erhält der Verfasser einen Vorschuss in Höhe von ..... €. Dieser Vorschuss ist fällig zu ..... % bei Abschluss des Vertrages,
zu ..... % bei Erscheinen des Werkes, spätestens am .....
4. Der Vorschuss gilt als Mindestgarantie und ist nicht zurückzuerstatten, jedoch mit allen Ansprüchen des Verfassers aus diesem Vertrag verrechenbar.
5. Ist der Verfasser mehrwertsteuerpflichtig, zahlt der Verlag die auf die Honorarbeträge anfallende gesetzliche Mehrwertsteuer zusätzlich.
6. Die Abrechnung und Auszahlung des Honorars erfolgen halbjährlich zum 30. Juni und zum 31. Dezember innerhalb der auf den Stichtag folgenden 3 Monate.
7. Der Verfasser ist zur Einsichtnahme in die Bücher des Verlages nicht befugt. Er kann jedoch verlangen, dass die Abrechnung des Verlages durch die Bescheinigung eines vereidigten Buchprüfers glaubhaft gemacht wird. Die Kosten dieser Bescheinigung hat, wenn sie die Abrechnung des Verlages bestätigt, der Verfasser, sonst der Verlag zu tragen.

§ 6 Nebenrechtsverwertung

1. Der Verlag ist verpflichtet, sich intensiv um die Verwertung der ihm nach § 2 Abs. 2 und 3 eingeräumten Nebenrechte innerhalb der für das jeweilige Nebenrecht unter Berücksichtigung von Art und Ausgabe der Originalausgabe angemessenen Frist zu bemühen und den Verfasser auf Verlangen zu informieren. Bei mehreren sich untereinander ausschließenden Verwertungsmöglichkeiten wird er für den Verfasser materiell und ideell möglichst günstige wählen, auch wenn er selbst bei dieser Nebenrechtsverwertung konkurriert. Der Verlag unterrichtet den Verfasser unaufgefordert über erfolgte Verwertungen und deren Bedingungen.
2. Verletzt der Verlag seine Verpflichtungen gemäß Abs. 1, so kann der Verfasser die hiervon betroffenen Nebenrechte – auch einzeln – nach den Regeln des § 41 UrhG zurückrufen; der Bestand des Vertrages im Übrigen wird hiervon nicht berührt.
3. Der aus der Verwertung der Nebenrechte erzielte Erlös wird zwischen Verfasser und Verlag geteilt; und zwar erhält der Autor
..... % bei den Nebenrechten des § 2 Abs. 2;
..... % bei den Nebenrechten des § 2 Abs. 3. Soweit Nebenrechte durch Verwertungsgesellschaften wahrgenommen werden, richten sich die Anteile von Verlag und Verfasser nach deren satzungsgemäßen Bestimmungen.
4. Für Abrechnung und Fälligkeit gelten die Bestimmungen von § 5 Abs. 5 und 6 entsprechend.

§ 7 Manuskriptablieferung

1. Das Manuskript des Werkes liegt vor/soll – einschließlich evtl. vom Verfasser zu beschaffender Abbildungen – etwa ..... Manuskriptseiten zu je 30 Zeilen à 60 Anschlägen umfassen und bis spätestens ...../binnen ..... vollständig und vervielfältigungsfähig mit Maschine geschrieben oder in folgender Form ..... dem Verlag vorliegen.
2. Der Verfasser behält eine Kopie des Manuskriptes bei sich.

3. Das Manuskript (einschließlich sonstiger Druckvorlagen) bleibt im Eigentum des Verfassers und ist ihm vom Verlag nach Erscheinen des Werkes auf Verlangen zurückzugeben.

§ 8 Autorenexemplare

1. Der Verfasser erhält für je 1000 Exemplare der gedruckten Auflage ..... Freiexemplare und kann weitere Exemplare zum eigenen Bedarf, die nicht weiterverkauft werden dürfen, mit einem Rabatt von ..... % vom Verlag beziehen.
2. Darüber hinaus kann der Verfasser Exemplare seines Werkes zu einem Höchstrabatt von ..... % vom Ladenpreis vom Verlag beziehen.

§ 9 Lieferbarkeit, Neuauflagen

1. Wenn die Verlagsausgabe des Werkes vergriffen ist und nicht mehr angeboten und ausgeliefert wird, ist der Verfasser zu benachrichtigen. Der Verfasser ist dann berechtigt, den Verlag schriftlich aufzufordern und spätestens innerhalb von 3 Monaten nach Eingang der Aufforderung zu verpflichten, innerhalb einer Frist von ..... Monaten nach Ablauf der Dreimonatsfrist eine ausreichende Anzahl weiterer Exemplare des Werkes herzustellen und zu verbreiten. Geht der Verlag eine solche Verpflichtung nicht fristgerecht ein oder wird die Neuherstellungsfrist nicht gewahrt, ist der Verfasser berechtigt, durch schriftliche Erklärung vom Vertrag zurückzutreten. Bei Verschulden des Verlages kann er statt dessen Schadensersatz wegen Nichterfüllung verlangen. Der Verlag bleibt im Falle des Rückrufs zum Verkauf der ihm danach noch zufließenden Restexemplare innerhalb einer Frist von ..... berechtigt; er ist verpflichtet, dem Verfasser die Anzahl dieser Exemplare anzugeben und ihm die Übernahme anzubieten.
2. Der Verfasser ist berechtigt, und wenn es der Charakter des Werkes erfordert, auch verpflichtet, das Werk für weitere Auflagen zu überarbeiten. Wesentliche Veränderungen von Art und Umfang des Werkes bedürfen der Zustimmung des Verlages. Ist der Verfasser, gleich aus welchem Grunde, zur Überarbeitung, Ergänzung oder Berichtigung des Werkes nicht bereit oder in der Lage oder liefert er die Überarbeitung nicht innerhalb einer angemessenen Frist nach Aufforderung durch den Verlag ab, so ist der Verlag zur Bestellung eines anderen Bearbeiters berechtigt. Wesentliche Änderungen des Charakters des Werkes bedürfen der Zustimmung des Verfassers.

§ 10 Verramschung, Makulatur

1. Der Verlag kann das Werk verramschen oder makulieren, wenn der Verkauf in zwei aufeinanderfolgenden Kalenderjahren unter ..... Exemplaren pro Jahr gelegen hat. Am Erlös ist der Verfasser in Höhe seines sich aus § 5 Abs. 2 ergebenden Grundhonorarprozentsatzes beteiligt.
2. Erweist sich auch ein Absatz zum Ramschpreis als nicht durchführbar, kann der Verlag die Restauflage makulieren.
3. Der Verlag verpflichtet sich, den Verfasser rechtzeitig vor einer solchen Maßnahme zu unterrichten und ihm die Möglichkeit einzuräumen, durch einseitige Erklärung die noch vorhandene Restauflage bei beabsichtigter Verramschung zum Ramschpreis abzüglich des Prozentsatzes seiner Beteiligung und bei beabsichtigter Makulierung unentgeltlich – ganz oder teilweise – ab Lager zu übernehmen. Bei beabsichtigter Verramschung kann das Übernahmerecht nur bezüglich der gesamten noch vorhandenen Restauflage ausgeübt werden.
4. Das Recht des Verfassers, im Falle der Verramschung oder Makulierung vom Vertrag zurückzutreten, richtet sich nach §§ 32, 30 VerlG.

§ 11 Rezensionen

Der Verlag wird bei ihm eingehende Rezensionen des Werkes innerhalb des ersten Jahres nach Ersterscheinung umgehend, danach in angemessenen Zeitabständen dem Verfasser zur Kenntnis bringen.

§ 12 Urheberbenennung, Copyright-Vermerk

1. Der Verlag ist verpflichtet, den Verfasser in angemessener Weise als Urheber des Werkes auszuweisen.
2. Der Verlag ist verpflichtet, bei der Veröffentlichung des Werkes den Copyright-Vermerk im Sinne des Welturheberrechtsabkommens anzubringen.

§ 13 Änderungen der Eigentums- und Programmstrukturen des Verlags

1. Der Verlag ist verpflichtet, dem Verfasser anzuzeigen, wenn sich in seinen Eigentums- oder Beteiligungsverhältnissen eine wesentliche Veränderung ergibt. Eine Veränderung ist wesentlich, wenn
   a) der Verlag oder Verlagsteile veräußert werden;
   b) sich in den Beteiligungsverhältnissen einer den Verlag betreibenden Gesellschaft gegenüber denen zum Zeitpunkt dieses Vertragsabschlusses Veränderungen um mindestens 25 % der Kapital- oder Stimmrechtsverhältnisse ergeben. Der Prozentsatz der Veränderungen ist entsprechend der Beteiligung dieser Gesellschaft an der Vertragsgesellschaft umzurechnen.
2. Der Verfasser ist berechtigt, durch schriftliche Erklärungen gegenüber dem Verlag von etwa bestehenden Optionen oder von Verlagsverträgen über Werke, deren Herstellung der Verlag noch nicht begonnen hat, zurückzutreten, wenn sich durch eine Veränderung gemäß Abs. 1 oder durch eine Änderung der über das Verlagsprogramm entscheidenden Verlagsleitung eine so grundsätzliche Veränderung des Verlagsprogramms in seiner Struktur und Tendenz ergibt, dass dem Verfasser nach der Art seines Werkes und unter Berücksichtigung des bei Abschluss dieses Vertrages bestehenden Verlagsprogramms ein Festhalten am Vertrag nicht mehr zugemutet werden kann.
3. Das Rücktrittsrecht kann nur innerhalb eines Jahres nach Zugang der Anzeige des Verlages gemäß Abs. 1 ausgeübt werden.

§ 14 Schlussbestimmungen

1. Für diesen Vertrag gelten ergänzend die Bestimmungen des deutschen Rechts, insbesondere des deutschen Urheber- und Verlagsrechts, *[alternativ: unter Ausschluss des UN-Kaufrechts].*
2. Sollte eine der Vertragsbestimmungen unwirksam sein oder werden, sind die Vertragsparteien verpflichtet, diese unverzüglich im Wege der ergänzenden Vereinbarung durch eine solche Abrede zu ersetzen, die dem wirtschaftlichen Ergebnis der unwirksamen Bestimmung am nächsten kommt. Die Wirksamkeit des Vertrages im Übrigen bleibt unberührt. Nebenabreden sind nicht getroffen. Änderungen des Vertrages bedürfen der Schriftform.
3. Erfüllungsort aus diesem Vertrag ist für beide Teile .....
Ist der Vertragspartner Kaufmann, der nicht zu den in § 4 HGB bezeichneten Gewerbetreibenden gehört, so ist der Gerichtsstand .....
Im Übrigen ist Gerichtsstand ..... für den Fall, dass
   a) der Vertragspartner nach Vertragsabschluss seinen Wohnsitz oder gewöhnlichen Aufenthaltsort aus dem Gebiet der Bundesrepublik Deutschland verlegt, oder sein

Wohnsitz oder gewöhnlicher Aufenthalt im Zeitpunkt der Klageerhebung nicht bekannt ist,
b) *der Verlag Ansprüche im Wege des Mahnverfahrens geltend macht.*
4. Die Parteien erklären, Mitglieder bzw. Wahrnehmungsberechtigte folgender Verwertungsgesellschaften zu sein:
Der Verfasser: .....
Der Verlag: .....
5. Im Rahmen von Mandatsverträgen hat der Verfasser bereits folgende Rechte an Verwertungsgesellschaften übertragen:
..... an die VG: .....
..... an die VG: .....
Ort,   **Unterschriften**

§ 49 Gewerbliche Schutzrechte

Rechtsgrundlagen: Zu I.: *Deutsches Patent*: Patentgesetz vom 02.01.1968[1] in der Fassung vom 16.12.1980;[2] zuletzt geändert durch Art. 4 des Gesetzes vom 08.10.2017;[3] Verordnung zum Verfahren in Patentsachen vor dem Deutschen Patent- und Markenamt (Patentverordnung – PatV) vom 01.09.2003,[4] zuletzt geändert durch Art. 3 ÄndVO vom 10.12.2012;[5] Gesetz über die Kosten des Deutschen Patent- und Markenamtes und des Bundespatentgerichts (Patentkostengesetz – PatKostG) vom 13.12.2001,[6] zuletzt geändert durch Art. 13 des Gesetzes vom 04.04.2016;[7] Gesetz über Arbeitnehmererfindungen vom 25.07.1957,[8] zuletzt geändert durch Art. 7 des Gesetzes vom 31.07.2009;[9] *Europäisches Patentrecht*: Europäisches Patentübereinkommen vom 05.10.1973[10] in der Fassung der Akte vom 29.11.2000 zur Revision des Übereinkommens über die Erteilung Europäischer Patente v. 05.10.1973[11] in der ab dem 13.12.2007 geltenden Fassung;[12] Protokoll über die Auslegung des Art. 69 EPÜ vom 24.08.2007;[13] Ausführungsordnung zum Europäischen Patentübereinkommen 2000 in der Fassung des Beschlusses des Verwaltungsrats vom 07.12.2006,[14] zuletzt geändert durch Beschl. vom 14.10.2015;[15] Gebührenordnung in der Fassung des Beschlusses des Verwaltungsrats vom 07.12.2006,[16] zuletzt geändert durch Beschl. vom 29.06.2016;[17] *Internationale Patentanmeldung*: Vertrag über die internationale Zusammenarbeit auf dem Gebiet des Patentwesens (Patentzusammenarbeitsvertrag – PCT) vom 19.06.1970,[18] zuletzt geändert durch Änderung des PCT vom 02.10.2001[19]; **Zu III.:** Gebrauchsmustergesetz vom 28.08.1986,[20] zuletzt geändert durch Art. 10 des Gesetzes vom 17.07.2017;[21] Verordnung zur Ausführung des Gebrauchsmustergesetzes (Gebrauchsmusterverordnung – GebrMV) vom 11.05.2004,[22] zuletzt geändert durch Art. 4 VO vom 10.12.2012.[23]; **Zu IV.:** *Deutsches Markenrecht*: Markengesetz (MarkenG) vom 25.10.1994,[24] zuletzt geändert durch Art. 11 des Gesetzes vom 17.07.2017;[25] Markenverordnung (MarkenV) in der Fassung der Bek. vom 11.05.2004,[26] zuletzt geändert durch Art. 1 VO vom 02.06.2016;[27] Unionsmarke: Verordnung (EU) 2017/1001 über die Unionsmarke vom 14.06.2017,[28]; **Zu V.:** *Deutsches Design*: Gesetz über den rechtlichen Schutz von Design (Designgesetz – DesignG) in der Fassung der Bekanntmachung vom

---

1 BGBl. I S. 2.
2 BGBl. I S. 1 ff.
3 BGBl. I S. 3546.
4 BGBl. I S. 1702.
5 BGBl. I S. 2360.
6 BGBl. I S. 3656 = Blatt 2002, 14; ersetzt das Patentgebührengesetz.
7 BGBl. I S. 558.
8 BGBl. I S. 756.
9 BGBl. I S. 2521.
10 BGBl. II S. 1082, 1129.
11 BGBl. 1976 II S. 649, 826.
12 Vgl. Bek. v. 19.02.2008, BGBl. II S. 179.
13 BGBl. II S. 1082, 1191.
14 Vgl. Bek. v. 19.02.2008, BGBl. II S. 179 u. BGBl. II S. 1199, 1202.
15 ABl. 2015, A 17.
16 BGBl. 2007 II S. 1199, 1292.
17 ABl. EPA 6/2016.
18 BGBl. 1976 II S. 664.
19 BGBl. II S. 728.
20 BGBl. I S. 1455.
21 BGBl. I S. 2541.
22 BGBl. I S. 890.
23 BGBl. I S. 2630.
24 BGBl. 1994 I S. 3081–3125 = Blatt 1994, Sonderheft, 1–44.
25 BGBl. I S. 2541.
26 BGBl. I S. 872.
27 BGBl. I S. 1354.
28 ABl. EG, Nr. L 154/1.

24.02.2014,[29] zuletzt geändert durch Art. 15 des Gesetzes vom 17.07.2017;[30] Verordnung zur Ausführung des Designgesetzes (Designverordnung – DesignV) vom 02.01.2014,[31] zuletzt geändert durch Art. 17 des Gesetzes vom 12.05.2017;[32] *Gemeinschaftsgeschmacksmuster*: Verordnung (EG) Nr. 6/2002 des Rates vom 12.12.2001 über das Gemeinschaftsgeschmacksmuster,[33] zuletzt geändert durch Art. 2 ÄndVO (EG) 1891/2006 vom 18.12.2006.[34]; **Zu VI.:** Gesetz über den Schutz der Topografien von mikroelektronischen Halbleitererzeugnissen (Halbleiterschutzgesetz) vom 22.10.1987,[35] zuletzt geändert durch Art. 12 des Gesetzes vom 17.07.2017.[36]

Literatur: Zu I.: *Benkard*, Patentgesetz, Gebrauchsmustergesetz, Kommentar, 11. Aufl. 2015; *Busse*, Patentgesetz, Kommentar, 8. Aufl. 2016; *Mes*, Patentgesetz, Gebrauchsmustergesetz, 4. Aufl. 2015; *Kraßer/Ann*, Patentrecht, 7. Aufl. 2016; *Schulte*, Patentgesetz mit Europäischen Patentübereinkommen, 10. Auflage 2017; **Zu II.:** *Bartenbach*, Patentlizenz- und Know-how-Vertrag, 7. Aufl. 2013; *Henn/Pahlow*, Patentvertragsrecht, 6. Aufl. 2017; *Pfaff/Osterrieth*, Lizenzverträge, 4. Aufl. 2018; **Zu III.:** *Benkard*, Patentgesetz, Gebrauchsmustergesetz, Kommentar, 11. Aufl. 2015; *Bühring*, Gebrauchsmustergesetz, Kommentar, 8. Aufl. 2011; **Zu IV.:** *Ingerl/Rohnke*, Markengesetz, Kommentar, 3. Aufl. 2010; *Ströbele/Hacker*, Markengesetz, Kommentar, 12. Aufl. 2018; *Eisenführ/Schennen*, Unionsmarkenverordnung, 5. Aufl. 2017; **Zu V.:** *Eichmann/v. Falckenstein/Kühne*, Designgesetz, Kommentar, 5. Aufl. 2015; *Eichmann/Kur*, Designrecht, 2. Aufl. 2016.

I. Patentrecht

1. Patente werden für technische Erfindungen erteilt, die neu sind (§ 3 PatG, Art. 54 EPÜ), auf einer erfinderischen Tätigkeit beruhen (§ 4 PatG, Art. 56 EPÜ) und gewerblich anwendbar (§ 5 PatG, Art. 57 EPÜ) sind (§ 1 Abs. 1 PatG, Art. 52 Abs. 1 EPÜ). Eine *Erfindung* im Sinne des Patentrechts ist eine Lehre zum praktischen Handeln, deren beanspruchter Gegenstand oder deren beanspruchte Tätigkeit technischer Natur, realisierbar und wiederholbar ist und die Lösung einer Aufgabe durch technische Überlegungen darstellt. *Keine* patentfähigen *Erfindungen* im Sinne des Gesetzes sind: Entdeckungen sowie wissenschaftliche Theorien und mathematische Methoden, ästhetische Formschöpfungen, Pläne, Regeln und Verfahren für gedankliche Tätigkeiten, für Spiele oder für geschäftliche Tätigkeiten sowie Programme für Datenverarbeitungsanlagen als solche sowie die Wiedergabe von Informationen (§ 1 Abs. 3 PatG, Art. 52 Abs. 2, 3 EPÜ). Nichtpatentierbare Erfindungen sind menschliche Gene (§ 1a PatG) sowie Pflanzen und Tiere (§ 2a PatG). Ebenso sind Erfindungen nicht patentierbar, deren Verwertung gegen die öffentliche Ordnung oder die guten Sitten verstoßen würde (§ 2 Abs. 1 PatG, Art. 53 Buchst. a) EPÜ); Gleiches gilt für Verfahren und Verwendungen i.S.d. § 2 Abs. 2 PatG (vgl. auch Art. 53 Buchst. a) und b) EPÜ).

2. Für *Computerprogramme* bedeutet dies, dass sie als solche, d.h. der bloße Programmtext[37] bzw. als Verfahrensanspruch, mangels technischen Charakters grundsätzlich nicht patentfähig sind (§ 1 Abs. 3 Nr. 3 PatG, Art. 52 Abs. 2 lit. c) EPÜ).[38] Ein generelles Verbot der Patentierbarkeit von Lehren, die von Programmen für Datenverarbeitungsanlagen Gebrauch machen, besteht allerdings nicht.[39] Datenverarbeitungsbezogene Erfindungen,

---

29 BGBl. I S. 122.
30 BGBl. I S. 2541.
31 BGBl. I S. 18.
32 BGBl. I S. 1121.
33 ABl. EG Nr. L 3 S. 1.
34 ABl. EG Nr. L 386 S. 14.
35 BGBl. I S. 2294.
36 BGBl. I S. 2541.
37 BGH GRUR 2001, 155, 157 f. – Wetterführungspläne I; BGH CR 2011, 494, 496 – Webseitenanzeige; BGH GRUR 2011, 125 – Wiedergabe topographischer Informationen; BGH GRUR 2015, 1184 – Entsperrbild.
38 BGH GRUR 2009, 479 – Steuerungseinrichtung für Untersuchungsmodalitäten m. Anm. *Ensthaler*, GRUR 2010, 1 ff.; BGH GRUR 1986, 531, 533 f. – Flugkostenminimierung.
39 *Ernsthaler*, GRUR 2013, 66 f.; *Hoeren/Vossen*, K&R 2018, 79 ff.; *Kraßer/Ann*, PatR Rn. 36 ff.

also der Einsatz in einer konkreten technischen Lösung, patentfähig.[40] So erkennt der BGH insoweit in Übereinstimmung mit dem EPA die technische Natur von Computerprogrammen insbesondere dann an, wenn die programmbezogene Lehre die Funktionsfähigkeit der Datenverarbeitungsanlage als solche betrifft und damit das unmittelbare Zusammenwirken ihrer Elemente ermöglicht.[41] Während das Urheberrecht das Computerprogramm als solches schützt (vgl. § 2 Abs. 1 Nr. 1, §§ 69a ff. UrhG), gewährt die Rechtsprechung im Rahmen des Patentrechts datenverarbeitungsbezogenen Erfindungen Schutz für die konkrete Verwendung eines Programms zusammen mit einer bestimmten Hardware bzw. dann, wenn der Anmeldungsgegenstand einen technischen Charakter hat, der über die »normale« physikalische Wechselwirkung zwischen der Software und dem Computer hinausgeht,[42] ebenso wenn das sich einer Datenverarbeitungsanlage bedienende Verfahren in den Ablauf einer technischen Einrichtung eingebettet ist.[43] Ein Patentschutz kommt nur in Betracht, wenn der Patentanspruch über die Computernutzung weitere Anweisungen enthält, denen ein konkretes technisches Problem zugrunde liegt.[44] Über die Technizität hinaus ist weitere Patentierungsvoraussetzung, dass eine neue technische Lehre vorliegt, die auf *erfinderischer Tätigkeit* beruht.[45] Dafür ausreichend, aber auch erforderlich ist eine Anweisung zum technischen Handeln, also eine Anweisung zur Lösung eines konkreten technischen Problems mit technischen Mitteln,[46] auch wenn sich dies auf Teilaspekte des Programms beschränkt.[47]

Eine Erfindung gilt generell als auf einer *erfinderischen Tätigkeit* beruhend, wenn sie sich für den Fachmann auf dem jeweiligen technischen Gebiet nicht in naheliegender Weise aus dem Stand der Technik ergibt (§ 4 Satz 1 PatG, Art. 56 EPÜ). Einige der wesentlichen *Beweisanzeichen*, die auf ein Vorliegen ausreichender Erfindungshöhe für Patentanmeldungen hindeuten, die erfinderische Tätigkeit für sich genommen aber weder begründen noch ersetzen können,[48] sind:
– Erreichen von erheblichen technischen Vorteilen;
– Überwinden von technischen Schwierigkeiten, die schon langjährig bekannt sind;
– Weiterentwicklung von Lösungen auf technischen Gebieten, die längere Zeit vernachlässigt wurden;
– Formulierbare Verbesserungen auf einem technisch sehr ausgereiften Gebiet;
– Auffinden einfacher und billigerer Herstellungsmethoden, bspw. für Massengüter;
– Lösen eines aktuellen technischen Problems, an dem in der Vergangenheit bereits mehrfach erfolglos gearbeitet wurde;
– Übertragung nicht allgemein bekannter Entwicklungen aus einem grundsätzlich anderen Fachgebiet;
– Einsparung von Kombinationsmerkmalen bei gleicher Funktionserfüllung.

3

---

40 Siehe dazu u.a. *Teufel*, FS 50 Jahre VPP [2005], S. 608.
41 BGH GRUR 1992, 33 – Seitenpuffer; BGH GRUR 1992, 36 – Chinesische Schriftzeichen; BGH GRUR 1992, 430 – Tauchcomputer; BGH GRUR Int. 2000, 930 – Sprachanalyseeinrichtung; BGH GRUR 2006, 663 – Vorausbezahlte Telefongespräche; CR 2011, 494, 496 – Webseitenanzeige; EPA GRUR Int. 1990, 468 – Datenprozessornetz; EPA GRUR Int. 1994, 1038 – Editierbare Dokumentenform; EPA Mitt. 1995, 178 – Universelles Verwaltungssystem; *Nack*, GRUR Int. 2000, 853; *Mellulis*, GRUR 1998, 48 ff.
42 EPA ABl. EPA 1999, 609 u. BGH GRUR 2000, 498 – Logikverifikation.
43 BGH GRUR 2009, 479 – Steuerungseinrichtung für Untersuchungsmodalitäten; CR 2011, 144, 146 – Wiedergabe topographischer Informationen.
44 BGH GRUR 2004, 667, 669 – Elektronischer Zahlungsverkehr; BGH GRUR 2010, 613 – Dynamische Dokumentengenerierung; vgl. auch BGH GRUR 2002, 143 ff. – Suche fehlerhafter Zeichenketten; BGH GRUR 2015, 1184 – Entsperrbild; BGH GRUR 2015, 660 – Bildstrom.
45 Siehe insbesondere *Kraßer/Ann*, PatR § 12 Rn. 77 ff. (»Notwendigkeit technischer Überlegungen«).
46 BGH GRUR 2011, 610 (Rn. 17) – Webseitenanzeige m. Anm. *Försterling*, MMR 2011, 543; BGH GRUR 2013, 909 (Rn. 14) – Fahrzeugnavigationssystem; BGH Mitt. 2015, 503 (Rn. 18) – Entsperrbild.
47 BGH CR 2011, 144 (Rn. 27 ff.) – Wiedergabe topografischer Informationen.
48 BGH GRUR 2010, 44, 46 – Dreinahtschlauchfolienbeutel.

4   Eine Erfindung gilt als *neu*, wenn sie nicht zum Stand der Technik gehört (§ 3 Abs. 1 PatG, Art. 54 EPÜ). Nach § 3 Abs. 1 Satz 2 PatG umfasst der *Stand der Technik* alle Kenntnisse, die vor dem für den Zeitrang der Anmeldung maßgeblichen Tag durch schriftliche oder mündliche Beschreibung, durch Benutzung oder in sonstiger Weise der Öffentlichkeit zugänglich gemacht worden sind. Als Stand der Technik gilt – im Rahmen des absoluten Neuheitsbegriffs – auch der Inhalt älterer Patentanmeldungen, die erst an oder nach dem für den Zeitrang der jüngeren Anmeldung maßgeblichen Tag der Öffentlichkeit zugänglich gemacht worden sind (§ 3 Abs. 2 PatG). Gemäß Art. 54 Abs. 3 EPÜ gilt dies nur für den Inhalt europäischer Anmeldungen in der ursprünglich eingereichten Fassung.

5   Darüber hinaus muss die Erfindung *gewerblich anwendbar* sein, ihr Gegenstand also auf irgendeinem gewerblichen Gebiet einschließlich der Landwirtschaft hergestellt oder benutzt werden können (§ 5 PatG).[49]

6   Die Erteilung eines deutschen Patents muss beim Deutschen Patent- und Markenamt (DPMA) beantragt werden (§§ 34 ff. PatG). Durch die Vereinfachung der Formvorschriften können die Anmeldungen auch in elektronischer Form und Anmeldeunterlagen auch in fremden Sprachen eingereicht werden (§ 35 Abs. 1 PatG). Zudem besteht die Möglichkeit, Patentanmeldungen über ein Patentinformationszentrum einzureichen (§ 34 Abs. 2 PatG). Die Anmeldung muss eine Reihe formaler Kriterien erfüllen: So muss die Anmeldung den Namen und die Anschrift des Anmelders, einen oder mehrere Patentansprüche, eine kurze und genaue Bezeichnung der Erfindung sowie einen Antrag auf Erteilung des Patents umfassen. Einzelheiten über Inhalt und Form der Patentanmeldung ergeben sich aus der Patentverordnung.

7   Unabhängig vom Verfahrensstand veröffentlicht das DPMA 18 Monate nach dem Anmelde- bzw. Prioritätstag die Patentanmeldung (§ 31 Abs. 2 Nr. 2 PatG). Dies geschieht durch Veröffentlichung des Offenlegungshinweises im Patentblatt (§ 32 Abs. 5 PatG) und Veröffentlichung der Anmeldeunterlagen als *Offenlegungsschrift* (§ 32 Abs. 1, 4 PatG).

8   Die Offenlegung hat zur Folge, dass jedermann freie Einsicht in die Akten der Patentanmeldung nehmen kann. Außerdem hat der Anmelder gegenüber demjenigen, der den Gegenstand der Anmeldung benutzt, einen Entschädigungsanspruch (§ 33 PatG).

9   Die Patentanmeldung wird nach ihrem Eingang zunächst auf Einhaltung der Formvorschriften (§§ 34 bis 38 PatG) und auf Vorliegen offensichtlicher Patentierungshindernisse (§ 42 PatG) überprüft. Die materielle Patentfähigkeit (§§ 1 bis 5 PatG) wird nur auf Antrag geprüft; der *Prüfungsantrag* kann vom Patentanmelder oder jedem Dritten bis zum Ablauf von 7 Jahren nach Einreichung der Anmeldung gestellt werden (§ 44 Abs. 1 u. 2 PatG). Die Gebühren des DPMA ergeben sich aus der Anlage zu § 2 Abs. 1 PatKostG. Die Prüfungsantragsgebühr des DPMA beträgt 350,– € ohne zuvor gestellten Rechercheantrag (bei gestelltem Rechercheantrag [Recherchegebühr 300,– €] 150,– €). Ist der Gegenstand der Anmeldung patentfähig und genügt die Anmeldung den Anforderungen der §§ 34, 37, 38 PatG, so beschließt die Prüfungsstelle die Erteilung des Patents (§ 49 PatG). Danach wird die Erteilung des Patents im Patentblatt veröffentlicht; mit der Veröffentlichung der Patentschrift treten die gesetzlichen Wirkungen des Patents ein (§ 58 Abs. 1 Satz 3 PatG). Die Einzelheiten der Voraussetzungen einer Patentanmeldung ergeben sich aus dem beim DPMA verfügbaren Merkblatt für Patentanmelder (P2791, Ausgabe 2017).[50]

10 Sind die Voraussetzungen der Neuheit, des Beruhens auf einer erfinderischen Tätigkeit und der gewerblichen Anwendbarkeit nicht erfüllt, so bleibt der Patentschutz versagt (§ 48 PatG).

---

49 Vgl. hierzu BGH GRUR 1985, 125 – Haarwachstum; BGH GRUR 1986, 142, 145 – Glatzenoperation; BGH GRUR 1983, 729, 730 – Hydropyridin; siehe auch BGH GRUR 2010, 1081 – Bildunterstützung bei Katheternavigation; *Gramm*, GRUR 1994, 761 ff.
50 http://www.dpma.de/docs/formulare/patent/p2791.pdf

Das erteilte Patent kann von jedermann innerhalb von 9 Monaten nach der Veröffentlichung der Erteilung durch *Einspruch* angegriffen werden, sofern einer der in § 21 PatG genannten Widerrufsgründe vorliegt (§ 59 PatG). Die Patentabteilung des DPMA entscheidet, ob und in welchem Umfang das Patent aufrecht erhalten oder aufgrund des Einspruchs widerrufen wird (§ 61 PatG). Für Beschwerden gegen Beschlüsse der Prüfungsstellen oder der Patentabteilung des Patentamts ist das Bundespatentgericht zuständig (§§ 65 ff. PatG).

Wird ein rechtskräftig erteiltes Patent nachträglich mit einer *Nichtigkeitsklage* angegriffen (§§ 81 ff. PatG), ist diese ebenfalls an das Bundespatentgericht zu richten. Die Nichtigkeitsklage ist jederzeit nach rechtskräftiger Patenterteilung (vgl. § 81 Abs. 2 PatG), gestützt auf die Nichtigkeitsgründe gemäß §§ 22, 21 PatG, möglich. Nichtigkeitsklage kann allerdings nicht erhoben werden, solange ein Einspruch noch erhoben werden kann oder ein Einspruchsverfahren anhängig ist (§ 81 Abs. 2 Satz 1 PatG).

Ein *europäisches Patent* mit Wirkung für einen oder mehrere Staaten der Europäischen Patentorganisation (EPO) wird beim Europäischen Patentamt (EPA) in München auf der Grundlage des Europäischen Patentübereinkommens (EPÜ) beantragt. Die europäische Patentanmeldung wird vom EPA einheitlich geprüft und bei Vorliegen der Patentierungsvoraussetzungen erteilt; das europäische Patent ist ein Bündel rechtlich selbständiger Nationalpatente in den Staaten, die mit Zahlung der Benennungsgebühren endgültig festgelegt werden. Es zerfällt nach seiner Erteilung in diese nationalen Patente, deren Geltung sich nach dem jeweiligen Recht der benannten Vertragsstaaten bestimmt.

Die Voraussetzungen für die Einreichung der europäischen Patentanmeldung regeln Art. 75 ff. EPÜ. Hierfür ist das vorgeschriebene Antragsformular zu benutzen. Gemäß Art. 79 Abs. 1 EPÜ gelten im Antrag auf Erteilung eines europäischen Patents alle Vertragsstaaten als benannt, die dem Übereinkommen bei Einreichung der europäischen Patentanmeldung angehören. Regel 39 AO EPÜ sieht eine einheitliche Benennungsgebühr für alle benannten Vertragsstaaten i.H.v. 585,- € vor. Die Rücknahme der Benennung eines Vertragsstaats ist bis zur Erteilung des europäischen Patents jederzeit möglich. Das Verfahren vor dem EPA ähnelt in seiner Struktur und seinem Verlauf dem Verfahren zur Erteilung eines deutschen Patents.

Der *Prüfungsantrag* zur Erteilung des Patents kann nach Art. 94 EPÜ i.V.m. Regel 70 EPÜAO nur vom Anmelder, nicht von einem Dritten bis zum Ablauf von 6 Monaten nach der Veröffentlichung des europäischen Rechercheberichts gestellt werden. Er gilt erst nach Zahlung der Prüfungsgebühr von 1.635 € als gestellt. Wird er nicht fristgerecht gestellt, gilt die Anmeldung als zurückgenommen.

Das Prüfungsverfahren endet mit Erteilung des europäischen Patents oder dessen Zurückweisung (Art. 97 EPÜ). Gegen das erteilte europäische Patent kann innerhalb von 9 Monaten nach Bekanntmachung des Hinweises auf die Erteilung im Europäischen Patentblatt jedermann *Einspruch* einlegen (Art. 99 ff. EPÜ). Die Entscheidung der Einspruchsabteilung ist mit der Beschwerde anfechtbar (Art. 106 ff. EPÜ). Unter den Voraussetzungen des Art. 112 EPÜ kann eine Entscheidung durch die Große Beschwerdekammer erfolgen. Bei Vorliegen der Nichtigkeitsgründe gemäß Art. 138 EPÜ kann ein europäisches Patent mit Wirkung für einen Vertragsstaat für *nichtig* erklärt werden.

Durch Einreichung einer *internationalen Patentanmeldung* nach dem Vertrag über die Zusammenarbeit im Patentwesen (PCT) besteht die Möglichkeit, in allen Vertragsstaaten des PCT gleichzeitig rechtlichen Schutz von Erfindungen zu erlangen. Dadurch entfällt eine jeweils gesonderte Antragstellung bei den nationalen Behörden, eine Anmeldung technischer Schutzrechte im internationalen Kontext wird also insgesamt erleichtert.

Die internationale Anmeldung kann für Anmelder aus Deutschland sowohl beim DPMA, beim EPA oder bei der World Intellectual Property Organization (WIPO) eingereicht werden.

19 Die internationale Anmeldung gilt automatisch als nationale Anmeldung in allen Vertragsstaaten des PCT, so dass das vom Anmeldeamt erteilte internationale Anmeldedatum in allen Vertragsstaaten des PCT als Anmeldedatum anerkannt wird. Die Anmeldung muss nur in einer Sprache eingereicht werden. Eine internationale Patentanmeldung wird vom Internationalen Büro der WIPO in der PCT Gazette veröffentlicht. Für Anmelder aus Deutschland führt das Europäische Patentamt als internationale Recherche- und Prüfungsbehörde eine internationale Recherche nach vorgeschriebenen einheitlichen PCT-Standards hinsichtlich der Hauptkriterien der Patentfähigkeit (Neuheit, erfinderische Leistung und gewerbliche Anwendbarkeit) durch. Der Anmelder hat daneben die Möglichkeit, die Anmeldung von einer beauftragten Behörde vorläufig international prüfen zu lassen.

20 Am Ende der internationalen Phase, 30 Monate nach dem Anmeldetag (Art. 22 PCT), entscheidet der Anmelder, in welchen Vertragsstaaten ein Schutzrecht erteilt werden soll. Für die Erteilung eines Patents in den ausgewählten Staaten sind dann die nationalen oder regionalen Patentämter zuständig. In der Regel sind für den Eintritt in die nationale Phase die Zahlung einer nationalen Gebühr und die Einreichung einer Übersetzung erforderlich.

21 In diesem Zusammenhang ist darauf hinzuweisen, dass am 11.12.2012 eine legislative Entschließung des Europäischen Parlaments zu einem einheitlichen Patentschutz für Europa erfolgte.[51] Das damit verbundene *europäische Patent mit einheitlicher Wirkung* (»einheitliches Patent«) bietet Nutzern neben den klassischen nationalen und europäischen Patenten eine weitere Option. Es wird ein vom EPA nach dem EPÜ erteiltes europäisches Patent sein, dem nach der Erteilung auf Antrag des Patentinhabers einheitliche Wirkung für die Hoheitsgebiete der 27 teilnehmenden Staaten verliehen wird. Nach den Entschließungsgründen soll der einheitliche Patentschutz durch einen leichteren, weniger kostspieligen und rechtssicheren Zugang zum Patentsystem den wissenschaftlich-technischen Fortschritt und die Funktionsweise des Binnenmarkts fördern. Er soll auch den Umfang des Patentschutzes verbessern, indem die Möglichkeit geschaffen wird, einen einheitlichen Patentschutz in den teilnehmenden Mitgliedsstaaten zu erlangen, sodass sich Kosten und Aufwand für die Unternehmen in der gesamten Union verringern.

22 Die Einzelheiten des Verfahrens für den Antrag auf ein einheitliches Patent und für dessen Validierung sowie die Höhe der Jahresgebühren und der Schlüssel für die Verteilung der Gebühren an die teilnehmenden Staaten werden vom engeren Ausschuss des Verwaltungsrats der Europäischen Patentorganisation ausgearbeitet. Zwar sind die Verordnungen am 20.01.2013 in Kraft getreten, finden aber erst ab dem Tag Anwendung, an dem das EPG-Übereinkommen in Kraft tritt, d.h. am ersten Tag des vierten Monats nach Hinterlegung der dreizehnten Ratifizierungs- oder Beitrittsurkunde. Es muss von mindestens 13 Staaten, darunter Deutschland, Frankreich und das Vereinigte Königreich, ratifiziert werden, um in Kraft zu treten. Das Übereinkommen wurde bisher durch 25 EU-Mitgliedsstaaten unterzeichnet. Allerdings steht der zügigen Umsetzung des Einheitspatentsystems die Verzögerung des Ratifikationsverfahrens durch den zwischenzeitlich erfolgten Brexit in Großbritannien sowie die Einreichung einer Verfassungsbeschwerde in Deutschland entgegen. Insoweit steht das einheitliche europäische Patentsystem zurzeit erneut auf der Kippe und die weitere Entwicklung bleibt abzuwarten.

23 **2. Das *Patent* hat die *Wirkung*,** dass allein der Patentinhaber befugt ist, die patentierte Erfindung zu benutzen (§ 9 Satz 1 PatG, s.a. §§ 9a bis 9c PatG). Mit dem Benutzungsrecht ist inhaltlich ein negatives Abwehrrecht nach § 9 Satz 2 PatG verbunden; danach ist es jedem Dritten verboten, ohne Zustimmung des Patentinhabers ein Erzeugnis, das Gegenstand des Patents ist, herzustellen, anzubieten, in Verkehr zu bringen oder zu gebrauchen oder zu den

---

51 Vorschlag für eine Verordnung des Europäischen Parlaments und des Rates über die Umsetzung der Verstärkten Zusammenarbeit im Bereich der Schaffung eines einheitlichen Patentschutzes (COM [2011] 0215-C7-0099/2011-2011/0093 [COD]).

genannten Zwecken einzuführen oder zu besitzen, ein Verfahren, das Gegenstand des Patents ist, anzuwenden oder zur Anwendung im Geltungsbereich dieses Gesetzes anzubieten sowie das durch ein Verfahren unmittelbar hergestellte Erzeugnis anzubieten, in Verkehr zu bringen oder zu gebrauchen oder zu den genannten Zwecken entweder einzuführen oder zu besitzen. Bei mittelbarer Patentverletzung (verbotene Verwendung von Mitteln zur Benutzung der Erfindung) greift die Wirkung des § 10 PatG. *Ausnahmen* von der Wirkung des Patents sind abschließend in §§ 11, 12 PatG aufgeführt. Benutzt ein Dritter eine patentierte Erfindung unerlaubt, kann er vom Patentinhaber u.a. auf Unterlassung und Schadensersatz in Anspruch genommen werden (§§ 139 ff. PatG).

3. Die *Dauer* des Patentschutzes beträgt 20 Jahre, die mit dem Tag beginnen, der auf die (prioritätsbegründende) Anmeldung der Erfindung folgt (§ 16 Abs. 1 PatG). Während dieser Zeit sind für das dritte und jedes folgende Jahr, gerechnet vom Anmeldetag an, jährlich steigende Aufrechterhaltungsgebühren (Jahresgebühren) zu bezahlen (§ 17 PatG). Die Höhe der Jahresgebühren ergibt sich aus dem Patentkostengesetz (PatKostG). Die Höhe der Jahresgebühren regeln Nrn. 312 030–312 262 der Anlage zu § 2 Abs. 1 PatKostG. Bei Nichtzahlung dieser Gebühren erlischt der Patentschutz (§ 20 Abs. 1 Nr. 3 PatG). **24**

Zur Gebührenpflicht für europäische Patentanmeldungen vgl. Art. 86, 141 EPÜ. Jahresgebühren sind nach Maßgabe der Ausführungsordnung an das EPA, und zwar nur bis zur Erteilung des europäischen Patents, zu entrichten. Bei Patenterteilung entsteht die Pflicht zur Zahlung nationaler Jahresgebühren in den vom Patentinhaber genannten Vertragsstaaten. Bei Nichtzahlung der Jahresgebühr (evtl. mit Zuschlag, Regel 51 Abs. 2 EPÜAO) gilt die Patentanmeldung als zurückgenommen (Art. 86 Abs. 1 Satz 3 EPÜ). **25**

4. Nach § 6 Satz 1 PatG hat der Erfinder oder sein Rechtsnachfolger das Recht auf das Patent (sog. *Erfinderprinzip*). Demgegenüber gehört aus arbeitsrechtlicher Sicht das Arbeitsergebnis eines Arbeitnehmers dem Arbeitgeber. Da 80–90 % aller im Inland eingereichten Patentanmeldungen auf Entwicklungen von Arbeitnehmern beruhen, muss dieser Interessenwiderstreit angemessen gelöst werden. **26**

Dies geschieht durch das am 01.10.1957 in Kraft getretene und mit Wirkung zum 01.10.2009 reformierte *Gesetz über Arbeitnehmererfindungen* (ArbEG). Das ArbEG löst den Konflikt durch die Zuerkennung zweier wechselseitiger Kernrechte: Die Vorschriften des ArbEG lassen die Entstehung des Rechts auf das Schutzrecht in der Person des (Arbeitnehmer-)Erfinders unberührt; sie schränken lediglich den Bestand in der Person des Erfinders ein: Dem Arbeitgeber wird das Recht zugestanden, Erfindungen, die aus der dienstlichen Tätigkeit entstanden sind oder maßgeblich auf Erfahrungen bzw. Arbeiten des Unternehmens beruhen (§ 4 Abs. 2 ArbEG), in Anspruch zu nehmen und auf sich überzuleiten (§§ 6, 7 ArbEG). Im Gegenzug gewährt das Gesetz dem Arbeitnehmererfinder für die Vermittlung dieses Monopolrechts an der technischen Neuerung einen Anspruch auf angemessene Erfindervergütung (§ 9 ArbEG i.V.m. den Richtlinien für die Vergütung von Arbeitnehmererfindungen im privaten Dienst vom 20.07.1959[52]). Die Vergütungspflicht entsteht gemäß § 9 Abs. 1 ArbEG mit Inanspruchnahme der Diensterfindung. Die Inanspruchnahme kann innerhalb der viermonatigen Inanspruchnahmefrist erklärt werden; ohne Inanspruchnahmeerklärung greift mit Ablauf dieser Frist die Fiktion der Inanspruchnahme (§ 6 Abs. 2 ArbEG). Mit Inanspruchnahme gehen alle vermögenswerten Rechte an der Diensterfindung auf den Arbeitgeber über. Gibt der Arbeitgeber die Diensterfindung durch Erklärung in Textform frei (§ 6 Abs. 2, § 8 Abs. 1 ArbEG), verbleiben die Erfindungsrechte beim Arbeitnehmererfinder. Der Arbeitnehmer kann hierüber frei verfügen. **27**

---

52 Beilage zum BAnz. Nr. 156 S. 1, geändert durch Richtlinie vom 01.09.1983, BAnz. Nr. 169, S. 9994.

28 **5.** Nach § 15 Abs. 1 Satz 1 PatG gehen das Recht auf das Patent, der Anspruch auf Erteilung des Patents und das Recht aus dem Patent auf die *Erben* über. Für diese Gesamtrechtsnachfolge gelten die allgemeinen Regeln. Will der Erbe die übergegangenen Rechte gegenüber Dritten geltend machen, bedarf es keiner vorherigen Änderung der Patentrolle.

29 **6.** Eine *rechtsgeschäftliche Voll- oder Teilübertragung* gestattet § 15 Abs. 1 Satz 2 PatG. Hiernach können das Recht auf das Patent, der Anspruch auf Erteilung des Patents und das Recht aus dem Patent beschränkt oder unbeschränkt auf andere übertragen werden. Eine beschränkte Übertragung liegt in der Übertragung eines Bruchteils an einer Schutzrechtsposition, so dass der Erwerber in eine Bruchteilsgemeinschaft (§§ 741 ff. BGB) mit den übrigen Rechtsinhabern tritt (ideelle Mitberechtigung). Das Erfinderpersönlichkeitsrecht ist von der Übertragbarkeit ausgeschlossen. Jeder Teilhaber ist nach § 743 Abs. 2 BGB zur Eigennutzung des gemeinsamen Rechts befugt. Nutzen einzelne Teilhaber den Gegenstand des gemeinsamen Rechts nicht oder nur in geringem Umfang, können diese gemäß § 745 Abs. 2 BGB eine dem Interesse aller Teilhaber nach billigem Ermessen entsprechende Regelung der Benutzung verlangen, die ja auch einen Ausgleich in Geld für Gebrauchsvorteile einzelner Teilhaber umfassen kann.[53]

30 Die Vollrechtsübertragung kann im Wege der Einzel- wie auch der Gesamtrechtsnachfolge erfolgen. Der Rechtsübergang vollzieht sich durch Abschluss eines schuldrechtlichen und eines dinglichen Übertragungsvertrages als Einheit (Rechtskauf i.S.d. § 453 Abs. 1 BGB). Die Übertragung einer nationalen Patentanmeldung oder eines nationalen Patents bedürfen keiner besonderen Form. Die Eintragung des Inhaberwechsels in der Patentrolle gemäß § 30 PatG hat nur deklaratorische Wirkung. Gleichwohl empfiehlt sich in jedem Fall die Eintragung, da die Eintragungen in der Patentrolle Legitimationswirkung haben.

31 Wird eine europäische Patentanmeldung übertragen, sind die Formerfordernisse des Art. 72 EPÜ zu beachten (Schriftform, Unterschrift der Vertragsparteien). Die Nichteinhaltung der Form führt zur Unwirksamkeit der Übertragung. Die Übertragung der nationalen Einzelpatente nach Erteilung eines europäischen Patents richtet sich allerdings nach den Bestimmungen des jeweiligen Vertragsstaates, für den das Schutzrecht übertragen werden soll.

32 **7.** Nach § 15 Abs. 2 PatG können das Recht auf das Patent, der Anspruch auf Erteilung des Patents und das Recht aus dem Patent ganz oder teilweise Gegenstand von ausschließlichen oder nicht ausschließlichen *Lizenzen* für das gesamte Bundesgebiet oder einen Teilbereich sein. Durch die Vergabe einer Lizenz wird die Benutzung einer Erfindung zwischen Rechtsinhaber (Lizenzgeber) und einem Dritten (Lizenznehmer) geregelt. (siehe hierzu auch Rdn. 41 ff.)

33 Für europäische Patentanmeldungen gilt Art. 73 EPÜ. Hiernach kann eine europäische Patentanmeldung ganz oder teilweise Gegenstand von Lizenzen für alle oder einen Teil der Hoheitsgebiete der benannten Vertragsstaaten sein. Mit Erteilung eines europäischen Patents richtet sich die Zulässigkeit von Lizenzverträgen nach der jeweiligen nationalen Rechtsordnung der benannten Vertragsstaaten.

34 **8.** Das *Patentkostengesetz* umfasst alle für das DPMA und das Bundespatentgericht (BPatG) geltenden kostenrechtlichen Vorschriften (vgl. § 1 Abs. 1 PatKostG). Für Auslagen in Verfahren vor dem Bundespatentgericht ist demgegenüber das *Gerichtskostengesetz* anzuwenden (§ 1 Abs. 1 Satz 2 PatKostG). § 2 PatKostG regelt die *Höhe* der Gebühren. Maßgeblich hierfür ist das Gebührenverzeichnis der Anlage zu diesem Gesetz. Zugleich wird vorgege-

---

[53] BGH GRUR 2005, 663, 664 – Gummielastische Masse II; GRUR 2009, 657 (Rn. 18) – Blendschutzbehang; GRUR 2017, 890 – Sektionaltor II.

ben, dass sich die Gebühren für Klagen und einstweilige Verfügungen vor dem Bundespatentgericht nach dem Streitwert richten (§ 2 Abs. 2 Satz 1 PatKostG). Dieser für das Verfahren beim Bundespatentgericht festgesetzte Streitwert gilt gemäß § 32 Abs. 1 des Gesetzes über die Vergütung der Rechtsanwältinnen und Rechtsanwälte (RVG) auch für die Anwaltskosten.

Mit der *Fälligkeit* der Gebühren befasst sich § 3 PatKostG. Ausweislich § 3 Abs. 1 PatKostG werden die Gebühren mit der Einreichung einer Anmeldung, eines Antrags, der Einlegung eines Einspruchs, eines Widerspruchs oder einer Beschwerde, der Einreichung der Klage oder mit der Abgabe der entsprechenden Erklärung zu Protokoll fällig, soweit gesetzlich nichts anderes bestimmt ist. In § 3 Abs. 2 PatKostG werden die für Patentjahresgebühren geltenden Aufrechterhaltungs- bzw. Verlängerungsgebühren und die für die übrigen Schutzrechte notwendigen Fälligkeitsregelungen zusammengefasst. Dadurch wird es im Zusammenhang mit der Änderung des Beginns der Schutzfrist im materiellen Recht (= Tag der Anmeldung) ermöglicht, die Berechnung des Fälligkeitstermins für alle Schutzrechte zu vereinheitlichen. 35

§ 4 PatKostG stellt klar, wer *Kostenschuldner* ist. Dabei haften gemäß Abs. 2 mehrere Kostenschuldner als Gesamtschuldner. 36

Besondere Bedeutung kommt der Regelung in § 5 PatKostG über die Vorauszahlungsbedingungen zu. § 5 Abs. 1 PatKostG bestimmt, dass im Verfahren vor dem DPMA die Bearbeitung einer Anmeldung, eines Antrags, eines Einspruchs, eines Widerspruchs oder einer Beschwerde erst nach Zahlung der Gebühr oder des Vorschusses für die Bekanntmachungskosten erfolgt (Satz 1). In Verfahren vor dem BPatG soll die Klage erst nach Zahlung der Gebühr für das Verfahren zugestellt werden (Satz 3). Werden diese Vorschüsse nicht gezahlt, wird das Verfahren nicht durchgeführt. 37

Zu beachten ist darüber hinaus § 6 PatKostG, die Regelung über die Zahlungsfristen und die Folgen einer Nichtzahlung. Ist für die Stellung eines Antrags oder die Vornahme einer sonstigen Handlung durch Gesetz eine Frist bestimmt, so ist innerhalb dieser Frist auch die Gebühr zu zahlen (Abs. 1 Satz 1). Dies betrifft die Zahlungsfristen für Gebühren bei Einlegung von Einsprüchen, Widersprüchen oder Beschwerden sowie bei der Vornahme sonstiger Handlungen (z.B. Einreichung bestimmter Unterlagen oder Erklärungen). Für alle übrigen Gebühren gilt eine Zahlungsfrist von 3 Monaten ab Fälligkeit (§ 3 Abs. 1 PatKostG), soweit gesetzlich nichts anderes bestimmt ist. 38

§ 7 PatKostG betrifft die Zahlungsfristen für Jahres-, Aufrechterhaltungs- und Schutzrechtsverlängerungsgebühren sowie den Verspätungszuschlag. 39

Eine Übersicht über die Gebühren und Auslagen des DPMA und des BPatG vermittelt das Kostenmerkblatt (Stand Juli 2016).[54] Zahlungsart ist neben der Bareinzahlung und der Überweisung das Einzugsermächtigungsverfahren. 40

II. Lizenzvertragsrecht

1. Der *Lizenzvertrag*[55] wird definiert als die entgeltliche oder unentgeltliche Einräumung eines Nutzungsrechts an Erfindungen, Schutzrechtsanmeldungen, Schutzrechten oder sonstigem technischen Erfahrungswissen (Know-how). Eine umfassende eigenständige Regelung hat der Lizenzvertrag im deutschen Recht nicht gefunden, so dass z.B. für eine Patentlizenz § 15 Abs. 2 PatG die maßgebliche Rechtsgrundlage ist. 41

Für den Lizenzvertrag gilt der Grundsatz der Vertragsfreiheit. Allerdings hat das *Kartellrecht* maßgeblichen Einfluss auf die inhaltliche Gestaltung (vgl. §§ 1, 2 GWB und bei einem 42

---

54 abrufbar unter http://www.dpma.de/docs/formulare/allgemein/a9510.pdf.
55 Siehe auch Muster eines Lizenzvertrages unter Rdn. 138 M.

Lizenzvertrag mit grenzüberschreitenden Wirkungen innerhalb der EU (Art. 101, 102 AEUV[56]).

43 2. Als gegenseitiger Vertrag unterliegt der Lizenzvertrag den *Bestimmungen* des BGB *über Leistungsstörungen (§§ 320 ff. BGB)*. Da der Lizenzvertrag im Gegensatz zu dem Vertrag über den Kauf eines Schutzrechts als Dauerschuldverhältnis ausgerichtet ist, kommen auf ihn die allgemeinen Regeln über Dauerschuldverhältnisse zur Anwendung.[57] Trotz der Berührungspunkte mit typischen Vertragsverhältnissen des BGB, wie z.B. dem Kauf-, Miet-, Pacht- und Gesellschaftsvertrag, lässt er sich diesen Vertragstypen nicht eindeutig zuordnen und wird nach heute ganz herrschender Meinung als gegenseitiger Vertrag eigener Art angesehen.[58] Wenn die Lizenzvertragsparteien zu dem gemeinsamen Zweck der Ausnutzung des Rechts zusammenwirken, können die Vorschriften über die Gesellschaft (§§ 705 ff. BGB) eingreifen.[59]

44 Die auf den Lizenzvertrag anzuwendenden Rechtsregeln müssen aus der Natur des Vertragsverhältnisses selbst entwickelt werden; ergänzend können Regeln bestimmter Rechtsbereiche herangezogen werden, wenn diese allgemeine Rechtsgrundsätze enthalten, wie bspw. die §§ 463, 538 BGB i.V.m. § 581 BGB hinsichtlich der Rechtsfolgen bei Fehlen zugesicherter Eigenschaften.[60] Regelmäßig wird empfohlen, die Vorschriften der Rechtspacht heranzuziehen.[61]

45 3. Der Lizenzvertragsabschluss unterliegt zivilrechtlich *keinen Formvorschriften*. Die Einhaltung der Schriftform empfiehlt sich aber aus Beweisgründen.[62] Formvorschriften aufgrund ausländischer Rechtsordnungen können sich dann ergeben, wenn Gegenstand des Lizenzvertrages (auch) parallele bzw. eigenständige Auslandspatente sind bzw. aufgrund der vereinbarten oder geltenden nationalen Rechtsordnung. Der BGH verlangt für den Nachweis des Abschlusses eines Lizenzvertrages in der Regel die Vorlage einer schriftlichen Dokumentation des Vertragsschlusses[63]. Art. 1 Abs. 1 lit. i (iii) GVO-TT 2014 fordert eine »Identifizierung« des lizenzierten Know-how; dies bedingt zumeist die Einhaltung der Schriftform.

46 Der Lizenznehmer kann gemäß § 30 Abs. 4 PatG die Eintragung der ausschließlichen Lizenz in der Patentrolle (§ 30 Abs. 1 PatG) beantragen, wenn er die Einwilligung des Lizenzgebers nachweist. Die Eintragung der ausschließlichen Lizenz in der Patentrolle schützt den Lizenznehmer vor einer Lizenzbereitschaftserklärung des Patentinhabers nach § 23 PatG.

47 4. In der betrieblichen Praxis bildet der reine Lizenzvertrag, der ein oder mehrere Schutzrechte zum Gegenstand hat, die Ausnahme, da das in der lizenzierten Schutzrechtsposition offenbarte technische Wissen häufig ohne zusätzliches Erfahrungsgut des Lizenzgebers nicht optimal genutzt werden kann. Typisch ist deshalb der *kombinierte Patentlizenz- und Know-how-Vertrag*. Hinsichtlich der Rechtsnatur des Know-how-Vertrages geht die wohl

---

56 Vertrag über die Arbeitsweise der Europäischen Union vom 01.12.2009, ABl. der EU vom 30.03.2010, C 83/47; s. hierzu ausführlich *Bartenbach*, Patentlizenz- und Know-how-Vertrag, Rn. 670 ff.; aber auch BGH GRUR 2009, 946, 948 – Reifen Progressiv.

58 BGH WM 2004, 596, 597 – Honiglöffel; s. aber auch BGH GRUR 2006, 435, 437 – Softwarenutzungsrecht (= Rechtspacht) u. GRUR 2016, 201 – Ecosoil (= Lizenzkauf); *B. Bartenbach*, Mitt. 2003, 102, 104.

59 BGH GRUR 1959, 125, 127 – Pansana; BGH GRUR 1965, 135, 137 – Vanal-Patent.

60 BGH GRUR 1970, 547, 548 – Kleinfilter.

61 *Benkard/Ullmann/Deichfuß*, § 15 PatG Rn. 81; *Palandt/Weidenkaff*, § 581 BGB Rn. 8.

62 *Fitzner/Lutz/Bodewig/Hauck*, § 15 PatG Rn. 85.

63 GRUR 2016, 201 – Ecosoil.

herrschende Meinung von einem Rechtspachtvertrag aus, jedenfalls wenn laufendes Entgelt geschuldet wird,[64] bzw. bei einmaligem Entgelt von einem Kaufvertrag.[65]

5. Die *ausschließliche Lizenz* begründet zunächst die Pflicht des Lizenzgebers, keine weiteren Lizenzen zu vergeben (Alleinlizenz – sole license, vgl. Rn. 109 der TT-Leitlinien zu Art. 101 AEUV. Soll der Lizenznehmer das alleinige Recht zur Verwertung der lizenzierten Erfindung erhalten, bedarf es der Verpflichtung des Lizenzgebers, sich jeder Eigennutzung zu enthalten (Exklusivlizenz – exclusive license, vgl. Rn. 106 der TT-Leitlinien zu Art. 101 AEUV. Im Umfang des dem ausschließlichen Lizenznehmer eingeräumten Nutzungsrechts muss der Lizenzgeber jede weitere Verfügung unterlassen. Allerdings kann der Lizenzgeber das lizenzierte Schutzrecht veräußern, da auch der Erwerber des Patents die ausschließliche Lizenz wegen ihrer dinglichen Wirkung gegen sich gelten lassen muss (vgl. § 15 Abs. 3 PatG, Sukzessionsschutz). Der ausschließliche Lizenznehmer hat grundsätzlich das Recht, weitere (einfache) Unterlizenzen zu vergeben.[66] Rechtsprechung und Schrifttum verstehen die ausschließliche Lizenz als dingliches bzw. quasi-dingliches Nutzungsrecht.[67] Soweit sein eigenes Nutzungsrecht berührt ist, ist der ausschließliche Lizenznehmer für Ansprüche gegenüber Dritten aus eigenem Recht aktiv legitimiert.[68]

6. Im Gegensatz zur ausschließlichen Lizenz gewährt die *einfache Lizenz* dem Lizenznehmer nur einen schuldrechtlichen Anspruch auf Benutzung der Erfindung.[69] Die einfache Lizenz begründet nur eine schuldrechtliche Beziehung zwischen den Vertragsparteien.[70] Die Veräußerung des lizenzierten Schutzrechts durch den Lizenzgeber oder die Einräumung weiterer Lizenzen berührt aber gemäß § 15 Abs. 3 PatG bestehende einfache Lizenzverträge nicht (Sukzessionsschutz). Einfache Lizenzen sind im Zweifel nur dem Lizenznehmer persönlich eingeräumt, also nicht übertragbar und nicht vererblich.[71]

7. Der auf der Grundlage der Vertragsfreiheit zustande kommende Lizenzvertrag steht im Gegensatz zur *Zwangslizenz*. Nach § 24 Abs. 1 PatG besteht die Möglichkeit der Erteilung einer Zwangslizenz, wenn ein Patentinhaber die Benutzung der Erfindung verweigert, obgleich sich der Lizenzsucher innerhalb eines angemessenen Zeitraums bemüht hat, vom Patentinhaber die Zustimmung zu erhalten, die Erfindung zu angemessenen geschäftsüblichen Bedingungen zu benutzen und die Erlaubnis im öffentlichen Interesse geboten ist. Der unbestimmte Rechtsbegriff des *öffentlichen Interesses* unterliegt den Umständen des Einzelfalls und ist unter Abwägung aller wesentlichen Gesichtspunkte zu bestimmen.[72] Es hat eine Abwägung zwischen dem Individualinteresse des Patentinhabers und dem Allgemeininteresse zu erfolgen. Ein öffentliches Interesse kann etwa dann zu bejahen sein, wenn die Pro-

---

64 BGH GRUR 2006, 435 – Softwarenutzungsrecht; OLG Hamm NJW-RR 1993, 1270; *Bartenbach*, Patentlizenz- und Know-how-Vertrag, Rn. 2660; *Benkard/Ullmann/Deichfuß*, § 15 PatG Rn. 83; Palandt/*Weidenkaff*, vor § 581 BGB Rn. 8.
65 *Stumpf*, Der Know-how-Vertrag, Rn. 21.
66 Vgl. BGH GRUR 1953, 114, 118 – Reinigungsverfahren; BGH GRUR 2002, 801, 803 – Abgestuftes Getriebe; einschränkend OLG Karlsruhe v. 09.11.2016 6 U 37/15, BeckRS 2016, 21121 – Flugzeugsteckdose m.H.a. die Zweckübertragungslehre (vgl. § 31 Abs. 5 UrhG); *Benkard/Ullmann/Deichfuß*, § 15 PatG Rn. 93.
67 Vgl. *Bartenbach*, Patentlizenz- und Know-how-Vertrag Rn. 93 m.w.N.; *Schulte/Moufang*, § 15 PatG Rn. 33.
68 BGH GRUR 1995, 338 – Kleiderbügel; BGH GRUR 2008, 896, – Tintenpatrone.
69 *Schulte/Moufang*, § 15 PatG Rn. 40.
70 Allg. M.: vgl. z.B. BGH GRUR 1982, 411 ff. – Verankerungsteil; s. aber BGH GRUR 2009, 946, 948 – Reifen Progressiv, wonach auch das einfache Nutzungsrecht bei der urheberrechtlichen Lizenz dinglichen Charakter hat; vgl. zu der dadurch ausgelösten Streitfrage BGH GRUR 2012, 916 – M2Trade u. BGH GRUR 2012, 914 – TakeFive; *Benkard/Ullmann/Deichfuß*, § 15 PatG Rn. 99.
71 Vgl. auch BGH GRUR 1974, 463 – Anlagengeschäft.
72 BPatGE 32, 184, 190; vgl. *Schulte/Rinken*, § 24 PatG Rn. 11 ff. m.w.N.; BGH GRUR 2017, 1017 – Raltegravir u. GRUR 2004, 966 – Standard Spundfass.

duktion des Patentinhabers nach der erfinderischen Lehre ein berechtigtes Bedürfnis des Marktes nicht befriedigen kann. Der Patentinhaber hat gegen den Inhaber der Zwangslizenz Anspruch auf eine angemessene Vergütung, die den wirtschaftlichen Wert der Zwangslizenz in Betracht zieht (§ 24 Abs. 5 Satz 4 PatG). Der Patentinhaber kann die Rücknahme der Zwangslizenz verlangen, wenn die Umstände, die bei der Erteilung der Zwangslizenz gegeben waren, entfallen sind und ihr Wiedereintritt unwahrscheinlich ist (§ 24 Abs. 6 Satz 6 PatG). Das durch die Zwangslizenz vermittelte Nutzungsrecht entspricht seiner Natur nach der einfachen Lizenz. Es bleibt dem Patentinhaber unbenommen, daneben vertragliche (einfache) Lizenzen zu erteilen.

51 Neben dieser patentrechtlichen Zwangslizenz besteht die Möglichkeit der kartellrechtlichen Zwangslizenz bei Missbrauch einer marktbeherrschenden Stellung i.S.d. Art. 102 AEUV[73] bzw. der §§ 19, 20 GWB.[74]

52 8. Zunehmend macht die betriebliche Praxis von der Möglichkeit des § 23 PatG Gebrauch, wonach der Patentanmelder bzw. der Patentinhaber in der Patentrolle seine Bereitschaft eintragen lassen kann, jedermann die Benutzung der Erfindung gegen angemessene Vergütung zu gestatten. Eine solche *Lizenzbereitschaftserklärung* ist widerruflich (§ 23 Abs. 7 PatG) und bewirkt eine Ermäßigung der Patentjahresgebühren auf die Hälfte (§ 23 Abs. 1 Satz 1 PatG).

53 Demgegenüber ist die Erklärung, an einer Lizenzvergabe interessiert zu sein, unverbindlich. Eine solche *Lizenzinteresseerklärung* wirkt sich anders als die Lizenzbereitschaftserklärung nicht auf die Höhe der Jahresgebühren aus. Sie soll lediglich interessierten Kreisen die Bereitschaft des Patentanmelders bzw. des Patentinhabers bekunden, an einer Weiterverwertung seiner Erfindung durch Dritte interessiert zu sein.[75] Die Lizenzinteresseerklärung kann zurückgenommen werden und wird außerdem mit der Abgabe einer Lizenzbereitschaftserklärung gemäß § 23 PatG oder der Eintragung einer Lizenz gemäß § 34 PatG gegenstandslos. Sie wird in der Patentrolle angezeigt und im Patentblatt veröffentlicht.

54 9. Kann der Lizenzgeber dem Lizenznehmer das aus dem Wesen des Lizenzvertrages folgende Benutzungsrecht nicht verschaffen (§ 275 BGB) bzw. verweigert er diese Leistung, wird er gemäß § 311a BGB von seiner Leistungspflicht frei. Der Lizenzvertrag bleibt wirksam; der Lizenzgeber verliert nach § 326 Abs. 1 BGB den Anspruch auf die Zahlung der Lizenzgebühren. Dem Lizenznehmer stehen die Ansprüche aus § 311a Abs. 2 BGB zu; er kann also bei ausbleibendem Entlastungsbeweis des Lizenzgebers (vgl. § 311a Abs. 2 Satz 2, §§ 276, 278 BGB) wahlweise Schadensersatz statt der Leistung (§§ 280 Abs. 1, 281 BGB) oder Aufwendungsersatz nach § 284 BGB verlangen. Gleiches gilt, wenn die Rechtseinräumung dem Lizenzgeber objektiv unmöglich ist.

55 Ist dem Lizenzgeber die Erfüllung der Verschaffungspflicht zwar möglich, kommt er ihr aber nicht nach, liegt hierin eine *Pflichtverletzung*, die zu den Ansprüchen aus §§ 280 ff., §§ 320 ff. BGB führt. Insbesondere kann der Lizenznehmer nach § 323 BGB vom Lizenzvertrag zurücktreten und daneben gemäß §§ 280, 281, 325 BGB den Anspruch auf Schadensersatz statt der Leistung oder einen Anspruch auf Ersatz vergeblicher Aufwendungen nach § 284 BGB geltend machen. Unter Umständen kann der Lizenznehmer auch eine außerordentliche Kündigung des Lizenzvertrages aussprechen, die seinen Schadensersatzanspruch unberührt lässt (§ 314 BGB).

56 Ergeben sich Sach- oder Rechtsmängel, ist ein Rückgriff auf die Grundsätze beim Kauf-, Werk- oder Pachtvertrag zugunsten des allgemeinen Leistungsstörungsrechts regelmäßig

---

73 EuGH GRUR 2015, 764 – Huawei Technologies/ZTE u. OLG Düsseldorf Mitt. 2016, 85 – Kommunikationsvorrichtungen eines Mobilfunksystems.
74 BGH GRUR 2009, 694 – Orange Book-Standard m. Anm. *Jestaedt*, GRUR 2009, 801; vgl. auch BGH GRUR 2004, 966 – Standard Spundfass.
75 Vgl. Mitt. DPMA Blatt 1985, 197.

entbehrlich, wobei als wesentlicher Maßstab zur Ausfüllung der Ansprüche der Charakter des Lizenzvertrages als regelmäßig *gewagtes Geschäft* zu berücksichtigen ist.[76]

Der Lizenzgeber ist zur Aufrechterhaltung der Lizenzschutzrechtsposition durch Zahlung der Jahresgebühren und Verteidigung gegen Schutzrechtsangriffe Dritter (Einspruch, Nichtigkeits-, Löschungsklage) verpflichtet. Ergeben sich während der Laufzeit des Lizenzvertrages Änderungen im Bestand der Schutzrechtsposition, etwa durch Widerruf, Nichtigerklärung oder Löschung, behält der Vertrag bis zur Rechtskraft dieser Entscheidung seine Rechtswirkung. In Anlehnung an die frühere Rechtsprechung kann eine Lösung über die in § 313 BGB kodifizierten Grundsätze zum Wegfall der Geschäftsgrundlage gefunden werden.[77] 57

Bildet das weggefallene Schutzrecht den wesentlichen Vertragsgegenstand, führt dies über § 313 Abs. 3 Satz 2 BGB zu einem Kündigungsrecht des Lizenznehmers aus wichtigem Grund (§ 314 BGB). Eine Rückabwicklung des Vertrages erfolgt nicht. Eine solche Kündigung schließt einen Schadensersatzanspruch nach § 280 BGB nicht aus (§ 314 Abs. 4 BGB). Jedoch reicht allein der Umstand der Schutzrechtsvernichtung für die nach § 280 Abs. 1 BGB erforderliche Pflichtverletzung nicht aus. Ein anderer Lösungsansatz könnte auch in § 275 BGB gesehen werden. Trifft den Lizenzgeber allerdings aufgrund fehlerhaften Verhaltens bei der Verteidigung des Schutzrechts ein Vorwurf (z.B. versäumtes Rechtsmittel), läge regelmäßig ein Verstoß gegen die Verschaffungspflicht mit den oben dargestellten Rechtsfolgen vor. 58

Wird die lizenzierte Schutzrechtsposition eingeschränkt erteilt bzw. das Schutzrecht teilweise vernichtet, ist zunächst zu überprüfen, ob hierdurch die Nutzungsmöglichkeiten des Lizenznehmers eingeschränkt werden. Gleiches gilt bei Einschränkungen des Schutzrechts im Erteilungsverfahren oder durch spätere Beschränkungen des Schutzrechtes (vgl. § 64 PatG). Ob dem Lizenzgeber bei tatsächlich gegebener Einschränkung der Nutzungsmöglichkeiten des Lizenznehmers der Vorwurf einer schuldhaften Pflichtverletzung zu machen ist, bestimmt sich danach, ob diese Einschränkungen durch den Stand der Technik sachlich geboten sind. Hiervon hängt auch ab, ob und inwieweit ein Anpassungsanspruch aus § 313 BGB oder ein Kündigungsrecht aus § 314 BGB greift. 59

Ist das lizenzierte Schutzrecht von einem älteren Patent *abhängig* (vgl. § 24 Abs. 2 PatG), scheidet eine Haftung des Lizenzgebers nach § 280 BGB mangels Vertretenmüssens aus. Es liegt eine Vertragsanpassung nach § 313 BGB nahe, sofern nicht bei Unzumutbarkeit der Vertragsfortsetzung eine Kündigung nach § 314 BGB erfolgt. Zu beachten ist, dass die Rechtsprechung die unerwartete Abhängigkeit von einem Patent der Risikosphäre des Lizenznehmers zugeordnet hat.[78] 60

Bei einer ausschließlichen Lizenz kann sich das Vorhandensein eines Vorbenutzungsrechts (§ 12 PatG) auf das Nutzungsrecht des Lizenznehmers auswirken. Dieser verliert dadurch seine Ausschließlichkeitsstellung, sodass eine Vertragsanpassung nach den Grundsätzen zum Wegfall der Geschäftsgrundlage mit den Folgen aus §§ 313, 314 BGB notwendig werden kann. 61

Tauglichkeitsmängel, also Mängel hinsichtlich der technischen Ausführbarkeit und Brauchbarkeit des lizenzierten Schutzrechts, stellen kein anfängliches Unvermögen dar, sondern eine Schlechtleistung mit der Folge eines Kündigungsrechts nach § 314 BGB.[79] Unabhängig vom Kündigungsrecht besteht ein Schadensersatzanspruch gemäß §§ 280, 281 BGB oder alternativ ein Anspruch auf Aufwendungsersatz nach § 284 BGB. 62

---

76 OLG München Mitt. 2013, 35 – Zinkelektrode; LG München InstGE 9, 257 – Meerwasserentsalzungsanlage.
77 Palandt/*Grüneberg*, § 313 BGB Rn. 40.
78 Vgl. *Bartenbach*, Patentlizenz- und Know-how-Vertrag, Rn. 1451 m.w.N.
79 *Fitzner/Lutz/Bodewig/Hauck*, § 15 PatG, Rn. 57 m.w.N.

63 Hat der Lizenzgeber besondere Garantien gegeben, bedarf es keines Rückgriffs auf das Kaufrecht; der Lizenzgeber haftet im Verletzungsfall wegen einer Pflichtverletzung nach § 280 Abs. 1 i.V.m. § 276 Abs. 1 Satz 1 BGB verschuldensunabhängig auf Schadensersatz.

64 Eine Hauptpflicht des Lizenznehmers ist es, dem Lizenzgeber für die Einräumung der Lizenz an der Schutzrechtsposition eine *Lizenzgebühr* als vertragliche Gegenleistung zu zahlen. Die Lizenzgebühr kann z.B. als bei Vertragsabschluss fällige Einmalzahlung, als für die gesamte Vertragsdauer geschuldete umsatzabhängige Zahlung, als Stücklizenz, als Mindestlizenzgebühr und ggf. als Kombination dieser Zahlungsarten vereinbart werden. Denkbar ist auch eine Abgeltung durch sonstige Zuwendungen (Bsp. Auftragsforschung und Verwertungsmonopol des Auftraggebers). Bei der Vereinbarung einer umsatzabhängigen Lizenzgebühr sind die Festlegung der lizenzpflichtigen Benutzungshandlungen, die Bestimmung der schutzrechtsbezogenen Bezugsgröße und des Lizenzsatzes sowie die Abrechnungsmodalitäten erforderlich. Bei der Stücklizenz zahlt der Lizenznehmer für jeden Lizenzgegenstand einen bestimmten Geldbetrag.

65 Ein Verzug des Lizenznehmers mit der Zahlung der Lizenzgebühren (§ 286 BGB) eröffnet gemäß § 280 BGB Schadensersatzansprüche des Lizenzgebers.

66 Eine weitere Hauptpflicht des Lizenznehmers stellt eine im Vertrag ausdrücklich übernommene oder sich aus den Umständen des Vertrages ergebende *Ausübungspflicht* dar. Der Lizenzgeber sichert sich durch eine solche Verpflichtung seine grundsätzliche Erwartung, durch die Fremdnutzung seiner erfinderischen Lehre eine angemessene Beteiligung daran zu erhalten, ab. Kommt der Lizenznehmer einer ihm obliegenden Ausübungspflicht nicht nach, bestimmen sich die Rechte des Lizenzgebers nach §§ 280, 281, 323 BGB.

67 11. Hinsichtlich der *Verjährung* gelten die allgemeinen Grundsätze der §§ 194 ff. BGB, also insbesondere über die dreijährige Regelverjährungsfrist des § 195 BGB (vgl. aber § 199 BGB zur Fälligkeit). Da es sich bei dem Lizenzvertrag um ein Dauerschuldverhältnis handelt, gilt für die vor dem Jahr 2002 abgeschlossenen Verträge die Sonderregelung des Art. 229 § 5 Satz 2 EGBGB.

III. Gebrauchsmusterrecht

68 1. Das Gebrauchsmustergesetz hat ebenso wie das PatG als Schutzgegenstand eine technische Erfindung.

69 2. Als Gebrauchsmuster werden gemäß § 1 Abs. 1 GebrMG technische Erfindungen geschützt, die neu sind, auf einem erfinderischen Schritt beruhen und gewerblich anwendbar sind. Ausgenommen vom Gebrauchsmusterschutz sind entsprechend § 1 Abs. 2 GebrMG sog. Nichterfindungen, also Entdeckungen, wissenschaftliche Theorien, mathematische Methoden, ästhetische Formschöpfungen, Pläne, Regeln und Verfahren für gedankliche Tätigkeiten, für Spiele oder für geschäftliche Tätigkeiten sowie Programme für Datenverarbeitungsanlagen als solche, die Wiedergabe von Informationen und biotechnologische Erfindungen i.S.d. § 1 Abs. 2 PatG. Ebenso ausgeschlossen sind Erfindungen, deren Veröffentlichung oder Verwertung gegen die öffentliche Ordnung oder die guten Sitten verstoßen würde, Pflanzensorten oder Tierarten und Verfahrenserfindungen (z.B. Herstellungs- und Verwendungserfindungen; § 2 GebrMG). Insbesondere *Verfahrenserfindungen* sind gemäß § 2 Nr. 3 GebrMG vom Gebrauchsmusterschutz ausgenommen, da sie wegen des Fehlens von Zeichnungen oder von Darstellungen chemischer Formeln von Dritten in keiner Weise zuverlässig auf ihre Schutzfähigkeit überprüft werden können.

3. *Patent und Gebrauchsmuster* können *nebeneinander* bestehen.[80] Mit dem Gebrauchsmustergesetz wollte der Gesetzgeber ein gegenüber dem Patent schneller erwerbbares und billigeres Recht zum Schutz von Erfindungen zur Verfügung stellen. Insoweit dient das Gebrauchsmuster heute auch dem Zweck, den durch eine lange Prüfungsdauer bedingten zeitlichen Aufschub des Eintritts der Schutzwirkungen beim Patent zu überwinden.

Auch die gebrauchsmusterfähige Erfindung muss sich vom *Stand der Technik* abheben. § 3 Abs. 1 GebrMG weicht in Satz 2 lediglich insoweit von der entsprechenden Vorschrift des § 3 Abs. 1 Satz 1 PatG ab, als nur eine inländische offenkundige Vorbenutzung der Neuheit entgegensteht. Darüber hinaus gilt nach § 3 Abs. 1 Satz 3 GebrMG eine *sechsmonatige Neuheitsschonfrist*: Danach bleibt eine Veröffentlichung der Erfindung bei der Prüfung einer Anmeldung, die diese Erfindung enthält, außer Betracht, wenn sie auf der Ausarbeitung des Anmelders beruht, und der Zeitrang der Anmeldung höchstens 6 Monate nach dem Veröffentlichungstag liegt.

Unabhängig davon verlangt § 1 Abs. 1 Satz 1 GebrMG lediglich einen »*erfinderischen Schritt*«. Durch diesen Begriff wollte der Gesetzgeber ursprünglich klarstellen, dass die Anforderungen an das Erfordernis der erfinderischen Leistung im Gebrauchsmusterrecht niedriger liegen können als im Patentrecht. Nach der Rechtsprechung des BGH soll der Prüfung dieser Voraussetzung allerdings kein geringeres Maß als bei der Prüfung der Erfindungshöhe zugrunde gelegt werden.[81]

4. Die maximale *Schutzdauer* eines Gebrauchsmusters kann 10 Jahre betragen (vgl. § 23 GebrMG). Die Schutzdauer beträgt gemäß § 23 Abs. 2 GebrMG zunächst 3 Jahre, die mit dem Tag beginnen, der auf die Anmeldung folgt. Die Schutzdauer wird durch Zahlung einer Gebühr gemäß dem PatKostG zunächst um 3 Jahre, sodann um jeweils 2 Jahre bis auf höchstens 10 Jahre auf Antrag verlängert. Die Aufrechterhaltungsgebühr ist am letzten Tag des Monats fällig, in dem die vorangegangene Schutzfrist endet. Wird diese Gebühr nicht rechtzeitig nach § 7 Abs. 1 PatKostG gezahlt, erlischt das Gebrauchsmuster.

5. Die *Eintragung* eines Gebrauchsmusters erfolgt auf der Grundlage einer Anmeldung beim DPMA (§§ 4, 4a GebrMG). Die Anmeldung kann – gegen einen ermäßigten Gebührensatz – auch in elektronischer Form eingereicht werden. Weiterhin kann die Anmeldung ganz oder teilweise in einer ausländischen Sprache abgefasst werden (§ 4a GebrMG). In diesem Fall ist jedoch eine deutsche Übersetzung innerhalb einer Frist von 3 Monaten nach Einreichung der Anmeldung nachzureichen. Die Einzelheiten der Voraussetzungen einer Gebrauchsmusteranmeldung ergeben sich aus dem beim DPMA verfügbaren Merkblatt für Gebrauchsmusteranmelder (G 6181, Ausgabe Juni 2014).[82]

Entspricht die Anmeldung den Anforderungen der §§ 4, 4a GebrMG, verfügt das DPMA ohne Prüfung der materiellen Schutzvoraussetzungen die Eintragung in die Rolle für Gebrauchsmuster (§ 8 Abs. 1 GebrMG). Die Eintragung wird im Patentblatt bekannt gemacht.

6. Gemäß § 11 GebrMG hat die Eintragung eines Gebrauchsmusters die *Wirkung*, dass allein der Inhaber befugt ist, den Gegenstand des Gebrauchsmusters zu benutzen. Jedem Dritten ist es verboten, ohne seine Zustimmung ein Erzeugnis, das Gegenstand des Gebrauchsmusters ist, herzustellen, anzubieten, in Verkehr zu bringen oder zu gebrauchen oder zu den genannten Zwecken entweder einzuführen oder zu besitzen. Dabei bestimmt sich gemäß § 12a GebrMG der Schutzbereich des Gebrauchsmusters durch den Inhalt der Schutzansprü-

---

[80] *Fitzner/Lutz/Bodewig*, § 1 GebrMG Rn. 13.
[81] BGH GRUR 2006, 842, 843 – Demonstrationsschrank; s. aber auch BGH GRUR 2008, 150 – Selbststabilisierendes Kniegelenk; vgl. auch *Eisenfür*, Mitt. 2009, 165; *Keukenschrijver*, GRUR Int. 2008, 665.
[82] http://www.dpma.de/docs/formulare/gebrauchsmuster/g6181.pdf

che. Zur Auslegung der Schutzansprüche sind jedoch die Beschreibung und die Zeichnungen heranzuziehen.

77   7. § 7 GebrMG eröffnet die Möglichkeit der *Gebrauchsmusterrecherche* (d.h. die Überprüfung auf Neuheit im Vergleich zum Stand der Technik), um für das ungeprüfte Gebrauchsmuster eine bessere Beurteilung seiner Rechtsbeständigkeit zu ermöglichen. Der Rechercheantrag kann gegen Zahlung einer Recherchegebühr von 250 € von jedermann gestellt werden.

78   8. § 5 GebrMG ermöglicht die Inanspruchnahme der Priorität einer früheren Patentanmeldung. Hat der Anmelder mit Wirkung für die Bundesrepublik Deutschland für dieselbe Erfindung bereits früher ein nationales oder europäisches Patent nachgesucht, so kann er mit der Gebrauchsmusteranmeldung die Erklärung abgeben, dass der für die Patentanmeldung maßgebende Anmeldetag in Anspruch genommen wird (*Abzweigung*). Dieser Anmeldetag der früheren Patentanmeldung ist maßgeblich für die Beurteilung der Schutzfähigkeit des Gebrauchsmusters, für seine Laufzeit und für die Fälligkeit der Verlängerungsgebühren.

79   9. Das eingetragene Gebrauchsmuster kann durch *Löschungsklage* beim DPMA von jedermann angegriffen werden, wenn es nicht nach §§ 1 bis 3 GebrMG schutzfähig ist, der Gegenstand des Gebrauchsmusters bereits aufgrund einer früheren Patent- oder Gebrauchsmusteranmeldung geschützt worden ist oder über den Inhalt der Anmeldung in der Fassung hinausgeht, in der sie ursprünglich eingereicht worden ist (vgl. § 15 GebrMG). Im Rahmen des Löschungsverfahrens erfolgt eine Prüfung des Gebrauchsmusters auf seine Schutzfähigkeit. Wird das Fehlen einer Schutzvoraussetzung festgestellt, wird das Gebrauchsmuster mit Wirkung ex tunc gelöscht. Im Übrigen kann die Frage der Wirksamkeit eines Gebrauchsmusters auch im Rahmen eines Gebrauchsmusterverletzungsstreites geklärt werden.

80   10. Das Recht auf das Gebrauchsmuster, der Anspruch auf seine Eintragung und das durch die Eintragung begründete Recht können beschränkt oder unbeschränkt auf andere *übertragen* werden (§ 22 Abs. 1 Satz 2 GebrMG).

81   Nach § 22 Abs. 2 GebrMG können das Recht auf das Gebrauchsmuster, der Anspruch auf seine Eintragung und das durch die Eintragung begründete Recht ganz oder teilweise Gegenstand von ausschließlichen oder nichtausschließlichen Lizenzen für die Bundesrepublik Deutschland oder einen Teilbereich sein. Insoweit gelten für die Gebrauchsmusterlizenz die gleichen Grundsätze wie bei der Patentlizenz (siehe Rdn. 32). Der Sukzessionsschutz für den Lizenznehmer eines Gebrauchsmusters bestimmt sich nach § 22 Abs. 3 GebrMG.

82   11. Dem Gebrauchsmusterinhaber stehen gegenüber demjenigen, der entgegen den §§ 11 bis 14 GebrMG dessen Gebrauchsmuster benutzt, *Unterlassungs- und Schadensersatzansprüche* zu (§§ 24 ff. GebrMG).

IV. Markenrecht

83   1. Das MarkenG beruht zu einem beträchtlichen Teil auf der Ersten Markenrechtsrichtlinie der EU (89/104/EWG, MarkenRL).[83] Daher ist bei der Auslegung des materiellen Markenrechts auf die MarkenRL und insbesondere auf die dahin gehende Rechtsprechung des EuGH Rücksicht zu nehmen.

---

83 In der Neukodifizierung durch die Markenrechtsrichtlinie RL 2008/95/EG des Europäischen Parlaments und Rates zur Angleichung der Rechtsvorschriften der Mitgliedsstaaten über die Marken vom 22.10.2008 (MRRL, Blatt 2009, 4).

Für die im MarkenG geregelten Verfahren vor dem DPMA (Markenangelegenheiten) gelten ergänzend zu den Bestimmungen des Markengesetzes die Bestimmungen der *MarkenV*.

84

a) *Materiell-rechtlicher Inhalt des Markengesetzes:*
- einheitliche Verwendung des Begriffs der *Marke* für alle Kategorien von Marken, also Warenmarken, Dienstleistungsmarken und Kollektivmarken;
- Übernahme des zuvor in § 16 UWG geregelten Kennzeichenschutzes in das Markenrecht;
- Einbeziehung der geografischen *Herkunftsangaben* in §§ 126 ff., 144, 151 MarkenG;
- Einbeziehung der international registrierten Marken, §§ 107 ff. MarkenG;
- Erweiterung des Markenbegriffs und der Schutzfähigkeit; von der Eintragung sind nur noch Zeichen ausgeschlossen, denen jegliche *Unterscheidungskraft* fehlt. Markenfähig sind u.a. Buchstaben, Zahlen, Hörzeichen, dreidimensionale Zeichen;
- Entstehung von Marken durch Benutzung (§ 4 Abs. 2 MarkenG);
- Neuregelung der Kollisionstatbestände;
- Schutz der »bekannten« Marke;
- umfassende Rechte des Markeninhabers (freie Übertragbarkeit, Markenlizenz).

85

b) *Verfahrensrecht:*
- zuerst Eintragung, dann Widerspruch;
- Teilung von Anmeldungen und eingetragenen Marken sowie Teilübertragungen sind möglich;
- Auswirkungen des Benutzungszwangs;
- Durchgriffsbeschwerde bei überlanger Dauer des Erinnerungsverfahrens.

86

2. Eine *Marke* ist nach § 3 MarkenG ein Zeichen, das geeignet ist, die Waren und Dienstleistungen eines Unternehmens von den Waren und Dienstleistungen eines anderen Unternehmens zu unterscheiden. Als Kennzeichen dieser Art können Wörter (einschließlich Personennamen[84]), Buchstaben, Zahlen und Abbildungen, und dreidimensionale Gestaltungen[85] (einschließlich der Warenform und der Warenverpackung) und Farbzusammenstellungen geschützt werden, wenn sie den Bestimmungen des MarkenG genügen. Art. 3 Marken RL-2015 erweitert die Aufzählung der möglichen Markenformen und nennt auch Farben[86] und Klänge[87] als zulässige Markenformen.[88] Marken sind *produktidentifizierende* Unterscheidungszeichen, geschäftliche Bezeichnungen sind *unternehmensidentifizierende* oder *werkidentifizierende* Unterscheidungszeichen; im geschäftlichen Verkehr kann ein Zeichen zugleich die Funktionen verschiedener Arten von Kennzeichen erfüllen.

87

Von den sonstigen Kennzeichnungen unterscheidet sich die Marke zunächst formal durch die Art ihrer Entstehung. Neben der *Eintragung* in das beim DPMA geführte Markenregister (§ 4 Nr. 1 MarkenG) kann Markenschutz bei Erwerb von Verkehrsgeltung und Benutzung im geschäftlichen Verkehr (§ 4 Nr. 2 MarkenG) sowie bei notorischer Bekanntheit einer Marke im Inland (§ 4 Nr. 3 MarkenG) erworben werden.

88

---

84 Vgl. hierzu nur BGH GRUR 2018, 301 – Pippi-Langstrumpf; BPatG GRUR 2012, 1148 – Robert Enke; BPatG GRUR 2010, 421 – Kisch-Preis; BGH GRUR 2008, 801 – Hansen-Bau; siehe auch BGH GRUR 1995, 825, 826 – Torres.
85 Vgl. hierzu nur BGH GRUR 2010, 138, 139 f. – ROCHER-Kugel; BPatG GRUR 2012, 283, 284 – Schokoladenstäbchen; BGH GRUR 2013, 929 – Schokoladenstäbchen II; *Ströbele/Hacker/Thiering/Miosga*, § 3 MarkenG Rn. 38 ff.
86 Vgl. hierzu BPatG GRUR 2009, 157 – Orange/Schwarz IV; s.a. BPatG GRUR 2010, 71, 72 – Farbe lila; EuGH GRUR 2003, 604, 606 – Libertel, siehe auch EuGH MarkenR 2012, 66 – Deutsche Bahn/HABM.
87 EuGH GRUR 2004, 54, 57 – Shield Mark/Kist.
88 *Ströbele/Hacker/Thiering/Miosga*, § 3 MarkenG, Rn. 37.

89 3. § 3 Abs. 1 MarkenG enthält einen nicht abschließenden Katalog von Zeichenformen, die dem Markenschutz zugänglich sind: Im Rahmen des § 3 MarkenG genügt die abstrakte Eignung zur Unterscheidung. Diese *abstrakte Unterscheidungskraft* liegt bereits dann vor, wenn das infrage stehende Zeichen überhaupt geeignet ist, für irgendeine Art von Waren oder Dienstleistungen Unterscheidungskraft zu entwickeln.[89] Dies wird allerdings nur in extremen Ausnahmefällen zu verneinen sein. Als Beispiele einer fehlenden abstrakten Unterscheidungskraft werden etwa genannt: das Wort »Preis« und Werbeanpreisungen wie »super, prima, extra, ultra«.[90]

90 Weitere Voraussetzungen der Markenfähigkeit sind die *Selbstständigkeit* und die *Einheitlichkeit* der Marke. Selbstständig ist eine Marke, wenn keine Identität mit der zu bewerbenden Ware oder Dienstleistung besteht.[91] Einheitlichkeit einer Marke bedeutet, dass sie mit einem Blick überschaubar sein und einen geschlossenen Gesamteindruck vermitteln muss.[92]

91 Ist die Markenfähigkeit festgestellt, dürfen keine *absoluten Schutzhindernisse* i.S.d. § 8 MarkenG vorliegen. Die Vorschrift enthält in Abs. 2 eine abschließende Auflistung der einzelnen Versagungsgründe, die vom DPMA im Rahmen des Anmeldeverfahrens nach Zahlung der Anmeldegebühr von Amts wegen zu prüfen sind. Liegt eines der genannten Schutzhindernisse vor, so ist der Markenschutz zu versagen und die Anmeldung zurückzuweisen. Im Unterschied zur in § 3 MarkenG geregelten abstrakten Unterscheidungskraft ist im Rahmen des § 8 MarkenG zu überprüfen, ob das betreffende Zeichen im Hinblick auf die konkreten Waren und Dienstleistungen, für die es Schutz beansprucht, den Anforderungen des § 8 MarkenG genügt.

92 Für die Praxis sind die absoluten Schutzhindernisse des § 8 Abs. 2 Nr. 1 (fehlende Unterscheidungskraft) und Nr. 2 (freihaltungsbedürftige Sachangaben) von besonderer Bedeutung.

93 *Unterscheidungskraft* ist die einer Marke innewohnende konkrete Eignung, die von der Markenanmeldung umfassten Waren und Dienstleistungen als von einem bestimmten Unternehmen stammend zu kennzeichnen und so diese Waren und Dienstleistungen von denjenigen anderer Unternehmen zu unterscheiden sowie deren Ursprungsidentität zu gewährleisten (Herkunftsfunktion).[93] Maßgeblich für die Prüfung der *fehlenden Unterscheidungskraft* i.S.d. *§ 8 Abs. 2 Nr. 1 MarkenG* sind der Gesamteindruck der Marke, nicht ihrer Einzelteile, sowie die Auffassung der angesprochenen inländischen Verkehrskreise. Nach § 8 Abs. 2 Nr. 1 MarkenG sind nur solche Marken von der Eintragung ausgeschlossen, denen »jegliche« Unterscheidungskraft fehlt; der Wortlaut der Vorschrift »jeglich« stellt klar, dass schon ein Minimum an Unterscheidungskraft ausreicht, um das Schutzhindernis zu überwinden.[94] Eine Zurückweisung der Markenanmeldung wegen fehlender Unterscheidungskraft kommt daher nur in Ausnahmefällen in Betracht.

94 *Freihaltungsbedürftig i.S.d. § 8 Abs. 2 Nr. 2 MarkenG*, und damit von der Anmeldung ausgeschlossen, sind solche Zeichen oder Angaben, die im weitesten Sinne zur Beschreibung der von der Anmeldung umfassten Waren und Dienstleistungen dienen können. Diese Vorschrift verfolgt das im Allgemeininteresse liegende Ziel, dass beschreibende Zeichen und Angaben von jedermann, insbesondere von den Mitbewerbern des Anmelders, frei ver-

---

89 BPatG GRUR 2007, 324, 325 – Kinder (schwarz-rot); BGH GRUR 2014, 872 – Gute Laune Drops; BGH GRUR 2009, 778 – Willkommen im Leben.
90 Siehe hierzu *Ströbele/Hacker/Thiering/Miosga*, § 3 MarkenG, Rn. 11.
91 Vgl. nur BGH GRUR 2008, 71 – Fronthaube.
92 BPatG GRUR 2009, 1060 – Trüffelpralinen.
93 St.Rspr., EuGH GRUR 2013, 722 – Colloseum / Levi Strauss (Stofffähnchen), GRUR 2008, 608, 611 – EUROHYPO; BGH GRUR 2006, 850, 854 – Fussball WM; GRUR 2009, 949 – My World; GRUR 2010, 640 – hey!; GRUR 2012, 270 – Link Economy; GRUR 2016, 382 – BioGourmet; GRUR 2017, 75 – Wunderbaum II.
94 Vgl. hierzu die Darstellung der Rechtsprechung des BGH und EuGH bei *Ströbele/Hacker/Thiering/Ströbele*, § 8 MarkenG Rn. 174 ff.

wendet werden können.⁹⁵ Andernfalls würde durch die Monopolisierung dieser Begriffe der Wettbewerb behindert.

4. Für *Markenanmeldungen* sollte das entsprechende beim DPMA verfügbare Formblatt (W 7005, Stand Februar 2018) verwendet werden.⁹⁶ Nützlich für den Rechtsanwender ist auch die Lektüre des ebenfalls beim DPMA unter verfügbaren Merkblattes »Wie melde ich eine Marke an?« (W 7731, Stand März 2017).⁹⁷

Neben der Wiedergabe der Marke in der Weise, in der sie begehrt wird, muss die Anmeldung zur Eintragung einer Marke ein *Verzeichnis der Waren und/oder Dienstleistungen* enthalten, für die die Eintragung beantragt wird (§ 32 Abs. 2 Nr. 3 MarkenG). Dabei sind die Waren und Dienstleistungen so zu bezeichnen, dass die Klassifizierung jeder einzelnen Ware und Dienstleistung in eine Klasse der Klasseneinteilung möglich ist. Die beim DPMA verfügbare Suchfunktion⁹⁸ ermöglicht eine Suche in der Auflistung der Begriffe, die vom DPMA grundsätzlich akzeptiert werden können und in der Auflistung der »internationalen Klassifikation«, die Gegenstand des »Nizzaer Abkommens für die internationale Klassifikation von Waren und Dienstleistungen für die Eintragung von Marken« (NKA) ist. Es sollen, soweit möglich, Begriffe der Klasseneinteilung selbst verwendet werden, da es sich um standardisierte, weitgehend zulässige Angaben handelt. Bei spezieller Funktion oder Bestimmung einzelner Waren oder Dienstleistungen muss ggf. von den allgemeinen Oberbegriffen abgewichen werden und eine Einordnung in eine andere Klasse erfolgen.

5. Sind alle formellen Voraussetzungen erfüllt, die Gebühren bezahlt und wird kein absolutes Schutzhindernis festgestellt, so wird die angemeldete Marke in das Register eingetragen und die *Eintragung im Markenblatt* veröffentlicht. Der Markeninhaber erhält eine Urkunde über die Eintragung sowie eine Bescheinigung über die sonstigen in das Register eingetragenen Angaben. Mit der Eintragung der Marke entsteht ein ausschließliches Recht (§ 14 Abs. 1 MarkenG), das dem Markeninhaber unter anderem ermöglicht, im Verletzungsfall Schadensersatzansprüche geltend zu machen oder die Unterlassung der beeinträchtigenden Handlung zu verlangen (§§ 14 ff. MarkenG).

Der Eintragung und Veröffentlichung der Marke ist das *Widerspruchsverfahren* (§ 42 MarkenG) *nachgeschaltet*. Nach der Veröffentlichung der Eintragung der Marke haben Inhaber älterer angemeldeter oder eingetragener Marken innerhalb einer Frist von 3 Monaten die Möglichkeit, Widerspruch gegen die Eintragung der Marke einzulegen. Für den Markeninhaber hat dies die wichtige Konsequenz, dass er aus der Marke bereits vor Ablauf der Widerspruchsfrist oder während eines Widerspruchsverfahrens rechtlichen Schutz herleiten kann.⁹⁹ Er trägt allerdings das – im gewerblichen Rechtsschutz nicht ungewöhnliche – Risiko einer nachträglichen Löschung.

Im Rahmen des Widerspruchsverfahrens kann sich der Widersprechende nur auf die in § 42 Abs. 2 MarkenG abschließend aufgeführten relativen Schutzhindernisse berufen. Der Widerspruch kann nur darauf gestützt werden, dass die Marke
- wegen einer angemeldeten oder eingetragenen Marke mit älterem Zeitrang nach § 9 Abs. 1 Nr. 1 oder 2 MarkenG (identische oder ähnliche Marke für identische oder ähnliche Waren/Dienstleistungen) (§ 42 Abs. 2 Nr. 1 MarkenG),

---

95 Vgl. nur EuGH GRUR 2004, 674 – Postkantoor; GRUR 2006, 233 – Standbeutel; GRUR 2012, 616 – Alfred Strigl/DPMA u. Securvita/Öko-Invest; EuGH MarkenR 2014, 272 – ecoDoor; BGH GRUR 2012, 272 – Rheinpark-Center Neuss; BPatG GRUR 2013, 733, 736 – Gute Laune Drops.
96 http://www.dpma.de/docs/formulare/marken/w7005.pdf
97 http://www.dpma.de/docs/formulare/marken/w7731.pdf
98 https://www.dpma.de/marken/klassifikation/waren_dienstleistungen/nizza/index.html
99 Vgl. hierzu BPatG GRUR 2005, 773, 775 – Blue Bull/RED BULL.

- wegen einer notorisch bekannten Marke mit älterem Zeitrang nach § 10 i.V.m. § 9 Abs. 1 Nr. 1 oder Nr. 2 MarkenG (§ 42 Abs. 2 Nr. 2 MarkenG),
- wegen ihrer Eintragung für einen Agenten oder Vertreter des Markeninhabers nach § 11 MarkenG (§ 42 Abs. 2 Nr. 3 MarkenG),
- wegen einer nicht eingetragenen Marke mit älterem Zeitrang nach § 4 Abs. 1 Nr. 4 MarkenG oder einer geschäftlichen Bezeichnung mit älterem Zeitrang nach § 5 i.V.m. § 12 MarkenG

gelöscht werden kann.

100 Der Begriff der *Verwechslungsgefahr* stellt den zentralen Rechtsbegriff des gesamten Kennzeichnungsrechts dar. Nach § 9 Abs. 1 Nr. 2 MarkenG kann die Eintragung einer Marke gelöscht werden, wenn wegen ihrer Identität oder Ähnlichkeit mit einer angemeldeten oder eingetragenen Marke mit älterem Zeitrang und der Identität oder der Ähnlichkeit der durch die beiden Marken erfassten Waren oder Dienstleistungen für das Publikum die Gefahr von Verwechslungen besteht. Die Verwechslungsgefahr schließt auch die Gefahr ein, dass die Marken gedanklich miteinander in Verbindung gebracht werden (§ 14 Abs. 2 Nr. 2 MarkenG). Das Vorliegen der Verwechslungsgefahr für die Öffentlichkeit ist unter Berücksichtigung aller Umstände des Einzelfalls zu beurteilen.[100] Dabei besteht eine Wechselwirkung zwischen folgenden Faktoren: Grad der Ähnlichkeit der Marken, Grad der Ähnlichkeit der gekennzeichneten Waren oder Dienstleistungen sowie der Kennzeichnungskraft der älteren Marke, sodass ein geringerer Grad der Ähnlichkeit der Waren durch einen höheren Grad der Ähnlichkeit der Marken ausgeglichen werden kann und umgekehrt.[101]

101 6. Weist das DPMA die Markenanmeldung durch *Beschluss* als *nicht eintragungsfähig* zurück, kann gegen diese Entscheidung *Erinnerung* eingelegt werden (§ 64 Abs. 1 Satz 1 MarkenG). Gegen die im Erinnerungsverfahren ergangenen Beschlüsse findet die *Beschwerde* zum Bundespatentgericht statt (§ 66 Abs. 1 MarkenG). Hiergegen ist die Möglichkeit der *Rechtsbeschwerde* vor dem BGH gegeben (§ 83 MarkenG).

102 7. Die *Schutzdauer* einer eingetragenen Marke beginnt mit dem Anmeldetag und endet 10 Jahre nach Ablauf des Monats, in den der Anmeldetag fällt (§ 47 Abs. 1 MarkenG). Die Schutzdauer kann durch Entrichtung der Verlängerungsgebühr (§ 64a MarkenG i.V.m. Nr. 332 100 GebVerz zu § 2 Abs. 1 PatKostG) und für jede Klasse ab der 4. Klasse (§ 64a MarkenG i.V.m. Nr. 332 300 GebVerz zu § 2 Abs. 1 PatKostG) um jeweils 10 weitere Jahre verlängert werden (§ 47 Abs. 2 MarkenG).

103 8. Auf Antrag eines Dritten wird die Marke wegen *Verfalls*, d.h. aus Gründen, die nach der Eintragung eingetreten sind, gelöscht (§ 49 MarkenG). Der wichtigste Grund ist hier die

---

100 Vgl. nur EuGH GRUR 1998, 387 – Sabél/Puma; GRUR Int. 2010, 129, 132 – Carbonell/La Espanola; GRUR 2010, 933, 934 – BARBARA BECKER; GRUR 2010, 1098, 1099 – Calvin Klein/HABM; GRUR 2011, 915, 916 – UNI; GRUR 2013, 923, 924 – Specsavers-Gruppe/Asda; GRUR 2015, 794, 796 – Loutfi/Meatproducts sowie BGH GRUR 2008, 714, 716 – idw; GRUR 2010, 235 – AIDA/AIDU; GRUR 2011, 826 – Enzymax/Enzymix; GRUR 2012, 930, 932 – Bogner B/Barbie B; GRUR 2013, 1239, 1241 – VOLKSWAGEN/Volks. Inspektion; GRUR 2014, 488 – DESPERADOS/DESPERADO; GRUR 2014, 1101, 1104 – Gelbe Wörterbücher; GRUR 2015, 1127, 1128 – ISET/ISET solar; GRUR 2016, 382, 384 – BioGourmet; GRUR 2017, 75, 76 – Wunderbaum II.
101 St. Rspr., vgl. nur BGH GRUR 2005, 513, 514 – MEY/Ella May; GRUR 2005, 326 – il Padrone/Il Portone; GRUR 2007, 780, 783 – Pralinenform; GRUR 2010, 1103, 1106 – Pralinenform II; GRUR 2010, 833, 834 – Malteserkreuz II; GRUR 2010, 729, 731 – MIX; GRUR 2012, 1040, 1042 – pjur/pure; GRUR 2013, 833, 835 – Culinaria/Villa Culibaria; GRUR 2014, 382, 383 – REAL-Chips; GRUR 2016, 1300, 1304 – Kinderstube; GRUR 2016, 283, 284 – BSA/DSA DEUTSCHE SPORTMANAGEMENTAKADEMIE; GRUR 2016, 83, 86 – Amplidect/amplitec; GRUR 2017, 75, 76 – Wunderbaum II; EuGH GRUR 1998, 387, 389 – Sabél/Puma; GRUR Int. 2000, 89, 901 – Marca/Adidas; GRUR 2008, 343, 345 – Il Ponte Finanziaria SPA/HABM; GRUR Int. 2012, 754, 757 – Linea Natura; MarkenR 2014, 432, 435 – METRO.

Nichtbenutzung der Marke i.S.d. § 26 MarkenG innerhalb eines ununterbrochenen Zeitraums von 5 Jahren (§ 49 Abs. 1 MarkenG). Der *Einwand der Nichtbenutzung* kann sowohl im Widerspruchs- wie auch im gerichtlichen Löschungs- und Klageverfahren geltend gemacht werden; die Einrede kann vom Anmelder bzw. Löschungsbeklagten widerlegt werden, wobei die Benutzung glaubhaft zu machen bzw. zu beweisen ist.

Weiterhin kann auf Antrag eine Marke wegen *Nichtigkeit* aufgrund absoluter Schutzhindernisse (§ 50 MarkenG), wenn sie nach §§ 3, 7, 8 MarkenG nicht hätte eingetragen werden dürfen, und wegen Nichtigkeit wegen Bestehens älterer Rechte (§ 51 MarkenG) gelöscht werden. Zuständig für Verfahren wegen relativer Schutzhindernisse sind die ordentlichen Gerichte, wegen absoluter Schutzhindernisse grundsätzlich das DPMA. **104**

9. Im Markenrecht gilt der Grundsatz der *freien Übertragbarkeit* aller Markenformen (durch Eintragung, durch Benutzung bei Verkehrsgeltung oder durch notorische Bekanntheit einer Marke begründete Rechte). Die Übertragung der Marke erfolgt grundsätzlich formfrei und wird auf Antrag eines Beteiligten in das Register eingetragen, wenn sie dem DPMA nachgewiesen wird (§ 27 Abs. 3 MarkenG). Empfehlenswert ist die Verwendung des beim DPMA verfügbaren Formblattes (§ 31 Abs. 1 MarkenV).[102] Der entsprechende Antrag ist gebührenfrei; für eine Teilübertragung wird auf die Gebührentatbestände Nr. 333 200 zu § 2 Abs. 1 PatKostG hingewiesen. **105**

10. § 30 MarkenG regelt die Möglichkeit der Einräumung einer *Markenlizenz* für alle Markenformen. Unterschieden wird zwischen ausschließlichen und nicht ausschließlichen Lizenzen, räumlichen oder gegenständlichen Teillizenzen für einen Teil der Waren bzw. Dienstleistungen. **106**

Die ausschließliche Markenlizenz begründet ein gegen *jedermann* wirkendes Ausschlussrecht, das sowohl (positiv) das Benutzungsrecht als auch (negativ) das Verbietungsrecht gegen Dritte jeweils mit dinglicher Wirkung umfasst. Der Markeninhaber ist im Umfang einer ausschließlichen Lizenzierung von der Benutzung der Marke ausgeschlossen. Der ausschließliche Lizenznehmer kann Klage wegen Verletzung der Marke nur mit Zustimmung des Markeninhabers erheben (§ 30 Abs. 3 MarkenG). **107**

Im Vergleich zur Patentlizenz enthält die Lizenzierung einer Marke einige Besonderheiten, die in § 30 Abs. 2 bis Abs. 5 MarkenG geregelt sind: Zunächst ist der Lizenzgeber trotz Bestehens des Lizenzvertrages nach § 30 Abs. 2 MarkenG befugt, Ansprüche aus der Marke gegen den Lizenznehmer – auch im Rahmen einer Markenverletzungsklage – geltend zu machen.[103] Darüber hinaus regelt § 30 Abs. 3 MarkenG, dass der Lizenznehmer nur mit Zustimmung des Markeninhabers Klage wegen Verletzung der Marke erheben kann. § 30 Abs. 4 MarkenG gewährt dem Lizenznehmer die Möglichkeit des Beitritts zur Verletzungsklage des Markeninhabers.[104] Nach § 30 Abs. 5 MarkenG berührt – in Übereinstimmung mit § 15 Abs. 3 PatG und § 33 UrhG – ein Rechtsübergang der Marke oder die Erteilung einer Lizenz nicht die zuvor einem Dritten erteilte Lizenz (Sukzessionsschutz).[105] **108**

11. Der Inhaber einer deutschen Marke kann den Schutz für seine Marke im Wege der *internationalen Registrierung* nach dem sog. Madrider System auf andere Staaten ausdehnen. Dieses System beruht auf dem Madrider Markenabkommen über die internationale Registrie- **109**

---

102 http://www.dpma.de/docs/formulare/marken/w7616.pdf
103 So *Ströbele/Hacker/Thiering/Hacker*, § 30 MarkenG Rn. 48.
104 S. hierzu BGH GRUR 2007, 877 – Windsor Estate; siehe auch GRUR 2012, 630, 634 – CONVERSE II; GRUR 2013, 925, 929 – VOODOO; GRUR 2015, 1223, 1227 – Posterlounge; OLG München GRUR-RR 2011, 34, 36 – Budget; in Bezug auf die Unionsmarkenlizenz siehe EuGH GRUR 2016, 372 – ARKTIS.
105 Ausführl. *Bartenbach*, Patentlizenz- und Know-how-Vertrag Rn. 231; siehe auch BGH GRUR 2012, 914, 915 – Take five; GRUR 2012, 916, 918 – M2 Trade sowie BGH GRUR 2016, 201, 205 – Ecosoil.

rung (MMA)[106] und dem Protokoll zum Madrider Abkommen (PMMA).[107] Die internationale Registrierung beim Internationalen Büro der Weltorganisation für geistiges Eigentum (OMPI/WIPO) in Genf vermittelt in den jeweiligen Staaten denselben Schutz, wie wenn die Marke unmittelbar bei der dortigen Behörde angemeldet worden wäre. Darüber hinaus hat dies den Vorteil, dass nur ein Antrag gestellt werden muss.

110   12. Da für das MMA und das PMMA verschiedene Vorschriften gelten, wurden für das Gesuch um internationale Registrierung drei verschiedene Formblätter erstellt: für die Beantragung eines Markenschutzes in Vertragsländern des MMA (MM1), für die Beantragung eines Markenschutzes in Vertragsländern des PMMA (MM2) und einen Mischantrag (MM3). Diese Formblätter sind in französischer oder englischer Sprache erhältlich und können bei der Auskunftsstelle des DPMA oder bei der WIPO bestellt bzw. abgerufen werden.[108] Beim DPMA sind Anleitungen zum Ausfüllen der unterschiedlichen Formulare verfügbar.[109]

111   Das Gesuch um internationale Registrierung darf weder Änderungen der Marke noch des Markeninhabers enthalten; das Waren- und Dienstleistungsverzeichnis darf nicht erweitert werden, wobei Einschränkungen jedoch möglich sind. Die internationale Registrierung genießt gemäß Art. 4 der Pariser Verbandsübereinkunft zum Schutz des gewerblichen Eigentums die Priorität der Ursprungsmarke, u.a. wenn bei einem Gesuch nach dem MMA die nationale Marke innerhalb von *6 Monaten* nach der Anmeldung eingetragen und der internationale Antrag des Anmelders innerhalb derselben 6 Monate beim IR-Referat des DPMA eingegangen ist; bei Gesuchen für IR-Marken nur nach dem Protokoll kommt es darauf an, dass die Registrierung innerhalb von 6 Monaten nach der Anmeldung der nationalen Marke beim DPMA erfolgt ist; bei Mischanmeldungen gelten die für das Gesuch nach dem MMA geltenden Regelungen. Die Behörden der einzelnen Verbandsparteien können innerhalb 1 Jahres (bzw. Vertragsstaaten des Protokolls ggf. innerhalb von 18 Monaten) nach der Eintragung der Marke in das internationale Register den Schutz verweigern, wogegen der Anmelder Rechtsmittel hat.

112   13. Eine Alternative zur internationalen Registrierung von Basismarken kann die Anmeldung einer *Unionsmarke* (bis 23.03.2016 Gemeinschaftsmarke) sein, die auf der Grundlage der Verordnung über die Unionsmarke (UMV) beim »Amt der Europäischen Union für geistiges Eigentum« (EUIPO, früheres HABM) in Alicante, Spanien, eingereicht werden kann.

113   Das Anmeldeformular sowie ein Hinweisblatt für dessen Ausfüllen ist beim EUIPO online verfügbar.[110] Die Anmeldung kann sowohl beim EUIPO als auch beim DPMA eingereicht werden.

114   Vorteil der Unionsmarke ist es, mit einer einzigen Anmeldung in einem Verfahren einheitlichen Markenschutz in der gesamten europäischen Union zu erlangen. Die Unionsmarke tritt als gleichrangiges Markenschutzsystem neben die nationalen Markenrechtsordnungen, sodass grundsätzlich aus einer älteren Unionsmarke gegen eine jüngere verwechselbare nationale Markenanmeldung und/oder -benutzung vorgegangen werden kann und umgekehrt. Dabei tritt das gemeinschaftliche Markenrecht nicht an die Stelle der Markenrechte der Mitgliedstaaten. Nach dem Grundsatz der Koexistenz bleiben nationale Marken vielmehr parallel zu einer Unionsmarke bestehen bzw. können parallel oder sukzessive zu dieser angemeldet werden.

115   Die Abwägung, ob neue Marken unmittelbar als Unionsmarke oder nachträglich als Unionsmarke angemeldet werden, sollte eine Reihe von verfahrensrechtlichen und materiell-

---

106 Zuletzt revidiert in Stockholm am 14.07.1967 und geändert am 02.10.1979.
107 Unterzeichnet in Madrid am 27.06.1989.
108 http://www.wipo.int/madrid/en/forms
109 http://www.dpma.de//docs/formulare/marken/m8006.pdf
110 http://euipo.europa.eu/ohimportal/de/aplly-now

rechtlichen Vor- und Nachteilen der Unionsmarke berücksichtigen. Vorteilhaft ist die Kostenersparnis, zumal die Anmeldung nur in einer Sprache erfolgen muss. Für eine ernsthafte Benutzung in der Union reicht bereits eine ernsthafte Benutzung der Unionsmarke in nur einem Mitgliedstaat aus. Jeder Markeninhaber kann somit, auch wenn er seine Marke nicht in allen Mitgliedstaaten benutzen möchte, auf die Unionsmarke zurückgreifen, ohne fürchten zu müssen, dass sie wegen Nichtbenutzung für verfallen erklärt wird. Ein wesentlicher Vorteil ist zudem die in Art. 34 ff. UMV vorgesehene Möglichkeit der Inanspruchnahme des Zeitrangs nationaler Anmeldungen (Art. 35 UMV, Priorität) und Registrierungen (Art. 39, 40 UMV, Seniorität). Ein erheblicher Nachteil der Unionsmarkenanmeldung ist in der Gefahr zu sehen, dass diese Anmeldung bereits dann zurückgewiesen wird, wenn in nur einem einzigen Land ein Schutzhindernis, also insbesondere ein prioritätsälteres, im Ähnlichkeitsbereich liegendes Drittrecht gegeben ist.

Gegen die Eintragung einer Unionsmarke kann innerhalb einer Frist von 3 Monaten nach Veröffentlichung der Anmeldung Widerspruch aufgrund eines relativen Schutzhindernisses i.S.d. Art. 8 UMV erhoben werden. **116**

Die Gebühr für die Anmeldung als Unionsmarke beläuft sich auf 850 € mit einer Waren- oder Dienstleistungsklasse; die zweite Klasse kostet 50 €; die dritte und jede weitere je 150 €. Die Eintragungskosten bewegen sich damit unter den Kosten für eine vergleichbare IR-Marke mit Schutzerstreckung in allen Mitgliedstaaten. **117**

V. Designrecht

1. Seit dem 01.01.2014 heißt das bisherige Geschmacksmustergesetz »Gesetz über den rechtlichen Schutz von Design (Designgesetz)«. Wie das bisherige Geschmacksmustergesetz gewährt das neue Gesetz Schutz für *zweidimensionale oder dreidimensionale Erscheinungsformen eines* ganzen *Erzeugnisses* oder eines Teils davon, die sich insbesondere aus den Merkmalen der Linien, Konturen, Farben, der Gestalt, Oberflächenstruktur oder der Werkstoffe des Erzeugnisses selbst oder seiner Verzierung ergibt (vgl. § 1 Nr. 1 DesignG). Ein Erzeugnis ist hierbei jeder industrielle oder handwerkliche Gegenstand, einschließlich Verpackung, Ausstattung, grafischer Symbole und typografischer Schriftzeichen sowie Einzelteilen, die zu einem komplexen Erzeugnis zusammengebaut werden können. Ein Computerprogramm gilt nicht als Erzeugnis (§ 1 Nr. 2 DesignG). **118**

2. Nach § 2 Abs. 1 DesignG wird ein Design als eingetragenes Design geschützt, das neu ist und Eigenart hat. **119**

3. Nach § 2 Abs. 2 DesignG ist ein Design *neu*, wenn vor dem Anmeldetag kein identisches Design offenbart worden ist. Designs gelten hierbei als identisch, wenn sich ihre Merkmale nur in unwesentlichen Einzelheiten unterscheiden. Bei der Neuheitsprüfung wird ein Einzelvergleich zwischen dem zu prüfenden Design und jedem bekannten Design durchgeführt. Recherchemöglichkeiten für die eingetragenen Design bieten die Internetplattform des DPMA für amtliche Publikationen (DPMAregister)[111] und das Designblatt mit den Bekanntmachungen der Registereintragungen. **120**

Eigenart i.S.d. § 2 Abs. 3 DesignG weist ein Design auf, wenn sich der Gesamteindruck, den es beim informierten Benutzer hervorruft, von dem Gesamteindruck *unterscheidet*, den ein anderes Design bei diesem Benutzer hervorruft, das vor dem Anmeldetag offenbart worden ist. Je höher die Designdichte in einer Erzeugnisklasse ist, desto geringere Anforderungen sind an die Gestaltungshöhe zu stellen, und umgekehrt. **121**

---

[111] http://register.dpma.de

122 Eine Offenbarung bleibt gemäß § 6 DesignG bei der Beurteilung von Neuheit und Eigenart unberücksichtigt, wenn ein Design während der 12 Monate vor dem Anmeldetag durch den Entwerfer oder seinen Rechtsnachfolger oder durch einen Dritten als Folge von Informationen oder Handlungen des Entwerfers oder seines Rechtsnachfolgers der Öffentlichkeit zugänglich gemacht wurde (sog. *Neuheitsschonfrist*).

123 4. Der *Schutz* wird gemäß § 37 DesignG für diejenigen Erscheinungsmerkmale eines eingetragenen Designs begründet, die in der Anmeldung sichtbar wiedergegeben sind. Der Schutz erstreckt sich gemäß § 38 Abs. 2 DesignG auf jedes Design, das beim informierten Benutzer keinen anderen Gesamteindruck erweckt, wobei der Grad der Gestaltungsfreiheit bei der Designentwicklung berücksichtigt wird. Bei der Beurteilung des Schutzumfangs wird der Grad der Gestaltungsfreiheit des Entwerfers bei der Entwicklung seines Designs berücksichtigt.

124 Die *Anmeldung zur Eintragung* in das Designregister erfolgt beim DPMA (vgl. §§ 7, 11 DesignG).

125 Die Anmeldung muss eine Wiedergabe des Designs, die zur Bekanntmachung des Designs geeignet ist, enthalten. Die Wiedergabe des Designs muss alle Merkmale, die geschützt sein sollen, deutlich erkennen lassen. Die Kosten der Anmeldung setzen sich aus der Anmeldegebühr und der als Vorschuss zu zahlenden Auslagenpauschale für die Bekanntmachungskosten zusammen. Die Zahlung der Kosten bestimmt sich nach dem Patentkostengesetz (PatKostG), die einzelnen Kostenpositionen und Zahlungsmöglichkeiten sind in dem beim DPMA verfügbaren Merkblatt über Gebühren und Auslagen (R 5706 Stand Dezember 2017) wiedergegeben. Die Anmeldegebühr beträgt 7,– € pro Design, mindestens jedoch 70,– € pro Anmeldung (bei elektronischer Anmeldung 60,– €).

126 Der Veröffentlichung der Anmeldung geht eine vorrangig formelle Prüfung durch das DPMA voraus. Bei Nichterfüllung zwingender Erfordernisse ergeht nach § 16 Abs. 4 Satz 1 DesignG ein Mängelbescheid. Kommt der Anmelder der Aufforderung des DPMA zur Mängelbeseitigung nach, so erkennt dieses bei Mängeln als Anmeldetag den Tag an, an dem die festgestellten Mängel beseitigt werden; anderenfalls wird die Eintragung versagt (§ 16 Abs. 4 Satz 3 DesignG).

127 Die Eintragung in das Designregister erfolgt, ohne dass eine materiell-rechtliche Prüfung dieser Schutzvoraussetzungen durchgeführt wird. Das DPMA macht die Eintragung der Anmeldung in das Designregister mit einer Abbildung der Darstellung sowie jede Verlängerung der Schutzdauer dadurch bekannt, dass es sie im Designblatt veröffentlicht (§ 20 DesignG).

128 5. Die *Schutzdauer* bestimmt sich nach § 27 DesignG. Der Schutz entsteht danach mit der Eintragung in das Register und endet ex nunc nach Ablauf der Schutzdauer. Nach Eintragung wird ein Design, das die Voraussetzungen der §§ 1 bis 3 DesignG erfüllt, für einen oder mehrere Zeiträume von jeweils 5 Jahren geschützt. Die Schutzdauer beträgt max. 25 Jahre (§ 27 Abs. 2 DesignG). Das Erreichen dieser Höchstschutzdauer ist jedoch an die Voraussetzung geknüpft, dass der Schutz zum Ende einer jeden Schutzperiode (jeweils 5 Jahre) aufrechterhalten wird (§ 28 Abs. 1 DesignG). Die Aufrechterhaltung des Schutzes wird durch die Zahlung der Gebühr bewirkt. Sie beträgt nach den gegenwärtig geltenden Gebührensätzen z.B. für die Aufrechterhaltung vom 6. bis 10. Schutzjahr 90,– € (Gebühren-Nr. 342 100).

129 6. Das eingetragene Design vermittelt dem Inhaber gemäß § 38 DesignG das *ausschließliche Recht*, es zu benutzen und Dritten zu verbieten, es ohne seine Zustimmung zu benutzen. Eine Benutzung schließt insbesondere die Herstellung, das Anbieten, das Inverkehrbringen, die Einfuhr, die Ausfuhr, den Gebrauch eines Erzeugnisses, in das das eingetragene Design aufgenommen oder bei dem es verwendet wird, und den Besitz eines solchen Erzeugnisses zu den genannten Zwecken ein. Gegen einen Verletzer kann der Rechtsinhaber gemäß § 42 DesignG einen Anspruch auf Beseitigung der Beeinträchtigung, auf Unterlassung und auf Schadensersatz geltend machen. Darüber hinaus steht ihm nach § 43 DesignG ein Anspruch auf Vernichtung, Rückruf und Überlassung und nach § 46a DesignG ein Anspruch auf Vorlage und Besichtigung der wahrscheinlich rechtsverletzenden Sache wie auch nach § 47 DesignG ein Anspruch auf Urteilsbekanntmachung zu.

130 Nach § 29 Abs. 1 DesignG kann das Recht an einem eingetragenen Design auf andere übertragen werden oder übergehen. Dieser Rechtsübergang kann nach § 29 Abs. 3 DesignG in das Register des DPMA eingetragen werden.

131 Das Design kann nach § 31 DesignG Gegenstand einer Lizenz für das Gebiet der Bundesrepublik Deutschland bzw. eines Teilgebietes sein. Eine solche Lizenz kann ausschließlich oder nichtausschließlich sein. Der Sukzessionsschutz ist in § 31 Abs. 5 DesignG geregelt. Die Lizenzierung angemeldeter Designs regelt § 32 DesignG.

132 Eine wesentliche inhaltliche Änderung des Designgesetzes ist die Einführung des Nichtigkeitsverfahrens vor dem DPMA (§§ 33 ff. DesignG). In § 33 DesignG werden die Voraussetzungen der Nichtigkeit eines eingetragenen Designs festgelegt. Gemäß § 33 Abs. 1 DesignG kann eine Nichtigkeit bereits von Anfang an vorliegen. Die Vorschrift entspricht der bisherigen Regelung des § 33 Abs. 1 GeschmMG. Daneben kann ein eingetragenes Design unter den Voraussetzungen des bisherigen § 34 GeschmMG, nunmehr § 33 Abs. 2 DesignG, für nichtig erklärt werden.

133 Der Begriff des »Geschmacksmusters« ist allerdings durch die Einführung des DesignG nicht vollständig verschwunden, denn nach wie vor werden die aufgrund der Gemeinschaftsgeschmacksmusterverordnung (GGV) geschützten eingetragenen und nicht eingetragenen Gemeinschaftsgeschmacksmuster als solche bezeichnet. Insoweit ist also zukünftig die Differenzierung zwischen »eingetragenem Design« und »nicht eingetragenem Gemeinschaftsgeschmacksmuster« zu beachten. Insoweit besteht die Möglichkeit, ein *Gemeinschaftsgeschmacksmuster* eintragen zu lassen, welches die nationalen eingetragenen Designs nicht ersetzt, sondern neben sie tritt. Durch den Beitritt der EG zum internationalen Geschmacksmustersystem der Weltorganisation für geistiges Eigentum (WIPO) können Designs nunmehr mit einem einzigen Antrag nicht nur innerhalb der EU, sondern auch in den Vertragsstaaten der Genfer Akte geschützt werden. Mit dem Inkrafttreten des neuen Systems am 01.01.2008 haben die Urheber von Mustern und Modellen die Möglichkeit, internationalen Schutz für ihre Muster entsprechend der Genfer Akte des Haager Abkommens zu beantragen. Im Gegenzug können Antragsteller aus Ländern, die Vertragsparteien der Genfer Akte des Haager Abkommens sind, den Schutz ihrer Muster und Modelle durch das Gemeinschaftsgeschmacksmustersystem in Anspruch nehmen.

134 Weitere Einzelheiten hinsichtlich der Anmeldung eines Designs ergeben sich aus dem beim DPMA verfügbaren Merkblatt für Designanmelder (Ausgabe Januar 2018).[112]

VI. Topografien

135 Das *Halbleiterschutzgesetz* vermittelt Schutz für Topografien, also die dreidimensionalen Strukturen eines mikroelektronischen Halbleitererzeugnisses. Ein Halbleitererzeugnis ist die endgültige Form oder die Zwischenform eines Erzeugnisses, das aus einem Materialteil besteht, das eine Schicht aus halbleitendem Material enthält und mit einer oder mehreren Schichten aus leitendem, isolierendem oder halbleitendem Material versehen ist, wobei die Schichten nach einem vorab festgelegten dreidimensionalen Muster angeordnet sind und

---

112 http://www.dpma.de/docs/formulare/designs/r5704.pdf

das ausschließlich oder neben anderen Funktionen eine elektronische Funktion übernehmen soll.

136 Weitere Einzelheiten für die Anmeldung von Topografien sind in dem beim DPMA verfügbaren Merkblatt für die Anmelder von Topografien von mikroelektronischen Halbleitererzeugnissen (T 6604, Ausgabe 2014) dargestellt.[113]

137 Informationen über die vorgenannten Merkblätter des DPMA können angefordert werden über
– http://www.dpma.de
und solche des Amtes der Europäischen Union für geistiges Eigentum (EUIPO) über
– http://euipo.europa.eu

VII. Muster

Muster eines ausschließlichen Patentlizenzvertrages

138 M Die Vertragsparteien
Firma (Rechtsform) .....
mit Sitz in .....
vertreten durch .....
– nachfolgend »Lizenzgeber« genannt –
und
Firma (Rechtsform) .....
mit Sitz in .....
vertreten durch .....
– nachfolgend »Lizenznehmer« genannt –
schließen folgenden Lizenzvertrag:

Präambel

Der Lizenzgeber befasst sich seit ..... mit der Forschung und Entwicklung von ....., ohne selbst eine eigene Fertigung zu betreiben.
Der Lizenznehmer ist bereits seit Jahren auf dem Vertragsgebiet durch Herstellung und Vertrieb von ..... tätig, verfügt also über umfassendes Know-How. Er will zur Erweiterung seines Herstellungs- und Fertigungsprogramms die – bisher nicht praktisch ausgewerteten – zum Schutzrecht angemeldeten Forschungs- und Entwicklungsergebnisse des Lizenzgebers im oben genannten Bereich nutzbar machen.
Der Lizenznehmer übernimmt es, die Produktionsreife in ..... Monaten herbeizuführen. Hierbei wird ihn der Lizenzgeber durch Ingenieurleistungen unterstützen. Der Umfang der Leistungen wird auf insgesamt ..... Ingenieurstunden begrenzt.
Alternativbeispiel:
Beide Vertragspartner befassen sich mit Forschung, Entwicklung, Herstellung und Vertrieb im Bereich von .....
Zur Verbesserung der jeweiligen Forschungsarbeit vereinbaren die Parteien einen Austausch ihrer bisherigen geschützten und ungeschützten Entwicklungsergebnisse auf diesem Gebiet. Zu diesem Zweck erfolgt eine wechselseitige ausschließliche Lizenzierung der Vertragsschutzrechte, bei der die Vertragspartner jeweils zur Eigennutzung berechtigt bleiben. Die Vertragsparteien gehen von der Gleichwertigkeit der auszutauschenden Entwicklungsergebnisse aus.

---

[113] http://www.dpma.de/docs/formulare/topographie/t6604.pdf

Alternativbeispiel:
Die Vertragsparteien führen vor dem Landgericht ..... (Az.: .....) einen Patentverletzungsstreit. Hierbei geht es u.a. um die Auslegung des Schutzumfangs des ..... Patents Nr. .....
Dieser Rechtsstreit ist bis zur rechtskräftigen Entscheidung der vor dem Bundespatentgericht anhängig gemachten Nichtigkeitsklage gegen das Klagepatent ausgesetzt. Zur Beilegung des Verletzungsstreites vereinbaren die Parteien die nachstehende Lizenzabrede zugleich mit der Verpflichtung für jede Klagepartei, die jeweils anhängig gemachte Klage zurückzunehmen und keine Kostenanträge zu stellen.

I. Vertragsgegenstand

1. Vertragsschutzrechte

Der Lizenzgeber ist (alleinverfügungsberechtigter) Inhaber der nachfolgenden Vertragsschutzrechte, (nachstehend einzeln oder gemeinsam »Vertragsschutzrechte« genannt):
a) Deutsches Patent Nr. ..... erteilt am ..... mit gesetzlicher Laufdauer bis .....
b) Europäische Patentanmeldung Nr. ..... angemeldet am ..... mit folgenden benannten Vertragsstaaten: .....
c) Deutsche Patentanmeldung angemeldet am .....

2. Schutzrechtsunterlagen

Kopien der Patentschriften bzw. Patentanmeldungen der Vertragsschutzrechte hat der Lizenznehmer vor Abschluss des Vertrages erhalten.

3. Vertragszweck

Der Lizenznehmer beabsichtigt, unter Benutzung der Vertragsschutzrechte Vertragsprodukte herzustellen bzw. herstellen zu lassen, zu gebrauchen und zu vertreiben bzw. vertreiben zu lassen.

4. Vertragsprodukte

Vertragsprodukte sind alle Produkte, bei denen mindestens ein Anspruch eines Vertragsschutzrechts wortsinngemäß oder in äquivalenter Form benutzt wird.

5. Vorlizenzen

Lizenzen an den Vertragsschutzrechten zugunsten Dritter sind weder eingeräumt noch besteht eine dahingehende vertragliche Verpflichtung des Lizenzgebers.
Alternativbeispiel:
Der Lizenzgeber hat der Firma ..... folgende Lizenz an den Vertragsschutzrechten eingeräumt: ..... Weitergehende vertragliche Verpflichtungen des Lizenzgebers zugunsten Dritter auf Rechtseinräumung bestehen nicht.

6. Know-how

Begleitendes Know-how wird vom Lizenzgeber nicht zur Verfügung gestellt.

II. Nutzungsbefugnisse

1. Der Lizenznehmer erhält vom Lizenzgeber eine ausschließliche Lizenz an den Vertragsschutzrechten für die Herstellung (in eigenen oder fremden Werkstätten), den

Gebrauch und den Vertrieb der Vertragsprodukte im Vertragsgebiet. Das Nutzungsrecht des Lizenznehmers erstreckt sich auf den gesamten technischen Anwendungsbereich der Erfindung.
2. Dem Lizenzgeber bleibt vorbehalten, Vertragsprodukte im Vertragsgebiet selbst herzustellen bzw. herstellen zu lassen, zu gebrauchen und zu vertreiben bzw. vertreiben zu lassen .....
Alternativbeispiel:
Der Lizenzgeber wird weder selbst noch durch Dritte im Vertragsgebiet Vertragsprodukte herstellen bzw. herstellen lassen und/oder vertreiben bzw. vertreiben lassen.
3. Der Lizenznehmer ist im übrigen nicht berechtigt, Rechte aus diesem Lizenzvertrag an Dritte und/oder an rechtlich oder wirtschaftlich verbundene Unternehmen (vgl. § 15 AktG) zu übertragen.
4. Der Lizenznehmer ist nicht berechtigt, Dritten Lizenzen an den Vertragsschutzrechten (Unterlizenzen) zu erteilen.
Alternativbeispiel:
Der Lizenznehmer ist berechtigt, Unterlizenzen zu erteilen. Er haftet für die Lizenzgebühren der Unterlizenznehmer.
Alternativbeispiel:
Der Lizenznehmer ist nur insoweit berechtigt, Dritten Lizenzen an den Vertragsschutzrechten (Unterlizenzen) zu erteilen, als der Lizenzgeber zuvor schriftlich seine Einwilligung zu dem ihm vorzulegenden Entwurf des Vertrages mit einem Dritten erteilt hat. Die Einwilligung ist nur dann zu erteilen, wenn der Lizenznehmer nachweist, dass der Lizenzinteressent über die notwendige technische Einrichtung und Kapazität zur Herstellung und zum Vertrieb der Vertragsprodukte verfügt sowie die vorgesehenen Vertragsbedingungen sich nicht nachteilig für den Lizenzgeber auswirken.

III. Vertragsgebiet

1. Der örtliche Lizenzbereich erstreckt sich auf folgende Staaten: .....
Bundesrepublik Deutschland sowie die Staaten .....
2. In den EU-Staaten ..... bestehen parallele Patente (und sonstige Vertragsschutzrechte) des Lizenzgebers. Die Parteien stellen klar, dass diese Staaten nicht zum Vertragsgebiet gehören; in diesen Staaten ist dem Lizenznehmer für die Dauer des Bestehens eines parallelen Patents oder eines sonstigen Vertragsschutzrechts eine Benutzung der Vertragsschutzrechte nicht gestattet.
Der aktive Vertrieb in die EU-Staaten ..... ist jedoch so lange gestattet, bis der Lizenzgeber dem Lizenznehmer schriftlich mitgeteilt hat, dass er dort eine Lizenz an einen Dritten vergeben hat. Die nach Zugang dieser Mitteilung insoweit auslaufenden Verwertungsrechte bestimmen sich nach .....
3. Der Lizenznehmer ist berechtigt, auf von ihm nicht veranlasste Lieferanfragen aus den vorstehend in Ziff. III. 2. aufgeführten EU-Staaten Vertragsprodukte dorthin zu liefern.
4. Für jeden Fall der Zuwiderhandlung gegen die Verpflichtungen in Ziff. III. 2. ist der Lizenznehmer unter Ausschluss der Einrede des Fortsetzungszusammenhangs verpflichtet, eine Vertragsstrafe in Höhe von ..... €/der doppelten Jahreslizenzgebühr an den Lizenzgeber zu zahlen.

IV. Registrierung der Lizenz

Verlangt eine Vertragspartei, dass die Einräumung der Lizenz in dem jeweiligen Schutzrechtsregister vermerkt (oder in einem Auslandsstaat innerhalb des Vertragsgebietes registriert) wird, ist die andere Vertragspartei verpflichtet, die dafür erforderlichen Erklärungen abzugeben. Endet die Lizenz vor Ablauf des betreffenden Schutzrechtes, ist der Lizenznehmer verpflichtet, auf Aufforderung seitens des Lizenzgebers unverzüglich die zur Löschung erforderlichen Erklärungen abzugeben. Entstehende Kosten trägt die Partei, die die Eintragung verlangt.

V. Lizenzgebühren

1. Einmalzahlung

Der Lizenznehmer zahlt an den Lizenzgeber innerhalb von ..... Wochen nach Vertragsabschluss eine einmalige Pauschalgebühr in Höhe von ..... €. Diese ist auch bei vorzeitiger Auflösung oder Kündigung des Vertrages oder Wegfall einzelner Vertragsschutzrechte bzw. deren Einschränkung durch Rechte Dritter rückforderbar *(alternativ: nicht rückforderbar)*; eine Anrechnung auf laufende Lizenzgebühren erfolgt nicht *(alternativ: erfolgt)*.

2. Laufende Lizenzgebühr

a) Darüber hinaus zahlt der Lizenznehmer eine jeweils am ..... eines Kalenderjahres fällige laufende Lizenzgebühr in Höhe von ..... % der seinen Abnehmern in Rechnung gestellten Nettoverkaufspreise. Für Lieferungen im Zusammenhang mit Rückruf-, Garantie- oder Reparaturarbeiten sind ebenfalls *(alternativ: keine)* die laufenden Lizenzgebühren zu zahlen, es sei denn, derartige Maßnahmen sind auf Mängel der lizenzierten Vertragsschutzrechte zurückzuführen. Hierfür ist der Lizenznehmer darlegungs- und beweispflichtig.

b) Nettoverkaufspreis ist der in Rechnung gestellte Bruttoverkaufspreis abzüglich etwaiger üblicher Rabatte, gesondert ausgewiesener Kosten für Versand, Verpackung, Transportversicherung sowie abzüglich der vom Lizenznehmer auf den Bruttoverkaufspreis zu entrichtenden Umsatz-/Verbrauchssteuern und Zölle.

c) Die Lizenzgebühr wird wie folgt aufgestaffelt:

..... % auf die jährlichen Nettoverkaufserlöse von Null bis ..... €,

..... % auf die darüber hinausgehenden jährlichen Nettoverkaufserlöse von ..... bis ..... €,

..... % auf die jährlichen Nettoverkaufserlöse über ..... €.

Jährlicher Nettoverkaufserlös ist die Summe aller während eines Kalenderjahres *(alternativ: im jeweiligen Geschäftsjahr des Lizenznehmers)* allen Abnehmern in Rechnung gestellten Nettoverkaufspreise für alle Vertragsprodukte.

Alternativ:

d) Soweit der Nettoverkaufspreis in anderen Währungen als Euro fakturiert wird, tritt der entsprechende Euro-Wert nach dem an der Börse Frankfurt amtlich ermittelten Tageskurs (mittlerer Wert) an die Stelle des Fremdwährungsbetrags (alternativ: ist er zum offiziellen Wechselkurs (Börse Frankfurt) der jeweiligen Währung am letzten Geschäftstag des jeweiligen Abrechnungszeitraums in EURO umzurechnen). Dies gilt auch zum Zwecke der Staffelung gemäß Ziff. V. 2. c).

Alternativ (zu Ziff. V. 2. a) und b)):

a) Darüber hinaus zahlt der Lizenznehmer laufende Stücklizenzgebühren für an seine Abnehmer veräußerte Vertragsprodukte. Für Lieferungen im Zusammenhang mit Rückruf-, Garantie- oder Reparaturarbeiten sind ebenfalls (alternativ: keine) die laufenden Stücklizenzgebühren zu zahlen, es sei denn, derartige Maßnahmen sind auf Mängel der lizenzierten Vertragsschutzrechte zurückzuführen. Hierfür ist der Lizenznehmer darlegungs- und beweispflichtig.

Die Stücklizenz wird wie folgt bestimmt:

Vertragsprodukte aus dem technischen Sektor ......:
..... €/Stück
Vertragsprodukte aus dem technischen Sektor ......:
..... €/Stück
Vertragsprodukte aus dem technischen Sektor ......:
..... €/Stück
b) Diese Stücklizenzgebühren gelten für bis zum Ablauf des zweiten Kalenderjahres nach Unterzeichnung dieses Lizenzvertrages den Abnehmern in Rechnung gestellte Vertragsprodukte. Für die auf diesen Zeitraum folgenden Kalenderjahre werden die Stücklizenzgebühren um ..... % je Kalenderjahr angehoben.
c) Die Stücklizenzgebühr wird bei Überschreiten bestimmter Stückzahlen rabattiert. Beträgt in einem Kalenderjahr die gegenüber dem Lizenzgeber abzurechnende Stückzahl (ggf.: je technischem Sektor nach Ziff. V. 2. d) ..... Stück, erfolgt eine Rabattierung auf den gesamten im abgelaufenen Kalenderjahr zu zahlenden Lizenzbetrag in Höhe von 3 %. Für den darüber liegenden, auf bis ..... Stück entfallenden Betrag an Lizenzgebühren beträgt die Rabattierung 5 %, für den auf über ..... Stück entfallenden Lizenzbetrag beträgt die Rabattierung 7 %. Die Rabattierung erfolgt unbar durch Abzug von im folgenden Jahr fällig werdenden Lizenzvergütungen.

3. Umsatzsteuer und direkte Steuern

a) Alle nach diesem Lizenzvertrag zu leistenden Lizenzgebühren und sonstigen Zahlungen des Lizenznehmers verstehen sich jeweils zzgl. gesetzlicher Umsatzsteuer.
b) Im Übrigen gehen direkte Steuern, die im Land des Lizenznehmers für die an den Lizenzgeber zu erbringenden Zahlungen erhoben werden, zu Lasten des Lizenzgebers.

4. Mindestlizenzgebühr

Der Lizenznehmer ist zur Zahlung einer auf die laufende Lizenzgebühr anrechenbaren jährlichen Mindestlizenzgebühr verpflichtet.
(Die Mindestlizenzgebühr wird erstmals fällig für den Zeitraum ab dem zweiten auf den Vertragsschluss folgenden Kalenderjahr; der davor liegende Zeitraum gilt als technische und organisatorische Anlaufphase.)
Die Mindestlizenzgebühr beträgt ..... € jährlich (ggf. steigend für fortschreitende Kalenderjahre), fällig jeweils am .....

5. Schuldner bei der Unterlizenzvergabe

a) Soweit gemäß diesem Vertrag Unterlizenzen vergeben werden, haftet der Lizenznehmer dem Lizenzgeber unter Ausschluss aller sich aus dem Unterlizenzverhältnis ggf. ergebender Einwendungen und Einreden, Zurückbehaltungsrechte oder sonstiger Gründe für eine Nichtzahlung oder verminderte Zahlung für sämtliche sich aus Benutzungshandlungen des Unterlizenznehmers ergebenden Lizenzgebühren und sonstigen Zahlungspflichten des Unterlizenznehmers wie für eigene Benutzungshandlungen.
b) Der Lizenznehmer steht dafür ein, dass die nachstehenden Buchführungs- und Rechnungslegungspflichten auch seitens der Unterlizenznehmer beachtet werden und der Lizenzgeber auch diesen gegenüber das nachstehend vereinbarte Einsichts- und Prüfungsrecht hat: .....

VI. Entstehen, Fälligkeit und Abrechnung der Lizenzgebühren

1. Entstehen der Lizenzgebühren

Die laufenden Lizenzgebühren entstehen für jedes Vertragsprodukt mit dem Tage der Rechnungsstellung durch den Lizenznehmer an seine Abnehmer. Zahlungsausfälle oder Zahlungsverweigerungen der Abnehmer, gleich aus welchem Grunde, hindern Entstehung und Fälligkeit des Lizenzgebührenanspruchs nicht.

2. Abrechnungszeitraum

Abrechnungszeitraum ist zunächst der Zeitraum vom Tage des Vertragsschlusses bis zum Ende dieses Kalenderjahres und danach der Zeitraum bis zum Ablauf des jeweils folgenden Kalenderjahres/-halbjahres/-vierteljahres.

3. Rechnungslegung

a) Der Lizenznehmer hat dem Lizenzgeber innerhalb von ..... Monaten nach Ablauf eines Abrechnungszeitraums Rechnung zu legen, und zwar mit länderweiser Aufstellung unter Angabe der Anzahl der hergestellten und vertriebenen Vertragsprodukte, der in den jeweiligen Währungen in Rechnung gestellten Brutto- und Nettoverkaufspreise einschließlich der Rechnungsdaten und der Namen der Abnehmer. Ferner hat er Auskunft über die jeweils im Vorjahr durchgeführten Werbemaßnahmen zu erteilen.
Alternativ bei Stücklizenzgebühren:
Der Lizenznehmer hat dem Lizenzgeber innerhalb von ..... Monaten nach Ablauf eines Abrechnungszeitraums Rechnung zu legen, und zwar unter Angabe der Anzahl der hergestellten und vertriebenen Vertragsprodukte sowie der Namen der Abnehmer einschließlich der Rechnungsdaten.
b) Der Lizenznehmer hat über Herstellung und Vertrieb der Vertragsprodukte unter Angabe aller Umstände, die für die Berechnung der Lizenzgebühr von Bedeutung sind, gesondert Buch zu führen.
c) Soweit nach diesem Vertrag Unterlizenzen vergeben werden, hat der Lizenznehmer darüber hinaus eine vollständige Aufstellung dieser Lizenzeinnahmen – gesondert aufgelistet nach Unterlizenznehmern – sowie die jeweilige Rechnungslegung durch die Unterlizenznehmer vorzulegen.

4. Zahlung an den Lizenzgeber

Innerhalb eines Monats nach Fälligkeit der Rechnungslegung hat der Lizenznehmer die fälligen Lizenzgebühren für alle im jeweiligen Abrechnungszeitraum vertriebenen Vertragsprodukte in EURO an den Lizenzgeber zu zahlen, und zwar auf dessen Konto ..... bei der ..... (IBAN ....., BIC .....).
Gleiches gilt für den Anteil des Lizenzgebers an den Unterlizenzgebühren.
Die jährliche Mindestlizenzgebühr ist jeweils am 01.01. eines jeden Kalenderjahres fällig und zahlbar.

5. chlagszahlung

Nach Ablauf des ersten vollen Kalenderjahres hat der Lizenznehmer am Ende jedes Kalendervierteljahres eine Abschlagszahlung auf die laufenden Lizenzgebühren zu leisten, und zwar in Höhe von einem Viertel der für das vorangegangene Kalenderjahr abgerechneten Lizenzgebühren; die jeweilige Mindestlizenzgebühr ist einzurechnen.

Eventuell sich ergebende Überschüsse sind im nachfolgenden Abrechnungszeitraum zu verrechnen.

6. Überprüfungsrecht des Lizenzgebers

a) Der Lizenzgeber ist berechtigt, jederzeit nach vorheriger Ankündigung die Richtigkeit und Vollständigkeit der Buchführung und Abrechnung des Lizenznehmers nach eigener Wahl selbst zu überprüfen oder durch einen unabhängigen Wirtschaftsprüfer auf eigene Kosten überprüfen zu lassen.
b) Erweisen sich Buchführung bzw. Abrechnung als nicht zutreffend, fallen die gesamten Kosten der Prüfung dem Lizenznehmer zur Last; aus der fehlerhaften Abrechnung sich ergebende Zahlungsansprüche des Lizenzgebers sind sofort vom Lizenznehmer auszugleichen.

7. Aufrechnung und Verzug

a) Der Lizenznehmer darf nur mit unbestrittenen oder rechtskräftig festgestellten Forderungen aufrechnen.
b) Hat der Lizenznehmer die in diesem Vertrag vereinbarten Zahlungen nicht spätestens am Kalendertag nach den für die jeweilige Zahlung vorgesehenen spätesten Zeitpunkten (vgl. Ziff. V. 1., V. 2. a), Ziff. V. 4., VI. 4. u. 5.) geleistet, wobei es auf die Gutschrift auf dem vereinbarten Konto des Lizenzgebers ankommt, so dass dieser über den entsprechenden Betrag verfügen kann, schuldet der Lizenznehmer Verzugszinsen für den nicht geleisteten Betrag in Höhe von 8 % über dem jeweiligen Basiszinssatz der Europäischen Zentralbank, ohne dass es einer Mahnung bedarf.
c) Der Nachweis eines höheren Verzugsschadens bleibt dem Lizenzgeber vorbehalten.

VII. Verwertung der Vertragsschutzrechte

1. Beginn

Mit Vertragsabschluss ist der Lizenznehmer zur Benutzung der Vertragsschutzrechte berechtigt.
Ggf. zusätzlich:
Soweit der Lizenznehmer bereits vor Vertragsschluss Vertragsprodukte hergestellt und/ oder vertrieben hat, unterliegen diese dem Lizenzvertrag.

2. Ausübungspflicht

Der Lizenznehmer wird Herstellung und Vertrieb der Vertragsprodukte spätestens ..... Monate nach Vertragsabschluss aufnehmen.
Der Lizenznehmer verpflichtet sich, für die Dauer des Vertrages jährlich folgende Mindestmengen an Vertragsprodukten herzustellen: .....

Jahr des Vertragsschlusses:	..... Stück
..... (Kalenderjahr)	..... Stück
..... (Kalenderjahr)	..... Stück
..... (Kalenderjahr)	..... Stück

Darüber hinaus ist der Lizenznehmer für die Dauer des Vertrages verpflichtet, die Herstellung und den Vertrieb von Vertragsprodukten nach besten Kräften zu fördern, insbesondere durch zumutbare Werbemaßnahmen *(beispielhaft: auf nationalen und internationalen Messen, in überregionalen Fachzeitschriften)* ..... Dabei gehen die Vertragsparteien von einem Werbekostenaufwand von ..... € aus.

Unterschreitet der Lizenznehmer in einem Kalenderjahr die Mindestmenge, ist er berechtigt, die zur Erreichung der Mindestmenge fehlende Menge auf das Folgejahr zu übertragen, sofern die Unterschreitung nicht mehr als 25 % beträgt. Bei einer Unterschreitung von mehr als 25 % hat der Lizenzgeber, sofern nicht höhere Gewalt diesbezüglich vorliegt, ein Recht zur Kündigung aus wichtigem Grund.
(alternativ zur Umwandlung der ausschließlichen Lizenz in eine nicht ausschließliche: Diese Wirkung tritt nach Ablauf von ..... Monaten nach Zugang der schriftlichen Mitteilung des Lizenzgebers ein.)
Erreicht der Lizenznehmer bei einer zulässigen Übertragung der Fehlmenge auf das Folgejahr in diesem Folgejahr nicht die sich dann insgesamt ergebende Mindestmenge, stellt dies einen wichtigen Grund für eine Kündigung seitens des Lizenzgebers dar, sofern nicht höhere Gewalt diesbezüglich vorliegt. Auf ein Verschulden des Lizenznehmers kommt es nicht an.

3. Qualitätsbindung

a) Der Lizenznehmer verpflichtet sich, nur solche Vertragsprodukte herzustellen und zu vertreiben, die mindestens folgende technischen Qualitätsbedingungen erfüllen: .....
Die Parteien legen den bei dem Lizenzgeber aufbewahrten Lizenzgegenstand mit der Inventarnummer ..... als Referenzgegenstand fest. Die von dem Lizenznehmer hergestellten Lizenzgegenstände dürfen in ihren qualitativen Spezifikationen nicht hinter den Eigenschaften des Referenzgegenstandes zurückbleiben.
b) Der Lizenzgeber ist berechtigt, entsprechende Qualitätskontrollen durchzuführen; dafür hat der Lizenznehmer dem Lizenzgeber jährlich jeweils mindestens ..... Vertragsprodukte aus unterschiedlichen Produktionen je Ausführungsform zur Verfügung zu stellen.
Der Lizenzgeber hat ferner das Recht, die Produktionsanlagen des Lizenznehmers zu besichtigen, wenn er konkrete Anhaltspunkte dafür vorbringt, dass Qualitätsvorschriften nicht eingehalten werden, insbesondere, wenn er Mängelanzeigen oder Beschwerden aus dem Markt erhält.
c) Stellt der Lizenzgeber fest, dass bei mehr als ..... % der zur Verfügung gestellten Vertragsprodukte die vereinbarten Qualitätsmaßstäbe nicht eingehalten werden, hat der Lizenzgeber unbeschadet anderer Ansprüche das Recht, dem Lizenznehmer eine Frist von nicht unter ..... Wochen zu setzen, innerhalb der der Lizenznehmer die vereinbarte Qualität herbeizuführen hat. Dieser führt den Nachweis dadurch, dass er nach Ablauf dieser Frist erneut Vertragsprodukte zur Verfügung stellt. ..... % dieser Vertragsprodukte müssen den Qualitätsvorgaben entsprechen, anderenfalls ist der Lizenzgeber zur Kündigung des Vertrages aus wichtigem Grund berechtigt.
Der Lizenzgeber kann darüber hinaus vom Lizenznehmer verlangen, dass dieser Vertragsprodukte, die nicht dem vereinbarten Qualitätsmaßstab entsprechen, vernichtet und einen Nachweis über die Vernichtung führt.
d) Soweit der Lizenzgeber von Dritten aus Produkthaftung für Lizenzgegenstände in Anspruch genommen wird, stellt der Lizenznehmer den Lizenzgeber im Innenverhältnis von solchen Ansprüchen frei. Hierzu rechnen auch die Kosten zur Abwehr eventueller Ansprüche.

4. Bezugsbindung

Der Lizenznehmer ist für die Dauer von ..... Jahren nach Produktionsaufnahme verpflichtet, vom Lizenzgeber folgende Gegenstände zu beziehen: jährlich ..... Stück/ Tonnen von .....

Dem Lizenznehmer werden die dafür jeweils allgemein geltenden Lieferpreise des Lizenzgebers in Rechnung gestellt; im Übrigen gelten die Allgemeinen Lieferbedingungen des Lizenzgebers in der jeweiligen Fassung.
Alternativ:
Weist der Lizenznehmer nach, dass diese Produkte gleicher Güte und Menge seitens Dritter günstiger angeboten werden und ist der Lizenzgeber nicht bereit, in dieses günstigere Angebot einzutreten, ist der Lizenznehmer insoweit von seiner Bezugsbindung frei.
Weitere Alternative:
Soweit und solange der Lizenznehmer diese Produkte im vereinbarten Umfang vom Lizenzgeber bezieht, entfällt die laufende Lizenzgebühr gemäß Ziff. V. 2.

5. Lizenzvermerk

Der Lizenznehmer ist berechtigt, auf den Vertragsprodukten zu vermerken:
»Made under license of ...../Germany«
Eine Lizenz zur Nutzung der Unternehmenskennzeichnung des Lizenzgebers ist damit nicht verbunden.

VIII. Bestand der Vertragsschutzrechte

1. Erwerb und Aufrechterhaltung

a) Der Lizenzgeber hat die Vertragsschutzrechte auf eigene Kosten aufrechtzuerhalten. Erteilungsverfahren für die Vertragsschutzrechte hat der Lizenzgeber sachgerecht und auf eigene Kosten zu betreiben.
Ggf.:
Der Lizenznehmer erstattet dem Lizenzgeber einen Anteil von ..... % an den durch entsprechende Rechnungen nachgewiesenen notwendigen Kosten für die Erteilung und Aufrechterhaltung der Vertragsschutzrechte, soweit diese amtliche Gebühren und gesetzliche Gebühren von Vertretern bei Erteilungsbehörden betreffen.
b) Will der Lizenzgeber ein Vertragsschutzrecht vorzeitig fallenlassen, muss er den Lizenznehmer hiervon zuvor schriftlich unterrichten und ihm die Möglichkeit geben, das Vertragsschutzrecht unter Anerkennung eines kostenlosen Benutzungsrechts des Lizenzgebers und eventuell bestehender Rechte Dritter auf eigene Kosten zu übernehmen und aufrechtzuerhalten. Verlangt der Lizenznehmer nicht innerhalb von zwei Monaten nach Zugang der Mitteilung schriftlich die Übertragung des Vertragsschutzrechts, ist der Lizenzgeber frei darin, dieses fallenzulassen.
Die auf dieses Vertragsschutzrecht bezogenen Lizenzgebühren entfallen mit Wirksamwerden der Rechtsübertragung bzw. des Wegfalls.

2. Einsprüche, Nichtigkeitsverfahren, Löschungsanträge

a) Der Lizenzgeber wird die Vertragsschutzrechte auf eigene Kosten gegen Angriffe Dritter verteidigen, insbesondere gegen Einsprüche, Nichtigkeitsklagen oder Löschungsanträge.
b) Soweit es der Stand eines Einspruchs-/Nichtigkeits- oder Löschungsverfahrens erforderlich macht, ist der Lizenzgeber nach vorheriger schriftlicher Unterrichtung des Lizenznehmers berechtigt, dem Dritten eine einfache Lizenz für das betreffende Vertragsschutzrecht zu im freien Ermessen des Lizenzgebers stehenden rechtlichen und wirtschaftlichen Bedingungen einzuräumen.

c) Ergibt sich in der Auseinandersetzung mit dem Dritten die Notwendigkeit zur Beschränkung eines Vertragsschutzrechts, ist der Lizenzgeber auch hierzu nach vorheriger schriftlicher Unterrichtung des Lizenznehmers berechtigt.

3. Schutzrechtsverletzung

a) Die Vertragsparteien werden sich wechselseitig über jede ihnen bekannt gewordene Verletzung eines Vertragsschutzrechts unverzüglich schriftlich unterrichten.
b) Eine Pflicht des Lizenzgebers, gegen Schutzrechtsverletzungen Dritter vorzugehen, besteht nicht.
c) Der Lizenznehmer kann Klagen wegen Verletzung eines Vertragsschutzrechts gegen Dritte nur mit vorheriger schriftlicher Zustimmung des Lizenzgebers erheben. Die Zustimmung darf nur versagt werden, wenn für den Lizenzgeber ein wichtiger Grund besteht. Die Entscheidung hierüber hat der Lizenzgeber spätestens innerhalb eines Monats nach Erhalt der schriftlichen Aufforderung des Lizenznehmers zu treffen. Bei einer Klage des Lizenznehmers stehen Schadensersatz- oder Entschädigungszahlungen des Verletzers ausschließlich dem Lizenznehmer zu.
d) Stimmt der Lizenzgeber einer Verletzungsklage zu, wird er dem Lizenznehmer für einen von ihm zu führenden Verletzungsstreit in Auslandsstaaten evtl. erforderliche Vollmachten erteilen und auf Anforderung sonstige evtl. notwendige Erklärungen abgeben.

4. Verletzungsklagen Dritter gegen den Lizenznehmer

Wird der Lizenznehmer von Dritten wegen einer Schutzrechtsverletzung aufgrund der Benutzung von Vertragsschutzrechten in Anspruch genommen, hat er den Lizenzgeber unverzüglich und umfassend schriftlich zu unterrichten und mit ihm das weitere Vorgehen abzustimmen. Der Lizenzgeber hat den Lizenznehmer im Klageverfahren umfassend zu unterstützen. Im Falle eines Unterliegens werden die notwendigen Kosten der Rechtsverfolgung geteilt.

5. Abhängigkeit

a) Kann der Lizenznehmer ein Vertragsschutzrecht nicht ohne Verletzung eines Schutzrechts mit älterem Zeitrang verwerten, wird sich der Lizenzgeber bemühen, eine übertragbare Lizenz an diesem Schutzrecht zu marktüblichen Bedingungen zu erwerben, ggf. unter Einräumung einer Gegenlizenz an den Vertragsschutzrechten.
b) Gelingt dem Lizenzgeber der Lizenzerwerb nicht innerhalb einer Frist von drei Monaten ab Bekanntwerden der Abhängigkeit, entfällt die Lizenzgebühr des Lizenznehmers für dieses Vertragsschutzrecht ab dem Zeitpunkt des Bekanntwerdens der Abhängigkeit.
c) Ist ein Vertragsprodukt ohne das abhängige Vertragsschutzrecht technisch nicht ausführbar, hat der Lizenznehmer nach Ablauf einer Frist von ..... Monaten das Recht, den Lizenzvertrag aus wichtigem Grund zu kündigen.
Weiter gehende Ansprüche des Lizenznehmers gegenüber dem Lizenzgeber bestehen nicht.
d) Die vorstehenden Regelungen gelten für die Abhängigkeit von anderen Schutzrechten entsprechend, ohne deren Benutzung die Lizenz nicht oder nicht vollständig ausgeübt werden kann.

6. Auswirkungen auf Lizenzgebühren

a) Fallen während der Vertragsdauer einzelne Vertragsschutzrechte rechtsbeständig weg oder werden sie eingeschränkt bzw. werden gemäß Ziff. VIII. 2. daran Freilizenzen eingeräumt, lässt dies den Bestand des Vertrages und die bis dahin fälligen Lizenzgebühren unberührt. Das gilt nicht für den Zeitraum, für den der Lizenznehmer nachweist, dass Wettbewerber Verletzungshandlungen begangen haben und es ablehnen, eine mit Abmahnungsschreiben geforderte Unterwerfungserklärung zu unterzeichnen. Der Lizenzgeber verpflichtet sich, die laufenden Lizenzgebühren nach billigem Ermessen anzupassen (§ 315 BGB).

b) Fällt jedoch das von beiden Parteien übereinstimmend als sehr bedeutsam angesehene Vertragsschutzrecht ..... rechtsbeständig weg, hat der Lizenznehmer das Recht, den Lizenzvertrag innerhalb von drei Monaten nach Zugang der schriftlichen Mitteilung des Lizenzgebers über den Wegfall aus wichtigem Grund zu kündigen.

7. Rechtsfolgen bei Angriffen des Lizenznehmers auf Vertragsschutzrechte

Der Lizenzgeber ist berechtigt, den Lizenzvertrag aus wichtigem Grund zu kündigen, wenn der Lizenznehmer die Gültigkeit eines Vertragsschutzrechts insbesondere im Einspruchs-, Nichtigkeits- oder Löschungsverfahren selbst oder durch Dritte angreift.

IX. Gewährleistung des Lizenzgebers

1. Kenntnisse über Rechte Dritter

Der Lizenzgeber erklärt, dass ihm bei Vertragsschluss weder Angriffe Dritter gegen ein Vertragsschutzrecht, noch diesbezügliche Vorbenutzungsrechte Dritter oder die Abhängigkeit eines Vertragsschutzrechtes von Schutzrechtspositionen Dritter bekannt sind. Soweit zukünftig derartige Rechte Dritter bekannt werden, bestimmen sich die Rechtsfolgen ausschließlich nach Ziff. VIII. 5. dieses Lizenzvertrages.

2. Brauchbarkeit und Schutzfähigkeit der Vertragsschutzrechte

Der Lizenzgeber übernimmt – von der Haftung wegen Vorsatzes abgesehen – keine Haftung für die technische Ausführbarkeit und die technische Brauchbarkeit der Vertragsschutzrechte. Auch sichert der Lizenzgeber eine Schutzfähigkeit der angemeldeten bzw. eine Rechtsbeständigkeit der erteilten Vertragsschutzrechte nicht zu. Ebenfalls werden weder ein bestimmter Schutzumfang noch eine bestimmte wirtschaftliche Verwertbarkeit einschließlich Fabrikationsreife zugesichert.

3. Haftungsausschluss

Der Lizenzgeber übernimmt keinerlei Haftung für sonstige Sach- und Rechtsmängel, ausgenommen eine Haftung wegen Vorsatzes.

X. Verbesserungen, Weiterentwicklungen

1. Wechselseitige Unterrichtung

Die Vertragsparteien unterrichten sich wechselseitig über alle von ihnen entwickelten Verbesserungen und neuen Anwendungsbereiche der Vertragsschutzrechte.

2. Bereitschaft zur Lizenzvergabe an Verbesserungen

Jede Vertragspartei erklärt sich bereit, für solche von ihr entwickelten Verbesserungen, die einen maßgeblichen Einfluss auf die Verwertung eines Vertragsschutzrechts haben oder dazu in patentrechtlicher Abhängigkeit stehen, der anderen Partei eine nicht ausschließliche Lizenz zu noch auszuhandelnden Bedingungen zu erteilen, sofern für die Verbesserung eine Schutzrechtsanmeldung erfolgt.

XI. Geheimhaltung

1. Wechselseitige Geheimhaltungspflicht

Jede Partei wird alle im Rahmen dieses Vertrages enthaltenen Angaben, Daten, Informationen sowie sonstigen Tatsachen, die von der anderen Partei nachweislich als vertraulich gekennzeichnet sind, streng vertraulich behandeln und nicht an Dritte weitergeben. Die Parteien werden diese Informationen lediglich für die in diesem Vertrag vorgesehenen Zwecke nutzen. Diese Verpflichtung, einschließlich der Verpflichtung nach Ziff. XI. 2. und 3., wird auch den mit Herstellung und Vertrieb der Vertragsprodukte befassten Mitarbeitern, Zulieferern, Auftragnehmern und Unterlizenznehmern aufgegeben.

Diese Geheimhaltungsverpflichtung gilt nicht für solche Informationen, bei denen die die Information empfangende Partei nachweist, dass sie
- ihr bereits vor der Mitteilung durch die informationsgebende Partei bekannt waren oder
- sie von einem Dritten erhalten hat, der keiner Geheimhaltungsverpflichtung unterliegt, oder
- im Zeitpunkt der Übermittlung allgemein bekannt bzw. offenkundig waren oder später geworden sind.

2. Nachvertragliche Pflichten

Die Geheimhaltungspflichten gemäß Ziff. XI. 1. bestehen auch über die Laufzeit dieses Vertrages hinaus fort, soweit geheime Informationen nicht offenkundig geworden sind. Zudem besteht das Verwertungsverbot gemäß XIII. 4.

3. Sanktionen

Wird die Geheimhaltungsverpflichtung verletzt, ist die verletzende Partei zur Zahlung einer Vertragsstrafe von ..... € für jeden Fall der Zuwiderhandlung unter Ausschluss der Einrede des Fortsetzungszusammenhangs verpflichtet. Unabhängig hiervon ist sie zum Ersatz des entstandenen Schadens verpflichtet.

XII. Wettbewerbsverhältnis

Tritt der Lizenznehmer über die Nutzung der Vertragsprodukte (Ziff. II.) hinaus mit dem Lizenzgeber oder mit diesem verbundenen Unternehmen in den Bereichen Forschung und Entwicklung, Herstellung, Vertrieb oder Gebrauch in Wettbewerb, ist dieser berechtigt,
- die ausschließliche Lizenz in eine nicht ausschließliche umzuwandeln und/oder
- die Bereitschaft zur Lizenzierung seiner Verbesserungen gemäß Ziff. X. 2. zu verweigern.

XIII. Vertragsdauer und Kündigung

1. Bestimmte Vertragsdauer

Der Vertrag tritt mit Unterzeichnung durch beide Parteien in Kraft und läuft – vorbehaltlich der nachfolgenden Regelungen – bis zum Wegfall des letzten Vertragsschutzrechts.
Alternativ:
Der Vertrag läuft zunächst bis zum ..... Er verlängert sich um jeweils weitere ..... Jahre, falls er nicht von einer Vertragspartei sechs Monate vor Ablauf der jeweiligen Verlängerungsperiode schriftlich gekündigt wird.

2. Kündigungsrechte

a) Jede Vertragspartei ist – über evtl. im Lizenzvertrag ausdrücklich geregelte Kündigungsgründe hinaus – zur Kündigung des Lizenzvertrages aus wichtigem Grund, fristlos oder mit einer in das Ermessen des Kündigenden gestellten Auslauffrist, berechtigt. Als wichtiger Grund gilt insbesondere:
– eine von der anderen Partei zu vertretende Verletzung einer in diesem Lizenzvertrag übernommenen Pflicht, wenn nicht binnen einer angemessenen Frist von i.d.R. nicht weniger als drei Kalendertagen und nicht mehr als sechs Kalenderwochen nach schriftlicher Abmahnung diese Pflicht erfüllt wird bzw. die daraus resultierenden Folgen beseitigt sind;
– eine rechtskräftige Verurteilung des Lizenznehmers wegen Verletzung Schutzrechte Dritter aufgrund einer Benutzung von Vertragsschutzrechten;
– eine .....

b) Der Lizenzgeber ist ferner zur Kündigung aus wichtigem Grund berechtigt, wenn
– in den Kapital-, Anteils- oder Besitzverhältnissen des Lizenznehmers Änderungen eintreten, die aus Sicht des Lizenzgebers einer Fortführung des Lizenzvertrages entgegenstehen;
– .....

c) Das Recht zur Kündigung aus wichtigem Grund ist verwirkt, wenn es nicht binnen ..... Wochen nach Ablauf der Abmahnfrist nach Ziff. XIII. 2. bzw., wenn eine Abmahnung entbehrlich ist, in angemessener Frist nach Kenntnis der kündigungsberechtigten Partei von dem wichtigen Grund ausgeübt wird. Entscheidend ist der Zugang der Kündigungserklärung beim Kündigungsgegner.

d) Die Kündigung aus wichtigem Grund muss schriftlich erfolgen. Eine nicht schriftlich erklärte Kündigung aus wichtigem Grund ist unwirksam.

3. Auslaufklausel

a) Im Fall der Beendigung des Vertrages ist der Lizenznehmer berechtigt, die bereits fest erteilten Aufträge zu den hier vereinbarten Lizenzbedingungen noch abzuwickeln (*und/oder: die bei ihm noch vorhandenen Mengen an Vertragsprodukten innerhalb von sechs Monaten zu den hier vereinbarten Bedingungen noch zu vertreiben*).
Der Lizenznehmer wird in einem solchen Fall spätestens innerhalb von zwei Wochen nach Beendigung des Vertrages eine Aufstellung über die noch abzuwickelnden Aufträge (*und/oder: über die vorhandene Lagermenge*) dem Lizenzgeber übergeben. Erfolgt dies nicht, wird davon ausgegangen, dass der Lizenznehmer von dem vorstehenden Recht keinen Gebrauch macht.

b) Im Fall der Kündigung aus wichtigem Grund wegen eines Vertragsverstoßes des Lizenznehmers hat der Lizenzgeber das Recht, nach freiem Ermessen die Auslauffrist abzukürzen oder entfallen zu lassen. Diese Erklärung ist in der Abmahnung anzukündigen und spätestens mit der Kündigungserklärung abzugeben.

4. Sonstige nachvertragliche Pflichten des Lizenznehmers

Der Lizenznehmer ist im Übrigen verpflichtet, ab Vertragsbeendigung jegliche Nutzung in Kraft befindlicher Vertragsschutzrechte zu unterlassen. Er ist ferner verpflichtet, dem Lizenzgeber alle überlassenen Unterlagen einschließlich gefertigter Kopien zurückzugeben und dabei schriftlich zu bestätigen, dass keine weiteren Kopien gefertigt, an Dritte weitergegeben und/oder zurückbehalten worden sind; dies gilt nicht, soweit Unterlagen allgemein zugänglich sind.

XIV. Schlussbestimmungen

1. Schriftform

Nebenabreden wurden nicht getroffen. Änderungen und Ergänzungen dieses Lizenzvertrages bedürfen der Schriftform. Dies gilt auch, soweit die Schriftform abgedungen werden soll.

2. Anpassungsklausel

Sollte eine Vertragsbestimmung rechtsunwirksam sein oder werden, so bleibt davon die Rechtswirksamkeit des Lizenzvertrages im Übrigen unberührt. Die Vertragsparteien sind verpflichtet, die unwirksame Vertragsbestimmung durch eine rechtswirksame Bestimmung zu ersetzen, die dem ursprünglich Gewollten rechtlich und wirtschaftlich so weit wie möglich entspricht.
Haben die Parteien binnen drei Monaten nach Offenbarwerden der Unwirksamkeit keine Einigung über die Ersetzung gefunden, sind beide Parteien berechtigt, den Vertrag mit einer Auslauffrist von drei Monaten zu kündigen.
Gleiches gilt für den Fall des Vorliegens bzw. Entstehens einer Lücke sowie bei Eintreten sonstiger aus Sicht zumindest einer Partei für den Fortbestand des Vertrages wesentlicher Umstände, die in diesem Vertrag bisher nicht ausdrücklich angesprochen worden sind.

3. Rechtswahl

Der Vertrag unterliegt allein dem materiellen Recht der Bundesrepublik Deutschland. Bei dem Recht der Bundesrepublik Deutschland soll es – soweit rechtlich möglich – auch dann verbleiben, wenn nach deutschem Recht auf das Recht eines anderen Staates verwiesen wird (Ausschluss des Kollisionsrechts).

4. Erfüllungsort

Erfüllungsort ist der Sitz des Lizenzgebers.

5. Schieds- oder Gerichtsstandsvereinbarung

Die Vertragsparteien unterwerfen alle Streitigkeiten, die zwischen ihnen in Bezug auf *diesen Lizenzvertrag zukünftig entstehen*, unter Ausschluss des ordentlichen Rechtswegs der Entscheidung durch ein Schiedsgericht. Das Schiedsgericht besteht aus drei Schiedsrichtern, wobei jede Vertragspartei einen Schiedsrichter benennt, die sodann den dritten Schiedsrichter – zugleich als Vorsitzenden – bestellen. Im Übrigen gelten die §§ 1025 ff. ZPO. Der Ort des schiedsrichterlichen Verfahrens ist ..... Die Sprache des schiedsrichterlichen Verfahrens ist .....

Alternativ bei Gerichtsstandsvereinbarung:
Für alle Streitigkeiten aus und im Zusammenhang mit diesem Vertrag ist die Patentstreitkammer des Landgerichts ..... zuständig.
Ort, den ..... (Unterschrift)

(Der vorstehende Formularvorschlag versteht sich lediglich als Grundmuster eines ausschließlichen Lizenzvertrages und beschränkt sich deshalb auf die in der Praxis am häufigsten relevanten Vertragsinhalte. Der jeweilige Inhalt einer Patentlizenzvereinbarung muss im Einzelfall individuell unter Berücksichtigung der den Vertragsschluss begleitenden tatsächlichen Umstände und der Parteiinteressen festgelegt werden.)

■ **Kosten.** Die Bewertung erfolgt entsprechend § 97 Abs. 3 GNotKG. Nach einem geschätzten Geschäftswert von .....(Ziff. V. des Vertrages) das Doppelte der vollen Gebühr aus §§ 119, 104 GNotKG. Die nicht feststehenden künftigen Leistungen (nur die Jahresgebühren sind bestimmt) sind nach § 36 Abs. 1 GNotKG unter Vorbehalt der späteren Berichtigung zu schätzen. Sie sind nach § 52 Abs. 2 GNotKG für so viele Jahre zu berücksichtigen, wie das Patent nach Feststellung, notfalls Schätzung, bestehen wird. Das Doppelte der vollen Gebühr nach §§ 119, 104 GNotKG.

VIII. Checkliste

Checkliste für den Abschluss internationaler Lizenzverträge

139 M   A. **Maßgebliche Aspekte für internationale Lizenzvergaben**
   I. Lizenzeinnahmen; teilweiser Ausgleich bisheriger Forschungs- und Entwicklungskosten
   II. Kapazitätsauslastung im eigenen Unternehmen, Produktionsverlagerung in das Ausland mit entsprechendem Arbeitskräfteangebot
   III. Herausnahme des Lizenzgegenstandes aus eigenem Fertigungsprogramm aus technischen oder Rationalisierungsgründen
   IV. Zu hohes Risiko des eigenen Kapitaleinsatzes in Drittländern, dortige Niederlassungsbeschränkungen oder Investitionsverbote
   V. Standortfaktoren wie Rohstoffnähe, günstige Arbeitsmarktbedingungen, Abnehmernähe
   VI. Exportschwierigkeiten etwa wegen zu kleinen Vertriebsnetzes oder mangelnder Risikobereitschaft, ferner aufgrund von Zollschranken und Exportkontingentierungen
   VII. Rückläufige Exportentwicklung – Lizenzexport als Fortsetzung des Warenexports mit anderen Mitteln
   VIII. Überwindung der Abneigung gegen Auslandswaren durch Lizenzfertigung im eigenen Land; Vorbereitung zukünftiger eigener Marktaktivitäten
   IX. Häufig übersehener, aber wesentlicher Gesichtspunkt: schwierige Durchsetzbarkeit eigener Schutzrechtspositionen im Ausland, lange Prozessdauer, hohe Kostenbelastung, erhebliches Prozessrisiko; anstelle der Durchführung eines Patentverletzungsstreites kann angemessene Lizenzvertragsregelung zweckmäßiger sein:
      1. oft unzumutbare Prozessdauer mit evtl. ungewissem Ausgang;
      2. Angriffe auf das Schutzrecht durch Nichtigkeits- oder Löschungsklagen;
      3. verspäteter Erhalt von Schadensersatzzahlungen anstelle laufender Lizenzzahlungen;

4. keine Steuerbarkeit der Aktivitäten des Patentverletzers; Lizenzvertrag lässt dagegen Bindungen des Lizenznehmers hinsichtlich seines Nutzungsumfangs zu (soweit kartellrechtlich zulässig);
5. Schwierigkeit der Durchsetzung einstweiliger Verfügungen;
6. durch steuerliche Rückstellungen erlangt der Patentverletzer wirtschaftliche Vorteile und damit unter Umständen eine bessere Marktposition;
7. auf den Patentverletzer kann kein Einfluss, etwa hinsichtlich seiner Vertriebspolitik oder auf Qualitätsnormen, ausgeübt werden, wohl aber beim Lizenznehmer (soweit kartellrechtlich zulässig);
8. Patentverletzung hat ebenso Signalwirkung für andere Wettbewerber wie umgekehrt der Abschluss eines Lizenzvertrages mit dem Patentverletzer;
9. keine Verpflichtung des Patentverletzers – anders als bei dem Lizenznehmer – zum Erfahrungsaustausch auf dem Lizenzbereich;
10. der Patentverletzer beteiligt sich als »Trittbrettfahrer« an der vom Schutzrechtsinhaber geschaffenen Marktsituation, der Lizenznehmer kann evtl. zur Beteiligung an Markteinführungskosten veranlasst werden.

B. Risiken einer Lizenzvergabe

I. Hat ein Dritter (Lizenznehmer) mit ausdrücklicher Zustimmung des Patentinhabers das patentierte Erzeugnis oder das Erzeugnis eines patentierten Verfahrens in einem Vertragsstaat in den Verkehr gebracht, tritt dort die Erschöpfung des Patentrechts ein.[114]
II. Schlechte Auswahl des Lizenznehmers oder unzureichende Ausübung des Lizenzvertrages können »good will« des Lizenzgebers beeinträchtigen.
III. Jeder Lizenznehmer wird zum Wettbewerber des Lizenzgebers.

C. Absicherung im Rahmen vorvertraglicher Verhandlungen

Notwendigkeit, den Lizenzinteressenten über zu übermittelndes geheimes Know-how zu informieren. Dem Sicherungsinteresse des Know-how-Gebers muss im Rahmen eines Vorvertrages Rechnung getragen werden:

I. Der Lizenzinteressent muss seinen Kenntnisstand auf dem Vertragsgebiet darlegen; ggf. Hinterlegung einschlägiger Unterlagen bei neutraler Stelle.
II. Lizenzinteressent verpflichtet sich, mit präsenten bzw. verfügbaren Beweismitteln (auch Heranziehung geeigneter Mitarbeiter) im Einzelfall die Behauptung angeblicher Kenntnis des vom Lizenzgeber zu übermittelnden Know-hows zu belegen.
III. Verpflichtung des Lizenzgebers, Lizenzinteressent Einblick in geheime Unterlagen zu gewähren, die weder kopiert noch sonst vervielfältigt werden dürfen.
IV. Lizenzinteressent verpflichtet sich, erlangte Kenntnisse und Unterlagen geheimzuhalten und diese nur zu Zwecken der Prüfung, ob Lizenzvertrag abgeschlossen werden soll, zu verwenden. Pflicht, sich jeglicher sonstiger Verwendung des überlassenen Know-hows zu enthalten. Festlegung entsprechender Sanktionen für den Fall des Verstoßes (insbes. Vertragsstrafe).
V. Zahlungspflicht des Lizenzinteressenten vor Überlassung der Know-how-Unterlagen; Zahlung wird auf Lizenzgebühren bei Abschluss des Hauptvertrages angerechnet; andernfalls Rückzahlung nur dann, wenn Lizenzinteressent mit präsen-

---

[114] Vgl. z. EU-Bereich Art. 76 GPÜ; EuGH GRUR Int. 1976, 402, 410 – Terranova/Terrapin; BGH GRUR 1976, 579, 582 – Tylosin; GRUR 2000, 299 – Karate; GRUR 2003, 507, 51 – Enalapril; *Sack*, WRP 1998, 549; ders., WRP 1999, 1088.

ten (verfügbaren) Beweismitteln Offenkundigkeit oder ggf. eigene Kenntnis des Know-hows beweist.

VI. Festlegung anzuwendenden Rechts und Gerichtsstands- oder Schiedsklausel.

D. Wesentliche Kriterien des (internationalen) Lizenzvertrages

I. Präambel:
Darstellung der Interessenlage der Vertragsparteien, des von ihnen verfolgten Vertragszwecks, um Auslegungshilfe bei späteren Streitfällen zu erreichen.

II. Definitionen:
genaue Kennzeichnung des Vertragsgegenstandes, der Vertragsschutzrechte, des überlassenen Know-hows und des räumlichen Geltungsbereichs des Vertrages. Insbesondere genaue Bestimmung des Schutzumfangs lizenzierter Schutzrechte, wobei im internationalen Lizenzvertrag Schutzrechten gelegentlich bloße Trägerfunktion zukommt.

III. Nutzungsbefugnisse des Lizenznehmers:
Begrenzung des Lizenznehmers auf bestimmte technische Anwendungsbereiche; Einräumung aller oder einzelner Nutzungsrechte (Herstellung und/oder Vertrieb); ausschließliche oder einfache Lizenz; Übertragbarkeit der Lizenz, Vergabe von Unterlizenzen.

IV. Pflichten des Lizenzgebers:
Überlassung technischer Dokumentation; Haftung für Fertigungsreife; Gewährung technischer Hilfe (genaue Definition); sonstige Unterstützungshandlungen (Werbemaßnahmen, technische Hilfe); Weiterverfolgung von Schutzrechtsanmeldungen, Aufrechterhaltung lizenzierter Vertragsschutzrechte; Verbot der Veräußerung von Vertragsrechten; Verteidigung gegenüber Angriffen Dritter; sonstige Haftungsfragen.

V. Informationsaustausch, Behandlung von Änderungen, Verbesserungen.

VI. Qualitätsvorschriften, Kontrollrechte des Lizenzgebers.

VII. Vertrieb der Lizenzprodukte, Exportverbote, Wettbewerbsklauseln, Preisgestaltungen.

VIII. Lizenzgebührenregelung:
Beteiligung an den Entwicklungskosten; laufende Lizenzgebühren; Bezugsgröße; Abrechnungszeitraum; Kontrollmöglichkeit.

IX. Währungsklausel:
Zahlung in Landeswährung oder EURO; Ausdehnung auf alle Zahlungen im Zusammenhang mit dem Vertrag, nicht nur Lizenzgebühren; Umrechnungsfragen bei Fremdwährungen.

X. Sonstige Pflichten des Lizenznehmers:
- Bezugspflichten
- Ausübungspflichten
- Nichtangriffsklausel
- Lizenzvermerk
- Geheimhaltungspflichten.

XI. Rechtsnachfolgeklausel.

XII. Einfluss mangelnder Schutzrechtserteilung, des Wegfalls bzw. der Beschränkung von Vertragsschutzrechten und der Abhängigkeit.

XIII. Auswirkungen höherer Gewalt.

XIV. Inkrafttreten und Beendigung des Vertrages:
Kündigungsrechte, Kündigungsfristen, Möglichkeiten der Verlängerung; Recht zur vorzeitigen Kündigung bei Verletzung von (wesentlichen) Vertragspflichten; Rechtsfolgen vorzeitiger Vertragsbeendigung.

XV. Nachwirkungen des Vertrages:
Aufbrauchfristen; Rückgabe überlassener Unterlagen; Beendigung von Verletzungsstreitigkeiten.
XVI. Schriftform und Nebenabreden, sonstige Formerfordernisse.
XVII. Erfüllungsort.
XVIII. Schlichtung von Streitigkeiten, Gerichtsstand:
1. Soll der ordentliche Rechtsweg offenbleiben? Gerichtsstandsvereinbarung.
2. Vereinbarung einer Schiedsklausel? Bezug auf internationale Abkommen, Wirksamkeitsvoraussetzungen; Formfragen; Verfahrensfragen; Bestimmung des Schiedsgerichts und des Schiedsortes; ad-hoc-Schiedsgericht; Schiedsgutachterklausel.
3. Anwendbares Recht (materielles deutsches Recht, im Vertragsgebiet geltendes Recht oder Recht des Landes, in dem das Schiedsgericht tagt?).
XIX. Einbeziehung allgemeiner Geschäftsbedingungen in den Vertrag (Kenntnisse des Vertragspartners von den AGB des anderen Partners; widersprüchliche Geschäftsbedingungen).
XX. Anpassungsklausel.
XXI. Hinweis auf erforderliche behördliche Genehmigungen; Registrierungspflichten; Mitwirkungspflichten der Vertragsparteien; Anpassungsklausel bei Eingriff in den Vertrag.

Dritter Abschnitt. Sicherungsgeschäfte

§ 50 Kredit, Kreditübernahme und Schulderklärung

Literatur: *Bülow*, Verbraucherkreditrecht im BGB, NJW 2002, 1145; *Freitag*, Die Beendigung des Darlehensvertrages nach dem Schuldrechtsmodernisierungsgesetz, WM 2001, 2370; *Knops*, Vorfälligkeitsentschädigung nach Maßgabe der »Wohnimmobilienkredit-Richtlinie«, NJW 2018, 1505; *Kratz/Klevenhagen*, Die Umsetzung der Wohnimmobilienkreditrichtlinie – Ein Überblick, BKR 2017, 45; *Krauß*, Immobilienkaufvertrag – Aktuelle Entwicklungen, notar 2016, 300; *Litzenburger*, Der Widerruf des mit einem Grundstücksgeschäft gem. § 358 BGB verbundenen Verbraucherkreditvertrages, RNotZ 2002, 444; *Mairose*, Verbraucherkreditrecht in der notariellen Praxis, RNotZ 2012, 467; *Masuch*, Musterhafte Widerrufsbelehrung des Bundesjustizministeriums?, NJW 2002, 2931; *Meinhof*, Neuerungen im modernisierten Verbrauchervertragsrecht durch das OLG-Vertretungsänderungsgesetz. Heininger und die Folgen, NJW 2002, 2273; *Oppermann*, Das verbundene Geschäft beim Grundstückskauf, ZNotP 2002, 386; *Rosenkranz*, Das Umsetzungsgesetz zur Wohnimmobilienkreditrichtlinie und die verbundenen Verträge, NJW 2016, 1473; *Schmitz*, Zinsneuberechnung im fehlerhaften Verbraucherkreditvertrag, NJW 2007, 332; *Volmer*, Die Neuordnung des verbundenen Immobiliengeschäfts, MittBayNot 2002, 336. Zum Sonderproblem der sog. »Schrottimmobilien« und eines insoweit eventuell möglichen Rücktritts vom verbundenen Geschäft s. die Darstellung bei *Junglas*, Bankenhaftung bei der Finanzierung von Schrottimmobilien, NJOZ 2013, 49.

I. Kreditgeschäfte

Im Schuldrecht nimmt das Kreditgeschäft und seine Sicherung einen breiten Raum ein. Wer jemandem Kredit gibt, schenkt ihm das »Vertrauen«, dass er seine Verpflichtungen erfüllt, insbesondere die Verpflichtung zur Rückzahlung des empfangenen Geldes. Kredit hat, wer aufgrund des »Vertrauens«, das er genießt, gegen die Verpflichtung zur Rückgabe und Gegenleistung Vermögenswerte zur Verwendung erhalten kann. **1**

Im Gegensatz zu seiner Bedeutung im Wirtschaftsleben nimmt der bloße Kreditvertrag in der notariellen Praxis nur einen sehr kleinen Raum ein. Da der Kreditvertrag – auch in seiner besonderen Form des Verbraucherkredits – regelmäßig nur der Schriftform unterliegt (§ 492 Abs. 1 BGB), wird der Notar regelmäßig »erst« bei der Bestellung von Sicherheiten wie Schuldanerkenntnissen (s. nachstehend unter Rdn. 26 ff.) oder Grundpfandrechten (s.u. §§ 67 ff.) in Anspruch genommen werden. **2**

1. Das am 01.01.2002 in Kraft getretene Schuldrechtsmodernisierungsgesetz hat das bis dahin einheitlich in den §§ 607 bis 610 BGB geregelte Darlehensrecht aufgespalten in Regelungen über das Gelddarlehen (§§ 488 bis 505e BGB) und über das Sachdarlehen (§§ 607 bis 609 BGB). **3**

Durch den Sachdarlehensvertrag, der in der Praxis nur eine geringe Bedeutung hat, wird der Darlehensgeber verpflichtet, dem Darlehensnehmer eine vertretbare Sache zu überlassen, während der Darlehensnehmer zur Rückerstattung von Sachen gleicher Art, Güte und Menge und, sofern vereinbart, zur Zahlung eines Darlehensentgelts verpflichtet ist (§ 607 BGB). **4**

Durch den Gelddarlehensvertrag – im Gesetz und auch hier im Folgenden nur »Darlehensvertrag« genannt – wird der Darlehensgeber verpflichtet, dem Darlehensnehmer einen **5**

§ 50 Kredit, Kreditübernahme und Schulderklärung

Geldbetrag in der vereinbarten Höhe zur Verfügung zu stellen, und der Darlehensnehmer verpflichtet, einen geschuldeten Zins zu zahlen und das Darlehen bei Fälligkeit zurückzuzahlen (§ 488 Abs. 1 BGB).

6 Der Darlehensvertrag kann durch Kündigung beendet werden (§ 488 Abs. 3 und § 489 Abs. 1 und 2 sowie § 313 Abs. 3 und § 314 BGB). Neu aufgenommen in das BGB wurde im Rahmen der Schuldrechtsmodernisierung ein bereits vorher von der Rechtsprechung anerkanntes außerordentliches Kündigungsrecht des Darlehensnehmers bei grundpfandrechtsgesicherten Darlehen mit festem Zinssatz. Nach § 490 Abs. 2 BGB kann der Darlehensnehmer derartige Darlehen unter Einhaltung der Frist des § 488 Abs. 3 Satz 2 BGB vorzeitig kündigen, wenn seine berechtigten Interessen dies gebieten. Ein berechtigtes Interesse liegt nach der Legaldefinition des § 490 Abs. 2 Satz 2 BGB insbesondere vor, wenn der Darlehensnehmer ein Bedürfnis nach einer anderweitigen Verwertung des beliehenen Grundbesitzes hat, was vor allem bei einer beabsichtigten Veräußerung aus privaten oder beruflichen Gründen der Fall sein kann.

7 Macht der Darlehensnehmer von diesem Kündigungsrecht Gebrauch, hat er allerdings dem Darlehensgeber den diesem aus der vorzeitigen Kündigung entstehenden Schaden zu ersetzen (sog. Vorfälligkeitsentschädigung), § 490 Abs. 2 Satz 3 und § 502 BGB (mit zusätzlichen Einschränkungen seit der Novellierung im Jahre 2016).

8 2. Der Verbraucherkredit als Kreditvertrag zwischen einem Unternehmer (§ 14 BGB) als Kreditgeber und einem Verbraucher (§ 13 BGB) als Kreditnehmer über einen entgeltlichen Kredit unterliegt besonderen Regelungen. Diese verfolgen den Zweck, den Verbraucher vor der Übernahme langfristiger Zahlungsverpflichtungen und dem mit einer Kreditgewährung verbundenen Verlockungseffekt (»heute kaufen – später bezahlen«) zu schützen.[1]

9 Der Verbraucherkredit war bis zum 31.12.2001 im Verbraucherkreditgesetz geregelt. Das Schuldrechtsmodernisierungsgesetz hat die Regelungen des Verbraucherkreditgesetzes in das BGB integriert.[2] Das Verbraucherkreditrecht ist nunmehr in den §§ 491 bis 515 BGB und §§ 655a bis 655e BGB geregelt. Durch das OLG-Vertretungsänderungsgesetz vom 23.07.2002[3] sind einzelne Bestimmungen des in das BGB übernommenen Verbraucherkreditrechts erneut geändert worden.[4] Ferner hat der Gesetzgeber durch das sog. RisikobegrenzungsG vom 12.08.2008[5] – in Reaktion auf entstandene Unzulänglichkeiten beim Verkauf notleidender Kredite an Unternehmen ohne Banklizenz, die nur an einer schnellen Verwertung interessiert sind (sog. »Heuschrecken«) – Informations- und Unterrichtungspflichten verschärft und die Voraussetzungen für die Kündigung von Immobiliardarlehensverträgen (s. heute § 503 Abs. 3 BGB) verschärft (in Kraft ab 19.08.2008, vgl. Art. 229 § 18 Abs. 1 EGBGB).

10 Eine erhebliche Ergänzung hat das Verbraucherkredit-Recht sodann mit Wirkung ab dem 21.03.2016 durch das »Gesetz zur Umsetzung der Wohnimmobilienkreditrichtlinie und zur Änderung handelsrechtlicher Vorschriften« vom 11.03.2016 erfahren.[6] Mit diesem Gesetz wurden die umfangreichen Vorgaben aus der europäischen »Richtlinie für Wohnimmobilienkreditverträge für Verbraucher«[7] in das deutsche Recht umgesetzt, die insb. erweiterte Belehrungs- und Dokumentationspflichten für Kreditgeber bei Immobiliar-Verbraucherdarlehensverträgen vorsehen sowie gesteigerte Vorgaben für die Kreditwürdigkeitsprüfung.[8] Aus notarieller Sicht ist insoweit hervorzuheben, dass das Widerrufsrecht bei nota-

---

1 *Lorenz/Riehm*, Lehrbuch zum neuen Schuldrecht Rn. 608.
2 Zu den Einzelheiten vgl. *Bülow*, NJW 2002, 1145.
3 BGBl. I S. 2850.
4 Zu den Auswirkungen dieses Gesetzes auf das Verbraucherkreditrecht vgl. *Meinhof*, NJW 2002, 2273.
5 BGBl. I S. 1666.
6 BGBl. I S. 396.
7 Richtlinie 2014/17/EU vom 04.02.2014 (ABl. L 60 v. 28.02.2014, S. 34).
8 Kurzzusammenfassung der gesetzlichen Neuerungen aus dem notariellen Blickwinkel s.: DNotI-Report 2016, 58.

riell beurkundeten Verbraucher-Kreditverträgen nach der Neufassung nur noch dann ausgeschlossen ist, wenn der Vertrag (insbes. wegen § 311b BGB) zwingend notariell zu beurkunden ist und der Notar eine Bestätigung abgibt, dass die Belehrungs- und Informationspflichten gegenüber dem Verbraucher nach den §§ 491a und 492 BGB gewahrt wurden (wovor wegen der damit verbundenen Haftungsgefahren und der vom Notar in der Regel nicht zu überblickenden Informationspraxis des Kreditgebers nur gewarnt werden kann[9]). Zweiter wesentlicher Punkt – aus notariellem Blickwinkel – ist die Aufhebung des in der vorigen Gesetzesfassung noch enthaltenen »ewigen Widerrufsrechts« für Kreditverträge mit fehlender Widerrufsbelehrung.[10]

Schließlich hat das Verbraucherkredit-Recht des BGB eine (vorerst) letzte Ergänzung durch das sog. »Finanzaufsichtsrechtsergänzungsgesetz«[11] (in Kraft ab dem 10.06.2017) erfahren. Mit diesem Gesetz versucht der Gesetzgeber Mängel, die durch die Wohnimmobilienkredit-Richtlinie in der Praxis aufgetreten sind (insbes. starke Zurückhaltung bei der Kreditvergabe an ältere Kreditnehmer), auszugleichen.[12]

11

Der sachliche Anwendungsbereich des vormaligen Verbraucherkreditgesetzes und jetzigen BGB-Verbraucherkreditrechts ist weit gefasst und erstreckt sich auf Verbraucherdarlehensverträge (§§ 491 bis 505e BGB), Verträge über einen entgeltlichen Zahlungsaufschub und über eine sonstige entgeltliche Finanzierungshilfe einschließlich Finanzierungsleasingverträgen (§ 506 BGB), Teilzahlungsgeschäfte (§§ 507 f. BGB) und Ratenlieferungsverträge (§ 510 BGB). Auch Beratungsleistungen bei Immobiliar-Verbraucherdarlehensverträgen (§ 511 BGB) und unentgeltliche Darlehensverträge und unentgeltliche Finanzierungshilfen zwischen einem Unternehmer und einem Verbraucher (§§ 514 f. BGB) sind nunmehr gesetzlich geregelt. Der früher in den §§ 15 bis 17 VerbrKrG geregelte Kreditvermittlungsvertrag ist nunmehr dem Maklerrecht zugeordnet und in den §§ 655a bis 655e BGB geregelt.

13

Der persönliche Anwendungsbereich des BGB-Verbraucherkreditrechts ist auf Verträge zwischen einem Unternehmer (§ 14 BGB) als Darlehensgeber (Leasinggeber usw.) und einem Verbraucher (§ 13 BGB) als Darlehensnehmer (Leasingnehmer usw.) beschränkt. Die Aufnahme eines Darlehens, das nicht privaten Zwecken, sondern dem Zweck einer gewerblichen oder selbstständigen beruflichen Tätigkeit dient, fällt daher nicht unter das BGB-Verbraucherkreditrecht. Eine Ausnahme gilt jedoch gem. § 513 BGB für Existenzgründungsdarlehen bis zu einem Nettodarlehensbetrag von mittlerweile 75.000,– €, die trotz ihrer beruflichen oder geschäftlichen Veranlassung den Schutz des Verbraucherkreditrechts genießen.

14

Wegen mangelnder Gefährdung von Verbraucherinteressen sind vom Anwendungsbereich der Vorschriften über den Verbraucherdarlehensvertrag nach § 491 Abs. 2 BGB Kleindarlehen mit einem auszuzahlenden Darlehen unter 200,– €, Darlehen mit sehr kurzer Laufzeit sowie bestimmte Arbeitgeber- und Förderdarlehen der öffentlichen Hand ausgeschlossen.

15

Der Verbraucherschutz wird durch Formzwang, Informationspflichten, Vorschriften über den Mindestvertragsinhalt, Widerrufsrechte, Einwendungsdurchgriff und Kündigungsbeschränkungen verwirklicht. Der Verbraucherdarlehensvertrag bedarf der Schriftform (§ 492 Abs. 1 BGB). Der Form wird genügt, wenn Antrag und Annahme durch die Vertragspartner getrennt schriftlich erklärt werden. Für die Erklärung des Darlehensnehmers gibt das Verbraucherkreditrecht in § 492 Abs. 2 i.V.m. Art. 247 §§ 6 bis 13 EGBGB zahl-

16

---

9 So völlig zu Recht: *Krauß*, notar 2016, 300, 301 f. »gegen« die insoweit unscharfe Darstellung in vorerwähnten DNotI-Report 2016, 58 (59); s. auch nachfolgend Rdn. 23.
10 Für »Altverträge« mit Widerrufsrecht bis zum 21.04.2016 und für alle neueren Verträge mit Ablauf nach einem Jahr und 14 Tagen nach Vertragsabschluss (§ 356b Abs. 2 Satz 4 BGB n.F.).
11 Vom 06.06.2017, BGBl. I, S. 1495.
12 Insbesondere durch eine gewisse Privilegierung von sog. »Immobilienverzehrkreditverträgen«, bei denen gerade ältere Menschen Darlehen gegen »Verpfändung« von Zahlungsansprüchen aus einem späteren Verkauf der Immobilie des Kreditnehmers erhalten sollen.

§ 50 Kredit, Kreditübernahme und Schulderklärung

reiche Mindestangaben vor, die dem Verbraucher ermöglichen sollen, den Umfang des Darlehens zu überblicken (z.B. durch Angabe des auszuzahlenden Darlehensbetrags [= Nettokreditbetrag]), das Darlehen gegenüber konkurrierenden Angeboten vergleichbar zu halten (z.B. durch Angabe der gesamten vom Darlehensnehmer bis zur Tilgung zu tragenden Zinsen, Kosten usw. und des effektiven Jahreszinses) sowie um dem Verbraucher vor Augen zu führen, welche Sicherheiten er zu erbringen hat, damit ihm das Darlehen gewährt werden kann.

17 Diese Angaben müssen auch in einer Vollmacht enthalten sein, die der Darlehensnehmer zum Abschluss eines Verbraucherdarlehensvertrages erteilt; dies gilt jedoch nicht für notariell beurkundete Vollmachten oder Prozessvollmachten (§ 492 Abs. 4 Satz 2 BGB).

18 Der Verbraucherdarlehensvertrag und die zum Abschluss eines solchen Vertrages vom Verbraucher erteilte Vollmacht sind nichtig, wenn die Schriftform insgesamt nicht eingehalten ist oder eine der vorbezeichneten Angaben fehlt (§ 494 Abs. 1 BGB). Etwaige Mängel dieser Art werden jedoch mit Empfang oder Inanspruchnahme des Darlehens geheilt (§ 494 Abs. 2 BGB). Dann ermäßigt sich jedoch der dem Darlehensvertrag zugrunde liegende Zinssatz auf den gesetzlichen Zinssatz, wenn seine Angabe, die Angabe des effektiven Jahreszinses oder die Angabe des Gesamtbetrages der vom Darlehensnehmer zu erbringenden Zahlungen fehlt; nicht angegebene Kosten werden nicht geschuldet (§ 494 Abs. 2 bzw. Abs. 4 BGB).

19 Der Verbraucher kann seine auf Abschluss des Darlehensvertrages gerichtete Willenserklärung innerhalb einer Frist von 2 Wochen widerrufen; zur Fristwahrung genügt die rechtzeitige Absendung (§§ 495, 355 BGB). Die Frist beginnt erst mit ordnungsgemäßer Information des Verbrauchers über das Widerrufsrecht gem. Art. 247 § 6 Abs. 2 EGBGB und nicht, bevor dem Verbraucher die Vertragsurkunde, sein schriftlicher Antrag oder eine Abschrift der Vertragsurkunde oder seines Antrags zur Verfügung gestellt worden ist (§§ 495 Abs. 1 und 2, 355 Abs. 2 BGB).

20 Das Verbraucherkreditgesetz und auch noch die am 01.01.2002 in Kraft getretene Neufassung des § 355 Abs. 3 BGB hatten bestimmt, dass das Widerrufsrecht des Verbrauchers auch im Fall einer fehlenden oder nicht ordnungsgemäßen Belehrung nach Ablauf einer Frist von 1 Jahr nach Abgabe der auf Abschluss des Darlehensvertrages gerichteten Willenserklärung des Verbrauchers (§ 7 Abs. 2 VerbrKrG) bzw. 6 Monate nach Vertragsschluss (§ 355 Abs. 3 BGB) erlischt. Nachdem der EuGH am 13.12.2001 in Sachen »Heininger/HypoVereinsbank« (NJW 2002, 281) entschieden hatte, dass eine Befristung des Widerrufsrecht im Fall fehlender oder fehlerhafter Belehrung gegen die Haustürgeschäfte-Richtlinie der Gemeinschaft verstoße, hatte der nationale Gesetzgeber mit Gesetz vom 23.07.2002 (OLG-Vertretungsänderungsgesetz) reagiert. Hiernach erlosch das Widerrufsrecht gem. § 355 Abs. 3 Satz 3 BGB i.d.F. vom 23.07.2002 nicht, wenn der Verbraucher nicht ordnungsgemäß über das Widerrufsrecht belehrt worden ist. Für das Immobiliar-Verbraucherdarlehensverträge ist dieses »ewige Widerrufsrecht« – wie bereits oben[13] ausgeführt – durch das Gesetz zur Umsetzung der Wohnimmobilienkredit-Richtlinie aufgehoben und (für Neuverträge) durch ein Widerrufsrecht ersetzt worden, das 12 Monate und 14 Tage nach dem Vertragsschluss endet (§ 356b Abs. 2 Satz 4 BGB n.F.).

21 Ebenfalls in Konsequenz der »Heininger«-Entscheidung des EuGH ist die im bisherigen Verbraucherkreditrecht enthaltene Fiktion entfallen, dass der Widerruf als nicht erfolgt zu gelten habe, wenn der Darlehensnehmer, der das Darlehen bereits erhalten hat, dieses nicht binnen 2 Wochen nach Erklärung des Widerrufs oder nach Auszahlung zurückzahlt (§ 7 Abs. 2 VerbrKrG; § 495 Abs. 2 BGB i.d.F. des Schuldrechtsmodernisierungsgesetzes). Sie ist schon durch das OLG-Vertretungsänderungsgesetz vom 23.07.2002 beseitigt worden.

---

13 S. hierzu Rdn. 10.

Für Verbraucherdarlehensverträge, bei denen die Auszahlung des Darlehens von der Sicherung durch ein Grundpfandrecht abhängig gemacht wird oder die zum Erwerb etc. des Eigentums an einem Grundstück oder an einem grundstücksgleichen Recht dienen (Immobiliar-Verbraucherdarlehensverträge, Legaldefinition in § 491 Abs. 3 Satz 1 BGB n.F.), gelten teilweise Besonderheiten gegenüber den Vorschriften für sonstige Verbraucherdarlehensverträge (sog. »Allgemein-Verbraucherdarlehensverträge«), so bei den Verzugsfolgen und den Regelungen für die Kündigung durch den Darlehensgeber sowie bei der Berechnung der sog. Vorfälligkeitsentschädigung bei Kündigung. Die für Immobiliardarlehensverträge nach bisherigem Recht bestehende Ausnahme vom Widerrufsrecht ist aber schon durch das OLG-Vertretungsänderungsgesetz vom 23.07.2002 beseitigt worden, sodass auch derartige Verträge nunmehr innerhalb der gesetzlichen Frist widerrufen werden können. Grundsätzlich erfasst der Widerruf des Verbraucherdarlehensvertrages auch den mit ihm verbundenen Vertrag über die Lieferung einer Sache oder Erbringung einer Leistung, wenn beide Verträge eine wirtschaftliche Einheit bilden (§ 358 Abs. 2, 3 BGB). Bei einem finanzierten Erwerb eines Grundstücks ist eine wirtschaftliche Einheit jedoch gem. § 358 Abs. 3 Satz 3 BGB i.d.F. vom 23.07.2002 nur anzunehmen, wenn der Darlehensgeber selbst das Grundstück verschafft oder wenn er über die Zurverfügungstellung von Darlehen hinaus den Erwerb des Grundstücks durch Zusammenwirken mit dem Unternehmer in der dort genannten Weise fördert.[14]

22

Im neuen Verbraucherkreditrecht des BGB ist die bisher für die notarielle Praxis erhebliche Vorschrift des § 491 Abs. 3 Nr. 1 a.F. BGB, die für notariell beurkundete Darlehensverträge wesentliche Vorschriften des Verbraucherkreditrechts für nicht anwendbar erklärte, wenn zumindest der Jahreszins, die bei Vertragsschluss in Rechnung gestellten Kosten sowie die Voraussetzungen für die Änderung von Zins und Kosten in der Urkunde aufgeführt waren, nicht mehr in dieser Form enthalten. Da die neue VerbrKr-RL eine derartige Ausnahme nur noch für gerichtliche Protokolle oder vor Gericht geschlossene Vergleiche vorsieht, erfasst die neue Gesetzesfassung nun den notariell beurkundeten Verbraucherkreditvertrag nicht mehr. Damit unterliegt er nunmehr ohne weitere Privilegierung den Vorschriften des Verbraucherkreditrechts, sei es hinsichtlich der vorvertraglichen Informationspflichten oder auch hinsichtlich des Widerrufsrechts. Eine einzige – wohl aber für die Praxis eher untaugliche – Privilegierung ist in der Richtlinie und folgerichtig auch im neuen deutschen Verbraucherkreditrecht noch vorhanden: Nach § 495 Abs. 3 Nr. 2 BGB n.F. besteht kein Widerrufsrecht, wenn der Darlehensvertrag notariell zu beurkunden ist[15] und der Notar bestätigt, dass sämtliche vorvertraglichen Informationspflichten gegenüber dem Verbraucher erfüllt wurden. Insoweit hatte schon der Bundesrat zutreffend darauf hingewiesen, dass dem Notar quasi Unmögliches abverlangt werde, wenn er – unter eigener Haftungsübernahme – bestätigen solle, dass der Unternehmer seine vorvertraglichen Informationspflichten gegenüber dem Verbraucher vollständig und korrekt erfüllt habe, da der Notar dies in der Regel gar nicht überblicken könne. Die Bundesregierung hat demgegenüber – formal ebenso zutreffend – darauf verwiesen, dass die Ausnahmeregelung Art. 14 Abs. 6 der RL eine derartige Bestätigung des Notars über fremdes Handeln verlange. Zumindest dürfte aber anzunehmen sein, dass der Notar zur Übernahme einer derartigen Garantie (dienst-)rechtlich nicht verpflichtet sein kann, auch wenn die Parteien den Notar übereinstimmend um eine solche Bestätigung ersuchen.[16]

23

---

14 Vgl. hierzu *Litzenburger*, RNotZ 2002, 444; *Oppermann*, ZNotP 2002, 386; *Volmer*, MitBayNot 2002, 336.
15 Nach dem klaren Wortlaut von Richtlinie und § 491 Abs. 3 Nr. 2 BGB genügt nicht, dass der Darlehensvertrag notariell beurkundet *wird*, es muss vielmehr eine derartige *Pflicht* zur Beurkundung des Darlehensvertrags bestehen (was i.d.R. wohl nur aufgrund des Vollständigkeitsgebots nach § 311b Abs. 1 BGB im deutschen Recht eintreten dürfte).
16 S. schon oben Rdn. 10 und die dort in Fn. 9 angegebene (völlig zu Recht) kritische Stellungnahme bei *Krauß*, notar 2016, 300.

24 Von den Vorschriften des Verbraucherkreditrechts darf nicht zum Nachteil des Verbrauchers abgewichen werden (§ 512 BGB).

25 [Nicht belegt]

II. Schulderklärungen

26 Schulderklärungen sind der Schuldschein über ein Darlehen und die abstrakten Schulderklärungen (§§ 780, 781 BGB).

1. Darlehensschuldschein

27 Der Darlehensschuldschein dient der Beweissicherung. Wer die Rückzahlung eines Darlehens verlangt, hat die Hingabe des Geldes als Darlehen zu beweisen. Wenn der Empfänger des Darlehens in einem Schuldschein den Empfang des Geldes bestätigt (Wissenserklärung), kann mit dem Schuldschein der Beweis für den Darlehensempfang geführt werden; der Gegenbeweis bleibt aber zulässig.[17]

Schuldschein nach Darlehensempfang

28 M Ich habe von ..... ein Darlehen von 1.000 € erhalten und verpflichte mich, das Darlehen ab dem ..... mit 6 v.H. jährlich in vierteljährlichen nachträglichen Raten zum 02.01., 01.04., 01.07. und 01.10. eines jeden Jahres zu verzinsen und die Darlehensschuld bis zum ..... durch Rückzahlung zu tilgen.
Ort, Datum   Unterschrift
(Beglaubigung nicht erforderlich)

29 Wenn Zinsen in einem Vomhundertsatz ausgedrückt sind und kein Datum für die Auszahlung der Valuta angegeben ist, so ist der Beginn des Zinslaufes anzugeben.

■ **Kosten.** Rahmengebühr 0,3–1,0 in Tabelle B für 1.000 € (min. 60 €) nach Nr. 24101 i.V.m. Nr. 21200 KV GNotKG, § 119 Abs. 1 GNotKG.

2. Schuldversprechen und Schuldanerkenntnis

30 a) Der Unterschied zwischen Schuldversprechen und Schuldanerkenntnis besteht darin, dass der Schuldner beim Schuldversprechen »zu leisten verspricht«, beim Schuldanerkenntnis »zu schulden bekennt«. Die Abgrenzung ist äußerlich und oft nicht sicher zu treffen; weil beide in den Rechtsfolgen gleich sind, ist die Unterscheidung in der Praxis entbehrlich.

31 b) Im Schuldversprechen und Schuldanerkenntnis wird der Schuldgrund, der Darlehen, Schadensersatz, Vergütung für Arbeitsleistung, aber auch Schenkung u.v.m. sein kann, nicht angegeben, weshalb Schuldversprechen und Schuldanerkenntnis nach §§ 780 ff. BGB als »abstrakt« bezeichnet werden. Die Loslösung (Abstraktion) des Schuldversprechens (Schuldanerkenntnisses) von dem zugrunde liegenden Schuldverhältnis bewirkt, dass Einwendungen aus dem Schuldverhältnis grundsätzlich ausgeschlossen sind. Dieser Ausschluss von Einwendungen ist in der Regel der Sinn und Zweck für die Abgabe des abstrakten Schuldversprechens oder Schuldanerkenntnisses. Einwendungen aus dem Grundverhältnis kön-

---

17 BGH NJW 1986, 2571; MüKo-BGB/*Berger*, § 488 BGB Rn. 152.

nen insoweit regelmäßig nur in Fall des Nicht-Bestehens oder des Erlöschens des Grundverhältnisses als Bereicherungseinwand erhoben werden.[18]

In der Regel wird ein Schuldanerkenntnis schuldverstärkend kumulativ zum bereits bestehenden Schuldgrund abgegeben und ersetzt diesen nicht.[19] — 32

c) Die Erklärung des Schuldners, also desjenigen, der verspricht oder anerkennt, bedarf der Schriftform; nur der Kaufmann kann im Rahmen seines Handelsgeschäftes (§ 343 HGB) mündlich Schuldversprechen und Schuldanerkenntnis abgeben (§ 350 HGB). — 33

Notarielle Beurkundung des Versprechens bzw. Anerkenntnisses ist erforderlich, wenn der Schuldgrund eine Schenkung ist (§ 518 Abs. 1 Satz 2 BGB). Ebenfalls ist die notarielle Beurkundung erforderlich, wenn die Verpflichtung zur Übereignung oder zum Erwerb eines Grundstückes übernommen oder anerkannt wird (§ 311b Abs. 1 BGB); in diesem Fall bedarf auch die Annahmeerklärung des Gläubigers der notariellen Beurkundung. — 34

Abstraktes (selbstständiges) Schuldversprechen

Ich verspreche Herrn ..... die Zahlung von ..... und verpflichte mich, die Schuld vom ..... ab mit ..... % jährlich in vierteljährlichen Nachtragsraten zum 02.01., 01.04., 01.07. und 01.10. zu verzinsen. Wird eine Zinsrate nicht bis zum 7. Tag nach Fälligkeit bezahlt, ist das Kapital sofort zur Rückzahlung fällig. Bei pünktlicher Zinszahlung ist das Kapital erst am ..... zurückzuzahlen.
Ort, Datum   **Unterschrift**
(Beglaubigung ist nicht erforderlich) — 35 M

- **Kosten.** Rahmengebühr 0,3–1,0 in Tabelle B für Hauptsumme des Schuldversprechens (min. 60 €) nach Nr. 24101 i.V.m. Nr. 21200 KV GNotKG, § 119 Abs. 1 GNotKG.

Wenn der Notar die Urkunde entwirft, muss er auf die Zweckmäßigkeit der vollstreckbaren Unterwerfungserklärung nach § 794 Abs. 1 Nr. 5 ZPO hinweisen. — 36

Schuldanerkenntnis mit Abtretung einer künftigen Lohnforderung

                                                       Verhandelt zu ..... am ..... — 37 M

..... Ich bekenne, dass ich der Lebensmittel- und Getränke-Großhandlung Robert Reiter KG in Delmenforst aus laufender Rechnung mit den Zinsen bis 31. März ..... insgesamt 36.767 € – in Worten: sechsunddreißigtausendsiebenhundertsiebenundsechzig 0/100 € – schulde.
Die Forderung ist fällig. Ich verpflichte mich, sie ab 01.04. ..... mit 5 v.H. über dem Basiszinssatz jährlich zu verzinsen und die Zinsen am Ende eines jeden Kalendervierteljahres, erstmalig am 30. Juni ....., zu entrichten.
Ich beginne morgen mit der Auflösung des Einzelhandelsgeschäftes, dessen alleiniger Inhaber ich bin, und verpflichte mich, die Auflösung bis 30. September ..... durch Liquidierung aller Aktiva durchzuführen.
Für den mit dem Erlös des aufgelösten Geschäftes noch nicht bezahlten Teil meiner Schuld trete ich von meinen künftigen Ansprüchen aus dem ersten von mir abzu-

---
18 Palandt/*Sprau*, § 780 BGB Rn. 9 ff.
19 Vgl. die üblichen Formulare zur Absicherung von Bankkrediten mit Schuldanerkenntnis und Bestellung eines Grundpfandrechtes; s. hierzu auch: Palandt/*Sprau*, § 780 BGB Rn. 1b und 7.

schließenden Arbeitsvertrag und etwaigen weiteren den jeweils pfändbaren Teil an die Robert Reiter KG ab. Mit den abgetretenen Beträgen sollen zunächst die jeweils fälligen Zinsen und danach die Hauptschuld getilgt werden.
Mir ist bekannt, dass die Firma Robert Reiter KG zunächst nur meine Verpflichtung zur sofortigen Auflösung meines Geschäftes und die Abtretung meiner zukünftigen Gehalts- oder Lohnforderungen annehmen wird, aber die vorstehend von mir vorgeschlagene Stundung auch durch Annahme der angebotenen Teilzahlungen und durch ein weiteres Abwarten noch nicht bewilligt.
Wegen der obigen Hauptschuld von 36.767 € nebst 5 v.H. Zinsen über dem Basiszinssatz ab dem 1. April ..... unterwerfe ich mich der sofortigen Zwangsvollstreckung in mein gesamtes Vermögen. Ich ermächtige den Notar, der Gläubigerin auf Verlangen ohne weitere Nachweise – auch bzgl. der etwaigen Stundung – eine vollstreckbare Ausfertigung dieser Urkunde zu erteilen.
(Unterschrift des Versprechenden)

....., Notar

■ *Kosten.* Gebühr von 1,0 in Tabelle B (Nr. 21200 KV GNotKG) aus einem Geschäftswert von 36.767 € (§§ 97, 37 Abs. 1 GNotKG).

III. Kreditübernahme

38   1. Die Kreditübernahme ist ein spezieller Anwendungsfall der Schuldübernahme (vgl. hierzu die vorstehenden Ausführungen zu § 30). Sie betrifft die Erklärung einer Person, anstelle des bisherigen Kreditnehmers (sog. *befreiende* oder *privative Schuldübernahme*) oder neben dem bisherigen Kreditnehmer (sog. *zusätzliche* oder *kumulative Schuldübernahme*) in die Rechtsstellung des Schuldners aus einem Darlehensvertrag mit dem Gläubiger einzutreten.

39   a) Die *zusätzliche (kumulative) Schuldübernahme* kann durch Vertrag zwischen Gläubiger und beitretendem Mitschuldner und – als Vertrag zugunsten Dritter – durch Vertrag zwischen dem bisherigen Schuldner und dem beitretenden Mitschuldner begründet werden.

Kumulative Schuldübernahme

40 M   S ..... (Schuldner) schuldet G ..... (Gläubiger) die Summe von ..... nebst ..... % Zinsen über dem Basiszinssatz jährlich seit dem ..... Ich, der unterzeichnende X, übernehme dem Gläubiger gegenüber neben S die selbständige Verpflichtung, diese Schuld nebst Zinsen bis zum ..... zu bezahlen. Wegen dieser Verpflichtung unterwerfe ich mich der sofortigen Zwangsvollstreckung und beantrage eine vollstreckbare Ausfertigung für G.
(Unterschrift von X)

....., Notar

■ *Kosten.* Gebühr von 1,0 in Tabelle B (Nr. 21200 KV GNotKG) aus einem Geschäftswert i.H.d. Hauptschuld (§§ 97, 37 Abs. 1 GNotKG).

41   Die kumulative Schuldübernahme würde ohne die Vollstreckungsunterwerfung keiner Form bedürfen, nicht einmal der Schriftform. Darin liegt eine für die Bürgschaft durch § 766 BGB verhütete Gefahr, denn mündliche Erklärungen können leicht missverstanden werden (vgl. nachstehend § 51 zum Garantievertrag).

b) Die *befreiende Schuldübernahme* kommt durch Vertrag zwischen dem Gläubiger und dem Schuldübernehmer zustande (§ 414 BGB). Der alte Schuldner wird dadurch frei. Sie kann aber auch durch Vertrag zwischen dem Schuldner und dem Übernehmer zustande kommen (§ 415 BGB). Dazu bedarf es aber der Genehmigung des Gläubigers. Dagegen ist der Schuldübernahmevertrag zwischen Schuldner und Übernehmer als Erfüllungsübernahme wirksam, auch wenn der Gläubiger die Schuldübernahme nicht genehmigt.

42

2. Ob der Schuldbeitritt und die befreiende Schuldübernahme unter den Anwendungsbereich der Vorschriften für den Verbraucherkredit (§§ 491 ff. BGB) fallen, ist fraglich gewesen.[20] Nach mittlerweile gefestigter Rechtsprechung des BGH sind die §§ 491 ff. BGB auf den Schuldbeitritt eines Verbrauchers entsprechend anwendbar.[21] Die Entscheidungen des BGH betrafen jedoch allesamt den Schuldbeitritt durch Vertrag zwischen Gläubiger (= Kreditgeber) und beitretendem Mitschuldner. Ob die §§ 491 ff. BGB auch dann heranzuziehen sind, wenn der Schuldbeitritt durch Vertrag zwischen dem Altschuldner und dem hinzukommenden Mitschuldner vereinbart wird, ist noch nicht höchstrichterlich entschieden worden.[22]

43

Richtigerweise wird man zu differenzieren haben:[23]

44

a) Die genannten Vorschriften sind anwendbar, wenn der Schuldbeitritt und die befreiende Schuldübernahme durch Vertrag zwischen Gläubiger und Neuschuldner vereinbart werden.[24]

b) Dagegen finden §§ 491 ff. BGB keine Anwendung auf den Schuldbeitritt durch Vertrag zwischen Altschuldner und beitretendem Mitschuldner und auf die befreiende Schuldübernahme durch Vertrag zwischen Altschuldner und Neuschuldner.[25]

c) Übernimmt ein bereits gesamtschuldnerisch Mithaftender (z.B. Ehegatte) die Verbindlichkeiten zur nunmehrigen Alleinschuld, so sind diese Vorschriften ebenfalls nicht anwendbar, da sich das Ausmaß der übernommenen Risiken nicht ändert.[26]

Die Praxis sollte aber bedenken, dass die Rechtsprechung eventuell zukünftig auch die vorgenannte Fallgruppe zu b) den §§ 491 ff. BGB unterwerfen könnte.[27]

3. Wenn bei einer *Grundstücksübertragung* der Erwerber eine Hypothek (befreiend) übernimmt und der Veräußerer dem Gläubiger die Schuldübernahme schriftlich mitteilt, gilt nach § 416 BGB die Genehmigung des Gläubigers zur Schuldübernahme als stillschweigend erteilt, wenn sie der Gläubiger nicht innerhalb von 6 Monaten seit Empfang der Mitteilung dem Veräußerer gegenüber verweigert hat. Voraussetzung ist aber, dass in der schriftlichen Mitteilung des Veräußerers ausdrücklich angekündigt ist, dass der Übernehmer an die Stelle des bisherigen Schuldners tritt, wenn der Gläubiger nicht innerhalb von 6 Monaten erklärt, dass er die Genehmigung zur Schuldübernahme verweigere. Diese Mitteilung ist erst wirksam, nachdem der Erwerber als Eigentümer im Grundbuch eingetragen ist. Der Notar soll die Beteiligten auf diese Möglichkeit der Befreiung des Veräußerers hinweisen. *Streitig* ist, ob

45

---

20 Vgl. hierzu *Kurz*, DNotZ 1997, 552; *ders.*, MittBayNot 1997, 129, 133.
21 BGH NJW 1996, 2156 u. 2865; DNotZ 1998, 29 m. Anm. v. *Westphalen*; NJW 2006, 431 und NJW-RR 2012, 166.
22 Für den Fall der Vertragsübernahme ausdrücklich offen gelassen in BGH NJW 1999, 264; wie hier jetzt auch OLG Dresden OLGR 2007, 192 = NJ 2007, 130 [LS].
23 Vgl. *Kurz*, DNotZ 1997, 552 und *Mairose*, RNotZ 2012, 467 (472).
24 Mittlerweile st. Rspr. des BGH, s.o.
25 So nun auch OLG Dresden OLGR 2007, 192.
26 *Kurz*, MittBayNot 1997, 133; *Grziwotz*, MDR 1997, 432.
27 Z.B. sehr allgemein formuliert (»Entscheidend ist allein die Verbrauchereigenschaft des Beitretenden zum Zeitpunkt der Mithaftungserklärung«) in BGH NJW-RR 2012, 166.

§ 416 BGB auch auf eine Schuld, zu deren Sicherung eine Grundschuld bestellt ist, entsprechend anwendbar ist.[28]

Die Übernahme »einer Hypothek in Anrechnung auf den Kaufpreis« schließt die Übernahme der persönlichen Schuld in sich und gilt im Zweifel als befreiende Schuldübernahme.

Mitteilung des Notars von der Hypothekenübernahme durch den Grundstückserwerber

46 M Aufgrund der mir in meiner Urkunde UR.-Nr. ..... gegebenen Vollmacht teile ich Ihnen mit: V hat in meiner vorstehenden Urkunde, von der ich eine auszugsweise beglaubigte Abschrift beifüge, das Grundstück ....., auf dem eine Darlehenshypothek von 60.000 € in Abt. III lfd. Nr. 5 für Sie eingetragen ist, an K in N verkauft. K hat die Hypothek in Anrechnung auf den Kaufpreis mit den Zinsen vom 1. Oktober d.J. übernommen. Weiter hat er in derselben Urkunde die persönliche Schuld Ihnen gegenüber anerkannt, sich deshalb zusätzlich zu der für die Hypothek eingetragenen Vollstreckungsunterwerfung persönlich der Zwangsvollstreckung unterworfen und die Erteilung einer vollstreckbaren Ausfertigung der Urkunde für Sie bewilligt.
K ist am 15. d.M. als Eigentümer in das Grundbuch eingetragen worden, wovon Sie durch das Grundbuchamt in Kürze unterrichtet werden. K wird an Stelle von V Ihr persönlicher Schuldner werden, wenn Sie nicht innerhalb von 6 Monaten die Genehmigung zur Schuldübernahme verweigern. Sobald Sie mir Ihr Einverständnis mitteilen, werde ich Ihnen auftragsgemäß eine vollstreckbare Ausfertigung meiner Urkunde UR.-Nr. ..... übersenden.

....., Notar

■ *Kosten.* Gebühr von 0,5 in Tabelle B (Nr. 22110 KV GNotKG; vgl. dort Vorbemerkung 2.2.1.1. Abs. 1 Nr. 8) nach dem Geschäftswert des zugrunde liegenden Kaufvertrages (§ 112 GNotKG).

47 4. Von der Genehmigung der Hypothekenübernahme, dem »Stehenlassen«, hängt nicht selten der Bestand von Grundstückskaufverträgen ab. Für den Eigentümerwechsel bedingen die Kreditinstitute in der Regel die Fälligkeit ohne oder mit kurzer Kündigungsfrist aus. Wenn der Käufer zur Zahlung nicht imstande ist, behält er sich vorsorglich den Rücktritt vom Kaufvertrag vor. Um den Schwebezustand abzukürzen und auch nicht die Grunderwerbsteuer zu bezahlen und als Eigentümer eingetragen zu werden sowie den Übergang von Nutzen und Lasten mit der Rückgewährsabwicklung zu vermeiden, ist es nicht unüblich, dass Verkäufer und Käufer den Gläubiger um ein »Inaussichtstellen der Genehmigung« ersuchen, obwohl es der einfachere Weg ist, die Genehmigung sofort nach Kaufvertragsabschluss einzuholen, da § 416 BGB nach allg. M.[29] den Weg über § 415 BGB nicht ausschließt. Der Gläubiger aber wird die endgültige Genehmigung regelmäßig erst nach Eigentumsumschreibung im Grundbuch erteilen.

---

28 Bejahend OLG Braunschweig MDR 1962, 736 mit dem Hinweis auf die gleiche Interessenlage bei Sicherungsgrundschulden und Hypotheken; ebenso: Palandt/*Grüneberg*, § 416 BGB Rn. 3.
29 So schon RGZ 63, 50.

Vorläufige Anzeige von der Hypothekenübernahme

48 M

An .....
Betrifft Ihre Hypothek von 90.000 € auf dem Grundstück ....., Grundbuch von .....
Blatt ....., Eigentümer .....
Ich überreiche eine auszugsweise beglaubigte Abschrift meiner Urkunde UR.-Nr. .....
enthaltend den Kaufvertrag vom .....
In § 4 der Urkunde hat die Käuferin Ihre Hypothek mit den Zinsen ab 01.07. ..... übernommen, sich wegen der persönlichen Schuld der Zwangsvollstreckung unterworfen und die Erteilung einer vollstreckbaren Ausfertigung an Sie nach Eingang Ihrer Genehmigung zu der Schuldübernahme beantragt. In § 5 hat sich die Käuferin den Rücktritt für den Fall vorbehalten, dass Sie die Genehmigung versagen oder von härteren Bedingungen abhängig machen sollten. Der Kaufpreis ist in § 4 in Höhe von 270.000 € vereinbart.
In dem weiter beiliegenden Schreiben hat die Käuferin Sie ermächtigt, über ihre wirtschaftlichen Verhältnisse eine uneingeschränkte Auskunft von der ..... Bank, mit der sie zusammen arbeitet, einzuholen.
In Erfüllung des mir in § 12 der Urkunde erteilten Auftrages habe ich Sie zunächst um die Erklärung zu bitten, dass Sie die Genehmigung in Aussicht stellen können.
Die in § 416 BGB vorgesehene Mitteilung erhalten Sie, nachdem die Käuferin als Eigentümerin im Grundbuch eingetragen ist.
Ort, Datum

....., Notar

■ *Kosten.* Gebühr von 0,5 in Tabelle B (Nr. 22110 KV GNotKG; vgl. dort Vorbemerkung 2.2.1.1. Abs. 1 Nr. 8) nach dem Geschäftswert des zugrunde liegenden Kaufvertrages (§ 112 GNotKG); aber **nur einmal** für beide Anschreiben (Anfordern des Inaussichtstellens der Genehmigung und Einholung der Genehmigung; § 93 Abs. 1 GNotKG).[30]

---

30 Näheres s. Leipziger-GNotKG/*Harder*, Vorbem. 2.2.1.1 KV Rn. 63 ff.

§ 51 Bürgschaft, Garantievertrag und Ausbietungsgarantie

Literatur: Zu IV.: *Droste,* Die Ausbietungsgarantie in der notariellen Praxis, MittRhNotK 1995, 37 ff.; *Hennings,* Die Ausbietungsgarantie (D. Sparkassenverlag 6. Aufl. 1998); *Kiethe,* Die Ausfallgarantie – Taugliches Sicherungsmittel oder problematische Haftungskonstruktion in der Zwangsversteigerung?, NZM 2003, 581 ff.; *Zimmer,* Die Ausbietungsgarantie in der notariellen Praxis, NotBZ 2002, 55 ff.

I. Bürgschaft

1. Der Darlehensempfänger (Kreditnehmer) »schuldet« die Darlehenssumme. Der Bürge »steht ein« für eine fremde Schuld. Doch ist er nicht nur Haftender, sondern Schuldner eines eigenen Schuldverhältnisses, nämlich der Bürgschaft, deren Gegenstand nicht die Hauptschuld, sondern die Sicherung ihrer Erfüllung ist.

2. Bürgschaftsverpflichtung ist Nebenverpflichtung (akzessorisch).[1] Sie ist abhängig von der Hauptverbindlichkeit, deren Schicksal sie teilt (§ 767 BGB). Verjährt z.B. die Hauptschuld, dann verjährt auch die Bürgschaftsverpflichtung.

3. Der Bürgschaftsvertrag wird zwischen Bürgen und Gläubiger geschlossen.

4. Er verpflichtet einseitig. Nur der Bürge übernimmt Verpflichtungen. Allein seine Bürgschaftserklärung bedarf der *Schriftform* (§ 766 BGB). Nur bei Vollkaufleuten im Rahmen ihres Handelsgeschäftes bedarf die Bürgschaft nicht der Schriftform (§§ 343, 350 HGB).

5. Die verbürgten Ansprüche müssen bestimmt oder wenigstens bestimmbar sein.[2] Dies gilt insbesondere bei der Bürgschaft für künftige Verbindlichkeiten (§ 765 Abs. 2 BGB). Eine Bürgschaft »für alle nur denkbaren Verpflichtungen« ist mangels Bestimmbarkeit unwirksam.[3] Ausreichend bestimmbar ist jedoch die Bürgschaft für alle – auch künftigen – Verbindlichkeiten aus der bestehenden Geschäftsverbindung zwischen Gläubiger und Hauptschuldner.[4] Eine derart weit gefasste Bürgschaft kann jedoch aus anderen Gründen unwirksam sein. Die *formularmäßige* Ausdehnung der Bürgschaft über diejenigen Forderungen hinaus, die Anlass der Verbürgung sind, auf alle künftigen Ansprüche aus der Geschäftsverbindung verstößt gegen § 307 Abs. 1 BGB und ist daher unwirksam.[5]

6. Die Bürgschaft ist ein besonders riskantes Rechtsgeschäft, bei dem die gesetzliche Schriftform (§ 766 BGB) nur einen schwachen Schutz bietet. Die Rechtsordnung überlässt es dem Bürgen, die Tragweite seiner Entscheidung einzuschätzen. Eine Bürgschaft kann jedoch nach § 138 BGB nichtig sein, wenn der Bürge sich in einem Umfang verpflichtet, der seine Einkommens- und Vermögensverhältnisse weit übersteigt, und er durch weitere Umstände, die zu einem unerträglichen Ungleichgewicht der Vertragsparteien führen (z.B. besonderes

---

1 Vgl. exeplarisch hierzu nur BGH NJW 2018, 701 (für BGHZ vorgesehen) (Einrede des Bürgen aus einem zwischen dem Schuldner und dem Gläubiger abgeschlossenen Stillhalteabkommen).
2 S. BGHZ 130, 19 = NJW 1995, 2553 ggü. BGH NJW 1990, 1909.
3 BGHZ 25, 318 = WM 1957, 1430.
4 BGHZ 130, 19 = NJW 1995, 2553.
5 BGHZ 132, 6 = NJW 1996, 924.

Nähe- und »Einflussverhältnis« zwischen Bürge und Schuldner), in einer dem Gläubiger zurechenbaren Weise zusätzlich belastet wird.[6] Anderes kann allerdings im Einzelfall gelten, wenn der Gläubiger auf diese Weise z.B. eine Vermögensverschiebung zwischen Ehegatten ausschließen will.[7]

7. Zu den verschiedenen Arten der Bürgschaft ist Folgendes zu berücksichtigen:

a) Grundsätzlich muss der Gläubiger, bevor er den Bürgen in Anspruch nehmen darf, versuchen, seine Forderung vom Hauptschuldner beizutreiben (§ 771 BGB). Wenn er ohne fruchtlosen Vollstreckungsversuch sogleich den Bürgen belangt, hat dieser die »Einrede der Vorausklage«. Auf diese Einrede kann der Bürge verzichten. Dann ist die Bürgschaft eine *selbstschuldnerische*. Ist die Bürgschaft für den Bürgen ein Handelsgeschäft, steht ihm die Einrede der Vorausklage nicht zu (§ 349 HGB).

7

b) Bei der *Ausfallbürgschaft* tritt die Haftung des Bürgen erst ein, wenn feststeht, dass der Gläubiger durch Zahlungsunfähigkeit des Hauptschuldners und Unzulänglichkeit etwaiger Sicherheiten einen Verlust erleidet. Diesen Nachweis muss der Gläubiger führen, bevor er den Ausfallbürgen in Anspruch nehmen darf.

8

c) Der *Rückbürge* steht dem Bürgen für dessen Rückgriffsforderung gegen den Hauptschuldner ein. Wurde der Bürge in Anspruch genommen und hat sodann der Rückbürge diese Rückgriffsforderung »anstelle« des Hauptschuldners erfüllt, so muss ihm der Bürge die Rückgriffsforderung abtreten.[8]

9

d) Der *Nachbürge* steht dem Gläubiger dafür ein, dass der Bürge (= Vorbürge) die ihm obliegende Verpflichtung erfüllt.

10

e) *Weitere Arten von Bürgschaften:* Zu weiteren Arten von Bürgschaften im Rechts- und Geschäftsverkehr (insbesondere zu *Prozessbürgschaften* und der – besonders riskanten Form der – *Bürgschaft auf erstes Anfordern*)[9] vgl. die Ausführungen und weiteren Muster in § 48 der 21. Aufl. dieses Formularbuchs.

11

Zum Sonderfall der Bürgschaften nach der Makler- und Bauträgerverordnung (§ 2 bzw. § 7 MaBV) vgl. die Ausführungen vorstehend in § 33.

f) *Gewährleistungsbürgschaft nach VOB/B:* § 17 VOB/B befasst sich mit der Sicherheitsleistung, die der Unternehmer zu erbringen hat. Sinn der Sicherheitsleistung ist es, den Auftraggeber vor den Folgen einer künftigen Vertragsverletzung zu schützen. Der Auftragnehmer hat unter den verschiedenen Arten der Sicherheit die Wahl. Wählt der Auftragnehmer Sicherheit durch Bürgschaft, so muss die Bürgschaft durch ein Kreditinstitut oder durch einen Kreditversicherer geleistet werden, die in der EU, im EWR oder in einem Vertragsstaat des WTO-Abkommens über das öffentliche Beschaffungswesen zugelassen sind. Die Bürgschaftserklärung ist schriftlich unter Verzicht auf die Einrede der Vorausklage abzugeben. Sie darf nicht auf bestimmte Zeit beschränkt sein.

12

---

6 So die als Folge von BVerfG NJW 1994, 36 geänderte Rechtsprechung des BGH zu den sog. »Ehegatten- oder Kinderbürgschaften«, vgl. BGH NJW 1994, 1278 und NJW 1995, 187.
7 BGH NJW 2002, 2228 und BGH ZIP 2017, 167 = ZNotP 2017, 16; vgl. hierzu eingehender: Palandt/*Sprau*, § 765 BGB Rn. 9 ff.
8 RGZ 146, 70.
9 Vgl. die Ausführungen bei Palandt/*Sprau*, Einf. v. § 765 BGB Rn. 6 ff. (bsd. Rn. 14, 14a und 14b) und MüKo-BGB/*Habersack*, § 765 BGB Rn. 98 ff.

Gewährleistungsbürgschaft nach § 17 VOB/B

13 M Aufgrund des Vertrages vom …..
hat die Firma ….. folgende Arbeiten übernommen: …..
Sie hat vereinbarungsgemäß Herrn ….. Gewähr zu leisten. Wir übernehmen hiermit für die Erfüllung der Ansprüche aus der Gewährleistung die selbstschuldnerische Bürgschaft bis zum Betrage von

….. €

in Worten: ….. €
einschließlich sämtlicher Nebenforderungen unter Verzicht auf die Einreden der Anfechtbarkeit und der Aufrechenbarkeit (§ 770 BGB) mit der Maßgabe, dass wir aus dieser Bürgschaft nur auf Zahlung von Geld in Anspruch genommen werden können. Unsere Bürgschaft erlischt mit der Rückgabe dieser Bürgschaftsurkunde.
Wir sind berechtigt, uns jederzeit von der Verpflichtung aus der Bürgschaft zu befreien, indem wir den verbürgten Betrag zum Zwecke der Sicherheitsleistung hinterlegen.
(Beglaubigung nicht erforderlich.)

■ *Kosten.* Rahmengebühr 0,3–1,0 in Tabelle B (min. 60 €) für verbürgten Betrag (= Hauptforderung, § 53 Abs. 2 GNotKG) nach Nr. 24101 i.V.m. Nr. 21200 KV GNotKG, § 119 Abs. 1 GNotKG.

Bürgschaftsübernahme in Briefform

14 In einem Telegramm ist sie unwirksam,[10] die elektronische Form wurde in § 766 Satz 2 BGB ausdrücklich ausgeschlossen.

Bürgschaft in Briefform

15 M Herrn G.   Ort, Datum
Sie haben dem Sch. am ….. ein mit 4 % verzinsliches Darlehen von ….. gewährt, das am ….. fällig ist. Ich übernehme für diese Schuld die selbstschuldnerische Bürgschaft.
[Beglaubigung nicht erforderlich.]

■ *Kosten.* Rahmengebühr 0,3–1,0 in Tabelle B (min. 60 €) für verbürgten Betrag (= Hauptforderung, § 53 Abs. 2 GNotKG) nach Nr. 24101 i.V.m. Nr. 21200 KV GNotKG, § 119 Abs. 1 GNotKG.

Weitgehende selbstschuldnerische Bürgschaft mit Vollstreckungsunterwerfung

16 M   Verhandelt zu ….. am …..

Vor ….. erklärten: …..
Wir, A. und B., sind Kommanditisten der C ….. KG. Wir übernehmen (ohne Rücksicht auf die Beschränkung unserer Haftung auf die jeweilige Hafteinlage) die selbstschuldnerische Bürgschaft, und zwar jeder für sich, für die rechtzeitige und vollständige Erfüllung aller Verbindlichkeiten, die der C ….. KG und deren persönlich haftenden

---

10 BGHZ 24, 297.

Gesellschaftern gegenüber der D ..... Bank aus Geschäftsverbindung obliegen und zukünftig obliegen werden. Es ist uns bekannt, dass die Forderung der Gläubigerin zurzeit 100.000 € beträgt, sich aber auf das Doppelte erhöhen kann.
Alle Maßnahmen und Vereinbarungen, welche die D ..... Bank wegen ihrer Forderung oder wegen einer für die Forderung bestehenden oder später geleisteten Sicherheit für nützlich erachtet, werden wir gelten lassen. Dies gilt besonders dann, wenn die D ..... Bank Stundung gewährt oder Mitschuldner oder Mitbürgen aus der Haftung entlassen sollte. Die Gläubigerin darf die Bürgschaft auch dann in voller Höhe geltend machen, wenn ein Vergleich irgendwelcher Art einen teilweisen Erlass der Forderung gegen die Hauptschuldner enthalten sollte.
Wir unterwerfen uns als Gesamtschuldner wegen der Forderung aus dieser Bürgschaftserklärung im Umfange von 200.000 € der sofortigen Zwangsvollstreckung und gestatten die jederzeitige Erteilung einer vollstreckbaren Ausfertigung an die Gläubigerin .....
(Unterschriften von A und B)

..... , Notar

■ *Kosten.* Gebühr von 1,0 in Tabelle B (Nr. 21200 KV GNotKG) aus einem Geschäftswert von 200.000 € (§§ 97, 37 Abs. 1 GNotKG).

Ausfallbürgschaft

G. hat gegen S. eine Darlehensforderung von 15.000 €, die vom ..... ab zu 6 % verzinslich und am ..... fällig ist. Als Sicherheit hat S. dem G. folgende Gegenstände im Gesamtwert von ca. 16.000 € übereignet, die im Verwahrungsbesitz des S. geblieben sind, nämlich: .....
Ich, der Unterzeichnete, verbürge mich für die vorstehend bezeichnete Forderung nebst Zinsen in der Weise, dass ich für den Ausfall, den G. nach Verwertung der ihm gestellten Sicherheiten erleiden sollte, einstehe.
Der Ausfall gilt als festgestellt, wenn S. die Zahlungen einstellt oder das Insolvenzverfahren über sein Vermögen eröffnet ist oder eine Eröffnung mangels Masse abgelehnt wird oder wenn er eine Vermögensauskunft im Sinne der §§ 802c ff. ZPO abgegeben hat und Eingänge aus den oben bezeichneten Sicherheiten nicht mehr erwartet werden können.

17 M

■ *Kosten.* Wie zu Muster Rdn. 16 M.

Zu *Mustern* für eine Rückbürgschaft, verschiedene Arten von Prozessbürgschaften und für eine Bürgschaft mit zeitlicher Beschränkung vgl. die 21. Aufl. dieses Buches.

II. Kreditauftrag

Der Kreditauftrag ist § 778 BGB und § 349 HGB besonders geregelt.

18

Aufgrund seiner Seltenheit in der Praxis – insbesondere der notariellen Praxis – verweisen wir auf die diesbezüglichen Ausführungen in der 21. Aufl. dieses Formularbuches.

III. Garantievertrag

19 Der Garantievertrag (ein von der Praxis erdachtes, mit großer Vorsicht zu handhabendes Rechtsgebilde) ist nicht Bürgschaft. Der Garantierende haftet für einen bestimmten *Erfolg* oder für ein bestimmtes Verhalten des Schuldners oder für die *Gefahr eines zukünftigen Schadens*, sogar für alle »nicht typischen Zufälle«.[11] Ein Garantievertrag wird insbesondere angenommen, wenn der Garantierende wirtschaftliche Vorteile aus der Garantieübernahme oder ein eigenes Interesse an dem Abschluss oder der Erfüllung des Vertrages hat. Dieses »Eigeninteresse« ist zwar ein wichtiges Indiz; im Übrigen ist aber durch Auslegung zu ermitteln, ob eine »echte Garantie« oder eine Bürgschaft gewollt ist – der Wortlaut allein ist hier regelmäßig nicht entscheidend.[12]

20 Der Garantievertrag ist gefährlich, weil er keiner Form bedarf (er ist insbesondere keine »Unterform« der Bürgschaft, sodass die §§ 765 ff. BGB auch nicht entsprechend anwendbar sind).[13] Durch entstellende Zeugenaussagen kann leicht ein Dritter in ein Schuldverhältnis hineingezogen werden, der keine Verpflichtungen übernehmen wollte. Die Rechtssicherheit, die das BGB durch das Erfordernis der Schriftform bei der Bürgschaft geben wollte, ist durch den Garantievertrag infrage gestellt worden. Weil die Garantie im Gegensatz zur Bürgschaft vom Fortbestehen oder gar dem Entstehen einer Hauptschuld nicht abhängig ist,[14] wird sie jedoch in manchen Fällen notwendig. Einwendungen gegen die Hauptschuld berühren die selbstständige Garantie nicht.[15]

Garantieversprechen

21 M Verhandelt zu ..... am .....

V. hat an K. sein in Offenbach, Frankfurter Str. 7, betriebenes Einzelhandelsgeschäft mit Lebensmitteln für 30.000 € Barzahlung und Übernahme von 66.793,50 € Geschäftsverbindlichkeiten verkauft mit dem Recht zur Fortführung der Firma Max Machemehl.
1. V. erklärt:
    a) Ich leiste Gewähr dafür, dass die Verbindlichkeiten des Geschäftes in der anliegenden Aufstellung mit 66.793,50 € für den Übergabetag vollständig aufgeführt sind, sich also nicht über diesen Betrag hinaus durch später eingehende Rechnungen oder auf andere Weise erhöhen werden.
    b) Ich stehe weiter dafür ein, dass der Mietzins von monatlich 2.000 € für die Geschäftsräume, die K. mit Einwilligung des Vermieters übernimmt, sich für die Dauer des auf noch 5 Jahre fest abgeschlossenen Mietvertrages nicht erhöhen wird.
    c) Ich garantiere schließlich dafür, dass in den drei Häusern, die auf der dem Geschäft gegenüberliegenden Straßenseite gebaut werden sollen, in den kommenden 5 Kalenderjahren kein Geschäft entsteht, in dem Lebensmittel verkauft werden.
2. F., die Ehefrau von V., erklärt: Da mein Ehemann das Geschäft auf meinen Wunsch verkauft hat, um sich einem anderen Beruf zuzuwenden, garantiere ich dafür, dass die Zusagen meines Mannes zu 1. a) bis c) erfüllt werden. Ich stehe ohne Rücksicht auf das Bestehen der Verpflichtungen meines Mannes und sein Vermögen, sie zu

---

11 RGZ 146, 120; BGH NJW 1996, 2569.
12 Vgl. Palandt/*Sprau*, Einf. v. § 765 BGB Rn. 16 ff., insb. Rn. 17.
13 Vgl. nur MüKo-BGB/*Habersack*, Vorb. v. § 765 BGB Rn. 19.
14 Vgl. BGH NJW 1996, 2569.
15 RGZ 163, 91.

erfüllen, für die vorstehenden Ansprüche zu 1. a) bis c) K. gegenüber selbständig ein.
3. K. erklärt: Ich nehme die Garantien zu 1. a) bis c) und zu 2. an.
(Unterschriften von V., F. und K.)

….., Notar

■ *Kosten.* Geschäftswert: Die Garantien, die außerhalb eines (formlosen) Kaufvertrages gegeben werden, stellen keine Mängelhaftung nach den §§ 434 ff. BGB dar. Soweit sie der Verkäufer selbst übernimmt, erweitern sie seine Leistungen. Ist die Verkäufergarantie bereits beim Kaufpreis berücksichtigt, so hat eine gesonderte Bewertung nicht zu erfolgen. Wird die Garantie selbständig neben dem Kauf übernommen und ohne (messbare) Gegenleistung, so ist der Wert der zusätzlichen Verkäuferleistung zu schätzen. Ausgehend vom (Gesamt-)Kaufpreis von rd. 97.000 € sind sie im vorgeschilderten Sachverhalt bei ihrer Bedeutung auf etwa 20–30 % davon zu schätzen (§ 30 Abs. 1 KostO), also auf ca. 20.000–29.000 €.[16] Erhoben wird hieraus eine 2,0-Gebühr. Die von der Ehefrau geleistete Garantie ist als »sonstige Sicherstellung« der besonderen Vertragsverpflichtungen des Mannes nicht höher als diese zu schätzen. Als Sicherstellung der in derselben Urkunde verbrieften Verpflichtung betrifft sie dasselbe Rechtsverhältnis und wird deshalb durch die obigen Gebühren mit abgegolten. Die vorstehenden Ausführungen sollten auch unter den Wertvorschriften des GNotKG gelten (vgl. §§ 36 Abs. 1, 37 Abs. 1, 53 Abs. 2 GNotKG). Gebühr von 2,0 in Tabelle B (Kostenverzeichnis-Nr. 22100).

IV. Ausbietungsgarantie

1. Die Verwertung eines Grundstücks durch Zwangsversteigerung regelt das ZVG. Ein Zuschlag kann nur erfolgen, wenn das sogenannte *»geringste Gebot«* erreicht wird. Das geringste Gebot (§§ 44, 45 ZVG) wird vom Zwangsversteigerungsgericht errechnet und setzt sich zusammen
– aus den bestehen bleibenden Rechten,
– aus den zu zahlenden Verfahrenskosten.

Bestehen bleiben die Rechte, die dem Anspruch der betreibenden Gläubiger im Rang vorgehen (§ 52 ZVG).

Davon zu unterscheiden ist das Bargebot, das sich u.a. aus den Verfahrenskosten des Gerichts, rückständigen, das Grundstück betreffenden Steuern und öffentlichen Abgaben sowie laufenden wiederkehrenden Leistungen (z.B. Zinsen) der bestehen bleibenden Rechte (§ 49 i.V.m. § 10 Nr. 1 bis 3 und § 12 Nr. 1 und 2 ZVG) zusammensetzt.

Der Zuschlag wird demjenigen erteilt, der das höchste Gebot – *Meistgebot* – abgegeben hat. Der Teil des Meistgebotes, der die bestehen bleibenden, also vom Erwerber zu übernehmenden Rechte übersteigt, muss in bar entrichtet werden, § 49 Abs. 1 ZVG.

Nach dem Zuschlag wird ein Verteilungstermin bestimmt. Zu diesem Termin stellt das Versteigerungsgericht einen Teilungsplan auf, aus dem sich die Verteilung des Bargebotes ergibt. Dieser bar zu entrichtende Teil muss vom Ersteher spätestens im Verteilungstermin gezahlt werden (vgl. § 117 ZVG; für den Fall der Nichtzahlung im Verteilungstermin erfolgt die Eintragung von Sicherungshypotheken für die Berechtigten, §§ 118, 128 ZVG).

2. Durch eine Ausbietungsgarantie will sich der Gläubiger eines Grundpfandrechtes davor schützen, dass er bei der Zwangsversteigerung des verpfändeten Grundstücks Schaden erleidet. Der Garant verpflichtet sich für den Zwangsversteigerungsfall, das Grundpfand-

---
16 Vgl. hierzu: *Notarkasse*, Streifzug durch die Kostenordnung, 12. Aufl. 2017, Rn. 469 f.

recht ganz oder teilweise auszubieten (*reine Ausbietungsgarantie*), oder der Garant verpflichtet sich, dem Gläubiger einen etwaigen *Ausfall zu ersetzen* (*Ausfallgarantie* oder *Ausbietungsgarantie im weiteren Sinne*).

28 Für den Bietinteressenten kann es verschiedene Motive geben, auf das Angebot eines Ausbietungsgarantievertrages mit der Bank einzugehen: Bei der reinen Ausbietungsgarantie (mit Erwerbsverpflichtung) ist das Interesse des Vertragspartners der Bank meist, dass er nur auf diese Weise den Erwerb in der Zwangsversteigerung sicher stellen kann, z.B. wenn er ansonsten die (bare) Finanzierung des Meistgebots nicht bewerkstelligen kann und die versteigernde Bank nur bereit ist, gegen Übernahme der Ausbietungsgarantie das Grundpfandrecht zur neuen Finanzierung »stehen zu lassen« (s. Muster in Rdn. 33 M). Eine Ausfallgarantie hingegen kann als zusätzliche Sicherung bei einer Abtretung des Grundpfandrechts dienen.

29 Bezüglich der reinen Ausbietungsgarantie sind aber in der jüngeren Vergangenheit Vorwürfe missbräuchlichen Einsatzes geltend gemacht worden. So wird von Fällen berichtet, in denen die Ausbietungsgarantie dazu benutzt wurde, andere Bieter aus dem Verfahren zu drängen, indem die Bank in der Garantie (für einen »guten Kunden«) versprach, unabhängig vom Meistgebot sich ihm gegenüber nach Zahlung eines bestimmten Betrages für befriedigt zu erklären bzw. ab einem bestimmten Gebot nur eine teilweise Zahlung des überschießenden Teil von ihm zu verlangen. Damit konnte dieser Bieter in der Versteigerung alle übrigen Interessenten ohne großes finanzielles Risiko überbieten.[17] Dieses Vorgehen mag zwar die »Chancengleichheit« im Versteigerungsverfahren zu beeinträchtigen, *m.E.* stellt sie aber keine unzulässige oder gar sittenwidrige Gestaltung dar, sodass der Notar den Beurkundungsauftrag ablehnen müsste. Im Regelfall wird nämlich bei dieser Gestaltung keiner der Beteiligten wirtschaftlich geschädigt; die Bank nicht, da sie den Kredit wirtschaftlich schon auf den Betrag abgeschrieben hat, den sie im Bietabkommen als Garantiebetrag fordert, nachrangige Gläubiger und der Schuldner nicht, da im Regelfall die betreibende Bank, die das Bietabkommen schließt, ohnehin noch mehr gesicherte Forderungen gegen den Schuldner hätte, mit denen sie bereits ausfällt. Die weiteren Bietinteressenten haben schließlich keinen »geschützten Anspruch« darauf, dass alle Bieter dieselben »Refinanzierungskosten« haben. Andererseits scheint aber teilweise auch Interessenten, die das Meistgebot problemlos auf andere Weise hätten finanzieren können, »zusätzlich« ein Ausbietungsvertrag vonseiten des versteigernden Kreditinstituts »aufgedrängt« worden zu sein, der allein den Interessen des Gläubigers diente. Insoweit ist auf notarieller Seite der Ausbietungsvertrag mit angemessener Vorsicht zu behandeln.

30 Eine Ausbietungsgarantie kann als *unselbstständiger* Bestandteil eines Hauptvertrages vorkommen, z.B. zu einer Hypothekenabtretung die Zusage einer Ausfallgarantie. Sie ergänzt die Haftung für den rechtlichen Bestand durch die Haftung für den wirtschaftlichen Wert des verkauften Rechtes.

31 Die *selbstständigen* Ausbietungsgarantien werden dann unabhängig von einer Hauptverpflichtung übernommen, wenn der Garant ein Grundstück ersteigern und dabei das Grundpfandrecht übernehmen will (reine Ausbietungsgarantie) oder wenn er ein Interesse an einer besseren wirtschaftlichen Bewertung eines Grundpfandrechtes hat (Ausfallgarantie).

32 Auch die Ausfallgarantie ist nicht auf die Erfüllung einer fremden Schuld gerichtet; auch sie stellt keine (Ausfall-)Bürgschaft dar. Als Garantieverträge sind beide Arten nicht formbedürftig (s.o. Rdn. 19 f.). Die *reine Ausbietungsgarantie* enthält allerdings eine Verpflichtung zum Erwerb eines Grundstücks und ist deshalb nach § 311b Abs. 1 BGB beurkundungs-

---

17 Vgl. Immobilien-Zeitung v. 04.10.2007.

pflichtig;[18] hierbei erstreckt sich die Beurkundungspflicht auf die gesamte Abrede, also auch die Erklärungen des Empfängers der Ausbietungsgarantie.[19]

Reine Ausbietungsgarantie

Verhandelt zu ..... am .....　　**33 M**

Vor .....
erschienen:
I.　Herr G. .....
II.　für die Kreissparkasse .....
die Herren .....
Sie erklärten:
Die Kreissparkasse in ..... ist Gläubigerin der Grundschuld Abteilung III lfd. Nummer 1 von 50.000 € auf dem Grundstück ....., eingetragen im Grundbuch von ..... Band ..... Blatt ....., das E. gehört. Für G. ist in demselben Grundbuch in Abteilung III unter lfd. Nummer 3 eine Hypothek von 20.000 € eingetragen. Der Inhaber der Grundschuld Abteilung III lfd. Nr. 2 betreibt die Zwangsversteigerung. Infolge der Beschlagnahme ist die Grundschuld der Kreissparkasse nach ihren Bedingungen fällig geworden. Die Forderung der Kreissparkasse an Kosten und rückständigen Zinsen beträgt heute 870 €. G. verpflichtet sich hierdurch, in dem anhängigen Versteigerungsverfahren, und zwar (*alternativ:*) schon in dem ersten Versteigerungstermin sowie in etwaigen neuen Versteigerungsterminen (*oder*) nur im jetzt anstehenden Versteigerungstermin am ....., ein zur vollständigen Deckung der Kreissparkasse ausreichendes Gebot, das heißt ein Gebot bis zu einem Betrage, der das Kapital, die Zinsen und die Kosten deckt, abzugeben.
Die Kreissparkasse ihrerseits verpflichtet sich, falls G. den Zuschlag erhält, ihre Grundschuld zu den nachstehenden neuen Bedingungen stehenzulassen und eine entsprechende Erklärung nach § 91 Abs. 2 ZVG abzugeben.
G. wird in notarieller Urkunde die persönliche Schuld übernehmen. Der Zinssatz wird von 3 auf 4,5 v.H. erhöht. Das Kapital wird auf zehn Jahre festgeschrieben. Die zehnjährige Frist rechnet vom Tage des Zuschlags an. Die Bedingungen gelten auch dann, wenn auf Grund der Abtretung der Rechte aus dem Meistgebot der Zuschlag einem Rechtsnachfolger des G. erteilt wird. In diesem Falle hat der Rechtsnachfolger die persönliche Schuld an Stelle von G. zu übernehmen. Sollte der Rechtsnachfolger des G. als Ersteher seine Zahlungspflicht in Beziehung auf die Forderungen der Kreissparkasse für rückständige Zinsen und Kosten nicht vollständig erfüllen, so erstreckt sich die Ausbietungspflicht des G. auch auf die Sicherungshypothek, die für die Kreissparkasse eingetragen wird, falls diese vor dem Ablauf von sechs Monaten die Wiederversteigerung beantragt.
Die Kreissparkasse ist nicht gehindert, mit anderen Personen ähnliche Abkommen über eine Ausbietungsgarantie einzugehen. Die Kreissparkasse haftet nicht für Größe, Güte und Beschaffenheit des zur Zwangsversteigerung gelangenden Grundstücks.

18　BGHZ 110, 319 = NJW 1990, 1662, ebenso BFH/NV 2018, 410
19　OLG Celle NJW-RR 1991, 866 = DNotZ 1992, 302 und ausführlich OLG Hamburg MittBayNot 2003, 293; nach *OLG Koblenz* soll eine Heilung des Formmangels bei einer Ausbietungsgarantie bereits mit dem Zuschlag in der Zwangsversteigerung eintreten, nicht erst mit Grundbuchvollzug (ZfIR 2000, 320), jetzt ebenso: BFH/NV 2018, 410.

G. ist verpflichtet, alsbald nach Erteilung des Zuschlags die Nebenforderungen der Kreissparkasse an Zinsen und Kosten sowie die Grunderwerbsteuer zu bezahlen und seinem Rechtsnachfolger, für den er bürgt, dieselbe Verpflichtung aufzuerlegen.
Die Kreissparkasse kann von diesem Abkommen zurücktreten, wenn dessen Erfüllung nicht binnen eines Monats nach Rechtskraft des Zuschlags nachgewiesen ist.

(Unterschriften der Beteiligten)

- **Kosten.** Gebühr von 2,0 in Tabelle B (Nr. 21100 KV GNotKG) aus einem Geschäftswert von 50.000 € (s.o. und vgl. §§ 97, 37 Abs. 1 GNotKG)[20].

Reiner Ausbietungsvertrag mit Sicherstellung und Nebenabreden

34 M

Verhandelt zu ..... am .....
Vor .....
erschienen .....
I. Herr G. .....
II. für die D. ..... Bank
die Herren .....
Sie erklärten:
Im Grundbuch von ..... Band ..... Blatt ..... steht für die D ..... Bank in Abteilung III unter lfd. Nr. 3 eine Grundschuld von 60.000 € eingetragen.
Die D ..... Bank betreibt wegen der Grundschuld die Zwangsversteigerung des belasteten Grundstücks beim Amtsgericht ..... unter dem Aktenzeichen: .....
G. will das Grundstück in der Versteigerung erstehen. Er verpflichtet sich, hierauf ein Gebot abzugeben, durch das auf die Grundschuld lfd. Nr. 3 ein Betrag von 60.000,– € zur Hebung gelangt. Von diesem Betrage zahlt G. sofort 30.000,– € an die D ..... Bank und verpflichtet sich, den Rest von 30.000 € bis spätestens drei Tage vor dem noch nicht bekannten Versteigerungstermin an die D ..... Bank zu entrichten. Darüber hinaus verpflichtet er sich, die von der D ..... Bank zur Durchführung der Zwangsversteigerung aufgewendeten Kosten innerhalb einer Woche nach Erteilung des Zuschlages an ihn der D ..... Bank zu zahlen.
Die D ..... Bank wird bei einem Gebot von G., durch das ihr 60.000 € zufließen, kein eigenes Gebot abgeben, keine Bietsicherheit fordern und eine Befriedigungserklärung abgeben, sobald die ihr in der Zwangsversteigerung entstandenen Kosten von G. gezahlt sind und der ihm erteilte Zuschlag rechtskräftig geworden ist.
Die Vertragschließenden sind darüber einig, dass die D ..... Bank nicht für Größe, Güte und Beschaffenheit des zur Zwangsversteigerung gelangenden Grundstücks haftet und dass sie auch nicht gehindert ist, mit anderen Personen ähnliche Ausbietungsabkommen zu schließen.
Die Kosten dieses Abkommens und seiner Durchführung trägt G.

(Unterschriften der Beteiligten)

- **Kosten.** Gebühr von 2,0 in Tabelle B (Nr. 21100 KV GNotKG) aus einem Geschäftswert von 60.000 € (§§ 97, 37 Abs. 1 GNotKG).

---

20 *Notarkasse*, Streifzug durch die Kostenordnung, 12. Aufl. 2017, Rn. 471.

Ausfallgarantie

Vereinbarung zwischen 35 M

I. Herr G. .....
II. für die B. ..... Bank
die Herren .....

Im Grundbuch von ..... Band ..... Blatt ..... steht in Abt. III unter lfd. Nr. 3 für die B-Bank in N. eine Grundschuld von 80.000 € (achtzigtausend Euro) nebst 18 % Zinsen eingetragen.

G. übernimmt gegenüber der B-Bank oder deren Rechtsnachfolger die Gewähr für diese Grundschuld. Er steht dafür ein, dass der B-Bank in der Zwangsversteigerung des belasteten Grundstückes kein Ausfall an Kapital, Zinsen, Nebenleistungen und Kosten entsteht. Die Garantie gilt für alle Zwangsversteigerungsverfahren während des Bestehens der Grundschuld. Sie gilt auch weiter, wenn der Garant das Grundstück ersteigert oder wenn der Ersteher die Zahlungsverpflichtungen nicht erfüllt und eine Wiederversteigerung nach den §§ 118, 128, 132 f. ZVG durchgeführt wird. Sie erlischt erst, wenn die B-Bank oder ihre Rechtsnachfolger wegen der grundpfandrechtlich gesicherten Forderungen vollständig befriedigt sind.

Wenn die B-Bank oder ihre Rechtsnachfolger die Zwangsversteigerung nicht selbst betreiben und auch einem Zwangsversteigerungsverfahren nicht beigetreten sind, kann G. für eine Aufhebung oder Einstellung des Verfahrens sorgen.

Fällt die Grundschuld in der Zwangsversteigerung aus oder muss die B-Bank oder ihr Rechtsnachfolger zur Rettung der Grundschuld das Grundstück ersteigern, so hat G. ihr den Ausfall zu ersetzen. Dieser bemisst sich nach der Hauptforderung nebst Zinsen, Nebenleistungen und Kosten, unabhängig von der Höhe des von der B-Bank oder einem Rechtsnachfolger bei eigener Ersteigerung des Grundstückes zu berichtigenden Meistgebotes. Ein Wertausgleich findet zwischen der B-Bank und G. nicht statt. Im Verhältnis zwischen ihnen findet § 114a ZVG keine Anwendung, d.h., der Ersteher gilt bei einem Zuschlag unter sieben Zehnteln nicht über sein Gebot hinaus als befriedigt. G. ist zur Zahlung des Ausfalls nur gegen Abtretung der Rechte der B-Bank gegen den Schuldner verpflichtet.

Wenn G. oder ein der B-Bank genehmer Dritter, dem G. die Rechte aus dem Meistgebot abgetreten hat, das Grundstück ersteigert, so ist die B-Bank auf Verlangen verpflichtet, die Grundschuld zu den bisherigen Bedingungen stehen zu lassen. G. hat dann nach Ersteigerung des Grundstückes die persönliche Schuld zu übernehmen und sich wegen dieser Schuld und der Grundschuld der sofortigen Zwangsvollstreckung zu unterwerfen. Wenn ein der Bank genehmer Dritter, dem G. die Rechte aus dem Meistgebot abgetreten hat, Eigentümer des Grundstücks wird, so haftet G. dafür, dass der Dritte die vorstehenden Handlungen vornimmt.

Die B-Bank ist nicht verpflichtet, bei Fälligkeit der Grundschuld die Zwangsversteigerung zu betreiben. Sie kann dem Schuldner Stundung gewähren. Zinserhöhungen oder sonstige Veränderungen der Forderung wirken nicht gegen G., wenn sie ohne seine Zustimmung vorgenommen werden, lassen aber die Verpflichtungen des G. aus dieser Garantie unberührt.

Die B-Bank kann ihre Rechte aus der Garantie abtreten. G. kann seine Rechte nicht abtreten.

Ein Wechsel des Grundstückseigentümers oder des Schuldners der gesicherten Forderung ist auf die Garantie ohne Einfluss.

Die B-Bank kann mit anderen Personen entsprechende Ausbietungsgarantieverträge schließen. Tut sie es, so haften ihr die Garanten als Gesamtschuldner.

Wenn G. ein die Grundschuld deckendes Gebot abgibt, so darf die B-Bank von ihm keine Bietsicherheit verlangen; ebenso nicht, wenn ein der B-Bank genehmer Dritter auf Veranlassung von G. ein solches Gebot abgibt. Dem Garanten ist bekannt, dass ein solches Verlangen jedoch von einem jeden der weiteren Berechtigten i.S.v. § 67 ZVG gestellt werden kann.
Die B-Bank haftet nicht für Größe, Güte oder Beschaffenheit des Grundstückes.

(Unterschriften der Beteiligten)

- *Kosten.* Rahmengebühr 0,3–1,0 in Tabelle B (min. 60 €) aus einem Wert von 80.000 € (§§ 97, 37 Abs. 1 GNotKG) nach Nr. 24101 i.V.m. Nr. 21200 KV GNotKG.

§ 52 Sicherungsübereignung und Eigentumsvorbehalt

Die Sicherungsübereignung ist ein sachenrechtliches Institut. Da sie aber ein Kreditsicherungsmittel von größter Bedeutung ist, wird sie hier unter den Kreditgeschäften behandelt. Allerdings stellen die Sicherungsübereignung und der Eigentumsvorbehalt – in Gegensatz zu ihrer Bedeutung für den allgemeinen Wirtschaftsverkehr – in der notariellen Praxis eine Ausnahmeerscheinung dar (z.B. in der Form eines Eigentumsvorbehaltes bei mitverkauften Einrichtungsgegenständen einer veräußerten Immobilie bis zur vollständigen Zahlung des Kaufpreises). Daher wird vorliegend nur ein kurzer Überblick über das Recht der Sicherungsübereignung und des Eigentumsvorbehaltes geboten. Eine vertiefte Darstellung mit weiteren Mustern findet sich in der 21. Aufl. dieses Werkes (samt Ergänzungsband, dort in § 49).

I. Zweck und Wesen

Durch die Sicherungsübereignung werden bewegliche Sachen (Waren) hauptsächlich zu Sicherungsmitteln der Kreditgeber, der Banken, gemacht. Die Warenlieferanten benutzen dagegen den *Eigentumsvorbehalt* zur Sicherung ihrer Kaufpreisforderungen. Da weder der Kreditsicherungsnehmer noch der Vorbehaltsverkäufer unmittelbaren Besitz an den Waren haben, stoßen die Sicherungsbemühungen beider aufeinander, wenn das Sicherungseigentum an den in den unmittelbaren Besitz des Sicherungsgebers und Vorbehaltskäufers gelangten, aber nicht sein Volleigentum gewordenen Waren begründet und womöglich auch noch auf die Ersatzwaren ausgedehnt werden soll, während der Warenlieferant seinen Vorbehalt nicht aufgibt, sondern ihn möglichst noch verlängert und weitergeleitet haben will und dazu beide Gläubiger Anspruch auf die Forderungen stellen, die der Sicherungsgeber durch den Weiterverkauf erwerben soll.

Die Sicherungsübereignung ist eine »eigennützige Treuhand« und bezweckt, dem Schuldner (Sicherungsgeber) im Wege des Kredits neue Mittel zur Bezahlung seiner Gläubiger zuzuführen und dem Kreditgeber (Sicherungsnehmer) dingliche Sicherheit zu geben. Dabei wird dem Schuldner der Besitz des Sicherungsgutes belassen, damit er seinen Betrieb weiterführen kann. Die Verwertung braucht auch nicht nach den Vorschriften über den Pfandverkauf (§§ 1220 ff. BGB) zu erfolgen. Darin liegt ein Vorteil gegenüber der Verpfändung. Allerdings ist der Pfandgläubiger durch den Pfand*besitz* stärker gesichert. Ist der Sicherungsgeber nicht zuverlässig, so verliert der Sicherungsnehmer leicht das Eigentum.

Gegen Zwangsvollstreckungen Dritter steht dem Sicherungseigentümer verfahrensrechtlich das Widerspruchsrecht nach § 771 ZPO zu, nicht nur ein Recht auf vorzugsweise Befriedigung aus § 805 ZPO (sog. wirtschaftliches Eigentum[1]).

Zur *Verpfändung* beweglicher Sachen und Rechte s.u. § 78.

---

[1] Vgl. schon RGZ 124, 73; BGH NJW 1954, 674.

II. Erfordernisse

1. Bestimmtheit des Gegenstandes

6 **a)** Der Gegenstand der Übereignung, das *Sicherungsgut*, muss bestimmt sein, und zwar im Vertrage selbst. Bloße Bestimmbarkeit genügt nicht. Es fehlt an der nötigen Bestimmtheit, wenn erst Lagerbücher, Rechnungen usw. zur näheren Bestimmung der übereigneten Gegenstände herangezogen werden müssen. Wird ein *Warenlager* zur Sicherheit übereignet, so genügt es nicht, wenn die zu übereignenden Gegenstände nur nach Zahl, Gewicht oder Inhalt ohne weitere Angabe von besonderen Merkmalen bezeichnet werden. Es bedarf vielmehr genauer Bezeichnung der einzelnen Sachen.[2] Werden *alle* Gegenstände einer näher bezeichneten Warengattung (sog. »All-Formel«) übereignet, genügt dies dem Bestimmtheitsgebot.[3] Die erforderliche Bestimmtheit ist ferner gegeben, wenn sich die – jetzt und künftig übereigneten – Gegenstände in besonderen, im Vertrage bestimmten Räumen befinden (Raumsicherungsvertrag bzw. »Raumklausel«) oder alle auf dem Fabrikgrundstück des Sicherungsnehmers befindlichen Maschinen übereignet werden.[4] Ausreichend ist auch die besondere Markierung des Sicherungsguts (Markierungsvertrag) oder dessen Aufnahme in ein Verzeichnis.[5]

7 **b)** Bei Übereignung von *Ersatzwaren* durch *vorweggenommenes* (»antizipiertes«) *Besitzkonstitut* hat die bestimmte Bezeichnung, die schon bei der Einigung erforderlich ist, besondere Bedeutung. Sie ist gerade deshalb erforderlich, weil der Veräußerer die Sachen noch nicht in Besitz genommen oder noch nicht hergestellt hat. Auch hier genügt Unterbringung in bestimmten Räumen, Markierung oder Aufnahme in ein Verzeichnis (s.o. Rdn. 6).

2. Übergabe und Übergabeersatz

8 **a)** Die *Übergabe* nach § 929 BGB bildet bei der Sicherungsübereignung die Ausnahme. Wenn sie möglich ist, dann ist die klassische Verpfändung angebracht. Die Sicherungsübereignung durch Übergabe kann auch so vorgenommen werden, dass sich der Schuldner vom Gläubiger als Verkäufer anstellen lässt und damit dessen *Besitzdiener* wird. Auf solche Weise erhält der Gläubiger die tatsächliche Gewalt über das Lager. In diesem Fall muss der Wechsel des Besitzers nach außen in Erscheinung treten.[6]

9 **b)** Durch ein *Besitzmittlungsverhältnis (Besitzkonstitut)* nach § 930 BGB kann die Übergabe ersetzt werden, wenn der Eigentümer (Sicherungsgeber) im Besitz der Sache ist. Sicherungsgeber und Sicherungsnehmer vereinbaren ein Rechtsverhältnis, durch das der Sicherungsnehmer den *mittelbaren Besitz* erlangt (§ 868 BGB).

10 Heute ist allgemein anerkannt, dass die besonderen – und inzwischen typisch gewordenen – Rechtsbeziehungen zwischen Sicherungsgeber und Sicherungsnehmer das Besitzmittlungsverhältnis regelmäßig so konkretisieren, dass ein ausreichend konkretes Besitzkonstitut vorliegt.[7] Begründet wird danach ein besonderes Besitzmittlungsverhältnis der Sicherungsübereignung:

---

2 S. BGH NJW 1984, 803.
3 BGH NJW 1994, 133.
4 RG JW 1932, 1197.
5 BGH WPM 1960, 1226.
6 RG Recht 1909 Nr. 73.
7 BGH NJW-RR 2005, 280.

Begründung eines Besitzkonstituts

Die Firma Sch. ist verpflichtet, die Lagerbestände für die Firma G. zu besitzen, sie für diese zu bearbeiten, zu verkaufen und den Erlös an sie abzuführen. Im Einzelnen gelten die Bestimmungen des Sicherungsvertrages. 11 M

c) Wenn der Schuldner bei einem Dritten Waren eingelagert hat, so kann er seinem Gläubiger diese Waren dadurch übereignen, dass er ihm den *Herausgabeanspruch* gegen den Dritten *abtritt* (§ 931 BGB). 12

d) *Verlängerte Sicherungsübereignung.* Das Sicherungsrecht kann durch eine *Vorausabtretung der Forderungen*, die aus der *Veräußerung des Sicherungsgutes*, und zwar sowohl des unveränderten wie des verarbeiteten, entstehen, ausgeweitet (verlängert) werden. Künftige Forderungen können abgetreten werden, wenn sie im Zeitpunkt der Abtretung genügend bestimmt, mindestens aber bestimmbar sind. 13

Wenn einzelne genau bezeichnete Gegenstände sicherungsübereignet sind und unverarbeitet verkauft werden, und zwar alle gemeinschaftlich oder die genau (z.B. nummernmäßig) bezeichneten Gegenstände einzeln, so werden die Kaufpreisforderungen an den Gläubiger etwa so abgetreten: 14

Verlängerung einer Sicherungsübereignung

..... Vorbehaltlich eines Widerrufs des Gläubigers G. ist die Firma S. berechtigt, die dem Gläubiger G. übereigneten Gegenstände im eigenen Namen zu verkaufen und zwecks Erfüllung der Kaufverträge an die Käufer auszuliefern. Die Firma S. tritt die Ansprüche aus den zukünftigen Kaufverträgen an den Gläubiger G. ab ..... 15 M

Wenn ein Warenlager mit wechselndem Bestande übereignet ist, über den der Gläubiger Aufstellungen erhält, tritt der Schuldner die aus dem Weiterverkauf der aufgeführten Waren in Zukunft entstehenden Forderungen an den Gläubiger ab. Die Waren, aus deren Veräußerung die jeweils abgetretenen Forderungen entstanden sind, gibt er unter Bezugnahme auf die Aufstellungen an (sog. Mantelzession) 16

III. Verhältnis zum Eigentumsvorbehalt

Der Vorbehaltskäufer kann die *Anwartschaft*, d.h. den Anspruch auf Eigentumserwerb nach vollständiger Bezahlung des Kaufpreises, auf Dritte *übertragen*. Für die Übertragung des Anwartschaftsrechts gelten die Vorschriften für die Übertragung des Eigentums. Es muss also ein Rechtsverhältnis vereinbart werden, kraft dessen der Vorbehaltskäufer nach voller Bezahlung des Kaufpreises die Sachen für den Erwerber als Entleiher, Verwahrer, Mieter usw. besitzen soll. 17

Auch für die unter *Eigentumsvorbehalt* stehenden Gegenstände ersetzt das Besitzmittlungsverhältnis die Übergabe. 18

Das Eigentum geht ohne Zustimmung des Vorbehaltsverkäufers unmittelbar auf den Kreditgeber (Sicherungsnehmer) über, wenn die aufschiebende Bedingung der vollen Bezahlung des Kaufpreises eintritt.[8] Da der Käufer kein Zwischeneigentum erwirbt, entsteht kein gesetzliches Pfandrecht, z.B. kein Vermieterpfandrecht, und kein Pfändungs- 19

---

8 So schon: BGHZ 20, 88 und MDR 1956, 593.

recht, aber auch keine Haftung des Vorbehaltsgegenstandes als Grundstückszubehör für andere Gläubiger des Vorbehaltskäufers und Sicherungsgebers.

Übertragung des Anwartschaftsrechtes auf den Sicherungsnehmer

20 M 1. Die G ..... Bank räumt Sch. einen Kredit von 20.000 € zur Stärkung der Betriebsmittel ein.
2. Sch. hat die in der anliegenden Rechnung aufgeführten Gegenstände von der Firma V. gekauft und übergeben erhalten. Die Firma V. hat sich das Eigentum an den Gegenständen bis zur vollständigen Bezahlung des Kaufpreises vorbehalten. Von dem Kaufpreis von 30.000 € sind noch 25.000 € rückständig.
3. Sch. überträgt sein Anwartschaftsrecht auf Erwerb des Eigentums an diesen Gegenständen der G ..... Bank zur Sicherung aller Ansprüche aus der Geschäftsverbindung mit ihr. Sch. wird die Firma V. von der Übertragung des Anwartschaftsrechtes sofort benachrichtigen. Er wird die im Kaufvertrag vorgesehenen Raten weiterzahlen.
4. Die Vertragschließenden sind darüber einig, dass die oben bezeichneten Gegenstände mit der Bezahlung des Kaufpreisrestes unmittelbar in das Eigentum der Bank übergehen. Die Übergabe wird dadurch ersetzt, dass Sch. die Sachen für die Bank verwahrt. Er verpflichtet sich, sie von anderen getrennt zu halten und über sie ein besonderes Lagerbuch zu führen, sie auch gegen alle Risiken versichert zu halten. Von Zugriffen Dritter hat er der Bank sofort Nachricht zu geben.
5. Die Bank ist befugt, die Gegenstände an anderer Stelle einzulagern. Sie kann die Sachen ohne Einhaltung einer Frist freihändig für Rechnung und auf Kosten des Sch. verwerten.
6. Die Bank wird das Anwartschaftsrecht an Sch. zurück übertragen, wenn dieser seine Verpflichtungen aus dem Kreditvertrage vor dem Eigentumsübergang auf die Bank erfüllt. Geschieht dies nach dem Eigentumserwerb, so hat die Bank die Sachen an Sch. zu übereignen.

■ *Kosten.* Gebühr von 2,0 in Tabelle B (Nr. 21100 KV GNotKG) aus einem Geschäftswert von 20.000 € (Höhe des eingeräumten Kredits; § 53 Abs. 2 GNotKG). Die Sicherungsübereignung dient ausschließlich der Sicherung des Kreditvertrages, hat also denselben Gegenstand gemäß § 109 Abs. 1 GNotKG (dort insbes. Satz 2).

IV. Gefahren

21 1. Eine Sicherungsübereignung kann besonders in folgenden Fällen gegen die *guten Sitten verstoßen* und nach § 138 BGB nichtig sein:

22 a) Bei *Insolvenzverschleppung*,[9] wenn der Sicherungsnehmer den Schuldner zum Nachteile anderer Gläubiger von dem gebotenen alsbaldigen Insolvenzantrag durch einen unzulänglichen neuen Kredit abhält.

23 b) Bei *Knebelung*, wenn der Schuldner von dem Sicherungsnehmer aus eigensüchtigen Beweggründen in seinen Mitteln und seiner Bewegungsfreiheit stark eingeengt und allmählich *ausgesaugt* wird. Insoweit kann durch Freigabeverpflichtungen vorgebeugt werden.[10]

---

[9] RGZ 136, 247.
[10] S. BGH – Großer Senat – NJW 1998, 671.

c) Bei »*Gläubigergefährdung*«, mit der sich der Sicherungsnehmer leichtfertig über die Belange anderer Geschäftspartner des Sicherungsgebers (z.B. Lieferanten, die Waren unter Eigentumsvorbehalt liefern) hinwegsetzt.[11] 24

2. Schließlich ist die Möglichkeit der Anfechtung durch andere Gläubiger nach AnfG und der Insolvenzanfechtung nach der InsO zu berücksichtigen. 25

Sicherungsübereignung von einzelnen Gegenständen

Bei Verheirateten im gesetzlichen Güterstand bedürfen die Gesamtvermögens- und Hausratsverfügungen der Zustimmung des anderen Ehegatten (§§ 1365, 1369 BGB; s.u. § 82). 26

Übereignung von Wohnungsinventar zur Kreditabsicherung

Verhandelt zu ..... am ..... 27 M
1. S. bekennt, G. ein Darlehen von 4.000 € zu schulden, verspricht es mit 7 v.H. vom 1. Juli ..... ab in halbjährlichen Teilen zu verzinsen und in 20 Monatsraten von 200 €, beginnend am 1. Oktober ....., zurückzuzahlen. Wird eine dieser Zins- oder Kapitalzahlungen nicht pünktlich, das heißt bis zum siebenten Tage nach der Fälligkeit geleistet, so soll die ganze Schuld sofort fällig sein, wenn G. es verlangt.
2. S. unterwirft sich der sofortigen Zwangsvollstreckung und beantragt die Erteilung einer vollstreckbaren Ausfertigung für G.
3. Zur Sicherung der Ansprüche des G. überträgt S. ihm das Eigentum an den in der Anlage verzeichneten Stücken seiner Wohnungseinrichtung, die, wie er hiermit versichert, in seinem, nicht etwa seiner Frau, mit der er in Gütertrennung lebt, oder einer anderen Person Eigentum stehen und voll bezahlt sind. Er erklärt weiter, dass Mietrückstände nicht bestehen, und verspricht, auch in Zukunft keine auflaufen zu lassen, die den Vermieter zur Ausübung des Vermieterpfandrechts berechtigen könnten.
G. nimmt die Übertragung an. Den heutigen Verkaufswert der Sachen schätzen die Vertragschließenden auf 5.000 €.
Sie sind einig darüber, dass mit Abschluss dieses Vertrages das Eigentum auf G. übergeht.
4. Solange nicht die Schuld im Ganzen fällig geworden ist, soll S. im Besitz der übertragenen Gegenstände bleiben, und zwar im Verhältnis eines Entleihers.
Er hat sie auf eigene Kosten instand zu halten und zu ihrem vollen Werte gegen Feuergefahr zu versichern mit der Bedingung, dass die Versicherungssumme nur mit Zustimmung des G. an S. gezahlt werden darf. Er hat den Versicherungsschein sowie die Prämienquittungen pünktlich einzulösen und diese Papiere sofort nach der Einlösung dem G. zu übersenden. Für vernichtete oder verlorene Stücke der Einrichtung hat er Ersatz anzuschaffen und dem G. zu übereignen. Einen Wechsel des Standorts sowie jede Pfändung hat er sofort dem G. anzuzeigen.
Eine Zuwiderhandlung berechtigt G. zur fristlosen Kündigung des Darlehns.
Die Versicherungsgesellschaft, die die Wohnungseinrichtung versichert hat, erhält eine Abschrift dieses Vertrages (§ 95 VVG 2007).
5. Nach der Tilgung des ersten Drittels der Schuld fallen die Nummern 1, 2, 3, nach der Tilgung des zweiten Drittels die Nummern 4, 5, 6 des Verzeichnisses, nach Tilgung des Restes die übrigen in das Eigentum des S. zurück.
6. G. wird von seinem Eigentum keinen weiteren Gebrauch machen, als es der Sicherungszweck erfordert. Er wird daher die Stücke nur, soweit es zur Deckung der For-

---

11 BGHZ 20, 50.

derung nötig ist, in Besitz nehmen und zwecks seiner Befriedigung veräußern, dabei das Interesse des Schuldners, soweit es mit dem seinigen verträglich ist, wahren und etwaige Überschüsse an S. abführen. An die Vorschriften über den Pfandverkauf soll er hierbei nicht gebunden sein.
(Unterschriften der Beteiligten)

■ *Kosten.* Gebühr von 2,0 in Tabelle B (Nr. 21100 KV GNotKG) aus einem Geschäftswert von 4.000 € (Höhe des eingeräumten Kredits, da dieser geringer ist als der Wert der sicherungsübereigneten Gegenstände; § 53 Abs. 2 GNotKG).

Mantelsicherungsübereignungsvertrag

28 M
1. G. hat S. einen Kredit von 30.000 € bewilligt, womit S. für sein Möbelgeschäft das nötige Betriebskapital erhalten hat. G. hat zu diesem Zweck gemeinschaftlich mit S. Inventur gemacht und festgestellt, dass das Haben das Soll erheblich übersteigt. Er hat daraufhin die Geschäftsgläubiger befriedigt und wird nunmehr den gesamten Geldverkehr des Geschäfts übernehmen.
2. Zu diesem Zweck wird S.
a) den Nettobetrag der Tageseinnahme, das ist die nach Abzug der laufenden Geschäfts- und Haushaltungskosten verbleibende Summe, täglich bei G. einzahlen;
b) nur gegen bar einkaufen und Zahlung durch G. leisten, der die zu diesem Zwecke ihm einzusendenden Rechnungen unverzüglich einlösen wird;
c) jede Woche G. eine Abschrift des Kassenbuchs erteilen;
d) G. oder seinem Vertreter jederzeit Zutritt zu den Geschäftsräumen und Einsicht in die Bücher und Geschäftspapiere gestatten;
e) am Ende eines jeden Kalendervierteljahres gemeinsam mit G. oder dessen Vertreter den Stand des Geschäfts und am Ende jeden Kalenderjahres, das mit dem Geschäftsjahr übereinstimmt, Inventur und Bilanz feststellen;
f) seine vierteljährlich festzustellende Schuld mit 3 v.H. über dem Basiszinssatz verzinsen, daneben G. 2 v.H. vom Bruttobetrage jeder bezahlten Geschäftsrechnung vergüten.
3. Zur Sicherung der für G. aus diesem Geschäftsverhältnisse bereits entstandenen und künftig entstehenden Forderungen überträgt S. ihm das Eigentum und die sonstigen ihm zustehenden Rechte an dem Warenlager, wie es durch die diesem Vertrage beiliegende Inventur Stück für Stück festgestellt worden ist. Der Anschaffungswert ist 30.000 €.
Mit Abschluss dieses Vertrages geht das Eigentum auf G. über. Er wird davon keinen Gebrauch machen, der den Zwecken dieses Vertrages, Fortführung eines geordneten Betriebes und Sicherung des Kreditgebers, widerspräche. Nach vollständiger Tilgung der gesicherten Forderungen des G. hat dieser das Sicherungsgut an S. zurück zu übereignen. Er ist bereits vorher verpflichtet, Teile des Sicherungsgutes auf Verlangen des S. diesem zurück zu übertragen, wenn und soweit der Gesamtbetrag der gesicherten Forderungen den Verkaufswert des Sicherungsgutes um mindestens 20 % unterschreitet. Die Auswahl des vorab zurück zu gewährenden Sicherungsgutes obliegt G. gemäß § 315 BGB.
4. Die Übergabe des übereigneten Warenlagers wird dadurch ersetzt, dass S. die Sachen wie ein Verwahrer für G. im Besitz behält oder in Besitz nimmt. Er kann auf diese Weise sein Geschäft weiterführen. Er hat das Warenlager auf eigene Kosten, aber auf G.´s Namen, gegen Feuergefahr zu versichern und einen Sicherungsschein zur Aushändigung an G. zu beantragen.

5. Zu Veräußerungen ist er innerhalb der Grenzen des regelmäßigen Geschäftsbetriebes und zu den üblichen Preisen befugt.
Zur Aufgabe bisheriger und Aufnahme neuer Geschäftszweige, zu wesentlichen Vergrößerungen oder Verringerungen des Lagers sowie zur Aufgabe der bisherigen Geschäftsräume bedarf er der Genehmigung von G. Gegenüber unberechtigten Eingriffen in dessen Eigentumsrecht, insbesondere Pfändungen, hat S. die Interessen von G. einstweilig wahrzunehmen und ihn von etwaigen Vollstreckungsmaßnahmen sofort zu benachrichtigen, damit G. intervenieren kann.
6. Die veräußerten Waren sind unverzüglich durch neue zu ersetzen. S. überträgt auch das Eigentum an den künftigen Eingängen seines Lagers im gesamten Umfang in der vorstehenden Weise an G. Die Rechnungen über die neuen Waren wird S. unverzüglich an G. übersenden. Diese Rechnungen sind mit Vermerken folgenden Inhalts zu versehen:
»Gemäß Mantelsicherungsübereignungsvertrag vom ..... sind die aus dieser Rechnung ersichtlichen Waren an die Stelle inzwischen veräußerter getreten.«
7. Die Auflösung des Kreditverhältnisses ist jederzeit zulässig, seitens des S. durch Begleichung seiner Schuld, seitens des G. durch Einstellung der Kreditgewährung. Im zweiten Falle wird jedoch G. seine Forderung in solcher Weise geltend machen, dass die Fortführung des Betriebes nicht gefährdet wird. Er wird insbesondere, soweit es dazu erforderlich erscheint, Teilzahlungen und Fristen gewähren. Alles dies jedoch nur dann, wenn die Lage des Geschäfts einen weiteren gedeihlichen Betrieb erhoffen lässt. Bis zur völligen Abwicklung bleiben G.´s Rechte aus diesem Vertrage und insbesondere das Eigentum am Lager einschließlich des Zugangs bestehen.
8. Verletzt S. eine seiner Vertragspflichten, so hat er damit das Recht auf die behutsame Art der Abwicklung verwirkt. Dann kann G. seine Rechte in vollem Umfange geltend machen, insbesondere das Lager in seinen unmittelbaren Besitz nehmen und zu seiner Befriedigung verwenden. Er wird aber auch dann das Interesse des S., soweit es mit dem seinigen verträglich ist, wahren und den Überschuss herausgeben. An die Vorschriften über den Pfandverkauf soll er dabei nicht gebunden sein.
9. Dieser Vertrag darf nicht verheimlicht werden. S. ist insbesondere verpflichtet, ihn jedem neuen Gläubiger, von dem er Kredit aufnimmt, bekannt zu geben.
Die Versicherungsgesellschaft A. erhält Abschrift dieses Vertrages (§ 95 VVG 2007).
10. Wegen 30.000 € nebst Zinsen ab heute in Höhe von 3 v.H. über dem Basiszinssatz unterwirft sich S. der sofortigen Zwangsvollstreckung und beantragt die jederzeitige Erteilung einer vollstreckbaren Ausfertigung für G.

(Unterschriften der Beteiligten)

■ *Kosten.* Wie zu Rdn. 27 M, hier aus einem Wert von 30.000 €.

▶ Hinweis:

Die oben 2.f.) vereinbarte Umsatzprovision ist nicht bestimmt und deshalb der Zwangsvollstreckungsunterwerfung nicht zugänglich.

V. Eigentumsvorbehalt gegenüber gewerblichen Käufern

1. Wie die Geldkreditgeber ihre Forderungen durch das Sicherungseigentum sichern, sichern die Warenkreditgläubiger ihre Forderungen durch den Eigentumsvorbehalt. Sie vereinbaren nach § 449 BGB, dass das Eigentum an den von ihnen verkauften Waren nicht schon mit der Übergabe, sondern erst mit der vollständigen Bezahlung des Kaufpreises übergeht. Der Vorbehaltsverkäufer behält das Eigentum, auflösend bedingt durch die Bezahlung, und der

Käufer erwirbt ein Recht auf Erwerb des Eigentums (Anwartschaft), aufschiebend bedingt durch die Bezahlung. Mit dem Eintritt der Bedingung wird das Anwartschaftsrecht zum Volleigentum (§ 158 Abs. 1 BGB). Einer nochmaligen Einigung zwischen Verkäufer und Käufer bedarf es nicht. Ein nach der Vereinbarung des Eigentumsvorbehaltes, der bedingten Einigung, etwa fehlender Übereignungswille des Vorbehaltskäufers ist unerheblich.[12] Es kommt nur auf die Bezahlung als die Erfüllung der Bedingung an.

30 2. In den Allgemeinen Geschäftsbedingungen der Verkäufer, die die Käufer ausdrücklich oder stillschweigend annehmen, wird der *Eigentumsvorbehalt* häufig *ausgedehnt*.

31 a) Einmal wird der *Umfang* der zu sichernden *Forderungen erweitert*. Der Verkäufer behält sich das Eigentum nicht nur bis zur Bezahlung des auf die verkauften Vorbehaltswaren entfallenden Kaufpreises vor, sondern bis zur Bezahlung auch bestimmter anderer Forderungen *(erweiterter Eigentumsvorbehalt)*. In anderen Fällen wird das Eigentum vorbehalten bis zur Begleichung aller aus der Geschäftsverbindung mit dem Käufer entstehenden Forderungen (*Kontokorrent-Vorbehalt*); ein *Konzernvorbehalt* ist nunmehr gem. § 449 Abs. 3 BGB nichtig, sofern § 449 BGB insoweit nicht abbedungen wird.

32 b) Bedeutsam ist auch die *Verlängerung* des Eigentumsvorbehaltes, die der Verlängerung der Sicherungsübereignung (s.o. Rdn. 13 f.) entspricht.

33 aa) Der Eigentumsvorbehalt wird erstreckt auf die durch die *Verarbeitung* (Umbildung) der Vorbehaltswaren entstandenen neuen Sachen, die nach § 950 BGB Eigentum des verarbeitenden Käufers würden.

34 bb) Wenn nicht Unklarheit über das *anteilige Eigentum* an der aus gelieferten Stoffen hergestellten neuen Sache entstehen soll, was besonders der Fall sein kann, wenn die Lieferanten anderer verarbeiteter Stoffe sich ebenfalls das Eigentum am Fertigfabrikat ausbedungen haben, ist ein dem Wert des unter Eigentumsvorbehalt gelieferten Rohstoffes zum Wert des Fertigfabrikates entsprechendes Miteigentum, also ein *Bruchteilseigentum*, zu vereinbaren. Anstelle des reinen Rohstoffwertes (Kaufpreises) kann aber auch dieser zuzüglich des anteiligen Verarbeitungswertes zu dem Wert des Fertigfabrikates in ein Verhältnis gesetzt und der Bruchteil daran ermittelt werden. Der Wert der anderweitig bezogenen Rohstoffe wird vom Wert des Fertigfabrikates abgezogen, wobei der Anteil an den Verarbeitungskosten nach dem Wertverhältnis der verarbeitenden Rohstoffe bemessen wird.[13] Auch der für andere Rohstofflieferanten ausbedungenen *Verarbeitungsklausel* wird so Rechnung getragen.

35 cc) Der Vorbehaltskäufer wird für den Fall, dass er *weiterverkauft*, ohne sofort bezahlt zu werden, verpflichtet, sich gegenüber seinem Abnehmer (Zweitkäufer) sein bedingtes Eigentum, sein Anwartschaftsrecht, bis zur vollständigen Bezahlung vorzubehalten. Durch diesen *weitergeleiteten Eigentumsvorbehalt* wird verhütet, dass der Zweitkäufer nach Übergabe etwa durch guten Glauben Eigentümer würde und damit der Vorbehaltsverkäufer sein Eigentum verlieren könnte.

36 dd) Der Eigentumsvorbehalt wird verlängert auf die *Forderungen*, die zukünftig aus dem *Weiterverkauf* der Vorbehaltswaren entstehen. Sie werden dem Vorbehaltsverkäufer *abgetreten*.

---

12 BGHZ 20, 97.
13 BGH JR 1967, 21.

Kauf mit Eigentumsvorbehalt

Verhandelt zu ..... am .....   37 M

1. Vermessungsingenieur Max Meinert in Mannheim (Verkäufer) verkauft an Handelsvertreter Hans Hammer in Heidelberg (Käufer) seinen Personenkraftwagen Marke VW Golf Baujahr ....., Fabriknummer des Fahrgestells ..... und des Motors .....
2. Der Käufer hat den Wagen von einem Sachverständigen begutachten lassen und ihn zur Probe gefahren. Er kauft ihn, wie besichtigt und erprobt. Der Verkäufer leistet keine Gewähr für den Zustand.
3. Der Kraftwagen wird mit den Zulassungspapieren dem Käufer sofort übergeben. Die Zulassungsbescheinigung Teil II (früher: Kraftfahrzeugbrief) erhält er nach vollständiger Bezahlung des Kaufpreises.
4. Der Kaufpreis beträgt 6.200 €. Darauf hat der Käufer 2.000 € angezahlt. Die restlichen 4.200 € sind ab 1. Mai ds.J. in monatlichen, am 1. jeden Monats fälligen Teilbeträgen von 300 € zu zahlen. Bleibt der Käufer mit einer Rate ganz oder teilweise länger als 10 Tage im Rückstand, so wird der Restbetrag sofort fällig und ist vom Fälligkeitstage ab mit 5 v.H. jährlich über dem jeweiligen Basiszinssatz zu verzinsen.
5. Der Käufer unterwirft sich wegen der Restschuld von 4.200 € nebst vorgenannter Verzugszinsen jährlich der sofortigen Zwangsvollstreckung und gestattet die jederzeitige Erteilung einer vollstreckbaren Ausfertigung an den Verkäufer. Für Vollstreckungszwecke wird ein Zinsbeginn ab dem ..... festgelegt.
6. Bis zur vollständigen Bezahlung des Kaufpreises nebst etwaigen Verzugszinsen und Vollstreckungskosten behält sich der Verkäufer das Eigentum an dem verkauften Kraftwagen vor.
7. Die Kosten des Vertrages trägt der Käufer.

(Unterschriften der Beteiligten)

■ *Kosten.* Gebühr von 2,0 in Tabelle B (Nr. 21100 KV GNotKG) aus einem Geschäftswert von 6.200 € (Höhe des Kaufpreises für den Pkw; vgl. § 53 Abs. 2 GNotKG).

Erweiterter und verlängerter Eigentumsvorbehalt

1. Der Verkäufer behält sich das Eigentum vor an den von ihm gelieferten Waren bis zur Bezahlung seiner einzelnen Forderungen und bis zur Begleichung eines sich für ihn aus dem Kontokorrentverhältnis ergebenden Guthabens.   38 M
2. Eine etwaige Verarbeitung der gelieferten Waren nimmt der Käufer im Auftrage des Verkäufers, der Eigentümer auch der neu hergestellten Sachen wird, vor.
3. Der Käufer darf die gelieferten Waren und die aus ihrer Verarbeitung entstehenden Gegenstände nur im ordnungsmäßigen Geschäftsverkehr weiterveräußern. Die aus der Weiterveräußerung oder aus einem sonstigen Rechtsgrunde entstehenden Forderungen tritt er schon jetzt an den Verkäufer zu dessen Sicherung ab. Er ist ermächtigt, die abgetretenen Forderungen so lange einzuziehen, wie er seiner Zahlungspflicht gegenüber dem Verkäufer vertragsgemäß nachkommt.
Der Käufer hat die von ihm für den Verkäufer eingezogenen Beträge sofort an diesen abzuführen, soweit dessen Forderungen fällig sind. Auch soweit der Käufer dieser Verpflichtung nicht nachkommt, stehen die eingezogenen Beträge dem Verkäufer zu und sind gesondert aufzubewahren.

4. Der Käufer hat dem Verkäufer Zugriffe Dritter auf die unter Eigentumsvorbehalt gelieferten Waren, auf die aus ihrer Verarbeitung entstandenen Waren oder auf die abgetretenen Forderungen sofort mitzuteilen.

Er ist verpflichtet, die gelieferten Waren und die daraus neu entstandenen Sachen gegen Feuers- und Diebstahlsgefahr zu versichern und dem Verkäufer auf dessen Verlangen den Versicherungsabschluss nachzuweisen.

VI. Eigentumsvorbehalt gegenüber Verbrauchern

39 Zu beachten ist, dass – im Gegensatz zu § 455 BGB in der Fassung *vor* der Schuldrechtsreform – der Verkäufer (Vorbehaltslieferant) nicht mehr bei jedem Zahlungsverzug unmittelbar zum Rücktritt berechtigt ist. Vielmehr enthält § 449 BGB heutiger Fassung insoweit keine Sonderregelung mehr, sodass ein Rücktritt nur unter den Voraussetzungen des § 323 Abs. 1 BGB zulässig ist, der die Setzung einer Nachfrist und deren fruchtloses Verstreichen verlangt.

40 Zudem ist zu beachten, dass bei Lieferungen unter Eigentumsvorbehalt an Verbraucher häufig ein Zahlungsaufschub i.S.v. § 506 Abs. 1 BGB oder ein Teilzahlungsgeschäft i.S.v. § 506 Abs. 3, §§ 507 f. BGB vorliegen dürfte, bei denen besondere Vorschriften zu beachten sind (insbesondere Einschränkung des Rücktrittsrechts nach § 508 Satz 1 i.V.m. § 498 Satz 1 BGB).

Zu derartigen – in der notariellen Praxis normalerweise nicht auftretenden – Teilzahlungsgeschäften vgl. vertiefend die Darstellung (mit etlichen Mustern) im Ergänzungsband zur 21. Aufl., § 50 Rn. II / 2 ff.

§ 53 Treuhandverhältnisse

I. Arten

1. Das treuhänderische Rechtsgeschäft ist im BGB nicht als selbstständiger Geschäftstypus ausgestaltet worden. Rechtsprechung und Lehre haben aufgrund der Vertragsfreiheit Treuhandverhältnisse verschiedenster Art entwickelt. Kennzeichnend für alle treuhänderischen Rechtsgeschäfte ist, dass ein »Treugeber« dem »Treuhänder« Rechte überträgt (»anvertraut«), von denen dieser nur nach Maßgabe eines schuldrechtlichen »Treuhandvertrages« Gebrauch machen darf.

Wesentlich ist bei allen Treuhandverhältnissen eine überschießende Rechtsmacht des Treuhänders auf der dinglichen Seite (»Können« im Außenverhältnis), die im Innenverhältnis schuldrechtlich durch den Treuhandvertrag gebunden ist (»Dürfen« nach innen hin).

2. Man unterscheidet zwischen Verwaltungstreuhand und Sicherungstreuhand. Bei der Sicherungstreuhand dient das Treugut zur Sicherung des Treuhänders und damit seinen Interessen, die Sicherungstreuhand ist eine *eigennützige* Treuhand. Sie gibt es vor allem in der Form der Sicherungsübereignung, der Sicherungszession. Die Verwaltungstreuhand dagegen dient nicht der Sicherung des Treuhänders, sondern anderen Zwecken; sie ist *fremdnützig*. Sie gibt es bei der Vermögensverwaltung, insbesondere bei der treuhänderischen Übertragung von Handelsgeschäften und Gesellschaftsbeteiligungen. Die Eigennützigkeit schließt jedoch nicht aus, dass der Treuhänder auch die Interessen des Treugebers wahrt. Andererseits schließt die Tatsache, dass ein Entgelt an den Treuhänder gezahlt werden muss, nicht schon die Fremdnützigkeit aus. – Zwischen der eigennützigen und fremdnützigen Treuhand steht die sogenannte doppelseitige Treuhand, bei der beide Seiten ein Interesse an der wirtschaftlichen Verwertung haben. Hauptfall ist die Treuhandliquidation (vgl. Rdn. 26 M), bei der der Schuldner sein Vermögen auf einen Treuhänder überträgt, der es im eigenen Namen verwaltet, aber zugunsten der Gläubiger verwertet. Diese Treuhand ist uneigennützig hinsichtlich des Treuhänders, jedoch eigennützig im Hinblick auf die Gläubiger, deren Interesse der Treuhänder gegenüber dem Schuldner wahrt. Aus dem Treuhandliquidationsvergleich entsteht für die Vergleichsgläubiger ein Anspruch gegen den Treuhänder.

3. Dem Treugeber steht gegenüber einem in das Treugut vollstreckenden Gläubiger des Treuhänders die Drittwiderspruchsklage nach § 771 ZPO zu (»wirtschaftliches Eigentum«); in der Insolvenz des Treuhänders wird dem Treugeber das Aussonderungsrecht zugebilligt. Insoweit wird also im Vollstreckungsfall aus Billigkeitsgründen von den zivilrechtlich gebotenen Folgerungen der Treuhand abgesehen und von »wirtschaftlichem Eigentum« des Treugebers gesprochen. Jedoch macht die herrschende Ansicht bei der Insolvenz und der Einzelzwangsvollstreckung eine wichtige Einschränkung: Sie verlangt, dass der Treuhänder das Treugut unmittelbar aus dem Vermögen des Treugebers erhalten hat (Unmittelbarkeitsprinzip). Damit soll die Treuhandschaft von der mittelbaren Stellvertretung, bei der jemand im Auftrag eines anderen für dessen Rechnung, aber eigenen Namen einen Gegenstand erwirbt und ihn an den Vertretenen auszuhändigen verpflichtet ist, abgegrenzt werden. Diese besondere Voraussetzung der Unmittelbarkeit wird aber nur für das Zwangsvollstreckungs- und Insolvenzrecht verlangt. Ansonsten bleibt es bei der Anerkennung der Treuhand, auch wenn die »Unmittelbarkeit« fehlt.[1]

---

[1] Palandt/*Bassenge*, § 903 BGB Rn. 41.

§ 53 Treuhandverhältnisse

5 4. Zuweilen kann die Gesamtlage die Geheimhaltung des Treuhandverhältnisses rechtfertigen.[2] Man spricht dann von einem sogenannten »Strohmann«. Der Strohmann wird allgemein zur Erreichung von Zielen verwendet, die der Hintermann (Treugeber) nicht selbst verwirklichen kann oder verwirklichen will.

6 Der Treuhandvertrag beruht nicht auf einem Scheinvertrag (§ 117 BGB); auch nicht der geheime Treuhandvertrag. Beide haben nichts miteinander zu tun. Das Verhältnis zwischen Treuhänder und Treugeber richtet sich nach Auftrags- oder Geschäftsbesorgungsrecht (§§ 662, 675 BGB).

II. Bei Sicherungsübereignung, Verpfändung von Warenlagern und Abtretung von Forderungen

7 Bei der Sicherungsübereignung und Verpfändung von Warenlagern mit wechselndem Bestand, bei dem eine Verwaltung und Freigabe von einzelnen Stücken stattfinden soll, empfiehlt sich häufig die Bestellung eines Treuhänders für den Gläubiger (Kreditgeber). Man kann z.B. als Treuhänder einen Angestellten des Schuldners bestellen, mit dem ein Treuhandvertrag abzuschließen ist.

8 Der Schuldner überträgt dann das Eigentum an dem Warenlager nicht auf den Gläubiger, sondern auf den Treuhänder, der Eigentümer des Warenlagers wird. Die Kontrollfunktionen übt nicht der Gläubiger aus, sondern an seiner Stelle der Treuhänder. Der Gläubiger kann bei Fälligkeit der Forderung verlangen, dass der Treuhänder das Warenlager in seinen Besitz nimmt und zur Befriedigung des Gläubigers verwertet. – Zwischen Gläubiger und Treuhänder muss zusätzlich eine Vereinbarung über den Treuhandauftrag (Honorar, Kündigung etc.) geschlossen werden.

Treuhändervertrag (Verwaltungsvertrag) bei Verpfändung

9 M Zwischen der Firma G. (Treugeber) und T. (Treuhänder) wird vereinbart:
Der Kaufmann S. hat der Firma G. zur Sicherheit für einen gewährten Kredit von 100.000 € die aus der Anlage ersichtlichen, bei ihm in ..... lagernden Edelhölzer verpfändet. Diese befinden sich abgetrennt von anderen in einem Schuppen, der sich unter Mitverschluss der Firma G. befindet. Ein Zutritt von S. ist nur unter Mitwirkung der Firma G. möglich.
T. übt das der Firma G. zustehende Überwachungsrecht als Treuhänder in folgender Weise aus:
1. Er sorgt dafür, dass die Lagerräume ständig verschlossen sind und behält die Schlüssel in seinem Gewahrsam.
2. Eine Herausnahme von Hölzern sowie den Zutritt zu den Lagerräumen gestattet er nach den Anweisungen der Firma G. Bei Feuergefahr und in anderen Fällen gemeiner Gefahr kann T. jedoch nach eigenem Ermessen den Zutritt zu den Räumen und das Herausschaffen von Waren auch ohne besondere Anweisung gestatten. Wenn das Einverständnis der Firma G. in einem Einzelfall nicht eingeholt werden kann, darf T. die Herausnahme nur im unbedingt notwendigen Umfange gestatten. Eine Besichtigung der Waren durch dritte Personen ist ohne besondere Zustimmung der Firma G. jedoch nur im Beisein von T. zulässig. Über die herausgenommenen Hölzer hat T. der Firma G. genaue Aufstellungen zu übersenden.

---

2 RGZ 153, 368.

3. T. hat die Hölzer in Zeiträumen von 14 Tagen auf Vorhandensein und etwaige Veränderungen zu prüfen.
4. Werden weitere Hölzer eingelagert, so hat T. das von der Firma S. darüber aufgestellte Verzeichnis auf Richtigkeit und Vollständigkeit zu prüfen und mit den dazu etwa zu machenden Bemerkungen der Firma G. unverzüglich zu übersenden.
5. Die in seinen Händen befindlichen Schlüssel hat T. jederzeit auf Verlangen an die Firma G. herauszugeben; er verzichtet auf jedes Zurückbehaltungsrecht.
6. Die bestehenden Versicherungen hat T. daraufhin zu überwachen, dass die Prämien bezahlt, etwa ablaufende Versicherungen erneuert, die von den Versicherungsgesellschaften für die Überwachung der versicherten Gegenstände gestellten Anforderungen erfüllt und etwaige Anzeigen, z.B. für den Fall des Schadens, unverzüglich nach den Versicherungsbedingungen erstattet werden.
7. T. erhält für seine Treuhändertätigkeit eine monatlich nachträgliche Vergütung von 300 €. Der Vertrag ist beiderseits mit einer Frist von 14 Tagen zum Ende eines Monats kündbar.

■ *Kosten.* Rahmengebühr von 0,5 bis 2,0 in Tabelle B (Nr. 24100 i.V.m. Nr. 21100 KV GNotKG; min. aber 120 €) aus einem Geschäftswert i.H.d. dreifachen Jahresbetrages der Vergütung, da eine kürzere Dauer des Vertrages nicht anzunehmen ist (§ 99 Abs. 2, § 36 Abs. 1 GNotKG).

Treuhändervertrag bei Abtretungen von Forderungen

Wenn der Schuldner dem Gläubiger zu dessen Sicherung Forderungen abtritt, um sich einen **10** neuen Kredit zu verschaffen oder einen alten zu sichern, so ist es oft zweckmäßig, einen Treuhänder zu bestellen, der im Geschäftsbetrieb des Schuldners die eingehenden Beträge kontrolliert und bei Freigabe von Eingängen für den Betrieb des Schuldners dem Gläubiger neue Forderungen abtreten lässt. Treuhänder kann auch ein Angestellter des Schuldners sein.

Zwischen der Firma G. (Treugeber) und T. (Treuhänder) wird vereinbart: **11 M**

Der Kaufmann S., bei dem T. angestellt ist, hat der Firma G. zur Sicherheit für einen Warenkredit von 60.000 € die in der Anlage aufgeführten Forderungen gegen Kunden abgetreten. Die Firma G. hat T. als Treuhänder mit der Verwaltung der abgetretenen Forderungen betraut. T. hat den Eingang der Forderungsbeträge zu überwachen und die eingegangenen Beträge sofort an die Firma G. weiterzuleiten. Wenn S. die auf abgetretene Forderungen eingehenden Beträge ganz oder zum Teil für seinen Betrieb dringend benötigt, kann T. sie ihm dann freigeben, wenn er dafür gesorgt hat, dass S. andere, gleichwertige Außenstände in gleicher Höhe an die Firma G. abgetreten hat. T. erhält für seine Tätigkeit eine Vergütung von 200 € monatlich.

■ *Kosten.* Wie zu Muster Rdn. 9 M.

III. Bei Grundstücken

Der Treugeber kann sich durch eine Vormerkung auf Auflassung vor vertragswidrigen Verfügungen des Treuhänders sichern. Die Begründung des Treuhandverhältnisses ist nach § 1 Abs. 1 Nr. 1 GrEStG grunderwerbsteuerpflichtig (bei Weiterveräußerung durch den Treuhänder fällt also zweimal Grunderwerbsteuer an), seine Auflösung durch Rückübertragung **12** des Grundstücks auf den Treugeber ist dagegen nach § 3 Nr. 8 GrEStG steuerfrei. Bei Rückübertragung innerhalb von 2 Jahren sind beide Vorgänge steuerfrei (§ 16 Abs. 2 Nr. 1 GrEStG).

13 Zur grunderwerbsteuerlichen Beurteilung von Treuhandgeschäften s. den sogenannten »Treuhanderlass«, einen gleichlautenden Erlass der obersten Finanzbehörden der Länder vom 25.05.1984.[3]

Treuhändervertrag bei Parzellierung – Aufschließung

14 Ein Vertrag, durch den T. (Parzellant) sich verpflichtet, E.´s Grundbesitz in Teilflächen an Dritte (Käufer) zu veräußern, ist nach § 311b Abs. 1 BGB formbedürftig.[4] Die Beteiligten gehen hier davon aus, dass die Verwertung des Geländes lange dauert und Störungen durch Gläubiger des Grundeigentümers möglich werden. Grunderwerbsteuer entsteht nach § 1 GrEStG zweimal, nämlich für die Übertragung auf den Treuhänder und für dessen Übertragung an die Parzellenerwerber.

15 M   Verhandelt zu ..... am .....

Vor dem Notar ..... erklärten:
1. E. (Treugeber) ist Eigentümer eines noch nicht in einen Bauleitplan aufgenommenen, im Grundbuch von ..... Blatt ..... eingetragenen, ... qm großen unbelasteten Geländes in ....., dessen Einheitswert als Brachland mit der dazugehörigen Schonung auf 50.000 DM festgesetzt ist. E. überträgt auf T. als Treuhänder das Eigentum daran, und beide Vertragsteile sind darüber einig, dass das Eigentum auf T. übergeht. Sie bewilligen und beantragen, das Eigentum auf ihn umzuschreiben. – Der Notar hat das Grundbuch eingesehen.
2. T. wird sich darum bemühen, dass das Gelände in einen Bebauungsplan aufgenommen wird. Sobald das geschehen ist, wird er es aufteilen und die Trennstücke an Siedler verkaufen. Es wird damit gerechnet, dass ein Teil des Geländes der Gemeinde für Straßen und Grünanlagen unentgeltlich überlassen werden muss.
3. Beim Verkauf der Trennstücke darf ein Preis von 30 € je qm nicht unterschritten werden. Aus dem Erlös sind zunächst die Aufwendungen des Treuhänders für die Aufschließung des Geländes zu decken. Von dem verbleibenden Betrag erhält der Treuhänder eine Vergütung von 20 v.H. Der Restbetrag ist auf ein Sonderkonto bei ..... einzuzahlen. Davon hat der Treuhänder die Gläubiger von E. zu befriedigen. Den überschießenden Betrag hat T. an E. auszuzahlen.
4. Falls mit dem Verkauf nicht binnen zwei Jahren begonnen ist, kann E. die Rückübertragung des Geländes verlangen. Ist binnen dieser Frist mit dem Verkauf begonnen, darf E. die Rückübertragung nur verlangen, wenn er dem Treuhänder Zug um Zug gegen die Rückauflassung dessen gesamte Aufwendungen erstattet und auf den entgangenen Gewinn einen Betrag von ..... € zahlt. Zur Sicherung des Rückauflassungsanspruchs bewilligt und beantragt T. die Eintragung einer Auflassungsvormerkung für E.
5. Über die Genehmigung nach dem Grundstücksverkehrsgesetz sowie die Unbedenklichkeitsbescheinigung wegen der Grunderwerbsteuer sind die Beteiligten unterrichtet. Der Notar soll sie einholen.
6. Die Kosten dieses Vertrages und seiner Ausführung trägt E. 20 v.H. des Erlöses werden auf 60.000 € geschätzt.

(Unterschriften der Beteiligten)

---

3 BStBl. 1984 I S. 378 und 380, ebenfalls abgedruckt in MittBayNot 1984, 226 ff. und MitRhNotK 1984, 158 ff.
4 RGZ 50, 165; 68, 261; vgl. auch OLG Dresden NotBZ 2017, 391 zur Beurkundungspflicht bei Treuhandvertrag mit Verpflichtung zur Rückübertragung nach finanzieller Sanierung des bisherigen Eigentümers.

- *Kosten.* **KostO:** Wert: E. übereignet das Grundstück und T. verpflichtet sich zu der Geschäftsbesorgung. Eine Leistung erfolgt im Austausch gegen die andere. Maßgebend ist die höherwertige (§ 39 Abs. 2 KostO). Aus dem Inhalt des Geschäfts ergibt sich ein genügender Anhalt dafür, dass die Beteiligten zumindest von einem Grundstückswert von 5 × 60.000 € = 300.000 € ausgehen, der maßgebend ist (§ 19 Abs. 2 Satz 1 KostO). Gebühren:
  - des Notars: das Doppelte der vollen Gebühr nach § 36 Abs. 2 KostO und $^1/_2$ nach § 146 Abs. 1 KostO,
  - des Grundbuchamts: 1 nach § 60 Abs. 1 KostO für die Eintragung des Treuhänders als Eigentümer und $^1/_2$ nach § 66 Abs. 1 Satz 1 KostO für die Eintragung der Rückauflassungsvormerkung.

  GNotKG: Für die Beurkundung Gebühr von 2,0 in Tabelle B (Nr. 21100 KV GNotKG) aus einem Geschäftswert von 300.000 € (zur Berechnung s.o. und vgl. § 46 Abs. 1 und 2 GNotKG).

Treuhandvertrag

Sachverhalt: Der Treugeber, der sämtliche Aufwendungen im Zusammenhang mit dem Erwerb und der Bebauung des Grundstückes alleine trägt, möchte nicht als Eigentümer in Erscheinung treten.

16

Verhandelt zu ...... am ......

17 M

Vor dem unterzeichnenden Notar in .....
erschienenen – dem Notar von Person bekannt –:
1. Herr Helmut J. .....
– nachstehend »Treugeber« genannt –,
2. Herr Friedrich G. .....
– nachstehend »Treuhänder« genannt –.

Diese erklärten:

I. Vorbemerkung

Der Treuhänder wird Eigentümer folgenden Grundbesitzes:
Grundbuch von ..... Blatt .....
Gemarkung .....
Flur ..... Flurstück ....., ..., groß: .....
Der Treuhänder hat diesen Grundbesitz mit Kaufvertrag vom ..... erworben und aufgelassen erhalten.
Der Grundbesitz ist im Grundbuch unbelastet.
Den Kaufpreis für das vorgenannte Grundstück in Höhe von .....,– €, die Grunderwerbsteuer in Höhe von .....,– € und die sonstigen Erwerbskosten in Höhe von .....,– €, insgesamt damit .....,– €, wird der Treugeber jeweils bei Fälligkeit bezahlen, wozu er sich hiermit verpflichtet.
Wegen der Verpflichtung zur Zahlung des vorstehenden Betrages von insgesamt .....,– € unterwirft sich der Treugeber der sofortigen Zwangsvollstreckung aus dieser Urkunde in sein gesamtes Vermögen. Dem Treuhänder kann jederzeit eine vollstreckbare Ausfertigung erteilt werden, allerdings nur zur Zahlung an die jeweiligen im vorigen Kaufvertrag benannten Zahlungsempfänger.

§ 53 Treuhandverhältnisse

Auf dem Grundstück soll ein Zwei-Familienhaus errichtet werden, und zwar gemäß den Bauplänen und der Baubeschreibung, die dieser Urkunde als Anlage beigefügt sind und auf die verwiesen wird.
Der Treugeber verpflichtet sich, auch die gesamten Kosten für die Errichtung dieses Zwei-Familienhauses in vollem Umfang zu tragen.
Die Vertragsbeteiligten sind darüber einig, dass der Treuhänder den vorgenannten Grundbesitz Gemarkung ..... Flur ..... Flurstück ..... nebst dem darauf zu errichtenden Zwei-Familienhaus treuhänderisch für den Treugeber hält.
Das vorgenannte Grundstück und das auf ihm zu errichtende Gebäude wird nachstehend kurz »Grundbesitz« genannt.

II.

Dies vorausgeschickt erklärten die Erschienenen folgenden

TREUHANDVERTRAG:

§ 1

1. Der Treuhänder übt sämtliche Rechte an dem vorbezeichneten Grundbesitz im eigenen Namen, aber nach den Weisungen und für alleinige Rechnung des Treugebers in dessen Interesse aus. Sämtliche, dem treuhänderisch gehaltenen Grundbesitz jeweils innewohnenden und alle sonstigen mit ihm im Zusammenhang stehenden Rechte und Pflichten gehen im Innenverhältnis zwischen Treuhänder und Treugeber ausschließlich für Rechnung des Treugebers.
2. Der Treugeber trägt sämtliche Kosten und Lasten des treuhänderisch gehaltenen Grundbesitzes und der darauf errichteten und noch zu errichtenden Gebäude. Er trägt insbesondere auch die gesamten Baukosten einschließlich der Kosten für eine Fremdfinanzierung des Bauvorhabens. Dem Treugeber stehen sämtliche Nutzungen des Grundbesitzes und der Gebäude zu.
3. Der Treuhänder ist verpflichtet, die Weisungen des Treugebers zu befolgen. Er darf davon nur abweichen, wenn er eine Entschließung des Treugebers nicht rechtzeitig herbeiführen kann und anzunehmen ist, dass der Treugeber bei Kenntnis der Sachlage die Abweichung billigen würde.
4. Der Treuhänder ist verpflichtet, dem Treugeber jederzeit Auskunft zu erteilen und nach Beendigung des Treuhandverhältnisses Rechenschaft abzulegen.

§ 2

1. Der Treuhänder darf über den von ihm treuhänderisch gehaltenen Grundbesitz und die ihm treuhänderisch zustehenden Rechte nur mit vorheriger Zustimmung des Treugebers verfügen. Der Treuhänder hat Zwangsvollstreckungsmaßnahmen, die das Treugut betreffen, unverzüglich dem Treugeber anzuzeigen.
2. Der Treuhänder ist verpflichtet, alle Erträge aus dem treuhänderisch verwalteten Grundbesitz unverzüglich an den Treugeber abzuführen, sobald sie verfügbar sind.

§ 3

1. Macht der Treuhänder zur Ausführung des Treuhandauftrages Aufwendungen, die er nach den Umständen für erforderlich halten darf, so kann er vom Treugeber Ersatz verlangen.

2. In gleicher Weise kann der Treuhänder verlangen, dass er hinsichtlich des treuhänderisch verwalteten Grundbesitzes und der auf ihm errichteten Gebäude von jeder Inanspruchnahme aus der Rechtsstellung als Eigentümer freigestellt wird.
3. Der Treuhänder hat darüber hinaus nur einen Anspruch auf eine pauschale Vergütung in Höhe von 5.000 €.

§ 4

1. Das Treuhandverhältnis wird auf unbestimmte Zeit geschlossen. Es kann jederzeit von jedem Beteiligten mit einer Frist von einem Monat zum Ende eines jeden Kalendervierteljahres gekündigt werden. Die Kündigung hat mittels eingeschriebenen Briefes zu erfolgen.
2. Das Treuhandverhältnis erlischt mit dem Tode des Treuhänders ohne Kündigung. Die Erben des Treuhänders sind verpflichtet, den von dem Treuhänder gehaltenen Grundbesitz unverzüglich mit allen Rechten und Pflichten an den Treugeber – bei mehreren Treugebern an diese zu gleichen Anteilen – oder einen von dem Treugeber bestimmten Dritten zu übertragen und aufzulassen. Der Treugeber ist andererseits verpflichtet, die Erben des Treuhänders von allen Lasten freizustellen, die ihnen im Zusammenhang mit dem Grundbesitz entstehen.

§ 5

1. Nach Beendigung des Treuhandverhältnisses hat der Treuhänder den treuhänderisch gehaltenen Grundbesitz dem Treugeber unentgeltlich zu Eigentum zu übertragen. Der Treugeber kann nach Beendigung des Treuhandverhältnisses auch verlangen, dass der treuhänderisch gehaltene Grundbesitz nicht ihm, sondern einem von ihm zu bestimmenden Dritten zu übertragen ist.
2. Zur Sicherung des Anspruchs des Treugebers auf Übereignung des vorgenannten Grundbesitzes bewilligen und beantragen die Vertragsbeteiligten die Eintragung einer Auflassungsvormerkung zugunsten des Treugebers und zu Lasten des vorgenannten Grundbesitzes im Grundbuch. Der Notar wird jedoch angewiesen, den Antrag auf Eintragung dieser Auflassungsvormerkung nur dann beim Grundbuchamt zu stellen, wenn ihn hierzu einer der heutigen Vertragsbeteiligten in gesonderter Erklärung schriftlich anweist. Auf die hiermit verbundenen Risiken hat der Notar hingewiesen.
3. Der Treuhänder bevollmächtigt hiermit den Treugeber, alle bei Auflösung des Treuhandverhältnisses erforderlichen oder zweckmäßigen Erklärungen abzugeben und Rechtshandlungen vorzunehmen, und zwar unter Befreiung von den Vorschriften des § 181 BGB. Der Treugeber ist insbesondere bevollmächtigt, den treuhänderisch gehaltenen Grundbesitz auf sich oder auf einen von ihm zu bestimmenden Dritten zu übertragen und aufzulassen. Die Vollmacht erlischt nicht durch den Tod des Treuhänders.

§ 6

1. Der Treuhänder ist zur Verschwiegenheit über das Bestehen des Treuhandverhältnisses während der Dauer dieses Treuhandvertrages und danach verpflichtet.
2. Treuhänder und Treugeber werden in ihrem Verhalten dafür Sorge tragen, dass die Tatsache des Bestehens eines Treuhandverhältnisses dritten Personen nicht bekannt wird. Die Mitteilung des Treuhandverhältnisses an die Finanzbehörde ist jedoch von dieser Pflicht zur Verschwiegenheit nicht erfasst. Der Notar hat darauf hingewiesen, dass dieser Vertrag dem Finanzamt – Grunderwerbsteuerstelle – angezeigt werden muss.

§ 7

Die mit dieser Urkunde jetzt und in Folge verbundenen Kosten und Grunderwerbsteuer trägt der Treugeber.
Die Beteiligten nehmen wechselseitig alles Vorstehende an.
Diese Niederschrift wurde den Erschienenen von dem Notar vorgelesen, von ihnen genehmigt und von ihnen und dem Notar wie folgt eigenhändig unterschrieben:

- *Kosten:* Gebühr von 2,0 in Tabelle B (Nr. 21100 KV GNotKG) aus dem Gesamtaufwand, der beim Treugeber entsteht.

IV. Bei Gesellschaftsbeteiligungen

18   Im Gesellschaftsrecht ist die fremdnützige (Verwaltungs-)Treuhand häufig. Der erstrebte Zweck ist vielfältig. Oft wollen die Beteiligten den eigentlich wirtschaftlich Berechtigten geheim halten. Geheimhalten allein bedeutet noch nichts Unerlaubtes (s. schon oben Rdn. 5 f.). Der wirtschaftlich Berechtigte will aus Konkurrenzgründen nicht in Erscheinung treten oder es bestehen rechtliche Beschränkungen, durch die der wirtschaftlich Interessierte gehindert ist, selber nach außen als Gesellschafter aufzutreten (z.B. Fehlen einer notwendigen Konzession, Wettbewerbsverbote). Jedoch sind die Grenzen in §§ 134, 138 BGB zu beachten und im Einzelfall abzuwägen.

19   Der Grund für eine Verwaltungstreuhand kann aber auch sein, die Interessen vieler Gesellschafter mit kleiner Beteiligung zu bündeln oder Testamentsvollstreckung in die Gesellschaftsbeteiligung zu ermöglichen. Dem Finanzamt gegenüber sollen die Treuhandverhältnisse aufgedeckt werden, um die Besteuerung der wirtschaftlichen Interessenlage entsprechend zu ermöglichen. Das Verpflichtungs- und Verfügungsgeschäft bedarf auch bei Treuhandverhältnissen in aller Regel der Beurkundungsform nach § 15 Abs. 3 und 4 GmbHG, sofern eine Beteiligung an einer GmbH betroffen ist.[5] Des Weiteren sind auch die statuarischen Voraussetzungen der Abtretung (z.B. Genehmigung der Gesellschaft) einzuhalten.[6]

20   Treuhandverhältnisse über Anteile an Kapitalgesellschaften sind gem. § 54 EStDV dem zuständigen Finanzamt (§ 20 AO) anzuzeigen, wenn durch den Treuhandvertrag ein Anteil übertragen wird oder der Treuhandvertrag dem Treugeber erlaubt, bei Auflösung des Treuhandverhältnisses die dingliche Übertragung des Anteils auf sich zu verlangen. Hierzu führt ein Schreiben des Bundesministeriums der Finanzen vom 14.03.1997 an die Bundesnotarkammer aus (auszugsweise wiedergegeben):

21   »Treuhandverträge unterliegen der Meldepflicht nach § 54 EStDV, soweit sie eine Verfügung über Anteile an Kapitalgesellschaften zum Gegenstand haben. Dies ist der Fall, wenn ein Gesellschafter seinen Gesellschafteranteil treuhänderisch auf einen anderen Gesellschafter überträgt. In diesem Fall scheidet der erste Gesellschafter aus der Gesellschaft aus und der andere Gesellschafter erlangt die Gesellschafterstellung neu. Auf der gesellschaftsrechtlichen Ebene findet ein Wechsel in der Rechtsinhaberschaft statt. Dies ist eine Verfügung, die nach dem Wortlaut des § 54 EStDV der Mitteilungspflicht unterliegt. Das Treuhandverhältnis hat in diesem Fall lediglich auf der obligatorischen Ebene Bedeutung, denn der neue Gesellschafter hat die Rechte aus seiner Gesellschafterstellung im Interesse des

---

5 Einzelheiten hierzu im DNotI-Gutachten DNotI-Report 2005, 73; vgl. (auch zu den notariellen Pflichten, wenn die Beteiligten bewusst die Treuhandabrede unbeurkundet lassen:) BGH MittBayNot 2017, 520 m. Anm. *Regler*.
6 *Scholz/Winter/Seibt*, § 15 GmbHG Rn. 232; vgl. auch *Breuer*, Treuhandverhältnisse im Gesellschaftsrecht, MittRhNotK 1988, 7.

Treugebers (des bisherigen Gesellschafters) nach näherer Maßgabe der Treuhandabrede auszuüben.

Grundsätzlich nicht von § 54 EStDV erfasst sind schuldrechtliche Treuhandvereinbarungen; insbesondere die sog. Vereinbarungstreuhand. Bei einer Vereinbarungstreuhand bleibt der bisherige Vollrechtsinhaber auch künftig zivilrechtlicher Eigentümer, verpflichtet sich jedoch auf der obligatorischen Ebene gegenüber einem Dritten, dem künftigen Treugeber, die Anteilsrechte im Interesse dieses Dritten nach Maßgabe des Inhalts der Treuhandabrede auszuüben. In diesem Fall ist eine Mitteilungspflicht gem. § 54 EStDV nur gegeben, wenn die getroffene Abrede es dem Treugeber erlaubt, bei Auflösung des Treuhandverhältnisses die dingliche Übertragung der Anteile auf sich zu verlangen.«[7]

Bei dem folgenden Muster liegt ein so genanntes »uneigentliches Treuhandverhältnis« vor, da der Geschäftsanteil nicht direkt vom Treugeber auf den Treuhänder übertragen wird (Unmittelbarkeit fehlt). Die h.M. spricht dem Treugeber in der Insolvenz dann das Aussonderungsrecht und in der Einzelzwangsvollstreckung die Drittwiderspruchsklage ab (s.o. Rdn. 4).

Verhandelt zu ..... am .....

M

Vor dem unterzeichnenden Notar in ..... erschienen; dem Notar von Person bekannt:
1. Herr Michael N. .....,
2. Frau Jutta F. .....
Diese erklärten:
Herr Michael N. – nachfolgend auch der »Treugeber« genannt –, hat Frau Jutta F. – nachfolgend auch der »Treuhänder« genannt –, 30.000 €, in Worten: dreißigtausend Euro, zur Verfügung gestellt beziehungsweise wird er ihr diese Summe – soweit noch nicht geschehen – zur Verfügung stellen, damit Frau Jutta F. von diesem Geld eine Stammeinlage in Höhe von 30.000 €, in Worten: dreißigtausend Euro, an der in Gründung befindlichen Gesellschaft mit beschränkter Haftung unter der Firma
»XY Baugesellschaft mit beschränkter Haftung«
übernehmen kann. Dementsprechend hat Frau Jutta F. an der Gründung der »XY Baugesellschaft mit beschränkter Haftung« durch Urkunde Nummer ..... des Notars ..... mitgewirkt und eine Stammeinlage von 30.000 € übernommen.
Die Beteiligten sind darüber einig, dass Frau Jutta F. diesen Geschäftsanteil an der in Gründung befindlichen »XY Baugesellschaft mit beschränkter Haftung« nur treuhänderisch für Herrn Michael N. hält. Herr Michael N. will nach außen nicht als Gesellschafter der »XY Baugesellschaft mit beschränkter Haftung« in Erscheinung treten. An seine Stelle soll als Treuhänder für den Geschäftsanteil von 30.000 € Frau Jutta F. treten.
Dies vorausgeschickt erklärten die Erschienenen folgenden

Treuhandvertrag
§ 1

1. Der Treuhänder übt sämtliche Gesellschafterrechte, die mit dem treuhänderisch übernommenen Geschäftsanteil verbunden sind, im eigenen Namen, aber nach den Weisungen und für alleinige Rechnung des Treugebers in dessen Interesse aus. Sämtliche, den treuhänderisch übernommenen Geschäftsanteil jeweils innewohnenden

---

[7] Der vollständige Wortlaut des Schreibens ist abgedruckt in DNotI-Report 1997, 83 f., abrufbar über die Internetseite http://www.dnoti.de.

und alle sonstigen mit ihm im Zusammenhang stehenden Rechte und Pflichten gehen im Innenverhältnis ausschließlich für Rechnung des Treugebers.
2. Der Treuhänder ist verpflichtet, die Weisungen des Treugebers zu befolgen. Er darf davon nur abweichen, wenn er eine Entschließung des Treugebers nicht rechtzeitig herbeiführen kann und anzunehmen ist, dass der Treugeber bei Kenntnis der Sachlage die Abweichung billigen würde.
3. Der Treuhänder ist verpflichtet, dem Treugeber jederzeit Auskunft zu erteilen und nach Beendigung des Treuhandverhältnisses Rechenschaft abzulegen.

§ 2

1. Der Treuhänder darf über die ihm treuhänderisch zustehenden Rechte nur mit vorheriger Zustimmung des Treugebers verfügen. Der Treuhänder hat Zwangsvollstreckungsmaßnahmen, die das Treugut betreffen, unverzüglich dem Treugeber anzuzeigen.
2. Der Treuhänder ist verpflichtet, alle Erträge aus dem treuhänderisch verwalteten Geschäftsanteil unverzüglich an den Treugeber abzuführen, sobald sie verfügbar sind.

§ 3

1. Macht der Treuhänder zur Ausführung des Treuhandauftrages Aufwendungen, die er den Umständen nach für erforderlich halten darf, so kann er vom Treugeber Ersatz verlangen und dieses Recht auch gegenüber den Ansprüchen des Treugebers einwenden.
2. In gleicher Weise kann der Treuhänder verlangen, dass er hinsichtlich des treuhänderisch verwalteten Geschäftsanteils von jeder Inanspruchnahme aus der Rechtsstellung als Gesellschafter freigestellt wird.
3. Der Treuhänder hat keinen Anspruch auf eine besondere Vergütung.

§ 4

1. Das Treuhandverhältnis wird auf unbestimmte Zeit geschlossen. Es kann jederzeit von jedem Beteiligten mit einer Frist von drei Monaten zum Ende eines jeden Kalendervierteljahres gekündigt werden. Die Kündigung hat mittels eingeschriebenen Briefes zu erfolgen (Übergabeeinschreiben).
2. Das Treuhandverhältnis erlischt mit dem Tode des Treuhänders ohne Kündigung. Die Erben des Treuhänders sind verpflichtet, den von dem Treuhänder gehaltenen Geschäftsanteil unverzüglich mit allen Rechten und Pflichten an den Treugeber oder einen von ihm bestimmten Dritten abzutreten. Der Treugeber ist andererseits verpflichtet, die Erben des Treuhänders von allen Lasten freizustellen, die ihnen im Zusammenhang mit dem Geschäftsanteil entstehen.

§ 5

1. Nach Beendigung des Treuhandverhältnisses hat der Treuhänder die ihm treuhänderisch zustehenden Rechte an den Treugeber abzutreten, insbesondere hat er den Geschäftsanteil von 30.000 € in der vorgeschriebenen Form an den Treugeber zu übertragen. Soweit zur Abtretung des Geschäftsanteils eine Zustimmung Dritter, insbesondere der Gesellschaft oder anderer Gesellschafter erforderlich ist, hat der Treuhänder darauf hinzuwirken, dass diese Zustimmung alsbald erteilt wird.
2. Die Übertragung hat Zug um Zug gegen Erfüllung der dem Treuhänder aus § 3 zustehenden Ansprüche zu erfolgen.
3. Der Treuhänder bevollmächtigt hiermit den Treugeber, alle bei Auflösung des Treuhandverhältnisses erforderlichen und zweckmäßigen Erklärungen abzugeben und

Rechtshandlungen vorzunehmen, und zwar unter Befreiung von den Vorschriften des § 181 BGB. Der Treugeber ist insbesondere bevollmächtigt, den treuhänderisch gehaltenen Geschäftsanteil auf sich zu übertragen. Die Vollmacht erlischt nicht durch den Tod des Treuhänders.

4. Für den Fall der Eröffnung des Insolvenzverfahrens über das Vermögen des Treuhänders oder für den Fall, dass Maßnahmen der Einzelzwangsvollstreckung in den Geschäftsanteil ausgebracht werden, oder für den Fall, dass der Treuhänder den Geschäftsanteil ohne vorherige schriftliche Zustimmung des Treugebers auf einen Dritten übertragen sollte, tritt der Treuhänder hiermit bereits aufschiebend bedingt den Geschäftsanteil an den Treugeber ab, der die Abtretung bereits annimmt.

§ 6

Der Treuhänder ist zur Verschwiegenheit über das Bestehen des Treuhandverhältnisses während der Dauer dieses Treuhandvertrages und danach verpflichtet.

§ 7

Änderungen und Ergänzungen dieses Vertrages bedürfen zumindest der Schriftform. Gerichtsstand für alle aus diesem Vertrag ergebenden Streitigkeiten ist – soweit gesetzlich zulässig – .....

§ 8

Die mit dieser Urkunde jetzt und in der Folge verbundenen Kosten trägt der Treugeber.
Die Beteiligten nehmen wechselseitig alles Vorstehende an.
Diese Niederschrift wurde den Erschienenen vorgelesen, von ihnen genehmigt und von ihnen und dem Notar eigenhändig unterschrieben:

■ *Kosten.* Gebühr von 2,0 in Tabelle B (Nr. 21100 KV GNotKG) aus einem Geschäftswert von 30.000 € (§§ 97, 36 GNotKG).

V. Bei außergerichtlichem Vergleich zur Vermeidung eines Insolvenzverfahrens

Um ein Insolvenzverfahren zu vermeiden, können die Gläubiger mit dem Schuldner bei dessen Zahlungsunfähigkeit einen außergerichtlichen Vergleich schließen, wenn alle Gläubiger damit einverstanden sind. Der Schuldner überträgt sein Vermögen auf einen Treuhänder, der es verwaltet und den Erlös an die Gläubiger verteilt.

Dieser »freiwillige« Treuhänder zur Abwendung des Insolvenzverfahrens darf nicht mit dem in § 313 InsO a.F. vorgesehenen Treuhänder verwechselt werden, der in diesem vereinfachten Verfahren den Insolvenzverwalter bis zur Reform im Jahre 2013 »ersetzte«, und auch nicht mit dem Treuhänder nach § 292 InsO im Restschuldbefreiungsverfahren, der dort die vom Schuldner während dieses Verfahrensabschnittes abgetretenen Lohnansprüche etc. für die Gläubiger entgegennimmt.[8]

1. Das Vermögen des Schuldners ..... wird auf T. als Treuhänder übertragen. Der Treuhänder hat das Vermögen zu verwalten, die verwertbaren Gegenstände zu veräußern und den Reinerlös an die Gläubiger gleichmäßig zu verteilen. Er erhält eine Pauschal-

---

8 Vgl. hierzu: *Reul/Heckschen/Wienberg*, Insolvenzrecht in der Kautelarpraxis, 2. Aufl. 2018, § 8 Rn. 146 f.

vergütung von 5 v.H. der Verwertungsmasse, deren Verkaufswert auf 100.000 € veranschlagt wird.
2. Der Schuldner tritt an den Treuhänder in besonderer Urkunde seine sämtlichen Forderungen und Rechte ab, überträgt ihm das Eigentum an dem beweglichen Geschäftsvermögen und lässt für ihn auf einem in ..... gelegenen, im Grundbuch des Amtsgerichts ..... Band ..... Blatt ..... verzeichneten Grundstück eine Grundschuld von 50.000 € an bereiter Stelle eintragen.
3. Der Treuhänder hat alsbald den Bestand des Vermögens und die Höhe der Forderungen festzustellen und die voraussichtliche Quote zu errechnen.
4. Die Gläubiger werden ihre Forderungen nebst Zinsen und Kosten zum ..... als Stichtag dem Treuhänder bis zum ..... aufgeben. Sie verzichten vom Stichtag ab auf Zinsen.
5. Der Treuhänder wird voraussichtlich die erste Rate in Höhe von 5 % binnen zweier Monate nach Bestätigung des Vergleichs, die zweite Rate in Höhe von 15 % nach weiteren drei Monaten und den Rest nach weiteren sechs Monaten an die Gläubiger auszahlen.
6. Gläubiger, die aufgrund von Eigentumsvorbehalten oder Sicherungsübereignungsverträgen besondere Rechte haben, verzichten darauf. Sie erhalten dafür einen Bonus von 10 % über der jeweiligen Ausschüttungsquote. Gläubiger, die in dieser Weise bevorzugt sein wollen, haben ihre Rechte bis zum ..... dem Treuhänder nachzuweisen.
7. X. übernimmt die Ausfallbürgschaft dafür, dass mindestens 50 % der Forderungen der Gläubiger aus der dem Treuhänder übereigneten Masse befriedigt werden. Der Wert dieser Forderungen beträgt ca. 150.000 €.
8. Mit der Zahlung der Vergleichsquote von mindestens 50 % sind dem Schuldner die restlichen Teilforderungen erlassen.
9. Der Treuhänder hat in vierteljährlichen Abständen den Gläubigern einen Bericht über den Stand der Abwicklung zu geben.
10. Der Gläubigerausschuss, bestehend aus den Gläubigern A., B., C. oder deren Bevollmächtigten, kann den Treuhänder jederzeit abberufen. In diesem Falle ist ihm ein Honorar von monatlich 500 € seit Beginn seiner Tätigkeit zu entrichten. Die unter 1. bedungene Vergütung entfällt dann.
11. Die Kosten des Vergleichs und seiner Durchführung einschließlich der Vergütung für den Treuhänder übernimmt der Schuldner zu Lasten der Masse.
Ort, Datum   Unterschriften

[Beglaubigung nicht erforderlich]

■ *Kosten.* Rahmengebühr von 0,5 bis 2,0 in Tabelle B (Nr. 24100 i.V.m. Nr. 21100 KV GNotKG; min. aber 120 €) aus einem Geschäftswert i.H.d. Vermögens, das der Schuldner auf den Treuhänder überträgt.

Vierter Abschnitt. Sachenrecht

§ 54 Kataster, Grundstück, Grundbuch

Literatur: Zu II.: *Bengel/Simmerding*, Grundbuch, Grundstück, Grenze, 5. Aufl. 2000; *Meikel/Simmerding*, Grundbuchrecht, 9. Aufl. 2003, Anhang zu § 2 GBO (ab der 10. Aufl. 2009 nicht fortgeführt).

I. Das System des deutschen Grundstücksrechts

Das System des deutschen Grundstücksrechts ist in der Welt einzigartig. Kein anderes System vereint in derart idealer Weise Rechtssicherheit mit Leichtigkeit und Schnelligkeit des Rechtsverkehrs bei niedrigsten Transaktionskosten.[1] Es ruht auf vier unverzichtbaren Säulen, dem Abstraktionsprinzip des BGB, dem lückenlosen, die Anbindung an die reale Welt gewährleistenden Liegenschaftskataster, dem Grundbuch und der Funktion des Notars, ohne die der empfindliche technische Apparat vom Publikum nicht bedient werden könnte. Der volkswirtschaftliche Nutzen dieses Systems kann kaum überschätzt werden. Es macht Grund und Boden fungibel und ermöglicht wie kein anderes den sicheren Immobiliarkredit.

II. Kataster

1. Das Vermessungswesen

Das *Vermessungswesen* ist in der Bundesrepublik Deutschland *landesrechtlich* geregelt.[2] Ob es, weil zur konkurrierenden Gesetzgebung des Bundes gehörend, einer bundesrechtlichen Regelung zugänglich wäre, ist streitig.[3] Pläne, ein einheitliches Liegenschaftskataster für Deutschland einzurichten, scheinen auch derzeit nicht weiterverfolgt zu werden. Das ehemalige Gesetz über die Neuordnung des Vermessungswesens vom 03.07.1934,[4] das jedenfalls aufgrund des Gesetzes über die Sammlung des Bundesrechts wegen Nichtaufnahme in die Sammlung außer Kraft getreten ist, wirkt aber noch insoweit nach, als das Vermessungswesen in der Bundesrepublik auch heute noch eine einigermaßen gleichartige Struktur aufweist. Überall ist das Vermessungswesen speziellen Behörden (*Vermessungsämtern*, Katasterämtern) übertragen, die sich allerdings in unterschiedlichem Maße öffentlich bestellter Vermessungsingenieure bedienen. Man unterscheidet in der Landesvermessung die *Grundlagenvermessung* zur Bestimmung von Lagefestpunkten und Höhenfestpunkten (Koordinaten), aus denen wiederum einerseits die topologische Geländeaufnahme und andererseits die *Katastervermessungen* abgeleitet werden. Unter Katastervermessungen versteht man Vermessungen zur Erfassung der Grundstücksgrenzen, der Gebäude und der Nutzungsarten. Die *Katasterkarten* (je nach Erfordernissen in den Maßstäben 1:1.000, 1:2.500 oder 1:5.000, jetzt überwiegend aber digital) bestehen aus den *Flurkarten* und den Schätzungskarten. Die Flur-

---

1 Zu den Transaktionskosten Studie von Arthur-Andersen, zitiert in DNotZ 1995, 802 und Gutachten der KPMG im Auftrag des Bayer. Notarvereins zum 01.11.1996.
2 Übersicht bei *Meikel/Simmerding*, Anh. zu § 2 GBO Rn. 24 ff.
3 Näheres bei *Meikel/Imhof/Riedel*, § 2 GBO Rn. 99; vgl. das bundesrechtliche BoSoG für das Beitrittsgebiet, nachf. Rdn. 8.
4 RGBl. I S. 534.

karten (Katasterkarten) bilden zusammen mit den jetzt überwiegend ebenfalls digital geführten Katasterbüchern (Flurbuch, Liegenschaftsbuch) das *Liegenschaftskataster*.

2. Gliederung des Liegenschaftskatasters

3 Das Liegenschaftskataster ist gegliedert in *Gemarkungen* als die größten Einheiten (Katasterbezirk; früher auch Steuergemeinde, Katastralgemeinde, Vermessungsbezirk usw.), die mit einem – meist historischen – Namen bezeichnet sind. Die Gemarkungen untergliedern sich in *Fluren* (auf diese Untergliederung verzichten einige Länder, z.B. Bayern), die mit einer arabischen Zahl gekennzeichnet sind. Die Fluren untergliedern sich schließlich in die kleinsten Einheiten, die *Flurstücke* (auch Katastergrundstücke genannt). Flurstücke sind mit einer arabischen Nummer (Flurstücksnummer, FlStNr., **nicht** Flurnummer, FlNr.) gekennzeichnet, oft auch mit einer sog. Bruchnummer, deren ursprüngliche Funktion, die Herkunft des Flurstücks aus einem anderen Flurstück nachzuweisen, heute ohne Bedeutung ist. Die Bruchnummer 21/3 wird deshalb heute üblicherweise »einundzwanzig Strich drei« (und nicht mehr wie früher »drei aus einundzwanzig«) ausgesprochen.

3. Das Flurstück

4 *Flurstück* (früher auch Parzelle, Plannummer, Kartengrundstück usw.) ist also ein Teil der Erdoberfläche, der von einer in sich zurücklaufenden Linie umschlossen und in der Flurkarte unter einer besonderen Nummer aufgeführt ist. Im Liegenschaftsbuch ist jedes Flurstück nach Nummer, Lagebezeichnung, Gebäudebestand, Nutzungsart und Fläche (außerdem – hier nicht interessierend – auch Ertragsmesszahl) beschrieben. Außerdem gehören dazu die Risszeichnungen, in denen die Flurstücke nach Koordinaten, Winkeln und Entfernungsangaben in der für den praktischen Gebrauch höchstmöglichen Genauigkeit auf der Erdoberfläche abgegrenzt werden. Auch Risszeichnungen sind heute weitgehend durch digitale Vektorgrafiken (»digitale Flurkarte«) ersetzt.

5 Eine Besonderheit stellen die nicht vermessenen *Hofflächen* insbesondere preußischen Rechts dar, wie sie im Beitrittsgebiet noch häufig sind. Es handelt sich um *real geteilte* Flächen, die dennoch nur unter einer einzigen FlStNr. gebucht sind. S. zur grundbuchrechtlichen Behandlung die HofraumVO (HofV).[5] Vergleichbar damit sind Flächen, die gemäß § 3 Abs. 2 GBO als selbstständige Grundstücke buchungsfrei wären, eine einzige FlStNr. tragen, aber real in der Weise geteilt sind, dass die Teile Bestandteil der benachbarten Grundstücke sind. Dazu gehören vor allem Wasserläufe und gewidmete Eigentümerwege. Gebucht werden sie (nach Abschn. 3.2.3 der weitgehend anerkannten Bayerischen Geschäftsanweisung für die Behandlung von Grundbuchsachen)[6] in der Weise, dass im Bestandsverzeichnis vermerkt wird: »Hierzu die zu FlStNr. ..... ezogene Teilfläche des Wildbachs« (»Anliegervermerk«).

4. Fortführungsvermessung

6 Soll sich die Gestalt eines Flurstücks ändern, so ist eine *Fortführungsvermessung* erforderlich. Die hierbei gebräuchliche, streng von der grundstücksrechtlichen Terminologie zu unterscheidende vermessungstechnische Terminologie ist Folgende: »Flurstücke« (entspricht, s.u., dem grundstücksrechtlichen Begriff »Grundstück«) werden in mehrere Teile »*zerlegt*« (entspricht grundstücksrechtlich dem Begriff der Teilung). Die Teile bilden nach der Zerlegung selbstständige Flurstücke, es sei denn, ein Teil erhält, weil seine Existenz nur eine vorü-

---

5 Vom 24.09.1993, BGBl. I S. 1257, abgedruckt auch bei *Demharter*, GBO, unter Nr. 8.
6 BayJMBl 2006, 182, abgedruckt auch bei *Demharter*, GBO, unter Nr. 7.

bergehende ist, keine eigene Nummer; er heißt dann (sprachlich wenig schön) »*Zuflurstück*« oder »*Trennstück*«. Als Folge der Digitalisierung des Katasterwesens, die eine eindeutige Bezeichnung einer jeden Fläche verlangt, wird mehr und mehr auf die Bildung von Zuflurstücken verzichtet, d.h. dass auch solche Flurstücke eine eigene Nummer erhalten, deren Lebensdauer nur gering ist. Damit geht auch eine begrüßenswerte rechtliche Vereinfachung einher, denn die technische Vereinfachung, der die Institution des Zuflurstücks dienen sollte, ging mit einer erschwerten rechtlichen Behandlung einher, weil das Zuflurstück als solches nicht grundbuchfähig ist.[7] Das Zuflurstück wird – soweit noch in Gebrauch – bezeichnet durch die Nummer des Flurstücks, aus dem es stammt, und die Nummer des Flurstücks, dem es zugedacht ist (z.B. »zu 16593/196 aus 721/3«). Flurstücke, auch Zuflurstücke, können miteinander zu einem neuen Flurstück »verschmolzen« werden; die grundstücksrechtliche Unterscheidung zwischen der Vereinigung und der Bestandteilszuschreibung ist der Vermessungsterminologie unbekannt. Änderungen in der Grundstücksgestalt (und auch in der Grundstücksbeschreibung) werden in »*Veränderungs-* oder *Fortführungsnachweisen*«, besonderen Dokumenten, die insbesondere auch für das Grundbuchamt bestimmt sind, dokumentiert.

Die Fortführungsvermessung erfolgt auf *Antrag*. Die Form der Antragstellung ist je nach der landesrechtlichen Organisation des Vermessungswesens unterschiedlich. Durchweg ist es möglich, den Antrag direkt bei dem zuständigen Kataster- oder Vermessungsamt zu stellen. Die Vermessungsämter erwarten regelmäßig, dass ein beim Vermessungsamt erhältliches Antragsformular benutzt wird. Die Vermessungsämter werden dann in doppelter Funktion tätig. Sie erbringen gegen gesetzlich festgelegte Gebühr die zur Vermessung (und z.T. auch zur Abmarkung) erforderlichen Dienstleistungen und sie führen das Kataster fort, was die Rechtsnatur eines Verwaltungsakts hat. In den Ländern, in denen Vermessungsingenieure öffentlich bestellt werden (»Öffentlich bestellte Vermessungsingenieure«, ÖbVI; ihre Rechtsstellung ist der des Notars vergleichbar), kann ein solcher Vermessungsingenieur mit der Vermessung betraut werden; er veranlasst dann auch die dem Vermessungsamt allein verbleibende Aufgabe, den Verwaltungsakt zu erlassen. Der Notar kann die Beteiligten bei der Antragstellung vertreten (§ 24 Abs. 1 Satz 2 BNotO).

7

■ *Kosten:* Dient die Vertretung im Vermessungsverfahren dem Vollzug eines Grundstücksvertrags, dann 0,5 nach Nr. 22110 KV GNotKG (Vorbem. 2.2.1.1 Abs. 1 S. 2 Nr. 1 KV GNotKG), sonst je nach Umständen 1,0 oder 0,5 oder 20,00 € nach Nr. 22120, 22121 oder 22124 KV GNotKG (str.[8]).

5. Abmarkung

a) Begriff

Von der Vermessung ist zu unterscheiden die *Abmarkung*. Während die Vermessung einen abstrakt-geometrischer Akt darstellt, dessen Ziel die Beschreibung eines Grundstücks durch seine geografischen Koordinaten ist, bedeutet Abmarkung die Kennzeichnung der Flurstücks- bzw. Grundstücksgrenzen in der Natur mithilfe möglichst beständiger Markierungen, also insbesondere mit *Grenzsteinen* und Markierungszeichen. Zwar ist in der Regel vorgeschrieben, dass alle Grundstücke abgemarkt werden sollen; eine Vermessung kann aber zunächst auch ohne Abmarkung vorgenommen, die Abmarkung später nachgeholt werden. Eine solche Vermessung, die ohne Abmarkung vorgenommen wird, heißt »*Sonderung*«

8

---

7 Vgl. zur materiell- und grundbuchrechtlichen Behandlung des Zuflurstücks BayObLGZ 1971, 18; *Weber*, DNotZ 1960, 229; *Röll*, DNotZ 1968, 523.
8 Vgl. Korintenberg/*Tiedtke* GNotKG Vorbemerkung 2.2.1.1 KV Rn. 49. A.A. (keine Gebühr) Leipziger-GNotKG/*Harder* Vorbem. 2.2 KV GNotKG Rn. 11 m.w.N.

(populär auch »Papiervermessung«). Die Durchführung einer Sonderung ist nicht von der Witterung abhängig und deshalb oft schneller zu erreichen als die mit der Abmarkung kombinierte Vermessung. Im Beitrittsgebiet nach dem Einigungsvertrag gilt das *Bodensonderungsgesetz* (BoSoG).[9] Die der Sonderung nachfolgende Abmarkung kann nur noch die in der Sonderung bereits eindeutig durch Koordinaten bestimmten Flurstücksgrenzen kennzeichnen, sie aber nicht etwa nach der Realität korrigieren (s. aber zur vereinfachten Umlegung nach § 80 BauGB und zur Bodenneuordnung nach § 5 BoSoG nachf. § 56 Rdn. 43, 44).[10]

b) Gesetzliche Regelung

9 Auch die Abmarkung ist *landesrechtlich* geregelt. Zuständig sind – je nach Land unterschiedlich – besondere Vermessungsbehörden, Öffentlich bestellte Vermessungsingenieure, Gemeinden; häufig ist die Zuziehung von Feldgeschworenen – besonders ortskundige Bürger, denen das Amt als kommunales Ehrenamt übertragen ist – vorgeschrieben.

10 Neben öffentlich-rechtlichen Abmarkungspflichten bestehen auch *privatrechtliche Abmarkungsansprüche* aus §§ 919, 920 BGB in Verbindung mit landesrechtlichen Ausführungsvorschriften. Zu unterscheiden sind die Fälle der streitigen (§ 920 BGB) und der unstreitigen, aber verdunkelten (§ 919 BGB) Grenze. Nur der zweite Fall kann im Verfahren der freiwilligen Gerichtsbarkeit erledigt werden. Die Art der Abmarkung und das Verfahren bestimmen sich nach Landesrecht (§ 919 Abs. 2 BGB; § 61 Abs. 1 Nr. 7 BeurkG).[11] Zuständig sind heute fast überall die staatlichen Vermessungsbehörden (z.B. in Niedersachsen §§ 4, 6 NVermG), aber auch Öffentlich bestellte Vermessungsingenieure (z.B. in Hessen § 15 Abs. 2 HVGG) oder Feldgeschworene (in Bayern Art. 3 BayAbmG). Soweit noch Notare als zuständig erklärt werden (wie für Niedersachsen in Art. 31 PrFGG NW1899) ist die Tragweite unklar (s. ein Formular für eine notarielle Abmarkung in der 23. Aufl., § 58 Rn. 11 M).

III. Grundstück

1. Begriff

11 Der Begriff »Grundstück« ist nirgendwo gesetzlich definiert. Das Grundstück ist eine Sache (§ 90 BGB) mit Bestandteilen (z.B. § 96 BGB) und wesentlichen Bestandteilen (§ 94 BGB). Es besteht aus einem Teil der Erdoberfläche samt dem Erdkegel darunter (aber nur, soweit für den Eigentümer von Interesse) und dem Luftraumkegel darüber (ebenfalls nur, soweit für den Eigentümer von Interesse). Das Eigentum am Grundstück ist beschränkt insbesondere durch die Bergfreiheit (s. zum Bergrecht unten § 66) und die Freiheit des Luft- und des Weltraums.

12 Soll ein Grundstück Gegenstand des Rechtsverkehrs sein, so muss es individualisiert, von anderen abgegrenzt werden. Diese Funktion nimmt im deutschen Grundstückssystem das *Grundbuch* wahr. Grundstück in diesem engeren Sinn ist nur ein solcher Teil der Erdoberfläche, der von einer in sich zurücklaufenden Linie umschlossen und im Grundbuch – bei buchungsfreien Grundstücken (§ 3 Abs. 2 GBO) nur im Liegenschaftskataster – unter einer besonderen Nummer aufgeführt ist.

---

9 BGBl. 1993 I S. 2182 mit Verwaltungsvorschrift BAnz. Beilage zu Nr. 25 v. 06.02.1998 = VIZ 1998, 198.
10 BayObLG DNotZ 1997, 470.
11 Nachweise bei Staudinger/*Roth* (2016), § 919 BGB Rn. 12.

2. Das amtliche Verzeichnis der Grundstücke

a) Funktion

Im Grundbuch selbst werden die zur Individualisierung der Grundstücke erforderlichen geometrischen Koordinaten nicht wiedergegeben. Stattdessen verweist es auf ein amtliches Verzeichnis der Grundstücke, welches diese Koordinaten ausweist. Amtliches Verzeichnis ist gemäß § 2 Abs. 2 GBO das in den Ländern eingerichtete Liegenschaftskataster, das – obwohl nach Landesrecht eingerichtet – damit eine Art bundesrechtlicher Bedeutung gewinnt. Indem und soweit die dem Liegenschaftskataster einverleibten Daten die *Identität des Grundstücks* bestimmen (also nur für die Grenzziehung, nicht für die Grundstücksbeschreibung nach Bebauung und Nutzungsart und auch nicht für die Flächenangabe), nehmen sie am öffentlichen Glauben des Grundbuchs teil.[12] Deshalb widerspricht eine Vorschrift wie Art. 11 Abs. 3 Satz 1 des Bayerischen Vermessungs- und Katastergesetzes (VermKatG), wonach die technische Dokumentation von Grenzpunkten grundsätzlich nicht bekannt gegeben wird, mit Nichtigkeitsfolge dem Bundesrecht (§ 12 Abs. 1 Satz 2 GBO), zumal der BGH den Koordinaten des Grenzverlaufs das Übergewicht über die zeichnerische Darstellung zuzuerkennen scheint.[13]

13

b) Flurstück als Grundlage des Grundstücks

Das Liegenschaftskataster registriert Flurstücke (oben Rdn. 4). Damit es als amtliches Verzeichnis der Grundstücke dienen kann, muss jedes Grundstück in seinen Grenzen mit mindestens *einem ganzen Flurstück identisch* sein.[14] Hingegen schadet es nicht, wenn ein Grundstück sich aus mehreren ganzen Flurstücken zusammensetzt. Ob ein Grundstück deckungsgleich mit einem ganzen Flurstück ist, oder ob es sich aus mehreren Flurstücken zusammensetzt, ist aus grundstücksrechtlicher Sicht lediglich eine Angelegenheit der Grundstücksbeschreibung, sodass die Zerlegung eines Flurstücks, wenn sie nicht zugleich mit einer Grundstücksteilung verbunden ist, den Grundstückseigentümer nicht in seinem Eigentum beeinträchtigen kann (ob der in der Zerlegung liegende Verwaltungsakt die Rechte des Eigentümers verletzen kann, kann hier dahingestellt bleiben). Sie kann deshalb auch ohne seine Zustimmung erfolgen. Daher ist es zulässig, etwa den künftigen Verlauf einer Straße durch die Zerlegung der entsprechenden Flurstücke im Katasterplan und auch in der Grundstücksbeschreibung im Bestandsverzeichnis des Grundbuchs bereits kenntlich zu machen, obwohl sich der Eigentümer weigert, sein Grundstück zu teilen und die entsprechenden Flächen an den Straßenbaulastträger zu übereignen.

14

c) Vereinigung, Bestandteilszuschreibung

Werden *Grundstücke vereinigt* oder wird ein Grundstück einem anderen Grundstück *als Bestandteil zugeschrieben*, so zieht das nicht notwendig eine Veränderung im Liegenschaftskataster nach sich, weil, wie dargestellt, ein Grundstück auch aus mehreren Flurstücken bestehen kann. Die Vermessungsbehörde ist freilich *berechtigt*, die mehreren Flurstücke, aus denen sich ein Grundstück zusammensetzt, zu verschmelzen und dadurch die Übereinstimmung wieder herzustellen. Soll hingegen ein Grundstück geteilt werden, so macht die Regel, dass jedes Grundstück aus mindestens einem ganzen Flurstück bestehen muss, die vorherige *Zerlegung* des Flurstücks notwendig (s. nachfolgend).

15

---

12 BGH, DNotZ 2006, 364; BGH NJW-RR 2017, 1162; OLG Hamm MDR 2014, 1251; eher unklar OVG Sachsen-Anhalt NotBZ 2016, 194 m. Anm. *Zimmer*.
13 BGH NJW-RR 2017, 1162 wie vor.
14 Vgl. zu den »ungetrennten Hofräumen« oben Rdn. 5 und *Ufer*, DNotZ 1992, 272.

3. Nachträgliche Buchung eines buchungsfreien Grundstücks

16 Die Grundstücke des Bundes, der Länder, der Gemeinden, der Kirchen usw. sind nach § 3 Abs. 2 GBO grundsätzlich buchungsfrei und erhalten ein Grundbuchblatt nur auf Antrag. Wenn das Eigentum an ihnen übertragen oder wenn sie belastet werden sollen, ist die Anlegung eines Blattes erforderlich. Ein beglaubigter Auszug aus dem amtlichen Verzeichnis (Katasterauszug) ist erforderlich; außerdem ist ein Aufgebot nach §§ 119 ff. GBO die Regel.

Antrag auf Buchung

17 M An das Grundbuchamt in .....
Die Gemeinde Kirchdorf beantragt, für das bisher nicht gebuchte Grundstück der Gemarkung ....., Flur ....., Flurstück ....., Weg zu 0,0330 ha, ein Grundbuchblatt anzulegen und das Grundstück als ihr Eigentum einzutragen. Seit unvordenklichen Zeiten dient das Grundstück dem öffentlichen Verkehr und befindet sich im Besitz der Gemeinde. Ein Auszug aus dem Kataster wird überreicht.

(Beglaubigung nicht erforderlich)

■ *Kosten.*
a) Des Notars: Wert nach billigem Ermessen (§ 36 Abs. 1 GNotKG); 0,5 nach Nr. 21201 Nr. 4 KV GNotKG; Ermäßigung nach § 91 GNotKG.
b) Des Grundbuchamts: Wert desgleichen; 1,0 nach Nr. 14110 KV GNotKG.

4. Buchung von Miteigentumsanteilen

18 Nach § 3 Abs. 4 GBO kann das Grundbuchamt, sofern hiervon nicht Verwirrung oder eine wesentliche Erschwerung des Rechtsverkehrs oder der Grundbuchführung zu besorgen ist, von der Führung eines Grundbuchblatts für ein Grundstück absehen, wenn das Grundstück den wirtschaftlichen Zwecken mehrerer anderer Grundstücke zu dienen bestimmt ist, zu diesen in einem dieser Bestimmung entsprechenden räumlichen Verhältnis und im Miteigentum der Eigentümer dieser Grundstücke steht (dienendes Grundstück). Typischer Fall ist ein Wegegrundstück, das mehrere Hausgrundstücke versorgt. In diesem Fall müssen anstelle des ganzen Grundstücks die den Eigentümern zustehenden einzelnen Miteigentumsanteile an dem dienenden Grundstück auf dem Grundbuchblatt der einzelnen Hausgrundstücke eingetragen werden. Eine solche Buchung ist auch zulässig, wenn die beteiligten Grundstücke noch einem Eigentümer gehören, dieser aber die Teilung des Eigentums am dienenden Grundstück in Miteigentumsanteile und deren Zuordnung zu den herrschenden Grundstücken gegenüber dem Grundbuchamt erklärt hat (§ 3 Abs. 4 GBO).

19 Zwar soll das Grundbuchamt in der Regel so verfahren; die Voraussetzungen sind aber so restriktiv, dass die Grundbuchrechtspfleger die Vorschrift nur zögernd anwenden. Überdies besteht ständig die Gefahr, dass das Verhalten auch nur eines Miteigentümers das Grundbuchamt nach § 3 Abs. 8 GBO nötigt, die gespaltene Buchung wieder rückgängig zu machen. Leider hat die 1994 eingefügte Vorschrift daher bislang nicht überall die gebührende Bedeutung erlangt. Nicht nur deshalb, sondern auch, weil die gespaltene Buchung nicht zuverlässig beständig ist, vermag sie die feste Verbindung jedes einzelnen der Grundstücke zum gemeinsamen Grundstück durch Grunddienstbarkeiten (mit Herrschaftsvermerk) nicht zu ersetzen.

Antrag auf gespaltene Buchung

Im Grundbuch des Amtsgerichts ..... von ..... Blatt ..... sind folgende Grundstücke eingetragen:
Nr. 1: FlStNr. ..... Bauplatz zu 0,0450 ha
Nr. 2: FlStNr. ..... Bauplatz zu 0,0427 ha
Nr. 3: FlStNr. ..... Bauplatz zu 0,0620 ha
Nr. 4: FlStNr. ..... Weg zu 0,0250 ha.
Als Eigentümer dieser Grundstücke erkläre ich hiermit, das Grundstück Nr. 4, das den Grundstücken Nr. 1, 2 und 3 als gemeinsamer Weg dient (dienendes Grundstück), in drei Miteigentumsanteile zu je $^1/_3$ zu teilen. Ich beantrage, jedes der Grundstücke Nr. 1, 2 und 3 auf einem gesonderten Grundbuchblatt dergestalt zu buchen, dass auf jedem dieser Grundbuchblätter auch einer der eben gebildeten Miteigentumsanteile gebucht wird. Dazu überreiche ich eine vom Vermessungsamt ..... beglaubigte Karte, die ausweist, dass das Grundstück Nr. 4 den wirtschaftlichen Zwecken der anderen Grundstücke als Weg zu dienen bestimmt ist und zu diesen in einem dieser Bestimmung entsprechenden räumlichen Verhältnis steht.
Notarielle Beglaubigung[15]

20 M

■ *Kosten.* Notar: Wert nach billigem Ermessen (§ 36 Abs. 1 GNotKG); 0,5 nach Nr. 21201 Nr. 4 KV GNotKG. Grundbuchamt: 50,00 € nach Nr. 14160 KV GNotKG.

IV. Teilung, Vereinigung, Bestandteilszuschreibung

1. Teilung

Soll ein Grundstück real geteilt werden, so müssen gemäß § 2 Abs. 3 GBO zuerst durch *Zerlegung* Flurstücke gebildet werden, die in ihrer Gestalt den künftigen durch Teilung entstehenden Grundstücken entsprechen. S. zur Frage wieweit und nach welchen Rechtsvorschriften ggf. eine bundes- oder landesrechtliche Teilungsgenehmigung erforderlich ist, § 35 Rdn. 19 und zum Vermessungsantrag oben Rdn. 7.

21

Teilungsantrag

An das Amtsgericht – Grundbuchamt – .....
Das im Grundbuch von ..... Blatt ..... unter Nr. 3 eingetragene Grundstück besteht aus den Flurstücken FlStNr. 362 und 362/4. Ich bewillige und beantrage, in das Grundbuch einzutragen, dass das Grundstück in der Weise geteilt wird, dass jedes Flurstück ein eigenes Grundstück bildet.
Beglaubigungsvermerk

22 M

■ *Kosten.*
a) Des Notars: Wert nach billigem Ermessen (§ 36 Abs. 1 GNotKG); 0,5 nach Nr. 21201 Nr. 4 KV GNotKG.
b) Des Grundbuchamts: 50,00 € nach Nr. 14160 KV GNotKG.

---

15 Wohl erforderlich im Fall des § 3 Abs. 6 GBO, nicht aber im Fall des Abs. 4.

2. Vereinigung

a) Voraussetzungen

23 *Mehrere demselben Eigentümer gehörige Grundstücke* können gemäß §§ 890 Abs. 1 BGB, 5 Abs. 1 GBO auf seinen Antrag zu einem Grundstück vereinigt werden, wenn keine Verwirrung, d.h. keine Unübersichtlichkeit des Grundbuchs zu besorgen ist. Ein räumlicher Zusammenhang der zu vereinigenden Grundstücke war bis 1994 (d.h. bis zum Inkrafttreten des RegVerfBeschlG am 01.01.1995) nicht erforderlich. Seither sollen die an der Vereinigung beteiligten Grundstücke gemäß § 5 Abs. 2 GBO im Bezirk desselben Grundbuchamts und derselben für die Führung des amtlichen Verzeichnisses zuständigen Stelle liegen und unmittelbar aneinandergrenzen. Von diesen Erfordernissen soll nur abgewichen werden, wenn hierfür, insbesondere wegen der Zusammengehörigkeit baulicher Anlagen und Nebenanlagen, ein erhebliches Bedürfnis besteht. Die Lage der Grundstücke zueinander ist durch Vorlage einer von der zuständigen Behörde beglaubigten Karte nachzuweisen. Das erhebliche Bedürfnis ist glaubhaft zu machen. Seit 09.10.2013 ist in § 5 Abs. 1 Satz 2 GBO der Begriff Verwirrung gesetzlich konkretisiert; danach bedeutet unterschiedliche Belastung (sei es auch nur im Rang) mit Grundpfandrechten oder Reallasten stets Verwirrung. Die Vereinigung ist dann nur möglich, wenn spätestens zugleich mit der Vereinigung eine Bereinigung der Belastungssituation (s. § 73 Rdn. 47 M) stattfindet. Da es sich um eine Sollvorschrift handelt, ist eine unter Verletzung dieser Vorschrift eingetragene Vereinigung nicht unwirksam und keinesfalls inhaltlich unzulässig. Auch frühere Eintragungen ohne Bereinigung der Belastungen bleiben richtig.

24 Der Zustimmung dinglich Berechtigter bedarf die Vereinigung nicht, es sei denn für eine etwa erforderliche Rangregelung (nachfolgend Rdn. 25).

b) Rechtsfolgen

25 Nach Vereinigung bilden die bisher selbstständigen Grundstücke nur noch (nicht wesentliche) Bestandteile des neuen Grundstücks. Die vor der Vereinigung auf den einzelnen Grundstücken lastenden Rechte bleiben an den bisherigen Teilen unverändert bestehen; sie erstrecken sich nicht von selbst auf hinzugekommene Grundstücke. Handelt es sich in Abt. II des Grundbuchs um andere Rechte als Reallasten, so bewirkt dies grundsätzlich keine Besorgnis der Verwirrung.[16]

Vereinigungsantrag

26 M Zum Grundbuch von Schöndorf, Blätter 116, 125, 316 bewillige und beantrage ich, der Eigentümer, die sämtlichen dort genannten, in Abt. III des Grundbuchs nicht belasteten Grundstücke im Wege der Vereinigung als ein Grundstück in das Grundbuch einzutragen. Dazu überreiche ich eine vom Vermessungsamt ..... beglaubigte Karte, die ausweist, dass die zu vereinigenden Grundstücke unmittelbar aneinandergrenzen.
Beglaubigungsvermerk

■ *Kosten.*
a) Des Notars: Wert nach billigem Ermessen (§ 36 Abs. 1 GNotKG; 0,5 nach Nr. 21201 Nr. 4 KV GNotKG.
b) Des Grundbuchamts: 50,00 € nach Nr. 14160 Nr. 3 KV GNotKG oder kostenfrei.

---

16 BayObLG Rpfleger 1987, 13; enger – es ist eine Karte nach § 2 Abs. 3 GBO vorzulegen – BayObLG DNotZ 1994, 242 und MittBayNot 1996, 435.

3. Bestandteilszuschreibung

a) Voraussetzungen

Ein Grundstück (»Nebengrundstück«) kann einem *demselben Eigentümer gehörigen Grundstück* (»Hauptgrundstück«) gemäß § 890 Abs. 2 BGB, § 6 Abs. 1 GBO auf seinen Antrag als Bestandteil zugeschrieben werden. Nach § 6 Abs. 2 GBO sind die weiteren Voraussetzungen dieselben wie bei der Vereinigung (vorst. Rdn. 23). **27**

b) Rechtsfolgen

Bei der Bestandteilszuschreibung geht das Nebengrundstück durch Einverleibung in dem Hauptgrundstück auf. Dieses braucht nicht notwendig das größere oder wirtschaftlich bedeutendere zu sein. Die Zustimmung der dinglich Berechtigten ist nicht erforderlich. Die Belastungen des Hauptgrundstücks in Abt. III des Grundbuchs erstrecken sich ohne weiteres auf das Nebengrundstück, nicht aber umgekehrt. Die Zuschreibung ist der Vereinigung dann vorzuziehen, wenn die Grundpfandrechte des Hauptgrundstücks ausgedehnt werden sollen. Die Bestandteilszuschreibung ist dann auch kostengünstiger, weil beim Grundbuchamt wenn überhaupt (KV 14160 Nr. 3) Gebühren (50,00 €) lediglich für die Eintragung der Zuschreibung im Bestandsverzeichnis anfallen, aber keine für die Eintragung der Mithaftung jedes Grundpfandrechts. **28**

Die Lasten, die bisher auf dem Nebengrundstück geruht haben, gehen den von dem Hauptgrundstück auf das Nebengrundstück übergehenden Lasten im *Range* vor. Vgl. zu den dadurch i.d.R. notwendig werdenden Rangregelungen unten § 73 Rdn. 49 **29**

Zuschreibungsantrag

**Ich bin Eigentümer des im Grundbuch von Schöndorf Blatt 16 eingetragenen Grundstücks der Gemarkung ....., FlStNr. ..... Ich bewillige und beantrage, diesem Grundstück die mir gleichfalls gehörenden, im Grundbuch von Schöndorf Blatt 18 eingetragenen Grundstücke der Gemarkung ....., FlStNr. ....., als Bestandteile zuzuschreiben. Dazu überreiche ich eine vom Vermessungsamt ..... beglaubigte Karte, die ausweist, dass die betroffenen Grundstücke unmittelbar aneinandergrenzen.
Beglaubigungsvermerk** **30 M**

- *Kosten.* Wie zu Rdn. 26 M. Zugrunde gelegt wird jedoch nur der Wert der zuzuschreibenden Grundstücke.

4. Teilung, Vereinigung und Zuschreibung im Fall von Zuflurstücken

Werden bei der Vermessung keine selbstständigen Flurstücke, sondern nur Zuflurstücke gebildet (oben Rdn. 6), so ergibt sich ein komplexer Ablauf. S. dazu § 56 Rdn. 14 M und in der 22. Aufl. § 58 Rn. 33 ff. **31**

§ 55 Rechte an Grundstücken

I. Die wichtigsten Regeln zu Rechten an Grundstücken

1. Einigung

1 Zum Erwerb, zur Belastung und zur Änderung von Rechten an Grundstücken durch Rechtsgeschäft sind nach § 873 BGB materiell-rechtlich Einigung und Eintragung erforderlich. Die Einigung ist (dinglicher) Vertrag und grundsätzlich formfrei; nur die Einigung über die Übertragung des Eigentums an einem Grundstück (Auflassung) muss bei gleichzeitiger Anwesenheit vor einem *Notar erklärt* werden.

2 Die formlos erklärte Einigung hat zunächst keine bindende Wirkung. Der dingliche Vertrag kann im Gegensatz zum schuldrechtlichen (§§ 145 ff. BGB) bis zum Eintritt der Bindung frei widerrufen werden. Der Eintritt der Bindung darf nicht mit der Wirksamkeit der Einigung verwechselt werden; auch vor Eintritt der Bindung ist die Einigung wirksam, es sei denn sie würde widerrufen. Ist die Rechtsänderung durch Eintragung im Grundbuch einmal eingetreten, bleibt ein etwa noch möglicher Widerruf der Einigung wirkungslos.

3 Nach § 873 Abs. 2 BGB tritt die Bindung erst in folgenden Fällen ein:

4 **a)** Wenn »die Erklärungen« *notariell beurkundet* sind, wie es für die Auflassung typisch ist; im Übrigen macht es also einen bedeutsamen Unterschied, ob in eine notarielle Urkunde die Einigungserklärungen beider Teile aufgenommen sind oder nur die Erklärung des einen Teils (wie nicht selten bei der Bestellung von Rechten für Dritte) oder gar nur die Eintragungsbewilligung.

5 **b)** Wenn die Erklärungen dem Grundbuchamt eingereicht sind. Es müssen die dinglichen Einigungserklärungen eingereicht sein, was selten isoliert vorkommt.

6 **c)** Wenn der Berechtigte dem anderen Teil – ggf. dem entsprechend ermächtigten Notar – eine den Vorschriften der Grundbuchordnung entsprechende (also formell und inhaltlich ordnungsgemäße) Eintragungsbewilligung ausgehändigt hat (Entsprechendes gilt bei der Aufgabe des Rechts hinsichtlich der Löschungsbewilligung, § 875 Abs. 2 BGB[1]).

7 Das Erfordernis der Aushändigung ist fragwürdig; ist die Eintragungsbewilligung beurkundet und hat der andere Teil gemäß § 51 BeurkG gegen den Notar Anspruch auf eine Ausfertigung, muss das der Aushändigung gleichgestellt werden, auch wenn die Ausfertigung noch nicht erteilt ist.[2] Da diese Auffassung nicht gesichert ist, kann der Betroffene erklären:

8 M **Der Notar soll von dieser Urkunde dem ..... sogleich eine Ausfertigung erteilen, sie für ihn in Empfang nehmen und sie dem Grundbuchamt einreichen.**

9 Die Aushändigung der Eintragungsbewilligung bleibt *wirkungslos*, wenn die Einigung nicht zustande kommt. Da die Einigung grundsätzlich formlos wirksam ist, kann sie schon in der Erteilung eines Beurkundungsauftrags (z.B. durch die Bank), aber auch in widerspruchslo-

---

1 DNotI-Report 1997, 1.
2 OLG Hamm Rpfleger 1989, 148; a.A. aber BGHZ 46, 398 = DNotZ 1967, 370.

ser Entgegennahme einer beglaubigten Abschrift der Urkunde oder auch erst der Eintragungsnachricht des Grundbuchamtes liegen.

2. Eintragungsbewilligung

Obwohl die Einigung nach materiellem Recht unerlässliche Voraussetzung für den Eintritt der Rechtswirkungen ist, wird sie vom Grundbuchamt in der Regel nicht geprüft. Eintragungsgrundlage für das Grundbuchamt ist die *Eintragungsbewilligung* (§ 19 GBO), also eine bloß verfahrensrechtliche und überdies einseitige Erklärung des Inhabers des Rechts. Für die Auflassung und die Einigung über die Bestellung eines Erbbaurechts gilt die Sondervorschrift des § 20 GBO. 10

Die Bewilligung bedarf der öffentlichen *Beglaubigung oder Beurkundung* (§ 29 GBO). Gibt der Notar aufgrund Vollmacht, die ihm die Beteiligten erteilt haben, Erklärungen zur Ergänzung einer Eintragungsbewilligung ab, so genügt die von ihm unterzeichnete und mit dem Siegel versehene sog. »Eigenurkunde« den Anforderungen des § 29 GBO.[3] 11

Genügend ist auch der Nachweis durch andere *öffentliche Urkunden* i.S.d. § 415 ZPO, also alle von einer öffentlichen Behörde oder einer mit öffentlichem Glauben versehenen Person unter Einhaltung der Grenzen der Amtsbefugnisse in der vorgeschriebenen Form errichteten Urkunden. Da die Beurkundungs- und Beglaubigungszuständigkeit grundsätzlich (s. aber § 63 BeurkG) allein bei den Notaren liegt, kommen vor allem die öffentlichen *Eigenurkunden* der siegelführenden Behörden, Körperschaften und Anstalten (auch der Kirchen, soweit Körperschaften des öffentlichen Rechts) in Betracht. 12

Ausländische Urkunden (näher § 26 Rdn. 50 ff.) sind jedenfalls in folgenden Fällen ausreichend:[4] 13
- Die Urkunde ist von einem deutschen Konsul legalisiert;
- es besteht ein zweiseitiges Beglaubigungsabkommen, wie etwa mit Österreich, Frankreich, Italien;
- die Urkunde stammt aus einem Teilnehmerstaat des Haager Beglaubigungsabkommens und ist mit der dort vorgesehenen Apostille versehen.

3. Eintragungsantrag

a) Auch der zur Eintragung erforderliche *Antrag* ist Verfahrenshandlung wie die Eintragungsbewilligung. Während aber die Eintragungsbewilligung als Ersatz für den Nachweis der Einigung dem materiellen Recht nahe steht, ist der Antrag die Prozesshandlung, die das eigentliche Eintragungsverfahren in Gang setzt. Den Antrag stellen können der »Betroffene« und der Begünstigte (§ 13 Abs. 1 Satz 2 GBO). Der Antrag ist formfrei; auch die Antragsberechtigung kann formlos nachgewiesen werden.[5] In jedem Fall muss ein Notar vor Einreichung des Antrags beim Grundbuchamt diesen auf seine Eintragungsfähigkeit prüfen (§ 15 Abs. 3 GBO) und dies durch einen entsprechenden Vermerk bestätigen (dies gilt nicht für beurkundete Anträge nach §§ 6 ff. BeurkG). Die notarielle Prüfung stellt dabei eine formelle Eintragungsvoraussetzung dar, so dass der Prüfvermerk aus der Urkunde selbst ersichtlich sein muss.[6] 14

b) Begünstigter ist auch der Inhaber eines nachstehenden Rechts, wenn ein vorgehender Gläubiger oder der Eigentümer die Löschung der vorgehenden Last bewilligt hatte. Nicht zu 15

---
3 BGH DNotZ 1981, 118.
4 Vgl. hierzu www.dnoti.de – Arbeitshilfen/IPR.
5 BGH NJW 1999, 2369 = NotBZ 1999, 171 m. Anm. *Demharter*.
6 BR-Drs. 602/16(B), S. 15 und 17; OLG Schleswig, Beschl. v. 28.07.2017 – 2 Wx 50/17.

den Begünstigten zählt derjenige, der einen *Anschlussantrag* gestellt hat.[7] Wer den Antrag gestellt hat, als Wohnungseigentümer eingetragen zu werden, kann sich also dem Antrag des bisherigen Eigentümers, die Aufteilung des Grundstücks in Wohnungseigentum nach § 8 WEG einzutragen, nicht anschließen und daher auch nicht verhindern, dass der Antrag zurückgenommen und sein eigener Antrag damit gegenstandslos wird. Dasselbe gilt für den Gläubiger einer vom Auflassungsempfänger zur Eintragung bewilligten Grundschuld in Bezug auf den Antrag auf Eigentumsumschreibung. Der Notar kann in solchen Fällen keinesfalls eine Rangbescheinigung (vgl. kostenrechtlich auch § 122 GNotKG) ausstellen, es sei denn, er macht unmissverständlich klar, dass die Eintragung nicht gesichert ist (§ 72 Rdn. 72 ff.).

16 c) *Betroffen* ist u.a. der Eigentümer, dessen Zustimmung zur Eintragung des Rangrücktritts eines Grundpfandrechts nach § 880 Abs. 2 Satz 2 BGB notwendig ist, sodass er auch den Antrag stellen kann.[8]

17 d) Der *Notar* kann den Antrag im Namen eines jeden Antragberechtigten stellen, wenn er auch nur eine dazu erforderliche Bewilligung beurkundet oder beglaubigt hat (§ 15 Abs. 2 GBO). Näheres hierzu s.o. § 7 Rdn. 22.

18 e) Anträge können vom Antragsteller (nur von ihm, keinesfalls von jemand anderem) *zurückgenommen* werden. Im Gegensatz zur Formfreiheit der Antragstellung erfordert die Rücknahme nach § 31 GBO regelmäßig die Form des § 29 GBO. Der *Notar* kann Anträge, die er nach § 15 GBO gestellt hat, *zurücknehmen*; er genießt dabei die Formerleichterung des § 24 Abs. 3 Satz 2 BNotO.

19 f) Der *Antrag muss der Bewilligung entsprechen*. Auch darunter bleiben soll er nur dürfen, soweit es die Bewilligung gestattet.[9]

II. Bezeichnung der Berechtigten

20 1. Der *Berechtigte* ist genau anzugeben. Für natürliche Personen ist außer dem Familiennamen und mindestens einem Vornamen (Rufnamen) der Wohnort[10] und das Geburtsdatum, ggf. auch der Geburtsname, also alles das einzutragen, was der Notar in der Niederschrift und in den Unterschriftsbeglaubigungsvermerk nach den §§ 10 Abs. 1, 40 Abs. 3 BeurkG, § 26 Abs. 2 DONot aufnimmt (s.o. § 6 Rdn. 16 ff.). Wird das *Geburtsdatum* in der Urkunde angegeben, so ist die Angabe des Berufes entbehrlich (§ 15 Abs. 1a GBVfg nach der ÄnderungsVO v. 21.03.1974; BGBl. 771).

21 Für die *juristischen Personen* und *Handelsgesellschaften* ist die Firma, genauso wie sie im Handelsregister steht, aufzunehmen und unbedingt der Sitz (ohne Angabe des Sitzes ist eine Handelsgesellschaft wegen § 30 Abs. 1 HGB nicht eindeutig identifiziert) sowie zweckmäßigerweise auch Amtsgericht und Nummer der Eintragung im Handelsregister hinzuzufügen. Beim Bund, den Ländern, Gemeinden und sonstigen öffentlichen Körperschaften ist es angebracht, den Teil des Vermögens, zu dem das Grundstück oder Recht gehört, mit anzugeben (§ 15 GBVfg). Zur Eintragung unbekannter, unbestimmter und künftiger Personen unten

---

7 OLG Celle Rpfleger 1989, 499.
8 OLG Schleswig SchlHA 1963, 147.
9 BayObLG DNotZ 1997, 321 m. Anm. *Wulf*.
10 Vgl. hierzu auch BGH Beschl. v. 17.02.2016 5 StR 487/15.

§ 72 Rdn. 52. Weitere Einzelheiten zur Bezeichnung juristischer Personen unten § 72 Rdn. 56, zur Gesellschaft bürgerlichen Rechts auch § 32 Rdn. 59 ff.

2. Bei einer *Mehrheit von Berechtigten* sind nach § 47 GBO entweder die Anteile in Bruchteilen oder das für die Gemeinschaft maßgebende Rechtsverhältnis anzugeben. Nicht in Betracht kommt eine Berechtigung nach § 432 BGB.[11] Insbesondere sind Gesamtgläubiger gemäß § 428 BGB[12] als solche zu bezeichnen. Vgl. zu den Einzelheiten, insbesondere auch zur Bezeichnung von Gesamthandsgemeinschaften und von Mitberechtigungsverhältnissen ausländischen Rechts die Kommentare zu § 47 GBO sowie unten § 72 Rdn. 62 f. zur Grundschuld.

III. Rang

Im Rangverhältnis stehen nur eintragungsfähige selbstständige Rechte. Die Rangfähigkeit von Vormerkungen wird teilweise bestritten,[13] allerdings zu Unrecht. Der Rang ist ein Rechtsverhältnis und kein Recht, also unpfändbar. Weitere Einzelheiten zum Rang eines Grundpfandrechts s.u. § 73. Auch das Eigentum selbst hat einen Rang, und zwar zwingend stets den letzten Rang nach allen (beschränkten) dinglichen Rechten.

1. Rangänderung

a) Sie erfordert materiell eine Einigung, zur Grundbucheintragung aber nur die *Bewilligung*[14] des Zurücktretenden, bei zurücktretendem Grundpfandrecht auch die Zustimmung des Eigentümers (§ 880 Abs. 2 Satz 2 BGB) und in jedem Fall den Antrag. Die Zustimmung des Eigentümers bei Grundpfandrechten ist erforderlich, weil seine Anwartschaft auf Erwerb der Eigentümergrundschuld nicht beeinträchtigt werden soll. Seine Zustimmung ist also nicht notwendig, wenn das zurücktretende Recht kein Grundpfandrecht ist, sondern bspw. eine Reallast, oder sonst keine Anwartschaft auf eine Eigentümergrundschuld gewährt. Aus demselben Grund kann das Rangverhältnis von Teilhypotheken untereinander ohne Zustimmung des Eigentümers geändert werden (§ 1151 BGB), denn diese Anwartschaft wird von einer solchen Rangänderung nicht berührt. Eine Bewilligung des vortretenden Gläubigers ist nicht erforderlich.

b) Die Rangänderung bewirkt Stellenaustausch. Es wird so angesehen, als sei das vortretende Recht von vornherein an der Stelle des zurücktretenden Rechts eingetragen gewesen. Die *Zwischenrechte* dürfen von der Rangänderung weder Vorteil noch Nachteil haben. Vgl. jedoch zu den höchst komplizierten und z.T. auch überraschenden Konsequenzen solcher »relativer Rangverhältnisse« die Kommentierungen zu § 881 BGB.

2. Rang der Anträge

Vom Rang eines eingetragenen Rechts zu unterscheiden ist die Rangordnung der Anträge. Diese sind vom Grundbuchamt gemäß § 17 GBO in der Reihenfolge des Eingangs beim Grundbuchamt zu behandeln, sodass – wenn nichts anderes beantragt ist – Eintragungen aufgrund der späteren Vorlagen Rang nach Eintragungen aufgrund der früheren Vorlagen erhalten. Weist das Grundbuchamt einen Antrag zurück, ist er damit erledigt. Nachrangige

---

11 OLG München DNotZ 2000, 120 m. Anm. *Kesseler*.
12 Kritisch *Kesseler*, DNotZ 2000, 123 m.w.N.
13 *Schubert*, DNotZ 1999, 967.
14 Zum Bewilligungsprinzip *Wolfsteiner*, DNotZ 1987, 67.

Anträge rücken vor. Ergreift der Antragsteller einen Rechtsbehelf, i.d.R. den der Beschwerde, so gilt der Antrag als neu gestellt; auch wenn das Rechtsmittel Erfolg hat, verbleibt es bei der neuen Rangordnung.[15]

3. Klarstellung der Rangverhältnisse

27 Das Verfahren findet statt bei Zweifeln oder Meinungsverschiedenheiten über die materielle Rechtslage und zur Vereinfachung verwickelter Rangverhältnisse. Der Einleitungsbeschluss wird in Abteilung II eingetragen. Zur Klarstellung der Rangverhältnisse wird ein Verhandlungstermin anberaumt.

4. Rangvorbehalt

28 **a)** Der Rangvorbehalt ist die dem Eigentümer (nur zu dessen Gunsten kann der Rangvorbehalt bestehen) bei Begründung eines Rechts oder später eingeräumte Befugnis, ein dem Umfang nach bestimmtes rangbesseres oder ranggleiches Recht zu schaffen. Für den Eigentümer ist er ein Stück *vorbehaltenen Eigentums* und deshalb nicht ohne das Eigentum abtretbar oder pfändbar. Für den Inhaber des betroffenen Rechts ist er eine inhaltliche Beschränkung.

29 **b)** Zur *Eintragung des Vorbehalts* genügt bei Bestellung des Rechts die Bewilligung des Eigentümers; zur späteren Eintragung bei dem betroffenen Recht ist die Bewilligung des Gläubigers erforderlich. Zur Löschung des nicht ausgenutzten wie des ausgenutzten Rangvorbehaltes bedarf es nur der Bewilligung des Eigentümers. Der Inhalt des vorbehaltenen Rechts (nicht der Gläubiger) muss mit der für eine Eintragungsbewilligung dieses Rechts erforderlichen Genauigkeit angegeben werden; da bei einem verzinslichen Recht auch der Zinsbeginn anzugeben ist,[16] sollte vorsichtshalber (auch wenn es unsinnig erscheint) bei jedem Recht mit Laufzeitcharakter (z.B. bei einer Reallast) ein frühster zulässiger Beginn angegeben werden.

Rangvorbehalt für Erbbauzins

30 M **Vorbehalten bleibt der Vorrang für einen zusätzlichen Erbbauzins von monatlich 3.000,00 €, beginnend heute, wertgesichert ab heute mit gleichem Inhalt wie vorstehend für den Erbbauzins bewilligt.**

31 **c)** Eine *inhaltliche Beschränkung* des Vorbehalts ist zulässig, z.B. dass nur eine Fremdhypothek, keine Eigentümer- oder Fremdgrundschuld, unter Ausnutzung des Vorbehalts eingetragen werden dürfe. Auch *Bedingungen* können an die Ausübung des Vorbehalts geknüpft werden, z.B. die Löschung aller oder bestimmter vorgehender Belastungen.

32 **d)** Der Vorbehalt kann so ausgestaltet werden, dass er vom Eigentümer *mehrfach* ausgeübt werden kann (»Dauervorbehalt«); der Dauervorbehalt unterliegt nicht dem gesetzlichen Löschungsanspruch nach §§ 1179a, 1179b BGB, sodass im Ergebnis ein sonst nicht zugelassenes *löschungsfestes Recht* entsteht. Grundsätzlich ist der Rangvorbehalt ein Dauervorbehalt, wenn nichts anderes angegeben ist; eine Klarstellung ist aber stets zweckmäßig. Weitere Einzelheiten zum Rangvorbehalt bei Grundpfandrechten unten § 73 Rdn. 16 ff.

---

15 Vgl. BGH NJW 1997, 2751.
16 BGH NJW 1995, 1081 = DNotZ 1996, 84 m. krit. Anm. *Kutter*; OLG Frankfurt DNotZ 1990, 743 m. Anm. *Kutter*.

e) Ausgeübt wird der Vorbehalt bei Bestellung des rangbegünstigten Rechtes oder nachträglich zugunsten eines bereits eingetragenen Rechts mit einer Bewilligung des Eigentümers. Wenn *Zwischenrechte* zwischen der Eintragung des Rangvorbehalts und der Eintragung des mit dem Vorbehalt ausgestatteten Rechts entstanden sind, so bleibt deren Rang unberührt (§ 881 Abs. 4 BGB). Es entstehen also relative Rangverhältnisse samt ihren Unwägbarkeiten. Nicht selten ist daher die Eintragung einer Eigentümergrundschuld oder einer Vormerkung zweckmäßiger (s. aber vorhergehende Rdn. 32 zur Löschungsfestigkeit des Dauervorbehalts).

f) Vor Einführung des GNotKG konnte ein *Rangvorbehalt für Grundpfandrechte* bei der Auflassungsvormerkung den Sinn haben, die Kosten eines Rangrücktritts zu vermeiden. Dies hat sich geändert. Nach dem GNotKG löst der Rangrücktritt mit der Vormerkung keinerlei Kosten mehr aus.[17]

Ein Rangvorbehalt bei der Vormerkung macht daher nur dann Sinn, wenn der Verkäufer noch nach Abschluss des Vertrags Grundpfandrechte im Rang vor der Vormerkung zur Eintragung bringen will, z.B. der Bauträger zur Finanzierung des durchzuführenden Bauvorhabens. Dabei ist darauf zu achten, dass Rechte des Vormerkungsberechtigten nicht beeinträchtigt werden.

Der Rangvorbehalt ist stets ein Recht des Grundstückseigentümers (also ggf. des Verkäufers). Soweit dieser eine Vollmacht zur Grundpfandrechtsbestellung erteilt, empfiehlt sich die Klarstellung, dass diese auch die Befugnis zur Ausnutzung des Rangvorbehalts umfasst.[18] Das vorbehaltene Recht muss dem Umfang nach bestimmt sein (Kapital, Zinsen, Nebenleistungen), nicht aber hinsichtlich des Berechtigten; der Rangvorbehalt kann auch dahin gehend eingeschränkt werden, dass er nur zugunsten eines bestimmten Kreditinstituts oder mit Urkunde eines bestimmten Notars ausgeübt werden kann.[19]

Bedingter Rangvorbehalt bei Auflassungsvormerkung für Bauträger zur Bestellung von Grundschulden

Der Verkäufer behält sich die Befugnis vor, im Rang vor der vorstehend bewilligten Auflassungsvormerkung Grundpfandrechte mit einer Kapitalforderung bis ..... € und Zinsen bis 21 % jährlich ab dem Tag ihrer Beurkundung bzw. Bewilligung und Nebenleistungen bis zu 10 % einmalig eintragen zu lassen.
Die Eintragung des einmalig ausnutzbaren Rangvorbehalts bei der vorstehend bewilligten Auflassungsvormerkung wird hiermit bewilligt und beantragt.
Dieser Rangvorbehalt ist bedingt; er gilt nur für Grundpfandrechte, die beim amtierenden Notar, Vertreter und Amtsnachfolger bestellt werden. Dieser hat sicherzustellen, dass im Falle der Bestellung eines entsprechenden Grundpfandrechts eine Freistellungsverpflichtungserklärung im Sinne der MaBV (vgl. VI.2.) vorliegt.

IV. Berichtigung des Grundbuchs

1. Grundbuchberichtigung

a) Das Grundbuch ist *unrichtig*, wenn es ein eintragungsfähiges Rechtsverhältnis unrichtig oder gar nicht wiedergibt. Eine Gegenstandslosigkeit des Rechts (§ 84 GBO) kann sich erge-

---

17 Es fehlt an einem Gebührentatbestand: Gesamtschau aus Vorbem. 1.4.1.2 sowie Nr. 14130 und Nr. 14150 KV GNotKG.
18 Vgl. OLG Düsseldorf DNotI-Report 2000, 53.
19 *Schöner/Stöber*, Rn. 2134.

ben z.B. aus einer von vornherein bestehenden inhaltlichen *Unzulässigkeit der Eintragung* (z.B. dadurch, dass eine Dienstbarkeit nicht näher bezeichnet wurde[20] oder dass versäumt wurde, auf die Eintragungsbewilligung Bezug zu nehmen) oder aus nachträglichen Umständen, z.B. weil das (mit gesetzlichem Inhalt) bestellte Vorkaufsrecht infolge eines Verkaufs an ein Kind mit Rücksicht auf ein künftiges Erbrecht erloschen ist (§ 470 BGB)[21] oder weil das herrschende Grundstück einer Versorgungsdienstbarkeit (z.B. Oberflächenwasserableitungsrecht) zwischenzeitig öffentlich erschlossen ist.[22] In solchen Fällen wird man unter Darstellung der entsprechenden Umstände (und ggf. unter Nachweis oder Glaubhaftmachung der betreffenden Umstände) die entsprechende Berichtigung beantragen oder anregen.

Nachträgliche Unrichtigkeit kann bei einer Dienstbarkeit aufgrund einer Teilung des belasteten Grundstücks eintreten (§ 1026 BGB). Sie erlischt an dem von ihrem Ausübungsbereich nicht betroffenen Teil des Grundstücks. Für das Grundbuchverfahren bedarf es eines formgerechten Unrichtigkeitsnachweises. Er kann z.B. durch einen Vergleich der Bewilligungsurkunde mit der Kartenbeilage des Fortführungsnachweises geführt werden. Andernfalls bedarf es einer Berichtigungsbewilligung des Berechtigten.[23]

37 Davon zu unterscheiden ist die bloße Unrichtigkeit tatsächlicher Angaben. Solche Unrichtigkeiten können ohne Weiteres von Amts wegen oder auf formlosen Antrag hin berichtigt werden; die strengen Formen der §§ 20 ff. GBO gelten nicht.[24] Insofern geht es insbesondere um *Namensänderungen*, z.B. durch Verehelichung oder – bei juristischen Personen – durch Firmenänderung. Die entsprechende Grundbuchberichtigung erfolgt, wenn Nachweise zur Namensänderung in der Form des § 29 GBO vorgelegt sind (z.B. Auszug aus dem Familienstammbuch, aus dem sich die Namensänderung ergibt, oder Feststellung des Notars aufgrund Einsichtnahme in den Personalausweis[25] oder bei im Handelsregister eingetragenen Firmen eine beglaubigte Abschrift des Handelsregisters oder eine Bestätigung des Notars gemäß § 21 BNotO).

Antrag auf Eintragung der Namensänderung

38 M ..... ist im Grundbuch noch mit ihrem Mädchennamen eingetragen; sie führt nunmehr nach Verehelichung des Familiennamen ..... Entsprechende Grundbuchberichtigung wird beantragt.
Beglaubigte Abschrift eines Auszugs aus dem Familienbuch, aus dem sich die Namensänderung ergibt, ist beigefügt.

39 b) Liegt eine materielle Grundbuchunrichtigkeit vor, so kann die Berichtigung nach §§ 22, 20 GBO nur entweder aufgrund einer *Berichtigungsbewilligung* oder aufgrund *Nachweises der Unrichtigkeit* in den Formen des § 29 GBO erfolgen.

Berichtigungsbewilligung zu einer Vormerkung

40 M Im Grundbuch des Amtsgerichts ..... von ..... Blatt ..... ist für mich in Abt. II unter Nr. 3 eine Vormerkung für einen bedingten Anspruch auf Bestellung einer Dienstbarkeit ein-

---

20 BayObLG MittBayNot 1998, 257.
21 Vgl. OLG Stuttgart DNotZ 1998, 305 m. Anm. *Zeiß*.
22 Vgl. BayObLG MittBayNot 1998, 255.
23 OLG München MittBayNot 2015, 127.
24 BayObLG DNotZ 1951, 430; OLG Frankfurt NJW-RR 1995, 1168.
25 LG Wuppertal MittBayNot 1977, 68.

getragen. Angesichts dessen, dass die Bedingung endgültig ausgefallen ist, bewillige ich die Löschung der Vormerkung.
[Unterschriftsbeglaubigung]

- *Kosten.* Bei Fertigung eines Entwurfs fällt in erster Linie eine Entwurfsgebühr gemäß Nr. 24101 KV GNotKG an (0,3–1,0 Gebühr, mindestens 60 €), die erstmalige Beglaubigung ist dann kostenfrei (Vorbem. 2.4.1 Abs. 2 KV GNotKG). Weitere Vollzugstätigkeiten sind damit abgegolten, z.B. eine Einreichung beim Grundbuchamt (Vorbem. 2.4.1 Abs. 4 KV GNotKG). Im Übrigen fällt für die Beglaubigung eine 0,2 Gebühr an, mindestens aber 20 € und höchstens 70 € (Nr. 25100 KV GNotKG).

Berichtigungsantrag mit Unrichtigkeitsnachweis (Erbfolge)

Im Grundbuch des Amtsgerichts ..... von ..... Blatt ..... ist als Eigentümer der dort gebuchten Grundstücke M.A., geb. am ....., eingetragen. Anliegend überreiche ich mit der Bitte um Rückgabe eine Ausfertigung des Erbscheins des Amtsgerichts ..... vom ..... – GeschNr. ..... –, der mich als Alleinerben des eingetragenen Eigentümers ausweist. Ich beantrage, das Grundbuch dadurch zu berichtigen, dass ich als Eigentümer eingetragen werde. 41 M

- *Kosten.* Vgl. Rdn. 40. Die Gebührenfreiheit bei Gericht ergibt sich aus Nr. 14110 Abs. 1 KV GNotKG.

Ist bei dem im Grundbuch eingetragenen Recht eine Bedingung eingetragen (z.B. ein »Wohnungsrecht für ..... uf die Dauer des ledigen Standes«), genügt für die Löschung der Nachweis des Eintritts der Bedingung in der Form des § 29 GBO: 42

Löschung eines Wohnungsrechts wegen Eintritts der Bedingung

**Im Grundbuch des Amtsgerichts ..... für ..... Blatt ..... ist in Abt. II unter Nr. ..... ein Wohnungsrecht für A.B., geb. am ....., auf die Dauer des ledigen Standes eingetragen. Dieses Recht ist gegenstandslos (vgl. § 5 GBBerG).
Die Löschung dieses Wohnungsrechts wird wegen Eintritts der Bedingung unter Vorlage einer beglaubigten Abschrift der Heiratsurkunde der Berechtigten beantragt.** 43 M

Eine spezielle Berichtigungsbewilligung, die auch den Unrichtigkeitsnachweis einschließt, ist die sog. *löschungsfähige Quittung* (s. Muster § 70 Rdn. 25 M). 44

Der *Gesellschafterwechsel bei einer BGB-Gesellschaft* kann in der Praxis nicht durch Unrichtigkeitsnachweis, sondern nur durch Berichtigungsbewilligung zur Eintragung gebracht werden, weil nachgewiesen werden müsse, dass der Gesellschaftsvertrag den Wechsel zulasse.[26] Dieser Nachweis muss aber nicht in der Form des § 29 GBO geführt werden; es soll die Vorlage eines privatschriftlichen Gesellschaftsvertrags genügen.[27] Soll die Berichtigung aufgrund Bewilligung erfolgen, müssen alle bisherigen Gesellschafter (ggf. deren Erben) *und* die neuen Gesellschafter bewilligen. 45

---

26 OLG Zweibrücken Rpfleger 1996, 192.
27 BayObLG NJW-RR 1998, 592 = DNotZ 1998, 811 m. Anm. *Schöner*; vgl. zum Gesellschafterwechsel aufgrund Todes eines Gesellschafters OLG München Beschl. v. 06.04.2016 – 34 Wx 426/15.

46 c) Nach § 23 Abs. 1 GBO kann ein auf die *Lebenszeit des Berechtigten beschränktes Recht* im Wege der Grundbuchberichtigung aufgrund Todesnachweises gelöscht werden. Sind Rückstände von Leistungen möglich, ist – wenn keine Berichtigungsbewilligung der Erben vorgelegt wird – ein Sperrjahr einzuhalten, innerhalb dessen die Erben der Löschung widersprechen und die Eintragung eines Widerspruchs bewirken können. Nach Abs. 2 erübrigt sich die Einhaltung des Sperrjahres, wenn (aufgrund einer Eintragungsbewilligung, die der Eigentümer bei Bestellung des Rechts, später der Berechtigte abgeben kann) im Grundbuch eingetragen ist, dass »*zur Löschung der Nachweis des Todes des Berechtigten genügen soll*« (sog. Löschungserleichterung). Um diese Vorschrift rankt sich ein ihrer Bedeutung gänzlich unangemessenes Dickicht von Rechtsprechung und Literatur.

47 aa) Es muss sich überhaupt um ein »Recht« handeln. Zuweilen sind **Vormerkungen** zur Sicherung bedingter (Rück-)Übertragungsansprüche samt Vorlöschungsklausel eingetragen. Solche Eintragungen wurden bis zur Entscheidung des Bundesgerichtshofes vom 26.03.1992[28] für zulässig und zweckmäßig erachtet. Die Zulässigkeit ist jedoch nach dieser Entscheidung zu verneinen, sodass eine Löschung nicht allein aufgrund Todesnachweises erfolgen kann. Allerdings wird man die entsprechenden Erklärungen in der Regel in vom Berechtigten erteilte Vollmachten umdeuten können, nach denen der Eigentümer die Löschung der Vormerkung unter Vorlage einer Sterbeurkunde als Vertreter des Berechtigten bewilligen kann (str.).[29]

Löschung einer Vormerkung aufgrund Vollmacht

48 M Der Vertragsbesitz wurde dem heutigen Verkäufer mit Urkunde des Notars ..... vom ....., URNr. ....., übergeben; in diesem Vertrag wurde eine bedingte Rückübertragungsverpflichtung vereinbart, die durch die in Abt. II unter lfd. Nr. ..... eingetragene Vormerkung gesichert ist. Diese Vormerkung sollte vereinbarungsgemäß gelöscht werden können gegen Nachweis des Todes des Berechtigten. Die diesbezüglichen Erklärungen sind als Vollmacht des Vormerkungsberechtigten an den heutigen Verkäufer auszulegen, dass dieser die Vormerkung nach Todesnachweis zur Löschung bewilligen kann. Aufgrund dieser Vollmacht bewilligt der heutige Käufer als Vertreter des Berechtigten die Löschung der Vormerkung im Grundbuch.
Die Beteiligten wurden darauf hingewiesen, dass die vorstehend zugrunde gelegte Auslegung durch das Grundbuchamt nicht anerkannt werden muss; in diesem Fall wäre zur Löschung die Bewilligung durch die Erben des Vormerkungsberechtigten erforderlich.

49 Ist der gesicherte Anspruch durch den Tod des Eigentümers auflösend bedingt, so kommt eine Löschung von Amts wegen nach § 84 GBO (wo die Vormerkung ausdrücklich als »Recht« bezeichnet wird) infrage. Aber auch die Vormerkung selbst kann – bei Fortbestand des gesicherten Anspruchs – mit einer auflösenden Bedingung versehen werden:

---

28 BGHZ 117, 390.
29 *Schöner/Stöber*, Rn. 1544b m.w.N. – A.A. BayObLG DNotZ 1998, 66.

Vormerkung mit auflösender Bedingung

Die Vormerkung, nicht aber der Anspruch selbst, ist – selbst für den Fall, dass der vorgemerkte Anspruch noch zu Lebzeiten des Berechtigten entstanden sein sollte – auflösend bedingt durch den Tod des Berechtigten.   50 M

bb) Es muss sich um Leistungen handeln, die vor dem Tode des Berechtigten fällig werden konnten. Sind (etwa in eine Reallast) Leistungen eingeschlossen, die erst nach dem Tode des Berechtigten fällig werden, insbesondere die Grabpflege, so sollen nicht nur die Löschungserleichterung, sondern überhaupt die Löschung aufgrund Todesnachweises – auch nach Ablauf eines Sperrjahres – ausgeschlossen sein.[30] Die mögliche Teillöschung wegen der Leistungen, die zu Lebzeiten zu erbringen waren, ist für die Praxis uninteressant, sodass in solchen Fällen entweder die postmortalen Leistungen aus der Reallast auszuklammern sind oder auf jede Löschungserleichterung verzichtet werden muss.   51

cc) Es müssen *Rückstände* möglich sein. Wenn Rückstände ausgeschlossen sind, kann aufgrund Todesnachweises auch ohne Einhaltung des Sperrjahres gelöscht werden, u.U. sogar nach § 84 GBO von Amts wegen. Typischerweise mit der Möglichkeit von Rückständen belastet sind *Reallasten* und der *Nießbrauch*. Je nach Inhalt im Einzelfall sind entsprechender Anwendung der Reallastvorschriften Rückstände auch bei *Grunddienstbarkeiten* (§ 1021 Abs. 2 BGB) und *beschränkten persönlichen* Dienstbarkeiten (§§ 1090 Abs. 2, 1021 Abs. 2 BGB) denkbar sowie beim *Wohnungsrecht* zusätzlich wegen entsprechender Anwendung der Nießbrauchsvorschriften (§ 1093 Abs. 1 Satz 2 BGB).[31] Rückstandsfähig sind auf Lebenszeit beschränkte *Vorkaufsrechte*, obwohl sie nur Vormerkungswirkung haben.[32]   52

Löschungsbewilligung für ein Altenteil

**Im Grundbuch von ..... Band ..... Blatt ..... sind in Abt. II Nr. 4 ein Wohnungsrecht und eine Reallast unter der Bezeichnung Altenteilsrecht für die Eheleute A.S. und B.S. eingetragen. Nach der beigefügten Sterbeurkunde ist A.S. am ....., also vor mehr als einem Jahr, verstorben. Aus den weiter beigefügten Erbscheinen des Amtsgerichts ..... vom ..... ergibt sich, dass B.S. am ..... verstorben und von C.S. allein beerbt worden ist. Ihr Erbe bewilligt und der Eigentümer beantragt die Löschung des Altenteilsrechts.
[Beglaubigungsvermerk]**   53 M

■ *Kosten.* Der Wert eines durch Zeitablauf oder Tod des Berechtigten erloschenen Rechts beträgt nach § 52 Abs. 6 Satz 4 GNotKG null Euro. Es fällt somit die Mindestgebühr an von 60 €, sofern der Notar den Entwurf gefertigt hat (Nr. 24101 KV GNotKG), ansonsten von 20 € (Nr. 25100 KV GNotKG).

dd) In Einzelfällen kann eine Löschung unabhängig von den vorgenannten Voraussetzungen allein wegen des (mutmaßlichen) *Alters des Berechtigten* in Betracht kommen. Zugunsten natürlicher Personen eingetragene nicht vererbliche Rechte (z.B. Nießbrauchs- oder Wohnungsrechte, beschränkte persönliche Dienstbarkeiten) gelten nach § 5 GBBerG grundsätzlich mit Ablauf von *110 Jahren* von dem Geburtstag des Berechtigten an (soweit unbekannt: ab Eintragung des Rechts) als erloschen. Das Recht kann dann von Amts wegen gelöscht werden. Der Eigentümer wird dies ggf. anregen.   54

---

30 BayObLG DNotZ 1998, 66.
31 BayObLG DNotZ 1980, 157; ablehnend OLG Frankfurt NJW-RR 1989, 146.
32 OLG Hamm Rpfleger 1989, 148; OLG Zweibrücken Rpfleger 1989, 450.

Löschung eines Wohnungsrechts wegen Alters des Berechtigten

55 M Im Grundbuch des Amtsgerichts ..... für ..... Blatt ..... ist in Abt. II unter Nr. ..... ein Wohnungsrecht für Brauereibesitzertochter A.B., geb. am 07.05.1884, eingetragen.
Dieses Recht ist gegenstandslos (vgl. § 5 GBBerG).
Es wird hiermit angeregt, dieses Recht von Amts wegen zu löschen.

2. Grundbuchberichtigungszwang (§ 82 GBO)

56 Ein Zwang zur Grundbuchberichtigung besteht nur für den Fall, dass die Eigentümereintragung durch Rechtsübergang außerhalb des Grundbuchs unrichtig geworden ist, z.B. durch Übergang des Eigentums auf die Erben. Das *Nachlassgericht* soll bei Eröffnung einer Verfügung von Todes wegen und bei Erteilung eines Erbscheins dem Grundbuchamt davon Mitteilung machen, wenn ihm bekannt ist, dass zum Nachlass ein Grundstück gehört (§ 83 GBO). Die Berichtigung des Grundbuchs wird den Erben durch die zeitlich befristete Gebührenfreiheit beim Grundbuchamt (oben Rdn. 41 M) attraktiv gemacht. Mit dem GNotKG weggefallen ist die wertmäßige Privilegierung des auf Grundbuchzwecke beschränkten Erbscheins; § 40 Abs. 3 GNotKG erfasst nicht den Erbschein (nur) für Grundbuchzwecke.

V. Aufgabe des Rechts

57 Der Berechtigte kann sein Recht aufgeben. Dem können unterschiedliche Erwägungen zugrunde liegen. Der Aufgabe des Rechts kann eine Gegenleistung, z.B. eine Ausgleichszahlung, gegenüberstehen. Sie kann schenkweise erfolgen. Das Recht kann objektiv oder subjektiv wertlos erscheinen, z.B. weil der Berechtigte sein Wohnungsrecht nicht mehr ausüben kann oder will und mit der Aufgabe des Rechts eine Befreiung von der mit dem Recht verbundenen Kostenlast erreicht werden soll.[33] Schließlich kann nur die Aufgabe des dinglichen Rechts beabsichtigt sein, während das Recht als schuldrechtliches weiterbestehen soll.
Die Unterscheidung kann insbesondere auch Bedeutung für Fragen des Sozialleistungsregresses erlangen.[34] Für den Notar kann eine Anzeigepflicht gemäß § 34 Abs. 2 Nr. 3 ErbStG bestehen.

58 Zur Aufgabe des Rechts genügt für das Grundbuchverfahren die Löschungsbewilligung in der Form des § 29 GBO. Materiell-rechtlich gilt § 873 BGB. Für den zugrunde liegenden schuldrechtlichen Vertrag gelten die hierfür maßgeblichen Vorschriften.

Löschung eines Rechts

59 M   L ö s c h u n g

Grundbuchstelle:
Amtsgericht ..... für ..... Blatt .....
Eigentümer:
.....
Kostenschuldner:
Eigentümer
Pfandbesitz:

---

[33] BGH MittBayNot 2013, 312.
[34] OLG Nürnberg MittBayNot 2015, 30; *Everts*, MittBayNot 2015, 14.

Flst ..... der Gemarkung .....
Betroffenes Recht und Berechtigter:
.....
Bewilligung:
Der Berechtigte bewilligt hiermit die Löschung seines vorbezeichneten Rechts am vorgenannten Pfandbesitz auf Kosten des angegebenen Kostenschuldners. Die erforderliche Einigung (§ 873 BGB) wurde außerurkundlich bereits erklärt.
Der Eigentümer beantragt den Vollzug im Grundbuch.
Rechtsgrund
Die Löschung erfolgt wegen Aufgabe des dinglichen Rechts. Schuldrechtlich bleibt das Recht bestehen.
oder: Die Löschung erfolgt im Hinblick auf eine vom Eigentümer bereits geleistete Ausgleichszahlung.
oder: Die Löschung erfolgt im Hinblick auf die subjektive Wertlosigkeit des Rechts, nachdem der Berechtigte aus Alters- und Gesundheitsgründen nicht mehr in der Lage ist, das Recht auszuüben.
Wert:
.....
Vollzugsnachricht wird erbeten an .....
....., den .....

■ *Kosten.* Der Wert des Rechts bestimmt sich nach § 52 GNotKG (ggf. nach dessen Abs. 4 bzw. 2 der kapitalisierte Wert der Restlaufzeit). Bei Fertigung eines Entwurfs fällt eine Gebühr gemäß Nr. 24102 KV GNotKG an (0,5 Gebühr). Andernfalls fällt für die Beglaubigung eine 0,2 Gebühr an, mindestens aber 20 € und höchstens 70 € (Nr. 25100 KV GNotKG). Beim Grundbuchamt fällt gemäß Nr. 14143 KV GNotKG eine Festgebühr von 25 € an.

§ 56 Eigentum an Grundstücken

I. Übertragung durch Rechtsgeschäft

1. Auflassung

1 Soll Eigentum durch ein unmittelbar auf die Herbeiführung des Eigentumsübergangs gerichtetes Rechtsgeschäft übertragen werden, so bedarf es der Einigung über den Eigentumsübergang, hier genannt *Auflassung*, und der Eintragung in das Grundbuch (§§ 873, 925 BGB; vgl. § 55 Rdn. 1 ff.). Nur Auflassung und Eintragung zusammen bewirken den Eigentumsübergang. Einer Auflassung bedarf es insbesondere auch zur Übereignung eines Grundstücks an einen Vermächtnisnehmer (§ 2174 BGB), zur Umwandlung von Bruchteilseigentum in Gesamthandseigentum und umgekehrt, zur Auseinandersetzung des gütergemeinschaftlichen Gesamtguts (§§ 1471 ff. BGB), zur Übertragung auf den Käufer einer Erbschaft (§ 2374 BGB – nur wenn eine Erbengemeinschaft besteht kann der Erbteil mit unmittelbarer Wirkung gemäß § 2033 Abs. 1 BGB abgetreten werden), zur Einbringung von Grundstücken in eine Gesellschaft bürgerlichen Rechts,[1] in eine oHG, KG, AG oder GmbH, aber auch zur Übertragung von einer Erbengemeinschaft auf eine personengleiche oHG, überhaupt von einem Gesamthandsvermögen auf ein anderes Gesamthandsvermögen.[2]

2. Form der Auflassung

2 **a)** Jeder Notar ist zuständig zur Entgegennahme der Auflassung. »Jeder« bedeutet aber nur jeder deutsche Notar ohne Rücksicht darauf, wo das inländische Grundstück liegt, und nicht etwa auch ein ausländischer Notar.[3] Wie zu allen Grundstücksgeschäften soll der Notar sich auch vor Entgegennahme der Auflassung über den Grundbuchinhalt unterrichten. Wenn die Beteiligten trotz Belehrung auf einer sofortigen Beurkundung bestehen, soll er das in der Niederschrift vermerken (§ 21 Abs. 1 BeurkG), bei vorgenommener Grundbucheinsicht (vgl. oben § 6 Rdn. 6 ff.) ist ein Vermerk nicht vorgeschrieben, aber zweckmäßig.

3 **b)** Die Auflassung muss bei *gleichzeitiger Anwesenheit* beider Teile erklärt werden.[4] Eine Trennung von Angebot und Annahme, die § 128 BGB sonst gestattet, ist nicht zulässig. Da aber *keine persönliche* Anwesenheit gefordert wird, kann ein Bevollmächtigter die Auflassung erklären, mit entsprechender Vollmacht auch gleichzeitig für beide Teile. Die Genehmigung der Erklärung des im fremden Namen handelnden Vertreters ohne Vertretungsmacht nach § 177 BGB und der im eigenen Namen getroffenen Verfügung eines Nichtberechtigten nach § 185 BGB macht die Auflassung ebenfalls wirksam. Nur für das Grundbuchverfahren bedürfen Vollmacht und Genehmigung der Form des § 29 GBO.

4 Ist der eine Teil rechtskräftig zur Abgabe der Auflassungserklärung verurteilt und liegt bei Verpflichtung zur Leistung Zug um Zug auch die vollstreckbare Ausfertigung vor, gilt

---

1 Schon lange bevor die Rechtsprechung der Auffassung war, die GbR besitze eine eigene Rechtspersönlichkeit, so RGZ 136, 406. Eigentümerin wird die Gesellschaft selbst, vgl. BGH MittBayNot 2007, 118.
2 OLG Hamm DNotZ 1958, 416.
3 OLG Köln DNotZ 1972, 489; KG DNotZ 1987, 44.
4 Da die Erklärung vor dem Notar genügt, kann die Auflassung auch wirksam sein, wenn ein Beteiligter vergisst, die Urkunde zu unterschreiben, OLG Rostock DNotZ 2006, 220 m. Anm. *Kanzleiter*. Natürlich muss aber grds. das Verfahren zur Beurkundung von Willenserklärungen eingehalten worden sein; bloße Beglaubigung genügt nicht, OLG München DNotZ 2008, 292.

seine Erklärung nach § 894 ZPO als erfolgt. Der andere Teil gibt dann seine entsprechende Erklärung allein vor dem Notar ab.

Auflassung nach Urteil

In dem in Ausfertigung beiliegenden Urteil des Landgerichts ..... vom ..... Aktenzeichen: ....., das mit Rechtskraftvermerk versehen ist, ist der eingetragene Eigentümer verurteilt, das im Grundbuch von ..... Blatt ..... verzeichnete Grundstück ..... an uns beide je zur Hälfte aufzulassen. Seine Erklärung gilt nach § 894 ZPO als abgegeben. Wir sind mit ihm über den Eigentumsübergang einig und bewilligen und beantragen, uns als Eigentümer je zur Hälfte einzutragen. 5 M

- *Kosten.*
  a) Des Notars: Nach dem Kaufpreis oder Verkehrswert (§§ 46 Abs. 1, 47 GNotKG) – Bei Beurkundung durch den Notar, der den zugrunde liegenden schuldrechtlichen Vertrag beurkundet hat, Gebühren von 0,5 aus Tabelle B nach § 34 Abs. 2 GNotKG, mindestens 30 € nach Nr. 21101 Nr. 2 KV GNotKG, bei Beurkundung durch einen anderen Notar Gebühren von 1,0 aus Tabelle B nach § 34 Abs. 2 GNotKG, mindestens 60 € gemäß Nr. 21102 Nr. 1 KV GNotKG.
  b) Des Grundbuchamts: Nach dem nach lit. a) bestimmten Wert eine Gebühr von 1,0 aus Tabelle B nach § 34 GNotKG gemäß Nr. 14110 Nr. 1 KV GNotKG.

3. Inhalt der Auflassungserklärung

a) Es genügt, den übereinstimmenden Willen zu erklären, Eigentum zu übertragen und zu erwerben. Bestimmte Worte sind nicht vorgeschrieben. Zur Bezeichnung der Parteien s. § 55 Rdn. 20 ff. 6

Auflassung

Verhandelt zu ..... am ..... 7 M
Wir sind darüber einig, dass das Eigentum an dem im Grundbuch von ..... Blatt ..... eingetragenen Grundstück auf K. übergeht. Ich, V., bewillige, und ich, K., beantrage die Eintragung der Eigentumsänderung im Grundbuch.

....., Notar

- *Kosten.*
  a) Des Notars: Wie Rdn. 5 M, allerdings handelt es sich in keinem Fall um eine einseitige Erklärung.
  b) Des Grundbuchamts: Wie Rdn. 5 M.

b) Bei mehreren Erwerbern ist das *Erwerbsverhältnis* anzugeben (s. dazu oben § 55 Rdn. 22). 8 Selbstverständlich kann auch ein Miteigentumsanteil aus einem größeren Anteil aufgelassen werden. Besteht auf der Erwerberseite Gütergemeinschaft (auch ausländischen Rechts), so hindert dies die Auflassung an nur einen der Ehegatten nicht. Da aber das Eigentum sofort kraft Gesetzes in das eheliche Gesamtgut übergeht, würde das Grundbuch durch die Eintragung nur des Auflassungsempfängers unrichtig; weiß das Grundbuchamt positiv, dass das Eigentum in ein Gesamtgut fällt, hat es deshalb die Eintragung zu verweigern, wenn nicht gleichzeitig Berichtigungsantrag gestellt wird. Der bloße Verdacht oder bloße Zweifel genügen dagegen nicht. Das Grundbuchamt ist nicht berechtigt, zur Behebung von Zweifeln von den Beteiligten Auskünfte zu verlangen oder selbst Nachforschungen anzustellen und die Eintragung vom Ergebnis abhängig zu machen. Dies gilt insbesondere bei Zweifeln, ob nicht eine Gütergemeinschaft ausländischen Rechts besteht.[5]

9 c) Umstritten war nach der Anerkennung der möglichen Rechtsfähigkeit von Gesellschaften bürgerlichen Rechts,[6] ob und wie solche am Immobiliarverkehr beteiligt sein können. Der Gesetzgeber hat zur Lösung dieser Frage mit dem *ERVGBG*[7] § 47 GBO um einen zweiten Absatz ergänzt, nach dem bei einer Gesellschaft bürgerlichen Rechts auch deren Gesellschafter in das Grundbuch einzutragen sind und für Letztere die Vorschriften über Berechtigte entsprechend gilt. Diese Eintragung kann nach § 899a BGB auch Gutglaubenssubstrat dafür sein, dass die Gesellschaft besteht und dass die eingetragenen, aber keine weiteren Personen Gesellschafter sind. Bei der Bezeichnung des Erwerbers wird man sich an dieser Vorgabe orientieren und sowohl die Gesellschaft selbst als auch ihre Gesellschafter nennen. Dabei ist, auch wenn eine GbR bestimmte Identifikationsmerkmale wie Name oder Sitz nicht zwingend führen muss, hinsichtlich der Gesellschaft selbst der Bestimmtheitsgrundsatz zu wahren.[8] Zum Nachweis der Existenz der erwerbenden GbR gegenüber dem Grundbuchamt genügt eine entsprechende Erklärung der Gesellschafter im Erwerbsvertrag.[9]

10 d) Angeblich soll auch die nach § 10 Abs. 6 Satz 1 WEG teilrechtsfähige Gemeinschaft der Wohnungseigentümer Partei einer Auflassung sein können.[10] Da völlig unklar ist, wo die Grenzen der »Verwaltung des gemeinschaftlichen Eigentums« und damit der Rechtsfähigkeit der Gemeinschaft der Wohnungseigentümer ist, wird man von dieser fragwürdigen Möglichkeit des Erwerbs von unbeweglichen Sachen nur in Ausnahmefällen Gebrauch machen.

11 e) Bedingung und Zeitbestimmung machen die Auflassung unwirksam (§ 925 Abs. 2 BGB), z.B. die Auflassung »unter der Bedingung der pünktlichen Zahlung des vereinbarten Kaufpreises«. Wenn das Verpflichtungsgeschäft durch einen vorbehaltenen Rücktritt auflösend bedingt ist, so unterstellt das OLG Celle[11] den Beteiligten und dem Notar, sie hätten in ihrer Unwissenheit auch die Auflassung mit Nichtigkeitsfolge mit der Rücktrittsbedingung versehen wollen. Obwohl schon sprachlich abwegig, empfiehlt sich daher bei jeder Vereinbarung eines Rücktrittsrechts, einer Bedingung oder einer Befristung der ausdrückliche Vorbehalt, dass sich diese nicht auf die Auflassung beziehen. Wirksam dagegen sind Auflassungen unter einer Rechtsbedingung, z.B. betreuungsgerichtlicher Genehmigung.

12 f) Die bei Teilung von Grundstücken früher gebräuchliche *Bildung von Zuflurstücken* wird inzwischen nicht mehr praktiziert. Für weggemessene Teilflächen werden vielmehr neue Flurstücksnummern vergeben, die bei einer späteren »Verschmelzung« mit anderen Grundstücken wieder entfallen. S. dazu zunächst § 54 Rdn. 6.

---

5 BayObLG DNotZ 1987, 98 m. Anm. *Wolfsteiner*, S. 67; BayObLG DNotZ 1992, 575.
6 BGHZ 146, 341; dazu, dass die GbR selbst Immobiliarsachenrechte erwerben kann BGHZ 179, 102.
7 Gesetz zur Einführung des elektronischen Rechtsverkehrs und der elektronischen Akte im Grundbuchverfahren sowie zur Änderung weiterer grundbuch-register- und kostenrechtlicher Vorschriften (BGBl. I 2009, S. 2713).
8 BGH, NJW-RR 2012, 86.
9 BGHZ 189, 274.
10 BGH, Urt. v. 18.03.2016 – V ZR 75/15 = MittBayNot 2016, 494; OLG München MittBayNot 2017, 150; OLG Celle DNotZ 2008, 616; OLG Hamm DNotZ 2010, 130; OLG Frankfurt, Beschl. v. 28.04.2014 – 20 W 32/14.
11 DNotZ 1957, 660.

aa) Perfekt ist nur eine Auflassung, die nach Vorliegen der amtlichen Vermessungsunterlage erklärt wird. Die darauf bezogenen Erklärungen genügen dann zweifelsfrei sowohl den Anforderungen des materiellen wie des Grundbuchrechts.

13

Messungsanerkennung und Auflassung nach Vermessung verkaufter Teilflächen

14 M

Verhandelt zu ….. am …..
1. In der Urkunde des Notars ….. in ….. hat V. sich verpflichtet, an K. verschiedene dort näher bezeichnete Teilflächen aus den im Grundbuch des Amtsgerichts Oberberg von Mittelberg Blatt 223 eingetragenen Grundstücken der Gemarkung Mittelberg
FlStNr. 105/30 Gebäude- und Freifläche zu 0,2972 ha
FlStNr. 109/2 Verkehrsfläche zu 0,0324 ha
zu übereignen.
Die inzwischen erfolgte Vermessung der Teilflächen ist niedergelegt in dem in Zweitfertigung vorliegenden Fortführungsnachweis des Vermessungsamts Oberberg für die Gemarkung Mittelberg Nr. 1312. Danach beschreiben sich die verkauften Flächen wie folgt:
FlStNr. 105/31 Gebäude- und Freifläche zu 0,0991 ha;
FlStNr. 109/8 Verkehrsfläche zu 0,0298 ha.
Die Vertragsparteien erklären, dass die Vermessung ihrem Willen entspricht und machen die FlStNrn. 105/31 und 109/8 zum Gegenstand des Kaufvertrages.
Die Restgrundstücke beschreiben sich, wie folgt:
FlStNr. 105/30 Gebäude- und Freifläche zu 0,1981 ha;
FlStNr. 109/2 Verkehrsfläche zu 0,0026 ha.
Der Fortführungsnachweis ist im Grundbuch bereits vollzogen.
2. V. bewilligt und beantragt, seine betroffenen Grundstücke nach Maßgabe der im Fortführungsnachweis niedergelegten Zerlegungen zu teilen.
3. Die Vertragsteile sind darüber einig, dass das Eigentum an den Grundstücken FlStNrn. 105/31 und 109/8 auf K. übergeht. Sie bewilligen und beantragen, den Eigentumsübergang in das Grundbuch einzutragen.
4. K. bewilligt und beantragt, das soeben an ihn aufgelassene Grundstück FlStNr. 109/8 seinem im Grundbuch des Amtsgerichts Oberberg von Mittelberg Blatt 313 eingetragenen Grundstück der Gemarkung Mittelberg
FlStNr. 1242 Verkehrsfläche zu 0,0221 ha
als Bestandteil zuzuschreiben.
V bewilligt und beantragt, die bei ihm verbleibenden Grundstücke FlStNrn. 105/30 und 109/2 zu vereinigen. Beide Vertragsparteien bewilligen und beantragen, den entsprechenden Verschmelzungsfortführungsnachweis zu vollziehen. Der beurkundende Notar wird ermächtigt, diesen, falls nötig, grundbuchmäßig zu bezeichnen.

….., Notar

- *Kosten.*
a) Des Notars: Zerlegung, Auflassung und Vereinigung oder Bestandteilszuschreibung bei K. sind gegenstandsgleich, da sie der Durchführung der Übereignung dienen (str.[12]). Der Wert entspricht dem der verkauften Grundstücke. Gegenstandsverschieden ist die Vereinigung (Gleiches würde für eine Teilung gelten) der bei V. verbleibenden Grundstücke – hierfür 10–20 % der Werte der betroffenen Grundstücke, bei der Bestandteilszuschrei-

---

[12] A.A. *Strauß*, MittBayNot 2006, 482 noch zur KostO; wie hier auch Leipziger-GNotKG/*Otto*, § 109 GNotKG Rn. 39.

§ 56 Eigentum an Grundstücken

bung nur des zugeschriebenen Grundstücks. (§§ 47, 36 Abs. 1 GNotKG). Aus der Summe der Gegenstandswerte (§ 35 Abs. 1 GNotKG) bei Beurkundung der Auflassung durch den Notar, der das schuldrechtliche Geschäft beurkundet hat, Gebühren von 0,5 aus Tabelle B nach § 34 Abs. 2 GNotKG, mindestens 30 €, nach Nr. 21101 Nr. 2 KV GNotKG und Nr. 21201 Nr. 4 KV GNotKG. Bei Beurkundung durch einen anderen Notar aus dem Wert der Auflassung Gebühr von 1,0 aus Tabelle B nach § 34 Abs. 2 GNotKG, mindestens 60 € gemäß Nr. 21102 Nr. 1 KV GNotKG sowie Gebühr von 0,5 aus Tabelle B nach § 34 Abs. 2 GNotKG, mindestens 30 € gemäß Nr. 21201 Nr. 4 KV GNotKG, höchstens aber der Betrag, den die Gebühr von 1,0 aus den zusammengerechneten Werten ergibt (§ 94 Abs. 1 GNotKG).

b) Des Grundbuchamtes: Wertberechnung wie beim Notar. Für die Eigentumsumschreibung Gebühr von 1,0 aus Tabelle B nach § 34 GNotKG gemäß Nr. 14110 Nr. 1 KV GNotKG. Die übrigen Vorgänge am Grundbesitz von K. lösen daneben keine Gebühr aus, soweit (auch) das zu übereignende Grundstück betroffen ist und sie gleichzeitig mit der Übereignung zur Eintragung beantragt werden (Vorbemerkung 1.4 Abs. 5 KV GNotKG). Sonst und bei V. fällt für Zerlegung, Vereinigung und Bestandteilszuschreibung eine Gebühr von 50 € nach Nr. 14160 Nr. 2 bzw. Nr. 3 KV GNotKG an, soweit nicht Nr. 3 Kostenfreiheit anordnet.

15 **bb)** Eine vorherige amtliche Vermessung ist zur materiell-rechtlichen Wirksamkeit der Auflassung nicht unbedingt erforderlich; hierfür ist nur entscheidend ob das aufzulassende Grundstück in seinen Grenzen eindeutig bezeichnet ist. Eine genaue Beschreibung mit Worten, die ggf. durch eine Zeichnung ergänzt wird, genügt, ebenso die bloße Bezugnahme auf einen beigefügten (§§ 9 Abs. 1 Satz 3, 13 Abs. 1 Satz 1 BeurkG) Lageplan.[13]

16 Hingegen kann das zu übereignende Grundstück nicht in Übereinstimmung mit dem Grundbuch oder durch Bezugnahme auf das Grundbuch bezeichnet werden, wenn noch keine amtliche Vermessung vorliegt. Die nach § 28 GBO notwendige grundbuchmäßige Bezeichnung ist darum in der Form des § 29 GBO nachzuholen. Selbst wenn man an die Beschreibung der aufgelassenen Teilfläche keine unerfüllbaren Anforderungen stellt, werden die Fälle, in denen das Grundbuchamt von sich aus die Identität zuverlässig beurteilen kann, selten bleiben.[14] Eine vom Notar ausgestellte, mit dem Siegel versehene und unterzeichnete sog. »Eigenurkunde« wahrt die Form, wenn er formgerecht ermächtigt war.[15] Es darf aber nicht verkannt werden, dass das Verfahren der Identitätserklärung *hoch problematisch* ist. Die Wahrung der Form ändert nichts daran, dass auch der Notar in aller Regel außerstande ist, die Identität wirklich festzustellen. Er trägt aber das Risiko einer Erklärung ins Blaue hinein. Die Parteien andererseits neigen gerne dazu, die Identitätserklärung so hinzubiegen, dass sie scheinbar passt, obwohl bei der Vermessung in der Natur bewusst abweichend vom Vertrag verfahren worden ist. Das berücksichtigt der BGH nicht, wenn er apodiktisch und ohne Auseinandersetzung mit der Lage im konkreten Fall der Messungsanerkennung jeden materiell-rechtlichen Gehalt abspricht.[16] Ist das Grundstück in Wahrheit nicht identisch mit dem aufgelassenen, so geht das Eigentum trotz Grundbucheintragung nicht über; lediglich bei »geringfügigen Abweichungen« – was kaum zu definieren ist – mag man die Auflassungserklärung dahin auslegen können, dass sie das abweichend vermessene Grundstück deckt.[17] Erkennt das Grundbuchamt eine Abweichung, so hat es

---

13 BGHZ 59, 11 = DNotZ 1972, 533; zu den hohen Anforderungen, die dabei an die Bestimmtheit gestellt werden vgl. z.B. BGH DNotZ 2000, 121 (zum Verpflichtungsgeschäft).
14 Z.B. OLG Köln DNotZ 1992, 371; LG Saarbrücken MittRhNotK 1997, 364.
15 BGH DNotZ 1981, 118.
16 BGH MittBayNot 2016, 131 m. zurecht krit. Anm, *Volmer*.
17 BGH Rpfleger 1995, 342 m. Anm. Schriftleitung zu weiteren Entscheidungen.

die trotz Identitätserklärung die Eintragung zu versagen.[18] Im Zweifel ist es sicherer, die Auflassung bis zur amtlichen Vermessung auszusetzen oder sie danach zu wiederholen.

Auflassung vor Fortführungsnachweis

§ 5 *Verhandelt zu ..... am .....*   17 M

Wir sind darüber einig, dass das Eigentum an dem verkauften Grundstück auf den Käufer übergeht. Es handelt sich um den Teil des Flst. 247 der Gemarkung ....., eingetragen im Grundbuch von ..... Blatt ....., das begrenzt wird im Norden von der A ..... Straße, im Osten von der B ..... Straße, im Süden von einer im Abstand von genau 20m parallel zur A ..... Straße verlaufenden Linie und im Westen von der bisherigen Grenze zu Flst. 247/1 der Gemarkung ..... Es umfasst – ohne dass dies bestimmend wäre – etwa 600 m².
Der Erwerber beantragt seine Eintragung als Eigentümer im Grundbuch. Der Antrag ist einzureichen, sobald die Vermessung erfolgt ist und der Fortführungsnachweis mit der Nummer des aufgelassenen Trennstücks vorliegt.
Zur Bezeichnung des Trennstücks wird ..... bevollmächtigt, und zwar auch soweit in dieser Bezeichnung eine Änderung oder Ergänzung der hier erklärten Auflassung liegen sollte.

....., Notar

■ *Kosten.* Die Auflassung und die Vollmacht dienen der Erfüllung des Kaufvertrags und betreffen denselben Gegenstand, wie der Kauf. Es ist nur die höchste Gebühr, also die für den Kauf, zu erheben (§ 94 Abs. 2 GNotKG).

Identitätserklärung

Zum Grundbuch des Amtsgerichts ..... von ..... Blatt ..... erkläre ich kraft der mir von   18 M
Verkäufer und Käufer in § 5 der Urkunde ..... des Notars N. erteilten Vollmacht, dass das in der Urkunde verkaufte und aufgelassene Trennstück identisch ist mit dem Fortführungsnachweis Nr. ..... für die Gemarkung ..... mit der Nummer 233/2 bezeichneten Flurstück der Gemarkung ..... Ich bewillige, den Eigentumsübergang in das Grundbuch einzutragen.
Ort, Datum   *Unterschrift*
Siegel/Beglaubigungsvermerk

■ *Kosten.* Wert nach § 36 Abs. 1 GNotKG 10 % bis 20 % des Auflassungswertes. Gebühr: 0,5 Gebühr aus Tabelle B nach § 34 Abs. 2 GNotKG, mindestens 30 €, nach Nr. 24102 KV GNotKG (mit der die »erste« Beglaubigung im Sinne der Vorbem. 2.4.1 Abs. 2 KV GNotKG abgegolten ist). Für eine Eigenurkunde des Notars entsteht eine Gebühr von 0,5 aus Tabelle B nach § 34 Abs. 2 GNotKG, mindestens 30 €, nach Nr. 21201 Nr. 4 KV GNotKG.

g) Bei Änderung von Teilungsordnung und/oder Gemeinschaftsordnung zwischen Auflas-   19
sung von Wohnungs- oder Teileigentum und Eigentumsumschreibung im Grundbuch ist eine Änderung der Auflassung nur erforderlich, wenn der aufgelassene Miteigentumsanteil

---

18 BayObLG DNotZ 2003, 275.

oder der Umfang des aufgelassenen Sondereigentums sich ändern. Sonstige Änderungen der Teilung oder des Inhalts des Sondereigentums berühren dagegen die Identität des Auflassungsgegenstands nicht.[19]

20 h) Der Notar kann den Umschreibungsantrag beim Grundbuchamt im Allgemeinen erst nach Erhalt der *Unbedenklichkeitsbescheinigung* des Finanzamtes stellen (§ 8 Rdn. 20 f.). Erst dann ist die Urkunde vorlagereif im Sinne von § 53 BeurkG.

4. Eintragungsbewilligung und Eintragungsantrag

21 a) Ob es zur Eintragung des Eigentumsübergangs neben dem hier ausnahmsweise erforderlichen Nachweis der Einigung (§ 20 GBO) auch einer *Eintragungsbewilligung* bedarf[20] und ob eine solche Bewilligung immer oder nur in der Regel in der Auflassung enthalten ist, ist streitig.[21] Die Bedingungsfeindlichkeit der Auflassung, die hier über die Hintertüre ausgehebelt werden soll, spricht gegen das Erfordernis einer zusätzlichen Eintragungsbewilligung oder jedenfalls gegen die Möglichkeit, die Auflassung ohne die Bewilligung zu erklären. Der Notar wird aber einerseits den sicheren Weg gehen und jeder Auflassung eine Eintragungsbewilligung beifügen. Andererseits kann es noch nicht als vollständig sicher gelten, die Auflassung in eine Übertragungsurkunde aufzunehmen, den Veräußerer aber dadurch sichern zu wollen, dass ausdrücklich keine Eintragungsbewilligung aufgenommen wird.[22] Es ist aber nicht zu verkennen, dass sich eine entsprechende herrschende Auffassung gebildet hat; dies rechtfertigt die Praxis, die doch so verfährt.

22 b) Jedenfalls bedarf es zur Eintragung eines *Antrags* nach § 13 Abs. 1 Satz 1 GBO. Auch hierzu wird versucht, ein Sicherungssystem aufzubauen, das darin bestehen soll, dass der Erwerber zugunsten des Notars auf sein Antragsrecht »verzichtet«. Ob das Recht aus § 13 Abs. 1 Satz 2 GBO aber überhaupt verzichtbar ist – die Bedingungsfeindlichkeit der Auflassung, die auch hier über ausgehebelt werden soll, spricht dagegen – ist ungeklärt.[23] Der Verzicht auf das Antragsrecht kann nicht als sicherer Weg gelten.

5. Eintragung

23 Der rechtsgeschäftliche Eigentumsübergang vollzieht sich niemals ohne Eintragung in das Grundbuch (oben Rdn. 1). Das Grundbuchamt prüft dabei, ob eine Einigung über den Eigentumsübergang vorliegt (§ 20 GBO), darf die Eintragung jedoch nicht bei bloßen Zweifeln über deren Wirksamkeit ablehnen, sondern nur, wenn feststeht, dass die Einigung unwirksam ist, das Grundbuch mithin durch die beantragte Eintragung unrichtig würde.[24] Nach § 22 GrEStG darf die Eintragung nur erfolgen, wenn eine Bescheinigung des Finanzamts vorgelegt wird, dass der Eintragung grunderwerbsteuerliche Bedenken nicht entgegenstehen (dazu § 8 Rdn. 20). Die Unbedenklichkeitsbescheinigung ist stets nur zu der Eintragung erforderlich, die konkret vorzunehmen ist, im Fall einer sog. Kettenauflassung also nur zur

---

19 BayObLGZ 1972, 242; 1980, 108; 1982, 455, 458 f.; OLG Nürnberg MittBayNot 2017, 262.
20 Dazu OLG Stuttgart DNotZ 2008, 456 mit dem Ergebnis, eine Bewilligung sei zusätzlich erforderlich, da die Auflassung nicht den Anforderungen des § 28 GBO genügen müsse (s. dazu Rdn. 16). § 28 GBO betrifft aber Anträge ebenso wie Bewilligungen, sodass dieser Schluss nicht trägt. Die Notwendigkeit einer Bewilligung wird von OLG Düsseldorf MittBayNot 2010, 307 m. Anm. *Demharter* und OLG München, ZEV 2012, 415 ohne weitere Auseinandersetzung mit der Gegenauffassung vorausgesetzt.
21 Diskussion der Argumente bei *Bauer/Schaub/Kössinger*, § 19 GBO Rn. 40 f.
22 Vgl. *Wolfsteiner*, Rpfleger 1990, 505; ablehnend auch z.B. *Kesseler*, ZNotP 2005, 176.
23 Dagegen nicht nur für den Fall der Auflassung z.B. *Demharter*, § 13 GBO Rn. 57 m.w.N.
24 BayObLG RNotZ 2004, 570, 571. Zur Beweiserleichterung für den Nachweis der Existenz ausländischer Gesellschaften s. KG NotBZ 2012, 381.

Letzten in der Reihe. Wird die Eintragung vorgenommen, obwohl die Unbedenklichkeitsbescheinigung fehlt, ist sie dennoch gültig.

6. Auflassungsanspruch und Eigentumsanwartschaft

a) Der aus dem schuldrechtlichen Geschäft herrührende *Auflassungsanspruch* (genauer Anspruch auf Verschaffung des Eigentums an einem Grundstück) kann Gegenstand von Rechtsgeschäften sein. Regelmäßig ist er nicht schon mit Erklärung der Auflassung, sondern erst mit Eigentumsübergang erfüllt, sodass er erst dann erlischt und bis dahin noch Verfügungsgegenstand sein kann.[25] Insbesondere kann der Anspruch *abgetreten* und verpfändet werden (Verpfändung s.o. § 32 Rdn. 359 ff.). Eine Teilabtretung (auch in Ansehung *realer Grundstücksteile*) ist ebenfalls zulässig.[26]

aa) Abtretung und auch Verpfändung (§ 1274 Abs. 1 Satz 1 BGB) sind *nicht formbedürftig*;[27] soll allerdings aufgrund der Abtretung eine Grundbuchberichtigung dahin gehend vorgenommen werden, dass die für den Auflassungsanspruch eingetragene Vormerkung nun dem Abtretungsempfänger zusteht, so bedarf es der Berichtigungsbewilligung bzw. des Unrichtigkeitsnachweises in der Form des § 29 GBO, also zumindest der Beglaubigung der Abtretungserklärung des Zedenten.[28]

bb) Ungeachtet der Formfreiheit der Abtretungserklärung kann der der Abtretung des Auflassungsanspruchs zugrunde liegende *schuldrechtliche* Vertrag dennoch beurkundungsbedürftig sein. Verkauft der Gläubiger des Auflassungsanspruchs nur seine *Forderung* (§§ 433, 453 BGB), so ist auch der Kaufvertrag formfrei,[29] es sei denn der Zessionar tritt auch in die Verpflichtungen des Vertrags, insbesondere die Grunderwerbsverpflichtung, ein. Bei einem reinen Rechtskauf stehen freilich dem Käufer keine Sachmängelansprüche zu; auch was seine Rechtsposition in Bezug auf das Grundstück betrifft, erwirbt er grundsätzlich nur Ansprüche gegen den alten Eigentümer und Erstverkäufer, nicht aber gegen den Forderungsverkäufer.

Der Gläubiger eines Auflassungsanspruchs kann aber auch bereits das *Grundstück*, dessen Eigentümer er selbst noch nicht ist, verkaufen und dem Käufer seinen Auflassungsanspruch nur erfüllungs- oder sicherungshalber abtreten (fälschlich auch Abtretung der Auflassungsvormerkung genannt). Dann handelt es sich um einen vollwertigen Grundstückskaufvertrag, der der Form des § 311b BGB unterliegt. Hierzu muss der Notar allerdings die Beteiligten darüber belehren, dass die Abtretung des Auflassungsanspruchs keinesfalls eine vollwertige Sicherheit darstellt und dass insbesondere die Eintragung der Abtretung bei der Auflassungsvormerkung unter Sicherungsgesichtspunkten so gut wie wirkungslos ist. Sie schützt in keiner Weise dagegen, dass der abgetretene Auflassungsanspruch nie entstanden ist (weil z.B. der Erstvertrag wegen »Unterverbriefung« nichtig ist), dass er (durch Rücktritt oder Aufhebungsvertrag) erloschen ist oder dass ihm dauernde Einreden entgegenstehen. Zu den Risiken bei Insolvenz des Zedenten s. § 61 Rdn. 33.

b) Ist die Auflassung erklärt, so legt die Rechtsprechung dies regelmäßig dahin aus, der Auflassungsempfänger sei i.S.d. § 185 BGB zu *Verfügungen über das Grundstück ermächtigt* wor-

---

25 KG DNotZ 1971, 418.
26 BayObLG DNotZ 1972, 233; OLG Düsseldorf MittRhNotK 1989, 252.
27 BGHZ 89, 45.
28 BayObLG DNotZ 1999, 736.
29 BGHZ 89, 45.

den;[30] die Einzelheiten sind freilich streitig. Der Auflassungsempfänger kann also i.d.R. das Grundstück noch vor seiner Eintragung im eigenen Namen weiter auflassen; der Zweit-Auflassungsempfänger kann dann ohne Zwischeneintragung des Erst-Auflassungsempfängers als Eigentümer eingetragen werden.[31] Trotz der damit verbundenen Kostenersparnis ist aber vor dem Verzicht auf Zwischeneintragung zu *warnen*; der Erwerber wird nämlich in seinem guten Glauben an die Ermächtigung nicht geschützt. Ohnehin ist die Ermächtigungsauslegung zweifelhaft, wenn durch Ausfertigungssperre oder noch nicht erklärte Bewilligung der Eigentumsumschreibung zum Ausdruck gebracht wird, dass der Erstveräußerer noch schutzbedürftig ist.

29 c) Seit BGHZ 45, 186[32] ist anerkannt, dass die Erklärung der Auflassung in der Person des Auflassungsempfängers eine veräußerliche dingliche *Anwartschaft* begründet, wenn entweder der Antrag auf Eintragung des Eigentumsübergangs oder der Antrag auf Eintragung einer Auflassungsvormerkung für den Veräußerer bindend beim Grundbuchamt eingegangen sind.

30 aa) Mit der Anwartschaft kann grundsätzlich ebenso verfahren werden wie mit dem Auflassungsanspruch. Sie kann also abgetreten oder verpfändet werden; im Gegensatz zum Auflassungsanspruch gilt allerdings hierfür die Formvorschrift des § 925 BGB (gleichzeitige Anwesenheit vor einem Notar, Bedingungsfeindlichkeit).[33] Der Zessionar der Anwartschaft ist (auf Antrag) unmittelbar ohne Zwischeneintragung des ursprünglichen Auflassungsempfängers als Eigentümer einzutragen. Die Frage des Umfangs seines Gutglaubensschutzes ist ungeklärt, sodass sich auch hier große Vorsicht und eingehende Belehrungen über die Risiken empfehlen. Die Anwartschaft kann in gleicher Weise Gegenstand schuldrechtlicher Geschäfte sein wie der Auflassungsanspruch (s.o. Rdn. 26); doch unterliegt ein Vertrag, durch den sich jemand zur Veräußerung oder zum Erwerb einer solchen Anwartschaft verpflichtet, § 311b Abs. 1 BGB.[34] Da ohne gesicherten Anspruch auch die Vormerkung nicht erworben wird und ohne Vormerkung nicht das Anwartschaftsrecht, enthält die Abtretung des Anwartschaftsrechts auch immer die Abtretung des Eigentumsverschaffungsanspruches (str.[35]); umgekehrt muss folglich die Anwartschaft erlöschen, wenn nur der vormerkungsgesicherte Anspruch abgetreten wird (dazu § 61 Rdn. 37 f.). Ebenso erlischt die Anwartschaft, wenn die Auflassung (auch formlos) wieder aufgehoben wird.[36]

31 bb) Eigentumsverschaffungsanspruch und Anwartschaft sind *vererblich*. Der Erbe ist unmittelbar als Eigentümer in das Grundbuch einzutragen.[37]

---

30 RGZ 135, 378; BayObLG NJW-RR 1988, 330 m.w.N.; BGH DNotZ 1990, 289; mit Recht zurückhaltender aber BayObLG NJW 1971, 514.
31 RGZ 129, 155.
32 Kritik *Wolfsteiner*, JZ 1969, 154; s. zur weiteren Entwicklung BGHZ 49, 197; 83, 399; 106, 108 – dazu *Medicus*, DNotZ 1990, 275.
33 BGHZ 114, 161.
34 BGHZ 83, 400.
35 A.A. z.B. OLG Hamm DNotZ 2008, 293; OLG München NotBZ 2010, 469.
36 BGH NJW 1993, 3323, 3325 f.
37 Auch wenn Auflassung und Bewilligung Jahrzehnte alt sind, vgl. OLG München Beschl. v. 04.12.2017 – 34 Wx 402/17.

Eigentumsübergang unmittelbar auf den Erben

An das Amtsgericht, Grundbuchamt in ..... 32 M

Zum Grundbuch von ..... Blatt ..... nehme ich Bezug auf die bereits zur Eintragung der Vormerkung des Eigentumserwerbsanspruchs von Herrn Max Müller, geb. am ..... vorgelegte Ausfertigung im Auszug meiner Urkunde ..... Ich überreiche
1. eine weitere Ausfertigung im Auszug dieser Urkunde, enthaltend die Auflassung in § 7;
2. eine beglaubigte Abschrift des öffentlichen Testaments von Herrn Max Müller mit einer beglaubigten Abschrift der Eröffnungsverhandlung durch das Amtsgericht ....., worin seine Witwe, Frau Eva Müller, geb. Maier, geb. am ..... zu seiner alleinigen Erbin eingesetzt ist;
3. die Unbedenklichkeitsbescheinigung des Finanzamts ..... hinsichtlich der Eintragung des Erblassers als Eigentümer.

Ich beantrage, Frau Eva Müller, geb. Maier, geboren in ..... am ..... als Eigentümerin einzutragen. Ich beantrage ferner, die in Abt. II Nr. 3 für den Erblasser eingetragene Eigentumserwerbsvormerkung entsprechend der Bewilligung in § 3 meiner Urkunde zugleich mit Eintragung des Eigentumsübergangs zu löschen, vorausgesetzt, das Eigentum geht im Rang der Vormerkung über.

■ *Kosten.*
a) Des Notars: Gebührenfrei, da Nebengeschäft nach Vorbemerkung 2.1 Abs. 2 KV GNotKG.
b) Des Grundbuchamts: Nur Gebühr für Eigentumsumschreibung (s. Rdn. 6 M). Für die Löschung der Vormerkung gemäß Nr. 14152 KV GNotKG 25 €. Wegen der Rechtsnachfolgekonstellation fallen keine zusätzlichen Grundbuchkosten an.

cc) Auch sonst teilt die Anwartschaft das Schicksal des Vermögens, dem sie zugehört. Ist an 33 eine BGB-Gesellschaft aufgelassen worden, so fällt die Anwartschaft in das Gesamthandsvermögen mit der Folge, dass nach der Auflassung, aber noch vor Eintragung neu beigetretene Gesellschafter einzutragen sind, ohne dass es einer neuen oder geänderten Auflassung bedürfte.[38] Nötig ist eine Berichtigungsbewilligung der ursprünglichen Auflassungsempfänger und der neuen Gesellschafter, da diese nach § 47 Abs. 2 Satz 2 GBO als Berechtigte behandelt werden.[39] S. allgemein zum Erwerb der BGB-Gesellschaft Rdn. 9.

Berichtigungsbewilligung zu einer BGB-Gesellschaft

An das Amtsgericht, Grundbuchamt, in ..... 34 M
Zu Urkunde des Notars A in B vom ....., URNr. ....., ist zum Gesamthandsvermögen der Gesellschaft bürgerlichen Rechts mit dem Namen »Grundstücksgesellschaft Magerhof« deren einzige Gesellschafter wir, Hans Müller, geb. am ....., und Franz Schmidt, geb. am ....., zu dieser Zeit waren, das im Grundbuch von ..... eingetragene Grundstück ..... aufgelassen worden. Die Grundbucheintragung ist noch nicht erfolgt. In der Zwischenzeit sind der Gesellschaft die in der anliegenden Liste nach Namen, Geburtsdatum, Beruf, Wohnort und Adresse bezeichneten insgesamt 76 Personen als weitere Gesellschafter beigetreten, die uns für diese Erklärung die beigefügten öffentlich beglaubigten Vollmachten erteilt haben. Wir bewilligen und beantragen, auch namens

---
38 So schon vor Anerkennung der Rechtsfähigkeit der GbR (vgl. die Nachw. in Fn. 1 und 6) BayObLG NJW-RR 1992, 227.
39 Wie hier nun auch DNotI-Report 2015, 121.

der Beigetretenen, diese Personen bei Eintragung des Eigentumsübergangs neben uns als weitere Gesellschafter der Gesellschaft bürgerlichen Rechts einzutragen.
Ort, Datum **Unterschrift**
Siegel/Beglaubigungsvermerk

■ *Kosten.* Wert = Anteil am Grundstückswert nach § 46 GNotKG, der dem Anteil der neu eingetretenen Gesellschafter am Gesellschaftsvermögen entspricht. Notar: Gebühr von 0,5 aus Tabelle B zu § 34 Abs. 2 GNotKG, mindestens 30 € nach Nr. 21201 Nr. 4 KV GNotKG (mit der die »erste« Beglaubigung im Sinne der Vorbem. 2.4.1 Abs. 2 KV GNotKG abgegolten ist). Grundbuchamt: Gebühr von 1,0 aus Tabelle B zu § 34 Abs. 2 GNotKG nach Nr. 14110 Nr. 2 KV GNotKG.

II. Eigentumserwerb kraft Gesetzes

1. Fälle des Eigentumserwerbs kraft Gesetzes

35 Eigentum geht kraft Gesetzes über, wenn eine Gesamtrechtsnachfolge stattfindet, also bei Vereinigung aller Gesellschaftsanteile einer Personengesellschaft in einer Hand, bei Vereinbarung der Gütergemeinschaft, im Erbfall (§ 1922 BGB) und beim Erwerb eines Erbanteils, bei Verschmelzung und Spaltung (bei formwechselnden Umwandlungen – auch von Personen- in Kapitalgesellschaften und umgekehrt – geht der Gesetzgeber von einer Identität der Gesellschaft aus, sodass dabei kein Eigentumswechsel stattfinden dürfte). Der Eigentumsübergang ist in diesen Fällen nicht Gegenstand des Rechtsgeschäfts, sondern nur mittelbare Folge eines auf andere Ziele gerichteten Rechtsgeschäfts. Der Eigentumsübergang vollzieht sich außerhalb des Grundbuchs ohne Grundbucheintragung.

2. Grundbuchrechtliche Behandlung

36 Da sich der Eigentumsübergang außerhalb des Grundbuchs vollzieht, genügt ein *Berichtigungsantrag* (§ 22 GBO; Einzelheiten § 55 Rdn. 36 ff.). Nach der Rechtsprechung bedarf es grundsätzlich auch in Fällen des gesetzlichen Eigentumserwerbs einer Unbedenklichkeitsbescheinigung (oben Rdn. 23), wenn der dem Erwerb zugrunde liegende Sachverhalt Grunderwerbsteuer auslösen kann.[40] Dies ist aber abzulehnen, weil es keine angemessene Sanktion ist und andere gewichtige öffentliche Interessen stört, wenn man zur Eintreibung von Steuern das Grundbuch unrichtig hält.

III. Eigentumserwerb kraft hoheitlicher Anordnung

37 In einer Vielzahl von Fällen vollzieht sich der Eigentumsübergang an Grundstücken aufgrund hoheitlicher Anordnung, regelmäßig außerhalb des Grundbuchs. Der Übergang des Eigentums wird dann im Wege der Grundbuchberichtigung eingetragen, allerdings nicht aufgrund einer Bewilligung, sondern aufgrund *Ersuchens* der zuständigen Behörde.

Zu den nicht ausführlich behandelten Fällen gehören auch der Zuschlag in der Zwangsversteigerung (§ 90 ZVG) und die von zahlreichen Bundes- und Landesgesetzen zugelassene Enteignung.

---

[40] BayObLG MittBayNot 1983, 86; OLG Celle Rpfleger 1985, 187; OLG Oldenburg NJW-RR 1998, 1632; OLG Frankfurt am Main MittBayNot 2006, 334.

1. Flurbereinigungsverfahren

a) Das Verfahren nach dem *Flurbereinigungsgesetz* (FlurBG) ist im Wesentlichen ein Umlegungsverfahren; zersplitterter landwirtschaftlicher Besitz wird zusammengelegt. Die Beteiligten erhalten anstelle ihrer alten Grundstücke (Einlagegrundstücke), die untergehen, neu gebildete Ersatzgrundstücke. Sobald der Flurbereinigungsplan aufgestellt ist, weist die Flurbereinigungsbehörde die Teilnehmer vorläufig in den Besitz der Ersatzgrundstücke ein. Zwischen der vorläufigen Besitzeinweisung und der häufig um Jahre späteren Ausführungsanordnung, die gemäß § 61 FlurBG den Zeitpunkt des Eigentumsüberganges zu bestimmen hat, können über die Ersatzgrundstücke nur schuldrechtliche Verträge geschlossen, aber keine dinglichen Verfügungen getroffen werden. Verfügt werden kann aber über die Einlagegrundstücke, wobei der Erwerber gemäß § 15 FlurBG das bis zu seinem Erwerb durchgeführte Verfahren gegen sich gelten lassen muss. Der Erwerber eines Einlagegrundstücks erhält also im Ergebnis ein Ersatzgrundstück. Ist er vor der Ausführungsanordnung als Eigentümer des Einlagegrundstücks eingetragen, so geht das Eigentum zu dem in der Ausführungsanordnung bestimmten Zeitpunkt auf ihn über (§ 61 Satz 2 FlurBG). Auflassungsvormerkungen auf dem Einlagegrundstück beziehen sich auf das Ersatzgrundstück, und Belastungen setzen sich – soweit nicht nach § 49 FlurBG aufgehoben – an dem Ersatzgrundstück fort (§ 68 Abs. 1 Satz 1 FlurBG). Örtlich gebundene Rechte (Dienstbarkeiten und Erbbaurechte, unter Umständen auch Reallasten) bleiben jedoch auf dem Grundstück, auf dem sie eingetragen sind, bestehen (§ 68 Abs. 1 Satz 2 FlurBG). Verfügungsbeschränkungen bestehen nur, wenn und soweit ein Teilnehmer statt in Land in Geld abgefunden wird (§ 52 FlurBG).

b) Der Notar holt eine Auskunft über den Stand des Verfahrens und soweit vorhanden einen *Auszug aus bereits getroffenen Anordnungen* vom Flurbereinigungsamt ein. Je nach dem Stand des Verfahrens kann im Kaufvertrag vor allem zu regeln sein, wer in welchem Umfang Vorschuss- und Beitragspflichten zu leisten hat; der Verkäufer kann zu versichern haben, dass er keine Abfindung in Geld erhalten und keiner solchen zugestimmt hat. Befinden sich mehrere Grundstücke des Verkäufers im Bereich der Flurbereinigung, ist in der Regel nicht zu klären für welches Grundstück welches Ersatzgrundstück zugeteilt wird. Vor der vorzeitigen Besitzeinweisung ist das auch bei einem einzelnen Grundstück unklar. Selbst nach vorzeitiger Besitzeinweisung kann der Bestand der Grundstücke noch Änderungen unterliegen. Können hinsichtlich der Grundstücke die vertraglichen Regelungen den Willen der Beteiligten, z.B. in der Form von Rücktrittsrechten, nicht abbilden, hilft nur, mit dem Vertragsschluss abzuwarten. Soweit schon bekannt sind in den Kaufvertrag das Einlage- und das Ersatzgrundstück aufzunehmen.

Auflassung und Bestimmungen zur Flurbereinigung in einem Kaufvertrag nach vorläufiger Einweisung im Flurbereinigungsverfahren (ohne Rücktrittsrecht)

Verhandelt zu ..... am .....
V. ist im Grundbuch von ..... Blatt ..... als Eigentümer des Grundstücks Flurstück ..... der Gemarkung ..... eingetragen. Hinsichtlich dieses Grundstücks (»Einlagegrundstück«) ist die Flurbereinigung angeordnet.
V. ist durch den Bescheid des Flurbereinigungsamts in ..... vom ..... in dem Flurbereinigungsverfahren der Gemeinde ..... in den Besitz des Grundstücks vorläufig eingewiesen, das darin wie folgt bezeichnet ist ..... (»Ersatzgrundstück«). Nach Auskunft des Amtes für ländliche Entwicklung in L. soll nach dem derzeitigen Planungsstand in der Ausführungsanordnung der Eigentümer des Einlagegrundstücks zum Eigentümer

des Ersatzgrundstückes werden. Danach sollen folgende Belastungen am Ersatzgrundstück ruhen .....
V. verkauft an K. das Einlagegrundstück zu folgenden Bedingungen .....
..... Der Notar hat darauf hingewiesen, dass der Erwerber als neuer Teilnehmer in das Flurbereinigungsverfahren eintritt und das bis zur Eintragung im Grundbuch oder zur Anmeldung des Erwerbs durchgeführte Verfahren gegen sich gelten lassen muss und dass die Beitrags- und Vorschusspflicht als öffentliche Last auf dem Grundstück ruht und abweichende Vereinbarungen nur für die Vertragspartner bindend sind.
Es ist nicht Inhalt der Leistungspflicht des Veräußerers, dass anstelle des verkauften Grundstücks im Flurbereinigungsverfahren ein bestimmtes Ersatzgrundstück zugeteilt wird und dass das Ersatzgrundstück frei von Lasten sein wird, die im Flurbereinigungsverfahren begründet worden sind.
Ein Rücktrittsrecht für den Fall, dass das Ersatzgrundstück eine andere örtliche Lage oder eine andere Größe hat oder auf Grund der Flurbereinigung andere Belastungen auf ihm ruhen, als bisher im Flurbereinigungsplan ausgewiesen, wollen die Vertragsparteien nicht vereinbaren.
..... Aufgelassen wird jetzt das Einlagegrundstück. Wir sind uns darüber einig, dass das Eigentum an dem Einlagegrundstück auf K. übergeht und bewilligen und beantragen, den Eigentumsübergang in das Grundbuch einzutragen.
Der Notar wird angewiesen, die Erklärungen im vorigen Absatz erst dann dem Grundbuchamt vorzulegen, wenn der Verkäufer die Kaufpreiszahlung schriftlich bestätigt hat oder die Begleichung des Kaufpreises anderweitig nachgewiesen ist. Der Verkäufer ist verpflichtet, die Bestätigung unverzüglich nach Erhalt des Kaufpreises abzugeben. Vorher sind Ausfertigungen oder beglaubigte Abschriften nur ohne jenen Absatz zu erteilen.

....., Notar

■ *Kosten des Notars.* Nach dem Kaufpreis (§ 47 GNotKG) Gebühr von 2,0 aus Tabelle B zu § 34 Abs. 2 GNotKG, mindestens 120 € nach Nr. 21100 KV GNotKG.

2. Umlegung (§§ 45 ff. BauGB)

41 Die Umlegung dient zur Verwirklichung eines Bebauungsplans oder der geordneten städtebaulichen Entwicklung eines Gebietes i.S.v. § 34 BauGB. Sie ist von der Gemeinde als Umlegungsstelle anzuordnen und durchzuführen. In der Regel sind dazu Umlegungsausschüsse zu bilden. Das Verfahren ähnelt dem Flurbereinigungsverfahren. Die betroffenen Grundstücke werden zu einer Umlegungsmasse vereinigt und anschließend neu verteilt. Dazu ist ein Umlegungsplan, bestehend aus der Umlegungskarte und dem Umlegungsverzeichnis aufzustellen. Die Umlegungsstelle hat ortsüblich bekannt zu machen, in welchem Zeitpunkt der Umlegungsplan unanfechtbar geworden ist; Rechtsbehelfe gegen diesen Plan haben nach § 224 BauGB nicht von selbst Suspensivwirkung. Mit der Bekanntmachung wird der bisherige Rechtszustand durch den im Umlegungsplan vorgesehenen neuen Rechtszustand ersetzt. Die Bekanntmachung schließt die Einweisung der neuen Eigentümer in den Besitz der zugeteilten Grundstücke ein. Anschließend ersucht die Umlegungsstelle um Grundbuchberichtigung.

42 Vorzeitige Besitzeinweisung ist zulässig. Wechselt die Person eines Beteiligten während eines Umlegungsverfahrens, so tritt sein Rechtsnachfolger in dieses Verfahren in dem Zustand ein, in dem es sich im Zeitpunkt des Übergangs des Rechts befindet. Auch hier kann also wie in der Flurbereinigung über ein Einlagegrundstück verfügt werden mit der Wirkung, dass der Erwerber das neu zugeteilte Grundstück erhält. Das BauGB ordnet allerdings im Gegensatz zum FlurBG in § 51 BauGB umfangreiche Verfügungsbeschränkungen in Form von Genehmigungspflichten an, mit deren Hilfe insbesondere einer angeblichen Spekulation entgegengesteuert werden soll, sodass der Rechtsverkehr während eines Umlegungsverfahrens erheblich behindert ist.

3. Vereinfachte Umlegung (§ 80 BauGB)

Die vereinfachte Umlegung nach § 80 Abs. 1 BauGB dient denselben Zwecken die Umlegung selbst. Der Anwendungsbereich ist also weiter als der des früheren Grenzregelungsverfahrens. Getauscht oder – soweit im öffentlichen Interesse geboten – einseitig zugewiesen werden nur Grundstücke und Grundstücksteile, die nicht selbständig bebaubar sind und die jedenfalls in »enger Nachbarschaft« liegen. Was das genau bedeutet, kann allenfalls im Einzelfall beurteilt werden. Allgemein dürfte die vereinfachte Umlegung nur in einfach gelagerten Fällen in einem eng begrenzten Gebiet zulässig sein, damit nicht das strengere Verfahren der Umlegung nach §§ 45 ff. BauGB umgangen wird. Dessen Vorschriften sind nur anwendbar, wenn dies in §§ 80 ff. BauGB ausdrücklich angeordnet ist. Mangels Verweisung auf § 51 BauGB bestehen bei der vereinfachten Umlegung *keine Verfügungsbeschränkungen*. Die vereinfachte Umlegung erfolgt durch Beschluss, in dem auch die Neuordnung von Belastungen geregelt werden (§§ 80 Abs. 4, 82 Abs. 1 BauGB). Soweit dort nichts anderes vorgesehen ist, gehen die Grundstücke und Grundstücksteile lastenfrei auf den neuen Eigentümer über (§ 83 Abs. 3 BauGB). Mit der Bekanntmachung der Unanfechtbarkeit des Beschlusses tritt der neue Rechtszustand in Kraft. Anschließend erfolgt Grundbuchberichtigung. **43**

4. Bodenneuordnung

Im Beitrittsgebiet können nach § 5 des *Bodensonderungsgesetzes* (BoSoG)[41] durch Bodenneuordnung aus Grundstücken, die nicht der Vermögenszuordnung unterliegen, oder Teilen hiervon neue Grundstücke gebildet oder solche Grundstücke mit Grundstücken vereinigt werden, die Gegenstand eines Zuordnungsplanes sind. Grundstücke und die dinglichen Rechtsverhältnisse hieran sollen dadurch in Bereichen des »komplexen Wohnungsbaus« mit den tatsächlichen Nutzungsverhältnissen angemessen in Einklang gebracht werden. **44**

IV. Verzicht auf Grundeigentum

Gemäß § 928 BGB kann der Grundstückseigentümer auf sein Eigentum verzichten. Ein Verzicht auf einen Miteigentumsanteil an einem Grundstück ist nach der zweifelhaften[42] Rechtsprechung dagegen nicht möglich,[43] erst recht nicht, wenn mit dem Anteil Wohnungs- oder Teileigentum[44] verbunden ist. Die Verzichtserklärung kann nach materiellem Recht formlos abgegeben werden. Als Eintragungsbewilligung ist sie jedoch mit Unterschriftsbeglaubigung zu versehen (§ 29 Abs. 1 Satz 1 GBO). Wirksam wird der Verzicht erst mit der Eintragung im Grundbuch (§ 928 Abs. 1 und § 875 BGB). **45**

---

41 Vom 20.12.1993, BGBl I S. 1993, 2182, 2215, zuletzt geändert durch Artikel 186 der Verordnung vom 31.08.2015 (BGBl. I S. 1474).
42 Ausführliche Kritik daran bei *Kanzleiter*, NJW 1996, 905.
43 Zuletzt BGH NJW 2007, 2254.
44 BGH NJW 2007, 2547.

Verzicht auf das Eigentum an einem Grundstück

46 M Als Eigentümer des im Grundbuch von ..... beim Amtsgericht ....., Blatt ....., verzeichneten Grundstücks ..... erkläre ich hiermit den Verzicht auf mein Eigentum und beantrage, den Verzicht im Grundbuch einzutragen.
Ort, Datum   Unterschrift
Siegel/Beglaubigungsvermerk

■ *Kosten.*
a) Des Notars: Nach dem Verkehrswert (§ 46 GNotKG) Gebühr von 1,0 aus Tabelle B zu § 34 Abs. 2 GNotKG, mindestens 60 €, nach Nr. 21200 KV GNotKG.
b) Des Grundbuchamts: Kostenfrei, da gerade nicht die Eintragung eines Eigentümers nach Nr. 14110 KV GNotKG und nicht in Nr. 14160 KV GNotKG aufgeführt.[45]

47 Gemäß § 928 Abs. 2 BGB steht dem Land (oder gemäß Art. 129 EGBGB einer anderen durch Landesrecht bestimmten Person) ein Aneignungsrecht zu. Dieses ist in der Form des § 925 BGB abtretbar. Aufgrund der Abtretungsurkunde und eines beglaubigten Antrages wird der neue Eigentümer ohne Auflassung eingetragen.[46] Verzichtet der Berechtigte auf sein Aneignungsrecht, kann sich jeder das herrenlose Grundstück aneignen.[47]

V. Miteigentum

1. Allgemeines

48 Die Rechtsverhältnisse von Miteigentümern richten sich nach den Vorschriften über die Gemeinschaft in §§ 741 ff. BGB. Entgegen §§ 746, 751 BGB ordnet aber § 1010 Abs. 1 BGB an, dass bei Grundstücken eine Vereinbarung der Miteigentümer, in der die Verwaltung und Benutzung geregelt oder das Recht, die Aufhebung der Gemeinschaft zu verlangen, für immer oder auf Zeit ausgeschlossen oder eine Kündigungsfrist bestimmt wird, gegen den Sondernachfolger eines Miteigentümers nur wirkt, wenn sie als Belastung des Anteils im Grundbuch eingetragen ist.

49 Nach § 1010 BGB eingetragene Vereinbarungen über die Regelung der Verwaltung und Benutzung sind in Verbindung mit einem ebenfalls eingetragenen Ausschluss des Rechts, die Aufhebung der Gemeinschaft zu verlangen, stabil. Dies wird oft verkannt, weshalb die Rechtspraxis weit mehr zu gesellschaftsrechtlichen Lösungen neigt, wenn *Miteigentum langfristig gebunden* werden soll. Zwar kann trotz des Ausschlusses nach § 749 Abs. 2 Satz 1 BGB die Aufhebung der Gemeinschaft verlangt werden, wenn ein wichtiger Grund vorliegt. An diesen werden aber, verglichen mit dem Ausschluss der Kündigung einer Gesellschaft nach § 723 BGB, deutlich strengere Anforderungen gestellt. »Die Bedeutung der Gemeinschaft i.S.v. §§ 741 ff. BGB erschöpft sich allein in der gemeinsamen Berechtigung an einem bestimmten Gegenstand. Im Gegensatz zu der Gesellschaft des bürgerlichen Rechts dient sie, die vielfach rein zufällig entsteht, keinem gemeinschaftlichen Zweck der Teilhaber. Auf die Aufhebung der Gemeinschaft nach § 749 Abs. 1 Satz 1 BGB lassen sich daher die Gesichtspunkte, die für die Kündigung einer Gesellschaft aus wichtigem Grunde maßgebend sind, nicht ohne weiteres übertragen. So kann es den Teilhabern trotz Zerstörung des Vertrauensverhältnisses oder einer persönlichen Verfeindung zuzumuten sein, die Gemein-

---

45 Leipziger-GNotKG/*Schulz*, Nr. 14160 KV GNotKG Rn. 1.
46 RGZ 82, 74; 103, 166.
47 Dazu BGH DNotZ 1990, 291.

schaft fortzusetzen.⁴⁸« Aus der Gemeinschaft auszubrechen, ist also deutlich schwieriger als aus einer BGB-Gesellschaft. Auch die nach herrschender Auffassung⁴⁹ nach § 751 Satz 2 BGB nicht auszuschließende Kündigung durch einen Gläubiger geht nicht weiter als dasselbe Recht in § 725 BGB. Einzig die Befugnis, einen Gesellschafter gegen nicht vollwertige Abfindung auszuschließen, kann nicht direkt auf die Gemeinschaft von Miteigentümern übertragen werden.⁵⁰ Dem Pfändungsgläubiger gegenüber besteht allerdings die Ablösungsbefugnis der übrigen Miteigentümer nach § 268 BGB; außerdem können – allerdings nicht als Gegenstand der Benutzungsregelung – pfändungsfeste Vor- und Ankaufsrechte begründet werden.

Will man eine bestimmte *Nutzung* des Grundstücks, z.B. als Weg, dauerhaft regeln, wird man regelmäßig dennoch den sichereren Weg, eine entsprechende Grunddienstbarkeit an möglichst vollstreckungsfester Rangstelle in das Grundbuch einzutragen, vorziehen. **50**

Eine Regelung kann grundsätzlich erst eingetragen werden, wenn das *Gemeinschaftsverhältnis entstanden* ist, also mehrere Personen in Miteigentum im Grundbuch eingetragen sind. Im Fall getrennter Buchung von Miteigentumsanteilen nach § 3 Abs. 6 GBO (§ 54 Rdn. 18 ff.) ist die Eintragung aber bereits vorher zulässig, auch wenn sich das Grundstück noch in Alleineigentum befindet.⁵¹ **51**

2. Verwaltung und Benutzung

Die Vereinbarungen können höchst vielgestaltig sein und brauchen hinter gesellschaftsrechtlichen Vereinbarungen nicht zurückzubleiben. Die Mehrheitsanforderungen können gegenüber der Regelung in § 745 Abs. 1 BGB erleichtert (z.B. Mehrheit der in einer Versammlung Anwesenden) oder (durch qualifizierte Mehrheit) verschärft werden.⁵² Die *Verwaltung* kann einem einzelnen Miteigentümer übertragen werden; es kann auch Fremdverwaltung vereinbart werden. Sogar die Befugnis, Grundstücksteile zu veräußern oder das Grundstück zu belasten, kann zumindest in bestimmten Grenzen Inhalt einer Verwaltungsregelung sein.⁵³ Die *Außenwirkung* einer Verwaltungsregelung ist (anders als bei der Gesellschaft) streitig; die Außenwirkung zum Inhalt einer Vereinbarung zu machen, die damit Vertretungsmacht begründet, ist wohl möglich.⁵⁴ **52**

Verwaltungsregelung

Solange A. Miteigentümer ist und lebt, steht ihm die Verwaltung allein zu. Endet seine Verwaltung, so ist einer der Miteigentümer zur Verwaltung berufen, der ein Abkömmling des A. ist. Ist nur ein Abkömmling vorhanden, steht ihm die Verwaltung von selbst zu; sind mehrere Abkömmlinge vorhanden, so haben alle Miteigentümer durch Beschluss einem von ihnen die Verwaltung zu übertragen. Klargestellt wird, dass diese Vereinbarung für und gegen alle Rechtsnachfolger der derzeitigen Miteigentümer gelten soll. **53 M**

---

48 Zitat aus BGH DNotZ 1986, 143. Ebenso BGH DNotZ 1995, 604; BGH NJW-RR 1995, 334.
49 Kritik *Ruhwinkel*, MittBayNot 2006, 413.
50 Da Vereinbarungen über die **Durchführung** der Teilung der Gemeinschaft selbst nicht Gegenstand einer Regelung nach § 1010 BGB sein können, OLG Köln DNotZ 1971, 373; OLG Frankfurt am Main Rpfleger 1976, 397.
51 LG Memmingen MittBayNot 1999, 77 m. zust. Anm. *Rehle* – str.
52 Zu eng OLG Hamm, MittBayNot 2018, 37, denn § 745 BGB regelt die Beschlussfassung als das Mittel zur Ausübung der Verwaltung.
53 Vgl. BGH NJW 1999, 781, wonach die Veräußerung zur ordnungsgemäßen Verwaltung gehören und auch die Verwaltung mehrerer Grundstücke einheitlich geregelt werden kann.
54 Vgl. BGHZ 56, 47.

§ 56 Eigentum an Grundstücken

Der jeweilige Verwalter ist befugt, das gemeinsame Grundstück auch wesentlich zu verändern. Er entscheidet nach seinem Ermessen über die Verwendung liquider Überschüsse und darf solche insbesondere in eine Rücklage einstellen.
Der jeweilige Verwalter ist ermächtigt, alle Miteigentümer im Rahmen seiner Verwaltungsbefugnisse, befreit vom Verbot des Insichgeschäfts, zu vertreten.
Alle Miteigentümer bewilligen und beantragen, die vorstehende Verwaltungsregelung als Belastung eines jeden Anteils zugunsten der jeweiligen Inhaber der anderen Anteile in das Grundbuch einzutragen.

■ *Kosten.*
a) Des Notars: Wert: 30 % des Grundstückswerts nach § 51 Abs. 2 GNotKG. Gebühr von 2,0 aus Tabelle B zu § 34 Abs. 2 GNotKG, mindestens 120 €, nach Nr. 21100 KV GNotKG. Das gilt auch, wenn der Notar die Vereinbarung entwirft und bloß beglaubigt (Nr. 24100 KV GNotKG).
b) Des Grundbuchamts: Gebühr i.H.v. 50 € für jeden belasteten Anteil nach Nr. 14160 KV GNotKG.

54 *Benutzungsregelungen* können einen weitestgehend beliebigen Inhalt haben bis hin zu Strukturen, die dem Wohnungseigentum ähneln. Nach richtiger Auffassung kann man auch Bestimmungen zur Kosten- und Lastentragungspflicht zum Gegenstand einer Benutzungsregelung machen (str.).[55]

Benutzungsregelung

55 M Die Benutzung des gemeinsamen Grundstücks wird für die Lebenszeit von A. wie folgt geregelt:
a) ist unter Ausschluss anderer Miteigentümer befugt, die im Erdgeschoß des Hauses gelegene Wohnung, die beiden Kellerräume, die nach Westen liegen, und den Hausgarten allein zu benutzen.
b) ist unter Ausschluss anderer Miteigentümer befugt, die Wohnung im 1. Stockwerk des Hauses und die Räume im Dachgeschoß allein zu benutzen, sobald sie der jetzige Mieter geräumt hat. Bis dahin steht der Mietzins allein B. zu.

■ *Kosten:* Siehe Rdn. 53 M. Benutzungs- und Verwaltungsregelungen sind gegenstandsgleich.

3. Ausschluss des Rechts auf Auseinandersetzung

56 Der einmal eingetragene Ausschluss wirkt bei späterer weiterer Unterteilung eines Miteigentumsanteils gegenüber allen entstehenden Anteilen.

Befristeter und bedingter Ausschluss der Aufhebung der Gemeinschaft

57 M Als Miteigentümer des im Grundbuch von ..... Blatt ..... eingetragenen Grundstücks, dessen Eigentümer wir zu gleichen Anteilen sind, haben wir vereinbart: Die Aufhebung der Gemeinschaft ist auf zehn Jahre, von heute an gerechnet, ausgeschlossen. Die

---

55 In der obergerichtlichen Rechtsprechung dafür BayObLG DNotZ 1993, 391; dagegen OLG Hamm DNotZ 1973, 546; aufgegeben durch OLG Hamm, RNotZ 2011, 344; Übersicht über den Streitstand bei *Schöner/Stöber*, Grundbuchrecht Rn. 1467.

Aufhebung der Gemeinschaft durch Zwangsversteigerung kann nach Ablauf der zehn Jahre nur verlangt und durchgeführt werden, wenn das **Meistgebot mindestens 80 % des festgesetzten Grundstückswerts** erreicht. Klargestellt wird, dass diese Vereinbarung für und gegen alle Rechtsnachfolger der derzeitigen Miteigentümer gelten soll. **Wir bewilligen und beantragen, diese Vereinbarungen in Abteilung II des Grundbuches als Belastung eines jeden Miteigentumsanteils zugunsten des jeweiligen Inhabers des anderen Miteigentumsanteils einzutragen.**

■ *Kosten.*
a) Des Notars: Wert: Bruchteil von 30 % des Verkehrswerts des Grundstücks (§ 51 Abs. 2 GNotKG). Die Vereinbarung ist nur berichtend erwähnt und zur Eintragung bewilligt, deshalb nur für Bewilligung samt Antrag Gebühr von 0,5 nach Nr. 24102 KV GNotKG (mit der die »erste« Beglaubigung im Sinne der Vorbem. 2.4.1 Abs. 2 KV GNotKG abgegolten ist).
b) Des Grundbuchamts: Nach demselben Wert für die Eintragung der Verfügungsbeschränkung, unabhängig vom Wert, Gebühr von 50 € für jeden belasteten Anteil nach Nr. 14160 Nr. 4 KV GNotKG.

§ 57 Erbbaurecht

Literatur: *Böttcher*, Entwicklungen beim Erbbaurecht und Wohnungseigentum seit 2009, Rpfleger 2011, 577; *ders.*, Entwicklungen beim Erbbaurecht und Wohnungseigentum 2011/2012, ZNotP 2013, 128; *ders.*, Entwicklungen beim Erbbaurecht und Wohnungseigentum 2013, ZNotP 2014, 47; *ders.*, Entwicklungen beim Erbbaurecht und Wohnungseigentum 2014, ZNotP 2015, 42; *ders.*, Entwicklungen beim Erbbaurecht und Wohnungseigentum 2016, ZNotP 2017, 42; *ders.*, Entwicklungen beim Erbbaurecht und Wohnungseigentum 2017, ZNotP 2018, 1; *ders.*, Praktische Fragen des Erbbaurechts, 8. Aufl., 2018; *Heckscher*, Grenzüberschreitende Bebauung bei Erbbaurechten – Gestaltungsmöglichkeiten für Nachbar- und Gesamterbbaurechte, RNotZ 2016, 1; *Ingenstau/Hustedt*, Kommentar zum Erbbaurecht, 10. Aufl., 2014 [11. Aufl. lag bei Redaktionsschluss noch nicht vor]; *Keller*, Das Erbbaurecht in der Insolvenz des Erbbauberechtigten, NZI 2012, 777; *Kesseler*, Absicherung von Grunddienstbarkeiten bei Bestellung eines Erbbaurechts, ZfIR 2014, 414; *Lemke*, Immobilienrecht, 2. Aufl. 2016 (Bearb. Czub); *Linde/Richter*, Erbbaurecht und Erbbauzins, 3. Aufl., 2001; *von Oefele/Winkler*, Handbuch des Erbbaurechts, 6. Aufl., 2016; *Meikel*, Grundbuchordnung, 11. Aufl., 2015; *Rotthege*, Grenzüberschreitende Bebauung und Nachbar-Erbbaurecht, in: FS Spiegelberger 2009, S. 1423; *Schmenger*, Aktuelle Rechtsfragen beim Erbbaurecht, BWNotZ 2006, 73; *Schmidt-Räntsch*, Erbbaurecht in der Rechtsprechung, ZfIR 2014, 269; *Schneider*, Das neue WEG – Handlungsbedarf für Erbbaurechtsherausgeber, ZfIR 2007, 168; *Schöner/Stöber*, Grundbuchrecht, 15. Aufl., 2012, Rn. 1675 ff.; *Siemon*, Zukunftsfähigkeit des Erbbaurechts, 2016; *Spiegelberger/Schallmoser*, Die Immobilie im Zivil- und Steuerrecht, 2. Aufl., 2015, S. 509–584.; *Wagner/Weber*, Die Beendigung des Erbbaurechts in der Grundbuchpraxis, Rpfleger 2016, 685; **Zu VII.:** *Freckmann/Frings/Grziwotz*, Das Erbbaurecht in der Finanzierungspraxis, 2. Aufl., 2009; *Kümpel*, Zum Sicherungskonflikt zwischen Kreditgeber und Grundstückseigentümer bei der Beleihung von Erbbaurechten, WM 1998, 1057; *Merkens*, Sicherung der Werklohnforderung bei Erbbaurecht?, NZBau 2009, 349.

I. Allgemeines

1. Rechtscharakter

1 Das Erbbaurecht gibt dem Berechtigten als besondere Form der Grundstücksbelastung das veräußerliche und vererbliche *Recht*, auf oder unter der Oberfläche des Grundstücks ein mit dem Erdboden verbundenes Bauwerk zu haben (§ 1 Abs. 1 ErbbauRG). Es verschafft ihm im Ausübungsbereich (unten Rdn. 8) zugleich *Eigentum* am Bauwerk, ohne dass er Eigentümer des Grundstücks sein muss (§ 12 ErbbauRG). Als »grundstücksgleiches Recht« wird es grundsätzlich wie ein Grundstück behandelt (§ 11 Abs. 1 ErbbauRG). Auflösende Bedingungen und Vereinbarungen mit vergleichbarer Wirkung sind unwirksam (§ 1 Abs. 4 ErbbauRG); wirksam kann allerdings ein Heimfallanspruch begründet werden (unten Rdn. 18 ff.).

2 Entstehungsgrund des Erbbaurechts ist ein *Rechtsgeschäft* (Vertrag bzw. einseitige Erklärung beim Eigentümererbbaurecht). Es bestimmt zugleich den Inhalt des Rechts, dadurch eröffnet sich für ein Sachenrecht relativ weite Gestaltungsfreiheit. Dennoch gilt der Typenzwang. Er kommt zum Ausdruck in den durch §§ 1 bis 8, 27 Abs. 1, 32 Abs. 1 ErbbauRG gesetzten Grenzen. Man hat also zu *unterscheiden* den Inhalt des dinglichen Rechts von den schuldrechtlichen Vereinbarungen zur Begründung des Rechts – diese erledigen sich mit wirksamer Bestellung – und weiteren schuldrechtlichen Dauervereinbarungen, die während der Geltungszeit des dinglichen Rechts bestehen sollen. Hinzu kommen dingliche Rechte, die nicht Inhalt des Erbbaurechts sind, es aber typischerweise begleiten, wie der Erbbauzins und wechselseitige Vorkaufsrechte. Auch zu ihnen kann es – u.U. durch Vormerkung gesicherte – einmalig oder auf Dauer angelegte schuldrechtliche Vereinbarungen geben. Die Bestellungsurkunde sollte an jeder Stelle eindeutig erkennen lassen, um welchen dieser Regelungskreise es sich gerade handelt.

2. Rechtsquelle und wirtschaftliche Bedeutung

Regelungsstandort ist seit 30.11.2007[1] das *Erbbaurechtsgesetz* (ErbbauRG). Nummerierung und Inhalt der Paragrafen der bisherigen Erbbaurechtsverordnung (ErbbauVO) blieben bei dieser Umbenennung unverändert. Der Gesetzgeber hielt die Normqualität der im Wesentlichen seit 1919 geltenden ErbbauVO und möglicherweise auch das Institut Erbbaurecht selbst für nicht ausreichend im allgemeinen Rechtsbewusstsein verankert.[2] Damit wäre das wirtschaftliche Potenzial dieses aus ganz unterschiedlicher Motivation sehr flexibel einsetzbaren Instruments verkannt. Neben sozialpolitischen Zielsetzungen kann es dem modernen Bodenmanagement öffentlicher wie auch privater Stellen dienen.[3] Das Erbbaurecht ist zudem ein wesentliches Instrument zur Überführung von Gebäudeeigentum und Nutzungsrechten nach dem Zivilgesetzbuch der DDR in die Sachenrechtsordnung des BGB (§§ 3, 32–60 SachenRBerG, § 2 ErholNutzG; teils mit Spezialregelungen ggü. dem nachfolgend ausschließlich behandelten Erbbaurecht nach dem ErbbauRG). 3

Typische *Erbbaurechtsausgeber* sind nach wie vor Kommunen und Kirchen. Den Kommunen geht es neben der in den Anschaffungskosten günstigeren Bereitstellung von Bauland darum, mittels des Privatrechts planerische Befugnisse zu bewahren, die das öffentliche Recht ihnen nicht zuerkennt. Kirchen verfolgen ihre Tradition, Grund und Boden niemals zu veräußern, sondern nur in Nutzung zu geben. Daneben ist das Erbbaurecht aber auch aus anderen Gründen und für andere Ausgeber attraktiv. Die Trennung von Gebäude- und Bodeneigentum kann in der steuerlichen Vermögenszuordnung vorteilhaft sein. Dauerhaften Einfluss auf die Bewirtschaftungsart des Grundstücks wollen sich nicht nur Kommunen, sondern auch Private wie Mineralölfirmen oder Brauereien sichern. Ein »sale and lease back«-Geschäft kann so konstruiert werden, dass dem Investor ein Erbbaurecht eingeräumt wird, aufgrund dessen er baut und zurückvermietet. Werden Windkraftanlagen in Erbbaurecht[4] errichtet, kann ihre Finanzierung durch Grundpfandrechte gesichert werden. Wer für eigene Zwecke auf fremdem Grund und Boden investieren will, gewinnt mehr Sicherheit als ihm ein Pacht- oder Mietverhältnis gewähren kann. Vielfach sind deshalb auch relativ kurze Laufzeiten (in Einzelfällen bis herab zu 30 Jahren, vgl. § 544 BGB) üblich geworden. 4

Die unterschiedlichen Interessenlagen der Beteiligten je nachdem, ob mit der Wahl des Erbbaurechts Ziele der Stadtentwicklung oder der Sozialpolitik, rein kapitalistische oder andere und gemischte Zwecke verfolgt werden, müssen in die Vertragsgestaltung eingehen.[5] Bei der Entscheidung, ob der Grundstückseigentümer einer Veräußerung zustimmen muss (§ 7 Abs. 1, 3 ErbbauRG) kann es z.B. darauf ankommen, ob der veräußerungswillige Berechtigte aus der Tatsache eines bewusst »sozial« gestalteten Erbbauzinses seinerseits einen spekulativen Gewinn zieht.[6] Sollen für Veräußerungs- oder Belastungszustimmung (§ 5 ErbbauRG), Heimfallgründe (§ 2 Nr. 4 ErbbauRG) oder eine Auslaufsentschädigung bzw. Heimfallvergütung (§§ 27, 32 ErbauRG) ausschließlich wirtschaftliche Erwägungen maßgeblich sein, sollte das im Rahmen des Zulässigen (unten Rdn. 19, 26) im Einzelnen 5

---

1 BGBl. 2007 I S. 2614, 2617.
2 BT-Drucks. 63/07, S. 64.
3 Vgl. aus jüngerer Zeit etwa *Siemon*, S. 39 ff.
4 *Goecke/Gamon*, WM 2000, 1309, 1314.
5 Vgl. etwa OLG Hamm v. 19.01. 2015 – I-5 U 47/14 –, juris: Vereinbarung einer an den Verbraucherpreisindex geknüpften Gleitklausel hinsichtlich des Erbbauzinses spricht dafür, dass eine konstante Entwicklung von Grundstückswerten, ortsüblichen Mieten oder Finanzierungszinssätzen nicht Geschäftsgrundlage war.
6 BGH NJW-RR 1998, 1387.

klargestellt werden. Ergänzend mag man auch in der Art einer »Präambel« den Ausgangspunkt des konkreten Vertrags und damit seinen Zweck i.S.d. § 7 Abs. 1 ErbauRG festhalten.

II. Das Erbbaurecht als dingliches Recht

1. Bauwerk

6   Dinglicher Inhalt *muss* sein, wenigstens ein bestehendes oder noch zu errichtendes[7] *Bauwerk* zu haben (§ 1 Abs. 1 ErbbauRG). Hierin unterscheidet sich das Erbbaurecht von der nicht mehr zulässigen sogenannten Erbpacht, mit der es in der Vermarktung und auch in der betriebswirtschaftlichen Literatur gelegentlich verwechselt wird. Es muss sich dabei nicht zwingend um ein Gebäude handeln, genügen können z.B. Leitungsanlagen oder befestigte Parkplätze und Straßen. Entscheidend ist die unter Arbeits- und Materialeinsatz geschaffene, mit dem Erdboden fest verbundene unbewegliche Sache.[8] Anlagenensembles wie Sport- oder Campingplätze können insgesamt Gegenstand eines Erbbaurechts sein, wenn bei natürlicher Betrachtung die Bestandteile mit und ohne Bauwerkscharakter nicht zu trennen sind und die Bauwerke den wirtschaftlichen Schwerpunkt bilden.[9] Unzulässig ist die Zerteilung eines auf dem Grundstück befindlichen, nach der Verkehrsanschauung einheitlichen Bauwerks (§ 1 Abs. 3 ErbbauRG).[10] Daher kann die auf ein Bauwerk aufgesetzte Fotovoltaikanlage isoliert wohl nicht zum Gegenstand des Erbbaurechts erklärt werden. Gegenbeispiele sind z.B. die bauliche eigenständige Tiefgarage mit vom oberirdischen Gebäude unabhängigem Zugang/eigener Versorgung oder eine Reihung separat versorgter Häuser. Zum umgekehrten Fall des einheitlichen Bauwerks, das sich auf mehreren Grundstücken befindet s.u. Rdn. 55. Das Bauwerk muss *bezeichnet* werden.[11] Dazu sind Zahl und ungefähre Beschaffenheit anzugeben. Bei noch zu errichtenden Gebäuden ist aber z.B. die Zulassung aller nach Maßgabe des Baurechts erlaubter Gebäude bestimmt genug.[12] Es muss dann aber vor allem hinsichtlich der so genannten Erstreckungsflächen (Rdn. 8) gewährleistet bleiben, dass zwischen Grundstückseigentümer und Erbbauberechtigtem sowie etwaigen Rechtsnachfolgern hinreichende Klarheit über Inhalt und Umfang der Berechtigung zur Nutzung des Grundstücks besteht.[13] Sollen ein bestehender Gebäudekomplex erweitert und dafür Nachbargrundstücke in Erbbaurecht in Anspruch genommen werden, kann es wegen § 1 Abs. 3 ErbbauRG darauf ankommen, ob ein neues eigenständiges Bauwerk geplant wird.[14]

7   *Fakultativ* sind die folgenden auf das Bauwerk bezogenen Inhalte: Vereinbarungen über die Errichtung, Instandhaltung und Verwendung, ferner über Versicherung und Wiederaufbau (§ 2 Nr. 1 und 2 ErbbauRG). Über die zur Begründung des Rechts erforderliche Bestimmung der Bauwerke hinaus kann in diesem Rahmen ihre bauliche Ausführung konkretisiert und eine *Errichtungspflicht* festgeschrieben werden. Ohne Vereinbarung sind die

---

7   Zur Bestellung an Bauerwartungsland s. OLG Düsseldorf NJW-RR 2001, 1310; OLG Köln OLG-Report 2002, 71. Unzulässig dagegen ist die Bestellung bei von Anfang an fehlender Verwirklichungschance, BGHZ 96, 385 = NJW 1986, 1605.
8   BGHZ 117, 19 = NJW 1992, 1681.
9   Z.B. Golfplatz: BGHZ 117, 19 = NJW 1992, 1681; Kinderspielplatz: LG Itzehoe Rpfleger 1973, 304; ausnahmsweise auch ein landwirtschaftlicher Betrieb: OLG Jena Rpfleger 1996, 242 und ein Gestüt, OLG Jena jurionRS 2012, 21412.
10 Beispiele bei *Schmidt-Räntsch*, ZfIR 2014, 269, 270.
11 »Ein Bauwerk« ist jedenfalls dann unzureichend, wenn nach den örtlichen Gegebenheiten die einzig infrage kommende Bebauung nicht ausnahmsweise offenkundig ist, OLG Frankfurt am Main OLGZ 1983, 165.
12 BGHZ 101, 143 = NJW 1987, 2674; BGHZ 126, 12 = NJW 1994, 2024. Insbesondere ist auch eine dynamische Verweisung auf das öffentliche Bauplanungsrecht möglich (BGH, Urt. v. 23.05.2014 – V ZR 208/12, NJW 2014, 3439).
13 BGH, Urt. v. 19.12.2014 – V ZR 81/14.
14 Vgl. die Hinweise von *Schmidt-Räntsch*, ZfIR 2014, 269, 271.

Parteien weder zur erstmaligen Errichtung noch zum Wiederaufbau nach einer Zerstörung verpflichtet. Das Erbbaurecht erlischt nicht durch Zerstörung des Bauwerks, § 13 ErbbauRG und nicht bei späterer rechtlicher oder tatsächlicher Unmöglichkeit der Bebauung.[15] Erschließungspflichten können jedenfalls vereinbart werden, soweit sie das Erbbaurechtsbauwerk betreffen.[16] Wesentliche Änderungen an Bauwerken wie auch ihrer Nutzungsart können in den Grenzen von Treu und Glauben der Zustimmung des Grundstückseigentümers unterworfen werden.[17] Mit der Instandhaltung bzw. den Unterhaltungskosten sind auch Besichtigungsrechte regelbar. *Verwendung* des Bauwerks wird hier sehr weit verstanden: Erlaubt sind Vorgaben sowohl für die Nutzungsart wie auch für den Nutzerkreis, sei es aus sozialen, ideellen oder wirtschaftlichen Gründen. Neben einer Pflicht zur *Versicherung* kann auch die Verteilung anfallender Prämien geregelt werden. Erfasst sind nur Sachversicherungen, nicht eine Gebäudehaftpflichtversicherung.

2. Ausübungsbereich

Das Erbbaurecht berechtigt zum »Haben« des Bauwerks und vermittelt somit daran Eigentum (§ 12 ErbbauRG) und Besitz. Das schließt die erforderliche Nutzung der unmittelbar vom Bauwerk (auch als einheitlichem Ensemble) eingenommenen Grundstücksfläche ein. Ob und wofür der Berechtigte über diese *Bauwerksfläche* hinaus Flächenbereiche des Grundstücks in Anspruch nehmen darf, muss sich dagegen aus der Erbbaurechtsbestellung ergeben.[18] Das Erbbaurecht *kann* – praktisch ist das heute die Regel – ganz oder teilweise auf den übrigen Teil des Grundstücks erstreckt werden. Gegenüber dieser Erstreckungsfläche[19] muss das Bauwerk jedoch wirtschaftlich die Hauptsache bleiben (§ 1 Abs. 2 ErbbauRG). Dazu kommt es weniger auf einen Größen- oder Wertevergleich an als auf den Nutzungsschwerpunkt. Es handelt sich um eine für die Kautelarjurisprudenz höchst problematische Vorschrift, weil ein Erbbaurecht, das diesem Erfordernis nicht entspricht, insoweit inhaltlich unzulässig und daher ohne Möglichkeit gutgläubigen Erwerbs u.U. sogar insgesamt nichtig ist.[20] In der Bestellungsurkunde sollte zum Ausdruck kommen, weshalb die weitere Grundstücksnutzung dem Zweck des Erbbaurechts dienen oder – wenn kein derartiger Bezug hergestellt werden kann – ihr gegenüber doch wenigstens wirtschaftlich untergeordnet sein soll.[21] Die Grenze ist jedenfalls überschritten, wenn der Nutzung des Bauwerkes nur eine untergeordnete Bedeutung gegenüber einer anderen (meist land-, forstwirtschaftlichen oder gärtnerischen Nutzung beigemessen werden kann.[22]

Umgekehrt impliziert § 1 Abs. 2 ErbauRG die Möglichkeit, die *Ausübung des Erbbaurechts* ohne reale Teilung des Grundstücks auf einen *Teil desselben* zu beschränken. Den Ausübungsbereich des Erbbaurechts bilden die Bauwerksfläche und ihre etwaige Erstreckung auf Nebenflächen. Die räumliche Bestimmung des Ausübungsbereichs ist Teil der dinglichen Einigung. Dabei muss, wenn nicht das ganze Grundstück Ausübungsbereich sein soll,

---

15 BGH, Urt. v. 19.12.2014 – V ZR 81/14, juris.
16 Erman/*Grziwotz*, § 2 ErbbauRG Rn. 3. Weiter (Grundstück insgesamt) *Ingenstau/Hustedt*, § 2 ErbbauRG Rn. 23. Zur steuerrechtlichen Einordnung *Spiegelberger/Schallmoser/Rapp*, Kap. 5 Rn. 5.38 und 5.143.
17 BGH NJW-RR 1986, 1269. Streitig ist ein Zustimmungsvorbehalt für den Fall der Vermietung (ablehnend BayObLG Rpfleger 2002, 140 und Ingenstau/Hustedt/*Hustedt*, § 2 ErbbauRG Rn. 30; MüKo-BGB/v. Oefele/*Heinemann*, § 2 ErbbauRG Rn. 16; befürwortend *Böttcher*, Rn. 144; *Linde/Richter*, Rn. 98; *Weitnauer*, DNotZ 1968, 303, 304; RGRK/*Räfle*, § 2 ErbbauVO Rn. 12; *Hügel/Otto*, GBO, Sonderteil Erbbaurecht Rn. 91 m.w.N.).
18 Auf eine stillschweigende Einbeziehung (OLG Frankfurt am Main, Beschl. v. 27.05.2003 – 20 W462/02, NJOZ 2003, 3226) sollte man sich nur für solche Nutzungen verlassen, die für die Ausübung des Erbbaurechts »schlechthin unverzichtbar« sind (Beispiel: KG Rpfleger 1991, 496 = NJW-RR 1992, 214). Lediglich vorteilhafte Nutzungen, z.B. bestimmte günstige Zufahrtswege, sind nicht ohne Weiteres abgedeckt.
19 Also nicht unbedingt ggü. der Gesamtfläche des Grundstücks, OLG Hamm Rpfleger 2006, 9.
20 Zur Auswirkung auf die Erbbaurechtsbestellung i.Ü. *Hügel/Otto*, GBO, Sonderteil Erbbaurecht, Rn. 66.
21 *v. Oefele*, MittBayNot 1992, 29, 31. Beispiel: OLG München jurionRS 2012, 21412.
22 Lemke/*Czub*, § 1 Rn. 16.

die Lage von Bauwerk und einbezogenen Nebenflächen umso deutlicher bestimmt werden, als sie sich nicht schon aus ihrer Zweckbestimmung im Verhältnis zum Hauptzweck des Erbbaurechts ergibt.[23] Spätere Änderungen erfordern eine Inhaltsänderung des Rechts (§ 11 ErbbauRG, §§ 877, 873, 876 BGB).[24] Den verbleibenden Teil kann der Grundstückseigentümer selbst wirtschaftlich nutzen, er bleibt oder wird Eigentümer der dort errichteten Gebäude.[25] Belastet in diesem Fall der Eigentümer das Grundstück im Rang nach dem Erbbaurecht mit einem Grundpfandrecht, so steht dem Gläubiger *wirtschaftlich* neben dem Anspruch auf Erbbauzins also auch der verbleibende Grundstücksteil samt darauf befindlichen Gebäuden als Haftungsmasse zur Verfügung. Von Grundstückseigentümer und Erbbauberechtigtem gemeinsam z.B. für Erschließungszwecke genutzte Flächenteile können durch gegenüber dem Erbbaurecht nachrangige Grunddienstbarkeit zugunsten des Erbbaurechts oder umgekehrt durch entsprechende Belastung des Erbbaurechts gesichert werden.

Eingeschränkter Ausübungsbereich

10 M **Das vom Erbbauberechtigten zu errichtende Wohn- und Geschäftshaus muss sich nach näherer Maßgabe des öffentlichen Baurechts mit seiner Grundfläche vollständig innerhalb des auf dem Lageplan 1 eingezeichneten und fortlaufend A-B-C-A bezeichneten Teilstücks des Grundstücks befinden. Die übrige Fläche dieses Teilstücks steht als Garten-, Hof- und Parkfläche zu Verfügung und ist als solche anzulegen, sie darf auf Kosten des Erbbauberechtigten eingezäunt werden. Auch auf sie erstreckt sich der Ausübungsbereich des Erbbaurechts, nicht jedoch auf das übrige Grundstück einschließlich des schon vorhandenen straßenseitigen Gebäudes.
Zur Mitnutzung der Tordurchfahrt dieses Gebäudes und des im Plan mit X-Y-Z-X bezeichneten Weges als Zugang und PKW-Zufahrt zum Ausübungsbereich vereinbaren die Beteiligten eine Grunddienstbarkeit zugunsten des jeweiligen Erbbauberechtigten. Die gewöhnlichen Unterhaltungskosten des Weges einschließlich Reinigung und Schneeräumen sind im Verhältnis 2 (Eigentümer) zu 1 (Erbbauberechtigter) zu teilen. Mit diesem Inhalt bewilligt der Eigentümer und beantragen die Beteiligten die Eintragung der Grunddienstbarkeit im Grundbuch an nächstoffener Rangstelle nach Erbbaurecht und Vorkaufsrecht. Der Plan lag den Beteiligten zur Durchsicht vor, wurde genehmigt und als Anlage zu dieser Niederschrift genommen.**

3. Zeitliche Grenzen, Verlängerung, Beendigung und Ablaufentschädigung

11 Eine *zeitliche Begrenzung* ist nicht vorgeschrieben, aber üblich. Dinglich entsteht das Erbbaurecht frühestens mit der Eintragung (§ 873 Abs. 1 BGB); schuldrechtlich kann der wirtschaftliche Beginn vorgezogen werden. Der Endtermin muss (nicht zwingend datumsmäßig) bestimmt sein,[26] er darf nicht an eine auflösende Bedingung (§ 1 Abs. 4 ErbbauRG) und aus dem gleichen Gedanken auch nicht an ein zeitlich ungewisses Ereignis wie z.B. den Tod eines Vertragsteils geknüpft werden. Für zulässig gehalten wird dagegen die Vereinbarung einer automatischen Verlängerung um einen vorbestimmten Zeitraum, wenn zum ursprüng-

---

23 Vgl. OLG Frankfurt am Main OLG-Report 2007, 766.
24 Gestaltungsbeispiel bei *Ott*, notar 2014, 265, 269.
25 OLG Zweibrücken FGPrax 1996, 131.
26 Bauer/Schaub/*Maaß*, AT F Rn. 45.

lich vereinbarten Endtermin nicht gekündigt war[27] oder wenn vor einem bestimmten Termin die Verlängerung verlangt wird (aufschiebende Bedingung).[28]

Ist kein derartiger Automatismus vorgesehen, erfolgt eine *Verlängerung*[29] materiell formlos als Inhaltsänderung des Erbbaurechts, für deren Eintragung die §§ 19, 20, 29 GBO gelten. Gemäß §§ 877, 876 bedarf es der Zustimmung der Berechtigten am Grundstück. Die dinglich Berechtigten an dem lediglich besser gestellten Erbbaurecht müssen grundsätzlich nicht zustimmen, anders aber sofern – was sich häufig anbieten wird – die Bestimmungen über die Erbbauzinsreallast bei dieser Gelegenheit aktualisiert werden (§ 9 Abs. 3 Satz 2 ErbbauRG). Eine *Verlängerung* muss bis zum ursprünglichen Endtermin eingetragen sein, sonst hilft nur die Neubestellung. Im Rahmen der Neubestellung ist darauf zu achten, dass der Grundstückseigentümer keine Haftung für die Löschung der Entschädigungsforderung des Erbbauberechtigten bzw. von Sicherungsrechten daran (§§ 28, 29 ErbbauRG) übernehmen kann. **12**

Wichtig für die zeitliche Ausgestaltung (und Motiv der Gestaltungsschranken des § 1 Abs. 4 ErbbauRG) ist, dass mit der *Beendigung* des Erbbaurechts durch Zeitablauf (anders als bei Ausübung eines Heimfallrechts!) alle darauf liegenden dinglichen Rechte untergehen. Hypotheken, Grund- und Rentenschulden sowie Reallasten (andere Rechte nicht!) setzen sich aber an einer Entschädigungsforderung des Erbbauberechtigten (unten Rdn. 15) fort. Rechte, die dem jeweiligen Erbbauberechtigten zustehen, bleiben nur bestehen, wenn sie unmittelbar die Weiternutzung durch den Grundstückseigentümer sichern.[30] **13**

Mit *Eintritt des Endtermins* erlischt das Erbbaurecht von selbst, das Grundbuch wird unrichtig. Im Grundbuch kann dies jedoch nur dann ohne Weiteres nachvollzogen werden, wenn die Entschädigungsleistung, die als Recht am Grundstück im Rang des Erbbaurechts entsteht (§ 28 ErbbauRG), ausdrücklich ausgeschlossen ist oder Löschungsbewilligungen des Erbbauberechtigten und aller nach § 29 ErbbauRG an der Ablaufentschädigung Berechtigten vorliegen. Ist keine dieser Voraussetzungen erfüllt, kann das Erbbaurecht dann gelöscht werden, wenn zugleich – auf Berichtigungsantrag des Eigentümers – die Entschädigungsforderung als reallastähnliches Recht als solche (auch ohne Benennung eines konkreten Geldbetrages)[31] im Grundbuch eingetragen und die Pfandrechte bei ihr vermerkt werden.[32] **14**

Die Ausgestaltung der *Ablaufentschädigung* (§ 27 ErbbauRG) hat entscheidenden Einfluss auf die Beleihbarkeit des Erbbaurechts. Jeder Gläubiger des Berechtigten muss darauf achten, dass bei Zeitablauf die ihm verbleibende Forderung durch die Ablaufentschädigung gedeckt ist (s. § 28 ErbbauRG). Wenn nicht (wie unten bei Rdn. 62 M) schlicht auf den (anteiligen) Verkehrswert abgestellt werden soll, sondern nur bestimmte Investitionen des Erbbauberechtigten abzugelten sind, sollte deren Umfang zur Streitvermeidung klar bestimmt werden.[33] Der Grundstückseigentümer kann einer Verpflichtung zur Entschädigungsleistung dadurch entgehen, dass er dem Erbbauberechtigten *rechtzeitig* (!) vor Ablauf die *Verlängerung des Erbbaurechts* für einen Zeitraum anbietet, der der voraussichtlichen Stand- **15**

---

[27] *Erman/Grziwotz*, § 1 ErbbauRG Rn. 21 m.w.N.
[28] *Bauer/Schaub/Maaß*, GBO, AT F Rn. 47; *König*, MittRhNotK 1989, 261, 262; dagegen (da dann im Ergebnis Gestaltungsrecht) MüKo-BGB/*v. Oefele/Heinemann*, § 1 ErbbauRG Rn. 71.
[29] Zu unterschiedlichen Gestaltungen einer Verlängerung – von Optionsregelungen bis zum Automatismus *König*, MittRhNotK 1989, 261.
[30] BGHZ 192, 335 = DNotZ 2012. Hierzu *Maaß*, NotBZ 2012, 208.
[31] Zum Ganzen auch *Hügel/Otto* Sonderteil Erbbaurecht Rn. 137 ff.
[32] BGHZ 197, 140 = FGPrax 2013, 143 = Rpfleger 2013, 441; OLG Hamm DNotZ 2007, 750 mit ausführlichen Nachweisen zum Streitstand. S. auch *Maaß*, DNotZ 2007, 753 und ausführlich zur Beendigung *ders.*, NotBZ 2002, 389.
[33] *Schmidt-Räntsch*, ZfIR 2014, 269, 276 mit Hinweis auf den Fall BGH, Urt. v. 15.11.2012 – V ZR 36/12, JurionRS 2012, 28706; OLG Brandenburg, Urt. v. 12.01.2012 – 5 U 7/11, JurionRS 2012, 10454.

16 Erlischt das Erbbaurecht, so werden die Bestandteile des Erbbaurechts nach § 12 Abs. 3 ErbbauRG Bestandteile des Grundstücks. Das gilt zunächst für das Gebäude (§ 12 Abs. 1 ErbbauRG) und kraft ausdrücklicher Nennung in § 12 Abs. 2 ErbbauRG auch für alle Bestandteile im Sinne der §§ 94 und 95 BGB. Weniger klar ist die Bestandteilseigenschaft in diesem Sinne für Rechte, die mit dem Eigentum an einem Grundstück verbunden sind (§ 96 BGB). Der BGH bejaht den Fortbestand zugunsten des Grundstückseigentümers derzeit nur für Wege- und Leitungsrechte.[34] Der Grundstückseigentümer soll gegen Entschädigungsleistung das Gebäude in seinem wirtschaftlichen Wert erhalten, dazu bedarf es in der Regel solcher Rechte an Nachbargrundstücken. Die Abgrenzung, welche Dienstbarkeiten bestehen bleiben und welche nicht, kann auch nach der Entscheidung des BGH nicht als geklärt gelten. Subjektiv dingliche Rechte, die auch nach Beendigung des Erbbaurechts zugunsten des Grundstückseigentümers fortgelten sollen, sollten also stets von Anfang an auch zugunsten des Grundstücks eingetragen werden. Für die Fälle, in denen man mit dem BGH wohl eher zu einem Fortbestand gelangt, bleiben noch die Interessen des Eigentümers des dienenden Grundstücks zu beachten: Er kann eine Entschädigung erhalten haben, die nur auf die Dauer des Erbbaurechts kalkuliert war und von dessen späterem Erlöschen er ausging. Oder er wollte überhaupt nur dem Erbbauberechtigten persönlich einen Gefallen tun. Er kann seinerseits im Austausch Rechte am Erbbaurecht erworben haben, die prima facie mit diesem ersatzlos wegfallen.[35] Eventuell können Schieflagen hier über das Begleitschuldverhältnis zur Dienstbarkeit korrigiert werden.[36] Besser wird der Fall der Erbbaurechtsbeendigung bereits bei Bestellung solcher Rechte bedacht und ein Nichteingreifen des § 12 Abs. 3 ErbbauRG sichergestellt, wenn sie sich nicht fortsetzen sollen. Die nachfolgenden Muster arbeiten dazu mit Bedingungen hinsichtlich der Dienstbarkeit. Für den Fall der wechselseitigen Bestellung ist alternativ daran zu denken, von Anfang an parallele Rechte für und an Erbbaurecht und Erbbaurechtsgrundstück zu bestellen.[37] Das hat den Vorteil, dem Nachbar den bei Bestellung aktuell freien Rang zu verschaffen, führt aber dazu, dass im Falle späterer Änderungen die Inhalte der Rechte auseinandergehen können.

Berücksichtigung der Erbbaurechtsbeendigung bei Bestellung eines Wegerechts

17 M **Wirkung des § 12 Abs. 3 ErbbauRG ist bei Bestellung einer Dienstbarkeit nicht gewollt**
Das hier bewilligte Wegerecht ist auflösend bedingt und als solches einzutragen. Es fällt weg, sobald das berechtigte Erbbaurecht erlischt.
Wechselseitige Wegerechte sollen auch bei Erlöschen des Erbbaurechts fortgelten
Das hier bewilligte Wegerecht ist auflösend bedingt und als solches einzutragen. Es fällt weg, wenn das berechtigte Erbbaurecht erlischt und nicht zugleich mit der Schließung des Erbbaugrundbuchs und dem Übergang des Rechts auf das Grundstück Flur … Flurstück … an ebendiesem Grundstück ein Wegerecht zugunsten des hier dienenden Grundstücks bestellt wird, das mit dem heute an dem Erbbaurecht bestellten Recht inhaltsgleich ist.

---

34 BGH, Urt. v. 17.02.2012 – V ZR 102/11, DNotZ 2012, 760 = NJW-RR 2012, 845 mit Nachweisen zum Streitstand. Siehe auch die Anmerkungen von *Grziwotz*, ZfIR 2012, 430; *Maaß*, NotBZ 2012, 208; *Oppermann*, ZNotP 2012, 166 und *Satzl*, MittBayNot 2013, 42.
35 Zu beiden Konstellationen *Schmidt-Räntsch*, ZfIR 2014, 269, 272 ff.
36 Dahin mit der gebotenen Zurückhaltung *Schmidt-Räntsch*, ZfIR 2014, 269, 272 ff. Zum integrierten Schuldverhältnis vgl. NK-BGB/*Otto*, § 1020 BGB Rn. 1 ff.
37 Dafür *Maaß*, NotBZ 2012, 208.

4. Heimfall

18 Wichtiger Gegenstand dinglicher Vereinbarung (§ 2 Abs. 1 Nr. 4 ErbbauRG) ist die Verpflichtung des Erbbauberechtigten, das Recht unter bestimmten Voraussetzungen dem Grundstückseigentümer oder nach dessen Verlangen einem Dritten (Fall des § 3 Halbs. 2 ErbbauRG) zu übertragen (Heimfall). Dem Heimfallanspruch kommt keine dingliche Wirkung zu. Einmal entstanden kann er nicht gegen nachfolgende Erwerber des Erbbaurechts geltend gemacht werden.[38] Der Grundstückseigentümer muss den entstandenen Heimfallanspruch also – gegebenenfalls mittel einstweiliger Verfügung – durch Vormerkung absichern.[39]

19 In der Bestimmung der *Heimfallgründe* sind die Beteiligten weitgehend frei. Aus § 1 Abs. 4 ErbbauRG wird allerdings abgeleitet, das sie einen wirtschaftlichen oder rechtlichen Mindestbezug zum Erbbaurecht aufweisen müssen.[40] Entscheidend ist, dass nicht faktisch eine nicht zulässige auflösende Bedingung konstruiert wird.[41] Es kann angeknüpft werden sowohl an die Verletzung dinglich wirkender wie auch schuldrechtlicher Abreden wie an den Eintritt bestimmter Umstände wie die Einleitung einer Zwangsversteigerung des Erbbaurechts,[42] Tod oder Insolvenz[43] eines Beteiligten, Eigenbedarf, Änderung des öffentlichen Baurechts. Vorzugswürdig ist ihre möglichst konkrete Festlegung. Besonders wegen der typischerweise langen Dauer der Erbbaurechte sind aber auch Umschreibungen wie »wichtiger Grund« oder »unbillige Härte« nicht immer vermeidbar, rechtlich ist die Verwendung solcher unbestimmter Rechtsbegriffe anerkannt.[44] Dem Bestimmtheitsgrundsatz ist genügt, wenn der Heimfall für den Fall vereinbart wird, dass der Eigentümer das Grundstück wirtschaftlicher verwerten könnte.[45] Die Interessen des Erbbauberechtigten sollen hier durch die kurze Verjährung (§ 4 ErbbauRG) ausreichend gewahrt sein.[46] Veräußerung des Erbbaurechts oder Verletzung einer vereinbarten Zustimmungspflicht zu Veräußerung oder Belastung können den Heimfallanspruch nicht auslösen (§ 6 Abs. 2 ErbbauRG).[47] Die Verletzung anderer Zustimmungsrechte (z.B. oben Rdn. 7) kann als Heimfallgrund dagegen vorgesehen werden.[48] Zahlungsverzug kann nach § 9 Abs. 4 ErbbauRG den Heimfallanspruch nur dann begründen, wenn der Erbbauberechtigte mit dem Erbbauzins mindestens in Höhe zweier Jahresbeträge im Rückstand ist.

20 Eine weitere Grenze jedes Heimfallanspruchs bilden die allgemeinen Verbote und das Sittengesetz. Dabei kommt es zumeist auf den Einzelfall an. Auch die Kirche als Erbbaurechtsausgeber darf zwar aggressiv kirchenfeindliches Verhalten, nicht aber schon einen Kirchenaustritt zum Grund des Heimfallanspruchs nehmen.[49] Von öffentlichen Erbbaurechtsausgebern auferlegte Verfügungs- oder Nutzungsbeschränkungen unterliegen dem Verhältnismäßigkeitsgrundsatz.[50] Von einem Verschulden des Erbbauberechtigten muss

---

38 BGHZ 207, 334.
39 BGHZ 207, 334; Lemke/*Czub*, § 2 ErbbauRG Rn. 14, 19.
40 *Ingenstau/Hustedt*, § 2 ErbbauRG Rn. 68; *v. Oefele*, MittBayNot 2004, 186; etwas weiter Staudinger/*Rapp*, ErbbauRG § 2 Rn. 21.
41 *Ingenstau/Hustedt*, § 2 ErbbauRG Rn. 68: Unzulässig daher die Verknüpfung mit dem Fortbestand eines anderen Vertragsverhältnisses ohne Bezug zum Grundstück oder Erbbaurecht selbst.
42 Zu den aus § 307 BGB hier bestehenden Grenzen KG Berlin, Urt. v. 27.11.2001 – 4 U 9438/00, KGR 2002, 159, 160; *Schmidt-Räntsch*, ZfIR 2014, 269, 274.
43 Grundsätzlich führt der Heimfallanspruch in der Insolvenz des Erbbauberechtigten zur Aussonderung. Er kann aber anfechtbar sein (unten Rdn. 20). Zu Insolvenzproblemen auch *G. Meyer*, NZI 2007, 487.
44 Beispiele bei *Schmenger*, BWNotZ 2006, 73, 88.
45 BGH Rpfleger 2003, 569 = NJW-RR 2003, 1524.
46 *Schmidt-Räntsch*, ZfIR 2014, 269, 274.
47 Bei Veräußerung des Erbbaurechts vor Errichtung des Bauwerks gehen *v. Oefele/Winkler*, S. 490 von Zulässigkeit aus.
48 OLG Hamm Rpfleger 1986, 51 = NJW-RR 1986, 693.
49 OLG Braunschweig Rpfleger 1975, 399; anders LG München Rpfleger 1983, 268.
50 BGH NJW-RR 2006, 1452, Rn. 22 des Entscheidungsumdrucks; *Grziwotz*, DNotZ 1999, 646, 650. Die Vereinbarung muss deshalb nicht unwirksam, die Ausübung kann aber als nicht ermessensgerecht unzulässig sein (BGH ZfIR 2015, 712 m. Anm. *Krautzberger*).

der Heimfall nicht abhängig gemacht werden, die Ausübung des Heimfallanspruchs kann aber bei unverschuldeter und/oder nur geringfügiger Vertragsverletzung nach Treu und Glauben beschränkt sein. Werden durch ihre Sanktionierung mittels des Heimfallanspruchs unzulässige Formularklauseln mittelbar in den Erbbaurechtsinhalt eingeführt, gelten die Schranken der §§ 305 ff. BGB auch für den Heimfallanspruch. Im Einzelfall kann die Heimfallvereinbarung gläubigerbenachteiligend und daher – auch unter Fortbestand des Erbbaurechtsvertrags im Übrigen – anfechtbar sein.[51]

21 Beim Heimfall erlöschen gemäß § 33 Abs. 1 Satz 3 ErbbauRG grundsätzlich alle auf dem Erbbaurecht lastenden dinglichen Belastungen. *Nicht heimfallfest* sind daher Dienstbarkeiten (auch Nießbrauch und Wohnungsrecht). Die gleichzeitige Absicherung am Grundstück beseitigt das Problem nicht, weil das durch Heimfall vom Grundstückseigentümer lastenfrei gewordene Erbbaurecht nicht untergeht, sondern von ihm auf Dritte übertragen werden kann. Auch Auflassungsvormerkungen sind nicht heimfallfest. Ein Ablösungsrecht im Sinne von § 268 BGB zur Abwendung des Heimfalls sieht die ErbbauRG für den Heimfall nicht vor.

22 Hypotheken, Grund- und Rentenschulden sowie Reallasten bleiben allerdings nach § 33 Abs. 1 Satz 1 ErbbauRG bestehen; sie sind »*heimfallfest*«, ebenso nach § 42 Abs. 2 WEG Dauerwohnrechte. Der Grundstückseigentümer hat deshalb ein vitales Interesse daran, sich nach § 5 Abs. 2 ErbbauRG die Zustimmung zur Belastung mit solchen Rechten vorzubehalten und nur zuzustimmen, wenn gesichert ist, dass der Wert der Belastungen die gesetzliche Heimfallvergütung nach § 32 Abs. 1 Satz 1 ErbbauRG bzw. eine nach § 32 Abs. 1 Satz 2 ErbbauRG davon abweichend vereinbarte Heimfallvergütung nicht übersteigt. Die Gerichte erkennen dieses Interesse bei Entscheidungen nach § 7 Abs. 3 ErbbauRG nicht zuverlässig an.[52]

23 Übt der Eigentümer das Heimfallrecht aus, so muss er den Erbbauberechtigten auf Übertragung des Erbbaurechts und auf Herausgabe des Besitzes in Anspruch nehmen. Nur der Anspruch auf Herausgabe des Besitzes ist dabei nach § 794 Abs. 1 Nr. 5 ZPO unterwerfungsfähig und kann sich in Einzelfällen zur Aufnahme in die Erbbaurechtsbestellungsurkunde empfehlen. Des Nachweises eines Heimfallgrundes bedarf es zur Erteilung der vollstreckbaren Ausfertigung gemäß § 726 ZPO häufig nicht, weil es jedenfalls für den typischen Heimfallgrund »Erbbauzinsrückstand« Sache des Erbbauberechtigten ist, die Erfüllung seiner Pflichten nachzuweisen. Die Rechtslage ist also ähnlich wie bei sog. Verfallklauseln.[53] Hat der Erbbauberechtigte Anspruch auf Heimfallentschädigung, so kann er ihn dem Herausgabeverlangen gegenüber einredeweise geltend machen. Da der Anspruch nicht im Voraus beziffert werden kann, muss für die Zwangsvollstreckung in geeigneter Form auf die Einrede verzichtet werden.

---

51 Ursprünglich entschieden für den Fall eines Erbbaurechtsvertrags, auf den der Erbbauberechtigte nach SachenRBerG Anspruch hatte (BGH NJW 2007, 2325). Dazu *Reul*, DNotZ 2007, 649 und *Kesseler*, ZNotP 2007, 303. Jetzt jedenfalls dann, wenn keine Entschädigung vereinbart ist (BGH WM 2008, 1414). Nach *Böttcher*, Rpfleger 2009, 550, ähnlich BeckOK/*Maaß*, Edition 45 v. 01.11.2017, § 2 Rn. 15.1 mit Hinweis auf BGHZ 195, 348, kommt es auch nicht (allein) auf die Vergütung an. Anders – es gibt kein allgemeines Verbot insolvenzbezogener Lösungsklauseln und der Heimfallanspruch ist gerade dinglich konzipiert – Lemke/*Czub*, § 2 Rn. 23 m.w.N. Ausführlich zur Anfechtbarkeit entschädigungsloser Heimfallvereinbarungen *Keller*, NZI 2012, 777, 781 ff.
52 OLG Frankfurt am Main DNotZ 1978, 105; vgl. auch OLG Hamburg OLGZ 1988, 385; BayObLG Rpfleger 1989, 97. Richtig OLG Hamm NJW 1991, 20; OLG Hamm FGPrax 1995, 12.
53 *Wolfsteiner*, Die vollstreckbare Urkunde, § 24.8, § 16.56.

Zwangsvollstreckungsunterwerfung wegen Herausgabe

Wegen seiner Verpflichtung, das Erbbaugrundstück nach Erlöschen des Erbbaurechts durch Zeitablauf oder in dem Falle, dass der Eigentümer ein Heimfallrecht ausübt,[54] an den Eigentümer herauszugeben, unterwirft sich der Erbbauberechtigte der sofortigen Zwangsvollstreckung aus dieser Urkunde. Soweit der Nachweis der Pflichterfüllung dem Erbbauberechtigten obliegt, darf die Zwangsvollstreckung ohne weiteres stattfinden. Die Zwangsvollstreckung darf auch ohne den Nachweis erfolgen, dass die bei Beendigung oder beim Heimfall geschuldete Entschädigung gezahlt ist; sie ist aber davon abhängig, dass der Eigentümer Sicherheit leistet, und zwar in Höhe des zehnfachen Jahreserbbauzinses, der im Jahr des Zeitablaufs bzw. der Ausübung des Heimfallrechts geschuldet war. 24 M

Im Falle der Veräußerung des Erbbaurechts soll der Erbbauberechtigte dem Erwerber eine entsprechende, dem Grundstückseigentümer gegenüber abzugebende Erklärung abverlangen, die außer von dem vollendeten Rechtserwerb von keinen zusätzlichen Bedingungen abhängig gemacht sein darf. Neben etwaigen weiteren in diesem Vertrag vereinbarten Gründen berechtigt auch die fehlende Vorlage einer derartigen Erklärung den Eigentümer zur Verweigerung seiner Zustimmung zur Veräußerung.[55]

5. Zustimmungsvorbehalte

Als weiterer (dinglicher) Inhalt des Erbbaurechts können *Zustimmungsvorbehalte* nach § 5 ErbbauRG vereinbart werden. Sie betreffen die *Veräußerung* des Erbbaurechts und die *Belastung* mit Grundpfandrechten, Reallasten und auch Dauerwohnrechten (arg. § 42 Abs. 2 WEG) sowie die Erweiterung solcher Rechte. Nicht zustimmungspflichtig, weil allein vollstreckungsrechtlicher Natur, ist die Unterwerfung des Erbbauberechtigten unter die Zwangsvollstreckung z.B. im Zuge einer (für sich zustimmungspflichtigen) Grundpfandrechtsbestellung.[56] Erforderlich ist die Zustimmung dessen, der *im Zeitpunkt der Eintragung* des Rechtsübergangs bzw. des Grundpfandrechts Eigentümer ist.[57] Die Zustimmung kann nach § 7 Abs. 3 ErbbauRG ersetzt werden (zum Wirksamwerden des Ersetzungsbeschlusses s § 40 Abs. 3 FamFG). Das Ersetzungsverfahren schließt eine Klage auf Erteilung der Zustimmung im streitigen Verfahren aus. Bis zur Zustimmung sind die betroffenen Geschäfte schwebend unwirksam, wegen der Möglichkeit der Ersetzung beendet auch eine endgültige Verweigerung diesen Zustand noch nicht. Daher sollte in den betreffenden Rechtsgeschäften eine Frist vereinbart werden, bis zu der die Zustimmung spätestens erteilt sein muss.[58] *Vormerkungen* zur Sicherung der vereinbarten Ansprüche können und sollten bereits vor Erteilung der Zustimmung im Grundbuch eingetragen werden. Die einmal erteilte Zustimmung ist jedenfalls unwiderruflich, sobald die schuldrechtliche Vereinbarung über die Veräußerung wirksam geworden ist.[59] 25

Aus §§ 6 Abs. 2, 7 Abs. 3 ErbbauRG ergibt sich, dass die Schranken des § 7 Abs. 1, 2 ErbbauRG auch durch schuldrechtliche Vereinbarungen nicht übersprungen werden können. Die Zustimmung zur Veräußerung darf nur verweigert werden, wenn der *mit Bestellung des Erbbaurechts* verfolgte Zweck wesentlich beeinträchtigt oder gefährdet wird oder der Erwerber in seiner Person keine Gewähr für die ordnungsgemäße Erfüllung *der aus dem* 26

---

54 Die Ausübung ist dadurch nachzuweisen, dass die Erklärung dem Erbbauberechtigten förmlich zugestellt wird.
55 S. hierzu Rdn. 26.
56 Lemke/*Czub* § 5 ErbbauRG Rn. 18 m.w.N. Anders die wohl h.M., vgl. Erman/*Grziwotz* § 5 ErbbauRG Rn. 3.
57 OLG Düsseldorf FGPrax 1996, 125. Es gilt aber § 878 BGB, *Böttcher*, praktische Fragen des Erbbaurechts, Rn. 316 f. m.w.N.
58 Für § 1366 Abs. 3 BGB analog *Böttcher*, Rpfleger 1984, 377, 382.
59 BGH ZfIR 2017, 782 m. Anm. *Heinemann* = NotBZ 2018, 46 m. Anm. *Maaß*.

Erbbaurecht folgenden Pflichten bietet (§ 7 Abs. 1 ErbbauRG). *Zweck des Erbbaurechts* kann in diesem Sinn die Nutzung des Erbbaurechts durch einen bestimmten Personenkreis, eine bestimmte Verwendungsart der Gebäude, aber auch das wirtschaftliche Interesse des Eigentümers an regelmäßiger Erzielung des Erbbauzinses sein.[60] Nicht allgemein genügen soll aber die abstrakte Erhöhung des Ausfallrisikos durch Übertragung des Erbbaurechts auf eine haftungsbeschränkte Gesellschaft.[61] Allein aus der Übertragung auf eine Person mit Sitz oder Wohnsitz im Ausland kann nicht auf Gefährdung der Erbbauzinszahlung geschlossen werden.[62] Der bei Bestellung verfolgte Zweck kann berührt sein, wenn schuldrechtliche Abreden absprachewidrig nicht an den Rechtsnachfolger weitergegeben werden,[63] u.E. auch dann, wenn die Zwangsvollstreckungsunterwerfung nicht erklärt wird. *Aus dem Erbbaurecht folgende Pflichten* sind dagegen nur solche, die im gesetzlichen oder vertragsmäßig vereinbarten dinglichen Inhalt rühren.[64] Verweigert der Erwerber wegen des Räumungsanspruchs (anders beim Erbbauzins!) die Vollstreckungsunterwerfung, bietet er damit auch geminderte Gewähr für die Erfüllung seiner Pflichten aus dem Erbbaurecht (auch deshalb halten wir den Vorschlag oben Rdn. 24 M a.E. für zulässig). Enger eingegrenzte, nicht aber erweiterte Verweigerungsrechte sind vereinbar. Zur Belastungszustimmung s.u. Rdn. 64.

6. Weitere dingliche Inhalte

27 Durch Einigung und Eintragung verdinglicht werden können schließlich auch die folgenden Vereinbarungen. Sie binden alle Rechtsnachfolger. Für konkrete Verletzungen haftet jedoch grundsätzlich nur derjenige, der sie begangen hat. Rückständige Leistungen schuldet ein Einzelrechtsnachfolger nur bei ausdrücklicher Übernahme, diese kann aber im Erbbaurechtsvertrag vorweggenommen werden.[65]

a) Regelungen zur Tragung privater[66] und öffentlicher[67] *Lasten und Abgaben* (§ 2 Nr. 2 ErbbauRG). Sie gelten stets nur im Binnenverhältnis. Verstöße gegen die Freistellungsverpflichtung können durch den Heimfallanspruch sanktioniert werden.

b) Verpflichtung des Erbbauberechtigten zur Zahlung von *Vertragsstrafen* (§ 2 Nr. 5 ErbbauRG). Problematisch ist das Verhältnis zu § 309 Nr. 6 BGB, der im Formularvertrag insbesondere für den Fall des Zahlungsverzugs Vertragsstrafen verbietet.

c) Vorrecht auf *Erneuerung* (§ 2 Nr. 6 ErbbauRG). Es ähnelt funktional dem Vorkaufsrecht: Wird es vereinbart, kann der Berechtigte nach näherer Maßgabe des § 31 ErbbauRG für sich ein neues Erbbaurecht fordern, wenn der Grundstückseigentümer einem anderen ein solches

---

60 BGH DNotZ 2018, 58; BGHZ 100, 107 = NJW 1987, 1942. Geprüft wird, ob ein Erwerber vergleichbare Sicherheit bietet, OLG Hamm NJW-RR 2008, 605. Das Verweigerungsrecht kann gemindert sein, wenn der Grundstückseigentümer zuvor selbst einer Schwächung seiner Rechtsposition zugestimmt hatte, OLG Hamm Rpfleger 2008, 634 (vgl. auch hierzu BGH DNotZ 2018,58 und BGHZ 207, 334 = MittBayNot 2017, 57 m. Anm. *Krauß* zur Folge eines vorhergehenden Rangrücktritts der Erbbauzinsreallast).
61 *Bottin/Dusil*, ZfIR 2008, 287; *Winterstein/Nagel*, NJW 2009, 30.
62 Gutachten DNotI-Report 2015, 3.
63 BGH DNotZ 2018, 58; *Erman/Grziwotz*, § 7 ErbbauRG Rn. 2; OLG Oldenburg Rpfleger 1985, 203 m. abl. Anm. *Hagemann*; OLG Düsseldorf, Beschl. v. 20.06.2013 – I-3 Wx 85/12, NotBZ 2013, 307. Differenzierend BeckOK/*Maaß*, BGB, 45. Edition 01.11.2017, § 7 ErbbauRG Rn. 7.
64 BeckOK/*Maaß*, BGB, 45. Edition 01.11.2017, § 7 ErbbauRG Rn. 9.
65 *Linde/Richter*, Rn. 100 für Leistungen nach § 2 Nr. 2 ErbbauRG.
66 Z.B. Zinsen auf Grundpfandrechte, nicht aber Tilgungsanteile (MüKo-BGB/*v. Oefele/Heinemann*, § 2 ErbbauRG Rn. 23).
67 Der Begriff folgt hier dem öffentlichen Recht, BGH NJW 1981, 2127. Nicht disponibel ist die Verkehrssicherungspflicht, BayObLG NJW-RR 2000, 162.

ausgeben will. Praktisch wichtiger sind (nur schuldrechtliche, dafür aber vormerkungsgesicherte) Verlängerungsansprüche[68] oder der Verlängerungsautomatismus nach Rdn. 11 a.E.

d) *Verkaufspflicht* des Grundstückseigentümers bzw. Ankaufsrecht des Erbbauberechtigten (§ 2 Nr. 7 ErbbauRG). Es handelt sich um einen aufschiebend bedingten Kaufvertrag über das Grundstück, wobei die Beteiligten in der Formulierung der Bedingung und der Konditionen im Einzelnen frei sind. Bedingung ist mindestens die Ausübungserklärung des Erbbauberechtigten. Die wesentlichen Vertragsbedingungen müssen bestimmt oder wenigstens bestimmbar sein. Das gilt insbesondere für den Preis, wobei z.B. die Bezugnahme auf den bei Ausübung geltenden Verkehrswert oder ein Bestimmungsrecht eines Dritten ausreichend ist.[69]. Mangels anderer Bestimmung gilt der bei Ausübung angemessene Preis (Verkehrswert). Das Ankaufsrecht untersteht nicht dem Schutz des § 883 Abs. 2 BGB (auch nicht über § 1098 Abs. 2 BGB). Seine eigenständige Sicherung durch eine Vormerkung im Grundstücksgrundbuch ist – wenigstens nach Ausübung[70] – möglich und zu empfehlen. Ein *Ankaufszwang* zulasten des Erbbauberechtigten kann dagegen nur schuldrechtlich, d.h. ohne Bindung für etwaige Einzelrechtsnachfolger vereinbart werden.[71] Er wird sich wegen der auf den Berechtigten zukommenden Kapitalbelastung nur ausnahmsweise anbieten.[72]

III. Schuldrechtlich wirkende Bestimmungen außerhalb des Erbbaurechtsinhalts

1. Regelungsgegenstände

Außerhalb des dinglichen Inhalts des Erbbaurechts (oben Ziffer II) besteht häufig weiterer Regelungsbedarf. Ergänzende schuldrechtliche Vereinbarungen sind möglich und nötig. Sie werden zum einen getroffen für die bis zur Eintragung des Erbbaurechts auftretenden Fragen wie den Übergang von Besitz, Nutzen und Lasten sowie ein etwaiges Nutzungsentgelt vor Eintragung des Erbbauzinses (zu diesem unten Ziffer IV). Sie betreffen zum anderen auf Dauer die Rechtsbeziehung zwischen Eigentümer und Berechtigtem, z.B. durch Regelungen über die Haftung für Sach- und Rechtsmängel sowie die Festlegung von Pflichten, die nicht zum dinglichen Rechtsinhalt gemacht werden können (im Einzelnen s. die Beispiele in Ziffern III und IV des Erbbaurechtsvertrags Rdn. 62 M). Schuldrechtlich vereinbart werden muss auch die *Gestattung der Ausübung*[73] von zugunsten des Grundstückseigentümers eingetragenen Dienstbarkeiten durch den Erbbauberechtigten, wenn sich der Eigentümer des dienenden Grundstücks nicht auf eine Neubestellung zugunsten des Erbbaurechts einlässt. Ein formularmäßiges *Andienungsrecht* des Grundstückseigentümers darf zeitlich nicht überdehnt werden.[74] Generell kann die Ausübung einer schuldrechtlich grundsätzlich möglichen Kaufzwangsklausel zulasten des Erbbauberechtigten in bestimmten Konstellationen rechtsmissbräuchlich sein, so z.B. in der anfänglichen Finanzierungsphase des Hausbaus.[75]

---

68 Dazu *König*, MittRhNotK 1989, 261.
69 Lemke/*Czub* § 2 ErbbauRG Rn. 36 m.w.N. Anders (bei fehlender Vereinbarung gilt der Verkehrswert als der angemessene Preis) hier bis 25. Aufl.; *v.Oefele/Winkler*, Rn. 4.158.
70 BeckOK/*Maaß*, BGB, 45. Edition 01.11.2017, § 2 ErbbauRG Rn. 24 m.w.N.; weitergehend *Böttcher*, Rn. 216 m.w.N.: aufschiebend bedingter und damit sofort vormerkungsfähiger Anspruch.
71 Vgl. BGH NJW 1989, 2129 und Gutachten DNotI-Report 1997, 121.
72 Zu den zeitlichen Grenzen eines Ankaufszwangs s. BGHZ 68, 1; BGH DNotZ 1992, 106 und zum Ankaufspreis BGH DNotZ 1990, 93.
73 Sie erfolgt zwischen Eigentümer und Berechtigtem. Der Eigentümer des dienenden Grundstücks muss die Ausübungsüberlassung dann i.d.R. dulden, soweit die Nutzung durch den Dienstbarkeitsinhalt gedeckt ist, s. dazu NK-BGB/*Otto*, § 1018 Rn. 39.
74 BGH, Urt. v. 01.03.2013 – V ZR 31/12, NJW-RR 2013, 1028.
75 Ausf. Lemke/*Czub*, § 2 ErbbauRG Rn. 39–41.

2. Wirkung

29 Einzelrechtsnachfolger sind an die schuldrechtlichen Inhalte nicht ohne Weiteres gebunden. Es bedarf also einer Übernahme im jeweiligen Veräußerungsvertrag. Beim Eigentümererbbaurecht werden die in der Bestellungsurkunde festgelegten schuldrechtlichen Inhalte überhaupt erst mit erklärtem Eintritt eines dritten Erwerbers in alle Rechte und Pflichten gemäß dem bereits bei Erbbaurechtsbestellung vorformulierten Vertragstext wirksam.

30 Zur Sicherung der Weitergeltung nach einer Veräußerung des Erbbaurechts empfiehlt es sich, dem Erbbauberechtigten für diesen Fall die (wiederum nur schuldrechtliche) Verpflichtung aufzuerlegen, dass der Erwerber auch in alle schuldrechtlichen Abreden eintritt. Soweit Unterwerfungserklärungen nach § 794 Abs. 1 Nr. 5 ZPO abgegeben wurden, ist deren Wiederholung durch den neuen Berechtigten vorzusehen (§ 800 ZPO greift nicht). Die Verletzung dieser Verpflichtungen kann sodann durch einen Heimfallanspruch sanktioniert werden.[76]

IV. Der Erbbauzins

1. Allgemeines

31 Wenn die Bestellung des Erbbaurechts entgeltlich erfolgt, ist die Vereinbarung eines Erbbauzinses die Regel. Er besteht in wiederkehrenden Leistungen, *nicht notwendig in Geld*.[77] Auf ihn finden gemäß § 9 Abs. 1 ErbbauRG die BGB-Vorschriften über die Reallasten entsprechende Anwendung. Der Erbbauzins ist nicht Inhalt des Erbbaurechts, sondern in Abt II des Grundstücksgrundbuchs einzutragende Belastung. Berechtigt ist der jeweilige Grundstückseigentümer, es handelt sich also um ein subjektiv-dingliches Recht (§ 1105 Abs. 2 BGB), das als rechtlicher Bestandteil des Grundstücks erst nach Fälligkeit abgetreten oder von diesem getrennt verpfändet oder gepfändet werden kann (§ 9 Abs. 2 ErbbauRG). Mehrere Eigentümer sind im Verhältnis ihrer Anteile berechtigt. Der Erbbauzins entfällt nicht ohne Weiteres, wenn sich eine vorgesehene Bebauung als baurechtlich nicht realisierbar erweist.[78]

32 Der Erbbauzinsanspruch (nicht das Stammrecht) verjährt in der Dreijahresfrist des § 195 BGB.[79] Das Entgelt kann auch in einer *einmaligen Leistung* bestehen, ist dann aber kein »Erbbauzins« im Sinne des Gesetzes und kann nicht nach Grundsätzen der Reallast gesichert werden. Bezieht sich das Erbbaurecht auf ein noch zu errichtendes Gebäude, sollte geregelt werden, wer das Risiko einer Unmöglichkeit der Bebauung trägt. Im Zweifel wird das der Erbbauberechtigte sein.[80] Zur Durchsetzung der Erbbauzinsreallast bei Insolvenz des Erbbauberechtigten s. *Keller*, NZI 2012, 777, 778 ff.

2. Wertsicherung

33 **a)** Die übliche lange Laufzeit der Erbbaurechte macht es regelmäßig erforderlich, den Erbbauzins wertzusichern. Regelungsbedarf besteht hinsichtlich der *Voraussetzungen*, des *Maßstabs* und des *Zeitpunkts* der Anpassung. Außerdem muss klar werden, wie die Anpassung wirken soll: als schuldrechtlicher (fixierter oder nur auf Neuverhandlung ausgelegter) Anspruch, automatische Anpassung aus dinglichem Recht oder (str.) dinglicher Anspruch.

---

76 Zu Besonderheiten im Zwangsversteigerungsverfahren s. BGHZ 100, 107 = NJW 1987, 1942 und *v. Oefele/Winkler*, Rn. 4.81a m.w.N.
77 BGH NJW 1962, 1568.
78 BGH, Urt. v. 19.12.2014 – V ZR 81/14, juris; OLG Düsseldorf ZfIR 2001, 649.
79 BGH NJW 2010, 224.
80 BGH, Urt. v. 19.12.2014 – V ZR 81/14, juris.

Die ursprünglich allein möglichen *schuldrechtlichen Anpassungsklauseln* mit Vormerkungssicherung begegnen noch bei den meisten der älteren Erbbaurechte (s. Rdn. 78). Nach einer rechtstechnisch missglückten Zwischenregelung[81] ist jedenfalls seit 1998[82] klargestellt, dass Reallasten auch in der Form automatisch greifender Anpassungsklauseln wertsicherungsfähig sind (§ 1105 Abs. 1 Satz 2 BGB).[83] Bloße Anpassungsansprüche sollten neu nicht mehr vereinbart werden.[84]

Preisklauseln in Erbbaurechtsbestellungsverträgen und Erbbauzinsreallasten mit einer Laufzeit von mindestens 30 Jahren sind nach dem Preisklauselgesetz ohne Weiteres zulässig (§ 4 PreisKlG).[85] Sofern ausnahmsweise einmal Laufzeiten darunter, mindestens aber von 10 Jahren vereinbart sind, kann immerhin eine der Legalausnahmen nach §§ 1 Abs. 2, 2, 3 Abs. 1 oder 3 PreisKlG greifen.[86] **34**

Voraussetzungen und Maßstab müssen dem grundbuchrechtlichen *Bestimmtheitsgrundsatz* entsprechen und wegen der regelmäßig aufzunehmenden Zwangsvollstreckungsunterwerfung auch den eher noch strengeren vollstreckungsrechtlichen Anforderungen.[87] Die (weitaus üblichste) Anbindung an den (heute praktisch einzigen)[88] vom Statistischen Bundesamt ermittelten Lebenshaltungskostenindex, den jetzt sog. »Verbraucherpreisindex für Deutschland« (VPI) ist jedenfalls für beide Zwecke unbedenklich. Da der Basiswert (jüngst Basisjahr 2015 = 100 Indexpunkte) alle 5 Jahre neu festgelegt wird,[89] empfiehlt sich die Anknüpfung an Änderungen des VPI in Prozentpunkten, nicht in Indexpunkten. Die Vereinbarung ist grundsätzlich der Auslegung zugänglich, dennoch sollten missverständliche Festlegungen zu den Intervallen, wann eine Erhöhung frühestens verlangt werden kann und welcher Zeitraum dann jeweils für die Preisveränderung betrachtet wird, tunlich vermieden werden.[90] Eine Anbindung an Maßstäbe, die den Bestimmtheitsanforderungen nicht entsprechen (z.B. Entwicklung der Grundstückspreise[91] laut Gutachterausschuss), ist grundbuchrechtlich gefahrträchtig (auch wenn eine Klausel eingetragen wird, gibt das keine Sicherheit, dass der Maßstab im Streitfall als grundbuchfähig anerkannt wird) und schließt die Vollstreckbarkeit aus. Gegebenenfalls muss auf die veraltete Sicherung durch Vormerkung zurückgegriffen werden. **35**

b) Dient das aufgrund eines Erbbaurechts errichtete Bauwerk *Wohnzwecken*, so begründet gemäß § 9a Abs. 1 Satz 1 ErbbauRG eine Vereinbarung, dass eine Änderung des Erbbauzinses verlangt werden kann, einen Anspruch auf Erhöhung des Erbbauzinses nur, soweit diese unter Berücksichtigung aller Umstände des Einzelfalles nicht unbillig ist. Eine Gleitklausel, die diese Vorschrift nicht berücksichtigt, ist nicht nichtig, sondern nur in ihrer Wirksamkeit gemindert. Es ist deshalb insofern nicht erforderlich, schon bei der Formulierung der Klau- **36**

---

81 § 9 ErbbauVO i.d.F. des SachenRÄndG vom 21.09.1994, BGBl. I S. 2457. Zu dem mit Anerkennung der Anpassungsmöglichkeit geänderten »Leitbild« einer Erbbaurechtsbestellung im Formularvertrag *Mayer-Maly*, NJW 1996, 2015.
82 EURO-EG vom 09.06.1998, BGBl. I S. 1242.
83 Zur Anpassungsverpflichtung als dinglicher Inhalt der Reallast einerseits *Böttcher*, Rn. 356 ff. (zulässig), andererseits *Hustedt*, RNotZ 2002, 277 (unzulässig mit der seit 10.06.1998 geltenden Fassung des Gesetzes).
84 *Maaß*, notar 2014, 383 in seiner Anmerkung zu BGH, Urt. v. 05.06.2014 – V ZB 160/13, NJW 2014, 3521.
85 Preisklauselgesetz in der ab 14.09.2007 geltenden Fassung, verkündet als Art. 2 des Gesetzes v. 07.09.2007, BGBl. I S. 2246. Vorher enthielt bereits § 1 Nr. 4 der jetzt aufgehobenen PreisklauselVO i.V.m. § 2 Abs. 1 Satz 1 des ehemaligen Preisangaben- und Preisklauselgesetzes eine Freistellung von der Genehmigungspflicht.
86 Dazu *Usinger*, DNotZ 2008, 83.
87 Dazu *Wolfsteiner*, Die vollstreckbare Urkunde, § 16.2 ff.
88 Der im Gesetz genannte Preisindex für die Gesamtlebenshaltung ist in der Diktion des Statistischen Bundesamtes identisch mit dem Verbraucherindex. Daneben wird noch der harmonisierte Europäische Verbraucherpreisindex festgestellt. Zur Umstellung der Indexreihen *Reul*, DNotZ 2003, 92.
89 Aktuelle Indexreihen unter http://www.destatis.de – Wirtschaft aktuell – Preisindizes.
90 Beispiel einer missverständlichen Fassung in BGH ZfIR 2016, 806.
91 Vgl. BGHZ 169, 215 = NJW 2007, 509.

sel auf § 9a ErbbauRG Rücksicht zu nehmen, zumal die Vorschrift nur für solche Zeiten gilt, in denen das Bauwerk tatsächlich Wohnzwecken dient. Ob Letzteres während der ganzen Laufzeit des Erbbaurechts der Fall sein wird, lässt sich regelmäßig auch gar nicht im Voraus feststellen. Der sachenrechtliche Bestimmtheitsgrundsatz würde zudem eine Einschränkung nach Billigkeit nicht zulassen. Wenn die Anpassung an einen mit § 9a ErbbauRG nicht übereinstimmenden Maßstab (insbesondere den Grundstückswert) anknüpft, kann sich allerdings eine Regelung empfehlen, die allein deshalb ausgefallene Erhöhungen nachholt.[92]

Regelung zum Anpassungsturnus unter Berücksichtigung des § 9a ErbbauRG

37 M Die Anpassung erfolgt nur bei einer Änderung des Maßstabs von wenigstens fünf Prozentpunkten seit der letzten Festlegung, frühestens zum nächsten Kalenderjahresbeginn nach Ablauf von drei Jahren seit Eintragung des Erbbauzinses und dann wieder drei Jahre nach jeder Änderung. Soweit eine hier vereinbarte Anpassung allein deshalb nicht oder nur teilweise eingetreten ist, weil das Bauwerk zu Wohnzwecken diente und eine Erhöhung über die Änderung der allgemeinen wirtschaftlichen Verhältnisse hinausgegangen oder sonst nach § 9a ErbbauRG unbillig gewesen wäre, greift die Änderung auch bei geringerer Abweichung und bereits zum nächsten Jahresanfang, sobald dies nach dem Gesetz zulässig ist.

38 Gemäß § 9a Abs. 1 Satz 2 ErbbauRG ist ein Erhöhungsanspruch regelmäßig als unbillig anzusehen, wenn und soweit die nach der vereinbarten Bemessungsgrundlage zu errechnende Erhöhung über die seit Vertragsabschluss eingetretene Änderung der *allgemeinen wirtschaftlichen Verhältnisse* hinausgeht. Die Praxis[93] verfährt wie folgt: Aus der im jeweiligen Bezugszeitraum eingetretenen Veränderung des für die Lebenshaltung aller privater Haushalte und der ebenfalls vom Statistischen Bundesamt ermittelten Bruttojahresverdienste der Arbeiter im produzierenden Gewerbe, Handel, Kredit- und Versicherungsgewerbe sowie der Angestellten im produzierenden Gewerbe, Handel, Kredit- und Versicherungsgewerbe wird ein Mittelwert gebildet, der die Obergrenze zulässiger Erhöhungen markiert. Die Entwicklung des Grundstückswerts darf nicht einfließen (§ 9a Abs. 2 Satz 3 ErbbauRG).

39 Ein Anspruch auf Erhöhung darf erst nach 3 Jahren seit Vertragsabschluss oder der letzten Erhöhung geltend gemacht werden (§ 9a Abs. 5 ErbbauRG). Maßgeblich ist nicht der Zeitpunkt des Erhöhungsverlangens, sondern der Zeitraum, für den Erhöhung verlangt wird.[94] Für diesen Anspruch gilt die Verjährung nach § 196 BGB.

3. Rangfragen

40 **a)** Will der Grundstückseigentümer aus dem Erbbauzins die *Zwangsversteigerung* betreiben, so fällt die Erbbauzins-Reallast grundsätzlich nach §§ 52, 12 Nr. 3 ZVG insgesamt in das geringste Gebot und erlischt für die gesamte künftige Dauer des Erbbaurechts; der Eigentümer erhält nach §§ 92 Abs. 2, 121 Abs. 1 ZVG aus dem Versteigerungserlös ein Deckungskapital i.H.d. Barwerts des Erbbauzinses. Hier ist der Erbbauzins gegenüber der Reallast des BGB privilegiert: Anders als bei dieser[95] kann seit 1994 als Inhalt der Erbbauzins-Reallast gemäß § 9 Abs. 3 Satz 1 Nr. 1 ErbbauRG vereinbart werden, dass abweichend von §§ 12, 52

---

92 Bei vor Einführung des § 9a ErbbauRG vereinbarten Klauseln ergibt sich das aus ergänzender Vertragsauslegung: BGHZ 169, 215 = NJW 2007, 509.
93 BGHZ 75, 279 = DNotZ 1980, 312; BGHZ 77, 188 = NJW 1980, 2243; BGH DNotZ 1981, 258.
94 BGH DNotZ 1983, 557; BGH BB 1984, 303.
95 BGHZ 156, 274 = NJW 2004, 361.

Abs. 1 ZVG das »Stammrecht« im Fall der Zwangsvollstreckung bestehen bleibt.[96] Der Notar wird eine solche Klausel stets vorschlagen. Sie bedarf zur Grundbucheintragung der Bewilligung der vor- und gleichrangigen Gläubiger (§ 9 Abs. 3 Satz 2 ErbbauRG), nicht aber der Inhaber gegenüber der Erbbauzinsreallast nachrangiger dinglicher Rechte.[97]

Bestehenbleiben des Stammrechts

Es ist Inhalt des Erbbauzinses, dass die Reallast mit ihrem Hauptanspruch bestehen bleibt, wenn der Grundstückseigentümer aus der Reallast oder der Inhaber eines im Range vorgehenden oder gleichstehenden dinglichen Rechts *(ggf: oder der Inhaber der in § 10 Abs. 1 Nr. 2 ZVG genannten Ansprüche)* **die Zwangsversteigerung des Erbbaurechts betreibt.**   41 M

b) Kreditinstitute fordern häufig, dass der Grundstückseigentümer zur Beleihung des Erbbaurechts mit dem Erbbauzins im Rang hinter eine Grundschuld zurücktreten solle (s. zur Beleihung des Erbbaurechts unten Rdn. 63 ff.). Wirtschaftlich gesehen bedeutet ein solcher Rangrücktritt, dass dem Gläubiger nicht nur der Wert des Erbbaurechts als Sicherheit zur Verfügung gestellt wird, sondern auch noch – je nach Restlaufzeit – der Grundstückswert oder ein Teil von ihm. Allein eine Regelung gemäß § 9 Abs. 3 Nr. 1 ErbbauRG erlaubt dem Grundstückseigentümer den *Rangrücktritt mit dem Erbbauzins* mit vertretbaren wirtschaftlichen Folgen. Auch wenn der vorrangig gesicherte Gläubiger vollstreckt, läuft der Eigentümer zwar noch Gefahr, die rückständigen Erbbauzinsen zu verlieren; ein Ersteigerer des Erbbaurechts bleibt aber zinspflichtig. Ist die Klausel nicht vereinbart und wegen der nötigen Zustimmungen (§§ 877, 876 BGB) zur Änderung des Erbbauzinsinhaltes auch nicht mehr durchsetzbar, muss auf die bis 1994 allein mögliche Schutzerklärung des Grundpfandrechtsgläubigers zurückgegriffen werden (s.u. Rdn. 71 M).   42

Neuer Regelungsbedarf für *Wohnungserbbaurechte* erwuchs mit der WEG-Novelle 2007. In § 10 Abs. 1 Nr. 2 ZVG n.F. näher eingegrenzte Ansprüche der Wohnungseigentümergemeinschaft sind auch ohne Grundbucheintrag gegenüber der Erbbauzinsreallast im Zwangsversteigerungsverfahren bevorrechtigt, was deren Bestand bedrohen kann. Anders als Grunddienstbarkeiten und beschränkte persönliche Dienstbarkeiten ist die Erbbauzinsreallast davor nur geschützt, wenn ihr Fortbestehen auch für den Fall der Versteigerung aus solchen Rechten vereinbart ist (§ 52 Abs. 2 Satz 2 ZVG, § 9 Abs. 3 Satz 1 Nr. 1 ErbbauRG n.F.).[98]   43

Die alten Lösungswege sollten nur noch für Erbbauzinsen alter Art begangen werden. Auch bei diesen ist eine *Umstellung auf das neue System* wünschenswert, was allerdings auch die Integrierung der Wertsicherung in die Reallast erfordert.   44

Umstellung des Erbbauzinses

In § ….. des Erbbaurechtsvertrages vom ….. haben wir eine Anpassung des Erbbauzinses vereinbart nach Maßgabe von Veränderungen des Preisindexes für die Lebenshaltung von 4-Personen-Haushalten von Arbeitern und Angestellten mit mittlerem Einkommen. Klarstellend[99] wird festgehalten, dass nunmehr der Verbraucherpreisindex   45 M

---

96 Zur Problematik bei der Reallast allgemein jurisPK/*Otto*, § 1105 BGB Rn. 109 ff.
97 Lemke/*Czub*, § 9 Rn. 63; KG Berlin v. 1.3.2018 – 1 W 98/17 –, juris.
98 *Schneider*, ZfIR 2007, 168.
99 Die bloße Umstellung auf den VPI nach Wegfall der Teilindices ergibt sich – ohne Grundbucheintragung und dafür erforderliche Zustimmungen nach §§ 877, 876 BGB – schon aus ergänzender Vertragsauslegung, vgl. *Böttcher*, Rpfleger 2004, 20, 24 und *Hügel/Wilsch*, § 28 GBO Rn. 163.

für Deutschland maßgebend sein soll. Ausgehend von dem heute geltenden angepassten Erbbauzins von ..... €[100] wird als neue Basis das Jahr 2005 = 100 festgesetzt und die im übrigen fortgeltende Regelung des § ..... zum dinglichen Inhalt des Erbbauzinses erhoben mit der weiteren Maßgabe, dass die Reallast mit ihrem Hauptanspruch bestehen bleibt, wenn der Grundstückseigentümer aus der Reallast oder der Inhaber eines im Range vorgehenden oder gleichstehenden dinglichen *(beim Wohnungserbbaurecht auch: oder nach § 10 Abs. 1 Nr. 2 ZVG privilegierten)* Rechts die Zwangsversteigerung des Erbbaurechts betreibt.

Der Erbbauberechtigte bewilligt und er sowie der zugleich zustimmende Grundstückseigentümer beantragen unter Vorlage der in öffentlich beglaubigter Form erteilten Zustimmungen[101] der vor-, gleich- und nachrangig dinglich Berechtigten im Erbbaugrundbuch einzutragen: Die Inhaltsänderung des Erbbauzinses wie vor. Der Grundstückseigentümer bewilligt und der Erbbauberechtigte beantragt: Die Löschung der Vormerkung für künftige Reallasten zur Sicherung seines Erhöhungsanspruchs gem § ..... des Erbbaurechtsvertrags – diese Löschung ist vorzunehmen nur zugleich mit Eintragung der Inhaltsänderung.

46 § 9 Abs. 3 S. 1 Nr. 2 ErbbauRG erlaubt außerdem – in unklarem Verhältnis zu § 881 BGB – eine Art integrierten Rangvorbehalts. Dadurch bleibt dem Ersteigerer die Möglichkeit vorrangiger Belastung erhalten, wenn aus dem vorrangigen Grundpfandrecht vollstreckt worden war und folglich dieses, nicht aber die Erbbauzinsreallast erloschen ist. Das Bestehenbleiben der Erbbauzinsreallast gemäß § 9 Abs. 3 Satz 1 Nr. 1 ErbbauRG kann aber auch ohne einen Rangvorbehalt nach § 9 Abs. 3 Satz 1 Nr. 2 ErbbauRG vereinbart werden.[102] Für die Praxis wird eine derartige Regelung wegen ihrer unabsehbaren Konsequenzen durch mehrfache Ausnutzbarkeit nicht empfohlen.[103]

4. Zwangsvollstreckungsunterwerfung

47 Die Vollstreckungsklausel wegen der Verpflichtung zur Zahlung des wertgesicherten Erbbauzinses kann ohne Weiteres gegen den jeweiligen Erbbauberechtigten als Schuldnachfolger erteilt werden.[104] Wegen des subjektiv-dinglichen Charakters des Erbbauzinses wird die Vollstreckungsklausel auf der Gläubigerseite dem jeweiligen Grundstückseigentümer als Rechtsnachfolger erteilt.

48 Da § 1108 Abs. 1 BGB auf den Erbbauzins anwendbar ist, haftet der jeweilige Erbbauberechtigte für die während der Dauer seiner Berechtigung fällig werdenden Leistungen auch *persönlich*. Auch dieser Anspruch ist der Zwangsvollstreckungsunterwerfung zugänglich.[105]

---

100 Eine Berechnungshilfe zur Anpassung insb. für die nicht fortgeführten Teilindices bietet das statistische Bundesamt unter www.destatis.de/wsk/.
101 Vor- und gleichrangige wegen § 9 Abs. 3 Satz 2 ErbbauRG, nachrangige wegen §§ 876 Satz 2, 877 BGB (letzteres entbehrlich, wenn sich kein höherer Erbbauzins ergeben kann. Die nur formale Betroffenheit genügt nicht (BGH DNotZ 2017, 68; *Böttcher*, Rn. 366). Eine Zustimmung nach § 10 Abs. 1 Nr. 2 ErbbauRG bevorrechtigten Wohnungseigentümer bzw. der Gemeinschaft ist für die Änderung des Erbbauzinsinhaltes nicht erforderlich.
102 KG Berlin v. 01.03.2018 – 1 W 98/17 –, juris.
103 BeckOK/*Maaß*, BGB, 45. Edition 01.11.2017, § 9 ErbbauRG Rn. 17 m.w.N.; Muster z.B. bei *Schöner/Stöber*, Rn. 1675, § 14 Nr. 3b.
104 Einer Eintragung entsprechend § 800 ZPO bedarf es nicht, s. MüKo-ZPO/*Wolfsteiner*, § 727 ZPO Rn. 37.
105 *Wolfsteiner*, Die vollstreckbare Urkunde, § 27.18.

Erbbaurecht § 57

Zwangsvollstreckungsunterwerfung wegen des Erbbauzinses

Der Erbbauberechtigte unterwirft sich der sofortigen Zwangsvollstreckung aus dieser Urkunde
a) wegen des wertgesicherten Erbbauzinses gemäß Abschn ....., bis zu dessen Eintragung im Erbbaugrundbuch tritt an dessen Stelle ein monatlich zu zahlender Betrag entsprechender Höhe seit dem .....;
b) wegen des gegen den jeweiligen Erbbauberechtigten gerichteten Anspruchs auf Zahlung des wertgesicherten Erbbauzinses aus dem ganzen Vermögen.

Auf den Nachweis der Billigkeit der Wertsicherung (§ 9a ErbbauRG) wird verzichtet, ohne dass damit eine Umkehr der Beweislast verbunden wäre.

49 M

V. Vereinbarung begleitender dinglicher Rechte

Im Rahmen der Erbbaurechtsbestellung werden neben Erbbaurecht und Erbbauzins häufig weitere dingliche Rechte vereinbart.

50

In der Regel muss der Erbbauberechtigte dem Eigentümer ein (subjektiv dingliches) *Vorkaufsrecht für alle Verkaufsfälle am Erbbaurecht* einräumen, was auch bei einem Eigentümer-Erbbaurecht zulässig ist. Da es Beleihungsschwierigkeiten verursacht, sollte sich der Besteller verpflichten, mit dem Vorkaufsrecht im Rang hinter Finanzierungsgrundpfandrechte des Erbbauberechtigten zurückzutreten.

51

Umgekehrt räumt häufig der Grundstückseigentümer dem jeweiligen Erbbauberechtigten ein ebenfalls subjektiv dingliches *Vorkaufsrecht für alle Verkaufsfälle am Grundstück* ein. Bei Wohnungserbbaurechten ist die gleichrangige Bestellung von Vorkaufsrechten für die Wohnungserbbauberechtigten an noch zu bildenden Anteilen am Grundstück möglich.[106]

52

Nach Lage des Einzelfalls kommt außerdem die Vereinbarung von Grunddienstbarkeiten in Betracht (s. dazu oben Rdn. 9 und das Muster Rdn. 10 M).

53

VI. Die Erbbaurechtsbestellung

1. Form

Die Erbbaurechtsbestellung selbst ist – wenig konsequent – gemäß § 11 Abs. 1 Satz 1 ErbbauRG *formfrei*. Lediglich zur Eintragung ist die Form des § 29 GBO zu wahren. Praktische Bedeutung hat die Formfreiheit nur für die Bestellung eines Eigentümer-Erbbaurechts. Da die *Verpflichtung*, ein Erbbaurecht zu bestellen oder zu erwerben, nach § 11 Abs. 2 ErbbauRG der Form des § 311b Abs. 1 BGB bedarf, ist ein Fremd-Erbbaurecht regelmäßig insgesamt notariell zu beurkunden. Auch die Grundbuchpraxis verlangt Vorlage der gesamten Bestellungsurkunde, um wegen der inhaltlichen Verzahnung dinglicher und schuldrechtlicher Inhalte die Wirksamkeit der Einigung vollständig prüfen zu können.[107] Ist der Verpflichtungsvertrag formnichtig abgeschlossen worden, so darf der Notar nicht durch Beglaubigung einer bloßen Eintragungsbewilligung an der Heilung des nichtigen Vertrags mitwirken.[108] Das zeigt sich schon daran, dass § 11 Abs. 1 Satz 1 ErbbauRG zwar die §§ 925 und 927

54

---

106 BGH, Urt. v. 11.07.2014 – V ZR 18/13, BGHZ 202, 77, 87.
107 *Schöner/Stöber*, Rn. 1715.
108 Ebenso *Wufka*, DNotZ 1985, 665; *Hügel*, § 20 GBO Rn. 49. Ob das Grundbuchamt die Eintragung auf der Grundlage eines nur beglaubigten Vertrags zu vollziehen hat, ist dagegen weniger klar, vgl. *Hügel*, § 20 GBO Rn. 49 einerseits; *Hügel/Otto*, GBO, Sonderteil Erbbaurecht Rn. 114.1 andererseits (je m.w.N.).

BGB von der Anwendung auf das Erbbaurecht ausschließt, nicht aber den dazwischen liegenden § 925a BGB, der demnach von der Verweisung auf die sich auf Grundstücke beziehenden Vorschriften mit umfasst ist.[109]

2. Belastungsgegenstand

55 Belastungsgegenstand ist zwingend das ganze Grundstück. Soll nur eine Teilfläche belastet werden, bedarf es der Trennvermessung und Abschreibung (§ 7 Abs. 1 GBO). Zur Alternative: Einschränkung des Ausübungsbereichs s.o. Rdn. 9. Ein Erbbaurecht kann an mehreren Grundstücken bestellt werden (*Gesamterbbaurecht*), wenn der Erbbauberechtigte *auf allen Grundstücken Bauwerke* haben soll oder sich auf jedem der Grundstücke zumindest eine Nebenfläche i.S.d. § 1 Abs. 2 ErbbauRG befindet.[110] Ein Gesamterbbaurecht entsteht auch durch die Teilung des Grundstücks[111] und nachträgliche Erstreckung eines Erbbaurechts auf eine weitere Fläche.[112] Die Bestellung eines Gesamterbbaurechts schafft einige Rechtsprobleme. Das Recht muss in allen Grundbüchern im Wesentlichen,[113] wenn nicht gar völlig identischen Inhalt[114] haben, nur schuldrechtliche und begleitende Inhalte können divergieren. Zusätzliche formalrechtliche Schranken hinsichtlich der Lage der Grundstücke setzt § 6a GBO. Sollen ein Grundstück und ein Erbbaurecht mit einem Gesamterbbaurecht belastet werden, so ist das nur als Gesamt-Untererbbaurecht möglich, nachdem am Grundstück allein zunächst ein weiteres Erbbaurecht gebildet wurde (vgl. § 6a Abs. 2 GBO).[115] Alternativ zum Gesamterbbaurecht soll als sog. *Nachbarerbbaurecht* nach stark umstrittener Ansicht[116] auf mehreren aneinandergrenzenden Grundstücken je ein einzelnes Erbbaurecht (oder ein Erbbaurecht auf dem Nachbargrundstück zum Grundstück im Eigentum des Bauherrn) ein zum Halten eines einheitlichen großen Gebäudes bestellt werden können, das sich über alle Grundstücke erstreckt.[117] Ein wesentliches Hauptproblem – die einheitliche Gestaltung und Aufteilung der Eigentümerrechte, insbesondere wegen des Heimfallanspruchs – stellt sich gleichermaßen beim Gesamt- wie beim Nachbarerbbaurecht.[118]

56 Die Belastung eines Erbbaurechtes mit einem Erbbaurecht, also ein *Untererbbaurecht*, ist zulässig.[119] Sie ist aber ohne Mitwirkung des Grundstückseigentümers unpraktikabel,[120] weil der Bestand dieses Rechts stets bedroht ist vom Heimfall des Ober-Erbbaurechts (§ 33 ErbbauRG, s.o. Rdn. 21). Da sich der Untererbbauberechtigte nicht dagegen schützen kann, dass der Obererbbauberechtigte Pflichten verletzt und dadurch den Heimfall auslöst, hat er

---

109 A.A. die h.M., insb. BGH DNotZ 1969, 487.
110 *Hügel/Kral*, § 6a GBO Rn. 7; BayObLG Rpfleger 1984, 313.
111 OLG Hamm DNotZ 1960, 107 = Rpfleger 1960, 403; OLG Köln Rpfleger 1961, 18; OLG Neustadt Rpfleger 1963, 214; vgl. dazu DNotI-Report 1995, 189.
112 BayObLG MDR 1984, 847.
113 BayObLG MittBayNot 1996, 34.
114 BeckOK/*Maaß*, BGB, 45. Edition 01.11.2017, § 1 ErbbauRG Rn. 31; *Böttcher*, MittBayNot 1993, 129, 133.
115 *Hügel/Kral*, § 6a GBO Rn. 21 m.w.N.
116 *Böttcher*, ZNotP 2014, 47 spricht zu Recht von einer der umstrittensten Fragen des Erbbaurechts.
117 Dafür u.a. OLG Stuttgart DNotZ 1975, 491; *Ingenstau/Hustedt*, § 1 ErbbauRG Rn. 91 ff.; *Schöner/Stöber*, Rn. 1694 m.N.; *Böttcher*, ZNotP 2014, 47; dagegen u.a. *v. Oefele/Winkler*, Rn. 3.70 ff.; BeckOK/*Maaß*, BGB, 45. Edition 01.11.2017, § 1 ErbbauRG Rn. 22; s.a. BGH WM 1973, 999 (unzulässig bei anfänglicher Planung) und BGH NJW 1985, 789, 791 (offen lassend). Deutlich ablehnend jüngst wieder OLG Köln, Beschl. v. 06.05.2013 – 2 Wx 128/13, Rpfleger 2013, 674–675; *Schmidt-Räntsch*, ZfIR 2014, 269, 270.
118 Optimistischer für das Nachbarerbbaurecht *Schöner/Stöber*, Rn. 1694.
119 BGHZ 62, 179 = DNotZ 1974, 694.
120 *Habel*, MittBayNot 1998, 315 sieht einen Anwendungsbereich für Sonderfälle ausschließlich dann, wenn der Obererbbauberechtigte eine juristische Person des öffentlichen Rechts ist.

keine gesicherte, beleihungs- und verkehrsfähige Rechtsposition.[121] Die Rechte aus dem Untererbbaurecht können niemals über das Obererbbaurecht hinausgehen.[122]

Ein *Miteigentumsanteil* kann nicht isoliert mit einem Erbbaurecht belastet werden. Deshalb sollen auch Wohnungs- und Teileigentum nicht belastungsfähig sein (etwas anderes ist das Wohnungserbbaurecht gemäß § 30 WEG). Eine Ausnahme sollte für den Sonderfall gemacht werden, dass ein Grundstück und der bei ihm mitgebuchte Anteil an einem Zuwegegrundstück (§ 3 Abs. 5 GBO) einheitlich belastet werden sollen.[123]

3. Grundbuchrang

Das Erbbaurecht kann nur zur *ausschließlich ersten Rangstelle* bestellt werden (§ 10 Abs. 1 Satz 1 ErbbauRG). Ein Verstoß dagegen macht das Erbbaurecht inhaltlich unzulässig i.S.d. § 53 Abs. 1 Satz 2 GBO mit der Folge, dass auch gutgläubiger Erwerb ausscheidet. In der notariellen Praxis ist die (reformbedürftige) Vorschrift daher mit höchster Vorsicht anzuwenden. Zwar lässt die Rechtsprechung einzelne Ausnahmen zu;[124] es empfiehlt sich aber nicht, davon Gebrauch zu machen. Das gilt auch für Eintragungen, die selbst keinen Rang haben. So mag es zulässig sein, ein Erbbaurecht (ob mit oder ohne Zustimmung) trotz eines Nacherbenvermerks einzutragen,[125] für die Praxis scheiden solche Experimente aber aus. Das Ausschließlichkeitserfordernis wird auch als Ausschluss mehrerer gleichrangiger Erbbaurechte verstanden.[126] § 39 Abs. 1 SachenRBerG lässt für den Sonderfall der Sachenrechtsbereinigung unter gewissen Voraussetzungen Erbbaurechte im Gleichrang zu.

Wenn zur Schaffung der ersten Rangstelle für das Erbbaurecht andere Rechte zurücktreten, sind besondere Sicherungen erforderlich, wenn deren Gläubiger keine zusätzlichen Risiken nehmen wollen. So bleiben die Rechte aus Dienstbarkeiten bei einem Rücktritt hinter dem Erbbaurecht nur gewahrt, wenn die Dienstbarkeiten inhaltsgleich im Erbbaugrundbuch eingetragen werden. Nur so können sie sich bei Ausübungskonflikten[127] durchsetzen. Dies allein genügt aber nicht, um den ungetrübten Bestand dieser Rechte bei Beendigung des Erbbaurechts oder bei Eingreifen eines Heimfallanspruchs zu wahren.[128] Die bei Beendigung des Erbbaurechts anstehende Entschädigungsforderung des Erbbauberechtigten (§ 27 ErbbauRG) erhält im Grundstücksgrundbuch eine Sicherung mit dem Rang des Erbbaurechts (§ 28 ErbbauRG), also wieder vor dem zurückgetretenen Recht, das jetzt im Falle einer Verwertung der Sicherung als nachrangig wegfallen kann. Kommt es zum Heimfall, bleiben von den beim Erbbaurecht eingetragenen Rechten allenfalls unter den weiteren Voraussetzungen des § 33 ErbbauRG die Verwertungsrechte bestehen. Zur Lösung vorgeschlagen werden eine ausdrückliche inhaltliche Ausgestaltung des Entschädigungsanspruchs dahin, dass er nur im Rang nach dem genau bezeichneten anderen Recht eingetragen werden soll,[129] und ein vertraglicher Ausschluss des § 33 ErbbauRG (str.), soweit es

---

121 Zu Sicherungsmöglichkeiten unter Mitwirkung des Grundstückseigentümers *v. Oefele/Winkler*, Rn. 3.33; *Freckmann/Frings/Grziwotz*, Rn. 735 ff. (Muster).
122 *Habel*, MittBayNot 1998, 315, 316 fordert darüber hinaus stets ein rechtliches Plus beim Obererbbaurecht.
123 *Diekgräf*, DNotZ 1996, 338; *Hügel/Otto*, GBO, Sonderteil Erbbaurecht Rn. 46 m.w.N.; in neuen Auflagen positiv hierzu auch *Ingenstau/Hustedt*, § 1 ErbbauRG Rn. 32 und MüKo-BGB/*v. Oefele/Heinemann*, § 1 ErbbauRG Rn. 29. Abl. BeckOK/*Maaß*, BGB, 45. Edition 01.11.2017, § 1 ErbbauRG Rn. 24.
124 Für ein Vorkaufsrecht des Erbbauberechtigten und auf Dauer des Erbbaurechts BGH NJW 1954, 1443; Rpfleger 1973, 355; zu weiteren Abweichungen *Panz*, BWNotZ 1991, 133.
125 OLG Hamm NJW-RR 1989, 717.
126 Ganz h.M., z.B. *Demharter*, Anh. zu § 8 GBO Rn. 12; anders LG Kassel Rpfleger 1955, 2331; *Hügel/Otto*, GBO, Sonderteil Erbbaurecht Rn. 85 und jetzt auch *Böttcher*, praktische Fragen des Erbbaurechts, Rn. 118.
127 Zu diesen NK-BGB/*Otto*, § 1024 Rn. 17 ff.
128 Ausf. zum Ganzen *Kesseler*, ZfIR 2014, 414 ff.
129 *Kesseler*, ZfIR 2014, 416 (auch zu Alternativen); Staudinger/*Rapp*, Bearb. 2009, § 28 ErbbauRG Rn. 2.

um dieses Recht geht.[130] Diese Ausgestaltungen der Entschädigung und des Heimfallanspruchs müssen jeweils zum Inhalt des Grundbuchs gemacht werden. Grenzen setzen §§ 27 Abs. 2 bzw. 32 Abs. 2 ErbbauRG.

4. Grunderwerbsteuer

60 Die Bestellung des Erbbaurechts unterliegt der Grunderwerbsteuer (§ 2 Abs. 2 Nr. 1 GrEStG). Bemessungsgrundlage ist der kapitalisierte Erbbauzins (§ 9 Abs. 2 Nr. 2 S. 3 GrEStG), wenn das Grundstück unbebaut ist. Ist es bebaut und zahlt der Erbbauberechtigte einen Kapitalbetrag als Kaufpreis für das Gebäude, so kommt er hinzu. Errichtungsverpflichtung und Unterhaltungspflicht sind dagegen keine steuerbare Gegenleistung des Erbbauberechtigten, wenn bei Beendigung eine Entschädigung gezahlt werden soll.[131] Das Erlöschen des Erbbaurechts durch Zeitablauf ist im Gegensatz zur Heimfallvergütung[132] nicht steuerbar.[133]

5. Urkundsgestaltung

61 Schuldrechtliche Vereinbarungen und dinglicher Inhalt des Erbbaurechts sind klar zu unterscheiden.[134] Trägt ein großzügiges Grundbuchamt das Erbbaurecht unter Bezugnahme auf die Eintragungsbewilligung ein, ohne auf eine klare und zweideutige Antragstellung bestanden zu haben, so ist es später oft schwierig, den Inhalt des Erbbaurechts überhaupt zuverlässig festzustellen. Ist aber die Bezugnahme nicht eindeutig genug, so kann die Eintragung inhaltlich unzulässig und von Amts wegen zu löschen sein.

Erbbaurechtsvertrag

62 M   **Verhandelt zu ..... am .....**
Der beabsichtigte Text dieses Vertrages lag den Beteiligten wenigstens zwei Wochen vor der heutigen Beurkundung vor.

I. Vorbemerkungen

1. Im Grundbuch des Amtsgerichts Oberdorf von Mitteldorf Bd. 73, Bl. 7126 ist eingetragen
Gemarkung Mitteldorf
FlStNr. 137/8 Bauplatz zu   **0,2467 ha**
Eigentümer: Kirchenstiftung Mitteldorf
Abteilung II: Geh- und Fahrtrecht für den jeweiligen Eigentümer des FlStNr. 187/3
Abteilung III: ohne Eintragung.
2. Das Grundstück ist unbebaut. Es liegt im Bereich des Bebauungsplans Mitteldorf-West, der eine Bebauung mit Mietwohngebäuden zulässt.

---

[130] Formulierungsvorschlag bei *Kesseler*, ZfIR 2014, 418. Die dazu diskutierte Alternative ist eine schuldrechtliche Vereinbarung, flankiert durch Vormerkung (dazu Staudinger/*Rapp*, Bearb. 2009, § 33 ErbbauRG Rn. 12).
[131] BFH DB 2003, 1365 = NotBZ 2003, 200 m. Anm. *Gottwald*, der auf einen gewissen Wertungswiderspruch (und Gestaltungsspielraum) daraus hinweist, dass die spätere Entschädigungsleistung nicht besteuert wird.
[132] BFH BB 1971, 211; Ausnahmen i.R.d. heutigen § 16 Abs. 2 Nr. 3 GrEStG (BFH BB 1983, 2167).
[133] BFH BB 1995, 916 = DNotI-Report 1995, 179.
[134] Die Feststellung der dinglichen Inhalte kann hier nicht dem Grundbuchamt überantwortet werden, vgl. *Schmenger*, BWNotZ 2006, 73, 92.

II. Erbbaurechtsbestellung, dinglicher Inhalt des Erbbaurechts

1. Die Kirchenstiftung Mitteldorf – in dieser Urkunde »Eigentümer« genannt – räumt der Gemeinnützigen Baugesellschaft Mitteldorf eG – in dieser Urkunde »Erbbauberechtigter« genannt – an dem in Abschn. I. Ziffer 1. bezeichneten Grundstück ein Erbbaurecht mit dem Inhalt ein, wie er sich aus nachfolgender Ziffer 2. ergibt.
2. Die Vertragsteile sind über die Bestellung des Erbbaurechts wie folgt einig:

§ 1 Inhalt, Zweck und Umfang des Erbbaurechts

Der Erbbauberechtigte ist befugt, auf dem Erbbaugrundstück ein Wohngebäude zu haben. Das Erbbaurecht erstreckt sich auch auf alle für das Bauwerk nicht erforderlichen Grundstücksteile (Ausübungsbereich).

§ 2 Dauer des Erbbaurechts

Das Erbbaurecht beginnt mit seiner Eintragung im Grundbuch und endet am .....

§ 3 Bauverpflichtung

Der Erbbauberechtigte ist verpflichtet, auf dem Erbbaugrundstück unverzüglich ein Mietwohngebäude zu errichten, welches die zulässige Geschossfläche voll ausnützt. Mit der Bebauung darf erst begonnen werden, nachdem dem Eigentümer die genehmigten Baupläne vorgelegt und von diesem gebilligt worden sind. Der Eigentümer darf seine Billigung nur verweigern, wenn das Bauwerk dem Inhalt des Erbbaurechts, dem zu seiner Begründung geschlossenen Vertrag, den Vorschriften des Nachbarrechts oder den Vorschriften des öffentlichen Rechts widerspricht. Das Bauwerk ist nach den anerkannten Regeln der Bautechnik herzustellen.

Auch spätere Anbauten, Umbauten sowie der Abbruch von Gebäuden oder Gebäudeteilen bedürfen der Einwilligung des Grundstückseigentümers.

§ 4 Instandhaltung, Bodenschutz, Emissionen

Der Erbbauberechtigte ist verpflichtet, die Bauwerke nebst Zubehör stets in gutem Zustand zu halten und sie zu diesem Zweck ordnungsgemäß zu unterhalten und erforderlichenfalls instand zu setzen. Er ist weiter verpflichtet, auch das Erbbaugrundstück in gutem Zustand zu halten und insbesondere alles gebotene zu unternehmen, um schädliche Bodenveränderungen zu vermeiden und wenn sie doch eintreten unverzüglich zu beseitigen.

Der Erbbauberechtigte hat dafür einzustehen, dass vom Erbbaugrundstück keine unzulässigen Störungen, insbesondere keine Emissionen, ausgehen; er hat den Grundstückseigentümer von allen Ansprüchen wegen solcher Störungen zu befreien.

Der Eigentümer ist berechtigt, das Erbbaugrundstück und die Bauwerke nach vorheriger Ankündigung zu besichtigen, auf vertragsgemäße Verwendung und Einhaltung der § 3 und § 4 zu prüfen und derartige Tätigkeiten auf seine Kosten durch Beauftragte ausführen zu lassen.

§ 5 Versicherung

Der Erbbauberechtigte ist verpflichtet, die Bauwerke zu versichern und versichert zu halten, dem Eigentümer auf Verlangen beglaubigte Abschriften der Versicherungs-

scheine auszuhändigen und ihm den Nachweis der Zahlung der Versicherungsprämien zu erbringen. Kommt der Erbbauberechtigte trotz schriftlicher Mahnung dieser Verpflichtung binnen angemessener Frist nicht oder nur ungenügend nach, so kann der Grundstückseigentümer auf Kosten des Erbbauberechtigten selbst für die Versicherung sorgen. Im Einzelnen sind folgende Versicherungen abzuschließen:
a) Brandversicherung zum gleitenden Neuwert
b) Versicherung gegen Sturmschäden
c) Versicherung gegen Leitungswasserschäden

§ 6 Wiederaufbau

Werden Bauwerke ganz oder teilweise zerstört, so ist der Erbbauberechtigte verpflichtet, sie unverzüglich wiederherzustellen. Auch bei vollständiger Zerstörung besteht kein Anspruch auf Minderung des Erbbauzinses.

§ 7 Lasten und Abgaben

Mit Ausnahme der auf das Grundstück entfallenden Grundsteuer hat der Erbbauberechtigte alle auf das Erbbaurecht wie auch auf das Erbbaugrundstück gelegten öffentlichen Lasten und Abgaben zu tragen. Er hat auch alle sonstigen öffentlich-rechtlichen Pflichten, z.B. zur Beseitigung schädlicher Bodenveränderungen, auf seine Kosten zu erfüllen und den Eigentümer von entsprechenden Verpflichtungen zu befreien.

§ 8 Veräußerung und Belastung

Der Erbbauberechtigte bedarf der Zustimmung des Eigentümers
a) zur Veräußerung des Erbbaurechts oder von Teilen des Erbbaurechts, das gilt auch/gilt nicht[135] für die Erteilung des Zuschlags in einem Zwangsversteigerungsverfahren, das aus einem mit Zustimmung des Grundstückseigentümers bestellten Grundpfandrecht betrieben wird,
b) zur Belastung des Erbbaurechts mit einer Hypothek, Grundschuld, Rentenschuld oder Reallast sowie mit einem Dauerwohnrecht oder mit einem Dauernutzungsrecht,
c) zur Inhaltsänderung von Rechten gemäß lit. b), wenn damit eine weitere Belastung des Erbbaurechts verbunden ist.

Die Zustimmung zur Veräußerung kann insbesondere versagt werden, solange die Erfüllung der Pflichten aus Ziffer III.3 nicht sichergestellt ist.

§ 9 Heimfall

Der Erbbauberechtigte ist verpflichtet, das Erbbaurecht auf Verlangen des Eigentümers[136] auf diesen oder auf einen vom Eigentümer benannten Dritten zu übertragen, wenn eine der folgenden Voraussetzungen eintritt, wobei es auf ein Verschulden des Erbbauberechtigten grundsätzlich nicht ankommt:
a) der Erbbauberechtigte hat – gleich aus welchem Grund – am ..... mit der Errichtung des Bauwerks noch nicht begonnen, es am ..... noch nicht vollendet, andere Bauwerke als die nach dem Inhalt des Erbbaurechts zulässige errichtet oder er hat Bauwerke abgebrochen, die für das Erbbaurecht bestimmend sind;

---

135 Dazu unten Rdn. 67.
136 Eine Verpflichtung zur Geltendmachung des Heimfallanspruchs kann nur außerhalb des Erbbaurechtsvertrags schuldrechtlich vereinbart werden, OLG Brandenburg ZOV 2009, 128.

b) der Erbbauberechtigte hat ihm obliegende öffentliche Lasten dergestalt nicht beglichen, dass es zu einer förmlichen Inanspruchnahme des Grundstückseigentümers kommt;
c) der Erbbauberechtigte ist mit der Zahlung des Erbbauzinses mindestens in Höhe zweier Jahresbeträge im Verzug;
d) der Erbbauberechtigte stellt Insolvenzantrag über sein Vermögen, über sein Vermögen ist ein Insolvenzverfahren eröffnet bzw. die Eröffnung mangels Masse abgelehnt oder der Erbbauberechtigte, der eine Handelsgesellschaft oder eine juristische Person ist, wurde wegen Vermögenslosigkeit im Register gelöscht oder hat seine Rechtsfähigkeit verloren;[137]
e) aufgrund eines Titels, der zur Verwertung des Pfandgegenstands ermächtigt, wird die Zwangsversteigerung oder die Zwangsverwaltung des Erbbaurechts angeordnet;
f) der Erbbauberechtigte hat eine seiner Verpflichtungen nach § 4 bis § 6 trotz wiederholter schriftlicher Mahnung des Grundstückseigentümers nicht erfüllt oder ist mit der Zahlung von Versicherungsprämien länger als drei Monate in Verzug;
g) der Erbbauberechtigte hat trotz wiederholter schriftlicher Mahnung eine seiner Verpflichtungen nach Abschnitt III Ziffer 1 nicht erfüllt oder
h) der Erbbauberechtigte hat eine seiner Pflichten nach Abschnitt III Ziffer 2 und 3 verletzt.

Die Übertragung des Erbbaurechts hat zu erfolgen, sobald die Höhe der nach § 10 ermittelten Vergütung feststeht.

§ 10 Entschädigung

1. Macht der Eigentümer von seinem Heimfallrecht Gebrauch oder endet das Erbbaurecht durch Zeitablauf, so hat der Erbbauberechtigte gegen den Grundstückseigentümer Anspruch auf Zahlung einer Entschädigung in Geld in Höhe von zwei Dritteln des Verkehrswerts, den das Erbbaurecht bei Rückübertragung oder Erlöschen hat. Bauwerke oder Erweiterungen und Umbauten von Bauwerken, die nicht in diesem Vertrag vorgesehen sind oder denen der Eigentümer nicht zugestimmt hat, bleiben bei der Wertermittlung außer Betracht. Können sich die Beteiligten über die Höhe des Anspruchs nicht einigen, so soll darüber ein Schiedsgutachter bestimmen, der vom Präsidenten der Industrie- und Handelskammer ..... ernannt wird. Der von diesem festgelegte Betrag gilt als zwischen den Beteiligten vereinbArt. Die Kosten des Schiedsgutachtens haben die Beteiligten je zur Hälfte zu tragen.
2. Die Entschädigung ist im Fall des Erlöschens durch Zeitablauf fällig am Tag nach dem Erlöschen. Beim Heimfall ist die Entschädigung (als Vergütung) fällig am Tag der Beurkundung der Übertragung und bis dahin nicht verzinslich; nach § 33 des Erbbaurechtsgesetzes übernommene Lasten sind mit ihrem Wert zum Zeitpunkt der Übernahme auf die Vergütung anzurechnen, übersteigen sie den Betrag der Entschädigung, ist der Erbbauberechtigte dem Eigentümer zur Erstattung der überschießenden Beträge verpflichtet.

§ 11 Vorrecht

Dem Erbbauberechtigten steht nach Maßgabe des § 31 Erbbaurechtsgesetz ein Vorrecht auf Erneuerung des Erbbaurechts zu. Die Ausübung des Rechts ist ausgeschlossen, wenn der Eigentümer wegen innerhalb von fünf Jahren bis zur Beendigung des

---

[137] Durchsetzbarkeit allerdings zunehmend fraglich (Rdn. 20), worüber zu belehren ist.

§ 57 Erbbaurecht

Erbbaurechts erfolgter Pflichtverletzungen des Berechtigten den Heimfall verlangen konnte, auch wenn er den Anspruch nicht geltend gemacht hat.

§ 12

Eine Verpflichtung des Grundstückseigentümers, das Grundstück an den jeweiligen Erbbauberechtigten zu verkaufen, wird nicht begründet.

III. Weitere schuldrechtliche Pflichten des Erbbauberechtigten

1. Ergänzend zum Inhalt des Erbbaurechts vereinbaren die Beteiligten, dass sich die Versicherungspflicht des Erbbauberechtigten auch auf eine Haftpflichtversicherung bezieht, welche die allgemeine Haftpflicht von Bauwerken und Grundstück im Ausübungsbereich des Erbbaurechts abdeckt, insbesondere die Verkehrssicherungspflichten. Sofern Öl oder andere boden- und gewässergefährdende Stoffe im Ausübungsbereich gelagert werden, sind Boden- und Gewässerschäden zu versichern.
2. Die Teilung des Erbbaurechts in Wohnungserbbaurechte, die Bestellung eines Untererbbaurechts und die Bestellung von Dienstbarkeiten sind dem Erbbauberechtigten nur mit schriftlicher Zustimmung des Eigentümers erlaubt.
3. Der Erbbauberechtigte hat einem Rechtsnachfolger seine sämtlichen zum Zeitpunkt einer Veräußerung nicht erfüllten Verpflichtungen aus diesem Vertrag mit Weitergabeverpflichtung aufzuerlegen, soweit sie nicht kraft Gesetzes übergehen.

IV. Weitere schuldrechtliche Eigentümerpflichten

1. Der Eigentümer hat zu bewirken, dass das bestellte Erbbaurecht entsteht, indem es in das Grundbuch eingetragen wird. Er weiß, dass hierzu der Rangrücktritt des in Abteilung II eingetragenen Geh- und Fahrtrechts hinter das Erbbaurecht erforderlich ist. Der Erbbauberechtigte verpflichtet sich, das Erbbaurecht mit einer Grunddienstbarkeit gleichen Inhalts zu belasten und dieser die erste Rangstelle zu verschaffen.
2. Der Eigentümer ist im Sinne einer Beschaffenheitsvereinbarung dafür verantwortlich, dass das Vertragsgrundstück nach Maßgabe des in Abschnitt I Ziffer 2. erwähnten Bebauungsplans bebaubar ist. Die Einholung etwa erforderlicher baurechtlicher Genehmigungen ist Sache des Erbbauberechtigten.
3. Der Eigentümer hat dem Erbbauberechtigten den Besitz am Erbbaugrundstück frei von Miet- und Pachtverhältnissen oder sonstigen gegen den Erbbauberechtigten wirksamen Besitzrechten zu verschaffen. Er haftet nicht für die Freiheit von Baulasten, versichert aber, dass ihm solche nicht bekannt sind.
4. Im Übrigen hat der Eigentümer dem Erbbauberechtigten den Vertragsgegenstand sowohl in tatsächlicher als auch in rechtlicher Hinsicht nur in der Gestalt zu verschaffen, die er derzeit – gleich ob bekannt oder nicht – hat; dies ist die hiermit vertraglich vereinbarte Beschaffenheit, die der Eigentümer auch dann nicht zu verändern oder gar zu verbessern verpflichtet ist, wenn sie den Erwartungen des Erbbauberechtigten nicht entsprechen sollte.
5. Unberührt bleibt die Haftung des Eigentümers für Schäden aus vorsätzlicher oder grob fahrlässiger Pflichtverletzung, sowie für Schäden an Leben, Körper oder Gesundheit, wenn der Eigentümer die Pflichtverletzung zu vertreten hat. Pflichtverletzungen seiner Erfüllungsgehilfen oder gesetzlichen Vertreter muss sich der Eigentümer zurechnen lassen.

V. Erbbauzins

1. Es wird ein Erbbauzins (Erbbauzinsreallast) von monatlich ..... €, fällig jeweils am Monatsanfang im Voraus, vereinbArt. Es ist Inhalt des Erbbauzinses, dass die Reallast mit ihrem Hauptanspruch bestehen bleibt, wenn der Grundstückseigentümer aus der Reallast oder der Inhaber eines im Range vorgehenden oder gleichstehenden dinglichen Rechts die Zwangsversteigerung des Erbbaurechts betreibt.
2. Verändert sich der vom Statistischen Bundesamt ermittelte Verbraucherpreisindex für Deutschland auf der Basis 2005 = 100 gegenüber dem Stande vom Oktober des gerade laufenden Jahres, so verändert sich der Erbbauzins grundsätzlich im gleichen Verhältnis. Die Veränderung tritt aber jeweils nur einmal jährlich in der Weise ein, dass sich der Erbbauzins für den Monat Januar eines jeden Jahres, erstmals aber im Januar 2 ..... nach der für den Monat Oktober des vorausgehenden Jahres festgestellten Indexzahl bemisst und dass der Erbbauzins dann für den Rest des Kalenderjahrs unverändert bleibt. Indexabweichungen von weniger als 4 Prozentpunkten seit der jeweils letzten Anpassung bleiben unberücksichtigt. Ändert das Statistische Bundesamt das Basisjahr für die Berechnung des Index, so ist auch die Berechnung des Erbbauzinses auf das neue Basisjahr umzustellen.[138]
3. § 9a des Erbbaurechtsgesetzes bleibt unberührt. Den Beteiligten ist bekannt, dass bei einem Erbbaurecht zu Wohnzwecken gemäß dieser Bestimmung die Anpassung einer Billigkeitskontrolle unterliegt und dass die Anpassung frühestens im Abstand von drei Jahren erfolgt.

VI. Vorkaufsrechte

1. Der Eigentümer räumt dem jeweiligen Inhaber des Erbbaurechts an dem Erbbaugrundstück das Vorkaufsrecht für alle Verkaufsfälle ein.
2. Der Erbbauberechtigte räumt dem jeweiligen Eigentümer des Erbbaugrundstücks an dem Erbbaurecht das Vorkaufsrecht für alle Verkaufsfälle ein.

VII. Grundbucherklärungen

1. Die Vertragsteile bewilligen und beantragen, am Erbbaugrundstück einzutragen:
a) das Erbbaurecht mit dem Inhalt gemäß Abschnitt II Ziffer 2;
b) den Rangrücktritt des Geh- und Fahrtrechts hinter das Erbbaurecht;
c) das Vorkaufsrecht gemäß Abschn. VI Ziffer 1. im Rang nach danach.
2. Die Vertragsteile bewilligen und beantragen, am Erbbaurecht einzutragen
a) ein Geh- und Fahrtrecht als Grunddienstbarkeit mit dem gleichen Inhalt wie das am Erbbaugrundstück bereits eingetragene;
b) im Range danach das Vorkaufsrecht gemäß Abschn. VI Ziffer 2;
c) Im Rang danach den wertgesicherten Erbbauzins.[139]
3. Es wird bestimmt, dass die vorgenannten Eintragungen im Grundbuch und im Erbbaugrundbuch nur gemeinsam erfolgen dürfen. Auf die Eintragung einer Vormerkung zur Sicherung des Anspruchs auf Eintragung des Erbbaurechts wird verzichtet.

VIII. Vereinbarung von Stichtagen

1. Ohne Rücksicht auf den Zeitpunkt der Eintragung des Erbbaurechts im Grundbuch werden sich die Vertragsteile vom ..... an so verhalten, wie wenn das Erbbaurecht

---

[138] Das Basisjahr ist letztlich unerheblich, wenn wie hier empfohlen auf die prozentuale Änderung, nicht Änderung der Indexpunkte abgestellt wird.
[139] Der Nachrang des Erbbauzinses bezweckt, dem Eigentümer das Vorkaufsrecht für den Fall zu erhalten, dass er aus dem Erbbauzins die Zwangsversteigerung betreibt.

entstanden wäre. An diesem Tag ist dem Erbbauberechtigten der Besitz zu übergeben; wegen seiner Verpflichtung dazu unterwirft sich der Eigentümer der sofortigen Zwangsvollstreckung aus dieser Urkunde. Dem Erbbauberechtigten gebühren die Nutzungen und er trägt die Lasten nach Maßgabe des Erbbaurechts von diesem Zeitpunkt an.

2. Vom Tag des Besitzübergangs an verpflichtet sich der Berechtigte zur Zahlung eines dem Erbbauzins gemäß Ziffer V entsprechenden monatlichen Betrags als Nutzungsentgelt. Das Nutzungsentgelt unterliegt der für den Erbbauzins vereinbarten Anpassung. Ab Eintragung des Erbbauzinses wird der Anspruch auf Nutzungsentgelt durch die fristgerechte Zahlung des Erbbauzinses erfüllt. Bei nicht fristgerechter Zahlung ist er mit 2 % über dem Basiszins zu verzinsen.[140]

3. Erschließungskosten im Sinne des Baugesetzbuchs und Beiträge für Investitionsaufwand im Sinne des Kommunalabgabengesetzes trägt unabhängig vom Inhalt des Erbbaurechts und vom gegenwärtigen Herstellungszustand der Eigentümer, soweit bis heute Bescheide ergangen sind, ab morgen trägt sie der Erbbauberechtigte. Der Eigentümer versichert, dass alle bis heute zugegangenen Bescheide bezahlt sind. Bei Vorausleistungen, die der Eigentümer erbracht haben sollte, hat es aber sein Bewenden.

IX. Mitwirkung des Eigentümers im Rahmen der Finanzierung

1. Der Eigentümer verpflichtet sich gegenüber dem Erbbauberechtigten, der Belastung des Erbbaurechts mit Grundpfandrechten zuzustimmen und mit seinem Vorkaufsrecht[141] auf Kosten des Erbbauberechtigten im Rang hinter diese Grundpfandrechte zurückzutreten, wenn[142]
a) das Grundpfandrecht zugunsten eines der deutschen Kreditaufsicht unterliegenden Kreditinstituts oder einer der deutschen Versicherungsaufsicht unterliegenden Versicherungsgesellschaft bestellt wird,
b) der Grundpfandrechtsgläubiger sich schriftlich verpflichtet, das Grundpfandrecht ausschließlich zweckbestimmt zur Errichtung der im Erbbaurecht vorgesehenen Bauwerke zu valutieren und die zweckentsprechende Verwendung der Gelder in banküblicher Weise zu überwachen,
c) der Grundpfandrechtsgläubiger des Weiteren dem Eigentümer schriftlich bestätigt, dass das Darlehen fortlaufend so zu tilgen ist, dass es in längstens 30 Jahren, spätestens aber zehn Jahre vor Ablauf des Erbbaurechts vollständig zurückgezahlt ist, und dass der Grundpfandrechtsgläubiger diese Tilgungsvereinbarung auch in banküblicher Weise durchsetzen wird.

2. Weitere Voraussetzung für die Verpflichtung des Grundstückseigentümers zur Zustimmung und zum Rangrücktritt ist es, dass der Erbbauberechtigte dem Grundstückseigentümer als dem Inhaber des Heimfallanspruchs eine Löschungsvormerkung nach § 1179 BGB unter Eingehung der entsprechenden Verpflichtungen bestellt und ihm bei Grundschulden aufschiebend bedingt auf den Heimfall seine gegen den Grundpfandrechtsgläubiger gerichteten Ansprüche auf Rückgewähr im weitesten Sinne einschließlich des Anspruchs auf Herausgabe des sich bei der Zwangsversteigerung ergebenden Erlöses abtritt.

---

140 Auch möglich als Vertragsstrafe i.S.d. § 2 Nr. 5 ErbbauRG), nicht jedoch als Inhalt der Erbbauzinsreallast (OLG Brandenburg ZOV 2009, 128).
141 Nicht dem Erbbauzins!
142 Vgl. Rdn. 64, alternative Gestaltung in Rdn. 66 M.

X. Zwangsvollstreckungsunterwerfung

Der Erbbauberechtigte (mehrere als Gesamtschuldner) unterwirft sich der sofortigen Zwangsvollstreckung aus dieser Urkunde
1. in das Erbbaurecht wegen der wertgesicherten Erbbauzinsreallast und der für die Dauer seiner Berechtigung fällig werdenden Einzelleistungen daraus gemäß Abschn. V.;
2. in sein ganzes Vermögen
a) wegen eines monatlich zu zahlenden Betrags in einer dem Erbbauzins gemäß Abschn. V entsprechenden Höhe von dem in Abschnitt VIII. Ziffer 2. genannten Zeitpunkt an bis zur Eintragung des Erbbaurechts;
b) wegen des gegen den jeweiligen Erbbauberechtigten gerichteten persönlichen Anspruchs auf Zahlung der während seiner Berechtigung fällig werdenden wertgesicherten Erbbauzinsleistungen gemäß Abschnitt V;
c) wegen seiner Verpflichtung, das Erbbaugrundstück nach Erlöschen des Erbbaurechts durch Zeitablauf an den Eigentümer herauszugeben. Die Zwangsvollstreckung darf ohne den Nachweis erfolgen, dass die nach § 10 geschuldete Entschädigung gezahlt ist; sie ist aber davon abhängig, dass der Eigentümer Sicherheit leistet, und zwar in Höhe des zehnfachen Jahreserbbauzinses, der zuletzt geschuldet war.

Der Eigentümer erhält auf sein schriftliches Anfordern eine vollstreckbare Ausfertigung, wobei auf den Nachweis der Billigkeit einer Erbbauzinsanpassung (§ 9a ErbbauRG) verzichtet wird. Eine Umkehr der Beweislast ist damit nicht verbunden.

XI. Salvatorische Klausel

Sollte eine Bestimmung dieses Vertrages unwirksam sein oder werden, so sind der übrige Vertrag und das Erbbaurecht dennoch gültig. Sofern Vereinbarungen zum Inhalt des Erbbaurechts als solche nicht möglich sind, gelten sie schuldrechtlich zwischen den Beteiligten als vereinbArt. Im Übrigen verpflichten sie sich zum Abschluss einer neuen Vereinbarung, die dem mit einer unwirksamen Bestimmung verfolgten Zweck wirtschaftlich am nächsten kommt.

XII. Kosten, Abschriften und Vollzug

1. Die Kosten der Errichtung, der Abschriften und des Vollzugs dieser Urkunde sowie die anfallende Grunderwerbsteuer trägt der Erbbauberechtigte. Er trägt auch die Kosten des Heimfalls, der Löschung des Erbbaurechts und der Schließung des Erbbaugrundbuchs. Soweit der Eigentümer zur Lastenfreistellung oder Rangverschaffung verpflichtet ist, trägt dieser hierdurch zusätzlich anfallende Kosten.
2. chriften dieser Urkunde sollen erhalten
- jeder Vertragsteil,
- das Amtsgericht – Grundbuchamt –,
- das Finanzamt – Grunderwerbsteuerstelle –.
3. Die Vertragsteile beauftragen den Notar, alle Genehmigungen und sämtliche zum Vollzug dieses Vertrages erforderlichen Erklärungen einzuholen. Er wird bevollmächtigt, Genehmigungen, die ohne Bedingungen und Auflagen erteilt werden, für die Vertragsteile entgegenzunehmen, gegenseitig mitzuteilen und diese Mitteilung jeweils in Empfang zu nehmen, die Urkunde zum Teilvollzug vorzulegen sowie Anträge ganz oder teilweise zurückzunehmen, überhaupt die Beteiligten gegenüber dem Grundbuchamt zu vertreten. Alle zu diesem Vertrag erforderlichen, uneingeschränkten Zustimmungs-

erklärungen und Genehmigungen sollen mit dem Eingang beim Notar den Vertragsteilen als zugegangen gelten und wirksam sein.

XIII. Hinweise

Die Beteiligten wurden vom Notar u.a. darüber belehrt, dass
- **das Erbbaurecht erst mit der Eintragung im Grundbuch entsteht und dass dazu die steuerliche Unbedenklichkeitsbescheinigung und folgende Genehmigungen erforderlich sind: (in Betracht kommen neben privaten Genehmigungen und Zustimmungen u.a. Genehmigungsvorbehalte nach Umlegungsrecht und Sanierungsrecht des BauGB und der Grundstücksverkehrsordnung – nicht Grundstücksverkehrsgesetz)**
- **das Erbbaurecht ausschließlich an erster Rangstelle bestellt werden kann;**
- **nicht oder unvollständig beurkundete Abreden nichtig sind und die Wirksamkeit des ganzen Vertrages in Frage stellen.**

Schlussvermerk, Unterschriften.

■ *Kosten.*
1. Des Notars:
   a) Werte:
      aa) Für *die Bestellung des Erbbaurechts* besteht mit § 43 GNotKG eine eigene Wertvorschrift. Sie gilt dann, wenn als Entgelt ein Erbbauzins vereinbart wurde. Es greift der höhere Wert in einem Vergleich zwischen dem nach § 52 GNotKG kapitalisierten Erbbauzins (1) mit dem nach § 49 Abs. 2 GNotKG bestimmten Wert des Erbbaurechts (2). Für eine *Verlängerung des schon bestehenden Erbbaurechts* gelten dieselben Regeln.[143]

      (1) *Die Kapitalisierung des Erbbauzinses* auf die Dauer eines befristeten Erbbaurechts ist nach § 52 Abs. 2 GNotKG auf den auf die ersten 20 Jahre entfallenden Erbbauzins beschränkt. Im Interesse einer einfachen Bewertung bleiben nach § 52 Abs. 7 GNotKG Preisklauseln bei der Bewertung unberücksichtigt. Nach der KostO konnten in der Regel die ersten 25 Jahre berücksichtigt werden (§ 21 Abs. 1 Satz 3 KostO i.V.m. § 24 Abs. 1 Buchst. a) KostO); für die Wertsicherung war ein Zuschlag üblich.

      (2) *Der Wert des Erbbaurechts* ist nach § 49 Abs. 2 GNotKG mit 80 % der Summe aus den nach § 46 GNotKG bestimmten Werten des belasteten Grundstücks und darauf errichteter Bauwerke anzusetzen. Die im Gesetz jetzt angeordnete Begrenzung des Werts auf den Wert der betreffenden Teilfläche, wenn der Ausübungsbereich[144] des Erbbaurechts beschränkt ist, war teilweise bereits gängige Praxis. Die Bestimmung des § 21 Abs. 1 Satz 2 KostO ist entfallen, d.h. eine für Rechnung des Erbbauberechtigten erfolgte Bebauung des Grundstücks wird bei der Ermittlung des Grundstückswerts nunmehr berücksichtigt.[145]

      bb) Wird kein Erbbauzins als Entgelt vereinbart, bleibt es bei dem nach § 49 Abs. 2 GNotKG bestimmten Wert des Erbbaurechts (§ 97 Abs. 1 GNotKG). Er gilt auch z.B. bei einer *Aufhebung des Rechts*. Für die *Veräußerung* eines Erbbaurechts gilt die (für Geschäfte des Notars) allgemeine Wertvorschrift für Austauschver-

---

143 Leipziger-GNotKG/*Deecke*, § 43 GNotKG Rn. 13.
144 Auch in der Begriffswelt des GNotKG ist das nicht allein die Stellfläche, s. Leipziger-GNotKG/*Deecke*, *§ 49 GNotKG Rn. 11.*
145 Zum Hintergrund Leipziger-GNotKG/*Deecke*, § 49 GNotKG Rn. 8.

träge (§ 97 Abs. 3 GNotKG). Es sind also der Wert nach § 49 Abs. 2 GNotKG und die Gegenleistung zu vergleichen.

cc) Das *Vorkaufsrecht des Erbbauberechtigten* am Grundstück ist nach §§ 96, 93 BGB als wesentlicher Bestandteil des Erbbaurechts anzusehen[146] und deshalb nicht besonders zu bewerten.[147] Dabei bleibt es auch nach der Systematik des GNotKG.[148]

dd) Das *Vorkaufsrecht des Eigentümers* am Erbbaurecht gehört nicht zum vertragsgemäßen Inhalt des Erbbaurechts und ist als ein davon verschiedener Beurkundungsgegenstand zu bewerten (§ 86 Abs. 2 GNotKG). Der Geschäftswert beträgt 50 % des gemäß § 49 Abs. 2 GNotKG (dazu oben) bestimmten Werts des Erbbaurechts (§ 51 Abs. 1 Satz 2 GNotKG). Ein besonderer Abschlag für den Fall, dass die Veräußerung des Erbbaurechts der Zustimmung des Grundstückseigentümers bedarf, ist nicht vorgesehen.[149]

ee) Ein *Ankaufsrecht des Erbbauberechtigten* am Grundstück nach § 2 Nr. 7 ErbbauRG ist Inhalt des Erbbaurechts, also nicht besonders zu bewerten.[150] Etwas anderes gilt für schuldrechtliche Ankaufsrechte oder ein Andienungsrecht. Sie bedeuten einen von der Erbbaurechtsbestellung verschiedenen Gegenstand (§ 86 Abs. 2 GNotKG).

ff) Die Einholung von Rangrücktrittserklärungen (hier des Berechtigten der Dienstbarkeit) ist Vollzugstätigkeit gemäß Vorbem. 2.2.1.1 Abs. 1 Satz 2 Nr. 9 KV GNotKG. Sie hat denselben Wert wie das Beurkundungsverfahren, also hier die Erbbaurechtsbestellungsurkunde (§ 112 GNotKG).

b) Zusammenrechnung mehrerer Beurkundungsgegenstände

aa) Die Einzelwerte gemäß oben a) aa) bzw. bb) und dd) werden summiert (§ 35 Abs. 2 GNotKG).

bb) Durchführungserklärungen auf Eintragung aller Rechte wirken sich nicht zusätzlich aus (§ 109 Abs. 1 Satz 5 mit § 94 Abs. 2 GNotKG).

cc) Die Vollzugsgebühr fällt (wie auch eine etwaige Betreuungsgebühr) daneben an. Sie entsteht (wie die Betreuungsgebühr) auch bei mehreren Vollzugstätigkeiten nur einmal. Sie kann aber nach Verantwortlichkeitssphären zwischen den Beteiligten aufzuteilen sein.[151] Im Muster wird vereinfachend der Eigentümer nur dann herangezogen, wenn die Beschaffung der ersten Rangstelle Kosten auslöst, die ohnedies nicht angefallen wären.

c) Gebühren:

aa) Bei Beurkundung als Erbbaurechtsvertrag 2,0 gemäß Nr. 21100 KV GNotKG. Bei einem Eigentümererbbaurecht: 1,0 gemäß Nr. 21200 KV GNotKG.

bb) Die Vollzugsgebühr beträgt bei vertraglicher Begründung des Erbbaurechts 0,5 nach Nr. 22110 KV GNotKG. Beim Eigentümererbbaurecht gilt die Vollzugsgebühr von 0,3 (Nr. 22111 KV GNotKG). Sind nur bestimmte Standarderklärungen einzuholen, ist die Vollzugsgebühr allerdings stark reduziert (vgl. Nr. 22112 bzw. 22113 KV GNotKG). Sie ist um eine weitere Komponente von in der Regel 0,3 erhöht bei Erstellung von Strukturdateien (Nr. 22114 bzw. 22125 KV GNotKG).

2. Des Grundbuchamts:

---

146 BGH DNotZ 1954, 469.
147 OLG Celle DNotZ 1962, 45.
148 Näher dazu Leipziger-GNotKG/*Deecke*, § 43 GNotKG Rn. 11 und § 86 GNotKG Rn. 7, § 109 GNotKG Rn. 49.
149 Ausführlich bereits zur Rechtlage nach der KostO *Filzek*, KostO, § 21 Rn. 8 m.w.N. § 51 GNotKG lässt erst Recht keinen Spielraum.
150 Etwas anderes gilt bei einer Ankaufspflicht, dazu Leipziger-GNotKG/*Deecke*, § 43 GNotKG Rn. 12.
151 Die Überlegungen von *Wudy*, NotBZ 2007, 381, 393 zur Kostenteilung im Grundstückskaufvertrag gelten entsprechend.

§ 57 Erbbaurecht

a) Werte:
   aa) Für *die Bestellung des Erbbaurechts* gilt auch hier die besondere Geschäftswertvorschrift § 43 GNotKG (s.o.).
   bb) Ansonsten ist der *Wert eines Erbbaurechts* nach der Bewertungsvorschrift § 49 Abs. 2 GNotKG (s.o.) festzulegen.
   cc) Der *Erbbauzins* wird nach § 52 GNotKG kapitalisiert.
   dd) Ebenso der Wert der *Dienstbarkeiten*.
   ee) Der Geschäftswert des *Vorkaufsrechts* beträgt 50 % des gemäß § 49 Abs. 2 GNotKG (dazu oben) bestimmten Werts des Erbbaurechts (§ 51 Abs. 2 GNotKG).
b) Aktgebühren:
   Für mehrere Verfahrensgegenstände gilt der Grundsatz der Zusammenrechnung (§ 35 Abs. 2 GNotKG). Das GNotKG bewertet die Eintragungen im Grundbuch jedoch unverändert als Aktgebühren, d.h. hier bleibt es bei getrennter Bewertung.
c) Gebühren:
   aa) 1,0 für die Eintragung des Erbbaurechts gemäß Nr. 14121 KV GNotKG.
   bb) 0,5 für den Rangrücktritt der Dienstbarkeit gemäß Nr. 14130 KV GNotKG.[152]
   cc) 1,0 für die Eintragung des Vorkaufsrechts am Grundstück gemäß Nr. 14121 KV GNotKG aus dem Grundstückswert (§ 46 GNotKG).
   dd) 1,0 für die Eintragung der Dienstbarkeit am Erbbaurecht gemäß Nr. 14121 KV GNotKG; der Wert der Dienstbarkeit bestimmt sich nach § 52 GNotKG.
   ee) 1,0 für die Eintragung des Erbbauzinses gemäß Nr. 14121 KV GNotKG.
   ff) 1,0 für das Vorkaufsrecht am Erbbaurecht aus dem Wert des Erbbaurechts (§ 49 Abs. 2 GNotKG).

VII. Die Beleihung des Erbbaurechts

1. Wirtschaftliche Bedeutung

63 Erbbaurechte sind – sogar mündelsicher (§§ 18 ff. ErbbauRG) – *wie Grundstücke beleihbar*. Die dingliche Belastung setzt ein bestehendes, d.h. eingetragenes Erbbaurecht voraus.[153] Der Beleihungswert korreliert mit dem Kapitalwert des Erbbauzinses, etwaigen Wertsicherungsklauseln ist durch einen angemessenen Zuschlag Rechnung zu tragen. Bei der Beleihung muss der begrenzten Laufzeit des Erbbaurechts Rechnung getragen werden. Die Tilgung sollte darauf abstellen, dass alle Darlehen vor dem Ende des Erbbaurechts zurückgezahlt sind (vgl. § 20 Abs. 1 Nr. 3 ErbbauRG; oben Rdn. 22).

2. Zustimmungspflicht

64 Der Grundstückseigentümer behält sich regelmäßig vor, dass der Erbbauberechtigte zur Belastung des Erbbaurechts unter anderem mit Grundpfandrechten seiner Zustimmung bedarf (oben Rdn. 22, 25). Der wirtschaftliche Hintergrund des Zustimmungsvorbehalts ergibt sich in erster Linie daraus, dass nach § 33 ErbbauRG bei Heimfall des Erbbaurechts die Grundpfandrechte bestehen bleiben. Der Grundstückseigentümer haftet für die gesicherten Darlehen persönlich (§ 33 Abs. 2 ErbbauRG) Kann aber der Eigentümer z.B. in dem Fall, dass der Erbbauberechtigte die Erbbauzinsen nicht mehr entrichtet, durch Ausübung des Heimfallrechts nur das belastete Erbbaurecht an sich ziehen, so muss er daran interessiert sein, dass die hypothekarischen Belastungen nicht höher sind als die ohnehin zu zahlende Heim-

---

[152] Leipziger-GNotKG/*Schulz*, Nr. 14130 KV GNotKG Rn. 18.
[153] Zur Geltung des § 140 Abs. 2 InsO hinsichtlich eines Antrags auf Grundschuldeintragung nicht vor Eintragung des Erbbaurechts BGH, Beschl. v. 23.10.2014 – IX ZR 303/12, JurionRS 2014, 25600.

fallvergütung. Das gilt jedenfalls soweit, als dem Eigentümer nicht durch das vom Berechtigten errichtete Bauwerk ein adäquater Vermögenszuwachs entsteht. Die Vergütung muss also werthaltig erhalten werden, damit daraus die Belastungen so weggefertigt werden können, dass der Grundstückseigentümer im wirtschaftlichen Saldo nicht schlechter steht als vor Bestellung des Erbbaurechts. Vor allem bei Belastungen mit Grundschulden darf sich der Grundstückseigentümer nicht nur am Kapitalbetrag der Grundschuld orientieren; vielmehr muss die Heimfallentschädigung auch alle einmaligen Nebenleistungen und die Grundschuldzinsen für mindestens 3 Jahre decken (vgl. § 10 Abs. 1 Nr. 3 ZVG). Nur unter dieser Voraussetzung kann auch angenommen werden, dass der Erbbauberechtigte – wenn im Erbbaurechtsbestellungsvertrag keine besonderen Vereinbarungen getroffen worden sind – nach § 7 Abs. 2 ErbbauRG Anspruch auf Zustimmung des Grundstückseigentümers hat.[154] Entsprechend dem Wertverlust eines vom Berechtigten errichteten Gebäudes, aber auch bei im Zeitablauf sinkender Entschädigung hat der Grundstückseigentümer ein entscheidendes Interesse daran, dass insbesondere ein Grundschulddarlehen laufend getilgt wird[155] und dass die Grundschuld danach nicht neu beliehen werden kann.[156] Es reicht also nicht allein eine Erklärung der Gläubigerin, dass das gesicherte Darlehen bei seiner Ausreichung nur baulichen Maßnahmen am Gebäude dienen darf.[157] Es kommt nicht entscheidend darauf an, ob das Darlehen für das Erbbaugrundstück Verwendung finden soll.[158]

Diesem Interesse kann dadurch Rechnung getragen werden, dass die Belastungszustimmung von der Eintragung einer Löschungsvormerkung (§ 1179 Nr. 2 BGB) zugunsten des Grundstückseigentümers als Inhaber des Heimfallanspruchs abhängig gemacht wird. Bei Sicherungsgrundschulden ist eine solche Löschungsvormerkung allerdings von geringem Wert. Hier kann vereinbart werden, dass die Grundschuld nur einmalig valutiert werden darf und dass sich der Rückgewähranspruch allein auf Löschung richtet. Dieser an den Eigentümer abzutretende Löschungsanspruch kann durch eine Vormerkung an der Grundschuld gemäß § 883 BGB gesichert werden. Alternativ ist eine Abtretung sämtlicher Rückgewähransprüche einschließlich des Anspruchs auf Auszahlung eines Übererlöses in der Zwangsversteigerung denkbar (so oben Rdn. 62 M). Die Abtretung muss dem Gläubiger angezeigt werden. 65

Belastungszustimmung

Der Inhaber des im Grundbuch des Amtsgerichts ..... von ..... Blatt ..... eingetragenen Erbbaurechts hat 66 M
  a) zu Urkunde des Notars Fritz Huber in Würmsee, URNr. ....., eine Buchhypothek zugunsten der Geldbank AG in Stuttgart und
  b) zu Urkunde desselben Notars, URNr. ....., eine Grundschuld zugunsten der Bausparkasse Baufreunde GmbH in Oberstadt bestellt.

Der Hypothekengläubiger hat sich mit Zustimmung des Erbbauberechtigten dem Eigentümer gegenüber bereits verpflichtet, die Hypothek löschen zu lassen, wenn sie

---

[154] S. aber auch OLG Frankfurt DNotZ 1978, 105, das meint, der Erbbauberechtigte habe eher Anspruch auf Ausnutzung eines »Mehrwerts« als der Eigentümer, der zu den geschaffenen Werten nichts beigetragen habe, im Erbbaurechtsvertrag im Fall des Heimfalls aber für die dann an ihn fallenden Gebäude keinerlei Entschädigung zahlen müsste. Es kommt nicht entscheidend darauf an, ob das Darlehen für das Erbbaugrundstück Verwendung finden soll, BayObLG Rpfleger 1989, 97 = DNotZ 1989, 368.
[155] Vgl. OLG Hamm NJW-RR 1991, 20.
[156] OLG Hamm FGPrax 1995, 12.
[157] Dahin aber OLG Hamm JurionRS 2012, 20653.
[158] BayObLG Rpfleger 1989, 97 = DNotZ 1989, 368. Dennoch wird eine Zustimmungspflicht zur Sicherung eines Pflichtteilsanspruchs verneint (OLG München v. 06.04.2018 – 34 Wx 19/17 –, juris).

sich mit dem Eigentum in einer Person vereinigt. Der Grundschuldgläubiger und der Erbbauberechtigte haben sich dem Grundstückseigentümer gegenüber verpflichtet, die Grundschuld löschen zu lassen, wenn sie nicht mehr der Sicherung des Bauspardarlehens dient, welches der Grundschuldgläubiger dem Erbbauberechtigten unter der Darlehens-Nr. ...... am ..... zugesagt hat und das nur einmalig ausgezahlt werden darf.

Der Grundstückseigentümer stimmt hiermit den genannten Grundpfandrechtsbestellungen unter folgenden Voraussetzungen zu:

Bei der Hypothek ist zugunsten des Grundstückseigentümers als dem Inhaber des Heimfallanspruchs, welcher Inhalt des Erbbaurechts ist, eine Löschungsvormerkung gemäß § 1179 BGB einzutragen. Bei der Grundschuld ist zur Sicherung des eben erwähnten Löschungsanspruchs zugunsten des Grundstückseigentümers eine Vormerkung gemäß § 883 BGB einzutragen.

Unterschrift
[notarielle Unterschriftsbeglaubigung]

■ Kosten.
1. Für den Notar, der den Entwurf fertigt, 1,0 Gebühr (Nr. 21200 KV GNotKG, Nr. 24101 KV GNotKG, § 92 Abs. 2 GNotKG) aus 50 % der zusammengezählten Kapitalbeträge von Hypothek und Grundschuld (§ 98 Abs. 1 mit 53 Abs. 1 GNotKG).
2. Gerichtskosten: Die Eintragung der Löschungsvormerkung nach § 1179 BGB ist gebührenfrei, wenn sie zugleich mit der Eintragung des Rechts erfolgt, sonst 0,5 (Nr. 14130 KV GNotKG und dort Anm. 1); die Eintragung der Vormerkung nach § 883 BGB bei der Grundschuld löst die halbe Gebühr nach Nr. 14150 KV GNotKG aus. Es gilt der Wert nach § 45 GNotKG.

3. Veräußerungszustimmung für den Versteigerungsfall

67 Bedarf nach dem Inhalt des Erbbaurechts dessen Veräußerung der Zustimmung des Eigentümers, so stellen Kreditinstitute nicht selten das Verlangen, der Eigentümer müsse einer Veräußerung im Wege der Zwangsvollstreckung von vornherein zustimmen. Die vorweg gegebene Zustimmung erleichtert dem Gläubiger die Verwertung des Erbbaurechts. Andererseits hat der Grundstückseigentümer ein vitales Interesse daran hat, dass auch im Fall der Zwangsversteigerung das Erbbaurecht nur an jemanden übergeht, der ausreichende Gewähr dafür bietet, dass er die aus dem Erbbaurecht sich ergebenden Pflichten erfüllen wird. Die Zustimmung darf nicht davon abhängig gemacht werden, dass der Ersteiger schuldrechtlich die Erbbauzinsverpflichtungen übernimmt.[159]

4. Stillhalteerklärungen nach altem Recht

68 Das finanzierende Kreditinstitut hat ein Interesse daran, dass ein seinem Grundpfandrecht gegenüber vorrangiger Erbbauzins im Versteigerungsfall nicht kapitalisiert wird. Bei einer Klausel neuen Rechts (oben Rdn. 41 M) ist dies (abgesehen vom Fall der Versteigerung durch Gläubiger der Rangklassen § 10 Abs. 1 Nr. 1 und 3 ZVG) sichergestellt. Bei Erbbauzinsreallasten, die nicht versteigerungsfest gestaltet sind, hilft nur eine schuldrechtliche Absicherung.

---

159 BGHZ 100, 107. Nach OLG Hamm FGPrax 2012, 229 gilt das selbst dann, wenn kein dingliches Recht eingetragen ist.

Stillhalteerklärung des Grundstückseigentümers bei vorrangigem Erbbauzins alten Rechts

Sollte bei einer Zwangsversteigerung des Erbbaurechts der Erbbauzins nicht in das geringste Gebot fallen, verpflichtet sich der Grundstückseigentümer gegenüber dem jeweiligen Gläubiger des eben erwähnten Grundpfandrechts, auf dessen Verlangen den Erbbauzins und die Vormerkung auf dessen Erhöhung hinsichtlich künftig fällig werdender Zahlungen stehen zu lassen, so dass diese Rechte nicht mit dem Kapitalwert zu entschädigen sind. Dieses Ergebnis ist nach Wahl des Gläubigers des Grundpfandrechts entweder durch eine Erklärung nach § 59 ZVG oder im Falle des Einverständnisses des Erstehers, der auch zum Eintritt in alle schuldrechtlichen Bestimmungen des Erbbaurechtsvertrags bereit sein muss, nach § 91 ZVG herbeizuführen. Die Befriedigung der rückständigen Erbbauzinsen darf hierdurch nicht beeinträchtigt werden. Der Grundstückseigentümer verpflichtet sich, seine hier begründeten Verpflichtungen auch seinen Rechtsnachfolgern im Eigentum aufzuerlegen und diese im gleichen Sinne weiter zu verpflichten. — 69 M

Ist andererseits der Grundstückseigentümer bereit, mit dem Erbbauzins *im Rang zurückzutreten*, sollte er, wenn eine nachträgliche Änderung entsprechend § 9 Abs. 3 Nr. 1 ErbbauRG nicht zu erzielen ist, doch zumindest vom Grundpfandrechtsgläubiger die Abgabe einer Erklärung verlangen, die sicherstellt, dass der Erbbauzins in einer Zwangsversteigerung möglichst bestehen bleibt.[160] Ist es erst zur Versteigerung gekommen, gibt der Wegfall eines nachrangigen Erbbauzinses dem Eigentümer kein Zustimmungsverweigerungsrecht.[161] — 70

Schutzerklärung des Grundschuldgläubigers zugunsten des zurücktretenden Erbbauzinsberechtigten

Als Gläubiger der im Erbbaugrundbuch des Amtsgerichts ..... von ..... Band ..... Blatt ..... in Abteilung III Nr. 1 eingetragenen Grundschuld übernehmen wir gegenüber dem jeweiligen Grundstückseigentümer im Hinblick darauf, dass der Eigentümer mit dem Erbbauzins und seiner Vormerkung auf Erhöhung des Erbbauzinses im Range hinter unsere Grundschuld zurücktreten wird, folgende Verpflichtungen: Sollte die Zwangsversteigerung des Erbbaurechts in der Weise betrieben werden, dass Erbbauzins und Vormerkung nicht in das geringste Gebot fallen, so werden wir abweichenden Versteigerungsbedingungen dahingehend zustimmen, dass das Erbbaurecht auch in der Weise ausgeboten wird, dass Erbbauzins und Vormerkung doch in das geringste Gebot aufgenommen werden. Wir werden einem Zuschlag zu den abweichenden Versteigerungsbedingungen zustimmen, wenn unsere durch die Grundschuld gesicherten Ansprüche auch nach diesen abweichenden Versteigerungsbedingungen befriedigt werden. Auch einer Vereinbarung nach § 91 Abs. 2 ZVG werden wir unter dieser Voraussetzung zustimmen. Wir verpflichten uns, diese Verpflichtungen im Falle der Abtretung der Grundschuld auch dem Rechtsnachfolger aufzuerlegen und diesen in gleichem Sinne weiter zu verpflichten. — 71 M

Die Position des zurücktretenden Erbbauzinsberechtigten kann außerdem verstärkt werden durch Eintragung einer Löschungsvormerkung (§ 1179 BGB). Bei der Grundschuld schafft dies allerdings eher eine Scheinsicherheit. Hier muss unbedingt auch der Rückgewähransp- — 72

---

160 Dazu *Groth*, DNotZ 1984, 372.
161 OLG Frankfurt FGPrax 2012, 89.

spruch des Berechtigten hinsichtlich der Grundschuld abgetreten werden, er kann durch Vormerkung gesichert werden. Unsicherheiten wegen des Umfangs der jeweiligen Sicherungsvereinbarungen zulasten des Eigentümers bleiben dennoch.[162] Der Wegfall der Erbbauzinsreallast kann als Heimfallgrund formuliert werden (s. 21. Aufl. § 64 Rn. 41 M; Anhang § 9 Buchst. i).

■ **Kosten.** Die Einholung einer Stillhalteerklärung durch den Notar fällt unter Vorbem. 2.2.1.1. Nr. 10 KV GNotKG und kann daher eine Betreuungsgebühr auslösen.[163]

VIII. Die Veräußerung des Erbbaurechts

73 Die Veräußerung eines Erbbaurechts richtet sich sowohl in dinglicher (§ 11 Abs. 1 ErbbauRG) als auch in schuldrechtlicher Hinsicht (§ 11 Abs. 2 ErbbauRG) nach Grundstücksrecht. Bei der Beurkundung ergeben sich aber für die Praxis einige Besonderheiten:

1. Eigentümerzustimmung

74 Nicht nur die Wirksamkeit der Auflassung des Erbbaurechts ist von einer etwa vorbehaltenen Eigentümerzustimmung abhängig, sondern nach § 6 Abs. 1 ErbbauRG auch die Wirksamkeit des *schuldrechtlichen Verpflichtungsgeschäfts*. Kaufpreise können daher regelmäßig erst fällig gestellt werden, wenn auch die Eigentümerzustimmung erklärt ist. Durch ausdrückliche Regelung kann wohl auch eine vorzeitige Fälligkeit bestimmt werden,[164] zu empfehlen ist sie allenfalls bei ausreichender Sicherung, z.B. Anderkontenabwicklung. Eine Zustimmungserklärung allein zur Veräußerung schließt die Zustimmung zur Belastung nicht ohne Weiteres ein, über die Zustimmungserfordernisse hat der Notar zu belehren (s.u. Rdn. 82).

75 Den in § 7 ErbbauRG begründeten Anspruch auf Veräußerungszustimmung kann nur der *Inhaber des Erbbaurechts*, also der Veräußerer, im Verfahren nach § 7 Abs. 3 ErbbauRG geltend machen. Damit der Veräußerer den Vertragsvollzug nicht nach Belieben blockieren kann, empfiehlt es sich, dem Erwerber eine Rücktrittsmöglichkeit einzuräumen. Wird der Veräußerer verpflichtet, ein Zustimmungsersetzungsverfahren zu betreiben, kann dem Erwerber insofern Prozessvollmacht erteilt werden. Auch der Notar kann beauftragt werden.

Ergänzung der Fälligkeitsvoraussetzungen

76 M (wie Kaufvertrag)[165], dazu müssen dem Notar in gehöriger Form vorliegen:
– eine Erklärung des Grundstückseigentümers dahin, dass er von seinem Vorkaufsrecht für diesen Verkaufsfall keinen Gebrauch macht;
– die gemäß Erbbaurechtsvertrag erforderlichen Zustimmungserklärungen des Grundstückseigentümers zu diesem Vertrag und zu dem nach Maßgabe der nachfolgenden Ziffer ….. (*übliche Finanzierungsmitwirkung des Veräußerers/Finanzie-*

---

162 Zum Ganzen *Schöner/Stöber*, Rn. 1806.
163 Leipziger-GNotKG/*Harder*, Vorbem. 2.2.1.1. Nr. 10 KV GNotKG Rn. 77.
164 Der BGH NJW 1999, 3040; NJW 1999, 1329 lässt einstweilige Zahlungspflichten bei genehmigungspflichtigen Verträgen zu.
165 *Maaß* empfiehlt im Würzburger Notarhandbuch, Teil 2 Kap. 5 Rn. 123 in Hinblick auf den Schutz persönlicher Daten allerdings für den Erbbaurechtsverkauf die Aufspaltung in einen grundbuchrelevanten Teil und Auslagerung schuldrechtlicher Vereinbarungen in einen Anhang, der dann nicht zu Grundakte gelangen soll (vgl. BGH NotBZ 2012, 100 m. Anm. *Maaß*).

rungsvollmacht) zur Finanzierung vorgesehenen Grundpfandrecht. **Sie dürfen unter keiner anderen Einschränkung erteilt sein als Erstattung angefallener Notarkosten. Der Veräußerer ist – *(nicht)/(gegebenenfalls)* – verpflichtet, das Zustimmungsersetzungsverfahren zu betreiben, der Erwerber ist zur Mitwirkung verpflichtet, soweit es für dieses Verfahren auf seine Person ankommt. Vollzugsauftrag und Vollmacht des Notars erstrecken sich – *(nicht)/(auch)* – auf derartige Verfahren. Ist diese Fälligkeitsvoraussetzung nicht bis zum ...... eingetreten, so kann jeder Vertragsteil durch schriftliche Erklärung an die andere Partei vom heutigen Vertrag zurücktreten. Die Kosten dieses Vertrages und seines Vollzugs werden dann zwischen den Parteien geteilt, eine andere Verteilung bei schuldhafter unzureichender Mitwirkung einer Seite für den Verfahrenserfolg bleibt vorbehalten. Ein weiterer Ersatz, insbesondere von Finanzierungs- und Planungskosten erfolgt nur bei vorsätzlicher Pflichtverletzung.**

■ *Kosten.* Die Klausel ist Teil des Kaufvertrags. Dessen Wert bestimmt sich nach § 97 Abs. 3 GNotKG: Vergleich von Gegenleistung (Kaufpreis) und Wert des Erbbaurechts gemäß § 49 Abs. 2 GNotKG. Die Gebühr beträgt 2,0 (Nr. 21100 KV GNotKG). Eine Prozessvollmacht auf den Käufer bliebe als unmittelbare Durchführungserklärung im Ergebnis ebenso unbewertet (§§ 109 Abs. 1, 94 Abs. 2 GNotKG). Das (einfache) Einholen der Eigentümerzustimmung durch den Notar löst die Vollzugsgebühr (Nr. 22110 KV GNotKG, Vorbemerkung 2.2.1.1. Abs. 1 Nr. 5 KV GNotKG) aus. Daneben fällt keine Entwurfsgebühr an (Vorbem. 2.2. (2) KV GNotKG). Lässt allerdings der Eigentümer unter der im Rahmen der Vollzugstätigkeit kostenfrei entworfenen Erklärung seine Unterschrift von demselben Notar beglaubigen, löst dies ein eigenes gebührenpflichtiges Verfahren aus. Vorbem. 2.4.1 (2) KV GNotKG greift hier nicht, so dass dafür eine Beglaubigungsgebühr (Nr. 25100 KV GNotKG) anfällt. Die Fälligkeitsüberwachung begründet eine Betreuungsgebühr (Nr. 22200 Nr. 2 KV GNotKG). Vollzugs- und Betreuungsgebühr können stets je nur einmal je Urkunde anfallen. Sie werden aus dem Wert des Veräußerungsvertrags berechnet.[166]

2. Eintritt des Erwerbers in schuldrechtliche Vereinbarungen

Da schuldrechtliche Inhalte des Erbbaurechtsvertrages häufig mit einer Weitergabeverpflichtung versehen sind, müssen sie zur Meidung von Schadensersatzpflichten des Veräußerers und eines häufig an die Pflichtverletzung geknüpften Heimfallanspruchs bei der Erbbaurechtsveräußerung beachtet werden.

Besondere Bedeutung hat dies für wertgesicherte Erbbauzins-Reallasten alter Art (s.o. Rdn. 33). Die nicht als Inhalt des Rechts vereinbarte schuldrechtliche Verpflichtung des Erbbauberechtigten, einer Erhöhung des Erbbauzinses zuzustimmen, kann sich nicht von selbst gegen den jeweiligen Erbbauberechtigten richten. Der Erwerber eines Erbbaurechts mit alter Wertsicherung des Erbbauzinses muss die Verpflichtung deshalb übernehmen, im Interesse des Verkäufers als diesen befreiende Schuldübernahme. Die Genehmigung der Schuldübernahme kann mit der in der Regel ohnehin erforderlichen Eigentümerzustimmung verbunden werden. Andererseits sollte der im Rahmen der Wertsicherungsvereinbarung bestehende Anspruch des Veräußerers, dass der Erbbauzins in gewissen Fällen herabzusetzen ist, ausdrücklich an den Erwerber abgetreten werden.

---

166 Mit Beispiel dazu Leipziger-GNotKG/*Harder*, Vorbem. 2.2.1.1. KV GNotKG Rn. 53.

§ 57 Erbbaurecht

Vertragseintritt

79 M Mit dem Stichtag des Besitzübergangs tritt der Erwerber in sämtliche Pflichten des Erbbauberechtigten gegenüber dem Grundstückseigentümer ein, soweit sie in dem den Beteiligten bekannten Erbbaurechtsvertrag vom ..... begründet sind. Er verpflichtet sich, etwaigen eigenen Rechtsnachfolgern dieselben Verpflichtungen (*gegebenenfalls:* einschließlich ihrer Verstärkung durch Zwangsvollstreckungsunterwerfung) und der Weitergabe an dritte Erwerber aufzuerlegen. Nicht übernommen werden Rückstände aus bereits fälligen Leistungen, diese hat noch der Veräußerer zu erbringen. Im Übrigen wird der Veräußerer mit der zu dieser Vereinbarung erforderlichen Genehmigung des Grundstückseigentümers[167] ab dem Stichtag von seinen Verpflichtungen befreit.

Der Erwerber unterwirft sich gegenüber dem Grundstückseigentümer, der nach Umschreibung auf den Erwerber als neuem Erbbauberechtigten im Grundbuch eine vollstreckbare Ausfertigung dieser Niederschrift verlangen darf, der sofortigen Zwangsvollstreckung aus dieser Urkunde

1. in das Erbbaurecht wegen des wertgesicherten Erbbauzinses und der für die Dauer seiner Berechtigung fälligen Erbbauzinsleistungen – derzeit ..... € monatlich – gemäß Abt. II Nr. 1 des Erbbaugrundbuchs und Abschn. V der Erbbaurechtsvertrags;
2. in sein ganzes Vermögen
   a) wegen des gegen den jeweiligen Erbbauberechtigten gerichteten Anspruchs auf Zahlung der wertgesicherten Erbbauzinsleistungen – derzeit ..... € monatlich – gemäß Abt. II Nr. 1 des Erbbaugrundbuchs und Abschn. V der Erbbaurechtsvertrags, soweit sie während der Dauer seiner Berechtigung fällig werden;
   b) wegen seiner Verpflichtung, das Erbbaugrundstück nach Erlöschen des Erbaurechts durch Zeitablauf oder nach Ausübung des Heimfallanspruchs an den Eigentümer herauszugeben. Soweit der Nachweis der Pflichterfüllung als Voraussetzung des Heimfallanspruchs dem Erbbauberechtigten obliegt, darf die Zwangsvollstreckung ohne weiteres stattfinden. Die Zwangsvollstreckung darf ohne den Nachweis erfolgen, dass die nach § 10 des Erbbaurechtsvertrages geschuldete Entschädigung gezahlt ist; sie ist aber davon abhängig, dass der Eigentümer Sicherheit leistet, und zwar in Höhe des zehnfachen Jahreserbbauzinses, der zuletzt geschuldet war.

Auf den Inhalt des Erbbaurechtsvertrages – UrNr. ..... des Notars ..... vom ..... – wird verwiesen.[168] Sein Inhalt und die Bedeutung der Verweisung sind den Beteiligten bekannt, der Vertrag wurde den Erwerbern vor Beurkundung in Kopie übermittelt und lag bei der heutigen Verhandlung in Urschrift/beglaubigter Abschrift vor. Sie verzichten auf ein erneutes Vorlesen und auf das Beifügen[169] zur heutigen Niederschrift.

■ **Kosten.** Die Schuldübernahme dient hier unmittelbar der Durchführung der Erbbaurechtsveräußerung. Sie hat somit denselben Gegenstand (§ 109 Abs. 1 GNotKG) und bleibt im Ergebnis unbewertet (§ 109 Abs. 1 Satz 5 mit § 94 Abs. 2 GNotKG). Mit der Zwangsvollstreckungsunterwerfung erklärt sich der Käufer dem Gläubiger gegenüber zur Finanzierung. Es handelt sich um einen zum Verkauf verschiedenen Gegenstand (§ 110 Nr. 2a GNotKG),

---

[167] Die in anderer Konstellation übliche ersatzweise Vereinbarung als Erfüllungsübernahme bis zur Genehmigung einer Schuldübernahme empfiehlt sich hier nicht, da die Schuldübernahme ja gerade im Interesse des Eigentümers erfolgt, dieser aber auch i.d.R. keinen zusätzlichen Schuldner erhalten soll.

[168] Die förmliche Verweisung wird erforderlich wegen der Zwangsvollstreckungsunterwerfung. Im Übrigen sollte schon wegen § 17 Abs. 1 BeurkG der Erwerbern rechtzeitig der Umfang der übernommenen Pflichten durch Kenntnisnahmemöglichkeit vom Erbbaurechtsvertrag zugänglich gemacht werden.

[169] Als Vollstreckungsvoraussetzung ist der Erbbaurechtsvertrag allerdings mit zuzustellen.

der mit einer 1,0 Gebühr (Nr. 21200 KV GNotKG) aus dem Wert der übernommenen Verpflichtungen bewertet wird.

3. Finanzierung

Ist der Käufer darauf angewiesen, den Kaufpreis mithilfe einer Beleihung des Erbbaurechts zu finanzieren, so sollte bereits im Vorfeld geklärt werden, ob zur Veräußerung und Belastung erforderliche *Eigentümerzustimmungen* zu erlangen ist. Müssten sie erst in einem nach § 7 Abs. 3 ErbbauRG – noch dazu mit unsicherem Ausgang – anzustrengenden Verfahren ersetzt werden, lassen sich die Zeitvorstellungen der Beteiligten oft kaum realisieren. Außerdem kann es sein, dass die den Käufer finanzierende Bank darauf besteht, dass der Grundstückseigentümer mit seinem Vorkaufsrecht oder gar mit dem Erbbauzins im Rang zurücktritt. Auch das sollte von den Beteiligten vorab geklärt werden. Verpflichtet dazu ist der Eigentümer regelmäßig nicht.

80

Werden diese Klärungen *unterlassen*, so sind die Folgen meist katastrophal. Entweder wird der Kaufvertrag mangels Eigentümerzustimmung gar nicht wirksam, obwohl die Beteiligten schon gewichtige Dispositionen auf der Grundlage des Vertrags getroffen haben und der Käufer z.B. seiner Bank eine Nichtabnahme-Entschädigung schulden kann. Wenn allein die Finanzierung wegen der dargelegten Schwierigkeiten scheitert ist der Käufer allen Nichterfüllungsansprüchen sowohl des Verkäufers als auch meistens noch seiner Bank ausgesetzt. Der Notar sollte daher bei der Beurkundung darauf achten, dass die Finanzierungsvoraussetzungen wirklich geklärt sind. Dies gilt noch mehr für die Veräußerung von *Wohnungserbbaurechten*, die zusätzlich oft noch durch die Notwendigkeit einer Verwalterzustimmung zur Veräußerung belastet ist.

81

Der BGH hat die vorstehenden, in der Vorauflage bereits von *Wolfsteiner* ausgesprochenen Beratungsempfehlungen unterdessen über ihr Ziel hinaus zu einer haftungssanktionierten Amtspflicht des Notars erhoben: Der Notar ist verpflichtet, die Erwerber eines Erbbaurechts darauf hinzuweisen, dass der Grundstückseigentümer seine Zustimmung zur Veräußerung des Erbbaurechts erteilen, jedoch zur Belastung verweigern kann, wenn die Zustimmungsbedürftigkeit dieser Verfügungen Inhalt des Erbbaurechts ist und der Notar, z.B. aufgrund einer in dem Kaufvertrag enthaltenen Belastungsvollmacht, damit rechnen muss, dass die Erwerber das Recht zur Finanzierung des Kaufpreises belasten wollen. Der Notar ist in derartigen Fallgestaltungen weiter verpflichtet, die Erwerber über die Gefahren einer »gespaltenen« Eigentümerzustimmung zu belehren und ihnen Möglichkeiten aufzuzeigen, diesen entgegenzuwirken.[170]

82

Eine Möglichkeit mag es sein, wie oben im Muster Rdn. 76 M Veräußerungs- und Belastungszustimmung zur Fälligkeitsvoraussetzung zu machen.[171] Das schützt die Beteiligten aber nur unzureichend hinsichtlich ihrer vor Fälligkeit getroffenen Dispositionen und greift zu kurz, wenn eine Bank wider Erwarten auch noch den Rangrücktritt des Vorkaufsberechtigten/Erbbauzinsberechtigten fordert. Es empfiehlt sich deshalb, den Beteiligten schon anlässlich der Vorverhandlungen über einen Erbbaurechts- und insbesondere einen Wohnungserbbaurechtskauf ein Merkblatt auszuhändigen. Damit sollten sie sich dann vor Beurkundung an ihre Bank wenden.

83

---

170 BGH NJW 2005, 3495 = BGH-Report 2005, 1182 m. Anm. *Winkler* = ZfIR 2005, 728 m. Anm. *Volmer*. OLG Hamm, jurionRS 2012, 26764.
171 Ebenso das Muster von Würzburger Notarhandbuch/*Maaß*, 5. Aufl. 2018, Teil 2 Kap. 5 Rn. 124.

§ 57 Erbbaurecht

Merkblatt für die Käufer von Erbbaurechten oder Wohnungserbbaurechten

84 M Muss der Kauf eines Erbbaurechts oder Wohnungserbbaurechts finanziert werden, so treten regelmäßig Probleme auf, die in dieser Form beim Kauf eines Grundstücks oder eines Wohnungseigentums nicht bestehen.
Regelmäßig ist im Grundbuch ein Erbbauzins eingetragen, der bei neueren Erbbaurechten eine Wertsicherungsklausel in sich trägt, während bei älteren Erbbaurechten zusätzlich der Anspruch auf Erhöhung des Erbbauzinses eingetragen ist. Ebenso regelmäßig ist des weiteren für den Grundstückseigentümer ein Vorkaufsrecht eingetragen. Schließlich enthalten fast alle Erbbaurechtsverträge die Bestimmung, dass die Belastung mit Grundschulden und Hypotheken nur mit Zustimmung des Grundstückseigentümers zulässig ist:
a) Kann das Erbbaurecht nur mit Zustimmung des Grundstückseigentümers mit Grundschulden oder Hypotheken belastet werden, so muss unbedingt vor Abschluss des Kaufvertrages geklärt werden, ob der Grundstückseigentümer bereit ist, seine Zustimmung zu den Grundschulden und Hypotheken zu erteilen, die der Käufer konkret eintragen lassen will. Der Grundstückseigentümer ist zwar unter bestimmten Voraussetzungen – die auch im Erbbaurechtsvertrag geregelt sein können – zur Erteilung der Zustimmung verpflichtet; weigert er sich aber, so ist die Eintragung nur nach Durchführung eines gerichtlichen Verfahrens möglich, das erhebliche Zeit in Anspruch nimmt und auch risikobehaftet ist.
b) Kreditinstitute verlangen für ihre Grundschulden und Hypotheken regelmäßig die erste Rangstelle. Dass der Grundstückseigentümer der Belastung zustimmt, bedeutet noch nicht, dass auch die erste Rangstelle gewährleistet ist. Die erste Rangstelle kann dem Kreditinstitut nur eingeräumt werden, wenn der Grundstückseigentümer zusätzlich zur Zustimmung auch bereit ist, mit seinem Erbbauzins, evtl. mit der Vormerkung für den Anspruch auf Erhöhung des Erbbauzinses und mit dem Vorkaufsrecht im Rang hinter die Grundschulden oder Hypotheken zurückzutreten. Eine Verpflichtung dazu besteht regelmäßig nicht; weigert sich also der Grundstückseigentümer, so gibt es in der Regel keine Möglichkeit, ihn mit Rechtsmitteln dazu zu zwingen. Besteht das Kreditinstitut auf dem ersten Rang, so kann der Kaufvertrag vernünftiger Weise erst dann abgeschlossen werden, wenn der Grundstückseigentümer seine Zustimmung zum Rangrücktritt zumindest konkret in Aussicht gestellt hat. Verlassen Sie sich keinesfalls darauf, dass der Grundstückseigentümer die notwendigen Zustimmungen schon geben werde oder dass das Kreditinstitut sich schon mit dem zweiten Rang begnügen werde, wenn sich herausstellen sollte, dass die Eigentümerzustimmung nicht zu erlangen ist.
Bitte wenden Sie sich im Zweifel rechtzeitig an den Notar; im Beurkundungstermin ist es für die Klärung der hier aufgeworfenen Fragen meist zu spät.

4. Grunderwerbsteuer

85 S. oben Rdn. 60. Bei Veräußerung eines Erbbaurechts wird häufig übersehen, dass Bemessungsgrundlage für die Grunderwerbsteuer nicht nur Kaufpreis ist, sondern zusätzlich der nach § 13 Abs. 1 BewG *kapitalisierte Erbbauzins*.[172] Bei Veräußerung des erbbaurechtsbelasteten Grundstücks hingegen ist er (vollständig, nicht nach der Boruttau'schen Verhältnisrechnung berichtigt) abzuziehen.[173]

---

172 Ertragsteuerlich sind die Erbbauzinsen allerdings nicht etwa Anschaffungskosten iSd § 255 Abs. 1 HGB, sondern Entgelt für die Grundstücksnutzung (BFH DStR 2018, 609).
173 BFH DStR 2015, 1565 mit Anm. *Mathäus/Stock* DStR 2015, 2752. Zu Gestaltungsoptionen *Bock* DB 2015, 1808; *Ihle* notar 2015, 132.

§ 58 Wohnungseigentum und Dauerwohnrecht[1]

Literatur: *Bärmann*, WEG, 13. Aufl., 2015; *Dreyer*, Mängel der Begründung von Wohnungseigentum, DNotZ 2007, 594 ff.; *Francastel*, Die Begründung von Sondernutzungsrechten in der notariellen Praxis, RNotZ 2015, 385; *Häublein*, Sondernutzungsrechte und ihre Begründung im Wohnungseigentumsrecht, 2003; Heinemann/*Stöhr*, Kölner Formularbuch GrundstücksR, Kap. 2 Abschnitt E; *Hügel*, Das neue Wohnungseigentumsrecht, DNotZ 2007, 326 ff.; *Hügel/Scheel*, Rechtshandbuch Wohnungseigentum, 3. Aufl. 2011; *Hügel/Elzer*, WEG, 2. Aufl. 2018; *Jacoby*, Gesetzliche »Öffnungsklausel« zur Änderung der Gemeinschaftsordnung?, ZWE 2013, 61; *Jenißen*, WEG, 5. Aufl., 2017; *Langhein/Naumann*, Notarformulare Wohnungseigentumsrecht (NotF WEG), 2. Aufl. 2017; *Munzig*, Teilungserklärung und Gemeinschaftsordnung, 2. Aufl., 2008; *Müller*, Praktische Fragen des Wohneigentums, 6. Aufl. 2015; *Riecke/Schmid*, WEG, 4. Aufl., 2015; *Schüller*, Änderungen von Teilungserklärungen und Gemeinschaftsordnungen, RNotZ 2011, 203; *Spielbauer/Then*, WEG, 3. Aufl., 2016; Würzburger Notarhandbuch/*Weber*, Teil 2 Kap. 4; **Zu VIII.:** *Huperz*, Das Dauerwohnrecht unter besonderer Berücksichtigung der Gemeinsamkeiten und Unterschiede zum (Wohnraum-)Mietverhältnis, 2010; *Lehmann*, Dauerwohn- und Dauernutzungsrechte nach dem WEG, RNotZ 2011, 1; *Lotter*, Aktuelle Fragen des Dauerwohnrechts, MittBayNot 1999, 354.

I. Rechtsbegriffe

Das WEG kennt folgende Rechtsinstitute bzw. Begriffe: 1
  (1) Sondereigentum und Gemeinschaftseigentum
– *Sondereigentum* (§§ 1 Abs. 2 u. 3, 5 Abs. 1 WEG) räumt nach § 13 Abs. 1 das Recht ein, mit den im Sondereigentum stehenden Gebäudeteilen nach Belieben zu verfahren, sofern nicht das Gesetz oder Rechte Dritter entgegenstehen.
– *Gemeinschaftseigentum* sind nach § 1 Abs. 5 WEG das Grundstück sowie die Gebäudeteile, Anlagen und Einrichtungen, die nicht im Sondereigentum stehen und nach § 13 Abs. 2 WEG zum Mitgebrauch aller Miteigentümer berechtigen. Einzelnen Miteigentümern kann aber ein *Sondernutzungsrecht* eingeräumt werden.
  (2) Wohnungs- und Teileigentum
– *Wohnungseigentum* ist nach § 1 Abs. 2 WEG das Sondereigentum an einer *Wohnung* in Verbindung mit dem dazugehörigen Miteigentumsanteil an dem gemeinschaftlichen Eigentum.
– *Teileigentum* ist nach § 1 Abs. 3 WEG das Sondereigentum an *nicht zu Wohnzwecken dienenden Räumen* in Verbindung mit dem dazugehörigen Miteigentumsanteil.
Für die Unterscheidung kommt es allein auf die bauliche Ausgestaltung der Räume und der daraus resultierenden Zweckbestimmung an, nicht auf die jeweilige Art der tatsächlichen Nutzung.[2] Nachfolgend wird, soweit es nicht gerade auf die Differenzierung ankommt, von »Wohnungseigentum« gesprochen.[3]

---

1 Der Text beruht im Wesentlichen auf den Ausführungen des früh verstorbenen hamburgischen Notars *Dr. Gerd H. Langhein*, in dessen Händen die Bearbeitung dieses Kapitels bis zur 25. Auflage lag. Der Neubearbeiter dankt dem Bruder und Testamentsvollstrecker *Gerd Langheins* für die Zustimmung, den Text fortführen zu können.
2 OLG München NZM 2017, 45; *Hügel/Elzer*, WEG, § 1 Rn. 12.
3 Der dogmatisch wohl korrekte Oberbegriff des »Raumeigentums« hat sich im allgemeinen Sprachgebrauch nicht durchgesetzt; vgl. *Langhein/Naumann*, NotF WEG, § 1 Rn. 29.

(3) Gemeinschaft der Wohnungseigentümer und Verwaltung
- *Gemeinschaft der Wohnungseigentümer* (§§ 10 bis 19 WEG) ist die Gemeinschaft der in den Wohnungsgrundbüchern eingetragenen Eigentümer.
- *Verwaltung* (§§ 20 bis 29 WEG) ist die Zusammenfassung der »Geschäftsführung« und »Vertretung« des gemeinschaftlichen Eigentums.

Der Rechtsprechung[4] folgend hat der Gesetzgeber im Rahmen der WEG-Novelle 2007 die Teilrechtsfähigkeit der Gemeinschaft der Wohnungseigentümer in § 10 Abs. 6 WEG verankert. Die Wohnungseigentümergemeinschaft ist ein Verband sui generis.[5] Im Außenverhältnis haften die Verbandsmitglieder nach dem Gesetz teilschuldnerisch (§ 10 Abs. 8 WEG). Neben diesem Verband besteht aber nach wie vor die Gesamtheit der Wohnungseigentümer als Bruchteilsgemeinschaft.[6] Die Rechtsnatur des Wohnungseigentums dürfte sich nunmehr als Eigentumsrecht sui generis darstellen, bestehend aus Miteigentum, Sondereigentum und Teilhabe am Gemeinschaftsverhältnis.[7]

(4) Dauerwohnrecht und Dauernutzungsrecht
- *Dauerwohnrecht* (§ 31 Abs. 1 WEG) ist die Belastung eines Grundstücks mit dem Recht, eine Wohnung unter Ausschluss des Eigentümers dauerhaft zu nutzen.
- *Dauernutzungsrecht* (§ 31 Abs. 3 WEG) ist die entsprechende Belastung an nicht zu Wohnzwecken dienenden Räumen.

II. Inhalt des Wohnungseigentums

1. Begriff

2   Der Wohnungseigentümer ist Alleineigentümer eines Teils eines Gebäudes, und zwar einer in sich abgeschlossenen Wohnung *(Sondereigentum)*. An den nicht in Sondereigentum stehenden Gebäudeteilen sowie am Grundstück selbst besteht Miteigentum sämtlicher Wohnungseigentümer. Nicht zulässig ist es, das einer Gruppe von Wohnungseigentümern »Mitsondereigentum« an einzelnen Räumen oder Einrichtungen unter Ausschluss der restlichen Wohnungseigentümer zusteht.[8]

3   Auch an mehreren selbständigen Häusern auf demselben Grundstück kann Wohnungseigentum in der Weise begründet werden, dass jeweils alle Räume eines Hauses ein Sondereigentum bilden.[9] Die Erstreckung auf die konstruktiven Teile des Gebäudes ist jedoch ausgeschlossen (§ 5 Abs. 2 WEG) und zwar auch dann, wenn es sich um Doppelhaushälften oder mehrere freistehende Einfamilienhäuser handelt.[10] Die Praxis behilft sich mit Sondernutzungsrechten:

---

4 BGH DNotZ 2005, 776; zum Teil auch etwas übertrieben als »Jahrtausendentscheidung« bezeichnet.
5 BGH DNotZ 2005, 776, 785; zu den kautelarjuristischen Konsequenzen *Hügel*, DNotZ 2007, 327 ff.; *Saumweber*, MittBayNot 2007, 357 ff.
6 *Hügel/Elzer*, WEG, § 10 Rn. 22; Riecke/Schmid/*Lehmann-Richter*, § 10 WEG Rn. 7.
7 Vgl. *Hügel*, DNotZ 2007, 330; eingehend *Dreyer*, DNotZ 2007, 596 ff. (sog. »Trennungstheorie«); zur »Einheitstheorie« etwa *Wenzel*, ZWE 2006, 2, 6; Überblick bei *Hügel/Elzer*, WEG, § 10 Rn. 19 ff. oder Riecke/Schmid/*Lehmann-Richter*, § 10 WEG Rn. 5 ff. – für die Praxis spielt dieser Theorienstreit aber kaum eine Rolle.
8 Ablehnend insb. BayObLG DNotZ 1988, 316, 318; DNotZ 1998, 379, 382 ff. mit zahlr. Nachw.; vgl. ferner BGH NJW 1998, 3711, 3712; OLG Schleswig ZWE 2007, 257; Riecke/Schmid/*Schneider*, § 5 WEG Rn. 87.
9 BGHZ 50, 56 = DNotZ 1968, 420; BGH NJW-RR 2001, 800; OLG Köln DNotZ 1962, 210; OLG Frankfurt NJW 1963, 814.
10 Riecke/Schmid/*Schneider*, § 5 WEG Rn. 9.

Teilungserklärung nach § 3 WEG für zwei Doppelhaushälften (»Quasi-Realteilung«)[11]

Verhandelt zu ..... am ..... **4 M**

vor dem Notar ..... erklärten .....

I. Vorbemerkungen

Wir sind Miteigentümer je zur Hälfte des im Grundbuch des Amtsgerichts ..... von ..... Band ..... Blatt ..... eingetragenen Grundstücks der Gemarkung ..... Flur ..... FlStNr. .....

II. Aufteilung in Wohnungseigentum

Wir beschränken hiermit unser Miteigentum an dem in Abschn. I bezeichneten Grundstück durch Vertrag in der Weise, dass jedem der Miteigentümer abweichend von § 93 des Bürgerlichen Gesetzbuches das Sondereigentum an einer bestimmten Wohnung und an nicht zu Wohnzwecken dienenden bestimmten Räumen in dem auf dem Grundstück bereits errichteten Doppelhaus eingeräumt wird. Hierbei verweisen wir auf die von der Kreisverwaltungsbehörde in ..... mit Unterschrift und Stempel versehene Bauzeichnung, die uns zur Durchsicht vorgelegt worden ist und die wir genehmigen, auf deren Beifügung wir aber verzichten. Wir verweisen des Weiteren auf den dieser Urkunde beigefügten, uns ebenfalls zur Durchsicht vorgelegten und von uns genehmigten Sondernutzungsplan.

Im Einzelnen wird verbunden:

1. der 1/2-Miteigentumsanteil des A. mit dem Sondereigentum an den im Aufteilungsplan mit Nr. 1 bezeichneten Räumen – das sind sämtliche Räume, die in dem Haus 1 gelegen sind – und außerdem der im Aufteilungsplan mit Nr. 1 bezeichneten Garage. Mit diesem Sondereigentum ist das Recht zur ausschließlichen Benutzung der im Sondernutzungsplan rot umrandeten Grundstücksfläche verbunden;
2. der 1/2-Miteigentumsanteil des B. mit dem Sondereigentum an den im Aufteilungsplan mit Nr. 2 bezeichneten Räumen – das sind sämtliche Räume, die in dem Haus 2 gelegen sind – und außerdem der im Aufteilungsplan mit Nr. 2 bezeichneten Garage. Mit diesem Sondereigentum ist das Recht zur ausschließlichen Benutzung der im Sondernutzungsplan grün umrandeten Grundstücksfläche verbunden.

III. Gemeinschaft der Wohnungseigentümer

1. Soweit eben in Abschnitt II Sondernutzungsrechte vereinbart worden sind, wird der Gebrauch des gemeinschaftlichen Eigentums dahin geregelt, dass der Sondernutzungsberechtigte unter Ausschluss des anderen Wohnungseigentümers zur Benutzung und Verwaltung des Gegenstands des Sondernutzungsrechts befugt ist. Darüber hinaus wird der Gebrauch des gemeinschaftlichen Eigentums dahin geregelt, dass jedem Wohnungseigentümer auch die ausschließliche Benutzung und Verwaltung aller Gebäudeteile, Anlagen und Einrichtungen zusteht, die räumlich seinem Sondereigentum zuzuordnen sind, also insbesondere auch des entsprechenden Teils des Dachs, der Außenfassaden und der tragenden Gebäudebestandteile.

---

[11] Die sog. »Quasi-Realteilung« war früher im Hinblick auf eine sonst erforderliche Teilungsgenehmigung nach § 19 BauGB a.F. weit verbreitet. Nachdem nunmehr diese Restriktion weitgehend entfallen ist, empfiehlt sich oft eine echte Realteilung. Die »Quasi-Realteilung« behält aber dort ihre Bedeutung, wo eine Bildung von eigenen Grundstücken komplexe Belastungsverhältnisse nach sich zöge (z.B. gemeinschaftliche Zufahrt, Ver- und Entsorgungsanlagen, Stellplätze, Kinderspielanlagen o.ä.) oder sonstige öffentlich-rechtliche Vorschriften entgegenstehen. Zur Bildung von Untergemeinschaften vgl. ferner KG ZMR 2008, 67; ausf. Hügel, NZM 2010, 8 ff. Ausführliche Muster bei Langhein/Naumann, NotF WEG; § 2 Rn. 17 ff.

2. Im Rahmen des nach öffentlichem Recht Zulässigen kann jeder Wohnungseigentümer sein Wohnungseigentum und die seinem Sondernutzungsrecht unterliegenden Teile des gemeinschaftlichen Eigentums nach Belieben nutzen, sie auch verändern und die nicht bebauten Grundstücksteile auch bebauen. Auch solche Bauwerke unterliegen dann seiner Sondernutzung. Die Räume des Sondereigentums dürfen auch zu anderen als Wohnzwecken genutzt werden. Jedoch ist jedem Wohnungseigentümer ein solcher Gebrauch seines Sondereigentums und der seinem Sondernutzungsrecht unterliegenden Teile des gemeinschaftlichen Eigentums untersagt, dem der andere Wohnungseigentümer als Nachbar widersprechen könnte, wäre das Grundstück real so geteilt, wie die Sondernutzungsrechte abgegrenzt sind.

3. Jedem Wohnungseigentümer obliegt die Instandhaltung und die Instandsetzung auch all der Teile des gemeinschaftlichen Eigentums, die ihm zur Sondernutzung zugewiesen sind. Ein Wohnungseigentümer kann vom anderen aber nur dann verlangen, dass dieser die seinem Sondernutzungsrecht unterliegenden Teile des gemeinschaftlichen Eigentums in bestimmter Weise instandhält oder instandsetzt, wenn die mangelnde Instandhaltung oder Instandsetzung ihn im Gebrauch seines Sondereigentums und der seinem Sondernutzungsrecht unterliegenden Teile des gemeinschaftlichen Eigentums beeinträchtigen würde.

4. Der gemeinschaftlichen Nutzung, Instandhaltung und Instandsetzung unterliegen mit Rücksicht auf die vorstehenden Bestimmungen nur der im Sondernutzungsplan blau gekennzeichnete Grundstücksteil, die Vorrichtungen, die die Sondernutzungsflächen gegeneinander abgrenzen, sowie die gemeinschaftlich genutzten Ver- und Entsorgungsleitungen. Die Aufwendungen dafür sowie sonstige gemeinschaftlich zu tragende Lasten fallen den Wohnungseigentümern zu gleichen Teilen zur Last.

IV. Einigung, Eintragungsanträge

Wir sind uns über die Begründung von Wohnungseigentum gemäß Abschn. II dergestalt einig, dass die Vereinbarungen nach Abschn. III zum Inhalt des Sondereigentums gemacht werden. Wir bewilligen und beantragen, die Aufteilung in das Grundbuch einzutragen.

■ *Kosten.* Nach § 42 GNotKG ist sowohl für die Notar- als auch für die Gerichtskosten der volle Wert des bebauten Grundstücks maßgebend; ist das Grundstück noch nicht bebaut, ist der Wert des zu errichtenden Bauwerks hinzuzurechnen, § 42 Abs. 1 Satz 2 GNotKG; 2,0 Gebühr für den Notar (Nr. 21100 KV GNotKG), für das Grundbuchamt 2,0 (Nr. 14112 KV GNotKG). Die frühere Gebührenprivilegierung des § 21 Abs. 2 KostO (halber Grundstückswert) wurde abgeschafft. Umfassender Überblick bei *Wilsch*, ZfIR 2014, 457 ff., 513 ff.

2. Abgrenzung Sondereigentum und gemeinschaftliches Eigentum

5   Nach § 5 Abs. 2 WEG können Teile des Gebäudes, die für dessen Bestand oder Sicherheit erforderlich sind, sowie Anlagen und Einrichtungen, die dem gemeinschaftlichen Gebrauch der Wohnungseigentümer dienen, nicht Gegenstand des Sondereigentums sein (sog. »konstruktive« und »konstitutive« Teile). Da die Vorschrift trotz aller Unklarheiten zwingend ist[12] und auch eine gegenteilige Grundbucheintragung die insoweit nichtige Regelung nicht heilt, muss der Notar streng darauf achten, dass solche Gebäudeteile, Anlagen und Einrich-

---

12 BGH NJW 1991, 2909; NJW-RR 2001, 800; vgl. auch *Hügel/Elzer*, WEG, § 5 Rn. 19.

tungen nicht zum Sondereigentum erklärt werden. Im Einzelfall ist die Abgrenzung schwierig.[13]

Zwingend gemeinschaftliches Eigentum sind u.a.: Wege (auch Treppenhäuser und Flure), die erforderlich sind, um Sondereigentum zu erreichen. Jedes Sondereigentum muss allein über Gemeinschaftseigentum erreichbar sein; Sondernutzungsrechte reichen dazu nicht.[14] Umgekehrt müssen Räumlichkeiten, die den einzigen Zugang zu einem im gemeinschaftlichen Eigentum stehenden Raum eröffnen (Treppenhäuser, Dielen, Flure), ebenfalls zwingend gemeinschaftliches Eigentum sein.[15] Das Zugangserfordernis gilt hingegen nicht für Räume, die zwar zum Gemeinschaftseigentum gehören, die aber nur über eine Wohnung betreten werden können, wenn diesem Wohnungseigentümer ein Sondernutzungsrecht zusteht[16] oder wenn ein im Gemeinschaftseigentum stehender Raum seiner Beschaffenheit nach nicht zum ständigen Mitgebrauch aller Wohnungseigentümer bestimmt ist (etwa Dachspitzboden)[17]. Zwingend gemeinschaftliches Eigentum sind weiter Heizungs- und Zählerräume, Ver- und Entsorgungsleitungen bis zur ersten Absperrmöglichkeit im Sondereigentum, Außentüren der Einheiten, Hebebühnen bei Doppelstockgaragen.[18] Räume, die zwar für gemeinschaftliche Nutzung gedacht sein können, aber zur ordnungsgemäßen Nutzung des Sondereigentums nicht unerlässlich sind, können Sondereigentum sein, z.B. ein Hallenschwimmbad.[19]

6

Sondereigentumsfähig sind nach § 5 Abs. 1 WEG nur »Räume« und ihre Bestandteile. Auch das ist zwingend. Balkone, Loggien und Dachterrassen sind als abgeschlossene Räume grundsätzlich sondereigentumsfähig.[20] Vorplätze, plattierte ebenerdige Terrassen, Autoabstellplätze im Freien (auch in Form sog. Carports[21]) sind nicht sondereigentumsfähig. Höchst schwierig – und daher in der Praxis zu vermeiden – ist die Möglichkeit der Bildung von Sondereigentum an Stellplätzen auf dem Dach eines Garagengebäudes.[22]

7

3. Abgeschlossenheit

Sondereigentum soll nur an *abgeschlossenen Räumen* eingeräumt werden (§ 3 Abs. 2 WEG), um eine eindeutige räumliche Abgrenzung der Sondereigentumsbereiche untereinander

8

---

13 Zur unüberschaubaren Kasuistik etwa Riecke/Schmid/*Schneider*, § 5 WEG Rn. 27 ff. mit tabellarischer Übersicht und w.N.
14 BGH NJW 1991, 2909; BayObLG DNotZ 2004, 386; dass. NJW-RR 1996, 12; zu den (geringfügigen) Ausnahmen vgl. z.B. BayObLG NJW-RR 2001, 801; OLG Hamm NZM 2002, 253.
15 BGH NJW 1991, 2909, für den Zugang zur gemeinschaftlichen Heizanlage; BayObLGZ 1986, 264 und BayObLG DNotZ 1992, 490 für den Zugang zum Heizungsraum; vgl. auch OLG Hamm Rpfleger 1986, 374; OLG Oldenburg Rpfleger 1989, 365.
16 OLG Frankfurt, NJW-RR 1987, 1163.
17 BayObLG, NJW-RR 1992, 81; MittBayNot 2001, 481.
18 Anders wenn die Hebebühne nur eine Einheit versorgt, BGH ZWE 2012, 81; vgl. i.Ü. OLG Hamm Rpfleger 1983, 19; eingehend *Hügel*, NZM 2004, 766 m.w.N.; zur bisher streitigen Reichweite insb. bei Heizungsanlagen BGH, DNotZ 2012, 58 m.w.N., wonach Heizungskörper einschl. dazugehöriger Leitungen grundsätzlich sondereigentumsfähig sind; im Detail aber umstritten; Überblick etwa bei *Hügel/Elzer*, DNotZ 2012, 4, 6 ff.
19 BGHZ 78, 225 = NJW 1981, 455.
20 BGH NJW 1985, 1551; zum »faktischen Sondernutzungsrecht« bei fehlendem Sondereigentum (Balkon) BayObLG NZM 2004, 384; Überblick bei *Langhein*, notar 2010, 193; noch anders OLG München ZWE 2012, 37: zwingendes Sondereigentum, dazu krit. *Hügel/Elzer*, DNotZ 2012, 9; *Langhein*, notar 2012, 127; differenzierend zwischen Luftraum, Innenanstrich, Bodenbelag und Brüstung, Geländer, Bodenplatte Riecke/Schmid/*Schneider*, § 5 WEG Rn. 37.
21 BayObLG NJW-RR 1986, 761; auch nicht, wenn lediglich Seiten offen OLG Celle NJW-RR 1991, 1489.
22 Vgl. OLG Hamm DNotZ 1999, 216 (ja); OLG Frankfurt OLGZ 1984, 32 (nein, h.M.); vgl. näher Staudinger/*Rapp*, § 5 WEG Rn. 8 m.w.N.

sowie zum gemeinschaftlichen Eigentum zu gewährleisten.[23] Es handelt sich um eine Soll-Vorschrift, die eine gegenteilige Grundbucheintragung nicht unwirksam macht.[24]

9 Abgeschlossenheit im Sinne von § 3 WEG bedeutet die dauerhafte räumliche Abgrenzung und Abschließbarkeit einer Wohnung. Dazu sind drei Elemente erforderlich: Abgeschlossenheit gegenüber anderem Sonder- und Gemeinschaftseigentum, eine Zugangsmöglichkeit und eine bestimmte Ausstattung.[25] Die Erfüllung dieser Kriterien ist rein privatrechtlich anhand der Zwecke und Ziele des WEG zu ermitteln.

10 Anhaltspunkte liefern kann allerdings die auf Grundlage von § 7 Abs. 4 WEG erlassene Verwaltungsvorschrift zur *Auslegung* des Begriffs »Abgeschlossenheit« (AVA).[26] Insbesondere sind Wohnungen nur abgeschlossen, wenn sie über eine innen liegende Toilette verfügen (die frühere Baupraxis, Toiletten außerhalb der Wohnung einzurichten, war gerade das Motiv des Gesetzgebers, »Abgeschlossenheit« zu verlangen). Für Läden gilt das nicht.[27] Abgeschlossenheit ist auch gegeben, wenn mehrere zu einem Wohnungseigentum zu verbindende Wohnungen zwar als Gesamtheit nicht gegen das gemeinschaftliche Eigentum und das Sondereigentum der anderen Wohnungseigentümer abgeschlossen sind, die einzelnen Wohnungen aber abgetrennt und vom gemeinschaftlichen Eigentum (Treppe, Flur) frei zugänglich sind.[28] *Garagenstellplätze* gelten als abgeschlossene Räume, wenn ihre Flächen durch dauerhafte Markierungen ersichtlich sind (§ 3 Abs. 2 Satz 2 WEG). Das gilt jedoch nur für Stellplätze in geschlossenen Garagen, nicht für im Freien liegende.[29] Eine Doppelstockgarage mit Kippvorrichtung (Duplex-Garage) kann insgesamt ein Teileigentum darstellen; an den einzelnen Stellplätzen kann dagegen Sondereigentum nicht begründet werden.[30] S. zur Abgeschlossenheitsbescheinigung unter Rdn. 42.

4. Sondernutzungsrechte

11 Soweit die Bildung von Sondereigentum daran scheitert, dass der betreffende Bereich überhaupt nicht sondereigentumsfähig oder nicht abgeschlossen ist, hilft sich die Praxis mit Sondernutzungsrechten. Der im Gesetz punktuell etwa in § 5 Abs. 4 WEG vorkommende Begriff bezieht sich auf § 15 Abs. 1 WEG, wonach die Wohnungseigentümer den Gebrauch des Sondereigentums und des gemeinschaftlichen Eigentums durch *Vereinbarung* regeln können, wobei die Vereinbarung auch schon in der ursprünglichen Teilungserklärung (auch nach § 8 WEG) enthalten sein kann (s. zu anderen Vereinbarungen unten Rdn. 20).[31] Die Vereinbarung ist nach § 10 Abs. 3 WEG »Inhalt des Wohnungseigentums«, wenn sie im Grundbuch als solche eingetragen ist, was auch durch Bezugnahme nach § 7 Abs. 3 WEG geschehen kann.[32] Sondernutzungsrechte unterliegen keinen Beschränkungen nach Art der Sondereigentumsfähigkeit und der Abgeschlossenheit, sind also fast uneingeschränkt flexibel. Es muss ledig-

---

23 Riecke/Schmid/*Elzer/Schneider*, § 3 WEG Rn. 61.
24 BayObLG Rpfleger 1980, 295.
25 *Röll*, MittBayNot 1991, 240, 241.
26 Allgemeine Verwaltungsvorschrift für die Ausstellung von Bescheinigungen gem. § 7 Abs. 4 Nr. 2 und § 32 Abs. 2 Nr. 2 des Wohnungseigentumsgesetzes vom 19.03.1974 (BAnz. Nr. 58 v. 23.03.1974); abgedruckt etwa bei Hügel/Elzer, WEG, Anhang I.
27 OLG Düsseldorf FGPrax 1998, 12.
28 BayObLG DNotZ 1971, 473; bestätigt durch OLG Hamm MittBayNot 2007, 490, 492.
29 OLG Hamm DNotZ 1975, 108; h.M., oben Fn. 15.
30 Vgl. m.w.N. Riecke/Schmid/*Schneider*, § 5 WEG Rn. 43; str. war insb., ob über § 15 WEG eine interne Gebrauchsregelung zulässig ist oder ob es einer Regelung nach § 1010 BGB bedarf; jetzt ausdrücklich interne Nutzungsregelung bejahend BGH NJW 2014, 1879; krit. dazu *Hügel/Elzer*, DNotZ 2014, 403. Will man die hieraus resultierenden Risiken vermeiden, bleibt für die Möglichkeit, den Duplex-Parker im Gemeinschaftseigentum zu belassen und Sondernutzungsrechte zu bilden.
31 Grundlegend zur Rechtsnatur *Häublein*, Sondernutzungsrechte.
32 Zur Eintragungstechnik vgl. OLG Zweibrücken Rpfleger 2007, 460; OLG München DNotZ 2007, 47.

lich der grundbuchrechtliche Bestimmtheitsgrundsatz beachtet werden.[33] Soweit zur Abgrenzung ein Plan verwendet wird, bedarf er keines Siegels der Baugenehmigungsbehörde.[34] Vgl. im Übrigen unten V. (Rdn. 61) zu aufschiebend bedingten Sondernutzungsrechten.

Sondernutzungsrechte an Kraftfahrzeugstellplätzen

Als Inhalt des Sondereigentums wird vereinbart: Die im beigefügten, den Beteiligten zur Durchsicht vorgelegten und von ihnen genehmigten Plan mit roter Farbe und den Nummern 1 und 2 gekennzeichneten Flächen dürfen von Montag jeder Woche 0:00 Uhr bis zum darauffolgenden Samstag 16:00 Uhr vom jeweiligen Inhaber des Teileigentums Nr. 1 (Ladenräume) unter Ausschluss der anderen Wohnungs- und Teileigentümer zum Abstellen von Kraftfahrzeugen benutzt werden; die Ausübung kann Dritten überlassen werden. Zu den übrigen Zeiten steht die Benutzung der mit Nr. 1 gekennzeichneten Fläche in gleicher Weise dem jeweiligen Inhaber des Wohnungseigentums Nr. 5 und die Benutzung der mit Nr. 2 gekennzeichneten Fläche dem jeweiligen Inhaber des Wohnungseigentums Nr. 6 zu. 12 M

5. Miteigentumsanteil

Nach § 1 Abs. 2 WEG muss Wohnungseigentum stets auch einen *Miteigentumsanteil am gemeinschaftlichen Vermögen* umfassen. Die Rechtsprechung hält es zwar in bestimmten Fällen eines kranken Wohnungseigentums für möglich, dass jemand einen isolierten Miteigentumsanteil am Grundstück hat;[35] isoliertes Sondereigentum ohne Miteigentumsanteil kann es aber nicht geben.[36] Das *Beteiligungsverhältnis* der Wohnungseigentümer am Grundstück ist zahlenmäßig nach Bruchteilen zu bemessen und einzutragen (§ 47 GBO und § 3 Abs. 1a der GBV für Wohnungseigentumssachen = WGV). 13

Das WEG enthält keine Vorschriften darüber, nach welchen Maximen die Miteigentumsanteile zu bilden sind.[37] Insbesondere gibt es keine Vorschrift zwingenden Rechts, dass das Verhältnis der Miteigentumsanteile etwa dem Verhältnis der *Wohnflächen* oder dem Verhältnis der *umbauten Räume* oder dem *Wertverhältnis* entsprechen müsste. Seit der Novellierung des WEG bestimmt der Miteigentumsanteil zwingend die teilschuldnerische Haftung im Außenverhältnis (§ 10 Abs. 8 Satz 1 WEG) und spielt eine gewichtige Rolle bei den möglichen Mehrheitsentscheidungen nach §§ 16 Abs. 4, 22 Abs. 2 WEG. In der Praxis werden zudem üblicherweise die *Verteilung der Lasten und Kosten* (§ 16 WEG, s.u. Rdn. 27 f.)[38] und meist auch das *Stimmrecht* in der Eigentümerversammlung nach den Miteigentumsanteilen bemessen; was allerdings nicht zwingend ist. Darüberhinaus drücken die Miteigentumsanteile bei vollständiger Zerstörung des Gebäudes wieder die echte quotenmäßige Beteiligung am Grundstückswert aus. Eine weitgehende Übereinstimmung zwischen dem jewei- 14

---

33 Dazu *Francastel*, RNotZ 2015, 385; Formulierungsbeispiele bei *Langhein/Naumann*, NotF WEG, § 5 Rn. 1 ff. und Heinemann/*Stöhr*, Kölner Formularbuch GrundstücksR, Kap. 2 Rn. 238 ff.
34 zu Bestimmtheit und Eindeutigkeit vgl. BGH NJW 2012, 676; ZWE 2012, 258; BayObLG NotBZ 2005, 158; KG ZMR 2003, 873; OLG Hamburg ZMR 2006, 468 – es empfiehlt sich in Anlehnung an die Vorschriften zur Erteilung einer Abgeschlossenheitsbescheinigung ein Plan im Maßstab von 1:100 mit eindeutigen Grenzen (vgl. OLG Hamburg ZMR 2006, 468; breiter Strich, der in der Natur zu 50 cm Abweichung führen kann, soll unzureichend sein, m.E. zweifelhaft, da es sich anbietet, die Mitte zu nehmen. Insbesondere bei sog. »Quasi-Realteilungen« sollte den Beteiligten ggf. zur Vermessung und Flurstückszerlegung geraten werden.
35 BGHZ 130, 159 = NJW 1995, 2851; näher *Langhein*, FS Zimmermann, 203 ff.
36 OLG Karlsruhe ZWE 2014, 162, 163.
37 BGH NJW 1976, 1976.
38 Näher unten bei Rdn. 27.

ligen Miteigentumsanteil und Wohnungswert oder Wohn-/Nutzfläche ist üblich.[39] Je nach Charakter der Anlage können etwa auch die Nutzbarkeit einzelner Miteigentumsanteile (z.B. Souterrain als »Gartengeschoss« oder »Kriechkeller«) oder Grundstücksflächen, z.B. bei »Quasi-Realteilung«, oben Rdn. 4 M) maßgeblich sein.

6. Veräußerungsbeschränkung

15 Nach § 12 WEG können die Eigentümer eine *Beschränkung* der *Veräußerungsbefugnis* des Wohnungseigentümers mit dinglicher Wirkung vereinbaren, um das Eindringen unerwünschter Personen in die Gemeinschaft zu verhindern.[40] Die Zustimmungsregelung ist im Bestandsverzeichnis des Wohnungsgrundbuchs zu vermerken (§ 3 Abs. 2 WGV), wobei der Eintragung nach wohl h.M. keine konstitutive Bedeutung zukommt, die Zustimmung vorsorglich also auch eingeholt werden sollte, wenn sie nur in der Gemeinschaftsordnung steht.[41] Ohne die erforderliche Zustimmung für eine rechtsgeschäftliche Veräußerung ist sowohl das schuldrechtliche als auch das dingliche Veräußerungsgeschäft bis zur Erteilung absolut schwebend unwirksam.[42]

16 Die Veräußerung kann insbesondere von der *Zustimmung des Verwalters* abhängig gemacht werden. Obwohl in diesem Fall die Wirksamkeit des schuldrechtlichen Vertrages von der Verwalterzustimmung abhängig ist, kann eine Auflassungsvormerkung auch ohne Zustimmung eingetragen werden.[43] Zur Eintragung des Eigentumsübergangs ist die Zustimmung aber nachzuweisen, und zwar unter Vorlage einer Niederschrift über den Bestellungsbeschluss mit öffentlich beglaubigten Unterschriften des Vorsitzenden der Eigentümerversammlung und eines Wohnungseigentümers und, falls ein Verwaltungsbeirat bestellt ist, auch von dessen Vorsitzenden oder seines Vertreters (§ 26 Abs. 4 i.V.m. § 24 Abs. 6 WEG).

17 Dass die Veräußerung des Wohnungseigentums der *Zustimmung des Verwalters* bedürfe, hat in den ersten Jahren der Geltung des WEG – mit regionalen Unterschieden – die überwiegende Zahl der Teilungserklärungen vorgesehen.[44] In der Praxis hat sich dies aber eher *nicht bewährt*. Das mit der Zustimmungsbedürftigkeit eigentlich angestrebte Ziel, das Eindringen unzuverlässiger Personen in die Eigentümergemeinschaft zu verhindern, wird, wie die Praxis zeigt, nicht erreicht. Der Verwalter darf seine Zustimmung nur verweigern, wenn er tatsächliche Anhaltspunkte dafür hat, dass der Erwerber die aus dem Wohnungseigentum fließenden Pflichten nicht erfüllen werde. Solche Anhaltspunkte liegen regelmäßig nicht vor, weil der Verwalter gar keine Ermittlungsmöglichkeiten hat, zumal der Erwerbskandidat nicht verpflichtet ist, seine Zuverlässigkeit irgendwie nachzuweisen oder glaubhaft zu machen. Der Verwalter hat auch gar keine Zeit, Ermittlungen anzustellen, weil ihn die Rechtsprechung streng dazu verpflichtet, die Verwalterzustimmung unverzüglich zu erteilen, wenn keine Hinderungsgründe vorliegen, und ihn andernfalls mit Schadensersatz bedroht.[45] Soweit allein bezweckt wird, dem Verwalter jederzeit einen Überblick über den Kreis der Eigentümer zu geben, schießt eine Beschränkung nach § 12 WEG über

---

39 Würzburger Notarhandbuch/*Weber*, Teil 2 Kap. 4 Rn. 73.
40 Aktueller Überblick bei *Hügel*, MittBayNot 2016, 109.
41 OLG München ZMR 2006, 961; Riecke/Schmid/*Schneider*, § 12 WEG Rn. 17; a.A. *Hügel/Scheel*, Rechtshandbuch Wohnungseigentum, Teil 15 Rn. 6; zum Ganzen DNotI-Report 2005, 20.
42 BGH NJW 2012, 3232.
43 BayObLG DNotZ 1964, 722; die Zustimmung wird wirksam mit Zugang beim abwickelnden Notar, eine spätere Beendigung der Organstellung bis zur Stellung der Umschreibungsanträge ist unbeachtlich, BGH DNotZ 2013, 362. Umstritten ist, ob die Zustimmung nach Zugang beim Notar widerrufen werden kann; offen gelassen bei BGH NJW 2013, 299; ablehnend OLG Düsseldorf DNotZ 2011, 625; bejahend OLG München RNotZ 2017, 440, Rechtsbeschwerde zugelassen.
44 *Hügel*, ZWE 2005, 134.
45 BayObLG Rpfleger 1977, 173; OLG Hamm NJW-RR 1993, 279.

das Ziel hinaus. Alternativ bietet sich hier an, dass der Verwalter über eine Veräußerung zu informieren ist:

Informationspflicht

Jede Veräußerung des Wohnungseigentums ist dem Verwalter unverzüglich nachzuweisen. Solange dieses nicht geschehen ist, haftet der Veräußerer weiterhin für sämtliche Lasten; der Erwerber hat in den Eigentümerversammlungen ohne Nachweis kein Stimmrecht. 18 M

Anders als beim Erbbaurecht (vgl. oben § 57 Rdn. 25) sind dinglich wirksame *Belastungsbeschränkungen* nicht möglich. Als Inhalt des Sondereigentums kann aber entsprechend § 12 Abs. 1 WEG bestimmt werden, dass die Belastung mit einem Dauerwohnrecht der Zustimmung bedarf, da sie der Veräußerung nahe stehe.[46] Gleiches gilt für die Vermietung, etwa auch die kurzfristige Vermietung über Online-Plattformen.[47] Dies ist insbesondere zweckmäßig bei Anlagen mit Spezialcharakter (z.B. Ferienhäuser, betreutes Wohnen).[48] Nach § 12 Abs. 4 WEG kann mit einfacher Stimmenmehrheit eine Veräußerungsbeschränkung aufgehoben werden kann.[49] 19

7. Vereinbarungen über das Gemeinschaftsverhältnis und die Verwaltung, Gemeinschaftsordnung und Beschlüsse

a) Für das Verhältnis der Wohnungseigentümer untereinander gelten grds. die Bestimmungen der §§ 10 ff. WEG. Nach § 10 Abs. 2 Satz 2 WEG können die Wohnungseigentümer jedoch einstimmig hiervon abweichende *Vereinbarungen* treffen. Diese bedürfen zur Wirksamkeit gegen Rechtsnachfolger der Eintragung als Inhalt des Sondereigentums (§ 10 Abs. 2 und 3 WEG). Abweichungen vom gesetzlichen Inhalt sind zulässig, soweit sie nicht besonders ausgeschlossen sind. Sachenrechtliche Veränderungen (z.B. Umwandlungen von Gemeinschafts- und Sondereigentum) folgen ausschließlich den Regeln der Sachenrechte und können nicht durch Vereinbarung vorab verdinglicht werden.[50] Die Gesamtheit solcher das Verhältnis der Wohnungseigentümer untereinander regelnden Vereinbarungen wird *Gemeinschaftsordnung* genannt.[51] Sie bildet die Grundordnung der Wohnungseigentümer, ähnlich einer Satzung.[52] 20

b) Häufig werden Regelungen über die Nutzung der Sondereigentumseinheiten getroffen (§ 15 Abs. 2 WEG), z.B. die gewerbliche Nutzung ausgeschlossen, die Haltung von (größeren) Tieren von der Zustimmung des Verwalters abhängig gemacht usw. 21

Eine *Zweckbestimmung in der Teilungserklärung* – die Bezeichnung »Keller«, »Laden«, »Gaststätte« usw. – ist Gebrauchsregelung (§ 15 Abs. 2 WEG), wenn sich durch Auslegung 22

---

46 BGHZ 37, 203.
47 Statt aller Riecke/Schmid/*Schneider*, § 12 WEG Rn. 71; zur »Vermietung« an ständig wechselnde Hotel- bzw. Feriengäste *Langhein*, notar 2010, 193; BGH Rpfleger 1962, 373.
48 Vgl. z.B. BGH NJW 2007, 213. Zur höchst problematischen Harmonisierung zwischen miet- und wohnungseigentumsrechtlichem Gebrauch vgl. *Armbrüster/Müller*, ZWE 2007, 227; *Armbrüster*, FS Seuß, 2007, S. 3 ff.
49 Vgl. dazu und zum Grundbuchvollzug *Hügel*, DNotZ 2007, 353; *Saumweber*, MittBayNot 2007, 364.
50 Vgl. Riecke/Schmid/*Lehmann-Richter*, § 10 WEG Rn. 102; BGH NJW 2013, 1962; BGH NJW 2003, 2165; BayObLG MittBayNot 2007.
51 *Hügel/Elzer*, WEG, § 10 Rn. 81; für ein weitergehendes Verständnis der Gemeinschaftsordnung *Jacoby*, ZWE 2013, 61 m.w.N.
52 BGH NZM 2012, 613; OLG München ZWE 2016, 18.

ergibt, dass sie mit diesem Zweck getroffen wurde.[53] Deshalb müssen engere (»Laden«, »Cafe« usw.) oder weitere Bezeichnungen (»gewerbliche Räume«) sorgfältig gewählt werden.[54] Die instanzgerichtliche Rechtsprechung ist z.T. äußerst engherzig.[55] Angaben im Aufteilungsplan haben dogmatisch zwar nur eine untergeordnete Bedeutung, werden zur Auslegung aber gern herangezogen, sodass davon abzuraten ist, die vom Architekten gewählten Bezeichnungen der Räume ungeprüft zu übernehmen, statt sie in der Teilungserklärung ausdrücklich zu relativieren; geschieht Letzteres nicht, so besteht sogar die Gefahr, dass an die Bezeichnung eines Wohnraums als »Schlafzimmer« oder eines Kellerraums als »Kohlenlager« rechtliche Folgen geknüpft werden. Nur im Einzelfall interpretiert die Rechtsprechung Zweckbestimmungsangaben als unverbindlich; auf die zunehmend liberale Auffassung des BGH[56] sollte man sich angesichts des Streitpotentials nicht verlassen. Vermieden werden sollte unbedingt ein Widerspruch zwischen Text der Gemeinschaftsordnung und Plananlagen.[57] Andererseits sollten bei jeder Nutzungsbestimmung Bestandsinteressen der Miteigentümer und eine nötige Entwicklungsoffenheit gegeneinander abgewogen werden. Vorsorglich kann folgende Formulierung aufgenommen werden, die allerdings nur Nutzungsänderungen deckt. Sollten zusätzliche bauliche Veränderungen (z.B. Reklameschilder, Abluftrohre) zulässig sein, muss dies gesondert vereinbart werden.[58]

Relativierung einer Raumbezeichnung

23 M Soweit Räume im Aufteilungsplan für eine bestimmte Nutzung gekennzeichnet sind, ist diese Kennzeichnung unverbindlich; sie bedeutet nicht, dass eine Nutzungsbeschränkung vereinbart wäre. In allen Räumen (einschließlich der Teileigentumseinheiten) ist vielmehr jede öffentlich-rechtlich gestattete Nutzung zulässig.

24 c) Vereinbarungen sind abzugrenzen von *Beschlüssen* nach § 23 Abs. 1 und 3 WEG, die im Wesentlichen die laufende Verwaltung der Gemeinschaft betreffen und für die grds. das Mehrheitsprinzip gilt und die – anders als Vereinbarungen – auch ohne Eintragung im Grundbuch gegen Sonderrechtsnachfolger gelten.[59] Voraussetzung ist nach § 23 Abs. 1 WEG eine gesetzliche oder durch Vereinbarung vorgesehene Beschlusskompetenz.[60] Bis zur sog. »Jahrhundertentscheidung« des BGH vom 20.09.2000[61] war umstritten, was die Rechtsfolge bei fehlender Beschlusskompetenz ist (Diskussion über »Zitterbeschlüsse« und »Pseudovereinbarungen«).[62] Nunmehr ist klar, dass gesetzes- und vereinbarungsändernde Beschlüsse nur in Bestandskraft (§ 23 Abs. 4 WEG) erwachsen, sofern Beschlusskompetenz bestand. Ein

---

53 Beispiele aus der Rspr. etwa BayObLGZ 1978, 214, 216 f.; OLG Hamm OLGZ 1978, 10, 12; OLG Frankfurt OLGZ 1981, 156; BayObLGZ 1983, 79; BayObLG NJW-RR 1989, 719; BayObLG NJW-RR 1990, 594; mit anderem Ergebnis aber BayObLG DNotZ 1989, 426 und OLG Hamm OLGZ 90, 34, 38 ff.
54 Etwa BGH, Urt. v. 10.7.2015 – V ZR 169/14: »Ladenraum ist keine Gaststätte.«.
55 Z.B. OLG Düsseldorf NJW-RR 1996, 267: »Büroräume« decke nicht Kinderarztpraxis; großzügiger jetzt BGH DNotZ 2010, 782 (Bezeichnung einzelner Räume als »Cafe« in den Plänen keine Nutzungsbeschränkung); vgl. näher *Langhein*, notar 2010, 193, 197.
56 Vgl. BGH ZWE 2011, 78; aus der älteren Rechtsprechung; z.B. OLG Hamm ZMR 2006, 634 (»Küche« im Wohnungseigentum); BayObLG MittBayNot 2004, 439 (Nutzungsangabe nur für Baugenehmigung); vgl. ferner Fn. 36.
57 Instruktiv BGH ZNotP 2015, 421 und NJW 2004, 1798 (zu abweichender Bauausführung); OLG Hamm DNotZ 2003, 945 (Widerspruch Teilungserklärung/Plan); OLG Düsseldorf NZM 2003, 805 (Widerspruch Teilungserklärung/Gemeinschaftsordnung).
58 Vgl. z.B. OLG München ZMR 2006, 948 (Abluftrohr für Gaststätte).
59 Ausführlicher zur Differenzierung zwischen Vereinbarung und Beschluss Riecke/Schmid/*Lehmann-Richter*, § 10 WEG Rn. 86 ff.; Würzburger Notarhandbuch/*Weber*, Teil 2 Kap. 4 Rn. 145 ff.
60 Vgl. nur Riecke/Schmid/*Drabeck*, § 23 WEG Rn. 9 ff.
61 BGHZ 145, 158.
62 Überblick zur Diskussion *Langhein/Naumann*, NotF WEG, § 1 Rn. 81 m.w.N.

trotz absoluter Beschlussunzuständigkeit gefasster Beschluss ist nichtig.[63] Der Gesetzgeber hat mit der WEG-Novelle eine Reihe explizierter Beschlusskompetenzen mit abgestuften Mehrheitserfordernissen aufgenommen (§§ 12 Abs. 4, 16 Abs. 3 f.; 21 Abs. 7; 22 Abs. 2 WEG).[64] Die Publizität solcher Beschlüsse soll durch die gemäß § 24 Abs. 7 WEG zu führende Beschlusssammlung – anstelle der Grundbucheintragung[65] – gewährleistet werden. Diese erweiterten Beschlusskompetenzen decken die häufigsten typischen Konfliktsituationen ab. Die Wohnungseigentümer können aber auch vereinbaren, dass die Gemeinschaftsordnung durch Mehrheitsbeschluss geändert werden kann (sog. »Öffnungsklauseln«).[66] Gerade bei größeren und insbesondere gemischt genutzten Anlagen haben diese zur Gewährleistung der notwendigen Entwicklungsoffenheit und aufgrund der faktischen Unmöglichkeit, Einstimmigkeit zu erzielen, in der Praxis große Bedeutung.[67]

Öffnungsklausel

Soweit zwingende gesetzliche Bestimmungen nicht entgegenstehen, können die Wohnungseigentümer ihr Verhältnis untereinander abweichend von dieser Gemeinschaftsordnung und dem Gesetz regeln. Hierzu ist grundsätzlich eine Vereinbarung aller Wohnungs- und Teileigentümer erforderlich. Werden durch die Veränderung nicht alle Wohnungs- und Teileigentümer betroffen, genügt die Zustimmung aller durch die Änderung betroffenen Wohnungs- und Teileigentümer.
Eine Änderung der Gemeinschaftsordnung ist jedoch auch mit einer Mehrheit von allen durch die Veränderung betroffenen Wohnungs- und Teileigentümern möglich, wenn ein sachlicher Grund für die Änderung vorliegt und einzelne Eigentümer gegenüber dem früheren Rechtszustand nicht unbillig benachteiligt werden. Das Vorliegen eines sachlichen Grundes ist insbesondere bei einer wesentlichen Veränderung der tatsächlichen Verhältnisse gegeben.

25 M

Voraussetzung der Abänderung der Gemeinschaftsordnung durch Mehrheitsentscheid aufgrund einer Öffnungsklausel ist aber, dass sowohl das »Ob« als auch das »Wie« der Änderung nicht willkürlich ist und ordnungsgemäßer Verwaltung entsprechen.[68] Nach überwiegender Auffassung wollte der Gesetzgeber mit § 10 Abs. 4 Satz 2 WEG Mehrheitsentscheidungen aufgrund Öffnungsklausel als Beschluss einordnen, die daher weder eintragungsbedürftig noch eintragungsfähig sind.[69] Eine freiwillige Eintragung im Grundbuch dürfte nicht zulässig sein.[70]

26

8. Lasten und Kosten

a) Nach § 16 Abs. 2 WEG werden *Lasten und Kosten des gemeinschaftlichen Eigentums* (allgemein auch *Wohngeld* oder *Hausgeld* genannt) grundsätzlich nach dem Verhältnis der Miteigentumsanteile getragen (s. zu den Konsequenzen für die Festlegung der Miteigentumsan-

27

---

63 BGHZ 145, 158.
64 Weitere Beispiele bei Heinemann/*Stöhr*, Kölner Formularbuch GrundstücksR, Kap. 2 Rn. 344.
65 Zu dieser früher kontrovers beurteilten Frage vgl. *Hügel*, DNotZ 2007, 349 m.w.N.; zum geltenden Recht *Hügel/Elzer*, S. 47 ff.
66 S. dazu allgemein statt aller *Hügel*, NotBZ 2004, 205; zur kompetenzbegründenden Zulässigkeit und inhaltlichen Schranke BGH DNotI-Rep. 2014, 183 f.
67 Würzburger Notarhandbuch/*Weber*, Teil 2 Kap. 4 Rn. 158.
68 BGH NJW-RR 2011, 1165; BGH NJW-2011, 2202.
69 OLG München NJW 2010, 450; Bärmann/Wenzel, § 10 WEG Rn. 190; Jennißen/Grziwotz/Jennißen, § 10 WEG Rn. 52 und 53; a.A. Beck'sches Notar-Handbuch/Rapp A III Rn. 121; Hügel/Elzer, WEG, § 10 Rn. 153 ff.
70 Vgl. *Schöner/Stöber*, GrundbuchR, Rn. 2887. Anders noch in der Vorauflage.

teile oben Rdn. 14). Diese gesetzliche Regelung wird meist unverändert in die Gemeinschaftsordnung übernommen. Daneben ist eine Verteilung nach Wohnflächen nicht selten. Hier sollte unbedingt die Berechnungsgrundlage angegeben oder auf eine entsprechende Anlage verwiesen werden. In jedem Fall sollte die Regelung auf die jeweilige Eigentümergemeinschaft angepasst sein (etwa im Hinblick auf Fahrstuhlnutzung).[71] Aufgrund der Regelung in § 16 Abs. 3 WEG können die Wohnungseigentümer beschließen, dass die Betriebskosten des Gemeinschafts- oder Sondereigentums, die nicht unmittelbar gegenüber Dritten abgerechnet werden und die Kosten der Verwaltung nach Verbrauch oder Verursachung erfasst werden, wenn dies ordnungsgemäßer Verwaltung entspricht.[72] Ansonsten ist eine spätere Anpassung ohne einstimmige Vereinbarung nur unter den hohen Hürden der Unbilligkeit nach § 10 Abs. 2 Satz 3 WEG erreichen.[73] Wegen der im Außenverhältnis gegebenen Haftung nach Maßgabe der Miteigentumsanteile (§ 10 Abs. 8 WEG) sollte dann aber nicht nur die Berechnungsgrundlage, sondern auch der Anteil geändert werden.[74] Der nach § 20 Abs. 2 WEG zu bestellende *Verwalter* hat auch die Lasten- und Kostenbeiträge (Instandsetzungs-, Instandhaltungs-, Verwaltungskosten), die mit dem gemeinschaftlichen Eigentum zusammenhängen (sog. Wohngeld), einzuziehen. Für die Verteilung der Heiz- und Warmwasserkosten gilt die Verordnung über Heizkostenabrechnung (HeizkostenVO);[75] sie geht Regelungen der Gemeinschaftsordnung vor.

28 **b)** In zeitlicher Hinsicht kommt es auf die Fälligkeit der einzelnen Beträge an; jeder Wohnungseigentümer schuldet der Gemeinschaft die Zahlungen, die während der Zeit seines Eigentums fällig geworden sind.[76] Die Fälligkeit laufender Beiträge richtet sich nach dem Wirtschaftsplan (§ 28 WEG), für einmalige Umlagen, die im WEG nicht ausdrücklich geregelt sind, die aber von der Eigentümerversammlung beschlossen werden können, nach dem Inhalt des Beschlusses. Wechselt das Wohnungseigentum, so geht die Schuld nicht von selbst auf den neuen Eigentümer über; die Teilungserklärung kann aber – als Inhalt des Sondereigentums – bestimmen, dass der Rechtsnachfolger haftet.[77] Dies gilt aber nicht für einen Erwerber in der Zwangsversteigerung.[78]

Haftung des Rechtsnachfolgers

29 M Wechseln die Inhaber eines Wohnungseigentums, so haftet der bisherige Wohnungseigentümer für alle Lasten, die fällig werden, bevor er dem Verwalter den Eigentumswechsel durch öffentliche Urkunden angezeigt hat. Andererseits haften neue Wohnungseigentümer für Leistungsrückstände der Voreigentümer, und zwar ohne Rücksicht auf die Art und Weise des Eigentumserwerbs, ausgenommen nur den Erwerb durch Zuschlag in der Zwangsversteigerung. Wechselt das Wohnungseigentum innerhalb eines Wirtschaftsjahres, so kann der Verwalter eine gemeinsame Abrechnung für das ganze Wirtschaftsjahr erstellen; für eine sich daraus ergebende

---

71 Formulierungsbeispiele bei Heinemann/*Stöhr*, Kölner Formularbuch GrundstücksR, Kap. 2 Rn. 385 ff.
72 Dazu *Rapp*, DNotZ 2009, 335, 349; Riecke/Schmid/*Elzer/Abramenko*, § 16 WEG Rn. 40b.
73 Vgl. BGH NJW 2010, 3296.
74 In diese Richtung auch *Hügel*, DNotZ 2007, 344 f.
75 BGH ZWE 2012, 216; Verordnung über die verbrauchsabhängige Abrechnung der Heiß- und Warmwasserkosten i.d.F. vom 20.01.1989 (BGBl. I S. 115) geändert durch VO vom 02.12.2008 (BGBl. I S. 2375); abgedruckt etwa bei *Langhein/Naumann*, NotF WEG, § 17 D.
76 BGH NJW 1994, 2950.
77 BGH NJW 1994, 2950; § 10 Abs. 1 Nr. 2 ZVG (Wohngeldvorrecht) begründet zwar keine dingliche Last (*Langhein*, notar 2014, 128), im Rahmen einer Kaufvertragsabwicklung fällt aber nach Auffassung des BGH (NJW 2014, 2445) die Vormerkung zugunsten des Erwerbers in die schlechtere Rangklasse, so dass diesem nur die Ablösung bleibt; ausführlich dazu *Weber*, DNotZ 2014, 738.
78 BGH NJW 1985, 2717.

Abschlusszahlung haften die ehemaligen und der gegenwärtige Eigentümer als Gesamtschuldner, während eine Rückzahlung demjenigen zusteht, der im Zeitpunkt des Zugangs der Abrechnung Eigentümer ist.

c) § 10 Abs. 8 Satz 1 WEG sieht im Außenverhältnis nunmehr ausdrücklich eine Forthaftung des Veräußerers entsprechend § 160 HGB vor. Für das Innenverhältnis fehlen entsprechende Regelungen. Die Rechtsprechung hat sich bisher nur mit einer Haftung des Rechtsvorgängers im Innenverhältnis für Nachzahlungen aufgrund der Jahresabrechnung befasst und verneint jedenfalls eine Forthaftung des Bauträgers im Fall der »werdenden Gemeinschaft« (dazu unten Rdn. 49).[79] § 160 HGB betrifft im Übrigen nur bereits begründete Verbindlichkeiten. Gerade bei »Schrottimmobilien« besteht eine gewisse Tendenz, sich drohender Inanspruchnahme durch Veräußerung, z.B. an eine vermögenslose Auslandsgesellschaft, zu entziehen. Aber auch bei anderen Fällen besteht berechtigter Anlass, den Veräußerer im Innenverhältnis einen gewissen Zeitraum forthaften zu lassen, denn er selbst hat sich den Erwerber ausgesucht. Jenseits des § 12 WEG hat die Gemeinschaft hierauf keinen Einfluss.

30

Haftung des Rechtsvorgängers

Der bisherige Wohnungseigentümer haftet für alle Lasten, die vor Ablauf von zwei Jahren nach seinem Ausscheiden aus der Gemeinschaft fällig werden, gesamtschuldnerisch neben dem jeweiligen Rechtsnachfolger.

31 M

Generell gilt: Zwar ordnet das Gesetz im Außenverhältnis nur eine teilschuldnerische Haftung an (§ 10 Abs. 8 WEG). Im Innenverhältnis kann es dennoch zu einer vollen Haftung kommen.[80] In der Gestaltungspraxis sollte daher gerade bei Großanlagen auf eine mögliche solide und breite Finanzverfassung geachtet werden. Im Außenverhältnis dürfte eine Haftungserweiterung nicht in Betracht kommen.[81]

9. Organe

a) Organ der Wohnungseigentümergemeinschaft ist zunächst die *Eigentümerversammlung*.

32

aa) Nach § 25 Abs. 2 WEG richtet sich das *Stimmrecht* nach »Köpfen«, ohne Rücksicht auf die Größe des Miteigentumsanteils und die Zahl der Wohnungseigentumsrechte. Diese gesetzliche Regelung ist – von seltenen Ausnahmen abgesehen – untauglich und grundsätzlich in der Teilungserklärung durch eine andere Regelung zu ersetzen. Üblich und angemessen ist die Verteilung der Stimmgewichte nach dem Verhältnis der Miteigentumsanteile (oben Rdn. 14), die freilich Abstimmungsprozesse bei größeren Anlagen nicht gerade einfach gestalten. Sind die Einheiten etwa gleich groß, kommt eine Stimmengewichtung nach Einheiten in Betracht. Untergeordnete Einheiten (z.B. verselbstständigte Tiefgaragenstellplätze) müssen dann aber ein geringeres Stimmgewicht (z.B. $1/_{20}$) einhalten. Sofern nach dem Charakter der Anlage mit Unterteilungen (z.B. Dachausbau) oder Vereinigungen (z.B. zahlreiche

33

---

79 BGHZ 141, 228; zur werdenden Gemeinschaft und Kostenhaftung BGH NJW 2012, 2650.
80 Vgl. *Saumweber*, MittBayNot 2007, 361; *Hügel*, DNotZ 2007, 344; *Derleder/Fauser*, ZWE 2007, 2 ff.; höchst problematisch sind auch interne Rückgriffsansprüche für verauslagte Leistungen, vgl. z.B. OLG Düsseldorf ZMR 2006, 868; OLG Schleswig ZMR 2006, 806.
81 Vgl. *Hügel*, DNotZ 2007, 344; zur Haftung für Ver- und Entsorgungsleistungen, Erschließungsbeiträge etc., *Langhein*, notar 2010, 193 m.w.N.; *Langhein*, NotF WEG, § 14 Rn. 18 f. m.w.N. (ggf. gesamtschuldnerische Haftung aufgrund öffentlich-rechtlicher Bestimmungen oder privatrechtlicher Vereinbarung).

Kleinst-Altbauwohnungen) zu rechnen ist, sollten die Auswirkungen auf das Stimmrecht geregelt werden.[82]

34 **bb)** Nach § 25 Abs. 3 WEG ist die Eigentümerversammlung nur beschlussfähig, wenn mehr als die Hälfte der im Grundbuch eingetragenen Miteigentumsanteile vertreten ist. Auch diese Regelung hat sich nicht bewährt. Sie führt häufig zur Beschlussunfähigkeit, besonders dann, wenn die Verwaltung gut arbeitet und das Interesse der Eigentümer an einer Versammlung deshalb gering ist. Versuche der Praxis, mit der Einladung zur Versammlung stets auch auf wenige Minuten später gemäß § 25 Abs. 4 WEG zu einer zweiten, dann stets beschlussfähigen Versammlung einzuberufen[83], dürften unzulässig sein.[84] Die gesetzliche Regelung ist daher regelmäßig abzubedingen, was nach § 10 Abs. 2 Satz 2 WEG möglich ist.[85]

Beschlussfähigkeit

35 M **Die Versammlung ist ohne Rücksicht auf die Zahl der erschienenen Wohnungseigentümer beschlussfähig. Hierauf ist in der Einladung hinzuweisen.**

36 **b)** Weiteres Organ der Gemeinschaft der Wohnungseigentümer ist der *Verwalter*, den die Versammlung der Wohnungseigentümer mit einfacher Mehrheit wählt (§§ 20 ff. WEG). Auch eine juristische Person oder eine Handelsgesellschaft kann Verwalter sein, nicht jedoch (was für die Beurteilung, ob eine Verwalterzustimmung wirksam erteilt ist, bedeutsam ist) eine BGB-Gesellschaft[86] oder mehrere Personen nebeneinander.[87] Wächst das Vermögen einer Kommanditgesellschaft ihrem persönlich haftenden Gesellschafter an, so geht die Verwalterposition nicht mit über.[88] Bei formwechselnder Umwandlung soll das Gleiche gelten.[89] Die Bestellung eines Verwalters kann nicht ausgeschlossen werden (§ 20 Abs. 2 WEG); sie wird aber nicht öffentlich-rechtlich erzwungen, solange kein Wohnungseigentümer sie verlangt, was etwa bei Doppelhaushälften relevant ist, bei denen regelmäßig kein Verwalter bestellt wird.

37 Der Verwalter darf auf höchstens 5 Jahre *bestellt* werden (§ 26 Abs. 1 Satz 2, 1. Alt. WEG); im Fall der ersten Bestellung nach der Begründung von Wohnungseigentum auf höchstens 3 Jahre (2. Alt.). Mit Ablauf der Bestellungszeit endet das Amt von selbst, sodass bei Verwalterzustimmungen immer auch zu prüfen ist, ob nicht die Frist abgelaufen ist. Die wiederholte Bestellung können die Wohnungseigentümer frühestens 1 Jahr vor Ablauf der Bestellungszeit beschließen (§ 26 Abs. 2 WEG). Die Abberufung kann auf das Vorliegen eines *wichtigen Grundes* beschränkt, nicht aber an eine qualifizierte Mehrheit gebunden werden (§ 26 Abs. 1 Satz 3 WEG). Aus der Sicht der Wohnungseigentümer besteht kaum je Veranlassung, sich selbst in dem Recht, den Verwalter jederzeit voraussetzungslos abzuberufen, zu beschränken. Hinter einer solchen Klausel stecken fast immer sachfremde Motive.

---

82 Bei Unterteilung kommt es sonst ggf. zur Anwendung des § 25 Abs. 2 Satz 2 WEG, vgl. dazu BGH ZWE 2012, 271; bei Vereinigungen ist die Rechtslage offen; BGHZ 160, 354; OLG Stuttgart NZM 2005, 312; KG ZWE 2000, 313.
83 *Deckert* NJW 1979, 2291.
84 OLG Köln NJW-RR 1990, 26; zur vergleichbaren Fragestellung bei einer GmbH BGH NJW 1998, 1317.
85 OLG München ZMR 2006, 232 m.w.N.; vgl. ferner *F. Schmidt*, ZWE 2007, 82 f. zur Zweckmäßigkeit eines entsprechenden Hinweises in der Einladung.
86 BGH ZWE 2006, 183; OLG München ZWE 2007, 153; zur Unternehmergesellschaft (haftungsbeschränkt) vgl. BGH NJW 2012, 3175 (lediglich Anfechtbarkeit; die gilt bei geringer Seriösitätsgewähr allerdings für alle Verwalter).
87 Vgl. Würzburger Notarhandbuch/*Weber*, Teil 2 Kap. 4 Rn. 222 m.w.N.
88 BayObLG Rpfleger 1987, 306.
89 Riecke/Schmid/*Abramenko*, § 26 WEG Rn. 44; differenzierend jetzt BGH DNotZ 2014, 519 m. krit. Anm. *Krampen-Lietzke*, DNotZ 2014, 524 ff.

c) Organ der Eigentümergemeinschaft ist schließlich der *Verwaltungsbeirat* nach § 29 WEG. Er ist nicht obligatorisch; die Bestellung eines Verwaltungsbeirats kann aber jederzeit mit einfacher Stimmenmehrheit beschlossen werden.

III. Begründung des Wohnungseigentums

1. Arten der Begründung

Begründet werden kann das Wohnungseigentum auf zweierlei Art:

a) *Vertraglich*, wenn mehrere Personen bereits Miteigentümer des aufzuteilenden Grundstücks sind (§ 3 WEG). Dazu ist die Aufteilung in Auflassungsform und Eintragung in das Grundbuch erforderlich (§ 4 Abs. 1 und 2 WEG, s. vorstehend Rdn. 4);

b) durch eine *einseitige Teilungserklärung* gegenüber dem Grundbuchamt (§ 8 WEG) und Grundbucheintragung, wenn der Grundstückseigentümer sein Eigentum in mehrere Miteigentumsanteile aufteilen und die Miteigentumsanteile mit dem Sondereigentum an je einer bestimmten Wohnung verbinden will (Vorratsteilung). Nach Sachrecht ist die Vorratsteilung formfrei; grundbuchrechtlich bedarf sie der Form des § 29 GBO. Soll jedoch die Teilungserklärung bereits vor *Eintragung* der Aufteilung in das Grundbuch Grundlage für den Abschluss von *Wohnungs-Kaufverträgen* sein, oder werden aus Zweckmäßigkeitsgründen in die Teilungserklärung Bestandteile aufgenommen, die Gegenstand der später abzuschließenden Kaufverträge sein sollen (z.B. die Baubeschreibung), so muss sie *beurkundet* werden, damit auf sie nach § 13a BeurkG verwiesen werden kann.

2. Voraussetzungen

a) Gemäß § 7 Abs. 4 WEG sind der *Eintragungsbewilligung* als Anlagen beizufügen eine von der Baubehörde mit Unterschrift und Siegel oder Stempel versehene Bauzeichnung, aus der die Aufteilung des Gebäudes sowie die Lage und Größe der im Sondereigentum und der im gemeinschaftlichen Eigentum stehenden Gebäudeteile ersichtlich ist *(Aufteilungsplan)* und eine Bescheinigung der Baubehörde, dass die Wohnungen gemäß § 3 Abs. 2 WEG (oben Rdn. 8) in sich abgeschlossen sind (»Abgeschlossenheitsbescheinigung«). Alle zu demselben Wohnungseigentum gehörenden Einzelräume sind (jeder Raum einzeln) mit der jeweils gleichen (nicht unbedingt fortlaufenden) Nummer zu kennzeichnen. Der Aufteilungsplan muss alle Räume des Gebäudes umfassen und auch Schnitte und Ansichten enthalten.[90] Zur durch Landesverordnung möglichen Übertragung der Kompetenz der Baubehörde auf einen Sachverständigen vgl. § 7 Abs. 4 Satz 3 ff. WEG.

Wie sich aus der gesetzlichen Formulierung ergibt, gehören Aufteilungsplan und Abgeschlossenheitsbescheinigung *nicht zu den Formalitäten der Aufteilungsurkunde*, sondern nur der Eintragung. Die Aufteilungsurkunde kann also errichtet werden, ohne dass Aufteilungsplan und Abgeschlossenheitsbescheinigung bereits vorliegen. Da aber die einzelnen Wohnungen zweifelsfrei bezeichnet werden müssen, muss zumindest ein privater bzw. »vorläufiger« Aufteilungsplan beigefügt werden. Wird die Urkunde später zusammen mit dem amtlichen Aufteilungsplan dem Grundbuchamt vorgelegt, muss dieses prüfen, ob der amtliche Aufteilungsplan mit dem Plan identisch ist, der Teil der Eintragungsbewilligung

---

[90] BGH NJW 1995, 2851; farbliche Kennzeichnung ist seit 1973 nicht mehr erforderlich, vgl. *Weitnauer/Briesemeister*, § 7 WEG Rn. 20.

war.[91] Dies kann sich etwa daraus ergeben, dass die Pläne das gleiche Datum und die Bezeichnung des Architekten aufweisen. Ansonsten ist diese Prüfung mühsam und endet oft nicht mit einem zweifelsfreien Ergebnis. Gerade bei Neubauten ergeben sich oft zudem zahlreiche Umplanungen. In diesen Fällen sollte eine Identitätserklärung oder eine Ergänzung der Teilungserklärung (bei Aufteilung nach § 3 WEG) vorgesehen werden, um sachenrechtlich eindeutig den Umfang des Sondereigentums festzulegen. Bei einfach gelagerten Sachverhalten genügt eine notaramtliche Eigenurkunde, bei komplexen Bauvorhaben sollten die Beteiligten eine Nachtragsurkunde unter sorgfältiger Prüfung der Planübereinstimmungen errichten.

Ermächtigung in Teilungserklärung zur Identitätserklärung durch den Notar

44 M Der beurkundende Notar wird ermächtigt, nach Vorliegen des mit dem Siegel der Baubehörde versehenen Aufteilungsplans die Eintragungsbewilligung dahin zu ergänzen, dass sie auf den amtlichen Aufteilungsplan verweist.

Nachtragsurkunde durch Aufteiler

45 M **I. Vorbemerkung**

Ich nehme Bezug auf die Teilungserklärung vom (UR-Nr. des amtierenden Notars). Nunmehr wurde die baubehördliche Abgeschlossenheitsbescheinigung erteilt (Az.:). Hierauf wird Bezug genommen.
Ausfertigungen lagen bei Beurkundung vor und sind bekannt. Auf Verlesung und Beifügung wird nach Belehrung verzichtet.

II. Aktualisierung der Teilungserklärung

Unter Zustimmung der vertretenen Erwerber einzelner Wohnungs- und Teileigentumseinheiten aktualisiere ich die unter I. genannte Teilungserklärung wie folgt:
1. Neuberechnung der Miteigentumsanteile
   Da sich die Flächen einzelner Einheiten gegenüber der ursprünglichen Planung verändert haben, ersetze ich hiermit Anlage 1 zur ursprünglichen Teilungserklärung durch »Anlage 1.1« zu diesem Protokoll.
2. Aufteilungspläne
   Der ursprüngliche Aufteilungsplan gemäß Anlage 2 zur Teilungserklärung wird hiermit durch den baubehördlich bescheinigten Aufteilungsplan gemäß »Anlage 2.1« zu diesem Protokoll ersetzt. Es handelt sich um auf DIN A 4 verkleinerte, schwarzweiße Kopien (ohne farbliche Unterlegung) der baubehördlichen Abgeschlossenheitsbescheinigung, welche zur Durchsicht vorgelegt und genehmigt wurde.
3. Weitere Änderungen

III. Antrag

Grundbucheintragung wie vor in Verbindung mit der ursprünglichen Teilungserklärung wird hiermit bewilligt und beantragt.

---

91 Eine Nachtragsurkunde ist daher grds. entbehrlich, vgl. BayObLG DNotZ 2003, 275; der Notar ist nach der Rspr. grds. nicht verpflichtet, eine äußerlich ordnungsgemäße baubehördliche Abgeschlossenheitsbescheinigung auf Mängel zu durchsuchen, OLG Koblenz RNotZ 2002, 116 f.; LG Mainz RNotZ 2000, 394. Empfehlenswert ist das freilich nicht.

46 Weder die Teilungserklärung noch die amtliche Abgeschlossenheitsbescheinigung setzen voraus, dass das Gebäude bereits errichtet ist; die Aufteilung kann *vom Plan weg* erfolgen. In der Praxis halten die Baubehörden mitunter daran fest, bei genehmigungspflichtigen Gebäuden die Abgeschlossenheitsbescheinigung erst *nach* Erteilung der Baugenehmigung auszustellen.

47 b) Nach § 22 Abs. 1 Nr. 1 BauGB kann die Begründung von Wohnungseigentum einer *öffentlich-rechtlichen Genehmigung* bedürfen. Voraussetzung ist, dass die betreffende Gemeinde oder der betreffende Gemeindeteil überwiegend durch den Fremdenverkehr geprägt ist, dass es sich um ein Gebiet mit Fremdenverkehrsfunktion handelt und die Gemeinde die Genehmigungspflicht durch Bebauungsplan oder gesonderte Satzung angeordnet hat (vgl. zur »Fremdenverkehrsdienstbarkeit«, welche die Aufteilung genehmigungsfähig machen soll, § 64 Rdn. 14 f.). Gemäß § 22 Abs. 6 BauGB darf das Grundbuchamt *eine Aufteilung in Wohnungseigentum* erst eintragen, wenn ihm ein Negativzeugnis oder ein Genehmigungsbescheid vorgelegt wird. Ein Negativattest kann das Grundbuchamt aber nicht verlangen, wenn nicht die Behörde das Grundbuchamt nach § 22 Abs. 2 Satz 3 BauGB über das Bestehen einer Satzung unterrichtet hat[92] oder das Grundbuchamt auf sonstige Weise davon Kenntnis erlangt hat.[93] Ein Negativattest nach § 172 BauGB (Milieuschutz) ist entbehrlich, solange eine Landesregierung von der Verordnungsermächtigung keinen Gebrauch gemacht hat.[94]

48 c) Weder die vertragliche (§ 3 WEG) noch die einseitige (§ 8 WEG) Begründung von Wohnungseigentum bedarf der *Zustimmung solcher Gläubiger*, deren Rechte auf dem ganzen Grundstück ruhen (vgl. aber zur Belastung nur eines Miteigentumsanteils unten § 75 Rdn. 18). Nach der Aufteilung des Grundstücks bestehen die alten Grundpfandrechte als Gesamtgrundpfandrechte (§ 1132 BGB) fort, sodass eine Zustimmung entbehrlich ist.[95] Jedoch sehen die Darlehensbedingungen der Kreditinstitute oft das Recht zur außerordentlichen Kündigung für den Fall der Begründung von Wohnungseigentum vor.

3. Werdendes Wohnungseigentum

49 Da das Wohnungseigentum als Miteigentum ein dingliches Recht ist, kann Wohnungseigentümer nur sein, wer sachenrechtliches Eigentum innehat. Die Wohnungseigentümergemeinschaft entsteht als Gemeinschaft erst dann, wenn mindestens zwei Wohnungseigentümer im Grundbuch eingetragen sind (keine Einpersonengemeinschaft)[96]. Für das Vorstadium hat der BGH die Figur des *»werdenden bzw. faktischen Wohnungseigentums«* anerkannt.[97] Danach sollen die Regeln des WEG grundsätzlich auch für diejenigen Erwerber gelten, die zwar noch nicht Eigentümer der Wohnung sind, die jedoch kumulativ (i) einen wirksamen Anspruch auf Übereignung haben, (ii) durch eine Vormerkung gesichert sind und (iii) bereits rechtmäßigen Besitz erlangt haben. Hintergrund ist, dass Erwerber etwa beim Erwerb vom Bauträger bereits frühzeitig die Geschicke der Eigentümergemeinschaft mitbestimmen können sollen. Die Folgen können besonders im Fall eines stecken gebliebenen Baues allerdings fatal sein, weil kaum ermittelbar ist, wer im Sinne der Rechtsprechung schon eine ausrei-

---

92 OLG Rostock FGPrax 2016, 209, 210.
93 OLG München FGPrax 2015, 255, 257.
94 Vgl. dazu *Langhein*, ZNotP 1998, 346 ff.; zum Negativattest OLG Hamm DNotI-Report 1999, 122.
95 Die Frage war zwischenzeitlich sehr streitig, vgl. *Langhein*, notar 2012, 126 m.w.N.; wie hier jetzt BGH NJW 2012, 1226 f.; anders aber bei bereits laufender Zwangsversteigerung BGH ZWE 2012, 270.
96 Ausführlicher dazu *Lieder*, DNotZ 2018, 177.
97 BGH NJW 2008, 2639; s. dazu *Langhein*, notar 2009, 212 m.w.N.; BGH NJW 2012, 2650.

chende Anwartschaft erworben hat, wer nicht und wer sie – etwa durch Rücktritt vom Kaufvertrag – wieder verloren hat.[98]

4. Teilungserklärung

50 Siehe zur Aufteilung nach § 3 WEG oben Rdn. 4.

Teilungserklärung nach § 8 WEG (ausführlich, AB liegt vor)

51 M Verhandelt zu ..... am .....
vor dem Notar ..... erklärte .....

I. Vorbemerkungen

Im Grundbuch des Amtsgerichts ..... von ..... Band ..... Blatt ..... ist eingetragen:
Gemarkung ..... FlStNr. .....
Eigentümer: .....

II. Aufteilung

Der Eigentümer teilt hiermit das Eigentum an dem in Abschn. I bezeichneten Grundstück in Miteigentumsanteile in der Weise, dass mit jedem Anteil das Sondereigentum an einer bestimmten Wohnung oder an nicht zu Wohnzwecken dienenden bestimmten Räumen in dem auf dem Grundstück zu errichtenden Gebäude verbunden ist. Hierzu verweist er auf die von der Kreisverwaltungsbehörde ..... als Baubehörde unter der Nr. ..... mit Unterschrift und Stempel versehene Bauzeichnung, aus der die Aufteilung des Gebäudes sowie die Lage und Größe der im Sondereigentum und der im gemeinschaftlichen Eigentum stehenden Gebäudeteile ersichtlich ist. Der Aufteilungsplan wurde dem Beteiligten zur Durchsicht vorgelegt und von ihm genehmigt; auf Beifügung verzichtet er.[99] Des Weiteren verweist der Eigentümer auf den ihm ebenfalls zur Durchsicht vorgelegten, von ihm genehmigten und dieser Urkunde beigefügten Sondernutzungsplan.
Im Einzelnen werden gebildet:[100]
1. Miteigentumsanteil zu 72/1000, verbunden mit dem Sondereigentum an den im Aufteilungsplan mit Nr. 1 gekennzeichneten Wohnräumen im Erdgeschoss nebst einem mit gleicher Nummer gekennzeichneten Abstellraum im Kellergeschoss.[101] Mit diesem Wohnungseigentum ist die Befugnis zur ausschließlichen Benutzung der im Sondernutzungsplan rot und mit Nr. 1 gekennzeichneten Terrassen- und Gartenfläche verbunden.
2. .....

---

98 Zu den Risiken instruktiv OLG Köln ZMR 2006, 383; LG Dresden ZMR 2006, 77; vgl. ferner OLG Hamm ZMR 2007, 712; OLG Köln ZMR 2012, 982 m. Anm. *Schneider* (Unterzeichnung Versammlungsprotokoll durch »werdenden« Eigentümer; zur (unzulässigen) Zwangsversteigerung gegen die »werdenden« Eigentümer BGH NZM 2009, 912.
99 Zur Vermeidung von zahlreichen Ausfertigungen nebst farbiger Plananlagen im Format DIN A 1 Empfehlenswert: Beifügung verkleinerter Pläne, ggf. nur schwarz-weiß kopiert.
100 Ob man jede Einheit im Textteil beschreibt oder auf eine als Anlage beigefügte Excel-Tabelle verweist, ist Geschmacksfrage. Gerade wenn noch mit zahlreichen Änderungen zu rechnen ist oder sehr viele Einheiten gebildet werden sollen, empfiehlt sich das zweite Verfahren.
101 Zur Abstellproblematik vgl. noch unten Rdn. 62 M.

12. Miteigentumsanteil zu 101/1000, verbunden mit dem Sondereigentum an den im Aufteilungsplan mit Nr. 12 bezeichneten, im 2. Obergeschoss gelegenen Wohnräumen nebst Terrasse und Abstellraum.
Mit diesem Sondereigentum ist die Befugnis verbunden, den über den Wohnräumen gelegenen, im Sondernutzungsplan grün und mit der Nr. 12 gekennzeichneten Speicherraum im Dachgeschoss unter Ausschluss der übrigen Miteigentümer zu nutzen. Der Wohnungseigentümer ist befugt, den Dachraum zum Wohnraum auszubauen und hierzu auch die erforderlichen Veränderungen am gemeinschaftlichen Eigentum vorzunehmen, wenn und sobald dies nach öffentlichem Baurecht zulässig ist. Dabei darf der Speicherraum durch eine Innentreppe mit dem Sondereigentum verbunden werden. Der Speicherraum darf alsdann als Wohnraum genutzt werden.[102]
13. Miteigentumsanteil zu 3,5/1000, verbunden mit dem Sondereigentum an dem im Aufteilungsplan mit Nr. 13 bezeichneten, in der Tiefgarage gelegenen Kraftfahrzeugabstellraum.
.....
18. Miteigentumsanteil zu 99,9/1000, verbunden mit dem Sondereigentum an den im Aufteilungsplan mit Nr. 18 bezeichneten, im Erdgeschoss gelegenen Ladenräumen nebst mit gleicher Nummer bezeichnetem Lagerraum im Kellergeschoss.

III.

Die Gemeinschaft führt den Namen »Wohnungseigentümergemeinschaft XYZ-Straße«,[103] der sich nach Anlegung der Grundbücher um deren Grundbuchbezeichnung und Blattnummern ergänzt.[104]

IV. Gegenstand und Inhalt des Sondereigentums, Gemeinschaft der Wohnungseigentümer, Verwaltung

Soweit nachfolgend nichts Abweichendes bestimmt ist, bemessen sich Gegenstand und Inhalt des Sondereigentums, das Verhältnis der Wohnungs- und Teileigentümer zueinander und die Verwaltung nach den gesetzlichen Bestimmungen, insbesondere nach den Bestimmungen des Wohnungseigentumsgesetzes. Wohnungs- und Teileigentum werden nachfolgend zusammenfassend »Wohnungseigentum«, Wohnungs- und Teileigentümer »Wohnungseigentümer« genannt.

§ 1 Sondereigentum und gemeinschaftliches Eigentum

1. Gemeinschaftliches Eigentum sind insbesondere alle Räume und Grundstücksbestandteile, die im Aufteilungsplan nicht als Sondereigentum ausgewiesen sind. Sondereigentum sind die im Aufteilungsplan entsprechend gekennzeichneten Räume, und zwar auch dann, wenn sie in vorstehendem Abschn. II nicht oder nicht richtig beschrieben sein sollten.[105]
2. Das Verwaltungsvermögen gehört der Gemeinschaft der Wohnungseigentümer. Es besteht aus den im Rahmen der gesamten Verwaltung des gemeinschaftlichen

---

102 Ausführlicher zur Einplanung eines späteren Dachgeschossausbaus Heinemann/*Stöhr*, Kölner Formularbuch GrundstücksR, Kap. 2 Rn. 506 ff.
103 Vgl. § 10 Abs. 6 Satz 4 WEG n.F. Nach h.M. soll die bloße Straßenbezeichnung genügen, vgl. Hügel, DNotZ 2007, 337; OLG Rostock ZWE 2014, 122; LG Bremen Rpfleger 2007, 315.
104 M.E. empfehlenswert, da gerade bei Großanlagen (besteht die XY-Straße 10–14 aus den Häusern 10, 11, 12 und 14 oder – wie weithin üblich – aus 10, 12 und 14?) oder späteren »a, b, c ..... Bezeichnungen (Reihenhausanlagen) leicht Verwirrung entstehen kann.
105 Vgl. BGH Rpfleger 1996, 19, der ohne eine solche Klausel bei Widersprüchen Nichtigkeit des Wohnungseigentums annimmt.

Eigentums gesetzlich begründeten und rechtsgeschäftlich erworbenen Sachen und Rechten sowie den entstandenen Verbindlichkeiten. Zu dem Verwaltungsvermögen gehören insbesondere die Ansprüche und Befugnisse aus Rechtsverhältnissen mit Dritten und mit Wohnungseigentümern sowie die eingenommenen Gelder. Vereinigen sich sämtliche Wohnungseigentumsrechte in einer Person, geht das Verwaltungsvermögen auf den Eigentümer des Grundstücks über.

3. Sondereigentum sind insbesondere:
a) der Fußbodenbelag einschließlich Estrich und der Deckenputz der im Sondereigentum stehenden Räume,
b) die nichttragenden Zwischenwände,
c) der Wandputz und die Wandverkleidung sämtlicher zum Sondereigentum gehörenden Räume, auch soweit die putztragenden Wände nicht zum Sondereigentum gehören,
d) sämtliche innerhalb der im Sondereigentum stehenden Räume befindlichen Anlagen, Einrichtungen und Ausstattungsgegenstände, soweit sie nicht zum gemeinschaftlichen Eigentum der Wohnungseigentümer gehören,
e) die Wasser- und Heizungsleitungen innerhalb der Wohnung ab der ersten Absperrmöglichkeit gegenüber dem Gemeinschaftseigentum,
f) die Ver- und Entsorgungsleitungen innerhalb der Wohnung ab der ersten Absperrmöglichkeit gegenüber dem Gemeinschaftseigentum,
g) die inneren Wand-, Decken- und/oder Dachverkleidungen im Dachgeschoss, ohne Dämmlage,
h) bei Balkonen und Loggien der durch deren Umfassung gebildete Raum und dessen Bodenbelag.

Sofern die vorstehend aufgeführten Einrichtungen und Bestandteile nicht sondereigentumsfähig sein sollten, wird hiermit dem jeweiligen Eigentümer das alleinige Sondernutzungsrecht zugeordnet.

§ 2 Nutzung

1. Soweit in Abschn. II. Sondernutzungsrechte am gemeinschaftlichen Eigentum aufgeführt sind, wird der Gebrauch des gemeinschaftlichen Eigentums dahin geregelt, dass den betreffenden Wohnungseigentümern das Recht zusteht, diese Teile des gemeinschaftlichen Eigentums unter Ausschluss der übrigen Wohnungseigentümer zu nutzen. Der Sondernutzungsberechtigte darf jedoch den Charakter des Nutzungsgegenstandes nicht verändern; die Nutzung ist nur in dem durch diese Zweckbestimmung gesetzten Rahmen zulässig.

2. Die Wohnungen Nr. 3 und Nr. 4 dürfen auch gewerblich oder beruflich – nicht jedoch als Gaststätte oder zur Beherbergung – genutzt werden. Im Übrigen dürfen Wohnungen grundsätzlich nur zu Wohnzwecken genutzt werden; eine gewerbliche oder berufliche Nutzung ist nur mit Einwilligung des Verwalters zulässig, der vorher einen Beschluss der Eigentümerversammlung herbeiführen kann. Die Zustimmung muss erteilt werden, wenn die beabsichtigte Nutzung den Vorschriften des öffentlichen Rechts nicht widerspricht und wenn für die übrigen Wohnungseigentümer keine Nachteile oder Belästigungen zu erwarten sind, die über das Maß hinausgehen, das auch bei einer intensiven Wohnnutzung zu erwarten ist. In den Ladenräumen Nr. 18 darf keine Gaststätte und kein Gewerbe betrieben werden, das für Jugendliche gesperrt ist; ansonsten können sie aber beliebig genutzt werden.

3. Unbeschadet der Befugnisse der Versammlung der Wohnungseigentümer ist der Verwalter ermächtigt, eine für alle Wohnungseigentümer verbindliche Hausordnung zu erlassen.[106]

4. Hat ein Wohnungseigentümer sein Wohnungseigentum an Dritte zum Gebrauch überlassen, so haftet er der Gemeinschaft gegenüber für das Verhalten dieser Dritten wie für sein eigenes.

§ 3 Mehrheit von Wohnungseigentümern, abwesende oder unbekannte Wohnungseigentümer, Wechsel im Wohnungseigentum

1. Sind mehrere Personen am Wohnungseigentum beteiligt, so sind sie auf Verlangen des Verwalters verpflichtet, mit öffentlich beglaubigter Vollmacht eine einzelne, im Inland wohnende Person zu ermächtigen, alle aus dem Wohnungseigentum herrührenden Rechte wahrzunehmen, insbesondere auch Zustellungen in Empfang zu nehmen. Das Gleiche gilt für einen Wohnungseigentümer, der seinen Wohnsitz im Ausland hat oder von seinem inländischen Wohnsitz mehr als drei Monate abwesend ist.

2. Sind Ehegatten oder Lebenspartner nach dem LPartG an einem Wohnungseigentum beteiligt, so sind diese gegenseitig ermächtigt, alle aus dem Wohnungseigentum herrührenden Rechte wahrzunehmen, insbesondere auch Zustellungen entgegenzunehmen.[107]

3. Zustellungen sind stets wirksam, wenn sie an die dem Verwalter zuletzt mitgeteilte Adresse erfolgen.[108]

4. Wechseln die Inhaber eines Wohnungseigentums auf andere Weise als durch Zuschlag in der Zwangsversteigerung, so gilt der bisherige Wohnungseigentümer so lange als ermächtigt, alle aus dem Wohnungseigentum herrührenden Rechte wahrzunehmen und insbesondere auch Zustellungen entgegenzunehmen, bis dem Verwalter der Eigentumswechsel durch öffentliche Urkunden nachgewiesen ist. Der bisherige Wohnungseigentümer haftet auch für die bis zu diesem Zeitpunkt fällig werdenden Lasten. Andererseits haften neue Wohnungseigentümer für Leistungsrückstände der Voreigentümer, und zwar ohne Rücksicht auf die Art und Weise des Eigentumserwerbs, ausgenommen nur den Erwerb durch Zuschlag in der Zwangsversteigerung. Wechselt das Wohnungseigentum innerhalb eines Wirtschaftsjahres, so kann der Verwalter eine gemeinsame Abrechnung für das ganze Wirtschaftsjahr erstellen; für eine sich daraus ergebende Abschlusszahlung haften die ehemaligen und der gegenwärtige Eigentümer als Gesamtschuldner, während eine Rückzahlung demjenigen zusteht, der im Zeitpunkt des Zugangs der Abrechnung Eigentümer ist.

§ 4 Instandhaltung, Instandsetzung

1. Jeder Wohnungseigentümer hat Schäden am Sondereigentum, die Auswirkungen auf das gemeinschaftliche Eigentum haben können, unverzüglich zu beseitigen. Beseitigt er einen solchen Mangel trotz Aufforderung durch den Verwalter nicht in angemessener Frist, so kann der Verwalter die Beseitigung auf Kosten des Wohnungseigentümers vornehmen lassen.

2. Stehen einem Wohnungseigentümer Sondernutzungsrechte zu, so hat er die dem Sondernutzungsrecht unterliegenden Grundstücksteile, Einrichtungen und Anlagen ebenso instandzuhalten und instandzusetzen, wie wenn sie Sondereigentum wären.

---

106 S. dazu *Elzer*, ZMR 2006, 733 ff.; soll die Hausordnung bereits als Bestandteil der Teilungserklärung beurkundet werden, muss klargestellt werden, ob es sich dabei um Vereinbarung i.S.d. § 10 Abs. 2 WEG oder eine jederzeit einem Beschluss zugängliche Regelung handelt, *Elzer*, ZMR 2006, 733, 734.
107 Vgl. zur Zulässigkeit BGHZ 136, 314 = NJW 1997, 3437; OLG Hamburg ZMR 2006, 704.
108 Dazu *Basty*, MittBayNot 1996, 421.

3. Pflanztröge sind von dem Wohnungseigentümer zu bepflanzen und zu unterhalten, vor dessen Balkon oder Terrasse sie angebracht sind. Die Bodenbeläge von Dach- und Balkonterrassen hat der Wohnungseigentümer instandzuhalten und instandzusetzen. Die darunter liegenden konstruktiven Teile, insbesondere die zur Abdichtung dienenden Teile, sind hingegen von der Gemeinschaft der Wohnungseigentümer instandzuhalten und instandzusetzen.
4. Stellt ein Wohnungseigentümer Schäden am gemeinschaftlichen Eigentum fest, so hat er sie unverzüglich dem Verwalter zu melden.

§ 5 Bauliche und sonstige Veränderungen am gemeinschaftlichen Eigentum

1. Dient gemeinschaftliches Eigentum nur einem Wohnungseigentümer oder einzelnen von ihnen, so bedarf es zu baulichen Veränderungen daran nicht der Zustimmung der übrigen Wohnungseigentümer. Wird jedoch in tragende Bauteile eingegriffen, so muss dem Verwalter vor Beginn der Arbeiten die statische Unbedenklichkeit nachgewiesen werden.[109] Baugenehmigungspflichtige Veränderungen dürfen nur in Angriff genommen werden, wenn die Genehmigung vorliegt.
2. Nur oberflächliche Veränderungen am gemeinschaftlichen Eigentum, insbesondere das Anbringen von Werbeschildern, von Markisen und ähnlichen Vorrichtungen, kann der Verwalter nach eigenem Ermessen, jedoch nur unter dem Vorbehalt der Entscheidung der Eigentümerversammlung, genehmigen.
3. Für Maßnahmen der modernisierenden Instandsetzung oder Modernisierungen i.S.d. § 22 Abs. 2 WEG bleiben die gesetzlichen Vorschriften unberührt.

§ 6 Verwaltung durch die Wohnungseigentümer

1. Soweit nicht durch Gesetz oder diese Teilungserklärung etwas anderes bestimmt ist, steht die Verwaltung des gemeinschaftlichen Eigentums den Wohnungseigentümern gemeinschaftlich zu.
2. Für Rechnung der Gemeinschaft der Wohnungseigentümer sind zumindest folgende Versicherungen abzuschließen:
a) Eine Versicherung gegen die Inanspruchnahme aus der gesetzlichen Haftpflicht als Grund- und Hauseigentümer,
b) eine Gebäudebrandversicherung,
c) eine Leitungswasserschadensversicherung.
Die Auswahl der Versicherer, die Festlegung der Versicherungssummen und die Vereinbarung des Vertragsinhalts im Einzelnen obliegt dem Verwalter.

§ 7 Wiederaufbau

1. Sind Gebäude ganz oder teilweise zerstört, so ist die Gemeinschaft der Wohnungseigentümer zum Wiederaufbau verpflichtet.
2. Decken die Versicherungsleistungen nicht den vollen Wiederherstellungsaufwand, so ist jeder Wohnungseigentümer verpflichtet, den nicht gedeckten Teil des Aufwands nach Maßgabe eines vom Verwalter aufzustellenden Zahlungsplans sowie einen später sich aufgrund einer Schlussabrechnung ergebenden Mehraufwand nach dem Verhältnis der Miteigentumsanteile zu tragen.
3. Steht der Wiederherstellung ein unüberwindliches Hindernis entgegen, so entfällt die Verpflichtung zum Wiederaufbau; jeder Wohnungseigentümer ist dann berechtigt, die Aufhebung der Gemeinschaft zu verlangen.

---

109 Zum Wanddurchbruch vgl. BGH NJW 2001, 1212; OLG Hamburg MittBayNot 2004, 361.

§ 8 Verteilung der Lasten und Kosten

1. Die Wohnungseigentümer haben gemeinschaftlich die Aufwendungen zu tragen, die für die Instandhaltung und Instandsetzung des gemeinschaftlichen Eigentums, den Betrieb der gemeinschaftlichen Anlagen und Einrichtungen und die Verwaltung tatsächlich entstehen. Die Verteilung der Aufwendungen auf die einzelnen Wohnungseigentümer richtet sich, soweit nichts anderes bestimmt ist, nach dem Verhältnis der Miteigentumsanteile. Jeder Wohnungseigentümer hat den hiernach auf ihn entfallenden Teil der Aufwendungen ohne Rücksicht darauf zu tragen, ob er bestimmte Grundstücksteile, Anlagen und Einrichtungen nutzt oder nicht oder sie mehr oder weniger nutzt als andere Wohnungseigentümer oder er einen größeren oder geringeren Vorteil davon hat als andere Wohnungseigentümer. Sind mehrere Personen an einem einzelnen Wohnungseigentum beteiligt, so haften sie als Gesamtschuldner.
2. Zu den gemeinschaftlich zu tragenden Aufwendungen gehören insbesondere
a) die auf das Eigentum entfallenden öffentlich-rechtlichen Abgaben, soweit sie nicht vom Wohnungseigentümer unmittelbar erhoben werden,
b) die Kosten der Wartung der dem gemeinschaftlichen Gebrauch dienenden Einrichtungen und Anlagen, insbesondere der Haus- und Hofreinigung und der Unterhaltung der Gehwege und Zufahrten,
c) die Kosten des Stromverbrauchs für die im gemeinschaftlichen Eigentum stehenden Räume, Anlagen und Einrichtungen, z.B. für Treppenhausbeleuchtung,
d) die Verwaltervergütung, sofern sie nicht im Verwaltervertrag für jedes Wohnungseigentum gesondert festgesetzt wird,
e) die Vergütung des Hausmeisters,
f) die Versicherungsprämien für die in § 6 Abs. 2 genannten Versicherungen,
g) die notwendigen Aufwendungen für die Bildung einer Instandhaltungsrücklage, deren Höhe im Wirtschaftsplan festzusetzen ist.
3. Die Verteilung der Kosten für Heizung und Warmwasser, zu denen auch die Kosten der laufenden Wartung der Heizungsanlage sowie die Kosten für den Stromverbrauch der Heizungsanlage gehören, richtet sich, solange solche bestehen, nach den gesetzlichen Vorschriften. Soweit die gesetzlichen Vorschriften Einzelheiten offenlassen, bestimmt die Eigentümerversammlung. Auch wenn keine gesetzlichen Vorschriften bestehen, kann die Eigentümerversammlung beschließen, dass diese Kosten nicht nach dem Verhältnis der Miteigentumsanteile, sondern in der Weise verteilt werden, dass der Verwalter ein Fachunternehmen damit beauftragt, Wärmemesser anzubringen und den Verteilungsschlüssel nach seinem billigen fachlichen Ermessen unter Berücksichtigung der Messungen festzusetzen.
4. Die gesetzlichen Vorschriften über eine abweichende Verteilung von Betriebskosten (§ 16 Abs. 3 WEG), Kosten der Instandhaltung, Instandsetzung und von baulichen Maßnahmen (§ 16 Abs. 4 WEG) bleiben unberührt.
5. Die Aufwendungen für die Beseitigung von Glasschäden hat der Wohnungseigentümer zu tragen, dessen Räume durch die Glasscheiben belichtet werden. Die Aufwendungen für die Instandhaltung und Instandsetzung von Rollos, Jalousien und Jalousetten hat der Wohnungseigentümer zu tragen, vor dessen Räumen diese angebracht sind.
6. Die Aufwendungen für die Erhaltung und Erneuerung von Hebebühnen in Doppelstockgaragen und der zugehörigen technischen Einrichtungen obliegen allein den Eigentümern der betroffenen Stellplätze; als betroffen gelten die Inhaber von Stellplätzen unter einer Hebebühne gleichermaßen wie die Inhaber von Stellplätzen auf einer Hebebühne.

§ 9 Wirtschaftsplan und Abrechnung

1. Wirtschaftsjahr ist das Kalenderjahr.
2. Der Verwalter hat für jedes Wirtschaftsjahr einen Wirtschaftsplan zu erstellen, welcher der Zustimmung der Versammlung der Wohnungseigentümer bedarf. Nach dem Ende eines jeden Wirtschaftsjahres hat der Verwalter eine Abrechnung zu erstellen, die jedem Wohnungseigentümer in Abschrift zuzuleiten ist.
3. Nach Maßgabe des Wirtschaftsplans hat jeder Wohnungseigentümer an den Verwalter monatlich, immer in den ersten drei Tagen eines jeden Monats, laufende Zahlungen zu erbringen. Bis zur Aufstellung eines ersten Wirtschaftsplans bestimmt der Verwalter die Höhe der laufenden Zahlungen. Auf Verlangen des Verwalters sind die Wohnungseigentümer verpflichtet, die Einziehung der laufenden Zahlungen im Lastschriftverfahren zu ermöglichen.
4. Ergibt sich während eines Wirtschaftsjahres, dass die Zahlungen zur Deckung des Aufwands nicht hinreichen, so kann der Verwalter die Wohnungseigentümer schriftlich zur Leistung höherer Beiträge auffordern. Ergibt sich, dass die laufenden Beiträge zur Deckung des Aufwands nicht voll benötigt werden, so kann der Verwalter die Beiträge herabsetzen. Die Instandhaltungsrücklage darf nur entsprechend ihrer Zweckbestimmung und nur aufgrund eines Beschlusses der Wohnungseigentümer verwandt werden. Zur Deckung eines dringenden, nicht anderweitig gedeckten Bedarfs kann der Verwalter die Instandhaltungsrücklage jedoch angreifen; sie ist dann aber nach Schluss des Wirtschaftsjahres wieder aufzufüllen. Ergibt die Abrechnung, dass die geleisteten Zahlungen zur Deckung des Aufwands nicht hinreichend waren, so kann der Verwalter Abschlusszahlungen einfordern; ergibt sich ein Überschuss, so kann er Rückzahlungen leisten, wenn das Defizit oder der Überschuss nicht auf Rechnung des nächsten Wirtschaftsjahres vorgetragen werden.
5. Tritt ein Sonderbedarf auf, kann insbesondere eine notwendige Reparatur nicht aus der Instandhaltungsrücklage gedeckt werden, so kann die Versammlung der Wohnungseigentümer Sonderumlagen beschließen. In unaufschiebbaren Fällen kann die Verpflichtung zur Leistung einer Sonderumlage auch vom Verwalter bestimmt werden.

§ 10 Eigentümerversammlung

1. Der Verwalter hat die Versammlung der Wohnungseigentümer in jedem Wirtschaftsjahr mindestens einmal unter Angabe der Tagesordnung einzuberufen. Zeit und Ort der Versammlung werden vom Verwalter bestimmt. Die Einberufungsfrist soll, wenn kein Fall besonderer Dringlichkeit vorliegt, mindestens zwei Wochen betragen.
2. Die Versammlung ist ohne Rücksicht auf die Zahl der erschienenen Wohnungseigentümer beschlussfähig. Hierauf ist bei der Einberufung hinzuweisen. Den Vorsitz in der Versammlung führt der Verwalter, wenn die Versammlung nichts anderes beschließt. Jeder Wohnungseigentümer kann sich in der Versammlung aufgrund schriftlicher Vollmacht vertreten lassen.
3. Das Stimmrecht richtet sich nach dem Verhältnis der Miteigentumsanteile. Ist das Ergebnis offenkundig, so kann sich der Versammlungsleiter damit begnügen, die Stimmen nach Köpfen auszuzählen und dies in der Niederschrift festzuhalten, wenn nicht vor oder unmittelbar nach der Abstimmung ein Versammlungsteilnehmer das Verlangen stellt, die Feststellung der Miteigentumsanteile vorzunehmen.

§ 11 Verwalter

1. Der Verwalter wird von der Versammlung der Wohnungseigentümer bestellt und abberufen. Die Versammlung kann einen oder mehrere Wohnungseigentümer ermäch-

tigen, mit dem gewählten Verwalter die Einzelheiten seines Verwaltervertrages zu vereinbaren.
2. Der Verwaltervertrag ist so abzuschließen, dass die Verwaltervergütung von den Wohnungseigentümern gemeinschaftlich zu tragen ist. Im Verwaltervertrag kann statt dessen auch festgelegt werden, dass die Vergütung nach Wohnungs- und Teileigentumseinheiten – gleichmäßig oder nach Größenklassen – verteilt wird.
3. Der Verwalter darf gemeinschaftliche Gelder auf Konten verwahren, die auf seinen Namen lauten; dem kontoführenden Kreditinstitut ist jedoch offenzulegen, dass es sich um Gelder der Gemeinschaft handelt.
4. Der Verwalter untersteht den Weisungen der Versammlung der Wohnungseigentümer. Soweit ihm Weisungen nicht erteilt sind, entscheidet er nach pflichtgemäßem Ermessen.

§ 12 Aufgaben und Befugnisse des Verwalters (§ 27 WEG)

(1) Der Verwalter ist gegenüber den Wohnungseigentümern und gegenüber der Gemeinschaft der Wohnungseigentümer berechtigt und verpflichtet,
1. Beschlüsse der Wohnungseigentümer durchzuführen und für die Durchführung der Hausordnung zu sorgen;
2. die für die ordnungsmäßige Instandhaltung und Instandsetzung des gemeinschaftlichen Eigentums erforderlichen Maßnahmen zu treffen;
3. in dringenden Fällen sonstige zur Erhaltung des gemeinschaftlichen Eigentums erforderlichen Maßnahmen zu treffen;
4. Lasten- und Kostenbeiträge, Tilgungsbeträge und Hypothekenzinsen anzufordern, in Empfang zu nehmen und abzuführen, soweit es sich um gemeinschaftliche Angelegenheiten der Wohnungseigentümer handelt;
5. alle Zahlungen und Leistungen zu bewirken und entgegenzunehmen, die mit der laufenden Verwaltung des gemeinschaftlichen Eigentums zusammenhängen;
6. eingenommene Gelder zu verwalten;
7. die Wohnungseigentümer unverzüglich darüber zu unterrichten, dass ein Rechtsstreit gemäß § 43 WEG anhängig ist;
8. die Erklärungen abzugeben, die zur Vornahme der in § 21 Abs. 5 Nr. 6 WEG bezeichneten Maßnahmen erforderlich sind.
(2) Der Verwalter ist berechtigt, im Namen aller Wohnungseigentümer und mit Wirkung für und gegen sie
1. Willenserklärungen und Zustellungen entgegenzunehmen, soweit sie an alle Wohnungseigentümer in dieser Eigenschaft gerichtet sind;
2. Maßnahmen zu treffen, die zur Wahrung einer Frist oder zur Abwendung eines sonstigen Rechtsnachteils erforderlich sind, insbesondere einen gegen die Wohnungseigentümer gerichteten Rechtsstreit gemäß § 43 Nr. 1, Nr. 4 oder Nr. 5 WEG im Erkenntnis- und Vollstreckungsverfahren zu führen;
3. Ansprüche gerichtlich und außergerichtlich geltend zu machen, sofern er hierzu durch Vereinbarung oder Beschluss mit Stimmenmehrheit der Wohnungseigentümer ermächtigt ist;
4. mit einem Rechtsanwalt wegen eines Rechtsstreits gemäß § 43 Nr. 1, Nr. 4 oder Nr. 5 zu vereinbaren, dass sich die Gebühren nach einem höheren als dem gesetzlichen Streitwert, höchstens nach einem gemäß § 49a Abs. 1 Satz 1 des Gerichtskostengesetzes bestimmten Streitwert bemessen.
(3) Der Verwalter ist berechtigt, im Namen der Gemeinschaft der Wohnungseigentümer und mit Wirkung für und gegen sie
1. Willenserklärungen und Zustellungen entgegenzunehmen;

2. Maßnahmen zu treffen, die zur Wahrung einer Frist oder zur Abwendung eines sonstigen Rechtsnachteils erforderlich sind, insbesondere einen gegen die Gemeinschaft gerichteten Rechtsstreit gemäß § 43 Nr. 2 oder Nr. 5 WEG im Erkenntnis- und Vollstreckungsverfahren zu führen;
3. die laufenden Maßnahmen der erforderlichen ordnungsmäßigen Instandhaltung und Instandsetzung gemäß Absatz 1 Nr. 2 zu treffen;
4. die Maßnahmen gemäß Absatz 1 Nr. 3 bis 5 und 8 zu treffen;
5. im Rahmen der Verwaltung der eingenommenen Gelder gemäß Absatz 1 Nr. 6 Konten zu führen;
6. mit einem Rechtsanwalt wegen eines Rechtsstreits gemäß § 43 Nr. 2 oder Nr. 5 WEG eine Vergütung gemäß Absatz 2 Nr. 4 zu vereinbaren;
7. sonstige Rechtsgeschäfte und Rechtshandlungen vorzunehmen, soweit er hierzu durch Vereinbarung oder Beschluss der Wohnungseigentümer mit Stimmenmehrheit ermächtigt ist.
Fehlt ein Verwalter oder ist er zur Vertretung nicht berechtigt, so vertreten alle Wohnungseigentümer die Gemeinschaft. Die Wohnungseigentümer können durch Beschluss mit Stimmenmehrheit einen oder mehrere Wohnungseigentümer zur Vertretung ermächtigen.
(4) Der Verwalter ist auch berechtigt, im Namen der Gemeinschaft der Wohnungseigentümer[110]
1. Wohnungs- und Teileigentum innerhalb der Gemeinschaft zu erwerben;
2. Wohnungs- und Teileigentum sowie Grundbesitz außerhalb der Gemeinschaft zu erwerben.
Im Innenverhältnis bedürfen Maßnahmen nach Ziffern 1 und 2 eines vorherigen Beschlusses der Eigentümerversammlung. Das Grundbuchamt ist insoweit von jeder Prüfungspflicht befreit.

V. Eintragungsanträge

Es wird bewilligt und beantragt, die Aufteilung in Wohnungs- und Teileigentum gemäß Abschn. II dergestalt in das Grundbuch einzutragen, dass die Vereinbarungen nach Abschn. III und IV zum Inhalt des Sondereigentums gemacht werden.

VI. Verwalterbestellung

1. Die Wohnungseigentümer bestellen hiermit einstimmig zum ersten Verwalter ..... Sein Amt beginnt mit dem ersten vertraglich vereinbarten Übergabezeitpunkt eines Erwerbers von Wohnungs- oder Teileigentum, unabhängig von der tatsächlichen Übergabe, jedoch spätestens am .....
2. Den Verwaltervertrag mit diesem Verwalter schließt namens der Gemeinschaft der Wohnungseigentümer der Grundstückseigentümer ab, der diese Teilungserklärung abgibt. Der Vertrag darf nur so abgeschlossen werden, dass er endet, falls die erste nach Bezugsfertigkeit stattfindende Versammlung der Wohnungseigentümer einen anderen Verwalter wählt. Die mögliche Wahl eines anderen Verwalters ist auf die Tagesordnung dieser ersten Versammlung der Wohnungseigentümer zu setzen.

■ *Kosten.* Des Notars: 1,0 Gebühr nach Nr. 21200 KV GNotKG aus dem vollen Wert nach Vollendung der Bebauung gemäß § 42 GNotKG; die Verwalterbestellung ist gesondert gemäß § 110 Nr. 1 i.V.m. § 36 GNotKG abzurechnen; vgl. näher Renner/Otto/Heinze/*Deecke*,

---

110 Der Hinzuerwerb von einzelnen Einheiten (z.B. Hausmeisterwohnung, Müllraum) oder realen Flächen (z.B. Zuwegung, Spielplätze) durch den teilrechtsfähigen Verband ist möglich (vgl. zum aktuellen Stand *Armbrüster*, NZG 2017, 441).

Leipziger GNotKG, § 42. Des Grundbuchamts: 1,0 Gebühr nach Nr. 14112 KV GNotKG aus dem gleichen Wert.

IV. Änderungen am Wohnungseigentum

1. Änderung der Teilungserklärung und der Gemeinschaftsordnung

a) Die Teilungserklärung einschließlich der Gemeinschaftsordnung, die einen Teil von ihr bildet, kann durch *Vereinbarung* der Wohnungseigentümer, die regelmäßig der Form der Auflassung nach § 4 WEG bedarf,[111] geändert werden.[112] Die dinglichen Gläubiger sämtlicher Wohnungseinheiten (außer solcher, deren Recht das Gesamtgrundstück in überall gleichem Rang belastet) müssen grundsätzlich nach §§ 877, 876 BGB in der Form des § 29 GBO zustimmen. Ausnahmen vom Zustimmungserfordernis können sich aus § 5 Abs. 4 Satz 2 und 3 WEG ergeben)[113] Insbesondere die Ausnahme nach Abs. 4 Satz 3, nach der eine Zustimmung für die Begründung von Sondernutzungsrechten nicht erforderlich ist, wenn gleichzeitig das zu Gunsten des Gläubigers belastete Wohnungseigentum mit einem Sondernutzungsrecht verbunden wird, wird teilweise zur Umgehung des Zustimmungserfordernisses genutzt.[114] Grundbucheintragung muss stattfinden. Schon bei mittelgroßen Eigentumsanlagen ist es fast unmöglich, ein solches Verfahren erfolgreich abzuschließen. Wenn der letzte Wohnungseigentümer unterschrieben hat, hat das Eigentum an einer anderen Einheit schon wieder gewechselt; Banken stimmen zwar meist problemlos zu, irgendein Abt. II-Recht oder ein Nacherbenvermerk bleibt doch übrig, zu dem die Zustimmung nicht erreichbar ist. Die Kosten (d.h. im Wesentlichen Bankbearbeitungsgebühren) für die Einholung der Zustimmungen sind mitunter enorm.

52

b) Ein Ausweg kann darin liegen, von Anfang an in der Teilungserklärung vorzusehen, dass sie durch *Mehrheitsbeschluss geändert* werden kann. Die Ermächtigung muss allerdings bestimmt und klar sein. Sie darf nicht gegen §§ 134, 138, 242 BGB verstoßen oder unentziehbare Individualrechte beeinträchtigen (vgl. auch § 35 Abs. 1 BGB). Überdies ist ein solcher Beschluss nur unanfechtbar, wenn ein sachlicher Grund für die Änderung vorliegt und einzelne Eigentümer nicht unbillig benachteiligt werden.[115] Ansonsten bedarf es der Zustimmung des Betroffenen.[116] Muster einer solchen »Öffnungsklausel« s.o. Rdn. 25 M.

53

c) Auch die Erteilung einer Vollmacht zur Änderung der Teilungserklärung und des Inhalts des Sondereigentums ist möglich und in der Praxis häufig. Die Vollmacht kann aber nicht zum Inhalt des Wohnungseigentums gemacht werden (frühere Idee der »verdinglichten Ermächtigung«), bindet also Rechtsnachfolger nicht und erübrigt nicht die Zustimmung der dinglich Berechtigten.[117]

54

2. Ein- oder zweiseitige Änderungen

a) Befinden sich mehrere Wohnungseigentumseinheiten in einer Hand, so kann der Eigentümer durch einseitige Erklärung (und Eintragung im Grundbuch) *Miteigentumsanteile* ohne

55

---

111 Eine Vereinbarung nach § 10 Abs. 2 und 3 WEG ist nicht ausreichend.
112 Ausführlicher Überblick und Differenzierung zwischen Änderung der Teilungserklärung und der Gemeinschaftsordnung bei *Schüller*, RNotZ 2011, 203.
113 S. dazu *Hügel*, DNotZ 2007, 350 ff.; *Saumweber*, MittBayNot 2007, 358 f.; *Langhein*, notar 2009, 207; 2010, 193.
114 Ausführlich *Francastel*, RNotZ 2015, 385, 389 ff.
115 S. oben Rdn. 26.
116 BGH NJW 2015, 549. Überblick bei *Blankenstein*, ZWE 2016, 197 ff.
117 BGH DNotZ 2003, 536; Überblick bei *Schüller*, RNotZ 2011, 203, 206 ff. m.w.N.

Veränderung des Sondereigentums *verschieben*, also einer Wohnung Miteigentumsanteile wegnehmen und sie einer anderen hinzufügen solange jeder Miteigentumsanteil mit einer Sondereigentumseinheit verbunden ist (Verschieben von Miteigentumsanteilen).[118] Bei unterschiedlichen Eigentumsverhältnissen lässt sich dasselbe Ergebnis durch Auflassung erzielen.[119] Der Zustimmung der anderen Sondereigentümer bedarf es nach herkömmlicher Meinung nicht.[120] Wegen der jetzt zwingenden teilschuldnerischen Außenhaftung nach Maßgabe der Miteigentumsanteile (§ 10 Abs. 8 WEG) und der Mehrheitsklauseln in §§ 16, 22 WEG könnte dies nun kritisch zu beurteilen sein, denn dadurch könnten durch ein- oder zweiseitige Erklärungen Haftungs- und Stimmgewichte beliebig verschoben werden.[121]

56 **b)** Auch *Sondereigentum* kann zwischen Wohnungseigentümern übertragen werden, falls das Erfordernis der Abgeschlossenheit gewahrt wird.[122] Darunter fällt etwa ein Kellertausch. Das Grundgeschäft soll der Form des § 311b Abs. 1 BGB unterliegen; zur Durchführung soll es einer Auflassung bedürfen.[123] Diese Formen zu wahren, ist jedenfalls der allein sichere Weg. Bei einzelnen Räumen müssen kein geänderter Aufteilungsplan und keine neue Abgeschlossenheitsbescheinigung vorgelegt werden.[124] Der Zustimmung der anderen Sondereigentümer bedarf es nicht, sofern die Gemeinschaftsordnung dies nicht vorsieht.[125]

Kellertausch

57 **M** Verhandelt zu ..... am .....
**Im Grundbuch des Amtsgerichts ..... von ..... Blatt ..... ist eingetragen: Miteigentumsanteil zu 11,223/1000 an dem Grundstück der Gemarkung ..... FlStNr. ....., verbunden mit dem Sondereigentum an der im Aufteilungsplan mit Nr. 7 bezeichneten Wohnung nebst Abstellraum im Kellergeschoss. Eigentümer: A.T. Belastungen: .....
Im Grundbuch des Amtsgerichts ..... von ..... Blatt ..... ist eingetragen: Miteigentumsanteil zu 14,756/1000 an demselben Grundstück, verbunden mit dem Sondereigentum an der im Aufteilungsplan mit Nr. 11 bezeichneten Wohnung nebst Abstellraum im Kellergeschoss. Eigentümer: B.T. Belastungen sind nicht eingetragen.
A.T. und B.T. tauschen hiermit die Abstellräume im Kellergeschoss, die jeweils Bestandteil der vorstehend bezeichneten Wohnungseigentumsrechte sind. Sie sind sich jeweils über den Eigentumsübergang einig und bewilligen und beantragen, ihn in das Grundbuch einzutragen. Über die Bedeutung der Unbedenklichkeitsbescheinigung hat der Notar belehrt. Sicherungen wünschen die Vertragsteile nicht.
Die Vertragsteile betrachten die Räume als gleichwertig, sodass keine Tauschaufgabe zu leisten ist.
A.T. erstreckt hiermit die auf seinem Wohnungseigentum eingetragene fällige Grundschuld ohne Brief zu 60.000,00 € nebst 14 % Jahreszinsen vom ..... an auf den soeben**

---

118 BGH NJW 1976, 1976.
119 BayObLG DNotZ 1986, 237. Der Verzicht auf Wohnungseigentum ist wegen der damit möglichen Belastung anderer Eigentümer nach ganz h.M. (vgl. nur BGH NJW 2007, 2547) unzulässig. Durch Verschiebung von Anteilen und/oder des Sondereigentums lässt sich aber zumindest teilweise bei anschließender Veräußerung ein sehr ähnliches Ergebnis erzielen.
120 Vgl. Riecke/Schmid/*Schneider*, § 6 WEG Rn. 4. Der Verzicht auf Wohnungseigentum ist wegen der damit möglichen Belastung anderer Eigentümer nach ganz h.M. (vgl. nur BGH NJW 2007, 2547) unzulässig. Durch Verschiebung von Anteilen und/oder des Sondereigentums lässt sich aber zumindest teilweise bei anschließender Veräußerung ein sehr ähnliches Ergebnis erzielen.
121 Vgl. dazu *Schüller*, RNotZ 2011, 203, 212.
122 BGH NJW 1986, 2759; BayObLG DNotZ 1990, 37.
123 BayObLG MittBayNot 1998, 97.
124 OLG München NZM 2009, 402; OLG Celle DNotZ 1975, 42; LG Chemnitz MittBayNot 1997, 294.
125 DNotI-Rep. 2014, 121 f.

erworbenen Kellerraum. **In Ansehung dieses Raumes unterwirft er sich der sofortigen Zwangsvollstreckung aus dieser Urkunde wegen der Grundschuld samt Zinsen in der Weise, dass die Zwangsvollstreckung gegen den jeweiligen Wohnungseigentümer zulässig ist.**
Er bewilligt und beantragt, die Pfanderstreckung nebst Unterwerfung in das Grundbuch einzutragen.

c) Der Wohnungseigentümer kann sein Eigentum in mehrere abgeschlossene Raumeinheiten als selbstständige Wohnungseigentumsrechte *unterteilen*, ohne dass er der Zustimmung anderer Wohnungseigentümer bedürfte.[126] Voraussetzung ist in technischer Hinsicht, dass die Teilung ohne Inanspruchnahme gemeinschaftlichen Eigentums in der Weise möglich ist, dass einerseits jeder der Teile vom gemeinschaftlichen Eigentum aus unmittelbaren Zugang hat,[127] und andererseits den übrigen Eigentümern nicht eine Restfläche (Flur) als gemeinschaftliches Eigentum »aufgedrängt« werden muss.[128] Ein nur die geteilte Wohnung umfassender neuer Aufteilungsplan muss vorgelegt werden. Zu Auswirkungen auf das Stimmrecht s.o. Rdn. 33.

58

d) Der Wohnungseigentümer kann mehrere ihm gehörende Einheiten zu einer Einheit *vereinigen*, ohne dass er der Zustimmung anderer Wohnungseigentümer bedürfte.[129] Die Wohnungen hierzu auch baulich zu vereinigen, ist nicht erforderlich. Auch eine Bestandteilszuschreibung ist möglich. Bei den Auswirkungen auf Stimmrecht und Lastenverteilung (insbesondere Verwaltergebühr) dürfte danach zu differenzieren sein, ob eine Einheit im natürlichen Sinne oder lediglich im buchungstechnischen Sinne entsteht.

59

3. Grundstücksveränderungen

Soll von dem in Wohnungseigentum aufgeteilten Grundstück ein realer Teil *abgeschrieben* werden, so muss das Wohnungseigentum daran durch beurkundungsbedürftige Vereinbarung der Wohnungseigentümer (§ 4 WEG) aufgehoben werden; an der Restfläche bleibt das Wohnungseigentum bestehen.[130] Soll umgekehrt ein Grundstück mit einem in Wohnungseigentum aufgeteilten Grundstück *vereinigt* oder diesem als Bestandteil zugeschrieben werden, so bedarf es einer regelmäßig in der Form des § 4 WEG zu treffenden Vereinbarung der Wohnungseigentümer über die Erstreckung der Aufteilung auf das hinzugekommene Grundstück.[131]

60

---

126 BGHZ 49, 250 = NJW 1968, 499; BGHZ 73, 150 = NJW 1979, 870.
127 BayObLG DNotZ 1986, 494.
128 BayObLG DNotZ 1996, 660; zur (nichtigen) »Unterteilung« von Gemeinschaftseigentum BGH NJW 2004, 3413.
129 Ausführlicher dazu Würzburger Notarhandbuch/*Weber*, Teil 2 Kap. 4 Rn. 256 ff.
130 BGH NJW 2013, 1962; KG Berlin ZMR 2012, 462; BayObLG Rpfleger 1974, 261, völlig missverstanden durch die abwegige und nicht praktizierbare Entscheidung des OLG Saarbrücken Rpfleger 1988, 479, wonach das Wohnungseigentum zunächst völlig aufgehoben werden und nach Abschreibung des Grundstücksteils neu begründet werden müsse. Eine verdinglichte Ermächtigung des Verwalters zur Verfügung über Individualrechte soll nach OLG München NJW 2010, 1467, nicht möglich sein; anderes dürfte bei Veräußerung von Verbandsvermögen gelten (oben Fn. 81).
131 OLG Frankfurt Rpfleger 1973, 394; a.A. – Aufhebung des Wohnungseigentums und Neubegründung nach Zuschreibung – auch hierzu OLG Saarbrücken Rpfleger 1988, 479; zum Erwerb durch den Verband oben bei Fn. 81.

V. Aufschiebend bedingte Sondernutzungsrechte

61 Da bei der Erstaufteilung oft nicht feststeht, welche Flächen (z.B. Stellplätze, Gärten, Abstellräume, Dachgeschosse) endgültig welcher Einheit zugeordnet werden sollen, besteht in der Praxis das Bedürfnis nach einer gewissen Flexibilität, die trotz Anlegung der Grundbücher später eine wenig kostenintensive und einfache Anbindung ermöglicht.[132] In Betracht kommen mehrere Gestaltungsformen: (1) das »Parken von Sondernutzungsrechten«, d.h. die Rechte werden bereits endgültig gebildet, aber zunächst der – voraussichtlich am wenigsten marktgängigen – Einheit zugeordnet und später dort abgespalten; (2) reiner Ausschluss vom Mitgebrauch (negative Komponente) mit späterer einseitiger Zuweisung (positive Komponente);[133] (3) aufschiebend bedingte Sondernutzungsrechte, die endgültig erst mit Eintritt bestimmter Umstände (z.B. Zuweisungserklärung des auftretenden Eigentümers) entstehen.[134] In der Praxis hat sich die dritte Variante als in der Regel eleganteste, einfachste und kostengünstigste Gestaltung durchgesetzt.[135] Einige Fragen sind allerdings noch nicht höchstrichterlich geklärt, sodass kautelarjuristisch eine gewisse Vorsicht geboten ist.[136] Die Zuweisung kann so flexibel entweder in den einzelnen Kaufverträgen oder später erfolgen, z.B. nach Maßgabe der tatsächlichen Verhältnisse.

Flexible Kellerraumzuordnung

62 M Entgegen der baubehördlichen Abgeschlossenheitsbescheinigung wird an sämtlichen Kellerräume kein Sondereigentum gebildet, diese verbleiben im Gemeinschaftseigentum. Jeder Eigentümer hat einen Anspruch auf einen Abstellraum in der baurechtlich erforderlichen oder sonst üblichen Größe. Aufschiebend bedingt durch Zuweisungserklärung des aufteilenden Eigentümers in der Form des § 29 GBO werden jedoch bereits jetzt alle Miteigentümer vom Mitgebrauch der Kellerflächen (ohne notwendige Gemeinschaftsflächen) ausgeschlossen. Der aufteilende Eigentümer ist befugt, Abstellräume zur alleinigen Sondernutzung zuzuordnen. Nach Eigentumsumschreibung der letzten Einheit geht die Zuweisungsbefugnis auf den Verwalter, ersatzweise die Eigentümerversammlung (Beschlussfassung mit einfacher Mehrheit genügt) über. Bei der Zuweisung ist in erster Linie auf die mietrechtlichen Verhältnisse,[137]

---

132 Eingehend *Häublein*, Sondernutzungsrechte, S. 274 ff.; *Sommer*, ZWE 2007, 235 ff., diverse Formulierungsvorschläge Heinemann/*Stöhr*, Kölner Formularbuch GrundstücksR, Kap. 2 Rn. 282 ff..
133 Vgl. z.B. BGHZ 73, 149; BayObLG MittBayNot 1985, 76; BGH DNotZ 2012, 528.
134 Z.B. BayObLGZ 1985, 378.
135 Vgl. *Häublein*, Sondernutzungsrechte, S. 274 ff.; BGH ZWE 2012, 258; 2012, 175.
136 Strittige Fragen z.B.: Nachweis bei späterer Übertragung, dass keine vorherige andere Zuweisung erfolgt ist, s. dazu OLG München ZWE 2014, 401; Erlischt eine Zuweisungsbefugnis mit Veräußerung der letzten Einheit? (Ja – so OLG Zweibrücken NJW-RR 1986, 1338; Nein – so *Häublein*, Sondernutzungsrechte, S. 283; OLG Stuttgart ZMR 2012, 715). Kann die Zuweisungsbefugnis z.B. dem Verwalter oder einem Dritten anheimgestellt werden? (Ja – *Häublein*, Sondernutzungsrechte, S. 283; Nein – *F. Schmidt*, MittBayNot 1985, 78). Bedarf die Zuweisung der Buchung in allen (so *Häublein*, Sondernutzungsrechte, S. 290 f. - m.E. wenig praxisgerecht und dogmatisch nicht zu rechtfertigen wegen § 7 Abs. 3 WEG –) Grundbüchern, nur der betroffenen (so Riecke/Schmid/*Schneider*, § 7 WEG Rn. 176 ff. – optional sollte das in Ordnung sein, vgl. BayObLG DNotZ 1986, 485) oder gar keiner gesonderten Buchung (so zutreffend m.E. OLG Zweibrücken Rpfleger 2007, 460; OLG München DNotZ 2007, 47). Vorsicht aber vor unklaren »Vorbehalten«, die nicht mit der im Grundbuchverfahren nötigen Eindeutigkeit den Charakter als anfängliches Recht verlautbaren, instruktiv KG ZWE 2007, 237; OLG Hamm DNotZ 2009, 383; Formulierungsvorschläge bei Langhein/Naumann, NotF WEG, § 5 Rn. 28 ff. m.w.N.
137 Auf diese Weise kann das u.U. prekäre Auseinanderfallen von mietrechtlicher Situation und Eigentumsverhältnissen (sog. »Aufteilerfalle«) eingegrenzt werden, vgl. zu diesem Problem BGH NZM 1999, 553; NZM 2005, 941.

sodann auf die tatsächliche Nutzung sowie schließlich billiges Ermessen Rücksicht zu nehmen. Die Kosten etwa notwendiger baulicher Veränderungen trägt .....

Flexible Bauträgerlösung (Freiflächen)

Sämtliche Miteigentümer werden aufschiebend bedingt durch Zuweisungserklärung des aufteilenden Eigentümers vom Mitgebrauch der in der Anlage XY gelb unterlegten Fläche ausgeschlossen. Der aufteilende Eigentümer ist berechtigt, insofern Gartenflächen (z.B. Terrassen, Gärten), Stellplätze, Wintergärten, Gartenlauben, Kinderspielplätze oder sonstige Anlagen zu errichten bzw. einzelnen Einheiten zur alleinigen oder gemeinschaftlichen Nutzung (z.B. Untergemeinschaften einzelner Blöcke) zuzuweisen. 63 M

VI. Schiedsgerichtsklausel

Schiedsgerichtsklauseln für WEG-Streitigkeiten sind seit Langem verbreitet und im Prinzip sinnvoll.[138] Durch die in weiten Teilen beschlusskompetenzerweiternde WEG-Novelle wird mit einer deutlichen Zunahme von rechtlichen Auseinandersetzungen, z.B. über Anpassungsansprüche nach § 10 Abs. 2 Satz 3 WEG, »ordnungsgemäße Verwaltung« i.S.d. § 16 Abs. 3 WEG oder Modernisierungsmaßnahmen nach § 22 Abs. 2 WEG zu rechnen sein. Zur flexiblen Konfliktlösung bieten sich Schiedsgerichtsklauseln daher in erhöhtem Maße an. Aufgrund der Sachnähe bietet sich etwa die Anrufung des Schlichtungs- und Schiedsgerichtshof Deutscher Notare (SGH) anhand deren spezieller WEG-Klausel an.[139] 64

Schiedsklausel

1. Alle schiedsfähigen Streitigkeiten in Wohnungseigentumssachen im Sinne des § 43 WEG werden unter Ausschluss des Rechtsweges zu den staatlichen Gerichten der Entscheidung des Schlichtungs- und Schiedsgerichtshofs Deutscher Notare – SGH (nachstehend »SGH«) unterworfen.
2. Der Sekretär des SGH bestimmt gemäß § 317 BGB das auf das Schiedsverfahren anwendbare Verfahrens-Statut einschließlich Kostenordnung auf Grundlage des bei Einleitung eines Schiedsverfahrens geltenden Statuts nebst Kostenordnung. Die Beteiligten verzichten auf den Zugang der entsprechenden Erklärung des Sekretärs.
3. Der SGH entscheidet auch über seine eigene Zuständigkeit und im Zusammenhang hiermit über das Bestehen oder die Gültigkeit dieser Schiedsvereinbarung. Der SGH ist insbesondere auch zuständig für Maßnahmen des einstweiligen Rechtsschutzes in vorgenanntem Bereich.
4. Das Statut gilt mit folgender Maßgabe:
a) Die Möglichkeit der Ernennung der Schiedsrichter durch die Parteien nach § 9 des Statuts wird ausgeschlossen.
b) Denselben Streitgegenstand betreffende Streitigkeiten über Beschlüsse der Wohnungseigentümer sind zur gleichzeitigen Verhandlung und Entscheidung zu verbinden. 65 M

---

[138] Bärmann/*Klein*, § 43 WEG Rn. 200 ff.
[139] Ausführlicher zum SGH *Hupka*, Handbuch Schlichtungs- und Schiedsgerichtshof Deutscher Notare (SGH), 2017.

c) Richtet sich die Schiedsklage eines Wohnungseigentümers, der in einer Streitigkeit im Sinne des § 43 Nr. 1 oder Nr. 3 WEG einen ihm allein zustehenden Anspruch geltend macht, nur gegen einen oder einzelne Wohnungseigentümer oder nur gegen den Verwalter, so sind die übrigen Wohnungseigentümer beizuladen, es sei denn, dass ihre rechtlichen Interessen erkennbar nicht betroffen sind. Soweit in einer Streitigkeit im Sinne des § 43 Nr. 3 oder Nr. 4 WEG der Verwalter nicht Partei ist, ist er ebenfalls beizuladen. Der Schiedsspruch wirkt in diesen Fällen auch für und gegen alle beigeladenen Wohnungseigentümer und ihre Rechtsnachfolger sowie den beigeladenen Verwalter.
d) Die Schiedsklausel kann durch Beschluss der Wohnungseigentümer mit einer Mehrheit von drei Vierteln der abgegebenen Stimmen aufgehoben oder abgeändert werden.
e) Die Wohnungseigentümer sind berechtigt, als Maßnahme ordnungsmäßiger Verwaltung mit Stimmenmehrheit den Abschluss einer Schiedsvereinbarung mit dem Verwalter über Streitigkeiten in Wohnungseigentumssachen im Sinne von § 43 WEG zu beschließen, soweit der Verwalter betroffen ist. Diese Schiedsvereinbarung ist als gesonderte Urkunde vom Vorsitzenden des Verwaltungsbeirates oder einem anderen Bevollmächtigten als Vertreter der Eigentümer und vom Verwalter zu unterzeichnen.

VII. Wohnungserbbaurecht

66 Auch ein Erbbaurecht kann in Wohnungs- und Teileigentum aufgeteilt werden (Wohnungserbbaurecht, Teilerbbaurecht). Der Zustimmung des Grundstückseigentümers bedarf es dazu theoretisch nicht; da aber nach Aufteilung der Erbbauzins als Gesamtbelastung auf allen Wohnungs- und Teilerbbaurechtseinheiten lastet, bedarf es in der Praxis einer nur mit Zustimmung des Grundstückseigentümers möglichen Verteilung des Erbbauzinses, um die Einheiten verkehrsfähig zu machen. Auch am Grundstück eingetragene Gläubiger müssen zustimmen.

67 Durch die Aufteilung entstehen sehr komplexe Rechtsverhältnisse. Der Wohnungserbbauberechtigte unterliegt sowohl den Bedingungen des Erbbaurechts (Zustimmungsvorbehalt des Eigentümers zur Veräußerung und Belastung, Heimfall) als auch denen des Wohnungseigentums (Verwalterzustimmung zur Veräußerung). Soll die Veräußerung eines Wohnungserbbaurechts beurkundet werden, so muss der Notar unbedingt sowohl den Erbbaurechtsvertrag als auch die Teilungserklärung zur Kenntnis nehmen; anders lässt sich eine funktionierende Vertragsabwicklung nicht gewährleisten.

VIII. Dauerwohnrecht

1. Allgemeines

68 a) Das Dauerwohnrecht ist ein vererbliches und veräußerliches, aber nicht grundstücksgleiches Recht. Es ruht als dingliche Belastung auf dem Grundstück oder Erbbaurecht (§§ 31 ff. WEG); insofern gleicht es einer Dienstbarkeit, insbesondere dem Wohnungsrecht nach § 1090 BGB, unterscheidet sich aber durch die Vererblichkeit und Veräußerlichkeit. Während das Wohnungsrecht nur zum Wohnen bestellt werden kann, kann das Wohnrecht in der Form des *Dauernutzungsrechts* auch für andere Zwecke begründet werden. Das Dauernutzungsrecht entspricht dem Dauerwohnrecht wie das Teileigentum dem Wohnungseigentum.

69 Der historische Gesetzgeber hat das Dauerwohnrecht zu dem Zweck geschaffen, eine bessere Sicherung derjenigen zu ermöglichen, die einen (seinerzeit üblichen, heute aus der Rechtspraxis völlig verschwundenen) *Baukostenzuschuss* gewähren. Konstitutiv ist diese

Zielsetzung aber nicht, sodass das Dauerwohnrecht als wertneutrales dingliches Recht zu allen erlaubten Zwecken dienen kann.

b) Anders als für das Wohnungseigentum trifft das Gesetz keine Vorkehrungen, die Beleihbarkeit des Dauerwohnrechts zu sichern. Da es kein grundstücksgleiches Recht ist, kann es nicht mit Grundpfandrechten belastet, wohl aber nach den Vorschriften über Pfandrechte an Rechten (§§ 1273 ff. BGB) – allerdings ohne die Möglichkeit gutgläubigen Erwerbs – verpfändet werden. 70

c) Der Vertrag über die *Bestellung* des Dauerwohnrechts bedarf keiner Form. Lediglich die Eintragungsbewilligung für das dingliche Recht mit den in seinen Inhalt aufgenommenen Vereinbarungen ist nach § 29 GBO formbedürftig. Das Dauerwohnrecht kann auch für den Eigentümer bestellt werden.[140] Ein in Einzelheiten allerdings fragwürdiges »amtliches« Muster für ein Dauerwohnrecht aus dem Jahre 1956 findet sich nachgedruckt bei *Lotter*;[141] die dort versuchte Konstruktion einer Art Gemeinschaft der Dauerwohnberechtigten empfiehlt sich keineswegs zur Nachahmung. 71

2. Einzelheiten

a) Die Nutzung einer Wohnung kann auf Zeit oder auf ewig überlassen werden. Der Eigentümer übt nur eine vertraglich festgelegte Verwaltung aus. Das Dauerwohnrecht kann mehreren Berechtigten nach Bruchteilen zustehen.[142] Das Dauerwohnrecht erfordert nicht die erste Rangstelle; es fällt also aus, wenn aus einem vor- oder gleichrangigen Recht die Zwangsversteigerung betrieben wird. Nach § 39 WEG kann aber als Inhalt des Dauerwohnrechts vereinbart werden, dass das Dauerwohnrecht im Fall der Zwangsversteigerung des Grundstücks abweichend von § 44 ZVG auch dann bestehen bleiben soll, wenn der Gläubiger einer dem Dauerwohnrecht im Range vorgehenden oder gleichstehenden Hypothek, Grundschuld, Rentenschuld oder Reallast die Zwangsversteigerung in das Grundstück betreibt. Die Vereinbarung bedarf naturgemäß der Zustimmung der vorrangigen Gläubiger. Eine solche Vereinbarung ist nur wirksam für den Fall, dass der Dauerwohnberechtigte im Zeitpunkt der Feststellung der Versteigerungsbedingungen seine fälligen Zahlungsverpflichtungen gegenüber dem Eigentümer erfüllt hat; ergänzend kann vereinbart werden, dass das Fortbestehen des Dauerwohnrechts vom Vorliegen weiterer Voraussetzungen abhängig ist. 72

b) Die Wohnung muss *abgeschlossen* sein wie für das Wohnungseigentum. Anders als dort gilt das Abgeschlossenheitserfordernis aber nur für die betreffende Wohnung. Aufteilungsplan und Abgeschlossenheitsbescheinigung müssen wie beim Wohnungseigentum dem Grundbuchamt vorgelegt werden (§ 32 WEG). 73

c) Der Berechtigte ist zur Instandhaltung und pfleglichen Benutzung verpflichtet (§§ 33, 14 WEG). Darüber wie über Lastenverteilung und ein etwaiges Heimfallrecht sind Vereinbarungen zu treffen, die als Inhalt des Dauerwohnrechts in das Grundbuch einzutragen sind (§§ 32 Abs. 3, 33, 36 WEG). Vereinbarungen darüber, dass die Vermietung oder Nutzungsänderung von Räumen des Dauerwohnrechts eine Zustimmung des Eigentümers erfordert und dass der Berechtigte wegen einer Heimfallentschädigung seinen baulichen Aufwand 74

---

140 BayObLGE 1998, 374; auch gemeinschaftlich mit einem Dritten, OLG München DNotI-Rep. 2012, 108.
141 MittBayNot 1999, 354.
142 BGH BB 1995, 2186.

dem Eigentümer nach einem Umbau nachzuweisen hat, können mit dinglicher Wirkung getroffen werden.[143]

75 d) Ein für mehr als 10 Jahre vereinbartes oder zeitlich unbegrenztes Dauerwohnrecht gibt einen Anspruch gegen den Eigentümer auf Löschung der Hypotheken, die sich mit dem Eigentum in einer Person vereinigen und auf Eintragung einer entsprechenden Löschungsvormerkung sowie – unabdingbar[144] – auf eine angemessene Entschädigung beim Heimfall auch ohne Vereinbarung (§ 41 WEG). Erste Rangstelle ist für das Dauerwohnrecht nicht vorgeschrieben; vorrangigen Grundpfandrechten gegenüber ist es – von diesem Löschungsanspruch abgesehen – nicht versteigerungsfest.

Vorbehalt eines Dauerwohnrechts

76 M   Verhandelt zu ..... am .....
.....
Der Verkäufer behält sich an dem verkauften Grundstück ein Dauerwohnrecht des in der Anlage niedergelegten Inhalts vor. Die Anlage wurde vom Notar vorgelesen. Die Vertragsteile sind über die Begründung des Dauerwohnrechts einig und bewilligen und beantragen, es in das Grundbuch einzutragen. Der Käufer ist verpflichtet, die Zustimmung der vorrangigen Grundpfandrechtsgläubiger zur Vereinbarung in § 7 der Anlage zu beschaffen.
Anlage:
§ 1. Das Dauerwohnrecht besteht in der Befugnis, die Wohnung im 11. Stockwerk, welche in der beigefügten, von der Baubehörde mit Unterschrift und Siegel versehene Bauzeichnung (Aufteilungsplan) in allen Räumen mit der Nummer 1 gekennzeichnet ist, unter Ausschluss des Eigentümers zu bewohnen oder gewerblich als Ferienwohnung zu vermieten; der Aufteilungsplan wurde den Beteiligten zur Durchsicht vorgelegt und von ihnen genehmigt. Zu den gemeinschaftlichen Einrichtungen, die der Dauerwohnberechtigte mitbenutzen darf, gehören auch das Hallenschwimmbad mit allen Nebeneinrichtungen sowie die Liegewiese vor der Schwimmhalle. Die Überlassung an Dritte zur Begründung eines Wohnsitzes ist nicht zulässig.
§ 2. Das Dauerwohnrecht wird auf die Dauer von 80 Jahren, gerechnet ab ....., bestellt.
§ 3. Die Instandhaltung und Instandsetzung der dem Dauerwohnrecht unterliegenden Gebäudeteile obliegt dem Dauerwohnberechtigten in dem Umfang, in dem ein Wohnungseigentümer sein Sondereigentum zu unterhalten hat. Im Übrigen obliegen Instandhaltung und Instandsetzung dem Eigentümer in dem Umfang, wie es zur ordnungsgemäßen Nutzung des Dauerwohnrechts einschließlich der zum gemeinschaftlichen Gebrauch bestimmten Teile, Anlagen und Einrichtungen des Gebäudes und des Grundstücks erforderlich ist.
§ 4. Der Dauerwohnberechtigte hat 3,521/1000 der laufenden öffentlichen Lasten des Grundstücks zu tragen. Zum selben Anteil trägt er die Betriebskosten. Der Umfang der umzulegenden Lasten und Betriebskosten, die Pflicht zur Vorauszahlung und die Abrechnung bestimmen sich nach den entsprechenden mietrechtlichen Bestimmungen. Die Verteilung der Kosten für Heizung und Warmwasser, zu denen auch die Kosten der laufenden Wartung der Heizungsanlage sowie die Kosten für den Stromverbrauch der Heizungsanlage gehören, richtet sich, solange solche bestehen, nach den gesetzlichen Vorschriften. Auch wenn keine gesetzlichen Vorschriften bestehen, kann der Eigentümer anordnen, dass diese Kosten nicht nach dem vorstehend vereinbarten

---

143 BayObLG Rpfleger 1961, 400.
144 BGHZ 27, 158.

Verhältnis, sondern in der Weise verteilt werden, dass der Eigentümer ein Fachunternehmen damit beauftragt, Wärmemesser anzubringen und den Verteilungsschlüssel nach seinem billigen fachlichen Ermessen unter Berücksichtigung der Messungen festzusetzen.

§ 5. Der Eigentümer hat das Gebäude zum gleitenden Neuwert gegen Feuer versichert zu halten und es im Falle der Zerstörung wieder aufzubauen.

§ 6. Der Dauerwohnungsberechtigte ist verpflichtet, das Dauerwohnrecht auf den Grundstückseigentümer oder einen von diesem zu bezeichnenden Dritten zu übertragen (Heimfallanspruch), wenn er

a) gegen die in § 1 vereinbarten Nutzungsbeschränkungen trotz wiederholter schriftlicher Abmahnung verstößt;

b) seinen Verpflichtungen zur Instandhaltung und Instandsetzung nach § 3 trotz wiederholter schriftlicher Abmahnung nicht nachkommt und sich dadurch schädliche Auswirkungen auf das Gebäude im Übrigen ergeben;

c) mit seinen Zahlungspflichten nach § 4 in Höhe eines Betrages in Verzug kommt, der höher als der zuletzt abgerechnete Jahresbetrag ist.

Macht der Eigentümer von dem Heimfallanspruch Gebrauch, so hat er dem Dauerwohnungsberechtigten eine Entschädigung in Höhe des zehnfachen Jahresmietwerts der Wohnung zu gewähren; beträgt die Restdauer des Dauerwohnrechts weniger als 15 Jahre, so reduziert sich die Entschädigung im Verhältnis der Restlaufzeit zu der Zahl 15.

§ 7. Es wird vereinbart, dass das Dauerwohnrecht im Falle der Zwangsversteigerung des Grundstücks abweichend von § 44 des Gesetzes über die Zwangsversteigerung und Zwangsverwaltung auch dann bestehen bleiben soll, wenn der Gläubiger einer dem Dauerwohnrecht im Range vorgehenden oder gleichstehenden Hypothek, Grundschuld, Rentenschuld oder Reallast die Zwangsversteigerung in das Grundstück betreibt.

§ 59 Bergwerkseigentum

Literatur: *Kremer/Neuhaus*, Bergrecht, 2001; *Piens/Graf/Vitzthum/Schulte*, Bundesberggesetz, *Ring*, NotBZ 2006, 37. Zu den neuen Ländern: *Hoffmann*, BB 1991, 1506. Zur Rechtsanpassung dort: *Hoffmann*, BB 1996, 1450.

I. Allgemeines

1 1. Das Bergwerkseigentum als grundstücksgleiches Recht gehört, obwohl bis zum Inkrafttreten des Bundesberggesetzes landesrechtlich geregelt, zum gesicherten Bestand des *Bergrechts*. Seit dem Inkrafttreten des Bundesberggesetzes am 01.01.1982 bestimmt sich neues Bergwerkseigentum zwar grundsätzlich nach *Bundesrecht*; vorher wirksam begründetes Bergwerkseigentum bleibt aber nach § 149 Abs. 1 Nr. 1 BBergG aufrechterhalten. Für den Inhalt des jeweiligen Bergwerkseigentums bleiben die ehemals landesrechtlichen Bestimmungen noch von erheblicher Bedeutung. Vom Bergwerkseigentum unterscheidet das Gesetz die bergrechtliche *Bewilligung* nach § 8 BBergG, die zwar dieselben Rechte gewährt, wie das Bergwerkseigentum und Voraussetzung für seine Verleihung ist (§ 13 Nr. 1 BBergG). Die Bewilligung ist aber – da Recht mit bloßer Eigentums*wirkung* (§ 8 BBergG) – im Gegensatz zum Bergwerkseigentum weder beleihbar noch kann sie Bestandteile haben (wie z.B. Förderanlagen).

2 2. Die *Entstehung* des Bergwerkseigentums vollzieht sich im öffentlichen Recht durch *Verleihung* auf Antrag nach § 10 BBergG. Es gewährt das ausschließliche Recht, nach den Vorschriften des Bundesberggesetzes in einem bestimmten Feld die in der Verleihungsurkunde bezeichneten Bodenschätze aufzusuchen, zu gewinnen und andere Bodenschätze mitzugewinnen sowie das Eigentum an den Bodenschätzen zu erwerben und neben anderen insbesondere das weitere Recht, Grundabtretung zu verlangen. Bergwerkseigentum wird nach § 16 Abs. 5 BBergG *zeitlich begrenzt*, regelmäßig nicht auf eine längere Dauer als 50 Jahre verliehen. Es entsteht mit Zustellung einer »Berechtsamsurkunde« an den Antragsteller (§ 17 BBergG). Die Berechtsamsurkunde besteht aus der Verleihungsurkunde und einer Ausfertigung des Lagerisses. Die Verleihungsurkunde muss u.a. den Namen des Bergwerkseigentums enthalten. Die Verleihungsbehörde hat nach § 17 Abs. 3 BBergG das Grundbuchamt von Amts wegen um Eintragung des Bergwerkseigentums im Grundbuch zu ersuchen. Für das Bergwerkseigentum wird ein eigenes *Grundbuchblatt* angelegt, welches dem Grundbuchblatt für Grundstücke gleicht. Eine Buchung als Belastung auf den Grundbuchblättern der dienenden Grundstücke[1] findet nicht statt. Das für die Anlegung des Grundbuchblatts zuständige Grundbuchamt wird nach § 142 BBergG durch Landesverordnung bestimmt. Außer in das Grundbuch wird das Bergwerkseigentum nach § 75 BBergG in ein bei der zuständigen Bergbehörde zu führendes Berechtsamsbuch eingetragen.

---

[1] Vgl. zur Kontroverse, ob das Bergwerkseigentum ein vom Eigentum abgespaltenes Nutzungsrecht oder originäres Eigentum darstellt, *Schulte*, NJW 1981, 88, 91 m.w.N. sowie die »Nassauskiesungs-Entscheidung« des Bundesverfassungsgerichts, BVerfGE 58, 300.

II. Das Bergwerkseigentum im Rechtsverkehr

Im Rechtsverkehr wird das Bergwerkseigentum grundsätzlich wie ein *Grundstück* behandelt. Es wird wie ein Grundstück übertragen und belastet (§ 9 Abs. 1 BBergG). Es gelten also insbesondere §§ 311b, 873 und 925 BGB. Im Einzelnen bestehen aber doch erhebliche *Unterschiede*, zumal das Bundesberggesetz die deutliche Tendenz aufweist, das Bergwerkseigentum aus dem Privatrecht herauszulösen und es weitestgehend in das öffentliche Recht zu überführen.

3

1. Die *Vereinigung* eines Grundstücks mit einem Bergwerkseigentum sowie die Zuschreibung eines Bergwerkseigentums als Bestandteil eines Grundstücks oder eines Grundstücks als Bestandteil eines Bergwerkseigentums sind unzulässig (§ 9 Abs. 2 BBergG). Hingegen können Bergwerksfelder untereinander vereinigt werden (§§ 24 ff. BBergG), allerdings nur, wenn sie aneinandergrenzen und das Bergwerkseigentum auf die gleichen Bodenschätze verliehen ist. Während nach Grundstücksrecht nur Grundstücke vereinigt werden können, bei denen die Eigentumsverhältnisse identisch sind, fasst das Bundesberggesetz auch den Vorgang, dass die unterschiedlichen Eigentümer von Bergwerken anlässlich deren Vereinigung Miteigentum nach Bruchteilen erwerben (was grundstücksrechtlich die wechselseitige Auflassungen entsprechender Bruchteile erfordert) unter den Begriff der Vereinigung. Die Vereinigung von Bergwerken unterliegt einem umfassenden Zwang zu notarieller Beurkundung, der im Grundstücksrecht kein Vorbild hat. Nicht nur die (materiell eine Auflassung mitenthaltenden) Erklärungen mehrerer beteiligter Bergwerkseigentümer über die Umwandlung von (grundstücksrechtlich gesprochen) Flächeneigentum in Miteigentum, sondern auch die Vereinigungserklärung des Alleineigentümers müssen notariell beurkundet werden. Darüber hinaus bedarf bei dinglicher Belastung des Bergwerkseigentums auch die Vereinbarung zwischen den beteiligten Bergwerkseigentümern und den dinglich Berechtigten darüber, dass und in welcher Weise, insbesondere in welcher Rangordnung, die Belastungen auf das neue Bergwerkseigentum übergehen sollen, der notariellen Beurkundung (§ 25 Nr. 3 BBergG).

4

Auch die *Wirkungen der Vereinigung* sind andere, als die der Vereinigung von Grundstücken. Mit der Vereinigung mehrerer Bergwerksfelder *erlischt* das bisherige Bergwerkseigentum und entsteht *neues Bergwerkseigentum* an dem einheitlichen Bergwerksfeld (§ 27 BBergG). Die Vereinigung wird *außerhalb des Grundbuchs* durch Genehmigung der notariell beurkundeten Einigung bzw. der Erklärung des Alleineigentümers und der Vereinbarung zwischen den dinglich Berechtigten und dem Bergwerkseigentümer wirksam. Die zuständige Behörde verleiht eine neue Berechtsamsurkunde und ersucht das Grundbuchamt von Amts wegen um Berichtigung des Grundbuchs (§ 27 BBergG), die in einer Schließung der bisherigen Bergwerksgrundbücher und in der Anlegung eines neuen Bergwerksgrundbuchs besteht.

5

Von der Vereinigung ist die *Zulegung* (§§ 35 ff. BBergG) zu unterscheiden. Mit diesem bergrechtlichen Institut wird durch Verwaltungsakt einem Bewilligungsinhaber, Bergwerkseigentümer oder Grundeigentümer das Recht zum grenzüberschreitenden Abbau gewährt. Sie hat die Wirkung einer bergrechtlichen Bewilligung. Da die Zulegung nur zugunsten des Inhabers einer Gewinnungsberechtigung erteilt wird, dürfte sie Bestandteil des Bergwerkseigentums werden, wenn sie dessen Inhaber erteilt wird.

6

Die Vorschriften über die Vereinigung von Bergwerksfeldern gelten entsprechend für den Vorgang der *Teilung* eines Bergwerksfelds (§ 28 BBergG). Auch die Teilung vollzieht sich also *nicht nach Grundstücksrecht*; auch sie bedarf einer notariell beurkundeten Erklärung des Bergwerkseigentümers und im Fall von Belastungen auch einer notariell beurkundeten Vereinbarung mit den dinglich Berechtigten sowie der Genehmigung der zuständigen Bergbehörde. Auch im Fall der Teilung hat das Grundbuchamt das bisherige

7

Grundbuchblatt zu schließen und neue Grundbuchblätter für die entstehenden Bergwerksfelder anzulegen.

8   Schließlich kennt das Bundesberggesetz auch noch den dem Grundstücksrecht unbekannten Begriff des *Austauschs* von Teilen von Bergwerksfeldern (§ 29 BBergG). Der Austausch besteht darin, dass ein Teil eines Bergwerksfelds von diesem abgegrenzt und mit einem anschließenden anderen Bergwerksfeld vereinigt wird. Nach § 29 Abs. 2 Nr. 1 BBergG bleiben im Fall des Austauschs die Namen der am Austausch beteiligten Bergwerkseigentumsrechte bestehen. Daher erlischt, obwohl sonst für den Austausch auch die Vorschriften über die Vereinigung gelten, das bisherige Bergwerkseigentum nicht nach § 27 Abs. 1 BBergG, sondern ändert sich nur in seinem Bestand.

9   2. Das Bergwerkseigentum ist nicht frei *veräußerlich*. Nach § 23 BBergG bedürfen die rechtsgeschäftliche Veräußerung von Bergwerkseigentum und der schuldrechtliche Vertrag hierüber der *Genehmigung* der zuständigen Behörde. Die Genehmigung kann auch vor der Beurkundung des Rechtsgeschäfts erteilt werden. Sie gilt als erteilt, wenn sie nicht innerhalb von 2 Monaten nach Eingang des Antrags versagt wird. Hierüber hat die zuständige Behörde auf Verlangen ein Zeugnis zu erteilen. Eine Möglichkeit, diese Frist zu verlängern, sieht das Bundesberggesetz nicht vor. Die Genehmigung darf nur aus Gründen des öffentlichen Interesses versagt werden, bspw. bei Zweifeln daran, dass der Erwerber finanziell in der Lage ist, die Spätfolgen des Bergbaus zu beseitigen.[2] Die Veräußerung unterliegt der USt,[3] nicht aber der Grunderwerbsteuer.[4]

10 Zur *Belastung* des Bergwerkseigentums ist eine Genehmigung nicht erforderlich. Bergwerkseigentum ist auch frei *vererblich*.

III. Das Erlöschen des Bergwerkseigentums

11 1. Das BBergG gibt keine besonderen Regeln für den Fall, dass das Bergwerkseigentum, welches gemäß § 16 Abs. 5 BBergG befristet verliehen wird, *durch Zeitablauf* erlischt. Ähnlich wie beim Erlöschen eines Erbbaurechts muss angenommen werden, dass das Bergwerks-Grundbuchblatt von Amts wegen zu schließen ist und dass mit dem Ende des Bergwerkseigentums von selbst auch alle Rechte am Bergwerkseigentum erlöschen, ohne dass es dazu noch weiterer Rechtshandlungen bedürfte.

12 2. Das Bergwerkseigentum kann nicht nur durch Zeitablauf erlöschen, sondern auch durch *Widerruf* und *Aufhebung*. Nach § 18 Abs. 4 BBergG ist das Bergwerkseigentum zu widerrufen, wenn die regelmäßige Gewinnung länger als 10 Jahre unterbrochen worden ist, ohne dass dafür Gründe einer sinnvollen technischen oder wirtschaftlichen Planung als Rechtfertigung dienen können. Die dinglich Berechtigten sind nach § 18 Abs. 4 Satz 3 BBergG zwar vor der Entscheidung über einen Widerruf schriftlich zu unterrichten; ihrer Zustimmung bedarf es jedoch nicht. Nach § 18 Abs. 4 Satz 4 BBergG ersucht die Behörde das Grundbuchamt um die Löschung des Bergwerkseigentums, »wenn der Widerruf wirksam geworden ist«. Nach § 43 VwVfG wird der Verwaltungsakt mit der Bekanntgabe (auch an die dinglich Berechtigten?) wirksam. Unklar ist, welche Folgen es hat, wenn der Bergwerkseigentümer oder dinglich Berechtigte den Widerruf des Bergwerkseigentums anfechten, ob die aufschiebende Wirkung dazu führt, dass das bereits erloschene Bergwerkseigentum rückwirkend wieder entsteht und welche Rechtslage eintritt, wenn die Anfechtung des Widerrufs Erfolg hat.

---

2 Dazu und zu anderen Versagungsgründen OVG Münster NWVBl 2011, 228.
3 Vgl. auch BGH NJW-RR 2000, 1652.
4 *Boruttau/Viskorf*, § 2 GrEStG Rn. 142.

Während der Widerruf des Bergwerkseigentums ein Zwangsakt ist, kann das Bergwerkseigentum nach § 20 Abs. 1 BBergG auch auf *Antrag des Bergwerkseigentümers* aufgehoben werden. Eine teilweise Aufhebung ist nicht zulässig. Die dinglich Berechtigten können sich gegen die beabsichtigte Aufhebung des Bergwerkseigentums dadurch wehren, dass sie *Antrag auf Zwangsversteigerung* des Bergwerkseigentums stellen; ein vollstreckbarer Titel ist für den Antrag und die Durchführung des Zwangsversteigerungsverfahrens nicht erforderlich. Wird die Zwangsversteigerung beantragt und durchgeführt, so gilt der Antrag auf Aufhebung des Bergwerkseigentums als erledigt, d.h. das Bergwerkseigentum besteht in der Person des Erstehers fort. Ob die dinglichen Rechte aus Anlass der Zwangsversteigerung erlöschen oder ob sie bestehen bleiben, richtet sich nach den allgemeinen Vorschriften des Zwangsversteigerungsrechts. Wird die Zwangsversteigerung nicht beantragt oder nicht durchgeführt, so kann die Behörde die Aufhebung des Bergwerkseigentums aussprechen; anders als beim Widerruf ist in § 20 Abs. 4 Satz 2 BBergG ausdrücklich geregelt, dass die Entscheidung auch den im Grundbuch eingetragenen dinglich Berechtigten zuzustellen ist; daraus ist zu schließen, dass sie erst mit der zuletzt erfolgten Zustellung wirksam wird. Ist das Bergwerkseigentum durch Aufhebung erloschen, so ersucht die zuständige Behörde das Grundbuchamt um die *Löschung* (§ 20 Abs. 5 BBergG). **13**

IV. Besonderheiten im Beitrittsgebiet

Die Gesetzgebung der DDR hat weit mehr Bodenschätze dem Bergrecht unterworfen als das Recht der Bundesrepublik Deutschland. Insbesondere wurden auch Steine-Erde-Rohstoffe (Kies, Tone, usw.) für »bergfrei« erklärt d.h. dem Bergrecht unterstellt. Der Einigungsvertrag hat das zunächst aufrechterhalten (Anl. I Kap. V Sachgeb. D Abschn. III Buchst. a). Das G zur Vereinheitlichung der Rechtsverhältnisse bei Bodenschätzen[5] hat aber das ehemalige DDR-Bergrecht beseitigt, sodass jetzt das BBergG im ganzen Bundesgebiet gilt. Bergwerkseigentum, das bis 1996 noch wirksam begründet wurde, bleibt jedoch bestehen, auch wenn es sich auf Bodenschätze bezieht, die dem BBergG nicht unterfallen. Ein solches altrechtliches Bergwerkseigentum kann aber wohl nach § 2 Abs. 3 des VereinheitlichungsG wie eine Bewilligung nach § 18 Abs. 3 BBergG widerrufen werden (str.). **14**

V. Meeresbodenbergbau

Das G zur Regelung des Meeresbodenbergbaus (MBergG)[6] hat für den Meeresbergbau das neue Institut der »Befürwortung« eingeführt. Sie ist ein rein öffentlich-rechtliches Institut, nicht übertragbar (§ 4 Abs. 11 MBergG) und damit auch nicht beleihbar, also dem Bergwerkseigentum nicht gleichwertig. Aufgrund der Befürwortung ist mit der Internationalen Meeresbodenbehörde ein Abbauvertrag abzuschließen, der seinen Rechtscharakter aus dem Seerechtsübereinkommen der Vereinten Nationen und dem Übereinkommen vom 28.07.1994 über die Durchführung dessen Teils IX bezieht und der jedenfalls auch keine dem Bergwerkseigentum vergleichbare privatrechtliche Position begründet. **15**

---

5 Vom 15.04.1996 (BGBl. I S. 602).
6 Vom 06.06.1995 (BGBl. I S. 782), das zuletzt durch Artikel 4 Abs. 72 des Gesetzes vom 07.08.2013 (BGBl. I S. 3154) geändert worden ist.

§ 60 Überbau, Notweg

Literatur: *Ludwig*, DNotZ 1984, 541; *Tersteegen*, RNotZ 2006, 433; *Stefanie Ruhwinkel*, Die Rechtsverhältnisse beim Grenzüberbau, Diss., München, 2004.

I. Überbau

1. **1.** Grundlegend ist die Unterscheidung zwischen *rechtmäßigem* Überbau, *rechtswidrigem* aber *entschuldigten* und rechtswidrigem *unentschuldigten* Überbau.

2. **a)** Rechtmäßig ist ein Überbau, der im Einverständnis mit dem Nachbarn vorgenommen worden ist, also auch der sog. Eigengrenzüberbau; er muss nach Maßgabe der getroffenen Vereinbarungen geduldet werden. Freilich wirken die Vereinbarungen, wenn sie nicht etwa in Form einer auf Duldung der Überbauung gerichteten Grunddienstbarkeit im Grundbuch eingetragen sind, nicht gegenüber Rechtsnachfolgern. Sobald die Vereinbarung demnach ihre Wirkung zwischen den Eigentümern verloren hat, richten sich die Folgen nach § 912 BGB, wird also der früher rechtmäßige und nun rechtswidrige Überbau als entschuldigter Überbau behandelt.[1]

3. **b)** Überbauten, die nicht durch ein Recht an dem Grundstück gedeckt sind, sind *rechtswidrig*. Der rechtswidrige Überbau ist *entschuldigt* und grundsätzlich[2] zu dulden, wenn die Voraussetzungen des § 912 Abs. 1 BGB gegeben sind, der unbefugte Überbau also ohne Vorsatz oder grobe Fahrlässigkeit erfolgt ist und der Nachbar nicht rechtzeitig widersprochen hat. Die Pflicht zur Duldung eines entschuldigten Überbaus ist eine gesetzliche Eigentumsbeschränkung, *keine Grunddienstbarkeit* und deshalb nicht eintragungsfähig. Der Nachbar ist nach § 912 Abs. 2 BGB durch eine Geldrente *(Überbaurente)* zu entschädigen. Wird nachträglich eine Gestattung zum Überbau gegeben, wird der Überbau rechtmäßig; seine Folgen richten sich dann nicht mehr nach §§ 912 ff. BGB, sondern nach dem Inhalt der getroffenen Vereinbarung. Es entfällt also insbesondere die Pflicht zur Zahlung der gesetzlichen Überbaurente.

4. **c)** Bei rechtswidrigem *unentschuldigten* Überbau kann der Nachbar hingegen *Beseitigung* gemäß §§ 985, 1004 BGB verlangen.

5. **2.** Die getroffene Unterscheidung spielt auch bei der Zuordnung des Eigentums am Überbau selbst eine Rolle.

---

1 BGH DNotZ 1984, 554 m. Anm. *Ludwig* S. 541; a.A. – § 912 gilt von Anfang an – OLG Hamm NJW-RR 1991, 656.
2 Eine Ausnahme macht die Rechtsprechung, wenn der Überbau über die Grenzüberschreitung hinaus weitere Beeinträchtigungen des beschwerten Eigentümers zur Folge hat, z.B. weil das Bauwerk nicht den Regeln der Baukunst entspricht, BGH MittBayNot 2009, 223.

a) Ein Überbau besteht in der Regel in einem in das Nachbargrundstück ragenden Bauwerk.[3] Handelt es sich um ein einheitliches,[4] wird der Überbauende beim rechtmäßigen oder entschuldigten Überbau Eigentümer des gesamten Gebäudes. Beim unentschuldigten Überbau und bei selbstständigen Gebäudeteilen endet das Eigentum jedes Nachbarn dagegen an seiner Grundstücksgrenze.

b) Eine nachträgliche Gestattung lässt zwar die Rechtswidrigkeit des Überbaus entfallen, ändert aber nichts an der eigentumsrechtlichen Zuordnung des Gebäudes.[5] Allerdings kann der Überbau selbst Gegenstand einer Übereignung sein. Wird nachträglich eine Dienstbarkeit auf Duldung des Überbaus zugunsten des Stammgrundstücks begründet und sind sich die Grundstückseigentümer über den Eigentumsübergang entsprechend § 929 BGB einig, wird der Eigentümer des Stammgrundstücks Eigentümer des Überbaus (str.).[6]

Nachträgliche Gestattung eines Überbaus

Der Eigentümer des im Grundbuch des Amtsgerichts ..... von ..... Blatt 1111 verzeichneten Grundstücks der Gemarkung ..... FlstNr. 2 (»herrschendes Grundstück«) hat bei der Errichtung eines Neubaus von diesem Grundstück her rechtswidrig und unentschuldigt das Nachbargrundstück, eingetragen im Grundbuch des Amtsgerichts ..... von ..... Blatt 1112, FlstNr. 3 (»dienendes Grundstück«), auf einer Fläche von insgesamt 63,21 m2 überbaut. Der Überbau ist in dem dieser Urkunde beigefügten Lageplan des Vermessungsamtes maßstabsgetreu eingezeichnet.
Die Beteiligten sind sich einig, dass der Eigentümer des dienenden Grundstücks den Überbau im derzeit bestehenden Umfang duldet. Sie bewilligen und beantragen, dies als Grunddienstbarkeit zu Lasten des dienenden Grundstücks für das herrschende Grundstück in das Grundbuch einzutragen.
Es wird beantragt, diese Dienstbarkeit im Bestandsverzeichnis des herrschenden Grundstücks zu vermerken. Der Eigentümer des herrschenden Grundstücks ist bereits im Besitz des Überbaus.
Die Beteiligten sind sich darüber einig, dass der Überbau Eigentum des Inhabers des herrschenden Grundstücks wird.
Ort, Datum *Unterschrift*
Siegel/Beglaubigungsvermerk

---

3 §§ 912 ff. BGB werden analog auch auf andere Bauwerke als Gebäude angewendet, wenn der Normzweck – Verhinderung der Zerschlagung wirtschaftlicher Werte – zutrifft, vgl. Palandt/*Herrler*, § 912 BGB Rn. 4. Unerheblich ist, ob der Überbau erst durch einen Ausbau des Gebäudes entstanden ist, da auch dann §§ 912 ff. BGB analog angewendet werden, BGH MittBayNot 2002, 223. Ebenso werden §§ 912 ff. BGB analog auf die Verletzung von Grenzabständen angewendet, OLG Koblenz NJW-RR 1999, 1394; OLG Köln NJW-RR 2003, 376. Dagegen werden §§ 912 ff. BGB in teleologischer Reduktion nicht angewendet, wenn es bei der Beseitigung des Überbaus nicht zur Zerschlagung wirtschaftlicher Werte kommt, z.B. bei Beseitigung eines unterirdischen Öltanks auf dem Nachbargrundstück, BGH MittBayNot 2013, 299, OLG Rostock, Urt. v. 28.03.2013 – 3 U 32/12.
4 Zum Begriff der Gebäudeeinheit vgl. BGH NJW 1982, 756, NJW-RR 1988, 458, NJW-RR 1989, 1039, NJW-RR 2016, 1489, 1491f. sowie bei wechselseitigem, verschachteltem Überbau mit einzelnen Geschossen BGHZ 175, 253.
5 Zum umgekehrten Fall – Gestattung endet – BGH DNotZ 2004, 374.
6 BGH DNotZ 2006, 290; *Wicke*, DNotZ 2006, 252; *Tersteegen*, RNotZ 2006, 433, 437; *Hertel*, MittBayNot 2006, 321, zweifelt ob die genannte Entscheidung des BGH verallgemeinerungsfähig ist und empfiehlt bis zur Klärung als sichersten Weg die Begründung eines Erbbaurechts; ohne Berücksichtigung der Gegenauffassung die Möglichkeit einer nachträglichen Änderung der Eigentumszuordnung verneinend OLG Stuttgart NotBZ 2012, 152.

§ 60 Überbau, Notweg

- **Kosten.**
  a) Des Notars: Gebühr von 2,0 aus Tabelle B zu § 34 Abs. 2 GNotKG, mindestens 120 €, nach Nr. 21100 KV GNotKG (Beurkundung) oder Nr. 24100 KV GNotKG (Entwurf der beglaubigten Erklärung, wobei darin die »erste« Beglaubigung im Sinne der Vorbem. 2.4.1 Abs. 2 KV GNotKG abgegolten ist), jeweils aus dem Wert des Überbaus (§ 46 GNotKG, Einigung über Eigentumsübergang). Bei Beglaubigung ohne Entwurf Gebühr von 0,2 aus Tabelle B zu § 34 Abs. 2 GNotKG, mindestens 20 €, höchstens 70 € nach Nr. 25100 KV GNotKG.
  b) Des Grundbuchamts: Wert im Ergebnis gleich, wie bei Notarkosten (52 Abs. 1 GNotKG). Daraus Gebühr von 1,0 aus Tabelle B zu § 34 GNotKG nach Nr. 14121 KV GNotKG für die Dienstbarkeit selbst und Gebühr von 50 € nach Nr. 14160 Nr. 1 KV GNotKG für den Herrschvermerk. Der Hinweis auf diesen Vermerk auf dem Blatt des belasteten Grundstückes wird von Amts wegen gebührenfrei mit eingetragen (Nr. 14160 Nr. 1 KV GNotKG).

9 Umgekehrt kann man das Eigentum am entschuldigten Überbau durch Einigung und Eintragung einer entsprechenden Dienstbarkeit am Stammgrundstück ändern.[7]

Übereignung des Überbaus an den Eigentümer des überbauten Grundstücks

10 M Der Eigentümer des im Grundbuch des Amtsgerichts ..... von ..... Blatt 1111 verzeichneten Grundstücks der Gemarkung ..... FlNr. 2 (»dienendes Grundstück«) hat bei der Errichtung eines Neubaus von diesem Grundstück her rechtswidrig, aber entschuldigt das Nachbargrundstück, eingetragen im Grundbuch des Amtsgerichts ..... von ..... Blatt 1112, FlNr. 3 (»herrschendes Grundstück«), in einer Gesamtgröße von 63,21 m2 überbaut. ..... [wie Rdn. 8 M].
Die Beteiligten sind sich einig, dass die Ausübung des Rechts auf Duldung des Überbaus ausgeschlossen wird. Sie bewilligen und beantragen, dies zu Lasten des dienenden für das herrschende Grundstück in das Grundbuch einzutragen.
..... [wie Rdn. 8 M]

- **Kosten.** S. Rdn. 8 M.

11 Denkt man diese Auffassung konsequent zu Ende kann man durch Eintragung einer Dienstbarkeit, die auf Ausschluss des Überbaurechtes und Duldung des Gebäudes zugunsten eines Nachbargrundstücks gerichtet ist, auch die Eigenschaft als Stammgrundstück ändern.[8]

12 Gehört der Überbau zum Haftungsverbund eines Grundpfandrechtes bedarf es nach m.A. zu seiner Entlassung daraus eines Rangrücktritts des Grundpfandrechts hinter die Dienstbarkeit. Darin mag man auch eine Verzichtserklärung des Pfandrechtsgläubigers (analog §§ 1168, 1175 Abs. 1 Satz 2 BGB) erkennen, die allerdings – da sie nur ein Gebäude betrifft – in das Grundbuch (anders) nicht eingetragen werden könnte.[9]

---

[7] BGH DNotZ 2004, 374.
[8] Dies steht nicht im Widerspruch zu der Entscheidung des BGH MittBayNot 2004, 258, die sich nur mit der Auswirkung der Vorstellung des Überbauenden auf die gesetzliche Eigentumslage, nicht aber mit der Umsetzung dieser Absichten in ein Rechtsgeschäft befasst. In die hier vertretene Richtung deutet auch die Entscheidung des BGH Rpfleger 2014, 182, nach der durch Dienstbarkeit »Streit« über die Stammgrundstückseigenschaft vermieden werden könne.
[9] *Hertel*, MittBayNot 2006, 321.

c) Sind Überbau und Rest des Gebäudes dem Eigentum am selben Grundstück zuzuordnen, ist eine Aufteilung des gesamten Gebäudes in Wohnungs- und Teileigentum zulässig.[10]

13

3. Die gesetzlich geschuldete Überbaurente bemisst sich nach den Wertverhältnissen der betroffenen Grundstücke zur Zeit der Entstehung der Überbaulage.[11] Sie selbst ist nach § 914 Abs. 2 Satz 1 BGB nicht eintragungsfähig. Eintragungsfähig – und zwecks Wirksamkeit Rechtsnachfolgern gegenüber auch eintragungsbedürftig – ist hingegen die *vertragliche Feststellung* der Höhe der Überbaurente. Die Eintragung hat in Abt. II des Grundbuchs des rentenpflichtigen[12] Grundstücks zu erfolgen, wenn sie gegen Dritte wirksam sein soll (§ 914 Abs. 2 Satz 2 BGB). Die Vorschriften über die Reallast sind anzuwenden (§ 914 Abs. 3 BGB). Die Eintragung erfolgt aufgrund einer Bewilligung des Eigentümers, formell im Rang nach bereits eingetragenen Belastungen, soweit die Berechtigten nicht die Eintragung im Vorrang bewilligen. Sie hat aber materiell-rechtlich in der gesetzlichen Höhe – aber nur in dieser – nach § 914 Abs. 1 Satz 1 BGB Rang vor allen anderen Rechten (wozu aber das Grundbuchamt weder Feststellungen treffen kann oder muss). Auf die Überbaurente kann (einseitig nach § 875 BGB) *verzichtet* werden (§ 914 Abs. 2 Satz 2 BGB). Auch der Verzicht ist im Grundbuch des rentenpflichtigen Grundstücks einzutragen. Auf dem Grundbuchblatt des rentenberechtigten Grundstücks kann kein Vermerk gemäß § 9 GBO über die Vereinbarung zur Höhe der Überbaurente oder den Verzicht eingetragen werden (str.).[13] Für den Verzicht, aber auch für die Vereinbarung der Höhe der Überbaurente, soweit sie einen Verzicht enthält, ist die Zustimmung dinglich Berechtigter am überbauten Grundstück nötig (§ 876 Satz 2 BGB).[14]

14

Eintragung der vereinbarten Höhe einer Überbaurente

Als eingetragener Eigentümer des im Grundbuch des Amtsgerichts ..... von ..... Blatt ..... verzeichneten Grundstücks der Gemarkung ..... habe ich bei der Errichtung eines Neubaus von diesem Grundstück her das Nachbargrundstück, eingetragen im Grundbuch des Amtsgerichts ..... von ..... Blatt ....., FlStNr. ....., im Eigentum der Stadt ....., auf einer Fläche von insgesamt 24,66 m2 überbaut. In einer mit der Stadt ..... getroffenen Vereinbarung ist die Überbaurente auf jährlich 250,00 € festgestellt worden. Ich überreiche zwei Exemplare eines vom Vermessungsamt ausgefertigten Lageplans, aus dem die Größe der überbauten Fläche ersichtlich ist.

15 M

---

10 Statt aller *Schöner/Stöber*, Rn. 2817. Zur Vermeidung von Nachweisschwierigkeiten ggü. dem Grundbuchamt und zur Vermeidung von Unklarheiten (z.B. beim Eigengrenzüberbau) ist hier immer die Eintragung einer Dienstbarkeit zu empfehlen.
11 BGH MittBayNot 2014, 236.
12 H.M.; BayObLG Rpfleger 1976, 180; BayObLG Rpfleger 1998, 468.
13 Für die Eintragungsfähigkeit OLG Bremen DNotZ 1965, 295 = Rpfleger 1965, 55; LG Düsseldorf Rpfleger 1990, 288; gegen die Zulässigkeit des Aktivvermerks BayObLG NJW-RR 1998, 1388; *Schöner/Stöber*, Rn. 1168; KG Rpfleger 2012, 135 und für den Überbaurentenverzicht BGH NJW 2014, 1179. Nach der Argumentation des BGH wäre freilich der Aktivvermerk der Einigung über die Höhe der Überbaurente zulässig, weil – wie von § 9 Abs. 1 GBO vorgesehen – ein Recht des Eigentümers des herrschenden Grundstücks vermerkt würde.
14 Bei Vereinbarungen über die Rentenhöhe kann bei fremden Grundstückseigentümern ein Verzicht nicht ohne weitere Anhaltspunkte angenommen werden. Das Grundbuchamt darf daher nicht ohne seine Zweifel zu begründen Gläubigerzustimmungen verlangen (vgl. *Schöner/Stöber*, Rn. 209a). Missverständlich oder falsch insoweit die Kommentierungen zu § 914 BGB, die – wie z.B. MüKo-BGB/*Brückner*, § 914 BGB Rn. 6 – den Eindruck vermitteln, als ob das Grundbuchamt die gesetzliche Rentenhöhe festzustellen und je nach dem Ergebnis die Eintragung von der Zustimmung der dinglich Berechtigten abhängig zu machen hätte oder nicht. Richtig dagegen ist der Hinweis in *Staudinger/Roth*, § 914 BGB Rn. 5, dass man diese Zustimmung im Zweifel *vorsorglich* einholen wird – ein Verstoß gegen § 876 Satz 2 BGB führt zur absoluten Unwirksamkeit eines (hier teilweisen) Verzichts.

§ 60 Überbau, Notweg

Ich bewillige und beantrage die Eintragung dieser Feststellung für den jeweiligen Eigentümer des Nachbargrundstücks FlStNr. ..... auf dem Grundbuchblatt meines Grundstück.

Ort, Datum   *Unterschrift*
Siegel/Beglaubigungsvermerk

- **Kosten.**
  a) Des Notars: Wert des Bezugsrechts von unbeschränkter Dauer der 20-fache Jahresbetrag (§ 50 Abs. 3 Satz 1 GNotKG). Daraus, da die Erklärung nur Antrag und Bewilligung enthält (über die Vereinbarung ist nur berichtet) Gebühr von 0,5 nach Nr. 24102 KV GNotKG (mit der die »erste« Beglaubigung im Sinne der Vorbem. 2.4.1 Abs. 2 KV GNotKG abgegolten ist).
  b) Des Grundbuchamts: Nach demselben Wert volle Gebühr von 1,0 aus Tabelle B zu § 34 Abs. 2 GNotKG nach Nr. 14121 KV GNotKG.

Verzicht auf die Überbaurente

16 M Der Eigentümer des im Grundbuch von ....., Blatt 9998 verzeichneten Grundstücks Flurstück 209/1 hat mein im Grundbuch von ....., Blatt 9999 eingetragenes Grundstück Flurstück 209/2 auf eine Länge von 5 m um 0,20 m überbaut. Ich habe auf die mir gesetzlich zustehende Überbaurente verzichtet. Ich bewillige und beantrage, den Verzicht zu seiner Wirksamkeit in Abt. II des Grundbuchblattes 9998 einzutragen.
[Beglaubigungsvermerk]

- **Kosten.** Gebühr des *Notars* von 0,5 nach Nr. 24102 KV GNotKG (mit der die »erste« Beglaubigung im Sinne der Vorbem. 2.4.1 Abs. 2 KV GNotKG abgegolten ist). Für die Eintragung des Verzichtes steht dem *Grundbuchamt* eine Gebühr von 1,0 aus Tabelle B zu § 34 Abs. 2 GNotKG nach Nr. 14121 KV GNotKG, da Verzichtsdienstbarkeiten Nutzungsdienstbarkeiten gleichgestellt werden sollen.[15] Wert: Wie Rdn. 15 M nach geschätzter Höhe der gesetzlichen Überbaurente.

II. Notweg

17 Auch die Pflicht zur Duldung eines Notweges ist gesetzliche Eigentumsbeschränkung, keine Grunddienstbarkeit und deshalb nicht eintragungsfähig. Durch Bestellung einer Wegedienstbarkeit entfällt die Qualität als Notweg und damit die Pflicht zur Zahlung einer Notwegerente. Gemäß § 917 Abs. 2 BGB gelten für die Duldung des Notweges sowie für Entstehung, Eintragung und vertragliche Festsetzung der Notwegerente die Bestimmungen über den Überbau und die Überbaurente entsprechend.

---

15 So wohl auch Leipziger-GNotKG/*Zapf*, § 52 GNotKG Rn. 43.

§ 61 Vormerkung

Literatur: *Weirich*, NJW 1989, 1979; *Hager*, JuS 1990, 429; *Görmer*, JuS 1991, 1011; *Hüttinger*, NotBZ 1998, 105.

I. Wesen der Vormerkung

Die Vormerkung ist ein hybrides Institut. Sie ist einerseits kein Recht, sondern nur ein strikt vom Bestehen eines Anspruchs abhängiges Sicherungsmittel. Sie wird aber weitestgehend wie ein dingliches Recht behandelt. Die Abgrenzungen sind alles andere als klar. Eine Einigung, wie nach § 873 BGB für die Begründung dinglicher Rechte, ist zur Entstehung der Vormerkung nicht nötig, wohl aber eine (auch materiell-rechtliche[1]) *Bewilligung*. Bei der Vormerkung aufgrund einer einstweiligen Verfügung wird die Bewilligung durch die Entscheidung des Gerichts ersetzt. Weitere Voraussetzungen für das Entstehen einer Vormerkung sind die Eintragung im Grundbuch und die (zumindest mögliche) Existenz des gesicherten Anspruchs.

Wie ein dingliches Recht erlischt die Vormerkung nicht allein durch ihre (unberechtigte) Löschung im Grundbuch. Es ist vielmehr auch eine materiell-rechtliche Aufgabeerklärung erforderlich.[2]

II. Vormerkbare Ansprüche

1. Inhalt des Anspruchs

a) Vormerkbar sind nur die Ansprüche auf solche Rechtsänderungen, die später *selbst eintragungsfähig* sind, also der Anspruch auf Verschaffung oder Übertragung des Eigentums, der Anspruch auf Bestellung, Übertragung oder Löschung eines beschränkten dinglichen Rechts.

b) Der Anspruch muss sich gegen die Person richten, deren Recht geändert werden soll. Schuldner des Anspruchs muss also derjenige sein, der im Zeitpunkt der Eintragung der Vormerkung *Inhaber des Rechts* ist (»*Identitätsgebot*«).[3] Durch Auflassungsvormerkung kann also nur ein gegen den gegenwärtigen Eigentümer gerichteter Übereignungsanspruch gesichert werden. Richtet sich der Anspruch gegen jemand anderen (z.B. aus einem Kettengeschäft: Der Eigentümer E hat an V verkauft; dieser verkauft weiter an K, bevor er selbst Eigentümer geworden ist), so ist er nicht vormerkbar, selbst wenn der gegenwärtige Eigentümer die Eintragung bewilligt (im Beispielsfall kann der Anspruch des K nicht am Eigentum des E vorgemerkt werden). Auch wenn die Vormerkung fälschlich eingetragen wird, bleibt sie völlig wirkungslos. Unerheblich ist dagegen, dass ein Anspruch nach seinem Inhalt erst von Erben oder sonstigen Gesamtrechtsnachfolgern des Bewilligenden erfüllt werden muss.[4] Auch Ansprüche, die erst nach Eintritt einer Sonderrechtsnachfolge erfüllt werden müssen, können durch Vormerkung gesichert werden, wobei Sonderrechtsnachfolger nicht

---

1 BGH MittBayNot 2000, 104 m. Anm. *Demharter* = NJW 2000, 805.
2 BGH BB 1964, 576; NJW 1973, 323, OLG München, NJW-RR 2016, 529, 532.
3 Z.B. BGHZ 134, 182 = MittBayNot 1997, 169.
4 OLG Düsseldorf MittRhNotK 1996, 231, BGHZ 134, 182.

vormerkungsgesichert selbst zur Erfüllung verpflichtet werden können, sondern nur Mitwirkung nach §§ 883 Abs. 2 Satz 1, 888 BGB schulden.[5] Bei Schuldübernahme des gesicherten Anspruchs zeitgleich mit dem Eigentumserwerb bleiben ohne weitere Eintragung im Grundbuch Vormerkung und Vormerkungsschutz erhalten, nicht dagegen bei bloß isolierter Schuldübernahme (auch bei Zustimmung des Berechtigten).[6] Vom Identitätsgebot zu unterscheiden ist die Frage nach dem Belastungsgegenstand. Eine Vormerkung kann nur an dem Gegenstand eingetragen werden, auf den sich die Rechtsänderung bezieht, was nach der Rechtsprechung auch dazu führen soll, dass eine Vormerkung zur Sicherung des Anspruchs auf Übereignung einer Teilfläche nicht an einem Wohnungseigentum[7] oder an einem Miteigentumsbruchteil[8] eingetragen werden kann.

5   c) Unproblematisch sind hingegen *Ansprüche auf Leistung an Dritte*. Ist der Dritte bekannt und erhält er einen eigenen Anspruch auf Leistung, kann dieser Anspruch durch Vormerkung gesichert werden. Gibt ein Grundstückseigentümer gegenüber einem anderen ein notariell beurkundetes Kaufangebot ab und verpflichtet er sich darin, das Grundstück an einen vom Versprechensempfänger noch zu benennenden Dritten (nach Annahme des Angebots durch diesen) zu übereignen, so kann der künftige Anspruch des Versprechensempfängers auf Übereignung an den Dritten (§ 335 BGB) durch Vormerkung gesichert werden, nicht aber der Anspruch des noch nicht benannten Dritten.[9]

Auflassungsvormerkung für den Versprechensempfänger zugunsten eines Dritten

6 M   Verhandelt zu ..... am .....
..... Als nicht auf einen etwaigen Zugewinnausgleichsanspruch anrechenbare Schenkung überlässt der Ehemann der Ehefrau das im Wohnungsgrundbuch des Amtsgerichts ..... Blatt ..... eingetragene Wohnungseigentum, bestehend aus einem Miteigentumsanteil zu ..... an dem Grundstück ..... verbunden mit dem Sondereigentum an der im Aufteilungsplan mit Nr. ..... bezeichneten Wohnung, die derzeit Familienwohnheim ist. Die Vertragsteile sind über den Eigentumsübergang einig und bewilligen und beantragen, ihn in das Grundbuch einzutragen.
Ein Rückforderungsrecht für den Fall der Scheidung der Ehe der Vertragsparteien behält sich der Ehemann nicht vor. Gegenüber dem Ehemann verpflichtet sich die Ehefrau allerdings, das ihr überlassene Wohnungseigentum unentgeltlich dem gemeinsamen Kind Leopold, geb. am 13.01.20....., zu übereignen, wenn die Ehe der Vertragsparteien geschieden wird und falls sie sich wieder verheiraten sollte. Aus dieser Vereinbarung soll der Sohn Leopold keinen eigenen Anspruch erwerben. Der Anspruch des Ehemannes erlischt, wenn die Bedingung nicht noch vor dem Tod des Ehemannes eingetreten ist. Zur Sicherung des gegen die Ehefrau gerichteten bedingten Anspruchs des Ehemanns auf Übereignung des Wohnungseigentums an den Sohn Leopold bewilligen und beantragen die Vertragsteile die Eintragung einer Vormerkung zugunsten des Ehemanns. Die Vormerkung ist auflösend bedingt dadurch, dass das Eigentum im Range der Vormerkung auf den Sohn Leopold übergeht.
                                                                                                                             ....., Notar

---

5 OLG München DNotZ 2007, 296; eine unmittelbare Verpflichtung des Sonderrechtsnachfolgers wäre dagegen mit dem Identitätsgebot nicht vereinbar.
6 BGHZ 200, 179.
7 OLG Düsseldorf, NJW-RR 2013, 1174.
8 KG *NotBZ 2013*, 110; zum Schadensersatz beim Verzug mit der Erfüllung BGH DNotZ 2016, 285.
9 BGH MittBayNot 1983, 10, DNotZ 2009, 218; BayObLG DNotZ 1987, 101.

■ *Kosten*. Notar: Als Gegenleistung löst die Verpflichtung keine zusätzlichen Kosten aus, wenn der Wert aller Gegenleistungen der Ehefrau nicht über dem Wert des Grundstücks liegt. Dabei wird die bedingte Verpflichtung entgegen § 51 Abs. 1 S. 1 GNotKG nicht mit dem vollen Wert, sondern einem angemessenen Teilwert (§ 53 Abs. 3 GNotKG) zu berücksichtigen. Gericht: Gebühr von 0,5 aus Tabelle B zu § 34 GNotKG nach Nr. 14250 KV GNotKG i.V.m. § 45 Abs. 3 GNotKG.

d) Steht der Anspruch auf Rechtsänderung *mehreren Gläubigern* zu, muss deren *Berechtigungsverhältnis* nach § 47 GBO im Grundbuch verlautbart und daher auch in der Bewilligung angegeben werden. Maßgebend ist dabei nicht die Berechtigung am dinglichen Recht nach Erfüllung, sondern am Anspruch selbst.[10] Daher kann jede Art und Weise, auf die ein Anspruch mehreren Personen gemeinschaftlich zustehen kann, auch als Berechtigungsverhältnis bei der Vormerkung im Grundbuch eingetragen werden, z.B. Gesamtgläubigerschaft (§ 428 BGB), gemeinschaftliche Gläubigerschaft (§ 432 BGB) oder anwachsende Gläubigerschaft (§ 472 BGB). Differenziert man zwischen Berechtigung am Anspruch und Berechtigung am dinglichen Recht nach Erfüllung des Anspruchs, entstehen auch bei sog. *Alternativ-* oder *Sukzessivberechtigung* keine Schwierigkeiten. Soll ein Recht bspw. Ehegatten nach Bruchteilen zustehen, wenn der Anspruch zu Lebzeiten beider Ehegatten erfüllt wird, und nach dem Tod eines Ehegatten dem anderen alleine, kann der auf Einräumung des Rechts gerichtete Anspruch den Ehegatten dennoch als Gesamtgläubiger oder gemeinschaftliche Gläubiger zustehen.[11] Soll das Recht in diesem Beispiel zunächst einem Ehegatten alleine, dann dem anderen Ehegatten alleine zustehen, kann dies ebenso sein. Maßgeblich ist allein, ob es sich nach dem Willen der Beteiligten um einen einzigen Anspruch handeln soll (und auf welche Weise jeder von ihnen darüber verfügen kann) oder ob jeder Beteiligte einen eigenen Anspruch erwerben soll.[12] In Zweifelsfällen wird man bei der Gestaltung des Rechtsverhältnisses jedem Berechtigten seinen eigenen Anspruch zugestehen oder den Anspruch – bedingt – an den zweiten Berechtigten abtreten.[13]

2. Künftige, bedingte und unbestimmte Ansprüche

a) Künftige und bedingte[14] Ansprüche sind gemäß § 883 Abs. 1 Satz 2 BGB vormerkbar. Allerdings soll nicht jede noch so fernliegende Erwerbsaussicht den Schutz einer Vormerkung erhalten können. Wo die Grenze genau zu ziehen ist, ist unklar. Die üblichen Formeln vom »bereiteten Rechtsboden« oder vom »Abhängen der Anspruchsentstehung vom Willen des Schuldners«[15] können in den problematischen Grenzfällen letztlich nach Belieben bejaht oder verneint werden. Auch die Differenzierung zwischen künftigen und bedingten Ansprüchen führt nur zu einer Sammlung von Einzelfallentscheidungen, hilft also zur rechtssicheren Abgrenzung nicht weiter. Man sollte sich daher auf die Frage beschränken, ob der – bei § 883 BGB schuldrechtliche – Anspruch, die Voraussetzung seines Wirksamwerdens oder Entstehens und der Gläubiger dem sachenrechtlichen Bestimmtheitsgrundsatz entsprechend bezeichnet werden können. Ist das der Fall, kann auch eine Vormerkung zur Sicherung dieses Anspruchs bewilligt werden. Gläubigerschutzgründe sprechen nicht gegen eine liberalere Auffassung, denn um den Preis einer (anfechtbaren) Verfügung des Schuldners erwerben die Gläubiger des Anspruchsinhabers eine Vermögensposition, auf die sie zugrei-

---
10 BGH MittBayNot 1998, 28; OLG Hamm DNotZ 2006, 293.
11 BayObLG MittBayNot 1995, 204, OLG Karlsruhe DNotZ 2013, 200; OLG Düsseldorf FGPrax 2016, 253.
12 Vgl. BayObLG MittBayNot 1985, 22. Z.T. wird dies bestritten, z.B. *Schöner/Stöber*, Rn. 261b ff.
13 Wobei die bedingte Abtretung in das Grundbuch eingetragen werden kann, aber nicht muss (so auch, allerdings missverständnich OLG München, FGPrax 2017, 248 unter Berufung auf die klarere Entscheidung des OLG Thüringen Beschl. v. 31.03.2014 – 3 W 82/14).
14 Auch mehrfach bedingte, BGHZ 134, 182.
15 Z.B. BGHZ 134, 182 = MittBayNot 1997, 169 m.w.N.

fen können.[16] Vor unerträglicher Belastung des Grundstücksverkehrs schützt der gesunde Menschenverstand des Schuldners und, wenn dieser nicht weit genug reicht, der Rat des Notars. – *Beispiele:*[17] Ein Angebot ist durch Vormerkung sicherbar, auch wenn es frei widerruflich ist, denn bei Annahme vor Widerruf muss der Schuldner leisten.[18] Ein durch das Verhalten des Schuldners bedingter Anspruch vormerkbar,[19] denn hier muss der Schuldner das vereinbarte Verhalten meiden, will er nicht die Verpflichtung auslösen. Bestimmt genug ist auch die Bedingung erheblicher Vermögensverschlechterung.[20] Vormerkbar ist der aus einem schuldrechtlichen Vorkaufsrecht entstehende Übereignungsanspruch.[21] Nach m.A. kann ein Anspruch auch dann mit Vormerkung gesichert werden, wenn ein freies und befristetes[22] Rücktrittsrecht des Schuldners besteht oder dieser ein noch widerrufliches Angebot gemacht hat, denn hier besteht bis zur Ausübung des Gestaltungsrechts ein unbedingter und wirksamer Anspruch (str.).[23]

Vormerkung für einen Rückübereignungsanspruch

9 M
 Verhandelt zu ..... am .....
..... Der Veräußerer ist berechtigt, die Rückübereignung des heute überlassenen Grundbesitzes zu verlangen, wenn
  a) der betreffende Grundbesitz ganz oder teilweise durch Rechtsgeschäft, Erbfolge oder in anderer Weise auf andere Personen übergegangen ist als den heutigen Erwerber und/oder dessen Ehegatten oder Abkömmlinge oder
  b) der Eigentümer rechtsgeschäftlich eine Übereignungspflicht im Sinne von lit. a) begründet oder den Grundbesitz ohne Zustimmung des Veräußerers ganz oder teilweise belastet hat, oder
  c) der Grundbesitz ganz oder teilweise in ein Insolvenzverfahren geraten oder länger als drei Monate von einem Zwangsvollstreckungsverfahren betroffen ist.
Die durch die Rückübertragung entstehenden Kosten und Steuern trägt der heutige Veräußerer. Der Rückübertragungsanspruch erlischt, auch für alle anderen Fälle, wenn dem Anspruchsgegner nicht innerhalb von sechs Monaten ab Kenntnis des Veräußerers von Anspruchsgrund und Anspruchsgegner ein schriftliches Rückübertragungsverlangen zugegangen ist. Der Anspruchsgrund muss bei Zugang dieses Verlangens

---

16 S. dazu BGH MittBayNot 2008, 312.
17 Bei den Beispielen wird bewusst nach dem Schema der herrschenden Auffassung argumentiert; nach der hier vertretenen Auffassung kann in allen Beispielen ohnehin eine Vormerkung eingetragen werden.
18 BGH DNotZ 2002, 275, allerdings zum unwiderruflichen Angebot. Enger offenbar *Schöner/Stöber*, Rn. 1489c; diese Auffassung ist abzulehnen und zeigt nur, wie beliebig die Formel der h.M. ist: man könnte hier ebenso gut argumentieren, der Erwerber könne ja jederzeit das Angebot annehmen, sodass er nicht mehr der Willkür des Verpflichteten unterliegt als dieser der Willkür des Erwerbers.
19 BGHZ 134, 182 = MittBayNot 1997, 169.
20 OLG München MittBayNot 2008, 50 m. Anm. *Wartenburger*; ebenso OLG München MittBayNot 2009, 464 m. Anm. *Wartenburger* für die Bedingung »drohende Zwangsvollstreckung«; a.A. OLG Düsseldorf DNotZ 2008, 619 für »Aufrechterhaltung des bisherigen Lebensstandards«; dazu, dass solche Gestaltungen insolvenzfest sind, jedenfalls wenn nach der Gestaltung des gesicherten Anspruchs der Schuldner alle Leistungen zurückerhalten soll, die er für den belasteten Gegenstand erbracht hat, s. BGH MittBayNot 2008, 312, BGH RNotZ 2018, 100.
21 BGH NJW 2000, 1033.
22 Das unbefristete Rücktrittsrecht ist in der Praxis schwer vorstellbar; hier wird man eher zunächst den Leistungsaustausch vornehmen und ein freies Rückforderungsrecht vereinbaren, das dann vormerkbar ist – schließlich steht die Anspruchsverwirklichung bei der Rückforderung im Ermessen des Gläubigers.
23 Vorsichtiger und sehr lesenswert *Amann*, MittBayNot 2007, 13. Zu streng (bedingter Übereignungsanspruch bei widerruflichem Angebot nicht durch Vormerkung sicherbar) OLG München, MittBayNot 2010, 471, da hier durch jederzeitige Annahme dem Schuldner die Widerrufsmöglichkeit genommen werden konnte, was aber dem OLG nicht genügt.

noch bestehen. Vor Absendung des schriftlichen Verlangens ist der Rückübertragungsanspruch nicht vererblich und nicht übertragbar. Zug um Zug gegen Rückübertragung hat der Veräußerer die Aufwendungen des Erwerbers in den Vertragsbesitz zu ersetzen, soweit diese vor dem Rückübertragungsverlangen gemacht wurden und zu diesem Zeitpunkt den Wert der Sache objektiv noch erhöhen. Belastungen muss der Veräußerer nur übernehmen, soweit sie bereits heute im Grundbuch eingetragen sind oder mit seiner Zustimmung im Grundbuch eingetragen wurden. Zu weiteren Gegenleistungen ist der Veräußerer nicht verpflichtet. Gezogene Nutzungen hat der Erwerber nicht zu erstatten.
Zur Sicherung des bedingten Rückübereignungsanspruchs bewilligen und beantragen die Vertragsteile die Eintragung einer Vormerkung an dem vom Erwerber erworbenen Grundbesitz für den Veräußerer. Die Vormerkung ist auflösend befristet durch den Tod des Veräußerers, selbst wenn gesicherte Ansprüche fortbestehen sollten.

......, Notar

- *Kosten:* Notar: Wert der bedingten Verpflichtung als Veräußerungsverbot mit 10 % des Gegenstandswertes zu berücksichtigen (§ 50 Nr. 1 GNotKG). Gericht: Gebühr von 0,5 aus Tabelle B zu § 34 GNotKG nach Nr. 14250 KV GNotKG i.V.m. § 45 Abs. 3 GNotKG nach dem vollen Wert der Wohnungen.

§ 916 Abs. 2 ZPO beschränkt die Vormerkbarkeit künftiger oder bedingter Ansprüche durch einstweilige Verfügung, solange der Eintritt der Bedingung oder die Entstehung des Anspruchs so fernliegend ist, dass der Anspruch noch keinen Vermögenswert hat,[24] z.B. der bedingte Übereignungsanspruch des vorkaufsberechtigten Mieters (§ 577 BGB) vor Abschluss eines Kaufvertrages. Solche Ansprüche sollen nicht allein durch Zuweisung einer Buchposition Vermögenswert erhalten. Das bewirkt auch bei der Vormerkung aufgrund einstweiliger Verfügung den Schutz des Grundbuchverkehrs.   10

Nach allgemeiner Meinung noch nicht in das Stadium künftiger Ansprüche getreten sind solche aus Verfügungen von Todes wegen, solange der Erblasser lebt. Der Anspruch eines *Vermächtnisnehmers* ist daher nicht vormerkbar, auch nicht im Fall eines Erbvertrags.[25]   11

b) Die Rechtsprechung ist großzügig in der Zulassung von Vormerkungen zugunsten *künftiger Personen*. So soll es möglich sein, für den jeweiligen Eigentümer eines anderen Grundstücks eine Vormerkung zu bestellen.[26] Für eine Kommanditgesellschaft in Gründung soll[27] die Eintragung einer Auflassungsvormerkung möglich sein (allerdings nur unter Angabe aller Gesellschafter), ebenso für eine GmbH in Gründung.[28] Sogar eine noch nicht erzeugte Person soll Gläubiger einer Vormerkung sein können.[29] Der Notar wird allen solchen Gestaltungen höchst skeptisch gegenüberstehen. Er wird den Beteiligten nahe bringen, wie schwierig[30] es werden kann, eine solche Vormerkung wieder aus dem Grundbuch zu entfernen, falls die KG oder die GmbH nicht entstehen, der noch nicht Gezeugte nie gezeugt werden sollte. Jahre-, ja jahrzehntelange Grundbuchsperren können die Folge sein.   12

---

24 MüKo-BGB/*Kohler*, § 885 BGB Rn. 3 (str.).
25 BGHZ 12, 115 = DNotZ 1954, 364. Bis zum Erbfall ist der Vermächtnisanspruch noch kein bestimmter schuldrechtlicher Anspruch eines bestimmten Gläubigers, sondern eine mehr oder weniger konkrete Hoffnung eines mehr oder weniger großen Personenkreises, von einem Erbfall zu profitieren.
26 BGHZ 22, 220; OLG München MittBayNot 2017, 496.
27 BayObLG MittRhNotK 1985, 146.
28 BayObLG DNotZ 1979, 502.
29 Zitiert wird hier üblicherweise (z.B. von MüKo-BGB/*Kohler* § 883 BGB Rn. 39) RGZ 61, 355, die allerdings keine Vormerkung, sondern eine Hypothek betrifft.
30 Im Ergebnis zu streng KG NZG 2015, 70, was aber die Mahnung zur Vorsicht bei derartigen Gestaltungen nur bestätigt.

13 c) Ebenfalls großzügig ist die Rechtsprechung bei der Vormerkung noch *unbestimmter*, wenn auch bestimmbarer *Ansprüche*. So soll bei einer Wahlschuld an jedem der möglichen Wahlobjekte eine Vormerkung eingetragen werden können.[31] Auch der zukünftige oder bedingte Anspruch auf Übertragung eines Miteigentumsanteils an einem Grundstück soll vorgemerkt werden können, auch wenn die Quote des zu übertragenden Miteigentumsanteils bei Eintragung der Vormerkung noch nicht bestimmt ist.[32] Der Anspruch eines Wohnungseigentümers auf Einräumung von Sondereigentum an den Räumen eines Gebäudes, das er auf einer bestimmt bezeichneten Teilfläche des gemeinschaftlichen Grundstücks »nach Maßgabe der künftigen baurechtlichen Genehmigung« errichten darf, soll ebenfalls durch eine Vormerkung gesichert werden können.[33] Auch in allen diesen Fällen empfiehlt sich für den Notar Zurückhaltung. Vormerkungen, bei denen unklar ist, wie sie im Streitfall realisiert werden sollen, geben den Beteiligten nur Steine statt Brot, gaukeln Sicherheit vor, wo bestenfalls mühsamste Rechtsstreitigkeiten bevorstehen.

3. Mehrere Ansprüche und mehrfache Rechtsänderung

14 Mit einer Vormerkung kann grundsätzlich nur ein einzelner Anspruch gesichert werden.[34] Allerdings kann dieser Anspruch auch auf mehrere gleichartige,[35] wiederholte[36] oder verschiedenartige[37] Rechtsänderungen gerichtet sein.

Vormerkung zur Sicherung der wiederholten Eintragung einer Dienstbarkeit

15 M ..... Für den Fall, dass das Eigentum an der Photovoltaikanlage des Berechtigten im Wege der Gesamt- oder Sonderrechtsnachfolge auf einen Dritten übergeht, verpflichtet sich der Eigentümer gegenüber dem Berechtigten, Zug um Zug mit Löschung der in Ziffer II. bestellten Dienstbarkeit für den (bisherigen) Berechtigten, dem jeweiligen Inhaber des Anspruchs oder einem von ihm benannten Dritten eine beschränkte persönliche Dienstbarkeit mit dem in Ziffer II. vereinbarten Inhalt zu bestellen. Der Anspruch ist befristet bis zum ...... Bis zu diesem Zeitpunkt kann er jedoch beliebig oft ausgeübt werden. Auch ist der Anspruch vererblich und veräußerlich, letzteres jedoch nur gemeinsam mit dem Eigentum an der Photovoltaikanlage oder dem Anspruch auf Rückgewähr der Anlage, sollte diese zur Sicherheit an einen Finanzierungsgläubiger übereignet sein.[38] Die Beteiligten bewilligen und beantragen für den damit begründeten Anspruch des Berechtigten auf (u.U. mehrmalige) Bestellung einer beschränkten persönlichen Dienstbarkeit im Gleichrang mit der in Ziffer II. bestellten Dienstbarkeit eine Vormerkung für den Berechtigten einzutragen.

---

31 BayObLGZ 1973, 309.
32 OLG Düsseldorf DNotZ 1997, 162; vgl. auch BGH, DNotZ 2013, 369.
33 BayObLG NJW-RR 1992, 663.
34 BayObLG DNotZ 1999, 1011.
35 BayObLG DNotZ 2002, 293: eine Vormerkung zur Sicherung des Anspruchs auf Bestellung von 35 Erbbaurechten.
36 OLG München DNotZ 2007, 296; OLG München MittBayNot 2011, 231 vgl. zum dem dem Muster zu Grunde liegenden Fall »PV-Anlagen« *Keller*, DNotZ 2011, 99, 108 f.
37 Z.B. Übereignung und Lastenfreistellung, vgl. BGH DNotZ 1959, 399; BGH MittBayNot 2008, 211.
38 Der schuldrechtliche Anspruch auf Bestellung von beschränkten persönlichen Dienstbarkeiten kann abtretbar ausgestaltet sein. Die scheinbar gegenteilige Rechtsprechung betrifft die Auslegung von Ansprüchen, wo dies nicht ausdrücklich geregelt ist; vgl. z.B. BGH NJW 2010, 1074 mit missverständlichem 2. Leitsatz (»ist nicht abtretbar«; treffender wäre nach der Begründung »ist im Zweifel nicht abtretbar«); wie hier im Ergebnis OLG München, RNotZ 2016, 388, MittBayNot 2017, 382, FGPrax 2017, 112.

■ *Kosten:* Notar: Die bedingte Verpflichtung kann hier mit einem Teilwert, allerdings in Höhe von mindestens 50 % des Wertes der Dienstbarkeit angesetzt werden (§ 52 Abs. 6 GNotKG). Die Verpflichtung gegenüber dem *Berechtigten* ist gegenstandsgleich zur Dienstbarkeitsbestellung (§ 109 Abs. 1 GNotKG). Gegenstandsverschieden ist dagegen die Verpflichtung gegenüber einem Finanzierungsgläubiger des Berechtigten, denn sie dient nicht der Durchführung des Nutzungsrechts, sondern der Durchführung des Kreditvertrags (wie auch Finanzierungsgrundschuld und Kaufvertrag nicht gegenstandsgleich sind; nach neuem Recht ergibt sich dies auch aus einem Erst-Recht-Schluss aus § 110 Nr. 2a) GNotKG: Wenn schon die Finanzierung der Gegenleistung ein anderer Beurkundungsgegenstand ist, dann erst Recht Erklärungen, die eine sonstige Finanzierung – Anschaffung der Anlage, nicht Nutzung des Grundstücks – betreffen. Gericht: Gebühr von 0,5 aus Tabelle B zu § 34 GNotKG nach Nr. 14250 KV GNotKG i.V.m. § 45 Abs. 3 GNotKG aus dem vollen Wert der Dienstbarkeit.

III. Die Bestellung der Vormerkung

1. Eintragungsbewilligung

a) Gemäß § 885 Abs. 1 BGB genügt die Bewilligung des Betroffenen in der Form des § 29 GBO (s. zur Bedeutung der Bewilligung oben Rdn. 1). **16**

b) Wenn zur Verwirklichung des Anspruchs eine behördliche *Genehmigung* erforderlich ist, braucht sie zur Eintragung der Vormerkung auf Auflassung oder Eigentumserwerb noch nicht erteilt zu sein.[39] Für die Genehmigung nach GVO (oben § 36 Rdn. 54 ff.) ist dies im Gesetz ausdrücklich ausgesprochen (§ 2 Abs. 1 Satz 2 Nr. 4 GVO). Das gilt auch für zivilrechtliche Zustimmungen, die zu einer Veräußerung notwendig sind, z.B. für die in § 12 Abs. 1 WEG vorgesehene Zustimmung der Wohnungseigentümer oder des Verwalters zur Veräußerung des Wohnungseigentums[40] und selbst für die noch ausstehende Genehmigung des ohne Vertretungsmacht vertretenen Käufers.[41] **17**

Anders wird dies überwiegend – nicht konsequent – bei für den *Schuldner* des Anspruchs notwendiger Genehmigung des Betreuungs- oder Familiengerichts gesehen. Diese ist Voraussetzung auch schon der Eintragung der Vormerkung.[42] Eine Vormerkung *zugunsten* des Betreuten oder Minderjährigen kann dagegen schon vor Erteilung der gerichtlichen Genehmigung eingetragen werden.[43] **18**

2. Eintragung

a) Eine angesichts des Massenphänomens »Vormerkung« *erstaunliche Unklarheit* besteht zu der Frage, was im Grundbuch einzutragen ist. Die Vorschrift des § 885 Abs. 2 BGB, wonach bei der Eintragung zur näheren Bezeichnung des zu sichernden Anspruchs auf die Eintragungsbewilligung Bezug genommen werden kann, hilft nicht weiter, weil unklar ist welches die einzutragenden und daher in Bezug zu nehmenden Merkmale »näherer Bezeichnung« sind. Drei Auffassungen sind – nicht immer scharf – unterscheidbar: Die mildeste begnügt sich mit der Angabe der rechtlichen Veränderung, die in das Grundbuch eingetragen werden soll.[44] Eine Mittelmeinung verlangt zusätzlich Merkmale zur Identifizierung des Anspruchs.[45] **19**

---

39 BayObLG DNotZ 1970, 152.
40 BayObLG DNotZ 1964, 722.
41 BayObLG DNotZ 1990, 297.
42 OLG Oldenburg DNotZ 1971, 484; OLG Celle DNotZ 1980, 554; KG Rpfleger 2017, 266.
43 BayObLG DNotZ 1994, 182.
44 So wohl *Wacke*, DNotZ 1995, 507 und ihm folgend BGH NJW 2000, 805; BGH MittBayNot 2008, 212.
45 So wohl die bisher h.L., RGZ 133, 267.

§ 61 Vormerkung

Schließlich wird vertreten, der ganze Anspruch (einschließlich der Abhängigkeit von einer Gegenleistung usw.) sei – ggf. durch Bezugnahme auf einen zugrunde liegenden Vertrag – einzutragen.

20 b) Die Frage hat Auswirkungen zunächst auf den *Vorgang der Antragstellung* beim Grundbuchamt. Folgt man einer der beiden erstgenannten Meinungen, ist es überflüssig, dem Grundbuchamt immer die vollständige Urkunde einzureichen; z.B. würde es bei einem Grundstückskaufvertrag völlig genügen, Grundstück, Verkäufer und Käufer anzugeben und zusätzlich, dass der Anspruch des Käufers auf Übereignung vorgemerkt werden solle.[46] Um der Mittelmeinung gerecht zu werden, würde es ausreichen, zusätzlich auch die Nummer der Urkundenrolle anzugeben. Nur die dritte Theorie erfordert die vollständige Einreichung.

21 c) Noch bedeutsamer sind die Auswirkungen im Fall, dass sich der *Anspruch nachträglich ändert*. Nach der Auffassung des BGH[47] wirken sich Änderungen auf die Vormerkung überhaupt nicht aus, solange nur die vorgemerkte Rechtsänderung einschließlich des Gläubigers unverändert bleibt. Auch Erweiterungen des Anspruchs können unschädlich sein.[48] Selbst ein Austausch der Anspruchsgrundlage bleibt unschädlich und muss nicht im Grundbuch eingetragen werden. Die Vormerkung wirkt weiter – auch im Verhältnis zu nachrangigen Gläubigern, soweit diese erst nach Eintragung und neuer Bewilligung im Grundbuch eingetragen werden. Gleiches soll auch bei Erweiterungen des gesicherten Anspruchs gelten. Diese Auffassung ist jedoch abzulehnen. Der Schluss, es müsse *nichts* publiziert werden, weil aus Grundbuch und Grundakten ohnehin *nicht alle* Umstände ersichtlich werden, die für das (Fort-)Bestehen des gesicherten Anspruchs relevant sind, überzeugt ebenso wenig wie der Einwand »Förmelei« im Grundbuchverfahren, das ja gerade durch Wahrung bestimmter Verfahren Rechtssicherheit gibt. Besser ist es, dem Grundbuch so viel Aussagekraft wie möglich zu geben – so konnte bisher z.B. der Rang der Vormerkung, das Bestehen eines sicherbaren Anspruchs unterstellt, zweifelsfrei festgestellt werden.[49] Dies gilt umso mehr, als auch die Austauschbarkeit der Ansprüche nach dem BGH Grenzen haben soll, wenn der Anspruch nicht »kongruent« ist, was bspw. bei einem unübertragbaren und unvererblichen Anspruch einerseits, einem übertragbaren und vererblichen Anspruch andererseits nicht der Fall sei.[50]

22 Nach der Mittelmeinung kommt es darauf an, ob der Anspruch seine Identität behält. Das ist etwa dann der Fall, wenn die Annahmefrist zu einem Angebot verlängert wird;[51] die Vormerkungssicherung bleibt nach dieser Auffassung gewährleistet, ohne dass es der Zustimmung der nachrangigen Gläubiger bedürfte. Nach der strengen dritten Auffassung dagegen hat sich der Umfang des gesicherten Anspruchs erweitert; dies müssen die nachrangigen Gläubiger nicht hinnehmen;[52] die Erweiterung wirkt ihnen gegenüber nicht. Dasselbe würde etwa gelten, wenn der Kaufpreis herabgesetzt würde (die Verringerung der Gegenleistung verstärkt den gesicherten Anspruch) oder der Erfüllungszeitpunkt vorgezogen würde.

23 d) Unter dem Gesichtspunkt, dass der Notar den sichersten Weg zu gehen hat, wird er seinem Handeln, solange die Konsequenzen der Rechtsprechung des BGH nicht im Detail

---

46 So z.B. OLG München, MDR 2011, 690.
47 *Wacke*, DNotZ 1995, 507 und BGH NJW 2000, 805.
48 BGH MittBayNot 2008, 212.
49 *Amann*, MittBayNot 2000, 197, 200 f.; *ders.*, DNotZ 2008, 520.
50 BGH, DNotZ 2012, 609; BGH MittBayNot 2013, 476.
51 Unklar OLG Karlsruhe DNotZ 1994, 252.
52 So OLG Frankfurt am Main DNotZ 1994, 247 m. Anm. *Promberger*.

geklärt sind, die *strengste Auffassung* zugrunde legen. Die Praxis, dem Grundbuchamt den vollen Vertragstext vorzulegen, um die Eintragung des gesamten Anspruchsinhalts zu erreichen, ist also ebenso richtig[53] wie das Bemühen, bei jeder Änderung mit Zustimmung etwaiger nachrangigen Gläubiger die Eintragung zu veranlassen, dass sich der vorgemerkte Anspruch verändert hat oder gar eine neue Vormerkung zu bestellen.

3. Gutgläubiger Erwerb

Die Vormerkung kann gutgläubig (erst-)erworben werden, wenn ihre Eintragung von Bucheigentümer – bzw. bei anderen Rechten vom Buchberechtigten – statt vom wahren Eigentümer bewilligt wurde (§ 893 BGB). **24**

IV. Die Wirkungen der Vormerkung

1. Verfügungsverbot

a) Das relative Verfügungsverbot, das die Vormerkung gemäß § 883 Abs. 2 BGB bewirkt, hindert zunächst weder Verfügungen über den Gegenstand, an dem die Vormerkung bestellt wurde, noch die Zwangsvollstreckung in diesen Gegenstand. Es kann geltend gemacht werden, wenn der vormerkungsgesicherte Anspruch wirksam und fällig ist.[54] Eine konkretere Beeinträchtigung, die z.B. erst mit Erfüllung des vormerkungsgesicherten Anspruchs durch Übereignung des Grundstücks auf den Berechtigten eintritt, ist nicht erforderlich.[55] Der Dritte ist dadurch geschützt, dass er sämtliche Einreden und Einwendungen des Vormerkungsschuldners gegen die Vormerkung und den gesicherten Anspruch geltend machen kann und zudem der Berechtigte der Vormerkung die Beweislast für Bestand und Fälligkeit des gesicherten Anspruchs trägt. Zudem muss er die Zustimmung nach § 888 Abs. 1 BGB nur unter dem – verfahrensrechtlichen – Vorbehalt erteilen, dass die vormerkungsgesicherte Rechtsänderung auch tatsächlich im Grundbuch vollzogen wird.[56] Die Sicherungswirkung der Vormerkung genießt der Berechtigte nämlich nur, wenn und soweit die Rechtsänderung zu seinen Gunsten in Erfüllung des gesicherten Anspruchs erfolgt ist oder erfolgen soll.[57] **25**

In keinem Fall verwirklicht das *Grundbuchamt* den vorgemerkten Anspruch. Es ist Sache des Berechtigten, die Vormerkungswirkung notfalls auf dem ordentlichen Rechtsweg durchzusetzen. Der Notar ist in der Regel nicht befugt, ihn dabei zu vertreten; er formuliert nur zurückhaltend. **26**

Anforderung einer Löschungsbewilligung

**Sehr geehrter Herr .....!
Im Grundbuch des Amtsgerichts ..... von ....., Blatt ....., ist in Abt. III unter der Nummer ..... zu Ihren Gunsten eine Zwangssicherungshypothek über 17.233,33 € eingetragen. Im Rang vor dieser Hypothek ist eine Auflassungsvormerkung für A.X. eingetragen. Nunmehr soll, da der Anspruch auf Übereignung nach Aktenlage fällig ist, Herr A.X. inzwischen als Eigentümer im Grundbuch eingetragen werden. Ebenfalls nach Akten-** **27 M**

---

53 Vgl. z.B. die Übersicht bei *Schöner/Stöber*, Rn. 1514 f., zur Frage wann dem Grundbuchamt was einzureichen ist, aus der man nur die Erkenntnis gewinnt, dass jedenfalls bei Einreichung der gesamten Urkunde die Vormerkung eingetragen wird.
54 BGH DNotZ 2011, 125.
55 BGH DNotZ 2011, 125; anders noch OLG Zweibrücken MittBayNot 2006, 417.
56 Zum Schutz des Dritten ebenfalls BGH DNotZ 2011, 125.
57 BGH DNotZ 2007, 829 m. Anm. *Amann*.

lage sind sie daher gemäß § 888 Absatz 1 des Bürgerlichen Gesetzbuchs verpflichtet, die Zustimmung zur Löschung der Zwangshypothek zu erteilen. Deshalb übermittle ich Ihnen in der Anlage eine vorbereitete entsprechende Erklärung, die selbstverständlich unter dem Vorbehalt der Eigentumsumschreibung auf Herrn A.X. steht, mit der Bitte, sie vor einem Notar zu unterzeichnen und sie mir anschließend zur Verfügung zu stellen. Sollten Sie nach Ihrer Meinung entgegen dem ersten Anschein doch nicht zur Löschungszustimmung verpflichtet sein, bitte ich Sie, mir das mitzuteilen. Es wird in diesem Fall Sache von Herrn A.X. sein, wie er den Anspruch weiter verfolgen will.
Mit freundlichen Grüßen! Notar

28 **b)** Das relative Verfügungsverbot ergreift auch *Positionen des öffentlichen Rechts*. Insbesondere ist eine vom Grundstückseigentümer nach Eintragung einer Auflassungsvormerkung übernommene Baulast dem Grundstückskäufer gegenüber insoweit unwirksam, als sie dessen Ansprüche vereiteln oder beeinträchtigen würde.[58]

2. Rangwirkung

29 Die sog. Rangwirkung der Vormerkung ist keine eigenständige Wirkung, sondern bedeutet nur, dass auch Beeinträchtigungen des Rangs vom relativen Verfügungsverbot umfasst werden. Obwohl die Vormerkung nicht erlischt, wenn sie ohne Aufgabeerklärung gelöscht wird (oben Rdn. 2), kann ihr Rang dann gutgläubig erworben werden. Daher muss unbeabsichtigte Löschung vermieden werden. Ein Löschungsantrag kann mit einem entsprechenden Vorbehalt versehen werden; er ist trotz § 16 GBO unschädlich, da es sich um eine bloße Rechtsbedingung handelt.[59]

Vorweggenommener Löschungsantrag

30 M ..... Bereits jetzt wird bewilligt und beantragt, die Vormerkung zugleich mit Eintragung des Eigentumsübergangs zu löschen, vorausgesetzt das Eigentum wird im Rang der Vormerkung umgeschrieben.[60]

31 In der Zwangsversteigerung hat die Vormerkung Rang nach § 10 Abs. 1 Nr. 4 ZVG, so dass beispielsweise Ansprüche aus rückständigen Hausgeldforderungen (die nach § 10 Abs. 1 Nr. 2 ZVG) dazu führen können, dass die Vormerkung nicht ins geringste Gebot aufgenommen wird.[61] Die Vormerkung ist auch kein die Versteigerung hinderndes Recht im Sinne von § 28 Abs. 1 Satz 1 ZVG.[62]

3. Wirkung in der Insolvenz

32 Die Vormerkung wirkt nach § 106 InsO auch in der Insolvenz. Der Vormerkungsgläubiger kann für den vorgemerkten Anspruch Befriedigung aus der Insolvenzmasse verlangen, ohne dass sich der Insolvenzverwalter bei einem *gegenseitigen Vertrag* darauf berufen könnte, dass er die Vertragserfüllung gemäß § 103 Abs. 2 InsO abgelehnt habe. Nach § 106 Abs. 2 Satz 2 InsO muss allerdings ausschließlich der vorgemerkte Anspruch erfüllt werden, bei

---

58 VGH Mannheim NJW 1990, 268; VGH Mannheim NJW 1993, 678; OVG Bautzen DÖV 1995, 251.
59 OLG Hamm MittRhNotK 1992, 149; OLG Frankfurt am Main OLGR Frankfurt 1993.
60 Das Eigentum hat stets letzte Rangstelle, sodass Eintragungen mit Rang nach der Vormerkung die Eigentumsumschreibung im Rang der Vormerkung verhindern. Die Vormerkung bleibt für diesen Fall also erhalten.
61 BGH DNotZ 2014, 769.
62 St. Rspr. seit BGHZ 46, 124.

einem Bauträgervertrag also bspw. nur die Übereignungspflicht, nicht etwa auch die Pflicht zur Gebäudeherstellung. Der Insolvenzverwalter kann dem Anspruch alle Einwendungen und Einreden entgegenhalten, die auch dem Schuldner zustanden.

Wird der vorgemerkte Anspruch vor Eröffnung des Insolvenzverfahrens *abgetreten*, führt die Insolvenz des Zedenten grundsätzlich nicht zur Unwirksamkeit der Abtretung – selbst wenn sie nur bedingt erfolgt ist.[63] Allerdings kann die Abtretung der Insolvenzanfechtung (§§ 129 ff. InsO) unterliegen. Zudem kann der Insolvenzverwalter zur Sicherheit abgetretene Forderungen nach § 166 Abs. 2 InsO zur Verwertung einziehen und vom Zessionar einen Kostenbeitrag zur Insolvenzmasse verlangen (§§ 170 f. InsO), was bei vormerkungsgesicherten Forderungen dem Interesse des Sicherungszessionars trotz seines Absonderungsrechts[64] am Erlös regelmäßig nicht entsprechen wird. Bei der Arbeit mit »abgetretenen« Auflassungsvormerkungen ist (nicht nur deshalb) größte Vorsicht geboten. 33

Auch *künftige oder bedingte Ansprüche* sind geschützt, wenn sie vormerkbar sind (s.o. Rdn. 8).[65] Ist der gesicherte Anspruch dagegen erloschen oder (endgültig) unwirksam, gewährt die bloße Buchposition aus der dann ebenfalls unwirksamen Vormerkung in der Insolvenz des Vormerkungsschuldners keine Rechte; der Vormerkungsgläubiger kann sich insbesondere gegenüber dem Löschungsverlangen nicht auf ein Zurückbehaltungsrecht nach § 273 BGB berufen.[66] 34

4. Zustimmung des Vormerkungsberechtigten

Der Anspruch aus §§ 883 Abs. 2, 888 Abs. 1 BGB besteht nicht, wenn der Vormerkungsberechtigte der Verfügung zugestimmt hat (entsprechend §§ 2113 Abs. 3, 185 BGB).[67] Herkömmlicherweise wird diese Zustimmung in einen *Rangrücktritt* mit der Vormerkung gekleidet.[68] Auf Bewilligung des Vormerkungsberechtigten kann aber auch ein »Wirksamkeitsvermerk« in das Grundbuch eingetragen werden, der die Zustimmung mit derselben Rechtswirkung dokumentiert; die Eintragung erfolgt sowohl bei dem Eintragungsvermerk über das Verfügungsgeschäft (z.B. einer eingetragenen Grundschuld) als auch bei der Vormerkung.[69] 35

Bewilligung eines Wirksamkeitsvermerks

Im Grundbuch des Amtsgerichts ..... von ....., Blatt ....., ist in Abt. II unter der Nummer ..... zu meinen Gunsten eine Auflassungsvormerkung eingetragen. Im Rang nach dieser Auflassungsvormerkung ist in Abt. III des Grundbuchs unter der Nr. ..... eine Grundschuld ohne Brief zu 100.000,00 € nebst Zinsen für ..... eingetragen. Als Berechtigter aus der Vormerkung habe ich der Bestellung der genannten Grundschuld zugestimmt. Ich bewillige, bei der Grundschuld und bei meiner Vormerkung einzutragen, dass die Grundschuld meiner Vormerkung gegenüber wirksam ist.
[Notarielle Beglaubigung] 36 M

---

63 BGH DNotZ 2004, 123.
64 BGH ZIP 2010, 739.
65 BGH MittBayNot 2007, 45.
66 BGH DNotZ 2009, 434.
67 Hiervon zu unterscheiden sind Fälle, in denen der gesicherte Anspruch sich nicht auf die Freiheit von bestimmten Belastungen gerichtet hat, die Verfügung also nicht vormerkungswidrig war; vgl. BGH MittBayNot 2008, 211.
68 BGHZ 46, 124; OLG Bremen WM 2005, 1241. Zu Unrecht a.A. *Schubert*, DNotZ 1999, 967.
69 BGH NJW 1999, 2275; instruktive Anm. *Amann*, LM § 873 BGB Nr. 25.

§ 61 Vormerkung

■ *Kosten.*
– Des Notars: Gebühr von 0,5 nach Nr. 24102 i.V.m. 21201 Nr. 4 KV GNotKG, § 92 Abs. 2 GNotKG, aus 100.000 € (unter der Annahme, dass der Wert des zur Übereignung vorgemerkten Grundstücks höher ist). Wird der Wirksamkeitsvermerk gleichzeitig mit dem Grundpfandrecht zur Eintragung bewilligt, ist er beim Notar gegenstandsgleich und nicht zusätzlich zu bewerten.
– Des Grundbuchamts: Kostenfrei unter dem Regime des GNotKG, da die Vormerkung in Nr. 14130 KV GNotKG – bewusst[70] – nicht genannt ist, es nach Abs. 2 zu Nr. 14130 KV GNotKG aber auf das zurücktretende Recht ankommt. Die Frage, ob der Wirksamkeitsvermerk beim Gericht bei gleichzeitiger Eintragung mit der Grundschuld gebührenfreies Nebengeschäft ist, stellt sich bei Anwendung des GNotKG daher nicht mehr. Da aber auch der Rangrücktritt selbst auch keine Grundbuchkosten auslöst, sind Rangrücktritt und Wirksamkeitsvermerk mit Blick auf die Grundbuchkosten bei Anwendung des GNotKG gleichwertig.

V. Abtretung und Löschung

1. Verfügungen über den vorgemerkten Anspruch

37 Die Vormerkung als solche ist nicht abtretbar. Ausdrücke wie »Abtretung der Auflassungsvormerkung« sollten deshalb vermieden werden. Wird aber der vorgemerkte Anspruch abgetreten (dazu § 56 Rdn. 24 ff.), so folgt ihm auch die Vormerkung entsprechend § 401 Abs. 1 BGB. Dass der Anspruch vorgemerkt ist, macht die Abtretung nicht formbedürftig, weil eine Vorschrift nach Art des § 1154 BGB fehlt. Die Eintragung der Abtretung im Grundbuch ist Grundbuchberichtigung. Demgemäß genießt sie keinen Gutglaubensschutz. Weder hängt die Wirksamkeit der Abtretung des Anspruchs von der Grundbucheintragung ab noch beweist die Grundbucheintragung, dass der neue Gläubiger den Anspruch wirklich erworben hat. Wer einen vorgemerkten Anspruch erwirbt, genießt also *keinerlei Grundbuchsicherheit*. Die »Abtretung der Auflassungsvormerkung« ist unter Sicherheitsaspekten mit der Neueintragung einer Vormerkung in keiner Weise vergleichbar.

Abtretung eines durch Vormerkung gesicherten Anspruchs

38 M Im Grundbuch des Amtsgerichts ..... von ....., Blatt ....., ist in Abt. III unter der Nummer ..... zu Gunsten der ABC Bau-GmbH eine Vormerkung zur Sicherung des Anspruchs auf Bestellung einer Sicherungshypothek über 17.233,33 € für einen Anspruch auf Werklohn nach Maßgabe des Werkvertrags vom ..... mit der ..... eingetragen. Die ABC Bau-GmbH tritt hiermit die Werklohnforderung, die der Eintragung zugrunde liegt, nebst ihrem Anspruch auf Bestellung einer Sicherungshypothek hierfür an die ..... -Bank ab. Die Bank wird ermächtigt, die Abtretung dem Schuldner anzuzeigen. Die ABC Bau-GmbH bewilligt und beantragt hiermit, die Abtretung bei der Vormerkung zu vermerken.
Notarielle Unterschriftsbeglaubigung mit Vertretungsbescheinigung

■ *Kosten.* Notar: Aus 17.233,33 € Gebühr von 1,0 aus Tabelle B zu § 34 Abs. 2 GNotKG nach Nr. 24101 KV GNotKG (mit der die »erste« Beglaubigung im Sinne der Vorbem. 2.4.1. Abs. 2 KV GNotKG abgegolten ist), weil wegen §§ 409 Abs. 1 Satz 2, 403 BGB die Abtretung selbst

---

[70] BT-Drucks. 17/11471 S. 255.

dokumentiert und nicht nur die Eintragungsbewilligung beglaubigt werden sollte; Vertretungsbescheinigung Nr. 25200 KV GNotKG. Gericht: kostenfrei, da in der Vorbemerkung 1.4.1.4. KV GNotKG – bewusst[71] – nicht genannt.

Zur Verpfändung des vorgemerkten Anspruchs s. § 32 Rdn. 359 ff. Zur Abtretung eines Anwartschaftsrechts s. § 56 Rdn. 30 **39**

2. Gutgläubiger Erwerb

Die Vormerkung vermittelt keinen gutgläubigen Erwerb der gesicherten Forderung (s. Rdn. 37). Hat der Zessionar aber die Forderung ordnungsgemäß erworben, dann kann er die Vormerkung gutgläubig (zweit-)erwerben, wenn sie fälschlich eingetragen war.[72] **40**

3. Löschung

Die Löschung richtet sich nach allgemeinen Vorschriften. Die Löschungsbewilligung kann Berichtigungsbewilligung sein, wenn der vorgemerkte Anspruch erloschen ist, oder gewöhnliche Eintragungsbewilligung, wenn die Vormerkung gelöscht werden soll, obwohl der Anspruch fortbesteht. Ist die Vormerkung selbst auflösend bedingt oder befristet, kann sie auf bloßen Antrag gelöscht werden, wenn dem Grundbuchamt der Eintritt der Bedingung oder der Ablauf der Befristung nachgewiesen ist. Dabei kann auflösende Bedingung auch der Löschungsantrag des Notars sein.[73] Ist dagegen der Anspruch selbst auflösend bedingt oder befristet, so kann nach der – abzulehnenden (s. Rdn. 21) – Auffassung, die Vormerkung könne aufgeladen werden, die Vormerkung nur dann auf Antrag und ohne Bewilligung des Berechtigten oder seines Rechtsnachfolgers gelöscht werden, wenn ein kongruenter anderer gesicherter Anspruch nicht möglich ist, bspw. weil der gesicherte Anspruch nicht vererblich und nicht übertagbar ist.[74] S. zur Löschungserleichterung und zur Vormerkung mit auflösender Bedingung auch § 55 Rdn. 49 f. Ist die gesicherte Forderung verjährt, besteht nach § 886 BGB ein Löschungsanspruch und die Vormerkung erlischt nicht von selbst. **41**

---

71 BT-Drucks. 17/11471 S. 320 f.
72 BGHZ 25, 16.
73 KG MittBayNot 2017, 245; OLG Schleswig NotBZ 2017, 76.
74 DNotZ 2012, 609.

§ 62 Vorkaufsrecht, Wiederkaufsrecht, Ankaufsrecht

I. Vorkaufsrecht

1. Beratung

1 **a)** Wird der Notar mit der Einräumung eines Vorkaufsrechts befasst, hat er – wie immer – den wirklichen Willen der Beteiligten zu ermitteln (§ 17 Abs. 1 BeurkG). Vorkaufsrechte eröffnen dem Berechtigten die Möglichkeit, einen Gegenstand kaufweise zu erwerben, wenn der Verpflichtete diesen einem Dritten, dem sog. Drittkäufer, verkauft.[1] Durch die wirksame Ausübung des Vorkaufsrechts tritt neben den Vertrag zwischen Verkäufer und Drittkäufer ein weiterer selbstständiger Vertrag, für den grundsätzlich die gleichen Bestimmungen gelten, die der Verkäufer mit dem Drittkäufer vereinbart hat.

Hierüber bestehen nicht selten Unklarheiten. Es ist deshalb zu klären, ob ein Erwerbsanspruch tatsächlich nur für den Fall des Verkaufs oder auch für andere Veräußerungsfälle (z.B. Tausch, Schenkung) oder unabhängig von einer Veräußerung eingeräumt werden soll. Als Alternative kann ein Angebot des Grundstückseigentümers, ein Vorerwerbs- oder ein Ankaufsrecht in Betracht kommen.

2 **b)** Auch wenn durch § 17 BeurkG nicht zwingend geboten, sollte der Notar über die **wirtschaftliche Bedeutung** eines Vorkaufsrechts aufklären. Auch insoweit bestehen nicht selten Unklarheiten. Man sollte den Beteiligten deutlich machen, dass ein Vorkaufsrecht eine **echte Belastung** darstellt. Faktisch erschwert es eine Beleihung des Grundstücks. Ein vorrangiges dingliches **Vorkaufsrecht** für den ersten Verkaufsfall erlischt zwar materiell-rechtlich mit Zuschlag (§ 471 BGB);[2] gleichwohl muss dieses Recht in das geringste Gebot aufgenommen werden (und wird damit nicht von Amts wegen im Grundbuch gelöscht), um ein eventuell bereits ausgeübtes Vorkaufsrecht grundbuchlich weiter abzusichern (§ 1098 Abs. 2 BGB).[3] Kreditinstitute bestehen nicht selten auf einem Rangrücktritt des Vorkaufsberechtigten, bevor Kredite ausgezahlt werden. Zudem kann ein Vorkaufsrecht einen Verkauf erschweren. Kaufinteressenten werden möglicherweise abgeschreckt. Eine Kaufpreisfinanzierung wird der Drittkäufer – auch zur Vermeidung einer Nichtabnahmeentschädigung – erst in Angriff nehmen wollen, wenn der Erwerb nicht mehr durch Vorkaufsrechtsausübung beeinträchtigt werden kann. Bei der Gestaltung des Kaufvertrags wird man eine mögliche Vorkaufsrechtsausübung berücksichtigen müssen, was in der Regel zu einer späteren Kaufpreisfälligkeit führen wird. Selbst wenn ein Grundpfandrecht vor dem Vorkaufsrecht im Grundbuch eingetragen ist, bestehen manche Kreditinstitute auf einer Löschung desselbigen, damit ein etwaiger freihändiger Verkauf nicht erschwert wird.

2. Inhaltliche Gestaltung des Vorkaufsrechts

3 Zur Gestaltung von Vorkaufsrechten stehen zur Verfügung

---

1 Vgl. *Böttcher*, RNotZ 2010, 557.
2 BGH v. 14.04.1999, BGHZ 141, 194 ff. = NJW 1999, 2044 bzgl. § 2b WoBindG, dem späteren § 577 BGB.
3 *Schöner/Stöber* § 44 ZVG Rn. 5.27, str.

- das **schuldrechtliche Vorkaufsrecht** gemäß §§ 463 ff. BGB, bei dem eine Vormerkung zur Sicherung des durch Vorkaufsrechtsausübung bedingten Übereignungsanspruchs im Grundbuch eingetragen werden kann, und
- das **dingliche Vorkaufsrecht** gemäß §§ 1094 ff. BGB; dieses kann dem Vorkaufsberechtigten **persönlich** (§ 1094 Abs. 1 BGB) oder **subjektiv-dinglich** zugunsten des jeweiligen Eigentümers eines bestimmten Grundstücks (§ 1094 Abs. 2 BGB) eingeräumt werden.

Für das Grundbuchverfahren muss eine Eintragungsbewilligung klar erkennen lassen, ob ein dingliches Vorkaufsrecht oder eine Vormerkung für ein schuldrechtliches Vorkaufsrecht eingetragen werden soll. Im Fall eines dinglichen Vorkaufsrechts muss eindeutig sein, ob ein subjektiv – dingliches oder subjektiv-persönliches Vorkaufsrecht bestellt werden soll. **4**

Die Unterscheidung hat auch Bedeutung für die kostenrechtliche Behandlung, sofern die Vorkaufsrechtseinräumung im Zusammenhang mit vertraglichen Vereinbarungen (z.B. in einem Kauf- oder einem Überlassungsvertrag) erfolgt. Denn für subjektiv-dingliche Rechte gilt nach § 110 Nr. 2 Buchst. b) GNotKG, dass für ihre Eintragungsbewilligung stets ein zum Veräußerungsvertrag verschiedener Gegenstand anzunehmen ist, und zwar ganz unabhängig davon, ob es im Rahmen der Geschäftswertermittlung für den Kauf zu einer Hinzurechnung kommt oder nicht.[4] **5**

Subjektiv–persönliches Vorkaufsrecht **6 M**

X belastet hiermit FlSt ..... der Gemarkung ....., vorgetragen im Grundbuch des Amtsgerichts ..... für ..... Blatt ....., mit einem nicht übertragbaren und nicht vererblichen dinglichen Vorkaufsrecht für den ersten Verkaufsfall durch den Besteller, einem Gesamt- oder Sonderrechtsnachfolger, bei dem das Vorkaufsrecht ausgeübt werden kann, zugunsten von Y.
Die Beteiligten bewilligen und beantragen die Eintragung dieses Vorkaufsrechts gemäß § 1094 Abs. 1 BGB im Grundbuch am Vertragsgrundbesitz vereinbarungsgemäß mit dem Vermerk, dass zur Löschung der Nachweis des Todes des Berechtigten genügt. Es soll in Abt. II und III erste Rangstelle, jedenfalls nächstoffene Rangstelle erhalten.
Bis zu seiner Entstehung gilt das dingliche Vorkaufsrecht mit schuldrechtlicher Wirkung zwischen den Beteiligten.
Schuldrechtlich wird vereinbart, dass im Falle einer Vorkaufsrechtsausübung auch die Kosten der Eintragung und Löschung einer Auflassungsvormerkung, die für den Käufer des das Vorkaufsrecht auslösenden Kaufvertrags eingetragen wurde, vom Vorkaufsberechtigten zu tragen ist.

■ *Kosten.* Nach § 51 Abs. 1 Satz 2 GNotKG ist der Wert eines Vorkaufsrechts die Hälfte des Werts des Gegenstands, auf den es sich bezieht. Hieraus fällt ggf. die 2,0 Vertragsgebühr gemäß Nr. 21100 KV GNotKG an oder eine 0,5 Gebühr bei Beurkundung allein der Bewilligung gemäß Nr. 21201 KV GNotKG. Für die bloße Entwurfsfertigung fällt die Gebühr gemäß Nr. 24100 oder Nr. 24102 KV GNotKG an. Beim Grundbuchamt fällt eine 1,0 Gebühr gemäß Nr. 14121 KV GNotKG an.

---

4 Leipziger-GNotKG/*Heinze*, § 47 GNotKG Rn. 69, 81 f.; Leipziger-GNotKG/*Otto*, § 110 GNotKG Rn. 6 ff.

§ 62 Vorkaufsrecht, Wiederkaufsrecht, Ankaufsrecht

Schuldrechtliches Vorkaufsrecht (für mehrere Berechtigte)

7 M Verhandelt zu ..... am .....
X räumt hiermit A, B und C als Berechtigte nach § 472 BGB ein nicht vererbliches und nicht übertragbares schuldrechtliches Vorkaufsrecht gemäß §§ 463 ff. BGB an FlSt. ..... der Gemarkung ....., vorgetragen im Grundbuch des Amtsgerichts ..... für ..... Blatt ..... ein.
Den ausübenden Berechtigten steht der Übereignungsanspruch zu gleichen Bruchteilen nach §§ 741, 742 BGB zu.
Zur Sicherung des bedingten Übereignungsanspruchs bewilligt X die Eintragung einer Vormerkung gemäß § 883 BGB für A, B und C je zu gleichen Teilen i.V.m. § 472 BGB; A, B und C beantragen die Eintragung im Grundbuch.
Die Beteiligten sind darüber einig, dass im Falle einer Vorkaufsrechtsausübung auch die Kosten der Eintragung und Löschung einer Auflassungsvormerkung, die für den Käufer des das Vorkaufsrecht auslösenden Kaufvertrags eingetragen wurde, von demjenigen zu tragen ist, der das Vorkaufsrecht ausübt.

■ *Kosten.* Maßgebend ist der halbe Wert des Grundstücks (§ 51 Abs. 1 Satz 2 GNotKG). Beim Notar 2,0 Gebühr gemäß Nr. 21100 KV GNotKG, beim Grundbuchamt 0,5 Gebühr gemäß Nr. 14150 KV GNotKG.

8 Welche Gestaltung gewählt wird, hängt von den Regelungsbedürfnissen im Einzelfall ab.

a) Einer oder mehrere Verkaufsfälle

9 Sowohl das dingliche als auch das schuldrechtliche Vorkaufsrecht verpflichtet grundsätzlich nur denjenigen, der es einräumt. Es erlischt deshalb, wenn der Besteller des Vorkaufsrechts das belastete Grundstück anders als durch Kauf veräußert, z.B. verschenkt, vertauscht, erbauseinandergesetzt wird oder in eine Gesellschaft einbringt.[5]

10 aa) Das *dingliche Vorkaufsrecht* kann auch in der Weise bestellt werden, dass der erste Verkauf, sei es durch den Besteller, sei es durch einen Sonderrechtsnachfolger, den Vorkaufsfall auslöst. Nach § 1097 Halbs. 2 BGB kann das dingliche Vorkaufsrecht auch für mehrere oder für alle Verkaufsfälle bestellt werden.

11 Meistens wird eine Regelung interessengerecht sein, wonach das Vorkaufsrecht nur beim ersten Verkauf durch den Besteller, seinen Gesamt- oder Sonderrechtsnachfolger ausgeübt werden kann. Zu beachten ist, dass nach § 470 BGB bei einem Verkauf an einen gesetzlichen Erben das Vorkaufsrecht *im Zweifel* nicht ausgeübt werden kann. Die häufige Formulierung, nach der das Vorkaufsrecht für den »ersten echten Verkaufsfall« eingeräumt wird, bringt nicht die wünschenswerte Klarheit.[6] Da auch der Verkauf an einen gesetzlichen Erben einen echten Verkaufsfall darstellt, könnte der Schluss gezogen werden, dass das Vorkaufsrecht, obwohl wegen § 470 BGB nicht ausübbar, damit erlischt. Der Notar sollte auf eine auch insofern eindeutige Regelung hinwirken (deshalb wird zweckmäßigerweise formuliert: »erster echter Verkaufsfall, bei dem das Vorkaufsrecht ausgeübt werden kann«[7]).

12 bb) Ein *schuldrechtliches Vorkaufsrecht* verpflichtet nur den Besteller (und dessen Gesamtrechtsnachfolger) und kann nur bei Verkauf des Grundstücks durch diesen (oder seinen

---

5 Ausnahmsweise können Gestaltungen, wenn sie darauf angelegt sind, das Vorkaufsrecht zu vereiteln, unwirksam sein, vgl. BGHZ 115, 335; zur Umgehung des Vorkaufsrechts näher *Vogt*, FS Wenzel, 2005, S. 453 ff.
6 OLG Stuttgart DNotZ 1998, 305.
7 Vgl. OLG Stuttgart DNotZ 1998, 305 m. Anm. *Zeiß*.

Gesamtrechtsnachfolger) ausgeübt werden, § 463 BGB.[8] Ersteres ist aufgrund der obligatorischen Natur des schuldrechtlichen Vorkaufsrechts nicht abdingbar. Denkbar ist jedoch eine Gestaltung, nach der zwar der das Vorkaufsrecht bestellende Eigentümer bzw. sein Gesamtrechtsnachfolger zur Übereignung verpflichtet bleibt, der Vorkaufsfall aber auch bei Verkauf durch den Sonderrechtsnachfolger des Bestellers eintritt.[9] Dies stellt keinen (unzulässigen) Vertrag zulasten Dritter dar, denn zur Übereignung verpflichtet bleibt der Besteller des Vorkaufsrechts, wobei die Durchsetzbarkeit des Anspruchs durch Eintragung einer Vormerkung gesichert werden kann. Gleichwohl wird diese Gestaltung kaum zu empfehlen sein. Der Vorkaufsrechtsbesteller will sich nach Verlust des Eigentums am Grundstück regelmäßig nicht mehr einem solchen schuldrechtlichen Anspruch ausgesetzt sehen. Er riskierte bei einem derart ausgestalteten Vorkaufsrecht auch, im Verkaufsfall seinen Mitteilungspflichten nach § 469 BGB nicht nachkommen zu können und sich dadurch schadensersatzpflichtig zu machen.

b) Sicherung des Vorkaufsberechtigten

aa) Das *dingliche Vorkaufsrecht* hat die Wirkung einer Vormerkung, § 1098 Abs. 2 BGB, und zwar bezüglich Übereignungen ab Eintragung des Vorkaufsrechts im Grundbuch (§§ 883 Abs. 2, 888 BGB), bezüglich Belastungen ab Eintritt des Vorkaufsfalls, also Vorliegen eines rechtswirksamen Kaufvertrages.[10] Grundstücksbelastungen, die vor dem Vorkaufsfall eingetragen werden, sind also dem Vorkaufsberechtigten gegenüber wirksam. **13**

bb) Beim *schuldrechtlichen Vorkaufsrecht* kommt eine Sicherung des Vorkaufsberechtigten durch Eintragung einer Vormerkung zur Sicherung des durch Vorkaufsrechtsausübung bedingten Übereignungsanspruchs in Betracht. Diese Vormerkung sichert den Berechtigten gegen jegliche Zwischeneintragungen, also auch Belastungen, bereits ab Eintragung der Vormerkung.[11] **14**

Wird im Grundbuch keine Vormerkung eingetragen, so genießt der Vorkaufsberechtigte keinen Schutz. Er hat gegen den Vorkaufsverpflichteten bei wirksamer Ausübung seines Vorkaufsrechts lediglich Schadensersatzansprüche, wenn dieser das Grundstück dem Drittkäufer übereignet.

c) Vorausbestimmter Kaufpreis

Gemäß § 1098 Abs. 1 BGB bestimmt sich beim *dinglichen Vorkaufsrecht* der Inhalt des durch Vorkaufsrechtsausübung zustande kommenden Vertrags zwingend nach den Bestimmungen des ihn auslösenden Vertrags. Das dingliche Vorkaufsrecht ist abweichenden Vereinbarungen nicht zugänglich (sachenrechtlicher Typenzwang). Es kann deshalb insbesondere nicht für andere Fälle als den des Verkaufs oder zu anderen als den im Verkaufsvertrag festgelegten Bedingungen vereinbart werden. Insbesondere eine Abweichung vom Kaufpreis des Vertrags mit dem Drittkäufer ist nicht möglich. Ein *preislimitiertes dingliches Vorkaufsrecht* oder ein dingliches Vorkaufsrecht zu einem *Festpreis* sind daher ausgeschlossen.[12] Werden solche Gestaltungen gewünscht, kommt also nur die Vereinbarung eines schuldrechtlichen Vorkaufsrechts gemäß §§ 463 ff. BGB in Betracht. **15**

---

8 BGH DNotZ 1993, 506, 509.
9 *Schöner/Stöber*, Rn. 1441 m.w.N.
10 BGHZ 60, 275.
11 *Schöner/Stöber*, Rn. 1441.
12 BGH DNotZ 1971, 185.

Preislimitiertes und befristetes Vorkaufsrechts

16 M

Verhandelt zu ..... am .....

A. ist Eigentümer des FlSt. ..... der Gemarkung ....., vorgetragen im Grundbuch des Amtsgerichts ..... für ..... Blatt .....

Er räumt B. ein nicht vererbliches und nicht übertragbares schuldrechtliches Vorkaufsrecht gemäß §§ 463 ff. BGB an diesem Grundstück ein, wobei B. im Falle der Vorkaufsrechtsausübung höchstens jedoch einen Betrag von ..... € (..... Euro) als Kaufpreis zu zahlen hat. Dieser Betrag gilt also dann, wenn mit dem Drittkäufer ein höherer Kaufpreis vereinbart ist; ist mit dem Drittkäufer ein niedrigerer Kaufpreis vereinbart, ist dieser geschuldet.

Im Übrigen gelten für das Vorkaufsrecht die gesetzlichen Bestimmungen.

Das Vorkaufsrecht endet mit Ablauf des .....

Zur Sicherung des bedingten Übereignungsanspruchs bewilligt A die Eintragung einer Vormerkung gemäß § 883 BGB – befristet – für B; dieser beantragt die Eintragung im Grundbuch.

Die Beteiligten sind darüber einig, dass im Falle einer Vorkaufsrechtsausübung auch die Kosten der Eintragung und Löschung einer Auflassungsvormerkung, die für den Käufer des das Vorkaufsrecht auslösenden Kaufvertrags eingetragen wurde, von demjenigen zu tragen ist, der das Vorkaufsrecht ausübt.

■ *Kosten.* Maßgebend ist der halbe Wert des Grundstücks (§ 51 Abs. 1 Satz 2 GNotKG). Beim Notar 2,0 Gebühr gemäß Nr. 21100 KV GNotKG, beim Grundbuchamt 0,5 Gebühr gemäß Nr. 14150 KV GNotKG.

d) Entstehung

17 Das dingliche Vorkaufsrecht entsteht erst mit Eintragung im Grundbuch. Ein Verkauf vor Eintragung löst deshalb das Vorkaufsrecht nicht aus.[13] Auch bei einem dinglichen Vorkaufsrecht sollte deshalb bestimmt werden, dass es bis zur Eintragung (insbesondere bei Grundbuchämtern mit längerer Vollzugszeit) als schuldrechtliches Vorkaufsrecht zwischen den Beteiligten gilt, wobei sich dies nicht selten durch die Auslegung des Vertrags ergeben wird.[14]

e) Vererblichkeit, Übertragbarkeit

18 Sowohl das dingliche als auch das schuldrechtliche Vorkaufsrecht sind grundsätzlich nicht übertragbar und nicht vererblich, es sei denn es ist Abweichendes bestimmt (§§ 473 Satz 1, 1098 Abs. 1 BGB). Eine solche Vereinbarung muss zu ihrer Wirksamkeit im Grundbuch eingetragen sein. Ist das Vorkaufsrecht auf eine bestimmte Zeit beschränkt, so ist es im Zweifel vererblich (§§ 473 Satz 2, 1098 Abs. 1 BGB). Vererblichkeit und Übertragbarkeit sollten eindeutig geregelt werden, wobei es auch möglich ist, die Vererblichkeit und Übertragbarkeit mit dinglicher Wirkung auf einen bestimmten Personenkreis oder bestimmte Personen zu beschränken.[15] Wohl veräußerlich und vererblich ist allerdings der nach Ausübung des Vorkaufsrechts entstehende Übereignungsanspruch.

Das unvererbliche Vorkaufsrecht erlischt mit Tod des Berechtigten. Es kann sodann nach Maßgabe der §§ 23 Abs. 1, 22 GBO gelöscht werden (Todesnachweis und Ablauf von einem

---

13 BGH WM 1970, 1024.
14 BGH ZfIR 2014, 295 m. Anm. *Salzig.*
15 *Schöner/Stöber,* Rn. 1401 m.w.N.

Jahr seit dem Tod des Berechtigten; oder: Bewilligung des Rechtsnachfolgers innerhalb der Jahresfrist bzw. bei Widerspruch; oder: Vorlöschungsklausel nach § 23 Abs. 2 GBO: Löschung bei Todesnachweis).

Das subjektiv-dingliche dingliche Vorkaufsrecht ist wesentlicher Bestandteil des herrschenden Grundstücks und geht mit der Eigentum an diesem automatisch auf einen neuen Berechtigten über; eine separate Übertragung ist nicht möglich und kann nicht rechtsgeschäftlich vereinbart werden.

f) Belastungsgegenstand

Während das *schuldrechtliche Vorkaufsrecht* für alles, was Gegenstand eines Kaufvertrages sein kann, eingeräumt werden kann, kann ein *dingliches Vorkaufsrecht* lediglich für Grundbesitz eingeräumt werden, also ein Grundstück oder einen noch zu schaffenden Miteigentumsanteil an einem Grundstück,[16] den Anteil eines Miteigentümers, Wohnungs- und Teileigentum oder ein Erbbaurecht (§ 1094 Abs. 1 BGB). Es erstreckt sich im Zweifel auch auf mit dem Grundstück mitverkauftes Zubehör, § 1096 BGB.

19

Ein Grundstücksteil kann formell-rechtlich[17] gemäß § 7 GBO nicht Belastungsgegenstand eines dinglichen Vorkaufsrechts sein; er ist vorher abzuschreiben und als selbstständiges Grundstück zu buchen.[18] Zulässig ist jedoch die Belastung des ganzen Grundstücks, aber Beschränkung der Ausübung des Vorkaufsrechts auf eine bestimmte Teilfläche. Das dingliche Vorkaufsrecht ist nicht gesamtrechtsfähig, an mehreren Grundstücken sind demnach Einzelrechte zu bestellen.

g) Bedingung, Befristung

aa) Die Bestellung eines *dinglichen Vorkaufsrechts* unter Bedingung oder Befristung ist zulässig. Jedoch kann nicht jedes beliebige Ereignis zur aufschiebenden oder auflösenden Bedingung für ein dingliches Recht gemacht werden. Wegen der besonderen Funktion des Grundbuchs muss der Eintritt der Bedingung objektiv mit der gebotenen Eindeutigkeit bestimmbar sein.[19] Das Erlöschen von Mietverhältnissen ist ein solches mit der gebotenen Eindeutigkeit bestimmbares Ereignis.[20]

20

Pachtvertrag mit dinglichem Vorkaufsrecht

21 M

Verhandelt zu ..... am .....
A. verpachtet FlSt. ..... der Gemarkung ....., vorgetragen im Grundbuch des Amtsgerichts ..... für ..... Blatt ..... an B. zu folgenden Bedingungen ..... *[vgl. § 42]*
A belastet hiermit das vorgenannte FlSt. ..... mit einem dinglichen Vorkaufsrecht für den ersten Verkaufsfall durch den Besteller, einen Gesamt- oder Sonderrechtsnachfolger, bei dem das Vorkaufsrecht ausgeübt werden kann, zugunsten von B. in der Art, dass das Vorkaufsrecht so lange wie der Pachtvertrag besteht. Das Vorkaufsrecht umfasst alle Verkaufsfälle während der Pachtdauer. Es geht auf die Erben über.

---

16 BGH NJW 2014, 3024.
17 Materiell-rechtlich kann eine Grundstücksteilfläche als unwesentlicher Bestandteil eines Grundstücks Gegenstand besonderer Rechte sein (Umkehrschluss aus § 93 BGB), könnte also auch selbständig mit beschränkten dinglichen Rechten belastet werden.
18 OLG Hamm DNotI-Report 1996, 29.
19 BayObLG DNotZ 1998, 299.
20 OLG Zweibrücken DNotZ 1990, 177; BayObLG MittBayNot 1990, 174.

Die Beteiligten bewilligen und beantragen die Eintragung dieses Vorkaufsrechts gemäß § 1094 Abs. 1 BGB im Grundbuch an FlSt. ..... Es soll in Abt. II und III erste Rangstelle, jedenfalls nächstoffene Rangstelle erhalten.
Bis zu seiner Entstehung gilt das dingliche Vorkaufsrecht mit schuldrechtlicher Wirkung zwischen den Beteiligten.
Schuldrechtlich wird vereinbart, dass im Falle einer Vorkaufsrechtsausübung auch die Kosten der Eintragung und Löschung einer Auflassungsvormerkung, die für den Käufer des das Vorkaufsrecht auslösenden Kaufvertrags eingetragen wurde, vom Vorkaufsberechtigten zu tragen ist.

■ *Kosten.* Für die Bewertung des Pachtvertrags gilt § 99 GNotKG. Maßgebend ist der Wert aller Leistungen des Pächters während der gesamten Vertragszeit, bei unbestimmter Vertragsdauer der auf die ersten 5 Jahre entfallende Wert der Leistungen, max. der auf die ersten 20 Jahre entfallende Wert. Für das Vorkaufsrecht ist der halbe Wert des Grundstücks anzusetzen (§ 51 Abs. 1 Satz 2 GNotKG). Aus dem höheren der beiden Beträge fällt beim Notar die 2,0 Gebühr gemäß Nr. 21100 KV GNotKG an, beim Grundbuchamt für die Eintragung des Vorkaufsrechts eine 1,0 Gebühr gemäß Nr. 14121 KV GNotKG.

22 bb) Ein *schuldrechtliches Vorkaufsrecht* kann ohne Einschränkung unter Bedingungen oder Befristungen bestellt werden; bedingte Ansprüche sind auch dann vormerkbar, wenn der Eintritt der Bedingung vom Verpflichteten oder vom Berechtigten abhängt (sog. Potestativbedingung).[21]

h) Berechtigter

23 aa) Das *dingliche Vorkaufsrecht* kann entweder subjektiv-persönlich, also zugunsten einer bestimmten Person, oder subjektiv-dinglich zugunsten des jeweiligen Eigentümers eines anderen Grundstücks bestellt werden (§ 1094 Abs. 1 bzw. Abs. 2 BGB). Ein subjektiv-dingliches Vorkaufsrecht ist auch dann möglich, wenn das berechtigte Grundstück im Eigentum des Bestellers steht (§ 889 BGB). Ein subjektiv-persönliches Vorkaufsrecht kann auch für den Besteller eingeräumt werden.[22] Wegen § 1097 Satz 1 BGB sollte bei Eigentümer-Vorkaufsrechten in jedem Fall klargestellt werden, dass es (mindestens) beim ersten Verkauf, auch wenn der Verkauf durch einen Gesamt- oder Sonderrechtsnachfolger des bestellenden Eigentümers erfolgt, ausgeübt werden kann.

Gegenseitige subjektiv dingliche Vorkaufsrechte

24 M   Verhandelt zu ..... am .....
Wir sind je zur Hälfte Miteigentümer des im Grundbuch des Amtsgerichts ..... von ..... eingetragenen Grundstücks FlSt. ..... Wir räumen hiermit jeweils am eigenen Miteigentumsanteil zugunsten des jeweiligen Inhabers des anderen Miteigentumsanteils je ein dingliches Vorkaufsrecht ein, das bis zum ersten Verkaufsfall, bei dem es ausgeübt werden kann, besteht. Kann eines der Vorkaufsrechte ausgeübt werden, wird es aber nicht ausgeübt, erlöschen beide Vorkaufsrechte. Die Eintragung der beiden Vorkaufsrechte in das Grundbuch wird bewilligt und beantragt.

---

21 OLG Hamm DNotZ 1978, 356.
22 *Schöner/Stöber*, Rn. 1402.

■ *Kosten.* Für das Vorkaufsrecht ist der halbe Wert des Grundstücks anzusetzen (§ 51 Abs. 1 Satz 2 GNotKG), hier wegen des Austauschverhältnisses (§ 97 Abs. 3 GNotKG) ein Viertel des Grundstückswerts. Hieraus fällt beim Notar die 2,0 Gebühr gemäß Nr. 21100 KV GNotKG an, beim Grundbuchamt für die Eintragung der Vorkaufsrechte zwei 1,0 Gebühren gemäß Nr. 14121 KV GNotKG.

bb) Sollen mehrere Personen vorkaufsberechtigt sein, ist zu klären, ob es sich um *ein* Vorkaufsrecht oder um *mehrere* Vorkaufsrechte handeln soll. Die Eintragung mehrerer dinglicher Vorkaufsrechte am demselben Gegenstand im Grundbuch ist auch im Gleichrang möglich; ebenso die gleichrangige Eintragung mehrerer Vormerkungen zur Sicherung von bedingten Übereignungsansprüchen aus mehreren schuldrechtlichen Vorkaufsrechten.[23] Eine Regelung zu den Auswirkungen, wenn mehrere der gleichrangig Berechtigten das Vorkaufsrecht ausüben, erscheint zwingend.[24] Wenn eine Regelung fehlt, muss ausgelegt werden, ob die Berechtigten nur anteilig Bruchteilseigentum am Grundstück erwerben können, oder ob derjenige alleine zum Zuge kommt, der am schnellsten sein Recht ausübt und anschließend im Grundbuch eingetragen wird (»first come first serve«). 25

Sind im Grundbuch mehrere Vorkaufsrechte im Rang hintereinander eingetragen (§ 879 Abs. 1 Satz 1 BGB), kommt im Verkaufsfall nur der vorrangig Berechtigte zum Zuge. Der nachrangig Berechtigte kann sein Recht nur ausüben, wenn der vorrangig Berechtigte sein Recht nicht ausgeübt hat. Der nachrangig Berechtigte kann allerdings nach h.M. bei einem späteren Verkauf sein Recht noch ausüben, unabhängig davon, ob das Recht nur für den ersten oder für mehrere Vorkaufsfälle bestellt wurde.[25]

cc) Steht *ein dingliches Vorkaufsrecht* mehreren Berechtigten zu, so regelt § 472 BGB deren Berechtigungsverhältnis an dem Recht. Danach kann das Vorkaufsrecht nur **im Ganzen** ausgeübt werden. Machen einzelne Berechtigte von ihrem Vorkaufsrecht keinen Gebrauch, können es die übrigen Berechtigten insgesamt ausüben. Für das Grundbuch genügt das Paragrafenzitat des § 472 BGB (vgl. § 47 GBO). Ein von § 472 BGB abweichendes Berechtigungsverhältnis (insbesondere der »Klassiker« § 428 BGB) ist wegen der zwingenden sachenrechtlichen Vorschriften (§ 1098 Abs. 1 Satz 1 BGB verweist nur auf §§ 463 ff. BGB, nicht auch auf § 428 BGB) nicht möglich.[26] 26

§ 472 BGB regelt aber nur die Geltendmachung des Vorkaufsrechts, nicht hingegen das **Gemeinschaftsverhältnis** hinsichtlich des Übereignungsanspruchs nach Ausübung des Vorkaufsrechts. Der Übereignungsanspruch steht den Berechtigten im Zweifel nach §§ 741 ff. BGB zu,[27] d.h. der Verpflichtete wird das Grundstück an die Berechtigten nach Bruchteilen übereignen. Nicht sachgerecht erscheint dieses Ergebnis bei »Kleinsteilungen« bzgl. des herrschenden Grundstücks (z.B. Straßengrundabtretungen). Es entspricht allgemeiner Meinung, dass nach einer Teilung das Vorkaufsrecht an den einzelnen Grundstücken fortbesteht. Bei Kleinsteilungen eine Gleichberechtigung nach Köpfen (§ 742 BGB) anzunehmen, wäre mit dem Rechtsgedanken des § 1109 Abs. 1 Satz 2 Hs. 1 BGB nicht vereinbar. Richtig erscheint in diesem Fall die »Größe« des Vorkaufsrechts an der Größe der jeweiligen Teilfläche zu bemessen.[28]

dd) Wird *ein schuldrechtliches Vorkaufsrecht* mehreren Berechtigten eingeräumt, steht es ihnen, solange nichts anderes vereinbart ist, nach § 472 BGB zu. 27

---

23 Str.; *Schöner/Stöber*, Rn. 1405 m.w.N.
24 Vgl. Palandt/*Bassenge*, § 883 BGB Rn. 29 m.w.N.
25 *Schöner/Stöber*, Rn. 1405.
26 BGH MittBayNot 2018, 30 ff.
27 BGH DNotZ 1998, 292; möglich auch Gesamtgläubigerschaft nach § 428 BGB
28 DNotI-Report 2017, 20 ff.

Zu regeln ist aber (wohl) auch das **Gemeinschaftsverhältnis** hinsichtlich des Übereignungsanspruchs nach Vorkaufsrechtsausübung. Dieser steht den Berechtigten im Zweifel nach §§ 741 ff. BGB zu, nicht nach § 472 BGB, da dieser (unmittelbar) nur die Geltendmachung des Vorkaufsrechts durch mehrere Berechtigte regelt.

Dem muss auch bei der Eintragung der Vormerkung Rechnung getragen werden. Gegenstand der Grundbucheintragung ist – anders als beim dinglichen Vorkaufsrecht – nicht das Vorkaufsrecht selbst, sondern der bedingte Übereignungsanspruch. Dieser wird durch § 472 BGB flexibilisiert. Er steht nur denjenigen Berechtigten im vereinbarten Berechtigungsverhältnis zu, die das Vorkaufsrecht auch ausüben. Das durch § 472 BGB mittelbar flexibel gestaltete Gemeinschaftsverhältnis ist bei Eintragung der Vormerkung im Grundbuch nach § 47 GBO zu verlautbaren, etwa: »Auflassungsvormerkung – Anspruch bedingt – für A, B und C *zu gleichen Teilen i.V.m. § 472 BGB*. Bezugnahme auf Bewilligung ...«.[29] Damit wird sich die Eintragung mehrerer Vormerkungen erübrigen.

Es besteht die Gefahr einer Sicherungslücke, wenn im Grundbuch nicht auch die Flexibilität aufgrund § 472 BGB verlautbart wird: Würde ein schuldrechtliches Vorkaufsrecht für A, B und C als Gesamtberechtigte nach § 472 BGB bestellt (wobei ihnen der Übereignungsanspruch zu gleichen Teilen zusteht) und eine Vormerkung für sie als Berechtigte zu je $1/3$ ohne weiteren Zusatz eingetragen, bestünde, wenn nur A und B das Vorkaufsrecht ausüben, nur eine Sicherung jeweils für die Übertragung eines $1/3$-Miteigentumsanteils, obwohl ihnen der Übereignungsanspruch wegen § 472 BGB je zur Hälfte zustünde.

3. Form

28 **a)** Das dingliche Vorkaufsrecht entsteht gemäß § 873 BGB durch (formlose) Einigung und Eintragung im Grundbuch beim belasteten Grundstück.

Das Kausalgeschäft (z.B. ein Mietvertrag, in dessen Zusammenhang das Vorkaufsrecht bestellt wird[30]) bedarf gemäß § 311b Abs. 1 Satz 1 BGB der notariellen Beurkundung, da sich der Besteller damit bedingt zur Übereignung eines Grundstücks verpflichtet.[31] Das Grundbuchamt prüft bei Eintragung des Vorkaufsrechts nicht das Verpflichtungsgeschäft; Grundlage der Eintragung im Grundbuch sind allein Antrag und Eintragungsbewilligung.[32]

Nach h.M. wird ein Mangel der Form analog § 311b Abs. 1 Satz 2 BGB durch Eintragung des Rechts im Grundbuch geheilt,[33] wobei anstelle der Auflassung die Einigung gemäß § 873 Abs. 1 BGB tritt. Voraussetzung für die Heilung ist, dass die Beteiligten sich in diesem Zeitpunkt noch einig über die Bestellung des Vorkaufsrechts und seinen Inhalt sind.[34]

Aus Kostengründen wünschen die Beteiligten nicht selten allein die Beglaubigung unter die Erklärung über die Einräumung des Vorkaufsrechts. Streitig ist, ob der Notar seine Mitwirkung hierbei überhaupt versagen muss, wenn ihm die Formunwirksamkeit des schuldrechtlichen Vertrags bekannt ist. Richtigerweise darf der Notar zu diesem Weg nicht raten und auch nicht den Entwurf der entsprechenden Eintragungsbewilligung fertigen.[35]

29 **b)** Die Einräumung eines schuldrechtlichen Vorkaufsrechts bedarf stets der notariellen Beurkundung gemäß § 311b Abs. 1 Satz 1 BGB. Eine Heilung durch Eintragung der Vormerkung

---

29 *Brückner*, BWNotZ 1998, 170.
30 *Basty*, DNotZ 1996, 630.
31 Zu Hinweispflichten des Notars (ggü. dem Pächter), wenn er die Formwirksamkeit des Pachtvertrags erkennt BGH MittBayNot 2003, 310 m. Anm. *Reithmann*.
32 *Schöner/Stöber*, Rn. 1399.
33 Zu einer Erstreckung der Heilung nach § 311b BGB auf Formmängel nach § 550 BGB vgl. *Schäfer/Steinkamp*, NZM 2005, 48.
34 BGH DNotZ 1968, 93; LG München MittBayNot 1982, 265.
35 *Albrecht* in Reithmann/Albrecht/Basty, Handbuch der notariellen Vertragsgestaltung, 7. Aufl., Rn. 511 a; *Schöner/Stöber*, Rn. 1399.

kommt nicht in Betracht. Die Vormerkung ist akzessorisch zu dem zu sichernden Anspruch und setzt daher einen formgültigen schuldrechtlichen Vertrag voraus. Der Notar hat daher jede Beurkundung zu einem schuldrechtlichen Vorkaufsrecht gemäß § 4 BeurkG abzulehnen, wenn nicht auch alle Nebenabreden beurkundet werden.

II. Vorkaufsrechtsausübung

1. Ausübung

Das Vorkaufsrecht kann gemäß § 464 Abs. 1 Satz 2 BGB formlos ausgeübt werden, auch wenn es auf den Erwerb eines Grundstücks zielt.[36] Nach OLG Frankfurt[37] hat der Erstkäufer mit Ausübung des Vorkaufsrechts einen Anspruch gegen den Vorkaufsberechtigten auf Erstattung der für den abgeschlossenen Vertrag gezahlten Notarkosten. **30**

Die Erklärung muss innerhalb der Frist des § 469 Abs. 2 BGB beim Vorkaufsverpflichteten eingehen, § 464 Abs. 1 Satz 1 BGB. Der Zugang bei einem Dritten, insbesondere beim Notar, reicht nur dann, wenn er zur Entgegennahme besonders ermächtigt ist. Wird der Notar zwar zur Mitteilung des Vorkaufsfalles, nicht jedoch zur Entgegennahme der Ausübungserklärung ermächtigt, sollte er hierauf im Anschreiben an den Vorkaufsberechtigten hinweisen. Die Erklärung ist bedingungsfeindlich; eine bedingte Ausübungserklärung ist wirkungslos.

Der durch mit dem Verpflichteten zustande kommende Grundstückskaufvertrag gibt dem Berechtigten den Auflassungsanspruch. Der Drittkäufer muss der Auflassung durch den Verpflichteten zustimmen, wenn er (durch Auflassung und Eintragung) bereits Eigentümer geworden ist (§ 888 BGB). Er kann jedoch seine Zustimmung und die Herausgabe des Grundstücks an den Berechtigten bis zur Erstattung des von ihm gezahlten Kaufpreises einschließlich der Vertragskosten verweigern.

Ausübung des Vorkaufsrechts

Auf die mir am ..... zugegangene Mitteilung über den am ..... erfolgten Verkauf des Grundstücks ....., eingetragen im Grundbuch von ..... Band ..... Blatt ....., übe ich mein im Grundbuch eingetragenes Vorkaufsrecht aus. **31 M**
Ort, Datum
                                                                              Unterschrift

2. Vertrag

Für den Vollzug des mit Vorkaufsrechtsausübung zustande kommenden Vertrags bedarf es der Beurkundung der **Auflassung** gemäß § 925 BGB. **32**

Wenn der Erstvertrag eine **Zwangsvollstreckungsunterwerfung** des Drittkäufers enthält, wird der Verkäufer eine solche wohl auch vom Vorkaufsberechtigten verlangen können.[38]

Weiter kann eine Mitwirkung des Verkäufers zur Bestellung von **Finanzierungsgrundpfandrechten** erforderlich sein. Ein Anspruch darauf dürfte dann bestehen, wenn sie auch im Erstvertrag vorgesehen war. War hingegen im »Erstvertrag« keine Finanzierungsvoll-

---

36 BGH DNotZ 2000, 764; kritisch *Wufka*, DNotZ 1990, 350.
37 OLG Frankfurt NotBZ 2012, 452; hierzu auch *H. Schmidt*, NotBZ 2012, 441.
38 Eine vom Drittkäufer erklärte Zwangsvollstreckungsunterwerfung wirkt nicht zulasten des Vorkaufsberechtigten, LG Regensburg MittBayNot 1995, 486.

macht vorgesehen, besteht kein Anspruch des Vorkaufsberechtigten auf Erteilung einer entsprechenden Finanzierungsvollmacht.[39]

An den **Notar** gerichtete Abwicklungsaufträge, Vollmachten und Treuhandauflagen müssen für den neuen Vertrag wiederholt werden. Sie werden nicht ohne Weiteres Inhalt des durch die Vorkaufsrechtsausübung zustande gekommenen Vertrags.[40]

33 Auch wenn der Vertrag des Vorkaufsberechtigten grundsätzlich den Bedingungen des Erstvertrags erfolgt, sind einzelne Bestimmungen u.U. anzupassen. Dies gilt z.B. gemäß § 466 BGB für besondere Nebenleistungen, für die vom Vorkaufsberechtigten Wertersatz zu leisten ist, gemäß § 467 BGB bei der Veräußerung mehrerer Gegenstände, für die nur ein einzelner dem Vorkaufsrecht unterliegt, für die verhältnismäßige Aufteilung des Kaufpreises oder gemäß § 468 BGB für Modifizierungen im Hinblick auf im Erstvertrag erfolgte Stundungen.

3. Regelungsvorschlag

34 Beteiligt sind der Eigentümer (Verkäufer) E und der Vorkaufsberechtigte V. Auch eine Beteiligung des Drittkäufers kann zweckmäßig sein. Insbesondere kann er die Rechtswirksamkeit der Vorkaufsrechtsausübung und eines deshalb vom Verkäufer erklärten Rücktritts anerkennen, um hierüber Streit zu vermeiden. Häufig ist von ihm die Löschung einer für ihn eingetragenen Auflassungsvormerkung zu bewilligen. Im Einzelfall sind auch Rückzahlungsansprüche des Vorkaufsberechtigten zu regeln, wozu ihm auch die Zahlungsansprüche des Verkäufers gegen den Vorkaufsberechtigten in entsprechender Höhe abgetreten werden können.

35 M   I. Vorbemerkung

1. Im Grundbuch des Amtsgerichts ..... für ..... ist E als Eigentümer folgenden Grundbesitzes der Gemarkung ..... eingetragen:
FlSt. ..... zu ..... m2.
In Abt. II des Grundbuchs sind eingetragen
– Vorkaufsrecht gemäß § 1094 Abs. 1 BGB für V,
– Auflassungsvormerkung für D.
In Abt. III ist eine Buchgrundschuld zu ..... € für ..... eingetragen.
2. Mit Kaufvertrag zur Urkunde des Notars ..... vom ....., URNr. .....
– nachstehend Vorurkunde genannt –
hat E
– nachstehend auch Verkäufer genannt –
den vorgenannten Grundbesitz an D (Drittkäufer) verkauft.
Auf diese Urkunde, die in Urschrift vorliegt, wird verwiesen. Ihr Inhalt ist den Beteiligten bekannt; sie verzichten auf deren Vorlesung und Beifügung zu dieser Niederschrift.
Aufgrund dieses Vertrags wurde die vorgenannte Vormerkung für D eingetragen.
3. Hierzu erklären die Erschienenen, dass V
– nachstehend auch Käufer genannt –
mit formloser Erklärung vom ..... gegenüber E das Vorkaufsrecht fristgerecht ausgeübt hat. Die Wirksamkeit der Vorkaufsrechtsausübung wird hiermit anerkannt.
Hierzu treffen die Erschienenen folgende Vereinbarungen.

---

39 DNotI-Report 2015, 77.
40 BGH DNotZ 2012, 826.

II. Vereinbarungen zum Kaufvertrag

Für den durch Vorkaufsrechtsausübung zustande gekommenen Kaufvertrag gelten grundsätzlich die Bestimmungen der Vorurkunde, sofern nachstehend nichts anderes vereinbart wird.

1. Hinsichtlich der Kaufpreisfälligkeit gilt Abschnitt IV. der Vorurkunde mit der Maßgabe,

– dass es im Hinblick auf die Sicherungswirkungen des für V eingetragenen Vorkaufsrechts keiner Auflassungsvormerkung zur Sicherung des Eigentumsverschaffungsanspruchs des V bedarf,
– dass die Sicherung der Lastenfreistellung hinsichtlich der in Abschnitt I genannten Grundschuld[41] sowie auch hinsichtlich der für D eingetragenen Vormerkung gegeben sein muss,[42] wobei im Übrigen zur Lastenfreistellung die Bestimmungen der Vorurkunde gelten

2. V unterwirft sich wegen des Kaufpreises in Höhe von ..... € der sofortigen Zwangsvollstreckung aus dieser Urkunde in sein gesamtes Vermögen. Zur Erteilung einer vollstreckbaren Ausfertigung genügt die Darlegung der Fälligkeit durch den Verkäufer; die Beweislast in einem gerichtlichen Verfahren wird hierdurch nicht berührt.

3. Sofern aufgrund dieses Vertrags oder aufgrund der Vorurkunde dem Notar Aufträge und Vollmachten erteilt sind, richten sie sich an den beurkundenden Notar. Vollmachten werden entsprechend bestätigt.

III. Auflassung, Treuhandauftrag

Die Vertragsteile sind einig, dass das Eigentum an dem verkauften Grundbesitz vom Verkäufer auf den Käufer zu dessen Alleineigentum übergeht. Diese Einigung ist unbedingt. Sie beinhaltet keine Eintragungsbewilligung.

Der Verkäufer erteilt dem beurkundenden Notar, Vertreter und Amtsnachfolger einseitig unwiderruflich und unbedingt Vollmacht, die Eintragung des Käufers als Eigentümer im Grundbuch zu bewilligen.

Der Verkäufer weist jeden der Notare einseitig unwiderruflich an, diese Eintragung erst zu bewilligen, wenn er den Kaufpreiseingang bestätigt hat oder wenn die Kaufpreiszahlung (ohne etwaige Zinsen) in anderer Weise nachgewiesen ist.

Vorher ist auch der Anspruch auf Eigentumsverschaffung nicht abtretbar und nicht verpfändbar.

Der Eintragungsantrag ist für den Käufer zu stellen.

IV. Löschung des Vorkaufsrechts

Der Käufer bewilligt und beantragt die Löschung des zu seinen Gunsten am Vertragsbesitz eingetragenen Vorkaufsrechts Zug um Zug mit Eigentumsumschreibung auf ihn.

---

41 Eine solche Klarstellung erscheint insb. dann zweckmäßig, wenn laut Vorurkunde die Lastenfreistellung nur gesichert sein muss »hinsichtlich der der Vormerkung des Käufers im Rang vorgehenden Belastungen«, da das Vorkaufsrecht zwar im Rang vor dem Grundpfandrecht stehen kann, diesem ggü. aber gemäß § 1098 Abs. 2 BGB keine Sicherungswirkung entfaltet.

42 Ob der Vorkaufsberechtigte dies kraft Gesetzes verlangen kann, erscheint wegen der Sicherungswirkung des Vorkaufsrechts, die sich auch auf die Vormerkung erstrecken dürfte, zweifelhaft. Sie wird aber regelmäßig dem Sinn des Vertrags entsprechen. Wäre die Löschung der für den Drittkäufer eingetragenen Vormerkung nicht sichergestellt, wäre regelmäßig die Kaufpreisfinanzierung gefährdet. – Eine solche Bestimmung erübrigt sich, wenn der Drittkäufer in dem Vertrag die Vormerkung vorbehaltlos zur Löschung bewilligt.

V. Regelungen zum Erstkauf

1. Der Verkäufer und D stellen fest, dass wegen der Ausübung des Vorkaufsrechts der Rücktritt vom Kaufvertrag vom ..... seitens des Verkäufers erklärt worden und dieser damit gegenstandslos ist.
2. D bewilligt die Löschung der von ihm aufgrund des Erstkaufvertrags eingetragenen Auflassungsvormerkung. Die übrigen Beteiligten beantragen deren Löschung.
3. Die von D im Zusammenhang mit dem vorgenannten Vertrag verauslagten Kosten für Notar und Grundbuchamt sind diesem unverzüglich nach Nachweis vom Käufer zu ersetzen.

VI. Finanzierungsmitwirkung

[allgemeiner Text]

VII. Schlussbestimmungen

Der Käufer hat die Kosten dieses Vertrags und der Vorurkunde zu tragen.
Die Beteiligten sind darüber einig, dass auch die Kosten für Eintragung und Löschung der für D eingetragenen Vormerkung vom Käufer zu tragen sind. Er verpflichtet sich, den Verkäufer und D von jeder Inanspruchnahme freizustellen.
Abschriften sind entsprechend der Vorurkunde zu erteilen.

■ *Kosten*.[43] Wurde im Zusammenhang mit der Einräumung des Vorkaufsrecht eine doppelte Gebühr erhoben, fällt für das Verfügungsgeschäft eine 0,5 Gebühr an (Nr. 21101 KV GNotKG), andernfalls eine 1,0 Gebühr (Nr. 21102 KV GNotKG). Für die Vollstreckungsunterwerfung ist eine 1,0 Gebühr nach Nr. 21200 KV GNotKG anzusetzen. Maßgebend ist die höhere Gebühr (§ 94 GNotKG).

III. Wiederkaufsrecht

36 **1.** Das Wiederkaufsrecht hat einen *aufschiebend bedingten Kaufvertrag* zum Inhalt, der (in der Regel als Bestandteil eines Kaufvertrags – »erster Kaufvertrag«) nach § 311b Abs. 1 BGB zu beurkunden ist. Wenn kein besonderer Preis für den Wiederkauf vereinbart wird, gilt dafür der Preis des ersten Kaufvertrages (§ 456 Abs. 2 BGB). Das Wiederkaufsrecht ist grundsätzlich übertragbar.[44] Seine Ausübung unterliegt *nicht* der Form des § 311b Abs. 1 BGB.

37 Da der Käufer im Fall der Ausübung des Wiederkaufsrechts alle von ihm am Grundstück begründete Rechte Dritter (insbesondere Grundpfandrechte und andere Belastungen) beseitigen muss (§ 458 BGB) und bei Unmöglichkeit schadenersatzpflichtig wird, erwirbt er nur gebundenes Eigentum. Dritten gegenüber hat das Wiederkaufsrecht wegen seines nur schuldrechtlichen Charakters keine Wirkung, also nicht gegen den Dritterwerber des Grundstücks oder die Grundpfandrechtsgläubiger. Um sie zu erreichen, wird der bedingte Anspruch des Wiederkäufers auf Rückübertragung des Eigentums aber regelmäßig durch *Vormerkung* gesichert.

Gemäß § 459 Satz 1 BGB kann der Wiederverkäufer Ersatz seiner Verwendungen verlangen, soweit der Grundstückswert dadurch erhöht wurde. Ob dies auch dann gilt, wenn

---
43 Vgl. *H. Schmidt*, NotBZ 2012, 441.
44 BGH NJW-RR 1991, 526.

der Kaufgegenstand grundlegend umgestaltet wird (z.B. wird das unbebaute Grundstück nunmehr bebaut), ist nicht unumstritten und sollte daher klar geregelt werden.[45]

2. Die für Grundstücke nach § 462 Satz 1 BGB im Zweifel geltende *Wiederkaufsfrist* von 30 Jahren kann vertraglich nicht nur verkürzt, sondern auch verlängert werden. Bei Vereinbarung in allgemeinen Geschäftsbedingungen und in Verbraucherverträgen müssen Wiederkaufsrechte und die hierzu vereinbarten Ausübungsfristen den Anforderungen der §§ 307 ff. BGB genügen. 38

Häufig finden sich Wiederkaufsrechte bei Grundstücksverkäufen der öffentlichen Hand; sie sollen dort die mit dem Verkauf verfolgten Zwecke (z.B. Investitionsförderung, Einheimischenmodell) sichern. Eine Ausübungsfrist von 15 bis 20 Jahren ist unter Beachtung der Wertung des § 11 BauGB bzw. der §§ 305 ff. BGB möglich (zur Vertragsgestaltung bei einem Verkauf des betreffenden Grundstücks durch den Wiederkaufsverpflichteten § 30 Rdn. 17, 20 M).[46] 39

Wiederkaufsrecht in einem Grundstückskaufvertrag

Die Gemeinde ist zum Wiederkauf berechtigt, wenn a) das Grundstück nicht innerhalb der nächsten drei Jahre mit einem Wohnhaus bezugsfertig bebaut wird oder b) das Grundstück innerhalb der nächsten 10 Jahre ganz oder zum Teil an andere Personen als Abkömmlinge oder Eltern der Grundstückseigentümer entgeltlich oder unentgeltlich zur Nutzung überlassen wird oder c) sich der Grundstückseigentümer innerhalb der nächsten 15 Jahre dazu verpflichtet, das Eigentum einer anderen Person als Ehegatten oder Abkömmlingen zu übertragen oder ein Angebot dazu abgibt oder eine solche Übertragung vornimmt oder d) der Eigentümer – oder auch nur einer von ihnen – innerhalb der nächsten 15 Jahre Insolvenzantrag über sein Vermögen stellt oder das Insolvenzverfahren eröffnet oder mangels Masse eingestellt wird oder ein Termin zur Zwangsversteigerung des Grundstücks – sei es auch zwecks Aufhebung der Gemeinschaft – durchgeführt wird. 40 M
Die Ausübung des Wiederkaufrechts nach Ablauf von 15 Jahren seit heute ist ausgeschlossen. Sie ist außerdem ausgeschlossen, wenn die Gemeinde vom Eintritt eines die Ausübung rechtfertigenden Grundes Kenntnis erlangt, die Ausübung aber nicht innerhalb von drei Jahren danach erklärt, oder wenn die Ausübung für den Eigentümer eine unzumutbare Härte darstellen würde.
Wiederkaufspreis ist der heutige Kaufpreis sowie die tatsächlich gezahlten Ablösungsbzw. Erschließungskosten. Zeiten der Eigennutzung führen zu einer nach billigem Ermessen zu bestimmenden Reduzierung des Wiederkaufspreises. Wertsteigerungen aufgrund Bebauung oder sonstiger Aufwendungen sind mit dem Verkehrswert im Zeitpunkt der Ausübung des Wiederkaufsrechts zu ersetzen.
Es wird bewilligt und beantragt, für die Ansprüche der Gemeinde auf Rückübereignung des Grundstücks, die sie im Falle der Ausübung des Wiederkaufsrechts erwirbt, zugleich mit Eigentumsübergang auf den Käufer eine Vormerkung gemäß § 883 BGB in das Grundbuch einzutragen. Die Gemeinde verpflichtet sich, mit ihrer Vormerkung im Rang hinter Grundpfandrechte in Deutschland zur Geschäftstätigkeit zugelassener

---

45 *Hertel* in Würzburger Notarhandbuch Teil 6 Rn. 197. Dies gilt auch für Folgefragen, etwa die durch die Bebauung bedingte Wertsteigerung des Vertragsobjekts.
46 BGH DNotZ 2011, 121; danach steigt die zulässige Bindungsdauer mit dem Grad der dem Käufer gewährten Kaufpreisermäßigung. Bei einem Abschlag von 30 % gegenüber dem Verkehrswert (im Rahmen von Einheimischenmodellen) ist eine Bindungsdauer von 20 Jahren noch als zulässig zu erachten, BGH DNotZ 2015, 819.

Kreditinstitute zurückzutreten, wenn der Käufer glaubhaft macht, dass das Grundpfandrecht der Finanzierung des Erwerbs oder der Bebauung des Grundstücks dient und der Gläubiger der Gemeinde schriftlich bestätigt, dass es ausschließlich zur Sicherung eines aktuell zu gewährenden Annuitätendarlehens verwendet wird.

■ *Kosten.* Der Wert eines Wiederkaufrechts ist mit der Hälfte des Werts des Grundstücks anzusetzen (§ 51 Abs. 1 Satz 2 GNotKG), der Wert einer Bebauungsverpflichtung für Wohngebäude mit 20 % des Verkehrswerts des unbebauten Grundstücks, für gewerblich genutzte Bauwerke mit 20 % der voraussichtlichen Herstellungskosten (§ 50 Nr. 3 GNotKG).

41 3. *Kreditinstitute* geben im Allgemeinen keine Darlehen mit einer Absicherung im Range nach einer Auflassungsvormerkung, aufgrund deren der aus der Vormerkung Berechtigte die Löschung des Grundpfandrechts fordern könnte (§ 883 Abs. 2 und § 888 BGB). Eine Beleihung mit dem Range nach einer Vormerkung wird einem nicht unbedingt auf die erste Rangstelle angewiesenen Gläubiger eher möglich, wenn die Wiederkaufsvereinbarung die Anrechnung der Grundpfandrechte auf den Wiederkaufpreis vorsieht:

42 M **Der Wiederkäufer übernimmt die zum Zeitpunkt des Wiederkaufs bestehenden Grundpfandrechte unter Anrechnung auf den Kaufpreis und höchstens mit einem dem Kaufpreis entsprechenden Haftungsumfang.**

IV. Ankaufsrecht

43 Das Ankaufsrecht ist dem BGB als selbstständiges Rechtsinstitut unbekannt. Soll ein solches Recht begründet werden, müssen andere Rechtsinstitute herangezogen werden. Ein Recht zum Ankauf (in Anlehnung an angelsächsische Terminologie häufig als »Option« bezeichnet) kann auf verschiedene Weise begründet werden:

44 1. Durch *Verkaufsangebot* mit befristeter Bindung; dann unterscheidet es sich grundsätzlich nicht von einem gewöhnlichen Angebot, selbst wenn es für längere Zeit gelten soll (zur Bindungsfrist bei Angeboten eines Verbrauchers vgl. § 32 Rdn. 387 ff.); die Annahme bedarf der Beurkundung. Hat der Angebotsempfänger am Angebot mitgewirkt (z.B. wegen Übernahme der Kosten, Zahlung eines Bindungsentgelts oder Verpflichtung zur Baureifmachung), spricht man von einem Angebotsvertrag.

45 2. Durch *Vorvertrag*, aus dem für den Berechtigten ein Anspruch auf einen Vertragsabschluss mit einem bereits annähernd vorgegebenen Inhalt erwächst; der endgültige Vertrag bedarf (ebenso wie der Vorvertrag) der Beurkundung. Beim Vorvertrag sind damit einzelne regelungsbedürftige Punkte noch offen, wobei über die essentialia des Hauptvertrags Einigkeit bestehen, zumindest aber ein Leistungsbestimmungsrecht einer Partei vereinbart sein muss.[47]

46 3. Durch *Kaufvertrag unter der aufschiebenden Bedingung*, dass der Berechtigte von seinem Recht durch spätere Ausübung Gebrauch macht (eine zulässige Potestativbedingung). Dies kann als Regelform des »Ankaufsrechts« verstanden werden. Die Ausübung bedarf keiner Form. Schriftform wird regelmäßig vereinbArt. Das Ankaufsrecht ist häufig mit einem anderen Vertrag verbunden. Der Mieter, Pächter, Erbbauberechtigte soll das Grundstück, für das

---

[47] Zur gerichtlichen Geltendmachung eines Anspruchs aus Vorvertrag vgl. *Hertel* in Würzburger Notarhandbuch Teil 2 Kap. 2 Rn. 851.

er Leistungen erbringt, unter bestimmten Voraussetzungen erwerben können. *Unzulässig ist es*, ein Ankaufsrecht im Zusammenhang mit einer *Hypothek* oder Grundschuld (§§ 1136, 1149 BGB) oder sonst einem Pfandrecht (§§ 1229, 1245 Abs. 2 BGB; Verbot des Verfallpfands) zu bestellen.

Vom Ankaufsrecht im vorstehenden Sinne ist die sog. *»Vorhand«* zu unterscheiden, bei der der Verpflichtete regelmäßig dem Berechtigten Angebote Dritter mitteilen und ihm vor dem Abschluss mit Dritten Gelegenheit geben muss, seinerseits abzuschließen (im wirtschaftlichen Ergebnis ähnelt die Vorhand mehr einem Vorkaufsrecht). Beurkundungspflichtig (§ 311b Abs. 1 Satz 2 BGB) ist die Vorhand nur, sofern sich aus dieser eine Verpflichtung zum Erwerb bzw. zur Veräußerung von Grundbesitz ergibt. Dies wird bei der Vorhand regelmäßig nicht der Fall sein.[48] Vom Ankaufsrecht weiter zu unterscheiden ist der *»letter of intent«*, ein aus dem common law bekanntes Instrument, mittels dessen die Absicht signalisiert wird, mit dem Adressaten über oftmals wirtschaftlich und rechtlich komplexe Sachverhalte zu verhandeln.

4. Besonders zu regeln sind beim Ankaufsrecht in allen Varianten die Konditionen der Ausübung desselben. Dies gilt insbesondere für folgende Fragen:
– Kann das Ankaufsrecht »frei« (ohne weitere Voraussetzungen) oder nur »bedingt« (vgl. etwa den in Überlassungsverträgen oftmals anzutreffenden Rückforderungsrechten, z.B. bei Vorversterben, Vermögensverfall etc.) ausgeübt werden?
– Ist das Ankaufsrecht übertragbar und vererblich (im Zweifel ja,[49] anders bei einem Verkaufsangebot). Ist das Ankaufsrecht befristet (stets zu empfehlen)?

Der bedingte Eigentumsverschaffungsanspruch aus einem Ankaufsrecht, sei es aufgrund eines Angebotes oder aufgrund eines aufschiebend bedingten Kaufvertrages oder eines Vorvertrages, kann durch eine *Auflassungsvormerkung* gesichert werden.[50]

Ankaufsrecht zugunsten des Erbbauberechtigten als Inhalt einer Erbbaurechtsbestellung:

Der Grundstückseigentümer ist auf schriftliches Verlangen des Erbbauberechtigten verpflichtet, diesem das mit dem Erbbaurecht belastete Grundstück zum Verkehrswert zu verkaufen und zu übereignen. Der jetzige Verkehrswert wird auf 50.000,00 € festgesetzt. Maßgebend ist der Verkehrswert im Zeitpunkt der Ausübung des Ankaufsrechts; er wird durch das Gutachten des zuständigen Gutachterausschusses auf der Grundlage des für jetzt festgesetzten Verkehrswerts bestimmt. Der Inhalt des abzuschließenden Kaufvertrags ergibt sich im Übrigen aus der vom Notar vorgelesenen Anlage zu dieser Urkunde.
Das Verlangen kann jedoch nur gestellt werden, wenn 1. der Grundstückseigentümer Insolvenzantrag stellt oder das Insolvenzverfahren über sein Vermögen eröffnet oder die Eröffnung mangels Masse abgelehnt wird; oder 2. der Grundstückseigentümer seine Zahlungen einstellt; oder 3. die Zwangsverwaltung oder die Zwangsversteigerung des Grundstücks eingeleitet und nicht innerhalb dreier Monate aufgehoben wird.
Anlage: Kaufvertragstext

---

48 Vgl. zur etwaigen Beurkundungspflicht bei einer »Angebotsvorhand« *Wolf*, DNotZ 1995, 179, 192 f.
49 Vgl. zur (formfreien) Übertragung der Rechte aus einem Ankaufsrecht BGHZ 89, 41.
50 Für den bedingten Kaufvertrag: BGH NJW 1966, 1656.

§ 62 Vorkaufsrecht, Wiederkaufsrecht, Ankaufsrecht

■ *Kosten.* Das Ankaufsrecht ist Inhalt des Erbbaurechts nach § 2 Nr. 7 ErbbauRG, löst also keine zusätzlichen Kosten aus.

Pachtvertrag mit Ankaufsrecht

50 M

Verhandelt zu ..... am .....
A. verpachtet das ihm gehörige, im Grundbuch des Amtsgerichts ..... von ....., Blatt ....., verzeichnete Grundstück der Gemarkung ....., FIStNr. ..... zu ..... ha, an B. zu folgenden Bedingungen .....
Der Verpächter räumt dem Pächter ein Ankaufsrecht an dem Pachtgrundstück in der Weise ein, dass er ihm hiermit den Verkauf des Grundstücks zu den Bedingungen anbietet, die in der vom Notar vorgelesenen Anlage zu diesem Vertrag enthalten sind. Der Verpächter ist an das Angebot gebunden, solange der Pachtvertrag besteht. Es erlischt von selbst mit Beendigung des Pachtvertrags. Die Annahme ist nur wirksam, wenn sich der Pächter in der Annahmeurkunde wegen seiner dann begründeten Verpflichtung zur Zahlung des Kaufpreises der sofortigen Zwangsvollstreckung unterwirft. Im Übrigen ist die Annahme wirksam, wenn sie während der Bindungsfrist zu Urkunde eines deutschen Notars erklärt wird; des Zugangs der Annahmeerklärung an den Verpächter bedarf es zu ihrer Wirksamkeit nicht; der die Annahme beurkundende Notar wird jedoch gebeten, dem Verpächter eine Ausfertigung der Annahmeurkunde zu übermitteln.
Der Verpächter bewilligt, beide Vertragsteile beantragen, zur Sicherung des Anspruchs auf Eigentumsverschaffung, den der Pächter mit Annahme des Angebots erwirbt, eine Vormerkung einzutragen. Für den Fall der Annahme des Angebots bewilligt und beantragt der Pächter jetzt schon die Löschung dieser Vormerkung zugleich mit Eintragung des Eigentumsübergangs auf ihn, vorausgesetzt, sie erfolgt im Range der Vormerkung.

....., Notar

Anlage: Kaufvertragstext

■ *Kosten.* Für die Bewertung des Pachtvertrags gilt § 99 GNotKG. Maßgebend ist der Wert aller Leistungen des Pächters während der gesamten Vertragszeit, bei unbestimmter Vertragsdauer der auf die ersten 5 Jahre entfallende Wert der Leistungen, max. der auf die ersten 20 Jahre entfallende Wert. Für das Ankaufsrecht ist der volle Wert des Grundstücks anzusetzen (§ 51 Abs. 1 Satz 1 GNotKG). Aus dem höheren Wert fällt die 2,0 Gebühr gemäß Nr. 21100 KV GNotKG an (für ein Angebot ist nach GNotKG ebenfalls eine 2,0 Gebühr anzusetzen, Vorbem. 2.1.1. Nr. 1 KV GNotKG). Beim Grundbuchamt fällt für die Eintragung der Vormerkung eine 0,5 Gebühr gemäß Nr. 14150 KV GNotKG an.

§ 63 Nießbrauch

I. Grundsätzliches

Der Nießbrauch (§ 1030 BGB) berechtigt den Begünstigten, die Nutzungen der Sache (§ 100 BGB) zu ziehen. Beim vorbehaltenen Nießbrauch bleibt der Veräußerer wirtschaftlicher Eigentümer. Der Nießbrauch an einem Grundstück ist eine Form der Dienstbarkeit; von den beschränkten Dienstbarkeiten (Grunddienstbarkeit, beschränkte persönliche Dienstbarkeit; für Mobilien gibt es beschränkte Dienstbarkeiten nicht) unterscheidet er sich dadurch, dass er ein umfassendes Nutzungsrecht verleiht. Der Nießbrauch ist an die Person des Gläubigers geknüpft, kann also nicht über seinen Tod hinaus erstreckt werden (§ 1061 BGB). Er kann nicht belastet werden (§ 1069 Abs. 2, § 1274 Abs. 2 BGB). Nur seine Ausübung *ist* pfändbar (§ 857 Abs. 3 ZPO). 1

An beweglichen Sachen erfolgt die Bestellung des Nießbrauchs wie bei der Übereignung (§ 1032 BGB), an Grundstücken durch Einigung und Eintragung (§ 873). Die Bestellung eines Nießbrauchs an Rechten erfolgt gemäß § 1069 BGB nach den für die Übertragung des Rechts geltenden Vorschriften; die notarielle Beurkundung ist somit erforderlich bei der Einräumung von Nießbrauchsrechten an Erbanteilen (§ 2033 BGB) und an GmbH-Geschäftsanteilen (§ 15 Abs. 3 GmbHG). 2

In der Praxis findet sich der Nießbrauch überwiegend in Schenkungs- und Überlassungsverträgen (vgl. § 39 Rdn. 80 ff. und unten Rdn. 13 M), sei es als »Vorbehaltsnießbrauch« zugunsten des Veräußerers, sei es als »Zuwendungsnießbrauch«, meist zur Sicherung von Ehegatten oder Verwandten für die Zeit nach dem Tode des Eigentümers (vgl. Rdn. 23; zur Berücksichtigung bei der Schenkungsteuer Rdn. 42).[1] Gelegentlich wird der Nießbrauch auch gekauft, vor allem als Gegenleistung für Baukostenzuschüsse. Schließlich kann der Nießbrauch auch zu Sicherungszwecken bestellt werden (»Sicherungsnießbrauch«).[2] Eine Sicherung von Mietverhältnissen ist grundsätzlich möglich,[3] wobei der Nießbrauch selbstständig *neben dem Mietvertrag* stehen muss und auf eine sachgerechte Verzahnung zu achten ist; einerseits muss der Nießbrauch unangetastet bleiben, wenn eine Kündigung des Mietverhältnisses infolge der Sonderkündigungsrechte nach § 57a ZVG oder § 111 InsO erfolgt, andererseits muss eine Kündigung aus Gründen, die in der Person des Mieters liegen, auch zum Erlöschen des Wohnungsrecht bzw. zu einem Aufhebungsanspruch hinsichtlich des Nießbrauchs führen (vgl. zur parallelen Problematik bei der Sicherung eines Mietverhältnisses durch ein Wohnungsrecht vgl. § 65 Rdn. 9 mit Formulierungsvorschlag Rdn. 10 M). 3

II. Nießbrauch an Grundstücken

1. Bestellung

Der Nießbrauch an einem Grundstück entsteht durch Einigung und Eintragung (§ 873 BGB). Sofern die Nießbrauchseinräumung nicht Teil eines aus anderen Gründen formbedürftigen Vertrags ist, ist die Einigung formlos wirksam; die Eintragungsbewilligung bedarf für das Grundbuchverfahren nach § 29 GBO mindestens der Unterschriftsbeglaubigung. Wird nur 4

---

1 Zur Berücksichtigung im Zugewinnausgleich BGH NJW 2015, 2334.
2 Zur steuerlichen Behandlung BFH ZflR 1998, 312.
3 Vgl. *Maaß/Oprée*, ZNotP 1997, 8; *Wolfsteiner*, ZNotP 1997, 88; *Kaufhold*, ZNotP 1998, 88.

die Eintragungsbewilligung des Eigentümers des belasteten Grundstücks beglaubigt, kann allerdings später der Nachweis der dinglichen Einigung zwischen Eigentümer und Berechtigtem, ohne die das Recht trotz Grundbucheintragung nicht entsteht,[4] problematisch sein. Daher sollte der Berechtigte möglichst mitwirken und auch dessen Unterschrift beglaubigt werden, zumal dieser in der Regel die Kosten für Notar und Grundbuchamt übernehmen wird.

Der Berechtigte kann das Recht jederzeit gemäß § 875 BGB aufgeben.[5] Beachtet werden muss dabei, dass der Verzicht auf ein Nießbrauchsrecht Schenkungsteuer auslösen kann.

5   Die Bestellung eines Nießbrauchs an einem Grundstück kann genehmigungsbedürftig sein, z.B. nach dem Grundstückverkehrsgesetz bei land- und forstwirtschaftlichen Grundstücken (§ 2 Abs. 2 Satz 3 GrdstVG), bei in eine Umlegung einbezogenen Grundstücken nach § 51 BauGB, bei in einem Sanierungsgebiet belegenen Grundstücken nach § 144 Abs. 2 Nr. 2 BauGB.

2. Inhalt

6   Zwischen dem Nießbraucher und dem Eigentümer entsteht ein gesetzliches Schuldverhältnis. Modifikationen dieses Schuldverhältnisses sind zulässig und zwar – beim Grundstücksnießbrauch durch Eintragung im Grundbuch – mit dinglicher Wirkung (zumindest, soweit sie sich im Rahmen des Typus des Nießbrauchs halten).[6]

a) Umfang der Nutzungen

7   Nach § 1030 Abs. 2 BGB können einzelne Nutzungen vom Nießbrauch ausgenommen werden (z.B. eine Vermietung). Zu berücksichtigen ist aber, dass stets die Rechtsnatur als umfassendes Nutzungsrecht erhalten bleiben muss. Unzulässig ist es daher, den Nießbrauch für eine oder einzelne Nutzungsarten zu bestellen.[7] Bei der Belastung eines Grundstücks ist es zulässig, die Ausübung auf eine Teilfläche zu beschränken. Unzulässig ist jedoch, das Nießbrauchsrecht auf eine bestimmte Wohnung in dem Gebäude zu beschränken oder bestimmte Räume auszunehmen[8] (als Alternative bieten sich insofern an die Bildung von Wohnungseigentum mit einem Nießbrauchsrecht an der betreffenden Wohnung oder die Begründung eines Eigentümerwohnungsrechts im Vorrang vor dem Nießbrauch).[9]

8   Als Inhalt des Nießbrauchs kann (wohl) nicht geregelt werden, dass der Nießbrauchsberechtigte das Recht hat, ein bestehendes Gebäude umzugestalten oder einen Neubau zu errichten.[10] Ein entsprechendes Recht kann dem Berechtigten aber schuldrechtlich eingeräumt werden, wobei eine Weitergabeverpflichtung an Rechtsnachfolger vorgesehen werden sollte.

Schuldrechtliches Umbaurecht

9 M   Schuldrechtlich wird – abweichend von § 1036 Abs. 2 BGB – vereinbart, dass der Nießbrauchsberechtigte berechtigt ist, den Nießbrauchsgegenstand umzugestalten und auch wesentlich zu verändern. Er ist insbesondere berechtigt, dass derzeit dort auf-

---

4   BayObLG NJW 2003, 1402.
5   DNotI-Report 2012, 25.
6   *Schöner/Stöber*, Rn. 1375; Staudinger/*J. Mayer*, Vorbem. zu §§ 1030 ff. BGB Rn. 6 ff.
7   BayObLG RPfleger 1981, 439.
8   Vgl. BayObLG DNotZ 1980, 479; LG Gießen NJW-RR 1997, 82.
9   Zur Zulässigkeit sowohl eines Nießbrauchs- als auch eines Wohnungsrecht für denselben Berechtigten vgl. OLG Hamm NotBZ 2013, 399 und § 65 Rdn. 1
10 KG DNotZ 1992, 675 m. krit. Anm. *Frank*; LG Köln MittRhNotK 1986, 24.

stehende Gebäude nach seinem Ermessen umzubauen, sofern dabei alle baurechtlichen und denkmalschutzrechtlichen Anforderungen beachtet werden. Der Eigentümer hat die sich aus dieser Vereinbarung für ihn ergebenden Pflichten Rechtsnachfolgern im Eigentum mit der Verpflichtung zur Weitergabe an deren Rechtsnachfolger weiterzugeben.

Zulässig ist der *Quotennießbrauch*;[11] darunter versteht man, dass dem Nießbraucher nur ein bestimmter Bruchteil der Nutzungen zusteht, der Rest dem Eigentümer. Zwischen Eigentümer und Nießbraucher besteht bezüglich der Berechtigung zur Ziehung der Nutzungen eine Nutzungs- und Verwaltungsgemeinschaft, für die die §§ 741 ff. BGB entsprechend gelten. Relevanz hat der Quotennießbrauch oftmals bei mehreren Schenkern (z.B. Ehegatten), denen nach dem Tod des einen Ehegatten nicht die vollen Nutzungen (z.B. Mieteinnahmen) zustehen sollen, sondern nur zur Hälfte. Darüber hinaus kann mit dem Quotennießbrauch auch schenkungsteuerlich ein punktgenaues Ergebnis erzielt werden. 10

Quotennießbrauch an einem Grundstück

A erhält den lebenslänglichen Quotennießbrauch an dem gesamten im Grundbuch des Amtsgerichts ..... Blatt ..... vorgetragenen FlSt. ..... auf die Hälfte der gesamten Nutzungen. Für den Nießbrauch gelten die gesetzlichen Bestimmungen *[weiter vgl. Rdn. 13 M]*. 11 M

b) Kosten und Lasten

Der Nießbraucher an Sachen, insbesondere Grundstücken, hat nach der gesetzlichen Regelung nicht nur für die Erhaltung der Sache in ihrem wirtschaftlichen Bestande zu sorgen (§ 1041 BGB), sondern auch die öffentlichen *Lasten* (mit Ausnahme z.B. von Erschließungsbeiträgen oder Flurbereinigungsbeiträgen) und die bei der Bestellung schon auf der Sache ruhenden *privatrechtlichen Lasten*, insbesondere Zinsen von Hypothekenforderungen und Grundschulden, zu tragen (§ 1047 BGB). Hinsichtlich der Verteilung von Lasten und Aufwendungen ist das Nießbrauchsrecht dispositiv.[12] Als Inhalt des Nießbrauchs kann insbesondere bestimmt werden, dass der Nießbraucher auch die Kosten *außerordentlicher Ausbesserungen* und Erneuerungen und neben den Zinsen auch die *Tilgungsbeträge der Grundpfandrechte* zu tragen hat. Andererseits ist es aber auch zulässig, den Nießbraucher mit dinglicher Wirkung von der Pflicht zur gewöhnlichen Unterhaltung zu entlasten.[13] Bei allen Gestaltungen können beim Tod des Berechtigten »Rückstände« bestehen, die eine Löschung des Nießbrauchsrechts im Grundbuch allein gegen den Nachweis des Todes hindern; deshalb empfiehlt sich eine Löschungserleichterung nach § 23 Abs. 2 GBO.[14] 12

Nießbrauch entsprechend der gesetzlichen Regelung

**Der Veräußerer behält sich auf seine Lebensdauer das unentgeltliche Nießbrauchsrecht am Vertragsgrundbesitz einschließlich Zubehör vor.
Für den Nießbrauch gelten die gesetzlichen Bestimmungen. Danach ist der Nießbraucher berechtigt, den Nießbrauchsgegenstand ordnungsgemäß zu nutzen. Er ist ver-** 13 M

---
11 BGH DNotZ 2004, 140.
12 BayObLG MittBayNot 1985, 70.
13 *Schippers*, MittRhNotK 1996, 197 m.w.N.
14 BGH DNotZ 1976, 490.

pflichtet, die auf dem Vertragsgegenstand ruhenden privaten und öffentlichen Lasten, mit Ausnahme der außerordentlichen Lasten, zu tragen. Der Nießbraucher hat für die Erhaltung der Sache in ihrem wirtschaftlichen Bestand zu sorgen und Ausbesserungen und Erneuerungen vorzunehmen, die zur gewöhnlichen Unterhaltung des Nießbrauchsgegenstands gehören.

Die Eintragung des Nießbrauchs im Grundbuch wird bewilligt und beantragt mit dem Zusatz, dass zu seiner Löschung der Nachweis des Ablebens des Berechtigten genügt. Der Nießbrauch erhält in Abteilung II und III des Grundbuches erste Rangstelle.

■ **Kosten.** Für die Bewertung des Nießbrauchs gilt § 52 GNotKG. Maßgebend ist der Jahreswert (wenn kein anderer Wert feststellbar ist, sind 5 % des Werts des Gegenstands anzusetzen, § 52 Abs. 5 GNotKG), vervielfältigt nach Maßgabe des § 52 Abs. 4 GNotKG. Erfolgt die Nießbrauchseinräumung bedingt, ist nach § 52 Abs. 4 i.V.m. Abs. 6 Satz 2 GNotKG zu bewerten.[15] (Leipziger-GNotKG/*Zapf* § 52 Rn. 72).

Bei Mietgrundstücken ist insofern der Jahresrohmietertrag abzüglich der gewöhnlichen Unterhaltungskosten und ordentlichen öffentlichen Lasten zugrunde zu legen. Nicht abzugsfähig sind Hypotheken- und Grundschuldzinsen. Für die Eintragung im Grundbuch fällt eine 1,0 Gebühr an (Nr. 14121 KV GNotKG).

14 Die Interessenlage der Beteiligten ist nicht selten anders, z.B. schon deshalb, weil der Erwerber häufig angesichts seiner Einkommens- und Vermögensverhältnisse nicht in der Lage sein wird, höhere Aufwendungen zu leisten. Für eine abweichende Regelung geben nicht selten auch steuerliche Erwägungen Anlass; derjenige, der Aufwendungen leistet, kann diese steuerlich nur dann geltend machen, wenn er damit korrespondierende Einkünfte erzielt (vgl. Rdn. 24). Vom Eigentümer auf ein vermietetes Objekt bezahlte Großreparaturen könnten deshalb steuerlich nicht geltend gemacht werden. Im Hinblick darauf wird der Nießbrauch nicht selten in der Weise vereinbart,[16] dass der Berechtigte wirtschaftlicher Eigentümer mit allen Rechten und Pflichten ist (bzw. beim Vorbehaltsnießbrauch bleibt). Diese Gestaltung wird auch als **Netto-Nießbrauch** bezeichnet, weil dem Nießbraucher die Nutzungen nur nach Abzug allen Aufwands zukommen.[17] In der Folge solcher Regelungen wären bei Beendigung des Nießbrauchs noch bestehende Verbindlichkeiten Sache des Berechtigten (bzw. dessen Erben); wo das nicht gewollt ist, sollte eine entsprechend bedingte Erfüllungs- oder Schuldübernahme des Eigentümers (Erwerbers) zugunsten des Berechtigten vereinbart werden.[18]

Nießbraucher ist wirtschaftlicher Eigentümer

15 M Der Veräußerer behält sich auf seine Lebensdauer das unentgeltliche Nießbrauchsrecht am Vertragsgrundbesitz einschließlich Zubehör vor.

Für den Nießbrauch gelten die gesetzlichen Bestimmungen mit der Maßgabe, dass der Nießbrauchsberechtigte, soweit gesetzlich möglich, sämtliche mit dem Vertragsbesitz verbundenen Lasten und Kosten zu tragen hat, auch solche, die nach den gesetzlichen Bestimmungen vom Eigentümer zu tragen wären.

Der Nießbraucher hat insbesondere auch Zins und Tilgung für die derzeit durch Grundpfandrechte am Vertragsbesitz gesicherten Verbindlichkeiten zu tragen.

---

15 Leipziger-GNotKG/*Zapf*, § 52 GNotKG Rn. 36.
16 Vgl. BGH MittBayNot 2010, 40.
17 Vgl. *Promberger*, MittBayNot 2010, 22.
18 *Schippers*, MittRhNotK 1996, 197.

Die damit verbundene Entlastung des Grundstückseigentümers ist nicht selten nur unter der Voraussetzung gewünscht, dass dieser dem Nießbrauchsberechtigten nahe steht.[19] Sofern ein Eigentumswechsel nicht durch Rückübertragungsverpflichtungen ausgeschlossen ist, kann man dieser Erwägung dadurch Rechnung tragen, dass der Nießbrauch (dinglich) mit dem gesetzlichen Inhalt bestellt (Rdn. 13 M) und dazu eine schuldrechtliche Vereinbarung zur Lastenverteilung getroffen wird:

Ergänzend hierzu wird schuldrechtlich vereinbart, dass solange A Eigentümer des vertragsgegenständlichen Grundbesitzes ist, abweichend von dem vorstehenden dinglichen Inhalt des Nießbrauchsrechts der Nießbrauchsberechtigte, soweit gesetzlich möglich, sämtliche mit dem Vertragsbesitz verbundenen Lasten und Kosten zu tragen hat, auch solche, die nach den gesetzlichen Bestimmungen vom Eigentümer zu tragen wären.

Zuweilen wird hiervon abweichend auch eine Gestaltung gewünscht, nach der der Eigentümer alle Lasten und Aufwendungen zu tragen hat und dem Berechtigten sämtliche Einkünfte verbleiben (»Brutto-Nießbrauch«).[20] Ein derartiger Bruttonießbrauch wird häufig beim Zuwendungsnießbrauch an Minderjährige vereinbart.[21] Dies hat zwar den Nachteil, dass es zu einem Werbungskostenleerlauf kommen kann, andererseits die Vorteile des »Familiensplittings« genutzt werden können (Einnahmen aus Vermietung und Verpachtung werden auf den Minderjährigen übertragen, der oftmals einen bedeutend geringeren Steuersatz hat als seine schenkenden Eltern).

Brutto-Nießbrauch

Der Veräußerer behält sich auf seine Lebensdauer das unentgeltliche Nießbrauchsrecht am Vertragsgrundbesitz einschließlich Zubehör vor.
Dem Nießbraucher sollen die Nutzungen möglichst ungeschmälert zustehen. Für den Nießbrauch gelten deshalb folgende vom Gesetz abweichende Bestimmungen: Der Eigentümer hat, soweit gesetzlich zulässig, alle Lasten und Aufwendungen zu tragen, auch soweit sie von Gesetzes wegen der Nießbraucher zu tragen hätte. Dem Eigentümer obliegt insbesondere die Pflicht zur Lastentragung (§ 1047 BGB) und Versicherung des Nießbrauchgegenstandes (§ 1045 BGB), sowie die Pflicht zur Ausbesserung und Erneuerung, auch soweit sie zur gewöhnlichen Unterhaltung gehören (§ 1041 Satz 2 BGB). Der Nießbraucher ist lediglich verpflichtet, die Sache in ihrem wirtschaftlichen Bestand zu erhalten.

c) Wohnungseigentum

Bei Wohnungseigentum kann sich im Rahmen eines Nießbrauchs auch eine Regelung empfehlen, dass der Berechtigte berechtigt ist, an Versammlungen der Eigentümer teilzunehmen und das Stimmrecht auszuüben; nach dem Gesetz stünden diese Rechte dem Eigentümer zu (str.).[22]
Weiter kann sich die (schuldrechtliche) Verpflichtung des Berechtigten empfehlen, das Wohnungseigentum nur in der Weise zu nutzen, wie es einer Teilungserklärung und

---

19 Vgl. *Promberger*, MittBayNot 2010, 22, 26.
20 Vgl. *Promberger*, MittBayNot 2010, 22.
21 Vgl. ausführlich: *Langenfeld/Günther*, Grundstückszuwendungen, Rn. 213.
22 BGH NJW 2002, 1647 = MittBayNot 2002, 184 m. Anm. *Schmidt*; zum Streitstand auch: *Armbrüster*, DNotZ 1999, 565 ff.

Gemeinschaftsordnung samt Beschlüssen der Eigentümergemeinschaft (und ggf. einer Hausordnung) entspricht. Andernfalls haftet der Eigentümer der Gemeinschaft gegenüber.[23]

Besonderheiten bestehen nicht zuletzt auch hinsichtlich des Wohngelds. Das an den Verwalter zu entrichtende Wohngeld enthält nämlich typischerweise sowohl Lasten, die nach dem Gesetz der Nießbraucher zu tragen hat, als auch solche, die nach dem Gesetz der Eigentümer zu tragen hat. Zu berücksichtigen ist auch die Instandhaltungsrücklage. Hier ist nicht absehbar, ob diese für Erneuerungen im Rahmen der ordnungsgemäßen Wirtschaft oder für außergewöhnliche Erneuerungen aufgewandt wird. Der Vertrag kann daher Regelungen enthalten, von wem das Wohngeld zu zahlen ist.

21 M **Der Erwerber erteilt hiermit dem Veräußerer unter Befreiung von den Beschränkungen des § 181 BGB Vollmacht, ihn gegenüber der Eigentümergemeinschaft und gegenüber dem Verwalter umfassend zu vertreten, insbesondere an der Eigentümerversammlung teilzunehmen und für ihn abzustimmen. Der Notar hat darauf hingewiesen, dass die Möglichkeit zur Vertretung in der Eigentümerversammlung durch Teilungserklärung bzw. Gemeinschaftsordnung eingeschränkt sein kann. Die Vollmacht ist auf die Dauer des Nießbrauchs nur aus wichtigem Grund widerruflich.**

d) Mietverhältnis

22 Gemäß § 1056 BGB kann der Eigentümer nach Beendigung des Nießbrauchs ein etwa bestehendes Mietverhältnis mit gesetzlicher Kündigungsfrist kündigen, auch wenn der Mietvertrag auf bestimmte Zeit läuft. Dies gilt auch dann, wenn der Eigentümer neben weiteren Personen Erben des Nießbrauchers wird.[24] Derjenige, der einen Mietvertrag mit einem Nießbraucher abschließt, kann also schlechter als wenn er direkt vom Eigentümer mietet. Eine abweichende Regelung mit dem Eigentümer ist freilich möglich. Das Kündigungsrecht geht allerdings ohne besondere Vereinbarung nicht auf einen Sonderrechtsnachfolger über. Vielmehr müsste der Veräußerer dieses Sonderkündigungsrecht an den rechtsgeschäftlichen Erwerber abtreten.[25]

3. Berechtigter

23 Mehrere Berechtigte können eigene Nießbrauchsrechte im Gleichrang (vgl. § 1060 BGB) oder im Rang hintereinander erhalten. Im ersten Fall beschränken sie sich wechselseitig, im zweiten Fall kann der zweitrangig Berechtigte sein Recht erst ausüben, wenn das erstrangige Recht erlischt. Ein Nießbrauch kann für mehrere Berechtigte in bestimmtem *Beteiligungsverhältnis* bestellt werden. Er kann mehreren Berechtigten nach Bruchteilen, aber auch als »Gesamtgläubigern nach § 428 BGB«[26] (wohl aber nicht nach § 432 BGB)[27] zustehen.[28] Im Fall der Gesamtgläubigerschaft steht der Nießbrauch nach dem Tode des einen Berechtigten dem anderen in vollem Umfang zu. Möglich ist auch die Sukzessivberechtigung in dem Sinn, dass der Nießbrauch einer Person allein, nach deren Tod aber einer anderen zusteht (ein Ergebnis, das auch dadurch herbeigeführt werden kann, dass zwei Nießbrauchsrechte, das eine im Vorrang vor dem anderen, bestellt werden). Denkbar ist schließlich auch eine Berech-

---

23 BGH NJW 2014, 2640.
24 BGH, Urt. v. 20.10.2010, XII ZR 25/09.
25 BGH DNotZ 2010, 941 ff.
26 BGH NJW 1981, 176; OLG Frankfurt MittBayNot 2012, 386; kritisch *Kesseler*, DNotZ 2010, 123.
27 OLG München DNotZ 2010, 120 m. Anm. *Kesseler*.
28 Vgl. *Amann*, NotBZ 2009, 441; *Frank*, MittBayNot 2012, 387.

tigung als Gesellschafter einer GbR. Eine GbR hat den Vorteil, dass die Anteile entgegen der gesetzlichen Regelung zum Nießbrauch abtretbar und vererblich gestellt werden können.

In steuerlicher Sicht ist die Differenzierung von Vorbehaltsnießbrauch und Zuwendungsnießbrauch zu beachten. Wenn der Veräußerer sich im Rahmen der Zuwendung den Nießbrauchs vorbehält, behält er die Berechtigung, Abschreibungen für Abnutzung (AfA) geltend zu machen. Wird der Nießbrauch hingegen unentgeltlich (sonst § 22 EStG) zugewendet, geht die AfA-Befugnis sowohl dem Eigentümer als auch dem Nießbrauchsberechtigten verloren.[29] Hierauf sollte in Fällen, in denen es den Beteiligten auf die Abschreibungen ankommt, geachtet werden. Ist ein Ehegatte Alleineigentümer des Grundbesitzes, sollte der Nießbrauch nicht beiden gemeinsam gemäß § 428 BGB zustehen, da damit die Abschreibungsmöglichkeit hälftig verloren geht. Steuerlich günstiger ist in diesen Fällen die Gestaltung, nach der sich der Eigentümer zunächst den vollen Nießbrauch vorbehält und dem Ehegatten der Nießbrauch nur aufschiebend bedingt durch dessen Ableben zugewendet wird.

Sukzessivberechtigung

Aufschiebend bedingt durch das Ableben von des Veräußerers wird hiermit ..... ein inhaltsgleiches Nießbrauchsrecht am Vertragsbesitz eingeräumt; dessen Eintragung im Grundbuch wird hiermit bewilligt und beantragt. Es soll Rang nach dem vorstehend bewilligten Nießbrauch für ..... erhalten. 25 M

Der Nießbrauch kann als »*Eigentümernießbrauch*« zugunsten des Grundstückseigentümers bestellt werden. Hierzu bedarf es nicht des Nachweises eines berechtigten Interesses.[30] Damit ist es z.B. auch möglich, einen Nießbrauch zugunsten von Eheleuten als Gesamtgläubigern an einem Grundstück zu bestellen, das nur einem der Ehegatten gehört.

4. Übertragbarkeit

Das Nießbrauchsrecht ist als solches nicht übertragbar. Nach § 1059 BGB kann die Ausübung des Nießbrauchsrechts einem anderen überlassen werden kann. Dies kann durch Vereinbarung – auch mit dinglicher Wirkung – ausgeschlossen werden.

Der Nießbraucher ist nicht berechtigt, die Ausübung des Nießbrauchs an Dritte zu überlassen. 28 M

Ein solcher vertraglicher Ausschluss steht allerdings einer Pfändung des Nießbrauchs oder der sich aus ihm ergebenden Rechte nicht entgegen.[31] Der Bundesgerichtshof entnimmt §§ 857 Abs. 1, 3, 851 Abs. 2 ZPO (analog), dass der Schuldner nicht durch einfache Abreden mit dem Drittschuldner an sich verwertbare Bestandteile seines Vermögens jeglichem Gläubigerzugriff entziehen kann.

Eine Ausnahme zum Grundsatz der Unübertragbarkeit regelt §§ 1059a für Fälle der Gesamtrechtsnachfolge oder einer Spaltung von Unternehmen.

---

29 BFH BStBl. 1983 II, 626.
30 BGH DNotZ 2012, 137 = ZfIR 2011, 874 m. Anm. *H. Keller*; näher *Böhringer*, NotBZ 2012, 121.
31 BGHZ 95, 99.

III. Nießbrauch an Gesellschaftsbeteiligungen

31   Der Nießbrauch an einer *Gesellschaftsbeteiligung*[32] setzt voraus, dass diese übertragbar ist (§ 1069 Abs. 2 BGB). Andernfalls bedarf es der Zustimmung der Mitgesellschafter; ob deren Zustimmung auch in Fällen der Übertragbarkeit der Beteiligung erforderlich ist, ist streitig.[33] Entbehrlich erscheint eine Zustimmung, wenn der Nießbrauchsberechtigte nur Anspruch auf die vermögensrechtlichen Bezüge aus der Beteiligung (bei einer BGB-Gesellschaft auf den Gewinnanteil und Auseinandersetzungsguthaben, vgl. § 717 Satz 2 BGB) haben soll.

Ist der Erwerber einer Beteiligung an einer Personengesellschaft bereits Gesellschafter, so steht zu befürchten, dass ein Nießbrauchsvorbehalt unter Berufung auf den Grundsatz der Einheitlichkeit der Beteiligung[34] als unzulässig angesehen wird. Der sicherste Weg wäre in diesem Fall die Bestellung eines Quotennießbrauchs an dem vereinigten Anteil des Erwerbers.

32   Die Bestellung eines Nießbrauchs an einem GmbH-Geschäftsanteil bedarf der notariellen Beurkundung (§§ 1069 BGB, 15 Abs. 3 GmbHG). Bei Personengesellschaften erfolgt die Nießbrauchsbestellung durch formlose Einigung des Gesellschafters mit dem Nießbraucher.

33   Ob die Eintragung eines Nießbrauchs an der Beteiligung an einer Personengesellschaft im Handelsregister möglich (und zur Haftungsbeschränkung des Nießbrauchers an einem Kommanditanteil erforderlich) ist, ist streitig,[35] ebenso bei einem GmbH-Anteil die Eintragung in die Gesellschafterliste.[36] Ein (Quoten-)Nießbrauch zu mehr als 25 % kann dazu führen, dass der Nießbraucher als Berechtigter i.S.d. § 3 Geldwäschegesetz gilt und damit Meldepflichten gegenüber dem Transparenzregister erfüllen muss (zumindest sofern der Nießbraucher aufgrund besonderer Absprachen Kontrollrechte gegenüber der Gesellschaft ausüben kann).[37]

34   Beim Nießbrauch an *Gesellschaftsanteilen* behält der Gesellschafter sein Stimmrecht jedenfalls für Grundlagenbeschlüsse.[38] Im Übrigen sollte die Verteilung der Gesellschafterrechte ausdrücklich geregelt werden. Mindestens sollte der Nießbrauchsberechtigte Mitspracherechte bei allen Maßnahmen und Beschlüssen haben, die Einfluss auf den Ertrag der Beteiligung haben. Mit der Nießbrauchsbestellung kann die Erteilung einer Stimmrechtsvollmacht verbunden werden. Die Erteilung einer unwiderruflichen Stimmrechtsvollmacht (mit der Verpflichtung des Vollmachtgebers, nicht selbst zu stimmen) ist unzulässig.

35   Bei der Gestaltung sind in der Regel auch steuerliche Gesichtspunkte zu beachten. Bei einer den gesetzlichen Bestimmungen folgenden Gestaltung sind bei einer Personengesellschaft sowohl der Inhaber der Beteiligung als auch der Nießbrauchsberechtigte Mitunternehmer i.S.d. § 15 EStG;[39] nicht zuletzt eine weitgehende Übertragung der Stimmrechte auf einen Vertragsteil kann zum Verlust der Mitunternehmerstellung des anderen führen.

---

32   Hierzu näher *Frank*, MittBayNot 2010, 96.
33   *Frank*, MittBayNot 2010, 96, 97.
34   Vgl. BGHZ 24, 106; 58, 316; BGH NJW-RR 1989, 1259, str.
35   *Frank*, MittBayNot 2010, 96, 98; verneinend OLG München Beschl. v. 08.08.2016 – 31 Wx 204/16.
36   LG Aachen MittBayNot 2010, 72.
37   Vgl. hierzu http://www.bva.bund.de/DE/Organisation/Abteilungen/Abteilung_ZMV/Transparenzregister/FAQ/faq_node.html
38   BGH DNotZ 1999, 607; näher hierzu *Frank*, MittBayNot 2010, 96, 99.
39   BFH MittBayNot 2010, 156; *Frank*, MittBayNot 2010, 96, 102.

Nießbrauch an einem Kommanditanteil

36 M

In Erfüllung der Vermächtnisanordnung im Testament des ..... vom ....., eröffnet vom Amtsgericht – Nachlassgericht – ..... unter dem Aktenzeichen ....., bestellt hiermit A.X. seiner Mutter M.X. an seinem Kommanditanteil an der im Handelsregister des Amtsgerichts ..... unter HRA Nr. ..... eingetragenen Z.Z. KG mit Sitz in ..... auf deren Lebenszeit den Nießbrauch zu einem Bruchteil von 8/10. Der Nießbrauch erfasst auch bei der Gesellschaft bestehende Darlehens- und Verrechnungskonten.
A.X. und M.X. sind über die Begründung des Nießbrauchs einig; die übrigen Gesellschafter haben bereits eingewilligt.
In Anbetracht dessen, dass der Erblasser keine näheren Anordnungen gegeben hat, vereinbaren die Vertragsteile zum Inhalt des Nießbrauchs was folgt: Das Stimmrecht zu Gesellschafterbeschlüssen steht allein dem Gesellschafter zu. Dieser wird aber alle Informationen, die er als Kommanditist erhält, unverzüglich der Nießbraucherin weitergeben. Vor jeder Abstimmung von einigem Gewicht – insbesondere auch über die Feststellung des Jahresabschlusses – wird er die Nießbraucherin hören. Folgenden Beschlüssen und Rechtsgeschäften wird er nur mit Einwilligung der Nießbraucherin zustimmen: a) Alle Beschlüsse, die die Grundlagen des Gesellschaftsverhältnisses berühren, betreffend also insbesondere Unternehmensverträge jeder Art, Umwandlung, Veränderung der Haftsummen, Änderung des Unternehmensgegenstands, Veräußerung des Unternehmens als ganzem oder von Teilbetrieben; b) Beschlüsse über Kapitalmaßnahmen, Nachschüsse eingeschlossen; c) Aufnahme weiterer Gesellschafter; Zustimmung zur Veräußerung von Gesellschaftsanteilen; d) Stimmbindungsverträge; e) Beschlüsse über die Zuführung von Gewinnen zu den Rücklagen; f) Bildung von Sonderposten mit Rücklagenanteil.
....., den .....

Bei der Bestellung eines Nießbrauchs an der Beteiligung an einer Gesellschaft bürgerlichen Rechts, zu deren Vermögen Grundbesitz gehört, kann die Nießbrauchsbestellung im Grundbuch an dem betreffenden Gesellschaftsanteil eingetragen werden im Hinblick auf sich durch den Nießbrauch ergebende Mitwirkungsrechte des Nießbrauchers (str.).[40]

37

Schenkung der Beteiligung an einer Grundbesitz-GbR mit Nießbrauchsvorbehalt (mit Variante Quotennießbrauch)

38 M

I. Sachstand

1. Grundbuchstand: .....
2. Gesellschaftsverhältnisse
Alleinige Gesellschafter der unter der Bezeichnung ..... geführten Gesellschaft bürgerlichen Rechts sind: .....
Für das Gesellschaftsverhältnis gilt der Gesellschaftsvertrag vom ..... mit Nachträgen vom .....
Nach dem Gesellschaftsvertrag sind die Gesellschafter am Vermögen der Gesellschaft beteiligt .....
Neben dem Kapitalkonto werden ..... Privatkonten geführt.
3. Verbindlichkeiten: .....
4. Nutzungsverhältnisse:
Der o.g. Grundbesitz ist von der Gesellschaft vermietet.

---

40 Vgl. OLG Hamm DNotZ 1977, 376; *Schöner/Stöber*, Rn. 1367 m.w.N. – a.A. *Frank*, MittBayNot 2010, 96, 97.

II. Vereinbarungen

§ 1 Vertragsgegenstand

.....
– nachfolgend auch »Veräußerer« genannt –
überträgt hiermit unter gleichzeitigem Ausscheiden aus der Gesellschaft seine gesamte Beteiligung an der in Abschnitt I Ziffer 1 genannten Gesellschaft einschließlich Guthaben auf Verrechnungskonten und etwaigen Anspruch auf zeitanteiligen Gewinn per Ausscheidungsstichtag unter Vorbehalt des Nießbrauchs gemäß § 2.
an .....
– nachfolgend auch »Erwerber« genannt –
der damit anstelle des Veräußerers im Wege der Sonderrechtsnachfolge als Gesellschafter in die Gesellschaft eintritt.

§ 2 Nießbrauch

Der Veräußerer (nachfolgend hier »Nießbraucher«) behält sich ab Übertragungsstichtag auf seine Lebensdauer den Nießbrauch an der auf den Erwerber (nachfolgend hier »Gesellschafter«) übertragenen Beteiligung nach Maßgabe der folgenden Bestimmungen vor:

1. Belastungsgegenstand

Der Nießbrauch lastet am gesamten Anteil des Veräußerers *[bei Quotennießbrauch: mit einer Quote von ..... %]*.
Er erstreckt sich nicht auf Forderungskonten des Gesellschafters bei der Gesellschaft. Beim Ausscheiden des Gesellschafters aus der Gesellschaft oder bei deren Auflösung setzt sich der Nießbrauch am Abfindungs- bzw. Auseinandersetzungsguthaben des Gesellschafters *[bei Quotennießbrauch anteilig]* fort.

2. Umfang des Nießbrauchs

Das Nutzungsrecht umfasst den gesamten Gewinn *[bei Quotennießbrauch: ist beschränkt auf den der Quote entsprechenden Anteil am Gewinn]*, den der Gesellschafter im Rahmen des Gesetzes, des Gesellschaftsvertrages, der Beschlüsse der Gesellschafter und aufgrund der festgestellten Jahresrechnung gemäß Gewinnverwendungsbeschluss der Gesellschafterversammlung entnehmen darf.
An etwaigen Verlusten der Gesellschaft nimmt der Nießbraucher nur insoweit *[bei Quotennießbrauch: im Verhältnis seiner Quote]* teil, als Gewinne nicht entnommen werden dürfen, weil sie gesellschaftsvertraglich zur Wiederauffüllung der Rücklage nach Abbuchung von Verlusten verwendet werden müssen. Zur Leistung von Nachschüssen ist der Nießbraucher nicht verpflichtet.

3. Verwaltungsrechte

Unbeschadet der nachstehend für das Innenverhältnis geltenden Abreden übt nach außen allein der Gesellschafter die Verwaltungsrechte, insbesondere das Stimmrecht aus der Beteiligung aus.
Über die Ausübung der aus der Beteiligung stammenden Verwaltungsrechte entscheidet im Innenverhältnis allein der Gesellschafter, soweit es sich um das Gesellschaftsverhältnis und seine Gestaltung betreffende Grundlagengeschäfte oder laufende Geschäfte handelt.
Der Gesellschafter ist verpflichtet, seine Gesellschafterrechte so auszuüben, dass das Gewinnbezugsrecht des Nießbrauchers nicht beeinträchtigt wird. Informations- und Kontrollrechte stehen dem Nießbraucher nur insoweit zu, als sie der Gewährleistung seines Gewinnbezugsrechts dienen.

4. Weiterer Inhalt
Im Übrigen gelten für den Inhalt des Nießbrauchs die gesetzlichen Bestimmungen. Soweit dieser Inhalt nicht eindeutig definierbar ist, soll der Grundsatz der Einvernehmlichkeit und der gegenseitigen Rücksichtnahme gelten.
5. Einigung
Die Vertragsteile sind über die Entstehung des Nießbrauchs mit dem vorstehend vereinbarten Inhalt unmittelbar vor Eintritt der Sonderrechtsnachfolge einig.

§ 3 Übergabestichtag

Die Sonderrechtsnachfolge tritt mit Wirkung zum ..... ein.
Ab diesem Zeitpunkt tritt der Erwerber als Mitgesellschafter in die dann bestehenden Mietverhältnisse und alle sonst von der Gesellschaft abgeschlossenen Dauerschuldverhältnisse ein.

§ 4 Rechtsgrund

Die Beteiligungsübertragung erfolgt unentgeltlich als Schenkung, soweit in dieser Urkunde an anderer Stelle nichts anderes vereinbart ist. Der Wert der Schenkung ist beim Ableben des Veräußerers unter den Abkömmlingen nicht auszugleichen, jedoch auf den Pflichtteil des Erwerbers anzurechnen.

§ 5 Beschaffenheit, Altschulden

1. Die Beteiligung an der Gesellschaft selbst sowie der sich im Gesellschaftsvermögen befindliche Grundbesitz und die sonst zum Gesamthandsvermögen gehörenden Wirtschaftsgüter sind Gegenstand der Schenkung in ihrer zum Übergabestichtag vorhanden, tatsächlichen Beschaffenheit. Die Freiheit von Rechten Dritter, die in Bezug auf die Beteiligung und auf die zum Gesamthandvermögen gehörenden Gegenstände geltend gemacht werden können, wird nicht geschuldet.
Rechte und Ansprüche des Erwerbers wegen Sach- und Rechtsmängeln sind ausgeschlossen.
2. *[ggf.]* Der Erwerber verpflichtet sich, den Veräußerer im Falle seiner Inanspruchnahme für die Gesellschaftsverbindlichkeiten freizustellen, die bis zum Übergabestichtag entstanden sind (Altschulden). Sicherheitsleistung hierfür wird nicht vereinbart.
3. Der Erwerber als Mitgesellschafter übernimmt ab Übertragungsstichtag im Außenverhältnis als weiterer Gesamtschuldner die zum Übergabestichtag bestehenden Gesellschaftsschulden, für die er im Innenverhältnis nach Maßgabe des Gesellschaftsvertrages haftet.

§ 6 Rückübertragungsvorbehalt

1. Der Veräußerer behält sich das Recht vor, vom Erwerber bzw. dessen Rechtsnachfolger die Rückübertragung der Beteiligung auf sich oder auf einen von ihm schriftlich zu benennenden Dritten, der nach dem Gesellschaftsvertrag nachfolgeberechtigt ist, zu verlangen, wenn
   a) der Erwerber vor ihm verstirbt, oder
   b) der Erwerber seine Beteiligung ganz oder teilweise ohne seine Zustimmung belastet, veräußert oder kündigt, oder
   c) ein vom Erwerber zu vertretender Umstand eingetreten ist, der die Gesellschafter berechtigt, ihn aus der Gesellschaft auszuschließen, ohne dass es darauf ankommt, ob das Ausschlussverfahren betrieben wird, oder

d) die Zwangsvollstreckung in die Beteiligung eingeleitet oder über das Vermögen des Erwerbers ein Insolvenzverfahren eröffnet wird.
2. Die Rückübertragung kann nur innerhalb einer Frist von einem Jahr durch eingeschriebenen Brief an den zur Rückübertragung Verpflichteten verlangt werden, nachdem der Veräußerer positive Kenntnis von dem Umstand erlangt hat, der ihn zur Geltendmachung berechtigt.
Das Rückübertragungsrecht erlischt beim Ableben des Veräußerers, wenn es vorher nicht geltend gemacht worden ist.
3. Die Kosten und Steuern der Rückübertragung trägt der hierzu Verpflichtete.
4. Die Beteiligung ist mit dem Inhalt und in dem Umfang zu übertragen, den sie bei Eintritt des den Rückübertragungsanspruch auslösenden Umstandes hat. Gezogene Nutzungen aus der Beteiligung sind nicht zu erstatten.

§ 7 Kosten, Steuern

1. Die Kosten dieser Urkunde, behördlicher oder rechtsgeschäftlicher Genehmigungen, der Zustimmung der Mitgesellschafter und des Vollzugs im Grundbuch sowie die Katasterfortführungsgebühren trägt der Erwerber.
2. Etwa anfallende Schenkungsteuer trägt der Zuwendungsempfänger.

III. Einigung, Grundbuch

Die Vertragsteile sind einig, dass die vertragsgegenständliche Beteiligung im Wege der Sonderrechtsnachfolge mit dem für den Veräußerer vorbehaltenen Nießbrauch mit Wirkung zum Übergabestichtag übergeht.
Veräußerer und Erwerber bewilligen und beantragen an der in Abschnitt I genannten Grundbuchstelle einzutragen
– in Abt. I den Erwerber anstelle des Veräußerers als Gesellschafter
und
– in Abt. II
die Verfügungsbeschränkung infolge Nießbrauchsbestellung als Belastung am Gesellschaftsanteil des Erwerbers zugunsten des Nießbrauchsberechtigten.

IV. Zustimmung Mitgesellschafter

Zur Beteiligungsübertragung und Nießbrauchsbestellung ist nach dem Gesellschaftsvertrag die Zustimmung der Mitgesellschafter erforderlich. Sie bleibt vorbehalten. Die schuldrechtlichen Vereinbarungen in dieser Urkunde werden unter der Bedingung abgeschlossen, dass diese Zustimmung erteilt wird.

IV. Erbrechtliche Behandlung

39 Bei einer *Schenkung unter Nießbrauchsvorbehalt* beginnt die Zehnjahresfrist für die Pflichtteilsanrechnung nach § 2325 Abs. 3 BGB erst mit der Beendigung des Nießbrauchs.[41] Bei einem Quotennießbrauch ist die Rechtslage umstritten.[42]

40 Ein *Nießbrauchvermächtnis* wird für die Pflichtteilsberechnung nicht nach § 2313 BGB, sondern mit dem nach mittlerer Lebenserwartung kapitalisierten Wert (§ 2311 Abs. 2 BGB; vgl. auch § 2307 Abs. 1 Satz 2 BGB) berücksichtigt.

---

41 BGHZ 125, 395; BGH ZEV 2003, 416.
42 Vgl. hierzu DNotI-Report 2016, 69 ff. unter Verweis auf das breite Meinungsspektrum in der Literatur.

V. Steuerrechtliche Behandlung

41 Bei der unentgeltlichen Zuwendung eines Nießbrauchsrechts unterliegt das Nutzungsrecht der Schenkungsteuer. Maßgebend ist der nach §§ 13 ff. BewG zu ermittelnde Kapitalwert des Rechts.

42 Bis zur Reform des Erbschaft- und Schenkungsteuerrechts im Jahr 2009 führte der vorbehaltene und dem Ehegatten eingeräumte Nießbrauch nicht zu einer Minderung der Schenkungsteuer, sondern nur zu einer Stundung der auf den Kapitalwert der Nießbrauchsbelastung entfallenden Steuer, § 25 ErbStG. Nunmehr stellt der Vorbehaltsnießbrauch eine Nutzungsauflage dar, die grundsätzlich mit ihrem Kapitalwert als bereicherungsmindernd vom Wert der Zuwendung abzuziehen ist.

§ 64 Dienstbarkeiten, Baulast

I. Rechtsnatur, Inhalt

1 Grunddienstbarkeiten und beschränkte persönliche Dienstbarkeiten (»beschränkt« im Gegensatz zur unbeschränkten Dienstbarkeit Nießbrauch) sind Rechte gleichen Typs und im Wesentlichen auch gleichen Inhalts. Sie unterscheiden sich primär durch die Person des Berechtigten: Grunddienstbarkeiten stehen dem jeweiligen Eigentümer eines anderen Grundstücks zu, beschränkte persönliche Dienstbarkeiten einer individuellen (natürlichen oder juristischen) Person. Eine Dienstbarkeit kann kein uneingeschränktes Nutzungsrecht zum Gegenstand haben, zulässig ist nur die Einräumung der Befugnis, ein Grundstück in einzelnen Beziehungen zu nutzen. Keine hinreichende Beschränkung stellt die Regelung dar, dass jegliche Nutzung im Rahmen der öffentlich-rechtlichen Vorschriften zugelassen ist.[1] Grunddienstbarkeiten müssen dem Berechtigten gerade in seiner Eigenschaft als Eigentümer des »herrschenden Grundstücks« einen Vorteil bieten (§ 1019 BGB). Besonders relevant wird die Frage des »Vorteils« bei Geh- und Fahrtrechten: wenn bei einem vereinbarten Geh- und Fahrtrecht das herrschende Grundstück später einen Anschluss an eine öffentliche Straße bzw. eine öffentliche Leitung erhält, lässt der Anschluss den rechtlichen Vorteil grds. nicht entfallen,[2] Das Geh- und Fahrtrecht erlischt daher nicht von selbst.[3] Der Dienstbarkeitsberechtigte kann neben der Duldung auch die Beseitigung von Störungen verlangen, die die Ausübung der Dienstbarkeit ausschließen oder erschweren.[4] Nachfolgend als beschränkte persönliche Dienstbarkeiten konstruierten Rechte, z.B. zugunsten von Elektrizitätswerken usw., können auch als Grunddienstbarkeiten bestellt werden, weil sie auch einem herrschenden Grundstück einen Vorteil bieten können, z.B. weil auf ihm Strom erzeugt wird.[5] Im Übrigen genügt als Vorteil bereits eine Annehmlichkeit, z.B. die Erhaltung eines ästhetischen Gesamtbildes.[6] Nach Maßgabe des § 1023 BGB kann der Eigentümer des belasteten Grundstücks eine Verlegung des Ausübungsbereichs der Dienstbarkeit verlangen. Ein entsprechendes Recht des Dienstbarkeitsberechtigten besteht nicht.[7]

2 Inhalt einer Dienstbarkeit kann sein (§§ 1018, 1090 BGB):

1. Die Befugnis, ein Grundstück in einzelnen Beziehungen zu benutzen

3 Beispiele: Wegerecht; Recht der Entnahme von Kies, Sand, Torf, Steinen; das Recht, auf dem dienenden Grundstück ein Gebäude oder eine sonstige Anlage zu halten.

4 Der Inhalt einer Dienstbarkeit kann sich im Laufe der Zeit entsprechend der wirtschaftlichen und technischen Entwicklung ändern (so dass z.B. das Recht, das dienende Grundstück »mit Fuhrwerken« zu befahren, zum Befahren mit Fahrzeugen aller Art, auch mit LKW, berechtigen kann).[8] Generell gilt, dass eine im Laufe der Zeit sich ergebende quanti-

---

1 BGH MittBayNot 2015, 398 mit Anm. *Joost*.
2 BGH NJW 2008, 3123.
3 OLG München Beschl. v. 11.12.2014 – 34 Wx 193/14.
4 Zur Verjährung solcher Ansprüche BGH DNotZ 2014, 281.
5 Vgl. BGH DNotZ 1956, 40.
6 BGH BB 1967, 436.
7 BGH ZfIR 2015, 434 mit Anm. *Grziwotz*.
8 BGH DNotZ 2014, 922.

tative Erweiterung der Nutzung zulässig ist, nicht aber eine qualitative. So wäre wohl ein Geh –und Fahrtrecht, das ursprünglich für die Bewohner eines moderaten Einfamilienhauses bestellt wurde, auch dann noch wirksam, wenn auf dem herrschenden Grundstück zwischenzeitlich ein größeres Mehrfamilienhaus errichtet wurde.

Die Dienstbarkeit darf den Eigentümer nicht von jeder eigenen Nutzungsmöglichkeit ausschließen; die Anforderungen daran sind aber niedrig. Auch wenn mit der angegebenen Nutzungsart (bzw. den angegebenen Nutzungsarten) praktisch jede eigene Nutzung durch den Eigentümer ausgeschlossen wird, genügt dies jedenfalls dann, wenn Ausübungsbereich der Dienstbarkeit nur eine Teilfläche des Grundstücks ist.[9] Das Recht zur bloßen Mitbenutzung eines Grundstücks trägt eine ausreichende Beschränkung ebenso in sich[10] wie das Recht, ein Grundstück zwar insgesamt, aber nur zu eingeschränkten Zwecken[11] oder beschränkt auf eine gewisse Zeit im Jahr zu benutzen. Werden in Ausübung der Dienstbarkeit Anlagen errichtet (z.B. ein Weg), die sowohl vom Eigentümer des herrschenden als auch vom Eigentümer des dienenden Grundstücks genutzt werden (können), sollte dies sowie die Verteilung der Unterhaltungskosten klar geregelt werden.[12]   **5**

Schuldrechtlich kann eine Regelung getroffen werden, die jedwede Eigennutzung durch den Eigentümer des belasteten Grundstücks einschränkt. Um Missverständnisse hinsichtlich des Inhalts der Grundbucheintragung im Hinblick auf die in Bezug genommene Bewilligungsurkunde auszuschließen, kann ein *Klarstellungsvermerk* im Grundbuch eingetragen werden, der darstellt, welche (nicht eintragungsfähigen) Vereinbarungen nicht Inhalt der Dienstbarkeit sind.[13]   **6**

Dienstbarkeit auf Benutzung einer Hauswand

Auch in Mietverträge über Wandflächen – z.B. für Reklamezwecke – tritt der Grundstückserwerber nach § 566 BGB ein.[14] Trotzdem kann ihre dingliche Sicherung durch Dienstbarkeit zweckmäßig sein.   **7**

Verhandelt zu ..... am .....   **8 M**
Ich bewillige und beantrage, auf meinem im Grundbuch des Amtsgerichts ..... von ..... Blatt ..... verzeichneten Grundstück der Gemarkung ..... FlSt. ..... zu 224 m2 für die im Handelsregister des Amtsgerichts X. unter HRB Nr. 17776 eingetragene B. ..... Brauerei AG mit dem Sitz in Y. eine beschränkte persönliche Dienstbarkeit einzutragen, wonach die Berechtigte den Westgiebel des auf dem Grundstück stehenden Hauses zu Werbezwecken für ihr Unternehmen benutzen kann. Der bauliche Zustand des Hauses darf nicht beeinträchtigt werden und die behördlichen Vorschriften müssen beachtet werden. Die Dienstbarkeit kann nur unter der Bedingung ausgeübt werden, dass die Berechtigte 3.600,00 – dreitausendsechshundert – EURO jährlich als Nutzungsentschädigung am 1. April eines jeden Jahres im Voraus an den Eigentümer entrichtet.[15]
Das Recht gilt ab ..... für zehn Jahre.

---

9 BGH ZfIR 2015, 208 m. Anm. *Amann* = MittBayNot 2015, 398 mit Anm. *Joost*; NJW 1992, 1101; OLG München DNotZ 2010, 845 m. Anm. *Kanzleiter*.
10 OLG Zweibrücken FGPrax 1998, 6.
11 Z.B. als Feriengrundstück, OLG Schleswig NJW-RR 1996, 1105.
12 BGHZ 161, 115.
13 BGH ZfIR 2015, 208 m. Anm. *Amann*.
14 BGH DB 1975, 1986; OLG Hamm MDR 1976, 143.
15 Dazu nachfolgend Rdn. 49.

§ 64 Dienstbarkeiten, Baulast

Wegen meiner Verpflichtung, die Benutzung in der vorstehenden Weise zu dulden, unterwerfe ich mich der sofortigen Zwangsvollstreckung aus dieser Urkunde. Dem Gläubiger darf Ausfertigung dieser Urkunde erteilt werden.

■ *Kosten.* Der Wert bestimmt sich sowohl bei Benutzungs- als auch bei Ausschlussdienstbarkeiten nach § 52 GNotKG danach, welchen Wert das Recht für den Berechtigten oder für das herrschende Grundstück hat. Die Zeitdauer ist nach § 52 Abs. 2 bis 4 GNotKG zu berücksichtigen. Kann der Jahreswert nicht festgestellt werden, ist als Jahreswert 5 % des Werts des betroffenen Gegenstands (oder des Teils des betroffenen Gegenstands) anzunehmen (§ 52 Abs. 5 GNotKG). Ist der Eigentümer des dienenden Grundstücks zur Mitbenutzung berechtigt, ist ein angemessener Abschlag von diesem Wert möglich.

Anzusetzen ist danach hier der Jahreswert der Nutzungsentschädigung auf die vereinbarte Dauer der Nutzung (§ 52 Abs. 2 GNotKG). Hieraus fällt eine 1,0 Gebühr gemäß Nr. 21200 KV GNotKG an, bei der reinen Bewilligung eine 0,5 Gebühr gemäß Nr. 21201 Nr. 4 KV GNotKG. Für die Eintragung im Grundbuch fällt eine 1,0 Gebühr an (Nr. 14121 KV GNotKG).

Werden Dienstbarkeiten in einem Austauschvertrag (z.B. einem Kauf- oder Überlassungsvertrag) bestellt, ist bei der Bestellung von subjektiv-dinglichen Rechten zu beachten, dass diese gemäß § 110 Nr. 2b GNotKG kraft Gesetzes einen verschiedenen Beurkundungsgegenstand darstellen. Ohne Bedeutung ist dies reglmäßig bei Überlassungen, da der Wert der Leistung des Veräußerers (das Grundstück) in aller Regel höherwertig sein wird. Ansonsten erhöht der gemäß § 52 GNotKG zu ermittelnde Wert für die Dienstbarkeit den Gegenstandswert des Vertrags. Handelt es sich um einen Kaufvertrag, ist dieser Betrag somit zum Kaufpreis zu addieren, hieraus bemessen sich dann die Vertrags- sowie ggf. die Vollzugs- und Betreuungsgebühren, es sei denn die getrennte Berechnung (2,0 Gebühr aus dem Kaufpreis gemäß Nr. 21100 KV GNotKG und 0,5 Gebühr aus dem Wert der Dienstbarkeit gemäß Nr. 21201 KV GNotKG aus dem Wert der Dienstbarkeit) ist für den Kostenschuldner günstiger (§ 94 Abs. 1 Fall 1 GNotKG).

Wege-, Leitungsrecht

9 M Verhandelt zu ..... am .....
Ich bewillige und beantrage, auf meinem im Grundbuch des Amtsgerichts ..... von ..... Blatt ..... verzeichneten Grundstück der Gemarkung ....., FlSt. ..... zu 224 m2 für den jeweiligen Eigentümer des Grundstücks Blatt ....., Gemarkung ....., FlSt. ..... zu 450 m2 (derzeit A.X., geb. am ....., wohnhaft .....) als Grunddienstbarkeit das Recht einzutragen, am östlichen Rande des dienenden Grundstücks in einer Breite von 3,5 m von der Neustädter Straße aus bis zum herrschenden Grundstück und von diesem zurück zu fahren und zu gehen und alle üblichen Leitungen einzulegen und instand zu halten. Art und Umfang der Befugnis werden auch künftig dadurch bestimmt, dass das herrschende Grundstück jetzt nur als Zier- und Nutzgarten genutzt wird. Sollte sich die Nutzung ändern, darf der Weg dennoch nicht stärker in Anspruch genommen werden. Der Berechtigte hat einen mit einer Bitumendecke befestigten Weg zu unterhalten, der auch vom Eigentümer des dienenden Grundstücks benutzt werden darf.[16] Die beigefügte Zeichnung dient einer weiteren Darstellung des mit dem Wegerecht belasteten Teiles meines Grundstückes. Das Recht ist auf dem Grundbuchblatt des herrschenden Grundstücks zu vermerken.

---

16 Vgl. § 1021 Abs. 1 Satz 2 BGB.

Wegen meiner Verpflichtung, demzufolge die Benutzung zu dulden, unterwerfe ich mich der sofortigen Zwangsvollstreckung aus dieser Urkunde. Dem Gläubiger darf Ausfertigung dieser Urkunde erteilt werden.

■ *Kosten.* Vgl. Rdn. 8 M. Bei der Wertermittlung kann – anders als nach der Kostenordnung – auf die Größe des betroffenen Grundstücksteils abgestellt werden (§ 52 Abs. 5 GNotKG). Bei Leitungsrechten ist zu beachten, dass ein gezahltes Entgelt häufig nur die Wertminderung des dienenden Grundstücks ausgleicht, nicht aber den Vorteil des Berechtigten, so dass ein gezahltes Entgelt nicht unbedingt die Grundlage für Wertermittlung nach § 52 GNotKG sein kann.[17] Für den Vermerk im Bestandsverzeichnis des herrschenden Grundstücks fällt beim Grundbuchamt eine Fixgebühr von 50 € an (Nr. 14160 Nr. 1 KV GNotKG).

Dienstbarkeit auf Kiesentnahme

Verhandelt zu ..... am .....   **10 M**

Ich bewillige und beantrage, auf meinem im Grundbuch des Amtsgerichts ..... von ..... Blatt ..... verzeichneten Grundstück der Gemarkung ..... FlSt. ..... zu 224 m2 für die im Handelsregister des Amtsgerichts X. unter HRB Nr. 17776 eingetragene B. ..... Kieswerk GmbH mit dem Sitz in Y. eine beschränkte persönliche Dienstbarkeit folgenden Inhalts einzutragen:

Die Berechtigte ist befugt, bis ..... Kies aus dem Grundstück zu entnehmen, soweit dies nach öffentlichem Recht zulässig ist. Das Recht kann nur ausgeübt werden, wenn der Berechtigte dem Grundstückseigentümer für jede entnommene Tonne Kies einen Geldbetrag von 3,50 € zahlt,[18] dessen Höhe sich in gleicher Weise erhöht und vermindert, in der sich der vom Statistischen Bundesamt festgestellte Verbraucherpreisindex für die Lebenshaltung aller privaten Haushalte (Basis 2010 = 100) gegenüber dem Wert, der für den jetzt laufenden Monat ermittelt wird, erhöht oder vermindert. Maßgebend ist jeweils der für den Monat Dezember eines Jahres ermittelte Index für die Entnahmen des ganzen Folgejahrs. Das Recht kann des weiteren nur ausgeübt werden, wenn der Berechtigte sich vor Beginn der Entnahme dem Grundstückseigentümer gegenüber schriftlich verpflichtet, nach der Kiesentnahme in der gebotenen Zeit alle von zuständigen Stellen geforderten Rekultivierungsmaßnahmen auf seine Kosten auszuführen. Wegen meiner Verpflichtung, demzufolge die Kiesentnahme zu dulden, unterwerfe ich mich der sofortiger Zwangsvollstreckung aus dieser Urkunde.[19] Dem Gläubiger darf Ausfertigung dieser Urkunde erteilt werden.

■ *Kosten.* Vgl. Rdn. 8 M.

2. Das Verbot, auf dem Grundstück gewisse Handlungen vorzunehmen

Beispiele: Es dürfen bestimmte Gewerbe – Kino, Schankwirtschaft, Tankstelle – nicht betrieben werden;[20] ein Neubau auf ihm muss einen bestimmten Abstand von dem auf dem herrschenden Grundstück errichteten Bau haben; unzulässig ist dagegen die Nutzungsbeschränkung auf einen bestimmten Personenkreis, da die Nutzung durch diesen sich nicht von der durch andere Personen inhaltlich unterscheidet.[21]   **11**

---

17 Leipziger-GNotKG/*Zapf,* § 52 GNotKG Rn. 39.
18 Dazu nachfolgend Rdn. 49.
19 Vollstreckungsklausel nach § 726 Abs. 2 ZPO; Vollstreckung nach § 756 ZPO.
20 DNotI-Report 2012, 101.
21 BayObLGZ 1980, 232 = MDR 1981, 52.

§ 64 Dienstbarkeiten, Baulast

Baubeschränkung (Einfamilienhaus)

12 M
Verhandelt zu ..... am ..... *(als Bestandteil eines Kaufvertrags)*
§ 10. Der Käufer soll nicht befugt sein, das Kaufgrundstück intensiver zu bebauen als mit einem Einfamilienhaus mit Einliegerwohnung, das höchstens aus Keller, Erdgeschoß, einem Obergeschoß und einem Dachgeschoß besteht. Er soll das Kaufgrundstück nicht gewerblich und nicht überwiegend beruflich nutzen dürfen. Die Vertragsteile bewilligen und beantragen, an dem Kaufgrundstück als dienendem Grundstück zugunsten des jeweiligen Eigentümers des dem Verkäufer gehörenden benachbarten Grundstücks derselben Gemarkung FlSt. 1157/1, eingetragen im Grundbuch des Amtsgerichts A von B Blatt 165, als herrschendem Grundstück eine Grunddienstbarkeit dieses Inhalts einzutragen und das Recht auf dem Grundbuchblatt des herrschenden Grundstücks zu vermerken.
Wegen der Unterlassungspflichten aus der Dienstbarkeit unterwirft sich der Käufer der sofortigen Zwangsvollstreckung aus dieser Urkunde.

■ *Kosten.* Die schuldrechtliche Verpflichtung zur eingeschränkten Nutzung einer Sache ist mit 20 % ihres Verkehrswerts zu bewerten (§ 50 Nr. 2 GNotKG). Hier gilt aber § 52 GNotKG, der Wert bestimmt sich also danach, welchen Wert das Recht für den Berechtigten oder für das herrschende Grundstück hat, gibt es hierfür keine Anhaltspunkte, kommt der Auffangtatbestand des § 52 Abs. 5 GNotKG zum Zug.[22] Im Übrigen vgl. Rdn. 8 M; für den Vermerk im Bestandsverzeichnis des herrschenden Grundstücks fällt beim Grundbuchamt eine Fixgebühr von 50 € an (Nr. 14160 Nr. 1 KV GNotKG).

Dienstbarkeit auf Unterlassung (Benutzungsbeschränkung)

13 M
Verhandelt zu ..... am .....
Ich bewillige und beantrage, auf meinem im Grundbuch des Amtsgerichts ..... von ..... Blatt ..... verzeichneten Grundstück FlSt. .....(dienendes Grundstück) für die im Handelsregister des Amtsgerichts X. unter HRB 17594 eingetragene T. ..... Wohnungs-Aktiengesellschaft mit dem Sitz in X. eine beschränkte persönliche Dienstbarkeit folgenden Inhalts einzutragen:
Der jeweilige Eigentümer des dienenden Grundstücks hat es zu unterlassen, auf dem Grundstück
a) einen gewerblichen Betrieb irgendwelcher Art auszuüben oder dessen Ausübung zu dulden;
b) Tiere, die üblicherweise nicht in Wohnräumen gehalten werden, zu halten oder deren Haltung zu dulden.
Wegen der Unterlassungspflichten aus der Dienstbarkeit unterwerfe ich mich der sofortigen Zwangsvollstreckung aus dieser Urkunde. Dem Gläubiger darf Ausfertigung dieser Urkunde erteilt werden.

■ *Kosten.* Der Wert richtet sich nach dem Interesse an einem störungsfreien Bewohnen durch die Mieter der Berechtigten. Vgl. Rdn. 12 M.

---

[22] Leipziger-GNotKG/*Zapf*, § 52 GNotKG Rn. 43.

Fremdenverkehrsdienstbarkeit

Die »Fremdenverkehrsdienstbarkeit«[23] hat besondere Bedeutung gewonnen, seit § 22 BauGB in der seit 01.01.1998 geltenden Fassung die Fremdenverkehrsgemeinden allgemein ermächtigt hat, die Aufteilung in Wohnungseigentum einer Genehmigung zu unterwerfen (s. § 58 Rdn. 47). Zuweilen wird verlangt, dass der Eigentümer die Funktion für den Fremdenverkehr durch Dienstbarkeit sichert. Anspruch auf Genehmigung soll der Eigentümer aber wegen des Überwachungsproblems auch dann nicht haben.[24]

14

Ich bewillige und beantrage, an meinem im Grundbuch des Amtsgerichts ..... von ..... Band ..... Blatt ..... eingetragenen Grundstück der Gemarkung ....., Flst. Nr. ....., zugunsten der Gemeinde ..... eine beschränkte persönliche Dienstbarkeit folgenden Inhalts einzutragen:
Niemand darf auf dem Grundstück einen Wohnsitz begründen, auch keinen Nebenwohnsitz im Sinne des Melderechts. Wohnungen dürfen nur voll möbliert und ausgestattet mit Küchengeräten vermietet oder sonst zum Gebrauch überlassen werden. Niemand darf auf dem Grundstück mehr als 30 Tage zusammenhängend, d.h. mit Pausen von weniger als 30 Tagen, oder mehr als 90 Tage innerhalb eines Kalenderjahres insgesamt wohnen. Andere gewerbliche Nutzungen als gastronomische sind zu unterlassen.

15 M

■ *Kosten.* Der Geschäftswert richtet sich nicht nach der Beeinträchtigung des Grundstückswerts, sondern nach dem wirtschaftlichen Interesse der Gemeinde an der Dienstbarkeit. Vgl. Rdn. 12 M.

3. Der Ausschluss eines Rechts, das sich dem Berechtigten gegenüber aus dem Eigentum am belasteten (»dienenden«) Grundstück ergibt

Beispiele: Nachbarrechtliche Beschränkungen, wie Zuführung von Gasen, Dämpfen, Geräuschen, werden aufgehoben, sodass der Eigentümer des dienenden Grundstücks die Zuführung dulden muss.[25] Ausgleichs- oder Entschädigungsansprüche werden ausgeschlossen. Hingegen kann eine Verfügung über das Eigentum selbst oder das Unterlassen einer Verfügung über das Eigentum selbst nicht Gegenstand der Dienstbarkeit sein.[26]

16

Immissions-Dienstbarkeit

Es wird bewilligt und beantragt, an dem im Grundbuch des Amtsgerichts ..... von ..... Blatt ..... eingetragenen Grundstück der Gemarkung ....., Flst. .....(dienendes Grundstück), zugunsten des jeweiligen Eigentümers des im Grundbuch des Amtsgerichts ..... von ..... Blatt ..... eingetragenen Grundstücks der Gemarkung ....., Flst. .....(herrschendes Grundstück) eine Grunddienstbarkeit folgenden Inhalts einzutragen und sie auf dem Grundbuchblatt des herrschenden Grundstücks zu vermerken:
»Der Eigentümer des dienenden Grundstücks darf den Betrieb eines Unternehmens oder einer Anlage auf dem herrschenden Grundstück, der nach öffentlichen Recht grundsätzlich zulässig wäre und nur wegen etwaiger Immissionen oder Emissionen unzulässig oder nur unter Einschränkungen zulässig sein könnte, nicht untersagen.

17 M

---

23 *Kristic*, MittBayNot 2003, 263.
24 BVerwGE 99, 237; hierzu *Grziwotz*, MittBayNot 1996, 181; *F. Schmidt*, MittBayNot 1996, 179.
25 BayObLG NJW-RR 1990, 207.
26 OLG Schleswig ZflR 1997, 548.

Er hat Emissionen und Immissionen, die von einem solchen Betrieb ausgehen, zu dulden. Er kann weder öffentlich-rechtliche noch privatrechtliche Unterlassungs-, Abwehr-, Entschädigungs- oder Ausgleichsansprüche wegen eines solchen Betriebs oder der von ihm ausgehenden Emissionen und Immissionen erheben.«

■ **Kosten.** Für den Geschäftswert ist maßgebend der Vorteil (die Werterhöhung) für das herrschende Grundstück, mindestens aber der Wertverlust des dienenden Grundstücks;[27] im Übrigen vgl. Rdn. 12 M.

Abstandsflächen-Dienstbarkeit

18 Nach den Bauordnungen der Länder sind vor Hochbauten Abstandsflächen einzuhalten, die nur eingeschränkt bebaut werden dürfen. Diese Abstandsflächen müssen grundsätzlich auf dem Baugrundstück selbst liegen, soweit sie sich nicht auf den öffentlichen Straßengrund erstrecken dürfen. Wenn es der Grundstücksnachbar gestattet, darf eine Abstandsfläche auch auf ein Nachbargrundstück fallen. Nach öffentlichem Recht bedarf es dazu einer Baulast (dazu nachf. Rdn. 62 ff.) oder – in Bayern – einer schlichten öffentlich-rechtlichen Erklärung des Nachbarn. Zivilrechtlich stellt dennoch die Abstandsfläche eine Störung dar, die dem Nachbarn nach § 1004 BGB die Befugnis verleiht, Beseitigung des durch seine Abstandsfläche störenden Gebäudes zu verlangen.[28] Dies kann durch eine Dienstbarkeit ausgeschlossen werden, die auch Elemente einer Benutzungsdienstbarkeit in sich trägt:

19 M Ich bewillige und beantrage, auf meinem im Grundbuch des Amtsgerichts ..... von ..... Blatt ..... verzeichneten Grundstück der Gemarkung ......, FlSt. .....(dienendes Grundstück), zugunsten des jeweiligen Eigentümers des benachbarten Grundstücks derselben Gemarkung FlSt. 1157/1, eingetragen im Grundbuch des Amtsgerichts A von B Blatt 165 (herrschendes Grundstück), eine Grunddienstbarkeit folgenden Inhalts einzutragen: Der Eigentümer des dienenden Grundstücks hat zu dulden, dass der Bereich, der auf dem hier beigefügten Lageplan rot gekennzeichnet ist, vom herrschenden Grundstück her als Abstandsfläche in Anspruch genommen wird. Auf dieser Fläche dürfen keine Bauwerke errichtet werden, die auf einer Abstandsfläche nach jetzt geltendem Baurecht nicht zulässig sind; auf der restlichen Grundstücksfläche darf kein Bauwerk errichtet werden, dessen Abstandsfläche in den rot gekennzeichneten Bereich fällt. Die Dienstbarkeit soll auf dem Grundbuchblatt des herrschenden Grundstücks vermerkt werden.

■ **Kosten.** Vgl. Rdn. 8 M.

4. Verpflichtung zu einem positiven Tun

20 Die Verpflichtung zu einem positiven Tun des Grundstückseigentümers kann grundsätzlich nicht Inhalt einer Dienstbarkeit sein, ebenso wenig Leistungspflichten des Berechtigten (z.B. zur Anlegung oder Befestigung eines Weges). Etwas anderes ergibt sich aber ggf. aus den sog. Begleitschuldverhältnissen.[29] Leistungspflichten können aber als Nebenpflichten Inhalt einer Dienstbarkeit sein;[30] insbesondere gehören dazu die Verpflichtungen zur Unterhaltung einer Anlage baulicher oder nicht baulicher Art gemäß §§ 1021, 1022 BGB (Beispiel oben Rdn. 9 M).[31]

---

27 Vgl. *Tiedtke*, DNotZ 2015, 577, 581 f.
28 Zum Verhältnis von Baulast und Dienstbarkeit *Steinkamp*, MittRhNotK 1998, 117.
29 *Amann*, DNotZ 1989, 531.
30 *Amann*, DNotZ 1989, 531, 560.
31 S. auch OLG Köln MittRhNotK 1996, 220.

Es geht aber nur darum, dass durch Dienstbarkeit keine *Rechtspflichten* zu positivem Tun begründet werden können. Die früher verbreitete Rechtsprechung und Lehre, dass auch solche Dienstbarkeiten unzulässig seien, die den Eigentümer rein *faktisch* zum Handeln zwingen, ist mit Recht aufgegeben worden. *Konkurrenzverbote* und *Vertriebsbindungen* können durch Dienstbarkeiten zwar nicht als Gebot, bestimmte Waren bereitzuhalten, gesichert werden, wohl aber die Befugnis eines Dritten, bestimmte Waren auf dem Grundstück zu vertreiben.[32] Unzulässig ist auch das Verbot, andere Erzeugnisse als die eines *bestimmten Lieferanten* auf dem Grundstück zu vertreiben oder zu lagern – Ausschließlichkeitsbindung.[33] Zulässig ist aber das Verbot, bestimmte Waren, z.B. Bier, *überhaupt auf dem Grundstück zu vertreiben*.[34] Das Verbot kann zulässigerweise dadurch zur Sicherung einer schuldrechtlich vereinbarten Ausschließlichkeitsbindung, vor allem eines Bierlieferungsvertrags, benutzt werden, dass es mit einer schuldrechtlichen Erlaubnis, bestimmte Waren doch zu vertreiben, kombiniert wird (»Sicherungsdienstbarkeit«; dazu nachf. Rdn. 56 ff.).[35]

21

Ausschließlichkeitsbindung

Verhandelt zu ..... am .....
Ich bewillige und beantrage, für die im Handelsregister des Amtsgerichts X. unter HRB Nr. 1777 eingetragene A. ..... Aktiengesellschaft mit dem Sitz in Y. auf meinem im Grundbuch des Amtsgerichts ..... von ..... Band ..... Blatt ..... verzeichneten Grundstück der Gemarkung ..... FlSt. ..... eine beschränkte persönliche Dienstbarkeit des Inhalts einzutragen, dass es dem Grundstückseigentümer untersagt ist, auf dem Grundstück außer zu seinem und seiner Familie persönlichem Gebrauch Bier zu erzeugen, zu lagern oder zu vertreiben oder zu dulden, dass Dritte auf dem Grundstück Bier erzeugen, lagern oder vertreiben.
Wegen der Unterlassungspflichten aus der Dienstbarkeit unterwerfe ich mich der sofortigen Zwangsvollstreckung aus dieser Urkunde. Dem Gläubiger darf Ausfertigung dieser Urkunde erteilt werden.

22 M

■ *Kosten.* Vgl. Rdn. 8 M.

Tankstellendienstbarkeit

Für die zahlreichen *Tankstellendienstbarkeiten* ist von besonderer Bedeutung, dass die Kombination des positiven Benutzungs-(Vertriebs-) und des negativen Verbotsrechts in *einer* Dienstbarkeit zulässig und üblich ist. Die Bewilligung muss aber den doppelten Inhalt einer solchen Dienstbarkeit deutlich machen.[36]

23

Ich bewillige und beantrage, für die im Handelsregister des Amtsgerichts X. unter HRB ..... eingetragene A. ..... Aktiengesellschaft mit dem Sitz in X. auf meinem im Grundbuch des Amtsgerichts ..... von ..... Blatt ..... verzeichneten Grundstück der Gemarkung ....., FlSt. ....., (dienendes Grundstück) eine beschränkte persönliche Dienstbarkeit nachfolgend niedergelegten Inhalts einzutragen. Ihre Ausübung ist auf die südliche Hälfte des Grundstücks, die im anliegenden Lageplan rot umrandet ist (»Ausübungsfläche«), beschränkt, soweit nachfolgend nichts anderes bestimmt ist. Die Dienstbarkeit erlischt

24 M

---

32 S. zur Tankstellendienstbarkeit BGH Rpfleger 1975, 171.
33 BGHZ 29, 244; BGH Rpfleger 1975, 171.
34 BGH DNotZ 1988, 572 und 576 m. Anm. *Amann*; Weißbier: BayObLG Rpfleger 1997, 371.
35 BGH DNotZ 1990, 169; BayObLG Rpfleger 1997, 371.
36 BGH NJW 1961, 2157.

mit Ablauf von 30 Jahren ab heute. Sie erlischt schon vorher, wenn während einer Dauer von mehr als sechs Monaten kein Mietverhältnis zwischen dem Grundstückseigentümer und der Berechtigten über die Ausübungsfläche bestehen sollte.[37]
Die Berechtigte ist unter Ausschluss des Eigentümers befugt, auf der Ausübungsfläche eine Tankstelle mit für Tankstellen ihrem billigen Ermessen nach jeweils üblichen Haupt- und Nebengebäuden zu errichten, zu halten und zu betreiben. Sie darf dort auch die nach ihrem billigen Ermessen für Tankstellen jeweils üblichen Dienstleistungen anbieten und erbringen und das nach ihrem billigen Ermessen für Tankstellen jeweils übliche Warensortiment anbieten und vertreiben.
Dem Grundstückseigentümer ist es untersagt, auf der Ausübungsfläche wie auch auf dem restlichen Grundstück Autotreib- und Schmierstoffe jeder Art zu lagern oder zu vertreiben oder gewerbliche Einrichtungen zur Wartung und Pflege von Kraftfahrzeugen zu haben oder zu dulden.
Die Berechtigte kann das Recht auch durch andere ausüben lassen.[38]
[Beglaubigungsvermerk]

- *Kosten.* Vgl. Rdn. 8 M.

Fernwärmedienstbarkeit

25   In der gleichen Weise kann der *Bezug von Fernwärme* durch das Verbot des Betriebs anderer Heizeinrichtungen zugunsten des Fernwärmelieferanten gesichert werden.[39]

26 M   Ich bewillige und beantrage, für die A. ..... Aktiengesellschaft auf meinem im Grundbuch des Amtsgerichts ..... von ..... Blatt ..... verzeichneten Grundstück eine beschränkte persönliche Dienstbarkeit des Inhalts einzutragen, dass es dem Grundstückseigentümer untersagt ist, auf dem Grundstück andere betriebsfertige Einrichtungen zur Beheizung von Räumen und zur Warmwasserbereitung zu haben oder zu benutzen als solche, die Fernwärme verwenden. Voraussetzung ist, dass die Berechtigte Fernwärme zu den von ihr von vergleichbaren Abnehmern allgemein geforderten Preisen bereitstellt.[40]

- *Kosten.* Vgl. Rdn. 8 M.

Wohnungsbesetzungsrecht

27   Problematisch sind Wohnungsbesetzungsrechte, weil sie nicht nur faktischen, sondern auch rechtlichen Zwang zum Abschluss eines Mietverhältnisses bestimmten Inhalts ausüben. Die Abgrenzungsversuche hierzu überzeugen nicht immer, so wenn einmal eine Dienstbarkeit, Wohnraum nur durch Personen zu nutzen, die mit Zustimmung des Freistaats Bayern »im Rahmen der Bewirtschaftung des landwirtschaftlichen« Betriebs bestimmt werden, für unzulässig erklärt wird,[41] andererseits zulässig sein soll die Gestaltung, dass der Eigentümer die auf dem Grundstück errichteten Wohnungen nur an solche Personen überlassen darf, die

---

37   Vgl. zu dieser auflösenden Bedingung nachfolgend Rdn. 56.
38   Dazu nachfolgend Rdn. 41.
39   OLG Zweibrücken MittBayNot 2001, 481; BGH MittBayNot 1984, 126 gegen die frühere Rechtsprechung des BayObLG, zuletzt DNotZ 1982, 251. Kartellrechtliche Einwendungen aber OLG Schleswig ZfIR 2000, 955 (*Jaeger*).
40   Dazu nachfolgend Rdn. 49.
41   BayObLG Rpfleger 1990, 14.

ihm vom Berechtigten benannt werden[42] oder an solche, denen der Berechtigte zustimmt[43] (vgl. § 87a Abs. 1 Satz 1 des II. WoBauG). Steht das Wohnungsbesetzungsrecht im Zusammenhang mit der Gewährung von bestimmten Wohnungsfürsorgemitteln, darf der Eigentümer nicht mehr als die Kostenmiete verlangen (§ 87a Abs. 2 WoBauG); dies wirkt einem Rechtsnachfolger gegenüber, wie wenn es Inhalt der Dienstbarkeit wäre. Ein Zwang, ein Wohnungsbesetzungsrecht zeitlich zu befristen, besteht nicht.[44]

Ich bewillige und beantrage, auf meinem im Grundbuch des Amtsgerichts ..... von ..... Blatt ..... verzeichneten Grundstück der Gemarkung ....., FlSt. ....., für die im Handelsregister des Amtsgerichts X. unter HRB Nr. ..... eingetragene B. ..... Grundkreditbank-Aktiengesellschaft in ..... eine beschränkte persönliche Dienstbarkeit folgenden Inhalts einzutragen im gleichen Range mit der in der Urkunde Nr. ..... des Notars ..... vom heutigen Tage bestellten Hypothek von ..... €:
Die Wohnungen auf dem Grundstück dürfen nur an Personen zur Nutzung überlassen werden, die von der Oberfinanzdirektion ..... benannt werden. Das Recht erlischt, wenn die der vorstehend erwähnten Hypothek zugrundeliegende Darlehensschuld getilgt ist, frühestens jedoch nach 10 Jahren ab heute.
[Beglaubigungsvermerk]

28 M

■ *Kosten.* Vgl. Rdn. 8 M.

5. Wohnungsrecht

S. § 65.

29

II. Belastungsgegenstand

1. Grundstücke und Teile davon

Mit einer Dienstbarkeit belastet werden können Grundstücke und grundstücksgleiche Rechte. »Grundstücke« sind solche im Rechtssinn. Gesamtdienstbarkeiten an mehreren Grundstücken sind zulässig.[45] Soll nur ein Teil eines Grundstücks belastet werden, so muss er grundsätzlich zu einem selbstständigen Grundstück gemacht werden. Davon lässt § 7 Abs. 2 GBO eine Ausnahme zu, wenn »Verwirrung nicht zu besorgen ist«; Voraussetzung ist nach § 2 Abs. 3 GBO aber grundsätzlich die Zerlegung des Grundstücks in der Weise, dass der zu belastende Grundstücksteil ein eigenes Flurstück bildet (vgl. oben § 58 Rdn. 6).

30

Von der Belastung eines Grundstücksteils ist zu unterscheiden die Belastung eines ganzen Grundstücks in der Weise, dass sich die *Ausübung* der Dienstbarkeit auf einen Grundstücksteil beschränkt. Dies kann in der Weise erfolgen, dass der Ausübungsbereich verbal beschrieben wird (»Streifen von 3 m Breite entlang der westlichen Grenze des dienenden Grundstücks«) oder unter Bezugnahme auf einen (möglichst aussagekräftigen) Plan (§ 1023 Abs. 1 Satz 2 BGB). Der Ausübungsbereich kann auch der tatsächlichen Ausübung durch den Berechtigten überlassen werden (§ 1023 Abs. 1 Satz 1 BGB).[46] Wird der Ausübungsbe-

31

---

42 BayObLG DNotZ 2001, 73; BayObLG MittBayNot 2001, 317.
43 BayObLG FG-Prax 2000, 134.
44 BayObLG FG Prax 2000, 134.
45 BGH NJW-RR 1990, 208; BayObLG DNotZ 1991, 254.
46 OLG Hamm NJW-RR 2014, 21.

reich durch tatsächliche Ausübung bestimmt, ist zu einer Verlegung des Ausübungsbereichs eine (formlose) Vereinbarung zwischen den Beteiligten erforderlich.[47]

Ausübungsgegenstand kann im Übrigen nicht nur das Grundstück selbst sein, sondern auch seine wesentlichen oder auch nicht wesentlichen Bestandteile, also nicht nur Bauwerke, sondern auch Berechtigungen, die ihrerseits mit dem belasteten Grundstück verbunden sind, z.B. ein Wegerecht. Umstritten ist allerdings die Zulässigkeit einer Dienstbarkeit, deren Ausübung *ausschließlich* auf einen nicht wesentlichen Bestandteil, z.B. ein Wegerecht, beschränkt ist. Zwar gibt es keinen vernünftigen Grund, solche Dienstbarkeiten abzulehnen; in der Praxis muss aber mit Schwierigkeiten gerechnet werden (vgl. Rdn. 33 zu Sondernutzungsrechten).

2. Miteigentumsanteil

32 An einem einzelnen Miteigentumsanteil soll eine Dienstbarkeit nicht bestehen können.[48]

3. Wohnungs- und Teileigentum

33 Belastet werden kann auch *Wohnungs- und Teileigentum*. Die Ausübung kann dann auch Sondernutzungsrechte umfassen, ein Wohnungsrecht also die Befugnis, das Stellplatz-Sondernutzungsrecht wahrzunehmen.[49] Betrifft der Ausübungsbereich einer Dienstbarkeit nur den Bereich eines Sondernutzungsrechts, bedarf es nach der Rechtsprechung gleichwohl der Eintragung an allen Wohnungs- und Teileigentumseinheiten in der Anlage.[50] Soll ein in Wohnungseigentum aufgeteiltes Grundstück insgesamt mit einer Dienstbarkeit belastet werden, so ist sie an allen Wohnungs- und Teileigentumsgrundbuchblättern einzutragen.

4. Erbbaurecht

34 Auch ein *Erbbaurecht* kann mit einer Dienstbarkeit belastet werden; sie teilt dann aber das Schicksal des Erbbaurechts und ist auch nicht heimfallfest (§ 33 ErbbauRG). Andererseits wirkt eine Dienstbarkeit am Grundstück nicht gegen den Erbbauberechtigten, da das Erbbaurecht zwingend erste Rangstelle haben muss. Ein halbwegs befriedigendes Ergebnis lässt sich nur dadurch erzielen, dass die Dienstbarkeit sowohl am Grundstück als auch am Erbbaurecht bestellt wird, womit allerdings das Problem fehlender Heimfallfestigkeit nicht gelöst ist.

III. Berechtigte

1. Berechtigte der Grunddienstbarkeit

35 a) Berechtigter der Grunddienstbarkeit kann nur der *jeweilige Eigentümer* eines anderen Grundstücks oder grundstücksgleichen Rechts sein. Zugunsten des jeweiligen Inhabers eines Miteigentumsanteils an einem Grundstück soll eine Grunddienstbarkeit nicht bestellt werden können, wohl aber zugunsten des jeweiligen Inhabers von Wohnungs- oder Teileigentum.

---

47 Staudinger/*J. Mayer*, 2009, § 1023 BGB Rn. 17, str.
48 BGHZ 36, 189.
49 BayObLG NJW-RR 1997, 1236.
50 BayObLG DNotZ 1998, 125; OLG Zweibrücken MittBayNot 1999, 378; hierzu *Amann*, DNotZ 1990, 498; *Ott*, DNotZ 1998, 128.

b) Das Eigentum am dienenden und am herrschenden Grundstück kann ganz oder z.T. derselben Person zustehen. Die Dienstbarkeit erlischt nicht, wenn sich das Eigentum am dienenden Grundstück mit dem am herrschenden Grundstück in einer Person vereinigt.

36

c) Eine Grunddienstbarkeit kann für die Eigentümer *mehrerer Grundstücke* bestellt werden.[51] In diesen Fällen bedarf es der Angabe eines Gemeinschaftsverhältnisses;[52] in Betracht kommt insbesondere eine Berechtigung nach § 428 BGB oder »analog § 1025 S. 1 BGB«.[53]

37

Wege- und Versorgungsleitungsrecht für mehrere Anliegergrundstücke

Die Beteiligten sind Eigentümer der im Grundbuch von ..... verzeichneten Grundstücke, und zwar A. Blatt 501, B. Blatt 502, C. Blatt 503, D. Blatt 504 und E. Blatt 505. Alle sind außerdem Miteigentümer zu je einem Fünftel des an die fünf Grundstücke angrenzenden Flst. ....., eingetragen im Grundbuch von ..... Blatt 506, das sie gemeinsam als Zufahrtsweg benutzen. Sie vereinbaren folgende Grunddienstbarkeit:
Die jeweiligen Eigentümer der Grundstücke Blätter 501–505 sind Berechtigte analog § 1025 Satz 1 BGB und also solche berechtigt, das Grundstück Blatt 506 von und nach ihren Grundstücken bis zur Schillerstraße gemeinsam zum Gehen und zum Fahren zu benutzen und darunter Versorgungsleitungen jeder Art, die zu ihren Grundstücken führen, zu legen und zu benutzen. Der Umfang der Benutzungsrechte richtet sich nach dem für gut eingerichtete Einfamilienhäuser Üblichen. Die Berechtigten haben den Zufahrtsweg als dauerhafte Fahrbahn zu unterhalten. Die Kosten dafür haben die Eigentümer der fünf herrschenden Grundstücke zu je einem Fünftel zu tragen.
Dasselbe gilt, soweit Versorgungsleitungen gemeinsam benutzt werden. Die Kosten der Anlegung und Unterhaltung von Versorgungsleitungen, die nicht von den Eigentümern aller herrschenden Grundstücke benutzt werden, sind von den Eigentümern der nutzenden Grundstücke allein zu tragen; diese sind verpflichtet, im Falle von Aufgrabungen den Weg wiederherzustellen.
Die Beteiligten bewilligen und beantragen, die Grunddienstbarkeit in das Grundbuchblatt des dienenden Grundstücks einzutragen und sie im Bestandsverzeichnis der Grundbuchblätter 501 bis 505 zu vermerken.

38 M

■ *Kosten.* Vgl. Rdn. 8 M, 9 M.

d) Grunddienstbarkeiten sind *nicht übertragbar* (anders als beschränkte persönliche Dienstbarkeiten auch nicht ausnahmsweise). Sie folgen aber von selbst dem wechselnden Eigentum am herrschenden Grundstück. Den Fall der Teilung des herrschenden Grundstücks regelt § 1025 BGB. Wird das herrschende Grundstück mit einem anderen Grundstück vereinigt, so bleibt die Berechtigung auf den ursprünglich berechtigten Teil beschränkt; eine Ausdehnung auf das ganze neue Grundstück erfolgt nicht.

39

2. Berechtigte der beschränkten persönlichen Dienstbarkeit

a) Berechtigte der beschränkten persönlichen Dienstbarkeit können *natürliche wie juristische Personen* sein. Eine beschränkte persönliche Dienstbarkeit kann auch für mehrere Personen

40

---

51 BayObLG DNotZ 2002, 950.
52 BayObLG MittBayNot 2002, 288.
53 *Schöner/Stöber*, Grundbuchrecht, Rn. 1124.

in bestimmtem Beteiligungsverhältnis, auch als Gesamtgläubiger[54] bestellt werden. In Betracht kommt insbesondere die Bestellung für »Gesamtberechtigte gemäß § 428 BGB«.

41 **b)** Eine beschränkte persönliche Dienstbarkeit kann für den *Eigentümer selbst* bestellt werden, jedenfalls dann, wenn sie ein schutzwürdiges wirtschaftliches oder ideelles Interesse des Berechtigten oder ein entsprechendes fremdes Interesse fördern soll.[55]

42 **c)** Beschränkte persönliche Dienstbarkeiten sind *nicht übertragbar* (§ 1092 Abs. 1 BGB) und *nicht vererblich* (§ 1090 Abs. 2 und § 1061 BGB). Abhängig vom Inhalt der Dienstbarkeit kann aber ihre *Ausübung* anderen überlassen werden (vgl. zum Wohnungsrecht § 65 Rdn. 23). Möglich ist es, jemandem das Recht einzuräumen, einen Dritten als Berechtigten zu benennen und diesen Anspruch durch Vormerkung zu sichern.[56]

43 Ausnahmen vom Abtretungsverbot bestehen für juristische Personen und rechtsfähige Personengesellschaften; Einzelheiten regelt § 1092 in Abs. 2 und 3 BGB. Sofern es sich nicht um Dienstbarkeiten der in Abs. 3 genannten Art handelt, gilt für die Übertragbarkeit § 1059a BGB. Danach ist die Übertragung von Dienstbarkeiten insbesondere auch im Zusammenhang mit der Übertragung eines Unternehmens oder eines Unternehmensteils möglich, z.B. eine Tankstellendienstbarkeit im Fall der (teilweisen) Veräußerung eines Tankstellennetzes; ergänzend bedarf es nach § 1059a Abs. 1 Nr. 2 BGB der entsprechenden Feststellung der zuständigen obersten Landesbehörde bzw. der von dieser ermächtigten Behörde; sie ist dem Grundbuchamt einzureichen.

Übertragung einer Dienstbarkeit

44 **M** Im Grundbuch des Amtsgerichts ..... von ..... Blatt ..... ist in Abt. II unter der Nr. 5 eine beschränkte persönliche Dienstbarkeit für die Bundesrepublik Deutschland (Bundeseisenbahnvermögen) des Inhalts eingetragen, dass die Berechtigte auf dem dienenden Grundstück Gleisanlagen haben und benützen darf. Die Dienstbarkeit ist kraft Gesetzes auf die Deutsche Bahn Aktiengesellschaft, Frankfurt am Main, übergegangen. Die Deutsche Bahn Aktiengesellschaft hat sich mit Herrn Fritz Huber, geb. am 03.03.1943, Kaufmann in ....., darüber geeinigt, dass die Dienstbarkeit auf ihn übertragen wird. Die Deutsche Bahn Aktiengesellschaft bewilligt, Herr Huber beantragt, dies in das Grundbuch einzutragen.
Beglaubigungsvermerk

■ *Kosten.*
a) Des Notars: wie für eine Neubestellung;
b) Des Grundbuchamts: vgl. Rdn. 8 M.

IV. Bestellung, allgemeine Regeln zum Inhalt

45 Zu unterscheiden sind der dingliche Bestellungsakt und die Kausalvereinbarung.

---

54 BGH DNotZ 1967, 183.
55 BGHZ 41, 209 = DNotZ 1964, 497; vgl. auch DNotI-Report 1997, 73, 74.
56 Vgl. OLG München MittBayNot 2012, 466; hierzu *Keller*, MittBayNot 2012, 446.

1. Der dingliche Bestellungsakt

a) Während die Einigung nach allgemeinen Vorschriften formlos wirksam ist, (§ 873 BGB) bedarf die nach § 29 GBO erforderliche Eintragungsbewilligung mindestens der Unterschriftsbeglaubigung. Wird nur die Eintragungsbewilligung des Eigentümers des belasteten Grundstücks beglaubigt, kann allerdings später der Nachweis der dinglichen Einigung zwischen Eigentümer und Berechtigtem, ohne die das Recht trotz Grundbucheintragung nicht entsteht,[57] problematisch sein. Daher sollte der Berechtigte möglichst mitwirken und auch dessen Unterschrift beglaubigt werden, zumal dieser in der Regel die Kosten für Notar und Grundbuchamt übernehmen wird. Soll – wie häufig zu empfehlen – eine Zeichnung (Karte, Skizze, Lichtbild) als erläuternde Anlage beigefügt werden, bestehen außer im Fall der Belastung nur eines Grundstücksteils (oben Rdn. 31) auch dafür keine Formanforderungen; Bestandteil der Eintragungsbewilligung so, dass die Eintragung darauf Bezug nehmen kann, wird die Zeichnung nur, wenn auf sie im Textteil der Bewilligung verwiesen wird.[58]

46

b) Der Inhalt des Rechts muss so formuliert werden, dass dem grundbuchrechtlichen *Bestimmtheitsgrundsatz* genügt wird.[59] Sind bei einer Leitungsdienstbarkeit die Leitungen schon vorhanden, kann zum Ausübungsbereich der Dienstbarkeit auf die bestehenden Leitungen verwiesen werden;[60] auch dort empfiehlt sich eine Konkretisierung, z.B. durch Pläne, um die Voraussetzungen für eine lastenfreie Abschreibung gemäß § 1026 BGB bei einer späteren Teilung des dienenden Grundstücks zu schaffen.[61] Die Bestimmung des Ausübungsbereichs kann auch dem Berechtigten und dessen tatsächlichen Handhabung überlassen werden.[62]

47

c) Soll es zulässig sein, dass der Berechtigte die *Ausübung der Dienstbarkeit Dritten überlassen* darf, muss das ausdrücklich vermerkt werden.[63]

48

d) Sowohl der Fortbestand als auch die Ausübung der Dienstbarkeit kann von *Bedingungen* abhängig gemacht werden[64] (vgl. vorstehende Rdn. 8 M, 10 M, 26 M); sie muss dann im Grundbuch verlautbart werden, die Bezugnahme auf die Bewilligungsurkunde genügt nicht. Bei einer Ausübungsbedingung ist der Berechtigte zwar nicht zu einer Leistung (Gegenleistung) verpflichtet, die Erbringung einer Leistung ist aber Voraussetzung für die Ausübung des Rechts. Sie führt zu einer gewissen Verdinglichung eines Gegenleistungs- oder sonstigen Anspruchs, der sonst nur schuldrechtlich vereinbart werden könnte (dazu nachf.).

49

Gleisbenutzungsrecht mit Ausübungsbedingung

Der Berechtigte ist befugt, die auf dem dienenden Grundstück verlegten Eisenbahngeleise zum Transport von Fracht zu benutzen; das Recht des Eigentümers und der von ihm ermächtigten Personen, die Eisenbahngeleise ebenfalls zu benutzen, bleibt unberührt. Der Eigentümer des dienenden Grundstücks ist verpflichtet, die Gleisan-

50 M

---

57 BayObLG NJW 2003, 1402.
58 BGH DNotZ 1982, 228.
59 Vgl. RGZ 117, 323; BayObLG NJW 1982, 1054; BayObLG MittBayNot 1990, 34; OLG Frankfurt am Main MDR 1983, 130; OLG Düsseldorf MittRhNotK 1995, 319; OLG Düsseldorf MittRhNotK 1979, 72.
60 BGH DNotZ 1982, 230, »wie bisher«.
61 Vgl. BayObLG DNotZ 2004, 388.
62 BGH DNotZ 2002, 721; BGH DNotZ 1985, 37.
63 RGZ 159, 204.
64 Allgemein zur Sicherung von Gegenleistungspflichten bei Dienstbarkeiten *Holthaus/Keiser*, ZfIR 2009, 396.

lage zu unterhalten. Der Berechtigte darf die Dienstbarkeit aber nur ausüben, wenn er vorher dem Eigentümer des dienenden Grundstücks nachgewiesen hat, dass er für seinen Transport eine Haftpflichtversicherung genommen hat, welche die ohne Verschulden eintretende gesetzliche Haftpflicht deckt. Des Weiteren darf er die Dienstbarkeit nur ausüben, wenn er vorher dem Eigentümer des dienenden Grundstücks für jede zu transportierende Tonne Fracht ein Entgelt in Höhe von 1 % dessen entrichtet hat, was von dem in Deutschland führenden Bahnfrachtunternehmen im betreffenden Zeitpunkt für einen Bahntransport über eine Strecke von 300 km allgemein als Entgelt gefordert wird.

51 **e)** Erlischt durch den Zuschlag in der Zwangsversteigerung eine nach den Versteigerungsbedingungen nicht bestehen bleibende Dienstbarkeit, so tritt an ihre Stelle der Anspruch auf Wertersatz aus dem Erlös. Nach § 882 BGB kann der *Höchstbetrag des Wertersatzes* in das Grundbuch eingetragen werden, um die nachrangige Beleihung zu erleichtern. Große praktische Bedeutung hat diese Regelung nicht.

52 **f)** Der Notar ist jedenfalls dann, wenn er den Eintragungsantrag nach § 15 GBO stellt, verpflichtet, die *Vollzugsmitteilung* auf Ordnungsmäßigkeit zu überprüfen. Probleme – auch angesichts der stark schwankenden Rechtsprechung – bereitet vor allem § 874 BGB, der es nur zur »näheren Bezeichnung des Inhalts des Rechts« gestattet, auf die Eintragungsbewilligung Bezug zu nehmen. Im Grundbuch selbst muss die Dienstbarkeit in jedem Fall mit ihrem Wesenskern schlagwortartig eingetragen werden. Gebräuchlich sind insbesondere folgende Schlagworte: Anbaurecht; Arkadenrecht; Baubeschränkung; Bebauungsrecht; Bebauungsverbot; Brandmauermitbenutzungsrecht; Brandmaueranbaurecht; Fensterrecht; Garagenrecht; Stellplatzrecht; Gaststättenbetriebsverbot; Gewerbebetriebsverbot; Gewerbebetriebsbeschränkung; Geh- und Fahrtrecht; Leitungsrecht; Grenzanbaurecht; Kabelrecht; Kanalrecht; Tankstellenrecht; Viehtriebrecht; Weiderecht; Windkraftanlagenrecht; Photovoltaikanlagenrecht; Zaunrecht; Zaunerrichtungsverbot.[65]

2. Die Kausalvereinbarung

53 Werden Dienstbarkeiten regelgerecht bestellt, so liegt dem – wie bei der Bestellung und Übertragung aller dinglicher Rechte – eine schuldrechtliche Kausalvereinbarung zugrunde. Die Kausalvereinbarung kann selbstständig, nur auf die Bestellung der Dienstbarkeit bezogen oder Teil eines umfassenderen Rechtsgeschäfts sein, das möglicherweise die ganze Vereinbarung einem Formzwang unterwirft (z.B. als Teil eines Grundstücksgeschäfts dem § 311b Abs. 1 BGB). Zwei bedeutende Gruppen von Kausalvereinbarungen sind zu unterscheiden:

a) Die Primär-Dienstbarkeit

54 Hier ist die Vereinbarung über die Stellung der Dienstbarkeit Hauptgegenstand des Geschäfts; sie kann ihrerseits selbstständig oder Teil eines umfassenderen Rechtsgeschäfts sein. Die Vereinbarung kann ihrem Rechtscharakter nach Kauf, Tausch, Schenkung, aber auch Miete, Leihe (Rechtsleihe) oder Darlehen sein. Der Besteller schuldet typischerweise einen Erfolg, nämlich den, das Recht vollgültig zur Entstehung zu bringen. Ist es derart entstanden, so hat er seine vertraglichen Verpflichtungen endgültig und vollständig erfüllt; mit der Nutzung des Rechts hat er nichts mehr zu tun.[66] Tritt später eine Störung auf, so kann er,

---

65 Nach *Schöner/Stöber*, Rn. 1145.
66 BGH ZflR 1999, 20.

wenn er noch Eigentümer ist, aus dem gesetzlichen Schuldverhältnis haften, das durch das dingliche Recht begründet wird, aber nicht mehr vertraglich. Allerdings ist es nicht ausgeschlossen, weiterwirkende Nebenverpflichtungen zu vereinbaren, z.B. dahin, dass der Berechtigte sein Recht nur mit Einschränkungen ausüben darf oder dass umgekehrt der Besteller zusätzliche Leistungen zu erbringen hat.

Die Einräumung eines Nutzungsrechts in Form einer primären Dienstbarkeit gegen Entgelt ist nach § 4 Nr. 12 Buchst. c) UStG von der *USt* befreit, nicht aber die Sicherungsdienstbarkeit.[67]

55

b) Die Sicherungsdienstbarkeit

Die Dienstbarkeit kann – wie andere abstrakte dingliche Rechte, z.B. Grundschuld, Reallast – auch lediglich zur Sicherung fortdauernder schuldrechtlicher Ansprüche eingesetzt werden und diese im Kern »insolvenzfest« machen (insbesondere um bei Miet-und Pachtverhältnissen die Sonderkündigungsrechte der § 57a ZVG und § 111 InsO zu vermeiden).[68] Auch steuerlich werden sie als Sicherungsgeschäft anerkannt.[69] Regelmäßig ist die Kausalvereinbarung unselbstständiger Teil eines Dauerschuldverhältnisses. Bei dessen Beendigung besteht ein *schuldrechtlicher Anspruch* aus dem Vertrag auf Aufhebung der Dienstbarkeit.[70] Darüber hinaus kann die Beendigung des vertraglichen Kausalverhältnisses als *auflösende Bedingung* zur Dienstbarkeit geregelt werden. Fehlt ein Kausalverhältnis, so besteht i.d.R. ein Anspruch auf Aufhebung der Dienstbarkeit unter dem Gesichtspunkt der ungerechtfertigten Bereicherung. Sowohl der vertragliche als auch der bereicherungsrechtliche Aufhebungsanspruch steht aber nicht dem jeweiligen Grundstückseigentümer zu, sondern dem, der den Vertrag geschlossen bzw. die Dienstbarkeit ohne Rechtsgrund bestellt hat.

56

aa) Ein verbreiteter Typ der Sicherungsdienstbarkeit ist Bestandteil von *Bierlieferungsverträgen*.

57

Bierlieferungsvertrag mit Sicherungsdienstbarkeit

A. verpflichtet sich, während einer Dauer von fünfzehn Jahren ab heute Bier und alkoholfreie Kaltgetränke für die Gastwirtschaft in ….. nur von der im Handelsregister des Amtsgerichts ….. unter HRB Nr. ….. eingetragenen Z-Brauerei AG mit Sitz in ….. zu beziehen. Sollte die Gastwirtschaft von einem Dritten bewirtschaftet werden, so hat er zu bewirken, dass der Dritte diese Verpflichtung wahrt. Voraussetzung für die Bezugsverpflichtung ist es, dass die Z-Brauerei AG die Getränke, die der Betreiber der Gastwirtschaft jeweils wünscht, auch zu liefern bereit ist. Bier muss – mit Ausnahme von alkoholfreiem – unter der Marke der Z-Brauerei AG geliefert werden; im Falle einer Überleitung des Brauereibetriebs der Z-Brauerei AG auf ein anderes Brauunternehmen darf auch die Marke entsprechend wechseln. Alkoholfreie Getränke, die auf dem deutschen Markt einen Marktanteil von weniger als 10 % haben, muss A. nicht abnehmen. Voraussetzung ist weiter, dass die Getränke zu Preisen angeboten werden, wie sie die Z-Brauerei AG ihren anderen, nicht brauereigebundenen Abnehmern vergleichbaren Umsatzes allgemein in Rechnung stellt. Sollte die Gastwirtschaft von einem Dritten bewirtschaftet werden, so dürfen höhere Preise berechnet werden; die Differenz ist dann aber A. als sog. Rückvergütung zu zahlen. Eine Verpflichtung, den Gaststätten-

58 M

---

67 BFH DStR 1998, 118.
68 BGH DNotZ 1988, 572; *Frank*, DNotZ 1999, 503.
69 BFH NJW 1998, 3143.
70 S. dazu *Wolfsteiner*, ZNotP 1997, 88; *Kaufhold*, ZNotP 1998, 87; a.A. *Frank*, DNotZ 1999, 503.

betrieb während der ganzen Vertragsdauer aufrechtzuerhalten, besteht nicht; ein Getränkevertrieb darf jedoch während der Vertragsdauer nicht an die Stelle der Gastwirtschaft treten.
Zur Sicherung der vereinbarten Getränkebezugsverpflichtung bewillige und beantrage ich, für die Z-Brauerei AG auf meinem im Grundbuch des Amtsgerichts ..... von ..... Blatt ..... verzeichneten Grundstück der Gemarkung ..... FlSt. ..... eine beschränkte persönliche Dienstbarkeit des Inhalts einzutragen, dass es dem Grundstückseigentümer untersagt ist, auf dem Grundstück Bier und alkoholfreie Kaltgetränke zu erzeugen, zu lagern oder zu vertreiben oder zu dulden, dass Dritte auf dem Grundstück Bier oder alkoholfreie Kaltgetränke erzeugen, lagern oder vertreiben. Wegen der Unterlassungspflichten aus der Dienstbarkeit unterwirft sich A. der sofortigen Zwangsvollstreckung aus dieser Urkunde.

Widerrufsbelehrung
Im Hinblick auf die übernommene Verpflichtung zum Bier- und Getränkebezug ist A. befugt, seine auf den Abschluss gegenwärtigen Vertrags gerichtete Willenserklärung binnen einer Frist von zwei Wochen, die heute beginnt, schriftlich oder auf einem anderen dauerhaften Datenträger zu widerrufen. Der Widerruf ist gegenüber der Z-Brauerei AG, ..., zu erklären. Zur Wahrung der Frist genügt die rechtzeitige Absendung des Widerrufs.
A. erkennt an, dass ihm die vorstehende Widerrufsbelehrung soeben in Form einer Kopie der vorstehenden Klausel ausgehändigt worden ist. Die Vertragsteile wissen, dass A. an gegenwärtige Vertragswillenserklärung nicht mehr gebunden ist, wenn er sie fristgerecht widerrufen hat. Dies gilt nicht für die in dieser Urkunde enthaltene Eintragungsbewilligung, die bedingungslos wirksam ist.

▪ *Kosten.* Vgl. Rdn. 8 M.

59 Ist der schuldrechtliche Vertrag über die Ausschließlichkeitsbindung z.B. wegen zu langer Laufzeit (für Bierlieferungsverträge wird eine Laufzeit von höchstens 15 bis 20 Jahren zugelassen), sittenwidrig und daher nichtig, berührt das die Wirksamkeit der Dienstbarkeit als einem dinglichen Recht nicht. Mangels einer wirksamen Kausalvereinbarung kann aber die Dienstbarkeit nach Bereicherungsrecht in der Weise zurückgefordert werden, dass sie zur Löschung zu bewilligen ist. Der Bereicherungsanspruch steht aber nur dem Vertragsteil zu, der die Dienstbarkeit bestellt hat, nicht aber einem Grundstückskäufer der das Grundstück dienstbarkeitsbelastet erworben hat, ohne in den Bierlieferungsvertrag eingetreten zu sein.[71]

60 bb) Andere häufig verwendete *Typen von Sicherungsdienstbarkeiten* sind die Tankstellendienstbarkeit (oben Rdn. 24) und die Fernwärmedienstbarkeit (oben Rdn. 26).

V. Besonderheiten im Beitrittsgebiet

61 Neben der rechtsgeschäftlichen Bestellung von beschränkten persönlichen Dienstbarkeiten sind solche aufgrund des § 9 Abs. 1 GBBerG[72] im Beitrittsgebiet auch kraft Gesetzes entstanden. Mitbenutzungsrechte nach Art. 233 § 5 EGBGB und Dienstbarkeiten für Energieversorgungsunternehmen nach § 9 GBBerG können im Beitrittsgebiet noch ohne Grundbuch-

---

[71] BGH DNotZ 1988, 572 und 576 m. Anm. *Amann*; BGH DNotZ 1990, 169; vgl. auch BGH NJW 1998, 2286.
[72] BGBl. I S. 1120.

eintragung bestehen, ebenso dinglich wirkende Ansprüche auf Bestellung von Dienstbarkeiten nach § 116 SachenRBerG und § 3 MeAnlG.[73]

VI. Baulasten

Eine Art öffentlich-rechtlicher Variante der beschränkten persönlichen Dienstbarkeit stellt die Baulast dar. Alle alten und neuen Länder außer Bayern und Brandenburg haben durch ihre Bauordnungen die *Baulast* und das *Baulastenverzeichnis* eingeführt. **62**

Bei der Baulast handelt es sich um die Übernahme einer *öffentlich-rechtlichen Verpflichtung* durch den Eigentümer eines Grundstücks, mit der Folge, dass sein Grundstück im Verhältnis zum Staat einer bestimmten Nutzungsbeschränkung unterliegt, die sich aus den öffentlich-rechtlichen Vorschriften sonst nicht ergeben würde. Die Baulast hat keine privatrechtlichen Wirkungen, sodass z.B. eine Stellplatz-Baulast, die zwecks Bebauung des Nachbargrundstücks in dessen Interesse bestellt worden ist, dem Nachbarn kein Recht zur dienstbarkeitsartigen Benutzung des Stellplatzes verschafft[74] (zur zusätzlichen Sicherung durch Dienstbarkeit oben Rdn. 18 ff.). Baulasten kommen nur bei rechtlichem Zusammenhang mit einem Bauvorhaben in Betracht; die zu regelnde Frage muss baurechtliche Relevanz besitzen, sodass eine Baulast des Inhalts, dass der Eigentümer nicht an bestimmte Mieter vermieten darf, unzulässig ist.[75] **63**

Die Übernahme einer Baulast ist *gegenüber der Bauaufsichtsbehörde zu erklären*; sie bedarf der Schriftform. Die Unterschrift muss vor der Bauaufsichtsbehörde geleistet oder öffentlich beglaubigt werden. Baulasten wirken gegenüber Rechtsnachfolgern; nur die Bauaufsichtsbehörde kann auf sie verzichten. **64**

Baulasten werden in *Baulastenverzeichnisse* eingetragen, die von der Bauaufsichtsbehörde geführt werden. Die Einsicht ist jedermann gestattet, soweit er ein berechtigtes Interesse nachweist. Die Eintragungen haben teils nur deklaratorische Bedeutung; die Baulast entsteht dann bereits mit der Abgabe der Erklärung gegenüber der Behörde (Baden-Württemberg und Hessen). Überwiegend ist die Eintragung aber konstitutiv (Nordrhein-Westfalen, Berlin, Bremen, Hamburg, Niedersachsen, Rheinland-Pfalz, Schleswig-Holstein, Saarland). Das Baulastenverzeichnis genießt keinen öffentlichen Glauben wie das Grundbuch (nach der Hamburgischen Bauordnung begründet das Verzeichnis eine »widerlegbare Vermutung« für den Bestand und den Umfang der eingetragenen Baulast), aber auch nicht für Freiheit von Baulasten. **65**

In *Bayern* wird die von einem Grundstückseigentümer übernommene Verpflichtung im Sinne der Baulast durch Bestellung einer Grunddienstbarkeit zugunsten des begünstigten Nachbargrundstücks gesichert. Soweit es der Baubehörde nach dem Inhalt der übernommenen Verpflichtung erforderlich und im öffentlichen Interesse notwendig erscheint, verlangt sie zusätzlich die Eintragung einer beschränkten persönlichen Dienstbarkeit auf dem dienenden Grundstück zugunsten des Landes oder der Gemeinde. **66**

---

73 Dazu und zu den Eintragungsverfahren *Böhringer*, Rpfleger 1997, 244.
74 A.A. für bestimmte Fälle BGH NJW-RR 1992, 1484; vgl. näher *Lorenz*, NJW 1996, 2612.
75 VGH Baden-Württemberg BauR 2008, 84.

§ 65 Wohnungsrecht

I. Allgemeines

1 1. Das Wohnungsrecht ist nach § 1093 BGB eine beschränkte persönliche Dienstbarkeit (s. § 64), jedoch dem Nießbrauch ähnlich gestaltet. Weiter geht – insbesondere durch Übertragbar- und Vererblichkeit – das *Dauerwohnrecht* (oben § 58 Rdn. 68 ff.).

2 Für denselben Berechtigten kann sowohl ein Nießbrauchsrecht als auch ein Wohnungsrecht im Grundbuch eingetragen werden, sofern das Wohnungsrecht Rang vor dem Nießbrauch erhält.[1] Angesichts der Unterschiede hinsichtlich Übertragbarkeit und Pfändbarkeit fehlt hierfür insbesondere nicht das erforderliche Rechtsschutzinteresse.

Wohnungsrecht (Grundmuster)

3 M A (nachstehend Eigentümer genannt) räumt hiermit B (nachstehend Berechtigter genannt) auf dessen Lebenszeit das unentgeltliche Wohnungs- und Mitbenutzungsrecht[2] an dem in Abschnitt I genannten Grundbesitz ein. Für dessen Inhalt gilt, was folgt:
a) Der Wohnungsberechtigte ist berechtigt, in dem auf dem vorgenannten Grundstück aufstehenden Gebäude die gesamte abgeschlossene Wohnung im Erdgeschoss zu Wohnzwecken sowie den im Keller des Anwesens den ersten Kellerraum rechts vom Treppenabgang her gesehen unter Ausschluss des Eigentümers zu benutzen.
Daneben kann der Wohnungsberechtigte alle zum gemeinschaftlichen Gebrauch der Bewohner bestimmten Anlagen und Einrichtungen mitbenutzen, insbesondere auch den Garten.
b) Die Ausübung des Wohnungs- und Mitbenutzungsrechts kann Dritten nicht überlassen werden.
c) Der Wohnungsberechtigte hat die gewöhnlichen Ausbesserungs- und Erneuerungsaufwendungen, insbesondere auch die Schönheitsreparaturen, für die dem Wohnungsrecht unterliegenden Räume und Gebäudeteile zu tragen. Den Eigentümer treffen alle weitergehenden Instandhaltungsaufwendungen; er ist weiter verpflichtet, die vom Wohnungsrecht betroffenen Räume und Gebäudeteile in bewohnbarem Zustand zu erhalten.
d) Der Wohnungsberechtigte hat die durch Zähler und Messgeräte ausscheidbaren Nebenkosten für die vom Wohnungsrecht betroffenen Räume, z.B. Strom, Heizung, Wasser, zu tragen. Sonstige Kosten, z.B. für Versicherungen und Müllabfuhr, trägt der Eigentümer.
Zur Sicherung des vorstehend eingeräumten Wohnungs- und Mitbenutzungsrechts bestellt der Erwerber dem Berechtigten eine beschränkte persönliche Dienstbarkeit an dem in Abschnitt I genannten FlSt. ..... der Gemarkung ..... Er bewilligt und beantragt die Eintragung dieses Rechtes im Grundbuch, vereinbarungsgemäß mit dem Vermerk, dass zur Löschung des Rechts der Nachweis des Todes des Berechtigten genü-

---

1 OLG Hamm NotBZ 2013, 399.
2 Wird ein Wohnungsrecht an Wohnungseigentum bestellt (Rdn. 16 f.), erscheint im Hinblick darauf, dass der Eigentümer nicht ohne Weiteres Regelungen hinsichtlich Gemeinschaftseigentum treffen kann, sachgerecht, nur die Einräumung eines Wohnungsrechts (also ohne Mitbenutzungsrecht) vorzusehen.

gen soll. Die beschränkte persönliche Dienstbarkeit soll in Abt. II Rang nach den in Abschnitt I genannten Belastungen erhalten, in Abt. III erste Rangstelle, jedenfalls vorerst nächstoffene Rangstelle. Die derzeit in Abt. III eingetragenen Grundpfandrechte sollen gelöscht werden; allen entsprechenden Gläubigererklärungen wird hiermit mit dem Antrag auf Vollzug zugestimmt.
(Beglaubigung)

■ *Kosten.* Der Wert bestimmt sich danach, welchen Wert das Recht für den Berechtigten hat. Anzusetzen ist hier der Jahreswert der Nutzung, multipliziert entsprechend dem Lebensalter des (jüngeren) Berechtigten (§ 52 Abs. 4 GNotKG). Hieraus fällt eine 1,0 Gebühr gemäß Nr. 21200 KV GNotKG an, bei der reinen Bewilligung eine 0,5 Gebühr gemäß Nr. 21201 Nr. 4 KV GNotKG.

Ein Wohnungsrecht begründet wie alle Dienstbarkeiten nur eine Duldungsverpflichtung. **4** Wird das Gebäude zerstört, besteht grundsätzlich keine Wiederaufbauverpflichtung des Eigentümers; das Wohnungsrecht erlischt oder ruht.[3] Wird das Wohnungsrecht an Räumen in einem noch zu errichtenden Gebäude bestellt, entsteht das durch die Errichtung des Gebäudes bedingte Recht nicht, wenn der Eigentümer seine Bebauungsabsicht aufgibt. Ob eine Wiederaufbauverpflichtung dinglicher Inhalt des Wohnungsrechts sein kann,[4] ist zweifelhaft; eher empfehlenswert erscheint eine Reallast hinsichtlich Gewährung von Wohnraum auf dem betreffenden Grundstück. Alternativ oder ergänzend kann vorgesehen werden, dass bei Erlöschen oder Ruhen des Rechts laufende Zahlungen in Höhe der Miete für vergleichbaren Wohnraum zu zahlen ist; auch dieser Anspruch kann durch Reallast gesichert werden. Freilich stellt eine Reallast in solchen Fällen nur eine beschränkte Sicherheit dar, da sie erlöschen würde, wenn aus ihr die Zwangsversteigerung betrieben und der Zuschlag erteilt wird.[5] Die Sicherheit für danach geschuldete Leistungen ginge damit verloren. Unter diesem Gesichtspunkt sind weitere Sicherheiten zu erwägen (vgl. § 66 Rdn. 14). Ist das Wohnungsrecht Teil eines Leibgedings (§ 39 Rdn. 54), ist eine Wiederaufbauverpflichtung möglicherweise nach Landesrecht Inhalt des dinglichen Rechts.

Ergänzende Reallast wegen Wiederaufbauverpflichtung

Für den Fall, dass das vorstehend bestellte Wohnungsrecht aus tatsächlichen Gründen nicht entsteht oder erlischt, insbesondere für den Fall der Zerstörung des Gebäudes, verpflichtet sich der Eigentümer, dem Berechtigten eine andere Wohnung auf dem Vertragsbesitz zu gewähren, die nach Größe, Lage und Ausstattung derjenigen entspricht, die Gegenstand des Wohnungsrechts ist; wenn und solange eine entsprechende Wohnung auf dem Vertragsbesitz nicht zur Verfügung gestellt wird, hat der Eigentümer dem Berechtigten Zahlungen in der Höhe zu leisten, die erforderlich sind, vergleichbaren Wohnraum in der näheren Umgebung zu dem vertragsgegenständlichen Anwesen zu mieten, zuzüglich derjenigen Beträge für Nebenkosten, die nach der vorstehenden Regelung zum Wohnungsrecht vom Grundstückseigentümer zu leisten wären. **5 M**
Zur Sicherung dieser bedingten Verpflichtung auf wiederkehrende Leistungen wird hiermit reine Reallast am Vertragsbesitz bestellt und zur Eintragung in das Grundbuch im Rang nach dem vorstehend bestellten Wohnungsrecht bewilligt und beantragt.

---

3 Vgl. *P. Becker*, notar 2014, 323, 328 (insbes. zur Rechtslage bei Wohnungseigentum); *Milzer*, BWNotZ 2005, 136, 137 m.w.N.
4 LG Heilbronn BWNotZ 1975, 14.
5 OLG München ZfIR 2007, 802.

Nach Erläuterung der Risiken für den Reallastberechtigten in dem Fall, dass er eine Zwangsvollstreckung aus der Reallast betreibt, und Hinweis darauf, dass als ergänzende Sicherung z.B. ein vormerkungsgesicherter Anspruch auf Neueintragung einer Reallast in Betracht kommt, erklären die Beteiligten: Weitergehende Sicherungen sind nicht gewünscht.

II. Rechtsgrund

6 Das Wohnungsrecht entsteht durch (dingliche) Einigung und Eintragung (§ 873 BGB). Der Einräumung des Rechts muss ein Kausalverhältnis zugrunde liegen; andernfalls wäre es kondizierbar. Sofern sich dieser Rechtsgrund nichts bereits aus dem Gesamtzusammenhang ergibt (z.B. als Vorbehalt des Wohnungsrechts im Zusammenhang mit einer Grundstücksschenkung), sollte er verlautbart werden, z.B. schenkungsweise Zuwendung oder Einräumung gegen laufendes oder einmaliges Entgelt oder im Wege eines entgeltlichen oder unentgeltlichen Vertrags zugunsten Dritter (vgl. aber § 63 Rdn. 4).

7 Soll der Wohnungsberechtigte ein laufendes Entgelt für das eingeräumte Wohnungsrecht zahlen, kann dies nicht Inhalt des dinglichen Rechts sein. Zahlungsverzug kann jedoch Gegenstand einer Bedingung sein, wonach das Recht erlischt, wenn der geschuldete Betrag nicht fristgerecht gezahlt ist. Als Alternative wird diskutiert, dass die geschuldete Zahlung nur Voraussetzung für die Ausübung des Rechts ist.[6] Beide Varianten haben ihre Schwächen.[7]

Zahlung als Voraussetzung für die Ausübung des Wohnungsrechts

8 M **Das Wohnungsrecht kann nur ausgeübt werden, wenn der Berechtigte bis zum ..... des jeweiligen Ausübungsmonats die vorstehend vereinbarte Zahlung in Höhe von ..... € vollständig geleistet hat. Das Wohnungsrecht erlischt aber auch dann nicht, wenn der Berechtigte mit geschuldeten Zahlungen in Verzug gerät; mit Zahlung aller Rückstände ist der Berechtigte wieder zur Ausübung des Wohnungsrechts berechtigt. Erreicht der Gesamtbetrag der Rückstände auf monatliche Zahlungen einen Jahresbetrag, kann der Eigentümer die Einräumung des Wohnungsrechts widerrufen; in diesem Fall führt eine Zahlung der Rückstände nicht mehr zu dem Recht auf Ausübung des Wohnungsrechts; vielmehr ist der Berechtigte dann verpflichtet, unverzüglich, nachdem der Eigentümer das entsprechende Verlangen gestellt hat, die Löschungsbewilligung für das eingeräumte Wohnungsrecht in grundbuchmäßiger Form abzugeben und dem Eigentümer zur freien Verwendung auszuhändigen. Damit verbundene Kosten trägt der Berechtigte.**

9 Durch die Vereinbarung eines Wohnungsrechts kann insbesondere auch eine gewisse dingliche Sicherung eines Mietvertrags erfolgen. Ziel solcher Gestaltungen ist es, die Sonderkündigungsrechte nach § 57a ZVG bzw. § 111 InsO zu vermeiden. In der Folge bestehen Mietvertrag und Wohnungsrecht nebeneinander, sodass auf eine sachgerechte Verzahnung zu achten ist; dabei darf angesichts der Interessenanlage, die Anlass für diese Gestaltung ist, die wirksame Kündigung des Mietverhältnisses für sich allein noch nicht zum Erlöschen des Wohnungsrechts oder zu einem Aufhebungsanspruch führen (vgl. z.B. § 57a ZVG).

---

6 Vgl. *Dammer*, MittRhNotK 1968, 88.
7 Vgl. *Schöner/Stöber*, Rn. 1279 ff.

Wohnungsrecht neben Mietvertrag

Die Unterzeichnenden haben am ..... einen Mietvertrag über alle Wohnräume im Dachgeschoss in dem Anwesen .....-Straße in ..... geschlossen. Sie sind darüber einig, dass dem M als Mieter im Hinblick auf seine langfristigen Interessen an dem Mietobjekt und wegen seiner Aufwendungen zu dessen Modernisierung auch ein Wohnungsrecht nach näherer Maßgabe der nachstehenden Bestimmungen eingeräumt wird. M verpflichtet sich, das Wohnungsrecht aufzugeben und dem Vermieter eine Löschungsbewilligung in grundbuchmäßiger Form für dieses Recht auszuhändigen, sobald er das Mietverhältnis kündigt oder wenn das Mietverhältnis aus Gründen, die von M zu vertreten sind, seitens des Vermieters gekündigt wird sowie außerdem in jedem Fall einer Kündigung durch einen Vertragsteil, sofern diese nach dem ..... erfolgt.

10 M

■ *Kosten.* Vgl. Rdn. 4 M. Wird auch der Mietvertrag beurkundet, ist die Bewertungsvorschrift des § 99 Abs. 1 GNotKG zu beachten. Das Wohnungsrecht ist in diesem Fall gegenstandsgleiches Durchführungsgeschäft.[8]

III. Ausübungsbereich

1. Die *Räume*, auf die sich das Recht erstrecken soll, müssen bestimmt bezeichnet werden.[9] Sofern das Wohnungsrecht an Räumen eines noch zu errichtenden Gebäudes bestellt wird, empfiehlt sich deren genaue Bestimmung durch Pläne.[10] Ein Wohnungsrecht kann gemäß § 1093 Abs. 1 Satz 1 BGB auch alle Räume eines Anwesens umfassen;[11] es wird damit einem Nießbrauch weitgehend angenähert, insbesondere wenn auch eine Vermietung zugelassen wird (vgl. Rdn. 23).

11

2. Dem Berechtigten kann ein *Wahlrecht* zwischen verschiedenen bestimmten Wohnungen eingeräumt werden.[12] Konstruktiv sind dann wohl Wohnungsrechte an allen betreffenden Räumlichkeiten einzuräumen, wobei mit der Ausübung des Wahlrechts das Wohnungsrecht an der nicht gewählten Wohnung erlischt. Geht die Interessenlage dahin, dass die Wohnung später gewechselt werden kann (z.B. Einzug in die Erdgeschosswohnung, wenn das Treppensteigen in die im Zeitpunkt der Beurkundung genutzte Wohnung zu beschwerlich wird), wird man an beiden Wohnungen ein Wohnungsrecht einräumen und die Ausübung hinsichtlich der einen Wohnung durch die Aufgabe der Ausübung des Wohnungsrechts an der bisherigen Wohnung bedingen.

12

Wahlrecht zwischen 2 Wohnungen

Der Wohnungsberechtigte ist berechtigt, in dem auf dem vorgenannten Grundstück aufstehenden Gebäude sowohl die gesamte abgeschlossene Wohnung im dritten Obergeschoss links als auch die gesamte abgeschlossene Wohnung im Erdgeschoss links – gesehen von der Straßenseite aus – zu Wohnzwecken unter Ausschluss des Eigentümers zu benutzen .....

13 M

---

8 Leipziger-GNotKG/*Zapf*, § 52 GNotKG Rn. 39.
9 OLG Zweibrücken FGPrax 1998, 84.
10 *Milzer*, BWNotZ 2005, 136, 137.
11 BayObLG MittBayNot 1999, 561.
12 BayObLG MittBayNot 1988, 127.

Schuldrechtlich wird hierzu vereinbart, dass die Ausübung des Wohnungsrechts hinsichtlich der Erdgeschosswohnung vorerst ruht; der Berechtigte wird zunächst die Wohnung im 3. OG nutzen. Er ist aber jederzeit berechtigt, die Ausübung des Wohnungsrechts an der Erdgeschosswohnung zu verlangen. In diesem Fall hat der Eigentümer unverzüglich, nachdem das Verlangen gestellt ist, zu veranlassen, dass ein vorhandener Nutzer der Erdgeschosswohnung alsbald auszieht; ein bestehendes Mietverhältnis ist ggf. zu kündigen. Der Eigentümer ist verpflichtet, ohne Zustimmung des Berechtigten keinen Mietvertrag über die Erdgeschosswohnung abzuschließen, der ein Kündigungsrecht des Vermieters einschränkt oder ausschließt, insbesondere kein Mietverhältnis mit einer Festlaufzeit von mehr als einem Jahr ab Mietbeginn. Sobald die Erdgeschosswohnung dann geräumt ist, hat der Berechtigte die Wohnung im 3. OG unverzüglich zu räumen; mit seiner Räumung erlischt das Wohnungsrecht an der Wohnung im 3. OG. Der Berechtigte hat dann auf Verlangen und auf Kosten des Eigentümers alle Erklärungen zu einer entsprechenden Inhaltsänderung des hier eingeräumten Wohnungsrechts in grundbuchmäßiger Form abzugeben und dem Eigentümer zur freien Verwendung auszuhändigen.

14 3. Inhalt des Wohnungsrechts kann nur das Recht sein, ein Gebäude oder einen Teil eines Gebäudes unter Ausschluss des Eigentümers als Wohnung zu benutzen; untergeordnete Nebenräume können auch anderen Zwecken dienen. Handelt es sich bei den in Rede stehenden Räumen im Wesentlichen um Räume für gewerbliche Zwecke o.ä. kommt kein Wohnungsrecht gemäß § 1093 BGB in Betracht sondern nur eine Dienstbarkeit nach § 1090 BGB. Seiner Zweckbestimmung entsprechend kann ein Wohnungsrecht nur an einem bebauten oder zur Bebauung bestimmten Grundstück bestellt werden. Ein unbebautes Grundstück, z.B. ein rechtlich selbstständiges Gartengrundstück, kann nicht Gegenstand des Wohnungsrechts sein;[13] das Benutzungsrecht muss in diesem Fall durch eine gesonderte beschränkte persönliche Dienstbarkeit gesichert werden.

Zusätzliche Dienstbarkeit (Garten)

15 M ..... A. ist auch Eigentümer des im selben Grundbuch unter Nr. ..... eingetragenen Grundstücks der Gemarkung ....., FlSt. ....., Garten zu 522 m2. Es wird bewilligt und beantragt, für B daran eine beschränkte persönliche Dienstbarkeit folgenden Inhalts einzutragen: Der Berechtigte ist befugt, das Grundstück neben dem Eigentümer als Garten mitzubenutzen.

16 4. Belastet werden kann ein *Grundstück*, aber auch ein *Erbbaurecht* oder *Wohnungseigentum*.[14] Sondernutzungsrechte als solche können nicht Gegenstand des Wohnungsrechts sein; das Recht erstreckt sich aber im Zweifel auf Sondernutzungsrechte.[15] Wird Wohnungseigentum mit einem Wohnungsrecht belastet, kann eine entsprechende Klarstellung erfolgen:

Wohnungsrecht bei Wohnungseigentum (Ergänzung)

17 M Klargestellt wird, dass der Berechtigte alle zum gemeinschaftlichen Gebrauch der Bewohner bestimmten Anlagen und Einrichtungen mitbenutzen kann, insbesondere auch den als Sondernutzungsrecht zugewiesenen Garten.

---

13 OLG Zweibrücken Rpfleger 1998, 282; LG Koblenz Rpfleger 1998, 197.
14 Näher zu Wohnungseigentum *P. Becker*, notar 2014, 323.
15 OLG Nürnberg NotBZ 2002, 69.

Ein *Teileigentum* (Garage) kann auch dann nicht Gegenstand des Wohnungsrechts sein, wenn es wirtschaftlich dem mit dem Wohnungsrecht belasteten Wohnungseigentum dient;[16] auch hier bedarf es ggf. einer zusätzlichen beschränkten persönlichen Dienstbarkeit:

Zusätzliche Dienstbarkeit (Garagenstellplatz)

..... A. ist auch Eigentümer des im Teileigentumsgrundbuch des Amtsgerichts ..... Blatt ..... eingetragenen Teileigentums, bestehend aus einem Miteigentumsanteil zu 1/1000 an dem vorstehend bezeichneten Grundstück, verbunden mit dem Sondereigentum an dem im Aufteilungsplan mit Nr. ..... bezeichneten Kraftfahrzeugabstellplatz in der Tiefgarage. Es wird bewilligt und beantragt, für B daran eine beschränkte persönliche Dienstbarkeit folgenden Inhalts einzutragen: Der Berechtigte ist befugt, das Teileigentum unter Ausschluss des Eigentümers zum Abstellen von Kraftfahrzeugen zu benutzen; die Ausübung der Dienstbarkeit darf Dritten überlassen werden. — 18 M

Dem Wohnungsberechtigten kann bei Wohnungs- und Teileigentum auch das Recht zur Teilnahme an Eigentümerversammlungen und zur Ausübung des Stimmrechts eingeräumt werden. Andernfalls steht dieses Recht dem Eigentümer zu. — 19

Teilnahme an Eigentümerversammlungen

Der Erwerber erteilt hiermit dem Veräußerer unter Befreiung von den Beschränkungen des § 181 BGB Vollmacht, ihn gegenüber der Eigentümergemeinschaft und gegenüber dem Verwalter umfassend zu vertreten, insbesondere an der Eigentümerversammlung teilzunehmen und für ihn abzustimmen. Der Notar hat darauf hingewiesen, dass die Möglichkeit zur Vertretung in der Eigentümerversammlung durch Teilungserklärung bzw. Gemeinschaftsordnung eingeschränkt sein kann. Die Vollmacht ist auf die Dauer des Nießbrauchs nur aus wichtigem Grund widerruflich. — 20 M

Bei Wohnungs- und Teileigentum kann sich die (schuldrechtliche) Verpflichtung des Berechtigten empfehlen, das Wohnungseigentum nur in der Weise zu nutzen, wie es der Teilungserklärung und Gemeinschaftsordnung samt Beschlüssen der Eigentümergemeinschaft (und ggf. einer Hausordnung) entspricht. Andernfalls haftet der Eigentümer der Gemeinschaft gegenüber.[17] — 21

IV. Weiterer Inhalt

1. *Familienangehörige* und Pflegepersonen können nach dem wohl zwingenden § 1093 Abs. 2 BGB ohne Weiteres aufgenommen werden, ebenso ständige Lebensgefährten.[18] Im Übrigen gilt § 1092 Abs. 1 Satz 2 BGB. — 22

Die Zulässigkeit der *Überlassung an Dritte* (also insbesondere die Vermietung) muss ausdrücklich zugelassen werden. Insofern kann problematisch sein, dass der Eigentümer ein daraufhin vom Wohnungsberechtigten abgeschlossenes Mietverhältnis bei Erlöschen des Wohnungsrechts nicht fortsetzen muss. Die Regelung des § 1056 BGB für den Nießbrauch gilt für das Wohnungsrecht nicht. Es kann sich daher eine entsprechende Regelung im Rah- — 23

---

16 BayObLG NJW-RR 1987, 328.
17 Vgl. BGH NJW 2014, 2640.
18 BGH NJW 1982, 1868.

men der Gestattung empfehlen,[19] wobei auch ein Mieter tunlichst auf einer – evtl. weitergehenden – Zusage des Eigentümers bestehen wird.

24 M **Die Ausübung des Wohnungsrechts kann Dritten überlassen werden. Insbesondere darf der Wohnungsberechtigte die vom Wohnungsrecht betroffenen Räumlichkeiten vermieten. Bei Erlöschen des Wohnungsrechts gilt § 1056 BGB über die Fortsetzung des Mietverhältnisses durch den Eigentümer bei einem Nießbrauch entsprechend.**

25 In der Folge der Gestattung der Nutzung durch Dritte wird das grundsätzlich unpfändbare Wohnungsrecht pfändbar (§§ 1092 Abs. 1 Satz 2 BGB, 857 Abs. 3, 851 Abs. 2 ZPO) und auf einen Sozialleistungsträger überleitbar (§ 93 SGB XII).[20] Ohne entsprechende Bestimmung besteht in der Regel auch dann keine Verpflichtung des Eigentümers, die Räume zu vermieten oder die Vermietung durch den Wohnungsberechtigten zu gestatten, wenn dieser das Recht, z.B. aufgrund eines Pflegeheimaufenthalts, nicht mehr selbst ausüben kann.[21] Dies würde dem höchstpersönlichen Charakter des Wohnungsrechts sowie der reinen Duldungspflicht einer Dienstbarkeit widersprechen. Wenn der Eigentümer die (durch den Wohnungsberechtigten nicht mehr genutzten) Räumlichkeiten »vertragswidrig« tatsächlich vermietet, verneint der BGH jegliche Ersatz-Ansprüche des Wohnungsberechtigten. Insbesondere liege kein Fall einer Eingriffskondiktion vor, da der »Eingriff« nicht auf Kosten des Wohnungsberechtigten erfolge, der die Räumlichkeiten ohnehin nicht einem Dritten zur Ausübung überlassen dürfe (§ 1092 Abs. 1 Satz 2 BGB).[22]

26 Die Aufhebung einer Ausübungsüberlassungsgestattung lässt die Pfändbarkeit der beschränkten persönlichen Dienstbarkeit entfallen; sie unterliegt aber der Gläubigeranfechtung.[23]

27 2. Das Recht zur *Mitbenutzung* der zum gemeinschaftlichen Gebrauch der Bewohner bestimmten Anlagen und Einrichtungen gehört zum gesetzlichen Inhalt des Wohnungsrechts (§ 1093 Abs. 3 BGB). Es kann in der Einigung näher ausgestaltet werden.

28 3. Hinsichtlich der *Unterhaltungspflicht* verweist § 1093 Abs. 1 Satz 2 BGB auf § 1041 BGB; danach trifft den Berechtigten die Pflicht zur Erhaltung der Sache in ihrem wirtschaftlichen Bestand sowie Ausbesserungen und Erneuerungen, soweit sie zur gewöhnlichen Unterhaltung gehören. Der Wohnungsberechtigte hat sich an den Kosten zu beteiligen, die dem Eigentümer durch die gewöhnliche Unterhaltung der zum gemeinschaftlichen Gebrauch der Bewohner bestimmten Anlagen und Einrichtungen entstehen, z.B. – unabhängig von einer tatsächlichen Ausübung des Wohnungsrechts – die verbrauchsunabhängigen Kosten von Heizung und Warmwasserbereitung.[24] Eine darüber hinaus gehende Unterhaltung ist Sache des Eigentümers, den aber nach dem Gesetz keine Verpflichtung trifft, das Gebäude und die dem Wohnungsrecht unterliegenden Räume zu unterhalten.[25] Eine andere Regelung zu Unterhaltspflichten kann aber – jedenfalls zulasten des Eigentümers – zum dinglichen Inhalt des Wohnungsrechts gemacht werden (§§ 1090 Abs. 2, 1021 BGB), sodass er insbesondere die gewöhnlichen Ausbesserungen und Erneuerungen sowie Schönheitsreparaturen zu übernehmen hat,[26] sowie weitere Kosten und sonstigen Aufwand, z.B. Kosten von Heizung, Strom, Müllabfuhr. Diese Fragen sollten ausdrücklich geregelt werden (vgl. die Regelungen

---

19 *Schmid*, ZfIR 2014, 489, 492.
20 Vgl. BGH NJW 2012, 3572; OLG Köln RNotZ 2014, 541; *Rosendorfer*, MittBayNot 2005, 1.
21 BGH DNotZ 2009, 431; *Herrler*, DNotZ 2009, 408; *Volmer*, MittBayNot 2009, 276 m.w.N.
22 BGH Urt. v. 13.07.2012, V ZR 206/11.
23 BGH MittBayNot 2009, 136.
24 BGH DNotZ 2012, 293.
25 BGHZ 52, 234.
26 DNotI-Report 2003, 82.

unter c) und d) im Muster Rdn. 3 M), insbesondere auch, wenn Anlagen gemeinsam genutzt werden.[27]

Sofern der Wohnungsberechtigte Kosten übernehmen soll, die nach den gesetzlichen Bestimmungen Sache des Eigentümers sind, empfehlen sich schuldrechtliche Regelungen. Ansonsten droht die Gefahr, dass in der Kostenübernahme ein unzulässiges Entgelt für das Recht erkannt wird.[28]

Öffentliche und private Lasten sind bei einem Wohnungsrecht zwingend Sache des Eigentümers; § 1047 BGB ist nicht anwendbar. Soll der Berechtigte (anteilig) Kosten für Grundsteuer oder Beiträge der Brandversicherung tragen, kann dies nicht als Inhalt des dinglichen Rechts erfolgen. Diesbezüglich kann nur eine schuldrechtliche Vereinbarung getroffen werden. **29**

Die h.M. verneint die Möglichkeit, dass ein Sozialhilfeträger ein dingliches Wohnungsrecht gemäß § 93 SGB XII überleiten kann.[29] Im Zusammenhang mit dem Sozialhilferegress stellt sich jedoch die Frage, ob der Sozialhilfeträger einen Wertersatzanspruch des Berechtigten, der das Wohnungsrecht nicht mehr ausüben kann (typischer Fall: Heimunterbringung des Berechtigten), auf sich überleiten kann. Eine in der Person des Wohnungsberechtigten liegende dauernde Unmöglichkeit der Ausübung des Wohnungsrechts führt nicht ohne weitere Vereinbarung zum Erlöschen des Wohnungsrechts.[30] Der BGH prüft jedoch im Rahmen einer ergänzenden Vertragsauslegung, was die Vertragsteile bei angemessener Abwägung ihrer Interessen zur Schließung der Regelungslücke, i.e. Heimunterbringung, unternommen hätten. Ausgangspunkt der Überlegung ist, dass der Erwerber den Veräußerer des Grundbesitzes mit den Versorgungsleistungen absichern will. Diesem mit dauerndem Auszug fehlgeschlagenen Absicherungsinteresse entspricht es, dass dem Veräußerer ein Anspruch gegen den Erwerber auf Beteiligung an den Pflegekosten in Höhe der ersparten Aufwendungen zusteht.[31] Dieser Geldersatzanspruch wäre auch sozialhilferechtlich überleitbar. Beim Wohnungsrecht werden ersparte Aufwendungen aber regelmäßig nur dann entstehen, wenn sich der Erwerber im Überlassungsvertrag zur Tragung von verbrauchsabhängigen Nebenkosten verpflichtet hat. **30**

Vor diesem Hintergrund bietet sich gleichwohl eine vertragliche Regelung an, wonach für den Fall des Wegzugs des Berechtigten (auch im Hinblick auf einen notwendigen Pflegeheimaufenthalt) jegliche Geldersatzansprüche (insbesondere ersparte Aufwendungen im Sinne der BGH-Rechtsprechung) ausgeschlossen werden. Solche Wegzugsklauseln begründen für sich allein nicht die Sittenwidrigkeit der Regelung.[32]

V. Berechtigte

1. Ein Wohnungsrecht kann für *mehrere Personen* bestellt werden. In Betracht kommt insbesondere eine Berechtigung gemäß § 428 BGB mit der Maßgabe, dass das Recht im Fall des Todes eines von ihnen dem anderen allein und ungeschmälert zusteht.[33] Ebenso ist es möglich – und möglicherweise empfehlenswert[34] – mehrere selbstständige Wohnungsrechte mit gleichem Rang zu bestellen. **31**

---

27 Vgl. BGHZ 161, 115.
28 BayObLGZ 1988, 268, 270; a.A.: LG Gießen Rpfleger 1986, 174.
29 *Everts*, ZEV 2004, 495, 496; OLG Braunschweig MittRhNotK 1996, 222; LG Duisburg MittRhNotK 1989, 194, 195; *Karpen*, MittRhNotK 1988, 146; *J. Mayer*, Der Übergabevertrag, Rn. 176.
30 *Everts*, ZEV 2004, 495, 496; OLG Celle NJW-RR 1999, 10; OLG Zweibrücken OLGZ 1987, 27; *Schöner/Stöber*, Grundbuchrecht Rn. 1267.
31 BGH NJW-RR 2003, 577, 578.
32 BGH MittBayNot 2010, 467; BGH DNotZ 2009, 431.
33 BGH DNotZ 1997, 401; BGH DNotZ 1967, 183.
34 *Schöner/Stöber*, Grundbuchrecht, Rn. 1244.

Wohnungsrecht für mehrere Berechtigte

32 M A (nachstehend Eigentümer genannt) räumt hiermit B und C (nachstehend Berechtigter genannt) das unentgeltliche Wohnungs- und Mitbenutzungsrecht auf Lebenszeit an dem in Abschnitt I genannten Grundbesitz ein. Mehrere Berechtigte sind Gesamtgläubiger gemäß § 428 BGB mit der Maßgabe, dass das Recht im Falle des Todes eines von ihnen dem anderen allein und ungeschmälert zusteht.

Wohnungsrecht für Berechtigte in Gütergemeinschaft

33 M A (nachstehend Eigentümer genannt) räumt hiermit B und C (nachstehend Berechtigter genannt) das unentgeltliche Wohnungs- und Mitbenutzungsrecht auf Lebenszeit an dem in Abschnitt I genannten Grundbesitz ein. B und C sind Berechtigte in Gütergemeinschaft mit der Maßgabe, dass das Recht bei Beendigung des Güterstands den Berechtigten als Gesamtgläubigern zusteht bzw. im Falle des Todes eines von ihnen dem anderen allein und ungeschmälert.

34 2. Wie der Nießbrauch (dazu § 63 Rdn. 26) und zu denselben Zwecken wie beim Nießbrauch kann auch das Wohnungsrecht als *Eigentümerrecht* bestellt werden.[35] Es kann auch für einen Miteigentümer bestellt werden.[36]

35 3. Es ist nicht möglich, das Wohnungsrecht übertragbar oder vererblich auszugestalten.

VI. Bestellung

36 Es gelten die allgemeinen Regeln über Dienstbarkeiten (§ 64). Die Vereinbarung einer auflösenden Bedingung ist zulässig,[37] sofern sie grundbuchrechtlich ausreichend bestimmt ist.[38] Hintergrund für solche Vereinbarung kann nicht zuletzt sein, Zugriffsrechte Dritter, insbesondere eines Sozialleistungsträgers, zu vermeiden bzw. einzuschränken[39] (vgl. Rdn. 23, 30).

Wohnungsrecht mit Bedingung

37 M An meinem im Grundbuch des Amtsgerichts ..... Band ..... Blatt ..... eingetragenen Grundstück der Gemarkung ..... FlSt. ..... bewillige und beantrage ich einzutragen: Wohnungsrecht für ....., geb. am ....., in ..... Der Berechtigte ist befugt, die im ersten Obergeschoss links vom Aufgang gelegene Wohnung unter Ausschluss des Eigentümers zu Wohnzwecken zu nutzen und die dem gemeinschaftlichen Gebrauch der Bewohner dienenden Anlagen und Einrichtungen, insbesondere den Garten, mitzubenutzen. Das Wohnungsrecht erlischt, wenn der Berechtigte in dem heutigen Vertragsgegenstand keinen Haupt- oder Nebenwohnsitz mehr gemeldet hat; der Berechtigte bevollmächtigt dabei den Erwerber, eine melderechtliche Abmeldung vorzunehmen, wenn der Berechtigte die Räumlichkeiten tatsächlich nicht mehr nutzt. Dritten darf die

---

35 DNotI-Report 1997, 73, 74.
36 KG NotBZ 2013, 473.
37 BayObLG DNotZ 1998, 299.
38 Vgl. OLG Frankfurt Beschl. v. 27.10.2014 – 20 W 392/13, wonach die bislang oft verwandte Formulierung »*Das Wohnungsrecht erlischt auch dinglich, wenn es voraussichtlich auf Dauer nicht mehr ausgeübt werden kann*« als nicht ausreichend bestimmt angesehen wird.
39 Vgl. *Milzer*, BWNotZ 2005, 136, 138 ff.

Ausübung des Rechts nicht überlassen werden. Zur Löschung des Rechts soll der Nachweis des Todes des Berechtigten genügen.
[Beglaubigungsvermerk]

- *Kosten.* Wie Muster Rdn. 4 M.

Bei der Regelung von auflösenden Bedingungen kann es problematisch werden, dem Grundbuchamt den Eintritt der Bedingung so nachzuweisen, dass die Löschung des Rechts ohne allzu großen Aufwand möglich ist. Stets gilt es, den Berechtigten vor dem Verlust seines dinglichen Rechts zu schützen. Insofern ist zu erwägen, einem Dritten oder auch dem Eigentümer eine entsprechende Löschungsvollmacht zu erteilen, die vom Notar überwacht werden kann. Möglich sind auch entsprechende Regelungen zur Bedingung.[40]

Bedingung mit erleichterter Löschung des Rechts im Grundbuch (Beendigung einer Lebensgemeinschaft)

Die Vertragsteile sind darüber einig, dass das Wohnungsrecht gegenstandslos ist, wenn die zwischen ihnen bestehende nichteheliche Lebensgemeinschaft beendet ist. Im Hinblick darauf wird das hier bestellte Wohnungsrecht auflösend bedingt durch den Zugang einer Erklärung beim Grundbuchamt, mit der die Beendigung der Lebensgemeinschaft erklärt wird, wobei diese Erklärung von mindestens zwei der nachfolgend genannten Personen abgegeben sein muss, nämlich .....
[Beglaubigungsvermerk]

- *Kosten.* Wie Muster Rdn. 4 M.

---

40 OLG München DNotZ 2013, 444.

§ 66 Reallast und Altenteilsrecht

I. Reallast

1. 1. Die Reallast belastet ein Grundstück in der Weise, dass dieses für wiederkehrende Leistungen des Berechtigten (der auch der jeweilige Eigentümer eines Grundstücks sein kann, § 1105 Abs. 2 BGB) dinglich haftet (§ 1105 BGB). Nur diese dingliche Haftung ist gemeint, wenn das Gesetz von Leistungen »aus« dem Grundstück spricht.[1] Die wiederkehrenden Leistungen müssen in einem positiven Geben oder Tun bestehen. Sie können jeden beliebigen Inhalt haben, dürfen auch höchstpersönlicher Art sein (z.B. zur persönlichen Wart und Pflege[2]) müssen aber der Umwandlung in eine Geldforderung fähig sein.[3]

2. Neben der Belastung des Grundstücks wird nach dem Willen der Vertragsteile in aller Regel auch ein entsprechendes Schuldverhältnis bestehen. Diese Rechtsverhältnisse sind hinsichtlich Entstehung, Übertragung und Fortbestand voneinander unabhängig.[4]

3. Beispiele: Lebenslängliche Geldrente, Lieferung von Lebensmitteln, Heizmaterial, Strom, Brückenerhaltungspflicht, Pflicht zur Zuchttierhaltung, Verpflichtung zu Dienstleistungen. Unter »wiederkehrende« sind dauernde oder wenigstens mehrmalige Leistungen zu verstehen.[5] Sie brauchen im Gegensatz zu Rentenschulden (§ 1199 BGB) nicht regelmäßig wiederzukehren.[6] Selbst eine einmalige Leistung ist zulässig, wenn sie innerhalb des Gesamtbereichs wiederkehrender Leistungen vereinbart wird, so die Begräbniskosten[7] und die Ausstattung der Kinder neben den Unterhaltsverpflichtungen des Gutsübernehmers.[8] Auch die Vereinbarung der Abführung eines Erlösanteils an den Gutsüberlasser im Fall der Veräußerung des übergebenden Gutes, also ein bedingtes Gutabstandsgeld, kann Inhalt einer Reallast, insbesondere eines Altenteilsrechts, sein.[9] Eine sog. Verfallklausel ist aber nicht reallastfähig.[10]

4. Nach Art. 113, 115 EGBGB kann die Zulässigkeit der Bestellung von Reallasten (wie von Dienstbarkeiten) durch landesrechtliche Vorschriften eingeschränkt werden (s. die Aufstellung der geltenden Bestimmungen in den Kommentaren zu Art. 113, 115 EGBGB). Insbesondere gilt für Nordrhein-Westfalen aufgrund des dort geltenden preußischen AGBGB das Verbot »nichtbeständiger« Reallasten, die auf andere als Geldleistungen (z.B. auf Wärmelieferung) gerichtet sind.[11] Als Ausweg bietet sich die Bestellung einer (z.B. auf 100 Jahre) befristeten Reallast zusammen mit einer Vormerkung zur Sicherung eines (bei der Bestellung zu begründenden) Anspruchs auf Erneuerung der Reallast an. Bei einer **Erneuerungsvormerkung** ist darauf zu achten, dass sie nur den entsprechenden Anspruch gegen den derzeitigen Eigentümer sichern kann; da eine Vormerkung nur einen Anspruch sichern,

---

1 OLG Celle DNotZ 1952, 126; 1955, 316; OLG Schleswig DNotZ 1975, 720.
2 BGHZ 130, 342 = NJW 1995, 2780.
3 BGHZ 130, 342 = NJW 1995, 2780.
4 BGH NJW 2014, 1000.
5 OLG Schleswig DNotZ 1975, 720.
6 RGZ 131, 175.
7 BayObLG NJW-RR 1988, 464.
8 KG JFG 1, 439; KG OLG 43, 9; OLG Hamm Rpfleger 1973, 98.
9 BayObLG DNotZ 1970, 415.
10 OLG Köln DNotZ 1991, 807; a.A. AG Schwandorf Rpfleger 1991, 149.
11 Dazu *Custodis* Rpfleger 1987, 233; OLG Düsseldorf Rpfleger 1986, 366, im Akzent aber anders OLG Köln Rpfleger 1996, 190; LG Köln und LG Duisburg Rpfleger 1987, 362; LG Aachen Rpfleger 1987, 452.

einen solchen aber nicht begründen kann, kommt eine Vormerkung zur Sicherung des Anspruch gegen den jeweiligen Eigentümer nicht in Betracht.[12]

Reallast wegen Heizwärmelieferung mit Erneuerungsvormerkung

Der jeweilige Eigentümer des Grundstücks FlSt. 153/8 ist verpflichtet, dem jeweiligen Eigentümer des Grundstücks FlSt. 153/1 an die bestehende Übergabestelle die Heizwärme zu liefern, deren der Eigentümer des FlSt. 153/1 zur Beheizung der auf diesem Grundstück stehenden Gebäude und zur Versorgung dieser Gebäude mit Warmwasser bedarf. Die Verpflichtung besteht auch fort, wenn anstelle der auf FlSt. 153/1 derzeit bestehenden Gebäude andere Gebäude treten, deren Wärmebedarf den der gegenwärtig bestehenden Gebäude um nicht mehr als ein Zehntel – 1/10 – übersteigt. Der Eigentümer des Grundstücks FlSt. 153/8 ist zu dieser Wärmelieferung nur unter der Bedingung verpflichtet, dass der Eigentümer des Grundstücks FlSt. 153/1 ein angemessenes Entgelt entrichtet, dessen Höhe sich nach den gesetzlichen Vorschriften richtet, soweit solche jeweils bestehen, und das im übrigen vom Eigentümer des Grundstücks FlSt. 153/8 nach billigem Ermessen festzusetzen und bei Veränderung der Verhältnisse neu festzusetzen ist. Der Eigentümer des Grundstücks FlSt. 153/8 kann die Wärmelieferung fortdauernd davon abhängig machen, dass der Eigentümer des Grundstücks FlSt. 153/1 monatlich angemessene Vorschüsse und jährlich nach Abrechnung der jeweiligen Festsetzung entsprechende Abschlusszahlungen leistet. Der Eigentümer des Grundstücks FlSt. 153/8 bestellt hiermit an seinem Grundstück dem jeweiligen Eigentümer des Grundstücks FlSt. 153/1 eine Reallast gleichen Inhalts auf die Dauer von hundert – 100 – Jahren seit ihrer Eintragung im Grundbuch; sie ist auf dem Grundbuchblatt des Grundstücks FlSt. 153/1 zu vermerken.
Er verpflichtet sich des weiteren gegenüber Herrn .....(gegenwärtiger Eigentümer des Grundstücks FlSt. 153/1), die Reallast nach Vollendung ihres Zeitablaufs mit gleichem Inhalt zu erneuern und zwar wiederholt immer nach Zeitablauf einer jeden Reallast. Die Beteiligten bewilligen und beantragen, die Reallast und im Gleichrang mit ihr zugunsten Herrn ..... eine Vormerkung zur Sicherung dessen Anspruchs auf wiederholte Erneuerung der Reallast in das Grundbuch einzutragen.

5 M

2. Die Reallast kann als subjektiv persönliche wie auch als subjektiv dingliche bestellt werden. Anders als die beschränkte (subjektiv) persönliche Dienstbarkeit ist die subjektiv persönliche Reallast vererblich, soweit sich nicht aus ihrem Inhalt etwas anderes ergibt.[13]

6

3. Art und Höhe der Leistungen brauchen nicht von vorneherein bestimmt zu sein; Bestimmbarkeit genügt. Es genügt, dass die Leistung richterlich nachprüfbar ist, wozu auch Umstände außerhalb des Grundbuchs herangezogen werden können, und dass die mögliche Höchstbelastung aus dem Grundbuch ersichtlich ist. So billigt der BGH[14] unter Hinweis darauf, dass sich die Höchstbelastung an den Kosten einer bezahlten Pflegekraft orientiere, folgende (nur sprachlich modifizierte) Klausel:

7

Der Übernehmer ist verpflichtet, die Berechtigte zu pflegen, soweit ihm die Pflege unter Berücksichtigung seiner beruflichen und familiären Verhältnisse, insbesondere im Hinblick auf die Betreuung seiner Kinder, nach seinen körperlichen Fähigkeiten

8 M

---

12 Vgl. OLG München ZfIR 2007, 802.
13 BayObLG DNotZ 1989, 567.
14 BGHZ 130, 342 = NJW 1995, 2780.

und seinem Vermögen zur Pflege sowie nach seiner Ausbildung und seinen Kenntnissen zumutbar ist.

9   Die Leistungen können einem Änderungsvorbehalt unterliegen, vorausgesetzt, der Maßstab ist ausreichend bestimmt.[15] Zulässig ist demnach eine Rente nach der jeweiligen Höchstpension eines bayerischen Notars[16] oder eine Rente, die eine Änderung nach dem Ortsüblichen und Standesgemäßen erfahren[17] oder den Lebensverhältnissen des Berechtigten angemessen sein soll.[18] Den Anforderungen des Bestimmtheitsgrundsatzes genügt es zwar nicht, wenn jede Partei nach den Maßstäben des § 323 ZPO Anpassung verlangen kann,[19] weil damit noch kein Änderungsmaßstab angegeben ist; an die Angabe eines solchen Maßstabs werden aber nur geringe Anforderungen gestellt.[20] Die Angabe eines Bemessungsmaßstabs soll sogar völlig entbehrlich sein, wenn stillschweigend auf das Zumutbare, Erforderliche, Angemessene oder der Verkehrssitte Entsprechende verwiesen wird, was höchstpersönlichen Leistungspflichten bereits immanent sein soll.[21] Dem Berechtigten kann die Bestimmung der Leistung aber nicht überlassen werden.[22]

10 4. Insbesondere ist bei Geldrenten Wertsicherung durch eine *Gleitklausel* zulässig. Die Gleitklausel kann Inhalt der Reallast selbst sein;[23] der Umweg über die Sicherung eines Erhöhungsanspruchs durch eine Vormerkung ist entbehrlich, wenn auch nicht unzulässig. Vormerkungssicherung ist nur geboten, wenn ausnahmsweise die Kriterien der Bestimmbarkeit denen der unmittelbaren Eintragung nicht genügen.[24]

11 5. Mehrere Grundstücke können mit einer *Gesamtreallast* belastet werden. Falls einer der Grundstückseigentümer aufgrund der Reallast in Anspruch genommen wird, kommt es zwischen den belasteten Grundstückseigentümern zu einem Gesamtschuldnerausgleich. Der Gesamtschuldnerausgleich ist dabei nach dem Wert der jeweiligen Grundstücke vorzunehmen, § 748 BGB analog (dies gilt auch dann, wenn einer der Grundstückseigentümer das Grundstück im Wege der Zwangsversteigerung erstanden hat).[25]

12 6. Reallasten sind der *Zwangsvollstreckungsunterwerfung* zugänglich (oben § 19 Rdn. 62). Die Bestimmtheitsanforderungen des § 794 Abs. 1 Nr. 5 ZPO müssen (unabhängig von den grundbuchrechtlichen Bestimmtheitsanforderungen) gewahrt sein (dazu im Einzelnen oben § 19 Rdn. 85). Im Übrigen ist zu unterscheiden zwischen der *primären Reallast* und der (häufigeren) *Sicherungsreallast*. Bei der primären Reallast muss bedacht werden, dass zu dem eigentlichen dinglichen Anspruch auch noch eine persönliche Haftung des Eigentümers nach § 1108 BGB für die während der Dauer seines Eigentums fällig werdenden Leistungen hinzutritt, sodass zwei Ansprüche gegeben sind. Bei der Sicherungsreallast sind sogar drei Ansprüche gegeben, nämlich die durch die Reallast gesicherte persönliche Zahlungsverpflichtung, dann der dingliche Anspruch und schließlich die persönliche Zahlungsverpflichtung nach § 1108 BGB. Alle diese Ansprüche sind unterwerfungsfähig (»Vollstreckungs-

---

15 BGH Rpfleger 1975, 56; BGH NJW-RR 1989, 1098.
16 BGHZ 22, 58.
17 BayObLG DNotZ 1954, 98.
18 LG Braunschweig NdsRpfl. 1971, 233.
19 BayObLG DNotZ 1980, 94.
20 Vgl. BayObLG MittRhNotK 1987, 281; OLG Hamm Rpfleger 1988, 57; OLG Frankfurt Rpfleger 1988, 247; OLG Oldenburg NJW-RR 1991, 1174.
21 BGHZ 130, 342 = NJW 1995, 2780. Vgl. LG Würzburg MittBayNot 1975, 99.
22 KG Rpfleger 1984, 347.
23 BGH NJW 1990, 2380 zur Erhöhung nur auf Verlangen.
24 OLG Düsseldorf Rpfleger 1989, 231; OLG Hamm Rpfleger 1988, 404.
25 BGH Urt. v. 18.5.2017 – IX ZR 51/15.

trias«). Soweit ein neuer Eigentümer im Wege der Schuldübernahme auch die durch die Reallast gesicherte persönliche Schuld des früheren Eigentümers übernimmt, gelten die Ausführungen vorstehend § 19 Rdn. 188, wonach die rechtsgeschäftliche Schuldübernahme nicht als Rechtsnachfolge gilt und demzufolge eine Klauselumschreibung insofern nicht möglich ist.

7. Wird aus der Reallast oder aus einem ihr gleich- oder vorrangigen Recht die *Zwangsversteigerung* betrieben, so fällt sie nach §§ 52, 91 Abs. 1 ZVG insgesamt aus dem geringsten Gebot und erlischt; der Berechtigte erhält nach §§ 92 Abs. 2, 121 Abs. 1 ZVG aus dem Versteigerungserlös ein Deckungskapital, das sich bei Leibrenten aber nur an der mittleren Lebenserwartung des Berechtigten orientiert. Überlebt er die mittlere Lebenserwartung, so entfällt die Rente und damit die Alterssicherung. *Leibrentenreallasten können deshalb nur als ausreichend sicher gelten, wenn sie an ausschließlich erster Rangstelle stehen* oder ihnen nur Rechte vorgehen, aus denen die Zwangsversteigerung nicht betrieben werden kann. Um das vorzeitige Erlöschen zu vermeiden, kommt i.d.R. nur die *Zwangsverwaltung* als Vollstreckungsmittel in Betracht.

13

Um die Möglichkeiten der Zwangsvollstreckung zu erweitern, wurde erwogen, Reallasten in der Weise zu gestalten, dass abweichend von § 12 ZVG das »Stammrecht« Rang vor den einzelnen Leistungen hat und im Fall der Zwangsvollstreckung wegen Einzelleistungen nicht erlischt, also entsprechend § 9 Abs. 3 Nr. 1 ErbbauRG in der Fassung des Sachenrechtsänderungsgesetzes. Der Bundesgerichtshof hat solchen Gestaltungen die Anerkennung versagt.[26] Man kann daher ergänzende Sicherheiten erwägen (vgl. § 39 Rdn. 72) wie eine der Reallast vorrangige Erneuerungsvormerkung (vgl. Rdn. 5 M) oder eine ihr nachrangige Grundschuld.[27] Ein durchgreifendes Bedürfnis für solchen »Begleitschutz« ist aber nicht zu erkennen, wenn man mit den überzeugenden Ausführungen von Amann[28] davon ausgeht, dass der Reallastberechtigte, der die Zwangsversteigerung betreiben will, die Reallast vorher aufspalten kann in eine nachrangige Teilreallast, welche insbesondere die Rückstände enthält, und in eine vorrangige Teilreallast für später fällige Leistungen.

14

Reallast wegen Rentenverpflichtung mit Zwangsvollstreckungsunterwerfung

**I. Der Übernehmer verpflichtet sich, an den Übergeber vom ..... an auf dessen Lebenszeit eine monatliche, monatlich im Voraus fällige Rente von 1.500,00 € zu zahlen. Die Rente soll sich grundsätzlich im selben Maße erhöhen und vermindern, wie sich der vom Statistischen Bundesamt in Wiesbaden für die gesamte Bundesrepublik Deutschland amtlich festgestellte Verbraucherpreisindex für die Lebenshaltung aller privaten Haushalte (Basis 2010 = 100) gegenüber dem Stande vom .....(Monat/Jahr) erhöht oder vermindert. Bei Umbasierungen ist die Änderung aufgrund der neuen Berechnungsbasis zu ermitteln. Die Veränderung soll aber immer nur auf schriftliches Verlangen eintreten.
II. Zur Sicherung seiner Rentenverpflichtung bestellt der Übernehmer dem Übergeber an seinem im Grundbuch des Amtsgerichts ..... von ..... Blatt ..... eingetragenen Grundstück der Gemarkung ..... Flst. ....., eine Reallast gleichen Inhalts. Die Vertragsteile bewilligen und beantragen, diese Reallast mit der Maßgabe in das Grundbuch einzutragen, dass zu ihrer Löschung der Nachweis des Todes des Berechtigten genügen soll.**

15 M

---

26 BGH DNotZ 2004, 615.
27 *Oppermann*, RNotZ 2004, 84.
28 *Amann*, DNotZ 2004, 599.

III. Der Übernehmer unterwirft sich der sofortigen Zwangsvollstreckung aus dieser Urkunde
  a) wegen seiner Verpflichtung zur Zahlung der wertgesicherten Rente gemäß Abschn. I,
  b) wegen der Reallast nach Abschn. II,
  c) wegen der dem Grundstückseigentümer nach § 1108 BGB obliegenden Verpflichtung, die während der Dauer seines Eigentums fällig werdenden Leistungen auch persönlich zu bewirken.

16 *Überträgt* der Übernehmer später das mit der Reallast belastete Grundstück auf seine Ehefrau, ohne dass dabei eine Schuldübernahme mit erneuter Unterwerfung erklärt würde, so wird der Übergeber die ihm erteilte vollstreckbare Ausfertigung dem Notar einreichen und die Erteilung *neuer vollstreckbarer Ausfertigungen* folgenden Inhalts beantragen:

Vollstreckbare Ausfertigung wegen der persönlichen Schuld

17 M Vorstehende, mit der Urschrift übereinstimmende Ausfertigung wird dem (Übergeber) zum Zwecke der Zwangsvollstreckung wegen des in Abschn. I der Urkunde begründeten Anspruchs in Höhe des Grundbetrags von 1.500,00 € monatlich erteilt.

■ *Kosten.* Kostenfrei, weil weder ein Bedingungseintritt noch eine Rechtsnachfolge zu prüfen waren.

Vollstreckungsklausel gegen den neuen Grundstückseigentümer

18 M Vorstehende, mit der Urschrift übereinstimmende Ausfertigung wird dem (Übergeber) zum Zwecke der Zwangsvollstreckung gegen die (Ehefrau) aus der in Abschn. II der Urkunde bestellten Reallast mit der Maßgabe erteilt, dass die Zwangsvollstreckung wegen der nach dem ..... fällig werdenden Beträge in das gesamte Vermögen der Ehefrau stattfinden darf.
Begründung:
Das Eigentum an dem belasteten Grundstück ist am ..... auf die Ehefrau übergegangen. Dies ist im Grundbuch eingetragen und damit offenkundig. Der Ausspruch über die Zwangsvollstreckung in das gesamte Vermögen folgt aus § 1108 Abs. 1 BGB.

■ *Kosten.* 0,5 Gebühr gemäß Nr. 23803 KV GNotKG.

Reallast für wiederkehrende Geld- und Weinleistungen

19 M ..... Die Übernehmer bewilligen und beantragen die Eintragung einer Reallast zugunsten der Überlasserin für ihren Anspruch auf Leistung von monatlich 1.000,00 € ab 1. April d. Js. und für ihren weiteren Anspruch auf Lieferung von jährlich 300 Flaschen »Bechtheimer Pilgerpfad« jeweils aus dem vorjährigen Jahrgang ab 1. Dezember d. Js. frei Wohnung der Berechtigten. Die wiederkehrenden Leistungen sind für die Lebensdauer der jetzt 75 Jahre alten Berechtigten zu erbringen. Der Jahreswert der Weinlieferung wird auf 1.000,00 € geschätzt.

- **Kosten.** Maßgebend ist der höhere Wert der Leistung (§ 97 Abs. 3 GNotKG). Für die Bewertung des Leistungsrechts gilt § 52 GNotKG, also Jahreswert × 5 (entsprechend dem Lebensalter der Berechtigten, § 52 Abs. 4 GNotKG).
  – Gebühren des Notars: 2,0 Vertragsgebühr nach Nr. 21100 KV GNotKG.
  – Gebühren des Grundbuchamts: 1,0 Gebühr für die Eintragung des Eigentümers (Nr. 14110 KV GNotKG); 1,0 Gebühr für die Eintragung der Reallast (Nr. 14121 KV GNotKG).

II. Leibgeding (Altenteil)

1. Der besondere Vertragstyp der mit der Überlassung eines Grundstücks in Verbindung stehenden *Leibgedings-, Leibzuchts-, Altenteils-* oder *Auszugsverträge* unterliegt nach Art. 96 EGBGB in bestimmtem Umfang der *Landesgesetzgebung*. Diese Vertragstypen sind oben unter §§ 36 Rdn. 84 ff., 141 ff. behandelt.

2. Völlig unabhängig davon[29] stellt § 49 GBO für bestimmte Fälle ein gegenüber der Regelung in § 874 BGB vereinfachtes *Eintragungsverfahren* zur Verfügung (vgl. § 39 Rdn. 58 f.). Darauf beschränkt sich aber auch die Bedeutung der Vorschrift; für die im vereinfachten Verfahren eingetragenen Rechte gelten materiell keine Besonderheiten. Auch wenn es sich um ein Bündel von Rechten handelt, wird im Grundbuchverfahren nur eine Gebühr (aus dem nach § 52 GNotKG ermittelten Wert des Rechts) erhoben.[30]

Ein Bündel von Rechten ist der vereinfachten Eintragung nach § 49 GBO zugänglich, wenn es sich um einen Inbegriff von dinglich gesicherten Nutzungen und Leistungen zum Zwecke *der persönlichen Versorgung* des Berechtigten handelt.[31] Die Ansprüche müssen anders als bei Art. 96 EGBGB nicht mit der Überlassung eines Grundstücks im Zusammenhang stehen, noch weniger eines landwirtschaftlichen Grundstücks. Als Rechte, die nach § 49 GBO eingetragen werden können, kommen beschränkte persönliche Dienstbarkeiten, Reallasten und Nießbrauchsrechte in Betracht. Es muss sich aber stets um ein *Bündel* von Rechten handeln, weshalb ein Nießbrauch allein nicht als Leibgeding eintragungsfähig ist.[32] Das Leistungsbündel kann aber durchaus in einem Bündel einzelner Dienstbarkeitsleistungen bestehen, sodass nicht zwingend die Verknüpfung mit einer Reallast oder umgekehrt erforderlich ist. Grundpfandrechte können nicht in die Eintragung als Leibgedinge einbezogen werden.

Zur *Löschung* des Leibgedings und insbesondere zur Löschungserleichterung oben § 55 Rdn. 46 ff.

---

29 BayObLG Rpfleger 1975, 314.
30 Leipziger-GNotKG/*Schulz*, Vorbem. Nr. 1.4.1.2 KV GNotKG.
31 Zusammenfassung bei BayObLG Rpfleger 1975, 314 m.w.N.
32 BayObLG Rpfleger 1975, 314.

§ 67 Realkredit

Literatur: Zu III.: *König*, Neue Anforderungen an die zivilrechtlichen Kreditwürdigkeitsprüfungspflichten, WM 2017, 269; *Mairose*, Verbraucherkreditrecht in der notariellen Praxis, RNotZ 2012, 467; *Merz/Rösler*, Immobilienfinanzierungen nach neuem Verbraucherkreditrecht, ZIP 2011, 2381; *Omlor*, Die Wohnimmobilienkreditrichlinie und ihre Umsetzung in Deutschland, ZIP 2017, 112; *Rosenkranz*, Das Umsetzungsgesetz zur Wohnimmobilienkreditrichtlinie und die verbundenen Verträge, NJW 2016, 1473.

I. Allgemeines

1. Realkredit

1   Im weiteren Sinne gilt als *Realkredit* jeder Kredit, der durch ein Grundpfandrecht gesichert ist. Im engeren Sinne aber versteht man in der Bankpraxis unter Realkredit einen solchen Kredit, dessen Verzinsung und Rückzahlung jederzeit unabhängig von der Person des Kreditnehmers durch Erträge und Substanz des beliehenen Objekts gewährleistet sind. Ein Realkredit im letztgenannten Sinn wird in der Bankpraxis »Hypothek« genannt und zwar ganz unabhängig davon, ob die Sicherung im rechtstechnischen Sinne wirklich durch eine Hypothek oder aber (wie heute die Regel) durch eine Grundschuld erfolgt. Der Begriff der Hypothek im Sinne der Bankpraxis ist also streng vom *juristischen Hypothekenbegriff* zu trennen. Auch das Pfandbriefgesetz (PfandBG, früher HypothekenbankG) spricht in §§ 1 Abs. 1 Nr. 1 und 12 Abs. 1 im Sinne der Bankpraxis von der Deckung durch »Hypotheken«, meint aber gem. § 18 Abs. 1 damit auch Grundschulden. In der Praxis der Pfandbriefbanken werden heute auch »hypothekarische Darlehen« überwiegend durch Grundschulden gesichert. Aus dem PfandBG (§ 14) ist trotz Streichung der früheren Erstrang-Klausel auch heute noch ein weiterer banktechnischer Begriff, nämlich der Begriff der »*erstrangigen*« Hypothek zu erschließen. Auch der Rangbegriff im banktechnischen Sinne ist nicht mit dem Rangbegriff des Hypothekenrechts identisch; mit der erstrangigen Hypothek ist vielmehr ein Hypothekendarlehen (im banktechnischen Sinn) gemeint, welches innerhalb der ersten 60 % des Beleihungswerts eines Grundstücks durch Grundpfandrechte abgesichert ist. Aus § 16 Abs. 3 Satz 3 PfandBG ergibt sich auch, dass regelmäßig im banktechnischen Sinn nur solche Darlehen als hypothekarische Darlehen bezeichnet werden können, bei denen der *laufende Grundstücksertrag* zumindest die *laufende Verzinsung* deckt. Schließlich ist aus § 17 PfandBG auch der Begriff der »*Amortisationshypothek*« (gleichbedeutend mit »*Tilgungshypothek*«) zu erschließen. Darunter versteht man ein Darlehen, welches fortlaufend zu einem festen Jahressatz zu tilgen ist, wobei die durch die fortlaufende Tilgung ersparten Zinsen jeweils zusätzlich zur Tilgung verwendet werden. Ergänzt werden die Definitionen des PfandBG durch § 20 ErbbauRG.

2. Pfandbriefbanken, Realkreditinstitute

2   Die Gewährung von Hypothekendarlehen in dem genannten Sinne ist keineswegs spezialisierten *Pfandbriefbanken* vorbehalten. Vielmehr darf jedes Kreditinstitut Hypothekenkredite in dem genannten Sinne ausreichen. Es ist nicht die Art der Kreditgewährung, die den Charakter eines Instituts als Pfandbriefbank bestimmt, sondern vielmehr die Art und Weise, in der sich das Kreditinstitut refinanziert, nämlich grundsätzlich durch Ausgabe von *Hypothekenpfandbriefen*. Nach § 2 PfandBG ist das Pfandbriefgeschäft aber nicht mehr den Pfand-

briefbanken und den öffentlich-rechtlichen Kreditinstituten vorbehalten; vielmehr kann jedes Kreditinstitut, das bestimmte Voraussetzungen erfüllt, Hypothekenpfandbriefe ausgeben.

3. Bausparkassen

Eine besondere Gruppe von Realkreditinstituten bilden auch die Bausparkassen. Nach § 1 Abs. 1 des *Gesetzes über Bausparkassen* (BausparkG) sind dies Kreditinstitute, deren Geschäftsbetrieb darauf gerichtet ist, Einlagen von Bausparern (Bauspareinlagen) entgegenzunehmen und aus den angesammelten Beträgen den Bausparern für *wohnungswirtschaftliche Maßnahmen Gelddarlehen* (Bauspardarlehen) zu gewähren. Der Bausparer schließt mit der Bausparkasse einen Vertrag, durch den er nach Leistung von Bauspareinlagen einen *Rechtsanspruch auf Gewährung eines Bauspardarlehens* erwirbt. Auch das Darlehensgeschäft der Bausparkassen ist also in erster Linie durch die Art der *Refinanzierung* (aus Bauspareinlagen) und nicht so sehr durch die Art der Kreditgewährung charakterisiert. Für die Kreditgewährung ist allerdings charakteristisch, dass nach § 7 Abs. 1 Satz 3 BausparkG die hypothekarische Sicherheit (auch hier sind Grundschulden ausdrücklich als zulässig bezeichnet) nur innerhalb der *ersten vier Fünftel* des Beleihungswerts zu liegen braucht, im Gegensatz zu den Hypothekendarlehen der Hypothekenbanken, die innerhalb der ersten 60 % des Beleihungswerts abgesichert werden müssen. Das Bauspardarlehen wird also regelmäßig »nachrangig« (im banktechnischen Sinn) gesichert.

Ein für das Bausparengeschäft typisches Kreditgeschäft ist die sogenannte *Bauspar-Zwischenfinanzierung*. Sie wickelt sich im Allgemeinen wie folgt ab: Der Kreditnehmer, der einen tatsächlichen Baukredit-Bedarf von bspw. 60.000,00 € hat, schließt mit einer Bausparkasse einen Bausparvertrag über eine sog. *Bausparsumme* von 100.000,00 € ab. Er leistet hierauf eine einmalige Einlage i.H.v. regelmäßig 40 % der Bausparsumme, also von 40.000,00 €. Diese Einlage erbringt er aber oft nicht aus Eigenmitteln; vielmehr nimmt er entweder bei der Bausparkasse selbst oder bei einem anderen Kreditinstitut ein Darlehen in gleicher Höhe auf (das er marktüblich zu verzinsen hat, während das Bausparguthaben nur einen relativ niedrigen Guthabenszins erbringt). Dieses Darlehen wird gesichert, indem das Bausparguthaben an den Darlehensgeber *verpfändet* wird. *Zusätzlich* nimmt der Kreditnehmer ein weiteres Darlehen ebenfalls entweder bei der Bausparkasse oder bei einem dritten Kreditinstitut auf, und zwar i.H.d. eigentlich benötigten Baudarlehens, im Beispielsfalle also von 60.000,00 €. Dieses Darlehen wird am Grundstück durch eine *Grundschuld* gleicher Höhe gesichert, die später auch der Sicherung des Bauspardarlehens dienen wird. Auch dieses Darlehen ist *marktüblich zu verzinsen*.

Sobald nach Ablauf einer *Wartezeit*, deren Länge auch davon abhängig ist, wie viel Neugeschäft die Bausparkasse in dieser Zeit zu akquirieren in der Lage ist, der Bausparvertrag »zugeteilt« wird, zahlt die Bausparkasse die geleistete Einlage von 40.000,00 € zurück; die Rückzahlung wird zur Tilgung des Zwischendarlehens in gleicher Höhe verwandt. Außerdem reicht die Bausparkasse nunmehr ein Bauspardarlehen in der gewünschten Höhe von 60.000,00 € aus, das durch die schon bestellte Grundschuld gesichert und zur Rückzahlung des anderen Teils des *Zwischenkredits* verwendet wird. Nach dieser Transaktion besteht ein einfaches Darlehensverhältnis über den Darlehensbetrag von 60.000,00 €, während sich die Rechtsverhältnisse in der Zwischenfinanzierungsphase so darstellen, dass der Kreditnehmer einerseits Darlehen von 100.000,00 € schuldet, während er andererseits bei der Bausparkasse ein (an den *Darlehensgeber* verpfändetes) Guthaben von 40.000,00 € hat. Diese rechtliche Situation muss insbesondere dann richtig gewürdigt werden, wenn es darum geht, »*einen Bausparvertrag abzutreten*«.[1]

4. Versicherungsdarlehen

6   Eine bedeutende Rolle als Realkreditgeber spielen auch die Versicherungen, insbesondere die Lebensversicherer. Sie unterliegen, soweit sie Darlehen aus dem *Deckungsstock* oder aus sonst *gebundenem Vermögen* gewähren, nach Aufhebung des § 54a des VersicherungsaufsichtsG (VAG) nicht mehr so eng definierten Beschränkungen wie Banken hinsichtlich des Pfandbriefgeschäfts. Zur Überwachung des »Sicherungsvermögens« (§ 66 VAG) ist in der Regel gem. § 70 VAG ein Treuhänder zu bestellen; die sich daraus ergebende Verfügungsbeschränkung wird nach herrschender Praxis – anders als beim Treuhänder nach § 7 PfandBG, aber in Übereinstimmung mit § 83 Abs 4 Nr. 1 des Kapitalanlagegesetzbuchs (KAGB) bei Publikums-AIF – bei dem die Forderung sichernden Grundpfandrecht in das Grundbuch eingetragen. Darlehen aus dem *freien Vermögen*, die auf dem privaten Darlehensmarkt allerdings kaum eine Rolle spielen, unterliegen hingegen keinen Beschränkungen.

7   Versicherungsdarlehen sind regelmäßig mit der Verpflichtung gekoppelt, von der Versicherung einen *Lebensversicherungsvertrag* zu nehmen und ihn während der Laufzeit des Darlehens aufrechtzuerhalten. Versicherungsdarlehen sind in diesem Fall *tilgungsfrei*, weil die Tilgung bei Fälligkeit der Lebensversicherung aus der Lebensversicherungssumme erfolgen soll. Die sich daraus im Vergleich zu einer Tilgungshypothek ergebende höhere Zinsbelastung soll wirtschaftlich durch die mit der Lebensversicherung verbundene *Gewinnbeteiligung* zumindest kompensiert werden. In der Niederzinsphase kann die Gewinnbeteiligung allerdings bis auf null schrumpfen. Negativ ist auch, dass frühere Steuervorteile (Abzugsfähigkeit der Versicherungsprämien als Sonderausgaben) weggefallen sind. Wie bei allen Koppelungsgeschäften ist es für den Kreditnehmer schließlich sehr schwierig, wirtschaftliche Vor- und Nachteile wirklich vollständig zu erfassen und abzuschätzen. Versicherungsdarlehen sind dadurch notleidend geworden, dass das Versicherungsunternehmen wegen Verlusten im Wertpapierbereich nur eine niedrigere »Ablaufleistung« als erwartet ausgezahlt hat und dadurch die erwartete volle Darlehenstilgung nicht eingetreten ist. Das entsprechende Risiko trägt der Darlehensnehmer.[2]

5. Sonstiger Realkredit

8   Von anderen Kreditinstituten gewährter Realkredit unterliegt zwar nach dem *Kreditwesengesetz* (KWG) bestimmten bankinternen Beschränkungen, die jedoch keine Außenwirkung haben. Insbesondere sind die Kreditinstitute frei darin, Sicherheiten zu fordern oder auf Sicherheiten zu verzichten. Die Grenzen zwischen dem Realkredit und dessen Gegenstück, dem sog. *Personalkredit*, sind bei diesen Kreditinstituten deshalb fließend. In der Vergangenheit ist von den Kreditinstituten der Wert hypothekarischer Kreditsicherung häufig *überschätzt* worden, wenn es sich bei dem Sicherungsobjekt nicht um ein nachhaltig ertragskräftiges Grundstück, sondern vielmehr um *Bau-* oder gar nur *Bauerwartungsland* gehandelt hat. Die Kreditinstitute haben insbesondere an Bauträger ausgereichte Grundstücksankaufs- und Baukredite als Realkredit behandelt, obwohl solche Kredite eigentlich *Betriebsmittelkredite* sind, für deren Sicherheit die persönliche Zuverlässigkeit des Unternehmers und seine unternehmerische Erfahrung in der Wohnungsbaubranche hätten ausschlaggebend sein müssen. Andererseits sind keineswegs nur in den USA Schrottimmobilien in der Hand ver-

---

1 Vgl. zu sog. Vorratsbausparverträgen *Bruschke*, DStR 1985, 731; zur Bausparsofortfinanzierung *Rosenkranz*, WM 2018, 410.
2 BGH WM 2008, 121.

mögensloser Personen weit über ihren Wert hinaus (bis zu 170 % des Werts[3]) beliehen worden; inzwischen aber ist das Pendel scharf in die Gegenrichtung ausgeschlagen, was kaum weniger unvernünftig ist.

6. Verbriefung

Seit etwa dem Jahr 2003 sind die deutschen Kreditinstitute zunehmend dazu übergegangen, hypothekarisch gesicherte Darlehensforderungen, meist notleidende aber auch einwandfrei bediente, auf den internationalen Kapitalmärkten zu Geld zu machen. Dazu werden sie in der Regel »*verbrieft*«. Die neuen Eigenkapitalvorschriften (»Basel III«) treiben die Banken geradezu in die Verbriefung. Verbriefung bedeutet, dass sie – oft in einem Mix verschiedener Vermögensanlagen – in sog. *Zweckgesellschaften* (Special Purpose Vehicles – SPV, Conduits) eingebracht werden, die ihren Sitz meist in exotischen Niedrigsteuerländern haben. Die Anteile an diesen Gesellschaften werden »strukturiert«,[4] d.h. in unterschiedliche Risikoklassen (»senior bonds«, »junior bonds«) aufgeteilt und dann in Anteilsscheinen verkörpert (»verbrieft«), die am Kapitalmarkt verkauft und spekulativ gehandelt werden (»Asset-Backed Securities«, ABS).[5] Oft werden doppel- oder mehrstöckige Konstruktionen gebildet (Anteilsscheine werden wieder in andere Zweckgesellschaften eingebracht usw.). Der Handel mit ABS-Papieren wird gefördert, indem sie von Rating-Agenturen nach mehr oder weniger sorgfältiger Prüfung mit Bonitätszertifikaten ausgestattet werden, die sich nachträglich oft als grob fehlerhaft erwiesen haben.

Asset-Backed Securities haben ursprünglich vor allem im angelsächsischen Rechtskreis eine dem deutschen Hypothekenpfandbrief vergleichbare Funktion wahrgenommen. Ein Wertpapier nach Art des Hypothekenpfandbriefs setzt ein sicheres Grundbuchsystem voraus, das in den meisten Ländern der Erde nicht vorhanden ist. ABS nehmen hier eine durchaus seriöse Position ein. Da es aber keinerlei funktionierende Kontrolle über Inhalt und Verwaltung der Conduits gibt (oder die Kreditwirtschaft sich solchen Kontrollen durch Auswanderung in Länder ohne Finanzkontrolle entzieht), konnten sich ABS zu üblen Spekulationsobjekten des Welt-Finanzmarkts entwickeln mit dem Potenzial, die Volkswirtschaft weltweit zu gefährden und zu schädigen. Leider ist es der Finanzwirtschaft zunächst gelungen, das Schadenspotenzial zu verschleiern und auch den deutschen Gesetzgeber dazu zu bewegen, die Verbriefung von Immobiliar-Krediten zu fördern. Um scheinbar bürokratische Hindernisse zu beseitigen, hat er (nichtsahnend) im Jahr 2005 in den §§ 22a ff. des Kreditwesengesetzes (KWG) die sog. Refinanzierungsregister eingeführt, die es ermöglichen, Immobiliarsicherheiten außerhalb des Grundbuchs massenweise zu übertragen.

Die Verbriefung und überhaupt der *Forderungsverkauf auf dem Finanzmarkt* sind – ungeachtet ob und welche Sicherheiten gestellt sind – für den Darlehensnehmer zumindest lästig, oft aber auch existenzbedrohend. Wer bei »seiner Hausbank« langfristigen Kredit aufnimmt, bestimmt die Laufzeit in der Regel nicht nach der Zeit, in der er das Darlehen tilgen kann, sondern nach einem Vergleich der für verschiedene Laufzeiten geforderten Zinsen mit der von ihm geschätzten Entwicklung des allgemeinen Zinsniveaus. Er wird daher überrascht, wenn ein ihm unbekannter Forderungsverwerter Darlehensrückzahlung verlangt, ohne eine Verlängerung anzubieten. Des Weiteren erwartet er, dass ihn »seine« Bank im Sinne eines ehrsamen Bankkaufmanns bei einer als vorübergehend eingeschätzten Störung des Kreditverhältnisses nicht sofort schlachten, sondern sich mit ihm zusammen um eine Lösung des Problems bemühen wird. Die »Finanzheuschrecke« ist hingegen allein

---

[3] Vgl. BGH ZIP 2008, 210 Rn. 4.
[4] Auch der BGH hat diesen missverständlichen Terminus übernommen: BGH NJW 2018, 848 (m. Anm. *Buck-Heeb*).
[5] Definition in § 1 Abs. 19 Nr. 36 des Kapitalanlagegesetzbuchs (KAGB) i.V.m. der VO (EU) Nr. 1075/2013 der Europäischen Zentralbank.

daran interessiert, die Forderung so schnell wie möglich zu liquidieren; Gesichtspunkte wie Kundenbindung, Erhaltung von Arbeitsplätzen, humanitäre Rücksichtnahme spielen für sie nicht die geringste Rolle. Der bislang von seiner Bank – wie er glaubte – fürsorgend betreute Bankkunde sieht sich plötzlich mit einem eiskalt allein an schnellem Profit orientierten Finanzspekulanten konfrontiert. Verschärft wird die Situation bei der üblichen *Grundschuldsicherung*. Die Sicherung durch Grundschuld (übrigens auch durch die früher übliche Verkehrshypothek) bindet den Gläubiger in eine Treuhandbeziehung ein, die auf Vertrauen beruht. Der Forderungsverkauf auf dem Finanzmarkt zerstört dieses Vertrauen, zumal sich Zweckgesellschaften und ihre Gesellschafter schwerlich als Treuhänder verpflichtet sehen (s. zum »Eintritt des Zessionars in den Sicherungsvertrag« oben § 19 Rdn. 110 und nachf. § 74 Rdn. 4). Zwar wird die kreditgebende Bank auch weiterhin an ihre Verpflichtungen aus dem Sicherungsvertrag gebunden sein[6] und können Einreden dem Zessionar nach § 1192 Abs. 1a BGB entgegengehalten werden; die Durchsetzung im Dreiecksverhältnis ist aber erheblich erschwert.

12 Auf der Ebene des materiellen Rechts hat der BGH alle Versuche, Gründe zu finden, aus denen die Abtretungsfreiheit der Kreditinstitute allgemein ausgeschlossen oder auch nur eingeschränkt wäre (Bankgeheimnis, Sparkassenbedingungen, AGB-Vorschriften, KWG-Vorschriften), konsequent abgeschmettert. Wer ein grundschuldgesichertes Darlehen aufnehmen will, sollte daher zumindest versuchen, durch Individualvertrag auszuschließen, dass die Forderung vor Fälligkeit auf dem Finanzmarkt verkauft wird. Art. 247 § 9 Abs. 1 Satz 2 EGBGB, der eine Belehrung über die Abtretbarkeit oder den Ausschluss der Abtretbarkeit nicht der Grundschuld, aber der Darlehensforderung verlangt hat, ist 2016 ersatzlos gestrichen worden. Zumindest sollte versucht werden, dass die in vielen Grundschuldformularen enthaltene Klausel, die Bank sei berechtigt, die Grundschuld zwecks Refinanzierung abzutreten, gestrichen wird. Die Grundschuld generell nicht abtretbar zu machen (nachf. § 74 Rdn. 1 f.) wird allerdings kaum gelingen, weil dies die Verwertungsrechte der Bank bei Nichtzahlung zu weit einschränken würde. Immerhin lässt sich formulieren:

Einschränkung der Abtretung

13 M **Die Bank darf die Grundschuld und die anderen in gegenwärtiger Urkunde gestellten Sicherheiten zwar zum Zweck einer Zwischenfinanzierung, zu anderen Zwecken aber nur dann an Dritte abtreten, wenn sie zur Verwertung der Sicherheiten berechtigt ist.**

II. Außerordentliche Kündigung

14 Eine wichtige, wenn auch nur indirekte Rolle spielt im Notariat das Kündigungsrecht nach § 490 Abs. 2 BGB. Danach kann der Darlehensnehmer einen Darlehensvertrag, bei dem für einen bestimmten Zeitraum ein fester Zinssatz vereinbart und das Darlehen durch ein Grundpfandrecht gesichert ist, unter Einhaltung der Fristen des § 489 Abs. 1 Nr. 2 BGB, d.h. in der Regel 3 Monate, vorzeitig kündigen, wenn der Darlehensnehmer ein Bedürfnis nach einer anderweitigen Verwertung des Grundstücks hat, es also insbesondere verkaufen möchte. Die Vorschrift ist nicht praktikabel, weil nach Abs. 3 die Kündigung als nicht erfolgt gilt, wenn der Darlehensnehmer den geschuldeten Betrag nicht binnen zwei Wochen (sic!; fehlerhaftes Deutsch im Originaltext der Vorschrift) nach Wirksamwerden der Kündigung zurückzahlt. Diese Frist lässt sich bei der Abwicklung eines Grundstückskaufvertrags in

---

6 Völlig verkannt von der BGHZ 202, 150 = ZfIR 2014, 772 m. Anm. *Wolfsteiner* zugrundeliegenden KG-Entscheidung.

aller Regel nicht zuverlässig einhalten, insbesondere dann nicht, wenn die Rückzahlung aus einem Kaufpreis zu erfolgen hat, der vom Käufer seinerseits durch ein grundpfandgesichertes Darlehen aufgebracht werden muss. Das vom BGB vorgegebene Verfahren wird daher so gut wie gar nicht praktiziert. Es hat allerdings die Bereitschaft der Kreditinstitute erhöht, die vorzeitige Rückzahlung in einem praktikablen Verfahren zu akzeptieren.

Bei allen Verfahren hat der Darlehensnehmer dem Darlehensgeber denjenigen Schaden zu ersetzen, der diesem aus der vorzeitigen Kündigung entsteht (*Vorfälligkeitsentschädigung*). Dass Art. 247 § 7 Abs. 2 Nr. 1 EGBGB verlangt, im Darlehensvertrag die Berechnungsmethode der Vorfälligkeitsentschädigung anzugeben, ändert nichts daran, dass die Berechnung der Vorfälligkeitsentschädigung hoch kompliziert[7] und von einem finanztechnischen Laien weder durchführbar noch nachprüfbar ist. Die Beteiligten können sich nur an einen Sachverständigen (Wirtschaftsprüfer mit besonderen Kenntnissen im Bankwesen) wenden; auch die Verbraucherzentralen überprüfen solche Berechnungen (gegen Entgelt). **15**

III. Verbraucherdarlehensvertrag

Als Verbraucherdarlehensverträge bezeichnet § 491 Abs. 1 BGB entgeltliche Darlehensverträge zwischen einem Unternehmer als Darlehensgeber und einem Verbraucher als Darlehensnehmer. Immobiliar-Verbraucherdarlehensverträge sind nach § 491 Abs. 3 BGB solche Verträge, wenn sie durch ein Grundpfandrecht oder eine Reallast besichert sind oder für den Erwerb oder die Erhaltung des Eigentumsrechts an Grundstücken, an bestehenden oder zu errichtenden Gebäuden oder für den Erwerb oder die Erhaltung von grundstücksgleichen Rechten bestimmt sind. Die ursprünglich in § 491 Abs. 3 Nr. 1 BGB angeordnete Privilegierung des notariell beurkundeten Verbraucherdarlehensvertrags ist seit dem 11.06.2010 wieder gestrichen; ohnehin hat sich die notarielle Beurkundung solcher Darlehensverträge nicht durchgesetzt. Alle diese Darlehensverträge unterliegen dem Widerrufsrecht nach §§ 495 Abs. 1, 355 BGB. Nur wenn der Darlehensvertrag gem. § 311b Abs. 1 BGB oder § 15 GmbHG zwingend beurkundungsbedürftig ist, ist gem. § 495 Abs. 3 Nr. 2 BGB das Widerrufsrecht ausgeschlossen, wenn der Notar bestätigt, dass die Rechte des Darlehensnehmers aus den §§ 491a und 492 BGB gewahrt sind; unter dieser Voraussetzung entfällt auch eine Widerrufsbelehrung. S. zu weiteren Einzelheiten oben § 43 Rdn. 64, § 50 Rdn. 8 ff. **16**

---

[7] Zur Methode BGHZ 161, 196. Vgl. auch Staudinger/*Mülbert* (2015), § 490 BGB Rn. 82 ff.

§ 68 Grundpfandrechte

Literatur: *Clemente*, Recht der Sicherungsgrundschuld, 4. Aufl., 2008; *Gaberdiel/Gladenbeck*, Kreditsicherung durch Grundschulden, 9. Aufl., 2011; *Heinze*, Die abstrakte Verkehrshypothek, AcP 211 (2011), 105; *Müller*, Der Rückgewähranspruch bei Grundschulden – Grundlagen und ausgewählte Probleme notarieller Vertragsgestaltung, RNotZ 2012, 199.

I. Hypotheken und Grundschulden

1 Unter den Grundpfandrechten steht rechtshistorisch und rechtsvergleichend gesehen die *Hypothek* im Vordergrund. In den meisten Rechtsordnungen der Welt ist sie sogar das einzige Grundpfandrecht. Die Hypothek ist dadurch gekennzeichnet, dass sie einen auf die Zahlung von Geld gerichteten bestimmten Anspruch sichert und mit diesem Anspruch steht und fällt (*Akzessorietät*, § 1113 BGB). In der deutschen Rechtspraxis aber hat die Hypothek im eigentlichen Sinn nur noch geringe Bedeutung.[1] In reiner Form kommt sie fast nur noch als Sicherungshypothek vor. Allerdings ist die Verkehrshypothek des BGB mit höherem Gutglaubensschutz (§ 1138 BGB) ausgestattet als die Grundschuld, weil für sie § 1192 Abs. 1a BGB nicht gilt, sodass möglicherweise eine Wiedergeburt in Form der Hypothek für eine Forderung aus abstraktem Schuldversprechen bevorsteht (nachfolgend Rdn. 2).[2]

1. Hypothek für abstraktes Schuldversprechen

2 Die Hypothek muss nicht für die eigentlich zu sichernde Forderung bestellt werden; stattdessen kann sie auf den Anspruch aus einem *abstrakten Schuldanerkenntnis* (§ 781 BGB) oder einem abstrakten Schuldversprechen (§ 780 BGB) bezogen werden (unten § 69 Rdn. 10 ff.). Das *Sicherungsverhältnis* hat dann einen dreistufigen Aufbau, bestehend aus eigentlicher Forderung, zu deren Sicherung abgegebenem Schuldanerkenntnis und zur Sicherung des Schuldanerkenntnisses bestellter Hypothek. In der Praxis sieht das so aus, dass der Darlehensnehmer privatschriftlich den eigentlich schuldbegründenden Darlehensvertrag unterzeichnet, dass er dann in notarieller Urkunde ein Schuldanerkenntnis abgibt, dessen abstrakter Charakter oft nur an geringfügigen Abweichungen vom Darlehensvertrag erkennbar ist, und dass er in derselben Urkunde für die anerkannte Schuld eine Hypothek bestellt. Ein zusätzliches Abstraktionsmoment kommt hinzu, wenn der Darlehensschuldner in der Zwangsvollstreckungsunterwerfung auf den *Nachweis der Fälligkeit* verzichtet (vgl. dazu nachfolgend § 69 Rdn. 9).

2. Sicherungsgrundschuld

3 Die verschiedenen Formen der Hypothek sind vor allen im gewerblichen Kreditverkehr weitestgehend durch die *Grundschuld* (§ 1191 BGB) verdrängt, und zwar fast ausschließlich in der Form der *Sicherungsgrundschuld*. Auch wenn mit der Sicherungsgrundschuld ein abstraktes Schuldanerkenntnis verbunden ist, ergibt sich ein nur zweistufiger Aufbau des Sicherungsverhältnisses, weil Grundschuld und Schuldanerkenntnis gleichrangig nebeneinander stehen (eine Doppelsicherung beinhalten) und die beiden Sicherungsmittel auf die zu

---

1 S. zur Übertragung der Grundschuld in andere Rechtsordnungen *Wolfsteiner/Stöcker*, DNotZ 1999, 451.
2 *Heinze*, AcP 211 (2011), 105.

sichernde Forderung bezogen sind.³ Die sog. Subprime-Krise, ausgelöst durch die »Verbriefung« von Kreditforderungen auch niedriger Bonität (oben § 67 Rdn. 9 ff.), scheint nicht dazu zu führen, dass der Kreditverkehr sich wieder verstärkt akzessorischen Sicherheiten, also tendenziell der Verkehrshypothek zuwendet (oben Rdn. 1).

II. Formenwahl, Einzelheiten, Belehrung

1. Gefährdungspotenzial durch Gutglaubensschutz

Im *Gutglaubensschutz* standen sich Verkehrshypothek und Grundschuld vormals weitgehend gleich. Der Gutglaubensschutz schützt den Gläubiger mit der Folge, dass Verkehrshypothek und Grundschuld mit einem erheblichen Gefährdungspotenzial für den Schuldner belastet sind. Nur für die Grundschuld (»Sicherungsgrundschuld«) hat das sog. Risikobegrenzungsgesetz⁴ den Gutglaubensschutz des Abtretungsgläubigers in Form eines neuen § 1192 Abs. 1a BGB so gut wie vollständig beseitigt.⁵ Die Sicherungsgrundschuld bietet so nun noch relativ geringe Missbrauchsmöglichkeiten, während die Verkehrshypothek auch in ihrer einfachen (also nicht auf ein abstraktes Schuldanerkenntnis bezogenen) Form mit erheblichen Risiken für den Eigentümer belastet ist. Bei ihr besteht die Gefahr, dass sie nach gänzlicher oder teilweiser Tilgung der gesicherten Schuld an einen gutgläubigen Dritten (insbesondere in Form der »Verbriefung«, oben § 67 Rdn. 9 ff.) abgetreten wird und dass der Schuldner dann *doppelt zahlen* muss. Dieser Gefährlichkeit muss sich der Notar stets bewusst sein. Zur Bestellung einer Verkehrshypothek sollte er darum grundsätzlich nur dann raten, wenn die Zuverlässigkeit des Gläubigers (wenn es sich beim Gläubiger um eine natürliche Person handelt, müssen auch mögliche Erben in Betracht gezogen werden) über jeden Zweifel erhaben ist. *Verkehrshypotheken* sollten deshalb regelmäßig *nur zugunsten von Kreditinstituten*, die der Kreditaufsicht unterliegen, von Versicherungsunternehmen, die der Versicherungsaufsicht unterliegen, und schließlich zugunsten von anderen Unternehmen, die als erste Adressen gelten können, bestellt werden. In allen anderen Fällen ist die Bestellung einer *Sicherungshypothek* (ohne den Umweg über ein abstraktes Schuldanerkenntnis), ggf. auch einer Höchstbetragshypothek vorzuziehen, weil deren strikte Akzessorietät Missbrauch weitgehend ausschließt (s.a. unten § 71 Rdn. 1). Auch die Grundschuld ist heute (selbst wenn sie frei abtretbar ist) als Sicherungsgrundschuld relativ ungefährlich.

4

2. Brief- und Buchrechte

Verkehrshypothek und Grundschuld können als *Brief oder Buchrecht*, die übrigen Grundpfandrechte nur als Buchrechte bestellt werden. Obwohl nach der Systematik des BGB die Briefhypothek die Grundform der Grundpfandrechte darstellt (§ 1116 Abs. 1 BGB), dominieren in der Praxis immer mehr die *Buchrechte*. Die Kreditinstitute scheuen zu Recht den mit der Verwaltung des Briefs verbundenen Aufwand. In der Hand von Privatleuten (auch in der Hand des Eigentümers nach Rückabtretung) ist der Brief mit *Risiken* belastet, weil sich der Gläubiger und der Verbleib des Briefs oft nicht mehr ermitteln lassen; es bedarf dann, ebenso wenn der Brief verloren gegangen ist, der Durchführung eines zeitraubenden und kostspieligen Aufgebotsverfahrens, um das belastete Grundstück wieder verkehrsfähig zu machen (hierzu nachstehend § 76 Rdn. 5 ff.). Briefrechte sollten daher grundsätzlich nur dann bestellt werden, wenn der Vorteil des Briefs, die Abtretung des Grundpfandrechts zu vereinfachen und zu beschleunigen, voraussichtlich wirklich genutzt werden wird. Ist hin-

5

---

3 Vgl. zu den vielfältigen Aspekten des Sicherungsverhältnisses *Tiedtke*, BB 1984, 19.
4 Vom 12.08.2008 (BGBl. I S. 1666).
5 S. zur Kritik Staudinger/*Wolfsteiner* (2015), § 1192 BGB Rn. 31 ff.

gegen damit zu rechnen, dass der Gläubiger niemals wechseln wird, ist ein Buchrecht vorzuziehen. Bei der Formenwahl spielen allerdings immer noch auch historische Gesichtspunkte eine Rolle (das preußische Hypothekenrecht kannte den Hypothekenbrief nicht, in Bayern wurde das Institut – im Gegensatz zu Württemberg – kaum genutzt).

3. Eigentümergrundschuld

6 *Eigentümergrundschulden* (unten § 77) werden stets als Briefgrundschulden bestellt. Ihre Beliebtheit ist allerdings größer als ihr praktischer Nutzen. Die Bestellung von Eigentümergrundschulden ist nur sinnvoll einerseits zur *Rangwahrung* anstelle eines *Rangvorbehalts* und andererseits, wenn ein echtes Interesse des Eigentümers an einer *Anonymisierung* des Grundschuldinhabers besteht. Ein solches Interesse kann auch dann bestehen, wenn die Grundschuld zu vielfältiger kurzzeitiger Kreditsicherung bestimmt ist und die Nennung des Namens des ersten Grundschuldgläubigers im Grundbuch und im Grundschuldbrief diesem eine unberechtigte, wenn auch nur scheinbare Vorzugsstellung verleihen würde. Von der Bestellung einer Eigentümergrundschuld, die *sofort an einen Dritten abgetreten* werden und dann auf die Dauer bei diesem verbleiben soll, wird der Notar hingegen schon aus Kostengründen *abraten*.

4. Gesetzlicher Löschungsanspruch

7 Seit 1978 stehen Briefgrundschulden sowohl in der Form der Fremdgrundschuld als auch in Form der Eigentümergrundschuld unter der die Verkehrsfähigkeit stark einschränkenden Last des *gesetzlichen Löschungsanspruchs* nach § 1179a BGB. Der Erwerber eines Briefrechts muss stets mit dem Bestehen eines solchen Löschungsanspruchs rechnen, ohne dass dies aus dem Grundbuch oder der vorgelegten Kette von Abtretungserklärungen erkennbar sein müsste. Da auch ein gutgläubiger löschungsanspruchsfreier Erwerb wegen der Vormerkungswirkung nach § 1179a Abs. 3 Satz 3 BGB nicht möglich ist, können abgetretene Brief-Grundpfandrechte nur noch unter der Voraussetzung als beleihungsfähig gelten, dass alle im Gleichrang oder im Nachrang eingetragenen Gläubiger dem Abtretungsempfänger gegenüber ausdrücklich auf möglicherweise entstandene *Löschungsansprüche verzichten* (Einzelheiten unten § 74 Rdn. 19). Den einzigen Ausweg bilden die Wertpapierhypothek (zu einer Inhaberschuldverschreibung) nach § 1187 BGB und die Inhabergrundschuld nach § 1195 BGB, die nicht mit dem Löschungsanspruch belastet (§ 1187 Satz 3 BGB), aber den Gefahren echter Wertpapiere ausgesetzt sind; die Praxis macht davon keinen Gebrauch.

III. Fremdwährungsrechte, EURO

8 Während vorher Grundpfandrechte nur in Bundeswährung eingetragen werden konnten, sind aufgrund der Verordnung über Grundpfandrechte in ausländischer Währung und in EURO (GrpfREUROV)[6] seit 15.11.1997 auch Währungen der Mitgliedsstaaten der Europäischen Union (gleichgültig, ob zur EURO-Zone gehörend oder nicht), Schweizer Franken und US-Dollar eintragungsfähig. Die Zulassung gewinnt Bedeutung in Verbindung mit der generellen Freigabe der Begründung von Fremdwährungsschulden durch § 2 Abs. 1 Satz 3 des im Übrigen nicht mehr aktuellen Preisangabengesetzes (PreisAngG).[7] Obwohl Fremdwährungskredite wegen des Kursrisikos hoch gefährlich sein können (die Gefährlichkeit hat sich bei den einst beliebten Schweizer-Franken-Krediten erst jüngst in Form eines steilen

---

6 Vom 30.10.1997, BGBl. 1997 I S. 2683.
7 In der Fassung vom 07.09.2007, BGBl. I S. 2246.

Kursanstiegs des Franken realisiert), hat der Gesetzgeber Maßnahmen zum Verbraucherschutz nicht für erforderlich gehalten. Der Notar wird erkennbar unerfahrene Beteiligte eindringlich warnen. Frühere Währungen der EURO-Zone, also auch DM, können nicht mehr eingetragen werden.

IV. Beurkundungsfragen

1. Beurkundungspflicht

Die Bestellung von Grundpfandrechten ist allgemein *nicht beurkundungspflichtig*. Dasselbe gilt für alle anderen zur Eintragung, Änderung und Aufhebung von Grundpfandrechten dienenden Erklärungen. Nur die *Eintragungsbewilligungen* bedürfen wegen § 29 GBO der notariellen *Beglaubigung*, soweit nicht der Erklärende als siegelführende Behörde die Erklärung in öffentlicher Eigenurkunde abzugeben fähig ist (dazu oben § 55 Rdn. 12). Beurkundungsbedürftig sind diese Erklärungen nur ausnahmsweise dann, wenn sie wesentlicher Bestandteil eines anderen, beurkundungsbedürftigen Rechtsgeschäfts sind (etwa die Bestellung einer Restkaufpreishypothek im Grundstückskaufvertrag). Stets *beurkundungsbedürftig* ist jedoch die Erklärung über die *Unterwerfung unter die sofortige Zwangsvollstreckung* nach §§ 794 Abs. 1 Nr. 5, 800 Abs. 1 Satz 1 ZPO. Beurkundungsbedürftig sind hier aber nur die Erklärung über die Zwangsvollstreckungsunterwerfung und die Erstreckung auf den jeweiligen Grundstückseigentümer selbst, die Erklärungen, die den vollstreckbaren Anspruch bezeichnen sowie (damit regelmäßig zusammenfallend) die zur Identifizierung des vollstreckbar gestellten Grundpfandrechts und des Belastungsgegenstands notwendigen Erklärungen. Umstände, die für die Zwangsvollstreckung keine Rolle spielen, fallen auch nicht unter die Beurkundungspflicht; so insbesondere die Fälligkeitsbestimmungen, wenn auf deren Nachweis als Vollstreckungsvoraussetzung verzichtet wird (vgl. dazu im Einzelnen § 19 Rdn. 57 ff. und Rdn. 76 ff.). § 139 BGB findet keine Anwendung.

Hingegen bedürfen die zur *Begründung des Grundpfandrechts* abgegebenen Erklärungen selbst ebenso wenig der notariellen Beurkundung wie die in diesem Zusammenhang abgegebenen Nebenerklärungen, etwa zum schuldrechtlichen Geschäft und zum Sicherungsvertrag.[8] Da die Beurkundungspflicht sich, anders als bei § 311b Abs. 1 BGB, nur auf das eigentliche Unterwerfungsgeschäft beschränkt und nicht auch damit in Zusammenhang stehende Erklärungen umfasst, ist die erleichterte Beurkundungsform (eingeschränkte Vorlesungspflicht) des § 14 BeurkG eigentlich überflüssig; was hiernach nicht vorgelesen zu werden braucht, müsste überhaupt nicht zwingend in die Beurkundung einbezogen werden. Dennoch hat die *Beurkundungsform des § 14 BeurkG* allgemeine Verbreitung gefunden. Sie ist allerdings für den Notar besonders *gefährlich*, weil sich die *Belehrungspflicht* auch auf den nicht verlesenen Teil der Urkunde bezieht und weil in den gängigen Formularen der Kreditinstitute gerade die für die Beteiligten gefährlichsten Klauseln in der nicht zu verlesenden Anlage enthalten zu sein pflegen; vgl. i.Ü. zur Beurkundung nach § 14 BeurkG oben § 13 Rdn. 115 f.

2. Vollmacht zur Grundpfandrechtsbestellung, Verbraucherschutz

Die Bestellung eines Grundpfandrechts und der Abschluss eines Sicherungsvertrags (oder die Angebote dazu) haben stets Vertragscharakter, so dass der Notar, wenn der Besteller ein Verbraucher i.S.d. § 13 BGB ist, nach § 17 Abs. 2a Nr. 1 *und* Nr. 2 BeurkG darauf hinzuwirken hat, dass die Erklärungen des Verbrauchers von diesem persönlich oder durch eine Ver-

---

8 Ehemals streitig, jetzt abschließend entschieden durch BGHZ 73, 156 = DNotZ 1979, 342.

trauensperson vor dem Notar abgegeben werden und er ausreichend Gelegenheit erhält, sich vorab mit dem Gegenstand der Beurkundung auseinander zu setzen (die Zweiwochenfrist ist aber nicht obligatorisch). Der Notar darf daher bei einem Verbraucher-Kaufvertrag eine auf den gewerblichen Verkäufer lautende Belastungsvollmacht nicht akzeptieren. Ob Notarangestellte bevollmächtigt werden können, ist weiterhin umstritten; unabhängig vom Ausgang dieses Streits sollten sich Notare viel mehr als bislang bewusst machen, dass es sich bei der Grundpfandrechtsbestellung um ein für den Verbraucher gewichtiges Geschäft handelt, das auch als solches zu behandeln ist. Der Belehrungsbedarf ist regelmäßig hoch, gerade weil die Grundpfandrechtsbestellung durch vorgedruckte, nichtsdestoweniger höchst einseitig zulasten des Verbrauchers ausgestaltete Formulare gekennzeichnet ist (unten Rdn. 19); der Notar sollte daher bei Grundpfandrechten in aller Regel auf persönlicher Anwesenheit des Verbrauchers bestehen.

3. Aufspaltung des Grundpfandrechts

12 Bei höheren Hypotheken- und Grundschuldbeträgen wird zur Kostenersparnis nicht selten gewünscht, dass das Grundpfandrecht in einen mit Unterwerfungsklausel versehenen *beurkundeten* und einen unterwerfungsfreien *nicht beurkundeten Teil aufgespalten* wird. Einem solchen Verlangen hat der Notar nachzukommen. Die gewünschte *Kostenersparnis* tritt allerdings in vollem Umfang nur ein, wenn dem Notar für den nicht zu beurkundenden Teil ein – meist vom Kreditinstitut gefertigter – *vollständiger Entwurf* der Grundpfandrechtsbestellungsurkunde vorgelegt wird, auf dem er lediglich Unterschriften zu beglaubigen hat. Erfahrungsgemäß können die Kreditinstitute solche Entwürfe aber nur in einfach gelagerten Fällen fertigen. Der Formulierung etwa einer Grundschuldbestellung, die zur Finanzierung eines Grundstückskaufpreises unter Mitwirkung des Grundstücksverkäufers zu erfolgen hat, pflegen sie jedoch im Hinblick auf die zur Sicherung des Verkäufers erforderlichen Klauseln nicht gewachsen zu sein (oben § 33 Rdn. 112 M unter 7.9.). Um *Ärger* bei den Beteiligten zu *vermeiden*, sollte der Notar hier von vornherein darauf hinweisen, dass jedes von ihm geforderte Eingreifen in den Urkundstext die Überprüfungsgebühr nach Nr. 24101 KV GNotKG i.V.m. Vorbem 2.4.1 Abs 3 KV GNotKG (regelmäßig 0,6 oder 0,7) oder gar die *Entwurfsgebühr* nach derselben Vorschrift (regelmäßig 1,0) anstelle der Beglaubigungsgebühr auslöst.

13 Aber auch wenn der Notar mit dem Entwurf oder jedenfalls mit der Vervollständigung des Entwurfs beauftragt wird, tritt bei Verzicht auf die Unterwerfungsklausel eine *Gebührenersparnis* dann ein, wenn die Hypotheken- oder Grundschuldbestellungsurkunde *ausschließlich* die *Eintragungsanträge* i.S.v. Nr. 2101 Nr. 4 KV GNotKG enthält. Die ermäßigte Gebühr von 0,5 anstelle der Gebühr nach Nr. 21200 KV GNotKG von 1,0 kommt aber nur zum Zuge, wenn die Urkunde keinerlei materielle Erklärungen enthält; zu den materiellen Erklärungen zählen u.a. die Abtretung von Rückgewähransprüchen in Ansehung vorrangiger Rechte, eine Sicherungszweckerklärung einschließlich der Klauseln zur Sicherung des an der Grundpfandrechtsbestellung mitwirkenden Grundstücksverkäufers und selbstverständlich abstrakte Schuldversprechen und Schuldanerkenntnisse aller Art. Ist in der Urkunde nur ein einziges derartiges Element enthalten, so geht also der Versuch der Kostenersparnis ins Leere.

14 Die Zwangsvollstreckungsunterwerfung kann zwar auf einen *Teil* der zu bestellenden *Hypothek oder Grundschuld* beschränkt werden; da aber die (gedachten) Teile des Grundpfandrechts untereinander Gleichrang haben, ist es nicht möglich, einen (gar nicht existierenden) erstrangigen Grundpfandrechtsteil vollstreckbar zu stellen (Nachw. unten § 73 Rdn. 4). Vielmehr sind *zwei selbstständige Grundpfandrechte* zu bestellen. An der Frage des

Rangs dieser Rechte zeigt sich, dass das aufgespaltene Grundpfandrecht einem in vollem Umfang vollstreckbaren *nicht gleichwertig* ist:[9]

Erhält die vollstreckbare Grundschuld *Vorrang*, so kann ein nachrangiger Gläubiger diese in der Zwangsversteigerung nach §§ 268, 1150 BGB ablösen und auf sich überleiten; damit ist die erste Rangstelle und also auch die Möglichkeit lastenfreier Versteigerung für den Gläubiger verloren. Erhält die vollstreckbare Grundschuld *Nachrang*, so kann der aus ihr vollstreckende Gläubiger zwar über § 59 ZVG abweichende Versteigerungsbedingungen dergestalt verlangen, dass auch die nicht vollstreckbare vorrangige Grundschuld bedient wird und erlischt; ist aber die gesicherte Forderung z.T. schon getilgt, so erfasst der (i.d.R. an nachrangige Gläubiger abgetretene) Rückgewähranspruch zuerst die vollstreckbare Grundschuld mit der Folge, dass dem Erstranggläubiger die Initiative entgleitet. Ebenso droht der Verlust der Initiative im Fall des Gleichrangs, weil dann die Ablösung für nachrangige Gläubiger wieder Interesse gewinnt.

Einige Zeit war und ist z.T. noch heute die Unterwerfung wegen eines »**zuletzt zu zahlenden Teilbetrags**« in Mode. Bei freiwilligen Teilleistungen kann der Schuldner in entsprechender Anwendung des § 366 Abs. 2 BGB bestimmen, ob er auf den titulierten oder den nicht titulierten Anspruchsteil leistet. Das Bestimmungsrecht des Schuldners kann mit dinglicher Wirkung vertraglich abbedungen werden, was sich dann auch auf den Vollstreckungstitel auswirkt. Es handelt sich aber um eine materiellrechtliche Inhaltsbestimmung des Grundpfandrechts, die – insbesondere bei nachträglicher Vereinbarung – der Eintragung in das Grundbuch bedarf, und zwar beim Grundpfandrecht, nicht etwa beim Unterwerfungsvermerk. Der Ausschluss des Bestimmungsrechts wirkt nicht gegen Ablösungsberechtigte, denen also nicht verwehrt werden kann, nur auf den titulierten Grundpfandrechtsteil zu leisten (vgl. § 75 ZVG);[10] daher ist der Charme dieser Unterwerfungsform (von vielen Kreditinstituten immer noch nicht erkannt) verflogen. Eine dennoch gewünschte Formulierung müsste korrekt lauten:

Zwangsvollstreckungsunterwerfung wegen eines zuletzt zu zahlenden Teilbetrags

Es ist Inhalt der Grundschuld, dass Teilleistungen auf sie zunächst auf den nicht vollstreckbar gestellten Teil und erst nach dessen vollständiger Tilgung auf den vollstreckbar gestellten angerechnet werden.

Der Gläubiger stellt sich mit einer solchen Klausel nur geringfügig besser als ohne sie. Gegen Ablösungsberechtigte bietet die Klausel keinen Schutz. Sie bietet daher dem Gläubiger nicht denselben Schutz wie eine volle Unterwerfung und sollte als obsolet gelten.[11]

4. Formulare der Kreditinstitute

Kreditinstitute und Versicherungen erwarten regelmäßig, dass Hypotheken und Grundschulden unter Verwendung von ihnen vorgefertigter *Formulare* beurkundet werden. Die Beteiligten bringen solchen gedruckten Formularen ein erhöhtes, wenn auch leider meist *unberechtigtes Vertrauen* entgegen. Tatsächlich ist ein erheblicher Teil der Bank-, Bausparkassen- und Versicherungsformulare formulartechnisch mangelhaft, im Aufbau unlogisch, mit Überflüssigkeiten überfrachtet oder im rechtlichen Gehalt bedenklich. Der Notar tut gut daran, diesen Formularen nicht mit Respekt, sondern im Gegenteil mit *Misstrauen* zu begeg-

---

9 Vgl. BGH DNotZ 1990, 586 m. Anm. *Wolfsteiner*.
10 BGH DNotZ 2007, 675 m. Anm. *Wolfsteiner* = NotBZ 2007, 327 m. Anm. *Zimmer/Pieper*, S. 319; *Wolfsteiner*, DNotZ 1988, 234.
11 *Wolfsteiner*, DNotZ 2007, 678 zu BGH DNotZ 2007, 675 = NotBZ 2007, 327 m. Anm. *Zimmer/Pieper*, S. 319.

nen, sich selbst und dem Klienten stets bewusst zu halten, dass es sich um *allgemeine Geschäftsbedingungen des Kreditinstituts* handelt, die ausschließlich zur Wahrung der Interessen des Kreditinstituts aufgestellt worden sind, und auch die Kreditinstitute daran zu gewöhnen, dass die Formulare ungeniert nach den Bedürfnissen des Einzelfalls abgeändert werden. Im Einzelnen verdienen folgende Punkte besondere Beachtung:

a) »Mitverpflichtete«

20   Bereits im Urkundeneingang werden Beteiligte häufig mit *Kennzeichnungen* (z.B. »Mitverpflichteter«) belegt, mit deren Hilfe sie dann im späteren Urkundstext u.U. recht unauffällig mit umfangreichen Haftungen für fremde Verbindlichkeiten belegt werden. Diese Kennzeichnungen verdienen deshalb besondere Beachtung.[12]

b) Zinsen, andere Nebenleistung

21   Hypotheken für abstrakte Schuldanerkenntnisse und vor allem Grundschulden werden seit den siebziger Jahren mit *Jahreszinsen* von mindestens 12 %, meist aber höher, nach einzelnen Formularen sogar bis 20 %, ausgestattet. Da – was der Notar den Beteiligten erläutern sollte – Kapital und Zinsen des abstrakten Schuldanerkenntnisses ebenso wie Kapital und Zinsen der Grundschuld nur den *Sicherungsrahmen* abgeben, den der Eigentümer dem Gläubiger stellt, und sich der Gläubiger aus der gestellten Sicherheit nur nach Maßgabe des zugrunde liegenden Schuldverhältnisses und i.H.d. hierdurch begründeten Forderungen befriedigen darf, sind Zinsen in dieser Höhe grundsätzlich *unbedenklich*.[13] Steht allerdings die Gefahr des Erwerbs durch Personen unbekannten Geschäftsgebarens im Raum – so insbesondere, wenn Banken Kredite »verbriefen«, s.o. § 67 Rdn. 9 ff. – werden trotz der Regelung in § 1192 Abs. 1a BGB (die immer erst gerichtlich durchgesetzt werden muss) so hohe Zinsen unvermittelt höchst bedenklich; sollten sich Missbrauchsfälle häufen, ist zu erwarten, dass sie dem Verdikt unangemessener Benachteiligung i.S.d. § 307 BGB unterfallen. Besser (von der Bankpraxis aber noch nicht praktiziert) wäre daher die zulässige[14] Verzinsung mit bestimmten Prozentpunkten über dem Basiszinssatz. Sie kann so gestaltet werden, dass der jeweils aktuelle Grundschuldzins nur wenig über dem Darlehenszins liegt und dennoch das Grundpfandrecht auch in einer künftigen Hochzinsperiode in gleicher Weise wiederverwendbar ist wie das mit dem noch üblichen Hochzinssatz.

22   Auch die in Mode gekommene Vereinbarung einer zusätzlichen einmaligen *Nebenleistung* i.H.v. 5 % oder gar 10 % des Kapitals ist nicht von Haus aus unzulässig. Höhere Nebenleistungen beeinträchtigen allerdings den Wert der nachfolgenden Rangstellen und können deshalb die nachrangige Beleihung gefährden. Sie können dem Verdikt anfänglicher Übersicherung zum Opfer fallen und schlimmstenfalls zum Verlust der ganzen Grundschuld als Gläubigersicherheit führen. In der Praxis der Kreditinstitute scheint aber die Gesamthöhe der bei vorrangigen Rechten eingetragenen Nebenleistungen – erstaunlicherweise – kaum beachtet zu werden, so dass die nachteiligen Effekte solcher Nebenleistungen meist nicht manifest hervortreten.

---

12   Vgl. BGH NJW 1991, 1677.
13   Zumal BGH NJW 1999, 3705 klarstellt, dass die Verjährung der Grundschuldzinsen nicht automatisch gehemmt ist.
14   BGH NJW 2006, 1341 (dazu *Zimmer* S. 1325) = ZfIR 2006, 372 m. zust. Anm. *Clemente* = Rpfleger 2006, 313 m. Anm. *Wagner* und Anm. *Klawikowski* 2007, 388 = MittBayNot 2006, 501 m. Anm. *Kessler*, S. 468.

c) Briefvorlage

Bei Bestellung von *Briefrechten* muss der Eigentümer regelmäßig auf die *Vorlage des Briefes* als Voraussetzung für die Geltendmachung des Grundpfandrechts verzichten (dazu auch unten § 70 Rdn. 29). Ein solcher Verzicht ist *unbedenklich*, wenn man – wie es angezeigt ist[15] – annimmt, dass dieser Verzicht die §§ 1140, 1155, 1156 BGB außer Kraft setzt (Einzelheiten unten § 72 Rdn. 46 ff.).

23

d) Persönliche Haftung

Während bei der akzessorischen Hypothek der Schuldner selbstverständlich für die Verpflichtungen aus dem der Hypothek zugrunde liegenden Schuldverhältnis nicht nur mit dem Pfandgegenstand, sondern mit seinem ganzen Vermögen haftet (ungenau als »persönliche Haftung« bezeichnet), wird bei der abstrakten Grundschuld regelmäßig eine ebenfalls abstrakte persönliche Haftungsübernahme in Form der Abgabe eines abstrakten Schuldanerkenntnisses oder Schuldversprechens gefordert. Die Grundschuldformulare verwenden allerdings nicht selten unspezifische Formulierungen, die mit dem Klarheitserfordernis des § 17 Abs. 1 BeurkG nicht immer vereinbar sind (»Der Eigentümer übernimmt für den Eingang des Grundschuldbetrages die persönliche Haftung«); dies kann böse auf die Bank, die das Formular bereitgestellt hat, aber u.U. auch auf den Notar zurückschlagen. Der BGH[16] hat mehrfach entschieden, ein solches Schuldversprechen könne seine Wirkung verlieren, wenn die Grundschuld in der Zwangsversteigerung erloschen ist. Wenn der Notar – wie oft gegenüber örtlichen Banken und Sparkassen – in einem Beratungsverhältnis auch zum Gläubiger steht, sollte er den Gläubiger auf solche Formulierungsmängel (die unverständlicherweise von den Formularverfassern keineswegs immer sofort behoben werden) aufmerksam machen und Änderungen am Formular empfehlen (s.u. § 72 Rdn. 32 M).

24

Die zusätzliche Abgabe eines abstrakten Schuldanerkenntnisses ist *unbedenklich*,[17] weil der Darlehensschuldner auch ohne ein solches Schuldanerkenntnis ohnehin nicht nur mit dem Pfandgegenstand, sondern mit seinem ganzen Vermögen haftet, sodass auch das Schuldanerkenntnis keine Haftungsverschärfung zur Folge hat. Ein gutgläubig-einredefreier Erwerb des Schuldversprechens findet nicht statt, weshalb die entsprechende Anwendung des § 1192 Abs. 1a BGB keiner Diskussion bedarf. Der Notar muss aber scharf darauf achten, dass nicht durch vorgedruckte, möglicherweise sogar versteckte Formulierungen *dritte Personen* in die Haftung mit ihrem ganzen Vermögen einbezogen werden, die eigentlich nur mit dem Pfandgegenstand haften sollen und wollen.[18]

e) Zwangsvollstreckungsunterwerfung

Die Hypotheken- und Grundschuldformulare sehen regelmäßig vor, dass sich der Grundstückseigentümer wegen der Hypothek oder Grundschuld, und dass sich bei der Hypothek der Darlehensschuldner wegen seiner Schuld, bei der Grundschuld der Schuldner wegen der Verpflichtung aus dem Schuldanerkenntnis, der *sofortigen Zwangsvollstreckung* zu unterwerfen haben. Die Zwangsvollstreckungsunterwerfung kann grundsätzlich als *unbedenklich* gelten weil sie die Haftung des Schuldners nicht verschärft, ihm im Ergebnis aber Kosten spart, falls der Vollstreckungsfall eintritt und der Gläubiger sich andernfalls erst ein Urteil

25

---

15 Staudinger/*Wolfsteiner* (2015), § 1160 BGB Rn. 17.
16 BGH NJW 2008, 918 Rn. 16; BGH DNotZ 2012, 288 m. krit. Anm. *Everts*, S. 245.
17 BGH NJW-RR 2006, 490 = IBR 2006, 114 m. Anm. *Schwenker* = MittBayNot 2006, 317 m. insoweit zust. Anm. *Volmer*.
18 BGHZ 114, 9 (zu praktischen Fragen Gutachten DNotI-Report 1996, 221) = JZ 1991, 876 m. Anm. *Eickmann* = DNotZ 1992, 91 m. Anm. *Stürner*.

26 Gelegentlich bei Unterwerfungserklärungen auftretende unzulässige Klauseln sollte der Notar bei der Beurkundung streichen; hierzu gehört insbesondere die Zwangsvollstreckungsunterwerfung wegen *nicht bezifferter Kosten* und die Bestimmung, dass sich der Gläubiger ohne Nachweis und ohne Verfahren nach § 733 ZPO weitere vollstreckbare Ausfertigungen erteilen lassen dürfe (dazu oben § 19 Rdn. 171).

27 Zeitweise haben einige Kreditinstitute versucht, die Zwangsvollstreckungsunterwerfung bei der Grundpfandrechtsbestellung durch eine *Unterwerfungsvollmacht* zu ersetzen. Eine solche Vollmacht ist regelmäßig nichtig, weshalb der Notar auch die Beglaubigung abzulehnen hat. Zu den allgemeinen Unwirksamkeitsgründen (dazu oben § 19 Rdn. 128 ff.) kommt bei Grundpfandrechten noch hinzu, dass der Vollmachtswiderruf zusätzlich erschwert ist, weil die Vollmachtsurkunde nicht einfach aus den Grundakten zurückgefordert werden kann (§ 172 BGB). Andererseits gewährt eine Unterwerfungsvollmacht, selbst wenn sie unwiderruflich sein könnte (dazu, dass sie das nicht sein kann, oben § 19 Rdn. 129), dem Gläubiger keinen der erklärten Unterwerfung adäquaten Schutz, weil sie keinesfalls den Rechtsnachfolger bindet.

f) Zweckerklärung

28 Der in der Regel kritischste Bereich vorgedruckter Hypotheken- und vor allem Grundschuldformulare ist die sogenannte *Sicherungszweckerklärung*. Rechtlich handelt es sich dabei um das an das Kreditinstitut gerichtete Angebot des Eigentümers bzw. des Schuldners des abstrakten Schuldanerkenntnisses zum Abschluss eines Sicherungsvertrages. Eines solchen Vertrages bedarf es bei allen *abstrakten Sicherungsrechten*, also stets bei der Sicherungsgrundschuld, aber auch bei allen abstrakten Schuldanerkenntnissen, mögen sie der Hypothek zugrunde gelegt oder der Grundschuldbestellung beigegeben sein. Nur der Sicherungsvertrag stellt bei abstrakten Rechten die Verbindung zwischen der zu sichernden Schuld und der gestellten Sicherheit her; erst er ermächtigt den Gläubiger, sich wegen seines Anspruchs an die Sicherheiten zu halten. Fehlt ein Sicherungsvertrag, so unterliegt die Sicherheit regelmäßig einem Rückgabeanspruch wegen ungerechtfertigter Bereicherung.[19]

29 Die vom Kreditinstitut vorgegebene Sicherungszweckerklärung lehnt sich meist an Nr. 19 Abs. 2 der Allgemeinen Geschäftsbedingungen der Banken (die im Wesentlichen auch mit den Allgemeinen Geschäftsbedingungen anderer Gruppen von Kreditinstituten, z.B. der Sparkassen, übereinstimmen) an. Dieser lautet, soweit hier von Interesse:

AGB Banken

30 M »Die in den Besitz oder die Verfügungsgewalt irgendeiner Stelle der Bank gelangten oder noch gelangenden Sachen und Rechte dienen als Pfand für alle bestehenden und künftigen – auch bedingten oder befristeten – Ansprüche der Bank gegen den Kunden; dies gilt auch für die Ansprüche des Kunden gegen die Bank selbst. Das Pfandrecht besteht ebenso für Ansprüche gegen den Kunden, die von Dritten auf die Bank übergehen, und für Ansprüche der Bank gegen Firmen oder Gesellschaften, für deren

---

19 BGH NJW 1990, 392; zur Kündigung der Vereinbarung *Gerth*, BB 1990, 78 und Staudinger/*Wolfsteiner* (2015), Vor § 1191 BGB Rn. 36.

Verbindlichkeiten der Kunde persönlich haftet. Es macht keinen Unterschied, ob die Bank den mittelbaren oder unmittelbaren Besitz, die tatsächliche oder rechtliche Verfügungsgewalt über die Gegenstände erlangt hat.«

Die Abgabe einer solchen Sicherungszweckerklärung[20] ist zwar grundsätzlich *unbedenklich*. Sie deckt aber nur Forderungen der Bank, die in banküblicher Weise im gewöhnlichen Geschäftsverkehr erworben wurden.[21] 31

Höchst *problematisch* werden die Sicherungszweckerklärungen aber, wenn *mehrere Sicherungsgeber* vorhanden sind (mehrere Grundstückseigentümer, aber auch Grundstückseigentümer und eine Person oder mehrere Personen, die zusätzlich ein abstraktes Schuldanerkenntnis abgeben). Gute Formulare verlangen für diesen Fall wenigstens die namentliche Benennung des oder der Schuldner (während nur ganz wenige Formulare so korrekt sind, auch eine Konkretisierung der gesicherten Ansprüche zu fordern oder wenigstens als Möglichkeit vorzusehen); nicht wenige Formulare aber erklären pauschal alle Urkundsbeteiligten zu Schuldnern aller Ansprüche, die sich im Sinne der vorstehend Rdn. 30 M zitierten Allgemeinen Bankbedingungen gegen jeden von ihnen richten. Daraus ergibt sich eine doppelte *Gefahr*: 32

aa) Sicherung durch Nicht-Schuldner

Wer nur Sicherheit stellt (wie z.B. ein abstraktes Schuldanerkenntnis abgibt), ohne Schuldner zu sein, *haftet* mit dieser Sicherheit meist *gegen seinen ursprünglichen Willen* nicht nur für die Schuld, die konkret Anlass zur Stellung der Sicherheit war, sondern auch für *beliebige andere Verbindlichkeiten* des Schuldners. Der BGH hat hierzu allerdings entschieden, dass es gegen Treu und Glauben verstößt, den Sicherungsgeber auch wegen solcher gegen den Schuldner gerichteter Ansprüche heranzuziehen, die der Gläubiger erst nach Eintritt der Zahlungsunfähigkeit des Schuldners erworben hat.[22] Auch mit dieser Einschränkung steht die Haftungsklausel aber regelmäßig mit dem Willen und den Vorstellungen des Sicherungsgebers *in Widerspruch*,[23] sodass es geboten ist, die Beteiligten zu belehren und die vorgedruckte Sicherungszweckerklärung gegebenenfalls entsprechend dem Willen der Parteien durch einen Zusatz einzuschränken (Muster hierfür nachfolgend Rdn. 35 M und § 72 Rdn. 36 M). 33

bb) Mehrere Schuldner

Die zweite, noch kritischere Gefahr ergibt sich dann, *wenn mehrere Personen als Schuldner* genannt sind. Für diesen Fall enthalten nämlich die Sicherungszweckerklärungen zusätzlich zu dem oben wiedergegebenen Text häufig die Klausel, dass alle Sicherheiten für sämtliche Ansprüche haften sollten, die der Gläubiger auch nur gegen einen der Schuldner hat. Dies führt zu einem *Haftungsverbund*, der regelmäßig weit außerhalb der Vorstellungen und des Willens der Parteien liegt. Die Parteien pflegen sich zwar dessen bewusst zu sein und wollen auch, dass sie für die Darlehensverbindlichkeit, derentwegen das Grundpfandrecht bestellt wird, als Gesamtschuldner haften; dass aber jeder der Schuldner nach Rückführung dieser Verbindlichkeit für *beliebige Schulden jedes der andern Beteiligten*, auch für solche, die der andere Beteiligte *ohne sein Wissen* eingegangen ist, ja sogar für *Wechselverbindlichkeiten* jedes 34

---

20 Ausführlich *Rastätter*, DNotZ 1987, 459.
21 BGH NJW 1987, 2997.
22 BGH NJW 1981, 1600; vgl. auch BGH NJW 1985, 849 zu einer nicht im bankmäßigen Geschäftsverkehr erworbenen Forderung.
23 »Überraschende Klausel« nach BGHZ 109, 197 = NJW 1990, 576; BGHZ 100, 82 = NJW 1992, 1822; BGH NJW-RR 1992, 1521; BGH DNotZ 1995, 890; BGH NJW 1997, 2677 (ablehnend *Tiedtke*, ZIP 1997, 1949; *R. Weber*, ZfIR 1999, 2) = DNotZ 1998, 578 (*Schmitz-Valckenberg*) = EWiR § 9 AGBG 19/97, 1105 (zustimmend *Hadding*) = MittBayNot 1997, 358 (Anm. *Amann*, S. 341); OLG Koblenz OLG-Report 1998, 55.

anderen Beteiligten haften soll, wenn die Bank einen Wechsel angekauft hat, liegt regelmäßig nicht im Vorstellungsbereich der Urkundsbeteiligten. Bei Ehegatten bewirkt diese Klausel eine wechselseitige Haftung für Verbindlichkeiten, die im *gesetzlichen Güterstand* der Zugewinngemeinschaft ansonsten gerade *nicht* besteht; im Gegensatz zum Haftungsverbund, wie er etwa durch die Gütergemeinschaft bewirkt wird, ergreift die Haftung aber sogar Verbindlichkeiten, die erst nach einer eventuellen Auflösung der Ehe begründet werden. Der Bundesgerichtshof[24] hat solche Klauseln mehrfach missbilligt, aber immer nur unter dem Gesichtspunkt der überraschenden Klausel (§ 305c BGB), so dass gerade eine eingehende Belehrung durch den Notar geeignet ist, den Makel zu beseitigen und der Klausel zur Wirksamkeit zu verhelfen. Den gleichen Effekt haben von einzelnen Notarkammern empfohlene schriftliche Belehrungen. Auch manche Bankformulare versuchen inzwischen durch Hervorhebung den Überraschungseffekt, nicht aber die Klausel zu beseitigen. Ermittelt der Notar aber unter fachkundiger Beratung den wahren Willen der Beteiligten, so zeigt sich in der Regel,[25] dass der Haftungsverbund in Ansehung künftiger Forderungen nicht deren Vorstellungen entspricht und beseitigt werden soll. Da es die Banken erfahrungsgemäß nicht wagen, auf der Aufrechterhaltung des Haftungsverbunds zu bestehen, empfiehlt es sich, der Urkunde folgende Klausel zuzufügen:[26]

Einschränkung der Sicherungszweckerklärung

35 M Abweichend von etwa anders lautenden allgemeinen Geschäftsbedingungen dürfen die Sicherheiten, die wir dem Kreditinstitut dieser Urkunde zufolge stellen (insbesondere die Grundschuld und die Schuldanerkenntnisse) vom Kreditinstitut grundsätzlich nur zur Sicherung solcher Ansprüche verwendet werden, für die wir, die Schuldner, als Gesamtschuldner haften. Richtet sich die Forderung des Kreditinstituts nur gegen einen oder einzelne von uns, so darf aufgrund der Sicherheiten jeweils nur das Vermögen des betreffenden Schuldners in Anspruch genommen werden.

cc) Mehrere Sicherheiten

36 Schließlich enthalten die Sicherungszweckerklärungen regelmäßig die Bestimmung, dass die *mehreren gestellten Sicherheiten* vom Kreditinstitut nach Belieben in Anspruch genommen werden können, dass insbesondere die Ansprüche aus dem abstrakten Schuldanerkenntnis schon vor der Eintragung des Grundpfandrechts im Grundbuch und auch vor Durchführung eines Zwangsversteigerungsverfahrens geltend gemacht werden dürfen. Leider fehlt aber in den üblichen Sicherungszweckerklärungen eine an und für sich unbedingt notwendige Bestimmung über das Verhältnis der verschiedenen bestellten Sicherheiten zueinander. Zwar sind die Schuldanerkenntnisse, wenn sie von mehreren Personen abgegeben werden, regelmäßig dahin formuliert, dass die Schuldner als Gesamtschuldner haften, woraus auch folgt, dass der Anspruch insgesamt nur einmal geltend gemacht werden kann. Im Verhältnis Schuldanerkenntnis zur Hypothek ergibt sich Gleiches bereits aus dem Gesetz. Die Sicherungsgeber werden aber auch bei Grundschulden regelmäßig davon ausgehen, dass sich der Gläubiger aus der Grundschuld einerseits und dem Schuldanerkenntnis andererseits insgesamt *nur einmal befriedigen* darf, dass er also nach Zwangsversteigerung des Grundstücks aus den Schuldanerkenntnissen nur noch einen etwaigen Ausfall geltend machen darf und dass Ansprüche aus der Grundschuld nicht mehr geltend gemacht werden können, wenn einer

---

24 BGHZ 109, 197 = DNotZ 1990, 554 m.w.N.; BGHZ 100, 82 = NJW 1992, 1822.
25 Abweichende Fälle BGH JZ 1985, 483 m. abl. Anm. *Reinicke* und *Tiedtke*; BGH NJW 1987, 1885.
26 Vgl. zu deren Vorrang ggü. den AGB der Bank BGH NJW 1987, 1636; LG Mainz MittRhNotK 1988, 20.

der persönlichen Schuldner bereits auf das Schuldanerkenntnis geleistet hat. Der BGH[27] gewinnt dasselbe Ergebnis durch Auslegung. Auch hier besteht aber die Gefahr, dass die Formulare so »verbessert« werden, dass Doppelvollstreckungen möglich werden. Korrekterweise sollte deshalb der Sicherungszweckerklärung regelmäßig folgender Text hinzugefügt werden:

Einschränkung bei mehreren Sicherheiten

Aus allen nach Maßgabe dieser Urkunde gestellten Sicherheiten darf sich der Gläubiger insgesamt nur einmal in Höhe des Grundschuldkapitals und der darauf bezogenen Nebenleistungen befriedigen.

37 M

dd) Gesonderte Zweckerklärung

Nicht selten wird die Sicherungszweckerklärung nicht in die Grundpfandrechtsbestellungsurkunde aufgenommen, sondern den Beteiligten vom Kreditinstitut *gesondert zur Unterzeichnung vorgelegt*. In diesem Fall ist der Notar für ihren Inhalt nicht verantwortlich. Es entspricht aber wohlverstandener Fürsorge für die Beteiligten, wenn der Notar auch dann zumindest in allgemeiner Form auf die mit der Sicherungszweckerklärung üblicherweise verbundenen *Risiken hinweist* und seine guten Dienste bei der rechtlichen Beurteilung des Bankformulars anbietet. Dies gilt umso mehr, als sich bei den Kreditinstituten die Tendenz durchgesetzt hat, die Sicherungszweckerklärung gerade deshalb aus der Grundpfandrechtsbestellungsurkunde herauszunehmen, damit die *notarielle Belehrung über ihren Inhalt unterbleibt*. Kritisch für den Notar ist auch die Praxis mancher Kreditinstitute, die Sicherungszweckerklärung zwar nicht in die Grundpfandrechtsbestellungsurkunde zu integrieren, dem Notar aber entsprechende Formulare zu übersenden und ihn zu bitten, die Beteiligten *außerhalb des Beurkundungsvorgangs* zur Unterzeichnung dieser Formulare zu veranlassen. Obwohl erwartet wird, dass der Notar dafür keine Gebühren ansetzt (obwohl i.d.R. Gebühren nach Nr. 24101 oder Nr. 24201 KV GNotKG anfallen), wird der Notar sich in diesen Fällen der Verantwortung für den Inhalt der Erklärung kaum entziehen können. Die Formulierungen nach Muster Rdn. 35 M und Rdn. 37 M können und sollten jeder Grundschuldbestellungsurkunde auch »blind«, also ohne Kenntnis der konkreten Zweckbestimmungserklärung beigefügt werden.

38

g) Rückgewähranspruch

Fast alle Grundschuldformulare haben bisher den *Rückgewähranspruch* des Sicherungsgebers empfindlich eingeschränkt, obwohl der Rückgewähranspruch zum Regelungskern der Sicherungsgrundschuld gehört. Jedenfalls nach Rückführung aller gesicherten Verbindlichkeiten gehört die Grundschuld dem, der sie dem Kreditinstitut gestellt hat (meist, aber nicht zwingend ist das der Eigentümer); er kann verlangen, dass das Kreditinstitut mit ihr nach seiner Weisung verfährt. Insbesondere haben die Kreditinstitute in den Formularen den Anspruch auf Abtretung (an sich oder einen Dritten) ausgeschlossen und es dem Ermessen des Kreditinstituts überlassen, ob es dem eingetragenen Eigentümer (oder einem von ihnen) Löschungsbewilligung erteilen oder auf die Grundschuld verzichten wolle. Nachdem der BGH[28] in einem Spezialfall (das belastete Grundstück war zwangsversteigert worden) dem Sicherungsgeber doch einen Rückabtretungsanspruch zuerkannt hat, ohne allerdings aus-

39

---

27 BGH DNotZ 1988, 487 m. abl. Anm. *Schmitz-Valckenberg* und BGH DNotZ 1990, 559 zur Abtretung der Rückgewähransprüche; BGH NJW 1992, 971; ZNotP 2000, 245.
28 BGHZ 106, 375.

zusprechen, dass die Entscheidung verallgemeinerunsfähig wäre, haben die meisten Kreditinstitute reagiert und dem Sicherungsgeber einen Abtretungsanspruch zuerkannt, aber nur ganz eng beschränkt auf den vom BGH entschiedenen Spezialfall. Dem hat der BGH jetzt ein Ende gemacht.[29] Der Ausschluss des Rechts, Abtretung zu verlangen, verstößt generell gegen § 307 BGB und ist nichtig. Da zu erwarten ist, dass noch erhebliche Zeit Formulare in Umlauf sein werden, die dem keine Rechnung tragen, hat der Notar darauf zu achten, dass solche unwirksamen Klauseln, wenn noch vorgesehen, gestrichen werden. Die jetzt klargestellte Rechtslage erlaubt es dem Eigentümer (wenn sein Rückgewähranspruch nicht an nachrangige Gläubiger abgetreten ist), Abtretung an einen Dritten zu verlangen und dadurch das Aufrücken nachrangiger Rechte zu verhindern; gegen § 1179a BGB verstößt das, wie der BGH[30] ausdrücklich klargestellt hat, nicht.

5. Mitwirkung des Grundstücksverkäufers

40 Besondere Sicherungsfragen treten auf, wenn im Zuge der Abwicklung von Grundstückskaufverträgen der Verkäufer auch bei der Bestellung von Grundpfandrechten für Rechnung des Käufers *mitwirken* soll. Einzelheiten dazu s. bei § 32 Rdn. 332 ff. Rein formulartechnisch hat sich das Verfahren bewährt, zunächst zu fingieren, dass der Käufer schon Eigentümer des zu belastenden Kaufgegenstands sei. Die vielen üblichen Formularklauseln, dass sich der »Eigentümer« zu diesem und jenem verpflichte, dass er die Kosten trage usw. beziehen sich dann zwanglos auf den Käufer, auf den sie sich in der Tat auch beziehen sollen. Räumlich erst im Anschluss an das Formular folgen dann die Erklärungen zur Verkäufermitwirkung, wie sie in § 33 Rdn. 112 M unter Abschn. 7.9. als Vollmachtsklausel bereits vorgebildet sind. Häufig versuchen die Kreditinstitute, den Verkäufer im Anschluss an die Grundschuldbestellung, die eigentlich alle erforderlichen und angemessenen Verkäufererklärungen enthält, zur Unterzeichnung einer zusätzlichen vorformulierten Zweckerklärung zu bewegen, durch die der Verkäufer – mehr oder minder unbemerkt – weitreichende zusätzliche Verpflichtungen und Haftungen übernehmen soll. Davor ist zu warnen.

V. Gläubigersicherung bei der Gebäudeversicherung

41 Besteht (wie üblich) eine Gebäudeversicherung, so erstreckt sich das Grundpfandrecht auf die Forderung des versicherten Eigentümers gegen den Versicherer (§ 1127 BGB). Zum Abschluss und zur Aufrechterhaltung der Versicherung des verpfändeten Gebäudes gegen Feuerschaden muss sich der Eigentümer und Schuldner in der Regel in der Bestellungsurkunde verpflichten, bei Gefahr fristloser Kündigung des Darlehens durch den Gläubiger. Hat bei der Gebäudeversicherung der Gläubiger die Hypothek dem Versicherer gemeldet, dann hängt die Auszahlung der Versicherungssumme von seiner Zustimmung ab (§ 1128 Abs. 2 BGB).

42 Um die Anmeldung des Grundpfandrechts zu sichern und die sich aus dem BGB und VVG ergebenden Rechte des Hypothekengläubigers klarzustellen, wird besonders von Kreditinstituten ein *Versicherungsschein* verlangt. Der Versicherer stellt ihn aus, wenn Eigentümer und Gläubiger erklären:

---

29 BGHZ 202, 150 = ZfIR 2014, 772 m. Anm. *Wolfsteiner* = DNotZ 2014, 929 m. Anm. *Weber* S. 884.
30 BGHZ 202, 150 wie vor.

Versicherungsschein

a) Der Eigentümer an den Gebäudeversicherer: 43 M
Mein in ….. gelegenes, im Grundbuch des Amtsgerichts ….. eingetragenes Grundstück soll mit einer Grundschuld von 100.000 € für ….. belastet werden. Das auf dem Grundstück stehende Gebäude ist bei Ihnen laut Versicherungsschein Nr. ….. gegen Feuersgefahr, Explosionsschäden und Elementarschäden versichert. Ich verpflichte mich, die Versicherung nicht aufzuheben, sie auch nicht in ihrer Höhe zu vermindern, sondern sie bei Ihrem Institut fortzusetzen, solange nicht der Grundschuldgläubiger in die Aufhebung der Versicherung einwilligt oder eine Bescheinigung des Grundbuchamts beigebracht wird, dass die Grundschuld gelöscht ist.
Die Kosten des Versicherungsscheins, den der Gläubiger anfordern wird, bitte ich, mir aufzugeben…..

b) Der Hypothekengläubiger an den Gebäudeversicherer:
Betr. Versicherungsschein Nr. …..

Das Gebäude auf dem Grundstück ….. ist bei Ihnen gegen Feuersgefahr, Explosionsschäden und Elementarschäden versichert. Das Grundstück ist jetzt für uns mit einer im Grundbuch von ….. Blatt ….. in Abt. III Nr. 1 eingetragenen Grundschuld von 100.000 € nebst Zinsen und anderen Nebenleistungen belastet worden. Wir melden die Grundschuld zu der Gebäudeversicherung an und bitten, uns einen Versicherungsschein zu übersenden.
Ort, Datum   Unterschriften (unbeglaubigt)

■ *Kosten.* Wird der Antrag vom Notar entworfen, so ist das kein Nebengeschäft, da nicht das Amtsgeschäft des Notars, die Verpfändung des Grundstücks, damit gefördert wird, sondern das wirtschaftliche Geschäft der Auszahlung des Darlehens durch den Gläubiger. 0,5 Gebühr nach Nr. 22200 Nr. 5 KV GNotKG.

§ 69 Die Verkehrshypothek

Zum Begriff der Hypothek, zur heutigen *Bedeutung der Verkehrshypothek* und zu den *Abstraktionstechniken* vgl. vorstehend § 68 Rdn. 1 ff. Zur Frage der *Formenwahl* (Verkehrshypothek, Sicherungshypothek, Höchstbetragshypothek, Grundschuld) vgl. § 68 Rdn. 4 ff. Zur Frage *Brief oder Buchhypothek* vgl. § 68 Rdn. 5 Wegen der derzeit praktisch zumindest noch nicht übermäßig großen Bedeutung der Verkehrshypothek werden nachfolgend im Wesentlichen nur hypothekenspezifische Fragen angesprochen; vgl. i.Ü. die entsprechenden Muster zur Grundschuld (§§ 72 ff.).

I. Grundformular

1. Hypothekenbestellung

1 Die reine Hypothekenbestellung (§§ 1113 ff. BGB) ohne Abgabe eines abstrakten Schuldanerkenntnisses (vgl. oben § 68 Rdn. 2) hat folgende Form:

Bestellung einer Verkehrshypothek

2 M Ich werde von G. ein Darlehen empfangen. Im Darlehensvertrag vom ..... ist hierzu mit G. vereinbart, dass das Darlehen vom Tag der Auszahlung an mit 5 – fünf – Prozentpunkten über dem jeweiligen Basiszinssatz zu verzinsen ist, dass die Zinsen am Ende eines jeden Kalendervierteljahres für das vorausgegangene Kalendervierteljahr zu entrichten sind und dass das Darlehen am 31. Dezember ..... ohne Kündigung zur Rückzahlung fällig ist. Des Weiteren ist vereinbart, dass das Darlehen ohne Kündigung sofort zur Rückzahlung fällig wird, wenn ich mit Zinszahlungen von mehr als einem Vierteljahresbetrag in Verzug gerate. Ich habe mich mit G. dahin geeinigt, dass ich ihm zur Befriedigung der vorstehend bezeichneten Forderung eine Hypothek ohne Brief/Briefhypothek an meinem im Grundbuch von ..... Blatt ..... verzeichneten Grundstück ..... mit der Maßgabe bestelle, dass für die Hypothek als Tag des Beginns der Verzinsung der 1. Januar 20...... gilt. Ich bewillige und beantrage, diese Hypothek in das Grundbuch einzutragen.

■ *Kosten.* 0,5 nach Nr. 21201 Nr. 4 KV GNotKG, weil im Muster materiellrechtliche Erklärungen sorgfältig vermieden wurden. Wenn doch materiellrechtliche Erklärungen aufgenommen sind, kommt u.U. die Anwendung des § 21 GNotKG (unrichtige Sachbehandlung) in Betracht.

2. Zinsen

3 Nach – freilich verfehlter – Rechtsprechung ist der Tag des Beginns der Verzinsung stets ausdrücklich anzugeben.[1] Der Zinsbeginn muss im grundbuchrechtlichen Sinn bestimmt oder bestimmbar sein; die Angabe »ab Auszahlung« soll dazu nicht genügen.[2] Die Angabe eines

---

1 BGHZ 129, 1 = DNotZ 1996, 84 m. krit. Anm. *Kutter* gegen RGZ 136, 232 und auch BGHZ 47, 41 = NJW 1967, 925, wonach bei fehlender Angabe der Zinslauf mit Eintragung beginnt. BayObLG DNotZ 1996, 96; BayObLG Rpfleger 1999, 530.
2 BayObLG DNotZ 1996, 96; BayObLG Rpfleger 1999, 530.

nur fiktiven Zinsbeginns ist aber zulässig und ausreichend.³ Materiellrechtlich ändert sich durch eine solche Angabe (auch für die Hypothek) nichts am Verzinsungsbeginn mit Auszahlung; liegt aber die Auszahlung schon vor dem angegebenen Termin, so ist der Gläubiger für die vorher anfallenden Zinsen nicht hypothekarisch gesichert; liegt aber der Auszahlungstag nach dem angegebenen Termin, so beginnt wegen der Akzessorietät für den Gläubiger auch die Verzinsung der Hypothek erst mit dem späteren Termin (allerdings unter dem Vorbehalt des Gutglaubensschutzes nach § 1138 BGB).

Der nach § 1115 BGB einzutragende Zins soll der Höhe nach bestimmt sein. Die Angleichung des Hypothekenzinssatzes an den *jeweiligen Basiszinssatz* ist aber zulässig, ohne dass ein Höchstzinssatz angegeben werden müsste.⁴ Innerhalb der Angabe eines Mindest- und eines Höchstzinssatzes sollen auch andere Schwankungsmaßstäbe zulässig sein, wenn sie auf einer *objektiven Grundlage* beruhen; Voraussetzungen und Umfang müssen sich aus der Eintragungsbewilligung ergeben.⁵ Die früher angenommene Privilegierung der Sparkassen dahin gehend, dass auch die Bestimmung nach der *allgemein* üblichen Höhe der Kapitalzinsen, insbesondere denen eines *Sparkassenverbandes*, eine objektive Grundlage sein soll,⁶ ist obsolet.⁷

4

3. Andere Nebenleistungen

Der Begriff der Nebenleistung (§ 1115 BGB) umfasst sowohl Zinsen als auch »andere« Nebenleistungen. Falsch daher der Ausdruck »Zinsen und Nebenleistungen«. Auch die *anderen Nebenleistungen*, auf die sich die Hypothek erstreckt, hängen von der Hauptforderung ab. In welcher Weise sie von der Hauptforderung abhängen müssen, ist vor allem für die Grundschuld unklar. Die Praxis akzeptiert »einmalige Nebenleistungen in Höhe von 5 % des Hypothekenkapitals« ohne Nachfrage.

5

4. Zwangsvollstreckungsunterwerfung

Soll die Hypothek mit der Zwangsvollstreckungsunterwerfung verbunden werden, so bedarf es der notariellen *Beurkundung* (hierzu vorstehend § 68 Rdn. 9 f.). Dem Muster Rdn. 2 M ist dann hinzuzufügen:

6

Zwangsvollstreckungsunterwerfung zur Hypothek

Wegen der der Hypothek zugrunde gelegten Schuld und auch wegen der Hypothek selbst unterwerfe ich mich der sofortigen Zwangsvollstreckung aus dieser Urkunde mit der Maßgabe, dass auch für die Zwangsvollstreckung als Beginn der Verzinsung der 1. Januar 20..... anzusetzen ist und dass in Ansehung der Hypothek die Zwangsvollstreckung gegen den jeweiligen Grundstückseigentümer zulässig sein soll. Der Gläubiger ist befugt, sich Ausfertigungen dieser Urkunde erteilen zu lassen. Zur Erteilung der vollstreckbaren Ausfertigung bedarf es nicht des Nachweises der Auszahlung des Darlehens. Ich bewillige und beantrage, diese Unterwerfung in das Grundbuch einzutragen.

7 M

---

3 BayObLG Rpfleger 1999, 530.
4 BGH NJW 2006, 1341 (dazu *Zimmer*, S. 1325) = ZfIR 2006, 372 m. zust. Anm. *Clemente* = Rpfleger 2006, 313 m. Anm. *Wagner* und Anm. *Klawikowski* 2007, 388 = MttBayNot 2006, 501 m. Anm. *Kesseler*, S. 468.
5 BGH DNotZ 1963, 436; BGH NJW 1975, 1314; BGH DNotZ 1983, 679.
6 BGHZ 35, 22 = DNotZ 1961, 404.
7 Vgl. BGHZ 158, 149; BGH NJW 2009, 2051.

§ 69   Die Verkehrshypothek

■ *Kosten.* Für die Unterwerfungserklärung 1,0 nach Nr. 21200 KV GNotKG; die übrigen Erklärungen sind als gegenstandsgleich (§ 109 Abs. 1 S. 4 Nr. 4 GNotKG) nicht zu bewerten.

8   Darlehensverhältnis und Hypothek sind verschiedene Schuldverhältnisse, auch wenn die Hypothek akzessorisch zum Darlehen ist, weshalb es je einer *gesonderten Unterwerfungserklärung* wegen der *Darlehensverbindlichkeit* und wegen der *Hypothek* bedarf. Die Unterwerfung kann auch auf einen der beiden Ansprüche, insbesondere auf die Hypothek, *beschränkt* werden, was aber regelmäßig nicht empfehlenswert ist (dazu oben § 68 Rdn. 25 f.). Was die Unterwerfungserklärung wegen der Hypothek angeht, wäre es *fehlerhaft*, anstelle des vorgeschlagenen Wortlauts zu formulieren, dass sich der Schuldner der sofortigen Zwangsvollstreckung »*in das Grundstück*« unterwerfe – aus einer solchen Erklärung könnte nämlich möglicherweise nicht in die nach §§ 1120 ff. BGB für die Hypothek mithaftenden Gegenstände (Erzeugnisse, Bestandteile, Zubehör, Ansprüche) vollstreckt werden. Die Klausel, dass der Gläubiger berechtigt sei, sich *Ausfertigungen* der Urkunde *erteilen zu* lassen, ist notwendig, weil nach überwiegender und die Praxis beherrschender Meinung eine vollstreckbare Ausfertigung gemäß § 52 BeurkG nur fordern kann, wer eine einfache Ausfertigung vorzeigen oder nach § 51 BeurkG verlangen kann (Einzelheiten oben § 19 Rdn. 144). Durch einen Verzicht auf diese Bestimmung kann allerdings der Schuldner es ähnlich wie durch Zurückbehaltung des Hypothekenbriefs in seiner Hand behalten, die Unterwerfungserklärung im Ergebnis *erst durch Aushändigung einer Ausfertigung wirksam werden* zu lassen.

9   Die Bestimmung, dass der Gläubiger sich Ausfertigungen erteilen lassen dürfe, bedeutet nicht, dass er ohne Einhaltung des Verfahrens nach § 733 ZPO auch *weitere vollstreckbare Ausfertigungen* fordern könne; das Verfahren nach § 733 ZPO ist vielmehr obligatorisch (oben § 19 Rdn. 171). Nachdem sich vorliegend die Unterwerfungserklärung auf eine erst *künftige Forderung* bezieht (das Darlehen ist nach dem Wortlaut des Musters noch nicht ausbezahlt), dürfte eine vollstreckbare Ausfertigung grundsätzlich erst erteilt werden, wenn der Gläubiger die Darlehensauszahlung durch öffentliche oder öffentlich beglaubigte Urkunden nachweist (§ 726 ZPO). Da ein solcher Nachweis nur schwer zu führen ist, wird hier vorgeschlagen, auf ihn zu *verzichten*, was zulässig ist (Einzelheiten oben bei § 19 Rdn. 9 und Rdn. 106). Hingegen empfiehlt es sich nicht, der Zwangsvollstreckungsunterwerfung *routinemäßig* eine Klausel beizufügen, wonach der Schuldner auf alle *Nachweise verzichte* (dazu oben § 19 Rdn. 5). Im vorliegenden Fall bedarf es keiner weiteren Nachweisverzichte, weil der Notar bei der Erteilung der vollstreckbaren Ausfertigung auf die *datumsmäßig bestimmten Fälligkeiten* keine Rücksicht zu nehmen braucht (diese sind nach § 751 ZPO vom Vollstreckungsorgan zu beachten). Die vorzeitige Darlehensfälligkeit im Fall des Eintritts des Verzugs (sogenannte *Verfallklausel*) erfordert keinen Nachweisverzicht, weil der Nachweis der rechtzeitigen Zinszahlung ohnehin dem Schuldner obliegt, sodass es des Nachweises des Vollzugs als Voraussetzung für die Vollstreckung nicht bedarf.[8] Anders liegt der Fall, wenn anstelle einer Verfallklausel ein *außerordentliches Kündigungsrecht* vereinbart wird; in diesem Fall bedürfte es zur Erteilung der vollstreckbaren Ausfertigung des formgerechten Nachweises, dass die Kündigung ausgesprochen worden ist. Der Gläubiger kann diesen Nachweis führen, indem er seine Kündigungserklärung durch den *Gerichtsvollzieher zustellen lässt*.[9]

---

8   RGZ 134, 483; BGH DNotZ 1965, 544.
9   *Wolfsteiner*, Die vollstreckbare Urkunde, § 46.22.

II. Hypothek mit Schuldanerkenntnis

Soll die Hypothekenbestellung mit einem Schuldanerkenntnis eingeleitet werden, so ist klarzustellen, ob es sich lediglich um ein sogenanntes *deklaratorisches* Schuldanerkenntnis oder vielmehr um ein *abstraktes* Schuldanerkenntnis i.S.d. § 781 BGB handelt. Im ersteren Fall empfiehlt es sich, auf die Begriffe »anerkennen«, »Anerkenntnis«, »bekennen«, überhaupt zu verzichten und entsprechend dem Muster Rdn. 11 M lediglich zu formulieren: 10

Darlehensbezeichnung ohne Schuldanerkenntnis

Ich habe von G. am 1. Juni 20..... ein Darlehen von ..... € empfangen, was ich hiermit im Sinne einer Quittung bestätige. Meiner mit G. getroffenen Vereinbarung zufolge ist das Darlehen vom Tage des Empfangs an bis zur Rückzahlung mit jährlich 6 % – sechs vom Hundert – zu verzinsen .....   11 M

- *Kosten.* 1,0 nach Nr. 21200 KV GNotKG für die Quittung.

Wegen der miterklärten Quittung bedarf es im Fall der Zwangsvollstreckungsunterwerfung eines Verzichts auf den Nachweis des Entstehens der Forderung nicht.   12

Soll hingegen ein abstraktes Schuldanerkenntnis abgegeben werden (hierzu § 68 Rdn. 2), so sollte auch dies in der Formulierung explizit zum Ausdruck kommen: 13

Abstraktes Schuldanerkenntnis mit Hypothek

Verhandelt .....   14 M
Mit der Maßgabe, dass dieses Anerkenntnis die Verpflichtung selbständig begründen soll, bekenne ich hiermit, G. einen fälligen Kapitalbetrag von 100.000,– € sowie hieraus vom heutigen Tage an am Ende eines jeden Kalenderjahres fällig werdende Jahreszinsen in Höhe von vier Prozentpunkten über dem jeweiligen Basiszinssatz zu schulden. Zur Befriedigung der hierdurch begründeten Forderung bestellte ich G. eine Hypothek ohne Brief an meinem im Grundbuch von ..... Blatt ..... verzeichneten Grundstück ..... Wegen des Schuldanerkenntnisses und wegen der Hypothek unterwerfe ich mich der sofortigen Zwangsvollstreckung aus dieser Urkunde mit der Maßgabe, dass die Zwangsvollstreckung wegen der Hypothek gegen den jeweiligen Grundstückseigentümer zulässig sein soll. Ich bewillige und beantrage, die Hypothek und die Unterwerfung in das Grundbuch einzutragen. Der Gläubiger ist befugt, sich Ausfertigungen dieser Urkunde erteilen zu lassen.
Schuldanerkenntnis und Hypothek stelle ich G. als Sicherheit für alle Ansprüche, die er – sei es auch bedingt oder befristet – gegenwärtig und künftig gegen mich hat oder haben wird. Hierzu gehören auch Ansprüche, die von Dritten auf G. übergehen, sowie Ansprüche des G. gegen Handelsgesellschaften, für deren Verbindlichkeiten ich persönlich hafte. Zahlungen, die ich leiste, dienen im Zweifel nicht der Erfüllung der Ansprüche des G. aus dem vorstehenden Schuldanerkenntnis, sondern vielmehr der Erfüllung der hiernach durch das Schuldanerkenntnis gesicherten Forderungen.

- *Kosten.* 1,0 nach Nr. 21200 KV GNotKG für das Schuldanerkenntnis. Hypothek, Zwangsvollstreckungsunterwerfung und Sicherungszweckerklärung sind gegenstandsgleich (vgl. oben zu Muster Rdn. 7 M).

15 Zur Formulierung der Sicherungszweckerklärung für den Fall, dass mehrere Personen an dem Schuldverhältnis beteiligt sind, s. vorstehend in § 68 Rdn. 32 ff. und nachfolgend in § 72 Rdn. 33 ff. die entsprechenden Ausführungen zur Grundschuld. Der Hypothek kann die Abtretung von Ansprüchen auf Rückgabe vorrangiger Grundschulden entsprechend dem Muster § 72 Rdn. 24 M beigegeben werden.

III. Tilgungshypothek

16 Ausführliches Hypothekenformular für ein Tilgungsdarlehen, wie es für den gewerblichen Hypothekenkredit verwandt wird (oben § 67 Rdn. 1):

Tilgungshypothek

17 M **Die S.-Bank in X-Stadt – nachstehend als »Bank« bezeichnet – gewährt den Eheleuten Max und Gerda Hintermüller – nachstehend »Schuldner« genannt – ein Darlehen von 250.000,00 €, zu dem außerhalb dieser Urkunde folgendes vereinbart ist: Das Darlehen ist zu 98 % auszuzahlen und zu 100 % zurückzuzahlen. Für die Berechnung von Zinsen und Tilgung ist der Rückzahlungsbetrag maßgebend. Das Darlehen ist vom Tage der Auszahlung an mit fünf vom Hundert zu verzinsen; die Zinsen sind am Ende eines jeden Kalendervierteljahrs nachträglich fällig. Vom 1. Januar ..... an ist das Darlehen mittels eines jährlichen Tilgungszuschlags von 2 % zuzüglich der durch die fortschreitende Tilgung ersparten Zinsen zurückzuzahlen. Von diesem Zeitpunkt an hat der Schuldner also bis zur vollständigen Tilgung des Darlehens gleichbleibende Annuitäten in Höhe von 7 % jährlich zu entrichten, die in gleich hohen vierteljährlichen Teilbeträgen am Ende eines jeden Kalendervierteljahrs nachträglich fällig sind. Daraus errechnet sich ein effektiver Zinssatz von 5,38 %. Für die Verzinsung und Tilgung des Darlehens und für alle anderen in dieser Urkunde begründeten Verbindlichkeiten haften die Schuldner als Gesamtschuldner. Vorbehaltlich eines gesetzlichen Kündigungsrechts sind beide Vertragsteile befugt, das Darlehen unter Einhaltung einer halbjährigen Kündigungsfrist erstmals zum 31. Dezember (Jahr Y) und dann zum Schluss eines jeden Kalenderjahres zu kündigen. Kündigt der Schuldner das Darlehen berechtigtermaßen auf einen früheren Zeitpunkt als den 31. Dezember (Jahr Y), so hat er nur den Betrag zurückzuzahlen, der sich bei einer Verteilung des zweiprozentigen Disagios auf den Zeitraum bis zum 31.12. (Jahr Y) ergibt.
Zusätzlich gelten für das Darlehen die weiteren Bedingungen, die den Beteiligten zur Durchsicht vorgelegt und mit ihnen erörtert wurden und dieser Urkunde beigefügt sind. Die Beteiligten haben die weiteren Bedingungen unterschrieben und verzichten auf das Vorlesen.
Zur Befriedigung dieser im einzelnen wiedergegebenen Ansprüche der Bank auf Verzinsung und Rückzahlung des Darlehens bestellt der Schuldner der Bank eine Hypothek ohne Brief an seinem im Grundbuch des Amtsgerichts ..... von ..... Blatt ..... eingetragenen Grundstück ..... Er bewilligt und beantragt, die Hypothek mit der Maßgabe in das Grundbuch einzutragen, dass als Tag des Beginns der Verzinsung der 15. Oktober ..... gilt. Wegen der der Hypothek zugrunde gelegten Ansprüche und auch wegen der Hypothek selbst unterwirft sich der Schuldner der sofortigen Zwangsvollstreckung aus dieser Urkunde und zwar in Ansehung der Hypothek in der Weise, dass die Zwangsvollstreckung gegen den jeweiligen Grundstückseigentümer zulässig sein soll und dass auch für diese Unterwerfung der 15. Oktober ..... als Tag des Beginns der Verzinsung gelten soll. Es wird bewilligt und beantragt, auch diese Unterwerfung in das Grundbuch einzutragen. Der Bank ist eine vollstreckbare Ausfertigung dieser**

Urkunde zu erteilen, ohne dass es des Nachweises der Entstehung und der Fälligkeit der Ansprüche bedarf.

....., Notar

Weitere Bedingungen:
1. Unbeschadet sonstiger Rechte und Ansprüche kann die Bank das Darlehen ohne Einhaltung einer weiteren Frist kündigen und die sofortige Rückzahlung des Darlehens verlangen, wenn der Schuldner mit mindestens zwei aufeinander folgenden Annuitäten ganz oder teilweise und mit mindestens 5 Prozent des Nennbetrags des Darlehens in Verzug ist und die Bank dem Schuldner erfolglos eine zweiwöchige Frist zur Zahlung des rückständigen Betrags mit der Erklärung gesetzt hat, dass sie bei Nichtzahlung innerhalb der Frist die gesamte Restschuld verlange.
2. Unbeschadet sonstiger Rechte und Ansprüche kann die Bank ohne Kündigung die sofortige Rückzahlung des Darlehens verlangen
   a) wenn die Hypothek ihre Rechtswirksamkeit verliert oder begründete Zweifel an ihrem rechtlichen Bestand oder ihrem Rang erhoben werden,
   b) wenn der Wert des Pfands sich derart mindert, dass die Hypothek nicht mehr innerhalb der ersten drei Fünftel des Beleihungswerts liegt,
   c) wenn der verpfändete Grundbesitz ganz oder zum Teil nach Maßgabe des Zwangsversteigerungsgesetzes beschlagnahmt wird und die Beschlagnahme nicht unverzüglich wieder beseitigt oder aufgehoben wird; einer unverzüglichen Aufhebung steht es gleich, wenn die Beschlagnahme auf einen vom Schuldner unverzüglich eingelegten Rechtsbehelf hin aufgehoben wird,
   d) wenn einer der Schuldner seine Zahlungen einstellt, Insolvenzantrag stellt oder wenn über das Vermögen eines der Schuldner ein Insolvenzverfahren eröffnet oder die Eröffnung mangels Masse abgelehnt wird,
   e) wenn die verpfändeten Bauwerke nicht zum höchstzulässigen Satz, gegebenenfalls auch zum gleitenden Neuwert, gegen Feuer und Elementarschäden versichert sind und bleiben oder der Bank das Bestehen des Versicherungsschutzes auf Verlangen nicht nachgewiesen wird,
   f) wenn ohne Zustimmung der Bank an dem verpfändeten Grundbesitz Veränderungen im Bestand und der Nutzung vorgenommen werden, die einer behördlichen Erlaubnis bedürfen,
   g) wenn der verpfändete Grundbesitz ohne Zustimmung der Bank in Wohnungs- oder Teileigentum aufgeteilt wird,
   h) wenn der Schuldner in Ansehung des verpfändeten Grundbesitzes ohne Zustimmung der Bank Miet- oder Pachtvorauszahlungen oder Baukostenzuschüsse vereinbart oder sich gewähren lässt oder Miet- oder Pachtzinsen abtritt, verpfändet oder aufgrund einer Pfändung Dritten abliefern muss,
   i) wenn der verpfändete Grundbesitz ganz oder zu einem wesentlichen Teil veräußert oder unter mehreren Eigentümern aufgeteilt wird oder das Eigentum an Pfandgrundstücken aufgegeben wird,
   j) wenn öffentliche oder privatrechtliche Lasten, die im Falle der Zwangsversteigerung im Rang vor der Hypothek befriedigt werden würden, aus irgendeinem Grunde nicht innerhalb dreier Monate nach Fälligkeit beglichen werden,
   k) wenn während eines Zeitraums von mehr als 6 Monaten die der Festlegung des Beleihungswerts der Pfandobjekte zugrunde gelegten Erträge tatsächlich nicht erzielt werden und bei Ansatz der tatsächlich erzielten Erträge die Hypothek nicht mehr innerhalb der ersten drei Fünftel des Beleihungswerts liegen würde,
   l) wenn der Schuldner den nachfolgend bezeichneten Verpflichtungen trotz wiederholter schriftlicher Abmahnung auch nach Androhung der Rückforderung nicht binnen angemessener Frist nachkommt.

2. Der Schuldner ist während der Laufzeit des Darlehens verpflichtet
a) die Pfandobjekte stets in gutem Zustand zu erhalten und sie so zu unterhalten und zu erhalten, wie es den Grundsätzen ordnungsgemäßer Wirtschaft entspricht,
b) im Falle der Zerstörung der auf den Pfandgrundstücken befindlichen Bauwerke unverzüglich geeignete Ersatzbauten aufzuführen und der Bank die Pläne hierzu vor Beginn der Bauarbeiten vorzulegen,
c) die Bank unverzüglich zu unterrichten, wenn Eingriffe von hoher Hand vorgenommen oder angedroht werden, und auf Verlangen der Bank alle Rechtsbehelfe zu ergreifen, die im Sinne der Vorschriften der Zivilprozessordnung über die Prozesskostenhilfe hinreichende Aussicht auf Erfolg bieten und nicht mutwillig erscheinen.
3. Der Schuldner trägt alle Kosten, die bei der Auszahlung, der Verzinsung und Rückzahlung des Darlehens sowie bei der Eintragung der Hypothek, der Rangbeschaffung, späteren Änderungen im Inhalt oder im Rang, für Grundbuchberichtigung oder Rückübertragung der Hypothek entstehen. Die Bank ist befugt, sich Ausfertigungen dieser Urkunde erteilen zu lassen.

■ *Kosten.* 1,0 nach Nr. 21200 KV GNotKG. Alle anderen Erklärungen sind gegenstandsgleich (s. bei Muster Rdn. 7 M).

18   Vgl. zur Formulierung des Schuldanerkenntnisses oben Rdn. 14 M. Die Regelung zu gesetzlichen Kündigungsrechten (gemeint ist vor allem § 490 BGB) ist nach § 490 Abs. 3 Satz 1 BGB erforderlich, weil ein Totalverlust des Disagios als Beschränkung des Kündigungsrechts angesehen werden müsste.[10] Zur Beurkundung der »Weiteren Bedingungen« nach § 14 BeurkG vgl. oben § 13 Rdn. 115 ff. sowie § 68 Rdn. 10 Zum Eintragungsantrag enthalten die meisten Hypothekenformulare eine Klarstellung, dass die unter 2 der weiteren Bedingungen aufgeführten Pflichten nicht Inhalt der Hypothek seien, sondern für die Hypothek nur die Bedeutung von *Kündigungsbestimmungen* hätten; ein solcher Hinweis ist entbehrlich, wenn – wie im Muster – klar die Hypothek ausdrücklich für die Zahlungsansprüche der Bank und nicht für sonstige Ansprüche aus der Hypothekenbestellungsurkunde, die nicht hypothekenfähig sind, bestellt wird. Zum Beginn der Verzinsung vgl. vorstehend Rdn. 3; zur *Zwangsvollstreckungsunterwerfung* oben § 68 Rdn. 25 ff.; hier auch Erläuterungen zur ausdrücklichen Erwähnung des *Ausfertigungsanspruchs* unter Nr. 3 der weiteren Bedingungen. Die *Veräußerungsklausel* nach Nr. 1j der weiteren Bedingungen ist auch in Allgemeinen Geschäftsbedingungen zulässig.[11] Ein Kündigungsrecht für den Fall der Bestellung nachrangiger Belastungen (wie noch in der 23. Aufl. vorgeschlagen) dürfte aber gegen § 1136 BGB verstoßen.[12] Als zusätzliche Sicherung des Gläubigers kommt die Abtretung der Ansprüche auf Rückgabe *vorrangiger Grundschulden* in Betracht (s. § 72 Rdn. 24 M für die Grundschuld); meist werden Hypotheken der vorstehenden Art aber zur ersten Hypothekenrangstelle bestellt, sodass die Notwendigkeit einer solchen Abtretung entfällt.

---
10 BGHZ 81, 126.
11 BGHZ 76, 371 = NJW 1980, 1625.
12 Staudinger/*Wolfsteiner* (2015), § 1136 BGB Rn. 19.

§ 70 Die weitere Entwicklung der Hypothek

Wegen der derzeit noch geringen praktischen Bedeutung der Hypothek werden auch im Folgenden nur hypothekenspezifische Fälle angesprochen. Allerdings gelten die Ausführungen grundsätzlich auch für die praktisch sehr wichtige *Zwangshypothek*. Vergleiche im Übrigen die Darlegungen zur *Grundschuld* (unten §§ 72 ff.) 1

I. Abtretung der Hypothek

Die Hypothek kann *ausschließlich* durch Abtretung der ihr zugrunde liegenden *Forderung* übertragen werden. Mit der Abtretung der Forderung geht sie kraft Gesetzes auf den neuen Gläubiger über. Eine Abtretung der Hypothek als solcher ist nicht möglich (§ 1153 BGB). Ist für eine Forderung eine Hypothek bestellt, so unterliegt ihre bis dahin formfreie Abtretung vom Zeitpunkt des Entstehens der Hypothek an den *besonderen Formvorschriften des § 1154 BGB*. 2

Die einer *Buchhypothek* zugrunde gelegte Forderung wird nach § 1154 Abs. 3 BGB gemäß § 873, 878 BGB abgetreten, also durch (formlose) *Einigung und Eintragung* der Abtretung in das Grundbuch. Die einer *Briefhypothek* zugrunde liegende Forderung wird durch Erteilung der Abtretungserklärung in schriftlicher Form und Übergabe des Hypothekenbriefs abgetreten (§ 1154 Abs. 1 Satz 1 BGB). Der Schriftform bedarf dabei nur die Vertragswillenserklärung des *abtretenden Teils*, nicht auch die des empfangenden Teils. Schriftliche Abtretungserklärung und Übergabe des Briefs werden nach § 1154 Abs. 2 BGB durch Eintragung im Grundbuch ersetzt. 3

S. im Übrigen die Muster zur Abtretung einer *Grundschuld* (unten § 74). 4

Abtretung einer Buchhypothek

**Im Grundbuch von ..... ist in Abteilung III Nr. 4 für mich eine Buchhypothek von 100.000,00 € eingetragen. Hiermit trete ich die dieser Hypothek zugrundeliegende Forderung mit den Zinsen ab ..... an A. ab und bewillige und beantrage, diese Abtretung in das Grundbuch einzutragen.
Ort, Datum Unterschrift des bisherigen Gläubigers
Beglaubigungsvermerk** 5 M

- *Kosten.* 0,5 nach Nr. 21201 Nr. 4 KV GNotKG. Die eigentlich nach Nr. 21200 KV GNotKG zu bewertende Abtretungserklärung bleibt, weil nicht formbedürftig, regelmäßig gemäß § 21 Abs. 1 GNotKG außer Ansatz.

Abtretung einer Briefhypothek

**Im Grundbuch von ..... ist für mich in Abteilung III Nr. 4 eine Briefhypothek von 100.000,00 € eingetragen. Unter Übergabe des Hypothekenbriefs trete ich hiermit die der Hypothek zugrundeliegende Forderung mit den Zinsen ab ..... an A. ab. Ich bewillige, dies in das Grundbuch einzutragen.
Ort, Datum Unterschrift des bisherigen Gläubigers
Beglaubigungsvermerk** 6 M

7 Bei der Unterschriftsbeglaubigung gilt die Vorschrift des § 21 Abs. 2 BeurkG, dass zu vermerken sei, ob der Brief vorgelegen hat, nicht. Dennoch ist ein solcher Vermerk zweckmäßig.

■ *Kosten.* Im Gegensatz zur Buchhypothek bedarf die materielle Abtretungserklärung der Schriftform (§§ 1154, 1155 BGB). 1,0 nach Nr. 21200 KV GNotKG.

II. Inhaltsänderung der Hypothek

1. Änderung nur des dinglichen Rechts

8 Der Inhalt einer Hypothek kann bei unveränderter Forderung durch *Änderung nur des dinglichen Rechts* gemäß § 877 BGB verändert werden. Insbesondere kann auf diesem Wege die Hypothek auf einen Teil der Forderung beschränkt werden, während allerdings umgekehrt wegen ihrer Akzessorietät eine Erweiterung der Hypothek über den Umfang der Forderung hinaus ausscheidet. Zu den Veränderungen des dinglichen Rechts in diesem Sinn zählen insbesondere auch die Erweiterung der Hypothek auf ihr bisher nicht unterworfene Grundstücke (sog. *Pfanderstreckung*) und die Entlassung von Grundstücken aus der Hypothekenhaftung (sog. *Pfandfreigabe*). Vergl. hierzu die Muster zur Grundschuld (unten § 72).

2. Verteilung der Gesamthypothek

9 Ein spezieller Fall der Änderung nur des dinglichen Rechts durch Änderung des Pfandgegenstands ist die *Verteilung der Gesamthypothek* (§ 1132 Abs. 2 BGB). Die Verteilung bedarf nicht der Zustimmung des Eigentümers. Der Gesamtbetrag der Hypotheken nach der Verteilung muss mit dem Kapitalbetrag der zu verteilenden Hypothek übereinstimmen.[1]

Verteilung einer Gesamthypothek

10 M Im Grundbuch von ..... Blatt 1150 ist in Abteilung III unter der Nr. 4 für mich eine Hypothek von 100.000,00 € eingetragen, die an dem im Bestandsverzeichnis unter Nr. 1 eingetragenen Grundstück FlStNr. 247, dem unter Nr. 3 eingetragenen Grundstück FlStNr. 247/4 und dem unter Nr. 4 eingetragenen Grundstück FlStNr. 100 als Gesamthypothek lastet. Ich verteile diese Hypothek auf die drei Pfandgrundstücke so, dass das unter Nr. 1 eingetragene Grundstück FlStNr. 247 nur noch für einen Forderungsteil von 60.000,00 € und die beiden anderen Pfandgrundstücke nur noch für einen Forderungsteil von je 20.000,00 €, jeweils mit Zinsen und sonstigen Nebenleistungen, haften sollen. Unter Vorlage des Hypothekenbriefs bewillige und beantrage ich, diese Verteilung in das Grundbuch einzutragen.
Ort, Datum   Unterschrift
Beglaubigungsvermerk

■ *Kosten.* 0,5 nach Nr. 21201 Nr. 4 KV GNotKG aus 100.000 €.[2]

---

1 Vgl. zum Fall, dass der Gesamtbetrag danach niedriger sein soll, OLG Düsseldorf MittRhNotK 1995, 315 mit falschem Leitsatz – nicht der Verzicht, sondern die Löschung bedarf der Zustimmung aller Eigentümer (Anm. *Wochner*).
2 BayObLG Rpfleger 1981, 326.

3. Änderung der Forderung

Ändert sich der Inhalt der der Hypothek zugrunde liegenden *Forderung*, so muss sich wegen der Akzessorietät die Hypothek zwangsläufig mit ändern. **11**

a) Erhöhung der Forderung

Erhöht sich die *Forderung*, so kann die dingliche Haftung nur durch Bestellung einer *zusätzlichen Hypothek* erweitert werden, die insbesondere in Bezug auf das Rangverhältnis zu anderen Belastungen selbstständig betrachtet werden muss. Die zusätzliche Hypothek erhält also *Rang nach* der ursprünglichen, wenn nicht ausdrücklich Gleichrang eingeräumt wird. Haben die beiden Hypotheken Gleichrang oder Rang unmittelbar nacheinander und handelt es sich um ein und dieselbe Forderung oder um zwei Forderungen gleichen Inhalts, so können die Hypotheken zu einer sogenannten *Einheitshypothek* zusammengefasst werden.[3] Die Bildung der Einheitshypothek bedarf der *Zustimmung des Eigentümers* nach § 877 BGB. Liegen die Voraussetzungen zur Bildung einer Einheitshypothek bei Eintragung der Zusatzhypothek bereits vor, so kann grundbuchtechnisch gesehen die Eintragung der Zusatzhypothek in der Weise erfolgen, dass die *Erhöhung des Hypothekenbetrags* als Veränderung der ursprünglichen Hypothek eingetragen wird. **12**

b) Erhöhung von Nebenleistungen

Erhöhung des Betrags der Hypothek ist auch die *Erhöhung von Zinsen* oder sonstigen *Nebenleistungen*. Bestehen Zwischeneintragungen, so erhalten die zusätzlichen Zinsen oder sonstigen Nebenleistungen nur den *Rang nach diesen Rechten*, was allerdings nicht hindert, dass die Eintragung bei der Hypothek in der Veränderungsspalte erfolgt. Eine Ausnahme gilt nach § 1119 Abs. 1 BGB für die Aufstockung von Zinsen (nicht von anderen Nebenleistungen) auf bis zu 5 % jährlich. Diese Aufstockungszinsen können den *Rang der Hypothek* erhalten, *ohne* dass die *Zustimmung der Zwischenberechtigten* erforderlich wäre (s.a. § 73 Rdn. 2). **13**

Erhöhung von Hypothekenzinsen mit Zwangsvollstreckungsunterwerfung

Verhandelt ..... **14 M**
Im Grundbuch des Amtsgerichts ..... von ..... ist an meinem dort gebuchten Grundbesitz in Abt. III unter der Nr. 2 für G. eine Briefhypothek zu 100.000,00 € nebst 7 % Zinsen jährlich für eine Darlehensforderung gleicher Höhe eingetragen. Mit dem Gläubiger ist vereinbart, dass die Darlehenszinsen rückwirkend ab 01.01.20..... auf 8,5 % jährlich erhöht werden. Ich erstrecke die Hypothek auch auf diese Zinsen und bewillige und beantrage, die Zinserhöhung in der Weise in das Grundbuch einzutragen, dass die zusätzlichen Zinsen gleichen Rang mit den schon eingetragenen Zinsen erhalten. Hierzu lege ich die Zustimmungserklärung des Gläubigers der unter der Nr. 5 eingetragenen Grundschuld vor. Wegen der Verpflichtung zur Zahlung der zusätzlichen Zinsen, die jährlich nachträglich fällig sind, und der insoweit erweiterten Hypothek unterwerfe ich mich der sofortigen Zwangsvollstreckung aus dieser Urkunde und zwar in Ansehung der Hypothek in der Weise, dass die Zwangsvollstreckung gegen den jeweiligen Grundstückseigentümer zulässig sein soll. Der Gläubiger ist befugt, sich

---

3 RGZ 145, 47.

Ausfertigungen dieser Urkunde erteilen zu lassen. Ich bewillige und beantrage, auch die Zwangsvollstreckungsunterwerfung in das Grundbuch einzutragen.

..... Notar

■ *Kosten.* Wert 20 × 1,5 % aus 100.000 € = 30.000 € (§ 52 Abs. 3 GNotKG). 1,0 nach Nr. 21200 KV GNotKG.

15 Was die Zinsfälligkeit betrifft, so kann die Eintragungsbewilligung auf die schon bestehende Grundbucheintragung verweisen; für die Zwecke der Zwangsvollstreckungsunterwerfung muss die Fälligkeit jedoch ausdrücklich angegeben werden, wenn nicht zusätzlich ein Nachweisverzicht erklärt wird. Bei der Eintragung der Zinserhöhung in die Veränderungsspalte muss die Unterwerfung nicht nochmals ausdrücklich erwähnt werden.[4] Da die Unterwerfungserklärung und die Eintragung nach § 800 ZPO selbst *keinen Rang* haben, bedarf es insoweit keiner besonderen Zustimmungserklärungen.

c) Reduzierung der Forderung

16 Wird die Forderung in Haupt- oder Nebensache *reduziert,* so gelten die gleichen Regeln, wie bei Teil-Erfüllung der Hypothekenforderung (unten Rdn. 21 ff.).

d) Änderung des Forderungsinhalts

17 *Ändert* sich der Forderungsinhalt unter Wahrung der Identität der Forderung in *sonstiger Weise,* so bedarf die dementsprechende Änderung der Hypothek zwar der Eintragung im Grundbuch und diese wiederum einer *Bewilligung des Eigentümers* jedenfalls dann, wenn die Änderungen für den Eigentümer rechtlich nachteilig sind, jedoch nach § 1119 Abs. 2 BGB nicht der Zustimmung der gleich- und nachrangigen Berechtigten. Als »Änderung der Zahlungszeit« sind in diesem Zusammenhang auch die Änderung von Kündigungsbestimmungen, Vereinbarungen über den Aufschub der Tilgung oder über eine beschleunigte Tilgung zu verstehen. Handelt es sich um eine vollstreckbare Hypothek, so ist regelmäßig eine neue Unterwerfungserklärung erforderlich.

Änderung von Hypothekenbedingungen

18 M **Verhandelt** .....
Im Grundbuch des Amtsgerichts ..... von ..... ist zugunsten des G. an meinem dort verzeichneten Grundbesitz eine Briefhypothek zu 100.000,00 € nebst Zinsen und weiteren Nebenleistungen für eine Darlehensforderung eingetragen. Das Darlehen ist nach Maßgabe der Eintragung am ..... zur Rückzahlung fällig. Der Darlehensvertrag ist nun dahin geändert worden, dass an diesem Tage nur die Hälfte des Darlehens zur Rückzahlung fällig wird, während die andere Hälfte erst am ..... fällig wird. Des Weiteren ist aber vereinbart, dass das gesamte Darlehen sofort zur Rückzahlung fällig wird, wenn ich mit Zinszahlungen in Höhe von mehr als einer Vierteljahresrate in Verzug komme. Ich überreiche die notariell beglaubigte Zustimmungserklärung des Gläubigers und bewillige und beantrage, die Änderung der Zahlungsbestimmungen als Änderung der Hypothek in das Grundbuch einzutragen. Wegen meiner Verpflichtung zur Rückzahlung des Darlehens unterwerfe ich mich in der Weise der sofortigen Zwangsvollstreckung aus dieser Urkunde, dass die geänderten Fälligkeitsbestimmungen maßgeblich

---
4 BayObLG Rpfleger 1992, 196.

sind, und zwar in Ansehung der Hypothek auch in der Weise, dass die Zwangsvollstreckung gegen den jeweiligen Grundstückseigentümer zulässig sein soll. Ich bewillige und beantrage, auch die geänderte Unterwerfung unter die sofortige Zwangsvollstreckung in das Grundbuch einzutragen. Der Gläubiger ist befugt, sich Ausfertigungen dieser Urkunde erteilen zu lassen.

......, Notar

- *Kosten.* Wert nach § 36 Abs. 1 GNotKG nach billigem Ermessen. 1,0 nach Nr. 21200 KV GNotKG.

Eines *Nachweisverzichts* bedarf es bei der Unterwerfungserklärung nicht, da es sich bei den Bestimmungen über die vorzeitige Fälligkeit um eine sogenannte *Verfallklausel* handelt (dazu oben § 69 Rdn. 9). Da die Änderungen nur in der Veränderungsspalte eingetragen werden, muss die Unterwerfungsklausel nicht erneut eingetragen werden.[5] **19**

4. Forderungsauswechslung

Eine vollständige Inhaltsänderung der Hypothek stellt die *Forderungsauswechslung* nach § 1180 BGB dar. Sie ist von geringer praktischer Bedeutung, weil – was zu beachten ist – eine Hypothek nach Tilgung der ihr zugrunde liegenden Forderung nicht durch bloße Forderungsauswechslung wieder aktiviert werden kann. Mit der Tilgung der Forderung ist die Hypothek regelmäßig auf den Eigentümer (§ 1143 BGB) oder auf den persönlichen Schuldner (§ 1164 BGB) übergegangen, sodass es zu einer erneuten Aktivierung in Form der Forderungsauswechslung zunächst einer Abtretung der Hypothek an den Gläubiger bedarf, die bei Buchrechten nur durch vorherige Grundbuchberichtigung (§ 39 GBO) und Eintragung der Abtretung (nebst Forderungsauswechslung) erreichbar ist. Zudem bedarf es wegen des gesetzlichen Löschungsanspruchs regelmäßig auch noch der Zustimmung der nachrangigen Gläubiger (dazu oben § 68 Rdn. 6 i.V.m. § 74 Rdn. 16 f.). Schließlich müssen die Unterwerfungserklärungen wiederholt werden,[6] sodass sich in der Praxis die Löschung der alten Hypothek und die Neubestellung regelmäßig als das Zweckmäßigere erweist. **20**

III. Erlöschen der Hypothekenforderung und Löschung der Hypothek

1. Erfüllung der Hypothekenforderung

Erfüllungshandlungen des Schuldners (§ 1164 BGB) oder des Eigentümers (§§ 1142 ff. BGB) führen grundsätzlich *nicht zum Erlöschen der Hypothek*, sondern vielmehr kraft Gesetzes zu deren Übergang auf den Schuldner oder Eigentümer, wobei sich die Hypothek letzterenfalls in eine Eigentümergrundschuld verwandelt (§ 1163 Abs. 1 Satz 2 BGB). Das Grundbuch wird dadurch i.S.d. § 894 BGB unrichtig. Der Befriedigende hat dann folgende Ansprüche: **21**

a) Quittungsanspruch

Anspruch auf Erteilung einer Quittung (§ 368 Satz 1 BGB) in öffentlich beglaubigter Form (§ 368 Satz 2 BGB i.V.m. §§ 22 Abs. 1 Satz 1, 29 Abs. 1 Satz 1 GBO). Die Kosten der Quittung hat nach § 369 BGB der Schuldner zu tragen. Eine solche, auf die Hypothekenforderung bezogene Quittung heißt *löschungsfähige Quittung.* Eine löschungsfähige Quittung lässt sich der Eigentümer sinnvollerweise dann erteilen, wenn er die Hypothek gerade nicht löschen, sondern umschrei- **22**

---

5 BayObLG Rpfleger 1992, 196.
6 *Wolfsteiner*, Die vollstreckbare Urkunde, § 30.3. ff. m.w.N.; unklar BGH NJW 1980, 1050.

ben lassen will; des Weiteren lässt sich eine löschungsfähige Quittung erteilen, wer den Gläubiger befriedigt, ohne Eigentümer zu sein, sodass die Hypothek nach § 1164 BGB auf ihn übergeht. S. zur Erweiterung der Quittungsberechtigung bei der Hypothek § 1144 BGB.

23 Die Kreditinstitute *schließen* in ihren Hypothekenformularen den Anspruch auf Erteilung einer *löschungsfähigen Quittung häufig aus*. Die Kreditinstitute wollen sich dadurch den Aufwand und die Risiken ersparen, die sich daraus ergeben, dass die löschungsfähige Quittung nicht einfach dem Eigentümer erteilt werden darf, sondern demjenigen erteilt werden muss, der zur Erfüllung der Hypothekenforderung geleistet hat; dies führt vor allem dann zu Schwierigkeiten, wenn von unterschiedlichen Personen Teilleistungen erbracht worden sind (vgl. § 1176 BGB). Obwohl also das Kreditinstitut ein berechtigtes Interesse am Ausschluss des Quittungsanspruches hat, muss angenommen werden, dass der Ausschluss den Leistenden i.S.d. § 307 BGB *unbillig benachteiligt* und deshalb unwirksam ist,[7] weil der Leistende ohne die Quittung außerstande ist, seine Rückgriffsrechte in vollem Umfange geltend zu machen.[8]

24 Von entscheidender Wichtigkeit ist bei der löschungsfähigen Quittung die Angabe dessen, der den Gläubiger befriedigt hat, weil sonst nicht erkennbar ist, auf wen die Hypothek übergegangen ist.[9]

Löschungsfähige Quittung

25 M Im Grundbuch des Amtsgerichts ..... Blatt ..... ist in Abteilung III Nr. ..... für mich als Gläubigerin eine Hypothek von 100.000,00 € mit Zinsen und Nebenleistungen eingetragen. Ich bestätige, dass meine durch die Hypothek gesicherte gegen die Eheleute A.X. und B.X. als Gesamtschuldner gerichtete Forderung von A.X. am ..... vollständig erfüllt worden ist. Ich bewillige, das Grundbuch dahin zu berichtigen, dass die Hypothek auf A.X. übergegangen ist; ich bewillige auch die Löschung der Hypothek. Den Hypothekenbrief übergebe ich A.X.
Ort, Datum   Unterschrift des Gläubigers
Beglaubigungsvermerk

■ *Kosten.* 1,0 nach Nr. 21200 KV GNotKG (Quittung ist materiell-rechtliche Erklärung).

b) Anspruch auf Berichtigungsbewilligung

26 Anspruch auf Erteilung einer *Berichtigungsbewilligung* gemäß § 894 BGB (vgl. dazu § 55 Rdn. 39 ff. und vorstehend Muster Rdn. 25 M).

c) Anspruch auf Löschungsbewilligung

27 Anspruch auf Erteilung einer *Löschungsbewilligung* gemäß § 1144 BGB (der von der h.M. dahin verstanden wird, dass er nicht nur den Anspruch auf Aushändigung schon existierender Urkunden, sondern darüber hinaus auch den Anspruch auf Erzeugung der Löschungsbewilligungsurkunde umfasst[10]). Trotz Fehlens einer ausdrücklichen Vorschrift herrscht Einigkeit darüber, dass die Kosten nicht vom Gläubiger, sondern vom Eigentümer zu tragen

---

7 Vgl. BGH NJW 1989, 1349. Einzelheiten und Differenzierung bei Staudinger/*Wolfsteiner* (2015), § 1144 BGB Rn. 7 ff.
8 Vgl. (zur Grundschuld) BGH DNotZ 1988, 487 m. abl. Anm. *Schmitz-Valckenberg* und BGH DNotZ 1990, 559 zur Abtretung der Rückgewähransprüche; BGH NJW 1992, 971; ZNotP 2000, 245. Näheres oben § 68 Rdn. 39
9 Vgl. OLG Celle, DNotZ 1955, 317; OLG Köln NJW 1961, 368.
10 Vgl. statt vieler: Staudinger/*Wolfsteiner* (2015), § 1144 BGB Rn. 12.

sind.[11] Die Löschungsbewilligung ist eine Eintragungsbewilligung i.S.d. § 19 GBO, § 873 Abs. 2 BGB, die hier von einem nicht (mehr) Berechtigten abgegeben wird, die aber gemäß § 185 BGB mit Zustimmung des berechtigten Eigentümers wirksam und verwendbar ist; in der ohnehin nach § 1183 BGB zur Löschung erforderlichen Eigentümerzustimmung liegt auch die Genehmigung i.S.d. § 185 BGB. Das Grundbuchamt darf die Hypothek aber aufgrund einer Löschungsbewilligung des eingetragenen Gläubigers dann nicht löschen, wenn es weiß, dass die Hypothek in Wahrheit einem Dritten zusteht, weil die Forderung von einem Ablösungsberechtigten oder von dem mit dem Grundstückseigentümer nicht identischen Schuldner befriedigt worden ist.

Löschungsbewilligung

Im Grundbuch des Amtsgerichts ..... von ..... Blatt .....[12] ist für mich eine Hypothek ohne Brief zu 100.000,00 € samt Nebenleistungen eingetragen. Ich bewillige die Löschung dieser Hypothek. 28 M
Ort, Datum **Unterschrift**
Beglaubigungsvermerk

- *Kosten.* 0,5 nach Nr. 21201 Nr. 4 KV GNotKG.

d) Anspruch auf den Hypothekenbrief

Anspruch auf *Vorlegung* (§§ 896, 1145 Abs. 1 Satz 2 BGB) bzw. Aushändigung (§ 1144 BGB) 29
des *Hypothekenbriefs* (auf §§ 1144, 1145 BGB verweisen die §§ 1150, 1160 Abs. 1, 1167, 1168 Abs. 3 BGB).

2. Verzicht

Der in der Praxis seltene *Verzicht* auf die Hypothek hat nach § 1168 BGB grundsätzlich die 30
gleiche Wirkung wie die Befriedigung der Hypothek, führt also nicht zum Erlöschen, sondern zum Übergang auf den Eigentümer. Freilich kann der Gläubiger auch auf die Hypothek verzichten, ohne dass deshalb die persönliche Forderung erlöschen müsste. Die Ansprüche nach § 1144 BGB stehen aber dem Eigentümer im Fall des Verzichts nicht zu, sodass er auf den Grundbuchberichtigungsanspruch und in Ansehung des Hypothekenbriefs auf den Anspruch nach § 952 BGB beschränkt ist.

3. Löschung

Die *Löschung* der Hypothek ist der dem Verfahrensrecht angehörige Teil des insgesamt mate- 31
riell-rechtlichen Tatbestands der *Aufhebung* der Hypothek i.S.d. § 875 BGB. Wenn das Gesetz in §§ 1179 ff. BGB vom Anspruch auf »Löschung« der Hypothek spricht, handelt es sich um einen bedauerlich ungenauen Sprachgebrauch. Die Aufhebung der Hypothek lässt den Bestand der Forderung, sollte sie noch bestehen, unberührt. Die Aufhebung der Hypothek setzt neben der Erklärung des Berechtigten nach § 1183 BGB auch die Zustimmung des Eigentümers voraus, die dem Grundbuchamt regelmäßig durch Eintragungsbewilligung

---

11 Staudinger/*Wolfsteiner* (2015), § 1144 BGB Rn. 22.
12 Bei einer Gesamthypothek soll nach BayObLG MittBayNot 1996, 462 eine Bewilligung zur Löschung an Blatt ..... nd »überhaupt allerorts« nicht genügen; vielmehr soll es notwendig sein, alle Grundbuchstellen anzugeben.

des Eigentümers gemäß § 19 GBO nachgewiesen wird.[13] Steht die Hypothek, deren Löschung beantragt wird, dem Eigentümer zu, so bedarf es entgegen dem Wortlaut des § 39 GBO zur Löschung nicht seiner Voreintragung, wenn noch der Gläubiger als Inhaber der Hypothek eingetragen ist; dabei macht es keinen Unterschied, ob die Löschung aufgrund einer löschungsfähigen Quittung oder aufgrund einer Löschungsbewilligung des eingetragenen Gläubigers erfolgen soll.[14]

Löschungsantrag des Eigentümers

32 M   Zum Grundbuch von ..... Blatt ..... überreiche ich öffentlich beglaubigte löschungsfähige Quittung/Löschungsbewilligung des Gläubigers der in Abteilung III unter Nr. 4 eingetragenen Hypothek und bewillige und beantrage, diese Hypothek im Grundbuch zu löschen.
Ort, Datum   Unterschrift des Eigentümers

■ *Kosten.* 0,5 nach Nr. 21201 Nr. 4 KV GNotKG. Wird der Löschungsantrag zugleich mit der löschungsfähigen Quittung oder der Löschungsbewilligung beurkundet, so bleibt er als gegenstandsgleich (§ 109 Abs. 1 GNotKG) außer Ansatz.

IV. Grundpfandrechte im Beitrittsgebiet

1. Zeit vor 1948

33   *Grundpfandrechte aus der Zeit vor 1948* sind in der damaligen sowjetisch besetzten Zone und in Ost-Berlin zum Nennwert auf Mark (der DDR) umgestellt, also nicht abgewertet worden. Alle Bankforderungen wurden mit Ausnahme der Sparkassenforderungen letztlich auf die Staatsbank der DDR, die nachmalige Staatsbank Berlin und weiter die Kreditanstalt für Wiederaufbau (KfW) übertragen, die eine Anstalt des öffentlichen Rechts ist.[15] Briefrechte soll die KfW zur Löschung bewilligen können, ohne den Brief vorlegen zu müssen.[16] Die jetzt in kommunaler Trägerschaft stehenden Sparkassen sind Rechtsnachfolger der Sparkassen, die vor 1948 bestanden haben (§ 29 DDR-SparkassenG vom 29.06.1990 – GBl. S. 567).[17]

2. 1948 bis 31.12.1975

34   *Bis zum Inkrafttreten des ZGB der DDR* am 01.01.1976 galten unverändert die BGB-Vorschriften. Nach diesen Vorschriften bestellte Grundpfandrechte unterliegen auch jetzt wieder dem BGB (Art. 233 § 6 Abs. 2 EGBGB). S. zu den Kreditgenossenschaften nachf. Rdn. 36.

3. DDR-ZGB ab 01.01.1976

35   Das *DDR-ZGB* (§§ 452 ff.) kannte als Grundpfandrechte nur die Hypothek und die Aufbauhypothek; letztere unterlag nur anderen Entstehungsvoraussetzungen als die einfache Hypothek, wurde dann und wird jetzt aber nach denselben Regeln behandelt. Nach Art. 233 § 6 Abs. 1 EGBGB gelten für die *Übertragung* solcher Hypothekenforderungen (einschließlich

---

13 Vgl. BayObLG DNotZ 1988, 585; äußerst engherzig in der Auslegung BayObLG ZfIR 1999, 523.
14 Unten § 76 Rdn. 2
15 Vgl. VO vom 13.09.1994, BGBl. I S. 2554; OLG Rostock ZIP 1997, 1112.
16 *Rawert*, VIZ 1992, 178; a.A. offenbar OLG Dresden Rpfleger 1996, 283 m. zust. Anm. *Hennings*.
17 BGH NJW 1999, 494; zweifelnd KG Rpfleger 1997, 523 = VIZ 1997, 696; dazu *Böhringer*, VIZ 1998, 424.

der Hypothek selbst) die für Sicherungshypotheken geltenden BGB-Vorschriften entsprechend (nachfolgend § 71 Rdn. 15 ff.). Dies gilt auch für Höchstbetragshypotheken nach § 454a ZGB.[18] Weil das ZGB keine Eigentümergrundschuld kannte, sah es anders als das BGB nicht vor, dass sich die Hypothek beim Erlöschen der Forderung in eine solche verwandle; dementsprechend war zur Löschung auch keine Eigentümerzustimmung erforderlich. Diese Regelung erhält Art. 233 § 6 Abs. 1 Satz 2 und 3 EGBGB aufrecht, sodass auch künftig die *Löschung keine Eigentümerzustimmung* erfordert und nur die Aufhebung der Hypothek, nicht aber der Verzicht auf sie, zulässig ist.

4. Kreditgenossenschaften, Länder, kommunale Körperschaften

Was Grundpfandrechte aus der Zeit nach 1948 anlangt, so war Rechtsnachfolgerin der nach DDR-Recht errichteten Kreditgenossenschaften die Genossenschaftsbank Berlin aufgrund ihres am 30.03.1990 vom Präsidenten der Staatsbank der DDR[19] genehmigten Status; diese ist vertraglich auf die Deutsche Genossenschaftsbank (jetzt DZ Bank AG) übergegangen.[20] Rechtsnachfolger der Länder, der Gemeinden und der anderen kommunalen Körperschaften aus der Zeit vor 1957 sind nicht die entsprechenden heutigen Körperschaften; vielmehr ist deren gesamtes Vermögen spätestens durch das G über die örtlichen Organe der Staatsmacht vom 18.01.1957[21] und durch das G über die örtlichen Volksvertretungen in der DDR[22] unterschiedslos in Volkseigentum überführt und auch nach 1990 nicht unmittelbar kraft Gesetzes wieder auf die Körperschaften übertragen worden.[23]

5. Umstellung

Im Vertrag über die Schaffung einer Währungs-, Wirtschafts- und Sozialunion vom 18.05.1990 (BGBl. 1990 II 537) wurden Hypotheken- und wohl auch Grundschuldforderungen im Verhältnis zwei zu eins von Mark der DDR auf DM *umgestellt* (Art. 10 Abs. 5 und Anl. I Art. 7 § 1). Auch auf Reichsmark lautende Grundpfandrechte sind damit (s. vorstehend Rdn. 33) im Verhältnis zwei zu eins auf DM umgestellt. Auf Antrag ist das Grundbuch entsprechend zu berichtigen.

Die *Umwandlung* einer ZGB-Hypothek in ein BGB-Grundpfandrecht (dazu § 75 Rdn. 3) ist nicht möglich. Nach Art. 233 § 9 Abs. 3 Satz 2 EGBGB erstreckt sich der Vorrang der Aufbauhypotheken gemäß § 456 Abs. 3 ZGB auch auf nachträglich und künftig noch vorgenommene *Zinserhöhungen* bis zu 13 %, die keiner Zustimmung nachrangiger Gläubiger bedürfen.

---

18 Eingeführt durch G vom 28.06.1990, Gbl. S. 524.
19 Gbl. I S. 251.
20 BGH ZIP 1996, 1271.
21 Gbl. I S. 65.
22 GöV – Gbl. I S. 213.
23 A.A. LG Dresden DtZ 1996, 387 mit zu Recht ablehnender – und weiterführender – Anm. *Böhringer.*

§ 71 Sicherungshypothek, Höchstbetragshypothek

I. Sicherungshypothek

1 Von der Verkehrshypothek (oben § 69) *unterscheidet* sich die Sicherungshypothek gemäß § 1184 Abs. 1 BGB dadurch, dass sich der Gläubiger zum *Beweise der Forderung* nicht auf die Eintragung berufen kann, dass also § 1138 BGB nicht gilt (§ 1185 Abs. 2 BGB).[1] Sie ist dadurch einerseits – soweit der gute Glaube an das Bestehen der Forderung nicht, wie bei der Sicherungshypothek für Inhaber- und Orderpapiere (1187 BGB), anderweitig geschützt wird – *nicht verkehrsfähig*, in der Hand des Gläubigers insbesondere *kein Refinanzierungsinstrument*; andererseits birgt sie aus der Sicht des Schuldners auch nicht die der Verkehrshypothek innewohnenden Risiken in sich (oben § 68 Rdn. 4). Die Sicherungshypothek ist deshalb das *Sicherungsmittel der Wahl* für alle Fälle, in denen eine Weitergabe des Sicherungsmittels vom ursprünglichen Gläubiger an dritte Personen nicht ins Auge gefasst ist. Privatdarlehen, gestundete Forderungen oder fällige, derzeit aber nicht beitreibbare Ansprüche sollten deshalb grundsätzlich *nicht durch Grundschuld oder Verkehrshypothek*, sondern ausschließlich durch Sicherungshypothek gesichert werden (vgl. aber § 72 Rdn. 15 f. dazu, dass nicht abtretbare Grundschulden ebenfalls die Funktion der Sicherungshypothek übernehmen können). Dasselbe gilt für Sicherungen, die als Nebenabreden im Rahmen eines Vertragsverhältnisses vereinbart werden, insbesondere also für *Kaufpreisresthypotheken*, für Ansprüche aus Altenteilsverträgen (Gutsabstandsgelder, Zahlungsverpflichtungen an die Geschwister) und für Kautionen, für die allerdings regelmäßig die Sonderform der Höchstbetragshypothek (dazu nachfolgend Rdn. 8) in Betracht kommt.

2 Sicherungshypotheken sind auch alle Hypotheken, die kraft eines *gesetzlichen Anspruchs* zu bestellen sind (wie die Bauhandwerkerhypothek nach § 650e BGB, nachf. Rdn. 5), die *kraft Gesetzes* entstehen (z.B. nach Pfändung eines Anspruchs auf Herausgabe oder Leistung eines Grundstücks, § 848 ZPO) sowie alle Hypotheken, die kraft richterlicher oder behördlicher Anordnung entstehen (Zwangshypothek nach § 867 ZPO; Arresthypothek nach § 932 ZPO).

3 Für die *Zwangsvollstreckungsunterwerfung* gelten gegenüber der Verkehrshypothek keine Besonderheiten (§ 69 Rdn. 6 ff.). Insbesondere ist also auch die Zwangsvollstreckungsunterwerfung gemäß § 800 ZPO zulässig und regelmäßig zu empfehlen. Ein sog. Verzicht auf den *Nachweis des Entstehens oder der Fälligkeit* wird sich in Ansehung der Hypothek im selben Umfang, aber auch nur im selben Umfang empfehlen, in dem ein solcher Verzicht für die der Hypothek zugrunde liegende Forderung in Betracht kommt (dazu oben § 19 Rdn. 5 und § 68 Rdn. 25 ff.).

Bestellung einer Sicherungshypothek

4 M Zur Kennzeichnung genügt der in § 1184 Abs. 1 BGB gesetzlich definierte Begriff »Sicherungshypothek«; im Grundbuch muss dieser Begriff verwendet werden (§ 1184 Abs. 2 BGB).

---

[1] Vgl. für rechtskräftiges Urteil BGH NJW 1988, 828.

Ich schulde G. in ..... ein Darlehen von 20.000,00 €. Die Schuld ist vom 1. Oktober 20 .....[2] an mit vier Prozentpunkten über dem jeweiligen Basiszinssatz zu verzinsen; die Zinsen sind kalendervierteljährlich nachträglich fällig. Das Darlehen kann mit dreimonatiger Frist zum Ende eines jeden Kalendervierteljahrs zur Rückzahlung gekündigt werden. Ich bewillige und beantrage, für den Gläubiger zur Befriedigung dieser seiner Forderung an meinem im Grundbuch von ..... eingetragenen Grundstück ..... eine Sicherungshypothek einzutragen.
Ort, Datum
Beglaubigungsvermerk   Unterschrift

■ *Kosten.* 0,5 nach Nr. 21201 Nr. 4 KV GNotKG.

II. Die Bauhandwerkersicherungshypothek, § 650e BGB

Die Bestellung der Bauhandwerkersicherungshypothek kann grundsätzlich nur für einen der *bereits geleisteten Arbeit* entsprechenden Teil der Vergütung und für die in der Vergütung nicht inbegriffenen Auslagen verlangt werden. Fälligkeit der (Teil-)Forderung wird aber nicht verlangt. Da die Hypothek mit fortschreitender Arbeit ständig aufgestockt werden müsste, ist sie in der gesetzlich vorgesehenen Form kaum praktikabel. In der *Praxis* geschieht Folgendes: Entweder fordert der Bauhandwerker Sicherheit nach § 650f BGB; dann werden sich die Vertragsteile auf die Bestellung einer gewöhnlichen Sicherungshypothek oder Höchstbetragshypothek einigen. In der Regel aber wird das Verlangen nach Sicherung erst gestellt, wenn eine Gefährdung des Anspruchs sichtbar wird; einigen sich die Vertragspartner auch in dieser Situation nicht auf die Bestellung einer umfassenden Sicherheit, so kommt es in der Regel zur *einstweiligen Verfügung* nach §§ 935 ZPO, 885 BGB; durch diese einstweilige Verfügung wird die Bewilligung des Eigentümers zur Eintragung einer Vormerkung auf Bestellung der Bauhandwerkersicherungshypothek *ersetzt*. 5

Nach herrschender Praxis kann auch die im Verfügungsverfahren zu erwirkende Vormerkung nur die Ansprüche umfassen, für die nach § 650f Abs. 1 Satz 2 BGB im *Zeitpunkt der Entscheidung* die Eintragung der Sicherungshypothek gefordert werden kann, es soll also unzulässig sein, zwangsweise eine Vormerkung zur Sicherung der Vergütungsteile zu erwirken die auf erst künftig zu leistende Arbeiten entfallen. 6

Der Anspruch wird ergänzt durch die Ansprüche nach § 650f BGB auf Stellung weiterer (nicht hypothekarischer) Sicherheiten. 7

III. Höchstbetragshypothek

1. Rechtscharakter

Die Höchstbetragshypothek ist eine Sicherungshypothek, die wie jene insofern streng *akzessorisch* ist, als sie nur zur Sicherung von (in den Gutglaubensschutz nicht einbezogenen) Forderungen bestellt werden kann. Sie unterscheidet sich aber von der gewöhnlichen Sicherungshypothek insofern, als zwar der *Höchstbetrag* bestimmt sein muss, für den das Grundstück haftet, jedoch (in bestimmten Grenzen) offen bleiben kann, für wel- 8

---

2 Für die Angabe eines bestimmten Zinsbeginns gilt dasselbe wie für die Verkehrshypothek, s. § 69 Rdn. 3 (BayObLG DNotZ 1996, 96).

che Forderung oder Forderungen das Grundstück in Anspruch genommen werden wird. Die Forderungen können *bestimmt* oder *unbestimmt* sein, müssen aber jedenfalls *bestimmbar* sein. Das Bestimmungskriterium muss in der Eintragungsbewilligung angegeben werden. Zinsen werden gemäß § 1190 Abs. 2 BGB in den Höchstbetrag eingerechnet, sodass also neben dem Höchstbetrag *keine Zinsen* und auch keine sonstigen Nebenleistungen angegeben werden können.

9   In der Praxis spielt die rechtsgeschäftlich bestellte Höchstbetragshypothek (anders die Arresthypothek nach § 932 ZPO, unten Rdn. 25 ff.) keine große Rolle mehr; auch sie ist wie alle Formen der Hypothek weitgehend durch die Grundschuld verdrängt. Sie ist aber wie die gewöhnliche Sicherungshypothek (oben Rdn. 1) das empfehlenswerte Instrument für private Sicherungsgeschäfte, für die die Grundschuld als zu gefährlich erscheint.

Bestellung einer Höchstbetragshypothek

10 M   Ich stehe mit der im Handelsregister des Amtsgerichts ..... unter HRB Nr. ..... eingetragenen Fell GmbH mit Sitz in ..... in laufender Geschäftsverbindung; in deren Rahmen kaufe ich von ihr laufend Pelze und sonstige Rauchwaren. Zur Befriedigung aller Ansprüche auf Zahlung von Kaufpreisen nebst etwaiger Stundungs- und Verzugszinsen, die die Fell GmbH aus solchen Kaufgeschäften gegen mich hat oder haben wird, bewillige und beantrage ich, an dem im Grundbuch von ..... eingetragenen Grundstück ..... für die Fell GmbH eine Sicherungshypothek zum Höchstbetrag von 100.000,00 € in der Weise einzutragen, dass der Gläubiger bestimmt, welche der Forderungen im Einzelnen gesichert sein sollen.
Ort, Datum   Unterschrift
Beglaubigungsvermerk

■ *Kosten.* 0,5 nach Nr. 21201 Nr. 4 KV GNotKG aus 100000 €.

2. Höchstbetragshypothek für sämtliche Ansprüche

11   Die Höchstbetragshypothek kann auch für *sämtliche gegenwärtigen und künftigen Ansprüche* des Gläubigers gegen allerdings namhaft zu machende Schuldner bestellt werden:

Höchstbetragshypothek für sämtliche Ansprüche

12 M   Ich bewillige und beantrage, an meinem im Grundbuch von ..... eingetragenen Grundstück ..... für G. zur Befriedigung aller Ansprüche auf Zahlung von Geld, die er gegen mich und gegen meine Ehefrau Maria S. gemeinsam oder gegen einen Einzelnen von uns gegenwärtig hat oder künftig haben wird, eine Sicherungshypothek zum Höchstbetrag von 100.000,00 € in der Weise einzutragen, dass der Gläubiger bestimmt, welche der Forderungen im Einzelnen gesichert sein sollen.
Ort, Datum   Unterschrift
Beglaubigungsvermerk

■ *Kosten.* 0,5 nach Nr. 21201 Nr. 4 KV GNotKG aus 100.000 €.

3. Zwangsvollstreckungsunterwerfung

Nach älterer[3] Lehre konnte sich die *Zwangsvollstreckungsunterwerfung* wegen einer Höchstbetragshypothek stets nur auf einen *Teilbetrag* derselben beziehen.[4] Der BGH[5] hat diese Lehre (wenn auch für den Spezialfall der »Zinsen bis zu«) aufgegeben und sie durch Grundsätze ersetzt, die wie folgt charakterisiert werden können: Die Höchstbetragshypothek ist der Zwangsvollstreckungsunterwerfung im *selben Umfange* zugänglich, wie es *die ihr zugrunde liegenden Ansprüche* sind. Soweit diese Ansprüche unterwerfungsfähig sind, ist es auch die hierfür bestellte Höchstbetragshypothek, und zwar auch i.S.d. § 800 ZPO. Daraus ergibt sich, dass der Gesamtbetrag der Unterwerfungserklärung keinesfalls hinter dem Höchstbetrag der Höchstbetragshypothek zurückbleiben muss, ja dass er ihn sogar überschreiten kann. Wegen der immer noch bestehenden Vorbehalte ist aber in der Praxis Zurückhaltung zu empfehlen; diese kann auch darin bestehen, auf die Eintragung nach § 800 ZPO zu verzichten.[6]

Höchstbetragshypothek mit Zwangsvollstreckungsunterwerfung

Verhandelt .....

Durch Vertrag vom ..... habe ich mich dem G. gegenüber verpflichtet, zu bewirken, dass die im Register des Deutschen Marken- und Patentamts für eingetragene Designs unter Nr. ..... bestehenden Eintragungen, betreffend insgesamt 153 Stoffmuster, bis zum 31.12.20..... aufrechterhalten bleiben. Für den Fall, dass die Eintragungen ganz oder zum Teil vor dem genannten Zeitpunkt gelöscht werden sollten, habe ich mich zur Zahlung einer Vertragsstrafe verpflichtet, die sich für jedes einzelne Muster je angefangenen Monats vorzeitiger Löschung auf 50,00 € beläuft. Zur Befriedigung der bedingten Ansprüche des G. auf Zahlung der Vertragsstrafen bestelle ich ihm eine Sicherungshypothek zum Höchstbetrag von 25.000,00 € an meinem im Grundbuch von ..... eingetragenen Grundstück ..... Wegen meiner bedingten Verpflichtung zur Zahlung der Vertragsstrafen und wegen der hierfür bestellten Höchstbetragshypothek unterwerfe ich mich der sofortigen Zwangsvollstreckung aus dieser Urkunde und zwar in Ansehung der Höchstbetragshypothek in der Weise, dass die Zwangsvollstreckung gegen den jeweiligen Grundstückseigentümer zulässig sein soll. G. hat Anspruch auf Erteilung von Ausfertigungen dieser Urkunde. Zur Erteilung der vollstreckbaren Ausfertigung genügt der Nachweis der Löschung im Register für eingetragene Designs. Ich bewillige und beantrage, die Höchstbetragshypothek einschließlich der Unterwerfung unter die sofortige Zwangsvollstreckung in das Grundbuch in der Weise einzutragen, dass der Gläubiger bestimmt, welche der Forderungen im Einzelnen gesichert sein sollen.

■ *Kosten.* 1,0 nach Nr. 21200KV GNotKG. Wert nach § 52 Abs. 2 GNotKG bei z.B. einer Laufzeit von 5 Jahren aus 153 × 12 × 5 × 50 € = 459.000 €, wegen der Bedingtheit herabzusetzen nach § 52 Abs. 6 S. 3 GNotKG auf 300.000 € für die Unterwerfungserklärung. Übrige Erklärungen sind gegenstandsgleich i.S.d. § 109 GNotKG.

---

3 Freilich überraschend von BayObLG vom 13.07.1989 – BReg. 2 Z 78/89 – DNotZ 1990, 594 m. Anm. *Münch* wieder aufgegriffener.
4 Gegen diese Lehre *Wolfsteiner*, Die vollstreckbare Urkunde, § 28.57. ff.
5 DNotZ 1983, 679.
6 Zu den Folgen *Wolfsteiner*, Die vollstreckbare Urkunde, § 28.4. ff.

4. Abtretung

15 Die Abtretung der Höchstbetragshypothek unterliegt gemäß § 1190 Abs. 4 BGB *anderen Regeln* als die Abtretung der übrigen Hypotheken. Zwar gilt auch für die Höchstbetragshypothek, dass sie nur mit der Forderung abgetreten werden kann. Aus einem von der Höchstbetragshypothek gesicherten Forderungsbündel können aber einzelne Forderungen abgetreten werden, ohne dass die Höchstbetragshypothek mit übergeht (sie beschränkt sich dann auf die Sicherung der restlichen Forderungen); umgekehrt können einzelne Forderungen zusammen mit der Höchstbetragshypothek abgetreten werden, die dann nicht mehr als Sicherheit für die verbleibenden Forderungen dient. Wird eine Forderung ohne Höchstbetragshypothek abgetreten, so wird das Grundbuch insofern unrichtig; es ist dahin zu berichtigen, dass die Höchstbetragshypothek für diese Forderung nicht mehr besteht. Soll die Höchstbetragshypothek jedoch zusammen mit den Forderungen oder mit einem Teil von ihnen abgetreten werden, so gilt § 1154 Abs. 3 BGB; die Abtretung bedarf dann also zu ihrer Wirksamkeit der Eintragung in das Grundbuch, die auch zu verlautbaren hat, welche Forderungen übertragen sind.

Abtretung einer Höchstbetragshypothek mit allen Forderungen

16 M Im Grundbuch von ..... ist für mich an dem Grundstück ..... eine Höchstbetragshypothek über 80.000,00 € zur Befriedigung aller Geldansprüche eingetragen, die ich gegen die A. Verlags-GmbH als Verfasser des Romans »Der schlaue Fuchs« habe und noch haben werde. Ich trete hiermit alle diese Ansprüche einschließlich der zu ihrer Befriedigung bestellten Höchstbetragshypothek an B. ab und bewillige und beantrage, die Abtretung in das Grundbuch einzutragen.
Ort, Datum   Unterschrift

■ *Kosten.* 1,0 nach Nr. 21200 KV GNotKG aus dem (geschätzten) Gesamtwert der Ansprüche ohne Beschränkung auf den Höchstbetrag. Wird aber nur die Eintragungsbewilligung beurkundet (ggf. bleibt die materiell-rechtliche Abtretungserklärung nach § 21 GNotKG außer Ansatz, dann 0,5 nach Nr. 21201 Nr. 4 KV GNotKG aus € 80.000 €).

17 Soll die Hypothek nur mit einem *Teil der Forderungen* abgetreten werden, so lautet die Erklärung:

Abtretung mit Höchstbetragshypothek

18 M ..... Ich trete hiermit alle diese Ansprüche an B. ab, soweit sie erst künftig entstehen oder fällig werden; die bereits entstandenen und fälligen Ansprüche sind hingegen nicht mit abgetreten. Die Höchstbetragshypothek trete ich zusammen mit den erst künftig entstehenden oder fällig werdenden Ansprüchen in vollem Umfange an B. mit ab. Ich bewillige und beantrage, dies in das Grundbuch einzutragen.

■ *Kosten.* Wie vorstehend Rdn. 16 M, aber nach dem Wert nur der abgetretenen Forderungen.

19 Der umgekehrte Fall könnte lauten:

Abtretung ohne Höchstbetragshypothek

..... Gegenwärtig habe ich gegen die A. Verlags-GmbH fällige Ansprüche in Höhe von ..... €. Ich trete hiermit diese fälligen Ansprüche, nicht jedoch Ansprüche, die erst künftig entstehen oder fällig werden, an B. ab. Die Höchstbetragshypothek ist nicht mit abgetreten; sie verbleibt mir in voller Höhe zur Sicherung meiner künftig entstehenden oder fällig werdenden Ansprüche. 20 M

■ *Kosten.* 1,0 nach Nr. 21200 KV GNotKG aus dem Wert der abgetretenen Forderungen.

IV. Zwangs- und Arresthypotheken

1. Eintragung

Die Eintragung der Zwangshypothek und der Arresthypothek erfolgen zwar zum Zwecke, *aber nicht im Verfahren der Zwangsvollstreckung.* Die Eintragung erfolgt vielmehr im gewöhnlichen Grundbuchverfahren der freiwilligen Gerichtsbarkeit, wobei der *Vollstreckungstitel* die Eintragungsbewilligung des Eigentümers *ersetzt.* Die Eintragung bewirkt das Entstehen vollgültiger Hypotheken, deren weiteres Schicksal grundsätzlich den allgemein für die Hypothek geltenden Regeln folgt. Nach § 868 ZPO geht die Hypothek allerdings auf den *Eigentümer* über, wenn der Titel, auf dem ihre Eintragung beruht, seine *Vollstreckbarkeit verliert* und zwar selbst dann, wenn die Forderung tatsächlich besteht. Der Gläubiger bedarf, wenn er aus der Zwangshypothek die Zwangsversteigerung des Grundstücks betreiben will, gemäß § 867 Abs. 3 ZPO keines zusätzlichen Titels. 21

2. Zwangshypothek

Die Zwangshypothek ist ein *Vollstreckungsmittel,* welches allgemein zum Zwecke der Zwangsvollstreckung wegen Geldforderungen in das *unbewegliche Vermögen* zur Verfügung steht. Die Eintragung erfordert neben dem Vorliegen der allgemeinen Vollstreckungsvoraussetzungen *(Titel, Klausel, Zustellung, Fälligkeit, gegebenenfalls Sicherheitsleistung)* einen (nicht formbedürftigen) an das Grundbuchamt zu richtenden Antrag gemäß § 13 GBO. Ist eine *BGB-Gesellschaft* Titelgläubigerin, so ist die Eintragung wegen § 47 Abs. 2 GBO nur möglich, wenn der Titel sämtliche Gesellschafter samt deren *Geburtsdaten* namentlich ausweist; andererseits ist der Titel verbindlich, sodass das Grundbuchamt die Eintragung nicht ablehnen kann, wenn es an der Richtigkeit der Gesellschafterangaben zweifelt.[7] 22

Nach § 866 Abs. 3 Satz 1 ZPO darf die Zwangshypothek nur für einen Betrag von mehr als 750 € eingetragen werden, wobei als Nebenforderung geltend gemachte Zinsen außer Betracht bleiben. Jedoch kann aufgrund mehrerer demselben Gläubiger zustehender Schuldtitel eine einheitliche Zwangshypothek eingetragen werden, sodass es genügt, wenn die mehreren Titel *zusammen* den Betrag von 750 € übersteigen. Ein besonders häufiger *Fehler* besteht darin, dass verkannt wird, dass die Zwangshypothek gemäß § 867 Abs. 2 ZPO nicht als Gesamthypothek beantragt werden kann, dass sie also *verteilt* werden muss, wenn *mehrere Grundstücke* belastet werden sollen. Die Art und Weise der Verteilung bestimmt der antragstellende Gläubiger. Nach ausdrücklicher Vorschrift (§ 867 Abs. 2 Satz 2 ZPO) muss jede der Teilhypotheken die Mindestsumme von 750 € überschreiten. Teilleistungen des Schuldners werden nach § 366 BGB auf die Teil-Hypotheken verrechnet; der Gläubiger kann die Rangfolge nicht bestimmen.[8] 23

---

7 Vgl. BGHZ 179, 102.
8 BGH NJW 1991, 2022.

§ 71 Sicherungshypothek, Höchstbetragshypothek

Antrag auf Eintragung einer Zwangshypothek

24 M Zum Grundbuch von ..... überreiche ich vollstreckbare Ausfertigung des Urteils des Amtsgerichts ..... vom ..... – Az.: ..... nebst Zustellungsurkunde und beantrage, zur Befriedigung der in dem Urteil titulierten Forderung des Klägers A., geb. am ....., von 4.750,00 € nebst Zinsen von fünf Prozentpunkten über dem jeweiligen Basiszinssatz seit ..... auf den Grundstücken des verurteilten E. für den Kläger einzutragen:
a) auf dem Grundstück lfd. Nr. 1 des Bestandsverzeichnisses eine Sicherungshypothek zu 751,00 € nebst Zinsen,
b) auf dem Grundstück lfd. Nr. 2 des Bestandsverzeichnisses eine Sicherungshypothek von 751,00 € nebst Zinsen,
c) auf dem Grundstück lfd. Nr. 3 des Bestandsverzeichnisses eine Sicherungshypothek von 3.248,00 € nebst Zinsen.

■ **Kosten.** 0,5 nach Nr. 21201 Nr. 4 KV GNotKG aus 4.750 € (§ 35 Abs. 1 GNotKG).

3. Arresthypothek

25 Die *Arresthypothek* gleicht der Zwangshypothek. Gemäß § 929 ZPO bedarf der Arrestbefehl allerdings grundsätzlich *keiner Vollstreckungsklausel* und damit auch nicht ihrer Zustellung, während andererseits seine Vollziehung nach *Ablauf eines Monats* unzulässig wird. Die Arresthypothek ist eine *Höchstbetragshypothek*; auch der gemäß § 923 ZPO festgesetzte Höchstbetrag ist zu *verteilen*, wenn die Hypothek an mehreren Grundstücken eingetragen werden soll.

26   Die Arresthypothek soll nach Erlangen eines vollstreckbaren Titels und Vorliegen der Vollstreckungsvoraussetzungen ohne Bewilligung des Eigentümers in eine *Zwangshypothek umgewandelt* werden können.[9]

---

9 S. zu den Zweifeln daran Staudinger/*Wolfsteiner* (2015), Vorb. §§ 1113 ff. BGB Rn. 71 ff.

§ 72 Die Grundschuld

I. Allgemeines

Literatur: *Müller*, Der Rückgewähranspruch bei Grundschulden – Grundlagen und ausgewählte Probleme notarieller Vertragsgestaltung, RNotZ 2012, 199; s. i.Ü. § 68.

1. Grundschuld und Hypothek

Die Grundschuld (§§ 1191 ff. BGB) unterscheidet sich von der Hypothek dadurch, dass sie zunächst einmal *unabhängig von einer persönlichen Forderung* (abstrakt) ist. Die Vorschriften über die Hypothek finden auf sie Anwendung, soweit das Bestehen einer Forderung nicht vorausgesetzt wird. Eine Grundschuld kann in eine Hypothek und umgekehrt eine Hypothek in eine Grundschuld umgewandelt werden. **1**

2. Kündigung

Die gesetzliche *Kündigungsfrist* beträgt 6 Monate (§ 1193 Abs. 1 Satz 3 BGB). Für Sicherungsgrundschulden bestimmt § 1193 Abs. 2 Satz 2 BGB, dass eine abweichende Bestimmung nicht zulässig ist; die grundbuchrechtliche Behandlung dieser Bestimmung ist unklar, weil eine Grundschuld jederzeit außerhalb des Grundbuchs ihren Sicherungscharakter wechseln, also sich von der Sicherungsgrundschuld in eine Primärgrundschuld (echte Grundschuld) und von der echten Grundschuld in eine Sicherungsgrundschuld verwandeln kann. Richtig ist, dass das Grundbuchamt daher den früher allgemein üblichen Ausschluss der Kündigungsfrist (sofortige Fälligkeit) auch jetzt noch klaglos einzutragen hat. Da aber der BGH[1] die Eintragung ablehnt, wenn die Grundschuld *gegenwärtig* erkennbar Sicherungsgrundschuld ist, muss die Praxis idR auf die Eintragung sofortiger Fälligkeit verzichten. Die *Eigentümergrundschuld* freilich ist nie Sicherungsgrundschuld, kann also immer als sofort fällige bestellt werden (unten § 77). **2**

Ob § 1193 Abs. 2 Satz 2 BGB auch für die Zwangsvollstreckungsunterwerfung gilt oder ob es zulässig ist, auf den Nachweis der Kündigung als Vollstreckungsvoraussetzung zu »verzichten«, ist ebenfalls unklar. Da es ohnehin in der Regel wünschenswert ist, die materielle und die prozessuale Rechtslage parallel zu halten, empfiehlt es sich in der Regel nicht, die Vollstreckbarkeit abweichend von der Fälligkeit zu gestalten, zumal sich die Kündigung leicht nachweisen lässt, wenn sie durch den Gerichtsvollzieher zugestellt wird (oben § 69 Rdn. 9). **3**

3. Rechtspraxis

In der *Rechtspraxis* hat die Grundschuld die früher herrschende Verkehrshypothek fast völlig verdrängt. Auch die Pfandbriefbanken bedienen sich zur Sicherung des Realkredits heute fast ausschließlich der Grundschuld (Einzelheiten oben § 67; vgl. i.Ü. zur Frage der Formenwahl oben § 68 Rdn. 4 f.). **4**

Die Grundschuld kann als *originäres* wertpapierähnliches Recht (»echte Grundschuld«) oder als *Sicherungsgrundschuld* auftreten. Aus schwer verständlichen Gründen hat sich die **5**

---

[1] BGH NJW 2014, 1450.

originäre Grundschuld, obwohl sie sich als Gegenstand des Handels bestens eignen würde, nicht durchgesetzt. Allein Schweizer Banken scheinen sich ihrer gelegentlich zu bedienen.

6   In der deutschen Praxis dominiert die *Sicherungsgrundschuld*, obwohl sie ein rechtlich außerordentlich kompliziertes Gebilde ist (dazu schon oben § 68 Rdn. 3).[2]

II. Die Sicherungsgrundschuld

1. Rechtscharakter

7   Die Sicherungsgrundschuld ist nach Einführung des § 1192 Abs. 1a BGB durch das Forderungssicherungsgesetz (FoSiG)[3] ein Grundpfandrecht eigener Art; allerdings können sich Sicherungsgrundschuld und echte Grundschuld jederzeit außerhalb des Grundbuchs ineinander verwandeln, indem ein schuldrechtliches Sicherungsverhältnis zum Eigentümer hergestellt oder gelöst wird. Sicherungsgrundschuld ist nach der ungenauen und widersprüchlichen Formulierung in § 1192 Abs. 1a BGB eine Grundschuld, die »zur Sicherung eines Anspruchs verschafft worden« ist. Bei näherem Zusehen können nur *Ansprüche gegen den Grundstückseigentümer* gemeint sein, denn nur gegen solche können »dem Eigentümer aufgrund des Sicherungsvertrags mit dem bisherigen Gläubiger« Einreden erwachsen.[4] In einem weiteren, gesetzlich nicht definierten Sinn ist Sicherungsgrundschuld jede Grundschuld, die der Gläubiger aufgrund eines mit einem Dritten bestehenden Sicherungsverhältnisses hält. Bei allen Sicherungsgrundschulden sind die Grundschuld und die durch die Grundschuld zu sichernde Schuld durch den *Sicherungsvertrag* miteinander verbunden (vgl. zu einzelnen Aspekten des Sicherungsvertrags oben § 68 Rdn. 28 ff.).[5] Nur im Fall des § 1192 Abs. 1a BGB ist diese Verbindung in gewissem Sinne verdinglicht. Im Übrigen ist die Beziehung rein schuldrechtlicher Natur, so dass die Grundschuld »echte« Grundschuld bleibt. Die im Sicherungsvertrag enthaltene Kausalvereinbarung, dass die Grundschuld zur Sicherung einer bestimmten Forderung begeben werde, führt zu folgendem konstruktiven Zusammenhang zwischen Grundschuld und Forderung:

a) Geltendmachung der gesicherten Forderung

8   Macht der Gläubiger der *gesicherten Forderung* dieselbe geltend, so kann der Schuldner Zug um Zug gegen Erfüllung der Forderung die *Rückgabe der Sicherheit*, also die Abtretung der Grundschuld verlangen. Solange die Grundschuld nicht zurückgegeben wird, steht dem Schuldner grundsätzlich das Zurückbehaltungsrecht nach § 273 BGB zu, nicht aber auch die Einrede des nicht erfüllten Vertrags nach § 320 BGB (weil der Sicherungsvertrag regelmäßig kein gegenseitiger ist). Hatte der Gläubiger die Grundschuld an einen Dritten abgetreten und sich dadurch die Rückgabe der Grundschuld subjektiv unmöglich gemacht (wie das bei sog. »Verbriefungen« vorkommt, oben § 67 Rdn. 9 ff.), so führt die Ausübung des Zurückbehaltungsrechts im Ergebnis zu einem *endgültigen Leistungsverweigerungsrecht* des Schuldners, der dadurch gegen doppelte Inanspruchnahme geschützt ist.[6]

9   Ist die Grundschuld nicht vom Schuldner, sondern von einem *Dritten* gestellt worden, so kommt es entscheidend darauf an, wer die Vertragspartner des Sicherungsvertrages sind. Möglich ist es, dass der Schuldner sich im Sicherungsvertrag mit dem Gläubiger verpflichtet hat, den Dritten zur Stellung der Grundschuld zu veranlassen. Dann ist der Sicherungs-

---

2   *Tiedtke*, BB 1984, 19; *Jäckle*, JZ 1982, 50.
3   Vom 23.10.2008, BGBl. I S. 2022.
4   Dazu Staudinger/*Wolfsteiner* (2015), § 1192 BGB Rn. 37 ff.
5   Zum Sicherungsvertrag Staudinger/*Wolfsteiner* (2015), Vor § 1191 BGB Rn. 24 ff.
6   Vgl. BGHZ 197, 155 = NJW 2013, 2894 m. Anm. *Wolfsteiner*.

vertrag dahin zu verstehen, dass der Schuldner einen Anspruch darauf hat, dass die Grundschuld Zug um Zug gegen Erfüllung dem Dritten zurückgegeben werde; solange dieser Anspruch nicht erfüllt ist, steht dem Schuldner wiederum das Zurückbehaltungsrecht zu.

b) Geltendmachung der Grundschuld

Macht der Grundschuldgläubiger die *Grundschuld* geltend, so kann ihm der Eigentümer nach § 273 BGB aus dem Sicherungsvertrag *Einwendungen* entgegenhalten, die dem *Schuldner* gegen die Geltendmachung der Forderung zustehen. Er kann sich insbesondere darauf berufen, dass die Forderung noch nicht fällig oder von einer Gegenleistung abhängig sei. 10

Nach §§ 1192, 1157 BGB kann der Eigentümer diese Einreden grundsätzlich auch einem Dritterwerber der Grundschuld entgegenhalten. Bei der Sicherungsgrundschuld nach § 1192 Abs. 1a BGB ist dieses Recht verabsolutiert. Bei echten Grundschulden finden hingegen nach § 1157 BGB die *Gutglaubensvorschrift* des § 892 BGB Anwendung. 11

War die Grundschuld nicht vom Schuldner sondern von einem *Dritten* gestellt, so kann der Grundstückseigentümer – von den Fällen des gutgläubigen Erwerbs abgesehen – die Erfüllung der Grundschuldforderung grundsätzlich davon abhängig machen dass der Gläubiger ihm seinen gegen den Schuldner gerichteten Anspruch abtritt.[7] 12

2. Kündigungsvorbehalt

Für die Sicherungsgrundschuld ist der im Gesetz vorgesehene Kündigungsvorbehalt nach § 1193 Abs. 2 Satz 2 BGB obligatorisch. Selbst wenn sie ursprünglich als echte Grundschuld bestellt worden war gilt der Kündigungsvorbehalt, wenn sie später Sicherungsgrundschuld wird; bei einer vollstreckbaren Grundschuld ist der Vorbehalt durch Vollstreckungsabwehrklage nach § 767 ZPO geltend zu machen. 13

Der Kündigungsvorbehalt gilt nicht für die *Grundschuldzinsen*.[8] Enthält die Grundschuldbestellung keine Bestimmung über die Zinsfälligkeit, so gilt entsprechend § 608 BGB jährlich nachträgliche Fälligkeit und sofortige Fälligkeit bei Geltendmachung der Grundschuld. Zu den kleinen Tricks, mit denen sich Banken gegenseitig über die Rangauslastung zu täuschen versuchen, gehört es, die Zinsen erst am ersten Tag des Folgejahrs fällig zu stellen, um i.S.d. § 10 Abs. 1 Nr. 4 Halbs. 2 ZVG in der Zwangsversteigerung ein Befriedigungsrecht wegen eines zusätzlichen Jahreszinses im Rang der Grundschuld zu erlangen. 14

3. Grundschuldrisiken

Die *Risiken*, die sich aus der Möglichkeit der Abtretung der Grundschuld an einen Gutgläubigen ergeben, lassen sich, wenn keine Refinanzierung oder sonstige weitere Übertragung der Grundschuld geplant ist, dadurch *vermeiden*, dass die Grundschuld als nicht abtretbare bestellt wird. Das Abtretungsverbot kann – anders als Bedingungen, die die Grundschuld an eine Forderung binden – als Inhalt der Grundschuld in das Grundbuch eingetragen werden.[9] 15

Nicht abtretbare Grundschuld

Der Verkäufer bestellt hiermit an dem Vertragsgrundstück für sich selbst eine nicht abtretbare, mit jährlich 10 % zu verzinsende Buchgrundschuld zu 100.000,00 € und 16 M

---

7 BGH NJW 1982, 2308.
8 A.A. (obiter) BGH NJW 2017, 2469 (dazu *Kesseler* S. 2442; *Clemente*, ZfIR 2017, 523; *Lieder/Wernert*, WuB 2017, 546; *Volmer*, MittBayNot 2017, 560; *Böttcher*, ZfIR 2018, 121, 122).
9 OLG Hamm DNotZ 1968, 631.

bewilligt und beantragt, sie im Range vor der zugunsten des Käufers bewilligten Auflassungsvormerkung in das Grundbuch einzutragen. Die Grundschuld verbleibt zunächst beim Verkäufer als Sicherheit für den Anspruch auf Zahlung des Kaufpreisrestes. Der Verkäufer ist verpflichtet, Zug um Zug gegen Zahlung des Restkaufpreises auf die Grundschuld zu verzichten oder ihrer Aufhebung zuzustimmen.

- *Kosten.* Die Abrede der Nichtabtretbarkeit bewirkt keine zusätzlichen Kosten, § 37 Abs. 1 GNotKG.

4. Rückgewähranspruch

17 Liegt der Sicherungsgrundschuld ein Anspruch nicht oder nicht mehr oder nicht mehr in vollem Umfang zugrunde, so hat der Eigentümer entweder aus dem Sicherungsvertrag oder bei fehlender oder unwirksamer Sicherungsabrede aus § 812 Abs. 1 Satz 2 BGB Anspruch auf Abtretung des nicht valutierten Teils der Grundschuld, auf Verzicht oder auf Aufhebung der Grundschuld.[10] Die Ansprüche auf Abtretung, auf Verzicht und auf Aufhebung werden üblicherweise im Begriff des Anspruchs auf »*Rückgewähr*« der Grundschuld zusammengefasst. Eine Vereinbarung, wonach auch beim Eintritt erheblicher Übersicherung der Grundschuldgläubiger zur Rückgabe der Grundschuld erst nach Wegfall sämtlicher gesicherten Ansprüche verpflichtet sei, ist jedenfalls in allgemeinen Geschäftsbedingungen und Verbraucherverträgen unwirksam.[11] Zur Unwirksamkeit der generellen Beschränkung der Rückgabeansprüche auf Löschung und Verzicht oben § 68 Rdn. 39

18 Durch die Schuldrechtsreform ist die *Verjährung* der Rückgewähransprüche problematisch geworden.[12] Um zu vermeiden, dass die Bank dem Rückgewähranspruch die Einrede der Verjährung entgegenhalten kann, sollte jeder Grundschuld – auch wenn sie auf einem von der Bank gestellten Formular zu bestellen ist – unbedingt folgende Klausel beigefügt werden:

Verjährung der Rückgewähransprüche

19 M Alle Ansprüche auf Rückgewähr der in dieser Urkunde gestellten Sicherheiten verjähren erst dreißig Jahre nach dem gesetzlichen Verjährungsbeginn.[13]

5. Gesetzlicher Löschungsanspruch

20 Die Grundschuld ist mit dem *gesetzlichen Löschungsanspruch* nach § 1179a BGB ausgestattet, es sei denn der Löschungsanspruch ist ausgeschlossen. Der Ausschluss ist nur gegen konkret anzugebende Grundpfandrechte möglich; pauschal kann die Grundschuld des gesetzlichen Löschungsanspruchs nicht entkleidet werden.

---

10 BGHZ GSZ 137, 212 = NJW 1998, 671.
11 BGHZ GSZ 137, 212 = NJW 1998, 671; anders noch BGHZ 133, 25 = NJW 1996, 2092.
12 Einzelheiten *Wolfsteiner*, DNotZ 2003, 321.
13 In der 23. Aufl. fand sich an dieser Stelle noch folgender Satz: »Die Rückgewähransprüche entstehen im Sinne einer aufschiebenden Bedingung erst, wenn sie vom jeweiligen Gläubiger des Rückgewähranspruchs geltend gemacht werden.« Das kann aber in der Insolvenz des Gläubigers zu Nachteilen führen (BGH NJW 2012, 229 = ZfIR 2012, 314 m. abl. Anm. Clemente = EWiR § 91 InsO 1/12, 181 [Weiß] = MittBayNot 2012, 237 m. Anm. Volmer).

Ausschluss des Löschungsanspruchs

Der gesetzliche Anspruch auf Löschung der Grundpfandrechte Abt. III Nr. 1, 2 und 5 ist ausgeschlossen. 21 M

- *Kosten.* Mit der Grundschuldbestellung gegenstandsgleich i.S.d. § 37 Abs. 1 bzw. § 109 Abs. 1 Satz 4 Nr. 4 bzw. Abs. 2 Nr. 3 GNotKG.

Soweit es sich bei den vorrangigen Grundpfandrechten um Fremdgrundschulden handelt, erfüllt der gesetzliche Löschungsanspruch ohnehin seinen Zweck nicht, weil er voraussetzt, dass sich das Recht mit dem Eigentum in einer Person vereinigt, was bei der Grundschuld, auch wenn sie nicht mehr valutiert ist, nicht von selbst eintritt. Das mit dem gesetzlichen Löschungsanspruch verfolgte Ziel, zu erreichen, dass in der Zwangsversteigerung zuerst die Grundpfandgläubiger befriedigt werden und nicht der Eigentümer vorrangig vor Grundpfandrechtsgläubigern Teile des Versteigerungserlöses erhält, der auf nicht oder nicht voll valutierte Fremdgrundschulden entfällt, muss deshalb auf andere Weise erreicht werden. Üblicherweise lässt sich zu diesem Zweck der nachrangige Gläubiger die Ansprüche des Eigentümers auf Rückgewähr der vorrangigen Grundschulden (vorstehend Rdn. 17) als zusätzliche Sicherheit abtreten. Aufgrund dessen kann er dann im Verteilungsverfahren auf die eigentlich dem Eigentümer zustehenden Beträge Zugriff nehmen. 22

Bei mehreren nachrangigen Grundschulden, ebenso bei späteren Rangänderungen, ergeben sich bei mehrfacher Abtretung der Rückgewähransprüche Kollisionsprobleme.[14] 23

Abtretung von Rückgewähransprüchen

Zur weiteren Sicherung des Gläubigers tritt hiermit der Eigentümer seine gegenwärtigen und künftigen Ansprüche auf Rückgewähr von Grundschulden, die der hier bestellten Grundschuld gegenwärtig oder künftig im Range vorgehen oder gleichstehen, also insbesondere die Ansprüche auf Abtretung solcher Grundschulden, auf Verzicht auf sie und auf Aufhebung solcher Grundschulden sowie weiter auf Herausgabe des Versteigerungserlöses an den Gläubiger ab. Abgetreten sind auch Ansprüche auf Rückabtretung abgetretener Rückgewähransprüche. Der Gläubiger ist ermächtigt, die Abtretung den Drittschuldnern anzuzeigen. Die Abtretung soll nur den Rang des Gläubigers verbessern, den Sicherungsumfang aber nicht erhöhen. 24 M

- *Kosten.* Die Erklärung ist gegenstandsgleich mit der Grundschuldbestellung, aber eine materiell-rechtliche Erklärung, sodass sie, einer bloßen Eintragungsbewilligung beigefügt, die 1,0 Gebühr nach Nr. 21200 KV GNotKG auslöst.

Der Rückgewähranspruch kann, auch nach Abtretung an einen nachrangigen Gläubiger, bei der vorrangigen Grundschuld durch Vormerkung gesichert werden; die Vormerkung ist aber nicht zugunsten des jeweiligen Inhabers der nachrangigen Grundschuld, sondern nur zugunsten einer namentlich bezeichneten Person, die freilich mit dem gegenwärtigen Grundschuldinhaber identisch sein kann, zulässig. Zur Eintragung der Vormerkung bedarf es einer Bewilligung des Gläubigers der vorrangigen Grundschuld, der aber aus Furcht vor einer Beschränkung der Verkehrsfähigkeit seiner Grundschuld zu solch einer Bewilligung regelmäßig nicht bereit ist. Die Praxis verzichtet denn auch weitgehend auf solche Vormerkungen. S. i.Ü. unten § 73 Rdn. 29 ff. 25

---

14 BGH NJW 1985, 800 m.w.N.

§ 72 Die Grundschuld

6. Dingliche Zwangsvollstreckungsunterwerfung

26 Vgl. zur *Zwangsvollstreckungsunterwerfung* wegen der Grundschuld oben § 19 Rdn. 57 ff.; auch hier gilt das zu § 69 Rdn. 8 gesagte, dass der Schuldner sich nicht der sofortigen Zwangsvollstreckung »in das Grundstück« sondern der sofortigen Zwangsvollstreckung wegen der Grundschuld zu unterwerfen hat. Der Verzicht auf den Nachweis von Entstehen und Fälligkeit der Grundschuld ist regelmäßig überflüssig und bei der Sicherungsgrundschuld unerwünscht (oben Rdn. 7 ff.).

Zwangsvollstreckungsunterwerfung zur Grundschuld

27 M **Wegen des Grundschuldkapitals und der Grundschuldnebenleistungen unterwirft sich der Schuldner der sofortigen Zwangsvollstreckung aus dieser Urkunde in der Weise, dass die Zwangsvollstreckung gegen den jeweiligen Grundstückseigentümer zulässig sein soll. Er bewilligt und beantragt, die Unterwerfung unter die sofortige Zwangsvollstreckung in das Grundbuch einzutragen. Dem Gläubiger dürfen Ausfertigungen dieser Urkunde erteilt werden.**

■ Kosten. Die Zwangsvollstreckungsunterwerfung bewirkt den Anfall einer 1,0 Gebühr nach Nr. 21200 KV GNotKG. Die übrigen üblicherweise in der Grundschuldbestellungsurkunde enthaltenen Erklärungen sind gleichen Gegenstands i.S.d. § 109 Abs. 1 Satz 4 Nr. 4 bzw. Abs. 2 Nr. 3 GNotKG.

28 Vgl. i.Ü. die Erläuterungen zu § 69 Rdn. 6 ff. Wenn, wie oben bei Rdn. 3 empfohlen, die gesetzliche Fälligkeitsvoraussetzung Kündigung auch Vollstreckungsvoraussetzung sein soll, kann die vollstreckbare Ausfertigung nicht mehr sofort, sondern erst nach Kündigungsnachweis erteilt werden.

7. Persönliche Zwangsvollstreckungsunterwerfung

29 Sicherungsgrundschulden werden, wenn sie überhaupt vollstreckbar gestellt werden, regelmäßig zusätzlich mit einer so genannten *persönlichen Zwangsvollstreckungsunterwerfung* ausgestattet (dazu auch oben § 68 Rdn. 24 ff.). Die »persönliche« Zwangsvollstreckungsunterwerfung setzt die Begründung eines entsprechenden materiell-rechtlichen Anspruchs voraus, der dem System der Grundschuld entsprechend ebenso abstrakt sein sollte wie diese. Darüber hinaus besteht aber die Tendenz, zumindest den Eindruck zu erwecken, als ob die Verpflichtung nicht nur abstrakt, sondern auch akzessorisch zur Grundschuld bestellt werden solle (dies wäre im Vergleich zur Hypothek eine umgekehrte Akzessorietät; nicht das Grundpfandrecht wäre akzessorisch zum schuldrechtlichen Anspruch, sondern umgekehrt der schuldrechtliche Anspruch akzessorisch zum Grundpfandrecht). Solche Versuche sind gefährlich; der BGH[15] legt ein so formuliertes Schuldanerkenntnis dahin aus, es erlösche von selbst, wenn die Grundschuld im Zwangsversteigerungsverfahren erlischt.

30 Wie sich insbesondere aus den Anträgen zur Erteilung von vollstreckbaren Ausfertigungen ergibt, gehen auch die Grundschuldgläubiger häufig davon aus, eine derartige Akzessorietät könne dergestalt hergestellt werden, dass die Forderung dem jeweiligen Grundschuldinhaber zustünde und bei Abtretung der Grundschuld von selbst auf den neuen Grundschuldgläubiger überginge. Ein solcher Effekt könnte in der Tat theoretisch mittels eines Vertrags zugunsten noch unbekannter Dritter unter gleichzeitiger Vereinbarung von

---

15 BGH NJW 2008, 918, Rn. 16; BGH MittBay Not 2012, 312 m. abl. Anm. *Volmer*.

auflösenden Bedingungen erreicht werden; die so entstehende Rechtsfigur wäre aber derart unpraktikabel, dass sie keinesfalls im Wege der Auslegung erzeugt werden darf. Auch wenn die persönliche Schuldverpflichtung dahin formuliert ist, dass der Grundschuldbesteller »für den Eingang des Grundschuldbetrags die persönliche Haftung« übernehme, handelt es sich deshalb bei der persönlichen Schuldverpflichtung regelmäßig um ein abstraktes Schuldversprechen oder Schuldanerkenntnis i.S.d. §§ 780, 781 BGB.[16] Aber wenn das so zu verstehen ist, sollte es im Sinn des § 17 Abs. 1 Satz 1 BeurkG auch klar und unzweideutig so formuliert werden.

Im Gegensatz zur Grundschuld, die es nicht verträgt, vom Bestehen des ihm zugrunde liegenden Schuldverhältnisses abhängig gemacht zu werden, könnte das abstrakte Schuldversprechen sowohl in seiner ursprünglichen Wirksamkeit als auch in seinem weiteren Schicksal, insbesondere was die Geltendmachung von Einreden betrifft, an das zugrunde liegende Schuldverhältnis gebunden werden. Da über das Maß der Bindung aber der Parteiwille entscheidet, muss ein einer Grundschuldbestellung beigegebenes abstraktes Schuldversprechen dahin verstanden werden, dass Einwendungen aus dem Grundverhältnis nur im gleichen Umfang erhoben werden können, in dem solche Einwendungen nach §§ 1192, 1157 BGB der Grundschuld entgegengehalten werden können (vorstehend Rdn. 11). Auch sonst gelten für das Verhältnis zwischen zu sichernder Schuld und dem als Sicherung dienenden Schuldanerkenntnis die Ausführungen vorstehend Rdn. 7 ff. über den Sicherungsvertrag entsprechend. 31

Abstraktes Schuldversprechen zur Grundschuld

Ich verspreche dem Grundschuldgläubiger zu dessen weiterer Sicherung, ihm einen Geldbetrag in Höhe des Kapitals der soeben bestellten Grundschuld und von heute an Zinsen daraus in Höhe der Grundschuldzinsen zu zahlen. Dieses Versprechen soll die Forderung selbständig begründen. Wegen dieser Forderung unterwerfe ich mich der sofortigen Zwangsvollstreckung aus dieser Urkunde mit der Maßgabe, dass dem Gläubiger Ausfertigungen dieser Urkunde erteilt werden dürfen. 32 M

■ *Kosten.* Das abstrakte Schuldversprechen und die Zwangsvollstreckungsunterwerfung sind i.S.d. § 109 Abs. 1 Satz 4 Nr. 4 bzw. Abs. 2 Nr. 3 GNotKG gegenstandsgleich mit der Grundschuldbestellung und der zur Grundschuld gehörenden Zwangsvollstreckungsunterwerfung.[17]

Einer besonderen *Fälligkeitsregelung* bedarf es beim abstrakten Schuldversprechen nicht, weil die Forderung daraus mangels ausdrücklicher gegenteiliger Abreden im Zweifel sofort fällig ist und § 1193 Abs. 2 Satz 2 BGB für das Schuldversprechen nicht gilt.[18] Für die Forderung aus einem abstrakten Schuldversprechen haftet stets das gesamte Vermögen des Schuldners, wenn nichts anderes bestimmt ist, sodass es auch bei der Zwangsvollstreckungsunterwerfung einer Erklärung, dass sich der Schuldner »in sein ganzes Vermögen« der Zwangsvollstreckung unterwerfe, nicht bedarf. Mehrere Grundschuldbesteller sollten das abstrakte Schuldversprechen in der Weise abgeben, dass sie als Gesamtschuldner haften (denkbar wäre auch die Abgabe je eines einzelnen abstrakten Schuldversprechens, was aber die Situation in Bezug auf den Sicherungsvertrag noch komplizierter machen würde – dazu vorstehend § 68 Rdn. 3). Die gesamtschuldnerische Haftung bezieht sich dabei korrekterweise auf 33

---

16 BGH NJW 2008, 3208 m. Anm. *Zimmer*, S. 3185 = ZfIR 2009, 88 m. Anm. *Wolters*.
17 Kritisch hierzu *Baumann*, DNotZ 1985, 110.
18 Auch hierzu hat BGH NJW 2017, 2469 obiter das Gegenteil geäußert (dazu *Kesseler* S. 2442; *Clemente*, ZfIR 2017, 523; *Lieder/Wernert*, WuB 2017, 546; *Volmer*, MittBayNot 2017, 560; *Böttcher*, ZfIR 2018, 121, 122).

das Schuldversprechen, nicht auf die Zwangsvollstreckungsunterwerfung, die dem materiellen Recht insoweit ohnehin folgt.

Gesamtschuldnerisches Schuldversprechen

34 M **Wir versprechen dem Grundschuldgläubiger zu dessen weiterer Sicherung, ihm als Gesamtschuldner einen Geldbetrag in Höhe des Kapitals der soeben bestellten Grundschuld und von heute an Zinsen daraus in Höhe der Grundschuldzinsen zu zahlen. Dieses Versprechen soll die Forderung selbständig begründen. Wegen dieser Forderung unterwerfen wir uns der sofortigen Zwangsvollstreckung aus dieser Urkunde mit der Maßgabe, dass dem Gläubiger Ausfertigungen dieser Urkunde erteilt werden dürfen.**

■ *Kosten.* Wie vorstehend Muster Rdn. 32 M.

8. Der Sicherungsvertrag

35 Zur Grundschuldbestellung gehört grundsätzlich ein entsprechender *Sicherungsvertrag*. Der Sicherungsvertrag ist nicht formbedürftig; er muss auch nicht mit der Grundschuldbestellungsurkunde in einer Urkunde zusammengefasst sein. Die Zusammenfassung erleichtert aber insgesamt die Beurteilung der einschlägigen Rechtsverhältnisse und beugt in gewissem Umfang auch den Risiken vor, die mit der Bestellung mehrfacher abstrakter Sicherheiten zwangsläufig verbunden sind. Auch die Klauselerteilung an einen Zessionar wird erleichtert (unten § 74). Die Bundesnotarkammer drängt daher darauf, zumindest die Kernbereiche des Sicherungsvertrags in die Grundschuldbestellungsurkunde, und zwar in den zu verlesenden Teil, aufzunehmen.[19] Vgl. zu den Fragen des Sicherungsvertrags im Übrigen oben § 68 Rdn. 28 ff. und vorstehend Rdn. 7.

Sicherungszweckerklärung

36 M **Die hier bestellte Grundschuld und – mit Ausnahme des von Herrn Y. abgegebenen Schuldversprechens – alle übrigen in dieser Urkunde dem Gläubiger bestellten oder abgetretenen Rechte dürfen vom Gläubiger zur Sicherung aller Geldansprüche verwendet werden, die dieser gegenwärtig gegen den Schuldner X. hat oder künftig im gewöhnlichen Geschäftsverkehr gegen ihn erwerben wird. Das von Herrn Y. abgegebene Schuldversprechen darf der Gläubiger nur zur Sicherung seiner Ansprüche aus dem mit Herrn Y. am ..... abgeschlossenen Bürgschaftsvertrag verwenden. Aus allen hier gestellten Sicherheiten darf sich der Gläubiger insgesamt nur einmal in Höhe des Grundschuldkapitals und der Grundschuldzinsen befriedigen. Der Gläubiger darf einzelne oder alle Sicherheiten ganz oder geteilt an Dritte abtreten, aber nur zur Refinanzierung, nicht zum Verkauf seiner Ansprüche und nur, wenn der Dritte in die Bestimmungen dieses Sicherungsvertrags eintritt. Tritt der Gläubiger nur einzelne Sicherheiten ab, so darf er sich in Höhe der Abtretung aus den bei ihm verbleibenden Sicherheiten nicht mehr befriedigen, er muss sie zurückgeben.
Jeder der Sicherungsgeber kann diesen Sicherungsvertrag dem Gläubiger gegenüber durch schriftliche Erklärung kündigen; der Gläubiger darf sich dann aus den Sicherheiten, die der Kündigende gestellt hat, nur noch wegen solcher Forderungen**

---

19 Bundesnotarkammer in DNotZ 2002, 84.

befriedigen, die im Zeitpunkt des Wirksamwerdens der Kündigung bereits begründet waren. Wird der Gläubiger vom Grundschuldbesteller befriedigt, so hat er alle gestellten Sicherheiten an die Sicherungsgeber zurückzugeben. Befriedigt einer der anderen Sicherungsgeber den Gläubiger, so hat der Gläubiger die vom Grundschuldbesteller gestellten Sicherheiten auf den ihn befriedigenden Sicherungsgeber zu übertragen und die übrigen Sicherheiten den jeweiligen Sicherungsgebern zurückzugeben.

Tritt der Sicherungsfall ein, so darf der Gläubiger aus den gestellten Sicherheiten in jeder zulässigen Form Befriedigung suchen; verwertet er Sicherheiten durch Abtretung an Dritte, so hat er jedoch sicherzustellen, dass die hier getroffenen Sicherungsvereinbarungen gewahrt bleiben.

■ *Kosten.* Auch die Sicherungsvereinbarung ist i.S.d. § 109 Abs. 1 Satz 4 Nr. 4 bzw. Abs. 2 Nr. 3 GNotKG gleichen Gegenstands mit der Grundschuldbestellung und den übrigen damit zusammenhängenden Erklärungen.

III. Briefgrundschuld/Buchgrundschuld

1. Grundsatz

Auch die Grundschuld ist gemäß §§ 1192 Abs. 1, 1116 Abs. 1 BGB Briefgrundschuld, wenn die Brieferteilung nicht ausgeschlossen wird. Der Ausschluss der Brieferteilung ist heute häufiger als der *Regelfall des Briefrechts* (oben § 68 Rdn. 5). Die Bestellung eines Briefrechts ist in der Tat auch nur zweckmäßig, wenn konkret damit gerechnet werden muss, dass die Grundschuld in absehbarer Zeit einmal oder mehrmals abgetreten werden wird. Der Ausschluss der Brieferteilung kann mit dem Wortlaut des Gesetzes bestimmt werden: 37

Ausschluss der Brieferteilung

Die Erteilung des Briefs wird ausgeschlossen. 38 M

Zulässig sind aber auch andere eindeutige Formulierungen, etwa die Bezeichnung der Grundschuld als »Buchgrundschuld«, »Grundschuld ohne Brief« oder »brieflose Grundschuld«. Umgekehrt wird oft ausdrücklich erwähnt, dass ein Brief erteilt werden soll, etwa durch die Bezeichnung der Grundschuld als »Briefgrundschuld«. 39

■ *Kosten.* Die Vereinbarung des Briefausschlusses bzw. die entsprechende Eintragungsbewilligung sind i.S.d. § 37 Abs. 1 bzw. § 109 Abs. 1 Satz 4 Nr. 4 oder Abs. 2 Nr. 3 GNotKG gegenstandsgleich mit den übrigen Erklärungen zur Grundschuldbestellung, lösen also keine zusätzlichen Gebühren aus. Bei Gericht wird für die Eintragung eines Briefrechts eine 1,3 Gebühr nach Nr. 14120 KV GNotKG, für die Eintragung eines Buchrechts aber nur eine 1,0 Gebühr nach Nr. 14121 KV GNotKG erhoben.

2. Empfänger des Briefs

Ist die Grundschuld als Briefgrundschuld bestellt, so empfiehlt sich eine der folgenden Regelungen; fehlt eine solche Regelung, so übersendet das Grundbuchamt den Grundschuldbrief nach § 60 Abs. 1 GBO dem *Grundstückseigentümer*. 40

Übersendung des Grundschuldbriefs

41 M Der Grundschuldbrief ist mir zu Händen des diese Eintragungsbewilligung beglaubigenden (beurkundenden) Notars zu übersenden.

42 Der Gläubiger erwirbt nach § 1117 Abs. 1 BGB die Grundschuld erst, wenn ihm der Brief vom Eigentümer oder auf dessen Weisung hin vom Notar *ausgehändigt* wird; der Eigentümer kann sich in diesem Fall sichern, indem er den Brief erst Zug um Zug gegen Darlehensauszahlung aushändigt.

Übersendung des Grundschuldbriefs an Gläubiger

43 M Mit dem Gläubiger ist vereinbart, dass dieser berechtigt sein soll, sich den Brief von dem Grundbuchamt aushändigen zu lassen. Ich beantrage deshalb, dass das Grundbuchamt den Brief dem Gläubiger übersenden möge.

44 Der Gläubiger erwirbt dadurch die Grundschuld nach § 1117 Abs. 2 BGB bereits mit ihrer *Eintragung im Grundbuch* und zwar ohne Rücksicht darauf, ob der Grundschuldbrief tatsächlich an ihn gelangt. Der Eigentümer kann den Antrag, den Grundschuldbrief dem Gläubiger auszuhändigen, bis zur Eintragung der Grundschuld noch *ändern*; der Gläubiger ist gegen eine solche Änderung nur geschützt, wenn der entsprechende Antrag, sei es auch nach § 15 GBO, auch von ihm gestellt wird. Nach § 15 GBO ist der Notar auch in der Lage, zu beantragen, dass der Grundschuldbrief dem Gläubiger zu seinen, des Notars, Händen ausgehändigt werde. Auch dann erwirbt der Gläubiger die Grundschuld bereits mit der Eintragung.

Übersendung des Grundschuldbriefs für Gläubiger an Notar

45 M Mit dem Gläubiger ist vereinbart, dass dieser berechtigt sein soll, sich den Brief vom Grundbuchamt aushändigen zu lassen; es wird beantragt, den Brief dem Gläubiger zu Händen des diese Eintragungsbewilligung beglaubigenden Notars zu übersenden.

3. Vorlageverzicht

46 Die Grundschuldformulare der gewerblichen Kreditinstitute sehen, soweit Briefrechte bestellt werden sollen, regelmäßig vor, dass der Eigentümer auf die Vorlage des Briefs als Voraussetzung für die Geltendmachung des Grundpfandrechts (§ 1160, 1161 BGB) verzichtet (dazu auch oben § 68 Rdn. 23). Dieser Verzicht kann nach allgemeiner Meinung zum Inhalt der Grundschuld gemacht werden und bedarf dann der Eintragung in das Grundbuch.[20] Mit dem Wegfall der Verpflichtung zur Vorlage des Briefs entfallen richtiger Ansicht nach die an die Briefvorlage gebundenen Gutglaubenswirkungen nach § 1140, 1155, 1156 BGB; die allgemeinen Gutglaubensvorschriften der §§ 892, 893 BGB bleiben somit in Kraft, so dass der Eigentümer, wenn er die Unrichtigkeit nicht kennt, auf den Fortbestand der im Grundbuch eingetragenen Rechtslage vertrauen und z.B. an den eingetragenen Grundschuldinhaber nicht nur ohne Briefvorlage leisten muss, sondern auch mit befreiender Wirkung leisten darf.[21] Wer eine Briefgrundschuld in der Form der §§ 192, 1117 BGB durch Briefübergabe und schriftliche Abtretungserklärung erwirbt, muss infolgedessen das Grundbuch *berichtigen* lassen, um sich vor der Gefahr zu schützen, dass der Eigentümer noch an den eingetragenen

---

20 Nachweise bei Staudinger/*Wolfsteiner* (2015), § 1160 BGB Rn. 20 ff.
21 Staudinger/*Wolfsteiner* (2015), § 1160 BGB Rn. 22.

Gläubiger mit befreiender Wirkung zahlt. Der Verzicht auf die Briefvorlage mindert daher die Verkehrsfähigkeit der Briefgrundschuld. Er ist nur zu empfehlen, wenn der Brief von vornherein zum Gebrauch von Kreditinstituten bestimmt ist, die sich gegenseitig vor Missbrauch sicher fühlen, oder wenn das Motiv für die Eintragung eines Briefrechts gar nicht in der Erleichterung der Verkehrsfähigkeit begründet ist (vgl. oben § 68 Rdn. 5).

Verzicht auf Briefvorlage

Der Geltendmachung der Grundschuld kann nicht deshalb widersprochen werden, weil der Gläubiger den Brief und die übrigen in § 1155 BGB bezeichneten Urkunden nicht vorlegt. Der Eigentümer ist auch nicht befugt, eine ihm gegenüber erfolgte Kündigung oder Mahnung aus diesem Grunde zurückzuweisen. Es wird bewilligt und beantragt, dies als Inhalt der Grundschuld in das Grundbuch einzutragen. 47 M

■ *Kosten.* Der Verzicht berührt nach § 37 Abs. 1 bzw. § 109 Abs. 1 Satz 4 Nr. 4 oder Abs. 2 Nr. 3 GNotKG den für die Grundschuld maßgeblichen Wert weder für die Beurkundungsgebühr noch für die Eintragungsgebühr.

Soll der Vorlageverzicht nicht für eine Briefgrundschuld, sondern für eine *Briefhypothek* ausgesprochen werden, so muss die Formulierung dahin ergänzt werden, dass auch der Geltendmachung der Forderung aus den genannten Gründen nicht widersprochen werden kann. 48

IV. Die Gesamtgrundschuld

1. Grundsatz

Nach ausdrücklicher gesetzlicher Vorschrift (§ 1132 BGB) kann die Grundschuld als *Gesamtgrundschuld* an mehreren Grundstücken bestellt werden. Den Grundstücken stehen Wohnungs- und Teileigentum (nicht aber Dauerwohnrechte) nach dem WEG sowie grundstücksgleiche Rechte, also insbesondere das Erbbaurecht einschließlich des Wohnungserbbaurechts und das Bergwerkseigentum nach § 9 des Bundesberggesetzes (dazu oben § 59) gleich. Im weiteren Sinn liegt eine Gesamtgrundschuld auch dann vor, wenn ein im Miteigentum mehrerer Personen stehendes Grundstück belastet ist. Die Gesamtgrundschuld kann eine ursprüngliche sein oder nachträglich durch sogenannte Pfandunterstellung weiterer Grundstücke (dazu unten § 75 Rdn. 8) oder durch Teilung des belasteten Grundstücks entstehen. Ohne Bedeutung ist es, ob die mit der Gesamtgrundschuld zu belastenden Grundstücke und grundstücksgleichen Rechte denselben Eigentümer haben und ob sie beim selben Grundbuchamt oder bei unterschiedlichen Grundbuchämtern gebucht sind. 49

2. Ursprüngliche Gesamtgrundschuld

Zur Begründung einer *ursprünglichen Gesamtgrundschuld* bedarf es keiner besonderen Erklärungen; es genügt die Belastung mehrerer Grundstücke oder grundstücksgleicher Rechte. Die Erklärungen der Parteien sind grundsätzlich dahin auszulegen, dass bei Bestellung einer Gesamtgrundschuld die Grundschuld auch und bereits dann entstehen soll, wenn sie nur mindestens an einem der Pfandobjekte eingetragen wird.[22] 50

---

22 BGH DNotZ 1975, 152.

51   Der *Inhalt der Gesamtgrundschuld* kann an allen belasteten Grundstücken nur der identische sein. Allerdings kann sie an den verschiedenen Grundstücken unterschiedlich fällig sein.[23] Auch können die Entstehungsvoraussetzungen durchaus unterschiedlich sein (Einigung und Bewilligung durch unterschiedliche Grundstückseigentümer, unterschiedliche Verfügungsbeschränkungen, unterschiedlich ablaufende Eintragungsverfahren). Nicht zum Inhalt der Grundschuld gehört auch ihr *Rang*, sodass die Gesamtgrundschuld an den verschiedenen Grundstücken durchaus unterschiedlichen Rang haben kann.

■ *Kosten.* Bei den Beurkundungskosten gelten für die Gesamtgrundschuld keine Besonderheiten; es fällt eine 1,0 Gebühr nach Nr. 21200 KV GNotKG aus dem Nennbetrag der Grundschuld an, gleichgültig, wie viele Grundstücke belastet werden. Für die Gebühren des Grundbuchamts kommt es hingegen nach Nr. 14122 KV GNotKG darauf an, ob die Grundstücke beim selben Grundbuchamt gebucht sind, oder ob mehrere Grundbuchämter an der Eintragung beteiligt sind. Letzterenfalls erhöhen sich gemäß Nr. 14122 KV GNotKG die Gebühren Nr. 14120 und Nr. 14121 KV GNotKG ab dem zweiten für jedes weitere beteiligte Grundbuchamt um 0,2.

3. Gesamtgrundschuld durch Pfanderstreckung

52   Entsteht eine Gesamtgrundschuld dadurch, dass eine Grundschuld auf ein anderes Grundstück oder einen bislang nicht mit der Grundschuld belasteten Miteigentumsanteil erstreckt wird, kann ein Problem mit der Kündigungsbeschränkung des § 1193 Abs. 2 Satz 2 BGB (oben Rdn. 13) entstehen. Auch die Pfanderstreckung ist »Bestellung«. Dies hat zur Folge, dass die Grundschuld an einem Grundstück oder Miteigentumsanteil fällig, am anderen aber nur kündbar ist.[24] Ob im Fall der Pfanderstreckung auf einen weiteren Miteigentumsanteil dieser einer dritten Person oder dem Inhaber des schon bisher belasteten Miteigentumsanteils zusteht, spielt keine Rolle. Anders zu beurteilen ist die Bestandteilszuschreibung, weil sie keine rechtsgeschäftliche Pfanderstreckung beinhaltet, die als »Bestellung« interpretiert werden könnte, und die daher den Charakter der am Stammgrundstück eingetragenen Grundschuld nicht zu verändern vermag.[25]

V. Der Gläubiger der Grundschuld

1. Real existierende bestimmte Person

53   Da die Hypothek akzessorisch zu einer Forderung ist und zwingend den Bestand einer Forderung voraussetzt, kann die Hypothek grundsätzlich jedem als *Gläubiger* zustehen, dem eine *Forderung* zustehen kann. Da auch die Grundschuld nach § 1191 Abs. 1 BGB eine Forderung zum Inhalt hat und überdies aufgrund der Verweisungsvorschrift des § 1192 BGB gilt für sie dasselbe. Gewisse Einschränkungen ergeben sich aber aus dem ungeschriebenen sachenrechtlichen und grundbuchrechtlichen Bestimmtheitsgrundsatz. Art und Umfang dieser Einschränkungen sind allerdings umstritten.[26] Soweit es demnach zulässig sein soll, Grundpfandrechte zugunsten gegenwärtig noch unbekannter oder gar noch unbestimmter Personen zu bestellen (z.B. für noch nicht vorhandene Abkömmlinge, für noch unbekannte

---

23 BGH ZfIR 2010, 622 m. zust. Anm *Heinze* = LMK 2010, 307699 (*Rohe*) = MittBayNot 2011, 56 m. Anm. *Waldner*.
24 BGH ZfIR 2010, 622 wie vor; LG Berlin NJW 2009, 1680; *Volmer*, MittBayNot 2009, 1; *Sommer*, RNotZ 2009, 578.
25 *Volmer*, MittBayNot 2009, 1; *Böhringer*, Rpfleger 2009, 131; *Bestelmeyer*, Rpfleger 2009, 377.
26 Vgl. dazu Staudinger/*Wolfsteiner* (2015), § 1115 BGB Rn. 8 ff. und Einl. zu §§ 1113 BGB ff. Rn. 75 ff. mit umfangreichen Angaben; vgl. auch oben § 55 Rdn. 20 ff.

Erben, für die künftigen Kinder einer bestimmten Person),[27] kann aus der Sicht der Praxis nur dringend davon abgeraten werden, von solchen Möglichkeiten Gebrauch zu machen. Solange nämlich der Berechtigte nicht identifizierbar ist, tritt faktisch eine Grundbuchsperre ein, die selbst mit Pflegerbestellungen, Aufgebotsverfahren und Hinterlegung nur außerordentlich schwer überwindbar ist. Notfalls kann wie folgt formuliert werden:

Grundschuld für eine noch nicht eingetragene GmbH & Co. KG

Ich bestelle an dem mir gehörenden, im Grundbuch des Amtsgerichts ..... Blatt ..... eingetragenen Grundstück zugunsten der noch nicht im Handelsregister eingetragenen Vorschnell GmbH & Co. KG mit Sitz in ....., bestehend aus der ebenfalls noch nicht im Handelsregister eingetragenen, zu Urkunde des Notars ..... vom ....., URNr. ....., errichteten Vorschnell Beteiligungsgesellschaft mbH mit Sitz in ..... als persönlich haftender Gesellschafterin und Max Vorschnell, geb. am ....., Ahstadt, und Amalie Vorschnell, geb. Schnell, geb. am ....., Behstadt, als Kommanditisten, eine Buchgrundschuld über .....

54 M

Ähnliches gilt für die nach neuerer Rechtsprechung als rechtsfähig geltenden nicht registrierten Personenmehrheiten (*AG-* und *GmbH-Gründungsgesellschaft*, GmbH & Co.KG, deren persönlich haftende Gesellschafterin eine GmbH-Gründungsgesellschaft ist,[28] BGB-Gesellschaft,[29] Nicht eingetragener Verein).[30] Für die BGB-Gesellschaft regelt jetzt § 42 Abs. 2 GBO, dass die Gesellschaft unter Angabe aller Gläubiger nach Namen und Geburtsdatum (§ 15 GBV) einzutragen sind; auf die anderen genannten Personenmehrheiten dürfte die Vorschrift entsprechend anzuwenden sein.

Grundschuld zugunsten einer BGB-Gesellschaft

Ich bestelle an dem mir gehörenden, im Grundbuch des Amtsgerichts ..... Blatt ..... eingetragenen Grundstück zugunsten der Gesellschaft bürgerlichen Rechts mit Sitz in ....., die im Rechtsverkehr unter dem Namen Vorschnell Hubertusstraße 2 GbR auftritt und aus den Gesellschaftern Max Vorschnell, geb. am ....., Ahstadt, und Amalie Vorschnell, geb. Schnell, geb. am ....., Behstadt besteht, eine Buchgrundschuld über .....

55 M

Zum anderen gibt es für diese Gebilde weder einen gesicherten Gesellschafterbestand noch formgerecht nachweisbare Organe. § 899a BGB macht jetzt die BGB-Gesellschaft als Gläubigerin handlungsfähig, allerdings nur grundstücksrechtlich und wohl auch in dem Sinn, dass sie zu einer vollstreckbaren Grundschuld eine Vollstreckungsklausel erlangen kann. Ob § 899a BGB auch auf die anderen angeblich rechtsfähigen, aber nicht registrierten Personenmehrheiten angewandt werden kann, ist ungeklärt. Zur »persönlichen Zwangsvollstreckungsunterwerfung« kann die BGB-Gesellschaft und können erst recht die anderen Gebilde keine Vollstreckungsklausel erlangen.[31]

56

Der Rat des Notars wird deshalb regelmäßig dahin gehen, Grundschulden nur zugunsten gegenwärtig existierender und mit Namen und Geburtsdatum zu bezeichnender natürlicher Personen oder zugunsten von Handelsgesellschaften oder juristischen Personen zu bestellen, die in einem öffentlichen Register eingetragen und nach Registergericht, Eintra-

57

---

27 Weitere Beispiele bei Staudinger/*Wolfsteiner* (2015), Einl. zu §§ 1113 BGB ff. Rn. 75 ff.
28 Vgl. BayObLG Rpfleger 1985, 353.
29 BGH DNotZ 2007, 118 m. Anm. *Volmer* = LMK 2006, 201330 [*Berger*].
30 BGH, NJW 2008, 69, Rn. 55, m. zust. Anm. *Terner*, S. 16.
31 Vgl. zu diesen Fragen *Wolfsteiner*, Die vollstreckbare Urkunde, 4. Aufl., 2018, § 35.12.

gungsnummer, Namen oder Firma und Sitz identifizierbar sind. Auch wenn sich ausnahmsweise doch die unabwendbare Notwendigkeit ergeben sollte, ein Grundpfandrecht zugunsten einer nicht in dieser Weise eindeutig identifizierten Person zu bestellen, empfiehlt es sich in der Regel, durch Zwischenschaltung eines Treuhänders, etwa einer Wirtschaftsprüfungsgesellschaft, die Klarheit und Eindeutigkeit der Grundbucheintragung zu wahren. Das ist allerdings nur für Grundschulden ohne Weiteres möglich (»Sicherheitentreuhänder«), für Hypotheken dagegen nur in der Weise, dass der Treuhänder auch Gläubiger der Forderung wird.

2. Gemeinschaftsverhältnis

58 Ein Grundpfandrecht kann mehreren Personen *gemeinschaftlich* zustehen. Das Gemeinschaftsverhältnis kann jeweils nur ein genau definiertes sein; in Betracht kommen die Gläubigerschaft *nach Bruchteilen*, die *Gesamtgläubigerschaft* (§ 428 BGB), die *Mitgläubigerschaft* (§ 432 BGB)[32] und die Gläubigerschaften im *Gesamthandsverhältnis*, wobei im letztgenannten Fall nach § 47 GBO im Grundbuch auch die Art des Gesamthandsverhältnisses (Erbengemeinschaft, Gütergemeinschaft) anzugeben ist.

59 Obwohl die Gemeinschaftsverhältnisse sowohl bei der ursprünglichen Bestellung einer Grundschuld für mehrere Personen als auch bei Begründung eines Gemeinschaftsverhältnisses durch spätere Abtretung (dazu unten § 74 Rdn. 31) in das Grundbuch einzutragen ist, gehört das Rechtsverhältnis, in dem sich die mehreren Grundschuldinhaber gegenüberstehen, *nicht zum Inhalt der Grundschuld*. Daraus ergibt sich einerseits, dass die Neubegründung eines Gemeinschaftsverhältnisses (z.B. durch Abtretung einer bisher einer Person zustehenden Grundschuld an mehrere Personen) ebenso wenig der Zustimmung des Eigentümers oder nachrangiger Berechtigter bedarf, wie die Änderung des Gemeinschaftsverhältnisses (Überführung von Gesamtgläubigerschaft in Gesamthandsgläubigerschaft). Andererseits folgt daraus aber auch, dass es nicht möglich ist, das Gemeinschaftsverhältnis mit dinglicher Wirkung so zu regeln, dass der Inhalt der Grundschuld berührt wird (dazu sogleich).

a) Gläubiger nach Bruchteilen

60 Da die Grundschuld stets auf eine teilbare Leistung gerichtet ist, sind die Gläubiger im Zweifel *nach Bruchteilen* und zwar zu gleichen Anteilen berechtigt (§ 420 BGB). Jeder Gläubiger kann nur seinen Bruchteil der Grundschuldforderung geltend machen, dies aber unabhängig von den anderen Bruchteilsgläubigern. Die Bruchteile der einzelnen Gläubiger können, weil dies die Grundschuld inhaltlich verändern würde, nicht in einem Rangverhältnis zueinander stehen, sondern sind zwangsläufig stets gleichrangig (dazu unten § 73 Rdn. 32). Sollen die Bruchteile der Gläubiger unterschiedlichen Rang erhalten, so bedarf es also der Teilung der Grundschuld und der Eintragung der Rangänderung in das Grundbuch.[33]

b) Gesamtgläubiger

61 Auch die *Gesamtgläubigerschaft* nach § 428 BGB gehört nicht zum Inhalt der Grundschuld; sie kann daher ohne Zustimmung des Eigentümers und ohne Zustimmung nachrangiger Berechtigter auch nachträglich herbeigeführt werden.[34]

---

32 Sie kann auch bei teilbarer Leistung vereinbart werden: BGH NJW 2018, 223.
33 Abzulehnen OLG Hamm DNotZ 1988, 249 und OLG Düsseldorf NJW-RR 1991, 685, wonach bei Briefrechten die Rangänderung außerhalb des Grundbuchs möglich sei.
34 In diesem Sinne ist wohl BGH NJW 1959, 984 zu verstehen.

3. Grundbucheintragung

a) Gläubigerbezeichnung

Von der Frage, wer materiellrechtlich Gläubiger einer Grundschuld sein kann und was materiellrechtlich gilt, wenn bei mehreren Gläubigern ein Gemeinschaftsverhältnis im Grundbuch nicht eingetragen ist, ist die Frage zu unterscheiden, wie die Eintragungen nach *Grundbuchrecht* zu erfolgen haben. Wie die Gläubigerbezeichnung auszusehen hat, ist in § 15 GBV geregelt; danach sind bei *natürlichen Personen* der Name (Vorname und Familienname), der Beruf, der Wohnort sowie nötigenfalls andere die Berechtigten deutlich kennzeichnende Merkmale (z.B. das Geburtsdatum) einzutragen; das Geburtsdatum wird bevorzugt; wird es angegeben, so bedarf es nicht der Angabe des Berufs und des Wohnorts. Ein *Einzelkaufmann* soll nicht unter seiner Firma eingetragen werden können; es soll sogar unzulässig sein, die Firma seinem bürgerlichen Namen hinzuzufügen.[35] *Juristische Personen* und *Handels-* und *Partnerschaftsgesellschaften* sind mit ihrem Namen oder ihrer Firma und dem Sitz einzutragen. Gemäß § 15 Abs. 1 Buchst. b GBV sollen jetzt endlich zudem auch das Registergericht und das Registerblatt der Eintragung des Berechtigten in das Handels-, Genossenschafts-, Partnerschafts- oder Vereinsregister eingetragen werden, allerdings leider nur, wenn sich diese Angaben aus den Eintragungsunterlagen ergeben oder dem Grundbuchamt anderweitig bekannt sind; es ist dringend zu empfehlen, diese Angaben dem Grundbuchamt stets zur Verfügung zu stellen.

62

b) Aufnahme in die Grundschuldbestellungsurkunde

Da der Notar dem Grundbuchamt die in das Grundbuch einzutragenden Daten zur Verfügung zu stellen hat, ergibt sich aus der Vorschrift zugleich, welche Daten zur Bezeichnung des Gläubigers in die *Grundschuldbestellungsurkunde* aufzunehmen sind. Ungeeignet und unzulässig ist eine Gläubigerbezeichnung, die den Anforderungen des § 15 GBV nicht genügt, z.B. die Angabe der Niederlassung eines Kreditinstituts, die keine in das Handelsregister eintragungsfähige Zweigniederlassung ist, oder die Angabe einer Behörde (z.B. der Oberjustizkasse) anstelle des Rechtsträgers (z.B. des Freistaats Bayern). Freilich kann bei Eintragungen für den *Fiskus*, eine *Gemeinde* oder eine *sonstige juristische Person des öffentlichen Rechts* auf Antrag auch der Teil des Vermögens, zu dem das Grundpfandrecht gehört, durch einen Klammerzusatz bezeichnet werden, z.B. »Bundesrepublik Deutschland (Bundesfernstraßenvermögen)«.

63

c) Gemeinschaftsverhältnis

Steht das Grundpfandrecht mehreren gemeinschaftlich zu, so sind gemäß § 47 GBO bei der Bruchteilsgemeinschaft die *Anteile*, im Übrigen das für die Gemeinschaft maßgebende *Rechtsverhältnis* zu bezeichnen. Werden also mehrere Personen ohne Angabe eines Gemeinschaftsverhältnisses und ohne Angabe der Bruchteile als Gläubiger einer Grundschuld in das Grundbuch eingetragen, so ist die Eintragung zwar wirksam und hat nach § 420 BGB den Inhalt, dass die mehreren Berechtigten als in Bruchteilsgemeinschaft zu gleichen Anteilen eingetragen gelten, die Eintragung ist aber nach Grundbuchrecht unkorrekt. Die Eintragung mehrerer Berechtigter als »*Gesamtgläubiger*« ist ausreichend und korrekt, weil der Begriff in § 428 BGB gesetzlich definiert ist; dies gilt aber nicht für die Bezeichnung »Gesamtberechtigte«, weil das kein gesetzlich definierter Begriff ist (ausreichend, wenn auch terminologisch mangelhaft hingegen die Bezeichnung »Berechtigte nach § 428 BGB«).[36] Bei

64

---

35 So zu Unrecht KEHE/*Eickmann*, § 15 GBV Rn. 4 m.w.N.
36 BGHZ 46, 260 = DNotZ 1964, 343.

Gesamthandsgemeinschaften genügt die Angabe »zur gesamten Hand« nicht; notwendig ist die konkrete Bezeichnung des Gemeinschaftsverhältnisses (z.B. »in Erbengemeinschaft« oder »in Gütergemeinschaft«). Bei der Gesellschaft bürgerlichen Rechts sind nach § 47 Abs. 2 GBO auch deren Gesellschafter einzutragen und zwar nach den Regeln vorst. Rdn. 62. Der Notar muss alle diese Regeln bei der Formulierung des Eintragungsantrags beachten. Das Gemeinschaftsverhältnis gehört aber im Übrigen zu den Angaben, wegen derer nach §§ 874, 1115 BGB auf die Eintragungsbewilligung verwiesen werden kann.[37]

d) Formulierung der Abtretungserklärung

65 Da bei Briefgrundschulden im Fall der Abtretung an die Stelle der Eintragung des Berechtigten im Grundbuch die schriftliche Abtretungserklärung nach § 1154 BGB tritt, ist es von ausschlaggebender Bedeutung, dass bei der Formulierung der *Abtretungserklärung* alle die Angaben mit aufgenommen werden, die ansonsten in das Grundbuch eingetragen werden müssen;[38] zwingend ist also auch die Angabe des Gemeinschaftsverhältnisses bei Abtretung an mehrere Personen und bei Abtretung an eine Gesellschaft bürgerlichen Rechts die Angabe deren Gesellschafter; ist ein Gemeinschaftsverhältnis nicht angegeben, so tritt Bruchteilsgläubigerschaft zu gleichen Anteilen nach § 420 BGB ein. S. unten § 74 Rdn. 21

VI. Grundschuldmuster

66 Ein vollständiges *Muster* für die Bestellung einer Buchgrundschuld zugunsten eines Kreditinstituts oder eines anderen institutionellen Gläubigers (zu den Grundschuldrisiken und sich daraus ergebenden Konsequenzen für die Formenwahl oben § 68 Rdn. 4 und oben Rdn. 7 ff.) kann – unter Vermeidung überflüssiger Floskeln – folgende Form haben:[39]

Bestellung einer Buchgrundschuld

67 M   Verhandelt .....

I. Im Bestandsverzeichnis des Grundbuchs des Amtsgerichts ..... von ..... Blatt ..... ist – nachfolgend als »Grundbesitz« bezeichnet – eingetragen: .....

II. ..... – nachfolgend »Besteller« genannt – belastet hiermit den in Abschnitt I näher bezeichneten Grundbesitz in der Weise, dass aus dem Grundbesitz an ..... – nachfolgend »Gläubiger« genannt – eine Geldsumme von ..... € sowie von der Grundbuchein-

---

37 BGHZ 29, 36 = NJW 1959, 984.
38 BGH NJW 1989, 3151; BGH NJW-RR 1992, 178; BGH NJW-RR 1997, 910.
39 Der Ausschuss für Schuld- und Liegenschaftsrecht der Bundesnotarkammer hat in DNotZ 2002, 84 den Vorschlag für ein Grundschuldformular als Diskussionsgrundlage veröffentlicht. Die Kreditwirtschaft hat bislang wenig Neigung gezeigt, sich auf die angebotene Diskussion einzulassen. Ungeachtet dessen liefert das Muster wertvolle Hinweise auf den Mindestumfang der Ermittlungen, die der Notar anlässlich einer Grundschuldbestellung anstellen und den Mindestumfang der Belehrungen, die er aufgrund dessen geben sollte. Die wichtigsten Elemente dieses Vorschlags sind: Die Grundzüge des Sicherungsvertrags (im Bankjargon meist »Zweckerklärung« genannt) sind in den vorzulesenden Teil der Grundschuldbestellungsurkunde aufzunehmen. Nicht nur die Pflichten, sondern auch die Rechte des Sicherungsgebers aus dem Sicherungsverhältnis werden ausdrücklich angesprochen und geregelt, so insb. die Verpflichtung des Kreditinstituts zur Freigabe von Sicherheiten. Ungebührlich belastende Bestimmungen sind nicht aufgenommen, so (schon damals!, vgl oben § 68 Rdn. 39) die Beschränkung des Rückgewähranspruchs auf die Löschung sowie die Berechtigung des Gläubigers, auf Übererlöse zu verzichten und Drittsicherheiten nach Belieben aufzugeben.

tragung an jährlich nachträglich fällige Zinsen hieraus in Höhe von fünf Prozentpunkten über dem jeweiligen Basiszinssatz zu zahlen sind – Grundschuld –. Die Erteilung eines Grundschuldbriefs wird ausgeschlossen. Wegen der Grundschuld unterwirft sich der Besteller der sofortigen Zwangsvollstreckung aus dieser Urkunde in der Weise, dass die Zwangsvollstreckung gegen den jeweiligen Grundstückseigentümer zulässig ist. Der Besteller bewilligt und beantragt die Eintragung der Grundschuld und der Zwangsvollstreckungsunterwerfung in das Grundbuch.

III. Alle Beteiligten treten hiermit ihre gegenwärtigen und künftigen Ansprüche auf Rückgewähr solcher Grundschulden, die der hier bestellten Grundschuld gegenwärtig oder künftig im Range vorgehen oder gleichstehen, also insbesondere die Ansprüche auf Abtretung, auf Verzicht und auf Aufhebung sowie weiter auf Herausgabe des Versteigerungserlöses an den Gläubiger ab. Abgetreten sind auch alle Ansprüche auf Rückgewähr abstrakter Schuldversprechen und abstrakter Schuldanerkenntnisse, die durch vor- oder gleichrangige Hypotheken gesichert sind. Abgetreten sind auch Ansprüche auf Rückabtretung abgetretener Rückgewähransprüche. Der Gläubiger ist ermächtigt, die Abtretung den Drittschuldnern anzuzeigen.

IV. ..... – hier als »der Schuldner« bezeichnet – verspricht/versprechen hiermit dem Gläubiger, ihm als Gesamtschuldner einen Geldbetrag in Höhe des Kapitals der soeben bestellten Grundschuld und von heute an Zinsen daraus in Höhe der Grundschuldzinsen zu zahlen. Dieses Versprechen soll die Forderung selbständig begründen. Wegen dieser Forderung unterwirft sich der Schuldner der sofortigen Zwangsvollstreckung aus dieser Urkunde.

V. Die hier bestellte Grundschuld und alle übrigen in dieser Urkunde dem Gläubiger bestellten oder abgetretenen Rechte dürfen vom Gläubiger wie folgt verwendet werden (nur Zutreffendes kennzeichnen, nicht Zutreffendes streichen):

Zur Sicherung seiner Ansprüche gegen ..... aus folgendem Rechtsverhältnis/folgenden Rechtsverhältnissen: .....

Zur Sicherung aller gegenwärtigen und künftigen Ansprüche des Gläubigers, die gegen die in Abschnitt IV als »Schuldner« bezeichneten Personen gerichtet sind; soweit die Schuldner für die Ansprüche nicht als Gesamtschuldner haften, darf jedoch mittels der Sicherheiten jeweils nur das Vermögen des jeweiligen Schuldners in Anspruch genommen werden.

Zur Sicherung aller Geldansprüche, die der Gläubiger gegenwärtig gegen ..... einzeln oder als Gesamtschuldner hat oder im gewöhnlichen Geschäftsverkehr künftig erwerben wird. Jeder der Sicherungsgeber kann diesen Sicherungsvertrag dem Gläubiger gegenüber durch schriftliche Erklärung kündigen; der Gläubiger darf sich dann aus den Sicherheiten, die der Kündigende gestellt hat, nur noch wegen solcher Forderungen befriedigen, die im Zeitpunkt des Wirksamwerdens der Kündigung bereits begründet waren.

VI. Aus allen hier gestellten Sicherheiten darf sich der Gläubiger insgesamt nur einmal in Höhe des Grundschuldkapitals und der Grundschuldzinsen befriedigen. Der Gläubiger darf einzelne oder alle Sicherheiten ganz oder geteilt an Dritte abtreten, aber nur zur Refinanzierung, nicht zum Verkauf seiner Ansprüche und nur, wenn der Dritte in die Bestimmungen dieses Sicherungsvertrags eintritt. Tritt der Gläubiger nur einzelne

Sicherheiten ab, so darf er sich in Höhe der Abtretung aus den bei ihm verbleibenden Sicherheiten nicht mehr befriedigen, er muss sie zurückgeben.

Wird der Gläubiger vom Grundschuldbesteller befriedigt, so hat er alle gestellten Sicherheiten an die Sicherungsgeber zurückzugeben. Befriedigt einer der anderen Sicherungsgeber den Gläubiger, so hat der Gläubiger die vom Grundschuldbesteller gestellten Sicherheiten auf den ihn befriedigenden Sicherungsgeber zu übertragen und die übrigen Sicherheiten den jeweiligen Sicherungsgebern zurückzugeben.

Tritt der Sicherungsfall ein, so darf der Gläubiger aus den gestellten Sicherheiten in jeder zulässigen Form Befriedigung suchen; verwertet er Sicherheiten durch Abtretung an Dritte, so hat er jedoch sicherzustellen, dass die hier getroffenen Sicherungsvereinbarungen gewahrt bleiben.

Alle Ansprüche auf Rückgewähr der in dieser Urkunde gestellten Sicherheiten verjähren erst dreißig Jahre nach dem gesetzlichen Verjährungsbeginn.[40]

VII. Die Kosten der Errichtung, der Abschriften und des Vollzugs dieser Urkunde trägt der Schuldner. Dem Gläubiger dürfen Ausfertigungen erteilt werden.

■ *Kosten.* Beim Notar 1,0 nach Nr. 21200 KV GNotKG (Wert nach § 109 Abs. 2 Nr. 3 GNotKG der Kapitalbetrag der Grundschuld). Gericht 1,0 nach Nr. 14121 KV GNotKG.

VII. Rangbescheinigung

1. Begriff

68 Angesichts des unzulänglichen Geschäftsgangs einiger Grundbuchämter hat sich (wie auch bei anderen Eintragungen, insbesondere der Auflassungsvormerkung) die Üblichkeit herausgebildet, dass die Kreditinstitute nicht erst nach Eintragung des Grundpfandrechts im Grundbuch auszahlen, sondern zur Überbrückung der oft monatelangen Wartezeiten ganz oder z.T. bereits vorher aufgrund einer Vorlagebestätigung des Notars (»Rangbescheinigung i.S.d. § 122 GNotKG), die sich aus Elementen einer Tatsachenbescheinigung und eines Rechtsgutachtens zusammensetzt, insgesamt aber nicht Tatsachenbescheinigung, sondern Rechtsgutachten ist.[41] In tatsächlicher Hinsicht bescheinigt der Notar,
– dass ein bestimmter Eintragungsantrag beim Grundbuchamt gestellt worden ist, wobei es wegen der Möglichkeiten, Eintragungsanträge zurückzunehmen, entscheidend darauf ankommt, in wessen Namen der Antrag gestellt worden ist und
– dass ihm aus der *Einsicht des Grundbuchs* (und gegebenenfalls – je nachdem, welche Tätigkeiten der Notar übernehmen will – auch der Grundakten oder der Markentabelle) nichts von unerledigten Anträgen oder Eintragungsersuchen bekannt geworden ist.

69 Im Sinne eines Rechtsgutachtens bescheinigt der Notar, dass die gestellten Anträge und die hierzu eingereichten Unterlagen den gesetzlichen Anforderungen dergestalt genügen,

---

40 In der 23. Aufl. fand sich an dieser Stelle noch folgender Satz: »Die Rückgewähransprüche entstehen im Sinne einer aufschiebenden Bedingung erst, wenn sie vom jeweiligen Gläubiger des Rückgewähranspruchs geltend gemacht werden.« Das kann aber in der Insolvenz des Gläubigers zu Nachteilen führen (BGH NJW 2012, 229 = ZfIR 2012, 314 m. abl. Anm. *Clemente* = EWiR § 91 InsO 1/12, 181 [Weiß] = MittBayNot 2012, 237 m. Anm. *Volmer*).
41 BayObLG DNotZ 1971, 249.

dass die Eintragung in der gewünschten Form zu erfolgen hat. Unvollständigkeiten sind in der Bescheinigung hervorzuheben.

Der Notar ist zur Erteilung einer solchen Bescheinigung, die zur sonstigen Betreuungstätigkeit i.S.d. § 24 BNotO gehört, *nicht verpflichtet* (§ 15 BNotO); weiß er freilich, dass die Beteiligten von ihm eine solche Bescheinigung erwarten, so muss er bei der Beurkundung einen Hinweis geben, wenn er die Erteilung abzulehnen beabsichtigt. Andererseits hält sich die Erteilung einer solchen Bescheinigung in dem Rahmen, den § 24 BNotO dem Notar für die Betreuung der Beteiligten setzt. *Unzulässig* wäre es hingegen, würde der Notar darüber hinausgehende Garantien geben, sich also etwa für die Eintragung verbürgen (§ 14 Abs. 4 BNotO). Eine unzulässige »*Bürgschaft*« (im nicht technischen Sinn) würde bereits dann vorliegen, wenn der Notar sich nicht darauf beschränken würde, zu bescheinigen, dass ihm von Zwischenanträgen und von sonstigen Eintragungshindernissen nichts bekannt geworden sei, sondern (wie es manche von Kreditinstituten vorgedruckte Bescheinigungen dem Notar unterschieben wollen), dass schlechthin keine Eintragungsanträge vorlägen und keine Eintragungshindernisse bestünden.

Daraus ergibt sich schon, dass die Vorlagebestätigung dem Kreditinstitut nur beschränkte Sicherheit gewährt; das Restrisiko müssen die Kreditinstitute in Kauf nehmen, wenn sie im Rahmen des Wettbewerbs ihren Kunden die Darlehensauszahlung vor Grundschuldeintragung anbieten wollen. Dem Notar ist es gesetzlich verboten, dieses Risiko zu übernehmen. Von der Möglichkeit abgesehen, dass der Notar fahrlässig oder gar vorsätzlich eine fehlerhafte Bescheinigung ausstellt, verbleiben dem Kreditinstitut vor allem zwei Restrisiken:

a) Risiko nicht erkannter früherer Anträge

Die Bescheinigung soll die Eintragung i.S.d. § 17 GBO sicherstellen, also ausschließen, dass die Eintragung durch andere dem Grundbuchamt vorliegende Eintragungsanträge noch beeinträchtigt werden kann. Der Geschäftsgang der Grundbuchämter lässt es aber nicht zu, wirklich zuverlässige *Feststellungen* darüber zu treffen, *welche Anträge dem Grundbuchamt* im Zeitpunkt des Eingangs des eigenen Antrags bereits *vorliegen*. Eine gesetzliche Verpflichtung des Grundbuchamts zu korrekter, vollständiger Eintragung in die Markentabelle besteht nämlich nicht; sie würde eine vollständige Prüfung der Unterlagen voraussetzen, die nicht Aufgabe der Geschäftsstelle sein kann.

Auch die Akteneinsicht hilft nicht zuverlässig weiter, weil bei Betroffenheit mehrerer Grundbuchblätter sich relevante Eintragungsanträge in anderen Grundakten befinden können, die einzusehen dem Notar keine Veranlassung gegeben wird. Obwohl für § 17 GBO an und für sich nicht der Eingang des Antrags allgemein bei Gericht sondern vielmehr der Eingang des Antrags beim Grundbuchamt maßgeblich ist, können sich schließlich Überschneidungen daraus ergeben, dass die bei den Gerichten eingerichteten Nachtbriefkästen auch als Briefkasten des Grundbuchamtes gelten müssen und als solche gekennzeichnet sind und dass deshalb ein in den Nachtbriefkasten eingeworfenes Schriftstück die Grundakten noch nicht erreicht hat, während später eingegangene Schriftstücke dort bereits registriert sind. Um die entsprechenden Gefahren zu verringern, empfiehlt es sich auf jeden Fall, die tatsächlichen Feststellungen zur Notarbescheinigung nicht schon bei Einreichung des eigenen Antrags zu treffen, sondern einen Zeitraum von annähernd 3 Tagen verstreichen zu lassen und dann Grundbuch und Grundakten erneut einzusehen.

b) Gutglaubensrisiko

Die Notarbescheinigung stützt sich, was die rechtliche Beurteilung betrifft, auf § 892 Abs. 2 BGB, wonach für die Gutglaubenswirkungen die Kenntnis des Erwerbers z.Zt. der Stellung des Antrags auf Eintragung entscheidend ist. Die Gutgläubigkeit z.Zt. der Antragstellung nützt aber nur etwas, wenn es tatsächlich zur Eintragung kommt. Ob es aber zur Eintragung kommen darf, wenn das Grundbuchamt die Unrichtigkeit (oder den Eintritt einer Verfügungsbeschränkung) noch vor der Eintragung erfährt, ist heftig umstritten und wird von der jedenfalls noch herrschenden Praxis verneint. Schwierigkeiten ergeben sich demnach insbesondere für den Fall, dass das Insolvenzverfahren über das Vermögen des Grundstückseigentümers noch vor Eingang des Antrags beim Grundbuchamt eröffnet worden ist, dies dem Gläubiger aber nicht rechtzeitig vor der Auszahlung bekannt wird (vor Insolvenzeröffnung nach Stellung des Antrags ist der Gläubiger durch § 878 BGB geschützt). Schutz vor solchen Risiken kann der Notar nicht gewähren.

75   Verwandt damit ist das Problem derKetteneintragung. S. dazu § 55 Rdn. 15

2. Formulierungsvorschläge der Bundesnotarkammer

76   Die *Bundesnotarkammer* hatte in der Vergangenheit bereits mehrfach Formulierungsvorschläge für sog. Notarbestätigungen veröffentlicht.[42] Vor dem Hintergrund seither gewonnener Erfahrungen und als Ergebnis von Gesprächen mit den im Zentralen Kreditausschuss zusammengeschlossenen Verbänden der deutschen Kreditwirtschaft (jetzt umbenannt in Deutsche Kreditwirtschaft [DK]) hat sie 1999 eine Neufassung veröffentlicht,[43] die nachfolgend als Muster Rdn. 77 M wiedergegeben wird. In den Erläuterungen wird ausgeführt, bei der Abfassung der Formulare sei vorausgesetzt worden, dass sie ausschließlich gegenüber Kreditinstituten verwandt würden. Diese verfügten regelmäßig über eine eigene Sach- und Rechtskenntnis im Liegenschafts- und Grundbuchverfahrensrecht. Aufgrund dieser Prämisse erübrigten sich die umfassenden Hinweise und Belehrungsvermerke, die gegenüber Laien notwendig wären, um dem Missverständnis vorzubeugen, dass die Notarbestätigung die Sicherungswirkung der Eintragung eines Grundpfandrechtes vorwegnehmen könne.

Notarbestätigung

77 M   **An das XY-Kreditinstitut
Ihr Zeichen:
Darlehensnehmer:
Pfandobjekt:
Eigentümer/Erbbauberechtigter:
Grundbuch des Amtsgerichts ..... von ....., Blatt .....**

Notarbestätigung

**Meine Urkunde vom ....., UR-Nr. ....., übersende ich Ihnen/habe ich Ihnen bereits übersandt:
in
..... einfacher Ausfertigung*
..... vollstreckbarer Ausfertigung*
..... beglaubigter Abschrift.*
In meiner Eigenschaft als Notar bestätige ich Ihnen gegenüber:
1. Am ..... habe ich dem Grundbuchamt ..... die vorgenannte Urkunde vorgelegt; die Eintragungsanträge habe ich im zulässigen Umfang auch in Ihrem Namen gestellt. Hierbei habe ich für das Pfandobjekt festgestellt:**

---

42 DNotZ 1974, 643 ff. und DNotZ 1987, 1 ff.
43 DNotZ 1999, 369.

a) Als Eigentümer/Erbbauberechtigter ist/sind eingetragen .....
b) Folgende Belastungen und Beschränkungen sind eingetragen:
Abteilung II:
Abteilung III:
2. Auf der Grundlage meiner Akten und der Einsicht in
..... das Grundbuch am .....*
..... die Grundakten (ohne Geschäftseingang) am .....*
..... die Markentabelle am .....*
sind mir keine Umstände bekannt, die der Eintragung des Grundpfandrechtes im Rang nach bzw. im Gleichrang mit folgenden Belastungen entgegenstehen:
Abteilung II:
Abteilung III:
....., den .....(Ort und Datum)

(Unterschrift des Notars)
* Zutreffendes ankreuzen. Unzutreffendes sollte gestrichen werden!

- **Kosten.** 0,3 nach Nr. 25201 KV GNotKG aus Nominalbetrag des Grundpfandrechts nach § 122 GNotKG.

In den Erläuterungen der Bundesnotarkammer heißt es u.a.: 78

Auf eine ausdrückliche Angabe, welche Grundbuchstellen bzw. Grundakten eingesehen wurden, verzichtet die Formulierung. Daraus ist jedoch nicht zu folgen, dass außer an der Grundbuchstelle, an der das Pfandobjekt eingetragen ist, samt zugehöriger Akten weitere Einsichten erforderlich sind.

Für das Datum der Einsicht wird keine Mindestfrist empfohlen, die nach Stellung der Anträge einzuhalten ist. Besonderheiten gelten für Pfandbriefbanken und verwandte Institute, die nach einem Schreiben des Bundesaufsichtsamt für das Kreditwesen vom 31.01.1996 gehalten sind, Darlehen erst auszuzahlen, wenn eine notarielle Bestätigung vorliegt, die auf einer mindestens 7 Tage seit Eingang der Anträge zum Grundbuchamt durchgeführten Akteneinsicht beim Grundbuchamt beruht.[44]

Nicht aufgeführt ist die »unverbindliche Auskunft des Geschäftsstellenbeamten«, die in den früheren Formulierungsmustern der Bundesnotarkammer enthalten war. Sie sollte der Absicherung gegenüber evtl. bereits im Geschäftseingang des Grundbuchamtes befindlichen Eintragungsanträgen dienen. Diese Formulierung ist in der Praxis jedoch standardisiert ohne Rücksicht darauf verwandt worden, ob die Organisation eines Grundbuchamtes dem Geschäftsstellenbeamten überhaupt ermöglicht, die eingetragenen Anträge zu überblicken. Entscheidend ist aber, dass eine unverbindliche Auskunft als Grundlage für gutachterliche Folgerungen gerade in Zweifelsfällen praktisch wertlos ist.

Sowohl die Einsicht in die Grundakten als auch in die Markentabelle des maschinell geführten Grundbuches dient dazu, vorrangige Eintragungsanträge zu erkennen. Die Markentabelle ist ein Hilfsverzeichnis i.S.v. § 12a Abs. 1 GBO, in der grundbuchblattbezogene Eintragungsanträge vermerkt sind, die dem Grundbuchamt vorliegen und noch in Bearbeitung sind.[45] *Damit entfällt beim elektronisch geführten Grundbuch die Notwendigkeit einer Einsicht in die Grundakten. Die Einsicht entweder in die Markentabelle oder in die Grundakten genügt also.*

Bisherige Formulierungsvorschläge der Bundesnotarkammer wiesen darauf hin, dass eine Eintragung die Bezahlung oder die Befreiung von Gerichtsgebühren voraussetzt. Von einer erneuten Aufnahme dieses Hinweises wurde abgesehen, weil ein singulärer Hinweis den falschen Eindruck vermitteln könnte, daneben seien keine anderen Risiken gegeben.

---

44 Vgl. DNotZ 1987, 2 f.
45 Vgl. *Bredl*, MittBayNot 1997, 72, 75.

§ 73 Der Rang der Grundschuld

I. Begriff

1. Rangreservierung

1 Zum Rangbegriff allgemein oben § 55 Rdn. 23 ff. Der Rang der Grundschuld ist immer auch der Rang der zukünftigen, nach § 1177 BGB entstehenden Eigentümergrundschuld; deshalb bedürfen, soweit nicht ausdrücklich etwas anderes bestimmt ist (wie in § 1151 BGB), alle rangrelevanten *Veränderungen* gemäß § 880 Abs. 2 Satz 2 BGB der *Zustimmung des Eigentümers*. Grundbuchtechnisch gesehen ist es freilich weder erforderlich noch ausreichend, dem Grundbuchamt die Eigentümerzustimmung nachzuweisen, vielmehr macht das Zustimmungsbedürfnis des § 880 Abs. 2 Satz 2 BGB den Eigentümer zum Betroffenen i.S.d. § 19 GBO mit der Folge, dass zur Eintragung eine *Eintragungsbewilligung* des Grundstückseigentümers erforderlich ist.[1]

2. Gegenstand des Rangs

2 Wie alle Grundpfandrechte reserviert auch die Grundschuld dem Eigentümer einen *Rangrahmen*, innerhalb dessen beliebige Veränderungen ohne Zustimmung gleich- oder nachrangiger Gläubiger zulässig sind. Dieser durch die Grundschuld reservierte Rangrahmen umfasst den *Kapitalbetrag* und die Höhe der während eines Kalenderjahres insgesamt fällig werdenden *Zinsen* und anderen *Nebenleistungen*. Änderungen des Grundschuldinhalts, die diese Positionen nicht berühren, bedürfen deshalb nicht der Zustimmung gleich- oder nachrangiger Berechtigter (arg. § 1180 BGB). Erreichen die Zinsen den Betrag von 5 % jährlich nicht, so besteht nach § 1119 BGB eine Art gesetzlichen Rangvorbehalts für Zinsen bis zu dieser Höhe (dazu oben § 70 Rdn. 13 ff.). Rückständige Zinsen und Nebenleistungen teilen den Rang der Grundschuld nur mit Einschränkungen, die sich aus § 10 ZVG ergeben. Danach nehmen am Grundschuldrang nur die laufenden und die aus den letzten 2 Jahren rückständigen Zinsen teil.

3. Zwangsvollstreckungsunterwerfung

3 Die dingliche *Zwangsvollstreckungsunterwerfung* nach § 800 ZPO nimmt am Range nicht teil. Wird sie nachträglich erklärt und eingetragen, so bedarf es nicht der Zustimmung der gleich- und nachrangigen Gläubiger.

4. Inneres Rangverhältnis

4 Neben dem äußeren, auf andere eingetragene Rechte bezogenen Rangverhältnis gibt es auch ein *inneres Rangverhältnis* der Grundschuld. Als Geldanspruch lässt sich die Grundschuld gedanklich als ein Bündel von Grundschulden in Höhe jeweils der kleinsten Währungseinheit verstehen. Die Einzelgrundschulden, aus denen sich das Bündel zusammensetzt, könnten gedacht werden als untereinander im Gleichrang stehend, aber auch so, dass die Minimalgrundschulden untereinander eine fortlaufende Rang-Leiter bilden. Das BGB geht davon aus, dass die Grundschuldteile untereinander in Gleichrang stehen, sodass es nicht möglich

---

1 BayObLG DNotZ 1988, 585.

ist, dass sich der Eigentümer wegen eines »*erstrangigen Grundschuldteils*« der sofortigen Zwangsvollstreckung unterwirft, wenn nicht die Grundschuld selbst vorher in einen vorrangigen und einen nachrangigen Teil geteilt worden ist.[2] Ein vorrangiger Grundschuldteil kann nur durch eine in das Grundbuch einzutragende[3] Rangregelung entstehen, die allerdings nach § 1151 BGB nicht der Zustimmung des Eigentümers bedarf. Zulässig (aber zumindest nach gegenwärtigem Stand der Rechtsprechung sinnlos) ist jedoch – ohne Teilung der Grundschuld – eine Unterwerfung wegen eines »zuletzt zu zahlenden Teilbetrags«; s. dazu oben § 68 Rdn. 16 ff.

5. Relativer Rang

Das deutsche Grundbuchrecht erlaubt auch *relative Rangverhältnisse*; s. dazu oben § 55 Rdn. 25

II. Der ursprüngliche Rang

1. Reihenfolge der Eintragung

Der ursprüngliche Rang der Grundschuld wird nach der allgemeinen Vorschrift des § 879 BGB durch die *Reihenfolge der Eintragung* im Grundbuch bestimmt. Im Verhältnis zu Rechten, die in Abteilung II des Grundbuchs eingetragen sind, ist allein das Datum der Eintragung maßgebend (unter gleichem Datum eingetragene Rechte haben also Gleichrang); innerhalb der Abteilung III des Grundbuchs gilt hingegen das unter dem gleichen Datum, aber unter späterer laufender Nummer eingetragene Grundpfandrecht gegenüber dem unter früherer laufender Nummer eingetragenen als nachrangig (§ 879 Abs. 1 Satz 2 BGB). Datum und Reihenfolge spielen keine Rolle, wenn ein *Rangvermerk* nach § 879 Abs. 3 BGB eingetragen ist. Der Zeitpunkt, zu dem die dingliche Einigung erklärt worden ist oder erklärt werden wird, spielt gemäß § 879 Abs. 2 BGB für den Rang keine Rolle.

2. Reihenfolge des Eingangs

Der Rang wird primär durch die *Reihenfolge des Eingangs der Anträge* beim Grundbuchamt initiiert (§ 17 GBO). Die Rangfolge mehrerer zur Eintragung zu beantragender Rechte kann also dadurch *gesteuert* werden, dass der Notar die Anträge zu unterschiedlichen Zeitpunkten beim Grundbuchamt eingehen lässt. Es genügen Zeitunterschiede in der kleinsten Zeiteinheit. Gehen Anträge hingegen gleichzeitig ein, so ist es nicht zulässig, sie mit unterschiedlichen Eingangsdaten zu versehen und zwar auch dann nicht, wenn erkennbar ist, dass der Antragsteller offensichtlich eine zeitliche Staffelung des Eingangs bewirken wollte (indem er z.B. die einzelnen Antragsschreiben mit fortlaufenden Nummern gekennzeichnet hat). Es ist deshalb auch riskant, die Rangfolge nur dadurch steuern zu wollen, dass Anträge jeweils im Tagesabstand mit der Post versandt werden. Gehen solche Anträge wegen einer Verzögerung im Postlauf gleichzeitig ein, so entsteht ungewollt Gleichrang, der nur aufgrund Bewilligung der Betroffenen wieder geändert werden kann.

3. Rangbestimmung

Der Rang kann vom Antragsteller nicht nur durch Steuerung des zeitlichen Eingangs beim Grundbuchamt, sondern auch durch entsprechende dem Grundbuchamt gegenüber abzu-

---
2 OLG Hamm Rpfleger 1984, 60; LG Augsburg Rpfleger 1984, 348 m. abl. Anm. *Bauch*.
3 A.A. für Briefgrundschulden OLG Hamm DNotZ 1988, 249; OLG Düsseldorf NJW-RR 1991, 685.

gebende *Erklärungen* gesteuert werden. Dabei unterscheidet der BGH[4] zwischen einer materiellen und einer nur verfahrensmäßigen Rangbestimmung.

a) Eintragungsantrag?

9 Streitig ist, ob der Rang allein durch den *Eintragungsantrag* nach § 13 GBO und damit insbesondere auch durch den notariellen Eintragungsantrag nach § 15 GBO gesteuert werden kann.[5] Jedenfalls gilt der allgemeine Grundsatz, dass der Antrag nicht von der Bewilligung abweichen darf, sodass das Grundbuchamt einen Antrag zurückweisen muss, der einen anderen Rang anstrebt, als ihn die Bewilligung ausdrücklich fordert. Da sich Rangerfordernisse oft noch nach der Beurkundung ändern, und zum Ausschluss des Nichtigkeitsrisikos empfiehlt es sich angesichts dessen für die Praxis, auf Rangbestimmungen in der Eintragungsbewilligung grundsätzlich zu verzichten. Soweit in Grundschuldformularen feste Rangbestimmungen vorgesehen sind, sollten sie regelmäßig bei Beurkundung gestrichen oder durch die Hinzufügung folgender Klausel neutralisiert werden:

Eintragung an nächstoffener Rangstelle

10 M **Eintragung an nächstoffener Rangstelle ist jedoch zulässig.**

11 Enthält die Eintragungsbewilligung keine Rangbestimmung, so lässt die überwiegende Praxis eine Rangbestimmung im Eintragungsantrag, insbesondere in dem vom Notar nach § 15 GBO gestellten Eintragungsantrag nicht zu.[6] Die ablehnende Auffassung ist zwar unrichtig und angesichts der ohnehin bestehenden Möglichkeit, den Rang durch Zeitsteuerung zu beeinflussen, auch wirkungslos;[7] sie überwiegt aber in der Praxis, so dass der Notar den Versuch einer Rangbestimmung im Antrag nach § 15 GBO nur unternehmen sollte, wenn er weiß, dass das Grundbuchamt der richtigen Auffassung folgt.

b) Eintragungsbewilligung

12 Zweifelsfrei kann die Rangbestimmung in der *Eintragungsbewilligung* getroffen werden. Auch die Erklärung, dass die Grundschuld ausschließlich erste, notfalls nächstoffene Rangstelle zu erhalten habe, enthält eine wirksame Rangbestimmung dahin gehend, dass das Grundbuchamt die Grundschuld mit dem bestimmten Rang einzutragen hat, wenn dafür keine Hinderungsgründe bestehen,[8] dass aber beim Vorliegen von Hindernissen für die rangrichtige Eintragung der Antrag nicht zurückgewiesen werden solle, sondern die Eintragung an der nächstoffenen Rangstelle vorgenommen werden solle. Eine präzisere Formulierung kann lauten:

---

4 BGH NotBZ 2014, 248 m. Hinweis *Krauß* = MittBayNot 2015, 32 m. krit. Anm. *Niemeyer*. Gegen diese Lehre *Staudinger/Wolfsteiner* (2015), Einl. zu §§ 1113 ff. BGB Rn. 120.
5 Literaturübersicht *Böttcher*, Rpfleger 1990, 438.
6 OLG Koblenz DNotZ 1976, 549; OLG Frankfurt Rpfleger 1991, 363 (Anm. *Meyer-Stolte*); anders wohl BayObLG NJW-RR 1992, 1369, falls nicht im Widerspruch zur Bewilligung.
7 OLG Frankfurt Rpfleger 1991, 363 will dieses Argument nicht akzeptieren.
8 A.A. BayObLG Rpfleger 1976, 302.

Rangbestimmung mit Vorbehalt

Es wird bewilligt, die Grundschuld an ausschließlich erster Rangstelle in das Grundbuch einzutragen. Müsste der Eintragungsantrag zurückgewiesen werden, weil die zur Eintragung an dieser Rangstelle notwendigen Voraussetzungen nicht gegeben sind, so soll die Eintragung statt dessen an der bestmöglichen Rangstelle und jedenfalls im Range vor der Grundschuld zu 100.000,00 € für die Kreissparkasse Oberndorf, deren Eintragung gleichzeitig bewilligt wird, stattfinden. 13 M

Ungenau und terminologisch nicht sauber sind Bewilligungen etwa mit dem Wortlaut, die Grundschuld solle erste Rangstelle in Abteilung III des Grundbuchs erhalten, weil richtiger Ansicht nach zwischen Abteilung II und Abteilung III des Grundbuchs Rangeinheit besteht.[9] Auch wenn eine solche Formulierung höchsten Präzisionsanforderungen nicht entspricht, ist ihr Sinn freilich ohne weiteres verständlich, sodass das Grundbuchamt einen solchen Antrag nicht zurückweisen darf. Besser ist aber die Formulierung 14

»Rang in Abt. III«

Es wird bewilligt, die Grundschuld dergestalt einzutragen, dass ihr zwar in Abteilung II des Grundbuchs, nicht aber in Abteilung III des Grundbuchs eingetragene Belastungen im Range vorgehen oder gleichstehen. 15 M

III. Rangvorbehalt

1. Allgemeines

Siehe allgemein zum Rangvorbehalt oben § 55 Rdn. 28 ff. Zur *praktischen Behandlung des Rangvorbehalts* ist anzumerken, dass ihm viele Kreditinstitute nicht zu Unrecht kritisch oder sogar ablehnend gegenüberstehen, weil relative Rangverhältnisse die Folge sein können. Die Bedenken richten sich nicht nur allgemein gegen die Möglichkeit des Entstehens relativer Rangverhältnisse, sondern vor allem gegen die in der Tat überraschenden Folgen des § 881 Abs. 4 BGB. Den Bedenken kann freilich durch eine geeignete Formulierung des Rangvorbehalts Rechnung getragen werden (s.u. Muster Rdn. 19 M). Jedenfalls empfiehlt es sich aber, vor der Vereinbarung eines Rangvorbehalts das Einverständnis des Gläubigers herbeizuführen; weigert sich dieser, so muss, trotz höherer Kosten, der spätere Rangrücktritt vorgezogen werden. 16

Der Rangvorbehalt zugunsten eines verzinslichen Rechts muss nicht nur den Zinsrahmen, sondern auch den Zeitpunkt festlegen, von dem ab Zinsen laufen dürfen.[10] 17

2. Anfänglicher Rangvorbehalt

Die Formulierung eines Rangvorbehalts, der den Gläubiger *gegen das Entstehen relativer Rangverhältnisse sichert*, lautet: 18

---

9 Hierzu die nicht leicht verständliche Kontroverse zwischen *Schmid*, Rpfleger 1982, 251 u. 1984, 130 und *Feuerpeil*, Rpfleger 1983, 298.
10 BGH NJW 1995, 1081 = DNotZ 1996, 84 m. krit. Anm. *Kutter*; OLG Frankfurt DNotZ 1990, 743 m. Anm. *Kutter*.

§ 73 Der Rang der Grundschuld

Rangvorbehalt

19 M **Grundschuldbestellung** .....
Der Eigentümer behält sich die Befugnis vor, im Range vor der soeben bestellten Grundschuld andere Grundschulden oder Hypotheken mit einer Kapitalforderung von insgesamt bis zu 100.000,00 €, mit einmaligen Nebenleistungen bis zu 10 % aus dem Kapitalbetrag und mit Zinsen und anderen laufenden Nebenleistungen von der Eintragung des Rangvorbehalts an bis zu 18 % jährlich aus dem Kapitalbetrag eintragen zu lassen. Der Rangvorbehalt kann nur einmal und nur unter der Bedingung ausgenutzt werden, dass die in den Rangvorbehalt einzuweisenden Rechte Rang auch vor allen anderen Belastungen erhalten, die der hier bestellten Grundschuld im Zeitpunkt der Eintragung des einzuweisenden Rechts im Range nachfolgen. Das gleiche gilt sinngemäß für gleichrangige Rechte.
Zur weiteren Sicherung des Gläubigers der hier bestellten Grundschuld tritt hiermit der Eigentümer seine gegenwärtigen und künftigen Ansprüche auf Rückgewähr von Grundschulden, die in den Rangvorbehalt eingewiesen werden, also insbesondere die Ansprüche auf Abtretung solcher Grundschulden, auf Verzicht auf sie und auf Aufhebung solcher Grundschulden sowie weiter auf Herausgabe des Versteigerungserlöses an den Gläubiger der hier bestellten Grundschuld ab. Dieser ist ermächtigt, die Abtretung den Drittschuldnern anzuzeigen.

■ *Kosten.*
a) Des Notars: Der Rangvorbehalt ist Inhalt des Grundpfandrechts und löst nach § 109 Abs. 1 Nr. 4 GNotKG keine zusätzlichen Gebühren aus; die Abtretung der Rückgewähransprüche gilt als gegenstandsgleich mit der Grundschuldbestellung.
b) Des Gerichts: Die Eintragung des Rangvorbehalts ist gebührenfreies Nebengeschäft nach § 55 Abs. 1 GNotKG.

20 Soll der Rangvorbehalt *mehrmals ausnützbar* sein, so braucht dies nicht besonders erklärt zu werden; eine Klarstellung ist aber stets zweckmäßig. Der Dauervorbehalt unterliegt nicht dem gesetzlichen Löschungsanspruch nach §§ 1179a, 1179b BGB, so dass im Ergebnis ein sonst nicht zugelassenes *löschungsfestes Recht* entsteht.

3. Nachträglicher Rangvorbehalt

21 Soll ein *Rangvorbehalt* einem bereits eingetragenen Recht *nachträglich* beigefügt werden, so bedarf dies nach materiellem Recht der Einigung zwischen dem Inhaber des Rechts und dem Eigentümer (§ 877 BGB), grundbuchrechtlich aber nur einer Bewilligung des Gläubigers und darüber hinaus weder der Zustimmung der Inhaber nachrangiger Rechte noch einer Bewilligung des Eigentümers, dessen künftige Eigentümergrundschuld von dem Rangvorbehalt deshalb nicht betroffen sein kann, weil der Rangvorbehalt stets nur aufgrund einer Bewilligung des Eigentümers ausgenutzt werden kann.[11]

4. Ausnutzung des Rangvorbehalts

22 Da der Rangvorbehalt zwingend dem *jeweiligen Grundstückseigentümer* zusteht, bedarf es zu seiner *Ausnutzung* nach materiellem Recht der entsprechenden Einigung des Grundstückseigentümers mit dem Gläubiger des in den Rangvorbehalt einzuweisenden Rechts, nach Grundbuchrecht einer Eintragungsbewilligung des Eigentümers.

---
11 A.A. *Demharter*, § 45 GBO Rn. 37.

Einweisung in den Rangvorbehalt

Grundschuldbestellung .....
Ich bewillige und beantrage, die soeben bestellte Grundschuld in Ausübung des bei der Grundschuld Abteilung III Nr. 1 eingetragenen Rangvorbehalts im Range vor dieser Grundschuld einzutragen.

23 M

- *Kosten.* Keine zusätzlichen.

IV. Rangrücktritt

1. Nachträgliche Rangänderung

Nachträgliche Rangänderungen erfolgen nach Maßgabe des § 880 BGB materiell durch Einigung zwischen dem zurücktretenden und dem vortretenden Berechtigten sowie, wenn es sich bei dem zurücktretenden Recht um ein Grundpfandrecht handelt, Zustimmung des Eigentümers (§ 880 Abs. 2 Satz 2 BGB) und Eintragung im Grundbuch, grundbuchrechtlich aufgrund von Bewilligungen des Gläubigers des zurücktretenden Rechts und, soweit es sich dabei um Grundpfandrechte handelt, des Eigentümers.

24

Rangrücktritt

Im Grundbuch des Amtsgerichts ..... von ..... Blatt ..... sind in Abteilung III folgende Rechte eingetragen:
lfd. Nr. 1 Grundschuld der EL-Bausparkasse GmbH über 100.000,00 € nebst Nebenleistungen,
lfd. Nr. 2 Grundschuld der Deutschen Siedlerbank zu 50.000,00 € nebst Nebenleistungen.
Nach Maßgabe der Urkunde des Notars Kurt F. in Oberstadt vom ..... URNr. ..... ist die Eintragung einer weiteren Grundschuld über 75.000,00 € nebst Nebenleistungen zugunsten der NM Hypothekenbank AG zur Eintragung bewilligt worden. Die Gläubiger der unter den lfd. Nrn. 1 und 2 eingetragenen Grundschulden und der Grundstückseigentümer bewilligen, der Grundstückseigentümer beantragt auch, die neu bestellte Grundschuld im Range vor den Grundschulden lfd. Nrn. 1 und 2 in das Grundbuch einzutragen.

25 M

- *Kosten.*
  a) Des Notars: Die Rangrücktritte gelten als einheitliche Erklärung, sodass zur Wertermittlung nach § 45 Abs. 1 GNotKG zunächst je die Werte der vorrückenden Rechte einerseits und die Werte der zurücktretenden Rechte andererseits zu addieren sind maßgeblich der Wert der vorrückenden Rechte, höchstens aber der Wert der zurücktretenden, infolge dessen 0,5 Gebühren nach Nr. 21201 Nr. 4 KV GNotKG aus einem Wert von 75.000 €.
  b) Des Gerichts: Nach Vorbem. 1.4 KV GNotKG werden die Gebühren für zwei Rangrücktritte gesondert erhoben; als veränderte Rechte gelten nach Nr. 14130 Abs. 2 KV GNotKG nur die zurücktretenden Rechte. Deshalb 0,5 aus 75.000 € und eine weitere Gebühr gleicher Art aus 50.000 €.

Da die Rangänderung i.S.d. § 62 Abs. 1 Satz 1 GBO »bei der Hypothek« eingetragen wird, sind bei Briefrechten die Grundschuldbriefe vorzulegen.

26

§ 73 Der Rang der Grundschuld

Vorrang für bereits eingetragene Grundschuld

27 M Im Grundbuch des Amtsgerichts ..... von ..... Blatt ..... sind in Abteilung III folgende Rechte eingetragen:
lfd. Nr. 1 Grundschuld der EL-Bausparkasse GmbH über 100.000,00 € nebst Nebenleistungen,
lfd. Nr. 2 Grundschuld der Deutschen Siedlerbank zu 50.000,00 € nebst Nebenleistungen.
lfd. Nr. 3 Grundschuld zu 75.000,00 € für die NM Hypothekenbank AG nebst Nebenleistungen.
Die Gläubiger der vorstehend bezeichneten Grundschulden und der Grundstückseigentümer bewilligen, der Grundstückseigentümer beantragt auch, in das Grundbuch einzutragen, dass die unter der lfd. Nr. 3 eingetragene Grundschuld Rang vor den unter Nr. 1 und 2 eingetragenen Grundschulden erhält.

■ *Kosten.* Siehe Muster Rdn. 25 M.

28 Wenn es sich bei dem vorrückenden Recht um ein Briefrecht handelt, erfolgt auch hier eine Eintragung bei dem Recht, sodass der *Grundschuldbrief* vorzulegen ist; die Eintragung der Rangänderung auf den Grundschuldbriefen löst keine eigenen Gebühren aus.

2. Löschungsvormerkung

29 Ist das im Range zurücktretende Grundpfandrecht vor dem 01.01.1978 oder aufgrund eines noch vor dem 01.01.1978 gestellten Eintragungsantrags eingetragen worden, so ist es nach Art. 8 § 1 Abs. 3 des Gesetzes vom 22.06.1977[12] nicht mit dem gesetzlichen Löschungsanspruch nach § 1179a BGB ausgestattet; der Löschungsanspruch entsteht auch nicht bei einem nach dem Stichtag einzutragenden Rangrücktritt. Zugunsten solcher Grundpfandrechte kann (und muss, wenn ein Löschungsanspruch begründet werden soll) noch eine Löschungsvormerkung nach Maßgabe des § 1179 BGB a.F. bestellt werden. Ob die Löschungsvormerkung noch zugunsten des jeweiligen Inhabers des zurücktretenden Rechts bestellt werden kann, ist streitig.[13]

Löschungsvormerkung alten Rechts

30 M Der Grundstückseigentümer hat sich gegenüber den eingetragenen Inhabern der im Rang zurücktretenden Grundschulden verpflichtet, die im Rang vorrückende Grundschuld löschen zu lassen, wenn und soweit sie sich mit dem Eigentum in einer Person vereinigt. Er bewilligt und beantragt, für diese Ansprüche bei der im Rang vorrückenden Grundschuld Löschungsvormerkungen gemäß § 1179 des Bürgerlichen Gesetzbuches alter Fassung in das Grundbuch einzutragen. Die Gläubiger der zurücktretenden Grundschulden schließen sich dem Antrag mit der Maßgabe an, dass der Rangrücktritt nicht ohne die Löschungsvormerkungen eingetragen werden darf.

■ *Kosten.* Beim Notar wie bei Gericht gebührenfreies Nebengeschäft nach § 109 Abs. 1 GNotKG bzw. Nr. 14130 (1) KV GNotKG.

---

12 BGBl. I S. 998.
13 Für Zulässigkeit LG Duisburg JurBüro 1986, 752 m. zust. Anm. *Muth*; noch weitergehend – es sei sogar *nur* die Eintragung zugunsten des jeweiligen Inhabers zulässig – KG DNotZ 1980, 487. Gegen Zulässigkeit *Schöner/Stöber*, Rn. 2636.

3. Abtretung des Rückgewähranspruchs

Bei Bestellung der im Rang zurücktretenden Grundschulden wird regelmäßig vereinbart worden sein, dass nicht nur gegenwärtige, sondern auch künftige Ansprüche auf *Rückgewähr vorrangiger Grundschulden* an den Grundschuldgläubiger abgetreten werden. War die Abtretungserklärung so formuliert, dass sie Ansprüche auf Rückgewähr der jetzt im Rang vorrückenden Grundschuld nicht umfasst, so empfiehlt es sich, der Rangrücktrittserklärung eine Abtretungserklärung nach § 72 Rdn. 24 M beizufügen.

31

V. Die Teilung der Grundschuld

1. Keine Eigentümerzustimmung

Zur Teilung einer Grundschuld ist nach § 1152 BGB die Zustimmung des *Eigentümers nicht erforderlich*. Der Gläubiger allein kann die Teilung erklären; sie bedarf nach §§ 877, 875 BGB grundsätzlich der Eintragung in das Grundbuch. Die entstehenden Teilgrundschulden haben untereinander Gleichrang (vgl. oben Rdn. 4). Die *Rangänderung* bedarf einer zusätzlichen Erklärung des Gläubigers und der Eintragung in das Grundbuch,[14] allerdings nach der ausdrücklichen Vorschrift des § 1151 BGB (als Ausnahme von § 880 Abs. 2 Satz 2 BGB) nicht der Zustimmung des Eigentümers und demnach grundbuchrechtlich auch nicht dessen Bewilligung. Meist wird die Teilung in Zusammenhang mit einer Teilabtretung stehen.

32

Teilung und Teilabtretung einer Buchgrundschuld

Im Grundbuch des Amtsgerichts ..... von ..... Blatt ..... ist in Abteilung III unter der lfd. Nr. 1 für uns, die SW Landesbank, eine Buchgrundschuld über 200.000,00 € nebst Nebenleistungen eingetragen. Wir bewilligen und beantragen die Teilung dieser Grundschuld in einen vorrangigen Teil mit einer Kapitalforderung von 120.000,00 € nebst den bereits eingetragenen Nebenleistungen und einen nachrangigen Teil zu 80.000,00 € nebst den bereits eingetragenen Nebenleistungen. Des Weiteren bewilligen und beantragen wir, in das Grundbuch einzutragen, dass der so gebildete nachrangige Grundschuldteil nebst den nach Eintragung der Abtretung fällig werdenden Nebenleistungen an die SW Landesbausparkasse, Sitz Hauptstadt, abgetreten ist.

33 M

■ *Kosten.*
a) Des Notars, der den Entwurf der Erklärung gefertigt hat: Die Teilung ist gleichen Gegenstands mit dem Rangrücktritt, sodass nur Letzterer nach § 93 Abs. 1 GNotKG, also mit 80.000 €, zu bewerten ist. Hinzu kommt die Abtretung; also 0,5 nach Nr. 21201 Nr. 4 KV GNotKG aus einem Wert von 160.000 €.
b) Des Gerichts: Gleiche Wertermittlung nach §§ 35 Abs. 1, 69 Abs. 2 GNotKG. 0,5 nach Nr. 14130 (2) KV GNotKG.

2. Briefgrundschuld

Zur Teilung einer *Briefgrundschuld* bedarf es der Eintragung in das Grundbuch nicht. In der Praxis bedarf es aber zwingend der Bildung eines *Teilgrundschuldbriefs*, weil ein Grundschuldteil andernfalls nur durch Übergabe des ganzen Grundschuldbriefs nach § 1117 Abs. 1

34

---

14 A.A. zu Unrecht OLG Hamm DNotZ 1988, 249 – zust. *Muth*, abl. *Schmid*, Rpfleger 1988, 58; OLG Düsseldorf NJW-RR 1991, 685.

BGB abgetreten werden könnte (dass dem Abtretungsempfänger nur der Mitbesitz eingeräumt würde, würde allerdings ausreichen, ist aber kaum praktikabel; ein mehrstufiges Besitzverhältnis reicht nicht). Der Teilgrundschuldbrief kann nach §§ 20 Abs. 2 BNotO, 61 Abs. 1 GBO auch von jedem *Notar* hergestellt werden. Angesichts dessen, dass die im größten Teil der Bundesrepublik Deutschland noch in Kraft befindliche Allgemeine Verfügung über geschäftliche Behandlung der Grundbuchsachen vom 25.02.1936[15] keine Aussagen über die Herstellung eines Teilgrundschuldbriefs durch einen Notar macht, empfiehlt es sich, der Bayerischen Geschäftsanweisung für die Behandlung der Grundbuchsachen vom 07.12.1981[16] zu folgen. Gemäß § 53 BayGBGA soll auch der Notar einen Teilgrundschuldbrief nur auf dem *amtlichen Vordruck* ausstellen, den er nach § 60 Abs. 3 Satz 2 BayGBGA vom Verwahrungsbeamten des Grundbuchamts zu beziehen hat, dabei hat er seine Geschäftsnummer anzugeben und ein schriftliches Empfangsbekenntnis auszustellen. Wird ein Vordruck unverwendbar (z.B. wegen Beschmutzung, Verschreibens), so ist er an den Verwahrungsbeamten des Grundbuchamts zurückzugeben. Der Vordruck, der bundeseinheitlich von der Bundesdruckerei hergestellt wird, hat folgende Gestalt:

Vordruck Grundschuldbrief

35 M

> **Gruppe 02 Nr.**
>
> **Deutscher
> Grundschuldbrief
> über**
>
> **eingetragen im**   **Grundbuch von**

36 Ein ausgefüllter Teil-Grundschuldbrief sieht nach Maßgabe der Grundbuchverfügung (§§ 47 ff., Anlage 4) wie folgt aus:

Teil-Grundschuldbrief

37 M

> **Gruppe 02 Nr. 57692**
> **Deutscher Teil-Grundschuldbrief über**
>
> **80.000,00 €**
>
> **Teilbetrag der Grundschuld von 200.000,00 €**
> eingetragen im Wohnungsgrundbuch von Waslingen (Amtsgericht Schöneberg)
> Blatt 82 Abteilung III Nr. 3 (drei)

---

15 Abgedruckt z.B. bei *Demharter*, GBO, Anhang 6.
16 BayGBGA, abgedruckt bei *Demharter*, Anhang 7.

> Der bisherige Brief über die Grundschuld von 200.000,– € lautet wie folgt:
> »Gruppe 02 Nr. 30130
>
> **Deutscher Grundschuldbrief über 200.000,00 €**
>
> eingetragen im Wohnungsgrundbuch von Waslingen (Amtsgericht Schöneberg) Blatt 82 Abteilung III Nr. 3 (drei).
> Inhalt der Eintragung:
> Nr. 3: 200.000,00 (zweihunderttausend) € fällige Grundschuld mit 12 vom Hundert jährlich verzinslich, die Zinsen jährlich nachträglich fällig, für SW Landesbank, Hauptstadt. Eingetragen am 16. Februar 2003. Belastetes Wohnungseigentum: Das im Bestandsverzeichnis des Grundbuchs unter Nr. 1 – eins – verzeichnete Wohnungseigentum.
> Schöneberg, den 20. Februar 2003
> Siegel   Amtsgericht
> gez. (unleserlich)   gez. (unleserlich)«
> Die vorstehende Abschrift stimmt mit der Urschrift überein.
> Über einen Teilbetrag von 80.000,00 € dieser Grundschuld nebst den Zinsen hieraus ist dieser Teilgrundschuldbrief hergestellt worden.
> Ahdorf, den 17. Dezember 2005
> Siegel des Notars   gez. Dr. F.
>   Notar in Ahdorf

Da nach § 61 Abs. 3 GBO die Herstellung des Teilgrundschuldbriefs auf dem bisherigen Brief vermerkt werden soll, kann ein Teilgrundschuldbrief nur ausgestellt werden, wenn der *bisherige Brief vorgelegt* wird. Der Notar hat auf dem bisherigen Grundschuldbrief den Betrag rot zu unterstreichen und daneben folgenden Vermerk anzubringen: **38**

Gültigkeitsvermerk

Noch gültig für 120.000,00 €   **39 M**
Ahdorf, den 17. Dezember 2005 (Unterschrift)

Des Weiteren ist auf dem bisherigen Grundschuldbrief folgender Vermerk anzubringen: **40**

Vermerk über Teil-Grundschuldbrief

Über einen Betrag von 80.000,– € ist ein Teilgrundschuldbrief hergestellt worden.   **41 M**
Ahdorf, den 17. Dezember 2005
Siegel des Notars   gez. Dr. Fleißig
                                                  Notar in Ahdorf

- *Kosten.* 0,3 nach Nr. 25202 KV GNotKG.

Der Notar soll dem Grundbuchamt, das den Stammbrief ausgestellt hat, die Gruppe und die Nummer des Teilbriefs sowie den Betrag, auf den er sich bezieht, *mitteilen*. Das Grundbuchamt vermerkt diese Angaben auf dem Entwurf des Stammbriefs. **42**

In der Praxis spielt die Erstellung eines Teilgrundschuldbriefs durch den Notar nur eine untergeordnete Rolle, weil, wie vorstehend schon unter Rdn. 32 ausgeführt, die entstehenden Grundschuldteile zwingend Gleichrang haben. Eine Rangänderung kann nur durch **43**

Eintragung in das Grundbuch bewirkt werden,[17] wozu der Grundschuldbrief nach §§ 42, 51, 62 GBO dem Grundbuchamt vorzulegen ist, damit dieses die Rangänderung auf dem Brief vermerkt. Ist der Brief aber ohnehin dem Grundbuchamt vorzulegen, so wird das Grundbuchamt regelmäßig auch mit der Fertigung des Teilgrundschuldbriefs beauftragt werden, sodass entsprechende Anträge an den Notar selten sind.

Abtretung eines Grundschuldteils mit Rangänderung und Antrag auf Erteilung eines Teilgrundschuldbriefs

44 M **Im Grundbuch des Amtsgerichts ..... von ..... Blatt ..... ist für uns, die SW Landesbank in Hauptstadt, eine Briefgrundschuld über 200.000,00 € nebst Zinsen eingetragen. Wir teilen hiermit diese Grundschuld in einen vorrangigen Teil über 120.000,00 € und einen nachrangigen Teil über 80.000,00 € jeweils zuzüglich der bei der ursprünglichen Grundschuld eingetragenen Zinsen und treten die so gebildete Teilgrundschuld über 80.000,00 € nebst rückständiger, laufender und künftiger Zinsen an die SW Landesbausparkasse in Hauptstadt ab. Mit abgetreten sind zu einem entsprechenden Anteil alle sonstigen Rechte, die uns der Eigentümer im Zusammenhang mit der Grundschuldbestellung eingeräumt hat; nicht mit abgetreten sind jedoch Ansprüche aus einem vom Eigentümer abgegebenen vollstreckbaren Schuldanerkenntnis.**
Wir bewilligen und beantragen, die Teilung der Grundschuld, die Rangänderung und die Abtretung des Grundschuldkapitals sowie der künftig fällig werdenden Zinsen in das Grundbuch einzutragen und über den Grundschuldteil von 80.000,00 € einen Teil-Grundschuldbrief herzustellen. Wir haben den Anspruch auf Aushändigung des Teilgrundschuldbriefs an die SW Landesbausparkasse abgetreten und beantragen deshalb, den zu bildenden Teilgrundschuldbrief der SW Landesbausparkasse auszuhändigen, während der ursprüngliche Grundschuldbrief uns zurückzugeben ist.
Unterschriftsbeglaubigung

■ *Kosten.* Wie Rdn. 33 M. Beim Gericht für die Erteilung des Teilbriefs zusätzlich 0,5 nach Nr. 14124 KV GNotKG.

VI. Rangregelung bei Vereinigung von Grundstücken

1. Vereinigung

45 Werden Grundstücke, die beide mit Grundpfandrechten belastet sind, nach § 890 Abs. 1 BGB *vereinigt* (dazu oben § 54 Rdn. 23 ff.), so würde sich an der hypothekarischen Belastung grundsätzlich nichts ändern (arg. § 1131 BGB); nach § 5 Abs. 1 S. 2 GBO würde das aber *Verwirrung* bewirken, sodass eine solche Vereinigung unzulässig ist. Die Grundpfandrechte müssen deshalb bei Vereinigung von Grundstücken jeweils auf das gesamte neu gebildete Grundstück ausgedehnt werden; da Verwirrung stets auch dann zu besorgen ist, wenn die Grundpfandrechte an den verschiedenen Grundstücksteilen unterschiedlichen Rang haben (§ 5 Abs. 1 S. 2 Nr. 2 GBO), müssen auch *einheitliche Rangverhältnisse* für das ganze Grundstück hergestellt werden.

46 Die Ausdehnung der Grundpfandrechte auf den jeweils anderen Grundstücksteil erfordert grundsätzlich auch eine Erweiterung der dinglichen Zwangsvollstreckungsunterwerfung; daher ist regelmäßig die *Urkundsform* geboten; der Inhalt der Grundpfandrechte muss

---

17 A.A. OLG Hamm DNotZ, 1988 249; OLG Düsseldorf NJW-RR 1991, 685.

in der Urkunde so genau angegeben werden, wie es die Zwangsvollstreckungsunterwerfung erfordert (vgl. hierzu oben § 19 Rdn. 76 ff.); statt dessen kann auch nach § 13a BeurkG auf eine andere Urkunde verwiesen werden. Soweit es sich um Grundschulden handelt, die noch vor dem Inkrafttreten des § 1193 Abs. 2 S. 2 BGB (19.08.2008) eingetragen worden sind, ist Rücksicht darauf zu nehmen, dass die Pfanderstreckungsteile dieser Grundschulden dem § 1193 Abs. 2 S. 2 BGB unterfallen (dazu § 72 Rdn. 2) und dass auch die gespaltene Fälligkeit Besorgnis der Verwirrung begründen könnte; deshalb sollte zu einheitlicher Kündbarkeit übergegangen werden.

Vereinigung von Grundstücken mit Ausdehnung von Grundpfandrechten und Rangregelung

47 M

Verhandelt .....

I. Im Grundbuch des Amtsgerichts ..... von ..... Blatt ..... ist im Bestandsverzeichnis unter der lfd. Nr. 1 das Grundstück der Gemarkung ..... FlurNr. ..... FlStNr. ..... eingetragen. In Abteilung III des Grundbuchs sind an diesem Grundstück folgende Belastungen eingetragen:
Lfd. Nr. 1 Hypothek ohne Brief zu 100.000,– DM für die Fränkische Hypothekenbank AG, Würzburg – wegen des weiteren Inhalts der Hypothek verweise ich auf die am 07.12.1988 zu Urkunde des Notars ....., URNr. ....., errichtete Hypothekenbestellungsurkunde, die mir bekannt ist, auf deren Verlesung und Beifügung ich jedoch verzichte.
Lfd. Nr. 3 fällige Briefgrundschuld über 56.000,00 € zugunsten der Bausparkasse Ochsenfurt AG, Ochsenfurt, mit 12 % jährlich nachträglich fälligen Jahreszinsen, eingetragen am .....
II. Im gleichen Grundbuch ist unter der lfd. Nr. 2 das Grundstück der Gemarkung ..... FlurNr. ..... FlStNr. ..... eingetragen. Dieses ist in Abteilung III des Grundbuchs wie folgt belastet:
Lfd. Nr. 2 Buchgrundschuld zu 200.000,00 € für die Fränkische Regionalbank AG, Nürnberg, mit Jahreszinsen von 18 % seit dem Tage der Eintragung, dem ....., sowie einer bedingten einmaligen Nebenleistung von 5 % des Grundschuldbetrags.
III. Als Eigentümer der vorbezeichneten Grundstücke bewillige und beantrage ich unter Vorlage einer vom Vermessungsamt ..... beglaubigten Karte, diese benachbarten Grundstücke zu einem Grundstück zu vereinigen. Hierzu erstrecke ich die vorbezeichneten Grundpfandrechte wechselseitig jeweils auch auf den neu hinzukommenden Grundstücksteil. Die Grundschulden sollen insgesamt nicht mehr sofort fällig sein, sondern vielmehr nach den gesetzlichen Bestimmungen fällig werden. Den Rang bestimme ich dahingehend, dass am neu gebildeten Grundstück die Grundschuld Abteilung III Nr. 2 Rang vor den übrigen Grundpfandrechten und die Hypothek Abteilung III Nr. 1 Rang vor der Grundschuld Abteilung III Nr. 3 haben soll. Die zu dieser Rangänderung erforderlichen Zustimmungen der Gläubiger der Rechte Abteilung III Nr. 1 und Nr. 3 werden gesondert erbracht werden.
Wegen der in Abteilung III unter den laufenden Nrn. 1, 2 und 3 eingetragenen Grundpfandrechte unterwerfe ich mich hiermit gegenüber den Gläubigern der sofortigen Zwangsvollstreckung aus dieser Urkunde in der Weise, dass die Zwangsvollstreckung auch gegen den jeweiligen Eigentümer der jeweils neu hinzugekommen Pfandgegenstände zulässig sein soll. Die Gläubiger sind ermächtigt, sich Ausfertigung dieser Urkunde erteilen zu lassen.
Ich bewillige und beantrage, auch die Pfandausdehnung, die geänderte Fälligkeit der Grundschulden und die Rangregelung sowie die Unterwerfung unter die sofortige Zwangsvollstreckung in das Grundbuch einzutragen.

- *Kosten.*
  a) Des Notars: Getrennte Berechnung (§ 94 Abs. 1 GNotKG) für Vereinigungsantrag (0,5 nach Nr. 21201 Nr. 4 KV GNotKG aus Geschäftswert, der nach § 36 Abs. 1 GNotKG nach billigem Ermessen zu bestimmen ist) und Grundschuldausdehnung, Rangregelung und Unterwerfung (1,0 nach Nr. 21200 KV GNotKG).
  b) Des Grundbuchamts: Vereinigung 50 € oder kostenfrei nach Nr. 14160 Nr. 3 KV GNotKG. Grundschuldausdehnung nach Wert gemäß § 44 Abs. 1 GNotKG. 0,5 nach Nr. 14123 KV GNotKG.

48 Zur *Zwangsvollstreckungsunterwerfung* ist noch zu bemerken, dass zur Zwangsvollstreckung die vollstreckbare Ausfertigung der ursprünglichen Bestellungsurkunden und die vollstreckbare Ausfertigung der oben dargestellten Erweiterungsurkunde erforderlich ist und dass der Erweiterungsurkunde auch eine Ausfertigung der Hypothekenbestellungsurkunde beizufügen ist, auf die nach § 13a BeurkG verwiesen wurde (vgl. oben § 19 Rdn. 117).

2. Bestandteilszuschreibung

49 Bei der *Bestandteilszuschreibung* nach § 890 Abs. 2 BGB treten keine Probleme auf, wenn das als Bestandteil zuzuschreibende Grundstück nicht mit Grundpfandrechten belastet ist. Nach § 1131 BGB erstrecken sich die am Hauptgrundstück bestehenden Grundpfandrechte von selbst auf das zugeschriebene Grundstück, und zwar in unveränderter Rangfolge. Auch die dingliche Zwangsvollstreckungsunterwerfung erstreckt sich von selbst, ohne dass es zusätzlicher Erklärungen bedürfte, auf das zugeschriebene Grundstück.[18] § 1193 Abs. 2 S. 2 BGB dürfte, wenn es sich um Altgrundschulden handelt (oben Rdn. 46), für die automatische Erstreckung des § 1131 BGB nicht gelten. Anders ist die Situation aber, wenn auch das zuzuschreibende Grundstück belastet ist. Die auf dem zuzuschreibenden Grundstück ruhenden Belastungen erstrecken sich dann nicht von selbst auf das Hauptgrundstück; sie müssen nach dem vorstehenden Muster auf das Hauptgrundstück ausgedehnt werden. Andererseits erhalten die am Hauptgrundstück eingetragenen Grundpfandrechte nach § 1131 Satz 2 BGB Rang nach den Belastungen am zuzuschreibenden Grundstück. Zur Herbeiführung einheitlicher Belastungs- und Rangverhältnisse bedarf es dann einer Regelung, die der vorstehenden bei Muster Rdn. 47 M gleicht mit Ausnahme nur dessen, dass eine ausdrückliche Pfanderstreckung und Unterwerfungserklärung für die am Hauptgrundstück eingetragenen Grundpfandrechte entbehrlich ist.

---

18 *Wolfsteiner*, Die vollstreckbare Urkunde, § 30.21.

§ 74 Abtretung der Grundschuld

I. Allgemeines

1. Abtretbarkeit

Grundschulden sind gemäß §§ 1192, 1153 ff. BGB *abtretbar*. Die Abtretbarkeit kann aber mit dinglicher Wirkung ausgeschlossen werden (Beispiel für einen Fall, in dem ein solcher Ausschluss zweckmäßig ist, § 72 Rdn. 15 f.); der Ausschluss der Abtretbarkeit kann, was für die Grundbucheinsicht Gefahren hervorruft, durch Bezugnahme auf die Eintragungsbewilligung eingetragen werden.[1]

Bei Beurkundung einer Abtretung ist des Weiteren zu prüfen, ob der Gläubiger nicht einem schuldrechtlichen Abtretungsverbot oder einer schuldrechtlichen Abtretungsbeschränkung unterliegt, ob er also nach Maßgabe der der Grundschuldbestellung zugrunde liegenden *Sicherungsvereinbarung* zur Abtretung überhaupt befugt ist (dazu oben § 72 Rdn. 36 M).

2. Die Abtretung

Nach materiellem Recht erfordert die Abtretung einer Grundschuld die (formlose) Einigung zwischen altem und neuem Gläubiger sowie bei Buchgrundschulden die Eintragung der Abtretung in das Grundbuch (§ 873 Abs. 1 BGB). Bei Briefgrundschulden ist die Einigungserklärung des Abtretenden formbedürftig (Schriftform, § 1154 Abs. 1 Satz 1 BGB, die allerdings nach § 1154 Abs. 2 BGB durch Grundbucheintragung ersetzt werden kann); außerdem ist die Übergabe des Grundschuldbriefs erforderlich (dazu unten Rdn. 19 ff.).

Derzeit ist angesichts einer nur versteckt ausgetragenen Kontroverse zwischen dem V. und dem VII. Zivilsenat des BGH unklar,[2] ob zur Erhaltung der *Vollstreckbarkeit* bei Abtretung einer Sicherungsgrundschuld auch der »Eintritt des Zessionars in den Sicherungsvertrag« erforderlich ist (s. auch § 19 Rdn. 110). Vorsichtshalber sollten entsprechende Erklärungen abgegeben werden, was freilich nicht ohne förmliche Mitwirkung des Zessionars möglich ist. Ist der Zessionar bei der Beurkundung oder Beglaubigung der Abtretung zugegen, so empfiehlt es sich, folgenden Vertrag zugunsten Dritter in die Abtretungsurkunde aufzunehmen:

Eintritt in den Sicherungsvertrag durch Vertrag zugunsten Dritter

Durch Vertrag zugunsten des Grundstückseigentümers, aus dem dieser eigene Ansprüche erwerben soll, vereinbaren wir: Der Abtretungsempfänger hat alle Verpflichtungen als eigene zu erfüllen, die der Abtretende aus Anlass des Erwerbs der Grundschuld dem Eigentümer gegenüber eingegangen ist (Sicherungsvertrag).

- *Kosten des Notars, der die Erklärung entworfen hat:* 2,0 nach Nr. 21100, 24100 KV GNotKG aus dem Nennbetrag der abgetretenen Grundschuld; die Abtretung selbst ist dann gleichen Gegenstandes.

---

1 OLG Hamm Rpfleger 1968, 283.
2 Einzelheiten *Wolfsteiner*, ZfIR 2012, 681 zu BGH ZfIR 2012, 707.

6 Ist der Zessionar nicht zugegen, so wird er gesondert eine (wegen § 726 ZPO zumindest notariell zu beglaubigende) Erklärung als Angebot abgeben:

Eintritt in den Sicherungsvertrag in Angebotsform

7 M Durch Abtretung (vgl. Abtretungsurkunde vom ..... des Notars ....., URNr. .....) bin ich Inhaber der im Grundbuch des Amtsgerichts ..... von ..... Blatt ..... in Abteilung III unter Nr. ..... eingetragenen vollstreckbaren Grundschuld über ..... € geworden. Ich biete hiermit dem Grundstückseigentümer unwiderruflich an, mich zu verpflichten, alle Verpflichtungen als eigene zu erfüllen, die der Abtretende aus Anlass des Erwerbs der Grundschuld dem Eigentümer gegenüber eingegangen ist (Sicherungsvertrag). Auf den Zugang der Annahmeerklärung verzichte ich.

3. Zinsen, andere Nebenleistungen

8 Zinsen und andere Nebenleistungen sind nach § 1191 Abs. 2 BGB Inhalt und Bestandteile der Grundschuld. Wird »die Grundschuld« abgetreten, so sind infolgedessen sämtliche Zinsen und andere Nebenleistungen, mögen es rückständige (Begriff § 1159 BGB), laufende oder künftige (§ 1158 BGB) sein, mit abgetreten. Es ist unverständlich, warum die herrschende Lehre[3] *zusätzlich* eine »eindeutige Angabe« darüber verlangt, ob, in welchem Umfang und von welchem Zeitpunkt an die Zinsen mit abgetreten sein sollen. Darüber hinaus sind auch auf der Grundlage der herrschenden Lehre die meisten Zwischenverfügungen von Grundbuchämtern, die sich auf angeblich unzulängliche Bezeichnung des Zeitpunkts der Abtretung von Zinsen stützen, allein deshalb fehlerhaft, weil die Abtretung rückständiger Zinsen zwar wirksam, aber nicht nur nicht eintragungsbedürftig, sondern gar nicht eintragungsfähig ist (§ 1159 BGB[4]). Bei der Abtretung von Buchgrundschulden kann infolgedessen nur die Abtretung solcher Zinsen in das Grundbuch eingetragen werden, die nach der Eintragung fällig werden, bei Abtretung von Briefgrundschulden kann nur die Abtretung solcher Zinsen eingetragen werden, die nach Aushändigung der schriftlichen Abtretungserklärung und nach Briefübergabe fällig geworden sind. Handelt es sich z.B. um die besonders häufig beanstandete Erklärung, Zinsen seien vom Eintragungstage ab abgetreten, so ist aus der Sicht des Grundbuchamts die Diskussion, ob damit der Zeitpunkt der Eintragung der Grundschuld oder der Zeitpunkt der Eintragung der Abtretung gemeint sei, insofern müßig, als ohnehin nur die Abtretung der meist am folgenden 31.12. oder 01.01. fällig werdenden Zinsen eintragungsfähig ist.[5]

9 Erledigt ist[6] das vormals beherrschende Problem der Zinsabtretung in Fällen, in denen die Grundschuld während bestimmter Zeiträume Eigentümergrundschuld war; es ist jetzt anerkannt, dass die Zinsen während dieser Zeit weiter laufen und nur der Eigentümer gehindert ist, sie geltend zu machen. Da Zinsen auch während der Zeit entstehen, in der die Grundschuld dem Eigentümer zusteht, sind diese Zinsen normal abtretbar.

---

3 Nachweise und Kritik bei Staudinger/*Wolfsteiner* (2015), § 1154 BGB Rn. 40.
4 Dazu Staudinger/*Wolfsteiner* (2015), § 1159 BGB Rn. 15 und *Wolfsteiner*, MittBayNot 2012, 127.
5 Großzügiger LG Köln MittRhNotK 1978, 40 gegen LG Bonn MittRhNotK 1977, 148.
6 Durch die Entscheidungen BayObLG DNotZ 1988, 116; OLG Celle Rpfleger 1989, 323; OLG Düsseldorf DNotZ 1990, 747 (eingeleitet schon durch BGH Rpfleger 1986, 9 und BGH DNotZ 1988, 777).

Abtretung einer verzinslichen Grundschuld

Ich trete die im Grundbuch des Amtsgerichts ..... von ..... Blatt ..... in Abt. III unter der lfd. Nr. 3 zu meinen Gunsten eingetragene Grundschuld über 100.000,00 € mit allen rückständigen, laufenden und künftigen Zinsen und anderen Nebenleistungen an X. ab. Ich bewillige, die Abtretung des Grundschuldkapitals sowie der künftig fällig werdenden Zinsen und anderen Nebenleistungen in das Grundbuch einzutragen.

10 M

- *Kosten.*
  a) Des Notars, der die Erklärung entworfen hat: 1,0 nach Nr. 21200, 24100 KV GNotKG aus 100.000 €. Bei Buchgrundschulden ist nur die Eintragsbewilligung beglaubigungsbedürftig; dann gemäß § 21 Abs. 1 S. 1 GNotKG nur 0,5 nach Nr. 21201 Nr. 4, 24100 KV GNotKG. S.a. nachstehend Muster Rdn. 22 M.
  b) Des Gerichts: 0,5 nach Nr. 14130 KV GNotKG.

4. Zusätzlich: Abtretung von Nebenrechten

Bei der Grundschuldbestellung pflegt der Besteller dem Grundschuldgläubiger gegenüber eine größere Zahl *weiterer Verpflichtungen* einzugehen (z.B. zur ordnungsgemäßen Erhaltung des Grundstücks, zur Versicherung usw.; dazu oben § 69 Rdn. 17 M – bei der Grundschuld pflegen diese Verpflichtungen privatschriftlich übernommen zu werden). Diese Ansprüche sollten bei der Grundschuldabtretung grundsätzlich mit abgetreten werden. Besonders bedeutsam sind in diesem Zusammenhang die Ansprüche auf Rückgabe vorrangiger Grundpfandrechte (dazu oben § 72 Rdn. 24 M). Da diese Rechte nicht akzessorisch sind und nicht akzessorisch sein können, gehen sie keinesfalls von selbst auf den Abtretungsempfänger über. Dies gilt auch für die Ansprüche aus dem mit der Grundschuldbestellung in einer Urkunde verbundenen *abstrakten Schuldanerkenntnis* oder Schuldversprechen (dazu oben § 72 Rdn. 30). Des besonderen Gewichts des abstrakten Schuldversprechens wegen wird es im Allgemeinen nicht angehen, eine Abtretungserklärung, in der es nur heißt, die Grundschuld werde »samt Nebenrechten« abgetreten, dahin auszulegen, auch die Ansprüche aus einem abstrakten Schuldversprechen seien mit abgetreten; jedenfalls genügt eine solche Erklärung nicht dem Eindeutigkeitserfordernis, das für die Erteilung der vollstreckbaren Ausfertigung aufgestellt werden muss (dazu oben § 19 Rdn. 186; dort auch Näheres zur Erteilung der Vollstreckungsklausel für den Abtretungsempfänger). Für den Notar, der die Abtretungserklärung entwirft, empfiehlt es sich, in jedem Fall eine *ausdrückliche Erklärung* aufzunehmen, ob die Ansprüche aus dem Schuldversprechen mit abgetreten sind oder nicht, um sich vor allem im letzteren Fall gegen den Vorwurf zu sichern, die Aufnahme dieser Ansprüche in die Abtretungsurkunde sei nur vergessen worden.

11

Abtretung weiterer Rechte

Mit abgetreten sind die sonstigen in der Grundschuldbestellungsurkunde dem Gläubiger bestellten oder abgetretenen Rechte und Ansprüche, insbesondere auch die Ansprüche auf Rückgabe vor- und gleichrangiger Grundpfandrechte sowie auch/ jedoch nicht die Ansprüche aus dem in der Grundschuldbestellungsurkunde abgegebenen vollstreckbaren Schuldanerkenntnis.

12 M

- *Kosten.* Die Abtretung der zusätzlichen Ansprüche ist im Verhältnis zur Abtretung der Grundschuld gleichen Gegenstands i.S.d. § 109 GNotKG. Handelt es sich freilich um eine Buchgrundschuld, zu der nur die nach Nr. 21201 Nr. 4, 24103 KV GNotKG mit 0,5 zu bewertende Eintragungsbewilligung zu entwerfen ist, so löst die Abtretung der Nebenansprüche und jedenfalls die Abtretung der Ansprüche aus dem Schuldanerkenntnis als Erklärung des materiellen Rechts die volle Gebühr nach Nr. 21200, 24103 KV GNotKG aus neben der dann gemäß § 109 GNotKG die Eintragungsbewilligung nicht mehr zu bewerten ist.

5. Neubeleihung der Grundschuld

13 Soll ein Grundstück nach Ablösung grundpfandrechtsgesicherter Darlehen *neu beliehen* werden, so stellt sich für den Praktiker die Frage, ob er *zur Abtretung* der bereits eingetragenen Grundpfandrechte an den neuen Gläubiger oder statt dessen zur *Löschung* der alten Grundpfandrechte und zur Neubestellung eines Grundpfandrechts raten soll. Folgende Gesichtspunkte können dabei eine Rolle spielen:

a) Der gute Glaube

14 Bei der Abtretung von Altrechten wird zwar, abgesehen vom gesetzlichen Löschungsanspruch, der *gute Glaube* des neuen Gläubigers an das Bestehen der Grundschuld geschützt, allerdings nach § 1192 Abs. 1a BGB nicht mehr der gute Glaube an die Einredefreiheit; ein vorsichtiger Gläubiger kann sich also kaum noch auf die Abtretung einer Altgrundschuld einlassen. Der Gutglaubensschutz erstreckt sich auch nicht auf die *weiteren Ansprüche*, insbesondere auch nicht auf den Anspruch aus dem abstrakten Schuldversprechen. Der Letztere kann längst anderweitig abgetreten oder aufgehoben worden oder auf andere Weise erloschen sein. Bei der Neubestellung geht der neue Gläubiger solche Risiken nicht ein. Zur Abtretung kann also nur noch in Fällen geraten werden, in denen ein Einrederisiko zuverlässig ausscheidet.

b) Der Kostenvergleich

15 In den Kostenvergleich sind einzubeziehen die Kosten der *Löschungsbewilligungen* – unterschiedlich je nachdem, ob die Bank den Entwurf kostenfrei fertigt und nur Beglaubigungsgebühren anfallen oder ob der Löschungsentwurf vom Notar gefertigt werden muss –, die Kosten der *Eigentümerzustimmung* zur Löschung – auch hier die gleichen Gesichtspunkte wie bei der Löschungsbewilligung –, die beim *Grundbuchamt* für die Löschung anfallenden Kosten, die Kosten der Grundschuld-Neubeurkundung und die Kosten der Eintragung der neuen Grundschuld. Im Vergleich dazu die Kosten der Abtretung: Kosten der Eintragungsbewilligung für die *Abtretung*, regelmäßig zu verbinden mit der Abtretung der Ansprüche aus dem abstrakten Schuldanerkenntnis (Kostenbewertung oben Muster Rdn. 10 M); Kosten der Eintragung *der Abtretung* in das Grundbuch (regelmäßig auch bei Briefgrundschulden zu empfehlen); Kosten der Erteilung der *vollstreckbaren Ausfertigung* für den neuen Gläubiger nach Nr. 23803 KV GNotKG; Kosten eines *neuen Schuldanerkenntnisses* mit Unterwerfungserklärung, wenn die Grundschuld zwischendurch Eigentümergrundschuld war und deshalb der Anspruch aus dem abstrakten Schuldversprechen durch Konfusion untergegangen ist; Kosten etwaiger *Zinserhöhungen*, wenn die abzutretende Grundschuld nicht mit ausreichend hohen Zinsen ausgestattet ist.

c) Die Rangwahrung

16 Sind nachrangige Gläubiger eingetragen, so führt die Löschung der alten Grundpfandrechte zum *Rangverlust*, der nur kompensiert werden kann, wenn die nachrangigen Gläubiger bereit sind, dem neu zu bestellenden Grundpfandrecht wieder den Vorrang einzuräumen. Im Fall der Abtretung findet ein solcher Rangverlust grundsätzlich nicht statt. Zu berücksichtigen ist freilich der *gesetzliche Löschungsanspruch* nach § 1179a BGB, und zwar insbesondere bei Briefgrundschulden. Hatte sich die abzutretende Grundschuld zu irgendeinem

Zeitpunkt mit dem Eigentum in einer Person vereinigt, so ist der gesetzliche Löschungsanspruch in der Person der nachrangigen Gläubiger entstanden; da er ohne Gutglaubensschutz gegen jeden neuen Grundschuldinhaber geltend gemacht werden kann (§ 1179a Abs. 1 Satz 3 BGB), ist eine solche Grundschuld wertlos. Bei Briefgrundschulden liegt die Gefahr insbesondere darin, dass sich auch bei Vorlage einer lückenlosen Kette schriftlicher Abtretungserklärungen nicht ausschließen lässt, dass die Grundschuld zwischendurch Eigentümergrundschuld geworden war (der Eigentümer E tritt ab an A, dieser an B, dieser an E, E erneut an B und dieser an C, die Abtretungen B an E und E an B brauchen nicht vorgelegt zu werden). Der Gläubiger, der sich Briefgrundschulden abtreten lässt, ist also beim Vorhandensein nachrangiger Gläubiger stets gezwungen, vorsorglich deren ausdrücklichen *Verzicht auf einen bereits entstandenen gesetzlichen Löschungsanspruch* einzuholen.[7]

Die Zustimmung der Nachranggläubiger zur Neubeleihung wird ein vorsichtiger Gläubiger unabhängig vom gesetzlichen Löschungsanspruch wahrscheinlich schon deshalb einholen, weil er damit rechnen muss, dass der Eigentümer seine Ansprüche auf *Rückgewähr* der Grundschuld an die Nachranggläubiger *abgetreten* hatte (vorstehend Rdn. 11 f.). Die Abtretung dieser Ansprüche hindert einerseits den Altgläubiger, die Grundschuld ohne Weiteres an den Neugläubiger abzutreten; auch der Neugläubiger sieht sich möglicherweise einem Schadensersatzanspruch der Nachranggläubiger wegen vorsätzlicher Schädigung ausgesetzt. **17**

d) Fälligkeit

Wird eine vor dem 19.08.2008 eingetragene Grundschuld sei es auch durch Abtretung wiederverwendet, so darf sie entgegen § 1193 Abs. 2 Satz 2 BGB ihre sofortige Fälligkeit behalten (Art. 229 § 18 Abs. 3 EGBGB im Gegensatz zu Abs. 2, der für die Anwendung des § 1157 BGB nicht auf die Bestellung, sondern auf den Erwerb der Grundschuld abstellt). **18**

II. Die Abtretung der Briefgrundschuld

1. Grundsätze

Wer sich eine Briefgrundschuld abtreten lässt, sollte das *Grundbuch einsehen*, weil §§ 57 Abs. 2, 62 Abs. 1 GBO in der geltenden Fassung nicht sicherstellen, dass ein Grundbuchauszug aus der Zeit der Eintragung der Grundschuld zusammen mit dem Grundschuldbrief den ganzen gegenwärtigen Inhalt des Rechts erkennen lassen;[8] auch die Gefahr des gesetzlichen Löschungsanspruchs lässt sich u.U. durch Grundbucheinsicht ausschließen. Vor allem wenn die Briefgrundschuld an einen Privatmann abgetreten wird, hat der Notar meist Anlass, über die Wirksamkeitsvoraussetzungen einer Grundschuldabtretung eingehend zu *belehren* und eine eigene Prüfungstätigkeit wahrzunehmen, weil falsche Vorstellungen in diesem Bereich weit verbreitet sind. Der Notar sollte auf solche Belehrungen auch dann nicht verzichten, wenn er formell nur mit der Beglaubigung einer von dritter Seite entworfenen Abtretungserklärung beauftragt ist. **19**

Weithin unbekannt ist schon, dass die Briefgrundschuld nicht durch bloße Briefübergabe übertragen werden kann, sondern dass es einer schriftlichen Abtretungserklärung bedarf. Soll die Inhaberschaft an der Grundschuld durch eine Kette öffentlich beglaubigter Abtretungserklärungen nachgewiesen werden (§ 1155 BGB), so sollte es der Notar regelmäßig übernehmen, die Kette selbst auf Ordnungsmäßigkeit zu überprüfen. Überhaupt empfiehlt **20**

---

7 BGH DNotZ 1987, 510; OLG Braunschweig DNotZ 1987, 515 m. Anm. *Schelter*, S. 517; vgl. zu diesem Problem auch KG WuB § 1 F 3.5.85 m. Anm. *Wolfsteiner*.
8 OLG Celle Rpfleger 1985, 398 = WuB I F Grundpfandrechte 5.85 m. Anm. *Wolfsteiner*.

es sich regelmäßig auch, dass sich der Notar den Grundschuldbrief vorlegen lässt. Obwohl § 21 Abs. 2 BeurkG, wonach der Notar in der Niederschrift vermerken soll, ob ihm der Brief vorgelegen hat, für den Regelfall der bloßen Unterschriftsbeglaubigung unter einer Abtretungserklärung nicht gilt, empfehlen sich entsprechende Angaben auch im Beglaubigungsvermerk; es steht auch nichts entgegen, im Sinne einer Tatsachenbeurkundung nach §§ 36, 39 BeurkG in den Beglaubigungsvermerk die Feststellung aufzunehmen, dass der Grundschuldbrief dem Abtretungsempfänger übergeben worden sei, wenn die Übergabe in Gegenwart des Notars geschieht. Auch auf die vorstehend unter Rdn. 16 dargestellten Probleme bei der Abtretung von Grundschulden wird der Notar häufig hinzuweisen Anlass haben. S. zum »Eintritt« in den Sicherungsvertrag oben Rdn. 2.

2. Bezeichnungserfordernisse

21 In der Abtretungserklärung ist die Grundschuld so *eindeutig* zu bezeichnen, dass die Bezeichnung Grundlage des öffentlichen Glaubens sein kann, den § 1155 BGB der Abtretungserklärung wie einer Grundbucheintragung verleiht. § 28 GBO ist deshalb entsprechend anzuwenden.[9] Regelmäßig sind anzugeben das Grundbuchamt, der Grundbuchbezirk, das Grundbuchblatt, die lfd. Nummer der Eintragung in Abt. III des Grundbuchs.[10] Weiterhin empfiehlt es sich auch, den Betrag der Grundschuld und den eingetragenen Gläubiger anzugeben. Der Abtretungsempfänger sollte so bezeichnet werden, wie er nach § 15 GBV auch im Grundbuch zu bezeichnen wäre, also bei natürlichen Personen regelmäßig mit Vornamen, Familiennamen, Geburtsdatum und Wohnort, bei juristischen Personen und Handelsgesellschaften mit Namen oder Firma und Sitz und zweckmäßigerweise auch dem Registergericht, bei dem die Eintragung erfolgt ist, und der Nummer des Registerblatts[11] und bei BGB-Gesellschaften unter Angabe sämtlicher Gesellschafter mit Namen und Geburtsdaten.

Abtretung einer Briefgrundschuld

22 M Im Grundbuch des Amtsgerichts ..... von ..... Blatt ..... ist in Abteilung III unter der lfd. Nummer 3 eine Grundschuld zu 100.000,00 € nebst Zinsen für die A-Bank in Stadtdorf eingetragen. Mit schriftlicher Abtretungserklärung vom ....., beglaubigt von dem Notar Dr. F. in Stadtdorf unter URNr. ....., hat die A-Bank diese Grundschuld mit allen rückständigen, laufenden und künftigen Zinsen unter Übergabe des Grundschuldbriefs an mich abgetreten. Des Weiteren hat sie an mich alle sonstigen in der Grundschuldbestellungsurkunde des Notars Dr. F. vom ....., URNr. ....., für die A-Bank begründeten oder an diese abgetretenen weiteren Rechte und Ansprüche, insbesondere auch die Ansprüche aus dem in Abschn. V. der Urkunde enthaltenen abstrakten Schuldversprechen, abgetreten. Unter Übergabe des Grundschuldbriefs und der genannten Abtretungserklärung trete ich hiermit die Grundschuld selbst mit allen rückständigen, laufenden und künftigen Zinsen und auch die sonstigen vorstehend genannten Ansprüche an Herrn Fritz G., geb. am ....., Kaufmann in Stadtdorf, ab. Ich bewillige, die Abtretung des Grundschuldkapitals und der nach der Eintragung der Abtretung in das Grundbuch fällig werdenden Grundschuldzinsen in das Grundbuch einzutragen.
Stadtdorf, den .....   gez. Johann T.
URNr. ...../ .....

---

9 BGH NJW-RR 1992, 178.
10 Von BGH Rpfleger 1974, 351 missverständlich als Angabe des »Rangs« der Grundschuld bezeichnet.
11 Vgl. BGH NJW 1989, 3151 und oben § 72 Rdn. 63

Ich beglaubige die Echtheit der vorstehenden, vor mir geleisteten Unterschrift des Herrn Johann T., geb. am ....., Finanzkaufmann, Schönblickstr. 3, Stadtdorf, ausgewiesen durch seinen deutschen Personalausweis Nr. XA12K024L. Der Grundschuldbrief und die vorerwähnte Abtretungserklärung haben mir vorgelegen; ich habe sie im Auftrage des Herrn T. an Herrn G. übergeben.
Stadtdorf, den .....

gez. Dr. F., Notar in Stadtdorf

■ *Kosten des Notars, der die Erklärung auch entworfen hat:* 1,0 nach Nr. 21200, 24103 KV GNotKG aus 100.000 € (die verschiedenen Erklärungen sind gleichen Gegenstands). Zusätzlich 1,0 nach Nr. 25104 KV GNotKG aus nach billigem Ermessen (§ 36 Abs. 1 GNotKG) festzusetzenden Wert für die Feststellungen zur Urkundenaushändigung.

3. Abtretung mit Übergabesurrogat

An die Stelle der Übergabe des Grundschuldbriefs kann nach §§ 1117, 929, 930, 931 BGB auch ein *Übergabesurrogat* treten. **23**

Briefübergabe kurzer Hand

Die Abtretungsempfängerin ist bereits im Besitz des Grundschuldbriefs. Ich bin damit einverstanden, dass das Eigentum am Brief auf sie übergeht. **24 M**

Abtretung des Herausgabeanspruchs

Der Grundschuldbrief befindet sich noch im Besitz der X-Bank in Stadtdorf; ich habe dieser den Brief am 25.03.20..... in der Erwartung übergeben, dass es zum Abschluss eines Darlehensvertrags kommen würde; die Darlehensverhandlungen sind aber gescheitert. Ich trete hiermit meine gegen die X-Bank gerichteten Ansprüche auf Herausgabe des Grundschuldbriefs an den Abtretungsempfänger ab, um dadurch die Übergabe des Grundschuldbriefs zu ersetzen. **25 M**

4. Vereinbarung, sich den Brief vom Grundbuchamt aushändigen zu lassen

Auch bei der Abtretung kann die Übergabe des Briefs durch die Vereinbarung ersetzt werden, dass der Gläubiger berechtigt sein soll, sich den Brief vom *Grundbuchamt aushändigen* zu lassen (§§ 1154 Abs. 1 Satz 1, 1117 Abs. 2 BGB). Dadurch wird insbesondere auch die Abtretung zwar schon bestellter, aber noch nicht eingetragener Briefgrundschulden mit der Wirkung möglich, dass der Abtretungsgläubiger die Grundschuld unmittelbar mit ihrer Eintragung im Grundbuch erwirbt. Besondere Anforderungen sind dabei allerdings an eine genügend exakte Bezeichnung der Grundschuld zu stellen, nachdem ja die laufende Nr. der Eintragung in Abteilung III des Grundbuchs noch nicht angegeben werden kann; die Grundschuld wird am besten durch den Notar, der ihre Bestellung beurkundet hat, und die von ihm vergebene Urkundenrollen-Nr. bezeichnet. **26**

Abtretung einer noch nicht eingetragenen Briefgrundschuld

Herr Hans Huber hat uns, der Raiffeisenbank Dorfstadt eG, zu Urkunde des Notars Dr. Hans F. in Dorfstadt vom 02.12.20....., URNr. 2201/....., an seinem im Grundbuch des **27 M**

Amtsgerichts Dorfstadt von Dorfstadt Blatt 1212 unter der laufenden Nr. 1 eingetragenen Grundstück eine Briefgrundschuld zu 100.000,00 € nebst Zinsen bestellt. Die Grundschuld ist im Grundbuch noch nicht eingetragen. Es ist vereinbart und bewilligt, dass wir berechtigt sein sollen, uns den Grundschuldbrief vom Grundbuchamt aushändigen zu lassen; einen entsprechenden Antrag haben wir gestellt. Wir treten hiermit diese Grundschuld mit allen Zinsen, nicht aber sonstige Rechte, die wir aus der Grundschuldbestellungsurkunde haben, an die Volksbank Dorfstadt eG ab. Wir bewilligen, die Abtretung in das Grundbuch einzutragen. Die Abtretungsempfängerin ist berechtigt, sich den Grundschuldbrief vom Grundbuchamt aushändigen zu lassen; wir ermächtigen sie, einen entsprechenden Antrag auch in unserem Namen zu stellen.

- *Kosten* s. Muster Rdn. 22 M.

III. Die Abtretung der Buchgrundschuld

28 Zur *Form* der Abtretung und zum »Eintritt in den Sicherungsvertrag« s.o. Rdn. 2. Vgl. im Übrigen die Bemerkungen zur Abtretung der Briefgrundschuld vorstehend Rdn. 19 ff. Da die Einigung über die Abtretung einer Buchgrundschuld formfrei ist, wird der Notar regelmäßig nur mit der Fertigung der *Eintragungsbewilligung* beauftragt. Er muss sich deshalb um die nicht in das Grundbuch einzutragenden Erklärungen (etwa über die Abtretung rückständiger Zinsen; dazu vorstehend Rdn. 2) nicht kümmern. Werden aber mit der Grundschuld zugleich Ansprüche aus einem abstrakten Schuldanerkenntnis abgetreten, so sollte bedacht werden, dass die Abtretungsurkunde dem Notar, der die Grundschuldbestellung beurkundet hat, zum Nachweis der Rechtsnachfolge vorgelegt und mit der neuen *Vollstreckungsklausel* dem Schuldner zugestellt werden muss (während in Bezug auf die Grundschuld die Rechtsnachfolge aus dem Grundbuch entnommen werden kann, sodass es der Vorlage der Abtretungsurkunde nicht bedarf; s. dazu oben § 19 Rdn. 186). Die Abtretungsurkunde sollte deshalb zuerst dem Notar vorgelegt werden, der für die Umschreibung der Vollstreckungsklausel zuständig ist, und erst dann dem Grundbuchamt eingereicht werden.

Abtretung einer Buchgrundschuld

29 M Wir bewilligen, in das Grundbuch von ..... Blatt ..... einzutragen, dass die dort in Abteilung III unter der laufenden Nummer 2 eingetragene Buchgrundschuld über die 100.000,00 € nebst den nach dem Zeitpunkt der Eintragung der Abtretung fällig werdenden Zinsen an ..... abgetreten ist.
Zugleich erklären wir, dass wir auch alle Rechte und Ansprüche, die in der Grundschuldbestellungsurkunde des Notars ..... vom ....., URNr. ....., zu unseren Gunsten begründet oder an uns abgetreten worden sind, also insbesondere auch alle Ansprüche aus dem in Abschnitt V der Urkunde enthaltenen abstrakten Schuldversprechen, an ..... abtreten.

- *Kosten* s. Muster Rdn. 22 M.

IV. Teilabtretung

30 S. dazu oben § 73 Rdn. 32 ff.

V. Abtretung an eine Gläubigermehrheit

Ebenso wie die Grundschuld ursprünglich für eine Mehrheit von Gläubigern bestellt werden kann, kann sie ohne Zustimmung des Eigentümers auch nachträglich an eine Gläubigermehrheit abgetreten werden. Das Gemeinschaftsverhältnis muss bei der Abtretung bestimmt werden. Einzelheiten im Übrigen oben § 72 Rdn. 51 ff.

31

VI. Die Abtretungsvormerkung

Gegen den Inhaber einer Grundschuld gerichtete Ansprüche auf Abtretung der Grundschuld können, auch wenn sie bedingt oder betagt sind, nach der allgemeinen Regel des § 873 BGB durch Vormerkung gesichert werden. Die Vormerkung ist aber nicht zugunsten des jeweiligen Inhabers einer nachrangigen Grundschuld oder zugunsten des jeweiligen Eigentümers bestellbar, sondern nur zugunsten einer i.S.d. Grundbuchrechts *ausreichend bestimmten Person* (dazu oben § 55 Rdn. 20 ff. und § 72 Rdn. 51 ff.), die freilich mit einem Grundschuldgläubiger oder mit dem Eigentümer identisch sein kann. Neben der Vereinbarung, dass die Grundschuld als nicht abtretbare bestellt wird (dazu § 72 Rdn. 15 f.) stellt die Abtretungsvormerkung ein weiteres Mittel dar, mit dem sich die typischen Grundschuldrisiken bekämpfen lassen (dazu oben § 72 Rdn. 11 und § 68 Rdn. 4 ff.). Die faktische Bedeutung der Vormerkung als Sicherungsmittel ist allerdings gering, weil der Sicherungszweck viel einfacher und klarer mit den unmittelbar dazu vom Gesetzgeber zur Verfügung gestellten Mitteln, nämlich der Sicherungshypothek einschließlich der Höchstbetragshypothek, herbeigeführt werden kann als durch die komplizierte und undurchsichtige, aus Grundschuld und Abtretungsvormerkung kombinierte Rechtsfigur. Die Kombination aus Grundschuld und Rückabtretungsvormerkung leidet im Übrigen unter demselben Mangel, unter dem auch Sicherungshypothek und Höchstbetragshypothek leiden, nämlich der fehlenden Möglichkeit, die Rechte bereits als Eigentümerrechte zu bestellen.

32

Brauchbarer könnte die Abtretungsvormerkung sein, um den bei der Grundschuld weitgehend ineffektiven *gesetzlichen Löschungsanspruch* zu verstärken (dazu, dass sich die Rechtsfigur aber nicht durchgesetzt hat, oben § 72 Rdn. 25). Dazu bedarf es der Bewilligung des Grundschuldgläubigers als nach § 19 GBO betroffenen Schuldners des künftigen Rückübertragungsanspruchs.[12] Die Zustimmung des Gläubigers dürfte entbehrlich sein, wenn die Grundschuld bereits bei der Eintragung mit der Rückabtretungsvormerkung belastet werden soll.[13] Jede Rückabtretungsvormerkung scheitert freilich, wenn von vorneherein kein Rückabtretungsanspruch gegeben ist, weil er in der Sicherungsvereinbarung wirksam (oben § 68 Rdn. 39) ausgeschlossen und durch einen bloßen Löschungsanspruch ersetzt worden ist.

33

Sicherungsabtretung künftiger Grundschulden (im Rahmen einer Grundschuldbestellung)

..... **Der Grundstückseigentümer tritt dem Gläubiger der vorstehend bestellten Grundschuld ab alle ihm gegen die Gläubiger der vor- oder gleichrangigen Grundschulden jetzt oder zukünftig, bedingt, unbedingt, vertraglich oder gesetzlich zustehenden Ansprüche auf**

34 M

---

12 BGH DNotZ 1958, 383; KG OLGZ 1976, 44.
13 Vgl. OLG Celle DNotZ 1957, 664.

a) Rückgewähr dieser Grundschulden nebst Zinsen und Aushändigung der Grundschuldbriefe,
b) Rückgewähr von Teilen dieser Grundschulden nebst Zinsen und Bildung und Aushändigung von Teilgrundschuldbriefen.

Er beantragt, bei den vorrangigen Grundschulden jeweils eine Vormerkung zur Sicherung des Anspruchs des Gläubigers einzutragen. Die Bewilligungen der Gläubiger der vorrangigen Grundschulden liegen bei.

■ *Kosten.* Die Sicherungsabtretung ist gegenstandsgleich mit der Grundschuldbestellung, da sie dasselbe Rechtsverhältnis betrifft, sodass für sie nach § 109 Abs. 1 Nr. 3 GNotKG keine besondere Gebühr entsteht.[14]

---

14 BayObLG DNotZ 1970, 505.

§ 75 Änderung des Grundschuldinhalts

I. Änderung der Grundschuldkonditionen

Anders als bei der Hypothek (dazu oben § 70 Rdn. 8 ff.) trifft man bei Standard-Grundschulden nur selten das Bedürfnis nach einer Änderung der Konditionen an. Als nachträgliche Korrektur kommt praktisch nur die *Erhöhung oder Neubestimmung von Zinsen,* ganz selten auch von anderen Nebenleistungen, in Betracht. Meist handelt es sich darum, dass eine zu früherer Zeit noch mit relativ niedrigem Zinssatz (z.B. 8 %) eingetragene Grundschuld dadurch wieder verwendbar gemacht werden soll, dass die Zinsen auf die Höhe angehoben werden, die seit der letzten Hochzinsperiode üblich geworden sind (15–20 %). S. dazu, dass solche Zinshöhen allerdings entbehrlich geworden, tunlichst zu vermeiden und durch einen gleitenden, am Basiszinssatz orientierten Zins zu ersetzen sind, oben § 68 Rdn. 21 und zum Rang und zur Notwendigkeit der Zustimmung von Nachrang-Gläubigern oben § 70 Rdn. 13 (zur Hypothek). Von den Kosten her ist zu bedenken, dass ein Geschäft, welches nur die Grundschuldzinsen zum Gegenstand hat, nach § 52 Abs. 2 S. 2 GNotKG regelmäßig mit dem 20-fachen Jahreszins zu bewerten ist mit der Folge, dass eine Zinserhöhung um 5 Prozentpunkte bereits dieselben Kosten wie die Neubestellung einer Grundschuld verursacht; der Wert ist freilich durch § 37 Abs. 2 GNotKG nach oben durch den Kapitalbetrag der Grundschuld beschränkt. Bedenkt man schließlich, dass zur Wiederverwendung der Grundschuld meist noch eine Grundschuldabtretung erforderlich ist, so wird in der Regel die Löschung eines Altrechts und die Bestellung einer neuen Grundschuld günstiger sein als die Eintragung einer Zinserhöhung; allerdings muss u.U. mit dem Verlust der sofortigen Fälligkeit bezahlt werden (s. § 74 Rdn. 15).

Zinsänderung einer Grundschuld mit Zwangsvollstreckungsunterwerfung

Verhandelt .....
Im Grundbuch des Amtsgerichts ..... von ..... Blatt ..... ist an meinem dort gebuchten Grundbesitz in Abt. III unter der Nr. 1 für G. eine Briefgrundschuld zu 100.000,00 € nebst 8 % Jahreszinsen eingetragen. Ich bewillige und beantrage, eine Änderung der Zinsen dahingehend, dass sie künftig fünf Prozentpunkte über dem jeweiligen Basiszinssatz betragen, in das Grundbuch in der Weise einzutragen, dass diese Zinsen gleichen Rang wie die derzeit eingetragenen erhalten. Hierzu lege ich die Zustimmungserklärung der Gläubiger der unter Nr. 2 und 3 eingetragenen Grundschulden vor. Zur Zinsfälligkeit ist einzutragen, dass alle Zinsen jeweils am 1. Tag eines jeden Jahres für das vorausgegangene Kalenderjahr fällig sind. Wegen der hier zur Eintragung bewilligten geänderten Zinsen unterwerfe ich mich der sofortigen Zwangsvollstreckung aus dieser Urkunde in der Weise, dass die Zwangsvollstreckung gegen den jeweiligen Grundstückseigentümer zulässig sein soll. Der Gläubiger ist befugt, sich Ausfertigungen dieser Urkunde erteilen zu lassen. Ich bewillige und beantrage, auch die Zwangsvollstreckungsunterwerfung in das Grundbuch einzutragen.

■ *Kosten.* Wert das 20-fache der Zinserhöhung oder -ermäßigung, die sich auf der Grundlage des gegenwärtigen Basiszinssatzes gegenüber dem bisherigen Zinssatz von 8 % jährlich errechnet. Die Schwankungsklausel bleibt gemäß § 52 Abs. 7 GNotKG außer Betracht; Höchstwert aber Betrag des Grundschuldkapitals;

§ 75 Änderung des Grundschuldinhalts

a) des Notars: 1,0 nach Nr. 21200 KV GNotKG. 0,5 nach Nr. 14130 KV GNotKG;
b) des Grundbuchamts: 0,5 nach Nr. 14130 KV GNotKG.

II. Umwandlung

1. Hypothek in Grundschuld

3 Nach § 1198 BGB kann eine *Hypothek* in eine *Grundschuld* und – heute kaum noch von Bedeutung – eine Grundschuld in eine Hypothek umgewandelt werden. Die Zustimmung der im Range gleich- oder nachstehenden Berechtigten ist nicht erforderlich, es sei denn, insbesondere der Zinsbetrag würde über die bisherigen Höchstgrenzen hinaus erhöht (dazu, dass die mit der Umwandlung regelmäßig verbundene Änderung der Zahlungskonditionen der Zustimmung der nachrangigen Gläubiger nicht bedarf, oben § 70 Rdn. 17). Die Umwandlung einer Hypothek in eine Grundschuld ist selten attraktiv. Zur *Rangwahrung* kommt sie regelmäßig nur in Betracht, wenn sie noch in vollem Umfang Fremdhypothek ist (weil sonst der gesetzliche Löschungsanspruch bereits eingreift); meistens reichen dann aber die bei der Hypothek eingetragenen Höchstzinssätze für die in der Praxis geforderten Grundschuldzinsen nicht aus, so dass doch die Zustimmung von Nachrang-Gläubigern erforderlich wird. Auch von den *Kosten* her gesehen ist die Umwandlung wegen der notwendig werdenden Zinserhöhung meist unattraktiv (dazu vorstehend Rdn. 1). Da die Umwandlung einer Hypothek in eine Grundschuld technisch immer auch eine Forderungsauswechslung enthält, bedarf es einer neuen Zwangsvollstreckungsunterwerfung (ob auch einer neuen Eintragung der Zwangsvollstreckungsunterwerfung nach § 800 ZPO in das Grundbuch, ist streitig[1]). Erforderlich ist also die Urkundsform.

Umwandlung einer Hypothek in eine Grundschuld

4 M **Verhandelt .....**
An meinem im Grundbuch des Amtsgerichts ..... von ..... Blatt ..... eingetragenen Grundbesitz ist in Abt. III des Grundbuchs unter der lfd. Nr. 1 eine Buchhypothek zu 100.000,00 DM mit Zinsen bis zu 10 % jährlich für die Mitteldeutsche Hypothekenbank in Dorfstadt eingetragen. Ich wandle hiermit diese Hypothek um in eine nach gesetzlicher Regelung fällige Grundschuld zu 51.121,19 € und ändere gleichzeitig den Zinssatz auf fünf-komma-fünf Prozentpunkte über dem jeweiligen Basiszinssatz in der Weise, dass alle Zinsen jeweils am 1. Tag eines jeden Jahres für das vergangene Kalenderjahr fällig werden. Die geänderten Zinsen sollen den gleichen Rang wie die bisherigen erhalten. Wegen der nun entstehenden Grundschuld samt Zinsen unterwerfe ich mich der sofortigen Zwangsvollstreckung aus dieser Urkunde in der Weise, dass die Zwangsvollstreckung gegen den jeweiligen Grundstückseigentümer zulässig sein soll. Der jeweilige Gläubiger ist befugt, sich Ausfertigungen dieser Urkunde erteilen zu lassen.
Ich bewillige und beantrage, die Umwandlung und die Zinsänderung in das Grundbuch einzutragen. Für den Fall, dass wider Erwarten auch die erneute Eintragung der Zwangsvollstreckungsunterwerfung in das Grundbuch für erforderlich gehalten werden sollte, bewillige ich hiermit auch diese Eintragung; Eintragungsantrag wird zunächst aber nicht gestellt. Die zur Umwandlung erforderliche Zustimmung der Gläubigerin und die Zustimmung der nachrangigen Gläubiger zur Zinsänderung werden in gesonderter Urkunde vorgelegt.

---

1 Nachweise bei *Wolfsteiner*, Die vollstreckbare Urkunde, § 30.7., 30.5.

- *Kosten.*
  a) Des Notars: wegen der neuen Zwangsvollstreckungsunterwerfung 1,0 nach Nr. 21200 KV GNotKG aus 51.121,19 €.
  b) Des Grundbuchamts: für die Eintragung der Umwandlung 0,5 nach Nr. 14130 KV GNotKG aus dem vollen Kapitalbetrag.

2. Briefrecht in Buchrecht und umgekehrt

Eine *Briefgrundschuld* kann in eine *Buchgrundschuld, eine Buchgrundschuld* in eine *Briefgrundschuld* umgewandelt werden (§ 1116 Abs. 2 Satz 2 und Abs. 3 BGB). Materiell-rechtlich ist jeweils die Einigung zwischen Gläubiger und Eigentümer erforderlich und damit grundbuchrechtlich auch deren Bewilligung zur Eintragung. Die Zustimmung gleich- oder nachrangiger Gläubiger ist nicht erforderlich. Einer erneuten Zwangsvollstreckungsunterwerfung bedarf es nicht.

Umwandlung einer Buchgrundschuld in eine Briefgrundschuld

Im Grundbuch des Amtsgerichts ..... von ..... Blatt ..... ist in Abt. III unter der lfd. Nr. 3 eine Buchgrundschuld zu 100.000,00 € nebst Zinsen eingetragen. Wir, Eigentümer und Gläubiger, bewilligen und beantragen hiermit, in das Grundbuch einzutragen, dass die Ausschließung der Erteilung des Briefes aufgehoben ist. Der zu bildende Grundschuldbrief soll dem Gläubiger zu Händen des Notars, der diese Eintragungsbewilligung beglaubigt, ausgehändigt werden.

6 M

- *Kosten.*
  a) Notar der die Erklärung entwirft: 0,5 nach Nr. 21201 Nr. 4 KV GNotKG aus nach billigem Ermessen zu bestimmenden Wert (§ 36 Abs. 1 GNotKG).
  b) Grundbuchamt: 0,5 nach Nr. 14124 KV GNotKG.

Umwandlung einer Briefgrundschuld in eine Buchgrundschuld

Im Grundbuch des Amtsgerichts ..... von ..... Blatt ..... ist in Abt. III unter der lfd. Nr. 3 eine Briefgrundschuld zu 100.000,00 € nebst Zinsen eingetragen. Wir, Eigentümer und Gläubiger, bewilligen und beantragen hiermit, in das Grundbuch einzutragen, dass die Erteilung des Grundschuldbriefs ausgeschlossen wird. Den Grundschuldbrief überreichen wir in der Anlage.

7 M

- *Kosten.* Wie Muster Rdn. 6 M, Grundbuchamt aber Nr. 14130 KV GNotKG.

III. Nachverpfändung

Eine Grundschuld kann nachträglich auf ein von ihr bisher nicht belastetes Grundstück erstreckt werden, auch wenn sich das Grundstück im Eigentum eines Dritten befindet. Es spielt keine Rolle, ob das neu hinzutretende Grundstück mit dem bisher belasteten vereinigt oder ihm als Bestandteil zugeschrieben wird oder nicht (im letzteren Fall entsteht nachträglich eine Gesamtgrundschuld § 1132 BGB). Muster einer Nachverpfändung s. § 73 Rdn. 47 M.

8

IV. Pfandfreigabe

1. Mehrere belastete Objekte

9 Soll bei der Gesamtgrundschuld eines von mehreren Grundstücken oder soll ein gleichzeitig abzutrennender Grundstücksteil von der Belastung freigestellt werden, so hat der Gläubiger nach § 1175 Abs. 1 Satz 2 BGB auf die Grundschuld an dem betreffenden Grundstück oder Grundstücksteil zu *verzichten*. Dazu ist nach materiellem Recht keine Einigung, sondern nur die Erklärung des Verzichts durch den Gläubiger, und zwar gegenüber dem Grundbuchamt erforderlich (§ 1168 Abs. 2 Satz 1 BGB) und die Eintragung im Grundbuch. Nach Grundbuchrecht bedarf es der *Eintragungsbewilligung* des Gläubigers, während die Zustimmung des Eigentümers nicht notwendig ist.[2] Wie allgemein beim Verzicht[3] ist im Grundbuch nicht der Vorgang »Verzicht«, sondern dessen Rechtsfolge, nämlich das Erlöschen der Grundschuld an dem betreffenden Grundstück einzutragen. Ebenso werden üblicherweise die Grundbuchbewilligungen formuliert. Eine korrekt formulierte Freigabeerklärung hat folgenden Wortlaut:

Freigabeerklärung

10 M **Im Grundbuch des Amtsgerichts ..... von ..... Blatt ..... ist für uns an dem im Bestandsverzeichnis unter Nr. 3 eingetragenen Grundstück der Gemarkung ....., FlStNr. ....., in Abt. III unter der laufenden Nr. 3 des Grundbuchs eine Buchgrundschuld zu 300.000,00 € mit Nebenleistungen eingetragen. Die Grundschuld lastet als Gesamtgrundschuld auch noch an weiteren Grundstücken. In Ansehung des vorstehend beschriebenen Grundstücks verzichten wir auf die Grundschuld, die aber an den übrigen belasteten Grundstücken fortbestehen soll. Wir bewilligen und beantragen, den Verzicht in das Grundbuch einzutragen und die Grundschuld demgemäß an dem vorstehend bezeichneten Grundstück zu löschen.**

- ■ **Kosten.** Wert nach § 44 Abs. 1 GNotKG
  a) des Notars, der die Bewilligung entworfen hat: 0,5 nach Nr. 21201 Nr. 4 KV GNotKG (oder 1,0 nach Nr. 21200 KV GNotKG, weil Verzicht eine Erklärung des materiellen Rechts ist);
  b) des Grundbuchamts: 0,3 nach Nr. 14142 KV GNotKG.

11 Üblicherweise wird weniger korrekt als »*Pfandfreigabe*«, »Pfandentlassung« oder auch »Löschung« formuliert, was aber die gleichen Rechtswirkungen erzeugt.[4] Dadurch lässt sich auch so formulieren, dass sich die Erklärung wahlweise als Löschungsbewilligung (dazu unten § 76 Rdn. 2) oder als Pfandfreigabeerklärung verwendet werden kann; Letzteres ist gerade bei Globalbelastungen von Wohnungseigentum von Interesse, wo die Freigabeerklärungen oft zu einem Zeitpunkt ausgestellt werden, zu dem noch nicht sicher ist, in welcher Reihenfolge sie verwendet werden sollen und welche der Erklärungen als letzte mit der Folge verwendet werden wird, dass sie nicht mehr als Pfandfreigabe, sondern als Löschung dient.

---

2 BGHZ 52, 93 = NJW 1969, 1426.
3 Staudinger/*Wolfsteiner* (2015), § 1168 BGB Rn. 20. A.A. die dort nachgewiesene h.L.
4 BGHZ 52, 93 = NJW 1969, 1426.

Pfandfreigabe- und Löschungserklärung

Im Grundbuch des Amtsgerichts ..... von ..... Blatt ..... ist an dem im Bestandsverzeichnis unter der Nr. 2 eingetragenen Grundstück FlStNr. ..... in Abt. III des Grundbuchs unter der laufenden Nr. 2 für uns eine Buchgrundschuld zu 2.300.000,00 € mit Nebenleistungen eingetragen. Die Grundschuld ist auch an weiteren Grundstücken als Gesamtgrundschuld eingetragen. Wir bewilligen und beantragen, die Grundschuld an dem vorstehend bezeichneten Grundstück, nicht aber an den übrigen mithaftenden Grundstücken, zu löschen.   12 M

- *Kosten.* Wie vorstehend Muster Rdn. 10 M.

S. zur Pfandfreigabe auch § 35 Rdn. 57 ff. und zur Entpfändung mittels Unschädlichkeitszeugnis § 35 Rdn. 60 ff.   13

2. Miteigentümer

Obwohl vom Wortlaut des § 1132 BGB nicht unmittelbar umfasst, ist im Rechtssinn auch eine solche Grundschuld Gesamtgrundschuld, die zwar nur auf einem einzigen Grundstück eingetragen ist, welches aber im *Bruchsteileigentum* mehrerer Personen steht (oben § 72 Rdn. 47). Da eine Grundschuld nach § 1114 BGB auch am Bruchteil eines Miteigentümers bestehen kann, kann auch der Anteil eines einzelnen Miteigentümers selbstständig aus der Haftung entlassen werden.   14

Haftentlassung eines Miteigentümers

Im Grundbuch des Amtsgerichts ..... von ..... Blatt ..... ist an dem dort eingetragenen Grundstück, dessen Miteigentümer die Ehegatten AX und BX je zur Hälfte sind, für uns eine Briefgrundschuld zu 100.000,00 € mit Nebenleistungen eingetragen. Wir bewilligen und beantragen unter Vorlage des Grundschuldbriefs, die Grundschuld am Miteigentumsanteil der BX zu löschen, während sie am Miteigentumsanteil des AX bestehen bleiben soll.   15 M

- *Kosten.* Wie Muster Rdn. 10 M, wobei der Wert des Miteigentumsanteils maßgeblich ist.

V. Teilung und Aufteilung des belasteten Grundstücks

1. Teilung

Die *Teilung* des belasteten Grundstücks lässt den Bestand der Grundschuld unberührt; sie wird dann lediglich nachträglich Gesamtgrundschuld i.S.d. § 1132 BGB. Im Anschluss an eine Teilung kann eines der Teilgrundstücke aus der Haftung entlassen werden (vorstehend Rdn. 9 ff.).   16

2. Aufteilung in Wohnungseigentum

Wird ein mit einer Grundschuld belastetes Grundstück in *Wohnungseigentum aufgeteilt*, so bleibt der Bestand der Grundschuld als solcher ebenfalls unberührt. Die Grundschuld lastet künftig als Gesamtgrundschuld an sämtlichen Wohnungseigentumsrechten. Eine Zustimmung des Gläubigers zur Aufteilung ist deshalb ebenso wenig erforderlich wie bei einer   17

18 Problematischer ist der Fall, dass ein Grundstück nach § 3 WEG in Wohnungseigentum aufgeteilt wird und dass ein *einzelner Miteigentumsanteil* mit einer Grundschuld belastet ist. Aus der inzwischen herrschenden Ansicht, dass das Wohnungseigentum ein sachenrechtlich besonders ausgestaltetes Bruchteilsmiteigentum i.S.d. §§ 1008 ff. BGB ist,[6] folgt, dass sich die am Miteigentum eingetragene Grundschuld ohne Weiteres *an dem Wohnungseigentum*, welches aus dem belasteten Miteigentumsanteil gebildet worden ist, *fortsetzt*. Es bedarf also weder einer Erklärung über die Ausdehnung der Grundschuld auf das zum bisherigen Miteigentumsanteil hinzukommende Sondereigentum noch einer Pfandfreigabe des Gläubigers in Ansehung der aus der Grundschuldhaftung entlassenen Sondereigentumsrechte der übrigen Miteigentümer.[7] Auch einer neuen Zwangsvollstreckungsunterwerfung bedarf es nicht und infolgedessen auch nicht einer neuen Eintragung nach § 800 ZPO. Die Überführung in Wohnungseigentum ist aber in dem Sinne der in § 876 BGB behandelten Aufhebung eines belasteten Rechts gleichzusetzen, als der Grundschuldgläubiger das Sondereigentum, das mit den anderen Miteigentumsanteilen verbunden wird, als Haftungsgegenstand verliert. Zur Aufteilung nach § 3 WEG ist also die *Zustimmung des Gläubigers* einer Grundschuld erforderlich, die nur an einem einzelnen Miteigentumsanteil lastet; zur Eintragung bedarf es demzufolge seiner *Bewilligung* nach § 19 GBO.

Zustimmung des Grundschuldgläubigers zur Aufteilung in Wohnungseigentum

19 M **Im Grundbuch des Amtsgerichts ..... von ..... Blatt ..... ist am Miteigentumsanteil des X für uns eine Briefgrundschuld zu 100.000,00 € mit Nebenleistungen eingetragen. Die Miteigentümer haben am ..... zu Urkunde des Notars ....., URNr. ....., vereinbart, das Grundstück in Wohnungs- und Teileigentum aufzuteilen. Als Grundschuldgläubiger stimmen wir der Aufteilung nach Maßgabe dieser Urkunde zu; die Grundschuld soll an dem Wohnungseigentum Nr. 3, mit dem der belastete Miteigentumsanteil verbunden wird, fortbestehen. Wir bewilligen die Eintragung in das Grundbuch. Den Grundschuldbrief überreichen wir in der Anlage.**

■ *Kosten.* 0,5 nach Nr. 21201 Nr. 4 KV GNotKG aus dem Wert des betroffenen Wohnungseigentums (§§ 42 Abs. 1, 56 Abs. 1 GNotKG).

VI. Die Verteilung der Gesamtgrundschuld

20 Die Gesamtgrundschuld kann entsprechend § 1132 Abs. 2 BGB auf die einzelnen Grundstücke (oder Wohnungs- und Teileigentumsrechte) verteilt werden. Die Erklärung entspricht dem Muster § 70 Rdn. 10 M für die Hypothek.

VII. Die Teilung der Grundschuld

21 S. dazu § 73 Rdn. 32 ff.

---

5 BGH ZfIR 2012, 245 m. zust. Anm. *Armbrüster* = ZWE 2012, 219 m. zust. Anm. *Schmidt*.
6 OLG Köln Rpfleger 1984, 268; BayObLG DNotZ 1984, 381 = Rpfleger 1984, 268, jeweils m.w.N.
7 A.A. LG Wuppertal Rpfleger 1987, 366 m. abl. Anm. *Meyer-Stolte*; vgl. auch BayObLG DNotZ 1990, 37, wonach auch Veränderungen nur im Sondereigentumsbereich der Form des § 4 WEG bedürftig seien.

§ 76 Löschung der Grundschuld, Aufgebot

I. Löschung der Grundschuld

1. Allgemeines

Für die Löschung der Grundschuld gilt im Prinzip das oben § 70 Rdn. 31 ff. zur *Löschung der Hypothek* Ausgeführte. Da der Schuldner einer Sicherungsgrundschuld aber regelmäßig nicht auf die Grundschuld selbst leistet, sondern nur auf das zugrunde liegende Schuldverhältnis, kommt in Ansehung der Grundschuld die Erteilung einer *löschungsfähigen Quittung* regelmäßig nicht in Betracht. Eine löschungsfähige Quittung ist allerdings dann auszustellen, wenn ein *Ablösungsberechtigter* (§§ 268, 1150 BGB) auf die Grundschuld selbst leistet; zum Nachweis dessen, dass die Grundschuld damit nach § 268 Abs. 3 Satz 1 BGB auf ihn übergegangen ist, bedarf er einer löschungsfähigen Quittung. Das Muster entspricht dem Muster § 70 Rdn. 25 M.

1

2. Aufhebung und Verzicht

Die Löschung der Grundschuld kann nach herkömmlicher Auffassung auf *zwei Wegen* herbeigeführt werden. Entweder einigen sich Gläubiger und Eigentümer gemäß § 1183 BGB, der als Spezialvorschrift zu § 875 BGB verstanden wird, über die *Aufhebung* der Grundschuld mit zugehöriger Eintragung,[1] oder aber der Gläubiger *verzichtet* nach § 1168 Abs. 1 BGB auf die Grundschuld, die dann Eigentümergrundschuld wird; anschließend kann der Eigentümer nach § 875 BGB einseitig die Aufhebung der Grundschuld bewirken. Der in der Rechtsliteratur ausgetragene Streit, ob die übliche Löschungsbewilligung des Grundschuldgläubigers eine Verzichtserklärung oder eine Aufhebungserklärung darstellt,[2] ist für die Praxis ohne sachenrechtliche Bedeutung,[3] wenn man der richtigen und wohl herrschenden Auffassung folgt, dass auch bei einem Verzicht der Eigentümer die Löschung der Grundschuld erwirken kann, ohne als Grundschuldinhaber voreingetragen zu werden.[4]

2

Löschungsbewilligung des Grundschuldgläubigers

Für uns ist im Grundbuch des Amtsgerichts ..... von ..... Blatt ..... in Abteilung III unter der lfd. Nr. 1 eine Briefgrundschuld zu 100.000,00 € nebst Nebenleistungen eingetragen. Wir bewilligen hiermit die Löschung dieser Grundschuld.

3 M

Löschungszustimmung und Löschungsantrag des Eigentümers

Ich überreiche in der Anlage notariell beglaubigte Löschungsbewilligung der X-Bank und den zugehörigen Grundschuldbrief, stimme der Löschung zu und beantrage sie. Unterschriftsbeglaubigung

4 M

---

1 Dagegen Staudinger/*Wolfsteiner* (2015), § 1168 BGB Rn. 1 ff. m.w.N.
2 Staudinger/*Wolfsteiner* (2015), § 1168 BGB Rn. 1 ff., insb. Rn. 3; MüKo-BGB/*Lieder* § 1168 BGB Rn. 4 ff. m.w.N.
3 Zur freilich erheblichen schuldrechtlichen Bedeutung Staudinger/*Wolfsteiner* (2015), § 1168 BGB Rn. 5.
4 BayObLG Rpfleger 1973, 404; OLG Schleswig Rpfleger 1965, 177 m. abl. Anm. *Wendt-Pommerening*; Staudinger/*Wolfsteiner* (2015), § 1168 BGB Rn. 28 m.w.N.

§ 76 Löschung der Grundschuld, Aufgebot

■ *Kosten.*
a) Des Notars, der die Erklärung entworfen hat, je 0,5 nach Nr. 21201 Nr. 4 KV GNotKG. Hat der Notar sowohl die Löschungsbewilligung als auch die Eigentümerzustimmung zu entwerfen, so entspricht es richtiger Sachbehandlung, nur einen Entwurf zu fertigen, der beide Erklärungen enthält; dieser ist dann nach § 109 Abs. 1 S. 1 GNotKG nur einmal mit der 0,5 Gebühr zu bewerten. Wert: Kapitalbetrag des zu löschenden Rechts.
b) Des Grundbuchamts: Gericht 0,5 nach Nr. 14140 KV GNotKG.

II. Aufgebot

1. Grundsatz

5   Ist der *Grundschuldgläubiger unbekannt*, so kann der Eigentümer nach § 1170 BGB oder nach § 1171 BGB den *Ausschluss* des Grundschuldgläubigers mit seinem Recht erwirken mit der Folge, dass die Grundschuld auf ihn übergeht und ein Grundschuldbrief kraftlos wird. Ist der Gläubiger bekannt, aber der Grundschuldbrief *abhandengekommen* oder *vernichtet*, so kann er nach § 1162 BGB im Wege des Aufgebotsverfahrens für kraftlos erklärt werden. Das Verfahren richtet sich nach dem FamFG. Dort ist in § 433 FamFG das Aufgebotsverfahren dahin definiert, dass es sich um eine öffentliche gerichtliche Aufforderung zur Anmeldung von Ansprüchen oder Rechten handelt, mit der Wirkung, dass die Unterlassung der Anmeldung einen Rechtsnachteil zur Folge hat. Somit handelt es sich grundsätzlich nicht um ein kontradiktorisches Verfahren; solange kein Antragsgegner auftritt, darf deshalb der *Notar* die Beteiligten im Aufgebotsverfahren *vertreten*.

6   Nach § 23a Abs. 2 Nr. 7 GVG sind die Amtsgerichte sachlich zuständig, sodass kein Anwaltszwang besteht. Notare sind nach § 10 Abs. 2 Satz 2 Nr. 3 FamFG ausdrücklich als Bevollmächtigte zugelassen.

2. Aufgebot des unbekannten Gläubigers

7   Das *Aufgebotsverfahren nach § 1170 BGB* ist primär für den Fall gedacht, dass das Grundpfandrecht durch Zahlung bereits auf den Eigentümer übergegangen ist und nur der Nachweis Schwierigkeiten bereitet. Es ist aber nicht auf diesen Fall beschränkt, sodass es auch in Ansehung einer Grundschuld durchgeführt werden kann, obwohl hier in der Regel Zahlungen gerade nicht erfolgt sind. Es eignet sich also auch und gerade zur Rückerlangung einer Grundschuld in dem Fall, dass die durch die Grundschuld gesicherte Forderung, nicht aber die Grundschuld selbst getilgt worden ist. Das insgesamt weniger attraktive Verfahren nach § 1171 BGB eignet sich dafür nicht, weil es die *Hinterlegung* der Grundschuldsumme und damit in der Praxis durchweg eine Doppelzahlung voraussetzt.

8   Die Verfahren nach §§ 1170, 1171 BGB setzen voraus, dass der Gläubiger »*unbekannt*« ist. Nach BGH[5] ist der im Grundbuch eingetragene Gläubiger unbekannt, wenn (annähernd wörtliches Zitat) »unklar ist, um wen es sich dabei handelt,[6] wenn er verstorben und nicht festzustellen ist, wer ihn beerbt hat,[7] wenn er oder sein möglicher Erbe ihr Recht nicht nachweisen können[8] oder den Nachweis trotz Aufforderung ohne zureichenden Grund in angemessener Zeit nicht erbringen.[9] Der Gläubiger ist nicht unbekannt, wenn nur seine Organe

---

5 BGH ZEV 2014, 558.
6 BGH NJW-RR 2004, 664, 665; OLG Hamm NJOZ 2013, 1404, 1405; *Wenckstern*, DNotZ 1993, 547, 549
7 BGH NJW-RR 2009, 660 Rn. 14; BGH NJW 2014, 693 Rn. 8
8 KG OLGZ 1970, 323, 326.
9 LG Düsseldorf, NJW-RR 1995, 1232; MüKo-BGB/*Lieder*, § 1170 Rn. 3 Staudinger/*Wolfsteiner*, BGB [2015], § 1170 Rn. 5;

unbekannt sind.[10] Bei einer Briefhypothek ist der Gläubiger unbekannt, wenn der für sie erteilte Brief unauffindbar und der Aufenthalt des letzten bekannten Inhabers unbekannt ist«.[11] Nicht genügen soll es nach h.L.,[12] dass der Gläubiger nur unbekannten Aufenthalts ist. Bei Briefrechten muss der Gläubiger auch als unbekannt gelten, wenn zwar ein Gläubigerprätendent auftritt, dieser aber seine Gläubigerstellung nicht durch Vorlage des Briefes nachweist und der Brief auch sonst unauffindbar ist.[13]

Bei *Buchgrundschulden* ist der Eigentümer nach der h.L. darauf angewiesen, gegen den Buchberechtigten auf Rückgabe der Grundschuld zu *klagen*, die Klage *öffentlich zustellen zu lassen* und dann gegebenenfalls ein Versäumnisurteil auf Abgabe der Einigungserklärung zur Abtretung zu erwirken; der Notar kann ihn, da es sich hier um ein streitiges Verfahren handelt, nicht vertreten. Allerdings gilt auch der Gläubiger einer Buchgrundschuld als unbekannt, wenn der eingetragene Berechtigte verstorben ist – wozu es z.B. auch genügt, dass der Eingetragene älter als 110 Jahre wäre[14] – und keine Feststellungen zur Erbfolge möglich sind.[15] 9

Für das Aufgebotsverfahren ausschließlich *zuständig* ist nach § 447 Abs. 2 FamFG das Gericht, in dessen Bezirk das belastete Grundstück belegen ist. Sachlich zuständig ist nach § 23a Abs. 2 Nr. 7 GVG das Amtsgericht. Antragsberechtigt sind nach § 448 FamFG der Grundstückseigentümer und unter gewissen Voraussetzungen die nachrangigen Gläubiger. Der Notar hat als Prozessbevollmächtigter nach § 10 Satz 4 FamFG eine *schriftliche Prozessvollmacht* nur dann vorzulegen, wenn ein Verfahrensbeteiligter das verlangt. 10

Antrag auf Aufgebot eines Grundschuldgläubigers

Verhandelt ..... 11 M
Der Erschienene erklärte:
Ich bin Eigentümer des im Grundbuch des Amtsgerichts ..... von ..... Blatt ..... eingetragenen Grundstücks. In Abteilung III des Grundbuchs ist unter der lfd. Nr. 1 eine fällige Briefgrundschuld zu 5.000,00 DM für den Kaufmann Franz Alt in New York eingetragen. Die Eintragung ist am 15. Februar 1950 erfolgt. Seither sind keine Eintragungen erfolgt, die sich auf die Grundschuld beziehen. Die Grundschuld ist zur Sicherung eines Darlehens von 5.000,00 DM bestellt worden, das mir der eingetragene Gläubiger gewährt hat. Von dem Darlehen habe ich einen Betrag von insgesamt 4.000,00 DM zurückgezahlt; die letzte Zahlung habe ich im Januar 1960 geleistet. Als ich im Januar 1961 den Restbetrag tilgen wollte, konnte meine Bank den Zahlungsauftrag nicht ausführen, weil der Gläubiger nach Mitteilung der Post unbekannt verzogen sei. Im Laufe des Jahres 1961 habe ich noch versucht, den Gläubiger zu ermitteln, war aber erfolglos. Seither habe ich weder die Grundschuld noch die zugrundeliegende Darlehensschuld in einer nach § 212 Abs. 1 Nr. 1 des Bürgerlichen Gesetzbuchs zur Unterbrechung der Verjährung geeigneten Weise anerkannt. Ich weiß weder, ob Herr Alt noch lebt, noch wer gegebenenfalls seine Erben sind, noch, ob er die Grundschuld an eine dritte Person abgetreten hat. Unbekannt ist mir auch, wer den Grundschuldbrief in Händen hat. Möglichkeiten, hierzu weitere Nachforschungen anzustellen, sehe ich nicht.

---

10 BGH DNotZ 2017, 551.
11 BGH NJW-RR 2009, 660 Rn. 15.
12 BGH DNotZ 2004, 922 = NotBZ 2004, 350 m. Anm. *Krause*; BGH DNotZ 2009, 544; BGH NJW-RR 2010, 23 (dazu *Schmidt-Räntsch*, ZNotP 2011, 2, 8).
13 LG Augsburg MittBayNot 1981, 130; LG Düsseldorf NJW-RR 1995, 1232: »Verschweigung«; a.A. aber OLG Düsseldorf RNotZ 2013, 100.
14 OLG Hamm ZErb 2015, 294: 120 Jahre.
15 OLG München Rpfleger 2013, 324.

Nachdem ich vom Notar über die Bedeutung einer Versicherung an Eides Statt und über die strafrechtlichen Folgen einer falschen Versicherung an Eides Statt belehrt worden bin, versichere ich hiermit an Eides Statt die Richtigkeit meiner vorstehenden Angaben.
Ich stelle hiermit beim Amtsgericht ..... den Antrag, das Gericht möge den Gläubiger der Grundschuld öffentlich auffordern, seine Ansprüche und Rechte spätestens in einem vom Gericht festzusetzenden Aufgebotstermin anzumelden. Des Weiteren beantrage ich, einen Beschluss dahin zu erlassen, dass der Gläubiger mit seinem Recht ausgeschlossen wird und dass der dem Gläubiger erteilte Grundschuldbrief kraftlos wird. Auf eine Begründung des Ausschlussbeschlusses verzichte ich (§ 38 Abs. 4 FamFG). Ich erteile hiermit dem beurkundenden Notar Prozessvollmacht, mich im Aufgebotsverfahren zu vertreten.

■ *Kosten.* 1,0 nach Nr. 21200 KV GNotKG aus dem Nennbetrag des aufzubietenden Rechts für die Beurkundung des Antrags. Eine Gebühr für die eidesstattliche Versicherung fällt nach Vorbemerkung 2.3.3 (1) KV GNotKG nicht an. Für die Vertretung im weiteren Verfahren Gebührenvereinbarung nach § 126 GNotKG.

12 Gegebenenfalls erlässt der nach § 3 Nr. 1 Buchst. c GVG zuständige Rechtspfleger den Ausschließungsbeschluss. Entgegen der früheren Rechtslage wird er erst mit Rechtskraft wirksam (§ 439 Abs. 2 FamFG).

Löschungsantrag des Eigentümers aufgrund Ausschließungsbeschlusses

13 M Ich überreiche in der Anlage Ausschließungsbeschluss des Amtsgerichts ..... vom ....., AZ: ....., nebst Rechtskraftzeugnis, stimme der Löschung der Grundschuld zu und beantrage sie.
Unterschriftsbeglaubigung

■ *Kosten.* Wie Rdn. 4 M.

3. Aufgebot des Grundschuldbriefs

14 Das Verfahren zum *Aufgebot des Grundschuldbriefs* (§ 1162 BGB) richtet sich nach §§ 447 ff. FamFG. Zuständig ist nach §§ 466 Abs. 2 FamFG, 23a Abs. 2 Nr. 7 GVG das für das belastete Grundstück zuständige Amtsgericht. Die Antragserfordernisse ergeben sich aus § 468 FamFG. Antragsberechtigt ist nach § 467 Abs. 2 FamFG der berechtigte Inhaber der Grundschuld. Der Antragsteller hat nach § 468 Nr. 2 FamFG seine Berechtigung *glaubhaft* zu machen. Übereinstimmend mit dem vormaligen § 1018 Abs. 1 ZPO bestimmt § 479 Abs. 1 FamFG ausdrücklich, dass derjenige, der den Ausschließungsbeschluss erwirkt hat, dem durch die Urkunde Verpflichteten gegenüber (d.h. vor allem dem Eigentümer gegenüber) berechtigt ist, die Rechte aus der Urkunde geltend zu machen. Die Bedeutung dieser Vorschrift ist streitig. Nach der die Praxis wohl bestimmenden Auffassung[16] ist der Brief nicht einfach demjenigen wieder zu erteilen (§ 41 Abs. 2 Satz 1 GBO), der das Ausschlussurteil erwirkt hat;[17] vielmehr muss dieser nun im Grundbuchverfahren *nachweisen*, dass er der Berechtigte ist. Dieser Nachweis (in der Form des § 29 GBO!) wird kaum gelingen können.

---

16 BayObLG DNotZ 1988, 111; BayObLG DNotZ 1988, 120; BayObLG Rpfleger 1988, 477; MüKo-BGB/*Lieder*, § 1162 BGB Rn. 12.
17 MüKo-ZPO/*Eickmann*, § 484 FamFG Rn. 44 (falsch, denn ausschlaggebend ist, dass der Beschluss dem Eigentümer ggü. wirkt; das Grundbuchamt hat keine eigenen Rechte).

Nur wenn das Ausschlussurteil vom Eigentümer erwirkt worden ist, soll – inkonsequent – der Nachweis entbehrlich sein,[18] so dass das Verfahren für Eigentümer praktikabel erscheint.

Antrag auf Kraftloserklärung eines Grundschuldbriefes

Verhandelt .....[19] 15 M
Die erschienenen Mitglieder des Vorstands erklären:
Im Grundbuch des Amtsgerichts ..... von ..... Blatt ..... ist in Abteilung III unter der lfd. Nr. 3 eine fällige Briefgrundschuld zu 100.000,00 DM nebst 12 % Jahreszinsen hieraus seit dem 17.02.1983 für die Spargutbank GmbH in Dorfstadt eingetragen. Eigentümer des Grundstücks sind wir, der Verein Wohlfahrt e.V. in Dorfstadt. Die eingetragene Gläubigerin hat uns diese Grundschuld mit notariell beglaubigter Abtretungserklärung vom 3. März 1985 unter Übergabe des Grundschuldbriefes abgetreten. Wir haben den Grundschuldbrief am 1. Oktober 1985 mit der Post an das Grundbuchamt zur Eintragung einer Pfandfreigabe gesandt. Nach Auskunft des Grundbuchamts ist er dort nicht angekommen. Ein Postnachforschungsantrag ist ergebnislos geblieben. Mitteilung der seinerzeitigen Deutschen Bundespost hierüber überreichen wir in der Anlage. Eine Abschrift des Grundschuldbriefs können wir nicht vorlegen; der wesentliche Inhalt ergibt sich aber aus dem Grundbuch, auf das wir Bezug nehmen. Was die erwähnte Abtretungsurkunde betrifft, überreichen wir anliegend eine beglaubigte Abschrift aus der Urkundensammlung des Notars.
Nachdem wir vom Notar über die Bedeutung einer Versicherung an Eides Statt und insbesondere die Strafbarkeit falscher Versicherungen belehrt worden sind, versichern wir die Richtigkeit der vorstehenden Angaben an Eides Statt.
Wir beantragen, eine öffentliche gerichtliche Aufforderung zur Anmeldung von Ansprüchen oder Rechten auf den Grundschuldbrief zu erlassen und den Grundschuldbrief durch Ausschließungsbeschluss für kraftlos zu erklären. Auf eine Begründung des Ausschließungsbeschlusses verzichten wir (§ 38 Abs. 4 FamFG).
Wir erteilen hiermit dem beurkundenden Notar Prozessvollmacht, uns im Aufgebotsverfahren zu vertreten.

■ *Kosten.* Wie Rdn. 15 M (entsprechend § 71 Abs. 1 GNotKG auch hier voller Nennbetrag der Grundschuld).

Da das Verfahren zur Kraftloserklärung des Briefs nach herrschender Praxis nur für den 16
Eigentümer praktikabel ist, müssen Fremdgläubiger nach anderen Wegen suchen, ihr Recht trotz Verlustes des Briefs geltend zu machen. Ob es dazu genügt, ein Feststellungsurteil gegen den Eigentümer zu erwirken, ist unklar, weil ein solches – anders als das Ausschlussurteil nach § 1018 ZPO – nicht gegenüber jedermann, also nicht gegenüber einem anderen Gläubigerprätendenten wirkt. Wenn aber der Eigentümer selbst einer nochmaligen Nachweispflicht im Grundbuchverfahren enthoben ist, müssten jedenfalls Ausschließungsbeschluss *und* Feststellungsurteil gegen den Eigentümer ausreichen.

Abtretungserklärungen kann der Ausschließungsbeschluss nicht ersetzen. Sie können aber 17
wiederholt werden. Weigert sich der Zedent, so ersetzt ein gegen ihn zu wirkendes Urteil auf Abgabe einer Willenserklärung und wohl auch ein Feststellungsurteil die abhanden gekommene Urkunde.

---

18 BayObLG Rpfleger 1988, 477.
19 Im Gegensatz zum früheren Recht genügt es nicht mehr, sich zur Versicherung an Eides statt zu erbieten, vielmehr muss nach §§ 449, 450 FamFG sofort glaubhaft gemacht werden.

§ 77 Die Eigentümergrundschuld

I. Allgemeines, Verwendungszweck

1. Grundlagen

1 Eine Grundschuld kann nach § 1196 Abs. 1 BGB auch für den Eigentümer bestellt werden. Die Eigentümergrundschuld kann eine ursprüngliche sein oder nachträglich dadurch entstehen, dass Eigentümer und Grundschuldgläubiger in einer Person zusammenfallen. Die Eigentümergrundschuld ist kein selbstständiges Rechtsinstitut; daher sind auch beliebige Mischformen zulässig. Ein einzelner Grundstücksmiteigentümer kann Inhaber einer Grundschuld am ganzen Grundstück sein. Sie ist dann an seinem eigenen Miteigentumsanteil Eigentümergrundschuld, im Übrigen Fremdgrundschuld. Ein einzelner Gesamthänder kann Inhaber einer Grundschuld sein, die an einem im Gesamthandseigentum stehenden Grundstück lastet. Umgekehrt kann eine Grundschuld in der Weise begründet werden, dass sie dem Grundstückseigentümer und einem Dritten nach Bruchteilen oder als Gesamtgläubiger[1] (vgl. insbesondere zur Gesamtgläubigerschaft bei Grundschulden § 72 Rdn. 58 ff.) oder zur gesamten Hand zustehen. Schließlich können auch auf beiden Seiten mehrere Personen beteiligt sein, z.B. in der Form, dass Eheleute Gesamtgläubiger einer Grundschuld sind, die an einem Grundstück eingetragen ist, das ihnen zu Miteigentum nach Bruchteilen gehört.[2]

2 Die Eigentümergrundschuld verleiht grundsätzlich das *volle Recht*. Nach § 1197 Abs. 1 BGB kann der Eigentümer als Gläubiger aber nicht die *Zwangsvollstreckung* zum Zwecke seiner Befriedigung betreiben; nach § 1197 Abs. 2 BGB gebühren ihm grundsätzlich keine *Zinsen*. Diese Beschränkungen bedeuten nach richtiger und inzwischen auch herrschender Ansicht[3] nicht, dass die Grundschuld in der Hand des Eigentümers keinen Befriedigungsanspruch gewähre oder dass kein Zinsanspruch entstehe, sondern nur, dass der Eigentümer als Grundschuldgläubiger während der Zeit, in der der Zustand der Vereinigung von Grundschuld und Eigentum anhält, in der Geltendmachung dieser Ansprüche gehemmt ist.

2. Vorläufige und verdeckte Eigentümergrundschuld

3 Neben der *regelmäßigen* Eigentümergrundschuld kennt das Hypothekenrecht noch die *vorläufige* Eigentümergrundschuld nach § 1117 BGB, die *ursprüngliche verdeckte* Eigentümergrundschuld bei fehlerhafter Bestellung einer Hypothek oder einer Grundschuld[4] und die *nachträgliche verdeckte* Eigentümergrundschuld nach § 1177 BGB. Mit der Hypothek haben diese Formen verdeckter Grundschulden ihre faktische Bedeutung weitgehend verloren.

3. Formenwahl

4 Zur Frage, ob im Einzelfall und unter welchen Voraussetzungen überhaupt die Bestellung einer Eigentümergrundschuld *zweckmäßig* ist, s.o. § 68 Rdn. 6 Der erfahrene Notar wird in

---

1 BGHZ 29, 363 = NJW 1959, 984.
2 BGH NJW 1975, 445.
3 BayObLG DNotZ 1988, 116; OLG Köln Rpfleger 1985, 9; OLG Celle Rpfleger 1989, 323; OLG Düsseldorf Rpfleger 1989, 498; vgl. a. BGH Rpfleger 1986, 9 und DNotZ 1988, 777.
4 Näheres bei Staudinger/*Wolfsteiner* (2015), § 1196 BGB Rn. 6.

annähernd der Hälfte der Fälle, in denen er um die Bestellung einer Eigentümergrundschuld angegangen wird, lieber zur Bestellung einer Fremdgrundschuld raten. Was die *Kosten* betrifft, so verursacht die Bestellung einer Eigentümergrundschuld zunächst die gleichen Kosten bei Notar und Grundbuchamt wie die Bestellung einer Fremdgrundschuld. Hinzu kommen dann aber die *Abtretungskosten*, die, wenn der Notar die Abtretungserklärung entwirft, in einer 1,0 Gebühr nach Nr. 21200, 24101 KV GNotKG bestehen. Zudem wird sich ein vorsichtiger Abtretungsgläubiger des besseren Gutglaubensschutzes wegen doch in das Grundbuch eintragen lassen, wodurch nochmals beim *Grundbuchamt* Kosten von 0,5 nach Nr. 14130 KV GNotKG entstehen.

4. Gesetzlicher Löschungsanspruch

Wie § 1196 Abs. 3 BGB ausdrücklich anordnet, trifft der *gesetzliche Löschungsanspruch* nach §§ 1179a oder 1179b BGB die ursprüngliche Eigentümergrundschuld nicht; er greift erst ein, wenn sich die Eigentümergrundschuld in eine Fremdgrundschuld verwandelt hatte und daraufhin wieder Eigentümergrundschuld geworden ist. Wie die vorstehend unter Rdn. 1 behandelten *gemischten Fälle* in Ansehung des gesetzlichen Löschungsanspruchs zu behandeln sind, ist weder in der Rechtsprechung noch in der Literatur auch nur in Ansatzpunkten geklärt. 5

II. Die Bestellung der Eigentümergrundschuld

1. Bestellungstatbestand

Materiellrechtlich unterscheidet sich die Bestellung der Eigentümergrundschuld von der Bestellung einer Fremdgrundschuld dadurch, dass es *keiner Einigung* bedarf, sondern nach § 1196 Abs. 2 BGB die *einseitige Erklärung* des Eigentümers gegenüber dem Grundbuchamt genügt. Grundbuchrechtlich ist zur Bestellung der Eigentümergrundschuld gleichermaßen eine *Eintragungsbewilligung* erforderlich, wie zur Bestellung einer Fremdgrundschuld. S. dazu, dass die Eigentümergrundschuld nie Sicherungsgrundschuld i.S.d. § 1193 Abs. 2 Satz 2 BGB ist, oben § 72 Rdn. 2. 6

2. Dingliche Zwangsvollstreckungsunterwerfung

Die Eigentümergrundschuld ist der *Unterwerfung* unter die sofortige Zwangsvollstreckung nach § 794 Abs. 1 Nr. 5 ZPO zugänglich.[5] 7

Bestellung einer vollstreckbaren Eigentümergrundschuld

Verhandelt ..... 8 M
Ich bestelle hiermit an meinem im Grundbuch des Amtsgerichts ..... von ..... Blatt ..... eingetragenen Grundstück der Gemarkung ..... , FlStNr ....., für mich selbst eine fällige, vom Eintragungstage an mit 6 Prozentpunkten über dem jeweiligen Basiszinssatz zu verzinsende Grundschuld über 100.000,00 €. Wegen der Grundschuld einschließlich der Zinsen unterwerfe ich mich der sofortigen Zwangsvollstreckung aus dieser Urkunde in der Weise, dass die Zwangsvollstreckung gegen den jeweiligen Grundstückseigentümer zulässig ist. Der jeweilige Gläubiger der Grundschuld ist befugt,

---

5 BGH NJW 1975, 1356.

sich Ausfertigungen dieser Urkunde erteilen zu lassen. Ich bewillige und beantrage, die Grundschuld und die Zwangsvollstreckungsunterwerfung in das Grundbuch einzutragen.

3. Persönliche Zwangsvollstreckungsunterwerfung

9   Nach der h.M.[6] kann auch die Eigentümergrundschuld mit einer sogenannten *persönlichen Zwangsvollstreckungsunterwerfung* (dazu oben § 72 Rdn. 29 ff.) versehen werden. Der BGH versteht die einschlägigen Erklärungen als Angebot des Eigentümers an den noch nicht bestimmten Zessionar, den Vertrag über ein abstraktes Schuldanerkenntnis oder abstraktes Schuldversprechen zu schließen. Der künftige Anspruch aus einem solchen Angebot sei, obwohl die Person des Angebotsempfängers noch nicht feststeht, bereits der Zwangsvollstreckungsunterwerfung zugänglich.[7] Um eine *vollstreckbare Ausfertigung zu erlangen*, braucht der Zessionar die Annahme des Angebots nicht nachzuweisen; es genügt der Nachweis der Abtretung der Eigentümergrundschuld an ihn.

10 Von rechtlichen Zweifeln abgesehen, ist es im Allgemeinen *wenig sinnvoll*, einer Eigentümergrundschuld eine persönliche Zwangsvollstreckungsunterwerfung beizufügen. Erfahrungsgemäß verzichten Gläubiger, die die Abtretung einer Eigentümergrundschuld akzeptieren, darauf. Die einer Eigentümergrundschuld beigegebene persönliche Zwangsvollstreckungsunterwerfung ist für den Gläubiger auch *wenig verlässlich*, weil der durch Annahme des Angebots entstehende vollstreckbare Zahlungsanspruch wieder erlischt, sobald die Eigentümergrundschuld mit dem Anspruch an den Eigentümer rückabgetreten wird. Ob eine Eigentümergrundschuld schon einmal Fremdgrundschuld war, kann der Gläubiger aber regelmäßig nicht erkennen; er muss deshalb auch immer damit rechnen, dass er durch Entgegennahme der Grundschuldabtretung keinen Anspruch aus einem abstrakten Schuldanerkenntnis oder Schuldversprechen erwirbt und dass deshalb im Ergebnis auch die Zwangsvollstreckungsunterwerfung wegen dieses Anspruchs ins Leere geht. Denkbar wäre es, Angebote an *alle künftigen Abtretungsempfänger* abzugeben; auch unter Zugrundelegung der großzügigen Auffassung des BayObLG[8] könnte aber eine solche unbestimmte Vielzahl von Angeboten wohl kaum mehr als gegenstandsgleich mit der Bestellung der Eigentümergrundschuld angesehen werden. Überdies würde eine solche Unterwerfung eine Vielzahl von Titeln produzieren, deren Existenz für den Eigentümer viel zu gefährlich wäre (dazu oben § 72 Rdn. 30).

11 Im Sinne der Entscheidung des BGH korrekt formuliert, müsste die persönliche Unterwerfungserklärung zur Eigentümergrundschuld folgenden Wortlaut haben:

Persönliche Haftungsübernahme zur Eigentümergrundschuld mit Zwangsvollstreckungsunterwerfung

12 M   Ich biete demjenigen, dem ich diese Grundschuld erstmals abtrete, den Abschluss eines Vertrags an, durch den ich mich ihm gegenüber zur Zahlung eines Geldbetrags in Höhe des Kapitalbetrags der Grundschuld und vom Datum der Abtretungserklärung an zur Zahlung von Zinsen hieraus wie die Grundschuldzinsen in der Weise verpflichte, dass das Versprechen die Verpflichtung selbständig begründen soll. Wegen meiner hierdurch im Falle der Annahme des Angebots entstehenden Zahlungsverpflichtungen

---

6 BGH DNotZ 1958, 579 (m. zust. Anm. *Hieber*); BGH NJW 1976, 567; BGH NJW 1991, 228 (die dort erkennbar werdenden Probleme sprechen für sich und gegen den BGH); BGH ZIP 1999, 1591 = EWiR 1999, 1055 (*Joswig*).
7 Zur Kritik *Wolfsteiner*, Die vollstreckbare Urkunde, § 28.82.
8 MittRhNotK 1984, 125.

unterwerfe ich mich der sofortigen Zwangsvollstreckung aus dieser Urkunde; zur Erteilung einer vollstreckbaren Ausfertigung bedarf es nicht des Nachweises, dass der Grundschuldzessionar das Angebot angenommen hat. **Dem Zessionar dürfen Ausfertigungen dieser Urkunde erteilt werden.**

- *Kosten.* Die Erklärung ist nach § 109 Abs. 2 Nr. 3 GNotKG gegenstandsgleich mit der Grundschuldbestellung.[9]

III. Das weitere Schicksal der Eigentümergrundschuld

Für das weitere Schicksal der Eigentümergrundschuld, insbesondere für ihre Abtretung, gelten grundsätzlich keine Besonderheiten. Vgl. jedoch zur Abtretung des Zinsanspruchs oben § 74 Rdn. 8.

13

---

9 BayObLG MittRhNotK 1984, 125.

§ 78 Verpfändung von beweglichen Sachen und von Rechten

I. Faustpfandrecht

1 Das »Faustpfand« ist ein altes Kreditbeschaffungsmittel. Pfandleihgewerbe und Lombardgeschäft beruhen auf ihm. Lombardkredit heißt: »Darlehen gegen Faustpfand geben.«

2 Bei der Annahme eines Pfandes durch sog. Pfandhäuser ist die Verordnung über den Geschäftsbetrieb der gewerblichen Pfandleiher[1] zu beachten.

3 Die Verpfändung als Sicherungsmittel für Kredite ist durch die *Sicherungsübereignung* weitgehend verdrängt worden. Zu ihr reicht als Übergabeersatz die Vereinbarung eines Besitzmittlerverhältnisses aus, die zur Verpfändung nicht genügt. Die Besitzübertragung ist aber für den Schuldner und zuweilen auch für den Gläubiger lästig.

4 1. Zum *Inhalt* eines Vertragspfandrechts, über den sich die Beteiligten einig sein müssen, gehören neben dem Verpfändungswillen auch *der Pfandgegenstand* und *die zu sichernde Forderung*; vom Bestand letzterer, die allerdings auch künftig oder bedingt sein darf, ist auch die Wirksamkeit des Pfandrechts abhängig (§ 1204 Abs. 1 BGB).

5 2. Das Pfandrecht entsteht – gleich der Übereignung einer beweglichen Sache – erst mit einem *Bestellungsakt*, der der Publizität dienen soll. Im gesetzlichen Regelfall ist dies die Besitzübergabe (§ 1205 Abs. 1 Satz 1 BGB). Diese ist entbehrlich, wenn der Pfandnehmer die Sache bereits im Besitz hat (§ 1205 Abs. 1 Satz 2 BGB). Für eine Verpfändung genügen als *Übergabesurrogate*
(1) die Übertragung des mittelbaren Besitzes des Eigentümers auf den Pfandgläubiger und Anzeige an den unmittelbaren Besitzer (§ 1205 Abs. 2 BGB);
(2) die Einräumung des Mitbesitzes (Mitverschlusses; § 1206 Halbs. 1 BGB);
(3) die Einräumung des mittelbaren Besitzes und Anweisung an den unmittelbaren Besitzer, die Sache an Eigentümer und Pfandgläubiger gemeinsam herauszugeben (§ 1206 Halbs. 2 BGB).

6 Die Variante in (3) wird besonders gewählt, wenn sich die Sache im Besitz eines Lagerhalters befindet und die Besitzübertragung nicht durch Übergabe eines indossablen Lagerscheins erfolgt. – In jedem Fall muss der Verpfänder von selbstständigen Verfügungen über das Pfand wirksam ausgeschlossen sein. Wo das nicht möglich ist, bleibt nur die Sicherungsübereignung.

7 3. Die Befriedigung des Pfandgläubigers aus der Pfandsache erfolgt durch Verkauf, § 1228 Abs. 1 BGB. Dabei sind die Bestimmungen der §§ 1234 bis 1240 BGB zu beachten. Daneben hat der Gläubiger auch die Möglichkeit, einen dinglichen Titel gegen den Eigentümer auf Duldung der Pfandverwertung zu erwirken und diesen Titel durch gerichtlichen Pfandverkauf nach der ZPO (also ohne Pfändung) zu verwirklichen, § 1233 Abs. 2 BGB. Das befreit den Gläubiger von den beengenden Vorschriften der §§ 1234 bis 1240 BGB. – Der vollstreckbare Titel kann auch durch Unterwerfungserklärung in einer notariellen Urkunde gemäß § 794 Abs. 1 Nr. 5 ZPO hergestellt werden. Wenn der Notar mit der Beurkundung einer

---

[1] In der Fassung der Bekanntmachung vom 01.06.1976 (BGBl. I S. 1334), zuletzt geändert durch Art. 2 der VO v. 28.04.2016 (BGBl. I S. 1046).

4. Ihre Allgemeinen Geschäftsbedingungen räumen den Banken an sämtlichen in ihren Besitz oder in ihre Verfügungsgewalt gelangenden Gegenstände der Bankkunden ein Pfandrecht ein. 8

Verpfändung einer beweglichen Sache durch Übergabe seitens des Schuldners

(I) Ich schulde dem Gläubiger G. aus einem am ..... fälligen Darlehen 50.000 € nebst 7 v.H. Jahreszinsen ab .....
(II) Zur Sicherung seiner Ansprüche verpfände ich G. die in der Anlage verzeichneten Waren im Verkaufswert von 10.000 €, die ich ihm zu diesem Zwecke übergebe.
(III) Der Gläubiger ist berechtigt, die Waren versteigern zu lassen oder, soweit sie einen Börsen- oder Marktpreis haben, durch einen öffentlichen Makler zu verkaufen, wenn ich nicht binnen einer Woche nach Fälligkeit zahle. Einer vorherigen Androhung des Verkaufs, der Wahrung einer Frist oder einer Benachrichtigung von Zeit und Ort der Versteigerung bedarf es nicht.
(IV) Diese Verpfändung muss nicht durch Erklärung mir gegenüber angenommen werden. 9 M

Auf die Form der öffentlichen Versteigerung oder auf die öffentliche Bekanntmachung kann vor dem Eintritt der Pfandreife nicht verzichtet werden (§ 1245 Abs. 2 BGB), wohl aber auf die Androhung mit Monatsfrist nach Eintritt der Verkaufsberechtigung (§ 1245 Abs. 1 i.V.m. § 1234 BGB). 10

Um von den beengenden Vorschriften der Pfandverwertung frei zu sein, kann eine Vollstreckungsunterwerfung *beurkundet* werden. 11

Statt (III) eventuell eine Unterwerfungserklärung:

Verhandelt zu ..... am ..... 12 M
.....
(III) Als Eigentümer der verpfändeten Waren unterwerfe ich mich der sofortigen Zwangsvollstreckung in diese Gegenstände, so dass der Verkauf nach den Vorschriften über den Verkauf einer gepfändeten Sache bewirkt werden kann. Dem Gläubiger kann jederzeit vollstreckbare Ausfertigung erteilt werden.

....., Notar

■ *Kosten.* Nach dem Wert der Forderung oder, wenn niedriger, dem des Pfandgegenstandes (§ 53 Abs. 2 GNotKG). Gebühr von 2,0 aus Tabelle B zu § 34 GNotKG, mindestens 120 € nach Nr. 21100 KV GNotKG die auch für ein Angebot gilt (Vorbemerkung 2.1.1 Ziffer 1. KV GNotKG).

Verpfändung der Sachen eines Dritten, die der Gläubiger bereits besitzt nur durch Einigung

(I) G. hat S. ein Darlehen von 20.000 € eingeräumt, worüber eine besondere Urkunde vom ..... errichtet ist. 13 M

(II) Zur Sicherung aller gegenwärtigen und künftigen Ansprüche, die G. gegen S. aus dieser Geschäftsverbindung erwirbt, verpfände ich, D., dem G. meine nachstehenden Sachen ....., die sich bereits im Besitz von G. befinden, der sie für mich verwahrt .....
(III) und (IV) *[Wie in Muster Rdn. 9 M und/oder Rdn. 12 M.]*

Verpfändung durch Einräumung des mittelbaren Besitzes

14 M (I) *[Wie im Muster Rdn. 9 M.]*
(II) Zur Sicherung verpfände ich dem Gläubiger G. die aus der Anlage ersichtlichen Gegenstände, die bei der Speditionsfirma A. in ..... lagern, und trete ihm meine Herausgabeansprüche gegen die Speditionsfirma ab.
(III) und (IV) *[Wie in Muster Rdn. 9 M und/oder 12 M.]*
(V) Ich werde der Speditionsfirma A. die Abtretung der Herausgabeansprüche unverzüglich anzeigen und dabei bestimmen, dass die Herausgabe der Sachen nur an G. erfolgen darf.

Verpfändung eines Warenlagers durch Einräumung des Mitverschlusses

15 M (I) *[Wie in Muster Rdn. 9 M.]*
(II) Zur Sicherung verpfände ich dem Gläubiger G. die in meinem Fabrikgebäude in dem mit Nr. 1 bezeichneten Raum lagernden Waren im Werte von ....., die in der anliegenden Aufstellung verzeichnet sind. Der Lagerraum Nr. 1 ist mit zwei Patentvorlegeschlössern verschlossen. G. räume ich den Mitbesitz an den verpfändeten Waren in der Art ein, dass ich ihm den Schlüssel zu dem einen Vorlegeschloss aushändige, so dass mir allein der Zugang zu dem Lagerraum Nr. 1 nicht möglich ist.
(III) und (IV) *[Wie in Muster Rdn. 9 M und/oder Rdn. 12 M.]*

Verpfändung durch Einräumung des mittelbaren Mitbesitzes

16 M (I) *[Wie in Muster Rdn. 9 M.]*
(II) Zur Sicherung verpfände ich dem Gläubiger G. die in der Anlage aufgeführten Sachen, die bei der Firma B. & C. lagern. Ich habe hierzu die Firma B. & C. bereits ohne Zustimmung des G in der Weise angewiesen, die Sachen nur an G. und mich gemeinsam herauszugeben, dass die Anweisung mit Abschluss des Verpfändungsvertrages unwiderruflich wird; eine Bestätigung über den Erhalt dieser Anweisung ist dieser Urkunde beigefügt.
(III) und (IV) *[Wie in Muster Rdn. 9 und/oder 12 M.]*

17 5. Die Verpfändung eines unausgeschiedenen Teils einer Sachmenge ist mangels Bestimmtheit des Pfandgegenstandes ausgeschlossen.[2] Wie bei Grundstücken (Grundpfandrechten) ist der Anteil eines Miteigentümers verpfändbar (*nicht aber ein Anteil durch den Alleineigentümer oder ein Anteil eines Miteigentumsanteils, anders die h.M.*[3]). Die Vereinbarungen, die der Verpfänder mit seinen Miteigentümern über Verwaltung und Benutzung getroffen

---

2 RG WarnR 1913, 293.
3 Vgl. Palandt/*Wicke*, § 1258 BGB Rn. 2; dem kann allerdings nicht gefolgt werden. Das Argument, der Alleineigentümer könne ja auch einen Bruchteil veräußern (so z.B. MüKo-BGB/*Damrau*, § 1204 BGB Rn. 4) trägt nicht, denn der Miteigentumsanteil entsteht als Folge der Veräußerung. Durch die Verpfändung entsteht dagegen kein isolierter Miteigentumsanteil und damit auch kein Gegenstand der Belastung.

hat, wirken auch gegenüber dem Pfandgläubiger, § 746 BGB, jedoch mit der Einschränkung des § 1258 Abs. 2 Satz 2 BGB.

Verpfändung von Bruchteilen

(I) *[Wie in Muster Rdn. 9 M.]* 18 M
(II) Zur Sicherung verpfände ich dem Gläubiger G. meinen Viertel-Miteigentumsanteil an der Benzolmenge, die sich zur Zeit in Tank 3 der Firma W. in Z. befindet. Die Gesamtmenge beträgt jetzt ..... kg. Das Viertel hat nach heutigem Kurs einen Wert von 5.000 €. Ich trete G meine Herausgabeansprüche gegen die Firma W. ab.
(III) und (IV) *[Wie in Muster Rdn. 9 M und/oder Rdn. 12 M.]*
(V) *[Wie in Muster Rdn. 14 M.]*

- *Kosten.* Für Muster Rdn. 13 M bis Rdn. 18 M wie für Muster Rdn. 12 M.

Anzeige an den Lagerhalter

An die Firma W. in Z. 19 M
Ich zeige Ihnen an, dass ich das mir gehörige Viertel der Benzolmenge, die sich in Ihrem Tank 3 befindet, an G. in N. verpfändet und ihm den Anspruch auf Herausgabe abgetreten habe. Die Benzolmenge ist also von Ihnen nur an G. herauszugeben. Ich bitte, G. und mir den Empfang der Anzeige zu bestätigen.

Unterschrift

- *Kosten.* Betreuungstätigkeit im Sinne von Nr. 22200 Nr. 5 KV GNotKG, denn es kann keinen Unterschied machen, ob der Notar die Erklärung fertigt und aufgrund Vollmacht selbst abgibt oder ob er die Erklärung für den Beteiligten fertigt (vgl. Vorbemerkung 2.2. Abs. 2 KV GNotKG, nach der Entwurfsfertigung Teil der Betreuungstätigkeit ist. Gebühr daher 0,5 aus dem Wert der Verpfändung (§ 113 Abs. 1 GNotKG).

II. Verpfändung von Forderungen und Rechten

Soweit die Rechte übertragbar sind, können sie auch verpfändet werden (§ 1274 Abs. 2 BGB). 20
Die Verpfändung von gewöhnlichen Forderungen muss der Verpfänder (Gläubiger) dem Schuldner *anzeigen* (§ 1280 BGB). Der Verpfändungsvertrag allein genügt – anders als bei der Abtretung – nicht. Eine Anzeige ist dagegen nicht notwendig, wenn zur Abtretung ohnehin ein Publizitätsakt nötig ist, insbesondere in Form einer Grundbucheintragung, z.B. bei der Verpfändung von Hypotheken,[4] oder durch Übergabe eines Papiers, wie z.B. bei der Verpfändung von Wechseln oder Schecks. Werden andere Rechte verpfändet, ist § 1280 BGB nicht anwendbar, so z.B. bei Erbteilen.[5] Auch künftige Forderungen und Rechte können verpfändet werden. Das Pfandrecht entsteht jedoch dann erst mit dem Entstehen des Pfandgegenstandes. Verliert der Verpfänder vorher die Verfügungsbefugnis, bspw. durch Insolvenz (§ 81 Abs. 1 InsO), ist das grundsätzlich unschädlich.[6] Allerdings kann bei Eröffnung eines Insolvenzverfahrens das Erwerbsverbot des § 91 Abs. 1 InsO regelmäßig den Rechtserwerb vereiteln.[7]

---

4 RGZ 121, 75.
5 RGZ 84, 395.
6 BGH ZIP 2010, 138.
7 Dazu z.B. BGH ZIP 2010, 335 m.w.N., BGH NJW 2012, 1510.

21 S. wegen Verpfändung von *gewerblichen Schutzrechten, Patenten, Gebrauchsmustern, Warenzeichen* (Sicherungsübereignung) oben § 49; *Geschäftsanteilen* an einer GmbH unten § 145, wegen der Verpfändung des *Anspruchs und/oder des Anwartschaftsrechts auf Eigentumserwerb* oben § 32 Rdn. 359 ff.

Verpfändung des Anspruchs auf Auseinandersetzungsguthaben und Gewinnanteil eines stillen Gesellschafters

22 M (I) *[Wie in Muster Rdn. 9 M.]*
(II) Zur Sicherung ..... verpfände ich dem Gläubiger G. das Auseinandersetzungsguthaben und meinen Gewinnanteilsanspruch aus meiner stillen Beteiligung an der Firma A. im Schätzwert von etwa ..... Die auf meine Beteiligung entfallenden Gewinnanteile sowie das Guthaben sind bei Fälligkeit nur an G. auszuzahlen. G. ist auch befugt, das Kündigungsrecht auszuüben.
(III) Ich zeige der Firma A. diese Verpfändung gleichzeitig an.
(IV) *[Wie in Muster Rdn. 9 M.]*

23 Die Verpfändung des Auseinandersetzungsguthabens und des Gewinnanteils an einer Gesellschaft bürgerlichen Rechts, einer OHG und KG ist entsprechend diesem Muster vorzunehmen. Die Gesellschaftsbeteiligung selbst ist nur verpfändbar, wenn sie entgegen § 717 Satz 1 BGB nach dem Gesellschaftsvertrag übertragbar ist (§ 1274 Abs. 2 BGB) und umfasst nicht den Gewinnanteil (§ 1289 BGB gilt nicht analog),[8] sodass die Verpfändung beider Rechtspositionen sinnvoll ist.

■ *Kosten.* Wie für Muster Rdn. 12 M.

Verpfändung einer Lebensversicherung

24 Vgl. zur Abtretung oben § 29 Rdn. 42 ff.
Der Versicherungsschein (Police) ist darauf zu prüfen, ob er nicht etwa die Verpfändung ausschließt oder beschränkt. Der Widerruf einer Bezugsberechtigung ist gegenüber dem Versicherungsunternehmen zu erklären, wenn sie auch in der Verpfändungsanzeige, die dem Versicherungsunternehmen erstattet wird, bereits enthalten sein kann.[9] Wenn das Bezugsrecht *unwiderruflich* eingeräumt ist, muss die Einwilligung des Bezugsberechtigten beigebracht werden. Der Widerruf einer – widerruflichen oder unwiderruflichen – Bezugsberechtigung anlässlich der Verpfändung (oder Sicherungsabtretung) ist aber im Zweifel dahin zu verstehen, dass der Bezugsberechtigte einen nach Erledigung des Sicherungszwecks noch verbleibenden Betrag doch erhalten soll.[10]

Verpfändung der Ansprüchen aus einer Lebensversicherung

25 M (I) *[Wie in Muster Rdn. 9 M.]*
(II) Zur Sicherung ..... verpfände ich dem Gläubiger G. meine sämtlichen Ansprüche gegen die A.-Versicherungs-Aktiengesellschaft aus meiner Lebensversicherung gemäß dem Versicherungsschein Nr. ..... über 50.000 €, und zwar meine Rechte auf den Rückkaufswert und auf die Versicherungssumme jeweils einschließlich einer

---

[8] BGHZ 119, 191; BGH ZIP 2010, 335.
[9] RGZ 127, 269, 272.
[10] BGH NJW 2011, 307.

etwaigen Überschussbeteiligung. **Rechte zur Kündigung des Versicherungsvertrages können vor Pfandreife nur von mir und G. gemeinsam ausgeübt werden, nach Pfandreife von jedem von uns alleine. Ich verpflichte mich, wie bisher die Prämien bei Fälligkeit zu bezahlen, was ich G. regelmäßig nachweisen werde. G. ist auch berechtigt, aber nicht verpflichtet, zu meinen Lasten die Zahlungen zu leisten.**
(III) Ich widerrufe das meiner Ehefrau gewährte Bezugsrecht solange und soweit das Pfandrecht reicht. Den Versicherungsschein händige ich dem Gläubiger aus. Er ist mir zurückzugeben, wenn G. wegen aller seiner Forderungen, zu deren Sicherheit diese Verpfändung dienen soll, befriedigt ist.
Gegebenenfalls werde ich nach Erlöschen des Pfandrechts das Bezugsrecht durch Erklärung gegenüber der Versicherungsgesellschaft wieder aufleben lassen.
(IV) Der Versicherungsgesellschaft zeige ich die Verpfändung und den Widerruf der Bezugsberechtigung sofort an.
(V) *[Wie (IV) in Muster Rdn. 9 M.]*

■ *Kosten.* Wie zu Muster Rdn. 12 M. Der Widerruf des Bezugsrechts ist Bestandteil der Verpfändungserklärung. Der Wert des Pfandes entspricht dem nach § 169 Abs. 3 VVG dem Versicherungsnehmer mitzuteilenden Rückkaufswert.

Verpfändung von Inhaber- und Orderpapieren

1. Für die Bestellung des Pfandrechts an *Inhaberpapieren* gelten die Vorschriften über das Pfandrecht an beweglichen Sachen (§ 1293 BGB). Sie geschieht also durch Einigung über die Verpfändung und Übergabe des Inhaberpapiers. – Der Pfandgläubiger eines Inhaber- oder Orderpapiers ist schon vor Eintritt der Fälligkeit seiner Forderung allein zur Kündigung und Einziehung berechtigt, der Schuldner kann nur an ihn leisten (§ 1294 BGB, ferner §§ 1285, 1287, 1288 BGB). An dem eingezogenen Betrag hat der Gläubiger aber vor Fälligkeit nur ein Pfandrecht. 26

2. Ein *Orderpapier* kann entweder nach § 1274 BGB durch Einigung und Übergabe des nicht indossierten oder mit Vollmachtsindossament (nach Art. 18 Abs. 1 WG) versehenen Papiers oder nach § 1292 BGB durch Einigung und Übergabe des Papiers mit Pfand- (Art. 19 Abs. 1 WG) oder Vollindossament verpfändet werden. Beim Konnossement (§§ 513 ff. HGB), Ladeschein (§§ 444 ff. HGB) und Lagerschein (§§ 475c ff. HGB) bringt die Verpfändung des Papiers die Verpfändung der Ware mit sich. 27

Verpfändung von Pfandbriefen für einen Warenkredit

(I) Die Firma G. hat der Firma S. einen Warenkredit bis zur Höhe von insgesamt 40.000 € eingeräumt.
(II) Die Firma S. und die Firma G. sind sich zur Sicherung aller Ansprüche aus diesem Kredit über die Verpfändung von 50 Pfandbriefen der ..... Hypothekenbank Serie 1 Nummer 7950 bis 7999 über je 1.000 € mit Zins- und Erneuerungsscheinen, indem die Firma S. sie der Firma G. übergibt, einig. Der jetzige Kurswert ist je Pfandbrief 950 €.
(III) Das Pfand kann im Wege des freihändigen Verkaufs durch einen zu solchen Verkäufen öffentlich ermächtigten Handelsmakler oder durch eine zu öffentlichen Versteigerungen befugte Person zum Höchstgebot verwertet werden. Auf Einhaltung der übrigen in den §§ 1234 ff. BGB, § 368 HGB für den Pfandverkauf gegebenen Vorschriften verzichtet der Verpfänder. 28 M

§ 78 Verpfändung von beweglichen Sachen und von Rechten

■ *Kosten.* Der Wert richtet sich nach der niedrigeren Forderung von 40.000 € (§ 53 Abs. 2 GNotKG). – Gebühr von 2,0 nach Nr. 21100 KV GNotKG oder nach Nr. 24100 KV GNotKG.

Verpfändung von depotverwahrten Wertpapieren an eine Bank zur Sicherung des Kredits

29 M
(I) D. unterhält bei der B.-Bank ein Wertpapierdepot, das sich aus folgenden Stücken zusammensetzt: ..... S. hat einen Kontokorrentkredit bis zu ..... € bei der B.-Bank in Anspruch genommen. D. verpfändet zur Sicherung dieses Kredits das Wertpapierdepot in seinem jeweiligen Bestand.
(II) Die B.-Bank verpflichtet sich, auf Verlangen des D. Wertpapiere aus der Pfandhaft zu entlassen, soweit die Summe der Kurswerte aller Wertpapiere im Depot 120 % des Kreditrahmens von S. übersteigen. Welche Wertpapiere von dem Pfandrecht freigegeben werden, bestimmt die B.-Bank nach billigem Ermessen.
(II) Die B.-Bank ist berechtigt, bei Fälligkeit ihrer Forderungen aus den verpfändeten Wertpapieren nach den Bestimmungen ihrer allgemeinen Geschäftsbedingungen Befriedigung zu suchen, nachdem sie das D. mindestens einen Monat vorher angekündigt hat.

■ *Kosten.* Der Wert richtet sich nach der zukünftigen Forderung, die aus dem zugesagten Kredit entstehen kann, oder nach dem niedrigeren Wert der Papiere (§ 53 Abs. 2 GNotKG); hieraus Gebühr von 2,0 aus Tabelle B zu § 34 Abs. 2 GNotKG nach Nr. 21100 KV GNotKG.

Nachverpfändung von Schuldverschreibungen

30 M
(I) Bei der Stadtverwaltung von D. habe ich laut hiermit überreichter Bescheinigung vom ..... von der P. AG begebene Inhaberschuldverschreibungen im Nennwert von 30.000 € und in etwa gleichem Kurswert als Sicherheit für geleistete Erschließungsarbeiten hinterlegt.
(II) Ich verpfände diese Wertpapiere der C.-Bank zur Sicherheit für alle Ansprüche, die ihr aus der Geschäftsverbindung mit mir bereits erwachsen sind oder noch erwachsen sollten, jedoch vorbehaltlich der Rechte der Stadt D., die sie aus den Gründen gegen mich geltend machen könnte, aus denen die Schuldverschreibungen zur Sicherheit bei ihr hinterlegt sind. Die Verpfändung geschieht, indem ich meinen Anspruch gegen die Stadt D. auf Herausgabe der Wertpapiere an die C-Bank abtrete.
(III) Ich ermächtige die C.-Bank, hiervon auch in meinem Namen der Stadt Mitteilung zu machen.
(IV) *[Wie Muster Rdn. 9 M.]*

■ *Kosten.* Wert: Die zukünftige Forderung oder der niedrigere Wert des Pfandgegenstandes (§ 53 Abs. 2 GNotKG). Von diesem ist der zu schätzende Betrag abzusetzen, den die Vorgläubiger etwa von den Wertpapieren in Anspruch nehmen könnte, und nur der Rest als Wert der Nachverpfändung anzusehen. Gebühr von 2,0 aus Tabelle B zu § 34 GNotKG, mindestens 120 €, nach Nr. 21100 KV GNotKG.

Verpfändung eines Sparguthabens

Die Verpfändung einer Forderung aus Sparguthaben ist der Schuldnerin nach § 1280 BGB anzuzeigen.[11] **31**

(I) G. hat mir heute ein Darlehen von 5.000 € gegeben, das ich nach drei Monaten mit 6 v.H. Zinsen jährlich zurückzahlen werde. **32 M**
(II) Zur Sicherung für die Forderung nebst Zinsen verpfände ich G. mein bei der Stadtsparkasse von ..... bestehendes Guthaben von 3.000 € nebst Zinsen. Das Guthaben ist vierteljährlich kündbar.
Ich übergebe G. das darüber ausgestellte Sparbuch Nr. .....[12]
(III) Der Sparkasse zeige ich die Verpfändung durch eine Abschrift hiervon an.
(IV) *[Wie Muster in Rdn. 9 M.]*

■ *Kosten.* Wie für Muster Rdn. 12 M.

III. Verpfändung landwirtschaftlichen Pachtinventars

1. *Zweck und Inhalt.* Das Pachtkreditgesetz[13] ermöglicht es dem Pächter, sich Darlehenskredit gegen Verpfändung seines landwirtschaftlichen Inventars zu beschaffen, *ohne* dass dem Kreditgeber der *Besitz an dem Inventar* eingeräumt zu werden braucht. Nur die ihm gehörigen Inventarstücke kann der Pächter verpfänden. Das weitere Inventar, das er zum Schätzungswert übernommen hat, sowie etwaige Surrogate bleiben bzw. werden Eigentum des Verpächters (§ 582a BGB); s.o. § 42 Rdn. 24. **33**

Der Verpfändungsvertrag muss nach § 2 Abs. 1 PachtKrG beim *Amtsgericht hinterlegt* werden. Diese Vorschrift regelt auch weitere Voraussetzungen in Bezug auf Inhalt und Form des Vertrages. **34**

2. *Rechte des Verpächters.* Der Verpächter kann bei einer Verwertung des Inventars durch den *Kreditgeber die Hälfte des Erlöses zur Befriedigung* seiner durch das gesetzliche Pfandrecht gesicherten Forderungen beanspruchen. **35**

3. Ein vorrangiges[14] *gesetzliches Pfandrecht an Früchten* auf dem Halm (Früchtepfandrecht) entsteht aus der Lieferung von Düngemitteln und Saatgut.[15] **36**

Verpfändungsvertrag über landwirtschaftliches Pachtinventar

Zwischen der x-Bank ..... als Gläubigerin und P., dem Pächter des Gutes ....., als Schuldner wird vereinbart: **37 M**
1. Die x-Bank hat P. ein mit jährlich 6 v.H. verzinsliches Darlehen von 45.000 € gewährt. Hierüber haben die Parteien einen gesonderten Darlehensvertrag geschlossen. Die Darlehenssumme ist danach am ..... vollständig zurück zu zahlen. Die Zinsen sind in

---

11 RGZ 124, 220.
12 Zur Wirksamkeit der Verpfändung nicht nötig, aber zur Verhinderung von Verfügungen üblich; vgl. BGH WM 1965, 897.
13 In der im Bundesgesetzblatt Teil III, Gliederungsnummer 7813-1, veröffentlichten bereinigten Fassung, zuletzt geändert am 08.11.1985 (BGBl. I S. 2065).
14 BGHZ 41, 6.
15 Nach dem Gesetz zur Sicherung der Düngemittel- und Saatgutversorgung vom 19.01.1949 (WiGBl. 8), das durch Gesetz vom 30.07.1951 (BGBl. S. 476) auf unbestimmte Zeit verlängert ist.

monatlichen Raten zu entrichten. Zur Sicherheit der x-Bank bestellt ihr P. ein Pfandrecht an dem lebenden und toten Inventar des Pachtguts in ..... S. ist Eigentümer des Inventars mit Ausnahme von ..... Das Pfandrecht erstreckt sich nicht auf folgende, im Eigentum von P. stehende Gegenstände: .....
Das verpfändete Inventar hat einen gemeinen Wert von 90.000 €.
2. P. darf über einzelne Inventarstücke nach den Regeln einer ordnungsmäßigen Wirtschaft verfügen. Doch bedürfen erhebliche Verminderungen des Inventars, insbesondere eine Verminderung einer Tiergattung in ihrem Bestand um mehr als 20 v.H. der Stückzahl oder des Wertes oder die Verminderung des ganzen Inventars um mehr als 10 v.H. der Zustimmung durch die Bank.
3. Die Bank kann ihr Pfandrecht nach Fälligkeit ihrer Forderung geltend machen. Verwertet sie das Inventar durch Pfandverkauf, so ist sie von den Verpflichtungen der §§ 1234, 1236 Satz 2, 1238 und 1241 BGB sowie den sonstigen beschränkenden Vorschriften befreit. Zur Verwertung des verpfändeten Inventars anders als durch öffentliche Versteigerung bedarf es der Einwilligung des Verpächters.
4. P. muss das Inventar gegen Feuer und Diebstahl versichert halten und die Zahlung der Versicherungsprämie der Bank auf Erfordern nachweisen.
P. tritt der Bank schon heute die Ansprüche aus diesen Versicherungen ab. Er hat diese Abtretung der Versicherung anzuzeigen und der Bank den Versicherungsschein zu übergeben. Die Bank ist ermächtigt, die Anzeige bei der Versicherung auch im Namen des P vorzunehmen und den Anspruch auf Erteilung eines Versicherungsscheins für ihn geltend zu machen.
5. Von etwaigen Pfändungen der Gegenstände des heutigen Vertrages muss der Pächter der Bank sofort Mitteilung machen.
Ort, Datum   Unterschriften

- *Kosten.* Maßgebend ist hier der Wert des gesicherten Darlehens, da im konkreten Fall der Wert des Pfandrechts nach Abzug der Verpächterhälfte ebenso hoch ist (§ 53 Abs. 2 GNotKG). Gebühren:
a) des Notars: Gebühr von 2,0 aus Tabelle B zu § 34 Abs. 2 GNotKG, mindestens 120 €, nach Nr. 21100 KV GNotKG, womit die Abtretung des Versicherungsanspruchs mit abgegolten wird. Die Hinterlegung beim Amtsgericht ist gebührenfreies Nebengeschäft (nach Vorbemerkung 2.1 Abs. 2 Nr. 1 KV GNotKG);
b) des Amtsgerichts: Für die Niederlegung einschließlich der Erteilung einer Bescheinigung darüber Gebühr von 0,5 aus Tabelle A zu § 34 Abs. 2 GNotKG nach Nr. 15112 KV GNotKG.

§ 79 Rechte an Schiffen, Schiffsbauwerken und Luftfahrzeugen

Literatur: Zu I.: *Prause*, Das Recht des Schiffskredits, 3. Aufl., 1979; *Dobberahn*, Rechte an Schiffen und Luftfahrzeugen, MittRhNotK 1998, 145; *Fetsch*, Der notarielle Binnenschiffskaufvertrag, RNotZ 2004, 450; *Staudinger/Nöll*, SchiffsRG, 2009.; **Zu II.:** *Dobberahn*, Rechte an Schiffen und Luftfahrzeugen, MittRhNotK 1998, 145; *Ott*, Die Bestellung eines Registerpfandrechts an einem Luftfahrzeug, MittBayNot 1985, 1; *Schladebach/Kraft*, Das Registerpfandrecht an Luftfahrzeugen, BKR 2012, 270; *Schölermann/Schmidt-Burk*, Flugzeuge als Kreditsicherheit, WM 1990, 1137.

Rechtsgrundlage: Zu I.: Gesetz über Rechte an eingetragenen Schiffen und Schiffsbauwerken (SchiffRG) vom 15.11.1940 i.d.F. der Bek. vom 26.05.1994 (BGBl. I S. 2407; zuletzt geändert durch Gesetz vom 21.01.2013 (BGBl. I S. 91); Schiffsregisterordnung (SchRegO) i.d.F. vom 26.05.1994 (BGBl. I S. 1133), zuletzt geändert durch Gesetz vom 05.07.2017 (BGBl. I S. 2208). **Zu II.:** Gesetz über Rechte an Luftfahrzeugen (LuftfzRG) v. 26.02.1959 (BGBl. S. 57), zuletzt geändert durch VO vom 31.08.2015 (BGBl. I S. 1474).

I. Rechte an Schiffen und Schiffsbauwerken

1. Grundsätzliches

In ein Schiffs-(Seeschiffs-, Binnenschiffs- und Schiffsbau-)Register eingetragene Schiffe werden im Allgemeinen wie Grundstücke behandelt. Die Schiffsregister werden bei den Amtsgerichten geführt; welche Amtsgerichte ein Schiffsregister führen, wird durch Landesrecht bestimmt (§ 1 Abs. 2 SchRegO). Das Schiffsregister genießt wie das Grundbuch öffentlichen Glauben. Zwangsvollstreckung kann durch Eintragung einer Schiffszwangshypothek nach § 870a ZPO oder durch Zwangsversteigerung nach §§ 162 ff. ZVG stattfinden, wobei an die Stelle des Grundbuchs das Schiffsregister tritt. *Nicht eingetragene* Schiffe werden wie bewegliche Sachen behandelt. **1**

2. Antrag auf Eintragung eines Schiffes

Der Eigentümer ist unter den Voraussetzungen des § 10 SchRegO anmeldungspflichtig. Der Inhalt der Anmeldung ist in den §§ 11 und 12 SchRegO vorgeschrieben; er ist glaubhaft zu machen (§ 13 SchRegO). Über die Form der Anmeldung enthält die SchRegO keine Vorschrift, nach herrschender Ansicht genügt Schriftform. Alle späteren Eintragungsanträge sind zu beurkunden oder zu beglaubigen (§ 37 SchRegO). **2**

Über den vollständigen Inhalt der Eintragungen wird ein Schiffszertifikat (für Seeschiffe) bzw. ein Schiffsbrief (für Binnenschiffe) vom Schiffsregister erteilt. Diese Schiffsurkunde ist zu jeder späteren Eintragung vorzulegen (§§ 60 ff. SchRegO). **3**

Anmeldung eines Binnenschiffes

Ich ..... melde mein Schiff mit dem Namen ..... und der Nummer ..... zur Eintragung in das Binnenschiffsregister an. Das Schiff ist ein stählernes Motorschiff, das im Jahre ..... auf der Werft von ..... in ..... gebaut worden ist. Der Heimatort ist ..... Die Tragfähigkeit beträgt ..... Tonnen. Ich habe das Eigentum an dem Schiff dadurch erworben, dass **4 M**

ich es auf meine Rechnung habe bauen lassen und es von der Werft übergeben erhalten habe.
In der Anlage überreiche ich:
Eichschein des Wasserbauamts ..... vom .....,
eine Bescheinigung des Amtsgerichts des Bauorts darüber, dass eine Eintragung über das Schiff im Register für Schiffsbauwerke nicht besteht.
Der Wert des Schiffs beträgt 500.000,00 €.
Die Richtigkeit meiner Angaben versichere ich an Eides Statt. Mir ist bekannt, dass die Abgabe falscher eidesstattlicher Versicherungen mit Strafe bedroht ist.

Unterschrift
(vorsorglich beglaubigt)

■ *Kosten.*
a) Des Notars: Wert gemäß § 36 Abs. 1 GNotKG nach billigem Ermessen. 0,5 nach Nr. 21201 Nr. 4 KV GNotKG.
b) Des Schiffsregisters: Wert nach § 69 Abs. 1 Satz 2 GNotKG der Verkehrswert des Schiffs. 1,0 nach Nr. 14210 KV GNotKG.

5 *Schiffsbauwerke* können zur Eintragung in das Schiffsbauregister nur zusammen mit einer Schiffshypothek angemeldet werden (§ 66 SchRegO). Die Anmeldung bedarf nicht der Unterschriftsbeglaubigung (§ 69 SchRegO). Wenn ein anderer als die Schiffswerft als Eigentümer eingetragen werden soll, so hat die Werft in einer öffentlich beglaubigten Erklärung den Eigentumserwerb des anderen darzulegen (§ 69 Abs. 2 SchRegO).

Darlegung und Anmeldung des Eigentumsüberganges an einem Schiffsbauwerk auf den Besteller

6 M Als vertretungsberechtigte Vorstandsmitglieder der im Handelsregister des Amtsgerichts ....., HRB Nr. ....., eingetragenen D.-Schiffsbauwerft AG mit dem Sitz in ..... geben wir die folgende Erklärung ab:
1. Die im Handelsregister des Amtsgerichts ..... HRB Nr. ....., eingetragene B.GmbH mit dem Sitz in C. hat der D.-Schiffsbauwerft AG im Vertrag vom 15. Dezember vorigen Jahres den Auftrag zum Bau und zur Lieferung eines Binnenschiffs vom Typ »Duisburg« erteilt. Das Bauwerk ist begonnen, auf Kiel gelegt und an einer bis zum Stapellauf deutlich sichtbar bleibenden Stelle dauernd durch die Baunummer 1001 gekennzeichnet.
Die Bestellerin hat das Eigentum an dem Schiffsbauwerk durch die in Erfüllung des Bauvertrages erklärte Einigung erworben; die Übergabe ist durch die Vereinbarung ersetzt worden, dass die Werft das Bauwerk bis zu seiner Fertigstellung und Lieferung für die Bestellerin verwahrt.
Die Hauptabmessungen des fertigzustellenden Schiffes betragen: Größte Länge über alles 66,36 m; größte Breite über alles 8,19 m; Seitenhöhe 2,60 m.
2. Wir versichern, dass das Schiffsbauwerk Nr. 1001 bisher bei keinem anderen Schiffsregister zur Eintragung angemeldet ist.
3. Wir sind damit einverstanden, dass die Bestellerin als Eigentümerin des beschriebenen Schiffsbauwerks in das Schiffsbauregister eingetragen wird.
4. Wir beantragen mit der anliegenden Vollmacht der Eigentümerin, das beschriebene Schiffsbauwerk und die B.-GmbH als dessen Eigentümerin in das Schiffsbauregister des Amtsgerichts N. einzutragen.

5. In der Anlage überreichen wir die Bescheinigung der Eichdirektion Nr. ....., vom ..... und einen Antrag der B.-GmbH auf Eintragung einer Schiffshypothek auf dem Schiffsbauwerk.
6. Der Wert des fertigen Schiffes beträgt etwa 1.800.000 €.
Ort, Datum   Unterschriften
Unterschriftsbeglaubigung

- *Kosten.*
  a) Des Notars: Wert gemäß § 36 Abs. 1 GNotKG nach billigem Ermessen. 0,5 nach Nr. 21201 Nr. 4 KV GNotKG.
  b) Des Schiffbauregisters: Wert nach § 69 Abs. 1 Satz 2 GNotKG der Verkehrswert des Schiffs. 1,0 nach Nr. 14210 KV GNotKG.

3. Übereignung

a) Seeschiffe

Seeschiffe können ohne Umschreibung im Schiffsregister durch bloße Einigung übereignet werden (§ 2 SchiffRG). Jeder Teil kann verlangen, dass ihm auf seine Kosten eine öffentlich beglaubigte Urkunde über die Veräußerung erteilt wird. Die Eintragung der Eigentumsänderung in das Seeschiffsregister ist Berichtigung.

7

b) Binnenschiffe

Bei den im *Binnenschiffsregister* eingetragenen Schiffen bedarf es zur Eigentumsübertragung (nach § 3 SchiffRG) der Einigung und der Eintragung ins Register. Materiellrechtlich ist die Einigung weder bedingungsfeindlich noch beurkundungspflichtig. Eine Bindung tritt aber nur durch Beurkundung oder Aushändigung einer beglaubigten Bewilligung ein. Verfahrensrechtlich muss die Einigung durch eine öffentliche oder öffentlich beglaubigte Urkunde nachgewiesen werden (§ 3 SchiffRG und §§ 29, 30, 37 SchRegO). Gutglaubensschutz tritt ausschließlich nach §§ 15 ff. SchiffRG ein; §§ 932 ff. BGB scheiden aus.[1]

8

Beglaubigte Urkunde über die Veräußerung eines Seeschiffs

Der unterzeichnete, in ..... wohnhafte Schiffseigner V. bestätigt, das ihm bisher gehörige, im Schiffsregister des Amtsgerichts ..... unter Nr. ..... eingetragene Seeschiff ..... heute an ..... in ..... verkauft zu haben und sich mit dem Käufer über den Eigentumsübergang auf ihn geeinigt zu haben. Der Käufer bestätigt die Einigung und verweist zum Nachweis seiner deutschen Staatsangehörigkeit auf die beigefügte beglaubigte Abschrift seines Personalausweises. Der Name des Schiffs ist geändert in ..... Es wird bewilligt und beantragt, den Eigentumsübergang in das Seeschiffsregister einzutragen; das Schiffszertifikat ist zur Berichtigung beigefügt.
Ort, Datum   Unterschriften
Beglaubigungsvermerk

9 M

- *Kosten.* Nach dem Kaufpreis oder dem höheren gemeinen Wert des Schiffes 0,5 nach Nr. 21201 Nr. 4 KV GNotKG.

---

[1] BGH NJW 1990, 3209.

Veräußerungsvertrag über ein Binnenschiff

10 M Verhandelt .....

1. V. verkauft hiermit sein im Binnenschiffsregister des Amtsgerichts ..... unter Nr. ..... eingetragenes Schiff mit dem Namen ..... mit allem Zubehör an K. für 80.000,00 €. Der Kaufpreis ist wie folgt zu zahlen:[2] ..... Wegen seiner Verpflichtung zur Zahlung des Kaufpreises unterwirft sich K. der sofortigen Zwangsvollstreckung aus dieser Urkunde.
2. Unter der Bedingung, dass der Kaufpreis bezahlt wird, sind die Erschienenen darüber einig, dass das Eigentum an dem verkauften Schiff auf K. übergeht.
3. Das Schiff ist morgen zu übergeben. Wegen seiner Verpflichtung zur Übergabe unterwirft sich V. der sofortigen Zwangsvollstreckung aus dieser Urkunde.
4. V. garantiert, dass er Eigentümer des Schiffs ist und dass es nicht mit Rechten Dritter belastet ist. Ihm ist nichts davon bekannt, dass die vorgelegten Unterlagen über die rechtlichen und tatsächlichen Eigenschaften des Schiffs falsch oder irreführend wären. Behördliche Beanstandungen liegen nicht vor; V. ist auch nichts darüber bekannt, dass solche zu erwarten wären. Das Schiff wird im Übrigen im gegenwärtigen tatsächlichen Zustand verkauft, über den sich K. eingehend unterrichtet hat. Dieser Zustand ist die vertraglich vereinbarte Beschaffenheit, die V. auch dann nicht verbessern oder sonst verändern muss, wenn sich herausstellen sollte, dass sie den Erwartungen des K. nicht entspricht.
5. Die Beteiligten beantragen,
   a) die Veräußerung in das Binnenschiffsregister einzutragen,
   b) den Schiffsbrief an den Käufer zu senden, nachdem der neue Eigentümer darauf vermerkt ist.
6. Die Kosten dieser Verhandlung und ihrer Ausführung trägt der Käufer.

....., Notar

- *Kosten.* Der Wert entspricht dem Kaufpreis (§ 47 GNotKG). Gebühren
  a) des Notars: 2,0 nach Nr. 21100 KV GNotKG, womit die Anträge mit abgegolten sind;
  b) des Schiffsregisters: 1,0 nach Nr. 14213 KV GNotKG. Vermerk der Veränderungen auf dem Schiffsbrief 15 € nach Nr. 14261 KV GNotKG.

4. Schiffshypothek

11 Die Schiffshypothek ist eine brieflose Sicherungshypothek. Eine Eigentümergrundschuld entsteht nicht. Die nachstehenden Gläubiger rücken auf (§ 57 Abs. 1 SchiffRG). Der jeweilige Schiffseigentümer kann aber im Range und bis zur Höhe der bisherigen Hypothek eine *neue* Schiffshypothek bestellen, solange die bisherige noch nicht gelöscht ist (§ 57 Abs. 3 SchiffRG).

12 Im Übrigen entsprechen die Bestimmungen für die Schiffshypothek denen der Grundstückshypothek, insbesondere über Rang, dingliche Unterwerfung, Gesamt- und Höchstbetragshypothek.

13 Die *Übertragung* erfolgt zusammen mit der Forderung durch Einigung und Eintragung (§ 51 SchRegO), wozu eine mindestens beglaubigte Abtretungserklärung oder Bewilligung notwendig ist (§§ 34, 37 SchRegO).

14 *Vormerkungen* können zur Sicherung des Anspruchs auf Einräumung oder Aufhebung eines Rechts eingetragen werden (§§ 10 ff. SchiffRG), ebenso Löschungsvormerkungen (§ 58 SchiffRG). Die dinglichen Belastungen sind im Übrigen auf den *Nießbrauch* beschränkt, der auch nur bei Bestellung für ein ganzes Vermögen oder eine Erbschaft eintragungsfähig ist (§ 9 SchiffRG).

---

2 Wie beim Grundstücksverkauf oben § 32 Rdn. 84 ff.

Bestellung einer Schiffshypothek

Verhandelt .....   15 M
I. Ich werde von dem ..... ein Darlehen von 90.000,00 € erhalten und habe mich verpflichtet, die Schuld vom Tage der Auszahlung des Darlehens ab mit ..... Prozentpunkten über dem jeweiligen Basiszinssatz zu verzinsen. Die Zinsen sind vierteljährlich nachträglich fällig.
Nach Maßgabe der getroffenen Vereinbarungen kann der Gläubiger das Darlehen jederzeit mit einer Frist von drei Monaten zur Rückzahlung am Ende eines jeden Kalendervierteljahres kündigen. Er kann die sofortige Rückzahlung verlangen, wenn:
a) die Zinsen nicht pünktlich, d.h. binnen zwei Wochen nach Fälligkeit entrichtet werden,
b) das Motorschiff »Alraune«, an dem ich eine Schiffshypothek für den Gläubiger bestelle, beschlagnahmt oder mit Arrest belegt wird oder verlorengeht, oder wenn der Reedereibetrieb mit diesem Schiff eingestellt wird,
c) dem Gläubiger auf sein Verlangen nicht binnen eines Monats nachgewiesen wird, dass das Schiff gegen alle Gefahren mit mindestens 250.000,00 € versichert ist und die fällig gewordenen Versicherungsprämien gezahlt worden sind.
II. Für das Darlehen von 90.000,00 € nebst Zinsen bestelle ich für den Gläubiger eine Schiffshypothek an meinem im Binnenschiffsregister des Amtsgerichts ..... unter Nr. ..... eingetragenen Motorschiff »Alraune« mit der Maßgabe, dass der heutige Tag als Tag des Beginns der Verzinsung gilt. Ich bewillige und beantrage die Eintragung dieses Pfandrechts in das Schiffsregister. Den Schiffsbrief überreiche ich.
III. Wegen der vorstehenden Forderung und wegen der bestellten Hypothek unterwerfe ich mich der sofortigen Zwangsvollstreckung aus dieser Urkunde, die wegen der Hypothek auch gegen den jeweiligen Eigentümer des Motorschiffs »Alraune« zulässig sein soll, mit der Maßgabe, dass der heutige Tag als Tag des Beginns der Verzinsung gilt. Ich bewillige und beantrage, auch diese Unterwerfung in das Schiffsregister einzutragen.

....., Notar

- *Kosten.* Nach dem Nennbetrag (§ 53 Abs. 1 GNotKG) Gebühren
a) des Notars: 1,0 nach Nr. 21200 KV GNotKG;
b) des Schiffsregisters: 1,0 nach Nr. 14220 KV GNotKG und für den Vermerk der Veränderungen auf dem Schiffsbrief 15 € nach Nr. 14261 KV GNotKG.

5. Abtretung der Schiffshypothek

Abtretung einer Schiffshypothek

Ich habe gegen den Schiffseigner ..... in ..... eine Darlehensforderung von 80.000,00 €   16 M
nebst 8 % Zinsen seit dem ....., zu deren Sicherheit er mir eine Hypothek an dem ihm gehörigen, im Binnenschiffsregister des Amtsgerichts in ..... unter Nr. ..... verzeichneten Schleppschiff »Marie« bestellt hat. Ich trete die Forderung nebst den Zinsen vom ..... an ..... in ..... ab und beantrage die Eintragung des neuen Gläubigers im Schiffsregister.
Ort, Datum
                                                                                                Unterschrift
Beglaubigungsvermerk

- *Kosten.* Nach dem Nennbetrag (§ 53 Abs. 1 GNotKG) Gebühren

a) des Notars: 1,0 nach Nr. 21200 KV GNotKG;
b) des Schiffsregisters: 0,5 nach Nr. 14230 KV GNotKG und für den Vermerk der Veränderungen auf dem Schiffsbrief 15 € nach Nr. 14261 KV GNotKG.

II. Rechte an Luftfahrzeugen

1. Allgemeines

17 Nachfolgend wird nur das nationale Recht der Rechte an Luftfahrzeugen behandelt, obwohl in der Luftfahrt grenzüberschreitende Sachverhalte naturgemäß eine überragende Rolle spielen. Grenzüberschreitend ist von besonderer Bedeutung das 2001 verabschiedete, am 01.03.2006 in Kraft getretene UNIDROIT-Abkommen über internationale Sicherungsrechte an beweglicher Ausrüstung (»Kapstadt-Konvention«) in Verbindung mit dem gleichzeitig verabschiedeten Protokoll betreffend Besonderheiten der Luftfahrzeugausrüstung; es sieht ein internationales Register für Sicherungsrechte vor. Deutschland ist bislang kein Vertragsstaat dieses Abkommens.

2. Registerpfandrecht

18 Das Registerpfandrecht an Luftfahrzeugen ist der Schiffshypothek nachgebildet. Wie diese kennt es nur Sicherungs- und Höchstbetragspfandrechte (§§ 3, 4 LuftfzRG). Es erstreckt sich ebenfalls auf das Zubehör (§ 31 LuftfzRG) und auf die besonders wichtigen Versicherungsforderungen (§§ 32 bis 38 LuftfzRG). Ein Eigentümerpfandrecht fehlt ebenso wie für die Schiffe.

19 Hervorzuheben sind zwei Besonderheiten: Für ausländische Gläubiger kann das Registerpfandrecht in (irgendeiner) ausländischen Währung eingetragen werden (§ 87 LuftfzRG). *Erweitert* werden kann das Pfandrecht auf *Ersatzteillager* (§§ 68 bis 74 LuftfzRG).

20 Seit 2009 können nach dem Vorbild des Hypothekenpfandbriefs gemäß §§ 1 Abs. 1 Satz 1 Nr. 4, 26a ff. PfandbriefG auch *Luftfahrzeugpfandbriefe* an den Markt gebracht werden.[3]

2. Verfahren

21 Die Eintragung eines Registerpfandrechts setzt voraus, dass das zu verpfändende Luftfahrzeug in das Register eingetragen ist. Dazu muss es zunächst in die *Luftfahrzeugrolle* eingetragen sein. Das geschieht durch das Luftfahrt-Bundesamt in Braunschweig gemäß § 3 LuftVG unter Angabe von Staatszugehörigkeit, Eintragungszeichen, Art, Muster und Werknummer der Zelle des Luftfahrzeuges. Auch Segelflugzeuge und bemannte Ballone, nicht aber Ultraleichtflugzeuge, Hängegleiter und Gleitsegel können in die Luftfahrzeugrolle eingetragen (§ 14 Abs. 1 LuftVZO) und damit mit einem Registerpfandrecht belastet werden. Unter Vorlage eines Auszugs aus der Luftfahrzeugrolle meldet der Eigentümer das Luftfahrzeug zur Eintragung in das Register für Pfandrechte bei dem dafür zuständigen Amtsgericht Braunschweig (§ 78 LuftfzRG) an. Da die Luftfahrzeugrolle keinen öffentlichen Glauben genießt, muss das Eigentum des Anmeldenden an dem Luftfahrzeug glaubhaft gemacht werden (§§ 79, 80 LuftfzRG). Das für das Luftfahrzeug eingerichtete Registerblatt dient der Eintragung des Pfandrechts daran (§ 81 LuftfzRG). Wenn das Pfandrecht auf ein Ersatzteillager erstreckt werden soll, wird das auf einem besonderen Registerblatt eingetragen (§ 84 LuftfzRG). Für die Eintragung des Pfandrechts sind im Wesentlichen die für die Schiffshypo-

---

3 Vgl. Focus Money vom 27.12.2011; Manager-Magazin vom 10.07.2012 zum angeblich weltweit ersten Flugzeugpfandbrief der NordLB.

thek in der Schiffsregisterordnung getroffenen Bestimmungen nach § 86 LuftfzRG anzuwenden (s. vorstehend Rdn. 11 ff.).

Für die Anmeldung des Luftfahrzeugs nach §§ 86 Abs. 1 Satz 2, 79 LuftfzRG ist weder Beurkundung noch Unterschriftsbeglaubigung erforderlich. Die eidesstattliche Versicherung ist aber nach § 38 BeurkG zu beurkunden. Der Prokurist bedarf keiner besonderen Ermächtigung nach § 49 Abs. 2 HGB.[4] 22

Anmeldung eines Luftfahrzeugs zum Register für Pfandrechte

Verhandelt ..... 23 M
Zur Eintragung in das Register für Pfandrechte an Luftfahrzeugen beim Amtsgericht Braunschweig melden wir für die von uns vertretene, im Handelsregister des Amtsgerichts München, HRB Nr. ....., eingetragene ..... Aktiengesellschaft mit dem Sitz in München an:
Die ..... Aktiengesellschaft ist Eigentümerin des in der Luftfahrzeugrolle des Luftfahrtbundesamtes Blatt 3000 eingetragenen Drehflüglers. Als Staatszugehörigkeit ist die der Bundesrepublik Deutschland, als Eintragungszeichen D-HIKL, als Art Drehflügler, als Muster EC145 und als Werknummer der Zelle 303 eingetragen. Wir überreichen einen beglaubigten Auszug neuesten Datums aus der Luftfahrzeugrolle zum Nachweis der Übereinstimmung unserer Angaben mit der Eintragung in der Luftfahrzeugrolle. Zur Glaubhaftmachung des Eigentums der ..... Aktiengesellschaft an dem vorbezeichneten Hubschrauber überreichen wir das Schreiben der Herstellerfirma Airbus Helicopters, worin bescheinigt wird, dass die von uns vertretene Gesellschaft den Drehflügler von ihr gekauft und übereignet erhalten hat. Zur weiteren Glaubhaftmachung des Eigentums unserer Gesellschaft versichern wir diese Tatsache an Eides Statt, wobei wir uns der Bedeutung der eidesstattlichen Versicherung bewusst sind.

....., Notar

- **Kosten.**
a) Des Notars: Wert nach § 36 Abs. 1 GNotKG nach billigem Ermessen. 0,5 nach Nr. 21201 Nr. 4 KV GNotKG. Eidesstattliche Versicherung kostenfrei nach Vorbemerkung 2.3.3 (1) KV GNotKG.
b) Des Registergerichts: Gebührenfrei nach § 102 Abs. 2 LuftfzRG.

Bestellung eines Registerpfandrechts

Verhandelt ..... 24 M
I. Darlehensbedingungen wie in Rdn. 15 M.
II. Für das Darlehen von 90.000,00 € nebst Zinsen bestelle ich für den Gläubiger ein Registerpfandrecht an meinem im Register für Pfandrechte an Luftfahrzeugen Blatt 369 eingetragenen Luftfahrzeug mit der Maßgabe, dass der heutige Tag als Tag des Beginns der Verzinsung gilt. Ich bewillige und beantrage die Eintragung dieses Pfandrechts in das Register für Pfandrechte an Luftfahrzeugen.
III. Wegen der vorstehenden Forderung und wegen des bestellten Registerpfandrechts unterwerfe ich mich der sofortigen Zwangsvollstreckung aus dieser Urkunde, die wegen des Pfandrechts auch gegen den jeweiligen Eigentümer zulässig sein soll, mit

---

4 LG Braunschweig NJW-RR 1987, 23.

der Maßgabe, dass der heutige Tag als Tag des Beginns der Verzinsung gilt. Ich bewillige und beantrage, auch diese Unterwerfung in das Register einzutragen.

....., Notar

- *Kosten.* Nach dem angegebenen Wert (§ 53 Abs. 1 GNotKG) Gebühren
  a) des Notars: 1,0 nach Nr. 21200 KV GNotKG;
  b) des Registergerichts: 1,0 nach Nr. 14310 KV GNotKG.

Erweiterung des Registerpfandrechts auf Ersatzteile

25 M ..... An unserem in der Luftfahrzeugrolle Blatt 1299 und im Register für Pfandrechte an Luftfahrzeugen Blatt 771 eingetragenen Luftfahrzeug ist in Ab. II Nr. 1 für die ..... Bank in ..... ein Registerpfandrecht in Höhe von 1.900.000,00 – eine Million neunhunderttausend – EURO mit 14 v.H. jährlichen Zinsen ab ..... eingetragen.
Wir erweitern dieses Pfandrecht auf die Ersatzteile, die jeweils in unserem Ersatzteillager lagern. Es befindet sich in den Räumen des Kellergeschosses und des Erdgeschosses des rückwärtigen Gebäudes des Grundstücks Darmstädter Str. 100 in Frankfurt/Main, eingetragen im Grundbuch des Amtsgerichts Frankfurt am Main von Frankfurt Bezirk 32 Blatt 2999. Die Ersatzteile gehören zu unserem oben bezeichneten Flugzeug. Sie bestehen aus Triebwerken, Funkgeräten, Navigationsgeräten, Bordinstrumenten, Ausrüstungen und Ausstattungsgegenständen sowie Teilen dieser Gegenstände, ferner allgemein aus allen sonstigen Gegenständen irgendwelcher Art, die zum Einbau in ein Luftfahrzeug als Ersatz entfernter Teile bereitgehalten werden. Wir fügen ein Verzeichnis über die Art und über die ungefähre Anzahl der Ersatzteile bei, die sich zurzeit in dem Ersatzteillager befinden und unser Eigentum sind.
Wegen des hiernach erweiterten Registerpfandrechts unterwerfen wir uns der sofortigen Zwangsvollstreckung aus dieser Urkunde, die wegen des Pfandrechts auch gegen den jeweiligen Eigentümer zulässig sein soll, mit der Maßgabe, dass der für das bestehende Pfandrecht festgesetzte Tag des Beginns der Verzinsung auch für die Erweiterung gilt.
Wir beantragen, die Erweiterung des Pfandrechts auf die Ersatzteile und die erweiterte Unterwerfung unter die Zwangsvollstreckung auf einem Registerblatt für das Ersatzteillager einzutragen.
Der jetzige Wert des Ersatzteillagers ist, wie wir durch die Angabe der Kaufpreise auf dem überreichten Verzeichnis glaubhaft machen, rund 500.000,00 €.
Ort, Datum **Unterschriften**
Beglaubigungsvermerk

- *Kosten.* Wie zu Rdn. 24 M; nach dem Wert von 500.000 €, aber Registergericht 0,5 nach Nr. 14311 KV GNotKG.

Fünfter Abschnitt. Familienrecht

§ 80 Ehe- und Familienname

I. Ehe- und Familienname

1. Die Ehegatten sollen gem. § 1355 Abs. 1 BGB einen gemeinsamen Familiennamen (Ehenamen) führen. Zum Ehenamen können die Ehegatten durch unwiderrufliche Erklärung gegenüber dem Standesbeamten den Geburtsnamen des Mannes oder den Geburtsnamen der Frau bestimmen. Neben dem Geburtsnamen können die Eheleute durch entsprechende Erklärung denjenigen Namen eines Beteiligten wählen, den er z.Zt. der Eheschließung trägt. D.h., dass auch durch vormalige Eheschließung oder Namensumbenennung geführte Namen gewählt werden können. Wählbar ist somit der aktuelle Familienname, der zum Zeitpunkt der Eheschließung in den Personenstandsbüchern der jeweiligen Beteiligten eingetragen ist. Dies kann auch ein durch Eheschließung geführter Doppelname sein. Eine spätere Erklärung muss gem. § 1355 Abs. 3 Satz 2 BGB öffentlich beglaubigt werden.

Geburtsname ist der Name, der in die Geburtsurkunde z.Zt. der Eheschließung einzutragen ist (§ 1355 Abs. 1, 6 BGB), also der sich aus dem gesamten Geburtseintrag einschließlich etwa später eingetragener Randvermerke über Namensänderungen (z.B. durch Annahme als Kind gemäß § 1757 BGB, Einbenennung gemäß § 1618 BGB, Namensänderung gemäß §§ 1, 3 NÄG) ergebende Name.[1] Wenn die Ehegatten keine Abstimmung zum Ehenamen gemäß § 1355 Abs. 1 BGB bei Eheschließung treffen, behält jeder Ehegatte den von ihm z.Zt. der Eheschließung geführten Namen, § 1355 Abs. 1 Satz 3 BGB. Die spätere Bestimmung eines gemeinsamen Ehenamens ist möglich. Sowohl die erstmalige Bestimmung des Ehenamens als auch die des Begleitnamens sind auch bei »Altehen« an keinerlei Frist mehr gebunden.

2. Ein Ehegatte, dessen Geburtsname nicht Ehename wird, kann durch Erklärung gegenüber dem Standesbeamten dem Ehenamen seinen Geburtsnamen oder den z.Zt. der Erklärung über die Bestimmung des Ehenamens geführten Namen voranstellen oder anfügen. Dies gilt allerdings nicht, wenn der Ehename aus mehreren Namen besteht. Besteht der Name eines Ehegatten aus mehreren Namen, kann nur einer dieser Namen hinzugefügt werden, § 1355 Abs. 4 BGB. Der *Begleitname* wird nicht Bestandteil des Ehenamens, sondern bleibt für den Ehegatten lediglich persönlicher Namenszusatz. Er wird daher nicht auf Kinder übertragen. Der vorangestellte oder angefügte Name und der Ehename werden durch Bindestrich miteinander verbunden. Die Erklärung über den Begleitnamen kann gegenüber dem Standesbeamten widerrufen werden; eine erneute Erklärung über den Begleitnamen ist danach nicht zulässig.[2]

3. Eheliche Kinder erhalten als Geburtsnamen den Namen der Eltern (§ 1616 BGB), Kinder, die nur einen sorgeberechtigten Elternteil haben, erhalten den Namen, den dieser Elternteil zum Zeitpunkt der Geburt des Kindes führt, § 1617a BGB; ein aus den Namen von Vater und Mutter gebildeter Doppelname ist nicht möglich. Führen die Eltern keinen Ehenamen und steht ihnen die Sorge gemeinsam zu, so bestimmen sie durch Erklärung gegenüber dem Standesbeamten den Namen, den der Vater oder die Mutter zum Zeitpunkt der Geburt

---

1 OLG Hamm FamRZ 1981, 360.
2 Zur Namensänderung vgl. § 22.

des Kindes führt, zum Geburtsnamen, § 1617 Abs. 1 BGB. Die nach § 1617 Abs. 1 BGB getroffene Bestimmung ist auch für die weiteren Kinder bindend (§ 1617 Abs. 1 Satz 3 BGB). Diese Bindung gilt jedoch nicht, soweit ältere Geschwister aufgrund ausländischen Rechts einen Geburtsnamen tragen, der nach § 1617 Abs. 1 BGB nicht zulässig ist, insbesondere einen aus den Namen beider Eltern zusammengesetzten Geburtsnamen.[3] Treffen die Eltern innerhalb eines Monats nach der Geburt keine Bestimmung, überträgt das Familiengericht das Bestimmungsrecht einem Elternteil.

4 Ein über 5 Jahre altes Kind, dessen Eltern einen Ehenamen bestimmen, muss sich dieser Bestimmung durch öffentlich beglaubigte Erklärung mit Zustimmung des gesetzlichen Vertreters anschließen; diese Erklärung gibt vor Vollendung des 14. Lebensjahres sein gesetzlicher Vertreter ab, § 1617c BGB.

5 Gemischtnationale Ehegatten können bei oder nach der Eheschließung gegenüber dem Standesbeamten ihren künftig zu führenden Namen wählen nach dem Recht eines Staates, dem einer der Ehegatten angehört bzw. nach deutschem Recht, wenn einer von ihnen seinen gewöhnlichen Aufenthalt in Deutschland hat, Art. 10 Abs. 2 EGBGB. Ob die Ehe im In- oder Ausland geschlossen wurde, spielt keine Rolle. Eine konkludente Rechtswahl ist in einer Erklärung über den Ehenamen nach § 1355 Abs. 2 BGB zu sehen.[4]

6 Die Erklärungen über den Ehenamen werden mit der Entgegennahme durch den Standesbeamten wirksam. Eine einmal getroffene Wahl des Ehenamens ist unwiderruflich und unanfechtbar.[5] Zuständig ist, wenn für die (letzte) Ehe der Ehegatten ein Familienbuch geführt wird, der Standesbeamte, der dieses Familienbuch führt; falls kein Familienbuch geführt wird, der Standesbeamte, der die Eheschließung beurkundet hat. Wird kein Familienbuch geführt und hat die Eheschließung außerhalb der Bundesrepublik Deutschland stattgefunden, ist der Standesbeamte des Standesamtes I in 13357 Berlin, Schönstedtstraße 5, zuständig.

7 Uneingeschränkt gelten die vorstehenden Ausführungen zum Ehenamen nunmehr selbstverständlich auch für die Ehe gleichgeschlechtlicher Paare.[6] Der Gesetzgeber hat durch das Gesetz zur Einführung des Rechts auf Eheschließung für Paare gleichen Geschlechts das Rechtsinstitut der Ehe auch für gleichgeschlechtliche Paare geöffnet. Geändert wurde insoweit § 1353 Abs. 1 Satz 1 BGB, wonach die Ehe nunmehr von zwei Personen gleichen Geschlechts auf Lebenszeit geschlossen werden kann. Den Lebenspartnerschaftsnamen der eingetragenen Lebenspartner regelt § 3 LPartG. Inhaltlich entspricht dieser dem § 1355 BGB weitestgehend, sodass das für den Ehenamen Ausgeführte entsprechend für den Lebenspartnerschaftsnamen gilt.[7]

8 **2.** In der früheren DDR und Ost-Berlin führten die Ehegatten nach § 7 des dort geltenden »Familiengesetzbuchs« – FGB –[8] einen gemeinsamen Familiennamen. Sie konnten den Namen des Mannes oder den Namen der Frau wählen. Der Name des Ehegatten, der nicht gemeinsamer Familienname wurde, konnte vorangestellt werden. Die Entscheidung der Ehegatten über ihren Familiennamen war bei der Eheschließung zu erklären und in das Ehebuch einzutragen. Die Erklärung ist unwiderruflich.

9 Nach Anlage I Kapitel III Sachgebiet B Abschnitt II Art. 234 § 3 des Einigungsvertrages konnten Ehegatten, die die Möglichkeit zu einer solchen Namenswahl bei Eheschließung noch nicht hatten, bis zum Ablauf 1 Jahres nach Wirksamwerden des Beitritts eine ent-

---

3 OLG Karlsruhe Rpfleger 2013, 28, 29.
4 BGH 72, 163 in Ergänzung zu BGH 56, 193; vgl. auch OLG Nürnberg NJOZ 2017, 88.
5 BayObLG NJW 1993, 337.
6 Vgl. BGBl. I 2017, 2787; sowie im Überblick *Knoop*, NJW-Spezial 2017, 580.
7 Palandt/*Brudermüller*, § 3 LPartG Rn. 1; vgl. zur Behandlung einer im Ausland geschlossenen gleichgeschlechtlichen Ehe und die in diesem Zusammenhang getroffene Bestimmung eines Ehenamen BGH NJW 2016, 2953.
8 GBl. 1966 S. 1.

sprechende Namenswahl nachholen. Ein früher hinzugefügter Geburtsname konnte innerhalb einer Frist von 2 Jahren vorangestellt werden, es sei denn, er wurde zum Familiennamen gewählt. Die entsprechenden Namensänderungen des Familiennamens erstreckten sich auf Abkömmlinge unter 14 Jahren, auf ältere Abkömmlinge nur bei einer eigenen Anschlusserklärung.

3. Soweit eine Namenswahl noch nicht getroffen wurde, gilt § 1355 Abs. 3 BGB. **10**

Bestimmung des Ehenamens

An das Standesamt in ..... **11 M**
Wir haben am ..... vor dem dortigen Standesamt die Ehe miteinander geschlossen und hierbei keinen Ehenamen bestimmt. Wir bestimmen nunmehr zum Ehenamen den Geburtsnamen der Ehefrau »Müller«.
Dies erklären wir zugleich für unsere am 27.08.1993 geborene Tochter Daniela, deren Familienname sich entsprechend ändert.
Ort, Datum   Unterschriften

Voranstellung des Geburtsnamens

An das Standesamt in ..... **12 M**
Ich habe am ..... vor dem dortigen Standesamt die Ehe mit dem ..... geschlossen und durch die Eheschließung den Familiennamen Müller erhalten. Ich stelle dem Familiennamen meinen Geburtsnamen »von Königsmark« vor und führe also jetzt den Namen von Königsmark-Müller.
Ort, Datum   Unterschrift
[Beglaubigungsvermerk]

■ *Kosten.* Der Geschäftswert richtet sich nach dem Regelbetrag des § 36 Abs. 3 GNotKG und beträgt 5.000 €. Zu erheben ist eine 0,3 bis 1,0 Gebühr, mindestens 60 €, nach Nr. 24101 KV GNotKG für die Fertigung eines Entwurfes, da für ein Beurkundungsverfahren eine 1,0 Gebühr (Nr. 21200 KV GNotKG) zu berechnen wäre. Die Einreichung des Antrages ist nach Vorbem. 2.4.1 Abs. 4 Ziffer 2 KV GNotKG mit abgegolten.

Diese Erklärungen sind noch mit dem bisherigen Namen zu unterschreiben, da das Recht auf Führung des neuen Namens mit dem Zugang beim Standesamt begründet wird. **13**

II. Name des geschiedenen oder verwitweten Ehegatten

Verwitwete und geschiedene Ehegatten haben die Möglichkeit, durch Erklärung gegenüber dem Standesbeamten ihren Geburtsnamen oder den Namen wieder anzunehmen, den sie bis zur Bestimmung des Ehenamens geführt haben (§ 1355 Abs. 5 Satz 2 BGB). Die Erklärung bedarf der öffentlichen Beglaubigung (§ 1355 Abs. 5, 4 BGB). Aus diesem Grund ist nunmehr auch eine gestaffelte Änderung der Namen möglich, d.h. dass einer der Ehegatten einen aufgrund einer Vorehe zunächst abgelegten Namen wieder annimmt, um ihn im Anschluss daran als Ehenamen für die neue Ehe vorzuschlagen. Auch ein Doppelname, den einer der Beteiligten zum Zeitpunkt der Eheschließung führt, kann als Ehename gewählt werden. Nach wie vor ausgeschlossen ist die Möglichkeit, einen Ehenamen aus den verschiedenen Namen **14** der Beteiligten zusammenzusetzen. Durch die Wahl des Doppelnamens als Ehenamen mutiert dieser zum echten Namen. Der Namenszusatz, der bis dahin nicht Bestandteil des Ehenamens bzw. des eigenen Namens gewesen ist, mutiert daher vollständig zum Ehenamen.

15 Ist dieser – etwa bei außerehelicher Abstammung – Familienname und für Kinder namensgebend, erstreckt sich die Namensänderung nach § 1617c Abs. 2 Nr. 2 BGB auch auf diese.[9] Schließlich kann der Geschiedene oder Verwitwete dem bisherigen Ehenamen seinen Geburtsnamen voranstellen oder anfügen, § 1355 Abs. 5, 4 BGB.

16 Eine Frist für die Ausübung der Erklärung besteht nicht, sodass die Erklärung jederzeit abgegeben werden kann.[10] Die Wahl kann gemäß § 1355 Abs. 4 Satz 4 BGB widerrufen werden; in diesem Fall ist eine erneute Ausübung des Wahlrechts gemäß § 1355 Abs. 4 BGB nicht möglich.

17 In der früheren DDR und Ost-Berlin behielten die Geschiedenen nach § 28 »Familiengesetzbuch« ihren bisherigen Familiennamen. Jeder Ehegatte konnte durch Erklärung gegenüber dem Leiter des Standesamts einen Familiennamen wieder annehmen, den er vor der Ehe getragen hatte.

18 Absprachen der Verlobten zur Wahl des Ehenamens sind nicht verbindlich, da die Wahl des Ehenamens dem höchstpersönlichen Bereich zuzuordnen ist und entsprechende Abreden somit weder klagbar noch die Zwangsvollstreckung gemäß § 888 ZPO zulässig sind.[11]

Umstritten ist die Frage, ob es möglich ist, durch Vereinbarung das Recht eines Ehegatten zur Voranstellung bzw. Anfügung des Begleitnamens auszuschließen. Nach der Rechtsprechung des Bundesgerichtshofs[12] ist es aber zumindest grundsätzlich zulässig, dass sich ein Ehegatte vertraglich verpflichtet, nach Ehescheidung den Ehenamen abzulegen und seinen Geburtsnamen oder den vor der Heirat geführten Namen wieder anzunehmen.[13] Die Vereinbarung ist formfrei. Sie wird nach § 894 ZPO vollstreckt. Jedoch kann das spätere Verlangen zur Namensänderung, insbesondere bei langer Ehezeit, wegen Missachtung des Persönlichkeitsrechts des Verpflichteten rechtsmissbräuchlich sein.

Wiederannahme des Geburtsnamens durch die Frau

19 Die Erklärung ist bei dem unter I. Rdn. 6 bezeichneten Standesamt einzureichen oder abzugeben.

Wiederannahme des Geburtsnamens nach Scheidung

20 M An das Standesamt in .....
Meine vor dem dortigen Standesamt mit ..... geschlossene Ehe ist durch das rechtskräftige Urteil des Familiengerichts ..... vom ..... , dessen Ausfertigung ich beifüge, geschieden worden. Ich nehme meinen Geburtsnamen ..... wieder an. Kinder unter fünf Jahren habe ich nicht.
Ort, Datum   Unterschrift
[Beglaubigungsvermerk]

■ Kosten. Siehe Rdn. 12 M.

---

9 Palandt/*Götz*, § 1617c BGB Rn. 7.
10 Palandt/*Brudermüller*, § 1355 BGB Rn. 11.
11 Staudinger/*Voppel*, § 1355 BGB Rn. 51, 75 m.w.N.
12 BGH NJW 2008, 1528.
13 Vgl. Staudinger/*Voppel*, § 1355 BGB Rn. 110; Palandt/*Brudermüller*, § 1355 BGB Rn. 14.

Wiederannahme des früheren Ehenamens durch die Frau

An das Standesamt in ..... 21 M
Durch das rechtskräftige Urteil des Familiengerichts ..... vom ..... , das ich in Ausfertigung beifüge, ist meine vor dem dortigen Standesamt am ..... mit B. geschlossene Ehe geschieden worden.
Vor dieser Ehe war ich laut anliegender Heiratsurkunde mit A. verheiratet. Die Ehe ist durch seinen Tod aufgelöst worden. Die Sterbeurkunde überreiche ich. Seinen Namen habe ich bis zu meiner Eheschließung mit B. geführt, wie aus der weiter anliegenden Heiratsurkunde hervorgeht.
Ich nehme den Familiennamen A. wieder an. Kinder unter 5 Jahren habe ich nicht.
Ort, Datum   Unterschrift
[Beglaubigungsvermerk]

■ *Kosten.* Siehe Rdn. 12 M.

Wiederannahme des Geburtsnamens durch den Witwer

An das Standesamt in ..... 22 M
Bei meiner am ..... vor dem dortigen Standesamt geschlossenen Ehe haben meine Ehefrau und ich durch Erklärung gegenüber dem Standesbeamten den Geburtsnamen meiner Ehefrau B. zum Ehenamen bestimmt.
Die Ehe ist durch Tod aufgelöst worden. Die Sterbeurkunde meiner Frau überreiche ich. Aus meiner beigefügten Geburtsurkunde ergibt sich, dass ich vor der Eheschließung den Geburtsnamen A. geführt habe.
Ich nehme meinen Geburtsnamen A. wieder an. Kinder unter 5 Jahren habe ich nicht.
Ort, Datum   Unterschrift
[Beglaubigungsvermerk]

■ *Kosten.* Siehe Rdn. 12 M.

Voranstellung des Geburtsnamens durch die Witwe

An das Standesamt in ..... 23 M
Ich habe am ..... vor dem dortigen Standesamt die Ehe mit B. geschlossen und den Namen meines Ehemannes B. als Ehenamen geführt.
Die Ehe ist durch Tod aufgelöst. Die Sterbeurkunde meines Mannes überreiche ich. Aus meiner beigefügten Geburtsurkunde ergibt sich, dass ich vor der Eheschließung den Geburtsnamen A. geführt habe.
Ich stelle dem Ehenamen B. meinen Geburtsnamen A. vor und führe jetzt den Namen A.-B.
Ort, Datum   Unterschrift
[Beglaubigungsvermerk]

■ *Kosten.* Siehe Rdn. 12 M.

§ 80 Ehe- und Familienname

Vereinbarung über die Ablegung des Ehenamens nach Scheidung

24 M Die Beteiligten haben sich dahin geeinigt, als Ehenamen den Familiennamen des Ehemannes zu wählen. Die Ehefrau verpflichtet sich für den Fall der Auflösung der Ehe, diesen Ehenamen wieder abzulegen und ihren Geburtsnamen wieder anzunehmen.

■ *Kosten.* Zu erheben ist eine 2,0 Gebühr nach Nr. 21100 KV GNotKG; sonst wie zu Muster Rdn. 12 M.

che Vermögen – fort (vgl. § 1471 Abs. 2 BGB) und kann als solche z.B. auch Grundbesitz ohne vorherige Grundbuchberichtigung veräußern.

Nach dem 03.10.1990 erworbenes Vermögen folgt für die Auseinandersetzung den allgemeinen Regeln der §§ 1372 ff. BGB. Wurde die Auseinandersetzung des FGB-Güterstandes per 03.10.1990 bis zur Durchführung des Zugewinnausgleichs noch nicht vollzogen, ist dieser vorzuschalten. Der errechnete Ausgleichsanspruch nach § 39 FGB ist – auf den 03.10.1990 abgezinst – Anfangsvermögen des berechtigten Ehegatten.[11] Echte Wertsteigerungen nach dem 03.10.1990 sind Zugewinn.[12]

15

IV. Güterstand bei gemischt nationalen Ehen

Durch Beschluss des Bundesverfassungsgerichts vom 22.02.1983[13] wurde Art. 15 EGBGB a.F. für verfassungswidrig erklärt, soweit zur Bestimmung des Güterstands an das Recht der Staatsangehörigkeit des Ehemanns angeknüpft wurde. Damit ist für alle nach dem 01.04.1953, dem Inkrafttreten des Gleichberechtigungsgesetzes, geschlossenen Ehen rückwirkend eine neue Lage entstanden. Rechtsverhältnisse, die noch nicht vollständig abgewickelt sind, sind unter dem Gesichtspunkt des Güterrechtsstatuts erneut zu überprüfen, insbesondere sind Grundbucheintragungen, die den Güterstand betreffen, ggf. zu berichtigen.[14] Durch das Gesetz zur Neuregelung des Internationalen Privatrechts vom 25.07.1986, BGBl. I, 1142, wurde diese Regelungslücke durch Neufassung des Art. 15 EGBGB geschlossen.[15] In Anlehnung an die sog. Kegelsche Leiter gilt vorrangig das gemeinsame Heimatrecht der Eheleute, sofern dies bei Eheschließung vorhanden war (Artt. 15 Abs. 1, 14 Abs. 1 Nr. 1 EGBGB). Bei Doppelstaatern muss die gemeinsame Staatsangehörigkeit nach allgemeinen Regeln auch effektiv sein. Bestand z.Zt. der Eheschließung keine gemeinsame Staatsangehörigkeit, entscheidet hilfsweise das Recht des gemeinsamen gewöhnlichen Aufenthalts z.Zt. der Eheschließung (Artt. 15 Abs. 1, 14 Abs. 1 Nr. 2 EGBGB). Ist auch damit keine verlässliche Anknüpfung möglich, entscheidet das Recht, mit dem die Ehegatten z.Zt. der Eheschließung die engsten Beziehungen hatten (Artt. 15 Abs. 1, 14 Abs. 1 Nr. 3 EGBGB).[16] Zur Vermeidung unklarer Rechtslagen wurde übergangsweise teilweise empfohlen, gemäß Art. 15 Abs. 2 Nr. 2 EGBGB einen für das Inland wirkenden Ehevertrag zur Regelung des Güterrechtsstatuts zu schließen, insbesondere bei Grundstückserwerb zur Bestimmung des Beteiligungsverhältnisses.[17] Bei Angabe eines falschen Beteiligungsverhältnisses ist allerdings die Auflassung nicht unwirksam, es bedarf lediglich einer Grundbuchberichtigung.[18] Zur Beseitigung einer unklaren Rechtslage dürfte sich entweder die Vereinbarung einer Gütertrennung empfehlen, die vorsorglich nicht lediglich durch Inbezugnahme erfolgen sollte.[19] Oder man macht nunmehr allgemein von der durch Art. 15 Abs. 2 EGBGB eingeräumten Möglichkeit der Rechtswahl bezüglich des Güterstandes Gebrauch, die auch lediglich auf das unbewegliche Vermögen erstreckt werden kann. Ob die Rechtswahl sich auch nur auf einzelne Grundstücke erstrecken kann, ist umstritten.[20] Wählbar sind das Recht des Staates,

16

---

11 BGH FamRZ 1999, 1197.
12 OLG Düsseldorf FamRZ 1999, 225; AG Stuttgart FamRZ 2000, 1089.
13 BGBl. I, 525.
14 *Heldrich*, FamRZ 1983, 1079; *von Bar*, NJW 1983, 1936; *Schotten*, MittRhNotK 1984, 37; einschränkend *Lichtenberger*, DNotZ 1983, 394.
15 Zur Regelung im Einzelnen *Lichtenberger*, DNotZ 1986, 643.
16 *Heldrich*, FamRZ 1983, 1079, 1084; eingehend Soergel/*Kegel*, Art. 15 EGBGB Rn. 1 ff., der allerdings noch hilfsweise auf das Prinzip des schwächeren Rechts abstellte.
17 Vgl. *Lichtenberger*, DNotZ 1983, S. 410.
18 BGHZ 82, 346; BayObLG DNotZ 1983, 754.
19 *Lichtenberger*, DNotZ 1983, 410 und das auf ihn zurückgehende nachfolgend abgedruckte Muster Rdn. 23 M.
20 Bejahend LG Mainz NJW-RR 94, 73; Palandt/*Thorn*, Art. 15 EGBGB Anm. 3 Rn. 22 m.w.N.

§ 81 Gesetzliche Abweichungen vom Güterstand der Zugewinngemeinschaft

dem einer der Ehegatten angehört, oder des Staates, in dem einer der Ehegatten seinen gewöhnlichen Aufenthalt hat. Für unbewegliches Vermögen ist ferner das Recht des Belegenheitsorts wählbar (s. hierzu das Muster Rdn. 23 M).

16.1 Wesentliche Änderungen in Bezug auf das anzuwendende Güterrecht dürften sich künftig aus den Europäischen Güterrechtsverordnungen ergeben, die der Rat der Europäischen Union am 24.06.2016 zur Durchführung einer verstärkten Zusammenarbeit im Bereich der Zuständigkeit des anzuwendenden Rechts und der Anerkennung und Vollstreckung von Entscheidungen in Fragen des ehelichen Güterstands (EuGüVO)[21] und über die güterrechtlichen Wirkungen eingetragener Lebenspartnerschaften (EuPartVO)[22] verabschiedet hat.[23] Beide Verordnungen sind im Wesentlichen inhaltsgleich und gelten in allen Mitgliedsstaaten mit Ausnahme von Großbritannien, Irland, Dänemark, Estland, Lettland, Litauen, Polen, Rumänien, Slowakei und Ungarn.

16.2 Der Anwendungsbereich der Verordnungen bezieht sich auf sämtliche vermögensrechtliche Regelungen, die zwischen den Ehegatten und in ihren Beziehungen zu Dritten aufgrund der Ehe oder der Auflösung der Ehe gelten (Art. 3 Abs. 1 lit. a EuGüVO). Grundsätzlich anwendbar sind die Verordnungen ab dem 29.01.2019, wobei die Vorschriften über das anzuwendende Recht für Ehen gelten, die ab diesem Datum geschlossen wurden oder für die die Ehegatten nach diesem Datum eine entsprechende Rechtswahl getroffen haben. Dementsprechend werden die bestehenden Regelungen in Art. 15, 14 EGBGB (Kegel'sche Leiter, s.o. § 81 Rdn. 16) auch in Zukunft noch von Bedeutung sein, da diese für Ehen, die vor dem 29.01.2019 geschlossen wurden, grundsätzlich uneingeschränkt anwendbar bleiben. Rechtswahlen sind nach dem 29.01.2019 nur nach den Güterrechtsverordnungen möglich, so dass etwa eine Rechtswahl nach Art. 15 Abs. 2 Nr. 3 EGBGB nicht mehr möglich sein wird.

16.3 Sofern die Ehegatten keine Rechtswahl getroffen haben (Art. 22 Abs. 1 EuGüVO), bestimmt sich das Güterrecht grundsätzlich nach dem ersten gemeinsamen gewöhnlichen Aufenthalt der Ehegatten nach der Eheschließung (Art. 26 Abs. 1 lit. a EuGüVO). Nur subsidiär gilt dagegen das Recht der gemeinsamen Staatsangehörigkeit (Art. 26 Abs. 1 lit. b EuGüVO). Mangels eines entsprechenden gleichen Staatsangehörigkeitsrechtes wird dann ersatzweise auf das Recht des Staates der engsten Verbindung zum Zeitpunkt der Eheschließung (Art. 26 I lit. c EuGüVO) abgestellt. Damit wird im Vergleich zur bisherigen Rechtslage nach dem EGBGB die Kegel'schen Leiter auf den ersten beiden ersten Stufen umgekehrt.

16.4 Das so zu bestimmende Güterrecht ist grundsätzlich unwandelbar. Gleichwohl haben die Ehegatten die Möglichkeit, das Güterrecht durch eine spätere Rechtswahl rückwirkend abzuändern. Eine rückwirkende Änderung des anzuwendenden Rechts darf nach Art. 22 Abs. 3 EuGüVO die Ansprüche Dritter, die sich aus diesem Recht ableiten, nicht beeinträchtigen.

16.5 Im Rahmen einer Rechtswahl (Art. 22 Abs. 1 EuGüVo) können die Ehegatten das Recht des Staates wählen, in dem die Ehegatten oder künftigen Ehegatten oder einer von ihnen zum Zeitpunkt der Rechtswahl ihren/seinen gewöhnlichen Aufenthalt haben/hat (Art. 22 Abs. 1 lit. a EuGüVO), oder das Recht eines Staates, dessen Staatsangehörigkeit einer der Ehegatten oder künftigen Ehegatten zum Zeitpunkt der Rechtswahl besitzt (Art. 22 Abs. 1 lit. b EuGüVO). Sofern die Ehegatten nichts anderes vereinbaren, gilt eine während der Ehe vorgenommene Änderung des auf den ehelichen Güterstand anzuwendenden Rechts nur für die Zukunft (Art. 22 Abs. 3 EuGüVO).

---

21 Verordnung (EU) 2016, 1103, Abl. EU 2016, L 183/1.
22 Verordnung (EU) 2016, 1104, Abl. EU 2016, L 183/30.
23 Vgl. hierzu im Überblick *Weber*, DNotZ 2016, 659; *Erbarth*, NZFam 2018, 249.

Nunmehr stellt der deutsch-französische Wahlgüterstand eine zusätzliche Alternative für den im Rahmen eines Ehevertrages zu wählenden Güterstand dar.[24] Nach Art. 1 WahlZugAbk-F steht der deutsch-französische Wahlgüterstand allen Ehegatten und Lebenspartnern[25] zur Verfügung, deren Güterstand dem Sachrecht eines Vertragsstaates unterliegt. Er kann gewählt werden, wenn

– deutsche Ehegatten in Frankreich oder französische Ehegatten in Deutschland leben,
– deutsch-französische Ehegatten in Frankreich oder in Deutschland leben oder
– ausländische Ehegatten ihren gewöhnlichen Aufenthalt entweder in Deutschland oder in Frankreich haben.

Auch in Deutschland lebenden deutschen Ehepaaren steht dieser Wahlgüterstand offen. Die Wahlmöglichkeit wurde in § 1519 BGB integriert, der auf den Text des Abkommens über den Güterstand der Wahl-Zugewinngemeinschaft (WahlZugAbk-F)[26] verweist.

Der deutsch-französische Wahlgüterstand basiert auf der Zugewinngemeinschaft, sodass die Vermögen der Ehegatten während der Ehe grundsätzlich getrennt sind und erst bei Beendigung des Güterstands ein erwirtschafteter Zugewinn auszugleichen ist (Art. 2 WahlZugAbk-F). Hinzukommen einige aus der französischen Rechtsordnung herrührende Besonderheiten. So sind etwa die Verfügungsbeschränkungen des Art. 5 WahlZugAbk-F nicht abdingbar. Hiernach sind Rechtsgeschäfte eines Ehegatten über Haushaltsgegenstände oder über Rechte, durch die die Familienwohnung sichergestellt wird, ohne Zustimmung des anderen Ehegatten (schwebend) unwirksam, soweit der andere Ehegatte sie nicht genehmigt.[27] In Art. 6 WahlZugAbk-F findet sich eine der deutschen Schlüsselgewalt ähnliche Vorschrift, wonach jeder Ehegatte – der Lebensführung der Ehegatten angemessene – Verträge zur Führung des Haushalts und für den Bedarf der Kinder allein schließen kann, welche beide Ehegatten zwingend gesamtschuldnerisch verpflichten.

Die Vorschriften des Kapitel V WahlZugAbk-F über die Berechnung der Zugewinnausgleichsforderung sind als einzige vertraglich modifizierbar (*argumentum e contrario* Art. 3 Abs. 3 WahlZugAbk-F). Trifft der Ehevertrag keine abweichenden Bestimmungen, so gilt insbesondere Folgendes: Gemäß Art. 8 Abs. 1 WahlZugAbk-F werden Verbindlichkeiten im Anfangsvermögen berücksichtigt, auch wenn sie das Aktivvermögen übersteigen; es besteht also die Möglichkeit eines negativen Anfangsvermögens. Dem Anfangsvermögen hinzugerechnet und somit nicht im Zugewinnausgleich berücksichtigt werden durch Erbschaft, Schenkung oder als Schmerzensgeld erworbene Vermögensgegenstände (Art. 8 Abs. 2 WahlZugAbk-F). Wertsteigerungen des Anfangsvermögens sind grundsätzlich im Zugewinnausgleich zu berücksichtigen (vgl. Art. 9 Abs. 1, 101 Abs. 1 WahlZugAbk-F). Für Grundstücke und grundstücksgleiche Rechte gilt jedoch, dass diese im Anfangsvermögen mit ihrem Wert bei Beendigung des Güterstandes angesetzt werden (Art. 9 Abs. 2 S. 1 WahlZugAbk-F). Bei Immobilien ist also eine Wertsteigerung im Zugewinnausgleich nicht zu berücksichtigen, wobei hiervon wiederum solche Änderungen ihres Zustands ausgenommen sind, die während der Ehe vorgenommen worden sind (Art. 9 Abs. 2 S. 3 WahlZugAbk-F). Somit wird man differenzieren müssen zwischen zufälligen Wertsteigerungen wie z.B. der Erklärung zu Bauland, und solchen, die von den Ehegatten bewusst herbeigeführt worden sind, z.B. durch Aufwendungen in Form von Renovierung, Sanierung und Bebauung.

Wird die Ehe geschieden, so wird der Zugewinnausgleich zum Stichtag der Einreichung des Scheidungsantrags bei Gericht berechnet (Art. 13 WahlZugAbk-F). Im Endvermögen

---

24 Vgl. hierzu umfassend *Hoischen*, RNotZ 2015, 317 ff.
25 *Klippstein*, FRP 2010, 510, 514.
26 Der Text des Abkommens zwischen der Bundesrepublik Deutschland und der Französischen Republik über den Güterstand der Wahl-Zugewinngemeinschaft ist abrufbar unter http://www.bnotk.de/_downloads/Rundschreiben/2013/11_RS_2013_Anlage.pdf.
27 Vgl. hierzu *Amann*, DNotZ 2013, 252 ff.

werden Verbindlichkeiten ebenso wie im Anfangsvermögen berücksichtigt, auch wenn sie das Aktivvermögen übersteigen (Art. 10 Abs. 1 WahlZugAbk-F). Zudem werden in der Bewertung des Endvermögens solche Gegenstände hinzugerechnet, die ein Ehegatte innerhalb der letzten zehn Ehejahre ohne Einverständnis des anderen Ehegatten – mit Ausnahme von Anstandsschenkungen und solchen an Verwandte gerader Linie verschenkt, in Benachteiligungsabsicht veräußert oder verschwendet hat (Art. 10 Abs. 2, 3 WahlZugAbk-F). Im Gegenzug wird die Zugewinnausgleichsforderung durch Art. 14 WahlZugAbk-F auf den halben Wert des Vermögens des Ausgleichspflichtigen begrenzt, das nach Abzug der Verbindlichkeiten vorhanden ist; die Begrenzung wird allerdings erhöht um die Hälfte des dem Endvermögen nach Art. 10 Abs. 2 WahlZugAbk-F hinzuzurechnenden Wertes von ausgleichspflichtigen beeinträchtigenden Schenkungen und Veräußerungen.

Nach Beendigung des Güterstandes besteht ein Auskunftsanspruch, auf dessen Grundlage der auskunftsberechtigte Ehegatte die Aufnahme eines notariellen Verzeichnisses auf seine Kosten verlangen kann (Art. 16 WahlZugAbk-F).

21 Die Begründung des deutsch-französischen Wahlgüterstandes erfolgt nach § 1519 BGB, Art. 3 Abs. 1 WahlZugAbk-F durch Ehevertrag. Notwendig ist daher – unabhängig davon, ob der Ehevertrag in Deutschland oder in Frankreich abgeschlossen wird – eine notarielle Beurkundung (vgl. § 1410 BGB, Art. 1394 Code Civil). Um Rechtsunsicherheiten zu vermeiden, sollte in den Ehevertrag insbesondere eine Rechtswahl zu Gunsten des deutschen oder des französischen Güterrechts aufgenommen werden. Sinnvollerweise wird vor dem Hintergrund einer nach französischem Recht einzuhaltenden Wartefrist bis zum Abschluss eines Ehevertrages und eine ggf. erforderliche gerichtliche Genehmigung des Ehevertrages die Geltung des deutschen Güterrechtes gewählt.[28] Kapitel V des WahlZugAbk-F regelt die Festsetzung der Zugewinnausgleichsforderung bei Beendigung des Güterstandes. Art. 3 Abs. 3 WahlZugAbk-F regelt, dass in einem Ehevertrag von diesen Vorschriften Abweichungen vereinbart werden können, mithin also der Disposition der Beteiligten unterliegt.[29] Möglich sind daher bei Vereinbarung des deutsch-französischen Wahlgüterstandes auch ähnliche Modifikationen wie bei der deutschen Zugewinngemeinschaft, wie etwa der vollständige Ausschluss des Zugewinnausgleichs bei Scheidung der Ehe oder die Herausnahme von Betriebsvermögen aus dem Zugewinnausgleich.[30]

Ehevertrag zur Wahl des deutsch-französischen Wahlgüterstandes

22 M Verhandelt zu ..... am .....
Vor dem Notar ..... erschienen:
1. Der Ehemann .....,
2. die Ehefrau .....
Die Beteiligten zu 1. und 2. erklärten:
Für die güterrechtlichen Wirkungen unserer Ehe wählen wir ausschließlich das Güterrecht der Bundesrepublik Deutschland.
Für unsere Ehe schließen wir den gesetzlichen Güterstand aus und wählen den deutsch-französischen Wahlgüterstand nach § 1519 BGB, Art. 3 Abs. 1 WahlZugAbk-F. Abweichend von Art. 9 Abs. 1 WahlZugAbk-F vereinbaren wir jedoch, dass das Wertpapierdepot sowie das Kunstwerk ....., die der Ehefrau im Wege der vorweggenommenen Erbfolge von ihren Eltern zugewandt wurden bzw. die Gemälde ....., die sie

---

28 Vgl. *Hoischen*, RNotZ 2015, 317, 322; *Süß*, ZErb 2010, 281, 283.
29 Zu den Modifikationsmöglichkeiten vgl. *Hoischen*, RNotZ 2015, 317, 338 ff.
30 *Hoischen*, RNotZ 2015, 317, 338.

noch von ihren Eltern erben wird und die daher gemäß Art. 8 Abs. 2 WahlZugAbk-F dem Anfangsvermögen zugerechnet werden, bei Beendigung des Güterstandes bei der Bewertung des Anfangsvermögens mit dem Wert angesetzt werden, den sie am Tag der Beendigung des Güterstandes haben, mithin Wertsteigerung dieser Gegenstände im Rahmen der Berechnung eines Zugewinnausgleiches nicht berücksichtigt werden sollen.

■ *Kosten.* Geschäftswert bei Eheverträgen ist nach § 100 Abs. 1 GNotKG die Summe der gegenwärtigen (getrennt zu ermittelnden) Vermögen der Eheleute, wobei Verbindlichkeiten nur bis zur Hälfte des Wertes abgezogen werden. Vermögenswerte, die noch nicht zum Vermögen des Ehegatten gehören, werden gemäß § 100 Abs. 3 GNotKG mit 30 % ihres Wertes berücksichtigt, sofern sie im Ehevertrag konkret benannt sind (künftiges Erbe). Hinzu kommt die Rechtswahl, welche nach § 111 GNotKG ebenso wie der Ehevertrag und auch der Erbvertrag immer als besonderer Gegenstand gelten. Der Wert der Rechtswahl wird nach § 104 Abs. 1 GNotKG mit 30 % des Wertes des Ehevertrages angesetzt. Beide Verfahrensgegenstände sind nach § 35 Abs. 1 GNotKG zu addieren. Nach Nr. 21100 KV GNotKG ist eine 2,0 Gebühr zu erheben.

Vorsorgliche Wahl deutscher Gütertrennung bei gemischt nationalen Ehen im Zusammenhang mit einem Grundstückserwerb

Für unseren ehelichen Güterstand wählen wir allgemein, insbesondere aber für das vorstehende Erwerbsobjekt, die Anwendung des Rechtes der Bundesrepublik Deutschland mit der Maßgabe, dass für unsere Ehe eine vollständige Gütertrennung auch über das Hoheitsgebiet der Bundesrepublik Deutschland hinaus gelten soll. Jedem Ehegatten soll an seinem gegenwärtigen und künftigen Vermögen aller Art die alleinige Rechtsinhaberschaft, insbesondere die alleinige Verfügungs- und Verwaltungsbefugnis zustehen. Andere Güterstandsformen schließen wir ausdrücklich aus. Die vorstehend vereinbarte Gütertrennung soll ab Beginn unserer Ehe wirksam und unabhängig von einem etwaigen künftigen Wechsel der Staatsangehörigkeit, dem gesetzlichen Aufenthalt eines von uns oder vom Wechsel des gesetzlichen Güterrechtstatuts unverändert bleiben. 23 M

■ *Kosten.* Siehe Rdn. 20 M. *Benachrichtigungspflicht* s. § 84 Muster Rdn. 20 M.

Allgemeine Rechtswahl nach Art. 15 Abs. 2 EGBGB

Für die güterrechtlichen Wirkungen unserer Ehe wählen wir allgemein (oder: in Ansehung des nachfolgend angeführten Grundbesitzes), hilfsweise in Ansehung des gesamten in der Bundesrepublik Deutschland belegenen unbeweglichen Vermögens mit sofortiger Wirkung das Recht der Bundesrepublik Deutschland, und zwar in der Form des derzeit geltenden gesetzlichen Güterstandes. Der Ehemann hat seit dem 01.07.1985 ununterbrochen seinen gewöhnlichen Aufenthalt im Bundesgebiet. Die Rechtswahl soll so weit wie möglich – also nicht nur im Inland – gelten. Rückwirkende Kraft wollen wir vorstehender Rechtswahl nicht beimessen. 24 M

Nach § 17 Abs. Abs. 3 BeurkG ist der Notar zur Belehrung über den Inhalt ausländischer Rechtsordnungen nicht verpflichtet. Aus Haftungsgründen empfiehlt sich stets folgende 25

§ 81 Gesetzliche Abweichungen vom Güterstand der Zugewinngemeinschaft

Belehrung

26 M **Die Beteiligten wurden darauf hingewiesen, dass die Einwirkung ausländischen Rechts möglich und der Notar nicht in der Lage ist, dieses zu überprüfen. Ein entsprechender Beratungsauftrag wurde weder erteilt noch wahrgenommen.**

■ *Kosten:* Siehe Rdn. 23 M.

§ 82 Beschränkungen des Verfügungsrechts in der Zugewinngemeinschaft

Das Vermögen der Ehegatten bleibt getrennt. Jeder ist Alleineigentümer seines eingebrachten und hinzuerworbenen Vermögens. Auf den (Mehr-)Zugewinn des Anderen erlangt ein Ehegatte bei Beendigung der Gemeinschaft unter Lebenden einen schuldrechtlichen Anspruch und bei Beendigung durch Tod eines Ehegatten einen um ein Viertel erhöhten Erbteil. Bei gleichzeitigem Tod beider Ehegatten findet jedoch ein Zugewinnausgleich *nicht* statt.[1] Das Recht auf selbstständige Verwaltung seines getrennten Vermögens, das jedem Ehegatten nach § 1364 BGB zustehen soll, ist zur Sicherung des Zugewinnanspruchs in *zwei Beziehungen erheblich eingeschränkt*, nämlich hinsichtlich der Verfügung über das Gesamtvermögen und über Haushaltgegenstände. 1

I. Verfügung über das ganze Vermögen

1. Umfang der Genehmigungsbedürftigkeit

Die Verpflichtung eines Ehegatten zur Verfügung über sein *Vermögen* im Ganzen bedarf gemäß § 1365 Abs. 1 Satz 1 BGB der Einwilligung des anderen Ehegatten. Damit wird die Erhaltung der wirtschaftlichen Grundlage der Familie und namentlich auch der Schutz des Zugewinnanspruchs angestrebt.[2] Ein nach § 1365 BGB zustimmungsbedürftiges Rechtsgeschäft bleibt grundsätzlich auch nach der Ehescheidung zustimmungsbedürftig,[3] auch wenn es erst nach Ehescheidung, aber vor Rechtskraft eines abgetrennten Zugewinnverfahrens vorgenommen wurde.[4] § 1365 BGB enthält ein absolutes *Veräußerungsverbot*, auf das sich jedermann berufen kann.[5] 2

Für die Praxis ist nach dem jetzigen Stand der Abgrenzung von Rechtsgeschäften über das Vermögen im Ganzen besonders von Bedeutung: 3

a) *Vermögen* im Sinne von § 1365 BGB ist grundsätzlich der Wert des Aktivvermögens, mithin also sämtliche positive Vermögenswerte des verfügenden Ehegatten.[6] Vorhandene persönliche Verbindlichkeiten bleiben bei der Beurteilung außer Betracht, sodass grundsätzlich keine Differenz zwischen Aktiva und Passiva gebildet wird.[7] Abzuziehen sind allerdings die auf einem veräußerten Gegenstand ruhenden dinglichen Belastungen.[8] Bei der Veräußerung eines insoweit belasteten Gegenstandes ist der Wert des veräußerten Vermögensguts um die auf ihm ruhenden dinglichen (valutierten) Belastungen zu vermindern.[9] Über das verbleibende Aktivvermögen verfügt ein Ehegatte auch dann im Ganzen, wenn es nahezu das 4

---

1 BGH DNotZ 1978, 732 m. Anm. *Werner*.
2 Vgl. BGHZ 143, 356; BGH DNotZ 1981, 45; BayObLG FamRZ 1975, 211.
3 BGH FamRZ 1978, 396; BayObLG DNotZ 1981, 628 L.
4 Streitig; wie hier OLG Köln FamRZ 2001, 176; OLG Hamm FamRZ 1984, 54; OLG Celle FamRZ 2004, 625; a.A. Staudinger/*Thiele*, § 1365 BGB Rn. 102; Palandt/*Brudermüller*, § 1365 BGB Rn. 3; auch OLG München Rpfleger 2006, 156.
5 BGHZ 40, 218.
6 Vgl. BGH NJW 2006, 1740, 1741.
7 BeckOGK/*Szalai*, 1.3.2018, § 1365 BGB Rn. 9; Staudinger/*Thiele*, § 1365 BGB Rn. 14.
8 BGH DNotZ 1981, 43; BGH NJW 2006, 1740, 1741.
9 BGH NJW 2006, 1740, 1741.

ganze, insbesondere das ganze pfändbare Vermögen ist. Bei kleinen Vermögen ist der Tatbestand des § 1365 BGB jedoch grundsätzlich nicht erfüllt, wenn dem verfügenden Ehegatten Werte von 15 % seines ursprünglichen Gesamtvermögens verbleiben,[10] bei größerem Vermögen 10 %.[11] Das ganze Vermögen kann auch ein *einzelner Vermögensgegenstand (sog. Einzeltheorie)*, z.B. ein Grundstück, sein.[12] Bei der Verfügung über Vermögensgegenstände von geringem Wert – ca. 3.000 € ist generell keine Zustimmungspflicht gegeben.[13] Ob ein veräußerter einzelner Gegenstand (Grundstück) das ganze oder nahezu das ganze Vermögen des Veräußernden ausmacht, ist durch einen Wertvergleich mit dem verbliebenen Vermögen zu ermitteln (wonach Renten und Rentenstammrechte für die Beurteilung nicht zu berücksichtigen sind[14]). Ob der beim Veräußerer verbliebene Vermögenswert der Zwangsvollstreckung und damit dem Vollstreckungszugriff des anderen Ehegatten unterliegt, ist nach der Entscheidung des Bundesgerichtshofes[15] unerheblich, weshalb auch bei einer Grundstücksveräußerung mit gleichzeitig vorbehaltenem Wohnungsrecht dieses für die Beurteilung des verbleibenden Vermögens zu berücksichtigen ist. – Auch *Änderungen eines Gesellschaftsvertrags* können das ganze Vermögen eines verheirateten Gesellschafters umfassen, z.B. eine Abfindungsvereinbarung.[16] – Das *Belasten* eines das ganze Vermögen darstellenden Grundstücks mit einem Grundpfandrecht ist dann eine Gesamtvermögensverfügung, wenn der Grundstückswert ganz ausgeschöpft wird,[17] was nach dem Verkehrs- (nicht nach dem Einheitswert) und unter Außerachtlassung der bei Bestellung des Grundpfandrechtes noch nicht entstandenen dinglichen Zinsen[18] zu beurteilen ist. – Bei einer Nießbrauchsbestellung am ganzen Vermögen, das wiederum nur in dem zu belastenden Grundstück bestehen kann, ist das der Fall.[19] Auch der Antrag eines Ehegatten auf Durchführung der Teilungsversteigerung eines Grundstücks kann unter den genannten Voraussetzungen eine Verfügung über das gesamte Vermögen darstellen.[20] Die Beantragung der Teilungsversteigerung durch einen Gläubiger des Ehegatten ist dagegen nicht nach § 1365 BGB zustimmungsbedürftig, da § 1365 BGB nach seinem Schutzzweck nicht den Zugriff des Gläubigers auf das Vermögen des Ehegatten einschränken soll.[21] Die Belastung mit einer *Eigentümergrundschuld* ist dagegen keine Gesamtvermögensverfügung und daher *nicht* genehmigungsbedürftig.[22] Auch zur Bewilligung der Eintragung einer Auflassungsvormerkung bedarf es nicht der Zustimmung des anderen Ehegatten.[23]

5 **b)** Die Verfügung über einzelne Vermögensgegenstände ist aber ohne Genehmigung des anderen Ehegatten nur dann unwirksam, wenn der Vertragspartner *positiv weiß*, dass sie das ganze oder nahezu ganze Vermögen des Verfügenden betrifft bzw. ihm zumindest die

---

10 BGH DNotZ 1981, 43, OLG Köln NJW-RR 2005, 4, OLG Hamm und OLG München FamRZ 2004, 1648 und 2005, 273.
11 BGH FamRZ 1991, 669; Reinvermögen ca. 250.000 €.
12 BGHZ 35, 174 = NJW 1961, 1301 = Rpfleger 1961, 233 = JR 1961, 339; bestätigt und fortgeführt durch BGH 43, 174 = DNotZ 1966, 44 = Rpfleger 1965, 107 = JR 1965, 301 und BGH DNotZ 1969, 422 = FamRZ 1969, 322; zum Streitstand vgl. auch BeckOGK/*Szalai*, 1.3.2018, § 1365 BGB Rn. 10 f.
13 BGH NJW 1987, 2673; Staudinger/*Thiele*, § 1365 BGB Rn. 18.
14 Vgl. BGH NJW 1987, 1673; 1990, 112; FamRZ 1996, 792.
15 BGH NJW 2013, 1156, 1157; a.A. OLG Karlsruhe NotBZ 2012, 461 f.
16 Vgl. näher Staudinger/*Thiele*, § 1365 BGB Rn. 62 ff.; MüKoBGB/*Koch*, § 1365 BGB Rn. 71.
17 BGH NJW 1993, 2441.
18 OLG Hamm RNotZ 2011, 427, 429 f.
19 S. aber auch BGH FamRZ 1966, 22, der die Frage offen lässt.
20 BGH NJW 2007, 3124; OLG Hamburg NZFam 2018, 32, 33; vgl. aber auch MüKoBGB/*Koch*, § 1365 BGB Rn. 57 ff.
21 OLG Karlsruhe FamRZ 2004, S. 629; OLG Köln NJW-RR 1989, 325.
22 OLG Hamm DNotZ 1960, 320; OLG Frankfurt Rpfleger 1960, 289.
23 BayObLG DNotZ 1976, 421.

Umstände bekannt sind, aus denen sich eine solche ergibt.[24] Die subjektive Theorie, für die sich der Bundesgerichtshof[25] »in ihrer strengsten Fassung« entschieden hat, kann den Vertragsgegner eines Ehegatten vor einem unwirksamen Geschäft schützen, den mit den wirtschaftlichen Verhältnissen des verfügenden Ehegatten Vertrauten, namentlich den Verwandten,[26] jedoch nicht.[27]

Maßgebender Zeitpunkt für die Kenntnisse des Vertragspartners ist nicht die Vollendung des Rechtserwerbs, bei Grundstücken also die Eintragung des Erwerbers im Grundbuch, sondern der Abschluss des Verpflichtungsgeschäftes.[28] Erlangt der Vertragspartner später Kenntnis davon, dass ein Ehegatte sich zur Übereignung seines wesentlichen Vermögens verpflichtet hatte, bedarf das Erfüllungsgeschäft trotz nunmehriger Kenntnis keiner Zustimmung des anderen Ehegatten. 6

c) Die *entgeltliche Verfügung* ist genauso zustimmungsbedürftig wie die *unentgeltliche*.[29] Auch das Verfügen durch mehrere einzelne Rechtsgeschäfte gehört dazu. Nicht nur der *Ver*kauf eines Hauses oder Geschäfts oder von Wertpapieren oder eines Urheberrechts fällt darunter, wenn darin das ganze Vermögen besteht, sondern auch der *Kauf* eines Grundstücks, wenn zur Bezahlung das vorhandene Vermögen aufzuwenden ist. Der Umstand, dass der verfügende Ehegatte eine wirtschaftlich gleichwertige Gegenleistung erhält, ändert nichts an einer Gesamtvermögensverfügung.[30] Entscheidend im Rahmen der Beurteilung von § 1365 BGB ist nämlich nicht der wirtschaftliche Erhalt des Vermögens, sondern der gegenständliche. Bei einer *Erbauseinandersetzung* kann die Verfügung eines Ehegatten über seine Beteiligung am Gesamthandvermögen auch eine Totalverfügung darstellen,[31] jedoch nicht bei realer Aufteilung eines Grundstücks unter den Miterben entsprechend den Anteilen am Gesamthandvermögen.[32] – Eine *Gutsüberlassung* in der Landwirtschaft oder die Übergabe eines Gewerbebetriebes umfasst nicht selten das ganze Vermögen des überlassenden Ehegatten.[33] Auch die *Rückübereignung* eines das ganze Vermögen darstellenden Grundstücks bedarf, das Wissen des Rückerwerbers vorausgesetzt, der Zustimmung des Ehegatten.[34] – Die Verfügungsbeschränkung des § 1365 BGB gilt *nur unter Lebenden*. Die Verfügung von Todes wegen ist bei gesetzlichem Güterstand durch den um ein Viertel der Erbschaft erhöhten Erbteil und den großen Pflichtteil (§ 1371 BGB) wirtschaftlich eingeschränkt. 7

d) Die *Prüfung* der Frage, ob ein Ehegatte im gesetzlichen Güterstand über sein gesamtes Vermögen verfügt oder sich zu einer Gesamtverfügung verpflichtet, obliegt dem *Notar* nach § 17 Abs. 1 BeurkG.[35] Eine Nachforschungspflicht besteht für den Notar jedoch nicht.[36] Grundsätzlich kann er daher davon ausgehen, dass der Regelfall der Verfügungsfreiheit des § 1364 BGB und nicht der Ausnahmefall des § 1365 BGB gegeben ist. Für die Verfügung eines Ehegatten über einen einzelnen Gegenstand kann er das im Allgemeinen annehmen und braucht die Frage, ob es das einzige Vermögensstück sei, nur dann zu stellen, wenn die Umstände des Falles dafür sprechen, was er vielfach nach seiner Lebenserfahrung beurteilen 8

---

24 BGHZ 35, 135; BGH DNotZ 1975, 628; 1981, 44; BayObLG MittRhNotK 1978, 100; OLG Hamm Rpfleger 1960, 227; OLG Frankfurt am Main NJW 1960, 2002.
25 BGHZ 43, 174 und DNotZ 1969, 422 = FamRZ 1969, 322.
26 Vgl. insoweit OLG Düsseldorf NZFam 2015, 979 = JurionRS 2014, 37601.
27 BGH 35, 135, 146.
28 BGH NJW 1989, 1639 m.w.N; OLG Jena FamRZ 2010, 1733.
29 BGHZ 35, 135; Palandt/*Brudermüller*, § 1365 BGB Rn. 5.
30 MüKoBGB/*Koch*, § 1365 BGB Rn. 22.
31 BGHZ 35, 135.
32 OLG München FamRZ 1971, 93.
33 OLG Hamm RdL 1966, 103.
34 OLG Oldenburg DNotZ 1966, 46 = Rpfleger 1965, 110 m. zust. Anm. *v. Hagele*.
35 BGHZ 64, 246.
36 BGH WM 1995, 617; *Winkler*, § 17 BeurkG Rn. 10; vgl. aber auch BGH BeckRS 2015, 05004.

§ 82 Beschränkungen des Verfügungsrechts in der Zugewinngemeinschaft

kann. Wenn sich jedoch aus dem zu beurkundenden Rechtsgeschäft selbst, aber auch aus anderen Quellen (z.B. im Grundbuch eingetragene Zwangssicherungshypotheken oder Zwangsversteigerungsvermerke)[37] bestimmte Anhaltspunkte dafür ergeben, dass dem verfügenden Ehegatten die Rechtsmacht hierzu fehlt oder – mit anderen Worten – dass die *Tatbestandsmerkmale der das absolute Veräußerungsverbot aussprechenden Norm* erfüllt sind,[38] wird der Notar das Vorhandensein anderer Vermögensgegenstände klären und bei weiter bestehendem Zweifel an einer genehmigungsfreien Verfügung diese im Einzelnen angeben, schließlich sogar Nachweise verlangen und die Erklärungen und Feststellungen in die Niederschrift aufnehmen.[39] Die in den Entscheidungen des BGH[40] und des BayObLG[41] für das Grundbuchamt festgestellte Prüfungspflicht gilt auch für den Notar und schließt bei Darlegung in der Urkunde den Erlass einer Zwischenverfügung durch das Grundbuchamt aus, die ohne bestimmte Anhaltspunkte für eine Verfügung über das gesamte Vermögen unbegründet ist.[42] Dass in einem Ausnahmefall trotz des gegenteiligen Anscheins oder einer gegenteiligen Versicherung oder eines anscheinend sogar geführten Nachweises eine Gesamtverfügung vorlag, die mangels Genehmigung des anderen Ehegatten nicht wirksam wurde und auch durch den guten Glauben des Vertragspartners und durch die Eintragung im Grundbuch nicht geheilt wurde, kann ein allgemeines Verlangen nach der Zustimmung des anderen Ehegatten ohne Rücksicht auf Aufwand von Zeit und Kosten nicht rechtfertigen. Der Grundbuchbeamte darf die Zustimmung eines Ehegatten zur Eigentumsumschreibung nur dann verlangen, wenn er konkrete Anhaltspunkte sowohl für eine Vermögensverfügung im Ganzen als auch die Kenntnis des Vertragspartners hiervon hat.[43]

9 **e)** Eine ohne (vorherige) *Einwilligung* erfolgte Verfügung wird durch die (nachträgliche) *Genehmigung* des anderen Ehegatten wirksam (§ 184 BGB). Ein Ehegatte erteilt bereits dadurch seine Einwilligung, dass er bei der Verfügung über das ganze Vermögen des anderen oder über das ganze gemeinsame Vermögen mitwirkt. In der gleichzeitigen Mitwirkung liegt eine so deutliche Form der Einwilligung zur Verfügung des anderen, dass die häufig vorkommende Bemerkung, die Eheleute »genehmigten wechselseitig ihre Verfügungen«, überflüssig ist.

10 Materiellrechtlich bedürfen Einwilligung und Genehmigung keiner Form. Denkbar ist sogar, dass die Einwilligung des anderen Ehegatten konkludent erfolgt, wobei dieser aber zumindest Erklärungsbewusstsein haben muss.[44] Das wiederum setzt voraus, dass der zustimmungspflichtige Ehegatte auch weiß, dass er zu einer rechtlich bedeutsamen Entscheidung berufen ist. Er muss sich also der Entscheidungssituation – nämlich der Unwirksamkeit des Vertrages ohne seine Zustimmung und damit seiner Rechtsmacht, den Vertrag verhindern zu können – bewusst sein.[45] Abzugeben sind die Erklärungen nach § 1365 BGB gegenüber einem Vertragsbeteiligten. Wenn der Notar sie dem Grundbuchamt nachreicht, so muss er seine Bevollmächtigung zur Entgegennahme für den Vertragsgegner nachweisen. S. unten Rdn. 25 ff. – Aus der formlosen, aber materiell wirksamen Zustimmung kann sich für den Vertragsgegner, z.B. den Käufer eines Grundstücks, ein Anspruch gegen den zustimmenden Ehegatten auf eine Erklärung in der Form des § 29 GBO ergeben.[46]

---

37 Vgl. *Brambring*, FamFR 2012, 460, 464.
38 S. dazu BayObLG FamRZ 1967, 337.
39 S. dazu BGH NJW 1975, 1270.
40 BGHZ 35, 135; DNotZ 2013, 686.
41 FamRZ 1967, 337.
42 Vgl. nunmehr auch OLG Frankfurt MittBayNot 2017, 57 (Ls.) = JurionRS 2017, 15598.
43 BGH DNotZ 2013, 686, 687 f.; BayObLG FamRZ 1991, 942; OLG Frankfurt a.M. MittBayNot 2017, 57 (Ls.) = JurionRS 2017, 15598..
44 Vgl. OLG Koblenz NJW-RR 2016, 135, 135.
45 OLG Koblenz NJW-RR 2016, 135, 135.
46 KG DNotZ 1963, 735.

f) Auch ein *Bevollmächtigter* kann die Einwilligung erklären. Selbst der andere Ehegatte kann im einzelnen Falle oder sogar allgemein bevollmächtigt werden, sich die Einwilligung selbst zu erteilen. Diese Vollmacht muss jedoch *widerruflich* sein, weil sie sonst einen Verzicht auf das Mitspracherecht des bevollmächtigenden Ehegatten und damit eine Änderung des Inhalts des gesetzlichen Güterstandes bedeuten würde, die eines Ehevertrags nach den §§ 1408 ff. BGB bedarf. **11**

g) Die *Umdeutung* eines durch Verweigerung der Zustimmung endgültig unwirksam gewordenen Überlassungs- oder Veräußerungsvertrages in einen Erbvertrag ist gemäß § 140 BGB nach dem mutmaßlichen Parteiwillen z.Zt. des Vertragsabschlusses denkbar, sollte aber durch ausdrückliche Regelung vermieden werden.[47] **12**

Die *Zustimmung* kann lauten:

Zustimmung bei Verfügung des Ehegatten

Ich willige darin ein, dass mein Ehemann (meine Ehefrau) sein (ihr) hier ….. Straße Nr. ….. betriebenes Friseurgeschäft veräußert. **13 M**
Ort, Datum   Unterschrift
[Beglaubigung nicht erforderlich]

Zustimmung bzw. Genehmigung bei Verfügung des Ehegatten

….. Ich stimme der vorstehenden Veräußerung des Grundstücks meines Ehemannes (meiner Ehefrau) zu. **14 M**

Nachträglich:

Genehmigung bei Verfügung des Ehegatten

….. Ich genehmige die im Vertrage vom ….. zu UR Nr. ….. des Notars ….. in ….. erfolgte Veräußerung des Geschäftsanteils im Nennwert von 10.000 € meines Ehemannes (meiner Ehefrau) an der ….. GmbH zum Preise von 20.000 €. **15 M**
Ort, Datum   Unterschrift
[Beglaubigungsvermerk]

■ *Kosten.* Der Geschäftswert beträgt nach § 98 GNotKG die Hälfte des Geschäftswertes des zu genehmigenden Geschäftes (§ 98 Abs. 1 GNotKG), höchstens 1 Mio. Euro (§ 98 Abs. 4 GNotKG). Nach Nr. 21200 KV GNotKG ist eine 1,0 Gebühr zu erheben.

Ebenso wie eine zusammenfassende nachträgliche Zustimmung zulässig ist, kann auch die Einwilligung vor mehreren Geschäften, die zusammen eine Gesamtverfügung darstellen, einheitlich erteilt werden. **16**

---

[47] BGH JR 1964, 59; BGH 77, 293; a.A. *Tiedtke*, FamRZ 1981, 1; zur Problematik insgesamt *Tiedtke*, FamRZ 1988, 1007.

Zustimmung bei mehreren Verfügungen des Ehegatten

17 M **Zusammenfassende Einwilligung zu mehreren Geschäften**
Mein Ehemann ..... beabsichtigt, das Grundstück ..... zu kaufen und zu bebauen.
Ich willige in die Verwendung seines gesamten Vermögens dazu, insbesondere in den Verkauf seines Grundstücks ....., den Verkauf seiner bei der ..... Bank liegenden Wertpapiere und die Abhebung seines Bankguthabens bei dieser Bank ein.
Ort, Datum   Unterschrift
[Beglaubigungsvermerk]

■ *Kosten.* Siehe Rdn. 15 M.

2. Klärung des Fehlens von Verfügungsbeschränkungen

18 a) Es wird festgestellt, dass ein Beteiligter *nicht verheiratet* ist. Der Nachweis des negativen Umstands des Nichtverheiratetseins ist mit Urkunden kaum zu führen. Eine polizeiliche Bescheinigung erbringt ebenso wenig einen sicheren Beweis wie ein Auszug aus dem Geburtenbuch, in dem die Eheschließung nach § 42 Abs. 2 AVO zum PStG (noch) nicht aufgenommen ist.[48] – Eine Feststellung, die der Notar aus zuverlässiger Kenntnis in der Urkunde trifft, bringt vollen Beweis für die Eigenschaft der Person (§ 415 ZPO).[49]

Feststellung, dass der Verfügende nicht verheiratet ist

19 M Der Notar stellte aufgrund eigener Kenntnis fest, dass der Beteiligte ..... nicht verheiratet ist.

20 Eine solche Feststellung wird jedoch meist nicht möglich sein. Durch eine Versicherung des Beteiligten wird dann der Nachweis erbracht werden müssen. Die eidesstattliche Form ist nicht unbedingt erforderlich, zumal wenn eine genaue Angabe zur Glaubwürdigkeit beiträgt.[50]

Versicherung, dass der Verfügende nicht verheiratet ist

21 M Der Beteiligte versicherte, vom Notar über den Zweck der Versicherung belehrt: Ich bin durch das Urteil des Landgerichts vom ..... am ..... geschieden und seitdem nicht wieder verheiratet.

Oder:

Ich bin seit dem Tode meines Ehemannes am ..... verwitwet.

Oder:

Ich bin bisher nicht verheiratet.

---

48 So mit Recht *Haegele*, Rpfleger 1959, 8.
49 *Winkler*, § 10 BeurkG Rn. 16.
50 OLG Celle NJW 1960, 437.

b) Die vorstehend in Rdn. 18 ff. behandelte Versicherung und notfalls der Nachweis ersparen in allen Fällen, in denen eine Gesamtvermögensverfügung vorliegen könnte, das Beibringen der Genehmigung.   **22**

Versicherung über das Vorhandensein weiteren Vermögens

..... Ich versichere, dass ich außer dem in dieser Verhandlung verkauften Grundstück noch weiteres Vermögen habe.   **23 M**

Oder:

..... noch ein nicht unerhebliches Bankguthaben und auch ein Postscheckguthaben im Vermögen habe.

Nachweis weiteren Vermögens

..... Dafür, dass es sich bei dem vorstehend von mir verkauften Hause nicht um meinen einzigen Vermögensgegenstand, also nicht um eine Verfügung über mein gesamtes Vermögen handelt, lege ich den Depotauszug der ..... Bank von gestern vor, wonach die Bank für mich Aktien im Nennwerte von ..... € der ..... AG verwahrt.   **24 M**

■ *Kosten.* Gebührenfrei, da Bestandteil des Veräußerungsvertrags.

3. Einholung der Genehmigung und Ersetzung durch das Familiengericht, §§ 1365 Abs. 2, 1366 BGB

Zuständig für die Ersetzung der Genehmigung ist das Familiengericht.[51] Es kann gemäß § 1365 Abs. 2 BGB die Zustimmung des einen Ehegatten zu einem Rechtsgeschäft des anderen Ehegatten ersetzen, wenn dieser die Zustimmung ohne ausreichenden Grund verweigert oder durch Krankheit oder Abwesenheit an der Abgabe einer Erklärung verhindert und mit dem Aufschub Gefahr verbunden ist.[52] Das Verfahren über die Ersetzung richtet sich nach dem FamFG (§§ 111 Nr. 9, 261 Abs. 2 FamFG).   **25**

Wenn zu einer Gesamtvermögensverfügung des einen die Zustimmung des anderen Ehegatten nicht vor oder mindestens beim Vertragsschluss dem Dritten gegenüber erklärt ist, so kann der Vertragsgegner den Schwebezustand durch Aufforderung an den vertragschließenden Ehegatten beenden, die Genehmigung des anderen beizubringen. Binnen 2 Wochen, gerechnet vom Tage der Aufforderung des Dritten an, muss die Genehmigung bei diesem eingegangen sein. Geht sie ihm nicht fristgerecht zu, so gilt sie als verweigert, und der Vertrag wird endgültig unwirksam, § 1366 Abs. 3 BGB.   **26**

Ein Versuch, die Genehmigung durch das *Familiengericht ersetzen* zu lassen, dürfte kaum jemals Erfolg haben, weil der Beschluss des Gerichts innerhalb 14 Tagen ab Fristsetzung vom vertragschließenden Ehegatten beantragt, erlassen, rechtskräftig, dem Antragsteller zugestellt und von diesem dem Vertragsgegner mitgeteilt werden muss. – Wenn der Dritte einen Vertrag aufrechterhalten und die nicht zu erhaltende Genehmigung des anderen Ehegatten durch das Familiengericht ersetzt haben möchte, darf er den vertragschließenden   **27**

---

51 BGH NJW 1982, 2556.
52 Vgl. zu den von der Rechtsprechung aufgestellten Voraussetzungen etwa BayObLG FamRZ 1963, 521; 1968, 315; 1975, 211; 1979, 291; 1981, 47; OLG Hamm FamRZ 1967, 572; OLG Köln FamRZ 2007, 1343; OLG München NJW-RR 2006, 1518.

Ehegatten nicht zur Beibringung der Genehmigung auffordern, um die Frist nicht in Lauf zu setzen, bzw. ausdrücklich eine Fristsetzung ausschließen, oder es muss eine Verlängerung der Frist vereinbart werden.[53] – Den beim Tode des vertragschließenden Ehegatten schwebenden Antrag auf Ersetzung der Zustimmung kann der ablehnende Ehegatte, der alleiniger Erbe geworden ist, auch dann zurücknehmen, wenn der Verstorbene sich zur Nachbringung verpflichtet hat.[54] – Eine nach § 1365 BGB unwirksame Verfügung wird nicht dadurch wirksam, dass der zustimmungsberechtigte Ehegatte Miterbe des Verfügenden wird.[55] Die Ersetzung kann bei Zweifeln über die Erforderlichkeit einer Genehmigung auch vorsorglich beantragt werden.[56]

28   Die Herbeiführung der familiengerichtlichen Genehmigung wird dem *Notar* wie im Fall des § 1829 BGB *überlassen* (s.u. § 97), wobei die Aufnahme einer Doppelvollmacht in die Urkunde aber wohl nur in Betracht kommt, wenn die Verweigerung der Genehmigung durch den Ehepartner von vornherein feststeht.

Vereinbarung der Einholung der Genehmigung

29 M   Zusatz zu einem Grundstückskaufvertrag:
..... Der Verkäufer erklärte: Ich lebe im gesetzlichen Güterstand der Zugewinngemeinschaft. Das verkaufte Grundstück ist mein einziger Vermögensgegenstand von wirtschaftlicher Bedeutung. Zur Erfüllung der in diesem Vertrage eingegangenen Verpflichtung bedarf es der Zustimmung meiner Ehefrau ..... Sie lebt von mir getrennt. Meine Aufforderung, in den Vertrag, von dem ich ihr einen Entwurf übersandte, einzuwilligen, hat sie nicht beantwortet. Unter Übersendung einer beglaubigten Abschrift dieses Vertrages werde ich sie nochmals darum ersuchen.
Der Käufer erklärte, zunächst von einer Aufforderung des Verkäufers zur Beibringung der Genehmigung absehen zu wollen. Er behält sich jedoch eine solche Aufforderung vor. Für den Fall der Aufforderung verlängern die Beteiligten die Erklärungsfrist des § 1366 Abs. 3 BGB auf neun Monate.
Der Verkäufer bevollmächtigt den Notar, schon jetzt vorsorglich die Genehmigung des Familiengerichts nachzusuchen, den Beschluss für ihn entgegenzunehmen und dem Käufer nach Erteilung des Rechtskraftzeugnisses mitzuteilen.
Der Käufer bevollmächtigt den Notar, die Mitteilung von der Genehmigung des Familiengerichts mit Wirkung für ihn entgegenzunehmen.

■ *Kosten.* Der Zusatz ist ein unselbstständiger Bestandteil des Kaufvertrages. Zu den Kosten bei Einholung der Genehmigung durch den Notar siehe Rdn. 30 M.

Antrag auf Genehmigung des Familiengerichts

30 M   Zu dem in beglaubigter Abschrift anliegenden, am ..... unter meiner UR Nr. ..... beurkundeten Grundstückskaufvertrag beantrage ich als Notar,
die Genehmigung der Ehefrau des Verkäufers, Frau ..... in ..... zu ersetzen.
Die Zustimmung der Ehefrau zu der Verfügung des im gesetzlichen Güterstande lebenden Ehemannes über seinen einzigen Vermögensgegenstand von wirtschaftli-

---

53 *Knur*, DNotZ 1957, 453.
54 BayObLG DNotZ 1963, 732.
55 BGH DNotZ 1981, 43, wobei der BGH die Frage, ob dies auch gilt, wenn der Ehegatte Alleinerbe wird, offen lässt.
56 Soergel/*Lange*, § 1365 BGB Rn. 66.

cher Bedeutung ist nach der Erklärung des Verkäufers abgelehnt worden. Der Verkauf des Grundstücks entspricht den Grundsätzen einer ordnungsmäßigen Vermögensverwaltung, weil das Haus bis zu seinem gemeinen Wert belastet ist, der Verkäufer die öffentlichen und privaten Lasten seit längerer Zeit nicht mehr aufbringen und das Gebäude auch nicht instand halten kann. Die Zwangsverwaltung ist angeordnet, ein Antrag auf Zwangsversteigerung ist angekündigt.
Ich nehme Bezug auf die Grundakten und die Zwangsverwaltungsakten ..... und überreiche eine Darstellung des Zwangsverwalters.
Die Vertragsbedingung, dass der Verkäufer drei Jahre unentgeltlich in einer kleinen Wohnung des Hauses wohnen darf, beruht auf der wohlwollenden Einstellung des Käufers als seines Nachbarn.
Einen Anspruch auf Zugewinnausgleich hat die Frau nicht, da sich die Vermögenslage des Ehemannes seit Eheschließung verschlechtert hat. Nach der im Vertrage mir erteilten Doppelvollmacht bitte ich um Zustellung des Beschlusses für die Vollmachtgeber an mich.

....., Notar

■ *Kosten.* Die Einholung der Entscheidung des Familiengerichtes über die Ersetzung der Zustimmung des Ehegatten nach § 1365 Abs. 2 BGB stellt eine Vollzugstätigkeit nach Vorbem. 2.2.1.1 Nr. 4 KV GNotKG dar, so dass diese von der Vollzugsgebühr Nr. 22110 KV GNotKG erfasst wird. Auch die Tätigkeiten des Notars, die zur Herbeiführung der Wirksamkeit der Genehmigung im Rahmen einer ihm erteilten Doppelvollmacht erfolgen, sind mit der Vollzugsgebühr nach Nr. 22110 KV GNotKG abgegolten.

4. Aufhebung oder Einschränkung der Zustimmungsbedürftigkeit

Die *Verfügungsbeschränkung* kann unter grundsätzlicher Aufrechterhaltung des Güterstandes aufgehoben oder eingeschränkt (§§ 1408, 1414 Satz 2 BGB)[57] und in das *Güterrechtsregister eingetragen werden*.[58]   31

Vollständige Aufhebung der Verfügungsbeschränkung

Verhandelt zu ..... am .....   32 M

Vor dem Notar ..... erschienen: .....
Die Erschienenen erklärten:
1. Wir sind deutsche Staatsangehörige und seit ..... verheiratet. Einen Ehevertrag haben wir nicht geschlossen, so dass wir im Güterstand der Zugewinngemeinschaft leben.
2. Unter grundsätzlicher Aufrechterhaltung der Zugewinngemeinschaft vereinbaren wir: Jeder von uns kann ohne Einwilligung des anderen über sein Vermögen im Ganzen verfügen.
3. Wir beantragen die Eintragung vorstehender Vereinbarung in das Güterrechtsregister, die vom Notar jedoch nur auf besondere Weisung eines von uns herbeigeführt werden soll.

....., Notar

■ *Kosten.* Der Geschäftswert beträgt nach der kostenrechtlichen Sondervorschrift des § 51 Abs. 2 GNotKG 30 % des von der Verfügungsbeschränkung betroffenen Gegenstandes.

---
57 BayObLG FamRZ 1971, 258.
58 BGH NJW 1976, 1258; Palandt/*Brudermüller*, vor § 1558 BGB Rn. 3; MüKo-BGB/*Kanzleiter*, vor § 1558 BGB Rn. 7, mit Nachw. der älteren Gegenmeinung.

§ 82 Beschränkungen des Verfügungsrechts in der Zugewinngemeinschaft

Dementsprechend ist vorliegend das addierte Aktivvermögen der Ehegatten ohne Abzug von Verbindlichkeiten Grundlage der Geschäftswertbestimmung nach § 51 Abs. 2 GNotKG.[59] Nach Nr. 21100 KV GNotKG ist eine 2,0 Gebühr zu erheben.

33 Eine nur einseitig zugunsten eines Ehegatten erfolgte Aufhebung der Verfügungsbeschränkung ist nicht grundsätzlich sittenwidrig, aber hierauf im Einzelfall zu überprüfen.[60]

Aufhebung der Verfügungsbeschränkung des Ehemannes über sein Gesamtvermögen

34 M Verhandelt zu ..... am .....
Vor dem Notar ..... erschienen: .....
Die Erschienenen erklärten:
1. [Wie Rdn. 32 M.]
2. Unter grundsätzlicher Aufrechterhaltung der Zugewinngemeinschaft vereinbaren wir: Der Ehemann kann ohne Einwilligung der Ehefrau über sein Vermögen im Ganzen verfügen.
3. Das Reinvermögen des Ehemannes beträgt ..... €.
....., Notar

■ *Kosten.* Siehe Rdn. 32 M, wobei für die Bestimmung des Geschäftswertes allein das Vermögen des Ehemannes maßgeblich ist.

Aufhebung der Verfügungsbeschränkung des Ehemannes über sein Geschäftsvermögen

35 M Vor dem Notar ..... erschienen: .....
Die Erschienenen erklärten:
1. [Wie Rdn. 32 M.]
2. Das Vermögen des Mannes besteht fast ausschließlich in dem Bauunternehmen, das er im Handelsregister des Amtsgerichts ....., unter HRA/HRB ..... eingetragenen Firma ..... betreibt. Unter grundsätzlicher Aufrechterhaltung des Güterstands der Zugewinngemeinschaft vereinbaren wir:
Der Ehemann ist berechtigt, über das zu diesem Unternehmen gehörige Vermögen ohne Einwilligung der Ehefrau auch dann zu verfügen, wenn es als sein ganzes Vermögen im Sinne von § 1365 BGB anzusehen ist.
3. [Wie Rdn. 32 M.]

■ *Kosten.* Siehe Rdn. 34 M.

36 Die von *Knur*[61] bezweifelte Zulässigkeit einer gegenständlichen Einschränkung der Verfügungsbeschränkung ist mindestens dann zu bejahen, wenn der ausgenommene Vermögensgegenstand der einzige bedeutsame und vom Restvermögen getrennt ist. Partielle Beschränkungen sind nicht eintragungsfähig.[62]

---

59 Leipziger-GNotKG/*Reetz/Riss*, § 100 GNotKG Rn. 26.
60 Soergel/*Gaul*, § 1408 BGB Rn. 11 m.w.N.
61 DNotZ 1957, 470.
62 BGHZ 41, 370.

Anführung eines Ehevertrages

Die völlige Verfügungsfreiheit, die auf einem Ehevertrag beruht, ist durch Anführung des Vertrages darzulegen. Da der Notar die Verfügungsfähigkeit nicht amtlich bescheinigen kann, ist der Vertrag oder gegebenenfalls die Benachrichtigung des Güterrechtsregisters (§ 383 Abs. 1 FamFG) neben der rechtsgeschäftlichen Urkunde auch vorzulegen. 37

Vorlage eines Ehevertrages mit vereinbarter Gütertrennung

..... Ich habe mit meiner Ehefrau Gütertrennung vereinbart, worüber ich den Ehevertrag vom ..... (Urkunde Nr. ..... des Notars .....) vorlege. 38 M

Oder:

Vorlage eines Ehevertrages mit Aufhebung der Beschränkungen des § 1365 BGB

..... Ich lebe im gesetzlichen Güterstand, habe jedoch den Güterstand der Zugewinngemeinschaft in dem überreichten Ehevertrag vom ..... (Urkunde Nr. ..... des Notars .....) durch Vereinbarung mit meiner Frau dahin geändert, dass ich zur Verfügung über mein Vermögen im Ganzen einer Einwilligung nicht bedarf. 39 M

■ *Kosten.* Der Zusatz ist ein unselbstständiger Bestandteil des Kaufvertrages.

II. Verfügung über Haushaltsgegenstände

1. Verfügungsbeschränkung

Jeder Ehegatte kann über die in seinem Alleineigentum stehenden Hausratsgegenstände nicht allein verfügen. Unabhängig davon, ob es sich um ein entgeltliches oder unentgeltliches Rechtsgeschäft handelt, ist die Zustimmung des Ehegatten sowohl zur Wirksamkeit des Verpflichtungsgeschäfts als zur Wirksamkeit des Erfüllungsgeschäftes notwendig. § 1369 BGB bezweckt die Erhaltung des Bestands an Haushaltsgegenständen, die die unentgeltliche Grundlage des ehelichen Lebens im häuslichen Bereich darstellen. Die einfache Gebrauchsüberlassung und die Begründung eines Pfandrechts sind nicht zustimmungspflichtig.[63] Zu den Gegenständen des ehelichen Haushaltes i.S.v. § 1369 BGB gehört, was den Vermögens- und Lebensverhältnissen der Ehegatten für die gemeinsame Wohnung und Hauswirtschaft und für das familiäre Zusammenleben bestimmt ist; z.B. Wohnungseinrichtung, Geschirr, Möbel etc. Auch ein Pkw kann zu den Hausratsgegenständen gehören, wenn er von beiden Ehegatten oder überwiegend im privaten Interesse der Familie genutzt und nicht hauptsächlich beruflichen Zwecken eines Ehegatten dient.[64] Zu den Haushaltsgegenständen gehört nicht, was ausschließlich dem beruflichen oder persönlichen Bereich eines Ehegatten zuzuordnen ist.[65] Auch die Verfügung über Miteigentumsanteile an Gegenständen des ehelichen Haushaltes ist zustimmungspflichtig. 40

Bis zur Genehmigung durch den anderen Ehegatten ist die Verfügung über Haushaltsgegenstände genauso schwebend unwirksam wie die über das Gesamtvermögen. Bis zu ihrer Erteilung kann der Vertragsgegner dort wie hier widerrufen. Er kann auch die Bei- 41

---

63 Staudinger/*Thiele*, § 1369 BGB Rn. 4; BeckOK-BGB/*Siede*, § 1369 BGB Rn. 7.
64 BGH FamRZ 1991, 49; OLG Düsseldorf FamRZ 1992, 1445; OLG Köln FamRZ 2002, 322.
65 Staudinger/*Thiele*, § 1369 BGB Rn. 12.

§ 82 Beschränkungen des Verfügungsrechts in der Zugewinngemeinschaft

bringung der Genehmigung innerhalb 2 Wochen fordern, wenn sie nicht als verweigert gelten soll, womit der Vertrag endgültig unwirksam wird. Der nicht zustimmende Ehegatte kann die aus der Unwirksamkeit der Verfügung sich ergebenden Rechte gegen den Dritten geltend machen, also die von seinem Ehegatten übergebenen Sachen zurückfordern. Eine Ersetzung der verweigerten Genehmigung durch das Familiengericht ist auch zur Verfügung über Haushaltsgegenstände zulässig. Sie dürfte sich aber wegen ihrer Umständlichkeit (s.o. Rdn. 25 ff.) auf wenige Fälle beschränken. An einer Verfügung über Haushaltsgegenstände werden regelmäßig beide Ehegatten mitwirken müssen. Namentlich dürften Sicherungsübereignungen unterbleiben, zu denen nicht bis zum Abschluss die Einwilligung des anderen Ehegatten vorliegt oder mindestens seine Genehmigung mit großer Wahrscheinlichkeit zu erwarten ist.

42 Die Vorschrift des § 1369 BGB gilt auch bei *Getrenntleben* der Ehegatten.[66]

43 Ein nach § 1369 Abs. 1 BGB zustimmungsbedürftiges Rechtsgeschäft bleibt auch nach der Ehescheidung zustimmungsbedürftig, wenn durch das Rechtsgeschäft die Verteilung vorhandenen oder wiederzuerlangenden Hausrats beeinträchtigt wird.[67]

44 Bei fortgeltendem Güterstand der Vermögensgemeinschaft nach § 15 FGB-DDR gilt die Verfügungsbeschränkung nicht.[68]

2. Einschränkung der Zustimmungsbedürftigkeit

45 Wenn die Zugewinngemeinschaft beibehalten, aber die Beschränkung der Verfügung beider oder eines Ehegatten ganz oder teilweise aufgehoben werden soll, so ist in einem *Ehevertrag* zu vereinbaren:

Aufhebung der Verfügungsbeschränkung (auch über Haushaltsgegenstände)

46 M   **Verhandelt zu ..... am .....**
Vor dem Notar ..... erschienen: .....
Die Erschienenen erklärten:
Wir halten den Güterstand der Zugewinngemeinschaft, in dem wir leben, aufrecht, vereinbaren aber in Abänderung der gesetzlichen Regelung:
Jeder Ehegatte kann über sein Vermögen im ganzen oder über ihm gehörige Gegenstände des ehelichen Haushaltes ohne Einwilligung des anderen verfügen sowie sich zu einer solchen Verfügung verpflichten.

Oder:

..... Über ihm gehörende Haushaltsgegenstände kann jeder Ehegatte .....

Oder:

– die Ehefrau –
..... ohne Einwilligung des anderen verfügen.
Wir beantragen die Eintragung vorstehender Vereinbarung in das Güterrechtsregister, die vom Notar jedoch nur auf besondere Weisung eines von uns herbeigeführt werden soll.

                                                                          ....., Notar

---

66 BayObLG FamRZ 1960, 156; OLG Koblenz FamRZ 1991, 1302.
67 BayObLG FamRZ 1980, 571 in Abweichung von OLG Saarbrücken FamRZ 1968, 31 L.
68 Kritisch *Smid*, FamRZ 1991, 512.

- *Kosten des Notars.*
a) Bei vollständiger Aufhebung der Beschränkung wie zu Rdn. 32 M.
b) Bei Aufhebung nur wegen der Haushaltsgegenstände für einen oder beide Ehegatten der Wert der bestimmten Gegenstände eines oder beider wie zu Rdn. 35 M.

III. Lebenspartnerschaften

Vorstehendes gilt entsprechend für eingetragene Lebenspartnerschaften, da gemäß § 6 Satz 2 LPartG die Verfügungsbeschränkungen der §§ 1365, 1369 BGB für eingetragene Lebenspartner im gesetzlichen Güterstand entsprechend gelten.

47

§ 83 Ehevertrag: Vereinbarungen über den Zugewinnausgleich

I. Grundsätzliches

1. Güterrechtlicher und erbrechtlicher Zugewinnausgleich

1 Der *Mehrgewinn*, den ein Ehegatte vom Eintritt in den Güterstand der Zugewinngemeinschaft bis zu deren Beendigung gegenüber dem anderen erzielt, gibt diesem eine Ausgleichsforderung i.H.d. *Hälfte des Überschusses*. Die Zugewinngemeinschaft endet unter Lebenden durch rechtskräftiges *Urteil* auf Scheidung oder Aufhebung der Ehe, aber auch auf vorzeitigen Ausgleich bei über dreijährigem Getrenntleben oder bei einer wirtschaftlichen Schädigung durch einen Ehegatten (§§ 1385, 1386, 1388 BGB) und durch *Eheverträge*, durch die der Ausgleich des Zugewinns für die Zukunft ausgeschlossen wird, z.B. durch Vereinbarung der Gütertrennung oder der Gütergemeinschaft. Aber auch wenn die Ehe und der Güterstand durch den *Tod* eines Ehegatten *enden*, kann der Überlebende den Ausgleich eines Mehrgewinns fordern, wenn er nicht Erbe oder Vermächtnisnehmer wird. Ohne Rücksicht auf den Mehrgewinn des Verstorbenen erhält der Überlebende, wenn er gesetzlicher Erbe geworden ist, einen gegenüber dem allgemeinen gesetzlichen Erbteil um ¼ der Erbschaft erhöhten Erbteil. Wird der Ehegatte nicht Erbe oder Vermächtnisnehmer bzw. schlägt er die ihm aufgrund Gesetzes oder Testament zugefallene erbrechtliche Position aus, hat er neben dem Anspruch auf Zugewinnausgleich einen Pflichtteilsanspruch i.H.v. ⅛ des Nachlasswertes, vgl. § 1371 Abs. 2 Satz 2 BGB.

2 Der Zugewinn, von dem in § 1371 BGB die Rede ist, soll für den Verwitweten durch *Verstärkung* des Erbteils gegenüber dem allgemeinen Ehegattenerbteil »verwirklicht« werden. – § 1371 Abs. 1 BGB ist i.V.m. § 1931 BGB, der das Ehegattenerbrecht regelt, zu lesen: »Lebte der Ehegatte im gesetzlichen Güterstand, so erhöht sich sein Erbteil um ein Viertel«.[1]

3 Die *erbrechtliche Wirkung des Güterstands*, die aus den alten Rechten in das BGB nicht übernommen wurde, ist damit wieder eingeführt worden. Die auf dem Güterrecht beruhende *Erbrechtsverstärkung* und die nach § 1371 Abs. 2 Halbs. 2 und Abs. 3 BGB bestehende *Verbindung* zwischen *Pflichtteils-* und *Zugewinnanspruch* des Verwitweten sind Ausdruck der Wirkung des Güterstandes auf das Erbrecht. Wegen der erbrechtlichen Wirkung wird der *Zugewinnanspruch des Verwitweten* im Zusammenhang mit dem Erbrecht dort behandelt.

2. Kollisionsrechtliche Einordnung von § 1371 Abs. 1 BGB

4 Der EuGH hat den pauschalierten Zugewinnausgleich nach § 1371 Abs. 1 BGB nunmehr rein erbrechtlich qualifiziert und damit dem Anwendungsbereich der EuErbVO unterworfen.[2] Mit der genannten Entscheidung weicht der EuGH von der bis dahin im deutschen Schrifttum herrschend und vom BGH[3] vertretenen Ansatz einer rein güterrechtlichen Qualifikation ab. Die Frage nach der kollisionsrechtlichen Einordnung von § 1371 Abs. 1 BGB ist relevant für die Frage, ob sich die Erbquote des Ehegatten nach einem ausländischen Erbrecht erhöht, wenn die Ehegatten im Güterstand der Zugewinngemeinschaft verheiratet sind, nach der EuErbVO aber ein ausländisches Erbrecht Anwendung oder wenn bei Geltung des deut-

---

1 *Rittner*, DNotZ 1958, 190.
2 EuGH NJW 2018, 1377.
3 BGH NJW 2015, 2185.

schen Erbrechtes und trotz Anwendbarkeit von ausländischem Güterrecht die Erbquote nach § 1371 Abs. 1 BGB zu ergänzen ist. Folgt man entsprechend der nunmehr vom EuGH vorgenommenen erbrechtlichen Qualifikation, folgt hieraus, dass § 1371 Abs. 1 BGB nur dann anwendbar ist, wenn die Kollisionsnormen der EuErbVO (Art. 21 oder 22) auf deutsches Recht verweisen.[4]

3. Regelung im Erbschaftsteuergesetz

Wird der Güterstand der Zugewinngemeinschaft durch den Tod eines Ehegatten beendet und der Zugewinn nicht nach § 1371 Abs. 2 BGB ausgeglichen, so ist der beim überlebenden Ehegatten fiktiv zu bestimmende Ausgleichsbetrag, den er im Fall des § 1371 Abs. 2 BGB geltend machen könnte, nicht steuerbar i.S.d. ErbStG, vgl. § 5 ErbStG. Der danach zu ermittelnde fiktive Zugewinnausgleichsbetrag ist in diesen Fällen nach Maßgabe des Gesetzes zu ermitteln, wobei güterrechtliche Vereinbarungen gemäß §§ 1373 bis 1383 und 1390 BGB im Rahmen der Ermittlung außer Betracht bleiben. Die Höhe der fiktiven Ausgleichsforderung und damit die Höhe des Steuerfreibetrages nach § 5 Abs. 1 ErbStG wird jedoch beschränkt durch den nach Maßgabe der Vorschriften des Bewertungsgesetzes ermittelten Steuerwertes d. Nachlasses, vgl. § 5 Abs. 1 Satz 5 ErbStG. Finanzverwaltung und Rechtsprechung schlussfolgern hieraus, dass der Freibetrag in dem Verhältnis zu reduzieren ist, als der Steuerwert des Nachlasses hinter dem Verkehrswert des Endvermögens des Erblassers zurückbleibt (Beispiel: Zivilrechtliche Ausgleichsforderung 500,00 €; Verkehrswert des Nachlasses 1.000 €; Steuerwert des Nachlasses nach Bewertungsgesetz 500 €; Verhältnis 1: 2; tatsächlicher Freibetrag 250 €).[5]

5

Beispiel: Der ohne Hinterlassung von Abkömmlingen verstorbene Ehemann hinterlässt seiner Ehefrau als seiner Alleinerbin ein Vermögen im Wert von 1.000.000 €. Das gesamte Vermögen des Ehemannes ist Zugewinn. Die Erbin selbst hat keinen Zugewinn. Der fiktive Ausgleichsbetrag betrüge somit nach zivilrechtlichen Maßstäben 500.000 €. Unter Berücksichtigung von § 5 Abs. 1 Satz 5 ErbStG, ist jedoch der Freibetrag verhältnismäßig zu reduzieren auf 250.000 €. Unter Berücksichtigung des z.Z. noch geltenden Freibetrages von 500.000 € ermittelt sich die Steuerbelastung wie folgt:

6

Steuerwert der Erbschaft:	500.000,00 €
abzüglich Zugewinnausgleichsforderung	250.000,00 €
abzüglich Freibetrag	500.000,00 €
Steuerbarer Betrag	0,00 €

Steht der Witwe auch noch der besondere Versorgungsfreibetrag nach § 17 Abs. 1 ErbStG zu, so ist auch dieser Betrag noch in Abzug zu bringen. Zur Vermeidung von Steuernachteilen wegen der unterschiedlichen Bewertung von Anfangs- und Endvermögen wird deshalb die ehevertragliche Vereinbarung einer Steuerklausel empfohlen.[6] Zu beachten ist allerdings, dass eine von der gesetzlichen Berechnung abweichende Vereinbarung steuerlich nur anerkannt wird, wenn der Ehegatte weder Erbe noch Vermächtnisnehmer geworden ist, § 5 Abs. 2 Alt. 2 ErbStG.[7]

Wird der Güterstand durch Ehevertrag vereinbart, gilt als Zeitpunkt des Eintritts des Güterstandes der Tag des Vertragsabschlusses. Wird die Zugewinngemeinschaft durch Ehevertrag oder nach § 1371 Abs. 2 BGB beendet, wird auch die durch die Vereinbarung begründete Ausgleichsforderung gemäß § 5 Abs. 2 ErbStG steuerfrei gestellt. Vorauset-

7

---

4 Vgl. hierzu umfassend *Weber*, NJW 2018, 1356, 1357.
5 Vgl. BFH ZEV 1997, 36; FG München UVR 96, 56; *Meincke*, Rn. 34.
6 S. *Langenfeld/Milzer*, Handbuch der Eheverträge, Rn. 254.
7 Vgl. *Wegmann*, Eheverträge, Rn. 80.

zung ist freilich, dass auch tatsächlich ein entsprechender Zugewinn entstanden ist.[8] Die höchstrichterliche Rechtsprechung hat in diesem Zusammenhang die Vereinbarung einer so genannten »Güterstands-Schaukel« anerkannt.[9] Es ist daher möglich, den Güterstand der Zugewinngemeinschaft durch Ehevertrag zu beenden und durch den Ausgleich der Zugewinnausgleichsforderung Vermögen zwischen den Eheleuten steuerfrei zu übertragen. Die Neuvereinbarung der Zugewinngemeinschaft im Rahmen einer Folgeurkunde ändert an der steuerlichen Anerkennungsfähigkeit nichts.[10] Hiervon zu trennen ist die Vereinbarung des so genannten »fliegenden Zugewinnausgleichs«, der den schenkungssteuerlichen Tatbestand nach § 7 ErbStG ohne die Möglichkeit der Befreiung nach § 5 ErbStG erfüllt. Im Rahmen des »fliegenden Zugewinnausgleichs« wird zwischen den Eheleuten die Durchführung des Zugewinnausgleichs vereinbart, ohne dass der Güterstand geändert wird. Diese Vereinbarung ist steuerschädlich.[11]

4. Ausschluss des Ausgleichs bei anderer Beendigung der Ehe als durch Tod

8   Der Ausgleich des Zugewinns bei anderer Beendigung der Ehe als durch Tod (§ 1372 BGB) – also durch rechtskräftige Scheidung, Aufhebung – kann unter grundsätzlicher Beibehaltung der Zugewinngemeinschaft in einem Ehevertrag *ausgeschlossen* werden.[12] Dadurch vermeidet man die bei der Gütertrennung eintretende erbschaftsteuerliche Schlechterstellung und eine mögliche Erhöhung der Pflichtteilsquote von Abkömmlingen.

Ausschluss des Zugewinnausgleichs bei anderer Beendigung der Ehe als durch Tod

9 M   Verhandelt zu ..... am .....
Vor dem Notar ..... erschienen: .....
Die Erschienenen erklärten:
1. Wir sind deutsche Staatsangehörige und seit ..... verheiratet. Einen Ehevertrag haben wir nicht geschlossen, so dass wir im Güterstand der Zugewinngemeinschaft leben.
2. Wir vereinbaren unter Aufrechterhaltung der übrigen Bestimmungen über den gesetzlichen Güterstand den Wegfall des Zugewinnausgleichs für den Fall, dass unsere Ehe auf andere Weise als durch den Tod eines Ehegatten beendet werden sollte. Dieser Ausschluss gilt auch für einen vorzeitigen Zugewinnausgleich bei Getrenntleben.
3. Unser beiderseitiges Vermögen beträgt nach Abzug der Verbindlichkeiten ..... €.
                                                             ....., Notar

■ *Kosten.* Der Geschäftswert bei Eheverträgen ist nach § 100 Abs. 1 Satz 1 GNotKG die Summe der gegenwärtigen (getrennt zu ermittelnden) Vermögen der Eheleute, wobei Verbindlichkeiten des jeweiligen Ehegatten bei diesem gemäß § 100 Abs. 1 Satz 3 GNotKG nur bis zur Hälfte des Wertes abgezogen werden (modifiziertes Reinvermögen). Nach Nr. 21100 KV GNotKG ist eine 2,0 Gebühr zu erheben.

---

8 Vgl. insoweit BFH BStBl. II 1989, 897 zur möglichen Schenkungssteuerpflicht einer den zu ermittelnden Ausgleichsanspruch erheblich übersteigenden Ausgleichszahlung.
9 Vgl. BFH ZEV 2005, 490.
10 Vgl. BFH ZEV 2005, S. 419.
11 BFH ZEV 2006, S. 41 ff.
12 OLG Hamburg DNotZ 1964, 229; BayObLG FamRZ 1971, 258; *Beitzke*, DNotZ 1964, 692; *Knur*, DNotZ 1957, 471.

II. Berechnung und Vereinbarung der Ausgleichsforderung

1. *Zugewinn* ist der Betrag, um den das Endvermögen das Anfangsvermögen übersteigt (§§ 1373 bis 1377 BGB). Diese *rechnerische Größe* – Anfangsvermögen – geht aus von dem Überschuss des (Aktiv-)Vermögens über die Verbindlichkeiten jedes Ehegatten beim *Eintritt des gesetzlichen Güterstandes*, nämlich am 01.07.1958 oder am Tage der späteren Eheschließung. Der Abzug der Schulden erfolgt seit dem Gesetz zur Änderung des Zugewinnausgleichs- und Vormundschaftsrechts vom 06.07.2009 in voller Höhe (§ 1374 Abs. 3 BGB), sodass nun ein negatives Anfangsvermögen berücksichtigt wird. Auch vom *Endvermögen*, das einem Ehegatten bei Beendigung des gesetzlichen Güterstandes gehört (§§ 1375, 1384 BGB), also in der Regel beim Abschluss eines Ehevertrags oder bei Zustellung des Antrags auf Scheidung der Ehe (§ 1384 BGB),[13] werden die vorhandenen Verbindlichkeiten nun grundsätzlich in voller Höhe abgezogen.

10

2. Das Anfangsvermögen umfasst die dem Ehegatten bei Eintritt in den gesetzlichen Güterstand zustehenden rechtlich geschützten Positionen von wirtschaftlichem Wert, mithin neben seinen Sachen alle ihm zustehenden objektiv bewertbaren Rechte, die am Stichtag bereits entstanden sind.[14] *Hinzuzurechnen* ist dem Anfangsvermögen ein späterer von Dritten stammender unentgeltlicher Erwerb unter Lebenden oder von Todes wegen (§ 1374 Abs. 2 BGB). Eine Hinzurechnung von Vermögen im Rahmen des § 1374 Abs. 2 BGB erfolgt jedoch dann nicht, soweit es nicht den Umständen nach zu den Einkünften zu rechnen ist.[15] Die Aufzählung in § 1374 Abs. 2 BGB ist abschließend. Die Liste der privilegierten Erwerbstatbestände i.S.v. § 1374 Abs. 2 BGB kann nicht im Wege einer Analogie ergänzt werden; zulässig ist die Auslegung der in § 1374 Abs. 2 BGB verwandten Rechtsbegriffe dahin gehend, dass die mit diesem verwandten Erwerbsvorgänge ebenfalls privilegiert werden.[16] Nach Auffassung des Bundesgerichtshofes[17] – der damit seine frühere Rechtsprechung[18] ausdrücklich aufgegeben hat – sind unbenannte Zuwendung seitens der Schwiegereltern als Schenkungen zu werten und unter § 1374 Abs. 2 BGB zu subsumieren, wenn sie um der Ehe des eigenen Kindes willen erfolgt sind. Im Anfangs- und Endvermögen des Schwiegerkindes sind dabei die Schenkung selbst und der Rückforderungsanspruch der Schwiegereltern (aus den Grundsätzen über den Wegfall der Geschäftsgrundlage oder aus bereicherungsrechtlichen Grundsätzen) zu berücksichtigen.

11

Zuwendungen unter Ehegatten werden demgegenüber nicht im Rahmen von § 1374 Abs. 2 BGB, sondern nur nach § 1380 BGB berücksichtigt.[19] Zur Behandlung von Zuwendungen unter Ehegatten s. nachfolgend Rdn. 27.

12

Dem *Endvermögen* des Ehegatten werden Beträge *hinzugerechnet*, um die er durch *Schenkung, Verschwendung* oder absichtliche *Benachteiligung* sein Vermögen in den letzten 10 Jahren vermindert hat, es sei denn, dass der andere damit einverstanden war.

13

---

13 Vgl. BGHZ 46, 215.
14 BGH FamRZ 1981, 239.
15 Vgl. zur Abgrenzung etwa OLG Celle RNotZ 2015, 645 (unentgeltliche Zuwendung eines Dritten an einen Ehegatten).
16 BGH NJW 1995, S. 1313; OLG Düsseldorf FamRZ 2005, S. 1835; z.B. Zahlungen aus Lebensversicherungen eines dem Erwerber nahe stehenden Dritten oder Rückübertragungsansprüche nach dem Vermögensgesetz.
17 BGHZ 184, 190 ff. = DNotZ 2010, 852, 587 ff.; BGH DNotZ 2011, 301, 302; vgl. insoweit auch BGH, Urt. v. 26.11.2014 – XII ZB 666/13, NJW 2015, 690, 691; BGH, Urt. v. 03.12.2014 – XII ZB 181/13, NJW 2015, 1014.
18 Zuletzt BGH FamRZ 2006, 394.
19 BGH NJW 1982, S. 1093; 1987, S. 2814; FamRZ 1988, 373; a.A. MüKo-BGB/*Koch*, § 1374 BGB Rn. 23; Staudinger/*Thiele*, § 1380 BGB Rn. 24; Soergel/*Lange*, § 1374 BGB Rn. 14.

14 Die aus dem Anfangs- und dem Endvermögen der Ehegatten berechnete Ausgleichsforderung wird auf das nach Abzug aller Verbindlichkeiten tatsächlich vorhandene Endvermögen des ausgleichpflichtigen Ehegatten begrenzt, um die Gläubiger nicht zu benachteiligen (§ 1378 Abs. 2 Satz 1 BGB). Wird der Güterstand durch Scheidung der Ehe beendet, wird nach § 1384 BGB der Stichtag für die Berechnung und auch die Begrenzung der Ausgleichsforderung auf den Zeitpunkt der Rechtshängigkeit des Scheidungsantrages vorverlegt, um für den Ausgleichsberechtigten nachteilige Vermögensverlagerungen während des Scheidungsverfahrens zu verhindern. § 1384 BGB gilt aber auch zulasten des ausgleichspflichtigen Ehegatten, soweit dieser einen unverschuldeten Vermögensverlust zwischen Rechtshängigkeit des Scheidungsantrages und Beendigung des Güterstandes erfährt. Eine einschränkende Auslegung lehnt der Bundesgerichtshof[20] ausdrücklich ab und hält nur in Ausnahmefällen eine Ergebniskorrektur über § 1381 BGB für möglich.

15 3. Die *Bewertung* des Anfangs- und Endvermögens, der Hinzurechnungen zu beiden und der von beiden Größen abzuziehenden Verbindlichkeiten erfolgt nach den *gemeinen (Verkehrs-) Werten* zu den betreffenden Zeitpunkten; für land- und forstwirtschaftliche Betriebe jedoch nach den Ertragswerten, soweit eine Betriebsfortführung durch den Eigentümer oder seine Abkömmlinge erwartet werden kann, § 1376 Abs. 4 BGB.[21] Die Bereinigung des Anfangsvermögens im Hinblick auf einen möglicherweise eingetretenen Kaufkraftschwund ist auch im Zusammenhang mit der Errechnung des fiktiven – steuerfreien – Zugewinnausgleichsanspruchs i.S.v. § 5 ErbStG durchzuführen.[22] Beim Zugewinnausgleich unter Lebenden gehören zum Endvermögen nur Werte, die objektivierbar und bewertbar sind und die auch bei einem zu dem Bewertungsstichtag unterstellten Erbfall nicht erlöschen, sondern auf die Erben übergehen würden.[23] Der *good will* einer freiberuflichen Praxis ist beim Zugewinn grundsätzlich zu berücksichtigen, sofern eine Realisierung zulässig ist.[24] Zur Berechnung ist eine modifizierte Ertragswertmethode anzuwenden, welche zur Vermeidung einer Doppelverwertung einen an den individuellen Verhältnissen des Praxisinhabers orientierten Unternehmerlohn berücksichtigen muss.[25] Eine Unternehmensbeteiligung ist bei der Berechnung des Endvermögens bezogen auf den Berechnungsstichtag nach objektiven Kriterien zu bewerten.[26] Bei einer Unternehmensbeteiligung, die keinen Marktpreis hat, bilden im Regelfall der den *good will* einschließende Verkehrswert des Unternehmens und der Umfang der Beteiligung die wesentlichen Grundlagen für die Bemessung ihres Wertes.[27] Meist erfolgt eine ertragswertbezogene Betrachtung.[28] Zur Bewertung eines unrentablen Unternehmens s. BGH NJW 1982, 2441. – Die als Schadensersatz für Verdienstausfall gezahlte noch vorhandene Abfindung gehört zum Endvermögen.[29] – Der Lottogewinn eines Ehegatten ist ausgleichspflichtig.[30] – Unter den Zugewinnausgleich fallen auch die sogenannten *unechten*

---

20 BGH DNotI-Report 2012, 146, 147, wobei im konkreten Fall über die Berücksichtigung eines vom Ehegatten nicht verschuldeten Wertverfalls eines Wertpapierdepots zu entscheiden war.
21 S. BVerfG FamRZ 1985, 256; BGH FamRZ 1989, 1276.
22 BFH NJW 2008, S. 109.
23 BGH Rpfleger 1977, 201; vgl. auch BGH FamRZ 1983, 882: keine Analogie zu § 2313 BGB.
24 BGH NZG 2018, 396, 397; BGH DNotZ 2011, 856; BGH DNotZ 1977, 314; FamRZ 1991, 43; OLG Saarbrücken FamRZ 1984, 794; OLG München FamRZ 1984, 1096, *Eich*, Die Bewertung von Anwaltspraxen, 1995; s. aber auch OLG Celle FamRZ 1977, 397; ferner BGH Rpfleger 1977, 201 betr. *good will* des Unternehmens eines Handelsvertreters; BGH FamRZ 1978, 235 betr. *good will* eines kleinen Handwerksbetriebes; OLG Stuttgart FamRZ 1995, 1586: Kein *good will* bei Versicherungsagentur.
25 BGH DNotZ 2011, 856, 859 ff.; BGH NJW 2018, 61, 62; NZG 2018, 396, 397.
26 BGH NJW 2014, 294, 297; NJW 2018, 61, 62.
27 BGH FamRZ 1980, 37; *Reimann*, FamRZ 1989, 1248.
28 OLG Hamm FamRZ 1998, 235.
29 BGH FamRZ 1982, 148.
30 BGH DNotZ 2014, 284 im Anschluss an BGH FamRZ 1977, 124, wobei sich gerade hieran zeigt, wie sinnvoll bei Fortbestand einer gescheiterten Ehe eine einvernehmliche Regelung zur Durchführung des Zugewinnausgleichs ist.

Wertsteigerungen. Bei Grundstücken und eigentumsähnlichen Rechten an Grundstücken ist ein *echter Wertzuwachs* nicht unbedingt davon abhängig, dass der Baugrund oder das Bauwerk wertsteigernde Veränderungen erfahren hat.[31] – Die durch den Kaufkraftschwund eingetretene nur nominelle Wertsteigerung des Anfangsvermögens ist kein Zugewinn i.S.d. § 1373 BGB.[32]

16 Die Vererblichkeit des Gegenstandes ist nicht erforderlich, sodass auch Nießbrauch oder »Nutzwert« für einen Vorerben ausgleichspflichtig sind.[33]

17 Die Anwartschaft eines Soldaten auf Zeit auf Übergangsgebührnisse nach § 11 SVG ist bei der Berechnung des Zugewinnausgleichs nicht zu berücksichtigen,[34] ebenso wenig die Übergangsbeihilfe nach § 12 SVG.[35] Ferner bleiben sämtliche Vermögenspositionen unberücksichtigt, soweit sie auf andere Weise ausgeglichen werden[36] sowie für die Befriedigung von Unterhaltsansprüchen eingesetzte Vermögensgegenstände.[37] Künftige Ansprüche, deren Entstehung ungewiss ist, gehören nicht zum Endvermögen und sind damit ebenfalls nicht ausgleichspflichtig (z.B. künftige Einkünfte aus einem Arbeits- oder Dienstverhältnis; Renten- und Versicherungsleistungen; Ansprüche aus Dauerschuldverhältnissen, deren Leistungen noch nicht fällig sind).[38] Am Bewertungsstichtag bestehende Unterhaltsrückstände sind im Endvermögen des Unterhaltsschuldners als Passivposten anzusetzen.[39] Im Innenverhältnis zwischen den Ehegatten anteilig zu tragende Gesamtschulden sind, soweit sie noch bestehen, jeweils in voller Höhe als Passiva im Endvermögen zu berücksichtigen. Zugleich ist auch und unabhängig von der Befriedigung des Gläubigers, der jeweilig anteilige Ausgleichsanspruch gegen den anderen Ehegatten als Aktivposten anzusetzen, soweit dieser Anspruch tatsächlich realisierbar wäre, wobei auch ein dem ausgleichspflichtigen Ehegatten zustehender Zugewinn zu berücksichtigen ist.[40]

18 Zum Unterschied zwischen Zugewinnausgleich und Versorgungsausgleich, insbesondere zu der speziell den Versorgungsausgleich betreffenden Regelung in § 2 VersAusglG: Lebensversicherungen können sowohl dem Zugewinnausgleich als auch dem Versorgungsausgleich unterliegen. Man differenziert danach, ob die Versicherung speziell für das Alter oder die Zeit einer verminderten Erwerbsfähigkeit bestimmt ist (Versorgungsausgleich) oder nicht dem Ersatz für das bisherige Erwerbseinkommen dienen soll (Zugewinnausgleich). Bei Kapitallebensversicherungen mit Rentenwahlrecht unterliegt die Lebensversicherung nur dann dem Versorgungsausgleich, wenn das Wahlrecht bis zur Rechtshängigkeit des Scheidungsantrages ausgeübt wurde.[41] Eine Rentenversicherung mit Kapitalwahlrecht unterliegt dem Zugewinnausgleich erst dann, wenn das Wahlrecht ausgeübt wurde (auch nach Rechtshängigkeit des Scheidungsantrages noch möglich).[42] Nach der Strukturreform des Versorgungsausgleichs zum 01.09.2009 unterfallen nun sämtliche Anrechte i.S.d. Betriebsrentengesetzes und des Altersvorsorge-Zertifizierungsgesetzes dem Versorgungsausgleich, auch wenn sie auf Kapitalzahlung gerichtet sind (§ 2 Abs. 2 Nr. 3 Halbs. 2 VersAusglG).

---

31 OLG München FamRZ 1968, 167; s.a. *Stuby*, FamRZ 1967, 181.
32 BGHZ 61, 385 OLG Hamm, FamRZ 1984, 275.
33 BGH NJW 2001, S. 439; 2004, S. 1921; Palandt/*Brudermüller*, § 1375 BGB Rn. 2.
34 BGH FamRZ 1980, 39.
35 BGH FamRZ 1983, 881.
36 BGH NJW 1995, S. 523, vgl. zum Versorgungsausgleich § 1587 Abs. 3 BGB.
37 Arbeitsrechtliche Abfindungen BGH FamRZ 2004, S. 1353; näher *Gerhardt/Schulz*, FamRZ 2005, S. 145.
38 Vgl. Palandt/*Brudermüller*, § 1375 BGB Rn. 6.
39 BGH DNotZ 2011, 303, 307.
40 BGH DNotZ 2011, 303, 307 f.
41 BGH NJW 1984, 299.
42 BGH FamRZ 2012, 1039, 1040; BGH FamRZ 2011, 1931, 1932; BGH FamRZ 2003, 664.

Hausrat wird im Zugewinnausgleich berücksichtigt, soweit er im Alleineigentum eines Ehegatten steht. Eine Zuweisung im Hausratverfahren nach § 1568b BGB ist nur bei gemeinschaftlichem Eigentum der Ehegatten zulässig, sodass alle übrigen Hausratgegenstände dem güterrechtlichen Ausgleich unterliegen.[43]

19   4. Der Wert des *Anfangsvermögens* und der ihm hinzuzurechnenden Gegenstände ist in einem gemeinsamen Verzeichnis festzuhalten, dessen Richtigkeit im Verhältnis der Ehegatten zueinander vermutet wird (§ 1377 Abs. 1 BGB). Die Aufstellung eines Verzeichnisses empfiehlt sich besonders wegen der ohne Verzeichnis geltenden *Vermutung*, dass das *Endvermögen* des Ausgleichspflichtigen Zugewinn darstellt (§ 1377 Abs. 3 BGB). Die Aufnahme des Verzeichnisses durch einen Notar kann jeder Ehegatte fordern (§ 1377 Abs. 2 i.V.m. § 1035 BGB) und zwar in Anlehnung an die Rechtsprechung zum Nachlassverzeichnis wohl auch dann, wenn das Verzeichnis zuvor bereits privatschriftlich errichtet worden ist.[44] Der jeweilige Verpflichtete hat bei der Errichtung des Verzeichnisses durch den Notar persönlich anwesend zu sein.[45]

Einfache Inventarisierung des Anfangsvermögens der Eheleute

20 M   Köln, den .....
Der unterzeichnende Notar ..... in ..... wurde von den Eheleuten ..... in ..... gebeten, in ihrer Wohnung ein Verzeichnis des bei Eintritt des Güterstandes der Zugewinngemeinschaft am Tage ihrer Eheschließung, nämlich am ..... jedem von ihnen gehörenden Vermögens und der jedem obliegenden Verbindlichkeiten aufzunehmen.
Die Eheleute erklärten dem Notar dort zunächst, dass in der seither verflossenen kurzen Zeit eine nennenswerte Änderung nicht eingetreten sei, so dass der heutige Vermögensstand gegenüber dem zum Beginn des gesetzlichen Güterstandes unverändert sei.
Sie bezeichneten übereinstimmend die jedem von ihnen zustehenden Vermögensgegenstände und die Verbindlichkeiten jedes einzelnen. Des Mannes Vermögen ist in der Anlage 1 und das Vermögen der Frau in der Anlage 2 aufgeführt. Die Eheleute bestätigen, dass das Reinvermögen des Mannes beim Eintritt in den gesetzlichen Güterstand, das heißt am Tage der Eheschließung ..... € und das reine Vermögen der Frau ..... € betrug.

....., Notar

■ *Kosten.* Der Geschäftswert entspricht nach § 115 Satz 1 GNotKG dem Wert der verzeichneten Gegenstände. Es ist nach Nr. 23500 KV GNotKG eine 2,0 Gebühr zu erheben. Eine Zusatzgebühr (Auswärtsgebühr gemäß Nr. 26002 KV GNotKG) entsteht daneben nach Vorbem. 2.3.5 KV GNotKG nicht.

21   Soweit von der gesetzlichen Bewertung abgewichen und das Anfangsvermögen willkürlich bestimmt wird, handelt es sich nicht mehr um ein reines Verzeichnis, für das die Vermutung des § 1377 Abs. 1 BGB allein gilt. Durch die Vereinbarung wird der gesetzliche Güterstand geändert, was der Beurkundung als Ehevertrag nach § 1410 BGB bedarf.

---

43   BGH FamRZ 2011, 1039, 1040.
44   OLG Karlsruhe ZEV 2007, 329.
45   OLG Koblenz ZEV 2007, 493.

Ehevertrag: Vereinbarungen über den Zugewinnausgleich § 83

Vereinbarte Feststellung des Anfangsvermögens

22 M

Verhandelt zu ..... am .....
Vor dem unterzeichnenden Notar ..... erschienen: .....
Die Erschienenen erklärten:
Wir leben im gesetzlichen Güterstand der Zugewinngemeinschaft.
Wir überreichen zwei Vermögensverzeichnisse. Das erste mit »A.V.M.« bezeichnete Vermögen, das dem Ehemann am Tag der Eheschließung gehörte. Die zu den einzelnen Vermögensgegenständen angegebenen Werte sind von uns selbst geschätzt worden und sollen ohne Rücksicht auf eine etwa mögliche andere Bemessung für das Anfangsvermögen von uns maßgebend sein. Das gilt auch für den von uns angegebenen Umfang des Aktivvermögens und für die Höhe der Verbindlichkeiten.
Das Anfangsvermögen des Mannes betrug danach unter Abzug der Verbindlichkeiten 15.000 €. Darin ist ein Wert von etwa 12.000 € enthalten, der vom Ehemann erst nach Beginn des Güterstandes erworben ist. Wir wollen ihn aber bewusst so behandeln, als ob er ihm schon am Tag der Eheschließung gehört hätte.
Zum Anfangsvermögen der Frau von 5.000 € sind die von ihr ererbten Vermögensgegenstände, die in dem Verzeichnis »G.V.F.« aufgeführt sind, mit 12.000 € hinzuzurechnen, so dass es ebenso wie ihr gegenwärtiges Vermögen 17.000 € betrug.
oder pauschal ohne Vermögensverzeichnisse:
Wir vereinbaren, dass das Anfangsvermögen des Ehemannes i.S.d. § 1374 Abs. 1 BGB 30.000 €, das Anfangsvermögen der Ehefrau 20.000 € betrug und diese Werte für den heutigen Vermögensstand noch maßgeblich sind.

....., Notar

■ *Kosten.* Siehe Rdn. 9 M.

Vollständige Ausklammerung von Drittzuwendungen aus dem Zugewinnausgleich

5. Nach § 1374 Abs. 2 BGB zählen auch nach Eintritt des Güterstandes erhaltene Schenkungen, Ausstattungen oder Zuwendungen von Todes wegen zum Anfangsvermögen eines Ehegatten, nicht jedoch während der Ehe anfallende Erträge oder Wertsteigerungen, s.o. Rdn. 15. Zur Vermeidung von Abgrenzungsproblemen kann insb. bei größeren Vermögensgegenständen eine genauere Abgrenzung der Vermögensmassen vertraglich geboten sein.

23

Ausschluss von Drittzuwendungen aus dem Zugewinnausgleich

Schenkungen, Ausstattungen oder sonstige unentgeltliche Drittzuwendungen sowie Erwerbe von Todes wegen oder im Hinblick auf ein künftiges Erbrecht werden dem Anfangsvermögen des bedachten Ehegatten zugerechnet. Das gilt ebenso für Wertsteigerungen solcher Vermögensgegenstände, die nachweislich an deren Stelle tretenden Surrogate sowie Erträge hieraus, die von dem betreffenden Ehegatten gesondert verwaltet werden. Verwendungen auf die Vermögensgegenstände werden jedoch mit ihrem Wert zum Zeitpunkt der Verwendung (fiktiv) dem Endvermögen des Eigentümers/Ehegatten hinzugerechnet, soweit sie nicht aus dem ausgeklammerten Vermögen(serträgen) stammen oder einem Vermögensgegenstand zugutekommen, der der gemeinsamen Lebensführung dient, insbesondere dem Familienheim. Die Verwendung durch den anderen Ehegatten gilt jedoch als Hingabe eines zinslosen Darlehens, das bei Beendigung der Ehe in anderer Weise als durch Tod fällig wird, wenn und soweit pro Jahr ein Betrag von 5.000,- € überschritten wird.

24 M

25 Die vorgesehene Hinzurechnung des unentgeltlichen Erwerbs unter Lebenden und von Todes wegen zum Anfangsvermögen kann vertraglich ausgeschlossen werden, ebenso aber auch die Hinzurechnung der durch unentgeltliche Zuwendungen herbeigeführten Vermögensminderung zum Endvermögen (§§ 1374 Abs. 2, 1375 Abs. 2 Satz 1 BGB; letzteres zur Klarstellung, s.o. Rdn. 11 ff.).

Ausschluss von Hinzurechnungsposten

26 M   Verhandelt zu ..... am .....
Vor dem Notar ..... erschienen: .....
Die Erschienenen erklärten:
Wir leben im gesetzlichen Güterstand der Zugewinngemeinschaft. Wir vereinbaren jedoch abweichend von der Regelung in den §§ 1374 Abs. 2 und 1375 Abs. 2 BGB:
Dem Anfangsvermögen eines jeden von uns werden die unentgeltlichen Erwerbe, die er von Todes wegen oder unter Lebenden erhält, nicht hinzugerechnet. Auch diese Vermögensmehrungen zeigen sich also im Zugewinn.
Andererseits sollen unentgeltliche Zuwendungen, die wir einander machen, dem Endvermögen nicht hinzugerechnet werden.
                                                                                                             ....., Notar

■ *Kosten.* Der Geschäftswert bemisst sich gemäß § 100 Abs. 2 GNotKG nach dem Wert der betreffenden Gegenstände, wobei zukünftiges Vermögen gemäß § 100 Abs. 3 GNotKG mit 30 % zu bewerten ist. Maximal ist nach § 100 Abs. 2 GNotKG a.E. der Gesamtwert des ehelichen Vermögens nach § 100 Abs. 1 GNotKG (modifiziertes Reinvermögen) anzusetzen, siehe Rdn. 9 M. Nach Nr. 21100 KV GNotKG ist eine 2,0 Gebühr zu erheben.

Zuwendungen unter den Ehegatten

27 6. Besonders einzuordnen sind Zuwendungen unter Ehegatten. Im Regelfall liegt keine Schenkung, sondern eine sogenannte *ehebedingte Zuwendung* vor.[46] Eine Vermutung für eine Schenkung besteht aber, wenn dieser Terminus ausdrücklich in notarieller Urkunde verwendet wird.[47] Der Begriff »ehebedingte Zuwendung« sollte deshalb Eingang in die Urkunde finden. Dann scheidet auch ein Widerruf der Schenkung wegen groben Undanks gemäß § 530 BGB bei Ehescheidung aus.[48] Auch eine Kondiktion gemäß § 812 Abs. 1 Satz 2 Alt. 1 o. 2 BGB scheidet aus, weil die Ehe nicht causa der Zuwendung war, sie verpflichtete nicht zu derselben.[49] Ebenso scheiden gesellschaftsrechtliche Auseinandersetzungsregeln aus, wenn Ehegatten nicht ausdrücklich eine solche Gesellschaft gegründet haben.[50] Nur in Ausnahmefällen kommen die Grundsätze des Wegfalls der Geschäftsgrundlage in Betracht, weil die Ehe als Geschäftsgrundlage betrachtet werden kann.[51] Den Ausgleich unentgeltlicher Zuwendungen unter Ehegatten übernimmt bei Zugewinngemeinschaft § 1380 BGB. § 1374 Abs. 2 BGB gilt nicht, selbst dann nicht, wenn die Zuwendung (ausdrücklich) mit Rücksicht auf das künftige Erbrecht des Ehegatten erfolgt ist.[52] Erfolgt ausnahmsweise eine Korrektur über § 242 BGB bei Gütertrennung, ist Ausgleich in Geld zu leisten.[53]

---

46 BGH FamRZ 2006, 1022; vgl. aber *Seif*, FamRZ 2000, 1193.
47 BGH FamRZ 2006, 1023.
48 BGH NJW 1983, 668.
49 Staudinger/*Voppel*, § 1356 BGB Rn. 59.
50 Hierzu BGHZ 82, 346.
51 BGHZ 82, 227, 232; 84, 361, 368; OLG Celle FamRZ 1997, 563; Staudinger/*Voppel*, § 1356 BGB Rn. 60.
52 BGH MittBayNot 2011, 64.
53 *Wever*, FamRZ 1996, 905, 910 m.w.N.

Die Frage ist vor allem von Bedeutung für eine eventuelle Rückforderung von Zuwendungen. Es empfiehlt sich allgemein ehevertraglich klarzustellen, dass Zuwendungen nur bei entsprechender Vereinbarung der Ehegatten rückforderbar sind.   28

Ausschluss der Rückforderungen von Zuwendungen

Für unsere Ehe stellen wir unabhängig von jeglichem jetzt oder in Zukunft geltenden gesetzlichen oder gewählten Güterstand klar: 29 M
Zuwendungen jeglicher Art zwischen uns können, gleich aus welchem Rechtsgrund und gleich zu welchem Zeitpunkt, nur zurückverlangt werden, wenn dies bei der Zuwendung mindestens schriftlich vereinbart wurde. Eine spätere abweichende Vereinbarung bedarf der Form des Ehevertrages.

■ *Kosten.* Siehe Rdn. 26 M.

Die dingliche Rückforderung einer Zuwendung im Einzelfall bedarf ebenfalls also unabhängig vom Güterstand – will man nicht auf die vage Geschäftsgrundlagenlehre setzen – einer ausdrücklichen Regelung im Sinne einer Rückforderungsklausel. Das gilt sogar verstärkt im gesetzlichen Güterstand, weil der Zugewinnausgleich nach der Rechtsprechung in aller Regel den Rückgriff auf andere Ausgleichsmöglichkeiten erübrigt.   30

Für den Rückforderungsfall muss geregelt sein, dass Verwendungen des anderen Ehegatten auf das Objekt ebenfalls erstattet werden (bei Zugewinn: soweit aus Anfangsvermögen). Verwendungen seitens des Rückfordernden, insbesondere im Rahmen der Schuldentilgung, sind unabhängig von der Außenhaftung (meist Gesamtschuld) darauf zu prüfen, ob sie im Innenverhältnis in voller Höhe Ausfluss seiner Unterhaltspflicht waren oder ihrerseits teilweise ebenfalls Zuwendungen darstellten.[54] Andernfalls ist Anlass zu weiteren Vereinbarungen, etwa auf Darlehensbasis.   31

Rückforderungsvorbehalt (s. auch § 83 Rdn. 29 M)

Im Falle der rechtskräftigen Scheidung der Ehe hat der Ehemann Anspruch auf Rückübertragung des in dieser Urkunde übertragenen Grundbesitzes. Soweit die Ehefrau aus dem Anfangsvermögen Verwendungen auf den Grundbesitz gemacht hat, sind ihr diese Zug um Zug zu erstatten. Die Ehefrau ist aus der Mithaft für auf dem Grundbesitz dinglich abgesicherte Verbindlichkeiten Zug um Zug gegen Abtretung aller in Ansehung der Belastungen bestehender Eigentümerrechte zu entlassen. Zweckerklärungen sind entsprechend abzuändern, dass diese ab diesem Zeitpunkt nur noch für Verbindlichkeiten des Ehemannes Sicherheit leisten.   32 M
Die Ehefrau haftet als Gesamtschuldner für die Baufinanzierung des Grundbesitzers, X-Str. 10. Im Innenverhältnis gelten Zins- und Tilgungsleistungen auf dieses Objekt als je zur Hälfte erbracht. Die Beteiligten vereinbaren, dass die auf die Ehefrau entfallenden Zins- und Tilgungsleistungen – zinslos addiert – Darlehensweise gewährt werden. Das Darlehen ist erst bei Beendigung der Ehe zwischen den Beteiligten kündbar. Endet die Ehe der Beteiligten durch Tod eines Ehegatten, so erlischt die Darlehensforderung, sofern die Ehefrau nicht über sie ganz oder teilweise von Todes wegen zugunsten ihrer Abkömmlinge aus erster Ehe verfügt hat. Ab Kündbarkeit ist das Darlehen mit 5 vom Hundert über dem jeweiligen Basiszins gemäß § 247 BGB zu verzinsen.

---

54 Zur Ehegattengesamtschuld *Kleinle*, FamRZ 1997, 8; *Wever*, FamRZ 2000, 903.

Die Abtretung oder Pfändung von Rechten, die aufgrund dieser Vereinbarung entstehen, wird ausgeschlossen.
Für einen eventuellen künftigen Zugewinnausgleich zwischen den Beteiligten zählt die Darlehensforderung der Ehefrau zu deren Anfangsvermögen.

- *Kosten.* Kein gesonderter Ansatz, da Teil des Veräußerungsvertrages.

33 Die von seinem Ehepartner empfangenen Zuwendungen muss sich der Ehegatte auf seine *Ausgleichsforderung* anrechnen lassen, wenn der Wert des Empfangenen den Wert der für die Verhältnisse der Eheleute üblichen Gelegenheitsgeschenke übersteigt. Dem Zugewinn des Zuwendenden ist andererseits der Betrag hinzuzurechnen (§ 1380 BGB). Die Befugnis, die Anrechnung der Zuwendung auf den Zugewinn gemäß § 1380 BGB anzuordnen, kann für die Zukunft nicht ausgeschlossen werden.[55] Rechtlich zulässig sind – auch nachträgliche – Vereinbarungen zu einer Anrechnung einer Zuwendung auf den Zugewinn, wobei die Vereinbarung der Form des Ehevertrages bedarf.[56] Danach kann in Abänderung des gesetzlichen Güterstandes vereinbart werden:

Ausschluss einer Anrechnung von Zuwendungen

34 M ..... Wir leben im Güterstand der Zugewinngemeinschaft. Abweichend von der gesetzlichen Regelung vereinbaren wir jedoch:
Unsere bisherigen gegenseitigen Zuwendungen – gleich aus welchem Rechtsgrund – werden auf eine etwaige Ausgleichsforderung grundsätzlich nicht angerechnet.
Dem Zugewinn des Zuwendenden werden die Zuwendungen an den anderen auch nicht hinzugerechnet. Künftige Zuwendungen werden nur angerechnet, wenn dies bei der Zuwendung mindestens schriftlich vereinbart wurde.
Unsere bisherigen Zuwendungen belaufen sich auf 10.000 €; in Zukunft rechnen wir mit etwa gleich hohen.

....., Notar

- *Kosten.* Siehe Rdn. 26 M.

35 Alternativ hierzu ist der Ausschluss der Anrechnung bei Vornahme der einzelnen Zuwendung gemäß § 1380 Abs. 1 Satz 1 BGB möglich und zu klären. Ist die Anrechnung einer Zuwendung nach § 1380 BGB erforderlich, so setzt dies zunächst voraus, dass gegen den Zuwendenden überhaupt ein Ausgleichsanspruch besteht. Überträgt z.B. der Ehemann ein Grundstück im Wert von 100.000 € auf die Ehefrau und ist weiteres Vermögen am Ende der Ehe bei keinem der Ehegatten vorhanden, so ergibt sich keine Anrechnungsmöglichkeit, da das Endvermögen der Ehefrau, das zugleich den Zugewinn darstellt, 100.000 € beträgt, während das Endvermögen des Ehemann 0 € ist. Der Ehemann hat einen normalen Zugewinnausgleichsanspruch von 50.000 €. Hat hingegen der Ehemann selbst noch 300.000 € Zugewinn gemacht, greift § 1380 BGB ein.

36 Weiteres Beispiel: Der Ehemann hat der Ehefrau während der Ehe ein Grundstück im Wert von 100.000 € zugewandt. Das Anfangsvermögen des Ehemannes betrug 100.000 €; das Endvermögen beträgt 400.000 €. Das Anfangsvermögen der Ehefrau betrug 0 €; das

---

55 Staudinger/*Thiele*, § 1380 BGB Rn. 31; MüKo-BGB/*Koch*, § 1380 BGB Rn. 23.
56 Bamberger/Roth/*Mayer*, § 1380 BGB Rn. 4; Soergel/*Lange*, § 1380 BGB Rn. 5; a.A. Staudinger/*Thiele*, § 1380 BGB Rn. 16; MüKo-BGB/*Koch*, § 1380 BGB Rn. 6: formlose nachträgliche Anrechnungsanordnung möglich.

Endvermögen beträgt 100.000 €. Die Ehefrau hätte mithin einen Ausgleichsanspruch (Zugewinn des Ehemannes: 300.000 €; Zugewinn der Ehefrau: 100.000 €; Ausgleichsanspruch der Ehefrau: 100.000 €). Unter Berücksichtigung der Zuwendung des Ehemannes, die seinem Zugewinn hinzugerechnet werden muss (§ 1380 Abs. 2 BGB), ergibt sich aufgrund der Anrechnung der Zuwendung auf den Ausgleichanspruch der Ehefrau folgendes Ergebnis:

Zugewinn des Ehemannes:	300.000,00 €
Zugewinn der Ehefrau	100.000,00 €
Mehrzugewinn des Ehemannes	200.000,00 €
Ausgleichsforderung der Ehefrau:	100.000,00 €
Anrechnung des Vorempfangs:	100.000,00 €
Forderung der Ehefrau:	0,00 €.

37 Wird der zugewendete Gegenstand aufgrund eines entsprechenden Vorbehalts zurückgefordert, wird er zur Berechnung des Zugewinns dem Endvermögen des Rückfordernden zugerechnet. Im vorigen Beispiel rechnet man zum Endvermögen des Ehemannes von 300.000 € das Grundstück selbst wieder hinzu, sodass das Endvermögen 400.000 €, der Zugewinn 300.000 € beträgt. Das Endvermögen der Ehefrau ist Null, ihr Zugewinnausgleichsanspruch beträgt 150.000 €.

38 Wertsteigerungen in der Ehe fallen ebenfalls in den Zugewinn. Würde der Grundbesitz im vorigen Beispiel während der Ehe aus zugewinnausgleichspflichtigem Vermögen bebaut und beträgt sein Wert am Ende der Ehezeit 400.000 €, so führt die Rückübertragung zwar dazu, dass die Ehefrau die Hälfte der Wertsteigerung (150.000 €), die sie wirtschaftlich im Zugewinn erbracht hat, verliert. Da die Wertsteigerung aber voll in den Zugewinn fällt und nach Rückforderung bei A vorliegt, findet ein voller Wertausgleich statt. Es muss allerdings Vorsorge getroffen werden, dass ein Ausgleich des Wertzuwachses nicht mangels Substanz scheitert. Beträgt das Endvermögen des Ehemannes *ohne* Berücksichtigung des Grundbesitzes z.B. 0 €, während das Endvermögen der Ehefrau noch einen Zugewinn von 300.000 € enthält, hat der Ehemann nach Rückforderung des Grundbesitzes unter Berücksichtigung des Anfangsvermögens von 100.000 € einen Zugewinn von 300.000 €, ebenso die Ehefrau. Die Ehefrau hat also keinen Ausgleichsanspruch, obwohl wirtschaftlich die Hälfte des Wertzuwachses des Grundbesitzes ihr zuzurechnen war. Im Hinblick auf solche Fälle kann gegen eine Rückforderung, die den Zugewinnausgleich zulasten der Ehefrau verkürzt, Vorsorge getroffen werden.

Beschränkung der Rückforderung von Zuwendungen

39 M **Die Rückforderung ist nur zulässig, wenn der Zugewinn des Ehemannes (Veräußerer) nicht geringer ist als die der Ehefrau (Erwerber) zuzurechnende Wertsteigerung des Grundstücks. Ist der Zugewinn des Ehemanns geringer, kann er die Rückforderung dennoch geltend machen, wenn er Zug um Zug mit Rückübereignung des Grundstücks den Differenzbetrag zwischen seinem Zugewinn und der der Ehefrau zuzurechnenden Wertsteigerung zahlt.**

- ■ *Kosten.* Kein gesonderter Ansatz, da Teil des Veräußerungsvertrages.

40 Möglich ist schließlich, das Rückforderungsobjekt insgesamt vom Zugewinnausgleich auszunehmen, sodass insbesondere Wertsteigerungen, Verwendungen und objektbezogene Verbindlichkeiten nicht in die Berechnung einbezogen werden. Das liegt insbesondere dann nahe, wenn es sich um eine rein formale Verschiebung der Eigentumsverhältnisse handelt, etwa zur Vermeidung eines Gläubigerzugriffs.

Ausschluss von Zuwendungsobjekten vom Zugewinnausgleich

41 M Verlangt der Ehemann die Rückübertragung des Grundbesitzes, bleiben der Grundbesitz selbst, eventuell auf ihn getätigte Verwendungen sowie auf ihm lastende Verbindlichkeiten für die Durchführung des Zugewinnausgleichs unberücksichtigt. Sie werden weder zur Berechnung des Anfangs- noch des Endvermögens eines Ehegatten hinzugezogen. Wird das Rückforderungsverlangen nicht gestellt, verbleibt es jedoch bei § 1380 BGB.

■ *Kosten.* Kein gesonderter Ansatz, da Teil des Veräußerungsvertrages.

42 In allen Fällen entsteht ein Rückforderungsrecht erst mit Beendigung des Güterstandes. Das Rückforderungsrecht selbst ist als zweckgebundenes höchstpersönliches Recht gemäß § 399 BGB, § 852 ZPO einer Pfändung durch Gläubiger nicht zugänglich.[57]

Ausschluss eines Gesellschaftsanteils vom Zugewinn

43 7. Die Bewertung des Anteils an einer Personengesellschaft ist vielfach zweifelhaft und seine Heranziehung für die Berechnung des Zugewinnausgleichs für die Gesellschaft lästig. Man kann daher in solchen Fällen den Anteil wertmäßig für die Zugewinnausgleichsberechnung neutralisieren.

Ausschluss eines Gesellschaftsanteils vom Zugewinnausgleich

44 M ..... Wir vereinbaren in Abweichung von der gesetzlichen Regelung der Zugewinngemeinschaft:
Zum Zugewinn des Ehemannes rechnet nicht ein etwaiger Mehrwert, den sein Kapitalanteil an der ..... OHG in ..... bei der Beendigung des Güterstandes gegenüber dem Beginn haben würde.
Die Beteiligung wird, solange sie besteht, unverändert mit dem zum ..... festgestellten Betrag angerechnet.
Die Befriedigung einer Ausgleichsforderung darf nicht aus dem Kapitalanteil erfolgen.
....., Notar

■ *Kosten.* Siehe Rdn. 26 M.

45 Alternativ besteht die Möglichkeit, das betriebliche Vermögen generell als nicht vorhanden zu betrachten. Nachteil dieser Methode ist, dass das Endvermögen des betreffenden Ehegatten negativ werden kann und dadurch bei negativem Anfangs- und Endvermögen kein Ausgleichsanspruch entsteht.

Ausschluss des Betriebsvermögens aus dem Zugewinnausgleich mit Ausgleichsklausel

46 M Das vom Ehemann betriebene EDV-Beratungsunternehmen Peter Schmitz e.K. und seine Beteiligungen an der Software Solution GmbH & Co KG, Köln – AG Köln HRA 27014 und 29311, also der ordnungsgemäß bilanzierte Wert solcher Beteiligungen/Inhaberschaften und die sich aus solchen Beteiligungen/Inhaberschaften nach ordnungsgemäßer Bilanzierung ergebenden Erträge und Verluste, werden im Zugewinn-

---

[57] *Wüllenkemper,* JR 1988, 353.

ausgleich weder bei der Ermittlung des Anfangs- noch des Endvermögens berücksichtigt. Dies gilt auch für nicht zum Firmen- bzw. Gesellschaftsvermögen gehörende Gegenstände, die steuerlich als Sonderbetriebsvermögen gelten oder sonst zur betrieblichen Nutzung überlassen wurden sowie Gewinnansprüche, Guthaben aus Gesellschafterkonten, Gewinnvorträge und -rücklagen sowie die den vorgenannten Unternehmungen des Ehemanns betreffende, von dem Ehemann eingegangene Verbindlichkeiten, etwa Darlehen.

Auch die künftig zu erwartenden Inhaberschaften beziehungsweise Beteiligungen jeder Art des Ehemannes an Unternehmungen in der EDV-Branche, die nicht lediglich eine Kapitalanlage darstellen, sondern an denen der Ehemann über eine reine Kapitalbeteiligung hinaus mitwirkt, finden bei der Ermittlung des Anfangs- und Endvermögens keine Berücksichtigung.

Erträge der Unternehmung, die den Rücklagen zugeführt werden, und Unternehmensdarlehen sind ebenfalls vom Zugewinnausgleich ausgenommen, soweit dies den Grundsätzen einer ordnungsgemäßen Wirtschaftsführung entspricht. Entnommene Gewinne fallen dem gegenüber in den Zugewinnausgleich und sind beim Endvermögen zu berücksichtigen. Werden jedoch bereits endgültig entnommene Gewinne wieder in Unternehmung transferiert, so unterliegen sie dem Zugewinnausgleich. Sie gelten im Sinne von § 1378 Abs. 2 BGB als vorhandenes Vermögen. Dies gilt auch für die Bildung von gewillkürtem Unternehmensvermögen.

Wenn an die Stelle der vorstehend genannten Unternehmungen ein Ersatz oder Erlös getreten ist, sind diejenigen Vermögenswerte, die als ein solches Surrogat anzusehen sind, sowie deren Wertsteigerungen ebenfalls vom Zugewinnausgleich ausgenommen. Die Zwangsvollstreckung in das vom Zugewinnausgleich ausgenommene Vermögen wegen etwaiger Zugewinnausgleichsansprüchen seitens der Ehefrau ist unzulässig.

Die Ehegatten sind darüber einig, dass die Verfügungsbeschränkung des § 1365 BGB hinsichtlich der vorstehend vom Zugewinnausgleich ausgenommenen Vermögensgegenstände ausgeschlossen sein soll, so dass der Ehemann ohne Zustimmung der Ehefrau über derartige Vermögensgegenstände frei verfügen kann, auch wenn diese Rechte das ganze oder das nahezu ganze Vermögen des Verfügenden ausmachen.

Ein Anspruch auf Zugewinnausgleich besteht nicht, wenn derjenige Ehegatte, der nach den vorstehenden Bestimmungen zum Zugewinnausgleich verpflichtet wäre, nach den gesetzlichen Bestimmungen allein, also ohne Anwendung der vorstehenden Bestimmungen, zu einem solchen Zugewinnausgleich nicht verpflichtet wäre.

Als Ausgleich für vorstehende Ausklammerung überträgt der Ehemann seiner Ehefrau in gesonderter Urkunde vom heutigen Tage das Familienheim Peterstr. 10, 50999 Köln zu Alleineigentum mit der Maßgabe, dass dieser Grundbesitz einschließlich seiner Wertsteigerungen und Erträge auf Seiten der Ehefrau weder zum Anfangs- noch zum Endvermögen zählt.

■ *Kosten.* Siehe Rdn. 26 M.

Festsetzung eines geringeren Bruchteils vom Mehrgewinn als Ausgleichsforderung

..... Wir vereinbaren in Abweichung von § 1378 Abs. 1 BGB: **47 M**
Nicht die Hälfte des Überschusses des Zugewinns eines Ehegatten über den des anderen soll der andere als Ausgleichsforderung erhalten, sondern nur ein Viertel.
Wir schätzen den Mehrgewinn des Ehemannes im jetzigen Zeitpunkt auf 50.000 €.
....., Notar

■ *Kosten.* Siehe Rdn. 26 M.

Auseinandersetzung über den Ausgleich nach Ehescheidung

48 8. Nach *rechtskräftiger Scheidung* bedarf die *Auseinandersetzung keiner Form*, hier ist sie formbedürftig wegen Beurkundung der Unterwerfungsklausel und Hypothekenbestellung. In einem *anhängigen Ehescheidungsverfahren* können die Ehegatten für den Fall, dass die Ehe geschieden wird, bereits eine Vereinbarung über den Ausgleich des Zugewinns treffen; eine solche *Vereinbarung* bedarf der notariellen Beurkundung (§ 1378 Abs. 3 Satz 2 BGB), nicht der Form des Ehevertrages. Eine *Verbindung* der Vereinbarung über den Zugewinnausgleich mit der sonstigen Bereinigung der Ehescheidungsfolgen, die unten in § 97 dargestellt ist, ist nicht nur zweckmäßig, sondern bei innerem Zusammenhang auch materiell-beurkundungsrechtlich geboten. Eine konkret den Ausgleichsanspruch festlegende Vereinbarung nach § 1378 Abs. 3 Satz 2 BGB ist auch vor Anhängigkeit des Scheidungsverfahrens für den Fall von dessen Durchführung zulässig.[58] Daneben bleibt allgemein eine modifizierende ehevertragliche Vereinbarung unbenommen.[59]

Feststellung der Ausgleichsforderung eines Ehegatten

49 M Verhandelt zu ..... am .....
Vor dem Notar ..... erschienen: .....
Die Erschienenen erklärten:
..... [*Regelung sonstiger Scheidungsfolgen*] .....
Die der Ehefrau aus der Zugewinngemeinschaft entstandene Ausgleichsforderung stellen wir wie folgt fest:

Aktivvermögen des Ehemannes bei Beginn der Zugewinngemeinschaft am Tag der Eheschließung:	20.000 €
davon ab seine damaligen Schulden von	10.000 €
also Anfangsvermögen des Ehemannes:	10.000 €
Aktivvermögen des Ehemannes bei Zustellung des Antrages auf Scheidung am	50.000 €
Schulden des Ehemannes in diesem Zeitpunkt	20.000 €
also Endvermögen des Ehemannes:	30.000 €
Davon ab sein Anfangsvermögen von	10.000 €
also Zugewinn des Ehemannes:	20.000 €
Aktivvermögen der Ehefrau bei Beginn der Zugewinngemeinschaft am Tag der Eheschließung:	3.000 €
Da sie ohne Schulden war, stellte sich auch ihr Anfangsvermögen auf	3.000 €
Das Aktivvermögen der Ehefrau bei Beendigung der Zugewinngemeinschaft war	5.000 €
Es entsprach, da sie keine Schulden hatte, ihrem Endvermögen von	5.000 €
aus dem unter Absetzen ihres Anfangsvermögens von	3.000 €

---
58 BGH DNotZ 1983, 491.
59 *Brambring*, Anm. zu BGH DNotZ 1983, 491.

sich ein Zugewinn der Ehefrau von ergibt.	2.000 €
Vom Zugewinn des Ehemannes von	20.000 €
verbleibt nach Abzug des Zugewinns der Ehefrau von	2.000 €
ein Überschuss des Ehemannes von	18.000 €
Die Ausgleichsforderung der Ehefrau beträgt die Hälfte davon mit	9.000 €

Der Ehemann verpflichtet sich, diese Schuld von 9.000 € mit 6 v.H. jährlich ab dem 1. des auf die Rechtskraft der Scheidung unserer Ehe folgenden Monats in kalendervierteljährlichen Raten zu verzinsen und mit 300 € monatlich, zahlbar am 1. eines jeden Monats ab dem auf die Rechtskraft der Scheidung unserer Ehe folgenden Monatsersten, zu tilgen. Bleibt er mit einer vollen Zins- oder Tilgungsrate länger als 14 Tage im Rückstand, so wird die gesamte Forderung fällig.
Der Ehemann unterwirft sich wegen dieser Schuld der sofortigen Zwangsvollstreckung aus dieser Urkunde, gestattet schon jetzt die Erteilung einer vollstreckbaren Ausfertigung auf Antrag der Ehefrau bei Vorlage einer Ausfertigung des Scheidungsurteils mit Rechtskraftvermerk und bewilligt und beantragt für die vorstehende Schuld zugunsten der Ehefrau die Eintragung einer brieflosen Hypothek auf seinem im Grundbuch von ..... Band ..... Blatt ..... verzeichneten Grundstück einschließlich der Vollstreckungsunterwerfung, die in Ansehung der Hypothek auch gegen den jeweiligen Grundstückseigentümer zulässig sein soll.

....., Notar

■ *Kosten.* Der Geschäftswert bemisst sich gemäß § 97 Abs. 1 GNotKG nach der Höhe der auszugleichenden Forderung. Nach Nr. 21100 KV GNotKG ist eine 2,0 Gebühr zu erheben.

Auf *Antrag* kann das Familiengericht den Anspruch gegen Verzinsung und gegebenenfalls Sicherstellung *stunden*. Es kann aber auch auf Antrag anordnen, dass der ausgleichspflichtige Schuldner dem ausgleichsberechtigten Gläubiger bestimmte *Sachwerte* in Anrechnung auf die Forderung zu *übertragen* hat, wenn es die Billigkeit dringend verlangt (§§ 1382, 1383 BGB). 50

Die Wirksamkeit von Eheverträgen und damit auch Vereinbarungen über den Zugewinnausgleich unterliegen sowohl den üblichen zivilrechtlichen Grenzen (§§ 134, 138, 242 BGB) als auch nach jüngerer Rechtsprechung der Inhaltskontrolle der Gerichte.[60] Im Rahmen der sogenannten Kernbereichslehre des BGH nehmen Vereinbarungen zum Zugewinnausgleich jedoch nur eine untergeordnete Stellung ein, sodass Einschränkungen dieser Ansprüche am ehesten hinnehmbar sind.[61] Im Rahmen einer durchzuführenden Wirksamkeits- und Ausübungskontrolle wird man daher regelmäßig nicht zu einer Anpassung gekommen; eine Ausnahme ist lediglich dann zu machen, wenn der Vertrag bereits bei Vertragsabschluss und unter Berücksichtigung aller objektiven und subjektiven Umstände – auch bei Vorliegen einer salvatorischen Klausel – als insgesamt sittenwidrig und damit nichtig gemäß § 138 Abs. 1 BGB einzuordnen ist.[62] Von extremen Ausnahmefällen abgesehen, wird man daher davon ausgehen können, dass güterrechtliche Vereinbarungen, die Zugewinnausgleichsansprüche beschränken oder ausschließen, für sich gesehen in erheblichem Umfang zulässig sind. Anderseits ist es natürlich auch im Rahmen güterrechtlicher Ver- 51

---
60 BGH NJW 2013, 457, 460; BGH NJW 2004, 931.
61 BGH NJW 2013, 457, 460; BGH NJW 2004, 934, 935; OLG Bremen RNotZ 2014, 488; *Wachter*, ZFE 2004, 132, 140; *Münch*, Ehebezogene Rechtsgeschäfte, Rn. 539.
62 Vgl. hierzu BGH NWR 2006, 1282, 1283; OLG München FamRZ 2007, 1244, 1246.

einbarungen möglich, die dem verzichtenden Ehegatten entstehenden Nachteile durch weitere Vereinbarungen zu kompensieren, um damit den Eindruck einer ausschließlich zulasten eines Ehegatten getroffenen Vereinbarung zu vermeiden,[63] ohne dass ein Zugewinnausgleichsverfahren durchgeführt werden muss:

Kompensation für Ausschluss der Durchführung eines Zugewinnausgleichs

52 M [Nach Ziffer 2. zu Muster Rdn. 9 M]:
.....
3. Als Ausgleich für den Verzicht der Ehefrau auf Durchführung des Zugewinnausgleichs bei Scheidung der Ehe verpflichtet sich der Ehemann für jedes vollständig abgelaufene Jahr, während dessen die Beteiligten miteinander verheiratet waren und kein Scheidungsverfahren zwischen ihnen rechtshängig wurde, ... € höchstens jedoch ..... € zu zahlen. Diese Zahlungsverpflichtung besteht unabhängig davon, ob der Ehefrau nach Maßgabe des Gesetzes überhaupt ein Ausgleichsanspruch oder ein solcher in entsprechender Höhe zustehen würde.
Die Zahlung ist fällig mit Rechtskraft der Scheidung der Ehe der Beteiligten.
Der Ehemann unterwirft sich wegen dieser Schuld der sofortigen Zwangsvollstreckung aus dieser Urkunde, gestattet schon jetzt die Erteilung einer vollstreckbaren Ausfertigung auf Antrag der Ehefrau bei Vorlage einer Ausfertigung des Scheidungsurteils mit Rechtskraftvermerk.
.....

..... Notar

- *Kosten.* Siehe Rdn. 9 M.

---

63 BGH NJW 2004, 935.

§ 84 Ehevertrag: Überlassung der Verwaltung, Gütertrennung, ausländische Güterstände, Ausschluss oder Änderung des Versorgungsausgleichs

I. Ehevertragsfreiheit

1. Es besteht grundsätzlich Ehevertragsfreiheit. Möglich sind sowohl eine vollständige Änderung des Güterstandes als auch Modifikationen eines solchen, s. bereits oben § 83. Ehevertragsfreiheit heißt auch, dass selbst bei ungleichgewichtiger Vermögensverteilung nicht unzulässigerweise gegen ein gesetzliches Leitbild verstoßen wird oder gar §§ 138, 242 BGB anwendbar wären. Die Grenze der Vertragsfreiheit ist aber erreicht, wenn der Vertrag nicht Ausdruck gleichberechtigter Partnerschaft ist, sondern aufgrund struktureller Unterlegenheit eines Partners die einseitige Dominanz des anderen widerspiegelt.[1]

Seit der Entscheidung des Bundesverfassungsgerichts[2] hat sich die höchstrichterliche Rechtsprechung erheblich weiterentwickelt.[3] Eheverträge werden nunmehr einer geteilten Kontrolle unterzogen, die sich in eine Wirksamkeits- und Inhaltskontrolle aufteilt.[4] Während früher von der Unwirksamkeit eines Ehevertrages aufgrund Sittenwidrigkeit nur in extremen Fällen ausgegangen wurde (Verträge, die zur Sozialhilfebedürftigkeit eines verzichtenden Ehegatten führen, bei unzulässigen Kopplungsgeschäften oder einer Kommerzialisierung familienrechtlicher Beziehungen[5]), ist heute allgemein zu prüfen, ob der Gesamtcharakter des Vertrages, also Inhalt, Beweggrund und Zweck desselben im Rahmen einer Gesamtwürdigung als sittenwidrig einzustufen ist. Erforderlich ist somit eine Gesamtwürdigung des Vertrages zum Zeitpunkt des Vertragsabschlusses; spätere unvorhergesehene Entwicklungen im ehelichen Zusammenleben bleiben dabei außer Betracht.[6] Maßgebliche Kriterien für die Annahme einer Sittenwidrigkeit des Ehevertrages sind einseitige Benachteiligung eines Ehegatten,[7] das Ausnutzen einer ungleichen Verhandlungsposition oder Unerfahrenheit eines Vertragspartners oder Zwangslage, insbesondere, wenn die Ehefrau schwanger ist oder ein Ehegatte als Ausländer kein Aufenthaltsrecht und auch keine Erwerbsaussichten in Deutschland hat.[8] Ob die Sittenwidrigkeit einzelner Vertragsteile dazu führe, dass der Gesamtvertrag als nichtig anzusehen ist, war zunächst umstritten.[9] Der BGH hat insoweit jedoch klargestellt, dass § 139 BGB uneingeschränkt zur Anwendung kommt.[10]

---

1 BVerfG FamRZ 2001, 343, 346 m. Anm. *Schwab*.
2 BVerfG FamRZ 2001, 343.
3 Vgl. im Überblick *Milzer* NZFam 2018, 10 sowie in der jüngeren Vergangenheit BGH DNotZ 2017, 870 (Sittenwidrigkeit eines Ehevertrages in einer Unternehmerehe); BGH NJW 2018, 1015 (Sittenwidrigkeit eines Ehevertrags mit von Ausweisung bedrohtem Ausländer).
4 BGH NJW 2004, 930.
5 BGH FamRZ 1992, 1403; 1986, 444.
6 Palandt/*Brudermüller*, § 1408 BGB Rn. 8.
7 BGH NJW 2004, 609.
8 BVerfG FamRZ 2001, 343; BGH DNotZ 2005, 853, wobei die Schwangerschaft allein die Sittenwidrigkeit nicht begründet; BGH NJW 2006, 2331.
9 Für generelle Gesamtnichtigkeit auch bei Vereinbarung einer salvatorischen Klausel: OLG Schleswig NJW-RR 1999, 1094; OLG Celle FamRZ 2004, 1489.
10 BGH FamRZ 2005, 1444, 1447; 2006, 1097, 1098.

§ 84 Ehevertrag: Überlassung der Verwaltung, Gütertrennung

2   Für die Beurteilung der Wirksamkeit – und der nachstehend dargestellten Inhaltskontrolle – hat der BGH die so genannte »Kernbereichslehre für Eheverträge und Scheidungsfolgenvereinbarungen« entwickelt.[11] Danach werden ehevertragliche Eingriffe in familienrechtliche Ansprüche unterschiedlich stark gewichtet, um darüber die Annahme der Unwirksamkeit des Vertrages bzw. die Notwendigkeit einer Inhaltskontrolle je nach Grad des ehevertraglichen Eingriffs in das familienrechtliche Scheidungsfolgenrecht beurteilen zu können. Die Rangabstufung für die Disponibilität der Scheidungsfolgen wird vom BGH dabei wie folgt vorgenommen: Der laufende nacheheliche Unterhalt hat eine größere Bedeutung als Zugewinn- oder spätere Versorgungsansprüche, wobei im Verhältnis der einzelnen Unterhaltstatbestände untereinander den Ansprüchen auf Betreuungsunterhalt und Unterhalt wegen Krankheit und Alter (§§ 1570 bis 1571 BGB) die größte Bedeutung zukommt.[12] Als Grund wird hierfür der dem Gesetz zu entnehmende Ausdruck nachehelicher Solidarität und dessen besondere Bedeutung herangezogen. Demgegenüber soll die Unterhaltspflicht wegen Erwerbslosigkeit (§ 1573 BGB) zumindest dann nachrangig sein, wenn der Ehegatte einen nachhaltig gesicherten Arbeitsplatz gefunden hat. Im Rang danach folgen die Ansprüche auf Krankheitsvorsorge und Altersvorsorgeunterhalt. Am ehesten verzichtbar erscheinen Ansprüche auf Aufstockungs- und Ausbildungsunterhalt, die auch gesetzlich am schwächsten ausgestaltet und zeitlich begrenzbar sind.[13]

3   Kommt man im Rahmen der Wirksamkeitskontrolle zu dem Ergebnis, dass der Vertrag nicht unwirksam ist, kann die Berufung des Ehegatten auf ehevertraglich vereinbarte Einschränkungen der gesetzlichen Scheidungsfolgen aufgrund unvorhergesehener Entwicklungen im Rahmen der Ehe unzumutbar und treuwidrig i.S.v. § 242 BGB sein.[14] Beispiele hierfür sind die unvorhergesehene Geburt eines Kindes; die unvorhergesehene krankheitsbedingte Arbeitsunfähigkeit.[15] Die Inhaltskontrolle ist sowohl bei Eheverträgen vor Eingehung der Ehe als auch im Rahmen von Scheidungsfolgenvereinbarungen ausdrücklich anzuwenden.[16] Das Ergebnis der Inhaltskontrolle kann zur Folge haben, dass der durch die ehevertraglichen Vereinbarungen begünstigte Ehegatte abweichend von diesen Vereinbarungen leistungspflichtig bleibt, wobei die Inhaltskontrolle nicht zwingend zu dem Ergebnis führen muss, dass dem durch die ehevertraglichen Vereinbarungen benachteiligten Ehegatten sämtliche Ansprüche, die aufgrund der Scheidung der Ehe nach Maßgabe des Gesetzes ohne Ehevertrag bestehen können, zustehen. Im Ergebnis soll die Inhaltskontrolle dazu führen, dass ehebedingte Nachteile, insbesondere berufliche Einschränkungen eines Ehegatten oder Dritter, insbesondere gemeinsamer Kinder auszugleichen sind.[17] Die Inhaltskontrolle erfolgt daher insbesondere auch unter Berücksichtigung solcher Umstände, die erst nach Eheschließung eingetreten sind und von den Eheleuten nicht vorhergesehen wurden. Da es somit auf die Vorstellungen der Beteiligten bei Vertragsschluss ankommt, gehört es zu Pflicht des Notars, im Rahmen der Gestaltung von Eheverträgen die Lebensplanung für die Ehe der Beteiligten zu erforschen und diese Überlegungen der Beteiligten entweder in die Urkunde aufzunehmen oder anderweitig aktenkundig zu machen. Ohne Kenntnis dieser Lebensplanung kann der Notar nicht beurteilen, ob Vereinbarungen bei Vertragsschluss bereits sittenwidrig sind (z.B. unbedingter Ausschluss des nachehelichen Betreuungsunterhalts gemäß § 1570 BGB, obwohl die Beteiligten Kinder planen). Andererseits kann auch der Notar solche Umstände, die im Rahmen einer gerichtlichen Inhaltskontrolle zur Anpassung der ehevertraglichen Vereinbarungen führen, nicht vorhersehen,

---

11 Vgl. die Grundsatzentscheidung BGH NJW 2004, 930, 934.
12 BGH NJW 2004, 930; zum Betreuungsunterhalt s. aber OLG Thüringen RNotZ 2010, 469.
13 BGH NJW 2004, 930.
14 BGH NJW 2004, 933.
15 OLG Koblenz FamRZ 2006, 420; Voraussetzung ist aber ein ehebedingter Nachteil, BGH MittBayNot 2011, 306.
16 BGH NJW 2005, 2193.
17 BGH NJW 2005, 139; DNotZ 2005, 860.

sodass im Einzelfall nie konkret beurteilt werden kann, ob die im Ehevertrag vereinbarten Einschränkungen der familienrechtlichen Scheidungsfolgen im Rahmen einer gerichtlichen Inhaltskontrolle tatsächlich Bestand haben werden. Hierauf sollten die Beteiligten im Rahmen der Beurkundung durch den Notar wie folgt hingewiesen werden:

Hinweis des Notars auf eine Inhalts- und Ausübungskontrolle durch Gerichte

Verhandelt zu ..... am .....   **4 M**
Vor dem Notar ..... erschienen: .....
Die Erschienenen erklärten:
Der Notar hat uns darauf hingewiesen, dass Vereinbarungen wie der von uns in dieser Urkunde getroffene Ausschluss des Zugewinnausgleichs im Fall der Scheidung und die Beschränkung des Versorgungsausgleichs sowie der Ausschluss des nachehelichen Unterhaltes bei einer einseitigen vertraglichen Belastung und unangemessenen Benachteiligung eines Ehepartners wegen Verstoßes gegen Verfassungsrecht oder die guten Sitten unwirksam sein (§ 138 BGB) und zudem von den Gerichten darauf überprüft werden können, ob es rechtsmissbräuchlich ist, sich auf deren Geltung zu berufen (§ 242 BGB). Dies kann insbesondere zur Folge haben, dass abweichend von den in dieser Urkunde getroffenen Regelungen der nach dem Gesetz leistungsverpflichtete Ehegatte doch zu Zahlungen oder Leistungen verpflichtet ist.

Ein Ehevertrag bedarf notarieller Beurkundung bei gleichzeitiger Anwesenheit der Vertragschließenden. »Gleichzeitige Anwesenheit« schließt eine getrennte Beurkundung von Angebot und Annahme nach § 128 BGB aus. Vertretung durch Bevollmächtigte und Genehmigung sind zulässig und formfrei (§§ 167 Abs. 2, 181 Abs. 2 BGB). Beglaubigte Erklärungen sind aber zumindest bei Anträgen auf Eintragung in das Güterrechtsregister tunlich, vgl. § 378 Abs. 2 FamFG, § 1560 BGB. Problematisch ist freilich bei einer Vertretung eines Ehegatten, dass dieser in der Beurkundungsverhandlung nicht belehrt werden kann. Zu beachten ist insoweit insbesondere auch, dass eine fehlende Mitwirkung eines Ehegatten an der Beurkundungsverhandlung im Rahmen der Inhaltskontrolle des Ehevertrages bei der subjektiven Imparität Bedeutung gewinnen kann. Die konkrete Gestaltung des Beurkundungsverfahrens kann nach der Rechtsprechung des BGH nämlich bei der Frage eines Verstoßes gegen §§ 138, 242 BGB von Relevanz sein.[18]   **5**

Verträge im Bereich des ehelichen Güterrechts unterliegen grundsätzlich in gleicher Weise der Anfechtung innerhalb und außerhalb der Insolvenz wie sonstige Verträge zwischen Ehegatten.[19]   **6**

2. Da die Ehegatten den Vertrag dem Wortlaut von § 1408 BGB zufolge »auch« nach der Eingehung der Ehe schließen können, kann er auch von den *Verlobten* geschlossen werden, jedoch aufschiebend bedingt durch die Eheschließung. Der durch einen Einwilligungsvorbehalt eingeschränkte Ehegatte bedarf der Zustimmung seines Betreuers, § 1903 BGB, der minderjährige beschränkt geschäftsfähige der Zustimmung seines gesetzlichen Vertreters. Ist der gesetzliche Vertreter Vormund oder Betreuer und handelt es sich um Ausschluss oder Einschränkung des Zugewinnausgleichs oder Vereinbarung oder Aufhebung einer Gütergemeinschaft, so ist auch noch vormundschaftsgerichtliche Genehmigung erforderlich (§ 1411 BGB).   **7**

---

18 Vgl. BGH RNotZ 2017, 391, 396.
19 BGH DNotZ 1972, 237.

8 3. Die Verlobten oder Eheleute können die vom Gesetz geregelten Vertragstypen durch Verweisung zum Vertragsinhalt machen. Eine Verweisung auf die nicht mehr in der Fassung des BGB vom 18.06.1957 enthaltenen Güterstände der Errungenschafts- und Fahrnisgemeinschaft ist nach herrschender Ansicht nicht zulässig, vgl. auch § 1409 BGB. Sie müssten im vollen Umfang in den Ehevertrag aufgenommen werden. Das Gesamtgut würde dann aber nicht mehr kraft Gesetzes entstehen, sondern nur durch Einzelübertragung der Gegenstände, die bisher im Eigentum des Einzelnen standen, auf beide Ehegatten gemeinschaftlich.

9 4. Ein der in Süddeutschland beliebt gewesenen *Errungenschaftsgemeinschaft* ähnlicher Güterstand lässt sich dadurch erreichen, dass die Gütergemeinschaft vereinbart, aber das vorhandene Vermögen beider Ehegatten zum Vorbehaltsgut erklärt wird.[20] Die Vorbehaltsgegenstände, die jeder Ehegatte allein weiter verwaltet, werden durch den Ehevertrag nebst Eintragung in das Güterrechtsregister nachgewiesen.

10 5. Eheverträge unter *Beteiligung von Angehörigen anderer Staaten*. Die Zulässigkeit von Eheverträgen unter Ausländern oder unter Beteiligung eines Ausländers (s. bereits oben § 81 Rdn. 16 ff.) richtet sich nach der Rechtsordnung, die nach internationalem Privatrecht (EGBGB) Ehegüterrechtsstatut ist. Die Anknüpfung ist nach Art. 15 Abs. 1 EGBGB i.V.m. Art. 14 EGBGB zu treffen. Es gilt – sofern keine Rechtswahl erfolgt ist – das gemeinsame Heimatrecht, soweit bei Eheschließung vorhanden, hilfsweise das Recht des Ortes des gemeinsamen gewöhnlichen Aufenthalts bei Eheschließung oder das Recht der engsten Beziehung (im Einzelnen s.o. § 81 Rdn. 16 ff.). Eheverträge sind nach fast allen ausländischen Rechtsordnungen zulässig; die Vertragsfreiheit ist jedoch vielfach eingeschränkt. Manche Rechte gestatten den Abschluss eines Ehevertrags nur vor der Eheschließung; einzelne Rechtsordnungen lassen eine vertragliche Abweichung vom gesetzlichen Güterstand nicht zu. Zur Rechtsregelung und zum Wortlaut der ausländischen Gesetze wird auf *Bergmann/ Fried*, »Internationales Ehe- und Kindschaftsrecht« verwiesen;[21] wegen der *Prüfungs- und Belehrungspflicht des Notars* bei Eheverträgen unter Beteiligung von Ausländern s. *Grader*, DNotZ 1959, 563.[22] Die in Art. 15 Abs. 2 Satz 2 EGBGB a.F. vorgesehene Möglichkeit eines Ehevertrages nach deutschem Recht zwischen Ausländern mit Wohnsitz im Inland, deren Ehegüterstatut einen Ehevertrag nicht zulässt (insoweit war Art. 15 EGBGB a.F. nicht verfassungswidrig),[23] wurde durch die allgemeine Rechtswahlmöglichkeit der Art. 15 Abs. 2 EGBGB n.F. abgelöst. Vor der Wahl eines Güterstandes ist aber zunächst die Rechtswahl selbst zu erklären (s. § 81 Rdn. 26 M). Die Ehegatten haben die Wahl, dem Inhalt nach deutsches oder ausländisches Ehegüterrecht zu vereinbaren.[24] Belehrungs- und prüfungspflichtig ist der Notar aber nur bei Vereinbarungen nach deutschem Recht, § 17 Abs. 3 BeurkG. Darauf sollte in der Urkunde auch ausdrücklich hingewiesen werden (vgl. Muster § 81 Rdn. 26 M). Bezüglich der Form gilt Art. 15 Abs. 3 i.V.m. Art. 14 Abs. 4 EGBGB (Orts- oder Wahlrechtsform).

11 Hingewiesen werden soll an dieser Stelle auf den deutsch-französischen Wahlgüterstand[25] (näheres s. § 81 Rdn. 17), der seit dem 01.05.2013 in § 1519 BGB vorgesehen ist.

---

20 *Clamer*, NJW 1960, 563.
21 Vgl. zur Übersicht auch http://www.coupleseurope.eu/de/home.
22 S. ferner *Raape*, DNotZ 1950, 188, 195; *Reithmann/Albrecht/Basty*, Hdb. der notariellen Vertragsgestaltung, Rn. 1090 f.
23 Vgl. BVerfG FamRZ 1983, 566; Soergel/*Kegel*, Art. 15 EGBGB Rn. 22 ff.
24 Zur alten Rechtslage s. Staudinger/*v. Bar*, 12. Aufl., Art. 15 EGBGB Rn. 142 u. 148.
25 Der Text des Abkommens zwischen der Bundesrepublik Deutschland und der Französischen Republik über den Güterstand der Wahl-Zugewinngemeinschaft ist abrufbar unter http://www.bmj.bund.de.

Nach der am 21.06.2012 in Kraft getretenen Rom III-VO[26] und den zum 29.01.2013[27] in Kraft getretenen Änderungen des Art. 17 EGBGB und Art. 17b Abs. 1 Satz 4 EGBGB bestimmt sich das auf die Ehescheidung und die Trennung ohne Auflösung des Ehebandes in Fällen, die eine Verbindung zum Recht verschiedener Staaten aufweisen, anwendbare Sachrecht nunmehr nach Art. 5, 8 und 9 der Verordnung. Nach Art. 1 Abs. 2 der VO und Art. 17 Abs. 1 EGBGB gilt die Verordnung nicht für Scheidungsfolgen wie vermögensrechtliche Ehefolgen, Unterhalt und elterliche Verantwortung, für welche besondere Anknüpfungsregelungen bestehen. Positiv erfasst werden von der Verordnung dagegen insbesondere die Zulässigkeit und Voraussetzungen sowie die Form der Scheidung und Schuldaussprüche. Maßgeblich ist insoweit vorrangig das von den Beteiligten gewählte Recht (Art. 5 VO). Wählbar ist a) der gewöhnliche Aufenthaltsort der Eheleute bei Rechtswahl, b) der Ort des letzten gemeinsamen ehelichen Aufenthaltsortes, sofern einer der Eheleute dort noch seinen gewöhnlichen Aufenthalt hat, c) das Recht des Staates, dessen Staatsangehörigkeit einer der Eheleute zum Zeitpunkt der Rechtswahl besitzt oder d) das Recht des Staates des angerufenen Gerichtes. Die Rechtswahl ist grundsätzlich schriftlich möglich, jedoch sind die Formvorschriften des Staates zu beachten, in dem die Eheleute bei Rechtswahl ihren gewöhnlichen Aufenthalt haben (Art. 7 VO). Bei verschiedenen Aufenthaltsorten der Eheleute genügt die Form eines Staates. Hat nur ein Beteiligter seinen gewöhnlichen Aufenthalt in einem Mitgliedsstaat, sind etwaige besondere Formvorschriften dieses Mitgliedsstaates einzuhalten. Mangels Rechtswahl bestimmt sich das anzuwendende Recht gemäß Art. 8 der VO nach in der Reihenfolge der vorstehend zu a) bis d) genannten Anknüpfungspunkte. Der Versorgungsausgleich wird durch Art. 17 Abs. 3 EGBGB dem Scheidungsstatut unterstellt, ist jedoch nur durchzuführen, wenn danach deutsches Recht anzuwenden ist und ihn das Recht eines der Staaten kennt, denen die Ehegatten im Zeitpunkt des Scheidungsantrages angehören.

6. Eheverträge zwischen *einem Angehörigen eines Staates islamischen Rechts und einer deutschen Frau*. Die rechtliche und soziale Stellung der Frau ist in den islamischen Ländern wesentlich ungünstiger als im europäischen Rechtskreis. In den meisten islamischen Ländern beruht das Ehe- und Familienrecht auf den Grundsätzen des Korans. Der Muslim ist in dem Land, in dem der Koran Gesetzeskraft hat, berechtigt, mit bis zu vier Frauen gleichzeitig verheiratet zu sein. Tunesien und die Türkei z.B. verbieten allerdings die Mehrehe. Der Ehemann kann die Ehe unter mittlerweile eingeschränkten Voraussetzungen durch einseitige Verstoßung auflösen. Nach der Verstoßung ist die Frau nach islamischem Recht nicht mehr verheiratet. Sie hat in einigen Ländern weder Unterhalts- noch sonstige Ansprüche gegenüber dem früheren Ehemann. Die Frau ist daher auf ihr persönliches Vermögen angewiesen, sofern nicht eine »Morgengabe« als Abfindung versprochen wurde.[28] In vielen Fällen ist auch eine Heimreise nicht möglich, da die Ausreise in manchen Ländern von einer besonderen Genehmigung des Staates abhängig ist. In einigen Ländern, z.B. *Ägypten, Iran, Jordanien, Pakistan und der Türkei* ist die Zustimmung des Ehemannes zum Verlassen des Landes durch die Frau erforderlich. Auch die aus der Ehe hervorgegangenen Kinder verbleiben im Fall der Scheidung grundsätzlich dem muslimischen früheren Ehemann. Nur unter engen Voraussetzungen (z.B. wenn der Ehemann seine Unterhaltspflichten verletzt) kann die Ehefrau das Sorgerecht für die Kinder bekommen. Die deutsche Frau, die einen Muslim heiraten will, sollte

---

26 Verordnung (EU) Nr. 1259/2010 des Rates vom 20.12.2010 zur Durchführung einer verstärkten Zusammenarbeit im Bereich des auf die Ehescheidung und Trennung ohne Auflösung des Ehebandes, abgedruckt in: Palandt/*Thorn*, Anhang zu Art. 17 EGBGB.
27 Gesetz zur Anpassung der Vorschriften des Internationalen Privatrechts an die Verordnung (EU) Nr. 1259/2010 und zur Änderung anderer Vorschriften des Internationalen Privatrechts vom 23.01.2013 (BGBl. I S. 101) m.W.v. 29.01.2013.
28 Zur Formbedürftigkeit BGH DNotZ 1987, 754.

§ 84 Ehevertrag: Überlassung der Verwaltung, Gütertrennung

daher zu ihrer Sicherung vor der Eheschließung einen Ehevertrag schließen. Die Kontaktdaten zu Beratungsstellen und weitere Informationsschriften zu diesem Thema können über die Homepage der Diakonie[29] oder beim Bundesverwaltungsamt – Amt für Auswanderung – in Köln[30] abgerufen werden.

14 7. Gemäß §§ 34a Abs. 1, 78 Abs. 3 Satz 1 BeurkG, § 2a ZTRV ist der Notar verpflichtet, dem Zentralen Testamentsregister von der Beurkundung eines Ehevertrags mit erbrechtlichen Auswirkungen Mitteilung zu machen. Näheres s.o. § 8 Rdn. 39.

II. Überlassung der Verwaltung

15 Unabhängig vom Güterstand kann ein Ehegatte dem anderen die Verwaltung seines Vermögens ganz oder teilweise überlassen, und zwar auch formlos und konkludent.[31] Im Innenverhältnis gilt Auftragsrecht. Das *freie Widerrufsrecht* eines Ehegatten, der sein Vermögen durch den anderen verwalten lässt, kann nur durch einen *Ehevertrag* aufgehoben oder eingeschränkt werden (§ 1413 BGB). Der das Recht der Verwaltung seines eigenen Vermögens übertragende Ehegatte soll die Vereinbarung leicht wieder aufheben können. Für die Vertretung im Außenverhältnis ist nach allgemeinen Grundsätzen eine ggf. formbedürftige Vollmacht erforderlich. Eine Eintragung in das Güterrechtsregister ist nicht möglich.

Überlassung des Verwaltungsrechts bei gesetzlichem Güterstand unter Ausschluss des Widerrufs

16 M

Verhandelt zu ..... am .....
Vor dem Notar ..... erschienen: .....
Die Erschienenen erklärten:
Wir leben im gesetzlichen Güterstand der Zugewinngemeinschaft.
Die Ehefrau überlässt dem Ehemann die Verwaltung ihres Vermögens. Der Widerruf der Überlassung ist nur aus einem wichtigen Grund im Sinne des § 1413 BGB zulässig.
Das zu verwaltende Vermögen der Ehefrau besteht aus den in der Anlage aufgeführten Gegenständen. Sie haben einen Wert von 30.000 €.
Diese Niederschrift wurde den Erschienenen mit der Anlage vorgelesen, von ihnen genehmigt und eigenhändig unterschrieben, alles in Gegenwart des Notars.

....., Notar

■ *Kosten.* Der Geschäftswert ist nach § 100 Abs. 1 Satz 2 GNotKG zu ermitteln. Maßgeblich ist das Vermögen der Ehefrau, wobei Verbindlichkeiten gemäß § 100 Abs. 1 Satz 3, 4 GNotKG nur bis zur Hälfte des Wertes abgezogen werden (modifiziertes Reinvermögen). Nach Nr. 21100 KV GNotKG ist eine 2,0 Gebühr zu erheben.

---

29 Vgl. www.diakonie.de/.
30 Vgl. www.bva.bund.de.
31 Palandt/*Brudermüller*, § 1413 BGB Rn. 2.

III. Gütertrennung

1. Wesen

Eigentum, Besitz, Verwaltung und Nutzung bleiben – wie auch bei der Zugewinngemeinschaft – getrennt. Beschränkungen der Verwaltungsrechte wie im Güterstand der Zugewinngemeinschaft bestehen nicht. Die Nutzungen des Vermögens sind in der Regel und der Stamm des Vermögens im Notfall zum Unterhalt der Familie zu verwenden (§ 1360 BGB); ein Verzicht auf die Erfüllung der Unterhaltspflichten während bestehender Ehe ist nicht zulässig (§ 1614 BGB). Es gilt allerdings die Verpflichtungsbefugnis des § 1357 BGB. Zu beachten ist ferner die Beschränkung der Erbteilserhöhung des § 1931 Abs. 4 BGB, sowie die erbschaftssteuerliche Schlechterstellung, die man durch bloße Modifizierung des Zugewinnausgleichs (Wegfall nur bei Scheidung etc.) vermeiden kann (s.o. § 83 Rdn. 7 ff.). Vor diesem Hintergrund ist der Einsatzbereich der Gütertrennung in der Praxis erheblich eingeschränkt.[32] In Verbindung mit einem Vermögensverzeichnis dient eine Gütertrennung in der Praxis auch dazu, die Eigentums- und Besitzvermutung zugunsten eines Ehegattenschuldners bei Pfändung beweglicher Sachen zu entkräften, § 1362 BGB, § 739 ZPO. Ein Gütertrennungsvertrag allein reicht hierzu aber nicht.[33]

17

2. Entstehung

Die Gütertrennung entsteht
- durch ausdrückliche Begründung im Ehevertrag;
- durch einseitige Erklärung eines Ehegatten nach Art. 8 Abs. 1 Satz 3 des GleichberG; wer durch höhere Gewalt an ihrer Abgabe gehemmt war (Flüchtlinge), kann sie noch nachholen (s.o. § 81 Rdn. 2 ff.);
- gegebenenfalls durch einseitige oder gemeinsam abgegebene Erklärung nach dem Gesetz über den ehelichen Güterstand von Vertriebenen und Flüchtlingen vom 04.08.1969 – VFGüterstandsG – s.o. § 81 Rdn. 6 ff.;
- durch ehevertragliche Aufhebung des Güterstands der Zugewinngemeinschaft, zu der auch der vollständige Ausschluss des Zugewinnausgleichs rechnet, ohne dass ein anderer Güterstand vereinbart wird (§ 1414 BGB);[34] eine ausdrückliche Regelung zur Gütertrennung sollte aber stets erfolgen;
- durch rechtskräftiges Urteil auf vorzeitigen Ausgleich des Zugewinns (§ 1388 BGB);
- durch rechtskräftiges Urteil auf Aufhebung der Gütergemeinschaft (§§ 1449 Abs. 1, 1470 Abs. 1 BGB).

18

Der ehevertragliche Ausschluss des Versorgungsausgleichs führt nach der Neufassung des § 1414 Satz 2 BGB nicht mehr zur Begründung der Gütertrennung.

Vollständiger Ausschluss des Zugewinnausgleichsanspruchs

Wir vereinbaren für unsere Ehe den Güterstand der Gütertrennung und schließen den Güterstand der Zugewinngemeinschaft ausdrücklich aus.
Wir wurden von dem Notar über die Folgen der Vereinbarung der Gütertrennung hingewiesen, insbesondere darauf, dass

19 M

---
32 *Langenfeld/Milzer*, Eheverträge, Rn. 360.
33 LG Verden FamRZ 1981, 778; Palandt/*Brudermüller*, § 1362 BGB Rn. 9.
34 S. auch BayObLG FamRZ 1971, 258, 260.

- beim Tode eines von uns beiden das Erb- und Pflichtteilsrecht des Überlebenden am Nachlass des Zuerstversterbenden sich vermindern kann und dass sich das Erb- und Pflichtteilsrecht der Kinder oder sonstiger Abkömmlinge erhöhen kann,
- bei bei Beendigung der Ehe, insbesondere bei deren Scheidung, kein Zugewinnausgleich stattfindet,
- die Privilegierung des § 5 ErbStG keine Anwendung findet,
- keinerlei Verfügungsbeschränkungen zu Gunsten des anderen Ehegatten bestehen, mithin insbesondere die §§ 1365, 1369 BGB keine Anwendung finden.

Ferner wurden wird von dem Notar die Notwendigkeit hingewiesen, bei Zuwendungen der Ehegatten während der Ehe eine Rückforderung bei Beendigung des Güterstandes ausdrücklich vorzubehalten.

Wir beantragen die Eintragung im Güterrechtsregister.

Oder mit aufgeschobenem Antrag:

Wir beantragen die Eintragung im Güterrechtsregister. Dar Notar soll den Antrag jedoch nur auf eine besondere schriftliche Anweisung wenigstens eines von uns einreichen, unbeschadet seines Rechts auf jederzeitige Einreichung.

Verlobte vereinbaren Gütertrennung. Die Braut ist minderjährig

20 M Verhandelt zu ..... am .....

Vor dem Notar ..... erschienen:
1. der Verlobte .....,
2. die Verlobte, die am ..... geborene, also 17 Jahre alte .....,
3. die Mutter der Beteiligten zu 2.....

Zunächst erklärte die Erschienene zu 3., dass sie der alleinige gesetzliche Vertreter der Erschienenen zu 2. ist, da deren Vater ..... bereits verstorben ist, was durch die dieser Urkunde als Anlage beigefügten Sterbeurkunde belegt wird.

Sodann erklärten die Beteiligten zu 1. und 2.:

Wir beabsichtigen, die Ehe miteinander einzugehen. Wir sind deutsche Staatsangehörige.

Wir vereinbaren für unsere Ehe den Güterstand der Gütertrennung und schließen den Güterstand der Zugewinngemeinschaft ausdrücklich aus.

Wir, insbesondere auch die Erschienene zu 3., wurden von dem Notar über die Folgen der Vereinbarung der Gütertrennung hingewiesen, insbesondere darauf, dass

- beim Tode eines von uns beiden das Erb- und Pflichtteilsrecht des Überlebenden am Nachlass des Zuerstversterbenden sich vermindern kann und dass sich das Erb- und Pflichtteilsrecht der Kinder oder sonstiger Abkömmlinge erhöhen kann,
- bei bei Beendigung der Ehe, insbesondere bei deren Scheidung, kein Zugewinnausgleich stattfindet,
- die Privilegierung des § 5 ErbStG keine Anwendung findet,
- keinerlei Verfügungsbeschränkungen zu Gunsten des anderen Ehegatten bestehen, mithin insbesondere die §§ 1365, 1369 BGB keine Anwendung finden.

Ferner wurden wird von dem Notar die Notwendigkeit hingewiesen, bei Zuwendungen der Ehegatten während der Ehe eine Rückforderung bei Beendigung des Güterstandes ausdrücklich vorzubehalten.

Eine Vereinbarung über den Versorgungsausgleich wollen wir nicht treffen, sondern es bei der gesetzlichen Regelung belassen.

Wir beantragen die Eintragung im Güterrechtsregister.

Oder mit aufgeschobenem Antrag:

Wir beantragen die Eintragung im Güterrechtsregister. Dar Notar soll den Antrag jedoch nur auf eine besondere schriftliche Anweisung wenigstens eines von uns einreichen, unbeschadet seines Rechts auf jederzeitige Einreichung.
Ein Verzeichnis unserer Vermögensgegenstände soll zunächst nicht aufgenommen werden.
Wir schätzen den Wert unseres Vermögens auf 4.000 €.

….., Notar

- *Kosten.* Siehe § 83 Rdn. 8 M.

Zur *Benachrichtigung* des Zentralen Testamentsregisters s.o. Rdn. 14 und § 8 Rdn. 39.

Ehegatten vereinbaren Gütertrennung nach mehrjähriger Ehe

Der Verzicht auf bisher entstandenen Zugewinn kann nur dann schenkungsteuerpflichtig **21** sein, wenn der Zugewinnausgleichsanspruch bereits entstanden ist, also frühestens mit Rechtskraft der Scheidung. Ein Verzicht anlässlich des Wechsels des Güterstandes kann daher nie schenkungsteuerpflichtig sein.[35] Andererseits kann ein anlässlich der Vereinbarung der Gütertrennung vereinbarter Ausgleichsanspruch schenkungsteuerpflichtig sein, wenn der vereinbarte Ausgleichsanspruch den nach Maßgabe des Gesetzes zu ermittelnden Ausgleichanspruch erheblich übersteigt, und deshalb eine teilweise freigebige Zuwendung angenommen werden kann.[36]

Vereinbarung von Gütertrennung

Verhandelt zu ….. am ….. **22 M**

Vor dem Notar ….. erschienen: …..
Die Erschienenen erklärten:
Wir sind deutsche Staatsangehörige. Wir haben am ….. vor dem Standesamt ….. die Ehe geschlossen und bisher im gesetzlichen Güterstand der Zugewinngemeinschaft gelebt. Nunmehr vereinbaren wir folgenden Ehevertrag:
Wir vereinbaren für unsere Ehe ab dem heutigen Tag den Güterstand der Gütertrennung und schließen den Güterstand der Zugewinngemeinschaft ausdrücklich aus.
Bisher etwa entstandene Ansprüche auf Ausgleich des Zugewinns schließen wir für die Vergangenheit aus. Rein vorsorglich verzichten wir wechselseitig auf einen möglicherweise entstandenen Anspruch auf Ausgleich des Zugewinns und nehmen diesen Verzicht gegenseitig an.
Wir wurden von dem Notar über die Folgen der Vereinbarung der Gütertrennung hingewiesen, insbesondere darauf, dass
- beim Tode eines von uns beiden das Erb- und Pflichtteilsrecht des Überlebenden am Nachlass des Zuerstversterbenden sich vermindern kann und dass sich das Erb- und Pflichtteilsrecht der Kinder oder sonstiger Abkömmlinge erhöhen kann,
- bei bei Beendigung der Ehe, insbesondere bei deren Scheidung, kein Zugewinnausgleich stattfindet,
- die Privilegierung des § 5 ErbStG keine Anwendung findet,
- keinerlei Verfügungsbeschränkungen zu Gunsten des anderen Ehegatten bestehen, mithin insbesondere die §§ 1365, 1369 BGB keine Anwendung finden.

---

35 *Meincke*, ErbStG, § 5 ErbStG Rn. 42.
36 BFH BStBl. II 1989, 897; *Meincke*, ErbStG, § 5 ErbStG Rn. 40.

§ 84 Ehevertrag: Überlassung der Verwaltung, Gütertrennung

Eine Vereinbarung über den Versorgungsausgleich wollen wir nicht treffen.
Wir beantragen die Eintragung im Güterrechtsregister.
Oder mit aufgeschobenem Antrag:
Wir beantragen die Eintragung im Güterrechtsregister. Der Notar wird angewiesen, den Antrag nur auf eine besondere schriftliche Anweisung wenigstens eines von uns einreichen, unbeschadet seines Rechts auf jederzeitige Einreichung.
Unser gemeinsames reines Vermögen beträgt 45.000 €.
Zur Vermeidung späterer Unklarheiten stellen wir fest, dass sich das Vermögen der Ehefrau zur Zeit aus folgenden Sachen und Rechten zusammensetzt .....

....., Notar

■ *Kosten.* Siehe § 83 Rdn. 8 M.

Ehegatten vereinbaren Gütertrennung. Der Mann steht unter Betreuung mit Einwilligungsvorbehalt

22.1 M

Verhandelt zu ..... am .....
Vor dem Notar ..... erschienen:
1. Der Ehemann .....,
2. die Ehefrau .....,
3. der Betreuer des Ehemannes .....
Die Beteiligten zu 1. und 2. erklärten:
1. Wir sind am ..... vor dem Standesbeamten in ..... die Ehe eingegangen. Einen Ehevertrag haben wir bisher nicht geschlossen. Wir leben zurzeit im gesetzlichen Güterstand der Zugewinngemeinschaft.
Wir sind deutsche Staatsangehörige.
Wir schließen den gesetzlichen Güterstand der Zugewinngemeinschaft aus und vereinbaren Gütertrennung (Belehrung über Rechtswirkungen und Antrag auf Eintragung im Güterrechtsregister wie in § 84 Muster 20 M).
Ein Verzeichnis des Vermögens der Ehefrau überreichen wir. Der Ehemann hat bis auf Kleidung kein Vermögen. Wir schätzen das Vermögen der Frau auf 20.000 €.
2. Zu unserer Entschließung führen wir an: Ein Zugewinn kann nur durch die Arbeitsleistung der Frau in ihrem Wäschereibetrieb ermöglicht werden. Der Mann ist seit Jahren fast ganz arbeitsunfähig und alkoholabhängig. Der Beteiligte zu 3 ist sein Betreuer. Ein allgemeiner Einwilligungsvorbehalt wurde gemäß § 1903 BGB angeordnet.
Wir haben drei Kinder, von denen die beiden ältesten in der Wäscherei der Mutter mitarbeiten. Wenn ein Zuwachs ihres Geschäftsvermögens erzielt wird, so beruht das mit auf der Leistung der Kinder. Eine Ausgleichsforderung würde sowohl im Falle einer Scheidung wie beim Vorversterben der Frau besonders für die Kinder höchst unbillig sein.
3. Der Betreuer stimmt der Gütertrennung zu und bestätigt die vorstehenden Angaben aus eigener Kenntnis.
4. Der Notar wird bevollmächtigt, den Genehmigungsbeschluss des Betreuungsgerichts nebst Rechtskraftzeugnis zu diesem Vertrag mit weiterer Begründung zu beantragen, den Beschluss sowie das Rechtskraftzeugnis entgegenzunehmen, die rechtskräftige Genehmigung den Beteiligten mitzuteilen und mit Wirkung für alle Beteiligten davon Kenntnis zu nehmen. Hiervon ist auszugehen, wenn der Notar Ausfertigungen dieser Niederschrift erteilt, denen die Genehmigung nebst Rechtskraftzeugnis des Betreuungsgerichts beigefügt ist.

5. Die Kosten dieses Vertrages, seiner Genehmigung und etwaiger Eintragung übernimmt die Beteiligte zu 2.

....., Notar

■ *Kosten.*
a) Des Notars: Zu den Kosten des Ehevertrages siehe § 83 Rdn. 8 M. Die Einholung der Entscheidung des Betreuungsgerichtes über die Genehmigung nach § 1411 Abs. 1 Satz 3 BGB stellt eine Vollzugstätigkeit nach Vorbem. 2.2.1.1 Nr. 4 KV GNotKG dar, so dass diese von der Vollzugsgebühr Nr. 22110 KV GNotKG erfasst wird. Auch die Tätigkeiten des Notars, die zur Herbeiführung der Wirksamkeit der Genehmigung im Rahmen einer ihm erteilten Doppelvollmacht erfolgen, sind mit der Vollzugsgebühr nach Nr. 22110 KV GNotKG abgegolten.
b) Des Betreuungsgerichts: Der Geschäftswert für die Genehmigung bemisst sich gemäß § 60 Abs. 1 GNotKG nach dem Wert des zugrundeliegenden Geschäftes, mithin nach dem gemäß § 100 GNotKG zu bestimmenden bereinigten Nettovermögen der Ehegatten, und beträgt nach § 60 Abs. 3 GNotKG maximal 1 Mio. €. Es fällt nach Nr. 11103 KV GNotKG eine 0,5 Gebühr an, jedoch max. 10 € je angefangene 5.000 € des Wertes, Mindestgebühr 200 €.
c) Des Güterrechtsregisters: Nach Nr. 13200 KV GNotKG fällt eine Gebühr in Höhe von 100 € an, Auslagen für die öffentliche Bekanntmachung sind nach Nr. 31004 KV GNotKG zu ersetzen.

Aufhebung einer Gütertrennung

Eine Gütertrennung kann jederzeit wieder aufgehoben werden. Zivilrechtlich ist hierbei zu klären, ob der gesetzliche Güterstand ab diesem Zeitpunkt gelten oder fiktiv die gesamte Ehezeit rückwirkend erfassen soll. Steuerlich wird gemäß § 5 Abs. 1 Nr. 4 ErbStG geregelt, dass die Höhe des steuerfreien fiktiven Zugewinnausgleichsbetrages anhand des jeweils realisierten Zugewinns, seit dem Tag der vertraglichen Vereinbarung der Zugewinngemeinschaft, zu ermitteln ist. Ansatzweise kann dies umgangen werden, wenn der erbende Ehegatte die Erbschaft ausschlägt und neben dem kleinen Pflichtteil den Zugewinnausgleich tatsächlich verlangt. § 5 Abs. 2 ErbStG stellt in diesem Zusammenhang klar, dass der zivilrechtlich ermittelte Ausgleichbetrag in diesem Fall steuerfrei bleibt.[37]

23

Aufhebung der Gütertrennung

Verhandelt zu ..... am .....

24 M

Vor dem Notar ..... erschienen: .....
Die Erschienenen erklärten:
Wir sind deutsche Staatsangehörige. Wir haben am ..... vor dem Standesamt ..... die Ehe geschlossen. Mit Urkunde des Notars ..... in ..... vom ..... (UR.-Nr. .....) haben wir einen Ehevertrag geschlossen, in dem wir für unsere Ehe den Güterstand der Gütertrennung vereinbart haben. Eine Eintragung des gewählten Güterstandes in das Güterrechtsregister ist nicht erfolgt. Nunmehr vereinbaren wir folgenden Ehevertrag:
Wir heben den unseren vorgenannten Ehevertrag rückwirkend auf und vereinbaren für unsere Ehe den gesetzlichen Güterstand der Zugewinngemeinschaft. Insoweit bestimmen wir darüber hinaus ausdrücklich, dass Anfangsvermögen eines jeden Ehegatten das Vermögen ist, das jedem von uns bei der Eheschließung bereits gehört hat.
Wir wurden von dem Notar über die Folgen der Vereinbarung der Zugewinngemeinschaft hingewiesen, insbesondere darauf, dass

---

[37] *Troll/Gebel/Jülicher*, § 5 ErbStG Rn. 60.

§ 84 Ehevertrag: Überlassung der Verwaltung, Gütertrennung

- jeder von uns freier und unbeschränkter Eigentümer des beweglichen und unbeweglichen Vermögens ist, das ihm schon bisher gehört hat bzw. das er ab heute hinzuerwirbt;
- jeder von uns mit seinem Vermögen für die Schulden des anderen nur dann haftet, wenn er durch eigenes Verhalten eine Mithaft begründet;
- die gesetzlichen Bestimmungen über die Schlüsselgewalt und die Eigentumsvermutung zugunsten von Gläubigern eines Ehegatten durch diese Vereinbarungen nicht berührt werden;

Regelungen zum Güterstand Auswirkungen auf die gesetzliche Erbfolge und Pflichtteilsansprüche haben können. Eine Vereinbarung über den Versorgungsausgleich wollen wir nicht treffen.
Wir beantragen die Eintragung im Güterrechtsregister.
Oder mit aufgeschobenem Antrag:
Wir beantragen die Eintragung im Güterrechtsregister. Der Notar wird angewiesen, den Antrag nur auf eine besondere schriftliche Anweisung wenigstens eines von uns einreichen, unbeschadet seines Rechts auf jederzeitige Einreichung.
Unser gemeinsames reines Vermögen beträgt 45.000 €.

■ **Kosten.** Siehe § 83 Rdn. 8 M.

Ausländer vereinbaren Gütertrennung

25 M
Verhandelt zu ..... am .....
Vor dem Notar ..... erschienen: .....
Die Erschienenen erklärten:
Wir sind niederländische Staatsangehörige und beabsichtigen, die Ehe miteinander einzugehen. Wir haben seit drei Jahren unseren gemeinsamen Wohnsitz in der Bundesrepublik. Wir verstehen die deutsche Sprache, so dass wir in der Lage sind, der Verhandlung in gehöriger Weise zu folgen. Hiervon überzeugte sich der Notar. Trotz Belehrung verzichteten die Beteiligten auf die Hinzuziehung eines Dolmetschers und die Anfertigung einer schriftlichen Übersetzung dieser Urkunde.
Für unsere Ehe soll nicht der gesetzliche Güterstand der allgemeinen Gütergemeinschaft gemäß Art. 93 ff. Burgerlijk Wetboek gelten. Wir vereinbaren vielmehr den Ausschluss jeglicher Gemeinschaft.
Unser gemeinsames reines Vermögen beträgt 10.000 €.
Der Notar wies darauf hin, dass es sich um die Anwendung niederländischen Rechts handele und er weder verpflichtet noch in der Lage sei, über den Inhalt dieser Rechtsordnung zu belehren. Die Beteiligten wünschten gleichwohl eine sofortige Beurkundung.
....., Notar

■ **Kosten.** Die modifizierte Geschäftswertberechnung für Eheverträge gemäß § 100 GNotKG gilt für alle Eheverträge im Sinne des § 1408 BGB und umfasst damit alle Vereinbarungen zwischen Ehegatten zu ihren güterrechtlichen Verhältnissen, auch wenn insoweit ausländisches Recht Anwendung findet. Siehe im Übrigen § 83 Rdn. 8 M.

Ehevertrag zwischen einem iranischen Staatsangehörigen und einer deutschen Frau mit Güterrechtswahl

26 Das nachstehende Muster nimmt Rücksicht auf Art. 13 EGBGB, wonach die Eheschließung nach dem Heimatrecht jedes Verlobten auf ihre Wirksamkeit hin überprüft wird, enthält eine Rechtswahl- und Güterstandsvereinbarung nach Art. 15 Abs. 2 EGBGB und berücksichtigt, dass die Anknüpfung der Scheidungsfolgen nach Art. 17 EGBGB bezogen auf den Zeitpunkt des Scheidungsantrags noch ungewiss ist. Eine allgemeine Wahl des Rechts nach Art. 14 Abs. 3 EGBGB ist nicht möglich, da die Ehefrau Staatsangehörige des Aufenthaltsstaats ist. Gleichwohl wurde vorsorglich eine Rechtswahl für die Zukunft getroffen. Es gilt danach das bei Rechtshängigkeit des Scheidungsantrags anwendbare Ehewirkungsrecht. Vorsorglich wird das iranische Recht ausdrücklich modifiziert. Um eine evtl. notwendige Anerkennung im muslimischen Rechtskreis zu erreichen, sollten möglichst zwei Männer islamischer Religion als Zeugen beteiligt werden, eine Eheschließungsformel vorgesehen sowie die Registrierung des Vertrages im Heimatland des Mannes versucht werden. Die Vereinbarung einer Morgengabe ist zulässig.[38]

Ehevertrag mit Güterrechtswahl und Vereinbarung einer Morgengabe

Verhandelt zu ..... am ..... **27 M**

Vor dem Notar ..... erschienen:
1. Der Mann .....
2. die Frau .....
3. Herr .....
4. Herr ..... (zu 3. und 4. möglichst Muslime und Iraner)

Zunächst erklärten alle Beteiligten:
Wir verstehen die deutsche Sprache, so dass wir in der Lage sind, der Verhandlung in gehöriger Weise zu folgen. Hiervon überzeugte sich der Notar. Trotz Belehrung verzichteten alle Beteiligten auf die Hinzuziehung eines Dolmetschers und die Anfertigung einer schriftlichen Übersetzung dieser Urkunde.

1. Sodann erklärte der Beteiligte zu 1.:
Ich bin iranischer Staatsangehöriger und ledig. Andere Ehefrauen sind mir nicht – auch nicht auf Zeit – angetraut. Ich war noch nicht verheiratet und habe keine ehelichen Abkömmlinge. Seit sechs Jahren habe ich meinen ständigen Wohnsitz in der Bundesrepublik und eine unbefristete Aufenthaltsgenehmigung.
Ich verpflichte mich, die beabsichtigte Ehe mit der Beteiligten zu 2. nach den Anschauungen zu führen, die in Deutschland üblich sind, jedoch unter Beachtung der gesetzlichen Vorschriften des iranischen Staates. Weiter verpflichte ich mich, meiner Verlobten als Ehefrau die Rechte zu gewähren, die das deutsche Recht einer Ehefrau verleiht. Ich will nur eine Einehe führen, wie sie das deutsche Recht allein zulässt. Ich verpflichte mich, die Beteiligte zu 2. als meine alleinige Ehefrau mit allen Rechten und Ansprüchen, die das deutsche Gesetz einer Ehefrau zugesteht, zu ehelichen.
Ich verpflichte mich, mit der Beteiligten zu 2. als meiner Ehefrau einen gemeinsamen Haushalt bis zur Auflösung der Ehe zu führen und ihr und den Kindern, die aus unserer Ehe hervorgehen, während der Ehe den standesgemäßen Unterhalt zu gewähren, wobei der Unterhalt für die Kinder zu Händen der Beteiligten zu 2. zu zahlen ist.

2. Nunmehr erklärten die Beteiligten zu 1. und 2. gemeinsam:
Wir beabsichtigen, miteinander eine ständige Ehe im Sinne des iranischen Zivilgesetzbuchs zu schließen. Für diese Ehe schließen wir folgenden Ehevertrag:
Wir wählen vorsorglich bereits jetzt für den Fall, dass diese Rechtswahl gemäß Art. 14 EGBGB einmal zulässig sein sollte, für unsere ehelichen Lebensverhältnisse so weit wie möglich das Recht der Bundesrepublik Deutschland. Wir wählen für unsere Vermögensverhältnisse das Recht der Bundesrepublik Deutschland und vereinbaren als

---
[38] BGH FamRZ 1987, 463; OLG Düsseldorf FamRZ 1998, 623.

§ 84 Ehevertrag: Überlassung der Verwaltung, Gütertrennung

ehelichen Güterstand Gütertrennung im Sinne des § 1414 des deutschen Bürgerlichen Gesetzbuches.
[Belehrung wie in Muster Rdn. 20 M]
Diese Rechtswahl soll so weit wie möglich gelten *[s.o. Muster § 81 Rdn. 23 M]*.
Unabhängig davon erklären wir im Hinblick auf das Heimatrecht des Bräutigams: Ich, der Erschienene zu 1., bin bereit, dich gegen nachstehende Morgengabe zur Ehefrau zu nehmen. Ich, die Erschienene zu 2., bin bereit, dich unter dieser Bedingung zum Ehemann zu nehmen.
3. Der Beteiligte zu 1. erklärte:
Da das islamische Scheidungsrecht wie auch mein Heimatrecht dem Mann eine überwiegende Rechtsstellung gibt, die sich unter anderem darin äußert, dass er das Recht hat, die Frau ohne Angabe von Gründen widerruflich oder endgültig – dies letztere gilt auch schon bei dreimaligem widerruflichen Ausspruch – zu verstoßen, verpflichte ich mich, der Beteiligten zu 2. bei der Eheschließung eine Morgengabe zu übergeben, die im Wert mindestens dem Betrag von 25.000 € – i.W. fünfundzwanzigtausend Euro – entsprechen muss. Für den Fall einer Scheidung (Verstoßung) verzichte ich auf die Rückgabe der Morgengabe.
Ich bevollmächtige die Beteiligte zu 2. unwiderruflich – mit dem Recht der Substitution – sich selbst die Scheidung im Sinne von Art. 1119 des Iranischen Zivilgesetzbuches zu bewilligen, falls:
a) der Ehemann eine andere Frau nimmt,
b) der Ehemann länger als drei Monate abwesend ist,
c) der Ehemann den Unterhalt für die Frau nicht zahlt,
d) der Ehemann der Frau nach dem Leben trachtet,
e) der Ehemann die Ehefrau in einem Grade misshandelt, dass das gemeinschaftliche Leben unerträglich wird, jegliche Misshandlung ist ihm darüber hinaus untersagt,
f) der Ehemann die Ehefrau an der Ausübung eines standesgemäßen Berufs hindert. Dieser wird ihr ausdrücklich gestattet.
Ich bin unwiderruflich damit einverstanden, dass im Falle einer Scheidung die Beteiligte zu 2. die gesetzliche Vertretung und das Personensorgerecht über unsere gemeinsamen Kinder haben soll. Desgleichen verpflichte ich mich für den Fall der Scheidung, der Beteiligten zu 2. einen angemessenen Unterhalt zu zahlen, bis sie imstande ist, ohne Gefährdung ihrer Gesundheit oder der Kindererziehung sich selbst zu unterhalten. Ferner verpflichte ich mich zur Zahlung einer angemessenen Unterhaltsrente an unsere gemeinsamen ehelichen Kinder zu Händen der Beteiligten zu 2., meiner Ehefrau. Diese Unterhaltsverpflichtung soll auch auf meine Erben übergehen.
Ich gebe der Beteiligten zu 2. unwiderruflich und unbefristet meine Zustimmung zur jederzeitigen Erteilung eines Ausreisevisums aus dem Iran. Dies gilt auch für alle aus unserer Ehe hervorgehenden Kinder. Sie erhält in gesonderter Urkunde entsprechende Vollmacht.
Die Beteiligte zu 2. erklärte sich mit allen zu Ziffern 1 und 3 abgegebenen Erklärungen des Beteiligten zu 1. einverstanden. Im Übrigen erklären beide Beteiligte nochmals, dass für die Ehewirkungen und Scheidungsfolgen ungeachtet vorstehender Vereinbarung deutsches Recht soweit wie möglich Geltung haben soll und dessen gesetzliche Regeln Vorrang haben.
4. Die Beteiligten wurden darauf hingewiesen, dass die Eheschließung nach Art. 993 Nr. 2 des Iranischen Zivilgesetzbuches innerhalb von sechs Monaten zur Kenntnis einer Iranischen Auslandsvertretung gebracht und dort registriert werden muss. Zur Anmeldung der Registrierung ist jeder der Eheschließenden berechtigt.
Der Notar wies die Beteiligten darauf hin, dass die Ehe nach Iranischem Recht erst mit der Registrierung wirksam geschlossen ist.

**Unabhängig von vorstehendem Hinweis hat der Notar nicht über die ausländische Rechtsordnung belehrt und die Beurkundung auf ausdrücklichen Wunsch der Beteiligten vorgenommen, die sich über die Rechtslage so weit wie möglich selbst informiert haben.
Die Unwirksamkeit oder Nichtigkeit einer der vorstehenden Erklärungen oder Vereinbarungen soll die Wirksamkeit des übrigen Vertragsteils nicht berühren.
Den zusammengerechneten Wert unseres gegenwärtigen Vermögens schätzen wir auf 100.000 €.**

....., Notar

- *Kosten.* Siehe § 83 Rdn. 8 M sowie die Anmerkung Rdn. 25 M. Die Morgengabe ist als gesonderter Gegenstand zum Wert des Ehevertrages zu addieren (Wert nach § 97 GNotKG), da der Ehevertrag nach § 111 Nr. 2 GNotKG künftig immer gesondert zu berechnen ist.

Wegen der Rechtswahl allgemein s.o. § 81 Rdn. 23 M. Die Aufhebung einer Rechtswahl ist wiederum eine Rechtswahl. **28**

IV. Ausschluss oder Änderung des Versorgungsausgleichs durch Ehevertrag

1. In einem *Ehevertrag* können die Ehegatten durch eine ausdrückliche Vereinbarung den *Versorgungsausgleich* grundsätzlich insgesamt *ausschließen oder einschränken*. Der Gesetzgeber hat in § 6 VersAusglG ausdrücklich die Regelungsbefugnis des Versorgungsausgleiches durch die Ehegatten normiert. Auch ist nach der Reform des Versorgungsausgleiches durch Gesetz zur Strukturreform des Versorgungsausgleiches vom 03.04.2009[39] der vertragliche Ausschluss des Versorgungsausgleichs nicht mehr unwirksam, wenn der Scheidungsantrag innerhalb eines Jahres nach Vertragsschluss bzw. bei vorehelichem Abschluss ab der Eheschließung rechtshängig wird. Jedoch hat das Gericht die formellen und materiellen Wirksamkeitsvoraussetzungen für Vereinbarungen zum Versorgungsausgleich nach §§ 7, 8 VersAusglG zu prüfen.[40] **29**

Auch hier ist die Rechtsprechung des BGH zum Kernbereich der Scheidungsfolgen zu berücksichtigen (vgl. oben Rdn. 1 ff.). Der BGH stellt den Versorgungsausgleich im Rahmen der Kernbereichslehre auf die gleiche Stufe wie den Altersvorsorgeunterhalt. Er ist daher in besonderem Maße Ausdruck der (nach-)ehelichen Solidarität.[41] Ein Verzicht oder eine Einschränkung ist zwar generell nicht ausgeschlossen. Im Rahmen der gerichtlichen Wirksamkeits- und Inhaltskontrolle werden versorgungsausgleichsbeschränkende Vereinbarungen aber dann beanstandet werden, wenn bereits bei Vertragsschluss aufgrund des einvernehmlich geplanten Zuschnitts des ehelichen Zusammenlebens und der der ehevertraglichen Vereinbarung zugrunde liegenden subjektiven Gesinnung der Beteiligten feststeht, dass der Inhalt der Vereinbarung einen sittenwidrigen Verstoß gegen die nacheheliche Solidarität darstellt (Wirksamkeitskontrolle); insbesondere absehbar ist, dass sich der verzichtende Ehegatte durch eigene Versorgungsanwartschaften nicht unterhalten kann.[42] Wird die von den Beteiligten angenommene Lebensplanung einvernehmlich oder aufgrund unvorhergesehener Umstände geändert (z.B. Beendigung oder Einschränkung der Berufsausübung durch einen Ehegatten aufgrund ungeplanter Geburt eines Kindes oder aufgrund Krankheit) und führt dies zu einer Unterversorgung eines Ehegatten im Alter, ist die Berufung des anderen Ehegatten auf die den Versorgungsausgleich beschränkenden Ver- **30**

---

39 BGBl. 2009 I S. 700.
40 OLG Koblenz RNotZ 2011, 608, 609.
41 BGH NJW 2005, 139, 141.
42 BGH NJW 2005, 137, 138.

einbarungen treuwidrig und führt zur gerichtlichen Anpassung (Ausübungskontrolle).[43] Maßgeblich für die Bewertung, ob eine Vereinbarung zum Versorgungsausgleich im Wege der Ausübungskontrolle anzupassen ist, ist die tatsächliche – nicht notwendig einverständliche – Gestaltung der Ehe.[44]

Einen aktuellen Überblick über die neuere Rechtsprechung zum Versorgungsausgleich und Vereinbarungen hierzu geben *Brudermüller* und *Götsche*.[45]

31 2. Der *Versorgungsausgleich* wurde mit Inkrafttreten des Gesetzes zur Strukturreform des Versorgungsausgleichs vom 03.04.2009[46] zum 01.09.2009 neu geregelt. Auf vor Inkrafttreten des Versorgungsausgleichsgesetzes getroffene Vereinbarungen ist das Gesetz anwendbar, wenn das Familiengericht nach dem 31.08.2009 über den Versorgungsausgleich entscheidet.[47] Dies gilt gemäß § 48 Abs. 2 VersAusglG auch, soweit Verfahren vor dem 01.09.2009 eingeleitet, jedoch zu diesem Zeitpunkt oder später abgetrennt oder ausgesetzt waren oder deren Ruhen angeordnet war.[48]

32 Der Ausgleich unter den Ehegatten hinsichtlich der in der Ehezeit erworbenen Anwartschaften auf Versorgung und Ansprüche auf laufende Versorgung erfolgt nun durch hälftige Teilung aller erworbenen Anrechte, sog. Realteilung (§ 1 Abs. 1 VersAusglG). In der Regel erfolgt die hälftige Teilung innerhalb des jeweiligen Versorgungssystems, sog. Interne Teilung (§§ 10 ff. VersAusglG). Setzt sich eine z.B. betriebliche Altersvorsorge bei einem Versorgungsträger aus verschiedenen Bausteinen mit unterschiedlichen wertbildenden Faktoren zusammen, ist jeder Baustein wie ein gesondertes Anrecht zu behandeln und gesondert auszugleichen.[49] Ist die interne Teilung in einem Versorgungssystem nicht möglich, erfolgt eine externe Teilung durch Begründung eines Anrechts in einem anderen Versorgungssystem (§§ 14 ff. VersAusglG). Weggefallen ist bei der Reform ebenfalls mit der Bestimmung des § 1587o Abs. 1 Satz 2 BGB das Verbot des Supersplittings.[50]

33 Ein Versorgungsausgleich soll gemäß § 3 Abs. 3 VersAusglG bei kurzer Ehedauer bis zu 3 Jahren nur auf Antrag eines Ehegatten stattfinden. Einen gänzlichen Ausschluss des Versorgungsausgleichs ordnet das Gesetz (§ 27 VersAusglG) an, soweit ein solcher im Einzelfall grob unbillig wäre. Das OLG Köln[51] sieht einen solchen Fall als gegeben, wenn das vom ausgleichsberechtigten Ehegatten in der Ehezeit erworbene Vorsorgevermögen nicht in den Versorgungsausgleich fließt, weil es in Form von Kapitalvermögen angelegt ist und als solches aufgrund einer ehevertraglich vereinbarten Gütertrennung dem Zugewinnausgleich entzogen ist, während der andere Ehegatte ausgleichspflichtige Anrechte erworben hat.

34 Auszugleichen sind gemäß § 2 VersAusglG alle während der Ehezeit im In- und Ausland erworbenen Anwartschaften auf Versorgung und Ansprüche auf laufende Versorgungen sowohl aus gesetzlichen, betrieblichen oder sonstigen berufsständischen Versorgungssystemen als auch aus sonstigen Regelsicherungssystemen, insb. Beamtenversorgung, und auch private Alters- und Invaliditätsvorsorge.[52]

---

43 Inhaltskontrolle, BGH NJW 2005, 139, 141.
44 KG FamRZ 2011, 1587, 1588.
45 *Brudermüller*, NJW 2018, 1297, NJW 2017, 3202; *Götsche*, NZFam 2018, 395, NZFam 2018, 395; vgl. auch BGH DNotZ 2013, 376; DNotZ 2014, 361; DNotZ 2015, 132 sowie *Reetz*, Notarformulare Versorgungsausgleich, § 8 Rn. 43 ff.; *Langenfeld*, DNotZ 1983, 139; *von Maydell*, FamRZ 1981, 509 und 1981, 623; *Grziwotz*, FamRZ 1997, 585.
46 BGBl. 2009 I S. 700.
47 OLG Koblenz RNotZ 2011, 608.
48 OLG Thüringen v. 07.06.2010 – 1 UF 82/10, DNotI-Rechtsprechungsdatenbank; OLG Brandenburg v. 16.09.2010 – 10 UF 18/10, DNotI-Rechtsprechungsdatenbank.
49 BGH FamRZ 2012, 189, 190.
50 BGH NJW 1986, 2316; 1990, 1363; 2001, 3333.
51 OLG Köln FamRZ 2012, 1881, 1882.
52 Umfassend zu den auszugleichenden Rechten *Reetz*, Notarformulare Versorgungsausgleich, § 3.

Als Ehezeit im Sinne des Versorgungsausgleichs gilt die Zeit vom ersten Tag des Monats, in dem die Ehe geschlossen worden ist, bis zum letzten Tag des Monats, der dem Eintritt der Rechtshängigkeit des Scheidungsantrags vorausgeht (§ 3 Abs. 1 VersAusglG). Beispiel: Eheschließung am 25.05.1990, Zustellung der Antragsschrift am 15.10.2017. Ehezeit im Sinne des Versorgungsausgleichs ist die Zeit vom 01.05.1990 bis 30.09.2017. Gemäß § 224 Abs. 3 FamFG hat zwingend eine familiengerichtliche Entscheidung zum Versorgungsausgleich zu ergehen. 35

Nach der Reform fallen nun Anrechte i.S.d. Betriebsrentengesetzes oder des Altersvorsorge-Zertifizierungsgesetzes, auch wenn sie auf Kapitalzahlung gerichtet sind, in den Versorgungsausgleich. Private Rentenversicherungen mit Kapitalwahlrecht unterfallen nach Ausübung des Kapitalwahlrechtes nicht dem Versorgungsausgleich, wenn das Wahlrecht – auch nach Ende der Ehezeit – bis zur gerichtlichen Entscheidung über den Versorgungsausgleich ausgeübt wurde.[53] Insoweit kommt dann lediglich ein güterrechtlicher Ausgleich in Betracht. Ebenfalls ausgleichspflichtig sind Anrechte aus privater Altersvorsorge, wenn der betreffende Ehegatte diese Anrechte mit Mitteln seines vorehelichen Vermögens bzw. aus seinem dem Anfangsvermögen zuzurechnenden Vermögen erworben hat.[54] Mit der Einzahlung in die Rentenversicherung verliert dieses Vermögen eine Zugehörigkeit zum Vermögen und erlangt stattdessen den Charakter einer Altersversorgung, womit ein Wechsel des Ausgleichssystems einhergeht. 36

Nicht dem Versorgungsausgleich unterliegen grundsätzlich auch jene Anrechte, die wirtschaftlich einem Dritten zustehen. Hierunter fallen nach der Rechtsprechung des Bundesgerichtshofes[55] jedoch nicht die zur Sicherung einer Baufinanzierung abgetretenen Anrechte aus einer Rentenversicherung mit Kapitalwahlrecht, auch wenn die Rückführung des Kredites durch Einmalzahlung aus der Versicherung beabsichtigt ist, da die Ehegatten zum Zeitpunkt der Fälligkeit der Darlehensrückführung nicht an diese Planung gebunden sind und die Abtretung lediglich der Sicherung dient. 37

Nicht auszugleichen sind auch Anwartschaften, welche nicht ausgleichsreif i.S.d. § 19 Abs. 2 Nr. 1 VersAusglG, d.h. nach Grund und Höhe nicht hinreichend verfestigt sind, was bspw. bei noch verfallbaren Anrechten im Sinne des Betriebsrentengesetzes der Fall ist.[56] Der Versorgungsausgleich ist nach § 5 Abs. 2 VersAusglG stichtagsbezogen zum Ende der Ehezeit (= letzter Tag des Monats vor Zustellung des Scheidungsantrages, § 3 Abs. 1 VersAusglG) durchzuführen. Rechtliche oder tatsächliche Veränderungen nach dem Ende der Ehezeit bis zur gerichtlichen Entscheidung sind jedoch zu berücksichtigen, soweit sie auf den Ehezeitanteil zurückwirken (§ 5 Abs. 2 Satz 2 VersAusglG). Nacheheliche Veränderungen bleiben generell unberücksichtigt. Insoweit ist ein nachehezeitlicher Wertverlust einer fondsgebundenen privaten Rentenversicherung zu berücksichtigen, nicht jedoch ein nachehezeitlicher Wertzuwachs. Im Fall der internen Teilung ist die Teilhabe jedes Ehegatten an der Wertentwicklung bereits durch § 11 Abs. 1 Satz 2 Nr. 2 VersAusglG gesichert, während bei einer externen Teilung jeder Ehegatte ab dem Ehezeitende selbst gehalten ist, aus dem stichtagsbezogenen Ausgleichsbetrag Zuwächse im Rahmen der von ihm gewählten Zielversorgung zu erlangen.[57]

Nicht ausgleichen werden sollen ferner geringfügige Anwartschaften, sofern entweder die Differenz der Ausgleichswerte beiderseitiger Anrechte gleicher Art (§ 18 Abs. 1 VersAusglG) oder – nur sofern Abs. 1 nicht einschlägig ist – der Wert eines einzelnen Anrechtes gering ist (§ 18 Abs. 2 VersAusglG).[58] Die Regelung bezweckt eine Vereinfachung des Ver-

---

53 BGH FamRZ 2012, 1039, 1040; BGH FamRZ 2011, 153, 193.
54 BGH DNotZ 2012, 705, 707.
55 BGH FamRZ 2011, 963.
56 BGH FamRZ 2012, 694, 696.
57 BGH FamRZ 2012, 694, 696.
58 OLG Brandenburg FamRZ 2012, 306.

§ 84 Ehevertrag: Überlassung der Verwaltung, Gütertrennung

waltungsverfahrens.[59] Ist dieser Zweck im konkreten Fall nicht in einem dem Ausschluss des Ausgleiches rechtfertigendem Maße erreichbar, gebührt dem Halbteilungsgrundsatz der Vorrang.[60]

38 Durch Vereinbarung zwischen den Eheleuten können Anrechte nur übertragen oder begründet werden, wenn die maßgeblichen Versorgungsregelungen dies zulassen und die betroffenen Versorgungsträger zustimmen (§ 8 VersAusglG). Nicht übertragbar und einer Vereinbarung nicht zugänglich sind bspw. Anrechte eines Ehegatten aus einer Direktversicherung – weder während des bestehenden Arbeitsverhältnisses noch nach dem Ausscheiden (§§ 1, 2 BetrAVG).[61] Daraus folgt, dass künftig keine gesetzlichen Rentenanwartschaften über die Grenze der Halbteilung hinaus übertragen oder begründet werden können.[62]

Weiterhin möglich sind gemäß §§ 20 ff. VersAuglG Vereinbarung zum schuldrechtlichen Versorgungsausgleich, den sog. »Ausgleichsansprüchen nach der Scheidung«. Wobei generell vor solchen Vereinbarungen wegen vieler verbleibender rechtlicher Unsicherheiten zu warnen ist, da der schuldrechtliche Ausgleich anstelle des Wertausgleichs mangels Vererblichkeit (§ 31 Abs. 3 VersAusglG) keine ausreichende Alterssicherung gewährt sowie allgemein von der Leistungsfähigkeit des Ausgleichspflichtigen abhängt.[63] Der früher im Fall des Todes des Ausgleichspflichtigen eingreifende § 3a VAHRG ist mit Reform des Versorgungsausgleichsgesetzes außer Kraft getreten. Die entstehende Versorgungslücke kann daher heute nunmehr durch eine Geschiedenenwitwenrente nach § 25 Abs. 1 VerAusglG geschlossen werden, allerdings nur, wenn die Eheleute das betreffende Anrecht nicht vom Wertausgleich bei Scheidung ausgenommen haben, insbesondere durch Ausgleichsverzicht oder Vereinbarung des schuldrechtlichen Ausgleiches. Bei der Vereinbarung des schuldrechtlichen Ausgleichs ist zudem zu prüfen, ob die Anwendung von § 21 VersAusglG dem Willen der Beteiligten entspricht (s.u. § 90 Rdn. 55).

39 Aufgrund Föderalismusreform und der Einführung des Art. 74 Abs. 1 Nr. 27 GG[64] haben die Länder seit dem 01.09.2006 jeweils eigenständige Gesetzgebungskompetenz für das Beamtenversorgungsrecht. Bis die einzelnen Länder hiervon Gebrauch gemacht haben, gelten die Bestimmungen des Bundesrechts in der bis zum 31.08.2006 geltenden Fassung weiter (vgl. § 108 BeamtVG). Daher muss künftig bei der Gestaltung von Vereinbarungen über den Versorgungsausgleich bei Beamten danach unterschieden werden, ob der betroffene Versorgungsträger weiterhin nach dem Tode des Ausgleichspflichtigen in Verlängerung des schuldrechtlichen Ausgleichs einen Unterhaltsbeitrag zahlt, wie es § 22 BeamtenVG in der am 31.08.2006 geltenden Fassung vorsah. Für Bundesbeamte ist dies nach Änderung des § 22 BeamtVG nur noch in Altfällen gegeben.

40 Ausgeschlossen sind Vereinbarungen zum Ehezeitende, da dies zu einer Veränderung der Bewertungsgrundlage und damit zu einer Verletzung des Halbteilungsgrundsatzes führt.[65] Zulässig sind hingegen Vereinbarungen dahin gehend, dass der Versorgungsausgleich insoweit ausgeschlossen wird, als Anwartschaften während bestimmter Ehezeitphasen erworben werden.[66]

41 3. Die Regelungsinhalte von ehevertraglichen Vereinbarungen und Scheidungsvereinbarungen über den Versorgungsausgleich sind im Hinblick auf die technischen Eingriffe in die Ausgleichsregelung vergleichbar. Deshalb sei ergänzend auf die Muster in § 90 verwiesen.

---

59 BT-Drucks. 16/10144 S. 38, 60.
60 BGH FamRZ 2012, 192.
61 OLG Celle, 18.06.2012 15 UF 95/12, DNotI-Rechtsprechungsdatenbank.
62 *Hahne*, FamRZ 2009, 2041; *Münch*, notar 2010, 5.
63 Zum Fall der Insolvenz des Verpflichteten BGH FamRZ 2011, 1938, 1939.
64 Gesetz zur Änderung des Grundgesetzes BGBl. 2006 I S. 2023 ff.
65 BGH FamRZ 2004, 256 ff.; *Borth*, FamRZ 2005, 399.
66 Z.B. ab Trennung der Eheleute oder ab Eheschließung bis zur Geburt des ersten Kindes; vgl. *Borth*, FamRZ 2005, 399.

Ehevertrag: Überlassung der Verwaltung, Gütertrennung § 84

Die Möglichkeit der Abänderung der rechtskräftigen Entscheidung über den Versorgungsausgleich durch das Familiengericht bei wesentlicher Änderung der Verhältnisse sind in §§ 32 ff. VersAusglG, §§ 225 ff. FamFG geregelt. Vereinbarungen über den Versorgungsausgleich werden für abänderbar erklärt, sofern die Ehegatten dies nicht ausdrücklich ausgeschlossen haben, § 227 Abs. 2 FamFG.

42

4. Im Übrigen sieht Art. 234 § 6 des Einigungsvertrages die einschränkungslose Anwendung des Versorgungsausgleiches auch in den neuen Bundesländern vor, sofern nicht vor Wirksamwerden des Beitritts bereits über die Scheidung rechtskräftig entschieden wurde. Hinsichtlich des Übergangsrechts wird auf § 84 Rn. 35, 36 der 22. Aufl. verwiesen.

43

5. Nach § 17 BeurkG hat der Notar die Beteiligten über die *rechtliche Tragweite des Versorgungsausgleichs* und seines gänzlichen oder teilweisen Ausschlusses zu *belehren*. Dabei soll er darauf achten, dass unerfahrene und ungewandte Beteiligte nicht benachteiligt werden.[67] Eine verlässliche Rentenschätzung ist dem Notar im Regelfall nicht möglich, er hat auf die Einholung von Auskünften nach § 109 Abs. 3 SGB VI oder auf Rentensachverständige zu verweisen.[68] Ohne eine solche Aufklärung muss auf Verlangen der Beteiligten gleichwohl beurkundet werden, es sei denn, eine Ablehnung wäre gemäß § 4 BeurkG wegen eindeutiger Gesetz- oder Sittenwidrigkeit möglich.[69]

44

6. Ein vollständiger gegenseitiger Ausschluss des Versorgungsausgleichs (siehe auch § 90 Rdn. 66, 57) kommt insbesondere dann in Betracht, wenn dieser nach der beabsichtigten Ehekonstellation nicht erforderlich ist. Zu nennen ist etwa die Doppelverdienerehe ohne Kinderwunsch, in der beide Ehegatten während der Ehedauer durchgängig berufstätig sein wollen und daher ihre jeweilige Altersversorgung eigenständig aufbauen. In dieser Konstellation dürfte zumindest bei jungen Eheleuten jedoch regelmäßig ein aufschiebend bedingter Ausschluss des Versorgungsausgleichs anzuraten sein (siehe hierzu Rdn. 51 M). Ferner kommt ein vollständiger Versorgungsausgleich bei Eheschließungen im fortgeschrittenen Alter in Betracht, wenn beide Ehegatten bereits über eine ausreichende Altersversorgung verfügen. Schließlich ist die Unternehmerehe zu nennen, in der ein Ehegatte seine Altersversorgung durch Aufbau von Vermögenswerten erreicht, die dem Zugewinnausgleich unterliegen, der andere Ehegatte Versorgungsanwartschaften nach dem VersAusglG erwirbt und zugleich Gütertrennung oder ein Ausschluss des Zugewinnausgleichs vereinbart wird.[70]

45

Vor dem Hintergrund einer möglichen Inhalts- und Ausübungskontrolle ist bei einem vollständigen gegenseitigen Ausschluss des Versorgungsausgleichs das Risiko einer nicht hinreichenden Kompensation zu berücksichtigen, auch wenn die Erklärung des Ausschluss des Versorgungsausgleichs von Seiten des einen Ehegatten regelmäßig als Gegenleistung für die Erklärung des anderen Ehegatten zu sehen ist.[71] Ein kompensationsloser gegenseitiger Ausschluss des Versorgungsausgleichs wird etwa für Ehekonstellationen mit hohem Altersunterschied angenommen, wobei ein Ehegatte ausgleichspflichtige Anrechte erwirbt und der andere Ehegatte wegen seines fortgeschrittenen Alters bereits Altersrente bezieht und daher keine weiteren eigenen Anrechte mehr erwirbt.[72] Zum Ausgleich mit konkreter Gegenleistung siehe § 90 Rdn. 61 M und Rdn. 66 M.

46

---

67 *Reinartz*, NJW 1977, 83; zur Abgrenzung der rechtlichen von der wirtschaftlichen Tragweite *Zimmermann*, DNotZ 1982, 573, 577.
68 BVerfG DNotZ 1982, 564.
69 *Langenfeld/Milzer*, Handbuch der Eheverträge, Rn. 599.
70 Würzburger Notarhandbuch/*Mayer/Reetz*, Teil 3 Kap. 1 Rn. 212.
71 Vgl. BGH DNotZ 2013, 528; *Reetz*, Notarformulare Versorgungsausgleich, § 9 Rn. 22.
72 Würzburger Notarhandbuch/*Mayer/Reetz*, Teil 3 Kap. 1 Rn. 212.

§ 84 Ehevertrag: Überlassung der Verwaltung, Gütertrennung

Ausschluss des Versorgungsausgleichs

47 M

Verhandelt zu ..... am .....
Vor dem Notar ..... erschienen: .....
Die Erschienenen erklärten:
Wir sind deutsche Staatsangehörige und sind am ..... vor dem Standesbeamten in ..... die Ehe eingegangen. Einen Ehevertrag haben wir nicht geschlossen, so dass wir im Güterstand der Zugewinngemeinschaft leben.
Wir schließen für unsere Ehe den Versorgungsausgleich aus. Auch bei wesentlicher Änderung der Verhältnisse soll diese Vereinbarung nicht gerichtlich abänderbar sein.
Über Wesen und Bedeutung des Versorgungsausgleichs sowie über die rechtliche Tragweite seines Ausschlusses sind wir von dem beurkundenden Notar belehrt worden, insbesondere auch darüber, dass der Ausschluss des Versorgungsausgleichs bei fehlenden eigenen Versorgungsansprüchen die Gefahr des Verlustes jeglicher Alters- und Invaliditätsversorgung mit sich bringt.
Wir wollen von jetzt ab im Güterstand der Gütertrennung gemäß § 1414 BGB leben und heben deshalb den gesetzlichen Güterstand für unsere Ehe auf. *[Belehrung wie in Muster Rdn. 22 M]*
Bisher etwa entstandene Ansprüche auf Ausgleich des Zugewinns schließen wir für die Vergangenheit aus.
Wir beantragen die Eintragung im Güterrechtsregister.
Oder mit aufgeschobenem Antrag:
Wir beantragen die Eintragung im Güterrechtsregister. Der Notar soll den Antrag jedoch nur auf eine besondere schriftliche Anweisung wenigstens eines von uns einreichen, unbeschadet seines Rechts auf jederzeitige Einreichung.
Der Wert unseres gemeinsamen reinen Vermögens beträgt 50.000 €.
Zur Vermeidung späterer Unklarheiten stellen wir fest, dass unser Vermögen zur Zeit aus folgenden Sachen und Rechten besteht .....

....., Notar

▪ *Kosten.*
a) Des Notars: Die Vereinbarungen über den Güterstand (Gütertrennung) und zum Versorgungsausgleich sind gegenstandsverschieden, da verschiedene Rechtsverhältnisse im Sinne von § 86 Abs. 2 GNotKG betroffen sind.[73] Gegenstandsgleichheit folgt auch nicht aus § 109 Abs. 1 Satz 1 GNotKG, da es an einem entsprechenden Abhängigkeitsverhältnis zwischen beiden Gegenständen fehlt. Dementsprechend ist die Regelung zum Güterstand neben dem Versorgungsausgleich immer gesondert zu bewerten. Zum Ehevertrag siehe § 83 Rdn. 9 M. Die Regelung zum Versorgungsausgleich ist gemäß § 52 Abs. 1, Abs. 3 Satz 2 GNotKG (als Recht von unbestimmter Dauer) zu bewerten. Jahreswert nach § 96 GNotKG in Höhe der Ansprüche, auf die verzichtet wird, multipliziert mit dem für die Lebensdauer maßgeblichen Verfielfältiger nach § 52 Abs. 4 GNotKG, beschränkt auf maximal 10 Jahre gemäß § 52 Abs. 3 Satz 2 GNotKG. Das frühere Verwandtenprivileg ist entfallen. Aus den addierten Werten für Ehevertrag und Verzicht auf den Versorgungsausgleich ist eine 2,0 Gebühr nach Nr. 21100 KV GNotKG zu erheben.
b) Des Güterrechtsregisters: Siehe § 81 Rdn. 13 M.

Zur *Benachrichtigung des Standesamts* s. § 8 Rdn. 39.

---

[73] *Diehn/Volpert*, Praxis des Notarkostenrechts, Rn. 424; Leipziger-GNotKG/*Reetz/Riss*, § 100 GNotKG Rn. 56.

7. Anstelle eines vollständigen gegenseitigen Ausschlusses des Versorgungsausgleichs kommt auch ein Ausschluss in Betracht, bei dem der Versorgungsausgleich ausschließlich einseitig zum Nachteil eines Ehegatten ausgeschlossen wird. Ein einseitiger Ausschluss kommt etwa alternativ zum gegenseitigen Ausschluss des Versorgungsausgleichs bei Unternehmerehen in Betracht. Vor dem Hintergrund einer möglichen Inhalts- und Ausübungskontrolle der Vereinbarung über den Versorgungsausgleich sollte im Rahmen einer Vorbemerkung zwingend die Versorgungsplanung der Ehegatten zum Zeitpunkt dargestellt werden.[74]   48

Einseitiger Ausschluss des Versorgungsausgleichs

Verhandelt zu ..... am .....   49 M

Vor dem Notar ..... erschienen: .....
Die Erschienenen erklärten:
Für den Fall der Scheidung unserer Ehe soll der Versorgungsausgleich ausschließlich einseitig zu Lasten der von dem Ehemann erworbenen ehezeitbezogenen ausgleichsberechtigten Anrechte nach dem VersAusglG erfolgen. Den Ausgleich von ehezeitbezogenen ausgleichsberechtigten Anrechten der Ehefrau schließen wir dagegen vollständig aus.
Über Wesen und Bedeutung das Versorgungsausgleichs sowie über die rechtliche Tragweite seines einseitigen Ausschlusses sind wir vom Notar belehrt worden, insbesondere auch darüber, dass der einseitige Ausschluss des Versorgungsausgleichs bei fehlenden eigenen Versorgungsansprüchen die Gefahr des Verlustes jeglicher Alters- und Invaliditätsversorgung für den Ehemann mit sich bringt.

■ *Kosten.* Siehe Rdn. 47 M mit der Maßgabe, dass lediglich der Ausgleichswert der betroffenen Anrechte beim Geschäftswert anzusetzen ist.

8. In einer Vielzahl von Ehekonstellationen bietet es sich an, den Ausschluss des Versorgungsausgleichs unter einer auflösenden Bedingung zu vereinbaren oder den Beteiligten insoweit ein Rücktrittsrecht einzuräumen. Die Vereinbarung einer auflösenden Bedingung kommt etwa in Betracht, wenn ein Ehegatte seine Berufstätigkeit ganz oder teilweise anlässlich der Geburt eines Kindes bzw. zum Zwecke der Kinderbetreuung aufgibt.[75]   50

Ausschluss des Versorgungsausgleichs unter einer auflösenden Bedingung

Verhandelt zu ..... am .....   51 M

Vor dem Notar ..... erschienen: .....
Die Erschienenen erklärten:
Wir schließen für unsere Ehe den Versorgungsausgleich aus.
Über Wesen und Bedeutung des Versorgungsausgleichs sowie über die rechtliche Tragweite seines Ausschlusses sind wir von dem beurkundenden Notar belehrt worden, insbesondere auch darüber, dass der Ausschluss des Versorgungsausgleichs bei fehlenden eigenen Versorgungsansprüchen die Gefahr des Verlustes jeglicher Alters- und Invaliditätsversorgung mit sich bringt.

---

[74] *Reetz*, Notarformulare Versorgungsausgleich, § 9 Rn. 34.
[75] Vgl. *Brambring*, Ehevertrag und Vermögenszuordnung unter Ehegatten, Rn. 119.

Der vorstehend vereinbarte vollständige Ausschluss des Versorgungsausgleichs soll jedoch unter der auflösenden Bedingung der Aufgabe der Berufstätigkeit eines der Ehegatten anlässlich der Geburt oder zum Zwecke der Kinderbetreuung eines gemeinsamen Kindes vereinbart werden. Für den Fall, dass einer von uns seine Berufstätigkeit ganz oder teilweise anlässlich der Geburt oder zum Zwecke der Kinderbetreuung eines gemeinsamen Kindes aufgibt, soll der Ausschluss des Versorgungsausgleichs vollumfänglich unwirksam werden und der Versorgungsausgleich für die gesamte Ehezeit nach den gesetzlichen Vorschriften durchgeführt werden.

Für den Fall, dass der Ehegatte, der seine Berufstätigkeit ganz oder teilweise anlässlich der Geburt oder zum Zwecke der Kinderbetreuung eines gemeinsamen Kindes aufgegeben hat, aufgrund der vereinbarten auflösenden Bedingung im Falle der Durchführung des Versorgungsausgleichs ausgleichspflichtig werden würde, soll gleichwohl der vorstehend vereinbarte Ausschluss des Versorgungsausgleichs gelten.

Auch bei wesentlicher Änderung der Verhältnisse soll diese Vereinbarung nicht gerichtlich abänderbar sein.

■ *Kosten.* Siehe Rdn. 47 M.

Ausschluss des Versorgungsausgleichs mit Rücktrittsrecht

52 M

Verhandelt zu ..... am .....
Vor dem Notar ..... erschienen: .....
Die Erschienenen erklärten:
Wir schließen für unsere Ehe den Versorgungsausgleich aus. Auch bei wesentlicher Änderung der Verhältnisse soll diese Vereinbarung nicht gerichtlich abänderbar sein. Über Wesen und Bedeutung das Versorgungsausgleichs sowie über die rechtliche Tragweite seines Ausschlusses sind wir vom Notar belehrt worden, insbesondere auch darüber, dass der Ausschluss des Versorgungsausgleichs bei fehlenden eigenen Versorgungsansprüchen die Gefahr des Verlustes jeglicher Alters- und Invaliditätsversorgung mit sich bringt.
Wir behalten uns beiderseits ein einseitiges Rücktrittsrecht von diesem Vertrag bei Vorliegen auch nur eines der folgenden Tatbestände vor:
– wenn aus unserer Ehe Kinder hervorgehen und einer von uns seine Berufstätigkeit – auch nur vorübergehend – ganz oder teilweise aufgibt,
– wenn einer der Beteiligten eine Erwerbstätigkeit – gleich aus welchem Grunde – mindestens ein Jahr nicht mehr ausgeübt hat,
– wenn einer der Beteiligten eine mindestens teilweise Erwerbsminderung erfährt mit dem Zeitpunkt der amtlichen Feststellung der Erwerbsminderung,
– wenn einer der Beteiligten seine berufliche Tätigkeit auf weniger als 50 % der durchschnittlichen wöchentlichen Arbeitszeit der betreffenden Branche reduziert, mit dem Zeitpunkt eines Jahres ab Ablauf des Eintritts des betreffenden Ereignisses.
Im Falle der Ausübung des Rücktrittsrechts entfällt der Versorgungsausgleichsausschluss rückwirkend. Der Rücktritt ist binnen zwei Monaten ab Eintritt des zum Rücktritt berechtigenden Ereignisses möglich. Er ist notariell zu beurkunden. Für die Fristwahrung genügt die Aufnahme der notariellen Niederschrift über den Rücktritt. Der Rücktritt wird wirksam mit Zustellung einer Ausfertigung an den anderen Ehegatten.
Oder formuliert als automatische Einschränkung der anzurechnenden Anwartschaften:
Die Beteiligten vereinbaren, dass vorstehender Ausschluss des Versorgungsausgleichs nicht für die Zeiten der Ehe gelten soll, in denen ein Ehegatte weder eine

sozialversicherungspflichtige Beschäftigung ausgeübt noch Rente wegen Erwerbsminderung bezogen hat. Nur diese Zeiten gelten für die künftige Berechnung des Versorgungsausgleichs als Ehezeit im Sinne des § 3 Abs. 1 VersAusglG. Sollte durch diese Vereinbarung i.S.d. § 8 Abs. 2 VersAusglG zu Lasten des Versorgungsträgers unzulässig in den gesetzlichen Versorgungsausgleich eingegriffen werden, verpflichten sich die Beteiligten, den gesetzlichen Ausgleich durch einen schuldrechtlichen Versorgungsausgleich i.S.d. §§ 20–22 VersAusglG so zu korrigieren, dass das durch diese Vereinbarung erstrebte Ergebnis wirtschaftlich erreicht wird.

■ *Kosten.* Siehe Rdn. 47 M.

Ausschluss des Versorgungsausgleichs für Kinderbetreuungszeiten

Verhandelt zu ..... am ..... **53 M**

Vor dem Notar ..... erschienen: .....
Die Erschienenen erklärten:
Wir schließen für unsere Ehe den Versorgungsausgleich aus.
Abweichend von dem vorstehend vereinbarten vollständigen Ausschluss des Versorgungsausgleichs soll dieser jedoch für Zeiträume nach den gesetzlichen Vorschriften durchgeführt werden, in denen einer von uns seine Berufstätigkeit anlässlich der Geburt eines gemeinsamen Kindes ganz oder teilweise aufgibt. Wir vereinbaren insoweit, dass der Versorgungsausgleich für einen Zeitraum vom ersten Tag des sechsten Monats vor der Geburt eines Kindes bis zum letzten Tag des Monats in dem unser jüngstes Kind das 15. Lebensjahr vollendet durchzuführen ist.
Über Wesen und Bedeutung des Versorgungsausgleichs sowie über die rechtliche Tragweite seines Ausschlusses sind wir von dem beurkundenden Notar belehrt worden, insbesondere auch darüber, dass der Ausschluss des Versorgungsausgleichs bei fehlenden eigenen Versorgungsansprüchen die Gefahr des Verlustes jeglicher Alters- und Invaliditätsversorgung mit sich bringt.
Auch bei wesentlicher Änderung der Verhältnisse soll diese Vereinbarung nicht gerichtlich abänderbar sein.

Teilweiser Ausschluss bezüglich einer einzelnen Versorgung

Verhandelt zu ..... am ..... **54 M**

Vor dem Notar ..... erschienen: .....
Die Erschienenen erklärten:
Unter grundsätzlicher Aufrechterhaltung des Versorgungsausgleichs vereinbaren wir, dass die vom Ehemann mit Urkunde des beurkundenden Notars vom heutigen Tage, URNr. ....., erworbene Versorgungsanwartschaft aus der bei Verkauf seines Hauses seitens des Erwerbers eingeräumten Veräußerungsrente nicht in einen künftigen Versorgungsausgleich fällt. Auch bei wesentlicher Änderung der Verhältnisse soll diese Vereinbarung nicht gerichtlich abänderbar sein.
[Weiter wie in Muster Rdn. 47 M.]

■ *Kosten.* Siehe Rdn. 47 M.

Vereinbarung der Durchführung des Versorgungsausgleichs bei ausländischem Ehestatut

55 M   Verhandelt zu ..... am .....
Vor dem Notar ..... erschienen: .....
Die Erschienenen erklärten:
Wir haben am ..... in .....(Kroatien) geheiratet. Seit 1994 haben wir unseren gemeinsamen ehelichen Wohnsitz und gewöhnlichen Aufenthalt in Deutschland. Bislang haben wir keinerlei ehevertragliche Regelungen getroffen.
Nach Art. 17 Abs. 3 S. 1 EGBGB unterliegt der Versorgungsausgleich dem nach der Verordnung (EU) Nr. 1259/2010 auf die Scheidung anzuwendenden Recht; er soll hiernach jedoch nur dann durchzuführen sein, wenn danach deutsches Recht anzuwenden ist und ihn das Recht eines der Staaten kennt, denen die Ehegatten im Zeitpunkt des Eintritts der Rechtshängigkeit des Scheidungsantrags angehören.
Für den Fall einer Scheidung unserer Ehe wählen wir gemäß Art. 5 Abs. 1 lit. a) der Verordnung (EU) Nr. 1259/2010 des Rates vom 20. Dezember 2010 als das auf die Ehescheidung anzuwendende Recht wechselseitig das deutsche Recht.
Der Notar hat darauf hingewiesen, dass er nicht weiß, ob das kroatische Recht den Versorgungsausgleich kennt. Der Bundesgerichtshof hat allerdings in einem Fall, in dem es um die Auslegung des Art. 17 Abs. 3 EGBGB a.F. ging, verlautbaren lassen, dass der Versorgungsausgleich dem kroatischen Recht fremd sei (BGH, Beschl. v. 17. Januar 2007 – Az. XII ZB 168/01).
Der Notar hat darauf hingewiesen, dass gemäß Art. 17 Abs. 3 S. 2 EGBGB im Übrigen der Versorgungsausgleich auf Antrag eines Ehegatten nach deutschem Recht durchzuführen ist, wenn einer der Ehegatten in der Ehezeit ein Anrecht bei einem inländischen Versorgungsträger erworben hat, soweit die Durchführung des Versorgungsausgleichs insbesondere im Hinblick auf die beiderseitigen wirtschaftlichen Verhältnisse während der gesamten Ehezeit der Billigkeit nicht widerspricht.
Wir wünschen für den Fall der Scheidung unserer Ehe die Durchführung des Versorgungsausgleichs nach deutschem Recht. Wir erklären hierzu, dass der Ehemann Anwartschaften bei der gesetzlichen Rentenversicherung und Anwartschaften im Rahmen der betrieblichen Altersvorsorge angesammelt hat. Wir sind uns nach vorstehender Belehrung des Notars allerdings bewusst, dass wir die Durchführung des Versorgungsausgleichs in diesem Ehevertrag wohl nicht wirksam vereinbaren können. Der Versorgungsausgleich kann voraussichtlich nur durchgeführt werden, wenn einer von uns in einem etwaigen gerichtlichen Scheidungsverfahren einen entsprechenden Antrag stellt. Ob der Versorgungsausgleich durchgeführt wird, entscheidet das Gericht nach den oben genannten Maßstäben. Wir bitten das Gericht allerdings schon jetzt, unseren heute gemeinsam und einverständlich erklärten Wunsch nach Durchführung des Versorgungsausgleichs bei seiner Entscheidung zu berücksichtigen. Wir werden einem entsprechenden Antrag des anderen Ehegatten nicht widersprechen.
Für den Fall, dass der Versorgungsausgleich bei der Scheidung unserer Ehe, gleich aus welchem Grund, nicht durchgeführt wird, verpflichten wir uns wechselseitig, nach Scheidung für alle von einem jeden von uns im Inland erworbenen oder ausgebauten Anrechte schuldrechtliche Ausgleichzahlungen in Form von Ausgleichsrenten nach Maßgabe der §§ 20–24 des Versorgungsausgleichsgesetzes zu leisten.
Der Notar hat insbesondere darüber belehrt, dass
– der ausgleichsberechtigte Ehegatte bei diesem sog. schuldrechtlichen Versorgungsausgleich keine eigenen Anrechte und Rechtspositionen gegenüber den Versorgungsträgern des ausgleichspflichtigen Ehegatten erwirbt, sondern eher einem Unterhaltsberechtigten vergleichbare Ansprüche gegen seinen ehemaligen Ehegatten erhält;

- schuldrechtliche Ausgleichszahlungen erst fällig werden, wenn einerseits der Ausgleichspflichtige bereits eine laufende Versorgung aus dem Anrecht bezieht und andererseits auch der Ausgleichsberechtigte entweder ebenfalls eine Versorgung bezieht oder zumindest die Regelaltersgrenze der gesetzlichen Rentenversicherung erreicht hat oder die Voraussetzungen zum Bezug einer Invaliditätsversorgung erfüllt (sog. »doppelter Rentenfall«);
- die Ausgleichsrente ohne darauf entfallende Sozialversicherungsbeiträge ausgezahlt wird;
- dass die laufende Rente zunächst von dem Ausgleichspflichtigen in voller Höhe zu versteuern ist.

Wir erklären hierzu, dass wir, wie in vorstehendem Absatz 1 bestimmt, vorrangig die gerichtliche Durchführung des Versorgungsausgleichs nach den gesetzlichen Vorschriften wünschen. Für den Fall, dass dies – gleich aus welchem Grund – nicht möglich sein sollte, erachten wir jedoch die vorstehend getroffene schuldrechtliche Ausgleichsvereinbarung für unsere Ehe für angemessen.

■ *Kosten.* Zu den Kosten im Hinblick auf die Regelung des Versorgungsausgleich siehe Rdn. 47 M. Zur kostenrechtlichen Behandlung der Rechtswahl siehe § 81 Rdn. 23 M.

§ 85 Ehevertrag: Regelungstypen

I. Grundsätzliches

1 In der täglichen Beratungssituation zeigen sich in den Vorstellungen der Vertragsschließenden oft typische gemeinsame Lebensentwürfe, für die ebenso typische Regelungsmodelle entwickelt werden können. Bei dieser Betrachtung gilt der so genannte erweiterte Ehevertragsbegriff,[1] umfassend die Regelung allgemeiner Ehewirkungen, des ehelichen Güterrechts sowie der dispositiven Scheidungsfolgen, ohne auf einen konkreten Scheidungsfall bezogen zu sein, oft schon vor Eheschließung. Schwerpunkt der Überlegungen ist die Frage, inwieweit vom gesetzlichen Regelungsmodell abgewichen werden sollte, das Zugewinnausgleich, Versorgungsausgleich und nachehelichen Unterhalt als Kernbereiche enthält und hierbei dem Leitbild der wirtschaftlich nicht gleichgewichtigen Lebensgemeinschaft im Sinne einer Einverdiener- oder Hausfrauenehe entspricht.[2] Dies gilt umso mehr seit die Rechtsprechung zur Kernbereichslehre im Scheidungsfolgenrecht weiter konkretisiert wurde[3] und die Gerichte danach durch im Einzelfall vorzunehmende Anpassungen in ehevertragliche Inhalte eingreifen. Regelungsansätze orientieren sich daran, inwieweit der Lebensentwurf der Verlobten oder Eheleute sich in einzelnen der genannten Regelungsbereiche wie auch in deren Interdependenz vom gesetzlichen Leitbild unterscheidet. Besonderes Gewicht haben insbesondere solche Interdependenzen zwischen Zugewinnausgleich und Versorgungsausgleich einerseits, etwa bei der Zuordnung der Versorgungen, sowie zwischen Versorgungsausgleich und nachehelichem Unterhalt andererseits, insbesondere für die Regelung des Altersvorsorgeunterhaltes sowie des Unterhalts nach §§ 1571, 1572 BGB. Soweit nachfolgend Überlegungen zu typischen Regelungsmodellen angestellt werden, heißt das nicht, dass nicht in jedem Einzelfall zu hinterfragen ist, inwieweit die besonderen Voraussetzungen gerade dieses Ehepaares sowie deren persönliche Vorstellungen von einer Verwirklichung ihres Ehebildes überhaupt einer typischen Regelungsempfehlung entsprechen. Demgemäß sind Vertragstypen weniger als Formular für die tägliche Praxis als vielmehr als Prüfungsraster dafür zu verstehen, i.S.d. § 17 BeurkG den wahren Willen der Beteiligten zu erforschen. Es ist auch zu vermeiden, einem einseitigen Rollenverständnis eines Partners, meist des Ehemannes, zulasten des anderen Ehepartners Vorschub zu leisten. Ein Beispiel hierfür kann die vielfach als Regelungstyp dargestellte *Diskrepanzehe* sein (Chefarzt heiratet Sprechstundenhilfe), die vom Vorverständnis geprägt ist, den wirtschaftlich stärkeren Teil bei eventueller Scheidung der Ehe vor »Missbrauch« des Scheidungsfolgenrechts zu schützen.[4] Der Notar als unabhängiger und unparteiischer Amtsträger gerät in einer solchen Beratungssituation leicht in die Gefahr, einem (späteren) Vorwurf einseitiger Vertragsgestaltung ausgesetzt zu sein und sollte im Zweifel vor einer abschließenden Empfehlung zur Konsultation eines Anwaltes oder zumindest zur Überprüfung des Vertragsentwurfs durch denselben raten. Die unten folgenden Muster verstehen sich im Übrigen als Gerüst, in das je nach Bedarf die Einzelempfehlungen von § 84 und § 90 eingearbeitet werden müssen.

---

1 Vgl. *Langenfeld*, FamRZ 1994, 201.
2 *Langenfeld/Milzer*, Handbuch der Eheverträge, Rn. 2.
3 Vgl. BGH NJW 2004, 930.
4 Vgl. *Langenfeld/Milzer*, Handbuch der Eheverträge, Rn. 1044.

II. Auswirkungen des Ehevertrags

Unterstellt man nach wie vor die Richtigkeit der Aussage, das gesetzliche Leitbild sei die *Hausfrauenehe*, und stellt dem die die Schutzvorschriften des Eherechts ausschließende *Partnerschaftsehe* gegenüber,[5] bleibt zu berücksichtigen, dass auch das gesetzliche Ehemodell bei auf die Dauer der Ehe beibehaltener wirtschaftlicher Gleichgewichtigkeit der Partner im Ergebnis nicht zu einschneidenden Ehe(scheidungs)folgen führt, sieht man von den wirtschaftlichen und sozialen Status praktisch nicht beeinträchtigenden Bagatelldifferenzen im Vermögensbereich (außerordentliche Zuflüsse werden ohnehin Anfangsvermögen) und Versorgungsbereich ab. Die Auswirkungen eines die Scheidungsfolgen ausschließenden Ehevertrages sind eher verfahrensrechtlicher Natur. Sie können allerdings bei (unvorhergesehenen) Änderungen in der sozialen Biografie eines Ehegatten zu katastrophalen Folgen führen, etwa bei Krankheit, geschäftlichem Misserfolg, Arbeitslosigkeit eines Ehegatten oder auch ungeplant gezeugten Kindern. Die Beratung der Ehegatten wäre unvollständig, würde man insbesondere bei jüngeren Ehegatten die Thematik auf die Frage reduzieren, ob eine entsprechende Regelung unter den Vorbehalt gestellt werden soll, dass aus der Ehe Kinder hervorgehen. Richtigerweise ist dieser Vorbehalt allerdings regelmäßig zu prüfen, weil das Eheleitbild Familie mit Kindern die Schutzvorschriften des gesetzlichen Scheidungsfolgenrechtes zur Beschränkung des Versorgungsausgleichs oder nachehelichen Unterhalts auf bestimmte Ehezeiten erfordert.[6] Allgemein ist ferner auch bei konkreten Vereinbarungen ohne Scheidungsbezug die gesetzgeberische Vorstellung zu berücksichtigen, dass ohne Überblick über die konkreten (auch bei kleinen Eingriffen oft weitreichenden) Folgen einer Einschränkung des gesetzlichen Scheidungsfolgen zulasten eines (oft wirtschaftlich schwächeren) Ehegatten von einer Beschränkung der unterhaltsrechtlichen oder sozialversicherungsrechtlichen Absicherung abgeraten werden sollte.

III. Wiederverheiratungsfälle

Typischer Regelungsbedarf ergibt sich über das gesetzliche Modell hinaus bei *Wiederverheiratungsfällen*, die oft von negativen Erfahrungen einer vorausgegangenen Scheidung geprägt sind. Hier kann ein temporärer Ausschluss der Scheidungsfolgen für den Fall einer kurzen Ehedauer gemeinschaftsfördernd wirken. Im Hinblick auf ereheliche Kinder sind zusätzlich Regelungen zum Unterhalt und zur Erbfolge erforderlich. Anders ist die Situation im Fall einer Wiederverheiratung älterer, insbesondere verwitweter Partner, deren soziale Biografie hinsichtlich der Altersversorgung in der Regel abgeschlossen ist. Dies ist der typische Fall einer »Partnerschaftsehe« mit Scheidungsfolgenausschluss und Reduzierung der Absicherung von Todes wegen auf Wohnbedürfnisse (Erbverzicht gegen Nießbrauch oder Wohnungsrecht), um erbrechtliche Auseinandersetzungen mit den jeweiligen Familienangehörigen, insbesondere Abkömmlingen zu vermeiden (vgl. unten Rdn. 11 M).

IV. Unternehmerehe

Der Vertragstyp *Unternehmerehe* erscheint für ein einheitliches Vertragsmuster zu facettenreich, weil aus unterschiedlichsten Interessen teilweise entgegen gesetzte Regelungsbedürfnisse entstehen können. Handelt es sich z.B. um Familienunternehmen, kann dies zum Wunsch führen, den Familienbetrieb zwecks Erhaltung des Familienvermögens über die

---

5 Z.B. *Langenfeld/Milzer*, Handbuch der Eheverträge, Rn. 1029 ff.
6 Vgl. OLG Bamberg FamRZ 1999, 292.

Generationen hinweg aus ehelicher Vermögensauseinandersetzung herauszuhalten (Ausklammerung des Betriebsvermögens aus dem Zugewinnausgleich, s.o., § 83 Rdn. 46 M). Handelt es sich um Gesellschaftsbeteiligungen, kann der Schutz der Mitgesellschafter vor Liquiditätsengpässen des Partners infolge Scheidung (Zugewinnausgleichsausschluss im Scheidungsfall, s.o., § 83 Muster Rdn. 9 M bzw. Ausschluss des Gesellschaftsanteils oder besondere Bewertung desselben im Zugewinnausgleich, s.o., § 83 Rdn. 44 M) oder der Schutz vor fremden Mitgesellschaftern oder erbrechtlicher Auseinandersetzung (Sondererbfolge in Gesellschaftsanteile (s.u., § 102 Rdn. 78), gegenständlich beschränkter Pflichtteilsverzicht, Verringerung der Erbquote durch Gütertrennung) im Vordergrund stehen. Handelt es sich zugleich um eine Diskrepanzehe, bedarf es als Gegengewicht zum Wegfall der Vermögensteilhabe im betrieblichen Bereich der Zuordnung von Privatvermögen (s.o., § 83 Rdn. 46 M). Die unterhaltsrechtliche Gestaltung kann geprägt sein vom Bedürfnis, Unterhaltsansprüche des Nicht-Unternehmerehegatten auf ein »angemessenes« Maß zu begrenzen, was eher möglich ist, wenn eine eigene Vermögensgrundlage geschaffen wurde und für den Todesfall kein Pflichtteilsverzicht (Unterhaltsersatzfunktion) erklärt wurde, wobei in diesem Zusammenhang auch § 1586b BGB hinzuweisen ist. Letzteres gilt umso mehr, als der BGH im Kernbereich des Scheidungsfolgenrechts, also insbesondere im Bereich des Betreuungsunterhalts, auch unterhaltsbeschränkende Vereinbarungen sehr kritisch sieht und solche Bedenken durch vorteilhafte Ausgleichsgestaltungen zugunsten des unterhaltsverzichtenden Ehegatten ausgeräumt werden können.[7] Mit einzubeziehen sind die Überlegungen zur Partnerschaftsehe (nachträglicher Kinderwunsch, Ausschlussregelung für die ersten Ehejahre). Im Hinblick auf den Versorgungsausgleich bedarf es der besonderen Betrachtung der Altersvorsorge des Unternehmers, die regelmäßig nicht versorgungsausgleichspflichtig ist (Lebensversicherungsanwartschaften, Schaffung sonstigen Vermögens), woraus sich eine doppelte Benachteiligung des Nicht-Unternehmerehegatten ergeben kann (keine abgeleitete Altersversorgung, Abgabe eigener Versorgungsanwartschaften im Scheidungsfall). Deshalb muss neben der vermögensmäßigen Absicherung besondere Aufmerksamkeit auf den Altersvorsorgeunterhalt während und nach Beendigung der Ehe verwendet werden. Der Ausschluss des Versorgungsausgleichs empfiehlt sich zum Schutze des Nicht-Unternehmerehegatten. Nachfolgendes Muster für eine Unternehmerehe ist deshalb nur dann anwendbar, wenn der eindeutige Wunsch der Beteiligten ist, den Nicht-Unternehmerehegatten zwar angemessen abzusichern, aber nicht am wirtschaftlichen Erfolg des Unternehmer-Ehegatten teilhaben zu lassen.

V. Zulässigkeit ehevertraglicher Unterhaltsvereinbarung

5   Die ehevertragliche Unterhaltsvereinbarung für die Zeit nach Scheidung ist häufig Regelungsgegenstand und ist nach wie vor hinsichtlich aller Tatbestände für nachehelichen Unterhalt zulässig.[8] Bei rein vorsorgenden Vereinbarungen ist unter dem Gesichtspunkt der §§ 138, 242 BGB zu beachten, dass eine Berufung auf den Verzicht dann verwehrt sein kann, wenn die Vereinbarung von Anfang an sittenwidrig oder die Berufung auf unterhaltsbeschränkende Vereinbarungen treuwidrig und damit für den Vertragspartner unzumutbar sind (vgl. oben § 84 Rdn. 1–3). Sieht die Lebensplanung der Ehegatten keinen Kinderwunsch vor, sollte der Kindesbetreuungsunterhalt aus dem Unterhaltsverzicht deshalb im Zweifel ausgeklammert werden (vgl. unten Rdn. 7 M).

---

7   BGH NJW 2004, 930, 936.
8   BGH FamRZ 2007, 1310.

VI. Weiterer Regelungsbedarf

Da durch die gesetzlichen Änderungen im Bereich des nachehelichen Unterhalts, durch die die Eigenverantwortung jedes Ehegatten und damit auch dessen Verpflichtung für seinen Unterhalt selbst aufzukommen (vgl. §§ 1569, 1570, 1574 BGB n.F.)[9] betont und in den Vordergrund gerückt wird, wird man damit rechnen müssen, dass auch der Bedarf nach ehevertraglichen Vereinbarungen steigt, durch den die Höhe und die Dauer von Unterhaltszahlungspflichten sowie die Verpflichtung zur Aufnahme einer und gegebenenfalls auch welcher Erwerbstätigkeit konkret geregelt wird verlangen.[10] Emanzipierte Ehegatten, die aufgrund gemeinsamen Kinderwunsches ihre berufliche Tätigkeit zugunsten der Familie unterbrechen, werden im Einzelfall auf eine rechtssichere Regelung zu diesen Punkten bestehen und möglicherweise auch einen Ausgleich für den Verlust des eigenen Einkommens, berufliche Aufstiegschancen oder nicht erworbene Versorgungsanwartschaften verlangen.[11] Auch für diese Form der »*Emanzipationsehe*« müssen seitens der familienrechtlichen Berater Lösungen bereitgehalten werden.

6

VII. Muster

Ehevertrag (Partnerschaftsehe)

                                                                Verhandelt zu ..... am .....

7 M

Vor dem Notar ..... erschienen: .....
Die Erschienenen erklärten:
Wir sind deutsche Staatsangehörige und sind am ..... vor dem Standesbeamten in .....
die Ehe eingegangen. Einen Ehevertrag haben wir nicht geschlossen.
Wir haben jeweils keine Kinder.
Der Notar überzeugte sich durch die Verhandlung von der Geschäftsfähigkeit der Erschienenen.
(1) Güterstand
Wir vereinbaren unter Aufrechterhaltung der übrigen Bestimmungen über den gesetzlichen Güterstand den Wegfall des Zugewinnausgleichs für den Fall, dass unsere Ehe auf andere Weise als durch den Tod eines Ehegatten beendet werden sollte. Dieser Ausschluss gilt auch für einen vorzeitigen Zugewinnausgleich bei Getrenntleben.
Wir verzichten auf den Ausgleich bisher entstandenen Zugewinns. Wir verzichten auf die Aufstellung eines Vermögensverzeichnisses.
Für unsere Ehe stellen wir unabhängig von jeglichem jetzt oder in Zukunft geltenden gesetzlichen oder gewählten Güterstand klar:
Zuwendungen jeglicher Art zwischen uns können, gleich aus welchem Rechtsgrund und gleich zu welchem Zeitpunkt, nur zurückverlangt werden, wenn dies bei der Zuwendung schriftlich vereinbart wurde. Eine spätere abweichende Vereinbarung bedarf der Form des Ehevertrages.
(2) Nachehelicher Unterhalt
Wir verzichten für den Fall der Scheidung unserer Ehe auf jeglichen nachehelichen Unterhalt, einschließlich des Unterhalts im Falle der Not, des Kranken-, Pflege- und Altersvorsorgeunterhalts und des Unterhalts im Falle der Wiederverheiratung und anschließenden Scheidung. Wir nehmen diesen Verzicht wechselseitig an. Vorste-

---

9 Und ergänzend *Borth*, FamRZ 2008, 2.
10 So auch *Bergschneider*, DNotZ 2008, 95.
11 *Bergschneider*, DNotZ 2008, 95.

hende Vereinbarung soll auch bei wesentlicher Veränderung der Verhältnisse keinerlei Abänderbarkeit unterliegen.

Ausgenommen von vorstehendem Unterhaltsverzicht ist jedoch der Kindesbetreuungsunterhalt gemäß § 1570 BGB sowie der daran anschließende Unterhalt im Sinne des § 1571 Nr. 2 und § 1572 Nr. 2 BGB.

(3) Versorgungsausgleich

Wir schließen für den Fall der Scheidung unserer Ehe die Durchführung eines Versorgungsausgleichs gemäß § 1587 BGB und § 1 VersAusglG aus.

Ausgenommen von vorstehendem Ausschluss sind die Zeiten, in denen ein Ehegatte seine Berufstätigkeit aufgegeben oder auf weniger als 70 % der branchenüblichen Arbeitszeit reduziert hat, weil von ihm wegen der Pflege oder Erziehung gemeinschaftlicher Kinder eine volle Berufstätigkeit nicht erwartet werden konnte. Diese Zeiten gelten als Ehezeit im Sinne des § 3 Abs. 1 VersAusglG.

(4) Belehrungen

Der Notar hat uns über die Rechtsfolgen des Unterhaltsverzichtes belehrt, insbesondere darüber, dass gesetzliche Unterhaltsansprüche für die Dauer der Ehe, auch für die Zeit des Getrenntlebens, nicht beschränkt werden können und dass der Verzicht auf nacheheliche Unterhaltsansprüche zu einer sozialen Not- oder Mangellage, vor allem bei Krankheit oder Invalidität führen kann. Im Altersfalle kann der Verzicht deshalb besonders nachteilig wirken, weil auch ein Versorgungsausgleich nicht stattfinden soll.

Der Notar wies ferner darauf hin, dass der Ausschluss des Versorgungsausgleiches zu einem völligen Ausschluss von Ansprüchen auf Übertragung von Versorgungsanwartschaften im Scheidungsfalle führt und dass er nicht in der Lage ist, die Auswirkungen dieses Versorgungsausgleichsausschlusses für die Versorgungssituation der Beteiligten zu beurteilen. Die Beteiligten wünschen gleichwohl die Beurkundung und erklären, in ihrer künftigen Vermögens- und Versorgungsplanung auf die vorstehend geschilderten Gefahren in besonderer Weise Rücksicht zu nehmen.

(5) Schlussbestimmungen

Der Notar hat uns darauf hingewiesen, dass Vereinbarungen wie der von uns in dieser Urkunde getroffene Ausschluss des Zugewinnausgleichs im Fall der Scheidung und die Beschränkung des Versorgungsausgleichs sowie der Ausschluss des nachehelichen Unterhaltes bei einer einseitigen vertraglichen Belastung und unangemessenen Benachteiligung eines Ehepartners wegen Verstoßes gegen Verfassungsrecht oder die guten Sitten unwirksam sein (§§ 134, 138 BGB) und zudem von den Gerichten darauf überprüft werden können, ob es rechtsmissbräuchlich ist, sich auf deren Geltung zu berufen (§ 242 BGB). Dies kann insbesondere zur Folge haben, dass abweichend von den in dieser Urkunde getroffenen Regelungen der nach dem Gesetz leistungsverpflichtete Ehegatte doch zu Zahlungen oder Leistungen verpflichtet ist. Im Hinblick darauf vereinbaren wir: Sollte eine Vereinbarung in diesem Vertrag unwirksam sein oder werden, bzw. wegen Verstoßes gegen § 242 BGB nicht durchgeführt werden können, so sollen die übrigen Bestimmungen dennoch wirksam sein, soweit sie sinnvoll bleiben. Wir verpflichten uns, eine dem wirtschaftlichen Sinn und Zweck der unwirksamen Regelung nächstkommende wirksame Vereinbarung zu treffen.

Die Kosten dieser Urkunde trägt .....

....., Notar

■ *Kosten.* Ehevertrag, Unterhaltsverzicht und Versorgungsausgleichsvereinbarung sind jeweils gesondert zu bewerten. Zum Geschäftswert des Ehevertrages siehe § 83 Rdn. 9 M zum Geschäftswert der Regelung zum Versorgungsausgleich siehe § 84 Rdn. 47 M. Der Unterhaltsverzicht ist nach § 97 GNotKG mit dem jährlichen Wert der Ansprüche, auf die verzichtet wird zu bewerten, wobei etwaige Gegenleistungen gegenüberzustellen sind und der höhere Wert maßgeblich ist. Die Berechnung des Geschäftswertes erfolgt nach § 52 Abs. 1, Abs. 3 Satz 2 GNotKG (als Recht von unbestimmter Dauer). Der Jahreswert ist mit dem für die Lebensdauer maßgeblichen Vervielfältiger nach § 52 Abs. 4 GNotKG zu multiplizieren. Das frühere Verwandtenprivileg ist entfallen. Aus den addierten Geschäftswerten ist eine 2,0 Gebühr gemäß Nr. 21100 KV GNotKG zu erheben.

Ehevertrag (Wiederverheiratung)

Verhandelt zu ..... am .....   **8 M**

Vor dem Notar ..... erschienen: .....
Die Erschienenen erklärten:
(1) Güterstand
Wir schließen für unsere Ehe den gesetzlichen Güterstand der Zugewinngemeinschaft aus und vereinbaren den Güterstand der Gütertrennung gemäß § 1414 BGB.
Wir wurden insbesondere auf den Wegfall jeglichen Zugewinnausgleichsanspruchs bei Beendigung des Güterstandes einschließlich der Auswirkungen im Erb- und Pflichtteils sowie Erbschaftssteuerrecht, auf den Wegfall der Verfügungsbeschränkungen und die Notwendigkeit hingewiesen, bei Zuwendungen der Ehegatten während der Ehe eine Rückforderung bei Beendigung des Güterstandes ausdrücklich vorzubehalten.
Wir beantragen die Eintragung in das Güterrechtsregister. Der Notar soll den Antrag jedoch nur auf eine besondere schriftliche Anweisung wenigstens eines von uns einreichen, unbeschadet seines Rechts auf jederzeitige Einreichung.
Ein Verzeichnis unserer Vermögensgegenstände soll zunächst nicht aufgenommen werden.
(2) Unterhalt
Wir verzichten für den Fall der Scheidung unserer Ehe auf jeglichen nachehelichen Unterhalt, einschließlich des Unterhalts im Falle der Not, des Kranken-, Pflege- und Altersvorsorgeunterhalts und des Unterhalts im Falle der Wiederverheiratung und anschließenden Scheidung. Wir nehmen diesen Verzicht wechselseitig an. Vorstehende Vereinbarung soll auch bei wesentlicher Veränderung der Verhältnisse keinerlei Abänderbarkeit unterliegen.
Zusatz bei Stiefkindern:
Für die Dauer des Bestehens unserer Ehe hat die Ehefrau einen Anspruch auf Familienunterhalt in dem Umfang, als wären ihre Kinder aus erster Ehe gemeinschaftliche Kinder. Aufschiebend bedingt mit Volljährigkeit dieser Kinder steht diesen ein eigener Unterhaltsanspruch in gleichem Umfang gegen den Ehemann zu, was gemäß § 328 BGB zu ihren Gunsten vereinbart wird. Vor diesem Zeitpunkt geht der Unterhaltsanspruch im Todesfall der Ehefrau auf die Kinder über, wenn die Ehe zum Todeszeitpunkt noch Bestand hatte.
(3) Versorgungsausgleich
Für den Fall der Scheidung unserer Ehe verzichten wir auf jeglichen Versorgungsausgleich im Sinne der §§ 1587 BGB, 9 ff. VersAusglG. Diese Vereinbarung soll auch bei wesentlicher Veränderung der Verhältnisse keiner Abänderbarkeit unterliegen, § 227 Abs. 2 FamFG.
(4) Auflösende Bedingung
Die zu (1) bis (3) getroffenen Vereinbarungen (Gütertrennung, Ausschluss des Unterhalts und des Versorgungsausgleichs) stehen unter der auflösenden Bedingung, dass
a) unsere Ehe durch Tod endet, oder
b) aus unserer Ehe ein Kind hervorgeht, oder

c) ein Antrag auf Scheidung unserer Ehe nicht innerhalb 10 Jahren ab Eheschließung rechtshängig wird.
[Belehrungen und Schlussbestimmungen wie in Muster Rdn. 7.]

....., Notar

■ *Kosten.* Siehe Rdn. 7 M.

Erbvertrag (Eingang)

9 M (1) Wir sind deutsche Staatsangehörige und sind am ..... vor dem Standesbeamten in ..... die Ehe eingegangen. Einen Ehevertrag haben wir nicht geschlossen, ebenso sind wir am Abschluss eines Erbvertrages durch frühere Verfügungen von Todes wegen nicht gehindert. Wir verzichten auf die Zuziehung von Zeugen. Die Urkunde soll unverschlossen durch den Notar amtlich verwahrt werden.
(2) Rein vorsorglich heben wir alle von uns oder einem von uns etwa getroffenen Verfügungen von Todes wegen hiermit auf bzw. widerrufen diese.
(3) Ein jeder von uns wählt hiermit rein vorsorglich für den Fall, dass aufgrund eines späteren Wohnsitzwechsels oder eines anderen Umstandes für seinen Nachlass eine ausländische Rechtsordnung zur Anwendung gelangen würde, soweit dies irgendwie möglich ist, für seinen gesamten Nachlass die Anwendung deutschen Rechtes.
.....

Erbvertrag jüngerer Eheleute

10 M *Eingang siehe Rdn. 9 M*
(4) Erbeinsetzung
Wir setzen uns gegenseitig zum alleinigen Erben ein. Anfechtungsrechte wegen Übergehens Pflichtteilsberechtigter werden allgemein ausgeschlossen.
Erben des Längstlebenden von uns sind die Abkömmlinge eines jeden Ehegatten, gleichviel, ob es sich um gemeinsame Abkömmlinge handelt, zu gleichen Teilen.

oder:

Erben nach dem Längstlebenden von uns sind unsere jeweiligen Abkömmlinge, und zwar die Abkömmlinge des Ehemannes zu $^1/_2$ Anteil und die Abkömmlinge der Ehefrau zu $^1/_2$ Anteil, jeweils untereinander sodann nach Stämmen entsprechend den Regeln der gesetzlichen Erbfolge, bezüglich des erstverstorbenen Ehegatten in der Weise, als wäre die Erbfolge zu diesem Zeitpunkt eingetreten. Sind gemeinsame Abkömmlinge vorhanden, werden diese im vorstehenden Sinne beiden Stämmen zugerechnet und erhalten je Stamm einen Erbteil. Die Last eines geltend gemachten Pflichtteils trifft den Stamm des Anspruchstellers durch Anrechnung in Höhe des Nominalbetrages.
Vorstehende Vereinbarung treffen wir mit erbvertraglich bindender Wirkung. Über die Reichweite der Bindungswirkung wurden wir belehrt. Der Längstlebende von uns ist berechtigt, seine Verfügungen insoweit zu ändern, als es die Rechte der Abkömmlinge des Erstverstorbenen nicht beeinträchtigt. Dies gilt nicht bezüglich solcher Abkömmlinge, die beim Tode des Erstverstorbenen Pflichtteilsansprüche geltend gemacht haben. Abkömmlinge des Erstverstorbenen erhalten ein Vermächtnis in Höhe ihres Pflichtteils, verzinst mit 4 vom Hundert jährlich, fällig und zahlbar
a) beim Tode des Längstlebenden,
b) bei Wiederverheiratung des Längstlebenden.

Die erbvertragliche Bindungswirkung erlischt mit Zahlung.
(5) Belehrungen
.....
Hinsichtlich der erbvertraglichen Regelungen in dieser Urkunde hat der Notar darauf hingewiesen, dass eine Rücknahme aus der amtlichen Verwahrung gemäß § 2300 Abs. 2 BGB, deren Bedeutung der Notar erklärt hat, aufgrund der Zusammenfassung mit ehevertraglichen Regelungen in einer Urkunde nicht möglich ist. Die Beteiligten bestanden dennoch auf die Beurkundung des Vertrages in der vorliegenden Fassung. Die Kosten dieser Urkunde trägt .....

....., Notar

■ *Kosten.* Eine dem § 46 Abs. 3 KostO vergleichbare Privilegierung enthält das GNotKG nicht mehr. Nach § 111 Nr. 2 GNotKG gelten Eheverträge stets als besonderer Beurkundungsgegenstand, wie andere mitbeurkundete Erklärungen. Dementsprechend sind Ehe- und Erbvertrag vorliegend jeweils gesondert zu bewerten und aus dem addierten Geschäftswert (§ 35 Abs. 2 GNotKG) abzurechnen. Zum Geschäftswert ehevertraglicher Regelungen siehe Rdn. 7 M. Der Geschäftswert des Erbvertrages ist nach § 102 GNotKG zu bestimmen und bemisst sich grundsätzlich nach dem Wert des Vermögens, das Gegenstand der Verfügung von Todes wegen ist (§ 102 Abs. 1 S. 1 GNotKG) abzüglich der Verbindlichkeiten bis zur Höhe von 50 % des Reinvermögens bei jedem Ehegatten (§ 102 Abs. 1 Satz 2 GNotKG). Aus den addierten Geschäftswerten ist eine 2,0 Gebühr gemäß Nr. 21100 KV GNotKG zu erheben.

Erbvertrag älterer Eheleute

Eingang siehe Rdn. 9 M
(4) Erbeinsetzung
.....
(5) Erb- und Pflichtteilsverzicht, Vermächtnisse
Ein jeder von uns verzichtet auf das beim Tode des anderen Ehegatten bestehende gesetzliche Erb- und Pflichtteilsrecht. Wir wurden vom amtierenden Notar über die Auswirkungen dieses Verzichtes belehrt, insbesondere darüber, dass durch den Verzicht auch auf das Erbrecht die Pflichtteilsrechte der Abkömmlinge erhöht werden. Wir wurden ferner darauf hingewiesen, dass ein Ehegatte im Hinblick auf vorstehenden Verzicht durch den anderen von Todes wegen ausdrücklich durch Testament begünstigt werden muss. Sollte die Ehefrau die Längstlebende sein, vermacht ihr der Ehemann ein lebenslängliches unentgeltliches Wohnungsrecht an der im Hause ....., gemeinsam bewohnten Eigentumswohnung oder eines an die Stelle dieser Wohnung vor seinem Tode zur gemeinsamen Nutzung getretenes Ersatzobjekt. Die Nebenkosten hat die Berechtigte wie ein Mieter zu tragen. Das Wohnungsrecht ist auf Kosten des Nachlasses dinglich zu sichern. Zur Durchsetzung dieses Vermächtnisses wird – beschränkt auf diesen Aufgabenkreis – die Begünstigte zum Testamentsvollstrecker berufen.
Ein jeder der Beteiligten vermacht dem anderen jeweils das gesamte in der ehelichen Wohnung befindliche Inventar einschließlich aller Kunst- und Wertgegenstände. Das vorstehend zur Testamentsvollstreckung Gesagte gilt entsprechend.
(5) Belehrungen
[Wie oben]
.....

****11 M****

....., Notar

■ *Kosten.* Siehe Rdn. 10 M. Der Geschäftswert eines Erb- und Pflichtteilsverzichts bestimmt sich nach § 102 Abs. 4 GNotKG. Nach § 102 Abs. 4 Satz 2 GNotKG ist das Pflichtteilsrecht

§ 85 Ehevertrag: Regelungstypen

wie ein entsprechender Bruchteil des Nachlasses zu behandeln. Bei einem gegenseitigen Erb- und Pflichtteilsverzicht liegt ein Austauschvertrag im Sinne von § 97 Abs. 3 GNotKG vor, so dass nur der höherwertige Verzicht zu bewerten ist.

Ehevertrag (Unternehmerehe)

12 M Verhandelt zu ..... am .....
Vor dem Notar ..... erschienen: .....
Die Erschienenen erklärten:
(1) Güterstand
Wir vereinbaren unter Aufrechterhaltung der übrigen Bestimmungen über den gesetzlichen Güterstand den Wegfall des Zugewinnausgleichs für den Fall, dass unsere Ehe auf andere Weise als durch den Tod eines Ehegatten beendet werden sollte. Dieser Ausschluss gilt auch für einen vorzeitigen Zugewinnausgleich bei Getrenntleben.
Wir verzichten wechselseitig auf den Ausgleich bisher entstandenen Zugewinns. Wir verzichten auf die Aufstellung eines Vermögensverzeichnisses.
Für unsere Ehe stellen wir unabhängig von jeglichem jetzt oder in Zukunft geltenden gesetzlichen oder gewählten Güterstand klar:
Zuwendungen jeglicher Art zwischen uns können, gleich aus welchem Rechtsgrund und gleich zu welchem Zeitpunkt, nur zurückverlangt werden, wenn dies bei der Zuwendung schriftlich vereinbart wurde. Eine spätere abweichende Vereinbarung bedarf der Form des Ehevertrages.
Die Verfügungsbeschränkungen der §§ 1365, 1369 BGB sollen für unsere Ehe nicht gelten. Wir beantragen die Eintragung im Güterrechtsregister. Der Notar soll den Antrag jedoch nur auf eine besondere schriftliche Anweisung wenigstens eines von uns einreichen, unbeschadet seines Rechts auf jederzeitige Einreichung.
Als Ausgleich für bisher entstandenen und künftigen Zugewinn verpflichtet sich der Ehemann seiner Ehefrau in gesonderter Urkunde das Familienheim ....., zu Alleineigentum zu übertragen.
(2) Unterhalt
Für den Fall der Scheidung unserer Ehe wird der gesetzliche Unterhalt geschuldet. Er beschränkt sich jedoch auf einen Höchstbetrag von 2.000 € monatlich. Dieser Höchstbetrag erhöht sich um 5 % je vollem Jahr, das die Dauer der Ehe eine Ehezeit im Sinne des § 3 Abs. 1 VersAusglG von 10 Jahren überschreitet. Maximal werden 4.000 € geschuldet (Sättigungsgrenze).
Die vorstehend genannten festen Beträge sollen wertgesichert sein. Demgemäß verändern sie sich im gleichen prozentualen Verhältnis nach oben oder unten, wie sich der vom statistischen Bundesamt jährlich festgestellte Verbraucherpreisindex (Basisjahr 2015 = 100) verändert. Veränderungen laufender Unterhaltszahlungen finden jedoch nur auf schriftliches Verlangen des anspruchsberechtigten Ehegatten und frühestens alle zwei Jahre seit Rechtskraft der Scheidung bzw. der letzten Anpassung.
Hat die Ehezeit im Sinne des § 3 Abs. 1 VersAusglG eine Dauer von 10 Jahren nicht erreicht, beschränken sich nacheheliche Unterhaltszahlungen auf einen Zeitraum, der der Dauer der Ehe entspricht. Kindesbetreuungsunterhalt im Sinne des § 1570 BGB wird zeitlich mindestens nach Maßgabe des Gesetzes geschuldet, ferner schuldet der Ehemann für weitere drei Jahre nach Wegfall der Voraussetzungen des § 1570 BGB Unterhalt, wenn die Voraussetzungen weiterer Unterhaltstatbestände erfüllt sind.
(3) Versorgungsausgleich
Für den Fall der Scheidung unserer Ehe verzichten wir auf jeglichen Versorgungsausgleich im Sinne der § 1587 BGB, §§ 9 ff. VersAusglG. Diese Vereinbarung soll auch bei wesentlicher Veränderung der Verhältnisse keiner Abänderbarkeit unterliegen.

Für die Ehefrau wurde zum Aufbau einer eigenen Altersversorgung eine Kapitallebensversicherung mit Rentenwahlrecht und Berufsunfähigkeitszusatzversicherung bei der X-Versicherungs AG abgeschlossen. Die Versicherungssumme beträgt 250.000 €. Überschussbeteiligungen werden zur Erhöhung der Versicherungsleistung verwendet. Der Ehemann verpflichtet sich, die Beiträge zu dieser Lebensversicherung gemäß Anforderung des Versicherers zu zahlen. Zur Sicherheit für die Zahlungsverpflichtung tritt er seinen Anspruch auf Zahlung seines Geschäftsführergehaltes bei der Y-GmbH in Höhe der jeweiligen Jahresprämie für die Versicherungsleistung – nachweisbar durch Vorlage der Beitragsrechnung – an die Ehefrau ab. Die Ehefrau ist zur Anzeige der Abtretung jederzeit berechtigt. Die Forderung kann jedoch nur für Beitragsrechnungen geltend gemacht werden, die nicht älter als ein Jahr sind.

Die Ehefrau ist zur Verfügung über Ansprüche aus der Lebensversicherung, die sich nicht auf ihren Todesfall beziehen, vor Vollendung des 63. Lebensjahres nur mit Zustimmung des Ehemannes berechtigt. Versicherungsleistungen und -erträge hieraus finden auf etwaige Unterhaltsansprüche der Ehefrau gegen den Ehemann keine Anrechnung.

(4) Belehrungen

Der Notar hat uns über die Rechtsfolgen des Unterhaltsverzichtes belehrt, insbesondere darüber, dass gesetzliche Unterhaltsansprüche für die Dauer der Ehe, auch für die Zeit des Getrenntlebens, nicht beschränkt werden können und dass der Verzicht auf nacheheliche Unterhaltsansprüche zu einer sozialen Not- oder Mangellage, vor allem bei Krankheit oder Invalidität führen kann. Im Altersfalle kann der Verzicht deshalb besonders nachteilig wirken, weil auch ein Versorgungsausgleich nicht stattfinden soll.

Der Notar wies ferner darauf hin, dass der Ausschluss des Versorgungsausgleiches zu einem völligen Ausschluss von Ansprüchen auf Übertragung von Versorgungsanwartschaften im Scheidungsfalle führt und dass er nicht in der Lage ist, die Auswirkungen dieses Versorgungsausgleichsausschlusses für die Versorgungssituation der Beteiligten zu beurteilen. Die Beteiligten wünschen gleichwohl die Beurkundung und erklärten, in ihrer künftigen Vermögens- und Versorgungsplanung auf die vorstehend geschilderten Gefahren in besonderer Weise Rücksicht zu nehmen.

(5) Rücktrittsrecht

Die Ehefrau behält sich das Recht zum Rücktritt von dem in Ziffer (1) dieses Vertrages vereinbarten Ausschluss des Zugewinnausgleichs für den Fall vor, dass ihre Ansprüche aus dem Lebensversicherungsvertrag gemäß Ziffer (3) mangels Beitragszahlung ganz oder teilweise erlöschen. Der Rücktritt bedarf der Form des eingeschriebenen Briefes. Das Rücktrittsrecht erlischt, wenn es nach Ablauf von einem Jahr (maßgeblich ist das Datum des Poststempels) seit Eintritt des zum Rücktritt berechtigenden Ereignisses nicht ausgeübt wurde.

Im Falle der Ausübung des Rücktrittsrechts findet der Zugewinnausgleich zugunsten der Ehefrau in der Weise statt, dass der Ausgleichsanspruch maximal der Versicherungssumme einschließlich der nach Feststellung des Versicherers bis zum Zeitpunkt des Rücktritts angefallenen Überschussanteile entspricht. Die zugunsten der Ehefrau bestehende Versicherung selbst findet bei Berechnung des Zugewinnausgleichs keine Berücksichtigung, ebenso nicht ehebedingte Zuwendungen des Ehemannes an die Ehefrau. Die Verjährungsfrist des § 1378 Abs. 4 BGB beginnt mit Ausübung des Rücktritts.

(6) Pflichtteilsverzicht

Die Ehefrau verzichtet gegenüber dem Ehemann gegenständlich beschränkt auf ihr Pflichtteilsrecht bei dessen Tod. Dieser Verzicht bezieht sich nur auf solche Pflichtteilsansprüche, die durch die Existenz von steuerlichem Betriebsvermögen, von zur

§ 85 Ehevertrag: Regelungstypen

betrieblichen Nutzung überlassen Gegenständen sowie von Gesellschaftsbeteiligungen und Gesellschafterrechten einschließlich von Gewinnansprüchen und Ansprüchen auf Guthaben auf Gesellschafterkonten, Gewinnvorträgen und Gewinnrücklagen im Vermögen des Ehemannes entstehen.
(7) Schlussbestimmungen
[Wie in Muster Rdn. 7 M.]

....., Notar

■ *Kosten.* Siehe Rdn. 7 M sowie Rdn. 11 M, wobei hier nur ein einseitiger Pflichtteilsverzicht und dementsprechend insoweit kein Austauschvertrag im Sinne von § 97 Abs. 3 GNotKG vorliegt.

Ehevertrag (Emanzipationsehe)

13 M

Verhandelt zu ..... am .....
Vor dem Notar ..... erschienen: .....
Die Erschienenen erklärten:
Einleitung wie Muster 7 M
Die Beteiligten haben ein gemeinsames Kind ....., geb. am .....
Herr ..... ist ausgebildeter ..... und als selbständiger Kaufmann oder ..... als Angestellter/Beamter bei ..... tätig. Er gibt sein derzeitiges monatliches durchschnittliche Nettoeinkommen in Höhe von 4.000 € an.
Frau ..... ist ausgebildete ..... und war bis zur Geburt des gemeinsamen Kindes als ..... für die ..... tätig. Im Rahmen dieser Tätigkeit verfügte sie über ein monatliches durchschnittliches Nettoeinkommen von 2.000 €. Sie hat bei ihrem Arbeitgeber Erziehungsurlaub für die Dauer von ..... Jahren beantragt und erhalten.
Beide Beteiligten sind sich darüber einig, dass die Ehefrau so schnell wie möglich wieder erwerbstätig werden soll, damit auch sie über ein eigenes Einkommen verfügt und sich eine eigene Altersversorgung aufbauen kann.
(1) Modifizierung des gesetzlichen Güterstandes
Der Güterstand der Zugewinngemeinschaft soll für unsere Ehe mit folgenden Abweichungen gelten, ohne dass dadurch Gütertrennung eintritt:
Jeder von uns kann ohne Zustimmung des anderen Ehegatten über sein Vermögen, auch über sein Vermögen im ganzen oder über Gegenstände des ehelichen Haushaltes verfügen und sich zu solchen Verfügungen verpflichten.
Wird der Güterstand auf andere Weise, als durch den Tod eines von uns beendet, wird insbesondere unsere Ehe geschieden, findet ein Ausgleich des Zugewinns nicht statt.
Wir beantragen, die vorstehenden Vereinbarungen in das Güterrechtsregister einzutragen. Der Antrag soll durch den Notar jedoch nur auf besondere schriftliche Anweisung eines von uns einreichen.
Über Wesen und Bedeutung des Zugewinnausgleichs und die Tragweite des vereinbarten Ausschlusses hat der Notar uns belehrt.
Wenn noch keine Kinder geboren sind oder der Ehemann keine ausgleichspflichtigen Versorgungsanwartschaften als Selbständiger erwirbt:
(2) Versorgungsausgleich
Für den Fall der Scheidung unserer Ehe schließen wir den Versorgungsausgleich gemäß §§ 1408 Abs. 2 BGB, 6 Abs. 1 Ziff. 2 VersAusglG für die gesamte Ehezeit aus. Wir verzichten daher auf die Durchführung des Versorgungsausgleichs und nehmen den Verzicht wechselseitig an.
Vom Notar wurden wir über die Bedeutung und die rechtlichen Grundzüge der Durchführung des Versorgungsausgleichs sowie die weit reichenden rechtlichen Folgen des

Ausschlusses des Versorgungsausgleichs belehrt. Uns ist bekannt, dass im Scheidungsfall kein Ausgleich der während der Ehezeit erworbenen Anwartschaften und Aussichten auf eine Versorgung wegen Alters oder verminderter Erwerbsfähigkeit stattfindet. Bei Fehlen eigener Versorgungsansprüche besteht daher die Gefahr des Verlustes aller Alters- und Invaliditätsversorgung.

Sollten in unsere Ehe gemeinsame Kinder geboren werden, schränken wir den vorstehend vereinbarten Verzicht auf Durchführung des Versorgungsausgleichs dahingehend ein, dass der Versorgungsausgleich mit der Maßgabe durchgeführt werden soll, dass bei beiden von uns nur die Versorgungsanwartschaften im Rahmen des Versorgungsausgleichsverfahrens berücksichtigt werden sollen, die ab der Geburt unseres ersten Kindes von dem jeweiligen Vertragspartner erworben worden sind.

Alternative zum Ausgleich der Nachteile aus dem Versorgungsausgleich und als Ersatz für Altersvorsorgeunterhalt:

(2) Ausgleichsverpflichtung des Ehemannes

Der Ehemann verpflichtet sich mit Wirkung ab dem Monat, der auf die Eheschließung folgt, die jeweils fälligen Prämien für eine von der Ehefrau privat abgeschlossene bzw. noch abzuschließende Rentenversicherung zu zahlen und die Ehefrau insoweit gegenüber dem Versicherer freizustellen und freizuhalten.

Die Freistellungsverpflichtung des Ehemannes ist begrenzt auf einen monatlichen Betrag in Höhe von 350 €. Darüber hinaus gehende Beträge hat die Ehefrau selbst zu tragen. Sollten die Prämien nicht monatlich fällig sein, ist der monatliche Durchschnittsbetrag maßgeblich.

Voraussetzung der Freistellungsverpflichtung des Ehemannes ist jedoch, dass
— es sich bei der von der Ehefrau abgeschlossenen Versicherung ausschließlich um eine Rentenversicherung handelt, aufgrund derer der Versicherer ohne Änderungsmöglichkeit monatlich wiederkehrende Leistungen ab dem Monat, der auf die Vollendung des 60. Lebensjahres der Ehefrau folgt, erbringt und die Möglichkeit zur Auszahlung des Kapitals nicht oder nur mit Zustimmung des Ehemannes möglich ist;
— die Zahlung der Versicherungsprämien jederzeit eingestellt werden können, ohne dass die Leistungspflicht des Versicherers erlischt.

Die Freistellungsverpflichtung ist nicht vererblich und erlischt mit dem Ableben des Ehemannes.

Nach rechtskräftiger Scheidung der Ehe der Beteiligten erlischt die vorstehende Freistellungsverpflichtung des Ehemannes, wenn er nach Maßgabe der nachstehenden Vereinbarungen nicht oder nicht mehr zu Unterhaltszahlungen verpflichtet ist.

(3) Ehegattenunterhalt

Über den Ehegattenunterhalt wollen wir uns wie folgt einigen:

1. Unterhalt für die Zeit nach einer Scheidung:

Der Ehemann zahlt an die Ehefrau einen nach den gesetzlichen Regelungen berechneten Unterhalt für die Zeit, in der die Kinder von der Ehefrau betreut werden (Kindesbetreuungsunterhalt nach § 1570 BGB). Zwischen den Beteiligten besteht Einigkeit, dass die Ehefrau bis zur Vollendung des sechsten Lebensjahres des jüngsten Kindes der Beteiligten nicht erwerbspflichtig ist. Mit Vollendung des sechsten Lebensjahres des jüngsten Kindes ist die Ehefrau zumindest teilerwerbspflichtig im Umfang von 4 Stunden werktäglich. Ab Vollendung des 15. Lebensjahres des jüngsten Kindes ist die Ehefrau vollerwerbspflichtig.

Alternativ/ergänzend:

Der Ehemann kann auch zu einem früheren Zeitpunkt eine zeitlich weitergehende oder eine vollzeitige Erwerbstätigkeit verlangen, wenn er die Betreuung der gemeinsamen Kinder selbst übernimmt oder durch Dritte organisiert und die in diesem Zusammen-

hang anfallenden Kosten allein und ohne Anrechnungsmöglichkeit auf den Unterhaltsanspruch der Ehefrau übernimmt. Dies gilt nicht, solange die Ehefrau nach Maßgabe des Gesetzes nicht erwerbspflichtig ist.
Unterhaltsansprüche der Ehefrau aufgrund anderer Anspruchsgrundlagen als der des § 1570 BGB sind grundsätzlich ausgeschlossen. Soweit sich aus dieser Urkunde nichts anderes ergibt, verzichtet die Ehefrau gegenüber dem dies annehmenden Ehemann auf nachehelichen Unterhalt wegen Alters und Aufstockungsunterhalt, einschließlich für den Fall der Not. Der Verzicht erfasst grundsätzlich auch Unterhalt wegen Erwerbslosigkeit sowie Krankheit und Gebrechen, soweit nachfolgend nichts anderes vereinbart wird.
Sollte die Ehefrau nach Maßgabe der vorstehenden Vereinbarungen wieder erwerbspflichtig sein und

a) trotz zumutbarer Bemühungen keine ihr nach Maßgabe ihres Ausbildungsstands zumutbare Berufstätigkeit finden, oder
b) bis zur Vollendung des 40. Lebensjahres Anspruch auf Zahlung von Betreuungsunterhalt haben ohne erwerbstätig zu sein, oder
c) die Ehe der Beteiligten rechtskräftig geschieden werden, nachdem die Ehefrau das vorgenannte Lebensalter erreicht hat und nie wieder erwerbstätig war,

hat sie auch Anspruch auf Zahlung von nachehelichem Unterhalt wegen Krankheit und Gebrechlichkeit sowie Erwerbslosigkeit (§§ 1572, 1573 Abs. 1 BGB). Im Fall a) gilt dies jedoch nur solange bis die Ehefrau eine Erwerbstätigkeit aufgenommen hat; auch bei erneuter Erwerbslosigkeit der Ehefrau lebt der Anspruch auf nachehelichen Unterhalt wegen Krankheit und Gebrechlichkeit sowie Erwerbslosigkeit nicht wieder auf. Der Anspruch auf Zahlung von Unterhalt wegen Alters und Aufstockungsunterhalt bleibt auch in diesem Fall ausgeschlossen.
Der Ehemann verzichtet gegenüber der dies annehmenden Ehefrau auf jeglichen nachehelichen Unterhalt, einschließlich des Unterhalts für den Fall der Not, des Kranken-, Pflege- und Altersvorsorgeunterhalts.
Zwischen den Beteiligten besteht Einigkeit, dass nachehelicher Unterhalt der Höhe nach entsprechend den gesetzlichen Vorschriften geschuldet wird.
alternativ:
Zur Höhe des seitens des Ehemannes zu leistenden nachehelichen Unterhalts vereinbaren die Beteiligten einheitlich für alle in Betracht kommenden Unterhaltstatbestände, was folgt:
Soweit der Ehemann verpflichtet ist, Unterhalt zu leisten, wird die Höhe der Unterhaltszahlungen einvernehmlich begrenzt auf das Nettoeinkommen – Bruttoeinkommen abzüglich Steuern, Sozialabgaben und Krankenversicherungsbeiträgen – der Ehefrau, welches diese im Rahmen ihrer zuletzt ausgeübten Vollerwerbstätigkeit hätte verdienen können, wenn die Ehefrau die Betreuung des gemeinsamen Kindes nicht übernommen hätte. Zurzeit entspricht dies dem vorstehend angegebenen Nettoeinkommen der Ehefrau in Höhe von 2.000,– €.
Hat die Ehefrau eigene Einkünfte, so werden diese Einkünfte in Höhe von 40 % des ausgezahlten Nettobetrags auf die Unterhaltsforderung angerechnet. Soweit die Ehefrau aufgrund des Alters der gemeinsamen Kinder und mangelnder Betreuung durch den Ehemann oder Dritte nicht oder nicht in dem Umfang der ausgeübten Erwerbstätigkeit zur Ausübung derselben verpflichtet wäre, erfolgt die Anrechnung nicht.
Der Betrag unterliegt grundsätzlich der Abänderbarkeit nach §§ 238, 239 FamFG. Eine Erhöhung des zu leistenden Unterhalts kommt jedoch nur dann in Betracht, wenn seitens der Ehefrau nachgewiesen werden kann, dass das durchschnittliche Nettoeinkommen einer Person, die ohne Unterbrechung in dem von der Ehefrau früher ausgeübten oder vergleichbaren Beruf weiter tätig gewesen wäre gestiegen ist. Eine

Erhöhung des Unterhalts aufgrund sonstiger Veränderungen der jeweiligen Lebensverhältnisse, insbesondere ein höheres Einkommen des Ehemannes, rechtfertigt eine Erhöhung des Unterhalts nicht.
Alternativ/ergänzend:
Der vom Ehemann aufgrund der vorstehenden Vereinbarungen zum Zeitpunkt der Rechtskraft der Scheidung geschuldete Unterhalt soll wertgesichert sein. Demgemäß verändern sie sich im gleichen prozentualen Verhältnis nach oben oder unten, wie sich der vom statistischen Bundesamt jährlich festgestellte Verbraucherpreisindex (Basisjahr 2015 = 100) verändert. Veränderungen laufender Unterhaltszahlungen finden jedoch nur auf schriftliches Verlangen der Ehefrau und frühestens alle zwei Jahre seit Rechtskraft der Scheidung bzw. der letzten Anpassung statt.
Der Unterhalt ist jeweils monatlich im Voraus, jeweils ersten eines jeden Monats zu zahlen.
Die Unterhaltszahlungsverpflichtung des Ehemannes erlischt, wenn
a) die Ehefrau wieder heiratet oder eine Lebenspartnerschaft eingeht und lebt auch nicht im Fall der erneuten Trennung oder Scheidung dieser weiteren Ehe wieder auf; § 1586a BGB wird ausgeschlossen.
b) mit dem Ableben des Ehemannes; die Haftung des Erben gemäß § 1586b BGB wird ausgeschlossen.
2. Unterhaltsleistungen während des Getrenntlebens:
Wir sind von dem Notar darüber belehrt worden, dass ein zukünftiger Unterhaltsverzicht für die Zeit des Getrenntlebens grundsätzlich nicht möglich ist und allenfalls eine moderate Reduzierung vereinbart werden kann. Zwischen den Beteiligten besteht Einigkeit, dass während des Getrenntlebens wechselseitig Unterhalt nach Maßgabe des Gesetzes gezahlt werden muss, wobei von dem gesetzlich geschuldeten Unterhalt während des Getrenntlebens höchstens 85 % verlangt werden kann.
Der Ehemann verpflichtet sich bereits jetzt, für die Zeit des Getrenntlebens der Ehefrau einen Unterhalt in Höhe des von der Ehefrau zuletzt als Vollerwerbskraft bezogenen Nettogehaltes, das die Beteiligten einvernehmlich mit 2.000 € angeben, zu zahlen. Sollte der Ehemann nach Maßgabe des Gesetzes und dieser Vereinbarungen nicht oder nicht in dem Umfang zur Zahlung von Unterhalt während des Getrenntlebens verpflichtet sein, bleibt ihm eine Abänderung nach Maßgabe von §§ 238, 239 FamFG ausdrücklich vorbehalten.
Hat die Ehefrau eigene Einkünfte, so werden diese Einkünfte in dem Umfang, in dem sie nach Maßgabe des Gesetzes mit Rücksicht auf die Betreuung gemeinsamer Kinder und deren Alter zur Aufnahme einer Erwerbstätigkeit verpflichtet ist, in voller Höhe auf die Unterhaltsforderung während des Getrenntlebens angerechnet.
Grundsätzlich gehen die Beteiligten davon aus, dass der Betrag, zu dessen Zahlung sich der Ehemann vorstehend während des Getrenntlebens verpflichtet hat, 85 % des angemessenen Unterhalts entsprechen wird. Sollte der Ehefrau jedoch nach Maßgabe des Gesetzes ein höherer Anspruch auf Zahlung von Unterhalt während des Getrenntlebens zustehen, bleiben diese Ansprüche ausdrücklich vorbehalten.
Der Unterhalt unterliegt der Abänderbarkeit nach §§ 238, 239 FamFG. Sollten sich die Lebensverhältnisse einer der beiden Ehegatten wesentlich verändern, so kann die Höhe des Unterhalts im Wege der Abänderungsklage abgeändert werden.
Der Unterhalt ist jeweils monatlich im Voraus, jeweils zum ersten eines Monats zu zahlen.
3. Übernahme der Krankenversicherungsbeträge durch den Ehemann
Der Ehemann hat neben dem vorstehenden Unterhalt die von der Ehefrau monatlich zu leistenden Krankenversicherungsprämien, die sie zum Zeitpunkt der Trennung der Beteiligten zu leisten hat, während des Zeitraums, in dem er zur Zahlung von Unterhalt

aufgrund dieses Vertrages verpflichtet ist, zu zahlen und die Ehefrau insoweit freizustellen und freizuhalten.
Sollte der Ehemann nach Maßgabe des Gesetzes nicht zur Zahlung von Unterhalt in entsprechender Höhe verpflichtet sein, hat der Ehemann zunächst die Versicherungsprämien und den Restbetrag auf den Elementarunterhalt zu leisten. In keinem Fall ist er verpflichtet mehr zu leisten, als er nach Maßgabe des Gesetzes der Höhe nach schuldet.
Die Verpflichtung zur Freistellung endet, wenn die Unterhaltszahlungsverpflichtung des Ehemannes nach Maßgabe dieses Vertrages erloschen ist.
4. Zustimmung zum Realsplitting
Die Ehefrau verpflichtet sich, für die Dauer der Unterhaltsleistungen jeweils im Januar für das Vorjahr die gemäß § 10 Abs. 1 Nr. 1 EStG erforderliche Zustimmung zum begrenzten Realsplitting zu geben. Die hierdurch entstehenden steuerlichen Nachteile sind vom Ehemann auszugleichen.
Hinweise, Salvatorische Klausel
[Wie Muster Rdn. 7 M.]

■ *Kosten.* Siehe Rdn. 7 M.

§ 86 Gütergemeinschaft

I. Wesen und Entstehung der Gütergemeinschaft

1. Die *Allgemeine Gütergemeinschaft* war vor 1900 in Nord- und Ostdeutschland, aber auch in Westfalen und in Bayern, weit verbreitet. Etwa 14 Mio. Menschen lebten in diesem Güterstand.[1] Nach dem Prinzip der *gesamten Hand* ist das Gesamtgut gemeinschaftliches Vermögen beider Ehegatten. Teilung kann nicht verlangt werden; der Einzelne kann über seinen Anteil nicht verfügen. Das gilt auch für die fortgesetzte Vermögensgemeinschaft FamGB/DDR; übertragbar ist lediglich der Anspruch auf das künftige Auseinandersetzungsguthaben.[2]

Es können fünf Vermögensmassen vorhanden sein, nämlich: Vorbehaltsgut des Mannes, Vorbehaltsgut der Frau, Sondergut des Mannes, Sondergut der Frau und das Gesamtgut.

a) *Vorbehaltsgut* ist, was dazu erklärt ist, was mit der Vorbehaltsklausel erworben wird und was durch Surrogation Vorbehaltsgut wird. Gegenstände des Vorbehaltsguts können im Güterrechtsregister eingetragen werden (§ 1418 Abs. 4 BGB). Jeder Ehegatte verwaltet sein Vorbehaltsgut selbstständig für eigene Rechnung (§ 1418 Abs. 3 BGB).

b) *Sondergut* sind Gegenstände, die nicht durch Rechtsgeschäfte übertragen werden können, wie Anteile an Personengesellschaften,[3] Nießbrauchsrechte, das Vorkaufsrecht, die subjektiv persönliche Reallast, die beschränkt persönliche Dienstbarkeit und unpfändbare Forderungen (§ 1417 BGB). Nicht zum Sondergut und damit Gesamtgut sind dagegen Forderungen, die ausschließlich nach § 852 ZPO nicht pfändbar sind, Ansprüche aus Lebensversicherungen[4] und Zugewinnausgleichsansprüche.[5] Auch Anteile an Kapitalgesellschaften gehören nicht zum Sondergut, sodass das Stimmrecht, das mit den dem Gesamtgut zuzurechnenden Gesellschaftsanteil verbunden ist von den Ehegatten nur gemeinschaftlich ausgeübt werden kann, wenn weder Vorbehaltsgut oder Einzelverwaltung ehevertraglich vereinbart worden ist.[6] Sondergut entsteht nicht durch Rechtsgeschäft, sondern nur kraft Gesetzes.

Was nicht Vorbehalts- oder Sondergut ist, gehört zum Gesamtgut, das eingebrachte sowohl wie das aus irgendeinem Rechtsgrunde während des Güterstandes erworbene Vermögen. Für die Zugehörigkeit zum Gesamtgut besteht eine gesetzliche Vermutung.

Die allgemeine Gütergemeinschaft wird auch heute noch vereinbart, vor allem in Westfalen und in Bayern. Sie ist ein probates Mittel, um einen »einheiratenden« Ehegatten angemessen an einem (landwirtschaftlichen) Betrieb zu beteiligen.[7] Hier hat in der Regel die Erstreckung der Haftung auf das Vermögen des jeweils anderen Ehegatten (§§ 1457 ff. BGB) keine praktische Bedeutung. Die Auseinandersetzung bei der Scheidung (§§ 1475 und 1478 BGB) ist seit der Eherechtsreform grundsätzlich interessengerecht geregelt. Die Behandlung des eingebrachten Gutes bedarf, soweit es sich dabei um Betriebsvermögen handelt, keiner stärkeren Modifikation als die des Anfangsvermögens beim gesetzlichen Güterstand.

---

1 Vgl. Staudinger/*Thiele*, Vorb. v. § 1415 BGB Rn. 3.
2 BGH DNotZ 2003, 135 ff.
3 Allgemein hierzu BeckOK/*Siede*, § 1416 Rn. 5 ff.; zum Kommanditanteil vgl. OLG Nürnberg RNotZ 2017, 536.
4 BGHZ 91, 288, 289.
5 Staudinger/*Thiele*, § 1417 BGB Rn. 8.
6 OLG Saarbrücken FamRZ 2002, 1034.
7 Vgl. ausführlich *Langenfeld/Milzer*, Eheverträge, Rn. 423 ff.

7 2. Die Einbeziehung der *Vermögensgegenstände* zum Gesamtgut erfolgt kraft Gesetzes. Einer rechtsgeschäftlichen Übertragung der einzelnen Stücke auf die Gemeinschaft zur gesamten Hand bedarf es nicht. *Grundbuch* und Schiffsregister werden durch den Übergang zur Gütergemeinschaft unrichtig. Zur Berichtigung müssen beide Eheleute mitwirken. Jeder Ehegatte kann aber die Berichtigung auch allein erreichen, indem er die Unrichtigkeit durch Zeugnis, Eintragungsnachricht des Güterrechtsregisters oder durch Vorlegung des Ehevertrages nachweist (§§ 22, 29, 33 GBO). Wird Ehegatten, die in Gütergemeinschaft leben, ein Grundstück in Miteigentum nach Bruchteilen aufgelassen, so können sie auf ihren (formlosen) Antrag als Eigentümer in Gütergemeinschaft eingetragen werden; eine erneute Auflassung des Grundstücks an sie als Eigentümer zur gesamten Hand ist nicht erforderlich.[8] Sie können jedoch ein Grundstück zum Miteigentum nach Bruchteilen erwerben, wenn es zum Vorbehaltsgut erklärt wird. Die ehevertragliche Erklärung zu Vorbehaltsgut kann der Auflassung auch nachfolgen. Einer Löschung der bereits zu Bruchteilen eingetragenen Ehegatten und ihrer sofortigen Wiedereintragung bedarf es in diesem Fall nicht.[9]

8 3. Zur Entstehung der Gütergemeinschaft bedarf es eines beurkundeten Ehevertrages nach § 1410 BGB. Auf die vor dem 01.07.1958 vereinbarten Gütergemeinschaften sind die zu diesem Zeitpunkt geänderten *Vorschriften übertragen* worden. Davon wurden jedoch zwei Ausnahmen gemacht:

9 a) Für die vor dem 01.04.1953 geschlossenen Verträge ist die *alleinige Verwaltung* des Gesamtguts durch den *Mann* beibehalten worden und für die vor dem 01.07.1958 geschlossenen die Verwaltungsregelung im Vertrag.

10 b) Die *Fortsetzung* der Gütergemeinschaft für den Fall, dass sie nicht im Ehevertrag ausgeschlossen ist, gilt für alle Gütergemeinschaften aus der Zeit vor dem 01.07.1958 (Art. 8 Abs. 1 Nr. 6 GleichberG).

11 4. In die ab 01.07.1958 beurkundeten Eheverträge soll aufgenommen werden, wer das Gesamtgut zu verwalten hat, nämlich der Mann allein, die Frau allein oder beide gemeinsam. Ist nichts bestimmt, so verwalten die Ehegatten es gemeinschaftlich (§ 1421 BGB).

12 5. In Gütergemeinschaft lebende Ehegatten können unter sich eine offene Handelsgesellschaft, eine KG und eine GbR rechtswirksam nur durch Begründung von Vorbehaltsgut errichten.[10] Mit einem Dritten können sie eine OHG, eine KG und eine GbR gründen, ohne dass zuvor das für die Gründung erforderliche Gesamtgut durch einen der Form des § 1410 BGB entsprechenden Vertrag zum Vorbehaltsgut erklärt sein muss.[11] Der OHG-Anteil, der Komplementär-Anteil (nicht der Kommandit-Anteil) und der GbR-Anteil fallen zwangsläufig in das Vorbehaltsgut des erwerbenden Ehegatten. Ein Kommanditanteil ist ohne Weiteres dem Sondergut des Ehegatten zuzuordnen, wozu auch keine Vorbehaltsgutsvereinbarung erforderlich ist.[12]

13 6. Die Bereicherung, die ein Ehegatte bei Vereinbarung der Gütergemeinschaft erfährt, unterliegt der Schenkungssteuer (vgl. § 7 Abs. 1 Nr. 4 ErbStG).

14 7. Das Zentrale Testamentsregister ist über die Vereinbarung der Gütergemeinschaft zu *benachrichtigen*.

---

8 BGH MittRhNotK 1982, 60; Staudinger/*Thiele*, § 1416 BGB Rn. 29; BeckOK-BGB/*Siede*, § 1416 BGB Rn. 11.
9 BayObLG DNotZ 1982, 162.
10 Vgl. dazu BGH Rpfleger 1975, 393.
11 BayObLG DNotZ 1982, 174; zum Kommanditanteil vgl. OLG Nürnberg RNotZ 2017, 536.
12 OLG Nürnberg RNotZ 2017, 536, 538.

8. Da die Vereinbarung der Gütergemeinschaft die gesetzlichen Erb- und Pflichtteilsquoten ändert, unabhängig davon aber auch zumeist ein erbrechtlicher Regelungsbedarf besteht, wenn der Güterstand gewechselt wird, empfiehlt sich fast stets der Abschluss eines Ehe- und Erbvertrages. Im Hinblick darauf, dass durch die Beurkundung des Ehe- und Erbvertrages in einer Urkunde die Möglichkeit des Widerrufs des Erbvertrages aus der amtlichen Verwahrung ausgeschlossen wird,[13] sollten die Beteiligten vom Notar diesbezüglich belehrt werden.

Vereinbarung der Gütergemeinschaft

[Vgl. dazu auch das Muster in § 109 Rdn. 28 M.]

Verhandelt zu ..... am .....

Vor dem Notar ..... erschienen: .....
Die Beteiligten erklärten:
Wir haben am ..... vor dem Standesbeamten in ..... geheiratet. Wir sind deutsche Staatsangehörige. Einen Ehevertrag haben wir bisher nicht geschlossen, so dass wir im gesetzlichen Güterstand leben.
Wir vereinbaren für unsere Ehe ab sofort den Güterstand der Gütergemeinschaft. Das Gesamtgut verwalten wir gemeinschaftlich.
Wir beantragen die Eintragung in das Güterrechtsregister. Der Notar soll den Antrag jedoch nur auf eine besondere schriftliche Anweisung wenigstens eines von uns einreichen, unbeschadet seines Rechts auf jederzeitige Einreichung. Wir beantragen die Berichtigung der Grundbücher von ..... Blatt ..... und von ..... Blatt .....
Die Unterschiede zwischen dem gesetzlichen Güterstand und der Gütergemeinschaft sind uns vom Notar erläutert worden. Wir sind insbesondere darauf hingewiesen worden, dass unser gesamtes Vermögen – soweit wir nicht ausdrücklich etwas anderes vereinbaren – in das uns gemeinsam zustehende Gesamtgut fällt, dass die bisher entstandenen Ansprüche auf Zugewinnausgleich untergehen und dass derartige Ansprüche in Zukunft nicht mehr entstehen. Über die Haftung für die beiderseitigen Schulden im Güterstand der Gütergemeinschaft sind wir belehrt worden.
Der Notar hat uns über die Möglichkeit unterrichtet, durch die Vereinbarung von Vorbehaltsgut bestimmte Vermögensgegenstände vom Gesamtgut auszunehmen und im Eigentum eines von uns beiden zu belassen. Wir wollen kein Vorbehaltsgut bestimmen.
Der Notar hat uns darauf hingewiesen, dass grundsätzlich keiner von uns einseitig die Aufhebung der Gütergemeinschaft verlangen, sondern jeder nur unter ganz besonderen Voraussetzungen auf Aufhebung der Gütergemeinschaft klagen kann. Wir wollen die einseitige Beendigung der Gütergemeinschaft nicht erleichtern, sondern es insoweit bei der gesetzlichen Regelung belassen.
Der Notar hat uns auch über die Rechtslage im Falle der Auseinandersetzung des Gesamtguts, vor allem bei der Scheidung unserer Ehe, unterrichtet, insbesondere über das Recht zur Übernahme eingebrachter Sachen nach § 1477 Abs. 2 BGB und den Anspruch eines jeden von uns nach § 1478 BGB auf Ersatz des Wertes dessen, was er in das Gesamtgut eingebracht hat. Auch insoweit wollen wir es bei der gesetzlichen Regelung belassen. Der bisher für die Ehefrau entstandene Anspruch auf Ausgleich des Zugewinns, der sich auf 40.000 € errechnet, soll als eingebrachter Gegenstand behandelt werden.

---
13 Vgl. Beck'sches Notar-Handbuch/*Bengel/Dietz*, Kap. C Rn. 103 ff.

§ 86 Gütergemeinschaft

Eine Vereinbarung über den Versorgungsausgleich für den Fall der Scheidung unserer Ehe wollen wir nicht treffen sondern es insoweit bei der jeweiligen gesetzlichen Regelung belassen.
Der Wert unseres beiderseitigen Vermögens nach Abzug der Schulden ist 100.000 €.

....., Notar

■ Kosten.
a) Des Notars: Siehe § 83 Rdn. 9 M.
b) Des Güterrechtsregisters: Siehe § 84 Rdn. 24 M.

17 Von der Vereinbarung der Gütergemeinschaft benachrichtigt der Notar das Zentrale Testamentsregister. Die Vereinbarung ist dem Finanzamt wegen der Schenkungsteuer anzuzeigen.

Antrag der Eheleute auf Grundbuchberichtigung

18 M An das Grundbuchamt in .....
Wir haben nach dem in Ausfertigung anliegenden Vertrag UR. ..... des Notars ..... die Gütergemeinschaft für unsere Ehe vereinbart.
Wir beantragen, im Grundbuch von ..... Blatt ....., wo der Ehemann, und im Grundbuch von ..... Blatt ....., wo die Ehefrau als Alleineigentümer verzeichnet ist, uns beide als Eigentümer in Gütergemeinschaft einzutragen.
Der Wert der Grundstücke ist zusammen ..... €.
Ort, Datum
Unterschrift
(Beglaubigung nicht erforderlich, da Unrichtigkeit nachgewiesen)

■ Kosten.
a) Des Notars: Der Geschäftswert bestimmt sich nach §§ 97 Abs. 2, 119 Abs. 1 GNotKG. Nach Nr. 24102, 21201 Ziff. 4 KV GNotKG ist eine 0,3 bis 0,5 Gebühr zu erheben, mindestens jedoch 30 €. Die Übermittlung des Antrages an das Grundbuchamt ist gemäß Vorbem. 2.4.1 Abs. 4 Nr. 1 KV GNotKG mit abgegolten.
b) Des Grundbuchamtes: Der Geschäftswert bestimmt sich nach § 36 Abs. 2 GNotKG. Es wird eine 1,0 Gebühr gemäß Nr. 14110 KV GNotKG erhoben.

19 Die Weiterleitung des im Ehevertrag mit beurkundeten Berichtigungsantrages an das Grundbuchamt erfolgt in einem formlosen Schreiben des Notars unter Beifügung einer (auszugsweisen) beglaubigten Abschrift oder Ausfertigung. Sie sind gebührenfreies Nebengeschäft.

Gütergemeinschaft mit dem vorhandenen Vermögen als Vorbehaltsgut

Verhandelt zu ..... am .....

20 M Vor dem Notar ..... erschienen: .....
Die Beteiligten erklärten:
Wir beabsichtigen zu heiraten.
Wir vereinbaren den Güterstand der Gütergemeinschaft und verwalten das Gesamtgut gemeinschaftlich.
Das bei der Eheschließung vorhandene Vermögen eines jeden von uns erklären wir zum Vorbehaltsgut.

Das Vermögen des zukünftigen Ehemannes besteht aus .....
Das Vermögen der zukünftigen Ehefrau besteht aus .....
Wir beantragen, die Gütergemeinschaft mit dem Vorbehaltsgut in das Güterrechtsregister einzutragen.
[sonst wie § 86 Muster Rdn. 16 M]
....., Notar

- *Kosten.* Siehe Rdn. 16 M.

Antrag auf Eintragung von Vorbehaltsgut in das Güterrechtsregister

An das Amtsgericht – Güterrechtsregister – in .....   **21 M**
Zu der unter ..... eingetragenen Gütergemeinschaft beantragen wir, zusätzlich einzutragen:
Die Ehefrau ..... ist im Testament vom ..... – UR Nr. ..... des Notars ..... – zur Erbin der ..... eingesetzt worden. Darin ist zu der Zuwendung des Lebensmittelgeschäfts, das in ..... betrieben wird, von der Erblasserin bestimmt worden, dass es Vorbehaltsgut der Erbin werden soll. Beglaubigte Abschrift des Testaments nebst Eröffnungsprotokoll ist beigefügt.
Ort, Datum   Unterschrift
[Beglaubigungsvermerk]

- *Kosten.* Gebühren:
a) des Notars: Der Geschäftswert bestimmt sich nach § 36 Abs. 1 GNotKG. Nach Nr. 24102, 21201 Ziff. 5 KV GNotKG ist eine 0,3 bis 0,5 Gebühr zu erheben, mindestens jedoch 30 €.
b) des Güterrechtsregisters: Nach Nr. 13201 KV GNotKG fällt eine Gebühr in Höhe von 50 € an, Auslagen für die öffentliche Bekanntmachung sind nach Nr. 31004 KV GNotKG zu ersetzen.

Gütergemeinschaft kann nach dem Tod eines Ehegatten zwischen dem überlebenden Ehegatten und den Erben des verstorbenen Ehegatten fortgesetzt werden (s.u. § 87). Die fortgesetzte Gütergemeinschaft (§§ 1483 ff. BGB) setzt gemäß § 1483 BGB eine ehevertragliche Vereinbarung voraus. Diese kann unmittelbar im Zusammenhang mit der Vereinbarung des Güterstandes der Gütergemeinschaft oder nachträglich durch gesonderten Ehevertrag (s.u. Rdn. 22 M) erfolgen. Ebenso ist eine spätere Aufhebung zulässig (s.u. Rdn. 23 M).   **21.1**

Nachträgliche Vereinbarung der Fortsetzung der Gütergemeinschaft

Verhandelt zu ..... am .....
Vor dem Notar ..... erschienen: .....   **22 M**
Die Beteiligten erklärten:
..... Den von uns am ..... unter UR Nr. ..... des Notars ..... geschlossenen Ehevertrag, in dem wir Gütergemeinschaft vereinbart haben, ändern wir dahin:
Die Gütergemeinschaft wird nach dem Tode des Erstversterbenden von dem Überlebenden mit unseren gemeinschaftlichen Abkömmlingen, die bei gesetzlicher Erbschaft zu Erben berufen wären, fortgesetzt.
....., Notar

- *Kosten.* Siehe Rdn. 16 M.

Aufhebung der Vereinbarung über die Fortsetzung der Gütergemeinschaft

23 M

Verhandelt zu ..... am .....
Vor dem Notar ..... erschienen: .....
Die Beteiligten erklärten:
Die in unserem Ehevertrag vom ..... zur UR Nr. ..... des Notars ..... getroffene Vereinbarung, wonach die Gütergemeinschaft von dem überlebenden Ehegatten mit den gemeinschaftlichen Abkömmlingen fortgesetzt werden soll, heben wir auf.

....., Notar

■ *Kosten.* Die »Aufhebung« eines Ehevertrages ist stets als neuer Ehevertrag zu werten, weshalb auch hierfür eine 2,0 Gebühr nach Nr. 21100 KV GNotKG zu erheben ist. Zu den Kosten siehe § 83 Rdn. 9 M. Nicht zur Anwendung kommt im Hinblick auf die »Aufhebung« eines Ehevertrages Nr. 21102 Nr. 2 KV GNotKG, da der Ehevertrag nicht mit Wirkung für die Vergangenheit aufgehoben wird, sondern vielmehr der Güterstand für die Zukunft neu gestaltet wird.

II. Beendigung und Auseinandersetzung des Gesamtguts der Gütergemeinschaft

24   1. *Aufgehoben* wird die Gütergemeinschaft durch Urteil aufgrund Klage eines Ehegatten aus wichtigem Grunde (§§ 1447 bis 1449, 1469, 1470 BGB), durch Ehevertrag (§ 1414 BGB), durch den Tod eines Ehegatten, wenn die Fortsetzung nicht vereinbart ist (§ 1482 BGB), sowie durch die Ablehnung ihrer Fortsetzung durch den überlebenden Ehegatten (§ 1484 BGB).

25   2. Zuständig für das *Auseinandersetzungsverfahren* ist nach § 373 i.V.m. §§ 344 Abs. 5, 363–371 FamFG nunmehr generell der Notar. Eine Öffnungsklausel für Landesrecht, eine abweichende Kompetenz festzulegen, enthält das Gesetz nicht.[14]

3. Der *Überschuss,* der sich nach Berichtigung der Gesamtgutverbindlichkeiten ergibt, bildet die Teilungsmasse. Hiervon steht jedem Ehegatten die *Hälfte* zu, gleichgültig wie viel er eingebracht hat (§ 1476 BGB). Jedoch kann jeder Ehegatte gegen Ersatz des Wertes die Sachen aus dem Gesamtgut übernehmen, die er in die Gütergemeinschaft eingebracht hat und die ihm durch Erbfolge, Vermächtnis oder vorweggenommene Erbfolge (Übergabevertrag) angefallen sind sowie seine persönlichen Sachen (§ 1477 Abs. 2 BGB). Da § 1376 Abs. 4 BGB (Bewertung von landwirtschaftlichem Betriebsvermögen im Rahmen des Zugewinnausgleichsverfahrens) auf die Auseinandersetzung des Gesamtguts der Gütergemeinschaft nicht analog angewendet wird, empfiehlt es sich, dessen Anwendung im Ehevertrag zu vereinbaren. S. auch § 109 Rdn. 27 M.

26   a) Eine weitere Ausnahme von dem Teilungsgrundsatz macht § 1478 BGB bei der *Scheidung.* Ist die Ehe geschieden, *bevor* die Auseinandersetzung *beendet* ist, so ist auf *Verlangen* eines Ehegatten jedem von ihnen der Wert dessen zurückzuerstatten, was er in die Gütergemeinschaft eingebracht hat; reicht hierzu der Wert des Gesamtgutes nicht aus, so ist der Fehlbetrag von den Ehegatten nach dem Verhältnis des Wertes des von ihnen Eingebrachten zu tragen. Der Wert des Eingebrachten bestimmt sich nach der Zeit der Einbringung.

---

14 BeckOK FamFG/*Schlögel,* § 373 FamFG Rn. 3.

b) Das Gleiche gilt, wenn die Ehe für *nichtig erklärt* oder *aufgehoben* worden ist.   **27**

4. Zu den Auswirkungen des Geldverfalls auf die Auseinandersetzung des Gesamtgutes s. *Bölling*, FamRZ 1982, 234.   **28**

Aufhebung der Gütergemeinschaft

Infolge der Aufhebung tritt Gütertrennung ein, sofern nicht der gesetzliche Güterstand vereinbart wird (§§ 1449, 1414 Satz 2 BGB).   **29**

Ehevertrag zur Aufhebung der Gütergemeinschaft

Verhandelt zu ….. am …..

Vor dem Notar ….. erschienen: …..   **30 M**
Die Beteiligten erklärten:
Die für unsere Ehe durch Ehevertrag vom ….. eingeführte, im Güterrechtsregister eingetragene Gütergemeinschaft heben wir hiermit auf, so dass Gütertrennung eintritt. Wir beantragen, die Aufhebung im Güterrechtsregister einzutragen. Das Gesamtgut setzen wir wie folgt auseinander:
1. Die Ehefrau erhält zu Alleineigentum zugeteilt …..
2. Der Ehemann erhält zu Alleineigentum zugeteilt …..
Wir sind darüber einig, dass das Eigentum wie angegeben übergeht und bewilligen die Umschreibung der Grundbücher.
Der Wert unseres beiderseitigen gegenwärtigen Vermögens nach Abzug der Schulden ist 40.000 €.

….., Notar

■ *Kosten.* Siehe Rdn. 23 M.

Von der Aufhebung der Gütergemeinschaft benachrichtigt der Notar das zentrale Testamentsregister.   **31**

Auseinandersetzung nach Scheidung

Die Auseinandersetzung ist an sich formfrei, da sie keinen Ehevertrag enthält. Wenn sie sich aber auf Grundstücke erstreckt, sind Beurkundung nach § 311b Abs. 1 BGB und Auflassung nach § 925 BGB erforderlich.   **32**

Auseinandersetzung der Gütergemeinschaft nach Scheidung

Verhandelt zu ….. am …..

Vor dem Notar ….. erschienen: …..   **33 M**
Die Beteiligten erklärten:
1. Durch Urteil des Amtsgerichts – Familiengericht – in …..(verkündet am ….., rechtskräftig geworden am …..) wurde die zwischen den Beteiligten geschlossene Ehe geschieden. Mit dem Tage der Rechtskraft hat die für die Ehe nach dem Ehevertrag vom ….. geltende Gütergemeinschaft geendet.

§ 86 Gütergemeinschaft

2. Seitdem ist das Gesamtgut von beiden Beteiligten gemeinschaftlich verwaltet und die Nutzungen sind geteilt worden. Ansprüche aus dieser Verwaltung stehen keinem von beiden zu.

3. Das Gesamtgut besteht aus:

a)	dem Grundstück Blatt ..... des Grundbuchs von ....., Wert am ..... einschließlich Zubehör		60.000 €
b)	dem Grundstück Blatt ..... des Grundbuchs von ....., Wert am ..... einschließlich Zubehör		15.000 €
		zusammen	75.000 €
	Davon ab die auf dem Grundstück Blatt ..... von ..... unter Nummer 1 haftende Hypothek mit einer Valuta von noch		15.000 €
			60.000 €

4. Hinzugerechnet werden folgende Beträge, die der Ehemann aus dem Gesamtgut gezahlt und diesem zu erstatten hat,

a)	Schadensersatz an		2.500 €
b)	die Ausstattung von		3.500 €
	die er seiner Tochter erster Ehe gegeben hat		6.000 €
			66.000 €

5. Die Ehefrau verlangt, dass aus dem Gesamtgut jedem zunächst der Wert dessen, was er eingebracht hat, erstattet wird, und zwar nach dem Zeitpunkt der Einbringung, also dem 1. Dezember 19 ..... Sie hat eingebracht das Grundstück Blatt ..... mit

einem damaligen Wert von	60.000 €	
dessen Zubehör mit einem damaligen Werte von	10.000 €	70.000 €
wovon abgeht die Hypothek von		15.000 €
also netto		55.000 €
Der Ehemann hat das Grundstück Blatt ..... mit Zubehör eingebracht zu einem damaligen Wert von	10.000 €	65.000 €
so dass ein Überschuss von		1.000 €

zu verteilen ist, von dem jedem Teil die Hälfte gebührt.

6. Die Ehefrau übernimmt das ganze Gesamtgut mit den unter 3. und 4. angegebenen Lasten zu

	den dort berechneten Werten von		66.000 €
	Sie rechnet sich darauf an:		
a)	den ihr zu erstattenden Wert des Eingebrachten	55.000 €	
b)	die ihr vom Überschuss gebührende Hälfte	500 €	55.500 €
	Den Rest von		10.500 €

zahlt sie dem Ehemann aus. Von der Haftung für die Hypothek wird sie den Ehemann binnen sechs Monaten befreien.

7. Die Beteiligten erklären hiermit die Auflassung wie folgt: Wir sind uns darüber einig, dass das Eigentum an den Grundstücken Blatt ..... Gemarkung ..... und Blatt ..... Gemarkung ..... auf die Ehefrau übergeht und bewilligen und beantragen, diese als Eigentümerin in die Grundbücher einzutragen. Die Eintragung einer Vormerkung wird nicht beantragt.

8. Gefahr, Lasten und Nutzungen gehen von heute ab auf die Ehefrau über. Der Besitz ist bereits auf sie allein übergegangen.

9. Den Unterhalt der beiden Kinder übernimmt die Ehefrau. Sie erhält dafür vom Ehemann bis zu dem Zeitpunkt, da die Kinder sich selbst unterhalten können, monatlich 800 € im Voraus für jedes Kind ab 1. Oktober dieses Jahres. Der Ehemann unterwirft

sich dieserhalb der sofortigen Zwangsvollstreckung und beantragt, schon jetzt eine vollstreckbare Ausfertigung der Ehefrau zu erteilen.
10. Die Kosten dieses Vertrages und seiner Durchführung trägt jeder zur Hälfte.
Der Notar wies darauf hin, dass zu der Grundstücksüberlassung die Unbedenklichkeitsbescheinigung wegen der Grunderwerbsteuer vor der Eintragung im Grundbuch beigebracht werden muss.
Diese Niederschrift .....

..…, Notar

- *Kosten.*
  a) Des Notars: Zum Ehevertrag und zum Unterhalt siehe § 85 Rdn. 7 M. Hinzuzurechnen ist der Wert der Grundstücksübertragung nach § 97 Abs. 1 GNotKG. Es ist eine 2,0 Gebühr nach Nr. 21100 KV GNotKG zu erheben.
  b) Des Grundbuchamts: Der Geschäftswert bestimmt sich nach § 36 Abs. 2 GNotKG. Es wird eine 1,0 Gebühr gemäß Nr. 14110 KV GNotKG erhoben.

§ 87 Fortgesetzte Gütergemeinschaft (fGGem.)

1 Die Fortsetzung der Gütergemeinschaft kommt in der Praxis nur noch selten vor und bedarf der ehevertraglichen Vereinbarung. Die einfache Gütergemeinschaft, kombiniert mit der Berufung des Überlebenden zum befreiten Vorerben, führt zu einfacheren, besser zu handhabenden Lösungen. Um den Überlebenden zu hindern, kraft fortwirkender güterrechtlicher Befugnis über Gesamtgut auch unentgeltlich zu verfügen, kann für diesen Fall der Eintritt der Nacherbfolge vereinbart werden.[1] Bei Höfen kann die fGGem. helfen, vorzeitige Abfindungsansprüche weichender Erben zu verhindern. Bei Landgütern ist sie das einzig sichere Mittel, um ihre Veranschlagung zum Ertragswert (§ 1515 BGB) zu erreichen. Ob auch der Gesamtgutanteil eines Ehegatten als Landgut i.S.d. §§ 2049, 2312 BGB vererbt werden kann, ist wegen des Ausnahmecharakters dieser Bestimmungen zweifelhaft.

2 Bei Auslandsberührung kann es sich aus erbrechtlichen Gründen empfehlen, eine fortgesetzte Gütergemeinschaft ausländischen Rechts zu vereinbaren, um bei Nachlassspaltung Noterbrechte auszuschließen; insbesondere bei in Frankreich belegenen Vermögenswerten.

Zur fortgesetzten Gütergemeinschaft wird im Übrigen auf § 95 der 20. Aufl. verwiesen.

---

[1] So auch Staudinger/*Thiele*, Vorb. zu §§ 1483 bis 1518 BGB Rn. 2; vgl. auch § 109 Rn. 30 und § 95 der 20. Aufl. unter B VI.

§ 88 Der FGB-Güterstand

Die Fragen im Zusammenhang mit der Überleitung des FGB-Güterstandes in die sog. Zugewinngemeinschaft des BGB und mit der Option für den FGB-Güterstand sind inzwischen weitgehend gelöst. Daher sei dazu auf die §§ 95a und 95b der 20. Aufl. verwiesen. Für den FGB-Güterstand haben nur wenige Ehegatten optiert. Seine Erläuterung wird deshalb auf die wesentlichen Punkte beschränkt und im Übrigen auf § 95c der 20. Aufl. verwiesen. Das FGB wurde durch den Einigungsvertrag vom 31. August 1990 mit darin enthaltenen Übergangsbestimmungen aufgehoben.[1]   1

I. Allgemeines

Der Güterstand des FGB wird ebenso fälschlich »Eigentums- und Vermögensgemeinschaft« genannt, wie der des BGB »Zugewinngemeinschaft«. Während bei diesem eine »Gemeinschaft« an Vermögensgegenständen, die jeder Ehegatte hat oder erwirbt, entgegen einer weitverbreiteten Meinung in der Bevölkerung überhaupt nicht entsteht, fällt bei jenem nur das in die Eigentums- und Vermögensgemeinschaft, was die Ehegatten durch Arbeit oder aus Arbeitseinkünften, Renten, Stipendien und sonstigen wiederkehrenden Leistungen anschaffen. Der FGB-Güterstand würde daher treffender als (beschränkte) »Errungenschaftsgemeinschaft« bezeichnet.   2

Er kennt drei Gütermassen:

1. Das »*Gesamtgut*«. Es steht den Ehegatten gemeinsam zu, und zwar quotenlos. Über seinen Anteil daran kann kein Ehegatte verfügen. Gemeinschaftliches Eigentum entsteht im Wesentlichen an dem, was im BGB-Güterstand »Zugewinn« ist, jedoch mit einem wichtigen Unterschied: Vermögenserträge und Wertsteigerungen der Gegenstände des Alleineigentums gebühren demjenigen Ehegatten allein, dem dieses Vermögen gehört. Sie unterliegen mithin – abgesehen von den besonderen Fällen des § 40 FGB – keiner Ausgleichung. Mit der Eheschließung entstand gemeinschaftliches Eigentum an *beweglichen*, der gemeinsamen Lebensführung dienenden Gegenständen, an Rechten und Ersparnissen, die vorher aus beiderseitigen Mitteln angeschafft worden waren, oder aus den Mitteln des einen, wenn das Einkommen des anderen gemeinsam verbraucht worden war. An während der Ehe erworbenen *beweglichen* Gegenständen, Rechten und Ersparnissen entsteht im Zweifel gemeinschaftliches Eigentum.   3

2. Je das Alleineigentum der Ehegatten, das bei der Gütergemeinschaft »*Sondergut*« (§ 1417 BGB) bzw. »*Vorbehaltsgut*« (§ 1418 BGB) genannt wird. Es besteht im Wesentlichen aus dem, was bei der »Zugewinngemeinschaft« zum Anfangsvermögen i.S.d. § 1374 BGB zählt, freilich mitsamt der Früchte und Wertsteigerungen dieses Vermögens, ferner aus seinen »persönlichen« Sachen und – in gewissem Umfang – den zur »Berufsausübung« genutzten (§ 13 Abs. 2 FGB). Geschenke zum Gebrauch durch die Familie – auch solche der Ehegatten untereinander – werden mangels gegenteiliger Erklärung oder dagegen sprechender Umstände gemeinschaftliches Eigentum.   4

---

1 Vgl. BGBl. II S. 889 (Anlage I. Kapitel III. Sachgebiet B, Abschnitt II. 1).

II. Verfügungen und Eigentumsverhältnisse

5 1. Der Erwerb eines *Grundstücks* oder selbstständigen Gebäudes während der Ehe führte gemäß § 299 Abs. 1 ZGB grundsätzlich zu gemeinschaftlichem Eigentum, auch wenn die Erwerbsmittel z.B. aus einer Tätigkeit als Handwerker oder Gewerbetreibender erzielt worden waren. Da § 299 ZGB nicht mehr gilt, ist das seit dem 03.10.1990 allein nach § 13 FGB zu beurteilen: Sofern die Erwerbsmittel aus Arbeitseinkünften (etwa einem Geschäftsführergehalt) gewonnen wurden, entsteht gemeinschaftliches Eigentum, sofern sie aus dem Gewinn des Unternehmens herrühren, wird die Immobilie Alleineigentum des Unternehmensinhabers.

6 Alle einem Betrieb dienenden Anlagen, Werkzeuge und finanziellen Fonds werden auch dann Alleineigentum des sie zu seiner Berufsausübung nutzenden Ehegatten, wenn sie mit gemeinsamen Mitteln erworben wurden, es sei denn, der Wert dieser Gegenstände wäre im Verhältnis zu den Objekten des gemeinschaftlichen Eigentums unverhältnismäßig hoch (§ 13 Abs. 2 Satz 2 FGB). Anteile an einer OHG oder GbR und der Anteil als persönlich haftender Gesellschafter an einer KG fallen – wie bei der (allgemeinen) Gütergemeinschaft – kraft Gesetzes zwingend in das Alleineigentum des Erwerbers.

7 Kommanditbeteiligungen und Beteiligungen an Kapitalgesellschaften sind nicht unübertragbar. Werden sie mit gemeinschaftlichem Vermögen erworben, so fallen sie grundsätzlich auch dann in das Gesamtgut, wenn sie kraft Vereinbarung der Gesellschafter unübertragbar gemacht wurden.

8 2. Der Erwerb führt ferner zu Alleineigentum, wenn die Erwerbsmittel »eingebrachtes Gut« sind oder wenn die Ehegatten gemäß § 14 Abs. 1 FGB vereinbaren, dass sie Alleineigentum des Erwerbers sein sollen.

9 3. Ein aus Mitteln des *Betriebsvermögens* angeschafftes Grundstück (oder Gebäude) wird *Alleineigentum* des Gewerbetreibenden. Durch Erbschaft, Vermächtnis oder als Pflichtteil erlangte »Eigentumsobjekte« werden grundsätzlich Alleineigentum, auch Abfindungsforderungen. Zahlt der erbende Ehegatte jedoch anlässlich der Erbauseinandersetzung Miterben mit Mitteln aus, die ganz oder teilweise dem gemeinschaftlichen Eigentum oder dem Alleineigentum des anderen entstammen, entsteht gemeinschaftliches Eigentum.

10 4. Es gilt das Prinzip der *Surrogation*. Werden beim Erwerb von Sachen oder Rechten teils Mittel aus gemeinschaftlichem, teils aus Alleineigentum verwendet (oder aus Alleineigentum beider Ehegatten), entsteht in der Regel gemeinschaftliches Eigentum. Alleineigentum wird nur dann begründet, wenn die von einem Ehegatten zur Verfügung gestellten Mittel weit überwiegen oder wenn eine diesbezügliche Vereinbarung der Ehegatten vorliegt. Arbeitsleistungen von Verwandten, Freunden und Betrieben führen in der Regel zu gemeinschaftlichem Eigentum.

11 5. Alleineigentum wird nicht dadurch zu Gesamtgut, dass Mittel des gemeinschaftlichen Vermögens, des eingebrachten Gutes des anderen Ehegatten oder dessen Arbeitsleistung zu seiner Erhaltung oder Vergrößerung verwendet wurden. Der Ausgleich dafür wird bei der Auseinandersetzung über §§ 39, 40 FGB geschaffen.

12 6. Seit dem 01.10.1990 sind abweichende Vereinbarungen über einzelne Gegenstände des gemeinschaftlichen Eigentums und Vermögens sowie des Alleineigentums generell möglich (§ 14 Abs. 1 FGB n.F.).[2] Sie sollen schriftlich getroffen werden. Vereinbarungen über Grund-

---

[2] Das FGB wurde durch Gesetz v. 20.07.1990 modifiziert und sodann mit entsprechenden Übergangsbestimmungen mit dem Einigungsvertrag vom 31.08.1990 aufgehoben.

stücke und Gebäude bedürfen der Beurkundung, über eingetragene Rechte an Grundstücken und Gebäuden der Beglaubigung (§ 14 Abs. 1 Satz 2 und 3 FGB n.F.).

7. Über Gegenstände, die im Alleineigentum eines Ehegatten stehen, kann dieser grundsätzlich allein verfügen. Das gilt auch für Grundstücke, Häuser und »Baulichkeiten«. Die Einschränkung des § 15 Abs. 2 FGB betrifft nur gemeinschaftliche Gegenstände i.S.d. § 15 Abs. 1 FGB. Seit dem 01.10.1990 bedarf es zur Verfügung über Gegenstände des ehelichen Haushalts der Einwilligung des anderen Ehegatten (§ 15 Abs. 3 FGB n.F.).

8. Verfügungen über »Sachen und Vermögensrechte des gemeinschaftlichen Eigentums und Vermögens« bedürfen – im Innenverhältnis – des *beiderseitigen Einverständnisses* der Ehegatten (§ 15 Abs. 1 Satz 1 FGB). Gemäß § 15 Abs. 1 Satz 2 FGB kann jedoch jeder Ehegatte »gegenüber Außenstehenden« die Gemeinschaft allein vertreten. Dies gilt nicht, wenn dem Dritten bei der Vornahme des Rechtsgeschäfts (= im Zeitpunkt des Eigentumsübergangs) ein entgegenstehender Wille des anderen Ehegatten bekannt ist (§ 15 Abs. 1 Satz 2 Halbs. 2 FGB), sowie bei der Verfügung über Häuser (auch sog. »Baulichkeiten«), Grundstücke und – ab dem 01.10.1990 – über Gegenstände des ehelichen Haushalts, unabhängig davon, ob sie dem Verfügenden allein oder beiden Ehegatten gehören.

9. Bei der Verfügung über Grundstücke, Häuser (Baulichkeiten) und Hausrat sind die Vorschriften über den Rechtserwerb vom Nichtberechtigten unanwendbar (wie bei §§ 1365, 1369 BGB). Demnach ist die Mitwirkung (oder Einwilligung) des anderen Ehegatten auch dann erforderlich, wenn etwa nur einer der Ehegatten als Eigentümer im Grundbuch eingetragen ist, obwohl beide in Wahrheit Eigentümer sind – eine Situation, die bei der (allgemeinen) Gütergemeinschaft nicht selten entsteht, weil die Eheleute versehentlich oder um Kosten zu sparen das Grundbuch nicht berichtigen lassen. Deshalb erscheint es ratsam, sich bei der Veräußerung oder Belastung von Häusern und Grundstücken vorsorglich die Einwilligung des anderen Ehegatten vorlegen zu lassen.

10. Bei Verfügungen über Einlagen bei *Kreditinstituten* gelten die Vorschriften des Sparkassen- und Bankverkehrs (§ 15 Abs. 2 Satz 2 FGB). Soweit ein Ehegatte darüber gemäß dem Vertrag mit dem Kreditinstitut allein bestimmen kann, ist die Verfügung im Außenverhältnis wirksam. Der Ehegatte ist dem anderen nur nach den familienrechtlichen Grundsätzen im Innenverhältnis verantwortlich.

III. Teilung

1. Bei *Beendigung* der Ehe durch Scheidung oder Tod wird das gemeinschaftliche Eigentum und Vermögen geteilt (§ 39 FGB). Das gilt gemäß Art. 234 § 4 Abs. 4 EGBGB sinngemäß auch für die übergeleiteten Ehen.

2. Die Einigung über bewegliche Sachen und Forderungen ist *formfrei* (auch konkludent) möglich. Daher wird man gemäß der Vermutung der Bundesregierung in den Erläuterungen zum Einigungsvertrag annehmen können, dass an solchen Gegenständen mit der Überleitung im Zweifel Bruchteilseigentum zu je $1/2$ entstanden ist bzw. in Anlehnung an den Rechtsgedanken des § 39 Abs. 3 Satz 2 PGB Alleineigentum dessen, der sie im (alleinigen) Besitz hatte.

19 3. Einigen sich die Ehegatten nicht, so hat das *Gericht* die Verteilung vorzunehmen (§ 39 Abs. 1 Satz 2 FGB). Nach § 39a FGB kann es u.U. auch dem einen Ehegatten gehörende Haushaltsgegenstände dem anderen zuteilen – gegen Zahlung eines angemessenen Entgelts.

20 4. Es gilt der Grundsatz der Verteilung »*zu gleichen Anteilen*«, und zwar unabhängig davon, auf welche Weise die Ehegatten ihren angemessenen Beitrag zu den Aufwendungen für die Familie i.S.d. § 12 FGB erbracht haben. Bei ungleichwertiger Zuteilung von Gewicht ist die Wertdifferenz zu ermitteln und – ggf. in Raten – auszugleichen.

21 5. Vor allem wenn gemeinsame unterhaltsberechtigte Kinder vorhanden sind, können auf Antrag *ungleiche Anteile* zugewiesen werden (§ 39 Abs. 2 Satz 1 und 2 FGB).

22 6. In »besonderen Fällen« kann einem der Ehegatten das *gesamte gemeinschaftliche Eigentum* und Vermögen zugewiesen werden (§ 39 Abs. 2 Satz 3 FGB).

23 7. Einem Ehegatten, der »wesentlich« zur Mehrung oder Erhaltung des Vermögens des anderen beigetragen hat, kann bis zur Hälfte dieses Vermögens zugesprochen werden. Dieser *Ausgleichsanspruch* steht dem überlebenden Ehegatten neben seinem Erbteil zu. Er ist nicht vererblich, kann jedoch Kindern des Erblassers, die nicht zu den gesetzlichen Erben des Überlebenden gehören, zugesprochen werden (§ 40 FGB).

24 8. Auf Klage eines Ehegatten wird die Errungenschaftsgemeinschaft schon *während der Ehe* aufgehoben, wenn dies zum Schutz des klagenden Ehegatten oder minderjähriger Kinder erforderlich ist (§ 41 Abs. 1 FGB).

25 9. Die Vorschriften der §§ 39 ff. FGB gelten auch für den Fall, dass die Ehe durch den *Tod* eines der Ehegatten endet, unabhängig davon, ob sie im FGB-Güterstand verblieben oder in den des BGB übergeleitet worden sind. Demnach ist das gemeinschaftliche Vermögen der Ehegatten zunächst zwischen dem Überlebenden und der Erbengemeinschaft nach den Vorschriften der §§ 39 ff. FGB zu teilen. Der Anspruch auf den Ausgleich gemäß § 40 FGB steht dem überlebenden Ehegatten neben seinem Erbteil zu (§ 40 Abs. 3 FGB). Erst danach findet die eigentliche Erbauseinandersetzung statt. Bis dahin besteht ein doppeltes Gesamthandsverhältnis: am Gesamtgut einerseits und am Nachlass andererseits, wobei der Gesamtgutanteil als solcher ein Nachlassgegenstand ist.

§ 89 Güterrechtsregister

I. Publikationsfunktion

Dem Güterrechtsregister ist nach BGHZ 66, 203 = DNotZ 1976, 611 eine umfassende Publikationsfunktion zuzuweisen. Die Funktion des Registers ist nicht in bloßer Schutzwirkung zu sehen, sondern in einer Offenlegung der güterrechtlichen Verhältnisse zwecks Erleichterung des Rechts- und Geschäftsverkehrs. Die Eintragungsfähigkeit güterrechtlicher Vereinbarungen der Ehegatten kann immer dann angenommen werden, wenn diese eine Außenwirkung enthalten, d.h. die Rechtsstellung der Ehegatten zu Dritten zu beeinflussen vermögen. Das ist besonders der Fall, wenn die Offenlegung des Güterstandes aus wirtschaftlichen Gründen, etwa aus Gründen der Kreditgewährung, im Interesse der Ehegatten oder Dritter liegt. – Nicht eintragungsfähig sind dagegen solche güterrechtlichen Vereinbarungen, die nur das Innenverhältnis der Ehegatten betreffen, also für den rechtsgeschäftlichen Verkehr ohne Bedeutung sind.

1

II. Vertrauen auf den Registerinhalt

Ein Ehevertrag bedarf zu seiner Wirksamkeit keiner Eintragung in das Güterrechtsregister. Wenn aber nichts eingetragen ist, kann ein Dritter annehmen, dass die gesetzliche Regelung gilt für die Geschäftsbesorgung (§ 1357 BGB), den Güterstand der Zugewinngemeinschaft (§§ 1363 ff. BGB) oder das Bestehen der im Register verlautbarten Güterstände ohne Besonderheiten. So muss z.B. bei der Gütergemeinschaft die Zugehörigkeit von Vermögensgegenständen zum Vorbehaltsgut eingetragen werden (§ 1418 Abs. 4 BGB). Eintragungsfähig ist auch eine Rechtswahl nach Art. 15 EGBGB (vgl. Art. 16 EGBGB). Bloße Modifikationen der gesetzlichen Regelgüterstände sind nicht eintragungsfähig.[1] Der Ausschluss des Zugewinnausgleichs bei Beendigung der Ehe in anderer Weise als durch Tod ist wohl eintragungsfähig.[2]

2

III. Umfang des Schutzes

Der Dritte ist gegen Einwendungen, die im Widerspruch zu einer Eintragung stehen, nur bei Rechtsgeschäften, nicht in der Zwangsvollstreckung oder beim Rechtserwerb kraft Gesetzes, geschützt. Das kann namentlich von Bedeutung sein, wenn das unbeschränkte Verwaltungsrecht eines Ehegatten, das sich aus einer eingetragenen Gütertrennung ergibt, in einem Gütergemeinschaftsvertrag durch ein dem anderen Ehegatten zustehendes Verwaltungsrecht eine Einschränkung erfahren hat. Im Übrigen bleiben die Vorschriften über gutgläubigen Rechtserwerb unberührt.[3] Wird die Zugewinngemeinschaft durch eine vereinbarte Gütertrennung ersetzt, so ergeben sich aus den erweiterten Verwaltungsrechten eines Ehegatten keine Einwendungen gegenüber Dritten. Darum wird es häufig genügen, wenn der Antrag bei Beurkundung eines Ehevertrags kostenfrei mit aufgenommen, aber noch nicht gestellt wird.

3

---

[1] OLG Schleswig FamRZ 1995, 1586.
[2] OLG Köln FamRZ 1994, 1256; Palandt/*Brudermüller*, vor § 1558 BGB Rn. 3. m.w.N.
[3] Palandt/*Brudermüller*, § 1412 BGB Rn. 2.

IV. Zuständigkeit

4 Zuständig ist gemäß § 1558 Abs. 1 BGB jedes Amtsgericht, in dessen Bezirk auch nur einer der Ehegatten seinen gewöhnlichen Aufenthalt hat. Der von beiden Ehegatten (Ausnahmen vgl. § 1561 BGB) in beglaubigter Form zu stellende Antrag kann vom Amtsgericht nicht erzwungen werden. Die Ehegatten sind nur untereinander dazu verpflichtet. Bei Vorlegung eines Ehevertrags oder eines gestaltenden Urteils oder einer beglaubigten Abschrift der früheren Eintragung an einem anderen Wohnsitz sowie zur Geschäftsbesorgungseinschränkung genügt ein einseitiger Antrag. Durch einen Wechsel des Wohnsitzes eines Ehegatten in einen anderen Amtsgerichtsbezirk verliert die Eintragung ihre Wirkung und muss beim für den neuen Wohnsitz zuständigen Amtsgericht wiederholt werden (§ 1559 BGB). Das gilt auch dann, wenn der gewöhnliche Aufenthalt des anderen Ehegatten anknüpfungsmaßgeblich war und dieser unverändert bleibt.[4]

V. Umfang der Nachweispflicht

5 Wenn die Eheleute in einem aufgrund Vertrages begründeten *Güterstand* leben, namentlich in reiner Gütertrennung oder in Gütergemeinschaft, so braucht dies nicht durch ein Zeugnis aus dem Güterrechtsregister nachgewiesen zu werden; es genügt die Vorlegung einer Ausfertigung des notariellen *Ehevertrags*. Auch Behörden wie das Grundbuchamt können die auf einem Ehevertrag beruhenden Eintragungsanträge nicht von der Beibringung eines Zeugnisses des Güterrechtsregisters abhängig machen.

VI. Anwendbarkeit auf Ausländer

6 Das *deutsche Güterrechtsregister* steht *Ausländern* unter den *gleichen Voraussetzungen* offen wie deutschen Staatsangehörigen. Ausländer können ihren Güterstand dort ebenso eintragen lassen wie Deutsche, nämlich am gewöhnlichen Aufenthaltsort jedes Ehegatten (§ 1558 BGB). Die Eintragung in das deutsche Güterrechtsregister ist auch notwendig, weil Dritte mangels Eintragung oder Kenntnis darauf vertrauen können, dass der deutsche gesetzliche Güterstand besteht und Dritten die vom deutschen gesetzlichen Güterstand abweichenden güterrechtlichen Verhältnisse nur entgegengehalten werden können, wenn die Eintragung des ausländischen Güterstands im Güterrechtsregister erfolgt ist.[5]

Antrag auf Wiederholung der Eintragung des Güterrechts wegen Wohnsitzverlegung

7 M Dem Amtsgericht M. zeige ich an, dass ich meinen Wohnsitz von N. nach M. verlegt habe. Ich überreiche eine beglaubigte Abschrift der meinen Ehevertrag betreffenden Eintragung in das Güterrechtsregister des Amtsgerichts N. sowie die behördlichen Bescheinigungen über meine Abmeldung in N. und meine Anmeldung in M. und beantrage, die Eintragung im Güterrechtsregister des hiesigen Amtsgerichts zu wiederholen.
Ort, Datum   Unterschrift
[Beglaubigungsvermerk]

---

[4] Palandt/*Brudermüller*, § 1559 BGB Rn. 2.
[5] *Beitzke*, FamRZ 1967, 599.

■ *Kosten.* Gebühren:
a) des Notars: siehe § 86 Rdn. 21 M, wobei sich der Geschäftswert vorliegend nach § 100 Abs. 1 Nr. 2 GNotKG richtet und insoweit wie bei einem Ehevetrrag zu berechnen ist.
b) des Güterrechtsregisters: nach Nr. 13200 KV GNotKG (Eintragung aufgrund eines Ehe- oder Lebenspartnerschaftsvertrages) fällt eine Gebühr in Höhe von 100 € an, Auslagen für die öffentliche Bekanntmachung sind nach Nr. 31004 KV GNotKG zu ersetzen.

Der gebührenfrei in einen Ehevertrag aufgenommene Antrag gestattet die Einreichung zum Güterrechtsregister zu gegebener Zeit. **8**

Aufgeschobener Antrag auf Eintragung in das Güterrechtsregister

Verhandelt zu ..... am ..... **9 M**

Vor dem Notar ..... erschienen: .....
Die Beteiligten erklärten:
Wir beantragen die Eintragung dieser Änderung des gesetzlichen Güterstands in das Güterrechtsregister.
Der Notar soll den Antrag jedoch nur auf eine besondere schriftliche Anweisung wenigstens eines von uns einreichen, unbeschadet seines Rechts zur jederzeitigen Einreichung.

■ *Kosten.* Gebühren:
a) des Notars: gebührenfreier Zusatz.
b) des Güterrechtsregisters: siehe Rdn. 7 M.

§ 90 Vereinbarungen anlässlich der Ehescheidung

Literatur: Zu I.: *Göppinger/Börger*, Vereinbarungen anlässlich der Ehescheidung, 10. Aufl., 2013; *Langenfeld/Milzer*, Handbuch der Eheverträge und Scheidungsvereinbarungen, 7. Aufl., 2014; *Schwab*, Handbuch des Scheidungsrechts, 7. Aufl., 2013.

I. Unterhalt des geschiedenen Ehegatten, Getrenntlebensunterhalt

1 1. Kann ein Ehegatte nach der Scheidung nicht selbst für seinen Unterhalt sorgen, so hat er gegen den anderen Ehegatten einen Anspruch auf Unterhalt nach den Vorschriften der §§ 1570 ff. BGB. Der laufende Unterhalt ist durch Zahlung einer monatlich im Voraus zu entrichtenden *Geldrente* zu gewähren. Statt der Rente kann der Berechtigte eine *Kapitalabfindung* verlangen, wenn ein wichtiger Grund vorliegt und der Verpflichtete dadurch nicht unbillig belastet wird (§ 1585 BGB). Das Maß des Unterhalts bestimmt sich nach den ehelichen Lebensverhältnissen zum Zeitpunkt der Scheidung. Eine Änderung der Lebensumstände nach diesem Zeitpunkt (z.B. Karriere) wird nur berücksichtigt, soweit die Ehe hiervon schon geprägt wurde.[1] Der Unterhalt umfasst den gesamten Lebensbedarf, zu dem auch die Kosten einer angemessenen Versicherung für den Krankheitsfall sowie die Kosten einer Schul- oder Berufsausbildung, einer Fortbildung oder einer Umschulung gehören. Gegebenenfalls (bei Unterhaltsanspruch nach §§ 1570 bis 1573 BGB oder § 1576 BGB) gehören zum Lebensbedarf auch die Kosten einer angemessenen Versicherung für den Fall des Alters sowie der Berufs- oder Erwerbsunfähigkeit (§ 1578 BGB). Hat der Unterhaltsberechtigte eigene Einkünfte, führt dies zu einem Aufstockungsunterhalt, der bei Berufseinkünften nach der Differenzmethode, bei sonstigen Einkünften nach dem Halbteilungsgrundsatz und bei späteren, die Ehezeit nicht prägenden Erwerbseinkünften des Berechtigten nach der Anrechnungsmethode berücksichtigt wird.[2] Der Unterhaltsanspruch *erlischt* mit der Wiederverheiratung, Verpartnerung oder dem Tod des Berechtigten (§ 1586 Abs. 1 BGB). Er kann aber auch nach Wiederverheiratung bzw. Verpartnerung des Berechtigten nach Maßgabe des § 1586a BGB *wieder aufleben*, wobei in diesem Fall nur noch der Unterhaltstatbestand des § 1570 BGB eingreifen kann. Mit dem Tod des Verpflichteten geht die Unterhaltspflicht auf den Erben als Nachlassverbindlichkeit über.[3] Der Erbe haftet jedoch nicht über den Betrag hinaus, der dem Pflichtteil entspricht, welcher dem Berechtigten zustünde, wenn die Ehe nicht geschieden wäre. Besonderheiten aufgrund des Güterstandes, in dem die geschiedenen Ehegatten gelebt haben, bleiben für die Berechnung des Pflichtteils außer Betracht (§ 1586b BGB).

2 2. Die Ehegatten können über die Unterhaltspflicht für die Zeit nach der Scheidung Vereinbarungen treffen (§ 1585c BGB), nicht jedoch für die Ehezeit oder bezüglich des künftigen Trennungsunterhalts, selbst wenn eine getrennte Wirtschaftsführung vorliegt.[4] Seit dem 01.01.2008 bedürfen die früher grundsätzlich formfrei zu treffenden Vereinbarungen zum nachehelichen Unterhalt vor Rechtskraft der Scheidung gemäß § 1585c Satz 2 BGB der notariellen Beurkundung. Bis dahin formfrei oder schriftlich geschlossene Unterhaltsvereinbarungen sind auch nach der Gesetzesänderung weiter wirksam. Die Formvorschrift greift erst

---

1 Beispiele bei *Wyrwa*, Ansprüche bei Trennung und Scheidung, Rn. 235.
2 Hierzu näher Palandt/*Brudermüller*, § 1573 BGB Rn. 19 ff.
3 Ausführlich hierzu *Heiß*, NZFam 2016, 485.
4 Kleffmann/Soyka/*Kleffmann*, Praxishandbuch Unterhaltsrecht, Kap. 10 Rn. 30 ff.; BGH FamRZ 1989, 838.

für solche Vereinbarungen, die nach dem Inkrafttreten des Gesetzes abgeschlossen wurden.[5] § 1585c Satz 2 BGB gilt hingegen nicht für Vereinbarungen zum Trennungs-, Kindesunterhalt und für den Betreuungsunterhalt der nicht verheirateten Mutter.[6]

Auch nachdem der BGH 2003 seine Rechtsprechung zum Kernbereich des Scheidungsfolgenrechts entwickelt und Eheverträge ex post einer Wirksamkeits- und Inhaltskontrolle unterziehen lässt, bleiben vom Gesetz abweichende Scheidungsfolgenvereinbarungen grundsätzlich möglich (vgl. dazu die Ausführungen unter § 84 Rdn. 1 ff.). Diese Rechtsprechung ist auch in vollem Umfang auf Scheidungsfolgenvereinbarungen anzuwenden.

Bei Unterhaltsverträgen ist grundsätzlich zu unterscheiden, ob der gesetzliche Unterhaltsanspruch lediglich ausgestaltet werden soll oder die Begründung eines selbstständigen Rentenstammrechts beabsichtigt ist. Wegen der erheblichen Unterschiede in den Rechtsfolgen (z.B. Pfändungsbeschränkungen nach §§ 850, 850d ZPO, Abänderbarkeit nach §§ 238, 239 FamFG nur bei gesetzlichem Unterhalt) empfiehlt sich insoweit eine Klarstellung in der Vereinbarung. Der normale Unterhaltsvertrag zwischen Ehegatten ist an sich kein Leibrentenvertrag, weil er von künftigen wirtschaftlichen Voraussetzungen abhängig ist.[7] Die Einzelleistungen sind beim Unterhaltsvertrag nur unter dem Vorbehalt nicht wesentlicher Änderung der Verhältnisse zugesagt.[8] Ein *Leibrentenvertrag* liegt bei Unterhaltsverträgen aber dann vor, wenn sich der Verpflichtete, wie es nicht selten geschieht, des Rechts aus §§ 238, 239 FamFG auf Herabsetzung der Rente bei wirtschaftlicher Verschlechterung der Lage begibt. Dann besteht der Inhalt der Verpflichtung in der Zahlung gleichmäßig bleibender Geldbeträge, sodass zumindest die Schriftform nach § 761 BGB erforderlich ist.[9] Ob dies allerdings nach Einführung der Formvorschrift des § 1585c Satz 2 BGB noch ausreicht, darf bezweifelt werden. Aufgrund des Näheverhältnisses des Sachverhalts zu den Vorschriften des nachehelichen Unterhalts anlässlich einer Scheidungsvereinbarung sollte aus Gründen der Vorsicht die notarielle Form vor Rechtskraft der Scheidung eingehalten werden; zumindest sollte im Rahmen der Beratung der Klienten auf potenzielle Wirksamkeitsrisiken hingewiesen werden.

Auch vereinbarte Unterhaltsrenten sind nicht unabänderlich, wenn sich die *Verhältnisse ändern*. Die eingetretene Veränderung muss jedoch nach § 242 BGB zur Änderung der Unterhaltsforderung nötigen.[10] Der Ausschluss einer Abänderbarkeit auf Lebenszeit verstößt nicht gegen §§ 138, 242 BGB.[11] Andererseits muss im Rahmen von Unterhaltsvereinbarungen nunmehr berücksichtigt werden, dass dem Unterhaltsberechtigten in jedem Fall die bei ihm entstandenen ehelich bedingten Nachteile ausgeglichen werden, was bei langen Zeiträumen, insbesondere bei der Zahlung von Betreuungsunterhalt, eine Anpassung an gestiegene Lebenshaltungskosten durch Vereinbarung von Wertsicherungsklauseln notwendig macht.[12]

Bestimmte Umstände können als Abänderungsgründe ausgeschlossen werden, z.B. eine Erhöhung der gesetzlichen Unterhaltszahlungspflichten gegenüber anderen Personen, insbesondere gegenüber einer zukünftigen Frau oder zukünftigen Kindern oder hilfsbedürftig werdenden Eltern. Die Vereinbarung der Nichtberücksichtigung von Umständen, die die Leistungsfähigkeit des Unterhaltsverpflichteten erhöhen, z.B. höheres Einkommen, Wegfall der Unterhaltsleistungen an selbstständig gewordene Kinder, ist möglich, wenn es sich um den Unterhaltsanspruch nach der Scheidung handelt.

---

5 Palandt/*Brudermüller*, § 1585c BGB Rn. 4.
6 *Born*, NJW 2008, 1, 6.
7 RG 137, 259.
8 RG 166, 49.
9 RG 150, 385 s.a. OLG Karlsruhe NJW 1962, 1774.
10 RG 145, 119 § 66, 49; BGH FamRZ 1983, 22; 1986, 790; Soergel/*Häberle*, § 1585c BGB Rn. 22 m.w.N.
11 OLG Nürnberg FamRZ 1996, 296.
12 Vgl. zuletzt BGH FamRZ 2006, 1359, 1362; NJW 2007, 1080, 1082.

7 Wenn der zunächst bestimmte Rentenbetrag sich entsprechend den Änderungen des Gehalts- oder Pensions- oder Rentenanspruchs eines Beamten oder Versorgungs- oder Rentenberechtigten verändern soll, so genügt die Angabe der Besoldungsgruppe und des Besoldungsgesetzes oder des Rentengesetzes.[13] – Eine Vollstreckungsunterwerfung wegen einer Geldrente, die sich nach einem Gehalts- oder Rentenanspruch richtet, wird je nach Ausgestaltung teilweise für unwirksam gehalten, weil der jeweils geschuldete Betrag nicht mühelos zu berechnen ist (s.o. § 19 Rdn. 85 ff.). Wegen eines festen Mindestbetrages ist die Vollstreckungsklausel jedoch immer zulässig.

8 3. Dem Grunde nach nicht disponibel ist der Unterhalt gemäß § 1361 BGB für die Zeit des Getrenntlebens.[14] Die Verzichtssperre des § 1614 BGB wird durch Vereinbarungen nur dann nicht tangiert, wenn die Regelung sich innerhalb des gesetzlichen Beurteilungsspielraums bei Ausfüllung des Kriteriums der Angemessenheit hält.[15] Zulässig sind daher Vereinbarungen zur Unterhaltshöhe, wobei das Maß der Reduzierung des gesetzlich geschuldeten Unterhalts streitig ist.[16] In der Rechtsprechung und im Schrifttum wird weitgehend eine Unterschreitung des rein rechnerisch ermittelten Unterhalts von bis zu 20% noch als angemessen und damit hinnehmbar erachtet, während eine Unterschreitung um ein Drittel im Regelfall als mit § 1614 Abs. 1 BGB unvereinbar angesehen wird.[17] In dem dazwischenliegenden Bereich soll aufgrund der Umstände des Einzelfalls entschieden werden. Ob die Beteiligten im Rahmen einer zwischen ihnen getroffenen Vereinbarung über den Trennungsunterhalt einen dahingehenden Verzicht gewollt haben, ist dabei unbeachtlich. Es kommt allein darauf an, ob der dem Unterhaltsberechtigten von Gesetzes wegen zustehende Unterhalt objektiv verkürzt wurde.[18] Ein Verzicht auf Trennungsunterhalt ist selbst nicht gegen Erbringung einer gleichwertigen Gegenleistung durch den Unterhaltsverpflichteten zulässig.[19] Der Unterhaltsberechtigte darf seine Rechte selbst dann nicht aufgeben, wenn ihm hierfür eine gleichwertige Gegenleistung gewährt worden ist. Getrenntlebensunterhalt und nachehelicher Unterhalt sind nicht identisch, sodass sie in jeder Hinsicht getrennt geregelt werden müssen.[20]

9 Zulässig im Rahmen einer Scheidungsfolgenvereinbarung sind jedenfalls auch Vereinbarungen ohne eigenständigen Regelungscharakter. Eine solche Vereinbarung kann etwa dahingehend erfolgen, dass nach den Lebens-, Erwerbs- und Vermögensverhältnissen zur Zeit ein bestimmter oder kein Unterhalt zu zahlen ist oder kein Ehegatte beabsichtigt, Trennungsunterhalt geltend zu machen.[21]

Feststellung zum Trennungsunterhalt ohne Regelungscharakter

10 M **Der Notar hat uns über die Grundzüge des ehelichen Unterhaltes und des Trennungsunterhaltes belehrt. Insbesondere ist uns bewusst, dass auf den zukünftig entstehenden Trennungsunterhalt (also bis zur Scheidung) nicht verzichtet werden kann. Insoweit halten wir allerdings – ohne insoweit eine Regelung zum Unterhalt treffen zu wollen – fest, dass wir davon ausgehen, dass nach unseren Lebens-, Erwerbs- und**

---

13 Röll, DNotZ 1960, 201; Limmer, ZNotP 1999, 148.
14 Kleffmann/Soyka/Kleffmann, Praxishandbuch Unterhaltsrecht, Kap. 10 Rn. 33.
15 KG FamRZ 1985, 597; allgemein zu den Gestaltungsmöglichkeiten vgl. Huhn, RNotZ 2007, 177 ff..
16 OLG Düsseldorf FamRZ 2001, 1148: Reduzierung um 20 % ist zulässig; OLG Hamm OLGR 2000, 70 Reduzierung um $^1/_3$ unzulässig.
17 BGH DNotZ 2016, 59, 60; Kleffmann/Soyka/Kleffmann, Praxishandbuch Unterhaltsrecht, Kap. 10 Rn. 33.
18 BGH DNotZ 2016, 59, 60; BGH FamRZ 1984, 997, 999.
19 BGH DNotZ 2016, 59, 60; RG JW 1919, 824, 925.
20 BGH FamRZ 1982, 465.
21 BGH DNotZ 2014, 361, 370 ff.; Huhn, RNotZ 2007, 177, 183.

Vermögensverhältnissen ein solcher Trennungsunterhalt nicht besteht und auch nicht geltend gemacht wird.

4. In steuerlicher Hinsicht ist auf die Möglichkeit des Realsplittings gemäß § 10 Abs. 1 Nr. 1 EStG Rücksicht zu nehmen. Unterhaltsleistungen an den geschiedenen oder dauernd getrennt lebenden Ehegatten können als Sonderausgaben bis zu einer Höhe von derzeit 13.805 € je Kalenderjahr abgezogen werden mit der Folge der Versteuerung als Einkünfte beim Empfänger. Die Zustimmung des Empfängers kann für mehrere Jahre erteilt werden. In BGH FamRZ 1983, 576 sind die Voraussetzungen, unter denen eine Verpflichtung des berechtigten Ehegatten besteht, aufgeführt: Verpflichtung zur Freistellung des Empfängers von steuerlichen Nachteilen[22] sowie im Einzelfall substantiiert vorgetragenen sonstigen Nachteilen,[23] Sicherheitsleistung bei begründeter Besorgnis der Nichterfüllung dieser Pflicht.

11

5. Unterhaltsvereinbarungen in vorsorgenden Eheverträgen hängen in ihrer Zulässigkeit inhaltlich von der Fragestellung ab, welcher Regelungstypus dem Ehemodell der Beteiligten zugrunde gelegt werden kann. §§ 134, 138, 242 BGB lassen ausreichend Regelungsspielraum, s.o. Rdn. 2 ff. Zu den Gestaltungsempfehlungen sei auf § 85 verwiesen. Trennungs- und Scheidungsvereinbarungen orientieren sich hingegen am konkreten Unterhaltsbedarf. Unabhängig davon unterliegen diese Vereinbarungen einer richterlichen Inhalts- und Ausübungskontrolle[24] entsprechend der Rechtsprechung zu vorsorgenden Eheverträgen. Sie sind nachfolgend dargestellt. Hier besteht das Problem, ob die der konkreten Unterhaltsregelung zugrunde liegenden tatsächlichen Voraussetzungen (familiäre Verhältnisse, Verdienstverhältnisse etc.) in der Vereinbarung festgeschrieben werden sollen. Sie können Geschäftsgrundlage sein[25] und zur Anpassung gemäß § 242 BGB, §§ 238 f. FamFG führen bzw. eine Anfechtung nach §§ 119, 123 BGB eröffnen. Sie können Vergleichsgrundlage und Unwirksamkeitsgrund i.S.d. § 779 BGB sein.[26] Somit richtet sich der Konkretisierungsgrad nach dem Charakter der Vereinbarung: Ist die Unterhaltsbemessung Ergebnis eines konkreten Berechnungsvorgangs, der einer späteren Anpassung unterliegen soll, sind die tatsächlichen Verhältnisse und deren Bewertung genau aufzunehmen. Ausdrücklich erwähnte Umstände schließen insoweit einen Wegfall der Geschäftsgrundlage aus.[27] Wollen die Eheleute die spätere Abänderung nicht präjudizieren, oder sie gar erschweren oder ausschließen, empfiehlt sich die begründungslose Unterhaltsfestsetzung, gekoppelt mit einem ausdrücklichen Ausschluss der Änderungsmöglichkeit.

12

Unterhaltsvertrag zwischen Ehegatten bei bevorstehender Scheidung mit Vereinbarung über Getrenntlebensunterhalt und steuerlichem Realsplitting

Verhandelt zu ..... am ..... **13 M**

Vor dem Notar ..... erschienen: .....
Die Beteiligten erklärten:
Wir beabsichtigen, unsere Ehe scheiden zu lassen.

---

22 BGH FamRZ 1985, 1232.
23 BGH FamRZ 1988, 820.
24 BeckOGK/*Reetz*, § 1408 BGB Rn. 396 ff. auch zu den dahingehenden Besonderheiten in Bezug auf die Ausübungskontrolle.
25 Vgl. BGH FamRZ 2012, 525; DNotZ 2015, 437, 2015, 444.
26 OLG Hamburg FamRZ 1996, 292.
27 OLG Karlsruhe FamRZ 1997, 366.

§ 90 Vereinbarungen anlässlich der Ehescheidung

I. Für den Fall rechtskräftiger Scheidung unserer Ehe schließen wir folgenden

Unterhaltsvertrag

1. Der Beteiligte zu 1. verzichtet gegenüber der Beteiligten zu 2. auf jeden Unterhalt einschließlich des Unterhalts im Falle der Not, des Alters-, Pflege- und Krankenvorsorgeunterhalts und des Unterhalts im Falle der Wiederverheiratung und anschließender Scheidung. Der Verzicht soll auch bei wesentlicher Änderung der Verhältnisse keinerlei Abänderung unterliegen.
Die Beteiligte zu 2. nimmt den Verzicht an.
2. Der Beteiligte zu 1. verpflichtet sich in Ausgestaltung seiner gesetzlichen Unterhaltspflicht, an die Beteiligte zu 2. einen monatlich im Voraus zu entrichtenden Unterhaltsbetrag in Höhe von 1.000 € (eintausend EURO) zu zahlen, beginnend mit dem ersten des auf die rechtskräftige Scheidung folgenden Monats.
Wegen des vorgenannten Unterhaltsbetrages in Höhe von 1.000 € monatlich unterwirft sich der Beteiligte zu 1. gegenüber der Beteiligten zu 2. der sofortigen Zwangsvollstreckung aus dieser Urkunde. Der Beteiligten zu 2. soll jederzeit eine vollstreckbare Ausfertigung dieser Verhandlung erteilt werden ohne den Nachweis der Fälligkeit.
3. Der Beteiligte zu 1. verpflichtet sich ferner, die Beiträge für die Krankenversicherung der Beteiligten zu 2., die bei der ..... Versicherung versichert ist, zu zahlen. Der Krankenkassenbeitrag beträgt zurzeit 200 € (zweihundert EURO) monatlich. Der Beteiligte zu 1. wird der Beteiligten zu 2. auf deren Verlangen jederzeit den Nachweis über die pünktliche Entrichtung der Krankenkassenbeiträge erbringen.
4. Die vorgenannten Verpflichtungen des Beteiligten zu 1. erlöschen mit der Wiederverheiratung der Beteiligten zu 2. Ein Wiederaufleben des Unterhalts wird ausgeschlossen. Die Beteiligte zu 2. verzichtet auf die Rechte aus § 1586a BGB. Der Beteiligte zu 1. nimmt diesen Verzicht an.
5. Grundlage dieses Unterhaltsvertrages ist ein derzeitiges Nettoeinkommen des sonst vermögenslosen Beteiligten zu 1. von 3.000 € (dreitausend EURO) monatlich. Der Beteiligte zu 1. hat außer gegenüber der Beteiligten zu 2. und dem aus der Ehe hervorgegangenen minderjährigen Kind ..... geboren am ..... zurzeit keine weiteren Unterhaltsverpflichtungen. Die Beteiligte zu 2. hat weder Vermögen noch Einkommen.

II. Sodann vereinbaren wir für die Dauer unseres Getrenntlebens:

1. Der Beteiligte zu 1. verpflichtet sich, monatlich im Voraus zum ersten eines jeden Monats, erstmals ab dem folgenden Monat, einen Unterhaltsbetrag von 1.000 € (eintausend Euro) zu zahlen. Die Zahlungspflicht endet mit dem Ende des Monats, in dem unsere Ehe rechtskräftig geschieden wird. Weitergehende gesetzliche Unterhaltsansprüche bleiben unberührt.
Wegen des vorgenannten Betrages in Höhe von 1.000 € monatlich unterwirft sich der Beteiligte zu 1. gegenüber der Beteiligten zu 2. der sofortigen Zwangsvollstreckung aus dieser Urkunde. Der Beteiligten zu 2. soll eine vollstreckbare Ausfertigung erteilt werden ohne den Nachweis der Fälligkeit.
2. Die Wohnung des Beteiligten zu 1., Theostr. 1, Köln, wird der Ehefrau zur alleinigen Nutzung zugewiesen. Lasten und Kosten hat sie selbst zu bestreiten. Gibt die Beteiligte zu 2. die Benutzung der Eigentumswohnung auf, erhöht sich der Unterhalt für die Dauer des Getrenntlebens um 400 €.
III. Die Beteiligte zu 2. verpflichtet sich in Ansehung sämtlicher vorstehend vereinbarter Zahlungsverpflichtungen für die Dauer der Unterhaltsleistung – zunächst für die Jahre 2018 bis 2020 – die nach § 10 Abs. 1 Nr. 1 EStG erforderliche Zustimmung zum begrenzten Realsplitting zu erteilen. Der Beteiligte zu 1. verpflichtet sich, die Ehefrau

von ihr entstehenden Steuernachteilen sowie sonst konkret nachgewiesenen Nachteilen infolge der Zustimmung freizustellen. Steuervorteile stehen dem Beteiligten zu 1. zu.

....., Notar

- **Kosten.** Vorliegend treffen mehrere Beurkundungsgegenstände (Unterhaltsverzicht des Ehemannes, Trennungsunterhalt, nachehelicher Unterhalt, Übernahme der Kosten der Krankenkasse, Nutzungsüberlassung der Eigentumswohnung und Regelung zur steuerlichen Veranlagung) zusammen, deren Geschäftswerte jeweils getrennt zu bewerten und sodann gemäß § 35 Abs. 1 GNotKG zu addieren sind. Insbesondere sind die Vereinbarungen zum Trennungsunterhalt und zum nachehelichen Unterhalt verschiedene Beurkundungsgegenstände i.S.v. § 86 Abs. 2 GNotKG.[28] Der Geschäftswert für Unterhaltszahlungen ist nach § 52 GNotKG zu bestimmen. Die Bewertung des Trennungsunterhaltes erfolgt regelmäßig nach § 52 Abs. 1, 2 GNotKG, wobei regelmäßig von einer Zahlungsdauer von 1 bis 2 Jahren auszugehen sein dürfte.[29] Ist der nacheheliche Unterhalt nicht befristet, liegen wiederkehrende Leistungen von unbestimmter Dauer im Sinne von § 52 Abs. 3 Satz 2 GNotKG vor, so dass der Geschäftswert der auf die ersten zehn Jahre entfallende Wert ist, soweit nicht aus § 52 Abs. 4 GNotKG etwas anderes folgt. Die mit der Regelung zum nachehelichen Unterhalt im Zusammenhang stehende Zwangsvollstreckungsunterwerfung ist gemäß § 109 Abs. 1 Satz 4 Nr. 4 GNotKG als derselbe Beurkundungsgegenstand anzusehen und daher nicht gesondert zu bewerten. Die Verpflichtung zur Zahlung der Krankenkassenbeiträge ist ebenfalls als wiederkehrende Leistungen von unbestimmter Dauer im Sinne von § 52 Abs. 3 Satz 2 GNotKG zu bewerten. Die Nutzungsüberlassung der Eigentumswohnung in der Trennungszeit ist nach § 52 Abs. 1, 2 GNotKG zu bewerten, wobei sich wie beim Trennungsunterhalt von einer Nutzungsdauer von 1 bis 2 Jahren auszugehen ist. Für die Regelung zur steuerlichen Veranlagung ist gemäß § 36 Abs. 1, 3 GNotKG der Hilfswert in Höhe von 5.000 € anzusetzen.[30] Nach Nr. 21100 KV GNotKG ist aus der Summe der Einzelgeschäftswerte eine 2,0 Gebühr zu erheben.

Unterhaltsrente nach einem jeweiligen Beamtengehalt

Verhandelt zu ..... am .....

Vor dem Notar ..... erschienen: .....
Die Beteiligten erklärten:
Die vereinbarte monatliche Unterhaltsrente von ..... € entspricht dem Eingangsgrundgehalt (der ersten Dienstaltersstufe) eines Landesbeamten der Besoldungsgruppe A ..... nach dem Bundesbesoldungsgesetz i.d.F. vom .....(BGBl. .....) ohne Zuschläge oder Zulagen nach dem Stand der Grundgehaltssätze von heute.
So wie sich dieses Grundgehalt ändert, soll sich in gleicher Weise auch die vereinbarte Rente ändern, und zwar von dem auf die Verkündung der Besoldungsänderung folgenden Monat ab. Eine etwaige Änderung der Zuschläge oder Zahlungen zum Grundgehalt bleibt unberücksichtigt.
oder:
Ich verpflichte mich, an Frau ..... monatlich im Voraus eine Unterhaltsrente von ..... € zu zahlen.
Sollte sich in Zukunft das Bruttogehalt einschließlich Ortszuschlages für einen unverheirateten Inspektor der Eingangsstufe im Dienste des Bundes (Besoldungsgruppe

14 M

---

28 *Diehn/Volpert*, Praxis des Notarkostenrecht, Rn. 1984.
29 *Diehn/Volpert*, Praxis des Notarkostenrecht, Rn. 1983; Leipziger Kostenspiegel, Teil 20 Rn. 45.
30 Leipziger Kostenspiegel, Teil 20 Rn. 45.

A ..... – Bundesbesoldungsgesetz vom ..... i.d.F. vom .....(BGBl. .....) erhöhen oder ermäßigen, so ändert sich die Rente für dieselbe Zeit im selben Verhältnis. Bemessungsgrundlage ist der Stand der Grundgehaltssätze von heute.

■ *Kosten.* Zum nachehelichen Unterhalt siehe Rdn. 13 M.

Vertrag über Ausbildungsunterhalt mit Sicherheitsleistung

Verhandelt zu ..... am .....

15 M Vor dem Notar ..... erschienen: .....
Die Beteiligten erklärten zunächst:
Zwischen uns ist zum Aktenzeichen ..... des Amtsgerichts – Familiengericht – ein Ehescheidungsverfahren anhängig.
Die Beteiligte zu 2. hat in Erwartung unserer am ..... vor dem Standesbeamten in ..... erfolgten Eheschließung ihr Studium an der ..... Hochschule in ..... abgebrochen, nachdem sie bereits ihr Vordiplom als ..... abgelegt hatte. Die Beteiligte zu 2. beabsichtigt, ihr Studium sobald wie möglich wieder aufzunehmen und mit dem Diplom als ..... abzuschließen, um ihre wirtschaftliche Selbständigkeit zu erreichen. Sie verpflichtet sich, ihr Studium sobald wie möglich wieder aufzunehmen und ohne Verzögerung zu beenden.
Dies vorausgeschickt, erklärten die Beteiligten:
Wir schließen für den Fall der rechtskräftigen Scheidung unserer Ehe folgenden Unterhaltsvertrag
1. Der Beteiligte zu 1. verpflichtet sich, an die Beteiligte zu 2. eine monatlich im Voraus zum Monatsersten zu entrichtende Unterhaltsrente in Höhe von 800 € (achthundert Euro) zu zahlen, beginnend mit dem ersten des auf die rechtskräftige Scheidung folgenden Monats. Die Zahlungsverpflichtung des Beteiligten zu 1. endet mit dem Abschluss der Diplomprüfung der Beteiligten zu 2. als ....., spätestens jedoch nach Ablauf von 3 Jahren seit Vertragsabschluss, also am .....
Wegen der vorgenannten Unterhaltsrente in Höhe von 800 € monatlich unterwirft sich der Beteiligte zu 1. der sofortigen Zwangsvollstreckung aus dieser Urkunde. Der Beteiligten zu 2. soll jederzeit eine vollstreckbare Ausfertigung dieser Verhandlung erteilt werden ohne den Nachweis der Fälligkeit.
2. Zur Sicherung der Unterhaltsforderung der Beteiligten zu 2. verpfändet der Beteiligte zu 1. seine sämtlichen Ansprüche gegen die ..... Versicherungs-Aktiengesellschaft gemäß dem Versicherungsschein Nr. ..... über 20.000 €, insbesondere seine Rechte auf den Rückvergütungswert und auf die Versicherungssumme. Er verpflichtet sich, wie bisher die Prämien weiter zu bezahlen, was er der Beteiligten zu 2. auf deren Verlangen jederzeit nachweisen wird. Die Beteiligte zu 2. ist auch berechtigt, aber nicht verpflichtet, zu Lasten des Beteiligten zu 1. die Zahlungen zu leisten.
Der Beteiligte zu 1. widerruft das seinem Sohn aus erster Ehe ..... gewährte Bezugsrecht. Er händigt der Beteiligten zu 2. den Versicherungsschein aus. Der Versicherungsschein ist dem Beteiligten zu 1. zurückzugeben, wenn die Beteiligte zu 2. wegen ihrer vorgenannten Unterhaltsforderungen, zu deren Sicherung diese Verpfändung dienen soll, befriedigt ist.
Der Beteiligte zu 1. behält sich vor, dann das Bezugsrecht gegenüber der Versicherungsgesellschaft wiederaufleben zu lassen.
Der Beteiligte zu 1. wird die Verpfändung und den Widerruf der Bezugsberechtigung der Versicherungsgesellschaft sofort anzeigen.

3. Die Beteiligte zu 2. erklärt sich mit der vorstehenden Unterhaltsvereinbarung für abgefunden. Sie verzichtet ausdrücklich auf alle weiteren Unterhaltsansprüche, auch für den Fall der Berufs- oder Erwerbsunfähigkeit.
Der Beteiligte zu 1. nimmt den Verzicht an.

….., Notar

■ *Kosten.* Zum Unterhalt siehe Rdn. 13 M, wobei hier eine Befristung der Unterhaltszahlung auf einen Zeitraum von maximal drei Jahren geregelt ist, so dass für den Geschäftswert nach § 52 Abs. 2 Satz 1 GNotKG der auf drei Jahre entfallende Wert maßgeblich ist. Das Sicherungsgeschäft ist gemäß § 109 Abs. 1 GNotKG derselbe Beurkundungsgegenstand und nicht gesondert zu bewerten.

Kapitalabfindung der Ehefrau durch den Ehemann

Zu unterscheiden ist, ob ein *endgültiger Abfindungsvertrag* geschlossen werden soll oder ob lediglich eine *Kapitalisierung* der Rente für einen bestimmten Zeitraum beabsichtigt ist. Im ersten Falle wäre der Unterhaltsanspruch endgültig erloschen; im letzteren Falle könnten weitere Ansprüche geltend gemacht werden.[31]   **16**

Abfindung des Unterhaltsanspruches in Kapital

Verhandelt zu ….. am …..   **17 M**
Vor dem Notar ….. erschienen: …..
Die Beteiligten erklärten:
Zwischen uns ist zum Aktenzeichen ….. des Amtsgerichts ….. – Familiengericht – ein Ehescheidungsverfahren anhängig. Für den Fall rechtskräftiger Scheidung unserer Ehe schließen wir wegen aller Unterhaltsansprüche der Beteiligten zu 2. folgenden **Abfindungsvertrag**
Der Beteiligte zu 1. verpflichtet sich, am Ersten des auf die rechtskräftige Scheidung folgenden Monats an die Beteiligte zu 2. an Stelle einer laufenden Unterhaltsrente eine Kapitalabfindung in Höhe von 100.000 € (hunderttausend Euro) zu zahlen.
Wegen der vorgenannten Verpflichtung unterwirft sich der Beteiligte zu 1. gegenüber der Beteiligten zu 2. der sofortigen Zwangsvollstreckung aus dieser Urkunde. Der Beteiligten zu 2. soll gegen Nachweis der rechtskräftigen Scheidung eine vollstreckbare Ausfertigung dieser Verhandlung erteilt werden.
Die Beteiligte zu 2. erklärt sich mit der Kapitalabfindung einverstanden.
Die Beteiligten sind darüber einig, dass mit der Zahlung der Kapitalabfindung alle Unterhaltsansprüche der Beteiligten zu 2. gegenüber dem Beteiligten zu 1. abgegolten sind.

….., Notar

■ *Kosten.* Liegt eine Abfindung des Unterhaltsanspruches in Kapital vor, der nicht in den Anwendungsbereich von § 1585 Abs. 2 BGB fällt, so liegt ein Austauschvertrag im Sinne von § 97 Abs. 3 GNotKG vor, sodass ein Vergleich zwischen dem Abfindungsbetrag und dem nach § 52 GNotKG zu bewertenden Unterhalt vorzunehmen ist. Für den Geschäftswert ist der höhere Wert maßgebend. Bei einer Abfindung des Unterhaltsanspruches im Sinne von § 1585 Abs. 2 BGB ist § 97 Abs. 3 GNotKG nicht anwendbar. Hier ist alleine der nach § 52 GNotKG zu bewertende Unterhaltsanspruch für die Bestimmung des Geschäftswertes maßgebend.[32] Nach Nr. 21100 KV GNotKG ist eine 2,0 Gebühr zu erheben.

---

31 BGHZ 2, 379.
32 Vgl. hierzu insgesamt *Diehn/Volpert*, Praxis des Notarkostenrecht, Rn. 1991 f.

§ 90 Vereinbarungen anlässlich der Ehescheidung

Abfindung durch Leibrente (Schuldumschaffung)

Verhandelt zu ….. am …..

18 M Vor dem Notar ….. erschienen: …..
Die Beteiligten erklärten:
Für den Fall rechtskräftiger Scheidung unserer Ehe schließen wir wegen aller Unterhaltsansprüche der Beteiligten zu 2. folgenden
Abfindungsvertrag
Wir verzichten für den Fall der Scheidung unserer Ehe auf jeglichen nachehelichen Unterhalt einschließlich des Unterhalts im Falle der Not, des Kranken-, Pflege- und Altersvorsorgeunterhalts und des Unterhalts im Falle der Wiederverheiratung und anschließenden Scheidung. Wir nehmen diesen Verzicht wechselseitig an. Vorstehende Vereinbarung soll auch bei wesentlicher Änderung der Verhältnisse keinerlei Abänderbarkeit unterliegen.
Der Beteiligte zu 1. verpflichtet sich zur Zahlung einer Leibrente an die Beteiligte zu 2. in Höhe von monatlich 1.000 €, zahlbar am ersten eines Monats im Voraus, beginnend mit dem auf die Rechtskraft der Scheidung folgenden Monatsersten. Für diese Rentenzahlung werden die gesetzlichen Unterhaltsregelungen ausdrücklich abbedungen.
Ergänzend wird folgendes vereinbart:
Die Leibrente erlischt mit dem Tod der Berechtigten. Sie erlischt ferner bei Wiederverheiratung der Berechtigten. Für den Fall der Auflösung der späteren Ehe der Berechtigten lebt sie nicht wieder auf.
Die Leibrente soll wertgesichert sein, aber nicht der Anpassungsmöglichkeit nach §§ 238, 239 FamFG unterliegen. Zur Wertsicherung vereinbaren die Beteiligten:
Verändert sich der vom Statistischen Bundesamt festgestellte Verbraucherpreisindex (Basisjahr 2015 = 100), so erhöht oder ermäßigt sich der Betrag der Rente entsprechend. Eine Anpassung findet jedoch nur statt, wenn der Preisindex, bezogen auf die letzte Festsetzung der Rente, sich um mehr als 5 Punkte verändert hat. Die Anpassung erfolgt ab dem auf das Erreichen der Anpassungsschwelle folgenden Monatsersten.
Wegen der vorgenannten Verpflichtung unterwirft sich der Beteiligte zu 1. gegenüber der Beteiligten zu 2. der sofortigen Zwangsvollstreckung aus dieser Urkunde. Der Beteiligten zu 2. soll gegen Nachweis der rechtskräftigen Scheidung eine vollstreckbare Ausfertigung dieser Verhandlung erteilt werden, ohne dass es des Nachweises der weiteren Fälligkeitsvoraussetzungen bedarf.

….., Notar

■ *Kosten.* Siehe Rdn. 13 M.

Modifizierung des gesetzlichen Unterhalts

19 Als Minus zum vollständigen Verzicht gemäß § 1585c BGB sind auch Modifizierungen des gesetzlichen Unterhalts möglich. In Betracht kommen insbesondere zeitliche Begrenzungen bei jüngeren Ehen und/oder Begrenzungen bei der Bemessung des Unterhaltsgrundes sowie des Unterhaltsmaßes. Zeit und Ausmaß des gesetzlichen Unterhalts werden auch durch das Gesetz beschränkt (§§ 1578b BGB). Zu beachten ist ferner die nachfolgende die Altersversorgung schonende Regelung im Hinblick auf § 33 VersAusglG.

Modifizierung des gesetzlichen Unterhalts

Verhandelt zu ..... am .....　20 M

Vor dem Notar ..... erschienen: .....
Die Beteiligten erklärten:
Für den Fall rechtskräftiger Scheidung unserer Ehe schließen wir folgenden

Unterhaltsvertrag

Wir verzichten für den Fall der Scheidung unserer Ehe – soweit nachstehend nicht ausdrücklich vereinbart – auf jeglichen nachehelichen Unterhalt einschließlich des Unterhalts im Falle der Not, des Kranken-, Pflege- und Altersvorsorgeunterhalts und des Unterhalts im Falle der Wiederverheiratung und anschließenden Scheidung. Wir nehmen diesen Verzicht wechselseitig an. Vorstehende Vereinbarung soll auch bei wesentlicher Änderung der Verhältnisse keinerlei Abänderbarkeit unterliegen.
Der Beteiligte zu 1. verpflichtet sich, der Beteiligten zu 2. nachehelichen Unterhalt nach Maßgabe der gesetzlichen Bestimmungen zu leisten. Einschränkend wird jedoch folgendes vereinbart:
a) Der Beteiligte zu 1. ist lediglich für eine Zeit von drei Jahren ab Rechtskraft der Scheidung unterhaltspflichtig. Für die darüber hinausgehende Zeit ist er der Beteiligten zu 2. nur insoweit unterhaltspflichtig, als der Unterhaltsanspruch sich auf die Betreuung gemeinsamer Abkömmlinge nach § 1570 BGB stützt.
b) Die Beteiligte zu 2. hat der Höhe nach nur Anspruch auf Unterhalt, soweit dies ihren früheren Lebensverhältnissen als Grundschullehrerin entspricht. Dies entspricht nach Angaben der Beteiligten zurzeit einem monatlichen Betrag in Höhe von ..... €. Die Bemessung und evtl. Abänderung des gesetzlichen Unterhalts wegen abweichender Lebensverhältnisse des Beteiligten zu 1. ist nur insoweit zulässig, als die Lebensverhältnisse des Beteiligten zu 1. sich unter ein solches Niveau verschlechtern. Eine Erhöhung des Unterhalts kann seitens der Beteiligten zu 2. nur dann verlangt werden, wenn sich die Lebensverhältnisse einer Grundschullehrerin im Vergleich zum tatsächlich gezahlten Unterhalt erhöht haben. Im Übrigen wird die Anwendung der §§ 238, 239 FamFG ausdrücklich ausgeschlossen.
c) Die Beteiligten sind sich darüber einig, dass der Beteiligte zu 1. nicht verpflichtet ist, zur Erfüllung seiner vorstehenden Unterhaltsverpflichtungen den Stamm seines Vermögens zu verwerten.

....., Notar

■ *Kosten.* Siehe Rdn. 13 M.

Nachdem der Gesetzgeber § 1569 BGB und § 1570 BGB mit Wirkung zum 01.01.2008 geändert hat und einerseits die Eigenverantwortung jedes Ehegatten nach Scheidung der Ehe betont und damit dessen Erwerbspflicht betont und andererseits den Anspruch auf Zahlung von Betreuungsunterhalt für verheiratete und nicht verheiratete Ehegatten einheitlich auf 3 Jahre befristet hat, muss man davon ausgehen, dass emanzipierte Ehegatten, die nach einer erfolgreichen beruflichen Karriere aufgrund eines gemeinsamen Kinderwunsches sich bereit erklären, zugunsten der Betreuung des gemeinsamen Kindes ihre berufliche Karriere aufzugeben oder einzuschränken, den Notar um den Entwurf eines Ehevertrages bitten, durch den sich die unterhaltsrechtlichen Rahmenbedingungen im Vergleich zum neuen gesetzlichen Leitbild verbessern. Dies gilt umso mehr, als der Gesetzgeber durch die Änderung der §§ 1582, 1609 BGB die Rangfolge des geschiedenen Ehegatten zugunsten minderjähriger

Kinder – auch aus einer Folgebeziehung – verschlechtert hat, sodass die Gefahr besteht, dass der Ehegatte unterhaltsrechtlich »leer ausgeht«.[33]

Günstige Unterhaltsregelung für den kinderbetreuenden Ehegatten

22 M **Nachehelicher Unterhalt:**
Der Ehemann zahlt an die Ehefrau einen nach den gesetzlichen Regelungen berechneten Unterhalt für die Zeit, in der die Kinder von der Ehefrau betreut werden (Kindesbetreuungsunterhalt nach § 1570 BGB). Zwischen den Beteiligten besteht Einigkeit, dass die Ehefrau bis zur Vollendung des sechsten Lebensjahres des jüngsten Kindes der Beteiligten nicht erwerbspflichtig ist. Mit Vollendung des sechsten Lebensjahres des jüngsten Kindes ist die Ehefrau zumindest teilerwerbspflichtig im Umfang von 4 Stunden werktäglich. Ab Vollendung des 18. Lebensjahres des jüngsten Kindes ist die Ehefrau vollerwerbspflichtig. Sollte die Ehefrau zu einem früheren Zeitpunkt als vertraglich geschuldet oder in einem zeitlich weitergehenden Umfang als vereinbart wieder erwerbstätig werden, muss sie sich das auf den zeitlichen Mehrerwerbsaufwand entfallende Einkommen nicht auf ihren Unterhaltsanspruch anrechnen lassen.
Das Recht des Ehemannes, von der Ehefrau eine Erwerbstätigkeit zu einem zeitlich früheren Zeitpunkt bzw. eine zeitlich umfangreichere Erwerbstätigkeit auszuüben als vertraglich vereinbart zu verlangen, ist ausgeschlossen.
Unterhaltsansprüche der Ehefrau aufgrund anderer Anspruchsgrundlagen als der des § 1570 BGB bleiben ausdrücklich vorbehalten.
Der Ehemann verzichtet gegenüber der dies annehmenden Ehefrau auf jeglichen nachehelichen Unterhalt, einschließlich des Unterhalts für den Fall der Not, des Kranken-, Pflege- und Altersvorsorgeunterhalts.
Zwischen den Beteiligten besteht Einigkeit, dass nachehelicher Unterhalt der Höhe nach entsprechend den gesetzlichen Vorschriften geschuldet wird.
Der Betrag unterliegt der Abänderbarkeit nach §§ 238, 239 FamFG.
Der Unterhalt ist jeweils monatlich im Voraus, jeweils ersten eines jeden Monats zu zahlen.

■ *Kosten.* Siehe Rdn. 13 M, wobei bei der Bestimmung des Geschäftswertes nach § 52 Abs. 3 Satz 2 GNotKG ggf. eine Korrektur nach § 52 Abs. 6 Satz 3 GNotKG vorzunehmen ist, da zum Zeitpunkt der Beurkundung der Vereinbarung der Eintritt der Zahlungspflicht noch ungewiss ist.[34]

II. Auslandsberührung, deutsch-deutsche Fragen

23 1. Nach Art. 15 EU-UntVO[35] bestimmt sich das auf Unterhaltspflichten anwendbare Recht für die Mitgliedsstaaten, die durch das Haager Protokoll vom 23.11.2007 über das auf Unterhaltspflichten anzuwendende Recht (HUP) gebunden sind, nach diesem Protokoll. Gemäß

---

33 Vgl. dazu näher *Klinkhammer*, FamRZ 2007, 1205 ff. und *Gutdeutsch*, FamRZ 2008, 661; *Heiderhoff*, FamRZ 2012, 1101, vgl. auch BGH MittBayNot 2011, 497.
34 Vgl. auch *Münch*, Ehebezogene Rechtsgeschäfte, Rn. 3184.
35 Verordnung (EG) Nr. 4/2009 des Rates vom 18.12.2008 über die Zuständigkeit, das anwendbare Recht, die Anerkennung und Vollstreckung von Entscheidungen und die Zusammenarbeit in Unterhaltssachen, Veröffentlicht im Amtsblatt der Europäischen Union vom 10.01.2009

Art. 4 und 5 des Beschlusses des Rates vom 30.11.2009[36] über den Abschluss dieses Protokolls finden die Bestimmungen des Protokolls innerhalb der Gemeinschaft ab dem Datum des Beginns der Anwendbarkeit der Verordnung (gemäß Art. 76 der Verordnung 30.01.2009) vorläufig Anwendung, soweit das Protokoll zu diesem Zeitpunkt noch nicht in Kraft getreten ist. Danach ist auf Unterhaltspflichten aus familiären oder verwandtschaftlichen Beziehungen, Ehe oder Schwägerschaft grundsätzlich das Recht des Staates maßgebend, in dem die berechtigte Person ihren gewöhnlichen Aufenthalt hat; die Anknüpfung ist wandelbar (Art. 2 HUP). Darüber hinaus können die Beteiligten nach Art. 8 HUP eine Rechtswahl treffen zugunsten des Staates dem eine der Parteien im Zeitpunkt der Rechtswahl angehört oder ihren gewöhnlichen Aufenthalt hat. Ferner ist das auf den Güterstand anwendbare Recht wählbar, das die Eheleute als das auf ihre Scheidung anzuwendende Recht bestimmt haben. Die Rechtswahl ist durch schriftliche Vereinbarung möglich, jedoch sollte zu Beweiszwecken zu einer Mitbeurkundung der Rechtswahl in Ehe- und Scheidungsfolgenverträgen geraten werden. Die frühere Regelung des Art. 18 Abs. 5 EGBGB wurde aufgehoben.

Ungeachtet der getroffenen Rechtswahl beurteilt sich die Wirksamkeit eines Unterhaltsverzichtes nach dem Recht des Staates, in dem die berechtigte Person im Zeitpunkt der Rechtswahl seinen gewöhnlichen Aufenthalt hatte (Art. 8 Abs. 4 HUP).

Angesichts der Wandelbarkeit des auf die Unterhaltsansprüche anzuwendenden Rechts empfiehlt es sich, insbesondere bei gemischtnationalen Ehen eine ausdrückliche Rechtswahl zu vereinbaren, wobei vor einem deutschen Notar wohl grundsätzlich nur eine Rechtswahl zugunsten des deutschen Rechts wirksam getroffen werden kann, da gemäß Art. 8 Abs. 5 HUP die Rechtswahl nur bei einer umfassenden Information der Beteiligten über die Folgen ihrer Wahl wirksam wird.

Rechtswahl im Hinblick auf Unterhaltsansprüche

Die Beteiligten vereinbaren, dass für eventuelle eheliche oder nacheheliche Unterhaltsansprüche deutsches Recht gelten soll, unabhängig davon, welche Staatsangehörigkeit die Unterhaltsberechtigte oder der Unterhaltsverpflichtete zum Zeitpunkt der Geltendmachung des Unterhaltsanspruches haben werden und wo der Unterhaltsberechtigte zu diesem Zeitpunkt seinen gewöhnlichen Aufenthalt haben wird. Für den Fall, dass einer der Beteiligten seinen Wohnsitz bzw. gewöhnlichen Aufenthaltsort in das Ausland verlegt, vereinbaren sie ferner für die Geltendmachung von Unterhaltsansprüchen als Gerichtsstand Köln.

■ *Kosten.* Gemäß § 111 Nr. 4 GNotKG stellt die Rechtswahl nach internationalem Privatrecht stets einen besonderen Beurkundungsgegenstand dar. Die Rechtswahl im Hinblick auf den Unterhalt ist nach § 104 Abs. 3 GNotKG zu bewerten. Danach beträgt der Geschäftswert 30 % des Geschäftswertes für die Beurkundung des Rechtsgeschäftes, für das die Rechtswahl bestimmt ist.

2. Nach Anlage I Kapitel III Sachgebiet B Abschnitt II Art. 234 § 5 des Einigungsvertrages gilt für den Unterhaltsanspruch eines Ehegatten, dessen Ehe vor dem Wirksamwerden des Beitritts in der früheren DDR geschieden worden ist, das bisherige Recht. Unterhaltsvereinbarungen bleiben unberührt. Im Übrigen gilt bundesdeutsches Recht, sowohl für den Familienunterhalt und den nachehelichen Unterhalt als auch den Kindesunterhalt (allerdings mit anderen Anpassungsregeln für den Kindesunterhalt).

---

36 Beschluss des Rates und Haager Protokoll veröffentlicht im Amtsblatt der Europäischen Union vom 16.12.2009.

27 Unterhaltsregelungen enthielten §§ 17, 18 FGB für Ehegatten und §§ 19 ff. FGB für Kinder. Allgemeine Voraussetzungen für Unterhaltsansprüche waren auch hier Bedürftigkeit des Berechtigten und Leistungsfähigkeit des Verpflichteten. Das als Grundlage für Unterhaltspflichten erforderliche »Familienrechtsverhältnis« konnte bei Scheidung der Ehe durch »gerichtliche Einigung« oder Entscheidung aufrechterhalten werden. Maßgeblich ist letztlich die vom Scheidungsgericht getroffene Regelung. Gesetzliche Unterhaltsansprüche bestehen nur zugunsten minderjähriger Kinder und zugunsten getrennt lebender Ehegatten.

28 Unterhaltsvereinbarungen zwischen geschiedenen Ehegatten konnten rechtswirksam nur im Scheidungsverfahren getroffen werden, § 30 Abs. 3 FGB, und nur zwischen Personen, die bereits kraft Gesetzes berechtigt oder verpflichtet sind. Das bedeutet, dass Vereinbarungen lediglich der Konkretisierung der bestehenden Rechtsverhältnisse dienen konnten.

29 Entsprechend **§§ 238, 239 FamFG** gibt § 22 FGB die Möglichkeit, Festlegungen der Unterhaltspflicht (Urteile, Einigung, Vertrag) bei wesentlicher Veränderung der Verhältnisse anpassen zu lassen. Im Fall der Ermäßigung können bereits gezahlte Beträge nicht zurückgefordert werden (§ 22 Abs. 3 Satz 2 FGB). Ein spezieller Fall dieser Abänderung ist auch die Feststellung, dass die Unterhaltspflicht beendet ist. Der Unterhaltsanspruch erlischt
- durch Erfüllung,
- bezüglich Forderungen, die länger als 1 Jahr vor der Klageerhebung entstanden sind (§ 20 Abs. 2 FGB), diese Regelung gilt jedoch nicht für nachehelichen Unterhalt,
- allgemein verjähren gerichtlich festgestellte Unterhaltsansprüche innerhalb 4 Jahren, beginnend ab dem auf die Fälligkeit des Beitrages folgenden Monatsersten.

30 Materiell ist Unterhalt üblicherweise 2 Jahre ab Scheidung zu zahlen, § 29 Abs. 1 Satz 1 FGB, es sei denn, er wurde unbefristet zugesprochen, etwa wegen hohen Alters. Unterhaltsberechtigung ergibt sich bei Krankheit, Erziehung von Kindern oder aus anderen Gründen, soweit er »unter Berücksichtigung der Lebensverhältnisse, der Entwicklung der Ehe und der Umstände, die zur Scheidung geführt haben, gerechtfertigt erscheint«, § 29 Abs. 1 FGB. Mindestens wird ein Jahr Ehedauer vorausgesetzt. Im gewissen Umfang gilt also ein Schuldprinzip.

31 Eine allgemeine Möglichkeit, vertraglich den Unterhalt zu regeln, sah das FGB nicht vor. Da seine Fortgeltung für Altfälle angeordnet ist, ist die Befugnis zu vertraglichen Vereinbarungen zweifelhaft. Folgt man dem Grundsatz, dass Unterhaltsregelungen – soweit sie zwingend sind – den Unterhaltsberechtigten und mittelbar den Staat vor Inanspruchnahme schützen sollen, dürften Vereinbarungen trotz der Fortgeltung des ehemaligen DDR-Rechts zulässig sein, soweit sie Unterhaltsansprüche zugunsten des Unterhaltsberechtigten ausgestalten oder begründen. Ferner dürften Regelungen zulässig sein, die getroffene Unterhaltsregelungen bei wesentlicher Änderung der Verhältnisse diesen Änderungen anpassen, weil zu einer gerichtlichen Geltendmachung dann, wenn bereits eine einvernehmliche Regelung mit Vollstreckungsunterwerfung getroffen wurde, das Rechtsschutzbedürfnis fehlt. Insoweit gelten die Überlegungen zur Möglichkeit der vertraglichen Ausgestaltung gesetzlicher Unterhaltsansprüche auf Familien- und Getrenntlebensunterhalt nach BGB entsprechend. Zur Auswirkung der politischen und wirtschaftlichen Änderungen auf laufende Unterhaltsansprüche KG FamRZ 1993, 567.

III. Unterhaltsvertrag zugunsten der Kinder

32 Als *Vertreter der Kinder* kann ein Elternteil bei ehelicher Gemeinschaft einen Unterhaltsvertrag mit dem anderen im Namen des Kindes *nicht* schließen, da ein Vormund auch nach § 1629 Abs. 2 Satz 1 Halbs. 1 i.V.m. § 1795 Abs. 1 Nr. 1 BGB von der Vertretung des Kindes ausgeschlossen wäre. Anderes gilt nur für den Alleinsorgeberechtigten. Sonderregelungen enthalten ferner § 1629 Abs. 2 Satz 2 BGB und § 1629 Abs. 3 Satz 1 BGB. Ein Alleinvertretungsrecht in Sachen Kindesunterhalt besteht unabhängig von Trennung und Scheidung und unabhängig vom Sorgerecht für den Elternteil, in dessen Obhut sich das Kind befindet. Der Elternteil handelt hierbei als gesetzlicher Vertreter des Kindes.[37] Leben verheiratete Eltern hingegen i.S.d. § 1567 BGB getrennt oder ist eine Ehesache gerichtlich anhängig, ist nach § 1629 Abs. 3 Satz 1 BGB zwingend von einer Verfahrensstandschaft des »vertretenden« Elternteils auszugehen. Er handelt im eigenen Namen, und zwar sowohl im Aktiv-, im Passiv- und Abänderungsverfahren.[38] Nach überwiegender Meinung gelten diese Grundsätze auch für außergerichtliche Vereinbarungen, sodass es hierfür keines Ergänzungspflegers bedarf.[39]

Folglich bestehen drei Vereinbarungsmöglichkeiten: **33**

(1) Der die Obhut ausübende Elternteil handelt im Namen des Kindes gemäß §§ 1629 Abs. 2 Satz 2, 164 BGB – das geht nicht bei Getrenntleben oder Anhängigkeit einer Ehesache.
(2) Der die Obhut ausübende Elternteil handelt im eigenen Namen als Prozessstandschafter.
(3) Die Eltern schließen gemäß § 328 BGB einen Vertrag zugunsten der Kinder. Diese Form empfiehlt sich gegenüber (1) und (2), weil dem Kind ein eigener vollstreckbarer Anspruch eingeräumt wird, bei (1) bedarf es zumindest einer Titelumschreibung nach Rechtskraft der Scheidung und/oder Volljährigkeit.

Wenn ein Ehegatte mit dem anderen vereinbart, dass ihm selbst die Geldrente zu zahlen ist und dass er sie für die Kinder zu verwenden hat, so wird er selbst Gläubiger. Bei einem Abschluss in Form des § 328 BGB hingegen werden die Kinder, nicht der sie vertretende Elternteil, Vollstreckungsgläubiger.[40] – Die Vorschrift des § 1629 Abs. 3 Satz 2 BGB, nach der ein zwischen den Eltern geschlossener Vergleich auch für und gegen die Kinder wirkt, bezieht sich nur auf einen vor Gericht abgeschlossenen Vergleich, nicht jedoch auf einen vor einem Notar abgeschlossenen Unterhaltsvertrag.[41] Den Kindern ist jedoch eine vollstreckbare Ausfertigung zu erteilen, wenn der eine Elternteil, in dessen Obhut sich die Kinder befinden, die Vereinbarung im Namen der Kinder geschlossen hat.[42]

Der Höhe nach wird gemäß § 1610 BGB ein der Lebensstellung des Bedürftigen angemessener Unterhalt geschuldet. Pauschalierte Bedarfssätze hierzu enthält die Düsseldorfer Tabelle (Stand 01.01.2018)[43] ergänzt um Leitlinien des jeweils zuständigen Oberlandesgerichts. Die Anpassung erfolgt nunmehr gemäß § 1612a BGB i.V.m. dem doppelten Freibetrag für das sächliche Existenzminimum eines Kindes, das an die Stelle der RegelbetragVO als Anpassungsgrundlage mit Wirkung zum 01.01.2008 getreten ist, und sich aus § 32 Abs. 6 Satz 1 EStG ergibt und beträgt zurzeit 4.368 € im Jahr, mithin 364 € pro Monat. Das Existenzminimum wird auf der Basis eines alle 2 Jahre zu erstellenden Existenzminimumsberichts der Bundesregierung ermittelt und gegebenenfalls durch Änderung des Einkommensteuerrechts angepasst.[44] **34**

Nach § 36 Nr. 3 Buchst. a)–d) EGZPO kann ein im vereinfachten Verfahren erstellter Schuldtitel auf Antrag an die neuen rechtlichen Verhältnisse angepasst werden. Andererseits bestimmt § 36 Nr. 3 EGZPO, dass nach § 1612a BGB a.F. errichtete dynamische Schuldtitel – also auch solche in notariellen Urkunden – und nicht für vollstreckbar erklärte Unter- **35**

---

37 Vgl. LG München I FamRZ 1999, 875.
38 Vgl. OLG Naumburg FamRZ 2003, 1115; 2007, 1334; Palandt/*Götz*, § 1629 BGB Rn. 33 f.
39 Staudinger/*Peschel-Gutzeit*, § 1629 BGB Rn. 341.
40 KG MDR 1971, 489.
41 OLG Hamburg FamRZ 1981, 490; *Langenfeld*, NJW 1981, 2377, 2378.
42 OLG Hamburg FamRZ 1981, 490.
43 Abrufbar unter http://www.olg-duesseldorf.nrw.de/infos/Duesseldorfer_Tabelle/Tabelle-2018/Duesseldorfer-Tabelle-2018.pdf.
44 Vgl. im Einzelnen zu den Neuerungen des Kindesunterhaltsrechts *Scholz*, FamRZ 2007, 2021 ff.

haltsvereinbarungen ohne weiteren gerichtlichen Erkenntnisakt an die neue Rechtslage angepasst werden, in dem an die Stelle des Regelbetrags der gesetzlich definierte Mindestunterhalt und an die Stelle der bisherigen Prozentsätze der neue Prozentsatz tritt.[45]

36 Auch nach dem neuen Recht kann die notarielle Urkunde selbst als Vollstreckungstitel i.S.d. § 794 Abs. 1 Nr. 5 ZPO so abgefasst werden, dass ein Prozentsatz vom Mindestunterhalt, also grundsätzlich dem doppelten sächlichen Freibetrag nach § 32 Abs. 4 Satz 1 EStG für vollstreckbar erklärt wird. Die vollstreckungsrechtliche Bestimmtheit ist gewahrt, wenn mithilfe offenkundiger, insbesondere aus dem Bundesgesetzblatt ersichtlicher Umstände eine Ermittlung möglich ist[46] und wird durch § 36 EGZPO als zulässig unterstellt. Auch die Behandlung des Kindergeldes in der jeweils gesetzlich festgelegten Höhe wird in § 36 Nr. 3 EGZPO mit behandelt, sodass in Altvereinbarungen das anzurechnende Kindergeld nicht mehr konkret zum Abzug gebracht werden muss bzw. nachträglich in Abzug gebracht werden müsste. Aber auch nach der Neufassung der §§ 1612b und c BGB, aufgrund deren die Anrechnungsverpflichtung im Verhältnis zum barunterhaltspflichtigen Elternteil entfallen ist und eine Verwendungspflicht des Kindergeldes zugunsten des Kindes und damit quasi Einkommen des Kindes normiert wurde[47] ist im Rahmen der Abfassung von notariellen Urkunden nach dem 01.01.2008 darauf zu achten, dass der Kindergeldbetrag konkret als fester Betrag in Abzug gebracht wird, wenn der barunterhaltspflichtige Elternteil selbst kein Kindergeld bezieht. In jedem Fall sollte die Verwendung des Kindergeldes in der Urkunde geregelt werden, damit die Ermittlungsgrundlagen der Unterhaltshöhe zwischen den Beteiligten klar gestellt wird.[48] Sollte danach eine Anrechnung von Kindergeld in der Urkunde geregelt werden müssen, ist darauf zu achten, dass das Kindergeld nicht von dem Betrag in Abzug gebracht wird, von dem der Prozentsatz gebildet wird, da sich der Kindergeldbetrag nicht so entwickeln wird wie das durchschnittliche Nettoeinkommen und damit auch nicht der Dynamisierung in diesem Umfang unterliegen soll.[49]

Insgesamt bestehen bei minderjährigen Kindern folgende Vereinbarungsmöglichkeiten:
(1) bezifferter statischer Unterhalt,
(2) Unterhalt als Prozentsatz vom Mindestunterhalt,
(3) Unterhalt als Prozentsatz des Mindestunterhalts der jeweiligen Altersstufe gegebenenfalls abzüglich kindbezogener Leistungen.

37 Im Fall (3) besteht somit ein dynamisierter Vollstreckungstitel. Die Beschränkung der Dynamisierung auf das 1,2-fache des jeweiligen Regelbetrages (§§ 249 ff. FamFG) gilt für notarielle Urkunden nicht. Die Dynamisierung §§ 1612a BGB, 32 Abs. 6 Satz 1 EStG, sollte deshalb einer notariellen Regelung möglichst zugrunde gelegt werden. Sie kann auch auf volljährige Kinder erstreckt werden, selbst ein Ehegattenunterhalt kann entsprechend dynamisiert werden. Das Verzichtsverbot gemäß § 1614 BGB ist bei Kindesunterhalt stets zu beachten.

38 Der gemäß § 32 Abs. 6 EStG zu gewährende Kinderfreibetrag wird nur anstelle von Kindergeld gewährt. Da im Regelfall die Kindergeldgewährung günstiger ist sowie kein Freibetrag vorab gewährt wird, spielt die Frage der Übertragung des Kinderfreibetrages nebst Haushaltsfreibetrag gemäß § 32 Abs. 6 Satz 1 EStG für die Gestaltung von Vereinbarungen keine Rolle mehr.

39 Trotz der Tatsache, dass nicht zulasten des Kindes von gesetzlichen Unterhaltsansprüchen abgewichen werden kann, ist eine Vereinbarung möglich, die zwischen den Eltern eine abweichende Unterhaltsverteilung vorsieht, insbesondere im Zusammenhang mit sonstigen Scheidungsfolgenvereinbarungen, etwa im Hinblick auf einen höheren Zugewinnausgleich. Der Unterhaltspflichtige hat für den Fall seiner Inanspruchnahme über die

---
45 *Borth*, FamRZ 2008, 110, 113.
46 BGH NJW 1995, 1162.
47 Vgl. *Scholz*, FamRZ 2007, 2026, 2027.
48 Palandt/*Brudermüller*, § 1612a Rn. 29; vgl. allgemein zur Tenorierung nach neuem Recht: *Vossenkämper*, FamRZ 2008, 207 ff.
49 Palandt/*Brudermüller*, § 1612a Rn. 29.

vertraglich vereinbarte Leistung hinaus sodann einen Anspruch auf Freihaltung von Inanspruchnahme bzw. Erstattung seiner Aufwendungen gegen den Vertragspartner,[50] soweit nicht Art. 6 GG, § 242 BGB entgegenstehen.[51]

Vereinbarung eines statischen Kindesunterhalts zwischen Eltern in Prozessstandschaft

Verhandelt zu ..... am ..... **40 M**

Vor dem Notar ..... erschienen: .....
Die Beteiligten erklärten:
Zwischen uns ist zum Aktenzeichen: ..... des Amtsgerichts ..... – Familiengericht – ein Ehescheidungsverfahren anhängig. Wir leben seit über einem Jahr voneinander getrennt. Aus unserer Ehe sind 2 minderjährige Kinder hervorgegangen, nämlich
1. Annegret, geboren am ....., (3 Jahre alt)
2. Jochen, geboren am ....., (1 Jahr alt)
Die Kinder befinden sich in der Obhut der Beteiligten zu 2. Diese gibt die nachstehenden Erklärungen im Namen der Kinder ab. Von einer entsprechenden Sorgerechtsregelung bei Scheidung gehen wir aus. Nachstehende Vereinbarung steht unter der Bedingung, dass diese Regelung der Obhut und elterlichen Sorge beibehalten wird.
Dies vorausgeschickt, schließen die Beteiligten folgenden

Unterhaltsvertrag

Der Beteiligte zu 1. verpflichtet sich, für jedes der zwei vorgenannten Kinder eine monatlich im Voraus zu entrichtende Unterhaltsrente von je 250 € (zweihundertfünfzig Euro) monatlich zu Händen der Beteiligten zu 2. zu zahlen. Die Unterhaltszahlungen beginnen am ersten des kommenden Monats. Die Beteiligte zu 2. erhält das Kindergeld für beide Kinder ausgezahlt. Hieran soll sich auch nichts ändern. Zwischen den Beteiligten besteht Einigkeit, dass dieser Umstand bei der Bemessung des Kindesunterhalts berücksichtigt wurde.
Der Beteiligte zu 1. unterwirft sich wegen der vorgenannten Unterhaltsverpflichtungen in Höhe von je 250 € monatlich für jedes der Kinder der sofortigen Zwangsvollstreckung aus dieser Urkunde. Der Berechtigten soll eine vollstreckbare Ausfertigung dieser Verhandlung erteilt werden. Diese Unterwerfung erfolgt bedingungslos.
Die Unterhaltsrenten sind nach dem jetzigen Einkommen des Beteiligten zu 1., das nach Abzug der gesetzlichen Abzüge netto ..... € (..... Euro) beträgt, vereinbart worden. Der Beteiligte verpflichtet sich, sein Brutto- und Nettoeinkommen der Beteiligten zu 2. für den 1. April jeden Jahres nachzuweisen.
Soweit das Nettoeinkommen des Beteiligten zu 1. gegenüber dem jetzigen Stande am 1. April eines Jahres höher oder niedriger ist, steigt oder fällt die Unterhaltszahlungsverpflichtung im gleichen Verhältnis mit Wirkung bis zum 31. März des nächsten Jahres.
Der Beteiligte zu 1. verzichtet für den Fall seiner Wiederverheiratung auf die Rechte aus §§ 238 f. FamFG. Die Beteiligte zu 2. nimmt den Verzicht und die Erklärungen des Beteiligten zu 1. an. Es wird jedoch stets mindestens der gesetzliche Kindesunterhalt geschuldet.

....., Notar

---

50 BGH FamRZ 1986, 254, 444; FamRZ 1979, 787, 789.
51 BVerfG FamRZ 2001, 343.

- **Kosten.** Siehe Rdn. 13 M, wobei der Kindesunterhalt wiederkehrende Leistungen von unbestimmter Dauer im Sinne von § 52 Abs. 3 Satz 2 GNotKG darstellt, so dass der Geschäftswert der auf die ersten zehn Jahre entfallende Wert ist, soweit nicht aus § 52 Abs. 4 GNotKG etwas anderes folgt.

Anrechnung des Kindergeldes

41 Für den Fall, dass Kindergeld angerechnet werden soll und die Unterhaltsvereinbarung dynamisch ausgestaltet wird, muss dies in der Urkunde klar und bestimmt formuliert werden, damit die Urkunde einen vollstreckungsfähigen Inhalt hat. Daher muss der Abzug des Kindergeldes erwähnt werden. Es ist jedoch nicht mehr nötig, den konkreten in Abzug zu bringenden Kindergeldbetrag zu nennen.[52] Es ist vielmehr ausreichend anzugeben den Prozentsatz des Kindergeldes in der jeweils gesetzlich festgelegten Höhe und um das wievielte Kind es sich handelt.[53]

Vereinbarung zum Kindesunterhalt

42 M Der Ehemann verpflichtet sich, an das erste Kind Annegret ab März 2018 monatlich im Voraus einen monatlichen Unterhalt in Höhe von 250,– € zu zahlen, ab Juli 2018 stattdessen 117 % des Mindestunterhalts der jeweiligen Altersstufe gemäß § 1612a BGB, abzüglich 50 % des jeweils bei Fälligkeit geltenden gesetzlich festgelegten Kindergeldbetrags für ein erstes Kind.
.....

- **Kosten.** Siehe Rdn. 40 M.

Unterhaltsvertrag zugunsten der Kinder als Dritter

43 M Verhandelt zu ..... am .....
Vor dem Notar ..... erschienen: .....
Die Beteiligten erklärten:
Zwischen uns ist zum Aktenzeichen: ..... des Amtsgerichts ..... – Familiengericht – ein Ehescheidungsverfahren anhängig. Wir leben seit über einem Jahr voneinander getrennt. Aus unserer Ehe sind 3 minderjährige Kinder hervorgegangen, nämlich
1. Annegret, geboren am .....,
2. Jochen, geboren am .....,
3. Jürgen, geboren am .....
Die Kinder befinden sich in der Obhut der Beteiligten zu 2.
Dies vorausgeschickt, schlossen die Beteiligten folgenden

Unterhaltsvertrag

Der Beteiligte zu 1. verpflichtet sich, für jedes der drei vorgenannten Kinder eine monatlich im Voraus zu entrichtende Unterhaltsrente von je 250 € (zweihundertfünfzig EURO) monatlich ab Ersten des kommenden Monats zu Händen der Beteiligten zu 2. zu zahlen. Diese erklärt sich damit einverstanden.

---

52 A.A. früher OLG Frankfurt am Main FamRZ 1981, 70.
53 OLG Koblenz FamRZ 2002, 1215, Palandt/*Brudermüller*, § 1612a BGB Rn. 30 f.

Die Kinder sollen durch dieses Abkommen unmittelbar begünstigt und berechtigt werden und diesen Anspruch gegen den Beteiligten zu 1. direkt geltend machen können. Der Beteiligte zu 1. unterwirft sich gegenüber den Kindern wegen der vorstehenden Verpflichtungen der sofortigen Zwangsvollstreckung aus dieser Urkunde. Den Kindern soll jederzeit eine vollstreckbare Ausfertigung dieser Verhandlung erteilt werden. Sollte der Beteiligte zu 1. künftig auf höheren Unterhalt in Anspruch genommen werden, verpflichtet sich die Beteiligte zu 2., ihn insoweit von einer Inanspruchnahme freizustellen.

……, Notar

■ *Kosten.* Siehe Rdn. 40 M.

Dynamisierte Vereinbarung von Ehegatten- und Kinderunterhalt

Verhandelt zu ….. am ….. **44 M**

Vor dem Notar ….. erschienen: …..
Die Beteiligten erklärten:
1. Ehegattenunterhalt
Der Ehemann verpflichtet sich, ab Rechtskraft der Scheidung monatlich zum 1. eines jeden Monats im Voraus, erstmals zum 1. des auf die Rechtskraft der Scheidung folgenden Monats, seiner Ehefrau einen monatlichen Unterhaltsbetrag von 1.200,- € zu zahlen.
Der Unterhaltsanspruch erhöht sich im gleichen Verhältnis, wie sich der nachfolgend festgelegte Kindesunterhalt durch Änderung des Mindestunterhalts gemäß § 1612a BGB ändert, erstmals zum 01.07.2019.
Vorstehende Unterhaltsvereinbarung tritt an die Stelle der gesetzlichen Unterhaltspflicht. Die Beteiligten vereinbaren darüber hinaus, dass jegliche Abänderung bestehender Unterhaltsvereinbarung auf die Dauer von 5 Jahren ab heute ausgeschlossen ist, auch bei einer Änderung der Leistungsfähigkeit des Verpflichteten oder der Bedürfnislage der Berechtigten.
2. Kindesunterhalt
Der Ehemann verpflichtet sich, an sein Kind Annegret zu Händen seiner Ehefrau monatlich im Voraus zum 1. eines Monats, erstmals zum 01.07.2018 einen monatlichen Unterhalt von 250,- € zu zahlen. Dieser Betrag entspricht ….. % des Mindestunterhalts des § 1612a BGB.
An die Stelle des vorstehenden Unterhalts tritt
– ab 01.01.2019 bis zum 30.06.2020 ein Betrag in Höhe von 135 % des nach § 1612a BGB zu ermittelnden Mindestunterhalts der jeweiligen Altersstufe,
– vom 01.07.2020 bis 30.06.2021 ein Betrag in Höhe von 150 % des nach § 1612a BGB, zu ermittelnden Mindestunterhalts der jeweiligen Altersstufe.
Das allein von der Ehefrau für Annegret bezogene Kindergeld wird in Höhe von 50 % des jeweils bei Fälligkeit geltenden gesetzlich festgelegten Kindergeldbetrags für das erste Kind auf den nach den vorstehenden Vereinbarungen zu bestimmenden Zahlbetrag angerechnet.
Der Ehemann erkennt an, jedenfalls mindestens den gesetzlichen Mindestunterhalt gemäß § 1612a ff. BGB
für jedes der drei Kinder zu schulden.
Aus vorstehender Vereinbarung soll jedem Kind ein unmittelbarer Anspruch erwachsen.
3. Zwangsvollstreckungsunterwerfung

Wegen vorstehender Zahlungsverpflichtungen unterwirft sich der Ehemann sowohl der Ehefrau (wegen der Verpflichtungen zu Ziffer 1. dieser Urkunde) als auch der Tochter Annegret gegenüber der sofortigen Zwangsvollstreckung aus dieser Urkunde in sein gesamtes Vermögen. Dem jeweiligen Berechtigten kann für bereits fällige Unterhaltsansprüche jederzeit vollstreckbare Ausfertigung dieser Urkunde erteilt werden.

■ *Kosten.* Siehe Rdn. 13 M zum Ehegattenunterhalt und Rdn. 40 M zum Kindesunterhalt. Die jeweiligen Geschäftswerte sind nach § 35 Abs. 1 GNotKG zu addieren.

Änderung bestehender Unterhaltstitel/-vereinbarungen

45 Die Anpassung bestehender Unterhaltstitel oder -vereinbarungen an das neue Recht, hat grundsätzlich zwei – eine materiellrechtliche und eine prozessuale – Voraussetzungen, und zwar muss eine wesentliche Veränderung der Unterhaltsverpflichtung im Sinne von § 238 bzw. § 239 FamFG vor Inkrafttreten des Unterhaltsrechtsänderungsgesetzes (UÄndG) entstanden sein, die durch das Gesetz erheblich geworden ist, und die Änderung muss dem Vertragspartner unter Berücksichtigung seines Vertrauens in den Rechtsbestand des Titels oder der Vereinbarung zumutbar sein. Obwohl das Gesetz von tatsächlichen Änderungen ausgeht, ist anerkannt, dass auch Gesetzesänderungen, wie vorliegend durch das UÄndG, eine Änderung der Verhältnisse darstellen und damit zur Anpassung führen können.[54] Das bedeutet, dass Tatsachen, die nach altem Recht zu einem bestimmten Unterhaltsanspruch führten, nach neuem Recht zu einem anderen Ergebnis führen können, insbesondere, durch die Erwerbsobliegenheit des Kinder betreuenden Elternteils ab dem dritten Lebensjahr, die gesetzliche Neubewertung der »kurzen Ehe«, die Neuregelung der Unterhaltsbegrenzung nach § 1578b BGB, die Änderung der Rangfolge von Kindes- und Ehegattenunterhalt in § 1609 BGB. Die geforderte Annahme einer wesentlichen Änderung ist gegeben, wenn die Bewertung zu einer Unterhaltsänderung von 10 % oder mehr führt, wobei dieser Wert im Einzelfall auch unterschritten werden kann.[55] Bei in Rechtskraft erwachsenen Unterhaltstiteln bleiben allerdings solche Umstände unberücksichtigt, die bereits bei der Ursprungsentscheidung nicht oder falsch berücksichtigt wurden (z.B. fehlerhafte Feststellung der Einkommensverhältnisse, falsche Einordnung ins Rangverhältnis usw.) und damit zu einem rechtlich falschen aber rechtskräftigen Titel führten. Insoweit greifen die Präklusionsvorschriften der §§ 238 Abs. 2 FamFG und 767 Abs. 2 ZPO nach wie vor ein, obwohl § 36 Abs. 2 EGZPO deren Anwendung grundsätzlich ausschließt. Bei Prozessvergleichen, notariellen Unterhaltstiteln und sonstigen Vereinbarungen greifen die §§ 238 Abs. 2 FamFG, 767 Abs. 2 ZPO nicht ein, sodass sich die Anpassung derselben ausschließlich nach materiellem Recht richten.[56] In den in § 36 Abs. 3 EGZPO geregelten Fällen wird kraft Gesetzes eine Anpassung – quasi automatisch in Anlehnung an die Vorschriften über den Wegfall der Geschäftsgrundlage – vorgenommen. Daneben hat auch bereits das BVerfG in seinen Entscheidungen zum 1. EheRG entschieden, dass dem Vertrauensschutz des Unterhaltsberechtigten auf bestehende Vereinbarungen und Titel besonderes Gewicht beizumessen ist.[57] Da § 36 Abs. 1 EGZPO indes eine echte Rückwirkung des UÄndG vorsieht, muss das Gesetz verfassungskonform ausgelegt werden, um kritischer verfassungsrechtlicher Prüfung standzuhalten. Unter Vertrauensschutzgesichtspunkten ist daher insbesondere zu berücksichtigen, wie lange eine Unterhaltsregelung bereits praktiziert wurde, und welche Gründe in der Person des Unterhaltsberechtigten dazu geführt haben, dass er bereits über lange Zeiträume Unter-

---
54 *Borth*, FamRZ 2008, 105, 106.
55 BGH FamRZ 2005, 608.
56 BGHZ 148, 368, 374.
57 BVerfG FamRZ 1981, 745.

halt bezogen hat (Alter, Krankheit, Betreuung der gemeinsamen Kinder, fehlende Erwerbsaussichten wegen mangelnder Ausbildung usw.). Im Rahmen der Änderung der Rangfolge wird man den Vorrang Minderjähriger Kinder gegenüber dem geschiedenen Ehegatten als vorrangig einstufen müssen, sodass insoweit kein Vertrauensschutz existiert; im Verhältnis zum neuen Kinder betreuenden Ehegatten können möglicherweise differenziertere Lösungen angemessen sein, die lediglich anteilige Anpassungen vorsehen.[58] Zeitliche Unterhaltsbegrenzungen, die das Gesetz bereits vor dem 01.01.2008 vorsah, und die durch das UÄndG ausgeweitet wurden, können dagegen umgesetzt werden, da hier bereits nach früherem Recht kein ausgeprägter Vertrauensschutz gegeben war. Das Gleiche gilt für bedarfsprägende Tatsachen, die nach dem Urteil oder der Vereinbarung eintraten.[59] Letztlich müssen sämtliche Aspekte des einzelnen Falls gegeneinander abgewogen werden, sodass sich typisierende Ergebnisse verbieten. Für die notarielle Praxis bedeutet dies m.E., dass sich der Notar als neutrale Amtsperson bei der Suche nach dem zumutbaren Ergebnis stark zurückhalten muss, um seiner Rolle gerecht zu werden. Er wird letztlich das von den Beteiligten einvernehmlich – gegebenenfalls nach Einschaltung von Anwälten – festgelegte Ergebnis, das vom Notar nach dem Gesetz als haltbar und zumutbar eingestuft werden kann, beurkunden.

IV. Vereinbarungen über den Versorgungsausgleich im Zusammenhang mit der Scheidung

1. Grundsatz

46 Zur gesetzlichen Neuregelung des zwischen den geschiedenen Eheleuten statt findenden Versorgungsausgleiches s. § 84 Rdn. 31 ff.

47 Ob zwischen Ehegatten in Fällen mit Auslandsberührung ein Versorgungsausgleich stattfindet, bestimmt sich nach dem Scheidungs(folgen)statut.[60] Dies regelt ausdrücklich Art. 17 Abs. 3 EGBGB. Der Versorgungsausgleich unterliegt danach dem nach der Verordnung (EU) Nr. 1259/2010 auf die Scheidung anzuwendenden Recht. Das danach anwendbare Recht muss ferner einen Versorgungsausgleich kennen oder es müssen inländische Versorgungsanwartschaften bestehen (im letzten Fall Billigkeitsprüfung).

48 Der *Güterstand*, in dem die Ehegatten leben, ist für den Versorgungsausgleich ohne Bedeutung. Der Versorgungsausgleich ist also auch dann durchzuführen, wenn die Ehegatten z.B. in Gütertrennung leben. Die Vorschriften über den Versorgungsausgleich gehen den Vorschriften über eine güterrechtliche Auseinandersetzung vor, d.h. der Versorgungsausgleich verdrängt das eheliche Güterrecht (§ 2 Abs. 5 VersAusglG). Die Auseinandersetzung hinsichtlich der dem Versorgungsausgleich unterliegenden Anrechte (§ 2 Abs. 1 VersAusglG) findet im Fall der Scheidung nicht nach den §§ 1471 bis 1481 BGB statt, sondern nach den Vorschriften über den Versorgungsausgleich.

2. Rentenauskünfte

49 Zur Klärung, ob Regelungsbedarf hinsichtlich des Versorgungsausgleichs besteht, kann es nach wie vor angebracht sein, eine Erhebung und Bewertung der auszugleichenden Versorgung, vorzunehmen. Der Notar ist dieser Aufgabe zwar weitgehend enthoben, da es ihm – ebenso wie bei der Beratung über steuerliche Gesichtspunkte zum Urkundsgeschäft – freisteht, die Beteiligten an Personen zu verweisen, die auf diesem Fachgebiet besonders

---

58 *Borth*, FamRZ 2008, 109.
59 *Borth*, FamRZ 2008, 109.
60 BGH FamRZ 1980, 29; 1980, 338; 1982, 152.

erfahren sind, wie etwa die Rentenberater.[61] Die Beteiligten können aber auch den Notar beauftragen, Auskünfte über die Höhe ihrer Versorgungsanwartschaften bei den Trägern der gesetzlichen Rentenversicherung einzuholen. Nach § 109 Abs. 3 SGB VI ist Versicherten auf Antrag Auskunft über die Höhe der entsprechend SGB VI für die bisherige Ehezeit zu berechnenden Anwartschaft auf Altersruhegeld zu erteilen. Der Antrag kann auch durch den im Ehescheidungsverfahren bevollmächtigten Rechtsanwalt oder durch den Notar gestellt werden, den die Versicherten ersucht haben, eine Vereinbarung über den Versorgungsausgleich entsprechend § 6 VersAusglG zu beurkunden. Dem Antrag ist eine Vollmacht zur Einholung der Auskunft beizufügen. Der Notar sollte jedoch wenigstens mit den Grundsätzen zur Berechnung des Ausgleichs vertraut sein, um seiner Prüfungs- und Belehrungspflicht nach § 17 BeurkG genügen zu können. – Zum schuldrechtlichen Versorgungsausgleich s. §§ 20 bis 22 VersAusglG. – Wegen Einzelheiten und zur Berechnung der Ausgleichsforderung wird auf die einschlägigen Kommentare verwiesen.

3. Regelungsmöglichkeit

50 Die Ehegatten können im Zusammenhang mit der Scheidung eine Vereinbarung über den Ausgleich von Anwartschaften oder Anrechten auf eine Versorgung wegen Alters oder Berufs- oder Erwerbsunfähigkeit schließen. Zulässig ist danach grundsätzlich jegliche Form der Reduzierung des Ausgleichs oder vollständige Ausgleich desselben. Auch das Verbot des sog. Supersplittings ist mit Streichung des § 1587o Abs. 1 BGB entfallen.[62] Ein Verfügungsrecht über öffentlich-rechtliche Versorgungsanwartschaften soll den Ehegatten jedoch weiterhin aus sozialpolitischen Gründen nicht zustehen, sodass keine Vereinbarungen über die Grenzen des Halbteilungsgrundsatzes hinaus möglich sind.[63] Die Begründung oder Übertragung von Anrechten ist nur möglich, wenn dies in dem jeweiligen Versorgungssystem rechtlich zulässig ist und mit Zustimmung der betroffenen Versorgungsträger (§ 8 Abs. 2 VersAusglG).

51 Die Vorschrift des § 6 VersAusglG ermöglicht den Ehegatten, im Bereich der Privatautonomie Vereinbarungen über den Versorgungsausgleich zu treffen. Es soll aber gewährleistet sein, dass der unversorgte Ehegatte im Fall der Erwerbsunfähigkeit oder im Alter eine entsprechende Versorgung erhält. Daher unterliegt eine solche Vereinbarung einer familiengerichtlichen Inhalts- und Ausübungskontrolle (§ 8 Abs. 1 VersAusglG).[64] Regelungen, die unter Einbeziehung der Unterhaltsregelung und der Vermögensauseinandersetzung offensichtlich nicht zur Sicherung des Berechtigten für den Fall der Erwerbsunfähigkeit und des Alters geeignet sind oder zu keinem nach Art und Höhe angemessenen Ausgleich unter den Ehegatten führen, werden daher auch künftig keinen Bestand haben. Der durch die Rechtsprechung des BVerfG und des BGH[65] eröffnete Gestaltungsraum für Vereinbarungen ist durch die Reform des Versorgungsausgleichs zumindest nicht kleiner geworden. Entscheidend dürfte weiterhin vor allem der Grad der Absicherung eines auf Altersversorgung verzichtenden Ehegatten in anderer Weise sein. Der BGH[66] hat sogar anerkannt, dass ein »entschädigungsloser« Verzicht möglich sei, wenn eine Absicherung durch Dritte (hier Lebensversicherung eines künftigen Ehegatten) vorliege.

---

61 BT-Drucks. 7/4361, S. 49; zur Belehrungspflicht näher BVerfG DNotZ 1982, 564 und oben § 6.
62 S. BGH FamRZ 1988, 153; 2001, 3333; Palandt/*Brudermüller*, § 1408 BGB Rn. 23; *Zimmermann/Becker*, FamRZ 1983, 1, 2.
63 *Hahne*, FamRZ 2009, 2041; *Münsch*, notar 2010, 5.
64 Vgl. hierzu MüKoBGB/*Eichenhofer*, § 8 VersAusglG Rn. 6 ff.; sowie etwa OLG Hamm RNotZ 2016, 248.
65 BGH DNotZ 1982, 564 und 1982, 569 m. Anm. *Zimmermann*; insb. zur Beamtenversorgung *Borth*, FamRZ 2012, 1681.
66 BGH DNotZ 1982, 564.

Zu denken ist ferner stets an die Möglichkeit, die eröffnete gerichtliche Abänderbarkeit der Vereinbarung bei Änderung der Verhältnisse gemäß § 227 Abs. 2 FamFG auszuschließen oder zumindest die Berechnungsgrundlagen für die Zukunft unabänderlich zu vereinbaren. 52

Insgesamt sind folgende Vereinbarungsgestaltungen denkbar: 53

a) Verzicht ohne Gegenleistung oder »entschädigungsloser« Verzicht

Dieser ist denkbar im Bereich der Geringfügigkeit, soweit es auf Wartezeiterfüllung nicht ankommt, ferner bei anderweitiger Absicherung durch eine Drittversorgung[67] oder durch eigenes, nichtausgleichspflichtiges Vermögen aus Grundbesitz und Kapital, wenn der Ausgleichspflichtige seine Altersversorgung selbst benötigt.[68] Allgemein ist ein Verzicht durch Vereinbarung zulässig, wenn der Versorgungsausgleich nach der Härteklausel der §§ 18, 27 VersAusglG auch von Gesetzes wegen unbillig wäre,[69] wobei der subjektiven Bewertung der Beteiligten weitgehend zu folgen ist,[70] ferner bei extrem kurzer Ehe ohne gemeinsame Versorgungsplanung,[71] bei Fehlen einer ausbaufähigen gesetzlichen Rentenanwartschaft und anderweitiger Absicherung sowie bei geringfügigen Wertunterschieden in der Versorgung.[72] Zugelassen werden sollte ein entschädigungsloser Ausschluss auch bei Ehen, bei denen jeder der Partner eine eigenständige Versorgungsplanung mit vollwertiger Absicherung vorweist.[73] Ein bloßes gütliches Einvernehmen reicht als Verzichtsgrund nicht.[74] Für den entschädigungslosen Ausschluss des *schuldrechtlichen* Versorgungsausgleichs, der als abgeleitete unterhaltsähnliche Rentenleistung nicht in gleicher Weise sicher ist wie der gesetzliche Wertausgleich, können großzügigere Maßstäbe angelegt werden, wenn nicht zugleich ein Unterhaltsverzicht vereinbart wird. Schließlich hat der Gesetzgeber in § 8 Abs. 1 VersAusglG klargestellt, dass eine Inhalts- und Ausübungskontrolle, wie sie im Rahmen von Scheidungsfolgenvereinbarungen üblich ist, erfolgt, über die auch nachträglich durch richterliche Kontrolle eine Anpassung vorgenommen werden kann.[75] 54

b) Verzicht gegen Gegenleistung

Gegenleistungen können alle vermögenswerten Posten einer Gesamtauseinandersetzung sein. Die Gegenleistung muss sicherungsgeeignet sein. Sicherungsgeeignet ist insbesondere die Vereinbarung einer anderen Ausgleichsform als des gesetzlichen Wertausgleichs. Bei Ersatzleistungen ist besonderes Augenmerk auf die Absicherung der Leistungen (etwa durch Reallast) zu richten. Einmalbeitragslösungen sind vorzuziehen. Alternativ bietet sich auch die Absicherung durch Lebensversicherungen, die vom Wirkungsgrad her eine viel höhere Versorgung als in der gesetzlichen Rentenversicherung verschaffen, an. Der Versicherungsvertrag sollte auf die Person des Berechtigten abgeschlossen sein, für den Erlebensfall die Altersgrenze 65 bzw. 67 nicht überschreiten und Gewinnanteile zur Erhöhung der Versicherungsleistungen verwenden. Denkbar ist auch eine Absicherung durch Übertragung eines unwiderruflichen Bezugsrechts, wenn der Bezugsfall auf jeden Fall für die Versorgung des Berechtigten früh genug eintritt. Denkbar ist auch, dass eine solche Absicherung durch Lebensversicherung nur eine Altersversorgung und keine Invaliditätsversorgung gewährt, 55

---

67 BGH DNotZ 1982, 549.
68 BGH NJW 1981, 394; OLG Düsseldorf FamRZ 1985, 77; OLG München FamRZ 1985, 79.
69 BGH FamRZ 1982, 471; 1987, 467, KG FamRZ 1997, 28; OLG Zweibrücken FamRZ 1983, 1041.
70 KG FamRZ 2000, 1157.
71 BGH FamRZ 1981, 30.
72 *Ruland*, AnwBl. 1982, 93.
73 Vgl. OLG Koblenz FamRZ 1983, 406, 508.
74 OLG Zweibrücken FamRZ 1998, 1377.
75 Palandt/*Brudermüller*, § 8 VersAusglG, Rn. 1.

wenn die Versorgungsplanung dies nicht erforderlich macht.[76] Schließlich darf die Gegenleistung nicht offensichtlich unangemessen sein. Insoweit wird bei Zweifelsfällen mit gewissen Abschlägen zu rechnen sein, etwa bei Vereinbarung des schuldrechtlichen Ausgleichs statt des gesetzlichen Wertausgleichs, weil dieser weniger sicher ist (Erlöschen bei Tod des Ausgleichspflichtigen). Teilweise wird hier ein Risikoabschlag von etwa 30 % gemacht.

c) Modifizierungen des gesetzlichen Ausgleichs

56 Modifizierende Vereinbarungen sind grundsätzlich möglich (§ 6 Abs. 1 VersAusglG). Denkbar ist die Nichtberücksichtigung einzelner Versorgungen aus dem Ausgleich, etwa bei ausländischen Pensionsanwartschaften oder nach Auffassung der Beteiligten zu ungewissen Rechten. Bei Vereinbarungen über ausländische Anwartschaften entscheidet das Scheidungsstatut auch über die Form der Vereinbarung. Denkbar ist ferner eine Änderung im Berechnungsverfahren, etwa die Vereinbarung einer anderen Ausgleichsquote. Es muss sichergestellt sein, dass die Änderung der Berechnung nicht dazu führt, dass der Ausgleichspflichtige dadurch mehr Anwartschaften in der gesetzlichen Rentenversicherung oder Beamtenversorgung abzugeben hat, als dies nach dem Gesetz der Fall wäre. Sonst ist die Vereinbarung wegen Verstoßes gegen § 134 BGB nichtig.

57 Die Vereinbarung muss *notariell beurkundet* werden (§ 7 Abs. 1 VersAusglG).

58 Ausschluss des Versorgungsausgleichs bei geringem Wertunterschied der Anwartschaft

59 Eine Verbindung mit der Auseinandersetzung über den Ausgleich des Zugewinns, s.o. § 84 Muster Rdn. 42 M sowie eine Einbeziehung der Unterhaltsregelung ist wegen der familiengerichtlichen Inhalts- und Ausübungskontrolle (§ 8 Abs. 1 VersAusglG) zweckmäßig, s.u. Muster Rdn. 80 M.

60 M   **Verhandelt zu ..... am .....**
Vor dem Notar ..... erschienen: .....
Die Beteiligten erklärten zunächst:
Zwischen uns ist zum Aktenzeichen: ..... des Amtsgerichts ..... – Familiengericht – ein Ehescheidungsverfahren anhängig.
Ich, der Beteiligte zu 1., bin Arzt von Beruf. Ich habe in der Ehezeit in dem Versorgungswerk der Ärztekammer in ..... und auf Grund einer Lebensversicherung bei der ..... Versicherungs-Aktiengesellschaft Anwartschaften in Höhe von 500 € (fünfhundert Euro) monatlich erworben.
Ich, die Beteiligte zu 2., bin medizinisch-technische Assistentin von Beruf. Der Wert meiner Rentenanwartschaft bei der Bundesversicherungsanstalt für Angestellte in Berlin in der Ehezeit beträgt 500 € (fünfhundert EURO).
Wir sehen daher unsere beiderseitige Versorgung als gewährleistet an.
Dies vorausgeschickt, erklärten die Beteiligten:
Wir schließen für den Fall rechtskräftiger Scheidung unserer Ehe den Versorgungsausgleich aus. Auch bei wesentlicher Änderung der Verhältnisse soll diese Vereinbarung nicht gerichtlich abänderbar sein.
Über Wesen und Bedeutung des Versorgungsausgleichs sind wir von dem Notar belehrt worden, insbesondere auch darüber, dass der Ausschluss des Versorgungsausgleichs bei nicht ausreichender eigener Absicherung zu Notlagen im Alters- oder

---

[76] Vgl. OLG Saarbrücken FamRZ 1982, 394.

Invaliditätsfall führen kann. Wir wurden ferner darüber belehrt, dass die Auswirkungen dieses Ausschlusses nur durch einen Sachverständigen verlässlich überprüfbar sind.

......, Notar

■ *Kosten.* Siehe § 84 Rdn. 54 M.

Ausschluss des Versorgungsausgleichs bei Gewährleistung der Versorgung durch eine Reallast

Verhandelt zu ..... am ..... **61 M**

Vor dem Notar ..... erschienen: .....
Die Beteiligten erklärten zunächst:
Zwischen uns ist zum Aktenzeichen des Amtsgerichts ..... – Familiengericht – ein Ehescheidungsverfahren anhängig.
Ich, der Beteiligte zu 1. bin Regierungsinspektor von Beruf. Ich habe in der Ehezeit eine Versorgungsanwartschaft von 400 € (vierhundert EURO) monatlich erworben.
Ich, die Beteiligte zu 2., war nicht berufstätig. Ich habe deshalb keinerlei Versorgungsansprüche.
Dies vorausgeschickt, erklärten die Beteiligten, nachdem sie von dem Notar über Wesen und Bedeutung des Versorgungsausgleichs belehrt worden waren:
Wir schließen, um eine externe Teilung und die Begründung von Anwartschaften in der Versorgungsausgleichsmasse zu vermeiden, für den Fall rechtskräftiger Scheidung unserer Ehe den Versorgungsausgleich aus. Auch bei wesentlicher Änderung der Verhältnisse soll diese Vereinbarung nicht gerichtlich abänderbar sein.
Zur Sicherstellung der Versorgung der Beteiligten zu 2. treffen wir folgende Vereinbarung
Ich, der Beteiligte zu 1., verpflichte mich, an die Beteiligte zu 2. für deren Lebensdauer eine monatliche Rente von 400 € (vierhundert EURO), beginnend am 1. Oktober dieses Jahres zu zahlen.
Wenn eine wesentliche Änderung der jetzigen Lebenshaltungskosten eintritt, so verändert sich die Rente. Maßgebend ist der Verbraucherpreisindex (Basis 2015 = 100), der vom Statistischen Bundesamt zuletzt vor dem 1. Oktober jeden Jahres festgestellt wird. Eine Änderung von weniger als 5 (fünf) vom Hundert gegenüber dem zuletzt vor Oktober dieses Jahres vom Bundesamt festgestellten Index bleibt unberücksichtigt. Eine größere Änderung führt zu einer entsprechenden Erhöhung oder Ermäßigung für das vom Oktober bis September reichende Jahr.
Wegen vorstehender Zahlungsverpflichtung unterwirft sich der Beteiligte zu 1. der Berechtigten gegenüber der sofortigen Zwangsvollstreckung aus dieser Urkunde, und zwar zunächst wegen des Betrages von 400,– € monatlich in jedem Fall, wegen eventueller Erhöhungen – soweit möglich – bereits jetzt ebenfalls. Der Berechtigten kann jederzeit eine vollstreckbare Ausfertigung erteilt werden.
Ich, der Beteiligte zu 1., bin Eigentümer des Mietshauses in ....., eingetragen im Grundbuch des Amtsgerichts ..... von ..... Band ..... Blatt .....
Ich bewillige und beantrage im Grundbuch meines vorbezeichneten Grundstücks für die Beteiligte zu 2., Frau ..... in ..... für die Lebensdauer der jetzt 60 Jahre alten Berechtigten die Eintragung einer Reallast mit folgenden Bestimmungen:
Die Rente beginnt am 1. Oktober dieses Jahres. Sie beträgt monatlich 400 € (vierhundert Euro).
Wenn eine wesentliche Änderung der jetzigen Lebenshaltungskosten eintritt, so verändert sich die monatliche Rente. Maßgebend ist der Verbraucherpreisindex (Basis 2015 = 100), der vom Statistischen Bundesamt zuletzt vor dem 1. Oktober jeden Jahres

§ 90 Vereinbarungen anlässlich der Ehescheidung

festgestellt wird. Eine Änderung von weniger als 5 (fünf) vom Hundert gegenüber dem zuletzt für Oktober 2017 vom Bundesamt festgestellten Preisindex bleibt unberücksichtigt. Eine größere Änderung führt zu einer entsprechenden Erhöhung oder Ermäßigung für das vom Oktober bis September reichende Jahr.
Zur Löschung des Rechts soll der Nachweis des Todes der Berechtigten genügen.

....., Notar

- *Kosten.*
  a) Des Notars: Der Wert der Vereinbarung bestimmt sich nach § 97 Abs. 1, 3 GNotKG als Wert des Austauschvertrages. Die Rente ist nach § 52 Abs. 1 und 3 Satz 2 GNotKG auf die Lebensdauer der Ehefrau zu berechnen, jedoch mit maximal dem 10fachen Jahreswert anzusetzen, siehe auch § 84 Rdn. 54 M.
  b) Des Grundbuchamts: Der Wert der Reallast ist nach § 52 GNotKG zu bestimmen. Für die Eintragung wird eine 1,0 Gebühr gemäß Nr. 14121 KV GNotKG erhoben.

62 Eine Genehmigung des Bundesamtes für Wirtschaft ist nach Änderung des Preisklauselgesetzes nicht mehr erforderlich.

63 Für die Reallast genügt es, wenn der Geldwert der aus dem Grundstück zu entrichtenden wiederkehrenden Leistung bestimmbar ist; dabei können außerhalb der Grundbucheintragung und der Eintragungsbewilligung liegende Umstände herangezogen werden, soweit sie nachprüfbar sind und auf sie im Grundbuch oder in der Eintragungsbewilligung hingewiesen ist.[77] – Soweit es sich um bestimmbare Geldbeträge handelt, ist die Vollstreckungsunterwerfung zulässig. Zu den gleitenden Renten empfiehlt sich jedoch der Zusatz:

64 M **Die Unterwerfung unter die sofortige Zwangsvollstreckung bezieht sich auf die angegebenen bestimmten Beträge sowie die Indexklausel, die erforderlichenfalls bei Klauselerteilung konkretisiert wird.**

65 Die Eintragung der Vollstreckungsunterwerfung in das Grundbuch ist bei der Reallast mit Wirkung gegen den jeweiligen Grundstückseigentümer oder Erbbauberechtigten nicht zulässig, da die Eintragung in § 800 ZPO auf die Grundpfandrechte beschränkt ist. Jedoch kann der Notar die persönliche Vollstreckungsklausel gegen den Rechtsnachfolger nach den §§ 727, 730, 795, 797 ZPO umschreiben,[78] zumindest im Fall einer Gesamtrechtsnachfolge.

Änderung der Ausgleichsform: Abfindung durch Lebensversicherung

66 M **Der Versorgungsausgleich zwischen den Beteiligten wird nicht nach § 1 ff. VersAusglG, sondern durch Begründung einer Lebensversicherungsanwartschaft zugunsten der Beteiligten zu 2. bei der X-Versicherungsgesellschaft durchgeführt. Auch bei wesentlicher Änderung der Verhältnisse soll diese Vereinbarung nicht gerichtlich abänderbar sein. Der Lebensversicherungsvertrag wird auf das 65. Lebensjahr der Beteiligten zu 2. abgeschlossen. Die Versicherungssumme beträgt entsprechend dem festgestellten Barwert der abgefundenen gesetzlichen Rentenanwartschaften 45.000 €. Die Gewinnanteile werden zur Erhöhung der Versicherungsleistungen verwendet.
Der Beteiligte zu 1. verpflichtet sich, einen Einmalbeitrag in Höhe von 22.500 € an die X-Lebensversicherung zugunsten des Versicherungsvertrages Nr. 1234567, lautend**

---

77 BayObLG DNotZ 1954, 58. Zur Bestimmbarkeit bei einer Wertsicherungsklausel nach dem vom Statistischen Bundesamt festgestellten Verbraucherpreisindex s. BGH NJW 1990, 3084 zum früheren Lebenshaltungskostenindex.
78 BayObLG DNotZ 1959, 402.

auf die Beteiligte zu 2., bis spätestens 30.06.2019 zu zahlen. Bei verspäteter Zahlung ist der Betrag mit 5 Prozentpunkten über dem jeweils gültigen Basiszinssatz jährlich zu verzinsen, ohne dass die Voraussetzungen des Verzuges nachgewiesen werden müssen. Die Zinsen sind unmittelbar an die Beteiligte zu 2. zu zahlen.
Wegen vorstehender Zahlungsverpflichtung unterwirft sich der Beteiligte zu 1. der Beteiligten zu 2. gegenüber der sofortigen Zwangsvollstreckung aus dieser Urkunde. Der Beteiligten zu 2. kann jederzeit vollstreckbare Ausfertigung erteilt durch den Notar werden, ohne dass es der die Fälligkeit begründenden Tatsachen bedarf.
Zur zusätzlichen Absicherung des bei der X-Versicherung durch die Beteiligte zu 2. nicht abzusichernden Erwerbsminderungsrisikos verpflichtet sich der Beteiligte zu 1. für den Fall der mindestens teilweisen Erwerbsminderung (50 %) der Beteiligten zu 2. zur Zahlung einer monatlichen Geldrente in Höhe von 400 €, beginnend mit dem ersten des auf die Feststellung der mindestens teilweisen (mindestens 50 %) Erwerbsminderung folgenden Monats, endend mit dem letzten des Monats, in dem die Erwerbsminderung wegfällt, spätestens mit dem Monat der auf die Vollendung des 65. Lebensjahres der Beteiligten zu 2. folgt. Die Feststellung der Erwerbsminderung richtet sich nach den Vorschriften der gesetzlichen Rentenversicherung.

- *Kosten.* Siehe Rdn. 61 M.

Im Zeitalter des steigenden Rentenalters sollte allerdings auch darüber belehrt werden, dass es in der Zukunft nicht mehr genau kalkulierbar sein wird, ab welchem Alter man die Rente beantragen kann, ohne Abzüge hinnehmen zu müssen. Aus diesem Grund kann es sinnvoll sein, die Fälligkeit von Zahlungen bzw. die Auszahlung von ersatzweise abgeschlossenen Lebensversicherungen zeitlich flexibel zu halten. **67**

Ergänzung Renteneintrittsalter

Text wie Rdn. 66 M. **68 M**
.....
Einer monatliche Geldrente in Höhe von 400 € beginnend mit dem ersten des Monats, in dem die Beteiligten zu 2. Rente beantragen kann, ohne Abzüge hinnehmen zu müssen.
.....

Es folgt Vollstreckungsunterwerfung und evtl. Absicherung durch Reallast. An die Stelle der bisherigen Berufs- und Erwerbsunfähigkeitsrenten sind ab 01.01.2000 die Renten wegen teilweiser oder voller Erwerbsminderung getreten, vgl. §§ 33 Abs. 3, 43 SGB VI. **69**

Modifizierung des öffentlich-rechtlichen Versorgungsausgleichs: Änderung der Ausgleichsquote

Weitere Beispiele zur Modifizierung s.o. § 84 Rdn. 29 ff.

Modifizierung des gesetzlichen Ausgleichs

Eingang wie in Muster Rdn. 60 M. **70 M**
Die Beteiligten vereinbaren, dass der Versorgungsausgleich gemäß §§ 1587 BGB, 1 ff. VersAusglG nur in der Weise durchgeführt wird, dass von dem Versorgungsüber-

schuss des Beteiligten zu 1. 30 % der Anwartschaften übertragen werden. Auch bei wesentlicher Änderung der Verhältnisse soll diese Vereinbarung nicht gerichtlich abänderbar sein.

71 Derartige Vereinbarungen sind auch denkbar im Hinblick auf einzelne von mehreren auszugleichenden Versorgungen.

V. Gesamtauseinandersetzung in Scheidung lebender Eheleute

72 Eine Ehe kann geschieden werden, wenn sie gescheitert ist (§ 1565 Abs. 1 BGB). Leben die Ehegatten seit 1 Jahr getrennt und beantragen beide Ehegatten die Scheidung oder stimmt ein Ehegatte dem Scheidungsantrag des anderen Ehegatten zu, so wird unwiderlegbar vermutet, dass die Ehe gescheitert ist (§ 1566 Abs. 1 BGB). In diesem Fall der einverständlichen Scheidung haben die Ehegatten einen *vollstreckbaren Schuldtitel* über die Regelung der Unterhaltspflicht gegenüber einem Kind, die durch die Ehe begründete gesetzliche Unterhaltspflicht sowie die Rechtsverhältnisse an der Ehewohnung und am Hausrat herbeizuführen. In welcher Form dies geschieht, bleibt den Ehegatten überlassen. Außer einem zu Protokoll des Gerichtes erklärten Vergleich oder dem vollstreckbaren Anwaltsvergleich i.S.d. § 796a ZPO, der aber allgemeine Formvorschriften, etwa § 1408 BGB nicht ersetzt, kann hierfür eine notarielle Urkunde i.S.d. § 794 Abs. 1 Nr. 5 ZPO in Betracht kommen. Die Unterwerfung unter die sofortige Zwangsvollstreckung in einer notariellen Urkunde ist nach Neufassung des § 794 Abs. 1 Nr. 5 ZPO nunmehr auch wegen der Verpflichtung zur Räumung und Herausgabe der Ehewohnung sowie der Verpflichtung zur Herausgabe von Hausrat möglich. – Im Fall der einverständlichen Scheidung *muss* die Antragsschrift die übereinstimmende Darlegung enthalten, dass bezüglich minderjähriger Kinder keine Anträge zur Übertragung der elterlichen Sorge oder zur Regelung des Umgangsrechts gestellt werden, weil man sich über das Fortbestehen der gemeinsamen Sorge und den Umgang einig ist, oder anderenfalls den *übereinstimmenden Vorschlag* der Ehegatten zur Regelung der *elterlichen Sorge* über ein gemeinschaftliches Kind und über die Regelung des *persönlichen Umgangs* des nicht sorgeberechtigten Elternteils mit dem Kind enthalten. Die Empfehlung, die Beibehaltung gemeinsamer elterlicher Sorge möglichst zu vermeiden, kann nach der gesetzlichen Neuorientierung nicht mehr gelten.[79] Die entsprechend dargelegte »Vereinbarung« der Beteiligten schließt zwar nicht eine Befassung des Gerichts mit dem Sorgerecht aus, lässt aber eine abweichende Entscheidung nur anhand des Maßstabes des § 1696 Abs. 1 BGB zu.[80] Deshalb sollte die gründliche Behandlung der Sorgerechtsfrage in der Vereinbarung hervortreten, am besten durch Aufstellung eines Sorge- und Umgangsplanes, vgl. § 17 SGB VIII.

Auseinandersetzungsvertrag bei einverständlicher Ehescheidung

73 Eine Verbindung mit der Auseinandersetzung über den Ausgleich des Zugewinns ist häufig zweckmäßig. Eine *Vereinbarung* über den *Zugewinnausgleich* für den Fall der Scheidung der Ehe bei Rechtshängigkeit des Scheidungsverfahrens bedarf nach § 1378 Abs. 3 BGB der *notariellen Beurkundung*. – Wegen weiterer Unterhaltsvereinbarungen s. die vorstehenden Muster Rdn. 13 M ff.

74 Anders als bei vorsorgenden Vereinbarungen kann bei Scheidungsvereinbarungen eine Typenbildung kaum vorgenommen werden. Die Vereinbarung bedarf stets der genauen

---

[79] Vgl. OLG Brandenburg FamRZ 1998, 1047; BGH FamRZ 1999, 1646; OLG Hamm FamRZ 1999, 1597; OLG Rostock FamRZ 1999, 1599; *Zimmermann*, DNotZ 1998, 423 m.w.N.
[80] *Zimmermann*, DNotZ 1998, 423 m.w.N.

Abstimmung auf die individuellen Verhältnisse. Eine gewisse Typisierung ist lediglich bei kinderlos gebliebenen Ehen von Doppelverdienern insoweit möglich, als der gemeinsame Lebensentwurf von vorneherein auf einen Ausschluss eventueller Scheidungsfolgen angelegt war.

Kinderlose Doppelverdienerehe

Verhandelt zu ..... am ..... **75 M**

Vor dem unterzeichnenden Notar ..... erschienen:
1. der Ehemann
2. die Ehefrau
Die Beteiligten erklärten zunächst:
Zwischen uns ist zum Aktenzeichen: ..... des Amtsgerichts ..... – Familiengericht – ein Ehescheidungsverfahren anhängig. Wir leben seit über einem Jahr getrennt und beabsichtigen Scheidungsantrag zu stellen. Wir verpflichten uns wechselseitig, einem Antrag auf Scheidung unserer Ehe gemäß § 1566 Abs. 1 BGB nicht zu widersprechen. Kinder sind aus unserer Ehe nicht hervorgegangen.
Dies vorausgeschickt, schließen die Beteiligten folgende

Scheidungsvereinbarung:

I. Güterstand, Haushaltsgegenstände
Wir schließen den gesetzlichen Güterstand aus und vereinbaren den Güterstand der Gütertrennung gemäß § 1414 BGB.
Belehrung wie bei § 84 Rdn. 19 M
Wir beantragen die Eintragung der Gütertrennung in das Güterrechtsregister. Sie soll durch den beurkundenden Notar herbeigeführt werden. Dieser wird jedoch angewiesen, die Eintragung nur auf besondere Weisung eines von uns zu beantragen.
Wir verzichten wechselseitig auf einen Ausgleich eines etwa bisher entstandenen Zugewinns. Wir nehmen diesen Verzicht wechselseitig an.
Über unsere Haushaltsgegenstände haben wir uns bereits auseinandergesetzt. Ein jeder ist im Besitz dessen, was sein alleiniges Eigentum ist. Die Ehefrau hat die Ehewohnung bereits verlassen. Das Mietverhältnis ist auf den Ehemann als Alleinmieter umgestellt.
II. Unterhalt
Für den Fall der rechtskräftigen Scheidung unserer Ehe verzichten wir wechselseitig auf jeglichen nachehelichen Unterhalt, einschließlich des Unterhalts im Falle der Not, des Kranken-, Pflege- und Altersvorsorgeunterhalts und des Unterhalts im Falle der Wiederverheiratung und anschließenden Scheidung. Wir nehmen diesen Verzicht wechselseitig an.
Wir wurden vom amtierenden Notar darüber belehrt, dass durch vorstehenden Unterhaltsverzicht ein jeder von uns wie bisher darauf angewiesen ist, sich vollständig alleine zu unterhalten.
III. Versorgungsausgleich
Wir schließen hiermit den Versorgungsausgleich gemäß § 1587 BGB und §§ 1 ff. VersAusglG vollständig aus. Wir werden wie bisher ein jeder für seine Altersversorgung selbst sorgen.
Der Notar wies darauf hin, dass durch vorstehende Vereinbarung auch im Falle der Minderung der Erwerbsfähigkeit ein jeder von uns auf seine eigenen Versorgungsanwartschaften angewiesen ist. Wir werden bei unserer Versorgungsplanung dies

in Rechnung stellen. Wir wurden ferner darüber belehrt, dass die Auswirkungen des Ausschlusses nur durch einen Rentensachverständigen abgeschätzt werden können. Der Notar belehrte ferner darüber, dass die Vereinbarung eines Ausschlusses des Versorgungsausgleichs einer Wirksamkeits- und Ausübungskontrolle nach § 8 Abs. 1 VersAusglG und den Rechtsprechungsgrundsätzen unterliegt und dass ehevertragliche Regelungen bei besonders einseitiger Aufbürdung von vertraglichen Lasten und einer erheblichen ungleichen Verhandlungsposition unwirksam oder unanwendbar sein können. Der Notar hat ferner darauf hingewiesen, dass der Vertrag bei einer gewichtigen Änderung der Erwerbsbiographie oder der Geburt gemeinsamer Kinder auch nachträglich einer Ausübungskontrolle unterliegen kann. Er hat uns Gestaltungsmöglichkeiten aufgezeigt, dem bereits jetzt Rechnung zu tragen. Dies wünschen wir jedoch ausdrücklich nicht.

IV. Sonstiges

Sollte eine der vorstehenden Vereinbarungen ganz oder teilweise unwirksam sein, bleiben die übrigen Bestimmungen wirksam.

Die Kosten dieser Urkunde tragen wir je zur Hälfte, ebenso die Kosten des Scheidungsverfahrens, soweit es einvernehmlich durch einen von uns beantragt wird. Die außergerichtlichen Kosten trägt jeder der Beteiligten selbst.

……, Notar

■ **Kosten.** Die Werte für den Ehevertrag sowie die Vereinbarungen zum Versorgungsausgleich und zum Unterhalt werden jeweils gesondert ermittelt und gemäß § 35 Abs. 1 GNotKG addiert, siehe § 85 Rdn. 7 M. Zum Ehevertrag siehe auch § 83 Rdn. 9 M, zum Versorgungsausgleich siehe § 84 Rdn. 47 M. Der gegenseitige Unterhaltsverzicht ist ein Austauschvertrag i.S.v. § 97 Abs. 3 GNotKG. Dementsprechend ist für jeden Ehegatten gesondert nach § 52 GNotKG zu bewerten. In den Geschäftswert fließt dann der höhere Betrag ein. Gemäß § 111 Nr. 2 GNotKG ist der Ehevertrag immer ein besonderer Beurkundungsgegenstand. Aus dem addierten Wert ist eine 2,0 Gebühr gemäß Nr. 21100 KV GNotKG zu erheben.

Kinderlose Ehe mit großem Einkommensunterschied

76 Hat der geringer verdienende Ehepartner seine Lebensverhältnisse auf das Niveau des anderen Ehepartners eingestellt, möglicherweise seine Berufstätigkeit aufgegeben, erscheint in solchen Fällen unter Berücksichtigung der Rechtsprechung zumindest bei länger andauernden Ehen zumindest übergangsweise die Unterhaltsgewährung nach dem Maß der letzten ehelichen Lebensverhältnisse angezeigt, um einen sozialen Bruch zu vermeiden. Eine Wiederverheiratungsklausel muss, soweit bereits an eine neue Partnerschaft angeknüpft wird, heute keine besondere Definition hinsichtlich der Annahme einer anerkannten nichtehelichen Lebensgemeinschaft haben,[81] da es mittlerweile diverse gesetzliche Vorschriften gibt, insbesondere im Mietrecht (§ 563 Abs. 2 Satz 4 BGB), die Rechtsverhältnisse im Zusammenhang mit der nichtehelichen Lebensgemeinschaft regeln, sodass insoweit auf die durch Gesetz und Rechtsprechung entwickelten Grundsätze zurückgegriffen werden kann. Andererseits kann es auch nicht schaden, vertragliche Voraussetzungen für die Annahme einer nichtehelichen Lebensgemeinschaft in den Vertrag mit aufzunehmen, um in gewissem Umfang objektiv nachvollziehbare Anknüpfungskriterien zu definieren.

---

81 Anders noch die Vorauflage und OLG Bamberg FamRZ 1998, 830.

Kinderlose Ehe mit großem Einkommensunterschied

| | Verhandelt zu ..... am ..... | 77 M |

Vor dem unterzeichnenden Notar ..... erschienen:
1. der Ehemann
2. die Ehefrau
Dies vorausgeschickt, schließen die Beteiligten folgende

Scheidungsfolgenvereinbarung

I. Güterstand, Haushaltsgegenstände
wie Muster Rdn. 75 M.
II. Unterhalt
Der Ehemann verpflichtet sich, an die Ehefrau monatlich einen Grundunterhalt von 2.500,– € sowie einen Unterhalt zur Abdeckung der Kosten von Kranken- und Pflegeversicherung in Höhe von 310,– € sowie einen Altersvorsorgeunterhalt in Höhe von 400,– € zu zahlen. Der Grundunterhalt reduziert sich ab 01.01.2019 auf 1.000,– €, der Altersvorsorgeunterhalt ab dem gleichen Zeitpunkt auf 150,– €. Der Kranken- und Pflegevorsorgeunterhalt entfällt mit dem Zeitpunkt, mit dem ein Pflichtversicherungsverhältnis gemäß Sozialgesetzbuch besteht.
Jeglicher Unterhaltsanspruch entfällt mit Ablauf des 31.12.2019, spätestens jedoch bei Wiederverheiratung oder bei Eingehen einer häuslichen Gemeinschaft mit einem anderen Partner, soweit diese 6 Monate angedauert hat.
Von diesem Zeitpunkt an verzichtet die Ehefrau auf jeglichen Unterhalt einschließlich des Unterhalts im Falle der Not, des Alters-, Kranken- und Pflegevorsorgeunterhalt und des Unterhalts im Falle der Wiederverheiratung und anschließenden Scheidung.
Der Ehemann nimmt diesen Verzicht hiermit an.
Vorstehende Vereinbarung unterliegt keinerlei Abänderbarkeit, insbesondere nicht nach §§ 238, 239 FamFG.
III. Versorgungsausgleich
wie Muster Rdn. 75 M.
IV. Sonstiges
wie Muster Rdn. 75 M.

▪ *Kosten.* Siehe Rdn. 75 M. Zum Unterhalt siehe ergänzend Rdn. 13 M.

Einverdienerehe mit Kindern, Fortbestand des gemeinsamen Sorgerechts

Bei derartiger Konstellation empfiehlt es sich, die Vereinbarungen zur gemeinsamen Sorge ausführlich zu gestalten, um eine nähere Befassung des Familiengerichts oder gar eine abweichende Entscheidung desselben zu vermeiden. Zur auch das Gericht bindenden notariellen Vereinbarung zum Umgangsrecht vgl. OLG Zweibrücken FamRZ 1998, 1465. 78

Einverdienerehe mit Kindern, Fortbestand des gemeinsamen Sorgerechts

| | Verhandelt zu ..... am ..... | 79 M |

Vor dem unterzeichnenden Notar ..... erschienen:
1. der Ehemann
2. die Ehefrau

§ 90 Vereinbarungen anlässlich der Ehescheidung

Die Beteiligten erklärten zunächst:
Wir haben am 10.10.1989 vor dem Standesbeamten in Köln die Ehe miteinander geschlossen. Wir leben seit dem 10.11.2017 getrennt und beabsichtigen die Scheidung unserer Ehe. Ein Scheidungsverfahren ist noch nicht anhängig. Wir verpflichten uns jedoch, einem Antrag des anderen Ehegatten auf Scheidung gemäß § 1566 Abs. 1 BGB nicht zu widersprechen.
Aus unserer Ehe sind zwei minderjährige Kinder hervorgegangen, nämlich
1. Jochen, geboren am .....
2. Jürgen, geboren am .....
Die Kinder befinden sich in der Obhut der Beteiligten zu 2.
Zur Herbeiführung einer einvernehmlichen Scheidung treffen wir folgende

Scheidungsvereinbarung.

I. Sorgerecht
Bezüglich der elterlichen Sorge über unsere gemeinsamen Kinder soll es beim gemeinsamen Sorgerecht auf Dauer verbleiben. Keiner von uns beabsichtigt, im Zusammenhang mit dem Scheidungsverfahren einen Antrag auf Übertragung des elterlichen Sorgerechts gemäß § 1671 BGB beim zuständigen Familiengericht zu stellen. Eine Zustimmung zu einem solchen Antrag wird ebenfalls nicht erklärt.
Der Notar wies darauf hin, dass ein verfahrensrechtlich wirksamer Verzicht auf einen solchen Antrag nicht zulässig ist und dass alleiniger Maßstab für eine auf einen solchen Antrag hin erfolgende gerichtliche Entscheidung das Wohl des Kindes ist. Er wies ferner darauf hin, dass die Wirksamkeit der Gesamtvereinbarung über die Scheidungsfolgen fraglich ist, wenn die Sorgerechtsregelung zur Bedingung der Vereinbarung gemacht wird.
Die Beteiligten erklären hierzu, vorstehende übereinstimmende Erklärung nach eingehender Abwägung des Kindeswohls und Beratung durch das zuständige Jugendamt ohne jegliche Bedingung zu treffen. Sie gehen davon aus, dass deshalb die gemeinsam gefundene Regelung bei gleichwohl erfolgter Anrufung des Gerichts nur unter besonderen Umständen geändert werden kann. Die Wirksamkeit der übrigen Vereinbarungen dieser Urkunde soll jedoch in jedem Falle unberührt bleiben.
Bezüglich der Ausübung des gemeinsamen Sorgerechts vereinbaren die Beteiligten folgenden Sorgeplan:
Der gewöhnliche Aufenthalt der Kinder soll bei der Beteiligten zu 2. sein. Diese ist berechtigt, in allen Angelegenheiten des täglichen Lebens gemäß § 1687 BGB die Kinder alleine gesetzlich zu vertreten. Ihr wird deshalb in gesonderter Urkunde umfassende Sorgevollmacht erteilt. Ungeachtet dieser Vollmacht für das Außenverhältnis gilt im Innenverhältnis, dass eine Abstimmung über die Ausübung des Sorgerechts in den Fällen, die nicht zu den Geschäften des täglichen Lebens gehören, erforderlich ist, insbesondere in Fragen der Wahl der Schulform und einer bestimmten Schule, der dauernden Änderung des Aufenthaltsortes, der Eingehung von Verbindlichkeiten zu Lasten der Kinder und der Eingehung von Heilbehandlungen, die über den Rahmen gewöhnlicher Arztbesuche hinausgehen und/oder zu Sonderbedarf gegenüber dem Beteiligten zu 1. als Unterhaltspflichtigem führen können.
Dem Beteiligten zu 1. soll ein großzügiges Umgangsrecht zustehen. Er hat jederzeitigen Zugang zur Kontaktaufnahme mit den Kindern, auch in den Wohnräumen der Beteiligten zu 2., wenn er seinen Besuch rechtzeitig, mindestens 24 Stunden vorher ankündigt, und kann gemeinsam mit den Kindern bis zu 48 Stunden zusammenhängend beliebige Unternehmungen treffen. Er hat Anspruch auf einen gemeinsamen Urlaub mit den Kindern bis zu drei Wochen jährlich an einem Ort seiner Wahl. In den

Wohnräumen der Beteiligten zu 2. darf er sich allerdings ohne deren Zustimmung nur bis maximal eine Stunde aufhalten.

II. Güterstand

Wir schließen den gesetzlichen Güterstand aus und vereinbaren den Güterstand der Gütertrennung gemäß § 1414 BGB.

Belehrung wie bei § 84 Rdn. 19 *M*

Über den Zugewinn setzen wir uns unter Ziffer III. auseinander.

Wir beantragen die Eintragung der Gütertrennung in das Güterrechtsregister. Sie soll durch den beurkundeten Notar herbeigeführt werden. Dieser wird jedoch angewiesen, die Eintragung nur auf besondere Weisung eines von uns zu beantragen.

III. Vermögensauseinandersetzung, Haushaltsgegenstände

Über unsere Haushaltsgegenstände haben wir uns bereits auseinandergesetzt. Ein jeder von uns ist alleiniger Besitzer der in seinem Eigentum stehenden Gegenstände. Desgleichen haben wir alle sonstigen beweglichen Gegenstände bereits einvernehmlich verteilt.

Zum Ausgleich des in unserer Ehe entstandenen Zugewinns verpflichtet sich der Beteiligte zu 1., an die Beteiligte zu 2. einen Betrag von 12.500,– €, in Worten: Euro zwölftausendfünfhundert, bis zum 01.04.2015 zu zahlen. Er unterwirft sich insoweit der sofortigen Zwangsvollstreckung aus dieser Urkunde in sein gesamtes Vermögen. Der Beteiligten zu 2. kann jederzeit vollstreckbare Ausfertigung dieser Urkunde erteilt werden.

Der Beteiligte zu 1. verpflichtet sich weiter, die bisher noch gemeinsam genutzte Wohnung, deren alleinige Mieterin die Beteiligte zu 2. bereits ist, bis spätestens zum 01.04.2019 zu räumen. Auch wegen dieser Räumungsverpflichtung unterwirft er sich der sofortigen Zwangsvollstreckung aus dieser Urkunde. Der Beteiligten zu 2. kann jederzeit auch insoweit vollstreckbare Ausfertigung der Urkunde erteilt werden.

IV. Unterhalt

Der Beteiligte zu 1. verpflichtet sich, an die Beteiligte zu 2. monatlich einen Grundunterhalt von 725,– €, einen Unterhalt zur Abdeckung der Kosten der Kranken- und Pflegeversicherung von 110,– € und einen Altersvorsorgeunterhalt von 195,– € zu zahlen, insgesamt mithin einen Unterhaltsanspruch von 1.030,– €.

Der Beteiligte zu 1. verpflichtet sich weiter, an jedes der gemeinsamen Kinder, zu Händen der Ehefrau, einen monatlichen Unterhaltsbetrag in Höhe von ..... % des jeweiligen Mindestunterhalts für die jeweilige Altersstufe nach § 1612a BGB unter Abzug des hälftigen Kindergelds für ein erstes und ein zweites Kind zu zahlen. Die Beteiligten vereinbaren dies als Vertrag zugunsten jedes Kindes im Sinne des § 328 BGB, so dass jedes Kind einen unmittelbaren Anspruch aus dieser Urkunde erlangt.

Die Unterhaltsbeträge sind jeweils monatlich im Voraus zum 1. eines jeden Monats zu entrichten. Wegen der Unterhaltsverpflichtungen unterwirft sich der Beteiligte zu 1. der Beteiligten zu 2. gegenüber, wegen des Kindesunterhalts auch jedem Kind gegenüber der sofortigen Zwangsvollstreckung aus dieser Urkunde. Der Ehefrau soll sofort eine vollstreckbare Ausfertigung dieser Urkunde erteilt werden.

Der Ermittlung der Unterhaltsbeträge liegt ein monatliches Nettoeinkommen des Beteiligten zu 1. von 2.400,– € zugrunde. Die Ehefrau hat keine Einkünfte. Der Kindesunterhalt wurde unter Beachtung des Bedarfskontrollbetrages ermittelt.

Die Beteiligte zu 2. verpflichtet sich, für die Dauer der Unterhaltsleistung die nach § 10 Abs. 1 Nr. 1 EStG erforderliche Zustimmung zum begrenzten Realsplitting zu erteilen. Der Beteiligte zu 1. verpflichtet sich, die Ehefrau von ihr entstehenden Steuernachteilen sowie sonst konkret nachgewiesenen Nachteilen in Folge der Zustimmung freizustellen. Steuervorteile stehen dem Beteiligten zu 1. zu.

§ 90 Vereinbarungen anlässlich der Ehescheidung

V. Sonstiges
Bezüglich des Versorgungsausgleichs verbleibt es bei der gesetzlichen Regelung. Die Unwirksamkeit eines Teils dieser Urkunde berührt deren Wirksamkeit im Übrigen nicht. Die unwirksame Bestimmung ist durch eine solche zu ersetzen, die ihrem wirtschaftlichen Zweck am nächsten kommt.
Die Kosten dieser Vereinbarung trägt der Beteiligte zu 1., ebenso die Kosten des einvernehmlichen Scheidungsverfahrens gemäß § 1566 Abs. 1 BGB. Außergerichtliche Kosten trägt jeder der Beteiligten selbst.

……, Notar

■ *Kosten.* Siehe Rdn. 75 M. Zum Geschäftswert nach § 35 Abs. 1 GNotKG hinzu zu addieren sind noch die Werte für die Vereinbarung zum Hausrat und zum Sorgerecht. Als Regelwert für die Sorgerechtvereinbarung sind für jedes Kind nach § 36 Abs. 2, 3 GNotKG 5.000 € anzusetzen.

Ehe mit Kindern, Ehefrau wieder berufstätig

80 M

Verhandelt zu ….. am …..
Vor dem unterzeichnenden Notar ….. erschienen:
1. Der Ehemann …..,
2. die Ehefrau …..
Die Beteiligten erklärten zunächst:
Zwischen uns zum Aktenzeichen ….. des Amtsgerichts ….. – Familiengericht – ein Ehescheidungsverfahren anhängig. Wir leben seit über einem Jahr voneinander getrennt und haben beide den Antrag auf Scheidung unserer Ehe gestellt.
Aus unserer Ehe sind zwei minderjährige Kinder hervorgegangen, nämlich
1. Jochen, geboren am ….. ,
2. Jürgen, geboren am …..
Die Kinder befinden sich in der Obhut der Beteiligten zu 2.
In unserer Antragsschrift wegen Scheidung unserer Ehe haben wir dem Familiengericht übereinstimmend den Vorschlag gemacht, die elterliche Sorge über unsere vorgenannten Kinder der Beteiligten zu 2. zu übertragen. Wir haben dem Familiengericht ferner einen übereinstimmenden Vorschlag über die Regelung des persönlichen Umgangs des Beteiligten zu 1. mit den Kindern unterbreitet.
Dies vorausgeschickt, schließen die Beteiligten folgenden

Auseinandersetzungsvertrag

I. Güterstand
Wir schließen den gesetzlichen Güterstand aus und vereinbaren den Güterstand der Gütertrennung gemäß § 1414 BGB.
Belehrung wie bei § 84 Rdn. 19 M
Wir beantragen die Eintragung der Gütertrennung in das Güterrechtsregister. Sie soll durch den beurkundenden Notar herbeigeführt werden. Dieser wird jedoch angewiesen, die Eintragung nur auf besondere Weisung eines von uns zu beantragen.
II. Vermögensauseinandersetzung, Verteilung der Haushaltsgegenstände
1. Der Beteiligte zu 1. überlässt der Beteiligten zu 2. die bisherige Ehewohnung in ….. zu alleinigem Miet- und Nutzungsrecht. Die Zustimmung des Vermieters zu einer alleinigen Fortsetzung des Mietverhältnisses wurde allgemein im Mietvertrag erteilt.
Die Beteiligten ermächtigen sich gegenseitig unter Befreiung von den Beschränkungen des § 181 BGB, alle hierzu erforderlichen Erklärungen gegenüber dem Vermieter und Behörden abzugeben.

Die monatliche Miete (Kaltmiete) beträgt 600 €. Der Beteiligte zu 1. ist bereits aus der Ehewohnung ausgezogen.
2. Die gesamten in der Ehewohnung befindlichen Haushaltsgegenstände wurden dem Beteiligten zu 2. zu Alleineigentum übertragen. Die Übergabe der Haushaltsgegenstände ist bereits erfolgt. Der Wert der Haushaltsgegenstände beträgt 10.000 €.
3. Desgleichen wurde bereits eine Verteilung der beweglichen Gegenstände vorgenommen. Die Beteiligten vereinbaren insbesondere, dass Guthaben, Rechte und Forderungen aus Bankverbindung, Wertpapieren und Lebensversicherung jeweils demjenigen zustehen, der nunmehr Inhaber der Forderung oder des Rechtes ist. Eine evtl. abweichende Bezugsberechtigung wird hiermit widerrufen. Jeder der Beteiligten ist berechtigt, den Widerruf dem entsprechenden Schuldner anzuzeigen. Die Beteiligten bevollmächtigen sich gegenseitig unter Befreiung von den Beschränkungen des § 181 BGB alle zu der vorstehend vereinbarten Verfügungsbefugnis erforderlichen Erklärungen gegenüber Dritten abzugeben und Entgegenstehendes zu widerrufen.

III. Unterhalt
Für den Fall der rechtskräftigen Scheidung der Ehe vereinbaren die Beteiligten bezüglich des Unterhalts folgendes:
1. Die Beteiligten verzichten gegenseitig auf jeden Unterhalt einschließlich des Unterhalts im Falle der Not, des Alters- und Krankenvorsorgeunterhalts und des Unterhalts im Falle der Wiederverheiratung und anschließender Scheidung. Sie nehmen den Verzicht wechselseitig an. Jegliche Abänderung dieser Vereinbarung ist ausgeschlossen.
2. Der Beteiligte zu 1. verpflichtet sich, für jedes der beiden vorgenannten Kinder eine monatlich im Voraus zu entrichtende Unterhaltsrente von je 250 € (zweihundertfünfzig Euro) an die Beteiligte zu 2. zu zahlen, beginnend mit dem Ersten des kommenden Monats. Den berechtigten Kindern soll ein unmittelbarer Anspruch aus dieser Urkunde zustehen.
Wegen der vorgenannten Zahlungsverpflichtungen in Höhe von je 250 € monatlich unterwirft sich der Beteiligte zu 1. der sofortigen Zwangsvollstreckung.
Die Beteiligten verzichten wechselseitig auf eine Abänderung gemäß §§ 238, 229 FamFG. Gesetzlich weitergehende Ansprüche auf Kinderunterhalt bleiben unberührt.

IV. Versorgungsausgleich
Bezüglich des Versorgungsausgleichs vereinbaren die Beteiligten, dass dieser auf Rentenanwartschaften in der gesetzlichen Rentenversicherung beschränkt wird. Bezüglich der zugunsten des Beteiligten zu 1. bestehenden Versorgungsanwartschaft bei der Versorgungsanstalt des Bundes und der Länder, die nach einer Auskunft des Versorgungsträgers bei ungekündigtem Arbeitsverhältnis einen Anwartschaftswert für die Ehezeit von 120 € hat, wird der Versorgungsausgleich ausdrücklich ausgeschlossen. Auch bei wesentlicher Änderung der Verhältnisse soll diese Vereinbarung nicht gerichtlich abänderbar sein.
Nach Angaben der Beteiligten zu 2. bestehen für sie keine nennenswerten Versorgungsanwartschaften in der gesetzlichen Rentenversicherung oder bei privaten Versorgungsträgern. Die Beteiligte zu 2. erklärt sich jedoch mit der Teilung der in die Ehezeit fallenden gesetzlichen Rentenanwartschaften ausdrücklich abgefunden. Die Beteiligten gehen davon aus, dass diese Regelung angemessen ist, weil für die Beteiligte zu 2. eine Kapitallebensversicherung bei der X-Versicherungs AG besteht, die zurzeit einen Rückkaufwert von ca. 25.000 € hat, was nach den Berechnungen des Rentensachverständigen A im Alter 65 einer monatlichen Versicherungsleistung von 160 € entspricht.
Der Notar wies die Beteiligten darauf hin, dass die Auswirkungen des teilweisen Ausschlusses des Versorgungsausgleichs insgesamt nur durch einen Rentensachverständigen ermittelt werden können.

§ 90 Vereinbarungen anlässlich der Ehescheidung

V. Sonstiges
Die Beteiligten vereinbaren, dass jede der vorstehend getroffenen Regelungen auch für den Fall wirksam bleiben soll, dass eine der Vereinbarungen dieses Vertrages unwirksam oder nicht durchführbar ist. Eine unwirksame Vereinbarung ist durch eine solche zu ersetzen, die dem wirtschaftlichen Zweck der Vereinbarung am nächsten kommt.
Die Kosten dieser Urkunde und ihres Vollzuges tragen die Beteiligten je zur Hälfte.

....., **Notar**

- *Kosten.* Siehe Rdn. 75 M und Rdn. 79 M. Die Vereinbarung der Gütertrennung ist als Ehevertrag und daher gemäß § 100 Nr. 2 GNotKG immer gesondert zu bewerten, so dass die Vermögensauseinandersetzung nicht gegenstandsgleich ist. Die Regelung zur Überlassung der Mietwohnung ist gemäß § 36 Abs. 1 GNotKG nach billigem Ermessen zu bewerten. Zur Bewertung wird vorgeschlagen in Anlehnung an § 99 Abs. 1 GNotKG einen Anteil von 50 % der Kaltmiete für einen Zeitraum von 5 Jahren als Geschäftswert zugrunde zu legen.[82]

---
82 Vgl. Leipziger Kostenspiegel, Teil 20 Rn. 45.

§ 91 Nichteheliches Zusammenleben, Partnerschaft

I. Allgemeines

Das Zusammenleben ohne Trauschein ist mittlerweile soziologisch eine neben der Ehe etablierte Gemeinschaft. Nach Angaben des Statistischen Bundesamtes standen im März 2016 knapp 2,9 Mio. nichteheliche Lebensgemeinschaften und 17,6 Mio. Ehen gegenüber.[1] Gleichwohl kann nicht von einem festen Typus einer solchen Gemeinschaft ausgegangen werden, der zu einem allgemein empfehlenswerten juristischen Regelungskonzept führen würde. Zu unterschiedlich sind die Regelungsanlässe. Charakteristisch ist im Übrigen, dass die Partner gerade das gesetzlich vorgegebene Modell der ehelichen Bindung nicht akzeptieren wollen, was zu besonderer Vorsicht bei der Frage führt, ob ohne vertragliche Vereinbarungen ein rechtlicher Bindungswille überhaupt angenommen werden kann.[2]

Gleichwohl sind nach allgemeiner Ansicht derartige Lebensgemeinschaften bei entsprechender Willensrichtung durch Partnerschaftsverträge regelbar.[3] Sie betreffen vornehmlich den wirtschaftlichen Bereich der Partnerschaft, ohne dass die Ausstrahlung des in diesem Umfang einer Regelung nicht zugänglichen Bereichs der persönlichen Beziehungen zwischen den Partnern hierbei zu Einschränkungen führen würde.[4] Eine allgemeine Regelungsschranke ergibt sich auch nicht aus § 138 BGB, seitdem das nichteheliche Zusammenleben von der Rechtsprechung allgemein anerkannt ist.[5] Auch objektive Benachteiligungen nahe stehender anderer Angehöriger oder der Ehefrau etwa durch Zuwendungen an den nichtehelichen Lebenspartner führen nur im Ausnahmefall zur Sittenwidrigkeit, etwa bei familienfeindlicher Gesinnung[6] oder gezielter Belohnung geschlechtlicher Hingabe.[7] Unzulässig sind – wie bei Eheverträgen –[8] lediglich Vereinbarungen, die über Vertragsstrafen oder Schadensersatzverpflichtungen mittelbar die Einhaltung von Verhaltenspflichten im persönlichen Bereich bis hin zur Pflicht zum Zusammenleben selbst regeln sollen.[9]

II. Formen

Trotz der Vielfalt der Formen und Motive des außerehelichen Zusammenlebens lassen sich einige typische Fälle bilden, die zu jeweils anderen Regelungsschwerpunkten in Vereinbarungen führen. Von einem besonderen Typus der »Partnerschaft« lässt sich allerdings nur sprechen, wenn es sich um ein Zusammenleben mit einer sowohl inneren wie auch wirtschaftlichen Bindung handelt, die innere Beziehung muss von Dauer und Intensität her über eine bloße Freundschaft hinausgehen. Beziehungen dieser Art sind auch zwischen mehr als

---

1 Vgl. https://www.destatis.de/DE/ZahlenFakten/GesellschaftStaat/Bevoelkerung/HaushalteFamilien/Tabellen/3_1_Paare.html
2 Münchener Vertragshandbuch, Bd. 6/*Langenfeld*, S. 706 ff.
3 Vgl. z.B. *Grziwotz*, Partnerschaftsvertrag für die nichteheliche Lebensgemeinschaft; *ders.*, Nichteheliche Lebensgemeinschaft.
4 So aber *Sandweg*, BWNotZ 1990, 50.
5 Vgl. BGH NJW 1985, 130.
6 *Grziwotz*, MittBayNot 1989, 190; vgl. aber LG Paderborn FamRZ 1999, 790.
7 BGH NJW 1984, 797.
8 Vgl. *Langenfeld/Milzer*, Handbuch der Eheverträge und Scheidungsvereinbarungen, Rn. 65 ff.
9 *Grziwotz*, MittBayNot 1989, 190; *Hausmann*, Nichteheliche Lebensgemeinschaft und Vermögensausgleich, 1989, 95 ff.

zwei Personen denkbar und geschlechtsunabhängig.[10] In der Praxis lassen sich folgende typische Fälle feststellen:

4   1. die Partnerschaft auf Zeit oder auf Probe, insbesondere zwischen zur Ehe noch nicht entschlossenen Partnern. Hier stehen Regelungen im Vordergrund, die vor allem Auseinandersetzungsstreitigkeiten vermeiden sollen, sei es betreffend Wohnraummietverhältnisse oder »eingebrachte« Hausratsgegenstände, sei es betreffend gemeinsame Anschaffungen,

5   2. die Partnerschaft auf Zeit, weil eine Ehe zwar gewollt, aber derzeit noch nicht möglich oder wirtschaftlich vertretbar ist, sei es wegen einer noch bestehenden Ehe, sei es wegen nachteiliger Folgen für Versorgungs- oder Unterhaltsleistungen eines der Partner. Hier tritt zusätzlich Regelungsbedarf für die gemeinsame Lebensführung, die Vermögens- und Erbfolgeplanung sowie den Unterhaltsbereich auf,

6   3. die Partnerschaft als auf Dauer angelegte bewusste Alternative zur Ehe. Hier bedarf es einer besonderen Abgrenzung der Motive der Beteiligten, um abzuklären, inwieweit in dieser bewussten Entscheidung eine Ablehnung von Bindungswirkungen für den Fall der Auseinandersetzung bewusst gewollt ist. Es stehen für den Fall des Scheiterns der Partnerschaft Regelungen im Vordergrund, die eine Auseinandersetzung möglichst vermeiden und einer permanenten Trennung der Vermögenssphären dienen. Gleichwohl können für die Dauer der Partnerschaft Unterhalts- und Versorgungsregelungen erwünscht sein, vor allem bei Partnerschaften mit gemeinsamen oder mitgebrachten Kindern. Ferner werden meist erbrechtliche Regelungen erforderlich,

7   4. die Partnerschaft, der die Ehe auf Dauer als Regelungsmodell gesetzlich nicht zur Verfügung steht, etwa mehrgliedrige Partnerschaften oder Partnerschaften, für die ein gesetzliches Eheverbot gilt (z.B. Verwandtschaft). Bei derartigen Partnerschaften kann der Wunsch der Beteiligten dahin gehen, das Modell der Ehe so weit wie möglich vertraglich nachzuempfinden, bis hin zur Regelung der persönlichen Wirkungen der Partnerschaft oder der Schaffung eines zugewinnähnlichen »Güterstandes«. Dies bedarf einer ausführlichen kautelarjuristischen Darstellung der Einzeltatbestände, weil eine Analogie zu eherechtlichen Bestimmungen abgelehnt wird[11] und sollte auch ansonsten nur sehr zurückhaltend vorgenommen werden.[12]

8   Im Hinblick auf gleichgeschlechtliche Beziehungen ist ein Rückgriff auf den Partnerschaftsvertrag in der bisherigen Form wegen gesetzlicher Restriktionen des Zusammenlebens nicht mehr erforderlich (vgl. hierzu 25. Aufl. § 90 Rn. 7). Der Gesetzgeber hat durch das Gesetz zur Einführung des Rechts auf Eheschließung für Personen gleichen Geschlechts[13] das Rechtsinstitut der Ehe auch für gleichgeschlechtliche Paare geöffnet.[14] Geändert wurde § 1353 Abs. 1 Satz 1 BGB, wonach die Ehe nunmehr von zwei Personen verschiedenen oder gleichen Geschlechts auf Lebenszeit geschlossen werden kann. Daneben wurde § 20a LPartG eingeführt, der die Umwandlung einer Lebenspartnerschaft in eine Ehe regelt. Die Lebenspartner bereits bestehender eingetragener Lebenspartnerschaften werden zwar nicht dazu gezwungen, ihren Status gemäß § 20a LPartG zu ändern, doch ist seit Oktober 2017 die Neubegründung einer eingetragenen Lebenspartnerschaft nicht mehr möglich. Dementsprechend steht (gleichgeschlechtlichen) Ehepartnern nunmehr der Ehevertrag nach den allgemeinen Ausführungen zur Ehe offen. Für den Fall, dass auch für gleichgeschlechtliche Partner eine Eheschließung nicht in Betracht kommt, weil eine der vorstehenden Fallgruppen eingreift, steht diesen selbstverständlich auch nach wie vor die

---

10 *Zwißler*, Die nichteheliche Lebensgemeinschaft, Rn. 16–28.
11 Für die HausratsVO OLG Hamm FamRZ 2005, 2085.
12 *Palandt/Brudermüller*, Einl. zu § 1297 BGB Rn. 13, 14; für § 1093 Abs. 2 BGB bejaht durch BGH NJW 192, 1868 und bei § 1969 BGB durch OLG Düsseldorf FamRZ 1983, 271.
13 BGBl. I 2017, 2787.
14 Vgl. im Überblick hierzu *Knoop* NJW-Spezial 2017, 580.

nichteheliche Lebensgemeinschaft als Form des Zusammenlebens und damit auch der Abschluss eines Partnerschaftsvertrages entsprechend der weiteren Ausführungen offen.

III. Vermögensbereich der Partner

Der Vermögensbereich der Partner bildet den Schwerpunkt der Vertragsgestaltung.[15] Bis zum Jahr 2008 waren nach der Rechtsprechung des BGH gemeinschaftsbezogene Zuwendungen bei Beendigung der nichtehelichen Lebensgemeinschaft grundsätzlich nicht auszugleichen. Zur Begründung wurde ausgeführt, dass bei einer nichtehelichen Lebensgemeinschaft die persönlichen Beziehungen derart im Vordergrund stünden, dass sie auch das die Gemeinschaft betreffende vermögensbezogene Handeln der Partner bestimmten und daher nicht nur in persönlicher, sondern auch in wirtschaftlicher Hinsicht grundsätzlich keine Rechtsgemeinschaft bestehe.[16] Einer nichtehelichen Lebensgemeinschaft sei wie bei einer Ehe die Vorstellung grundsätzlich fremd, dass für Leistungen im gemeinsamen Interesse ohne besondere Vereinbarung ein Ausgleich verlangt werden könne. Ausgleichsansprüche waren nach der früheren Rechtsprechung des BGH allenfalls unter dem Gesichtspunkt einer Gesellschaft bürgerlichen Rechts nach den §§ 705 ff. BGB denkbar. Erforderlich ist dabei jedoch nach wie vor der ausdrückliche oder konkludente Abschluss eines entsprechenden Gesellschaftsvertrages.[17] Die nichteheliche Lebensgemeinschaft führt nämlich auch nach der Rechtsprechung des BGH nicht als solche schon zu einem gemeinsamen Gesellschaftszweck, vielmehr wird dies nur bei größeren gemeinsamen Einzelvorhaben wie der Anschaffung eines Eigenheims oder der Gründung eines gemeinsamen Unternehmens angenommen.[18] Das bedeutet aber nur, dass das Gesellschaftsrecht für den Fall der Erforderlichkeit einer Auseinandersetzung ein geeignetes Rechtsinstitut zur Beendigung der gemeinsamen Vermögensverhältnisse sein kann, wenn die Vermögenszuordnung während der Partnerschaft nicht der gemeinsam geplanten wirtschaftlichen Beteiligung entspricht. Ein Ausgleich erfolgt dann über die Annahme einer sogenannten Innengesellschaft, so etwa bei erheblichen Investitionen in das Haus des Partners.[19] Für die Annahme einer gesellschaftsrechtlichen Verbindung ist in jedem Fall erforderlich, dass die Partner zumindest schlüssig einen mit Rechtsbindungswillen zustande gekommenen Vertrag geschlossen haben; rein faktische Willensübereinstimmungen sind nicht ausreichend.[20] Ein solcher Vertrag wurde z.B. angenommen bei einem gemeinsames Bauprojekt,[21] oder bei Investitionen in den Betrieb des Partners.[22] Nicht ausgleichspflichtig sind hingegen Aufwendungen zur gemeinsamen Haushaltsführung während bestehender Partnerschaft.[23] Bestand die Partnerschaft bis zum Tode, scheitert im Regelfall ein gesellschaftsrechtlicher Ausgleichsanspruch für Erben daran, dass er die Beweislast für den Ausnahmetatbestand einer Ausgleichspflicht trägt.[24] Entscheidend für die Annahme einer Innengesellschaft sind demnach immer die Umstände im Einzelfall, sodass man ohne konkrete vertragliche Vereinbarungen grundsätzlich nicht von einer Innengesellschaft ausgehen kann, die über die Verwirklichung der nichtehelichen Lebensgemeinschaft hinaus rechtlich verbindliche Folgen haben soll. Die Annahme einer Innengesellschaft wird daher grundsätzlich der Ausnahmefall bleiben.

---

15 Vgl. *Schulz*, FamRZ 2007, 593 ff.
16 BGH NJW 2008, 3277, 3278.
17 *Battes*, ZHR 143, 385 ff.; *Schlüter*, Die nichteheliche Lebensgemeinschaft, S. 28; zur Rechtsprechung BGH FamRZ 1982, 910; 1989, 147; 1995, 1062; 2003, 1542; 2005, 1152; 2006, 607.
18 BGH FamRZ 2003, 1542; 2005, 1152 m.w.N.
19 BGH FamRZ 2003, 1542; 2005, 1152 m.w.N.
20 BGH FamRZ 2006, 607.
21 BGH FamRZ 1985, 1232.
22 BGH NJW 1982, 2863.
23 BGH FamRZ 1980, 664; OLG Frankfurt am Main FamRZ 1981, 253.
24 BGH FamRZ 1983, 791.

10 Im Jahr 2008 hat der BGH mit zwei Urteilen seine Rechtsprechung zum Vermögensausgleich bei der Beendigung einer nichtehelichen Lebensgemeinschaft grundlegend geändert und insbesondere insoweit ausdrücklich aufgegeben, als in der früheren Rechtsprechung Ansprüche aus ungerechtfertigter Bereicherung und aufgrund der Grundsätze über die Störung der Geschäftsgrundlage (§ 313 BGB) generell abgelehnt wurden.[25] Der BGH nimmt nunmehr ausdrücklich an, dass nach der Beendigung einer nichtehelichen Lebensgemeinschaft wegen wesentlicher Beiträge eines Partners, mit denen ein Vermögenswert von erheblicher wirtschaftlicher Bedeutung geschaffen wurde, dessen Alleineigentümer der andere Partner ist, nicht nur gesellschaftsrechtliche Ausgleichsansprüche, sondern auch Ansprüche aus § 812 Abs. 1 Satz 2 Alt. 2 BGB sowie nach den Grundsätzen über die Störung der Geschäftsgrundlage in Betracht kommen.[26] Im Hinblick auf einen möglichen Anspruch aus § 812 Abs. 1 Satz 2 Alt. 2 BGB führt der BGH aus, dass der mit der Zuwendung bezweckte Erfolg nicht schon allgemein aus dem gegenwärtigen Zusammenleben der Partner geschlossen werden kann. Zu fordern sei vielmehr eine konkrete Zweckabrede, wie sie etwa dann vorliegen kann, wenn die Partner zwar keine gemeinsamen Vermögenswerte schaffen wollten, der eine aber das Vermögen des anderen in der Erwartung vermehrt hat, an dem erworbenen Gegenstand langfristig partizipieren zu können.[27] Daneben komme nach dem BGH ein Ausgleichsanspruch nach den Grundsätzen über den Wegfall der Geschäftsgrundlage in Betracht, soweit der gemeinschaftsbezogenen Zuwendung die Vorstellung oder Erwartung zu Grunde lag, die Lebensgemeinschaft, deren Ausgestaltung sie gedient hat, werde Bestand haben. Die Rückabwicklung erfasse insoweit etwa Fälle, in denen es mangels Schaffung eines gemeinschaftlichen Vermögenswerts nicht zu gesellschaftsrechtlichen Ausgleichsansprüchen komme oder in denen eine Zweckabrede im Sinne von § 812 Abs. 1 Satz 2 Alt. 2 BGB nicht festzustellen sei. Insbesondere im Hinblick auf § 313 BGB betont der BGH jedoch, dass hierdurch nicht sämtliche Zuwendungen bei Scheitern der Beziehung auszugleichen wären.[28] Auszuscheiden sind danach neben den im Rahmen des täglichen Zusammenlebens ersatzlos erbrachten Leistungen auch solche Leistungen desjenigen Partners, der nicht zu den laufenden Kosten beiträgt, sondern größere Einmalzahlungen erbringt. Dieser könne insofern nicht besser gestellt werden als derjenige Partner, dessen Aufwendungen den täglichen Bedarf decken oder der sonst erforderlich werdende Beiträge übernehme.[29]

11 Für die Vertragsgestaltung bedeutet dies: Partnerschaftsverträge, gleich welchen Typus, sollten vom Prinzip der Gütertrennung ausgehen, da dies von den heiratsunwilligen Beteiligten in den aller meisten Fällen per se so gewollt ist. Ersatzansprüche wegen Zuwendungen, Dienstleistungen, besondere Leistungen an den anderen Partner oder Verwendungen auf dessen Vermögen sowie die Rückforderung von Schenkungen sollten bei Vornahme der Zuwendung oder Leistung zum Gegenstand einer besonderen vertraglichen Regelung gemacht werden, auch wenn die Rechtsprechung nunmehr die vorgenannten Ausgleichsansprüche anerkennt. Wird eine Regelung anlässlich eines konkreten Vermögenserwerbs mit wirtschaftlicher Beteiligung beider Partner getroffen, empfiehlt sich

– bei Alleinerwerb eines Partners die Begründung eines Darlehensverhältnisses mit dem anderen Partner,
– bei gemeinsamem Erwerb der Miteigentumserwerb zu Bruchteilen mit einer Übernahmeregelung betreffend den anderen Bruchteil bei Auseinandersetzung,
– bei damit verbundener Aufnahme gemeinsamer Verbindlichkeiten eine Freistellungsregelung für den Auseinandersetzungsfall und

---

25 BGH NJW 2008, 3282; NJW 2008, 3277.
26 BGH NJW 2008, 3277, 3280 f.
27 BGH NJW 2008, 3277, 3280.
28 BGH NJW 2008, 3277, 3281.
29 BGH NJW 2008, 3277, 3281.

– ein Ausschluss sämtlicher gesetzlicher Ausgleichsansprüche, insbesondere aus § 812 BGB und § 313 BGB.

Die Begründung einer BGB-Gesellschaft in Ansehung eines gemeinsam erworbenen Vermögens kann sich dann empfehlen, wenn gemeinsame Investitionsmaßnahmen im Umfang noch offen sind und Verpflichtungen zu weiteren Einschüssen etc. geregelt werden müssen und für die Auseinandersetzung § 733 BGB gelten soll. Insoweit unterscheidet sich die Partnerschaft aber nicht von der Regelung sonstiger gemeinsamer (gewerblicher) Aktivitäten.

IV. Mietwohnung

Hat nur einer der Partner die Wohnung gemietet, kann er vom Vermieter die grundsätzlich erforderliche Zustimmung zur Aufnahme verlangen;[30] dies gilt sowohl für heterosexuelle wie homosexuelle Beziehungen.[31] Der Vermieter kann die Zustimmung nur aus wichtigem Grund, z.B. Überbelegung, verweigern.[32] Durch die Einräumung von Mitbesitz, der indiziell durch die Übergabe des Wohnungsschlüssels belegt wird, kann der mietende Partner den Anderen nicht ohne Weiteres aus der Wohnung »werfen«. Sind hingegen beide Partner Mieter, gelten die allgemeinen Regelungen der §§ 420 ff. BGB. Für die Auseinandersetzung im Innenverhältnis ist eine Wohnungszuweisung an einen Partner erforderlich. Nur in Ausnahmefällen empfehlen sich Vereinbarungen über eine Nutzungsänderung und Einzelzuweisung von Räumen zwischen den Partnern. Wegen der für die Fortführung des Mietverhältnisses durch einen Mieter notwendigen Zustimmung des Vermieters oder die Kündigung des Mietverhältnisses durch beide Mieter sollte eine Mitwirkungsverpflichtung der Partner vorgesehen werden. Zwar besteht eine solche Mitwirkungsverpflichtung auch ohne konkrete Vereinbarung[33] Bei Tod eines Partners, der Alleinmieter war, gilt für den überlebenden Partner das Eintrittsrecht des § 563 Abs. 2 Satz 4 BGB. Grundsätzlich sollten sich Partner wechselseitig bevollmächtigen, die Rechte aus dem Mietverhältnis gegenüber dem Vermieter alleine wahrzunehmen. Weitergehende Vollmachten, etwa in Form einer Schlüsselgewalt betreffend die Haushaltsführung, sind nicht zweckmäßig, soweit nicht ausdrücklich eine generelle Bevollmächtigung z.B. in Form einer General- und Betreuungsvollmacht gewünscht wird.[34]

V. Partnerschaftlicher Unterhalt

Regelungen zum partnerschaftlichen Unterhalt empfehlen sich insoweit, als eine von der beiderseitigen Erwerbstätigkeit abweichende Rollenverteilung vorgesehen ist, insbesondere in Fällen der Kindererziehung. Dem haushaltsführenden Partner sollte in diesem Fall ein klagbarer Anspruch auf Unterhalt eingeräumt werden, einschließlich eines Taschengeldanspruches. Insbesondere im Kindeserziehungsfalle bedarf es auch einer Regelung zum nachpartnerschaftlichen Unterhalt. Anderes gilt im Fall der Partnerschaft auf Zeit oder Probe. Regelungen zur Altersvorsorge hingegen können nur bei ausdrücklich feststellbarem individuellem Interesse Vereinbarungsgegenstand sein.

---

30 BGH FamRZ 2004, 91; *Schulz*, FamRZ 2007, 600.
31 *Schulz*, FamRZ 2007, 600.
32 BGH FamRZ 1988, 42; 2004, 91, 93.
33 Vgl. OLG Düsseldorf FamRZ 1998, 739, 740; Staudinger/*Löhnig*, Anh. zu §§ 1297 ff. BGB Rn. 201.
34 *Langenfeld*, Handbuch Bd. XI. 2., S. 721.

VI. Kündigung und Auseinandersetzung

15 Das Wesen der Partnerschaft ist anders als das der Eheschließung in der Verkehrsanschauung nicht mit der Bindung auf (Lebens-)Dauer verbunden. Deswegen ist in aller Regel eine Kündigungsregelung vorzusehen, die in angemessener Frist die Auseinandersetzung ermöglicht. Die Vereinbarung insgesamt sollte, sofern sie durch den Notar erstellt wird, auch notariell beurkundet werden. Die notarielle Beurkundung ist bei Regelungen zur Auseinandersetzung von Grundbesitz sowie erbvertraglichen Begleitregelungen zwingend. Im Rahmen erbvertraglicher Vereinbarungen ist zwingend die Möglichkeit zum Rücktritt vorzusehen, da § 2077 BGB nicht analog anwendbar ist.[35] Eine eingetragene Lebenspartnerschaft wird auf Antrag eines Partners durch Urteil des Familiengerichts aufgehoben, wenn die dazu nach § 15 LebenspartnerschaftsG erforderlichen Voraussetzungen vorliegen. § 2077 BGB ist über § 10 Abs. 5 LPartG entsprechend anwendbar.

VII. Muster

Partnerschaftsvertrag (Ehe auf Probe)

16 M Verhandelt zu ..... am .....
Vor dem Notar ..... erschienen: .....
Die Beteiligten erklärten folgenden

Partnerschaftsvertrag

1. Wir leben einvernehmlich zusammen und führen einen gemeinsamen Haushalt in der von A angemieteten Wohnung. Wir regeln unsere Rechtsverhältnisse für die Dauer der Partnerschaft wie folgt:
2. A überläßt B den Mitbesitz an der von ihm genutzten Wohnung in der Weise, dass sie den beiden Partnern zur gemeinschaftlichen Nutzung zusteht. A bleibt alleiniger Vertragspartner im Außenverhältnis und trägt Miete und Nebenkosten sowie Reparaturverpflichtungen im Außenverhältnis alleine. B zahlt monatlich eine Nutzungsentschädigung an A in Höhe von 200,00 € inklusive fixer Nebenkosten. Dieser ist spätestens am 3. Werktag eines jeden Kalendermonats im Voraus zu entrichten. Verbrauchsabhängige Kosten tragen die Partner zu gleichen Teilen. Die Behandlung und Pflege der Mieträume und die geschuldete Sorgfalt richten sich nach dem von A abgeschlossenen Mietvertrag. Bei Beendigung des Partnerschaftsvertrages besteht für B die Verpflichtung, die Mieträume zum Ende der Kündigungsfrist von eingebrachten Gegenständen zu räumen und zu verlassen. Von der Kündigung bis zur Räumung steht ihr lediglich das Arbeitszimmer zur alleinigen Nutzung zu, daneben die Mitbenutzung von Küche, Bad, WC und Flur.
3. Bezüglich eingebrachter Gegenstände verbleibt es jeweils beim Eigentum desjenigen, der sie eingebracht hat. Wir werden auf eine strikte Trennung der Vermögensmassen achten und diese durch gesonderte Vermögensverzeichnisse dokumentieren. Die Einbringung von Gegenständen in den gemeinsamen Haushalt geschieht ausschließlich zur Nutzung. Für die Dauer der Partnerschaft kann eine Nutzungsentschädigung nicht verlangt werden. Ebenso werden Leistungen und Aufwendungen zum gemeinsamen Haushalt nicht erstattet, gleich, ob es sich um persönliche, sachliche oder

---

35 Vgl. OLG Celle FamRZ 2004, 310.

Geldleistungen handelt. Eine gewöhnliche Abnutzung von Gegenständen ist zulässig. Für die Behandlung gilt die Sorgfalt wie in eigenen Angelegenheiten.
4. Zuwendungen, die über den üblichen Umfang von Gelegenheitsgeschenken hinausgehen, können bei Beendigung der Partnerschaft nur zurückgefordert werden, wenn die Rückforderung ausdrücklich vorbehalten ist. Geldwerte Zuwendungen werden nur zurückerstattet, wenn bei der Zuwendung ein Darlehensvertrag schriftlich abgeschlossen wurde. Sie sind mangels anderer Vereinbarung bis zur Kündigung der Partnerschaft unverzinst gewährt.
Sollten sich bei Beendigung der Partnerschaft Haushaltsgegenstände in gemeinschaftlichem Eigentum befinden, so hat A das Recht, diese zum Zeitwert alleine zu übernehmen.
5. Zur Bestreitung der gemeinsamen Ausgaben (Verbrauchskosten der Wohnung, Ersatz für Einrichtungsgegenstände, Nahrungsmittel etc.) richten wir ein gemeinsames Konto ein. Jeder Partner verpflichtet sich, auf dieses Konto monatlich einen Betrag von 400,– € zu zahlen. Jeder Partner erhält im Außenverhältnis Einzelverfügungsbefugnis. Im Innenverhältnis ist er zur Verfügung im Rahmen der Zweckwidmung einzeln berechtigt. Diese Verfügungsbefugnis kann jederzeit widerrufen werden.
6. Dieser Vertrag kann von jedem Vertragsteil mit einer Frist von sechs Wochen zum Monatsende gekündigt werden. Die Kündigung bedarf der Schriftform, ebenso eine spätere Änderung oder Ergänzung dieses Vertrages.

■ *Kosten.* Vorliegend treffen mehrere Verfahrensgegenstände zusammen, die jeweils getrennt zu bewerten und sodann gemäß § 35 Abs. 1 GNotKG zu addieren sind. Die Regelung zur Einräumung des Mitbesitzes an der Mietwohnung und der Übernahme der hälftigen Miete im Innenverhältnis ist gemäß § 36 Abs. 1 GNotKG nach billigem Ermessen zu bewerten. In Anlehnung an § 99 Abs. 1 GNotKG ist die zu zahlende Nutzungsentschädigung für einen Zeitraum von 5 Jahren zur Bestimmung des Geschäftswertes zugrunde zu legen. Die Regelungen zum gegenseitigen Vermögen sowie dem Bankkonto sind nach § 36 Abs. 1 GNotKG zu bewerten, wobei mangels entsprechender Anhaltspunkte jeweils der Regelwert gemäß § 36 Abs. 2 GNotKG 5.000 € beträgt. Es ist eine 2,0 Gebühr gemäß Nr. 21100 KV GNotKG zu erheben.

Partnerschaftsvertrag (auf Dauer angelegte Lebensgemeinschaft)

Verhandelt zu ..... am ..... **17 M**

Vor dem Notar ..... erschienen: .....
Die Beteiligten erklärten folgenden

Partnerschaftsvertrag

1. Wir leben zusammen und führen in der gemeinsam angemieteten Wohnung einen gemeinsamen Haushalt. Die Haushaltsführung obliegt beiden Partnern gemeinsam. Jeder Partner bleibt zur Berufstätigkeit berechtigt. Unserem Lebensstandard entsprechend kann für die Haushaltsführung Personal in Anspruch genommen werden. Ein Kinderwunsch besteht beiderseits nicht.
2. Wird der zwischen uns geschlossene Partnerschaftsvertrag gekündigt, ist der kündigende Vertragsteil verpflichtet, aus dem Mietverhältnis auszuscheiden und nach Wahl des anderen Partners an einer Übertragung des Mietverhältnisses auf diesen oder an der Kündigung des Mietverhältnisses zum nächstmöglichen Zeitpunkt mitzuwirken. Im Falle der Fortführung des Mietverhältnisses durch einen Partner hat dieser ab dem Zeitpunkt des Wirksamwerdens der Kündigung den anderen Partner von

jeglicher Inanspruchnahme im Innenverhältnis freizustellen. Im zuletzt genannten Fall sind die Beteiligten verpflichtet, alle notwendigen und zweckdienlichen Erklärungen gegenüber dem Vermieter abzugeben, damit der kündigende Vertragsteil aus der Haftung des Mietvertrages entlassen wird.

3. Bezüglich eingebrachter Gegenstände verbleibt es jeweils beim Eigentum desjenigen, der sie eingebracht hat. Wir werden auf eine strikte Trennung der Vermögensmassen achten und diese durch gesonderte Vermögensverzeichnisse dokumentieren. Die Einbringung von Gegenständen in den gemeinsamen Haushalt geschieht ausschließlich zur Nutzung. Für die Dauer der Partnerschaft kann eine Nutzungsentschädigung nicht verlangt werden. Ebenso werden Leistungen und Aufwendungen zum gemeinsamen Haushalt nicht erstattet, gleich, ob es sich um persönliche, sachliche oder Geldleistungen handelt. Eine gewöhnliche Abnutzung von Gegenständen ist zulässig. Für die Behandlung gilt die Sorgfalt wie in eigenen Angelegenheiten.

4. Zuwendungen, die über den üblichen Umfang von Gelegenheitsgeschenken hinausgehen, können bei Beendigung der Partnerschaft nur zurückgefordert werden, wenn die Rückforderung ausdrücklich vorbehalten ist. Geldwerte Zuwendungen werden nur zurückerstattet, wenn bei der Zuwendung ein Darlehensvertrag schriftlich abgeschlossen wurde. Sie sind mangels anderer Vereinbarung bis zur Kündigung der Partnerschaft unverzinst gewährt.

Sollten sich bei Beendigung der Partnerschaft Haushaltsgegenstände in gemeinschaftlichem Eigentum befinden, so hat A das Recht, diese zum Zeitwert alleine zu übernehmen.

5. Soweit in Vermögensangelegenheiten eine Regelung nicht ausdrücklich getroffen wurde, gelten im Verhältnis der Partner zueinander im Übrigen die Bestimmungen der §§ 705 ff. BGB. Für die Auseinandersetzung gilt somit § 733 BGB mit der Maßgabe, dass bei der Gestaltung von Abfindungsansprüchen in besonderem Maße auf die Leistungsfähigkeit des Verpflichteten Rücksicht genommen werden muss. Eine Anwendung der Vorschriften der §§ 313 (Wegfall der Geschäftsgrundlage), 530 und 812 Abs. 1 BGB zur Begründung von Herausgabe- oder Ersatzansprüchen im Falle der Beendigung der Partnerschaft wird ausdrücklich ausgeschlossen.

6. Die Partner werden sich zum Zwecke der wechselseitigen Vertretung in Angelegenheiten des täglichen Lebens in gesonderter Urkunde jeweils eine Vollmacht erteilen. Sie verpflichten sich im Innenverhältnis, über Maßnahmen, die vom Umfang her wirtschaftlich ein Monatsgehalt des besser verdienenden Partners übersteigen, vor Ausübung der Vollmacht Einvernehmen zu erzielen. Die Vollmacht berechtigt auch zum Abschluss von Dauerschuldverhältnissen wie Versorgungsverträgen, Dienst-, Miet- oder Leasingverträgen.

Die Partner bevollmächtigen sich wechselseitig, sämtliche an den anderen adressierten Postsendungen entgegenzunehmen.

Jeder von uns ist berechtigt, im Namen des anderen von uns in allen Angelegenheiten der Gesundheitssorge sowie über alle Einzelheiten einer ambulanten oder (teil-)stationären Pflege zu entscheiden und die hierbei erforderlichen Erklärungen abzugeben und Verträge zu schließen. Der Bevollmächtigte darf insbesondere

– in eine Untersuchung des Gesundheitszustandes, in eine Heilbehandlung und ärztliche Eingriffe einwilligen sowie solche Einwilligungen versagen oder widerrufen, obwohl die Maßnahme medizinisch angezeigt ist, selbst wenn wir an einer solchen Behandlung bzw. wegen des Abbruchs oder des Unterbleibens der Maßnahme sterben oder länger dauernden gesundheitlichen Schaden erleiden könnten (§ 1904 Abs. 1 u. 2 BGB);

– in das Unterlassen oder die Beendigung lebensverlängernder Maßnahmen einwilligen;

- sämtliche Krankenunterlagen einsehen und der Herausgabe an Dritte zustimmen; hierzu entbinden wir alle uns behandelnden Ärzte und nichtärztliches Personal von der Schweigepflicht;
- das Aufenthaltsbestimmungsrecht ausüben, insbesondere über die Aufnahme in ein Pflegeheim oder ähnliche Einrichtungen entscheiden, und die Einwilligung in freiheitsbeschränkende Maßnahmen i.S. von § 1906 Abs. 4 BGB (z.B. Bettgitter, Medikamente) sowie medizinische Zwangsmaßnahmen (§ 1906 Abs. 3 BGB) erteilen;
- Verträge mit Ärzten, Kliniken, Pflegeheimen oder ambulanten Pflegediensten abschließen.

Der Notar hat auf die Erforderlichkeit einer betreuungsgerichtlichen Genehmigung für die Einwilligung in lebensgefährliche Heileingriffe, medizinische Zwangsmaßnahmen und freiheitsentziehende Maßnahmen hingewiesen.

Der Bevollmächtigte soll erst dann von dieser Vollmacht Gebrauch machen, wenn der jeweilige Vollmachteber nicht mehr für sich selbst sorgen kann. Dies ist jedoch nur eine interne Anweisung an den Bevollmächtigten. Gegenüber Dritten ist die Vollmacht unbeschränkt und unabhängig von meinem Gesundheitszustand gültig. Der Bevollmächtigte unterliegt nicht den gesetzlichen Beschränkungen eines Betreuers. Mit dieser Vollmacht soll ein gerichtliches Betreuungsverfahren vermieden werden. Sollte trotzdem die Bestellung eines Betreuers nötig werden, schlagen wir dem Gericht uns gegenseitig als Betreuer vor.

Dem Bevollmächtigten ist eine die Vollmachten enthaltene Teilausfertigung dieser Urkunde zu erteilen, jede weitere Teilausfertigung nur auf schriftliche Anweisung. Sollte der Vollmachtgeber nicht mehr in der Lage sein, so kann der Bevollmächtigte gegen Vorlage einer dies belegenden fachärztlichen Bestätigung eine weitere Teilausfertigung vom Notar verlangen.

Etwaige später von uns erteilte Vollmachten, insbesondere Bankvollmachten, haben keinen Einfluss auf Wirksamkeit und Umfang der heute erteilten Vollmacht.

7. Sollte einer der Partner, insbesondere im Falle der Kindererziehung, seine Berufstätigkeit im Einvernehmen mit dem anderen Partner aufgeben, so ist der andere Partner zur Unterhaltsleistung verpflichtet, solange und soweit dem berufstätigen Partner eine Berufstätigkeit nicht zugemutet werden kann. Zur Angemessenheit und zum Umfang der Unterhaltsverpflichtung sind die Grundsätze der §§ 1570, 1578 BGB und der dazu ergangenen Rechtsprechung entsprechend. Im Falle der Kündigung der Partnerschaft ist der zuletzt geschuldete Unterhalt (ergänzend: unabhängig vom Alter des Kindes/der Kinder) für die Dauer von drei Jahren fortzugewähren, sofern die Voraussetzungen hierfür andauern. Die Verpflichtung erlischt jedoch mit dem Tod des Berechtigten oder des Verpflichteten.

8. Für den Fall, dass aus unserer Partnerschaft gemeinsame Kinder hervorgehen, verpflichten wir uns, gemäß § 1626a BGB eine gemeinsame Sorgeerklärung abzugeben. Dieses Sorgerecht soll auch im Falle der Trennung beibehalten bleiben. Die Entscheidungen zum Aufenthalt des Kindes sowie zur täglichen Personensorge obliegen im Trennungsfall jedoch der Mutter alleine. Der andere Partner hat ein großzügiges Umgangsrecht.

9. Dieser Vertrag kann von jedem Vertragsteil mit einer Frist von sechs Wochen zum Monatsende gekündigt werden. Die Kündigung bedarf der Schriftform, ebenso eine spätere Änderung oder Ergänzung dieses Vertrages.

■ *Kosten.* Siehe Rdn. 16 M. Zum Geschäftswert hinzu zu addieren sind die Werte für die Unterhaltsvereinbarung (siehe § 85 Rdn. 7 M) und die Sorgerechtsvereinbarung (siehe § 90 Rdn. 79 M). Aus den addierten Werten ist eine 2,0 Gebühr gemäß Nr. 21100 KV GNotKG zu erheben. Die Vollmacht ist nach § 98 Abs. 3 GNotKG mit 50 % des Vermögens des jeweiligen Vollmachtgebers zu bewerten. Insoweit ist eine 1,0 Gebühr gemäß Nr. 21200 KV GNotKG zu erheben. Die Gebühren sind für Vollmachten und den übrigen Vertrag jeweils gesondert zu berechnen, § 94 Abs. 1 GNotKG, dürfen zusammen jedoch nicht die aus dem höchsten Gebührensatz der addierten Werte berechnete Gebühr übersteigen.

Partnerschaftsvertrag (Erwerb eines gemeinsamen Hauses)

18 M

Verhandelt zu ..... am .....

Vor dem Notar ..... erschienen: .....
Die Beteiligten erklärten:
1. Wir haben in gesonderter Urkunde des amtierenden Notars vom heutigen Tage den Hausgrundbesitz Peterstraße 7, 50500 Köln, zu je hälftigem Miteigentum erworben. Wir beabsichtigen, diesen Hausgrundbesitz in Zukunft im Rahmen unserer Partnerschaft gemeinsam zu bewohnen. Zur Finanzierung des Ankaufs bringt A einen Betrag von 50.000,– € und bringt B einen Betrag von 30.000,– € auf. Der Restkaufpreis von 100.000,– € wird durch Aufnahme eines Darlehens finanziert, für das wir gesamtschuldnerisch haften werden. Für den Fall der Auseinandersetzung unserer Partnerschaft regeln wir die Rechtsverhältnisse wie folgt:
2. Wir schließen die Auseinandersetzung der Miteigentümergemeinschaft gemäß § 1010 BGB aus und beantragen die Eintragung des Auseinandersetzungsausschlusses in das Grundbuch. Die Eintragung soll jedoch nur auf besondere Anweisung eines von uns durch den Notar erfolgen.
Der Auseinandersetzungsausschluss endet nach Ablauf von einem Jahr seit Wirksamwerden der Kündigung dieses Partnerschaftsvertrages, wenn bis zu diesem Zeitpunkt nicht gemäß nachfolgender Regelung Alleineigentum zugunsten eines Partners begründet wurde.
3. Im Falle der Kündigung des Partnerschaftsvertrages erhält zunächst A das Recht, die Übertragung des $^1/_2$ Miteigentumsanteils der B zu verlangen. B ist verpflichtet, den Miteigentumsanteil am Grundbesitz aufzulassen, sofern A das Vorliegen einer Finanzierung für die dann B geschuldete Abfindungssumme durch aussagekräftige Unterlagen nachweist. Macht A von seinem Übernahmerecht nicht innerhalb drei Monaten ab Wirksamwerden der Kündigung des Partnerschaftsvertrages Gebrauch, ist B berechtigt, zu gleichen Bedingungen die Übernahme des Anteils des A zu verlangen. Die Ausübung des Übernahmeverlangens bedarf der Schriftform.
4. Im Falle der Kündigung des Partnerschaftsvertrages ist der nicht übernehmende Partner verpflichtet, das Objekt innerhalb von sechs Monaten ab Wirksamwerden der Kündigung zu räumen. Bis dahin ist A zur ausschließlichen Benutzung des Schlafzimmers und des Arbeitszimmers und B zur ausschließlichen Benutzung des Wohnzimmers und des Kinderzimmers berechtigt. Bezüglich aller übrigen Räumlichkeiten besteht ein Mitbenutzungsrecht beider Partner. Macht keiner der Partner von seinem Übernahmerecht innerhalb von sechs Monaten ab Wirksamwerden der Kündigung Gebrauch, ist das Objekt freihändig zum Verkehrswert oder zu einem von den Partnern einvernehmlich festgelegten Wert zu veräußern. Kommt zur Höhe des Wertes eine Einigung zwischen den Beteiligten nicht innerhalb von zwei Wochen seit Wirksamwerden der Kündigung des Partnerschaftsvertrages zustande, wird zur Ermittlung des Verkehrswertes ein von der Industrie- und Handelskammer Köln zu bestellender vereidigter Sachverständiger auf Antrag eines Partners als Schiedsgutachter berufen. Ist die Veräußerung bis zum Ablauf eines Jahres nach Wirksamkeit der Kündigung des Partnerschaftsvertrages nicht erfolgt, so ist jeder Partner verpflichtet, einer Veräußerung des Objektes zu einem Preis von mindestens 80 % des Verkehrswertes zuzustimmen.

Aus dem nach Veräußerung und Ablösung der auf dem Grundbesitz ruhenden Verbindlichkeiten verbleibenden Veräußerungserlös werden zunächst die vorstehenden genannten Eigenmittel jedes Partners diesem ohne Zinsen erstattet. Der verbleibende Veräußerungserlös wird sodann hälftig auf die Partner verteilt.
5. Macht einer der Partner von seinem Übernahmerecht Gebrauch, ist der andere Partner innerhalb von drei Monaten ab Ausübung des Übernahmerechtes Zug um Zug gegen Übertragung seines Miteigentumsanteils in dem rechtlichen und tatsächlichen Bestand zu diesem Zeitpunkt abzufinden. Die Abfindung erfolgt nach dem unter Zugrundelegung des Verkehrswertes sich ergebenden fiktiven Veräußerungserlös. Im Nichteinigungsfalle sind Verkehrswert und fiktiver Veräußerungserlös nach vorstehenden Regelungen zu ermitteln. Der übernehmende Partner ist verpflichtet, die auf dem Grundbesitz ruhenden Verbindlichkeiten zu übernehmen. Stimmt ein Kreditinstitut der Schuldhaftentlassung des anderen Partners nicht zu, ist er verpflichtet, diesen im Innenverhältnis von jeder Inanspruchnahme freizustellen (§ 415 Abs. 3 BGB). Bis zur Kündigung geleistete Zins- und Tilgungszahlungen werden nicht erstattet.
6. Eine Rückforderung oder Verrechnung von sonstigen Aufwendungen auf das gemeinschaftliche Eigentum erfolgt nur, wenn dies zwischen den Partnern ausdrücklich schriftlich vorbehalten wurde. Rückforderungs- oder Ersatzansprüche gemäß §§ 313 (Wegfall der Geschäftsgrundlage), 530 (grober Undank), 812 Abs. 1 BGB oder sonstiger Vorschriften werden ausdrücklich ausgeschlossen.
7. Dieser Vertrag kann von jedem Vertragsteil mit einer Frist von sechs Wochen zum Monatsende gekündigt werden. Die Kündigung bedarf der Schriftform, ebenso eine spätere Änderung oder Ergänzung dieses Vertrages.

■ *Kosten.* Das Übernahmerecht ist gemäß § 51 Abs. 1 Satz 1 GNotKG zu bewerten und entspricht dem vollen Wert des Hauses. Die Miteigentümervereinbarung nach § 1010 BGB ist gemäß § 52 Abs. 2 GNotKG mit 30 % des Wertes des Hauses zu bewerten. Es ist eine 2,0 Gebühr gemäß Nr. 21100 KV GNotKG zu erheben.

Partnerschaftsvertrag (Eheersatz)

Nachstehendes Muster unterstellt, dass die Partner eine der Ehe angeglichene Regelung wünschen. Bei gleichgeschlechtlichen Paaren wird unterstellt, dass die gesetzliche Regelung der Rechtsverhältnisse nicht gewollt ist. **19**

Verhandelt zu ..... am ..... **20 M**

Vor dem Notar ..... erschienen: .....
Die Beteiligten erklärten:
1. Wir haben uns wechselseitig versprochen, auf Dauer ein gemeinsames Leben zu führen. Wir leben derzeit in der Wohnung Peterstr. 10, 50500 Köln, die wir beide als Mieter angemietet haben. Zur Regelung unserer Partnerschaft soll folgendes gelten:
2. Wir werden für die Dauer unserer Partnerschaft einen gemeinsamen Haushalt führen und die wechselseitigen Pflichten hierbei einvernehmlich festlegen. Wird der zwischen uns geschlossene Partnerschaftsvertrag gekündigt, ist der kündigende Vertragsteil verpflichtet, aus dem Mietverhältnis auszuscheiden und nach Wahl des anderen Partners an einer Übertragung des Mietverhältnisses auf diesen oder an der Kündigung des Mietverhältnisses zum nächstmöglichen Zeitpunkt mitzuwirken. Im Falle der Fortführung des Mietverhältnisses durch einen Partner hat dieser ab dem Zeitpunkt des Wirksamwerdens der Kündigung den anderen Partner von jeglicher Inanspruchnahme im Innenverhältnis freizustellen. Im zuletzt genannten Fall sind die Beteiligten verpflichtet alle notwendigen und zweckdienlichen Erklärungen gegenüber dem Vermie-

ter abzugeben, damit der kündigende Vertragsteil aus der Haftung des Mietvertrages entlassen wird.

3. Bezüglich eingebrachter Gegenstände verbleibt es jeweils beim Eigentum desjenigen, der sie eingebracht hat. Wir werden auf eine strikte Trennung der Vermögensmassen achten und diese durch gesonderte Vermögensverzeichnisse dokumentieren. Die Einbringung von Gegenständen in den gemeinsamen Haushalt geschieht ausschließlich zur Nutzung. Für die Dauer der Partnerschaft kann eine Nutzungsentschädigung nicht verlangt werden. Ebenso werden Leistungen und Aufwendungen zum gemeinsamen Haushalt nicht erstattet, gleich, ob es sich um persönliche, sachliche oder Geldleistungen handelt. Eine gewöhnliche Abnutzung von Gegenständen ist zulässig. Für die Behandlung gilt die Sorgfalt wie in eigenen Angelegenheiten.

4. Wir stellen einvernehmlich fest, dass unser Vermögen derzeit ausschließlich aus den Haushaltsgegenständen in der vorgenannten Wohnung besteht. Wir vereinbaren, dass diese Haushaltsgegenstände, soweit sie nachweislich von einem Partner eingebracht wurden, in dessen Eigentum verbleiben und dem anderen Partner zur Mitnutzung überlassen werden. Ist das Eigentum nicht feststellbar, besteht im Zweifel Miteigentum je zur Hälfte. Zur derzeitigen Eigentumszuordnung verweisen wir auf die beigefügten Inventarlisten. Auf das Verlesen der Inventarlisten wird allseits verzichtet. Die Inventarlisten wurden den Beteiligten zur Prüfung vorgelegt und auf jeder Seite unterschrieben.

Sollte ein Partner während unserer Partnerschaft Vermögensgegenstände, gleich welcher Art, allein erwerben, ohne dass dies aufgrund freigiebiger Zuwendung eines Dritten oder in Folge Erbfalls erfolgt, so hat er diese Vermögensmehrung am Ende unserer Partnerschaft auszugleichen. Zu diesem Zweck wird bei Beendigung der Partnerschaft der Verkehrswert des jeweiligen Vermögens der Partner ermittelt. Drittzuwendungen der genannten Art werden mit ihrem Wert zum Zeitpunkt der Auseinandersetzung abgezogen. Der Partner, der einen höheren Vermögenswert hat, hat die Hälfte des überschießenden Vermögenswertes dem anderen Partner auszugleichen. Der Ausgleich hat innerhalb drei Monaten ab Beendigung der Partnerschaft zu erfolgen.

Im Falle des Todes eines Partners werden Ansprüche Dritter auf einen solchen Ausgleich ausdrücklich ausgeschlossen. Der Ausgleichsanspruch ist nicht abtretbar oder pfändbar.

5. Ist ein Partner unverschuldet nicht zur Ausübung einer Erwerbstätigkeit in der Lage, so ist ihm während der Partnerschaft und längstens auf die Dauer von 3 Jahren ab Beendigung der Partnerschaft vom anderen Partner ein Unterhaltszuschuss zu gewähren, soweit und solange er nicht in der Lage ist, sich selbst zu unterhalten. Der Unterhaltszuschuss beträgt 25 % des Gesamtbetrages der Einkünfte im Sinne des Einkommensteuerrechts des unterhaltspflichtigen Partners. Hierauf sind, jeweils zum ersten eines Monats, monatliche Abschläge zu gewähren, die zum 1. März eines Jahres nach den Einkünften des Vorjahres ermittelt werden. Die Monatsleistung ist begrenzt auf einen Höchstbetrag von 1.500,– €. Eigene Einkünfte der genannten Art sind anzurechnen. Die nachstehende Altersvorsorgeleistung gilt als Sonderbedarf. Die Unterhaltspflicht endet, wenn einer der Partner stirbt oder der Unterhaltspflichtige eine neue Partnerschaft eingeht.

6. Zur Altersvorsorge unterhalten die Beteiligten je eine Lebensversicherung mit Berufsunfähigkeitszusatzversicherung bei dem Versicherungsunternehmen X. Der Monatsbeitrag beträgt jeweils 200,– €. Die Partner verpflichten sich, diese Versicherungen bis zum Eintritt des Versicherungsfalles aufrechtzuerhalten und benennen sich wechselseitig zum Bezugsberechtigten für den Todesfall.

7. Vollmachtsregelung wie zu Muster Rdn. 17 M

8. Wir setzen uns gegenseitig zum alleinigen Erben ein. Anfechtungsrechte wegen Übergehens Pflichtteilsberechtigter werden allgemein ausgeschlossen. Der Notar überzeugte sich von der Geschäftsfähigkeit der Beteiligten, die auf Zeugenzuziehung verzichten und ihn mit der unverschlossenen Verwahrung der Urkunde beauftragen.
9. Sollten aufgrund einer künftigen gesetzlichen Regelung abweichende Partnerschaftsfolgen begründet werden, werden diese im zulässigen Umfang ausgeschlossen.
10. Diese Vereinbarung kann jederzeit mit einer Frist von sechs Wochen zum Ablauf eines Monats gekündigt werden. Die Kündigung bedarf zu ihrer Wirksamkeit der Form des Rücktritts vom Erbvertrag gemäß § 2294 BGB. Der amtierende Notar hat über die Voraussetzungen (notarielle Beurkundung, förmliche Zustellung an den Erklärungsgegner) belehrt.

■ *Kosten.* Siehe Rdn. 17 M. § 100 GNotKG ist nicht anzuwenden, da kein Ehevertrag bzw. Lebenspartnerschaftsvertrag i.S.d. § 1408 BGB vorliegt. Der Geschäftswert der Vereinbarung zur Vermögensauseinandersetzung ist nach § 97 GNotKG zu ermitteln. Der Erbvertrag ist gemäß § 111 Ziffer 3 GNotKG immer ein besonderer Gegenstand. Der Wert des Erbvertrages wird nach § 102 Abs. 2 GNotKG ermittelt, wobei – wie auch beim Ehevertrag (siehe § 83 Rdn. 9 M) – das modifizierte Reinvermögen des jeweiligen Erblassers zugrunde zu legen ist.

§ 92 Kindschaftsrecht

I. Vorbemerkung

1 Die Reformgesetze der letzten Jahre haben im Bereich des Kindschaftrechts im Wesentlichen zwei Ziele verfolgt:
- den Verfassungsauftrag zu erfüllen, eheliche und nichteheliche Kinder gleichzustellen,
- Regelungen zu schaffen, die das Kindeswohl auf bestmögliche Art und Weise fördern.

Die Gleichstellung aller Kinder ist Leitlinie des Familienrechts geworden. Die Unterscheidung von ehelichen und nichtehelichen Kindern ist im Gesetz aufgegeben.

2 Auch das Unterhaltsrecht hat seit der am 01.01.2008 in Kraft getretenen Änderung[1] insbesondere das Kindeswohl im Blick:

3 1. Die Rangfolge ist konsequent auf das Kindeswohl ausgerichtet. Daher hat der Kindesunterhalt Vorrang vor allen anderen Unterhaltsansprüchen (1. Rang), § 1609 Nr. 1 BGB. Die Unterhaltsansprüche von Elternteilen, die wegen der Betreuung eines Kindes unterhaltsberechtigt sind oder im Fall einer Scheidung wären, werden demgegenüber nachrangig befriedigt (2. Rang), § 1609 Nr. 2 BGB. Dieser zweite Rang wird also unabhängig davon gewährt, ob der betreuende Elternteil mit dem Unterhaltsverpflichteten verheiratet ist oder war, solange es ein gemeinsames zu betreuendes Kind gibt. Denselben, also den zweiten, Rang erhalten Ehegatten – insoweit unabhängig davon, ob Kinder zu betreuen sind – bei **langer** Ehedauer. Der geschiedene Ehegatte, der nur verhältnismäßig kurz verheiratet war und keine Kinder betreut, ist demgemäß weniger schutzbedürftig. Er befindet sich im 3. Rang, § 1609 Nr. 3 BGB.

4 2. Das Gesetz hat zur Vereinfachung der Unterhaltsberechnung eine gesetzliche Definition des Mindestunterhaltes minderjähriger Kinder und eine vereinfachte Kindergeldverrechnung eingeführt, §§ 1612a, 1612b BGB.

5 3. Der nicht verheiratete Elternteil, der das Kind betreut, erhält zunächst für die Dauer von 3 Jahren nach der Geburt des Kindes Betreuungsunterhalt von dem anderen Elternteil, § 1615l BGB. Danach muss er wieder arbeiten, wenn dies nicht unter Berücksichtigung der Belange des Kindes und der bestehenden Möglichkeiten für eine Kinderbetreuung unbillig ist. Die Reform des Unterhaltsrechts hat an die Stelle der vormals groben Unbilligkeit die einfache Unbilligkeit gesetzt, sodass im Einzelfall die Verlängerung des Unterhalts leichter zu begründen ist, § 1615l Abs. 2 Satz 4 BGB. Außerdem ist in § 1570 BGB eine entsprechende zeitliche Limitierung auch für geschiedene Ehegatten eingeführt worden.

6 In verfahrensrechtlicher Hinsicht berücksichtigt das Gesetz über das Verfahren in Familiensachen und in den Angelegenheiten der freiwilligen Gerichtsbarkeit (FamFG),[2] das am 01.09.2009 in Kraft getreten ist und das gerichtliche Verfahren in Familiensachen in einer einzigen Verfahrensordnung vollständig neu regelt, indem es die vorher in der ZPO, dem FGG, der HausratsVO und sonstigen Gesetzen sowie in der höchstrichterlichen Rechtsprechung entwickelten Grundsätze zusammenfasst, in den §§ 151 ff. FamFG (Kindschaftssachen) in besonderem Maße die Belange der Kinder. So sollen bspw. dringliche Kindschafts-

---

[1] BGBl. 2007 I S. 3189.
[2] BGBl. 2008 I S. 2586, zuletzt geändert durch Art. 6 des Gesetzes vom 05.12.2012, BGBl. 2012 I S. 2418; vgl. dazu *Stößer*, FamRZ 2009, 656 ff.; *Willutzki*, FÜR 2009, 327 ff.

sachen, insbesondere Streitigkeiten über das Umgangsrecht, nach § 155 FamFG vorrangig und beschleunigt bearbeitet und gem. § 156 FamFG einvernehmliche Lösungen der Eltern gefördert werden.

Des Weiteren sind die Beteiligungs- und Mitwirkungsrechte der betroffenen Kinder verstärkt worden. So wird nach § 158 FamFG dem Kind ein Verfahrensbeistand zur Seite gestellt, soweit dies zur Wahrnehmung der Interessen des Kindes erforderlich ist. Dieser Verfahrensbeistand soll im Gegensatz zum Verfahrenspfleger nach früherem Recht eine aktive Rolle in dem Konflikt übernehmen und zu einer einvernehmlichen Umgangsregelung beitragen. 7

Der Begriff der Kindschaftssachen wird weiter definiert als vor dem Inkrafttreten des FamFG. Vorher wurden unter Verfahren in Kindschaftssachen die Verfahren verstanden, in denen es um Feststellung oder Anfechtung einer Vaterschaft ging. Für diese Verfahren gibt es nun den Begriff der Abstammungssachen. Kindschaftssachen sind nach § 151 FamFG nun elterliche Sorge, Umgang und Kindesherausgabe, Vormundschaft, Pflegschaft im weiteren Sinne, Genehmigung der freiheitsentziehenden Unterbringung eines Minderjährigen, Anordnung der freiheitsentziehenden Unterbringung eines Minderjährigen nach den Landesgesetzen über die Unterbringung psychisch Kranker und Aufgaben nach dem Jugendgerichtsgesetz. Diese Verfahren sind nun alle beim Familiengericht angesiedelt, was – neben der Einrichtung der Betreuungsgerichte – zwangsläufig zur Auflösung der Vormundschaftsgerichte geführt hat. 8

Auch für Adoptionssachen ist nach §§ 186 ff. FamFG das Familiengericht zuständig.[3] 9

II. Abstammungsrecht

In §§ 1591 ff. BGB sind die materiell-rechtlichen Regelungen über die Abstammung ehelicher und nichtehelicher Kinder in *einem* Titel des BGB zusammengefasst. Das Verfahrensrecht wurde auch in diesem Bereich durch das FamFG reformiert: Die verfahrensrechtlichen Fragen der Abstammung wurden vor der Reform in der ZPO als Kindschaftssachen bezeichnet und firmieren nun in den §§ 169 ff. FamFG als Abstammungssachen.[4] 10

1. Mutter ist die Frau, die das Kind *geboren* hat, § 1591 BGB. Dadurch wird der Tatsache Rechnung getragen, dass im Fall einer – nach dem Embryonenschutzgesetz grundsätzlich strafbaren – Ei- oder Embryonenspende die gebärende Frau nicht auch zugleich die genetische Mutter des Kindes sein muss. Mutter im Sinne des Bürgerlichen Gesetzbuches ist aber die *gebärende Frau* und nicht die genetische Mutter. 11

2. Vater ist nach § 1592 BGB der Mann, 12
– der zum Zeitpunkt der Geburt mit der Mutter des Kindes verheiratet ist,
– der die Vaterschaft anerkannt hat oder
– dessen Vaterschaft nach § 1600d BGB oder § 182 FamFG gerichtlich festgestellt ist.

Die Ehe mit der Mutter begründet die Vermutung der Vaterschaft. Eine bloße Lebensgemeinschaft mit der Mutter lässt die väterliche Abstammung bis zur Anerkennung oder gerichtlichen Feststellung nach wie vor offen. Folgende Besonderheiten sind zu beachten: 13

a) Stirbt der Ehemann der Frau und wird innerhalb von 300 Tagen nach seinem Tod ein Kind geboren, so gilt grundsätzlich als Vater der verstorbene Ehemann, § 1593 Satz 1 BGB. Ist die Frau jedoch bei der Geburt des Kindes bereits wieder verheiratet und wäre das Kind sowohl nach § 1593 Satz 1 BGB als Kind des früheren Ehemanns als auch nach § 1592 Nr. 1 BGB als Kind des neuen Ehemanns anzusehen, gilt es nur als Kind des 14

---
3 Einen Überblick über das FamFG geben *Jacoby*, FamRZ 2007, 1703 ff., und *Borth*, FamRZ 2007, 1925.
4 Vgl. dazu *Stößer*, FamRZ 2009, 923 ff.

§ 92 Kindschaftsrecht

neuen Ehemanns, § 1593 Satz 3 BGB. Wird die Vaterschaft des neuen Ehemanns angefochten und festgestellt, dass er nicht der Vater des Kindes ist, gilt es als Kind des früheren Ehemanns, § 1593 Satz 4 BGB.

15 b) Wenn ein Kind nach Rechtskraft eines Scheidungsurteils noch innerhalb der entsprechenden gesetzlichen Empfängniszeit (300 Tage) geboren wird, galt nach altem Recht eine Vaterschaftsvermutung für den geschiedenen Ehemann. Diese Vermutung, die sich auf den geschiedenen Ehemann als Vater richtet, ist beseitigt.

16 Wenn ein Kind nach Anhängigkeit eines Scheidungsverfahrens geboren wird und ein Dritter bis spätestens zum Ablauf 1 Jahres nach Rechtskraft des dem Scheidungsantrag stattgebenden Urteils die Vaterschaft anerkennt und die Mutter sowie der bisherige Ehemann der Anerkennung der Vaterschaft zustimmen, gilt der Anerkennende als Vater, auch wenn bei der Geburt des Kindes die Scheidung noch nicht rechtskräftig war (§ 1599 Abs. 2 BGB); § 1592 Nr. 1 BGB gilt dann nicht. Damit wird nach neuem Recht die Notwendigkeit einer Anfechtung der Vaterschaft für solche Kinder entbehrlich, die nach der Trennung der Eheleute geboren werden und bei denen sich alle Beteiligten einig sind, dass sie nur von dem neuen Partner der Frau stammen können. Da die Anerkennung jedoch erst mit Rechtskraft des Scheidungsurteils wirksam wird (§ 1599 Abs. 2 Satz 3 BGB), ist das Kind während des Scheidungsverfahrens abstammungsrechtlich aber noch dem Ehemann zugeordnet. § 1599 Abs. 2 BGB gilt auch, wenn die Ehe nach Stellung des Scheidungsantrags durch den Tod beendet wird, § 1593 BGB gilt dann nicht. Für nach dem Scheidungsurteil geborene Kinder gilt § 1599 Abs. 2 BGB nicht.

III. Anerkennung der Vaterschaft

17 1. Bei Kindern, deren Eltern nicht miteinander verheiratet sind, wird die Vaterschaft durch Anerkennung oder gerichtliche Entscheidung mit Wirkung für und gegen alle festgestellt. Die Rechtswirkungen der Anerkennung können erst von dem Zeitpunkt an geltend gemacht werden, zu dem die Anerkennung wirksam wird, § 1594 Abs. 1 BGB. Die Anerkennung ist eine einseitige, nicht empfangsbedürftige Willenserklärung. Sie ist schon vor der Geburt des Kindes zulässig, § 1594 Abs. 4 BGB. Der Mann kann die Anerkennung widerrufen, wenn sie 1 Jahr nach Beurkundung noch nicht wirksam geworden ist, § 1597 Abs. 3 BGB. Die Anerkennung ist unwirksam, wenn sie unter einer Bedingung oder Zeitbestimmung erfolgt, § 1594 Abs. 3 BGB. Nicht wirksam ist die Anerkennung der Vaterschaft zudem, solange die Vaterschaft eines anderen Mannes besteht, § 1594 Abs. 2 BGB, mag diese andere Vaterschaft durch Ehe mit der Mutter oder kraft früherer wirksamer Anerkennung durch einen anderen Mann bestehen. Im Jahr 2008 war außerdem die behördliche Vaterschaftsanfechtung in § 1600 Abs. 1 Nr. 5 BGB eingeführt worden, um die Umgehung des Aufenthaltsrechts durch eine Vaterschaftsanerkennung zu verhindern. Nach § 1600 Abs. 3 BGB setzt die Anfechtung durch die Behörde voraus, dass zwischen dem Kind und dem Anerkennenden keine sozialfamiliäre Beziehung besteht bzw. bestanden hat und dass durch die Anerkennung die Voraussetzungen für ein Aufenthaltsrecht des Kindes oder eines Elternteils geschaffen werden. Das Bundesverfassungsgericht hat diese Regelung nun für verfassungswidrig erklärt.[5] Die Behördenanfechtung sei nach dieser Regelung nicht nur dann zulässig, wenn die Vaterschaftsanerkennung gerade zur Umgehung des Aufenthaltsrechts erfolge, sondern auch, wenn sie lediglich eine Nebenwirkung sei. Eine Vaterschaftsanfechtung durch Behörden ist daher derzeit nicht mehr zulässig. Um gleichwohl missbräuchliche Vaterschaftsanerkennungen zu erschweren, die der Erlangung eines Aufenthaltsrechts dienen, hat der Gesetzgeber mit dem Gesetz zur besseren Durchsetzung der Ausreisepflicht, das am 29.07.2017 in Kraft

---

[5] BVerfG, Beschl. v. 17.12.2013 – 1 BvL 6/10, BVerfGE 135, 48 = NJW 2014, 1364.

getreten ist, § 1597a BGB eingeführt.[6] Die Vorschrift definiert in Abs. 1 den Tatbestand der missbräuchlichen Vaterschaftsanerkennung. Ob die Beurkundung der Vaterschaftsanerkennung in einem Fall, der die Tatbestandsvoraussetzungen erfüllt, nichtig ist, scheint noch nicht geklärt. Nach der Gesetzesbegründung handelt es sich bei § 1597a Abs. 1 BGB um eine Verbotsnorm.[7] Nach ersten Stimmen in der Literatur ist § 1597a Abs. 1 BGB keine Verbotsnorm i.S.d. § 134 BGB und § 1597a Abs. 2 BGB, der die Unwirksamkeit der Vaterschaftsanerkennung anordnet, insoweit abschließend.[8] Bestehen konkrete Anhaltspunkte für eine missbräuchliche Anerkennung, muss die Urkundsperson gem. § 1597a Abs. 2 BGB das Verfahren aussetzen und dies der nach § 85a AufenthG zuständigen Ausländerbehörde mitteilen.[9] Die Aussetzung ist jedoch erst nach Anhörung von Vater und Mutter zulässig. Die Form der Anhörung ist nicht geregelt; eine schriftliche Anhörung bietet sich allerdings an. Im Rahmen dieser Anhörung sollte der Notar die Beteiligten auf seine konkrete Bedenken und eventuell darauf hinweisen, dass sich diese durch einen Vaterschaftsnachweis ausräumen lassen.

Muster für Anhörungsschreiben:

17.1 M
**Sehr geehrte Frau ..., sehr geehrter Herr,
Sie, sehr geehrter Herr ..., haben am ... den Antrag auf Beurkundung der Anerkennung Ihrer Vaterschaft für das am ... geborene Kind ... gestellt. Sie, sehr geehrte Frau ..., haben bereits zu meiner Urkunde ... Ihre Zustimmung zu diesem Anerkenntnis erteilt. Es liegen Anzeichen für eine missbräuchliche Vaterschaftsanerkennung vor, die nur dazu dient, Ihnen, sehr geehrter Herr..., einen Aufenthalt in Deutschland zu ermöglichen. Diese Anzeichen sind: ... Es steht Ihnen frei, Angaben zu machen, die diese Anzeichen entkräften. Insbesondere können Sie einen Nachweis darüber vorlegen, dass Sie, sehr geehrter Herr ..., der biologische Vater des Kindes sind. Sollte ich bis zum Ablauf des ...keine Angaben von Ihnen erhalten, die die vorgenannten Anzeichen ausräumen, werde ich das Beurkundungsverfahren aussetzen, bis die zuständige Ausländerbehörde entschieden hat. Die Vaterschaftsanerkennung kann während der Aussetzung auch nicht wirksam vor einer anderen Urkundsperson oder Behörde beurkundet werden.
Mit freundlichen Grüßen**

..., Notar

Werden keine Umstände vorgetragen, die die Anhaltspunkte für eine missbräuchliche Vaterschaftsanerkennung entkräften, muss der Notar dies unter Aussetzung des Beurkundungsverfahrens der Ausländerbehörde, dem Anerkennenden, der Mutter und dem Standesamt mitteilen, § 1597a Abs. 2 Satz 1 und 3 BGB. Eine Form für die Aussetzung und die Mitteilung ist nicht geregelt. Vorgeschlagen werden hier die Niederlegung in einem Aktenvermerk mit abschließender Feststellung der Aussetzung des Beurkundungsverfahrens oder ein Schreiben an den Antragsteller mit Datum und Uhrzeit.[10] Die Ausländerbehörde entscheidet dann durch Verwaltungsakt, ob eine missbräuchliche Vaterschaftsanerkennung vorliegt. Hat die Behörde festgestellt, dass die Anerkennung missbräuchlich wäre und ist diese Entscheidung unanfechtbar, so muss die Beurkundung nach § 1597a Abs. 2 Satz 4 BGB unterbleiben. Solange das Verfahren in dieser Weise ausgesetzt ist, kann die Anerkennung auch nicht wirksam von einer anderen Urkundsperson beurkundet werden, § 1597a Abs. 3 BGB. Nicht

17.2

---

6 BGBl. 2017 I S. 2780.
7 BT-Drucks. 18/12415, S. 16.
8 vgl. DNotI-Report 2017, 153 f.
9 Vgl. Rundschr. d. BNotK Nr. 8/2017 v. 07.07.2017; *Grziwotz*, MittBayNot 2018, 287 ff.
10 *Grziwotz*, MittBayNot 2018, 287, 291.

gesetzlich geregelt ist der Fall, dass die Beteiligten den Beurkundungsauftrag vor der Entscheidung der Ausländerbehörde zurücknehmen. Gegen die in der Literatur vertretene Auffassung, dass dann eine Aussetzung des Verfahrens und eine Mitteilung an die Ausländerbehörde nicht mehr möglich wäre spricht, dass die Beteiligten den Schutz des § 1597a BGB auf diese Weise ausschalten könnten.[11] Hält man die Rücknahme des Beurkundungsauftrags für zulässig, sollte nach einer solchen Rücknahme der Notar die Ausländerbehörde nur dann unterrichten, nachdem er einen Vorbescheid über sein weiteres Vorgehen erlassen hat und die darin gesetzte Frist ohne Einlegung der Beschwerde abgelaufen ist, da ansonsten ein Verstoß gegen die Pflicht zur Amtsverschwiegenheit droht.[12]

18 Durch einen Bevollmächtigten kann die Anerkennung nicht erklärt werden, § 1596 Abs. 4 BGB. Wer in der Geschäftsfähigkeit beschränkt ist, kann nur selbst anerkennen, § 1596 Abs. 1 Satz 1 BGB. Die Zustimmung seines gesetzlichen Vertreters ist erforderlich, § 1596 Abs. 1 Satz 2 BGB. Für den Geschäftsunfähigen kann nur der gesetzliche Vertreter mit Genehmigung des Familiengerichtes anerkennen, § 1596 Abs. 1 Satz 3 BGB.

19 2. Die Anerkennung bedarf der Zustimmung der Mutter, § 1595 Abs. 1 BGB, und zwar aus eigenem Recht, nicht als gesetzliche Vertreterin des Kindes. Neben der Zustimmung der Mutter ist die Zustimmung auch des Kindes ausnahmsweise notwendig, wenn der Mutter insoweit die elterliche Sorge nicht zusteht, § 1595 Abs. 2 BGB. Für ein Kind, das geschäftsunfähig oder noch nicht 14 Jahre alt ist, kann nur der gesetzliche Vertreter der Anerkennung zustimmen, § 1596 Abs. 2 Satz 1 BGB. Im Übrigen kann ein Kind, das in der Geschäftsfähigkeit beschränkt ist, nur selbst zustimmen; es bedarf hierzu der Zustimmung des gesetzlichen Vertreters, § 1596 Abs. 2 Satz 2 BGB.

20 3. Die Anerkennungserklärung und die Zustimmungserklärung müssen öffentlich beurkundet werden, § 1597 Abs. 1 BGB.

21 4. Zuständig für die Beurkundung der Anerkennung und der Zustimmung des Kindes sind:
– der Notar,
– das Amtsgericht (§ 62 BeurkG), wohl auch für die Zustimmung des Kindes,[13]
– das Jugendamt (§ 59 Abs. 1 Nr. 1 SGB VIII),
– der Standesbeamte (§ 44 Abs. 1 PStG), und
– im Ausland die Berufskonsuln und die vom Auswärtigen Amt ermächtigten Auslandsstandesbeamten (§ 10 Abs. 1 KonsG).

22 Anders als bei der Adoption, die erst wirksam wird, wenn der gerichtliche Beschluss dem Annehmenden zugeht, genügt für das Wirksamwerden einer Vaterschaftsanerkennung die notarielle Beurkundung aller erforderlichen Erklärungen. Für die notwendige Information aller Beteiligten ist durch § 1597 Abs. 2 BGB gesogt: Von der Anerkennung und allen Erklärungen, die für die Wirksamkeit der Anerkennung »bedeutsam« sind, sind beglaubigte Abschriften dem Vater, der Mutter und dem Kind sowie dem Standesbeamten zu übersenden, § 1597 Abs. 2 BGB. Zuständig ist der Standesbeamte, der die Geburt des Kindes beurkundet hat.

23 Ist die Geburt des Kindes nicht in der Bundesrepublik Deutschland beurkundet, so ist die beglaubigte Abschrift dem Standesamt I in Berlin zu übersenden (§ 44 Abs. 3 Satz 2 PStG). Wird die Anerkenntniserklärung *vor* der Geburt des Kindes abgegeben, so steht (naturgemäß) noch nicht fest, bei welchem Standesamt die Geburt des Kindes beurkundet wird. § 372 Abs. 6 der Allgemeinen Verwaltungsvorschrift zum Personenstandsgesetz (Dienst-

---

11 Vgl. *Knittel*, JAmt 2017, 339, 343; DNotI-Report 2017, 153 f.
12 *Grziwotz*, MittBayNot 2018, 287, 292.
13 *Firsching*, Rpfleger 1970, 8, 15.

anweisung für die Standesbeamten und ihre Aufsichtsbehörden) vom 27.07.2000[14] bestimmt für diesen Fall, dass dem Jugendamt, das für den Wohnsitz der Mutter zuständig ist, und der Mutter die Anerkenntniserklärung zuzusenden ist zugleich mit der Bitte, Tag und Ort der Geburt des Kindes mitzuteilen. Wenn Tag und Ort dem Notar auf diese Weise mitgeteilt werden, hat er die Mitteilung an das ihm bekannt gewordene Standesamt zu machen.

Eine Anerkennung der Vaterschaft in geheimer Urkunde ist nicht möglich.[15] Beharrt ein Beteiligter trotz Belehrung darauf, den Inhalt der Urkunde geheim zu halten, so hat der Notar die Beurkundung abzulehnen.[16]

24

5. Die aufgrund der Ehe mit der Mutter bestehende (§§ 1592 Nr. 1, 1593 BGB) oder gem. § 1592 Nr. 2 BGB anerkannte Vaterschaft ist anfechtbar, §§ 1600 ff. BGB. Berechtigt, die Vaterschaft anzufechten, sind der Ehemann, dessen Vaterschaft nach § 1592 Nr. 1 und 2 BGB sowie § 1593 BGB besteht, die Mutter und das Kind, § 1600 Abs. 1 BGB. Ist das Kind minderjährig, kann es von der allein sorgeberechtigten Mutter im Anfechtungsverfahren vertreten werden.[17] Zudem kann auch ein Dritter, der nicht mit der Mutter verheiratet ist, die Vaterschaft des Ehemannes anfechten, wenn er an Eides statt versichert, der Mutter während der Empfängniszeit beigewohnt zu haben (§ 1600 Abs. 1 Nr. 2 BGB), er der leibliche Vater ist und der Vater, dessen Vaterschaft gem. § 1600 Abs. 1 Nr. 1 BGB besteht, in keiner sozial-familiären Beziehung zu dem Kind im Sinne von § 1600 Abs. 2 BGB steht.[18] Eine Anfechtung der Vaterschaft durch die Mutter und den Ehemann im Fall der Samenspende ist gem. § 1600 Abs. 5 BGB ausgeschlossen.

25

Im Verfahren auf gerichtliche Feststellung der Vaterschaft wird als Vater vermutet, wer der Mutter während der Empfängniszeit beigewohnt hat. Die Vermutung gilt nicht, wenn schwerwiegende Zweifel an der Vaterschaft bestehen, § 1600d Abs. 2 BGB.

26

Heimlich eingeholte genetische Abstammungsgutachten (z.B. wenn der Vater ohne Zustimmung der Mutter ein vom Kind benutztes Kaugummi für den DNA-Test entnimmt) werden von den Gerichten wegen des Rechtes des Kindes auf informationelle Selbstbestimmung (Art. 2 Abs. 1 i.V.m. Art. 1 Abs. 1 GG) abgelehnt. Diese Gerichtspraxis ist vom Bundesverfassungsgericht bestätigt worden.[19] Zugleich hat das Bundesverfassungsgericht dem Gesetzgeber aufgegeben, bis zum 31.12.2008 zur Verwirklichung des Rechtes des (rechtlichen) Vaters auf Kenntnis der Abstammung geeignete Verfahren zur Feststellung der Vaterschaft bereitzustellen.

27

Dieser Verpflichtung ist der Gesetzgeber mit dem Gesetz zur Klärung der Vaterschaft unabhängig vom Anfechtungsverfahren vom 26.03.2008[20] nachgekommen. Kernstück dieses Gesetzes, welches am 01.04.2008 in Kraft trat, ist die Einfügung eines neuen § 1598a in das Bürgerliche Gesetzbuch:

28

§ 1598a Abs. 1 Satz 1 BGB begründet zugunsten des (rechtlichen) Vaters, der Mutter und des Kindes den Anspruch, die Einwilligung der jeweils anderen Familienmitglieder in eine genetische Abstammungsuntersuchung und die Duldung der Entnahme einer für die Untersuchung geeigneten genetischen Probe zu verlangen. Dieser Anspruch setzt voraus, dass die leibliche Abstammung des Kindes nicht bereits durch ein Abstammungsgutachten geklärt ist.[21] Das Familiengericht kann die Einwilligung auf Antrag eines Klärungsberechtigten ersetzen und die Duldung der Probeentnahme anordnen (§ 1598a Abs. 2 BGB). Die Eltern können das Kind in diesem Verfahren nicht vertreten (§ 1629 Abs. 2a BGB). Die Ein-

29

---

14 Unter www.verwaltungsvorschriften-im-internet.de.
15 *Firsching*, Rpfleger 1970, 8, 15; OLG Hamm FamRZ 1985, 1078.
16 OLG Frankfurt am Main FamRZ 1972, 657 = Rpfleger 1973, 90.
17 BGH NJW 2017, 561.
18 Die Einführung eines Anfechtungsrechts des leiblichen Vaters geht zurück auf BVerfG NJW 2003, 2151.
19 BVerfG NJW 2007, 753 ff.
20 BGBl. 2008 I S. 441; vgl. dazu *Wellenhofer*, NJW 2008, 1185.
21 BGH NJW 2017, 2196.

leitung des Verfahrens hemmt die Verjährung des Rechts zur Anfechtung der Vaterschaft (§ 1600b Abs. 5 Satz 1 BGB). Wenn und solange die Klärung der leiblichen Abstammung eine erhebliche Beeinträchtigung des Wohls des minderjährigen Kindes begründen würde, die auch unter Berücksichtigung der Belange des Klärungsberechtigten für das Kind unzumutbar wäre, setzt das Gericht das Verfahren aus (§ 1598a Abs. 3 BGB).

30 Vor einer Entscheidung über die Ersetzung der Einwilligung und die Anordnung der Duldung der Probenentnahme soll das Familiengericht beide Elternteile und das Kind, soweit es das 14. Lebensjahr vollendet hat, anhören (§ 175 Abs. 2 Satz 1 FamFG). Ein jüngeres Kind kann das Familiengericht anhören (§ 175 Abs. 2 Satz 2 FamFG). Das Familiengericht kann vor seiner Entscheidung zudem das Jugendamt anhören, wenn ein Beteiligter minderjährig ist (§ 176 Abs. 1 Satz 2 FamFG).

31 Nach der früher geltenden Rechtslage konnte ein Vater, der die Frage der Abstammung klären wollte, dies ohne die Zustimmung des Kindes bzw. seiner Mutter zu einem Abstammungstest nur über die (fristgemäße) Anfechtung seiner Vaterschaft und – damit verbunden – nur unter Darlegung objektiver Zweifel erreichen. Im Rahmen eines solchen Verfahrens wurde dann zwar die Abstammung geklärt; stellte sich aber heraus, dass der rechtliche nicht der biologische Vater ist, war damit zwangsläufig das rechtliche Band zwischen Vater und Kind zerrissen; eine oft nicht gewollte Folge.

Vaterschaftsanerkennung eines Volljährigen

32 M   Verhandelt zu ..... am .....
Vor dem unterzeichnenden Notar ..... erschien .....
Der Beteiligte erklärte:
Ich bin am ..... in ..... geboren – Standesamt ..... Reg. Nr. ..... – und deutscher Staatsangehöriger.
Ich erkenne an, der Vater des von ..... am ..... in ..... geborenen Kindes namens ..... zu sein. Die Geburt des Kindes ist bei dem Standesamt ..... Reg. Nr. ..... beurkundet.
Mir ist bekannt, dass zur Wirksamkeit der Anerkennung die Zustimmung der Mutter erforderlich ist und dass ich die Anerkennung widerrufen kann, wenn sie ein Jahr nach der Beurkundung noch nicht wirksam geworden ist.
Die Zustimmung der Mutter muss in öffentlich beurkundeter Form erfolgen.
Der Notar hat mich auf die verwandtschaftlichen, unterhaltsrechtlichen und erbrechtlichen Folgen der Anerkennung der Vaterschaft hingewiesen.
Beglaubigte Abschriften sind zu erteilen:
mir, der Mutter, dem Kind sowie dem Standesbeamten, der die Geburt des Kindes beurkundet hat.
Kosten trage ich.
Diese Niederschrift .....

■ *Kosten.* Gebührenfrei gem. Vorbemerkung 2 Abs. 3 des Teil 2 (Notargebühren) KV GNotKG; Schreibauslagen und sonstige Auslagen sind zu erheben.

Vaterschaftsanerkennung eines Minderjährigen, der beschränkt geschäftsfähig ist

33 M   Verhandelt zu ..... am .....
Vor dem unterzeichnenden Notar ..... erschien .....
Der Beteiligte erklärte:
Ich bin am ..... in ..... geboren – Standesamt ..... Reg. Nr. ..... – und deutscher Staatsangehöriger.

Ich werde gesetzlich durch meine Eltern vertreten, über die ich folgende Angaben mache:
a) Mein Vater heißt ..... und ist am ..... in ..... geboren. Seine Anschrift ist: .....
b) Meine Mutter heißt ..... und ist am ..... in ..... geboren. Ihre Anschrift ist: .....
Ich erkenne an, der Vater des von ..... am ..... in ..... geborenen Kindes namens ..... zu sein. Die Geburt des Kindes ist bei dem Standesamt ..... Reg. Nr. ..... beurkundet.
Mir ist bekannt, dass zur Wirksamkeit der Anerkennung die Zustimmung der Mutter und die Zustimmung meiner Eltern erforderlich ist, und dass ich die Anerkennung widerrufen kann, wenn sie ein Jahr nach der Beurkundung noch nicht wirksam geworden ist.
Die Zustimmung der Mutter und meiner Eltern muss in öffentlich beurkundeter Form erfolgen.
Der Notar hat mich auf die verwandtschaftlichen, unterhaltsrechtlichen und erbrechtlichen Folgen der Anerkennung der Vaterschaft hingewiesen.
Beglaubigte Abschriften sind zu erteilen:
mir, der Mutter, dem Kind, meinen Eltern sowie dem Standesbeamten, der die Geburt des Kindes beurkundet hat.
Kosten trage ich.
Diese Niederschrift .....

■ *Kosten.* Wie zu Rdn. 32 M.

Zustimmung der Mutter des Kindes zur Vaterschaftsanerkennung

Verhandelt zu ..... am .....   **34 M**

Vor dem unterzeichnenden Notar ..... erschien .....
Die Beteiligte erklärte:
In der Urkunde des Notars ..... in ..... vom ..... – dessen Urkundenrolle Nummer ..... – hat Herr ....., wohnhaft ....., anerkannt, der Vater des Kindes ..... zu sein, das ich am ..... in ..... geboren habe. Als Mutter des Kindes erkläre ich zu der Vaterschaftsanerkennung meine Zustimmung.
Der Notar hat mich auf die verwandtschaftlichen, unterhaltsrechtlichen und erbrechtlichen Folgen der Anerkennung der Vaterschaft hingewiesen.
Beglaubigte Abschriften sind zu erteilen:
mir, dem Vater, dem Kind sowie dem Standesbeamten, der die Geburt des Kindes beurkundet hat.
Kosten trage ich.
Diese Niederschrift .....

■ *Kosten.* Wie zu Rdn. 32 M.

Zustimmung des Kindes zur Vaterschaftsanerkennung durch seinen gesetzlichen Vertreter, wenn der Mutter die elterliche Sorge für das Kind nicht zusteht und das Kind geschäftsunfähig oder noch nicht 14 Jahre alt ist

Verhandelt zu ..... am .....   **35 M**

Vor dem unterzeichnenden Notar ..... erschien .....
Herr ....., wohnhaft in .....,
hier handelnd als Vormund für das am ..... in ..... geborene Kind ....., bezugnehmend auf die Akten des Amtsgerichts ..... VIII .....
Der Beteiligte erklärte:

§ 92   Kindschaftsrecht

Durch Urkunde vom ..... des Notars ..... in ..... – Urkundenrolle Nummer ..... hat Herr ..... anerkannt, der Vater des am ..... geborenen Kindes ..... zu sein. Der Mutter des Kindes, Frau ....., ist die elterliche Sorge für das Kind entzogen.
Als gesetzlicher Vertreter des Kindes ..... erkläre ich zu der Vaterschaftsanerkennung des Herrn ..... meine Zustimmung.
Beglaubigte Abschriften sind zu erteilen:
mir, dem Vater, der Mutter sowie dem Standesbeamten, der die Geburt des Kindes beurkundet hat.
Kosten trage ich.
Diese Niederschrift .....

■ *Kosten.* Wie zu Rdn. 32 M.

Die Zustimmung der Eltern zur Anerkennung der Vaterschaft durch ihren minderjährigen Sohn, der beschränkt geschäftsfähig ist

36 M   Verhandelt zu ..... am .....
Vor dem unterzeichnenden Notar ..... erschienen:
Eheleute .....
Die Beteiligten erklärten:
Unser Sohn ....., geboren am ..... in ..... Standesamt ..... Reg. Nr. ..... hat am ..... zu Urkundenrolle Nr. ..... des Notars ..... in ..... die Vaterschaft zu dem Kind ....., geboren von der ..... am ..... in ..... Standesamt Reg. Nr. ..... anerkannt.
Als gesetzliche Vertreter unseres Sohnes stimmen wir der Anerkennung der Vaterschaft zu.
Der Notar hat uns auf die verwandtschaftlichen, unterhaltsrechtlichen und erbrechtlichen Folgen der Anerkennung der Vaterschaft hingewiesen.
Beglaubigte Abschriften sind zu erteilen:
uns, dem Vater, der Mutter, dem Kind sowie dem Standesbeamten, der die Geburt des Kindes beurkundet hat.
Kosten tragen wir.
Diese Niederschrift .....

■ *Kosten.* Wie zu Rdn. 32 M.

IV. Namensrecht

37 Das Namensrecht ist in §§ 1616 bis 1618 BGB geregelt, siehe § 22 Rdn. 1 ff.

38 Führen die Eltern eines Kindes einen Ehenamen, so erhält das Kind zwingend diesen Ehenamen als Geburtsnamen, § 1616 BGB.

39 Führen die Eltern keinen Ehenamen, weil sie nicht miteinander verheiratet sind oder bei der Eheschließung keinen Ehenamen bestimmt haben, so ist eine Unterscheidung zu treffen:

40 1. Steht den Eltern die gemeinsame Sorge zu, können sie den Namen des Vaters oder den Namen der Mutter zum Geburtsnamen des Kindes bestimmen, § 1617 Abs. 1 Satz 1 BGB. Die Bestimmung der Eltern gilt auch für ihre weiteren Kinder, § 1617 Abs. 1 Satz 3 BGB. Machen die Eltern von diesem Wahlrecht nicht fristgerecht (binnen 1 Monats nach Geburt des Kindes) übereinstimmend Gebrauch, so kann das Familiengericht das Namensbestimmungsrecht einem Elternteil übertragen und ihm eine Frist für die Ausübung setzen, nach deren Ablauf das Kind sonst seinen Namen erhält, § 1617 Abs. 2 BGB.

2. Steht die Sorge nur einem Elternteil zu, so erhält das Kind kraft Gesetzes den Namen als Geburtsnamen, den dieser sorgeberechtigte Elternteil im Zeitpunkt der Geburt des Kindes führt, § 1617a Abs. 1 BGB.

3. Die Erklärung, die die gemeinsam sorgeberechtigten Eltern abgeben, muss öffentlich beglaubigt werden, wenn sie nach der Beurkundung der Geburt erfolgt, § 1617 Abs. 1 Satz 2 BGB. Sie muss dem Standesamt gegenüber abgegeben werden.

Wird eine gemeinsame Sorge der Eltern erst begründet, wenn das Kind bereits einen Namen führt, so kann der Name des Kindes binnen 3 Monaten nach der Begründung der gemeinsamen Sorge neu bestimmt werden, § 1617b Abs. 1 Satz 1 BGB. Hat das Kind das fünfte Lebensjahr vollendet, ist die Bestimmung aber nur wirksam, wenn das Kind sich ihr anschließt, § 1617b Abs. 1 Satz 3 BGB. Auch diese Erklärungen müssen öffentliche beglaubigt werden und gelten auch für die weiteren Kinder der Betroffenen, § 1617b Abs. 1 Satz 4 BGB.

Ein Elternteil, dem die elterliche Sorge für ein unverheiratetes Kind alleine zusteht, kann dem Kind den Namen des anderen Elternteils erteilen, § 1617a Abs. 2 Satz 1 BGB. Die Erteilung des Namens bedarf der Einwilligung des anderen Elternteils und, wenn das Kind das fünfte Lebensjahr vollendet hat, auch der Einwilligung des Kindes, § 1617a Abs. 2 Satz 2 BGB.

Gemäß § 1617c Abs. 1 Satz 2 BGB wird das über 5 Jahre alte Kind durch den gesetzlichen Vertreter vertreten, ab der Vollendung des 14. Lebensjahres kann es die Erklärung nur selbst abgeben, bedarf hierzu aber der Zustimmung des gesetzlichen Vertreters.

Wird rechtskräftig festgestellt, dass ein Mann, dessen Familienname zum Geburtsnamen des Kindes bestimmt worden ist (z.B. über § 1617 Abs. 1 BGB; § 1616 BGB wird von der Regelung nicht erfasst), nicht der Vater des Kindes ist, so erhält das Kind auf seinen Antrag, oder, wenn es das fünfte Lebensjahr noch nicht vollendet hat, auf Antrag des Mannes, den Namen der Mutter im Zeitpunkt der Geburt als Geburtsnamen, § 1617b Abs. 2 Satz 1 BGB. Der Antrag muss öffentlich beglaubigt werden; für das Kind gilt § 1617c Abs. 1 Satz 2 BGB entsprechend.

Bestimmen die Eltern nach der Geburt des Kindes einen Ehenamen, gilt dieser grundsätzlich auch für das Kind; hat das Kind das fünfte Lebensjahr vollendet, so muss es sich der Namensgebung jedoch anschließen, § 1617c Abs. 1 Satz 1 BGB. Eine Änderung erstreckt sich auf den Ehenamen oder den Lebenspartnerschaftsnamen des Kindes jedoch nur, wenn auch der Partner sich in öffentlich beglaubigter Form anschließt, § 1617c Abs. 3 BGB.

Zuständig, die Namenserklärungen anzunehmen, ist das Standesamt, das das Geburtenregister, in dem die Geburt des Kindes beurkundet ist, führt, § 45 Abs. 1 und 2 PStG.

Bestimmung eines Ehenamens durch gemeinsam Sorgeberechtigte

An das Standesamt .....
Wir, die Unterzeichnenden, sind die Eltern des am ..... in ..... geborenen Kindes ..... Die elterliche Sorge für das Kind steht uns gemeinsam zu; insoweit verweisen wir auf die Urkunde des Notars ..... vom ..... – Urkundenrolle Nr. ..... –.
Wir bestimmen, dass das Kind ..... den Familiennamen das Vaters führen soll.
....., den .....
Unterschriftsbeglaubigung

■ *Kosten.* Geschäftswert: 5.000 € gem. § 36 Abs. 2 und 3 GNotKG; 1,0 Gebühr nach Nr. 21200 KV GNotKG.

Bestimmung eines Ehenamens durch allein sorgeberechtigten Elternteil

50 M An das Standesamt .....
Mir, der unterzeichnenden Frau ....., steht die elterliche Sorge des am ..... in ..... geborenen Kindes ..... alleine zu.
Ich, der unterzeichnende Herr ....., bin der Vater des Kindes. Ich, Frau ....., erteile meinem Kind hiermit den Namen seines Vaters. Ich, Herr ....., willige in die Namensgebung ein.
....., den .....
Unterschriftsbeglaubigung

■ *Kosten.* Wie zu Rdn. 49 M.

V. Einbenennung von Stief- und Scheidungskindern

51 Der alleinsorgeberechtigte Elternteil und sein (neuer) Ehegatte können dem unverheirateten Kind und damit Stiefkind des Ehegatten, das sie in ihren Haushalt aufgenommen haben, durch Erklärung gegenüber dem Standesbeamten ihren Ehenamen erteilen, § 1618 Satz 1 BGB. Die Erteilung des Namens bedarf, wenn das Kind den Namen des anderen Elternteils führt, der Einwilligung dieses Elternteils, und wenn das Kind das fünfte Lebensjahr vollendet hat, auch der Einwilligung des Kindes, § 1618 Satz 3 BGB. Das Familiengericht kann die Einwilligung des anderen Elternteils ersetzen, wenn die Erteilung des Namens zum Wohl des Kindes erforderlich ist, § 1618 Satz 4 BGB. Die Erklärungen müssen ebenfalls öffentlich beglaubigt werden, § 1618 Satz 5 BGB.

52 Die »Stiefkindeinbenennung« gilt für nichteheliche Kinder und auch für Kinder aus geschiedenen Ehen, sogenannte »Scheidungskinder«.

Stiefkindeinbenennung

53 M An das Standesamt .....
Wir, die unterzeichnenden Eheleute ..... erteilen dem Kind ..... aus der geschiedenen Ehe der Frau ..... mit Herrn ..... unseren Ehenamen Voß.
Herr ....., der Vater des Kindes, erteilt hierzu seine Zustimmung. Frau ..... als alleinige gesetzliche Vertreterin des Kindes stimmt der Namenserteilung zu.
Über den Unterschied zwischen der Namenserteilung und der Annahme als Kind sind wir belehrt.
....., den .....
Unterschriftsbeglaubigung

■ *Kosten.* Wie zu Rdn. 49 M.

VI. Ehelicherklärung des nichtehelichen Kindes (Legitimation)

54 Die Ehelicherklärung des Kindes (Legitimation), sei es auf Antrag des Kindes oder auf Antrag des Vaters, die das alte Familienrecht kannte, ist abgeschafft.

55 Ebenso ist die Adoption des eigenen nichtehelichen Kindes abgeschafft, und zwar sowohl die Adoption durch den Vater als auch durch die Mutter. Beider Ziel war es, dem nichtehe-

VII. Unterhaltsanspruch der Mutter, die nicht mit dem Vater verheiratet ist

Für Eltern, die nicht miteinander verheiratet sind, gelten folgende besonderen Vorschriften: **56**
§ 1615l BGB (Unterhalt von Mutter und Vater aus Anlass der Geburt), § 1615m BGB (Beerdigungskosten für die Mutter), § 1615n BGB (Tod des Vaters; Tot- und Fehlgeburt) und § 247 FamFG (einstweilige Anordnung gegen den Mann). Zu beachten ist § 1615l BGB (Unterhalt aus Anlass der Geburt):
- die nachgeburtliche Unterhaltspflicht gegenüber der Mutter kann bei Unbilligkeit 3 Jahre überschreiten (die Voraussetzung der »groben« Unbilligkeit ist durch die Novelle zum 01.01.2008 entfallen),
- auch der betreuende nichteheliche Vater kann Betreuungsunterhalt verlangen.

Der Vater hat der Mutter für die Dauer von 6 Wochen vor und 8 Wochen nach der Geburt **57**
des Kindes Unterhalt zu gewähren, § 1615l Abs. 1 Satz 1 BGB. Soweit die Mutter einer Erwerbstätigkeit nicht nachgeht, weil sie infolge der Schwangerschaft oder einer durch die Schwangerschaft oder Entbindung verursachten Krankheit dazu außerstande ist, ist der Vater verpflichtet, ihr über diese Zeit hinaus Unterhalt zu gewähren, § 1615l Abs. 2 Satz 1 BGB. Das Gleiche gilt, soweit von der Mutter wegen der Pflege oder Erziehung des Kindes eine Erwerbstätigkeit nicht erwartet werden kann, § 1615l Abs. 2 Satz 2 BGB. Die Unterhaltspflicht beginnt frühestens 4 Monate vor der Geburt und besteht für mindestens 3 Jahre nach der Geburt, § 1615l Abs. 2 Satz 2 BGB. Sie verlängert sich, sofern dies insbesondere in Anbetracht der Belange des Kindes und der bestehenden Möglichkeiten der Kinderbetreuung der Billigkeit entspricht, § 1615l Abs. 2 Satz 4 und 5 BGB.

§ 1615l Abs. 4 BGB trägt dem Umstand Rechnung, dass die Betreuung des Kindes auch **58**
durch den Vater stattfinden kann. In diesem Fall hat der Vater einen Anspruch gegen die Mutter auf Unterhalt, wenn wegen der Pflege oder Erziehung des Kindes durch den Vater eine Erwerbstätigkeit von diesem nicht erwartet werden kann.

VIII. Unterhaltspflicht gegenüber Kindern

1. Grundsatz

Jede sachlich nicht gerechtfertigte Unterscheidung zwischen ehelichen Kindern und Kin- **59**
dern, deren Eltern nicht miteinander verheiratet sind, hat zu unterbleiben. Begrifflich findet grundsätzlich nur noch eine Unterscheidung zwischen minderjährigen und volljährigen, verheirateten und nicht verheirateten Kindern statt. Eheliche Kinder und Kinder, deren Eltern nicht miteinander verheiratet sind, machen den Unterhalt nach denselben Vorschriften geltend, und zwar entweder in Form eines festen Unterhaltsbetrages oder in Form eines Prozentsatzes des Mindestunterhalts, §§ 1612a–c BGB. Dieser wird in § 1612a Abs. 1 Satz 2 und 3 BGB in Anlehnung an den doppelten steuerlichen Freibetrag für das sächliche Existenzminimum eines Kindes (Kinderfreibetrag) gesetzlich definiert. Das Unterhaltsrecht wird insoweit dem Steuer- und Sozialrecht angepasst. Die Regelbetrag-Verordnung ist durch die Novelle zum 01.01.2008 entfallen.

Zur Reihenfolge der übrigen unterhaltsverpflichteten Verwandten des Kindes (z.B. Groß- **60**
eltern) vgl. § 1606 BGB. Zum Rangverhältnis mehrerer Berechtigter vgl. § 1609 BGB.

2. Der Unterhaltsanspruch

61 **a)** Eltern sind gegenüber ihren Kindern – seien diese ehelich oder nicht ehelich – unterhaltspflichtig (§ 1601 BGB). Das Gesetz unterscheidet zwischen Barunterhalt und Naturalunterhalt. Derjenige Elternteil, der das Kind betreut, erfüllt seine Unterhaltsverpflichtung in der Regel durch die Pflege und Erziehung des Kindes (§ 1606 Abs. 3 Satz 2 BGB), während der andere Elternteil Unterhalt in Form einer Unterhaltsrente (Barunterhalt) zu leisten hat (§ 1612 Abs. 1 Satz 1 BGB). Das Kind kann den ihm nach allgemeinen Vorschriften, insbesondere gem. § 1602 BGB (Bedürftigkeit [des Berechtigten]), 1603 BGB (Leistungsfähigkeit [des Verpflichteten]) und § 1610 BGB (Maß des Unterhalts) zu gewährenden Unterhalt aufgrund individueller Berechnung als statischen Unterhalt verlangen. Dann findet keine Dynamisierung statt; die Änderung des Titels wegen wesentlicher Änderungen der maßgeblichen Verhältnisse kann dann nur im Wege einer Abänderung von Vergleichen und Urkunden nach § 239 FamFG oder einer Abänderung gerichtlicher Entscheidungen nach § 238 FamFG geltend gemacht werden.

62 Für den Kindesunterhalt gilt die Verzichtssperre des § 1614 BGB, sodass auf Kindesunterhalt nicht mit Wirkung gegen das Kind verzichtet werden kann. Zwar ist eine Vereinbarung möglich, mit der ein Elternteil den anderen von Unterhaltsansprüchen des Kindes freistellt, sofern sie sich in den vom Bundesverfassungsgericht gezogenen Grenzen bewegt (keine Freistellung des nicht betreuenden Elternteils vom Kindesunterhalt durch den Betreuenden, wenn der betreuende Elternteil über keine angemessene finanziellen Mittel verfügt).[22] Eine solche Abrede wirkt jedoch nur im Innenverhältnis zwischen den Eltern nicht aber zulasten des Kindes, dem es unbenommen bleibt, den freigestellten Elternteil auf Unterhalt dennoch in Anspruch zu nehmen.

63 Ehegatten können den Umfang des gesetzlichen Unterhaltsanspruchs ihres Kindes zwar nicht mindern, aber vereinbaren, dass dem Kind ein höherer als der nach dem Gesetz geschuldete Unterhalt zustehen soll und diese Höhe sodann festlegen.

64 **b)** Das minderjährige Kind kann den ihm geschuldeten Unterhalt aber nicht nur als statische monatliche Unterhaltsrente verlangen, die bei Veränderung immer neu angepasst werden müsste, sondern wahlweise auch in der Form einer sogenannten dynamisierten Unterhaltsrente geltend machen. Die Dynamisierung der monatlichen Unterhaltsrente geschieht mithilfe des Mindestunterhalts, der sich seit dem 01.01.2016 nach dem steuerlich freizustellenden sächlichen Existenzminimum des minderjährigen Kindes – und nicht mehr wie zuvor nach dem steuerlichen Freibetrag gem. § 32 Abs. 6 Satz 1 EStG – richtet, § 1612a Abs. 1 BGB n.F. Die Notwendigkeit, Abänderungsklagen zu erheben, um die automatische Anpassung zu erhalten, entfällt. Wie vormals unter Geltung der Regelbetrag-Verordnung wird die Höhe des Mindestunterhalts nach bestimmten Altersstufen des Kindes festgesetzt: Die erste Altersstufe (87 % des sächlichen Existenzminimums) erfasst Kinder bis zur Vollendung des sechsten Lebensjahres, die zweite (100 %) Kinder im Alter von sieben bis zur Vollendung des zwölften Lebensjahres und die dritte (117 %) Kinder ab dem dreizehnten Lebensjahr, § 1612a Abs. 1 Satz 3 BGB. Nach der auf § 1612a Abs. 4 BGB beruhenden MindestunterhaltsVO beträgt der Mindestunterhalt in der ersten Altersstufe (§ 1612a Abs. 1 Satz 3 Nr 1 BGB) 348 € ab dem 01.01.2018 und 354 € ab dem 01.01.2019, in der zweiten Altersstufe 399 € ab dem 01.01.2018 und 406 € ab dem 01.01.2019 und in der dritten Altersstufe 467 € ab dem 01.01.2018 und 476 € ab dem 01.01.2019.[23]

---

[22] Vgl. BVerfG NJW 2001, 957.
[23] Mindestunterhaltsverordnung v. 03.12.2015 (BGBl. I S. 2188), die durch die VO v. 28.09.2017 (BGBl. I S. 3525) geändert worden ist.

c) § 1612a BGB regelt die Dynamisierung des Unterhaltsanspruches eines minderjährigen Kindes gegen einen Elternteil, mit dem es *nicht* in einem Haushalt lebt. Ausgangsgröße des Unterhaltsanspruches ist der Individualunterhalt, wie er sich aus den allgemeinen Vorschriften (§§ 1602, 1603, 1610 BGB) ergibt; dabei werden die Tabellen und Leitlinien der Oberlandesgerichte, insbesondere die Düsseldorfer Tabelle als Maßstab dienen.[24] Will das Kind nicht den auf diese Weise ermittelten Betrag als statische Größe zugesprochen erhalten, so muss der Unterhaltsanspruch in einen Prozentsatz des maßgebenden Mindestunterhalts umgerechnet werden. **65**

Rechtstechnisch wird die Dynamisierung wie folgt erreicht: **66**

Zunächst ist der individuelle Kindesunterhalt (z.B. nach der Düsseldorfer Tabelle) zu ermitteln. Die Umrechnungsformel des individuellen Kinderunterhaltes in einen Prozentsatz des Mindestunterhalts lautet wie folgt:

$$\frac{I\ (=\text{Individualunterhalt})}{M\ (=\text{Mindesunterhalt})} \times 100$$

Der so gefundene Vomhundertsatz ist auf eine Dezimalstelle zu begrenzen, § 1612a Abs. 2 Satz 1 BGB.

▶ **Beispiel:** **67**

Der unterhaltspflichtige Vater eines fünfjährigen Kindes erzielt ein monatliches Nettoeinkommen von 2.400 €. Nach der Düsseldorfer Tabelle (Stand: 01.01.2018) ergibt dies einen individuellen Kindesunterhalt von monatlich 383 €. Der Mindestunterhalt für ein Kind diesen Alters beträgt nach § 1612a Abs. 1 Satz 2 und 3 BGB 348 €. Nach der Formel:

$$\frac{I\ (383\ \text{EURO})}{R\ (348\ \text{EURO})} \times 100$$

errechnet sich ein Prozentsatz von ca. 110,05, der gem. § 1612a Abs. 2 Satz 1 BGB auf 110,0 zu begrenzen ist. Würde der Mindestunterhalt auf 354 € angehoben, erhöhte sich der Kindesunterhalt somit automatisch auf (354 € × 110,0: 100) = 389,40 € aufgerundet nach § 1612a Abs. 2 Satz 2 BGB = 390 €.

Der frühere § 1612b BGB a.F. (Anrechnung von Kindergeld) wird durch eine Neukonzeption der Vorschrift ersetzt. Nach alter Rechtslage wurde das Kindergeld auf den Barunterhaltsanspruch des Kindes angerechnet; nun ist das Kindergeld *vorweg* als bedarfsmindernd abzuziehen. Das auf das jeweilige unterhaltsbedürftige Kind entfallende Kindergeld ist als zweckgebundene, existenzsichernde Leistung für dieses zu verwenden und mindert damit dessen individuellen Unterhaltsbedarf. In welchem Umfang das Kindergeld für das Kind zu verwenden ist und demgemäß dessen Barbedarf mindert, ist unterschiedlich. Es mindert gem. § 1612b Abs. 1 Satz 2 BGB den Umfang des Barbedarfes eines Kindes wie folgt: **68**

– bei von einem Elternteil betreuten, minderjährigen, unverheirateten Kindern, also bei solchen Kindern, bei denen ein Elternteil seine Unterhaltspflicht im Sinne von § 1606 Abs. 3 Satz 2 BGB durch Pflege und Erziehung erfüllt, verringert sich der Barbedarf des Kindes um die Hälfte des Kindergeldes (§ 1612b Abs. 1 Satz 1 Nr. 1 BGB), **69**

– in allen anderen Fällen (§ 1612b Abs. 1 Satz 1 Nr. 2 BGB) ist das Kindergeld auf den Barbedarf des Kindes in voller Höhe anzurechnen; von den Eltern ist nur noch der Barbedarf zu decken, der nach Abzug des Kindesgeldes verbleibt.

Gemäß § 1612b Abs. 2 BGB soll jedoch nur derjenige Kindergeldbetrag bedarfsmindernd wirken, der für ein gemeinschaftliches Kind anfallen würde und nicht der sogenannte Zähl- **70**

---

[24] Die Düsseldorfer Tabelle (auch ältere Fassungen) ist unter www.olg-duesseldorf.nrw.de/infos/Duesseldorfer_Tabelle/index.php zu finden.

kindvorteil. Dieser verbleibt in der Regel dem bezugsberechtigten Elternteil als Einkommen. Dies entspricht § 1612b Abs. 4 BGB a.F.

Da bei einem »strengen« oder »echten« Wechselmodell, von dem nur gesprochen werden kann, wenn sich die Eltern gemeinsamer Kinder bei der ausgeübten Betreuung derart abwechseln, dass jeder von ihnen annähernd die Hälfte der erforderlichen Pflege und Versorgung tatsächlich übernimmt, kein Elternteil die Obhut i. S. v. § 1629 Abs. 3 S. 2 BGB und damit die Einzelvertretungsbefugnis für das minderjährige Kind in Unterhaltsangelegenheiten innehat, ist für die Geltendmachung des Kindesunterhalts die Bestellung eines Ergänzungspflegers oder die Übertragung der Befugnis zur Geltendmachung des Unterhalts nach § 1628 BGB erforderlich.[25] Die in einer solchen Konstellation von den Eltern »wechselnd« erbrachte Kindesbetreuung führt aber nicht zu einer Befreiung von der Barunterhaltspflicht, es sei denn, dass im Innenverhältnis zwischen den Eltern eine Freistellung von der Barunterhaltspflicht vereinbart wird. Außerdem fällt der Gesamtbedarf des Kindes in einem Wechselmodell häufig höher aus, als in dem weit überwiegend praktizierten sog. Residenzmodell.[26]

Kindesunterhalt

70.1 M Der Ehemann verpflichtet sich [im Januar 2018], an seine Kinder Lisa Kraus, geboren am 1. April 2009, und Lorena Kraus, geboren am 28. Februar 2014, zu Händen seiner Ehefrau monatlich, und zwar immer zum ersten eines jeden Monats im Voraus, den gesetzlichen Unterhalt zu zahlen, der sich nach den Sätzen der Düsseldorfer Tabelle berechnet.
Zur Zeit ist als Einkommen des Ehemannes die höchste Einkommensstufe anzusetzen. Es ergibt sich somit folgende Unterhaltsverpflichtung:
a) für das Kind Lisa Kraus:
Unterhalt in Höhe von 160 % des gesetzlichen Mindestunterhalts gemäß § 1612a BGB für deren jeweilige Altersstufe. Derzeit ist das ein monatlicher Betrag in Höhe von 639 € (2. Altersstufe). Dieser dynamisierte, jeweils geschuldete Betrag ist um die Hälfte des auf dieses Kind entfallenden monatlichen Kindergeldes zu mindern, somit monatlich derzeit um 97 €. Daher ergibt sich zur Zeit ein in bar zu zahlender Unterhalt von monatlich 542 €.
b) für das Kind Lorena Kraus:
Unterhalt in Höhe von 160 % des gesetzlichen Mindestunterhalts gemäß § 1612a BGB für deren jeweilige Altersstufe. Derzeit ist das ein monatlicher Betrag in Höhe von 557 € (1. Altersstufe). Dieser dynamisierte, jeweils geschuldete Betrag ist um die Hälfte des auf dieses Kind entfallenden monatlichen Kindergeldes zu mindern, somit monatlich derzeit um 97 €. Daher ergibt sich zur Zeit ein in bar zu zahlender Unterhalt von monatlich 460 €.
Wegen der vorstehenden Verpflichtung zur Zahlung eines monatlichen Betrages von derzeit:
a) 542 € für das Kind Lisa Kraus
b) 460 € für das Kind Lorena Kraus
und wegen der Verpflichtung zur Zahlung eines monatlichen Unterhaltes in Höhe von 160 % des Mindestunterhalts der jeweiligen Altersstufe gemäß § 1612a Abs. 1 S. 3 BGB nach Abzug des oben bezifferten Kindergeldes für das jeweilige Kind unterwirft sich der Ehemann gegenüber den Kindern der sofortigen Zwangsvollstreckung aus dieser Urkunde in sein gesamtes Vermögen.

---

25 BGH v.12.3.2014, XII ZB 234/13, NJW 2014, 1958.
26 BGH v.5.11.2014, XII ZB 599/13, NJW 2015, 331.

Der Notar wird ermächtigt, dem jeweiligen Kind zu Händen der Mutter jederzeit ohne weitere Nachweise vollstreckbare Ausfertigung dieser Urkunde zu erteilen.

■ *Kosten.* Gebührenfrei gem. Vorbemerkung 2 Abs. 3 des Teil 2 (Notargebühren) KV GNotKG; anders jedoch Unterhaltsfreistellungen im Innenverhältnis zwischen den Eltern der Kinder, z.B. in einer Scheidungsvereinbarung; Schreibauslagen und sonstige Auslagen sind zu erheben.

Vaterschaftsanerkennung und Unterhaltsverpflichtungen

Verhandelt zu ..... am ..... **71 M**

Vor dem unterzeichnenden Notar ..... erschien .....
Der Beteiligte erklärte:
Ich bin am ..... in ..... geboren – Standesamt: ..... Reg. Nr. ..... und deutscher Staatsangehöriger.
Ich erkenne an, der Vater des von ..... am ..... in ..... geborenen Kindes namens ..... zu sein. Die Geburt des Kindes ist bei dem Standesamt ..... Reg. Nr. ..... beurkundet.
Ich verpflichte mich, dem Kind z.Hd. der Mutter, Frau ..... monatlich im Voraus 110 % des jeweiligen Mindestunterhalts nach § 1612a BGB zu zahlen, und zwar vermindert um die Hälfte des Kindergeldes, wenn das Kind von seiner Mutter im Sinne von § 1606 Abs. 3 S. 2 BGB gepflegt und erzogen wird, und vermindert um das volle Kindergeld in allen anderen Fällen.
Wegen der Zahlung des derzeit geschuldeten Betrages von ..... € unterwerfe ich mich hiermit der sofortigen Zwangsvollstreckung in mein gesamtes Vermögen. Weiter unterwerfe ich mich wegen der Verpflichtung zur Zahlung des 1,1-fachen jeweiligen Mindestunterhalts nach § 1612a BGB der sofortigen Zwangsvollstreckung aus dieser Urkunde. Für Zwecke der Zwangsvollstreckung ist immer lediglich von einer Verminderung um die Hälfte des Kindergelds auszugehen.
Mir ist bekannt, dass zur Wirksamkeit der Anerkennung die Zustimmung der Mutter erforderlich ist und dass ich die Anerkennung widerrufen kann, wenn sie ein Jahr nach Beurkundung noch nicht wirksam geworden ist. Die Zustimmung der Mutter muss in öffentlich beurkundeter Form erfolgen.
Der Notar hat mich auf die verwandtschaftlichen, unterhaltsrechtlichen und erbrechtlichen Folgen der Anerkennung der Vaterschaft hingewiesen.
Ich bitte zu erteilen:
eine vollstreckbare Ausfertigung und eine beglaubigte Abschrift dem Kind zu Händen der Mutter, je eine beglaubigte Abschrift dem Standesbeamten, der die Geburt des Kindes beurkundet hat, der Mutter und mir.
Kosten trage ich.

■ *Kosten.* Wie zu Rdn. 71.1 M.

Änderungen, die durch das Kindergeld bewirkt werden, können nur durch Vollstreckungsabwehrklage (§ 767 ZPO) oder Antrag auf Abänderung (§ 239 FamFG) geltend gemacht werden. Nach § 244 FamFG muss vollstreckbare Ausfertigung eines Titels über Unterhalt gem. § 1612a BGB auch noch nach Vollendung des 18. Lebensjahres erteilt werden. Der Unterhaltspflichtige kann den Wegfall der Unterhaltspflicht wiederum nur durch Vollstreckungsabwehrklage oder Antrag auf Abänderung geltend machen. **72**

IX. Künstliche Befruchtung

Herrn Notar Dr. Wehrstedt in Düsseldorf sei dafür gedankt, dass er uns seine Formulierungsvorschläge überlassen hat, die Grundlage für die nachstehenden Muster (Rdn. 79 M und 84 M) *geworden sind.*

73 Künstliche Befruchtung (Insemination) ist die außergeschlechtliche Befruchtung der Eizelle der Frau mit dem Samen.[27] Sie ist homologe Insemination, wenn der Samen vom Ehemann (Partner) stammt; heterologe Insemination, wenn der Samen von einem Dritten stammt.

74 Die Rechtsfragen der künstlichen Befruchtung sind im BGB unvollkommen geregelt. Nur § 1600 Abs. 5 BGB verwendet diesen Begriff, wenn er die Anfechtung der Vaterschaft (unter den dort genannten Voraussetzungen) eines Kindes ausschließt, das durch künstliche Befruchtung mittels Samenspende eines Dritten gezeugt ist. Nach Angaben der Kinderwunschpraxen handelt es sich bei den Samenspendern (in § 1600 Abs. 5 BGB »Dritten« genannt) häufig um Medizinstudenten, die ähnlich wie bei einer Blutspende eine Samenspende unter Laborbedingungen gegen eine geringe Aufwandsentschädigung abgeben. Diese wollen anonym bleiben und wollen weder eine rechtliche noch soziale Vaterstellung gegenüber dem Kind einnehmen. Eine Aufgabe der notariellen Vereinbarung ist es, diese Samenspender vor Ansprüchen zu schützen.

75 Bei der künstlichen Befruchtung können vier Fälle unterschieden werden:
– die heterologe Insemination, die eine Befruchtung der Ehefrau durch den Spendersamen eines Dritten darstellt (nachstehend Rdn. 79 M);
– die quasiheterologe Insemination, wie man das gleiche Verfahren zwischen Partnern einer nichtehelichen Lebensgemeinschaft nennt;
– die homologe Insemination, die künstliche Befruchtung der Ehefrau mit dem Spendersamen ihres Ehemannes – die homologe Insemination steht für Abstammungsrecht und die übrigen Rechtsfolgen grundsätzlich der Beiwohnung gleich; sie entfällt bei der nachfolgenden Betrachtung –;
– die quasihomologe Insemination, wie man das gleiche Verfahren zwischen Partnern einer nichtehelichen Lebensgemeinschaft nennt (nachstehend Rdn. 83 M).

1. Vereinbarung zur heterologen Insemination

(Befruchtung der Ehefrau mit dem Samen eines Dritten)

76 Heterologe Inseminationen sind nicht (mehr) selten. Nach Angabe der Ärztekammer Nordrhein werden im Jahr mehr als tausend Fälle heterologer Insemination unter ärztlicher Mitwirkung durchgeführt.[28] Vor Beginn des Eingriffs verlangen die behandelnden Ärzte regelmäßig von dem Paar eine notarielle Vereinbarung, in der die Einwilligung zur Behandlung gem. § 1600 Abs. 4 BGB dokumentiert wird. Zwar sieht das BGB eine notarielle Beurkundungspflicht nicht vor.[29] Jedoch verlangen die Ärzte aufgrund ihrer berufsrechtlichen Vorgaben die notarielle Beurkundung der Vereinbarung.

77 Der Notar wird über die Rechtslage belehren und Regelungen finden müssen für:
– den Unterhalt von Kind und Mutter, und
– den Schutz des Samenspenders[30].

---

27 Vgl. dazu *Wehrstedt*, RNotZ 2005, 109 ff.; *ders.*, Streit um die Abstammung, S. 73 ff. (herausgegeben von *Spickhoff/Schwab/Henrich/Gottwald*, Beiträge zum europäischen Familienrecht, 2007, S. 73 ff.); *Wilms*, RNotZ 2012, 141 ff.
28 Vgl. *Wehrstedt*, Streit um die Abstammung, S. 73.
29 Vgl. dazu auch BGH v. 23.09.2015, DNotZ 2016, 54, 56f.
30 Zur Freistellung des Samenspenders von Erb- und Pflichtteilsrechten, die im folgenden Muster nicht geregelt wird, vgl. *Wilms*, RNotZ 2012, 141, 157 f.

Am 01.07.2018 ist das Gesetz zur Regelung des Rechts auf Kenntnis der Abstammung bei heterologer Verwendung von Samen in Kraft getreten.[31] Durch dieses Gesetz wird ein zentrales Samenspenderregister eingeführt, von dem die betroffenen Kinder Auskunft über die Identität des Samenspenders verlangen können.[32] Zugleich sieht der durch das Gesetz neu eingefügte § 1600d Abs. 4 BGB vor, dass eine gerichtliche Vaterschaftsfeststellung des Samenspenders ausgeschlossen ist, soweit das Kind durch »eine ärztlich unterstützte künstliche Befruchtung in einer Einrichtung der medizinischen Versorgung im Sinne von § 1a Nummer 9 des Transplantationsgesetzes unter heterologer Verwendung von Samen gezeugt worden [ist], der vom Spender einer Entnahmeeinrichtung im Sinne von § 2 Absatz 1 Satz 1 des Samenspenderregistergesetzes zur Verfügung gestellt wurde«. Das neue Gesetz regelt in § 10 einen Auskunftsanspruch. Jedermann, der vermutet, durch heterologe Verwendung von Samen im Wege einer ärztlich unterstützten künstlichen Befruchtung gezeugt worden zu sein, hat einen Anspruch auf Auskunft aus dem Samenspenderregister. Ab dem 16. Lebensjahr kann der Betroffene die Auskunft nur selbst verlangen; bis zu diesem Zeitpunkt können die gesetzlichen Vertreter für das Kind den Anspruch geltend machen. Der Samenspender hat nicht die Möglichkeit, durch Eintragung eines »Sperrvermerks« oder Einlegung eines Widerspruchs diese Information oder die Kontaktaufnahme durch das Spenderkind zu verhindern; er ist jedoch auch nicht verpflichtet, mit dem Kind in Kontakt zu treten. Das neue Gesetz gilt allerdings nur für Samenspenden, die offiziell an eine Samenbank erfolgen und im Rahmen einer »ärztlich unterstützten Befruchtung« verwendet werden. Nicht erfasst sind damit zum einen Eizellen- und Embryonenspenden; zum anderen sog. private Samenspenden oder »Becherspenden« im Freundes- oder Bekanntenkreis.

Heterologe Insemination

Verhandelt zu .....

Vor mir .....
erschienen:
Eheleute Herr Markus S. und Frau Kerstin S. geborene ....., beide wohnhaft in .....
– Herr Markus S. geboren am ..... in ..... –,
– Frau Kerstin S. geboren am ..... in ..... –.
Die Erschienenen ließen folgende

Vereinbarung über eine heterologe Insemination

beurkunden und erklärten:

§ 1 Vorbemerkungen

1. Herr Markus S.– nachfolgend auch »sozialer Vater« genannt – und Frau Kerstin S. geborene ..... haben am ..... vor dem Standesbeamten in ..... die Ehe geschlossen. Sie hatten und haben beide ausschließlich die deutsche Staatsangehörigkeit. Sie versichern, dass sie in einer gefestigten Beziehung leben und derzeit weder getrennt leben noch ein Antrag auf Scheidung ihrer Ehe gestellt ist.
2. Nachdem mehrfache medizinische Versuche einer homologen Befruchtung der Ehefrau gescheitert sind und weitere Versuche aufgrund medizinischer Indikation nach Auskunft von behandelnden Ärzten aussichtslos sind, wünschen sie beide die Vornahme einer heterologen Insemination; bei entsprechender medizinischer Indikation

---

31 BGBl 2017 I 2513; vgl. dazu *Helms*, FamRZ 2017, 1537 ff, *Löhnig*, StAZ 2017, 353; *Runge-Rannow*, ZRP 2017, 43.
32 Vgl. dazu Rundschr, 7/2018 der BNotK v. 04.06.2018.

ggf. auch im Wege der In-Vitro-Fertilisation (IVF) bzw. auch im Wege der Intra-Cytoplasmatischen Sperma-Injektion (ICSI) (nachstehend insgesamt einfach »heterologe Insemination« genannt). Die Beteiligten wünschen also die Befruchtung einer von der Ehefrau stammenden Eizelle durch Übertragung von Spendersamen eines Dritten – nachfolgend auch »genetischer Vater« oder »Samenspender« genannt – zur Verwirklichung ihres Kinderwunsches.

3. Eine medizinisch-psychosoziale Beratung, in deren Rahmen die Erschienenen über die vorgesehenen Eingriffe, die Einzelschritte des Verfahrens sowie die Erfolgsaussichten und möglichen Komplikationen der heterologen Insemination eingehend aufgeklärt wurden, ist erfolgt.

§ 2 Belehrung zu einer heterologen Insemination

Der Notar hat die Erschienenen über die Rechtsfolgen einer erfolgreichen heterologen Insemination und die Probleme belehrt, die sich aufgrund des Auseinanderfallens von sozialer und genetischer Vaterschaft ergeben können. Er hat ihnen die Rechtsstellung der Mutter, des sozialen Vaters, des im Wege der heterologen Insemination gezeugten Kindes und des genetischen Vaters ausführlich dargelegt.

Insbesondere hat der Notar auf Folgendes hingewiesen:
– Die Anfechtung der Vaterschaft durch den Ehemann (sozialen Vater) und die Mutter (Ehefrau) ist gemäß § 1600 Abs. 5 BGB durch diese Urkunde ausgeschlossen.
– Hinsichtlich des Verwandtschaftsverhältnisses des Kindes mit der Mutter und dem sozialen Vater bestehen in unterhaltsrechtlicher und erbrechtlicher Hinsicht keine Unterschiede zu einem natürlich gezeugten Kind, soweit die Vaterschaft nicht angefochten wird.
– Die Mutter und der soziale Vater können aus dem Umstand, dass das Kind genetisch einen anderen Vater hat, keine Rechte herleiten. Das Abstammungsverhältnis und die sich daraus ergebenden Rechte und Pflichten bleiben auch dann bestehen, wenn die Ehe der Eheleute Markus und Kerstin S. geschieden wird.
– Das Kind hat unter den Voraussetzungen des § 1592 Nr. 1 und 2 BGB die Rechtsstellung eines ehelichen Kindes, solange die Ehelichkeit nicht angefochten wurde.
– Aufgrund späterer Anfechtung durch das Kind selber kann der Status der Vaterschaft des sozialen Vaters (des Ehemannes) entfallen.
– Dem Kind steht das unverzichtbare Grundrecht auf Kenntnis seiner eigenen Abstammung zu und es kann deshalb später nach § 10 des Gesetzes zur Regelung des Rechts auf Kenntnis der Abstammung bei heterologer Verwendung von Samen Auskunft über die Identität des genetischen Vaters verlangen und die bestehende Vaterschaft anfechten. Nach Auffassung des Bundesverfassungsgerichts sind auch die sozialen Eltern zu dieser Auskunft verpflichtet. Den Erschienenen ist bewusst, dass der behandelnde Arzt sowie das Institut dem genetischen Vater keine Anonymität zusichern können und die Vorgenannten sich insoweit auch nicht auf ihre ärztliche Schweigepflicht berufen können.

§ 3 Einwilligung

1. Die Eheleute Markus und Kerstin S. erklären sich mit einer heterologen Insemination in der vorbeschriebenen Weise durch die ärztliche Praxis (Kinderwunschklinik in .....) einverstanden. Sie wissen, dass eine Anfechtung der Vaterschaft durch sie ausscheidet, auch dann, wenn sie sich später trennen oder scheiden lassen.
2. Die Einwilligung kann von dem Ehemann und der Ehefrau bis zur erfolgreichen Befruchtung der Ehefrau durch Spendersamen durch schriftliche Erklärung gegenüber dem behandelnden Arzt und/oder der Ehefrau widerrufen werden.

§ 4 Übernahme einer Elternschaft durch Willensakt

Die Erschienenen verpflichten sich wechselseitig und gegenüber dem im Wege der heterologen Insemination gezeugten Kind, diesem die uneingeschränkte rechtliche und soziale Stellung eines gemeinschaftlichen Kindes zukommen zu lassen. Sie verpflichten sich, das Kind in steter Fürsorge und Liebe gemeinsam aufzuziehen und Alles zum Wohle des Kindes zu tun.

§ 5 Kindesunterhalt und Freistellungsverpflichtung

1. Gemäß § 1601 BGB sind Verwandte in gerader Linie verpflichtet, einander Unterhalt zu gewähren. Die wechselseitige gesetzliche Unterhaltspflicht, insbesondere die des sozialen Vaters gegenüber dem Kind entfällt, wenn die Vaterschaft später aus irgendeinem Grund mit Erfolg angefochten wird.
2. Ausgehend von der hier erklärten Übernahme der Elternschaft kraft Willensakt vereinbaren die Beteiligten im Sinne eines echten Vertrages zugunsten Dritter gemäß §§ 328 Abs. 1 und 2, 331 Abs. 2 BGB und unter den nachfolgenden Bedingungen
– zugunsten des Kindes
die Übernahme einer rechtsgeschäftlichen Unterhaltspflicht durch den sozialen Vater; die Höhe der zu leistenden Unterhaltszahlungen soll sich in diesem Fall nach den für innerhalb einer bestehenden Ehe geborenen Kindern geltenden gesetzlichen Unterhaltsbestimmungen richten. Der soziale Vater ist jedoch dann nicht zur Zahlung von Unterhalt verpflichtet, wenn er die Vaterschaft mit der Begründung anficht, dass Kind sei nicht im Wege der heterologen Insemination gezeugt worden und diesen Umstand in dem Anfechtungsverfahren nachweist,
– zugunsten des genetischen Vaters
dessen Freistellung von jeglichen Unterhaltsansprüchen insbesondere gem. § 1615l BGB in der Weise, dass diese Freistellungsvereinbarung zugunsten des genetischen Vaters nur mit dessen Mitwirkung aufgehoben oder geändert werden kann. Der Notar hat darauf hingewiesen, dass diese Vereinbarung nicht zu Lasten des Kindes getroffen werden kann und der Spender dennoch das Risiko der Insolvenz des sozialen Vaters und der Mutter trägt.

§ 6 Unterhalt der Kindesmutter und des sozialen Vaters

Unabhängig von einer möglichen Anfechtung der Vaterschaft durch das Kind selbst übernehmen bei einem Erfolg der Behandlung und der Geburt eines Kindes Herr Markus S. und Frau Kerstin S. geborene ..... wechselseitig für den Fall, dass die Ehe zwischen ihnen geschieden werden sollte, die Verpflichtung, an den erziehenden Elternteil in entsprechender Anwendung der Vorschriften der §§ 1569 ff. BGB Unterhalt in Höhe des Betrages zu zahlen, der sich dem Grund und der Höhe nach bei einer Berechnung des Ehegattenunterhalts in Anlehnung an die Quotenregelung nach »Düsseldorfer Praxis« und der sog. Düsseldorfer Tabelle ergibt.

§ 7 Schlussbestimmungen

Sollten Bestimmungen dieses Vertrages ganz oder teilweise unwirksam sein oder werden oder sollte der Vertrag eine ausfüllungsbedürftige Lücke enthalten, so wird die Wirksamkeit des Vertrages im übrigen hiervon nicht berührt. Die Beteiligten sind verpflichtet, stattdessen eine Regelung zu treffen, die im Rahmen des rechtlich Möglichen dem entspricht, was die Beteiligten gewollt hätten.
Die mit dieser Urkunde verbundenen Kosten tragen wir zu gleichen Teilen.
Diese Niederschrift .....

■ *Kosten.* Einwilligung in die Insemination (§ 1600 Abs. 4 BGB); Regelwert 5.000 € gemäß § 36 Abs. 2 und 3 GNotKG, soweit sich der Geschäftswert nicht nach billigem Ermessen unter Berücksichtigung aller Umstände des Einzelfalls bestimmen lässt, 2,0 Gebühr nach Nr. 21100 KV GNotKG. Vereinbarungen über den Unterhalt ebenfalls 2,0 Gebühr nach Nr. 21100 KV GNotKG (keine Gebührenfreiheit gemäß Vorbemerkung 2 Abs. 3 des Teil 2 (Notargebühren) KV GNotKG, da Vertrag); Wert nach § 52 Abs. 2 bis 4 GNotKG; 10-facher Jahreswert nach § 52 Abs. 3 GNotKG, soweit nicht gemäß Abs. 4 geringer; Vereinbarungen über Unterhalt und andere Regelungen, z.B. Einwilligung in die Insemination, sind nach § 86 Abs. 2 GNotKG gegenstandsverschieden

2. Vereinbarung zur quasihomologen Insemination

(Befruchtung der Lebenspartnerin mit dem Samen des Lebenspartners)

80 Künstliche Befruchtung außerhalb einer bestehenden Ehe vorzunehmen, also bei einer Lebensgemeinschaft von Mann und Frau, die nicht miteinander verheiratet sind, ist den Ärzten nach den Richtlinien der Bundesärztekammer nur in begründeten Ausnahmefällen gestattet. Über diese Ausnahmefälle entscheidet eine Kommission der Landesärztekammer.[33]

81 Bei der quasihomologen Insemination ist Folgendes zu beachten:
Die Vaterschaftszuordnung des Kindes zum Lebenspartner der Mutter ist nur bei einer Vaterschaftsanerkennung, § 1592 Nr. 2 BGB, oder durch gerichtliche Feststellung, § 1592 Nr. 3 BGB, möglich. Die Vaterschaftsanerkennung vor der Empfängnis ist nach teilweise vertretener Auffassung unwirksam, da sie unter der Bedingung der Empfängnis steht und deshalb gegen § 1594 Abs. 3 BGB verstößt.[34] Wird im Hinblick auf eine konkret geplante künstliche Befruchtung ein Vaterschaftsanerkenntnis vor der Empfängnis beurkundet, so sollte der Notar auf die mögliche Unwirksamkeit hinweisen und dem Beteiligten raten, das Vaterschaftsanerkenntnis nach der erfolgten Befruchtung zu wiederholen.

82 Das nachstehende Muster enthält auch Vereinbarungen des anerkennenden Vaters zu Unterhaltsleistungen an das Kind im Wege eines echten Vertrages zugunsten Dritter gem. § 328 BGB. Allerdings ergibt sich bei wirksamer Vaterschaftsanerkennung der Unterhaltsanspruch des Kindes bereits aus den gesetzlichen bzw. von der Rechtsprechung entwickelten Grundsätzen.[35] Die Aufnahme einer Vereinbarung zu Unterhaltsleistungen an das Kind dürfte daher nur dann sinnvoll sein, wenn der nichteheliche Partner weder die Vaterschaft des Kindes anerkennt noch in die künstliche Befruchtung einwilligt oder der Notar zur Absicherung des Kindes Vorsorge für eine eventuelle Unwirksamkeit der Vaterschaftsanerkennung treffen möchte. In letzter Instanz könnte hier die Vaterschaft – anders als bei der heterologen Insemination – über den Weg der gerichtlichen Vaterschaftsfeststellung bewiesen werden. Das nachstehende Muster enthält ferner die Vereinbarung einer Unterhaltspflicht des Partners zugunsten der werdenden Mutter entsprechend den §§ 1569 ff. BGB. Ob dies tatsächlich dem Wunsch der werdenden Eltern entspricht, muss im Beratungsgespräch erörtert werden.[36] Häufig entscheiden sich die Beteiligten auch wegen der mit der Ehe verbundenen Unterhaltspflichten bewusst gegen eine Eheschließung, so dass die vertragliche Vereinbarung solcher Pflichten in vielen Fällen nicht gewünscht sein dürfte.

---

33 DNotZ 1998, 243.
34 MüKo-BGB/*Wellenhofer*, § 1594 BGB Rn. 41 m.w.N.; vgl. auch *Wilms*, RNotZ 2012, 141, 145 f.
35 Vgl. dazu *Wilms*, RNotZ 2012, 141, 154.
36 *Wilms*, RNotZ 2012, 141, 154.

Quasihomologe Insemination

Verhandelt zu ..... 83 M

Vor mir, ...
erschienen:
1. Herr Robert M. .....
2. Frau Agnes S. .....
Die Erschienenen erklärten:
Wir schließen die nachfolgende Vereinbarung über eine homologe Insemination.

§ 1 Vorbemerkung

1. Herr Robert M. nachfolgend auch »der Partner« genannt – und Frau Agnes S. nachfolgend auch »die Partnerin« genannt – sind nicht miteinander verheiratet. Sie hatten und haben beide ausschließlich die deutsche Staatsangehörigkeit. Sie leben seit ..... in einer festen Beziehung und haben seit ..... einen gemeinsamen Haushalt begründet. Keiner von ihnen ist derzeit noch mit einem anderen Ehepartner verheiratet.
2. Eine natürliche Befruchtung der Partnerin der nichtehelichen Lebensgemeinschaft ist nach Auskunft der behandelnden Ärzte derzeit aussichtslos. Daher wünschen beide Erschienenen die Vornahme einer homologen Insemination; soweit medizinisch indiziert auch im Wege der extrakorporalen Befruchtung einer von der Partnerin stammenden Eizelle durch Übertragung von Samen des Partners zur Verwirklichung ihres Kinderwunsches im Wege der sog. in-vitro-Fertilisation, IVF, bzw. im Wege der Intra-Cytoplasmatischen Sperma-Injektion, ICSI (nachfolgend insgesamt einfach »homologe Insemination« genannt.)
3. Eine medizinisch-psychosoziale Beratung, in deren Rahmen die Partner über die vorgesehenen Eingriffe, die Einzelschritte des Verfahrens sowie die Erfolgsaussichten und mögliche Komplikationen der homologen Insemination eingehend aufgeklärt wurden, ist bereits erfolgt. Beide Partner hatten aufgrund dieser Beratung die Möglichkeit, eine abgewogene, nicht übereilte Entscheidung zu treffen.

§ 2 Belehrung über die Rechtsfolgen

1. Der Notar hat die Erschienenen über die Rechtsfolgen einer erfolgreichen homologen Insemination nicht verheirateter Partner belehrt:
Er hat die Rechtsstellung der Mutter, des Vaters und des im Wege der homologen Insemination gezeugten Kindes dargelegt und verdeutlicht, dass den Partnern und dem Kind die Vorzüge der Ehelichkeitsvermutung, §§ 1592 ff. BGB nicht zugutekommen. Es besteht erst nach Anerkennung der Vaterschaft durch den Partner oder einer gerichtlichen Feststellung ein rechtliches Verwandtschaftsverhältnis des Kindes mit Herrn Robert M. Der Notar hat über die familienrechtlichen Unterschiede zwischen einem ehelichen Kind und einem Kind, dessen Eltern nicht miteinander verheiratet sind, belehrt.
2. Die nachteiligen Rechtsfolgen, die sich aus der Befruchtung außerhalb der Ehe für das Kind ergeben, können durch eine Eheschließung vor der Geburt des Kindes oder durch die Abgabe eines Vaterschaftsanerkenntnisses durch den Partner gem. § 1594 BGB gemindert oder auch aufgehoben werden. Die Vaterschaftsanerkennung führt zur Begründung einer wechselseitigen Unterhaltspflicht und zu beiderseitigen Erb- und Pflichtteilsrechten.
3. Der Notar hat mit den Beteiligten erörtert, dass eine Anerkennung der Vaterschaft zwar schon vor der Geburt des Kindes möglich ist (§ 1594 Abs. 4 BGB), nicht jedoch vor der Empfängnis (Befruchtung) der Frau. Andernfalls stünde sie unter der still-

schweigenden Bedingung der Empfängnis, was nach § 1595 Abs. 3 BGB unzulässig ist.
Zur Anerkennung der Vaterschaft bedarf es der Zustimmung der Mutter des Kindes, § 1595 BGB.
4. Der Notar hat mit den Erschienenen die Grundsätze des Sorgerechts von Eltern erörtert, die bei der Geburt des Kindes, nicht miteinander verheiratet sind. Die Sorge für das Kind steht den nicht verheirateten Eltern nur dann gemeinsam zu, wenn sie eine gemeinsame Sorgerechtserklärung in öffentlich beurkundeter Form abgeben oder einander heiraten (vgl. § 1626a BGB). Andernfalls steht der Mutter die elterliche Sorge alleine zu. Die Sorgerechtserklärung kann erst ab der Empfängnis abgegeben werden.

§ 3 Einwilligung

1. Die Vertragsabschließenden erklären sich mit der Durchführung einer homologen Insemination in der vorbeschriebenen Weise durch die ärztliche Praxis ..... und entsprechend den Richtlinien der Bundes- und Landesärztekammer zur Durchführung der assistierten Reproduktion einverstanden.
2. Die vorstehend erklärte Einwilligung kann von jedem der Erschienen, also von dem Partner sowie von der Partnerin bis zur erfolgreichen Befruchtung der Partnerin durch schriftliche Erklärung gegenüber dem behandelnden Arzt und/oder der Partnerin bzw. dem Partner widerrufen werden. Die Verpflichtung zur Kostentragung und -beteiligung an den bis dahin entstandenen Behandlungskosten bleibt von einem Widerruf unberührt.

§ 4 Übernahme der Elternschaft durch Willensakt

Herr Robert M. und Frau Agnes S. verpflichten sich wechselseitig und gegenüber dem im Wege der homologen Insemination gezeugten Kind dazu, bei einem Erfolg der Behandlung dem Kind die uneingeschränkte rechtliche und soziale Stellung eines gemeinschaftlichen Kindes zukommen zu lassen, wie sie dem Kind zukäme, wenn die Erschienenen zum heutigen Tage verheiratet wären. Sie erklären, sobald dies rechtlich zulässig sei, spätestens aber nach der Geburt des Kindes alle für eine Vaterschaftsanerkennung sowie für das gemeinsame Sorgerecht notwendigen Erklärungen abzugeben und alle dafür erforderlichen Rechtshandlungen vornehmen zu wollen.

§ 5 Vereinbarung zum Kindesunterhalt

Ausgehend von der hier erklärten Übernahme einer Elternschaft kraft Willensakt vereinbaren die Vertragsschließenden im Sinne eines echten Vertrages zugunsten Dritter gem. §§ 328 Abs. 1 und 2, 331 Abs. 2 BGB zugunsten des Kindes die Übernahme einer rechtsgeschäftlichen Unterhaltspflicht durch Herrn Robert M. Die Höhe der zu leistenden Unterhaltszahlungen soll sich nach den für innerhalb einer bestehenden Ehe geborene Kinder geltenden gesetzlichen Unterhaltsbestimmungen richten.

§ 6 Vertragliche Übernahme einer Unterhaltsverpflichtung gegenüber dem erziehenden Elternteil

Der beurkundende Notar hat mit den Vertragsabschließenden den Unterhaltsanspruch gem. § 1615l BGB aus Anlass der Geburt eines Kindes, dessen Eltern nicht miteinander verheiratet sind, erörtert.
Er hat darauf hingewiesen, dass diese (geringe) Unterhaltsverpflichtung durch Vertrag ergänzt werden kann.

Herr Robert M. und Frau Agnes S. verpflichten sich wechselseitig, an den erziehenden Elternteil in entsprechender Anwendung der Vorschriften der § 1569 ff. BGB Unterhalt in Höhe des Betrages zahlen, der sich dem Grund und der Höhe nach einer Berechnung des Ehegattenunterhaltes in Anlehnung an die Quotenregelung nach »Düsseldorfer Praxis« und der so genannten Düsseldorfer Tabelle ergibt.

§ 7 Schlussbestimmungen

Sollten Bestimmungen des Vertrages ganz oder teilweise unwirksam sein oder werden oder sollte der Vertrag eine ausfüllungsbedürftige Lücke enthalten, so wird die Wirksamkeit des Vertrages im Übrigen hiervon nicht berührt. Die Beteiligten sind verpflichtet, stattdessen eine Regelung zu treffen, die im Rahmen des rechtlich Möglichen dem entspricht, was die Parteien gewollt hätten.
Diese Niederschrift .....

- *Kosten.* Wie zu Rdn. 79 M.

X. Internationales Privat- und Verfahrensrecht

1. Abstammung und Anfechtung der Abstammung

a) Kollisionsrecht

Kollisionsrechtlich ist die Abstammung in Art. 19 Abs. 1 EGBGB geregelt und ihre Anfechtung in Art. 20 EGBGB.[37]

84

aa) Abstammung, Art. 19 Abs. 1 EGBGB

Dem Anwendungsbereich des *Art. 19 Abs. 1 EGBGB* unterliegt die Abstammung des Kindes von seinem leiblichen Vater und seiner leiblichen Mutter. Da – außer möglicherweise im Fall der *Leihmutterschaft*[38] – Mutter regelmäßig ist, wer das Kind geboren hat (vgl. § 1591 BGB)[39], hat Art. 19 Abs. 1 EGBGB vor allem Bedeutung bei der Bestimmung der Vaterschaft. Im Einzelnen regelt Art. 19 Abs. 1 EGBGB die Voraussetzungen einer Vaterschafts- bzw. Mutterschaftsanerkennung und einer gerichtlichen Vaterschaftsfeststellung, die Beiwohnungs- und Vaterschaftsvermutungen sowie die gesetzliche Empfängniszeit.[40] Dabei wird seit der Aufhebung des Art. 19 Abs. 1 EGBGB a.F. durch das KindRG, also seit dem 01.07.1998, *nicht mehr zwischen der ehelichen und der nichtehelichen Abstammung* unterschieden. Ergänzt wird die Bestimmung des Art. 19 Abs. 1 EGBGB durch das Römische CIEC-Übereinkommen Nr. 5 vom 14.09.1961 über die Erweiterung der Zuständigkeit der Behörden, vor denen nichteheliche Kinder anerkannt werden können.[41]

85

---

37 Für Iraner gilt gemäß Art. 8 Abs. 2 EGBGB des vorrangig zu beachtenden deutsch-iranischen Niederlassungsabkommen v. 17.02.1929 stets iranisches Recht. Vorrang vor Art. 19 Abs. 1 EGBGB hat auch das Brüsseler CIEC-Übereinkommen Nr. 6 über die Feststellung der mütterlichen Abstammung nichtehelicher Kinder vom 12.09.1962, vgl. im Einzelnen Staudinger/*Henrich*, Vorbem. zu Art. 19 EGBGB Rn. 1.
38 Hierzu Rdn. 87.
39 Vgl. insoweit auch das nach Art. 3 Abs. 2 EGBGB vorrangige Brüsseler CIEC-Übereinkommen über die Feststellung der mütterlichen Abstammung nichtehelicher Kinder vom 12.09.1962, abgedruckt in *Jayme/Hausmann*, Internationales Privat- und Verfahrensrecht, 18. Aufl. 2016, Nr. 51.
40 BeckOK/*Heiderhoff*, Art. 19 EGBGB Rn. 7.
41 Abgedruckt in *Jayme/Hausmann*, Internationales Privat- und Verfahrensrecht, 18. Aufl. 2016, Nr. 50. Zur Gleichwertigkeit einer in Spanien beim dortigen Standesamt abgegebenen Vaterschaftsanerkennung: BGH BeckRS 2017, 121457, näher unter Rdn. 97.

§ 92 Kindschaftsrecht

86 Als Grundsatzanknüpfung für die Abstammung dient gem. Art. 19 Abs. 1 Satz 1 EGBGB der *gewöhnliche Aufenthalt des Kindes*, wobei insoweit – wandelbar[42] – auf den Zeitpunkt abzustellen ist, in dem die Vaterschaft (Mutterschaft) anerkannt oder gerichtlich festgestellt wird bzw. zu dem sich die Frage nach dem Eintritt der gesetzlichen Vaterschaftsvermutung stellt. Nach Art. 19 Abs. 1 Satz 2 EGBGB kann die Abstammung im Verhältnis zu jedem Elternteil auch nach dessen *Heimatrecht* festgestellt werden. Auch in diesem Fall ist die Anknüpfung wandelbar, es ist also auf die Staatsangehörigkeit zum Zeitpunkt der Anerkennung bzw. Feststellung abzustellen. Sofern die Mutter des Kindes verheiratet ist, kann nach Art. 19 Abs. 1 Satz 3 EGBGB die Abstammung auch nach dem Recht bestimmt werden, dem die allgemeinen Wirkungen ihrer Ehe bei der Geburt nach Art. 14 Abs. 1 EGBGB unterliegen. Wenn die Ehe vor Bestimmung der Abstammung durch Tod aufgelöst worden ist, ist der Zeitpunkt der Auflösung maßgebend (Art. 19 Abs. 1 Satz 3 Halbs. 2 EGBGB). Bei der Anknüpfung nach Art. 19 Abs. 1 Satz 3 EGBGB wird also unwandelbar auf das Ehewirkungsstatut z.Zt. der Geburt bzw. z.Zt. der Eheauflösung abgestellt. Grundsätzlich kann die Abstammung eines Kindes *alternativ* nach einer der in Betracht kommenden Rechtsordnungen festgestellt werden. Auch wenn es sich bei dem gewöhnlichen Aufenthalt des Kindes faktisch um die »Regelanknüpfung«[43] handelt, sind die Anknüpfungsmomente in Art. 19 Abs. 1 Satz 1–3 EGBGB als gleichrangig anzusehen.[44] Führen allerdings die verschiedenen Abstammungsstatute zu verschiedenen Ergebnissen, ergeben sich also etwa danach verschiedene Väter, so muss nach übereinstimmender Auffassung dasjenige Recht maßgeblich sein, das für das Kind am günstigsten ist.[45] Dabei soll es nach h.M. für das Kind am günstigsten sein, dem *Prioritätsgrundsatz* folgend diejenige Rechtsordnung zur Anwendung zu bringen, nach der eine Abstammung zuerst festgestellt worden ist, z.B. durch Vaterschaftsvermutung.[46] Für den Fall, dass bereits bei Geburt nach den infrage kommenden Statuten verschiedene Personen als Väter gelten, ist die wahrscheinlichere Vaterschaft als die günstigere anzusehen.[47] Bei gleicher Wahrscheinlichkeit ist der Vater zu bestimmen, der voraussichtlich dem Kindeswohl am ehesten entspricht, sodass etwa der Ehemann dem Samenspender vorgehen wird.[48] Ist nur nach einer einzigen Anknüpfungsalternative überhaupt eine Vater-Kind-Zuordnung möglich, so ist diese in jedem Fall zu wählen, selbst wenn danach dem Kind ein Vater zugewiesen wird, der nicht der Erzeuger des Kindes ist.[49] Führt von den alternativ berufenen Rechtsordnungen zum Zeitpunkt der Geburt nur das (ausländische) Heimatrecht des geschiedenen Ehemannes der Mutter zur rechtlichen Vaterschaft, ist eine später von einem anderen Mann nach dem hierfür anwendbaren deutschen Recht erklärte Vaterschaftsanerkennung unwirksam.[50] Die zuerst begründete Vaterschaft kann grundsätzlich nur nach dem gem. Art. 20 EGBGB berufenen Anfechtungsstatut beseitigt werden.[51]

87 Die regelmäßig unproblematische *Feststellung der Mutterschaft* kann ausnahmsweise dann Fragen aufwerfen, wenn die Frau, die das Kind zur Welt gebracht hat, nicht auch die

---

42 OLG Hamm BeckRS 2012, 19878; kritisch in Bezug auf die Wandelbarkeit: *Dauner-Lieb/Heidel/Ring/Bischoff*, Art. 19 EGBGB Rn. 23 m.w.N.
43 MüKo-BGB/*Helms*, Art. 19 EGBGB Rn. 12.
44 BGH FamRZ 2006, 1745; NJW 2016, 3171.
45 NK-BGB/*Bischoff*, Art. 19 EGBGB Rn. 23.
46 BayObLG FamRZ 2002, 686; OLG Hamm FamRZ 2009, 126; KG Berlin JAmt 2011, 470; insoweit kritisch: *Frank*, StAZ 2009, 65; a.A. *Andrae*, Internationales Familienrecht, 3. Aufl., 2015, § 5 Rn. 33: für Vorrang des gewöhnlichen Aufenthalts.
47 Str., wie hier BayObLG FamRZ 2002, 686; *Hepting*, StAZ 2000, 33, 35; a.A. Palandt/*Thorn*, Art. 19 EGBGB Rn. 6: Wahlrecht des Kindes.
48 So auch BeckOK/*Heiderhoff*, Art. 19 EGBGB Rn. 27.
49 BGH NJW 2016, 3171.
50 BGH DNotZ 2018, 459. Zum Eingreifen des Prioritätsgrundsatzes in einem Sonderfall vgl. auch BGH StAZ 2018, 84 mit Anm. *Löhnig*.
51 BGH, DNotZ 2018, 459.

genetische Mutter des Kindes ist (*Leihmutterschaft*),⁵² und wenn die genetische Mutter einer Rechtsordnung angehört, nach welcher die Gebärende als Mutter im Rechtssinne angesehen wird. Sobald die genetische Mutter mit dem Kind ihren gewöhnlichen Aufenthalt in Deutschland nimmt, kommt auf die Abstammung gem. Art. 19 Abs. 1 Satz 1 EGBGB aus deutscher Sicht (jedenfalls auch) das deutsche Recht zur Anwendung, wonach die gebärende Mutter als leibliche Mutter anzusehen ist (§ 1591 BGB). Daneben kann die Abstammung im Verhältnis zu jedem Elternteil aber auch nach seinem Heimatrecht bestimmt werden (Art. 19 Abs. 1 Satz 2 EGBGB). Diese Anknüpfung geht allerdings bei Leihmutterschaften regelmäßig ins Leere, da das jeweilige Heimatrecht die jeweils andere »Mutter« als rechtliche Mutter bestimmt. Ist die »Mutter« verheiratet, ist auch eine Anknüpfung an das Ehewirkungsstatut möglich (Art. 19 Abs. 1 Satz 3 EGBGB), wobei als »Mutter« i.S.d. Bestimmung sowohl die Leihmutter als auch die Spendermutter angesehen werden kann.⁵³ Kommen aufgrund verschiedener Anknüpfungsalternativen zwei »Mütter« in Betracht, versagen i.d.R. die oben dargestellten Anknüpfungskriterien, vor allem der Grundsatz der Priorität. Teilweise wird insoweit befürwortet, der Wertung des deutschen Rechts den Vorrang einzuräumen⁵⁴ und – gem. § 1591 BGB – die Leihmutter als Mutter im Rechtsinn anzusehen. Dies leuchtet allerdings nicht ein. Vorteilhafter ist es für das Kind in diesem Fall vielmehr, wenn man das Recht anwendet, das zur Mutterschaft der Spendermutter führt, da dies regelmäßig das von allen Beteiligten gewünschte Ergebnis sein wird.⁵⁵ Würde man hingegen der Leihmutter den Vorzug geben, könnte die Spendermutter eine Mutterschaft nur durch Adoption des Kindes erreichen; dies liegt sicherlich nicht im Kindesinteresse.

Da seit Inkrafttreten des KindRG nicht mehr zwischen der ehelichen und nichtehelichen Abstammung unterschieden wird,⁵⁶ ist neben der unterschiedlichen Anknüpfung für die eheliche und nichteheliche Kindschaft auch die besondere Kollisionsnorm für die *Legitimation nichtehelicher Kinder* (Art. 21 EGBGB a.F.) weggefallen. Es gibt allerdings immer noch Staaten, die zwischen ehelichen und nichtehelichen Kindern unterscheiden und an diesen Status etwa namens-, unterhalts- und erbrechtliche Konsequenzen knüpfen (in Europa z.B. Italien und die Türkei, welche auch noch das Rechtsinstitut der Legitimation kennen). Wird auf das Recht eines solchen Staates verwiesen, ist die Vorfrage der Ehelichkeit regelmäßig unselbstständig anzuknüpfen.⁵⁷ Eine nach ausländischem Recht eingetretene Legitimation ist nach dem BayObLG⁵⁸ als Änderung des Personenstandes i.S.v. § 30 PStG a.F. (Art. 27 Abs. 3 Nr. 1 PStG n.F.) im Geburtenbuch durch Eintragung eines Randvermerks kenntlich zu machen.⁵⁹

88

Bei dem *Legitimanerkenntnis des islamischen Recht* (»iqrar«) handelt es sich um eine Rechtsform sui generis, mit der festgestellt wird, dass zwischen den Eltern des Kindes zum Zeitpunkt der Zeugung eine legitime Geschlechtsbeziehung bestand. Das Legitimanerkenntnis ist, da mit ihm die Abstammung rechtsverbindlich festgestellt wird, als Vaterschaftsanerkenntnis zu qualifizieren und unter Art. 19 Abs. 1 EGBGB zu subsumieren.⁶⁰

89

---

52 Zur Anerkennung eines kalifornischen Urteils zur Elternstellung bei Leihmutterschaft jüngst BGH, NJW 2015, 479. Zur Anerkennungsfähigkeit einer standesamtlichen Eintragung der biologischen Eltern im Fall einer Leihmutterschaft OLG Celle, FamRZ 2017, 1496 entgegen OLG Braunschweig, FamRZ 2017, 972.
53 So wohl auch Staudinger/*Henrich*, Art. 19 EGBGB Rn. 78.
54 So *Looschelders*, IPRax 1999, 423; *Schäkel*, Die Abstammung im neuen Internationalen Privatrecht, 2004, S. 99 und wohl auch NK-BGB/*Bischoff*, Art. 19 EGBGB Rn. 29.
55 Im Ergebnis auch Staudinger/*Henrich*, Art. 19 EGBGB Rn. 78 sowie BeckOK/*Heiderhoff*, Art. 19 EGBGB Rn. 31.
56 Vgl. Rdn. 85.
57 Staudinger/*Henrich*, Art. 19 EGBGB Rn. 89 ff.
58 FamRZ 1999, 1443.
59 A.A. Staudinger/*Henrich*, Art. 19 EGBGB Rn. 85 ff.
60 *Schäkel*, Die Abstammung im neuen deutschen Internationalen Privatrecht, S. 93.

90 *Rück- und Weiterverweisungen* (Art. 4 Abs. 1 Satz 1 EGBGB) sind bei der Anknüpfung nach Art. 19 Abs. 1 Satz 1 EGBGB grundsätzlich zu beachten, nicht jedoch, wenn hierdurch der Kreis der anwendbaren Rechtsordnungen verengt würde.[61]

91 Bei Abstammungserklärungen ist hinsichtlich der erforderlichen *Zustimmungen* jedenfalls stets dann Art. 23 EGBGB zu beachten, wenn die Abstammungsfeststellung nach einem anderen Recht als dem Heimatrecht des Kindes erfolgt. In diesem Fall sind – sofern nicht ausnahmsweise aus Gründen des Kindeswohls das deutsche Recht anzuwenden ist (Art. 23 Satz 2 EGBGB) – gem. Art. 23 Satz 1 EGBGB zusätzlich zu den vom Abstammungsstatut vorgeschriebenen Einwilligungen die Zustimmungserklärungen einzuholen, die vom Heimatrecht des Kindes vorgeschrieben sind.

bb) Anfechtung der Abstammung, Art. 20 EGBGB

92 Auch Art. 20 EGBGB knüpft die Anfechtung der Abstammung unabhängig davon an, ob es sich um ein innerhalb oder außerhalb einer Ehe geborenes Kind handelt. Sofern das nach Art. 20 EGBGB berufene Recht noch eine Unterscheidung zwischen ehelichen und nichtehelichen Kindern trifft, ist dem zu folgen und die Vorfrage der Ehelichkeit regelmäßig unselbstständig, d.h. nach den Kollisionsnormen der berufenen Rechtsordnung anzuknüpfen.[62] Nach Art. 20 Satz 1 EGBGB kann die Abstammung *nach jedem Recht angefochten werden, aus dem sich ihre Voraussetzungen ergeben*. Es ist also zunächst stets nach Art. 19 Abs. 1 EGBGB zu klären, nach welchem Recht sich die Abstammung richtet und das so ermittelte Recht dann für die Anfechtung der Abstammung heranzuziehen. Wie bei der Anknüpfung der Abstammung sind die Anknüpfungsalternativen gleichrangig.[63] Berufen ist also zum einen das Recht, aus dem im konkreten Fall die Abstammung hergeleitet wurde, daneben aber auch alle weiteren Rechtsordnungen, die nach Art. 19 Abs. 1 EGBGB berufen sind, sofern nach ihnen die Abstammungsvoraussetzungen ebenfalls erfüllt wären.[64] Bedeutsam kann diese Alternativanknüpfung im Einzelfall wegen der unterschiedlichen Länge der Anfechtungsfristen sein.

93 Eine *Zusatzanknüpfung* sieht Art. 20 Satz 2 EGBGB vor: Danach kann das Kind die Abstammung in jedem Fall nach dem Recht des Staates anfechten, in dem es seinen gewöhnlichen Aufenthalt hat. Diese Zusatzanknüpfung hat dann Bedeutung, wenn das nach Art. 20 Satz 1 EGBGB berufene Recht des gewöhnlichen Aufenthalts deshalb nicht zum Zuge kommen kann, weil sich aus ihm im konkreten Fall die Voraussetzungen der Abstammung nicht ergeben. Die Möglichkeit der Anfechtung nach der Zusatzanknüpfung des Art. 20 Satz 2 EGBGB steht allerdings nur dem Kind, nicht auch sonstigen Anfechtungsberechtigten zu.

94 Unter das Anfechtungsstatut fällt auch der Ausschluss der Anfechtung. Das deutsche Recht versagt etwa dem Scheinvater, der einer *heterologen Insemination* zugestimmt hat, gem. § 1600 Abs. 4 BGB ein Anfechtungsrecht. Bei einem Sachverhalt mit Auslandsberührung ist daher insoweit Vorsicht geboten: es sollte bedacht werden, dass nach den Bestimmungen der aufgrund der Anknüpfungsalternativität möglicherweise auch berufenen ausländischen Rechtsordnung die Anfechtung trotz erteilter Zustimmung Erfolg haben könnte.[65]

95 Ein *Renvoi* (Art. 4 Abs. 1 Satz 1 EGBGB) ist im Rahmen des Art. 20 Satz 2 EGBGB nur dann zu befolgen, wenn hierdurch nicht die Zahl der Anknüpfungsalternativen verkleinert wird.[66]

---

61 Str., vgl. Staudinger/*Henrich*, Art. 19 EGBGB Rn. 25 ff.
62 Palandt/*Thorn*, Art. 20 EGBGB Rn. 1.
63 Staudinger/*Henrich*, Art. 20 EGBGB Rn. 12.
64 BeckOK/*Heiderhoff*, Art. 20 EGBGB Rn. 8
65 Siehe auch Staudinger/*Henrich*, Art. 20 EGBGB Rn. 38. Allgemein zu den kollisionsrechtlichen Fragen bei medizinisch assistierter Zeugung: *Henrich*, FS Frank, S. 249.
66 Str., in diesem Sinne Staudinger/*Henrich*, Art. 20 EGBGB Rn. 23.

b) Verfahrensrecht

Die *internationale Zuständigkeit* in Abstammungssachen folgt aus § 100 FamFG (zum Begriff der »Abstammungssachen« i.S.d. FamFG vgl. § 169 FamFG). Sie ist stets dann gegeben, wenn entweder das Kind, die Mutter, der Vater oder der Mann, der an Eides statt versichert, der Mutter während der Empfängniszeit beigewohnt zu haben, die deutsche Staatsangehörigkeit besitzt oder den gewöhnlichen Aufenthalt im Inland hat. 96

Für die *Anerkennung ausländischer Entscheidungen* in Kindschaftssachen ist neben einigen bilateralen Staatsverträgen[67] § 328 ZPO maßgeblich. Fällt die Sache nach deutschem Recht in den Bereich der nichtstreitigen Gerichtsbarkeit, erfolgt die Anerkennung nach §§ 108, 109 FamFG. Eine im Ausland erklärte Anerkennung der Vaterschaft wirkt im Inland, wenn die Anerkennung entsprechend den maßgeblichen ausländischen Rechtsvorschriften erfolgt ist. Nach Art. 4 des CIEC-Übereinkommens vom 14.09.1961 hat die nach dem Ortsrecht von der zuständigen Behörde beurkundete Anerkennungserklärung die gleichen Wirkungen wie eine vor der zuständigen Heimatbehörde abgegebene Anerkennungserklärung.[68] Außerhalb des CIEC-Übereinkommens folgt die Maßgeblichkeit der Ortsform aus Art. 11 Abs. 1 EGBGB.[69] 97

2. Unterhaltsanspruch des Kindes und der nicht mit dem Kindsvater verheirateten Mutter

a) Unterhaltsanspruch des Kindes

International-privatrechtlich war der Unterhalt, soweit es um Unterhaltspflichten aus Beziehungen der Familie, Verwandtschaft, Ehe oder Schwägerschaft einschließlich der Unterhaltspflicht gegenüber einem – auch nichtehelichen – Kind ging, bis zum 17.06.2011 in Art. 4–10 und 11 Abs. 2 des *Haager Übereinkommens über das auf Unterhaltspflichten anwendbare Recht vom 02.10.1973* (Haager Unterhaltsübereinkommen 1973) bzw. in Art. 18 EGBGB geregelt. Seit dem 18.06.2011 gilt gem. Art. 15 der *Verordnung (EG) Nr. 4/2009 des Rates vom 18.12.2008 über die Zuständigkeit, das anwendbare Recht, die Anerkennung und Vollstreckung von Entscheidungen und die Zusammenarbeit in Unterhaltssachen* (EU-UnthVO) für die Mitgliedsstaaten dieser Verordnung, die durch das *Haager Protokoll vom 23.11.2007 über das auf Unterhaltspflichten anzuwendende Recht* (HUP) gebunden sind, dieses Protokoll – zunächst nur als sekundäres Gemeinschaftsrecht und seit dem 01.08.2013 als völkerrechtlicher Vertrag.[70] Die Bestimmungen des HUP sind seither im Verhältnis der Mitgliedsstaaten untereinander vorrangig gegenüber allen anderen geltenden unterhaltsrechtlichen Kollisionsregelungen.[71] Art. 18 EGBGB ist mit Wirkung zum 18.06.2011 aufgehoben worden. Das *Haager Unterhaltsübereinkommen 1973* und das *Haager Übereinkommen vom 24.10.1956 über das auf Unterhaltsverpflichtungen gegenüber Kindern anzuwendende Recht* werden im Verhältnis zu den Vertragsstaaten, die auch das HUP ratifiziert haben, verdrängt.[72] Ersteres hat daher nur noch Bedeutung im Verhältnis zu Japan, der Schweiz und der Türkei, Letzteres gegenüber Liechtenstein und China-Macao.[73] 98

Nach Art. 3 Abs. 1 HUP wird die Grundanknüpfung an den gewöhnlichen Aufenthalt des Unterhaltsberechtigten beibehalten, wobei verschiedene Sonder- und Ersatzanknüp- 99

---

67 Vgl. hierzu im Einzelnen Staudinger/*Henrich*, Art. 19 EGBGB Rn. 115 ff. Bilaterale Abkommen bestehen zu Italien, Belgien, Griechenland, Spanien und der Schweiz.
68 Zum Geltungsbereich des CIEC-Übereinkommens vgl. https://www.personenstandsrecht.de/PERS/DE/Themen/Uebereinkommen/UE_CIEC/ue_ciec_node.html
69 Im Einzelnen BGH BeckRS 2017, 121457.
70 Beigetreten sind die Mitgliedsstaaten der EU (mit Ausnahme Dänemarks und des Vereinigten Königreichs) sowie Serbien, siehe auch www.hcch.net.
71 Wie hier *Andrae*, Internationales Familienrecht, § 8 Rn. 103.
72 Art. 18 HUP, vgl. auch *Ring*, FPR 2013, 16.
73 *Andrae*, Internationales Familienrecht, § 8 Rn. 99 f.

100 Zu beachten ist schließlich, dass die in Art. 8 Abs. 1 HUP eingeräumte Rechtswahlmöglichkeit im Hinblick auf den Unterhaltsanspruch minderjähriger Kinder nicht gewährt wird (Art. 8 Abs. 3 HUP). Insoweit ist nur eine Rechtswahl nach Art. 7 HUP möglich.[74]

fungen zu beachten sind (Art. 4 Abs. 2 bis 4 HUP). Bedeutung hat insoweit vor allem die Sonderanknüpfung nach Art. 4 Abs. 3 HUP: diese führt zur Anwendung der *lex fori*, wenn der Unterhaltsberechtigte die zuständige Behörde des Staates angerufen hat, in dem der Unterhaltsschuldner seinen gewöhnlichen Aufenthalt hat.

b) Unterhaltsanspruch der nicht mit dem Kindsvater verheirateten Mutter

101 Für Unterhaltsansprüche der nicht mit dem Kindsvater verheirateten Mutter vor und nach der Geburt gelten ebenfalls die Bestimmungen des HUP.[75] Die Bestimmung des Art. 19 Abs. 2 EGBGB betrifft nicht den Unterhaltsanspruch der nichtehelichen Mutter, sondern regelt lediglich, dass, sofern die Eltern nicht miteinander verheiratet sind, die Verpflichtungen des Vaters gegenüber der Mutter aufgrund der Schwangerschaft, also die Erstattung der aufgrund der Schwangerschaft und Geburt entstandenen Kosten, dem Recht des Staates unterliegen, in dem die Mutter ihren gewöhnlichen Aufenthalt hat.

3. Name des Kindes

102 Grundsätzlich untersteht der *Familienname des Kindes* seinem Heimatrecht, Art. 10 Abs. 1 EGBGB. Das Gleiche gilt für den *Vornamen*.[76] Für den Familiennamen gestattet Art. 10 Abs. 3 EGBGB jedoch dem Inhaber der elterlichen Sorge, i.d.R. also den Eltern, eine *Rechtswahl* hinsichtlich des Familiennamens des Kindes. Zu den Wahlmöglichkeiten vgl. Art. 10 Abs. 3 Satz 1 Nr. 1–3 EGBGB.

103 Zustimmungserfordernisse zur Namenserteilung unterliegen gem. Art. 23 Satz 1 EGBGB zusätzlich dem Heimatrecht des Kindes oder stattdessen dem deutschen Recht (Art. 23 Satz 2 EGBGB).

---

74 *Ring*, FPR 2013, 18.
75 Palandt/*Thorn*, HUntProt Rn. 6; Art. 19 EGBGB Rn. 9.
76 Palandt/*Thorn*, Art. 10 EGBGB Rn. 19.

§ 93 Annahme als Kind

I. Abgrenzung Annahme Minderjähriger – Annahme Volljähriger

Das Gesetz unterscheidet bei der »Annahme als Kind« zwischen der Annahme Minderjähriger (§§ 1741 ff. BGB) und der Annahme Volljähriger (§§ 1767 BGB). Mit »Kind« ist hier also – wie auch sonst im BGB – nicht der Minderjährige sondern der Abkömmling gemeint. Die Annahme Volljähriger bietet zwei Varianten: Die Volljährigenadoption mit »schwachen Wirkungen« und die Volljährigenadoption mit »starken Wirkungen«. Die Volljährigenadoption mit »starken Wirkungen« ist weitgehend der Minderjährigenadoption angenähert: § 1772 BGB spricht von der Annahme mit den Wirkungen der Minderjährigenadoption. Bei der Minderjährigenadoption wie auch der Volljährigenadoption mit »starken Wirkungen« wird der Angenommene rechtlich vollständig aus der bisherigen Familie herausgelöst und in die Familie des Annehmenden auch mit Wirkung für die weiteren Familienmigleder eingefügt; eine Ausnahme bildet insoweit allerdings § 1756 Abs. 2 BGB. So erhalten z.B. die Eltern des Annehmenden auch einen (u.U. weiteren) Enkel, bereits vorhandene Kinder des Annehmenden erhalten eine Schwester bzw. einen Bruder. Bei der Volljährigenadoption mit »schwachen Wirkungen« ist das anders: Die Wirkungen der Annahme erstrecken sich hier nach § 1770 Abs. 1 BGB nicht auf die Verwandten des Annehmenden. Allein der Annehmende selbst – und ggfs. noch sein mit annehmender Ehegatte oder Lebenspartner – wird mit dem Angenommenen und seinen Abkömmlingen verwandt. Die Eltern des Annehmenden erhalten aber durch diese Annahme keine (weiteren) Enkel, die weiteren Kinder des Annehmenden keine Schwester bzw. keinen Bruder, wobei der Angenommene jedoch, weil er dem Annehmenden gegenüber erb- und unterhaltsberechtigt ist die Stellung bereits vorhandener Kinder beeinflusst. In der Beratungspraxis ist daher den Beteiligten stets darzulegen, dass, soweit die durch die Annahme begründete Verwandtschaft reicht, auch gegenseitige Erb-, Pflichtteils- und Unterhaltsrechte und -pflichten bestehen. Die Volljährigenadoption mit schwachen Wirkungen führt zu einer Kumulation von Rechten: Stirbt der Angenommene, ohne Abkömmlinge zu hinterlassen, wird er von Adoptiv- und leiblichen Eltern beerbt. Der Angenommene ist auch weiterhin gesetzlicher Erbe seiner leiblichen Eltern. Soweit der Angenommene den Annehmenden beerbt und dann ohne Abkömmlinge und ohne Verfügung von Todes wegen verstirbt, vererbt er bei einer Volljährigenadoption mit schwachen Wirkungen an seine leiblichen Verwandten. Die Rechtsbeziehungen des Angenommenen zu seinen leiblichen Verwandten bleiben ausnahmslos bestehen; lediglich ihre Unterhaltspflichten treten nach § 1770 Abs. 3 BGB hinter die des Annehmenden zurück.

1

Eine Volljährigenadoption mit starken Wirkungen ist allerdings nur unter den besonderen Voraussetzungen des § 1772 Abs. 1 BGB zulässig, wenn

2

1. ein minderjähriger Bruder oder eine minderjährige Schwester des Volljährigen von den Annehmenden angenommen ist oder gleichzeitig angenommen wird (§ 1772 Abs. 1 Buchst. a) BGB) oder
2. der zwischenzeitig Volljährige bereits als Minderjähriger in die Familie des Annehmenden aufgenommen worden ist (§ 1772 Abs. 1 Buchst. b) BGB)[1] oder
3. der Annehmende das Kind seines Ehegatten annimmt (§ 1772 Abs. 1 Buchst. c) BGB) oder
4. der zwischenzeitig Volljährige bei Antragstellung (d.h. im Zeitpunkt der Einreichung beim Familiengericht) noch nicht volljährig war.

---

1 Zum Begriff der Aufnahme in die Familie s. OLG Hamm OLGZ 1979, 455 = MittRhNotK 1980, 9 = FamRZ 1979, 1082.

§ 93 Annahme als Kind

II. Abgrenzung ein Annehmender – zwei Annehmende

3 Ist der Annehmende unverheiratet, kann er ein Kind nur allein annehmen, § 1741 Abs. 2 Satz 1 BGB. Dies gilt auch, wenn der Annehmende in einer Lebenspartnerschaft nach dem LPartG verpartnert ist, wobei dann die Einwilligung des Lebenspartners erforderlich ist (§ 9 Abs. 6 LPartG).

4 Ist der Annehmende verheiratet, kann er ein Kind grundsätzlich nur gemeinschaftlich mit seinem Ehegatten annehmen, § 1741 Abs. 2 Satz 2 BGB. Das gilt nach der Einführung der »Ehe für alle« und der entsprechenden Änderung des § 1353 Abs. 1 Satz 1 BGB auch für gleichgeschlechtliche Eheleute.[2] Ausnahmen von diesem Grundsatz sind die Annahme des Kindes des Ehegatten (Stiefkindadoption; § 1741 Abs. 2 Satz 3 BGB) und die Fälle, dass der Ehegatte des Annehmenden geschäftsunfähig ist oder das 21. Lebensjahr noch nicht vollendet hat (§ 1741 Abs. 2 Satz 4 BGB). Für die Volljährigenadoption gelten diese Grundsätze gleichermaßen, so dass ein verheirateter Annehmender auch einen Volljährigen nur gemeinschaftlich mit seinem Ehegatten annehmen kann, es sei denn, es liegt eine der vorerwähnten Ausnahmen vor.[3]

5 Eine gemeinschaftliche Adoption durch eingetragene Lebenspartner nach dem LPartG wurde in der Vergangenheit rechtspolitisch zwar gefordert, ist aber nicht Gesetz geworden. In § 9 Abs. 7 LPartG ist seit dem Jahr 2005 die Stiefkindadoption bei eingetragenen Lebenspartnern zugelassen. Eine sog. Sukzessivadoption, also die Annahme eines Kindes zunächst durch den einen eingetragenen Lebenspartner und die zeitlich nachfolgende Stiefkindadoption durch den anderen Lebenspartner war bis zur Entscheidung des BVerfGs[4] im Jahr 2013 nicht zulässig. Das BVerfG hat diesen Ausschluss der Sukzessivadoption durch eingetragene Lebenspartner für verfassungswidrig erklärt. Mittlerweile hat der Gesetzgeber dies in § 9 Abs. 7 Satz 2 LPartG durch die Aufnahme eines Verweises auf § 1742 BGB umgesetzt, so dass eingetragene Lebenspartner nun zumindest über den Umweg der Sukzessivadoption die Möglichkeit haben, ein Kind »gemeinschaftlich« anzunehmen. Durch die Einführung der »Ehe für alle« gibt es für eingetragene Lebenspartnerschaften nun zusätzlich die Möglichkeit, über die Umwandlung der Lebenspartnerschaft in eine Ehe nach § 20a LPartG eine gemeinschaftliche Adoption durchführen zu können. Seit dem 01.10.2017 können Lebenspartnerschaften nach dem LPartG nicht mehr begründet werden, so dass es sich bei der Problematik der Sukzessivadoption als Umweg zur gewünschten gemeinsamen Elternschaft eines gleichgeschlechtlichen Paares um ein »Auslaufmodell« handelt.[5]

Unklar ist, ob dann, wenn zwei Frauen zu dem Zeitpunkt, in dem eine von ihnen ein Kind zur Welt bringt, miteinander verheiratet sind, die bisher bei einer eingetragenen Lebenspartnerschaft erforderliche Stiefkindadoption entfällt.[6] Neben der Gebärenden wird ihre Ehefrau möglicherweise wegen § 1592 Nr. 1 BGB ebenfalls Mutter des Kindes. Zwar spricht die Vorschrift nur vom »Vater eines Kindes«; der Gesetzgeber hat es jedoch möglicherweise schlicht versäumt, diese Vorschrift entsprechend seinem Willen zur Öffnung der Ehe für gleichgeschlechtliche Paare anzupassen.[7] Nicht ausgeschlossen ist jedoch, dass es sich nicht um ein Versehen des Gesetzgebers handelte, sondern dieser mit der Einführung der »Ehe für alle« nicht zugleich alle abstammungsrechtlichen Folgen gleichstellen wollte.[8] Unklar ist damit auch, was in der entsprechenden Situation gilt, wenn die beiden Frauen

---

2 Gesetz zur Einführung des Rechts auf Eheschließung für Personen gleichen Geschlechts, BGBl. 2017 I S. 2787 f.
3 OLG Koblenz, Beschl. v. 05.12.2013 – 13 UF 793/13, notar 2014, 298 f. = MDR 2014, 545 f.
4 NJW 2013, 847.
5 Art 3 des Gesetzes zur Einführung des Rechts auf Eheschließung für Personen gleichen Geschlechts, BGBl. 2017 I S. 2787 f.
6 DNotI-Report 2018, 19 f.
7 *Zschiebsch*, notar 2017, 363.
8 DNotI-Report 2018, 19 f.

zunächst nach dem LPartG verpartnert waren und eine von ihnen in dieser Zeit ein Kind geboren hat, ohne dass dieses durch die Lebenspartnerin adoptiert wurde. Wandeln die beiden Lebenspartner nun ihre Lebenspartnerschaft in eine Ehe um, bleibt nach Art 3 Abs. 2 des »Ehe für alle«-Gesetzes nach der Umwandlung für Rechte und Pflichten der Lebenspartnerinnen der Tag der Begründung der Lebenspartnerschaft maßgebend. In der Gesetzesbegründung heißt es dazu, dass nach der Umwandlung die Lebenspartner die gleichen Rechte und Pflichten haben, als ob sie am Tag der Begründung der Lebenspartnerschaft geheiratet hätten.[9] Dies könnte so zu verstehen sein, dass die Ehefrau der leiblichen Mutter rückwirkend weitere Mutter des in der Lebenspartnerschaft geborenen Kindes wird.[10] Bis die Rechtslage hier geklärt ist, erscheint es sinnvoll, in beiden vorbeschriebenen Fällen eine Stiefkindadoption zu beantragen.[11]

Die Sukzessivadoption ist nach § 1742 BGB grundsätzlich auch verheirateten Annehmenden möglich, wegen § 1741 Abs. 2 Satz 2 BGB allerdings nur dann, wenn die Annehmenden zum Zeitpunkt der Adoption durch den ersten Annehmenden noch nicht verheiratet waren. Diese engen Grenzen gelten seit dem 01.10.2017 wegen der Einführung der »Ehe für alle« auch für gleichgeschlechtliche Paare, weil neue Lebenspartnerschaften nach dem LPartG seitdem nicht mehr begründet werden können. Insoweit hat die »Ehe für alle« also auch zu einer Einschränkung von familienrechtlichen Gestaltungsmöglichkeiten geführt, weil für Paare, die bisher nicht nach dem LPartG verpartnert sind, dieser Weg weggefallen ist.

6

Zwei Annehmenden, die weder verheiratet noch verpartnert sind, ist die Sukzessivadoption eines minderjährigen Kindes wegen des ausschließlichen Charakters des § 1742 BGB verwehrt. Ebenso kann eine mit ihrem Partner weder verheiratete noch in einer Lebenspartnerschaft lebende Person dessen minderjähriges Kind nicht annehmen, ohne dass zugleich das Verwandtschaftsverhältnis zwischen ihrem Partner und seinem Kind gem. § 1755 Abs. 1 BGB erlischt.[12] Die Vorschrift des § 1742 BGB gilt allerdings nicht für die Volljährigenadoption, § 1768 Abs. 1 Satz 2 BGB, so dass eine Sukzessivadoption und die Adoption des Kindes des nichtehelichen Partners mit dem Eintritt der Volljährigkeit des »Kindes« im Rahmen einer Adoption möglich wird. Vor diesem Hintergrund ist bei volljährigen Anzunehmenden auch eine Rückadoption (Readoption) durch einen leiblichen Elternteil möglich, etwa wenn die Ehe des anderen leiblichen Elternteils, dessen neuer Ehegatte das Kind adoptiert hatte, gescheitert ist.[13]

7

III. Formelle Voraussetzungen der Annahme: Anträge/Einwilligungen

Durch die umfassende Kodifizierung des Verfahrens in den §§ 186 ff. FamFG wird die praktische Rechtsanwendung insoweit erleichtert, als jeder Rechtsanwender sich nun schneller einen Eindruck vom Ablauf des Verfahrens verschaffen kann.

8

Die Annahme wird auf Antrag des Annehmenden vom Familiengericht ausgesprochen, § 1752 Abs. 1 BGB. Die Annahme eines Volljährigen wird vom Annehmenden und vom Anzunehmenden gemeinsam beantragt, § 1768 Abs. 1 Satz 1 BGB. Der Antrag muss notariell beurkundet sein, § 1752 Abs. 2 Satz 2 BGB. Nicht durch die Errichtung der notariellen Urkunde, sondern erst durch den Beschluss des Familiengerichts wird die Annahme wirksam.

9

---

9 BT-Drucks. 18/6665 S. 10.
10 *Zschiebsch*, notar 2017, 363, 364.
11 Vgl. DNotI-Report 2018, 19 f.
12 BGH DNotZ 2017, 375.
13 Vgl. DNotI-Report 2017, 123, 124.

10 Der Antrag darf nicht unter einer Bedingung oder einer Zeitbestimmung gestellt werden; er darf weder durch einen gesetzlichen noch durch einen gewillkürten Vertreter gestellt werden, d.h. dass weder ein Betreuer noch ein (General-)Bevollmächtigter den Antrag für den Annehmenden stellen kann. Verstirbt der Annehmende nach Einreichung des Antrags beim Familiengericht oder nachdem er den beurkundenden Notar mit der Einreichung betraut hat, so ist der Ausspruch der Annahme durch das Gericht gleichwohl zulässig, § 1753 Abs. 2 BGB, bei Eheleuten auch nach dem Tode beider Ehegatten.[14] Dabei muss darauf geachtet werden, dass der Notar nicht allein »für den Fall des Todes des bzw. der Annehmenden« damit betraut wird, den Antrag einzureichen, weil eine solche Beauftragung nicht darauf gerichtet ist, ein Eltern-Kind-Verhältnis zwischen Lebenden zu begründen. Denn auch in Fällen, in denen das Gesetz ausnahmsweise die Adoption nach dem Tod des Annehmenden zulässt, muss die Absicht der Beteiligten auf eine Adoption zu Lebzeiten gerichtet gewesen sein; eine von vornherein angestrebte postmortale Adoption ist unzulässig.[15] Nach dem Tode des Kindes kann der Ausspruch der Annahme nicht erfolgen, § 1753 Abs. 1 BGB.

11 Der Antrag kann bis zum Ausspruch der Annahme durch das Familiengericht formlos zurückgenommen werden.[16]

12 Es bestehen zahlreiche Einwilligungserfordernisse. Gemeinsam ist ihnen, dass die Einwilligungen unbedingt, unbefristet und notariell beurkundet sein und gemäß § 1750 Abs. 1 BGB gegenüber dem Familiengericht erklärt werden müssen. Sie sind höchstpersönlich und unwiderruflich, § 1750 Abs. 3 bzw. Abs. 2 Satz 2 BGB. Nach herrschender Auffassung müssen die Einwilligungserklärungen dem Familiengericht in Ausfertigung zugehen; beglaubigte Abschrift genügt nicht.[17] Nur das über 14 Jahre alte und nicht geschäftsunfähige Kind kann seine Einwilligung bis zum Wirksamwerden des Ausspruchs der Annahme gegenüber dem Familiengericht in öffentlich beurkundeter Form und ohne Zustimmung seines gesetzlichen Vertreters widerrufen (§ 1746 Abs. 2 BGB). Bei beschränkter Geschäftsfähigkeit des Einwilligenden – nicht des Kindes (§ 1746 Abs. 1 Satz 2 und 3 BGB) – bedarf es nicht der Zustimmung seines gesetzlichen Vertreters, § 1750 Abs. 3 Satz 2 BGB.

13 Die Einwilligung verliert ihre Kraft, wenn der Antrag auf Annahme als Kind zurückgenommen oder die Annahme durch das Familiengericht versagt wird, § 1750 Abs. 4 Satz 1 BGB. Die Einwilligung eines Elternteils verliert zudem ihre Kraft, wenn das Kind nicht innerhalb von 3 Jahren seit dem Zugang der Einwilligung beim Familiengericht (= Wirksamwerden) angenommen wird, § 1750 Abs. 4 BGB.

14 Zum Einen muss der minderjährige Anzunehmende selbst einwilligen, § 1746 BGB; beim volljährigen Anzunehmenden ist das grundsätzlich nicht erforderlich, da er selbst – gemeinsam mit dem Annehmenden – den Antrag stellt. Ist der minderjährige Anzunehmende mindestens 14 Jahre alt, kann er die Einwilligung selbst – allerdings nur mit Zustimmung des gesetzlichen Vertreters – erklären, § 1746 Abs. 1 Satz 3 BGB. Ist das Kind jünger als 14 oder geschäftsunfähig, wird die Einwilligung von seinem gesetzlichen Vertreter erteilt, § 1746 Abs. 1 Satz 2 BGB. Auch wenn das Kind das vierzehnte Lebensjahr noch nicht vollendet hat, fließen seine Wünsche und Vorstellungen bei der Anhörung in die Entscheidung über das Kindeswohl ein.[18] Gegen den erklärten Willen des Kindes wird daher trotz der Einwilligung des gesetzlichen Vertreters regelmäßig keine Adoption ausgesprochen. Nimmt ein Ehegatte das Kind des anderen Ehegatten an, so ist der andere Ehegatte von der Vertretung des Kindes nicht ausgeschlossen; der Bestellung eines Pflegers bedarf es daher

---

14 OLG Hamm NJW 1966, 1821.
15 OLG München ZErb 2010, 118.
16 Palandt/*Götz*, § 1752 BGB Rn. 6.
17 OLG Hamm MittRhNotK 1982, 15.
18 Palandt/*Götz*, § 1746 BGB Rn. 2.

nicht.[19] Die von den Eltern als gesetzlichen Vertretern, dem Vormund oder einem Pfleger verweigerte Einwilligung oder Zustimmung kann durch das Familiengericht ersetzt werden (§§ 1748, 1746 Abs. 3 BGB); die Ersetzung der Einwilligung eines über 14 Jahre alten Kindes ist nicht möglich.[20] Unterliegt die Adoption nicht deutschem, sondern ausländischem Recht und haben das Kind und der Annehmende unterschiedliche Staatsangehörigkeiten, bedarf die Einwilligung des Anzunehmenden der Genehmigung des Familiengerichts, § 1746 Abs. 1 Satz 4 BGB).

Ferner müssen die Eltern des minderjährigen Anzunehmenden einwilligen, und zwar unabhängig davon, ob der Vater mit der Mutter verheiratet ist oder war, § 1747 Abs. 1 BGB, wobei der nichteheliche Vater die Vaterschaft wirksam anerkannt haben bzw. gerichtlich als Vater festgestellt sein muss; liegen diese Voraussetzungen nicht vor und ist auch kein anderer Mann nach § 1592 BGB als Vater des Kindes anzusehen, kann der nichteheliche Vater seine Rechte in dem Annahmeverfahren zudem geltend machen, wenn er die Voraussetzung des § 1600d Abs. 2 Satz 1 BGB (Beiwohnung der Mutter während der Empfängniszeit) glaubhaft macht. Er »gilt« dann als Vater, § 1747 Abs. 1 Satz 2 BGB. Dies ist nicht auf die Vaterschaft durch natürliche Zeugung beschränkt, sondern gilt auch im Fall der Samenspende.[21] Die Einwilligung des nichtehelichen Vaters kann, wenn der Mutter die elterliche Sorge alleine zusteht, vom Familiengericht ersetzt werden, wenn das Unterbleiben der Annahme dem Kind zu unverhältnismäßigem Nachteil gereichen würde, § 1748 Abs. 4 BGB. **15**

Die Einwilligung durch die Eltern kann grundsätzlich erst erteilt werden, wenn das Kind 8 Wochen alt ist, § 1747 Abs. 2 Satz 1 BGB. Die Einwilligung ist auch dann wirksam, wenn der Einwilligende die schon feststehenden Annehmenden nicht kennt, § 1747 Abs. 2 Satz 2 BGB. Die unwiderrufliche Einwilligung in eine bestimmte Inkognito-Adoption hindert nicht daran, nachträglich in eine andere Adoption wirksam einzuwilligen.[22] Sind die Eltern nicht miteinander verheiratet und haben sie keine Sorgeerklärung abgegeben, kann die Einwilligung des Vaters jedoch bereits vor der Geburt erteilt werden, § 1747 Abs. 3 Nr. 1 BGB. Wenn der nichteheliche Vater die Übertragung der Sorge für das Kind nach § 1672 Abs. 1 BGB beantragt hat, kann eine Annahme erst ausgesprochen werden, nachdem über den Antrag des Vaters entschieden worden ist, § 1747 Abs. 3 Nr. 2 BGB. Der Vater kann aber darauf verzichten, die Übertragung der Sorge nach § 1672 Abs. 1 BGB zu beantragen. Die Verzichtserklärung muss öffentlich beurkundet werden, § 1747 Abs. 3 Nr. 3 BGB. **16**

Mit der Einwilligung eines Elternteils ruht seine elterliche Sorge, § 1751 Abs. 1 Satz 1 BGB. Soweit erforderlich wird das Jugendamt Vormund, § 1751 Abs. 1 Satz 2 BGB. Dies gilt nicht, wenn ein Ehegatte in die Annahme seines Kindes durch den anderen Ehegatten einwilligt. Der Annehmende ist dem Kind vor dessen Verwandten zur Gewährung von Unterhalt verpflichtet, sobald die Eltern ihre Einwilligung erteilt haben und er das Kind in seine Obhut genommen hat, § 1751 Abs. 4 Satz 1 BGB. **17**

Die Einwilligung eines Elternteils oder des Ehegatten ist nicht erforderlich, wenn ein Elternteil oder der Ehegatte zur Abgabe der Erklärung außerstande oder sein Aufenthalt dauernd unbekannt ist, §§ 1747 Abs. 4 BGB. **18**

Beim volljährigen Anzunehmenden ist eine Einwilligung der Eltern nicht erforderlich, wobei das Gericht eine Volljährigenadoption mit »starken Wirkungen« nach § 1772 Abs. 1 Satz 2 BGB nicht aussprechen darf, wenn ihr überwiegende Interessen der Eltern des Anzunehmenden entgegenstehen; um dies zu prüfen werden die Eltern bei einer Volljährigenadoption mit »starken Wirkungen« vom Gericht zumindest angehört. **19**

---

19 BGH DNotZ 1980, 552; BayObLG DNotZ 1981, 442; OLG Hamm DNotZ 1978, 743; OLG Düsseldorf MittRhNotK 1978, 192; OLG Köln MittRhNotK 1979, 64; LG Berlin FamRZ 1977, 660, LG Bonn MittRhNotK 1977, 132; a.A. OLG Stuttgart FamRZ 1979, 1077.
20 Palandt/*Götz*, § 1746 BGB Rn. 7.
21 BGH NJW 2015, 1820.
22 OLG Hamm MittRhNotK 1991, 122.

§ 93 Annahme als Kind

20 Nach § 1749 BGB ist zur Annahme eines Kindes durch einen Ehegatten allein die Einwilligung des anderen Ehegatten erforderlich. Diese Regelung betrifft nicht den Fall der Adoption eines minderjährigen Stiefkindes, da dieser schon durch § 1747 BGB abgedeckt ist, weil danach die leiblichen Eltern in die Adoption einwilligen müssen. § 1749 BGB ist daher nur bei der Stiefkindadoption eines Volljährigen und in den seltenen Fällen anwendbar, in denen der Ehegatte des Annehmenden noch nicht 21 Jahre alt ist und der Annehmende daher ausnahmsweise nach § 1741 Abs. 2 Satz 4 BGB allein adoptieren kann. Auch bei der Stiefkindadoption eines Volljährigen bedarf es daher der Einwilligung des Ehegatten als leiblichem Elternteil des Anzunehmenden.

21 Schließlich ist nach § 1749 Abs. 1 BGB auch die Einwilligung des Ehegatten des verheirateten Anzunehmenden erforderlich. Dies ist zumeist für die Volljährigenadotion relevant. Die Ersetzung der Einwilligung des Ehegatten des Anzunehmenden ist nach § 1749 Abs. 1 Satz 2 möglich. Seine Einwilligung ist allerdings nicht erforderlich, wenn er zur Abgabe der Erklärung außerstande oder sein Aufenthalt dauernd unbekannt ist, §§ 1749 Abs. 2 BGB.

22 Erforderlich ist ferner, dass der Annehmende unbeschränkt geschäftsfähig ist und gemäß § 1743 BGB, bei der Annahme durch ein Ehepaar (§ 1741 Abs. 2 Satz 2 BGB) ein Ehegatte das 25. Lebensjahr und der andere Ehegatte das 21. Lebensjahr vollendet hat, bei der Annahme durch eine Person alleine (§ 1741 Abs. 2 Satz 1 BGB) diese das 25. Lebensjahr vollendet hat und bei der Annahme des Kindes seines Ehegatten (§ 1741 Abs. 2 Satz 3 BGB) der Annehmende das 21. Lebensjahr vollendet hat. Es ist umstritten, ob die Geschäftsfähigkeit des Annehmenden nur bei Antragstellung oder auch noch zum Zeitpunkt der gerichtlichen Entscheidung über den Antrag vorliegen muss. Für die Volljährigenadoption recht wohl die Geschäftsfähigkeit zum Zeitpunkt der Antragstellung, auch wenn der Annehmende noch vor dem Adoptionsbeschluss geschäftsunfähig werden sollte.[23]

IV. Materielle Voraussetzungen der Annahme: Kindeswohl

23 1. Die Annahme als Kind ist in jedem Fall nur zulässig, wenn sie dem Wohl des Kindes dient und zu erwarten ist, dass zwischen den Annehmenden und dem Kind ein Eltern-Kind-Verhältnis entsteht (§ 1741 Abs. 1 Satz 1 BGB). Dem Kindeswohl dient sie jedenfalls dann, wenn die Adoption zu einer nachhaltigen Verbesserung der persönlichen Verhältnisse und bzw. oder der Rechtsstellung des Kindes führt.[24] Im Hinblick auf das zumindest zu erwartende Eltern-Kind-Verhältnis ist nach wie vor auch der Altersunterschied der Beteiligten von Bedeutung, der grundsätzlich in etwa der normalen Generationenfolge entsprechen sollte.[25] Zur Beurteilung dieser Voraussetzungen dient u.a. die Einholung der fachlichen Äußerung der Adoptionsvermittlungsstelle bzw. des Jugendamtes im Adoptionsverfahren gemäß § 189 FamFG.

24 Auf die Annahme Volljähriger finden die Vorschriften über die Annahme Minderjähriger sinngemäße Anwendung, soweit sich nicht aus §§ 1767 ff. BGB etwas anderes ergibt, § 1767 Abs. 2 Satz 1 BGB. Ein Volljähriger kann nach § 1767 Abs. 1 BGB als Kind angenommen werden, wenn die Annahme sittlich gerechtfertigt ist, was insbesondere anzunehmen ist, wenn ein Eltern-Kind-Verhältnis bereits besteht. Damit stellt die Vorschrift höhere Anforderungen als § 1741 Abs. 1 BGB an die Annahme eines Minderjährigen, wo von einer sittlichen Rechtfertigung nicht die Rede ist. Besteht zwischen dem Annehmenden und dem volljährigen Anzunehmenden bei Antragstellung noch kein Eltern-Kind-Verhältnis, muss bei objektiver Betrachtung der bestehenden Bindungen und ihrer Entwicklungsmöglichkeiten das Entstehen einer Eltern-Kind-Beziehung für die Zukunft zu erwarten sein. Im

---

23 OLG München, Beschl. v. 26.02.2015 -33 UF 1292/14, notar 2015, 256.
24 Palandt/*Götz*, § 1741 BGB Rn. 3.
25 KG DNotZ 2013, 780.

Zentrum der Annahme müssen familienbezogene Motive stehen; weitere Motive schaden nicht, solange es sich um Nebenmotive handelt.[26] Hierbei müssen die Motive der Beteiligten im Rahmen einer Anhörung durch das Gericht festgestellt und gegeneinander abgewogen werden. Die sittliche Rechtfertigung wird jedenfalls nicht schon dadurch ausgeschlossen, dass nach wie vor eine ungestörte, intakte Beziehung des Anzunehmenden zu den leiblichen Eltern besteht.[27]

Den Interessen der Kinder des Annehmenden oder des Anzunehmenden trägt die Vorschrift des § 1745 BGB Rechnung. Danach darf die Annahme nicht ausgesprochen werden, wenn ihr überwiegende Interessen der Kinder des Annehmenden oder des Anzunehmenden entgegenstehen. Vermögensrechtliche Interessen sind dabei mit einzubeziehen, sollen aber bei der Minderjährigenadoption nicht ausschlaggebend sein, § 1745 Satz 2 BGB, wohingegen diese Einschränkung bei der Volljährigenadoption nicht besteht, § 1769 BGB. Die Kinder des Annehmenden sind in dem Adoptionsverfahren zu hören.[28]

25

Die Bestimmung, dass sich die Wirkungen der Annahme eines Volljährigen nach den Vorschriften über die Annahme eines Minderjährigen richten, darf nicht getroffen werden, wenn ihr überwiegende Interessen der Eltern des Anzunehmenden entgegenstehen, § 1772 Abs. 1 Satz 2 BGB.

26

2. Bei Gericht einzureichende Unterlagen

Nach Einreichung des Antrages auf Annahme als Kind und der erforderlichen Einwilligungen beim Familiengericht fordert dieses in der Regel folgende Unterlagen von den Beteiligten an:

27

a) Sterbeurkunde, falls ein Elternteil des Kindes verstorben ist;
b) Heiratsurkunde der annehmenden Eheleute;
c) Geburtsurkunde des Kindes;
d) Geburtsurkunde des Annehmenden.
e) Den Nachweis der Staatsangehörigkeit des Annehmenden. Hierzu gehört in der Regel eine Auskunft der Ortspolizeibehörde. Dieser Nachweis ist deshalb erheblich, weil sich das Adoptionsrecht nach dem Personalstatut richtet.[29] Ist also der Annehmende ein Ausländer, so findet das Recht des Heimatstaates Anwendung (Art. 22 Abs. 1 Satz 1 EGBGB – vgl. ferner § 1746 Abs. 1 Satz 4 BGB sowie unten Rdn. 56 ff.).
f) Der Nachweis der Staatsangehörigkeit des Anzunehmenden. Hier genügt in der Regel eine Auskunft der Ortspolizeibehörde.
g) Ärztliche Zeugnisse (nicht notwendig muss es sich hier um amtsärztliche Zeugnisse handeln) über das anzunehmende Kind und den oder die Annehmenden.

Von Amts wegen anzufordern:
a) Strafregisterauszug des oder der Annehmenden;
b) Stellungnahme des Jugendamtes (§§ 189, 194 FamFG) und, wenn das Kind oder der Annehmende eine ausländische Staatsangehörigkeit besitzt oder staatenlos ist oder der Annehmende oder das Kind seinen Wohnsitz oder gewöhnlichen Aufenthalt im Ausland haben, außerdem die Stellungnahme der zentralen Adoptionsstelle des Landesjugendamts, gegebenenfalls des Landesjugendamtes (§ 195 FamFG i.V.m. § 11 Abs. 2 Adoptionsvermittlungsgesetz).

---

26 OLG Stuttgart, DNotZ 2015, 855, 856.
27 OLG München, DNotZ 2017, 703, 705; a.A. OLG Stuttgart, DNotZ 2015, 855, 856.
28 BVerfG NJW 1995, 316.
29 BGHZ 64, 19, 23 f.

V. Der Ausspruch des Familiengerichts

28 Die Annahme als Kind wird vom Familiengericht durch Beschluss ausgesprochen, § 1752 Abs. 1 BGB. In der Regel soll die Annahme erst ausgesprochen werden, wenn der Annehmende das Kind eine angemessene Zeit in Pflege gehabt hat, § 1744 BGB. In dem Beschluss ist anzugeben, auf welche Gesetzesvorschriften sich die Annahme gründet, § 197 Abs. 1 Satz 1 FamFG. Wenn die Einwilligung eines Elternteils nicht für erforderlich erachtet wurde, weil der Elternteil zur Abgabe der Erklärung dauernd außerstande oder sein Aufenthalt dauernd unbekannt war, ist dies ebenfalls im Beschluss anzugeben, § 197 Abs. 1 Satz 2 FamFG. Der Beschluss wird mit der Zustellung an den Annehmenden, nach dem Tod des Annehmenden mit Zustellung an das Kind wirksam, § 197 Abs. 2 FamFG. Er ist unanfechtbar; eine Abänderung oder Wiederaufnahme ist ausgeschlossen (§ 197 Abs. 3 FamFG).

29 Bei der Annahme eines Minderjährigen holt das Gericht eine gutachtliche Äußerung der Adoptionsvermittlungsstelle oder gegebenenfalls des Jugendamtes darüber ein, ob das Kind und die Familie des Annehmenden für die Annahme geeignet sind; die gutachtliche Äußerung ist kostenlos zu erstatten, § 189 FamFG.

30 Zuständig ist das Gericht, in dessen Bezirk der Annehmende oder einer der annehmenden Ehegatten seinen gewöhnlichen Aufenthalt hat, § 187 Abs. 1 FamFG. Ist die Zuständigkeit eines deutschen Gerichts danach nicht gegeben, ist der gewöhnliche Aufenthalt des Kindes maßgebend, § 187 Abs. 2 FamFG. Hat weder das anzunehmende Kind noch der Annehmende oder einer der Annehmenden seinen gewöhnlichen Aufenthalt im Inland, ist nach § 187 Abs. 4 Satz 1 FamFG das Amtsgericht Schöneberg in 10823 Berlin, Grunewaldstraße 66–67 zuständig. Das Amtsgericht Schöneberg kann die Sache aus wichtigen Gründen an ein anderes Gericht verweisen, § 187 Abs. 4 Satz 2 FamFG.

VI. Wirkungen der Annahme und Erbrecht

31 1. Die Wirkungen der Adoption wurden unter Rdn. 1 bereits kurz angesprochen. Nimmt ein Ehepaar ein Kind oder nimmt ein Ehegatte ein Kind des anderen Ehegatten an, so erlangt das Kind die Stellung eines gemeinschaftlichen Kindes der Ehegatten, § 1754 Abs. 1 BGB. In den anderen Fällen erlangt das Kind die rechtliche Stellung eines Kindes des Annehmenden (§ 1754 Abs. 2 BGB). Mit der Annahme eines Minderjährigen und mit der Volljährigenadoption mit starken Wirkungen erlöschen das Verwandtschaftsverhältnis des Kindes und seiner Abkömmlinge zu den bisherigen Verwandten und die sich aus ihm ergebenden Rechte und Pflichten (§ 1755 Abs. 1 BGB). Ansprüche des Kindes, die bereits entstanden sind, mit Ausnahme von Unterhaltsansprüchen, werden durch die Annahme nicht berührt. Hierzu zählen etwa Renten, Waisengeld aber auch Erbenstellungen und Pflichtteilsrechte. Nimmt ein Ehegatte das Kind seines Ehegatten an, so tritt das Erlöschen nur im Verhältnis zu dem anderen Elternteil und dessen Verwandten ein, § 1755 Abs. 2 BGB; jedoch mit folgender Ausnahme:

32 Das Erlöschen tritt nicht ein, wenn der andere Elternteil die elterliche Sorge hatte und verstorben ist, § 1756 Abs. 2 BGB (Stiefkindadoption).

33 Das Kind beerbt seine Adoptiveltern oder den Annehmenden und deren Verwandten wie ein eheliches Kind und wird selbst nach den allgemeinen Regeln von seinen neuen Eltern oder dem Annehmenden beerbt. Auch nach Hoferbrecht steht es den leiblichen Kindern gleich.[30]

---

30 Palandt/*Götz*, § 1754 BGB Rn. 3.

2. Sind die Annehmenden mit dem Kind im zweiten oder dritten Grad verwandt oder verschwägert, so erlöschen nur das Verwandtschaftsverhältnis des Kindes und seiner Abkömmlinge zu den Eltern des Kindes und die sich daraus ergebenden Rechte und Pflichten – Verwandtenadoption (§ 1756 Abs. 1 BGB) –. **34**

Damit soll nach teilweise vertretener Ansicht auch das unmittelbar durch die Eltern begründete Verwandschaftsverhältnis zu den Geschwistern und deren Abkömmlingen erlöschen.[31] Das Verwandschaftsverhältnis zu den Großeltern soll bestehen bleiben einschließlich der durch die Großeltern vermittelten Verwandtschaftsverhältnisse. Das bedeutet, dass das Adoptivkind über die Großeltern auch mit seinen leiblichen Geschwistern verwandt bleibt. **35**

Hieraus ergeben sich bei der Minderjährigenadoption und bei der Volljährigenadoption mit starken Wirkungen für das Erbrecht folgende Konsequenzen: **36**
a) Die leiblichen Eltern scheiden als gesetzliche Erben des angenommenen Kindes aus und umgekehrt.
b) Die leiblichen Geschwister sind nicht Erben der zweiten Ordnung des angenommenen Kindes und umgekehrt.
c) Die leiblichen Geschwister können aber z.B. Erben der dritten Ordnung des angenommenen Kindes sein – und umgekehrt –, wenn das Kind von seinem Onkel (Verwandter dritten Grades) adoptiert wurde, im Todesfall Erben der ersten und zweiten Ordnung (Abkömmlinge, [Adoptiv-]Eltern, [Adoptiv-]Geschwister) nicht (mehr) vorhanden und auch die gemeinsamen Großeltern als Erben der dritten Ordnung nicht mehr vorhanden sind.

Auch wenn man der vorstehenden Ansicht nicht folgt und daher kein Erlöschen des durch die Eltern begründeten Verwandtschaftsverhältnisses zu den Geschwistern und deren Abkömmlingen annimmt, führt die Vorschrift des § 1925 Abs. 4 BGB dazu, dass in den Fällen des § 1756 BGB das angenommene Kind und die Abkömmlinge der leiblichen Eltern oder des anderen Elternteils des Kindes im Verhältnis zueinander nicht Erben der zweiten Ordnung sind.[32] **37**

Die Wirkungen der Annahme eines Volljährigen mit »schwachen Wirkungen« erstrecken sich nicht auf die Verwandten des Annehmenden, § 1770 Abs. 1 Satz 1 BGB. Der Ehegatte des Annehmenden wird nicht mit dem Volljährigen, der Ehegatte des Volljährigen wird nicht mit dem Annehmenden verschwägert (§ 1770 Abs. 1 Satz 2 BGB), wobei zu beachten ist, dass ein verheirateter Annehmender auch einen Volljährigen grundsätzlich nur gemeinsam mit seinem Ehegatten adoptieren kann (vgl. oben Rdn. 4). Die Rechtsbeziehungen zu den leiblichen Verwandten des Angenommenen bleiben bestehen, § 1770 Abs. 2 BGB, was insbesondere für das Erbrecht zu beachten ist.[33] **38**

---

31 So auch der Rechtsausschuss 1976, BT-Drucks. 7/5087, S. 17.
32 Zur erbrechtlichen Problematik der Verwandten- und Stiefkinderadoption s. *Schmitt-Kammler*, FamRZ 1978, 570 und allgemein zu den Rechtsfolgen Staudinger/*Frank*, § 1756 BGB Rn. 13 ff.
33 Vgl. dazu MüKo-BGB/*Maurer*, 7. Aufl. 2017, § 1770 BGB Rn. 6 ff.

§ 93 Annahme als Kind

39 Die nachstehenden Schaubilder mögen dies verdeutlichen:

§ 1756 Abs. 1 BGB i.V.m. § 1925 Abs. 4 BGB (Verwandtenadoption)

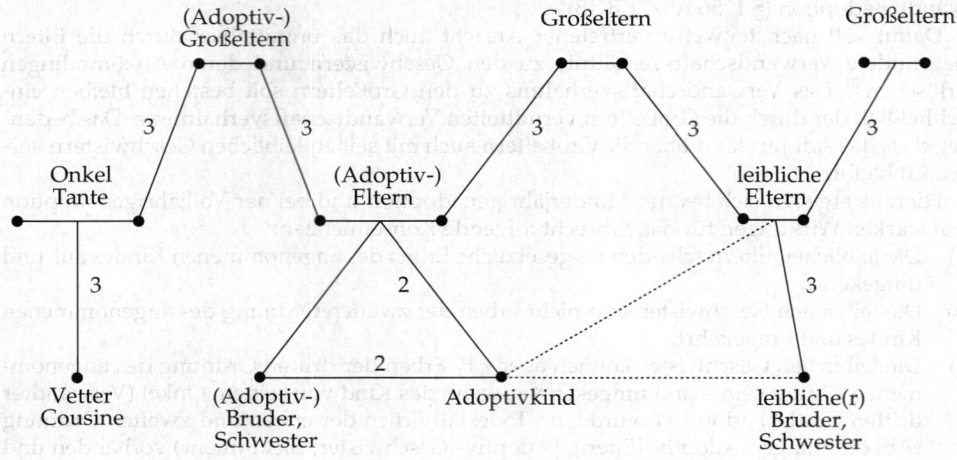

Die Ziffern bezeichnen die Erbordnung

§ 1756 Abs. 2 BGB i.V.m. § 1925 Abs. 4 BGB (Stiefkindadoption)

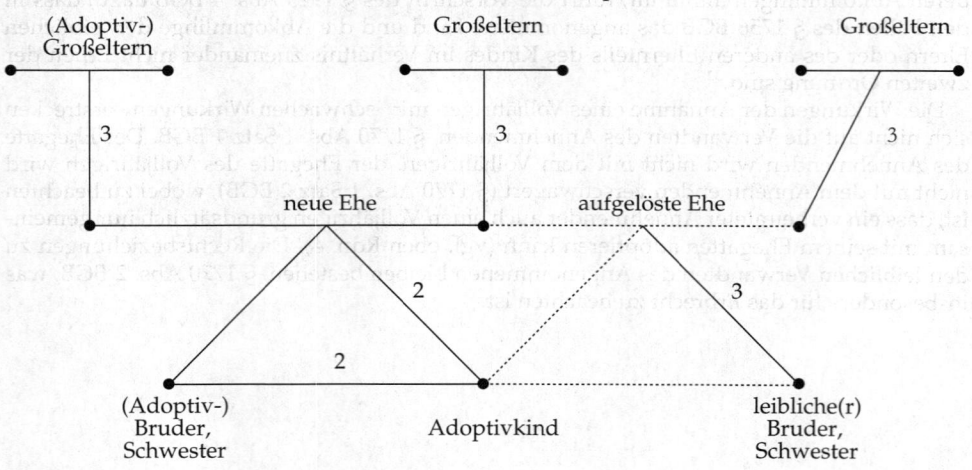

Die Ziffern bezeichnen die Erbordnung

VII. Name des angenommenen Kindes

40 Das Kind erhält als Geburtsnamen den Familiennamen des Annehmenden, § 1757 Abs. 1 Satz 1 BGB. Der nach § 1355 Abs. 3 BGB dem Ehenamen vorangestellte Name gilt jedoch nicht als Familienname § 1757 Abs. 1 BGB. Ist bei einem bereits verheirateten Kind der frühere Geburtsname des Kindes zum Ehenamen geworden, so erstreckt sich die Namensänderung auf den Ehenamen nur dann, wenn der Ehegatte (des Kindes) bei seiner nach § 1749 Abs. 2 BGB erforderlichen Einwilligung auch der Namensänderung zugestimmt hat, § 1757 Abs. 3 BGB.

Nimmt ein Ehepaar ein Kind an oder nimmt ein Ehegatte ein Kind des anderen Ehegatten an und führen die Ehegatten keine Ehenamen, so bestimmen sie den Geburtsnamen des Kindes vor dem Ausspruch der Annahme durch Erklärung gegenüber dem Familiengericht, §§ 1757 Abs. 2 Satz 1, 1617 Abs. 1 BGB. Hat das Kind das fünfte Lebensjahr vollendet, so ist die Bestimmung nur wirksam, wenn es sich der Bestimmung anschließt. Ein in der Geschäftsfähigkeit beschränktes Kind, welches das vierzehnte Lebensjahr vollendet hat, kann die Bestimmung nur selbst abgeben, bedarf hierzu aber der Zustimmung seines gesetzlichen Vertreters, vgl. §§ 1757 Abs. 2 Satz 2, 1617c Abs. 1 Satz 2 BGB. **41**

Auf Antrag des Annehmenden mit Einwilligung des Kindes kann das Familiengericht mit dem Ausspruch der Annahme den Vornamen des Kindes ändern oder ihm einen oder mehrere neue Vornamen beigeben, wenn dies dem Wohl des Kindes entspricht, § 1757 Abs. 4 Satz 1 Nr. 1 BGB. Weiter kann das Familiengericht auf Antrag des Annehmenden mit Einwilligung des Kindes mit dem Ausspruch der Annahme dem neuen Familiennamen des Kindes den bisherigen Familiennamen voranstellen oder anfügen, wenn dies aus schwerwiegenden Gründen zum Wohl des Kindes erforderlich ist, § 1757 Abs. 4 Satz 1 Nr. 2 BGB. Für ein Kind, das geschäftsunfähig oder noch nicht 14 Jahre alt ist, kann nur sein gesetzlicher Vertreter die Einwilligung erteilen. Im Übrigen kann das Kind mit Zustimmung eines gesetzlichen Vertreters seine Einwilligung hierzu nur selbst erteilen (§ 1757 Abs. 4 Satz 2 BGB i.V.m. § 1746 Abs. 1 Satz 2 und 3 BGB). Ein im Adoptionsverfahren gestellter Antrag auf Beibehaltung des bisherigen Geburtsnamens kann formfrei zurückgenommen werden.[34] **42**

§ 1757 BGB findet über § 1767 Abs. 2 BGB auch auf die Annahme Volljähriger Anwendung. Die Adoption führt beim Volljährigen also grundsätzlich zu einer Änderung seines Nachnamens. Die Beibehaltung des bisherigen Geburtsnamens des Anzunehmenden ist im Gesetz nicht vorgesehen und kann selbst bei einer Erwachsenenadoption und entsprechendem Antrag nicht durch das Familiengericht ausgesprochen werden.[35] Es besteht jedoch die Möglichkeit, gemäß § 1757 Abs. 4 Satz 1 Nr. 2 BGB dem neuen Familiennamen des Kindes den bisherigen Familiennamen voranzustellen oder anzufügen, wenn dies aus schwerwiegenden Gründen zum Wohl des Kindes erforderlich ist. Da der Volljährige regelmäßig vielfältige Beziehungen zu seinem bisherigen Namen aufgebaut hat, sind die geforderten schwerwiegenden Gründe, die die Hinzufügung des bisherigen Familiennamens zu dem neuen Familiennamen erlauben, häufiger zu bejahen als bei Minderjährigen.[36] Anders als bei Minderjährigen ist auch bei Hinzufügung des bisherigen Familiennamens nicht so sehr eine Beeinträchtigung des Eltern-Kind-Verhältnisses zu befürchten.[37] Anders ist es, wenn der anzunehmende Volljährige verheiratet ist und seinen alten Geburtsnamen als Ehenamen gewählt hat und sich der Ehegatte der Erstreckung der Änderung des Geburtsnamens auf den Ehenamen nicht vor dem Ausspruch der Annahme anschließt, § 1757 Abs. 3 BGB. In diesem Fall behält der Volljährige seinen (alten) Namen als Ehenamen. **43**

---

34 BGH NJW-RR 2017, 1025.
35 BGH NJW 2011, 3094 ff.; BayObLG MittBayNot 2003, 226; OLG Celle FamRZ 1997, 115; OLG Karlsruhe FamRZ 2000, 115; vgl. auch DNotI-Report 2007, 125; vgl. aber AG Leverkusen RNotZ 2009, 544: Anzunehmender kann seinen Namen bei schwerwiegenden Gründen behalten.
36 Vgl. Staudinger/*Frank*, § 1757 BGB Rn. 21.
37 Vgl. LG Bonn FamRZ 1985, 109.

§ 93 Annahme als Kind

Annahme eines unter 14 Jahre alten Kindes durch Eheleute mit Antrag auf Änderung des Vornamens

44 M Verhandelt zu ..... am .....

Vor dem unterzeichnenden Notar ..... erschienen:
1. Herr Max Neumann .....,
2. dessen Ehefrau Minna Neumann geborene Krause,
3. Herr Stadtamtmann .....

Die Beteiligten zu 1. und 2. erklärten zunächst:
Wir sind deutsche Staatsangehörige. Ich, der Beteiligte zu 1. bin am ..... in Neustadt und ich, die Beteiligte zu 2. bin am ..... in Altstadt geboren. Wir haben am ..... die Ehe vor dem Standesamt Neustadt geschlossen. Wir sind beide in erster Ehe verheiratet. Aus unserer Ehe ist ein Sohn Marcel Neumann, geboren am ..... hervorgegangen. Weitere Abkömmlinge haben wir nicht.

Die Beteiligten zu 1. bis 3. erklärten weiter:
Das Jugendamt Kreisdorf ist gemäß Bescheinigung des Familiengerichts Kreisdorf – VII ..... – vom ..... Vormund des Kindes Marcel Meier, geboren am ..... in Neustadt – Standesamt Neustadt Nr. ...... Dem Beteiligten zu 3. ist vom vorgenannten Jugendamt die Ausübung der Aufgaben des Vormunds übertragen worden. Die Eltern des vorgenannten Kindes Fritz Müller und Marie Meier geborene Lehmann, beide in Neustadt, Langestraße 7, und nicht verheiratet, haben am ..... zu Urkundenrolle Nr. ..... des beurkundenden Notars darin eingewilligt, dass ihr Kind Marcel Meier von den Beteiligten zu 1. und 2. als gemeinschaftliches Kind angenommen wird. Das Kind befindet sich seit dem ..... bei den Beteiligten zu 1. und 2. in Pflege und wird wie ein eigenes Kind angesehen und behandelt. Es ist mittlerweile ein Eltern-Kind-Verhältnis entstanden/ *Es ist zu erwarten, dass ein Eltern-Kind-Verhältnis entsteht.* Vor diesem Hintergrund erklärten die Beteiligten zu 1. und 2. folgenden

Antrag auf Annahme als Kind

§ 1

Die Beteiligten zu 1. und 2. beantragen beim zuständigen Familiengericht – Amtsgericht Kreisdorf – auszusprechen:
Der am ..... in Neustadt geborene Marcel Meier wird von den Eheleuten Max Neumann und Minna Neumann geborene Krause, beide in Neustadt, Kurzestraße 3, als gemeinschaftliches Kind angenommen.
Das Kind erhält als Geburtsnamen den Namen Neumann.
Die Beteiligten zu 1. und 2. beantragen ferner, den bisherigen Vornamen des Kindes Marcel in den Vornamen Marco zu ändern.
Dieser Antrag auf Änderung des Vornamens wird damit begründet, dass das aus der Ehe der Beteiligten zu 1. und 2. hervorgegangene Kind bereits den Vornamen Marcel hat und damit bei Ausspruch der Annahme durch das Familiengericht die beiden Kinder der Beteiligten zu 1. und 2. denselben Vornamen hätten.

§ 2

Der Beteiligte zu 3. erklärte:
Ich willige namens des von mir vertretenen Kindes in die Annahme als Kind durch die Beteiligten zu 1. und 2. und auch in die beantragte Änderung des Vornamens des Kindes ein. Diese Einwilligungserklärungen gebe ich gegenüber dem zuständigen Familiengericht ab. Mir ist bekannt, dass meine Einwilligungserklärungen mit dem Zugang an das Familiengericht unwiderruflich werden.

§ 3

Der beurkundende Notar wird mit der Einreichung des Antrages beim zuständigen Familiengericht betraut.

§ 4

Die Beteiligten sind von dem beurkundenden Notar über die Wirkungen der Annahme eines Minderjährigen, die mit Zustellung des Annahmebeschlusses an den Annehmenden wirksam und unanfechtbar wird, belehrt worden. Der Notar hat insbesondere darauf hingewiesen, dass
- die Einwilligung des Kindesvaters nach Zugang beim Familiengericht nicht widerrufen werden kann (§ 1750 BGB);
- bei einem Kind, welches das 14. Lebensjahr vollendet hat, dieses seine Einwilligung selbst erteilen muss (§ 1746 Abs. 1 BGB), wobei diese Kindeseinwilligung bis zum Wirksamwerden des Ausspruchs der Annahme gegenüber dem Familiengericht widerrufen werden kann (§ 1746 Abs. 2 BGB);
- der Angenommene die rechtliche Stellung eines gemeinschaftlichen ehelichen Kindes der Annehmenden erlangt (§ 1754 Abs. 1 BGB) und dass er nach diesen und deren Verwandten und umgekehrt auch die Annehmenden nach dem Angenommenen gesetzlich erbberechtigt ist bzw. sind,
- das Verwandtschaftsverhältnis des Angenommenen einschließlich seiner Abkömmlinge zu seinen leiblichen Eltern und - soweit der Angenommene mit einem Annehmenden nicht im zweiten oder dritten Grad nicht verwandt oder verschwägert ist – auch zu den Verwandten der leiblichen Eltern sowie die sich daraus ergebenden Rechte und Pflichten erlöschen (§§ 1755 Abs. 1, 1756 Abs. 1 BGB),
- die Annahme nicht ausgesprochen werden darf, wenn dem überwiegenden Interessen von Kindern des Annehmenden oder des Anzunehmenden entgegenstehen oder wenn zu befürchten ist, dass Interessen des Anzunehmenden durch Kinder des Annehmenden gefährdet werden (§ 1745 BGB).

■ *Kosten.* Geschäftswert 5.000 € (§ 101 GNotKG). 1,0 Gebühr nach Nr. 21200 KV GNotKG, mindestens 60 €.

Annahme des unter 14 Jahre alten Enkelkindes durch die Großeltern

Verhandelt zu ..... am .....   **45 M**

Vor dem unterzeichnenden Notar ..... erschienen:
1. Der Großvater W.A. .....,
2. Die Großmutter A.A. .....,
3. Herr Stadtamtmann .....

Die Beteiligten zu 1. und 2. erklärten zunächst:
Wir sind deutsche Staatsangehörige. Ich, der Beteiligte zu 1., bin am ..... in ....., und ich, die Beteiligte zu 2., bin am ..... in ....., geboren. Wir sind in erster Ehe verheiratet. Aus unserer Ehe ist der Sohn K.A. ..... hervorgegangen. Wir haben noch weitere zwei Kinder, nämlich .....

Die Beteiligten zu 1. bis 3. erklärten weiter:
Das Jugendamt ..... ist gemäß Bescheinigung des Familiengerichts ..... – AZ.: ..... – vom ..... Vormund unseres am ..... in ..... geborenen Enkelkindes F.A. Dem Beteiligten zu 3. ist vom vorgenannten Jugendamt die Ausübung der Aufgaben des Vormunds übertragen worden. Der Vater des Kindes, der vorgenannte Sohn K.A. der Beteiligten zu 1. und 2., hat am ..... zu Urkundenrolle Nummer: ..... des Notars ..... in ..... seine

§ 93 Annahme als Kind

Einwilligung erteilt, dass wir unser vorgenanntes Enkelkind als Kind annehmen. Die Mutter des Kindes ..... ist am ..... verstorben. Das Kind befindet sich seit dem ..... bei den Beteiligten zu 1. und 2. in Pflege und wird wie ein eigenes Kind angesehen und behandelt. Es ist mittlerweile ein Eltern-Kind-Verhältnis entstanden/*Es ist zu erwarten, dass ein Eltern-Kind-Verhältnis entsteht*. Vor diesem Hintergrund erklärten die Beteiligten zu 1. und 2. folgenden

Antrag auf Annahme als Kind

§ 1

Die Beteiligten zu 1. und 2. beantragen beim zuständigen Familiengericht – Amtsgericht ..... – auszusprechen:
Der am ..... in ..... geborene F.A. wird von seinen Großeltern W.A. und A.A. in ..... als gemeinschaftliches Kind angenommen.
Das Kind führt bereits als Geburtsnamen den Familiennamen der Annehmenden.

§ 2

Der Beteiligte zu 3. erklärte:
Ich willige namens des von mir vertretenen Kindes F.A. in die Annahme als Kind durch die Beteiligten zu 1. und 2. ein. Diese Einwilligungserklärung gebe ich gegenüber dem zuständigen Familiengericht ab. Mir ist bekannt, dass meine Einwilligungserklärung mit dem Zugang an das Familiengericht unwiderruflich wird.

§ 3

Der beurkundende Notar wird mit der Einreichung des Antrages beim zuständigen Familiengericht betraut.

§ 4

Der Notar hat uns über die Wirkungen der Annahme eines Minderjährigen, die mit Zustellung des Annahmebeschlusses an den Annehmenden wirksam und unanfechtbar wird, belehrt. Er hat insbesondere darauf hingewiesen, dass
– die Einwilligung des Ehemannes der Mutter und Kindesvaters nach Zugang beim Familiengericht nicht widerrufen werden kann (§ 1750 BGB);
– bei einem Kind, welches das 14. Lebensjahr vollendet hat, dieses seine Einwilligung selbst erteilen muss (§ 1746 Abs. 1 BGB), wobei diese Kindeseinwilligung bis zum Wirksamwerden des Ausspruchs der Annahme gegenüber dem Familiengericht widerrufen werden kann (§ 1746 Abs. 2 BGB);
– der Angenommene die rechtliche Stellung eines gemeinschaftlichen ehelichen Kindes der Annehmenden erlangt (§ 1754 Abs. 1 BGB),
– das Verwandtschaftsverhältnis des Angenommenen einschließlich seiner Abkömmlinge zu seinem leiblichen Vater, nicht jedoch zu dessen Verwandten (§ 1756 Abs. 1 BGB),
– die Annahme nicht ausgesprochen werden darf, wenn dem überwiegende Interessen von Kindern des Annehmenden oder des Anzunehmenden entgegenstehen oder wenn zu befürchten ist, dass Interessen des Anzunehmenden durch Kinder des Annehmenden gefährdet werden (§ 1745 BGB).

■ *Kosten.* Wie zu Rdn. 44 M.

Ehemann nimmt das über 14 Jahre alte Kind seiner Ehefrau aus deren früherer geschiedener Ehe als Kind an

Verhandelt zu ..... am .....   46 M

Vor dem unterzeichnenden Notar ..... erschienen:
1. Ehemann A. .....,
2. Kind B. .....,
3. Ehefrau A. .....,
4. Vater des Kindes B. .....,

Der Beteiligte zu 1. erklärte zunächst:
Ich bin deutscher Staatsangehöriger und am ..... in ..... geboren.
Ich habe keine Abkömmlinge. Ich habe am ..... vor dem Standesbeamten in ..... die Ehe mit der Beteiligten zu 3. geschlossen und bin in erster Ehe verheiratet.
Die Beteiligten zu 1. bis 4. erklärten weiter:
Aus der durch rechtskräftiges Urteil des Amtsgerichts ..... vom ..... geschiedenen Ehe der Beteiligten zu 3. und 4. ist der am ..... in ..... geborene Beteiligte zu 2. hervorgegangen. Die elterliche Sorge für das Kind üben die Beteiligten zu 3. und 4. gemeinsam aus. Der Beteiligte zu 2. lebt seit der Eheschließung der Beteiligten zu 1. und 3. in deren Haushalt. Der Beteiligte zu 2. wird auch von dem Beteiligten zu 1. wie ein eigenes Kind angesehen und behandelt. Es ist mittlerweile ein Eltern-Kind-Verhältnis entstanden/*Es ist zu erwarten, dass ein Eltern-Kind-Verhältnis entsteht*.
Vor diesem Hintergrund erklärte der Beteiligte zu 1. folgenden

Antrag auf Annahme als Kind

§ 1
Der Beteiligte zu 1. beantragt beim zuständigen Familiengericht – Amtsgericht ..... – auszusprechen:
Der am ..... in ..... geborene Beteiligte zu 2. wird von seinem Stiefvater, dem Beteiligten zu 1., als Kind angenommen.
Das Kind erhält als Geburtsnamen den Familiennamen A. des Beteiligten zu 1.

§ 2
Der Beteiligte zu 2. erklärte:
Ich willige in die Annahme als Kind durch den Beteiligen zu 1. ein. Ich gebe diese Einwilligungserklärung gegenüber dem zuständigen Familiengericht ab.
Ich bin darüber belehrt worden, dass ich meine Einwilligung bis zum Wirksamwerden des Ausspruchs der Annahme in notariell beurkundeter Form ohne Zustimmung meines gesetzlichen Vertreters gegenüber dem Familiengericht widerrufen kann.

§ 3
Der Beteiligte zu 4. erklärte:
Ich willige als Vater in die Annahme des Beteiligten zu 2. durch den Beteiligten zu 1. als Kind ein. Diese Einwilligungserklärung gebe ich gegenüber dem zuständigen Familiengericht ab. Mir ist bekannt, dass meine Einwilligungserklärung mit dem Zugang an das Familiengericht unwiderruflich wird.

§ 4
Die Beteiligte zu 3. erklärte:
Ich willige in die Annahme des Beteiligten zu 2. als Kind durch den Beteiligten zu 1. ein, und zwar als Ehefrau des Beteiligten zu 1. Diese Erklärungen gebe ich gegenüber dem zuständigen Familiengericht ab. Über die Unwiderruflichkeit der Erklärungen nach Zugang beim Familiengericht bin ich belehrt worden.

§ 5
Die Beteiligten zu 3. und 4. erklärten:
Wir geben als gesetzliche Vertreter des Beteiligten zu 2. unsere Zustimmung zu seiner Einwilligungserklärung.
Wir geben als Eltern des Kindes unsere Einwilligung in die Annahme als Kind.

§ 6
Der beurkundende Notar wird mit der Einreichung des Antrages beim zuständigen Familiengericht betraut.

§ 7
Der Notar hat uns über die Wirkungen der Annahme eines Minderjährigen, die mit Zustellung des Annahmebeschlusses an den Annehmenden wirksam und unanfechtbar wird, belehrt. Er hat insbesondere darauf hingewiesen, dass
- die Einwilligung des Kindesvaters nach Zugang beim Familiengericht nicht widerrufen werden kann (§ 1750 BGB);
- bei einem Kind, welches das 14. Lebensjahr vollendet hat, dieses seine Einwilligung selbst erteilen muss (§ 1746 Abs. 1 BGB), wobei diese Kindeseinwilligung bis zum Wirksamwerden des Ausspruchs der Annahme gegenüber dem Familiengericht widerrufen werden kann (§ 1746 Abs. 2 BGB);
- der Angenommene die rechtliche Stellung eines gemeinschaftlichen Kindes des Annehmenden und seines Ehegatten erlangt (§ 1754 Abs. 1 BGB),
- das Verwandtschaftsverhältnis des Angenommenen einschließlich seiner Abkömmlinge zu seinem leiblichen Vater und - sofern der Angenommene mit dem Annehmenden nicht im zweiten oder dritten Grad verwandt oder verschwägert ist – auch zu dessen Verwandten sowie die sich daraus ergebenden Rechte und Pflichten erlöschen (§ 1755 Abs. 2 BGB),
- die Annahme nicht ausgesprochen werden darf, wenn dem überwiegende Interessen von Kindern des Annehmenden oder des Anzunehmenden entgegenstehen oder wenn zu befürchten ist, dass Interessen des Anzunehmenden durch Kinder des Annehmenden gefährdet werden (§ 1745 BGB).

■ *Kosten.* Wie zu Rdn. 44 M.

47 Nimmt ein Ehegatte das Kind seines Ehegatten an, so erlischt das Verwandtschaftsverhältnis nicht im Verhältnis zu den Verwandten des anderen Elternteils, wenn dieser die elterliche Sorge hatte und verstorben ist, § 1756 Abs. 2 BGB (vgl. oben Rdn. 32). In diesem Fall empfiehlt sich folgender Zusatz:

Annahme des unter 14 Jahre alten Kindes durch den Ehemann der Mutter, wenn die Eltern des Kindes nicht miteinander verheiratet sind

Verhandelt zu ..... am .....   **48 M**

Vor dem unterzeichnenden Notar ..... erschienen:
1. Der Ehemann .....
2. die Ehefrau .....

Der Beteiligte zu 1. erklärte zunächst:
Ich bin deutscher Staatsangehöriger und am ..... in ..... geboren. Ich habe am ..... vor dem Standesbeamten in ..... die Ehe mit der Beteiligten zu 2. geschlossen und bin in erster Ehe verheiratet. Aus unserer Ehe sind keine Kinder hervorgegangen. Ich habe sonst keine Abkömmlinge.

Die Beteiligte zu 2. ist die Mutter des Kindes ..... .

Der Vater des Kindes hat seine Einwilligung in die Annahme des Kindes durch mich als den Ehemann der Ehefrau durch Urkunde – Urkundenrolle Nummer: ..... vom ..... des Notars ..... in ..... erteilt. Die Mutter des Kindes, die Erschienene zu 2., hat die alleinige elterliche Sorge für das Kind.

Das Kind lebt seit der Eheschließung der Beteiligten zu 1. und 2. in deren Haushalt und wird wie ein gemeinschaftliches Kind angesehen und behandelt. Zwischen dem Kind und dem Beteiligten zu 1. ist mittlerweile ein Eltern-Kind-Verhältnis entstanden/*Es ist zu erwarten, dass ein Eltern-Kind-Verhältnis zwischen dem Kind und dem Beteiligten zu 1. entsteht.*

Vor diesem Hintergrund erklärte der Beteiligte zu 1. folgenden

Antrag auf Annahme als Kind

§ 1

Der Beteiligte zu 1. beantragt beim zuständigen Familiengericht – Amtsgericht ..... – auszusprechen:
Das am ..... von der Beteiligten zu 2. in ..... geborene Kind ..... wird von dem Beteiligten zu 1., seinem Stiefvater ..... in ..... als Kind angenommen.
Das Kind erhält als Geburtsnamen den Familiennamen des Stiefvaters.

§ 2

Die Beteiligte zu 2. erklärte:
Ich willige in die Annahme meines Kindes durch meinen Ehemann, den Beteiligten zu 1. ein, und zwar sowohl als Mutter des Kindes als auch als Ehefrau des Beteiligten zu 1. und als gesetzlicher Vertreter des Kindes. Diese Erklärung gebe ich gegenüber dem zuständigen Familiengericht ab. Über deren Unwiderruflichkeit nach Zugang beim Familiengericht bin ich belehrt worden.

§ 3

Der beurkundende Notar wird mit der Einreichung des Antrages beim zuständigen Familiengericht betraut.

§ 4

Der Notar hat uns über die Wirkungen der Annahme eines Minderjährigen, die mit Zustellung des Annahmebeschlusses an den Annehmenden wirksam und unanfechtbar wird, belehrt. Er hat insbesondere darauf hingewiesen, dass

§ 93 Annahme als Kind

- die Einwilligung Kindesvaters nach Zugang beim Familiengericht nicht widerrufen werden kann (§ 1750 BGB);
- bei einem Kind, welches das 14. Lebensjahr vollendet hat, dieses seine Einwilligung selbst erteilen muss (§ 1746 Abs. 1 BGB), wobei diese Kindeseinwilligung bis zum Wirksamwerden des Ausspruchs der Annahme gegenüber dem Familiengericht widerrufen werden kann (§ 1746 Abs. 2 BGB);
- der Angenommene die rechtliche Stellung eines gemeinschaftlichen Kindes des Annehmenden und seines Ehegatten erlangt (§ 1754 Abs. 1 BGB),
- das Verwandtschaftsverhältnis des Angenommenen einschließlich seiner Abkömmlinge zu seinem leiblichen Vater und - sofern der Angenommene mit dem Annehmenden nicht im zweiten oder dritten Grad verwandt oder verschwägert ist – auch zu dessen Verwandten sowie die sich daraus ergebenden Rechte und Pflichten erlöschen (§ 1755 Abs. 2 BGB),
- die Annahme nicht ausgesprochen werden darf, wenn dem überwiegende Interessen von Kindern des Annehmenden oder des Anzunehmenden entgegenstehen oder wenn zu befürchten ist, dass Interessen des Anzunehmenden durch Kinder des Annehmenden gefährdet werden (§ 1745 BGB).

■ *Kosten*. Wie zu Rdn. 44 M.

Einwilligungserklärung der Eltern des Kindes

49 M　　　　　　　　　　　　　　　　　　　　　　　　Verhandelt zu ..... am .....

Vor dem unterzeichnenden Notar ..... erschienen:
1. Der Ehemann Max Meier .....,
2. die Ehefrau Mia Meier geborene Krause .....
Die Beteiligten erklärten:
Wir sind deutsche Staatsangehörige und haben am ..... vor dem Standesbeamten in ..... die Ehe miteinander geschlossen. Aus unserer Ehe ist ein Kind Marcel Meier, geboren am ..... in ..... – Standesamt Nr.: ..... – hervorgegangen.
Wir willigen hiermit ein, dass unser Kind Marcel Meier von den Eheleuten Stefan Schwarz und Heike Schwarz geborene Heiter in ..... als gemeinschaftliches Kind angenommen wird.
Diese Einwilligungserklärung geben wir dem zuständigen Familiengericht gegenüber ab. Uns ist bekannt, dass die Einwilligungserklärung mit dem Zugang an das Familiengericht unwiderruflich wird.
Wir sind darüber belehrt worden, dass mit der Abgabe unserer Einwilligungserklärung die elterliche Sorge ruht und die Befugnis, mit dem Kind persönlich zu verkehren, von uns nicht ausgeübt werden darf, ferner dass das Jugendamt Vormund des Kindes wird.

■ *Kosten*. Geschäftswert 2.500 € (§ 101 i.V.m. § 98 Abs. 1 GNotKG). 0,5 Gebühr nach Nr. 21201 KV GNotKG, mindestens 30 €.

Einwilligung der Mutter ohne Kenntnis der Person des Annehmenden

50 M　　　　　　　　　　　　　　　　　　　　　　　　Verhandelt zu ..... am .....

Vor dem unterzeichnenden Notar ..... erschien:
Frau F. .....
Die Beteiligte erklärte:

Ich gebe als Mutter des von mir am ..... in ..... geborenen Kindes ..... hiermit meine Einwilligung dazu, dass mein Kind von den in der Adoptionsliste des Jugendamtes ..... unter Nr. ..... genannten Eheleuten, auf deren Namen zu erfahren ich verzichte, gemeinschaftlich, bei Wegfall eines der Eheleute durch den Überlebenden allein, als Kind angenommen wird. Diese Einwilligungserklärung gebe ich dem Familiengericht gegenüber ab. Der Vater des Kindes ist Herr G. ..... Die elterliche Sorge für das Kind steht mir alleine zu/*steht mir gemeinsam mit dem Vater des Kindes zu, der seine Einwilligung in separater Urkunde erteilen möchte.*

Mir ist bekannt, dass diese Einwilligungserklärung unwiderruflich ist und dass sie mit ihrem Zugang beim Familiengericht wirksam wird, jedoch ihre Kraft verliert, wenn das Kind nicht innerhalb von drei Jahren danach angenommen, der Antrag zurückgenommen oder die Annahme versagt wird.

Ich ersuche den amtierenden Notar, eine Ausfertigung dieser Urkunde dem Jugendamt zu erteilen.

Die rechtliche Tragweite der Einwilligung in die Annahme als Kind ist mir bekannt. Der Notar hat mich insbesondere darüber belehrt, dass mit dem Zugang meiner Einwilligung in die Annahme beim Familiengericht meine elterliche Sorge ruht, die Befugnis, mit dem Kind persönlich umzugehen, nicht ausgeübt werden darf, und von diesem Zeitpunkt an das Jugendamt Vormund des Kindes ist.

Mein Kind und ich sind deutsche Staatsangehörige.

- *Kosten.* Wie zu Rdn. 49 M.

Einwilligung durch Vormund für das unter 14 Jahre alte Kind

Verhandelt zu ..... am ..... **51 M**

Vor dem unterzeichnenden Notar ..... erschien:
Der Stadtamtmann .....
Der Erschienene erklärte:
Das Jugendamt Neustadt ist gemäß Bescheinigung des Familiengerichts Neustadt – Aktenzeichen: ..... – vom ..... Vormund des am ..... in Neustadt geborenen Kindes Marcel Meier. Die Geburt des Kindes ist beim Standesamt Neustadt unter Standesamt Nr. ..... beurkundet.
Das vorgenannten Jugendamt hat mir die Ausübung der Aufgaben des Vormunds übertragen.
Vor diesem Hintergrund erklärte der Erschienene:
Ich willige hiermit für das vorgenannte Kind darin ein, dass es von den Eheleuten Max Krause und Mia Krause geborene Lehmann, beide in Neustadt, Langestraße 7, als gemeinschaftliches Kind angenommen wird. Diese Einwilligungserklärung gebe ich dem zuständigen Familiengericht gegenüber ab. Mir ist bekannt, dass meine Einwilligungserklärung mit dem Zugang an das Familiengericht unwiderruflich wird.

- *Kosten.* Wie Rdn. 49 M.

Widerruf der Einwilligung des über 14 Jahre alten Kindes

Die Beurkundung kann auch durch das Jugendamt erfolgen, § 59 Abs. 1 Nr. 6 SGB VIII. **52**

§ 93   Annahme als Kind

Widerruf der Einwilligung des über 14 Jahre alten Kindes

53 M   Verhandelt zu ..... am .....

Vor dem unterzeichnenden Notar ..... erschien:
Das Kind K. .....
Es erklärte zunächst:
Ich habe am ..... – Urkundenrolle Nr.: ..... – des Notars ..... in ..... mit Zustimmung meines gesetzlichen Vertreters darin eingewilligt, dass ich von den Eheleuten Stefan S. und Heike S. geborene H. in ..... als gemeinschaftliches Kind angenommen werde. Der Ausspruch meiner Annahme als Kind ist noch nicht wirksam.
Ich widerrufe hiermit meine erteilte Einwilligung zur Annahme als Kind. Diesen Widerruf gebe ich dem zuständigen Familiengericht gegenüber ab. Über die Bedeutung des Widerrufs bin ich von dem Notar belehrt worden.

■ *Kosten.* Wie Rdn. 49 M.

Annahme eines ledigenVolljährigen mit »schwachen Wirkungen« (§ 1770 BGB) durch Eheleute

54 M   Verhandelt zu ..... am .....

Vor dem unterzeichnenden Notar ..... erschienen:
1. Der Ehemann Stefan A. .....,
2. die Ehefrau Heike A .....,
3. der Volljährige Max B. .....
Die Beteiligten erklärten zunächst:
Wir sind deutsche Staatsangehörige. Ich, der Beteiligte zu 1, bin am ..... in Neustadt und ich, die Beteiligte zu 2, bin am ..... in Altstadt geboren. Wir, die Beteiligten zu 1 und 2, haben am ..... vor dem Standesamt Neustadt die Ehe miteinander geschlossen. Kinder sind aus unserer Ehe nicht hervorgegangen.
Ich, der Beteiligte zu 3, bin am ..... in Neustadt geboren. Ich bin ledig.
Die Beteiligten zu 1 bis 3 erklärten weiter:
Der Beteiligte zu 3 lebt seit dem Jahre ..... im Haushalt der Beteiligten zu 1 und 2 und wird seitdem von diesen wie ein gemeinschaftliches Kind angesehen und behandelt. Der Beteiligte zu 3 hat nicht nur freie Unterkunft und Verpflegung erhalten, sondern auch auf Kosten der Beteiligten zu 1 und 2 sein Studium an der Universität Neustadt beendet. Zwischen den Beteiligten zu 1 und 2 und dem Beteiligten zu 3 istein echtes Eltern-Kind-Verhältnis entstanden.
Vor diesem Hintergrund erklärten die Beteiligten zu 1 bis 3 folgenden

Antrag auf Annahme als Kind

§ 1
Die Beteiligten zu 1 bis 3 beantragen beim zuständigen Familiengericht – Amtsgericht Neustadt – auszusprechen:Der am ..... in Neustadt geborene Max B. wird von den Eheleuten Stefan A. und Heike A. geb. H., beide in Neustadt, Langestr. 7, als gemeinschaftliches Kind angenommen, und zwar in der Weise, dass sich die Wirkungen der Annahme nach § 1770 BGB richten.
Max B. erhält als Geburtsnamen den Familiennamen seiner Adoptiveltern A.

§ 2

Der beurkundende Notar wird mit der Einreichung des Antrages beim zuständigen Familiengericht betraut.

§ 3

Der Notar hat uns über die Wirkungen der Annahme eines Volljährigen, die mit Zustellung des Annahmebeschlusses an den Annehmenden wirksam und unanfechtbar wird, belehrt. Er hat insbesondere darauf hingewiesen, dass bei Ausspruch der Adoption eines Volljährigen gemäß § 1770 BGB
- sich die Wirkungen der Annahme nicht auf die Verwandten des Annehmenden erstrecken, umgekehrt aber die Kinder des Angenommenen »Enkelkinder« des Annehmenden werden,
- sich die Rechte und Pflichten aus dem Verwandtschaftsverhältnis des Angenommenen und seiner Abkömmlinge zu ihren Verwandten durch die Annahme nicht ändern, soweit das Gesetz nichts anderes vorschreibt (derzeit z. B. bzgl. Kindergeldanspruch), so ist der Annehmende dem Angenommenen und seinen Abkömmlingen vor dessen leiblichen Eltern unterhaltsverpflichtet,
- der Angenommene allen »Elternteilen« zum Unterhalt verpflichtet ist und alle »Elternteile« erbberechtigt sind, wobei die Erbfolge – soweit der Angenommene keine Abkömmlinge hat -streitig ist,
- die Annahme eines Volljährigen nicht ausgesprochen werden darf, wenn dem überwiegende Interessen der Kinder des Annehmenden oder des Anzunehmenden entgegenstehen (§ 1769 BGB),
- die Einwilligung des Ehegatten des Annehmenden bzw. des Ehegatten des Anzunehmenden nach Zugang beim Familiengericht nicht widerrufen werden kann (§ 1750 Abs. 2 Satz 2 BGB).

■ *Kosten.* Geschäftswert nach § 36 Abs. 2 GNotKG, höchstens 1 Mio. €; 5.000 €, soweit unter Berücksichtigung aller Umstände des Einzelfalls und der Vermögens- und Einkommensverhältnisse der Beteiligten keine genügenden Anhaltspunkte für eine Bestimmung des Wertes bestehen (§ 36 Abs. 2 und 3 GNotKG). 1,0 Gebühr nach Nr. 21200 KV GNotKG, mindestens 60 €.

Annahme eines ledigen volljährigen Kindes der Frau durch den Ehemann mit den Wirkungen einer Minderjährigenannahme (»starke Wirkungen«)

Verhandelt zu ..... am ..... 55 M

Vor dem unterzeichnenden Notar ..... erschienen:
1. Der Ehemann Stefan A. .....,
2. der Volljährige Max H. .....,
3. die Ehefrau Heike A. geb. H. .....

Die Beteiligten zu 1 und 2 erklärten zunächst:
Wir sind deutsche Staatsangehörige. Ich, der Beteiligte zu 1, bin am ..... in Neustadt geboren. Ich habe am ..... vor dem Standesamt Neustadt die Ehe mit der Beteiligten zu 3 geschlossen. Ich, der Beteiligte zu 2, bin am ..... in Neustadt als Kind der Beteiligten zu 3 geboren worden. Ich bin ledig.

Die Beteiligten zu 1 bis 3 erklärten weiter:
Der Beteiligte zu 2 lebt seit der Eheschließung der Beteiligten zu 1 und 3 im Jahre ..... in deren Haushalt und wird seitdem wie ein gemeinschaftliches Kind angesehen und behandelt. Zu diesem Zeitpunkt war der Beteiligte zu 2 bereits volljährig. Zwischen

dem Beteiligten zu 1 und dem Beteiligten zu 2 ist ein echtes Eltern-Kind-Verhältnis entstanden.
Vor diesem Hintergrund erklärten die Beteiligten zu 1 und 2 folgenden

Antrag auf Annahme als Kind

§ 1
Die Beteiligten zu 1 und 2 beantragen beim zuständigen Familiengericht – Amtsgericht Neustadt – auszusprechen:
Der am ..... in Neustadt geborene Max H. wird von seinem Stiefvater Stefan A. in Neustadt, Langestr. 7, als Kind angenommen und zwar in der Weise, dass sich die Wirkungen der Annahme nach den Vorschriften über die Annahme eines Minderjährigen bzw. eines verwandten Minderjährigen richten (§§ 1772 i.V.m. 1754 bis 1756 BGB).
Der Beteiligte zu 2 erhält als Geburtsnamen den Namen A.

§ 2
Die Beteiligte zu 3 erklärte: Ich willige als Ehefrau des Beteiligten zu 1 in die Annahme meines Kindes durch meinen Ehemann ein. Diese Einwilligungserklärung gebe ich dem zuständigen Familiengericht gegenüber ab. Mir ist bekannt, dass meine Einwilligungserklärung mit dem Zugang an das Familiengericht unwiderruflich wird.

§ 3
Der beurkundende Notar wird mit der Einreichung des Antrages beim zuständigen Familiengericht betraut.

§ 4
Der Notar hat uns über die Wirkungen der Annahme eines Volljährigen, die mit Zustellung des Annahmebeschlusses an den Annehmenden wirksam und unanfechtbar wird, belehrt. Er hat insbesondere darauf hingewiesen, dass bei Ausspruch der Volladoption eines Volljährigen (§ 1772 BGB)
– der Angenommene die rechtliche Stellung eines gemeinschaftlichen Kindes des Annehmenden und seines Ehegatten erlangt (§ 1754 Abs. 1 BGB),
– das Verwandtschaftsverhältnis des Angenommenen einschließlich seiner Abkömmlinge zu seinem leiblichen Vater und – sofern der Angenommene mit dem Annehmenden nicht im zweiten oder dritten Grad verwandt oder verschwägert ist – auch zu dessen Verwandten sowie die sich daraus ergebenden Rechte und Pflichten erlöschen (§ 1755 Abs. 2 BGB
– die Annahme eines Volljährigen nicht ausgesprochen werden darf, wenn dem überwiegende Interessen der Kinder des Annehmenden oder des Anzunehmenden entgegenstehen (§ 1769 BGB),
– die Einwilligung des Ehegatten des Annehmenden bzw. des Ehegatten des Anzunehmenden nach Zugang beim Familiengericht nicht widerrufen werden kann (§ 1750 Abs. 2 Satz 2 BGB).

■ *Kosten.* Wie zu Rdn. 54 M.

VIII. Aufhebung des Annahmeverhältnisses

Das Annahmeverhältnis kann in den Fällen des § 1760 BGB auf Antrag und in denen des § 1763 BGB von Amts wegen aufgehoben werden. Die Aufhebung wirkt nur für die Zukunft (§ 1764 Abs. 1 Satz 1 BGB).

56

Antragsberechtigter ist nur derjenige, ohne dessen Antrag oder Einwilligung das Kind angenommen worden ist, § 1762 Abs. 1 Satz 1 BGB. Für ein Kind, das geschäftsunfähig oder noch nicht 14 Jahre alt ist, und für den Annehmenden, der geschäftsunfähig ist, können die gesetzlichen Vertreter den Antrag stellen, § 1762 Abs. 1 Satz 2 BGB. Im Übrigen kann der Antrag nicht durch einen Vertreter gestellt werden. Ist der Antragsberechtigte in der Geschäftsfähigkeit beschränkt, so ist die Zustimmung des gesetzlichen Vertreters nicht erforderlich (§ 1762 Abs. 1 Satz 4 BGB). Der Antrag, der der notariellen Beurkundung bedarf, kann nur innerhalb 1 Jahres ab dem Eintritt bestimmter Umstände gestellt werden, vorausgesetzt seit der Annahme sind insgesamt noch keine 3 Jahre verstrichen, § 1762 Abs. 2 BGB, weitere Einzelheiten s. dort. Zu den Wirkungen der Aufhebung (weitgehende Wiederherstellung der alten Verhältnisse mit Wirkung ex nunc) s. § 1764 BGB, zur Aufhebungssperre und zum Verbot der Aufhebung bei Gefährdung des Kindeswohls s. § 1761 BGB. – Die Aufhebung dürfte für die notarielle Praxis kaum Bedeutung haben.[38] Zuständiges Gericht für die Aufhebung der Adoption ist das Amtsgericht, in dessen Bezirk der Annehmende oder einer der Annehmenden seinen gewöhnlichen Aufenthalt hat, § 187 Abs. 1 FamFG.

57

Das Familiengericht kann das Annahmeverhältnis, das zu einem Volljährigen begründet worden ist, auf Antrag des Annehmenden *und* des Angenommenen aufheben, wenn ein wichtiger Grund vorliegt, § 1771 Satz 1 BGB.[39] Die Rechtsprechung[40] und die herrschende Meinung in der Literatur[41] gehen davon aus, dass ein beiderseitiger Antrag vorliegen muss und lesen das Wort »und« in § 1771 Satz 1 BGB nicht i.S.v. »oder« sondern i.S.v. »und auch«. Im Übrigen kann das Annahmeverhältnis nur in sinngemäßer Anwendung in den Fällen des § 1760 Abs. 1 bis 5 BGB aufgehoben werden (§ 1771 Satz 2 BGB). § 1768 Abs. 1 Satz 2 BGB (auf die Volljährigenadoption nicht anwendbare Normen der Minderjährigenadoption) ist durch das Adoptionsrechtsänderungsgesetz vom 04.12.1992[42] um die Verweisung auf § 1742 BGB ergänzt worden. Dadurch wird eine Zweitadoption von Erwachsenen möglich. Auf diese Weise soll insbesondere die Rückadoption durch die leiblichen Eltern ermöglicht werden, wenn sich zu ihnen wieder ein Eltern-Kind-Verhältnis hergestellt hat.[43]

58

IX. Besonderheiten für Adoptionen nach dem Recht der DDR

Vgl. dazu die 21. Aufl., § 99 Rn. 52–54.

59

X. Adoption in Fällen mit Auslandsberührung

1. Das Haager Adoptionsübereinkommen und seine Umsetzung im deutschen Recht

Am 01.03.2002 ist in Deutschland das Haager Übereinkommen über den Schutz von Kindern und die Zusammenarbeit auf dem Gebiet der internationalen Adoption vom 29.05.1993

60

---

38 Dies gilt nicht für die gerichtliche Praxis, vgl. *Frank*, StA 2016, 33; Anmerkung *Woitge* zu BGH, Beschl. v. 06.12.2017, NotBZ 2018, 184.
39 Dazu BayObLG FamRZ 1978, 736; OLG Köln NJW 1980, 63; OLG Hamm DNotZ 1981, 755.
40 BGHZ 103, 12, 14 ff. = NJW 1988, 1139 = FamRZ 1988, 390.
41 Vgl. DNotI-Report 1998, 200 m.w.N.
42 BGBl. 1992 I S. 1974.
43 Vgl. dazu *Lüderitz*, NJW 1993, 1050 f.

(Haager Adoptionsübereinkommen) in Kraft getreten.[44] Das Haager Adoptionsübereinkommen bezweckt nach seinem Art. 1 die Zusammenarbeit zwischen den Vertragsstaaten auf dem Gebiet der internationalen Adoption zum Schutz und zum Wohl der Kinder und sichert die Anerkennung der nach dem Übereinkommen zustande gekommenen Adoptionen. Insoweit regelt es insbesondere die allgemeinen Voraussetzungen der Adoption und den Verfahrensgang sowie die Anerkennung und Wirkungen der nach dem Abkommen durchgeführten Adoptionen. Es enthält jedoch *keine Regelung zur internationalen Zuständigkeit oder zu dem auf die Adoption anwendbaren Recht.*

61 Die Regelungen des Haager Adoptionsübereinkommens fanden ihre Umsetzung in dem am 01.01.2002 in Kraft getretenen Gesetz zur Regelung von Rechtsfragen auf dem Gebiet der internationalen Adoption und zur Weiterentwicklung des Adoptionsvermittlungsrechts vom 05.11.2001. Durch dieses Gesetz wurde das deutsche internationale Adoptionsrecht teilweise geändert und durch wichtige Gesetze ergänzt. Neben dem Adoptionsübereinkommens-Ausführungsgesetz (AdÜbAG) und dem Adoptionsvermittlungsgesetz (AdVermiG) wurde auch das für die notarielle und richterliche Praxis bedeutsame Adoptionswirkungsgesetz (AdWirkG) zum 01.01.2002 in Kraft gesetzt. Das Adoptionsvermittlungsgesetz und das Adoptionsübereinkommens-Ausführungsgesetz sind für die notarielle Praxis hingegen weniger wichtig, wobei jedoch auf die Bestimmung des § 7 Abs. 1 Satz 2 AdÜbAG hingewiesen werden muss, wonach die Erklärung der Adoptionsbewerber, dass sie bereit sind, das ihnen vorgeschlagene Kind zu adoptieren, öffentlich zu beurkunden ist. Hierfür zuständig ist neben dem Jugendamt auch der Notar. Bei der Beurkundung muss über die in § 7 Abs. 2 AdÜbAG bestimmte Verpflichtung, für die Dauer von 6 Jahren die für den Lebensunterhalt des zu adoptierenden Kindes aufgewendeten öffentlichen Mittel zu erstatten, hingewiesen werden.

Muster einer Bereiterklärung

62 M

Verhandelt am ….. in …..
Vor dem Notar ….. erschienen:
…..
Die Erschienenen sind bekannt (wiesen sich aus durch …..)
Die Erschienenen geben an:
Wir sind ausschließlich deutsche Staatsangehörige.
Wir haben am ….. in ….. vor dem Standesbeamten die Ehe geschlossen.
Wir beabsichtigen, ein Kind, das seinen gewöhnlichen Aufenthalt im Ausland hat, zu adoptieren.
Erklärung:
Die Erschienenen erklären sich bereit, das durch Vermittlungsvorschlag des ….. (zuständige Behörde des Herkunftsstaates) am ….. benannte Kind ….., geboren am ….. in ….. als gemeinschaftliches Kind anzunehmen.
Belehrungen:
Der Notar hat auf Folgendes hingewiesen: Die Bereiterklärung begründet die gesamtschuldnerische Verpflichtung der Erschienenen, öffentliche Mittel zu erstatten, die vom Zeitpunkt der Einreise des Kindes an für die Dauer von sechs Jahren für den Lebensunterhalt des Kindes aufgewandt werden.

■ *Kosten.* Geschäftswert nach § 101 GNotKG 5.000 €. 1,0 Gebühr nach 21200 KV GNotKG, mind. 60 €.

---

44 Text und Liste der Vertragsstaaten: www.bundesjustizamt.de.

2. Autonomes Kollisionsrecht

Das *Adoptionsstatut* regelt in Art. 22 Abs. 1 EGBGB die Voraussetzungen und die Art und Weise des Zustandekommens der Adoption. Das nach Art. 22 Abs. 1 EGBGB zur Anwendung gelangende Recht bestimmt gemäß Art. 22 Abs. 2 EGBGB daneben auch die Status begründenden und statuslösenden Wirkungen der Adoption. Keine Regelung durch das Adoptionsstatut erfahren die speziellen Wirkungen der Adoption (Eltern-Kind-Verhältnis, Erbrecht, Namen, Staatsangehörigkeit und Unterhalt) sowie Vorfragen (z.B. Minderjährigkeit des zu Adoptierenden, Verheiratetsein des Annehmenden bzw. des Anzunehmenden) und Formfragen (Art. 11 Abs. 1 EGBGB[45]). Bezüglich des nach Art. 22 Abs. 1 EGBGB anwendbaren Rechts ist zwischen der Adoption durch eine unverheiratete Einzelperson (Art. 22 Abs. Satz 1 EGBGB) und der Adoption durch Ehegatten (Art. 22 Abs. 1 Satz 2 EGBGB) zu unterscheiden: Die Adoption durch eine unverheiratete Einzelperson unterliegt deren Heimatrecht, bei der Adoption durch Ehegatten oder durch einen Ehegatten allein (Stiefkindadoption) ist auf das objektive Ehewirkungsstatut (Art. 14 Abs. 1 EGBGB) zum Zeitpunkt der Adoption abzustellen. Bei einer *Adoption durch einen registrierten Lebenspartner* ist nunmehr nach Art. 22 Abs. 1 Satz 3 EGBGB auf das nach Art. 17b Abs. 1 Satz 1 EGBGB berufene Recht (Recht des Regierungsstaates) abzustellen. In den Fällen des Art. 22 Abs. 1 Satz 1 u. 2 EGBGB sind Rück- oder Weiterverweisungen (Art. 4 Abs. 1 Satz 1 EGBGB) durch das berufene ausländische Adoptionsstatut zu beachten, nicht jedoch im Fall des Art. 22 Abs. 1 Satz 3 EGBGB, da der in Bezug genommene Art. 17b Abs. 1 Satz 1 EGBGB eine Sachnormverweisung ausspricht.[46]

Der im Zuge der Umsetzung des Haager Adoptionsübereinkommens eingeführte Art. 22 Abs. 3 EGBGB enthält ein erbrechtliches Gestaltungsmittel, die *Gleichstellungserklärung*. Sie ermächtigt den Annehmenden, dessen Ehegatten, Lebenspartner oder Verwandte, einen nach ausländischem Recht Angenommenen in Ansehung der Rechtsnachfolge von Todes wegen einem nach den deutschen Adoptionsvorschriften angenommen Kind gleichzustellen. Voraussetzung hierfür ist, dass deutsches Erbrecht als Erbstatut berufen ist, das Kind bei der Annahme unter 18 Jahre alt war und die Erklärung in einer Verfügung von Todes wegen erfolgt ist. Eine Gleichstellungserklärung empfiehlt sich insbesondere bei der Erbfolge nach Verwandten des Annehmenden, wenn nicht sicher ist, dass die nach ausländischem Recht durchgeführte Adoption verwandtschaftliche Beziehungen zu ihnen begründet hat. Gegenüber einer bloßen Erbeinsetzung verschafft sie dem Adoptivkind insofern mehr Rechte, als es infolge der Gleichstellungserklärung auch zu den Pflichtteilsberechtigten gehört.[47] Sofern die Unwirksamkeit der ausländischen Adoption nicht ausgeschlossen werden kann, sollte hilfsweise eine Einsetzung als gewillkürter Erbe erfolgen, auch wenn damit nicht erreicht werden kann, dass das Adoptivkind zu dem Kreis der Pflichtteilsberechtigten gehört.

Muster einer Gleichstellungserklärung nach Art. 22 Abs. 3 EGBGB

**Das von mir (bzw. von .....) adoptierte Kind ..... stelle ich für den Fall, dass die Adoptionswirkungen ausländischem Recht unterliegen, hinsichtlich der Rechtsnachfolge von Todes wegen einem nach deutschem Adoptionsrecht adoptierten Kind gleich.
Die in dieser Urkunde erklärten Zuwendungen (Erbeinsetzung/Vermächtnisse) zugunsten des Adoptivkindes ..... sollen auch dann gelten, wenn die zugrunde liegende Adoption unwirksam sein sollte.**

---

45 Vgl. MüKo-BGB/*Helms*, Art. 23 EGBGB Rn. 10.
46 Staudinger/*Mankowski*, Art. 17b EGBGB Rn. 48.
47 *Müller/Sieghörtner/Emmerling de Oliveira*, Adoptionsrecht in der Praxis, Rn. 450.

66 Neben Art. 22 EGBGB ist bei Adoptionen mit Auslandsberührung zusätzlich stets Art. 23 EGBGB (*Zustimmungsstatut*) zu beachten, nach dessen S. 1 zusätzlich zu den nach dem Adoptionsstatut vorgeschriebenen Einwilligungen, die vom Heimatrecht des Kindes für dieses selbst und für diejenigen Personen, zu denen es in einem familienrechtlichen Verhältnis steht, geforderten Zustimmungen einzuholen sind. Nach Art. 23 Satz 2 EGBGB kann – unter engen Voraussetzungen – für die nach S. 1 verlangten Einwilligungen das deutsche Recht anstelle des Heimatrechts des Kindes angewendet werden, sofern dies zum Wohl des Kindes erforderlich ist.

3. Internationale und örtliche Zuständigkeit

67 Die internationale Zuständigkeit der deutschen Gerichte in Adoptionssachen ist nach § 101 FamFG dann gegeben, wenn der Annehmende, einer der annehmenden Ehegatten oder das Kind Deutscher ist oder seinen gewöhnlichen Aufenthalt im Inland hat. Die örtliche Zuständigkeit folgt aus § 187 FamFG. Besonders zu beachten ist in diesem Zusammenhang die in § 187 Abs. 4 FamFG i.V.m. § 5 Abs. 1 Satz 1 AdWirkG angeordnete *Zuständigkeitskonzentration* für den Fall, dass auf die Kindesannahme ausländische Sachvorschriften zur Anwendung gelangen: örtlich zuständig ist dann stets das Familiengericht, in dessen Bezirk das jeweilige Oberlandesgericht seinen Sitz hat. Allerdings gilt diese spezielle Zuständigkeitsnorm nach h.M. nur in den Fällen, in denen der Anzunehmende z.Zt. der Annahme das 18. Lebensjahr noch nicht vollendet hat.[48]

4. Anerkennung von Auslandsadoptionen

68 Bis zum Inkrafttreten des Adoptionswirkungsgesetzes am 01.01.2002 gab es in Deutschland kein förmliches Verfahren zur Anerkennung einer im Ausland durchgeführten Adoption. Das *Adoptionswirkungsgesetz* sieht nunmehr zwei familiengerichtliche Verfahren vor, mit welchen zum einen der Bestand und Inhalt einer im Ausland durchgeführten Adoption verbindlich geklärt werden kann (Anerkennungs- und Wirkungsfeststellungsverfahren) und zum anderen eine hier anzuerkennende ausländische Adoption mit lediglich schwachen Wirkungen in eine Volladoption nach deutschem Recht umgewandelt werden kann (Umwandlungsverfahren). Das Adoptionswirkungsgesetz gilt nicht nur für nach seinem Inkrafttreten erlassene Adoptionsentscheidungen, sondern auch für zuvor ergangene, sofern der Angenommene *im Zeitpunkt der Adoption* das 18. Lebensjahr noch nicht vollendet hatte. I.Ü. finden die Regelungen des Adoptionswirkungsgesetzes auch bei inländischen Adoptionsbeschlüssen Anwendung, wenn sie auf ausländischen Sachvorschriften beruhen, vgl. § 1 Satz 1 Alt. 2, § 2 Abs. 3 AdWirkG.

a) Anerkennungs- und Wirkungsfeststellungsverfahren

69 Das Anerkennungs- und Wirkungsfeststellungsverfahren ist grundsätzlich fakultativ; auch ohne Durchführung des Verfahrens wirkt eine im Ausland durchgeführte, anzuerkennende Adoption im Inland. Das Verfahren wird daher gemäß § 2 Abs. 1 AdWirkG nur auf Antrag durchgeführt, der nicht beurkundet werden muss. Zu den antragsbefugten Personen vgl. § 4 Abs. 1 Nr. 1 AdWirkG. Bei Antragstellung sind *folgende Unterlagen* einzureichen:[49]
- die originale, legalisierte Adoptionsentscheidung mit Übersetzung;
- die nach der Adoption ausgestellte Geburtsurkunde des Kindes (Original und Übersetzung);

---

[48] OLG Bremen BeckRS 2016, 07346; OLG Stuttgart, FamRZ 2012, 658; w.N. bei *Müller/Sieghörtner/Emmerling de Oliveira*, Adoptionsrecht in der Praxis, Rn. 256.
[49] Ausführlich: *Hölzel*, StAZ 2003, 294.

– alle Unterlagen, die zur ordre-public-Prüfung geeignet sind, z.B. alte Geburtsurkunde, Kindervorschlag, Adoptionseignungsbericht (Original und ggf. Übersetzung).

Die Prüfung des Gerichts erfolgt in zwei Stufen: Zunächst befindet das Gericht gemäß § 2 Abs. 1 Halbs. 1 AdWirkG über die Anerkennung (Dekretadoption) bzw. Wirksamkeit (Vertragsadoption) der Adoption. Sowohl Dekret- als auch Vertragsadoptionen, die nach dem Haager Adoptionsübereinkommen durchgeführt worden sind, werden gemäß Art. 23 Abs. 1 Haager Adoptionsübereinkommen ohne weitere Prüfung anerkannt, wenn von der zuständigen zentralen Behörde das Zustandekommen der Adoption in Übereinstimmung mit der Konvention bescheinigt worden ist. Dekretadoptionen, die nicht auf der Grundlage des Haager Adoptionsübereinkommens ergangen sind, werden anhand der in § 109 FamFG geregelten Anerkennungsausschlussgründe überprüft. Vertragsadoptionen außerhalb des Anwendungsbereichs des Haager Adoptionsübereinkommens werden nach Art. 22, 23 EGBGB auf ihre Wirksamkeit hin beurteilt. Steht danach fest, dass eine Dekretadoption anzuerkennen ist bzw. eine Vertragsadoption wirksam ist, wird auf einer weiteren Stufe der Wirkungsumfang, also die Frage, ob das Eltern-Kind-Verhältnis zu seinen bisherigen Eltern durch die Annahme erloschen ist, geklärt (§ 2 Abs. 2 AdWirkG). Wird diese Frage bejaht, wird nach § 2 Abs. 2 Satz 1 Nr. 1 AdWirkG festgestellt, dass das Annahmeverhältnis einem nach den deutschen Sachvorschriften begründeten Annahmeverhältnis gleichsteht. Kommt das Gericht hingegen zu dem Ergebnis, dass das bisherige Eltern-Kind-Verhältnis andauert, so wird nach § 2 Abs. 2 Satz 1 Nr. 2 AdWirkG festgestellt, dass das Annahmeverhältnis in Ansehung der elterlichen Sorge und der Unterhaltspflicht des Annehmenden einem nach den deutschen Sachvorschriften begründeten Annahmeverhältnis gleichsteht. **70**

Muster eines Antrags auf Anerkennungs- und Wirkungsfeststellung[50]

71 M

Verhandelt am ..... in .....

Vor dem Notar ..... erschienen:

.....

Die Erschienenen sind bekannt (wiesen sich aus durch .....)

I. Die Erschienenen erklären:

Mit Beschluss des Gerichts in ..... vom .....(Az. .....) ist das Kind ....., geboren am ....., von uns adoptiert worden.

II. Antrag:

Die Erschienenen beantragen beim zuständigen Familiengericht festzustellen, ob
1. die in Ziff. I genannte Adoption anzuerkennen ist;
2. das Eltern-Kind-Verhältnis des Kindes zu seinen bisherigen Eltern durch die zu Ziff. I genannte Adoption erloschen ist.

III. Belehrungen:

Der Notar hat insbesondere auf Folgendes hingewiesen:
1. Sofern das Gericht feststellt, dass das Eltern-Kind-Verhältnis des Kindes zu seinen bisherigen Eltern durch die ausländische Adoption erloschen ist, hat das Kind die gleichen Rechte wie ein nach deutschem Recht adoptiertes Kind. Dies gilt auch für den Unterhalt und die Erb- und Pflichtteilsrechte.
2. Falls das Gericht nicht zu der Feststellung gelangt, dass das Eltern-Kind-Verhältnis durch die ausländische Adoption erloschen ist, besteht die Möglichkeit, die Umwand-

---

50 Weitere Muster mit ausführlichen Belehrungsvermerken bei Ludwig, RNotZ 2002, 378 ff. und bei Müller/Sieghörtner/Emmerling de Oliveira, Adoptionsrecht in der Praxis, Rn. 538 ff.

lung in eine Adoption zu beantragen, die dem Kind die Rechtsstellung eines nach den deutschen Sachvorschriften angenommenen Kindes verleiht.
3. Die Feststellungen nach § 2 AdWirkG wirken gegenüber den bisherigen Eltern des Kindes nur, sofern diese am Verfahren beteiligt werden.

■ *Kosten.* Der Antrag bedarf keiner notariellen Beurkundung.

b) Umwandlungsverfahren

72 § 3 AdWirkG eröffnet die Möglichkeit, eine anzuerkennende Auslandsadoption mit schwachen Wirkungen in eine Volladoption nach deutschem Recht umzuwandeln. Zur Antragsbefugnis vgl. § 4 Abs. 1 Satz 1 Nr. 2 AdWirkG. Nach § 4 Abs. 1 Satz 3 AdWirkG i.V.m. § 1752 Abs. 2 Satz 2 BGB muss der Antrag *notariell beurkundet* werden. Verlangt wird, dass die ursprüngliche Adoption dem Grunde nach anzuerkennen (wirksam) ist und das Verfahren nach § 2 AdWirkG durchgeführt worden ist. In Zweifelsfällen können auch das Anerkennungs- und Wirkungsfeststellungsverfahren und das Umwandlungsverfahren miteinander verbunden werden.[51] Weiter ist Voraussetzung nach § 3 Abs. 1 Satz 1 AdWirkG, dass die Umwandlung dem Kindeswohl dient (Nr. 1), dass die erforderlichen Zustimmungen zu einer Annahme mit einer das Eltern-Kind-Verhältnis beendenden Wirkung erteilt worden sind (Nr. 2) und dass überwiegende Interessen der Ehegatten, des Lebenspartners oder der Kinder des Annehmenden oder des Angenommenen nicht entgegenstehen (Nr. 3). Mit dem Umwandlungsausspruch erhält das Kind die Rechtsstellung eines nach deutschen Sachvorschriften angenommenen Kindes. Nach § 3 Abs. 2 AdWirkG kann ein Umwandlungsverfahren auch dann durchgeführt werden, wenn durch den ausländischen Adoptionsbeschluss das Eltern-Kind-Verhältnis zwar beendet worden ist, das Annahmeverhältnis jedoch teilweise von den nach den deutschen Sachvorschriften vorgesehenen Wirkungen abweicht. Hierdurch kann etwa die volle erbrechtliche und namensrechtliche Gleichheit des Angenommenen herbeigeführt werden.[52]

Muster eines Antrags auf Umwandlungsausspruch

73 M   Verhandelt am ..... in .....
Vor dem Notar ..... erschienen:
1) Die Eheleute ....., geboren am ....., und ....., geboren am ....., beide wohnhaft in .....;
2) das Kind ....., geboren am ....., wohnhaft da selbst, gesetzlich vertreten durch die Erschienenen zu 1).
Die Erschienenen sind bekannt (wiesen sich aus durch .....)

I. Die Erschienenen zu 1) erklären:

Mit Beschluss des Gerichts in ..... vom .....(Az: .....) ist das Kind ....., geboren am ....., von uns adoptiert worden.
Durch Beschluss des Amtsgerichts – Familiengericht – in ..... vom .....(Az: .....) ist festgestellt worden, dass die Annahme anzuerkennen (bei Vertragsadoption: wirksam) ist, durch die Annahme allerdings das Eltern-Kind-Verhältnis des Kindes zu seinen bisherigen Eltern nicht erloschen ist. Zugleich wurde nach § 2 Abs. 2 S. 1 Nr. 2 AdWirkG festgestellt, dass das Annahmeverhältnis in Ansehung der elterlichen Sorge und der

---

51 Kombinierter Anerkennungs- und Umwandlungsantrag s. *Ludwig,* RNotZ 2002, 375 f.
52 *Hausmann/Odersky,* Internationales Privatrecht in der Notar- und Gestaltungspraxis, 3. Aufl. 2017, § 14 Rn. 118.

Unterhaltspflicht des Annehmenden gegenüber dem Kind einem nach den deutschen Sachvorschriften begründeten Annahmeverhältnis gleichsteht.

II. Antrag:

Die Erschienen zu 1) beantragen beim zuständigen Familiengericht in ..... den Ausspruch, dass das Kind ..... die Rechtsstellung eines nach den deutschen Sachvorschriften angenommenen Kindes der Erschienenen zu 1) erhält.
Weiter beantragen die Erschienenen zu 1), dass das Kind den Namen ..... als Geburtsnamen erhält.
Der Notar wird beauftragt, diesen Antrag bei dem Familiengericht in ..... einzureichen.

III. Zustimmungen:

Das mit erschienene Kind ....., vertreten durch die Erschienenen zu 1), erteilt seine Zustimmung dazu, dass es die Rechtsstellung eines nach den deutschen Sachvorschriften angenommenen Kindes der Erschienenen erhält.
Soweit zur Umwandlung der Adoption weitere Zustimmungserklärungen erforderlich sind, werden diese in gesonderter Urkunde abgegeben.

IV. Belehrungen:

Der Notar hat insbesondere auf Folgendes hingewiesen:
1. Die beabsichtigte Umwandlung der Adoption setzt voraus, dass diese dem Wohl des Kindes entspricht, dass die erforderlichen Zustimmungen zu einer Annahme mit einer das Eltern-Kind-Verhältnis beendenden Wirkung erteilt sind und dass überwiegende Interessen der Ehegatten oder der Kinder des Annehmenden oder des Angenommenen nicht entgegenstehen.
2. Das Verwandtschaftsverhältnis des Kindes zu seinen bisherigen Eltern und Verwandten erlischt mit dem Umwandlungsausspruch.
3. Mit der Umwandlung sind gegenseitige Rechte und Pflichten zwischen dem Annehmenden und dem Anzunehmenden verbunden, insbesondere im Unterhalts- und Erbrecht.

■ *Kosten.* Geschäftswert nach § 101 GNotKG 5.000 €. 1,0 Gebühr nach 21200 KV GNotKG, mind. 60 €. Bei zwischenzeitlicher Volljährigkeit des Angenommenen wie Rdn. 54 M.

§ 94 Elterliche Sorge, Beistandschaft, Umgangsrecht

I. Vorbemerkung

1 Die sachlichen Statusunterschiede zwischen ehelicher und nichtehelicher Geburt sind bereits durch das Kindschaftsrechtsreformgesetz (KindRG) vom 16.12.1997[1] weitgehend beseitigt worden. Die im Zuge der Reform erfolgte Streichung der für nichteheliche Kinder geltenden Sondervorschriften im Erbrecht (§§ 1934a–e, 2338a BGB a.F.) erstreckte sich aber nicht auf Art. 12 § 10 Abs. 2 NEehlG. Dies hatte zur Folge, dass die vor dem 01.07.1949 geborenen nichtehelichen Kinder nach wie vor nach ihrem Vater wie auch umgekehrt nicht gesetzlich erb- und pflichtteilsberechtigt waren, sofern der Vater am 02.10.1990 seinen gewöhnlichen Aufenthaltsort in der Bundesrepublik (und nicht im Beitrittsgebiet, vgl. Art. 235 § 1 Abs. 2 EGBGB) gehabt hat. Diese erbrechtliche Ungleichbehandlung der vor dem 01.07.1949 geborenen nichtehelichen Kinder verstößt nach der Entscheidung des Europäischen Gerichtshofs für Menschenrechte vom 28.05.2009 gegen die Europäische Menschenrechtskonvention. Durch das Zweite Erbrechtsgleichstellungsgesetz wurde diese Ungleichbehandlung beseitigt.[2] Die Geltung der Neuregelung wurde dabei auf alle Todesfälle erweitert, die sich nach der Entscheidung des EGMR vom 28.05.2009 ereignet hatten; sie galt also ab dem 29.05.2009. Von einer weitergehenden Rückwirkung wurde aus Gründen des Vertrauensschutzes abgesehen. Eine Ausnahme ist im Gesetz für den Fall geregelt, dass der Fiskus Erbe ist, z.B. weil es weder Verwandte noch Ehegatten bzw. Lebenspartner gab. In diesen Fällen können die betroffenen nichtehelichen Kinder vom Bundesland Ersatz i.H.d. Wertes der ihnen entgangenen erbrechtlichen Ansprüche verlangen (Art. 12 § 10 NEhelG n.F.). Das Gesetz unterscheidet daher nur noch zwischen Kindern, deren Eltern miteinander verheiratet sind, und Kindern, deren Eltern nicht miteinander verheiratet sind. Ob damit den Anforderungen der EMRK und der Judikatur des EGMR genügt war, erschien aber schon 2009 zweifelhaft.[3] Der EGMR sah im Jahr 2017 in Bezug auf mehrere Erbfälle, die sich vor dem 29.05.2009 ereignet hatten, in der Versagung von Erbrechten für vor dem 01.07.1949 geborene nichteheliche Kinder nach ihrem Vater eine Verletzung der EMRK durch die Bundesrepublik Deutschland.[4] Dieser Linie folgt nun auch der BGH.[5]

2 Sind die Eltern miteinander verheiratet, so erhalten sie mit der Geburt des Kindes automatisch die gemeinsame elterliche Sorge. Sind die Eltern bei Geburt ihres Kindes nicht miteinander verheiratet, so hängt ihr gemeinsames Sorgerecht davon ab, dass sie eine entsprechende Sorgerechtserklärung abgeben, einander heiraten, oder das Familiengericht ihnen die elterliche Sorge gemeinsam überträgt, § 1626a Abs. 1 BGB. Kommt es nicht dazu, steht die elterliche Sorge der Mutter alleine zu, § 1626a Abs. 3 BGB.

---

1 BGBl. 1997 I S. 2942.
2 BGBl. 2011 I S. 615.
3 Leipold, ZEV 2017, 489.
4 EGMR ZEV 2017, 507.
5 BGH ZEV 2017, 510; vgl. *Dutta*, ZfPW 2018, 129; KG ZEV 2018, 265.

II. Elterliche Sorge bei Kindern, deren Eltern miteinander verheiratet sind

1. Begriff und Reichweite

Die Eltern haben die Pflicht und das Recht, für das minderjährige Kind zu sorgen (*elterliche Sorge*), 1626 Abs. 1 Satz 1 BGB. Die elterliche Sorge umfasst die Sorge für die Person des Kindes *(Personensorge)* und das Vermögen des Kindes *(Vermögenssorge)*, § 1626 Abs. 1 Satz 2 BGB. Können sich die Eltern in einzelnen Angelegenheiten oder in einer bestimmten Art von Angelegenheiten der elterlichen Sorge nicht einigen, so kann das Familiengericht auf Antrag eines Elternteiles die Entscheidung einem Elternteil übertragen, § 1628 Satz 1 BGB. Die Übertragung kann mit Beschränkungen oder Auflagen verbunden sein, § 1628 Satz 2 BGB.

2. Übergang, Ruhen und Beendigung

Mit der Einwilligung in eine Adoption ruht die elterliche Sorge (§ 1751 Abs. 1 BGB), mit der Adoption des Kindes endet die elterliche Sorge für beide Eltern, § 1755 Abs. 1 BGB.

Stand die elterliche Sorge den Eltern gemeinsam zu und ist ein Elternteil gestorben, so steht die elterliche Sorge dem überlebenden Elternteil allein zu, § 1680 Abs. 1 BGB. Ist ein Elternteil bzw. die Mutter, dem bzw. der die elterliche Sorge gem. §§ 1671 BGB bzw. § 1626a Abs. 3 BGB allein zustand, gestorben, so hat das Familiengericht die elterliche Sorge dem überlebenden Elternteil bzw. dem Vater zu übertragen, wenn dies dem Wohl des Kindes nicht widerspricht bzw. dient, § 1680 Abs. 2 BGB. Wird die elterliche Sorge einem Elternteil entzogen, dem die elterliche Sorge gemeinsam mit dem anderen zustand, so hat der andere Elternteil automatisch die Alleinsorge, § 1680 Abs. 3 i.V.m. Abs. 1 BGB; wird einem Elternteil die alleinige Sorge entzogen, hat das Gericht sie dem anderen Elternteil zu übertragen, wenn dies dem Kindeswohl nicht widerspricht bzw. dient, § 1680 Abs. 3 i.V.m. Abs. 1 und 2 BGB. Wenn die elterliche Sorge bei Geschäftsunfähigkeit oder beschränkter Geschäftsfähigkeit oder nach Feststellung der tatsächlichen Verhinderung ruht (§§ 1673, 1674 Abs. 1 BGB), übt der andere Teil sie alleine aus. Dies gilt aber nicht, wenn dem anderen Elternteil die elterliche Sorge nach §§ 1626a Abs. 3 oder 1671 BGB allein zustand, § 1678 Abs. 1 BGB.

3. Trennung und Scheidung der Eltern

Leben die Eltern, denen die elterliche Sorge gemeinsam zusteht, nicht nur vorübergehend getrennt, insbesondere im Fall der Scheidung, so kann jeder Elternteil beantragen, dass ihm das Familiengericht die elterliche Sorge oder einen Teil der elterlichen Sorge allein überträgt, § 1671 Abs. 1 BGB. Damit unterscheidet das Gesetz *nicht* mehr zwischen Getrenntleben und Scheidung der Eltern. Dem Antrag auf Übertragung der alleinigen Sorge ist stattzugeben, soweit

a) der andere Elternteil zustimmt, es sei denn, dass das Kind das vierzehnte Lebensjahr vollendet hat und der Übertragung widerspricht (§ 1671 Abs. 2 Nr. 1 BGB), oder

b) zu erwarten ist, dass die Aufhebung der gemeinsamen Sorge und die Übertragung auf den Antragsteller dem Wohl des Kindes am besten entspricht (§ 1671 Abs. 2 Nr. 2 BGB).[6]

Wird ein solcher Antrag nach § 1671 BGB nicht gestellt, so verbleibt es trotz Getrenntlebens und Scheidung bei dem gemeinsamen Sorgerecht beider Eltern.

---

6 Vgl. dazu BVerfG FamRZ 2018, 826.

III. Elterliche Sorge bei Kindern, deren Eltern nicht miteinander verheiratet sind

1. Sorgeberechtigte

9   Nach § 1626a Abs. 1 BGB steht den Eltern des nichtehelichen Kindes die elterliche Sorge gemeinsam zu, wenn sie
a) erklären, dass sie die Sorge gemeinsam übernehmen wollen *(Sorgeerklärungen)* oder
b) einander heiraten, oder
c) soweit ihnen das Familiengericht die elterliche Sorge gemeinsam überträgt.
Im Übrigen hat die Mutter die elterliche Sorge, § 1626a Abs. 3 BGB.

10   Bis zum Inkrafttreten des Gesetzes zur Reform der elterlichen Sorge nicht miteinander verheirateter Eltern[7] am 17. Mai 2013 war Voraussetzung für eine gemeinsame Sorgeberechtigung nicht miteinander verheirateter Eltern stets die ausdrücklich erklärte Bereitschaft beider Eltern, die Verantwortung gemeinsam übernehmen zu wollen *(Sorgeerklärungen)*. Gaben die Eltern keine übereinstimmenden Sorgeerklärungen ab, konnten sie sich also nicht auf eine gemeinsame Sorge einigen, sah das Gesetz ein alleiniges Sorgerecht der Mutter vor. Die Stellung, die die frühere gesetzliche Regelung der nichtehelichen Mutter gewährte, war damit sehr stark: Wollte sie nicht, dass der nichteheliche Vater an der elterlichen Sorge beteiligt wird, konnte er die elterliche Sorge danach grundsätzlich nicht erlangen. Der Europäische Gerichtshof für Menschenrechte sah hierin eine Diskriminierung der Väter außerehelich geborener Kinder beim Zugang zur (gemeinsamen) elterlichen Sorge.[8] Der Erste Senat des Bundesverfassungsgerichts entschied, dass die §§ 1626a Abs. 1 und 1672 Abs. 1 BGB a.F. mit Art. 6 Abs. 2 GG unvereinbar seien.[9] Bis zum Inkrafttreten einer gesetzlichen Neuregelung hatte das Bundesverfassungsgericht in Ergänzung der §§ 1626a Abs. 1 Nr. 1, 1672 Abs. 1 BGB vorläufig angeordnet, dass das Familiengericht den Eltern auf Antrag eines Elternteils die elterliche Sorge oder einen Teil davon gemeinsam überträgt, soweit zu erwarten ist, dass dies dem Kindeswohl entspricht; dem Vater sei auf Antrag eines Elternteils die elterliche Sorge oder ein Teil davon allein zu übertragen, soweit eine gemeinsame elterliche Sorge nicht in Betracht komme und zu erwarten sei, dass dies dem Kindeswohl am besten entspricht. Diese Vorgaben des Bundesverfassungsgerichts sind nun insbesondere in der Neufassung der §§ 1626a, 1671 BGB und in § 155a FamFG umgesetzt worden. Nach § 1626a Abs. 2 BGB überträgt das Familiengericht auf Antrag eines Elternteils die elterliche Sorge oder einen Teil der elterlichen Sorge beiden Eltern gemeinsam, wenn die Übertragung dem Kindeswohl nicht widerspricht.

11   Die gemeinsame Sorge setzt jedenfalls nicht voraus, dass die Eltern zusammenleben. Der nicht mit der Mutter verheiratete Vater konnte bisher gegen den Willen der Mutter allerdings auch nach jahrelangem Zusammenleben mit dieser das gemeinsame Sorgerecht nicht erreichen. Das Bundesverfassungsgericht[10] hielt dies seinerzeit im Hinblick auf die unterschiedlichen Lebensverhältnisse, in die nichteheliche Kinder hineingeboren werden, für verfassungskonform. Diese Einordnung ist seit der in Rdn. 10 erwähnten Entscheidung und der sich anschließenden Gesetzesänderung überholt.

12   Sorgeerklärungen unter einer Bedingung oder einer Zeitbestimmung sind unwirksam, § 1626b Abs. 1 BGB. Die Sorgeerklärung kann schon vor der Geburt des Kindes abgegeben werden, § 1626b Abs. 2 BGB. Die Sorgeerklärungen sind höchstpersönlich und können nur von den Eltern selber abgegeben werden, § 1626c Abs. 1 BGB. Die Sorgeerklärung eines beschränkt geschäftsfähigen Elternteiles bedarf der Zustimmung seines gesetzlichen Ver-

---
7 BGBl. 2013 I S. 794.
8 EGMR FamRZ 2010, 103 ff. m. Anm. *Henrich* und *Scherpe*.
9 BVerfG FamRZ 2010, 1403 ff.
10 BVerfG NJW 2003, 955.

treters, § 1626c Abs. 2 Satz 1 BGB. Die Zustimmung kann nur von diesem selbst abgegeben werden, § 1626c Abs. 2 Satz 2 BGB. Das Familiengericht hat die Zustimmung auf Antrag des beschränkt geschäftsfähigen Elternteils zu ersetzen, wenn die Sorgeerklärung dem Wohl dieses Elternteils nicht widerspricht, § 1626c Abs. 2 Satz 3 BGB.

Eine einmal erklärte Bestimmung über die gemeinsame elterliche Sorge ist nur nach Maßgabe des § 1671 Abs. 1 BGB wieder zu ändern. Eine gemeinsame Sorge »auf Probe« ist also nicht möglich. Nach § 1671 Abs. 2 BGB ist einem Antrag auf Übertragung der elterlichen Sorge auf einen Elternteil nur stattzugeben, wenn die Eltern nicht nur vorübergehend getrennt leben und der andere Elternteil zustimmt oder zu erwarten ist, dass die Aufhebung der gemeinsamen Sorge und die Übertragung auf den Antragsteller dem Wohl des Kindes am besten entspricht. **13**

Wenn auch die Sorgeerklärungen in getrennten Urkunden abgegeben werden können, ist doch aus Gründen der Praktikabilität zur Erklärung in einer Urkunde dringend zu raten. Die Ausfertigung dieser Urkunde erbringt den Nachweis der gemeinsamen Sorge. **14**

Die Sorgeerklärungen und ggfs. erforderliche Zustimmungserklärungen müssen öffentlich beurkundet werden, § 1626d Abs. 1 BGB. Die beurkundende Stelle teilt die Abgabe der Sorgeerklärung und der Zustimmungen unter Angabe des Geburtsdatums und des Geburtsortes des Kindes und des Namens, den das Kind z.Zt. der Beurkundung seiner Geburt geführt hat, dem zuständigen Jugendamt mit, § 1626d Abs. 2 BGB. Zuständig ist grundsätzlich das Jugendamt, das für den Geburtsort des Kindes zuständig ist, § 87c Abs. 6 Satz 2 Halbs. 1 SGB VIII. Liegt der Geburtsort im Ausland, ist das Land Berlin zuständig, §§ 87c Abs. 6 Satz 2 Halbs. 2, 88 Abs. 1 Satz 2 SGB VIII. **15**

Bei dem Nachweis der elterlichen Sorge, z.B. bei der Vertretung des Kindes in notariellen Verträgen, sind zwei Fallgestaltungen möglich:
a) Haben die nicht miteinander verheirateten Eltern Sorgeerklärungen abgegeben und damit ihre gemeinsame Sorge begründet, so können sie durch Ausfertigungen der entsprechenden Sorgeerklärungen die Vertretungsmacht nachweisen. **16**
b) Wenn von den nicht miteinander verheirateten Eltern eines Kindes keine übereinstimmende Sorgeerklärung abgegeben wurde, also die Mutter das alleinige Sorgerecht hat, erteilt das Jugendamt, in dessen Bereich die Mutter ihren gewöhnlichen bzw. in Ermangelung eines solchen ihren tatsächlichen Aufenthalt hat, auf Verlangen der Mutter des Kindes eine schriftliche Auskunft über diese Tatsache, §§ 58a Abs. 1, 87c Abs. 6 Satz 1 i.V.m. Abs. 1 SGB VIII. Mit dieser schriftlichen Auskunft kann die Mutter im Rechtsverkehr ihre Alleinsorge nachweisen. Das Jugendamt, in dessen Bereich die Mutter ihren gewöhnlichen bzw. tatsächlichen Aufenthalt hat, erhält die zur Auskunfterteilung erforderlichen Informationen auf Ersuchen von dem Jugendamt am Geburtsort des Kindes mitgeteilt, § 1626d Abs. 2 BGB i.V.m. § 87c Abs. 2 Satz 3 SGB VIII. Nach einem Wohnsitzwechsel muss sich das nunmehr zuständige Jugendamt durch Rückfrage bei dem Jugendamt am Geburtsort versichern, ob dort eine Mitteilung nach § 1626d Abs. 2 BGB vorliegt.[11] **17**

2. Tod eines Elternteils

Stand die elterliche Sorge beiden nicht miteinander verheirateten Eltern gemeinsam zu (§ 1626a BGB) und ist ein Elternteil verstorben, so steht die elterliche Sorge dem überlebenden Elternteil zu, § 1680 Abs. 1 BGB. **18**

Stand die elterliche Sorge der verstorbenen Mutter gem. § 1626a Abs. 3 BGB alleine zu, so hat das Familiengericht die elterliche Sorge dem Vater zu übertragen, wenn dies dem Wohl des Kindes dient, § 1680 Abs. 2 BGB. **19**

---

11 BT-Drucks. 13/4899, S. 60.

3. Trennung der Eltern

20 Leben nicht miteinander verheiratete Eltern, denen die elterliche Sorge gemeinsam zusteht, nicht nur vorübergehend getrennt, so kann jeder Elternteil beantragen, dass ihm das Familiengericht die elterliche Sorge oder einen Teil der elterlichen Sorge allein überträgt, § 1671 Abs. 1 BGB. Da § 1671 BGB nicht zwischen verheirateten und unverheirateten Eltern unterscheidet, gelten die obigen Ausführungen in Rdn. 5 ff. zur elterlichen Sorge bei getrennt lebenden Ehegatten entsprechend.

Sorgeerklärung

21 M   **Verhandelt zu ..... am .....**
Vor Notar .....
1. **Frau .....**
2. **Herr .....**
Die Erschienenen erklärten:
Am ..... hat Frau ..... das Kind ..... in ..... geboren. Vater des Kindes ist der zu 2. erschienene Herr ..... . Die Eltern sind nicht miteinander verheiratet. Die Vaterschaft ist anerkannt durch Urkunde ..... . Die Erschienene zu 1. als bislang allein Sorgeberechtigte hat der Anerkennung in jener Urkunde zugestimmt.
Eine gerichtliche Entscheidung über die elterliche Sorge nach den §§ 1626a Abs. 1 Ziff. 3., 1671 BGB wurde nicht getroffen.
Die Erschienenen erklären, dass sie die Sorge für das Kind ..... gemeinsam übernehmen wollen.
Der Notar hat die Erschienenen darauf hingewiesen, dass sie durch die Sorgeerklärung das Recht und die Pflicht haben, für das minderjährige Kind zu sorgen, und dass dies sowohl die Personensorge als auch die Vermögenssorge umfasst. Der Notar hat ferner darauf hingewiesen, dass die Sorgeerklärung unter einer Bedingung oder Zeitbestimmung unwirksam ist und die gemeinsame Sorge nur in Ausnahmefällen vom Familiengericht auf Antrag eines Elternteils aufgehoben werden kann. Ein solcher Antrag setzt voraus, dass die Eltern nicht nur vorübergehend getrennt leben.
Die Erschienenen beauftragen den beurkundenden Notar, die Abgabe der Sorgeerklärungen unter Angabe des Namens und des Geburtsortes des Kindes dem nach § 87c Abs. 6 S. 2 SGB VIII für den Geburtsort des Kindes zuständigen Jugendamt zum Zweck der Auskunftserteilung nach § 58a SGB VIII mitzuteilen. Der Notar soll jedem Erschienenen beliebig viele Ausfertigungen dieser Sorgeerklärung erteilen.
Diese Niederschrift wurde den Erschienenen von dem Notar vorgelesen, von ihnen genehmigt und von ihnen und dem Notar wie folgt eigenhändig unterschrieben:

■ *Kosten.* Geschäftswert gem. § 36 Abs. 2 und 3 GNotKG regelmäßig 5.000 €; 1,0 Gebühr nach Nr. 21200 KV GNotKG, mindestens 60 €.

IV. Sorgerechtsvollmacht

22 Weil es sich bei dem elterlichen Sorgerecht nicht nur um ein Recht, sondern auch um eine Pflicht der Eltern handelt (§ 1626 Abs. 1 BGB) und weil Kontinuität in der Beziehung zwischen Sorgeberechtigtem und Kind in der Regel dem Wohl des Kindes dient, ist die elterliche Sorge in allen ihren Bestandteilen grundsätzlich unverzichtbar und – als höchstpersönliches Recht – unübertragbar. Trotzdem ist anerkannt, dass die elterliche Sorge durch eine jederzeit widerrufliche Vereinbarung mit einem Dritten diesem zur Ausübung übertragen werden kann, was nach außen hin durch eine Vollmacht dokumentiert werden kann.[12] Teilweise wird insoweit in der Literatur auch eine entsprechende Generalvollmacht für zulässig gehalten, solange ihre Widerruflichkeit gewährleistet ist. Teilweise wird eine Generalvollmacht in diesem Bereich jedoch abgelehnt.[13] Vor diesem Hintergrund wird empfohlen, Sorgerechtsvollmachten grundsätzlich widerruflich zu erteilen und ggf. einzelne Entscheidungsbefugnisse oder Angelegenheiten aus der Vollmacht auszuklammern. Daher wird im nachstehenden Muster beispielhaft die Befugnis zur Mitwirkung an der Erstellung eines Vermögensverzeichnisses ausgenommen. Das Muster enthält darüber hinaus auch eine Vormundbenennung, vgl. zur Vormundbennung im Rahmen einer Vollmacht auch § 96, Rdn. 87.

Sorgerechtsvollmacht

Der Erschienene wird nachfolgend als »Vollmachtgeber« bezeichnet.   **23 M**
Der Notar überzeugte sich durch den Gang der Verhandlung von der Geschäftsfähigkeit des Erschienenen.
Der Erschienene erklärte zu notariellem Protokoll folgende

SORGERECHTSVOLLMACHT

§ 1 Vorbemerkung

Ich bin gemeinsam mit meiner Ehefrau sorgeberechtigt für unseren gemeinsamen Sohn M. Aufgrund einer depressiven Veranlagung möchte ich zum Wohl unseres Kindes Vorsorge treffen, damit auch in depressiven Phasen, in denen von mir möglicherweise eine Gefahr für das Wohl unseres Kindes ausgeht, Entscheidungen zu Fragen der elterlichen Sorge auch ohne mich und insbesondere zum Schutz vor solchen Gefahren getroffen werden können.

§ 2 Vollmacht

Ich bevollmächtige hiermit
meine Ehefrau Y,
und meine Schwiegermutter Z.
– nachstehend ‚jeweils' »der Bevollmächtigte« genannt –
und zwar jeweils einzeln vertretungsberechtigt, zur gerichtlichen und außergerichtlichen Vertretung in allen Sorgerechtsangelegenheiten im Sinne der §§ 1629 ff. BGB betreffend mein Kind M.
und zwar im Hinblick auf alle Angelegenheiten der Personensorge und der Vermögenssorge, in welchen rechtlich eine Stellvertretung gestattet ist, und zwar im mir zustehenden Umfang, also gegebenenfalls unter Vorbehalt der familiengerichtlichen Genehmigung, jedoch mit folgender Ausnahme:
Die Vollmacht erstreckt sich im Bereich der Vermögenssorge nicht auf die Mitwirkung an der Erstellung eines Vermögensverzeichnisses i.S.d. § 1640 BGB. Diese Befugnis verbleibt also ausschließlich beim Vollmachtgeber.
Die Vollmacht ist nur wirksam, sofern der Bevollmächtigte eine ihm erteilte Ausfertigung in Besitz hat.
Dem Bevollmächtigten, Y., ist eine Ausfertigung dieser Urkunde – zunächst jedoch zu meinen Händen – zu erteilen, jede weitere Ausfertigung nur auf meine schriftliche

---

12 DNotI-Report 2010, 203 f.
13 Nachweise zum Streitstand bei DNotI-Report 2010, 203 f.

Anweisung. Sollte ich hierzu nicht mehr in der Lage sein, so kann gegen Vorlage einer dies belegenden Urkunde oder ärztlichen Bestätigung weitere Ausfertigungen vom Notar verlangen.
Ausfertigungen für den weiteren Bevollmächtigten, Z., sollen vom Notar erst erteilt werden, wenn ich oder meine Ehefrau Y., letztere unter Vorlage der ihr erteilten Ausfertigung, den Notar schriftlich dazu anweisen oder wenn meine Schwiegermutter Z. dem Notar Urkunden oder ärztliche Atteste vorlegt, aus denen hervorgeht, dass sowohl ich als auch meine Ehefrau Y. zur Erteilung einer schriftlichen Anweisung nicht mehr in der Lage sind. Meine Ehefrau Y. ist insoweit auch befugt, die meiner Schwiegermutter Z. erteilte Ausfertigung von dieser nach Wegfall ihrer Verhinderung bis zum Eintritt eines erneuten Verhinderungsfalles wieder zurück zu verlangen.
Ich stelle klar, dass diese Vollmacht jederzeit widerruflich ist.

§ 3 Innenverhältnis

Jeder Bevollmächtigte soll von der Sorgerechtsvollmacht nur in den Zeiträumen Gebrauch machen, in welchen ich gehindert bin, die elterliche Sorge auszuüben oder in welchen die Prognose berechtigt erscheint, dass mir eine Gefahr für das Wohl des Kindes ausgeht. Diese Anweisung an den Bevollmächtigten gilt allerdings nur im Innenverhältnis; im Außenverhältnis gegenüber Dritten ist diese Vollmacht unbeschränkt.

§ 4 Vormundbenennung

Für den Fall, dass mein Kind M. noch minderjährig ist und – insbesondere wegen Geschäftsunfähigkeit meinerseits und gleichzeitig Wegfall meiner Ehefrau als sorgeberechtigtes Elternteil – zu meinen Lebzeiten die Bestellung eines Vormunds für erforderlich erachtet wird, benenne ich als Vormund meine vorgenannte Schwiegermutter Z.
Für den Vormund ordne ich die in §§ 1852 bis 1854 BGB bezeichneten Befreiungen an. Die Bestellung eines Gegenvormunds (§ 1792 BGB) wird im Rahmen des rechtlich Zulässigen ausgeschlossen.
Der Notar hat mich darauf hingewiesen, dass die Möglichkeit der Benennung eines Vormunds durch die Eltern gesetzlich nur für Verfügungen von Todes wegen, also Testamente oder Erbverträge, nicht aber für Vollmachten vorgesehen ist und dass daher unklar ist, inwieweit das Familiengericht an meine Benennung gebunden ist.

§ 5 Schlussbestimmungen

Auch wenn ich die ordnungsgemäße Ausübung der Vollmacht nicht mehr selbst überwachen können sollte, halte ich eine Kontrolle durch Dritte nicht für nötig.
Der Notar hat über die weitreichende rechtliche Bedeutung einer Sorgerechtsvollmacht belehrt und nochmals darauf hingewiesen, dass die Vollmacht jederzeit widerruflich ist und im Falle des Vollmachtswiderrufs
– dies dem Notar mitgeteilt werden sollte, um die Erteilung weiterer Vollmachtsausfertigungen zu vermeiden,
– bereits erteilte Vollmachtsausfertigungen vom Vollmachtgeber zurückgefordert und vernichtet werden müssen, um einen Missbrauch zu verhindern.

■ *Kosten.* Geschäftswert gem. § 36 Abs. 2 und 3 GNotKG regelmäßig 5.000 €; 1,0 Gebühr nach Nr. 21200 KV GNotKG, mindestens 60 €.

V. Umgangsrecht

Zum Wohl des Kindes gehört in der Regel der Umgang mit beiden Elternteilen, § 1626 Abs. 3 Satz 1 BGB. Jeder Elternteil hat das Recht und die Pflicht auf Umgang mit dem Kind, § 1684 Abs. 1 BGB, unabhängig davon, ob das Kind ehelich oder nichtehelich ist, ob die Eltern verheiratet oder geschieden sind und ob sie zusammen oder getrennt leben. Zum Wohl des Kindes gehört zudem der Umgang mit anderen Personen, zu denen das Kind Bindungen besitzt, wenn ihre Aufrechterhaltung für die Entwicklung förderlich ist, § 1626 Abs. 3 Satz 2 BGB.

Die Eltern haben alles zu unterlassen, was das Verhältnis des Kindes zum jeweils anderen Elternteil beeinträchtigt oder die Erziehung erschwert. Entsprechendes gilt, wenn sich das Kind in der Obhut einer anderen Person befindet, § 1684 Abs. 2 BGB. Das Familiengericht kann über den Umfang des Umgangsrechts entscheiden und seine Ausübung auch gegenüber Dritten näher regeln, § 1684 Abs. 3 BGB. Großeltern und Geschwister haben ebenfalls ein Recht auf Umgang mit dem Kind, § 1685 Abs. 1 BGB. Das gilt auch für weitere enge Bezugspersonen des Kindes, die zu diesem eine sozial-familiäre Beziehung haben (§ 1685 Abs. 2 BGB), etwa den Ehegatten oder früheren Ehegatten eines Elternteils, der mit dem Kind längere Zeit in häuslicher Gemeinschaft gelebt hat oder für Personen, bei denen das Kind längere Zeit in Familienpflege gewesen ist. Jeder Elternteil kann vom anderen Elternteil bei berechtigtem Interesse Auskunft über die persönlichen Verhältnisse des Kindes verlangen, soweit dies dem Wohl des Kindes nicht widerspricht. Über Streitigkeiten entscheidet das Familiengericht, § 1686 BGB.

In Rechtsprechung und Literatur war bis vor einigen Jahren umstritten, ob und unter welchen Voraussetzungen die elterliche Umgangspflicht zwangsweise gegen den Willen des Pflichtigen durchgesetzt werden darf. Die Oberlandesgerichte gingen überwiegend, gestützt vor allem auf den Wortlaut von § 1684 BGB und die Gesetzgebungsgeschichte, von der Vollstreckbarkeit gerichtlich ausgesprochener Umgangsverpflichtungen eines Elternteils aus.[14] So wurde bspw. im Fall des OLG Brandenburg[15] ein Vater verpflichtet, zu bestimmten mit dem Jugendamt abgestimmten oder gegebenenfalls vom Jugendamt festgelegten vierteljährlichen Terminen zu erscheinen und bis zum Ende der festgelegten Zeit von 2 Stunden den Umgang mit seinem außerehelichen Sohn wahrzunehmen. Da er sich wiederholt – auch in der letzten mündlichen Verhandlung – strikt geweigert hatte, Kontakt zu seinem Sohn aufzunehmen, wurde dem Vater zudem für den Fall eines Verstoßes gegen diese Anordnungen die Verhängung eines Zwangsgeldes von bis zu 25.000 € angedroht.

Auf die Verfassungsbeschwerde des betroffenen Vaters hin hob das Bundesverfassungsgericht[16] die Entscheidung des OLG Brandenburg auf, soweit dem Vater darin ein Zwangsgeld angedroht wurde, und verwies die Sache insoweit zur erneuten Entscheidung an das Oberlandesgericht zurück. Das Bundesverfassungsgericht führt aus, dass die den Eltern durch Art. 6 Abs. 2 Satz 1 GG auferlegte Pflicht zur Pflege und Erziehung ihres Kindes nicht nur gegenüber dem Staat, sondern auch gegenüber dem Kind besteht und dass mit dieser Pflicht das Recht des Kindes auf Pflege und Erziehung durch seine Eltern korrespondiert.[17] Dies rechtfertige es, einen Elternteil zum Umgang mit seinem Kind zu verpflichten, wenn es dem Kindeswohl diene.[18] Anders als die gerichtliche Umgangsverpflichtung, welche den Elternteil zunächst einmal nur ermahne, seiner Elternverantwortung nachzukommen, diene die tatsächliche Durchsetzung dieser Verpflichtung mit Zwangsmitteln jedoch regelmäßig nicht dem Kindeswohl.[19] Bestünden jedoch im Einzelfall hinreichende Anhaltspunkte dafür, dass ein erzwungener

---

14 Vgl. OLG Köln FamRZ 2004, 52; OLG Brandenburg FamRZ 2005, 293 = NJW 2004, 3786.
15 OLG Brandenburg NJW 2004, 3786.
16 BVerfG NJW 2008, 1287.
17 BVerfG NJW 2008, 1287, 1288.
18 BVerfG NJW 2008, 1287, 1289.
19 Vgl. dazu auch OLG Hamm NJW 2017, 3455.

Umgang dem Kindeswohl dienen werde, etwa aufgrund des im Jugend- oder jungen Erwachsenenalter zumeist bestehenden Interesses, den bislang noch unbekannten Elternteil kennenzulernen, so sei die zwangsweise Durchsetzung der Umgangspflicht gerechtfertigt.[20]

VI. Gesetzliche Vertretung

28 1. Die elterliche Sorge umfasst auch die Vertretung des Kindes, § 1629 Abs. 1 Satz 1 BGB. Die Eltern vertreten das Kind daher grundsätzlich im Umfang ihrer elterlichen Sorge gemeinschaftlich. Ist eine Willenserklärung gegenüber dem Kind abzugeben, so genügt die Abgabe gegenüber einem Elternteil, § 1629 Abs. 1 Satz 2 BGB. Ein Elternteil vertritt das Kind allein, soweit er die elterliche Sorge allein ausübt oder ihm die Entscheidung nach § 1628 BGB vom Familiengericht übertragen ist, § 1629 Abs. 1 Satz 3 BGB. Bei Gefahr im Verzug ist jeder Elternteil dazu berechtigt, alle Rechtshandlungen vorzunehmen, die zum Wohl des Kindes notwendig sind; der andere Elternteil ist unverzüglich zu unterrichten, § 1629 Abs. 1 Satz 4 BGB. Steht die elterliche Sorge für das Kind den Eltern gemeinsam zu, so kann der Elternteil, in dessen Obhut sich das Kind befindet, Unterhaltsansprüche des Kindes gegenüber dem anderen Elternteil geltend machen, § 1629 Abs. 2 Satz 2 BGB.

29 Eine Bevollmächtigung bzw. Ermächtigung des einen durch den anderen oder eine Genehmigung der Vertretungshandlung durch den anderen Elternteil ist zulässig.[21] Jedoch wird vertreten, dass eine nach Zeit und Umfang unbeschränkte allgemeine (General-)Vollmacht bzw. Ermächtigung unwirksam sei; vgl. aber die Ausführungen zur Sorgerechtsvollmacht unter vorstehend Rdn. 22 bzw. 23 M.

30 2. Grundsätzlich kann *kein* Elternteil das Kind vertreten bei Geschäften mit sich selbst oder mit dem anderen Elternteil oder seinen eigenen Verwandten gerader Linie (§§ 1629 Abs. 2 Satz 1, 1795 Abs. 1 Nr. 1, Abs. 2, 181 BGB), es sei denn, dass das Rechtsgeschäft ausschließlich in der Erfüllung einer Verbindlichkeit besteht oder dem Kind lediglich einen rechtlichen Vorteil verschafft.[22] Da die Vertretungsmacht der Eltern eine Gesamtvertretungsmacht ist, sind beide Elternteile von der Vertretung ausgeschlossen, auch wenn die Ausschließungsgründe nur in der Person eines Elternteils vorliegen. Rechtsgeschäfte, bei denen die Eltern auf derselben Seite wie das Kind stehen, sie also zugleich im eigenen Namen und als Vertreter des Kindes Erklärungen abgeben, werden vom Ausschlusstatbestand der § 1629 Abs. 2 i.V.m. den §§ 1795 Abs. 2, 181 BGB nicht erfasst.[23] Ein solcher Fall liegt nach dem OLG Jena vor, wenn eine Erbengemeinschaft ein Nachlassgrundstück an einen Dritten verkauft und die Eltern sowohl im eigenen Namen als auch als Vertreter ihres minderjährigen Kindes, das ebenfalls Mitglied der Erbengemeinschaft ist, handeln. Die Eltern geben in diesem Fall keine gegenläufigen, sondern parallele Willenserklärungen ab. Der Vertrag darf jedoch keine Auseinandersetzung über den Erlös, also keine Verteilung des Kaufpreises enthalten.

31 3. Ein Vertrag, den der Minderjährige schließt, wird wirksam, wenn er ihn nach Eintritt der Volljährigkeit genehmigt, § 108 Abs. 3 BGB. Dies gilt aber nur dann, wenn der gesetzliche Vertreter nicht zuvor die Genehmigung verweigert hatte.[24]

32 4. Eine Haftungsbeschränkung hat § 1629a BGB eingeführt, der durch das Gesetz zur Beschränkung der Haftung Minderjähriger vom 25.08.1998[25] in das BGB eingefügt worden

---
20 BVerfG NJW 2008, 1287, 1291 f.
21 Vgl. Palandt/*Götz*, § 1629 BGB Rn. 5.
22 BGH NJW 1975, 1885.
23 OLG Jena NJW 1995, 3126.
24 BGH MittBayNot 1989, 136.
25 BGBl. 1998 I S. 2487.

ist. Die Haftung des Minderjährigen für Verbindlichkeiten, die die Eltern im Rahmen ihrer gesetzlichen Vertretungsmacht durch Rechtsgeschäft oder eine sonstige Handlung mit Wirkung für das Kind begründet haben, oder die aufgrund eines während der Minderjährigkeit erfolgten Erwerbs von Todes wegen entstanden ist, beschränkt sich danach auf den Bestand des bei Eintritt der Volljährigkeit vorhandenen Vermögens des Kindes.

VII. Sorge für das Kindesvermögen

33 Die elterliche Sorge umfasst die Sorge für das Vermögen des Kindes, § 1626 Abs. 1 Satz 2, 2. Alt. BGB. Die Eltern haben das ihrer Verwaltung unterliegende Vermögen, welches das Kind von Todes wegen erwirbt, zu verzeichnen, das Verzeichnis mit der Versicherung der Richtigkeit und Vollständigkeit zu versehen und dem Familiengericht einzureichen, § 1640 Abs. 1 Satz 1 BGB. Gleiches gilt für das Vermögen, welches das Kind sonst anlässlich eines Sterbefalles erwirbt, sowie für Abfindungen, die anstelle von Unterhalt gewährt werden und unentgeltliche Zuwendungen, § 1640 Abs. 1 Satz 2 BGB. Bei Haushaltsgegenständen genügt die Angabe des Gesamtwertes, § 1640 Abs. 1 Satz 3 BGB. Das Vorstehende gilt jedoch nicht, wenn der Wert eines Vermögenserwerbs 15.000,– € nicht übersteigt oder soweit der Erblasser durch letztwillige Verfügung oder der Zuwendende bei der Zuwendung eine abweichende Anordnung getroffen hat (§ 1640 Abs. 2 BGB). Das der Verwaltung der Eltern obliegende Geld des Kindes ist nach den Grundsätzen einer wirtschaftlichen Vermögensverwaltung anzulegen, soweit es nicht zur Bestreitung von Ausgaben bereitzuhalten ist, § 1642 BGB.

34 Die Einkünfte aus dem Kindesvermögen sind für den Unterhalt zu verwenden, und zwar vor dessen Einkünften durch Arbeit oder den selbstständigen Betrieb eines Erwerbsgeschäfts, § 1649 Abs. 1 BGB. Ein nach Befriedigung des Kindesunterhaltes etwa verbleibender Überschuss der Einkünfte aus dem Kindesvermögen kann für den Unterhalt der Eltern und minderjähriger Geschwister verbraucht werden, soweit dies unter Berücksichtigung der Vermögens- und Erwerbsverhältnisse der Beteiligten der Billigkeit entspricht und das Kind nicht verheiratet ist, § 1649 Abs. 2 BGB. Nach der Beendigung der elterlichen Sorge brauchen die Eltern über die Nutzung des Kindesvermögens nur insoweit Rechenschaft abzulegen als Grund zu der Annahme besteht, dass sie gegen § 1649 BGB verstoßen haben, § 1698 BGB.

VIII. Familiengerichtliche Genehmigung

35 1. Die Eltern bedürfen der Genehmigung des Familiengerichts zu Rechtsgeschäften über das Gesamtvermögen, über Grundstücke und Grundstücksrechte und Erwerbsgeschäfte sowie zu gewissen Kreditgeschäften (§ 1643 Abs. 1 i.V.m. § 1821 und § 1822 Nr. 1, 3, 5, 8–11 BGB). – Näheres s. unter § 97.

36 2. Die Ausschlagung einer Erbschaft oder eines Vermächtnisses oder den Verzicht auf einen Pflichtteilsanspruch des Kindes müssen beide Eltern erklären. Ist dem Kind die Erbschaft erst infolge der Ausschlagung eines Elternteils zugefallen, der das Kind alleine oder gemeinsam mit dem anderen Elternteil vertritt, so bedarf die Ausschlagung grundsätzlich keiner familiengerichtlichen Genehmigung. Wenn aber der betreffende Elternteil neben dem Kind berufen war, z.B. wenn Vater und Kind nach der Mutter oder Mutter und Kind nach dem Vater nebeneinander Erben sind, ist die familiengerichtliche Genehmigung notwendig, § 1643 Abs. 2 BGB.

37 3. Die Genehmigung des Familiengerichtes ist auch erforderlich, wenn nur ein Elternteil sorgeberechtigt ist und die Erbschaft an das Kind infolge der Ausschlagung des anderen, nicht sorgeberechtigten Elternteils anfällt. Die Ausnahmebestimmung des § 1643 Abs. 2 Satz 2

BGB greift in diesem Fall schon nach ihrem Wortlaut nicht ein. Dieses Ergebnis entspricht auch dem Normzweck: Die Mutter (Vater) hat als alleinvertretungsberechtigter Elternteil die Erbschaft zuvor nicht für sich selbst ausgeschlagen, sodass eine Interessenübereinstimmung nicht unterstellt werden kann.[26]

38 4. Schließlich ist die familiengerichtliche Genehmigung nach bislang h.M. auch dann erforderlich, wenn die Eltern nur für einzelne Kinder die Erbschaft ausschlagen, um diese in eine bestimmte Richtung zu lenken.[27] In derartigen Fällen sei die § 1643 Abs. 2 Satz 2 BGB zugrunde liegende gesetzgeberische Annahme, bei einer Ausschlagung durch einen Elternteil sei auch der Anfall an das Kind nachteilig, widerlegt. Die h.M. und Rechtsprechung nimmt insoweit ausnahmsweise im Wege einer teleologischen Reduktion des § 1643 Abs. 2 Satz 2 BGB eine Genehmigungspflicht nach § 1643 Abs. 2 Satz 1 BGB an. Das jüngere Schrifttum und Teile der Rechtsprechung sprechen sich allerdings gegen eine solche teleologische Reduktion aus.[28] Nach dieser Auffassung ist ein Eingriff in das Entscheidungsrecht der Eltern nur zulässig, wenn die durch selektive Ausschlagung bewirkte Steuerung zugleich einen Missbrauch der Vertretungsmacht darstellt. Ein Elternteil ist mangels Vertretungsmacht jedoch jedenfalls dann an der Ausschlagung im Namen des Kindes – gleich ob mit oder ohne familiengerichtliche Genehmigung – gehindert, wenn der Erblasser durch Verfügung von Todes wegen die elterliche Vermögenssorge durch dieses Elternteil ausgeschlossen hat.[29]

Anträge des Vaters (der Mutter) auf Genehmigung einer Erbschaftsausschlagung

39 Zu einseitigen Geschäften muss die Genehmigung des Familiengerichts grundsätzlich vorher erteilt sein (§ 1831 Satz 1 BGB). Es wird jedoch als genügend angesehen, wenn bei der Ausschlagung einer Erbschaft die Genehmigung innerhalb der Ausschlagungsfrist nur beantragt wurde.[30] Die Ausschlagungsfrist beginnt für den minderjährigen Erben erst mit dem Zeitpunkt, zu dem der letzte von den gemeinsam Erziehungsberechtigten erstmals Kenntnis von dem Anfall und dem Grunde der Berufung erlangt hat.[31] Die für die Eltern unvermeidbare Verzögerung der familiengerichtlichen Entscheidung über die Genehmigung der Ausschlagungserklärung des gesetzlichen Vertreters stellt eine Verhinderung durch höhere Gewalt dar und hemmt den Ablauf der Sechswochenfrist für die Ausschlagung (§§ 206, 1944 Abs. 2 Satz 3 BGB).[32] Allerdings endet die Hemmung mit der Bekanntmachung der Genehmigung an den gesetzlichen Vertreter, sodass danach der Rest der Frist abläuft (§ 209 BGB). Der gesetzliche Vertreter muss dann innerhalb der verbliebenen Frist dem Nachlassgericht (analog § 1821 Abs. 1 Satz 2 BGB) die Genehmigung mitteilen.[33] – Zur ähnlich gelagerten Frage, ob eine bei Ausübung des Vorkaufsrechts eines Miterben (§ 2034 Abs. 1 BGB) erforderliche familiengerichtliche Genehmigung innerhalb der Zweimonatsfrist des § 2034 Abs. 1 Satz 2 BGB erteilt werden muss, vgl. § 97 Rdn. 52 (die wohl h.M. bejaht dies unter Verweis darauf, dass eine § 1944 Abs. 2 Satz 3 BGB entsprechende Regelung fehlt, die die Verjährungsvorschriften und insbesondere § 206 BGB für entsprechend anwendbar erklärt).

---

26 DNotI-Report 2002, 139.
27 Vgl. OLG Hamm, DNotZ 2014, 858; OLG Frankfurt, ZEV 2011, 597, 599.
28 OLG Köln DNotZ 2012, 855; vgl. dazu auch *Baumann*, DNotZ 2014, 860.
29 BGH NJW 2016, 3032.
30 DNotI-Report 2002, 139.
31 OLG Frankfurt 28.03.2012 – 21 W 22/12.
32 OLG Frankfurt DNotZ 1966, 613.
33 DNotI-Report 2002, 139 f.

Antrag der Eltern, die nicht Miterben sind

40 M

An das Amtsgericht .....
Am ..... ist in ....., seinem letzten Wohnsitz, der Rentner E. verstorben. Er hat in seinem am ..... eröffneten Testament unseren am ..... geborenen, minderjährigen Sohn F. als Miterben eingesetzt. Da ein nennenswerter Nachlass nicht vorhanden ist und die Erbschaftsschulden nicht gedeckt werden können, beantragen wir, zu genehmigen, dass wir die Erbschaft für unseren minderjährigen Sohn F. ausschlagen. Da wir am ..... Kenntnis von dem Testament erhalten haben, läuft die sechswöchige Ausschlagungsfrist am ..... ab.
Ort,   Datum, Unterschrift
[Beglaubigung nicht erforderlich]

■ *Kosten.* Geschäftswert mindestens 500 €. 0,3 bis 1,0 Gebühr nach Nr. 24101 KV GNotKG.

Antrag der Mutter, die neben den Kindern erbt

41 M

An das Familiengericht .....
Mein Ehemann ..... ist am ..... ohne Errichtung einer Verfügung von Todes wegen gestorben. Gesetzliche Erben sind neben mir unsere beiden gemeinsamen minderjährigen Kinder, die ich vertrete. Der Nachlass ist überschuldet. Ich habe heute mit der in beglaubigter Abschrift anliegenden Erklärung für mich selbst und gleichzeitig als gesetzliche Vertreterin meiner Kinder die Erbschaft ausgeschlagen.
Ich beantrage, die Ausschlagung für die Kinder nach § 1643 Abs. 2 Satz 2 BGB zu genehmigen.
Ort,   Datum, Unterschrift
[Beglaubigung nicht erforderlich]

■ *Kosten.* Wie zu vorstehendem Muster Rdn. 40 M.

Der Genehmigungsbeschluss wird nach § 40 Abs. 2 FamFG allerdings erst mit formeller Rechtskraft wirksam, die nach § 45 Abs. 1 FamFG dann eintritt, wenn die Frist für die Einlegung der Beschwerde abgelaufen ist, ohne dass dieses Rechtsmittel eingelegt wurde (Näher dazu unter § 97 Rdn. 9 ff.). Für den unter 14 Jahre alten Minderjährigen muss ein Ergänzungspfleger, dem der Beschluss für den Minderjährigen bekannt gegeben wird, jedoch nur dann bestellt werden, wenn die Voraussetzungen für eine Entziehung der Vertretungsmacht nach § 1796 BGB vorliegen.[34] (Ausführlicher zu diesem Fragenkreis § 97 Rdn. 21 f.).   **42**

IX. Beistandschaft

Auf Antrag eines Elternteils wird das Jugendamt Beistand des Kindes für bestimmte Aufgaben, § 1712 Abs. 1 BGB. Nur zwei Aufgabenkreise sind für die Beistandschaft des Jugendamtes vorgesehen: **43**
– Feststellung der Vaterschaft, § 1712 Abs. 1 Nr. 1 BGB, und

---

34 BGH, Beschl. v. 12.02.2014 – XII ZB 592/12.

– die Geltendmachung von Unterhaltsansprüchen einschließlich der Ansprüche auf anstelle des Unterhalts zu gewährende Abfindung sowie die Verfügung über diese Ansprüche, § 1712 Abs. 1 Nr. 2 BGB.

44 Die Beistandschaft bewirkt keine Einschränkung der elterlichen Sorge, § 1716 Satz 1 BGB. Im Übrigen gelten die Vorschriften über die Pflegschaft für die Beistandschaft entsprechend mit Ausnahme derjenigen über die Aufsicht des Familiengerichts und die Rechnungslegung, § 1716 Satz 2 BGB. Da das Jugendamt als Beistand ebenfalls gesetzlicher Vertreter des Kindes ist, kommt es zu einem Nebeneinander zweier gesetzlicher Vertreter. Ein sorgeberechtigter Elternteil kann jedoch in einem Rechtsstreit, in dem das Kind durch den Beistand vertreten wird, das Kind nicht vertreten, § 173 FamFG. Diese Vorschrift stellt sicher, dass der sorgeberechtigte Elternteil und das Jugendamt keine widerstreitenden Erklärungen abgeben können.

45 Das Angebot der Beistandschaft richtet sich insbesondere an Elternteile, denen für den Aufgabenkreis der beantragten Beistandschaft das alleinige Sorgerecht zusteht oder zustände, wenn das Kind bereits geboren wäre, § 1713 Abs. 1 Satz 1 BGB. Steht die elterliche Sorge für das Kind den Eltern gemeinsam zu, kann ausnahmsweise (als Konsequenz aus § 1629 Abs. 2 Satz 2 BGB) der Antrag auf Beistandschaft auch von dem Elternteil gestellt werden, in dessen Obhut sich das Kind befindet, § 1713 Abs. 1 Satz 2 BGB. Der Antrag, der lediglich der Schriftform bedarf, kann auf einzelne Aufgabenkreise beschränkt werden, § 1712 Abs. 2 BGB.

46 Die Beistandschaft ist ein unbedingtes Hilfsangebot, das lediglich von dem Willen zur Inanspruchnahme abhängt und deshalb mit Zugang des Antrags beim örtlich zuständigen Jugendamt automatisch eintritt, § 1714 Satz 1 BGB. Sie kann jederzeit durch schriftliches Verlangen des Antragstellers wieder beendet werden, § 1715 Abs. 1 Satz 1 BGB. Die Beistandschaft tritt im Übrigen nur ein, wenn das Kind seinen gewöhnlichen Aufenthalt im Inland hat und endet, wenn das Kind seinen gewöhnlichen Aufenthalt im Ausland begründet, § 1717 Satz 1 BGB.

47 Als Beistand ist wegen seiner besonderen Sachkunde zwingend das Jugendamt vorgesehen. Das Jugendamt überträgt die Ausübung der Aufgabe des Beistandes einem seiner Angestellten oder Beamten, der in diesem Rahmen gesetzlicher Vertreter des Kindes ist, § 55 Abs. 2 SGB VIII. Örtlich zuständig zur Entgegennahme des Antrages auf Beistandschaft ist das Jugendamt, in dessen Bezirk der den Antrag stellende Elternteil seinen gewöhnlichen Aufenthalt hat (§ 87c Abs. 5 Satz 1 i.V.m. Abs. 1 Satz 1 und 3 SGB VIII). Nimmt der allein sorgeberechtigte Elternteil seinen gewöhnlichen Aufenthalt im Bereich eines anderen Jugendamtes, hat das die Beistandschaft führende Jugendamt bei dem Jugendamt, das nunmehr zuständig ist, die Weiterführung der Beistandschaft zu beantragen, § 87c Abs. 5 Satz 2 Halbs. 1 SGB VIII.

Antrag auf Beistandschaft

48 M **An das Jugendamt**
Beistandschaft für mein Kind .....
geboren am .....
Ich habe meinen gewöhnlichen Aufenthalt in .....
Ich beantrage, dass das Jugendamt ..... Beistandschaft für die Geltendmachung von Unterhaltsansprüchen gegenüber dem Vater des Kindes leistet.
Ich habe die alleinige elterliche Sorge für mein Kind.
Ort, **Datum, Unterschrift**
[Beglaubigung der Unterschrift ist nicht erforderlich]

X. Internationales Privat- und Verfahrensrecht

1. Kollisionsrecht

Das auf das Eltern-Kind-Verhältnis anwendbare Recht ergibt sich seit dem 01.01.2011 vorrangig aus dem zu diesem Zeitpunkt in Kraft getretenen *Haager Übereinkommen über die Zuständigkeit, das anzuwendende Recht, die Anerkennung, Vollstreckung und Zusammenarbeit auf dem Gebiet der elterlichen Verantwortung und der Maßnahmen zum Schutz von Kindern vom 19.10.1996*[35] *(KSÜ)*. Gem. Art. 20 KSÜ gelten die Bestimmungen des KSÜ in Bezug auf das anwendbare Recht (Kap. III – Ausnahme Art. 15 Abs. 1 u. 3 KSÜ) auch dann, wenn sie zur Anwendung des Rechts eines Nichtvertragsstaats führen, wenn also das Kind seinen gewöhnlichen Aufenthalt in einem Staat hat, der nicht Vertragsstaat des KSÜ ist. Art. 21 EGBGB hat seine Bedeutung somit weitgehend verloren.[36] Die Bestimmungen des *Haager Minderjährigenschutzabkommens 1961 (MSA)* gelten nur noch im Verhältnis zu den Mitgliedsstaaten dieses Abkommens, die das KSÜ nicht ratifiziert haben (Art. 51 KSÜ), also im Verhältnis zu China (Macau). 49

Weitergehend als das MSA regelt das KSÜ sowohl das auf Schutzmaßnahmen (Art. 3 KSÜ) anwendbare Recht als auch das auf die elterliche Verantwortung anzuwendende Recht (Art. 1 Abs. 1c KSÜ). Für Schutzmaßnahmen ergibt sich das anwendbare Recht aus Art. 15 Abs. 1 KSÜ: das nach dem KSÜ zuständige Gericht (bzw. die zuständige Behörde) wendet grundsätzlich sein eigenes Recht an. Die Zuweisung, die Ausübung und das Erlöschen der elterlichen Verantwortung kraft Gesetzes beurteilen sich hingegen unmittelbar nach dem Recht des gewöhnlichen Aufenthalts des Kindes, Art. 16, 17 KSÜ. In der Regel handelt es sich bei den Verweisungen nach Art. 15–17 KSÜ um Sachnormverweisungen (Art. 21 Abs. 1 KSÜ). Ausnahmsweise kann es gem. Art. 21 Abs. 2 KSÜ bei Verweisungen nach Art. 16 KSÜ auf das Recht eines Nichtvertragsstaates zu einer beachtlichen Weiterverweisung kommen. 50

2. Verfahrensrecht

Die *internationale Zuständigkeit* für *Entscheidungen über die elterliche Verantwortung* wird im Verhältnis zwischen den EU-Mitgliedsstaaten nach Art. 8 Abs. 1 der EG-Verordnung Nr. 2201/2003 vom 27.11.2003 (EuEheVO oder Brüssel II a-VO) durch den gewöhnlichen Aufenthalt des Kindes z.Zt. der Antragstellung bestimmt.[37] Die EuEheVO genießt sowohl Vorrang gegenüber dem KSÜ (bzw., soweit noch anwendbar, dem MSA) als auch gegenüber den autonomen nationalen Bestimmungen zur internationalen Zuständigkeit.[38] Nur wenn sich aus der EuEheVO keine Zuständigkeit eines EU-Mitgliedsstaates ergibt, ist – im Rahmen seines Anwendungsbereichs – auf das KSÜ (bzw. das MSA) zurückzugreifen oder – falls auch diese Abkommen nicht einschlägig sind – auf das autonome deutsche Verfahrensrecht (§ 99 FamFG – Internationale Zuständigkeit in Kindschaftssachen; zur Definition: § 151 FamFG). 51

Auch für die *Anerkennung von Sorgerechtsentscheidungen* gelten primär, sofern es sich um eine Entscheidung eines anderen EU-Mitgliedsstaates mit Ausnahme von Dänemark handelt, die Bestimmungen der EuEheVO (Art. 21 f.). Sofern es sich um Entscheidungen aus einem Nicht-EU-Mitgliedsstaat handelt, sind im Anwendungsbereich des KSÜ bzw. MSA deren Vorschriften (Art. 23 ff. bzw. Art. 7) und für die übrigen Fälle die Regelungen des autonomen deutschen Rechts (§§ 108 f. FamFG) maßgebend. 52

---

35 Zu den Mitgliedsstaaten s. www.hcch.net.
36 Zum Restanwendungsbereich des Art. 21 EGBGB vgl. Palandt/*Thorn*, Art. 21 EGBGB Rn. 6.
37 Zur Möglichkeit der Vereinbarung einer abweichenden Zuständigkeit vgl. Art. 12 Brüssel II a-VO sowie EuGH BeckRS 2018, 5687.
38 Palandt/*Thorn*, Art. 21 EGBGB Rn. 7.

§ 95 Vormundschaft und Pflegschaft

I. Vorbemerkung

1 Seit dem Inkrafttreten des Betreuungsgesetzes (01.01.1992) betrifft die Vormundschaft nur noch Minderjährige; die Vormundschaft über Erwachsene ist durch die Betreuung ersetzt worden (§§ 1896 ff. BGB), dazu nachfolgend § 96.

2 Die Vormundschaft ist die allgemeine Fürsorge für (vorwiegend elternlose) Minderjährige (§§ 1773 ff. BGB). Sie ist auf Dauer angelegt und umfasst alle persönlichen und vermögensrechtlichen Angelegenheiten des »Mündels«. Die Pflegschaft ist die besondere (und insoweit meist vorübergehende) Fürsorge für einzelne Angelegenheiten. Pflegebefohlene können sein: Geschäftsunfähige und beschränkt Geschäftsfähige (Ergänzungspflegschaft), Abwesende, die Leibesfrucht, subjektiv unbekannte und objektiv ungewisse Beteiligte (z.B. noch nicht gezeugte Nacherben). Die Betreuung (dazu nachfolgend § 96) ist staatlicher Beistand für psychisch kranke oder behinderte Volljährige in Form von Rechtsfürsorge, nicht aber tatsächlicher Hilfe (welche allerdings ggf. durch den Betreuer organisiert werden muss).

II. Vormundschaft

1. Wesen

3 Ein Vormund wird für alle Minderjährigen bestellt, die nicht unter elterlicher Sorge stehen (§§ 1773 ff. BGB), d.h. vor allem für Waisenkinder, aber auch für Kinder, die von ihren Eltern nicht vertreten werden können, weil deren elterliche Sorge entzogen wurde oder ruht (§§ 1666, 1673 ff. BGB), § 1773 Abs. 1 BGB sowie für Findelkinder und andere Personen, deren Personenstand nicht feststellbar ist (§§ 24, 25 PStG), § 1773 Abs. 2 BGB.

4 Bei der Auswahl des Vormunds sind Familienangehörige bevorzugt zu berücksichtigen, sofern keine Interessenkollision vorliegt oder der Zweck der Fürsorgemaßnahme aus anderen Gründen die Bestellung eines Dritten verlangt.[1] Das Familiengericht kann ein Ehepaar gemeinschaftlich zu Vormündern bestellen, § 1775 Satz 1 BGB.

2. Gegenvormund

5 Neben einem Vormund, der nicht das Jugendamt ist, kann ein Gegenvormund bestellt werden. Die Bestellung liegt im pflichtgemäßen Ermessen des Familiengerichts, soll aber erfolgen, wenn mit der Vormundschaft eine erhebliche Vermögensverwaltung verbunden ist, § 1792 Abs. 2 BGB. Der Gegenvormund führt keine Geschäfte, sondern überwacht den Vormund und erteilt Genehmigung zu gewissen Geschäften (§§ 1792, 1799 BGB).

3. Genehmigungspflichtige Rechtsgeschäfte

6 Der Vormund bedarf der Genehmigung
a) des Gegenvormunds u.a.

---

1 BVerfG Rpfleger 1972, 358.

- bei Verfügungen (z.B. Entgegennahme von Zahlungen, Abtretung, Kündigung) bspw. über Forderungen, Hypotheken und Grundschulden (§ 1812 BGB). Ist ein Hypotheken- oder Grundschuldbrief hinterlegt, bedarf die Verfügung des Vormunds über die Hypotheken- bzw. die Grundschuldforderung der Genehmigung des Familiengerichts (§ 1819 Satz 1 BGB);
- ebenso bei Eingehung von Verpflichtungen dazu, § 1812 Abs. 1 Satz 2 BGB.
b) des Familiengerichts u.a.
- zu Verfügungen über hinterlegte Werte, gesperrte Inhaberpapiere und Buchforderungen (§§ 1814, 1816 BGB),
- zu Verfügungen über Grundstücke, Rechte an Grundstücken (ausgenommen Hypotheken und Grundschulden, § 1821 Abs. 2 BGB), ferner zum entgeltlichen Erwerb eines Grundstücks oder Grundstücksrechts (§ 1821 Abs. 1 Satz 5 BGB),
- zu Rechtsgeschäften, die eine Verpflichtung zur Verfügung über das Mündelvermögen im Ganzen oder eine angefallene Erbschaft oder den künftigen gesetzlichen Erbteil oder Pflichtteil betreffen, zu einer Erbschaftsausschlagung, zu einem Miet- oder Pachtvertrag, wenn das Mündel länger als 1 Jahr nach dem Eintritt der Volljährigkeit daran gebunden sein soll, zur Eingehung einer Bürgschaft, zur Aufnahme eines Kredits, zu einem Vergleich, z.B. über Unterhaltsansprüche u.v.m. (§ 1822 Nr. 1–13 BGB).

Der Vormund kann nach § 1804 Satz 1 BGB aus dem Vermögen des Mündels ebenso wie die Eltern aus dem Vermögen des Kindes (§ 1641 Satz 1 BGB) grundsätzlich keine Schenkungen machen. Eine Ausnahme gilt nach § 1804 Satz 2 BGB lediglich für Schenkungen, die einer sittlichen Pflicht oder einer auf den Anstand zu nehmenden Rücksicht entsprechen. Eine gegen § 1804 BGB verstoßende Schenkung ist unheilbar nichtig; dies gilt auch dann, wenn das Familiengericht diese Schenkung – zu Unrecht – genehmigt haben sollte. Dies ergibt sich daraus, dass der Vormund insoweit – abgesehen vom Ausnahmefall des § 1804 Satz 2 BGB – keine Vertretungsmacht hatte.[2] Auf die Betreuung ist § 1804 i.V.m. § 1908i Abs. 2 Satz 1 BGB sinngemäß anzuwenden (vgl. § 96 Rdn. 16); jedoch kann der Betreuer in Vertretung des Betreuten Gelegenheitsgeschenke auch dann machen, wenn dies dem Wunsch des Betreuten entspricht und nach seinen Lebensverhältnissen üblich ist. Damit erweitert § 1908i Abs. 2 Satz 1 BGB die Möglichkeit Geschenke zu machen vorsichtig, weil die in § 1804 Satz 2 BGB vorgesehene Ausnahme für die Betreuung »häufig als zu eng empfunden« wird.[3]

Unentgeltlich und damit nichtig ist eine Zuwendung, der nach dem Inhalt des Rechtsgeschäfts keine vollentgeltliche Gegenleistung gegenübersteht. Nichtig ist somit auch die gemischte Schenkung.[4]

Das Familiengericht gibt die Genehmigung dem Vormund bekannt (§ 1828 BGB, §§ 40 Abs. 1, 41 Abs. 1 FamFG). Dieser teilt sie dem anderen Vertragsteil mit, wodurch sie gegenüber diesem wirksam wird (§ 1829 Abs. 1 Satz 2 BGB). Der Notar kann vom Vormund (Pfleger, Betreuer, Eltern) und den anderen Vertragsbeteiligten bevollmächtigt werden, die Genehmigung des Familien- bzw. Betreuungsgerichts nachzusuchen, entgegenzunehmen, sie dem Vertragsgegner mitzuteilen und die Mitteilung für diesen in Empfang zu nehmen. Eine solche *Doppelvollmacht* kann der beurkundende Notar in die Vertragsurkunde mit aufnehmen. (Näheres s.o. § 5 Rdn. 14 und unten § 97 Rdn. 68 ff. mit Rdn. 34 M). Mit der Einreichung des Genehmigungsbeschlusses mit Rechtskraftzeugnis und Eigenurkunde über die Mitteilung und Empfangnahme für den anderen Vertragsteil beim Grundbuchamt weist der Notar nach, dass er die Genehmigung mitgeteilt und die Mitteilung entgegengenom-

---

2 Palandt/*Götz*, § 1804 BGB Rn. 1.
3 Vgl. dazu BT-Drucks. 11/4528 S. 160; Staudinger/*Veit*, § 1804 BGB Rn. 23.
4 Palandt/*Götz*, § 1804 BGB Rn. 1.

men hat.[5] Diese Doppelvollmacht enthält keine Vollmacht zur Entgegennahme und Weiterleitung eines Beschlusses, mit dem das Gericht die Genehmigung des Vertrages versagt.[6]

4. Erhaltung und Sicherung des Mündelvermögens

11 Der Vormund muss die für die Anlegung von Mündelgeld bestehenden Vorschriften (§§ 1806 bis 1811 BGB) beachten, insbesondere § 1810 BGB (Genehmigung des Gegenvormunds bzw. familiengerichtliche Genehmigung *vor* Abschluss des Anlagegeschäfts) und § 1809 BGB (Anlegung mit Sperrvermerk).

12 a) In erster Linie ist für die Erhaltung des Vermögens und lediglich in zweiter Linie für die Vermehrung zu sorgen.[7] Eine Anlegung des Mündelgeldes auf andere als verzinsliche Art (z.B. in Grundbesitz) bedarf, wenn nicht nach § 1811 BGB, so doch meist im Hinblick auf den Geschäftsgegenstand, der familiengerichtlichen Genehmigung (§§ 1821 Abs. 1 Nr. 5; 1822 Nr. 3 und 4; 1823 BGB). Andererseits ist der Vormund zur Vermeidung einer Ersatzpflicht auch gehalten, von der durch § 1811 BGB gegebenen Möglichkeit in geeigneten Fällen Gebrauch zu machen.

13 b) Wenn auch die Vorschriften der §§ 1806 ff. BGB auf schon vorhandene Anlagen nicht anzuwenden sind, so gebietet doch der Grundsatz einer wirtschaftlichen Vermögensverwaltung, dass der Vormund sich über die Sicherheit dieser Anlagen vergewissert und nötigenfalls einen Umtausch in sichere Werte im nächsten passenden Zeitpunkt herbeiführt, in dem sich Verluste für das Mündel vermeiden lassen.[8]

14 c) Als ordentlicher Vermögensverwalter hat der Vormund auf sichere Aufbewahrung und geeignetenfalls Versicherung der ihm anvertrauten Gegenstände zu achten. Das Familiengericht kann den Vormund auf dessen Antrag von den Verpflichtungen der §§ 1806 bis 1816 BGB entbinden, soweit der Umfang der Vermögensverwaltung dies rechtfertigt (Dies ist gem. § 1817 Abs. 1 Satz 2 BGB i.d.R. der Fall, wenn der Wert des Mündelvermögens ohne Grundbesitz 6.000 € nicht übersteigt) und eine Gefährdung des Vermögens nicht zu besorgen ist, § 1817 Abs. 1 Satz 1 BGB. Eine Befreiung von den Sicherungsvorschriften der §§ 1806 bis 1816 BGB kann zudem aus »besonderen« Gründen (§ 1817 Abs. 2 BGB) und auch dann gewährt werden, wenn der Umfang der Vermögensverwaltung eine Befreiung nach § 1817 Abs. 1 BGB nicht rechtfertigt.

15 d) Bei Führung von Bankkonten ist darauf zu achten, dass ihre Bezeichnung über die Zugehörigkeit zum Vermögen des Mündels keinen Zweifel lässt. Es ist unzulässig, dass etwa Konten über Mündelvermögen allein auf den Namen des Vormundes (Eigenkonten) gehalten werden.

16 e) Zweckmäßig ist allgemeine Schuldentilgung.

5. Mündelgeld

17 Der Vormund hat das zum Vermögen des Mündels gehörende Geld verzinslich anzulegen, soweit es nicht zur Bestreitung von Ausgaben bereitzuhalten ist, § 1806 BGB. Wie die verzinsliche Anlage zu erfolgen hat, schreibt § 1807 BGB vor. Danach ist die Anlage insbeson-

---

5 KG DNotZ 1941, 418.
6 BayObLG Rpfleger 1988, 482.
7 RGZ 128, 315.
8 RGZ 137, 320.

dere bei allen für geeignet erklärten öffentlichen Sparkassen gestattet und bei Kreditinstituten, die einer für die Anlage ausreichenden Sicherungseinrichtung angehören, § 1807 Abs. 1 Nr. 5 BGB. Das trifft grundsätzlich sowohl für die Raiffeisen- und Volksbanken als auch für die inländischen privaten Banken und Zweigstellen ausländischer Banken in der Bundesrepublik Deutschland zu. Die Sicherungseinrichtung der Raiffeisen- und Volksbanken ist beim Bundesverband der Deutschen Volksbanken und Raiffeisenbanken angesiedelt, der in Zweifelsfällen Auskunft erteilt.[9] Für die privaten Banken besteht eine Einlagensicherung beim Bundesverband Deutscher Banken.[10]

Zu einer Abweichung von der Anlegung nach § 1807 BGB (z.B. in Aktien) ist die Erlaubnis des Familiengerichts erforderlich (§ 1811 BGB). Der Vormund kann, wenn er es für erforderlich hält, auch ein Grundstück kaufen. Der Ankauf ist genehmigungspflichtig (§ 1821 Abs. 1 Satz 5 BGB). **18**

6. Die Verwaltung des Mündelvermögens und die Abrechnung

Der Vormund hat über das Mündelvermögen: **19**
– ein Vermögensverzeichnis anzufertigen, wenn sein Amt begonnen hat, § 1802 Abs. 1 Satz 1 BGB,
– eine Jahresrechnung zu legen, § 1840 Abs. 2 und 3 BGB,
– die Schlussrechnung zu legen, wenn sein Amt beendet ist, § 1890 BGB.

a) Das Vermögensverzeichnis

Vermögensverzeichnis

I. Das Aktivvermögen	**II. Die Passiva**
Grundstücke	**Hypotheken**
Hypotheken	**sonstige Schulden**
Beteiligungen	
Wertpapiere	
Bank- und Sparkassenguthaben	
Postscheckguthaben	
Renten	
sonstige Forderungen	
Haushaltsgegenstände	
Bargeld	

20 M

b) Die Jahresabrechnung

Über Zu- und Abgänge ist zu berichten (§ 1841 Abs. 1 BGB). Die Vermögenswerte am Jahresende werden den Beständen am Jahresanfang gegenübergestellt. **21**

---

9 Siehe www.bvr.de.
10 Siehe www.bankenverband.de.

Jahresabrechnung

22 M

		Vermögenswerte:	am Jahresanfang 20.....	Zugänge	Abgänge	Bestand am Jahresende 20.....
	I.	Hypotheken Beteiligungen Wertpapiere Sparkassen- u. Bankguthaben Postscheckguthaben Renten Forderungen				
	II.	Schulden: Hypotheken sonstige Schulden				

Ergebnis: Reinvermögen am Jahresende 20.....
            Vermögenswerte .....
            abzüglich Schulden .....
            also Reinvermögen .....

Einnahmen und Ausgaben bei laufender Verwaltung

23 1. Zeitlich geordnete Aufstellung der Einnahmen und Ausgaben mit Angabe der Belege. Aufrechnung der Spalten Einnahmen und Ausgaben. Gegenüberstellung der Summen Gewinn und Verlust.

24 2. Die einzelnen Konten (Grundstücke, Hypotheken, Beteiligungen usw.), geordnet nach
    Einnahmen
    Ausgaben
    Gegenüberstellung

25 3. *Einnahmen* (ordentliche, außerordentliche) nach Geschäftsart:
    Zinsen, Dividenden, Mieten, Veräußerungen von Sachen.
    Ausgaben (ordentliche, außerordentliche) nach Geschäftsart:
    Steuern, Unterhaltsgelder, Prozesskosten.

26 *Vermögenszuwachs, Vermögensverlust*
    a) Zuwachs: Erbschaften, Lotteriegewinn.
    b) Verlust: Kursverluste, Hypothekenausfälle.
    c) Gegenüberstellung.

c) Die Schlussrechnung

27 Soweit der Vormund dem Familiengericht alljährlich Rechnung gelegt hat, genügt die Bezugnahme auf die Jahresrechnungen. Der volljährig gewordene Mündel kann auf die Rechnungslegung verzichten.

7. Benennung eines befreiten Vormunds

Die Eltern können einen Vormund durch letztwillige Verfügung benennen, § 1777 Abs. 3 BGB; auch eine Benennung in einer Vollmacht wird in der Literatur für möglich gehalten (vgl. auch § 96 Rdn. 87 f.).[11] Benennen sie verschiedene Personen, so gilt die durch den zuletzt verstorbenen Elternteil erfolgte Bestimmung (§ 1776 Abs. 2 BGB). Die Vormundbenennung kann – auch wenn sie in einem gemeinschaftlichen Testament oder Erbvertrag erfolgt – nicht wechselbezüglich bzw. erbvertraglich bindend getroffen werden, so dass sie jederzeit einseitig widerrufen werden kann; vgl. §§ 2270 Abs. 3, 2278 Abs. 2 BGB. Die Eltern können den Vormund nach Maßgabe der §§ 1852 ff. BGB u.a. von den Beschränkungen der §§ 1809, 1810, 1812, 1814 und 1816 BGB sowie der jährlichen Rechnungslegungspflicht befreien. Haben die Eltern denselben Vormund benannt, aber einander widersprechende Anordnungen getroffen, gelten ebenfalls die Anordnungen des zuletzt verstorbenen Elternteils, § 1856 Satz 2 BGB. Das Familiengericht kann die Befreiung ganz oder teilweise aufheben, wenn dies im Einzelfall angezeigt erscheint, etwa weil die Vermögensinteressen des Mündels gefährdet sind.

Im gemeinschaftlichen Testament oder Erbvertrag der Eltern:

Vormundbenennung im Testament oder Erbvertrag

1. Wir benennen, falls zumindest eines unserer Kinder nach dem Tode des Längstlebenden von uns noch minderjährig ist, zum Vormund ......, ersatzweise .....
2. Die Bestellung eines Gegenvormunds schließen wir aus und befreien den Vormund von allen Beschränkungen, soweit es gesetzlich zulässig ist.
Wir befreien ihn insbesondere von der Verpflichtung, Inhaber- und Orderpapiere zu hinterlegen oder bei Buchforderungen gegen den Bund oder ein Land einen beschränkenden Vermerk in das Bundes- und Landesschuldbuch eintragen zu lassen.
Auch von der Verpflichtung, während der Dauer des Amtes Rechnung zu legen, soll er befreit sein.

- *Kosten.* Wert, soweit er sich nicht aus anderen Vorschriften des GNotKG ergibt, nach billigem Ermessen gem. § 36 Abs. 2 GNotKG, soweit dafür keine genügenden Anhaltspunkte bestehen 5.000 € (§ 36 Abs. 3 GNotKG); im Zusammenhang mit vermögensrechtlichen Testamentsbestimmungen hierfür kein besonderer Wert. 2,0 Gebühr nach Nr. 21100 KV GNotKG, mindestens 120 €, bei Verfügungen im Einzeltestament 1,0 Gebühr nach Nr. 21200 KV GNotKG, mindestens 60 €.

III. Pflegschaft

1. Die Pflegschaft ist die besondere Fürsorge für einzelne Angelegenheiten. Pflegebefohlene können sein: Geschäftsunfähige und beschränkt Geschäftsfähige (§ 1909 BGB), Abwesende (§ 1911 BGB), die Leibesfrucht (§ 1912 BGB), subjektiv unbekannte und objektiv ungewisse Beteiligte (z.B. noch nicht gezeugte Nacherben; § 1913 BGB). Sammelvermögen erhalten als selbstständige Zweckvermögen einen Pfleger für Verwaltung und Verwendung, wenn die berufenen Personen weggefallen sind (§ 1914 BGB).

2. Der Umstand, dass möglicherweise eine Fürsorgebedürftigkeit eintreten könnte, darf das Familiengericht nicht veranlassen, einen Pfleger (Bereitschafts- oder Vigilanzpflegschaft) zu

---
11 DNotI-Report 2010, 203, 206.

bestellen. Insbesondere liegt im Allgemeinen kein Fürsorgebedürfnis vor, wenn in einem gemeinschaftlichen Elterntestament die Kinder als Erben des überlebenden Elternteils eingesetzt sind und ein Elternteil verstorben ist. Vielmehr besteht u.U. die Gefahr, dass durch die Bestellung eines Pflegers zur Sicherung der etwaigen Pflichtteilsansprüche der minderjährigen Kinder der Familienfrieden gestört wird.

32 3. Die Rechtsgeschäfte des Pflegers unterliegen in demselben Umfange der Genehmigung des Familiengerichts wie die des Vormunds (§ 1915 BGB); s.o. Rdn. 6 ff.

33 4. Bei der Auswahl von Pflegern sind Familienangehörige bevorzugt zu berücksichtigen, sofern keine Interessenkollision vorliegt oder der Zweck der Fürsorgemaßnahme aus anderen Gründen die Bestellung eines Dritten verlangt.[12] Das Familiengericht hat den Vorschlag der Eltern auf Bestellung einer bestimmten Person zum Pfleger des Kindes bei der Ausübung pflichtgemäßen Ermessens zu berücksichtigen. Die persönliche Beziehung der Eltern zu dem Vorgeschlagenen schließt eine Pflegerbestellung nicht aus.[13]

34 5. *Ergänzungspflegschaft* (§ 1909 BGB). Wer unter elterlicher Sorge oder Vormundschaft steht, erhält für Angelegenheiten, an deren Besorgung die Eltern oder der Vormund (etwa wegen der Gefahr von Interessenkollisionen, §§ 1795, 181 BGB) gehindert sind, einen Pfleger. Dies gilt auch für die Verwaltung des Vermögens, das der »Pflegling« von Todes wegen erwirbt oder das ihm geschenkt wird, wenn bei der Zuwendung bestimmt wurde, dass die Eltern (bzw. der Vormund) das Vermögen nicht verwalten dürfen (§ 1909 Abs. 1 Satz 2 BGB). Sind mehrere Kinder an dem Rechtsgeschäft beteiligt und treffen sie auch Abmachungen untereinander, so genügt nicht die Bestellung eines Pflegers für alle Kinder. In diesem Fall muss vielmehr für jedes Kind ein besonderer Pfleger bestellt werden.

35 6. *Abwesenheitspflegschaft* (§ 1911 BGB). Wer unbekannten Aufenthalts ist, erhält für seine Vermögensangelegenheiten, soweit sie der Fürsorge bedürfen, einen Abwesenheitspfleger. Die Abwesenheitspflegschaft kann nicht im ausschließlichen Interesse eines Dritten angeordnet werden.[14]

36 Dasselbe gilt, wenn der Aufenthaltsort des Pfleglings zwar bekannt ist, er aber an der Rückkehr und der Besorgung seiner Vermögensangelegenheiten verhindert ist. Praktische Bedeutung hatte die Abwesenheitspflegschaft, wenn ein Beteiligter in der DDR wohnte.[15]

Antrag auf Bestellung eines Ergänzungspflegers

37 M An das
Amtsgericht
Familiengericht
.....
Betr.: Bestellung eines Ergänzungspflegers
Unser minderjähriger Sohn Michael ....., geboren am ....., ist Miterbe am Nachlass seines am ..... gestorbenen Großvaters .....
Die Erbengemeinschaft, an der auch die Mutter des Kindes Michael ..... beteiligt ist, möchte sich auseinandersetzen. Hierzu ist die Bestellung eines Ergänzungspflegers notwendig.

---

12 BVerfG Rpfleger 1972, 358.
13 LG München DNotZ 1976, 423.
14 OLG Zweibrücken Rpfleger 1987, 201.
15 Vgl. dazu die 19. Aufl., § 93 Abs. 2 Satz 7.

Als Ergänzungspfleger schlagen wir Herrn ..... vor.

Unterschriften

[Beglaubigung nicht erforderlich]

■ *Kosten.*
a) des Notars: Geschäftswert ist der Wert des Gegenstandes, auf den sich die Rechtshandlung bezieht, § 36 Abs. 1 GNotKG. 0,3 bis 1,0 Gebühr nach Nr. 24101 KV GNotKG, mindestens 60 €.
b) des Familiengerichts: Da es sich um eine Pflegschaft für einzelne Rechtshandlungen handelt, eine Gebühr nach dem Wert des Gegenstandes, auf den sich die Rechtshandlung bezieht, § 63 GNotKG, hier also der Wert des Erbanteils. 0,5 Gebühr nach Nr. 11105 KV GNotKG, höchstens eine Gebühr nach Nr. 11104 KV GNotKG.

7. Die Nachlasspflegschaft ist in §§ 1961, 1962 BGB geregelt, s.u. § 112 Rdn. 3 ff. **38**

8. Nach § 16 Abs. 1 Nr. 5 VwVfG bzw. der entsprechenden Vorschrift des jeweiligen Landesverwaltungsverfahrensgesetzes hat das Betreuungs- und bei Minderjährigen Beteiligten das Familiengericht auf Ersuchen der Behörde u.a. einen Vertreter zu bestellen, um die Rechte und Pflichten zu wahren, die sich in Bezug auf eine herrenlose Sache ergeben. Der Vertreter hat die Stellung eines Pflegers, § 16 Abs. 4 Alt. 2 VwVfG. **39**

§ 96 Betreuung, Vorsorgevollmacht und Patientenverfügung

I. Vorbemerkung

1 Im Jahr 1992 wurde das Recht der Betreuung in das BGB eingefügt (§§ 1896 ff. BGB) und 1998/99 durch das erste, 2005 das zweite und 2009 das dritte Betreuungsrechtsänderungsgesetz[1] in seine heutige Form gebracht. Dieses damit noch relativ junge Rechtsgebiet hat in den wenigen Jahren seit seiner Entstehung aufgrund der demografischen Entwicklung und der damit einhergehenden steigenden Zahl volljähriger Menschen, die aufgrund einer Krankheit oder Behinderung ihre Angelegenheiten jedenfalls nicht mehr vollständig selbst regeln können, eine enorme Bedeutung erlangt.

Der Gesetzgeber verfolgt mit dem Betreuungsrecht im Wesentlichen drei Ziele:

1. Die Selbstbestimmung behinderter, alter und gebrechlicher Personen soll u.a. durch die Subsidiarität staatlicher Betreuung und die Möglichkeit der Erteilung von Vorsorgevollmachten sowie der Errichtung von Betreuungs- und Patientenverfügungen gestärkt werden

2. Indem durch die Vorsorgevollmacht eine »Privatisierung der Altersvorsorge« angestrebt wird, soll der Staat entlastet werden

3. Das Alles-oder-Nichts-Prinzip der Entmündigung, die die Geschäftsunfähigkeit des Betroffenen zwingend zur Folge hatte, entsprach nicht dem Grundsatz der Verhältnismäßigkeit und musste daher durch eine differenziertere Regelung ersetzt werden.

II. Betreuung

1. Allgemeines

2 Ein Betreuer kann bei psychischer Krankheit sowi bei geistiger und seelischer Behinderung, aber auch bei einer lediglich körperlichen Behinderung bestellt werden, § 1896 Abs. 1 BGB. Der Betreuer ist in seinem Aufgabenkreis gesetzlicher Vertreter des Betreuten, § 1902 BGB.

3 Die Betreuung allein hat keine Auswirkung auf die Geschäftsfähigkeit der Person. Durch das Betreuungsgesetz wurde die Entmündigung (§ 6 BGB a.F.) abgeschafft. Gleichzeitig entfiel der mit der Entmündigung automatisch verbundene Verlust der Geschäftsfähigkeit (§ 104 Nr. 3 BGB a.F.) bzw. die Beschränkung der Geschäftsfähigkeit. Die Geschäftsfähigkeit einer volljährigen Person richtet sich seitdem allein nach § 104 Nr. 2 BGB; es gibt nur noch die sogenannte »natürliche« Geschäftsunfähigkeit: Nur wer sich in einem die freie Willensbestimmung ausschließenden Zustand krankhafter Störung der Geistestätigkeit befindet, ist geschäftsunfähig, sofern nicht der Zustand seiner Natur nach ein vorübergehender ist. Beurkundungsrechtlich ist zu beachten, dass der Notar eine Beurkundung wegen Geschäftsunfähigkeit nur ablehnen darf und muss, wenn er von der Geschäftsunfähigkeit überzeugt ist. Hat er lediglich Zweifel, darf er die Beurkundung nicht ablehnen, sondern hat seine Zweifel in der Niederschrift zu vermerken, § 11 Abs. 1 Satz 2 BeurkG.[2] Bei der Beurteilung hilft dem Notar die Kenntnis von einem angeordneten Einwilligungsvorbehalt nicht weiter, da dieser nicht zwingend die Geschäftsunfähigkeit des Betreuten voraussetzt.

---

1 BGBl. 2009 I S. 2286.
2 Vgl. dazu OLG Düsseldorf DNotZ 2013, 620.

2. Einrichtung der Betreuung

Kann ein Volljähriger aufgrund einer psychischen Krankheit oder einer körperlichen, geistigen oder seelischen Behinderung seine Angelegenheiten ganz oder teilweise nicht selber besorgen, so bestellt das Betreuungsgericht (bis zur Änderung durch das FamFG[3] und das dritte BetreuungsrechtsänderungsG: Vormundschaftsgericht) auf seinen Antrag oder von Amts wegen für ihn einen Betreuer, § 1896 Abs. 1 Satz 1 BGB. Den Antrag kann der Volljährige auch stellen, wenn er geschäftsunfähig ist, § 1896 Abs. 1 Satz 2 BGB. Soweit der Volljährige aufgrund einer *körperlichen* Behinderung seine Angelegenheiten nicht besorgen kann, darf der Betreuer nur auf Antrag des Volljährigen bestellt werden, es sei denn, dass dieser seinen Willen nicht kundtun kann, § 1896 Abs. 1 Satz 3 BGB. Gegen den freien Willen eines Volljährigen darf ein Betreuer nicht bestellt werden (§ 1896 Abs. 1a BGB). Nach der Rechtsprechung ist der Begriff der freien Willensbestimmung im Sinne des § 1896 Abs. 1a BGB und des § 104 Nr. 2 BGB im Kern deckungsgleich. Für die Bejahung einer freien Willensbestimmung sind zwei Kriterien entscheidend: Zum einen muss der Betroffene einsichtsfähig sein, zum anderen muss er die Fähigkeit haben, nach dieser Einsicht zu handeln.[4] Fehlt es an einem dieser Elemente, liegt kein freier, sondern nur ein natürlicher Wille vor. Die Feststellungen zum Ausschluss der freien Willensbestimmung müssen durch ein Sachverständigengutachten belegt sein. Liegt eine freie Willensbildung vor und richtet sich der Wille gegen die Betreuung, darf ein Betreuer nicht bestellt werden, auch wenn die Einrichtung der Betreuung für den Betroffenen objektiv vorteilhaft wäre.[5]

4

3. Erforderlichkeit der Betreuung

Die Bestellung eines Betreuers und die Festlegung seines Aufgabenkreises dürfen nur erfolgen, wenn und soweit die Betreuung *erforderlich* ist, § 1896 Abs. 2 Satz 1 BGB. Eine Betreuung ist dann nicht erforderlich, wenn die Angelegenheiten des Volljährigen durch einen Bevollmächtigten (vgl. Vorsorgevollmacht unten Rdn. 24 ff.) oder durch andere Hilfen ebenso gut wie durch einen Betreuer besorgt werden können, § 1896 Abs. 2 Satz 2 BGB. Vorsorgevollmachten gehen daher grundsätzlich einer Betreuung vor und dienen insoweit der Vermeidung der Bestellung eines Betreuers gemäß §§ 1896 ff. BGB. Eine Vorsorgevollmacht steht der Bestellung eines Betreuers allerdings dann nicht entgegen, wenn der Bevollmächtigte ungeeignet ist, die Angelegenheiten des Betroffenen zu besorgen, insbesondere weil zu befürchten ist, dass die Wahrnehmung der Interessen des Betroffenen durch jenen eine konkrete Gefahr für das Wohl des Betroffenen begründet. Dies ist der Fall, wenn der Bevollmächtigte wegen erheblicher Bedenken an seiner Redlichkeit als ungeeignet erscheint.[6] Das Betreuungsgericht muss in solchen Fällen auch nicht zunächst eine Kontrollbetreuung nach § 1896 Abs. 3 BGB anordnen, sondern kann sofort einen Betreuer mit umfassendem Aufgabenkreis bestellen.[7] Ist zweifelhaft, ob eine zunächst erteilte Vorsorgevollmacht vom Vollmachtgeber wirksam widerrufen worden ist, können die Angelegenheiten des Betroffenen durch den Bevollmächtigten wegen der dadurch bedingt eingeschränkten Akzeptanz der Vollmacht im Rechtsverkehr regelmäßig nicht ebenso gut wie durch einen Betreuer besorgt werden.[8] Auch dann kann also ein Betreuer bestellt werden.

5

Nicht zum Betreuer bestellt werden darf, wer zu einer Anstalt oder einem sonstigen Pflegeheim, in dem der Volljährige untergebracht ist oder wohnt, in einem Abhängigkeitsverhältnis steht, § 1897 Abs. 3 BGB. Wenn einer solchen Person eine Vorsorgevollmacht erteilt

6

---
3 BGBl. 2008 I S. 2586.
4 BGH, Beschl. v. 22.01.2014 – XII ZB 632/12, NJW-RR 2014, 772.
5 BGH, Beschl. v. 22.01.2014 – XII ZB 632/12, NJW-RR 2014, 772.
6 BGH FamRZ 2016, 704.
7 BGH, Beschl. v. 26.02.2014 – XII ZB 301/13, NJW 2014, 1732.
8 BGH, Beschl. v. 19.8.2015, DNotZ 2016, 193; vgl. BGH FamRZ 2016, 701.

wird, so ist die Betreuung nicht subsidiär, d.h. solche Vollmachten haben keinen grundsätzlichen Vorrang vor der Betreuung. In diesen Fällen muss weiter geprüft werden, ob der Heimangestellte ohne Interessenkollision im konkreten Fall die Angelegenheiten des Betroffenen ebenso gut wie ein Betreuer wahrnehmen kann. Dies bedarf allerdings einer eingehenden Begründung, da § 1896 Abs. 2 Satz 2 BGB die Vermutung aufstellt, dass in diesen Fällen die Fürsorge durch den bevollmächtigten Heimangestellten nicht so gut wie durch den Betreuer sichergestellt ist.

7   Der Grundsatz der Erforderlichkeit schränkt auch den *Umfang* der Betreuung ein. Die Anordnung der Betreuung muss begrenzt sein auf das Notwendige. Entsprechend der Art und Schwere der Krankheit bzw. Behinderung wird folglich der Aufgabenkreis des Betreuers weit oder eng gefasst. Alle Bereiche, die der Betreute trotz seiner Behinderung selbst weiter erledigen kann, müssen aus dem Aufgabenbereich des Betreuers herausgenommen werden. Das Betreuungsgericht muss den Aufgabenkreis differenziert aussprechen, da ansonsten keine gesetzliche Vertretungsmacht entsteht.[9]

8   Die Betreuung darf in zeitlicher Hinsicht nur so lange aufrecht erhalten bleiben, wie das unumgänglich ist. Spätestens alle 7 Jahre hat das Betreuungsgericht über Aufhebung oder Verlängerung zu entscheiden, §§ 294 Abs. 3, 295 Abs. 2 FamFG.

9   Die Auswahlfreiheit des Betreuungsgerichts im Hinblick auf die Person des Betreuers ist begrenzt. Schlägt der Volljährige eine Person vor, die zum Betreuer bestellt werden kann (sog. Betreuungsverfügung, vgl. dazu unten II.), so ist diesem Vorschlag zu entsprechen, wenn er nicht dem Wohl des Volljährigen zuwiderläuft, § 1897 Abs. 4 BGB. Schlägt der Volljährige niemanden vor, so ist bei der Auswahl des Betreuers auf die verwandtschaftlichen und sonstigen persönlichen Bindungen Rücksicht zu nehmen, § 1897 Abs. 5 BGB. Wer Betreuungen im Rahmen seiner Berufsausübung führt, soll nur dann zum Betreuer bestellt werden, wenn keine andere geeignete Person zur Verfügung steht, die zur ehrenamtlichen Führung der Betreuung bereit ist, § 1897 Abs. 6 BGB. Nach einer Erhebung des Bundesamtes für Justiz aus dem Jahr 2010 waren 58,2 % aller Betreuer in Deutschland Familienangehörige; in 29,7 % der Fälle handelte es sich um selbständige Berufsbetreuer. In den restlichen Fällen nahmen Betreuungsvereine und andere Ehrenamtliche sowie die Betreuungsbehörde die Aufgabe des Betreuers wahr.[10]

4. Einwilligungsvorbehalt

10   Da durch die Anordnung der Betreuung keine Feststellung darüber getroffen wird, ob jemand geschäftsfähig ist oder nicht, ist eine Regelung erforderlich, die den Betroffenen vor schädlichen Geschäften, die er nicht verantworten kann, schützt. Dies geschieht durch die Möglichkeit der Anordnung eines Einwilligungsvorbehalts: Nach § 1903 Abs. 1 Satz 1 BGB kann das Betreuungsgericht anordnen, dass der Betreute zu einer Willenserklärung, die den Aufgabenbereich des Betreuers betrifft, dessen Einwilligung bedarf. Der Vorbehalt darf aber nur ausgesprochen werden, soweit dies zur Abwendung einer erheblichen Gefahr für die Person oder das Vermögen des Betreuten notwendig ist. Nicht betroffen von der Anordnung sind u.a. Verfügungen von Todes wegen (§ 1903 Abs. 2 BGB) und Willenserklärungen, die dem Betreuten lediglich einen rechtlichen Vorteil bringen oder eine geringfügige Angelegenheit des täglichen Lebens betreffen (§ 1903 Abs. 3 BGB). Nach einer Erhebung des Bundesministeriums der Justiz hat sich die Zahl der angeordneten Einwilligungsvorbehalte in Deutschland pro Jahr von 1992 bis 2004 mehr als verdoppelt.[11] Das zeigt die zunehmende Relevanz dieses Instruments.

11   Ist der Betreute »natürlich« geschäftsfähig und ist ein Einwilligungsvorbehalt angeordnet, so ist der Betreute dadurch beschränkt geschäftsfähig geworden. Das Betreuungsgesetz

---

9 *Cypionka*, DNotZ 1991, 571, 578.
10 BMJV, statista 2018, Anteil der Arten der Betreuung in Deutschland im Jahr 2010.
11 Bundesministerium der Justiz, Sondererhebung Verfahren nach dem Betreuungsgesetz 1992–2004.

hat damit eine (partielle) beschränkte Geschäftsfähigkeit eingeführt, die es im BGB vorher nicht gab. § 1903 Abs. 1 Satz 2 BGB verweist insoweit hinsichtlich der Folgen des Vorbehaltes auf §§ 108 ff., 131 Abs. 2 und 210 BGB, die entsprechend gelten.

Das bedeutet:

a) Ein vom geschäftsfähigen Betreuten ohne Einwilligung des Betreuers geschlossener Vertrag, dessen Gegenstand in den Aufgabenkreis des Betreuers fällt, ist schwebend unwirksam, seine Wirksamkeit hängt von der Genehmigung des Betreuers ab, § 108 Abs. 1 BGB. **12**

b) Einseitige Rechtsgeschäfte, die der Betreute ohne die erforderliche Einwilligung des Betreuers getätigt hat, sind unwirksam, § 111 Satz 1 BGB.

c) Willenserklärungen, die gegenüber dem Betreuten abgegeben werden und den Aufgabenkreis des Betreuers betreffen, werden grundsätzlich nicht wirksam, bevor sie dem Betreuer zugegangen sind, § 131 Abs. 2 Satz 1 BGB.

d) Der Taschengeldparagraf (§ 110 BGB) gilt ebenfalls, sodass der geschäftsfähige Betreute in geringem Umfang eigenverantwortlich am Rechtsverkehr teilnehmen kann.

e) Ein von einem geschäfts*un*fähigen Betreuten geschlossener Vertrag ist jedoch grundsätzlich nach h.M. unwirksam, auch wenn er in den Aufgabenkreis des Betreuers fällt und dieser zugestimmt hat. Die Zustimmungserklärung kann wohl nicht in eine Eigenvornahme durch den Betreuer umgedeutet werden. Ebenso wenig wird ein solcher Vertrag durch eine anschließende betreuungsgerichtliche Genehmigung geheilt. Das Rechtsgeschäft muss dann vom Betreuer selbst erneut vorgenommen werden.

f) Nach § 105a BGB gilt allerdings auch ein vom geschäftsunfähigen Betreuten abgeschlossenes Geschäft des täglichen Lebens, das mit geringwertigen Mitteln bewirkt werden kann, als wirksam, sobald Leistung und Gegenleistung bewirkt sind, es sei denn, dass eine erhebliche Gefahr für die Person oder das Vermögen des Betreuten besteht.

Das Fehlen eines Einwilligungsvorbehalts ist kein Indiz für eine vorhandene Geschäftsfähigkeit des Betroffenen, sondern nur dafür, dass aus Sicht des Betreuungsgerichts keine erhebliche Gefahr für die Person oder das Vermögen des Betreuten zu erkennen ist. Gerade bei Personen, die aufgrund Krankheit oder Alters nicht mehr am Rechtsverkehr teilnehmen können, wird daher häufig ein Einwilligungsvorbehalt trotz eventuell vorliegender Geschäftsunfähigkeit nicht angeordnet. **13**

5. Stellung des Betreuers

Der Betreuer hat die Stellung des gesetzlichen Vertreters des Betreuten, er vertritt den Betreuten in seinem Aufgabenbereich gerichtlich und außergerichtlich, § 1902 BGB. Da die Bestellung des Betreuers keinen Einfluss auf die Geschäftsfähigkeit des Betreuten hat, bleibt der Betreute auch im Aufgabenbereich des Betreuers handlungsfähig (solange kein Einwilligungsvorbehalt ausgesprochen wurde), soweit er im natürlichen Sinne geschäftsfähig ist. So kann es zu einander widersprechenden Rechtsgeschäften und Prozesshandlungen von Betreuer und Betreutem kommen. **14**

Auf die Betreuung sind die Vorschriften über die Vormundschaft sinngemäß anzuwenden, § 1908i Abs. 1 Satz 1, Abs. 2 BGB. Der Betreuer bedarf zu seinen Maßnahmen – mit und ohne Einwilligungsvorbehalt – der Genehmigung des Betreuungsgerichts in demselben Umfang, wie der Vormund und Pfleger der Genehmigung des Familiengerichts bedürfen. **15**

Für den Notar besonders wichtig: § 1795 BGB (Ausschluss der Vertretungsmacht); § 1802 (Vermögensverzeichnis); § 1821 (Genehmigung für Geschäfte über Grundstücke, Schiffe und Schiffsbauwerke); § 1822 Nr. 1 bis 4, 6 bis 13 (Genehmigung für sonstige Geschäfte); § 1823 (Genehmigung bei einem Erwerbsgeschäft des Mündels): vgl. im Einzelnen den Katalog des § 1908i Abs. 1 Satz 1, Abs. 2 BGB.

16 Zu beachten ist § 1804 BGB, der durch die Verweisung in § 1908i Abs. 2 Satz 1 BGB auch für den Betreuer gilt (vgl. § 95 Rdn. 8). Jedoch kann der Betreuer in Vertretung des Betreuten Gelegenheitsgeschenke auch dann machen, wenn dies dem Wunsch des Betreuten entspricht und nach seinen Lebensverhältnissen üblich ist. Damit erweitert § 1908i Abs. 2 Satz 1 BGB die Möglichkeit, Geschenke zu machen über § 1804 BGB hinaus.

17 Eine Erweiterung über § 1804 BGB hinaus enthält auch § 1908 BGB. Danach kann ein Betreuer aus dem Vermögen des Betreuten eine Ausstattung im Sinne von § 1624 Abs. 1 BGB versprechen oder gewähren (allerdings nur mit Genehmigung des Betreuungsgerichts). Auch die Übergabe von Grundbesitz im Wege der vorweggenommenen Erbfolge, insbesondere Hof- oder Geschäftsübergaben, können eine (genehmigungsfähige) Ausstattung darstellen.[12] Wann dies aber der Fall ist, ist in Literatur und Rechtsprechung nur spärlich erörtert worden, sodass die Rechtslage unsicher ist.[13] Der Notar sollte bei einer solchen Beurkundung sehr vorsichtig sein und darauf achten, dass die Frage zuvor mit dem Betreuungsgericht erörtert wird. Dabei ist jedoch zu bedenken, dass die Genehmigung durch das Betreuungsgericht einen Vertrag, der gegen das Schenkungsverbot aus § 1908i Abs. 2 Satz 1 i.V.m. § 1804 Satz 1 BGB verstößt, nicht wirksam macht. Die Probleme, die mit § 1804 BGB verbunden sind, können vermieden werden, wenn eine Vorsorgevollmacht erteilt ist, die auch zur Vornahme von Schenkungen berechtigt.

III. Betreuungsverfügung

18 Als Betreuungsverfügung werden Vorschläge des Betroffenen zur Auswahl des Betreuers und bzw. oder Wünsche zur Wahrnehmung der Betreuung bezeichnet. § 1901c BGB ordnet eine Ablieferungspflicht für Schriftstücke an, in denen jemand solche Vorschläge oder Wünsche geäußert hat. Ein besonderes Formerfordernis ist für Betreuungsverfügungen nicht vorgesehen. Es ist weder Geschäftsfähigkeit noch natürliche Einsichtsfähigkeit des Betroffenen für die Betreuungsverfügung erforderlich; vielmehr genügt, dass der Betroffene seinen Willen oder Wunsch kundtut, eine bestimmte Person solle sein Betreuer sein.[14]

19 Inhalt solcher Betreuungsverfügungen können damit zum einen die Auswahl des Betreuers und damit zusammenhängende Regelungen wie z.B. bezüglich der Vergütung des Betreuers sein. Nach § 1897 Abs. 4 Satz 1 BGB ist ein Vorschlag des Betroffenen für die Person des Betreuers für das Gericht grundsätzlich bindend. Dies gilt nicht nur bei der ersten Entscheidung des Betreuungsgerichts über die Bestellung eines Betreuers, sondern auch bei einer Verlängerung der Betreuung, insbesondere dann, wenn der Betreute einen Betreuerwechsel wünscht.[15] Das Gericht muss dann auch die ursprüngliche Betreuerauswahl auf ihre Richtigkeit überprüfen. Auch ein negativer Vorschlag, also der Wunsch, eine bestimmte Person nicht zum Betreuer zu bestellen, ist beachtlich. Auf einen solchen Vorschlag soll nach § 1897 Abs. 4 Satz 2 BGB Rücksicht genommen werden.

20 Zum anderen kann eine Betreuungsverfügung z.B. Wünsche dazu enthalten, wie der Betreute untergebracht sein möchte, etwa welches Altenheim ihn aufnehmen oder ob seine Wohnung aufgelöst werden soll. § 1901 Abs. 3 BGB verpflichtet den Betreuer, grundsätzlich den Wünschen des Betreuten zu entsprechen, soweit dies dessen Wohl nicht zuwiderläuft und dem Betreuer zuzumuten ist. Dies gilt auch für Wünsche, die der Betreute vor der Bestellung des Betreuers geäußert hat. Damit sind solche Wünsche, insbesondere wenn sie in einer Betreuungsverfügung festgelegt worden sind, für den Betreuer grundsätzlich bindend.

---

12 Zu dieser Frage vgl. *Müller/Renner*, Betreuungsrecht und Vorsorgeverfügungen in der Praxis, 5. Aufl.2018, Rn. 173 ff.
13 Vgl. *Böhmer*, MittBayNot 2005, 232 ff.
14 BGH NJW 2018, 1878.
15 BGH NJW-RR 2017, 1473.

Auch nach der gesetzlichen Regelung der Patientenverfügung durch das dritte Betreuungsrechtsänderungsgesetz, das zum 01.09.2009 in Kraft getreten ist, können in die Betreuungsverfügung Regelungen über die medizinische Versorgung für den Fall einer Erkrankung aufgenommen werden.[16] Inhaltlich dürften solche Festlegungen eine Patientenverfügung nach § 1901a Abs. 1 BGB oder einen Behandlungswunsch nach § 1901a Abs. 2 BGB darstellen, die grundsätzlich von der Betreuungsverfügung zu unterscheiden sind. Ein Nebeneinander solcher Regelungen in einem Schriftstück unter der Überschrift »Betreuungsverfügung« wäre daher als Betreuungsverfügung nebst Patientenverfügung bzw. Behandlungswunsch zu qualifizieren. § 1901a BGB dürfte insoweit gegenüber § 1901 Abs. 3 BGB als lex specialis anzusehen sein. Der Anwendungsbereich des § 1901 Abs. 3 BGB ist allerdings weiter, weil er auch Wünsche erfasst, die jenseits medizinischer Behandlung liegen.

21

Anders als die Vorsorgevollmacht soll die Betreuungsverfügung eine Betreuung nicht verhindern bzw. ersetzen, sondern aktiv ausgestalten. Häufig wird eine Betreuungsverfügung mit einer Vorsorgevollmacht für den Fall kombiniert, dass die Vorsorgevollmacht unwirksam ist oder eine bestimmte Handlung (wie z.B. eine eidesstattliche Versicherung), die erforderlich wird, von der Vollmacht nicht abgedeckt ist und daher neben dem Bevollmächtigten auch ein Betreuer bestellt werden muss. Zu beachten ist dabei, dass der Betreuer der Kontrolle des Betreuungsgerichts nach den einschlägigen Vorschriften (§§ 1837 Abs. 2, Abs. 3 i.V.m. 1908i Abs. 1 Satz 1 BGB) untersteht, während der Bevollmächtigte nur im Rahmen der §§ 1904, 1906 BGB der betreuungsgerichtlichen Genehmigung bedarf. Dies kann auch in der Beratung ein entscheidender Aspekt sein: Ist das Vertrauen des Betroffenen zu der Person, der er ggfs. eine Vorsorgevollmacht erteilen will, nicht uneingeschränkt vorhanden, kann es sich anbieten, statt einer Vollmacht eine Betreuungsverfügung unter Benennung dieser Person zu empfehlen. Außerdem bietet die Betreuungsverfügung einem im Rahmen einer General- und Vorsorgevollmacht Bevollmächtigten eine Hilfe, wenn der Vollmachtgeber immer wieder »unsinnige« Rechtsgeschäfte abschließt, z.B. Reisen bucht, die er nie antreten kann und wird, und sich dadurch wirtschaftlich schadet. Statt regelmäßig zu versuchen, die Rechtsgeschäfte zu stornieren, anzufechten oder dem Vertragspartner die Geschäftsunfähigkeit des Vollmachtgebers nachzuweisen, kann der Bevollmächtigte die Vollmacht niederlegen und eine Betreuung mit Einwilligungsvorbehalt beantragen, wobei er selbst als Betreuer benannt wird. Dann unterliegt er zwar den Beschränkungen eines Betreuers, hat es aber gegenüber den Vertragspartnern des Betreuten durch den Einwilligungsvorbehalt leichter.

22

Betreuungsverfügung

Verhandelt zu .....

23 M

**Vor Notar .....
erschien
Herr/Frau .....
Der Erschienene ließ folgende**

Betreuungsverfügung

**beurkunden und erklärte:
Für den Fall, dass ich betreuungsbedürftig werden sollte, schlage ich dem Betreuungsgericht vor, eine Person zu meinem Betreuer zu bestellen, die der Sozialdienst Katholischer Frauen e.V. meiner Heimatstadt ..... benennt.**

---

16 Vgl. zur früheren Rechtslage *Peter* in der 22. Aufl., § 96 Rn. 18 unter Hinweis auf eine Äußerung des Bundesministeriums der Justiz, Das neue Betreuungsrecht, 5. Aufl., 1994, S. 29.

Bezüglich der Ausgestaltung der Betreuung bitte ich den Betreuer, meinen folgenden Wünschen zu entsprechen:
1. Der Betreuer soll soweit wie möglich für mich eine häusliche Pflege einrichten, damit ich solange wie möglich in meiner Wohnung verbleiben kann.
2. Sollte, auch mit Unterstützung von Hilfskräften, es nicht mehr möglich sein, dass ich in meiner Wohnung bleiben kann, so soll der Betreuer meine Wohnung auflösen und mich in dem Seniorenstift A in B unterbringen. Die Unterbringung soll aus meiner Pension bezahlt werden. Wenn diese nicht ausreicht, sollen meine Ersparnisse verwendet werden. Der Bevollmächtigte soll meinen Hausrat, soweit ich ihn nach meinem Umzug in das Seniorenstift nicht mehr benötige, auflösen und verkaufen.
3. Der Betreuer soll die Grabstätte meines verstorbenen Ehemannes gärtnerisch pflegen lassen.
Ich bitte, mir zwei Ausfertigungen dieser Betreuungsverfügung zu erteilen.
Diese Niederschrift wurde der/dem Erschienenen vorgelesen .....

■ **Kosten.** Geschäftswert: Regelfall § 36 Abs. 2 und 3 GNotKG 5.000 €, 1,0 Gebühr nach Nr. 21200 KV GNotKG, mind. 60 €.

IV. Vorsorgevollmacht

24 Nach § 1896 Abs. 2 Satz 1 BGB ist eine Betreuung nicht erforderlich, soweit die Angelegenheiten des Volljährigen durch einen Bevollmächtigten ebenso gut wie durch einen Betreuer besorgt werden können. Eine entsprechende Vollmacht schließt damit in der Regel die Bestellung eines Betreuers aus. Ausnahmen ergeben sich insbesondere aus § 1897 Abs. 3 BGB. Der Gesetzgeber unterstützt damit die privatautonome Vorsorge für den Betreuungsfall. Nicht zuletzt aufgrund dieser gesetzlich angeordneten Subsidiarität der Betreuung gegenüber einer Vollmacht hat sich in der Praxis das Institut der sog. Vorsorgevollmacht herausgebildet.

1. Begriff

25 Die »Vorsorgevollmacht« ist eine rechtsgeschäftliche Vollmacht nach §§ 164 ff. BGB, die regelmäßig ausdrücklich für die Zeit der Betreuungsbedürftigkeit gelten soll. Sie soll in der Regel die Bestellung eines Betreuers überflüssig machen. Der Begriff »Alters«-Vorsorgevollmacht ist zu eng, denn die Erteilung der Vorsorgevollmacht kann auch und gerade für jüngere Menschen unabhängig davon, ob sie verheiratet sind oder (k)eine enge Bindung zu den Eltern besteht, sinnvoll sein.

2. Reichweite

26 Im Hinblick auf die Reichweite der Vollmacht wird regelmäßig zwischen den *persönlichen Angelegenheiten* einerseits und den *vermögensrechtlichen Angelegenheiten* andererseits unterschieden. Wird für beide Bereiche Vollmacht erteilt, spricht man auch von einer General- und Vorsorgevollmacht, während der Begriff »Vorsorgevollmacht« häufig auf den Bereich der persönlichen Angelegenheiten beschränkt gemeint ist.

27 Eine weitreichende Vollmacht für die vermögensrechtlichen Angelegenheiten kann grundsätzlich in wenigen Worten erteilt werden. Häufig wird hier trotzdem beispielhaft aufgezählt, welche Handlungen davon umfasst sein sollen. Das kann zweckmäßig sein, um sowohl dem Vollmachtgeber selbst als auch nach außen hin den Umfang der Vollmacht zu verdeutlichen. Außerdem wird ggfs. die Verwendbarkeit der Vollmacht im Ausland erhöht,

insbesondere dann, wenn nach dem Recht des Anwendungsstaates eine solche Aufzählung üblich oder gar erforderlich ist.

Generalvollmacht

Der Bevollmächtigte ist berechtigt, mich in allen vermögensrechtlichen Angelegenheiten, soweit dies rechtlich möglich ist, zu vertreten. Die Vollmacht berechtigt insoweit insbesondere:
- **alle Rechtshandlungen und Rechtsgeschäfte im Namen des Vollmachtgebers vorzunehmen,**
- **über Vermögensgegenstände jeder Art, insbesondere Immobilien, Gesellschaftsanteile, Bankkonten, Depots und sonstiges Geldvermögen aller Art zu verfügen sowie Bankkonten und Depots zu eröffnen und aufzulösen,**
- **Erklärungen aller Art abzugeben und entgegenzunehmen sowie Anträge zu stellen, abzuändern und entgegenzunehmen,**
- **Zahlungen und Wertgegenstände anzunehmen, zu quittieren oder Zahlungen vorzunehmen,**
- **Verbindlichkeiten einzugehen und mich persönlich der Zwangsvollstreckung in mein gesamtes Vermögen zu unterwerfen,**
- **Gesellschafterrechte wahrzunehmen, insbesondere das Stimmrecht auszuüben,**
- **einen Heimvertrag oder eine ähnliche Vereinbarung abzuschließen,**
- **geschäftsähnliche Handlungen wie z.B. Mahnung, Fristsetzung, Anträge und Mitteilungen vorzunehmen,**
- **vom Vollmachtgeber erteilte Spezialvollmachten zu widerrufen,**
- **Verfahrenshandlungen, auch im Sinne der Sozialgesetzbücher, zu tätigen,**
- **amtliche Lichtbildausweise, insbesondere einen Reisepass zu beantragen,**
- **mich gegenüber Banken, Behörden, Gerichten, Notaren und sonstigen öffentlichen Stellen sowie juristischen oder natürlichen Personen umfassend zu vertreten sowie Prozesshandlungen aller Art vorzunehmen.**

28 M

Eine solche Aufzählung birgt jedoch auch die Gefahr, dass im Hinblick auf nicht ausdrücklich erwähnte Rechtshandlungen die Vertretungsmacht angezweifelt wird. Bereiche oder Rechtsgeschäfte, für die die Vollmacht nicht gelten soll, sind klar zu definieren. Hier entstehen allerdings zum einen leicht Abgrenzungsprobleme. Zum anderen besteht damit wiederum die Gefahr, dass für diese Bereiche später ein Betreuer bestellt wird. Dies kann aber z.B. für Grundstücksgeschäfte dann sinnvoll sein, wenn der Vollmachtgeber dem Bevollmächtigten – etwa im Eltern-Kind-Verhältnis – Grundbesitz unter dem Vorbehalt eines Wohnungsrechts übertragen hat und sichergestellt werden soll, dass der Bevollmächtigte nicht aufgrund der Vollmacht die Löschung des Wohnungsrechts im Grundbuch betreiben kann. Wird die Verfügungsbefugnis über Grundbesitz und Rechte daran aus dem Anwendungsbereich der Vollmacht ausgenommen und die Vollmacht mit einer vorsorglichen Betreuungsverfügung zugunsten des Bevollmächtigten kombiniert, dann kann er das Wohnungsrecht nur nach Bestellung zum Betreuer und mit Genehmigung des Betreuungsgerichts löschen lassen, sodass eine gewisse Kontrolle erfolgt.[17]

29

Im Bereich der persönlichen Angelegenheiten ist hingegen eine Konkretisierung erforderlich, wenn auch bestimmte ärztliche Maßnahmen und Maßnahmen der Freiheitsentziehung erfasst sein sollen. Das ist in §§ 1904 Abs. 5 und § 1906 Abs. 5 BGB geregelt. Nach den genannten Vorschriften müssen solche Maßnahmen ausdrücklich – wenn auch nicht in wörtlicher Wiedergabe des Gesetzestextes – in der Vollmacht genannt sein, damit sich der

30

---

17 Vgl. *Zimmer*, NJW 2012, 1919, 1922.

Vollmachtgeber bei der Erteilung der Vollmacht über die weitreichenden Konsequenzen im Klaren ist. Diese Konkretisierungserfordernis gilt auch für Fälle, in denen die begründete Gefahr besteht, dass der Betroffene aufgrund des Unterbleibens oder des Abbruchs einer Maßnahme stirbt oder einen dauernden gesundheitlichen Schaden erleidet, der Bevollmächtigte in die Maßnahme aber gerade nicht einwilligen oder eine frühere Einwilligung widerrufen will, §§ 1904 Abs. 2 i.V.m. 1904 Abs. 5 BGB. Jedenfalls bezüglich der Fälle, die eine solche Konkretisierung erfordern, muss die Vollmacht auch zumindest schriftlich abgefasst sein.

31 Um die Zulässigkeit ärztlicher Zwangsmaßnahmen zu regeln, wurde im Jahr 2013 § 1906 BGB durch Einfügung der Absätze 3 und 3a geändert. Im Jahr 2017 wurde die Regelung erweitert und in einen eigenen § 1906a BGB überführt. Eine ärztliche Zwangsbehandlung ist danach nur zulässig, wenn sie anlässlich eines stationären Aufenthalts in einem Krankenhaus, in dem die gebotene medizinische Versorgung des Betroffenen einschließlich einer erforderlichen Nachbehandlung sichergestellt ist, durchgeführt wird und die weiteren in § 1906 Abs. 1 BGB genannten Voraussetzungen erfüllt sind. Die ärztliche Zwangsbehandlung ist also anders als noch nach der ersten Regelung aus dem Jahr 2013 nicht auf Fälle der geschlossenen Unterbringung beschränkt; andererseits sind nach wie vor ambulante Zwangsbehandlungen und Zwangsbehandlungen in Heimen unzulässig. Damit der Bevollmächtigte in ärztliche Zwangsmaßnahmen einwilligen kann, muss die Vollmacht nach § 1906a Abs. 5 BGB schriftlich erteilt sein und diese Maßnahmen ausdrücklich umfassen. Auch hier gilt also das inhaltliche Konkretisierungserfordernis entsprechend der bereits bisher bestehenden Regelungen in § 1904 Abs. 5 BGB und § 1906 Abs. 5 BGB für bestimmte ärztliche Maßnahmen und freiheitsentziehende Maßnahmen. Auch ärztliche Zwangsmaßnahmen stehen unter einem gerichtlichen Genehmigungsvorbehalt, § 1906a Abs. 2 BGB. Es wurde schon in der Vergangenheit, z.B. nach den Änderungen zum 01.09.2009 in der juristischen Literatur empfohlen, erteilte Vollmachten im Hinblick auf die gesetzliche Änderung ggfs. zu präzisieren.[18] Gleichwohl scheint es überzeugend, Alt-Vollmachten im Sinne einer dynamischen Verweisung auf die jeweils geltenden Bestimmungen auszulegen, soweit sich durch Auslegung kein Wille des Vollmachtgebers zu einer Beschränkung ergibt.

3. Form

32 Grundsätzlich bedarf die Vorsorgevollmacht auch als General- und Vorsorgevollmacht keiner Form. Jedoch ist Folgendes zu beachten:

Im Hinblick auf § 29 Abs. 1 GBO und § 12 Abs. 1 Satz 2 HGB sowie § 311b Abs. 1 Satz 1 BGB (bzw. die Rechtsprechung hierzu) ist eine General- und Vorsorgevollmacht, mit der der Bevollmächtigte für den Vollmachtgeber auch Grundstücksgeschäfte vornehmen und Erklärungen gegenüber dem Grundbuchamt oder dem Handelsregister abgeben soll, nur verwendbar, wenn sie zumindest öffentlich beglaubigt ist.

Ein Verbraucherkredit kann im Namen des Vollmachtgebers regelmäßig nur aufgenommen werden, wenn die Vollmacht notariell beurkundet ist (§ 492 Abs. 4 Satz 2 BGB), da anderenfalls bereits bei der schriftlichen Vollmachtserteilung der Inhalt des Darlehensvertrages in die Vollmacht aufgenommen werden müsste, § 492 Abs. 4 Satz 1, Abs. 1 und 2 BGB.

Wird die Vollmacht notariell beurkundet, muss der Notar nach § 11 BeurkG die Geschäftsfähigkeit des Betroffenen prüfen. Damit bietet eine in dieser Form errichtete General- und Vorsorgevollmacht einen besseren Schutz gegen den nachträglich vorgebrachten Einwand, die Vollmacht sei wegen bereits zum Zeitpunkt ihrer Errichtung vorhandener Geschäftsunfähigkeit des Vollmachtgebers unwirksam. Bei Streitigkeiten – insbesondere innerhalb der Familie – über die Bevollmächtigung und ihre Folgen wird im Nachhinein gerne von

---

18 Würzburger Notarhandbuch/*Müller*, 5. Aufl. 2018, Teil 3, Kap. 3, Rn. 26.

interessierter Seite vorgebracht, der Vollmachtgeber sei bei Errichtung der Vollmacht nicht mehr geschäftsfähig gewesen. Es werden dann auch gerne im Nachhinein fachärztliche Gutachten eingeholt, die dies belegen sollen. Ob aus einem mehrere Monate nach Errichtung der Urkunde eingeholten Gutachten tatsächlich geschlossen werden kann, dass seinerzeit die Geschäftsfähigkeit nicht mehr vorlag, erscheint jedoch höchst zweifelhaft.[19]

Wenn der Bevollmächtigte auch zur Einwilligung in eine Untersuchung des Gesundheitszustandes, eine Heilbehandlung oder einen ärztlichen Eingriff befugt sein soll, bei dem die begründete Gefahr besteht, dass der Betroffene aufgrund der Maßnahme stirbt oder einen schweren und länger dauernden gesundheitlichen Schaden erleidet, ist die Einwilligung nur wirksam, wenn die Vollmacht zumindest schriftlich erteilt ist und die vorgenannten Maßnahmen *ausdrücklich* (nicht notwendig in wörtlicher Wiedergabe des Gesetzestextes) umfasst, § 1904 Abs. 1 und 5 BGB. Dies gilt seit dem 01.09.2009 (Drittes Betreuungsrechtsänderungsgesetz) wegen § 1904 Abs. 2 BGB i.V.m. § 1904 Abs. 5 BGB auch für die Nichteinwilligung oder den Widerruf der Einwilligung des Bevollmächtigten in eine entsprechende Untersuchung, Heilbehandlung oder einen ärztlichen Eingriff, wenn die Maßnahme medizinisch angezeigt ist und die begründete Gefahr besteht, dass der Betroffene aufgrund des Unterbleibens oder des Abbruchs der Maßnahme stirbt oder einen schweren und länger dauernden gesundheitlichen Schaden erleidet. **33**

Entsprechendes gilt für Unterbringungen gemäß § 1906 Abs. 1 BGB und für unterbringungsähnliche Maßnahmen gemäß § 1906 Abs. 4 BGB, die mit einer Freiheitsentziehung verbunden sind sowie für ärztliche Zwangsbehandlungen gemäß § 1906a Abs. 1 BGB. Auch sie werden von einer Vollmacht nur dann umfasst, wenn die Vollmacht schriftlich erteilt ist und sich ausdrücklich auf die Möglichkeit einer Unterbringung oder unterbringungsähnlichen Maßnahme erstreckt, § 1906 Abs. 5 Satz 1 BGB bzw. § 1906a Abs. 5 Satz 1 BGB. **34**

4. Genehmigung des Betreuungsgerichtes zu Handlungen des Bevollmächtigten

Zu der in § 1904 Abs. 1 und 2 BGB genannten Einwilligung, Nichteinwilligung und dem Widerruf der Einwilligung in eine Untersuchung des Gesundheitszustandes, eine Heilbehandlung oder einen ärztlichen Eingriff bedürfen der Bevollmächtigte und der Betreuer grundsätzlich der Genehmigung des Betreuungsgerichtes, §§ 1904 Abs. 1 Satz 1, Abs. 2, BGB, wenn mit der Maßnahme bzw. dem Unterbleiben oder dem Abbruch einer medizinisch angezeigten Maßnahme die begründete Gefahr des Sterbens oder schwerer und länger dauernder Gesundheitsschädigung verbunden ist, es sei denn, mit dem Aufschub der Maßnahme ist Gefahr verbunden. Eine solche Genehmigung ist allerdings seit der durch das dritte Betreuungsrechtsänderungsgesetz in § 1904 Abs. 4 und 5 BGB eingefügten Regelung nicht mehr erforderlich, wenn zwischen Bevollmächtigtem bzw. Betreuer und behandelndem Arzt Einvernehmen darüber besteht, dass die Erteilung, die Nichterteilung oder der Widerruf der Einwilligung dem Willen des Betroffenen, sei es in Form einer Patientenverfügung nach § 1901a Abs. 1 BGB, eines Behandlungswunschs nach § 1901a Abs. 2 BGB oder seinem mutmaßlichen Willen i.S.d. § 1901a Abs. 2 BGB, entspricht. Daher sind entsprechende Genehmigungen in der Praxis wohl mittlerweile höchst selten. **35**

Bis zu dieser gesetzlichen Regelung war lange zweifelhaft, ob die Einwilligung eines Vertreters bzw. Betreuers in die Beendigung einer lebenserhaltenden Maßnahme der gerichtlichen Genehmigung bedurfte. Der BGH hatte in einem Beschl. v. 17.03.2003[20] über die Beendigung einer Sondenernährung bei einem Komapatienten zu entscheiden. Der BGH hat rechtsfortbildend eine Genehmigungspflicht durch das Vormundschaftsgericht bzw. Betreuungsgericht für die Beendigung der lebenserhaltenden Maßnahmen nicht aus einer analogen Anwendung des § 1904 BGB hergeleitet, sondern aus einem unabweisbaren **36**

---

19 Vgl. insoweit zur Testierfähigkeit OLG Celle ZFE 2003, 254.
20 BGHZ 154, 205 ff. = DNotZ 2003, 850 ff. m. Anm. *Stoffers* = RNotZ 2003, 255 ff. m. Anm. *Perau*.

Bedürfnis des Betreuungsrechts. Zugleich hat der BGH Richtlinien für das Verhalten von Betreuern und Bevollmächtigten vorgegeben, die nun weitestgehend in die gesetzliche Regelung eingeflossen sind. Inwieweit diese Rechtsprechung für die Auslegung der neuen gesetzlichen Regelung weiterhin Bedeutung haben wird, bleibt abzuwarten.

37 Eine Unterbringung mit freiheitsentziehendem Charakter bedarf hingegen nach wie vor der Genehmigung, es sei denn, mit dem Aufschub der Unterbringung ist Gefahr verbunden; soweit möglich ist die Genehmigung dann aber nachzuholen, § 1906 Abs. 2 Satz 2 BGB. Sowohl eine 5-Punkt- als auch eine 7-Punkt-Fixierung weisen im Verhältnis zu einer solchen Unterbringung eine Eingriffsqualität auf, die von der ursprünglichen richterlichen Unterbringungsanordnung nicht gedeckt ist und daher einer eigenständigen richterlichen Entscheidung bedarf.[21] Eine uneingeschränkte Genehmigungspflicht gilt für die nun in § 1906a BGB geregelte Einwilligung in ärztliche Zwangsmaßnahmen.

5. Befreiung von den Beschränkungen des § 181 BGB

38 Enthält die Vollmacht keine ausdrückliche Befreiung von den Beschränkungen des § 181 BGB, gilt diese Vorschrift grundsätzlich uneingeschränkt. Insbesondere ist in der Erteilung einer Generalvollmacht keine konkludente Befreiung von diesen Beschränkungen zu sehen.

39 Eine Befreiung ist mit dem Vollmachtgeber in jedem Fall zu besprechen (vgl. unten Rdn. 58). Ob die Befreiung erteilt werden sollte, hängt vom Einzelfall ab. Hilfreich ist sie z.B. bei Erbauseinandersetzungen unter Beteiligung von Vollmachtgeber und Bevollmächtigtem, für nach den §§ 1365, 1369 BGB erforderliche Zustimmungserklärungen des Vollmachtgebers und für Fälle, in denen der Bevollmächtigte eines GmbH-Gesellschafters sich zu deren Geschäftsführer bestellen können soll. Die Missbrauchsgefahr darf jedoch nicht übersehen werden: Der Bevollmächtigte kann im Fall der Befreiung z.B. Vermögensgegenstände des Vollmachtgebers auf sich selbst übertragen.

40 Ist eine Befreiung sinnvoll und gewünscht, sollte sie ausformuliert und nicht durch Verweis auf die Vorschrift des § 181 BGB abgekürzt werden, damit auch der juristische Laie, von dem und dem gegenüber die Vollmacht verwendet wird, verstehen kann, worum es geht.

6. Regelung des Grund- bzw. Innenverhältnisses

41 Der Erteilung einer Vollmacht liegt i.d.R. ein Rechtsverhältnis zugrunde (vgl. § 168 Satz 1 BGB). Ein solches liegt nur dann nicht vor, wenn das Grundverhältnis, das auch als Innenverhältnis bezeichnet wird, als bloßes Gefälligkeitsverhältnis zu qualifizieren ist, oder wenn ausnahmsweise kein Grundverhältnis existiert.[22] Das ist bei enger sozialer Bindung der Beteiligten, insbesondere im Rahmen der Familie, durchaus denkbar. Selbst bei solchen Verhältnissen besonderer persönlicher Nähe spricht gegen ein bloßes Gefälligkeitsverhältnis als Grundverhältnis einer Vorsorgevollmacht jedoch, dass das Handeln aufgrund der Vorsorgevollmacht nach der erkennbaren Erwartung des Vollmachtgebers regelmäßig eine länger dauernde, verantwortungsvolle und viele grundlegende Bereiche erfassende Tätigkeit darstellt.

42 In den meisten Fällen wird daher ein (unentgeltlicher) Auftrag oder eine (entgeltliche) Geschäftsbesorgung als zugrunde liegendes Rechtsverhältnis anzunehmen sein. Auch ein Dienstvertrag oder ein Typenkombinationsvertrag werden im Einzelfall für möglich gehalten.

43 Aufgrund des Abstraktionsprinzips schlagen Mängel und Beschränkungen des zugrunde liegenden Rechtsverhältnisses grundsätzlich nicht auf die Vollmacht durch und umgekehrt.

---

21 BVerfG, 24.07.2018 – 2 BvR 309/15, 2 BvR 502/16.
22 Vgl. Staudinger/*Schilken*, § 167 BGB Rn. 2.

Für das Erlöschen des zugrunde liegenden Rechtsverhältnisses wird diese Abstraktheit durch § 168 Satz 1 BGB ausdrücklich durchbrochen.

In jüngerer Vergangenheit ist zunehmend diskutiert worden, ob und inwieweit mit der Vorsorgevollmacht auch das Grund- bzw. Innenverhältnis ausdrücklich geregelt werden sollte.[23] Dazu ist zunächst festzustellen, dass einige wenige Fragen dieses Grund- bzw. Innenverhältnisses bereits in der Vergangenheit regelmäßig in der Vollmachtsurkunde angesprochen wurden. Dies sind

a) Verwendungsbeschränkungen der Vollmacht im Innenverhältnis (dazu unten unter 6.),
b) die »Rangfolge« bei mehreren Bevollmächtigten bzw. die Regelung, dass mehrere Bevollmächtigte nur gemeinsam handeln sollen, soweit diese Regelungen nicht als Beschränkungen der Vollmacht im Außenverhältnis gewünscht sind (dazu unten unter 10.).

Hintergrund der Empfehlungen, das Grund- bzw. Innenverhältnis auch darüber hinausgehend zu regeln ist die Besorgnis, dass der Notar seinen Belehrungs- und Hinweispflichten im Hinblick auf mit der Vorsorgevollmacht verbundene Risiken nicht gerecht wird, wenn er das Grund- bzw. Innenverhältnis in der Urkunde »außen vor« lässt. Diese Besorgnis ist, wie in anderen Fällen auch, angesichts der Wahrscheinlichkeit der Verwirklichung der Risiken und der erwarteten Schadenshöhe gegen die Nachteile einer ausdrücklichen Regelung des Grund- bzw. Innenverhältnisses in der Urkunde abzuwägen:

Erstens wird die Urkunde möglicherweise mit Regelungen überfrachtet, die den Blick auf die wesentlichen Inhalte verstellen.

Zweitens kann dies zu Missverständnissen bei demjenigen, dem gegenüber die Vollmacht verwendet wird, in der Weise führen, dass dieser Beschränkungen im Innenverhältnis als Beschränkungen im Außenverhältnis versteht und die Vollmacht nicht akzeptiert.

Drittens zieht die Regelung des Grund- bzw. Innenverhältnisses kostenrechtliche Konsequenzen nach sich. Hier ist zunächst zu beachten, dass bei (Mit-)Beurkundung von Regelungen zum Grund- bzw. Innenverhältnis dieses grundsätzlich eine eigene Erklärung darstellt, die allerdings im Verhältnis zur Vollmacht gegenstandsgleich sein dürfte. Nach einer Entscheidung des OLG Hamm muss der Notar darüber belehren, dass eine solche Regelung grundsätzlich formfrei ist, welche rechtlichen Vorteile eine ausdrückliche Regelung hat, welche möglichen Gestaltungsformen es gibt und dass die Mitbeurkundung Mehrkosten auslöst, wobei diese zumindest der Größenordnung nach anzugeben sind.[24] Dabei ist allerdings zu beachten, dass das Grundverhältnis nicht zwingend als Vertrag unter Beteiligung des Bevollmächtigten mit der Folge einer 2,0 Gebühr nach Nr. 21100 KV GNotKG beurkundet werden muss. Es reicht insoweit, wenn der Antrag des Vollmachtgebers auf Abschluss des Grundverhältnisses beurkundet wird. Dann wird nur eine 1,0 Gebühr nach Nr. 21200 KV GNotKG fällig, allerdings aus dem vollen Geschäftswert, wohingegen der Geschäftswert der 1,0 Gebühr für die Vollmacht nach § 98 Abs. 3 und 4 GNotKG auf die Hälfte des Aktivvermögens des Vollmachtgebers und darüber hinaus auf 500.000 € beschränkt ist. Inwieweit hier über die Geschäftswertbestimmung für das Grundverhältnis die Kosten eingedämmt werden können, ist fraglich.[25]

In der Vergangenheit wurde die Mitbeurkundung von Verwendungsbeschränkungen und Rangverhältnissen mehrerer Bevollmächtigter im Innenverhältnis kostenrechtlich meist nicht eigens bewertet.[26] Dies ist nach der herrschenden Auffassung in Rechtsprechung und Literatur jedoch wohl nur dann zulässig, wenn auf entsprechende, außerhalb der Urkunde bestehende Vereinbarungen verwiesen oder die Vollmacht modifiziert wird,

---

23 *Litzenburger*, NotBZ 2007, 1; *Sauer*, RNotZ 2009, 79; *Volmer*, MittBayNot 2016, 386.
24 OLG Hamm RNotZ 2009, 417, 420.
25 Vgl. dazu *Litzenburger*, NotBZ 2007, 1, 9; *Sauer*, RNotZ 2009, 79, 83.
26 Vgl. OLG Frankfurt am Main MittBayNot 2007, 344, 345.

nicht aber, wenn Vereinbarungen zum Innenverhältnis erst in der Urkunde selbst getroffen werden.[27]

50   Die Auslegung einer Vorsorgevollmacht, die keine ausdrückliche Regelung zur Frage des Grundverhältnisses enthält, wird regelmäßig dazu kommen, dass Auftragsrecht oder das Recht der Geschäftsbesorgung anzuwenden ist. Gleichwohl kann, wenn eine Regelung hier erforderlich erscheint, ein ausdrücklicher Verweis auf das Auftragsrecht aufgenommen werden. Um der oben dargestellten Kostenfolge zu entgehen, bietet sich die folgende Formulierung an.

Deklaratorische Regelung zum Grundverhältnis

51 M   **Für das dieser Vollmacht zugrundeliegende Rechtsverhältnis, das außerhalb dieser Vollmachturkunde zwischen dem Vollmachtgeber und dem/den Bevollmächtigten begründet wurde, gilt das Auftragsrecht, soweit in dieser Urkunde keine abweichenden Regelungen enthalten sind.**
Auftrag und Vollmacht bleiben auch dann gültig, wenn ich geschäftsunfähig sein sollte. Sie gelten über meinen Tod hinaus.

52   Einzelne Regelungen zum Grund- bzw. Innenverhältnis erscheinen aber dann sinnvoll, wenn der Bevollmächtigte eine Vergütung erhalten soll und nach den Umständen des Einzelfalls, je weniger ein tatsächliches soziales Näheverhältnis zwischen Vollmachtgeber und Bevollmächtigtem vorliegt.[28] Denkbar sind dann insbesondere Regelungen betr. die Vergütung, den Haftungsmaßstab sowie Informations-, Auskunfts- und Rechenschaftspflichten.

53   Soll der Bevollmächtigte gegen eine Vergütung tätig werden, ist zu beachten, dass sein Handeln möglicherweise unter das Rechtsdienstleistungsgesetz (RDG) fällt. Diese Gefahr besteht zwar auch bei unentgeltlicher Tätigkeit. Nach § 6 Abs. 2 RDG sind aber unentgeltliche Tätigkeiten innerhalb familiärer, nachbarschaftlicher oder ähnlich enger persönlicher Beziehungen erlaubt. Diese Voraussetzung dürfte, wenn der Bevollmächtigte unentgeltlich tätig werden soll, meist der Fall sein. Außerdem handelt es sich in diesen Fällen wohl nicht um Tätigkeit in fremden Angelegenheiten, sodass der Anwendungsbereich des RDG schon nicht eröffnet ist.[29] Wird indes eine Vergütungsabrede getroffen, ist das nach dem RDG nur zulässig, wenn mangels Fremdheit der Angelegenheit der Anwendungsbereich des RDG nicht eröffnet ist – also bei enger persönlicher Beziehung – oder wenn der Bevollmächtigte sicherstellt, dass die Rechtsdienstleistung durch eine Person, der die entgeltliche Erbringung dieser Rechtsdienstleistung erlaubt ist, durch eine Person mit Befähigung zum Richteramt oder unter Anleitung einer solchen Person erfolgt.

54   Soweit eine ausführlichere Regelung des Grund- bzw. Innenverhältnisses beabsichtigt ist, stellt sich die Anschlussfrage, ob die Erteilung der Vorsorgevollmacht einerseits und die Regelung des Grund- bzw. Innenverhältnisses andererseits in unterschiedlichen Urkunden erfolgen sollten. Für die Trennung spricht, dass die Vollmachtsurkunde schlank gehalten wird und die Gefahr, dass die Verwendbarkeit der Vollmacht dadurch eingeschränkt wird, dass Beschränkungen im Innenverhältnis als solche im Außenverhältnis verstanden werden, nicht besteht. Außerdem ist meist nicht gewollt, dass Dritte Kenntnis von den Regelungen des Innenverhältnisses erhalten. Gegen die Trennung spricht, dass dabei übersehen werden kann, dass der Widerruf der Vollmacht nicht

---

27 OLG Hamm RNotZ 2009, 417, 420; OLG Stuttgart DNotZ 1986, 438, 439; KG DNotZ 1944, 133, 135; vgl., Korintenberg/*Tiedtke*, GNotKG, 20. Aufl. 2017, § 98, Rn. 29.
28 *Sauer*, RNotZ 2009, 79, 83 f.
29 Vgl. *Sauer*, RNotZ 2009, 79, 93 ff.

zwingend die Kündigung des Grund- und Innenverhältnisses zur Folge hat, dies also geregelt werden muss, sowie die Kostenfolge (zwei gegenstandsgleiche Erklärungen in zwei Urkunden). Außerdem könnten die für die Trennung sprechenden Vorteile auch durch auszugsweise Ausfertigungen einer Urkunde, die beide Teile vereint, erreicht werden.

Konstitutive Regelungen zum Grundverhältnis

Für das dieser Vollmacht zugrundeliegende Rechtsverhältnis gilt das Auftragsrecht, soweit in dieser Urkunde keine abweichenden Regelungen enthalten sind. 55 M
Auftrag und Vollmacht bleiben auch dann gültig, wenn ich geschäftsunfähig sein sollte. Sie gelten über meinen Tod hinaus.
Der Bevollmächtigte, der mit dem Vollmachtgeber eng befreundet ist und daher eine enge persönliche Bindung zu ihm hat, erhält für die Erledigung der Angelegenheiten des Vollmachtgebers ein einmaliges pauschales Entgelt in Höhe von ..... € zzgl. Erstattung seiner Auslagen. Das Entgelt wird mit Beginn der Tätigkeit fällig. Der Bevollmächtigte haftet nur für Vorsatz und grobe Fahrlässigkeit. Er hat dem Vollmachtgeber und dessen Erben gegenüber spätestens zum Ende eines Monats Rechenschaft über die vorangegangenen Tätigkeiten aufgrund der Vollmacht, insbesondere über Ausgaben und Einnahmen, abzulegen.
Der Bevollmächtigte soll von dieser Vollmacht nur dann Gebrauch machen, wenn der Vollmachtgeber durch Alter, Krankheit oder Behinderung nicht mehr in der Lage ist, für sich selbst zu sorgen. Diese Bestimmung ist jedoch keine Beschränkung der Vollmacht gegenüber Dritten, sondern lediglich eine Weisung an den Bevollmächtigten, die nur im Innenverhältnis gilt; im Außenverhältnis gegenüber Dritten und Behörden ist diese Vollmacht unbeschränkt.

7. Risiken und Sicherung des Vollmachtgebers

Der Notar wird bei der Beurkundung einer Vollmacht mit Wirkung über den Verlust der Geschäftsfähigkeit hinaus auf Risiken hinweisen und erörtern, ob nicht einige risikoreiche Geschäfte ausgenommen sein oder zumindest des Zusammenwirkens zweier Bevollmächtigter bedürfen sollten. 56

Z.B. können Grundstücksgeschäfte von der Vollmacht ausgenommen werden (vgl. dazu auch oben Rdn. 29).

Beschränkung der Vollmacht im Außenverhältnis

Der Bevollmächtigte ist nicht befugt, über Grundbesitz zu verfügen. Er darf ihn insbesondere weder veräußern noch belasten, noch Löschungen von zu meinen Gunsten eingetragenen Rechten bewilligen. 57 M

Eine Befreiung von den Beschränkungen des § 181 BGB ist mit dem Vollmachtgeber besonders zu besprechen (vgl. dazu oben, Rdn. 38 ff.). Insbesondere wenn der Bevollmächtigte eine familienfremde Person oder eines von mehreren Kindern ist, kann eine solche Befreiung zu Missbrauch führen. 58

Vorstellbar ist es auch, die Berechtigung auszuschließen, Abschriften oder Ausfertigungen bestimmter Urkunden, z.B. Verfügungen von Todes wegen, zu verlangen. 59

Befugnis, Abschriften und Ausfertigungen anderer Urkunden zu erhalten

60 M **Der Bevollmächtigte ist nicht befugt, von einem Notar Abschriften und Ausfertigungen von Verfügungen von Todes wegen zu verlangen, die ich vor diesem Notar errichtet habe.**

61 Der Vollmachtgeber will häufig sicherstellen, dass von der Vollmacht nur Gebrauch gemacht wird, wenn er selber nicht für sich handeln kann. Eine bedingte Vollmacht, die auf das Vorliegen der Geschäftsunfähigkeit oder Betreuungsbedürftigkeit abstellt, ist im Rechtsverkehr praktisch nicht zu gebrauchen.[30] Denn der Eintritt der Bedingung (Betreuungsbedürftigkeit) muss bei Gebrauch der Vollmacht nachgewiesen werden, und zwar, wenn es um Grundstücksverkehr geht, in der Form des § 29 GBO. Ein solcher Nachweis wird nicht gelingen.

62 Soll zum Schutz des Vollmachtgebers eine vorzeitige Ingebrauchnahme der Vollmacht verhindert werden, so müssen hierfür andere Gestaltungen gewählt werden. So kann als Wirksamkeitsvoraussetzung der Vollmacht geregelt werden, dass der Bevollmächtigte eine gemäß § 49 Abs. 2 BeurkG auf *seinen Namen* erteilte Ausfertigung der Vollmachtsurkunde in Besitz hat. Dies sichert den Vollmachtgeber davor, dass der Bevollmächtigte unter Verweis auf eine einer anderen Person erteilte Ausfertigung handelt.[31] Diese Wirksamkeitsvoraussetzung anzuordnen, ist insbesondere empfehlenswert, wenn in einer Urkunde mehrere Personen bevollmächtigt werden oder zwei Personen, z.B. Eheleute, sich gegenseitig bevollmächtigen.

Wirksamkeit der Vollmacht nur bei Besitz der Ausfertigung

63 M **Jeder der Bevollmächtigten kann aufgrund dieser Vollmacht nur handeln, wenn er eine Ausfertigung dieser Urkunde in Besitz hat, die ihm persönlich erteilt ist, das heißt, deren Ausfertigungsvermerk seine Person bezeichnet. Eine bloße, auch beglaubigte, Abschrift dieser Urkunde ist nicht ausreichend.**

64 Diese Regelung kann mit einer Ausfertigungssperre für den Bevollmächtigten kombiniert werden.

Ausfertigungssperre

65 M **Der Notar soll den unter Ziffer II. dieser Urkunde Bevollmächtigten jetzt noch keine Ausfertigung dieser Urkunde erteilen. Eine Ausfertigung soll diesen Bevollmächtigten nur erteilt werden, wenn die Vollmachtgeber den Notar hierzu schriftlich anweisen. Sollten die Vollmachtgeber dazu nicht mehr in der Lage sein, so dürfen die in dieser Ziffer II. Bevollmächtigten gegen Vorlage einer dies belegenden Urkunde oder ärztlichen Bescheinigung beliebig viele Ausfertigungen dieser Urkunde vom Notar verlangen. Darüber hinausgehende Prüfungen muss der Notar nicht vornehmen.**

66 Die Erteilung von Ausfertigungen sollte möglichst nicht davon abhängig gemacht werden, dass die Geschäftsunfähigkeit des Vollmachtgebers ärztlich attestiert wird. Die Praxis zeigt, dass zumindest Allgemeinmediziner hierzu häufig Bescheinigungen ausstellen, die nicht

---

30 Vgl. nur OLG Köln, 10.04.2007, NOtBZ 2007, 333 ff.; *Müller*, ZEV 2007, 596 und im Ergebnis auch *Renner*, MittBayNot 2008, 53 f.
31 Vgl. OLG Köln RNotZ 2001, 407; RNotZ 2002, 235 m. Anm. *Helms*; vgl. aber nun OLG München DNotZ 2008, 844, 845 f.

zweifelsfrei sind. Praxisgerechter ist es daher, allein auf die Fähigkeit abzustellen, dem Notar eine schriftliche Anweisung zu erteilen.[32] Nachteil auch dieser Lösung ist zwar, dass der Notar mit der Prüfung der Aushändigungsvoraussetzungen belastet wird. Anders als bei der Geschäftsfähigkeit kann sich der Notar hier in Zweifelsfällen allerdings selbst vom Vorliegen der Voraussetzung – im erforderlichen Fall auch im Rahmen eines Hausbesuchs – überzeugen.

Als weniger restriktive Alternative bietet es sich an, dass die Ausfertigung für den Bevollmächtigten unmittelbar nach Beurkundung, jedoch zunächst zu Händen des Vollmachtgebers erteilt wird, und dieser dem Bevollmächtigten – etwa durch Übergabe einer Abschrift – mitteilt, dass diese existiert, wodurch gleichzeitig auch der Zugang der Vollmachtserteilungserklärung bewirkt wird. Weiterhin sollte der Vollmachtgeber dem Bevollmächtigten mitteilen, wo er die Ausfertigung aufbewahrt, damit der Bevollmächtigte sie im Anwendungsfall auffinden kann. Dann sollte aber auch geregelt werden, unter welchen Voraussetzungen dem Bevollmächtigten weitere Ausfertigungen zu erteilen sind.[33]

67

Ausfertigungsregelung mit Ausfertigungssperre für weitere Ausfertigungen

Der Notar soll jedem der unter Ziffer II. dieser Urkunde Bevollmächtigten eine Ausfertigung – jedoch zu unseren Händen – erteilen. Weitere Ausfertigungen sollen diesen Bevollmächtigten nur erteilt werden, wenn einer der Vollmachtgeber den Notar hierzu schriftlich anweist. Sollten die Vollmachtgeber dazu nicht mehr in der Lage sein, so dürfen die in dieser Ziffer II. Bevollmächtigten gegen Vorlage einer dies belegenden Urkunde oder ärztlichen Bescheinigung beliebig viele Ausfertigungen dieser Urkunde vom Notar verlangen.

68 M

Als Alternative oder zusätzliche Regelung zur vorbeschriebenen »Ausfertigungssperre« bietet es sich an, die Vollmacht als eine unbeschränkte Vollmacht zu formulieren und im Innenverhältnis ihre Verwendung auf den Eintritt des Versorgungsfalles zu beschränken. Durch diese Gestaltung kann der Bevollmächtigte grundsätzlich Dritten gegenüber aufgrund der Vollmacht handeln, ohne nachweisen zu müssen, dass der Vollmachtgeber ein Betreuungsfall geworden ist. Lediglich im Innenverhältnis zwischen Vollmachtgeber und Bevollmächtigtem besteht die Vereinbarung, dass der Bevollmächtigte von der Vollmacht nur Gebrauch machen darf, wenn der Vollmachtgeber geschäftsunfähig oder betreuungsbedürftig ist.[34] Um der oben unter Rdn. 41 ff. dargestellten Kostenfolge zu entgehen, kann in der Vollmacht auf eine außerhalb der Urkunde getroffene Vereinbarung verwiesen werden.

69

Regelung zur Verwendung der Vollmacht im Innenverhältnis

**Für das dieser Vollmacht zugrundeliegende Rechtsverhältnis, das außerhalb dieser Vollmacht zwischen dem Vollmachtgeber und dem/den Bevollmächtigten begründet wurde, gilt das Auftragsrecht, soweit in dieser Urkunde keine abweichenden Regelungen enthalten sind.
Der Bevollmächtigte soll nach diesem Auftrag von der nachstehenden Vollmacht nur dann Gebrauch machen, wenn der jeweilige Vollmachtgeber durch Alter oder Krankheit daran gehindert ist, für sich selbst zu sorgen. Diese Bestimmung ist jedoch keine**

70 M

---

32 Vgl. LG Nürnberg-Fürth DNotI-Report 2012, 74; Lipp/Röthle/*Spalckhaver*, HdB der Vorsorgeverfügungen, 2009, § 13 Rn. 167 ff.
33 Vgl. zur Problematik LG Nürnberg-Fürth MittBayNot 2012, 317.
34 Zu Rechenschaftspflichten und Schadensersatzansprüchen, *Derleder*, NJW 2012, 2689 ff.

Beschränkung der Vollmacht gegenüber Dritten, sondern lediglich eine Anweisung des Vollmachtgebers an den Bevollmächtigten, die nur im Innenverhältnis gilt; im Außenverhältnis gegenüber Dritten und Behörden ist diese Vollmacht unbeschränkt.

8. Vollmachtsüberwachungsbetreuer

71 § 1896 Abs. 3 BGB sieht vor, als Aufgabenkreis eines Betreuers auch die Geltendmachung von Rechten des Betreuten gegenüber seinem Bevollmächtigten zu bestimmen. § 1896 Abs. 3 BGB geht von der Situation aus, dass der Betroffene eine Vollmacht erteilt hat, den Bevollmächtigten aber nicht überwachen kann und, falls er zwischenzeitig geschäftsunfähig ist, die Vollmacht insbesondere auch nicht mehr widerrufen kann (Vollmachtsüberwachungsbetreuung).

72 Voraussetzung einer Vollmachtsüberwachungsbetreuung ist, dass ein konkreter *Überwachungsbedarf* besteht. Allein die Unfähigkeit des Betroffenen, seinen Bevollmächtigten zu überwachen, soll nach der amtlichen Begründung[35] zu § 1896 Abs. 3 BGB eine Vollmachtsüberwachungsbetreuung noch nicht rechtfertigen: »*Aus dem Erforderlichkeitsgrundsatz ergibt sich aber auch, dass ein Betreuer nicht schon deshalb bestellt werden muss, weil der Betroffene seinen Bevollmächtigten nicht mehr hinreichend überwachen kann. Eine Betreuerbestellung ist vielmehr erst dann erforderlich, wenn auch eine solche Überwachung erforderlich ist. Dies wird insbesondere dann der Fall sein, wenn der Umfang oder die Schwierigkeit der zu besorgenden Geschäfte oder ein vorangegangenes Verhalten des Bevollmächtigten eine Überwachung angezeigt erscheinen lassen.*«

73 Der Vollmachtgeber will gerade für die Fälle, in denen er geschäftsunfähig ist, dem Bevollmächtigten sein Vertrauen schenken und die staatliche Intervention auch für diesen Fall vermeiden. Dieser Wille muss solange respektiert werden, wie keine konkreten Anzeichen dafür vorhanden sind, dass der Bevollmächtigte von seinen Befugnissen einen Gebrauch macht, der dem geäußerten oder mutmaßlichen Willen des Betroffenen oder seinem in § 1901 Abs. 2 und 3 BGB definierten Wohl zuwider läuft. Erst konkrete Anzeichen dafür, dass der Bevollmächtigte nicht mehr entsprechend der Vereinbarung und dem Interesse des Vollmachtgebers handelt, rechtfertigen die Einleitung eines Verfahrens, dessen Ziel es ist, einen Überwachungsbetreuer zu bestellen.[36]

74 In der Praxis werden Vollmachtsüberwachungsbetreuer allerdings nicht häufig bestellt. Angemessen erscheint dies dann, wenn nach den üblichen Maßstäben aus der Sicht eines vernünftigen Vollmachtgebers unter Berücksichtigung des in den Bevollmächtigten gesetzten Vertrauens eine ständige Kontrolle schon deshalb geboten ist, weil Anzeichen dafür sprechen, dass der Bevollmächtigte mit dem Umfang und der Schwierigkeit der vorzunehmenden Geschäfte überfordert ist, oder wenn gegen die Redlichkeit oder die Tauglichkeit des Bevollmächtigten Bedenken bestehen.[37] Liegen konkrete Verdachtsmomente für einen Vollmachtsmissbrauch vor, so wird das Gericht häufig statt eines Vollmachtsüberwachungsbetreuers sofort einen Betreuer bestellen.[38] Eine Vollmachtsüberwachungsbetreuung genügt dann regelmäßig nicht mehr. Wenn sich der Verdacht bestätigt, sollte der Betreuer die Vollmacht widerrufen. Beabsichtigt das Betreuungsgericht, die Befugnisse eines Betreuers auf den Widerruf erteilter Vollmachten zu erstrecken, setzt dies jedoch voraus, dass das Festhalten an der erteilten Vorsorgevollmacht eine künftige Verletzung des Betroffenen mit hinreichender Wahrscheinlichkeit und in erheblicher Schwere befürchten lässt.[39] Selbst wenn behebbare Mängel bei der Vollmachtsausübung festzustellen sein sollten, erfordere der Verhältnismäßigkeitsgrundsatz zunächst den Versuch, durch einen zu bestellenden

---

35 BT-Drucks. 11/4528, S. 123.
36 BGH, Beschl. v. 16.07.2014 – XII ZB 142/14, NJW 2014, 3237; MüKo-BGB/*Schwab*, 7. Aufl. 2017, § 1896 BGB Rn. 251 ff.; zum Überwachungsbetreuer vgl. DNotI-Report 2003, 33 ff.
37 BGH, Beschl. v. 09.09.2015, DNotZ 2016, 52 f.
38 BGH, NJW 2014, 1732; BayObLG Rpfleger 2003, 424, 426 = FamRZ 2003, 1219, 1221.
39 BGH, Beschl. v. 14.10.2015, DNotZ 2016, 128, 130; Beschl. v. 06.07.2016, DNotZ 2017, 199, 205, 206.

Kontrollbetreuer positiv auf den Bevollmächtigten einzuwirken, insbesondere durch Verlangen nach Auskunft und Rechnungslegung sowie durch die Ausübung bestehender Weisungsrechte. Nur wenn diese Maßnahmen fehlschlagen oder aufgrund feststehender Tatsachen mit hinreichender Wahrscheinlichkeit als ungeeignet erscheinen, ist die Ermächtigung zum Widerruf der Vollmacht als ultima ratio verhältnismäßig. Allerdings kann auch nach einem wirksamen Widerruf der Vorsorgevollmacht durch den Betreuer der Bevollmächtigte noch im Namen des Betroffenen Beschwerde gegen die Betreuerbestellung einlegen.[40]

9. Identifizierung nach GWG

Vollmachten unterliegen nur dann den besonderen, über die Pflichten aus § 10 BeurkG und § 26 DONot hinausgehenden Identifizierungspflichten des mit Wirkung zum 21.08.2008 neu gefassten GWG (Geldwäschebekämpfungsgesetz), wenn sie die in § 2 Abs. 1 Satz 1 Nr. 7 GWG genannten Geschäfte unmittelbar betreffen. Das ist insbesondere bei Vollmachten zur Veräußerung bestimmter Grundstücke der Fall. Hingegen gelten diese erhöhten Pflichten bei allgemeinen Vollmachten und damit bei den üblicherweise allgemein formulierten General- und Vorsorgevollmachten nicht. Teilweise wird dennoch empfohlen, auch bei Vorsorgevollmachten die Identifizierungspflichten des GWG zu erfüllen, um dem Bevollmächtigten die Neueröffnung von Bankkonten für den Vollmachtgeber zu erleichtern.[41]

75

10. Zentrales Vorsorgeregister

Beurkundet ein Notar eine Vorsorgevollmacht, so soll er nach § 20a BeurkG auf die Möglichkeit der Registrierung beim Zentralen Vorsorgeregister nach § 78a Abs. 1 BnotO hinweisen. Ob diese Pflicht auch für beglaubigte Vorsorgevollmachten gilt, ist umstritten.

76

Die Bundesnotarkammer hat mit dem Zentralen Vorsorgeregister ein zentrales elektronisches Register für Vorsorgevollmachten, Betreuungsverfügungen und Patientenverfügungen eingerichtet. Das Zentrale Vorsorgeregister dient dazu, im Fall eines Betreuungsverfahrens dem Betreuungsgericht die schnelle und zuverlässige Information über relevante Urkunden zu ermöglichen, um unnötige Betreuungen im Interesse der Betroffenen zu vermeiden.

77

Ursprünglich war nur die Registrierung von Vorsorgevollmachten im Zentralen Vorsorgeregister möglich. Seit 2009 sind isolierte Betreuungsverfügungen ebenfalls registrierbar. Auch eine isolierte Patientenverfügung kann nun dadurch in das Register aufgenommen werden, dass in dem Datenformular »Antrag auf Eintragung einer Vorsorgeurkunde« bei Nr. 6 (»Vollmacht zur Erledigung von«) keine Auswahl getroffen und stattdessen lediglich bei Nr. 7 (»Urkunde enthält Anordnungen und Wünsche«) das zweite Kästchen (»hinsichtlich Art und Umfang medizinischer Versorgung (Patientenverfügung))« markiert wird.[42] Erklärungen in privatschriftlicher Form können hier ebenfalls registriert werden.

78

Das für die Übermittlung der Handelsregisteranmeldungen dienende Programm »X-Notar« ist geeignet, die notwendigen Daten dem Zentralen Vorsorgeregister zu übermitteln. Ebenso können die Daten über die Homepage des Zentralen Vorsorgeregisters unter www.vorsorgeregister.de übertragen werden. Zusätzliche Angaben wie Telefonnummern der Bevollmächtigten bzw. vorgeschlagenen Betreuer oder ergänzende Angaben zum Inhalt der Urkunde sind ebenfalls möglich. Insbesondere die Eintragung der Telefonnummer ist sinnvoll, um eine zügige Kontaktaufnahme durch die Betreuungsgerichte zu ermöglichen.

79

Wenn der Bevollmächtigte, der in der Urkunde nicht beteiligt ist, auf der Datenerfassungsseite genannt wird, ist es notwendig, seine Zustimmung einzuholen. Er wird vom

80

---
40 BGH, Beschl. v. 28.07.2015, DNotZ 2015, 849.
41 Beck´sches Notarhandbuch/*Reetz*, Kap. F, Rn. 80.
42 BNotK-Info ZVR Spezial 2009 (Beilage zum DNotI-Report 17/2009), S. 8.

Zentralen Vorsorgeregister angeschrieben und kann der Registrierung seiner Daten widersprechen.

81 Das Zentrale Vorsorgeregister stellt auf Verlangen zudem mit der »ZVR-Card« eine Plastikkarte im Scheckkartenformat für den Vollmachtgeber zur Verfügung, die auf die Registrierung der Vorsorgevollmacht im Zentralen Vorsorgeregister verweist und die der Vollmachtgeber in seiner Geldbörse bei sich tragen kann. In die Karte können neben dem Namen des Vollmachtgebers, die Namen von bis zu zwei Bevollmächtigten und deren Telefonnummern sowie der Aufbewahrungsort der Vollmacht eingetragen werden. Zudem kann angekreuzt werden, ob auch eine Betreuungsverfügung und/oder eine Patientenverfügung mit der Vorsorgevollmacht verbunden ist.

General- und Vorsorgevollmacht

82 M Verhandelt zu ..... am .....
Vor mir, ... Notar in ..... erschien:
.....
Der Erschienene wies sich aus durch Vorlage seines .....
Der Notar überzeugte sich durch die Verhandlung von der Geschäftsfähigkeit des Erschienen.
Der Erschienene erklärte folgende

General- und Vorsorgevollmacht

I. Vollmacht

Ich bevollmächtige hiermit
.....
mich in allen Angelegenheiten, in denen rechtlich eine Stellvertretung gestattet ist, insbesondere in allen vermögensrechtlichen (Ziff. II) und persönlichen Angelegenheiten (Ziff. III) nach Maßgabe der nachstehenden Bestimmungen gerichtlich und außergerichtlich zu vertreten.
Diese Vollmacht ist nur wirksam, wenn der Bevollmächtigte eine ihm erteilte Ausfertigung dieser Urkunde in Besitz hat.
Dem Bevollmächtigten ist eine Ausfertigung – jedoch zu Händen des Vollmachtgebers – zu erteilen. Weitere Ausfertigungen sollen dem Bevollmächtigten nur erteilt werden, wenn der Vollmachtgeber den Notar hierzu schriftlich anweist. Sollte der Vollmachtgeber dazu nicht mehr in der Lage sein, so kann der Bevollmächtigte gegen Vorlage einer dies belegenden Urkunde oder ärztlichen Bescheinigung beliebig viele Ausfertigungen dieser Urkunde vom Notar verlangen.
Ich bevollmächtige den vorstehend Bevollmächtigten, für die ihm hier erteilte Vollmacht eine Rechtswahl zu erklären, und zwar sowohl im Anwendungsbereich des ESÜ als auch im Anwendungsbereich von Art. 8 EGBGB, sowohl für vermögensrechtliche als auch für persönliche Angelegenheiten. Ich beschränke jedoch den Kreis der wählbaren Sachrechte auf
- das deutsche Recht als das Recht meiner Staatsangehörigkeit,
- das Recht von Staaten, in denen sich meine Vermögensgegenstände befinden und
- das Recht von Staaten, in denen ich in der Vergangenheit meinen gewöhnlichen Aufenthalt hatte oder habe, also bisher auf das portugiesische, französische und deutsche Recht.

Der Notar hat darüber belehrt, dass der Notar ausländisches Recht nicht kennt und diesbezüglich auch nicht beraten hat. Er hat ferner darauf hingewiesen, dass unklar ist, ob die vorstehende Rechtswahl und die Bevollmächtigung zur Rechtswahl in Staaten, die dem ESÜ bisher nicht beigetreten sind, anerkannt wird.

II. Vermögensrechtliche Angelegenheiten

1. Der Bevollmächtigte ist berechtigt, mich in allen vermögensrechtlichen Angelegenheiten zu vertreten.
2. Der Bevollmächtigte kann in einzelnen Vermögensangelegenheiten Untervollmacht erteilen.
3. Der Bevollmächtigte ist befugt, Rechtsgeschäfte mit sich im eigenen Namen und als Vertreter Dritter vorzunehmen.

III. Persönliche Angelegenheiten

1. In persönlichen Angelegenheiten ist der Bevollmächtigte zu meiner Vertretung befugt insbesondere
a) bei der Aufenthaltsbestimmung, vor allem bei der Entscheidung über die Aufnahme in ein Krankenhaus oder ein Pflegeheim sowie Unterbringungsmaßnahmen im Sinne von § 1906 Abs. 1 BGB oder § 1906a Abs. 4 BGB, die mit Freiheitsentziehung verbunden sind, auch wenn sie meinem natürlichen Willen widersprechen,
b) bei der Entscheidung über freiheitsentziehende Maßnahmen durch mechanische Vorrichtungen, Medikamente oder sonstige Maßnahmen entsprechend § 1906 Abs. 4 BGB, bei der Entscheidung gemäß § 1906a BGB über ärztliche Maßnahmen, die meinem natürlichen Willen widersprechen,
c) bei allen Erklärungen in Gesundheitsangelegenheiten, insbesondere bei der Einwilligung, der Nichteinwilligung oder dem Widerruf der Einwilligung in die Untersuchung des Gesundheitszustandes, eine Heilbehandlung oder einen ärztlichen Eingriff, und zwar gemäß § 1904 Abs. 1 und 2 BGB auch dann, wenn mit der Maßnahme bzw. dem Unterbleiben oder dem Abbruch einer medizinisch angezeigten Maßnahme die begründete Gefahr des Sterbens oder schwerer und länger dauernder Gesundheitsschädigung verbunden ist. Der Bevollmächtigte ist befugt, Krankenunterlagen einzusehen und alle Informationen durch die behandelnden Ärzte einzuholen.
2. Untervollmacht darf in persönlichen Angelegenheiten nicht erteilt werden.
3. Der Notar hat auf die betreuungsgerichtlichen Genehmigungserfordernisse für die Einwilligung in freiheitsentziehende Maßnahmen und ärztliche Maßnahmen gegen den Willen des Betroffenen hingewiesen; ferner auf die betreuungsgerichtlichen Genehmigungserfordernisse bei lebensgefährlichen Heileingriffen und Entscheidungen zu lebenserhaltenden oder -verlängernden Maßnahmen, soweit mit dem behandelnden Arzt kein Einvernehmen darüber besteht.

IV. Innenverhältnis

Für das dieser Vollmacht zugrundeliegende Rechtsverhältnis, das außerhalb dieser Vollmacht zwischen dem Vollmachtgeber und dem/den Bevollmächtigten begründet wurde, gilt das Auftragsrecht, soweit in dieser Urkunde keine abweichenden Regelungen enthalten sind.
Der Bevollmächtigte soll nach diesem Auftrag von dieser Vollmacht nur dann Gebrauch machen, wenn der Vollmachtgeber durch Alter oder Krankheit daran gehindert ist, für sich selbst zu sorgen. Diese Bestimmung ist jedoch keine Beschränkung der Vollmacht gegenüber Dritten, sondern lediglich eine Anweisung des Vollmachtgebers an

den Bevollmächtigten, die nur im Innenverhältnis gilt; im Außenverhältnis gegenüber Dritten und Behörden ist diese Vollmacht unbeschränkt.

V. Betreuungsverfügung

Diese Vollmacht soll vermeiden, dass für mich eine Betreuung nach §§ 1896 ff. BGB angeordnet wird und geht daher einer Betreuung vor. Der Bevollmächtigte unterliegt nicht den gesetzlichen Beschränkungen eines Betreuers.
Auch wenn ich die ordnungsgemäße Ausübung der Vollmacht nicht mehr selbst überwachen können sollte, halte ich eine Kontrolle durch Dritte nicht für nötig.
Wenn und soweit neben der Vollmacht eine Betreuung nötig werden sollte, soll dies durch den Bevollmächtigten geschehen, wobei die Vollmacht in diesem Falle insoweit bestehen bleibt, als der Aufgabenkreis des Betreuers nicht betroffen ist. Dies gilt ausdrücklich auch für den Fall, dass der Bevollmächtigte wegen in meiner Person eintretenden Gründen die Vollmacht niederlegt und eine gerichtliche Betreuung mit Einwilligungsvorbehalt beantragt.

VI. Schlussbestimmungen

1. Ich wünsche die Erfassung dieser Urkunde einschließlich der in ihr enthaltenen personenbezogenen Daten im Zentralen Vorsorgeregister der Bundesnotarkammer. Gleiches gilt für die persönlichen Daten des Bevollmächtigten, der darüber durch das Vorsorgeregister informiert wird.
2. Die Vollmacht soll durch meinen Tod nicht erlöschen. Sie soll auch dann wirksam bleiben, wenn ich geschäftsunfähig werden sollte oder ein Betreuer für mich bestellt wird.
3. Der Notar hat auf die weitreichenden Befugnisse dieser Vollmacht und die Gefahren des Missbrauchs hingewiesen. Der Erschienene erklärte, dass ihn ein besonderes Vertrauensverhältnis mit dem Bevollmächtigten verbindet. Der Notar hat ferner darauf hingewiesen, dass die Vollmacht jederzeit widerruflich ist und im Falle des Vollmachtswiderrufs dies dem Notar mitgeteilt werden sollte, um die Erteilung weiterer Vollmachtsausfertigungen zu vermeiden, und dass bereits erteilte Vollmachtsausfertigungen vom Vollmachtgeber zurückgefordert und vernichtet werden müssen, um einen Missbrauch zu verhindern.
Diese Niederschrift .....

■ **Kosten.** Geschäftswert der Vollmacht nach § 98 Abs. 3 GNotKG hälftiges Aktivvermögen des Vollmachtgebers, wenn es sich um eine Generalvollmacht handelt; bei beschränktem Vollmachtsumfang nach billigem Ermessen und unter angemessener Berücksichtigung des Umfangs der Vollmacht und des Vermögens zu reduzieren; Höchstwert: 1.000.000 €, § 98 Abs. 4 GNotKG; 1,0 Gebühr nach Nr. 21200 KV GNotKG, mindestens 60 €; Kosten der Betreuungs- und/oder Patientenverfügung wie Rdn. 23 M; verschiedene Beurkundungsgegenstände i.S.v. §§ 110 Nr. 3 i.V.m. 109 Abs. 2 Nr. 1 GNotKG; bei einseitiger Regelung des Innenverhältnisses in der Urkunde derselbe Beurkundungsgegenstand i.S.v. § 109 Abs. 1 GNotKG, Geschäftswert nach § 36 Abs. 1 GNotKG ohne Beschränkung auf 500.000 €, 1,0 Gebühr nach Nr. 21200 KV GNotKG.

11. Mehrere Bevollmächtigte in einer Urkunde

83   Häufig besteht der Wunsch, für den Fall, dass der zunächst Bevollmächtigte (z.B. der Ehegatte) nicht mehr für den Vollmachtgeber handeln kann oder will, Ersatzbevollmächtigte (z.B. die Kinder des Vollmachtgebers) zu benennen. Hier ist das Verhältnis zwischen dem

zunächst Bevollmächtigten einerseits und den Ersatzbevollmächtigten andererseits klarzustellen. Bei der Frage, ab wann der Ersatzbevollmächtigte handeln darf, stellen sich ähnliche Fragen wie bei der zeitlichen Beschränkung der Rechtsmacht des zunächst Bevollmächtigten: Wie dort ist es auch hier sinnvoll, die Ersatzvollmacht selbst im Außenverhältnis unbeschränkt zu erteilen verbunden mit der Anweisung im Innenverhältnis, von der Vollmacht erst Gebrauch zu machen, wenn der zunächst Bevollmächtigte nicht mehr handeln kann oder will. Darüber hinaus kann auch bezüglich der Ersatzbevollmächtigten, wie schon oben unter 6. dargelegt, zur Wirksamkeitsvoraussetzung der Vollmacht gemacht werden, dass der jeweilige Bevollmächtigte eine gemäß § 49 Abs. 2 BeurkG auf seinen Namen erteilte Ausfertigung der Vollmachtsurkunde vorlegt. Diese Regelung kann durch die Anweisung an den Notar flankiert werden, die Ausfertigungen für die Ersatzbevollmächtigten zunächst zu Händen des Vollmachtgebers oder erst nach schriftlicher Anweisung durch den Vollmachtgeber bzw. nach Vorlage eines Nachweises, dass der Vollmachtgeber dazu nicht mehr in der Lage ist, zu erteilen.

Gibt es gleich mehrere zunächst Bevollmächtigte oder mehrere Ersatzbevollmächtigte, ist auch insoweit jeweils das Verhältnis untereinander klarzustellen. Sind die Bevollmächtigten auf der jeweiligen Ebene einzelvertretungsbefugt, ist der Ausfall eines Bevollmächtigten unproblematisch. Allerdings wächst mit mehreren Einzelbevollmächtigten auch die Gefahr des Missbrauchs. Auch hier kann im Innenverhältnis festgelegt werden, dass ein Rangverhältnis besteht, ein Bevollmächtigter B also z.B. erst handeln soll, wenn ein anderer Bevollmächtigter A nicht für den Vollmachtgeber handeln kann oder will. Ferner können unter den Bevollmächtigten bestimmte Zuständigkeiten für bestimmte Bereiche zugewiesen werden. Auch eine interne Überwachung eines gegenüber dem anderen Bevollmächtigten und das Recht eines Bevollmächtigten zum Widerruf der Vollmacht gegenüber einem anderen Bevollmächtigten kann im Innenverhältnis geregelt werden. Beim Widerrufsrecht ist allerdings Vorsicht geboten, weil dadurch eine Blockadesituation entstehen kann. **84**

Sind die Bevollmächtigten auf der jeweiligen Ebene nur gemeinsam vertretungsberechtigt, wird die Konstruktion sehr schwerfällig. Sie ist daher nicht unbedingt empfehlenswert und sollte nur in begründeten Ausnahmefällen verwendet oder auf klar definierte, besonders wichtige Handlungen beschränkt werden. **85**

Vorsorgevollmacht von Eheleuten mit weiterer Vollmacht für Kinder

Verhandelt zu ..... am ..... **86 M**

Vor mir .....
erschienen:
Eheleute .....
Die Erschienenen wiesen sich aus durch .....
Die Erschienenen erklärten folgende

General- und Vorsorgevollmacht

I. Vorsorgevollmachten

Wir bevollmächtigen uns hiermit gegenseitig
sowie unsere Kinder
.....
jeder Ehegatte und die weiteren Bevollmächtigten nachstehend jeweils »der Bevollmächtigte« genannt –,
und zwar jeden Bevollmächtigten einzeln vertretungsberechtigt, jeden von uns in allen Angelegenheiten, in welchen rechtlich eine Stellvertretung gestattet ist, insbesondere

in allen vermögensrechtlichen (Ziff. II) und persönlichen (Ziff. III) Angelegenheiten gerichtlich und außergerichtlich zu vertreten.
Diese Vollmacht ist nur wirksam, sofern der Bevollmächtigte eine ihm erteilte Ausfertigung dieser Urkunde in Besitz hat.
Jedem Ehegatten ist eine Ausfertigung zu erteilen, jede weitere Ausfertigung nur auf unsere gemeinsame schriftliche Anweisung. Sollte einer von uns dazu nicht mehr in der Lage sein, so kann der Bevollmächtigte gegen Vorlage einer dies belegenden ärztlichen Bescheinigung oder einer Sterbeurkunde beliebig viele Ausfertigungen dieser Urkunde vom Notar verlangen. Ausfertigungen für die weiteren Bevollmächtigten sollen vom Notar erst erteilt werden, wenn einer der Ehegatten den Notar schriftlich dazu anweist oder die weiteren Bevollmächtigten Urkunden oder ärztliche Atteste vorlegen, aus denen hervorgeht, dass beide Ehegatten zur Erteilung einer schriftlichen Anweisung nicht mehr in der Lage sind.

II. Vermögensrechtliche Angelegenheiten

s. oben Muster Rdn. 82 *M unter II.*

III. Persönliche Angelegenheiten

s. oben Muster Rdn. 82 *M unter III. entsprechend*

IV. Innenverhältnis

Für das dieser Vollmacht zugrundeliegende Rechtsverhältnis, das außerhalb dieser Vollmacht zwischen dem Vollmachtgeber und dem/den Bevollmächtigten begründet wurde, gilt das Auftragsrecht, soweit in dieser Urkunde keine abweichenden Regelungen enthalten sind.
Der Bevollmächtigte soll nach diesem Auftrag von dieser Vollmacht nur dann Gebrauch machen, wenn der jeweilige Vollmachtgeber durch Alter oder Krankheit daran gehindert ist, für sich selbst zu sorgen. Die weiteren Bevollmächtigten sollen demnach von dieser Vollmacht nur dann Gebrauch machen, wenn wir beide durch Alter oder Krankheit gehindert sind, für uns selbst zu sorgen. Diese Bestimmungen sind jedoch keine Beschränkungen der Vollmacht gegenüber Dritten, sondern lediglich Anweisungen der Vollmachtgeber an die Bevollmächtigten, die nur im Innenverhältnis gelten; im Außenverhältnis gegenüber Dritten und Behörden ist diese Vollmacht unbeschränkt.

V. Betreuungsverfügung

Diese Vollmacht soll vermeiden, dass für uns eine Betreuung nach §§ 1896 ff. BGB angeordnet wird und geht daher einer Betreuung vor. Der Bevollmächtigte unterliegt nicht den gesetzlichen Beschränkungen eines Betreuers.
Auch wenn der Betreffende von uns die ordnungsgemäße Ausübung der Vollmacht nicht mehr selbst überwachen können sollte, hält er eine Kontrolle durch Dritte nicht für nötig. Sollte das Gericht gleichwohl eine Vollmachtsbetreuung für erforderlich erachten, möchten wir, dass hierzu eines unserer Kinder bestimmt wird.
Wenn und soweit neben der Vollmacht eine Betreuung nötig werden sollte, soll dies durch den bevollmächtigten Ehegatten oder eines der bevollmächtigten Kinder geschehen, wobei die Vollmacht in diesem Falle insoweit bestehen bleibt, als der Aufgabenkreis des Betreuers nicht betroffen ist. Dies gilt ausdrücklich auch für den Fall, dass der Bevollmächtigte wegen in meiner Person eintretenden Gründen die Vollmacht niederlegt und eine gerichtliche Betreuung mit Einwilligungsvorbehalt beantragt.

VI. Schlussbestimmungen

1. Wir wünschen die Erfassung dieser Urkunde einschließlich der in ihr enthaltenen personenbezogenen Daten im Zentralen Vorsorgeregister der Bundesnotarkammer. Gleiches gilt für die persönlichen Daten der Bevollmächtigten, die darüber durch das Vorsorgeregister informiert werden.
2. Die Vollmacht soll durch den Tod des jeweiligen Vollmachtgebers nicht erlöschen. Sie soll auch dann wirksam bleiben, wenn der jeweilige Vollmachtgeber geschäftsunfähig werden sollte oder ein Betreuer für ihn bestellt wird.
3. Der Notar hat auf die weitreichenden Befugnisse dieser Vollmacht und die Gefahren des Missbrauchs hingewiesen. Die Erschienenen erklärten, dass sie ein besonderes Vertrauensverhältnis mit den Bevollmächtigten verbindet. Der Notar hat ferner darauf hingewiesen, dass die Vollmacht jederzeit widerruflich ist und im Falle des Vollmachtswiderrufs dies dem Notar mitgeteilt werden sollte, um die Erteilung weiterer Vollmachtsausfertigungen zu vermeiden, und dass bereits erteilte Vollmachtsausfertigungen vom Vollmachtgeber zurückgefordert und vernichtet werden müssen, um einen Missbrauch zu verhindern.
Diese Niederschrift .....

■ *Kosten.* Wie Rdn. 82 M, allerdings mehrere Vollmachten in einer Urkunde, daher z.B. bei zwei Vollmachtgebern Beschränkung auf je 1.000.000 €.

12. Vormundbenennung

Bei Eltern mit minderjährigen Kindern stellt sich die Frage, ob sie einen Vormund für den Fall benennen können, dass beide Eltern dauerhaft die elterliche Sorge nicht ausüben können. Gesetzlich geregelt ist allein die Vormundbenennung in einer Verfügung von Todes wegen, § 1776 BGB. Es ist jedoch davon auszugehen, dass eine Vormundbenennung der sorgeberechtigten Eltern für den Fall, dass sie aufgrund von Geschäftsunfähigkeit ihr Sorgerecht verlieren, bei der Auswahlentscheidung des Vormunds in ähnlicher Weise zu beachten ist wie eine Vormundbenennung, die in letztwilliger Verfügung für den Fall des Todes der Elternteile erfolgt.[43] Eine derartige Gleichstellung ist insbesondere mit Rücksicht auf die grundgesetzliche Wertentscheidung des Art. 6 Abs. 2 GG angezeigt, dessen Wahrung die §§ 1776, 1777 BGB dienen sollen.[44] Ob es wirklich empfehlenswert ist, eine solche Benennung statt in einer General- und Vorsorgevollmacht getrennt von dieser in einer selbstständigen, privat zu verwahrenden Verfügung niederzulegen[45] ist zweifelhaft, insbesondere wenn die Verknüpfung dann mit einer Anweisung in der Vollmacht zur Vorlage der separaten Verfügung beim Familiengericht erfolgt, da diese Anweisung als Regelung zum Grundverhältnis die oben diskutierten Kostenfolgen auslösen dürfte. Eine unmittelbare Aufnahme der Benennung in der Vollmachtsurkunde erscheint daher vorzugswürdig.

87

Vormundbenennung in einer General- und Vorsorgevollmacht

Für den Fall, dass zumindest eines unserer gemeinsamen Kinder noch minderjährig ist und – insbesondere wegen Geschäftsunfähigkeit beider Eltern – zu unseren Lebzeiten oder zu Lebzeiten des Längstlebenden die Bestellung eines Vormunds für erforderlich erachtet wird, benennen wir als Vormund:
......,

88 M

---
43 A.A. jedoch zumindest für den Fall des Sorgerechtsentzugs OLG Saarbrücken NJOZ 2015, 7, 8.
44 DNotI-Report 2010, 203, 206.
45 So DNotI-Report 2010, 203, 206.

Sollte dieser Vormund das Amt nicht führen können, so benennen wir ersatzweise ......,

Für den Vormund ordnen wir die in §§ 1852 bis 1854 BGB bezeichneten Befreiungen an. Die Bestellung eines Gegenvormunds (§ 1792 BGB) wird im Rahmen des rechtlich Zulässigen ausgeschlossen. Ausgeschlossen soll ferner die Bestellung von ..... zum Vormund sein (§ 1782 BGB).

Der Notar hat uns darauf hingewiesen, dass die Möglichkeit der Benennung eines Vormunds durch die Eltern gesetzlich nur für Verfügungen von Todes wegen, also Testamente oder Erbverträge, nicht aber für Vollmachten vorgesehen ist und dass daher unklar ist, inwieweit das Familiengericht an unsere Benennung gebunden ist.

V. Patientenverfügung und Behandlungswunsch

89 Durch das dritte Betreuungsrechtsänderungsgesetz wurde die Patientenverfügung erstmals im Gesetz verankert.

1. Begriffe und Inhalt

90 Nach der Legaldefinition in § 1901a Abs. 1 BGB ist eine Patientenverfügung die schriftliche Festlegung eines einwilligungsfähigen Volljährigen für den Fall seiner Einwilligungsunfähigkeit, ob er in bestimmte, zum Zeitpunkt der Festlegung noch nicht unmittelbar bevorstehende Untersuchungen seines Gesundheitszustands, Heilbehandlungen oder ärztliche Eingriffe einwilligt oder sie untersagt.

91 Liegt keine Patientenverfügung vor oder treffen die Festlegungen einer Patientenverfügung nicht auf die aktuelle Lebens- und Behandlungssituation zu, hat der Bevollmächtigte bzw. Betreuer eventuell vorhandene Behandlungswünsche oder den mutmaßlichen Willen des Betroffenen nach § 1901a Abs. 2 Satz 1 BGB festzustellen und auf dieser Grundlage zu entscheiden, ob er in eine ärztliche Maßnahme einwilligt oder sie untersagt. Erfüllt also eine vorhandene Festlegung die relativ strengen Voraussetzungen an eine Patientenverfügung nicht, kann diese immerhin als Behandlungswunsch i.S.d. § 1901 Abs. 2 Satz 1 BGB qualifiziert werden. Ein Großteil der bis zum Inkrafttreten der gesetzlichen Regelung am 01.09.2009 errichteten »Patientenverfügungen« dürften den Maßstäben des § 1901 Abs. 1 BGB wohl nicht gerecht werden, sodass es sich nicht um Patientenverfügungen im Rechtssinne, sondern allenfalls um Behandlungswünsche handelt.

92 Auch in Zukunft dürfte es im Einzelfall schwierig sein, vor einer konkreten Krankheitssituation die gewünschten oder unerwünschten Behandlungsmaßnahmen hinreichend konkret zu beschreiben, um den Anforderungen an eine Patientenverfügung zu genügen. Die Rechtsprechung zu dieser Frage – begleitet von einem großen und z.T. geradezu hysterischen Medieninteresse – hat in den vergangenen Jahren zu erheblicher Unsicherheit in der Anwendungspraxis geführt. So hat der BGH in einem vielbeachteten Beschluss aus dem Jahr 2017 ausgeführt, die schriftliche Äußerung, »keine lebenserhaltenden Maßnahmen« zu wünschen, enthalte für sich genommen nicht die für eine bindende Patientenverfügung notwendige konkrete Behandlungsentscheidung des Betroffenen.[46] Die insoweit erforderliche Konkretisierung könne aber gegebenenfalls durch die Benennung bestimmter ärztlicher Maßnahmen oder die Bezugnahme auf ausreichend spezifizierte Krankheiten oder Behandlungssituationen erfolgen. Sowohl in den Massenmedien als auch in der Fachliteratur wurde teilweise verkannt, dass diese wenig konkrete Formulierung der »Patientenverfügung« nicht etwa belanglos oder gar rechtlich unverbindlich war, denn es handelt sich dabei immerhin um einen Behandlungs-

---

46 BGH, Beschl. v. 06.07.2016, DNotZ 2017, 199 f.

wunsch i.S.d. § 1902a Abs. 2 BGB.[47] Außerdem hat die Rechtsprechung anerkannt, dass die Anforderungen an die Bestimmtheit einer Patientenverfügung nicht überspannt werden dürfen.[48] Vorausgesetzt werden könne nur, dass der Betroffene umschreibend festlege, was er in einer bestimmten Lebens- und Behandlungssituation will und was nicht. Maßgeblich sei nicht, dass der Betroffene seine eigene Biografie als Patient vorausahne und die zukünftigen Fortschritte in der Medizin vorwegnehmend berücksichtige. Nach der Rechtsprechung des BGH genügt eine Patientenverfügung, die einerseits konkret die Behandlungssituationen beschreibt, in der die Verfügung gelten soll, und andererseits die ärztlichen Maßnahmen genau bezeichnet, in die der Ersteller einwilligt oder die er untersagt, etwa durch Angaben zur Schmerz- und Symptombehandlung, künstlichen Ernährung und Flüssigkeitszufuhr, Wiederbelebung, künstlichen Beatmung, Antibiotikagabe oder Dialyse, dem Bestimmtheitsgrundsatz.[49]

Vor diesem Hintergrund wird in der Literatur zwischen der »qualifizierten Patientenverfügung«, also der eigentlichen Patientenverfügung nach § 1901a Abs. 1 BGB, und der »einfachen Patientenverfügung« – so die Bezeichnung für den Behandlungswunsch i.S.d. § 1901a Abs. 2 BGB – differenziert.[50] Dies erscheint insoweit sinnvoll, als ansonsten das auch als »Patientenverfügungsgesetz« bezeichnete dritte Betreuungsrechtsänderungsgesetz dazu führen dürfte, dass es Patientenverfügungen in der Praxis kaum noch gibt. **93**

2. Reichweite

Das Gesetz stellt nun in § 1901a Abs. 3 BGB ausdrücklich klar, dass es für die Beachtung und Durchsetzung des Patientenwillens nicht auf Art und Stadium der Erkrankung ankommt. Die zuvor diskutierte Reichweitenbegrenzung ist damit nicht Gesetz geworden: Auch die schwierigen Fälle des Wachkomas und der Demenz, die im Einzelfall oft keine medizinisch ausweglosen Behandlungssituationen darstellen, können in der Patientenverfügung geregelt werden.[51] Der Patient muss sich also nicht im Sterben befinden, damit die Patientenverfügung greift. **94**

3. Form

§ 1901a Abs. 1 BGB verlangt, dass die qualifizierte Patientenverfügung schriftlich verfasst ist. Für Schreibunfähige bleibt damit nur die Möglichkeit, eine qualifizierte Patientenverfügung nach § 25 BeurkG zur Urkunde eines Notars zu errichten. Die einfache Patientenverfügung in Form von Behandlungswünschen i.S.d. § 1901a Abs. 2 BGB bedarf hingegen keiner Form. **95**

Die notarielle Beurkundung der Patientenverfügung hat – wie bei der Vorsorgevollmacht – den Vorteil, dass der Notar nach § 11 BeurkG die erforderliche Geschäftsfähigkeit (hier: Einwilligungsfähigkeit) des Betroffenen prüft. Damit bietet die Beurkundung auch hier einen besseren Schutz als die bloße Schriftform gegen den nachträglich vorgebrachten Einwand, die Patientenverfügung sei wegen bereits zum Zeitpunkt ihrer Errichtung vorhandener Einwilligungsunfähigkeit des Betroffenen unwirksam. **96**

4. Volljährigkeit

Für die wirksame Errichtung einer qualifizierten Patientenverfügung verlangt § 1901a Abs. 1 BGB die Volljährigkeit des Betroffenen. Diese Voraussetzung folgt nicht schon aus dem weiteren Erfordernis der Einwilligungsfähigkeit, da die erforderliche Einwilligungsfähigkeit nach der Rechtsprechung auch bei Minderjährigen vorhanden sein kann. Offenbar wollte der Gesetzge- **97**

---

47 Vgl. *Renner*, DNotZ 2017, 210, 213; *Reetz*, RNotZ 2016, 571, 573.
48 BGH DNotZ 2015, 47, 53.
49 BGH, Beschluss v. 08.02.2017, DNotZ 2017, 611, 613.
50 *Renner*, ZNotP 2009, 371, 374 f.; *Renner/Müller*, Betreuungsrecht und Vorsorgeverfügungen in der Praxis, 5. Aufl. 2018, Rn. 482 ff.
51 Vgl. *Höfling*, NJW 2009, 2849, 2850.

ber die Hürde gegenüber dem bloßen Kriterium der Einwilligungsfähigkeit erhöhen, damit es im Einzelfall nicht zu schwierigen Abgrenzungsfragen bei Minderjährigen kommt. Der Preis dafür ist, dass Minderjährige keine qualifizierte Patientenverfügung errichten können. Dieser Preis wird teilweise für zu hoch,[52] teilweise sogar für verfassungsrechtlich bedenklich gehalten.[53]

5. Einbeziehung von Angehörigen und sonstigen Vertrauenspersonen

98 § 1901b Abs. 2 BGB verlangt sowohl bei einer qualifizierten Patientenverfügung als auch bei einer einfachen Patientenverfügung, dass nahen Angehörigen und sonstigen Vertrauenspersonen des Vollmachtgebers bzw. Betreuten die Gelegenheit zur Äußerung gegeben werden soll, wenn das ohne erhebliche Verzögerung möglich ist. Streitig ist, ob dieses Beteiligungserfordernis durch den Betroffenen wirksam abbedungen werden kann.

99 Sicher muss es dem Betroffenen möglich sein, bestimmte nahe Angehörige oder vermeintliche Vertrauenspersonen von der Beteiligung ausdrücklich auszunehmen.[54] Für die Frage, ob auch ein umfassender Verzicht auf jegliche Beteiligung solcher Personen möglich ist, ist von Bedeutung, dass es sich bei § 1901b Abs. 2 BGB lediglich um eine Soll-Vorschrift handelt und auch nur die Anhörung des genannten Personenkreises, nicht aber dessen Beteiligung an der Entscheidung vorgesehen ist. Daraus wird teilweise hergeleitet, dass dies eine gänzliche Abbedingung verbiete.[55] Es lässt sich hingegen mindestens genauso gut argumentieren, dass gerade die geringe Verbindlichkeit der Einbindung der genannten Personen deutlich macht, dass ihre Beteiligung durchaus verzichtbar ist.

100 Für die Abdingbarkeit spricht außerdem, dass in der Vorschrift des § 298 Abs. 1 FamFG, der das Verfahren in den Fällen des § 1904 BGB regelt, das Gericht eine dem Betroffenen nahestehende Person anzuhören hat, wenn der Betroffene dies verlangt. Hier wird also ausdrücklich auf den Willen des Betroffenen abgestellt. Außerdem soll nach dieser Vorschrift das Gericht die »sonstigen Beteiligten« hören. Das können nach § 274 Abs. 4 FamFG nahe Angehörige und Vertrauenspersonen des Betroffenen sein, wobei über deren Beteiligung von Amts wegen oder auf Antrag des Betroffenen im Wege pflichtgemäßer Ermessensausübung durch das Gericht entschieden wird.[56] Das Gericht wird wohl nur in Ausnahmefällen gegen den ausdrücklich erklärten Willen des Betroffenen eine solche Person am Verfahren in Betreuungssachen beteiligen. Daher muss es dem Betroffenen in der Regel auch möglich sein, in der Patientenverfügung die Beteiligung solcher Personen am Verfahren nach § 1901b BGB allgemein auszuschließen.[57]

6. Aktualitätskontrolle

101 Der Bevollmächtigte bzw. Betreuer hat nach § 1901a Abs. 1 Satz 1 BGB die Pflicht zu prüfen, ob die Festlegungen in der Patientenverfügung auf die aktuelle Lebens- und Behandlungssituation zutreffen. Anders als die oben diskutierte Einbeziehung von nahen Angehörigen und Vertrauenspersonen steht diese Aktualitätskontrolle nicht zur Disposition der Beteiligten.[58] Nach der gesetzlichen Konzeption ist diese Prüfung unverzichtbare Voraussetzung für die Anerkennung der qualifizierten Patientenverfügung als verbindliche Festlegung. Daher ist auch eine Festlegung, die nicht von vornherein den Anspruch erhebt, die Voraussetzungen des § 1901a Abs. 1 Satz 1 BGB an eine qualifizierte Patientenverfügung zu erfüllen,[59] gleichwohl zunächst an dieser Vorschrift zu messen.

---

52 *Lange*, ZEV 2009, 537, 539.
53 *Spickhoff*, FamRZ 2009, 1949, 1950 f.; *Lange*, ZEV 2009, 537, 543.
54 So auch *Schmitz*, FamFR 2009, 64, 66.
55 *Schmitz*, FamFR 2009, 64, 66.
56 *Keidel*, FamFG, § 274, Rn. 11 f.
57 *Schwab* in: MüKoBGB, Band 9, 7. Auflage, § 1901b, Rn. 15; *Diehn/Rebhan*, NJW 2010, 326, 327.
58 *Diehn/Rebhan*, NJW 2010, 326, 327.
59 Etwa indem sie lediglich als »Behandlungswunsch i.S.d. § 1901a Abs. 2 BGB« bezeichnet ist.

7. Konsultation des Arztes

Auch das Konsultationsverfahren nach § 1901b Abs. 1 BGB, in dem der behandelnde Arzt prüft, welche ärztliche Maßnahme indiziert ist, kann nicht abbedungen werden.[60] Es handelt sich um berufsrechtliche Pflichten des Arztes, die nicht zur Disposition der Beteiligten stehen.[61]

8. Verhältnis von Patientenverfügung und Organspendeerklärung

Dem schwierigen Verhältnis von Patientenverfügung und Organspendeerklärung hat sich der Ausschuss für ethische und medizinisch-juristische Grundsatzfragen der Bundesärztekammer angenommen und seine Ergebnisse in einem Arbeitspapier zusammengefasst. Das Arbeitspapier zeigt wesentliche in Betracht kommende Situationen auf und bewertet diese rechtlich wie ethisch.[62] Es enthält hilfreiche Textbausteine zu diesem Thema. Zwei dieser Bausteine sind unten im Muster Rdn. 118 M wiedergegeben.

9. Widerruf

§ 1901a Abs. 1 Satz 3 BGB regelt nun ausdrücklich, dass eine qualifizierte Patientenverfügung jederzeit und in jeder Form widerrufen werden kann. Das heißt: Auch eine Patientenverfügung, die notariell beurkundet worden ist, kann mündlich oder gar durch nonverbales Verhalten widerrufen werden. Der Widerrufende muss noch nicht einmal geschäftsfähig sein.[63]

10. Bestätigung in regelmäßigen Abständen

Nicht in der gesetzlichen Regelung selbst, aber in der Begründung des Bundestages zum Gesetz findet sich die Empfehlung, die Patientenverfügung von Zeit zu Zeit, insbesondere bei wesentlichen Änderungen der Lebensumstände oder des Gesundheitszustandes, zu überprüfen und bei Bedarf zu ändern.[64] Dadurch wird die Diskussion darüber, ob der Betroffene die Verfügung in zeitlichen Abständen erneut unterschreiben sollte, wieder angefacht.

Inwieweit dies in der Erklärung selbst ihren Niederschlag finden sollte, ist eine Frage der Abwägung: Enthält die Urkunde den Hinweis, dass sich eine regelmäßige handschriftliche Bestätigung der Patientenverfügung empfiehlt, so besteht die Gefahr, dass bei vergessener entsprechender Aktualisierung dies als Widerruf ausgelegt wird.

Einen Mittelweg stellt der folgende Formulierungsvorschlag dar:

Ausschluss einer regelmäßigen Bestätigung

Mir ist bekannt, dass sich eine Bestätigung dieser Erklärung in regelmäßigen Abständen anbietet. Ich wünsche allerdings nicht, dass mir in der konkreten Situation eine Änderung meines hiermit bekundeten Willens unterstellt wird, solange ich ihn nicht ausdrücklich schriftlich oder nachweisbar mündlich widerrufen habe. Insbesondere will ich nicht, dass in dem Fehlen einer Bestätigung ein solcher Widerruf gesehen wird.

---

60 *Diehn/Rebhan*, NJW 2010, 326, 327.
61 Beschlussempfehlung und Bericht des Rechtsausschusses, BT-Drucks. 16/13314, S. 20.
62 Das Arbeitspapier ist veröffentlicht in notar 2014, 120 ff.
63 *Renner*, ZNotP 2009, 371, 375.
64 BT-Drucks. 16/13314, S. 20.

11. Isolierte Patientenverfügung

108 Die gesetzliche Regelung der Patientenverfügung unterstreicht einmal mehr die Bedeutung der Vorsorgevollmacht für die Patientenverfügung, die sich schlagwortartig in der Empfehlung »Besser eine Vorsorgevollmacht ohne Patientenverfügung als eine Patientenverfügung ohne Vorsorgevollmacht!« zusammenfassen lässt. Nach § 1901b Abs. 1 Satz 1 BGB soll der Arzt zunächst prüfen, was medizinisch indiziert ist. Außerdem hat er den Bevollmächtigten bzw. Betreuer nach § 1901b Abs. 1 Satz 2 BGB im Rahmen einer »präventiven Evidenzkontrolle«[65] bei dessen Entscheidungsfindung mit seinen medizinischen Fachkenntnissen zu unterstützen und neben der medizinischen Indikation auch zu prüfen, ob der Patientenwille, wie er durch den Bevollmächtigten oder den Betreuer zum Ausdruck gebracht wird, dem Willen des Patienten tatsächlich entspricht.[66] Der Arzt muss aber nach diesem Verständnis der gesetzlichen Regelung nicht selbst den Willen des Patienten feststellen. Er soll nach dem Gesetz lediglich die in Aussicht genommene Maßnahme »unter Berücksichtigung des Patientenwillens« mit dem Vertreter erörtern. Die Ermittlung des Willens bliebe damit Aufgabe des Bevollmächtigten bzw. des Betreuers. Die passive Evidenzkontrolle durch den Arzt wäre damit nicht eigene Auslegungs-, Entscheidungs- oder Durchsetzungskompetenz im Hinblick auf die Patientenverfügung, sondern lediglich Reflex seiner ärztlichen Pflicht zur umfassenden medizinischen Beratung. Diese Sichtweise hat der Bundesgerichtshof in seiner Entscheidung vom 10.11.2010 zunächst bestätigt,[67] seiner Entscheidung vom 17.09.2014 liegt jedoch offenbar ein anderes Verständnis zugrunde: Eine »qualifizierte« Patientenverfügung enthält danach eine auch für den Arzt unmittelbar verbindliche Willenserklärung.[68] Diese Sichtweise liegt wohl auch dem durch das Patientenrechtegesetz[69] eingeführten § 630d BGB n.F. zugrunde.[70] Sie stärkt die Position des Arztes und schwächt die des Betreuers bzw. Bevollmächtigten. Auf der Grundlage dieser neueren Rechtsprechung stellt sich die Frage, ob es im Einzelfall vorzugswürdig sein kann, statt einer »qualifizierten« Patientenverfügung eine »einfache« Patientenverfügung i.S. eines Behandlungswunsches zu verfassen, um die Position des Bevollmächtigten gegenüber dem Arzt zu stärken. Dies erscheint jedenfalls dann sinnvoll, wenn die Entscheidung im Einzelfall nicht vorweggenommen werden soll, sondern eine abwägende Beurteilung der Situation durch den Bevollmächtigten und dessen Einflussnahme auf die konkrete Behandlung gewünscht ist.

109 Eine bloße Evidenzkontrolle durch den Arzt im vorstehend skizzierten Sinne findet demnach nur dann statt, wenn keine »qualifizierte« Patientenverfügung vorliegt, sondern z.B. ein Behandlungswunsch, d.h. eine »einfache« Patientenverfügung. Hier ist diese Evidenzkontrolle des Arztes von besonderer Bedeutung, wenn die begründete Gefahr besteht, dass der Patient aufgrund der indizierten Maßnahme stirbt oder einen schweren und länger dauernden gesundheitlichen Schaden erleidet. Sind sich Arzt und Bevollmächtigter bzw. Betreuer hier einig, wie der Patientenwille zu verstehen ist, ist auch bei einer solch riskanten Maßnahme keine Genehmigung des Betreuungsgerichts erforderlich. Das zuständige Betreuungsgericht kann jedoch ein Negativattest über die fehlende Genehmigungsbedürftigkeit erteilen.[71] Sind Arzt und Bevollmächtigter bzw. Betreuer sich uneinig, ist die Genehmigung des Gerichts für die Maßnahme einzuholen.

110 Es ist nicht zwingend, dass der Vorsorgebevollmächtigte und der zur Durchsetzung der Patientenverfügung Bevollmächtigte identisch sind. Der Vorsorgebevollmächtigte soll

---

65 So *Ihrig*, notar 2009, 380, 382.
66 §§ 1901b Abs. 1 Satz 2, 1904 Abs. 4 BGB.
67 BGH DNotZ 2011, 622 ff. m. Anm. *Ihrig*.
68 BGH, DNotZ 2015, 47.
69 Gesetz zur Verbesserung der Rechte von Patientinnen und Patienten, BGBl. 2013 I S. 277.
70 So auch Würzburger Notarhandbuch/*Müller*, 5. Aufl. 2018, Teil 3, Kap. 3, Rn. 114ff.; Empfehlung der Bundesärztekammer und der Zentralen Ethikkommission bei der Bundesärztekammer zum Umgang mit Vorsorgevollmacht und Patientenverfügung in der ärztlichen Praxis vom 19.08.2013, abgedruckt in notar 2014, 115 ff.
71 BGH DNotZ 2015, 47; LG Kleve NJW 2010, 2666 ff.

grundsätzlich die Belange des täglichen Lebens für den Vollmachtgeber regeln, während der zur Durchsetzung einer einfachen Patientenverfügung Bevollmächtigte Entscheidungen über ärztliche Behandlungen zu treffen hat. Die Vollmacht zur Durchsetzung einer Patientenverfügung mag im Ernstfall z.B. den Ehepartner psychisch überfordern, während dies bei der allgemeinen Vorsorgevollmacht nicht der Fall ist.[72]

12. Trennung von Vorsorgevollmacht und Patientenverfügung?

Bei der Frage, ob Vorsorgevollmacht und Patientenverfügung in einer Urkunde zusammengefasst oder in zwei separaten Urkunden erklärt werden sollten, spielen insbesondere folgende Aspekte eine Rolle, die keine allgemeine Antwort gebieten, sondern es der Einschätzung des Beraters oder Klienten im Einzelfall überlassen, was sinnvoller ist: **111**

Vorsorgevollmachten und Patientenverfügungen richten sich einerseits zwar üblicherweise an denselben Bevollmächtigten (zu Ausnahmen vgl. oben Rdn. 75), andererseits ist die Zielrichtung unterschiedlich. Die Vollmachtsurkunde dient nach § 172 Abs. 1 BGB gegenüber Dritten auch als Nachweis der Vollmacht. Geht es aber im konkreten Fall nicht um die Durchsetzung der Patientenverfügung, ist der Vollmachtgeber möglicherweise daran interessiert, dass sie dem Dritten nicht zur Kenntnis gelangt. **112**

Bei notariell beurkundeten Erklärungen lässt sich dieses Ziel statt durch eine Trennung allerdings auch durch auszugsweise Ausfertigungen der Vollmacht erreichen. **113**

Soll die Vollmacht widerrufen werden, die Patientenverfügung hingegen nicht, ist dies nur bei Trennung möglich. Dasselbe gilt im umgekehrten Fall, wenn also die Patientenverfügung widerrufen werden soll, die Vollmacht jedoch nicht. Sind beide Erklärungen in einer Urkunde enthalten, kann diese nur insgesamt widerrufen werden. Die Patientenverfügung muss dann mit der entsprechenden Kostenfolge neu errichtet werden. Ein Widerruf der Patientenverfügung ist aufgrund der gesetzlichen Neuregelung insbesondere dann wahrscheinlich, wenn ein Betroffener, der in gesundem Zustand lediglich einen einfache Patientenverfügung, also einen Behandlungswunsch i.S.d. § 1901a Abs. 2 BGB errichtet hat, aufgrund einer Erkrankung und des absehbaren Krankheitsverlaufs nunmehr eine qualifizierte Patientenverfügung i. S d. § 1901a Abs. 1 BGB errichten will. **114**

Allerdings sind Vollmachtgeber und Bevollmächtigter mit Ausfertigungen und beglaubigten Abschriften beider Urkunden, also vier verschiedenen Schriftstücken, möglicherweise schon überfordert, weil Ihnen der Unterschied zwischen Vollmacht und Patientenverfügung nicht klar ist. Dies gilt erst recht, wenn es mehrere Bevollmächtigte gibt. **115**

Die Kostenunterschiede der notariellen Beurkundung für beide Varianten sind i.d.R. zu vernachlässigen. **116**

Einfache Patientenverfügung (Behandlungswunsch i.S.v. § 1901a Abs. 2 BGB) mit Vorsorgevollmacht

Die Erschienene ließ folgende   **117 M**

Vorsorgevollmacht und Patientenverfügung

beurkunden und erklärte:

I. Vorsorgevollmacht

s. oben Muster Rdn. 82 *M*

---

72 Vgl. *Renner*, ZNotP 2009, 371, 381.

II. Patientenverfügung i.S.v. Behandlungswünschen (§ 1901a Abs. 2 BGB)

Diese Patientenverfügung gilt insbesondere:
1. wenn ich mich voraussichtlich unabwendbar im unmittelbaren Sterbeprozess befinde,
2. wenn ich mich im vorgerückten Stadium einer unheilbaren, üblicherweise tödlich verlaufenden Krankheit befinde, selbst wenn der Tod noch nicht unmittelbar bevorsteht,
3. wenn ich infolge einer direkten oder indirekten Gehirnschädigung meine Fähigkeit, Einsichten zu gewinnen, Entscheidungen zu treffen und mit anderen Menschen zu kommunizieren nach ärztlicher Einschätzung aller Wahrscheinlichkeit nach unwiederbringlich verloren habe, selbst wenn der Todeszeitpunkt noch nicht absehbar ist. Mir ist bekannt, dass in solchen Situationen die Fähigkeit zur Empfindungen erhalten sein kann,
4. wenn ich infolge eines weit fortgeschrittenen Hirnabbauprozesses (z.B. bei Demenzerkrankungen) auch mit regelmäßiger Hilfestellung nicht mehr in der Lage bin, Nahrung oder Flüssigkeit auf natürliche Weise zu mir zu nehmen,
5. wenn ich ohne Aussicht auf Wiedererlangung des Bewusstseins im Wachkoma liege.

Vergleichbare, unter 1. bis 5. nicht ausdrücklich aufgeführte Krankheitszustände sollen entsprechend beurteilt werden.

In den hier beschriebenen Situationen, insbesondere auch in den Fällen, in denen der Tod noch nicht unmittelbar bevorsteht, wünsche ich sterben zu dürfen und verlange, dass man mich sterben lässt und von Wiederbelebungsmaßnahmen und lebensverlängernden Maßnahmen absieht. Sollte durch ärztliche Maßnahmen nicht mehr erreicht werden können als eine Verlängerung des Sterbevorganges oder eine Verlängerung des Leidens, verweigere ich hiermit ausdrücklich die Zustimmung zu irgendwie gearteten ärztlichen Eingriffen, zumal wenn sie mit erheblichen Schmerzen verbunden sind.

Ich bitte, mir jede notwendige Menge von Medikamenten zu geben und solche Maßnahmen anzuwenden, die erforderlich sind, um mich von Schmerz und großer Belastung zu befreien, auch wenn sie lebensverkürzend sind oder zu einer Bewusstseinsausschaltung führen.

Wenn jedoch keine der vorbeschriebenen Situationen oder vergleichbare Krankheitszustände vorliegen, wünsche ich, dass eine Untersuchung meines Gesundheitszustands, eine Heilbehandlung oder ein ärztlicher Eingriff auch dann durchgeführt wird, wenn ich auf Grund einer psychischen Krankheit oder einer geistigen oder seelischen Behinderung die Notwendigkeit der ärztlichen Maßnahme nicht erkennen oder nicht nach dieser Einsicht handeln kann, und die ärztliche Zwangsmaßnahme zu meinem Wohl notwendig ist, um einen drohenden erheblichen gesundheitlichen Schaden abzuwenden.

Mir ist bekannt, dass sich eine Bestätigung dieser Erklärung in regelmäßigen Abständen anbietet. Ich wünsche allerdings nicht, dass mir in der konkreten Situation eine Änderung meines hiermit bekundeten Willens unterstellt wird, solange ich ihn nicht ausdrücklich schriftlich oder nachweisbar mündlich widerrufen habe. Insbesondere will ich nicht, dass in dem Fehlen einer Bestätigung ein solcher Widerruf gesehen wird. Der Bevollmächtigte ist beauftragt und ermächtigt, meinen Wünschen Geltung zu verschaffen. Auch ein eventuell bestellter Betreuer ist an diese Weisung gebunden.

III. Schlussbestimmungen

[s. oben Muster Rdn. 82 M, dort unter Ziff. VI.]

Diese Niederschrift wurde der Erschienenen von dem Notar vorgelesen, von ihr genehmigt und von ihr und dem Notar wie folgt eigenhändig unterschrieben:

■ *Kosten.* Wie zu Muster Rdn. 82 M, jedoch zusätzlich wegen Patientenverfügung 1,0 Gebühr nach Nr. 21200 KV GNotKG, mindestens 60 €, aus dem nach § 36 Abs. 2 und 3 GNotKG zu bestimmenden Wert von i.d.R. 5.000 €, im Verhältnis zur Vorsorgevollmacht verschiedene Beurkundungsgegenstände gemäß §§ 109 Abs. 2 Nr. 1, 110 Nr. 3 GNotKG; Patientenverfügung im Verhältnis zur Betreuungsverfügung derselbe Beurkundungsgegenstand gemäß § 109 Abs. 2 Ziff. 1 GNotKG.

Qualifizierte Patientenverfügung i.S.v. § 1901a Abs. 1 BGB

Der Erschienene ließ folgende 118 M

Vorsorgevollmacht und Patientenverfügung

beurkunden und erklärte:

I. Vorsorgevollmacht

[s. oben Muster Rdn. 82 M]

II. Patientenverfügung (§ 1901a Abs. 1 BGB)

Diese Patientenverfügung gilt insbesondere:
1. wenn ich mich voraussichtlich unabwendbar im unmittelbaren Sterbeprozess befinde,
2. wenn ich mich im vorgerückten Stadium einer unheilbaren, üblicherweise tödlich verlaufenden Krankheit befinde, selbst wenn der Tod noch nicht unmittelbar bevorsteht,
3. wenn ich infolge einer direkten oder indirekten Gehirnschädigung meine Fähigkeit, Einsichten zu gewinnen, Entscheidungen zu treffen und mit anderen Menschen zu kommunizieren nach ärztlicher Einschätzung aller Wahrscheinlichkeit nach unwiederbringlich verloren habe, selbst wenn der Todeszeitpunkt noch nicht absehbar ist. Mir ist bekannt, dass in solchen Situationen die Fähigkeit zur Empfindungen erhalten sein kann,
4. wenn ich infolge eines weit fortgeschrittenen Hirnabbauprozesses (z.B. bei Demenzerkrankungen) auch mit regelmäßiger Hilfestellung nicht mehr in der Lage bin, Nahrung oder Flüssigkeit auf natürliche Weise zu mir zu nehmen,

wenn ich ohne Aussicht auf Wiedererlangung des Bewusstseins im Wachkoma liege. Vergleichbare, unter 1. bis 5. nicht ausdrücklich aufgeführte Krankheitszustände sollen entsprechend beurteilt werden.

In den hier beschriebenen Situationen, insbesondere auch in den Fällen, in denen der Tod noch nicht unmittelbar bevorsteht, wünsche ich sterben zu dürfen und verlange
– lindernde pflegerische Maßnahmen, insbesondere Mundpflege zur Vermeidung des Durstgefühls sowie lindernde ärztliche Maßnahmen, insbesondere Medikamente zur wirksamen Bekämpfung von Schmerzen, Luftnot, Angst, Unruhe, Erbrechen und anderen Krankheitserscheinungen. Die Möglichkeit einer Verkürzung der Lebenszeit durch derartige Maßnahmen nehme ich ausdrücklich in Kauf,

– von Wiederbelegungsmaßnahmen abzusehen und lebensverlängernde oder lebenserhaltende Maßnahmen zu unterlassen bzw. abzubrechen, die nur den Todeseintritt verzögern und dadurch Leiden unnötig verlängern,

[Soweit eine konkrete Erkrankung bereits vorliegt, müssen hier konkrete, ggfs. zu erwartende Behandlungsmethoden beschrieben werden. Es sollte zu jeder Behandlungsmethode ausgeführt werden, ob oder inwieweit diese gewünscht ist oder nicht. Hier einige Beispiele:
– *die Gabe von Blut oder Blutbestandteilen nur zur Linderung meiner Beschwerden,*
– *eine künstliche Beatmung abzubrechen bzw. nicht einzuleiten, soweit ich Medikamente zur Linderung der Luftnot erhalte,*
– *die künstliche Flüssigkeitszufuhr zu unterlassen, soweit sie sich nicht als lindernde ärztliche Maßnahme darstellt,*
– *mich nicht künstlich zu ernähren (beispielsweise weder über eine Magensonde durch den Mund, die Nase oder die Bauchdecke noch über die Venen),*
– *keine Dialyse durchzuführen bzw. eine schon eingeleitete Dialyse einzustellen,*
– *Transplantationen von Organen und Gliedmaßen zu unterlassen.]*

Es ist mir bewusst, dass Organe nur nach Feststellung des Hirntods bei aufrecherhaltenem Kreislauf entnommen werden können. Deshalb gestatte ich ausnahmsweise für den Fall, dass bei mir eine Organspende medizinisch in Frage kommt, die kurzfristige (Stunden bis höchstens wenige Tage umfassende) Durchführung intensivmedizinischer Maßnahmen zur Bestimmung des Hirntods nach den Richtlinien der Bundesärztekammer und zur anschließenden Entnahme der Organe.

(oder: *Ich lehne eine Entnahme meiner Organe nach meinem Tod zu Transplantationszwecken ab.*)

Wenn jedoch keine der vorbeschriebenen Situationen oder vergleichbare Krankheitszustände vorliegen, wünsche ich, dass eine Untersuchung meines Gesundheitszustands, eine Heilbehandlung oder ein ärztlicher Eingriff auch dann durchgeführt wird, wenn ich auf Grund einer psychischen Krankheit oder einer geistigen oder seelischen Behinderung die Notwendigkeit der ärztlichen Maßnahme nicht erkennen oder nicht nach dieser Einsicht handeln kann, und die ärztliche Zwangsmaßnahme zu meinem Wohl notwendig ist, um einen drohenden erheblichen gesundheitlichen Schaden abzuwenden.

Der Bevollmächtigte ist beauftragt und ermächtigt, meinen Wünschen Geltung zu verschaffen. Auch ein eventuell bestellter Betreuer ist an diese Weisung gebunden.

Mir ist bekannt, dass sich eine Bestätigung dieser Erklärung in regelmäßigen Abständen anbietet. Ich wünsche allerdings nicht, dass mir in der konkreten Situation eine Änderung meines hiermit bekundeten Willens unterstellt wird, solange ich ihn nicht ausdrücklich schriftlich oder nachweisbar mündlich widerrufen habe. Insbesondere will ich nicht, dass in dem Fehlen einer Bestätigung ein solcher Widerruf gesehen wird. Über die medizinische Tragweite und Bedeutung dieser Patientenverfügung habe ich mit meinem Arzt, Herrn/Frau in gesprochen.

(oder: *Eine besondere ärztliche Aufklärung habe ich ausdrücklich nicht in Anspruch genommen.*)

III. Schlussbestimmungen

s. oben Muster Rdn. 82 M, dort unter Ziff. VI.

■ *Kosten.* Wie zu Muster Rdn. 117 M.

Widerruf einer Vorsorgevollmacht mit Patientenverfügung

119 M

[Briefkopf der Vollmachtgeber]
Widerruf einer Vorsorgevollmacht mit Patientenverfügung
Wir, die Unterzeichnenden, Eheleute ….. haben mit Urkunde vom ….. – Urkundenrolle Nr. ….. für ….. – des Notars ….., Notar in ….. – eine Generalvollmacht erteilt. Diese Generalvollmacht widerrufen wir mit sofortiger Wirkung.
Die für Frau ….. erteilte Ausfertigung der Urkunde haben wir dem Notar heute überreicht. Der Notar wird angewiesen, den Widerruf im Zentralen Vorsorgeregister der Bundesnotarkammer zu vermerken, soweit die Vollmacht dort registriert ist.
(Ort, Datum, Unterschrift der Vollmachtgeber)
Ich, die Unterzeichnende, Frau ….., nehme den vorstehenden Widerruf zur Kenntnis und erkläre mich damit einverstanden.
(Ort, Datum, Unterschrift der Bevollmächtigten)

VI. Internationales Privatrecht

Die Frage, welches nationale Recht auf eine General- und Vorsorgevollmacht bei Sachverhalten mit Auslandsberührung anzuwenden ist, ist nicht in einem Satz zu beantworten.[73] Das deutsche Internationale Privatrecht der gewillkürten Stellvertretung wurde in der Vergangenheit als »verworren und undurchsichtig« bezeichnet.[74] Auch wenn das sog. Wirkungslandprinzip, also der Grundsatz, dass das Recht des Staates Anwendung findet, in dem die Vollmacht verwendet wird, häufig den Ausgangspunkt der Rechtsprechung bildet, sind die Abgrenzungen und Durchbrechungen dieses Grundsatzes so zahlreich und vielgestaltig, dass man leicht den Überblick verliert.

120

1. Die drei Regimes: ESÜ, »altes« nationales Kollisionsrecht und Art. 8 EGBGB n.F.

Es ist mittlerweile anerkannt, dass Vollmachten grundsätzlich gesondert anzuknüpfen sind. Maßgebend für die Vollmacht ist also nicht automatisch das nationale Recht, dem das von dem Bevollmächtigten mit dem Dritten abgeschlossene bzw. abzuschließende Rechtsgeschäft unterliegt, sondern ein eigenes Vollmachtsstatut.

121

Drei Regelungsregimes sind beim deutschen Internationalen Privatrecht der General- und Vorsorgevollmacht zu unterscheiden: Als nach Art. 3 Ziff. 2. EGBGB vorrangige völkerrechtliche Regelung ist für die Bestimmung des Vollmachtsstatuts das **Haager Übereinkommen über den internationalen Schutz von Erwachsenen vom 13.1.2000 (im Folgenden: ESÜ)** maßgeblich.[75] Das ESÜ verdrängt in seinem Anwendungsbereich die nationalen kollisionsrechtlichen Regelungen. Das nationale IPR wird also nur dort relevant, wo das ESÜ nicht anwendbar ist, z.B. wenn die Vollmacht nach dem Tod des Vollmachtgebers ausgeübt wird und nach teilweise vertretener Auffassung auch dann, wenn der Vorsorgefall noch nicht eingetreten ist, der Vollmachtgeber seine Angelegenheiten also noch selbst regeln kann.

122

Der nationale Gesetzgeber hat das deutsche Internationale Privatrecht der gewillkürten Stellvertretung jüngst im neuen Art. 8 EGBGB, der am 17.6.2017 in Kraft getreten ist, kodi-

123

---

73 Vgl. *Spickhoff*, Vorsorgeverfügungen im Internationalen Privatrecht, in: Hilbig-Lugani u.a., Zwischenbilanz – Festschrift für Coester-Waltjen, S. 825 ff.; *Röthel/Woitge*, IPRax 210, 494 ff.
74 *Becker*, DNotZ 2017, 835, 840.
75 Gesetz zu dem Haager Übereinkommen vom 13.01.2000 über den Internationalen Schutz von Erwachsenen vom 17. März 2007, BGBl. 2007 II, 323 ff.; vgl. auch Gesetz zur Umsetzung des Haager Übereinkommens vom 13.01.2000 über den internationalen Schutz von Erwachsenen vom 17. März 2007, BGBl. 2007 I, 314 ff.

fiziert. Die bisherige unkodifizierte Rechtslage vor dem Inkrafttreten des Art. 8 EGBGB gilt nach Art. 229 § 41 EGBGB aber weiterhin für vor dem 17.6.2017 erteilte Vollmachten. Daher sind außerhalb des ESÜ entweder das »neue« oder das »alte« nationale Kollisionsrecht abhängig vom Datum der Vollmachtserteilung anwendbar. Das »alte« IPR gilt insoweit selbst dann, wenn die Vollmacht zwar vor dem 17.6.2017 erteilt, aber erst nach diesem Zeitpunkt erstmals ausgeübt wird.[76] Angesichts von bis zu diesem Zeitpunkt mehr als drei Millionen im ZVR registrierten General- und Vorsorgevollmachten, die in vielen Fällen noch viele Jahre oder gar Jahrzehnte ausgeübt werden, kann man insoweit auf die Kenntnis des »alten« Kollisionsrechts nicht verzichten, selbst wenn man viele dieser registrierten Vollmachten als noch nicht »erteilt« ansehen möchte, weil die jeweilige Ausfertigung dem Bevollmächtigten noch nicht ausgehändigt wurde.[77] Ob diese erhebliche Nachwirkung des bisherigen Rechts bei General- und Vorsorgevollmachten dem Gesetzgeber klar war, ist zu bezweifeln.

2. Vorrangiger Staatsvertrag: ESÜ

124 Das ESÜ ist am 01.01.2009 in Kraft getreten. Dieses Abkommen ist neben Deutschland auch in **Österreich**, der **Tschechischen Republik**, in **Estland**, **Finnland**, **Frankreich**, **Monaco**, der **Schweiz**, **Lettland** und dem Vereinigten Königreich (allerdings nur mit Wirkung für **Schottland**) und seit dem 1.7.2018 auch in **Portugal** in Kraft.[78]

125 Art. 1 ESÜ bestimmt, dass das Übereinkommen bei internationalen Sachverhalten auf den Schutz von Erwachsenen anzuwenden ist, die aufgrund einer Beeinträchtigung oder der Unzulänglichkeit ihrer persönlichen Fähigkeiten nicht in der Lage sind, ihre Interessen zu schützen. Ein Sachverhalt ist international, wenn er einen Bezugspunkt zu dem Recht mindestens zweier Staaten aufweist.[79]

126 Erwachsen ist nach Art. 2 Abs. 1 ESÜ jede Person, die das 18. Lebensjahr vollendet hat. Unter »Beeinträchtigungen« sind sowohl solche körperlicher als auch psychischer Art zu verstehen; Unzulänglichkeit bedeutet geistige Behinderung. Sowohl vermögensrechtliche als auch persönliche bzw. gesundheitliche Interessen sind erfasst.[80] Damit gilt das ESÜ in seinem Anwendungsbereich auch für den Teil einer General- und Vorsorgevollmacht, der vermögensrechtliche Angelegenheiten betrifft.

a) Rechtswahl für Bestehen, Umfang, Änderung und Beendigung möglich

127 Das ESÜ bietet in Art. 15 die Möglichkeit einer Rechtswahl: »Das Bestehen, der Umfang, die Änderung und die Beendigung« einer von einem Erwachsenen eingeräumten Vertretungsmacht, die ausgeübt werden soll, wenn dieser Erwachsene nicht mehr in der Lage ist, seine Interessen zu schützen, unterliegen vorrangig dem Recht des Staates, das der Vollmachtgeber in der Vollmacht bezeichnet hat. Dabei stehen ihm das Recht des Staates, dem er angehört, das Recht des Staates »eines früheren gewöhnlichen Aufenthalts« und das Recht des Staates, in dem sich Vermögen des Erwachsenen befindet, zur Auswahl.

128 Erstaunlich ist, dass das Recht des aktuellen gewöhnlichen Aufenthalts nach dem Wortlaut des ESÜ nicht gewählt werden kann. Die Anwendung dieses Rechts kann offenbar nur ohne Rechtswahl erreicht werden: Hat der Vollmachtgeber keine Rechtswahl getroffen, so gilt nach Art. 15 ESÜ das Recht des Staates, in dem der Erwachsene zum Zeitpunkt der Erteilung der Vollmacht seinen gewöhnlichen Aufenthalt hatte. Diese Anknüpfung ist

---

76 Vgl. BT-Drucks. 18/10714, S. 27.
77 Zu diesem Problemkreis, *Bücken*, RNotZ 2018, 213, 230ff.
78 Der aktuelle Stand bezüglich der Vertragsstaaten findet sich unter https://www.hcch.net/en/instruments/conventions/status-table/?cid=71.
79 *Lagarde*, Erläuterungsbericht zum Haager Erwachsenenschutzübereinkommen, Rn. 10.
80 *Lagarde*, Erläuterungsbericht zum Haager Erwachsenenschutzübereinkommen, Rn. 10.

unwandelbar, d.h. ein Aufenthaltswechsel nach der Errichtung der Vollmacht hat keine Auswirkungen auf das insoweit anwendbare Recht.

Art. 15 Abs. 2 ESÜ lässt auch eine Teilrechtswahl zu. So können z.B. für vermögensrechtliche Angelegenheiten einerseits und persönliche Angelegenheiten andererseits unterschiedliche nationale Rechte gewählt werden.[81]

b) Kreis der zur Anwendung kommenden nationalen Sachrechte

Das ESÜ beschränkt den Kreis der unter seinem Regime anwendbaren nationalen Sachrechte nicht auf die Vertragsstaaten. Die Regelung in Art. 1 ESÜ, nach der das Übereinkommen bei internationalen Sachverhalten auf den Schutz von Erwachsenen anzuwenden ist, die aufgrund einer Beeinträchtigung oder der Unzulänglichkeit ihrer persönlichen Fähigkeiten nicht in der Lage sind, ihre Interessen zu schützen, wird nach herrschender Auffassung in der Weise verstanden, dass Art. 15 ff. ESÜ anzuwenden sind, wenn in einem Vertragsstaat die im ESÜ geregelten Rechtsfragen auftreten bzw. zu beantworten sind.[82] Sowohl die Rechtswahl als auch die Anknüpfung an den gewöhnlichen Aufenthalt kann demnach dazu führen, dass insoweit das Recht eines Nicht-Vertragsstaates anwendbar ist. Soll z.B. die Vorsorgevollmacht eines Vollmachtgebers, der seinen gewöhnlichen Aufenthalt in einem Nicht-Vertragsstaat und dort die Vollmacht errichtet hat, in Deutschland (oder in einem anderen Vertragsstaat) zur Anwendung kommen und ist der Vorsorgefall eingetreten, so ist damit das Recht des Nicht-Vertragsstaates auf das Bestehen, den Umfang, die Änderung und die Beendigung der Vollmacht anwendbar.

c) Zeitpunkt des Auslandsbezugs

Unklar ist, ob schon bei der Errichtung der General- und Vorsorgevollmacht und bzw. oder bei ihrer Verwendung der Bezug zu zwei Rechtsordnungen vorliegen muss, um den Anwendungsbereich des ESÜ zu eröffnen.[83] Insoweit wird vertreten, dass es ausreicht, wenn entweder zum Zeitpunkt der Errichtung oder zum Zeitpunkt der Verwendung der Bezug zum Recht zweier Staaten vorhanden ist.[84] Ein internationaler Sachverhalt liegt nach der hier vertretenen Auffassung jedenfalls auch dann vor, wenn die Vollmacht zu einer Zeit vom Vollmachtgeber errichtet wurde, als er seinen gewöhnlichen Aufenthalt im Ausland hatte, auch wenn sie erst zu einem Zeitpunkt verwendet wird, wenn er seinen Wohnsitz bzw. gewöhnlichen Aufenthalt im Inland hat. Dies folgt nicht zuletzt daraus, dass Art. 15 Abs. 1 ESÜ dem Zeitpunkt der Vollmachterteilung besondere Bedeutung beimisst und diese Anknüpfung unwandelbar ist.[85]

d) Bezug zum Vorsorgefall

Ferner ist für die Anwendung des ESÜ erforderlich, dass es sich um eine Vollmacht handelt, die Bezug zum Vorsorgefall hat, d.h. dass sie ausgeübt werden soll, wenn der Vollmachtgeber nicht in der Lage ist, seine Interessen zu schützen. Vollmachten, die z.B. ausschließlich für die Zeit eines längeren Auslandsaufenthalts, die Zeit der Verbüßung einer Haftstrafe oder zur Erleichterung der Abwicklung von Rechtsgeschäften erteilt werden, fallen damit nicht in den Anwendungsbereich des ESÜ. Der erforderliche Bezug zum Vorsorgefall wird auch dann bejaht, wenn die Vollmacht bereits vor dem Vorsorgefall wirksam ist, aber ent-

---

81 *Hausmann/Odersky*, Internationales Privatrecht in der Notar- und Gestaltungspraxis, 3. Aufl. 2017, § 5, Rn. 107.
82 *Spickhoff*, FS Coester-Waltjen, S. 825, 833.
83 Dazu *Ludwig*, DNotZ 2009, 251, 259 ff.
84 *Ludwig*, DNotZ 2009, 251, 260 ff.
85 Zur Frage, wann die Vollmacht »erteilt« ist *Bücken*, RNotZ 2018, 213, 230 ff.

sprechend einer Anweisung im Innenverhältnis nicht ausgeübt werden soll, solange der Vollmachtgeber seine Angelegenheiten selbst besorgen kann, wie es in notariellen Vorsorgevollmachten in Deutschland gängige Praxis ist.[86]

133　Umstritten ist, ob bei dieser Gestaltung das ESÜ erst ab dem Eintritt des Vorsorgefalls gilt.[87] Gegen eine entsprechende Differenzierung spricht, dass ein u.U. einheitlicher Vorgang kollisionsrechtlich auseinandergerissen wird, was zu Anwendungsproblemen führen kann. So müsste sich ein Vertragspartner vor Abschluss eines Rechtsgeschäfts u.U. vergewissern, ob der Vorsorgefall beim Vollmachtgeber eingetreten ist, um zu ermitteln, welches nationale Recht auf die Vollmacht anwendbar ist.[88] Handelt es sich um ein Rechtsgeschäft, das einem Formerfordernis unterliegt, müsste der Eintritt des Vorsorgefalls u.U. in der entsprechenden Form nachgewiesen werden. Entsprechend der Problematik einer aufschiebend bedingt auf den Eintritt der Geschäftsunfähigkeit des Vollmachtgebers erteilten Vollmacht kann z.B. dem deutschen Grundbuchamt der Eintritt des Vorsorgefalls aber nicht in öffentlicher Form nachgewiesen werden. Falls nach Art. 15 ESÜ einerseits und nach Art. 8 EGBGB andererseits unterschiedliche nationale Rechte zur Anwendung kommen, kann der Notar außerdem nicht abschließend beurteilen, ob die Vollmacht wirksam erteilt und damit das Rechtsgeschäft wirksam zustande gekommen ist, weil er ausländisches Recht im Zweifel nicht kennt und nicht darüber beraten darf. Auch solche Vollmachten, die bereits vor dem Vorsorgefall wirksam sind, aber aufgrund einer Anweisung im Innenverhältnis erst mit Eintritt des Vorsorgefalls ausgeübt werden sollen, sollten daher aus Gründen der Rechtsklarheit und des Verkehrsschutzes von Anfang am dem Regime des ESÜ unterstellt werden.

e) Eigene Anknüpfung für Art und Weise der Ausübung gem. Art. 15 Abs. 3

134　Wie bereits erwähnt gilt die unter Ziff. 1. dargestellte Anknüpfung nur für die Frage des Bestehens, des Umfangs, der Änderung und der Beendigung der Vertretungsmacht. Für »Art und Weise der Ausübung« der Vollmacht gilt nach Art. 15 Abs. 3 ESÜ hingegen das Recht des Staates, in dem die Vertretungsmacht ausgeübt wird. Damit wird die Prüfung in der Praxis »verunklart«.[89] Hintergrund der Differenzierung ist jedenfalls, dass die Errichtung einer Vorsorgevollmacht als Ausdruck des Selbstbestimmungsrechts des Betroffenen zwar nicht durch zu strenge Anforderungen des Rechts des Ausübungsstaates beschränkt werden soll und daher grundsätzlich die oben beschriebene Anknüpfung an das gewählte Recht bzw. das Recht des gewöhnlichen Aufenthalts erfolgt, dass aber über Art. 15 Abs. 3 ESÜ gleichwohl die Bestimmungen des Ausübungsstaates gelten sollen, soweit diese ein Verfahren für die Überprüfung des Bestehens und des Umfangs, für die Hinterlegung bzw. Registrierung der Vollmacht vorsehen.

f) Abgrenzung zwischen Art. 15 Abs. 1 und 2 ESÜ einerseits und Art. 15 Abs. 3 ESÜ andererseits

135　Unter Fragen des »Bestehens«, also Art. 15 Abs. 1 ESÜ, fallen Fragen der Zulässigkeit, des Zustandekommens, der Formwirksamkeit, der materiellen Wirksamkeit und der Registrie-

---

86 *Ludwig*, DNotZ 2009, 251, 271.
87 *Spickhoff*, FS Coester-Waltjen, S. 825, 833; vgl. *Lipp*, in: MüKoBGB, Band 11 – IPR I, 7. Auflage, Art. 1-4 ErwSÜ, Rn. 9, Art. 15 ErwSÜ, Rn. 9; *Hausmann/Odersky*, Internationales Privatrecht in der Notar- und Gestaltungspraxis, 3. Aufl. 2017, § 5, Rn. 100; *Ludwig*, DNotZ 2009, 251, 272 f.; *Röthel/Woitge*, IPrax 2010, 494, 495.
88 *Ludwig*, DNotZ 2009, 251, 272 f.; Renner/Müller, Betreuungsrecht und Vorsorgeverfügungen in der Praxis, 5. Aufl. 2018, Rn. 931; *Hausmann/Odersky*, Internationales Privatrecht in der Notar- und Gestaltungspraxis, 3. Aufl. 2017, § 5, Rn. 100.
89 So die Formulierung bei *Spickhoff*, FS Coester-Waltjen, S. 825, 835.

rung. Umstritten ist, ob die Geschäftsfähigkeit auch hierunter fällt, oder ob diese gesondert anzuknüpfen ist, wenn das Wirksamwerden der Vollmacht vom Eintritt der Geschäftsunfähigkeit abhängt.

Da das auf die Form der General- und Vorsorgevollmacht anwendbare nationale Sachrecht durch Art. 15 Abs. 1 ESÜ bestimmt wird, wird die alternative Anknüpfung der Form nach nationalem Kollisionsrecht, z. B. in Deutschland nach Art. 11 EGBGB, verdrängt.[90] **136**

Unter den »Umfang« fallen Fragen wie die der Möglichkeit der Unterbevollmächtigung oder der Zulässigkeit von Schenkungen. Nach französischem Recht sind beispielsweise die Befugnisse eines durch eine privatschriftliche (also keine notariell beurkundete) Vollmacht Bevollmächtigten hinsichtlich des Vermögens des Auftraggebers begrenzt. **137**

Mit der »Änderung« der Vorsorgevollmacht sind alle Rechtshandlungen gemeint, die zu einer Erweiterung oder Beschränkung der Befugnisse des Bevollmächtigten führen. **138**

Die »Beendigung« betrifft alle Vorgänge, die zu einem Erlöschen der Vollmacht führen, wie z.B. Widerruf, auflösende Bedingung oder Befristung. **139**

Umstritten ist insbesondere, ob unter Art. 15 Abs. 3 ESÜ auch Genehmigungserfordernisse nach dem Recht des Ausübungsstaates fallen.[91] Nach einer Auffassung sollen unter Art. 15 Abs. 3 ESÜ nur solche Genehmigungserfordernisse fallen, nach denen eine Vollmacht erst durch Mitwirkung einer staatlichen Institution in Kraft tritt. Nicht gemeint seien damit Genehmigungserfordernisse wie z.B. die in §§ 1904, 1906, 1906a BGB enthaltenen, nach denen bestimmte Maßnahmen, die auf der Grundlage der an sich wirksamen Vollmacht erfolgen, der Genehmigung bedürfen. Nach dieser Auffassung werden solche Genehmigungserfordernisse allein im Rahmen des Art. 20 ESÜ erfasst, der bestimmt, dass die zwingenden Bestimmungen des Rechts des Staates, in dem der Erwachsene zu schützen ist, unberührt bleiben. Nach anderer Auffassung fallen Genehmigungserfordernisse wie die in §§ 1904, 1906, 1906a BGB unter Art. 15 Abs. 3 ESÜ. Schließlich wird auch vertreten, dass solche Genehmigungserfordernisse unter Art. 15 Abs. 1 ESÜ fallen. **140**

Zur »Art und Weise der Ausübung« gehören bei der Ausübung in Deutschland jedenfalls wohl alle deutschen Sachvorschriften, die abweichend von § 167 Abs. 2 BGB eine besondere Form der Vollmacht verlangen, also §§ 2 Abs. 2, 12 Abs. 2 GmbHG (Gründung einer GmbH und Handelsregisteranmeldungen), §§ 1945 Abs. 3 BGB (Ausschlagung einer Erbschaft). Im Hinblick auf Formerfordernisse ist also zwischen der Form für die Errichtung der Vorsorgevollmacht (Art. 15 Abs. 1 ESÜ) und der Form für die Vornahme eines bestimmten Rechtsgeschäfts aufgrund Vollmacht (Art. 15 Abs. 3 ESÜ) zu unterscheiden. **141**

g) Verkehrsschutz

Der Dritte, dem gegenüber die Vollmacht verwendet wird, darf nach Art. 17 ESÜ grundsätzlich auf die Wirksamkeit des Vertreterhandelns aufgrund der Vollmacht vertrauen, wenn der Vertreter nach dem Recht des Staates, in dem das »Rechtsgeschäft« abgeschlossen wurde, wirksam bevollmächtigt wäre, es sei denn, der Dritte wusste oder hätte wissen müssen, dass sich die Vertretungsmacht nach dem anderen Recht bestimmt. Diese Privilegierung des Dritten gilt jedoch nur, wenn das »Rechtsgeschäft« unter Anwesenden im selben Staat geschlossen wurde. **142**

Der Begriff »Rechtsgeschäft« wird hier nicht im engeren Sinn des Allgemeinen Teils des deutschen BGB verstanden, sondern weiter, so dass auch geschäftsähnliche Erklärungen darunter fallen, wie z.B. Einwilligungen in medizinische Heilbehandlungen. Der Abschluss »unter Anwesenden« setzt nicht voraus, dass sich Vertreter und Dritter beim »Rechtsgeschäft« persönlich gegenüberstehen. Auch Kontakt per Telefon oder E-Mail reicht aus, **143**

---

90 *Hausmann/Odersky*, Internationales Privatrecht in der Notar- und Gestaltungspraxis, 3. Aufl. 2017, § 5, Rn. 110.
91 Vgl. *Spickhoff*, FS Coester-,Waltjen, S. 825, 836; *v. Hein*, IPRAx, 2015, 198, 202.

wenn sich der Dritte und der Vertreter dabei auf dem Hoheitsgebiet desselben Staates befinden. Die Gutgläubigkeit, also das Kennen oder Kennenmüssen bezieht sich allein darauf, dass sich die Vertretungsmacht nach einem anderen als dem Ortsrecht richtet. Zwar reicht dafür z.B. die bloße Kenntnis der fremden Staatsangehörigkeit des Prinzipals nicht aus, der Dritte trägt aber das Risiko der zutreffenden Kenntnis fremden Rechts. Dabei genügt bereits leichte Fahrlässigkeit.[92]

144 Zur Entlastung der Beteiligten können die Behörden des Staates, in dem die Vollmacht ausgeübt wird, auf der Grundlage des Art. 38 ESÜ dem Vertreter eine Bescheinigung über seine Berechtigung ausstellen. Allerdings ist eine Bestätigung der Vorsorgevollmacht dem deutschen Recht fremd; der deutsche Gesetzgeber hat daher im Umsetzungsgesetz zum ESÜ zu Art. 38 ESÜ lediglich die Erteilung einer Bescheinigung über eine staatliche Schutzmaßnahme, nicht aber über eine Vollmacht vorgesehen und auf letztere wohl bewusst verzichtet. In der Praxis wäre eine solche Bescheinigung ein willkommener Weg, um Rechtssicherheit zu schaffen.

145 Diese vorstehend dargestellten strengen Grundsätze zum Kennenmüssen werden m.E. zu Recht in der Weise kritisiert, dass damit der Verkehrsschutz zu wenig berücksichtigt werde.[93] Denn zum einen gelten diese Grundsätze auch in Bezug auf die Wirksamkeit oder Unwirksamkeit einer Einwilligung in medizinische Maßnahmen, die typischerweise nach dem Recht des Behandelnden als Vertragsstatut nach Art. 4 Abs. 1 lit. b Rom I-VO bzw. außerhalb einer vertraglichen Basis nach dem Recht des Tatortes gem. Art. 4 Abs. 1 Rom II-VO zu beurteilen sind, also nach dem Recht des Landes, in dem der Arzt die Maßnahme durchführt. Für den behandelnden Arzt besteht also hier die Gefahr, dass er eine Vollmacht anerkennt und auf dieser Basis handelt, obwohl sie nicht wirksam ist, weil er den Auslandsbezug z.B. aufgrund seiner Kenntnis vom ausländischen gewöhnlichen Aufenthalts des Patienten zum Zeitpunkt der Errichtung der Vollmacht erkennt und daher die Anwendbarkeit des ausländischen Sachrechts kennen müsste. Umgekehrt kann die Situation eintreten, dass der Arzt eine Vollmacht nicht anerkennt, weil sie nicht den Vorgaben des Rechts am Behandlungsort entspricht, die Vollmacht aber aufgrund Art. 15 ESÜ wirksam ist. Setzt der Arzt sich hier über die Entscheidung des Vertreters hinweg, handelt er ggfs. objektiv rechtswidrig.[94] In Fällen, in denen der Arzt aufgrund der gebotenen Eile die Frage nicht abschließend klären kann, bleibt ihm daher nur der Weg über Art. 10 Abs. 1 ESÜ.[95]

Die Gefahr der unerkannten Formunwirksamkeit[96] dürfte sich allerdings aufgrund der Regelung in Art. 17 ESÜ kaum einmal realisieren.

h) Zeitlicher Anwendungsbereich

146 In zeitlicher Hinsicht gilt das ESÜ nach Art. 50 Abs. 3 auch für Vollmachten, die vor dessen Inkrafttreten erteilt worden sind.

3. Regelung außerhalb des ESÜ-Anwendungsbereichs

147 Außerhalb des Anwendungsbereichs des ESÜ ist zunächst zeitlich zu differenzieren: **Vollmachten**, die **ab dem 17.06.2017** erteilt wurden, sind an Art. 8 EGBGB zu messen. Für Vollmachten, die davor erteilt wurden, gelten die kollisionsrechtlichen Regeln vor Inkrafttreten des Art. 8 EGBGB.

---

92 Staudinger/*von Hein*, BGB, Vorbem. zu Art. 24 EGBGB, Rn. 224.
93 *Spickhoff*, FS Coester-Waltjen, S. 825, 838.
94 *Spickhoff*, FS Coester-Waltjen, S. 825, 838.
95 Art. 10 Abs. 1 ESÜ lautet: *In allen dringenden Fällen sind die Behörden jedes Vertragsstaates, in dessen Hoheitsgebiet sich der Erwachsene oder ihm gehörendes Vermögen befindet, zuständig, die erforderlichen Schutzmaßnahmen zu treffen.*
96 Dazu *Ludwig*, DNotZ 2009, 251, 275 f.

Das ESÜ ist z.B. nicht anwendbar
- wenn kein internationaler Sachverhalt vorliegt, also kein Bezugspunkt zum Recht mindestens zweier Staaten vorliegt,
- wenn der Vollmachtgeber das 18. Lebensjahr noch nicht vollendet hat,
- wenn die Vollmacht postmortal ausgeübt werden soll,[97]
- wenn die Vollmacht nicht im Hinblick auf den Vorsorgefall sondern z.B. wegen längerer Abwesenheit (Auslandsaufenthalt, Haftstrafe) erteilt wurde,
- nach teilweise vertretener Auffassung wenn zwar eine Vorsorgevollmacht vorliegt, der Vorsorgefall aber noch nicht eingetreten ist,[98]

a) »Altes« nationales Kollisionsrecht: Vor dem 170.6.2017 erteilte Vollmachten

Auch das nationale IPR vor Inkrafttreten des neuen Art. 8 EGBGB sah bereits eine gesonderte Anknüpfung für die rechtsgeschäftliche Vertretung vor. Maßgebend war und ist danach nicht das Recht, dem das von dem Bevollmächtigten mit dem Dritten abgeschlossenen bzw. abzuschließenden Rechtsgeschäft unterliegt, sondern ein eigenes Vollmachtsstatut. Damit wird das Vollmachtsstatut bei der General- und Vorsorgevollmacht insbesondere nicht durch das Grund- oder Innenverhältnis bestimmt. **148**

aa) Anknüpfung an gewöhnlichen Aufenthalt des Vollmachtgebers

Grundsätzlich galt für die rechtsgeschäftliche Vertretung nach bisherigem Kollisionsrecht das Wirkungslandprinzip: Die Vollmacht unterliegt danach dem Recht des Landes, in dem der Vertreter von ihr mit Willen des Vollmachtgebers tatsächlich Gebrauch macht und in dem sie deshalb ihre Wirkung entfaltet.[99] Dieser Grundsatz wurde dann eingeschränkt, wenn der Vertreter für den Dritten – also den, gegenüber dem die Vollmacht verwendet wird – erkennbar mit einer anderen Rechtsordnung wesentlich stärker verbunden ist. Die Voraussetzungen für eine solche Einschränkung sind nach bisherigem Verständnis auch bei einer General- und Vorsorgevollmacht grundsätzlich gegeben.[100] Wird eine Person, die nicht berufsmäßig von einer festen Niederlassung aus handelt, eine General- und Vorsorgevollmacht für eine Vielzahl von Geschäften mit unterschiedlichem Wirkungsstatut erteilt und soll der Bevollmächtigte von dieser Vollmacht für Dritte erkennbar von einem bestimmten Tätigkeitsschwerpunkt aus Gebrauch machen, so unterliegt die Vollmacht nach herrschender Auffassung dem an diesem Ort geltenden Recht.[101] Dadurch kommt es üblicherweise zur Anknüpfung an das Recht am gewöhnlichen Aufenthalt des Vollmachtgebers.[102] Auf dieser Grundlage kommt man hier in vielen Fällen zum gleichen Ergebnis, wie über die Anwendung des ESÜ. Teilweise wird diese Anknüpfung jedoch unter Hinweis auf Verkehrsschutzgesichtspunkte kritisiert: Die Stellvertretung in Gesundheitsangelegenheiten unterfalle außerhalb des ESÜ dem Anwendungsbereich der Rom I/II-VOen, was über das Vertrags- und Deliktstatut typischerweise zum Recht des Behandlungsortes als anwendbares Recht führe.[103] Der Vertragspartner, insbesondere der Arzt oder die Klinik, bedürfe in diesem Bereich aus haftungs- und strafrechtlichen Gründen besonderer Klarheit. **149**

---

97 *Lipp*, in: MüKoBGB, Band 11 – IPR I, 7. Auflage, Art. 1-4 ErwSÜ, Rn. 9, Art. 15 ErwSÜ, Rn. 8.
98 Vgl. nur *Spickhoff*, FS Coester-Waltjen, S. 825, 834.
99 *Hausmann/Odersky*, Internationales Privatrecht in der Notar- und Gestaltungspraxis, 3. Aufl. 2017, § 6, Rn. 8; *Röthel/Woitge*, IPRax 210, 494, 497.
100 Vgl. BGH, NJW-RR 1990, 248, 250; *Spickhoff*, FS Coester-Waltjen, S. 825, 840; *Ludwig*, DNotZ 2009, 251, 254f.
101 *Hausmann/Odersky*, Internationales Privatrecht in der Notar- und Gestaltungspraxis, 3. Aufl. 2017, § 6, Rn. 28: *Röthel/Woitge*, IPRax 210, 494, 497; a.A. Erman/*Hohloch*, 14. Aufl. 2014, Anh I Art. 12 EGBGB, Rn. 8 (Gebrauchsort).
102 BGH, NJW-RR 1990, 248, 250; *Hausmann/Odersky*, Internationales Privatrecht in der Notar- und Gestaltungspraxis, 3. Aufl. 2017, § 6, Rn. 28:
103 *Spickhoff*, FS Coester-Waltjen, S. 825, 840 f.

bb) Anknüpfung ist wandelbar

150   Der Anknüpfungszeitpunkt ist – anders als bei Art. 15 ESÜ – nicht festgelegt auf den Zeitpunkt der Errichtung der Generalvollmacht. Ob damit immer der Zeitpunkt der Anwendung der Vollmacht maßgeblich ist, ist jedoch unklar. Jedenfalls ist im Rahmen der bisherigen kollisionsrechtlichen Regelung – ebenfalls anders als bei Art. 15 ESÜ – durch den Wechsel des gewöhnlichen Aufenthalts ein Statutenwechsel möglich.

cc) Sonderanknüpfung für Verfügungen über Grundstücke

151   Eine Sonderanknüpfung kennt das bisherige nationale Kollisionsrecht jedoch für Vollmachten zur Verfügung über Grundstücke und Immobiliarsachenrechte. Die Frage, ob eine solche Vollmacht wirksam erteilt wurde, ist nach dem Recht des Landes zu beurteilen, in dem das Grundstück liegt *(lex rei sitae)*. Dabei ist jedoch zu beachten, dass diese besondere Anknüpfung an das Belegenheitsrecht nur für die Vollmacht zum Abschluss des Verfügungsgeschäfts gilt; im Hinblick auf den schuldrechtlichen Vertrag verbleibt es bei dem allgemeinen Vollmachtsstatut.

dd) Rechtswahl geht vor

152   Jedenfalls ist auch nach dem bisherigen unkodifizierten deutschen IPR der rechtsgeschäftlichen Vertretung grundsätzlich eine Rechtswahl zulässig, durch die die vorbeschriebene Anknüpfung durchbrochen werden kann.[104] Nach herrschender Lehre soll die Rechtswahl durch einseitige Erklärung möglich sein, bedarf also nicht zwingend einer Vereinbarung mit dem Drittkontrahenten.

153   Umstritten ist, ob über eine Rechtswahl auch die Anknüpfung an die *lex rei sitae* bei Verfügungsgeschäften über Grundstücke überwunden werden kann. Die h.M. ließ eine solche Rechtswahl bisher nicht zu.[105]

Einschränkungen ergeben sich hier durch den Verkehrsschutz, also die Interessen der sog. Drittkontrahenten. Die Rechtswahl muss daher entweder aus der dem Dritten vorgelegten Vollmachtsurkunde ersichtlich oder diesem durch den Vertreter oder Vollmachtgeber mitgeteilt worden sein, so dass er die Möglichkeit hat, den Geschäftsabschluss mit dem Vertreter abzulehnen, wenn er seine Interessen durch das gewählte Vollmachtsstatut gefährdet sieht. Damit wird hier der Verkehrsschutz anders als im Rahmen des ESÜ nicht erst nachgelagert – dort unter Art. 17 ESÜ – sondern bereits im Rahmen der Wirksamkeit der Rechtswahl und inhaltlich deutlich weitreichender als beim ESÜ berücksichtigt.

154   Anders als das ESÜ kennt das »alte« nationale Kollisionsrecht der Stellvertretung kein Formerfordernis für die Rechtswahl, insbesondere muss sie nicht ausdrücklich oder schriftlich erfolgen, so dass hier anders als beim ESÜ Raum für eine auch konkludente Rechtswahl ist, die insbesondere durch Auslegung der Vollmachtsurkunde und der weiteren Kommunikation der Beteiligten ergeben kann.[106] Im Gegensatz zum ESÜ stellt das deutsche Kollisionsrecht bisher für die Rechtswahl **keine besonderen Formerfordernisse** auf. Auch ist die Auswahl der Rechtsordnungen für die Rechtswahl nicht von vornherein beschränkt.

---

104 *Spickhoff*, FS Coester-Waltjen, S. 825, 840; *Hausmann/Odersky*, Internationales Privatrecht in der Notar- und Gestaltungspraxis, 3. Aufl. 2017, § 6, Rn. 44.; *Röthel/Woitge*, IPRax 210, 494, 498 f.
105 Vgl. *Spellenberg*, in: MüKoBGB, Band 11 – IPR I, 7. Auflage, Art. 8 EGBGB, Rn. 66.
106 *Hausmann/Odersky*, Internationales Privatrecht in der Notar- und Gestaltungspraxis, 3. Aufl. 2017, § 6, Rn. 47.

b) »Neues« nationales Kollisionsrecht: Ab dem 17.06.2017 erteilte Vollmachten

aa) Rechtswahl geht vor

Nach Art. 8 Abs. 1 EGBGB ist – ähnlich wie nach dem ESÜ und dem »alten« Kollisionsrecht – in erster Linie das für das Vollmachtstatut gewählte Recht maßgebend. Die Vorgaben und Möglichkeiten der Rechtswahl nach Art. 8 Abs. 1 EGBGB divergieren jedoch von denen nach ESÜ und »altem« Recht. Der Vollmachtgeber kann nach Art. 8 Abs. 1 EGBGB vor Ausübung der Vollmacht dieses Recht einseitig wählen; die Rechtswahl muss dem Dritten und dem Bevollmächtigten jedoch bekannt sein. Der Vollmachtgeber, der Bevollmächtigte und der Dritte können darüber hinaus jederzeit durch Vereinbarung eine Rechtswahl vornehmen und damit auch eine einseitige Rechtswahl des Vollmachtgebers aufheben.   **155**

Die Rechtswahl ist – anders als diejenige nach Art. 15 Abs. 2 ESÜ – formfrei[107]. Die einseitige Rechtswahl muss nicht mit der Vollmachtserteilung zeitlich zusammenfallen, sondern kann ihr auch zeitlich nachfolgen, solange sie vor der Ausübung der Vollmacht erfolgt.[108] Neben der einseitigen Rechtswahl vor der Ausübung der Vollmacht können Vollmachtgeber, Bevollmächtigter und Dritter jederzeit, also auch nach der Ausübung, eine **allseitige Rechtswahl** treffen. Diese wird im Rahmen der General- und Vorsorgevollmacht jedoch wohl nicht von großer Bedeutung sein.   **156**

Anders als das ESÜ (siehe dazu oben Rdn. 124 ff.) enthält Art. 8 EGBGB keine erkennbare Beschränkung im Hinblick auf den Kreis der wählbaren Rechtsordnungen. Jedoch wird auch zu Art. 8 Abs. 1 EGBGB – wie zum bisherigen unkodifizierten Kollisionsrecht – vertreten, dass eine Rechtswahl im Hinblick auf Verfügungen über Grundstücke und Rechte an Grundstücken nicht zulässig ist.[109]   **157**

bb) Gewöhnlicher Gebrauch der Vollmacht als Anknüpfung

Ist keine Rechtswahl getroffen, handelt der Bevollmächtigte weder unternehmerisch noch weisungsgebunden im Rahmen eines Arbeitsverhältnisses, und ist die Vollmacht auf eine gewisse Dauer ausgerichtet, so sind nach Art. 8 Abs. 4 die Sachvorschriften des Staates anzuwenden, in dem der Bevollmächtigte von der Vollmacht gewöhnlich Gebrauch macht, es sei denn, dieser Ort ist für den Dritten nicht erkennbar. Damit weicht die Vorschrift bewusst von der bisher in der Rechtsprechung vertreten Anknüpfung ab, obwohl die Besonderheiten dieser neuen Anknüpfung wohl bisher wenig erörtert sind.[110]   **158**

Nach der Gesetzesbegründung handelt es sich bei den in Art. 8 Abs. 4 EGBGB angesprochenen »Dauervollmachten« nicht nur um unbefristete, sondern auch um befristet erteilte Vollmachten, sofern diese auf »einen längeren Zeitraum angelegt« sind.[111] Damit ist diese Regelung für **General- und Vorsorgevollmachten** besonders relevant. Mit der Anknüpfung an den Ort, an dem der Bevollmächtigte von der Vollmacht »gewöhnlich Gebraucht macht«, wird trotz Wandelbarkeit des Statuts eine gewisse Trägheit der Anknüpfung erzeugt, die gewollt ist: Es soll erreicht werden, dass die für den mehrfachen Gebrauch gedachte Vollmacht einheitlich einem Recht unterstellt wird.[112] Ein Nebeneinander verschiedener anwendbarer Rechte soll vermieden werden.[113] Außerdem soll nicht der gewöhnliche Aufenthaltsort des Bevollmächtigten über das anwendbare Recht entscheiden, sondern ein möglicherweise in einem anderen Staat liegender Tätigkeitsschwerpunkt.   **159**

---

107 *Rademacher*, IPrax 2017, 56, 58.
108 *Rademacher*, IPrax 2017, 56, 58.
109 *Spellenberg*, in: MüKoBGB, Band 11 – IPR I, 7. Auflage, Art. 8 EGBGB, Rn. 66 ff.
110 *Spellenberg*, in: MüKoBGB, Band 11 – IPR I, 7. Auflage, Art. 8 EGBGB, Rn. 15.
111 BR-Drucks. 653/16, S. 24
112 BR-Drucks. 653/16, S. 23.
113 *Rademacher*, IPrax 2017, 56, 61.

160 Es gibt sicherlich Argumente, die für diese Anknüpfung sprechen. Jedoch dürfte es für den Dritten oft nur schwer erkennbar sein, ob die Vollmacht ihm gegenüber an dem Ort ihres gewöhnlichen Gebrauchs ausgeübt wird.[114] Vor diesem Hintergrund wird wohl häufig die Auffangregelung in Art. 8 Abs. 5 EGBGB eingreifen; nach dieser gilt im Zweifel das **Wirkungslandprinzip**, d.h. es sind die Sachvorschriften des Staates anzuwenden, in dem der Bevollmächtigte von der Vollmacht im Einzelfall Gebrauch macht (Gebrauchsort). Mussten allerdings der Dritte und der Bevollmächtigte wissen, dass von der Vollmacht nur in einem bestimmten Staat Gebrauch gemacht werden sollte, so sind nach Art. 8 Abs. 5 S. 2 EGBGB die Sachvorschriften dieses Staates anzuwenden. Ist der Gebrauchsort für den Dritten nicht erkennbar, so sind nach Art. 8 Abs. 5 S. 3 EGBGB die Sachvorschriften des Staates anzuwenden, in dem der Vollmachtgeber im Zeitpunkt der Ausübung der Vollmacht seinen gewöhnlichen Aufenthalt hat.

c) Sonderanknüpfung für Verfügungen über Grundstücke oder Rechte an Grundstücken

161 Eine Sonderregel wurde in Art. 8 Abs. 6 für Verfügungen über Grundstücke und über Rechte an Grundstücken geschaffen. Dort wird auf Art. 43 EGBGB verwiesen, d.h. die Vollmacht unterliegt dem Recht des Staates, in dem sich das Grundstück befindet. Insoweit bleibt es bei der *lex rei sitae*, wie sie schon zum »alten« Kollisionsrecht anerkannt war.

4. Anknüpfung der Betreuungsverfügung, der Patientenverfügung und des Innenverhältnisses

162 Art. 15 ESÜ ist nur auf Vollmachten, nicht aber auf reine Betreuungsverfügungen, isolierte Patientenverfügungen und Regelungen des Innen- bzw. Grundverhältnisses anwendbar.

163 Die Betreuungsverfügung begründet keine gewillkürte Vertretungsmacht, sondert richtet sich auf die Auswahl des Betreuers durch das Betreuungsgericht. Das auf die Betreuungsverfügung anzuwendende Recht wird überwiegend nach Art. 13 ESÜ bestimmt. Die Bestellung des Betreuers unterfällt nach dieser Vorschrift dem Recht des Anordnungsstaates. Wird der Betreuer jedoch in einem anderen Vertragsstaat tätig, richten sich die Bedingungen der Durchführung nach Art. 14 ESÜ nach dem Recht des Durchführungsstaates.

164 Auch die Patientenverfügung begründet keine Vertretungsmacht, sondern enthält inhaltliche Vorgaben für die künftige ärztliche Behandlung. Ihre Wirkung richtet sich im Verhältnis zu einem mittels einer General- und Vorsorgevollmacht Bevollmächtigten grundsätzlich nach dem Recht, das für das Innenverhältnis zwischen ihm um dem Vollmachtgeber maßgeblich ist. Dieses Verhältnis ist nach Art. 3 bzw. 4 Rom I-VO separat zu bestimmen, so dass also hier das Recht anwendbar ist, dem das Innenverhältnis unterliegt.

5. Verwendung einer nach ausländischem Recht errichteten Vollmacht vor einem deutschen Notar

165 Errichtet und erteilt z.B. ein Deutscher mit gewöhnlichem Aufenthalt in Frankreich bei einem Ausflug nach Deutschland vor einem dortigen Notar eine beurkundete General- und Vorsorgevollmacht, wobei die Vollmacht keine Rechtswahl enthält und verlegt der Vollmachtgeber seinen gewöhnlichen Aufenthalt später nach Deutschland, wo der Vorsorgefall eintritt, so kommt der Notar, vor dem auf der Grundlage der Vollmacht unter Beteiligung des Bevollmächtigten ein Kaufvertrag über in Deutschland belegenen Grundbesitz beurkundet werden soll, zutreffend zu dem Ergebnis, dass für die Frage, ob die Vollmacht wirksam errichtet wurde, französisches Recht anwendbar ist. Aus haftungsrechtlichen Gründen

---

114 *Spellenberg*, in: MüKoBGB, Band 11 – IPR I, 7. Auflage, Art. 8 EGBGB, Rn. 23 ff., 115.

wird er davon Abstand nehmen, diese Prüfung nach französischem Sachrecht vorzunehmen,[115] sondern darauf hinwirken, dass der Vollmachtgeber eine Rechtswahl zum deutschen Recht »nachschiebt«. Hier stellt sich nun die Frage, ob dies rechtlich überhaupt zulässig ist und wenn ja, in welcher Form dies erfolgen muss und wer die Rechtswahl vornehmen kann.

166 Soweit der Vollmachtgeber die Vollmacht einseitig aufheben oder ändern kann, muss auch eine nachträgliche Rechtswahl möglich sein. Dass dies so ist, ist jedoch nicht selbstverständlich, weil es sich auch bei der Rechtswahl um eine »Änderung« i. S. d. Art. 15 Abs. 1 ESÜ handeln könnte, deren Zulässigkeit und Voraussetzungen sich dann nach dem insoweit anwendbaren nationalen Sachrecht richten müsste. Die Rechtswahl ist jedoch nicht als Teil der Vollmacht zu qualifizieren, sondern steht eigenständig neben dieser. Das ergibt sich auch daraus, dass die Form der Rechtwahl in Art. 15 Abs. 1 ESÜ eigens geregelt ist: sie muss ausdrücklich und schriftlich erfolgen. Art. 15 Abs. 2 ESÜ verlangt außerdem nicht, dass die Rechtswahl zeitgleich mit der Vollmacht erteilt werden muss. Insoweit ist davon auszugehen, dass eine Rechtswahl unabhängig davon »nachgeschoben« werden kann, ob dies nach dem bis zu diesem Zeitpunkt auf die Vollmacht anwendbaren nationalen Recht zulässig ist.

167 Wird mittels separater Rechtswahl ausdrücklich und schriftlich das deutsche Recht gewählt, so stellt sich die Frage, ob diese für den grundbuchlichen Vollzug auch den Anforderungen des § 29 Abs. 1 GBO genügen muss. Es steht außer Frage, dass die Vollmacht selbst diese Anforderung erfüllen muss. Die »nachgeschobene« Rechtswahl könnte hingegen im Hinblick auf das grundbuchliche Verfahrensrecht unter die Regeln der freien Beweiswürdigung fallen, weil es um einen bloßen Annex zur Vollmachtserteilung geht, etwa ähnlich der Frage, ob die Vollmacht zum Zeitpunkt der Antragstellung beim Grundbuchamt noch fortbesteht. Nach herrschender Auffassung darf aber das Grundbuchamt dort, wo ein formgerechter Nachweis ohne besondere Schwierigkeiten möglich ist, nicht davon absehen, Urkunden zu fordern, auch wenn es im konkreten Fall von der Richtigkeit des Vorbringens überzeugt ist.[116] Vor diesem Hintergrund wird das Grundbuchamt auf die Form des § 29 Abs. 1 GBO wohl auch bei einer nachgeschobenen Rechtswahlerklärung i. S. d. Art. 15 Abs. 2 ESÜ nicht verzichten.

168 Denkbar wäre auch, dass der Notar, der den Kaufvertrag beurkundet, im Rahmen einer Bescheinigung nach § 21 Abs. 3 BNotO das Vorliegen einer Rechtswahlerklärung bescheinigt, auch wenn diese selbst ihm nicht in öffentlich beglaubigter Form vorliegt. Der Notar darf die Bescheinigung nach dem Wortlaut der Norm »nur ausstellen, wenn er sich zuvor durch Einsichtnahme in eine öffentliche oder öffentlich beglaubigte Vollmachtsurkunde über die Begründung der Vertretungsmacht vergewissert hat.« Eine bestimmte Form für eine Rechtswahlerklärung verlangt die Vorschrift nach ihrem Wortlaut indes nicht. Allerdings wollte der Gesetzgeber bei Einführung des § 21 Abs. 3 BNotO die Voraussetzungen für die Anerkennung der Vollmacht, auf die sich die Bescheinigung bezieht, nicht ändern.[117] Die notarielle Bescheinigung soll lediglich die Einreichung umfangreicher Unterlagen zum Nachweis der Vollmacht entbehrlich machen. Nach der Gesetzesbegründung muss sich der Notar die Legitimationskette, die zu der Vollmacht führt, »in der Form nachweisen lassen, in der sie gegenüber der das Register führenden Stelle nachzuweisen wäre.«[118] Aufgrund der Gesetzesbegründung und dem Normzweck dürfte es dem Notar daher verwehrt sein, die nicht in der Form des § 29 GBO erklärte Rechtswahl in die Aussage der notariellen Bescheinigung einzubeziehen.[119]

---

115 Vgl. *Hausmann/Odersky*, Internationales Privatrecht in der Notar- und Gestaltungspraxis, 3. Aufl. 2017, §5, Rn. 108.
116 BayObLG 1986, 208, 211; *Schöner/Stöber*, Grundbuchrecht, 15. Auflage, Rn. 159; *Demharter*, GBO, 29. Auflage, § 29, Rn. 63.
117 DNotI-Report 2013, 187 f.
118 BT-Drucks. 17/1469, S. 14.
119 Vgl. DNotI-Report 2013, 187 f.

169 Insbesondere wenn der Vorsorgefall zum Anwendungszeitpunkt eingetreten ist, fehlt es u.U. an der erforderlichen Geschäftsfähigkeit des Vollmachtgebers, um die Rechtswahl nachträglich zu erklären. Hier stellt sich die Frage, ob der Bevollmächtigte aufgrund der ihm erteilten Vollmacht für den Vollmachtgeber die Rechtswahl vornehmen kann. Enthält die Vollmacht eine ausdrückliche Ermächtigung für eine spätere Rechtswahl, kann diese unproblematisch vom Bevollmächtigten erklärt werden.[120] Ist eine ausdrückliche Ermächtigung zur Rechtswahl jedoch nicht enthalten, muss durch Auslegung ermittelt werden, ob die Vollmacht auch eine entsprechende Befugnis umfassen soll.

170 Kann keine Rechtswahl wirksam herbeigeführt oder sie dem Grundbuchamt nicht in der erforderlichen Form nachgewiesen werden, hilft Art. 17 ESÜ in der Regel nicht weiter. Denn wenn aus der Vollmachtsurkunde hervorgeht, dass der Vollmachtgeber zum Zeitpunkt der Errichtung der Vollmacht seinen Wohnsitz oder gewöhnlichen Aufenthalt im Ausland hatte, hätte der Dritte die Anwendbarkeit ausländischen Rechts ggfs. erkennen müssen.

6. Schlussfolgerungen für die eigene Beurkundungspraxis

171 Die vorstehenden Beispiele haben gezeigt, dass es sinnvoll sein kann, eine General- und Vorsorgevollmacht mit einer Rechtswahl zu verbinden oder den Vertreter zu ermächtigen, eine Rechtswahl nachzuschieben.

Eine Rechtswahl für das Vollmachtsstatut könnte wie folgt lauten:

172 M **Ich bin ausschließlich deutscher Staatsangehöriger und habe meinen gewöhnlichen Aufenthalt in Deutschland.**
Ich wähle für die von mir nachstehend erteilte General- und Vorsorgevollmacht gemäß Art. 15 Abs. 2 lit. a) des Haager Erwachsenenschutzübereinkommens (ESÜ) sowohl für die Vollmacht in vermögensrechtlichen Angelegenheiten als auch für die Vollmacht in persönlichen Angelegenheiten das deutsche Recht. Diese Rechtswahl des deutschen Sachrechts soll auch dann gelten, soweit die nachstehend erteilte General- und Vorsorgevollmacht nicht in den Anwendungsbereich des ESÜ fällt und daher Art. 8 EGBGB anwendbar ist.

173 Allerdings löst diese Gestaltung nach § 104 Abs. 3 GNotKG eine zusätzliche Gebühr aus. Kostengünstiger und flexibler ist die Bevollmächtigung zur Rechtswahl.

174 M **Ich bevollmächtige jeden der nachstehend Bevollmächtigten, jeden insoweit einzeln vertretungsberechtigt, für die ihm hier erteilte Vollmacht beliebig viele Rechtswahlen vorzunehmen und zu erklären, und zwar sowohl im Anwendungsbereich des ESÜ als auch im Anwendungsbereich von Art. 8 EGBGB, sowohl für vermögensrechtliche als auch für persönliche Angelegenheiten. Ich beschränke jedoch den Kreis der wählbaren Sachrechte auf**
- **das deutsche Recht als das Recht meiner Staatsangehörigkeit,**
- **das Recht von Staaten, in denen sich meine Vermögensgegenstände befinden und**
- **das Recht von Staaten, in denen ich in der Vergangenheit meinen gewöhnlichen Aufenthalt hatte oder habe, also bisher auf das portugiesische, französische und deutsche Recht.**

Der Notar hat darüber belehrt, dass der Notar ausländisches Recht nicht kennt und diesbezüglich auch nicht beraten hat. Er hat ferner darauf hingewiesen, dass unklar ist, ob die vorstehende Rechtswahl und die Bevollmächtigung zur Rechtswahl in Staaten, die dem ESÜ bisher nicht beigetreten sind, anerkannt wird.

---

120 Vgl. dazu auch *Hausmann/Odersky*, Internationales Privatrecht in der Notar- und Gestaltungspraxis, 3. Aufl. 2017, § 6, Rn. 48.

Der Bevollmächtigte hat hier also die Möglichkeit, nach den Erfordernissen und Bedürfnissen im konkreten Fall eine Rechtswahl zu treffen. Das Argument, damit könnte der Bevollmächtigte seine Vertretungsbefugnis zu Lasten und zum Nachteil des Vollmachtgebers eigenmächtig erweitern,[121] verfängt hier nicht, weil der Vollmachtgeber durch eine General- und Vorsorgevollmacht dem Vertreter ja gerade eine möglichst umfangreiche Vertretung ermöglichen möchte.

175

	ESÜ	altes KollisionsR	Art. 8 EGBGB
Rangverhältnis	vorrangig vor »altem« Kollisionsrecht und Art. 8 EGBGB; grds. anwendbar auf alle General- und Vorsorgevollmachten, wenn ein Sachverhalt mit Bezug zum Recht mindestens zweier Staaten vorliegt und ein Erwachsener eine Vollmacht erteilt hat, die ausgeübt werden soll, wenn er nicht in der Lage ist, seine Interessen zu schützen.	nachrangig zum ESÜ bei Vollmachten, die vor dem 17.06.2017 errichtet wurden; anwendbar: – wenn Vollmacht postmortal ausgeübt wird (str.), – wenn Vollmacht nicht im Hinblick auf den Vorsorgefall erteilt wurde, – wenn der Vorsorgefall noch nicht eingetreten ist (str.)	nachrangig zum ESÜ bei Vollmachten, die ab dem 17.06.2017 errichtet wurden; anwendbar: – wenn Vollmacht postmortal ausgeübt wird (str.), – wenn Vollmacht nicht im Hinblick auf den Vorsorgefall erteilt wurde, – wenn der Vorsorgefall noch nicht eingetreten ist (str.)
Anknüpfung, wenn keine Rechtswahl vorliegt	gewöhnlicher Aufenthalt des Vollmachtgebers zum Zeitpunkt der Erteilung, Art. 15 Abs. 1 ESÜ unwandelbar	gewöhnlicher Aufenthalt des Vollmachtgebers wandelbar	Ort, an dem von der Vollmacht gewöhnlich Gebrauch gemacht wird, Art. 8 wandelbar
Einschränkungen der Anknüpfung/ Verkehrsschutz	nicht für »Art und Weise der Ausübung« der Vollmacht; insoweit gilt das Recht am Gebrauchsort, Art. 15 Abs. 3 ESÜ	nur, wenn der Bezug zum Recht des gewöhnlichen Aufenthalts für den Dritten erkennbar war	nur, wenn Ort für Dritten erkennbar, Art. 8 Abs. 4 EGBGB; sonst konkreter Gebrauchsort, Art. 8 Abs. 5 EGBGB, ist auch dieser nicht erkennbar, Recht am gewöhnlichen Aufenthalt des Vollmachtgebers, Art. 8 Abs. 5 EGBGB

---

121 *Hausmann/Odersky*, Internationales Privatrecht in der Notar- und Gestaltungspraxis, 3. Aufl. 2017, § 6, Rn. 48.

	Unkenntnis des Dritten von der Anknüpfung kann ihm nicht entgegengehalten werden, Art. 17 ESÜ	nicht bei Verfügungen über Grundstücke; dort *lex rei sitae*	nicht bei Verfügungen über Grundstücke, Art. 8 Abs. 6 EGBGB; dort *lex rei sitae*
Rechtswahl	einseitig möglich, nach Art. 15 Abs. 2 ESÜ beschränkt auf – das Recht der Staatsangehörigkeit des Vollmachtgebers, – das Recht eines früheren gewöhnlichen Aufenthalts und – das Belegenheitsrecht von eigenem Vermögen	einseitig möglich (str.) nicht möglich im Bereich der *lex rei sitae* (str.)	vor der Ausübung der Vollmacht einseitig möglich, wenn die Rechtwahl dem Dritten und dem Bevollmächtigten bekannt ist allseitige Rechtswahl durch Vollmachtgeber, Bevollmächtigten und Dritten nach Art. 8 Abs. 1 EGBGB unbeschränkt möglich nicht möglich im Bereich der *lex rei sitae* (str.)
Teilrechtswahl	zulässig	wohl zulässig	wohl zulässig
Form der Rechtswahl	ausdrücklich und schriftlich, Art. 15 Abs. 3 ESÜ	formfrei, auch konkludent	formfrei, auch konkludent

§ 97 Die familien- und betreuungsgerichtliche Genehmigung

I. Vorbemerkung

Durch das Inkrafttreten des FamFG zum 01.09.2009 ist die gerichtliche Genehmigung von Rechtsgeschäften unter Beteiligung von Minderjährigen und von unter Betreuung stehenden Volljährigen auf eine neue Grundlage gestellt worden. Das FamFG hat die Auflösung des Vormundschaftsgerichts zugunsten eines neu geschaffenen Betreuungsgerichts und eine erneute Ausweitung der Zuständigkeit des Familiengerichts mit sich gebracht.

Materiellrechtlich sind bei der Beteiligung von Minderjährigen und von unter Betreuung stehenden Volljährigen an einem Rechtsgeschäft immer zwei Fragen streng zu unterscheiden:
– Kann der gesetzliche Vertreter (Eltern, Vormund, Betreuer) den Betroffenen vertreten, oder muss ein Ergänzungspfleger bestellt werden?
– Ist eine familien- bzw. betreuungsgerichtliche Genehmigung erforderlich?

Zur ersten Frage: Grundsätzlich vertreten die Eltern das minderjährige Kind gemeinschaftlich, § 1629 Abs. 1 Satz 2 BGB. Jedoch sind beide Eltern von der Vertretung ausgeschlossen, wenn auf der anderen Seite des Rechtgeschäfts entweder ein Elternteil (§§ 181, 1629 Abs. 2 Satz 1, 1795 Abs. 2 BGB) oder ein Großelternteil oder sonst ein Verwandter in gerader Linie (§§ 1629 Abs. 2 Satz 1, 1795 Abs. 1 Nr. 1 BGB) oder der Stiefvater oder die Stiefmutter (§§ 1629 Abs. 2 Satz 1, 1795 Abs. 1 Nr. 1 BGB) handelt. Ausnahmsweise sind die Eltern von der Vertretung gegenüber sich selbst oder den anderen vorstehend benannten Verwandten nicht ausgeschlossen, wenn ein Rechtsgeschäft ausschließlich in der Erfüllung einer Verbindlichkeit besteht, § 1795 Abs. 1 Nr. 1 BGB, oder wenn das Rechtsgeschäft für das minderjährige Kind ausschließlich rechtlich vorteilhaft ist, §§ 1795 Abs. 2, 181 BGB. Entsprechendes gilt für Vormund und Betreuer. Ist die Vertretungsmacht des Vormunds oder der Eltern nach § 1795 BGB ausgeschlossen, muss das Familiengericht nach § 1909 Abs. 1 BGB einen Ergänzungspfleger bestellen. Örtlich zuständig ist nach § 152 FamFG während der Anhängigkeit einer Ehesache unter den deutschen Gerichten das Gericht, bei dem die Ehesache im ersten Rechtszug anhängig ist oder war, sofern es um ein gemeinschaftliches Kind der Ehegatten geht; ansonsten ist das Gericht zuständig, in dessen Bezirk das Kind seinen gewöhnlichen Aufenthalt hat. Ist die Vertretungsmacht des Betreuers nach §§ 1908i, 1975 BGB ausgeschlossen, muss das Betreuungsgericht nach § 1899 Abs. 4 BGB einen Ergänzungsbetreuer bestellen. Örtlich zuständig ist nach § 272 Abs. 1 Nr. 1 FamFG das Gericht, bei dem die Betreuung anhängig ist, das also den Betreuer bestellt hat.

Zur zweiten Frage: Der Vormund bedarf zu den nach §§ 1821, 1822 BGB genannten Rechtsgeschäften der Genehmigung des Familiengerichts. Gleiches gilt für den Pfleger (Ergänzungspfleger, § 1909 BGB; Abwesenheitspfleger, § 1911 BGB; Pfleger für unbekannte Beteiligte, § 1913 BGB) gemäß § 1915 BGB. Die Eltern bedürfen zu Rechtsgeschäften für ihr minderjähriges Kind nach § 1643 BGB der Genehmigung des Familiengerichts in den Fällen der §§ 1821, 1822 Nr. 1, 3, 5 und 8 bis 11 BGB.

Der Betreuer bedarf der Genehmigung des Betreuungsgerichts nach § 1908i BGB in den Fällen der §§ 1821, 1822 Nr. 1 bis 4 und 6 bis 13 BGB.

Es kann vorkommen, dass noch lange nach Inkrafttreten des FamFG – insbesondere bei der Durchführung von Rechtsmittelverfahren – familiengerichtliche oder vormundschaftsgerichtliche Genehmigungen ergehen, bei denen das Verfahren nach den Vorschriften des FGG durchgeführt wurde bzw. wird.[1] Art. 111 Abs. 1 FGG-RG[2] sieht nämlich vor, dass für alle Verfahren, die vor dem 01.09.2009 eingeleitet oder deren Einleitung vor diesem Tag beantragt worden ist, noch die alten Verfahrensregeln des FGG fortgelten. Dies gilt nicht nur für die bei Inkrafttreten des FamFG laufende Instanz, sondern für das gesamte Verfahren einschließlich des Rechtsmittelverfahrens.[3] Nach Art. 111 Abs. 2 FGG-RG gilt allerdings jedes gerichtliche Verfahren, das mit einer Endentscheidung abgeschlossen wird, als selbstständiges Verfahren i.S.v. § 111 Abs. 1 Satz 1 FGG-RG, so dass Genehmigungsverfahren, in denen nach FGG eine Endentscheidung ergangen ist, als eigenständiges Verfahren angesehen werden und daher dem FamFG unterliegen, wenn der Antrag auf Erteilung der Genehmigung hier nach dem 01.09.2009 gestellt wird.[4]

7   Auch unter dem FamFG beziehen sich familien- und betreuungsgerichtliche Genehmigungen grundsätzlich nur auf Vereinbarungen, die dem Gericht vorgelegt wurden. Weil das Gericht vor der Erteilung der Genehmigung zu prüfen hat, ob das beabsichtigte Geschäft dem Wohl des Betroffenen entspricht, ist eine Entscheidung hierüber nur dann möglich, wenn dem Gericht alle Abreden bekannt sind, die nach dem Willen der Beteiligten eine Einheit bilden sollen. Nebenabreden, Zusicherungen oder sonstige Absprachen, die dem Gericht unbekannt geblieben sind, werden von der Genehmigung nicht erfasst und bleiben unwirksam.[5]

II. Grundstücksgeschäfte

1. Nachweis

8   Familien- und betreuungsgerichtliche Genehmigungen müssen dem Grundbuchamt in der Form des § 29 Abs. 1 Satz 2 GBO nachgewiesen werden. Zu *einseitigen* Rechtsgeschäften, z.B. Eintragungs- und Löschungsbewilligungen, muss die jeweilige Genehmigung bis zum Wirksamwerden des einseitigen Rechtsgeschäfts (also bei empfangsbedürftigen Willenserklärungen spätestens im Zeitpunkt des Zugangs) dem Vormund (Pfleger, Betreuer, Eltern) erteilt sein (§§ 1828, 1831 BGB). Die Genehmigung muss daher nicht schon im Zeitpunkt der Beurkundung vorliegen. Bei einer gegenüber dem Grundbuchamt abzugebenden Erklärung genügt es nach h.M. sogar, wenn die Genehmigung und ihre Bekanntgabe an die Beteiligten bzw. das Vorliegen des Rechtskraftzeugnisses bis zur Eintragungsverfügung des Grundbuchamtes nachgewiesen werden. Der Nachweis kann deshalb auch noch auf eine Zwischenverfügung des Grundbuchamtes gemäß § 18 GBO geführt werden.[6] Nach einer rechtskräftigen Verurteilung des Mündels bedarf es keiner familiengerichtlichen Genehmigung.[7]

---

1 Zum Nachweis z.B. ggü. dem Grundbuchamt, dass ein Verfahren nicht den Vorschriften des FamFG unterlegen hat, vgl. DNotI-Gutachten, Gutachten-Abruf-Nr. 96737 vom August 2009.
2 Gesetz zur Reform des Verfahrens in Familiensachen und in den Angelegenheiten der Freiwilligen Gerichtsbarkeit; BGBl. 2008 I S. 2586, zuletzt geändert durch Art. 6 des Gesetzes vom 05.12.2012, BGBl. 2012 I S. 2418.
3 BT-Drucks. 16/6308, S. 359.
4 *Heinemann*, FamFG für Notare, Rn. 734 f.; Keidel/*Engelhardt*, Art. 111 FGG-RG, Rn. 3; DNotI-Report 2009, 145, 146.
5 So BGH DNotZ 2004, 152, 154 zu § 1822 BGB.
6 Palandt/*Götz*, § 1831 BGB Rn. 2.
7 Erman/*Saar*, Vor §§ 1821, 1822 BGB Rn. 4 m.w.N.

2. Genehmigungsverfahren

Im früheren Genehmigungsverfahren nach dem FGG wurde zunächst ein Vorbescheid erlassen, in dem das Gericht ankündigte, die Genehmigung zu erteilen. Damit sollte den Beteiligten die Möglichkeit gegeben werden, diese Zwischenentscheidung durch Einlegung der Beschwerde gerichtlich überprüfen zu lassen. Wurde die Genehmigung im Anschluss daran erlassen, durften die Beteiligten von ihrer Wirksamkeit ausgehen.

Das FamFG sieht einen Vorbescheid nun nicht mehr vor. Allerdings wird der Genehmigungsbeschluss nach § 40 Abs. 2 FamFG erst mit formeller Rechtskraft wirksam, die nach § 45 Abs. 1 FamFG dann eintritt, wenn die Frist für die Einlegung der Beschwerde abgelaufen ist, ohne dass dieses Rechtsmittel eingelegt wurde. Die Beschwerdefrist beträgt nach § 63 Abs. 2 Nr. 2 FamFG 2 Wochen und beginnt nach § 63 Abs. 3 FamFG für jeden Beteiligten mit der schriftlichen Bekanntgabe des Genehmigungsbeschlusses. Diese Vorschrift bestimmt auch, dass wenn die schriftliche Bekanntgabe an einen Beteiligten nicht bewirkt werden kann, die Frist spätestens mit Ablauf von 5 Monaten nach Erlass des Beschlusses beginnt.

a) Rechtskraftzeugnis

Zur Verfahrenserleichterung sieht § 46 FamFG vor, dass das Gericht des ersten Rechtszugs ein Zeugnis über die Rechtskraft der Genehmigung erteilt. Dieses Rechtkraftzeugnis ist nach der Gesetzesbegründung und nach allgemeiner Meinung § 706 ZPO nachgebildet.[8] Daher erbringt auch das Rechtskraftzeugnis nach § 46 FamFG den vollen Beweis i.S.v. § 418 Abs. 1 ZPO der in dem Zeugnis festgehaltenen Tatsachen. Allerdings ist nach § 418 Abs. 2 ZPO auch der Beweis der Unrichtigkeit der bezeugten Tatsachen zulässig. Mit dem Rechtskraftzeugnis ist außerdem kein »guter Glaube« an die Wirksamkeit der Genehmigung verbunden.[9]

Der Übergang von der Vorbescheid- zur Rechtskraftlösung führt dazu, dass der Notar nach der Beurkundung, aber vor dem Vollzug im Grundbuch, beim Handelsregister etc. sowohl die Genehmigung als auch ein Rechtskraftzeugnis beim zuständigen Gericht beantragen sollte. Beides sollte gleichzeitig und ausdrücklich beantragt werden.

Auch wenn für die Wirksamkeit der Genehmigung nicht das Rechtskraftzeugnis, sondern die tatsächliche Rechtslage maßgeblich ist, darf der Notar im Regelfall auf das Rechtskraftzeugnis vertrauen.[10] Insbesondere ist die Prüfung der Voraussetzungen für die Rechtskraft Aufgabe des befassten Gerichts; eine standardmäßige Kontrolle dieser Prüfung durch den Notar ist nicht geboten. Eine Amtspflicht zur Überprüfung des Rechtskraftzeugnisses besteht nicht. Nur wenn der Notar positive Kenntnis davon hat, dass eine Voraussetzung der Rechtskraft nicht vorliegt, darf er nicht davon ausgehen, dass das Rechtskraftzeugnis zu Recht erteilt wurde und die Genehmigung nach § 40 Abs. 2 FamFG wirksam ist. Das ist z.B. dann der Fall, wenn der Notar weiß, dass die Entscheidung einem formell Beteiligten oder einem nach den nachfolgenden Ausführungen formell zu beteiligenden materiell Beteiligten nicht bekannt gegeben wurde.

b) Rechtskraft durch Bekanntgabe an die Beteiligten und Ablauf der Beschwerdefrist

Entscheidend für den Eintritt der Rechtskraft ist grundsätzlich der Ablauf der Rechtsmittelfrist. Dieser setzt voraus, dass der Beschluss allen formell Beteiligten bekannt gegeben wurde. Nach § 7 Abs. 1 FamFG ist der Antragsteller (Vormund, Eltern, Ergänzungspfleger,

---

8 Vgl. DNotI-Report 2009, 145, 149.
9 DNotI-Report 2009, 145, 149; *Heinemann*, DNotZ 2009, 6, 17.
10 DNotI-Report 2009, 145, 149 f.

Betreuer) der einzige kraft Gesetzes Beteiligte. Alle übrigen Personen werden erst Beteiligte durch Hinzuziehung des Gerichts. § 7 Abs. 2 FamFG bestimmt, welche Personen das Gericht von Amts wegen als Beteiligte hinzuziehen muss (sog. Muss-Beteiligte). Darüber hinaus gibt es nach § 7 Abs. 3 FamFG auch Personen, bei denen die Hinzuziehung im Ermessen des Gerichts steht (Kann-Beteiligte).

15 § 41 Abs. 3 FamFG bestimmt, dass der Genehmigungsbeschluss auch demjenigen bekannt zu geben ist, für den das Rechtsgeschäft genehmigt wird (Minderjähriger, Betreuter). Diese Person ist gleichzeitig auch Muss-Beteiligter nach § 7 Abs. 2 FamFG. Die Regelung des § 41 Abs. 3 FamFG macht daher nur dann Sinn, wenn noch nicht die Stellung als Muss-Beteiligte nach § 7 Abs. 2 FamFG an sich, sondern erst die Hinzuziehung durch das Gericht dazu führt, dass dieser Person der Beschluss bekannt zu geben ist. Es gilt demnach der formelle Beteiligtenbegriff.[11] Deshalb kann grundsätzlich auch der Minderjährige bzw. der Betreute nur innerhalb der für die formell Beteiligten laufenden Beschwerdefrist von 2 Wochen selbst Beschwerde einlegen, wenn er nicht durch das Gericht auf der Grundlage des § 7 Abs. 2 Nr. 1 FamFG im Wege der Hinzuziehung förmlich, sondern nur durch Bekanntgabe nach § 41 Abs. 3 FamFG beteiligt worden ist.

16 Problematisch ist dieses Ergebnis, wenn im Einzelfall die Bekanntgabe an den Minderjährigen bzw. Betreuten völlig unterbleibt, etwa weil die Bekanntgabe nach § 41 Abs. 3 FamFG vergessen wurde und eine Hinzuziehung als formell Beteiligter nicht erfolgte. Damit wäre jeder Rechtsschutz unmöglich, das Gebot rechtlichen Gehörs aus Art. 19 Abs. 4 GG möglicherweise verletzt. Teilweise wird dieses Ergebnis in Rechtsprechung und Literatur als gesetzgeberische Entscheidung hingenommen;[12] teilweise wird indes versucht, dieses Problem über eine verfassungskonforme Auslegung des § 63 Abs. 3 FamFG in der Weise zu lösen, dass für denjenigen, für den das Geschäft genehmigt wird (Minderjähriger, Betreuter) eine eigenständige Beschwerdefrist ab der Bekanntgabe des Beschlusses an ihn zu laufen beginnt.[13] Abweichend vom formellen Beteiligtenbegriff wäre Beteiligter i.S.d. § 63 Abs. 3 Satz 1 FamFG dann also auch, wer gemäß § 41 Abs. 3 FamFG durch Bekanntgabe des Genehmigungsbeschlusses nur »faktisch« zu beteiligen ist.

17 Die meisten Vertreter der letztgenannten Auffassung, die also § 63 Abs. 3 Satz 1 FamFG verfassungskonform auslegen wollen, kommen bei unterbliebener Bekanntgabe des Beschlusses an den Minderjährigen bzw. Betreuten zu dem Ergebnis, dass hier die Beschwerdefrist nicht zu laufen beginnt und daher auch die Rechtskraft des Beschlusses nicht eintritt. Insbesondere hilft insoweit § 63 Abs. 3 Satz 2 FamFG nicht, weil nach dem Wortlaut der Vorschrift die dort angeordnete fünfmonatige Frist für die Einlegung der Beschwerde nur greift, wenn einem formell Beteiligten der Beschluss nicht bekannt gegeben worden ist.[14] Erhebt der Minderjährige bzw. Betreute noch nach vielen Jahren Beschwerde, könnte die Genehmigung daraufhin mit entsprechenden Folgen für die genehmigten Vereinbarungen aufgehoben werden. Eine zeitliche Grenze bestünde dann nur aufgrund der Verjährung der Rückgabeansprüche gegen den Erwerber aus § 197 Abs. 1 Nr. 1 BGB nach 30 Jahren. Teilweise wird aber auch insoweit, also für Satz 2 des § 63 Abs. 3 FamFG, eine verfassungskonforme Auslegung in der Weise vertreten, dass über den Wortlaut hinaus auch in dem Fall der unterbliebenen Bekanntgabe an den Minderjährigen bzw. Betreuten die Auffangfrist von 5 Monaten im Interesse der Rechtssicherheit und zum Schutz des Eigentumsrechts des Erwerbers Anwendung findet.[15] Danach wird also auch an dieser Stelle der Grundsatz des

---

11 *Harders*, DNotZ 2009, 725, 727.
12 OLG Hamm, RNotZ 2011, 46 ff. m. Anm. *Bremkamp*; *Harders*, DNotZ 2009, 725, 730; Bumiller/*Harders*, FamFG, § 63, Rn. 6; Keidel/*Sternal*, FamFG, 16. Aufl. 2009, § 63, Rn. 44; Horndasch/Viefhues/*Reinken*, FamFG, 1. Aufl. 2009 § 63, Rn. 8.
13 *Heinemann*, FamFG für Notare, Rn. 141; *Bolkart*, MittBayNot 2009, 268, 270, 272; *Litzenburger*, RNotZ 2010, 32, 36.
14 Vgl. DNotI-Report 2009, 145, 150; *Bolkart*, MittBayNot 2009, 268, 272.
15 *Litzenburger*, RNotZ 2010, 32, 37.

formellen Beteiligtenbegriffs durch die Einbeziehung des materiell beteiligten Minderjährigen bzw. Betreuten in den Anwendungsbereich des § 63 Abs. 3 FamFG durchbrochen.

Unabhängig davon, welcher der vorgenannten Auffassungen man folgt, hat das Gericht also – entweder allein nach § 41 Abs. 3 FamFG oder zusätzlich auch nach § 63 Abs. 3 FamFG in verfassungskonformer Auslegung – den Beschluss auch dem Minderjährigen bzw. Betreuten bekannt zu geben. Der oben dargestellte Meinungsstreit betrifft allein die Frage, ob bei unterbliebener Bekanntgabe an den Minderjährigen oder den Betreuten ein Beschwerderecht besteht und innerhalb welches Zeitraums die Beschwerde eingelegt werden kann. Für die Bekanntgabe verweist § 15 Abs. 2 FamFG u.a. auf die §§ 166 bis 195 ZPO und damit auch auf § 170 ZPO. Diese Vorschrift verlangt bei prozessunfähigen Personen i.S.d. § 51 ZPO die Zustellung an den gesetzlichen Vertreter. Außerdem sind nach § 9 Abs. 1 FamFG grundsätzlich nur voll geschäftsfähige Personen in Verfahren nach dem FamFG verfahrensfähig. § 9 Abs. 2 FamFG bestimmt, dass, soweit ein Geschäftsunfähiger oder ein in der Geschäftsfähigkeit Beschränkter nicht verfahrensfähig ist, für ihn die nach bürgerlichem Recht dazu befugten Personen handeln. 18

c) Bekanntgabe an Minderjährige

Haben die Eltern, der Vormund oder der Ergänzungspfleger das zu genehmigende Rechtsgeschäft für den Minderjährigen abgeschlossen, so scheidet eine Bekanntgabe an diese Personen grundsätzlich aus, weil das Recht auf rechtliches Gehör nicht durch denjenigen wahrgenommen werden soll und kann, dessen Handeln im Genehmigungsverfahren überprüft werden soll.[16] Eine Ausnahme gilt allerdings jedenfalls für die Bekanntgabe des Genehmigungsbeschlusses zu einer Erbausschlagung, die der gesetzliche Vertreter für den Minderjährigen abgegeben hat: Hier kann der Beschluss dem gesetzlichen Vertreter selbst bekannt gegeben werden, es sei denn, die Voraussetzungen für eine Entziehung der Vertretungsmacht nach § 1796 BGB liegen vor.[17] Ob diese Rechtsprechung auch auf andere Genehmigungstatbestände übertragen werden kann, ist unklar. Der BGH hat ausgeführt, das Familiengericht müsse im Rahmen des Genehmigungsverfahrens von Amts wegen prüfen, ob die Voraussetzungen für die Erteilung einer Genehmigung vorlägen und die Erbausschlagung dem Wohl des Kindes entspreche. Eine zusätzliche Kontrolle des Verfahrens durch einen anderen Vertreter des Minderjährigen sie grundsätzlich nicht erforderlich; dies stehe auch nicht im Widerspruch zur Rechtsprechung des Bundesverfassungsgerichts zum Recht auf Anhörung, da es hier um eine einseitige Erklärung gegenüber dem Nachlassgericht und nicht um eine konkrete Vertragsgestaltung gehe. 19

Insbesondere in Kindschaftssachen unterscheidet das FamFG zwischen Minderjährigen, die das 14. Lebensjahr noch nicht vollendet haben und solchen, bei denen dies der Fall ist (§§ 159 Abs. 1 und 2, 164 FamFG; vgl. auch § 9 Abs. 1 Nr. 3 FamFG). 20

aa) Minderjährige unter 14 Jahren

Wem für den unter 14 Jahre alten Minderjährigen der Beschluss bekannt zu geben ist, ist umstritten. In Betracht kommt die Bestellung eines (ggfs. weiteren) Ergänzungspflegers nach § 1901 BGB[18] oder eines Verfahrensbeistands nach § 158 FamFG.[19] Nach neuerer Rechtsprechung muss allerdings ein Ergänzungspfleger für den unter 14 Jahre alten Minderjähri- 21

---

16 BVerfG NJW 2000, 1709, 1710; DNotI-Report 2009, 145, 148.
17 BGH, Beschl. v. 12.02.2014 – XII ZB 592/12, NJW-RR 2014, 900.
18 So OLG Oldenburg, 26.11.2009 – 14 UF 149/09, BeckRS 2009, 88533 = Nds Rpfl 2010, 90; KG, Beschl. v. 04.03.2010 – 17 UF 5/10; *Brambring*, NotBZ 2009, 394, 395; Keidel/*Engelhardt*, § 158, Rn. 6; *Sonnenfeld*, NotBZ 2009, 295, 299; *Zorn*, Rpfleger 2009, 421, 426.
19 So *Heinemann*, FamFG für Notare, Rn. 158; *Bolkart*, MittBayNot 2009, 268, 271 f.; *Litzenburger*, RNotZ 2010, 32, 34; wohl auch DNotI-Report 2009, 145, 146 f.

gen – im konkreten Fall der Erbausschlagung durch die Eltern als gesetzliche Vertreter – nur dann bestellt werden, wenn die Voraussetzungen für eine Entziehung der Vertretungsmacht nach § 1796 BGB vorliegen.[20] Soweit eine Bestellung erforderlich ist, ist zu berücksichtigen, dass nach § 158 Abs. 1 FamFG ein Verfahrensbeistand nur in Angelegenheiten zu bestellen ist, die die Person – und nicht wie bei zu genehmigenden Verträgen üblicherweise das Vermögen – des Kindes betreffen; außerdem bestimmt § 158 Abs. 4 Satz 6 FamFG, dass der Verfahrensbeistand nicht gesetzlicher Vertreter des Minderjährigen ist. Daraus wird teilweise geschlossen, dass für die Bekanntgabe nur ein Ergänzungspfleger in Betracht komme. Andererseits wird dem Verfahrensbeistand in § 158 Abs. 4 Satz 5 FamFG jedoch ein eigenes Beschwerderecht eingeräumt: Er kann im Interesse des Kindes Rechtsmittel einlegen. Daher wird eine analoge Anwendung der Regeln über den Verfahrensbeistand auch in Vermögensangelegenheiten vertreten. An diesem Ansatz bleiben aber schon deshalb Zweifel, weil eine planwidrige Regelungslücke nicht zu erkennen ist: Mit dem Ergänzungspfleger steht hier eine interessengerechte Alternative zur Verfügung, die eine analoge Anwendung des § 158 FamFG obsolet erscheinen lässt.

22 In der Praxis kann der Notar diesen Problemkreis jedenfalls dadurch umgehen, dass er dem Gericht gegenüber lediglich anregt, eine geeignete Person zur Wahrnehmung der Rechte des Minderjährigen im Genehmigungs- und Beschwerdeverfahren zu bestellen, dabei aber offen lässt, ob es sich um einen Verfahrensbeistand oder Ergänzungspfleger handeln soll. Die Entscheidung zwischen den beiden Varianten hat allerdings kostenmäßige Auswirkungen. Die Kosten eines berufsmäßigen Verfahrensbeistands betragen 350 €; im Übrigen werden ihm nur Aufwendungen ersetzt (§ 158 Abs. 7 und 8 FamFG). Die Kosten eines Ergänzungspflegers können deutlich höher ausfallen, weil er nach § 168 FamFG auch eine Aufwandsentschädigung oder eine Vergütung verlangen kann. Der Notar kann dem Gericht hier selbstverständlich auch bereits eine bestimmte Person vorschlagen, die nicht berufsmäßig sondern ehrenamtlich tätig wird. Dadurch können insbesondere die Kosten für die berufsmäßige Tätigkeit vermieden werden.

bb) Minderjährige ab 14 Jahre

23 Nach § 164 Satz 1 FamFG ist einem Minderjährigen, der das 14. Lebensjahr vollendet hat und nicht geschäftsunfähig ist, die Entscheidung des Gerichts, gegen die er das Beschwerderecht ausüben kann, bekannt zu geben. Ein solches Beschwerderecht wird nach § 60 Satz 2 FamFG dem Minderjährigen in Angelegenheiten, in denen er »vor einer Entscheidung des Gerichts gehört werden soll« gewährt. Ein solcher Anspruch auf rechtliches Gehör wird dem Minderjährigen, der das 14. Lebensjahr vollendet hat, in § 159 Abs. 1 FamFG eingeräumt mit der Einschränkung, dass, wenn ausschließlich das Vermögen des Kindes betroffen ist, von einer persönlichen Anhörung abgesehen werden kann, falls nach Art der Angelegenheit eine persönliche Anhörung nicht angezeigt ist. Auch wenn auf dieser Grundlage im Einzelfall eine Anhörung nicht zwingend erfolgen muss, existiert damit ein Beschwerderecht i.S.d. § 164 Satz 1 FamFG. Eine Bekanntgabe hat an den Minderjährigen, der das 14. Lebensjahr vollendet hat, demnach stets zu erfolgen. Dies gilt unabhängig davon, ob ihm ein Verfahrensbeistand oder Ergänzungspfleger bestellt wurde.

24 Das eigene Beschwerderecht des Minderjährigen soll allerdings nach teilweise vertretener Auffassung das Bedürfnis für die Bestellung eines Ergänzungspflegers grundsätzlich ausschließen.[21] Anders wird dies im Hinblick auf die Bestellung eines Verfahrensbeistands gesehen, wenn man § 158 FamFG analog auf den Bereich der Vermögensangelegenheiten anwendet.[22] Teilweise wird daher dem antragstellenden Notar auch für den Fall des Min-

---

20 BGH, Beschl. v. 12.02.2014 – XII ZB 592/12.
21 *Litzenburger*, RNotZ 2010, 32, 34.
22 So *Litzenburger*, RNotZ 2010, 32, 34; wohl auch DNotI-Report 2009, 145, 146 f.

derjährigen, der das 14. Lebensjahr erreicht hat, empfohlen, die Bestellung eines Verfahrensbeistands anzuregen.[23] Es ist allerdings letztlich nicht erkennbar, warum hier – wie auch beim unter 14 Jahre alten Minderjährigen – nicht statt des Verfahrensbeistands ein Ergänzungspfleger bestellt werden kann. Jedenfalls wird der Notar regelmäßig nicht zuverlässig einschätzen können, ob das Kind genug »eigene Reife« besitzt, um selbst die Folgen der Genehmigung des Rechtsgeschäfts zu beurteilen.[24] Letztlich obliegt es daher dem Familiengericht, zu entscheiden, ob für den Minderjährigen, der das 14. Lebensjahr erreicht hat, eine geeignete Person zu bestellen ist. Will der Notar auf eine solche Bestellung hinwirken, kann er insoweit eine Festlegung vermeiden, als er dem Gericht gegenüber lediglich anregt, eine geeignete Person zur Wahrnehmung der Rechte des Minderjährigen im Genehmigungs- und Beschwerdeverfahren zu bestellen, ohne dabei entscheiden zu müssen, ob es sich um einen Verfahrensbeistand oder Ergänzungspfleger handeln soll. Ist eine solche Person bestellt, ist der Genehmigungsbeschluss dann sowohl ihr als auch dem Minderjährigen selbst bekannt zu geben.

d) Bekanntgabe an Betreute

In Betreuungssachen ist der Betreute nach § 275 FamFG ohne Rücksicht auf seine Geschäftsfähigkeit als verfahrensfähig anzusehen. Die betreuungsgerichtliche Genehmigung ist daher nach §§ 41 Abs. 3, 275 FamFG stets auch dem Betreuten bekannt zu geben. Ist er nicht geschäftsfähig, bedarf es in jedem Fall der Bestellung eines Verfahrenspflegers nach § 276 Abs. 1 Satz 1 FamFG. Teilweise wird darüber hinausgehend dem antragstellenden Notar empfohlen, in der Regel dann, wenn er – auch trotz Geschäftsfähigkeit des Betreuten bzw. bei fehlendem Einwilligungsvorbehalt – Zweifel hat, ob der Betreute seine Interessen im Verfahren selbst ausreichend wahrnehmen kann, die Bestellung eines Verfahrenspflegers anzuregen.[25] Diesem ist der Beschluss dann ebenfalls bekannt zu geben. Der Notar kann auch hier eine geeignete Person als Verfahrenspfleger vorschlagen.

e) Rechtsmittelverzicht

Aus § 67 Abs. 1 FamFG folgt, dass »nach Bekanntgabe des Beschlusses« von einem Beschwerdeberechtigten ein Rechtsmittelverzicht erklärt werden kann. Die Gesetzesbegründung geht allerdings offensichtlich noch von der Fassung der Vorschrift im Referentenentwurf aus (§ 70 FamFG-RE) und erläutert, dass ein Verzicht sowohl vor als auch nach Erlass des Beschlusses möglich sei.[26] Teilweise wird aus diesem Widerspruch zwischen Gesetzestext und Begründung geschlossen, dass die derzeitige Fassung des § 67 Abs. 1 FamFG ein gesetzgeberisches Versehen darstelle und ein Verzicht auf Rechtsmittel auch schon vor Erlass der Entscheidung möglich sei.[27] Die wohl h.M. stellt jedoch den eindeutigen Gesetzeswortlaut über die Begründung und erkennt die Möglichkeit eines Rechtsmittelverzichts erst für den Zeitraum nach der Bekanntgabe des Beschlusses an.[28]

Eine nennenswerte Verfahrensbeschleunigung ist von einem Rechtsmittelverzicht allerdings nicht zu erwarten. Außerdem ist er nur umständlich zu erlangen, da er vom Minderjährigen selbst sowie dem Ergänzungspfleger bzw. Verfahrensbeistand bzw. vom Betreuten selbst sowie vom Verfahrenspfleger erklärt werden muss.

---

23 DNotI-Report 2009, 145, 147.
24 Vgl. DNotI-Report 2009, 145, 147.
25 DNotI-Report 2009, 145, 147.
26 BT-Drucks. 16/6308, S. 207.
27 *Heinemann*, DNotZ 2009, 6, 18; Horndasch/Viefhues/*Reinken*, FamFG, § 67, Rn. 3.
28 *Bolkart*, MittBayNot 2009, 268, 273; *Litzenburger*, RNotZ 2009, 380, 383; Keidel/*Sterndal*, FamFG, § 67, Rn. 5; Prütting/Helms/*Abramenko*, FamFG, § 67, Rn. 2.

3. Mitteilung

28 Nach § 1829 Abs. 1 Satz 2 BGB wird die Genehmigung eines Vertrages oder ihre Verweigerung »dem anderen Teil« gegenüber erst wirksam, »wenn sie ihm durch den Vormund« mitgeteilt wird. Entsprechendes gilt für Eltern, Pfleger und Betreuer. Neben der Genehmigung selbst ist auch der Zugang dieser Mitteilung dem Grundbuchamt in der Form des § 29 Abs. 1 Satz 2 GBO nachzuweisen.[29] Ausnahmsweise ist für die Eintragung einer vom Minderjährigen bewilligten Vormerkung vom Grundbuchamt nur zu prüfen, ob die familiengerichtliche Genehmigung rechtskräftig und dem gesetzlichen Vertreter bekannt gemacht worden ist; nicht zu prüfen ist in diesem Fall die Mitteilung an den anderen Teil.[30]

29 Der Notar kann vom Vormund etc. ermächtigt werden, die gerichtliche Genehmigung entgegenzunehmen (§ 10 Abs. 2 Nr. 3 FamFG). Er ist dazu nicht verpflichtet.

30 Die Mitteilung ist eine empfangsbedürftige Willenserklärung, auf die der Vertragsgegner nicht verzichten kann, auch nicht auf ihren Zugang.[31] Der Vormund etc. soll nämlich nach Erteilung der gerichtlichen Genehmigung selbst entscheiden können, ob er den Vertrag durch Mitteilung der Genehmigung wirksam werden lässt oder nicht. Sowohl wegen dieses Letztentscheidungsrechts über die Weitergabe der Genehmigung als auch mangels Beschwer (§ 59 Abs. 1 und 2 FamFG) steht dem Antragsteller kein Beschwerderecht gegen die Erteilung der beantragten Genehmigung zu.[32]

31 Zulässig ist indes die Vereinbarung, dass ein Bevollmächtigter (z.B. der Notar) die Genehmigung für den Vormund etc. mitteilt und gleichzeitig für den *Vertragsgegner* entgegennimmt.[33] Diese an den Notar gerichtete Vollmacht, die Genehmigung für den Vormund etc. entgegenzunehmen, sie für ihn dem Vertragsgegner mitzuteilen und sie für diesen entgegenzunehmen, wird als *Doppelvollmacht* bezeichnet. Die Doppelvollmacht ermächtigt allerdings nicht dazu, einen Beschluss entgegenzunehmen, mit dem das Gericht die Genehmigung des Vertrages versagt.[34]

32 Der Notar kann die Doppelvollmacht erst nach Wirksamwerden der Genehmigung bzw. Erteilung des Rechtskraftzeugnisses ausüben.[35]

33 Eine Doppelbevollmächtigung lässt sich zuweilen auch aus dem Zusammenhang feststellen.[36] Ihre besondere Aufnahme empfiehlt sich jedoch.

34 Die Ausübung der Doppelvollmacht führt nur dann zur Wirksamkeit des Vertrages, wenn die Vollmachten noch Bestand hatten, d.h. nicht widerrufen waren. Die Doppelvollmacht kann insbesondere in Bezug auf die Entgegennahme der Genehmigung und die Mitteilung von dem Vollmachtgeber, der die Genehmigung beantragt hat, widerrufen werden, sodass die wirksame Mitteilung der Genehmigung an den anderen Vertragsteil nicht mehr erfolgen kann.[37] Dadurch kann sich der Widerrufende jedoch schadensersatzpflichtig machen. Eine Beendigung der Amtsstellung des Vormunds, Pflegers oder Betreuers vor Ausübung der Doppelvollmacht durch den Notar führt ebenfalls zum Erlöschen der Vollmacht, da sie vom Vollmachtgeber in eigenem Namen erteilt wird.[38] Eine solche Beendigung tritt insbesondere durch Tod des Mündels bzw. Betreuten oder einen Betreuerwechsel ein. Die Vollmacht muss dann also vom neuen Betreuer, Vormund oder Pfleger erneut erteilt werden, wenn die Beendigung eintritt, bevor der Notar die Genehmigung dem anderen Vertragsteil mitgeteilt hat. Um gegenüber dem Grundbuchamt

---

29 *Schöner/Stöber*, Grundbuchrecht, Rn. 156, 3738 ff.
30 KG NotBZ 2018, 61.
31 *Schöner/Stöber*, Grundbuchrecht, Rn. 3738.
32 *Sonnenfeld*, NotBZ 2009, 259, 298.
33 BGH DNotZ 2016, 195.
34 BayObLG Rpfleger 1988, 482.
35 DNotI-Report 2009, 145, 151; *Litzenburger*, RNotZ 2010, 32, 38.
36 OLG Hamm DNotZ 1964, 541 = Rpfleger 1964, 313.
37 *Litzenburger*, RNotZ 2010, 32, 32.
38 DNotI-Report 2017, 121, 122.

den erforderlichen Nachweis erbringen zu können, muss dies in der Form des § 29 GBO erfolgen. So kann z.B. zu einer unterschriftsbeglaubigten Erklärung des neuen gesetzlichen Vertreters eine beglaubigte Abschrift der Bestallungsurkunde mit dem Vermerk genommen werden, dass diese dem Notar in Urschrift vorgelegen hat. Der neue Betreuer, Vormund oder Pfleger kann das laufende Genehmigungsverfahren in dem Stand fortsetzen, in dem es sich zum Zeitpunkt des Wegfalls des bisherigen gesetzlichen Vertreters befunden hat; insbesondere muss eine bereits erteilte Genehmigung nicht erneut beantragt und eingeholt werden.[39] Diskutiert wird, ob die Genehmigung, die dem bisherigen Betreuer bekannt gegeben wurde, als er noch im Amt war, auch dem neuen Betreuer bekannt gegeben werden muss, damit sie wirksam wird.[40]

Der Notar darf grundsätzlich trotz des fehlenden Gutglaubensschutzes auf die Richtigkeit des Rechtskraftzeugnisses vertrauen.[41] Er ist daher auch dann nicht zur Einholung eines neuen Rechtskraftzeugnisses verpflichtet, wenn ein Betreuerwechsel zu einem Zeitpunkt stattgefunden hat, als dem ersten Betreuer der Genehmigungsbeschluss bereits bekannt gegeben worden war. Eine Belehrung der Beteiligten über den Unterschied zwischen Rechtswirksamkeit und Vorliegen des Rechtskraftzeugnisses ist daher nicht erforderlich, sondern dürfte die Beteiligten eher verwirren. 35

Doppelvollmacht

Die Beteiligten beauftragen und bevollmächtigen den Notar, seinen amtlich bestellten Vertreter und seinen Amtsnachfolger, unter Übersendung je einer Ausfertigung dieser Niederschrift und der auf der Grundlage der hier erklärten Finanzierungsvollmacht bestellten Grundpfandrechtsurkunden die Genehmigungen samt Rechtskraftzeugnis des Familien-/Betreuungsgerichts zu diesen Urkunden 36 M
a) zu beantragen,
b) für den gesetzlichen Vertreter in Empfang zu nehmen,
c) sie den anderen Beteiligten und Grundpfandrechtsgläubigern mitzuteilen und
d) die Mitteilung für die anderen Beteiligten in Empfang zu nehmen.
Die Mitteilung und die Empfangnahme sollen für diesen Vertrag durch die Beifügung einer entsprechenden Eigenurkunde des Notars an diese Niederschrift als bewirkt gelten.
Die Vertragsbeteiligten beauftragen und bevollmächtigen den Notar ferner, die Bestellung einer Person zur Wahrung der Rechte des von NN vertretenen Minderjährigen/Betreuten im Genehmigungs- und Beschwerdeverfahren (Ergänzungspfleger oder Verfahrensbeistand/Verfahrenspfleger) zu beantragen. Der Notar soll dafür Herrn ..... als geeignete Person vorschlagen.

Nach § 1829 Abs. 2 BGB kann der andere Vertragsteil den gesetzlichen Vertreter zur Mitteilung darüber auffordern, ob die Genehmigung erteilt ist. In diesem Fall kann die Mitteilung der Genehmigung nur bis zum Ablauf von 4 Wochen nach dem Empfang der Aufforderung erfolgen. Diese Frist ist zu kurz, wenn das Genehmigungsverfahren mehr Zeit in Anspruch nimmt, und sollte daher verlängert werden; ggfs. bis zur Beendigung des Genehmigungsverfahrens. Andererseits sollte der andere Vertragsteil auch die Möglichkeit haben, bei dauerhaft ausbleibender Genehmigung Sicherheit bezüglich der Unwirksamkeit des Vertrages zu haben. Insoweit sollte eine Maximalfrist vereinbart werden. 37

---

39 DNotI-Report 2017, 121, 122.
40 DNotI-Report 2017, 121, 122 f.
41 DNotI-Report 2009, 145, 149 f.; *Litzenburger*, RNotZ 2010, 32, 35.

Verlängerung der Frist des § 1829 Abs. 2 BGB

38 M Die Beteiligten sind sich einig, dass eine Aufforderung zur Genehmigung nach § 1829 Abs. 2 BGB bis zur Beendigung des gerichtlichen Genehmigungsverfahrens, längstens jedoch bis zum Ablauf von 6 Monaten ab dem heutigen Tag, ausgeschlossen ist.

39 Nach der Erteilung der Genehmigung mit Rechtskraftzeugnis, die der Urschrift beigefügt wird, errichtet der Notar eine Eigenurkunde, die auf der für das Grundbuchamt bestimmten Vertragsausfertigung als Vermerk angebracht werden kann:

Eigenurkunde zur Durchführung der Doppelvollmacht

40 M Die mir als Bevollmächtigtem des gesetzlichen Vertreters (Eltern, Vormund, Betreuer, Pfleger) zugegangene Genehmigung mit Rechtskraftzeugnis habe ich heute in dieser Eigenschaft mir selbst als gleichzeitig Bevollmächtigtem des Vertragsgegners mitgeteilt und für ihn in Empfang genommen.
Ort, Datum   Unterschrift des Notars mit Siegel

4. Weitere Vertragsgestaltung

41 Da der gute Glaube an das Rechtskraftzeugnis, wie oben dargestellt, nicht geschützt wird, sollte die Zahlungspflicht bezüglich des Kaufpreises bzw. die Auszahlung vom Notaranderkonto nicht von der Rechtswirksamkeit des Vertrages, insbesondere der Wirksamkeit der Genehmigung, abhängig gemacht werden. Dies kann der Notar auch auf der Grundlage des Rechtskraftzeugnisses in der Regel nicht sicher beurteilen, weil für ihn nicht erkennbar ist, wem und wann der Beschluss bekannt gegeben worden ist. Es sollte daher allein auf das Vorliegen des Genehmigungsbeschlusses nebst Rechtkraftzeugnis beim Notar abgestellt werden.[42]

42 Für einen Bauträgervertrag nach der MaBV ist eine solche Regelung nicht zulässig; dies dürfte aber praktisch unerheblich sein, weil ein Bauträgervertrag aufgrund der besonderen Risiken im Zweifel unabhängig davon nicht genehmigungsfähig sein dürfte, ob der Minderjährige bzw. Betreute auf Käufer- oder Verkäuferseite steht.[43]

43 Nach § 1821 Abs. 1 Nr. 4 BGB ist bereits die Eingehung einer Verpflichtung zur Bestellung eines Grundpfandrechts genehmigungsbedürftig, sodass die Genehmigung eines Kaufvertrages, der eine Finanzierungsvollmacht enthält, auch Wirkung für die Bestellung des auf dieser Grundlage bestellten Grundpfandrechts entfaltet.[44] Trotzdem verlangen viele Grundbuchämter eine eigenständige Genehmigung für das Grundpfandrecht.[45] Dadurch wird ein zusätzliches Genehmigungsverfahren erforderlich. Der Notar sollte daher darauf hinwirken, dass das Grundpfandrecht bereits bei Abschluss des Kaufvertrages bestellt wird, sodass beide Urkunden gleichzeitig dem Gericht zur Genehmigung vorgelegt werden können.

44 Zu beachten ist, dass selbst bei gleichzeitiger Beurkundung von Kaufvertrag und Grundpfandrechtsbestellungsurkunden die Gefahr besteht, dass die Genehmigung samt Rechtskraftzeugnis für den Kaufvertrag eher erteilt wird, als für die Grundpfandrechte. Um hier den Erwerber davor zu schützen, dass der Kaufpreis zu zahlen ist, die finanzierende Bank

---

[42] *Litzenburger*, RNotZ 2010, 32, 32; *Brambring*, NotBZ 2009, 394, 395; *Vossius*, notar 2009, 447, 448; *Bolkart*, MittBayNot 2009, 268, 273.
[43] *Litzenburger*, RNotZ 2010, 32, 32.
[44] *Brambring*, NotBZ 2009, 394, 396.
[45] Ebenso OLG Zweibrücken DNotZ 2005, 634; OLG Frankfurt, 16.06.2011 – 20 W 251/11.

aber mangels Genehmigung der Grundpfandrechtsbestellung noch nicht zur Auszahlung bereit ist, kann die Zahlbarkeit des Kaufpreises auch vom Vorliegen der Genehmigungen und Rechtskraftzeugnisse für die Grundpfandrechte abhängig gemacht werden.[46]

Fälligkeitsregelung

Der Kaufpreis ist fällig ..... 45 M

..... wenn die familiengerichtlichen/betreuungsgerichtlichen Genehmigungen samt Rechtskraftzeugnisse sowohl für diesen Vertrag als auch für die auf der Grundlage der hier erklärten Finanzierungsvollmacht mit Urkunden vom heutigen Tage bestellten Grundpfandrechte dem Notar vorliegen, er diese für den/die gesetzlichen Vertreter entgegengenommen, den anderen Vertragsbeteiligten bzw. jeweiligen Grundpfandrechtsgläubigern mitgeteilt und für die anderen Vertragsbeteiligten in Empfang genommen hat,

5. Vollzug

Antrag auf familiengerichtliche/betreuungsgerichtliche Genehmigung
An das 46 M
Amtsgericht
Familiengericht bzw. Betreuungsgericht
Antrag auf familiengerichtliche/betreuungsgerichtliche Genehmigung
Sehr geehrte Damen und Herren,
in der Anlage übersende ich eine auszugsweise Ausfertigung meiner Urkunde(n) UR-Nr. ..... vom und beantrage aufgrund der in Abschnitt der Urkunde UR-Nr. erteilten Vollmacht
> die Erteilung der hierzu erforderlichen Genehmigung (sowohl des Kaufvertrages als auch der Grundschuldbestellungskurkunden)

sowie
> die Bestellung des Herrn ....., wohnhaft zur Wahrung der Rechte des Minderjährigen/Betreuten im Genehmigungs- und Beschwerdeverfahren (Ergänzungspfleger oder Verfahrensbeistand/Verfahrenspfleger). Herr ..... hat sich vorab bereiterklärt, diese Aufgabe ehrenamtlich zu übernehmen.

Ich darf um Übersendung der mit Rechtkraftzeugnis versehenen Genehmigung(en) sowie einer Abschrift des Bestellungsbeschlusses bitten.

Notar

6. Eintragungen in Abteilung I des Grundbuchs

a) Minderjähriger ist Eigentümer (oder Miteigentümer) eines Grundstücks, und in seinem 47 Namen soll das Eigentum an einen Dritten übertragen werden: Eltern, Vormund und Pfleger bedürfen der familiengerichtlichen Genehmigung (§ 1821 Abs. 1 Nr. 1 BGB). In der Genehmigung des Verpflichtungsgeschäfts (Grundstücksverkauf gemäß § 1821 Abs. 1 Nr. 4 BGB) liegt, wenn sich nichts Gegenteiliges aus der Entscheidung des Familiengerichts ergibt, regelmäßig auch die Genehmigung der Auflassung, und umgekehrt.[47] Entsprechendes gilt

---
46 Vgl. *Kölmel*, NotBZ 2010, 2, 17 f.
47 Erman/*Saar*, § 1821 BGB Rn. 1.

für den Betreuten, den Betreuer und die betreuungsgerichtliche Genehmigung nach § 1908i Abs. 1 BGB.

48 **b) Entgeltlicher Erwerb eines Grundstücks durch einen Minderjährigen:** Eltern, Vormund, Betreuer und Pfleger bedürfen der familiengerichtlichen Genehmigung (§ 1821 Abs. 1 Nr. 5 BGB). Entsprechendes gilt für den Erwerb durch einen Betreuten, den Betreuer und die betreuungsgerichtliche Genehmigung nach § 1908i Abs. 1 BGB.

49 **c) Unentgeltlicher Erwerb eines Grundstücks:** Übertragen die Eltern oder Dritte dem minderjährigen Kind unentgeltlich Grundvermögen, ist dies grundsätzlich nicht genehmigungsbedürftig, da § 1821 Abs. 1 Nr. 5 BGB nur den »entgeltlichen Erwerb« erfasst. – Im Fall der Übertragung von Grundbesitz der Eltern auf das Kind können die Eltern das Kind aber nicht selbst vertreten, wenn die Übertragung für das Kind nicht lediglich rechtlich vorteilhaft ist (§§ 1629 Abs. 2, 1795 Abs. 2, 181 BGB), etwa weil ein Nießbrauchsrecht vorbehalten wird, ohne dass sich der Berechtigte zugleich dazu verpflichtet, auch die Kosten außergewöhnlicher Ausbesserungen und Erneuerungen sowie die außergewöhnlichen Lasten zu tragen.[48] In diesem Fall muss ein Ergänzungspfleger (§ 1909 BGB) bestellt werden. Das Gleiche gilt, wenn eine vermietete Immobilie[49] oder Wohnungseigentum – unabhängig vom Bestehen eines Verwaltervertrags und vom genauen Inhalt der Teilungserklärung –[50] auf das Kind übertragen werden soll. Auch in diesen Fällen ist jedoch keine Genehmigung erforderlich; insbesondere resultiert eine Genehmigungsbedürftigkeit nicht etwa aus § 1822 Nr. 5 BGB, da § 1822 Nr. 5 BGB nur bei der Begründung eines Mietverhältnisses Anwendung findet, aber nicht wenn ein bereits vermietetes Grundstück erworben wird und der Erwerber lediglich kraft Gesetzes in ein bestehendes Mietverhältnis eintritt.[51]

50 Eine Genehmigungsbedürftigkeit (nach § 1821 Abs. 1 Nr. 4 BGB) resultiert in einem solchen Fall grundsätzlich auch nicht aus einem im Übertragungsvertrag vereinbarten bereicherungsrechtlich ausgestalteten Rückforderungsrecht, vorausgesetzt es ist sichergestellt, dass im Rahmen der Rückforderung der Minderjährige nichts aus seinem eigenen Vermögen aufwenden muss.[52] Die Regelungen in § 1821 Abs. 1 Nr. 1 bis 4 BGB schützen nur das Grundvermögen, das dem Minderjährigen bereits gehört und finden daher keine Anwendung auf Belastungen, die im Zusammenhang mit dem Erwerb eines Grundstücks erfolgen. Dies gilt auch, wenn die Belastungen nicht zugunsten des Veräußerers, sondern zugunsten eines Dritten erfolgen, soweit die Belastungen unmittelbar, d.h. uno actu, mit dem Erwerb erfolgen.[53] Solche Rechtsgeschäfte werden auch als lediglich rechtlich vorteilhaft angesehen mit der Folge, dass ein Vertretungsverbot für Eltern etc. nicht besteht. Anders verhält es sich allerdings, wenn die Rückübereignungsverpflichtung des Kindes nicht auf die bereicherungsrechtliche Rückübertragung i.S.d. §§ 812 Abs. 1 Satz 2 1. Alt, 818 BGB beschränkt und das Kind zur selbstständigen Rückübertragung verpflichtet ist, mit der Folge, dass es für die Rückübertragung nach den Regeln des Leistungsstörungsrechts haftet.[54] In diesem Fall handelt es sich um eine Verpflichtung im Sinne von § 1821 Abs. 1 Nr. 4 BGB, die der Genehmigung bedarf; außerdem ist das Rechtsgeschäft nicht lediglich rechtlich vorteilhaft, so dass ein Ergänzungspfleger bzw. -betreuer zu bestellen ist.

---

48 Vgl. dazu *Richter*, ZNotP 2006, 202, 205.
49 BGH DNotZ 2005, 625; zur Genehmigungsbedürftigkeit und -fähigkeit einer mit einem Übertragungsvertrag verbundenen Pflichtteilsanrechnungsklausel OLG München DNotZ 2008, 199; DNotI-Report 2007, 160 ff.; *Herrler*, notar 2010, 92, 95.
50 BGH NJW 2010, 3643 f.
51 Vgl. BGH NJW 1983, 1780, 1780 f.; OLG Hamm, Beschl. v. 06.08.2014 – 15 W 94/14, NJW-RR 2014, 1350; OLG Düsseldorf RNotZ 2017, 376. LG München I MittBayNot 2005, 234, 235.
52 Vgl. OLG Dresden MittBayNot 1996, 288, 291.
53 Vgl. DNotI-Gutachten Nr. 128470 vom 10.01.2014.
54 LG München I MittBayNot 2005, 234, 235.

d) Minderjähriger bzw. Betreuter ist Erbe (oder Miterbe): Zur Berichtigung des Grundbuches 51
gemäß dem durch die Erbfolge eingetretenen Rechtszustand, d.h. zugunsten des Minderjährigen bzw. Betreuten, bedarf es keiner Genehmigung. –Minderjähriger ist Vermächtnisnehmer: Zur Erfüllung eines Vermächtnisses, dessen Inhalt ein vermietetes Grundstück ist, bedarf die Auflassung der Bestellung eines Ergänzungspflegers, wenn Erben die sorgeberechtigten Eltern sind.[55] Veräußert oder erwirbt ein Testamentsvollstrecker für einen geschäftsunfähigen oder beschränkt geschäftsfähigen Erben oder Miterben, so ist keine familien- oder betreuungsgerichtlichen Genehmigung erforderlich.[56]

Grundsätzlich bedürfen Eltern keiner familiengerichtlichen Genehmigung, wenn sie 52
einen Erbauseinandersetzungsvertrag als gesetzliche Vertreter für ihre minderjährigen Kinder abschließen.[57] Zwar sieht § 1822 Nr. 2 BGB eine solche Genehmigung vor, wenn der Vormund einen Erbteilungsvertrag abschließt. Diese Vorschrift gilt außer für den Vormund auch für den Pfleger (§ 1915 BGB) und den Betreuer (§ 1908i Abs. 1 Satz 1 BGB), nicht aber für die Eltern, wie sich aus § 1943 Abs. 1 BGB ergibt. Der Erbauseinandersetzungsvertrag, der durch die Eltern abgeschlossen wird, bedarf jedoch ausnahmsweise dann der Genehmigung, wenn darin oder dabei ein genehmigungspflichtiges Rechtsgeschäft nach den §§ 1821, 1822 Nr. 1, 3, 5, 8-11 BGB vorgenommen wird, z.B. wenn der Vertrag die Verfügung über ein Grundstück enthält, das im Gesamthandseigentum des Minderjährigen steht.[58] Verkauft ein Miterbe seinen Erbteil an einen Dritten, so steht dem Minderjährigen bzw. Betreuten als Miterben gemäß § 2034 Abs. 1 BGB ein Vorkaufsrecht zu, dass gemäß § 2034 Abs. 2 Satz 1 BGB innerhalb von 2 Monate ausgeübt werden muss. Die Ausübung des Vorkaufsrechts soll nach Ansicht der Rechtsprechung und der Literatur nach Sinn und Zweck von § 1821 Abs. 1 Nr. 5 BGB der Genehmigung des Familien- bzw. Betreuungsgerichts bedürfen, wenn zum Nachlass ein Grundstück gehört.[59] Anders als bei der Frist zur Ausschlagung einer Erbschaft (dazu bereits § 94 Rdn. 39) ist es insoweit jedoch nicht ausreichend, wenn die Genehmigung nur innerhalb der Frist beantragt wird. Die Genehmigung muss vielmehr auch innerhalb der Frist erteilt werden, da es sich um eine Ausschlussfrist handelt.[60] Es fehlt insoweit eine § 1944 Abs. 2 Satz 3 BGB entsprechende Regelung, die die Verjährungsvorschriften und insbesondere § 206 BGB für entsprechend anwendbar erklärt.

7. Eintragungen in Abteilung II

a) Minderjähriger bzw. Betreuter ist Eigentümer (oder Miteigentümer): Die Belastung mit 53
Dienstbarkeit, Nießbrauch usw. durch Eltern, Vormund, Betreuer und Pfleger bedarf der Genehmigung (§ 1821 Abs. 1 Nr. 1 BGB). – Belastungen, die bereits im Zusammenhang mit dem Erwerb des Grundstücks erfolgen, sind jedoch genehmigungsfrei, da Nr. 1 nur das bereits vorhandene Vermögen schützt (vgl. auch Rdn. 50 und 55).

b) Wird zugunsten eines Minderjährigen ein (Quoten-)Nießbrauch an einem Grundstück 54
des Sorgeberechtigten bestellt, bedarf der dingliche Vollzug der Bestellung (neben der Mitwirkung eines Ergänzungspflegers) nicht der Genehmigung.[61] Minderjähriger bzw. Betreu-

---

55 OLG München, MittBayNot 2011, 239.
56 DNotI-Report 2018, 33f.
57 Zur (analogen) Anwendung von § 1822 Nr. 2 BGB auf Abschichtungsvereinbarungen, OLG Hamm FGPrax 2017, 276.
58 DNotI-Rpeort 2017, 76f.
59 Vgl. DNotI-Report 2007, 187, 288 m.w.N.
60 DNotI-Report 2007, 187, 288 m.w.N.
61 OLG München, MittBayNot 2011, 238; zur Frage, ob die Bestellung eines unentgeltlichen Nießbrauchs an einem Grundstück für einen Minderjährigen diesem lediglich einen rechtlichen Vorteil bringt, vgl. auch BGH DNotZ 1971, 302 = Rpfleger 1971, 143.

ter ist Inhaber eines Rechts: Die Löschung durch Eltern, Vormund, Betreuer und Pfleger bedarf der Genehmigung.

8. Eintragungen in Abteilung III

55 **a)** Minderjähriger ist Eigentümer (oder Miteigentümer) eines Grundstücks: Zur Eintragung einer Hypothek (Grundschuld) durch Eltern, Vormund und Pfleger bedarf es der familiengerichtlichen Genehmigung (§ 1821 Abs. 1 Nr. 1 BGB). Hat das Familiengericht die Bestellung der Grundschuld genehmigt, so ist eine weitere Genehmigung für die Zweckerklärung nicht nötig.[62] § 1821 Abs. 1 BGB will nur das dem Minderjährigen bereits gehörende Grundvermögen schützen. Auf Belastungen, die im Zusammenhang mit dem Erwerb des Grundstücks erfolgen, findet § 1821 Abs. 1 BGB keine Anwendung. Das gilt nicht nur für Belastungen eines Grundstücks zur Finanzierung des Grundstückskaufpreises, sondern auch für die Grundschuldbestellungen, durch die Mittel für andere Zwecke als die Kaufpreisfinanzierung beschafft werden sollen.[63] Zu beachten ist jedoch, dass die Genehmigungsfreiheit der Grundschuldbestellung oder die Genehmigung der Grundschuldbestellung nicht auch die Kreditaufnahme selber von der Genehmigung freistellt. Die Kreditaufnahme auf den Namen des Minderjährigen ist gemäß § 1822 Nr. 8 BGB genehmigungspflichtig. Entsprechendes gilt für den Betreuten, den Betreuer und die betreuungsgerichtliche Genehmigung nach § 1908i Abs. 1 BGB.

56 Zur Löschung einer Hypothek oder Grundschuld an einem Grundstück des Kindes bedürfen die Eltern keiner Genehmigung, auch wenn nachfolgende Rechte aufrücken;[64] jedoch bedürfen Vormund und Pfleger der Genehmigung des Familiengerichts oder des Gegenvormunds gemäß § 1812 BGB, auch wenn es sich um die Löschung eines letztrangigen Grundpfandrechts handelt.[65] Entsprechendes gilt für den Betreuten, den Betreuer und die betreuungsgerichtliche Genehmigung nach § 1908i Abs. 1 BGB.

b) Minderjähriger bzw. Betreuter ist Inhaber einer Hypothek oder Grundschuld:

57 **aa)** Zur Abtretung bedürfen Vormund, Betreuer und Pfleger der Genehmigung des Gegenvormunds bzw. des Familien- bzw. Betreuungsgerichts. Die Eltern des Minderjährigen bedürfen hier keiner Genehmigung (für Eltern: § 1643 BGB; für Vormund/Betreuer aber: § 1812 Abs. 1 und 3 BGB).

58 **bb)** Wenn der Brief gemäß §§ 1814, 1818 BGB bei einer Hinterlegungsstelle oder Bank hinterlegt ist, bedarf die Verfügung über das Recht der familien- bzw. betreuungsgerichtlichen Genehmigung (§ 1819).

59 **cc)** Bei der Herabsetzung des Zinsfußes einer Hypothek usw. gilt aa.

60 **dd)** Wenn die Hypothek/Grundschuld des Minderjährigen bzw. Betreuten hinter eine andere *zurücktreten* oder wenn ein Grundstück (Trennstück) aus der Mithaft entlassen werden soll, bedürfen Vormund, Betreuer und Pfleger der Genehmigung, § 1822 Nr. 13 BGB, nicht aber die Eltern des Minderjährigen.

61 **ee)** Löschung der Hypothek/Grundschuld des Minderjährigen bzw. Betreuten: Zur Quittungsleistung und Löschungsbewilligung bei Tilgung der Forderung bedarf der Vormund/Betreuer/Pfleger der Genehmigung des Gegenvormundes oder des Familien- bzw. Betreuungsgerichts (§ 1812 BGB). Die Eltern des Minderjährigen bedürfen keiner Genehmigung dazu.

---

62 BayObLG MittBayNot 1986, 135.
63 BGH DNotZ 1998, 490.
64 OLG Schleswig SchlHA 1963, 173; 1964, 45 m. Anm. von *Scheyhing*.
65 BayObLG DNotZ 1985, 161.

III. Handelsrechtliche Geschäfte

1. Der Minderjährige als Einzelkaufmann

a) Kaufmann kann auch ein Minderjähriger sein.[66] Für die Erfüllung der öffentlich-rechtlichen Pflichten des Kaufmannes, namentlich für die Buchführung, hat der gesetzliche Vertreter zu sorgen.

62

b) Die Eltern oder der Vormund sollen nicht ohne Genehmigung des Familiengerichts ein neues Erwerbsgeschäft im Namen des Kindes oder Mündels beginnen (§§ 1645, 1823 BGB). – Der Vormund – nicht auch die Eltern – soll ein bestehendes Erwerbsgeschäft des Mündels nicht ohne Genehmigung des Familiengerichts auflösen (§ 1823 BGB). Diese Regeln für den Vormund gelten entsprechend auch für den Betreuer bezüglich des Erwerbsgeschäfts des Betreuten und der betreuungsgerichtlichen Genehmigung.

63

c) Jeder gesetzliche Vertreter bedarf der Genehmigung des Familien- bzw. Betreuungsgerichts
aa) zu einem Vertrag, der auf den entgeltlichen Erwerb oder auf die Veräußerung eines Erwerbsgeschäftes gerichtet ist (§ 1822 Nr. 3, § 1643 Abs. 1 BGB),
bb) zu einem Gesellschaftsvertrag, der zum Betriebe eines Erwerbsgeschäftes eingegangen wird (§ 1822 Nr. 3, § 1643 Abs. 1 BGB).

64

d) Keine Genehmigung ist erforderlich zum unentgeltlichen Erwerb, zur Annahme und Fortführung eines ererbten Erwerbsgeschäftes, und zwar auch für die Fortführung in ungeteilter Erbengemeinschaft.[67]

65

Das Bundesverfassungsgericht[68] hat es für unvereinbar mit dem Persönlichkeitsrecht Minderjähriger gehalten, dass Eltern ihre Kinder kraft elterlicher Vertretungsmacht bei der Fortführung eines ererbten Handelsgeschäftes in ungeteilter Erbengemeinschaft ohne Genehmigung des Familiengerichtes finanziell unbegrenzt verpflichten können. Mit dem Gesetz zur Beschränkung der Haftung Minderjähriger hat der Gesetzgeber den Auftrag des Bundesverfassungsgerichtes durch Einführung des § 1629a BGB erfüllt. Gegen die durch die Fortführung des Handelsgeschäftes drohenden Haftungsrisiken ist der Minderjährige durch die Minderjährigenhaftungsbeschränkung des § 1629a BGB geschützt, in welche grundsätzlich auch die familiengerichtlich genehmigten Verbindlichkeiten einbezogen sind (zu den Ausnahme vgl. § 1629a Abs. 2 BGB).

66

e) Führt der gesetzliche Vertreter für den Minderjährigen bzw. Betreuten ein Erwerbsgeschäft, so bedarf er dennoch der Genehmigung zu folgenden Einzelgeschäften, die der Betrieb mit sich bringt:
– zu gewissen Kreditgeschäften (§ 1822 Nr. 8, 9, 10 BGB),
– zur Erteilung von Prokuren (§ 1822 Nr. 11 BGB),
– zu allen Grundstücksgeschäften (§ 1821 BGB); s.o. Rdn. 47 ff.

67

f) Für die im § 1822 Nr. 8, 9, 10 BGB genannten Kreditgeschäfte kann das Familiengericht den Eltern oder dem Vormund sowie das Betreuungsgericht dem Betreuer eine allgemeine Ermächtigung im Voraus erteilen (§§ 1825, 1643 Abs. 3, 1908i Abs. 1 BGB).

68

---

66 Baumbach/*Hopt*, § 1 HGB Rn. 32.
67 BGH NJW 1985, 136; Palandt/*Götz*, § 1822 BGB Rn. 10.
68 NJW 1986, 1859.

69 g) Die Geschäftsfähigkeit eines Minderjährigen, der Inhaber eines Handelsgeschäfts ist, kann erweitert werden (§ 112 BGB). Er kann von seinem gesetzlichen Vertreter mit Genehmigung des Familiengerichts zum selbstständigen Betrieb des Erwerbsgeschäfts ermächtigt werden. Dann ist der Minderjährige für alle Geschäfte unbeschränkt geschäftsfähig, die der Geschäftsbetrieb mit sich bringt; ausgenommen sind aber gemäß § 112 Abs. 1 Satz 2 BGB die Geschäfte, zu denen auch der gesetzliche Vertreter der Genehmigung des Familiengerichtes bedarf also insbesondere Verfügung über Grundbesitz, Kreditaufnahme, Wechselschulden, Prokuraerteilung.

Da § 1643 BGB für die Eltern nur auf einen Teil des Kataloges des § 1822 BGB verweist, verleiht die Ermächtigung durch die Eltern »mehr« Geschäftsfähigkeit als die Ermächtigung durch den Vormund.

2. Minderjährige in der Gesellschaft bürgerlichen Rechtes, in der Offenen Handelsgesellschaft und in der Kommanditgesellschaft.

70 a) Neben der Mitwirkung des gesetzlichen Vertreters bedarf die Beteiligung eines Minderjährigen an der Gründung einer GbR oder an dem späteren Beitritt zu einer GbR zusätzlich auch der Genehmigung des Familiengerichts, sofern der Zweck der Gesellschaft auf den Betrieb eines Erwerbsgeschäftes gerichtet ist; § 1822 Nr. 3 BGB.[69] Ein Erwerbsgeschäft kann auch von einer GbR betrieben werden. Der Begriff des Erwerbsgeschäftes geht über den eines vollkaufmännischen Handelsgewerbes hinaus und erfasst auch handwerkliche, landwirtschaftliche, freiberufliche auf den Erwerb gerichtete Tätigkeiten, jedoch immer vorausgesetzt, dass der Zweck des Unternehmens auf die Erzielung von Gewinn gerichtet ist.[70] Bei der Errichtung eines Gesellschaftsvertrages muss, wenn mehrere Minderjährige daran beteiligt sind, jeder von ihnen einen alleinigen Vertreter haben (wegen §§ 1795 Abs. 2, 181 BGB).

71 b) Wenn der gesetzliche Vertreter für den Minderjährigen eine Offene Handelsgesellschaft gründen will, ist zum Abschluss des Gesellschaftsvertrages ebenfalls eine familiengerichtliche Genehmigung erforderlich (§ 1822 Nr. 3 BGB). Bei der Errichtung eines Gesellschaftsvertrages muss, wenn mehrere Minderjährige daran beteiligt sind, jeder von ihnen einen alleinigen gesetzlichen Vertreter haben. Die Eltern können also, wenn sie für drei minderjährige Kinder eine Gesellschaft errichten wollen, nicht für die drei Minderjährigen, sondern nur für einen von ihnen auftreten. Für die beiden anderen muss ein Ergänzungspfleger bestellt werden (§§ 1643, 1822 Nr. 3, 1795 Abs. 2, 181 BGB). Ein Gesellschaftsvertrag, durch den ein Gesellschafter seinen durch einen Pfleger vertretenen Kindern Unterbeteiligungen am Kapital und Ertrag seiner Beteiligung einräumt, bedarf der familiengerichtlichen Genehmigung, wenn auch die Verlustbeteiligung der Kinder vereinbart ist.[71] Das Einrücken eines minderjährigen Erben eines persönlich haftenden Gesellschafters in dessen Stellung (kraft Gesetzes aufgrund einer entsprechenden Nachfolgeklausel) bedarf dagegen nicht der Genehmigung des Familiengerichts;[72] anders verhält es sich, wenn lediglich eine Verpflichtung zur Aufnahme des Erben besteht.

72 c) Will der Vormund eine bestehende Offene Handelsgesellschaft auflösen, so bedarf er dazu der familiengerichtlichen Genehmigung (§ 1823 BGB). Entsprechendes gilt für den Betreuer und die betreuungsgerichtliche Genehmigung. Die Eltern des Minderjährigen bedürfen der familiengerichtlichen Genehmigung in diesem Fall jedoch nicht.

---

69 Vgl. dazu OLG Nürnberg MittBayNOt 2015, 235.
70 LG Aachen MittRhNotK 1995, 183, 185 = NJW-RR 1994, 1319, 1321; MüKo-BGB/*Schäfer*, 7. Aufl. 2017, § 705 BGB Rn. 70.
71 OLG Hamm DNotZ 1974, 455.
72 BGH NJW 1971, 1268; WM 1972, 1368, 1370.

d) Das Ausscheiden eines Minderjährigen aus der Offenen Handelsgesellschaft gegen Zahlung einer Abfindung bedarf immer der familiengerichtlichen Genehmigung.[73] Dasselbe gilt von der Veräußerung einer nicht unerheblichen Gesellschaftsbeteiligung, falls diese nach dem Gesellschaftsvertrag möglich ist.[74] Scheidet ein Gesellschafter im Einverständnis aller aus, so bedarf die Einverständniserklärung des gesetzlichen Vertreters eines verbleibenden minderjährigen Gesellschafters nicht der familiengerichtlichen Genehmigung.[75]

e) Der Tod eines Gesellschafters löst die Offene Handelsgesellschaft nicht auf; vielmehr scheidet er mangels abweichender vertraglicher Bestimmung aus der Gesellschaft aus (§ 131 Abs. 3 Nr. 1 HGB). Die Interessen minderjähriger Kinder müssen, wenn der gesetzliche Vertreter selbst an der Gesellschaft beteiligt ist, durch einen Pfleger gewahrt werden. Macht der Minderjährige von einem entsprechenden Eintrittsrecht Gebrauch oder wird die Umwandlung einer Abwicklungsgesellschaft in eine werbende Gesellschaft beschlossen, so ist, wenn Minderjährige in der Gesellschaft verbleiben sollen, wie bei einer Neugründung unter Mitwirkung etwa zu bestellender Pfleger die familiengerichtliche Genehmigung erforderlich (s.o. Rdn. 70).

f) Die Beteiligung eines Minderjährigen als Kommanditist ist nach § 1822 Nr. 3 BGB genehmigungspflichtig.[76] Das gilt auch für die unentgeltliche Übertragung eines Kommanditanteils auf ihn, es sei denn, die KG ist rein vermögensverwaltend tätig.[77] Soll ein Minderjähriger als Kommanditist in ein Geschäft aufgenommen werden, kann der entsprechende Vertrag familiengerichtlich nur genehmigt werden, wenn jede, auch nur zeitweise Haftung des Minderjährigen mit seinem Privatvermögen für Geschäftsschulden ausgeschlossen ist.[78] Der vertretungsberechtigte Gesellschafter einer Kommanditgesellschaft, an der Minderjährige beteiligt sind, kann eine stille Gesellschaft im Namen der Kommanditgesellschaft ohne familiengerichtliche Genehmigung eingehen.[79]

g) Die Beteiligung eines Minderjährigen an einer Personenhandelsgesellschaft bewirkt grundsätzlich nicht, dass die Rechtsgeschäfte, zu denen Minderjährige einer familiengerichtlichen Genehmigung bedürfen, auch für die Gesellschaft selbst nicht ohne die Genehmigung abgeschlossen werden dürfen. Die vertretungsberechtigten Gesellschafter können solche Geschäfte grundsätzlich ohne Weiteres im Namen der Gesellschaft vornehmen,[80] schließlich verfügen sie etwa bei der Veräußerung oder Belastung von Grundstücken unmittelbar nur über das Vermögen der (teilrechtsfähigen) Gesellschaft und nicht über das Vermögen des Minderjährigen. Anderenfalls würde praktisch die ganze Gesellschaft unter der Kontrolle des Familiengerichts stehen. Der Minderjährige ist hinreichend dadurch geschützt, dass bereits der Abschluss des Gesellschaftsvertrages gemäß § 1822 Nr. 3 BGB der familiengerichtlichen Kontrolle unterliegt. Ist eine solche Kontrolle allerdings nicht erfolgt, weil die Gesellschaft nur vermögensverwaltend und nicht gewerblich tätig ist, gehört die Veräußerung von Grundbesitz nicht zum Gesellschaftszweck, so dass dafür eine familiengerichtliche Genehmigung erforderlich ist.[81]

---

73 RGZ 122, 370.
74 RGZ 122, 370.
75 BGH DNotZ 1961, 320.
76 BGHZ 17, 160 = DNotZ 1955, 530.
77 OLG Frankfurt am Main DNotZ 2009, 142; OLG Jena, Beschl. v. 22.03.2013 – 2 WF 26/13, FamRZ 2014, 140; DNotI-Report 2018, 26, 28.
78 OLG Köln DNotZ 1976, 621.
79 BGH Rpfleger 1971, 101 = NJW 1971, 375, 376.
80 BGH Rpfleger 1971, 101 = NJW 1971, 375, 376.
81 OLG Nürnberg, Beschl. v. 04.10.2012 – 15 W 1623/12, NJW 2013, 82.

77 Dies muss sinngemäß auch für eine Gesellschaft bürgerlichen Rechts gelten, wenn sie ein Erwerbsgeschäft betreibt.[82]

3. Minderjährige in der GmbH

78 a) Beteiligt sich ein Minderjähriger an der *Errichtung* einer GmbH, so bedarf seine Erklärung der familiengerichtlichen Genehmigung. Denn er übernimmt mit der Gründung Verbindlichkeiten Dritter (§§ 24, 31 Abs. 3 und 4 GmbHG und § 1822 Nr. 3 BGB).

79 b) Die Veräußerung eines einzelnen, nicht überwiegenden Geschäftsanteils seitens eines Minderjährigen ist genehmigungsfrei,[83] es sei denn, dass sich die Beteiligung des Minderjährigen nach ihrem Maß und der Art der GmbH sich wirtschaftlich nicht als bloße Kapitalbeteiligung, sondern als Beteiligung an dem in der GmbH betriebenen Erwerbsgeschäft darstellt.[84] Der BGH bejaht eine Genehmigungsbedürftigkeit nach § 1822 Nr. 3 BGB jedenfalls dann, wenn die Beteiligung eines Minderjährigen an einer GmbH 50 % übersteigt oder wenn nur Minderjährige an der GmbH beteiligt sind und sie alle Anteile und damit das Unternehmen der GmbH insgesamt veräußern.[85]

80 c) Der entgeltliche Erwerb von Geschäftsanteilen erheblichen Umfangs durch einen Minderjährigen ist genehmigungspflichtig nach § 1822 Nr. 3 BGB.[86] Wenn eine Haftung nach § 24 GmbHG für Rückstände auf alte Geschäftsanteile infrage kommt, ergibt sich die Genehmigungspflicht außerdem aus § 1822 Nr. 10 BGB. Der unentgeltliche Erwerb eines GmbH-Anteils ist nicht nach § 1822 Nr. 3 BGB genehmigungspflichtig, sondern allenfalls nach § 1822 Nr. 10 BGB, wenn der Minderjährige für Rückstände mithaftet.[87]

81 d) Wenn die GmbH ihr Kapital erhöht, bedarf die Übernahme von neuen Geschäftsanteilen seitens eines Minderjährigen der familiengerichtlichen Genehmigung. Denn der Minderjährige kann u.U. gemäß §§ 24, 31 GmbHG für die Verpflichtungen Dritter in Anspruch genommen werden (§ 1822 Nr. 10 BGB).[88]

82 e) Ein verbotenes Insichgeschäft liegt nicht vor, wenn bei einem Beschluss über die Auflösung einer GmbH ein Gesellschafter das Stimmrecht für sich und zugleich für einen anderen Gesellschafter ausübt. Ist an einem solchen Beschluss ein minderjähriger Gesellschafter beteiligt, so bedarf es keiner familiengerichtlichen Genehmigung.[89]

83 f) Ein Minderjähriger kann nicht Geschäftsführer einer GmbH sein; dasselbe gilt für einen Betreuten, der bei der Besorgung seiner Vermögensangelegenheiten ganz oder teilweise einem Einwilligungsvorbehalt unterliegt, § 6 Abs. 2 GmbHG.

---

82 So OLG Schleswig DNotZ 2002, 551, 552 im Zusammenhang mit einer Grundschuldbestellung an einem Gesellschaftsgrundstück, vgl. zudem *Lautner*, MittBayNot 2002, 256, 258 f.; DNotI-Report 2004, 29, 31.
83 RGZ 133, 11; OLG Schleswig MittBayNot 2018, 256.
84 KG NJW 1976, 1946; OLG Hamm DNotZ 1985, 165 = MittRhNotK 1984, 168.
85 BGH DNotZ 2004, 152, 153.
86 KG JW 1927, 2578.
87 BGH DNotZ 1990, 303.
88 DNotI-Report 2016, 173, 175.
89 BGHZ 52, 316 = NJW 1970, 316.

Antrag auf familiengerichtliche Genehmigung der Übernahme von Geschäftsanteilen

An das Familiengericht in …..
Namens unserer am ….. geborenen minderjährigen Tochter ….. habe ich in der Gesellschafterversammlung ….. GmbH, in der das Stammkapital von 100.000,– € auf 250.000,– € erhöht worden ist, auf das erhöhte Kapital einen Geschäftsanteil von 70.000,– € übernommen. Zu dieser Übernahme erbitte ich die familiengerichtliche Genehmigung gemäß § 1822 Nr. 3 und 10 BGB.
Bei der Firma ….. GmbH handelt es sich um ein Familienunternehmen, das von meinem Großvater gegründet worden ist. Inhaber der Geschäftsanteile sind nur Familienmitglieder. Sämtliche Geschäftsanteile sind voll eingezahlt. Dies gilt auch von dem erhöhten Kapital. Aus der anliegenden Bilanz für das vorige Geschäftsjahr ergibt sich, dass die Firma gut arbeitet, flüssig ist und auch Gewinne erzielt. Die Übernahme eines Teils des erhöhten Kapitals liegt daher im Interesse der Minderjährigen.
Ich füge bei: Geburtsurkunde, Bericht des Bilanzprüfers ….. vom ….., beglaubigte Abschrift des Gesellschafterversammlungsprotokolls vom ….., Gesellschaftsvertrag und Einverständnis meiner Frau als Mutter.

84 M

■ *Kosten.* Geschäftswertbestimmung nach §§ 54, 36 GNotKG; 0,3 bis 1,0 Gebühr nach Nr. 24101 KV GNotKG.

4. Minderjährige in der Aktiengesellschaft

a) Beteiligt sich der Minderjährige an der Gründung einer Aktiengesellschaft, so bedarf der gesetzliche Vertreter nach §§ 1822 Nr. 3, 1643, Abs. 1, BGB der Genehmigung des Familiengerichts, wenn die Gesellschaft wie regelmäßig auf den Betrieb eines Erwerbsgeschäftes gerichtet ist (str.); die ältere Literatur zum Aktiengesetz hält die Genehmigung für entbehrlich, da nicht der einzelne Aktionär, sondern die Gesellschaft das Geschäft betreibt.[90]

85

b) Auch Aktien an bestehenden Aktiengesellschaften können Minderjährige ohne Genehmigung erwerben, weil nicht die Aktionäre das Erwerbsgeschäft betreiben, sondern die Aktiengesellschaft. Der Erwerb eines wesentlichen Teiles der Aktien einer Gesellschaft kann jedoch als entgeltlicher Erwerb eines Erwerbsgeschäfts angesehen werden (s. vorstehend Rdn. 79).

86

c) Ein Minderjähriger kann nicht Mitglied des Vorstandes oder Aufsichtsrats einer Aktiengesellschaft sein. Dasselbe gilt für einen Betreuten, der einem Einwilligungsvorbehalt unterliegt, §§ 76 Abs. 3, 100 Abs. 1 AktG.

87

5. Der Minderjährige in der Stillen Gesellschaft

Der Vertrag mit einem stillen Gesellschafter wird nicht zum Betrieb eines Erwerbsgeschäftes eingegangen, der Stille betreibt das Geschäft nicht mit. Da aber nur dann die familiengerichtliche Genehmigung nach § 1822 Nr. 3 BGB erforderlich ist und da auch fremde Verbindlichkeiten von dem stillen Gesellschafter nicht übernommen werden, sodass auch § 1822 Nr. 10 BGB keine Anwendung findet, bedarf weder der Eintritt eines nicht voll geschäftsfähigen stillen Gesellschafters noch die Aufnahme eines stillen Gesellschafters durch einen nicht voll geschäftsfähigen Geschäftsinhaber einer Genehmigung des Familiengerichts.[91] Wenn der

88

---

90 Zum Meinungsstand *Hüffer*, § 2 AktG Rn. 6.
91 *Fischer*, JR 1962, 201, 202.

stille Gesellschafter jedoch am Verlust beteiligt ist, kann ein Minderjähriger nur mit Genehmigung des Familiengerichts eine stille Gesellschaft eingehen (im Einzelnen str.).[92]

6. Der Minderjährige in der Genossenschaft

89 Der Beitritt eines Minderjährigen zu einer eingetragenen Genossenschaft bedarf nicht der familiengerichtlichen Genehmigung.[93]

7. Der Minderjährige in der Umwandlung

90 Ein Gesellschaftsvertrag, der zum Betrieb eines Erwerbsgeschäftes eingegangen wird, bedarf gemäß § 1822 Nr. 3 BGB der Genehmigung des Familiengerichtes, wenn ein Minderjähriger als Gesellschafter beteiligt ist. Sofern bei der Umwandlung ein Gesellschaftsvertrag neu abgeschlossen wird, ist die Genehmigung des Familiengerichtes erforderlich. Zweifelhaft ist, ob die Änderung eines Gesellschaftsvertrages im Rahmen der Umwandlung genehmigungsbedürftig ist. Ob zur Änderung eines Gesellschaftsvertrages die Genehmigung erforderlich ist, wird teilweise unter Hinweis auf den Wortlaut des § 1822 Nr. 3 verneint, z.T. grundsätzlich bejaht, z.T. nur für den Fall »wesentlicher Änderungen« des Gesellschaftsvertrages angenommen.[94]

91 Der Bundesgerichtshof hat sich für das einvernehmliche Ausscheiden eines anderen Gesellschafters als des Minderjährigen aus der Personenhandelsgesellschaft[95] für die Genehmigungsfreiheit ausgesprochen. Da der Bundesgerichtshof zudem allgemein der Auffassung ist, dass »nicht schon zu jeder Änderung des Gesellschaftsvertrages« eine vormundschafts- bzw. familien- oder betreuungsgerichtliche Genehmigung erforderlich ist,[96] spricht einiges dafür, dass auch der Eintritt eines anderen Gesellschafters genehmigungsfrei ist. Selbst wenn die Umwandlung nicht den Neuabschluss eines Gesellschaftsvertrages erfordert, ist jedoch die Stellung des Minderjährigen bei der Abänderung eines Gesellschaftsvertrages im Rahmen der Umwandlung stark betroffen. Bevor die Rechtsprechung hier keine weitere Klärung herbeigeführt hat, sollte der Notar den sicheren Weg wählen und die Genehmigung des Familiengerichts einholen.

---

92 Vgl. dazu Staudinger/*Veit*, § 1822 BGB Rn. 88.
93 BGHZ 41, 71 = NJW 1964, 1132; OLG Hamm NJW 1966, 1971.
94 Zum Meinungsstand vgl. MüKo-BGB/*Kroll-Ludwigs*, 7. Aufl. 2017, § 1822 BGB Rn. 28.
95 NJW 1961, 724, 725.
96 BGHZ 38, 26 = NJW 1962, 2344.

Sechster Abschnitt. Erbrecht

§ 98 Einführung

I. Vorbemerkungen, Gestaltungsmaßnahmen im Erbrecht

Gestaltungen im Erbrecht werden vorgenommen: **1**
- vor dem Tod des Erblassers; diese ergreift der Erblassers, gegebenenfalls unter Mitwirkung weiterer Personen, um den Vermögensanfall nach seinem Tod nach seinen Vorstellungen zu gestalten;
- nach dem Tod des Erblassers; diese nehmen andere Personen vor, um den Nachlass zu sichern, um Rechte auf den Nachlass zu dokumentieren, um Rechte in Bezug auf den Nachlass oder Teile davon geltend zu machen oder darüber zu verfügen;

Sowohl für erbrechtliche Gestaltungen vor dem Tod als auch für postmortale Maßnahmen ist die Kenntnis des gesetzlichen Erb- und Pflichtteilsrechts von entscheidender Bedeutung. Deshalb beginnt der 6. Abschnitt nach dieser Einführung mit der Darstellung des gesetzlichen Erb- und Pflichtteilsrechts (§ 99). Erbrechtliche Gestaltungen vor dem Tod hängen davon ab, dass der Erblasser überhaupt dazu in der Lage ist, wirksam letztwillige Verfügungen zu treffen. Beschränkungen der Verfügungsbefugnis können sich ergeben, wenn der Erblasser entgegenstehende letztwillige Verfügungen in vorangegangenen gemeinschaftlichen Testamenten (vorausgesetzt, es sind wechselbezügliche Verfügungen) oder in vorangegangenen Erbverträgen (vorausgesetzt es sind vertragsmäßige Verfügungen eines Erbvertrags) getroffen hat. Maßnahmen, wie der Erblasser seine Testierfreiheit wieder herstellen kann, werden dargestellt in § 101. Maßnahmen, wie der Kreis der gesetzlichen Erb- und Pflichtteilsberechtigten reduziert werden kann, zeigt § 100. Erweiterungen des entsprechenden Kreises erfolgen durch Adoption (§ 100 Rdn. 24 f.) und Eheschließungen; letztere beeinflussen ggf. auch die Nachlassmasse (§ 99 Rdn. 10 ff.). Das materiell-erbrechtliche Gestaltungsinstrumentarium zeigt uns § 102; die formellen Möglichkeiten, wie der Erblasser letztwillige Verfügungen vornehmen kann, werden dargestellt in den §§ 103 bis 108. Muster von gebräuchlichen letztwilligen Verfügungen enthalten die §§ 107, 108, 110. Mit der Nachlasssicherung nach dem Tod befasst sich § 112, mit der Erbscheinserteilung beschäftigt sich § 113 wobei auch Erklärungen von Erben und sonstigen Personen nach dem Tod von Bedeutung sind (§ 112); die für den oder die Erben maßgebliche Haftungsordnung beschreibt § 105, die Verwaltung des Nachlasses durch mehrere Miterben § 116. Behandelt werden in §§ 117 bis 119 die Erbauseinandersetzung unter Miterben, Rechtsgeschäfte zwischen Vor- und Nacherben und Veräußerungen von Gesamterbschaften und Erbteilen an Dritte. Dem Auslandsbezug ist der letzte Paragraf dieses Abschnitts gewidmet (§ 120). **2**

II. Verschließung, Ablieferung und Verwahrung

1. Die Niederschrift über die Errichtung eines Testaments soll der Notar in einen Umschlag nehmen und diesen mit dem Prägesiegel *verschließen* (§ 34 BeurkG). In den Umschlag sollen auch die nach §§ 30 und 32 BeurkG beigefügten Schriften – etwa das übergebene Schriftstück oder die schriftliche Übersetzung der Niederschrift bei Sprachunkundigen – genommen werden. **3**

4 Der Notar behält vom Testament nach § 20 DONot zumindest ein Vermerkblatt zurück. Regelmäßig erteilt der Notar dem Testierenden (Erblasser) von dem Testament eine beglaubigte Abschrift oder Ausfertigung und behält eine weitere beglaubigte Abschrift in seiner Verwahrung. Auch eine zurückbehaltene beglaubigte Abschrift ist in einem verschlossenen Umschlag zur Urkundensammlung zu nehmen, wenn die Beteiligten sich nicht schriftlich mit der offenen Verwahrung einverstanden erklären (§ 20 Abs. 1 Satz 4 DONot). Dies wird nahezu ausnahmslos zugelassen. Vor dem Erbfall gibt die beglaubigte Abschrift oder Ausfertigung des Testamentes die Unterlage für etwa beabsichtigte Änderungen, und nach dem Erbfall kann sie vor der Eröffnung vorläufig als Ausweis dienen. Auch kann, wenn die Urschrift verloren gehen sollte, mit der begl. Abschrift oder Ausfertigung die Errichtung der Verfügung leichter bewiesen werden als auf andere Weise.

5 **2.** Auf dem Umschlag soll der Notar den Erblasser seiner Person nach näher bezeichnen und angeben, wann das Testament errichtet worden ist; diese Aufschrift soll der Notar unterschreiben (§ 34 Abs. 1 Satz 3 BeurkG, § 20 Abs. 1 Satz 1 DONot). Diese Unterschrift kann ggf. »heilende Wirkung« haben: Wenn der Notar die Unterschrift unter dem Testament vergessen hat (§ 13 Abs. 3 Satz 1 BeurkG), steht dies der Wirksamkeit der Urkunde nicht entgegen, wenn die Unterschrift des Notars sich auf dem Umschlag befindet (§ 35 BeurkG). Das in der Verfügung über die Benachrichtigung in Nachlasssachen als Anlage 1 erwähnte Muster zu dem Umschlag ist als Rdn. 11 M wiedergegeben.

6 **3.** Das so bezeichnete Testament soll der Notar *unverzüglich* in amtliche Verwahrung bringen (§ 34 Abs. 1 Satz 4 BeurkG), und zwar beim Amtsgericht seines Amtssitzes (§ 344 Abs. 1 Satz 1 Nr. 1 FamFG), auf Verlangen des Erblassers bei einem anderen Amtsgericht (§ 344 Abs. 1 Satz 2 FamFG), z.B. beim Amtsgericht des Wohnsitzes des Erblassers. Die Ablieferung sollte durch einen zuverlässigen Boten oder durch eingeschriebenen Brief mit Rückschein geschehen.

Einreichung zur amtlichen Verwahrung

7 M An das Amtsgericht in .....
In der Anlage überreiche ich das von mir beurkundete Testament des ....., vom ..... – meine URNr ..... .–, mit der Bitte, es in die amtliche Verwahrung zu nehmen. Den Hinterlegungsschein bitte ich, dem Erblasser zuzusenden.
Ich bitte, auf der Anlage den Tag der Ablieferung, die Verwahrungsbuchnummer und das Aktenzeichen zu vermerken.
Gegebenenfalls bei Verwahrungswunsch bei einem anderen Amtsgericht als dem des Amtssitzes des Notars:
Der Erblasser verlangt die Verwahrung bei diesem Amtsgericht unter Berufung auf § 344 Abs. 1 Satz 2 FamFG.

                                                                                                        ....., Notar

■ *Kosten.* Gerichtskosten (Annahme der Verfügung zur Verwahrung und Verwahrung): Nr. 12001 KV GNotKG wertunabhängig 75 €; Notarkosten: durch die Beurkundungsgebühr ist die Übersendung zur Verwahrung mit abgegolten, Vorbem. 2.1. Abs. 2 Nr. 1 vor Nr. 21100 KV GNotKG.

8 Von der gesetzlichen Pflicht, das Testament unverzüglich in die Verwahrung des Amtsgerichts zu bringen, kann ein gegenteiliges Verlangen des Erblassers den Notar nicht befreien, da die Verwahrung auch im Interesse der im Testament Bedachten liegt.[1] Die Verwahrung unterbleibt nur, wenn der Erblasser seinen Testierwillen vor der Ablieferung ändert und das Testament in Gegenwart des Notars vernichtet.[2]

9 **4.** Dem Erblasser soll das Nachlassgericht einen Hinterlegungsschein erteilen (§ 346 Abs. 3 FamFG). Bei gemeinschaftlichen Testamenten erhält jeder Erblasser, bei Erbverträgen – wenn diese amtlich verwahrt werden (s. Rdn. 12) jeder Vertragsschließende (auch wenn er nicht Erblasser ist) einen Hinterlegungsschein.

10 **5.** Das *privatschriftliche* Testament ist nur auf Verlangen des Erblassers zu verwahren (§ 2248 BGB) und sonst von demjenigen, der es in Besitz hat, nach seinem Tode unverzüglich abzuliefern (§ 2259 BGB).

■ *Kosten.* Siehe bei Rdn. 7 M.

---

[1] RG JW 1938, 816.
[2] *Boehmer*, DNotZ 1940.

§ 98 Einführung

11 M

Umschlag für Verfügungen von Todes wegen
(Format DIN C 5; Größe des Aufdrucks 140 x 195 mm)

Personalien des Erblassers   a) des Mannes   Verwahrungsbuch-Nr.: ....
Familienname ....   *) dee eeae
ggf. Geburtsname und ggf. Familien(Ehe-)namen aus früheren Ehen
Vornamen ....
Geburtstag ....
Geburtsort ....
Standesamt und Nr. ....
Beruf ....
Wohnort (mit Straße und Hausnummer) ....
Staatsangehörigkeit ....
Vor-, Familien- und ggf. Geburtsname des Vaters*) ....
Vor-, Familien- und ggf. Geburtsname der Mutter*) ....

*) Nur bei sogenannten Sammelnamen anzugeben.

☐ Gemeinschaftliches   ☐ Testament   , den ....
des Notars   ☐ Erbvertrag   vom ....   – Amtsgericht –   –, Notar –
Geschäfts-Nr. ....   Urk.Rolle-Nr. ....   (Unterschrift)
                                                         in ....
                                                         des
                                                         gerichts

Nach Ableben   ☐ des Mannes   eröffnet am ....   und wieder verschlossen
                      ☐ der Frau
Ort, Datum ...., Rechtspfleger
                                        Amtsgericht   (Unterschrift)

12 6. Bei Erbverträgen können die Vertragsparteien wählen, ob sie die amtliche Verwahrung wünschen oder die (kostenfreie) Verwahrung beim Notar (§ 34 Abs. 2, 3 BeurkG)

III. Die Erbschaftsteuer

1. Jeder Erwerb von Todes wegen unterliegt der Erbschaftsteuer. Gleichgültig ist es, ob der Erwerb aufgrund Erbschaft oder aufgrund Vermächtnisses erfolgt. Bei Anordnung von Vor- und Nacherbschaft unterliegt sowohl der Übergang des Vermögens auf den Vorerben als auch dann der spätere Übergang des Vermögens auf den Nacherben der Erbschaftsteuer. **13**

2. Nachdem das Bundesverfassungsgericht den Gesetzgeber aufgefordert hatte, das teilweise verfassungswidrige alte Erbschaftsteuerrecht neu zu regeln, änderte der Gesetzgeber dies mehrfach, zuletzt im Bereich der Vererbung/Verschenkung von Unternehmensvermögen (s. Rdn. 20). Folgende Eckpunkte existieren: **14**

Maßgeblich für die Bewertung jedweden ererbten oder verschenkten Vermögens ist dessen gemeiner Wert, der nach dem BewG festgestellt wird. Nur vereinzelt werden Abschläge zugestanden (für vermiete Wohnimmobilien ein Abschlag von 10 %). **15**

Die Besteuerung hängt ab von persönlichen Freibeträgen und unterschiedlichen Steuerklassen. **16**

Im Einzelnen bestehen Freibeträge für Ehegatten und den (eingetragenen) Lebenspartner von 500.000 €, für Kinder und Enkelkinder, die verstorbenen Kindern nachgefolgt sind, von 400.000 €, für Enkelkinder von 200.000 €. **17**

Zu diesen allgemeinen Freibeträgen kommen im Einzelfall noch Versorgungsfreibeträge nach § 17 ErbStG hinzu.

Im Übrigen haben die Personen der Steuerklasse II und III jeweils einen Freibetrag i.H.v. 20.000 €. **18**

Auch nicht verwandten Firmenerben werden wie bisher Steuerklasse I zugerechnet. **19**

Für Firmenvermögen existieren Sonderregeln, die dieses teilweise, soweit es »Produktivvermögen« darstellt, abhängig von der Fortführungsdauer und der weiter bezahlten Lohnsumme ganz oder teilweise verschont. **20**

Im Einzelnen gelten Steuersätze, gegliedert nach Steuerklassen: **21**

22

Steuerpflichtiger Erwerb bis einschließlich EURO	Vomhundertsatz in der Steuerklasse		
	I	II	III
75.000	7	15	30
300.000	11	20	30
600.000	15	25	30
6.000.000	19	30	30
13.000.000	23	35	50
26.000.000	27	40	50
über 26.000.000	30	43	50

3. Gestaltungsmöglichkeiten für den Kautelarjuristen ergeben sich zum einen durch den Einsatz der **Adoption**. Dadurch können nicht Verwandte oder entferntere Verwandte in die Steuerklasse I aufrücken. Weiter ist zu berücksichtigen: Wenn Kinder begünstigt werden sollen und deren Freibeträge nicht ausreichen; können zusätzlich deren Kinder die Erbschaftsteuerfreibeträge als **Enkelkinder** geltend machen, wenn auch sie bedacht werden. In Extremfällen kann ggf. auch die **Generation der Kinder übersprungen** werden und unmit- **23**

telbar eine Vererbung an Enkelkinder erfolgen, bei Gewährung von Vermächtnissen zugunsten der Kinder bis zur Höhe von deren Freibeträgen.

24   Bei höherem Vermögen bei Ehegatten führt die gegenseitige Alleinerbeinsetzung beim 1. Todesfall, speziell wenn infolge von Pflichtteilsverzichten von Kindern Pflichtteilsansprüche nicht mehr bestehen, häufig zu erbschaftsteuerlichen Nachteilen: die Freibeträge der Kinder beim 1. Todesfall werden durch solche Gestaltungen »verschenkt«. Sie können beim zweiten Todesfall nicht »nachgeholt« werden.

IV. Anfechtung

25   1. Die Anfechtung einer letztwilligen Verfügung ist in den §§ 2078 ff. BGB geregelt, die für Erbverträge ergänzt werden durch §§ 2281 ff. BGB und für gemeinschaftliche Testamente durch die Rechtsprechungsgrundsätze, die in Rdn. 30 dargestellt sind. Die Anfechtung setzt nicht voraus, dass sich ein Anhaltspunkt für das Vorliegen eines Willensmangels aus der Verfügung selbst ergibt.[3] Speziell beim Motivirrtum nach § 2078 Abs. 2 BGB erleichtert die Angabe des Verfügungsmotivs in der letztwilligen Verfügung aber die Beweisführung dafür, dass sich der Erblasser von diesem Motiv leiten ließ.[4] Der Notar steht deshalb bei der Entscheidung darüber, ob Verfügungsmotive in die letztwillige Verfügung aufgenommen werden, vor dem Problem, ob er seiner Urkunde größtmögliche Rechtsbeständigkeit beilegen soll (dann keine Angabe von Verfügungsmotiven) oder ob er den Erblasserwillen möglichst umfassend dokumentieren soll (dann Angabe von Verfügungsmotiven). Neben den nicht besonders praxisrelevanten Fällen »Irrtum über den Inhalt der Erklärung« (z.B. Verschreiben, falsche Auflistung der Pflichtteilsberechtigten) und »Drohung« sind bedeutsame Anfechtungsgründe:

26   a) *Motivirrtum* (§ 2078 Abs. 2 BGB). Dieser kann der Vergangenheit, Gegenwart oder Zukunft angehören. Beispiele: Irrtum über ein Verhalten gesetzlicher Erben in der Vergangenheit, über die Fortdauer der Vermögenslage, den Eintritt sonstiger Umstände in der Zukunft, insbesondere nicht erfüllte Erwartungen.[5]

27   b) *Übergehen* eines bei der Errichtung (noch) nicht bekannten, aber beim Erbfall vorhandenen *Pflichtteilsberechtigten*, wenn es unbeabsichtigt ist (§ 2079 BGB). Beispiele: Jungverheiratete Eheleute setzen sich gegenseitig zu Erben ein. Später werden Kinder geboren. Ein langjähriger Junggeselle hat einen Neffen als Alleinerben eingesetzt. Später heiratet er. Die Testamentsanfechtung nach § 2079 BGB bewirkt grundsätzlich die Nichtigkeit des ganzen Testaments. Zu der Frage, ob und wieweit die Anfechtung aufgrund des § 2079 Satz 2 BGB ausgeschlossen ist, lassen sich unbedingt geltende Regeln nicht aufstellen.[6]

28   2. Im Übrigen ist bezüglich der Anfechtungsbefugnis und Modalitäten zu differenzieren zwischen der Anfechtung eines einseitigen Testaments, bzw. der Anfechtung von nicht vertragsmäßigen Verfügungen eines Erbvertrags bzw. der Anfechtung nicht wechselbezüglicher Verfügungen von gemeinschaftlichen Testamenten einerseits und der Anfechtung von vertragsmäßigen Bestimmungen von Erbverträgen und wechselbezüglichen Verfügungen von gemeinschaftlichen Testamenten andererseits:

---

3   BGH DNotZ 1965, 692.
4   BayObLGZ 1993, 252.
5   BGHZ 4, 91.
6   BayObLG DNotZ 1972, 31 = Rpfleger 1971, 253 gegen OLG Köln NJW 1956, 1522.

3. Zur *Anfechtung einseitiger Testamente* (und nicht vertragsmäßiger Verfügungen von Erbverträgen und nicht wechselbezüglicher Verfügungen von gemeinschaftlichen Testamenten): Die Anfechtung durch den *Erblasser* scheidet aus, da er zu seinen Lebzeiten die Verfügung jederzeit einseitig aufheben oder abändern kann (§§ 2080, 2285, 2299 BGB). Dies gilt entsprechend zu Lebzeiten beider Beteiligten bei einem gemeinschaftlichen Testament wegen der Widerruflichkeit (§ 2271 Abs. 1 BGB) und zu Lebzeiten beider Beteiligter bei einem Erbvertrag, wenn das Rücktrittsrecht vorbehalten wurde. Bei nicht vorbehaltenem Widerruf kann bei Erbverträgen der Erblasser vertragsmäßige Verfügungen nach § 2281 BGB anfechten. – Sonst gilt: *Anfechtungsberechtigt* ist jeder, dem die Aufhebung der Verfügung zustatten kommen würde (§ 2080 BGB). Die Anfechtungserklärung wird dem *Nachlassgericht* schriftlich binnen Jahresfrist ab Kenntnis des Anfechtungsgrundes eingereicht (§§ 2081, 2082 BGB). Ein Rechtsirrtum ist für den Beginn der Frist zur Anfechtung einer Verfügung von Todes wegen nur beachtlich, wenn er die Unkenntnis einer die Anfechtung begründenden Tatsache zur Folge hat, dagegen unbeachtlich, wenn es sich nur um eine rechtsirrtümliche Beurteilung des Anfechtungstatbestandes selbst handelt.

29

4. Die *Anfechtung* eines *wechselseitigen gemeinschaftlichen Testaments* und von *vertragsmäßigen Bestimmungen eines Erbvertrags*, bei dem der Rücktritt vorbehalten wurde durch den Erblasser, kommt zu Lebzeiten beider Ehegatten bzw. beider Vertragsteile nicht in Betracht, da wechselbezügliche Verfügungen in der Form des § 2271 BGB frei widerrufen werden können bzw. der vorbehaltene Rücktritt nach §§ 2293, 2298, Abs. 1 Satz 2 BGB möglich ist. Anders dagegen bei vertragsmäßigen Bestimmungen eines Erbvertrags, bzgl. deren der Rücktritt nicht vorbehalten wurde: § 2281 BGB ermöglicht hier die Anfechtung durch den Erblasser gegenüber dem Vertragspartner in notariell beurkundeter Form. – Nach dem Tod eines Ehegatten bzw. Vertragspartners kann der Überlebende eigene wechselbezügliche Verfügungen bzw. vertragsmäßige entsprechend §§ 2281 ff. i.V.m. §§ 2078, 2079 BGB anfechten durch Erklärung gegenüber dem Nachlassgericht. Die Anfechtungserklärung bedarf der notariellen Beurkundung (§ 2282 Abs. 3 BGB). Der Überlebende kann Verfügungen des verstorbenen Ehegatten nach § 2078 BGB anfechten, wobei jedoch § 2079 BGB als Anfechtungsgrund außer Betracht bleibt. – Von Dritten können die Verfügungen des erstverstorbenen Ehegatten in einem gemeinschaftlichen Testament nach §§ 2078, 2079, 2080 ff. BGB in einem Erbvertrag nach §§ 2285, 2281, 2080 ff. BGB angefochten werden. Ist der letztlebende Ehegatte verstorben, so können Dritte, denen die Aufhebung der letztwilligen Verfügung unmittelbar zustatten kommen würde (§ 2080 BGB), das Testament bzw. den Erbvertrag gem. §§ 2078, 2079 BGB durch Erklärung gegenüber dem Nachlassgericht (§ 2081 BGB) anfechten.

30

Anfechtung eines einseitigen Testaments

An das Amtsgericht, Nachlassgericht, in .....
Das unter dem Aktenzeichen ..... VI ..... eröffnete Testament meines am 1. Juni d.J. verstorbenen Ehemannes ..... vom ..... fechte ich an. Von diesem Testament habe ich Kenntnis seit der mir am 27. Juli d.J. zugestellten Testamentseröffnung. Die Anfechtung begründe ich wie folgt: Er hat darin entfernte Verwandte zu Erben eingesetzt und mich nicht darin erwähnt, da unsere Ehe erst mehrere Jahre nach der Testamentserrichtung geschlossen wurde. Später hat er sich offenbar nicht mehr an das Testament erinnert. In Gesprächen mit verschiedenen Personen, die gegebenenfalls noch benannt werden, hat mein verstorbener Ehemann immer wieder erwähnt, dass ich seine Alleinerbin werde. Ich bin als pflichtteilsberechtigte Ehefrau übergangen.
Ort, Datum   **Unterschrift**
[Beurkundung oder Beglaubigung nicht erforderlich]

31 M

§ 98 Einführung

■ *Kosten.*
a) Des Notars: Geschäftswert § 102 Abs. 5 i.V.m. § 102 Abs. 1–3 GNotKG Aktivvermögen des Nachlasses; Schuldenabzug bis maximal zur Hälfte des Nachlasswerts; Gebühr Nr. 21201 Nr. 3 KV GNotKG: 0,5 (mindestens 30 EUR).
b) Des Nachlassgerichts: Fixgebühren von 15 EUR Nr. 12410 Nr. 2 KV GNotKG.

Anfechtung eines wechselseitigen gemeinschaftlichen Testaments oder vertragsmäßige Bestimmungen eines Erbvertrags nach dem Tod des anderen Vertragsschließenden

32 M URNr .....

Verhandelt zu ..... am .....
Vor mir, Notar ..... erschien Frau Else Lehmann geb. Krause, wohnhaft ....., geboren am ..... in Köln als Tochter von .....
Sie erklärte: Ich habe mit meinem am ..... verstorbenen Ehemann Max Müller das gemeinschaftliche Testament/den Erbvertrag vom ..... URNr ..... .errichtet. In diesem Testament/Erbvertrag haben wir uns gegenseitig zu Erben eingesetzt und wechselseitig/vertragsmäßig bestimmt, dass Erbe des Längstlebenden von uns der Neffe meines Mannes, Fritz Müller, geb. am ....., derzeit wohnhaft ....., sein soll. Das Nachlassgericht in ..... hat die vorgenannte Verfügung von Todes wegen am ..... in den Akten IV ..... eröffnet. Die letztwillige Verfügung enthält keine Abänderungsbefugnis zu meinen Gunsten.
Am ..... habe ich mit dem Herrn Fritz Lehmann, geb. am ..... eine neue Ehe geschlossen. Eine beglaubigte Ablichtung der Heiratsurkunde ist der Urkunde in Anlage beigefügt. Ich fechte deshalb die von mir in dem vorgenannten gemeinschaftlichen Testament/Erbvertrag getroffenen Verfügungen wegen Übergehung eines Pflichtteilsberechtigten – meines 2. Ehemanns – an.
Von der Urkunde erhalte ich eine beglaubigte Ablichtung. Für das Amtsgericht, Nachlassgericht sind 2 Ausfertigungen zu fertigen, eine zur Mitteilung an Fritz Müller. Ich trage die Kosten der Errichtung und Ausfertigung der Urkunde und ihres Vollzugs.

....., Notar

■ *Kosten.* Wie zu Rdn. 31 M, siehe aber beim Geschäftswert der Notarkosten § 102 Abs. 5 Satz 2 GNotKG.

Anfechtung eines Erbvertrags zu Lebzeiten des anderen Vertragsschließenden

33 M Vor dem Notar ..... erschien ..... und erklärte:
Ich, ... wurde geboren in ..... als Tochter von ..... Ich bin nicht verheiratet. Ich habe keine Abkömmlinge.
Ich habe am ..... mit meinem Neffen ..... zur Urkunde des Notars ..... URNr ..... .einen Erbvertrag errichtet, der als vertragsmäßige Bestimmung eines Erbvertrags die Einsetzung meines Neffen ..... zu meinem alleinigen und ausschließlichen Erben enthält. Ein Recht zum einseitigen Rücktritt habe ich mir nicht vorbehalten. Die Erbeinsetzung erfolgte in der Erwartung, dass mein Neffe meine Pflege bei Krankheit und Alter übernimmt, ohne dass eine rechtsgeschäftliche Verpflichtung meines Neffen hierzu eingegangen wurde. Meine Erwartung wurde aber dokumentiert durch die am selben Tag von mir meinem Neffen erteilten, notariell beurkundete »Betreuungsvollmacht.
Seit dem ..... bin ich pflegebedürftig. Es erwies sich, dass mein Neffe meine Pflege

wegen seiner örtlichen Entfernung weder übernehmen kann noch will. Ich lebe jetzt in einem Pflegeheim. Ich fechte deshalb die o.a. vertragsmäßige Verfügung des Erbvertrags vom ..... an.
Der Notar hat eine Ausfertigung dieser Anfechtungserklärung meinem Neffen zu übermitteln und mir ein Empfangsbekenntnis zu übersenden.

■ *Kosten.* Wie bei Rdn. 32 M.

§ 99 Gesetzliche Erbfolge

I. Nach BGB und nach DDR-Recht

1   Bis zum 31.12.1956 galt in ganz Deutschland das Erbrecht des BGB. Von da an entwickelten sich die beiden Rechtsordnungen zunächst auseinander. Der Erbrechtsordnung der BRD erfuhr folgende Änderungen: Ab dem 01.07.1958 erbte der Ehegatte in der Bundesrepublik bei der erbrechtlichen Lösung des Zugewinnausgleichs ¼ mehr (§ 1371 BGB), ab dem 01.07.1970 bei Gütertrennung so viel wie ein Kind, mindestens ¼ (§ 1931 Abs. 4 BGB). Für nach dem 01.07.1949 geborene nichteheliche Kinder wurde mit Wirkung vom 01.07.1970 in der Bundesrepublik ein Erbrecht nach dem Tod der Mutter bzw. ein Erbersatzanspruch nach dem Tod des Vaters eingeführt (s. aber für den Zustand ab 01.04.1998 und ab 29.05.2009 Rdn. 5).

2   Die Erbrechtsordnung der DDR erfuhr folgende Änderungen: Aufgrund der Verordnung vom 29.11.1956 bewirkte eine Adoption in der DDR u.U. ein wechselseitiges Erbrecht. Ab dem 01.04.1966 wurde in der DDR ein – bedingtes – Erbrecht des nichtehelichen Kindes begründet (§ 9 EGFGB). Zum gleichen Zeitpunkt verbesserte sich das Erbrecht des überlebenden Ehegatten (§ 10 EGFGB). Ab dem 01.01.1976 galten das ZGB, das EGZGB und das Rechtsanwendungsgesetz (RAG). Dieses schrieb in § 25 Abs. 2 ohne Rücksicht auf die Staatsangehörigkeit des Erblassers für die erbrechtlichen Verhältnisse »in bezug auf das Eigentum und andere Rechte an Grundstücken und Gebäuden« auf dem Gebiet der früheren DDR die Geltung des ZGB vor.

3   Wochenendhäuser und andere Baulichkeiten aufgrund eines vertraglich vereinbarten Nutzungsrechts (§ 296 ZGB) gehörten nicht zu den Gebäuden in diesem Sinne, und zwar unabhängig davon, in welchem Maße sie mit dem Boden fest verbunden sind, sowie welchen Wert und Umfang sie haben (vgl. Kommentar des Justizministeriums der DDR zu § 296 ZGB Anm. 1.3.). Sie wurden weiterhin als bewegliche Sachen behandelt (Art. 231 § 5, Art. 232 § 4 EGBGB). Dagegen gehörten »Wochenendhäuser, Bungalows, Bootshäuser und andere für individuelle Erholungszwecke genutzte Gebäude auf volkseigenen Grundstücken, soweit sie mit dem Grund und Boden fest verbunden sind und nicht den Rechtsvorschriften über die Lenkung des Wohnraumes unterliegen«, zu den Gebäuden im engeren Sinne, also zu den Immobilien.

4   Durch die Vereinigung erhielt das BGB ab dem 03.10.1990 in ganz Deutschland wieder Geltung. Nur das nichteheliche Kind erbte in den »neuen Bundesländern« bei Erbfällen ab dem 03.10.1990 weiterhin – wie nach bisherigem DDR-Recht – wie ein eheliches, s. Art. 235 § 1 Abs. 2 EGBGB.

5   Durch das 1. ErbRGleichG vom 16.12.1997 wurden mit Wirkung ab dem 01.04.1998 alle nichtehelichen Kinder auch bei Tod des Vaters grds. den ehelichen gleichgestellt, §§ 1934a–e BGB wurden für Erbfälle ab dem 01.04.1998 aufgehoben; zum 01.04.1998 wirksame Vereinbarungen oder rechtskräftige Entscheidungen über den vorzeitigen Erbausgleich behalten ihre Gültigkeit (Art. 227 EGBGB). Von der Gleichstellung ausgenommen blieben noch nichteheliche Kinder beim Tod des Vaters und seiner Verwandten, wenn sie vor dem 01.07.1949 geboren waren. Für Erbfälle seit dem 29.05.2009 gilt jetzt die volle Gleichstellung ehelicher und nichtehelicher Kinder (2. ErbRGleichG vom 12.04.2011).

Übersicht 6

Welches Erbrecht gilt?			
Erbfall	Erblasser war: DDR-Bürger	Bundesbürger	
bis zum 31.12.1956	(Altes) BGB-Erbrecht. Der Ehegatte erbte neben Abkömmlingen ¼, neben Erben der 2. Ordnung und Großeltern ½.		
ab 01.01.1957	Adoption bewirkt u.U. ein wechselseitiges Erbrecht.		
ab 01.07.1958		Ehegatte erbt im gesetzlichen Güterstand ¼ mehr.	
ab 01.04.1966	§§ 9 und 10 EGFGB: Ehegatte so viel wie ein Kind, mindestens ¼; wenn keine Abkömmlinge: allein, neben unterhaltsberechtigten Eltern ½. Nichteheliche Kinder erben u.U. mit		
ab 01.01.1976	ZGB §§ 364 bis 369: Ehegatten neben Abkömmlingen, auch nichtehelichen, wie ein Kind, mindestens ¼, sonst allein. Nichteheliche Kinder erben wie eheliche.	Eigentum und andere Rechte an Grundstücken und Gebäuden in der DDR = ZGB (§ 25 Abs. 2 RAG, Art. 235 EGBGB § 1 Abs. 1)	sonstiges Vermögen: BGB-Erbrecht
ab 01.07.1970		Bei Gütertrennung erbt der Ehegatte wie ein Kind, mindestens ¼. Nach dem 01.07.1949 geborene nichteheliche Kinder werden u.U. Erben, sonst erbersatzberechtigt.	
ab 03.10.1990	In ganz Deutschland gilt wieder das BGB. Das nichteheliche Kind erbt weiterhin wie ein eheliches, wenn es selbst und sein Vater am 02.10.1990 DDR-Bürger waren (Art. 235 EGBGB § 1 Abs. 2)		
ab 01.04.1998	Im ganzen Bundesgebiet Gleichstellung der nichtehelichen mit den ehelichen Kindern, vorausgesetzt, sie sind ab dem 01.07.1949 geboren		
ab 29.05.2009	volle Gleichstellung nichtehelicher Kinder		

II. Die Verwandten

Die *Verwandten* erben nach »Ordnungen«. Innerhalb der ersten drei Ordnungen fällt der Erbteil eines Weggefallenen an dessen Abkömmlinge einschließlich der nichtehelichen und der als Kind Angenommenen (s.o. § 93 Rdn. 23 ff. und 31 ff.). – Unter den Abkömmlingen wird nach Stämmen geteilt. 7

§ 99 Gesetzliche Erbfolge

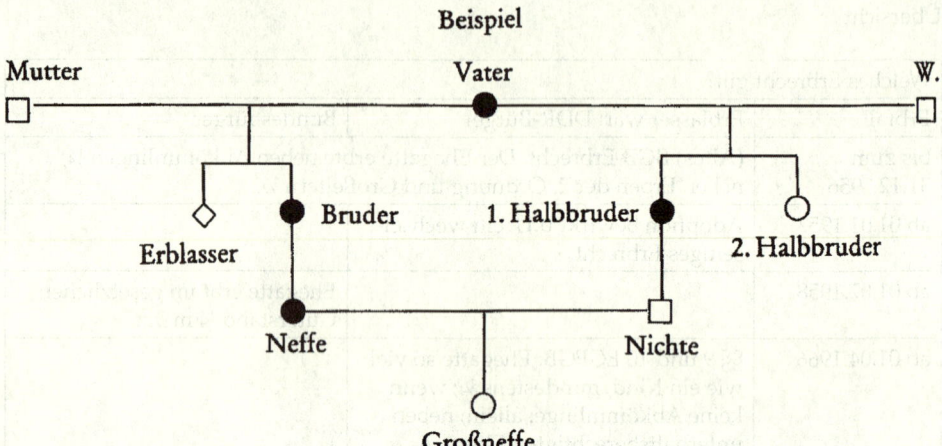

8   Dies gilt auch für nichteheliche Kinder und ihre Abkömmlinge. Näheres s. unter Rdn. 17 ff.
9   Von der vierten Ordnung an schließt der dem Grade nach Nähere den Entfernteren aus.
   – *Erste Ordnung:* Die Abkömmlinge. Der Nähere schließt den Entfernteren aus.
   – *Zweite Ordnung:* Die Eltern des Erblassers und deren Abkömmlinge. Wenn beide Eltern leben, so erben sie jeder die Hälfte. Ist ein Elternteil weggefallen, treten an seine Stelle (½) seine Kinder (Geschwister des Erblassers) und deren Abkömmlinge wie in der I. Ordnung. Geschwisterkinder erhalten zusammen das, was ihr weggefallener Elternteil erhalten hätte.

   > ▶ **Beispiel:**
   >
   > Der Vater war in erster Ehe mit W., in zweiter mit der Mutter des Erblassers verheiratet.
   > Der Erblasser wird beerbt: zu ½ von seiner Mutter; an die Stelle seines verstorbenen Vaters treten die drei Bruderstämme (ein vollbürtiger, zwei halbbürtige). Da der Bruder und dessen Sohn verstorben sind, erbt das auf seinen Stamm entfallende Sechstel der Großneffe. An die Stelle des verstorbenen 1. Halbbruders tritt dessen Tochter, die Nichte des Erblassers. (Wäre diese verstorben, würde ihr Sohn, der Großneffe, auch ihr Sechstel erhalten. Das kommt daher, dass dessen Eltern verwandt waren.) Das dritte Sechstel erhält der 2. Halbbruder.

   – *Dritte Ordnung:* Großeltern und deren Abkömmlinge. Auf jede der beiden Linien, Vater und Mutter, fällt die Hälfte. Jeder von den Großeltern schließt seine Abkömmlinge aus. Der Teil eines Weggefallenen fällt seinen Abkömmlingen an und, wenn solche nicht vorhanden sind, dem auf derselben Linie Stehenden. Mehrfache Verwandtschaft begründet mehrfaches Erbrecht, und zwar so, dass jeder Erbteil gesondert behandelt wird (hinsichtlich Schuldenhaftung und Ausgleichungspflicht).
   – *Vierte Ordnung:* Urgroßeltern und deren Abkömmlinge. Hier schließen die Geradlinigen die Seitenverwandten aus. Sie erben stets zu gleichen Teilen. Sind nur Seitenverwandte vorhanden, so erbt der dem Grade nach Nächste. Gleich Nahe erben zu gleichen Teilen.
   – *Fünfte Ordnung:* Die entfernteren Vorfahren und deren Abkömmlinge. Hier gilt Entsprechendes wie in der vierten Ordnung.

III. Der Ehegatte/Der Lebenspartner

1. Nach der *rein erbrechtlichen Regelung* in § 1931 BGB erbt der Ehegatte neben Verwandten erster Ordnung ¼, neben Verwandten zweiter Ordnung und neben Großeltern ½. Allen anderen Verwandten, also Onkel und Tanten des Erblassers und deren Abkömmlingen, geht der Ehegatte vor, erbt also alles.

2. Nach der *Erbrechtsverstärkung* in § 1371 i.V.m. § 1931 Abs. 3 BGB (»*Ausgleichsviertel*«) erhöht sich sein Erbteil – bei gesetzlichem Güterstand, s. u. – um ¼. Neben Verwandten der ersten Ordnung erbt er also ¼ + ¼ = ½; neben Verwandten der zweiten Ordnung ½ + ¼ = ¾. Diese Erhöhung gilt für Erbfälle ab dem 01.07.1958 bei gesetzlichem Güterstand. Die Erhöhung gilt auch wenn der gesetzliche Güterstand modifiziert ist, sogar wenn durch Ehevertrag der (lebzeitige) Zugewinnausgleich ausgeschlossen ist, wenn der Güterstand anders als durch den Tod eines Ehegatten beerbt wird. Voraussetzung für die Quotenerhöhung ist nur, dass bei Beendigung des Güterstands durch den Tod ein – auch reduzierter – Zugewinnausgleich stattfinden kann. Bei Gütergemeinschaft ist die rein erbrechtliche Regelung auch für die Erbfälle ab dem 01.07.1958 bestehen geblieben (s.o. § 86 Rdn. 1 ff.).

3. Der auch als *Verwandter* zur Erbschaft berufene Ehegatte erhält den besonderen Erbteil in seiner Verwandteneigenschaft zusätzlich.

4. Bestand beim Erbfall *Gütertrennung* und sind als gesetzliche Erben neben dem Ehegatten ein, zwei oder drei Kinder des Erblassers berufen, so erben der überlebende Ehegatte und jedes Kind zu gleichen Teilen (§ 1931 Abs. 4 BGB). Bei einem Kind erbt dies und der Ehegatte je zu ½, bei 2 Kindern diese und der Ehegatte je zu 1/3, bei 3 Kindern diese und der Ehegatte je zu ¼. Bei mehr als drei Kindern erben der überlebende Ehegatte ¼, die vier oder mehr Kinder ¾ der Erbschaft zu gleichen Teilen. Diese Regelung gilt für Erbfälle ab dem 01.07.1970.

5. Der Ehegatte erhält ohne Rücksicht auf den Güterstand, in dem er gelebt hat, als gesetzlicher Erbe (nicht als Testamentserbe) neben Verwandten der zweiten Ordnung und Großeltern außer seinem Erbteil *alle* Gegenstände des ehelichen *Haushalts* als *Voraus* (§ 1932 Abs. 1 Satz 1 BGB). Neben Abkömmlingen stehen ihm nur die *Haushaltsgegenstände* zu, die er zur Führung eines angemessenen Haushalts benötigt (§ 1932 Abs. 1. Satz 2 BGB).

6. Wenn ein Ehegatte in einer Verfügung von Todes wegen zum »gesetzlichen Erbteil« eingesetzt ist, so ist darunter in der Regel das zu verstehen, was nach dem im *Zeitpunkt des Erbfalls* geltenden Gesetz der gesetzliche Teil ist.

7. §§ 10 und 6 LPartG stellen Lebenspartner nach dem LPartG dem überlebenden Ehegatten gleich.

IV. Das nichteheliche Kind

1. Durch das 2. ErbRGleichG wurden nichteheliche Kinder den ehelichen vollständig gleichgestellt, vorausgesetzt, der Todesfall tritt nach dem 28.05.2009 ein, Art. 227 Abs. 1 Nr. 1 EGBGB. Bei Todesfällen bis zum 28.05.2009 gilt Art. 12 § 10 Abs. 2 NichtehelG für vor dem 01.07.1949 geborene Kinder weiter und ferner für Entscheidungen oder Vereinbarungen über den vorzeitigen Erbausgleich nach Art. 227 Abs. 1 Nr. 2 EGBGB.

18 Danach gilt für Todesfälle bis zum 28.05.2009:

a) Nichteheliches Kind geboren bis zum 30.06.1949:
Kein ErbR beim Tod des Vaters nach Art. 12 § 10 Abs. 2 NichtehelG, vorausgesetzt, es wurde keine Gleichstellungsvereinbarung getroffen, s. dazu § 111 Rn. 26 M der Vorauflage.

19 **b)** Nichteheliches Kind geboren ab dem 01.07.1949 bis zum 31.03.1998:
Erbrecht beim Tod des Vaters nach § 1924 BGB, vorausgesetzt es wurde bis zum 31.03.1998 keine rechtskräftige Entscheidung über den vorzeitigen Erbausgleich getroffen oder kein verbindlicher Vertrag über den vorzeitigen Erbausgleich geschlossen; liegt eine Entscheidung oder ein Vertrag über den vorzeitigen Erbausgleich bis zum 31.03.1998 vor, besteht kein Erbrecht nach dem weitergeltenden § 1934e BGB a.F.

20 **c)** Nichteheliches Kind geboren ab dem 01.04.1998:
Erbrecht beim Tod des Vaters nach § 1924 BGB.

21 3. Trat der Erbfall schon vor dem 01.04.1998 ein, gelten §§ 1934a ff. BGB weiter.[1]

V. Das Erbrecht nach dem ZGB

22 Die Rechtslage ist dargestellt in § 98 Rn. 21–23 der 22. Aufl.

VI. Mehrere Erben

23 Mehrere Erben (gesetzliche und gewillkürte) bilden untereinander eine Erbengemeinschaft. Siehe dazu, auch zur Ausgleichungspflicht unter mehreren gesetzlichen Erben, § 117 Rdn. 1 ff.

---

1 Die Rechtslage ist dargestellt in § 103 (IV.) der 20. Aufl.

§ 100 Reduzierung oder Erweiterung gesetzlicher Erb- und Pflichtteilsansprüche, Erbverzichtsvertrag, Pflichtteilsverzichtsvertrag, Pflichtteilsstundung, vorzeitiger Erbausgleich, Gleichstellungsvereinbarung und Adoption

I. Erbverzichtsvertrag

1. *Erbverzichtsvertrag.* Durch notariell zu beurkundenden, vom Erblasser höchstpersönlich (d.h. für den Erblasser kann nicht vorbehaltlich nachträglicher Genehmigung und nicht aufgrund Vollmacht gehandelt werden; dies ist für den Verzichtenden aber möglich) abzuschließenden Vertrag können Verwandte sowie der Ehegatte des Erblassers auf das Erbrecht einschließlich Pflichtteilsrecht verzichten. Der Verzicht ist auch schon möglich, bevor die Ehe eingegangen wurde (unter künftigen Ehegatten) oder bevor die Verwandtschaft begründet wurde (z.B. im Vorfeld einer Adoption; s. auch § 2347 Abs. 1. Satz 1 BGB). Die Wirkung des Verzichts besteht darin, dass der Verzichtende als vor dem Erblasser gestorben gilt (§ 2346 Abs. 1 Satz 2 BGB). Infolgedessen erhöhen sich durch den Erbverzicht auch die Erb- und Pflichtteilsquoten anderer Berechtigter (§ 2310 Satz 2 BGB). Hierauf ist durch den Notar hinzuweisen. Wenn die Erhöhung der Erb- und Pflichtteilsquoten anderer Berechtigter nicht gewünscht ist, empfiehlt es sich, statt des Erb-(und Pflichtteils-)verzichts einen bloßen Pflichtteilsverzicht (s. Rdn. 9 ff.) zu vereinbaren und die gewünschte Enterbung durch eine zusätzliche letztwillige Verfügung vorzunehmen. Der Erbverzicht kann auch auf einen Bruchteil der Erbquote, nicht aber – anders als der bloße Pflichtteilsverzichtsvertrag (s. dazu Rdn. 12) – auf einen bestimmten Vermögensgegenstand beschränkt werden.[1] Ein solcher kann jedoch ggf. in einen wertanteiligen Quoten-Verzicht umgedeutet werden. Bei Verzicht minderjähriger Abkömmlinge ist eine familiengerichtliche Genehmigung erforderlich (§ 2347 BGB). Die Vereinbarung einer aufschiebenden oder auflösenden Bedingung ist möglich.

Beim Verzicht von Abkömmlingen oder Seitenverwandten des Erblassers (z.B. Geschwister) erstreckt sich die Wirkung des Verzichts auf die Abkömmlinge des Erblassers (§ 2349 BGB). Die Nichterstreckung auf Abkömmlinge ist möglich, muss dann aber ausdrücklich in der Verzichtsvereinbarung mit vereinbart werden. Da den Beteiligten die Reichweite ihrer Erklärung vor Augen geführt werden soll, empfiehlt es sich die Frage der Erstreckung/Nichterstreckung ausdrücklich im Vertrag mit zu regeln. I.d.R. ist diese Erstreckung auf die Abkömmlinge sinnvoll, wenn ein gesamter »Stamm« ausgeschlossen werden soll. Nicht empfehlenswert ist die Erstreckung, wenn im Rahmen eines »generation skipping« Kinder von der Erbfolge zu Lasten der (als Erben vorgesehenen) Enkelkinder ausgeschlossen werden sollen.

2. Bei Vereinbarungen unter Ehegatten, die im gesetzlichen Güterstand leben, ist zu berücksichtigen: Der Ehegatte hat trotz des Verzichts auf Erb- und Pflichtteilsrecht noch Zugewinnausgleichsansprüche (§ 1371 Abs. 1, 2 BGB). Sollen auch diese entfallen, muss der Vertrag gekoppelt werden mit einem Ehevertrag, der die Zugewinnausgleichsansprüche ausschließt.

---

1 KG JW 1937, 1735.

4 3. Eine im Erbverzichtsvertrag gewährte Abfindung ist als Schenkung dem Finanzamt anzuzeigen (§§ 7 Abs. 1 Nr. 5, 34 Abs. 2 Nr. 3 ErbStG; § 13 ErbStDV; s.o. § 8 Rdn. 25). Ein Erbverzicht als solcher ohne Gegenleistung wird nicht als Schenkung angesehen. Siehe auch Rdn. 15.

5 4. Da durch den Erbverzichtsvertrag die *Erbfolge geändert* wird, benachrichtigt der Notar das Zentrale Testamentsregister nach § 34a Abs. 1 BeurkG. Die Bestätigung der Registerbehörde ist bei der Urkunde aufzubewahren (§ 20 Abs. 2 DONot).

6 5. Eine im Vordringen befindliche Auffassung will Erb- und Pflichtteilsverzichtsverträge wie abstrakte dingliche Verträge ansehen, die im Vollzug eines schuldrechtlichen Grundgeschäfts geschlossen werden und eines zugrundeliegenden Verpflichtungsgeschäfts als causa bedürfen, das ebenfalls nach § 2348 BGB beurkundungsbedürftig sei.[2] Vom Gesetzeswortlaut gedeckt ist eine solche Auffassung nicht. Schuldrechtliche Rechtsinstitute für »zugrundeliegende Verpflichtungsgeschäfte« passen auch nicht für originär erbrechtliche Gestaltungen. Richtig ist allerdings, dass Verzichte erbrechtlicher Art oft unter Prämissen abgegeben werden (z.B. Ermöglichung einer bestimmten erbrechtlichen Verfügung oder Abfindungszahlungen) und kautelare Regelungen sinnvoll sind, die eine Verpflichtung zwischen den Prämissen und der Wirksamkeit des Pflichtteilsverzichts schaffen. Wenn der Erbverzicht mit Abfindungszahlungen für den Verzichtenden verknüpft wird, stellt sich die Frage der Abhängigkeit der Wirksamkeit des Erbverzichtsvertrags von der Erbringung der »Gegenleistung«. Wenn die Wirksamkeit des Verzichts vom realen Erhalt der Gegenleistung abhängig sein soll, kann grds. mit der Abrede der auflösenden oder aufschiebenden Bedingung gearbeitet werden. Bei Vereinbarung aufschiebend bedingter Abreden ergeben sich aber ggf. Probleme, wenn der Erblasser vor Bedingungseintritt verstirbt: der Erbverzichtsvertrag kann nur zu Lebzeiten des Erblassers geschlossen werden;[3] die Lösung des Problems über die Gestaltung einer vor Bedingungseintritt eintretenden Vor- und Nacherbfolge ist kompliziert. Deshalb ist die Vereinbarung einer auflösenden Bedingung (nicht fristgemäße Erbringung der »Gegenleistung«) oder eines Rücktrittsrechts vorzugswürdig.

Erbverzicht nach vorausgegangener »Abfindung«

7 M Verhandelt zu ..... am .....
Erbverzichtsvertrag:
Ich, Peter Schmitz, habe von meinem Vater Franz Schmitz in der Vergangenheit erhebliche finanzielle Zuwendungen erhalten. Ich verzichte hiermit für mich und meine Abkömmlinge auf mein gesetzliches Erb- und Pflichtteilsrecht nach ihm.
Ich, Franz Schmitz, nehme den vorstehenden Verzicht meines Sohnes an.
Der Notar wies auf die Wirkung des Verzichts hin, insbesondere darauf, dass sich dadurch nach § 2310 Satz 2 BGB der Pflichtteil der weiteren Pflichtteilsberechtigten erhöht.

....., **Notar**

■ *Kosten des Notars.* Geschäftswert § 102 Abs. 4, Abs. 1 Satz 1, 2 entspricht dem der gesetzlichen Erbfolge entsprechenden Quote des Aktivvermögens des Nachlassers, von dem Verbindlichkeiten bis zur Hälfte des (aktiven) Nachlasses abgezogen werden können; Gebühr Nr. 21100 KV GNotKG: 2,0 min. 120 EUR.

---

2 V. Proff, DNotZ 2017, 84.
3 BGHZ 37, 325.

Erbverzicht mit Abfindung

Verhandelt zu ..... am .....   8 M

Erbverzichtsvertrag:

1. Die Eheleute ..... verpflichten sich, an ihren Sohn .... € am ..... zu bezahlen. Sie haften für die Zahlung gesamtschuldnerisch und unterwerfen sich gesamtschuldnerisch haftend wegen dieser Zahlungsverpflichtung der sofortigen Zwangsvollstreckung aus dieser Urkunde.
2. Deshalb verzichtet hiermit Herr ..... gegenüber seinen Eltern auch mit Wirkung für seine Abkömmlinge auf sein künftiges Erbteils- und Pflichtteilsanrecht nach beiden Eltern. Der Verzicht steht unter der auflösenden Bedingung, dass die Ehegatten ..... mit der Zahlung der ..... € in Verzug geraten. Herr ..... verpflichtet sich dem Notar schriftlich die fristgemäße Zahlung zu bestätigen.
Der Notar wies auf die Wirkung des Verzichts hin, insbesondere darauf, dass sich dadurch nach § 2310 Satz 2 BGB der Pflichtteil der weiteren Berechtigten erhöht.

....., Notar

- *Kosten des Notars.* Grds. wie bei Rdn. 7 M; dem oben angegebenen Geschäftswert ist aber die Gegenleistung nach § 97 Abs. 3 GNotKG gegenüberzustellen. Wenn die Gegenleistung höher ist als der oben angegebene Wert, ist sie maßgeblich.

Erbverzicht ohne Abfindung zum »generation skipping«

Mit Testament vom heutigen Tag, URNr. .... des Notars hat Herr Franz Schmitz der   8.1 M
Sohn von Herrn Peter Schmitz, Jürgen Schmitz zu seinem alleinigen Erben eingesetzt. Jürgen Schmitz ist das einzige Kind von Peter Schmitz. Herr Peter Schmitz verzichtet hiermit gegenüber Herr Franz Schmitz auf das ihm beim dessen Tod zustehende Pflichtteilsrecht. Die Wirkung erstreckt sich nicht auf Abkömmlinge von Herrn Peter Schmitz. Der Verzicht wird erst wirksam, wenn Herr Franz Schmitz das geschlossene Testament (s. o.) zu Lasten von Jürgen Schmitz ändert oder ohne Änderung eine abweichende Rechtsfolge von Todes wegen beim Tod von Herrn Franz Schmitz eintritt.

II. Pflichtteilsverzicht

1. Der Verzicht nach § 2346 BGB kann nach dessen Abs. 2 beschränkt werden auf das Pflicht-   9
teilsrecht. Die dabei zu beachtenden Formalien und Bedingungen (z.B. Erfordernis der notariellen Beurkundung des Pflichtteilsverzichtsvertrags und Erfordernis der persönlichen Anwesenheit des Erblassers bei der Beurkundung) entsprechen denen beim Erb- und Pflichtteilsverzichtsvertrag.

2. Bei der Vertragsgestaltung ist der bloße Pflichtteilsverzichtsvertrag dem Erb- und Pflicht-   10
teilsverzichtsvertrag häufig aus folgenden Gründen vorzuziehen:
(1) Ein bloßer Pflichtteilsverzichtsvertrag erhöht anders als der Erb- und Pflichtteilsver-   11
zichtsvertrag den Pflichtteil anderer Pflichtteilsberechtigter nicht; § 2310 Satz 2 BGB gilt nicht für den bloßen Pflichtteilsverzicht.[4]

---

4 S. dazu BGH NJW 1982, 2497.

(2) Er kann in seinen Wirkungen wesentlich stärker beschränkt werden als der Erb- und Pflichtteilsverzicht. Insbesondere kann ein gegenständlich beschränkter Pflichtteilsverzicht vereinbart werden, bei dem bestimmte Gegenstände oder Vermögensgesamtheiten (z.B. Handelsgeschäfte) bei der Berechnung des Pflichtteils nicht berücksichtigt werden oder es kann ein bestimmter Höchstbetrag vereinbart werden oder der Verzicht auf Pflichtteilsergänzungsansprüche beschränkt werden.[5]

(3) Schließlich ist der Geschäftswert geringer (s. Rdn. 14 M).

12 3. Wie der Erb- und Pflichtteilsverzichtsvertrag kann der bloße Pflichtteilsverzichtsvertrag gekoppelt werden mit Abfindungszahlungen oder -leistungen, wobei auch hier wiederum die Ausführungen oben zur Verknüpfung zwischen dem Verzicht und der Abfindung zu berücksichtigen sind.

13 4. Wenn der Pflichtteilsverzicht von Kindern gegenüber den Eltern abgegeben wird, ist zu entscheiden, ob auf den Pflichtteil beim Tod beider Eltern verzichtet werden soll, auf den Pflichtteil beim Tod des Erstversterbenden beider Elternteile (z.B. wenn den Eltern ermöglicht werden soll, sich beim ersten Todesfall von Pflichtteilsansprüchen unbeschränkt gegenseitig als Alleinerben einzusetzen, beim zweiten Todesfall dann aber der Verzichtende Erbe oder Miterbe werden soll) oder ob der Pflichtteilsverzicht sich nur auf den Tod eines konkreten Elternteils (Vater oder Mutter) bezieht.

13.1 Wenn unter Ehegatten Pflichtteilsverzichtsvereinbarungen (oder Erb- und Pflichtteilsverzichtsvereinbarungen) geschlossen werden sollen, ist folgendes zu berücksichtigen: Nach Scheidung der Ehe und Tod des unterhaltspflichtigen Ehegatten geht die Unterhaltszahlungspflicht grds. auf dessen Erben über – die Haftung beschränkt sich aber auf den fiktiven Pflichtteil (§ 1586b Abs. 1 Satz 3 BGB). Nachdem die höchstrichterliche Rspr. noch nicht geklärt hat, ob ein (Erb- und) Pflichtteilsverzicht die Haftung des Erben (ggf. auf 0) reduziert oder nicht, empfiehlt es sich, dies zu regeln. Siehe Rdn. 16 M ff.

Unbeschränkter Pflichtteilsverzicht auf die Rechte nach dem Tod des Erstversterbenden unter der Prämisse bestimmter Bedingungen

14 M Herr Hans Müller verzichtet hiermit gegenüber seinen Eltern auf das ihm beim Tod des Erstversterbenden seiner Eltern Hans Müller sen. und Franziska Müller, geb. Steiner zustehende Pflichtteilsrecht. Die Wirkung des Verzichts erstreckt sich auf die Abkömmlinge des Verzichtenden.
Der Verzicht beschränkt sich aber ausdrücklich auf Pflichtteils- und Pflichtteilsergänzungsansprüche und erfasst das gesetzliche Erbrecht nicht.
Die Beteiligten wurden durch den Notar auf das gesetzliche Erb- und Pflichtteilsrecht und auf die Auswirkungen dieses Pflichtteilsverzichts hingewiesen.
Sie wissen, dass der Verzichtende trotz dieses Verzichts beim Tode des Verzichtsempfängers gesetzlich erbberechtigt wird, wenn er nicht durch ein Testament oder einen Erbvertrag von der gesetzlichen Erbfolge ausgeschlossen wird. Umgekehrt hat der Verzichtende keine Ansprüche mehr auf den Nachlass, wenn er durch eine letztwillige Verfügung von der Erbfolge ausgeschlossen wird. Ihm stehen auch keine Ansprüche gegen Personen zu, an die der Erblasser zu seinen Lebzeiten Vermögen unentgeltlich übertragen hat oder noch übertragen wird. Der Verzicht wird unwirksam, wenn beim

---

[5] Zu weiteren Beschränkungsmöglichkeiten s. MüKo-BGB/*Strobl*, § 2346 BGB Rn. 20.

Tod des Erstversterbenden der Ehegatten Hans Müller sen. und Franziska Müller nicht der Überlebende von diesen Alleinerbe des Erstversterbenden wird, der durch Vermächtnisse und Auflagen nicht beschwert wird, ebensowenig durch die Anordnung der Nacherbfolge oder einer Testamentsvollstreckung.
Der Verzicht wird auch unwirksam, wenn ein parallel am heutigen Tag mit der Schwester von Herrn Hans Müller, Friederike Müller mit den Ehegatten Müller geschlossener Pflichtteilsverzichtsvertrag unwirksam ist oder wird, speziell wenn dieser aufgehoben wird.
Sollten einzelne Bestimmungen dieser Urkunde unwirksam sein oder werden, bleiben die weiteren Bestimmungen wirksam.

- *Kosten des Notars.* Grds. wie bei Rdn. 7 M; die maßgebliche Quote entspricht aber der des Pflichtteils des Verzichtenden.

Gegenständlich beschränkter Pflichtteilsverzicht

Herr Hans Müller verzichtet hiermit auf das ihm beim Tod seines Vaters Hans Müller sen. zustehende Pflichtteilsrecht. Der Verzicht ist aber wie folgt gegenständlich beschränkt: Seine Wirkung erstreckt sich nur auf das von Herrn Hans Müller sen. unter der Bezeichnung »Schlosserei Hans Müller e.K.« geführte Unternehmen, das im Handelsregister des Amtsgerichts Ingolstadt unter HR A 1459 eingetragen ist, mit sämtlichen dazu gehörenden Aktiva; erfasst werden sämtliche Vermögensgegenstände, die steuerlich als sogenanntes »Betriebsvermögen« erfasst werden. Klargestellt wird aber, dass sämtliche Passiva, die mit diesem Unternehmen im Zusammenhang stehen, insbesondere Betriebsverbindlichkeiten, bei der Berechnung des Nachlasswerts des Vermögens, bezüglich dessen die Pflichtteilsansprüche vorbehalten bleiben, nicht berücksichtigt werden. Die Wirkung des Verzichts erstreckt sich auf die Abkömmlinge des Verzichtenden.

15 M

Der Verzicht beschränkt sich aber ausdrücklich auf Pflichtteils- und Pflichtteilsergänzungsansprüche und erfasst das gesetzliche Erbrecht nicht.
Die Beteiligten wurden durch den Notar auf das gesetzliche Erb- und Pflichtteilsrecht und auf die Auswirkungen dieses Pflichtteilsverzichts hingewiesen.
Sie wissen, dass der Verzichtende trotz dieses Verzichts beim Tode des Verzichtsempfängers gesetzlich erbberechtigt in Bezug auf das o.a. Vermögen wird, wenn er nicht durch ein Testament oder einen Erbvertrag von der gesetzlichen Erbfolge ausgeschlossen wird. Umgekehrt hat der Verzichtende keine Ansprüche mehr auf das o.a. Vermögen, wenn er durch eine letztwillige Verfügung von der Erbfolge ausgeschlossen wird. Ihm stehen auch keine Ansprüche gegen Personen zu, an die der Erblasser zu seinen Lebzeiten dieses Vermögen unentgeltlich übertragen hat oder noch übertragen wird.
Sollten einzelne Bestimmungen dieser Urkunde unwirksam sein oder werden, bleiben die weiteren Bestimmungen wirksam.

- *Kosten des Notars.* Grds. wie bei Rdn. 7 M; die maßgebliche Quote entspricht aber der Pflichtteilsquote des Verzichtenden. Der herangezogene Wert ist nicht der Wert des gesamten Nachlasses, sondern der der Aktiva, die bei der Pflichtteilsberechnung ausscheiden; damit in Zusammhang stehende Schulden werden bis zur Hälfte des Werts der ausscheidenden Aktiva abgezogen (§ 102 Abs. 1 Satz 3 GNotKG ist analog anzuwenden).

§ 100 Reduzierung oder Erweiterung gesetzlicher Erb- und Pflichtteilsansprüche

Ehevertrag mit Ausschluss des Zugewinnausgleichs sowie Erb- und Pflichtteilsverzicht

16 M　　　　　　　　　　　　　　　　　　　　　　　　　　Verhandelt zu ..... am .....

I. Ehevertrag

Wir sind deutsche Staatsangehörige, haben unseren gewöhnlichen Aufenthalt in Deutschland, haben vor dem Standesbeamten in ..... am ..... die Ehe geschlossen und bisher keinen Ehevertrag vereinbart.

Für den Güterstand der Zugewinngemeinschaft, der im Übrigen beibehalten werden soll, vereinbaren wir folgende Änderungen:

1. Die in den §§ 1365, 1369 BGB enthaltenen Beschränkungen der Verfügungsmacht über das Gesamtvermögen und über die Haushaltsgegenstände gelten künftig nicht mehr.
2. Wenn der Güterstand, gleichgültig, wie, auch durch den Tod von einem von uns, beendet wird, so steht keinem von uns ein Zugewinnausgleichsanspruch zu.
3. Keiner von uns erhält eine Entschädigung dafür, dass er auf die Aussicht auf einen Zugewinnausgleich sowohl für die bisherige als auch für die künftige Ehedauer verzichtet.

II. Erb- und Pflichtteilsverzichtsvertrag

1. Jeder von uns verzichtet hiermit gegenüber, dem anderen auf das ihm bei dessen Tod zustehende gesetzliche Erb- und Pflichtteilsrecht. Der Notar wies uns auf die Auswirkungen, speziell die des § 2310 Satz 2 BGB hin.
2. Die Vereinbarung soll für den Fall der Scheidung der Ehe der Beteiligten und den Fall des Todes des Unterhaltspflichtigen die Haftung des Erben für den Unterhalt nach § 1586b Abs. 1 Satz 3 BGB nicht reduzieren. Vorsorglich vereinbaren die Beteiligten deshalb für den Fall, dass die Ehe geschieden wird und der Unterhaltspflichtige stirbt, dass Unterhalt weiterhin bis zur Höhe des fiktiven Pflichtteils zu zahlen ist, der diese Berücksichtigung des o. a. Erb- und Pflichtteilsverzichts errechnet wird.

■ *Kosten des Notars.* Geschäftswert Zusammenrechnung Ehevertrag (§ 100 GNotKG) und Erb- und Pflichtteilsverzicht (§ 102 Abs. 4 GNotKG) gemäß § 111 Nr. 2 GNotKG; Gebühr Nr. 21100 KV GNotKG: 2,0.

III. Vorzeitiger Erbausgleich

17　1. Zum Erb- und Pflichtteilsrecht nichtehelicher Kinder und ihrer Abkömmlinge s.o. bei § 99 Rdn. 17 ff.

18　2. Durch das ErbGleichG v. 16.12.1997 wurde auch das Recht der nichtehelichen Kinder aufgehoben, den vorzeitigen Erbausgleich zu verlangen und die Möglichkeit gestrichen, Vereinbarungen hierüber zu treffen. Bisher bereits (d.h. bis zum 31.03.1998 einschließlich) wirksam geschlossene Vereinbarungen behalten ihre Gültigkeit, s. Art. 227 Abs. 1 EGBGB. Wegen Zahlungen, die im Hinblick auf einen nicht mehr wirksam zustande gekommenen vorzeitigen Erbausgleich geleistet wurden s. Art. 227 Abs. 2 EGBGB.

19　3. Zu den Vereinbarungen über den vorzeitigen Erbausgleich vor dem 01.04.1998 s. die 20. Aufl. § 117 Abs. 2.

4. Umstritten ist, ob Vereinbarungen über den vorzeitigen Erbausgleich wieder aufgehoben werden können. Soweit die Aufhebung überhaupt zulässig ist, steht ihrer Wirksamkeit die Aufhebung der §§ 1934a ff. BGB nicht entgegen (s. Art. 227 Abs. 1 Satz 2 EGBGB). **20**

IV. Volle Gleichstellung mit nichtehelichen Kindern

1. Durch das 1. Erbrechtgleichstellungsgesetz wurden nichteheliche Kinder, die vor dem 01.07.1949 geboren wurden, ehelichen Kindern nicht kraft Gesetzes gleichgestellt. **21**

2. Es wurde nur die Möglichkeit geschaffen, nach § 10a Abs. 1 Nichtehelichengesetz eine sogenannte »Gleichstellungsvereinbarung« zu treffen. Zugleich wurde das Adoptionsrecht dahin gehend geändert, dass die einseitige Adoption des Vaters bezüglich seines nichtehelichen Kindes nicht mehr möglich ist. Anders als bei der ebenso möglichen Erbeinsetzung des vor dem 01.07.1949 geborenen nichtehelichen Kindes wird es durch die Gleichstellungsvereinbarung pflichtteilsberechtigt und reduziert sich das gesetzliche Erb- und Pflichtteilsrecht des Ehegatten des Vaters und seiner ehelichen Abkömmlinge. **22**

3. Durch das 2. Gesetz zur erbrechtlichen Gleichstellung nichtehelicher Kinder (BGBl 2011 I 615) wurde rückwirkend sogar für Erbfälle ab dem 29.05.2009 die volle Gleichstellung hergestellt. Eines Abschlusses von Gleichstellungsvereinbarungen bedarf es nicht mehr. **23**

V. Adoption

Eine Adoption bewirkt eine Erweiterung des Kreises der gesetzlichen Erb- und Pflichtteilsberechtigten des Erblassers und zugleich die Reduzierung der gesetzlichen Erb- und Pflichtteilsansprüche der Personen, die bisher bereits mit dem Erblasser verwandt waren. Sie bewirkt, dass das Adoptivkind der Steuerklasse I des Erbschaftssteuergesetzes angehört und die Freibeträge eines Kindes erlangt. Dies gilt auch dann, wenn die Adoption nach § 1753 Abs. 2 BGB zulässigerweise nach dem Tod des Annehmenden ausgesprochen wird. **24**
S. im Übrigen bei § 93. **25**

§ 101 Wiederherstellung der Testierfreiheit, Aufhebung und Widerruf von Testamenten sowie gemeinschaftlichen Testamenten, Rücktritt vom Erbvertrag, Anfechtung von gemeinschaftlichen Testamenten/ Erbverträgen durch einen Erblasser, Zuwendungsverzicht

I. Aufhebung und Widerruf einseitiger Testamente

1 Der Erblasser kann sein einseitiges Testament aufheben
   (1) durch die Errichtung eines neuen Testaments (§ 2258 BGB) oder
   (2) durch sonstigen Widerruf (§§ 2253 ff. BGB).
   Widerrufen werden kann das Testament
   a) durch Vernichtung oder Veränderung der Testamentsurkunde (§ 2255 BGB),
   b) durch Rücknahme des öffentlichen (zum privatschriftlichen Testament s.u.) Testaments aus der amtlichen Verwahrung (§ 2256 BGB),
   c) durch ein widerrufendes Testament (§ 2254 BGB).

2 Die Wirkung des Widerrufs öffentlicher Testamente durch Rücknahme aus der amtlichen Verwahrung tritt mit der *Empfangnahme* des Testaments durch den Erblasser ein. Gilt ein öffentliches Testament durch Rücknahme aus der besonderen amtlichen Verwahrung als widerrufen, so kann dieser Widerruf nicht seinerseits mit der Wirkung des § 2257 BGB widerrufen werden, da der Widerruf nicht durch ein Testament erfolgte. Falls der Erblasser das erste Testament wiederherstellen will, muss er es neu errichten.

3 Die Rücknahme eines in amtliche Verwahrung genommenen *Privat*testaments gilt nicht als Widerruf. Ein Privattestament muss also durch Vernichtung oder eine Veränderung der Urkunde, die den Aufhebungswillen deutlich ergibt, oder durch ein neues Testament widerrufen werden. Dasselbe gilt für das Testament vor drei Zeugen und für das Seetestament.

4 Wird ein Testament durch ein widerrufendes Testament nach § 2254 BGB widerrufen, ist zur Wirksamkeit des Widerrufs nicht zusätzlich seine Rücknahme aus der amtlichen Verwahrung erforderlich; sie ist aber möglich und empfehlenswert, wenn der Erblasser nicht will, dass die widerrufene Verfügung nach seinem Tod eröffnet wird.

II. Anfechtung des Widerrufs

5 Der Testamentswiderruf kann angefochten werden (§ 2078 BGB). Die Anfechtung ist schon dann zulässig, wenn der Erblasser zu dem Widerruf durch unrichtige Erwartungen bestimmt worden ist.

III. Formulare

1. Widerruf eines notariellen Testaments durch ein notarielles Testament

6 M

Beurkundet durch ..... in ..... am .....
Ich habe am ..... vor dem beurkundenden Notar unter der UR.Nr. ..... ein Testament errichtet, das in die amtliche Verwahrung des Amtsgerichts ..... gegeben ist (Verwahrungsbuch .....). Weitere letztwillige Verfügungen von mir existieren nicht.
Dieses Testament widerrufe ich hiermit ersatzlos. Eine neue Verfügung von Todes wegen will ich heute nicht treffen. Über die eintretende gesetzliche Erbfolge hat mich der Notar belehrt.

....., Notar

■ *Kosten des Notars.* Geschäftswert § 102 Abs. 5 GNotKG aufgrund Verweisung auf § 102 Abs. 1–3 GNotKG hängt der Geschäftswert davon ab, ob sich der Widerruf auf den ganzen Nachlaß, einen Bruchteil (z.B. einen Miterbenanteil) oder einen Gegenstand (Vermächtnis) bezieht. Gebühr Nr. 21201 Nr. 1 KV GNotKG: 0,5.

2. Widerruf einer einzelnen testamentarischen Bestimmung durch notarielles Testament

7 M

..... In meinem notariellen Testament vom ..... habe ich Frau ..... ein Vermächtnis ausgesetzt. Ein Ersatzvermächtnisnehmer wurde nicht bestellt. Dieses Vermächtnis widerrufe ich hiermit ersatzlos. Das entsprechende Vermögen soll beim Erben bleiben. Im Übrigen bleibt das Testament unverändert wirksam.

■ *Kosten.* Wie zu Muster Rdn. 6 M; hier wird nur der Wert des Vermächtnisgegenstands angesetzt (s. § 102 Abs. 3, 5 GNotKG).

3. Antrag auf Rückgabe eines in amtlicher Verwahrung befindlichen Testaments

8

Das Amtsgericht darf das Testament nur an den *Erblasser persönlich* (§ 2256 Abs. 2 Satz 2 BGB) *gegen Rückgabe* des Hinterlegungsscheins zurückgeben und beraumt dazu einen Termin an. Wenn eine persönliche Rückgabe an den Erblasser nicht möglich ist, weil er an einem entlegenen Ort wohnt, kann das Aufbewahrungsgericht im Wege der Rechtshilfe das Amtsgericht des Wohnsitzes des Erblassers um Rückgabe ersuchen (§ 4 FamFG). Die Rückgabe ist an das Zentrale Testamentsregister mitzuteilen (§ 347 Abs. 3 FamFG).

4. Einseitiger Widerruf eines gemeinschaftlichen Testaments und Widerruf nach Ausschlagung

a) Nicht wechselbezügliche Verfügungen

9

Soweit Verfügungen, die nicht wechselbezüglich sind, widerrufen werden (z.B. Pflichtteilsentziehung, Einsetzung eines Testamentsvollstreckers), gelten die allgemeinen Vorschriften. Doch kann der einseitige Widerruf nicht durch Rücknahme aus der amtlichen Verwahrung erklärt werden. Die Rücknahme aus der amtlichen Verwahrung kann nur von beiden Ehegatten oder Lebenspartnern (§ 10 Abs. 4 LPartG) gemeinsam vorgenommen werden (§ 2272 BGB).

b) Wechselbezügliche Verfügungen

10 Bei wechselbezüglichen Verfügungen ist der Widerruf grundsätzlich (Ausnahme s. Rdn. 12) nur zu Lebzeiten des anderen Ehegatten/Lebenspartners möglich. Der einseitige Widerruf muss notariell beurkundet werden. (§§ 2271 Abs 1 Satz 1, 2296 BGB). Die *Ausfertigung* der Widerrufsurkunde muss dem anderen Ehegatten zugehen (§ 130 BGB). Die Zustellung des Widerrufs muss durch Überreichung einer *Ausfertigung* der Widerrufsurkunde an den anderen Ehegatten vorgenommen werden. Die in § 132 BGB i.V.m. § 169 Abs. 2 ZPO als Zustellungsform auch zugelassene Übergabe einer beglaubigten Abschrift durch den Gerichtsvollzieher genügt nicht.[1] Nach diesen Entscheidungen wird der Notar, wenn die Zustellung durch den Gerichtsvollzieher erfolgen soll, dem Gerichtsvollzieher den Zustellungsauftrag mit dem ausdrücklichen Hinweis übergeben, eine *Ausfertigung* zuzustellen und dies in der Zustellungsurkunde zu vermerken. Damit der Gerichtsvollzieher nicht eine beglaubigte Abschrift von einer Ausfertigung zustellt, schickt er ihm am besten zwei Ausfertigungen zu. Die Ausführung wird der Notar überwachen. Dafür erhält er eine 0,5 Gebühr nach Nr. 22200 Nr. 5 KV GNotKG; Geschäftswert: §§ 113 Abs. 1, 102 Abs. 5 GNotKG.

11 Die Urschrift der Widerrufserklärung nach § 2271 Abs. 1 BGB hat der Notar aufzubewahren. In die besondere amtliche Verwahrung wird die Widerrufserklärung nicht gebracht. Der Notar benachrichtigt jedoch das Zentrale Testamentsregister nach § 34a BeurkG. Nach dem Eingang der Todesfallnachricht übersendet der Notar die Urschrift der Widerrufserklärung dem Nachlassgericht.

12 Nach § 2271 Abs. 2 Satz 1 Halbs. 2 BGB kann ein Erblasser, der beim Tod des Ehegatten/Erblassers das ihm Zugewendete (fristgemäß) ausschlägt, ebenfalls seine wechselbezüglichen Verfügungen aufheben. Muster einer Ausschlagung s. Rdn. 16 M. Zu beachten ist: die Ausschlagung führt nur zu der Möglichkeit, wechselbezügliche Verfügungen aufzuheben. Die Aufhebung erfolgt nach §§ 2254, 2258 BGB. Der Widerruf muss in den o.a. dargestellten Formen erfolgen. Die Ausschlagung alleine führt noch nicht zur Aufhebung. Die Aufhebung stellt zugleich den Widerruf nach § 2270 Abs. 1 BGB dar.[2]

13 M

Verhandelt zu ….. am …..

Ich habe am ….. mit meiner Frau ….. ein gemeinschaftliches Testament errichtet.
Meine Ehefrau ist am ….. verstorben. Ich war als alleiniger Erbe eingesetzt. Diese Erbschaft habe ich am ….. ausgeschlagen.
Meine sämtlichen in den o. a. gemeinschaftlichem Testament enthaltenen Verfügungen widerrufe ich.
Ich beantrage, mir eine Ausfertigung zu erteilen.

….., Notar

■ *Kosten des Notars.* Geschäftswert § 102 Abs. 5 GNotKG; Gebühr Nr. 21201 KV GNotKG: 0,5.

14 M 5. Verfügung des Notars

1. Zwei dem Widerrufenden erteilte Ausfertigungen sind dem Gerichtsvollzieher ….. mit dem Auftrag zu übersenden, eine davon an ….. zuzustellen. Dem Auftrag ist hinzuzufügen: Dem Zustellungsempfänger ist eine Ausfertigung zu überreichen und die Zustellung der Ausfertigung in der Zustellungsurkunde zu vermerken.

---
1 BGHZ 31, 5 = DNotZ 1960, 260; 36, 201 = DNotZ 1962, 324.
2 BGH NJW 2011, 1353, 1354.

2. Die mit der Zustellungsurkunde zurückgelangte Ausfertigung ist mir vorzulegen und dann dem Widerrufenden mit der Empfehlung zu übersenden, sie gut aufzubewahren, da nur mit ihr der Nachweis über die Mitteilung des Widerrufs geführt werden kann.
3. Wieder vorzulegen am …..

….., Notar

Zum Nachweis der Zustellung einer Ausfertigung muss es freilich genügen, wenn dies mit der UR.Nr., dem Namen des Notars und dessen Amtssitz auf der Zustellungsurkunde vermerkt oder diese mit einer beglaubigten Abschrift verbunden wird. **15**

6. Ausschlagung der Erbschaft bei einem wechselbezüglichen Testament nach dem Tode des einen Ehegatten

**Ich habe am ….. gemeinschaftlich mit meiner Frau ….. ein wechselbezügliches Testament errichtet, das sich in der Verwahrung des Amtsgerichts Neustadt zum AktZ ….. befindet. Meine Frau ist am ….. verstorben. Eine Sterbeurkunde füge ich bei.
Ich schlage hiermit die Erbschaft aus, soweit sie auf dem Testament beruht.
Ort, Datum   Unterschrift
Beglaubigung erforderlich gemäß § 1945 Abs. 1 BGB. Es ist erforderlich, dass anschließend wie in Rdn. 17 und 18 M dargestellt verfahren wird.** **16 M**

■ *Kosten.*
a) Des Notars:
Geschäftswert nach § 103 Abs. 1 GNotKG: Aktiva des Nachlasses − Schulden (ohne eine Begrenzung entsprechend § 102 Abs. 1 Satz 2 GNotKG).
b) Des Gerichts: die bloße Entgegennahme der Ausschlagserklärung löst keine Gebühr aus, Nr. 12410 KV GNotKG ist nicht einschlägig.

7. Widerruf der eigenen Verfügungen im wechselbezüglichen Testament nach dem Tode des einen Ehegatten

Hat der überlebende Ehegatte wie im vorstehenden Muster das ihm Zugewendete ausgeschlagen, so wird er von der Bindung an seine eigenen *wechselbezüglichen* Verfügungen frei. Seine eigenen Verfügungen werden jedoch nicht von selbst unwirksam, sondern verlieren ihre Wirksamkeit erst durch Aufhebung, die durch Testament erfolgt (§ 2254 BGB) oder durch die Errichtung einer neuen Verfügung von Todes wegen, die mit der früheren letztwilligen Verfügung in Widerspruch steht (§§ 2254 ff. BGB). Eine solche Aufhebung ist deshalb erforderlich. **17**

**Ich habe am ….. gemeinschaftlich mit meiner Frau ….. ein wechselbezügliches Testament errichtet, das sich in der Verwahrung des Amtsgerichts befindet. Meine Frau ist am ….. verstorben. Das mir von meiner Frau in dem vorgenannten Testament Zugewendete habe ich durch Erklärung gegenüber dem Nachlassgericht ausgeschlagen.
Ich widerrufe ersatzlos alle meine in dem Testament getroffenen Verfügungen. Der Notar wies mich auf die Folgen hin.** **18 M**

■ *Kosten des Notars.* Wie bei Rdn. 13 M.

IV. Gemeinschaftlicher Widerruf eines gemeinschaftlichen Testaments durch öffentliches Testament

19 Das gemeinschaftliche Testament kann von *beiden* Eheleuten in allen Formen (§§ 2254 bis 2258 BGB) widerrufen werden, auch durch Erbvertrag.

20 M ..... Wir haben am ..... vor dem Notar ..... in ..... – Urkundenrolle Nr. ...../..... – ein gemeinschaftliches Testament errichtet, das sich beim Amtsgericht ..... zum AktZ ..... in amtlicher Verwahrung befindet. Dieses Testament widerrufen wir hiermit ersatzlos. Der Notar wies auf die Folgen hin.

■ *Kosten des Notars.* Geschäftswert § 102 Abs. 5 Abs. 1–3 GNotKG; Gebühr Nr. 21201 Nr. 1 KV GNotKG: 0,5.

V. Situation beim Erbvertrag

21 1. Für nicht vertragsmäßige Verfügungen eines Erbvertrags (§ 2278 BGB) gelten die allgemeinen Bestimmungen.

22 2. Für vertragsmäßige Verfügungen eines Erbvertrags gilt

23 a) Zu Lebzeiten des Vertragspartner kann derjenige, der vertragsmäßig ein Vermächtnis ausgesetzt oder eine Auflage angeordnet hat die Verfügungen durch Testament aufheben, bedarf dazu aber der Zustimmung des Vertragspartners (§ 2291 Abs. 1 BGB); die Zustimmungserklärung ist empfangsbedürftig und bedarf der notariellen Zustimmung (§ 2291 Abs. 2 BGB). Alternativ kann nach b) vorgegangen werden.

24 b) Erbeinsetzungen können nur durch einen Aufhebungsvertrag unter den ursprünglichen Vertragsteilen aufgehoben werden – Vermächtnisse und Auflagen können ebenfalls in der Form des Aufhebungsvertrags aufgehoben werden. Der Aufhebungsvertrag bedarf derselben Form wie der Erbvertrag (§ 2290 Abs. 4 BGB); haben Ehegatten oder Lebenspartner den Erbvertrag geschlossen, ist die Aufhebung auch durch ein gemeinschaftliches Testament möglich.

25 c) Die Möglichkeit nach a) und b) bestehen nur zu Lebzeiten beider Vertragspartner § 2290 Abs. 1 Satz 2 BGB). Die Wiedererlangung der Testierfähigkeit durch Ausschlagung des vom anderen Vertragspartner Zugewandten (beim gegenseitigen Erbvertrag) ist anders als beim gemeinschaftlichen Testament nicht möglich, wenn der Rücktritt nicht vorbehalten ist (s. dazu bei Rdn. 27).

26 Daneben existieren gegebenenfalls noch Rücktrittsmöglichkeiten
 – wenn sie sich der Erblasser im Erbvertrag vorbehalten hat, (§§ 2293, 2298 Abs. 2 BGB)
 – bei Verfehlungen des Bedachten (§ 2294 BGB; hohe Hürden)
 – bei Aufhebung der Gegenverpflichtung (§ 2295 BGB; ausreichend ist nicht eine bloße Leistungsstörung).

27 Der vorbehaltene Rücktritt kann sowohl zu Lebzeiten des anderen Vertragspartners vorgenommen werden (dann durch notariell beurkundeten Rücktritt nach § 2296 BGB) als auch nach dem Tod des Vertragspartners (durch Testament nach § 2297 BGB), vorausgesetzt es liegt kein gegenseitiger Erbvertrag vor. Beim gegenseitigen Erbvertrag kann nach dem Tod des Vertragspartners nur nach fristgerechter Erbschaftsausschlagung die Verfügung durch Testament aufgehoben werden (§ 2298 Abs. 2 Satz 3 BGB).

Wiederherstellung der Testierfreiheit, Aufhebung und Widerruf § 101

Wir ....., haben am ..... zur Urkunde des Notars ..... einen Erbvertrag geschlossen. Nachdem wir uns bereits vor langem getrennt haben, heben wir diesen hiermit vollumfänglich auf. Der Notar wies uns auf die Folgen hin.

28 M

- *Kosten des Notars.* Geschäftswert § 102 Abs. 1–3 GNotKG; Gebühr: 1,0 Nr. 2102 Nr. 2 KV GNotKG.

**Am ..... habe ich zur Urkunde des Notars ..... mit meinem Neffen Fritz Müller einen Erbvertrag geschlossen und darin vertragsmäßige Verfügungen angeordnet. Ich habe mir in Abschnitt ..... den einseitigen Rücktritt vorbehalten.
Hiermit trete ich von dem Erbvertrag zurück. Der Notar wies mich auf die Folgen hin.
Der Notar wird beauftragt, eine Ausfertigung der Urkunde Fritz Müller durch Einwurfeinschreiben zuzusenden und das Empfangsbekenntnis mir zu übersenden.**

29 M

- *Kosten des Notars:* Geschäftswert § 102 Abs. 5., Abs. 1–3 GNotKG, Gebühr 0,5 (min. 30 EUR) Nr. 21201 Nr. 2 KV GNotKG + weitere Gebühr (0,5) gemäß Nr. 22200 Nr. 5 KV GNotKG; Geschäftswert hierfür: § 113 Abs. 1. GNotKG.

Ausübung eines vorbehaltenen Rücktrittsrechts beim nicht gegenseitigen Erbvertrag nach dem Tod des Vertragspartners

Am ..... habe ich zur Urkunde des Notars ..... mit meinem Neffen Fritz Müller einen Erbvertrag geschlossen, der nur vertragsmäßige Verfügungen von mir enthält. In Abschnitt ..... habe ich mir den Rücktritt vorbehalten. Fritz Müller ist am ..... verstorben. Mit diesem Testament hebe ich dem Erbvertrag vollständig auf. Stattdessen gilt für den Fall meines Todes was folgt:.....

30 M

- *Kosten des Notars.* Wie bei Rdn. 28 M; m.E. ist hier Nr. 21201 KV GNotKG einschlägig; wie der Rücktritt erfolgt, ist gleichgültig.

Anfechtung wechselseitiger Verfügungen eines gemeinschaftlichen Testaments und vertragsmäßiger Verfügungen eines Erbvertrags durch den Erblasser s. § 98 Rdn. 30, 32 und 33.

31

Zuwendungsverzicht

Bis zum 31.12.2009 erstreckten sich die Wirkungen eines Zuwendungsverzichts nicht auf die Abkömmlinge des Verzichtenden; insofern bestand eine andere Situation als beim Erb- und Pflichtteilsverzicht bzw. beim bloßen Pflichtteilsverzicht (s. dazu § 2349 BGB). Seit dem 01.01.2010 erstrecken sich nach § 2352 Satz 3 BGB die Wirkungen eines Zuwendungsverzichts unter den Voraussetzung des jetzt anwendbaren § 2349 BGB auf die Abkömmlinge des Verzichtenden. Dies bedeutet, dass nicht schlechthin sämtliche Ersatzbedachte von einem Zuwendungsverzicht erfasst werden. Vielmehr erstreckt sich die Wirkung des Zuwendungsverzichts nur auf Abkömmlinge des Verzichtenden und auch nur dann, wenn der primär Bedachte, der verzichtet, ein Abkömmling oder Seitenverwandter des Erblassers ist.[3] Trotz dieser Einschränkung wird der Zuwendungsverzicht als Gestaltungsinstrumentarium damit aber attraktiver als bisher.

32

---

3 Siehe dazu *Kanzleiter*, DNotZ 2010, 520 ff.

33 M In dem Erbvertrag der Ehegatten Hans und Ilse Halter wurde die Ehefrau, wenn sie die Überlebende ist, mit dem Vermächtnis beschwert, an den erstehelichen Sohn des Ehemanns, Fred Halter, das Bauplatzgrundstück FlNr. ..... der Gemarkung ..... eingetragen im Grundbuch von ..... Blatt ..... frei von Belastungen in Abteilung II und III des Grundbuches zu übereignen. Ersatzweise sollten an die Stelle von Fred Halter, wenn dieser zum Zeitpunkt des Todes von Frau Ilse Halter nicht mehr lebt, dessen Abkömmlinge Begünstigte des Vermächtnisses werden. Das Vermächtnis sollte mit dem Tod von Frau Ilse Halter anfallen. Frau Ilse Halter hat Herrn Fred Halter am heutigen Tag mit der vorangegangenen Urkunde des Notars ..... URNr. ..... eine andere Immobilie zugewendet.
Deshalb vereinbaren Frau Ilse Halter und Herr Fred Halter was folgt:
Herr Fred Halter verzichtet gegenüber Frau Ilse Halter auf das in dem oben näher aufgeführten Erbvertrag enthaltene Vermächtnis bezüglich Grundstück FlNr. ..... der Gemarkung ..... Die Wirkung des Verzichts erstreckt sich auch auf die Abkömmlinge des Verzichtenden.

- **Kosten des Notars.** Geschäftswert § 102 Abs. 4 GNotKG i.V.m. § 102 Abs. 3 GNotKG, hier: Wert der Immobilie bzgl. deren der Verzicht erklärt wird minus evtl. Verbindlichkeiten, die max. bis zur Hälfte des Immobilienerwerbs berücksichtigt werden; Gebühr Nr. 21100 KV GNotKG: 2,0.

Gemeinsame Rücknahme eines Erbvertrags aus der notariellen Verwahrung

34 Enthält ein Erbvertrag nur Verfügungen von Todes wegen und befindet er sich in der Verwahrung des Notars (sonst ist das Nachlassgericht zuständig), kann er zu Lebzeiten aller Vertragsschließenden (§§ 2290 Abs. 1 Satz 2, 2300 Abs. 2 Satz 2 BGB) an alle Vertragsschließenden gemeinschaftlich zurückgegeben werden (§ 2300 Abs. 2 Satz 1, Satz 2 BGB). Dann gilt er als widerrufen (§§ 2300 Abs. 2 Satz 3, 2256 Abs. 1 BGB). Über diese Folge hat der Notar zu belehren. Die Belehrung ist auf der zurückgegebenen Urkunde zu vermerken; es ist aktenkundig zu machen, dass beides geschehen ist (§§ 2300 Abs. 2 Satz 3, 2356 Abs. 1 Satz 2 BGB). Die Rückgabe aus der amtlichen Verwahrung ist dem zentralen Testamentsregister mitzuteilen. Für den Vermerk des Notars ist keine besondere Form, speziell keine Beurkundung vorgeschrieben. Damit die Erfüllung der Pflichten aktenkundig gemacht wird, empfiehlt es sich, den Belehrungsvermerk zweifach zu erstellen; einer wird mit der Urkunde verbunden, der andere wird von den Rückgabeempfängern quittiert und anstelle der Urkunde in die Urkundensammlung gegeben.

35 M Auf Ansuchen der Vertragsbeteiligten gebe ich diesen den von mir amtlich verwahrten Erbvertrag, URNr. ..... zurück. Ich weise die Empfänger und Vertragsbeteiligten darauf hin, daß der Erbvertrag damit als widerrufen gilt und daß ein einfacher »Widerruf dieses Widerrufs« nicht möglich ist. Wenn der Inhalt der Urkunde wieder Gültigkeit erlangen soll, ist eine Neubeurkundung erforderlich.

Text von Rdn. 35 M, wie folgt ergänzt:

36 M Wir, ... (Rückgabeadressaten) bestätigen am heutigen Tag, das Original des Erbvertrags zurückerhalten zu haben. Wir bestätigen auch, dass der Notar die oben angegebene Belehrung erteilt hat.

■ *Kosten des Notars.* Geschäftswert §§ 114, 102 Abs. 1–3, 96, 10 GNotKG. Gebühr: 0,3 nach Nr. 23100 KV GNotKG, die auch bei einer nicht erforderlichen Niederschrift anfällt. Bei einer demnächst erfolgten Neubeurkundung einer letztwilligen Verfügung desselben Erblassers wird die Gebühr Nr. 23100 KV GNotKG auf die neue Gebühr angerechnet.

§ 102 Das erbrechtliche Gestaltungsinstrumentarium

I. Überblick

1 Zu dem Instrumentarium, mit dem letztwillige Verfügung inhaltlich gestaltet werden können gehören
– die Erbeinsetzung,
– bei einer Mehrheit von Erben Anordnungen betreffend das Verhältnis unter den mehreren Erben, unter anderem Teilungsanordnungen und Vorausvermächtnisse,
– Vermächtnisse,
– Auflagen,
– die Anordnung der Testamentsvollstreckung und
– Schiedsgerichtsanordnungen.

II. Einsetzung von Erben, Ersatzerben und Nacherben

1. Begriff des Erben

2 *Erbe* durch Berufung ist, wem das Vermögen des Erblassers oder ein Bruchteil davon durch Testament oder Erbvertrag zugewendet wurde. Wer dem gegenüber einzelne Gegenstände erhalten soll, ist in der Regel nicht Erbe, sondern Vermächtnisnehmer. Erbe ist, wer einzelne Gegenstände erhält, nur dann, wenn Umstände darauf schließen lassen, dass der Erblasser ihn trotzdem zum Erben einsetzen wollte, insbesondere, wenn ihm alle wertvollen Gegenstände zugewendet werden. Wenn der Erblasser über alle einzelnen Gegenstände seines Vermögens zugunsten mehrerer Personen verfügt, so liegt darin gegebenenfalls nur eine mit einer Erbeinsetzung gekoppelte Teilungsanordnung (unter den Begünstigten, die entsprechend den Wertverhältnissen der Teilungsanordnung zu Bruchteilen Erben werden). Der Notar muss erforschen und klarlegen, ob *Erbeinsetzung, Vermächtnis oder Teilungsanordnung* gewollt ist (§ 2087 BGB). Grundsätzlich soll jedes Testament eine Bestimmung enthalten, die den oder die Erben bestimmt. Wenn nur eine Person zum Erben eingesetzt wird, kann die Formulierung wie folgt lauten:

3 M **Mein Alleinerbe soll sein: .....**

4 Bei der möglichen Erbeinsetzung mehrerer Personen (s. §§ 2032 ff. BGB) sollten diese zu eindeutigen Quoten als Erben eingesetzt werden; die Quoten sollten zusammengerechnet 1/1 ergeben (zur Vermeidung von Auslegungsproblemen nach §§ 2066 ff. und 2088 ff. BGB).

5 M **Zu Erben setze ich folgende Personen zu folgenden Bruchteilen ein: .....**

6 Dabei ist die Erbeinsetzung so spezifiziert vorzunehmen, dass sie das Kriterium der Bestimmung des Erben durch den Erblasser nach § 2065 Abs. 2 BGB erfüllt. In Betracht kommt zum einen die namensmäßige Nennung des oder der Erben.

Zu meiner alleinigen und ausschließlichen Erbin setze ich meine Ehefrau, Frau Edith Maier, geb. Müller, geb. am 01.03.1963 ein. 7 M

Alternativ kann der Erblasser die – vor allem verwandtschaftlichen – Kriterien angeben, die zur Bezeichnung des Erben verwendet werden.

Zu meinen Erben setze ich meine Abkömmlinge zu unter sich gleichen Teilen nach Stämmen entsprechend den Regeln über die gesetzliche Erbfolge ein. 8 M

Alternativ können auch die Kriterien des Erblassers angegeben werden, aus dessen sich aus einem Kreis von Personen, die der Erblasser bestimmt, der Erbe ergibt. Dafür sind die Grenzen zu einer unzulässigen Drittbestimmung einzuhalten (§ 2065 BGB). Beispiel für eine zulässige Anordnung:

Zu meinen Erben setze ich derjenige Kind meines Bruders Gerhard Alt oder meiner Schwester Brigitte Schweizer, geb. Alt ein, das als erstes ein wirtschaftswissenschaftliches Studium an einer europäischen oder US-amerikanischen oder kanadischen Hochschule (einschließlich Fachhochschule) mit dem Abschluss eines »Master« abgeschlossen hat. 9 M

2. Ersatzerbe

Ersatzerbe ist, wer nur unter der Bedingung Erbe werden soll, dass ein vorher Berufener wegfällt (§ 2096 BGB). Eine Ersatzregelung sollte vom Erblasser in der letztwilligen Verfügung selbst vorgenommen werden. Fehlt eine autonome Ersatzerbeinsetzung, ergeben sich Auslegungsprobleme, die (nur z.T.) durch gesetzliche Auslegungsregeln zu lösen sind. Bedeutsam ist vor allem § 2069 BGB: Wenn ein vom Erblasser eingesetzter Abkömmling wegfällt, gelten dessen Abkömmlinge als stillschweigend berufene Ersatzerben. Diese bloße Auslegungsregel gilt allerdings nicht uneingeschränkt, wenn der bedachte Abkömmling durch Ausschlagung wegfällt, aber den Pflichtteil verlangt, somit der Stamm doppelt bedacht würde, zum einen durch den Pflichtteil, zum anderen durch den Anfall des Erbteils an den Abkömmling. Die Auslegungsregelung des § 2069 BGB gilt auch dann nicht, wenn der Erblasser einen Dritten, der nicht Abkömmling ist, z.B. seine Ehefrau oder einen Vetter, bedenkt. Wenn diese wegfallen, so treten deren Abkömmlinge oder sonstige Erben nur dann an ihre Stelle, wenn besondere Anhaltspunkte dafür sprechen, dass der Erblasser ersatzweise den Stamm des Eingesetzten bedenken wollte. Deshalb ist es sinnvoll, dass der Erblasser selbst eine Ersatzregelung vornimmt, die genau definiert, wann der Erbfall eintritt und wer Ersatzerbe werden soll, z.B. wie folgt: 10

Sollte mein vorgesehener Erbe, mein Neffe Hans Müller vor mir verstorben sein, gleichzeitig mit mir versterben oder aufgrund derselben Gefahr, treten dessen Abkömmlinge zu unter sich gleichen Teilen nach Stämmen entsprechend den Regeln über die gesetzliche Erbfolge an dessen Stelle. Sollte Hans Müller die Erbschaft ausschlagen, tritt an seine Stelle Herr Franz Schuster, geb. am 05.09.1980, Prokurist meines Unternehmens. 11 M

3. Anwachsung

Anwachsung ist die nachträgliche Vergrößerung des Erbteils eines eingesetzten Erben, wenn ein Miterbe vor oder nach dem Erbfall wegfällt, ohne dass Ersatzerben an seine Stelle treten (§ 2094 BGB). Die Anwachsung kann der Erblasser nach seinen Vorstellungen regeln und 12

damit § 2094 Abs. 1 BGB (Anwachsung grundsätzlich an alle anderen Erben im Verhältnis ihrer Erbteile) verdrängen. Z.B. wie folgt:

13 M Wenn einer der drei von mir als Erben je zu $^1/_3$ bedachten Neffen aus welchem Grund auch immer wegfällt, gilt folgendes: Wenn Hans Müller oder Fritz Müller wegfallen, wächst der Erbteil von Hans Müller nur Fritz Müller an (der dann zu $^2/_3$ Erbe wird) und der Erbteil von Fritz Müller wächst (nur) Hans Müller an. Wenn sowohl Hans Müller als auch Fritz Müller wegfallen, fallen deren Erbteile dann Gerd-Josef Müller an (der dann Alleinerbe wird). Wenn Gerd-Josef Müller wegfällt, wächst sein Erbteil alleine Hans Müller an. Nur wenn auch Hans Müller wegfällt, wächst der Erbteil von Gerd-Josef Müller dann Fritz Müller an.

14 Von »*Erhöhung*« des gesetzlichen Erbteils spricht man, wenn bei gesetzlicher Erbfolge ein Miterbe wegfällt (§ 1935 BGB).

4. Nacherbe

15 Der *Nacherbe* wird mit dem Eintritt des Nacherbfalls Erbe des Erblassers, während der Vorerbe aufhört, Erbe zu sein (§§ 2100, 2139 BGB). In der Regel tritt der Nacherbfall beim Tod des Vorerben ein (§ 2106 Abs. 1 BGB); der Erblasser kann aber einen anderen Zeitpunkt bestimmen. Bzgl. eines als Vorerben eingesetzten Ehegatten kann etwa eine Wiederverehelichung als Auslöser für den Eintritt der Nacherbfolge angeordnet werden. Kautelarjuristisch sollte der Eintritt des Nachlassfalls genau präzisiert werden. Der Nacherbe erwirbt nach dem 1. Todesfall ein Anwartschaftsrecht, wenn er zwischen Erbfall und Nacherbfall gelebt hat (§ 2108 Abs. 2 BGB). Das Anwartschaftsrecht ist vor Eintritt des 2. Todesfalls (Tod des Vorerben) grds. vererblich (§ 2108 Abs. 2 Satz 1 BGB) und veräußerlich. Vererblichkeit und Veräußerlichkeit können durch den Erblasser ausgeschlossen werden. Die Vererblichkeit ist oft unerwünscht, weil dadurch z.B. Schwiegerkinder neben Enkelkindern zu Nacherben werden könnten. Etwa mit dem Satz: »Die Nacherbanwartschaften sind nicht vererblich« wird sie ausgeschlossen. Fällt ein als Nacherbe eingesetzter Abkömmling vor dem Erbfall weg, so treten im Zweifel seine Abkömmlinge als Ersatznacherben an seine Stelle. Die bloße Einsetzung eines Ersatznacherben bewirkt nicht ohne Weiteres den Ausschluss der Vererblichkeit bzgl. Nacherbenanwartschaft, da die Ersatzberufung auch für andere Fälle als den Wegfall des Erben durch Tod getroffen sein kann, z.B. für den Wegfall aufgrund Ausschlagung (§ 2142 Abs. 2 BGB). Die durch bloße Einsetzung eines Ersatzerben entstehenden Auslegungsprobleme sind kautelarjuristisch durch Ausschluss der Vererblichkeit bei gleichzeitiger Berufung eines Ersatznacherben zu vermeiden. Besondere Probleme ergeben sich bei »unbekannten Nacherben«, die sich vor allem deswegen ergeben können, weil als Nacherben auch Personen bestimmt sein können, die zum Zeitpunkt des Eintritts des Vorerbfalls noch nicht gezeugt waren (s. § 2101 Abs. 1. BGB). Durch den Erblasser werden solche Personen auch häufig »verwandtschaftsmäßig« bezeichnet – z.B. »die Abkömmlinge des Vorerben nach Stämmen«. Rechtshandlungen zwischen Vorerben und Nacherben (z.B. Zustimmungen zu Verfügungen des Vorerben, s. Rdn. 17-) müssen in diesem Fall von einem Pfleger für den/die unbekannten Nacherben (s. § 1913 BGB) vorgenommen werden.

16   Ebenso wie die Vererblichkeit kann die Veräußerlichkeit der Nacherbenanwartschaft durch den Erblasser ausgeschlossen werden. Kautelarjuristisch sollte aber die Veräußerung der Anwartschaft des Nacherben an den Vorerben zugelassen bleiben wobei zu regeln ist, dass damit alle Anwartschaften eventuell Ersatznacherben erlöschen.

17   Der Vorerbe unterliegt grundsätzlich Verfügungsbeschränkungen bezüglich der Nachlassgegenstände nach den §§ 2113 bis 2115 BGB und Pflichten sowie Obliegenheiten in Bezug auf den Nachlass nach den §§ 2116 ff. BGB. Von den meisten diesbezüglichen

Beschränkungen kann der Erblasser den Vorerben befreien, nicht dagegen vom sog. »Schenkungsverbot« des § 2113 Abs. 2 BGB und nicht von § 2121 BGB (Pflicht, auf Verlangen ein Verzeichnis der Erbschaftsgegenstände zu erstellen), § 2122 BGB (Duldung der Feststellung des Zustands der Nachlassgegenstände), §§ 2124 bis 2126 (Tragung der gewöhnlichen Erhaltungskosten und der ordentlichen Kosten); s. dazu § 2136 BGB. Bei der Gestaltung einer Erbfolge durch Vor- und Nacherbfolge bedarf es deshalb einer Entscheidung; ob und in welchem Umfang der Vorerbe von den ihm kraft Gesetzes auferlegten – dispositiven – Beschränkungen und Verpflichtungen befreit werden soll, s. i.Ü. § 102 Rdn. 15 ff.

Zu meinem alleinigen und ausschließlichen Erben setze ich meinen Sohn Fritz Schuster, geb. am 05.06.1956 ein. Dieser wird nur sog. »Vorerbe«. Die Nacherbfolge tritt beim Tod des Vorerben ein. Der Nacherbe ist zugleich Ersatzerbe an Stelle des Vorerben, wenn dieser vor mir verstirbt, gleichzeitig mit mir oder aufgrund derselben Gefahr oder sonst, z.B. infolge von Ausschlagung wegfällt. Der Vorerbe ist von den Beschränkungen und Verpflichtungen der §§ 2113 ff. BGB befreit, soweit ihm Befreiung erteilt werden kann. Nacherbe beim Tod von Fritz Schuster wird mein Enkel Max Schuster, geb. am 07.12.1980. Ersatzweise tritt an die Stelle von Max Schuster meine Enkelin Florentine Fiedler, geb. am 24.01.1979, wenn Max Schuster aus welchem Grund auch immer als Nacherbe entfällt. Die Verfügung über die Nacherbenanwartschaft und deren Vererbung durch Max Schuster sind grundsätzlich ausgeschlossen. Max Schuster kann aber lebzeitig seine Anwartschaft auf den Vorerben Fritz Schuster übertragen. Dann entfällt die Einsetzung von Florentine Fiedler als Ersatznacherbin beim Tod von Fritz Schuster. 18 M

III. Anordnungen über das Verhältnis mehrerer Erben

Wenn nicht ein einziger Erbe bestimmt wird, sondern mehrere Erben (s. dazu § 2032 Abs. 1 BGB) bilden die Erben untereinander eine sogenannte Erbengemeinschaft. Der Erblasser kann auf das Rechtsverhältnis unter den mehreren Erben Einfluss nehmen, speziell durch sogenannte Teilungsanordnungen, Ausgleichsanordnungen und Verwaltungsanordnungen, speziell Auseinandersetzungsverbote. 19

1. Teilungsanordnung

Teilungsanordnungen des Erblassers gehen den gesetzlichen Auseinandersetzungsregeln der §§ 2042 BGB vor. Teilungsanordnungen, die nicht mit Vorausvermächtnissen gekoppelt sind (s. dazu unten) führen aber nicht dazu, dass der Erbe wertmäßig mehr oder weniger erhält, als seiner Erbquote unter Berücksichtigung der Ausgleichungsbestimmung (s. dazu unten)entspricht. Dies unterscheidet die Teilungsanordnung vom Vorausvermächtnis; mit dem Letztgenannten wird ein Miterbe begünstigt, dem über seinem Anteil am Nachlass entsprechend der Erbquote hinaus noch zusätzliches Vermögen zustehen soll. 20

Die Teilungsanordnung kann sich dabei entweder auf den gesamten Nachlass beziehen oder auf einzelne Nachlassgegenstände beschränken.

Teilungsanordnung mit vollständiger gegenständlicher Verteilung des Nachlasses

Ich, Franz bestimmte, dass mein aktiver Nachlass unter meinen beiden Töchtern Jutta und Eva (den Erbinnen je zu $^1/_2$) wie folgt verteilt wird: 21 M
Jutta erhält zum Alleineigentum den in meinem Eigentum stehenden Bauplatz ..... eingetragen im Grundbuch des Amtsgerichts ..... von ..... Blatt ....., nämlich FlNr. ..... der Gemarkung ..... während Eva die in meinem Eigentum stehende Eigentumswohnung in dem Anwesen ..... eingetragen im Grundbuch des Amtsgerichts ..... von ..... Blatt

..... erhält. Die Erben haben die derzeit in Abteilung II des Grundbuchs eingetragenen Belastungen zu übernehmen. Die Grundschulden in Abteilung III sind jeweils nicht valutiert. Die Eigentümerrechte und Rückgewähransprüche bezüglich der Grundschulden stehen jeweils der Tochter zu, die den Grundbesitz, an dem das Grundpfandrecht eingetragen ist, übernimmt. Die beweglichen Gegenstände in der von mir bewohnten Eigentumswohnung, die Eva zu übereignen ist, stehen ebenfalls Eva zu und sind dieser alleine zu übereignen. Dies gilt speziell für die gesamte Wohnungseinrichtung, das Wohnungsinventar, die in der Wohnung befindliche Kleidung, den dort befindlichen Schmuck und die dort befindlichen Bilder. Das zum Zeitpunkt meines Todes noch vorhandene Geldvermögen, das nach Begleichung eventuell vorhandener Verbindlichkeiten und der Kosten, die durch den Erbfall ausgelöst werden verbleibt, steht meinen beiden Töchtern zu; es ist so zu verteilen, dass Wertunterschiede zwischen dem Wert des Bauplatzes für Jutta einerseits und dem Wert der Eigentumswohnung und der darin befindlichen beweglichen Gegenstände für Eva andererseits ausgeglichen werden. Reicht das hinterlassene Geldvermögen von mir hierfür nicht aus, so hat diejenige Erbin, die wertmäßig mehr erhalten hat als die andere, der anderen noch darüber hinaus eine Ausgleichszahlung zu leisten. Einigen sich die Erben auf die Bewertung des von mir hinterlassenen Grundbesitzes und der Gegenstände und Werte des beweglichen Vermögens in meiner Eigentumswohnung nicht, so entscheidet hierüber bezüglich des Grundbesitzes ein von den Beteiligten übereinstimmend zu benennender Sachverständiger für die Grundstücksbewertung, den im Nichteinigungsfall die für ..... zuständige IHK zu benennen hat. Den Wert des beweglichen Vermögens bewertet ein von der IHK für ..... im Nichteinigungsfall zu benennender Sachverständiger für die Bewertung von Bildern und Mobiliar. Kosten des Sachverständigen haben die Erben je zur Hälfte zu tragen. Der Sachverständige hat die Stellung eines Schiedsgutachters.

Teilungsanordnung in Bezug auf einen einzelnen Nachlassgegenstand

22 M Dabei ordne ich an: Sollte sich zum Zeitpunkt meines Todes das Gemälde »Spaziergang am Wannsee« von Max Liebermann noch in meinem Nachlass befinden, so steht es dem Miterben Max Friedrich alleine zu. Der Wert des Gemäldes mindert den Anspruch von Max Friedrich auf das Restvermögen. Insgesamt soll er vom Restvermögen so viel erhalten, dass der Wert des Bildes und der Anteil am Restvermögen seiner Erbquote am gesamten Nachlass entsprechen.

2. Auseinandersetzungsverbote

23 Von den sonstigen Verwaltungsanordnungen sind insbesondere Auseinandersetzungsverbote von Bedeutung. Durch solche Auseinandersetzungsbeschränkungen zwingt der Erblasser die Erben, die Auseinandersetzung entweder bezüglich des gesamten Nachlasses oder zumindest bezüglich einzelner Nachlassgegenstände zeitlich befristet zu unterlassen. Dabei ist zu berücksichtigen, dass der Ausschluss der Auseinandersetzung abgesehen vom Ausnahmefall des § 2044 Abs. 2 Satz 2 BGB längstens auf die Dauer von 30 Jahren nach dem Erbfall möglich ist.

Zu berücksichtigen ist weiter, dass Auseinandersetzungsbeschränkungen oder -verbote dem Recht des Miterben nicht entgegenstehen, Auseinandersetzungen aus wichtigem Grund zu verlangen (s. dazu § 2044 Abs. 1 Satz 2 i.V.m. § 749 Abs. 2 BGB) und dass das Auseinandersetzungsverbot die Erben nicht daran hindert, gemeinschaftlich den gesamten Nachlass oder den betreffenden Nachlassgegenstand zu veräußern.

Vollständiges Auseinandersetzungsverbot

Ich ordne an: Meine Miterben haben nach meinem Tod eventuell vorhandene Verbindlichkeiten von meinem Geldvermögen zu befriedigen und durch den Tod ausgelöste Kosten ebenfalls aus meinem Geldvermögen zu bestreiten. Im übrigen wird die Auseinandersetzung der Erbengemeinschaft auf die Dauer von 5 Jahren nach meinem Tod ausgeschlossen.

24 M

Ausschluss der Auseinandersetzung in Bezug auf einzelne Nachlassgegenstände

Weiter ordne ich noch folgendes an: Die zur Vermietung gedachte Immobilie in ..... eingetragen im Grundbuch des Amtsgerichts ..... von ..... Blatt ..... soll auf die Dauer von 30 Jahren nach meinem Tod durch die Erbengemeinschaft unauseinandergesetzt gehalten werden. Solange ist der Anspruch der einzelnen Miterben in Bezug auf die Auseinandersetzung bezüglich dieses Grundstücks ausgeschlossen.

25 M

3. Ausgleichsbestimmungen

Letztwillige Ausgleichungsbestimmungen können die gesetzlichen Ausgleichungsbestimmungen (s. dazu § 117 Rdn. 2 ff.) entweder erweitern oder auch aufheben.

26

Beispiel für eine Ausgleichungsanordnung über das Gesetz hinaus

Zu Miterben zu je $^1/_2$ setze ich, Franz Müller, meine beiden Erben Isidor und Erich Müller je zur Hälfte ein (ergänzend Ersatzerbfolgeanordnung). Hierzu treffe ich noch folgende ergänzenden Anordnung: Isidor Müller hat zu meinen Lebzeiten bereits das Grundstück FlNr. ..... der Gemarkung ....., eingetragen im Grundbuch des Amtsgerichts ..... von ..... erhalten und Erich Müller einen baren Betrag in einer Höhe von 50.000,00 €. Bei der Zuwendung wurde jeweils die Ausgleichung nicht angeordnet.
Isidor Müller und Erich Müller bzw., wenn diese als Erben weggefallen sind, deren Ersatzerben haben den Wert der Zuwendungen bei der Erbauseinandersetzung aber so zur Ausgleichung zu bringen, als ob dies bereits bei der Zuwendung jeweils bereits angeordnet worden wäre.

27 M

Anordnung, dass gesetzlich vorgegebene Ausgleichungen unterbleiben sollen

Zu Erben setze ich meine Kinder Stefanie, Evi und Markus Kemmerer je zu $^1/_3$ ein. Diese haben Vorempfänge jeweils nicht zur Ausgleichung zu bringen, und zwar unabhängig davon, ob ein solcher Vorempfang nach dem Gesetz zur Ausgleichung gebracht werden müsste oder ob bei der Zuwendung eine solche Ausgleichung angeordnet wurde. Soweit eines dieser Kinder mir gegenüber besondere Leistungen nach § 2057a BGB erbracht hat, sind diese ebenfalls nicht zur Ausgleichung zu bringen. Ich will, dass mein Nachlass unter meinen Erben strikt entsprechend deren Erbquoten aufgeteilt wird.

28 M

IV. Vermächtnisse

29 Durch Vermächtnisse begünstigt der Erblasser Personen, die mit dem Tod den Anspruch erhalten, von dem Erben die Leistung des entsprechenden Vermächtnisses zu verlangen, d.h. der Vermögensanfall auf den Vermächtnisnehmer vollzieht sich nicht durch den Erbfall alleine sondern es sind noch Vollzugshandlungen zwischen dem bzw. den Erben und dem Vermächtnisnehmer erforderlich. Zugewendet werden können sowohl Gegenstände, die sich im Nachlass befinden, als auch nachlassfremde Gegenstände, sei es Gegenstände, die der Erbe bereits vor dem Erbfall in seinem Eigentum hatte, sei es Gegenstände die der Erblasser sich selbst erst beschaffen muss (sogenanntes Verschaffungsvermächtnis). Durch ein Vermächtnis begünstigt werden kann auch einer von mehreren Miterben, dem dann der entsprechende Wert über seine Erbquote hinaus zugewendet wird (sogenanntes Vorausvermächtnis). Durch ein Vermächtnis begünstigt werden kann auch der Vorerbe; die Rechte des Nacherben beziehen sich dann nicht auf den Vermächtnisgegenstand. Begünstigt werden durch ein Vermächtnis kann auch ein Nacherbe, dem dann bereits schon vor Eintritt des Nacherbfalls gegenüber dem Vorerben ein Anspruch auf den entsprechenden Vermächtnisgegenstand zusteht. Schließlich sind der Vor- und Nacherbfolge ähnliche Vor- und Nachvermächtnisse möglich.

Weil das Gesetz davon ausgeht, dass ein Vermächtnis nicht mehr zu erbringen ist, wenn die begünstigte Person den Todesfall nicht erlebt, der Erblasser den Gegenstand dann aber häufig einer anderen Person zukommen lassen will, ist auch Begünstigung von Ersatzvermächtnisnehmern möglich. Das Vermächtnis ist als Gestaltungsinstrument auch deshalb interessant, weil der Erblasser hier anders bei der Erbeinsetzung (s. dazu § 2065 BGB) sei es dem Erben, sei es dem Dritten Bestimmungsrechte einräumen kann, wer Begünstigter des Vermächtnisses wird.

Vermächtnis eines Nachlassgegenstands mit Anordnung eines Ersatzvermächtnisnehmers

30 M **Meine Erben beschwere ich durch folgendes Vermächtnis: Sollte zum Zeitpunkt meines Todes das Bild »Spaziergang am Wannsee« von Max Liebermann sich noch in meinem Eigentum befinden, steht es meinem Neffen Hans Friedrich zu, dem es innerhalb von 3 Monaten nach meinem Tod zu übereignen ist. Sollte Hans Friedrich zum Zeitpunkt meines Todes nicht mehr leben, steht das Bild ersatzweise seinem Sohn Hans-Joachim Friedrich zu.**

Verschaffungsvermächtnis

31 M **Meine Erben beschwere ich mit folgendem Verschaffungsvermächtnis: Mein Enkel Kasimir Heindl bewohnt derzeit die Eigentumswohnung in ....., eingetragen im Grundbuch des Amtsgerichts ..... von ..... Blatt .....**
An dieser Wohnung ist zu meinen Gunsten ein vererbliches Vorkaufsrecht eingetragen. Meine Erben haben durch Verhandlungen mit dem Eigentümer, der sich in Vorgesprächen bereits verkaufswillig gezeigt hat, zu versuchen, diese Wohnung für meinen Enkel Kasimir Heindl zu kaufen und den gesamten Kaufpreis bis zur Höhe von max. 150.000,00 EUR einschließlich sämtlicher Erwerbsnebenkosten, insbesondere die Kosten für Notar, Grundbuchamt und Grunderwerbsteuer zu tragen. Will der Eigentümer entgegen seinen bisherigen Beteuerungen einen solchen Verkauf nicht mehr durchführen oder nur zu einem Kaufpreis von über 150.000,00 € so haben meine Erben, wenn innerhalb von 5 Jahren nach meinem Tod ein Vorkaufsfall eintritt, das

Vorkaufsrecht auszuüben, vorausgesetzt, der Vorkaufspreis beträgt nicht mehr als 150.000,00 €. Scheitert der Ankauf innerhalb von 5 Jahren, so steht meinem Enkel nach Ablauf der 5-fachen Frist ein barer Betrag in Höhe von 150.000,00 € zu.

Vermächtnis mit Drittbestimmungsrecht, wer zu welchen Teilen begünstigt werden soll

Ich beschwere meine Erben mit folgendem Vermächtnis in Bezug auf meine Kommanditbeteiligung an der Firma Walter Schütz KG (diese kann nach dem Gesellschaftsvertrag von mir oder auch von meinem Rechtsnachfolgern auf beliebige Personen ganz oder teilweise übertragen werden). Diese Beteiligung soll nach 8 Jahren nach meinem Tod einem oder mehreren meiner Enkelkinder Fritz Schütz, Leopold Schütz und Rosa Schütz zustehen. Dabei soll, wenn sie noch lebt, meine Ehefrau, wenn sie nicht mehr lebt mein langjähriger Vertrauter und Steuerberater Dr. Hans Schulz, geb. am ..... entscheiden, welcher meiner Enkel die Beteiligung erhält oder welche meiner Enkel zu welchen Anteilen die entsprechende Beteiligung erhalten. Die Beteiligung muss vollständig an einen oder mehrere der o.a. Enkel gehen.

32 M

Anordnung eines Vor- und Nachvermächtnisses

Mein Erbe wird durch folgendes Vermächtnis beschwert:
Das in meinem Eigentum stehende Anwesen ....., eingetragen im Grundbuch des Amtsgerichts ..... von ..... Blatt ....., nämlich Grundstück FINr. ..... der Gemarkung ..... ist innerhalb von 2 Monaten nach meinem Tod meiner Ehefrau als Vor-Vermächtnisnehmerin zu übereignen und zwar frei von Belastungen in Abteilung II und III des Grundbuchs. Nach deren Tod steht das Anwesen der erstehelichen Tochter meiner Ehefrau ..... als Nachvermächtnisnehmerin alleine zu und ist es dieser zu übereignen, ebenfalls frei von Belastungen in Abteilung II und III des Grundbuchs.
Die Kosten der Vermächtniserfüllung trägt jeweils der Vermächtnisnehmer.
Die Tochter ..... meiner Ehefrau ist zugleich Ersatzvermächtnisnehmerin für den Fall, dass meine Ehefrau bereits vor mir verstorben sein sollte. Stirbt die Tochter ..... meiner Ehefrau zu Lebzeiten der Ehefrau, so verbleibt das Vermächtnis endgültig bei meiner Ehefrau. Ein Ersatz-Nachvermächtnisnehmer wird nicht bestellt.

33 M

Vermächtnisse zugunsten einzelner von mehreren Erben (sog. Vorausvermächtnisse) werden eingesetzt, um dem Begünstigten vorab ein Vermögensanteil zuzuwenden.

34

Vorausvermächtnis

Meine Tochter T., Erbin zu 1/3, erhält vorausvermächtnisweise mein Grundstück FINr. 123/2 Gemarkung Ingolstadt (Anwesen Gymnasiumstr. 7, AG Ingolstadt von Ingolstadt Blatt 1207), vorweg zum Alleineigentum. Der verbleibende Nachlass wird unter allen Erben einschließlich T. entsprechend der Erbquote geteilt.

35 M

Fehlt ein solcher Begünstigungswille, so ist die Zuwendung kein Vermächtnis, sondern Teilungsanordnung. Dies gilt vor allem, wenn der Bedachte für den Gegenstand einen dem Wert entsprechenden Übernahmepreis bezahlen oder er sich ihn zu seinem Wert anrechnen lassen muss. Liegt der Übernahmepreis unter dem Wert, so handelt es sich um eine Mischung aus Teilungsanordnung und Vorausvermächtnis.

36

Vorerbschaft mit Vorausvermächtnis

37 Soll der Bedachte bestimmte Gegenstände nur zu beschränktem, andere zu freiem Eigentum erhalten, so wird dies dadurch erreicht, dass er zum Vorerben berufen wird und er die ihm zur freien Verfügung zugedachten Gegenstände als Vorausvermächtnis erhält.

38 M **Ich berufe meine Frau und meinen Sohn je zur Hälfte zu meinen Erben. Meine Frau soll nur nicht befreite Vorerbin sein. Nacherbe beim Tod meiner Ehefrau ist mein Sohn. Meinen gesamten beweglichen Nachlass vermache ich meiner Frau zu freiem Eigentum im Wege eines Vorausvermächtnisses.**

39 Wird nur eine Person Vorerbe, so müssen die im Voraus vermachten Gegenstände im Erbscheinsantrag und im Erbschein einzeln bezeichnet werden. Dies ist erforderlich, damit offenbar wird, dass sich die Verfügungsbeschränkungen des Vorerben nicht auf diese Gegenstände beziehen. Dies ist die Ausnahme von der Regel, dass im Erbschein Nachlassgegenstände nicht aufgeführt werden.

Untervermächtnis

40 Soll der Vermächtnisnehmer mit Leistungen an einen anderen beschwert werden, so ist ein Untervermächtnis gewollt. Es braucht nicht denselben Gegenstand wie das Vermächtnis zu haben.

41 M **Meinem Neffen Anton vermache ich meine Briefmarkensammlung. Die »Blaue Mauritius«, die Bestandteil meiner Sammlung ist, erhält dessen Sohn Peter. Oder: Dafür muss er seine »Blaue Mauritius« seinem Sohn Peter übereignen** [dies ist ein Untervermächtnis als Verschaffungsvermächtnis].

V. Auflagen

42 Auflagen beschweren den Erben oder einen Vermächtnisnehmer mit einer Leistungspflicht. Diese Leistungspflicht kann, muss aber nicht die Begünstigung anderer Personen bezwecken. Die Person, deren Begünstigung gegebenenfalls beabsichtigt ist, hat aber anders als bei einem Vermächtnis keinen eigenen Anspruch auf Leistung. Üblicherweise werden Erben oder Vermächtnisnehmern Bestattungs- und Grabpflegemodalitäten im Wege der Auflage auferlegt. Die Begünstigung von Personen durch Auflagen, denen kein Anspruch auf die Leistung zugesprochen wird, ist selten; sie kommt im Wesentlichen in Betracht, wenn bei der begünstigten Personen Pfändungen von Gläubigern zu befürchten wäre, wenn ein Rechtsanspruch auf die Leistung bestünde.

Beerdigungs- und Grabpflegeauflage

43 M **Meine Erben beschwere ich durch folgende Auflage:
Ich wünsche eine Erdbestattung und meine Beisetzung in der Familiengrabstätte »Kübler« im Westfriedhof in Ingolstadt. Die Grabstelle ist auf die Dauer von mindestens 20 Jahren zu erhalten und während dieser Zeit in einem gepflegten und würdigen Zustand zu erhalten.**

Drittbegünstigende Auflage

Meine Erben beschwere ich durch folgende Auflage: **44 M**
Für mein schwerbehindertes Enkelkind Lucia Haberl, das im Heim lebt und für das Leistungen nach dem SGB XII durch den Staat zur Verfügung gestellt werden, sollen jährlich 5.000,00 €, längstens auf die Dauer von 10 Jahren nach meinem Tod für Leistungen verwendet werden, die dem Kind so zufließen sollen, dass der Sozialhilfeträger nicht darauf zugreifen kann.

VI. Testamentsvollstreckung, Aufgaben

Der Testamentsvollstrecker wird von dem Erblasser als Treuhänder mit der Wahrnehmung **45** bestimmter Aufgaben betraut. Mögliche Aufgaben sind insbesondere:
a) *Zusammenstellung,* b) *Verwaltung und* c) *Teilung* des Nachlasses. Testamentsvollstreckung wird vor allem bei einer Vielzahl von Erben oder Vermächtnisnehmern, bei komplexen Nachlässen, zur Verstärkung der Rechtsstellung etwa des Ehegatten oder eines bestimmten Erben und zum Schutz kranker, minderjähriger oder noch nicht ausreichend erfahrener Erben, in den letzteren Fällen oft auch als sog. Verwaltungs- oder Dauertestamentsvollstreckung, angeordnet. Die »Dauertestamentsvollstreckung« ist wegen des damit verbundenen Vollstreckungsschutzes (§ 2115 BGB) ein zentraler Baustein beim »Behindertentestament« und beim Testament zugunsten Überschuldeter oder Empfängern staatlicher Leistungen. Der alleinige Erbe oder Vorerbe kann nicht zugleich Testamentsvollstrecker sein.

Die Person des Testamentsvollstreckers kann in Testamenten nicht wechselbezüglich und **46** in Erbverträgen nicht erbvertraglich bindend bestimmt werden. Jeder der Erblasser kann einen anderen – auch heimlich – berufen, selbst wenn in einem Erbvertrag oder gemeinschaftlichen Testament übereinstimmend und mit der Absicht der beiderseitigen Bindung eine bestimmte Person zum Testamentsvollstrecker nach beiden Erblassern berufen wurde (§§ 2270 Abs. 3, 2299 Abs. 1, 2278 Abs. 2 BGB). Der Erblasser kann eine für den Fall seines Todes angeordnete Testamentsvollstreckung wieder einseitig aufheben.

Ist der Erbe für den 2. Todesfall uneingeschränkt durch Erbvertrag oder bindend gewor- **47** denes gemeinschaftliches Testament berufen, so kann der Überlebende der Erblasser dessen Stellung nicht mehr durch die Anordnung einer Testamentsvollstreckung beschränken, es sei denn, er hätte sich dies ausdrücklich vorbehalten oder der Vorbehalt ergäbe sich als übereinstimmender Wille der Beteiligten bei der Auslegung des Testaments. Ansonsten kann der gebundene Erblasser die Freiheit zur Anordnung der Testamentsvollstreckung nur dadurch zurückgewinnen, dass er mit dem bindend berufenen Erben einen entsprechenden Zuwendungsverzichtsvertrag nach §§ 2290, 2291 BGB schließt.

Der Testamentsvollstrecker untersteht *nicht* der Aufsicht des Nachlassgerichts und kann **48** auch vom Erblasser nicht der Aufsicht des Gerichts unterstellt werden. Vielmehr übt er das ihm zugewiesene Amt aus eigenem Recht gemäß dem letzten Willen des Erblassers nach dem Gesetz selbstständig aus. Das Nachlassgericht ist nicht befugt, bei der Außerkraftsetzung einer Verwaltungsanordnung des Erblassers eine eigene Anordnung über die Verwaltung zu treffen. Der Testamentsvollstrecker hat, wenn er mit der Auseinandersetzung oder Verwaltung des Gesamtnachlasses betraut ist, unverzüglich nach der Annahme des Amtes dem Erben ein Nachlassverzeichnis zu übermitteln. Er hat, wenn ihm die Teilung auferlegt ist und ihm nicht die Auseinandersetzung nach billigem Ermessen gestattet ist (§ 2048 Satz 2 BGB) zu *teilen* nach den Vorschriften über die Gemeinschaft (§§ 2042, 2204 BGB). Unteilbares muss er verkaufen; Pfandverkauf oder Versteigerung ist nicht nötig. Er nimmt den Nachlass in Besitz, kann aber auch Teile, die er zur Führung seines Amtes nicht benötigt, den Erben überlassen. Die von ihm eingegangenen Verbindlichkeiten belasten den Nachlass als solchen, soweit die Eingehung zur ordnungsmäßigen Verwaltung erforderlich (§§ 2206 BGB) oder er von dieser Beschränkung befreit ist (§ 2207 BGB). Der Testamentsvollstrecker kann zur Ernennung von Mitvollstreckern oder eines Nachfolgers ermächtigt werden (§ 2199 BGB). Aus seinen Erwerbsgeschäften wird der Nachlass direkt vermehrt.

49   Der Testamentsvollstrecker kann mit sich selbst ein Rechtsgeschäft vornehmen, wenn es ihm vom Erblasser gestattet ist (Befreiung von § 181 BGB) und dem Gebot ordnungsmäßiger Verwaltung nicht widerspricht (§§ 2216, 2220 BGB). Einem zum Testamentsvollstrecker ernannten Miterben sind In-sich-Geschäfte auch erlaubt, wenn eine inzidente Befreiung von § 181 BGB vorliegt. An eine ordnungsmäßige Verwaltung sind jedoch strenge Anforderungen zu stellen. Ist der Testamentsvollstrecker nicht ermächtigt, z.B. zur Veräußerung von Nachlassgrundstücken weit unter dem Wert, so ist das Geschäft schwebend unwirksam, könnte also durch Genehmigung der (übrigen) Erben noch wirksam werden. Eine Pflichtteilsforderung kann der Testamentsvollstrecker ohne den Willen des Erben nicht mit Wirkung gegen diesen rechtsgeschäftlich anerkennen.

50   Kann der Testamentsvollstrecker ein Rechtsgeschäft nicht vornehmen und ist kein Ersatztestamentsvollstrecker eingesetzt, so steht das Verfügungsrecht den sonst durch § 2211 BGB ausgeschlossenen Erben selbst zu. Solange ein vertrauenswürdiger Testamentsvollstrecker im Amt ist, besteht grundsätzlich kein Bedürfnis für die Anordnung einer Nachlasspflegschaft.

51   Der Testamentsvollstrecker kann sowohl den *Erbschein* beantragen als auch dessen Einziehung bei Unrichtigkeit verlangen und sich infolgedessen auch gegen unrichtige Entscheidungen wehren. Er hat für die Bezahlung der *Steuern* zu sorgen (§ 34 AO).

52   *Mehrere* Testamentsvollstrecker können, wenn der Erblasser nichts anderes verfügt hat, das Amt nur gemeinsam führen (§ 2224 BGB). Bei Meinungsverschiedenheit entscheidet das Nachlassgericht darüber, welcher Testamentsvollstrecker dem anderen zuzustimmen hat. Anderweitig selbst entscheiden kann es nicht.

53   Das Amt des Testamentsvollstreckers *endet* außer in den Fällen der §§ 2225 bis 2227 BGB (Tod, Verlust der vollen Geschäftsfähigkeit, Kündigung, Entlassung durch das Nachlassgericht) auch von selbst mit der Erledigung aller Aufgaben, zu denen ihn der Erblasser berufen hatte. Eine danach erfolgte Ernennung eines (neuen) Testamentsvollstreckers durch das Nachlassgericht und die Erteilung eines Testamentsvollstreckerzeugnisses ist gegenstandslos. Fallen alle vom Erblasser oder – aufgrund einer entsprechenden Ermächtigung – von den Vorgängern benannten Testamentsvollstrecker weg, bevor ihre Aufgaben erfüllt sind, ernennt das Nachlassgericht einen Testamentsvollstrecker.

54   Ein Testamentsvollstrecker ist gegenüber seinem Nachfolger im Amt nicht nur zur Auskunftserteilung und Rechenschaftslegung verpflichtet, sondern er hat an diesen auch alles herauszugeben, was er zur Ausführung seines Amtes erhalten und aus der Besorgung des Amtes erlangt hat. Dazu gehören auch die Unterlagen seiner Amtsführung.

55   Zur Testamentsvollstreckung nach dem ZGB der DDR s. die 20. Aufl. S. 1516 ff.

VII. Vergütung des Testamentsvollstreckers

56   Der Testamentsvollstrecker hat Anspruch auf eine angemessene Vergütung (§ 2221 BGB) und auf Ersatz seiner Auslagen (§§ 2218, 670 BGB).

57   1. Die Höhe der Vergütung legt primär der Erblasser durch Verfügung von Todes wegen fest. Möglich ist etwa die Festlegung einer aufwandsbezogenen Vergütung (Stundensätze und Dauer der Tätigkeit), einer vom Nachlassumfang abhängigen Vergütung (… % des

Bruttonachlasses) oder die Feststellung einer fixen Vergütung. Jede der Techniken hat Vor- und Nachteile, die es im Einzelfall abzuwägen gilt. Unterbleibt die Festsetzung der Höhe, hat der Testamentsvollstrecker Anspruch auf eine »angemessene« Vergütung nach § 2221 BGB. Zur näheren Festlegung existieren keine amtlichen Sätze oder verbindliche Festlegungen.

Der Deutsche Notarverein hat Empfehlungen erarbeitet. Die neuen Empfehlungen sind beim Deutschen Notarinstitut über das Internet (www.dnoti.de) zu erhalten. Danach ist ein Vergütungsgrundbetrag angemessen 58

von 4 %   bei einem Nachlassbruttowert von bis zu 250.000 €,

von 3 %   bei einem Wert von bis zu 500.000 €,

von 2,5 %   bei einem Wert von bis zu 2.500.000 €,

von 2 %   bei einem Wert von bis zu 5.000.000 € und

von 1,5 %   bei einem Wert über 5.000.000 €,

mindestens aber der höchste Betrag der Vorstufe. Diese Empfehlungen geben nur einen Anhalt für die Fälle, in denen der Testamentsvollstrecker die üblichen Aufgaben einer Nachlassabwicklung erfüllt und in denen die Aufgaben und die Tätigkeit des Testamentsvollstreckers dem im Gesetz vorausgesetzten Pflichtenkreis eines Testamentsvollstreckers entsprechen. Die Richtsätze dürfen daher nicht schematisch angewendet werden. Maßgebend für die Vergütung ist der Pflichtenkreis, der dem Testamentsvollstrecker im Rahmen der Verfügung von Todes wegen nach dem Gesetz obliegt, der Umfang seiner Verantwortung und die von ihm geleistete Arbeit, wobei die Schwierigkeit der gelösten Aufgaben, die Dauer der Abwicklung oder der Verwaltung, die Verwertung besonderer Kenntnisse und Erfahrungen wie auch die Bewährung einer sich im Erfolg auswirkenden Geschicklichkeit zu berücksichtigen sind. Ihrer Natur nach kann die Vergütung nur im Rahmen eines Ermessensspielraums bestimmt werden. Bei Dauertestamentsvollstreckung wird dem Testamentsvollstrecker neben der üblichen Gebühr für die Konstituierung des Nachlasses eine laufende Gebühr für die Verwaltung i.H.v. etwa $^1/_3$ bis ½ % des Nachlass-Bruttowertes im Jahr zugesprochen, bei der Übernahme einer Unternehmerstellung etwa 10 % des Reingewinns.

Nimmt die Tätigkeit des Testamentsvollstreckers im Vergleich zum Normalfall einen besonderen Umfang an, wird folgende differenzierende Handhabung empfohlen: 59
a) Sind die Unterlagen ungeordnet oder nicht vollständig, so sollte für deren Ordnung bzw. Beschaffung ein Zuschlag von $^2/_{10}$ bis $^{10}/_{10}$ des Vergütungsgrundbetrages gemacht werden.
b) Ist der Nachlass ungewöhnlich vielgestaltig, so sollte für den »normalen« Teil des Nachlasses nach der Tabelle abgerechnet und der außerordentliche so behandelt werden, als stellte er einen eigenen Nachlass dar, oder ein genereller Zuschlag von $^2/_{10}$ bis $^{10}/_{10}$ gemacht werden.
c) Bei der Beteiligung Minderjähriger sollte der dadurch veranlasste spezifische Mehraufwand an Arbeit nach Stundensätzen abgerechnet werden.
d) Bei einer außergewöhnlichen Vielzahl von Bedachten oder aufzulösender Aktivposten sollte pauschal ein Zuschlag für Sonderaufwand von 130 € pro Person bzw. Vermögenswert gemacht werden.
e) Ähnlich wie nach Nr. 2 sollte verfahren werden, wenn der Testamentsvollstrecker umfassende Bewertungen von Nachlassgegenständen vorzunehmen oder einen schwierigen Teilungsplan mit zeitaufwendigen Kreditverhandlungen aufzustellen hat.

Wird die Vergütung nach einem Vom-Hundert-Satz des Nachlasses berechnet, so wird in der Regel vom *Bruttowert* des Nachlasses auszugehen sein, sofern auch die Erfüllung 60 der Nachlassverbindlichkeiten zum Aufgabenbereich des Testamentsvollstreckers gehört.

61 Fällig wird die Vergütung zur Hälfte nach Abschluss der Konstituierung, zur anderen Hälfte mit der Beendigung des Amtes; bei längerer Dauer besteht ein Anspruch auf jährliche Teilzahlungen.

62 2. Neben dem Anspruch auf Ersatz seiner Auslagen kann der Testamentsvollstrecker Bezahlung der regelmäßig nur gegen Entgelt geleisteten beruflichen Dienste (z.B. Rechtsanwaltsgebühren) verlangen.

63 3. Der Anspruch auf das Honorar richtet sich gegen die Erben. Das Nachlassgericht setzt die Vergütung nicht fest. Bei Streit entscheidet das Prozessgericht. Eine Festsetzung durch den Erblasser ist wegen der Unklarheit der Höhe, aber auch zu ihrer Begrenzung zweckmäßig. Mit der Annahme des Amtes wird dann auch die Honorarbestimmung anerkannt. – Der Testamentsvollstrecker kann die Vergütung nicht selbst festsetzen, sie aber aus dem Nachlass entnehmen. – Bei vorzeitigem Ende des Amtes kann die testamentarisch festgesetzte Vergütung gekürzt werden.

64 4. Bei *mehreren* Testamentsvollstreckern ist die Verteilung der Regelvergütung nach der Zahl der Testamentsvollstrecker nicht gerechtfertigt; abzustellen ist vielmehr auf die Tätigkeit des einzelnen Testamentsvollstreckers nach Umfang, Dauer und Verantwortung.

65 5. Der Anspruch des Testamentsvollstreckers auf Vergütung kann *verwirkt* sein, wenn er in besonders schwerwiegender Weise vorsätzlich oder grob fahrlässig gegen seine Amtspflicht verstoßen hat. Dies ist z.B. der Fall, wenn er sich bewusst über die Interessen der Personen, für die er als Testamentsvollstrecker eingesetzt ist, hinwegsetzt und mit seiner Tätigkeit eigene Interessen oder die anderer Personen verfolgt. Der Anspruch auf Vergütung ist aber nicht schon dann verwirkt, wenn der Testamentsvollstrecker in dem Bestreben, sein Amt zum Wohle der von ihm betreuten Personen auszuüben, infolge irriger Beurteilung der Sach- oder Rechtslage fehlerhafte Entscheidungen trifft. – Zum Aufwendungsersatz des vermeintlichen Testamentsvollstreckers s. BGH Rpfleger 1977, 358.

66 6. Als Kosten der Nachlassregelung können die Vergütungen bei der Berechnung der Erbschaftsteuer abgesetzt werden (§ 10 Abs. 5 Satz 3 ErbStG).

VIII. Testamentsvollstreckerzeugnis

67 Der Testamentsvollstrecker weist sich durch ein Testamentsvollstreckerzeugnis aus, kann sich aber auch legitimieren durch Vorlegen einer beglaubigten Abschrift der notariell beurkundeten Verfügung von Todes wegen mit Eröffnungsverhandlung und der Ausfertigung einer beurkundeten Annahmeerklärung gegenüber dem Nachlassgericht oder durch dessen Bescheinigung über den Eingang der Annahmeerklärung; für diese genügt die Schriftform. Im *Erbschein* ist die Tatsache der Testamentsvollstreckerernennung anzugeben (§ 2364 BGB). In das Testamentsvollstreckerzeugnis sind der Name des Vollstreckers und eine etwaige Abweichung vom Umfang der gesetzlichen Befugnisse aufzunehmen (§ 2368 BGB

68 Das Zeugnis kann auch noch nach der Beendigung des Amtes des Testamentsvollstreckers erteilt werden, wenn ein Bedürfnis besteht, die frühere Testamentsvollstreckereigenschaft nachzuweisen. Die Beendigung wird dann im Zeugnis vermerkt.

IX. Grundstücksrechte

69 Der Testamentsvollstrecker kann Nachlassgrundstücke auflassen, Grundpfandrechte abtreten und Löschungen bewilligen, *ohne dass der Erbe zuvor* im Grundbuch *einzutragen* ist (§ 40

GBO). Er kann die Nachlassgrundstücke auch ohne Voreintragung der Erben mit Grundpfandrechten belasten. Wenn er aber das Eigentum oder zum Nachlass gehörende Grundpfandrechte auf die *Erben selbst* im Wege der Grundbuchberichtigung umschreiben lassen will, muss er nach einhelliger Rechtsprechung die *Erbfolge nachweisen.*

Bei Verfügungen über Nachlassgegenstände muss der Testamentsvollstrecker dem Grundbuchamt wegen § 2205 Satz 3 BGB *nachweisen,* dass er *nicht unentgeltlich* verfügt. Diesen Nachweis braucht er nicht mit den in § 29 GBO vorgeschriebenen Mitteln (öffentliche oder öffentlich beglaubigte Urkunden) zu führen. Das Grundbuchamt muss auch andere Beweismittel, namentlich den Inhalt von Verträgen, eidesstattliche Versicherungen und notarielle Bescheinigungen, gelten lassen. **70**

Eine unentgeltliche Verfügung liegt ebenso wie beim Vorerben dann vor, wenn der Testamentsvollstrecker (objektiv) ohne eine gleichwertige Gegenleistung Opfer aus der Erbmasse bringt und wenn er (subjektiv) weiß oder bei ordnungsmäßiger Verwaltung erkennen muss, dass die Gegenleistung unzulänglich ist. Das kann auch der Fall sein, wenn er einem Miterben wertmäßig mehr zuteilt, als seinem Erbteil entspricht. Eine genaue Gleichwertigkeit der Leistung kann nicht gefordert werden; es genügt eine vertretbare Gegenleistung. – Die Bewilligung der Löschung einer auf dem Nachlassgrundstück lastenden, nicht an letzter Rangstelle stehenden Eigentümergrundschuld durch den Testamentsvollstrecker ist keine unentgeltliche Verfügung, wenn die Löschung in Erfüllung der in einem Kaufvertrag übernommenen Verpflichtung bewilligt wird, dem Käufer das Grundstück frei von Lasten in Abt. III zu verschaffen. **71**

Gemeinsam können Testamentsvollstrecker und Erben über einen Nachlassgegenstand auch dann verfügen, wenn der Erblasser durch Anordnung von Todes wegen eine Verfügung verboten hat. Mit *Zustimmung* der Erben und Vermächtnisnehmer kann der Testamentsvollstrecker über den Rahmen von Pflicht- und Anstandsschenkungen hinaus unentgeltlich über Nachlassgegenstände verfügen. **72**

Wenn die Erben als Berechtigte in das Grundbuch eingetragen werden, ist die Testamentsvollstreckung von Amts wegen mit einzutragen (§ 52 GBO). Setzen Testamentsvollstrecker und Erben gemeinsam den Nachlass bei Grundstücken derart (teilweise) auseinander, dass sie das Gesamthandseigentum der Erbengemeinschaft in Bruchteilseigentum der Erben umwandeln, so ist der Testamentsvollstreckervermerk im Grundbuch zu löschen, auch wenn die Voraussetzung des § 2217 BGB nicht erfüllt ist. Etwas anderes gilt, wenn die Testamentsvollstreckung (z.B. in Bezug auf einzelne Erben) sich auf den Miterben und dessen »Nachlassteil« erstreckt. **73**

Zur Überlassung von Nachlassgrundstücken durch den Testamentsvollstrecker an den Erben gem. § 2217 BGB s. OLG Hamm DNotZ 1973, 428. Erfolgt die Freigabe schon vor der Grundbuchberichtigung, so ist der Testamentsvollstreckungs-Vermerk nicht einzutragen. Dem Grundbuchamt gegenüber ist sie in notariell beglaubigter Form abzugeben. **74**

X. Testamentsvollstreckung bei Unternehmen – Gesellschaftsbeteiligungen

Der Einzelkaufmann haftet unbeschränkt. Die Verpflichtungsmacht des Testamentsvollstreckers ist demgegenüber auf den Nachlass beschränkt. Die Verwaltungstestamentsvollstreckung an einem Einzelunternehmen ist daher nicht ohne Weiteres möglich. Möglich ist eine lebzeitigen Umwandlung des Unternehmens in eine Einmann-GmbH oder eine GmbH & Co., wenn es unter eine Verwaltungstestamentsvollstreckung gestellt werden soll. Die Umwandlung kann dem Erben auch nach dem Tod durch den Erblasser auferlegt werden. **75**

Die Praxis hilft sich auch damit, dass der Testamentsvollstrecker das Einzelunternehmen entweder **76**

1. im eigenen Namen und unter eigener Haftung mit seiner Eintragung im Handelsregister als Treuhänder der Erben fortführt oder
2. im Namen und unter Haftung der Erben mit deren Eintragung im Handelsregister als Bevollmächtigter des Erblassers (postmortale Vollmacht) oder der Erben. Das Nachlassgericht kann diese Vollmacht nicht anstelle der Erben erteilen. Sie muss den Anordnungen in der Verfügung von Todes wegen zu entnehmen sein.

77 Führt der Testamentsvollstrecker das Geschäft nach (1), so kann der Testamentsvollstrecker auch Prokuren erteilen. Der Erblasser kann die Erben für den Fall unter die Sanktion der Enterbung stellen, dass sie die Vollmacht widerrufen oder nicht in angemessener Frist und gehöriger Form ihrerseits erteilen.

78 Der Anteil an einer Personengesellschaft geht in »Sondererbfolge« auf den oder die Nachfolger über. Daraus hat man gefolgert, dass der Anteil nicht zum Nachlass gehört und deshalb eine Verwaltungstestamentsvollstreckung daran nicht möglich sei. Inzwischen hat der BGH die Verwaltungstestamentsvollstreckung an einer Kommanditbeteiligung bzgl. der »Außenseite der Beteiligung« zugelassen und an einer GbR-Beteiligung dann, wenn dadurch die Geschäftsführung und die zur Haftung der Gesellschaft führenden Handlungen unberührt bleiben jeweils vorausgesetzt, dass entweder der Gesellschaftsvertrag dies zulässt oder die Mitgesellschafter zustimmen. Es ist fraglich, ob diese Grundsätze auf die Beteiligung an einer OHG übertragen werden können. Eine angeordnete Testamentsvollstreckung hindert den Gesellschafter-Erben an der Verfügung über den Anteil und die daraus erwachsenden Vermögensrechte; sie hindert dessen Eigengläubiger, in den Anteil zu vollstrecken. Man spricht von einer »Außenaufsicht« über den Gesellschafter-Erben. Der Anspruch auf den ausgeschütteten Gewinn und das Auseinandersetzungsguthaben unterliegt der Testamentsvollstreckung.

79 Bei der *Kapitalgesellschaft* nimmt der Testamentsvollstrecker die Gesellschafterrechte der Erben kraft seines Vollstreckeramtes immer wahr, wenn der Erblasser nicht das Gegenteil angeordnet hat. Hier können jedoch Haftungsprobleme z.B. bei einer Kapitalerhöhung auftreten. Wer als Testamentsvollstrecker Anteilsrechte an einer GmbH verwaltet, darf bei seiner Wahl zum Geschäftsführer unmittelbar oder mittelbar nur mitwirken, wenn der Erblasser oder die Erben ihm dies gestattet haben.

XI. Schiedsrichter

80 Die nach § 1048 ZPO zulässige Entscheidung erbrechtlicher Streitigkeiten durch ein Schiedsgericht kann durch eine Auflage in der Verfügung von Todes wegen angeordnet werden. Der Umfang der Delegation der Entscheidung auf das Schiedsgericht ist umstritten. Nach h.M. kann das Schiedsgericht insbesondere nicht entscheiden, ob und in welcher Höhe ein Pflichtteilsanspruch gegeben ist (§ 2306 BGB) oder ob ein Testamentsvollstrecker entlassen werden kann (§ 2227 BGB). Wenn aber der Wille des Erblassers nicht ersetzt, sondern nur ausgelegt werden oder wenn über die Anfechtung testamentarischer Bestimmungen entschieden werden soll, kann eine nach freiem Ermessen zu treffende schiedsrichterliche Entscheidung zweckmäßig sein, die vom ordentlichen Gericht nach § 1041 Abs. 1 Satz 2 ZPO nur auf einen Verstoß gegen die guten Sitten oder die öffentliche Ordnung nachprüfbar ist. – Zum Schiedsrichter kann auch ein Testamentsvollstrecker ernannt werden. Bei vielen Streitfragen ist er aber als Treuhänder des Nachlasses Partei, sodass er in eigener Sache nicht Richter sein und deshalb auch nicht zur Entscheidung über den Bestand seines eigenen Amtes berufen werden kann.

81 Soweit es um bloße Bewertungsfragen geht, kann auch ein Schiedsgutachter unmittelbar oder etwa über die IHK berufen werden.

Annahme des Amtes

An das Amtsgericht ….. 82 M
Der am ….. in ….., seinem letzten Wohnsitz, ….. verstorbene E. hat in seinem am …..
dort unter Az. ….. eröffneten notariellen Testament vom ….. mich zum Testamentsvollstrecker eingesetzt. Ich nehme das Amt an.
Ort, Datum   Unterschrift
[Beglaubigung nicht erforderlich] 83

Auf Antrag erhält der Testamentsvollstrecker vom Nachlassgericht eine Bescheinigung über den Eingang der Annahmeerklärung, die bei notariell beurkundeten Testamenten insofern von Bedeutung ist, als sie zusammen mit einer beglaubigten Testamentsabschrift und Eröffnungsniederschrift beim Grundbuchamt und Registergericht den Nachweis für die Testamentsvollstreckereigenschaft führen (und ein Vollstreckerzeugnis überflüssig machen) kann. Sie hat kaum praktischen Wert, wenn sie zu einem privatschriftlichen Testament erklärt wird. Dieses wird dadurch nicht zu einer öffentlichen Urkunde. Wünscht der Testamentsvollstrecker die Erteilung einer Bescheinigung über den Eingang der Annahmeerklärung, so kann dem vorstehenden Muster hinzugesetzt werden:

Antrag auf Erteilung einer Bescheinigung bei Annahme des Amtes

….. Ich nehme das Amt an und füge eine beglaubigte Abschrift dieser Erklärung mit 84 M
der Bitte um Bescheinigung des Eingangs und Rückgabe bei.

Der Antrag ist vom *Testamentsvollstrecker* zu stellen. Dem Erben steht *kein* Antragsrecht zu. 85

Antrag auf Erteilung eines Testamentsvollstreckerzeugnisses

                                                    Beurkundet am ….. in ….. 86 M
Am ….. ist der E…… verstorben. Er war deutscher Staatsangehöriger. Sein letzter Wohnsitz war …..
Der Erblasser hat folgende Verfügungen von Todes wegen hinterlassen: 1. das privatschriftliche Testament vom …..2. das privatschriftliche Nachtragstestament vom …..
Das Amtsgericht ….. hat diese Verfügungen unter ….. eröffnet.
Der Erblasser hat mich in seinem vorgenannten Testament vom ….. zum Testamentsvollstrecker für den Nachlass mit der Befugnis ernannt, unbeschränkt für den Nachlass Verbindlichkeiten einzugehen.
Sonstige Verfügungen von Todes wegen hat der Erblasser nicht hinterlassen. Ein Rechtsstreit über die Gültigkeit des Testaments oder meine Ernennung ist nicht anhängig. Ich nehme das Amt an.
Über die Bedeutung einer eidesstattlichen Versicherung und über die Strafbarkeit unrichtiger eidesstattlich versicherter Angaben belehrt, versichere ich an Eides Statt, dass mir nichts bekannt ist, was der Richtigkeit meiner Angaben entgegensteht.
Ich beantrage, mir ein Testamentsvollstreckerzeugnis zu erteilen.
                                                    ….., Notar

Zu Anträgen auf Erteilung von Testamentsvollstreckungs-Zeugnissen nach dem früheren 87
Recht der DDR s. die 20. Aufl. S. 1516 ff.

Ein Dritter benennt den Testamentsvollstrecker

88 M Der am ..... verstorbene E. hat mich in seinem Testament vom ....., das dort unter ..... eröffnet worden ist, ermächtigt, die Person des Testamentsvollstreckers zu bestimmen.
Ich benenne ..... als Testamentsvollstrecker.
Ort, Datum   Unterschrift
[Beglaubigungsvermerk]

Der Testamentsvollstrecker bestimmt einen Nachfolger

89 M An das Amtsgericht .....
In der Nachlasssache ..... bin ich zum Testamentsvollstrecker bestellt worden. Gemäß der mir in dem Testament vom ..... erteilten Ermächtigung ernenne ich zu meinem Nachfolger N. in .....
Ort, Datum   Unterschrift
[Beglaubigungsvermerk]

90 Auf die Kündigung findet die Vorschrift des § 671 Abs. 2 BGB (Auftragskündigung) Anwendung.

Der Testamentsvollstrecker legt sein Amt nieder

91 M An das Amtsgericht .....
In der Nachlasssache ..... kündige ich mein Amt als Testamentsvollstrecker und gebe das Testamentsvollstrecker-Zeugnis in Anlage zurück.

Erblasser bestimmt Schiedsrichter

92 M ..... Streitigkeiten der Erben, Vermächtnisnehmer und sonstigen Beteiligten unter sich oder mit dem Testamentsvollstrecker, die sich bei der Durchführung meiner letztwilligen Anordnungen ergeben, sind unter Ausschluss des ordentlichen Gerichts durch einen Schiedsrichter zu entscheiden. Zum Schiedsrichter bestelle ich den von mir eingesetzten Testamentsvollstrecker in den Angelegenheiten, in denen er nicht selbst Partei ist. Kann (z.B. weil er selbst Partei ist) oder will dieser das Amt als Schiedsrichter nicht ausüben, so soll der Präsident der Notarkammer ..... den Schiedsrichter ernennen .....

XII. Kosten in Zusammenhang mit Testamentsvollstreckungen

1. Gerichtskosten

93 Das gerichtliche Verfahren zur Erteilung eines Testamentsvollstreckerzeugnisses löst, wenn es durch die Erteilung beendet wird (sonst Nr. 12211 KV GNotKG oder Nr. 12212 KV GNotKG) eine 1,0 Gebühr nach Tabelle B aus; wenn bzgl. desselben Nachlasses oder Teils ein weiteres Testamentsvollstreckerzeugnis erteilt wird eine (weitere) 0,3 Gebühr nach Tabelle B nach Nr. 12213 KV GNotKG. Ein Verfahren über die Einziehung oder Kraftloserklärung führt zu einer 0,5 Gebühr nach Tabelle B gemäß Nr. 12215 KV GNotKG, max. zu 400 EUR.

Zugrundeliegender Geschäftswert ist 2 % des Nachlasswerts (voller Verbindlichkeitenabzug) – (§ 40 Abs. 5 GNotKG) betrifft die Testamentsvollstreckung nur einen Teil des Nachlasses (z.B. in Bezug auf Miterben), ist nur der entsprechende Bruchteil maßgeblich (§§ 40 Abs. 5, Abs. 2, 3 GNotKG).

Für die Entgegennahme bestimmter Erklärungen wurde nach Nr. 12410 Nr. 4 KV GNotKG Festgebühr von 15 € bzw. nach Nr. 12411 Nr. 5 KV GNotKG von 25 EUR erhoben. Nicht auf Erteilung eines Testamentsvollstreckerzeugnisses gerichtete Verfahren lösen eine 0,5 Gebühr nach Tabelle A gemäß Nr. 12420 KV GNotKG aus. **94**

2. Notarkosten

Beurkundet der Notar einen Antrag auf Erteilung eines Testamentsvollstreckerzeugnisses und nimmt er hier eine Versicherung an Eides Statt ab, erhält er eine 1,0 Gebühr nach Nr 23300 KV GNotKG (die den Antrag an das Nachlassgericht einschließt). Geschäftswertbestimmung ist auch hier § 40 Abs. 5, Abs. 1–3 GNotKG. **95**

Bei Beurkundung oder Beglaubigung anderer Anträge an das Nachlassgericht fällt eine 0,5-Gebühr nach Nr. 21201 Nr. 6 bzw. Nr. 7 KV GNotKG an (mindestens 30 €. Die maßgebliche Geschäftswertgebühr ist § 103 Abs. 1 GNotKG. **96**

§ 103 Das öffentliche Testament

I. Vorzüge

1 Die öffentliche Form erspart bei klarer Bestimmung der Erben, wenn diese den Erbfall erlebt und nicht ausgeschlagen haben, den Erbnachweis durch einen Erbschein zumindest gegenüber dem Grundbuchamt zum Zwecke der Grundbuchberichtigung und gegenüber dem Registergericht zum Zwecke der Handelsregisterkorrektur. S. unten § 120 Rdn. 5 Vor allem reduziert es die Gefahr von Unklarheiten, an der viele privatschriftliche Testamente wegen des unübersichtlichen Erbrechts und wegen des durch persönliche Vorstellungen erschwerten Überblicks des Erblassers leiden. Ferner schließt sie Fälschungen und die Unterdrückung des Testaments praktisch aus. S. unten § 105 Rdn. 1

II. Minderjährige

2 Ein *Minderjähriger* kann nach Vollendung des 16. Lebensjahres ohne Zustimmung seines gesetzlichen Vertreters testieren. Das kann er nur vor dem Notar mündlich oder durch Übergabe einer offenen Schrift tun. Ist der Minderjährige nicht imstande, Geschriebenes zu lesen, so kann er das Testament nur durch mündliche Erklärung und wenn er nicht hinreichend zu sprechen vermag, nur durch Übergabe einer Schrift errichten (§§ 2229, 2233 BGB). Ein eigenhändiges Testament kann der Minderjährige *nicht* errichten (§ 2247 Abs. 4 BGB).

III. Zeugen oder zweiter Notar

3 Bis zu zwei Zeugen oder einen zweiten Notar braucht der Notar nur zuzuziehen, wenn der Erblasser es verlangt (§ 29 BeurkG), was in der Praxis kaum vorkommt. Es sollten nur Pflichtzeugen, auf die die Beteiligten – mit Ausnahme des Schreibzeugen (§ 25 BeurkG) – im Übrigen verzichten können, hinzugezogen werden.[1]

4 Als Zeuge oder zweiter Notar soll nicht zugezogen werden, wer durch die Beurkundung der Verfügung von Todes wegen einen rechtlichen Vorteil erlangt (speziell die dort Bedachten); ferner der Ehegatte oder Lebenspartner des Notars oder die mit ihm in gerader Linie Verwandten, die Angestellten des Notars, (zu denen die dem Notar zur Ausbildung überwiesenen Referendare oder Assessoren nicht gehören), Minderjährige, Geisteskranke oder Geistesschwache, Taube, Stumme, Blinde, Schreibunfähige oder der deutschen Sprache Unkundige sowie der Testamentsvollstrecker (§§ 26, 27 BeurkG).

5 Dagegen können *Angehörige* des Erblassers, soweit sie nicht zu den Bedachten gehören oder sonstige Ausschließungsgründe gegeben sind, als Zeugen hinzugezogen werden.

6 Bei den Ausschließungsgründen der §§ 26, 27 BeurkG handelt es sich lediglich um Sollvorschriften; ihre Nichtbeachtung führt daher nicht zur Nichtigkeit der Beurkundung.[2]

---

[1] Zur Frage, wann ein Zeuge bei der Errichtung eines Testaments »zugegen« ist, s. BGH DNotZ 1965, 478.
[2] OLG Frankfurt DNotZ 1971, 498, 500.

IV. Geschäftsfähigkeit

Der Notar hat schon kraft seiner allgemeinen Prüfungspflicht die *Geschäftsfähigkeit* des Erblassers zu prüfen (§ 11 BeurkG). Das ist ihm in § 28 BeurkG noch zur besonderen Pflicht gemacht, denn der Notar soll seine Wahrnehmungen über die erforderliche Geschäftsfähigkeit in der Niederschrift vermerken. Damit soll sichergestellt werden, dass dann, wenn nach dem Tode des Erblassers über dessen Geschäftsfähigkeit Streit entsteht, die Wahrnehmungen des Notars als Beweismittel zur Verfügung stehen. Der Umfang des erforderlichen Vermerks differiert: je eindeutiger die Testierfähigkeit feststeht und je geringer die Umstände sind, dass daran gezweifelt werden kann, desto weniger ausführlich muss der entsprechende Vermerk sein. Der Vermerk über die erforderliche Geschäftsfähigkeit soll nach dem Wortlaut des § 28 BeurkG in der Niederschrift enthalten sein. Feststellungen über die Verfassung des Erblassers können, wenn sie in das Protokoll aufgenommen werden, für diesen peinlich, belastend oder gesundheitsgefährdend sein. In diesen Fällen ist es sinnvoll, sie außerhalb des Protokolls auf der Urschrift zu vermerken. Dies gilt entsprechend, wenn wegen besonderer Eilbedürftigkeit die Feststellungen nicht vor der Beurkundung getroffen werden können, sondern nachgeholt werden müssen. Das BeurkG spricht von der erforderlichen Geschäftsfähigkeit und nicht von der Testierfähigkeit, damit die Vorschrift des § 28 BeurkG nicht nur für die Beurkundung eines Testaments (§ 2229 BGB), sondern auch eines Erbvertrages (§ 2275 BGB) anwendbar ist. Der Begriff der Geschäftsfähigkeit erfasst als weiterer Begriff auch den der Testierfähigkeit.

Zur Testierfähigkeit gehört nicht nur diejenige zur verstandesmäßigen Erfassung des Inhalts der Verfügung von Todes wegen, sondern auch, dass der Erblasser ihre sittliche Berechtigung beurteilen kann und frei von Einflüssen interessierter Dritter zu handeln vermag. Gegebenenfalls ist darauf zu achten, dass ein Gespräch nur in Anwesenheit des Erblassers stattfindet. Die Zweifelsfälle bei der Testierfähigkeit nehmen bei Anstieg des Durchschnittsalters der Bevölkerung (und damit auch des Anteils der Altersdementen) zu. Das Befragen oder auch Beiziehen eines behandelnden Arztes ist in Zweifelsfällen empfehlenswert, ebenso Fragestellungen zur örtlichen (welcher Wochentag; Uhrzeit), persönlichen (Namen der Kinder und Enkelkinder) und gesellschaftlichen (Namen des gegenwärtigen Bundeskanzlers?) Orientierung sowie Erforschung der intellektuellen Fähigkeiten (Rechenoperationen). Bleiben dem Notar lediglich Zweifel an der Testierfähigkeit des Erblassers, so muss er beurkunden. Wenn er von der Testierunfähigkeit überzeugt ist, so muss er die Beurkundung ablehnen. Zu berücksichtigen ist auch: zu langwierige Voraberforschungen (z.B. Einholung von Attesten von Fachärzten mit langer Wartezeit) erhöhen bei älteren Erblassern die Gefahr, dass die Beurkundung wegen Verschlechterung des Gesundheitszustands oder Todes unterbleiben muss!

Bei Personen, an deren Testierfähigkeit kein Zweifel besteht, ist die Formulierung üblich:

Der Notar ist von der erforderlichen Geschäfts- und Testierfähigkeit des Erblassers überzeugt.

oder:

Der Erblasser lag zwar krank im Bett. Umstände, nach denen seine Geschäfts- und Testierfähigkeit zweifelhaft sein könnten, waren nicht erkennbar.
Der vor der Beurkundung anwesende behandelnde Arzt ..... teilte die Überzeugung des Notars.

oder:

11 M Der Erblasser lag krank im Bett, war jedoch bei vollem Bewußtsein und imstande, der Verhandlung zu folgen. Der vom Notar telefonisch befragte behandelnde Arzt ..... machte dieselbe Angabe und erklärte, keine Mängel an Einsicht beim Erblasser erkannt zu haben.
[Vermerk, der mit der Verfügung verbunden wird, aber erst nach Beurkundung erstellt wird]

12 M Nachdem der vor der Testamentsbesprechung anwesende Herr Fritz Sutter, mitteilte, dass für den Erblasser eine Betreuung angedacht ist, habe ich die Betreuungsakten des Vormundschaftsgerichts ..... Az. ..... mit beigezogen und Einsicht in das Gutachten des Landgerichtsarztes Dr. ..... vom ..... genommen, der aufgrund zeitweiliger Verwirrtheit des Erblassers die Betreuung auch in Vermögensangelegenheiten anrege, aber nicht von einer Geschäftsunfähigkeit des Erblasser ausging. Der den Erblasser betreuende Arzt ..... teilte telefonisch mit, dass sich aufgrund besserer Medikation seit dem o.a. Gutachtensdatum der Gesundheitszustand von ..... wesentlich verbessert habe und seines Erachtens die Geschäftsfähigkeit vorliege. Bei der Testamentsbesprechung war der Erblasser jeweils zeitlich orientiert (er kannte den entsprechenden Wochentag und die Uhrzeit), örtlich orientiert (er wusste, wo, bei wem und zu welchem Zweck er anwesend war), sprach sachorientiert zu lokalpolitischen Ereignissen und artikulierte seinen Nachlassregelungswillen eindeutig u. präzise und begründete ihn nachvollziehbar. Trotz der bevorstehenden Betreuung bestanden deshalb für mich keine Bedenken an der Testierfähigkeit.
....., den .....
..... Notar

V. Errichtung durch mündliche Erklärung

13 Wenn der Erblasser seinen letzten Willen mündlich erklärt, braucht er den Wortlaut der Niederschrift weder vor- noch nachzusprechen. Es genügt, wenn er einem ihm vorgelesenen, vom Notar oder von einem Dritten angefertigten Entwurf zustimmt. Seine in verständlichen Worten, sei es auch nur »einverstanden« oder »ja«, enthaltene mündliche Erklärung seines letzten Willens umfasst gleichzeitig die Genehmigung der verlesenen Niederschrift.[3] Die mündliche Zustimmung braucht nicht zu jedem einzelnen Teil des Entwurfs, sondern kann auch am Schluss der Verhandlung erklärt werden; sie kann jedoch nicht durch eine schlüssige Handlung wie bloßes Kopfnicken und bloße Unterschriftsleistung ersetzt werden.[4]

14 M URNr. .....
Verhandelt zu ..... am .....
Vor dem unterzeichnenden Notar ..... erschien, von Person bekannt: Frau Elisabeth Müller, geboren am ..... in ....., (Geburtenregister-Nr. .....) wohnhaft in ....., nach Angabe nicht verheiratet.
Die Erschienene erklärte:
Ich will ein

---

[3] RG 161, 378; BGH MDR 1962, 557.
[4] KG DNotZ 1960, 486; BayObLGZ 1965, 341.

Testament

errichten. Ich wünsche nicht, dass Zeugen oder ein 2. Notar zu dieser Verhandlung hinzugezogen werden.
Der Notar ist von der erforderlichen Testierfähigkeit der Erblasserin überzeugt.
Die Erblasserin erklärte dem Notar mündlich ihren letzten Willen wie folgt:
.....
Weitere Verfügungen von Todes wegen will ich heute nicht treffen.
Diese Niederschrift wurde vom Notar vorgelesen, von der Erschienenen genehmigt und wie folgt unterschrieben:
Unterschriften der Testierenden und des Notars

Feststellungen bei einem Kranken

Verhandelt zu ..... am ..... **15 M**
Vor dem unterzeichnenden Notar ..... war in dem Anwesen ....., wohin ich mich auf Ansuchen begab, anwesend, von Person bekannt: Herr Franz Müller, geboren am ..... in .....(Geburtenregister-Nr. .....), wohnhaft in .....
Der Erschienene erklärte:
Ich will ein

Testament

errichten. Ich wünsche nicht, dass Zeugen oder ein 2. Notar zu dieser Verhandlung hinzugezogen werden.
Der Erblasser lag zu Bett. Er sprach nur sehr langsam und leise. Dennoch äußerte er im Verlauf des Gesprächs genaue Vorstellungen über die Verteilung seines Vermögens nach seinem Tode, die er – wie die verwendeten Tempi ergaben – schon seit längerer Zeit entwickelt zu haben schien. Der Erblasser war orientiert. Der bei der Beurkundung anwesende behandelnde Arzt Dr. ..... erklärte, der Erblasser stehe nicht unter Einwirkung von Medikamenten, die Auswirkungen auf das Bewusstsein des Erblassers haben. Er erklärte weiter, dass nach seiner Überzeugung Herr Müller in der Lage ist, eigene Vorstellungen zu entwickeln und diesen gemäß zu handeln.

VI. Errichtung durch Übergabe einer offenen Schrift

Wird eine Verfügung von Todes wegen durch Übergabe einer Schrift errichtet, so muss die Niederschrift auch die Feststellung enthalten, dass die Schrift übergeben worden ist (§ 30 BeurkG). **16**

Der Notar soll von dem Inhalt der offen übergebenen Schrift Kenntnis nehmen, sofern er der Sprache, in der die Schrift verfasst ist, hinreichend kundig ist (§ 30 BeurkG). Er soll auf Bedenken gegen den Inhalt des in der Schrift ausgedrückten Willens ebenso hinweisen, wie er es gegenüber einer mündlichen Erklärung soll. Bleiben Zweifel bestehen, so soll er ihre Erörterung in der Niederschrift vermerken. Kommt ausländisches Recht zur Anwendung oder bestehen darüber Zweifel, so soll der Notar darauf hinweisen und dies in die Niederschrift aufnehmen. Zur Belehrung über den Inhalt ausländischer Rechtsordnungen ist er nicht verpflichtet (§ 17 Abs. 3 BeurkG). Die Schrift soll der Niederschrift beigefügt werden; einer Verlesung der Schrift bedarf es nicht (§ 30 BeurkG). **17**

§ 103 Das öffentliche Testament

18 M URNr. .....

Verhandelt zu ..... am .....

Vor dem unterzeichnenden Notar ..... in ..... erschien, von Person bekannt: .....

Der Erschienene erklärte:
Ich will ein
Testament
durch Übergabe einer offenen Schrift ohne Zeugen und ohne 2. Notar errichten:
Der Notar ist von der Geschäfts- und Testierfähigkeit des Erblassers überzeugt.
Der Erblasser übergab dem Notar die der Niederschrift beigefügte offene Schrift. Bedenken gegen ihren Inhalt bestanden nicht. Der Erblasser erklärte, die Schrift enthalte seinen letzten Willen.
Diese Niederschrift wurde vom Notar vorgelesen, von dem Erschienenen genehmigt und wie folgt unterschrieben:

(Unterschrift des Erblassers)   ....., Notar

VII. Errichtung durch Übergabe einer verschlossenen Schrift

19 Wenn der Notar den Inhalt nicht kennt, entfällt die Möglichkeit zur Beratung der Gestaltung des letzten Willens, und es bleibt gegenüber dem eigenhändigen Testament nur die größere Sicherheit der Form. Kennt der Notar aber den Inhalt oder hat er die Schrift sogar entworfen, so besteht kein Grund, sie noch einmal besonders zu verschließen.

20 M URNr. .....

Verhandelt zu ..... am .....

Vor dem unterzeichnenden Notar ..... in ..... erschien, von Person bekannt: .....
Der Erblasser übergab dem Notar die verschlossene Schrift, die dieser Niederschrift beigefügt ist, mit der mündlichen Erklärung, dass sie seinen letzten Willen enthalte.
Der Notar ist von der Geschäfts- und Testierfähigkeit des Erblassers überzeugt. Die Zuziehung von Zeugen oder 2. Notars war weder veranlasst noch wurde sie gewünscht.
Die Niederschrift wurde vom Notar vorgelesen, vom Erblasser genehmigt und wie folgt unterschrieben:

(Unterschrift des Erblassers)   ..... Notar

VIII. Kosten

21 Die Kostenbewertung in Nachlasssachen nach dem GNotKG weist z.T. erhebliche Unterschiede gegenüber der nach der KostO auf.

22 **1. Kosten des Notars.** Für die Notarkosten im Zusammenhang mit der Errichtung eines öffentlichen Testaments gilt: Die Geschäftswertbestimmung erfolgt nach §§ 102, 96, 10 GNotKG. Wenn der Erblasser über seinen gesamten Nachlaß verfügt (d.h. eine erschöpfende Erbeinsetzung vornimmt) ist maßgeblich der Wert seiner Aktiva zum Zeitpunkt der Errichtung abzüglich Verbindlichkeiten bis max. zu ½ des Werts der Aktiva (§ 102 Abs. 1 Satz 1, 2 GNotKG). Wenn der Erblasser nur über einen Bruchteil seines Nachlasses verfügt (z.B. nur einen Miterben zu 1/3 einsetzt), ist die entsprechende Quote aus Aktiva-Verbindlichkeiten (bis zur Höchstquote) maßgeblich (§ 102 Abs. 1 Satz 1, 2 GNotKG). Wenn einzelne Vermögenswerte, die dem Erblasser noch nicht gehören, spezifiziert in die Verfügung aufgenommen sind, erhöht deren Wert den Geschäftswert (§ 102 Abs. 2 GNotKG). Wenn der Erblasser nur über einzelne Vermögensgegenstände verfügt (also z.B. ein Testament errichtet, wo er sich darauf beschränkt, ein Vermächtnis anzuordnen), ist der Wert des Vermögensgegenstands maßgeblich; Schulden, die damit in Zusammenhang stehen, dürfen bis zur Höhe der Hälfte des Werts abgezogen werden (§ 102, Abs. 3 GNotKG).

Zum Ansatz kommt eine 1,0 Gebühr nach Nr. 21200 KV GNotKG. Wird in einem öffentlichen Testament lediglich eine letztwillige Verfügung widerrufen, folgt der Geschäftswertansatz denselben Regeln (§ 102 Abs. 5 GNotKG). Zum Ansatz kommt dann eine 0,5 Gebühr nach Nr. 21200 KV GNotKG (mind. 30 €). Trifft der Widerruf einer alten Verfügung mit einer neuen letztwilligen Verfügung zusammen, kommt lediglich die neue letztwillige Verfügung zum Werteansatz (§ 109 Abs. 2 Nr. 2 KostO). **23**

2. Kosten des Gerichts. Das Nachlassgericht erhält für die amtliche Verwahrung eine einmalige fixe Gebühr von 75 € (Nr. 12100 KV GNotKG). **24**

§ 104 Letztwillige Verfügungen gebrechlicher, schreibunfähiger und der deutschen Sprache unkundiger Personen

I. Letztwillige Verfügung einer blinden Person

1 Vermag der Erblasser nach *seinen Angaben* oder nach der Überzeugung des Notars *nicht hinreichend zu sehen*, so soll der Notar dies in der Niederschrift feststellen und einen Zeugen oder zweiten Notar hinzuziehen, es sei denn, dass bei einem einseitigen Testament der Erblasser, bei einen gemeinschaftlichen Testament auch sein Ehegatte und bei einen Erbvertrag auch alle anderen am Vertrag Beteiligten darauf verzichten. Auch das soll in der Niederschrift festgestellt werden (§ 22 Abs. 1 BeurkG). Die Niederschrift soll auch von dem Zeugen oder zweiten Notar unterschrieben werden (§ 22 Abs. 2 BeurkG). Ob ein Beteiligter als blind anzusehen ist, richtet sich nicht mehr allein danach, ob der Notar dies erkennt, d.h. davon überzeugt ist, sondern in erster Linie danach, ob ein Beteiligter sich selbst für behindert erklärt. Daneben wird auf die Überzeugung des Notars für den Fall abgestellt, dass ein Beteiligter seine vom Notar erkannte Behinderung nicht zugeben will.[1] Maßgeblich ist, ob der Beteiligte den Urkundstext lesen kann.

1. Der Blinde ist schreibfähig

2 M
                   Verhandelt zu ….. am …..
Auf Ansuchen begab ich, der unterzeichnende Notar ….. mich in das Anwesen ….. Ich traf dort Frau ….. an, die sich durch ihren Personalausweis auswies.
Frau ….. erklärte zunächst: Ich bin blind, kann jedoch meinen Namen schreiben. Ich zog daher den mir persönlich bekannten Herrn ….. aus ….. als Zeugen zu, gegen den ein Grund, der ihn als Zeugen ausgeschlossen hätte, nicht vorlag. Alternative: Der Notar wies darauf hin, dass aufgrund dessen ein Zeuge oder zweiter Notar zur Beurkundung zugezogen werden soll. Hierauf wurde durch den Erblasser (beim gemeinschaftlichen Testament und Erbvertrag: und durch alle weiteren Beteiligten) verzichtet. Frau ….. erklärte, ihr Testament durch mündliche Erklärung errichten zu wollen. Sie sei daran nicht durch frühere Verfügungen von Todes wegen gehindert und habe ihren gewöhnlichen Aufenthalt in Deutschland.
Aus der Unterhaltung und nach dem persönlichen Eindruck gewann ich die Überzeugung, dass Frau ….. geschäfts- und testierfähig ist.
Frau ….. erklärte ihren letzten Willen wie folgt:
Zu meinem alleinigen Erben bestimme ich meinen Neffen ….. in …..
Die Niederschrift wurde vom Notar vorgelesen, von der Erblasserin genehmigt und wie folgt unterschrieben:
Unterschriften der Erblasserin, des Zeugen (falls auf Zuziehung nicht verzichtet wird) und des
                            Notars

---

[1] *Appell*, FamRZ 1970, 520, 525.

2. Der Blinde ist – in Bezug auf seinen Namen – nicht schreibfähig

Wenn der blinde Erblasser seinen Namen nicht schreiben kann, kann auf Zuziehung eines Zeugen oder zweiten Notars nicht verzichtet werden. Die Tatsache der fehlenden Fähigkeit zur Unterschrift ist in der Niederschrift zu vermerken. In diesem Fall wird seine Unterschrift durch folgenden Satz im Protokoll ersetzt, ohne dass es neben dem Testamentszeugen zusätzlich eines besonderen Schreibzeugen bedarf (§ 25 BeurkG):

Der Erblasser erklärte: Ich bin blind und kann auch meinen Namen nicht schreiben.

Deshalb wurde zu der Beurkundung ……. als Zeuge/zweiter Notar hinzugezogen.

Die Schlussformel lautet dann etwa:

Diese Niederschrift wurde vom Notar vorgelesen, vom Erblasser genehmigt und von dem Zeugen/zweiten Notar und dem Notar wie folgt unterschrieben:

II. Letztwillige Verfügung einer gehörlosen oder stummen Person

1. Die gehörlose Person kann lesen und schreiben.

Vermag der Erblasser nach seinen Angaben oder nach der Überzeugung des Notars nicht hinreichend zu hören oder zu sprechen, so soll der Notar einen Zeugen oder zweiten Notar hinzuziehen, es sei denn, dass der Erblasser (was zulässig ist) darauf verzichtet. Diese Tatsachen sollen in der Niederschrift festgestellt werden (§ 22 Abs. 1 BeurkG). Die Niederschrift soll auch von dem Zeugen oder zweiten Notar unterschrieben werden (§ 22 Abs. 2 BeurkG). Auf Verlangen des Stummen oder Gehörlosen ist ein Gebärdendolmetscher bei der Beurkundung zuzuziehen (§ 22 Abs. 1 Satz 2 BeurkG). Die Niederschrift muss dem Gehörlosen (nicht einem Stummen) zur Durchsicht vorgelegt werden; in der Niederschrift soll festgestellt werden, dass dies geschehen ist. Hat der Gehörlose die Niederschrift eigenhändig unterschrieben, so wird vermutet, dass sie ihm zur Durchsicht vorgelegt und von ihm genehmigt worden ist (§ 23 BeurkG).

Der Erblasser erklärte: Ich bin gehörlos. Deshalb zog ich daher einen Zeugen hinzu, nämlich …..; gesetzliche Ausschlussgründe liegen nicht vor. Alternative: Der Notar wies darauf hin, dass zu der Beurkundung ein Zeuge oder zweiter Notar zugegen werden soll. Hierauf verzichtete der Erblasser (bei gemeinschaftlichem Testament oder Erbvertrag: und alle weiteren Beteiligten).
Ein Verlangen auf Beziehung eines Gebärdendolmetschers wurde nicht gestellt.
….. Es folgt die testamentarische mündliche Erklärung oder die Übergabe der Schrift.
Die Niederschrift wurde von dem Notar vorgelesen, dem Erblasser zur Durchsicht vorgelegt, von den Erschienenen genehmigt und wie folgt unterschrieben:
    Unterschriften des Erblassers, des Testamentszeugen oder 2. Notars
       (falls auf Zuziehung nicht verzichtet wird) und des Notars

Schriftliche Fragestellung an einen Gehörlosen

8 M

Verhandelt zu ..... am .....
Vor mir, Notar ..... erschien ..... und erklärte, ein Testament durch mündliche Erklärung errichten zu wollen.
Nach dem persönlichen Eindruck gewann ich die Überzeugung, dass der Erblasser geschäfts- und testierfähig ist.
Der Erblasser erklärte: Ich bin gehörlos.
Da eine Verständigung mit ihm durch Sprechen nicht möglich war, legte ich ihm schriftlich folgende Fragen vor, die der Erblasser mündlich beantwortete:
Da Sie gehörlos sind, soll nach dem Gesetz ein Zeuge oder zweiter Notar hinzugezogen werden, es sei denn, dass Sie ausdrücklich darauf verzichten. Soll ein Zeuge oder zweiter Notar zugezogen werden?
Wo haben Sie Ihren gewöhnlichen Aufenthalt?
Sind Sie verheiratet oder verheiratet gewesen?
Haben Sie einen Ehevertrag geschlossen?
Haben Sie Kinder oder Kindeskinder?
Haben Sie schon ein Testament oder einen Erbvertrag errichtet?
Wer soll nach Ihrem Tod Ihr Vermögen erhalten?
Herr ..... antwortete: Ich verzichte auf die Hinzuziehung eines Zeugen oder zweiten Notars. Ich bin Deutscher und verheiratet mit Frau ..... Ich habe Gütertrennung vereinbArt. Wir haben ein Kind, den jetzt 16 Jahre alten W. Ein früheres Testament oder ein Erbvertrag besteht nicht. Ich will nur meine Frau als Erben einsetzen.
Ich fragte: Ist Ihnen bekannt, dass das Kind seinen Pflichtteil verlangen kann, der die Hälfte seines gesetzlichen Erbteils, nämlich ein Viertel, beträgt? Herr ..... antwortete: Ich weiß das. Ich will meine Frau zur Alleinerbin einsetzen. Sonst soll niemand begünstigt werden. Meine Frau soll mit dem Erbe machen, was sie will. Wenn diese vor mir verstirbt, werde ich ein neues Testament errichten.
Den Wert seines Reinvermögens gab der Erblasser mit 60.000,00 € an.
Hierauf gebe ich den letzten Willen des Erblassers wie folgt wieder:
Ich setze als alleinige Erbin meine Ehefrau ..... ein. Diese wird durch Vermächtnisse oder Auflagen nicht beschwert.
Die Niederschrift wurde dem Erblasser zur Durchsicht vorgelegt, von ihm genehmigt und wie folgt unterschrieben:

Unterschriften des Erblassers und des Notars

■ *Kosten.* Wie zu Muster § 104 Rdn. 5 M (ohne Zusatzgebühr).

2. Der Gehörlose oder Stumme kann nicht lesen

9 Vermag der Erblasser nach seinen Angaben oder nach der Überzeugung des Notars nicht hinreichend zu hören oder zu sprechen und sich auch nicht schriftlich zu verständigen, so soll der Notar dies in der Niederschrift festhalten. Wird in der Niederschrift eine solche Feststellung getroffen, so *muss* zu der Beurkundung eine *Vertrauensperson* zugezogen werden, die sich mit dem behinderten Erblasser zu verständigen vermag; in der Niederschrift soll festgestellt werden, dass dies geschehen ist. Auf Zuziehung der Vertrauensperson kann nicht verzichtet werden. Die Beurkundung ist insoweit unwirksam, als sie darauf gerichtet ist, der Vertrauensperson einen rechtlichen Vorteil zu verschaffen (§ 24 Abs. 1 und Abs. 2 BeurkG). Vertrauensperson kann auch die Ehefrau oder ein Verwandter oder Verschwägerter des Erblassers sein. Sie dürfen nur nicht Bedachte sein. Unberührt bleibt das Erfordernis, einen Zeugen oder zweiten Notar nach § 22 BeurkG zuzuziehen (§ 24 Abs. 3 BeurkG). Auf Zuziehung des Zeugen oder zweiten Notars kann verzichtet werden Verweisung auf § 22 BeurkG).

Verhandelt zu ..... am ..... 10 M

Vor mir dem Notar ..... erschienen .....
Herr ....., der Neffe des Erblasser erklärte: Der Erblasser ist taub und kann auch nicht lesen. Der Notar zog daher den ihm persönlich bekannten Herrn ..... aus ..... als Zeugen zu, der mit dem Notar weder verwandt noch verschwägert ist, und als Vertrauensperson den Neffen des Erblassers ..... Dieser verständigte sich mit seinem Onkel, so dass der Notar erkannte, was der Erblasser wollte. Der Notar gewann die Überzeugung, dass der Erblasser die Vertrauensperson verstanden hatte.
Der Erblasser erklärte mündlich seinen letzten Willen .....
Die Niederschrift wurde von dem Notar vorgelesen, von den Erschienenen genehmigt und wie folgt unterschrieben:

Unterschriften des Erblassers, des Zeugen, der Vertrauensperson und des Notars

III. Letztwillige Verfügung einer hör- oder sprachbehinderten und zugleich schreibunfähigen Person

Folgende Voraussetzungen müssen erfüllt sein, damit eine so mehrfach behinderte Person 11
ein Testament errichten kann:
1. Die letztwillige Verfügung muss notariell beurkundet sein. Zu beachten sind die §§ 22 bis 26, 27 bis 29, 34 und 35 BeurkG. Das bedeutet, dass zu der Beurkundung ein Zeuge oder ein zweiter Notar zugezogen werden muss (§ 25 BeurkG). Dies ist unverzichtbar.
2. Darüber hinaus muss zwingend zu der Beurkundung eine Vertrauensperson zugezogen werden, die sich mit dem behinderten Beteiligten zu verständigen vermag (§ 24 Abs. 1 Satz 2 BeurkG). In der Niederschrift der notariellen Beurkundung ist ein entsprechender Vermerk aufzunehmen (§ 24 Abs. 1 Satz 2 BeurkG). Die Zuziehung dieser Vertrauensperson ist nicht verzichtbar. Solche Personen können als Vertrauensperson nicht zugezogen werden, denen durch das Testament ein rechtlicher Vorteil verschafft werden soll.
3. Die Niederschrift soll auch von der Vertrauensperson unterschrieben werden und muss auch vom Zeugen oder von dem zweiten Notar unterschrieben werden.

Beurkundet am ..... durch ....., Notar mit dem Amtssitz in ..... 12 M

In dem Anwesen ....., wohin ich mich auf Ansehung begeben habe, traf ich an: Herrn Franz Meier, geb. am ....., Adresse ....., der nach Erklärung seiner Ehefrau, Frau Sophie Meier, schreib- und sprechunfähig ist. Er wies sich aus durch Vorlage eines amtlichen Ausweispapiers.
Im Hinblick auf die Schreib- und Sprechunfähigkeit wurde zu der Beurkundung beigezogen:
a) Alternative: Notar Dr. ..... mit Amtssitz in ....., als zweiter Notar oder
b) Alternative: Herr Fritz Müller, wohnhaft ....., der sich auswies durch Vorlage eines amtlichen Ausweispapiers als Zeuge und
c) Herr Horst Froschner, der sich auswies durch ein amtliches Ausweispapier, wohnhaft ....., der sich mit Herrn Franz Müller zu verständigen vermag. Hierüber habe ich mich vergewissert.
Sodann erklärte mir Herr Franz Müller über die zu der Beurkundung beigezogenen Vertrauensperson seinen letzten Willen mündlich wie folgt:
.....
gez. Notar/Zeuge

§ 104 Letztwillige Verfügungen gebrechlicher, schreibunfähiger

Alternative Dr. ..... als zweiter Notar oder ..... als Zeuge,

.....
gez. Vertrauensperson
zu der Beurkundung beigezogene Vertrauensperson

.....
gez. Notar

....., Notar

■ *Kosten.* Kosten eines beigezogenen zweiten Notars: Nr. 25205 KV GNotKG.

IV. Letztwillige Verfügung einer Person, die (nur) nicht schreiben kann

13 Vermag der Erblasser nach seinen Angaben oder nach der Überzeugung des Notars seinen Namen nicht zu schreiben, so *muss* bei dem Vorlesen und der Genehmigung ein Zeuge oder ein zweiter Notar zugezogen werden, wenn nicht bereits aufgrund anderer Behinderung nach § 22 BeurkG ein Zeuge oder zweiter Notar zugezogen ist. Die Zuziehung ist nicht verzichtbar. Diese Tatsachen sollen in der Niederschrift festgestellt werden. Die Niederschrift *muss* von dem Zeugen oder dem zweiten Notar unterschrieben werden. Die Unterschrift kann auch durch fremdartige Schriftzeichen (z.B. chinesisch) erfolgen. Bloße Handzeichen genügen nicht.

Testament eines Schreibunfähigen

14 M Verhandelt zu ..... am .....
Vor dem unterzeichnenden Notar ..... erschien heute die dem Notar persönlich bekannte Frau ..... aus .....
Die Erblasserin erklärte, dass sie ihren Namen nicht schreiben könne. Der Notar zog daher den ihm persönlich bekannten Herrn ..... als Schreibzeugen zu, gegen den Ausschließungsgründe nicht bekannt sind.
Aus der Unterhaltung und nach dem persönlichen Eindruck gewann der Notar die Überzeugung, dass die Erblasserin geschäfts- und testierfähig ist.
Die Erblasserin erklärte dem Notar mündlich ihren letzten Willen wie folgt .....
Die Niederschrift wurde von dem Notar vorgelesen, von den Erschienenen genehmigt und unterschrieben:
Unterschriften des Zeugen und des Notars

V. Letztwillige Verfügung einer Person, die Deutsch nicht versteht

15 Ist der Erblasser, der dem Notar seinen *letzten Willen mündlich erklärt*, der Sprache, in der die Niederschrift aufgenommen ist, nicht hinreichend kundig und ist dies in der Niederschrift festgestellt, so *muss* grds. eine schriftliche Übersetzung angefertigt werden, die der Niederschrift beigefügt werden soll. Der Erblasser kann hierauf verzichten; der Verzicht *muss* in der Niederschrift festgestellt werden (§ 32 BeurkG). Die Vorschrift des § 32 BeurkG ergänzt die Bestimmung des § 16 BeurkG für den Fall, dass der Erblasser seinen letzten Willen mündlich erklärt. Der Notar muss, falls er die Niederschrift nicht selbst übersetzt, einen Dolmetscher zuziehen, der die Niederschrift in die Sprache, in der sich der Erblasser erklärt, übersetzt. Die schriftliche Übersetzung soll dem Erblasser zur Durchsicht vorgelegt werden.

16 Bei Errichtung eines Testaments durch *Übergabe einer Schrift* ist nach § 16 BeurkG zu verfahren.

Grundsätzlich soll der Dolmetscher *vereidigt* sein. Steht eine allgemeine Vereidigung nicht fest, so soll ihn der Notar vereidigen, es sei denn, dass alle Beteiligten darauf verzichten. Dies soll in der Niederschrift festgestellt werden. Für den Dolmetscher gelten die Ausschließungsgründe der §§ 6 und 7 BeurkG entsprechend. Der Dolmetscher soll von dem Notar über die Bedeutung des Eides belehrt und dies soll in der Niederschrift festgestellt werden (§ 38 Abs. 2 BeurkG). Die Vereidigung ist zweckmäßig in die Verhandlung zur Sache mit aufzunehmen. Der Eid lautet nach § 189 GVG, dass der Dolmetscher »treu und gewissenhaft übertragen werde«. 17

Unter Zuziehung eines vereidigten Dolmetschers

Verhandelt zu ….. am ….. 18 M

Vor mir, Notar ….. erschien: …..
Der Erschienene wies sich aus durch die Vorlage seines polnischer Reisepasses.
Aus der Vorbesprechung ergab sich, dass der Erschienene die deutsche Sprache nicht versteht. Ich zog daher den allgemein als Dolmetscher für Polnisch vereidigten ….. aus ….. zu.
Der Erblasser erklärte durch Vermittlung des Dolmetschers, dass er sein Testament durch mündliche Erklärung errichten wolle.
Der offenbar geschäfts- und testierfähige Erblasser erklärte über den Dolmetscher, der seine Erklärungen in die deutsche Sprache übersetzte, mündlich seinen letzten Willen wie folgt: …..
Der Dolmetscher fertigte die anliegende von ihm unterzeichnete polnische Übersetzung der Niederschrift an und las sie vor. Die Übersetzung wurde dem Erblasser auch zur Durchsicht vorgelegt.
Die Niederschrift wurde von dem Notar in Deutsch vorgelesen, von den Erschienenen genehmigt und unterschrieben.
Unterschriften des Erblassers, des Dolmetschers und des Notars

Mit Vereidigung des Dolmetschers

Verhandelt zu ….. am ….. 19 M

Auf Ersuchen des ….. begab ich, der unterzeichnende Notar ….. mich heute in das ….. Krankenhaus, um von ….. ein Testament aufzunehmen.
Die Erblasserin wies sich zur Gewissheit des Notars durch ihren Reisepass aus.
Umstände, nach denen die Geschäfts- und Testierfähigkeit der Erblasserin zweifelhaft sein könnten, waren nicht erkennbar. Der behandelnde Arzt ….. hielt sie ebenfalls für geschäfts- und testierfähig. Da sich aus der Vorbesprechung ergab, dass ….. der deutschen Sprache nicht hinreichend mächtig ist, sondern türkisch spricht, zog ich den mir persönlich bekannten, in ….. wohnenden Dolmetscher ….. hinzu. Ausschlussgründe liegen nicht vor. Er gab an, dass er als Dolmetscher nicht allgemein vereidigt sei. Er leistete nach Belehrung den Dolmetschereid wie folgt: Ich schwöre, dass ich treu und gewissenhaft übertragen werde.
Durch Vermittlung des Dolmetschers erklärte die Erblasserin, dass sie ihr Testament durch mündliche Erklärung gegenüber dem Notar errichten wolle.
Die Erblasserin erklärte ihren letzten Willen in türkischer Sprache, die der Dolmetscher ins Deutsche übertrug, wie folgt:
…..
Die Niederschrift wurde von dem Dolmetscher schriftlich ins Türkische übersetzt. Der Dolmetscher las die türkische Übersetzung vor und unterzeichnete sie. Die türkische

§ 104 Letztwillige Verfügungen gebrechlicher, schreibunfähiger

Übersetzung wurde der Erblasserin zur Durchsicht vorgelegt und der Niederschrift als Anlage beigefügt.
Die Niederschrift wurde in Deutsch verlesen, genehmigt und unterschrieben:
Unterschriften der Erblasserin, des Dolmetschers
und des Notars

Ohne Zuziehung eines Dolmetschers

20 Grundsätzlich werden Urkunden in deutscher Sprache errichtet. Auf Verlangen kann der Notar Urkunden auch in einer anderen Sprache errichten. Er soll dem Verlangen nur entsprechen, wenn er der fremden Sprache hinreichend kundig ist (§ 5 BeurkG). Zur Beurkundung in einer fremden Sprache ist der Notar *nicht* verpflichtet (§ 15 Abs. 2 BNotO).

21 Die Niederschrift wird in der fremden Sprache aufgenommen, wobei die allgemeinen Vorschriften des BeurkG, insbesondere §§ 9 und 13 BeurkG Anwendung finden. Der fremdsprachigen Niederschrift kann eine deutsche Übersetzung beigefügt werden, die der Notar mit der Bescheinigung der Richtigkeit und Vollständigkeit versehen kann (§§ 39, 50 Abs. 1 BeurkG). Die Übersetzung gilt dann als richtig und vollständig; jedoch ist der Gegenbeweis zulässig (§ 50 Abs. 2 BeurkG). Von einer derartigen Übersetzung können Abschriften erteilt werden. Die Übersetzung soll in diesem Fall dem Protokoll als Anlage beigefügt werden. Ist einer der Beteiligten der fremden Sprache nicht mächtig, so bedarf es einer Übersetzung; s. §§ 16, 32 BeurkG.

22 M
Verhandelt zu ..... am .....

Vor dem unterzeichnenden Notar ..... erschien der dem Notar persönlich bekannte und offenbar geschäfts- und testierfähige ....., um sein Testament durch mündliche Erklärung zu errichten. Er erklärte, dass er nur der englischen, nicht der deutschen Sprache mächtig sei, und bat um Beurkundung in englischer Sprache.
Der Erschienene schickte voraus, dass er seinen gewöhnlichen Aufenthalt in den Vereinigten Staaten von Nordamerika und seinen Besitz im Staate Texas habe. Er erklärte seinen letzten Willen in englischer Sprache wie folgt: .....
Der Notar fertigte eine deutsche Übersetzung der Niederschrift an und fügte sie dem Protokoll als Anlage bei.
Die englische Niederschrift wurde von dem Notar vorgelesen, vom Erblasser genehmigt und wie folgt unterschrieben:
Unterschriften des Erblassers und des Notars
Die Richtigkeit und Vollständigkeit der vorstehenden Übersetzung wird bescheinigt.
Ort, Datum
Siegel
Unterschrift des Notars

VI. Kostenrechtliche Besonderheiten in den oben angegebenen Fällen

23 Grundsätzlich gelten die Ausführungen zu § 103 Rdn. 22 ff. In den oben angegebenen Fällen fallen aber z.T. Zusatzgebühren für den Notar an.

24 Wenn ein zweiter Notar zu der Beurkundung hinzugezogen wird, erhält dieser nach Nr. 25205 KV GNotKG die Hälfte der dem beurkundenden Notar (nach Nr. 21200 KV GNotKG) zustehenden Gebühr; die Gebühren des beurkundenden Notars ändern sich nicht. Wenn die Beurkundung auf Verlangen der Beteiligten außerhalb der Geschäftsstelle des Notars vorgenommen wird, fällt eine weitere Gebühr von 50 € (einmalig) nach Nr. 26003 Nr. 1 oder Nr. 2 KV GNotKG an. Nr. 26002 KV GNotKG gilt nicht.

§ 104 Letztwillige Verfügungen gebrechlicher, schreibunfähiger

Wenn bei einem der deutschen Sprache nicht mächtigen Erblasser die Beurkundung in der fremden Sprache ohne Zuziehung eines Übersetzers vorgenommen wird oder der Notar (für den Beteiligten dessen deutschen Urkundentext) übersetzt, erhält er eine Zusatzgebühr von 30 % der Beurkundungsgebühr nach Nr. 26001 KV GNotKG. Für die bloße Beiziehung eines Zeugen oder Übersetzers erhält der Notar keine Zusatzgebühren. Der Aufwand für einen herangezogenen Übersetzer kann nach Nr. 32015 KV GNotKG in Rechnung gestellt werden.

§ 105 Das eigenhändige Testament

I. Einzelheiten

1. Das privatschriftliche Testament verursacht, wenn es ohne juristischen Bestand verfasst ist, zunächst keine Kosten (s. aber unten). Deshalb und weil es schnell und »ohne Aufwand« errichtet, geändert und aufgehoben werden kann, ist es trotz der Vorzüge des beurkundeten Testaments (§ 103 Rdn. 1) verbreitet. Wegen der Vorzüge des beurkundeten Testaments s. § 103 Rdn. 1 Gegen die Wahl eines privatschriftlichen Testaments sprechen aber folgende Gründe: Der Einfluss der Interessenten auf den Erblasser wirkt sich ungehindert aus. Kommt der eigene Wille des Erblassers zum Ausdruck, so setzen sich Augenblicksvorstellungen häufig ungehemmt durch. Das System der »Gesamtrechtsnachfolge« und der Unterschied zwischen »Erbe« und »Vermächtnis« sowie »vererben« und »vermachen« ist vielen Erblassern nicht geläufig. Um die Wünsche des Erblassers mit den gesetzlichen Begriffen in Einklang zu bringen und erfüllbar zu machen, muss oft ergänzend ausgelegt oder gar umgedeutet werden. Das privatschriftliche Testament kann, auch wenn es selbst nichts kostet, gegenüber dem beurkundeten dieselben Gebühren verursachen, und zwar dann, wenn Grundbesitz des Erblassers vorhanden ist oder der Tod Handelsregisteranmeldungen erforderlich macht: das beurkundete Testament erübrigt den Erbschein zum Zwecke der Grundbuch- und Handelsregisterberichtigung. Bei einem privatschriftlichen Testament kann der entsprechende Erbennachweis nur durch einen Erbschein geführt werden. Dies verursacht (dem Erben) eine 1,0 Gebühr nach Nr. 12210 KV GNotKG; ein notariell beurkundetes Testament löst ebenfalls eine 1,0 Gebühr nach Nr. 21200 KV GNotKG aus.

2. *Minderjährige* können ein eigenhändiges Testament nicht errichten, auch nicht Lesensunkundige (§ 2247 Abs. 4 BGB).

3. Die Angaben über *Ort* und *Zeit* der Errichtung sind nicht Gültigkeitserfordernis (§ 2247 Abs. 2 und 5 BGB). Doch kann die Feststellung des Tages der Errichtung von Bedeutung werden, z.B. wenn der Erblasser zwei Testamente hinterlassen hat. Auch die Ortsfeststellung kann von Bedeutung werden, z.B. bei Ausländern (Art. 26 Abs. 1 EGBGB, Art. 27 Abs. 1a ErbrechtsVO).

4. Der Erblasser muss das Testament selbst schreiben. Nimmt er in einem eigenhändigen Testament hinsichtlich der als Erben eingesetzten Personen auf ein mit der Schreibmaschine geschriebenes Schriftstück Bezug (sog. testamentum mysticum), so ist die Erbeinsetzung wegen Formmangels nichtig.[1] Auch die Führung der Hand durch einen Anderen hat Nichtigkeit des Testaments zur Folge, wenn der Erblasser nicht imstande ist, eigene Schriftzeichen zu machen.[2] Wer nicht mit der Hand schreiben kann, darf die Prothese, einen Fuß oder den Mund benutzen.

5. Der Erblasser muss das Testament unterschreiben. Seine Unterschrift soll *unter* dem Schriftstück stehen. Nicht ausreichend ist, dass der Erblasser nur in der Einleitung seinen Namen angibt.[3] Die Unterschrift auf dem letzten von mehreren Blättern reicht; Anlagen, auf

---

1 BayObLG FamRZ 1980, 504 L.
2 S. dazu BGH FamRZ 1981, 651.
3 OLG Köln OLGZ 1967, 69; BayObLG FamRZ 1969, 172 = NJW 1969, 797.

die im Testamentswortlaut Bezug genommen wurde, bedürfen keiner besonderen Unterschrift. Die Unterschrift auf dem Testamentsumschlag kann je nach den Umständen das Unterschriftserfordernis wahren.[4] Die Unterschrift soll mit Vor- und Familiennamen erfolgen. Der Vorname genügt als Unterschrift, wenn über die Person des Erblassers und die Ernstlichkeit seiner Erklärung kein Zweifel entstehen kann. Dasselbe gilt von Unterschriften wie »Euer Vater«, die überhaupt keinen Namen enthalten (§ 2247 Abs. 3 Satz 2 BGB).

6. Auch die ergänzenden oder abändernden Zusätze bedürfen der vollständigen Testamentsform, also Unterschrift unter der eigenhändigen Ergänzung oder Änderung. Nachträglich vom Erblasser auf der Testamentsurkunde vorgenommene Ergänzungen brauchen jedoch von ihm dann nicht unterzeichnet zu werden, wenn sie nach seinem festgestellten Willen von der Unterschrift gedeckt sein sollten und wenn das räumliche Erscheinungsbild der Testamentsurkunde dieser Auffassung nicht entgegensteht.[5] Enthält ein eigenhändiges Testament nur den Ausschluss eines gesetzlichen Erben von der Erbfolge (negatives Testament) und bestimmt der Erblasser später in einem räumlich über die Testamentsüberschrift gesetzten eigenhändigen Nachtrag seinen Erben, so wird dies nicht durch die Unterschrift des negativen Testaments gedeckt.[6]

6

7. Die Errichtung eines privatschriftlichen Testaments ist auch in Briefform möglich; ob der Erblasser Testierwillen hatte, ist nach § 133 BGB zu ermitteln.[7] Ein vom Erblasser mit dem Wort »Entwurf« versehenes, im Übrigen formgerecht abgefasstes Schriftstück kann als Testament wirksam sein, wenn der Erblasser es mit ernstlichem Testierwillen gefertigt hat, es also bereits trotz Verwendung der Bezeichnung »Entwurf« als seine rechtsverbindliche letztwillige Verfügung ansah und als solche behandelt wissen wollte.[8]

7

8. Das eigenhändige Testament braucht nicht unbedingt auf Papier geschrieben zu werden. Möglich ist, dass es z.B. auf eine Tischplatte, eine Tür oder an die Wand geschrieben wird. Das kann auch mit Bleistift, Kreide, Pinsel, Farbe u. dergleichen geschehen. Auch Schriftart und Sprache stehen frei. Ein von dem Erblasser mittels Durchschreibebogens errichtetes Schriftstück kann ein formgültiges Testament sein.[9]

8

Der Erblasser kann ein eigenhändiges Testament beim Nachlassgericht in die amtliche Verwahrung geben. Dies empfiehlt sich zum Schutz vor Unterdrückungen oder Verlegen oder versehentlichen Vernichtung. Zuständig ist das Amtsgericht und zwar jedes (§ 344 Abs. 1 Nr. 3 FamFG).

9

Als meine alleinige Erbin setze ich meine Frau Anna Müller geb. Krause ein.
Ort, Datum **Unterschrift**
[Jedes Wort und jede Zahl muss eigenhändig geschrieben werden.]

10 M

9. Die *amtliche Verwahrung* privatschriftlicher Testamente ist nur optional (§ 2248 BGB), aber unbedingt zu empfehlen, um es gegen Verlust oder Unterdrückung zu sichern, zumal die Kosten gering sind (75,00 € nach KV 12001 GNotKG). Die jederzeit mögliche Rücknahme aus der amtlichen Verwahrung darf nur von dem Erblasser selbst erfolgen und führt für sich (ohne nachfolgende Vernichtung) nicht zur Unwirksamkeit.

10.1

---

4 S. OLG Celle NJW-RR 1996, 1938; BayObLG FamRZ 1988, 1211.
5 BGH DNotZ 1974, 624.
6 BayObLG Rpfleger 1975, 61.
7 BayObLG 1981, 402.
8 BayObLG NJW 1970, 2300 = MittBayNot 1971, 21 = MittRhNotK 1971, 416.
9 BGH DB 1967, 551; BayObLG JZ 1965, 618; s.a. Werner, DNotZ 1972, 6.

11 10. Die *Pflicht zur Ablieferung* privatschriftlicher Testamente an das Nachlassgericht tritt erst mit dem Tode des Erblassers ein, ist dann aber unverzüglich zu erfüllen (§ 2259 BGB). Die Anschriften der Bedachten (Erben, Vermächtnisnehmer, Testamentsvollstrecker usw.) werden zweckmäßigerweise dem Nachlassgericht mitgeteilt, ebenso die Namen und Anschriften der gesetzlichen Erben, um die Ladung zur Eröffnung (§ 2260 BGB) und die Benachrichtigung der Beteiligten (§ 2262 BGB) zu erleichtern.

Abschrift eines Testaments und Antrag auf Eröffnung eines Testaments

12 M An das
Amtsgericht
– Nachlassgericht –
…..
Betr.: Nachlass von Josef Müller, geb. ….., verst. am ….. in …., zuletzt wohnhaft …..
In der Anlage übersende ich:
1. eine Sterbeurkunde des Erblassers,
2. sein eigenhändiges Testament vom …..,
3. den Erbvertrag vom ….. – meine UR.Nr ….. .–,
mit dem Antrag auf Eröffnung des Testaments und des Erbvertrages. Den Eingang dieser Unterlagen bitte ich mir auf der beigefügten Durchschrift zu bestätigen.
Der Erblasser hat noch ein Testament vom ….. beim Nachlassgericht ….. hinterlegt. Der Hinterlegungsschein ist nicht auffindbar. Auch dieses beantrage ich zu öffnen.
Gesetzliche Erben sind:
1. seine Ehefrau Maria geborene Meier, geb. 01.07.1956, wohnhaft in 80332 München, Pfingststraße 12,
2. seine Abkömmlinge, nämlich:
   a) Josef Müller junior, geb. am …..
   b) Berthold Müller, geb. am …..
beide bei der Mutter wohnhaft.
Von der Eröffnung bitte ich mich zu benachrichtigen. Ferner bitte ich, mir eine beglaubigte Abschrift aller Verfügungen von Todes wegen nebst Eröffnungsprotokoll zuzusenden.
Anlagen

….., Notar

■ *Kosten*. Beim Notar Geschäftswert § 103 Abs. 1 GNotKG; Gebühr Nr. 21201 KV GNotKG: 0,5.

II. Gemeinschaftliches Testament

13 Wegen des *Inhalts* s.u. § 106. Ein gemeinschaftliches Testament kann nur von Ehegatten oder Partnern einer eingetragenen Lebenspartnerschaft errichtet werden. Es genügt, dass der eine Ehegatte/Lebenspartner den Text mit der Hand (s. Rdn. 4) schreibt und unterschreibt und der andere Ehegatte/Lebenspartner nur mitunterschreibt (§ 2267 BGB). Es kann und sollte (s. oben Rdn. 10.1) in die amtliche Verwahrung abgegeben werden; eine Rücknahme von dort ist nur von beiden Ehegatten gemeinsam möglich (§ 2272 BGB).

Wir setzen uns gegenseitig beim 1. bei uns eintretenden Todesfall zu Erben ein. **14 M**
Ort, Datum **Unterschriften beider Eheleute/Lebenspartner**

■ *Kosten.* Des Wertes bei Entwurfstätigkeit: Geschäftswert § 102 Abs. 1–3 GNotKG; Gebühr Nr. 24100 KV GNotKG: 0,5–2,0.

Wenn die Empfehlung in § 2267 Satz 2 BGB beachtet wird, bedeutet dies, dass der mitunterschreibende Ehegatte/Lebenspartner selbst Tag und Ort beifügen soll:

Jeder von uns beerbt den anderen allein. Erben des Längstlebenden sollen ...... zu **15 M**
gleichen Teilen sein. Dies gilt entsprechend für den Fall, dass wir gleichzeitig oder aufgrund derselben Gefahr versterben.
Ort, Datum **Unterschrift des Mannes/Lebenspartner 1**
Ort, Datum **Unterschrift der Frau/Lebenspartner 2**

III. Kosten im Zusammenhang mit eigenhändigen (einseitigen oder gemeinschaftlichen) Testamenten

Bei gerichtlicher Verwahrung fällt eine (fixe) Verwahrgebühr von 75 € an, die nach Nr. 12100 **16** KV GNotKG erhoben wird.

Wenn der Notar privatschriftliche letztwillige Verfügungen beim Nachlassgericht mit dem Antrag auf Eröffnung ohne Erbscheinsantrag einreicht, löst dies m.E. lediglich eine Vollzugsgebühr von 20 € nach Nr. 22124 KV GNotKG aus.

Entwirft der Notar privatschriftliche Testamente oder prüft er solche, fällt bei (einseitigen) Testamenten eine Gebühr nach Nr. 24101 KV GNotKG an (0,3–1,0 Gebühr), beim gemeinschaftlichen Testamenten eine nach Nr. 24100 KV GNotKG (0,5–2,0 Gebühr). Die Gestaltungs- bzw. Prüfungs»tiefe« entscheidet, in welchem Umfang der Rahmen anzusetzen ist.

Bei einer vollumfänglichen Formulierung einer Verfügung, die nachlasserschöpfend ist, wird i.d.R. ein Ansatz von 1,0 bis 2,0 zu wählen sein.

§ 106 Außerordentliche Testamentsformen

I. Konsulartestament

1 Die deutschen Konsularbeamten sind im Rahmen ihrer auswärtigen Amtstätigkeit befugt, für deutsche Erblasser Testamente und Erbverträge zu beurkunden. Dabei gelten die deutsche Erbrechtsordnung und die deutschen Beurkundungsregeln. Die so aufgenommenen Urkunden stehen den von einem deutschen Notar aufgenommenen gleich (§§ 10, 11 Konsulargesetz).

II. Bürgermeistertestament

2 Da in unserer Zeit überall ein Notar ebenso schnell zu erreichen ist wie ein Bürgermeister, spielt das sog. Bürgermeistertestament des § 2249 BGB keine praktische Rolle mehr. Es soll daher nur erwähnt werden, dass der Bürgermeister (bzw. der zu seiner Vertretung Befugte, § 2249 Abs. 5 BGB) am Aufenthaltsort des Erblassers unter Zuziehung zweier Zeugen befugt ist, ein Testament zu beurkunden, wenn kein Notar zu erreichen ist, bevor der Erblasser zu sterben droht, oder weil der Aufenthaltsort des Erblassers von der Außenwelt abgeschnitten ist. Zeuge kann nicht sein, wer in dem Testament bedacht wird oder zum Testamentsvollstrecker ernannt wird; dies gilt entsprechend für Ehegatten, Verschwägerte oder Verwandte des Zeugen, s. §§ 2249 Abs. 1 Satz 3 BGB, 7, 27 BeurkG. Ein so errichtetes Testament verliert nach 3 Monaten seine Gültigkeit (§ 2252 BGB).

III. Drei-Zeugen-Testament

3 Alternativ zum »Bürgermeistertestament« kann ein »3-Zeugen-Testament« errichtet werden (§ 2250 Abs. 1 BGB). Wer sich in so naher Todesgefahr befindet, dass voraussichtlich vor seinem Tod weder ein Notar noch ein Bürgermeister herbeizuholen ist, kann sein Testament auch durch mündliche Erklärung vor drei Zeugen errichten, die darüber eine Niederschrift fertigen müssen (§ 2250 Abs. 2 und Abs. 3 BGB). Zeuge kann nicht sein der Ehegatte des Erblassers oder eine Person, die mit ihm in gerader Linie verwandt ist und nicht der, der in dem Testament bedacht oder zum Testamentsvollstrecker ernannt wird oder dessen Verwandte oder Verschwägerte dies werden, s. §§ 2250 Abs. 3 BGB, 6 Abs. 1 Nr. 1–3, 7 BeurkG. Auch diese Testamentsform spielt keine nennenswerte Rolle. Sie kommt allenfalls bei Unglücksfällen infrage. Auch das Drei-Zeugen-Testament verliert nach 3 Monaten seine Gültigkeit (§ 2252 BGB).

IV. Seetestament

4 Ein Testament durch mündliche Erklärung vor drei Zeugen, die darüber eine Niederschrift fertigen müssen, kann auch errichten, wer sich an Bord eines deutschen Schiffes außerhalb eines deutschen Hafens befindet. Dies gilt nicht bei Fahrten auf Fischereifahrzeugen oder bei kurzen Sport- und Vergnügungsfahrten. Eine besondere Notlage braucht nicht zu bestehen. Für die Zeugen gelten die Einschränkungen unter Rdn. 3 entsprechend.

Für das Seetestament gilt ebenfalls grundsätzlich, dass es nach 3 Monaten ungültig wird. Sticht der Erblasser jedoch vor dem Ablauf dieser Frist erneut in See, so beginnt die Drei-Monats-Frist mit der Beendigung der neuen Seereise erneut zu laufen (§ 2252 Abs. 3 BGB).

§ 107 Gemeinschaftliche Testamente von Ehegatten und Lebenspartnern

I. Grundlagen

1 1. Nur *Ehegatten und Lebenspartner* nach § 10 Abs. 4 LPartG (nicht auch Verlobte und Partner einer nichtehelichen Gemeinschaft) können ein gemeinschaftliches Testament errichten. – Testieren nicht berechtigte Personen in der Form des gemeinschaftlichen Testaments, so sind ihre Verfügungen gleichwohl grundsätzlich wirksam, wenn sie der für Einzeltestamente vorgeschriebenen Form entsprechen.[1] Für wechselbezügliche Verfügungen gilt dies nur unter bestimmten Voraussetzungen.[2]

2 2. Man unterscheidet

   a) Verfügungen, die in keiner inneren Beziehung zueinanderstehen,
   b) wechselbezügliche Verfügungen, die sich gegenseitig bedingen. Wechselbezüglich können nur Erbeinsetzungen, Vermächtnisse und Auflagen sein.

3 3. Vom Erbvertrag unterscheidet sich das gemeinschaftliche Testament dadurch, dass *jeder Erblasser wechselbezügliche Verfügungen auch ohne vorbehaltenes Rücktrittsrecht widerrufen* kann. Die Möglichkeit zum Widerruf ist unverzichtbar. Das wechselbezügliche Testament kann jedoch nur bei Lebzeiten beider von einem allein widerrufen werden und nur in der Form notarieller Beurkundung (§ 2271 i.V.m. § 2296 BGB). Eine ohne vorhergehenden Widerruf – errichtete neue letztwillige Verfügung alleine hebt eine wechselbezügliche Verfügung nicht auf (§ 2271 Abs. 1 Satz 2 BGB) Nach dem Tode eines Erblassers werden wechselbezügliche Verfügungen des anderen unwiderruflich (wie Verfügungen in einem Erbvertrag). Wenn in einem gemeinschaftlichen »Berliner Testament« an die Wiederverheiratung des überlebenden Ehegatten die Verpflichtung zur Auszahlung von Vermächtnissen in Höhe der gesetzlichen Erbteile geknüpft ist, so entfällt im Zweifel durch die Wiederverheiratung die Bindung des Überlebenden hinsichtlich der testamentarischen Verfügung über seinen eigenen Nachlass.[3] – Stets kann der Überlebende widerrufen, wenn er alles ihm Zugewendete fristgerecht ausschlägt (§ 2271 Abs. 2 Satz 1 Halbs. 2 BGB), nach der Annahme des ihm Zugewendeten nur bei Verfehlungen des Bedachten (§§ 2294, 2336 BGB). Durch die Vereinbarung eines beiderseitigen Rücktrittsrechts (§ 2293 BGB) kann die Bindungswirkung eines Erbvertrages der eines gemeinschaftlichen Testaments angeglichen werden. Das gemeinschaftliche Testament kann anders als der Erbvertrag eigenhändig errichtet werden.

4 4. Die Wechselbezüglichkeit wird durch die Testierenden festgelegt. Bei der Gestaltung gemeinschaftlicher Testamente ist ein besonderes Augenmerk darauf zu legen, welche Erbeinsetzungen, Vermächtnisse und Auflagen wechselbezüglich sind und welche nicht. Fehlt eine eindeutige Feststellung, stellt § 2270 BGB eine Vermutung auf. Für die *Wechselbezüglichkeit* spricht folgende Vermutung: bei gegenseitiger Begünstigung und bei Verfügungen zugunsten Verwandter des anderen Ehegatten oder sonst dem anderen Ehegatten Naheste-

---

[1] BGH NJW RR 1987, 1410.
[2] S. Palandt/*Edenhofer*, § 2265 BGB Rn. 3; Staudinger/*Kanzleiter*, § 2265 BGB Rn. 12.
[3] BayObLG DNotZ 1963, 115; OLG Karlsruhe NJW 1961, 1410.

hender (str.); § 2270 Abs. 2 BGB.[4] Für die Einsetzung der Verwandten des Überlebenden kann Wechselbezüglichkeit nicht angenommen werden. Gegen die Wechselbezüglichkeit spricht es, wenn jeder Ehegatte nur zugunsten seiner Verwandten testiert.

5. Soll der Nachlass beider Ehegatten nach dem Tode des Überlebenden an einen Dritten fallen, können bei unklarer Formulierung Zweifel entstehen, ob Schlusserbfolge (Erbeserbschaft) oder Vor- und Nacherbschaft gemeint ist. § 2269 BGB gibt folgende Auslegungsregel für die Schlußerbenfolgeregelung: Haben sich die Ehegatten als Alleinerben eingesetzt und bestimmt, dass nach dem Tode des Überlebenden der beiderseitige Nachlass an einen Dritten (z.B. die Kinder) fallen soll, so gilt dieser für den Gesamtnachlass als zum Erben des *zuletzt* Verstorbenen – sog. Schlusserbe – eingesetzt. – Der Schlusserbe des sog. Berliner Testaments hat vor dem Tode des längstlebenden Ehegatten mithin kein Anwartschaftsrecht, wie er es als Nacherbe hätte.

Der überlebende Ehegatte kann, wenn er wieder heiratet oder weitere Kinder bekommt, das sog. »Berliner Testament« wegen der wechselbezüglichen Verfügungen analog § 2281 BGB in Verbindung zu § 2079 BGB anfechten. Dann tritt ex post gesetzliche Erbfolge nach dem Erstverstorbenen ein. Das führt gewöhnlich zu schwierigen Rückabwicklungen. Wird die Anfechtbarkeit des »Berliner Testaments« ausgeschlossen, so kann der überlebende Ehegatte erster Ehe seinem zweiten Ehegatten nur den Pflichtteil hinterlassen. Das engt ihn stark in seiner Testierfreiheit ein. Behält er sich im »Berliner Testament« eine Änderungsbefugnis vor – etwa das Recht, einem zweiten Ehegatten die bewegliche Habe zu Eigentum und ein Wohnungsrecht zu vermachen –, und macht er davon Gebrauch, so kann der zweite Ehegatte diese Zuwendung ausschlagen und den sog. »kleinen« Pflichtteil, also (bei gesetzlichem Güterstand) neben Abkömmlingen $1/8$ vom Gesamtnachlass einschließlich des vom erstversterbenden Ehegatten erster Ehe Geerbten, und dazu den Zugewinnausgleich verlangen. Dies wiederum beeinträchtigt die Abkömmlinge aus der ersten Ehe vor allem dann erheblich, wenn ein Großteil des Vermögens von ihrem vorverstorbenen Elternteil stammt.

6. Eltern müssen damit rechnen, dass ihre Kinder beim Tode des erstverstorbenen Elternteils den *Pflichtteil* verlangen, also den Wert der Hälfte ihres gesetzlichen Erbteils, ohne – automatisch – ihre Erberwartung nach dem Überlebenden zu verlieren. Dies kann zu Schwierigkeiten führen, zumal wenn der Nachlass nicht aus Geld oder leicht realisierbaren Werten, sondern aus Grundbesitz oder Geschäftsvermögen besteht. Endgültig Abhilfe schaffen Pflichtteilsverzichtsvereinbarungen (s. dazu § 100 Rdn. 9 ff.). Alternativ können Pflichtteilsstrafklauseln angeordnet werden. Die Eltern können auch so testieren, dass die Kinder keinen Anreiz spüren, ihren Pflichtteil zu verlangen. Hierzu (den Pflichtteil zu verlangen) werden die Kinder aber neigen, wenn der überlebende Ehegatte im Testament als (durch Vermächtnisse zugunsten der Kinder nicht beschwert) *Alleinerbe* eingesetzt ist. Denn dann sind sie zunächst vollkommen enterbt und laufen Gefahr, dass der überlebende Ehegatte das Ererbte verbraucht oder unter Lebenden anderen überträgt. Ist eine *Wiederverheiratung* nicht unwahrscheinlich, so ist die Gefahr, dass die Kinder als Erben von dem Vermögen des zuerst verstorbenen Elternteils wenig erhalten werden, noch größer. Darin besteht das Risiko einer einfachen gegenseitigen Erbeinsetzung von Ehegatten.

Wenn den Eltern nur daran liegt, dass dem Überlebenden die Erträge des gemeinschaftlichen Vermögens verbleiben, kann die vermächtnisweise Zuwendung eines *Nießbrauchs* am Nachlass des Erstverstorbenen angeordnet werden, während die Kinder als Erben eingesetzt werden. Der überlebende Elternteil kann dann über den Stamm des Vermögens nicht verfügen. Die Kinder werden deshalb weniger geneigt sein, ihren Pflichtteil zu fordern, wenngleich sie vom Nachlass zunächst keinen Nutzen haben.

---

4 Wegen gewisser Klagebefugnisse Palandt/*Edenhofer*, § 2269 BGB Rn. 11.

9 Der nicht befreite Vorerbe hat eine dem Nießbrauch stark angenäherte Rechtsstellung. Auch die Sicherung der Kinder ist ähnlich wirkungsvoll wie beim Nießbrauch. Grundsätzlich ist deshalb die Einsetzung des Ehegatten zum nicht befreiten Vorerben eine Gestaltungsalternative zum Nießbrauchsvermächtnis. Dies gilt bei großen Nachlässen aber nicht, weil dadurch eine doppelte Erbschaftsbesteuerung ausgelöst wird. Soll der überlebende Ehegatte die Befugnis zu entgeltlichen Verfügungen ohne Zustimmung der Nacherben erhalten, so wird dies mit der befreiten Vorerbschaft erreicht, die noch um das Recht zum Verzehr des Nachlasses erweitert werden kann.

10 7. Um zu verhindern, dass durch die Wiederverheiratung des Längstlebenden der Nachlass des Erstversterbenden an andere Personen als an dessen Kinder gelangt, wird gelegentlich eine *Wiederverheiratungsklausel* aufgenommen. Mehrere Alternativen können hier in Erwägung gezogen werden:

11 a) Die durch die Wiederverheiratung auflösend bedingte Vollerbschaft wird mit einer aufschiebend bedingten Vorerbschaft kombiniert.[5] Die Nacherben können hinsichtlich des ganzen Nachlasses oder nur eines Bruchteils eingesetzt werden, sodass der überlebende Ehegatte hinsichtlich des anderen Teils entweder Vorerbe bis zum Tode bleibt oder definitiv Vollerbe wird.

12 Der überlebende Ehegatte unterliegt hier trotz der auflösend bedingten Vollerbeinsetzung von vornherein allen Beschränkungen des Vorerben. Seine Stellung ist zugunsten der Kinder erheblich eingeschränkt. Soweit nach § 2136 BGB zulässig, kann ihm von allen oder einzelnen Beschränkungen Befreiung erteilt werden.

13 b) Alternativ kann auch sofort eine Nacherbfolge zugunsten der Abkömmlinge angeordnet werden, die mit Wiederverehelichung eintritt.

14 c) Stattdessen kann der Ehegatte bis zur Wiederverehelichung als befreiter Vorerbe eingesetzt werden und angeordnet wurde, dass die Befreiung mit Wiederverehelichung entfällt, während die Nacherbfolge erst mit dem Tod des Vaters eintritt.

15 d) Der überlebende Ehegatte wird hinsichtlich des ganzen Nachlasses zum definitiven Vollerben berufen. Die Kinder erhalten durch die Wiederverheiratung bedingte Vermächtnisse, sei es in Geld, in sonstigen Gegenständen oder im Wert eines Bruchteils des Nachlasses.

16 e) Allgemein spricht gegen Wiederverehelichungsklauseln: Sie führen den Überlebenden in die Versuchung, der Wiederverheiratung ein (gesellschaftlich völlig akzeptiertes) eheähnliches Verhältnis vorzuziehen. Dies löst die Folgen nicht ohne Weiteres aus, wenn es der Wiederverehelichung nicht durch eine entsprechende Anordnung, auch im Wege der Auslegung gleichgestellt ist.

17 Problematisch ist die Auswirkung der Wiederverheiratungsklausel und der Wiederheirat auf die Verfügungen, die der überlebende Ehegatte selbst im Testament getroffen hat. Nach h.M. führt die Wiederverheiratung regelmäßig zum Wegfall der Bindung des Überlebenden bezüglich seiner wechselbezüglichen Verfügungen, die er dann ändern oder aufheben kann.

---

5 S. zum Meinungsstand darüber Palandt/*Edenhofer*, § 2269 BGB Rn. 16 ff.

II. Einzelne Formulierungsbeispiele

Gemeinschaftliches Testament kinderloser Ehegatten ohne Bindung des Überlebenden

Bei kinderlosen Ehegatten, zumal wenn das Vermögen im Wesentlichen während der Ehe erworben wurde, soll der Überlebende in der Regel in den Stand gesetzt werden, über das beiderseitige Vermögen unter Lebenden und von Todes wegen nach seinem Ermessen zu verfügen, auch wenn Eltern als Pflichtteilsberechtigte vorhanden sind. **18**

Beurkundet am ..... in ..... durch ..... in Anwesenheit von ..... **19 M**
[Personalien der Beteiligten]
Die Erschienenen erklärten:
Wir wollen ein gemeinschaftliches Testament errichten und sind durch frühere Verfügungen von Todes wegen daran nicht gehindert. Wir sind beide Deutsche und haben unseren gewöhnlichen Aufenthalt in Deutschland. Wir wünschen nicht, dass Zeugen oder ein 2. Notar zu dieser Verhandlung hinzugezogen werden.
Der Notar überzeugte sich durch die Verhandlung von der erforderlichen Testierfähigkeit der Erblasser. Die Zuziehung von Zeugen oder eines 2. Notars war nicht erforderlich.
Die Beteiligten erklärten mündlich ihren letzten Willen wie folgt:
Wir setzen uns im Wege wechselbezüglicher Verfügungen nach § 2270 Abs. 1 BGB gegenseitig zu Alleinerben ein, unabhängig davon, ob Eltern als Pflichtteilsberechtigte vorhanden sind. Der Überlebende wird durch Vermächtnisse oder Auflagen nicht beschwert. Bestimmungen für den 2. Todesfall oder für den Fall, dass wir gleichzeitig versterben, werden nicht gefasst. Der Überlebende soll völlig frei bestimmen, wer Erbe beim 2. Todesfall wird. Wir kennen die Folgen, wenn eine solche Bestimmung unterbleibt.

Wechselbezügliches Testament kinderloser Ehegatten mit Einsetzung eines Schlusserben ohne Bindung des Überlebenden

..... Wir setzen uns gegenseitig zu alleinigen Erben ein. Der Überlebende wird durch Vermächtnisse oder Auflagen nicht beschwert. **20 M**
Schlusserbin beim 2. Todesfall (Alleinerbin des Überlebenden) von uns wird unsere Pflegetochter, Frau .....
Diese beerbt einen jeden von uns, wenn wir gleichzeitig oder aufgrund derselben Gefahr versterben.
Wenn diese uns beide nicht überlebt, so werden Ersatzerben ..... Die o.a. Erbeinsetzungen beim 1. Todesfall sind wechselbezüglich i.S.d. § 2270 Abs. 1 BGB. Die Regelung der Schlusserbfolge ist von jedem von uns einseitig testamentarisch ohne Wechselbezüglichkeit verfügt.

Wechselbezügliches Testament kinderloser Ehegatten mit beschränkter Testierfreiheit des Überlebenden

Der Überlebende sollte in der Regel nicht völlig in seiner Testierfreiheit beschränkt werden, denn im Laufe der Zeit können sich insbesondere die Vermögenslage und die persönlichen **21**

Beziehungen grundlegend ändern. Solche Abänderungsbefugnisse sind möglich, werfen aber folgende rechtliche Probleme auf.[6]

1. Unproblematisch möglich ist es, die Verfügung, die einseitig geändert werden kann, als einseitige, nicht wechselbezügliche Verfügung anzuordnen. Dann hat die spätere Änderung durch einen Ehegatten keine Auswirkungen auf die Verfügung des anderen Ehegatten. Die Änderung kann dann aber auch schon zu Lebzeiten des anderen Ehegatten ohne dessen Wissen erfolgen.
2. Möglich ist es auch, dem Ehegatten zwar die einseitige Änderung einer wechselbezüglichen Verfügung zu gestatten, aber mit der Folge, dass dann die Verfügungen des anderen Ehegatten, die damit im Wechselbezug standen (ggf. nach dem Tod des anderen Ehegatten) unwirksam werden (§ 2270 Abs. 1 BGB).
3. Schließlich ist es möglich, dem Ehegatten nicht nur die einseitige Wirkung einer wechselbezüglichen Verfügung zu gestatten, sondern auch die Rechtsfolge des § 2270 Abs. 1 BGB dahin gehend einzuschränken, dass die Änderung nicht zur Unwirksamkeit der wechselbezüglichen Verfügung führt. Ein Unterschied zu (1) besteht dann, wenn die Änderungsbefugnis erst nach dem 1. Todesfall eingeräumt wird.

22 M 1. Wir setzen uns beim 1. bei uns eintretenden Todesfall gegenseitig zu alleinigen Erben ein. Der Überlebende wird durch Vermächtnisse oder Auflagen nicht beschwert.
2. Nach dem Tode des Letztversterbenden soll unser beiderseitiger Nachlass an den Schlusserben A., den Neffen des Ehemanns, fallen, ersatzweise an dessen Abkömmlinge zu unter sich gleichen Teilen nach Stämmen.
3. Der Überlebende kann dieses Testament hinsichtlich der Erbeinsetzung nicht ändern. Alle o.a. Erbeinsetzungen sind wechselbezüglich i.S.d. § 2270 Abs. 1 BGB. Er ist jedoch berechtigt, einem ihn etwa überlebenden weiteren Ehegatten das bewegliche Vermögen zu Eigentum und am unbeweglichen ein Nießbrauchsrecht oder ein Wohnungsrecht in unserem Hause ..... zu vermachen. Übt er das Recht aus, bleibt er aber uneingeschränkter Erbe des Erstversterbenden.

Wechselbezügliches Testament, Vor- und Nacherbschaft zugunsten gemeinsamer Kinder beim 1. Todesfall

23 M .....
1. Wir setzen uns gegenseitig wechselbezüglich zu Alleinerben ein. Der Überlebende von uns wird durch Vermächtnisse oder Auflagen nicht beschwert. Sollten beim 1. bei uns vorhandenen Todesfall gemeinschaftliche Abkömmlinge vorhanden sein, gelten ergänzend die Bestimmungen in Abschnitt 2
2. a) Für den Fall, dass beim Tode des Erstversterbenden gemeinschaftliche Abkömmlinge vorhanden sind, wird der Überlebende nur Vorerbe des Erstversterbenden. Er ist in diesem Fall von den gesetzlichen Beschränkungen und Verpflichtungen der §§ 2113 ff. BGB befreit, soweit ihm Befreiung erteilt werden kann. Nacherben sind unsere gemeinschaftlichen Abkömmlinge nach den Regeln der gesetzlichen Erbfolge. Die Nacherbanwartschaften sind nicht vererblich und nicht übertragbar. Der Nacherbfall tritt mit dem Tode des Vorerben ein. Das bewegliche Vermögen wendet der Erstversterbende dem Überlebenden als Vorausvermächtnis zur freien Inhaberschaft bzw. zu freiem Eigentum zu.
b) Unsere gemeinschaftlichen Abkömmlinge nach den Regeln der gestzlichen Erbfolge werden auch Schlußerben des Überlebenden, die durch Vermächtnisse nicht beschwert werden.
c) Die Bestimmungen in a) und b) dieses Abs. 2 sind wechselbezüglich.

---

6 S. dazu Palandt/*Edenhofer*, § 2271 BGB Rn. 19 ff.

Gemeinschaftliche Testamente von Ehegatten und Lebenspartnern § 107

3. Sollten keine gemeinsamen Abkömmlinge von uns vorhanden sein, gilt für den 2. Todesfall:
Wenn wir weder gemeinschaftlich eine andere Verfügung treffen noch der Überlebende von uns, was ihm uneingeschränkt gestattet ist, so soll der Gesamtnachlass des Überlebenden an die Verwandten eines jeden von uns je zur Hälfte fallen, die gesetzliche Erben geworden wären, wenn wir beide zum Zeitpunkt des Todes des Überlebenden von uns gleichzeitig verstorben wären. Diese werden die Schlusserben des Längerlebenden von uns. Sie werden durch Vermächtnisse oder Auflagen nicht beschränkt. Auch dies wird grundsätzlich wechselbezüglich verfügt. Wenn der Überlebende von uns nach dem Tod des Erstversterbenden von seiner Änderungsbefugnis Gebrauch macht, hat dies auf die Wirksamkeit der weiteren letztwilligen Verfügungen der Urkunde keine Auswirkungen.

Ehegatten setzen die gemeinsamen Kinder jeweils zu Erben ein und vermachen sich gegenseitig den Nießbrauch

..... **24 M**

1. Erben eines jeden von uns werden – beim 1. Todesfall unter ausdrücklicher Übergehung des überlebenden Ehegatten – unsere gemeinsamen Kinder zu gleichen Teilen; wenn ein Kind unter Hinterlassung von Abkömmlingen vorverstorben ist, treten diese zu unter sich gleichen Teilen nach Stämmen an seine Stelle. Sonst tritt Anwachsung an die überlebenden Kinder ein.
2. Der Überlebende von uns erhält als Vermächtnis das gesamte bewegliche Vermögen des Erstversterbenden zu Eigentum bzw. als Inhaber und den Nießbrauch am unbeweglichen Vermögen des Erstversterbenden. Für den Nießbrauch gelten die gesetzlichen Bestimmungen.
3. Wenn der Überlebende noch einmal heiratet, erlischt das Nießbrauchsrecht mit Eheschließung vorzeitig. Wir haben zur gesonderten notariellen Urkunde auf weitergehende Pflichtteilsansprüche gegenseitig verzichtet.
4. Der Überlebende von uns bestimmt für den Fall, dass beim 2. Todesfall gemeinschaftliche Abkömmlinge vorhanden sind, diese zu unter sich gleichen Teilen nach Stämmen zu seinem Erbe. Die Erben werden durch Vermächtnisse oder Auflagen nicht beschwert.
5. Alle o.a. Erbeinsetzungen und Vermächtnisse sind wechselbezüglich.

Berliner Testament mit Erschwerung des Pflichtteilsverlangens der Kinder (Jastrowsche Klausel)

..... **25 M**

1. a) Wir setzen uns gegenseitig beim 1. Todesfall zu alleinigen Erben ein. Der Überlebende wird durch Vermächtnisse oder Auflagen grundsätzlich nicht beschwert.
b) Erben des Längstlebenden von uns werden unsere Kinder ..... zu gleichen Teilen. An die Stelle vorverstorbener Kinder treten deren Abkömmlinge zu unter sich gleichen Teilen nach Stämmen. Hinterlässt ein vorverstorbenes Kind keine Abkömmlinge, tritt Anwachsung ein. Auch die Schlusserben werden durch Vermächtnisse oder Auflagen grundsätzlich nicht beschwert.
2. Wenn eines unserer Kinder nach dem Erstversterbenden von uns den Pflichtteil fordert, gilt: Die Kinder, die den Pflichtteil nicht verlangen, erhalten aus dem Nachlass des Erstversterbenden ein Vermächtnis, das für jedes Kind so groß sein soll, wie der Wert seines Erbanteils bei gesetzlicher Erbfolge unter Übernahme der Pflichtteilslast auf die Kinder sein würde. Die Vermächtnisse sollen sofort beim Tode des Erstversterbenden anfallen, aber erst beim Tode des Letztlebenden ausgezahlt werden.

Wegmann

3. Sollten alle Kinder den Pflichtteil verlangen, so sollen die Unterschiede zwischen dem Wert der gesetzlichen Erbteile aller Kinder und den Pflichtteilen als Vermächtnisse aus dem Nachlass des Erstversterbenden an unsere beiderseitigen Neffen und Nichten ..... fallen. Auch hier soll der Anfall beim Tode des Erstversterbenden, die Auszahlung aber erst nach dem Tode des Letztlebenden erfolgen.
4. Das Kind, das den Pflichtteil verlangt, soll samt seinen Nachkommen auch vom Nachlass des Überlebenden nur den Pflichtteil erhalten, sofern der Überlebende nichts anderes bestimmt. Über das hierdurch frei werdende Vermögen kann der Überlebende nach Belieben von Todes wegen verfügen .....
5. Die Erbeinsetzung und Vermächtnisse nach Abs. 1 -3 sind im Wege wechselbezüglicher Verfügungen angeordnet.

26 Die Berechnung, die ein Kind anzustellen hat, wenn es bei der nachstehenden Anordnung den Pflichtteil fordern will, ergibt sich aus folgendem Beispiel, bei dem unter den Ehegatten der gesetzliche Güterstand unterstellt wird:
Bei *erhöhtem* (½) Erbteil eines in *Zugewinngemeinschaft* verwitweten Ehegatten:

27 100.000 € Nachlass des Erstversterbenden, vier Kinder. Dem überlebenden Ehegatten stünden 50.000 € zu. Eines der Kinder verlangt den Pflichtteil. Sein Erbteil würde ausmachen ¼ von ½, sein Pflichtteil also $1/_{16}$ = 6.250 €. Die Vermächtnisse der anderen drei Kinder betragen gemeinsam 50.000 – 6.250 = 43.750 € und für jedes einzelne Kind 14.583,33 €.

28 Hinterlässt der überlebende Ehegatte die ererbten 100.000 € abzüglich des ausgezahlten Pflichtteils von 6.250 € = 93.750 €, so beträgt der Pflichtteil dieses Kindes davon 93.750 – 43.750 € Vermächtnisanspruch = 50.000: 4: 2 = 6.250 €. – Das Kind, das den Pflichtteil gefordert hat, erhält also nach beiden Eltern zusammen 12.500 €. Die drei anderen erhalten zu dem Vermächtnis von je 14.583,33 € nach dem Erstverstorbenen weitere 43.750: 3 = 14.583,33 €, also nach beiden Eltern zusammen 29.166,66 €. – Ohne die Vermächtnisse würde das Kind, das den Pflichtteil verlangt hat, nach dem Überlebenden 93.750: 8 = 11.718,75 € und nach den Eltern zusammen 17.968,75 € erhalten.

29 Der Vorteil der abwartenden Kinder erhöht sich noch, wenn zum ererbten eigenes Vermögen des Überlebenden oder späterer Erwerb hinzukommt. Ferner kann die Wirkung der sog. Jastrowschen Klausel noch dadurch verstärkt werden, dass die Vermächtnisse verzinslich und die Zinsen zusammen mit dem Kapital fällig gestellt werden.

Wiederverheiratung – Quotenvermächtnis – Pflichtteilserschwerung

30 M .....
1. Wir setzen uns gegenseitig wechselbezüglich zu Vollerben ein. Abgesehen von Nr. 3 wird der Überlebende durch Vermächtnisse nicht beschwert.
2. Nach dem Überlebenden werden unsere gemeinsamen Abkömmlinge zu unter sich gleichen Teilen nach Stämmen dessen Erben, ersatzweise deren Abkömmlinge. Auch dies wird unbeschadet der Bestimmung in Abs. 3 grundsätzlich wechselbezüglich verfügt.
3. Wenn der Überlebende von uns wieder heiratet, hat er den Kindern die Hälfte von dem Wert, den der Nachlass des Erstverstorbenen im Zeitpunkt des Erbfalls gehabt hat, als Vermächtnis auszahlen, und zwar jedem Kind einen gleichen Anteil.
Mit der Wiederverheiratung des Überlebenden hört seine Bindung an dieses Testament auf. Er ist dann zu Änderungen und Aufhebungen der Bestimmungen in Nr. 2 oben befugt; diese führen nicht dazu, dass seine Alleinerbenposition nach Nr. 1 wegfällt.
4. Der Überlebende hat den Nachlass auf den Erbfalltag nach Umfang und Wert festzustellen. Er hat hinsichtlich des Grundbesitzes einen vereidigten Sachverständigen hinzuzuziehen und wegen Konten und Depots die Unterlagen aufzubewahren.

5. Wenn einer unserer Abkömmlinge aus dem Nachlass des Erstversterbenden seinen Pflichtteil verlangt, ist der Überlebende berechtigt, diesen Abkömmling und dessen Abkömmlinge auch beim 2. Todesfall von der Erbfolge auszuschließen und über dessen Erbteil nach Belieben anderweitig zu verfügen.

Befreite Vorerbschaft – Wiederverheiratung – Testamentsvollstrecker – Bedingte Vollerbschaft

31 M

.....
1. Wir setzen uns gegenseitig beim 1. Todesfall zu Vorerben ein. Die Nacherbfolge tritt grundsätzlich mit dem Tod des Vorerben ein. Nr. 4 unten bleibt davon unberührt. Der Vorerbe ist von den Beschränkungen und Verpflichtungen insoweit befreit, als es das Gesetz zulässt. Ihm sollen alle Rechte zustehen, die ihm nach dem Gesetz zustehen können, einschließlich des Rechts zum Verzehr des Nachlasses.
2. Nach dem Tode des Längstlebenden werden unsere Kinder, nämlich ....., sowie diejenigen Kinder, die uns etwa noch geboren werden sollten, zu gleichen Teilen Nacherben des Erstversterbenden. Beim Wegfall eines Kindes sowohl vor dem Erbfall als auch vor dem Nacherbfall treten seine Abkömmlinge an seine Stelle. Die Nacherbanwartschaften sind nicht vererblich und nicht übertragbar.
3. Die dem Erstversterbenden gehörenden Haushaltsgegenstände erhält der überlebende Ehegatte als Vorausvermächtnis zu freiem Eigentum.
4. Wenn der Überlebende von uns wieder heiratet, behält er die Hälfte des Nachlasses als Vorerbe. Wegen des übrigen Nachlasses des Erstversterbenden tritt die Nacherbfolge bereits mit Wiederverehelichung ein.
5. Wenn eines unserer Kinder vom Nachlass des Erstversterbenden seinen Pflichtteil fordert, so soll es auch vom Nachlass des Überlebenden nur den Pflichtteil erhalten. Der Überlebende soll dies widerrufen können.
6. Zum Testamentsvollstrecker für die Dauer der Vorerbschaft und zur Wahrnehmung der Rechte der Nacherben sowie zur Erfüllung ihrer Pflichten, insbesondere zur Abgabe von Erklärungen für die Nacherben, bestellen wir ..... Der Testamentsvollstrecker soll auch die Auseinandersetzung im Falle der Wiederverheiratung des Überlebenden vornehmen. Er erhält ein einmaliges Honorar von 3 % des Bruttoverkehrswerts der Nachlassteile, auf den sich seine Tätigkeit bezieht. Fällt der berufene Testamentsvollstrecker weg, soll das Nachlassgericht einen Nachfolger bestellen.
7. Für den Fall, dass der Überlebende weder einen Ehegatten noch andere als gemeinschaftliche Abkömmlinge hinterlässt, soll er, sofern er ausschließlich zugunsten gemeinschaftlicher Abkömmlinge verfügt, insoweit Vollerbe gewesen sein, also auch von Todes wegen über Nachlassgegenstände des Erstversterbenden verfügen können. Dasselbe gilt, wenn der Überlebende unser Hausgrundstück in ..... auf einen gemeinschaftlichen Abkömmling zu Lebzeiten überträgt, was er auch schenkweise kann.
8. Die Bestimmungen in Nrn. 1, 2, 3, 4, und 7 sind wechselbezügliche Verfügungen von Todes wegen i.S.d. § 2270 BGB.
9. Der Überlebende beruft einseitig, also frei widerruflich, seine Abkömmlinge nach den Regeln der gesetzlichen Erbfolge zu seinen Erben.

III. Kosten

Für die Kosten beim Notar und beim Nachlassgericht gelten grds. die Ausführungen zu § 103 Rdn. 22 ff. entsprechend. Für den Geschäftswert ist zu berücksichtigen, dass das Vermögen beider Ehegatten/Lebenspartner zugrunde zu legen ist, soweit darüber verfügt wird.

32

§ 108 Erbvertrag

I. Form

1 Erforderlich ist notarielle Beurkundung bei gleichzeitiger Anwesenheit beider Teile. Der Erblasser muss den Vertrag persönlich schließen; der Vertragspartner, wenn er selbst keine letztwilligen Verfügungen trifft, kann vertreten werden.

2 Wer testiert, muss im Allgemeinen voll geschäftsfähig sein (§ 2275 BGB); jeder Erblasser muss persönlich anwesend sein (§ 2274 BGB). Wer nur mitwirkt, um die Verfügung des Testierenden *bindend* zu machen, kann sich vertreten lassen.

II. Wesen

3 **1.** Der Erbvertrag ist im Gegensatz zum gemeinschaftlichen Testament grundsätzlich unwiderruflich. Allerdings kann die *Bindung* an den Erbvertrag durch die Vereinbarung eines beiderseitigen oder einseitigen, bedingten oder unbedingten Rücktrittsrechts (§ 2293 BGB) sowie vor allem durch den Vorbehalt der einseitigen Änderung oder Aufhebung der Verfügungen etwa des überlebenden Ehegatten praktisch beliebig gelockert und demnach auch auf diejenige an ein gemeinschaftliches Testament beschränkt werden. Anders als das gemeinschaftliche Testament kann der Erbvertrag mit güterrechtlichen, eherechtlichen, schuldrechtlichen und sachenrechtlichen Vereinbarungen kombiniert werden. Er kann in der (kostenfreien) Verwahrung des Notars bleiben; eine Hinterlegung beim Nachlassgericht ist nicht vorgeschrieben.

4 Durch Erbvertrag können nur
– *Erbeinsetzungen,*
– *Vermächtnisse* und
– *Auflagen*
vertragsmäßig, also unwiderruflich, angeordnet werden (§ 2278 Abs. 2 BGB), nicht andere Verfügungen, z.B. Pflichtteilsentziehung, Einsetzung eines Testamentsvollstreckers. Diese bleiben immer einseitig, d.h. bis zum Tode des entsprechenden Erblassers widerruflich (§ 2299 BGB). Es ist erforderlich, im Erbvertrag selbst klarzulegen, welche Verfügungen vertragsmäßig sein sollen. Denn eine Erbeinsetzung oder Vermächtnisanordnung ist nicht schon deshalb, weil sie in einem Erbvertrag steht, als vertragsmäßige Verfügung anzusehen. Wenn z.B. ein Verwandter des einen Erblassers zum Erben eingesetzt ist, so ist diese Anordnung, an der nur dieser Erblasser ein Interesse hat, im Zweifel eine testamentarische und als solche einseitig widerruflich.

5 Wenn *beide* Vertragsparteien von Todes wegen verfügen liegt nach § 2298 BGB ein gegenseitiger Erbvertrag vor, bei dem die Unwirksamkeit einer Verfügung oder beim Rücktritt der ganze Vertrag unwirksam wird, unabhängig davon, wer wen bedacht hat (also anders als beim gemeinschaftlichen Testament, wo es auf die Wechselbezüglichkeit ankommt). In dem Erbvertrag müssen aber nicht beide Vertragsparteien letztwillig verfügen. Der andere Vertragsteil, mit dem der Erblasser den Erbvertrag schließt, braucht keinerlei Verfügung von Todes wegen zu treffen. Er kann ein beliebiger Dritter sein, wenn er nur mitwirkt, um die Verfügung des Erblassers *bindend* zu machen.

6 Auch *mehr* als zwei Beteiligte können einen Erbvertrag schließen, und zwar als Erblasser wie als Bedachte oder nur zur Bindung Hinzugezogene.

Einen Anspruch oder auch nur ein rechtlich gesichertes Anwartschaftsrecht hat ein in einem Erbvertrag Begünstigter vor dem Erbfall nicht, sodass eine Sicherung durch Eintragung einer Vormerkung nicht möglich ist.

Der in einem Erbvertrag Begünstigte (oder der sonstige Partner des Vertrages) kann sich zu *Leistungen* an den Erblasser, dieser kann sich zu Leistungen an den Partner oder einen Dritten oder auch zu einem Unterlassen (etwa der Belastung oder Veräußerung des zugesprochenen Grundstücks ohne Zustimmung des Partners, bei Verstoß dagegen zur Auflassung bei Lebzeiten, gesichert durch eine Auflassungsvormerkung) verpflichten. Auch wenn das in derselben Urkunde geschieht, braucht die Verpflichtung keine rechtliche Einheit mit dem Erbvertrag zu bilden und bedarf dann nicht der Form des § 2276 BGB.[1]

Vertragsmäßige Verfügungen von Todes wegen können vom Erblasser grundsätzlich nur nach §§ 2290 bis 2292 BGB (grundsätzlich nur durch neuen Erbvertrag zu Lebzeiten der Vertragsparteien mit Erleichterungen für Vermächtnisse und Auflagen und für Ehegatten) aufgehoben werden. Sonst hat der Erblasser nur die Möglichkeit sich davon zu lösen, wenn nach §§ 2293 bis 2295 BGB ein Rücktritt möglich ist oder ihm die Änderung gestattet wurde (s.u.). Eine einfache Änderung durch eine spätere (einseitige) Verfügung von Todes wegen ist nach § 2289 Abs. 1 Satz 2 BGB unwirksam.

2. Der durch Erbvertrag gebundene Erblasser ist nicht gehindert, den *Erbverzicht* seines Ehegatten gem. § 2351 BGB wieder aufzuheben.[2] Auch ohne einen derartigen Aufhebungsvertrag ist der dem Vertragserben gem. § 2287 BGB zukommende Schutz soweit eingeschränkt, wie dem Erblasser der Weg des § 2351 BGB offen gestanden hätte.[3]

3. Der Erblasser kann grundsätzlich *unter Lebenden* über sein Vermögen verfügen insbesondere dies verbrauchen. Hat der Erblasser »in der Absicht, den Vertragserben zu beeinträchtigen« eine Schenkung gemacht, so kann der Vertragserbe, nachdem der Erbfall eingetreten ist, von dem Beschenkten die Herausgabe des Geschenks nach den Vorschriften über die ungerechtfertigte Bereicherung verlangen« (§ 2287 BGB).

Dieser Tatbestand ist nach der für § 2287 BGB maßgeblichen Rechtsprechung erfüllt, wenn für die Schenkung oder gewünschte Schenkung kein »lebzeitiges Eigeninteresse« des Erblassers besteht. Dem Vermächtnisnehmer gibt eine absichtliche Beeinträchtigung des Bedachten durch den Erblasser einen Ersatzanspruch (§ 2288 BGB). Die Beeinträchtigungsabsicht wird angenommen, sofern der Beschenkte nicht beweisen kann, dass der Erblasser ein eigenes lebzeitiges Interesse an der Schenkung hatte.

III. Aufhebung und Rücktritt

Siehe dazu § 101 Rdn. 21 ff.

IV. Anfechtung

Anfechtbar ist ein Erbvertrag wegen Irrtums – auch Motivirrtums –, Drohung oder Übergehens eines Pflichtteilsberechtigten (§§ 2281 bis 2285 i.V.m. §§ 2078, 2079 BGB). Ein die Anfechtung eines Erbvertrages begründender Inhaltsirrtum liegt auch dann vor, wenn sich der Erblasser beim Abschluss des Erbvertrages über dessen rechtliche Tragweite, insbeson-

---

[1] BGH DNotZ 1962, 319.
[2] BGHZ 77, 264.
[3] BGH DNotZ 1981, 49.

§ 108 Erbvertrag

dere über die eintretende Bindungswirkung, nicht im klaren war. – Die Anfechtung ist dem anderen Vertragsteil bei dessen Lebzeiten zu erklären. Wenn nach dessen Tode wegen der Verfügung zugunsten Dritter eine Anfechtung erfolgen soll, ist diese dem Nachlassgericht gegenüber zu erklären (§ 2281 Abs. 2 BGB). Der Erblasser muss sie persönlich zu notarieller Urkunde erklären (§ 2282 BGB), die Urkunde dem Anfechtungsgegner in *Ausfertigung* zugehen. Nach dem Tode des anderen Vertragsschließenden teilt sie das Nachlassgericht den Betroffenen mit (§ 2281 Abs. 2 Satz 2 BGB).

14 Auf das Anfechtungsrecht kann der Erblasser im Erbvertrag verzichten.

V. Verschließung und Verwahrung

15 1. Der Erbvertrag ist wie das Testament in einen zu beschriftenden Umschlag mit dem Amtssiegel zu verschließen und unverzüglich in amtliche Verwahrung zu bringen, worüber ein Vermerkblatt anzufertigen ist. Wenn beide Vertragsteile es verlangen, unterbleibt jedoch die amtliche Verwahrung (§ 34 Abs. 2, 3 BeurkG). Dieses Verlangen gilt bei der Verbindung mit einem anderen Vertrag in derselben Urkunde, z.B. mit einem Ehevertrag, als gestellt (§ 34 Abs. 2 Hs. 2 BeurkG). Der Erbvertrag bleibt dann zunächst wie die Urschrift einer rechtsgeschäftlichen Verhandlung unter Lebenden in der Verwahrung des Notars, also in seiner Urkundensammlung. – Der Notar hat über Erbverträge, die er in Verwahrung nimmt, ein Verzeichnis zu führen (§ 5 Abs. 1 Nr. 4, § 9 DONot). Die Eintragungen sind jahrgangsweise mit laufenden Nummern zu versehen. In das Verzeichnis sind aufzunehmen:
– die Namen der Erblasser,
– ihr Geburtsdatum,
– der Tag der Beurkundung,
– die Nummer der Urkundenrolle.

16 Falls der Erbvertrag später in besondere amtliche Verwahrung gebracht oder an das Gericht abgeliefert wird, sind im Verzeichnis dieses Gericht und der Tag der Abgabe zu vermerken (§ 9 Abs. 3 DONot).

Verzeichnis der Erbverträge 2008

17 M

Lfd. Nr.	Name des Erblassers	Geburtsdatum	Tag der Ausstellung der Urkunde	Nr. der Urkundenrolle	In besondere amtl. Verwahrung abgeliefert an (Gericht)	Tag der Abgabe

18 Anstelle des Verzeichnisses kann der Notar die Ausdrucke der Bestätigungen des Zentralen Testamentsregisters über die Registrierung der Erbverträge in einer Kartei aufbewahren. Die einzelnen Verwahrungsnachrichten sind in zeitlicher Reihenfolge zu ordnen und mit laufenden Nummern zu versehen. Bei der Abgabe der Urkunden gem. § 51 BNotO sind die Durchschriften der Verwahrungsnachrichten über die noch nicht abgelieferten Erbverträge an die verwahrende Stelle zu übergeben. – Der Notar hat das Verzeichnis über die Erbverträge oder die vorgenannten Durchschriften am Jahresende auf solche uneröffneten Erbverträge durchzusehen, die wegen Zeitablaufs (älter als 30 Jahre) an das Nachlassgericht zur Eröffnung einzureichen sind (§ 20 Abs. 5 DONot).

Der Notar übermittelt an die bei der Bundesnotarkammer geführte Registerbehörde »Zentrales Testamentsregister« elektronisch die Verwahrangaben (§ 78b Abs. 2 Satz 2 BNotO). Für sämtliche Erblasser sind getrennte Benachrichtigungen vorzunehmen. **19**

2. Nach Eintritt des Erbfalls hat der Notar den Erbvertrag an das Nachlassgericht abzuliefern, in dessen Verwahrung er verbleibt (§ 34a Abs. 3 Satz 1 BeurkG). Bei der Ablieferung hat der Notar eine beglaubigte Abschrift nebst Kostenberechnung zu der Urkundensammlung zu nehmen. **20**

Da es in den meisten Erbfällen der Hilfe des Notars bedarf, etwa für einen Erbscheinsantrag, die Grundbuchberichtigung, eine Vermächtniserfüllung oder auch die Erbschaftsteuererklärung, ist es üblich und standesrechtlich unbedenklich, dass der Notar, bevor er den Erbvertrag abliefert, den Erben bzw. den Testamentsvollstrecker auf die erforderlichen Schritte hinweist. Oft wird der Notar dann mit der Besorgung der Erbvertragseröffnung beauftragt. Dazu bedarf es einer Sterbeurkunde des Erblassers sowie der Namen und Anschriften aller gesetzlichen Erben und ggf. der Anschriften der im Erbvertrag bedachten Personen. **21**

Eröffnungsantrag zu einem Erbvertrag

An das
Amtsgericht
– Nachlassgericht –
in .....
Betr.: Nachlass .....
Als Anlage übersende ich den Erbvertrag vom ..... – meine UR.Nr. ..... für ..... – mit dem Antrag auf Eröffnung. Eine Sterbeurkunde des Erblassers ist beigefügt. Den Eingang der Unterlagen bitte ich, auf der beigefügten Durchschrift zu bestätigen.
Gesetzliche Erben sind:
1. .....
2. .....
3. .....
Der Bedachte Johann Schmitz wohnt jetzt in .....
Von der Eröffnung bitte ich mich zu benachrichtigen.
Die Kosten trägt .....
Der Wert des Nachlasses nach Abzug der Verbindlichkeiten ist etwa ..... €.

....., Notar

22 M

■ *Kosten.* Geschäftswert des Notars § 103 Abs. 1 GNotKG; Gebühr Nr. 21201 KV GNotKG: 0,5.

3. Nach § 2300 Abs. 2 BGB kann ein Erbvertrag, der Verfügungen von Todes wegen enthält den Vertragsschließenden bei gerichtlicher Verwahrung beim Gericht und die notarielle Verwahrung zurückverfolgt werden. In diesem Fall gilt er nach § 2256 Abs. 1 S. 1 BGB als widerrufen, weswegen das Gericht bzw. der Notar darüber belehren und dies auf der Urkunde vermerken soll. **23**

Bei der Gestaltung von Erbverträgen ist darauf zu achten, dass klar definiert wird, ob vertragsmäßige Verfügungen vereinbart sind oder nicht und wem gegenüber vertragsmäßige Verfügungen Bindungswirkung haben. Wegen der inhaltlichen Ausgestaltung i.Ü. gelten §§ 105 und 106 oben entsprechend. Deshalb folgen hier wenige Muster:

§ 108 Erbvertrag

Erbvertrag eines kinderlosen Ehepaares – Änderungsvorbehalt

24 M .....
1. Wir setzen uns gegenseitig als Alleinerben ein. Diese Bestimmung soll eine vertragsmäßige mit gegenseitiger Bindungswirkung sein.
2. Erben des Überlebenden sollen zu gleichen Teilen sein: ....., ersatzweise deren Abkömmlinge nach den Regeln der gesetzlichen Erbfolge.
3. Auch die Bestimmung in Abschnitt 2 ist grds. vertragsmäßig mit gegenseitiger Bindung getroffen. Der Überlebende behält sich aber das Recht vor, seine Verfügungen beliebig einseitig testamentarisch aufzuheben oder zu ändern.

Erbvertrag unter Partnern einer nichtehelichen Lebensgemeinschaft

25 Ein gemeinschaftliches *Testament* können nur Eheleute und Partner einer Lebenspartnerschaft errichten (§ 2265 BGB). Einen Erbvertrag können auch andere Personen schließen.

26 M Wir schließen folgenden

Erbvertrag,
der auch nach einer eventuellen Eheschließung unverändert fortgilt.
Wir leben seit rd. drei Jahren in einer sog. nichtehelichen Lebensgemeinschaft und sind beide unverheiratet.

(I) Für den Fall, dass er bei seinem Tode keine gemeinsamen Abkömmlinge mit dem Überlebenden hinterlässt, beruft der Erstversterbende den Überlebenden zu seinem alleinigen und unbeschränkten Erben, unabhängig davon, ob und welche Pflichtteilsberechtigte er bei seinem Tod hinterlässt. Der Überlebende von uns kann über unser beiderseitiges Vermögen nach Belieben unter Lebenden und für den 2. Todesfall von Todes wegen verfügen. Vermächtnisse werden weder für den 1. noch für den 2. Todesfall angeordnet.

(II) Für den Fall, dass er gemeinsame Abkömmlinge mit dem überlebenden Ehegatten hinterlässt, beruft der Erstversterbende den Überlebenden zu seinem alleinigen Vorerben. Der Vorerbe ist von allen Beschränkungen und Verpflichtungen befreit, von denen er nach dem Gesetz befreit werden kann. Ihm stehen alle Rechte zu, die ihm nach dem Gesetz zustehen können, einschließlich des Rechts auf Verzehr des Nachlasses. Nacherben sind die gemeinsamen Abkömmlinge nach den Regeln der gesetzlichen Erbfolge. Der Nacherbfall tritt mit dem Tode des Überlebenden, nicht bei einer evtl. Verehelichung des Überlebenden ein. Die Nacherbanwartschaften sind nicht vererblich und nicht übertragbar. Weder der Vorerbe noch die Nacherben werden durch Vermächtnisse oder Auflagen beschwert.

(III) Der Überlebende beruft unsere gemeinschaftlichen Abkömmlinge nach den Regeln der gesetzlichen Erbfolge zu seinen Erben. Diese werden durch Vermächtnisse oder Auflage nicht beschwert.

(IV) Die vorstehenden Verfügungen in Abschnitt I, II und III sind vertragsmäßig. Über die durch diesen Erbvertrag eintretenden Bindungen wurden wir belehrt. Nach dem Tod des Erstversterbenden kann der Überlebende die Verfügungen in Abschnitt III insofern aufheben oder abändern, als dadurch nur gemeinschaftliche Abkömmlinge von uns begünstigt werden.

(V) Jeder von uns ist jederzeit berechtigt, gemäß § 2293 BGB von diesem Erbvertrag zurückzutreten. Eines Grundes bedarf es nicht. Wir wurden vom Notar darüber belehrt, dass die Rücktrittserklärung der notariellen Beurkundung bedarf und eine Ausfertigung der Niederschrift dem anderen Teil zuzustellen ist.

(VI) Der Notar hat uns über etwaige Pflichtteilsrechte unserer Eltern und etwaiger Abkömmlinge belehrt.

....., Notar

Erbvertrag bei Vorhandensein eines sozialhilfebedürftigen Kindes (»Behindertenverfügung«)

Dem Bedürfnis, einerseits möglichst wenig Familienvermögen an den Sozialhilfeträger fallen zu lassen, andererseits einem hilfsbedürftigen Kind etwas aus den Erträgnissen seines Erbes zur Verbesserung seiner Lebenslage zukommen zu lassen, kann durch die Berufung des Kindes zum (aus Sicherheitsgründen) nicht befreiten Vorerben und die Anordnung von Dauertestamentsvollstreckung am ehesten entsprochen werden. Die Gestaltung wird von der Rechtsprechung als im Regelfall nicht sittenwidrig akzeptiert. Es ist darauf zu achten, dass die Erbquote, die dem Kind hinterlassen wird, das staatliche Leistungen erhält oder erhalten wird, höher als die Pflichtteilsquote ist und auch nicht durch Vermächtnisse auf einen Wert reduziert wird, der den Pflichtteil nicht übersteigt.   27

Wir schließen folgenden   28 M

Erbvertrag:

(I) Der Erstversterbende von uns beruft zu seinen Erben den Überlebenden zu $^1/_2$ Anteil sowie unsere Kinder Anton Schmitz, geboren am ....., und Maria Schmitz, geboren am ....., zu je $^1/_4$ Anteil. Sollte Anton vorverstorben sein, tritt Anwachsung an Maria Schmitz ein. Sollte Maria unter Hinterlassung von Abkömmlingen vorverstorben sein, treten ihre Abkömmlinge an ihre Stelle. Sollte Maria ohne Abkömmlinge vorverstorben sein, erbt der Überlebende von uns zu $^2/_3$ und Anton zu $^1/_3$.

(II) In Bezug auf Anton ordnen wir die Nacherbfolge an. Die Nacherbfolge tritt mit dem Tod des Vorerben ein. Nacherbe wird, wenn Anton vor dem Überlebenden von uns stirbt, der Überlebende von uns. Wenn Anton nach dem Überlebenden von uns stirbt, wird Nacherbin unsere Tochter Maria, wenn diese weggefallen ist oder wegfällt, werden Ersatznacherben deren Abkömmlinge zu unter sich gleichen Teilen nach Stämmen.

(III) Der Vorerbe ist von den Beschränkungen und Verpflichtungen der §§ 2113 ff. BGB nicht befreit. Die Nacherbenanwartschaft ist nicht veräußerlich und nicht vererblich.

(IV) Der Überlebende von uns beruft unsere Tochter Maria und unseren Sohn Anton je zur Hälfte zu seinen Erben, ersatzweise wenn Maria vorverstorben ist, deren Abkömmlinge nach den Regeln der gesetzlichen Erbfolge. Sollte Anton vorverstorben sein, wächst dessen Anteil gemäß § 2094 BGB den übrigen Miterben nach dem Verhältnis ihrer Erbanteile an. Unser Sohn Anton wird auch nach dem Überlebenden von uns nur nicht befreiter Vorerbe. Nacherben nach dem Tod von Anton werden unsere Tochter Maria, ersatzweise wenn Maria vorverstorben ist und Abkömmlinge hinterlässt, deren Abkömmlinge nach den Regeln der gesetzlichen Erbfolge. Die Nacherbenanwartschaft ist nicht veräußerlich und nicht vererblich.

(V) Wir ordnen beide hinsichtlich der Erbteile unseres Sohnes Anton einschließlich der Erträge Dauertestamentsvollstreckung gemäß § 2209 BGB an, und zwar bis zu dessen Tode. Die Testamentsvollstreckung ist auf die Verwaltung der Erbteile dieses Kindes beschränkt. Der Erstversterbende beruft den Überlebenden zum Testamentsvollstrecker, ersatzweise (wenn der Überlebende das Amt nicht

§ 108 Erbvertrag

annehmen kann oder will oder nach der Amtsübernahme wegfällt) unsere Tochter Maria. Diese wird zugleich Testamentsvollstreckerin nach dem Überlebenden. Die Testamentsvollstrecker sollen befugt sein, einen Ersatztestamentsvollstrecker zu bestimmen. Fallen alle Testamentsvollstrecker weg, so soll das Nachlassgericht einen Testamentsvollstrecker ernennen.

(VI) Der jeweilige Testamentsvollstrecker hat alle Verwaltungsrechte auszuüben, die unserem Sohn Anton als Miterben zustehen. Er ist zur Verwaltung des Nachlasses in Gemeinschaft mit den weiteren Miterben berechtigt und verpflichtet. Über die Erbteile selbst darf der jeweilige Testamentsvollstrecker nicht verfügen. Nach der Teilung des Nachlasses setzt sich die Testamentsvollstreckung an den unserem Sohn Anton zugefallenen Vermögenswerten fort. Der Testamentsvollstrecker ist von den Beschränkungen des § 181 BGB befreit. Er ist in der Eingehung von Verbindlichkeiten nicht beschränkt.

(VII) Wir treffen folgende für den Testamentsvollstrecker verbindliche Verwaltungsanordnungen gemäß § 2216 Abs. 2 BGB:
1. Der jeweilige Testamentsvollstrecker hat unserem Sohn Anton die ihm gebührenden anteiligen jährlichen Reinerträgnisse (Nutzungen) der Nachlässe und etwaige sonstige Gebrauchsvorteile und Früchte von Nachlassgegenständen nur in Form von Leistungen zuzuwenden, die dessen Anspruch auf den Bezug staatlicher Leistungen (derzeit nach dem § 68 SGB XII) nicht schmälern. Derzeit sind folgende Zuwendungen speziell zulässig:
    a) Überlassung von Geldbeträgen in Höhe dessen, was nach den jeweiligen einschlägigen Gesetzen einem Behinderten maximal zur freien Verfügung zustehen kann,
    b) Geschenke zu Weihnachten, Ostern, Pfingsten und zu seinem Geburts- und Namenstag, wobei die Geschenke möglichst nach den Bedürfnissen und Wünschen unseres Sohnes Anton ausgewählt werden sollen,
    c) Zuschüsse zur Finanzierung eines Urlaubs und zur Urlaubs- und Freizeitgestaltung,
    d) Zuwendungen zur Befriedigung geistiger und künstlerischer Bedürfnisse sowie zur Befriedigung der individuellen Bedürfnisse unseres Sohnes Anton in Bezug auf Freizeit, wozu insbesondere auch Hobbys und Liebhabereien zählen.
2. Für welche der vorgenannten Leistungen die Reinerträgnisse verwendet werden sollen, ob diese also auf alle Leistungen gleichmäßig oder nach einem bestimmten Schlüssel verteilt werden oder ob sie in einem Jahr nur für eine oder mehrere der genannten Leistungen verwendet werden, entscheidet der jeweilige Testamentsvollstrecker nach billigem Ermessen, wobei er stets auf das Wohl unseres Sohnes Anton bedacht sein muss.
3. Werden die jährlichen Reinerträgnisse in einem Jahr nicht in voller Höhe für die vorgenannten Leistungen verwendet, sind die entsprechenden Teile vom Testamentsvollstrecker gewinnbringend anzulegen.
4. Sind größere Anschaffungen für unseren Sohn Anton, wie beispielsweise der Kauf eines Gegenstandes zur Steigerung des Lebensstandards, eine größere Reise oder ähnliches, beabsichtigt, so hat der Testamentsvollstrecker entsprechende Rücklagen zu bilden, die dann zugunsten unseres Sohnes Anton zur gegebenen Zeit entsprechend zu verwenden sind.
5. Einem von uns benanntem Testamentsvollstrecker steht keine Vergütung für die Übernahme und Durchführung des Amts zu, aber Ersatz seiner Auslagen. Einem vom Nachlassgericht benannten Testamentsvollstrecker steht eine

übliche Vergütung zu. Im Übrigen gelten für die Testamentsvollstreckung die gesetzlichen Bestimmungen.

6. Sowohl der Erstversterbende von uns als auch der Überlebende schließt die zwangsweise Auseinandersetzung das Nachlasses gegen den Willen eines Miterben gemäß § 2044 BGB aus.

(I) Die vorstehenden Erbeinsetzungen, Vermächtnisse und Auflagen sind vertragsmäßige Verfügungen eines Erbvertrags. Über die durch diesen Erbvertrag eintretenden Bindungen wurden wir belehrt. Der Notar hat uns ferner auf das Pflichtteilsrecht unseres Sohnes Anton hingewiesen, vor allem auf die Bestimmungen des § 2306 BGB (Beschränkung eines Pflichtteilsberechtigten durch die Einsetzung eines Nacherben und die Ernennung eines Testamentsvollstreckers).

....., Notar

■ *Kosten.* Wie Muster Rdn. 24 M.

Anfechtung eines Erbvertrages durch den Erblasser

Den Erbvertrag, den ich mit meinem Ehemann ..... am ..... vor Notar ..... unter UR. Nr. ..... geschlossen habe, fechte ich hiermit an, weil ich inzwischen am ..... ein Kind geboren habe.
Ich bitte, eine Ausfertigung dieser Verhandlung meinem Ehemann zustellen zu lassen.
Mein Mann lebt jetzt getrennt von mir in .....

29 M

....., Notar

■ *Kosten des Notars.* Geschäftswert § 102 Abs. 5 i.V.m. Abs. 1–3 GNotKG; Gebühr Nr. 21201 KV GNotKG: 0,5.

Anfechtungsgegner ist der andere Vertragschließende (§ 143 Abs. 2 BGB), nach dessen Tod das Nachlassgericht (§ 2281 Abs. 2 BGB). **30**

Bei Anfechtung *benachrichtigt* der Notar das zentrale Zenstamentsregister nach § 34a Abs. 1 BeurkG. **31**

VI. Kosten

Bei den Notarkosten ist zu berücksichtigen, dass ein Erbvertrag, auch wenn nur letztwillige Verfügungen eines Beteiligten getroffen sind, eine 2,0 Gebühr nach Nr. 21100 KV GNotKG auslöst. Nur beim Geschäftswert ist zu berücksichtigen, ob über den Nachlaß von einer oder mehreren Personen verfügt wird. **32**

Für jede Person, die letztwillig verfügt, ist die Wertermittlung nach § 103 Abs. 1–3 GNotKG vorzunehmen. Geschäftswert ist die Summe der ermittelten Werte. Verbleibt der Erbvertrag in der Urkundensammlung des beurkundenden Notars, erhält dieser dafür keine weiteren Gebühren. **33**

Bei amtlicher Verwahrung des Erbvertrags (fakultativ s. § 34 Abs. 2 BeurkG) fällt eine Festgebühr von 75 € nach Nr. 12100 KV GNotKG an. **34**

§ 109 Hoferbrecht

Literatur: *Barnstedt/Becker/Bendel*, Das nordwestdeutsche Höferecht, 1976; *Dorsel*, Kölner Formularbuch Erbrecht, 2. Aufl. 2015; *Faßbender/Grauel/Kemp/Ohmen/Peter*, Notariatskunde, 19. Aufl., 2017; *Faßbender/ Hötzel/von Jeinsen/Pikalo*, Höfeordnung, Höfeverfahrensordnung und Überleitungsvorschriften, 3. Aufl., 1994; *Frieser*, Fachanwaltskommentar Erbrecht, 4. Aufl., 2013; *Führ*, RNotZ, 2012, 303 ff.; *Hannes*, Formularbuch Vermögens- und Unternehmensnachfolge, 2. Aufl. 2017; *Krauß*, Vermögensnachfolge in der Praxis, 5. Aufl. 2018; *Lange/Kuchinke*, Erbrecht, 5. Aufl., 2001; *Lüdtke-Handjery/von Jeinsen*, Höfeordnung, 11. Aufl., 2015; *Raude*, RNotZ 2016, 69 ff; *Steffen/Ernst*, Höfeordnung mit Höfeverfahrensordnung, 3. Aufl., 2010; *Wöhrmann*, Das Landwirtschaftserbrecht, 10. Aufl., 2012 [Anm. d. Redaktion: die 11. Auflage lag bei Redaktionsschluss noch nicht vor].

I. Grundlagen zur Höfeordnung

1 Die *Höfeordnung* gilt in den Bundesländern Hamburg, Niedersachsen, Nordrhein-Westfalen und Schleswig-Holstein. Neben der nordwestdeutschen Höfeordnung bestehen die folgenden Anerbenrechtsordnungen:
– Badisches Gesetz, die geschlossenen Hofgüter betreffend,
– Württembergisches Gesetz über das Anerbenrecht (außer Kraft seit 01.01.2001, für künftige Erbfälle jedoch weiter anwendbar, wenn der Erblasser vor dem 01.01.1930 geboren ist),
– Bremisches Höfegesetz (außer Kraft seit 01.01.2010),
– Hessische Landgüterordnung,
– Rheinland-pfälzisches Landesgesetz über die Höfeordnung.

2 Die Höfeordnung hat zum Ziel, land- und forstwirtschaftliche Betriebe in der Generationenfolge möglichst geschlossen und zu tragbaren Bedingungen auf den Nachfolger übergehen zu lassen und damit auf Dauer als Betriebe zu erhalten. Hierzu schafft die HöfeO ein Sondererbrecht als Ausnahme von der in § 1922 BGB geregelten Universalsukzession. Es beinhaltet eine gesetzliche Teilungsanordnung, die zu einem unmittelbaren Anfall des Hofes mit dinglicher Wirkung auf den Hoferben führt. Im Ergebnis finden auf den Hof und das sonstige hofzugehörige Vermögen die Vorschriften des Höferechts, auf das hoffreie Vermögen hingegen die Vorschriften des allgemeinen Erbrechts Anwendung.[1] Die herausragenden Merkmale der Sondererbfolge sind:
a) der zwingende Übergang des gesamten Hofes auf nur *einen* Erben, § 4 HöfeO,
b) die Abfindung weichender Erben nach dem 1,5-fachen Einheitswert, § 12 HöfeO.

Diese Ungleichbehandlung der Erben und die damit einhergehende Einschränkung der Testierfreiheit verstoßen nicht gegen Art. 3 und Art. 14 Abs. 1 GG, denn Schutzgut ist nicht das persönliche Interesse des Hoferben, auch nicht ein kollektives Familieninteresse, sondern der aus agrarpolitischen Gründen erhaltenswerte Hof.[2] Überdies wird dieses »Modell« der Weitergabe einer land- oder forstwirtschaftlichen Besitzung – anders als beim Reichserbhofgesetz von 1933 – niemandem mehr aufgezwungen. Es steht dem Eigentümer frei, durch Aufgabe der Hofeigenschaft seine volle, vom BGB vorgesehene Testierfreiheit zurückzuerlangen. Es gilt überall das Prinzip der Freiwilligkeit des Anerbenrechts. Die Aufhebung der Hofeigenschaft bedarf allerdings in Rheinland-Pfalz und in Baden einer Genehmigung. Nach dem rheinland-pfälzischen Landesgesetz über die Höfeordnung (HO-RhPf) fällt der Hof – wie nach der HöfeO – unmittelbar und gesondert vom sonstigen Nachlass dem Hoferben an.

---

1 *Dorsel/Krause*, 12. Kapitel C Rn. 72 ff.
2 *Lange/Kuchinke*, § 53 I. 1.b).

Für Rheinland-Pfalz können die Muster für die Hofvererbung daher sinngemäß verwendet werden. In Hessen und in Baden hat der Hofanwärter lediglich ein gesetzliches Übernahmerecht, vergleichbar dem durch Verfügung von Todes wegen eingeräumten Übernahmerecht beim Landgut, § 2049 BGB. Daher sind in diesen Gebieten die folgenden Muster für die Vererbung eines Landguts sinngemäß anwendbar. Nur in Hessen und in Rheinland-Pfalz kennt man beim Ehegattenhof ein Quasi- bzw. ein reguläres Vorerbrecht des überlebenden Ehegatten an der ganzen Besitzung, in Baden und Württemberg nur die fortgesetzte Gütergemeinschaft als Übergangsregelung zwischen den beiden Generationen.

Bemessungsgrundlage für die Abfindung der weichenden Erben ist in der Regel der Ertragswert, der sich über die Kapitalisierung des jährlichen Reinertrages ergibt. Der Kapitalisierungsfaktor ist in den einzelnen Bundesländern unterschiedlich hoch; in Nordrhein-Westfalen gilt Faktor 25, in Niedersachsen Faktor 17.[3] Die Höfeordnung legt der Abfindung den sog. Hofeswert zugrunde, der sich auf das Eineinhalbfache des zuletzt festgestellten Einheitswertes beläuft, § 12 Abs. 2 HöfeO. Hinsichtlich der Höhe der Abfindung wird die obere Grenze durch einen Betrag gezogen, bei dessen Gewährung unter Berücksichtigung der übrigen Lasten der Hof vom Hoferben/Übernehmer gerade noch ordnungsgemäß bewirtschaftet werden kann, während die untere Grenze die Pflichtteilsansprüche der Erben in Bezug auf den Hof bilden.[4]

Abfindungsergänzungsansprüche der weichenden Erben bei einer zweckfremden Verwertung des Hofes sehen neben der HöfeO die Gesetze in Hessen, Rheinland-Pfalz und Württemberg vor.[5] In den anderen Gebieten können Abfindungsergänzungsansprüche nur durch Verfügung von Todes wegen (Testament oder Erbvertrag) geregelt werden. In Verfügungen von Todes wegen (wie auch in Übergabeverträgen) ist diesbezüglich auf klare Anordnungen zu achten. Die pauschale Aussage des Testators, »Geschwister des Hoferben sind mit allen Ansprüchen nach dem Erbfall abgefunden«, ist in der Regel nicht deutlich genug. Vielmehr empfiehlt es sich, ausdrücklich klarzustellen, ob etwaige Nachabfindungsansprüche bestehen bleiben oder ausgeschlossen werden sollen.[6] Insbesondere, weil Nachabfindungstatbestände aufgrund neuer Nutzungsmöglichkeiten von landwirtschaftlichem Grundbesitz (z.B. zur Gewinnung regenerativer Energie[7]) beständig an wirtschaftlicher Bedeutung gewinnen, muss frühzeitig das Auge des Testators auf diese Problematik gelenkt werden. Die unsichere Rechtslage in Bezug auf die Einschlägigkeit von Nachabfindungstatbeständen (insbesondere des § 13 HöfeO),[8] die zu einer erheblichen Zunahme von gerichtlichen Auseinandersetzungen auf diesem Feld führt,[9] erfordert insoweit eindeutige und klare Anordnungen vom Erblasser/Übergeber.[10]

Die folgenden Erläuterungen und Hinweise ergehen zur nordwestdeutschen Höfeordnung (HöfeO).

---

3 Zusammenstellung s. MüKo-BGB/*Säcker*, Art. 137 EGBGB Rn. 4.
4 *Hannes/Roemer*, C. 4.00 Rn. 109.
5 Zur Verfassungsmäßigkeit der zeitlichen Befristung der Nachabfindungsansprüche vgl. BVerfG WM 2006, 824.
6 *Steffen/Ernst*, § 13 Rn. 124.
7 Vgl. OLG Oldenburg, Beschl. v. 11.12.2017 – 10 W 24/17 – zur Nachabfindungspflicht beim Ersatz alter Windkraftanlagen (sog. Repowering); vgl. auch zur Hofzugehörigkeit von Teilflächen, die dem Betrieb von Windkraftanlagen durch einen Dritten dienen *Führ*, notar 2018, 112, 114.
8 Eine kompakte Zusammenfassung zur Rechtslage betreffend nachabfindungspflichtiger Tatbestände findet sich bei *Frieser/Dingerdissen*, Landgut – und Höferbrecht, Rn. 142 ff.; vgl. hierzu auch *Führ*, RNotZ 2012, 303 ff.; *Raude*, RNotZ 2016, 69, 86.
9 *Graß*, ZEV 2011, 516, 518; *Graß*, ZEV 2017, 376; beispielhaft aktuell BGH ZEV 2017, 422 hinsichtlich Nachabfindungsansprüchen auf der Grundlage eines fiktiven Veräußerungserlöses.
10 Ausführlich hierzu mit Gestaltungsvorschlägen *Führ*, RNotZ 2012, 303 ff.

§ 109 Hoferbrecht

II. Vererbung eines Hofes

5   1. Der Hof fällt als Teil der Erbschaft kraft Gesetzes nur an einen Erben, den Hoferben (§ 4 HöfeO). Bestandteile des Hofes sind die dem Hofeigentümer gehörenden land- und forstwirtschaftlichen Grundstücke, die vom Hof aus regelmäßig bewirtschaftet werden, dem Hof dienende Mitgliedschaftsrechte, Nutzungsrechte und Miteigentumsanteile von untergeordneter Bedeutung, das gesamte tote und lebende Zubehör, die landwirtschaftlichen Vorräte und die Betriebsmittel (§§ 2 und 3 HöfeO). Der Hof geht mit dem Tod des Eigentümers auf den durch die HöfeO oder durch Verfügung von Todes wegen Berufenen geschlossen über (§ 1922 BGB). Das Grundbuch ist nach der kraft Gesetzes eingetretenen Eigentumsänderung durch Eintragung des Hoferben zu berichtigen. Als Nachweis über die Nachfolge in den Hof gilt das Hoffolgezeugnis. Es ist somit eine Art »gegenständlich beschränkter Erbschein«.[11]

6   Der gesetzlich sowie der durch Verfügung von Todes wegen berufene Hoferbe muss grundsätzlich wirtschaftsfähig sein. Wirtschaftsfähig ist, wer nach seinen körperlichen und geistigen Fähigkeiten, nach seinen Kenntnissen und seiner Persönlichkeit in der Lage ist, den von ihm zu übernehmenden Hof selbstständig ordnungsmäßig zu bewirtschaften (§ 6 Abs. 7 HöfeO). Ehegatten (§ 6 Abs. 6 Satz 2 HöfeO), ein Elternteil (§ 6 Abs. 4 Satz 1 HöfeO) und Abkömmlinge in den Fällen des § 6 Abs. 6 Satz 2 HöfeO und des § 7 Abs. 1 Satz 2 Halbs. 2 HöfeO sowie Erben eines verwaisten Hofes (§ 10 HöfeO) brauchen indes nicht wirtschaftsfähig zu sein, um Hoferbe sein zu können.

7   2. Die Miterben nehmen nur am Wert des Hofes teil. Ihnen steht eine Geldforderung zu, die nach dem Hofeswert im Zeitpunkt des Erbfalls berechnet wird. Als Hofeswert gilt das Eineinhalbfache des letzten Einheitswerts. Dieser Wert ist im Einzelfall durch Zuschläge zu erhöhen oder durch Abschläge zu mindern, wenn besondere Umstände, die für den Wert des Hofes von besonderer Bedeutung sind, im Hofeswert nicht oder nur ungenügend zum Ausdruck kommen, § 12 Abs. 2 HöfeO. Derartige Zuschläge können sich daraus ergeben, dass der Hof über besonders wertvolle Gebäude oder über Grundstücke verfügt, die in absehbarer Zeit für außerlandwirtschaftliche Zwecke, z.B. als Bauland, als Kies-, Ton- oder Torfentnahme, verwendet werden. Abschläge vom Hofeswert sind bei Verlust von Wirtschaftsgebäuden durch Brand, Sturm, Überschwemmung oder Einsturz, bei Immissionsschutzauflagen und bei Einrichtung von Wasserschutzzonen denkbar, die die Entsorgung des Hofes von Jauche, Gülle, Mist und dergleichen erschweren. Von dem Hofeswert werden diejenigen Nachlassverbindlichkeiten abgezogen, die der Hoferbe im Verhältnis zu den Miterben zu tragen hat. Der danach verbleibende Betrag, jedoch mindestens ein Drittel des Hofeswertes, gebührt den Erben des Erblassers zu dem Teil, der ihrem Anteil am Nachlass nach dem allgemeinen Recht entspricht. Gehört der Hoferbe zu den Erben des Erblassers, so teilt er am Hofeswert mit. Das Landwirtschaftsgericht kann die Zahlung der einem Miterben zustehenden Abfindung unter den Voraussetzungen des § 12 Abs. 5 HöfeO stunden. Ist der Miterbe minderjährig, so gilt die Abfindung bis zum Eintritt der Volljährigkeit als gestundet. Der Hoferbe hat dem minderjährigen Miterben die Kosten des angemessenen Lebensbedarfs und einer angemessenen Berufsausbildung zu zahlen und ihm zur Erlangung einer selbstständigen Lebensstellung oder bei Eingehung der Ehe eine angemessene Ausstattung zu gewähren. Diese Leistungen hat sich der minderjährige Miterbe auf seinen Abfindungsanspruch anrechnen zu lassen (§ 12 Abs. 6 HöfeO).

8   3. Der Hoferbe haftet, auch wenn er an dem übrigen Nachlass als Miterbe nicht beteiligt ist, für die Nachlassverbindlichkeiten neben den übrigen Erben im Außenverhältnis als Gesamtschuldner. Der Hof ist Teil des Nachlasses, der den Nachlassgläubigern haftet. Im Verhältnis

---

11 *Faßbender/Grauel/Kemp/Ohmen*, § 4 Rn. 1294 mit Erläuterungen zu den Besonderheiten bei der Antragstellung.

des Hoferben zu den übrigen Erben gilt jedoch: Die Nachlassverbindlichkeiten einschließlich der auf dem Hof ruhenden Hypotheken, Grund- und Rentenschulden, aber ohne die auf dem Hof ruhenden sonstigen Lasten (Altenteil, Nießbrauch usw.) sind, soweit das außer dem Hof vorhandene Vermögen dazu ausreicht, aus diesem zu berichtigen, § 15 Abs. 2 HöfeO. Diese Regelung trägt dem Grundgedanken Rechnung, den Hof als Wirtschaftsorganismus so weit wie möglich zu erhalten. Soweit der übrige Nachlass zur Berichtigung der Nachlassverbindlichkeiten nicht ausreicht, ist der Hoferbe den Miterben gegenüber verpflichtet, sie allein zu tragen und die Miterben von ihnen zu befreien, § 15 Abs. 3 HöfeO. Verbleibt nach Berichtigung der Nachlassverbindlichkeiten ein Überschuss, so ist dieser nach den Vorschriften des allgemeinen Rechts auf die Miterben zu verteilen. Der Hoferbe kann eine Beteiligung an dem Überschuss nur dann und insoweit verlangen, als der auf ihn entfallende Anteil größer ist als der Hofeswert. Es wird also ausgeglichen wie bei einem Vorempfang. Gehören zum Nachlass mehrere Höfe, so werden die Pflicht zur Abfindung der Miterben ebenso wie die Nachlassverbindlichkeiten von allen Hoferben gemeinschaftlich im Verhältnis der Hofeswerte getragen (§ 15 Abs. 5 HöfeO).

4. Bei einem Ehegattenhof fällt der Anteil des Erblassers dem überlebenden Ehegatten von Gesetzes wegen zu. Es ist nicht möglich
a) den Ehegatten zum bloßen Vorerben bezüglich des Hofanteils des Erstversterbenden zu berufen (§ 8 Abs. 1 HöfeO gilt nach wohl h.M. als zwingendes Recht[12]),
b) den Ehegatten zum Vorerben des ganzen Hofes zu berufen,[13]
c) einen Dritten zum Hoferben des ganzen Hofes bereits ab dem Tode des Erstversterbenden zu berufen.[14]

Die Ehegatten können einen Dritten als Hoferben nur gemeinsam bestimmen und eine von ihnen getroffene Bestimmung nur gemeinsam wieder aufheben. Haben die Ehegatten eine solche Bestimmung nicht getroffen oder eine einmal getroffene Bestimmung später wieder aufgehoben, so kann der überlebende Ehegatte den Hoferben allein bestimmen. Allerdings unterliegt sowohl das Bestimmungsrecht beider Ehegatten, als auch das des Überlebenden denselben Beschränkungen wie das Bestimmungsrecht beim Alleineigentumshof, d.h. eine entgegenstehende Verfügung von Todes wegen oder eine formlose, aber bindende sonstige Hoferbenbestimmung schließt das Bestimmungsrecht aus.[15] Gehörte der Hof den Eheleuten in Gütergemeinschaft, so kann der überlebende Ehegatte die Gütergemeinschaft bezüglich des Hofes nach den Vorschriften des allgemeinen Rechts, also nur, wenn dies vereinbart wurde, mit den Abkömmlingen fortsetzen. Wird die fortgesetzte Gütergemeinschaft anders als durch den Tod des überlebenden Ehegatten beendet, so wachsen ihm die Anteile der Abkömmlinge an. Im Übrigen steht die Beendigung der fortgesetzten Gütergemeinschaft dem Erbfall gleich. Die Fortsetzung der Gütergemeinschaft lässt die getroffene Bestimmung eines Dritten als Hoferben sowie das Recht, eine solche Bestimmung zu treffen, unberührt (§ 8 HöfeO).

5. Der Hofeigentümer kann durch eine Verfügung von Todes wegen den Hoferben frei bestimmen (§ 7 Abs. 1 Satz 1 HöfeO). An die gesetzliche Hoferbfolge ist er hierbei nicht gebunden. So steht es dem verheirateten Landwirt, auch wenn er mehrere wirtschaftsfähige Kinder hat, frei, einen außenstehenden Dritten zu seinem Hoferben zu berufen. Insoweit verwirklicht die Höfeordnung ohne jede Einschränkung den Grundsatz der Testierfreiheit als Ausfluss der Erbrechtsgarantie des Art. 14 Abs. 1 Satz 1 GG. Die Testierfreiheit beschränkt die Höfeordnung lediglich dahin gehend, dass der Hof grundsätzlich nur als Einheit vererbt werden und darü-

---

12 *Faßbender/Hötzel/v. Jeinsen/Pikalo*, § 8 Rn. 35.
13 *Wöhrmann*, § 8 Rn. 27.
14 BGH AgrarR 1986, 291.
15 *Faßbender/Grauel/Kemp*, § 4 Rn. 1285.

ber hinaus – von Eheleuten und Lebenspartnern (im technischen Sinne) als Hoferben einmal abgesehen – nur an einen Erben übergehen kann, der zudem i.d.R. wirtschaftsfähig und immer eine natürliche Person sein muss. Die Vererbung des Hofes als Einheit gilt, wie zuvor ausgeführt, dem Grundsatz nach, d.h. mit gewissen geringfügigen Ausnahmen. So ist dem Hofeigentümer erlaubt, die Erbfolge in den Hof einschränken, § 16 Abs. 1 Satz 2 HöfeO. Eine derart zulässige Einschränkung der Hoferbfolge ist das Vermächtnis zum Hof gehöriger unbedeutender Grundstücke an weichende Erben. Soweit nach den Vorschriften des Grundstückverkehrsgesetzes für ein Rechtsgeschäft unter Lebenden gleichen Inhalts eine Genehmigung erforderlich ist (also für Grundstücksvermächtnisse und Nießbrauchsvermächtnisse an einem Grundstück), ist zu der Verfügung von Todes wegen die Zustimmung des Landwirtschaftgerichts erforderlich (§ 16 Abs. 1 HöfeO). Diese kann vor und nach dem Erbfall beantragt werden, § 13 HöfeVfO. Einzig empfehlenswert ist es, die Zustimmung vor dem Erbfall einzuholen, weil alsdann bei Versagung der Zustimmung die Möglichkeit besteht, eine Lösung zu finden, die zustimmungsfrei ist oder die die Zustimmung findet. Hat der Eigentümer sich durch Erbvertrag, formlos bindende Hoferbenbestimmung (faktischen Erbvertrag, § 7 Abs. 2 HöfeO) oder Übergabevertrag festgelegt, so ist jede anderweitige Hoferbenbestimmung unwirksam.

11   6. Dem überlebenden Ehegatten des Erblassers steht, wenn der Hoferbe ein Abkömmling des Erblassers ist, bis zur Vollendung des 25. Lebensjahres des Hoferben die Verwaltung und Nutznießung am Hof zu, § 14 Abs. 1 Satz 1 HöfeO. Dieses Recht kann der Eigentümer durch Ehevertrag oder Verfügung von Todes wegen verlängern, beschränken oder aufheben, § 14 Abs. 1 Satz 2 HöfeO. Ob eine Verlängerung des Nießbrauchs auf die Lebenszeit des Ehegatten sachgerecht ist, hängt vom Einzelfall ab. Generell erscheint es wünschenswert, den Hoferben nicht übermäßig lange von der eigenverantwortlichen Bewirtschaftung fernzuhalten. Eine Wiederverheiratung des überlebenden Ehegatten ändert an dessen Verwaltungs- und Nutzungsrecht von Gesetzes wegen nichts. Eine im Einzelfall gewünschte Einschränkung kann nur durch Ehevertrag oder durch Verfügung von Todes wegen erfolgen.

12   Ist der designierte Hoferbe bei Errichtung der die Hoferbfolge regelnden Verfügung von Todes wegen bereits in einem Alter, dass ihm die selbstständige Bewirtschaftung des Hofes zugestanden werden kann, empfiehlt es sich, dem überlebenden Ehegatten des Erblassers statt eines Nießbrauchs »lebenslange und wiederkehrende Versorgungsleistungen« zuzuwenden (bis zum Jahressteuergesetz 2008 vom 20.12.2007 Dauernde Lasten genannt). Das bis zum Veranlagungszeitraum 2007 zur Anerkennung als Dauernde Last notwendige Element der Abänderbarkeit der laufenden Zahlung ist mit Beginn des Veranlagungszeitraums 2008 entfallen. Die Anknüpfung der laufenden Zahlungen an andere Parameter als den Verbraucherpreisindex oder sonstige Indizes ist daher zur steuerlichen Anerkennung als Sonderausgabe nicht mehr erforderlich, mag jedoch im Einzelfall materiell nach wie vor sachgerecht sein (z.B. die Anknüpfung der laufenden Zahlungen an die Erzeugerpreise für Rüben, Weizen, Milch oder dergleichen). Lebenslange und wiederkehrende Versorgungsleistungen i.S.v. § 10 Abs. 1 Nr. 1a EStG sind beim Zahlungspflichtigen voll absetzbar und beim Zahlungsempfänger voll zu versteuern, § 22 Nr. 1 Buchst. b) EStG. Obwohl nun ertragsteuerlich keine Unterschiede mehr zwischen Leibrente und Dauernder Last bestehen, ist in zivilrechtlicher Hinsicht stets zu klären, welche Versorgungsleistung gewünscht wird, also die gleichbleibende Leibrente oder wiederkehrende Zahlungen, die dem Abänderungsvorbehalt des § 323a ZPO unterliegen sollen.[16] Siehe zu »lebenslangen und wiederkehrenden Versorgungsleistungen« auch Rdn. 17 M.

13   Beim Alleineigentumshof kann der überlebende Ehegatte, wenn ihm der Hofeigentümer die dahin gehende Befugnis durch Verfügung von Todes wegen erteilt hat, unter den Abkömmlingen des Hofeigentümers den Hoferben bestimmen, § 14 Abs. 3 HöfeO. Die Regelung, die eine Ausnahme von dem in § 2065 Abs. 2 BGB enthaltenen Grundsatz, dass die Bestimmung der Person des Erben einem Dritten nicht überlassen werden kann, dar-

---

16 Hannes/Roemer, C. 4.00 Rn. 81.

stellt, ermöglicht es, durch entsprechende Erklärung demjenigen, der mit dem Tod des Hofeigentümers Hoferbe und damit Eigentümer der landwirtschaftlichen Besitzung geworden war, die Hoferbestellung und damit auch das Eigentum mit Wirkung ex nunc wieder zu entziehen und auf einen bestimmten Anderen übergehen zu lassen. Der Vorschrift wird im Hinblick auf die Garantie des Eigentums durch Art. 14 Abs. 1 GG zumindest eine Nähe zur Verfassungswidrigkeit attestiert.[17] Nach h.M. kann das Auswahlrecht nicht nur in dem Fall, dass der Erblasser selbst keine Hoferbenbestimmung trifft und somit die gesetzliche Hoferbfolge eintritt, sondern auch in dem Fall erteilt werden, dass der Erblasser selbst eine ausdrückliche Hoferbenbestimmung trifft.[18] Dies steht scheinbar im Widerspruch zum Gesetzeswortlaut in § 14 Abs. 3 Satz 4 HöfeO.[19] Die Bestimmung des »neuen« Hoferben erfolgt durch mündliche Erklärung zur Niederschrift des Gerichts oder durch Einreichung einer notariell beglaubigten schriftlichen Erklärung (§ 14 Abs. 3 HöfeO). Mit Zugang der Bestimmung bei Landwirtschaftsgericht tritt der bestimmte Abkömmling des Erblassers als dessen Hoferbe an die Stelle desjenigen, der bislang Hoferbe war. Gleichzeitig wird das Grundbuch unrichtig. Es ist unter Vorlage des Hoffolgezeugnisses (§ 18 Abs. 2 Satz 1 HöfeO, § 11 Abs. 1 Buchst. g) HöfeVfO) oder des Erbscheins zu berichtigen. Die dem Ehegatten erteilte Befugnis zur nachträglichen Änderung der Person des Hoferben erlischt, wenn dieser wieder heiratet oder wenn der bisherige Hoferbe das 25. Lebensjahr vollendet hat, § 14 Abs. 3 Satz 2 HöfeO. Eine Ausdehnung des Bestimmungsrechts in Zeiten nach Vollendung des 25. Lebensjahres des ursprünglichen Hoferben ist unzulässig.[20] Auch eine die Wiederverheiratung überdauernde Befugnis einzuräumen, soll nicht zulässig sein.[21]

7. Hat der Hofeigentümer das 60. Lebensjahr überschritten und der vorgesehene Hoferbe das 30. Lebensjahr vollendet, ist in der Regel ein Übergabevertrag unter Lebenden einer Verfügung von Todes wegen vorzuziehen.[22]

8. Wegen der *gerichtlichen Zuweisung* s. 21. Aufl., § 123 Rn. 38 ff.

Testament eines Alleineigentümers mit Nießbrauch für die Ehefrau (Fall: der designierte Hoferbe ist noch jung)

Verhandelt zu .....
1. Zum Erben meines in Neudorf Nr. 10 gelegenen, mit »Frohnhof« bezeichneten Hofes berufe ich meinen jüngsten Sohn, den Landwirt Georg Vollmeier, wohnhaft bei mir.
Sollte mein Sohn Georg den Erbfall nicht erleben oder die Hoferbschaft ausschlagen, so berufe ich meine Tochter Inge Vollmeier, wohnhaft bei mir, zur Hoferbin.
Nach Belehrung durch den Notar erkläre ich, bisher keine bindende anderweitige Hoferbenbestimmung getroffen zu haben.
2. Meiner Ehefrau Klara Vollmeier geb. Klose vermache ich den lebenslangen unentgeltlichen Nießbrauch am Hof. Die hierzu gem. § 16 Abs. 1 S. 2 HöfeO erforderliche Zustimmung des Landwirtschaftsgerichts soll der Notar einholen.

---

17 *Wöhrmann*, § 14 Rn. 82; *Lüdtke-Handjery/von Jeinsen*, § 14 Rn. 47.
18 *Faßbender/Hötzel/von Jeinsen/Pikalo*, § 14 Rn. 30; *Wöhrmann*, § 14 Rn. 87.
19 Gesetzeswortlaut: Mit der Abgabe der Erklärung tritt der neu bestimmte Hoferbe hinsichtlich des Hofes in die Rechtsstellung des bisherigen **gesetzlichen** Hoferben ein.
20 *Wöhrmann*, § 14 Rn. 88; *Lüdtke-Handjery/von Jeinsen*, § 14 Rn. 51.
21 *Wöhrmann*, § 14 Rn. 88.
22 Wegen Einzelheiten s. *Faßbender*, DNotZ 1976, 393, 402; 1977, 388; 1978, 707 sowie 1986, 67; *Lüdtke-Handjery*, DNotZ 1978, 27, 1985, 332; *Quadflieg/Weihrauch*, FamRZ 1978, 228.

3. Dem Hoferben vermache ich das Recht, ab dem der Vollendung seines 25. Lebensjahres folgenden 1. Juli den Hof mit allen Bestandteilen, allem Zubehör auf die Dauer des Nießbrauchs zu Bedingungen anzupachten, die 30 vom Hundert unter den ortsüblichen liegen. Im Nichteinigungsfalle entscheidet darüber ein von der Landwirtschaftskammer Nordrhein-Westfalen in Bonn zu benennender vereidigter Sachverständiger als Schiedsgutachter verbindlich. Der Pächter hat alle Reparaturkosten, den Wertverzehr und die Grundbesitzabgaben (Grundsteuern, Beiträge zur landwirtschaftlichen Berufsgenossenschaft und zur Landwirtschaftskammer usw.) sowie die Zins- und Tilgungsleistungen für Grundpfandrechte sowie für die durch sie gesicherten Verbindlichkeiten und die Versicherungsprämien zu tragen.
4. Die Ansprüche meiner übrigen Abkömmlinge, nämlich:
a) meines Sohnes Friedrich Vollmeier, kaufmännischer Angestellter in H ….,
b) meiner Tochter Inge (wenn sie nicht Hoferbin wird),
richten sich nach den §§ 12 und 13 der HöfeO.
Meine Tochter Inge erhält jedoch, wenn sie nicht Hoferbin wird, für auf dem Hof geleistete Dienste 10.000 € (zehntausend Euro) als Vorausvermächtnis vom Hoferben.
5. Über mein hoffreies Vermögen will ich heute keine Verfügung von Todes wegen treffen.
6. Der Einheitswert des Hofes beträgt 150.000 €.
Diese Niederschrift ….,

- Kosten.
a) Des Notars: Nach dem vierfachen Einheitswert = 600.000 € (§ 48 GNotKG) eine 1,0 Gebühr gemäß § 102 GNotKG i.V.m. Nr. 21200 KV GNotKG. Zusätzlich eine 0,3 Gebühr gemäß § 112 GNotKG i.V.m. Nr. 22111, 22112 KV GNotKG, höchstens 50 € für die Einholung der Zustimmung des Landwirtschaftsgerichts vom Wert des Nießbrauchsrechts gemäß § 52 Abs. 4 GNotKG.
b) Des Nachlassgerichts: 50 € gemäß Nr. 12100 KV GNotKG.
c) Des Landwirtschaftsgerichts: Eine 2,0 Gebühr gemäß Nr. 15110 Nr. 4 KV GNotKG, § 13 HöfeVfO, § 52 Abs. 4 GNotKG.

Testament eines Alleineigentümers mit wiederkehrenden Versorgungsleistungen für seine Ehefrau (Fall: dem designierten Hoferben ist der Hof bereits verpachtet)

17 M   1. (Wie Ziff. 1 des Musters Rdn. 16 M)
2. Meiner Ehefrau Klara Vollmeier geb. Klose vermache ich als »lebenslange und wiederkehrende Versorgungsleistung« i.S.v. § 10 Abs. 1 Nr. 1a EStG den Anspruch auf monatliche Bezüge von derzeit 2.500 € (zweitausendfünfhundert Euro). Die Zahlungen sind monatlich nachträglich am ersten Bankarbeitstag des folgenden Monats zu leisten. Kommt der Verpflichtete mit mehr als zwei Monatsraten, gleich ob hintereinander oder in summa, in Verzug, kann meine Ehefrau die sofortige Auszahlung des Kapitalwertes der »Versorgungsleistung« verlangen. Das Verlangen bedarf der Schriftform. Das Kapital ist alsdann bis zum Ablauf des dritten auf den Zugang des Schreibens folgenden Monats auszuzahlen. Der Kapitalwert der »Versorgungsleistung« ist nach versicherungsmathematischen Methoden unter Einrechnung eines Zinsfußes von 3 % zu errechnen. Der Verpflichtete kann die Leistung des Kapitalwertes dadurch abwenden, dass er meiner Ehefrau binnen eines Monats nach Zugang des Kapitalisierungsverlangens für die monatlich zu leistenden Zahlungen die selbstschuldnerische Bürgschaft eines der deutschen Bankenaufsicht unterliegenden und dem Einlagensicherungsfonds angehörenden Bankinstituts aushändigt.

Die meiner Ehefrau geschuldete Versorgungsleistung ist auf Verlangen eines der Beteiligten wie folgt sich ändernden Geldwertverhältnissen anzupassen: Der monatlich geschuldete Betrag ändert sich in demselben Verhältnis nach oben wie unten, in dem sich der vom Statistischen Bundesamt in Wiesbaden oder der Nachfolgebehörde für die Bundesrepublik Deutschland amtlich festgestellte und veröffentlichte »Verbraucherpreisindex für Deutschland« künftig verändert. Anpassungen finden jedoch nicht monatlich statt, sondern nur alljährlich zum 1. Juli eines jeden Jahres an Hand der Veränderung, die der zuvor genannte Preisindex in der Zeit zwischen April des Vorjahres und April des Jahres der Anpassung genommen hat. Unabhängig von diesen Festlegungen findet die erste Anpassung in dem Monat statt, in dem ich sterbe, und zwar an Hand der Veränderung, die der zuvor genannte Index in der Zeit zwischen ...... (= *der Monat, der drei Monate vor dem derzeitigen Monat liegt*), und dem Monat, der drei Monate vor meinem Sterbemonat liegt, genommen hat. Alsdann ist im Jahresrhythmus zu jedem 1. Juli anzupassen. Während der Laufzeit der Versorgungsleistung unterlassene Anpassungen bedeuten keinen Verzicht auf uneingeschränkte Anpassung für die Zukunft, wohl aber für die Vergangenheit, sodass insoweit Nachzahlungen nicht verlangt werden können.

Auf Wunsch meiner Frau ist die Versorgungsleistung durch Eintragung einer entsprechenden vollstreckbaren Reallast auf wenigstens 10 ha Ackerlands erstrangig abzusichern. Die Kosten der Bestellung der Reallast und die ihrer Eintragung im Grundbuch tragen meine Frau und der Hoferbe je zu Hälfte.

3. (Es folgen die Ziffern 4, 5 und 6 des Musters Rdn. 16 M)

■ *Kosten.*
a) Des Notars: Nach dem vierfachen Einheitswert = 600.000 € (§ 48 GNotKG) eine 1,0 Gebühr gemäß Nr. 21200 KV GNotKG i.V.m. §§ 102, 48 GNotKG.
b) Des Nachlassgerichts: 50 € gemäß Nr. 12100 KV GNotKG.

9. Die im folgenden Muster eingeräumte Befugnis kann weder über die Vollendung des 25. Lebensjahres des Hoferben hinaus noch für die Zeit nach einer Wiederverheiratung des überlebenden Ehegatten ausgedehnt werden. Als Ausnahme zum in § 2065 Abs. 2 BGB enthaltenen Grundsatz ist § 14 Abs. 3 Satz 2 HöfeO einer ausdehnenden Anwendung nicht zugänglich.[23]

Hoferbenbestimmung und Ermächtigung des Ehegatten zur anderweitigen Bestimmung des Hoferben

Verhandelt zu .....

1. Ich setze meinen am ..... geborenen, also jetzt 11 Jahre alten Sohn Philipp zum Hoferben ein.
2. Ich ermächtige meine Ehefrau ..... für den Fall, dass ich vor ihr sterbe, einen meiner anderen Abkömmlinge zum Hoferben zu bestimmen. Das Bestimmungsrecht erlischt, sobald mein Sohn Philipp das 25. Lebensjahr vollendet hat und bei der Wiederverheiratung meiner Ehefrau.
3. Meine Ehefrau erhält als Vermächtnis den Nießbrauch am Hof bis zur Vollendung ihres 65. Lebensjahres. Danach steht ihr ein angemessenes Altenteil zu. Abfindungsansprüche hat sie nicht; Abfindungsergänzungsansprüche soll sie jedoch in Höhe ihrer Erbquote (¹/₂) haben.

---
23 *Lange/Wulff/Lüdtke-Handjery*, § 14 Rn. 92; *Wöhrmann*, § 14 Rn. 88.

4. Der Notar soll zu dem Nießbrauchsvermächtnis die Zustimmung des Landwirtschaftsgerichts einholen.
Diese Niederschrift .....

■ *Kosten.* Wie zu Muster Rdn. 16 M.

Bestimmung des Hoferben durch den überlebenden Ehegatten kraft erteilter Befugnis

20 M An das Amtsgericht,
Landwirtschaftsgericht
52349 Düren
In seinem Testament vom ..... UR.-Nr. ..... für ..... des beglaubigenden Notars, dortige Geschäftsnummer ....., hat mein inzwischen verstorbener Ehemann ..... mir die Befugnis erteilt, den Erben seines Hofes unter seinen Kindern zu bestimmen. Ich habe seit dem Tod meines Mannes nicht wieder geheiratet. Der von meinem Mann bestimmte Hoferbe, unser ältester Sohn Philipp, wird am .....25 Jahre alt. Ich bestimme hiermit unseren jüngeren Sohn Gregor, geboren am ....., wohnhaft bei mir, zum Hoferben. Der mir testamentarisch vermachte Nießbrauch bleibt hiervon unberührt.
Ort, Datum   Unterschrift
[Unterschriftsbeglaubigung]

■ *Kosten.* Die Ausübung der Befugnis zur Bestimmung des Hoferben wird nach dem vierfachen Einheitswert des Hofes, mit einer 1,0 Gebühr gemäß Nr. 21200 KV GNotKG i.V.m. §§ 102, 48 GNotKG zu berechnen sein.

III. Besonderheiten

21 1. Der Anteil des Erstversterbenden am **Ehegattenhof** fällt ohne Rücksicht auf das Beteiligungsverhältnis der Ehegatten dem länger Lebenden als Hoferben zu. Auch der zunächst nur minderbeteiligte Ehegatte ist hiernach in der Lage, seinen zweiten Ehegatten oder einen beliebigen Dritten zum Hoferben zu berufen oder erneut einen Ehegattenhof zu bilden, der sodann kraft Gesetzes an den zweiten Ehegatten fällt. Dies widerspricht der dem im Bauerntum nach wie vor wirkmächtigen Sippenbindung und sollte daher durch entsprechende Verfügungen verhindert werden (vgl. Muster Rdn. 25 M Nr. 5 und Rdn. 27 M Abschnitt B III).

22 Die früher bei Landwirten beliebte Regelung (Bildung eines Ehegattenhofes durch Vereinbarung der Gütergemeinschaft und Berufung des einheiratenden Ehegatten zum Hofvorerben des ganzen Hofes bzw. eines gemeinsamen Abkömmlings zum Hoferben bereits beim Tode des Erstversterbenden mit Nießbrauch für den Überlebenden) ist seit der Höferechtsreform 1976 nicht mehr möglich.[24] Generell ist bei der Empfehlung der Vereinbarung von Gütergemeinschaft angesichts der diffizilen gesetzlichen Ausgestaltung dieses Güterstandes einerseits und der bleibenden Teilhabe des einheiratenden Ehegatten am Verkehrswert der landwirtschaftlichen Besitzung andererseits (§ 1376 Abs. 4 BGB ist auf die Gütergemeinschaft nicht anwendbar) Vorsicht und Zurückhaltung angebracht.[25] Auch erscheint das alte deutschrechtliche, der Gütergemeinschaft zu Grunde liegende Postulat »Ein Leib, ein Gut« angesichts zunehmender Instabilität auch bäuerlicher Ehen eher fragwürdig und letztlich unzeitgemäß.

---

24 Vgl. BGH AgrarR 1986, 291, *Faßbender*, AgrarR 1977, 194.
25 Zur Abwägung des Für und Wider: MüKo-BGB/*Kanzleiter*, 5. Aufl. 2010, vor § 1415 BGB Rn. 14 ff.

Die Vereinbarung der fortgesetzten Gütergemeinschaft kommt auch in der Landwirtschaft kaum noch vor. Es sei daher hier auf das Muster 992 in der 20. Aufl. verwiesen.

23

2. Wenn der Erbvertrag nicht in die besondere amtliche Verwahrung des Gerichts gebracht wird, sondern in der amtlichen Verwahrung des beurkundenden Notars verbleibt (was im Bereich des Nurnotariats die Regel sein dürfte), entfällt die Verwahrungsgebühr des Nachlassgerichts. Daher ist auch bei Eheleuten der Erbvertrag dem gemeinschaftlichen Testament vorzuziehen, zumal seine Bindungswirkung durch die Vereinbarung eines bedingungslosen Rücktrittsrechts auf die eines gemeinschaftlichen Testaments beschränkt werden kann und seit 01.08.2002 auch der Erbvertrag der amtlichen Verwahrung des Amtsgerichts oder des Notars entnommen werden kann.

24

Erbvertrag über einen Ehegattenhof

Verhandelt zu .....

25 M

1. Wir sind Eigentümer des Ehegattenhofes im Sinne der Höfeordnung mit der Hofstelle in Neudorf Nr. 10. Eine bindende Hoferbenbestimmung haben wir bislang nicht getroffen.
2. Der Erstversterbende von uns setzt den länger Lebenden zum Hoferben hinsichtlich seines Anteils am Ehegattenhof ein.
3. Hoferbe nach dem länger Lebenden von uns wird unser Sohn Georg Vollmeier, ersatzweise sein ältestes wirtschaftsfähiges Kind, wiederum ersatzweise unsere Tochter Inge Vollmeier, die wir für wirtschaftsfähig halten, wiederum ersatzweise deren ältestes wirtschaftsfähiges Kind.
4. Der Erstversterbende von uns beruft den Überlebenden hinsichtlich seines hoffreien Nachlasses zum Vorerben. Der Vorerbe ist von allen Verpflichtungen und Beschränkungen befreit, von denen ein Vorerbe nach dem Gesetz befreit werden kann. Ihm stehen alle Rechte zu, die ihm nach dem Gesetz zustehen können, so auch das Recht auf Verzehr des Nachlasses.
Nacherben sind unsere gemeinschaftlichen ehelichen Abkömmlinge den Regeln der gesetzlichen Erbfolge entsprechend. Sie sind zugleich die Erben des Überlebenden von uns hinsichtlich seines hoffreien Nachlasses.
Wer Hoferbe wird, scheidet mit seinen Abkömmlingen hinsichtlich unseres hoffreien Nachlasses als Nacherbe des Erstversterbenden und Erbe des Überlebenden von uns aus. Setzt der Hoferbe nach einem von uns Pflichtteilsansprüche durch, so verliert er sein Hoferbrecht. Der Hoferbe hat alle dinglich gesicherten Verbindlichkeiten, die im Zeitpunkt des Erbfalls auf dem Hof lasten, im Innenverhältnis allein zu tragen. Er hat ferner die Kosten eines standesgemäßen Begräbnisses des Überlebenden von uns zu tragen und unser Grab, solange es besteht, den ortsüblichen Gepflogenheiten gemäß zu pflegen und zu schmücken. Dem Hoferben stehen hierfür die Gelder aus der Sterbenotgemeinschaft und der Sterbegeldversicherung zu.
Neben dem hoffreien Nachlass sollen den weichenden Erben die Abfindungs- und Abfindungsergänzungsansprüche nach §§ 12 und 13 HöfeO ungekürzt zustehen.
Die nicht vom Hoferben allein zu tragenden Nachlassverbindlichkeiten einschließlich der Erbfallschulden und Nachlasserbenschulden tragen der Hoferbe zu $1/3$ und die weichenden Erben insgesamt zu $2/3$, letztere unter sich im Verhältnis ihrer Erbquoten.
5. Alle zuvor getroffenen Verfügungen sollen vertragsmäßige sein. Wir nehmen sie wechselseitig an. Über die durch diesen Erbvertrag eintretenden Bindungen wurden wir vom Notar belehrt. Wir erklären hierzu, gerade diese Bindung zu wollen. Das Recht zum einseitigen Rücktritt von diesem Erbvertrag, dessen Möglichkeit der Notar uns

dargelegt hat, will sich keiner von uns vorbehalten. Der Überlebende von uns soll seine Verfügungen auch im Falle seiner Wiederverheiratung nicht anfechten können.
Für den Fall, dass der Überlebende die Hofeigenschaft aufhebt, den Hof in das Gesamtgut einer Gütergemeinschaft oder in eine Gesellschaft zu Eigentum einbringt oder einzubringen versucht oder den Hof oder wesentliche Teile davon sonst wie ohne volle Gegenleistung oder ohne Zustimmung des jeweiligen Hofanwärters veräußert, soll er kraft hiermit getroffener rechtsgeschäftlicher Vereinbarung unter Lebenden verpflichtet sein, den Hof nebst Zubehör dem Hofschlusserben gegen Vorbehalt des Nießbrauchs zu übereignen.
Der Einheitswert des Hofes ist 100.000 €. Den Verkehrswert unseres beiderseitigen hoffreien Vermögens nach Abzug der Verbindlichkeiten geben wir mit 300.000 € an.
Diese Niederschrift .....

■ *Kosten.* Die unter Nr. 5 getroffene Vereinbarung ist ein bedingter Hofübergabevertrag. Dieser ist für sich zu bewerten, da gemäß §§ 86 Abs. 2, 109 GNotKG verschiedene Beurkundungsgegenstände vorliegen. Sein Geschäftswert ist 10–20 % des Kostenwerts nach §§ 48, 36 GNotKG. Davon ist eine 2,0 Gebühr gemäß Nr. 21100 KV GNotKG zu erheben. Für den Erbvertrag fällt eine 2,0 Gebühr gemäß Nr. 21100 KV GNotKG vom kostenrechtlichen Wert des Gesamtvermögens an. Dabei ist der Wert des Hofes gemäß § 48 GNotKG mit dem vierfachen Einheitswert anzusetzen. Dies ergibt einen Geschäftswert von 4 × 100.000 € + 300.000 € = 700.000 €. 2,0 Gebühr gemäß Nr. 21100 KV GNotKG i.V.m. §§ 102, 48 GNotKG.

Ehe- und Erbvertrag über einen Alleineigentumshof unter Vorbehalt der Hoferbenbestimmung (Vereinbarung von Gütertrennung)

26 M

Verhandelt zu ..... am .....
Vor ....., Notar in ....., erschienen, von Person bekannt:
1. der Landwirt Adam Bauer, geboren am ..... in .....
2. dessen Ehefrau Eva Bauer geborene Förster, geboren am ..... in .....
beide wohnhaft .....
Der Notar hatte sich durch eine am ..... geführte Besprechung und durch die heutige Verhandlung davon überzeugt, dass die Erschienenen geschäftsfähig waren. Die Erschienenen erklärten:

A
Wir sind beide deutsche Staatsangehörige. Wir haben am ..... vor dem Standesbeamten des Standesamtes ..... geheiratet. Einen Ehevertrag haben wir bislang nicht abgeschlossen, leben mithin im gesetzlichen Güterstand der Zugewinngemeinschaft. Wir schließen den folgenden

Ehevertrag.
Wir heben mit Wirkung zum Ablauf des heutigen Tages den gesetzlichen Güterstand der Zugewinngemeinschaft auf und vereinbaren, dass ab Beginn des morgigen Tages für unsere Ehe der Güterstand der

Gütertrennung
gelten soll. Wir beantragen die Eintragung der Änderung des Güterstandes in das Güterrechtsregister. Der Notar soll diese Eintragung jedoch nur veranlassen, wenn er hierzu von uns oder einem von uns gesondert schriftlich angewiesen wird.
Nach § 1372 BGB wird bei Beendigung des Güterstandes der Zugewinngemeinschaft aus anderen Gründen als dem Tod der Zugewinnausgleich durchgeführt. Hierzu

erklären wir: der gesetzlich vorgesehene Zugewinnausgleich soll nicht durchgeführt werden. Wir verzichten wechselseitig auf einen in der Vergangenheit entstandenen und auf einen bis zum Ablauf des heutigen Tages noch entstehenden Zugewinnausgleichsanspruch und nehmen den Verzicht des jeweils anderen hiermit an. Ein Vermögensverzeichnis wollen wir in dieser Urkunde nicht aufnehmen.

Der Notar hat uns über die rechtlichen Folgen des Ausschlusses der Zugewinngemeinschaft und der Vereinbarung von Gütertrennung belehrt. Uns ist daher insbesondere bekannt, dass im Fall der Scheidung unserer Ehe ein Zugewinnausgleich nicht durchgeführt wird und dass jeder von uns künftig frei und ungehindert durch den anderen über sein gesamtes Vermögen verfügen kann. Der Notar hat uns auch auf die Auswirkungen des Ausschlusses der Zugewinngemeinschaft auf das gesetzliche Erb- und Pflichtteilsrecht und auf die Erbschaftsteuer hingewiesen. Uns ist bekannt, dass der gesetzliche Güterstand der Zugewinngemeinschaft als solcher eine Haftung des einen Ehegatten für Verbindlichkeiten des anderen Ehegatten nicht zur Folge hat.

Ehegattenzuwendungen

Zuwendungen, die ein Ehegatte dem andern vor oder während der Ehe gemacht hat, verbleiben im Fall der Scheidung dem Zuwendungsempfänger, es sei denn, bei der Zuwendung ist für den Fall des Scheiterns der Ehe zumindest in Schriftform ein ausdrücklicher Widerrufs- oder Rücktrittsvorbehalt vereinbart worden.

Nachehelicher Unterhalt, Versorgungsausgleich

Hinsichtlich des nachehelichen Unterhalts und des Versorgungsausgleichs soll es bei den gesetzlichen Regelungen in ihrer jeweiligen Fassung verbleiben.

B

Hierauf erklärten die Erschienenen: Wir wollen einen Erbvertrag schließen. Wir haben bislang keine Verfügungen von Todes wegen getroffen, die uns oder einen von uns daran hindern, gemeinschaftlich handelnd über unseren Nachlass frei zu verfügen. Auch haben wir bislang keine bindende Hoferbenbestimmung getroffen. Der Notar hat uns auf die Bedeutung dieser Umstände für die Rechtswirksamkeit unserer folgenden Verfügungen hingewiesen. Wir verzichten darauf, dass zu dieser Verhandlung Zeugen oder ein zweiter Notar hinzugezogen werden.

Dies vorausgeschickt, erklärten die Erschienenen mündlich: Wir schließen den folgenden

Erbvertrag,

der unverschlossen in der amtlichen Verwahrung des Notars verbleiben soll. Der Notar soll uns je eine beglaubigte Abschrift dieser Urkunde erteilen, eine beglaubigte Abschrift unverschlossen in seiner Urkundensammlung verwahren und eine einfache Abschrift unverschlossen zu seiner Handakte nehmen.

I. Zunächst erklärte Adam Bauer:

1. Ich bin Alleineigentümer der im Grundbuch des Amtsgerichts Düren von Vettweiß Blatt ..... eingetragenen landwirtschaftlichen Besitzung »Engelshof« in Vettweiß-Soller. Die Besitzung ist ein Hof i.S.d. Höfeordnung. Ich behalte mir die Bestimmung des Hoferben unter meinen Abkömmlingen vor.

Für den Fall, dass ich die Bestimmung des Hoferben unterlasse, ermächtige ich meine Ehefrau Eva, unter unseren gemeinsamen Abkömmlingen den Hoferben auszuwählen, bevor sie wieder heiratet und bevor der gesetzliche Hoferbe das 25. Lebensjahr vollendet hat. Als eine das Bestimmungsrecht meiner Frau ausschließende Bestimmung des Hoferben durch mich gilt auch eine faktische Bestimmung des Hoferben in der in § 6 Abs. 1 Nr. 1 und 2 HöfeO festgelegten Art und Weise.[26]

---

[26] Vgl. hierzu OLG Hamm RNotZ 2012, 449 (Testamentsauslegung bei Bestimmungsrecht des Hoferben durch Überlebenden und nachträglicher Wegfall der Hofeigenschaft).

2. Meiner Ehefrau Eva vermache ich den uneingeschränkten Nießbrauch am Hof bis zur Vollendung ihres 60. Lebensjahres.
3. Nach dem Erlöschen des Nießbrauchs steht meiner Ehefrau Eva am Hof ein Altenteil zu, auf Grund dessen der Hoferbe ihr im Einzelnen zu leisten hat: .....(folgt eine Aufzählung wie oben in § 36 Rdn. 145 M).
4. Zu Erben meines hoffreien Vermögens setze ich meine Abkömmlinge, die nicht Hoferben werden, zu gleichen Teilen ein. Der Hoferbe und meine Ehefrau sind mithin an meinem hoffreien Vermögen nicht beteiligt.
5. Die Abkömmlinge, die nicht Hoferben werden, erhalten die Abfindung vom Hof nach den Bestimmungen der Höfeordnung. Meine Ehefrau Eva erhält keine Abfindung vom Hof.
6. Weitere Verfügungen will ich heute nicht treffen.
II. Hierauf erklärte Eva Bauer:
1. Ich setze meine Kinder untereinander zu gleichen Teilen nach Stämmen zu meinen Erben ein.
2. Meinem Ehemann Adam Bauer vermache ich
– meinen Anteil am Hausrat zu Eigentum,
– an meinem übrigen Nachlass den lebenslangen Nießbrauch.
3. Weitere Verfügungen will ich in dieser Urkunde nicht treffen.
III. Hierauf erklärten die Eheleute Bauer übereinstimmend:
1. Von den zuvor getroffenen Verfügungen sind vertragsmäßige Verfügungen, die wir hiermit wechselseitig annehmen:
– die Verfügungen, die Adam Bauer in Abschnitt I. Nrn. 2 und 3 zu Gunsten seiner Ehefrau Eva getroffen hat,
– die Verfügungen, die Eva Bauer in Abschnitt II. Nr. 2 zu Gunsten ihres Mannes Adam getroffen hat.
Nach Hinweis des Notars auf die vertragliche Bindungswirkung räumen wir uns gegenseitig das Recht ein, durch einseitige Erklärung von unseren vertragsmäßigen Verfügungen zurückzutreten. Der Notar hat uns darauf hingewiesen, dass der Rücktritt von den vertragsmäßigen Verfügungen nur zu Lebzeiten des Vertragspartners und nur durch notariell beurkundete, dem anderen gegenüber abzugebende Erklärung erfolgen kann.
2. Alle übrigen Verfügungen trifft ein jeder von uns mit lediglich letztwilliger Wirkung. Jedem von uns steht es daher frei, insoweit anderweitige Verfügungen von Todes wegen zu treffen, und zwar in beliebiger Weise und in beliebigem Umfang.
3. Soweit ein Erbe im Güterstand der Gütergemeinschaft deutschen oder ausländischen Rechts lebt, sollen alle Gegenstände, die ihm auf Grund unserer zuvor getroffenen Verfügungen zufallen, Vorbehaltsgut sein und nicht zum Gesamtgut der Gütergemeinschaft gehören.
4. Die in dieser Urkunde getroffenen Verfügungen sollen wirksam sein und bleiben, gleichviel, welche Pflichtteilsberechtigte ein jeder von uns hinterlassen wird.
5. Wir verzichten ein jeder auf Pflichtteilsansprüche am Nachlass des Anderen und nehmen ein jeder den Verzicht des Anderen an. Diese Verzichte entfallen mit einem Rücktritt vom Erbvertrag. (Oder: *Die Verzichte bleiben von einem Rücktritt vom Erbvertrag unberührt.*)
6. Wir sind vom Notar über das gesetzliche Erb- und Pflichtteilsrecht und über die Bestimmungen der Höfeordnung belehrt worden.
7. Der Einheitswert des Hofes beträgt 50.000 €. Den Wert des hoffreien Vermögens des Ehemannes nach Abzug der Verbindlichkeiten geben wir mit 250.000 € an, den Wert des Vermögens der Ehefrau mit 150.000 €.
Diese Niederschrift .....

■ *Kosten.* Der Geschäftswert des Ehe- und Erbvertrages ergibt sich aus dem »reinen Vermögen« beider Ehegatten. Dabei ist der Hof mit seinem vierfachen Einheitswert, also mit 200.000 €, zu veranschlagen (48 GNotKG). Demnach ergibt sich ein Geschäftswert von insgesamt 600.000 € pro Vertrag. Es fällt nach neuem Kostenrecht sowohl für den Erbvertrag als auch für den Ehevertrag eine 2,0 Gebühr gemäß Nr. 21100 KV GNotKG an. Die frühere Privilegierung bei einheitlicher Beurkundung des Ehe- und Erbvertrages ist durch das GNotKG entfallen. Daher ist aus der Summe beider gegenstandsverschiedener Erklärungen die 2,0 Gebühr zu berechnen. Der Geschäftswert richtet sich nach § 100 Abs. 1 Nr. 1 GNotKG bzw. § 102 Abs. 1 GNotKG und beträgt daher vorliegend 1.200.000 €. Verbindlichkeiten können nur noch bis zur Hälfte des Vermögens abgezogen werden, vgl. § 100 Abs. 1 Satz 2 GNotKG bzw. § 102 Abs. 1 Satz 2 GNotKG.

Der wechselseitige Pflichtteilsverzicht ist so abzurechnen, als wenn darüber eine getrennte Urkunde aufgenommen worden wäre. Sein Geschäftswert errechnet sich nach dem »erbrechtlichen« Wert der beiden Nachlässe aus der Differenz zwischen dem, was die Erblasser sich wechselseitig zugewendet haben, und dem, was sie als Pflichtteil zu beanspruchen hätten. Dabei ist der Hof mit seinem Hofeswert gem. § 12 HöfeO, also seinem 1½fachen Einheitswert, anzusetzen. Bei Gütertrennung und zwei Kindern beträgt der Pflichtteil der Ehefrau 54.166 € ($^1/_6$ von 75.000 € + 250.000 €). Da der Kapitalwert des ihr zugedachten Nießbrauchs jedenfalls höher ist, hat ihr Pflichtteilsverzicht derzeit keinen eigenen Wert. Der Pflichtteil des Ehemannes ist ($^1/_6$ von 150.000 €) 25.000 €. Der Jahreswert des Nießbrauchs, den die Ehefrau dem Ehemann zuwendet, beträgt bei einer Rendite von 5 % bereits 30.000 €. Demnach hat auch der Pflichtteilsverzicht des Ehemannes keinen eigenen Wert. Geschäftswert des Pflichtteilsverzichtsvertrages ist mithin 5.000 € (Bestimmung nach freiem Ermessen, § 102 Abs. 4 Satz 2 GNotKG). Davon ist eine 2,0 Gebühr gemäß Nr. 21100 KV GNotKG zu erheben. Für die Einholung und Entgegennahme der Zustimmung des Landwirtschaftsgerichts ist zusätzlich eine 0,5 Gebühr gemäß § 112 GNotKG i.V.m. Nr. 22110, 22112 KV GNotKG, höchstens 50 € vom Wert des Nießbrauchs zu erheben. Von diesem Wert erhebt das Landwirtschaftsgericht eine 2,0 Gebühr gemäß Nr. 15110 Nr. 4 KV GNotKG, § 13 HöfeVfO, § 52 Abs. 4 GNotKG.

Ehe- und Erbvertrag über einen Hof (Vereinbarung von Gütergemeinschaft)

27 M

Verhandelt zu ..... am .....
Vor ....., Notar in ....., erschienen:
Eheleute Adam Bauer, Landwirt, geboren am ..... in ....., und Eva geborene Förster, Landwirtin, geboren am ..... in ....., beide wohnhaft in Alsdorf, Gut Rischmühle.
Die Erschienenen wiesen sich dem Notar gegenüber durch Vorlage ihrer Personalausweise aus.
Die Erschienenen erklärten dem Notar, nachdem sich dieser von ihrer Geschäftsfähigkeit überzeugt hatte: Wir schließen folgenden

Ehe- und Erbvertrag

A. Ehevertrag
I. Wir haben am ..... vor dem Standesbeamten des Standesamtes ..... geheiratet und bislang keinen Ehevertrag geschlossen. Wir sind deutsche Staatsangehörige. Dies war auch im Zeitpunkt unsere Eheschließung der Fall. Den bisher in unserer Ehe geltenden gesetzlichen Güterstand heben wir hiermit zum Ablauf des heutigen Tages auf. Wir vereinbaren, dass ab Beginn des morgigen Tages in unserer Ehe der Güterstand der Gütergemeinschaft gelten soll. Sie wird mit unseren Abkömmlingen nicht fort-

gesetzt. Das Mietshaus des Ehemannes in Aachen, Franzosenhof 17, eingetragen im Grundbuch von Aachen Blatt 7411 als Gemarkung Aachen Flur 18 Nummer 29, erklären wir zu seinem Vorbehaltsgut. Weiteres Vorbehaltsgut vereinbaren wir nicht. Der bisherige Alleineigentumshof der Ehefrau mit der Hofstelle in Alsdorf, Gut Rischmühle, eingetragen im Grundbuch von Alsdorf Blatt 1418, wird Gesamtgut und Ehegattenhof. Das Gesamtgut wird von der Ehefrau allein verwaltet.[27]

II. Wir verzichten ein jeder auf die Durchführung des Zugewinnausgleichs anlässlich der Beendigung der Zugewinngemeinschaft und nehmen den Verzicht des jeweils anderen hiermit an. Der Notar hat uns über die rechtlichen Folgen der Vereinbarung von Gütergemeinschaft belehrt. Uns ist daher bekannt, dass fortan das Gesamtgut der Gütergemeinschaft für die Verbindlichkeiten eines jeden Ehegatten haftet.

III. Für den Fall der Auflösung unserer Ehe unter Lebenden vereinbaren wir:

1. Der Hof »Gut Rischmühle« ist mit seinen Bestandteilen, allem Zubehör und allen Surrogaten der Ehefrau zu übereignen.

Der Ehemann erhält Wertersatz lediglich für die Hälfte des Landes, das wir während unserer Ehe in der Vergangenheit angeschafft haben und das wir künftig erwerben werden, sowie für die Hälfte der realen Werterhöhung der Gebäude und des Zubehörs. Das Land ist dabei mit seinem Verkehrswert im Zeitpunkt der Auseinandersetzung zu veranschlagen.

2. Hinsichtlich unseres hoffreien Vermögens verbleibt es bei den derzeitigen gesetzlichen Regelungen der Gütergemeinschaft, die uns der Notar erläutert hat und die wir für den Fall einer Änderung des Gesetzes hiermit als vertragliche vereinbaren.

3. Der Ehemann verzichtet hiermit seiner dies annehmenden Ehefrau gegenüber auf jeglichen Unterhalt für die Zeit nach der Auflösung der Ehe, und zwar auch für den Fall der Not. Dies gilt jedoch nicht, wenn die Ehefrau die eheliche Lebensgemeinschaft aufgibt. In einem solchen Fall soll es bei den jeweiligen gesetzlichen Regelungen verbleiben.

4. Alle Ansprüche aus der auf das Leben des Ehemannes abgeschlossenen Lebensversicherung bei der A-Versicherung verbleiben dem Ehemann. Die während unserer Ehe bereits entstandenen und noch entstehenden Rentenanwartschaften aus der Alterskasse der Landwirte erhält die Ehefrau allein. Hinsichtlich weiterer Versorgungsanwartschaften verbleibt es bei der jeweiligen gesetzlichen Regelung.

IV. Die Eintragung der Gütergemeinschaft in das Güterrechtsregister wünschen wir nicht. Wir beantragen die Berichtigung des Grundbuchs. Der Notar soll die Eintragung des Ehegattenhofvermerks beim Landwirtschaftsgericht unter Übersendung eines ausgefertigten Auszuges dieser Urkunde veranlassen. Dem Landwirtschaftsgericht gegenüber erklären wir hiermit, dass das Gut Rischmühle die Eigenschaft eines Ehegattenhofes im Sinne der Höfeordnung haben soll. Der Wirtschaftswert der landwirtschaftlichen Besitzung beträgt 70.000 €, der Verkehrswert der Hofgrundstücke beläuft sich auf 300.000 €.

B. Erbvertrag

Wir sind weder durch frühere Verfügungen von Todes wegen noch durch eine bindende Hoferbenbestimmung am Abschluss dieses Erbvertrages gehindert. Der Notar soll den Erbvertrag unverschlossen in seine Verwahrung nehmen. Wir möchten nicht, dass zu dieser Verhandlung Zeugen oder ein zweiter Notar hinzugezogen werden. Hierauf erklärten die Erschienenen dem Notar mündlich was folgt:

I. Dem Überlebenden von uns soll der Anteil des Erstversterbenden am Hof als Hoferben zufallen (§ 8 Abs. 1 HöfeO). Wir stellen klar, dass die Gütergemeinschaft auch hinsichtlich des Hofes nicht fortgesetzt werden soll. Wer nach dem Tode des Erstver-

---

[27] Diese Vereinbarung verhindert, dass beide Eheleute als Betriebsinhaber beitragspflichtig zur landwirtschaftlichen Alterskasse (= gesetzliche Rentenversicherung der Landwirte) werden.

sterbenden von uns Abfindungs- oder Abfindungsergänzungsansprüche stellt, wird samt seinen Abkömmlingen von jedem von uns enterbt, also auf den Pflichtteil gesetzt.
II. Wir bestimmen hiermit einen unserer gemeinschaftlichen ehelichen Abkömmlinge zum Hoferben nach dem Überlebenden. Treffen weder wir noch der Überlebende von uns künftig eine anderweitige Bestimmung, so wird unser ältestes wirtschaftsfähiges Kind Hoferbe.[28] Der Überlebende soll jedoch aus dem Kreis unserer gemeinschaftlichen Abkömmlinge den Hoferben durch Verfügung von Todes wegen, faktische Hoferbenbestimmung und Übergabevertrag bestimmen können. Dabei ist er befugt, vom Gesetz abweichende Abfindungsregelungen zu treffen und einem ihn überlebenden weiteren Ehegatten ein standesgemäßes Altenteil zuzuwenden. An diese Vereinbarungen bleibt der Überlebende auch im Fall seiner Wiederverheiratung gebunden.
III. Als Rechtsgeschäft unter Lebenden vereinbaren wir:
Heiratet der Überlebende wieder, ohne dass vorher sein zukünftiger Ehegatte hinsichtlich des Hofes auf alle Erb- und Pflichtteilsrechte sowie auf Zugewinnausgleichsansprüche verzichtet hat, oder veräußert oder belastet der Überlebende ohne Zustimmung des nächstberufenen hoferbenrechtlichen Abkömmlings Hofgrundstücke, so hat er unverzüglich den ganzen Hof mit allem Zubehör gegen Übernahme dinglich gesicherter Verbindlichkeiten und unter Vorbehalt des lebenslangen Nießbrauchs einem unserer gemeinschaftlichen Abkömmlinge zu übereignen. Dasselbe gilt, wenn der Überlebende die Hofeigenschaft aufhebt, unseren Hof in einer neuen Ehe zum Ehegattenhof macht, in eine Gesellschaft zu Eigentum einbringt oder den vor der Verheiratung abgeschlossenen Verzichtsvertrag später wieder aufhebt. Die Übereignung soll die Rechtsfolgen des Erbfalles haben (§ 17 Abs. 2 HöfeO), also insbesondere die Abfindungsansprüche der weichenden Erben auslösen.
Zur Sicherung des bedingten Eigentumserwerbsanspruchs soll nach dem Tode des Erstversterbenden von uns auf Kosten des Längerlebenden für unsere dann lebenden Kinder eine Vormerkung in das Grundbuch eingetragen werden. Die Kinder sind verpflichtet, in die Löschung der Vormerkung einzuwilligen bzw. mit ihr hinter Grundpfandrechte zurückzutreten, wenn und soweit die Verfügung des Überlebenden im Rahmen ordnungsgemäßer Verwaltung und Bewirtschaftung des Hofes liegt.
IV. Unserem ältesten wirtschaftsfähigen Kind hat der Überlebende den Hof – das Inventar eisern[29] – ab dem 1. Juli des Jahres zu verpachten, das auf dessen 25. Geburtstag folgt (= Vollendung des 25. Lebensjahres), und zwar auf die Lebenszeit des Überlebenden und zu einem Pachtzins, der 30 vom Hundert unter dem ortsüblichen liegt. Im Streitfall entscheidet ein von der Landwirtschaftskammer Nordrhein-Westfalen in Bonn zu benennender vereidigter Sachverständiger als Schiedsgutachter über die Höhe des Pachtzinses. Die Grundbesitzabgaben (Grundsteuern, Beiträge zur Berufsgenossenschaft und zur Landwirtschaftskammer etc.), die Sachversicherungen und den Wertverzehr hat der Pächter zu tragen.
V. Hinsichtlich unseres hoffreien Vermögens vereinbaren wir Folgendes:

---

28 Beachte hierzu OLG Hamm RNotZ 2012, 449 f. zur Frage nach der Rechtsstellung des bindend bestimmten Hoferben nach (faktischer oder erklärter) Aufhebung der Hofeigenschaft. Grundsätzlich wird die Bindungswirkung eines Erbvertrages durch das Erlöschen der Hofeigenschaft nicht beseitigt. Dem Schutz des Vertragserben wird in solchen Fällen durch die ergänzende Auslegung der letztwilligen Verfügung Rechnung getragen. Es ist dann die Frage zu beantworten, wie der Erblasser verfügt hätte, wenn er bedacht hätte, dass zum Zeitpunkt des Eintritts des Erbfalles die Hofeigenschaft entfallen sein und eine Sondererbfolge nicht mehr in Betracht kommen würde. Dieser Aspekt könnte bereits vorausschauend in der letztwilligen Verfügung geregelt werden.

29 Mit »eiserner« Verpachtung wird die Inventarverpachtung nach § 582a BGB bezeichnet. Im Gegensatz hierzu steht die »schlichte« Inventarpacht des § 582 BGB. Der Unterschied liegt – grob dargestellt – darin, dass bei der »eisernen« Pacht der Pächter verpflichtet ist, das der Pacht unterliegende tote und lebende Inventar nicht nur zu erhalten, sondern auch den Regeln einer ordnungsgemäßen Wirtschaft entsprechend auf seine Kosten laufend zu ersetzen.

§ 109 Hoferbrecht

1. Wir berufen uns gegenseitig zu alleinigen Vorerben, gleichviel ob und welche Pflichtteilsberechtigte beim Tode des Erstversterbenden vorhanden sind.
2. Als Vorerbe ist der Längerlebende von allen Beschränkungen und Verpflichtungen befreit, von denen ein Vorerbe nach dem Gesetz befreit werden kann. Ihm stehen alle Rechte zu, die ihm nach dem Gesetz zustehen können, das Recht auf Verzehr des Nachlasses inbegriffen.
Verfügt er unentgeltlich über gesamtgutzugehörigen Grundbesitz ohne Zustimmung der jeweiligen Nacherbenanwärter, so tritt mit Abschluss des Verpflichtungsrechtsgeschäfts der Nacherbfall ein.
3. Nacherben des Erstversterbenden sind unsere gemeinsamen Abkömmlinge nach den Regeln der gesetzlichen Erbfolge.
4. Der Hoferbe wird weder Nacherbe des Erstversterbenden noch Erbe des Überlebenden. Er hat im Innenverhältnis alle hofbezogenen Nachlassverbindlichkeiten allein zu tragen, dem Überlebenden ein standesgemäßes Begräbnis zu bereiten und unser Grab, solange es besteht, den ortsüblichen Gepflogenheiten entsprechend zu pflegen und zu schmücken. Ihm gebührt das Sterbegeld nach dem Überlebenden.
Macht der Hoferbe Pflichtteilsansprüche geltend, so verliert er rückwirkend auf den Tod des Überlebenden seine Hoferbenstellung.
5. Der Überlebende von uns trifft über seinen hoffreien Nachlass derzeit keine Verfügungen von Todes wegen.
VI. Alle zuvor getroffenen Verfügungen sollen, soweit gesetzlich zulässig und zuvor nicht ausdrücklich ausgenommen, vertragsmäßige sein. Wir nehmen sie wechselseitig an. Über die durch diesen Erbvertrag eintretenden Bindungen wurden wir vom Notar belehrt. Wir behalten uns ein Recht zum Rücktritt von diesem Erbvertrag nicht vor. Der Notar soll die Zustimmung des Landwirtschaftsgerichts zu dem bedingten Nießbrauchsvermächtnis einholen. Sie wird wirksam mit ihrem Eingang beim Notar.
Der Einheitswert des Hofes ist 100.000 €. Den Verkehrswert unseres beiderseitigen hoffreien Vermögens nach Abzug der Verbindlichkeiten geben wir mit 500.000 € an.
Diese Niederschrift .....

■ *Kosten.*
a) Des Notars: Nach dem angegebenen Netto-Wert des Vermögens beider Ehegatten, wobei der Hof mit seinem vierfachen Einheitswert zu veranschlagen ist (§ 48 GNotKG), insgesamt also 900.000 €. Aus der Summe beider gegenstandsverschiedener Erklärungen ist sodann die 2,0 Gebühr zu berechnen. Der Geschäftswert richtet sich nach § 100 Abs. 1 Nr. 1 GNotKG bzw. § 102 Abs. 1 GNotKG. Verbindlichkeiten können nur noch bis zur Hälfte des Vermögens abgezogen werden, vgl. § 100 Abs. 1 Satz 2 GNotKG bzw. § 102 Abs. 1 Satz 2 GNotKG. Zusätzlich fällt eine 0,5 Gebühr gemäß § 112 GNotKG i.V.m. Nr. 22110, 22112 KV GNotKG, höchstens 50 € für die Einholung der Zustimmung des Landwirtschaftsgerichts vom Wert des Nießbrauchsrechts an.
b) Des Grundbuchamts: Eine 1,0 Gebühr gemäß Nr. 14110 KV GNotKG; Wertfestsetzung gemäß §§ 36 Abs. 2, 70 GNotKG. Die Eintragung des Ehegattenhofvermerks ist gebührenfrei (Vorbemerkung 1.4 Abs. 2 Nr. 2 KV GNotKG).
c) Des Landwirtschaftsgerichts: Das Ersuchen des Landwirtschaftsgerichts an das Grundbuchamt auf Eintragung des Hofvermerks löst bisher keine Gebühren aus (§ 18 HöfeVfO). Nach dem Entfallen des § 18 HöfeVfO gem. Art. 34 des 2. Kostenrechtsmodernisierungsgesetzes gilt Folgendes: Die Gebührenfreiheit der Eintragung und Löschung eines Hofvermerks muss nicht mehr explizit geregelt werden, da die Gebühr Nr. 14160 KV GNotKG nur in den in der Anmerkung abschließend aufgezählten Fällen entstehen soll und der Hofvermerk hier nicht genannt ist.

Für die Zustimmung zu dem bedingten Nießbrauchsvermächtnis wird 1 volle Gebühr nach §§ 21, 13, 19 HöfeVfO von dessen Wert erhoben, § 136 GNotKG.

3. Gem. § 13 Abs. 2 HöfeVfO gilt der Notar, der die Verfügung von Todes wegen beurkundet hat, als ermächtigt, für die Beteiligten den Antrag auf Zustimmung zu der Verfügung zu stellen. Dem Antrag werden üblicherweise drei (in NRW zwei) beglaubigte Abschriften der Verfügung von Todes wegen beigefügt. Davon leitet das Landwirtschaftsgericht eine an die Genehmigungsbehörde und eine an die landwirtschaftliche Berufsvertretung weiter (in NRW liegen beide Funktionen bei der Landwirtschaftskammer). 28

Antrag auf Zustimmung zu einer Verfügung von Todes wegen über einen Hof

Amtsgericht 29 M
Landwirtschaftsgericht
51728 Aachen
Betr.: Gut Rischmühle in Alsdorf
In der Anlage übersende ich zwei beglaubigte auszugsweise Abschriften des Ehe- und Erbvertrages der Eheleute Adam Bauer und Eva geborene Förster vom ....., meine UR.Nr. ..... für ....., mit dem Antrag auf Zustimmung zu dem Nießbrauchsvermächtnis hinsichtlich des Hofes und dem bedingt vereinbarten Hofübergabevertrag. Ich bitte, mich zu der mündlichen Verhandlung zu laden. Der Jahreswert des Nießbrauchsrechts ist 15.000 €, der Einheitswert des Hofes 100.000 €.

....., Notar

■ *Kosten.* Der Geschäftswert bestimmt sich nach dem Wert des Nießbrauchsrechts gemäß § 52 Abs. 4 GNotKG einerseits und etwa 10–20 % vom vierfachen Einheitswert des Hofes andererseits.

Gebühren:
a) Des Notars: Eine 0,5 Gebühr gemäß § 112 GNotKG i.V.m. Nr. 22110, 22112 KV GNotKG, höchstens 50 €.
b) Des Landwirtschaftsgerichts: Es handelt sich um zwei Verfahren mit verschiedenem Gegenstand, die nicht demselben Gebührensatz unterliegen. Für die Zustimmung zu dem Vermächtnis ist eine volle Gebühr zu erheben (§ 21 Buchst. b) HöfeVfO), für die Genehmigung des bedingten Hofübergabevertrages eine $^1/_4$ Gebühr (§ 23 Buchst. a) HöfeVfO). Daher ist eine zweifache Rechnung anzustellen: Einmal müssen die Geschäftswerte addiert und von der Summe der höhere der infrage kommenden Gebührensätze veranschlagt werden. Zum anderen sind die Gebühren für jedes Verfahren gesondert zu ermitteln und zu addieren. Die Ergebnisse beider Berechnungen sind zu vergleichen. Der geringere der beiden Gebührenbeträge ist angefallen.[30] Nach dem GNotKG gilt hier Nr. 15110 Nr. 4 bzw. Nr. 15112 KV GNotKG.

IV. Teilung eines Hofes durch Verfügung von Todes wegen

Durch eine sog. innerbetriebliche Teilung kann der Hofeigentümer mehrere Höfe bilden. Dazu müssen mehrere Hofstellen geschaffen, alle Höfe mit ausreichendem Inventar ausgestattet und getrennt von den Hofstellen aus bewirtschaftet werden.[31] Bei gesetzlicher Erb- 30

---
30 *Faßbender/Hötzel/von Jeinsen/Pikalo*, § 20 HöfeVfO Rn. 16 ff.
31 Vgl. *Faßbender/Hötzel/von Jeinsen/Pikalo*, § 1 Rn. 21 m.w.N.

folge vererben sich die mehreren Höfe nach § 9 HöfeO. Statt der lebzeitigen Teilung kann der Eigentümer auch einem Dritten den Anspruch gegen den Hoferben vermachen, eine zweite Hofstelle zu errichten und ihm bestimmte Grundstücke und Zubehörteile zu übereignen. Diese Verfügung bedarf der Zustimmung des Landwirtschaftsgerichts (§ 16 HöfeO i.V.m. § 2 GrdstVG). Sie ist zu erteilen, wenn die Aufteilung des Hofes keine unwirtschaftliche Zerschlagung i.S.d. § 9 GrdstVG bedeutet und der Restbetrieb nicht über Gebühr belastet wird. Die Vermächtniserfüllung (Auflassung der Grundstücke) bedarf keiner weiteren Genehmigung.

31 M

Verhandelt zu ..... am .....
.....
Der Erschienene erklärte:
Ich bin Eigentümer der Burg Zwerfel. Sie ist Hof im Sinne der Höfeordnung und hat eine Größe von 350 ha landwirtschaftlicher Nutzfläche. Meine Söhne A und B sind beide Landwirte. Der Hof ist so groß, dass aus ihm zwei lebensfähige Betriebe gebildet werden können.
Sofern ich zu Lebzeiten die beabsichtigte innerbetriebliche Teilung durchführe, berufe ich meinen Sohn A zum Hoferben bezüglich des Stammguts und meinen Sohn B zum Hoferben bezüglich des neu gebildeten Hofes.
Für den Fall, dass ich bis meinem Tode die innerbetriebliche Teilung noch nicht durchgeführt habe, bestimme ich folgendes:
1. Ich berufe meinen Sohn A zum Hoferben.
2. Meinem Sohn B vermache ich den Anspruch
a) auf dem Grundstück ..... innerhalb von zwei Jahren nach meinem Tode auf Kosten meines Sohnes A eine zweite Hofstelle zu errichten, und zwar nach den Bauplänen, die der Architekt Bertram aus Euskirchen bereits ausgearbeitet hat. Statt dessen kann mein Sohn B auch einen Geldbetrag verlangen, der zum Bau der Hofstelle ausreicht. Im Streitfall entscheidet ein von der Landwirtschaftskammer Nordrhein-Westfalen in Bonn zu benennender vereidigter Sachverständiger über die Höhe des Geldbetrages als Schiedsgutachter verbindlich;
b) ihm das zuvor genannte Grundstück und die Grundstücke ..... zu übereignen;
c) ihm folgende Inventargegenstände zu übereignen: ..... Sollten diese Gegenstände des Inventars bei meinem Tode nicht mehr vorhanden sein, so stehen die hierfür als Ersatz angeschafften Gegenstände meinem Sohn B zu, hilfsweise ein Geldbetrag, der zu ihrer Beschaffung ausreicht. Auch über dessen Höhe entscheidet im Streitfall ein von der Landwirtschaftskammer Nordrhein-Westfalen in Bonn zu benennender vereidigter Sachverständiger als Schiedsgutachter.
Der Einheitswert des Hofes ist 450.000 €, der der vermachten Grundstücke 150.000 €.
Diese Niederschrift .....

■ *Kosten.*
a) Bestritten ist, ob es für das Kostenprivileg des § 48 GNotKG eine Obergrenze gibt, was die Betriebsfläche antrifft.[32] Die vorgeschlagene Obergrenze »ca. 100 ha« ist unbrauchbar (100 ha Acker in der Jülicher Börde sind mit 100 ha Alm in Bayern nicht vergleichbar). Im anhaltenden Konzentrationsprozess der landwirtschaftlichen Betriebe werden die verbleibenden »bäuerlichen Familienbetriebe« tendenziell immer größer; auch das

---
32 Bejahend: *Faßbender/Hötzel/von Jeinsen/Pikalo*, § 16 Rn. 123 – privilegiert ist nur der bäuerliche Familienbetrieb – *Korintenberg/Lappe/Bengel/Reimann*, § 19 KostO Rn. 83 – Obergrenze ca. 100 ha –; verneinend: BayObLG MittBayNot 1993, 228.

dient letztlich dem Erhalt leistungsfähiger Höfe in bäuerlichen Familien. Die Größe allein ist kein Argument gegen das Kostenprivileg.[33]

b) Nach dem vierfachen Einheitswert = 1,8 Mio. € (§ 48 GNotKG) eine 1,0 Gebühr gem. § 102 GNotKG i.V.m. Nr. 21200 KV GNotKG.

c) Des Landwirtschaftsgerichts: eine 2,0 Gebühr gemäß Nr. 15110 Nr. 4 KV GNotKG, § 13 HöfeVfO nach dem vierfachen Einheitswert des Landvermächtnisses = 600.000 €.

V. Wahl eines von mehreren Höfen

Hinterlässt der Erblasser mehrere Höfe, ohne deren Nachfolger durch Verfügung von Todes wegen zu bestimmen, so vererben sie sich nach § 9 HöfeO. Die Hoferbenberechtigten können dann in der Reihenfolge ihrer Berufung nach § 6 Abs. 1 Nr. 3 HöfeO je einen Hof wählen. Dabei darf jedoch kein Hof gewählt werden, der einem anderen durch faktische Hoferbenbestimmung (Übertragung der Bewirtschaftung oder Beschäftigung auf dem Hof gem. § 6 Abs. 1 Satz 1, 2, § 7 Abs. 2 HöfeO) bindend bereits zugesprochen worden ist. Die Wahl erfolgt entweder durch mündliche Erklärung zur Niederschrift des Landwirtschaftsgerichts oder durch notariell beglaubigte Erklärung.

Amtsgericht
Landwirtschaftsgericht
51728 Jülich
Am ….. verstarb mein Vater ….., ohne eine Verfügung von Todes wegen zu hinterlassen. Er war Eigentümer zweier Höfe, nämlich des in den Grundbüchern von ….. eingetragenen Hofes mit der Hofstelle in ….., und des in den Grundbüchern von ….. eingetragenen Hofes mit der Hofstelle in …..
In unserer Gegend gilt Ältestenrecht. Meine jüngere Schwester A und ich sind beide wirtschaftsfähig. Weitere Kinder hat unser Vater nicht hinterlassen. Unser Vater hat weder durch die Übertragung der Bewirtschaftung noch durch die Beschäftigung auf den Höfen oder in sonstiger Weise eine Hoferbenbestimmung getroffen. Ich wähle hiermit den in den Grundbüchern von ….. eingetragenen Hof.
Jülich, den …..
                                                                                          Unterschrift
[Unterschriftsbeglaubigung]

■ *Kosten.*
a) Des Notars: vom vierfachen Einheitswert des gewählten Hofes eine 0,2 Gebühr gemäß Nr. 25100 KV GNotKG, § 76 Nr. 3 GNotKG.
b) Des Landwirtschaftsgerichts: 15 € gemäß Nr. 12410 Abs. 1 Nr. 7 KV GNotKG.

VI. Hoffolgezeugnis

Der Nachweis über die Nachfolge in den Hof wird durch das Hoffolgezeugnis[34] erbracht. Es ist vergleichbar einem gegenständlich beschränkten Erbschein, in diesem Fall beschränkt auf das Hofvermögen.[35] Zuständig für die Erteilung ist gem. § 18 Abs. 2 HöfeO das Landwirtschaftsgericht, auch für die Erteilung des Erbscheins über das hoffreie Vermögen. Zu beach-

---
33 So im Ergebnis das BayObLG MittBayNot 1993, 228.
34 Vgl. § 125 Rdn. 55 M.
35 *Faßbender/Grauel/Kemp/Ohmen,* § 4 Rn. 1294.

ten ist, dass eine öffentliche letztwillige Verfügung das Hoffolgezeugnis nicht entbehrlich macht, weil aus der Verfügung nicht die erforderliche Wirtschaftsfähigkeit des Hoferben hervorgeht, es sei denn, diese ist dem Grundbuchamt offenkundig.[36] Wird ein Ehegattenhof an überlebenden Ehegatten vererbt, ist die Nachfolge des Ehegatten gem. § 8 HöfeO zwingend, sodass es auch eines Hoffolgezeugnisses nicht bedarf.[37]

Nicht notwendig ist ein Hoffolgezeugnis für den Nachweis der negativen Tatsache, dass der Erblasser keine formlose Hoferbenbestimmung i.S.d. § 6 Abs. 1 HöfeO getroffen hat, bevor er durch letztwillige Verfügung einen Hoferben berief. Dieser Nachweis kann im Grundbucheintragungsverfahren auch durch eine eidesstattliche Versicherung der als gesetzliche Hoferben in Betracht kommenden Abkömmlinge des Erblassers geführt werden.[38]

In Fällen, in denen zwar noch ein Hofvermerk eingetragen ist, aber bereits seit langem keine Hof mehr aktiv betrieben wird, dieser also »verwaist« ist, bedarf es ebenfalls keines Hoffolgezeugnisses, welches ohnehin nicht bei mehreren Erben in Frage kommt. Vielmehr ist ein Erbschein zu beantragen, aus dem hervorgeht, dass sich die Besitzung trotz ihrer Hofeigenschaft gem. § 10 HöfeO nach bürgerlichem Recht vererbt hat.[39]

VII. Ausschlagung des Hofanfalls/des Erbanfalls

35 In Abweichung[40] von § 1950 BGB gestattet § 11 HöfeO dem Hoferben, der gleichzeitig (Mit-)Erbe des hoffreien Vermögens ist, nur die Hoferbfolge auszuschlagen und (Mit-)Erbe des hoffreien Vermögens zu bleiben. Ob der Hoferbe über den Gesetzeswortlaut hinaus auch berechtigt ist, den hoffreien Nachlass auszuschlagen und den Hof zu behalten, ist bestritten.[41] Die Regelung in § 11 HöfeO ist Folge der Sondererbfolge in den Hof. Ausgehend von der Überlegung, dass es dem Erblasser freisteht, den Hoferben am hoffreien Vermögen zu beteiligen oder ihn von der Beteiligung hieran auszuschließen, sollte auch dem Hoferben freistehen, zu wählen, welchen Nachlassteil er behält. Dies entspricht auch der Rechtslage beim Erbverzicht: der Erbe kann wahlweise auf den Hof oder das hoffreie Vermögen verzichten.[42]

36 M Amtsgericht
Nachlassgericht
51705 Jülich
Betr.: Nachlass meines Vaters Gerhard Esser aus Linnich-Tetz
Am ..... verstarb in Jülich mein Vater Gerhard Esser. Der letzte Wohnsitz meins Vaters war Linnich-Tetz. Mein Vater war Eigentümer des Hofes i.S.d. HöfeO mit der Hofstelle in Linnich-Tetz, Lambertusstraße 18, eingetragen im Grundbuch von Tetz Blatt 1834. In seinem eigenhändigen Testament vom ....., eröffnet vom Amtsgericht Jülich unter IV ....., hat mein Vater mich zum Hoferben berufen. Ich schlage hiermit den Anfall des Hofes aus, ohne zugleich die Erbschaft in den hoffreien Nachlass auszuschlagen. Diese nehme ich vielmehr hiermit an.

---

36 Dorsel/*Krause*, 12. Kapitel, F Rn. 193.
37 Dorsel/*Krause*, 12. Kapitel, F Rn. 193 unter Bezugnahme auf OLG Oldenburg AgrarR 1997, 264.
38 OLG Hamm, Beschl. v. 27.1.2016, I-15 W 555/15, notar 2016, 342 ff. m. Anm. *Führ*; *Führ*, notar 2018, 112, 113.
39 *Führ*, notar 2016, 343 ff.; *Führ*, notar 2018, 112 ff.; zum Verlust der Hofeigenschaft durch Aufgabe des landwirtschaftlichen Betriebes vgl. auch OLG Hamm ZEV 2018, 427.
40 Lt. *Wöhrmann*, § 11 Rn. 1 »in scheinbarer Abweichung«.
41 Dafür: *Wöhrmann*, § 11 Rn. 1; *Faßbender* in der 21. Aufl. mit irrtümlicher Berufung auf *Faßbender/Hötzel/von Jeinsen/Pikalo*, § 11 Rn. 3; dagegen: *Faßbender/Hötzel/von Jeinsen/Pikalo*, § 11 Rn. 3; *Lüdtke-Handjery/von Jeinsen*, § 11 Rn. 2.
42 *Faßbender/Hötzel/von Jeinsen/Pikalo*, § 11 Rn. 12; *Ivo*, ZEV 2004, 316 m.w.N.

Nächstberufener gesetzlicher Hoferbe ist meine Schwester Anna Müller geborene Esser in Jülich-Broich, Weinbergstraße 17.
Der Einheitswert des Hofes beträgt 50.000 €.
Eschweiler, den .....

Anton Esser

[Unterschriftsbeglaubigung]

- *Kosten.* Geschäftswert ist der vierfache Einheitswert des Hofes (§ 20 Buchst. e) HöfeVfO).
  a) Des Notars: eine 0,5 Gebühr gemäß Nr. 21201 KV GNotKG i.V.m. § 103 Abs. 1 und 2 GNotKG.
  b) Des Gerichts: kostenfrei gemäß Vorbemerkung 1.5.1 Abs. 1 Satz 2 KV GNotKG.

Ausschlagung des hoffreien Nachlasses

37 M

Amtsgericht
Nachlassgericht
51705 Jülich
Betr.: Nachlass meines Vaters Gerhard Esser aus Linnich-Tetz
Am ..... verstarb in Jülich mein Vater Gerhard Esser. Der letzte Wohnsitz meines Vaters war Linnich-Tetz. Mein Vater hat als einzige Verfügung von Todes wegen das eigenhändige Testament vom ..... hinterlassen, das vom Amtsgericht Jülich unter der Geschäftsnummer IV ..... eröffnet worden ist. Darin hat er mich zum Hoferben und zu $^1/_3$ Anteil zum Erben seines hoffreien Nachlasses berufen. Ich schlage hiermit die Erbschaft in das hoffreie Vermögen aus, ohne zugleich den Hofanfall auszuschlagen. Diesen nehme ich vielmehr hiermit an.
Ersatzerben hat mein Vater hinsichtlich seines hoffreien Vermögens nicht berufen. Abkömmlinge habe ich nicht. Da mein Vater hinsichtlich seines hoffreien Vermögens neben mir meine Schwester Anna Müller geborene Esser in ..... und meinen Bruder Jakob Esser in ..... zu je $^1/_3$ zu Erben berufen hat, wächst ihnen der mir zugedachte Erbteil gem. § 2094 BGB zu gleichen Teilen an.
Der Verkehrswert des hoffreien Nachlasses nach Abzug der Verbindlichkeiten betragen 50.000 €, der Einheitswert des Hofes ist 100.000 €.
Alsdorf, den .....

Anton Esser

[Unterschriftsbeglaubigung]

- *Kosten.* Geschäftswert der Ausschlagung ist der Netto-Verkehrswert des hoffreien Nachlasses, Geschäftswert der Annahmeerklärung der vierfache Einheitswert des Hofes. Beide Werte sind zu addieren.
  a) Des Notars: eine 0,5 Gebühr gemäß Nr. 21201 KV GNotKG i.V.m. § 103 Abs. 1 bzw. Abs. 2 GNotKG.
  b) Des Gerichts: gebührenfrei, da die Gebühr für die Entgegennahme der Erbausschlagung gem. § 112 Abs. 1 Nr. 2 KostO nicht in Nr. 12410 KV GNotKG übernommen wurde.

VIII. Abfindungsergänzung

Verwertet der Hoferbe den Hof innerhalb von 20 Jahren seit dem Erbfall in einer Weise, die den Zwecken des Höferechts fremd ist, insbesondere ohne Ersatzgegenstände anzuschaffen, so hat er den erzielten Erlös mit den weichenden Erben zu teilen (§ 13 HöfeO). Der Erlös ist um ein Viertel zu kürzen, wenn die Verwertung später als 10 Jahre nach dem Erbfall erfolgt,

38

und um die Hälfte, wenn sie später als 15 Jahre nach dem Erbfall vorgenommen wird (§ 13 Abs. 5 HöfeO). Die 20-Jahresfrist beginnt beim Hoferbfall mit dem Tod des Erblassers, bei lebzeitiger Übertragung auf einen Abkömmling mit der Eigentumsumschreibung auf diesen und bei lebzeitiger Übertragung an einen Nichtabkömmling mit dem Tod des Erblassers.[43] Eine bereits erhaltene Abfindung ist anteilig auf die Abfindungsergänzung anzurechnen.[44] Die Pflicht zur Abfindungsergänzung geht auf den Erben bzw. Übernehmer des Hofes über (§ 13 Abs. 7 HöfeO). Sie entsteht auch, wenn der Hoferbe Ersatzgegenstände des Hofes zweckfremd verwertet (§ 13 Abs. 6 HöfeO). Die Ergänzungsansprüche sind vererblich und übertragbar. Sie verjähren 3 Jahre, nachdem der Anspruchsberechtigte Kenntnis von dem Eintritt ihrer Voraussetzungen erlangt hat, spätestens in dreißig Jahren seit dem Erbfall (§ 13 Abs. 9 HöfeO). Der Hoferbe hat die weichenden Erben von der Verwertung unverzüglich in Kenntnis zu setzen und ihnen auf Verlangen über alle Umstände Auskunft zu geben, die für die Berechnung der Abfindungsergänzungsansprüche erheblich sind (§ 13 Abs. 10 HöfeO). Der Abfindungsergänzungsanspruch ist beim Landwirtschaftsgericht geltend zu machen (§ 18 HöfeO i.V.m. § 1 Nr. 5 LwVG).

Nach dem Urteil des BGH vom 27.05.2004[45] ist der Notar verpflichtet, den Hofeigentümer bei einem Verkauf innerhalb der 20-Jahresfrist auf den Abfindungsergänzungsanspruch hinzuweisen, wenn aus dem Grundbuch ersichtlich ist, dass ein diesen Anspruch begründender Tatbestand vorliegt.[46]

39 M Amtsgericht
Landwirtschaftsgericht
51705 Jülich
Betr.: Hof meines Bruders Anton Esser in Linnich-Tetz
Mein Vater Gerhard Esser hat seinen Hof i.S.d. Höfeordnung mit der Hofstelle in Linnich-Tetz, Lambertusstraße 17, durch Übergabevertrag vom ….. – UR.Nr. für ….. des Notars ….. in ….. – zwecks Vorwegnahme der Hoferbfolge meinem Bruder Anton Esser in Linnich-Tetz, …..übertragen. Die Umschreibung des Eigentums erfolgte am ….. Mit diesem Zeitpunkt gilt mir gegenüber der Erbfall als eingetreten (§ 17 Abs. 2 HöfeO).
In dem Übergabevertrag, an dessen Abschluss ich seinerzeit beteiligt war, wurde mir die in § 12 HöfeO geregelte Abfindung zugesprochen, die ich in der Folgezeit auch erhalten habe. Auf weitere Abfindungsansprüche nach § 12 HöfeO hatte ich im Übergabevertrag seinerzeit verzichtet, ausdrücklich nicht jedoch auf Abfindungsergänzungsansprüche nach § 13 HöfeO. Mein Bruder Anton hat – wie ich vor neun Monaten erfahren habe – im Jahr ….. insgesamt zehn Baustellen für zusammen 200.000 € verkauft, ohne in der Folgezeit Ersatzgrundstücke angeschafft zu haben.
Meine Mutter Mathilde Esser geborene Stollenwerk war bereits im Jahr ….., mithin vor Abschluß des Hofübergabevertrages, gestorben. Mein Vater hatte sich hernach nicht wiederverheiratet. Ich bin neben meinem Bruder Anton der einzige gesetzliche Erbe meines Vaters, also zur Hälfte erbberechtigt. Mein Bruder hat von dem Erlös 25.000 € Einkommensteuer bezahlt. Dass aus dem früheren Ackerland Bauland wurde, ist nicht auf Leistungen meines Bruders Anton zurückzuführen. Der Hofeswert war vor der Veräußerung des Baulandes 40.000 €. Die verkaufte Parzelle hatte einen Einheitswert von 2.000 € und demnach einen anteiligen Hofeswert von 3.000 €, und ist mit 1.500 € bei Errechnung meiner Abfindung berücksichtigt gewesen.

---

43 *Faßbender/Hötzel/von Jeinsen/Pikalo*, § 13 Rn. 5.
44 *Faßbender/Hötzel/von Jeinsen/Pikalo*, § 13 Rn. 43.
45 Az. III ZR 302/03 – DNotZ 2005, 66.
46 S. hierzu *Peter/Roemer*, RNotZ 2005, 169 ff.; *Führ*, RNotZ 2012, 303, 318.

Die durch den Verkauf ausgelösten Einkommensteuern sind vom Veräußerungserlös abzusetzen. Von dem Nettobetrag von 175.000 € ist, da die Veräußerung später als 15 Jahre nach der Übertragung erfolgte, die Hälfte abzusetzen. Der hiernach verbleibende Betrag von 87.500 € steht meinem Bruder und mir zur Hälfte zu. Von dem mir zustehenden Betrag von 43.750 € ist die bei Übergabe mir geleistete anteilige Abfindung von 1.500 € abzusetzen, so dass mir schlussendlich ein Abfindungsergänzungsanspruch von 42.250 € zusteht. Mein Bruder Anton weigert sich beharrlich, diesen Betrag zu zahlen.

Ich beantrage, meinen Bruder Anton Esser zu verurteilen, mir 42.250 € zu zahlen.

Aachen, den .....

Jakob Esser

IX. Vererbung eines Landguts (Nicht-Hof)

1. Eine landwirtschaftliche Besitzung, die sich nicht nach Anerbenrecht vererbt, kann vom Eigentümer kraft Verfügung von Todes wegen einem Nachfolger als Landgut zum Ertragswert zugewendet werden.[47] Landgut ist jede im Alleineigentum einer natürlichen Person stehende oder zum Gesamtgut einer (auch fortgesetzten) Gütergemeinschaft gehörende, für den selbständigen und dauernden Betrieb der Landwirtschaft geeignete und bestimmte Wirtschaftseinheit aus Hofstelle (Wohnhaus, Wirtschaftsgebäuden) und Land.[48] Reine Forstgüter fallen nicht unter den Begriff Landgut i.S.d. § 2049 BGB.[49] Der Ertragswert ist beim Landgut auch für die Berechnung der Pflichtteilsansprüche maßgebend (§§ 2049, 2312 BGB). Er bemisst sich in Baden-Württemberg, Bayern und den früher bayrischen Teilen des Saarlandes nach dem 18fachen, in Berlin, Hessen, Nordrhein-Westfalen, Rheinland-Pfalz und dem früher preußischen Teil des Saarlandes nach dem 25fachen und in Niedersachsen nach dem 17fachen Jahresreinertrag, in Schleswig-Holstein, Hamburg, Bremen und in den neuen Bundesländern, soweit sie keinen abweichenden Multiplikator vorgeschrieben haben, nach dem 25fachen Jahresreinertrag.[50]

Da Normzweck der Regelungen in §§ 2049 und 2312 BGB das öffentliche Interesse an der Erhaltung eines leistungsfähigen landwirtschaftlichen Betriebes in der Hand einer vom Gesetz begünstigen Person ist, muss es sich bei dem privilegierten Betrieb um einen Betrieb handeln, der für den Inhaber eine selbständige, nicht notwendig hauptberufliche Erwerbs- und Nahrungsquelle darstellt. Diesen Kriterien genügen Betriebe nicht, die auf Dauer verpachtet sind und deren Fortführung in der Familie in absehbarer Zeit nicht in Betracht kommt, und auch solche nicht, die so klein sind, dass sie nicht mehr als Betrieb, sondern nur noch als Liebhaberei angesehen werden können. Wenn auch die »Hoffähigkeits-Untergrenze« von 5.000 € Wirtschaftswert auf das Landgut nicht unmittelbar übertragbar ist, zeigt sich in ihr doch eine gesetzgeberische Wertung, die auch bei der Frage, ob einem Betrieb die Privilegierung als Landgut zusteht, zu berücksichtigen ist. Die Bevorzugung des Übernehmers eines Landgutes und die Beschneidung der Erb- und Pflichtteilsansprüche der weichenden Erben ist aus verfassungsrechtlichen Gründen nur vertretbar, wenn die hierdurch ermöglichte Erhaltung des Betriebes aus Gründen der Agrarstruktur sachgerecht ist. *Fassbender* (in der 21. Aufl.) schlägt vor, Betriebe dann nicht mehr als Landgut zu klassifizieren, wenn sie nicht die von der für den Betrieb zuständigen landwirtschaftlichen Alterskasse für die Pflichtversicherung festgelegte Mindestgröße erreichen (im Bundes-

---

47 Zum lebzeitigen Übergabevertrag siehe *Krauß*, Vermögensnachfolge in der Praxis, Rn. 6757.
48 Vgl. MüKo-BGB/*Ann*, § 2049 BGB Rn. 3.
49 *Wöhrmann*, § 2049 Rn. 14.
50 BVerfG AgrarR 1985, 12; zu den regionalen Differenzierungen im Einzelnen s. *Steffen*, AgrarR 1985, 99; MüKo-BGB/*Damrau*, Art. 137 EGBGB Rn. 4.

§ 109 Hoferbrecht

durchschnitt stellen 4 ha die Mindestgröße i.S.d. Gesetzes über eine Alterhilfe für Landwirte – GAL – dar).

42 Da der Anteil des einzelnen Ehegatten an einer landwirtschaftlichen Besitzung für sich genommen kein »zum Nachlass gehörendes Landgut« ist, dessen Übernahme durch einen von mehreren Erben ermöglicht werden soll, kann der einzelne Miteigentümer-Ehegatte eine die Rechtsfolgen des § 2049 BGB auslösende Verfügung von Todes wegen nicht treffen. Möglich ist natürlich, dass Eheleute sich im Fall des Miteigentums zunächst gegenseitig und zu Erben des Längerlebenden die gemeinsamen Kinder bestimmen und sodann verfügen, dass eines der Kinder das Recht haben soll, das Landgut zu übernehmen. Zu Vorzugsbedingungen kann das Landgut nur einer natürlichen Person zugewendet werden. Die muss darüber hinaus zum Kreis der potentiell Pflichtteilsberechtigten (Abkömmling, Ehegatte, bei Fehlen von Abkömmlingen Eltern) gehören. Dies wird im Pflichtteilsrecht ausdrücklich angeordnet, § 2312 Abs. 3 BGB; in § 2049 BGB fehlt indes eine entsprechende Einschränkung. Dennoch verlangt die *ratio legis* diese Einschränkung auch bei § 2049 BGB: die Beschränkung der Abfindung weichender Erben rechtfertigt sich nur aus dem Bestreben, eine landwirtschaftliche Besitzung durch die Generationenfolge als Familienbetrieb zu erhalten.[51]

43 M   **Verhandelt zu ..... am .....**
Der Erschienene erklärte:
Ich will ein
                                            Testament
errichten. Durch frühere Verfügungen von Todes wegen bin ich daran nicht gehindert. Ich habe die deutsche Staatsangehörigkeit. Die Hinzuziehung von Zeugen oder eines zweiten Notars wünsche ich nicht.
Der Notar überzeugte sich durch die Verhandlung von der erforderlichen Testierfähigkeit des Erblassers. Dieser erklärte dem Notar mündlich seinen letzten Willen wie folgt:
I. Ich berufe meine Kinder
(1) Anton Bauer, Landwirt und Schlosser, geboren am ....., wohnhaft bei mir,
(2) Gertrud Schneider geborene Bauer, Lehrerin, geboren am ....., wohnhaft in .....
(3) Hermann Bauer, Rechtsanwalt, geboren am ....., wohnhaft in .....
zu je 1/3 Anteil, ersatzweise deren Abkömmlinge nach den Regeln der gesetzlichen Erbfolge in der I. Ordnung, zu meinen Erben.
II. Meine landwirtschaftliche Nebenerwerbsstelle, eingetragen im Grundbuch von Düren Blatt 1834, ist nicht Hof im Sinne der Höfeordnung, erfüllt aber die Voraussetzungen eines Landguts im Sinne des Bürgerlichen Gesetzbuches. Meinem Sohn Anton vermache ich das Recht, dieses Landgut mit allen Bestandteilen und allem Zubehör und der aufstehenden Saat zum Ertragswert aus dem Nachlass zu übernehmen. Zum Ertragswert bestimme ich den 8fachen, auf den Zeitpunkt meines Todes fortgeschriebenen bzw. fortzuschreibenden Einheitswert meiner landwirtschaftlichen Besitzung *(oder: den an meinem Todestag erzielbaren Preis für 4.500 Doppelzentner abzugsfreien Weizen gemäß der Notierung an der Kölner Börse am Tag nach meinem Tod; oder: den in der auf meinen Tod folgenden Rübenkampagne bei der Anlieferung von 650 to Zuckerrüben bei Pfeifer & Langen zu erzielenden Kaufpreis).*
Der Übernahmepreis ist zinslos in fünf gleichen Jahresraten in meinen Nachlass zu zahlen. Die erste Rate wird an dem auf meinen Tod folgenden 11. November fällig, jede weitere ein Jahr später.
Die bei meinem Tode eingetragenen Grundpfandrechte hat der Übernehmer bis zur Tilgung der gesicherten Verbindlichkeiten im Grundbuch stehen zu lassen. Zins- und Tilgung tragen die Erben im Verhältnis ihrer Erbquoten.

---

51 *Wöhrmann*, § 2049 BGB Rn. 57.

Der Übernehmer hat mein Grab und das meiner Frau, solange diese Gräber bestehen, der Ortsüblichkeit entsprechend zu pflegen und zu schmücken. Dafür erhält er das Sterbegeld.
III. Unter den Voraussetzungen und nach Maßgabe des § 13 HöfeO in der derzeit gültigen Fassung vermache ich den weichenden Erben Abfindungsergänzungsansprüche.
IV. Mein gesamter übriger Nachlass ist vom Testamentsvollstrecker nach pflichtgemäßem Ermessen unter den Erben zu verteilen.
V. Zum Testamentsvollstrecker berufe ich meinen Freund Arnold Schaaf, Kaufmann in Niederzier. Er hat das Amt ohne Vergütung, aber gegen Kosten- und Auslagenersatz zu führen. Der Einheitswert des Betriebes ist 20.000 €, der Netto-Verkehrswert des übrigen Nachlasses 50.000 €.
Diese Niederschrift .....

- *Kosten.* Der Betrieb ist nicht mit dem vierfachen Einheitswert gem. § 48 GNotKG zu veranschlagen, da sich »aus dem Inhalt des Geschäfts« ein spezieller Wert, nämlich der achtfache Steuerwert (= 160.000 €), ergibt. Dieser ist der Geschäftswert des Vermächtnisses. Der »reine« Wert des übergehenden Vermögens von 50.000 € ist hinzuzurechnen. Der Geschäftswert ist mithin 210.000 €. Davon ist eine 1,0 Gebühr gemäß § 102 GNotKG i.V.m. Nr. 21200 KV GNotKG zu erheben. Dieser Geschäftswert ist zugleich für die Hinterlegungsgebühr und bei unverändertem Vermögen für die Eröffnung des Testaments maßgebend. Gemäß Nr. 12100 KV GNotKG wird die Gebühr für die Annahme einer Verfügung von Todes wegen in besonderer amtlicher Verwahrung 50 € und die Eröffnung gemäß Nr. 12101 KV GNotKG 75 € betragen.

2. Das in den §§ 13 bis 17 GrstVG geregelte Zuweisungsverfahren soll in den Gebieten, in denen es an einem Anerbenrecht fehlt, und in den Fällen, in denen es der Eigentümer des Landguts unterlassen hat, von der Möglichkeit, die § 2049 BGB bietet, Gebrauch zu machen, die geschlossene Vererbung eines landwirtschaftlichen Betriebes ermöglichen und damit den Erhalt leistungsfähiger Betriebe zu gewährleisten (zur gerichtlichen Zuweisung s. 21. Aufl. § 123 Rn. 38 ff.). 44

Gehört die Besitzung Ehegatten, so scheidet beim Tod des Ersten der beiden Miteigentümer eine Anwendung von § 2049 BGB (Übernahme zum Ertragswert) aus, weil zum Nachlass des Erstversterbenden kein »Landgut« gehört, sondern nur ein Anteil an einem Landgut. Es soll jedoch in Fällen dieser Art die Zuweisung des Anteils des Erblassers an den überlebenden Ehegatten nach §§ 13 ff. GrstVG möglich sein.[52] 45

Erbvertrag über eine landwirtschaftliche Besitzung, die weder Hof noch Landgut ist

Verhandelt zu ..... am ..... 46 M

.....
Die Erschienen erklärten:
I. Wir sind Eigentümer der landwirtschaftlichen Besitzung mit der Hofstelle in Erftstadt-Lechenich, Alter Markt 18, eingetragen im Grundbuch von Lechenich Blatt 28. Es handelt sich weder um einen Hof im Sinne der Höfeordnung noch um ein Landgut im Sinne des BGB.
II. Der Erstversterbende trifft keine Erbeinsetzung.[53] Er wünscht vielmehr, dass der Längerlebende sich seinen, des Erstverstorbenen Anteil an der landwirtschaftlichen

---

52 So *Wöhrmann*, § 13 GrstVG Rn. 15; a.A. *Netz*, 7.2.1.3.4, S. 558.
53 Das Zuweisungsverfahren ist nur möglich, wenn ein landwirtschaftlicher Betrieb einer durch gesetzliche Erbfolge entstandenen Erbengemeinschaft gehört, § 13 Abs. 1 GrstVG.

Besitzung nach §§ 13 ff. GrdstVG zuweisen lässt. Wer dieser Zuweisung widerspricht, ist samt Abkömmlingen von uns beiden enterbt.
III. Sein betriebsfreies Vermögen vermacht der Erstversterbende dem Längerlebenden zu freiem Eigentum.
IV. In der Hand des Längerlebenden ist die Besitzung landgutsfähig. Der Längerlebende von uns vermacht unserem Sohn Karl Schäfer das Recht, die Besitzung als Landgut zum Ertragswert aus seinem Nachlass zu übernehmen. Als Ertragswert bestimmt er den 8fachen Einheitswert, wie er auf den Zeitpunkt seines Todes fortgeschrieben sein wird. Der Übernahmepreis ist zinslos in zehn gleichen Jahresraten, von denen die erste ein Jahr nach dem Tode des Überlebenden fällig wird, in den Nachlass zu zahlen. An diese Verfügung soll der Überlebende auch für den Fall seiner Wiederheirat oder des sonstigen Hinzutretens weiterer Pflichtteilsberechtigter gebunden bleiben. Weitere Verfügungen will der Längerlebende in dieser Urkunde nicht treffen.
V. Die Verfügungen zu III. und IV. sollen vertragsmäßige sein. Wir nehmen sie wechselseitig an. Über die durch diesen Erbvertrag eintretenden Bindungen wurden wir belehrt. Ein Recht zum Rücktritt von den vertragsmäßigen Verfügungen wollen wir uns nicht vorbehalten. Der Einheitswert des Betriebes ist 50.000 €. Den Netto-Verkehrswert unseres betriebsfreien Vermögens geben wir mit 100.000 € an.
Diese Niederschrift …..

■ *Kosten.* Der Betrieb ist nicht mit dem vierfachen Einheitswert zu veranschlagen, da sich »aus dem Inhalt des Geschäfts« ein spezieller Wert, nämlich der achtfache Steuerwert (= 400.000 €), ergibt. Dieser ist der Geschäftswert des Vermächtnisses. Der »reine« Wert des übergehenden Vermögens von 100.000 € ist hinzuzurechnen. Der Geschäftswert ist mithin 500.000 €. Davon ist eine 2,0 Gebühr gemäß Nr. 21100 KV GNotKG i.V.m. § 102 GNotKG.

X. Abfindungszahlungen

47 Das Landwirtschaftsgericht kann die Zahlung der Abfindungen an die weichenden Erben eines Hofes im Sinne der Höfeordnung auf Antrag des Hoferben stunden, wenn und soweit der Hoferbe bei sofortiger Zahlung den Hof nicht ordnungsmäßig bewirtschaften könnte und die Stundung den weichenden Erben zugemutet werden kann, § 12 Abs. 5 HöfeO. Dies gilt auch dann, wenn die Abfindung durch Verfügung von Todes wegen oder vertraglich festgesetzt ist. Das Landwirtschaftsgericht entscheidet nach billigem Ermessen, ob und in welcher Höhe die Abfindungsforderung zu verzinsen und ob, in welcher Art und in welchem Umfang für sie Sicherheit zu leisten ist. Auch eine rechtskräftige Entscheidung über die Stundung, Verzinsung und Sicherheitsleistung kann auf Antrag aufgehoben oder geändert werden, wenn sich die Verhältnisse nach dem Erlass der Entscheidung wesentlich geändert haben. Ähnliche Regelungen gelten bei der Zuweisung (§ 16 Abs. 3 GrdstVG).

48 M Amtsgericht
Landwirtschaftsgericht
51750 Jülich
Betr.: Antrag auf Stundung von Abfindungszahlungen
Im Hofübergabevertrag vom ….., UR.-Nr. ….. für ….. des Notars ….. in Jülich, der vom dortigen Landwirtschaftsgericht unter der Geschäftsnummer 4 LwH ….. genehmigt worden ist, hatte ich mich verpflichtet, meiner Schwester Anna Müller geborene Meyer in Stolberg, Burgstraße 17, fünf Jahre lang, beginnend mit dem ….., jeweils 5.000 €

Abfindung zu zahlen. Infolge der Missernten in den beiden letzten Jahren und der gesunkenen Erzeugerpreise für Zuckerrüben bin ich außerstande, diese Zahlungen zu erbringen, ohne die ordnungsmäßige Bewirtschaftung meines Hofes zu gefährden. Meine Schwester lebt in guten wirtschaftlichen Verhältnissen und ist daher auf die Einhaltung der Zahlungstermine nicht angewiesen.
Ich beantrage, die in diesem Jahr fällig werdende Rate von 5.000 € zu stunden. Ich könnte sie ein Jahr nach der zuletzt fällig werdenden Rate leisten und allenfalls mit 4 % p.a. verzinsen, wobei die Zinsen mit der gestundeten Rate fällig gestellt werden könnten. Ich bin damit einverstanden, dass für den Betrag von 5.000 € auf meinem im Grundbuch von Aldenhoven Blatt 1238 eingetragenen Grundstück der Gemarkung Aldenhoven Flur 5 Nummer 17, Ackerland, Auf dem Heldacker, groß 2,17.24 ha, eine erstrangige Sicherungshypothek von 5.000 € mit 4 % Jahreszinsen seit dem ..... eingetragen wird.

Ort, Datum   Unterschrift

XI. Änderung der Hoferbenbestimmung

Sofern im Einzelfall unklar ist, ob der Hofeigentümer in Anbetracht der Übertragung der Bewirtschaftung des Hofes auf einen Abkömmling oder der Ausbildung oder der Beschäftigung eines Abkömmlings auf dem Hof daran gehindert ist, einen anderen zum Hoferben zu bestimmen, kann er seine Testierfreiheit durch die Beendigung des Vertrauenstatbestandes (Rücknahme der Bewirtschaftung, Beendigung der Beschäftigung auf dem Hof) zurückerlangen. Soll die Bewirtschaftungsüberlassung bzw. Beschäftigung auf dem Hof fortgesetzt werden und will der Hofeigentümer gleichwohl im Einverständnis mit dem Anwärter seine Testierfreiheit zurückerlangen, so kann er mit diesem einen Zuwendungsverzichtsvertrag schließen. Dasselbe gilt, wenn sich der Hofeigentümer lediglich die Modifizierung der Hoferbfolge (Berufung zum bloßen Hofvorerben, höhere Abfindungen, Nießbrauch für den Ehegatten, ein Landvermächtnis etc.) vorbehalten möchte und im Fall der Bindung des Erblassers an eine förmliche, in einer Verfügung von Todes wegen getroffene Hoferbenbestimmung.

Zustimmung des Hoferbanwärters zu einer anderweitigen Hoferbenbestimmung

Verhandelt zu ..... am .....

Vor ....., Notar in ..... erschienen, von Person bekannt:
1. Adam Bauer, Landwirt, geboren am ....., wohnhaft in Düren-Birkesdorf, Ringstraße 17,
2. dessen Sohn Peter Bauer, Landwirt, geboren am ....., wohnhaft daselbst.
Die Erschienenen erklärten: Wir schließen folgenden

Zuwendungsverzichtsvertrag:

I. Adam Bauer hat seinen Hof im Sinne der Höfeordnung mit der Hofstelle in Birkesdorf, Ringstraße 17, eingetragen in den Grundbüchern von Birkesdorf Blatt 138 und Blatt 2345, seinem Sohn Peter Bauer mit Wirkung vom ..... auf zwölf Jahre, aber tendenziell auf Dauer im Sinne des § 6 Abs. 1 S. 1 HöfeO, verpachtet. Dabei hat er sich die anderweitige Hoferbenbestimmung nicht vorbehalten. Da Peter Bauer unverheiratet und kinderlos ist, soll Adam Bauer sein Hoferbenbestimmungsrecht, welches er durch die langfristige Verpachtung verloren hat, zurückerlangen.
II. Peter Bauer verzichtet hiermit seinem dies annehmenden Vater Adam Bauer gegenüber auf die Hoferbfolge für den Fall, dass er zum Zeitpunkt des Erbfalls keine leib-

lichen ehelichen Abkömmlinge hat. Für den Fall, dass Peter Bauer im Zeitpunkt des Erbfalls leibliche eheliche Abkömmlinge hat, soll Adam Bauer befugt sein, seine Ehefrau Eva geborene Förster zur nicht befreiten Hofvorerbin und seinen Sohn Peter zum Nacherben zu bestimmen.
III. Die Kosten dieses Vertrages trägt Adam Bauer. Der Einheitswert des Hofes ist 200.000 €.
Diese Niederschrift .....

■ *Kosten.* Geschäftswert ist der vierfache Einheitswert des Hofes (§ 48 GNotKG), also 800.000 €. Davon eine 2,0 Gebühr nach Nr. 21100 KV GNotKG.

XII. Feststellungsanträge

51 Will der Hofeigentümer ohne Mitwirkung des Hoferbanwärters klären, ob eine anderweitige Hoferbenbestimmung wirksam ist, so kann er dies über ein Feststellungsverfahren nach § 11 Buchst. h) HöfeVfO erreichen. Dasselbe gilt, wenn verbindlich festgestellt werden soll, ob im Erbfall ein Hof im Sinne der Höfeordnung vorgelegen hat (§ 11 Buchst. a) HöfeVfO), ob ein Ehegattenhof noch besteht oder vorgelegen hat (§ 11 Buchst. b) HöfeVfO), ob ein Gegenstand Bestandteil oder Zubehör des Hofes ist (§ 11 Buchst. c) HöfeVfO), ob ein Hofanwärter wirtschaftsfähig ist (§ 11 Buchst. d) HöfeVfO), ob für die Erbfolge Ältesten- oder Jüngstenrecht gilt (§ 11 Buchst. e) HöfeVfO), sowie wenn festgestellt werden soll, von wem der Hof stammt (§ 11 Buchst. f) HöfeVfO) bzw. wer Hoferbe geworden ist (§ 11 Buchst. g) HöfeVfO). Das Landwirtschaftsgericht soll nach § 11 Abs. 2 HöfeVfO alle Personen, deren Rechte durch die Entscheidung betroffen werden können, von der Einleitung des Feststellungsverfahrens unter Hinweis darauf benachrichtigen, dass sie nach einer rechtskräftigen Entscheidung einen neuen Antrag nicht auf Tatsachen gründen können, die in dem früheren Verfahren geltend gemacht worden sind oder hätten geltend gemacht werden können.

Antrag auf Feststellung, dass keine Bindung in der Hoferbenbestimmung vorliegt

52 M   Amtsgericht
Landwirtschaftsgericht
52349 Düren
Betr.: Feststellungsverfahren über die mangelnde Bindung an eine Hoferbenbestimmung
Ich, Adam Bauer, Landwirt, geboren am ....., wohnhaft in Düren-Birkesdorf, Ringstraße 17, bin Eigentümer des Hofes im Sinne der Höfeordnung mit der Hofstelle in Düren-Birkesdorf, Ringstraße 17, eingetragen in den Grundbüchern von Birkesdorf Blatt 138 und Blatt 2345. Diesen Hof habe ich meinem Sohn Peter Bauer mit Wirkung vom ..... auf die Dauer von zwölf Jahren verpachtet. Dabei habe ich mir die anderweitige Hoferbenbestimmung nicht vorbehalten. Die Verpachtung war nicht »auf Dauer« im Sinne des § 6 Abs. 1 S. 1 HöfeO angelegt. Mein Sohn ist gegenteiliger Ansicht. Ich gehe davon aus, dass ich trotz der langjährigen Übertragung der Bewirtschaftung an meinen Sohn Peter an der anderweitigen Hoferbenbestimmung nicht gehindert bin.
Ich beantrage, dies gemäß § 11 lit. h HöfeVfO festzustellen. Von der Einleitung des Feststellungsverfahrens bitte ich, meinen Sohn Peter Bauer, Landwirt, geboren am ....., wohnhaft bei mir, unter Hinweis darauf zu benachrichtigen, dass er nach einer rechtskräftigen Entscheidung über den Antrag einen neuen Antrag nicht auf Tatsachen

gründen kann, die in diesem Verfahren geltend gemacht werden oder geltend gemacht werden könnten.
Der Einheitswert des Hofes ist 200.000 €.
Düren-Birkesdorf, den .....   Adam Bauer

- **Kosten.** Geschäftswert ist der Regelwert des § 36 Abs. 3 GNotKG (§ 19 Buchst. a) HöfeVfO) mit einem Zuschlag, also etwa 20.000 €. Gebühren
  a) des Notars: eine 1,0 Gebühr gemäß § 92 Abs. 2 GNotKG, Nr. 21200, 24101 KV GNotKG;
  b) des Landwirtschaftsgerichts: eine 2,0 Gebühr gemäß Nr. 15110 Nr. 4 KV GNotKG.

Antrag auf Feststellung, dass kein Hof im Sinne der Höfeordnung vorliegt

Amtsgericht   53 M
Landwirtschaftsgericht
52349 Düren
Betr.: Negative Hoffeststellung
Ich, Adam Bauer, Landwirt, geboren am ....., wohnhaft in Düren-Birkesdorf, Ringstraße 17, bin Eigentümer der landwirtschaftlichen Besitzung mit der Hofstelle in Düren-Birkesdorf, Ringstraße 17, eingetragen in den Grundbüchern von Birkesdorf Blatt 138 und Blatt 2345. Diese Besitzung habe ich mit Wirkung vom ..... meinem Sohn Peter Bauer ohne Vorbehalt der anderweitigen Hoferbenbestimmung auf die Dauer von zwölf Jahren verpachtet. Zum Zeitpunkt dieser Verpachtung war die Besitzung Hof im Sinn der Höfeordnung. Ich habe durch Erklärung vom ....., UR.Nr. ..... für ..... des Notars ..... in Düren, die Aufhebung der Hofeigenschaft erklärt. Die Aufhebungserklärung ist dem Landwirtschaftsgericht Düren am ..... zugegangen. Nach der in der Rechtsprechung vorherrschenden Meinung war ich an der Hofaufhebung auch durch die langjährige vorbehaltlose Verpachtung nicht gehindert.
Da dies jedoch von namhaften Agrarrechtlern und auch vom beglaubigenden Notar bestritten wird, beantrage ich, festzustellen, dass mit der Löschung des Hofvermerks die Hofeigenschaft rückwirkend auf den ..... entfallen ist.
Ich bitte, meinen Sohn Peter Bauer, Landwirt, geboren am ....., wohnhaft bei mir, von der Einleitung des Feststellungsverfahrens unter Hinweis darauf zu benachrichtigen, dass er nach einer rechtskräftigen Entscheidung über den Antrag einen neuen Antrag nicht auf Tatsachen gründen kann, die in diesem Verfahren geltend gemacht werden oder geltend gemacht werden könnten.
Der Einheitswert des Hofes ist 500.000 €.
Düren-Birkesdorf, den .....   Adam Bauer

- **Kosten.** Geschäftswert ist 20–50 % des vierfachen Einheitswerts (ohne Schuldenabzug) des Hofes (§§ 11 Abs. 1 Buchst. a), 19 Buchst. a) HöfeVfO, § 48 GNotKG). Gebühren:
  a) des Notars: eine 1,0 Gebühr gemäß § 92 Abs. 2 GNotKG, Nr. 21200, 24101 KV GNotKG;
  b) des Landwirtschaftsgerichts: eine 2,0 Gebühr gemäß Nr. 15110 Nr. 4 KV GNotKG.

Antrag auf Feststellung, dass die Ehegattenhofeigenschaft entfallen ist

Amtsgericht   54 M
Landwirtschaftsgericht
52349 Düren
Betr.: Feststellung, dass ein Ehegattenhof nicht mehr vorliegt

§ 109 Hoferbrecht

Ich, Adam Bauer, Landwirt, geboren am ....., wohnhaft in Düren-Birkesdorf, Ringstraße 17, habe zusammen mit meiner Ehefrau Eva geborene Förster, Landwirtin, geboren am ....., wohnhaft bei mir, im Jahr 1989 die landwirtschaftliche Besitzung mit der Hofstelle in Düren-Birkesdorf, Ringstraße 17, eingetragen in den Grundbüchern von Birkesdorf Blatt 138 und Blatt 2345, gekauft. Die Umschreibung des Eigentums auf uns als Miteigentümer zu je ½ Anteil erfolgte am ..... Die Besitzung hat einen Wirtschaftswert von 40.000 € und einen Einheitswert von 50.000 €. Sie ist mithin nach § 1 Abs. 1 HöfeO mit Umschreibung auf uns Ehegattenhof geworden.

Meine Frau hat ihren Hälfteanteil an den Ländereien jüngst verkauft, ist also nur noch an der Hofstelle beteiligt. Ich möchte nicht, dass sie meinen Anteil am Hof als Hoferbin erbt, da zu befürchten ist, dass sie dann auch diesen versilbert und meine Kinder leer ausgehen.

Die Besitzung gehört uns nicht mehr gemeinschaftlich i.S.d. § 1 HöfeO. Die Ehegattenhofeigenschaft ist daher entfallen. Da ich nicht Alleineigentümer der Besitzung bin, ist zugleich die Hofeigenschaft weggefallen. Ich beantrage, beides festzustellen. Meine Ehefrau bitte ich, von der Einleitung des Verfahrens unter Hinweis darauf zu benachrichtigen, dass sie nach einer rechtskräftigen Entscheidung über die Anträge neue Anträge nicht auf Tatsachen gründen kann, die in diesem Verfahren geltend gemacht werden oder geltend gemacht werden könnten.

Düren-Birkesdorf, den .....   Adam Bauer

■ *Kosten.* Wie zur vorstehenden Rdn. 54 M, allerdings gem. § 11 Abs. 1 Buchst. b) HöfeVfO.

Antrag auf Feststellung, dass ein Gegenstand nicht Hofbestandteil ist

55 M   Amtsgericht
Landwirtschaftsgericht
52349 Düren
Betr.: Negative Feststellung der Hofbestandteilseigenschaft

Ich, Adam Bauer, Landwirt, geboren am ....., wohnhaft in Düren-Birkesdorf, Ringstraße 17, bin Eigentümer des Hofes im Sinne der Höfeordnung mit der Hofstelle in Düren-Birkesdorf, Ringstraße 17, eingetragen in den Grundbüchern von Birkesdorf Blatt 138 und Blatt 2345. Neben den in diesen Grundbüchern eingetragenen Grundstücken gehört mir ein unabgeteilter Miteigentumsanteil von $1/3$ des im Grundbuch von Niederzier Blatt 1112 eingetragenen Grundstücks der Gemarkung Huchem-Stammeln Flur 17 Nummer 23, Acker, Unter den Weiden, groß 5,33.72 ha. Dieses Grundstück ist seit langem von der Hofstelle Ringstraße 17 in Düren-Birkesdorf aus bewirtschaftet worden. Da die auf den Miteigentumsanteil entfallende Fläche jedoch etwa 30 % meines gesamten Hofgrundbesitzes ausmacht, ist der Miteigentumsanteil nicht von untergeordneter Bedeutung im Sinne des § 2 lit. b HöfeO. Ich beantrage daher festzustellen, dass dieser Miteigentumsanteil nicht Hofbestandteil ist.

Eine Hoferbenbestimmung ist noch nicht getroffen. Daher kommen alle meine Kinder als Hoferben in Betracht. Ich beantrage, meine Kinder, nämlich ....., von der Einleitung des Feststellungsverfahrens unter Hinweis darauf zu benachrichtigen, dass sie nach einer rechtskräftigen Entscheidung über den Antrag einen neuen Antrag nicht auf Tatsachen gründen können, die in diesem Verfahren geltend gemacht werden oder geltend gemacht werden könnten.

Der Verkehrswert des Miteigentumsanteils beläuft sich auf 60.000 €.

Düren-Birkesdorf, den .....   Adam Bauer

- *Kosten.* Geschäftswert ist 20–50 % des Verkehrswerts des Miteigentumsanteils (§§ 11 Abs. 1 Buchst. c), 19 Buchst. a) HöfeVfO). Gebühren:
a) des Notars: eine 1,0 Gebühr gemäß § 92 Abs. 2 GNotKG, Nr. 21200, 24101 KV GNotKG;
b) des Landwirtschaftsgerichts: eine 2,0 Gebühr gemäß Nr. 15110 Nr. 4 KV GNotKG.

Antrag auf Feststellung, dass ein Gegenstand Hofbestandteil ist

56 M

Amtsgericht
Landwirtschaftsgericht
52349 Düren
Betr.: Positive Feststellung der Hofbestandteilseigenschaft
Ich, Adam Bauer, Landwirt, geboren am ....., wohnhaft in Düren-Birkesdorf, Ringstraße 17, bin Eigentümer des Hofes im Sinne der Höfeordnung mit der Hofstelle in Düren-Birkesdorf, Ringstraße 17, eingetragen in den Grundbüchern von Birkesdorf Blatt 138 und Blatt 2345. Neben den in diesen Grundbüchern eingetragenen Grundstücken gehört mir ein unabgeteilter Miteigentumsanteil von $1/2$ des im Grundbuch von Niederzier Blatt 1112 eingetragenen Grundstücks der Gemarkung Huchem-Stammeln Flur 17 Nummer 23, Acker, Unter den Weiden, groß 8,46.10 ha. Dieses Grundstück wird seit langem von dem Eigentümer meines Hofes und vom jeweiligen Eigentümer des Hofes »Haus Rath« in Düren-Arnoldsweiler bewirtschaftet. Hierzu wurde das Grundstück in der Natur in zwei gleiche Teile aufgeteilt. Als »Grenzzeichen« dienen zwei solide Pfähle. Die Auseinandersetzung der Miteigentümergemeinschaft ist auf Dauer ausgeschlossen und die entsprechende Eintragung im Grundbuch vorgenommen worden. Die auf meinen Miteigentumsanteil entfallende Fläche macht knapp 20 % meines gesamten Hofgrundbesitzes aus. Der Miteigentumsanteil ist mithin von untergeordneter Bedeutung im Sinne des § 2 lit. b HöfeO. Ich beantrage daher festzustellen, dass dieser Miteigentumsanteil Hofbestandteil ist.
Eine Hoferbenbestimmung habe ich noch nicht getroffen. Daher kommen alle meine Kinder als Hoferben in Betracht. Ich beantrage, meine Kinder, nämlich ....., von der Einleitung des Feststellungsverfahrens unter Hinweis darauf zu benachrichtigen, dass sie nach einer rechtskräftigen Entscheidung über den Antrag einen neuen Antrag nicht auf Tatsachen gründen können, die in diesem Verfahren geltend gemacht werden oder geltend gemacht werden könnten.
Der Verkehrswert des Miteigentumsanteils beläuft sich auf 160.000 €.
Düren-Birkesdorf, den ..... **Adam Bauer**

- *Kosten.* Wie zum vorstehenden Muster Rdn. 56 M.

Antrag auf Feststellung, dass ein Hofanwärter wirtschaftsfähig ist

57 M

Amtsgericht
Landwirtschaftsgericht
52349 Düren
Betr.: Feststellung der Wirtschaftsfähigkeit
Ich, Adam Bauer, Landwirt, geboren am ....., wohnhaft in Düren-Birkesdorf, Ringstraße 17, bin Eigentümer des Hofes im Sinne der Höfeordnung mit der Hofstelle in Düren-Birkesdorf, Ringstraße 17, eingetragen in den Grundbüchern von Birkesdorf Blatt 138 und Blatt 2345. Mein älterer Sohn Peter Bauer ist Landwirt. Er wohnt in 52372 Kreuzau, Alte Gasse 18. Mein jüngerer Sohn Hans Bauer hat nach dem Abitur das Jurastudium aufgenommen und nach zehn Semestern ohne Examen abgebrochen. Er ist

zur Zeit als Versicherungsvertreter tätig. Da mein älterer Sohn Peter in einen großen Hof eingeheiratet hat, möchte ich meinen jüngeren Sohn Hans zu meinem Hoferben bestimmen. Er hat von klein an bis heute in seiner Freizeit, insbesondere in den Ferien, mit großem Interesse an der Landwirtschaft im Betrieb mitgearbeitet und ist daher mit allen praktischen landwirtschaftlichen Arbeiten vertraut. Ich berate mit ihm auch regelmäßig den Wirtschaftsplan, insbesondere die Fruchtfolge, die Düngung und die Schädlingsbekämpfung, und überlasse ihm den schwierigen Komplex »Betriebsprämie«, den ich im Gegensatz zu ihm nicht völlig überschaue. Damit nach meinem Tod über die Hoferbfolge jeder Streit ausgeschlossen wird, beantrage ich, die Wirtschaftsfähigkeit meines Sohnes Hans festzustellen.

Ich bitte, meinen Sohn Peter Bauer von der Einleitung des Verfahrens unter Hinweis darauf zu benachrichtigen, dass er einen neuen Antrag nicht auf Tatsachen gründen kann, die in diesem Verfahren geltend gemacht werden oder hätten geltend gemacht werden können.

Der Einheitswert des Hofes ist 200.000 €.

Düren-Birkesdorf, den .....   Adam Bauer

- **Kosten.** Geschäftswert sind etwa 20–50 % des vierfachen Einheitswerts des Hofes (§§ 11 Abs. 1 Buchst. d), 19 Buchst. a) HöfeVfO, §§ 36, 48 GNotKG). Gebühren:
  a) des Notars: eine 1,0 Gebühr gemäß § 92 Abs. 2 GNotKG, Nr. 21200, 24101 KV GNotKG;
  b) des Landwirtschaftsgerichts: eine 2,0 Gebühr gemäß Nr. 15110 Nr. 4 KV GNotKG.

Antrag auf Feststellung, von wem der Hof stammt

58 M

Amtsgericht
Landwirtschaftsgericht
52349 Düren
Betr.: Feststellung der Herkunft meines Hofes

Ich, Adam Bauer, Landwirt, geboren am ....., wohnhaft in Düren-Birkesdorf, Ringstraße 17, bin Eigentümer des Hofes im Sinne der Höfeordnung mit der Hofstelle in Düren-Birkesdorf, Ringstraße 17, eingetragen in den Grundbüchern von Birkesdorf Blatt 138 und Blatt 2345. Ich bin unverheiratet und kinderlos. Meine Eltern hatten den Hof seinerzeit je zur Hälfte gekauft. Der Kaufpreis für den Hof stammte jedoch allein aus Mitteln der Eltern meiner Mutter Eva geborene Förster, nämlich der Eheleute Jakob Förster und Berta geborene Iven. Beide Eltern leben noch. Ich beantrage festzustellen, dass der Hof aus der Familie meiner Mutter stammt.

Ich bitte, sowohl meinen Vater Erwin Bauer als auch meine Mutter Eva Bauer geborene Förster, beide bei mir wohnhaft, von der Einleitung des Feststellungsverfahrens unter Hinweis darauf zu benachrichtigen, dass sie nach einer rechtskräftigen Entscheidung über den Antrag einen neuen Antrag nicht auf Tatsachen gründen können, die in diesem Verfahren geltend gemacht werden oder geltend gemacht werden könnten.

Der Einheitswert des Hofes ist 200.000 €.

Düren-Birkesdorf, den .....   Adam Bauer

- **Kosten.** Geschäftswert sind etwa 20–50 % des vierfachen Einheitswerts des Hofes (§§ 11 Abs. 1 Buchst. f), 19 Buchst. a) HöfeVfO, § 48 GNotKG). Gebühren:
  a) des Notars: eine 1,0 Gebühr gemäß § 92 Abs. 2 GNotKG, Nr. 21200, 24101 KV GNotKG;
  b) des Landwirtschaftsgerichts: nach § 21 Buchst. a) HöfeVfO eine 2,0 Gebühr gemäß Nr. 15110 Nr. 4 KV GNotKG.

Antrag auf Feststellung, wer Hoferbe geworden ist   **59 M**
Amtsgericht
Landwirtschaftsgericht
52349 Düren
Betr.: Hoferbenfeststellung

Am ..... verstarb in Aachen mein Vater Adam Bauer. Der letzte Wohnsitz meines Vaters war Düren. Mein Vater war Eigentümer des Hofes im Sinne der Höfeordnung mit der Hofstelle in Düren-Birkesdorf, Ringstraße 17, eingetragen in den Grundbüchern von Birkesdorf Blatt 138 und Blatt 2345. Als einzige Verfügung von Todes wegen hat mein Vater das eigenhändige Testament vom ..... hinterlassen, das vom Nachlassgericht Düren unter der Geschäftsnummer IV ..... eröffnet worden ist. Darin hat mein Vater seine Ehefrau Eva geborene Förster, meine Mutter, zur Hoferbin berufen. Diese Verfügung ist nach § 7 Abs. 2 HöfeO mir gegenüber jedoch unwirksam, weil mein Vater mir die Bewirtschaftung des Hofes mit Wirkung vom ..... ohne den Vorbehalt einer anderweitigen Hoferbenbestimmung »auf Dauer«, zwar befristet auf zwölf Jahre, gedacht jedoch für den Rest seines Lebens, übertragen hat. Im Zeitpunkt des Todes meines Vaters habe ich den Hof nach wie vor mit seinem Einverständnis bewirtschaftet. Ich beantrage festzustellen, dass ich Hoferbe geworden bin.

Ich bitte, meine Mutter, wohnhaft bei mir, von der Einleitung des Feststellungsverfahrens unter Hinweis darauf zu benachrichtigen, dass sie nach einer rechtskräftigen Entscheidung über den Antrag einen neuen Antrag nicht auf Tatsachen gründen kann, die in diesem Verfahren geltend gemacht werden oder geltend gemacht werden könnten.

Der Einheitswert des Hofes beträgt 200.000 €. Die auf ihm lastenden Schulden belaufen sich auf 50.000 €. Sein Verkehrswert ist 2,5 Mio. €.

Düren-Birkesdorf, den .....   Peter Bauer

- **Kosten.** Geschäftswert ist der Wert des Hofes nach Abzug der Schulden (§ 20 Buchst. b), § 11 Abs. 1 Buchst. g) HöfeVfO). Der Wert des Hofes bestimmt sich nach § 48 GNotKG (§ 20 Satz 2 HöfeVfO i.d.F. d. Ges. v. 15.06.1989), beträgt also 800.000 €. Die Schulden sind nicht mit ihrem Nominalwert, sondern dem Verhältnis vom Geschäftswert des Hofes zu seinem Verkehrswert entsprechend abzusetzen. Da der Geschäftswert des Hofes 32 % seines Verkehrswerts ausmacht, sind auch die Schulden mit 32 % ihres Wertes, also mit 16.000 €, abzuziehen. Der Geschäftswert ist mithin 784.000 €. Gebühren:
  a) des Notars: eine 1,0 Gebühr gemäß § 92 Abs. 2 GNotKG, Nr. 21200, 24101 KV GNotKG;
  b) des Landwirtschaftsgerichts: nach § 22 Buchst. a) HöfeVfO eine 2,0 Gebühr gemäß Nr. 15110 Nr. 2 KV GNotKG.

Antrag auf Feststellung des Erbbrauchs   **60 M**
Amtsgericht
Landwirtschaftsgericht
33332 Gütersloh
Betr.: Brauchfeststellung

Am ..... verstarb in Aachen mein Vater Adam Bauer. Mein Vater stammte aus der Landwirtschaft, musste jedoch seinem älteren Bruder weichen. Er war von Beruf Landmaschinenmechaniker und führte als sog. Nebenerwerbslandwirt einen kleinen landwirtschaftlichen Betrieb in Düren-Hoven, den er sich seinerzeit von seiner Abfindung gekauft hatte. Er wurde aufgrund gesetzlicher Erbfolge von meinem älteren Bruder Peter Bauer und mir, Hans Bauer, beerbt. Mein Vater hatte kurze Zeit vor seinem Tod von einer alten Tante eine landwirtschaftliche Besitzung in 33428 Harsewinkel, Am Langen Graben 20, geerbt, die, wie ich jüngst erfahren habe, im Zeitpunkt seines

§ 109 Hoferbrecht

Todes Hof im Sinn der Höfeordnung war. Einen Hoferben zu bestimmen war meinem Vater nicht eingefallen; er war sich bis zu seinem überraschenden Tod nicht schlüssig geworden, ob er die Bewirtschaftung des Hofes in Harsewinkel, die er zunächst übernommen hatte, selbst fortführen oder ob den Hof verpachten oder verkaufen soll. Der Hof ist eingetragen im Grundbuch des Amtsgerichts Gütersloh von Harsewinkel Blatt 45 und Greffen Blatt 296. Mir sind zur Frage, ob in dieser Gegend Ältesten- oder Jüngstenrecht herrscht, unterschiedliche Angaben gemacht worden. Ich beantrage festzustellen, dass in der Gegend, in der der Hof liegt, Jüngstenrecht gilt.

Ich bitte, meinen Bruder Peter Bauer, wohnhaft Alte Gasse 18 in 52372 Kreuzau, von der Einleitung des Feststellungsverfahrens unter Hinweis darauf zu benachrichtigen, dass er nach einer rechtskräftigen Entscheidung über den Antrag einen neuen Antrag nicht auf Tatsachen gründen kann, die in diesem Verfahren geltend gemacht werden oder geltend gemacht werden könnten.

Der Einheitswert des Hofes ist 200.000 €. Die auf ihm lastenden Schulden betragen 50.000 €. Sein Verkehrswert ist 2,5 Mio. €.

Düren-Birkesdorf, den .....   Peter Bauer

- **Kosten.** Geschäftswert sind 20–50 % des vierfachen Einheitswerts (ohne Schuldenabzug) des Hofes (§§ 19 Buchst. a), 11 Abs. 1 Buchst. e) HöfeVfO, §§ 36, 48 GNotKG). Gebühren:
  a) des Notars: eine 1,0 Gebühr gemäß § 92 Abs. 2 GNotKG, Nr. 21200, 24101 KV GNotKG;
  b) des Landwirtschaftsgerichts: nach § 21 Buchst. a) HöfeVfO eine 2,0 Gebühr gemäß Nr. 15110 Nr. 4 KV GNotKG.

§ 110 Schenkung von Todes wegen und Verträge zugunsten Dritter auf den Todesfall, insbes. Bezeichnung eines unwiderruflich Bezugsberechtigten

I. Schenkung von Todes wegen

1. Der Erblasser kann einem anderen eine Schenkung unter der Bedingung versprechen, dass der Beschenkte ihn überlebt (§ 2301 BGB). Ein solches Versprechen begründet mit dem Tod des Erblassers eine Vermächtnisforderung und, wenn es auf die Zuwendung des ganzen Vermögens oder eines Bruchteils davon gerichtet ist, eine Erbeinsetzung. Es bedarf nach h.M.[1] der Form des Erbvertrages. Die Bindung des Schenkers = Erblassers entspricht nicht der Bindung des Schenkers einer lebzeitigen Schenkung sondern der Bindung des Erblassers eines Erbvertrags; eine Lösung setzt daher eine Anfechtung, eine Aufhebung oder einen berechtigten Rücktritt nach §§ 2281 ff., 2290 ff., 2293 ff. BGB voraus.

2. Eine Schenkung von Todes wegen, die zu Lebzeiten des Schenkers *vollzogen* ist, wird wie eine bedingte Schenkung unter Lebenden behandelt (§ 2301 Abs. 2 BGB). Vom Vollzug der Schenkung kann nicht erst dann ausgegangen werden, wenn der Leistungserfolg eingetreten ist, sondern schon dann, wenn der Schenker = Erblasser dem Bedachten ein Anwartschaftsrecht auf den Erwerb der zugewendeten Sache eingeräumt hat, vorausgesetzt, dass keine weiteren Handlungen des Schenkers mehr erforderlich werden.[2] Demgemäß gelten als vollzogene, d.h. formwirksame (§§ 2301 Abs. 2, 518 Abs. 2 BGB) Schenkungen von Todes wegen: Die Übergabe eines Sparkassenbuchs mit der Erklärung, das Buch sei nur auf den Todesfall geschenkt, ist eine durch Abtretung des Guthabens vollzogene Schenkung von Todes wegen.[3] Auch der Erlass einer Darlehnsschuld mit der Bestimmung, dass die Darlehenszinsen noch bis zum Tode des Gläubigers fortzuzahlen seien, ist eine vollzogene Schenkung von Todes wegen, also formlos gültig.[4] Als vollzogen anzusehen ist eine Schenkung auch dann, wenn der Schenker dem Dritten einen Brief an seine Bank aushändigt, in dem er verfügt, dass seine Wertpapiere, die sich im Depot der Bank befinden, dem Dritten gehören und auf dessen Konto gebucht werden sollen. Wenn dritte Personen als Hilfspersonen des Vollzugs eingesetzt werden (z.B. Bote), die Handlung aber erst nach dem Tod ausgeführt wird, kann bis zum Vollzug das Schenkungsangebot von den Erben des Schenkers noch widerrufen werden.[5]

II. Verträge zugunsten Dritter auf den Todesfall

1. *Verträge zugunsten Dritter auf den Todesfall* sind im Gesetz nur unvollkommen in den §§ 330, 331 BGB geregelt. § 2301 BGB gilt für diese Rechtsverhältnisse nicht, wenn das Schenkungs-

---

1 Z.B. Palandt/*Edenhofer*, § 2301 BGB Rn. 6; a.A. etwa MüKo-BGB/*Musielak*, § 2301 BGB Rn. 13, der auch die Testamentsform z.B. ein eigenhändiges Testament zulässt; s. dort w.N.
2 BGH WM 1971, 1339; BGH NJW 1994, 931.
3 S. BGHZ 87, 23.
4 OLG Karlsruhe FamRZ 89, 322.
5 MüKo-BGB/*Musielak*, § 2301 BGB Rn. 25.

versprechen (im Valutaverhältnis) nicht unter der Bedingung steht, dass der Begünstigte den Erblasser überlebt. Zu unterscheiden ist hier zwischen dem Deckungsverhältnis zwischen Schenker/Erblasser und Versprechenden einerseits und dem Valutaverhältnis zwischen dem Schenker/Erblasser und dem Begünstigten. Das Deckungsverhältnis berührt Schenkungs- und erbrechtliche Formfragen nicht. Im Rahmen des Valutaverhältnisses sind sie freilich im Rahmen der Frage zu berücksichtigen, ob die Leistung an den Begünstigten mit Rechtsgrund erfolgt ist oder nicht.[6] Rechtsgrundlose Leistungen können von den Erben zurückverlangt werden. Wurde eine formwirksame Vereinbarung zwischen Schenker/Erblasser und Begünstigten zu Lebzeiten des Schenkers nicht geschlossen, z.B. weil der Begünstigte von dem Vertrag zugunsten Dritter überhaupt nichts erfuhr, kann dennoch das Deckungsverhältnis auch ein Angebot auf Abschluss eines Schenkungsvertrags darstellen, das vom Versprechenden (als Bevollmächtigten der Boten des Schenkers) dem Begünstigten übermittelt wird. Liegt vor Vollzug der Leistung an den Begünstigten kein Widerruf des Angebots vor, wird sein Formmangel nach § 518 Abs. 2 BGB geheilt. Im Einzelnen gilt:

4   Ein *Lebensversicherungsvertrag* zwischen Versicherer und Versicherungsnehmer auf den Todesfall des Versicherungsnehmers gibt dem Dritten einen Anspruch unter Lebenden, wenn der Versicherer *unwiderruflich* verpflichtet ist, die Versicherungssumme an den Dritten als *Bezugsberechtigten* zu zahlen (§§ 330, 331 BGB; §§ 159 Abs. 3 VVG). Der Dritte ist in diesem Fall damit gegen Widerruf, Abtretung, Pfändung und Verpfändung gesichert. Die Folgen der Nichtzahlung der Prämie kann er durch eigene Leistung abwenden (§ 34 VVG). Nur gegen die Kündigung durch den Versicherungsnehmer (§ 168 VVG) und die Umwandlung in eine prämienfreie Versicherung (§ 165 VVG) ist er nicht geschützt.[7] Er hat aber den Anspruch auf den Rückkaufswert (§ 169 VVG). Schlägt der Bezugsberechtigte die Erbschaft aus, so beeinträchtigt das seinen unter Lebenden erworbenen Anspruch nicht (§ 160 Abs. 2 Abs. 2 Satz 2 VVG). Die Vereinbarung eines unwiderruflichen Bezugsrechts bei der Versicherung ist dann eine vollzogene Schenkung i.S.v. § 518 Abs. 2 BGB, wenn mit dem Begünstigten vorab die Vereinbarung eines unwiderruflichen Bezugsrechts verabredet war.

5   Wegen der *Abtretung* des Anspruchs aus einem *Lebensversicherungsvertrag* s.o. § 29 Rdn. 42 ff., und wegen der *Verpfändung* s.o. § 78. – Zur Schenkung durch Vertrag zugunsten Dritter, insbesondere im Lebensversicherungsvertrag, s.o. Rdn. 3.

6   2. Ist in einem *Bausparvertrag* für den Todesfall des Bausparers ein Dritter unentgeltlich begünstigt, so ist hierin in der Regel eine schenkungsweise Zuwendung an den Dritten auch hinsichtlich der Sparraten (Aufwendungen) zu sehen, die der Bausparer nach dem Vertrag zu leisten hat. Der Dritte erwirbt den schuldrechtlichen Anspruch gegen die Bausparkasse mit dem Tode des Bausparers von selbst.[8]

7   3. Der Inhaber eines *Wertpapierdepots* kann auf den Zeitpunkt seines Todes durch Vertrag mit seiner Bank zugunsten eines Dritten für diesen einen schuldrechtlichen Anspruch gegen die Bank auf Übereignung der Wertpapiere begründen.[9]

8   4. Ein *Sparguthaben* kann einem Dritten durch Vertrag zu seinen Gunsten zwischen dem Kontoinhaber und der Sparkasse auf den Zeitpunkt des Todes des Kontoinhabers formlos schenkweise zugewendet werden.[10]

---

[6] BGHZ 66, 8.
[7] RGZ 154, 159.
[8] BGH NJW 1965, 1913.
[9] *BGH NJW 1964*, 1124 = DNotZ 1964, 743.
[10] KG NJW 1971, 1808.

5. Der Erblasser kann einem Dritten schenkweise dadurch Geld zuwenden, dass er einer Bank den *Auftrag* erteilt, diesem einen Betrag *nach seinem Tode* zu überweisen oder auszuzahlen. Der Dritte kann diesen Betrag jedoch nicht verlangen, wenn die Bank den Auftrag nicht ausführt, weil der Erbe den vom Erblasser erteilten Auftrag widerrufen hat.[11] Weist jemand eine Bank oder Sparkasse an, nach seinem Tode ein Sparguthaben an eine bestimmte Person auszuzahlen, so handelt es sich um eine rechtswirksame Zuwendung durch Vertrag zugunsten Dritter. Diese ist auch dann rechtsbeständig, wenn der Bedachte erst nach dem Tode des bisherigen Kontoinhabers von der Bank über die Zuwendung unterrichtet wird. Ist der Anweisende durch Erbvertrag oder gemeinschaftliches wechselbezügliches Testament in der Testierfreiheit beschränkt, so ist die getroffene Verfügung über das Sparguthaben nicht schon wegen der Umgehung der Bindung unwirksam. Wohl aber kann dem benachteiligten Vertrags- oder Schlusserben ein Bereicherungsanspruch gem. § 2287 BGB zustehen.[12]

9

III. Formulare

Schenkungsversprechen von Todes wegen

                     Verhandelt in ….. am …..
Vor mir Notar ….. erschienen gleichzeitig, persönlich bekannt und geschäfts- und testierfähig:
1. Herr A. …..
2. Frau B. …..
A. erklärte: Ich verspreche Frau B. schenkweise die Übereignung meiner im Grundbuch des AG ….. vom ….. Blatt ….. eingetragenen Eigentumswohnung Nr. 12 in dem Anwesen ….. unter der Bedingung, dass sie mich überlebt.
Frau B. erklärte: Ich nehme das Schenkungsversprechen an.
Die Auflassung wird in Anlage zur Urkunde erklärt. Der Notar wird beauftragt, die Auflassung nur dann beim Grundbuchamt zum Vollzug vorzulegen, wenn Frau B persönlich dies unter Vorlage einer Sterbeurkunde von A beantragt. Bis dahin werden Ausfertigungen und beglaubigte Ablichtungen der Urkunde nur im Auszug ohne die Anlage erteilt.
Verwandt sind wir nicht.
Der Notar wies auf eine mögliche Erbschaftsteuerpflicht hin.
                     ….., Notar

10 M

■ *Kosten des Notars.* Geschäftswert §§ 36, 38 GNotKG Verkehrswert der Immobilie ohne Schuldenabzug – § 102 GNotKG ist nicht einschlägig (s. auch Nr. 11). Zusätzlich fällt eine Betreuungsgebühr (wegen der Vorlageanweisung) nach Nr. 22200 KV GNotKG von 0,5 an. Gebühr Nr. 21100 KV GNotKG: 2,0.

Verschließen und Abliefern an das Nachlassgericht erfolgen nicht, weil es sich äußerlich nicht um eine Vfg. von Todes wegen handelt. Der Schenkungsvertrag ist jedoch dem Finanzamt anzuzeigen.

11

---

11 BGH DNotZ 1975, 362.
12 BGH DNotZ 1976, 555.

Nachträgliche Bezeichnung eines unwiderruflich Bezugsberechtigten

12 M An die Versicherungsgesellschaft .....
Ich benenne als Bezugsberechtigten aus dem von mir unter Nr. ..... am ..... abgeschlossenen Lebensversicherungsvertrag Frau ..... und zwar für den Fall, dass die Leistungen aus dem Vertrag bei meinem Tod zur Zahlung fällig werden.
Der Widerruf der Benennung ist ausgeschlossen. In diesem Schreiben liegt zugleich ein Angebot an den Begünstigten auf Abschluss eines Schenkungsvertrags nach § 516 BGB; die Versicherungsgesellschaft wird ermächtigt und beauftragt, dieses Angebot den Bezugsberechtigten nach meinem Tod unverzüglich zu übermitteln. Mir ist bekannt, dass das Angebot formunwirksam ist und der Formmangel nur durch den Vollzug geheilt werden kann.
Ort, Datum   Unterschrift
[Beglaubigung nur auf Verlangen der Gesellschaft]

■ *Kosten des Notars.* Geschäftswert § 97 Abs. 1 GNotKG; Gebühr: falls Entwurf durch Notar Nr. 24101 KV GNotKG: 0,3–1,0; falls Entwurf nicht durch Notar Nr. 25100 KV GNotKG: 0,2.

13 Zum *Stiftungsgeschäft von Todes wegen* s. § 123 Rdn. 124 M.

Benennung eines Dritten als Begünstigten in einem Bausparvertrag für den Todesfall des Bausparers

14 M An die Bausparkasse .....
Ich benenne als Berechtigte aus dem von mir unter Nr. ..... am ..... abgeschlossenen Bausparvertrag für den Fall meines Todes meine Ehefrau, Frau ..... in .....
Diese Zuwendung erfolgt schenkweise; sie erstreckt sich auf alle von mir geleisteten Aufwendungen (Sparraten), die ich in Erfüllung der mir aus dem Bausparvertrag obliegenden Verpflichtungen gemacht habe. Für den Fall, dass zu meinen Lebzeiten mit meiner Ehefrau kein wirksamer Schenkungsvertrag zustande kommt, liegt in dieser Benennung zugleich ein Angebot an den Begünstigten auf Abschluss eines Schenkungsvertrags nach § 516 BGB; die Bausparkasse wird ermächtigt und beauftragt, dieses Angebot der Berechtigten unverzüglich nach meinem Tod zu übermitteln. Mir ist bekannt, dass das Angebot formunwirksam ist und der Formmangel nur durch den Vollzug geheilt werden kann.
Ich biete um Bestätigung und, soweit nach den Bedingungen des Bausparvertrages erforderlich, um die Erteilung der Zustimmung.
Ort, Datum   Unterschrift
[Beglaubigung nur auf Verlangen der Bausparkasse]

■ *Kosten.* Wie zu Muster Rdn. 12 M.

§ 111 Gebräuchliche Alleintestamente

I. Testamente von kinderlosen Ledigen

Einfache Erbeinsetzung des langjährigen Lebensgefährten/der langjährigen Lebensgefährtin bei Fehlen von Abkömmlingen, einfaches Vermächtnis, einfache Auflage

[Notarielle Einleitungsformel] 1 M
Zu meiner persönlichen Situation mache ich folgende Angaben: Ich wurde in ….. (Geburtenbuchnummer des Standesamts …..) als Sohn/Tochter von ….. geboren. Ich bin nicht verheiratet und war auch nie verheiratet. Abkömmlinge habe ich nicht. Ich lebe seit ….. Jahren in sogenannter »nichtehelicher Lebensgemeinschaft« mit Herrn Hans Müller, geb. am 04.08.1952. Mein gewöhnlicher Aufenthalt ist in Deutschland. Bisher habe ich keine letztwilligen Verfügungen errichtet, insbesondere keine gemeinschaftlichen letztwilligen Verfügungen mit anderen Personen (gemeinschaftliche Testamente oder Erbverträge). Vorsorglich widerrufe ich alle zeitlich vorangegangenen letztwilligen Verfügungen von mir dem vollen Umfang nach, so dass für den Fall meines Todes nur das folgende gilt:
Für den Fall meines Todes setze ich meinen Lebensgefährten, Herrn Hans Müller ein. Sollte dieser bereits vor mir verstorben sein, gleichzeitig mit mir versterben oder aufgrund derselben Gefahr versterben tritt ersatzweise an dessen Stelle dessen Sohn Florian Müller. Wenn auch dieser bereits vorverstorben sein sollte, gleichzeitig mit mir oder aufgrund derselben Gefahr versterben sollte treten ersatzweise dessen Abkömmlinge zu unter sich gleichen Teilen nach Stämmen entsprechend den Regeln der gesetzlichen Erbfolge an dessen Stelle.
Mein Erbe wird bzw. meine Erben werden durch folgendes Vermächtnis beschwert: Mein Patenkind Henriette Schuster, geb. am 17.09.1994 erhält einen Betrag in einer Höhe von 20.000,00 €, der innerhalb von 3 Monaten nach meinem Tod zur Zahlung fällig ist. Sollte Henriette Schuster bereits vor mir verstorben sein, gleichzeitig mit mir versterben oder aufgrund derselben Gefahr versterben, entfällt das Vermächtnis ersatzlos.
Meinen Erben beschwere ich mit folgender Auflage: Ich wünsche eine Feuer/Erdbestattung und die Beisetzung in folgender Grabstelle: ….. Der Erbe hat auf die ortsübliche Dauer und im ortsüblichen Umfang die Grabpflege zu übernehmen.
Sonst will ich heute nichts bestimmen. Sämtliche der o.a. Bestimmungen gelten unbeschadet des gegenwärtigen und künftigen Vorhandenseins pflichtteilsberechtigter Personen. Sollte eine Person, die bei meinem Tod bedacht wird, mit ihrem Ehegatten im Güterstand der Gütergemeinschaft leben, so erhält sie das von mir Zugewendete zum Vorbehaltsgut.
Ich bin nicht Eigentümer eines land- und forstwirtschaftlichen Anwesen und nicht an Gesellschaften beteiligt, bei denen die Vererbung oder vermächtnisweise Zuwendung eingeschränkt wäre oder Erben und Vermächtnisnehmer mit dem Tod aus der Gesellschaft ausgeschlossen werden könnten.

§ 111 Gebräuchliche Alleintestamente

Einsetzung von mehreren Personen mit Teilungsanordnung

2 M *[Notarielle Einleitungsformel]*
Darstellung der persönlichen Verhältnisse, Widerruf evtl. vorangegangener letztwilligen Verfügungen
Ich, ... setze für den Fall meines Todes folgende Personen zu meinen Erben ein: Mein Neffe Hans Schuster, geb. am 01.03.1960 beerbt mich zu $^1/_3$; sollte dieser bereits vor mir verstorben sein, gleichzeitig mit mir versterben oder aufgrund der selben Gefahr versterben, treten an dessen Stelle dessen Abkömmlinge zu unter sich gleichen Teilen nach Stämmen entsprechend den Regeln der gesetzlichen Erbfolge.
Zu einem weiteren Drittel beerbt mich Herr Fritz Meier, geb. am .....; sollte dieser bereits vor mir verstorben sein, gleichzeitig mit mir versterben oder aufgrund derselben Gefahr versterben wächst dessen Erbteil an seine Ehefrau, Frau Sabine Meier, geb. Müller an.
Zu einem Drittel beerbt mich Frau Sabine Meier, geb. Müller. Sollte diese bereits vor mir verstorben sein, gleichzeitig mit mir versterben oder aufgrund derselben Gefahr versterben, wächst deren Anteil ihrem Ehemann, Herrn Fritz Meier an.
Sollten beide Ehegatten Meier vor mir verstorben sein, gleichzeitig mit mir versterben oder aufgrund derselben Gefahr versterben, treten deren Abkömmlinge zu unter sich gleichen Teilen nach Stämmen entsprechend den Regeln der gesetzlichen Erbfolge an deren Stelle.
Zugleich ordne ich folgende Teilungsanordnung an:
Herr Schuster erhält die in meinem Eigentum befindliche Eigentumswohnung in Tegernsee in dem Anwesen Wildschütz-Jennerwein-Str. 15 im 3. Obergeschoss (Wohnungseigentumseinheit Nr. 7) samt dem dazugehörigen Kellerraum Nr. K7 und dem dazugehörenden Tiefgaragenstellplatz Nr. T 7, die ihm frei von wertmindernden Belastungen in Abteilung II des Grundbuchs und frei von Belastungen in Abteilung III des Grundbuchs innerhalb von 6 Monaten nach meinem Tod auf seine Kosten alleine zu übereignen ist.
Sollte diese Wohnung mit Keller und Tiefgaragenstellplatz wertvoller sein als der meinem Neffen zustehende Anteil am Nachlass so hat er an die Miterben Ausgleichszahlungen in einer Höhe zu erbringen, dass der Wert des von jedem meiner Erben nach Vornahme der Ausgleichszahlungen ererbten Vermögens dem Wert der Quoten entspricht. Sollte sie weniger wert sein, erhält er vom Restvermögen so viel, dass er insgesamt ein Drittel des Nachlasswerts inne hat.
Eventuelle Einzelvermächtnisse
Eventuelle Auflagen

Einsetzung mehrerer Erben und Vorausvermächtnis zu Gunsten eines Erben

3 M *[Notarielle Einleitungsformel]*
Darstellung der persönlichen Verhältnisse, Widerruf evtl. vorangegangener letztwilliger Verfügungen
Für den Fall meines Todes setze ich meine beiden Geschwister Hans Meier und Friederike Müller, geb. Meier je zu $^1/_2$ zu meinen Erben ein. Vom Nachlass vorab soll vorab zunächst meine Schwester Friederike Müller als Vorausvermächtnis das in meinem Eigentum stehende Gemälde von Camille Graeser, darstellend 4 Quadrate auf grauem Grund in den Farben Rot, Blau, Grün und Gelb, von denen das blaue Quadrat nach unten wegklappt, erhalten. Es ist ihr innerhalb von 2 Monaten nach meinem Tod auf ihre Rechnung zu übereignen und zu übergeben. Am restlichen Vermögen partizipieren beide Erben entsprechend ihren Erbquoten. Ersatzerben und zugleich Ersatzvorausvermächtnisnehmer anstelle meiner Schwester sind deren Abkömmlinge zu unter

sich gleichen Teilen nach Stämmen entsprechend den Regeln über die gesetzliche Erbfolge. Wenn dagegen mein Bruder Hans Meier vor mir verstirbt, gleichzeitig mit mir verstirbt oder aufgrund derselben Gefahr verstirbt, tritt Anwachsung an die weiteren Erben bzw. den weiteren Erben ein.
Eventuelle Vermächtnisse an dritte Personen
Eventuelle Auflagen
[Notarielle Schlussformel]

Alleinerbeinsetzung eines Erben mit Nießbrauchsvermächtnis

[Notarielle Einleitungsformel] 4 M
Persönliche Verhältnisse
Ich, ... setze für den Fall meines Todes meinen Bruder, Herrn ..... zum alleinigen und ausschließlichen Erben ein. Wenn dieser bereits vor mir verstorben ist, gleichzeitig mit mir verstirbt oder aufgrund derselben Gefahr verstirbt, treten ersatzweise dessen Abkömmlinge zu unter sich gleichen Teilen nach Stämmen entsprechend den Regeln der gesetzlichen Erbfolge an dessen Stelle.
Mein Erbe wird bzw. meine Erben werden durch folgendes Vermächtnis zu Gunsten meiner Mutter, Frau ..... beschwert, wenn diese zum Zeitpunkt meines Todes noch am Leben ist:
Meiner Mutter steht an der in meinem Eigentum befindlichen Eigentumswohnung in dem Anwesen »Alter Hof 7« München nebst Tiefgaragenstellplatz und Kellerabteil (Wohnung Nr. 9, Keller Nr. K9, Tiefgaragenstellplatz Nr. T12) das lebenslängliche Nießbrauchsrecht zu. Für den Nießbrauch gelten die gesetzlichen Bestimmungen ohne irgendwelche Änderungen. Der Nießbrauch steht meiner Mutter ab meinem Tod zu. Er ist innerhalb von 3 Monaten nach meinem Tod im Grundbuch auf Kosten des Erben zur Eintragung in das Grundbuch zu bringen.
Eventuelle weitere Vermächtnisse
Eventuelle Auflagen.
[Schlussformel]

II. Testamente zugunsten minderjähriger Kinder

Testament eines Geschiedenen mit einem minderjährigen Kind

[Notarielle Einleitungsformel] 5 M
Ich, Johanna Müller, geb. Weber wurde geboren in ..... als Tochter von ..... Ich war verheiratet mit Herrn Max Müller, geb. am ..... Unsere Ehe wurde rechtskräftig geschieden. Aus unserer Ehe ist unser Sohn Florian Müller, geb. am ..... hervorgegangen. Weitere Abkömmlinge habe ich nicht.
Ich habe bisher keine noch wirksamen letztwilligen Verfügungen errichtet. Das gemeinschaftliche Testament, das ich am ..... mit meinem zwischenzeitlich geschiedenen Ehemann errichtet habe, kam infolge einseitigen Rücktritts durch mich im Vorfeld der Scheidung am .....(Urkunde Nr ..... des Notars .....) in Wegfall. Vorsorglich widerrufe ich alle zeitlich vorangegangenen letztwilligen Verfügungen von mir dem vollen Umfang nach, so dass im *Falle* meines Todes nur das Folgende gilt:
Ich setze für den Fall meines Todes meinen Sohn Florian Müller zu meinem alleinigen und ausschließlichen Erben ein. Dieser wird aber nur sogenannter »Vorerbe«. Die Nacherbfolge tritt beim Tod des Vorerben ein. Der Vorerbe ist von den Beschränkungen und Verpflichtungen der §§ 2113 ff. BGB befreit, soweit ihm Befreiung erteilt werden kann. Die Anordnung der Nacherbfolge ist wie folgt auflösend bedingt: Sie wird hinfäl-

lig und der Vorerbe wird zum Vollerben, wenn er entweder eine eigene Ehe eingeht (gleichgültig, welch Schicksal diese erleidet) oder
eigene Abkömmlinge hat, gleichgültig welches Schicksal diese erleiden,
oder wenn er eine wirksame letztwillige Verfügung bei seinem Tod hinterlässt, mit der er vermächtnisweise über den gesamten von mir ererbten Nachlass einschließlich sämtlicher Surrogate zu Gunsten anderer Personen als meinem geschiedenen Ehemann Max Müller oder Personen, die lediglich mit diesem verwandt sind verfügt. Nacherben beim Tod des Vorerben werden meine Eltern ..... je zu $1/_2$, ersatzweise (bei Vorversterben eines Elternteils) der Überlebende meiner Eltern alleine oder ersatzweise (bei Vorversterben beider Eltern) meine Geschwister zu unter sich gleichen Teilen. Die Veräußerung und Vererbung der Nacherbenanwartschaft werden ausgeschlossen.
Weder der Vorerbe wird durch Vermächtnisse beschwert noch werden dies die Nacherben.
Zugleich ordne ich die Testamentsvollstreckung an, wenn mein Sohn zum Zeitpunkt meines Todes das 25. Lebensjahr noch nicht vollendet hat. Aufgabe des Testamentsvollstreckers ist es, den Nachlass einschließlich seiner sämtlichen Erträge zu verwalten, bis der Vorerbe das 25. Lebensjahr vollendet hat. Der Testamentsvollstrecker ist in der Eingehung von Verbindlichkeiten für den Nachlass nicht beschränkt. Ihm werden sämtliche Rechte und Befugnisse eines mit der Durchführung der Aufgaben nach diesem Testament betrauten Verwaltungs-Vollstreckers erteilt. Er wird von den Beschränkungen des § 181 BGB befreit. Der Testamentsvollstrecker ist mein Bruder, Herr Claus Weber Sollte dieser das Amt nicht annehmen können oder annehmen wollen oder nach der Übernahme des Amts wegfallen ist er berechtigt, eine geeignete Person als Ersatztestamentsvollstrecker zu benennen; unterbleibt eine solche Benennung, hat das Amtsgericht, Nachlassgericht eine geeignete Person zum Testamentsvollstrecker zu benennen. Meinem Bruder steht für die Übernahme und Durchführung des Amts keine Vergütung zu, aber das Recht, Aufwendungen ersetzt zu erhalten einschließlich von ihm für erforderlich gehaltener Aufwendungen für die Beratung in rechtlichen, steuerlichen und wirtschaftlichen Belangen. Einem von ihm benannten Nachfolger oder einem vom Nachlassgericht benannten Nachfolger steht eine übliche Vergütung zu. Die Vergütung kann vom Testamentsvollstrecker am Ende eines Kalenderjahres aus dem Nachlass entnommen werden; wenn sie der Umsatzsteuer unterliegt zuzüglich Umsatzsteuer in gesetzlicher Höhe. Der Aufwendungsersatz kann jeweils sofort aus dem verwalteten Nachlass entnommen werden. Der Testamentsvollstrecker hat dem Erben die Erträge der Nachlassverwaltung und den Stamm des verwalteten Vermögens insofern zur Verfügung zu stellen, als dies zur Bestreitung eines angemessenen Lebensunterhalts unter Berücksichtigung von Unterhaltsansprüchen gegenüber anderen Unterhaltsberechtigten und zur Bestreitung einer angemessenen Ausbildung erforderlich ist.
Eventuelle weitere Vermächtnisse
Eventuelle Auflagen
[Schlussformel]

Testament eines Verwitweten mit minderjährigem Kind mit Benennung eines Vormunds

6 M *[Einleitungsformel]*
Ich, Hans Meier, war verheiratet mit Friederike Meier, geb. Müller, die am ..... vorverstorben ist. Aus unserer Ehe sind zwei gemeinschaftliche Kinder hervorgegangen, Maria Meier und Martin Meier, beide geboren am 07.02.2010.

Ich habe bisher keine letztwilligen Verfügungen errichtet; insbesondere habe ich mit meiner vorverstorbenen Ehefrau keine gemeinschaftlichen Testamente oder Erbverträge geschlossen. Vorsorglich widerrufe ich alle etwa zeitlich vorangegangenen letztwilligen Verfügungen von mir dem vollen Umfang nach, so dass für den Fall meines Todes nur das Folgende gilt:

Für den Fall meines Todes setze ich meine Abkömmlinge zu unter sich gleichen Teilen nach Stämmen entsprechend den Regeln der gesetzlichen Erbfolge zu Erben ein. Derzeit würde ich danach durch meine beiden Kinder Maria und Martin Meier je zur Hälfte beerbt.

Diese werden durch Vermächtnisse oder Auflagen nicht beschwert.

Sollten meine Kinder zum Zeitpunkt meines Todes noch minderjährig sein, werden als Vormund für meine Kinder benannt: Mein Bruder ..... und dessen Ehefrau ..... die das Amt gemeinschaftlich ausüben sollen.

[Schlussformel]

Das Verwaltungsrecht der Eltern einer minderjährigen Erbin wird ausgeschlossen

[Notarielle Einleitungsformel]
Persönliche Verhältnisse

7 M

1. Ich setze meine Nichte Christiane Petermann in ....., Tochter meiner Schwester Renate Petermann geb. Starke, zu meiner alleinigen Erbin ein.
2. Die Verwaltung des Nachlasses durch die Eltern schließe ich aus.

Ich bitte das Familiengericht, für die Dauer der Minderjährigkeit der Erbin einen geeigneten Pfleger zur Verwaltung des Nachlasses zu bestellen.

.....

III. Testamente Verheirateter

Testament eines verheirateten Erblassers mit starker wirtschaftlicher Position des überlebenden Ehegatten

[Einleitungsformel]

8 M

Ich, ... bin verheiratet mit ..... Aus unserer Ehe ist ein gemeinschaftliches Kind hervorgegangen, ... geb. am ..... Weitere Abkömmlinge habe ich nicht. Letztwillige Verfügungen habe ich bisher nicht errichtet; speziell habe ich mit meiner Ehefrau keine gemeinschaftlichen Testamente oder Erbverträge errichtet. Vorsorglich widerrufe ich alle etwa zeitlich vorangegangenen letztwillige Verfügungen von mir dem vollen Umfang nach, so dass für den Fall meines Todes nur das Folgende gilt:

Für den Fall meines Todes setze ich meine Ehefrau, Frau ..... zu meiner alleinigen und ausschließlichen Erbin ein.

Sollte meine Ehefrau bereits vor mir verstorben sein, gleichzeitig mit mir versterben oder aufgrund der selben Gefahr versterben, treten ersatzweise unsere gemeinschaftlichen Abkömmlinge zu unter sich gleichen Teilen nach Stämmen entsprechend den Regeln der gesetzlichen Erbfolge an deren Stelle.

Wenn meine Ehefrau meine alleinige Erbin wird, wird sie durch folgendes Vermächtnis beschwert: Unserer Tochter steht der Sparbrief Nr ..... .der Sparkasse Ingolstadt zu; er ist an sie innerhalb von 3 Monaten nach meinem Tod zu übertragen. Meiner Tochter steht ebenfalls der in meinem Eigentum stehende, von meiner Mutter ererbte Familienschmuck, bestehend aus einer Gliederhalskette, einem Gliederarmband, jeweils in 21

Karat Gelbgold und goldenen Ohrclips, schneckenförmig in Rotgold sowie einem brillantbesetzten Ring in Gelbgold zu. Die Vermächtnisse sind innerhalb von 3 Monaten nach meinem Tod auf Kosten des Erben zu erfüllen. Ich habe Kenntnis davon, dass meine Tochter die Vermächtnisse ausschlagen und stattdessen den Pflichtteil verlangen kann oder zusätzlich zum Vermächtnis die Differenz bis zur Höhe des Pflichtteils verlangen kann, wenn der Wert des Vermächtnisses hinter dem Wert des Pflichtteils zurückbleibt.
Eventuelle weitere Vermächtnisse
Eventuelle Auflagen
[Schlussformel]

Testament eines Verheirateten mit »gleitendem« Vermögensübergang zunächst auf den Ehegatten, danach auf die Abkömmlinge

9 M [Notarielle Einleitungsformel]
Persönliche Verhältnisse [s. Muster Rdn. 8 M]
Für den Fall meines Todes setze ich meine Ehefrau, Frau ….. zu meiner alleinigen und ausschließlichen Erbin ein. Diese wird aber nur sogenannte »Vorerbin«. Die Nacherbfolge tritt beim Tod des Vorerben ein. Die Vorerbin ist von den Beschränkungen und Verpflichtungen der §§ 2113 ff. BGB befreit, soweit ihr Befreiung erteilt werden kann. Nacherbin beim Tod der Vorerbin wird unsere gemeinschaftliche Tochter ….. Sollte diese zum Zeitpunkt des Todes meiner Ehefrau bereits vorverstorben sein, gleichzeitig mit ihr oder aufgrund derselben Gefahr versterben, treten ersatzweise deren Abkömmlinge zu unter sich gleichen Teilen nach Stämmen entsprechend den Regeln über die gesetzliche Erbfolge an deren Stelle und zwar diejenigen, die als gesetzliche Erben meiner Tochter berufen wären, wenn diese zum Zeitpunkt des Todes unverheiratet und nur unter Hinterlassung von Abkömmlingen versterben würde. Die Verfügung über die Nacherbenanwartschaft und deren Vererbung sind ausgeschlossen.
Die Nacherben sind zugleich Ersatzerben für den Fall, dass meine Ehefrau vor mir verstorben ist, gleichzeitig mit mir verstirbt oder aufgrund derselben Gefahr verstirbt. Vorausvermächtnisweise steht meiner Ehefrau das gesamte Wohnungsinventar und die gesamte Wohnungseinrichtung zu sowie das Wertpapierdepot bei der ….. mit der Depot-Nr. ….. Dieses Vermögen unterliegt nicht der Nacherbfolge.
Die Vorerbin wird durch folgende Vermächtnisse zu Gunsten meiner Tochter beschwert, die ihr bereits nach meinem Tod zustehen sollen:
Meine Tochter erhält das kleine »Nagelbild« von Günther Uecker im Format von 20 × 30 cm und einen baren Betrag von 40.000,00 €. Die Vermächtnisse sind innerhalb von 3 Monaten nach meinem Tod zu erfüllen.

Testament eines Verheirateten mit starker wirtschaftlicher Position der Abkömmlinge und bloßem Wohnungsrecht zugunsten des Ehegatten.

10 M [Notarieller Urkundeneingang]
Persönliche Verhältnisse [siehe dazu Muster Rdn. 8 M]
Für den Fall meines Todes setze ich meine Abkömmlinge zu unter sich gleichen Teilen nach Stämmen entsprechend den Regeln der gesetzlichen Erbfolge zu meinen Erben ein. Derzeit würde ich damit beerbt durch meine Tochter, ….. Dies gilt auch dann, wenn mich meine Ehefrau, Frau …..überlebt.
Wenn mich meine Ehefrau überlebt, werden meine Erben aber durch folgende Vermächtnisse zu Gunsten meiner Ehefrau beschwert:

Dieser steht das gesamte Wohnungsinventar und die gesamte Wohnungseinrichtung der letzten von uns (von meiner Ehefrau und mir) gemeinsam bewohnten Ehewohnung zu; die Vermächtnisgegenstände sind dieser unverzüglich nach meinem Tod alleine zu übertragen bzw. alleine zu übereignen. Meiner Ehefrau steht an der zuletzt von uns genutzten Immobilie in meinem Eigentum ein lebenslanges Wohnungsrecht zu. Das Wohnungsrecht erstreckt sich bei einem Wohnhaus auf sämtliche Räume des Wohnhauses und bei einer Eigentumswohnung auf sämtliche sondereigentumsfähigen, dem Wohnzweck dienenden Räumlichkeiten. Die Kosten der Ver- und Entsorgung trägt der Wohnungsberechtigte, auch die Kosten für Schönheitsreparaturen in der Wohnung. Der Wohnungsberechtigte ist zur Mitnutzung von Gemeinschaftsanlagen und Gemeinschaftseinrichtungen befugt. Die Ausübung des Wohnungs- und Mitbenutzungsrechts kann Dritten Personen nicht überlassen werden.

IV. Besondere Gestaltungen

1. Kinderlos Verheirateter vermacht Eltern wiederkehrende Bezüge

Meine Eltern ...... erhalten als Gesamtberechtigte nach § 428 BGB auf Lebensdauer des Länderlebenden vermächtnisweise den Anspruch auf monatlich im Voraus zu zahlende lebenslängliche Bezüge von 600 €, die sich nach dem Tode des Erstversterbenden auf $^2/_3$ verringern. Verändert sich der vom Statistischen Bundesamt amtlich festgelegte Verbraucherpreisindex (Basis ist die Reihe von 2015) zwischen dem heutigen Tag und dem Tag meines Todes, so ändert sich der erstmals zu zahlende Betrag entsprechend (prozentuale Indexänderungen finden führen zu entsprechenden prozentualen Änderungen des erstmals zu zahlenden Betrags). Verändert sich der entsprechende Index nach meinem Tod gegenüber dem Todeszeitpunkt um mehr als 5 %, so ändert sich ab dem Monatsersten, der auf die Überschreitung der 5 %-Schwelle folgt, der künftig zu zahlende Betrag entsprechend. Nach einer Anpassung gilt die o.a. Abrede jeweils erneut mit der Maßgabe, dass die 5 %-ige Veränderung gegenüber dem Stand erfolgen muss, der die letzte Änderung auslöste. Beide Seiten können darüber hinaus eine Anpassung gem. § 323 ZPO verlangen. Geänderten Bedürfnissen meiner Eltern und Änderungen in der finanziellen Leistungsfähigkeit der Erbin, meiner Ehefrau ist dabei Rechnung zu tragen.

11 M

2. Unternehmertestament

Bei großen Vermögen hat die Berufung des Ehegatten zum alleinigen Vorerben und der Kinder zu Nacherben den Nachteil der doppelten Besteuerung, weil Vorerbfall und Nacherbfall jeweils als eigener Erbfall behandelt und gesondert besteuert werden. Außerdem werden damit die Freibeträge der Kinder nach dem erstversterbenden Elternteil nicht ausgenutzt. Dies gilt entsprechend bei gemeinschaftlichen Testamenten oder Erbverträgen bei der Alleinerbeinsetzung des Ehegatten beim 1. Todesfall und der Schlusserbeinsetzung der Kinder beim 2. Todesfall. Bei der Anordnung der Vor- und Nacherbfolge gilt darüber hinaus: Ist der Nacherbe mit dem Erblasser näher verwandt als mit dem Vorerben, so kann er die Versteuerung nach dem Verhältnis zum Erblasser beantragen (§ 6 Abs. 2 Satz 2 ErbStG). Fällt auch Vermögen des Vorerben an den Nacherben, so sind beide Vermögensanfälle hinsichtlich der Steuerklasse getrennt zu behandeln. Der Freibetrag nach dem Vorerben kann jedoch nur insoweit beansprucht werden, als er nach dem Erblasser nicht ausgeschöpft wird.

12

13 Erbschaftsteuerlich sinnvoll ist es deshalb, bei umfangreichem Vermögen als Erben in 1. Linie Kinder zu bedenken und den Ehegatten vermächtnisweise mit einzelnen Zuwendungen zu bedenken. Vermächtnisse an den Ehegatten werden diesem nur mit ihrem Steuerwert zugerechnet und in dieser Höhe bei den Erben abgezogen.

14 Die Zuwendung des GmbH-Anteils im folgenden Muster verstößt nicht gegen § 2065 BGB. Denn hier wird der Empfänger nicht vom Beirat »bestimmt«, sondern nach den vom Erblasser selbst gesetzten Auswahlkriterien lediglich »bezeichnet«.

15 Die Verfügungen über Beteiligungen an Gesellschaften sind mit den gesellschaftsvertraglichen Nachfolgeregelungen abzustimmen. Für die Nachfolge hat der Gesellschaftsvertrag bei Personengesellschaften unmittelbar Vorrang. Schreibt er z.B. vor, dass nur einer eine Person Nachfolger werden kann, so ist ein Testament unvollziehbar, in dem mehrere Personen zum Nachfolger berufen werden. Es muss ferner Kongruenz geschaffen werden zwischen der Todesfallklausel des Gesellschaftsvertrages und der Nachfolgeregelung im Testament. Beide Regelungen sollten auch inhaltlich in den Fragen übereinstimmen, wer Nachfolger werden soll, unter welchen Umständen und mit welchen Rechten und Pflichten. Bei Kapitalgesellschaften gilt der Vorrang der gesellschaftsvertraglichen Regelung mittelbar, wenn eine »nicht kongruente« Vermögensnachfolge Voraustatbestand für Ausschließungsrechte, Einzugsrechte oder Zwangsabtretungsrechte ist, vor allem wenn die entsprechende Maßnahme mit einem nicht wertentsprechenden Abfindungsanspruch nach dem Gesellschaftsvertrag gekoppelt ist.

16 Im Gesellschaftsvertrag der Personengesellschaft kann die Nachfolge durch eine einfache Fortsetzungsklausel, eine sog. erbrechtliche Nachfolgeklausel oder durch eine gesellschaftsrechtliche Eintrittsklausel geregelt sein, nicht durch eine sog. rechtsgeschäftliche Nachfolgeklausel.[1]

17 Eine einfache Fortsetzungsklausel ist die Abrede, dass beim Tod eines Gesellschafters die Gesellschaft nicht aufgelöst, sondern von den übrigen Gesellschaftern fortgesetzt wird. Sofern dies wechselseitig vereinbart ist – also entgeltlich mit vergleichbarer Risikosituation bei allen Gesellschaftern im Rahmen eines sog. »aleatorischen Rechtsgeschäfts« –, kann für diesen Fall jedwede Abfindung ausgeschlossen oder etwa auf die Buchwerte beschränkt werden. Wenn nicht Sonderkonstellationen vorliegen (erheblich unterschiedliches Alter der Gesellschafter etwa) haben dies dann in der Regel auch die Pflichtteilsberechtigten nach dem verstorbenen Gesellschafter gegen sich gelten zu lassen.[2]

18 Bei der erbrechtlichen Nachfolgeklausel wird der Gesellschaftsanteil im Gesellschaftsvertrag vererblich gestellt. Dabei existiert die »einfache« und die »qualifizierte« Nachfolgeklausel. Bei der »einfachen« Nachfolgeklausel gilt: Der Erbe tritt/die Erben treten dann von selbst (in »Sondererbfolge«) mit dem Erbfall als Gesellschafter in die Gesellschaft ein, und zwar im Verhältnis ihrer Erbquoten. Die »qualifizierte« Nachfolgeklausel ordnet an, dass lediglich ein oder einzelne Miterben Nachfolger werden, die ggf. bestimmten Anforderungen erfüllen müssen. Dann liegt eine sog. qualifizierte Nachfolgeklausel vor. Ob sie die Beteiligung außerhalb des Nachlasses oder als Nachlassbestandteil, aber in Sondererbfolge auf den Nachfolger übergehen lässt, ist strittig.[3] Übereinstimmung besteht darin, dass den anderen Nachlassbeteiligten (Miterben, Pflichtteilsberechtigte und Gläubiger) der Anspruch auf das künftige Auseinandersetzungsguthaben und die Gewinnansprüche »zugeführt« werden.[4] Zur Testamentsvollstreckung bei Unternehmensbeteiligungen s. § 102 Rdn. 75 ff.

19 Bei der gesellschaftsrechtlichen Eintrittsklausel wird dem Nachfolger lediglich das Recht eingeräumt, die Aufnahme in die Gesellschaft verlangen zu können. Der Gesellschaftsanteil

---

[1] So der BGH DNotZ 1977, 550 = NJW 1977, 1339, vgl. auch *Göbel*, DNotZ 1979, 133 ff.
[2] S. im Einzelnen: *Michalski*, DB 1980, Beilage 5/80; *van Randenborgh*, MittRhNotK 1984, 133.
[3] Vgl. *Hüffer*, ZHR 151 (1987), 401.
[4] So *Hüffer*, ZHR 151 (1987), 401, 402 m.w.N.

des Erblassers wächst den verbleibenden Gesellschaftern entsprechend der Quote ihrer eigenen Anteile an. Die Gesellschafter übertragen die ihnen angewachsenen Anteile auf den Nachfolger, sofern er das Eintrittsrecht ausübt. Wenn der Erbe und der Eintrittsberechtigte unterschiedliche Personen sind, können Abfindungsansprüche des Erben und Beitragspflichten des Eintrittsberechtigten entstehen. Die gesellschaftsrechtliche Eintrittsklausel hält der BGH für zulässig.

Dagegen ist nach seiner Ansicht (und nach h.M.) eine rechtsgeschäftliche Nachfolgeklausel grundsätzlich unzulässig. Sie enthält die Vereinbarung, dass die Mitgliedschaft beim Tod eines Gesellschafters auf einen bisher nicht an der Gesellschaft Beteiligten übergehen soll. Dies ist ein unzulässiger Vertrag (auch) zulasten dieses Dritten, weil die Mitgliedschaft in einer Gesellschaft auch Pflichten mit sich bringt. Nach der Meinung des BGH sind rechtsgeschäftliche Nachfolgeklauseln regelmäßig in Eintrittsklauseln umzudeuten.[5]

Die Einräumung des Nießbrauchs an einer Gesellschaftsbeteiligung muss im Gesellschaftsvertrag vorgesehen sein, sofern der Nießbraucher die Rechtsstellung eines Gesellschafters erlangen und nicht nur auf den ausgeschütteten Gewinnanteil beschränkt sein soll. Es ist umstritten, ob der Nießbraucher überhaupt das Stimmrecht als eigenes originäres Recht haben kann. Für die verschiedenen Fälle der evtl. künftigen Kapitalerhöhungen sollten Regelungen getroffen werden, welche Auswirkungen diese auf den Nießbrauch haben. Beim bloßen Gewinn-Nießbrauch hat der Erbe alle Gesellschafterrechte und -pflichten selbst, mit Ausnahme des Anspruchs auf den ausgeschütteten Gewinn. Ähnliches gilt für eine umsatzabhängige Gewinnbeteiligung.

Als Alternative kommt ein Rentenvermächtnis in Betracht. Im typischen Fall – also bei fester Rente bis zum Tod, wenn auch wertgesichert – ist das eine sog. private Versorgungsrente. Bei ihr ist der sog. Ertragsanteil beim Verpflichteten Sonderausgabe und beim Berechtigten steuerpflichtige Einnahme. Man erreicht so also nur eine teilweise Abzugsfähigkeit bei dem normalerweise höher besteuerten Verpflichteten. Vorteilhafter ist es daher zumeist, die Leistung als sog. dauernde Last zu konstruieren. Sie hat den steuerlichen Vorteil, dass sie beim Verpflichteten, der regelmäßig in einer höheren Progressionsstufe liegt, voll abgezogen werden kann. Dem entspricht zwar, dass die Leistung beim Berechtigten voll versteuert werden muss. Dieser hat jedoch regelmäßig ein geringeres Einkommen. Die Gesamtsteuerlast des Berechtigten und des Verpflichteten wird also bei der dauernden Last in aller Regel gemindert.

Oft ist die Anordnung zweckmäßig, dass der Nießbraucher die gesamte, auch die auf die Erben entfallende, Erbschaftsteuer sowie die Tilgung etwaiger Schulden (neben den Schuldzinsen) zu tragen hat, weil die Erben sie im Regelfall nicht aufbringen können.

Das Gesetz sieht zur Teilung des Nachlasses bei sog. unteilbaren Sachen (§ 752 BGB) deren Verkauf und die Teilung des Erlöses vor (§§ 2042, 752, 753 BGB). Das führt in der Regel zur Verschleuderung von Familienhabe. Dem kann der Erblasser ein Versilberungsverbot entgegensetzen, das zwar nicht als Verfügungsverbot wirkt, vom Testamentsvollstrecker jedoch zu beachten ist (§ 2048 BGB).

Die Zuwendung von Vermögenswerten an Enkel nutzt deren Steuerfreibetrag aus. Außerdem schafft eine solche Zuwendung eigenes Einkommen bei der dritten Generation und mildert dadurch die einkommensteuerliche Gesamtbelastung der jeweiligen Familienstämme. Sie vermeidet die doppelten Erbschaftsteuerbelastungen für dasselbe Vermögen, die entstünden, wenn zunächst an Kinder und von diesen an Enkel vererbt würde.

Der Testamentsvollstrecker ist gem. § 2206 Abs. 1 BGB nur insoweit befugt, für den Nachlass Verbindlichkeiten einzugehen, als dies zur ordnungsgemäßen Verwaltung erforderlich ist. Um darüber Streit auszuschließen, empfiehlt es sich bei großen und komplexen Nachlässen, diese Beschränkung aufzuheben (§ 2207 BGB). Da der Testamentsvollstrecker ferner

---

5 Vgl. BGH NJW 1977, 1339, 1341.

gewisse Angelegenheiten zwischen sich selbst oder Dritten, die er ebenfalls Vertritt, und dem Nachlass zu regeln hat, sollte er ausdrücklich vom Selbstkontrahierungsverbot des § 181 BGB befreit werden.

Unternehmertestament

27 M
I. Ich berufe meine Kinder Anton, Bernhard und Friedrich zu je $^1/_3$ zu meinen Erben, ersatzweise deren Abkömmlinge nach den Regeln der gesetzlichen Erbfolge. Ist ein Erbe oder Pflichtteilsberechtigter minderjährig, so ist sein gesetzlicher Vertreter von der Inventarisierungspflicht des § 1640 BGB befreit (§ 1640 Abs. 2 Nr. 2 BGB).
II. Ich treffe folgende Teilungsanordnungen:
  1. Meine Geschäftsanteile an der X-GmbH erhält dasjenige meiner Kinder, das als erstes ein wirtschaftswissenschaftliches Studium an einer Universität oder Fachhochschule im In- oder Ausland mit einem Master-Grad abschließt oder abgeschlossen hat und zwar, wenn der Abschluss bereits bei meinem Tod erfolgt ist, mit meinem Tod sonst mit dem entsprechenden Studienabschluss.
  2. Die Nachfolge in meine Gesellschaftsbeteiligung bei der Y-OHG ist durch eine Fortsetzungsklausel im Gesellschaftsvertrag dahin geregelt, dass mein Sohn Anton sie zu seiner eigenen hinzuerwirbt. Anton hat hierfür keine Abfindung in den Nachlass zu leisten.
  3. Mein Miethaus in Köln, Peterhof 17, erhält mein Sohn Friedrich nach meinem Tod. Er hat an meine Ehefrau bis zu deren Tode monatlich 2.000 € – i.W.: zweitausend Euro – zu zahlen. Dieser Betrag ändert sich im selben Verhältnis, wie sich nach meinem Tode der Verbraucherpreisindex ändert. Die Anpassung tritt von selbst ein, also auch ohne dass eine Seite sie verlangt und demgemäß gegebenenfalls rückwirkend, jedoch jeweils nur, wenn sich eine Veränderung von mindestens 5 % ergibt.
III. Ich ordne folgende Vermächtnisse an:
  1. Mein Haus in Köln, Adlerforst 11, erhält meine Ehefrau Anna als Vorvermächtnis. Nachvermächtnisnehmer ist derjenige, der die Gesellschaftsanteile an der X-GmbH erhält. Das Nachvermächtnis fällt diesem mit dem Tode meiner Frau an. Sollte meine Frau dieses Grundstück ohne Zustimmung des Nachvermächtnisnehmers belasten oder veräußern, so hat sie es sofort zu übereignen, und zwar gegen Vorbehalt des lebenslänglichen unentgeltlichen Nießbrauchs. Der Nachvermächtnisnehmer kann verlangen, dass zur Sicherung dieses etwaigen Auflassungsanspruchs eine Auflassungsvormerkung in das Grundbuch eingetragen wird.
  2. Den mir gehörenden Teil des Hausrats im weitesten Sinne erhält meine Frau zu freiem Eigentum.
  3. Jedem Enkelkind, das bei meinem Tode lebt oder gezeugt ist, vermache ich einen gleichen Anteil an meinen Wertpapieren, die im Depot Nr. ...... der Deutschen Bank in Köln liegen. Die wertgleiche Aufteilung nach den Kursen bei der Verteilung hat die Testamentsvollstreckerin vorzunehmen.
IV. Die Auseinandersetzung des Nachlasses schließe ich aus, solange meine Frau Anna Testamentsvollstreckerin ist.
V. Ich ordne Testamentsvollstreckung an. Zum Testamentsvollstrecker bestimme ich meine Ehefrau Anna. Sie ist befugt, Rechtsgeschäfte für den Nachlass einzugehen, und von den Beschränkungen des § 181 BGB befreit. Die Geschäftsanteile an der X-GmbH und die Gesellschaftsanteile an den beiden Offenen Handelsgesell-

schaftender Y-OHG unterliegen nicht der Testamentsvollstreckung. Bezüglich der GmbH-Anteile gilt dies aber nur, wenn sie einem meiner Kinder bereits mit meinem Tod zustehen. Ergibt sich erst später, dass und welchem meiner Kinder sie zustehen, verwaltet sie bis dahin ebenfalls meine Ehefrau. Meine Frau hat das Amt ohne Vergütung, aber gegen Erstattung ihrer Auslagen speziell für rechtliche, steuerliche und wirtschaftliche Beratungen einschließlich der Prämie für eine Haftpflichtversicherung, zu führen. Die Verwaltung soll andauern, solange meine Frau lebt. Sollte meine Frau alle Vermächtnisse ausschlagen, um den Zugewinnausgleich und ihren Pflichtteil zu verlangen, so soll sie nicht weiter Testamentsvollstreckerin sein. Für diesen Fall bestimme ich meinen ältesten Sohn Bernhard mit gleichen Befugnissen und Auflagen zum Testamentsvollstrecker. Sollte dieser das Amt nicht annehmen können oder wollen oder nach der Übernahme des Amts wegfallen, tritt an deren Stelle mein Bruder Fritz ....., geb. am ..... mit denselben Aufgaben und zu derselben Bedingung.
Diese Niederschrift .....

V. Einsetzung von Alleinerben

Einsetzung eines Alleinerben – Beschwerung durch Quotenvermächtnis

.....1. Ich habe noch keine Verfügung von Todes wegen getroffen, insbesondere nicht mit meinem verstorbenen Ehemann.   **28 M**
2. Meinen Sohn Richard K. setze ich zu meinem alleinigen Erben ein.
3. Meine Kinder Martha St., Wolfgang K. und Walter K. erhalten je ein Vermächtnis in Geld. Die Vermächtnisse betragen je 75.000 €, maximal $1/64$ des Nettowerts des Nachlasses. Fällig werden die Vermächtnisforderungen zur einen Hälfte ein halbes Jahr und zur anderen Hälfte zwei Jahre nach dem Tod.

Einsetzung eines Alleinerben – Beschwerung durch Verschaffungsvermächtnis

1. Ich habe noch keine Verfügung von Todes wegen getroffen, insbesondere nicht mit meiner verstorbenen Ehefrau.   **29 M**
2. Meinen Sohn Richard K. setze ich zu meinem alleinigen Erben ein.
3. Mein Jagdfreund Fritz M. erhält als Verschaffungsvermächtnis das Wochenendgrundstück in Neudorf Nr. 20, eingetragen im Grundbuch von Neudorf Blatt 0725, das meinem Sohn Richard K. und mir in ungeteilter Erbengemeinschaft gehört.

Einsetzung eines Alleinerben – Beschwerung durch Gattungsvermächtnis

1. Ich habe noch keine Verfügung von Todes wegen getroffen, insbesondere nicht mit meiner verstorbenen Ehefrau.   **30 M**
2. Meinen Sohn Richard K. setze ich zu meinem alleinigen Erben ein.
3. Mein Freund Fritz M. erhält als Vermächtnis aus meiner Teppichhandlung in ..... zwei Perserbrücken, die der vereidigte Auktionator A. in Berlin auswählen soll mit einem Gesamtwert von maximal 25.000 €. Für Mängel der Perserbrücken soll mein Sohn Richard K. nicht haften.

VI. Bruchteilseinsetzung – Teilungsanordnung – Vorausvermächtnis

31 Die Einsetzung mehrerer Erben sollte stets nach Bruchteilen (Quoten) erfolgen. Wird sie in Prozentsätzen verfügt, so sind diese in Bruchteile umzurechnen. Eine Erbfolge nach Gegenständen kennt das BGB nicht (§§ 1922, 2087 Abs. 2 BGB). Die Zuwendung von einzelnen Vermögensgegenständen oder Vermögensgruppen – sofern damit eine Erbeinsetzung gewollt ist – macht ihre Umrechnung in Bruchteile durch ein Vergleichen ihres Wertes mit dem des Gesamtnachlasses notwendig, wenn ein Erbschein beantragt (§ 2357 Abs. 2 BGB) und erteilt werden soll (§ 2353 BGB). Der Erblasser kann Quoten bestimmen, die dem Wertverhältnis der zugeteilten Gegenstände zum Gesamtnachlasswert objektiv nicht entsprechen, etwa um auf diese Weise die Erbschaftsbesteuerung und die Lastentragung zu beeinflussen, die sich auch bei ungleichwertiger Zuteilung nach den Quoten richten, oder um so seine subjektive Wertschätzung der verschiedenen Nachlassteile bzw. seinen Willen zur Gleichbehandlung der Erben trotz Zuteilung von Nachlass unterschiedlichen Werts zu dokumentieren. Alsdann handelt es sich u.U. um eine sog. »wertverschiebende Teilungsanordnung«,[6] die zugleich ein Vorausvermächtnis enthält.

32 Wenn ein Miterbe durch die Zuweisung eines Nachlassgegenstandes begünstigt werden soll und tatsächlich begünstigt wird, handelt es sich um ein Vorausvermächtnis. Soll der Wert (und sei es – etwa bei Landgütern – nur der Ertragswert) des Gegenstandes auf den Erbteil angerechnet werden, liegt eine bloße Teilungsanordnung vor.[7]

33 Um mögliche Zweifel auszuschließen, empfiehlt es sich, etwa folgende Bestimmungen zu treffen:

34 M **Erhält ein Erbe durch die Teilungsanordnung mehr, als seinem Erbteil entspricht, so hat er bei der Auseinandersetzung den Mehrwert den übrigen Erben im Verhältnis ihrer Erbteile zu erstatten.**

Oder:

35 M **Sofern ein Erbe durch die Teilungsanordnung mehr erhält, als seinem Erbteil entspricht, ist ihm der übersteigende Teil als Vorausvermächtnis zugewendet.**

VII. Verwirkung bei Widersetzlichkeit

36 M **Wer dieses Testament anficht, sonstwie ernstlich angreift, sich seiner Ausführung nachhaltig widersetzt oder seine Vollziehung auch nur gefährdet, erhält samt seinen Abkömmlingen aus meinem Nachlass möglichst nichts, also allenfalls seinen Pflichtteil.**

Beschränkung der Erbenstellung – Pflichtteilsentziehung – Teilungsanordnung – befristete Vorerbschaft

37 M ..... Ich habe Gütertrennung vereinbart.
1. Zu meinen gleichanteiligen Erben zu gleichen Teilen setze ich ein:
   a) meine Ehefrau A. mit der Beschränkung unter Ziffer 5,
   b) meinen am ..... geborenen Sohn B. aus meiner zweiten Ehe,
   c) meine am ..... geborene Tochter C. aus meiner zweiten Ehe,

---

6 Vgl. dazu BGH DNotZ 1990, 805.
7 BGHZ 36, 115 und ergänzend BGH DNotZ 1963, 112.

d) meinen am ..... geborenen Sohn D. aus erster Ehe mit den Beschränkungen nach Ziffer 2.

2. Mein Sohn D. ist so überschuldet, dass sein späterer Erwerb erheblich gefährdet ist. In guter Absicht setze ich ihn deshalb nur zum Vorerben ein. Sein Erbteil soll seinen Abkömmlingen als Nacherben nach dem Verhältnis ihrer gesetzlichen Erbteile zufallen, ersatzweise meinen übrigen Enkelkindern. Ich entziehe meinem Sohn D. auch die Verwaltung dieses Erbteils und übertrage sie dem Testamentsvollstrecker, der ihm vom Reinertrag seines Erbteils in monatlichen Raten den jeweils pfändungsfreien und bei staatlichen Leistungen nicht anrechnungspflichtigen Betrag auszahlen soll. Der Testamentsvollstrecker soll bis zum Eintritt der Nacherbfolge zugleich die Rechte und Pflichten der Nacherben ausüben.

3. Meinem Sohn E. aus erster Ehe entziehe ich den Pflichtteil, weil er mich am ..... misshandelt hat, und zwar in Gegenwart folgender Zeugen: ..... Die Bekundungen dieser Zeugen werde ich dem Testamentsvollstrecker übergeben. Darüber hinaus, weil er meinen Sohn B am ..... vorsätzlich schwer verletzt hat (dieser war gezwungen, insgesamt 4 Monate in Krankenhäusern und Reha-Einrichtungne zu verbringen, um die Verletzung behandeln zu lassen und ist bis heute nur eingeschränkt in der Lage, seinen von E verletzten Arm zu bewegen); E wurde wegen dieses Vorfalls und zwei weiteren Schlägereien zu einer Gesamtfreiheitsstrafe von 1 Jahr ohne Bewährung rechtskräftig verurteilt (LG Bonn vom 20.02.2007, Az. .....).

Oder:

Dass ich berechtigt bin, meinem Sohn E. den Pflichtteil zu entziehen, ist durch rechtskräftiges Urteil des Landgerichts Neustadt – Geschäftsnummer ..... – vom ..... festgestellt.

4. Ich treffe folgende weitere Anordnungen:

a) Meine Ehefrau erhält die gesamte Einrichtung der von uns zum Zeitpunkt meines Todes gemeinsam bewohnten Wohnung und alle Hausratsgegenstände, jeweils soweit sie sich in meinem Eigentum oder Miteigentum befinden, als Vorausvermächtnis ohne Anrechnung auf ihren Erbteil sowie die meine bei meinem Tod vorhandenen Wertpapiere und Bankguthaben.

Die zu ihren Gunsten abgeschlossene Lebensversicherung gehört nicht zum Nachlass. Die Versicherungssumme wird daher nicht auf ihren Erbteil angerechnet. Vorsorglich wird der zur Auszahlung gelangende Betrag ihr ebenfalls vorausvermächtnisweise zugerechnet.

b) Mein Sohn B. übernimmt mit Vollendung des 25. Lebensjahres mein Geschäft mit allen Aktiven und Passiven.

c) Meine Tochter C. erhält mein Wohnhaus.

Soweit sich Wertverschiedenheiten ergeben, ist der Mehrwert Vorausvermächtnis.

5. Bis zur Vollendung ihres 70. Lebensjahres ist meine Frau umfassend befreite Vorerbin. Der Nacherbfall tritt mit ihrem Tod ein; er tritt auch ein, wenn sie bis dahin wieder heiratet. Nacherben sind B. und C., die jedoch nur das erhalten, was von dem Erbe übrig sein wird. Nach Vollendung ihres 70. Lebensjahres wird meine Frau Vollerbin.

6. Zum Testamentsvollstrecker bestelle ich T., den ich bitte, bei der Annahme des Amtes sogleich einen Nachfolger dem Nachlassgericht in notariell beglaubigter Form zu benennen. Der Testamentsvollstrecker kann Verbindlichkeiten für den Nachlass eingehen. Er erhält ein einmaliges Honorar von 3 % des Nettonachlasswerts und 10 % der Erträge des von ihm verwalteten Vermögens sowie seine Kosten ersetzt.

7. Ich wünsche, verbrannt zu werden. Die Urne ist beizusetzen in .....

VIII. Ausschließung der Auseinandersetzung auf Zeit – Ausgleichungspflicht – Anrechnung auf den Pflichtteil

38 Hat der Erblasser unter seinen Abkömmlingen die gesetzliche Erbfolge angeordnet, so ist im Zweifel anzunehmen, dass sie ausgleichungspflichtig sind (§ 2052 BGB).

39 M ..... Eine Verfügung von Todes wegen habe ich noch nicht errichtet.

Ich lebe im Güterstand der Zugewinngemeinschaft.
1. Meine Ehefrau und meine beiden Kinder aus erster Ehe, B. und C., setze ich als Erben gemäß der gesetzlichen Erbfolge ein. Unsere Wohnungseinrichtung erhält meine Frau als Vorausvermächtnis.
2. Wenn meine Erben sich auseinandersetzen, soll meine Tochter B. ihre Aussteuer, deren Wert 30.000 € betragen hat, in Höhe von 10.000 € zur Ausgleichung bringen.
3. Die Auseinandersetzung der Erben schließe ich auf fünfzehn Jahre, von heute an gerechnet, aus.
4. Falls mein weiterer Sohn D. aus erster Ehe den Pflichtteil verlangt, hat er sich die 30.000 € anrechnen zu lassen, die ich ihm am 06.07.2001 zur Bezahlung einer Schuld mit der Bestimmung gegeben habe, dass er sie sich auf den Pflichtteil anrechnen zu lassen habe.

§ 112 Aufnahme und Siegelung des Nachlasses, Nachlasspflegschaft

I. Vermögensverzeichnis und Siegelanlegung

Das Nachlassgericht kann bis zur Annahme der Erbschaft Sicherungsmaßnahmen anordnen (§ 1960 BGB, § 342 Abs. 1 Nr. 2 FamFG). Dazu gehören die Aufnahme von Nachlassverzeichnissen und die Anlegung von Siegeln sowie Hinterlegungen. Die Notare sind zur Aufnahme von *Vermögensverzeichnissen* sowie zur Anlegung und Abnahme von Siegeln unbeschränkt zuständig (s. § 20 Abs. 1 Satz 2 BNotO). Die Zuständigkeit der Notare zur Aufnahme von Nachlassverzeichnissen, Nachlassinventaren und zur Anlegung und Abnahme von Siegeln im Rahmen des Nachlasssicherungsverfahrens hängt vom jeweiligen Landesrecht ab. Danach kann der Auftrag dem Notar auch durch das Nachlassgericht erteilt werden (§ 1960 BGB; z.B. Art. 13 Nds. FGG und zur Siegelung und Entsiegelung Art. 87 PrFGG; Art. 85 Hess. FGG).

1

Ort, Datum
Ich, Notar ..... wurde durch Anordnung des Amtsgerichts ..... vom ..... mit der Aufnahme, geeignetenfalls Hinterlegung und Siegelung des Nachlasses des am ..... verstorbenen ..... beauftragt. Ich habe mich zu diesem Zweck heute in das in der ..... straße Nr. ...... in ..... gelegene Haus des Verstorbenen begeben. Ich traf dort Frau ..... an, eine Vertraute des Verstorbenen. Diese wurde gebeten, Auskunft über den Nachlass zu erteilen.
I. Zunächst wurde die Örtlichkeit besichtigt.
Das einstöckige Wohnhaus besteht aus fünf Wohnräumen, einer Küche, Bad, WC, Keller und Speicher.
II. Frau .....übergab mir ein Bund Schlüssel und teilte mit, dass der Verstorbene Papiere in einer im Haus befindlichen Kommode aufbewahrt habe. Die verschlossene Kommode wurde mit Hilfe der übergebenen Schlüssel geöffnet. Es fanden sich darin:
1. ein Sparkassenbuch der Sparkasse von ..... Nr. ....., über ..... €,
2. eine Mappe mit Quittungen und anderen Papieren,
3. 500,00 € bares Geld,
4. ein goldener Trauring, eine silberne Taschenuhr und eine silberne Uhrkette,
5. ein verschlossener Briefumschlag mit der Aufschrift »Mein Testament«,
6. ein Notizbuch und gesammelte Kontoauszüge.
Diese Gegenstände nahm ich zur Ablieferung an das Gericht an mich.
III. Aus einer Einsicht des Grundbuchs ..... ergab sich, dass der Verstorbene Eigentümer folgender Immobilien war: .....
IV. Der sonstige Inhalt des Wohnhauses besteht aus den in Anlage aufgeführten Gegenständen.
V. Frau ..... erklärte, dass ihr von Nachlassverbindlichkeiten, die zu Lebzeiten entstanden wären, nichts bekannt sei. Wegen der seit dem Tode entstandenen Nachlassschulden überreichte sie Rechnungen von .....über ..... €.
VI. Darauf wurden die Räume verschlossen und an der verschlossenen Haustür ein Siegel angebracht.

2 M

§ 112 Aufnahme und Siegelung des Nachlasses, Nachlasspflegschaft

■ *Kosten.*
a) Des Notars: Geschäftswert § 115 GNotKG Aktivsumme Nachlaß; Gebühr Nr. 23500 KV GNotKG: 2,0.
b) Des Nachlassgerichts: Festgebühr von 40 EUR nach Nr. 12412 KV GNotKG.

II. Nachlasspflegschaft

3 Das Nachlassgericht kann im Rahmen der Nachlasssicherung nach § 1960 Abs. 2 sowie auf Anordnung nach § 1961 BGB eine Nachlasspflegschaft anordnen,
– wenn vor der Annahme der Erbschaft Verwaltungshandlungen erforderlich werden,
– wenn der Erbe unbekannt ist,
– wenn ungewiss ist, ob der wahre Erbe die Erbschaft angenommen hat.

4 Der Nachlasspfleger ist gesetzlicher Vertreter der zukünftigen *Erben*.[1] Je nach seinem vom Nachlassgericht angeordneten Wirkungskreis hat er diese zu *ermitteln*, den Nachlass zu *sichern* und bis zur Annahme der Erbschaft zu *erhalten*. Zur Erhaltung gehört auch die Befriedigung von Nachlassverbindlichkeiten, die trotz beschränkter Erbenhaftung unaufschiebbar sind. Dazu kann er auch Grundstücke veräußern. – Der zur Verwaltung des Nachlasses eingesetzte Nachlasspfleger kann unmittelbar aus seinem Recht die Herausgabe der Nachlassgegenstände verlangen. Auch der möglicherweise wahre Erbe ist zur Herausgabe verpflichtet, solange sein Erbrecht gegenüber dem Nachlasspfleger nicht rechtskräftig festgestellt ist.[2] – Der Wirkungskreis des Nachlasspflegers kann auf die Besorgung einzelner Angelegenheiten oder auf die Verwaltung einzelner Nachlassgegenstände beschränkt werden, wenn damit dem Bedürfnis zur Sicherung des Nachlasses genügt ist.[3] – Ist ein Mitglied einer Erbengemeinschaft verstorben und sind seine Erben unbekannt, so kann jeder Miterbe im Hinblick auf seinen Auseinandersetzungsanspruch die Bestellung eines Nachlasspflegers für die unbekannten Erben des Miterben beantragen.[4] Dessen Aufgabe beschränkt sich dann aber auf die Vertretung des (unbekannten) Miterben bei der Auseinandersetzung; der Nachlasspfleger kann aber anders als der Testamentsvollstrecker (s. § 2204 BGB) nicht die Auseinandersetzung unter den Miterben bewirken.

5 Bei Überschuldung oder Zahlungsunfähigkeit des Nachlasses ist der Nachlasspfleger allein schon im Interesse der Nachlassgläubiger zur Stellung des Insolvenzantrages verpflichtet.[5]

6 Der Nachlasspfleger bedarf der Genehmigung des Nachlassgerichts zu den gleichen Geschäften, zu denen sie Vormund und Pfleger vom Vormundschaftsgericht benötigen (§ 1962 i.V.m. § 1915 und §§ 1821, 1822 BGB).

7 Wegen der *Vergütung* des Nachlasspflegers gilt: Einem nicht berufsmäßigen Pfleger steht keine Vergütung zu (§ 1836 Abs. 1 Satz 1 BGB). Einem berufsmäßigen Pfleger steht eine Vergütung zu, wobei die berufsmäßige Führung bei der Bestellung festzustellen ist (§ 1836 Abs. 1 Satz 2 BGB). Dabei gelten für die Höhe die Bestimmungen des VBVG ohne dessen §§ 3 u. 4; statt dessen wurden diese Bestimmungen durch § 1915 Abs. 1 Satz 2 BGB ergänzt. Die Höhe ist nach dem Zeitaufwand und einem angemessenem Stundensatz abzurechnen.[6]

8 Wenn der Notar selbst Nachlasspfleger ist und erst nach Ermittlung der Erben und Ausstellung des Erbscheins aus diesem Amt entlassen wird, so ist er als einstiger Vertreter der

---

[1] RGZ 106, 46.
[2] BGH Rpfleger 1973, 396 – auch zur Frage des Zurückbehaltungsrechts.
[3] KG OLGZ 1965, 259.
[4] KG OLGZ 1981, 151.
[5] KG Rpfleger 1975, 175.
[6] KG FGPrax 2006, 264.

Erben durch § 3 Abs. 1 Nr. 4 BeurkG daran gehindert, die eidesstattliche Versicherung zur Ausstellung des Erbscheins zu beurkunden.

An das Amtsgericht ..... **9 M**

Am ..... ist nach der Sterbeurkunde in ....., seinem letzten Wohnsitz, verstorben. Es ist unbekannt, wer ihn beerbt hat. Verheiratet war er nicht. Ich war mit ihm seit vielen Jahren befreundet. Ich habe, da von dem Bankkonto des Erblassers mangels eines Verfügungsberechtigten Gelder nicht entnommen werden konnten, die gesamten Kosten der Beerdigung bestritten und einen Zahlungsanspruch gegen den Nachlass aus der Geschäftsführung ohne Auftrag. Deshalb beantrage ich, einen Nachlasspfleger zu bestellen.

Unterschrift

■ *Kosten.* Kosten des Notars (falls Entwurf gefertigt): Geschäftswert § 103 Abs. 1 GNotKG (Wert des Vermögens – Schulden); Gebühr: 0,5 nach Nr. 24102, 21201 Nr. 7 KV GNotKG. Kosten des Nachlassgerichts: Geschäftswert § 64 GNotKG; 0,5 Gebühr nach Tabelle B Nr. 12310 KV GNotKG zuzüglich Jahresgebühr nach Nr. 12311 KV GNotKG.

§ 113 Erbschein

I. Wesen

1. Der Erbschein weist das gesetzliche, testamentarische oder vertragsmäßige Erbrecht für den Zeitpunkt des Erbfalls aus sowie die *Größe des Erbteils* bei Miterben, ferner die etwaige Anordnung einer *Nacherbfolge* (§ 352 b Abs. 1, FamFG), schließlich die Anordnung einer *Testamentsvollstreckung* (§ 352 b Abs. 2 FamFG), jedoch nicht den Namen und die Befugnisse des Testamentsvollstreckers.

Er begründet im Rahmen der §§ 2365 bis 2367 BGB eine widerlegbare Vermutung für die Richtigkeit seines Inhalts. D.h.: Gegenüber Dritten, die seine etwaige Unrichtigkeit nicht kennen, wird er als richtig fingiert.

2. Der Nachweis der Erbfolge kann gegenüber dem *Grundbuchamt* auch durch ein öffentliches Testament oder einen Erbvertrag zusammen mit der Eröffnungsurkunde geführt werden (§ 35 Abs. 1 GBO); dies gilt auch im Registerverfahren gegenüber dem *Handelsregister*. Im Berichtigungsverfahren ist eine öffentlich beurkundete letztwillige Verfügung vom Grundbuchamt selbstständig auszulegen und rechtlich zu würdigen.[1] Das Grundbuchamt kann beim Vorliegen einer Verfügung von Todes wegen, die in einer öffentlichen Urkunde enthalten ist, nur dann die Vorlage eines Erbscheins verlangen, wenn ganz bestimmte Anhaltspunkte aktenkundig sind, die wirkliche Zweifel begründen. Bloße Behauptungen Beteiligter reichen nicht aus.[2]

II. Arten

1. Regelfall der Erbscheinserteilung ist bei einem einzigen Erben der Alleinerbschein (§ 2352, 1. Alt. BGB) und bei mehreren Erben der gemeinschaftliche Erbschein (§ 2357 Abs. 1 BGB) der auf Antrag auch nur eines Miterben erteilt werden kann.

Möglich ist es auch bei mehreren Erben einem Miterben einen Teilerbschein auszustellen, in dem die Größe des Erbteils (Bruchteils) angegeben wird (§ 2353, 2. Alt. BGB).

Ein Teilerbschein für die *vorhandenen* Erben muss vorläufig beantragt werden, wenn die Geburt eines Kindes (§§ 1923 Abs. 2, 2043 Abs. 1 BGB) oder der Ausspruch der Annahme als Kind (§ 2043 Abs. 2 BGB) zu erwarten ist, aber auch, wenn eine Person als Erbe in Betracht kommt, die verschollen, jedoch noch nicht für tot erklärt ist. Der auf den *möglichen* weiteren Erben entfallende Bruchteil ist offen zu lassen und später durch einen weiteren Erbschein auszufüllen. Tritt das erwartete Ereignis nicht ein, so ist der unrichtig gewordene Erbschein einzuziehen.

Weil mit einem Teilerbschein – auch einem gemeinschaftlichen und einem Gruppenerbschein – die Legitimation der Erben zur Verfügung über Nachlassgegenstände nicht lückenlos nachgewiesen werden kann, wird er nur selten beantragt.

2. *Nicht* auf den *ganzen Nachlass* erstrecken sich das *Hoffolgezeugnis*, die Erbscheine nach *deutschen Erblassern* bei *ausländischen Nachlassgegenständen* und die Erbscheine nach ausländischen Erblassern über *inländische Nachlassgegenstände* (unten § 120). Daneben gibt es noch Sonder-

---

1 BayObLG DNotZ 1974, 233.
2 OLG Hamm NJW 1969, 798.

zeugnisse, speziell das Auseinandersetzungszeugnis nach § 36 GBO, das eine kostenlose Alternative zum Erbschein darstellt, wenn nur (noch) Grundbesitz im Nachlass ist und ein Auseinandersetzungsvertrag geschlossen wird (s.u. Rdn. 42 f.).

III. Antrag

1. Im Antrag ist anzugeben, ob das Erbrecht aufgrund Gesetzes oder Verfügung von Todes wegen beansprucht wird.[3] Bei mehreren Erben sind die Bruchteile anzugeben. Bei zweifelhafter Testamentsauslegung können mehrere Anträge gestellt werden, von denen jeder das mit ihm beanspruchte Erbrecht bestimmt zu bezeichnen hat und in denen die Reihenfolge, in der über den Hauptantrag und die *Hilfsanträge* entschieden werden soll, anzugeben ist.[4]

2. Der Antrag ist formfrei. In der Regel wird er jedoch zusammen mit der vor einem Notar oder vor dem Gericht abzugebenden eidesstattlichen Versicherung beurkundet. Wenn er getrennt gestellt, insbesondere wenn er nachträglich geändert wird, ohne dass eine weitere Versicherung an Eides statt aufzunehmen ist, kann dies in privatschriftlicher Form geschehen.

3. Antrags*berechtigt* ist der Erbe, auch der Mit- und der Vorerbe, der Nacherbe erst nach Eintritt des Nacherbfalles, der Erbeserbe sowie der Erbschafts- und Erbteilerwerber, der Testamentsvollstrecker, Nachlassverwalter, Nachlassinsolvenzverwalter, sodann der allgemeine gesetzliche Vertreter, der Betreuer mit Wirkungskreis der »Vermögenssorge«,[5] der Abwesenheitspfleger und ein Nachlass- oder Erbengläubiger, wenn er einen Titel vorlegt (§§ 792, 896 ZPO). – Nicht antragsberechtigt ist der Nachlasspfleger für *den* Nachlass, für den die Pflegschaft besteht.[6] Beim Antrag ist zwar gewillkürte Stellvertretung zulässig, nicht jedoch bei der eidesstattlichen Versicherung. Sie kommt daher praktisch nicht vor. *Erteilt* wird der Erbschein stets dem (Mit-)Erben, auch wenn ein anderer ihn beantragt hat. Da jedoch antragsberechtigt nur ist, wer zugleich ein rechtliches Interesse hat, ist dem Antragsteller regelmäßig diese Ausfertigung zu erteilen (§ 345 Abs. 1 FamFG).

4. Der Notar ist tauglicher Bevollmächtigter im Verfahren (§ 10 FamFG); wegen der Verfahrensvollmacht gilt die Erleichterung nach § 11 Satz 4 4 FamFG.

IV. Angaben, Urkunden

1. a) Folgende Angaben sind sowohl von gesetzlichen als auch von gewillkürten Erben zu machen und durch *Urkunden nachzuweisen*, 352 Abs. 1, 2 FamFG:
– Todeszeitpunkt des Erblassers (und dazu persönliche Daten einschließlich letzter Wohnort),
– letzter gewöhnlicher Aufenthalt und Staatsangehörigkeit des Erblassers
– Mitteilung, ob ein Rechtsstreit über das Erbrecht anhängig ist,
– Annahme der Erbschaft
– Größe des Erbteils

---

[3] BayObLG DNotZ 1973, 633.
[4] RGZ 156, 172; KG DNotZ 1955, 408.
[5] LG Berlin Rpfleger 1976, 60.
[6] KGJ 40, 37.

14 b) bei *gesetzlicher* Erbfolge ist zusätzlich zu den Angaben unter a) anzugeben:
– das Verhältnis auf dem das Erbrecht beruht (§ 352 Abs. 1 Nr. 3 FamFG)
– Mitteilung, ob eine Person (z. B. durch Vorversterben) weggefallen ist, durch die der Erbe ausgeschlossen oder sein Erbe gemindert werden würde (§ 352 Abs. 1 Nr. 4 FamFG)
– ob und welche Verfügungen von Testament vorhanden sind (§ 352 Abs. 1 Nr. 5 FamFG)

15 c) Wenn ein Erbschein aufgrund gewillkürter Erbfolge beantragt wird, ist zusätzlich zu den Angaben nach a) zu erklären (§ 352 Abs. 2 FamFG)
– die Bezeichnung der letztwilligen Verfügung, auf der das Erbrecht beruft,
– die Mitteilung, ob und welche sonstigen letztwilligen Verfügungen vorhanden sind.

16 d) Zum Umfang der Angaben gilt noch:
Wenn der Antrag nicht von allen Miterben gestellt wird, so haben die Antragsteller zu versichern, dass auch die übrigen Erben die Erbschaft angenommen haben (§ 352 Abs. 3 FAmFG).

17 Es empfiehlt sich, im Antrag die Terminologie der §§ 352 ff. FamFG aufzunehmen, da sich sonst Auslegungsprobleme ergeben können.

18 Das *Verwandtschafts-* und das *Erbverhältnis*, auf dem das gesetzliche Erbrecht beruht (§ 352 Abs. 1 Satz 3 FamFG), ist genau darzulegen. Bei verzweigter Verwandtschaft kann die Beifügung eines Stammbaums zur Erläuterung des Antrages zweckmäßig sein.

19 Die *Personen*, deren *Vorhandensein* von Einfluss auf das Erbrecht ist, sind vollständig aufzuzählen. Das gilt auch für nicht eheliche Kinder eines Mannes, da sie jetzt wie eheliche erben. Bei Vorverstorbenen empfiehlt sich der Vermerk, dass sie keine Abkömmlinge hinterlassen haben. Die Angabe und die eidesstattliche Versicherung, dass »andere Personen nicht vorhanden sind«, bezieht auch diese Fälle mit ein, setzt also ihre Berücksichtigung voraus. Die amtliche Ermittlungspflicht (§§ 352d, 352e FamFG) kann das Nachlassgericht zu einer Anfrage bei dem beurkundenden Notar nach solchen Möglichkeiten veranlassen, die bei Mitaufnahme der bereits in der Verhandlung erteilten Antwort erspart werden könnte.[7]

20 Die Personen, deren *Wegfall* auf das Erbrecht von Einfluss ist, sind mit den *Gründen* ihres Wegfalls anzugeben.[8] Dazu gehören
– *vor* dem Erbfall vor allem das Versterben vor dem Erblasser (§ 1923 BGB), der Ausschluss des Ehegattenerbrechts (§ 1933 BGB), die Ausschließung ohne Einsetzung eines anderen Erben (§ 1938 BGB) und der Erbverzicht (§ 2346 BGB).
– *nach* dem Erbfall die Ausschlagung (§ 1953 BGB) und die Erbunwürdigkeitserklärung (§ 2344 BGB).

21 2. Folgende Urkunden sind hauptsächlich *geeignet*:

22 a) die Zeugnisse aus den *Kirchenbüchern* für die Zeit bis 31.12.1875,

23 b) die Geburts-, Ehe-, Partnerschafts- und Sterbeurkunden, die der *Standesbeamte* nach den §§ 55 ff. PStG ausstellt. Diese *Personenstandsurkunden* beweisen ebenso wie die Personenstandsbücher, aus denen sie erteilt werden, Eheschließung, Begründung der Lebenspartnerschaft, Geburt und Tod und die darüber gemachten näheren Angaben (§§ 54 PStG). Die Auszüge aus den ab 1876 geführten Standesregistern und Personenstandsbüchern haben die gleiche Beweiskraft (§ 61 AVOPStG), die Eintragungen in ein Familienstammbuch jedoch nur dann, wenn es die für die Personenstandsurkunden bestimmten Vordrucke enthält (§ 5 AVOPStG).

---

[7] LG Hamburg DNotZ 1958, 98.
[8] OLG Köln DNotZ 1959, 213; KG DNotZ 1975, 165 betr. Wegfall früherer Ehegatten.

Von vielen Registern aus den deutschen *Vertreibungsgebieten* werden standesamtliche 24
Urkunden vom Standesamt I in Berlin (Friedenau), Rheinstr. 54, verwahrt; sie sind notfalls
aus den *Heimatortskarteien* der Landsmannschaften zu ergänzen.[9] Notfalls genügt die
Angabe anderer Beweismittel.

c) Der *Güterstand* verheirateter Erblasser ist für die gesetzliche Erbfolge bei Wahlgüterstän- 25
den durch einen Ehevertrag nachzuweisen. Nur zum Nachweis des gesetzlichen Güterstandes der Zugewinngemeinschaft genügt die eidesstattliche Versicherung (§ 352 Abs. 3 Satz 3
FamFG).

d) *Heiratsurkunden* sind nur einzureichen, wenn der Ehegatte seine Erbberechtigung auf die 26
Eheschließung gründet. Der Hinweis im Sterbeeintrag auf die Eheschließung im Sterberegister nach § 31 Abs. 2 Nr. 2 PStG beweist nicht, dass der Verstorbene mit diesem Ehegatten
verheiratet war.[10] Erforderlich ist der Nachweis, dass frühere Ehen des Erblassers aufgelöst
worden sind. Dieser Nachweis kann nicht allein aufgrund der Urkunde über die Eheschließung des Erblassers mit dem das Erbrecht begehrenden letzten Ehegatten geführt werden.
Der in einem nach dem 01.01.1958 angelegten standesregisterlichen Familienbuch angebrachte Vermerk über den Tod eines Ehegatten und über die Ehescheidung nimmt an der
Beweiskraft der Personenstandsurkunden teil.[11] Wegen des geänderten Familiennamens
braucht ein verheirateter Erbe (Erbin) keine Heiratsurkunde beizubringen.[12]

e) Für *verstorbene Erben* ist nicht nur die Sterbeurkunde sondern, auch die Geburtsurkunde 27
einzureichen. Die Todeszeit wird auch durch einen Todeserklärungsbeschluss (§ 23 VerschG)
oder einen Todeszeitfeststellungsbeschluss (§§ 39 i.V.m. 44 VerschG) nachgewiesen.

3. Das Einholen der Urkunden nach § 352 Abs. 3 FamFG ist Sache der Beteiligten. 28

V. Eidesstattliche Versicherung

1. Der *Antragsteller* hat die eidesstattliche Versicherung bzgl. der Richtigkeit der von ihm 29
erteilten Angaben (s.o.) vor dem Notar oder Gericht *persönlich* abzugeben, auch der Vollstreckungsgläubiger. Ein Bevollmächtigter ist dazu *nicht* berechtigt.[13] – Über Form und Bedeutung der eidesstattlichen Versicherung § 16 Rdn. 14 ff. Wegen ihrer weiten Ausdehnung ist
sie jedoch nur in der Negativform abzugeben, dass dem Antragsteller »nichts bekannt sei,
was der Richtigkeit seiner Angaben entgegenstehe« (§ 352 Abs. 3 Satz 3 FamFG).
   Eine genaue Angabe aller erheblichen Umstände kann es dem Nachlassgericht nach § 352 30
Abs. 3 Satz 2 FamFG ermöglichen, auf die eidesstattliche Versicherung zu verzichten, wenn
von den Erben keine weitere Glaubhaftmachung zu erwarten ist.[14]

2. Die eidesstattliche Versicherung ist das umfassendste Nachweismittel und kann auch die 31
nicht oder nur mit unverhältnismäßigen Schwierigkeiten zu beschaffenden Personenstands-
und kirchenamtlichen Urkunden ersetzen. Es ist sogar eine Erbeinsetzung in einem nicht
mehr vorhandenen (meistens privatschriftlichen) Testament durch eidesstattliche Versicherungen als nachgewiesen angesehen worden.[15]

---

9 *Pehe*, JR 1955, 134.
10 KG Rpfleger 1971, 220.
11 KG Rpfleger 1977, 209.
12 OLG Oldenburg DNotZ 1956, 566.
13 KG JR 1953, 307.
14 OLG Köln DNotZ 1959, 213.
15 KG JW 1939, 56 und DJ 1943, 205.

32 3. Die Erklärungen der als gesetzliche Erben in Betracht kommenden Personen können in die Erbscheinsverhandlung des Notars bereits mit aufgenommen oder auf seine Veranlassung schriftlich abgegeben und der einzureichenden Urkunde beigefügt werden. Beispiel: vgl. Rdn. 33 M.

Anerkennung eines eigenhändigen Testaments durch übergangene gesetzliche Erben

33 M ..... Mir ist das privatschriftliche Testament bekannt, das das Datum ..... trägt und die Unterschrift .....
Mir ist die Handschrift des Erblassers bekannt. Ich erkenne das Schriftstück als von ihm eigenhändig geschrieben und unterschrieben an. Wenn es unwirksam wäre, würde ich als Kind des Erblassers gesetzlicher Miterbe geworden sein.
Ich verzichte auf eine nochmalige Anhörung durch das Gericht. Die Geltendmachung von Pflichtteils- und Pflichtteilsergänzungsansprüchen behalte ich mir vor.

VI. Sonderzeugnisse, Schuldbuchbescheinigung

34 Zu den Sonderzeugnissen gehört das Zeugnis über die fortgesetzte Gütergemeinschaft nach § 1507 BGB, des Hoffolgezeugnis (§ 18 Abs. 2 HöfeO) und die Verfügungsbescheinigung nach § 16 Reichsschuldbuchgesetz. Die *Verfügungsbescheinigung* genügt nach § 16 ReichsschuldbuchG vom 31.05.1910,[16] § 16 pr. StaatsschuldG v. 27.05.1910,[17] Art. 23 BayStaatsschuldbuchG v. 20.07.1915[18] bei Rechtsnachfolge von Todes wegen als Legitimationsnachweis gegenüber der Schuldenverwaltung. Das Nachlassgericht kann auf eine Versicherung an Eides statt verzichten.[19]

Antrag auf gemeinschaftlichen Erbschein durch einen von mehreren Erben bei gesetzlicher Erbfolge und gesetzlichem Güterstand

35 M Verhandelt zu ..... am .....
Vor mir, Notar ..... erschien heute in meiner Geschäftsstelle ....., von Person bekannt: Frau Paula Werner geb. Müller, geboren am ....., wohnhaft in .....
Sie erklärte: Am ..... ist mein Ehemann Gustav Werner ....., zuletzt wohnhaft ....., verstorben. Er hat keine Verfügung von Todes wegen hinterlassen. Wir haben im gesetzlichen Güterstand gelebt. Er war deutscher Staatsangehöriger und hatte seinen gewöhnlichen Aufenthalt in Deutschland. Vor ihm verstarben:
1. unser gemeinsamer Sohn Wilhelm Werner, geb. am ....., verst. am ..... unter Hinterlassung der nachgenannten Kinder, die unter 3a) und b) unten aufgeführt sind,
2. der Sohn Paul Werner, geb. am ....., verst. am ..... ohne Hinterlassung von Abkömmlingen.
Mein Ehemann hinterließ weiter noch folgende lebende Kinder: Franz Werner und Friedrich Werner, s.u. (2a) und b)) Weitere Kinder hatte er nicht.
Erben sind daher geworden:
1. ich zu $^1/_2$,

---

16 RGBl. I S. 540.
17 GS 55.
18 GVBl. 684.
19 KGJ 45, 154; RJA 15, 19.

2. seine Söhne
a) Franz Werner, geboren am ....., wohnhaft in .....
b) Friedrich Werner, geboren am ....., wohnhaft in .....
zu je $^1/_6$,
3. die Kinder unseres Sohnes Wilhelm
a) Anton Werner, geboren am ....., wohnhaft in .....
b) Elisabeth Werner, geboren am ....., wohnhaft in .....
zu je $^1/_{12}$.
Andere Personen, durch die die vorgenannten von der Erbfolge ausgeschlossen oder deren Erbteile gemindert werden würden, sind und waren nicht vorhanden.
Alle Erben haben die Erbschaft angenommen.
Ein Rechtsstreit über das Erbrecht ist nicht anhängig.
Vom Notar über die Bedeutung einer eidesstattlichen Versicherung belehrt, versichere ich an Eides Statt, dass mir nichts bekannt ist, was der Richtigkeit meiner vorstehenden Angaben entgegensteht.
Ich beantrage, einen gemeinschaftlichen Erbschein mit den angegebenen Quoten zu erteilen und die Ausfertigung dem beurkundenden Notar zu übersenden. Ich beantrage, den weiteren Erben die Abgabe einer eigenen Versicherung an Eides Statt zu erlassen.
Der Nettowert des Nachlasses beträgt ca. 300.000 €.
Die Niederschrift wurde von dem Notar vorgelesen, von der Beteiligten genehmigt und unterschrieben:

....., Notar

- *Kosten.* Des Notars: Geschäftswert § 40 GNotKG (Nachlasswert – Verbindlichkeiten); Gebühr Nr. 23300 KV GNotKG: 1,0. Des Nachlassgerichts: Geschäftswert § 40 GNotKG; Gebühr Nr. 12210 KV GNotKG: 1,0 Tabelle B.

An Personenstandsurkunden sind nach § 2356 Abs. 1 BGB einzureichen: **36**
– Sterbeurkunde des Erblassers;
– Heiratsurkunde;
– Geburtsurkunden aller Kinder des Erblassers;
– Geburtsurkunden der Enkel des Erblassers;
– Sterbeurkunden der vorverstorbenen Kinder des Erblassers.

Antrag auf Erbschein bei Testamentserbfolge. Nacherbfolge. Testamentsvollstreckung

1. Wenn die Erben *nicht mit Namen* genannt sind (z.B. »meine Kinder«), muss das Verwandtschaftsverhältnis wie bei gesetzlicher Erbfolge dargelegt werden, ebenso, wenn anstelle eines Vorverstorbenen dessen Abkömmlinge getreten sind. **37**

2. Zum Nachweis der Erbfolge vor dem Grundbuchamt reicht das *Privattestament* nicht aus (§ 35 GBO). Ist ein öffentliches Testament vorhanden, das Zweifel offen lässt, z.B. ob noch weitere Kinder geboren sind, so kann der Erbschein erspart werden, wenn die Zweifel durch öffentliche Urkunden beseitigt werden können.[20] **38**

3. Die Anordnung der Testamentsvollstreckung (ohne die Person des Vollstreckers) ist in den Erbschein ebenso aufzunehmen wie die Anordnung der Nacherbfolge (§ 2363 BGB). In dem Erbscheinsantrag müssen dazu keine Angaben gemacht werden; möglich ist dies aber. Drit- **39**

---
20 DR 1942, 973.

§ 113 Erbschein

ten soll damit die Verfügungsbeschränkung der Erben bekannt gemacht werden. Als *Ausweis* des Testamentsvollstreckers dient sein besonderes Zeugnis (s.o. § 102 Rdn. 67).

40 M

Verhandelt zu ..... am .....
Vor mir, Notar ..... erschien in meiner Geschäftsstelle ....., ausgewiesen durch Personalausweis:
Frau Hilde Schmidt, nach Angabe nicht verheiratet, geboren am ....., wohnhaft in .....
Die Erschienene erklärte:
Am ..... verstarb in ....., seinem letzten Wohnsitz, mein Vater Karl Schmidt, geb. am ..... Er war zum Zeitpunkt seines Todes deutscher Staatsangehöriger und hatte seinen gewöhnlichen Aufenthalt in Deutschland (letzter Wohnsitz: ....)
Er hat als einzige Verfügung von Todes wegen das eigenhändige Testament vom ..... hinterlassen, das beim Nachlassgericht ..... unter IV. ..... vorliegt. Darin hat er mich zur alleinigen Erbin eingesetzt, bei meinem Tod die Nacherbschaft angeordnet und auf die Dauer von 10 Jahren nach dem Tod die Testamentsvollstreckung angeordnet. Sonstige Verfügungen von Todes wegen sind nicht vorhanden.
Ich habe die Erbschaft angenommen. Ein Rechtsstreit über das Erbrecht ist nicht anhängig.
Über die Bedeutung der eidesstattlichen Versicherung belehrt, versichere ich .....[– weiter wie Muster **Rdn. 35 M**].

■ *Kosten.* Wie zu Muster Rdn. 35 M.

Erbfolge bei unklarem Testament. Mehrere voneinander abhängige Anträge nach mehreren Erblassern mit Hilfsanträgen

41 M

Verhandelt zu ..... am .....
Vor mir, Notar ..... erschien in meiner Geschäftsstelle ....., von Person bekannt:
Frau Maria Schäfer, geborene Oepen, geboren am ....., wohnhaft in .....
Die Erschienene erklärte:
Am ..... verstarb mit letztem Wohnsitz in ..... mein Onkel Josef Schäfer, geb. am ..... Am ..... verstarb mit demselben letzten Wohnsitz dessen Ehefrau Margarethe geborene Schäfer Schilling, geb. am ..... Beide Verstorbenen haben und hatten keine Abkömmlinge. Beide waren zum Zeitpunkt des Todes deutsche Staatsangehörige und hatten ihren gewöhnlichen Aufenthalt in Deutschland. Die Erblasser haben als einzige Verfügung von Todes wegen das eigenhändige gemeinschaftliche Testament vom ..... hinterlassen. Dieses lautet:
»Wir vermachen uns gegenseitig alles. Der Überlebende soll mit unserem Vermögen machen können, was er will. Wenn wir beide tot sind, wird unsere Nichte Maria Schäfer unsere Erbin.« Auf dieser Verfügung beruhen die Erbrechte. Weitere letztwillige Verfügungen der Ehegatten Schäfer oder von einem von diesen existieren nicht.
Das gemeinschaftliche Testament ist m.E. wie folgt auszulegen:
Trotz der Verwendung des Wortes »vermachen« ist entsprechend dem allgemeinen Sprachgebrauch unter Laien die Zuwendung des gesamten Vermögens (hier: »alles«) des Erstversterbenden nach dem Überlebenden als Alleinerbinsetzung zu verstehen. Dass ich nach dem Tode des Überlebenden »unsere«, also beider Erben werden sollte, kann als Anordnung von Vor- und Nacherbschaft nach dem Erstversterbenden gedeutet werden. Andererseits sollte der Überlebende »mit unserem Vermögen«, also auch mit dem des Erstversterbenden, »machen können, was er will«. Dies schließt die Befugnis zur unentgeltlichen Verfügung über Nachlassgegenstände des Erstversterbenden ein. Zu solchen Verfügungen kann aber der Vorerbe, auch der befreite, nicht

ermächtigt werden. Dazu müsste er vielmehr Vollerbe des Erstversterbenden geworden sein. Da ich nur die Nichte der Erblasser bin, dürfte das Interesse, den Überlebenden möglichst umfassend verfügungsbefugt zu machen, gegenüber dem Interesse, mich vor unentgeltlichen Verfügungen des Überlebenden über Nachlassgegenstände des Erstversterbenden zu schützen, überwogen haben. Das Testament ist daher dahin auszulegen, dass der Überlebende alleiniger Vollerbe des Erstversterbenden wurde und ich alleinige (Schluss-)Erbin des Überlebenden geworden bin. Als mein Onkel starb, war eine Ehesache nicht anhängig.
Ich beantrage
1. in erster Linie
   a) die Erteilung eines Erbscheins dahin, dass Frau Margarethe Schäfer alleinige Erbin ihres Ehemannes Josef Schäfer geworden ist,
   b) die Erteilung eines weiteren Erbscheins dahin, dass ich alleinige Erbin meiner angeheirateten Tante Margarethe Schäfer geworden bin,
2. hilfsweise
   a) die Erteilung eines Erbscheins dahin, dass ich seit dem .....(Todestag der Tante) alleinige Erbin des Onkels Josef Schäfer bin,
   b) die Erteilung eines weiteren Erbscheins gemäß 1b).

Ich ermächtige den Notar, meine Anträge zu berichtigen, zu ergänzen, zu ändern, zu trennen und zurückzunehmen.
Die Erben haben die Erbschaften angenommen. Ein Rechtsstreit über die Erbrechte ist nicht anhängig. Es ist keine Person weggefallen, durch die ich von der Erbfolge ausgeschlossen würde oder durch die mein Erbrecht gemindert werden würde.
Über die Bedeutung einer eidesstattlichen Versicherung belehrt, versichere ich .....
Ich beantrage, dem Notar je eine Ausfertigung der Erbscheine zu übersenden.
Der voraussichtliche Netto-Wert des Nachlasses meines Onkels ist 150.000 €, der Netto-Wert des Nachlasses meiner Tante ohne den meines Onkels ist 70.000 €.
Diese Niederschrift ...., Notar

■ **Kosten.** Des Notars: wie zu Muster Rdn. 35 M. Nach der Höhe des von den beiden Hauptanträgen betroffenen Netto-Vermögens im Zeitpunkt der beiden Erbfälle sind je 2 Gebühren zu berechnen, also 1 volle Gebühr für den Erbschein nach dem Onkel von 150.000 € und 1 volle Gebühr für den Erbschein nach der Tante von 220.000 €.

Antrag auf Erteilung eines Auseinandersetzungszeugnisses gemäß § 36 GBO

Besteht ein Nachlass nur (noch) aus *Grundbesitz* und steht er einer *Erbengemeinschaft* zu, so ist es zweckmäßig, lediglich einen Antrag auf Erteilung eines Auseinandersetzungszeugnisses nach § 36 GBO zu stellen, weil damit die Gerichtsgebühren für die Erteilung eines Erbscheins gespart werden können. Ein solches Zeugnis kann auch dann erteilt werden, wenn der eingetragene Eigentümer nur von einer Person beerbt wurde, diese aber ebenfalls verstorben ist und ihrerseits mehrere Erben hinterlassen hat.[21] – Das Auseinandersetzungszeugnis wird wie ein Erbschein, allerdings notwendig in Zusammenhang mit einem Auseinandersetzungsvertrag zwischen den Miterben, beantragt. Der Antrag kann in derselben Urkunde enthalten sein, wie der Auseinandersetzungsvertrag. Es wird vom Nachlassgericht erteilt. Die Ausfertigung des Auseinandersetzungszeugnisses wird mit formlosem Antrag dem Grundbuchamt eingereicht.

42

---

21 KG DNotZ 1938, 682.

§ 113 Erbschein

43 M

Verhandelt zu ..... am .....
Vor mir, Notar ..... erschienen in meiner Geschäftsstelle .....:
1. Frau Maria Neumann geb. Krause ....., geb. am ....., wohnhaft .....
2. Frau Ilse Müller geb. Krause ....., geb. am ....., wohnhaft .....
3. Herr Hans Krause ....., geb. am ....., wohnhaft .....,
sämtlich von Person bekannt.
Die Beteiligten erklärten:

I. Erbfall

Am ..... ist unser Vater Max Krause zuletzt wohnhaft ..... verstorben. Unsere Mutter Minna Krause geb. Schulz ist am ....., ebenfalls zuletzt wohnhaft verstorben.
Unsere Eltern haben das gemeinschaftliche eigenhändige Testament vom ..... hinterlassen.
Das Amtsgericht, Nachlassgericht ..... hat dieses Testament in den Akten ..... eröffnet.
In ihrem Testament haben sich unsere Eltern gegenseitig zu Alleinerben eingesetzt und bestimmt, dass wir Erben des Letztlebenden von ihnen zu gleichen Teilen sind.
Das Testament enthält die Klausel, dass derjenige von uns, der nach dem erstversterbenden Elternteil den Pflichtteil verlangt, vom überlebenden Elternteil enterbt wird. Keiner von uns hat den Pflichtteil verlangt.
1. Erben sind daher geworden: nach dem Vater Max Krause unsere Mutter Minna Krause geb. Schulz allein;
2. nach unserer Mutter Minna Krause geb. Schulz: wir zu je $1/3$.
Gesetzliche Erben waren nach unserem Vater unsere Mutter und wir, die drei Kinder.
Weitere Verfügungen unserer Eltern von Todes wegen sind nicht vorhanden.
Ein Rechtsstreit über die Erbrechte der Erben war und ist nicht anhängig.
Unsere Mutter hat die Erbschaft nach unserem Vater und wir haben die Erbschaft nach unserer Mutter angenommen.
Beide Eltern waren zum Zeitpunkt des Todes deutsche Staatsangehörige und hatten ihren gewöhnlichen Aufenthalt in Deutschland.
Von dem Notar über die Bedeutung einer eidesstattlichen Versicherung und über die Strafbarkeit einer falschen eidesstattlichen Versicherung belehrt, versichern wir hiermit an Eides Statt, dass uns nichts bekannt ist, was der Richtigkeit unserer Angaben entgegensteht.

II. Grundbuchverhältnisse

Im Grundbuch von ..... Blatt ..... ist das Grundstück Gemarkung ..... Flur ....., eingetragen, und zwar noch auf den Namen unseres Vaters Max Krause.
Beschränkungen, Lasten und Belastungen sind in Abt. II und III des Grundbuchs nicht eingetragen.

III. Auseinandersetzungsvertrag

Wir setzen uns über das vorgenannte Grundstück wie folgt auseinander: ..... [Vertragsbedingung des Auseinandersetzungsvertrags]

IV. Antrag

Wir beantragen ein Auseinandersetzungszeugnis nach § 36 GBO dahingehend:
Der am ….. verstorbene Max Krause zuletzt wohnhaft ….. ist von seiner Witwe Minna Krause geb. Schulz, nachverstorben, zuletzt wohnhaft in Neustadt, allein beerbt worden.
Die am ….. verstorbene Frau Minna Krause geb. Schulz, zuletzt wohnhaft ….. ist von uns zu je $^1/_3$ beerbt worden.
Wir haben das im Grundbuch von ….. Blatt ….. verzeichnete Grundstück dem Miterben Hans Krause aufgelassen und dessen Eintragung als Eigentümer bewilligt.
Wir beantragen Gebührenbefreiung nach KV Nr. 14110 Abs. 1 des GNotKG.
Die Niederschrift wurde den Beteiligten von dem Notar vorgelesen, von ihnen genehmigt und eigenhändig unterschrieben.

….., Notar

- *Kosten.* Des Notars: Die Zeugnisanträge sind wie Erbscheinsanträge zu bewerten; Geschäftswert § 40 GNotKG; Gebühr Nr. 23300 KV GNotKG: 1,0. Daneben wird die Vertragsbeurkundung bewertet: Geschäftswert §§ 97, 36, 38 Satz 2 GNotKG; Gebühr Nr. 21100 KV GNotKG: 2,0.

§ 114 Erklärungen von Erben und Vermächtnisnehmern nach dem Tod: Annahme und Ausschlagung der Erbschaft, eines Vermächtnisses und Aufforderung nach § 2307 Abs. 2 BGB, Antrag auf Pflichtteilsstundung

I. Annahme der Erbschaft

1 1. Die Annahme der Erbschaft ist eine rechtsgestaltende Willenserklärung. Die Annahme kann auch durch schlüssiges Verhalten erfolgen. Wegen den mit einer Annahme verbundenen Konsequenzen muss das Verhalten Dritten gegenüber aber objektiv eindeutig zum Ausdruck bringen, Erbe sein zu wollen.[1] Im Verstreichenlassen der sechswöchigen Ausschlagungsfrist liegt ebenfalls die Annahme.

2 2. Der Erbe kann jedoch die Annahmeerklärung oder die in der Betätigung des Willens liegende schlüssige Annahmeerklärung, auch die Versäumung der Ausschlagungsfrist, wegen Willensmangels *anfechten*. Von besonderer Bedeutung ist dabei die Anfechtung wegen Eigenschaftsirrtums nach § 119 Abs. 2 BGB:

3 a) Ein die Anfechtung rechtfertigender Eigenschaftsirrtum liegt vor beim Irrtum über die Höhe der Erbquote[2] oder beim Irrtum über Beschränkungen der Erbenstellung durch Vermächtnisse, Auflagen, Anordnungen der Nacherbfolge oder die Testamentsvollstreckung.[3]

4 b) Die Anfechtung ist auch gerechtfertigt, wenn ein Irrtum über die Zugehörigkeit von Gegenständen zum Nachlass besteht.[4]

5 c) Die nicht bekannte Überschuldung rechtfertigt ebenfalls die Anfechtung.[5]

6 d) Ob die (bloße) Belastung mit Verbindlichkeiten (ohne Überschuldung) die Anfechtung rechtfertigt, ist letztlich nicht umfassend geklärt: einerseits wird die Anfechtung zugelassen bei Belastung mit einem unbekannten Vermächtnis[6] anderseits abgelehnt bei Steuerschulden.[7]

7 e) Ein bloßer Irrtum über den Wert von bekannten Aktiva und Passiva stellt keinen beachtlichen Eigenschaftsirrtum dar.[8]

8 Auch Rechtsirrtum genügt, z.B. der Irrtum über die Ausschlagungsvorschriften, insbesondere über die Ausschlagungsfrist, ferner die irrige Annahme, dass die Ausschlagungs-

---

1 S. BayObLGZ 1983, 153; BayObLG FamRZ 1988, 213; OLG Oldenburg NJW-RR 1995, 141.
2 BGH NJW 1997, 397.
3 BGH NJW 1997, 397; BayObLG NJW-RR 1997, 72.
4 BayObLG FamRZ 1994, 848.
5 BayObLG FamRZ 1997, 1174.
6 BGHZ 106, 359.
7 OLG Zweibrücken FG Prax 1996, 113.
8 BayObLG NJW-RR 1995, 904.

erklärung die Form für die Übertragung des Erbteils auf einen Miterben sei.[9] – Für die Frist gilt § 1954 BGB (grds. 6 Wochen).

3. Die Anfechtung der Annahme geschieht wie die Ausschlagung durch öffentlich beglaubigte Erklärung an das Nachlassgericht (§ 1955 i.V.m. § 1945 BGB). Dem Nachlassgericht ist das Original der beglaubigten Erklärung zu übersenden. Wenn die Erklärung beurkundet wird, was zulässig ist, muss eine Ausfertigung der Urkunde übersandt werden.

4. Die Anfechtung der Annahme oder Ausschlagung einer Erbschaft kann nicht widerrufen werden. Sie kann jedoch wegen Irrtums angefochten werden, sofern sie selbst auf einem beachtlichen Irrtum beruhte. Eine solche Anfechtung der Anfechtungserklärung muss unverzüglich erklärt werden; die Fristen des § 1954 BGB gelten insoweit trotz der Fiktion des § 1957 Abs. 1 BGB nicht.[10]

II. Erbschaftsausschlagung

1. Öffentliche Beglaubigung ist erforderlich, auch für die Vollmacht (§ 1945 BGB). Dem Nachlassgericht ist das *Original* der öffentlich beglaubigten Ausschlagungserklärung zu übermitteln. Alternativ ist bei Beurkundung der Ausschlagungserklärung die Ausfertigung zu übersenden. Die Übermittlung sollte durch persönliche Übergabe oder per Einschreiben mit Rückschein erfolgen, um den Zugangsnachweis innerhalb der Ausschlagungsfrist zu gewährleisten. Übernimmt der Notar die Übermittlung an das Nachlassgericht, haftet er für die Versäumung der Ausschlagungsfrist. – Der Ausschlagungsanspruch ist vererblich (§ 1952 BGB).

2. Sie ist grds. (Ausnahme bei Rdn. 13) *binnen 6 Wochen* dem *Nachlassgericht* einzureichen (§ 1944 Abs. 1 BGB). Zur Fristberechnung s. §§ 186 ff. BGB.[11] Eine etwa notwendige *familiengerichtliche Genehmigung* muss nach § 1831 BGB *vorher* erteilt sein. Die damit bezweckte Behebung der Ungewissheit der Wirksamkeit der einseitigen Erklärung wird jedoch auch durch die gesetzliche Ausschlagungsfrist von 6 Wochen erreicht. Es genügt deshalb, wenn die Genehmigung innerhalb dieser Frist dem Nachlassgericht eingereicht wird.[12] Die Verzögerung der Entscheidung über die familiengerichtliche Genehmigung der Ausschlagungserklärung des gesetzlichen Vertreters des Erben stellt eine Verhinderung infolge höherer Gewalt dar (§§ 206, 1944 Abs. 2 BGB), wenn dadurch die Genehmigung dem Nachlassgericht nicht innerhalb der 6-Wochen-Frist des § 1944 Abs. 1 BGB nachgewiesen werden kann. Sie hemmt den Fristablauf bis zum Eingang der Genehmigung beim gesetzlichen Vertreter.[13]

Die Frist beträgt nach § 1944 Abs. 3 BGB 6 Monate, wenn der Erblasser seinen letzten Wohnsitz *nur* im Ausland gehabt hat oder wenn sich der Erbe bei dem Beginn der Frist im Ausland aufhält.

3. Die *Wirkung* der Ausschlagung bestimmt nicht der Ausschlagende. Sie steht nach § 1953 BGB fest. Der Ersatzerbe des Testaments, hilfsweise der vom Gesetz Nächstberufene, tritt rückwirkend mit dem Erbfall an die Stelle des Ausschlagenden. Deshalb sollte nicht »zugunsten« einer bestimmten Person ausgeschlagen werden. Sieht man das »zugunsten« als Beweggrund an, so ist es unbeachtlich. Erscheint es aber als Bedingung, so macht es die

---

9 BayObLGZ 1983, 153; JFG 17, 69.
10 BayObLGZ 1980, 23 = DNotZ 1981, 54 = MittBayNot 1980, 78.
11 Zum Begriff der Kenntnis, die die Ausschlagungsfrist in Lauf setzt, s. BGH DNotZ 1968, 555.
12 RGZ 118, 145; BayObLGZ 1983, 213.
13 OLG Frankfurt DNotZ 1966, 613.

Ausschlagung unwirksam (§ 1947 BGB). Ob eine Bedingung oder eine unschädliche Motivangabe vorliegt, ist durch Auslegung zu ermitteln.[14]

15   4. Ist der Erbe *mehrfach berufen* (als gesetzlicher Erbe *und* als Erbe durch Vfg. von Todes wegen), so kann er die Erbschaft aus dem einen Berufungsgrund annehmen und aus dem anderen ausschlagen (§ 1948 BGB).

16   a) Der Erbe, der auch ohne die Einsetzung kraft Gesetzes Erbe sein würde (z.B. das Kind nach dem Vater, zur Problematik s.u.), kann also durch Ausschlagung der Erbeinsetzung in einer Verfügung von Todes wegen die vom Erblasser beabsichtigte gewillkürte Erbfolge zu Fall bringen und damit gesetzlicher Erbe werden, wenn im Testament kein Ersatzerbe berufen ist und das Gesetz keinen Nächstberufenen bestimmt.

17   b) Durch die Ausschlagung der gewillkürten Erbfolge erreicht der Erbe keine Befreiung von den meisten ihm mit der Erbeinsetzung auferlegten Lasten und Beschränkungen. Vermächtnisse und Auflagen gelten nach §§ 2161, 2192 BGB auch gegenüber den gesetzlichen Erben. Teilungsanordnungen wirken nach § 2050 BGB genauso gegenüber dem gesetzlichen wie gegenüber dem Testamentserben (§§ 2050, 2052 BGB). Die Anordnung der Testamentsvollstreckung kann sowohl gegenüber dem gesetzlichen als auch gegenüber dem testamentarischen Erben erfolgen und wird bei partieller Erbausschlagung als testamentarischer Erbe durch Auslegung als eine solche Anordnung gegenüber dem gesetzlichen Erben zu verstehen sein. In anderen Fällen (m.E. bei der Anordnung der Nacherbfolge) wird die Testamentsauslegung ergeben, dass darin zusätzlich eine Enterbung des Vorerben bei Ersatzerbeinsetzung des Nacherben liegen wird, wenn der Testaments-Vorerbe die Berufung als testamentarischer Erbe ausschlägt. Eine auch gegenüber dem gesetzlichen Erben bestehende teilweise Enterbung liegt auch vor, wenn ein gesetzlicher Erbe testamentarisch nur zu einer geringen Erbquote eingesetzt wird.

18   c) Hiernach beschränkt sich das Interesse des Erben, von dem Ausschlagungsrecht des § 1948 Gebrauch zu machen, auf den Fall, dass er als gesetzlicher Erbe anderen gesetzlichen Erben in jedem Fall gegenüber die Ausgleichung von Zuwendungen verlangen kann (§§ 2050 ff. BGB), bei gewillkürter Erbfolge, die dem Gesetz entspricht, nur im Zweifel (§ 2052 BGB). Als Ehegatte kann er den Voraus (§ 1932 BGB) und die Befreiung von der Bindung durch wechselbezügliche Verfügungen (§ 2271 Abs. 2 Satz 1 BGB) erreichen.

19   d) Im Zweifel wirkt die Ausschlagung für alle Berufungsgründe (§ 1949 Abs. 2 BGB).

5. Besonderheiten

20   a) Für den *bereits Erzeugten* kann zwar erst nach seiner Geburt angenommen, aber schon vorher ausgeschlagen werden, obwohl der dazu nach § 1942 BGB erforderliche Erbanfall erst mit der Geburt erfolgt.[15]

21   b) Auch die gesetzlichen Erben eines Vorerben, denen die Nacherbschaft nicht zufällt, können nach Eintritt des Nacherbfalles den Anfall der Vorerbschaft an ihren Rechtsvorgänger ausschlagen, solange die Ausschlagungsfrist noch läuft.[16]

22   c) Der Nacherbe kann bereits ab Eintritt des Erbfalls, nicht erst ab Eintritt des Nacherbfalls ausschlagen, § 2142 Abs. 1 BGB. Die 6-Wochenfrist beginnt aber erst mit Eintritt des Nach-

---

14 OLG Hamm FamRZ 1998, 771.
15 OLG Stuttgart OLGZ 1993, 140; OLG Oldenburg NJW-RR 1994, 651.
16 BGH DNotZ 1966, 245.

erbfalls.¹⁷ Schlägt der pflichtteilsberechtigte Nacherbe die Erbschaft aus, um den Pflichtteil zu verlangen, so entfällt auch die Einsetzung der Ersatznacherben im Testament des Erblassers. § 2069 BGB ist in diesem Fall nicht anwendbar.¹⁸ Ebenso findet § 2097 BGB keine Anwendung. Eine fortwirkende Einsetzung des Ersatznacherben ist nur dann zu bejahen, wenn der Erblasser im Testament zum Ausdruck gebracht hat, dass er auch für den Fall der Ausschlagung der Erbschaft durch den Nacherben und des Verlangens des Pflichtteils durch ihn dem bedachten Stamm die Erbschaft erhalten wollte, s.a. § 2142 Abs. 2 BGB.¹⁹

d) Wer die Erbschaft ausschlägt, behält seinen Anspruch auf *Lebens-* und *Sterbegeldversicherungen* (§ 160 Abs. 2 Satz 2 VVG). 23

Ausschlagung eines gesetzlichen Erben

An das Amtsgericht, Nachlassgericht, in ..... 24 M
Ich überreiche die Sterbeurkunde des Standesamts Neustadt vom ....., wonach mein Vater ....., zuletzt wohnhaft in Neustadt, am ..... verstorben ist. Eine Verfügung von Todes wegen hat er meines Wissens nicht hinterlassen, so dass ich nach dem Gesetz Miterbe geworden bin.
Ich schlage die Erbschaft aus. Die Ausschlagung erfolgt aus allen Berufungsgründen. Als weitere gesetzliche Erben meines Vaters kommen meine Geschwister in Frage, da ich selbst keine Abkömmlinge habe. Das sind .....
Der Nachlass dürfte überschuldet sein.
Ort, Datum   Unterschrift
[Beglaubigungsvermerk]

■ *Kosten.* Des Notars: Geschäftswert § 103 Abs. 1 GNotKG oder Nr. 24102 KV GNotKG: 0,5; Gebühr Nr. 21201 KV GNotKG: 0,5 (Vermögen nach Abzug der Verbindlichkeiten). Des Nachlaßgerichts: keine Gebühr nach Nr. 12410 KV GNotKG.

Ausschlagung der Testaments- und der gesetzlichen Erbschaft

An das Amtsgericht in ..... 25 M
Am ..... ist in ....., seinem letzten Wohnsitz, mein Bruder ..... laut anliegender Sterbeurkunde des Standesamts Neustadt verstorben. Er hat mich in dem eigenhändigen Testament vom ....., zu seinem alleinigen Erben eingesetzt.
Ich schlage die Erbschaft als Testamentserbe und als gesetzlicher Erbe aus.
Da unsere gemeinsamen Eltern vorverstorben sind und der Erblasser unverheiratet und kinderlos war, ich kinderlos bin und auch weitere Geschwister den Erblasser nicht überlebt haben, kommen als gesetzliche Erben in Frage die Kinder unserer vorverstorbenen Schwester ....., nämlich .....
Der Nettowert des Nachlasses dürfte etwa 60.000 € sein.
Ort, Datum   Unterschrift
[Beglaubigungsvermerk]

■ *Kosten.* Wie zu Muster Rdn. 24 M.

---

17 Palandt/*Edenhofer*, § 1944 BGB Rn. 6.
18 BGHZ 33, 60.
19 OLG Frankfurt DNotZ 1971, 490 = Rpfleger 1970, 391 = MittRhNotK 1971, 340.

Ausschlagung eines gesetzlichen Vertreters als Erbe vor den Kindern für sich und die Kinder

26 Familiengerichtliche Genehmigung ist nach § 1643 Abs. 2 Satz 2 Halbs. 1 BGB *nicht* erforderlich; beide Eltern müssen für die Kinder mitwirken.

27 M An das Amtsgericht in .....

Am ..... ist in ....., seinem letzten Wohnsitz, ..., mein Vater, verstorben. Dieser hinterließ neben mir noch folgende Kinder: .....
Ich schlage die Erbschaft aus allen Berufungsgründen aus. Infolge meiner Ausschlagung fällt die Erbschaft an meine minderjährigen Kinder, nämlich
1. den am ..... geborenen .....,
2. die am ..... geborene .....
Als gesetzliche Vertreter schlagen wir, die Eltern, auch für unsere vorgenannten Kinder die Erbschaft aus allen Berufungsgründen aus.
Der Nachlass erscheint überschuldet.
Als weitere Erben kommen in Betracht .....
Ort, Datum   Unterschriften
[Beglaubigungsvermerk]

■ *Kosten.* Des Notars: Geschäftswert § 103 Abs. 1 GNotKG 2x Gebühr von 0,5 nach Nr. 21201 KV GNotKG oder Nr. 24102 KV GNotKG (Erklärung Eltern + Erklärung Kind haben unterschiedlichen Beurkundungsgegenstand).

Ausschlagung des gesetzlichen Vertreters als Erbe neben den Kindern für sich und die Kinder

28 Familiengerichtliche Genehmigung ist nach § 1643 Abs. 2 Satz 2 Halbs. 2 BGB erforderlich.

29 M An das Amtsgericht in .....

Die durch den Tod von ....., meinem Ehemann am ..... uns zugefallene Erbschaft schlage ich aus allen Berufungsgründen als dessen Witwe hiermit für mich und gleichzeitig als Mutter unserer minderjährigen Kinder Ida, Konstanze und Emilie aus, und zwar soweit der Erbenfall an sie unmittelbar und auch soweit er durch meine Ausschlagung erfolgt ist.
Die erforderliche familiengerichtliche Genehmigung wird nachgereicht.
Der Nachlass ist überschuldet.
Ort, Datum   Emilie Heller
[Beglaubigungsvermerk]

■ *Kosten.* Des Notars: Wie zu Muster Rdn. 27 M sowie Vollzugsgebühr von 0,3 gemäß Nr. 22110 (Nr. 4) KV GNotKG.

Ausschlagungserklärung des gesetzlichen Vertreters, der nicht miterbt, für das Kind

Familiengerichtliche Genehmigung ist erforderlich nach § 1643 Abs. 2 Satz 1 BGB. **30**

An das Amtsgericht in ..... **31 M**

Am ..... ist an seinem letzten Wohnsitz in ..... Herr ..... verstorben. Er hat in seinem unter dem Aktenzeichen ..... eröffneten Testament, von dem wir durch die Übersendung einer Abschrift am ..... Kenntnis erhalten haben, unsere minderjährigen Kinder ..... zu Erben eingesetzt. Der Nachlass ist überschuldet.
Wir schlagen die Erbschaft für unsere Kinder aus allen Berufungsgründen aus.
Die familiengerichtliche Genehmigung wurde parallel beantragt; wir werden versuchen, sie in der Frist von 6 Wochen nachzureichen.
Ort, Datum   Unterschrift
[Beglaubigungsvermerk]

■ *Kosten.* Wie zu Muster Rdn. 23 M sowie Vollzugsgebühr von 0,3 gemäß Nr. 22110 (Nr. 4) KV GNotKG.

Zum Lauf der 6-Wochenfrist in diesem Fall s. Rdn. 12 M oben. **32**

Anfechtung der Versäumung der Ausschlagungsfrist mit Ausschlagung

An das Amtsgericht ..... **33 M**

Am ..... ist mit dem letzten Wohnsitz in ..... mein Ehemann verstorben. Ich wurde gesetzliche Erbin zu $1/2$. Die Erbschaft nach ihm habe ich nicht annehmen wollen. Ich habe die Frist zur Ausschlagung der Erbschaft versäumt, weil ich irrtümlich glaubte, die Ausschlagungsfrist beginnt in jedem Fall mit der Benachrichtigung des Nachlassgerichts, dass ich (gesetzliche) Erbin bin. Dass die Ausschlagungsfrist gegebenenfalls schon früher zu laufen beginnt, habe ich erst heute durch den beglaubigenden Notar erfahren. Ich fechte daher die Versäumung der Ausschlagungsfrist wegen Irrtums über ihren Lauf an und schlage die Erbschaft nach meinem Ehemann hiermit aus allen Berufungsgründen aus.
Der Wert des mir zugefallenen Erbteils beträgt etwa .....
Ort, Datum   Unterschrift
[Beglaubigungsvermerk]

■ *Kosten.* Des Notars: Geschäftswert § 103 Abs. 1 GNotKG; Gebühr Nr. 21201 oder 24102 KV GNotKG (selber Beurkundungsgegenstand): 0,5.

III. § 2280 BGB Annahme und Ausschlagung eines Vermächtnisses

Annahme und Ausschlagung von Vermächtnissen erfolgen durch Willenserklärungen gegenüber dem beschwerten Erben oder (Haupt-) Vermächtnisnehmer; wenn bezüglich des Beschwerten Testamentsvollstreckung angeordnet ist, erfolgte sie gegenüber dem Testamentsvollstrecker oder bei angeordneter Nachlasspflegschaft gegenüber dem Nachlasspfleger. Die Willenserklärung kann auch konkludent abgegeben werden, z.B. durch Forderung oder Zurückweisung des Vermächtnisgegenstandes. **34**

Die Annahme und Ausschlagung eines Vermächtnisses i.S.d. § 2180 BGB setzt zeitlich den Todesfall voraus. Vor Eintritt des Todes kann nur unter den Bedingungen und nur unter Wahrung der Form des § 2352 BGB ein Zuwendungsverzicht in Bezug auf ein Vermächtnis vereinbart werden. **35**

36 Die Annahmeerklärung ist, ebenso wie die Ausschlagungserklärung, formlos möglich, auch wenn zur Erfüllung des Vermächtnisses Formbestimmungen des BGB (z.B. § 311b BGB bei Grundstücksvermächtnissen oder § 15 GmbH-Gesetz bei vermachten GmbH-Anteilen) einzuhalten sind.

37 Eine Frist zur Erklärung über die Annahme oder Ausschlagung sieht das Gesetz, abgesehen vom Fall des pflichtteilsberechtigten Vermächtnisnehmers (§ 2307 Abs. 2 BGB, s. dazu unten bei Rdn. 42 ff.) nicht vor.

38 Die Wirkung der Annahme beschränkt sich darauf, dass die Ausschlagung nicht mehr erfolgen kann, es sei denn, die Annahme wird wirksam angefochten. Erst nach Erklärung der Annahme kann der begünstigte Vermächtnisnehmer durch den Beschwerten in Annahmeverzug nach § 293 BGB gesetzt werden. Möglich ist nach einer unter nicht angefochtenen Annahme der Abschluss eines Erlassvertrags zwischen dem beschwerten Erben oder (Haupt-)Vermächtnisnehmer und dem Vermächtnisnehmer nach § 397 BGB.

39 Die Ausschlagung führt, wenn sie nicht wirksam angefochten wird, bei mehreren Vermächtnisnehmern nach § 2158 BGB zur Anwachsung oder nach § 2191 BGB, wenn kein Ersatzvermächtnisnehmer bestimmt ist, dazu, dass das Vermächtnis hinfällig wird.

40 Nach § 2180 Abs. 3 i.V.m. § 1952 Abs. 3 BGB kann die Annahme bzw. Ausschlagung nicht wirksam auf einen Teil eines Vermächtnisses beschränkt werden. Nachdem derselbe Berechtigte aber durch mehrere Vermächtnisse begünstigt werden kann, ist in Bezug auf ein Vermächtnis die Annahme und in Bezug auf ein anderes Vermächtnis die Ausschlagung möglich. Die Abgrenzung danach, ob ein (unteilbares) Vermächtnis vorliegt oder ob der Begünstigte durch mehrere Vermächtnisse begünstigt wird, hängt davon ab, ob ihm ein einheitlicher Anspruch oder mehrere Ansprüche i.S.d. § 2174 und § 194 BGB zugewendet werden.

41 M Hans Müller

Herrn Franz Meier
Betreff. – Nachlass nach Franziska Meier, verstorben am .....
Sehr geehrter Herr Meier,
durch das Nachlassgericht wurde ich von dem Tod von Frau Franziska Meier unterrichtet und darüber, dass diese in ihrem handschriftlichen Testament vom 20.06.2004 mich mit den folgenden beiden Vermächtnissen bedacht hat:
1. 20.000,– € als Barvermächtnis und
2. deren gesamter Hausrat als Sachvermächtnis.
Dazu darf ich Ihnen mitteilen, dass ich das Sachvermächtnis in Bezug auf den Hausrat ausschlage, das andere Vermächtnis, gerichtet auf Leistung von 20.000,– € aber annehme. Ich bitte Sie um Überweisung der 20.000,– € auf mein Konto IBAN ..... bei der .....-Bank.
Mit freundlichen Grüßen

Hans Müller

■ *Kosten.* Des Notars: Bei notariellem Entwurf des Schreibens Geschäftswert § 102 Abs. 3 GNotKG analog; Gebühr Nr. 24101 KV GNotKG: 0,3–1,0. Bei bloßer Beratung Geschäftswert s.o.; Gebühr Nr. 24200 KV GNotKG: 0,3–1,0.

IV. Aufforderung zur Erklärung über die Annahme eines Vermächtnisses gegenüber einem pflichtteilsberechtigten Vermächtnisnehmer § 2307 Abs. 2 BGB

42 Nach § 2307 BGB steht einem Pflichtteilsberechtigten, der durch ein Vermächtnis begünstigt wird, ein Wahlrecht zu:

1. Er kann das Vermächtnis ausschlagen und den ungeschmälerten Pflichtteil verlangen. **43**
Wenn ein Ehegatte, der im gesetzlichen Güterstand lebt, nicht Erbe, sondern nur Vermächtnisnehmer wird und er sich entscheidet, das Vermächtnis auszuschlagen, errechnet sich der Pflichtteil nach dem nicht erhöhten gesetzlichen Erbteil (s. dazu § 1371 Abs. 2 BGB). Daneben kann er den Zugewinnausgleich verlangen.

2. Der Begünstigte kann stattdessen das Vermächtnis verlangen. Daneben steht ihm dann **44**
noch der Zusatzpflichtteil zu. Seine Höhe ergibt sich aus dem nach den allgemeinen Bestimmungen errechneten Pflichtteilsrecht abzüglich des Werts des Vermächtnisses. Wenn das Vermächtnis in der in § 2306 bezeichneten Weise beschränkt oder beschwert ist, werden die Beschränkungen und Beschwerungen aber vom Wert des Vermächtnisses ihrerseits nicht abgezogen (s. dazu § 2307 Abs. 1 Satz 2 Halbs. 2 BGB). Wenn ein Ehegatte, der im gesetzlichen Güterstand lebt, dieses Gestaltungsrecht wählt, errechnet sich der Pflichtteil nach dem erhöhten gesetzlichen Erbteil nach § 1371 Abs. 1 BGB (§ 1371 Abs. 2 BGB gilt in diesem Fall ausdrücklich nicht). Daneben kann er den Zugewinnausgleich nicht geltend machen.

3. Wenn der Vermächtnisnehmer durch mehrere Vermächtnisse begünstigt wird (s. dazu **45**
auch bei Rdn. 40) kann er sowohl sämtliche Vermächtnisse ausschlagen (dann Rechtsfolge nach Rdn. 43) oder sämtliche Vermächtnisse annehmen (dann ohne Weiteres Rdn. 44) oder einzelne Vermächtnisse ausschlagen und einzelne annehmen. Solange er nur eines, wenn auch noch so kleines Vermächtnis annimmt, ergeben sich die Folgen nach Rdn. 44.

Damit der Erbe sich darauf einstellen kann, mit welchen Vermächtnisforderungen er zu **46**
rechnen hat, kann er dem durch ein Vermächtnis begünstigten Pflichtteilsberechtigten eine Frist zur Erklärung über die Annahme des Vermächtnisses setzen und ihn zur Annahme auffordern. Diese Frist muss nach § 2307 Abs. 2 BGB »angemessen« sein. Meines Erachtens ist für eine angemessene Frist Voraussetzung, dass der Erbe zunächst Kenntnis über den Bestand des Nachteils im Sinne von § 2314 BGB hat und dann noch eine ausreichende Überlegungsfrist hat, um auf der Basis dieser Umstände die erforderlichen Überlegungen anzustellen. Die Aufforderung kann formlos erfolgen. Aus Beweiszwecken sollte sie zumindest in Schriftform vorgenommen werden und die Zustellung per Einschreiben mit Rückschein veranlasst werden. Eine Aufforderung unter angemessener Fristsetzung bewirkt, dass nach dem Ablauf der Frist das Vermächtnis als ausgeschlagen gilt, wenn nicht vorher die Annahme erklärt wird (s. dazu § 2307 Abs. 2 Satz 2 BGB). Meines Erachtens führt eine zu kurz gesetzte Frist nicht zu einer automatischen Verlängerung auf das »angemessene Maß« mit der Folge, dass bei Verstreichen der angemessenen Verlängerungszeit dann das Vermächtnis als ausgeschlagen gilt, sondern dazu, dass die Frist überhaupt noch nicht erst zu laufen begonnen hat.

Max Meier **47 M**

Herrn Hans Meier
Betreff. – Nachlass der am ….. verstorbenen Erna Meier
Lieber Hans,
durch das Nachlassgericht wurde Dir das von unserer Mutter errichtete handschriftliche Testament vom ….. zugänglich gemacht, in dem Du mit folgenden beiden Vermächtnissen begünstigt wirst:
a) Zahlung in einer Höhe von 50.000 €, zahlbar innerhalb von sechs Monaten nach dem Todesfall und
b) sämtliche im Nachlass unserer Mutter befindlichen Hausratsgegenstände.
Vor einer Woche habe ich Dir das Nachlassverzeichnis nach § 2314 Abs. 1 BGB, das der Notar aufgenommen hat, übersandt.

**Hiermit fordere ich Dich auf, innerhalb einer Frist von einem Monat ab Zugang dieses Schreibens, Dich über die Annahme der Vermächtnisse zu erklären.
Mit freundlichen Grüßen**

Dein Bruder Max

■ *Kosten.* Des Notars bei notariellem Entwurf des Schreibens Geschäftswert analog § 102 Abs. 3 GNotKG; Gebühr Nr. 24101 KV GNotKG: 0,3–1,0. Bei bloßer Beratung durch den Notar Geschäftswert § 103 Abs. 3 GNotKG; Gebühr Nr. 24200 KV GNotKG: 0,3–1,0.

48 Wegen Annahme- oder Ausschlagungserklärungen, die als Reaktion abgegeben werden s.o. bei Rdn. 34 ff.

V. Antrag auf Pflichtteilsstundung

49 Der Pflichtteil ist grds. mit dem Tod zur Zahlung fällig. Die sich daraus ergebenden Härten können auf Antrag durch das Nachlassgericht durch eine Stundung abgemildert werden, wenn die sofortige Erfüllung des Pflichtteils für den Erben eine unbillige Härte wäre (§ 2331a BGB).

Über die Höhe und Fälligkeit der zwingenden Verzinsung und eine eventuelle Sicherheitsleistung (§ 1382 Abs. 2 bis 6, 2331a Abs. 2 BGB) entscheidet das Nachlassgericht.

Antrag auf Pflichtteilsstundung

50 M **Amtsgericht .....
Nachlassgericht
Az: ..... Nachlasssache des am ..... verstorbenen .....
Nach dem Erbschein von ....., in der o.a. Angelegenheit bin ich Erbe von ..... Dessen Sohn, mein Bruder, hat seinen Pflichtteil geltend gemacht, der dem Grunde nach anerkannt wird.
Nach § 2331a Abs. 1 BGB beantrage ich, mir die Zahlung des Pflichtteils auf die Dauer von 5 Jahren ab heute zu stunden. Dies begründe ich wie folgt:
Die sofortige Erfüllung stellte eine unbillige Härte dar, weil der Nachlass nur aus einer Immobilie besteht, an der ein Wohnungsrecht auf die Dauer von 5 Jahren zu bestellen ist. Dies führt dazu, dass die Immobilie auf Dauer von 5 Jahren nicht vermietbar oder sonst verwertbar ist. Eine Beleihung scheiterte trotz mehrfacher Bemühungen. Aus meinem eigenen Vermögen kann ich den Pflichtteil nicht bezahlen.
Liquide Mittel habe ich nicht in nennenswertem Umfang; die mir gehörende Eigentumswohnung bewohne ich mit meiner Ehefrau und meinen beiden minderjährigen Kindern.
Ich beantrage, keine Sicherheit zu leisten.
gez. .....**

■ *Kosten.* Des Notars: Geschäftswert § 103 Abs. 1 GNotKG; Gebühr Nr. 21201 KV GNotKG: 0,5. Des Gerichts: Geschäftswert § 36 Abs. 1 GNotKG: 20 % des Pflichtteilsanspruchs; Gebühr 2,0 nach Nr. 12520 KV GNotKG.

§ 115 Die Erbenhaftung und ihre Beschränkbarkeit

I. Umfang

Der Erbe haftet für die *Nachlassverbindlichkeiten*. Diese können sein: **1**

1. *Erblasserschulden*. Forderungen des Allein-Erben gegen den Erblasser erlöschen (confusio). Das Erlöschen tritt aber nicht ein bei mehreren Erben.
2. *Erbfallschulden*, d.h. Verbindlichkeiten gegenüber Pflichtteilsberechtigten, Vermächtnisnehmern und aus Auflagen.
3. *Nachlasserbenschulden*. Sie entstehen aus Handlungen von Nachlassvertretern. Dazu gehören alle Kosten, die aus Anlass des Todes entstehen, darunter die Beerdigungskosten und die Verpflichtungen aus einer Geschäftsbesorgung für den Nachlass.

II. Einrede

Der Erbe kann während dreier Monate seit der Annahme die Erfüllung von Nachlassverbindlichkeiten verweigern. Grund: Es wäre unbillig zu verlangen, dass er ohne gehörige Prüfung Nachlassverbindlichkeiten sofort erfüllt, da er Zeit haben muss zu prüfen, ob der Nachlass zur Erfüllung aller Verbindlichkeiten ausreicht (§ 2014 BGB). **2**

III. Herbeiführung der Beschränkung

Der Erbe haftet zunächst unbeschränkt, seine Haftung ist aber beschränkbar. **3**
Wenn die Geltendmachung der Haftungsbeschränkung im BGB-Erbrecht nach seinem **4**
Verhalten gegen Treu und Glauben verstößt, kann der Erbe sie nicht ausüben.[1]
Die Beschränkung der Haftung wird herbeigeführt: **5**
1. Durch die *Dürftigkeitseinrede* der §§ 1990, 1991 BGB. Sie hilft dem Erben, wenn Nachlassverwaltung und Nachlassinsolvenzverfahren nicht möglich sind, weil der Nachlass die Kosten eines solchen Verfahrens nicht deckt. Ist ein Nachlass nicht mehr vorhanden, so führt die Dürftigkeitseinrede zur Abweisung. Sonst wird der Erbe unter Vorbehalt der beschränkten Haftung (§ 780 ZPO) verurteilt, d.h. er braucht die Vollstreckung nur in die vorhandenen Nachlassgegenstände zu dulden. Er kann die ihn persönlich treffenden Prozess- und Vollstreckungskosten vermeiden, indem er sich nach § 794 Abs. 1 Satz 5 ZPO der sofortigen Zwangsvollstreckung in die Nachlassgegenstände unterwirft.[2] – S. oben § 19 Rdn. 114 M.
2. Durch Nachlassverwaltung bei unübersichtlichem Nachlass (§§ 1975 bis 1988 BGB);
3. Durch ein Nachlassinsolvenzverfahren bei Überschuldung oder Zahlungsunfähigkeit des Nachlasses (§ 1980 BGB, §§ 315 bis 331 InsO).

Antrag des Erben auf Nachlassverwaltung

Die Nachlassverwaltung ist eine vom Nachlassgericht angeordnete Art der Nachlasspflegschaft zum Zwecke der Befriedigung der Nachlassgläubiger durch den bestellten Verwalter. **6**

---

[1] RG JW 1939, 381.
[2] RGZ 137, 53.

§ 115 Die Erbenhaftung und ihre Beschränkbarkeit

Antragsberechtigt ist der Erbe und jeder Nachlassgläubiger, dieser jedoch nur dann, wenn die Befriedigung der Nachlassgläubiger aus dem Nachlass durch unwirtschaftliches Verhalten der Erben oder durch ihre schlechte Vermögenslage gefährdet wird (§ 1981 Abs. 2 BGB).

7 Die Vergütung des Nachlassverwalters ist etwas höher zu bemessen als die in § 112 Rdn. 7 für den Nachlasspfleger angegebene.

8 M An das Amtsgericht in .....

Am ..... ist in ....., seinem letzten Wohnsitz, der ..... E. gestorben. Ich bin ausweislich des dort unter Az. ..... eröffneten Testaments vom ..... alleiniger Erbe. Der Nachlass besteht aus den im Grundbuch von ..... verzeichneten Grundstücken; dort werden jeweils Bauwerke errichtet; der Bau ist jeweils nicht vollendet. Da bei deren zweifelhaftem Wert und meinem Unvermögen, sie zu verwerten, angesichts der Schulden des Nachlasses dessen Lage unübersichtlich ist, beantrage ich, die Nachlassverwaltung anzuordnen. Ich empfehle, zum Nachlassverwalter den Steuerberater des Verstorbenen, ..., zu bestellen.
Ort, Datum   Unterschrift
(Beglaubigung nicht erforderlich)

■ *Kosten.* Des Notars: Geschäftswert § 103 Abs. GNotKG; 0,5 Gebühr nach Nr. 21201 (Nr. 6) KV GNotKG. Des Nachlaßgerichts: Geschäftswert § 64 GNotKG, 0,5 Gebühr Tabelle B nach Nr. 12310 KV GNotKG sowie Jahresgebühr Nr. 12311 KV GNotKG.

Antrag des Erben auf Nachlassinsolvenzverfahren

9 Grund für die Eröffnung des Nachlassinsolvenzverfahrens ist nicht nur die Überschuldung des Nachlasses sondern auch die Zahlungsunfähigkeit (§ 1980 BGB, § 320 InsO). Bei einem Antrag des Erben, Testamentsvollstreckers, Nachlassverwalters oder Nachlasspflegers ist Insolvenzgrund auch schon die drohende Zahlungsunfähigkeit. Antragspflichtig ist nach § 1980 Abs. 1 BGB der Erbe, der bei Verletzung dieser Pflicht den Gläubigern zum Schadensersatz verpflichtet ist. Antragsberechtigt ist neben dem Erben jeder, dem die Verwaltung des Nachlasses zusteht (z.B. der Testamentsvollstrecker) und sind Nachlassgläubiger.

10 Das zuständige Insolvenzgericht (Amtsgericht am Ort des Landgerichts, § 2 Abs. 1 InsO) ergibt sich aus § 315 InsO; es ist grds. das Gericht des allgemeinen Gerichtsstandes des Erblassers zum Todeszeitpunkt.

11 M An das Amtsgericht in .....

Am ..... ist in ....., seinem letzten Wohnsitz, der ..... E. verstorben. Ich bin ausweislich des dort unter Az. ..... eröffneten Testaments vom ..... sein alleiniger Erbe. Ich überreiche eine Aufstellung der Aktiva und der Passiva des Nachlasses, aus der sich (alternativ) die (ggf. drohende) Zahlungsunfähigkeit/eine Überschuldung ergibt. Die Vermächtnisse und Auflagen habe ich unter den Passiva nicht aufgeführt. Ich beantrage die Eröffnung des Nachlassinsolvenzverfahrens.
Ort, Datum   Unterschrift
(Beglaubigung nicht erforderlich)

■ *Kosten.* Wie zu § 115 Muster Rdn. 8 M.

IV. Inventarerrichtung durch den Erben

1. Die Inventarerrichtung erfolgt entweder freiwillig durch den Erben (§ 1993 BGB) oder auf Antrag eines Nachlassgläubigers (§ 1994 Abs. 1 Satz 1 BGB); sie führt die Beschränkung der Haftung des Erben nicht herbei. Auf Antrag eines Gläubigers bestimmt das Nachlassgericht eine Frist, innerhalb welcher der Erbe ein Nachlassinventar errichten muss. Er hat es auf Verlangen des Gläubigers durch eidesstattliche Versicherung zu bekräftigen (§ 2006 BGB). *Versäumt* der Erbe die Frist, so *verliert* er die *Beschränkbarkeit* der Haftung und haftet von nun an unbeschränkt (§ 1994 Abs. 1 Satz 2 BGB).

Ein *Miterbe*, der zugleich Nachlassgläubiger ist, hat keine Berechtigung, nach § 1994 Abs. 1 Satz 1 BGB einen Antrag auf Bestimmung einer Inventarfrist zu stellen.[3]

2. Zur Inventarerrichtung muss gem. § 2002 BGB eine nach dem Landesrecht zuständige Behörde oder ein nach dem Landesrecht (Art. 147 EGBGB) zuständiger Beamter oder ein Notar hinzugezogen werden. Der Notar hat die Stellung eines Beistandes. Er ist zur Prüfung der Vollständigkeit und Richtigkeit des Inventars nicht verpflichtet. Seine Mitunterschrift genügt. Der Beistand muss ebenso wie der Erbe das Inventar unterschreiben.[4]

Die Frist wird nur durch rechtzeitige *Einreichung* gewahrt.

Inventarerrichtung durch den Erben unter Zuziehung eines Notars:

An das Amtsgericht in .....
Am ..... ist an seinem letzten Wohnsitz ..... der Herr ..... verstorben. Ich bin ausweislich des dort unter Az. ..... eröffneten Testaments vom ..... sein alleiniger Erbe. Ich habe unter Mithilfe des Notars ..... über den Bestand des Nachlasses das nachfolgende Inventar errichtet:

a) **Nachlassgegenstände:**
1. das im Grundbuch von ..... Blatt ..... verzeichnete, in ..... gelegene Anwesen mit einem Verkehrswert (siehe beigefügtes Gutachten des Sachverständigen .....) von   110.000 €
2. Bankguthaben in Höhe von   720 €
3. ausstehende Forderungen   12.500 €
4. Wohnungseinrichtung   3.000 €
5. persönliche Gebrauchsgegenstände   wertlos
zusammen   185.500 €

b) **Verbindlichkeiten:**
1. Beerdigungskosten   5.650 €
2. grundpfandrechtlich gesicherte Bankverbindlichkeiten   80.000 €
3. private Darlehnsschulden   100.000 €
4. Steuerschulden   40.000 €   225.650 €
Überschuldung   80.150 €

Unterschrift des Erben
Bei der Aufnahme des Inventars habe ich als Notar mitgewirkt.

....., Notar

---

3 KG DNotZ 1980, 163; str.
4 RGZ 77, 247.

- **Kosten.** Des Notars: Geschäftswert § 115 Satz 2 GNotKG; 1,0 Gebühr nach Nr. 23502 KV GNotKG. Des Nachlassgerichts: Entgegennahme des Inventars: Festgebühr von 15 € gemäß Nr. 12410 KV GNotKG.

Antrag des Erben, das Inventar durch einen Notar aufnehmen zu lassen

17 Der Erbe wahrt die Inventarfrist auch dadurch, dass er beim Nachlassgericht die Aufnahme des Inventars beantragt.

18 M **An das Amtsgericht .....**

Betr.: Nachlasssache E – IV .....
Das Amtsgericht ..... hat mir durch Beschluß vom ..... eine Frist von sechs Wochen zur Errichtung des Inventars betreffend den Nachlass des E. gesetzt.
Ich beantrage, die Aufnahme einem Notar zu übertragen.
Ort, Datum   Unterschrift
[Beglaubigung nicht erforderlich]

- **Kosten.** Maßgebend ist der Wert der aufzunehmenden Gegenstände. Des Notars: § 115 Satz 2 GNotKG, 2,0 Gebühr nach Nr. 23500 KV GNotKG. Des Nachlassgerichts: Antrag, den Notar zu beauftragen: Festgebühr von 40 € gemäß Nr. 12412 KV GNotKG.

Inventaraufnahme durch einen Notar

19 Das Nachlassgericht kann die Aufnahme des Inventars einem Notar übertragen (§§ 2003 Abs. 1 Satz 1 BGB und 20 Abs. 5 BNotO). Der Erbe ist verpflichtet, die zur Inventaraufnahme erforderlichen Auskünfte zu erteilen, sonst verliert er die Beschränkbarkeit seiner Haftung (§ 2005 Abs. 1 BGB).

20 M Durch das AG ..... Nachlassgericht, wurde ich, Notar ..... in der Nachlassangelegenheit Az. VI ..... mit der Aufnahme eines Inventars nach § 2003 BGB beauftragt.
Dies wird nach Grundbucheinsicht, Auskünfte durch die Erbin ..... Vorlage eines Wertgutachtens durch den Sachverständigen ..... und durch den Steuerberater des Erblassers sowie Einsicht in Bankunterlagen wie folgt aufgenommen:

I.	**Aktiva des Nachlasses**	
1.	Grundbesitz, eingetragen im Grundbuch des Amtsgerichts ..... von ..... Blatt (Anwesen .....)	350.000 €
2.	Wertpapierdepot bei	30.000 €
3.	Sparguthaben Konto-Nr. ..... bei	15.000 €
4.	Wohnungseinrichtung, persönliche Gebrauchsgegenstände	wertlos
	zusammen	395.000 €
II.	**Passiva des Nachlasses**	
1.	grundpfandrechtlich abgesichertes Darlehen Nr ..... bei	200.000 €
2.	Kontoüberziehung, Konto-Nr ..... bei	20.000 €
3.	Steuerschulden	95.000 €
4.	Beerdigungskosten	12.000 €
	zusammen	327.000 €

Diesbezüglich wurde das Nachlassinventar errichtet. Die Niederschrift wurde errichtet am ….. durch ….., Notar in …..
….., den …..
gez. Notar

Der Notar hat, wenn er andere als rechtsgeschäftliche Erklärungen, z.B. Tatsachenäußerungen entgegennimmt und sonstige Tatsachen beachtet, nach § 36 BeurkG hierüber eine Niederschrift zu fertigen, die den Anforderungen von § 37 BeurkG entspricht. Für einfache Zeugnisse ist daneben die Form des Vermerks (§ 39 BeurkG) zugelassen. Will der Notar einen Bericht über seine Wahrnehmungen erstatten, muss er die Form des § 37 BeurkG einhalten, will er nur das Ergebnis seiner Wahrnehmungen wiedergeben, genügt die Form des § 39 BeurkG.[5]   21

■ *Kosten.* Siehe Muster Rdn. 18 M.

Antrag des Gläubigers auf Bestimmung einer Inventarfrist

Der Antragsteller hat seine Forderung glaubhaft zu machen (§ 1994 Abs. 2 Satz 1 BGB, § 15 FGG; § 294 Abs. 1 ZPO). Während des Schwebens der Nachlassverwaltung oder der Nachlassinsolvenz darf eine Inventarfrist nicht bestimmt werden (§ 2000 Satz 2 BGB). Gegenstandslos ist der Antrag, wenn der Erbe oder jemand, dessen Inventarerrichtung ihm zustattenkommt (Miterbe, Vorerbe), ein Inventar bereits errichtet hat (§ 2004 BGB[6]).   22

An das Amtsgericht in …..   23 M

….. ist ausweislich der anliegenden Sterbeurkunde am ….. verstorben. Er soll eine Verfügung von Todes wegen hinterlassen haben. Erbin soll seine bei ihm wohnende Schwester ….. in ….. geworden sein. Der Verstorbene schuldet mir gemäß dem in Fotokopie anliegenden Schuldschein 5.000 € nebst 2 % Zinsen, die seit einem Jahr rückständig sind. Infolge der Nichtzahlung der Zinsen ist auch das Kapital seit einem Jahr fällig geworden. Ich stelle beim Nachlassgericht den Antrag, der Erbin ….. eine Frist zur Inventarerrichtung zu setzen.
Ort, Datum   Unterschrift
[Beglaubigung nicht erforderlich]

■ *Kosten.* Gerichtskosten: Festgebühr von 25 € nach Nr. 12411 KV GnotKG

Antrag auf Abnahme der eidesstattlichen Versicherung

Auf Antrag eines Gläubigers hat der Erbe die eidesstattliche Versicherung zum Nachlassverzeichnis abzugeben (§ 2006 Abs. 1 BGB). Wenn der Erbe die Leistung der eidesstattlichen Versicherung verweigert, verliert er gegenüber dem Gläubiger, der den Antrag gestellt hat, die Beschränkbarkeit seiner Haftung, sodass die unbeschränkte Haftung des Erben mit seinem eigenen Vermögen eintritt (§ 2006 Abs. 3 BGB).   24

Die eidesstattliche Versicherung nach § 2006 Abs. 1 BGB kann nicht vor dem Notar, sondern nur gegenüber dem Nachlassgericht abgegeben werden.

---

5 *Jansen*, § 36 BeurkG Anm. 13.
6 KGJ 34, 92.

25 M **An das Amtsgericht in .....**

Betr.: Nachlasssache E. – IV .....
Als Nachlassgläubiger (s. dazu bereits meinen Antrag auf Bestimmung einer Inventarfrist) verlange ich von Frau ..... die Leistung der eidesstattlichen Versicherung darüber, dass sie in dem von ihr errichteten Inventar vom ..... die Nachlassgegenstände so vollständig angegeben hat, wie sie dazu imstande ist.
Ort, Datum   **Unterschrift**
[Beglaubigung nicht erforderlich]

- *Kosten.* Des Gerichts 0,3 Gebühr Tabelle A Nr. 15212 (Nr. 1) KV GNotKG.

§ 116 Verwaltung des Nachlasses durch eine Erbengemeinschaft

Wenn keine Testamentsvollstreckung besteht, bilden mehrere Miterben eine Erbengemeinschaft genannte Verwaltungsgemeinschaft (Gesamthandsgemeinschaft). Sie haben Erhaltungsmaßregeln zu treffen und bei Verwaltungshandlungen mitzuwirken. 1

I. Erhaltungsmaßnahmen

Erhaltungsmaßnahmen in Bezug auf den Nachlaß kann jeder Miterbe ohne Mitwirkung der anderen treffen (§ 2038 Abs. 1 Satz 2 Halbs. 2 BGB). 2

II. Verwaltungshandlungen

1. Im Übrigen wird die **ordnungsgemäße und die laufende Verwaltung** (z.B. Auswechslung einer alten aber noch funktionsfähigen Heizung) durch *Mehrheitsbeschlüsse* geregelt; dabei richtet sich die Stimmenmehrheit nach der Größe der Erbanteile ohne Rücksicht auf die Ausgleichspflicht nach §§ 2050 ff. BGB (§§ 2038 Abs. 2, 745 Abs. 1 Satz 2 BGB). Die Mehrheitsbeschlüsse müssen ordnungsgemäß gefasst werden, insbesondere muss allen Miterben Gelegenheit gegeben werden, sich zu äußern. Die Miterben haben gegenseitig einen – im Klageweg durchsetzbaren – Anspruch auf Mitwirkung an Maßnahmen der ordnungsgemäßen Verwaltung (§ 2038 Abs. 1 Satz 2 BGB). Ein Mehrheitsbeschluss der Erbengemeinschaft ist aber nicht bereits deshalb unwirksam, weil ein Miterbe nicht gehört worden ist. Die Unterlassung der Anhörung kann jedoch – wenn die sonstigen Voraussetzungen vorliegen – zu Schadensersatzansprüchen führen. Hat die Mehrheit der Miterben eine ordnungsgemäße Maßnahme zur *Verwaltung* des Nachlasses beschlossen, so kann sie die Maßnahme ohne die Mitwirkung der überstimmten Miterben mit Wirkung für und gegen die Erbengemeinschaft ausführen.[1] 3

2. Außerordentliche Verwaltungsmaßnahmen, d.h. solche, die weder auf Erhaltung gehen noch die ordnungsgemäße und laufende Verwaltung betreffen (z.B. Immobilienverkauf), bedürfen der Übereinstimmung aller Miterben. 4

Jeder Miterbe hat Anspruch auf einen seinem Erbteil entsprechenden Bruchteil der *Nutzungen* (§§ 2038 Abs. 2, 743 BGB). Dieses Recht kann ihm durch Mehrheitsbeschluss nicht entzogen werden. Doch können die Miterben die Teilung der Nutzungen grundsätzlich erst nach der Auseinandersetzung verlangen, weil sich dann erst übersehen lässt, ob ihnen mit Rücksicht auf Nachlassverbindlichkeiten und Ausgleichsverpflichtungen etwas zukommt (§ 2038 Abs. 2 Satz 2 BGB). Auch durch Mehrheitsbeschluss kann eine frühere Verteilung nicht erzwungen werden, wohl aber ist sie bei Einigkeit aller Miterben zulässig. S. aber § 2038 Abs. 2 Satz 3 BGB. Nur wenn die Auseinandersetzung nach §§ 2043 bis 2045 BGB länger als 1 Jahr ausgeschlossen ist, kann die Teilung des Erbteils jeweils am Ende 1 Jahres verlangt werden. 5

---

1 BGHZ 56, 47 = DNotZ 1972, 22.

§ 116 Verwaltung des Nachlasses durch eine Erbengemeinschaft

Niederschrift über einen Mehrheitsbeschluss einer Erbengemeinschaft

6 M Die Erben des am ..... verstorbenen E. sind durch eingeschriebenen Brief heute in die Wohnung des Miterben A. geladen worden, um über folgende Verwaltungshandlungen Beschluss zu fassen:
1. Vermietung der im Hause ..... frei werdenden Dreizimmerwohnung,
2. Bestellung eines Hausmeisters für das Haus .....
3. Erhebung einer Klage gegen den Miterben D. auf Herausgabe der von ihm eingezogenen Mieten.

Es waren die Miterben A., B. und C. erschienen. D. (Miterbe zu $1/6$) war eingeladen, aber nicht erschienen, hatte sein Ausbleiben auch nicht entschuldigt. A. vertritt drei Sechstel, B. ein Sechstel, C. ein Sechstel. Es wurden folgende Beschlüsse gefasst:
1. Die Wohnung im Hause ..... soll an ..... zu einem Mietzins von netto 700 € monatlich zuzüglich Nebenkosten vermietet werden.
2. Zum Hausmeister des Hauses sollen die Eheleute ..... bestellt werden. Sie erhalten hierfür monatlich eine Vergütung von 1.000 € zuzüglich Umsatzsteuer.
3. Gegen D. soll Klage auf Zahlung von 8.000 € erhoben werden.

Für die Beschlüsse zu 1 und 2 stimmten A., B. und C. für den Beschluss zu 3 stimmten A. und B., während sich C. der Stimme enthielt.

Ort, Datum   Unterschriften
[Beglaubigung nicht erforderlich]

■ *Kosten.* Des Notars: Bei notariell errichtetem Protokoll: Geschäftswert § 98 Abs. 1 (1/2 des Geschäftswerts des Geschäfts, zu dem die Zustimmung erteilt wird), Gebühr: 2,0 gemäß Nr. 21100 KV GNotKG.

§ 117 Erbauseinandersetzung unter Miterben

I. Erbengemeinschaft

Die Erbengemeinschaft ist Gemeinschaft zur gesamten Hand. Vor der Auseinandersetzung ist der Nachlass gemeinschaftliches Vermögen. Die Miterben haben ein Anteilsrecht an den einzelnen Nachlassgegenständen nach dem Verhältnis ihrer Erbteile, aber keiner kann für sich allein über seinen Anteil an den einzelnen Nachlassgegenständen verfügen (§ 2033 Abs. 2 BGB). Die Erben können daher auch nur gemeinschaftlich Außenstände einziehen. **1**

II. Ausgleichungspflicht

Unter *Abkömmlingen* wird kraft Gesetzes ausgeglichen, wenn sie zur *gesetzlichen* Erbfolge berufen sind oder wenn der Erblasser sie auf dasjenige eingesetzt hat, was sie als gesetzliche Erben erhalten würden (§ 2052 BGB). Auszugleichen sind einerseits folgende Zuwendungen des Erblassers, die die Abkömmlinge bei Lebzeiten des Erblassers erhalten haben: **2**
– Ausstattungen, also das, was die Eltern dem Kind mit Rücksicht auf seine Verheiratung oder auf die Erlangung einer selbstständigen Lebensstellung zur Begründung oder zur Erhaltung eines Betriebes oder der Lebensstellung zugewendet haben (§ 1624 BGB).[1] **3**
– Zuschüsse zu den Einkünften, z.B. an einen Referendar.
– Aufwendungen für die Berufsvorbildung, z.B. Studiengelder, aber nur insoweit, als sie, an den Verhältnissen des Erblassers gemessen, übermäßig sind (z.B. Studiengebühren an einer ausländischen privaten Universität).
– Sonstige Zuwendungen nur dann, wenn der Erblasser die Ausgleichung bei der *Zuwendung angeordnet* hat.

Auszugleichen sind kraft Gesetzes andererseits besondere Leistungen eines Abkömmlings gegenüber dem Erblasser (§ 2057a BGB): **4**
– Ausgleich für besondere Leistungen durch Mitarbeit im Haushalt, Beruf oder Geschäft des Erblassers während längerer Zeit durch erhebliche Geldleistungen oder in anderer Weise.
– Längere Pflegeleistungen für den Erblasser.

Die Ausgleichung erfolgt nur unter den Abkömmlingen. Sie wird a) – Schritt 1 – durch Hinzurechnen des auszugleichenden Wertes zum Nachlass, soweit er den Abkömmlingen zusteht (§ 2055 Abs. 1 Satz 2 BGB) und b) – Schritt 2 – durch Anrechnung auf den Erbteil des Pflichtigen erreicht (§ 2055 Abs. 1 Satz 1 BGB). Etwas herauszuzahlen braucht der Pflichtige nicht, er erhält schlimmstenfalls nichts aus dem Nachlass (§ 2056 BGB). **5**

Darüber hinaus kann unter Abkömmlingen, aber auch im Verhältnis zu anderen Miterben eine Ausgliederung durch letztwillige Verfügung angeordnet werden. **6**

III. Vollständige Auseinandersetzung, Grundsätze

1. Zunächst sind die Nachlass*verbindlichkeiten* zu berichtigen. Zu diesem Zweck ist, soweit erforderlich, der Nachlass in Geld umzusetzen. **7**

---

1 S. dazu BGHZ 44, 91.

8 2. Was verbleibt, ist unter den Miterben nach dem Verhältnis der Erbteile zu verteilen. Die *Teilung* hat, wenn ohne Wertminderung völlig gleichartige Lose gebildet werden können, in Natur zu erfolgen (§ 752 BGB), anderenfalls durch Verkauf, und zwar nach den Vorschriften des Pfandverkaufs (§ 753 BGB i.V.m. §§ 1233 ff. BGB) und bei Grundstücken durch Zwangsversteigerung (§ 753 BGB i.V.m. §§ 180 bis 184 ZVG). Der Testamentsvollstrecker kann freihändig verkaufen (RGZ 108, 289). Forderungen sind einzuziehen und nur zu verkaufen, wenn die Einziehung noch nicht möglich ist (§ 754 BGB).

9 Die Auseinandersetzung des gesamten (noch unverteilten) Nachlasses kann entweder durch Übereignung/Übertragung der einzelnen Nachlassgegenstände auf die Erben erfolgen (Rdn. 14 M) oder durch Erbanteilsübertragung auf einen Erben und Ausgleichsleistungen für die anderen (Rdn. 15 M).

10 3. Die *Ausführung* der Teilung erfolgt durch den etwa bestellten Testamentsvollstrecker, sonst durch die Miterben selbst. Sind die Erben einig, kann der Erbauseinandersetzungsvertrag ohne Weiteres beurkundet werden. Ein Auseinandersetzungsverbot des Erblassers steht der Wirksamkeit einer Verfügung über Nachlassgegenstände nicht entgegen, wenn sie von allen Erben (auch Nacherben) oder im Fall der Testamentsvollstreckung von dem Testamentsvollstrecker und allen Erben gemeinsam getroffen wird. Im Fall der Nacherbeneinsetzung bedarf es der Mitwirkung bloßer Ersatznacherben nicht.[2]

11 4. Die Erbengemeinschaft kann auch ein Grundstück *erwerben*, nach allg. Meinung[3] jedoch nur durch ein Rechtsgeschäft, das sich auf den Nachlass bezieht (§ 2041 BGB), bei dem also ein innerer Zusammenhang zwischen Erwerb und Nachlass besteht, vor allem, wenn Mittel des Nachlasses dazu verwendet werden und der handelnde Miterbe nicht das Grundstück für sich allein erwerben will.[4] Die Beziehung des Erwerbs zum Nachlass lässt sich in der Regel aus der Herkunft der Mittel feststellen.

12 Eine durch Auseinandersetzung aufgelöste Erbengemeinschaft kann nicht durch Vertrag wiederhergestellt werden.[5]

13 5. Auf Antrag eines Miterben kann das Nachlassgericht oder der Notar die Teilung vermitteln (§§ 363 ff., 487 FamFG, § 20 Abs. 5 BNotO). Kommt eine Einigung nicht zustande, so kann ein Miterbe die anderen auf Ausführung der Teilung gemäß einem von ihm aufgestellten Auseinandersetzungsplan verklagen. Das Prozessgericht verurteilt nur zu den Leistungen, die erforderlich sind, um einen den gesetzlichen Vorschriften entsprechenden Teilungsplan durchzuführen.

Vollständige Erbauseinandersetzung über Grundstück und Sparguthaben

14 M Beurkundet am ..... in ..... durch ..... in Anwesenheit von .....

I. Vorbemerkungen, Erbfall

Der am ..... in ..... verstorbene ..... hat uns in seinem Testament vom ....., das vom Amtsgericht ..... unter dem Aktenzeichen: ..... IV ..... eröffnet wurde, als Erben zu je einem Drittel eingesetzt.

---

2 BGH DNotZ 1964, 623.
3 S. z.B. BayObLG NJW-RR 1992, 328.
4 KG DR 1944, 190.
5 KGJ 31, 138; KG DNotZ 1952, 84.

II. Bestand des Nachlasses, Grundtatbestand

1. Der Nachlass besteht noch aus:
a) der in ..... gelegenen, im Grundbuch von ..... Blatt ..... noch für den Erblasser eingetragenen Immobilie ..... Deren Wert vereinbaren wir mit 75.000 €,
b) einem Guthaben bei der Stadtsparkasse ..... von 25.000 €, worüber das Sparbuch ..... ausgestellt ist.
Die beweglichen Sachen sind bereits geteilt.
2. Auf dem Nachlass lasten folgende Schulden:
a) eine Grundschuld von 15.000 € auf dem Grundstück für ....., die noch voll valutiert,
b) Darlehensverbindlichkeit aus Darlehen Nr ..... .gegenüber ..... von 10.000 €.
Hiernach betragen die Aktiva 100.000 €, die Passiva 25.000 €, sodass ein Reinnachlass von 75.000 € zu verteilen ist. Jedem Miterben steht ein Wert von 25.000 € zu. Ausgleichspflichten nach §§ 2050 ff. BGB bestehen nicht.

III. Zuteilung

Wir setzen uns über den Nachlass wie folgt auseinander:
1. Frau Anna Müller erhält die o.a. Immobilie allein. Sie übernimmt als Alleinschuldnerin die Grundschuld von 15.000 € in Abt. III lfd. Nr. 1 nebst zugrunde liegender Verbindlichkeit und die Darlehnsschuld von 10.000 € mit den Zinsen ab ..... und verpflichtet sich, ihre Miterben von diesen Verpflichtungen zu befreien, gleichviel, ob die Gläubiger die übrigen Erben aus der Schuldhaft freigeben oder nicht.
Frau Müller bekennt Gläubiger a) einen sofort fälligen Betrag von 15.000 € nebst Zinsen von ..... % jährlich, nachträglich am Ende eines Kalenderjahres fällig und Gläubiger b) einen sofort fälligen Betrag von 15.000 €, unverzinslich, zu schulden und unterwirft sich den Gläubigern der übernommenen Verbindlichkeiten gegenüber der sofortigen Zwangsvollstreckung aus dieser Urkunde in ihr gesamtes Vermögen.
Der Notar soll unter Übersendung einer vollstreckbaren Ausfertigung dieses Vertrages die Entlassung der übrigen Erben aus der persönlichen Schuldhaft und die Genehmigung der Schuldübernahmen beantragen sowie sich die Valuten mitteilen lassen.
Sollte ein Gläubiger die Schuldübernahme nicht genehmigen oder das Darlehen aus Anlass dieses Vertrages kündigen, so hat die Erwerberin es auf eigene Rechnung abzulösen. Sollte ein Gläubiger aus Anlass der Schuldübernahme einmalige Leistungen fordern, so gehen diese zu Lasten von Frau Anna Müller.
2. Herr Walter Arndt und Frau Erika Schulze erhalten je 12.500 € Sparkassenguthaben aus dem Nachlass und je 12.500 € als bare Abfindung von Frau Anna Müller, die innerhalb von 3 Monaten ab heute fällig ist.
3. Wegen der Zahlungsverpflichtungen (bare Abfindungen nach Nr. 2) unterwirft sich Frau Anna Müller ihren Geschwistern gegenüber der sofortigen Zwangsvollstreckung in ihr gesamtes Vermögen; vollstreckbare Ausfertigungen können nach Ablauf von 3 Monaten ohne weitere Fälligkeitsnachweise erteilt werden

IV. Übertragung

1. Auf Frau Müller gehen der Besitz, die Nutzungen, die Gefahr und die Rechte aus den grundstücksbezogenen Versicherungen mit dem heutigen Tage über, die Beitragspflichten zu den Versicherungen und die Lasten mit dem nächsten Fälligkeitstermin. Erschließungskosten- und Anliegerbeiträge werden von Frau Müller übernommen, soweit sie noch nicht fällig sind. Vorausleistungen werden an sie abgetreten.
2. Das Haus ist vermietet. Frau Müller setzt das Mietverhältnis fort. Ihr steht die Miete ab heute zu. Sie erhält die Kaution und übernimmt deren Rückzahlung.

3. Der Grundbuchinhalt wurde vom Notar am ..... festgestellt. Nicht eingetragene Rechte am Grundstück sind den Erben nicht bekannt. Die Rechte Abt. II Nrn. 2 und 4 sind bekannt und werden übernommen.

4. Die Veräußerer übernehmen keinerlei Gewährleistung für die Beschaffenheit des Grundbesitzes. Bei diesem Grundbesitz handelt es sich um ein mit einem Einfamilienhaus belastetes Baugrundstück, wobei das Wohnhaus ca. 1955 bis 1960 errichtet wurde, 1985 umfassend renoviert und saniert wurde und das bis zum Todestag vom Erblasser selbst bewohnt wurde und seither vermietet ist und sich im Übrigen in dem allen Beteiligten bekannten Zustand befindet und in diesem übertragen wird, was hiermit im Weg der Beschaffenheitsvereinbarung vereinbart wird. Wegen Sachmängeln stehen Frau Müller keine Ansprüche oder Rechte zu, auch keine Ansprüche auf Schadensersatz, es sei denn die Veräußerer handelten vorsätzlich.

Im Übrigen wird der Grundbesitz von den Veräußerern frei von Rechten Dritter übertragen. Die Veräußerer übernehmen die Gewährleistung dafür, dass ihnen nicht im Grundbuch eingetragene altrechtliche Dienstbarkeiten, Baulasten und nachbarliche Beschränkungen nicht bekannt sind. Eine darüber hinausgehende Rechtsmängelhaftung übernehmen die Veräußerer nicht.

5. Die Erben sind darüber einig, dass der oben bezeichnete Grundbesitz das Alleineigentum der Frau Anna Müller übergeht und bewilligen die Eigentumsumschreibung auf sie, die durch Frau Anna Müller beantragt wird.

Eine Vormerkung zur Sicherung des Erwerbsanspruchs soll nicht eingetragen werden.

6. Die Erben treten von dem zu II. 1b angegebenen Sparguthaben je 12.500 € mit den Zinsen seit ..... an Herrn Walter Arndt und Frau Erika Schulze ab und beantragen bei der Stadtsparkasse, das auf den Namen des Erblassers lautende Sparkassenbuch einzuziehen und neue Sparkassenbücher über je 12.500 € den neuen Gläubigern auszuhändigen.

V. Kosten und Hinweise

1. Eine etwaige Erbschaftsteuer trägt jeder Erbe unabhängig von dem ihm Zugeteilten nach dem Steuerwert seiner Erbquote.

Die Kosten dieses Vertrages und seiner gesamten Ausführung tragen die Erben zu je einem Drittel. Alle Genehmigungen werden wirksam mit ihrem Eingang beim Notar, der sie einholen soll.

2. Dass die Unbedenklichkeitsbescheinigung wegen der Grunderwerbsteuer den Eintragungsanträgen zum Grundbuch beigefügt werden muss, ist den Erben bekannt. Auf die gesamtschuldnerische Haftung für Grundbesitzabgaben und Kosten wurden sie hingewiesen.

....., Notar

■ *Kosten.*
a) Des Notars: Geschäftswert: Summe der Aktiva des Nachlasses ohne Schuldenabzug gem §§ 93 Abs. 1, 3, 36, 38 GNotKG; Gebühr: 2,0 gemäß Nr. 21100 KV GNotKG; zus. wg. Schuldbekenntnis: Geschäftswert § 53 Abs. 2, Gebühr: 1,0 gemäß Nr. 21200 KV GNotKG; zus. wg. Schuldübernahmegenehmigung 0,5 Vollzugsgebühr gem. Nr. 22110 (Nr. 8) KV GNotKG; Geschäftswert § 113 GNotKG.b)
b) Kosten des Grundbuchamts: 1,0 Tabelle B nach Nr. 14110 Nr. 1 KV GNotKG, Geschäftswert hälftiger Immobilienwert gem. § 70 Abs. 2. Satz 1 GNotKG; die Privilegierung gemäß Anlage zu Nr. 14110 Abs. 2 KV GNotKG ist m.E. nicht einschlägig, sondern erfasst nur die Eintragung der Erben innerhalb von 2 Jahren nach dem Todesfall.

Vollständige Erbauseinandersetzung durch Erbanteilsüberlassung

15 M

Verhandelt am ..... in ..... durch ..... in Anwesenheit von .....
1. Am ..... verstarb Herr Karl Müller, unser Vater. Dieser hat uns in seinem notariell beurkundeten Testament vom ......, das von dem Amtsgericht ..... Nachlassgericht ..... unter dem Aktenzeichen ..... eröffnet wurde, als Erben je zur Hälfte eingesetzt. Im Nachlass befindet sich nach unserer Auffassung nur noch der nachstehende Grundbesitz.
2. Im Grundbuch des Amtsgerichts ..... von ..... Blatt ..... ist der nachstehende Grundbesitz eingetragen:
FINr ..... .der Gemarkung .....
Als Eigentümer ist noch Herr Karl Müller eingetragen. Abteilung II des Grundbuchs ist lastenfrei. In Abteilung III des Grundbuchs ist eingetragen: Grundschuld über ..... zugunsten von .....
Die Löschungsbewilligung des Grundpfandrechtsgläubigers und der Grundschuldbrief wurden dem beurkundenden Notar zur Beurkundung mit vorgelegt. Der Löschung dieser Grundschuld wird durch uns mit dem Antrag auf Vollzug hiermit zugestimmt.
3. Ziel der nachstehenden Abrede ist es, dass Fritz Müller Alleineigentümer des in Ziffer 2 aufgeführten Grundbesitzes wird und dafür an Franz Müller einen Betrag in Höhe von 80.000 € (die Hälfte des von uns übereinstimmend geschätzten Verkehrswerts von 160.000 € des Grundbesitzes) bezahlt. Soweit sich entgegen unserer Vermutung im Nachlass noch weiteres Vermögen befindet, steht dies Fritz Müller zur Hälfte zu und hat dies Franz Müller an Fritz Müller zur Hälfte zu übertragen; soweit entgegen unserer Einschätzung noch Nachlassverbindlichkeiten bestehen, tragen wir diese je zur Hälfte.
4. Franz Müller – »Veräußerer« – veräußert hiermit an Fritz Müller – »Erwerber« – alleine seinen Erbanteil nach dem in § 1 der Urkunde näher aufgeführten Erblasser.
Wir sind über die Erbanteilsabtretung vom Veräußerer auf den Erwerber hiermit einig und bewilligen und
beantragen
diese in das Grundbuch im Wege der Grundbuchberichtigung einzutragen.
Auf dingliche Sicherungsmaßnahmen zugunsten des Veräußerers (aufschiebend bedingte Abtretung oder ausgesetzte Abtretung) wurde nach Belehrung durch den Notar verzichtet.
5. Der Erwerber hat an den Veräußerer als Gegenleistung einen Betrag in Höhe von 80.000 € zu bezahlen, der innerhalb von 6 Wochen ab heute zur Zahlung fällig ist. Der Erwerber unterwirft sich wegen der Zahlungsverpflichtung der sofortigen Zwangsvollstreckung aus der Urkunde in sein gesamtes Vermögen; vollstreckbare Ausfertigungen dürfen nach Ablauf von 6 Wochen ab heute ohne weitere Fälligkeitsnachweise erteilt werden.
6. Der Veräußerer haftet dem Erwerber dafür, dass ihm der veräußerte Erbanteil zusteht und er frei von Rechten Dritter ist und dass darüber hinaus sich der Grundbesitz in Ziffer 2 der Urkunde im Nachlass befindet und dieser nicht mit anderen oder weiteren Rechten als den in § 2 aufgeführten belastet ist. Eine darüber hinausgehende Haftung oder Gewährleistung insbesondere für Sachmängel der Nachlassgegenstände wird weder verlangt noch geleistet.
7. Besitz, Nutzen und Lasten sowie die Gefahr des zufälligen Untergangs und der zufälligen Verschlechterung des Grundbesitzes nach Ziffer 2 der Urkunde gehen auf den Erwerber mit sofortiger Wirkung über.
Offene Erschließungskosten im Sinne des Baugesetzbuchs und Anliegerbeiträge nach dem KAG und solche, die mit Bescheid ab dem heutigen Tag erhoben werden, trägt der Erwerber, an den umgekehrt eventuelle Vorausleistungen abgetreten werden. Soweit

die Beteiligten bisher Nutzungen aus dem Nachlass gezogen haben oder Verwendungen hierfür geleistet haben, verbleibt es dabei. Gegenseitige Ausgleichsansprüche bestehen nicht. Auf etwa darüber hinausgehende Ansprüche wird wechselseitig verzichtet.

8. Der Notar wies die Beteiligten darauf hin, dass durch die Übertragung sämtliche sich im unverteilten Nachlass befindlichen Nachlassgegenstände auf den Erwerber übergehen und dass für Nachlassverbindlichkeiten sowohl der Veräußerer als auch der Erwerber haftet.

9. Die Kosten der Errichtung und Ausfertigung der Urkunde und ihres Vollzugs sowie eventuell anfallende Verkehrssteuern trägt der Erwerber.

Wenn unter Miterben die vollständige Erbauseinandersetzung durch Erbanteilsübertragung auf einen Miterben gelingt, dem dann der wesentliche Nachlass »anwächst«, während die Miterben einzelne Gegenstände oder Auszahlungen erhalten, ist dies kostengünstiger als die gegenständliche Verteilung (z.B. im Muster Rdn. 14 M), da der Geschäftswert die übertragenen Anteile sind und nicht der gesamte Nachlass.

■ *Kosten.* Kosten des Notars: Geschäftswert anteiliger Aktivnachlass (entsprechend den übertragenen Erbquoten – ohne Schuldenabzug) §§ 97, 36, 38 GNotKG. Gebühr 2,0 gemäß Nr. 21100 KV GNotKG. Falls lediglich Übersendung einer begl. Ablichtung oder Ausfertigung zur Anzeige der Anteilsabtretung: keine Betreuungsgebühr nach Nr. 22200 (Nr. 6) KV GNotKG; falls »echte Anzeige« Betreuungsgebühren von 0,5 gemäß Nr. 22200 (Nr. 6) KV GNotKG – Geschäftswert § 113 GNotKG.

Kosten des Gerichts: beim Grundbuchamt 1,0 Gebühr Tabelle B nach Nr. 14110 KV GNotKG – Geschäftswert: Hälfte des Immobilienwerts gem. § 70 GNotKG; beim Nachlassgericht wg. Entgegennahme der Anzeige: Festgebühr von 15 € nach Nr. 12410 KV GNotKG.

IV. Teilerbauseinandersetzung

1. Vorbemerkungen

16 Die Auseinandersetzung unter mehreren Miterben nach den §§ 2042 ff., 749 Abs. 2, 3 und 750–758 BGB sieht eine vollständige Abwicklung des Nachlasses in gegenständlicher und persönlicher Hinsicht voraus, durch die sowohl die Miterbengemeinschaft aufgelöst, als auch der gesamte Nachlass nach Begleichung der einzelnen Verbindlichkeiten verteilt ist.

17 Davon abweichend können die Beteiligten, vorausgesetzt alle Miterben sind damit einverstanden und wirken daran mit, eine beschränkte Teilauseinandersetzung vornehmen. Die Beschränkung kann sowohl gegenständlicher als auch persönlicher Natur sein.

18 Eine gegenständlich beschränkte Teilauseinandersetzung bewirkt, dass die Erbengemeinschaft bestehen bleibt und sämtliche Erben an ihr nach wie vor beteiligt sind. Einzelne Nachlassgegenstände befinden sich nach Durchführung der Teilerbauseinandersetzung in sachlicher Hinsicht allerdings nicht mehr im Gesamthandseigentum der Erbengemeinschaft, sondern werden nur einem der Miterben zum Alleineigentum bzw. zur alleinigen Berechtigung zugewiesen.

19 Eine Teilauseinandersetzung in persönlicher Hinsicht führt dazu, dass einzelne Mitglieder der Erbengemeinschaft aus der Erbengemeinschaft ausscheiden, die unter den übrigen Mitgliedern der Erbengemeinschaft fortbesteht.

2. Vollzug einer gegenständlich beschränkten Teilerbauseinandersetzung

Eine gegenständlich beschränkte Auseinandersetzung wird dadurch vollzogen, dass die Erbengemeinschaft Teile des erbengemeinschaftlichen Eigentums auf ein Mitglied oder einzelne Mitglieder der Erbengemeinschaft veräußert und an diesen bzw. diese zum Alleineigentum bzw. zur alleinigen Berechtigung veräußert. 20

Formvorschriften für diese Form der Teilerbauseinandersetzung sind insoweit zu beachten, als sie für den zu veräußernden Gegenstand gelten, z.B. bei Veräußerung eines erbengemeinschaftlichen Grundstücks an einen der Miterben oder bei Veräußerung eines gemeinschaftlich gehaltenen GmbH-Anteils an einen der Miterben (s. dazu § 311b BGB und § 15 GmbHG). 21

Klärungsbedürftig ist jeweils, ob und inwieweit der begünstigte Erwerber zum Ausgleich für die Veräußerung ein Entgelt an die Erbengemeinschaft erbringt oder ob die Veräußerung ohne ein unmittelbar zu zahlendes Entgelt erfolgt und die Tatsache des Mehrempfangs nur bei der weiteren Erbauseinandersetzung berücksichtigt wird. In diesem Fall empfiehlt es sich, ebenfalls einen Betrag anzugeben, der bei der Resterbauseinandersetzung berücksichtigt werden soll. 22

3. Vollzug der persönlichen Teilerbauseinandersetzung

Der Vollzug der persönlichen Teilerbauseinandersetzung kann entweder dadurch erfolgen, dass der aus der Erbengemeinschaft ausscheidende Erbanteil auf einzelne, mehrere oder alle weiteren Mitglieder der Erbengemeinschaft im Wege der Erbanteilsübertragung und -veräußerung veräußert wird. Oder, wenn die Anwachsung an sämtliche verbleibenden Mitglieder der Erbengemeinschaft erfolgen soll, durch eine sogenannte »Abschichtungsvereinbarung«. 23

Für die Erbanteilsveräußerungen gelten die Ausführungen in § 118. 24

Die Abschichtungsvereinbarung wurde höchstrichterlich anerkannt in BGH ZEV 1998, 141. Sie erfolgt analog § 738 Abs. 1 Satz 1 BGB durch Anwachsung des Anteils des Ausscheidenden am erbengemeinschaftlichen Vermögen an die weiteren Mitglieder der Erbengemeinschaft. Diese Form der persönlichen Teilerbauseinandersetzung kommt nur in Betracht, wenn diese Anwachsung an sämtliche weitere Mitglieder der Erbengemeinschaft erfolgen soll. Nach Auffassung des BGH soll diese Form der persönlichen Teilerbauseinandersetzung formlos möglich sein. Wenn sich im Nachlass Grundbesitz befindet, ist das Grundbuch nur im Sinne des § 894 BGB zu berichtigen. 25

Gegenständliche Teilerbauseinandersetzung

Notarieller Urkundeneingang 26 M
I. Erben der am 19.05.2018 verstorbenen Sophie Müller sind deren Söhne Hans Müller und Ernst Müller je zu ein Halb. Die Erbfolge ergibt sich aus dem notariell beurkundeten Testament des Notars Dr. Kurz vom ..... UrNr., das durch das Amtsgericht Ingolstadt am ..... unter dem Aktenzeichen ..... eröffnet wurde. Im Nachlass befindet sich u.a. ein Geschäftsanteil in einer Höhe von 5.000 € an der insgesamt mit dem Stammkapital von 100.000 € ausgestatteten Müller GmbH mit dem Sitz in Ingolstadt, eingetragen im Handelsregister des Amtsgerichts Ingolstadt von Ingolstadt HRB ..... Der Geschäftsanteil von Sophie Müller ist nach Angabe in voller Höhe einbezahlt. Nach der Satzung führt weder die Vererbung von Geschäftsanteilen noch die Veräußerung dazu, dass die Gesellschafter Ausschluss- oder Einziehungsrechte geltend machen könnten oder Ankaufs- oder Vorkaufsrechte beanspruchen könnten.

II. Die aus Hans Müller und Ernst Müller bestehende Erbengemeinschaft veräußert diesen Geschäftsanteil an Ernst Müller zu dessen alleiniger Berechtigung.
Die Beteiligten sind über die entsprechende Geschäftsanteilsabtretung einig. Der dingliche Verzug erfolgt mit Wirkung ab dem heutigen Tag. Mit dem Geschäftsanteil verbundene Rechte zum Gewinnbezug stehen dem Erwerber uneingeschränkt zu, soweit der Gewinn noch nicht ausgeschüttet wurde.
III. Der Wert des Geschäftsanteils wird von den Beteiligten übereinstimmend mit 20.000 € angegeben.
[Alternative 1:]
Zahlung an die Erbengemeinschaft:
Ernst Müller verpflichtet sich zur Zahlung des entsprechenden Betrags in der Höhe von 20.000 € an die aus Hans und Ernst Müller bestehende Erbengemeinschaft auf das Konto der Erbengemeinschaft bei der ......-Bank. Der Betrag ist sofort zur Zahlung fällig. Ernst Müller unterwirft sich wegen der Zahlungsverpflichtung der sofortigen Zwangsvollstreckung aus dieser Urkunde in sein gesamtes Vermögen.
[Alternative 2:]
Die Beteiligten sind darüber einig, dass ein entsprechender Betrag von Ernst Müller heute nicht zu erbringen ist. Vielmehr wird der vorab von Ernst Müller bezogene Wert von 20.000 € im Rahmen der weiteren Erbauseinandersetzung berücksichtigt.
IV. Sonstige Abreden: .....

■ *Kosten des Notars.* 2,0 Gebühr gemäß Nr. 21100 KV GNotKG; Geschäftswert: Aktivawert (ohne Abzug evtl. Schulden) des auseinandergesetzen Anteils §§ 97, 36, 38 GNotKG Vollzugsgebühr wg. Gesellschafterliste von 0,5 Gebühr, max. 250 € gemäß Nr. 22113 KV GNotKG, weiterhin Vollzugsgebühr von 0,3 max. 250 € gemäß Nr. 22114 KV GNotKG; Geschäftswert jeweils § 112 GNotKG.

Persönliche Teilerbauseinandersetzung durch Erbanteilsveräußerung

27 M *[S. dazu bei § 118]*

Persönliche Teilerbauseinandersetzung durch Abschichtungsvereinbarung

28 M (Notarieller Urkundeneingang)
I. Im Nachlass der am ..... verstorbenen Sophie Müller befindet sich als einziger Nachlassgegenstand das im Grundbuch des Amtsgerichts Ingolstadt von Ingolstadt, Blatt 12.713 eingetragene Grundstück der Gemarkung Ingolstadt, Flst. Nr. 337 zu 720 Quadratmetern. Das Grundstück ist unbelastet.
An der Erbengemeinschaft sind beteiligt: Hans Müller und Ernst Müller sowie Sophie Müller Jr, die je zu $^1/_3$ Erben sind.
II. Sophie Müller jr. will aus dieser Erbengemeinschaft ausscheiden. Deshalb treffen sämtliche Mitglieder der Erbengemeinschaft hiermit folgende Abschichtungsvereinbarung:
Mit Wirkung zum heutigen Tag scheidet Sophie Müller jr. aus der Erbengemeinschaft vollständig aus, die damit nur mehr aus Hans Müller und Ernst Müller besteht, denen der Anteil von Sophie Müller am erbengemeinschaftlichen Vermögen analog § 738 Abs. 1 S. 1 BGB anwächst. Von etwaigen erbengemeinschaftlichen Verbindlichkeiten ist Sophie Müller durch Hans Müller und Ernst Müller vollständig freizustellen.
Hans Müller und Ernst Müller haben an Sophie Müller als Abfindung jeweils einen Betrag in Höhe von 80.000 € zu zahlen, der innerhalb von drei Monaten ab heute zur

Zahlung fällig ist. Diese unterwerfen sich jeweils der sofortigen Zwangsvollstreckung aus dieser Urkunde in ihr gesamtes Vermögen. Vollstreckbare Ausfertigungen können nach Ablauf von 3 Monaten ab heute ohne weitere Fälligkeitsnachweise erteilt werden.
III. Durch diese Abschichtung ist das Grundbuch unrichtig geworden. Am erbengemeinschaftlichen Vermögen sind nur noch Hans Müller und Ernst Müller beteiligt. Die Beteiligten bewilligen und beantragen das Anwachsen des früher von Sophie Müller jr. gehaltenen Anteils am erbengemeinschaftlichen Vermögen bei dem in § 1 aufgeführten Grundbesitzes an Hans Müller und Ernst Müller im Wege der Grundbuchberichtigung eingetragen.

■ *Kosten des Notars.* Geschäftswert entspricht dem erbengemeinschaftlichen Anteil am Aktivnachlass (§§ 97, 36, 38 GNotKG) ohne Schuldenabzug; 2,0 Gebühr nach Nr. 21100 KV GNotKG. Kosten des Grundbuchamts: Geschäftswert 1/2 Immobilienwert der gesamten Immobilie ohne Schulden § 70 GNotKG 1,0 Gebühr nach Nr. 14110 KV GNotKG.

V. Vermittlung der Erbauseinandersetzung durch Nachlassgericht oder Notar

Zur förmlichen Vermittlung von Nachlass- und Gesamtgutauseinandersetzungen sind die Nachlassgerichte und die Notare zuständig. Wegen der von den *Notaren* im Einzelnen auszuübenden Tätigkeit, die in § 20 Abs. 5 BNotO nur grundsätzlich vorgesehen ist, insbesondere wegen des von den Beteiligten unmittelbar oder durch das Nachlassgericht erteilten Auftrages und wegen der Bestätigung durch das Nachlassgericht oder den Notar selbst, wird verwiesen auf das jeweilige Landesrecht (s. § 487 FamFG). **29**

Die Auseinandersetzungsvermittlung erfolgt nur auf *Antrag* eines Miterben und setzt voraus, dass kein Testamentsvollstrecker dazu berufen ist (§ 2204 BGB; § 363 FamFG). Im Verfahren wird die Zustimmung nicht erschienener Miterben zu den Vereinbarungen der übrigen angenommen, wenn sie darauf hingewiesen sind (§ 363 Abs. 3 FamFG). Kommt eine Einigung nicht zustande, z.B. weil ein einzelner Beteiligter dem Teilungsplan widerspricht, so ist das Verfahren gescheitert. Zustande gekommene Vereinbarungen sind zu beurkunden und zu bestätigen (§ 366 Abs. 1, Abs. 2 FamFG). **30**

Erbauseinandersetzung durch Vermittlung des Notars

1. Antrag an das AG

An das Amtsgericht ..... **31 M**

Am ..... ist E. in ....., seinem letzten Wohnsitz, gestorben. Nach dem bereits erwirkten Erbschein – IV ..... – sind seine gesetzlichen Erben: .....
Der Nachlass besteht aus dem im Grundbuch von ..... verzeichneten Immobilie, Barguthaben von 6.700 € und Mobiliar.
Ich beantrage, die Erbauseinandersetzung zu vermitteln und sie dem Notar ..... zu übertragen.
Ort, Datum   **Unterschrift**

■ *Kosten.* Kosten des Nachlassgerichts: Festgebühr von 40 € gemäß Nr. 12412 KV GNotKG; Kosten des Notars: Nr. 23900 KV GNotKG, bei Beendigung durch Auseinandersetzungsvereinbarung Gebühr 6,0; Geschäftswert § 118a GNotKG. Bei vorzeitiger Verfahrensbeendigung Gebühren von 1,5 (max. 100 €) oder 3,0 nach Nr. 23901–23903 KV GNotKG.

§ 117 Erbauseinandersetzung unter Miterben

2. Ladungen

32 M
1. An den Antragsteller .....:
In der Nachlasssache ..... lade ich Sie zur Verhandlung über die vom Gericht mir übertragene Erbauseinandersetzung auf den ..... in meine Geschäftsstelle ..... Sofern ein Beteiligter ausbleibt, wird dennoch über die Auseinandersetzung verhandelt werden. Sollte der Termin vertagt oder ein neuer Termin zur Fortsetzung der Verhandlung anberaumt werden, so kann die Ladung zu dem neuen Termin unterbleiben. Im Übrigen bitte ich Sie, mir den Erbschein, ein Verzeichnis des Nachlasses und Wertnachweise bezüglich des Nachlassgrundstücks vor dem Termin zu übersenden, jedenfalls aber im Termin vorzulegen.

2. An die anderen Erben:
Anliegend übersende ich Ihnen eine Abschrift des von ..... gestellten Auseinandersetzungsantrages und lade Sie zur Verhandlung über die Auseinandersetzung auf den ..... in meine Geschäftsstelle ..... Sofern ein Beteiligter ausbleibt, wird dennoch über die Auseinandersetzung verhandelt werden. Sollte der Termin .....(wie im Schreiben an den Antragsteller).

3. Auseinandersetzung

33 M
Verhandelt zu ..... am .....
Vor dem unterzeichnenden Notar ..... erschienen in der Nachlasssache .....
Herr D. ist nicht erschienen. Da er ordnungsmäßig mit zwei Wochen Frist geladen ist, wurde ohne ihn verhandelt. Die nachstehende Einigung wurde von den anwesenden Beteiligten vorbehaltlich der nachträglichen Genehmigung von D erklärt, die mit dem Eingang beim Notar allen Beteiligten als zugegangen gelten und rechtswirksam sein soll.

1. Frau F., die Witwe des Erblassers, legte den Erbschein und ein Nachlassverzeichnis vor, das dem Protokoll als Anlage beigefügt wird. Nach dem Erbschein ist E. von F zu $1/2$ und von den weiteren Erben je zu $1/6$ beerbt worden.

2. Das Nachlassverzeichnis wurde mit den Beteiligten durchgesprochen und von ihnen als richtig anerkannt. Der Verkaufswert des Nachlassgerichts ist nach dem vorgelegten Gutachten des amtlich bestellten Sachverständigen für die Grundstücksbewertung auf 165.000 € geschätzt worden. Dieser Schätzungswert soll nach dem Willen der anwesenden Beteiligten der Auseinandersetzung zugrunde gelegt werden. Danach besteht der Nachlass aus folgenden Gegenständen:

a) der für den Erblasser im Grundbuch von ..... Blatt ..... eingetragenen
Immobilie im Wert von   165.000 €
b) einer Forderung von   10.000 €
c) dem gesamten Inhalt der Wohnung im Hause ..... im Werte von   10.000 €
Von diesen   185.000 €
gehen ab die in dem anliegenden Verzeichnis aufgeführten Schulden
von   5.000 €
so dass der reine Nachlass beträgt: 180.000 €

Auf Rechnungslegung über die bisherige Verwaltung des Nachlasses durch ..... verzichteten die Miterben und erkannten an, dass die Einkünfte durch die Ausgaben aufgezehrt sind.

3. Die Erschienenen legten ein Schriftstück vom ..... vor, in dem der
nicht anwesende Sohn D. bekannt hat, vom Erblasser   15.000 €
als Ausstattung erhalten zu haben. D. hat deshalb   15.000 €
zur Ausgleichung zu bringen.

4. Von dem oben auf 180.000 € festgestellten Netto-Nachlass erbt Frau F. die Hälfte, also 90.000 €. In den Rest von 90.000 € teilen sich die drei Kinder unter Berücksichtigung der unter ihnen stattfindenden Ausgleichung wie folgt:
a) Die Teilungsmasse unter den Abkömmlingen von 90.000 €
Wird erhöht um den z. Ausgliederung zu bringenden Betrag von 15.000 € auf 105.000 €
Es teilen zu.
dem Erschienenen B 35.000 €
dem Erschienenen A.
dem Erschienenen D 35.000 €
auf die er sich 15.000 €
anrechnen zu lassen hat, so dass für D. verbleiben: 20.000 €
5. Der Nachlass wird wie folgt geteilt:
Frau F. übernimmt den ganzen Nachlass mit Nutzungen und Lasten vom Todestage des Erblassers ab einschließlich aller Nachlassschulden, von denen sie die Miterben innerhalb Jahresfrist zu befreien hat, für 180.000 €
Auf diesen Preis rechnet sie ihren Erbteil mit 90.000 €
an. Die von ihr geschuldeten 90.000 €
werden ihr zur Hälfte auf drei Jahre bis ..... gestundet. Sie sind vom Erbfalltage, also ab ..... mit 2 v.H. jährlich in vierteljährlichen Raten zu verzinsen und werden fällig, soweit die Teilforderungen mit einer Frist von sechs Monaten zum Ablauf der drei Jahre oder später gekündigt werden. Von dem Betrag steht zu: A und B je 35.000 €, D 20.000 €.
Die weitere Hälfte ist sofort jeweils zur Zahlung fällig. F unterwirft sich wegen der Zahlungsverpflichtung der sofortigen Zwangsvollstreckung aus dieser Urkunde in ihr gesamtes Vermögen mit folgender Maßgabe: Zur Erteilung vollstreckbare Ausfertigungen bedarf es des Fälligkeitsnachweises nicht. Eine dingliche Sicherung wegen der nicht sofort fälligen Beträge unterbleibt.
Der gesamte Inhalt der Wohnung, in deren Besitz sich Frau F. befindet, wird ihr hiermit zu Eigentum überlassen.
6. Die Beteiligten sind darüber einig, dass das Eigentum an dem im Grundbuch von ..... eingetragenen Grundstück auf Frau F. übergeht, und bewilligen und beantragen, sie als Eigentümerin einzutragen.
7. Die Auseinandersetzung ist vielmehr hiermit endgültig abgeschlossen. Alle Genehmigungen, die der Notar einholen soll, werden wirksam mit ihrem Eingang bei ihm.
8. Eine etwaige Erbschaftsteuer trägt jeder Miterbe gemäß dem Steuerwert seiner Erbquote. – Dass die Unbedenklichkeitsbescheinigung wegen der Grunderwerbsteuer vorliegen muss, ehe Frau F. als Eigentümerin im Grundbuch eingetragen wird, ist bekannt.
Die Kosten dieser Verhandlung tragen die vier Erben entsprechend ihrer Erbquote. Die Kosten der Ausführung trägt jedoch Frau F. allein.
Die Niederschrift nebst den Anlagen wurde vom Notar vorgelesen, von den Beteiligten genehmigt und eigenhändig unterschrieben:

4. Versäumnisverfahren

An D. .....

In der Nachlasssache ..... haben im Termin am ..... die drei übrigen Miterben die aus der anliegenden Ausfertigung der Auseinandersetzungsverhandlung ersichtlichen Erklärungen abgegeben. Die Urkunde wird Ihnen hiermit bekannt gegeben. Sie können die Urkunde auch in meinen Geschäftsräumen einsehen.

34 M

§ 117 Erbauseinandersetzung unter Miterben

Wenn Sie nicht innerhalb von zwei Wochen vom Tage der Zustellung dieses Schreibens an die Anberaumung eines neuen Termins beantragen oder wenn Sie in dem neuen Termin nicht erscheinen, so wird Ihr Einverständnis mit dem Inhalt der Urkunde angenommen werden.
Ort, Datum ....., Notar

5. Bestätigung

a) Nicht erschienene Beteiligte

35 Das Nichterscheinen von Beteiligten kann die Auseinandersetzung nicht ohne weiteres scheitern lassen. Nichterschienene, die auch nicht gemäß §§ 366 Abs. 2 Satz 2, 368 Abs. 1 Satz 3 Halbs. 2 FamFG zustimmen, werden vom Notar über Einigungen ohne seine Mitwirkung gemäß § 366 Abs. 3 Satz 1, 2 FamFG benachrichtigt und ihnen wird eine Frist gesetzt. Wenn die Frist ohne neue Terminanberaumung verstreicht oder der Säumige auch im neuen Termin nicht erscheint, bescheinigt der Notar die ohne Mitwirkung des Säumigen zustandegekommene Auseinandersetzung (§ 367 Abs. 3 FamFG). Wird ein neuer Termin beantragt und erscheint der Säumige im neuen Termin, ist die Verhandlung fortzusetzen.

b) Bestätigung durch den Notar selbst

36 M Die in meiner Urkunde vom ..... enthaltene Auseinandersetzung über den Nachlass des am ..... in ..... verstorbenen ..... wird hiermit bestätigt.
D. war in der Auseinandersetzungsverhandlung vom ..... trotz rechtzeitiger Ladung nicht vertreten. Die ihm nach der Verhandlung gesetzte Frist von zwei Wochen hat er trotz Hinweises darauf, dass sein Einverständnis mit dem Inhalt der ihm übermittelten Urkunde über die Auseinandersetzungsverhandlung angenommen werde, ungenutzt verstreichen lassen. Seine Zustimmung gilt deshalb als erteilt.
Ort, Datum ....., Notar

■ *Kosten.* Des Notars: Siehe bei Rdn. 31 M.

§ 118 Veräußerungen von Erbschaften und Erbteilen an Dritte

I. Begriffliche Abgrenzung

In § 1922 Abs. 1 und 2 BGB wird zwischen *Erbschaft* und *Erbteil* unterschieden. Erbschaft ist das gesamte hinterlassene Vermögen. Erbteil ist der Anteil eines Miterben an der Erbschaft (§ 2033 BGB). **1**

II. Veräußerung

Erbschaft und Erbteil können als solche *veräußert*, insbesondere verkauft werden. Der Vertrag bedarf der notariellen Beurkundung (§ 2371 BGB). Wird die Form nicht gewahrt, so wird sie durch formgerechtes Erfüllungsgeschäft nicht geheilt.[1] Dabei ist zu unterscheiden: **2**

1. Verkauf einer *Alleinerbschaft* oder einer *Erbschaft durch alle Miterben in Erbengemeinschaft*. Der Vertrag wird in der Rechtspraxis äußerst selten abgeschlossen, i.d.R. ist ein Erwerber nur interessiert an einzelnen Nachlassgegenständen und nicht am Gesamtnachlass; er will auch das Haftungsrisiko der §§ 2382, 2383 BGB nicht eingehen. Der Kaufvertrag ist ein schuldrechtliches Geschäft gem. §§ 433 ff. BGB, wirkt also nicht dinglich. Daher müssen zur Erfüllung Grundstücke aufgelassen, Forderungen und Rechte abgetreten und bewegliches Vermögen übereignet werden, um den Eigentumsübergang herbeizuführen. Das gilt auch beim zulässigen Verkauf eines Bruchteils einer Alleinerbschaft. Wenn alle Mitglieder einer Erbengemeinschaft veräußern, kann der dingliche Vollzug auch dadurch erfolgen, dass alle Mitglieder der Erbengemeinschaft zugunsten des Erwerbes ihre Erbteile nach § 2033 BGB übertragen. **3**

2. Verkauf eines *Erbteils* (Miterbenanteils). Der Miterbe oder sein Rechtsnachfolger kann seinen Erbteil – oder einen Bruchteil davon[2] – verkaufen. In der Praxis werden solche Rechtsgeschäfte meist unter mehreren Erben im Rahmen der Erbauseinandersetzung geschlossen oder im Wege der Überlassung (z.B. zwischen Eltern und Kindern). Für das schuldrechtliche Geschäft gelten §§ 2371 ff. BGB und §§ 2034 ff. BGB. Der dingliche Vollzug erfolgt durch Erbteilsübertragung nach § 2033 BGB, die – sofern sie nicht bedingt erklärt wird – dinglich sofort wirkt; ihr »Nachvollzug« im Grundbuch ist eine einfache Grundbuchberichtigung nach § 894 BGB. Nach § 2033 Abs. 1 Satz 2 BGB bedarf auch die Annahmeerklärung des Erbteilserwerbers der notariellen Form.[3] **4**

Überträgt ein Miterbe seinen Erbteil an die übrigen Mitglieder der Erbengemeinschaft, so entsteht mangels entgegenstehender Anhaltspunkte (z.B. Angabe von Bruchteilen) keine Bruchteilsgemeinschaft am Erbteil; der übertragene Erbteil wächst vielmehr den in Gesamthandsgemeinschaft stehenden Erwerbern gleichfalls zur gesamten Hand an.[4] **5**

Über »seinen« Anteil an den einzelnen Nachlassgegenständen kann ein Miterbe *nicht* verfügen (§ 2033 Abs. 2 BGB). Mehrere Erben eines Miterben können über den Erbteil des Mit- **6**

---

1 BGH DNotZ 1968, 48.
2 BGH DNotZ 1964, 622; *Staudenmaier*, DNotZ 1966, 730.
3 Vgl. KG Rpfleger 1973, 26.
4 BayObLG FamRZ 1981, 403 L.

erben nur gemeinsam verfügen. Einer von mehreren Erbeserben kann über seinen Anteil an dem im Nachlass befindlichen Erbteil nicht verfügen.[5] Er kann jedoch über einen ganzen Erbteil verfügen, zu dem auch ein Anteil am Nachlass eines Vorverstorbenen gehört.[6]

7 Wenn bei der Erbteilsveräußerung auch die dingliche Abtretung nach § 2033 Abs. 1 Satz 2 BGB beabsichtigt ist, muss der Vertrag dies klar erkennen lassen. Der Erwerber wird dann, wenn sich Grundbesitz im Nachlass befindet, nicht kraft Auflassung oder kraft Einzelübertragung als Rechtsnachfolger des Veräußerers in das Grundbuch eingetragen, sondern im Wege der *Berichtigung* nach § 894 BGB.

Eine *Testamentsvollstreckung über den Gesamtnachlass* schließt das Recht des Miterben, über seinen Anteil am Nachlass zu verfügen, nicht aus. Die Testamentsvollstreckung bleibt aber gegenüber dem Erwerber erhalten. Der Erwerber des Erbteils kann seine Eintragung als Rechtsnachfolger des bisherigen Mitgliedes der Erbengemeinschaft ohne Mitwirkung des Testamentsvollstreckers beantragen.[7] Wenn Aufgabe des Testamentsvollstreckers dagegen die *Verwaltung des Erbteils des Miterben* ist, kann dieser nicht mehr darüber verfügen, s. § 2211 BGB.

III. Gegenstand des Kaufs

8 Gegenstand des Kaufs ist nicht das Erbrecht selbst, sondern die angefallene (s. dazu unten) Erbschaft als *Vermögensinbegriff* oder der Miterbenanteil. – Die Einstandspflicht des Verkäufers ergibt sich aus § 2376 BGB, der als Sonderbestimmung § 453 Abs. 3 BGB verdrängt. Die Einstandspflicht des Verkäufers für Rechtsmängel ergibt sich danach aus § 2376 Abs. 1 BGB, wobei die frühere Garantiehaftung für die Rechtsmängel abgelöst wurde durch eine verschuldensabhängige Haftung. Diese verschuldensabhängige Rechtsmängelhaftung erstreckt sich wie bisher auf die aufgeführten Rechtsmängel der Erbschaft selbst und erstreckt sich nicht auf Rechtsmängel der einzelnen Nachlassgegenstände. Sachmängel bezüglich der im Nachlass befindlichen Gegenstände führen nur zu einer Haftung des Verkäufers, wenn er eine Beschaffenheitsgarantie nach § 443 BGB abgegeben hat oder schuldhaft falsche Angaben über Nachlassgegenstände gemacht hat. In der Vertragspraxis ist eine Erweiterung der Einstandspflicht des Verkäufers durch kautelare Maßnahmen in Erwägung zu ziehen, wenn es dem Käufer auf den Erwerb eines bestimmten Nachlassgegenstands ankommt. – Für die Nachlass*verbindlichkeiten* haftet der Erbschaftskäufer neben dem Verkäufer als Gesamtschuldner mit der gleichen Möglichkeit der Haftungsbeschränkung, wie sie der Verkäufer hat (§§ 2382, 2383 BGB). Der Erb*teils*käufer haftet neben dem Verkäufer nach den §§ 2058 ff. BGB. Im Innenverhältnis hat der Käufer die Erblasserschulden und auch die Nachlassschulden (s.o. § 115 Rdn. 1), darunter die Erbschaftsteuer, zu tragen (§§ 2378, 2379 i.V.m. § 2376 BGB). – Der Kauf ist *nichtig*, wenn er über den Nachlass eines noch *lebenden* Dritten geschlossen wird (§ 311b Abs. 4 BGB) und die Ausnahme des § 311b Abs. 5 BGB nicht vorliegt (Vertrag zwischen künftigen gesetzlichen Erben).

IV. Vorkaufsrecht der Miterben

9 *Verkauft* ein Miterbe seinen Erbteil an einen *Dritten*, so haben die übrigen Miterben ein binnen 2 Monaten auszuübendes *Vorkaufsrecht* (§ 2034 BGB). Auch bei voller Kenntnis der Umstände kommt es für den Beginn der Frist zur Ausübung des Vorkaufsrechtes auf die

---

[5] RGZ 162, 397.
[6] BayObLG DNotZ 1960, 483.
[7] LG Essen DNotZ 1960, 429 = Rpfleger 1960, 57.

Mitteilung durch den Käufer oder Verkäufer an jeden vorkaufsberechtigten Miterben an.[8]Die Mitteilung erfolgt durch Übersendung einer Ausfertigung des Kaufvertrags nach Wirksamkeit. Die Ausfertigung sollte zum Zweck des Nachweises des Fristlauf durch den Gerichtsvollzieher zugestellt werden. Den Miterben steht das Vorkaufsrecht auch dann zu, wenn ein Erbteilserwerber weitere Erbanteile aufkauft.[9] Dieser wird durch den Erwerb nicht Miterbe. Im Erbschein wird er nicht ausgewiesen. Die Ausübung des Vorkaufsrechts kann nicht deshalb als unzulässig angesehen werden, weil der Berechtigte nur zu einem geringen Bruchteil Miterbe ist.[10] Mehrere Miterben können das Vorkaufsrecht nur gemeinschaftlich ausüben,[11] was nicht gleichzeitig zu geschehen braucht.[12] Will es einer nicht mit ausüben, so verbleibt es den anderen (§ 472 BGB). Verkauft der Erbe eines Miterben dessen Anteil an einen Dritten, so sind die übrigen Miterben zum Vorkauf berechtigt.[13] Bei Tausch, Schenkung, Vergleich besteht kein Vorkaufsrecht; desgleichen nicht beim Verkauf an Miterben oder bei Teilungsversteigerung[14] sowie im Fall, dass der Insolvenzverwalter einen zur Masse gehörenden Miterbenanteil verkauft.[15]

Der Erbteilskäufer ist nach der Ausübung des Vorkaufsrechts verpflichtet, den auf ihn wirksam übertragenen Erbanteil auf die Miterben, die das Vorkaufsrecht ausgeübt haben, zu übertragen, da es nicht unmittelbar mit der Ausübung auf die Berechtigten übergeht.[16] **10**

V. Kein gesetzliches Vorkaufsrecht der Gemeinde; GrdstVG

Ein *gesetzliches* Vorkaufsrecht der Gemeinde ist beim Verkauf von Erbteilen an einem Nachlass, zu dem ein Grundstück gehört, nach den §§ 24 ff. des Baugesetzbuches nicht gegeben.[17] Genehmigungsbedürftig ist die Veräußerung eines solchen Erbteils nach § 2 Abs. 2 Satz 2 GrdstVG dann, wenn a) ein land- oder forstwirtschaftlicher Betrieb zum Nachlass gehört, b) der Nachlass im Wesentlichen daraus besteht und c) die Veräußerung an einen Nichtmiterben erfolgt. Im Verhältnis zu dem gemeinen (Verkehrs-)Wert des landwirtschaftlichen Betriebes muss der des übrigen Nachlasses weit zurückbleiben. Ist das der Fall, so muss die Veräußerung an den Fremden erst genehmigt werden, ehe die Miterben ihr Vorkaufsrecht aus § 2034 BGB ausüben können.[18] **11**

VI. Minderjährige Veräußerer

Für *minderjährige* Veräußerer bedarf auch der Inhaber des Sorgerechts der Genehmigung des Familiengerichts (§ 1822 Nr. 1 und § 1643 Abs. 2 BGB). **12**

---

8 BGH MittBayNot 1979, 185 = WM 1979, 1066.
9 BGH DNotZ 1972, 26 = Rpfleger 1971, 248.
10 BGH Rpfleger 1972, 88.
11 BGH MittBayNot 1979, 185 = WM 1979, 1066.
12 RGZ 158, 57.
13 BGH DNotZ 1967, 313 = JR 1966, 389.
14 BGH Rpfleger 1972, 250.
15 BGH Rpfleger 1977, 14.
16 BGHZ 6, 95.
17 BGH DNotZ 1970, 423.
18 *Roemer*, DNotZ 1962, 485.

VII. Anzeigepflicht des Kaufs

13 Erbschaftskauf (und Erbteilskauf) sind wegen der Nachlassgläubiger dem Nachlassgericht *anzuzeigen* (§ 2384 BGB).

VIII. Verpfändbarkeit und Pfändbarkeit des Erbteils

14 Der Erbteil eines Miterben ist *verpfändbar* nach § 1273 Abs. 1 BGB. Das Recht des Pfandgläubigers entspricht dem des Pfandberechtigten am Miteigentümeranteil; § 1258 BGB gilt entsprechend.[19] Gehört zum Nachlass Grundbesitz, kann das Pfandrecht als Verfügungsbeschränkung der Eigentümer im Wege der Grundbuchberichtigung eingetragen werden.[20]

15 Der Erbteil ist auch *pfändbar* nach §§ 857 Abs. 1, 859 Abs. 2, 829 Abs. 1 ZPO.[21]

Kauf einer ganzen Erbschaft

16 M Beurkundet am ..... in ..... durch ..... in Anwesenheit von .....
Die Beteiligten erklären:

§ 1

Frau A. ist alleinige Erbin des am ..... verstorbenen B.; die Erbfolge beruht auf dem notariellen Testament vom ....., das unter dem Aktenzeichen ..... durch das Amtsgericht ..... eröffnet worden ist. Eine beglaubigte Abschrift des Testaments nebst der Eröffnungsniederschrift ist der Urkunde in Anlage beigefügt.

§ 2

Die Erbschaft besteht aus:
1. Aktives Vermögen:
a) dem in ..... gelegenen, im Grundbuch von ..... Blatt ..... eingetragenen Grundstück FlNr. ..... Gemarkung ....., dessen Wert von den Beteiligten einvernehmlich mit 75.000 € bewertet wird.
b) den beweglichen Gegenständen gemäß der anliegenden Aufstellung im Schätzwert von 5.000 €.
2. Schulden: Die Verbindlichkeiten betragen nach der anliegenden Aufstellung 10.000 €.

§ 3

Die gesamte Erbschaft verkauft Frau A. an G. Die Gegenleistung besteht aus der Schuldübernahme nach § 4 und dem baren Kaufpreis nach § 5.

§ 4

Der Käufer übernimmt die o.a. Nachlassverbindlichkeiten von 10.000 €, mit sofortiger Wirkung unter vollständiger Freistellung des Verkäufers zur künftigen alleinigen Tilgung und Verzinsung. Der Notar wies die Beteiligten auf die Notwendigkeit der Schuldübernahmegenehmigung durch die Gläubiger hin. Diese werden die Beteiligten selbst

---

19 RGZ 84, 395.
20 RGZ 90, 232.
21 RGZ 86, 294.

einholen. Bis dahin und für den Fall der Versagung gilt die Abrede als Freistellungsverpflichtung.

§ 5

Der bare Kaufpreis von 70.000 € ist innerhalb von 10 Tagen zur Zahlung fällig, nachdem der Notar dem Käufer mitgeteilt hat, dass die Vormerkung nach § 8b) für die Käufer im Grundbuch an 1. Rangstelle eingetragen ist.
Wegen der Zahlungsverpflichtung unterwirft sich der Käufer der sofortigen Zwangsvollstreckung aus der Urkunde in sein gesamtes Vermögen.

§ 6

Die Verkäuferin haftet dafür, dass ihr das Erbrecht zusteht, dass es nicht durch das Recht eines Nacherben oder durch die Ernennung eines Testamentsvollstreckers beschränkt ist, dass keine Vermächtnisse, Auflagen, Pflichtteilslasten, Ausgleichspflichten und Teilungsanordnungen bestehen und dass nicht die unbeschränkte Haftung gegenüber den Nachlassgläubigern oder einzelnen von ihnen eingetreten ist. Der Verkäufer haftet auch dafür, dass sich im Nachlass die in § 2 aufgeführten Gegenstände und Rechte befinden und keine anderen oder weiteren als die dort aufgeführten Nachlassverbindlichkeiten bestehen. Weitere Rechte und Ansprüche des Käufers wegen eines Rechts- oder Sachmangels der zur Erbschaft gehörenden Sache stehen dem Käufer nicht zu. Dies gilt auch für alle Ansprüche auf Schadensersatz, es sei denn, der Verkäufer handelte vorsätzlich.

§ 7

Der Verkäuferin verbleiben die auf die Zeit vor dem Verkauf entfallenden Nutzungen. Sie trägt für diese Zeit die Lasten einschließlich der Zinsen für die Nachlassverbindlichkeiten. Nach ihrer Erklärung hat sie die Erbschaftsteuer bereits bezahlt. Etwaige Nacherhebungen hat sie zu tragen.

§ 8

Der Käufer trägt von heute an die Gefahr des zufälligen Untergangs und einer zufälligen Verschlechterung der Erbschaftsgegenstände. Von diesem Zeitpunkt an gebühren ihm die Nutzungen und trägt er die Lasten.

§ 9

a) Die Beteiligten sind darüber einig, dass das Eigentum an dem in § 1 bezeichneten Grundstück auf den Käufer übergehen soll und bewilligen und beantragen seine Eintragung als Eigentümer im Grundbuch. Der Notar wird von den Beteiligten einseitig unwiderruflich angewiesen, den Antrag auf Eigentumsumschreibung erst dann beim Grundbuchamt vorzulegen, wenn ihm die Zahlung des baren Kaufpreises nach § 5 oben bestätigt oder nachgewiesen ist. Bis dahin dürfen Ausfertigungen und beglaubigte Abschriften nur auszugsweise ohne den Text der Auflassung erteilt werden.
b) Die Verkäuferin bewilligt und beantragt, für den Käufer eine Vormerkung zur Sicherung des Rechts auf Verschaffung des Eigentums einzutragen und sie wieder zu löschen, wenn der Erwerber als Eigentümer eingetragen wird und inzwischen kein anderer Eintragungsantrag eingegangen ist.
Aufschiebend bedingt durch die vollständige Kaufpreiszahlung (§ 5) sind die Beteiligten über den Übergang der im Nachlass befindlichen beweglichen Gegenstände einig. Der Verkäufer ist nach Zahlung zur Besitzübergabe verpflichtet.

§ 10

Sollten sich im Nachlass weitere Aktiva befinden als die in § 2 Abschnitt 1 oben aufgeführten, sind diese nicht mitverkauft; sie bleiben beim Veräußerer.

§ 11

Die Beteiligten ersuchen den Notar, den Verkauf der Erbschaft dem Nachlassgericht anzuzeigen. Sie wurden darauf hingewiesen, dass vor der Umschreibung des Eigentums die Unbedenklichkeitsbescheinigung des Finanzamts vorliegen muss, die an den Notar erbeten wird. Alle Genehmigungen werden wirksam mit ihrem Eingang beim Notar, der sie einholen soll.

§ 12

Der Notar wies die Beteiligten auf die Haftung des Käufers für die Nachlassverbindlichkeiten und die Weiterhaftung des Verkäufers hin.

■ *Kosten.*
a) Des Notars: Geschäftswert §§ 97, 36, 38 GNotKG; Gebühr Nr. 21100 KV GNotKG: 2,0. Für die Vorlageanweisung ist ders. Geschäftswert zugrunde zu legen (§ 113 GNotKG); 0,5 Gebühr nach Nr. 22200 KV GNotKG – diese wird hier bereits durch die Vorlageanweisung ausgelöst; möglicher anderer »Auslöser« für die Gebühr ist die Anzeige des Notars nach § 2384 BGB an das Nachlassgericht, sofern nicht lediglich eine Abschrift oder Ausfertigung übersandt wird (Nr. 22200 Nr. 5 KV GNotKG).
b) Gericht
   aa) Grundbuchamt: 1,0 Gebühr nach Tabelle B gemäß Nr. 14110 (Nr. 1) KV GNotKG für die Eigentumsumschreibung; 0,5 Gebühr nach Tabelle B nach Nr. 14150 KV GNotKG für die Eintragung der Vormerkung und 25 EUR nach Nr. 14152 KV GNotKG für die Löschung der Vormerkung
   bb) Nachlassgericht: 15,00 EUR für die Entgegennahme der Anzeigeerklärung gemäß Nr. 12410 (Nr. 5) KV GNotKG.

Anzeige des Erbschaftskaufs an das Nachlassgericht

17 M An das Amtsgericht .....
Ich bin Alleinerbin des am ..... verstorbenen E. aufgrund seines unter dem Aktenzeichen ..... VI ..... des Amtsgerichts ..... eröffneten notariellen Testaments.
Ich habe die Erbschaft heute unter der UR.Nr. ..... des Notars ..... verkauft an ..... Ich zeige hiermit den Verkauf an.
Ort, Datum   Unterschrift
(Beglaubigung nicht erforderlich)

18 I.d.R. wird bei notarieller Beurkundung des Erbschaftsverkaufs die Anzeige durch den Notar vorgenommen (s. Muster Rdn. 16 M).

Schenkweise Übertragung eines Erbteils an einen Miterben

19 M Beurkundet am ..... durch ..... in ..... in Anwesenheit von .....
Die Beteiligten erklären:
1. Frau A. ist Miterbin zu $1/3$ nach der am ..... verstorbenen Frau C. Sie schenkt diesen Erbanteil ihrer Schwester, der weiteren Miterbin (zu $2/3$) Frau B. Diese nimmt die Schen-

kung an. Die Erbenstellung und die Erbquote ergeben sich aus dem Erbschein des AG ..... Nachlassgericht vom ....., Az ....
2. Frau A. überträgt hiermit ihren Erbteil an Frau B. mit sofortiger dinglicher Wirkung. Frau B. nimmt die Übertragung an.
3. Frau C stellt Frau A von der Haftung für die Nachlassverbindlichkeiten von insgesamt 25.000 € frei; die für die Wirkung gegenüber dem einzigen Nachlassgläubiger erforderliche Genehmigung von diesem holen die Beteiligten selbst ein. Weitere Gegenleistungen sind nicht zu erbringen.
4. Frau A. ist verpflichtet, den veräußerten Erbteil lastenfrei zu verschaffen. Sie haftet dafür, dass sie den Erbteil nicht anderweitig veräußert oder verpfändet hat und dass er auch nicht gepfändet oder mit sonstigen Rechten Dritter belastet ist. Eine darüber hinausgehende Haftung für Rechtsmängel des veräußerten Erbanteils oder Sach- und Rechtsmängel der im Nachlass befindlichen Gegenstände übernimmt Frau A. nicht.
5. Den Wert des Erbteils geben die Beteiligten unter Berücksichtigung der Nachlassverbindlichkeiten entsprechend dem zur Erbschaftsteuer erklärten Netto-Nachlasswert von 20.000 € mit 6.700 € an. Eine etwaige Schenkungsteuer hat Frau B. zu tragen. Sie übernimmt auch die Kosten dieses Vertrages und seiner Durchführung.
6. Zur Anzeige der Erbanteilsabtretung hat der Notar eine begl. Ablichtung an das Nachlassgericht zu übersenden

....., Notar

■ *Kosten.* Wie Rdn. 16 M – Geschäftswert hier entsprechend Anteil am Nachlass

Befindet sich im Nachlass Grundbesitz, ist die Erbanteilsabtretung nach § 894 BGB im Wege der Berichtigung in das Grundbuch einzutragen, s. Muster Rdn. 21 M. **20**

Verkauf und Übertragung eines Erbteils an einen Dritten mit Grundbuchberichtigungsantrag

Beurkundet am ..... in ..... durch ..... in Anwesenheit von ..... **21 M**
Die Erschienenen erklärten:
I. Herr Peter Meier ist nach dem vorgelegten Erbschein des AG ..... Nachlassgericht, Az. ..... zu $1/2$ Miterbe nach seinem Vater Paul Meier. Er verkauft diesen Erbteil hiermit Herrn Karl Müller.
II. Zum Nachlass gehört nur noch der Grundbesitz, eingetragen im Grundbuch des AG ..... von ..... Blatt ..... Dabei handelt es sich um folgende Grundstücke:
Gemarkung .....:
Flur ....., FlNr. ..... und Flur ....., FlNr. ..... .
Abt. II und III des Grundbuchs sind lastenfrei. Als Eigentümer ist noch der Erblasser Paul Meyer eingetragen.
Der Verkäufer haftet dafür:
1. dass ihm der o.a. Erbanteil zusteht und er den Erbteil nicht anderweitig veräußert oder verpfändet hat und
2. dass der Erbteil weder gepfändet noch mit Vermächtnissen, Auflagen, Pflichtteilslasten, Ausgleichspflichten, Teilungsanordnungen, einer Testamentsvollstreckung, einem Nacherbrecht oder sonstigen Rechten Dritter belastet ist,
3. dass sich im Nachlass der o.a. Grundbesitz befindet, an dem keine weiteren als die hier aufgeführten Belastungen bestehen,
4. dass keine Nachlassverbindlichkeiten mehr bestehen,
5. dass die Erbschaftsteuer bereits bezahlt ist.

§ 118 Veräußerungen von Erbschaften und Erbteilen an Dritte

Im Übrigen hat der Verkäufer nur nach § 2376 Abs. 1 BGB für die Rechtsmängel des Erbteils einzustehen. Rechte des Käufers wegen Mängeln der Grundstücke oder sonstiger Nachlassgegenstände, und zwar sowohl wegen Sach- und Rechtsmängeln bestehen im Übrigen, soweit oben nicht ausdrücklich etwas anderes vereinbart wurde, nicht. Der Notar hat darüber belehrt, dass über diese Umstände aus dem Grundbuch keine sichere Information zu gewinnen ist und dass daher das Risiko des Bestehens von Rechten Dritter nicht gänzlich ausgeschlossen werden kann.

III. Weitere Miterbin ist Frau Anna Schmitz, geborene Meier, aus Köln, Friesenstraße 17. Der Notar hat darüber belehrt, dass dieser ein gesetzliches Vorkaufsrecht zusteht. Er wird beauftragt, eine Ausfertigung dieses Vertrages der Vorkaufsberechtigten zur Erklärung über ihr Vorkaufsrecht zuzustellen. Alle Genehmigungen werden wirksam mit ihrem Eingang beim Notar, der sie einholen soll.

IV. In der Vergangenheit gezogene Nutzungen werden nicht an den Käufer abgeführt, Verwendungen, die der Verkäufer in der Vergangenheit erbracht hat, diesem nicht erstattet.

V. Der Kaufpreis beträgt 50.000 € – in Worten: fünfzigtausend Euro –. Er ist zinslos zahlbar und fällig innerhalb einer Woche, nachdem der Notar mitteilt, dass die Verzichtserklärung zum Vorkaufsrecht der Miterbin Anna Schmitz eingegangen sind bzw. die Frist von zwei Monaten für die Ausübung des Vorkaufsrechts verstrichen ist ohne dass das Vorkaufsrecht durch Erklärung gegenüber dem Notar oder gegenüber dem Verkäufer ausgeübt wurde. Hierzu wird der Verkäufer gegenüber dem Notar nach Ablauf der 2-Monats-Frist eine Äußerung abgeben, die Grundlage für die Mitteilung des Notars ist. Der Notar wies den Käufer darauf hin, dass er die Richtigkeit dieser Äußerung nicht überprüfen kann.

Der Käufer unterwirft sich wegen der o.a. Zahlungsverpflichtung dem Verkäufer gegenüber der sofortigen Zwangsvollstreckung aus dieser Urkunde in sein gesamtes Vermögen.

VI. Die dingliche Einigung über den Übergang des Erbteils auf den Käufer soll erst beurkundet werden, wenn die Zahlung des Kaufpreises dem Notar nachgewiesen oder bestätigt worden ist. Dabei soll auch die Berichtigung des Grundbuchs beantragt werden. Zu diesen Erklärungen und zu ihr geboten erscheinenden weiteren Erklärungen bevollmächtigen die Beteiligten die Notariatsangestellte ..... aus .....über den Tod hinaus unter Befreiung von den Beschränkungen des § 181 BGB.

Oder:

Die Zahlung des Kaufpreises erfolgt auf das Anderkonto Nr. ..... des Notars bei der ..... Von dort überweist es der Notar unverzüglich weiter an den Verkäufer. Evtl. Zinsen auf dem Anderkonto stehen ..... zu; evtl. Kosten der Kontoführung trägt ..... Die Hinterlegungskosten trägt ..... Soweit diese Kosten der Verkäufer trägt, kann sie der Notar von der hinterlegten Summe entnehmen bzw. bestreiten. Der Notar stellt über die Tatsache der vollständigen Zahlung des Kaufpreises auf das Anderkonto eine notarielle Eigenurkunde aus.

Aufschiebend bedingt durch die vollständige Zahlung des Kaufpreises auf das Anderkonto sind die Beteiligten darüber einig, dass der veräußerte Erbanteil vom Veräußerer auf den Erwerber übergeht. Es wird bewilligt und beantragt, die Erbanteilsabtretung im Wege der Grundbuchberichtigung in das Grundbuch einzutragen (§ 894 BGB). Der Notar wird beauftragt, den Eintragungsantrag mit seiner o.a. Eigenurkunde beim Grundbuchamt nach vollständiger Zahlung des Kaufpreises auf das Anderkonto vorzulegen.

VII. Die Kosten dieses Vertrages und seiner Durchführung einschließlich der Kosten für die Berichtigung des Grundbuchs und die Grunderwerbsteuer trägt der Käufer. Die Unbedenklichkeitsbescheinigung des Finanzamts erbitten wir an den Notar. Diesen ersuchen wir, den Verkauf dem Nachlassgericht anzuzeigen.

....., Notar

■ *Kosten.* a) Des Notars: Geschäftswert: dem Erbanteil entsprechender Anteil an den Aktiva des Nachlasses (ohne Schuldenabzug!) §§ 97, 36, 38 GNotKG, 2,0 Gebühr nach Nr. 21100 KV GNotKG, falls Abwicklung unter Anderkonto zus. Hinterlegungsgebühr von 1,0 aus Auszahlungsbetrag Nr. 25300 KV GNotKG, zus. Betreuungsgebühr von 0,5 nach Nr. 22200 Nr. 2 und Nr. 3 KV GNotKG wg. Fälligkeitsmitteilung und Vorlageanweisung; Geschäftswert § 113 GNotKG; zus. Vollzugsgebühr von 0,5 wg. Vorkaufsrechtsanfrage nach Nr. 22100 (Nr. 7) KV GNotKG (Geschäftswert § 112 GNotKG).

b) Des Gerichts: aa) Grundbuchamt: Geschäftswert: s.o.; 1,0 Gebühr Tabelle B nach Nr. 14110 KV GNotKG; bb) Nachlassgericht: Festgebühr von 15,00 EUR nach Nr. 12410 (Nr. 5) KV GNotKG.

Der Erbteil kann verpfändet oder gepfändet sein. Da dies – und eine frühere Übertragung – nicht im Grundbuch verlautbart zu sein braucht, empfiehlt es sich, die Erklärung des Veräußerers aufzunehmen, dass er seinen Erbteil noch nicht anderweitig übertragen hat, dass dieser weder gepfändet noch verpfändet noch mit Rechten Dritter (Vermächtnissen, Auflagen, Pflichtteilslasten, Ausgleichspflichten, Teilungsanordnungen, einer Testamentsvollstreckung usw.) belastet ist, und dass der Notar den Erwerber über die dennoch verbleibenden Ungewissheiten und Risiken belehrt hat. Andererseits führt die dingliche Übertragung des Erbteils zum sofortigen Rechtserwerb. Sofern eine größere Gegenleistung zu erbringen ist, die nicht bar bezahlt wird, ist das Risiko des Verkäufers zu beschränken. Hierzu existieren folgende Modelle: (1) Es kann die dingliche Übertragung bis zur Bezahlung des Kaufpreises zurückgestellt und dazu und zur Grundbuchberichtigung ein Angestellter des Notars allseits bevollmächtigt werden. Dadurch wird freilich das Risiko des Käufers nicht vermieden, dass der Verkäufer noch vor der dinglichen Übertragung den Erbteil verliert, sei es durch anderweitige Übertragung, sei es etwa durch eine Pfändung. (2) Dagegen schützt wiederum die sofortige Übertragung des Erbteils unter einer *aufschiebenden* Bedingung. Problematisch ist dabei, wie dem Grundbuchamt der Eintritt der Bedingung nachgewiesen werden kann. Geeignet ist hierzu eine notarielle Eigenurkunde, die die Tatsache der Zahlung bescheinigt. O.W. möglich ist dies bei einer Kaufpreisabwicklung über Notaranderkonto.

Schreiben an die Vorkaufsberechtigte

Als Anlage übersende ich eine Ausfertigung des Erbteilkaufvertrages vom ..... – meine UR.Nr. ..... Gemäß § 2034 BGB steht Ihnen ein gesetzliches Vorkaufsrecht innerhalb von zwei Monaten ab Zugang dieses Schreibens an dem Erbteil zu. Bitte teilen Sie mir möglichst bald mit, ob Sie das Vorkaufsrecht ausüben oder nicht. Das Vorkaufsrecht kann auch gegenüber dem Verkäufer ausgeübt werden.

■ *Kosten des Notars.* Vollzugsgebühr von 0,5 nach KV-Nr. 22100 (Nr. 7); Geschäftswert: § 112 GNotKG.

Um den Zeitpunkt des Zuganges dieses Briefes beweisbar zu machen, empfiehlt es sich, ihn durch den Gerichtsvollzieher zustellen zu lassen oder mit Postzustellungsurkunde zuzustellen.

§ 118   Veräußerungen von Erbschaften und Erbteilen an Dritte

Schreiben an die Beteiligten zur Fälligstellung des Kaufpreises

25 M Zu dem Erbteilskaufvertrag vom ..... – meine UR.Nr. ..... – teile ich mit, dass Frau Schmitz in einem bei mir heute eingegangenen Schreiben auf ihr gesetzliches Vorkaufsrecht verzichtet hat. Der Kaufpreis ist daher innerhalb einer Woche nach Eingang dieses Schreibens zu bezahlen. Ich bitte Sie, mir die Bezahlung des Kaufpreises nachzuweisen bzw. zu bestätigen.

- *Kosten des Notars.* Betreuungsgebühr von 0,5 nach Nr. 22200 (Nr. 2) KV GNotKG; Geschäftswert: § 113 GNotKG.

Dingliche Einigung

26 M Verhandelt zu ..... am .....
erschien, von Person bekannt:
Frau ....., Notariatsangestellte in ....., geboren am ....., hier handelnd für die Beteiligten des Erbteilskaufvertrages vom ..... – UR.Nr. ..... – des amtierenden Notars, aufgrund der ihr unter VI. erteilten Vollmacht, die bei der Beurkundung in Urschrift vorlag und nicht widerrufen war.
Die Erschienene, handelnd wie angegeben, erklärte: Ich nehme Bezug auf den vorgenannten Vertrag. Die Verzichtserklärung der Vorkaufsberechtigten Anna Schmitz aus Köln zu dem ihr zustehenden gesetzlichen Vorkaufsrecht sind beim amtierenden Notar eingegangen. Herr Peter Meier hat durch den heute beim Notar eingegangenen Brief vom ..... bestätigt, den Kaufpreis erhalten zu haben.
Die Beteiligten sind nunmehr darüber einig, dass der $^1/_2$ Erbteil des Herrn Peter Meier am Nachlass seines Vaters Paul Meier mit sofortiger dinglicher Wirkung auf Herrn Karl Müller übergeht. Sie bewilligen und beantragen die Berichtigung des Grundbuchs von Alsdorf Blatt 1777 dahin, dass Frau Anna Schmitz aus Köln und Herr Karl Müller in Erbengemeinschaft als Eigentümer eingetragen werden.

....., Notar

- *Kosten des Notars.* Entweder 0,5 nach KV-Nr. 21101 (Nr. 2) oder 1,0 nach KV-Nr. 21102 Nr. 1.

Eigenurkunde des Notars

27 M Zu meiner Urkunde vom ..... UKNr. ..... stelle ich fest, dass am ..... der Kaufpreis für den Erbteilskauf in einer Höhe von ..... € entsprechend den Bedingungen der Urkunde auf mein in dieser Angelegenheit errichtetes Anderkonto bezahlt wurde. Die Bedingung für den dinglichen Übergang des veräußerten Erbteils ist hiermit erfüllt.
....., den .....
.....
Notar   Siegel

Vorkaufsrecht der Miterben. Verzicht durch einen, Ausübung durch den anderen

Verhandelt zu ..... am ..... 28 M
Vor dem unterzeichnenden Notar ..... erklärten B. und C.:
Wir sind zusammen mit A. Miterben nach dem am ..... verstorbenen ..... geworden. Unser Miterbe A. hat zur UR.Nr. ..... des Notars ..... seinen $^1/_3$-Erbteil für 72.000 € an X. verkauft und mit dinglicher Wirkung auf X. übertragen. Der Verkäufer A. hat uns den Verkauf unter Übersendung je einer Abschrift des Vertrages angezeigt. Die Zweimonatsfrist zur Ausübung des Vorkaufsrechts läuft am ..... ab. Da der Verkäufer seinen Erbteil auf X. übertragen hat, ist das Vorkaufsrecht gegenüber A. erloschen und gegenüber dem Käufer X. auszuüben.
Die Miterbin B. erklärt, das Vorkaufsrecht nicht ausüben zu wollen.
Die Miterbin C. übt das Vorkaufsrecht allein aus und fordert vom Käufer X. die Übertragung des von ihm erworbenen Erbteils.
Der beurkundende Notar soll eine Ausfertigung dieser Verhandlung dem Erbteilskäufer X. zustellen.

....., Notar

■ **Kosten des Notars.** Geschäftswert §§ 97, 36, 38 GNotKG; Gebühr Nr. 21200 KV GNotKG: 1,0. Die Erklärungen von B und C sind gegenstandsgleich nach § 109 Abs. 1 Satz 1, Satz 2 GNotKG.

Die Ausübung des Vorkaufsrechts erfolgt, wenn der Erbanteil dinglich noch nicht an den 29 Erwerber übertragen ist, gegenüber dem Verkäufer, also gegenüber dem Miterben (§§ 2034, 464 BGB), ist der Erbteil bereits dinglich übertragen, kann das Vorkaufsrecht nur noch dem Erwerber gegenüber ausgeübt werden.

Weder der Verzicht auf das Vorkaufsrecht noch die Ausnutzung des Vorkaufsrechts 30 bedürfen irgendeiner Form; insbesondere müssen die Erklärungen nicht beurkundet werden.

§ 119 Rechtsgeschäfte zwischen Vor- und Nacherben

I. Vorbemerkungen

1 Die Rechtsbeziehungen zwischen Vor- und Nacherben werden bestimmt durch den Umfang der Verfügungsbefugnis des Vorerben über die Nachlassgegenstände nach §§ 2112 ff. BGB, die Verpflichtungen des Vorerben gegenüber dem Nacherben nach §§ 2116 ff. BGB und die Anwartschaft des Nacherben auf den Nachlass (BGHZ 87, 367; 37, 325). Rechtsgeschäfte zwischen Vor- und Nacherben werden vor allem abgeschlossen, damit der Vorerbe Verfügungen vornehmen kann, die er sonst nicht mit Wirkung gegenüber dem Nacherben vornehmen könnte (s. dazu II.) und durch Vereinbarungen, die die Rechte des Nacherben in Bezug auf den Nachlass insgesamt oder einzelne Nachlassgegenstände schmälern (s. dazu III., IV.) oder umgekehrt durch Rechtsgeschäfte, mit denen der Vorerbe seine Position vorzeitig ganz oder teilweise auf den Nacherben überträgt (s. dazu V., VI.).

II. Zustimmung des Nacherben zu einer Verfügung des Vorerben

2 M Beurkundet am ..... durch ..... in ..... in Anwesenheit von .....

1. Zum Nachlass des am ..... verstorbenen Karl Mayer, geb. am ..... gehört der folgende Grundbesitz:
FlNr. ..... der Gemarkung ....., eingetragen im Grundbuch des Amtsgerichts ..... von ..... Blatt .....
Alleiniger Vorerbe von Karl Mayer ist nach dem durch das Amtsgericht ....., Nachlassgericht unter Aktenzeichen ..... erteilten Erbschein der im Grundbuch eingetragene Eigentümer Fritz Mayer, geb. am .....
Nacherbe ist nach dem selben Erbschein sein Bruder, Franz Mayer, geb. am ..... Die Nacherbfolge ist im Grundbuch eingetragen. Sie tritt mit dem Tod des Vorerben ein. Eine Ersatznacherbfolge ist nicht angeordnet.
2. Fritz Mayer hat den o.a. Grundbesitz zur Vorurkunde des beurkundenden Notars verkauft an .....; die Auflassung wurde im Kaufvertrag erklärt. Franz Mayer hat Kenntnis von den Bestimmungen der Vorurkunde; er war bei der Beurkundung persönlich mit anwesend.
3. Da der Vorerbe von den Beschränkungen der §§ 2113 ff. BGB nicht befreit ist, droht die o.a. Grundstücksveräußerung beim Tod des Vorerben unwirksam zu werden.
4. Um dies zu vermeiden, erklärt Franz Mayer als Nacherbe seine Zustimmung zu der o.a. Verfügung und bewilligt und beantragt Franz Mayer, den Nacherbenvermerk im Grundbuch zu löschen.
5. Im Gegenzug vereinbaren Fritz und Franz Mayer was folgt: Auf dem o.a. Grundbesitz lastet eine Grundschuld zugunsten der .....; diese ist noch teilweise valutiert. Aus dem Kaufpreis soll zunächst zur Herbeiführung der Lastenfreistellung das Darlehen weggefertigt werden. Der nach Wegfertigung des Darlehens verbleibende Restkaufpreis (voraussichtlich ca. ..... €) wird unter den Beteiligten hälftig geteilt.

- *Kosten des Notars.* Bei vertraglicher Vereinbarung: 2.0 Gebühr nach Nr. 21100 KV GNotKG – Geschäftswert nach Gegenüberstellung des Werts nach § 98 Abs. 1 GNotKG zum Wert der Gegenleistung; Ansatz des höheren Werts – § 97 Abs. 3 GNotKG.

Bei einseitiger Zustimmung des Nacherben: 1,0 Gebühr nach Nr. 21200 KV GNotKG – Geschäftswert gem. § 98 Abs. 1 GNotKG.

III. Übertragung des Anwartschaftsrechts eines Nacherben an einen Dritten

Die *Anwartschaft des Nacherben* kann nach dem Eintritt der Vorerbschaft grds. verkauft und mit dinglicher Wirkung übertragen werden. Voraussetzung dafür ist, dass der Erblasser die Übertragung der Anwartschaft nicht – ausdrücklich oder inzident- ausgeschlossen hat.[1] Ebenso wie der Erblasser die Vererblichkeit der Nacherbenanwartschaft nach § 2108 Abs. 2 Satz 1 BGB ausschließen kann, kann er nämlich auch die Übertragbarkeit des Anwartschaftsrechts ausschließen.[2] Klärungsbedürftig ist, ob in der Einsetzung eines Ersatznacherben zugleich der Ausschluss der Übertragbarkeit der Anwartschaft liegt. Wie bei der Vererblichkeit in dieser Konstellation[3] ist dies nicht stets der Fall, sondern hängt von der Anordnung oder der Auslegung im Einzelfall ab. Führt die Anordnung des Erblassers oder die Auslegung zu dem Ergebnis, dass trotz der Ersatznacherbeinsetzung die Nacherbenanwartschaft veräußerlich ist, ist dies nur in dem Umfang möglich, in dem das Anwartschaftsrecht dem Nacherben selbst zusteht. D.h. durch die Übertragung werden die Rechte des *Ersatznacherben* nicht berührt. Überträgt der Nacherbe bei *Eintragung* eines *Ersatznacherbenvermerks* im Grundbuch sein veräußerliches Anwartschaftsrecht auf einen Dritten oder auf den Vorerben, so werden der Nacherben- und Ersatznacherbenvermerk im Grundbuch nicht gegenstandslos und das Grundbuch insoweit grds. nicht unrichtig. Zur Löschung des Nacherbenvermerks bedarf es außer der Zustimmung des Nacherben auch der des Ersatznacherben.[4] Ohne dessen Zustimmung wird die Anwartschaftsübertragung, wenn er als Nacherbe zum Zuge kommt, ihm gegenüber unwirksam. Der Erblasser kann freilich anordnen, dass bei Verfügungen über die Nacherbenanwartschaft die Rechte des Ersatznacherben hinfällig sein sollen (auflösend bedingte Ersatznacherbeneinsetzung).

Materiell-rechtlich handelt es sich bei der Veräußerung der Nacherbenanwartschaft um eine besondere Form des Rechtskaufs. Überträgt der Nacherbe sein übertragbares Recht nach dem Erbfall, aber vor dem Nacherbfall auf einen Dritten, so geht die Erbschaft mit dem Nacherbfall unmittelbar auf den Dritten über. Gleichwohl ist in einem Erbschein nicht der Dritte, sondern der Nacherbe als Erbe auszuweisen.[5] Sofern ein Ersatznacherbe zum Zuge kommt, der der Anwartschaftsübertragung nicht zugestimmt hat, ist die Übertragung diesem gegenüber unwirksam.

Beurkundet am ..... durch ..... in ..... in Anwesenheit von .....

A. ist im Testament seines am ..... verstorbenen Vaters ..... als Nacherbe eingesetzt. Vorerbin ist seine Mutter, Frau ..... Der Nacherbfall tritt mit ihrem Versterben ein. Ersatznacherben sind nicht berufen. Die Nacherbenanwartschaft ist vom Erblasser aus-

---

1 RGZ 101, 185; 170, 163; KG DNotZ 1954, 389.
2 S. dazu RGZ 70, 168; Palandt/*Edenhofer*, § 2108 BGB Rn. 6.
3 S. BayObLGZ 1993, 335.
4 BayObLG DNotZ 1970, 686; OLG Hamm DNotZ 1970, 688; OLG Frankfurt DNotZ 1970, 69.
5 OLG Düsseldorf MDR 1981, 143.

drücklich als veräußerlich und vererblich bezeichnet. Im Nachlass befindet sich kein Grundbesitz.
A. verkauft sein Anwartschaftsrecht als Nacherbe an B. für sofort zu zahlende 30.000 €. Unterwerfung von B unter sofortige Zwangsvollstreckung.
A. überträgt hiermit sein Anwartschaftsrecht als Nacherbe auf B., der dies annimmt. A übernimmt die Gewährleistung dafür, dass er Nacherbe nach ..... ist und sein Anwartschaftsrecht veräußerlich ist, dafür, dass keine Ersatznachfolge angeordnet ist und dafür, dass er noch Inhaber des Rechts ist und Dritten daran keine Rechte eingeräumt hat. Eine Gewährleistung für den Bestand, die Zuordnung und der Zahl der Nachlassgegenstände übernimmt er nicht.
Die Kosten des Vertrages trägt B.

....., Notar

■ *Kosten des Notars.* Geschäftswert § 97 Abs. 3 GNotKG: Summe der Aktiva des Nachlasses ohne Verbindlichkeitsabzug (§ 38 GNotKG); Gebühr Nr. 21100 KV GNotKG: 2,0.

IV. Übertragung des Nacherbenanwartschaftsrechts auf den Vorerben und Löschung des Nacherbenvermerks bei Vorhandensein von Grundbesitz

6 Hat der Vorerbe alle veräußerlichen Nacherbenrechte *nach Erteilung* des einen Nacherbenvermerk enthaltenden Erbscheins erworben, d.h. bei Vorhandensein eines Ersatznacherben auch deren Rechte, so ist auf Antrag der erteilte Erbschein als unrichtig einzuziehen und dem früheren Vorerben und jetzigen Vollerben ein neuer Erbschein mit dem Inhalt zu erteilen, dass er Alleinerbe des Erblassers ist.[6] Alsdann ist der Nacherbenvermerk im Grundbuch zu löschen, ohne dass es einer neuerlichen Bewilligung des Ersatznacherben bedarf.

7 M Beurkundet am ..... in ..... durch ..... in Anwesenheit von .....

.....

1. Frau Beate Bender ist die alleinige Vorerbin des am ..... verstorbenen Kaufmanns Bruno Bender. Herr Benno Bender ist zum alleinigen Nacherben eingesetzt. Dessen Sohn Baldur Bender ist der einzige Ersatznacherbe. Herr Benno Bender, und Herr Baldur Bender, verkaufen ihre Nacherbenrechte an die Vorerbin. Dafür erhält Herr Benno Bender eine Gegenleistung in Höhe von 50.000 €; Herr Baldur Bender erhält keine Gegenleistung.
2. Der Nacherbe überträgt hiermit mit dinglicher Wirkung sein Nacherbenrecht der dies annehmenden Vorerbin. Der Ersatznacherbe überträgt seine Anwartschaft ebenfalls hiermit an die Vorerbin.
3. Zum Nachlass gehört das im Grundbuch des Amtsgerichts ..... von ..... Blatt ..... eingetragene Grundstück FlNr. ..... . Frau Beate Bender beantragt die Löschung des in Abteilung II unter Nr. 1 eingetragenen Nacherbvermerks. Herr Benno Bender und sein Sohn Baldur Bender bewilligen dies vorsorglich.
4. Die Kosten dieses Vertrages und seiner Ausführung trägt Frau Beate Bender.

....., Notar

■ *Kosten.* Wie Muster Rdn. 5 M

---

6 LG Berlin DNotZ 1976, 569.

Bisweilen soll auch entweder der gesamte (noch vorhandene) Nachlass oder einzelne Nachlassbestandteile schon vor Eintritt des Nacherbfalls vom Vorerben an den Nacherben übertragen werden. Auslöser für solche Gestaltungen kann entweder der Wunsch des Vorerben sein, dem Nacherben schon vorab die Verfügungsmöglichkeit über Nachlassgegenstände einzuräumen und/oder ihm den Genuss der Früchte schon vorab zukommen zu lassen oder der Wunsch des Vorerben, die Verbindlichkeiten, die sich im Nachlass befinden, schon vor Eintritt der Nacherbfolge »loszuwerden«. Auch hier sind die Rechte möglicher Ersatznacherben als »Gestaltungsrisiko« zu berücksichtigen. Rechte von Ersatznacherben können ohne deren Zustimmung auch durch die »Vorwegnahme der Nacherbfolge« nicht beschnitten werden; es sei denn wiederum, dass die Position des Nacherben auflösend bedingt durch ein entsprechendes Geschäft ist.

Materiell-rechtlich handelt es sich bei der Übertragung des Gesamtnachlasses auf den Nacherben um eine Erbschaftsveräußerung, bei der Veräußerung einzelner Nachlassgegenstände um eine Sach- oder Rechtsveräußerung. Dingliche Vollzugshandlungen in Bezug auf die einzelnen, zum Nachlass noch gehörenden Sachen und Rechte sind jeweils erforderlich.

V. Vorzeitige Übertragung des Gesamtnachlasses vom Vorerben an den Nacherben

1. Am ..... verstarb Viktor Gültig, geb. am ..... Nach dem Erbschein des Amtsgerichts ..... Nachlassgericht, Az. ..... wurde er beerbt durch seinen Sohn Siegfried Gültig als alleinigem Vorerben. Nacherbfolge beim Tod von Viktor Gültig ist angeordnet. Nacherbe ist der Enkel Erich Gültig von Viktor Gültig, der Sohn von Siegfried Gültig. Eine Ersatznacherbfolge ist nicht angeordnet.
2. Im Nachlass befindet sich noch folgendes Aktivvermögen:
a) der Grundbesitz, eingetragen im Grundbuch des Amtsgerichts ..... von ..... Blatt ....., nämlich Grundstück FlNr. ..... der Gemarkung ....., in Abteilung III des Grundbuchs lastenfrei, in Abteilung II ist der Nacherbenvermerk eingetragen;
b) das Depot Nr. ..... bei folgendem Kreditinstitut: .....;
3. Folgende Nachlassverbindlichkeiten sind noch nicht beglichen:
die Darlehensforderung von Erich Gültig gegenüber Viktor Gültig in einer Höhe von 50.000,00 €, das Geld hat Viktor Gültig zur Aufstockung des o.a. Grundbesitzes verwendet.
Die Erbschaftsteuer ist nach Angabe beglichen.
4. Der Vorerbe Siegfried Gültig – »Veräußerer«- veräußert hiermit an den Nacherben Erich Gültig – »Erwerber«- alleine die Vorerbschaft nach dem verstorbenen Viktor Gültig mit allen noch vorhandenen Aktiva und Passiva.
5. Zum Zweck des Vollzugs vereinbaren die Beteiligten
a) Sie sind darüber einig, dass das Eigentum an dem in Nr. 2a oben aufgeführten Grundbesitz vom Veräußerer auf den Erwerber übergeht und bewilligen und
beantragen
den Eigentumsübergang in das Grundbuch einzutragen; auf Eintragung einer Auflassungsvormerkung wird nach Belehrung durch den Notar verzichtet;
In Abteilung II des Grundbuchs ist der Nacherbenvermerk eingetragen. Der Erwerber bewilligt und
beantragt
mit Vollzug der Eigentumsüberschreibung auf ihn den Nacherbenvermerk im Grundbuch zu löschen.
b) Sie sind darüber einig, dass das o.a. Depot (§ 2 Nr. b) vom Veräußerer auf den Erwerber übergeht. Der Notar wies die Beteiligten darauf hin, dass zu dem Vertragsübergang

des Depotvertrags auf den Erwerber die Zustimmung des Kreditinstituts erforderlich ist; diese holen die Beteiligten selbst ein. Bis zur Erteilung der Genehmigung und für den Fall, dass diese verweigert werden sollte, sind die Beteiligten darüber einig, dass sämtliche Rechte und Ansprüche aus dem Depotvertrag dem Erwerber zustehen sollen und an diesen abgetreten werden, während der Erwerber umgekehrt den Veräußerer von sämtlichen Verpflichtungen aus dem entsprechenden Depotvertrag vollständig freistellt.

c) Der Erwerber erlässt dem Veräußerer als Erben nach Viktor Gültig die Rückzahlung des o.a. Darlehens in Höhe von 50.000,00 €.

6. Die Veräußerung des Nachlasses erfolgt zum einen, damit der Vorerbe von den bestehenden Nachlassverbindlichkeiten frei wird, zum anderen erfolgt die Zuwendung des Mehrwerts unentgeltlich im Wege der Schenkung; der Erwerber hat sich den Wert der Zuwendung auf das ihm beim Tod des Veräußerers zustehende Pflichtteilsrecht anrechnen zu lassen.

7. Der Veräußerer haftet dafür, dass ihm das veräußerte Erbrecht zusteht, dass es nicht durch das Recht eines weiteren Nacherben oder Ersatznacherben oder die Ernennung eines Testamentsvollstreckers beschränkt ist, dass nicht Vermächtnisse, Auflagen, Pflichtteilslasten, Ausgleichungspflichten oder Teilungsanordnungen bestehen und dass sich im Nachlass die unter 2a und b aufgeführten Aktiva befinden und keine weiteren Verbindlichkeiten als die unter 2c aufgeführten Nachlassverbindlichkeiten bestehen. Der Veräußerer haftet nicht dafür, dass sich die unbeschränkte Haftung gegenüber ihrem Nachlassgläubiger einzeln von Ihnen eingetreten ist und nicht für eventuelle Sachmängel der im Nachlass befindlichen Aktiva.

8. Besitz, Nutzen und Lasten sowie die Gefahr des zufälligen Untergangs und der zufälligen Verschlechterung in Bezug auf die veräußerten Nachlassgegenstände gehen ab dem heutigen Tag auf den Erwerber über; der Erwerber trägt eventuell offene Erschließungskosten und Anliegerbeiträge nach dem KAG; an den Erwerber werden eventuelle Vorausleistungen abgetreten. Der Erwerber hat Kenntnis davon, dass der im Nachlass befindliche Grundbesitz vermietet ist. Die Miete steht ihm ab dem auf die Beurkundung folgenden Monatsersten zu. Diese gezogene Nutzungen bezogen auf den Nachlass verbleiben beim Veräußerer, dem für seine Verwendungen und Aufwendungen auf den Nachlass keine Ersatzansprüche gegenüber dem Erwerber zustehen.

9. Die Kosten der Errichtung und Ausfertigung der Urkunde und ihres Vollzugs, speziell beim Grundbuchamt sowie eventuell anfallende Verkehrsteuern trägt der Erwerber.

Der Notar wies die Beteiligten darauf hin, dass der Erwerber eventuellen Nachlassgläubigern gegenüber für eventuelle Nachlassverbindlichkeiten haftet und dass die Haftung des Veräußerers für solche Nachlassverbindlichkeiten davon unberührt bleibt.

■ *Kosten des Notars.* Geschäftswert §§ 97, 36, 38 GNotKG: Summe der Aktiva ohne Verbindlichkeitenabzug; speziell mindert die Anwartschaft des Nacherben nicht den Wert des von ihm Erworbenen; Gebühr Nr. 21100 KV GNotKG: 2,0.

VI. Die Vorwegnahme der Nacherbfolge in Bezug auf einen einzigen Nachlassgegenstand

11 M Beurkundet am ..... durch ..... in Anwesenheit von .....

1. Am ..... verstarb Viktor Gültig, geb. am ..... Nach dem Erbschein des Amtsgericht ..... Nachlassgericht Az. ..... vom ..... wurde er beerbt durch seinen Sohn Siegfried

Gültig als alleinigen Vorerben. Nacherbe beim Tod des Vorerben Siegfried Gültig ist angeordnet. Nacherbe ist der Enkel Erich Gültig von Viktor Gültig der Sohn von Siegfried Gültig. Eine Ersatzerbfolge ist nicht angeordnet. Zum Nachlass von Viktor Gültig gehört der folgende Grundbesitz:
Grundstück FlNr. ..... der Gemarkung ..... eingetragen im Grundbuch des Amtsgericht ..... von ..... Blatt .....
In Abteilung II des Grundbuchs ist eingetragen:
Geh- und Fahrtrecht zugunsten des jeweiligen Eigentümers des Grundstücks FlNr. ..... ; Hinweis auf die Nacherbfolge.
Abteilung III des Grundbuchs ist lastenfrei.
Die nachstehende Veräußerung beschränkt sich auf diesen Nachlassgegenstand. Der weitere noch vorhandene Nachlass verbleibt bei Siegfried Gültig; die Rechte des Nacherben auf den weiteren Nachlass werden dadurch nicht berührt.
2. Der Vorerbe Siegfried Gültig – »Veräußerer« – veräußert hiermit an den Nacherben Erich Gültig – »Erwerber« – zu dessen Alleineigentum den in Nr. 2 aufgeführten Grundbesitz. Die Veräußerung erfolgt mit allen Rechten, gesetzlichen Bestandteilen und Zubehör.
3. Die Beteiligten sind darüber einig, dass das Eigentum an dem in Nr. 2 aufgeführten Grundbesitz vom Veräußerer auf den Erwerber übergeht. Sie bewilligen und
beantragen
den Eigentumsübergang in das Grundbuch einzutragen. Auf Eintragung einer Auflassungsvormerkung wird nach Belehrung durch den Notar verzichtet.
4. Erich Gültig bewilligt und
beantragt
den im Grundbuch eingetragenen Nacherbenvermerk zu löschen.
5. Gegenleistungen sind durch den Erwerber nicht zu erbringen; die Veräußerung erfolgt unentgeltlich im Wege der Schenkung. Der Erwerber hat sich den Wert der Zuwendung nicht auf seine Pflichtteilsansprüche beim Tod des Veräußerers anrechnen zu lassen und den Wert der Zuwendung auch bei Eintritt der gesetzlichen Erbfolge nicht zur Ausgleichung zu bringen.
6. Der Veräußerer haftet für den ungehinderten Besitz- und lastenfreien Eigentumsübergang auf den Erwerber; ausgenommen ist das Geh- und Fahrtrecht, das der Erwerber zur künftigen Duldung und Erfüllung übernimmt. Eine darüber hinausgehende Haftung oder Gewährleistung für Sach- und Rechtsmängel übernimmt der Veräußerer nicht.
6. Besitz, Nutzen und Lasten sowie die Gefahr des zufälligen Untergangs und der zufälligen Verschlechterung in Bezug auf den Grundbesitz, der bereits bisher durch den Erwerber im Rahmen eines unentgeltlichen Nutzungsverhältnisses genutzt wurde, gehen auf diesen mit Wirkung ab dem heutigen Tag über. Offene Erschließungskosten im Sinne des Baugesetzbuchs und Anliegerbeiträge nach dem KAG oder solche, die mit Bescheid ab dem heutigen Tag erhoben werden, trägt der Erwerber, an den umgekehrt eventuelle Vorausleistungen abgetreten werden.
7. Er trägt die Kosten der Errichtung und Ausfertigung der Urkunde, ihres grundbuchamtlichen Vollzugs und eventuell anfallende Verkehrssteuern.

■ *Kosten des Notars.* Geschäftswert §§ 97 Abs. 1, 36 Abs. 1, 38 Abs. 1 Satz 1 GNotKG: Wert des Nachlassgegenstand ohne Verbindlichkeitenabzug; speziell mindert die Anwartschaft des Erwerbers nicht den Geschäftswert des Erlangten; Gebühr Nr. 21100 KV GNotKG: 2,0.

§ 120 Auslandsbezug im Erbrecht

I. Auslandsbezug im Erbrecht

1 Die Frage des Auslandsbezugs im Erbrecht stellt sich sowohl bei der Gestaltung von letztwilligen Verfügungen als auch nach dem Tod des Erblassers. Sie stellt sich sowohl bei Personen mit gewöhnlichem Aufenthalt im Ausland oder ausländischen Staatsangehörigen, die Nachlass in Deutschland hinterlassen als auch bei deutschen Staatsangehörigen, die ihren Wohnsitz außerhalb Deutschlands haben oder auch außerhalb Deutschlands Vermögen besitzen.

2 Fragen des internationalen materiellen Erbrechts werden aufgeworfen, wenn es darum geht, nach den Bestimmungen welchen Staats ein Erblasser beerbt wird – wenn z.B. entschieden werden muss, welches gesetzliche Erbrecht maßgeblich ist, wenn keine letztwilligen Verfügung hinterlassen wird, wenn entschieden wird, welche Rechte evtl. durch Testamente übergangene Kinder haben und nach welchen Bestimmungen Testamente ausgelegt werden. Spezielle Fragen stellen sich, wenn zu beurteilen ist, in welcher Form letztwillige Verfügungen errichtet werden können. Schließlich sind bei internationalem Bezug auch Nachlassverfahrensbestimmungen zu beachten. Wenn der Verstorbene verheiratet war, sind darüber hinaus noch die Bestimmungen des internationalen Güterrechts zu beachten (s. dazu § 81).

II. EU-Erbrechtsverordnung Nr. 650/2012 vom 04.07.2012

3 Besondere Bedeutung erlangt für nachlassrechtliche Fragen mit Auslandsbezug seit 17.08.2015 die o.a. Verordnung. Diese befasst sich mit
   1. der internationalen Zuständigkeit für Entscheidungen in Erbsachen,
   2. dem erbrechtlichen Kollisionsrecht,
   3. der Anerkennung, Vollstreckbarkeit und Vollstreckung von Entscheidungen (mit nachlassrechtlichem Bezug),
   4. öffentlichen Urkunden und gerichtlichen Vergleichen (im Nachlassrecht) und
   5. schafft ein neues Rechtsinstitut, das »europäische Nachlasszeugnis«.
   6. Ergänzend gelten die nationalen Ausführungsgesetze
   Im Einzelnen gilt:

4 Art. 4 ff. der VO konzentrieren die internationale Zuständigkeit für den gesamten Nachlass (siehe unten) einer Person auf die Gerichte eines Mitgliedstaates der EU ausgenommen Vereinigtes Königreich, Irland und Dänemark. Mangels Regelungskompetenz der EU bezieht sich diese Konzentration aber nicht auf Nachlassvermögen, das außerhalb der EU gelegen ist und nicht auf Nachlassvermögen im Vereinigten Königreich, Irland und Dänemark.

5 Die allgemein internationale Zuständigkeit ergibt sich danach für die Gerichte des Staats, in dem der Erblasser zum Todeszeitpunkt den gewöhnlichen Aufenthalt hatte. Dies entspricht dem für die Rechtsnachfolge nach dem neuen Kollisionsrecht maßgeblichen Recht. Das zuständige Gericht entscheidet also i.d.R. nach seinem »Heimatrecht«. Weil das Kollisionsrecht eine abweichende Rechtswahl ermöglicht (s.u.), sieht Art. 5 der VO die Möglichkeit einer Gerichtsstandvereinbarung in Schriftform (die erst nach dem Tod des Erblassers getroffen werden kann) vor. Das eigentlich international zuständige Gericht kann sich nach Art. 6 der VO sowohl bei einer entsprechenden Vereinbarung für unzuständig erklären, als

auch wenn nach Auffassung des Gerichts die Gerichte des Staats des gewählten Rechts kompetenter entscheiden können.

Abweichend vom bisherigen IPR entspricht das maßgebliche Erbrechtsstatut nach Art. 21 Absatz 1 der VO jetzt dem Recht des Staates des gewöhnlichen Aufenthalts des Erblassers zum Todeszeitpunkt. Das Recht des gewöhnlichen Aufenthalts gilt für den gesamten Nachlass; einzige Ausnahme ist der Art. 30 der VO. Der Begriff des »gewöhnlichen Aufenthalts« wird in den nächsten Jahren durch Rechtsprechung und Literatur zu konkretisieren sein, speziell in Zweifelsfällen (für einen Arbeitnehmer, der für einige Jahre in dem Tochterunternehmen seines Arbeitgebers im Ausland tätig wird und dorthin zieht). **6**

Art. 21 ff. der VO enthalten gültiges Kollisionsrecht auch im Verhältnis zu Nicht-EU-Staaten, zum Vereinigtem Königreich, zu Irland und Dänemark. Wenn das Recht eines Nicht-EU-Staates maßgeblich ist, gilt es einschließlich seines IPR was zu Rück- und Weiterverweisungen führen kann (Art. 34 der VO) dies gilt entsprechend bei Maßgeblichkeit des Rechts des Vereinigten Königreichs, Irlands und Dänemarks. **7**

Staatsverträge in Nachlassangelegenheiten gehen der Regelung der VO vor.

Art. 22 Abs. 1 der VO lässt eine abweichende Rechtswahl der maßgeblichen Rechtsordnung zu, allerdings beschränkt auf das Recht der Staatsangehörigkeit des Erblassers zum Zeitpunkt des Todes oder zum Zeitpunkt der Rechtswahl. Bei Personen mit mehrfacher Staatsangehörigkeit kann das Recht jeder Staatsangehörigkeit gewählt werden. Das Recht kann für den gesamten Nachlass nur einheitlich gewählt werde. Eine gegenständlich beschränkte Rechtswahl sieht die VO nicht vor. **8**

Weil viele Staaten ein Verbot von Erbverträgen aufstellen oder das Rechtsinstitut nicht kennen, widmet sich Art. 25 der VO explizit den Problemen im Zusammenhang mit Erbverträgen. Ob durch einen Erblasser ein Erbvertrag zulässig errichtet werden kann (sowie die Frage seiner Wirksamkeit und der Bindungswirkung), hängt danach vom Recht des Staats ab, der beim Abschluss des Erbvertrags dem maßgeblichen Erbrechtsstatut (unter Berücksichtigung einer Rechtswahl) entspricht. Wenn mehrere Personen in dem Erbvertrag letztwillige Verfügungen treffen muss der Erbvertrag grundsätzlich nach den für alle Beteiligten (Verfügenden) maßgeblichen Rechtsordnungen zulässig sein. Art. 25 Abs. 3 der VO ermöglicht eine spezielle Rechtswahl für den gesamten Erbvertrag dergestalt, dass dieser nach dem Recht der verfügenden Personen errichtet wird, die die entsprechende Rechtsordnung nach Art. 22 der VO wählen könnte. **9**

Sind deutsche Gerichte in Erbsachen nach Art. 4 ff. der VO international zuständig, (hatte der Erblasser also seinen gewöhnlichen Aufenthalt in Deutschland oder hatte er für seine Beerbung wirksam deutsches Recht gewählt) erteilt das zuständige deutsche Nachlassgericht jetzt sowohl **10**
a) Erbscheine und Testamentsvollstreckerzeugnisse,
b) gegenständlich beschränkte Erbscheine und
c) jetzt erstmals auch europäische Erbrechtszeugnisse.

Der Erbschein, der gemeinschaftliche Erbschein und das Testamentsvollstreckerzeugnis beziehen sich auf den gesamten Nachlass einer Person. Die Entscheidung des deutschen Nachlassgerichts wird nach Art. 39 der VO in der EU ohne besonderes Verfahren anerkannt, es sei denn, dass einer der Gründe des Art. 40 der VO vorliegen. Der von einem deutschen Nachlassgericht erteilte Erbschein, gemeinschaftliche Erbschein und das von einem deutschen Nachlassgericht erteilte Testamentsvollstreckerzeugnis stellen öffentliche Urkunden im Sinne des Art. 59 der VO dar, die in den anderen Mitgliedstaaten der EU die gleiche formelle Beweiskraft wie in Deutschland haben. **11**

Wenn deutsche Nachlassgerichte nach Art. 4 ff. der VO international nicht zuständig sind (weil der Erblasser seinen gewöhnlichen Aufenthalt zum Todeszeitpunkt nicht in Deutschland hatte und auch nicht deutsches Recht für seinen Beerbungsfall gewählt hatte) und auch keine Verweisung des international zuständigen Gerichts an ein deutsches Gericht **12** vorliegt, darf m.E. das deutsche Nachlassgericht wegen der internationalen Zuständigkeit eines anderen EU-Mitgliedsstaates (ausgenommen Vereinigtes Königreich, Irland und Dänemark) auch in Bezug auf Vermögen, das sich in Deutschland befindet, keinen gegenständlich beschränkten Erbschein erteilen. Die Erteilung gegenständlich beschränkter Erbscheine nach § 2396 BGB wird sich künftig auf die Fälle beschränken, in denen der Erblasser nach einer Rechtsordnung außerhalb der EU oder nach dem Recht des Vereinigten Königreichs, Irlands und Dänemarks beerbt wird, aber in Deutschland befindliches Vermögen hat.

13   Auch die Erteilung eines europäischen Erbrechtszeugnisses durch ein deutsches Nachlassgericht setzt dessen internationale Zuständigkeit voraus. Das Zeugnis ist bestimmt ausschließlich zur Verwendung durch die Erben, durch Vermächtnisnehmer mit dinglicher Beteiligung am Nachlass (existiert in Deutschland grundsätzlich nicht), Testamentsvollstrecker und Nachlassverwalter. Es ist zur Legitimation der entsprechenden Erben, dinglich am Nachlass beteiligten Vermächtnisnehmers, Testamentsvollstreckers oder Nachlassverwalters in einem anderen Mitgliedstaat gedacht (Art. 63 der VO). Das europäische Erbrechtszeugnis ersetzt den Erbschein in mehrfacher Hinsicht nicht. Es hat keine Legitimationswirkung für in Deutschland belegenes Vermögen. Seine Wirkungen nach Art. 69 der VO entsprechen nicht denen eines Erbscheins.

14   Werden Erblasser nicht nach deutschem Recht, aber nach einer EU-Rechtsordnung (ohne Vereinigtes Königreich, Irland und Dänemark) beerbt und sind deutsche Nachlassgerichte international nicht zuständig, wirken die Entscheidungen der Nachlassgerichte des international rechtlich zuständigen EU-Staates mit Wirkung auch für das in Deutschland gelegene Vermögen des Erblassers. Die Entscheidung des entsprechenden EU-Staats wird auch in Deutschland anerkannt, ohne dass es hierfür eines besonderen Verfahrens bedarf (Art. 39 Absatz 1 der VO). Nachweise, die in dem anderen EU-Staat erstellt wurden, haben eine nach dem Recht dieses EU-Staates maßgebliche Legitimationswirkung auch in Deutschland (Art. 59 der VO).

Muster für Dokumente bei Auslandsbezug, Rechtswahl: Muster nach Art. 22 ErbrechtsVO

15 M   Beurkundet am ..... in ..... vor dem Notar ..... in Anwesenheit von .....
Herr Hans Müller erklärte:
Ich bin deutscher Staatsangehöriger und habe derzeit meinen gewöhnlichen Aufenthalt in Deutschland. Ich beabsichtige aber, mit meiner neuen Lebensgefährtin, einer thailändischen Staatsangehörigen nach Thailand zu ziehen und dort bis zu meinem Tod zu leben. Mein gewöhnlicher Aufenthalt wird künftig in Thailand sein. Nachdem ich in Deutschland Eigentümer von umfangreichem Immobilienvermögen bin, ich in Deutschland auch meine wesentlichen sonstigen Vermögenswerte belassen und nach deutschem Recht beerbt werden will, wähle ich nach Art. 22 Absatz 1 der EU-Verordnung Nr. 56 2012 vom 04.07.2012 für die Rechtsnachfolge von Todes wegen das deutsche Recht.

■ *Kosten.* Des Notars: Geschäftswert § 104 Abs. 2 GNotKG; Gebühr Nr. 21200 KV GNotKG: 1,0.

16   Im Zusammenhang mit dem geänderten Nachlassstatut ist zu berücksichtigen, dass aufgrund der zunehmenden Internationalisierung Menschen viel häufiger als früher ihren gewöhnlichen Aufenthalt wechseln und dass damit in Zukunft auch häufig das Risiko besteht, dass eine Person durch einen Wechsel des gewöhnlichen Aufenthalts einem anderen Erbrechtsstatut unterliegt, ohne dies zu wollen. Speziell besteht dieses Risiko bei Personen,

die längere Zeit im Ausland leben und arbeiten, auch wenn sie dies für Mutter-Tochter- oder Schwesterunternehmen »ihres« Arbeitgebers tun. Generell in allen Fällen bei deutschen Staatsangehörigen vorsorglich Rechtswahlen zum deutschen Recht vorzunehmen scheint allerdings übertrieben. Sinnvoller scheint ein Belehrungsvermerk bei einer letztwilligen Verfügung, der darauf hinweist, dass bei einem voraussichtlichen Wechsel des gewöhnlichen Aufenthalts das maßgebliche Erbrecht überdacht werden sollte.

Muster des für einen Erbvertrag maßgeblichen Rechts (Art. 25)

Beurkundet am ..... in ..... vor dem Notar ..... in Anwesenheit von .....   **17 M**
Die Beteiligten erklärten mir was folgt:
Der Ehemann ist ausschließlich deutscher Staatsangehöriger. Die Ehefrau ist ausschließlich Staatsangehörige des Vereinigten Königreiches von Großbritannien. Wir haben derzeit unseren gewöhnlichen Aufenthalt in London. Nachdem wir Vermögensbestandteile in Deutschland besitzen, speziell beide in Deutschland Immobilieneigentümer sind und gegebenenfalls sogar nach Deutschland zurückkehren wollen, wollen wir einen Erbvertrag schließen, der deutschem Recht unterliegt.
Der Ehemann wählt deshalb zunächst für die Rechtsnachfolge von Todes wegen das Recht des Staates, dem er zum heutigen Tag angehört, also deutsches Recht. Darüber hinaus wählen wir, die Ehegatten für die Zulässigkeit, die materielle Wirksamkeit und die Bindungswirkungen unseres nachstehenden Erbvertrags, einschließlich der Voraussetzungen für seine Auflösung das deutsche Recht; diese Rechtswahl wird nach Art. 25 Abs. 3 der EU-Verordnung Nr. 56/2012 vom 04.07.2012 getroffen. Deutsches Recht wird gewählt als die Rechtsordnung, die der Ehemann als eine der Personen, deren Nachlass betroffen ist, nach Art. 22 der entsprechenden Verordnung hätte wählen können und sogar gewählt hat.

■ *Kosten.* Des Notars: Geschäftswert § 104 Abs. 2 GNotKG; Gebühr Nr. 21100 KV GNotKG: 1,0.

Muster des Antrags auf einen gegenständlich beschränkten Erbschein (§ 352c FamFG)

Verhandelt zu ..... am .....   **18 M**
Vor dem Notar ..... erklärte .....
Mein Vater, Michael Peter Kutzki, wohnhaft in Zürich, Schweizer Staatsangehörigkeit, ist am ..... in Zürich gestorben. Ich bin nach Schweizer Recht sein einziger Erbe. Meine Mutter ist am ....., also vor dem Erblasser, verstorben. Andere Personen, durch die ich von der Erbfolge ausgeschlossen oder mein Erbteil vermindert werden würde, waren und sind nicht vorhanden, insbesondere keine anderen Abkömmlinge des Verstorbenen.
Verfügungen von Todes wegen meines Vaters sind nicht vorhanden. Ein Rechtsstreit über das Erbrecht ist nicht anhängig. Über die Bedeutung einer eidesstattlichen Versicherung und über die Strafbarkeit unrichtiger eidesstattlich versicherter Angaben belehrt, versichere ich an Eides Statt, dass mir nichts bekannt ist, was der Richtigkeit meiner Angaben entgegensteht.
Dem Verstorbenen standen Forderungen an die Deutsche Bank, Frankfurt, aus einem auf ihn lautenden, dort geführten Geschäftskonto in Höhe von rund 111.000 € und aus der Sammelverwahrung von Wertpapieren in Höhe von rund 333.000 € (Kurswert am Todestage) zu.

§ 120 Auslandsbezug im Erbrecht

Da es an einem zur Erteilung eines vollen Erbscheins zuständigen deutschen Nachlassgericht fehlt, beantrage ich, zu Händen des beurkundenden Notars einen Erbschein, beschränkt auf das in Deutschland befindliche Vermögen des Erblassers, zu erteilen, wonach ich nach Schweizer Recht alleiniger Erbe meines Vaters geworden bin. Ich nehme Bezug auf
a) die Sterbeurkunde meines Vaters,
b) dessen Heiratsurkunde mit meiner Mutter,
c) die Sterbeurkunde meiner Mutter,
d) meine Geburtsurkunde,
sämtlich vom deutschen Generalkonsulat in Zürich legalisiert.

....., Notar

■ *Kosten.* Des Notars: Geschäftswert § 103 Abs. 1 GNotKG; Gebühr Nr. 23300 KV GNotKG: 1,0.

Antrag auf Erteilung eines europäischen Nachlasszeugnisses

19 M Amtsgericht Ingolstadt, Nachlassgericht
Betreff: Antrag auf Erteilung eines europäischen Nachlasszeugnisses betreffend den am 15.07.2013 verstorbenen Hans Müller, geb. am 03.07.1954, der zum Zeitpunkt seines Todes seinen gewöhnlichen Aufenthalt in Ingolstadt, Moritzstraße 13 hatte.
Es wird ein europäisches Nachlasszeugnis nach Art. 63 der EU-Verordnung Nr. 56/2012 vom 04.07.2012 beantragt das mich als Alleinerben ausweist. Dazu mache ich folgende Angaben:
Erblasser war Herr Hans Müller, männlich, geb. am 03.07.1954 in Ingolstadt, verwitwet, deutscher Staatsangehöriger, zum Zeitpunkt seines Todes wohnhaft Moritzstraße 11, 85049 Ingolstadt/Deutschland, verstorben am 15.07.2013 in Ingolstadt.
Antragsteller bin ich, sein einziger Sohn, Fritz Müller, männlich, geb. am 11.02.1990 in Ingolstadt, ledig, österreichischer Staatsangehöriger, Moritzstraße 11, 85049 Ingolstadt, der einzige Sohn und einzige Abkömmling des Erblassers.
Hans Müller war zum Zeitpunkt seines Todes verwitwet. Seine Ehefrau, Frau Gerda Müller, geb. Pauker, geb. am 03.09.1956 ist am 07.06.2007 verstorben. Sie war zum Zeitpunkt ihres Todes deutsche Staatsangehörige.
Weitere mögliche Berechtigte aufgrund einer Verfügung von Todes wegen existieren nicht.
Beabsichtigter Zweck des Nachlasszeugnisses ist folgender:
Mein Vater war in Österreich sowohl Eigentümer einer Immobilie als auch Berechtigter eines Kontos. Zum Zwecke der Umschreibung des Kontos in Österreich und zum Zweck der Umschreibung der Immobilie auf mich benötige ich zur Vorlage in Österreich zum Nachweis meiner Berechtigung das entsprechende Zeugnis.
In der Angelegenheit wurde bisher noch kein weiteres Gericht tätig.
Meine Erbbefugnis beruht auf dem notariellen Testament des Erblassers vom 17.01.2011 des Notars .....
Dies war die einzige Verfügung von Todes wegen, die der Erblasser hinterließ.
Die Urschrift des Testaments wurde beim Amtsgericht Ingolstadt, Nachlassgericht unter dem AZ: ..... eröffnet.
Meine Eltern hatten keinen Ehevertrag geschlossen.
Ich habe vor dem Amtsgericht Ingolstadt, Nachlassgericht, AZ: ..... die Annahme der Erbschaft erklärt.

**Nach meinem besten Wissen ist kein Rechtsstreit in Bezug auf den zu bescheinigenden Sachverhalt anhängig.
Ingolstadt, den …..**

- *Kosten.* Des Notars: Geschäftswert § 103 Abs. 1 GNotKG; Nr. 21201 KV GNotKG (0,5). Des Gerichts: Geschäftswert § 40 GNotKG; Nr. 12210 KV GNotKG (1,0).

Vierter Teil. Rechtsgeschäfte aus dem Handels- und Gesellschaftsrecht

§ 121 Der eingetragene Verein

Literatur: *Baumann/Sikora*, Hand- und Formularbuch des Vereinsrechts, 2. Aufl. 2017; *Reichert/Schimke/Dauernheim*, Handbuch Vereins- und Verbandsrecht, 14. Aufl., 2018; *Beuthien/Gummert/Schöpflin*, Münchener Handbuch des Gesellschaftsrechts. Band 5: Verein und Stiftung bürgerlichen Rechts, 2016; *Sauter/Schweyer/Waldner*, Der eingetragene Verein, 20. Aufl., 2016; *Schleder*, Steuerrecht der Vereine, 11. Aufl., 2016; *Stöber/Otto*, Handbuch zum Vereinsrecht, 11. Aufl., 2016;

I. Begriffliches; Vereinsverfassung

1. Definition

Seit RGZ 143, 213, wird der Verein bürgerlich-rechtlich definiert als freiwilliger Zusammenschluss mehrerer Personen für eine zumindest gewisse Zeit mit dem Ziel, einen gemeinsamen Zweck zu verfolgen, wobei die Personenvereinigung eine körperschaftliche Verfassung haben, einen Gesamtnamen führen und in ihrer Existenz vom Wechsel der Mitglieder unabhängig sein muss. Davon zu unterscheiden ist der deutlich weitere, z.B. auch rechtsfähige Personengesellschaften des Handelsrechts umfassende, öffentlich-rechtliche Vereinsbegriff des § 2 Abs. 1 VereinsG, der unter anderem für die verfassungsrechtliche Vereinigungsfreiheit gemäß Art. 9 Abs. 1 GG und als Voraustatbestand für das Strafrecht (§ 129 StGB: kriminelle Vereinigung) von Bedeutung ist. 1

Der bürgerlich-rechtliche Verein bildet die Grundform aller privatrechtlichen Körperschaften, sodass bei Regelungslücken (etwa hinsichtlich der Haftung der Körperschaft für seine Organe/Repräsentanten) auch im Recht der Aktiengesellschaft, der GmbH oder eingetragenen Genossenschaft auf z.B. § 31 BGB zurückgegriffen wird, ebenso auf § 29 BGB: Bestellung eines Notorgans. In gleicher Weise beurteilen sich Sonderrechte von Aktionären, GmbH-Gesellschaftern und Genossen nach § 35 BGB, die Willensbildung im Aufsichtsrat einer AG vollzieht sich nach vereinsrechtlichen Grundsätzen. 2

2. Arten

Vereine, die einen sogenannten nicht wirtschaftlichen Zweck (§ 21 BGB, »Idealverein«[1]) verfolgen, werden mit der Eintragung im Vereinsregister rechtsfähig, sofern sie gesetzlich angeordnete Mindestvoraussetzungen (vor allem §§ 56 bis 59 BGB) erfüllen; wirtschaftliche Vereine (§ 22 BGB) und – bis zum 30.09.2009 deutsche Vereine mit ausländischem Sitz, § 23 BGB[2] – erlangen die Rechtsfähigkeit durch Konzessionierung seitens der zuständigen Behörde. Die Anerkennung eines Vereins als gemeinnützig i.S.d. §§ 51 ff AO (Rdn. 33 ff.) hat 3

---

[1] Krit. zur Aufweichung des ideellen Vereinszwecks angesichts wirtschaftlich gewichtiger »Großvereine« wie des ADAC *Wickert*, NWB 2016, 863 ff.

[2] Vgl. zur Aufhebung *Terner*, DNotZ 2010, 17. Davon zu unterscheiden waren schon bisher Vereine, die in einem EU-/EWR-Staat registriert sind; deren Rechtsfähigkeit ist auch im Inland ohne Weiteres anzuerkennen. Art. 10 EGBGB-E soll diese Gründungstheorie universell festschreiben.

Indizwirkung dafür, dass er nicht auf einen wirtschaftlichen Geschäftsbetrieb gerichtet sei, wie etwa bei Trägervereinen für Kindertagesstätten[3] oder Naturkindergärten[4]; zu Unterstützungskassen vgl. Rdn. 32. Bis zur Eintragung handelt es sich beim Idealverein um einen sog. Vorverein; kommt es nicht zur Eintragung, kann er auf Dauer als nichtrechtsfähiger Verein bestehen (Rdn. 9). Die dann in § 54 Satz 1 BGB angeordnete Geltung der Vorschriften für die Gesellschaft bürgerlichen Rechts (gedacht als indirektes Druckmittel zur Erlangung der staatlichen Registrierung) wurde durch die Rechtsprechung in das Gegenteil verkehrt: Seit BGHZ 50, 328 f., gelten im Grunde die Vereinsvorschriften entsprechend, soweit sie nicht auf die Rechtsfähigkeit abstellen, vgl. § 122 Rdn. 2, 10.

4 Religiöse Vereine und Weltanschauungsgemeinschaften genießen weitere verfassungsrechtliche Privilegierungen (Art. 140 GG, Art. 137 Satz 3 u. 7 Weimarer Reichsverfassung).

5 Manche Vereine sind als Mehrsparten- oder Mehrzweckvereine organisiert – auch eine mit hinreichender organisatorischer Selbstständigkeit ausgestattete Vereinsabteilung kann durch Teilnahme am Rechtsverkehr eigene Rechte und Pflichten begründen, sodass die Untergliederung eines eingetragenen Vereins als nicht eingetragener Verein neben dem eigentlichen Verein selbst aktiv parteifähig sein kann. Jedenfalls bei fehlender Satzungsregelung hat die Abteilung als solche aber keine Rechte gegen den Hauptverein (d.h. die ein Grundstück allein nutzende Ruder-Abteilung kann sich nicht gegen den Verkauf dieses Grundstücks durch den eigentlichen Verein wehren[5]).

6 Auch horizontale Untergliederungen (Landesverbände) kommen vor, dann häufig als sog. Vereinsverband strukturiert (z.B. als Bundesverband, der seinerseits lediglich Vereine als Mitglieder hat).

7 Der Verein ist die maßgebliche Organisationsform bürgerschaftlichen Engagements im sog. »Dritten Sektor«; jeder zweite Bundesbürger ist Mitglied in mindestens einem der (2011 geschätzt) 600.000 eingetragenen Vereine.

II. Vereinsgründung

1. Ablauf

8 Die Vereinsgründung ist ein Vertrag, sodass beschränkt Geschäftsfähige der Einwilligung/Genehmigung ihrer gesetzlichen Vertreter bedürfen, sofern nicht im Einzelfall lediglich rechtliche Vorteile damit verbunden sind (Beitragsfreiheit, keine Stimmrechte in der Mitgliederversammlung etc.) Mit diesem Gründungsvertrag (zu dem zwei Personen genügen) und der Satzungsfeststellung entsteht ein Vorverein. Ab diesem Zeitpunkt sind bereits Mitgliedschaften möglich; für Beschlüsse bedarf es jedoch der Beteiligung mindestens dreier Personen. Die Satzung erlangt zu diesem Zeitpunkt ein von den Mitgliedern unabhängiges rechtliches Eigenleben (sog. »modifizierte Normentheorie«).

9 Der Vorverein ist rechtsfähig und hat im Zivilprozess nicht nur die passive (§ 50 Abs. 2 ZPO), sondern auch die aktive Parteifähigkeit sowie die Beteiligtenfähigkeit in FGG-Verfahren (Beschwerdeberechtigung); die aktive Parteifähigkeit geht jedoch mit rechtskräftiger Ablehnung der Eintragung des Vereins verloren, sofern nicht kraft Satzung oder Beschluss der Mitgliederversammlung eine Fortsetzung als nicht rechtsfähiger Dauerverein stattfindet.[6] Beim Ideal-Vorverein beschränkt sich die Haftung der Mitglieder bereits jetzt auf das Vereinsvermögen und die noch ausstehenden Beitragszahlungen, anders beim wirtschaftli-

---

3 BGH, 16.05.2017 – II ZB 7/16, DNotZ 2017, 628; krit. dazu *Otto*, NotBZ 2017, 286 ff.
4 OLG Hamm, 07.04.2017 – 27 W 24/17; allgemein zur Abgrenzung *Beuthien*, RPfleger 2016, 65 ff. Im Jahr 2016 verfolgte Bestrebungen einer Ausweitung der Rechtsfähigkeitsverleihung an wirtschaftliche Vereine führten lediglich zur Erleichterung der Prüfung für Kleinstgenossenschaften, § 53a GenG.
5 BGH DNotZ 2008, 141.
6 BGH DNotZ 2008, 141.

chen Vorverein (§ 54 Satz 1 BGB: Verweisung auf das Recht der GbR). Organe sowie faktische Organe riskieren aber bei beiden Vorvereinstypen die persönliche Haftung als Handelnde (§ 54 Satz 2 BGB), wodurch ein faktischer Zwang zu rascher Registrierung geschaffen wird.

2. Entstehung

a) Wirtschaftliche Vereine

Das relativ einfache Eintragungsverfahren und das Fehlen einer zwingenden Einlagepflicht (§ 58 Nr. 2 BGB) könnten dazu verleiten, unternehmerische Betätigung in der Rechtsform des Vereins ohne Einhaltung der Kapitalausstattungs-, Bilanzierungs- und Prüfungspflichten, zudem unbelastet von Auskunfts- und Einsichtsrechten der Mitglieder, wahrzunehmen. Daher können wirtschaftliche Vereine (abgesehen von spezialgesetzlichen Sonderfällen[7]) nur durch verwaltungsbehördliche Verleihung der Rechtsfähigkeit gemäß § 22 BGB entstehen, die nur bei Unzumutbarkeit der Wahl einer anderen Rechtsform in Betracht kommt.

10

Wirtschaftliche Vereine[8] sind in drei Grundformen denkbar:

11

aa) Im Fall der Beteiligung am unternehmerischen allgemeinen Marktgeschehen über den vereinsinternen Bereich hinaus (Beispiel: Abmahnvereine, in Vereinsform betriebene Dritte-Welt-Läden etc. als Volltypus des unternehmerisch tätigen Vereins)

bb) Ebenso unter Beschränkung der planmäßigen entgeltlichen Tätigkeit auf einen aus seinen Mitgliedern bestehenden inneren Markt (Beispiel: Tauschringe, Erzeugergemeinschaften, Verein zum Betrieb einer Kindertagesstätte,[9] Betrieb eines Schwimmbades für »Tagesmitglieder«,[10] Wasserversorgungsverein,[11] nicht jedoch Rauchervereine[12])

cc) und schließlich bei genossenschaftsähnlicher Übernahme ausgelagerter unternehmerischer Teilaufgaben seiner Mitglieder (Beispiel: Funk-Taxi-Zentralen, ärztliche Abrechnungsstellen etc.)

Für die Klassifikation als Idealverein unschädlich ist jedoch eine dem nicht wirtschaftlichen Hauptsatzungszweck untergeordnete wirtschaftliche Tätigkeit (sogenanntes »Nebenzweckprivileg«, z.B. Gaststätte eines Sportvereins), wobei insoweit die Aufgreifgrenzen des Steuerrechts (§ 67a Abs. 1 AO: 45.000 €/Jahr seit 2013) nicht maßgeblich sind.[13] Überschreitet der Verein die Grenzen des Nebenzweckprivilegs, droht Amtslöschung gemäß §§ 397 ff. FamFG; handelte es sich schon bisher um einen wirtschaftlichen Verein, kann ihm die auf Verleihung beruhende Rechtsfähigkeit entzogen werden, § 43 BGB, wenn er einen anderen als den in der Satzung bestimmten Zweck verfolgt. Zivilrechtlich tritt jedoch auch dann keine unmittelbare Haftung der Vereinsmitglieder wegen Rechtsformmissbrauchs (Durchgriffshaftung) ein.[14] Nicht eintragungsschädlich ist das Halten von Beteiligungen, auf welche erwerbswirtschaftliche Tätigkeit ausgegliedert ist (»ADAC-Urteil«,[15] ebenso bei Sportvereinen mit Profifußballerabteilungen[16]).

12

---

7 Z.B. §§ 16 ff. BundeswaldG, § 1 Abs. 4 UrheberrechtswahrnehmungsG: GEMA, § 3 Abs. 1 MarktStrukturG.
8 Vgl. BVerwG NJW 1998, 1166.
9 KG, 18.01.2011 – 25 W 14/10, DNotZ 2011, 632 m. Anm. *Terner*.
10 OLG Karlsruhe, 30.08.2011 – 14 Wx 51/11, RPfleger 2012, 213.
11 LG Lübeck Rpfleger 2009, 29; ebenso OLG Zweibrücken NotBZ 2008, 278: Abwasserverein.
12 OLG Oldenburg DNotZ 2008, 790.
13 A.A. KG NZG 2005, 360.
14 Vgl. BGH v. 10.12.2007 – II ZR 239/05, NZG 2008, 670 (Kolping-Bildungswerk Sachsen e.V.). Denkbar sind solche Durchgriffsrisiken allerdings in den Fällen der Vermögensvermischung oder des existenzvernichtenden Eingriffs.
15 BGH NJW 1983, 569.
16 Nach h.M. sonst nicht mehr vom Nebentätigkeitsprivileg gedeckt; zur Ausgliederung *Balzer*, ZIP 2001, 175 ff.; *Lettl*, DB 2000, 1449 ff.

b) Idealvereine

13 Der nicht wirtschaftliche Verein erhält die Rechtsfähigkeit durch Eintragung im Vereinsregister, als Folge einer Anmeldung durch den Vorstand, wobei die Mitwirkung von Vorstandsmitgliedern in vertretungsberechtigter Zahl genügt – § 77 Satz 1 BGB –,[17] § 59 Abs. 1 BGB. Da keine strafbewehrten Erklärungen abzugeben sind, ist Stellvertretung (in öffentlich beglaubigter Form, §§ 77, 129 BGB) möglich. Die in §§ 61 bis 63 BGB a.F. enthaltene präventive Beteiligung der zuständigen Vereinsverwaltungsbehörde ist entfallen; das Registergericht prüft nunmehr selbst, ob die Satzung des Vereins gegen öffentlich-rechtliche Verbotstatbestände verstößt und teilt dies gegebenenfalls gemäß § 400 FamFG der Verwaltungsbehörde mit.

14 Die Unterschriften der anmeldenden Vorstandsmitglieder sind zu beglaubigen (was gemäß § 63 BeurkG auch durch baden-württembergische Ratsschreiber, Vorsteher hessischer Ortsgerichte oder rheinland-pfälzische Ortsbürgermeister möglich ist, im Übrigen genügen aber »behördliche« oder »amtliche« Beglaubigungen nicht).[18] § 378 Abs. 1 FamFG gilt, da kein Anmeldungszwang besteht, nicht, es bedarf jedoch dem Registergericht gegenüber regelmäßig keines Nachweises der stillschweigend erteilten Vollzugsvollmacht.[19]

15 Die Anmeldung ist einzureichen beim Amtsgericht (Registergericht) des Sitzes, § 55 Abs. 1 BGB. Gestützt auf die Ermächtigungsnorm des § 55 Abs. 2 BGB sind Vereinsregistersachen in einigen Bundesländern zentralisiert worden (z.B. in Berlin: Amtsgericht Charlottenburg, ebenso in Baden-Württemberg, Bremen, Nordrhein-Westfalen und Rheinland-Pfalz[20]). Das am 30.09.2009 in Kraft getretene »Gesetz zur Erleichterung elektronischer Anmeldungen zum Vereinsregister« hat durch Neufassung der §§ 59, 71 und 77 BGB die Grundlage für die ebenfalls mögliche Einreichung elektronischer Anmeldungen[21] zum Vereinsregister geschaffen, sobald die Länder gemäß § 14 Abs. 4 FamFG dies zulassen.[22] Die Einreichung in Papierform bleibt daneben aber unbegrenzt möglich und ist von zahlreichen Amtsgerichten gewünscht (da die Vereinsakten weiter papiergebunden geführt werden). Das Vereinsregister selbst wird gemäß § 55a BGB, §§ 18 ff. Vereinsregisterverordnung zunehmend elektronisch geführt; die Umstellung erfolgt für jeden Verein einzeln durch Übernahme in den gesicherten Datenspeicher.

16 Die Anmeldung hat den Namen des Vereins, alle Vorstandsmitglieder i.S.d. § 26 BGB mit Angabe des Vor- und Nachnamens, Wohnorts, Geburtsdatums (sowie ihrer Stellung im Vorstand sofern die Vertretungsregelung hieran anknüpft, § 3 Abs. 1 Nr. 3 VRV), ferner die konkrete Vertretungsregelung, auch wenn sie mit dem Gesetz übereinstimmt (§ 64 BGB), zu enthalten, ebenso etwaige Beschränkungen der Vertretungsbefugnis des Vorstands vgl. Rdn. 57. Zweckmäßig, allerdings in § 59 Abs. 1 BGB nicht vorgeschrieben, ist auch die Anmeldung besonderer Vertreter, § 30 BGB, vgl. Rdn. 68 sowie etwa erteilter genereller Befreiung von den Beschränkungen des § 181 BGB, s. Rdn. 58.

---

17 OLG Hamm FGPrax 2003, 184; BGH NJW 1986, 1033, jedenfalls bei Satzungsänderungen auch vor der Klarstellung in § 77 Satz 1 BGB h.M.
18 OLG Zweibrücken, Beschl. v. 08.05.2014 – 3 W 57/13.
19 OLG Köln MittRhNotK 1993, 217.
20 Vgl. *Reichert*, Rn. 4245.
21 Sofern (wie selten) auch Anlagen in beglaubigter Form vorzulegen sind (etwa ein Verschmelzungsvertrag), ist eine gemäß § 39a BeurkG elektronisch zu beglaubigende Ablichtung zu fertigen.
22 Vgl. *Terner*, DNotZ 2010, 6 ff. Bayern hat hiervon bereits zum 01.01.2007 durch § 1 i.V.m. Nr. 1 der Anlage der E-Rechtsverordnung, ERVV, vom 15.12.2006 Gebrauch gemacht ebenso Berlin und Sachsen-Anhalt (ab 01.01.2010), Hessen (01.04.2010), Rheinland-Pfalz und Schleswig-Holstein (01.07.2010), Sachsen (01.01.2011) sowie Brandenburg (01.12.2014: Cottbus, Frankfurt (Oder), Neuruppin, Potsdam). Eine Übersicht der ergangenen Rechtsverordnungen findet sich auf der Homepage des EDV-Gerichtstages, www.edvgt.de, »Gemeinsame Kommission elektronischer Rechtsverkehr«.

Anmeldung der Vereinsgründung

An das Amtsgericht ..... – Vereinsregister – 17 M
Neuanmeldung des Vereins »..... e.V.« mit dem Sitz in .....
Wir, der Vorsitzende und der stellvertretende Vorsitzende als gemeinsam zeichnungsberechtigte Mitglieder des Vorstands des vorbezeichneten, in Gründung befindlichen Vereins, überreichen als Anlage in Abschrift die Satzung des Vereins sowie des Protokolls über die Gründungsversammlung der Mitglieder des Vereins, aus der sich auch unsere Bestellung zu Vorstandsmitgliedern ergibt.
Zur Eintragung in das Vereinsregister melden wir an:
1. Unter dem Namen »..... e.V.« wurde ein Verein gegründet.
2. Der Verein hat seinen Sitz in .....
3. Zu Vorstandsmitgliedern im Sinne des § 26 BGB hat die Gründungsversammlung die nachfolgend aufgeführten Personen gewählt:
   a) Erster Vorsitzender:
   b) stellvertretender Vorsitzender:
   c) Kassenwart:
   d) Schriftführer:
Je zwei Mitglieder des Vorstands vertreten gemeinsam.
Die Postanschrift des Vereins lautet: .....
Eintragungsnachricht wird auch an den beglaubigenden Notar erbeten.
Die Unterzeichner bevollmächtigen die Angestellten des amtierenden Notars und seines Nachfolgers im Amt – welche der genannte Notar zu bezeichnen bevollmächtigt wird – je einzeln und befreit von § 181 BGB, Erklärungen und Anträge materiell- oder formellrechtlicher Art zur Ergänzung oder Änderung dieser Anmeldung abzugeben, soweit diese zur Behebung behördlicher oder gerichtlicher Beanstandungen zweckdienlich sind.
Diese Anmeldung wurden durch den beglaubigenden Notar gem. § 378 Abs. 3 Satz 1 FamFG mit positivem Ergebnis auf Eintragungsfähigkeit überprüft.
....., den .....
(Unterzeichnung durch Vorstandsmitglieder in vertretungsberechtigter Zahl; notarielle Beglaubigung der Unterschriften gemäß § 77 BGB)

■ *Kosten.* Der Geschäftswert für die notarielle Anmeldung der Gründung eines Vereins richtet sich nach § 36 GNotKG und beträgt regelmäßig 5.000 € (Hilfswert gemäß § 36 Abs. 3 GNotKG), bei wirtschaftlich bedeutenden Vereinen auch mehr (Höchstwert gemäß § 36 Abs. 2 GNotKG: 1 Mio. Euro).[23] § 105 GNotKG gilt für Vereinsregisteranmeldungen nicht. Entwirft der Notar die Registeranmeldung, entsteht eine 0,5 Gebühr, mindestens jedoch 30 €, Nr. 21201 Nr. 5 KV GNotKG i.V.m. 24102 KV GNotKG i.V.m. § 92 Abs. 2 GNotKG, zzgl. USt). Wird lediglich die Unterschrift beglaubigt, entsteht eine 0,2 Gebühr gemäß Nr. 25100 KV GNotKG, mindestens 20 €, höchstens 70 € zzgl. USt. Übermittelt der Notar die Registeranmeldung elektronisch mit XML-Strukturdaten an das Registergericht, entsteht zusätzlich eine Gebühr gemäß Nr. 22114 KV GNotKG aus dem Geschäftswert der Anmeldung. Beim Gericht entsteht eine Gebühr für die erste Eintragung des Vereins gemäß Nr. 13100 KV GNotKG i.H.v. 75 €.

Der Anmeldung sind folgende Unterlagen beizufügen: 18
aa) Nachweis von mindestens sieben Mitgliedern, § 56 BGB (als Soll-Voraussetzung, deren Fehlen zwar gemäß § 60 BGB ein Eintragungsverbot begründet, allerdings der Wirksamkeit der versehentlich gleichwohl erfolgten Eintragung nicht entgegensteht). Ein

---

23 BayObLG Rpfleger 1979, 398.

späteres Absinken unter die Mitgliederzahl führt erst beim Vorhandensein von weniger als drei Mitgliedern zur Entziehung der Rechtsfähigkeit, § 73 BGB (s. Rdn. 91).

bb) Abschrift der Satzung, die von mindestens sieben Mitgliedern (nicht notwendig den Gründungsmitgliedern) unterschrieben sein und die Angabe des Errichtungstages enthalten soll (§ 59 Abs. 3 BGB). Etwaige Änderungen der Satzung vor Eintragung müssen ebenfalls von sieben Mitgliedern unterschrieben sein. Auch Vereinsordnungen, die zum Satzungsbestandteil erklärt wurden, sind beizufügen.[24] Vor der Vereinsrechtsreform zum 30.09.2009 war zusätzlich die Urschrift der Satzung einzureichen, die vom Amtsgericht mit einer Eintragungsbescheinigung versehen und anschließend zurückgereicht wurde. Nunmehr verbleiben alle beim Amtsgericht eingereichten Dokumente gemäß § 66 Abs. 2 BGB bei den Vereinsregisterakten.

cc) Eine (einfache) Abschrift der Urkunde über die Bestellung des Vorstands (in der Regel Bestandteil des Gründungsprotokolls); ein nachträglich erstelltes Gedächtnisprotokoll genügt. Erfolgt die Vorstandswahl durch ein anderes Organ (etwa einen Beirat), ist auch die Urkunde über dessen Bestellung vorzulegen.[25] Die Abstimmungsergebnisse sind darin ziffernmäßig genau anzugeben, allgemeine Wendungen wie »mit überwältigender Mehrheit gewählt« genügen nicht. Das Protokoll muss durch diejenigen Personen, die nach der festgestellten Satzung hierzu berufen sind (Protokollführer/Versammlungsleiter) unterzeichnet sein.

Protokoll der Gründungsversammlung

19 M

Protokoll

Am ....., den ....., um ..... Uhr
versammelten sich in .....
die Mitgliedschaftsinteressenten des .....
Vorsitzender/Versammlungsleiter war .....
Es waren ..... Personen anwesend. Anwesenheitsliste ist beifügt.

Tagesordnung

1. Gründung des Vereins ..... mit dem künftigen Sitz in .....
2. Wahl des Vorstands
3. Eintragung des Vereins in das Vereinsregister

Nach eingehender Beratung und Verlesung wurde die beigefügte Satzung mit ..... Stimmen bei ..... Gegenstimmen und ..... Stimmenthaltungen angenommen und von mindestens sieben Mitgliedern eigenhändig unterschrieben.
Diejenigen Personen, die in der Anwesenheitsliste in der letzten Spalte erneut unterschrieben, erklärten hierdurch ihren Beitritt zum Verein.
Als Vorstand im Sinne des § 26 BGB, d.h. zur Vertretung des Vereins befugt, wurden gewählt:
– zum 1. Vorsitzenden

.....

(Familienname, Vorname, Geburtsdatum, Wohnort, Straße)
mit ..... Stimmen bei ..... Gegenstimmen und ..... Stimmenthaltungen
– zum 2. Vorsitzenden

.....

---

24 RGZ 73, 192.
25 BayObLGZ 1984, 3.

(Familienname, Vorname, Geburtsdatum, Wohnort, Straße)
mit ..... Stimmen bei ..... Gegenstimmen und ..... Stimmenthaltungen
Gewählt wurde in geheimer Wahl – durch Handaufheben – Zuruf – gemäß § ..... der Satzung.
Nach § ..... der Satzung wird der Verein gerichtlich und außergerichtlich vertreten durch .....
Die Eintragung des Vereins in das Vereinsregister beim Amtsgericht ..... wurde mit ..... Stimmen bei ..... Gegenstimmen und ..... Stimmenthaltungen unter Beachtung von § ..... der Satzung beschlossen und der Vorstand beauftragt, die Eintragung des Vereins in das Vereinsregister zu beantragen.
(Ort, Datum)
Vorstand   Schriftführer

Ergibt die Prüfung der eingereichten Unterlagen durch den Registerrechtspfleger eine Verletzung der zwingenden Vorschriften (Angabe des Vereinszwecks, Namens, Sitzes und Eintragungswunsches, § 57 BGB) oder das Fehlen von Soll-Vorschriften (Bestimmungen über Ein- und Austritt von Mitgliedern, etwaige Beitragspflichten, Bildung des Vorstands, Voraussetzungen und Form der Einberufung der Mitgliederversammlung und Beurkundung ihrer Beschlüsse, § 58 BGB), ist den Beteiligten durch Zwischenverfügung Gelegenheit zur Beseitigung des Eintragungshindernisses zu geben (Begründungspflicht gemäß § 9 Abs. 3 Satz 2 VRV). Hiergegen ist die Beschwerde eröffnet, § 382 Abs. 4 Satz 2 FamFG (ebenso gegen die sofortige Zurückweisung: § 382 Abs. 3 FamFG). Der Rechtspfleger kann der Beschwerde abhelfen (§ 68 Abs. 1 FamFG); andernfalls entscheidet das OLG als Beschwerdegericht, § 119 GVG.   **20**

Wird auf gerichtliche Beanstandung hin die Satzung geändert, genügt auch vor der Eintragung ein Mehrheitsbeschluss (vorbehaltlich abweichender satzungsrechtlicher Bestimmungen $^3/_4$-Mehrheit gemäß § 33 Abs. 1 Satz 1 BGB); die geänderte Satzung ist ohne erneute Anmeldung einzureichen. Häufig erteilen jedoch die Gründungsmitglieder rechtsgeschäftliche Vollmacht, z.B. an Vorstandspersonen, zur Herbeiführung etwa notwendiger Änderungen der Satzung.   **21**

Mit der Eintragung des Namens, Sitzes, Errichtungstages des Vereins und der Mitglieder des Vorstands sowie der allgemeinen Vertretungsregelung erhält der Verein den Zusatz »eingetragener Verein«, der – i.d.R. abgekürzt als »e.V.« – geführt werden sollte, um eine Rechtsscheinhaftung der Handelnden zu vermeiden. Durch staatlichen Hoheitsakt (Eintragung in das Vereinsregister) wird der Verein damit rechtsfähig. Die Eintragung ist in dem durch die Landesjustizverwaltung bestimmten elektronischen Medium (vor dem 30.09.2009 in dem durch das Amtsgericht bestimmten Blatt, meist also einer örtlichen Tageszeitung) gemäß § 66 Abs. 1 BGB, § 14 Satz 1 VRV bekannt zu machen.   **22**

III. Satzung

1. Vereinsverfassung

BGH NJW 1967, 606, rechnet zur Vereinsverfassung alle wesentlichen, das Vereinsleben bestimmenden Grundentscheidungen, bei einem Pferdezuchtverband bspw. auch das Zuchtprogramm und die Kriterien für die Eintragung in das Zuchtbuch, sodass Letztere – etwa durch Verweisung – ebenfalls Satzungsqualität haben müssen.   **23**

Zur Auslegung einer Satzung sind auch das Rechtsbeschwerdegericht und das Prozessgericht in der Revisionsinstanz berufen; dabei ist auch die ständige Handhabung im Vereinsleben (sogenannte »Vereins-Observanz«) heranzuziehen. Eine Inhaltskontrolle gemäß §§ 305 ff. BGB findet hinsichtlich des Gründungsvertrages nicht statt, da es bei allseitigen Sozialakt an einem »Stellen« fehlt, und hinsichtlich des Beitrittsvertrages nicht wegen der   **24**

Bereichsausnahme in § 310 Abs. 4 Satz 1 BGB (»Gesellschaftsrecht«). Die Literatur diskutiert, gestützt auf das »Versagen des Marktes«[26] oder den faktischen Zwang zur Mitgliedschaft bei »sozialmächtigen Vereinen«,[27] eine außerordentliche Inhaltskontrolle (§ 138 BGB) in Ausnahmefällen.[28] An die Stelle nicht mehr durchführbarer oder nichtiger Bestimmungen tritt das Gesetz.[29]

25 §§ 26 ff. BGB enthalten ein (wenn auch dürftiges) Grundmodell der Vereinsverfassung mit teils zwingenden, teils satzungsdispositiven Normen. Muss- und Soll-Vorschriften bezüglich des Satzungsinhalts (vgl. Rdn. 18) sind für die Gestaltungs- und Gerichtspraxis gleichermaßen verbindlich; allerdings kann eine Amtslöschung nur auf die Verletzung von Muss-Vorschriften gestützt werden. Angesichts der Vielgestaltigkeit der Vereinstypen hat der Gesetzgeber der Vereinsrechtsreform 2009 zu Recht auf die Einführung einer »gesetzlichen Mustersatzung« verzichtet.

2. Name

26 Jede als Name zu verstehende Bezeichnung, auch ein Fantasiename, ist zulässig, solange er gegenüber am selben Ort bestehenden Vereinen ausreichende Unterscheidungskraft hat (§ 57 Abs. 2 BGB) und nicht täuschungsgeeignet ist (§ 18 Abs. 2 HGB analog). Der Vereinsname genießt den (schadensersatzbewehrten) Schutz des § 12 BGB.

27 Die früher strengeren Kriterien zur Vermeidung einer Irreführung der Öffentlichkeit weichen als Folge der inflationären Verwendung bestimmter Modebegriffe zunehmend auf.[30] Der Namensbestandteil »Stiftung« kann allerdings nur bei gesicherter Anwartschaft auf entsprechende Dotierungen, die eine dem Wesen der Stiftung entsprechende Aufgabenerfüllung sicherstellen, gewählt werden, nicht bei reiner Finanzierung aus laufenden Mitgliedsbeiträgen.[31]

28 Die Verwendung des Begriffs »Verband« weist zwar nicht notwendig auf eine öffentlich-rechtliche Einrichtung hin, erweckt aber den Eindruck, es handele sich um einen Verein mit sehr großer Mitgliederzahl oder um einen Zusammenschluss zahlreicher Einzelvereine;[32] wird jedoch ein Ortsname zugefügt, weist dies auf die lediglich örtliche Bedeutung hin.[33] Enthält der Name eines (Sport-)Vereins eine Jahreszahl, sieht die Öffentlichkeit darin einen Hinweis auf das Gründungsjahr, das demnach zutreffend sein muss.[34]

3. Sitz

29 Gemäß § 57 Abs. 1 BGB ist zwingend der Sitz des Vereins anzugeben. Im Zweifel ist dies der Ort, an dem sich die Verwaltung des Vereins befindet (§ 24 BGB); ausreichend ist bis zur Grenze des Rechtsmissbrauchs jede postalisch erreichbare Anschrift. Eine »dynamische Verweisung« auf den jeweiligen Wohnsitz des Ersten Vorsitzenden ist jedoch nicht zulässig.

---

26 *Coester-Waltjen*, AcP 1990, 1 ff.
27 *Nickisch*, Inhaltskontrolle von Verbandsnormen (1982).
28 *Fleck*, Rpfleger 2009, 58 ff.; vgl. auch BGHZ 128, 93 ff. zu sportlichen Regelwerken ohne Satzungsqualität: keine AGB-Kontrolle im Verhältnis zu Dritten, die sich diesen Regeln durch Vertrag unterwerfen.
29 KG Rpfleger 2007, 82: Ist die Bestellung eines Vorstands durch einen Dritten nicht mehr möglich, da der Dritte weggefallen ist, muss der Vorstand gewählt werden – nicht etwa ist ein gerichtlicher Notvorstand zu bestellen.
30 »Akademie« auch ohne hochschulähnliche Strukturen: KG FGPrax 2005, 77; »europäisch« auch ohne führende Stellung: OLG Hamm Rpfleger 1999, 545.
31 OLG Köln NZG 1998, 35.
32 BayObLG Rpfleger 1975, 18. »Bundesverband« ist daher unzulässig, wenn in ihm lediglich 28 Einzelvereine aus vier Bundesländern zusammengeschlossen sind, LG Traunstein Rpfleger 2008, 580.
33 LG Bremen Rpfleger 1989, 202.
34 OLG Brandenburg, 25.02.2011 – 7 Wx 26/10, NotBZ 2011, 262.

Ändert sich lediglich die Anschrift innerhalb der politischen Gemeinde, ist dies dem Gericht privatschriftlich mitzuteilen (§ 15 VRV), eine echte Verlegung des Sitzes in eine andere politische Gemeinde hingegen bedarf als Satzungsänderung der Anmeldung beim bisherigen Registergericht, das nach Prüfung der formellen Ordnungsmäßigkeit an das neue Registergericht abgibt zur Eintragung der Sitzverlegung und etwaiger weiterer angemeldeter Änderungen, § 6 VRV.

4. Vereinszweck

a) Angabe und Änderung

Auch diese Angabe ist, da sie den Charakter des Vereins und das die Mitglieder verbindende gemeinsame Interesse bestimmt, zwingend (§ 57 Abs. 1 BGB); ein zu unbestimmter Zweck ist im Eintragungsverfahren einer Nachbesserung zugänglich.[35] Für die Abgrenzung zum wirtschaftlichen Verein (s.o. Rdn. 10 ff.) ist jedoch die tatsächlich aufgenommene oder beabsichtigte Betätigung maßgebend. Um die gerichtliche Überprüfung zu ermöglichen, sind auch die angestrebten Wege zur Realisierung des Vereinszwecks anzugeben.[36] Eine materielle[37] Änderung des Vereinszwecks bedarf – sofern die Satzung nichts anderes bestimmt – der Zustimmung aller vorhandenen Vereinsmitglieder (§ 33 Abs. 1 Satz 2 BGB), sodass der Formulierung des Vereinszweckes besonderes Augenmerk zu schenken ist.

b) Unterstützungskassen

Unter der Bezeichnung »Unterstützungskasse« (§ 1 Abs. 4 BetrAVG) existieren Firmen-Unterstützungsvereine als freiwillige Einrichtungen, die aus Zuwendungen des Betriebsinhabers (nicht aus Beiträgen der Mitglieder) an Arbeitnehmer im Ruhestand oder deren Hinterbliebene Leistungen gewähren, ohne dass hierauf ein Rechtsanspruch bestünde.[38] Arbeitsrechtlich wird durch den Ausschluss des Rechtsanspruchs jedoch allenfalls ein eingeschränktes Widerrufsrecht des Arbeitgebers erreicht, versicherungsrechtlich die Befreiung von der staatlichen Aufsicht gemäß § 1 VAG. Es handelt sich nach h.M. nicht um wirtschaftliche Vereine.[39]

c) Steuerbegünstigte Zwecke

Häufig sind Vereine darauf angelegt, die Voraussetzungen der *Gemeinnützigkeit* zu erfüllen. Etwa die Hälfte der (Ende 2014) ca. 620.000 eingetragenen Vereine in Deutschland ist gemeinnützig. Mit Wirkung ab 01.01.2007 wurden die steuer- und zuwendungsbegünstigten Zwecke vereinheitlicht, d.h. die bisherigen Kataloge des § 52 Abs. 2 AO a.F. sowie der Anlage 1 zu § 48 Abs. 2 EStDV a.F. in § 52 Abs. 2 AO n.F. abschließend (allerdings mit Öffnungsklausel im dortigen Satz 2) zusammengeführt (vgl. ausführlicher § 123 Rdn. 91 ff.).

Voraussetzung der Gemeinnützigkeit und damit der Steuerbegünstigung ist die selbstlose Förderung der Allgemeinheit auf materiellem, geistigem oder sittlichem Gebiet (§ 52 Abs. 1 Satz 1 AO). Diese Zwecke müssen durch den Verein »selbstlos«, d.h. uneigennützig (§ 55 Abs. 1 AO), ausschließlich (wobei mehrere, insgesamt ebenfalls steuerbegünstigte Zwecke miteinander verfolgt werden können, vgl. § 65 AO) und unmittelbar verfolgt werden (letzteres Merkmal ist auch gegeben, wenn der Verein seine Mittel einer anderen steu-

---

35 OLG Düsseldorf, 15.09.2017 – I-3 Wx 14/16
36 OLG Düsseldorf FGPrax 1996, 116.
37 Für »kleinere Korrekturen« genügt die normale satzungsändernde Mehrheit, vgl. OLG Nürnberg, 17.11.2015 – 12 W 2249/15, RPfleger 2016, 159.
38 Formulierungsvorschlag bei *Sauter/Schweyer/Waldner*, Der eingetragene Verein, S. 34.
39 LG Münster Rpfleger 2008, 426; a.A. jedoch KG, 16.09.2016 – 22 W 65/14, MDR 2017, 160.

erbegünstigten Körperschaft weitergibt, damit letztere sie ihrer satzungsgemäßen Bestimmung zuführt, § 58 Nr. 1 bis Nr. 3 AO). In der Satzung müssen die Zwecke und die Art ihrer Verwirklichung so genau bestimmt sein, dass eine Überprüfung durch die Finanzbehörde möglich ist, § 60 Abs. 1 Satz 1 AO; seit 01.01.2009 bestimmt § 60 Abs. 1 Satz 2 AO weiter, dass die Satzung, die in Anlage 1 zur AO (Rdn. 35 M) bezeichneten Festlegungen enthalten muss; eine wörtliche Übernahme ist nicht erforderlich.[40] Gemäß Art. 97 § 1f Abs. 2 EGAO müssen ältere Vereinssatzungen im Zuge der ersten sonstigen Satzungsänderung, die nach dem 01.01.2009 stattfindet, an die neue Bestimmung des § 60 Abs. 1 Satz 1 AO angepasst werden. Sollen die Organe des Vereins Vergütungen oder pauschalierten Aufwendungsersatz erhalten können, muss die Satzung (um die Gemeinnützigkeit nicht zu gefährden jedenfalls ab 01.01.2011) auch dieses gestatten, vgl. § 123 Rdn. 95; auch zivilrechtlich sind andernfalls geleistete Vergütungen satzungswidrig, vgl. Rdn. 66.[41]

Satzungsbestandteile zur Erlangung der Gemeinnützigkeit[42]

35 M Die Zusammenstellung enthält nur die aus steuerlichen Gründen notwendigen Bestimmungen:

§ 1

Der .....(e.V.)
mit Sitz in .....
verfolgt ausschließlich und unmittelbar – gemeinnützige – mildtätige – kirchliche – Zwecke (nicht verfolgte Zwecke streichen) im Sinne des Abschnitts »Steuerbegünstigte Zwecke« der Abgabenordnung.
Zweck des Vereins ist .....
(z.B. die Förderung von Wissenschaft und Forschung, Jugend- und Altenhilfe, Erziehung, Volks- und Berufsbildung, Kunst und Kultur, Landschaftspflege, Umweltschutz des öffentlichen Gesundheitswesens, des Sports, Unterstützung hilfsbedürftiger Personen).
Der Satzungszweck wird verwirklicht insbesondere durch .....
(z.B. Durchführung wissenschaftlicher Veranstaltungen und Forschungsvorhaben, Vergabe von Forschungsaufträgen, Unterhaltung einer Schule, einer Erziehungsberatungsstelle, Pflege von Kunstsammlungen, Pflege des Liedgutes und des Chorgesanges, Errichtung von Naturschutzgebieten, Unterhaltung eines Kindergartens, Kinder-, Jugendheimes, Unterhaltung eines Altenheimes, eines Erholungsheimes, Bekämpfung des Drogenmissbrauchs, des Lärms, Förderung sportlicher Übungen und Leistungen).

§ 2

Der Verein ist selbstlos tätig; er verfolgt nicht in erster Linie eigenwirtschaftliche Zwecke.

§ 3

Mittel des Vereins dürfen nur für die satzungsmäßigen Zwecke verwendet werden. Die Mitglieder erhalten keine Zuwendungen aus Mitteln des Vereins.

---

40 Vgl. *Ullrich*, DStR 2009, 2471; *Klein/Gersch*, § 60 AO Rn. 2; teilweise a.A. die Praxis der Finanzämter.
41 BGH DB 2008, 574.
42 Quelle: Anlage 1 zu § 60 AO, BGBl. 2008 I S. 2794.

§ 4

Es darf keine Person durch Ausgaben, die dem Zweck der Körperschaft fremd sind, oder durch unverhältnismäßig hohe Vergütungen begünstigt werden.

§ 5

Bei Auflösung oder Aufhebung des Vereins oder bei Wegfall seines bisherigen Zweckes fällt das Vermögen des Vereins
1. an – den – die – das …..(Bezeichnung einer Körperschaft des öffentlichen Rechts oder einer anderen steuerbegünstigten Körperschaft), der – die – das – es unmittelbar und ausschließlich für gemeinnützige, mildtätige oder kirchliche Zwecke zu verwenden hat,
oder
2. an eine juristische Person des öffentlichen Rechts oder eine andere steuerbegünstigten Körperschaft) zwecks Verwendung für (Angabe eines bestimmten gemeinnützigen, mildtätigen oder kirchlichen Zwecks, z.B. Förderung von Wissenschaft und Forschung, Erziehung, Volks- und Berufsbildung, der Unterstützung von Personen, die im Sinne von § 53 der Abgabenordnung wegen ….. hilfsbedürftig sind, Unterhaltung des Gotteshauses in …..).

Gemeinnützige (auch mildtätige oder kirchliche) Vereine oder Stiftungen genießen deutliche steuerliche Begünstigungen, insbesondere Freiheit von Erbschaft-/Schenkungsteuer, § 13 Abs. 1 Nr. 16 Buchst. b) ErbStG, sowie von Körperschaftsteuer (§ 5 Abs. 1 Nr. 9 KStG) und Gewerbesteuer (§ 3 Nr. 6 GewStG), solange und soweit sie keinen wirtschaftlichen Geschäftsbetrieb unterhalten (letzterer liegt regelmäßig vor, wenn gewerbliche Bruttoeinkünfte über 35.000 €/Jahr erzielt werden, § 64 Abs. 3 AO). Mildtätige und kirchliche, nicht aber schlicht gemeinnützige,[43] Vereine, genießen ferner als Kostenschuldner Ermäßigungen i.R.d. § 91 Abs. 2 GNotKG, sofern dargelegt wird, dass die Angelegenheit nicht einen steuerpflichtigen wirtschaftlichen Geschäftsbetrieb betrifft. Nebeneinkünfte, die von mildtätigen, gemeinnützigen oder kirchlichen Organisationen bezogen werden, sind bis zu 720 €/Jahr einkommensteuerfrei.[44]

Die Entscheidung über die Erfüllung der Voraussetzungen einer Gemeinnützigkeit trifft das Finanzamt im Rahmen der Steuerveranlagung. Zur sofortigen Erteilung von Spendenbescheinigungen berechtigt bereits eine vorläufige Bescheinigung, die das Finanzamt nach Prüfung der Satzung erteilt, wenn die spätere Anerkennung wahrscheinlich ist.

d) Spendenbegünstigung

Steuerbegünstigung und Spendenbegünstigung sind seit 2007 im Gleichlauf, sie richten sich ausschließlich nach §§ 52 bis 54 AO, da § 10b Abs. 1 EStG auch hierauf verweist. Es besteht nun ein einheitlicher jährlicher Spenden- (und Mitgliedsbeitrag-)Höchstbetrag von 20 % des Gesamtbetrags der Einkünfte bzw. 0,4 % der gesamten Umsätze und der im Kalenderjahr aufgewendeten Löhne und Gehälter. Darüber hinaus gehende Zuwendungen sind gemäß § 10b Abs. 4 EStG unbegrenzt vortragsfähig; ein nicht genutzter Vortrag allerdings nicht vererblich.[45] Bei Einzelzuwendungen bis 200 € (vor 2007: 100 €) besteht ein erleichtertes Nachweisverfahren durch Bareinzahlungsbeleg bzw. Buchungsbestätigung.

---

43 BayObLG DNotZ 1995, 775.
44 Daneben tritt der sog. Übungsleiterfreibetrag von 2.400 €/Jahr (seit 2013, zuvor: 2.100 €/Jahr).
45 BFH, 21.10.2008 – X R 44/05, BFH/NV 2009, 375.

39 Ab 01.01.2013 sind neue Muster für Zuwendungsbestätigungen zu verwenden;[46] bei unrichtiger Ausstellung haftet der Zuwendungsbegünstigte, ersatzweise die handelnde Person (§ 10b Abs. 4 Satz 2 EStG).

5. Mitgliedschaft

40 Gemäß § 58 Nr. 1 BGB soll die Satzung eine Bestimmung über den Erwerb der Mitgliedschaft enthalten.

a) Beitritt

41 Sofern nicht (wie etwa bei Monopolvereinen) ein Anspruch auf Aufnahme besteht, kann die Beitrittsfähigkeit an bestimmte Kriterien (auch Alter, Geschlecht, Staatsangehörigkeit etc.) anknüpfen; nach Erwerb der Mitgliedschaft darf jedoch nicht mehr differenziert werden. Die Mitgliederzahl ist begrenzbar, sie kann jedoch nicht von vornherein auf die Gründungsmitglieder limitiert sein.

42 Die in der Satzung festzulegende Art und Weise des Erwerbs der Mitgliedschaft kann eine einseitige Beitrittserklärung vorsehen oder aber – zur Vermeidung einer ungewollten Unterwanderung – eine Entscheidung eines zu bezeichnenden Organs (Mitgliederversammlung, Vorstand, Ausschuss) bzw. ein Vetorecht einer zu bezeichnenden Stelle in Bezug auf die Aufnahme.

43 Die Satzung kann weiter bestimmen, dass die Aufnahme von der Zahlung einer Gebühr (»Eintrittsgeld« bei Golf-Clubs) abhängig ist, und die erforderliche Form (in der Regel Schriftform) festlegen. Gemeinnützigkeit liegt mangels Förderung der Allgemeinheit allerdings nicht mehr vor, wenn hohe Aufnahmegebühren oder Mitgliedsbeiträge den Zugang tatsächlich verwehren. Bei Sportvereinen (Golf-Clubs) sieht die Finanzverwaltung[47] die Grenze bei durchschnittlich 1.023 € Beiträgen je Mitglied und Jahr und einer Aufnahmegebühr von durchschnittlich 1.534 € sowie Investitionsumlagen von bis zu 5.113 €/Jahr.

b) Austritt

44 Das Recht jedes Mitglieds zur Beendigung der Mitgliedschaft (§ 39 Abs. 1 BGB) kann nicht beseitigt werden; möglich und erforderlich sind lediglich Regelungen zur Art und Weise des Austritts (§ 58 Nr. 1 BGB), etwa das Erfordernis der Schriftform oder der Übersendung durch Einwurf-Einschreiben (hierin liegt jedoch kein Wirksamkeitsmerkmal, sondern ein Nachweismittel[48]). Die Kündigungsfrist darf höchstens 2 Jahre betragen (auch bei Lebenszeitvereinen, wie etwa Studentenverbindungen, § 39 Abs. 2 BGB). Im Zweifel genügt der Zugang bei jedem Mitglied des Vorstands (§ 28 Abs. 2 BGB). Fehlt eine Frist oder liegt ein wichtiger Grund vor, ist der Austritt auch mit sofortiger Wirkung möglich.

c) Ausschluss

45 § 58 Nr. 1 BGB fordert nicht zwingend eine Satzungsregelung zur Ausschließung von Mitgliedern; diese ist jedoch im Interesse der inneren Ordnung des Vereins empfehlenswert. Alle Sanktionen (»Vereinsstrafen«) bis hin zum Ausschluss bedürfen einer satzungsrechtlichen Grundlage,[49] wobei unbestimmte Rechtsbegriffe (»wichtiger Grund«, »gewichtiger

---

46 BMF v. 30.08.2012 – IV C 4 S 2223/97/9918:005; BStBl 2012 I S. 884; Download der Formulare unter https://www.formulare-bfinv.de.
47 BMF v. 06.11.1998, BStBl. 1998 I, 1424.
48 BGH NJW-RR 1996, 86.
49 Soll eine von einem übergeordneten Dachverband vorgesehene Disziplinarmaßnahme gegenüber einem Mitglied eines nachgeordneten Vereins verhängt werden können, muss dies in der Satzung des nach-

Verstoß gegen die Vereinsinteressen«) möglich und – zumindest im Sinn einer Öffnungsklausel – ratsam sind. Für einfach gelagerte Tatbestände (Rückstand mit einem Jahresbeitrag trotz Mahnung) wird häufig ein ohne Beschluss sich vollziehendes Ausschlussverfahren (»Streichung aus der Mitgliederliste«) geschaffen.

In allen anderen Fällen sollte die Satzung auch das Verfahren der Ausschließung regeln, da dessen Ausgestaltung sonst heftig umstritten ist (Gewährung rechtlichen Gehörs; Recht zur Beiziehung eines Anwalts; Begründungszwang; zuständiges Organ; vereinsinterner Rechtsbehelf). Auch sonstige Sanktionen sind denkbar, wie etwa die Verhängung von Geldstrafen (dabei handelt es sich nicht um richterlicher Anpassung unterliegende Vertragsstrafen i.S.d. §§ 339 ff. BGB, sondern um bedingte Beitragspflichten gemäß § 58 Nr. 2 BGB. **46**

Solche Vereinsstrafen und Vereinsausschlüsse unterliegen zwingend der gerichtlichen Kontrolle im Hinblick auf offenbare Unbilligkeit oder einen groben Missbrauch der Vereinsgewalt bzw. einen Verstoß gegen den Grundsatz der gleichmäßigen Behandlung. Die Satzung kann jedoch die vorherige Anrufung eines zeitnah[50] tagenden vereinsinternen Gremiums vorsehen oder aber die Übertragung an ein Schiedsgericht.[51] **47**

6. Beiträge

Gemäß § 58 Nr. 2 BGB hat die Satzung ferner Angaben zu enthalten, ob und welche einmaligen bzw. laufenden Geld-, Sach- oder Dienstleistungen geschuldet sind. In aller Regel sieht die Satzung solche Beiträge nur dem Grunde nach vor und bestimmt das für deren Festsetzung maßgebliche Organ, sodass die tatsächliche Beitragsbestimmung durch eine nicht den Vorschriften über Satzungsänderungen unterliegende Beitragsordnung erfolgt.[52] Eine Differenzierung für verschiedene Mitgliederarten bzw. Beitragsfreiheit für Ehrenmitglieder etc. ist möglich. Erlaubt die Satzung die Erhebung einmaliger Umlagen – auch als »Darlehen«, etwa zum Ausbau eines Vereinsgolfplatzes von 9 auf 18 Bahnen[53] –, muss sie insoweit in der Regel[54] auch eine Obergrenze festlegen. **48**

Nicht vorgeschrieben ist (anders als etwa bei Genossenschaften: § 53 GenG) eine regelmäßige *Kassenprüfung*. Zahlreiche Satzungen sehen insoweit jedoch institutionalisierte Zuständigkeiten (»Revisoren«) vor, wobei sich die Untersuchung in der Regel auf die Übereinstimmung der Ein- und Ausgabebelege und des Kassenbestands beschränkt, also keine inhaltliche Überwachung der Geschäftsführung stattfindet. Mangels anderer Festlegung berichtet die Kassenprüfung der Mitgliederversammlung. **49**

Einfache Satzung eines Sportvereins

§ 1 Name und Sitz **50 M**

Der Verein führt den Namen »Ballspielklub Grün-Weiß« mit dem Zusatz »e.V.« nach Eintragung, die beim Amtsgericht Neustadt zu beantragen ist, und hat seinen Sitz in Neustadt.

---

geordneten Vereins vorgesehen sein, oder das Mitglied diese Möglichkeit sonst anerkannt haben: BGH, 20.09.2016 – II ZR 25/15.
50 Vgl. BGH NJW 1989, 1212.
51 BGH NJW 2004, 2226.
52 Die Entscheidung, den Vereinsbeitrag variabel, z.B. bezogen auf den Vorjahresumsatz, zu erheben, ist keine das Vereinsleben bestimmende und daher in die Satzung aufzunehmende Grundsatzentscheidung: BGH, 19.07.2010 – II ZR 23/09, DNotZ 2011, 228.
53 BGH, 02.06.2008 – II ZR 289/07, MittBayNot 2008, 486.
54 BGH DB 2007, 2709: wenn die Umlageerhebung für den Fortbestand des Vereins unabweisbar notwendig und den Mitgliedern der Höhe nach zumutbar ist, kann ausnahmsweise eine einmalige Umlage auch ohne satzungsmäßige Obergrenze beschlossen werden; zur Vermeidung der Umlage besteht dann jedoch ein außerordentliches Austrittsrecht binnen angemessener Zeit.

§ 121 Der eingetragene Verein

§ 2 Zweck

Der Verein bezweckt die gemeinsame Pflege aller Ballspiele und der Geselligkeit seiner Mitglieder.

§ 3 Mitgliedschaft. Eintritt

Mitglieder können natürliche oder juristische Personen werden.
Die Mitgliedschaft wird durch eine schriftliche Beitrittserklärung erworben, über deren Annahme der Vorstand durch eine schriftliche Mitteilung entscheidet.

§ 4 Mitgliedschaft. Verlust

Die Mitgliedschaft endet durch Tod, Austrittserklärung, Streichung von der Mitgliederliste oder Ausschluss wegen trotz schriftlicher Abmahnung fortgesetzten vereinswidrigen Verhaltens.
Der jederzeit mögliche Austritt erfolgt durch eine schriftliche Erklärung an den Vorstand. Die Streichung von der Mitgliederliste findet statt, wenn das Mitglied mit mehr als zwei Jahresbeiträgen im Rückstand ist. Über den Ausschluss wegen vereinswidrigen Verhaltens beschließt die Mitgliederversammlung mit einer Mehrheit von drei Vierteln der anwesenden Mitglieder.

§ 5 Beiträge und sonstige Pflichten

Über Höhe und Fälligkeit der Geldbeiträge beschließt die ordentliche Jahresversammlung der Mitglieder. Endet die Mitgliedschaft unterjährig, erfolgt keine anteilige Rückerstattung.
Jedes Mitglied hat die von einer ordentlichen Jahresversammlung beschlossene Sportkleidung anzuschaffen, wenn es davon nicht durch den Vorstand befreit wird.
Die von Mannschaften gewonnenen Preise werden Eigentum des Vereins.

§ 6 Organe und Einrichtungen

Organe des Vereins sind der Vorstand und die Mitgliederversammlung.
Auf Beschluss der Mitgliederversammlung können weitere organisatorische Einrichtungen, insbesondere Ausschüsse mit besonderen Aufgaben, geschaffen werden.

§ 7 Vorstand

Der Vorstand im Sinne des § 26 BGB besteht aus dem Vorsitzenden, dem stellvertretenden Vorsitzenden, dem Kassenwart und dem Schriftführer.
Der Verein wird gerichtlich und außergerichtlich durch zwei Mitglieder des Vorstandes, darunter der Vorsitzende oder der stellvertretende Vorsitzende, vertreten.
Die Wahl des Vorstandes erfolgt durch die Mitgliederversammlung auf die Dauer von zwei Jahren. Der Vorstand bleibt jedoch auch nach Ablauf der Amtszeit solange im Amt, bis ein neuer Vorstand gewählt ist.
Der Vorstand führt die Geschäfte unentgeltlich, erhält jedoch Erstattung notwendiger nachgewiesener Auslagen und Fahrtkosten. Er gibt sich eine Geschäftsordnung.

§ 8 Mitgliederversammlung

Die in den ersten drei Monaten jeden Jahres stattfindende ordentliche Mitgliederversammlung beschließt außer in den durch Gesetz bestimmten Fällen über die Beiträge, die Entlastung des Vorstandes, die Wahl des Vorstandes, und über Satzungsänderungen.

Eine außerordentliche Mitgliederversammlung ist auf Verlangen eines Drittels der Mitglieder einzuberufen.
Die Einberufung zu allen Mitgliederversammlungen erfolgt durch den Vorstand mit einer Frist von einer Woche schriftlich – bei Vorhandensein von mehr als ..... Mitgliedern ausschließlich durch Veröffentlichung in der Tageszeitung »......« – unter Bekanntgabe der Tagesordnung.

§ 9 Niederschrift

Über die Mitgliederversammlung ist eine vom Vorsitzenden oder seinem Stellvertreter und vom Schriftführer oder von einem von der Versammlung gewählten Protokollführer zu unterzeichnende Niederschrift aufzunehmen.

§ 10 Auflösung

Die Auflösung kann nur in einer besonderen, zu diesem Zweck mit einer Frist von einem Monat einzuberufenden außerordentlichen Mitgliederversammlung beschlossen werden.
Die Versammlung beschließt auch über die Art der Liquidation und die Verwertung des verbleibenden Vermögens.
Neustadt, den .....
         Unterschriften von mindestens sieben Mitgliedern

■ *Kosten.* Mindestgeschäftswert 30.000 € (§§ 119 Abs. 1, 107 Abs. 1 GNotKG); bei wirtschaftlich bedeutenden Vereinen auch mehr (Höchstgeschäftswert 10 Mio. Euro).[55] Hieraus ist für die Entwurfsfertigung eine 0,5 bis 2,0 Gebühr gemäß Nr. 24100 KV GNotKG zu erheben, mindestens jedoch 120 €, da bei Beurkundung der Satzung eine Gebühr gemäß Nr. 21100 KV GNotKG angefallen wäre. Der Notar bestimmt die Gebührenhöhe im vorgenannten Rahmen gemäß § 92 Abs. 1 GNotKG nach billigem Ermessen unter Berücksichtigung des Umfangs der erbrachten Leistungen; wird der vollständige Entwurf gefertigt, ist gemäß § 92 Abs. 2 a.E. GNotKG die Höchst- (also die 2,0)-Gebühr zu erheben.

Ausführlichere Satzung eines gemeinnützigen Fördervereins mit erweitertem Vorstand

§ 1 Name, Sitz, Rechtsform   51 M

(1) Der Verein führt den Namen »Kindergartenförderverein ..... e.V.«
(2) Der Verein hat seinen Sitz in ..... und ist in das Vereinsregister einzutragen.

§ 2 Zweck des Vereins

(1) Zweck des Vereins ist die Förderung der Bildung und der Erziehung durch ideelle und materielle Unterstützung des Kindergartens .....
(2) Dieser Zweck wird insbesondere verwirklicht durch Zuwendungen aus Mitgliedsbeiträgen, freiwilligen Spenden, Erlösen aus Veranstaltungen, sowie den persönlichen Einsatz und Öffentlichkeitsarbeit durch die Vereinsmitglieder für die Zwecke des geförderten Kindergartens.

---

55 BayObLG Rpfleger 1979, 398: Amateursportverein mit 4.000 Mitgliedern und 680.000 DM Jahreseinnahmen: zehnfacher Regelwert.

§ 3 Gemeinnützigkeit

(1) Der Verein verfolgt ausschließlich und unmittelbar gemeinnützige Zwecke im Sinne des Abschnitts »steuerbegünstigte Zwecke« der Abgabenordnung. Der Verein ist selbstlos tätig und verfolgt nicht in erster Linie eigenwirtschaftliche Zwecke.
(2) Die Mittel des Vereins dürfen nur für satzungsmäßige Zwecke verwendet werden. Die Mitglieder erhalten keine Anteile am Überschuss und auch keine sonstigen Zuwendungen aus Mitteln des Vereins. Vereinsämter sind ehrenamtlich auszuüben.
(3) Es darf keine Person durch Ausgaben, die den Zwecken des Vereins fremd sind, oder durch unverhältnismäßig hohe Vergütungen begünstigt werden.

§ 4 Mitgliedschaft

(1) Mitglied des Vereins können volljährige natürliche und juristische Personen sowie Personengesellschaften werden.
(2) Der Erwerb der Mitgliedschaft erfolgt durch schriftlichen Antrag an den Vorstand, der über die Aufnahme entscheidet.

§ 5 Erlöschen der Mitgliedschaft

(1) Die Mitgliedschaft erlischt durch Tod, Erlöschen der Rechtspersönlichkeit, Austritt oder Ausschluss aus dem Verein.
(2) Der Austritt erfolgt durch schriftliche Erklärung gegenüber dem Vorstand. Der Austritt kann nur zum Ende eines Kalenderjahres erklärt werden, wobei eine Kündigungsfrist von drei Monaten zum Jahresende einzuhalten ist.
(3) Ein Mitglied kann durch den Vorstand, der hierüber Beschluss zu fassen hat, aus dem Verein ausgeschlossen werden, wenn das Mitglied
a) einen Jahresbeitrag trotz schriftlicher Mahnung mit einer Fristsetzung von mindestens vier Wochen nicht bezahlt hat;
b) den Verein geschädigt oder sonst gegen seine Interessen schwerwiegend verstoßen hat;
c) in seiner Person einen sonstigen wichtigen Grund verwirklicht.
Vor Beschlussfassung über die Ausschließung ist dem auszuschließenden Mitglied Gelegenheit zur Stellungnahme zu geben. Der Ausschließungsbeschluss ist schriftlich zu fassen und zu begründen und dem Mitglied zuzusenden. Gegen die Ausschließung kann das auszuschließende Mitglied die nächste anstehende Mitgliederversammlung anrufen. Bis zur Entscheidung der Mitgliederversammlung ruhen in diesem Fall die Mitgliedschaftsrechte des auszuschließenden Mitglieds.

§ 6 Beiträge

(1) Die Mitglieder leisten einen Jahresbeitrag nach Selbsteinschätzung, dessen Höhe nicht unter dem von der Mitgliederversammlung festzulegenden Mindestbeitrag liegen darf.
(2) Für das Jahr des Vereinsbeitritts und der Beendigung der Mitgliedschaft ist der volle Jahresbeitrag zu bezahlen.
(3) Der Vorstand kann in begründeten Einzelfällen bestimmen, dass der Beitrag in anderer Form als durch Geldzahlung erbracht wird oder Beitragsleistungen stunden.

§ 7 Organe des Vereins

Organe des Vereins sind die Vorstandschaft, der Vorstand im Sinne des § 26 BGB (vertretungsberechtigter Vorstand) und die Mitgliederversammlung.

§ 8 Vorstand

(1) Der erweiterte, geschäftsführende, Vorstand besteht aus mindestens drei, höchstens sieben, von der Mitgliederversammlung gewählten Vorstandsmitgliedern, dem ersten Vorsitzenden, dem zweiten Vorsitzenden, dem Schatzmeister sowie bis zu vier Beisitzern.

(2) Der Verein wird gerichtlich und außergerichtlich durch den 1. Vorsitzenden, den 2. Vorsitzenden und den Schatzmeister je einzeln vertreten (Vorstand im Sinne des § 26 BGB). Im Innenverhältnis wird bestimmt, dass der 2. Vorsitzende und der Schatzmeister von ihrem Vertretungsrecht nur Gebrauch machen sollen, wenn der 1. Vorsitzende bzw der erste und der zweite Vorsitzende verhindert sind.

(3) Der Vorstand wird von der Mitgliederversammlung auf die Dauer von zwei Jahren, gerechnet von der Wahl an, gewählt. Er bleibt bis zur Wahl eines neuen Vorstandes im Amt. Scheidet ein Mitglied des Vorstands während der Amtsperiode aus, so können die verbleibenden Vorstandsmitglieder ein Ersatzmitglied für die restliche Amtsdauer des Ausgeschiedenen benennen.

(4) Der Vorstand ist für alle Angelegenheiten des Vereins zuständig, soweit sie nicht durch die Satzung oder zwingende gesetzliche Vorschriften einem anderen Vereinsorgan zugewiesen sind. Er führt die laufenden Geschäfte des Vereins, insbesondere also
a) Vorbereitung und Durchführung von Fördermaßnahmen für den Kindergarten .....
b) Vorbereitung und Einberufung der Mitgliederversammlungen;
c) Ausführung der Beschlüsse der Mitgliederversammlung;
d) Unterrichtung der Mitglieder über die Vereinsangelegenheiten, insbesondere durch Erstellung eines Jahresberichtes.

(5) Der Vorstand fasst seine Beschlüsse im Allgemeinen in Vorstandssitzungen, die vom 1. Vorsitzenden, bei dessen Verhinderung vom 2. Vorsitzenden, schriftlich, fernmündlich, oder per e-Mail mit einer Frist von einer Woche einzuberufen sind. Er ist beschlussfähig, wenn mindestens zwei Vorstandsmitglieder anwesend sind. Bei der Beschlussfassung entscheidet die Mehrheit der abgegebenen gültigen Stimmen. Bei Stimmengleichheit entscheidet die Stimme des Sitzungsleiters. Ein Vorstandsbeschluss kann auf schriftlichem Wege gefasst werden, wenn alle Vorstandsmitglieder ihre Zustimmung zu diesem Verfahren erklären. Über die Beschlüsse des Vorstands ist ein Protokoll zu führen, das durch den Sitzungsleiter zu unterschreiben ist.

(6) Der Vorstand führt die Geschäfte unentgeltlich, erhält jedoch Erstattung notwendiger nachgewiesener Auslagen und Fahrtkosten. Er gibt sich eine Geschäftsordnung.

§ 9 Mitgliederversammlung

(1) Die Mitgliederversammlung ist oberstes Organ des Vereins. In der Mitgliederversammlung hat jedes Mitglied eine Stimme. Zur Ausübung des Stimmrechts kann ein anderes Mitglied des Vereins schriftlich bevollmächtigt werden. Ein Mitglied darf jedoch nicht mehr als drei fremde Stimmen vertreten.

(2) Die Mitgliederversammlung ist für folgende Aufgaben zuständig:
a) Entgegennahme und Genehmigung des Jahresberichts des Vorstands;
b) Entlastung des Vorstandes und der Kassenprüfer;
c) Wahl und Abberufung der Mitglieder des Vorstandes und der Kassenprüfer;
d) Festsetzung der Höhe der Jahresbeiträge, insbesondere des Mindestbeitrages;
e) Beschlussfassung über die Beschwerde gegen die Ablehnung eines Aufnahmeantrages sowie die Berufung gegen einen Ausschließungsbeschluss durch den Vorstand;
f) Ernennung von Ehrenmitgliedern;
g) Beschlussfassung über grundlegende Entscheidungen für die Förderpolitik des Vereines.

(3) Die Einberufung der Mitgliederversammlung erfolgt durch den ersten Vorsitzenden, bei dessen Verhinderung durch den zweiten Vorsitzenden. Die Einberufung muss mindestens zwei Wochen vor dem Tag der Versammlung unter Angabe der Tagesordnung schriftlich erfolgen. Die Frist beginnt mit dem auf die Absendung der Einberufung folgenden Tag.
(4) Längstens bis eine Woche vor dem Tag der Mitgliederversammlung kann jedes Mitglied beim Vorstand schriftlich die Ergänzung der Tagesordnung um weitere Angelegenheiten, nicht jedoch Satzungsänderungen, beantragen. Die Tagesordnung ist zu Beginn der Mitgliederversammlung durch den Versammlungsleiter entsprechend zu ergänzen. Über Anträge auf Ergänzung der Tagesordnung, die erst in der Mitgliederversammlung gestellt werden, beschließt die Mitgliederversammlung. Zur Annahme des Antrags ist eine Mehrheit von drei Vierteln der abgegebenen gültigen Stimmen erforderlich.
(5) Jede ordnungsgemäß geladene Mitgliederversammlung ist beschlussfähig. Die Mitgliederversammlung fasst Beschlüsse mit einfacher Mehrheit der abgegebenen Stimmen, soweit durch Gesetz oder diese Satzung keine abweichenden Mehrheiten vorgeschrieben sind. Enthaltungen werden als nicht erschienene Stimmen gewertet. Bei Stimmengleichheit entscheidet die Stimme des Versammlungsleiters. Bei Wahlen entscheidet bei Stimmengleichheit das Los. Die Abstimmungsart bestimmt der Versammlungsleiter. Bei Wahlen ist schriftlich und geheim abzustimmen, soweit nicht die Mitgliederversammlung eine andere Art der Abstimmung beschließt.
(6) Über jede Mitgliederversammlung ist ein Protokoll zu errichten, das vom jeweilgen Versammlungsleiter und dem Protokollführer zu unterzeichnen ist.

§ 10 Geschäftsjahr, Rechnungsprüfer

(1) Das Geschäftsjahr ist das Kalenderjahr.
(2) Die Kasse des Vereins wird jedes Jahr durch einen oder mehrere von der Mitgliederversammlung gewählte Kassenprüfer geprüft. Die Kassenprüfer prüfen, ob die Verwendung der Vereinsmittel den Haushaltsansätzen entsprach und die Buchführung des Vereins ordnungsgemäß erfolgte. Hierüber haben die Kassenprüfer der Mitgliederversammlung Bericht zu erstatten.

§ 11 Satzungsänderungen, Vermögensanfall bei Auflösung

(1) Eine geplante Änderung der Satzung muss als Tagesordnungspunkt in der Einladung der Mitgliederversammlung bekannt gemacht werden. Über die Auflösung des Vereins kann nur in einer eigens mit dieser Tagesordnung einberufenen Mitgliederversammlung beschlossen werden.
(2) Jede Satzungsänderung ist dem zuständigen Finanzamt unter Übersendung der geänderten Satzung vorher zur Prüfung der Unbedenklichkeit anzuzeigen.
(3) Bei Auflösung oder Aufhebung des Vereins oder bei Wegfall steuerbegünstigter Zwecke fällt das Vermögen des Vereins an den Träger des Kindergartens ..... Der Anfallberechtigte hat das ihm anfallende Vermögen unmittelbar und ausschließlich für Zwecke des Kindergartens ..... entsprechend dem gemeinnützigen Vereinszweck zu verwenden.
Die Satzung wurde in der Gründungsversammlung vom ..... errichtet.
.....
(Unterschriften von mindestens sieben Vereinsmitgliedern)

■ *Kosten.* Mindestgeschäftswert 30.000 € (§§ 119 Abs. 1, 107 Abs. 1 GNotKG); bei wirtschaftlich bedeutenden Vereinen auch mehr (Höchstgeschäftswert 10 Mio. Euro).[56] Hieraus ist für

---

[56] BayObLG Rpfleger 1979, 398: Amateursportverein mit 4.000 Mitgliedern und 680.000 DM Jahreseinnahmen: zehnfacher Regelwert.

die Entwurfsfertigung eine 0,5 bis 2,0 Gebühr gemäß Nr. 24100 KV GNotKG zu erheben, mindestens jedoch 120 €, da bei Beurkundung der Satzung eine Gebühr gemäß Nr. 21100 KV GNotKG angefallen wäre. Der Notar bestimmt die Gebührenhöhe im vorgenannten Rahmen gemäß § 92 Abs. 1 GNotKG nach billigem Ermessen unter Berücksichtigung des Umfangs der erbrachten Leistungen; wird der vollständige Entwurf gefertigt, ist gemäß § 92 Abs. 2 a.E. GNotKG die Höchst- (also die 2,0)-Gebühr zu erheben.

IV. Vorstand

1. Zusammensetzung

§ 58 Nr. 3 BGB fordert ferner Satzungsregelungen zur Bildung (d.h. Zusammensetzung) des Vorstands. Gemeint sind diejenigen Personen, die gemäß § 26 BGB – wenn auch nicht notwendig einzeln – zur Vertretung des Vereins im Außenverhältnis befugt und daher im Vereinsregister einzutragen sind, nicht dagegen der »erweiterte Vorstand« (z.T. auch bezeichnet als »Vorstandschaft«), etwa nichtvertretungsberechtigte weitere Beisitzer, Jugendsportwarte, Schriftführer etc. Das Vorstandsorgan wird oft abweichend bezeichnet (»Präsidium«). **52**

Die Satzung kann sich auch darauf beschränken, lediglich eine Mindest- und/oder Höchstzahl der Vorstandsmitglieder vorzugeben. In der Regel werden die einzelnen Positionen differenziert (»Vorsitzender des Vorstands«, »Erster Stellvertreter« etc.); zwingend erforderlich ist dies jedoch nur, wenn die Vertretungsbefugnis darauf abstellt (»zwei Mitglieder des Vorstands, darunter der Vorsitzende oder sein Stellvertreter«). Es können auch Ersatzmitglieder für die während der Amtsperiode ausscheidenden Vorstände auf die restliche Amtszeit vorab bestellt werden. Die Wählbarkeit in den Vorstand setzt – mangels abweichender Satzungsbestimmung – nicht zwingend die Mitgliedschaft im Verein voraus. **53**

2. Wirkungskreis

Dem Vorstand obliegen die Vertretung des Vereins nach außen (§ 26 BGB) und die Geschäftsführung nach innen (§ 27 Abs. 3 BGB). Für Letztere gilt das Auftragsrecht des BGB entsprechend, sodass im Einzelfall die Mitgliederversammlung Weisungen erteilen kann, es sei denn eine Aufgabe wäre in der Satzung ausdrücklich dem Vorstand allein übertragen. Die Tätigkeit des Vorstands ist grds. ehrenamtlich, (Rdn. 66, bis auf die Erstattung von Aufwendungen) – denkbar sind jedoch bei entsprechender Satzungsgrundlage (Rdn. 66) auch Anstellungsverhältnisse, die dann durch das den Vorstand bestellende Organ zu schließen sind. Existiert ein »erweiterter Vorstand« (»Vorstandschaft«), obliegt diesem die Geschäftsführung insgesamt. **54**

Die Vertretung des Vereins nach außen wird zweckmäßigerweise (wenn auch von § 58 Nr. 3 BGB nicht gefordert) ebenfalls in der Satzung geregelt. Schweigt die Satzung, müssen beim zweigliedrigen Vorstand beide gemeinsam handeln, bei einem drei- oder mehrgliedrigen Vorstand reicht die Mehrheit aller Vorstandsmitglieder, str.,[57] jedoch seit 30.09.2009 in § 26 Abs. 2 Satz 1 BGB gesetzlich festgeschrieben. Die Vertretungsregelung, auch wenn sie dem Gesetz entspricht, ist gemäß § 64 BGB anzumelden und einzutragen. Eine Anknüpfung an nicht vom Geschäftsgegner unmittelbar überprüfbare Umstände ist unzulässig (»im Falle der Verhinderung des Präsidenten wird der Verein durch den Vizepräsidenten vertreten« ist also allenfalls als Regelung des Innenverhältnisses denkbar). **55**

---

[57] Aber wohl Auffassung des BGH DNotZ 1978, 88, gestützt auf die Regelung zum Innenverhältnis in §§ 28 Abs. 1, 32 Abs. 1 Satz 3 BGB; damit Abweichung vom Auffangprinzip der Gesamtvertretung bei anderen juristischen Personen, vgl. § 78 Abs. 2 Satz 1 AktG, § 35 Abs. 2 Satz 2 GmbHG, § 25 Abs. 1 Satz 1 GenG.

56 Zur Passiv-Vertretung (Entgegennahme von Willenserklärungen) ist dagegen stets jedes einzelne Vorstandsmitglied berechtigt (§ 26 Abs. 2 Satz 2 BGB).

57 Anders als bei kapitalistisch strukturierten juristischen Personen kann beim Verein durch Eintragung in das Register die Außenvertretungsmacht des Vorstands auch mit Wirkung gegenüber Dritten beschränkt werden (§§ 64, 68, 70 BGB), z.B. für Geschäfte über einen bestimmten Wert an die Zustimmung eines anderen Organs geknüpft sein. Bedarf demnach etwa ein Grundstücksgeschäft der Mitwirkung der Mitgliederversammlung, ist hierfür das Protokoll der Mitgliederversammlung vorzulegen, wobei wegen § 29 GBO die Unterschriften der zur Protokollunterzeichnung berufenen Personen (§ 58 Nr. 4 BGB) zu beglaubigen sind.[58]

58 Der Vorstand kann in der Satzung generell von den Beschränkungen des § 181 BGB befreit werden. Die Satzung kann auch eine Ermächtigung dafür enthalten, den Vorstand bei seiner Wahl oder im Einzelfall durch schlichten Beschluss der Mitgliederversammlung[59] zu befreien. Die generelle Befreiung ist analog § 64 a.E. BGB anzumelden und im Vereinsregister einzutragen.

59 Die faktische »Weitergabe der Organstellung« durch Erteilung einer Generalvollmacht ist unwirksam, eine Ermächtigung an andere Vorstandsmitglieder oder eine Vollmacht an Dritte für einzelne (Arten von) Rechtsgeschäfte(n) jedoch möglich.

3. Berufung und Abberufung

60 § 27 BGB vermutet, dass die Bestellung des Vorstands durch Beschluss der Mitgliederversammlung erfolgt. Sie wird sodann wirksam mit Annahme der Bestellungserklärung durch den Gewählten. Die Satzung kann jedoch auch ein anderes Bestellungsorgan (Beirat, Kuratorium etc.) bestimmen, Einzelpersonen Bestimmungsrechte einräumen oder die Vorstandsbestellung durch einen Außenstehenden, bei einem religiösen Verein z.B. die Kirchenbehörde, vorsehen. Nicht selten sind auch Selbstergänzungsverfahren des Vorstands (sogenannte »Kooptationen«) anzutreffen. Schließlich kann dem Inhaber eines Vorstandsamts die Möglichkeit eingeräumt werden, seinen Nachfolger zu bestimmen, bzw. der jeweilige Inhaber eines öffentlichen Amts kann zum Vorstand (vorbehaltlich seiner Annahme dieser Berufung) berufen sein. Der Mitgliederversammlung bleibt jedoch die Möglichkeit der Änderung der Satzung und damit auch dieser Besetzungsbestimmungen, da der Vorstand nie unabsetzbar sein kann (§ 27 Abs. 2 BGB).

61 Erfolgt die Vorstandsbestellung durch Wahl, genügt hierfür die Mehrheit der abgegebenen Stimmen, die weder ungültig noch Stimmenthaltungen sind.[60] Stehen mehrere Bewerber zur Wahl und erreicht keiner die einfache Mehrheit, ist der Wahlvorgang (gegebenenfalls mehrfach) zu wiederholen; eine Stichwahl zwischen den Bewerbern mit höchster Stimmenzahl ist nur möglich, wenn diese in der Satzung vorgesehen ist.[61]

62 Sind – wie regelmäßig – mehrere Vorstandsämter gleichzeitig zu besetzen, liegt es, sofern die Satzung nichts anderes bestimmt, im Ermessen des Versammlungsleiters, ob er Gesamt- oder Einzelabstimmung anordnet. Bei der Gesamtabstimmung hat jedes Mitglied so viele Stimmen wie Ämter zu besetzen sind, kann jedoch, ohne die Gültigkeit seiner Stimmabgabe zu gefährden, auch weniger Stimmen abgeben.[62] Demgegenüber erfordert eine Blockwahl (bei der stets so viele Stimmen abgegeben werden müssen, wie Vorstandspositionen zu besetzen sind) eine ausdrückliche Eröffnung in der Satzung, als Abweichung von § 32 BGB

---

58 LG Lübeck Rpfleger 1991, 309.
59 Diese ist zuständig, OLG Brandenburg, 19.08.2011 – 7 Wx 20/11, NotBZ 2012, 35.
60 BGH NJW 1982, 1585, vgl. nun auch den Wortlaut des § 32 Abs. 1 Satz 3 BGB.
61 OLG Schleswig Rpfleger 2005, 317.
62 BGH NJW 1989, 1150.

(§ 40 BGB).[63] Gleiches gilt für die Listenwahl, bei der mehrere Wahlvorschläge so gebündelt werden, dass sie nur als Liste wählbar sind.

Auch die Amtsdauer des Vorstands wird im Regelfall in der Satzung bestimmt; nach Ablauf der Bestelldauer ist der Vorstand lediglich zur Einberufung der zur Neuwahl erforderlichen Mitgliederversammlung befugt, sofern nicht (wie in der Regel) seine Amtsdauer bis zur Bestellung eines neuen Vorstands sich verlängert (Übergangsklausel). Die Amtsdauer jedes Vorstandsmitglieds kann unterschiedlich sein. Die schlichte Bestätigung eines Vorstandsmitglieds im Amt ist nicht mehr förmlich zum Vereinsregister anzumelden, wird jedoch in der Regel dem Gericht privatschriftlich als Wiederwahl zur Vermeidung entsprechender registerlicher Nachfragen mitgeteilt. **63**

Jeder Vorstand kann gemäß § 27 Abs. 2 BGB (zwingend) aus wichtigem Grund durch das Bestellungsorgan abberufen werden. Die Beendigung des Vorstandsamts kann auch bei Wegfall definierter persönlicher Eigenschaften und Voraussetzungen eintreten oder aber durch Amtsniederlegung, die dem ehrenamtlichen Vorstand jederzeit, jedoch nicht zur Unzeit,[64] eröffnet ist. Um sicher zu sein, dass sein Vorstandsamt im Vereinsregister gelöscht wird, sollte die Amtsniederlegung in der Weise befristet sein, dass sie erst mit ihrer Eintragung in das Vereinsregister wirksam wird. Die Niederlegungserklärung muss einem anderen Vorstandsmitglied oder aber dem für die Bestellung zuständigen Organ (Mitgliederversammlung) gegenüber erfolgen. **64**

Die »Entlastung« des Vorstands durch das Bestellungsorgan enthält eine Billigung seiner Geschäftsführung als im Großen und Ganzen gesetz- und satzungsgemäß, also den Verzicht auf Bereicherungs- und Schadensersatzansprüche sowie Kündigungsgründe, die bei sorgfältiger Prüfung zumindest bekannt sein konnten.[65] Bei der Entlastung sind die (im Fall der einheitlichen Entlastung alle) Vorstandsmitglieder vom Stimmrecht ausgeschlossen. Ein Anspruch auf Entlastung besteht nicht.[66] **65**

Vorstände sind, wie § 27 Abs. 3 Satz 2 BGB seit 01.01.2015 klarstellt,[67] vorbehaltlich anderer Satzungsregelung (§ 40 Satz 1 BGB)[68] unentgeltlich tätig. Eine satzungswidrig gewährte Vergütung (Entgelt für Arbeitszeit) ist zurückzugewähren (§ 812 BGB), führt zu einer Schadensersatzhaftung der an der Auszahlung beteiligten Personen (grobe Fahrlässigkeit i.S.d. § 31 BGB), kann Untreue zu Lasten des Vereins darstellen (§ 266 StGB),[69] und kann, als Verstoß gegen das Selbstlosigkeitsgebot des § 55 AO, zum Verlust der Gemeinnützigkeit führen.[70] **66**

Die *Haftung* von ehrenamtlich tätigen Vereinsvorständen (und Stiftungsvorständen) die (neben dem Ersatz von Aufwendungen) weniger als 720 € (vor dem 01.01.2013: 500 €) pro Jahr Vergütung erhalten, wird seit 03.10.2009 durch § 31a BGB zivilrechtlich dadurch begrenzt, dass sie dem Verein und seinen Mitgliedern gegenüber für einen in Wahrnehmung ihrer Vorstandspflichten verursachten Schaden nur bei Vorsatz oder grober Fahrlässigkeit haften. Kommt ein Dritter dabei zu Schaden, haftet der Vorstand im Außenverhältnis weiter unbegrenzt, kann aber vom Verein Freistellung verlangen, wenn ihm nur leichte Fahrlässigkeit zur Last gelegt werden kann (§ 31a Abs. 2 BGB, auch wenn dies für den Ver- **67**

---

63 OLG Zweibrücken, 26.06.2013 – 3 W 41/13, RNotZ 2013, 323 (keine Satzungsdurchbrechung durch Mitgliederbeschluss).
64 Insbesondere nicht durch alle Vorstandsmitglieder gleichzeitig, OLG München, 29.03.2010 – 31 Wx 170/09, DNotZ 2011, 148.
65 BGH NJW-RR 1988, 748.
66 OLG Köln NJW-RR 1997, 483.
67 Dies ergab sich zuvor mittelbar aus § 27 Abs. 3 Satz 1 i.V.m. § 662 ff. BGB, vgl. *Wickert*, NWB 2013, 3239 ff., wobei allerdings auf § 662 BGB selbst gerade nicht verwiesen wird.
68 Eine Vergütung (Ausgleich für eingesetzte Arbeitszeit) kann also nicht allein im Beschlusswege, ohne entsprechende Öffnungsklausel in der Satzung, gewährt werden.
69 OLG Hamm, 29.04.1999 – 2 Ws 71/99, wistra 1990, 350; in casu abgelehnt in OLG Köln, 06.05.2013 – 2 Ws 254/13, da der betroffene Vorstand in erheblichem Umfang Tätigkeiten für den Verein erbracht hatte.
70 BFH, 08.08.2001 – I B 40/01; *Schleder*, Steuerrecht der Vereine, 10. Aufl., 2012, Rn. 493.

ein existenzbedrohende Wirkung haben mag). Durch Verweisung in § 86 BGB gilt dies auch für Stiftungen. Seit 01.01.2013 kommen auch einfache Vereinsmitglieder, die in diesem Sinne ehrenamtlich für den Verein tätig werden, gemäß § 31b BGB in den Genuss dieser Haftungsprivilegierung, aber nur im Verhältnis zum Verein, nicht zu etwa geschädigten anderen Vereinsmitgliedern. (Nur) im Verhältnis zwischen Organmitglied bzw. Vereinsmitglied einerseits und Verein andererseits kann der Haftungsmaßstab über den gesetzlichen Mindestmaßstab hinaus auch weiter zugunsten des Mitglieds gelockert, z.B. auf Vorsatz beschränkt, werden.[71]

4. Besondere Vertreter

68 § 30 BGB erlaubt, für einzelne Geschäftsbereiche (etwa örtliche oder sachliche Abteilungen, Untergliederungen, bestimmte Themenfelder, z.B. »wirtschaftliche, verwaltungsmäßige und personelle Angelegenheiten«)[72] neben dem Vorstand besondere Vertreter zu bestellen, sofern die Satzung dies vorsieht. Diese haben dem Verein wie auch Dritten gegenüber innerhalb ihres Wirkungskreises dieselbe Stellung wie ein Vorstand, sind also auch in das Vereinsregister einzutragen (§ 64 BGB analog). Fügen sie in Ausführung dieser Tätigkeit einem Dritten eine zum Schadensersatz verpflichtende Handlung zu, haftet der Verein auch hierfür gemäß § 31 BGB, seit 01.01.2013 gilt die Haftungsprivilegierung des § 31a BGB (Rdn. 67) auch für besondere Vertreter.

V. Mitgliederversammlung

1. Zuständigkeiten

69 Gemäß § 32 Abs. 1 Satz 1 BGB hat die Mitgliederversammlung »Auffangkompetenz« für alle Angelegenheiten, die nicht dem Vorstand oder einem anderen Organ überantwortet sind. Unentziehbar ist die Beschlussfassung über die Auflösung des Vereins (§ 45 Abs. 2 Satz 2 BGB); im Übrigen kann die Satzung jedoch die Mitwirkungsbefugnisse der Mitgliederversammlung erheblich beschneiden, sofern nicht jedwede Mitwirkung bei der Willensbildung von vornherein ausgeschlossen ist.[73]

2. Art und Form der Beschlussfassung

70 Die Beschlussfassung erfolgt grundsätzlich in Präsenzversammlungen. Beschlüsse im schriftlichen Verfahren (auch in elektronischer Form, § 126a BGB) sind nur möglich, wenn alle Mitglieder hiermit einverstanden sind oder wenn die Satzung entsprechende Beschlüsse (auch als Mischbeschluss zur Ergänzung der Stimmabgabe in der Versammlung) zulässt. Zulässig sind auch Satzungsregelungen, die allein eine »virtuelle« Durchführung (»online«) vorsehen.[74]

71 Die Einberufung erfolgt durch den Vorstand in vertretungsberechtigter Zahl, sodass bei Einzelvertretung auch Doppel-Einladungen unterschiedlichen Inhalts denkbar sind (mit der Folge der Unwirksamkeit beider Versammlungen).[75] Beschlüsse auf einer durch eine

---

71 OLG Nürnberg, 13.11.2015 – 12 W 1845/15, MittBayNot 2016, 163.
72 So in OLG München, 14.11.2012 – 31 Wx 429/12, DNotZ 2013, 222.
73 OLG Celle NJW-RR 1995, 1273.
74 OLG Hamm, 27.09.2011 – 27 W 106/11, RNotZ 2012, 244; vgl. *Wickert*, NWB 2016, 2040 ff. mit Hinweis auf § 118 Abs. 1 Satz 2 AktG und den Wortlaut des § 32 BGB, der von »Versammlung der Mitglieder«, nicht »Mitgliederversammlung«, spricht.
75 OLG Stuttgart Rpfleger 2004, 10.

unzuständige Person einberufenen Versammlung sind nichtig.[76] Die Einberufung hat zu erfolgen, wenn es das Interesse des Vereins erfordert (§ 36 BGB); § 37 BGB gewährt Minderheiten ein nicht entziehbares, ggf. aufgrund gerichtlicher Ermächtigung durchzusetzendes Einberufungsrecht.

Die Form der Einberufung ist in der Satzung festzulegen (§ 58 Nr. 4 BGB). Beispiele: Einladung in Schriftform[77] oder Textform (dann § 126b BGB), Bekanntmachung in einer bestimmten[78] Tageszeitung, Veröffentlichung in der Vereinszeitschrift bzw. mehrere Alternativen hiervon. In Betracht kommt ferner die Vorab-Bestimmung von Ort und Zeit bereits in der Satzung (»erster Montag im Mai, 19 Uhr, in der Gaststätte ...«).

72

Einberufung einer Mitgliederversammlung

An alle Mitglieder des Briefmarkensammlervereins Thurn und Taxis in Frankfurt/M.
Am ..... findet unsere ordentliche Mitgliederversammlung mit folgender Tagesordnung statt:
a) Vorstandswahl,
b) Abänderung des § ..... der Satzung, – der Vorstand schlägt vor, die Bestimmung wie folgt neu zu fassen: »...«
c) Ausschluss des Mitgliedes Z.,
d) Kassenbericht,
e) Verschiedenes.
Ort der Versammlung: ..... Beginn der Versammlung: .....
Der Vorstand weist darauf hin, dass die ordnungsgemäß geladene Versammlung ohne Rücksicht auf die Anzahl der erschienenen Mitglieder beschlussfähig ist. Stimmrechtsvollmachten bedürfen der Schriftform.
Der Vorstand: N.N.

73 M

Gesetzlich ist jede ordnungsgemäß geladene Mitgliederversammlung beschlussfähig; die Satzung kann jedoch eine bestimmte Mindestpräsenz (Quorum) oder andere Kriterien fordern. Wurden versehentlich nicht alle stimmberechtigten Mitglieder eingeladen, hat dies auf die Wirksamkeit der Beschlüsse keinen Einfluss, wenn nachgewiesen ist, dass der Beschluss nicht auf dem Mangel beruhen kann.[79]

74

Eine Ladungsfrist bestimmt das Gesetz nicht; schweigt auch die Satzung, ist darauf abzustellen, ob die Frist eine ordnungsgemäße Vorbereitung ermöglicht (bei überschaubarem örtlichem Mitgliederkreis kann 1 Woche genügen, bei überregionalen Großvereinen analog § 123 AktG 1 Monat). Gemäß § 32 Abs. 1 Satz 2 BGB sind Mitgliederbeschlüsse nur gültig, wenn der Gegenstand der Beschlussfassung (Tagesordnung) in der Einladung bezeichnet ist. Dabei genügen bloße Stichwörter (»Satzungsänderung«) nicht, anzugeben ist auch der wesentliche Inhalt der zu ändernden Vorschriften.

75

---

76 BGH BB 1983, 995.
77 Eigenhändige Unterschrift des Einladenden ist dann nicht notwendig, es genügt die schriftliche Bekanntmachung der vom zuständigen Vereinsorgan urkundlich abgefassten Einladung, OLG Zweibrücken, 08.05.2014 – 3 W 57/13. »Schriftliche« Einladung (= gewillkürte Schriftform i.S.d. § 127 Abs. 1 i.V.m. § 126 Abs. 3 BGB) wird gemäß OLG Zweibrücken, 04.03.2013 – 3 W 149/12 im Zweifel auch durch E-Mail ohne elektronische Signatur gewahrt, ebenso OLG Hamburg, 06.05.2013 – 2 W 35/13, RPfleger 2013 457 m. Anm. *Grau*: E-Mail ist gemäß § 127 Abs. 2 BGB ohne Unterschrift gültig, und OLG Hamm, 24.09.2015 – 27 W 104/15; vgl. auch *Wickert*, NWB 2016, 115 ff.
78 Nicht ausreichend ist allein der Wortlaut »durch Presseveröffentlichung«, OLG Hamm, 23.11.2010 – I-15 W 419/10, DNotZ 2011, 446. Ist das Presseorgan konkret bezeichnet, genügt die dortige Veröffentlichung auch für außerordentliche Mitgliederversammlungen: OLG Stuttgart, 15.03.2017 – 8 W 103/16.
79 BGHZ 59, 369.

76 Die Versammlungsleitung liegt mangels abweichender Satzungsbestimmungen beim Vorstand, jedoch kann die Mitgliederversammlung mit einfacher Mehrheit einen anderen Versammlungsleiter wählen. Der Versammlungsleiter hat verfahrensleitende und sitzungspolizeiliche Befugnisse (Reihenfolge der Wortmeldungen, Festsetzung der Redezeit bis hin zur Entziehung des Wortes und zum Saalverweis nach entsprechender Androhung, Anordnung der Beendigung der Debatte, Unterbrechung der Versammlung). Er hat die Beschlüsse zu verkünden und das Ergebnis von Abstimmungen bekannt zu geben.

77 Die Abstimmung erfolgt grundsätzlich nach Köpfen; ist das Mitglied selbst i.S.d. § 34 BGB betroffen, ist sein Stimmrecht zwingend (§ 40 BGB, auch bei Beschlussfassungen im Vorstand: § 40 Satz 2 BGB) ausgeschlossen. Gemäß § 32 Abs. 1 Satz 3 BGB (in der seit 30.09.2009 geltenden Fassung)[80] entscheidet bei der Beschlussfassung die Mehrheit der abgegeben Stimmen, sodass ungültige Stimmabgaben und Enthaltungen nicht mitzuzählen sind.[81] Sofern die Satzung dies (abweichend von § 38 BGB) gestattet, kann die Stimmabgabe auch durch einen Vertreter, sonst nur durch einen Boten, erfolgen, der nicht notwendig Vereinsmitglied sein muss.

Stimmrechtsvollmacht

78 M Ich bevollmächtige Herrn ....., mich in der Mitgliederversammlung des Vereines ..... am ..... zu vertreten und das Stimmrecht für mich auszuüben.
Ort, Datum   Unterschrift
[Beglaubigung nicht erforderlich]

■ *Kosten.* Da kein Anhalt zu einer Schätzung nach §§ 36 Abs 1, 98 Abs. 3 Satz 1 GNotKG gegeben ist, 5.000 € gemäß § 36 Abs. 3 GNotKG. Hieraus ist für die Entwurfsfertigung eine 0,3 bis 1,0 Gebühr gemäß Nr. 24101 KV GNotKG zu erheben, mindestens jedoch 60 €, da bei Beurkundung der Vollmacht eine Gebühr gemäß Nr. 21200 KV GNotKG angefallen wäre. Der Notar bestimmt die Gebührenhöhe im vorgenannten Rahmen gemäß § 92 Abs. 1 GNotKG nach billigem Ermessen unter Berücksichtigung des Umfangs der erbrachten Leistungen; wird der vollständige Entwurf gefertigt, ist gemäß § 92 Abs. 2 a.E. GNotKG die Höchst- (also die 1,0) Gebühr zu erheben.

79 Bei Stimmengleichheit ist der Antrag abgelehnt, sofern nicht die Satzung einen Stichentscheid (z.B. des Vorsitzenden) vorsieht. Bei »einfachen« Beschlüssen genügt die einfache Mehrheit (Summe der Ja-Stimmen muss mindestens um eins höher sein als die Summe der Nein-Stimmen), bei Satzungsänderungen und Beschlüssen über die Auflösung des Vereins die Dreiviertel-Mehrheit, bei Änderungen des Vereinszwecks ist gar die Zustimmung sämtlicher Vereinsmitglieder, also auch der in der Versammlung nicht erschienenen Mitglieder, erforderlich (§ 33 Abs. 1 Satz 2 BGB); diese Mehrheitserfordernisse sind jedoch satzungsdispositiv. Bestehen Sonderrechte, bedarf es zur Aufhebung oder Schmälerung solcher Sonderrechte zusätzlich der Zustimmung des betroffenen Mitglieds (§ 35 BGB). Gleiches gilt, wenn in der Satzung eines kirchlichen Vereins bestimmte Satzungsänderungen an die Zustimmung der Kirche gebunden sind: keine Beseitigung des Zustimmungserfordernisses mit $^3/_4$-Mehrheit.[82]

80 Enthält die Satzung zur Art der Abstimmung (schriftlich, mündlich, Akklamation o.ä.) keine Festlegung, kann der Versammlungsleiter sie bestimmen (auch bei Personenentschei-

---

80 Zuvor: »der erschienenen Mitglieder«; die Neufassung dient der Klarstellung des Gemeinten.
81 BGH NJW 1982, 1585.
82 OLG Düsseldorf v. 05.12.2008 – I-3 Wx 84/08 = RNotZ 2009, 96 (offen, ob Beseitigung einstimmig erfolgen könnte).

dungen besteht kein gesetzlicher Zwang zur geheimen Wahl[83]). Zu den verschiedenen Wahlverfahren (Listen-, Blockwahl etc.) vergleiche oben Rdn. 62.

§ 58 Nr. 4 BGB verlangt eine Satzungsbestimmung über die »Beurkundung« der Beschlüsse der Mitgliederversammlung, also die Regelung der Mindestanforderungen an das Protokoll (typischerweise handelt es sich um ein Ergebnisprotokoll, das durch den Versammlungsleiter oder den Protokollführer zu unterzeichnen ist[84]).

3. Anmeldung zum Vereinsregister

Seit der am 30.09.2009 in Kraft getretenen Reform des Vereinsrechts ist bei **Satzungsänderungen** zu Vereinsregistern ferner eine durch den Vorstand zu erstellende *vollständige Satzungsneufassung* in Abschrift einzureichen (§ 71 Abs. 1 Satz 3 BGB); dabei müssen die geänderten Bestimmungen mit dem Beschluss über die Satzungsänderung, die unveränderten Bestimmungen mit dem zuletzt eingereichten Wortlaut der Satzung[85] oder, wenn ein solcher vollständiger Satzungswortlaut bisher noch nicht eingereicht wurde, mit den zuvor eingetragenen Änderungen übereinstimmen. Eine förmliche Versicherung dieses Inhalts ist zwar nicht vorgeschrieben, jedoch in der Anmeldung tunlich; notarielle Bescheinigungen ähnlich § 54 GmbHG, § 181 AktG sind nicht vorgesehen. Sofern nicht begründete Zweifel bestehen, hat das Vereinsregister vom wirksamen Zustandekommen des protokollierten Beschlusses auszugehen.[86]

Änderungen des Vorstands[87] und der Satzung sind durch Mitglieder des Vorstands in vertretungsberechtigter Zahl zur Eintragung anzumelden, auch um dadurch (§ 19 GwG) die Meldpflichten zum Transparenzregister zu erfüllen.[88] Bezieht sich die Satzungsänderung auf einen gemäß §§ 71 Abs. 2, 64 BGB eintragungspflichtigen Gegenstand (z.B. Name bzw. Sitz des Vereins, oder die Zusammensetzung des Vorstands), ist in der Anmeldung die geänderte Bestimmung schlagwortartig zu bezeichnen.[89]

Seit 09.06.2017 sind gem. § 378 Abs. 3 Satz 1 FamFG die zu einer Eintragung erforderlichen Erklärungen vor ihrer Einreichung für das Vereinsregister von einem Notar auf Eintragungsfähigkeit zu prüfen. Richtigerweise ist ein Vermerk hierzu nur erforderlich, wenn der Notar lediglich die Unterschrift unter der Anmeldung beglaubigt, da er bei Entwurfsfertigung der Anmeldung die Pflichten aus § 17 BeurkG ohnehin einzuhalten hat.[90] Beizufügen ist das Protokoll der Versammlung, in der die Satzungs- (oder Vorstands-)Änderung beschlossen wurde, unter Einhaltung der gem. § 58 Nr. 4 BGB in der Satzung dafür getroffenen Regularien (Unterzeichnung durch den Schriftführer etc), in einfacher Abschrift[91].

Bei der Anmeldung ist, da strafbewehrte Erklärungen fehlen, Vertretung möglich:

---

83 BGH NJW 1970, 46.
84 Lässt die Satzung eine Teilnahmevertretung durch Dritte zu, können auch diese unterzeichnen, selbst wenn nur eine Person für alle Mitglieder handelt, OLG Hamm v. 03.06.2008, RNotZ 2009, 101.
85 Auch in formeller Hinsicht (kein Umnummerieren der Paragrafen ohne entsprechenden Änderungsbeschluss): OLG München, 15.09.2011 – 31 Wx 363/11, NotBZ 2012, 60.
86 OLG Düsseldorf v. 22.08.2008, RNotZ 2008, 605.
87 Auch als Folge einer Amtsniederlegung, für Registerzwecke ist ggf. eine schriftliche Bestätigung der mündlichen Niederlegung erforderlich: OLG Frankfurt, 19.03.2015 – 20 W 327/14.bvg
88 Vgl. hierzu *Elsing*, notar 2018, 71, 73, der darauf hinweist, dass kleine Vereine die Meldung an das Vereinsregister oft versäumen und damit die Transparenzregisterpflichten verletzen
89 OLG Nürnberg, 15.08.2012 – 12 W 1474/12, RNotZ 2012, 584; eine inhaltliche Wiedergabe des Eintragungsinhalts ist in der Anmeldung nicht erforderlich, OLG Nürnberg, 26.09.2014 – 12 W 2015/14, RNotZ 2015, 115.
90 OLG Schleswig, 28.07.2017 – 2 Wx 50/17, DNotZ 2017, 862; OLG Celle, 06.11.2017 – 18 W 57/17, ZfIR 2018, 101 (jeweils zu § 15 Abs. 3 GBO)
91 KG, 31.07.2015 – 22 W 12/15.

§ 121 Der eingetragene Verein

Vollmacht zur Vereinsregisteranmeldung

85 M Die unterzeichneten Mitglieder des Vorstandes des ..... e.V. bevollmächtigen den Vereinsvorsitzenden, Herrn ....., im Namen des Gesamtvorstandes die Anmeldungen, die auf der Hauptversammlung vom ..... beschlossen wurden, zum Vereinsregister vorzunehmen und alle Rechtsmittel einzulegen. Er kann diese Befugnisse auf ein anderes Vorstands- oder Vereinsmitglied übertragen.
Ort, Datum Unterschriften
[Beglaubigungsvermerk]

■ *Kosten.* Da kein Anhalt zu einer Schätzung nach §§ 36 Abs 1, 98 Abs. 3 Satz 1 GNotKG gegeben ist, 5.000 € gemäß § 36 Abs. 3 GNotKG. Hieraus ist für die Entwurfsfertigung eine 0,3 bis 1,0 Gebühr gemäß Nr. 24101 KV GNotKG zu erheben, mindestens jedoch 60 €, da bei Beurkundung der Vollmacht eine Gebühr gemäß Nr. 21200 KV GNotKG angefallen wäre. Der Notar bestimmt die Gebührenhöhe im vorgenannten Rahmen gemäß § 92 Abs. 1 GNotKG nach billigem Ermessen unter Berücksichtigung des Umfangs der erbrachten Leistungen; wird der vollständige Entwurf gefertigt, ist gemäß § 92 Abs. 2 a.E. GNotKG die Höchst- (also die 1,0) Gebühr zu erheben.

Anmeldung einer Satzungsänderung

86 M An das Amtsgericht – Vereinsregister – .....
VR ....., ... e.V.
Zur Eintragung in das Vereinsregister wird angemeldet:
Die Satzung des Vereins wurde in folgenden Punkten geändert:
– Sitz des Vereins (§)
– Beschlussfähigkeit und Mehrheitserfordernisse in der Mitgliederversammlung (§ .....)
– Bestellung der Rechnungsprüfer (§ .....)
Dieser Anmeldung beigeschlossen sind:
– das von den Personen, die nach der Satzung Beschlüsse der Mitgliederversammlung zu beurkunden haben, unterzeichnete Protokoll der Mitgliederversammlung vom ....., enthaltend die gefassten Beschlüsse samt Abstimmungsergebnis nebst Anwesenheitsliste in Abschrift
– Vollständiger Wortlaut der neuen Satzung mit der Versicherung, dass i.S.d. § 71 Abs. 1 Satz 4 BGB die geänderten Bestimmungen mit dem Beschluss über die Satzungsänderung, die unveränderten Bestimmungen mit dem zuletzt eingereichten vollständigen Wortlaut der Satzung und, wenn die Satzung geändert worden ist, ohne dass ein vollständiger Wortlaut der Satzung eingereicht wurde, auch mit den zuvor eingetragenen Änderungen übereinstimmen.
Es wird versichert, dass die eingangs erwähnte Versammlung frist- und satzungsgemäß einberufen war, Beschlussfähigkeit bestand und die Beschlüsse in der dargestellten Art und Weise zustande kamen.
Diese Anmeldung wurde durch den beglaubigenden Notar gem. § 378 Abs. 3 Satz 1 FamFG mit positivem Ergebnis auf Eintragungsfähigkeit überprüft.
Ort, Datum (Unterschrift durch Vorstandsmitglieder
 in vertretungsberechtigter Zahl)
[notarieller Unterschriftsbeglaubigungsvermerk, § 77 BGB]

■ *Kosten.* Der Geschäftswert für die notarielle Anmeldung späterer Registervorfälle richtet sich nach § 36 GNotKG und beträgt regelmäßig 5.000 € (Hilfswert gemäß § 36 Abs. 3 GNotKG), bei wirtschaftlich bedeutenden Vereinen auch mehr (Höchstwert gemäß § 36 Abs. 2 GNotKG: 1 Mio. Euro).[92] Alle Satzungsänderungen gelten gemäß § 109 Abs. 2 Nr. 4c) GNotKG als ein (zusammengefasster) Gegenstand; die zusätzliche Anmeldung des Ausscheidens eines Vorstandsmitgliedes und der Neuwahl eines Vorstandsmitgliedes würde je als weiterer Gegenstand gelten, so dass die Werte gemäß § 35 Abs. 1 GNotKG zu addieren wären: 15.000 €). Entwirft der Notar die Registeranmeldung, entsteht eine 0,5 Gebühr, mindestens jedoch 30 €, Nr. 21201 Nr. 5 KV GNotKG i.V.m. 24102 KV GNotKG i.V.m. § 92 Abs. 2 GNotKG, zzgl. USt). Wird lediglich die Unterschrift beglaubigt, entsteht eine 0,2 Gebühr gemäß Nr. 25100 KV GNotKG, mindestens 20 €, höchstens 70 € zzgl. USt. Übermittelt der Notar die Registeranmeldung elektronisch mit XML-Strukturdaten an das Registergericht, entsteht zusätzlich eine Gebühr gemäß Nr. 22114 KV GNotKG aus dem Geschäftswert der Anmeldung. Beim Gericht entsteht eine Gebühr gemäß Nr. 13101 KV GNotKG i.H.v. 50 € (jeweils für alle späteren Anmeldungen, welche diesen Verein betreffend am selben Tag beim Registergericht eingegangen sind). Die Eintragung wird dem Antragsteller bekannt gemacht, jedoch nicht veröffentlicht.

Würden Beschlüsse (z.B. Vorstandswahlen) durch den Notar entworfen, ist der Geschäftswert für diesen verschiedenen Beurkundungsgegenstand (§ 110 Nr. 1 GNotKG) gem. § 36 GNotKG zu ermitteln, im Zweifel sind gem. § 36 Abs. 3 GNotKG 5.000 € anzusetzen.

Vereinsregisteranmeldung (Änderung des Vorstands, § 67 BGB)

An das   87 M
Amtsgericht – Vereinsregister –
.....
Betr.: VR.-Nr ..... ., ... e.V.
Unter Vorlage des Protokolls vom ..... wird zur Eintragung in das Vereinsregister angemeldet:
1. Herr T. ist durch Tod als Vorstandsmitglied ausgeschieden; Sterbeurkunde liegt bei
2. Herr L., geb. am ....., wohnhaft in ....., ist zum Vorsitzenden des Vorstands bestellt.
Weitere Änderungen ergaben sich nicht.
Es wird versichert, dass die eingangs erwähnte Versammlung frist- und satzungsgemäß einberufen war, Beschlussfähigkeit bestand und die Wahlen in der dargestellten Art und Weise zustande kamen.
Diese Anmeldung wurde durch den beglaubigenden Notar gem. § 378 Abs. 3 Satz 1 FamFG mit positivem Ergebnis auf Eintragungsfähigkeit überprüft.
Ort, Datum   **Unterschriften**
[notarieller Unterschriftsbeglaubigungsvermerk]

■ *Kosten.* Der Geschäftswert für die notarielle Anmeldung späterer Registervorfälle richtet sich nach § 36 GNotKG und beträgt regelmäßig 5.000 € (Hilfswert gemäß § 36 Abs. 3 GNotKG). Alle Anmeldungen gelten gemäß § 111 Nr. 3 GNotKG als ein je besonderer Beurkundungsgegenstand, so dass die Werte gemäß § 35 Abs. 1, 86 Abs. 2 GNotKG zu addieren sind: 10.000 €). Entwirft der Notar die Registeranmeldung, entsteht eine 0,5 Gebühr, mindestens jedoch 30 €, Nr. 21201 Nr. 5 KV GNotKG i.V.m. Nr. 24102 KV GNotKG i.V.m. § 92 Abs. 2 GNotKG, zzgl. USt). Wird lediglich die Unterschrift beglaubigt, entsteht eine 0,2 Gebühr gemäß Nr. 25100 KV GNotKG, mindestens 20 €, höchstens 70 € zzgl. USt. Übermittelt der Notar die Registeranmeldung elektronisch mit XML-Strukturdaten an das Registergericht,

---
92 BayObLG Rpfleger 1979, 398.

entsteht zusätzlich eine Gebühr gemäß Nr. 22114 KV GNotKG aus dem Geschäftswert der Anmeldung. Beim Gericht entsteht eine Gebühr gemäß Nr. 13101 KV GNotKG i.H.v. 50 € (jeweils für alle späteren Anmeldungen). Die Eintragung wird dem Antragsteller bekannt gemacht, jedoch nicht veröffentlicht.

88 Das Registergericht kann nur bei begründeten Zweifeln an der Wirksamkeit des zur Eintragung angemeldeten Beschlusses weitere Nachweise (etwa über die Zahl der Vereinsmitglieder und der beim Beschluss anwesenden Mitglieder, die Art der Ladung etc.) fordern.[93]

4. Groß-Vereine: Delegiertenversammlung

89 Ist mit einer so großen Präsenz in der Mitgliederversammlung zu rechnen, dass eine ordnungsgemäße Abhaltung gefährdet erscheint, empfiehlt sich eine – gemäß §§ 40, 38 Satz 2 BGB zulässige – satzungsmäßige »Delegation« der Mitwirkungsbefugnisse an ein anderes Organ, etwa eine Delegiertenversammlung. Inhaltliche Vorgaben enthält das BGB (anders als § 43a GenossenschaftsG, §§ 9, 13 PartG, § 29 VAG) hierzu nicht. Die Satzung bestimmt daher die Gesamtzahl der Delegierten, regelmäßig in Abhängigkeit von der Mitgliederzahl zu einem bestimmten Stichzeitpunkt, sowie das Verfahren zu ihrer Benennung (z.B. durch Wahl in Teilversammlungen der Untergliederungen des Vereins).

VI. Beendigung des Vereins

90 Der Verein wird aufgelöst,
1. wenn die Mitgliederversammlung – im Zweifel mit $^3/_4$-Mehrheit der abgegebenen Stimmen[94] – die Auflösung beschließt (unentziehbares Recht gemäß § 41 BGB), s. Rdn. 69;
2. durch Eintritt einer etwa in der Satzung festgesetzten auflösenden Bedingung;
3. durch Staatshoheitsakt, insbesondere seitens Verbotsbehörde nach §§ 3 ff. VereinsG;
4. durch Eröffnung der Insolvenz oder (seit 30.09.2009) deren Ablösung mangels Masse, § 42 BGB – Eintragung von Amts wegen: § 75 BGB –;
5. durch Verlust aller Mitglieder. Eine Liquidation findet nicht statt. Die Einziehung der Außenstände, die Berichtigung der Schulden und die Verteilung des Vermögens haben in diesem Fall durch einen nach § 1913 BGB zu bestellenden Pfleger zu erfolgen.[95]

91 Nicht aufgelöst wird der Verein dagegen durch schlichten Verlust der Rechtsfähigkeit oder Verzicht hierauf – der Verein besteht dann als nichtrechtsfähiger weiter – oder durch Herabsinken der Mitgliederzahl auf eins.[96] Sind allerdings für mehr als 3 Monate weniger als drei Mitglieder vorhanden, hat das Amtsgericht gemäß § 73 BGB die Rechtsfähigkeit zu entziehen.

92 Wird ein Auflösungsbeschluss gefasst, sind mangels abweichender Satzungsregelung bzw. mangels abweichenden Beschlusses alle Vorstandsmitglieder als Liquidatoren berufen; sie vertreten im Zweifel gemeinsam und können Beschlüsse nur einstimmig fassen (§ 48 Abs. 1 Satz 1, Abs. 3 BGB). Die Auflösung ist durch den Vorstand in vertretungsberechtigter Zahl anzumelden (§ 74 Abs. 2 Satz 1 BGB);[97] fehlt ein solcher, durch den Liquidator.[98] Das Protokoll des Auflösungsbeschlusses ist in Abschrift beizufügen (§ 74 Abs. 2 Satz 2

---

93 OLG Düsseldorf, 30.11.2009 – I-3 W 232/09, RPfleger 2010, 271.
94 Enthält die Satzung andere Mehrheitserfordernisse, gelten diese im Zweifel auch für die Beschlussfassung über eine Verschmelzung als übertragender Verein, OLG Stuttgart, 23.05.2011 – 8 W 294/10, NotBZ 2012, 98.
95 BGHZ 19, 51. Die Registerpraxis fordert eine Erklärung der eingetragenen Vorstandsmitglieder, dass alle Mitglieder ausgetreten sind und auch sie selbst sich nicht mehr als Mitglied betrachten.
96 BGH BB 1965, 1247.
97 Vgl. im Einzelnen Gutachten, DNotI-Report 2012, 181 ff.
98 OLG Düsseldorf Rpfleger 1990, 369.

BGB). Die Auflösung muss, sofern verteilbares Vermögen vorhanden ist (andernfalls vgl. Rdn. 98), durch die Liquidatoren öffentlich bekannt gemacht werden in dem in der Satzung bestimmten Blatt (§ 50 Abs. 1 Satz 3 BGB in der ab 01.12.2007 geltenden Fassung, sonst im allgemeinen Bekanntmachungsblatt des Amtsgerichts: § 50a BGB). Bekannte Gläubiger sind gemäß § 50 Abs. 2 BGB zur Anmeldung ihrer Ansprüche aufzufordern.

Auflösungsbeschluss der Mitgliederversammlung bei einem nicht gemeinnützigen Verein

In der heute am ..... in ..... stattfindenden Mitgliederversammlung des Vereins ....., zu der satzungsgemäß alle 32 Mitglieder brieflich unter Angabe der Tagesordnung:
1. Auflösung des Vereins,
2. Bestellung von Liquidatoren,
3. Verwendung des nach Schuldentilgung verbleibenden Reinvermögens,
geladen waren, erschienen 23 Mitglieder. Es wurden folgende Beschlüsse mit 20 Stimmen gegen 3, also mit der gesetzlich erforderlichen Mehrheit von ³/₄, gefasst:
Zu 1: Der Verein wird aufgelöst.
Zu 2: Zu Liquidatoren werden die beiden Vorstandsmitglieder bestellt. Sie können nur gemeinschaftlich vertreten.
Zu 3: Das nach Schuldenberichtigung verbleibende Vereinsvermögen wird an die vorhandenen 32 Mitglieder zu gleichen Teilen verteilt.
            (Unterschrift des nach der Satzung
     hierfür berufenen Organs, § 58 Nr. 4 BGB, z.B. des Schriftführers)

93 M

Anmeldung des Auflösungsbeschlusses (§§ 74, 76 BGB)

An das Amtsgericht .....
Vereinsregister
VR ....., ... e.V.
Wir überreichen als Vorstand des Vereins ..... eine Abschrift des Beschlusses der Mitgliederversammlung vom ....., in welcher die Auflösung sowie unsere Bestellung zu Liquidatoren samt etwaiger von § 48 Abs. 3 BGB abweichender Vertretungsmacht beschlossen wurde, und melden zur Eintragung in das Vereinsregister an:
Der Verein ist aufgelöst.
Die beiden Vorstandsmitglieder A, geb. am ....., Wohnort: ....., und B, geb. am ....., Wohnort: ....., sind zu Liquidatoren bestellt worden. Ihre Vertretungsmacht ist nicht nach §§ 26 Abs. 2, 48 BGB durch die Satzung im Außenverhältnis beschränkt. Sie vertreten den Verein gemeinsam. Diese Anmeldung wurden durch den beglaubigenden Notar gem. § 378 Abs. 3 Satz 1 FamFG mit positivem Ergebnis auf Eintragungsfähigkeit überprüft.
Ort, Datum   **Unterschrift der bisherigen Vorstandsmitglieder**
Beglaubigungsvermerk (§ 77 BGB)

94 M

▪ **Kosten.** Der Geschäftswert für die notarielle Anmeldung späterer Registervorfälle richtet sich nach § 36 GNotKG und beträgt regelmäßig 5.000 € (Hilfswert gemäß § 36 Abs. 3 GNotKG). Ungeachtet § 111 Nr. 3 GNotKG bilden die Auflösung und Liquidatorenamneldung einen einheitlichen Gegenstand, so dass es beim Wertansatz von 5.000 € bleibt.[99] Entwirft der Notar

---
99 Vgl. Leipziger Kommentar-GNotKG/*Heinze*, § 105 GNotKG Rn. 65.

die Registeranmeldung, entsteht eine 0,5 Gebühr, mindestens jedoch 30 €, Nr. 21201 Nr. 5 KV GNotKG i.V.m. Nr. 24102 KV GNotKG i.V.m. § 92 Abs. 2 GNotKG, zzgl. USt). Wird lediglich die Unterschrift beglaubigt, entsteht eine 0,2 Gebühr gemäß Nr. 25100 KV GNotKG, mindestens 20 €, höchstens 70 € zzgl. USt. Übermittelt der Notar die Registeranmeldung elektronisch mit XML-Strukturdaten an das Registergericht, entsteht zusätzlich eine Gebühr gemäß Nr. 22114 KV GNotKG aus dem Geschäftswert der Anmeldung. Beim Gericht entsteht eine Gebühr gemäß Nr. 13101 KV GNotKG i.H.v. 50 € (jeweils für alle späteren Anmeldungen).

Bekanntmachung der Auflösung, § 50 BGB

95 M Als Liquidatoren des »eingetragenen Vereins zur Erhaltung des Konjunktivs in der deutschen Sprache« machen wir die Auflösung des Vereins bekannt und ersuchen die Gläubiger, etwaige Ansprüche bei uns anzumelden (Anschrift:.....)
Ort, Datum   Unterschriften der Liquidatoren

96 Die Beendigung der Liquidation und das Erlöschen des Vereins sind (wohl) analog § 13 Abs. 3 GmbHG, § 273 Abs. 1 AktG in das Vereinsregister einzutragen, aufgrund entsprechender (allerdings nicht erzwingbarer) Anmeldung durch die Liquidatoren. Ist das mit Bekanntmachung der Auflösung beginnende Sperrjahr für die Verteilung des Vereinsvermögens noch nicht abgelaufen, empfiehlt sich, wahrheitsgemäß zu erklären, dass kein Vereinsvermögen mehr vorhanden ist. Bei gemeinnützigen Vereinen ist das Vermögen dem in der Satzung nunmehr zwingend zu nennenden Anfallsberechtigten (§ 61 Abs. 1 AO) zuzuwenden.

Anmeldung der Beendigung der Liquidation

97 M An das Amtsgericht – Vereinsregister –.....
VR ....., ... e.V.
Wir melden als Liquidatoren des Vereines zur Eintragung an:
Die Liquidation ist beendet. Der Verein ist erloschen. Diese Anmeldung wurden durch den beglaubigenden Notar gem. § 378 Abs. 3 Satz 1 FamFG mit positivem Ergebnis auf Eintragungsfähigkeit überprüft.
..... den .....
                          Unterschrift der Liquidatoren (in vertretungsberechtiger Zahl)
Notarieller Beglaubigungsvermerk (§ 77 BGB)

■ *Kosten.* Wie Rdn. 94 M, Geschäftswert jedoch 5.000 €. Beim Vereinsregister ist die Löschung der Gesamteintragung unter Schließung des Registerblattes gemäß Nr. 13101 Abs. 3 KV GNotKG kostenfrei.

98 Die Bekanntmachung der Auflösung (Rdn. 92) ist entbehrlich, wenn kein verteilbares Vermögen vorhanden ist. In diesem Fall kann die Anmeldung der Liquidation mit der Anmeldung der Beendigung des Vereins verbunden werden: der Vorstand meldet zum Einen den zur Liquidation führenden Umstand und die Liquidatoren samt Vertretungsmacht an, und gibt des Weiteren eine Erklärung ab, dass es an einem zu verteilenden Vereinsvermögen fehlt, und die Liquidatoren melden im selben Zuge die Beendigung des Vereins an:[100]

---

100 Vgl. OLG Düsseldorf, 21.08.2013 – 3 Wx 165/12, RNotZ 2013, 572 (nur Ls.).

Anmeldung der Liquidation und der Beendigung des Vereins

An das Amtsgericht – Vereinsregister –.....   **99 M**
VR ....., ... e.V.
Wir überreichen als Vorstand des Vereins ..... eine Abschrift des Beschlusses der Mitgliederversammlung vom ....., in welcher die Auflösung sowie unsere Bestellung zu Liquidatoren samt etwaiger von § 48 Abs. 3 BGB abweichender Vertretungsmacht beschlossen wurde, und melden zur Eintragung in das Vereinsregister an:
Der Verein ist aufgelöst.
Die beiden Vorstandsmitglieder A, geb. am ....., Wohnort: ....., und B, geb. am ....., Wohnort: ....., sind zu Liquidatoren bestellt worden. Ihre Vertretungsmacht ist nicht nach §§ 26 Abs. 2, 48 BGB durch die Satzung im Außenverhältnis beschränkt. Sie vertreten den Verein gemeinsam
Wir, die unterzeichnenden Vorstandsmitglieder erklären weiter:
Zu verteilendes Vereinsvermögen ist nicht vorhanden.
Wir, die unterzeichnenden Liquidatoren, erklären, dass eine Bekanntmachung der Auflösung sowie die Durchführung der Liquidation nicht erforderlich sind und melden sodann zur Eintragung an:
Der Verein ist erloschen.
Diese Anmeldung wurde durch den beglaubigenden Notar gem. § 378 Abs. 3 Satz 1 FamFG mit positivem Ergebnis auf Eintragungsfähigkeit überprüft.
..... den .....
                      Unterschrift des bisherigen Vorstands (in vertretungsberechtiger Zahl)
                            Unterschrift der Liquidatoren (in vertretungsberechtiger Zahl)
Notarieller Beglaubigungsvermerk (§ 77 BGB)

■ *Kosten.* Wie Rdn. 94 M, Geschäftswert jedoch (für zwei Gegenstände: Auflösung/Liquidatorenanmeldung einerseits, Vollbeendigung andererseits) 10.000 €.

§ 122 Der nicht rechtsfähige Verein

Literatur: *Baumann/Sikora*, Hand- und Formularbuch des Vereinsrechts, 2. Aufl. 2017; *Reichert/Schimke/Dauernheim*, Handbuch Vereins- und Verbandsrecht, 14. Aufl., 2018; *Sauter/Schweyer/Waldner*, Der eingetragene Verein, 20. Aufl., 2016; *Stöber/Otto*, Handbuch zum Vereinsrecht, 11. Aufl., 2016.

I. Wesen und Zweck

1 Der nicht rechtsfähige Verein ist ebenso wie der rechtsfähige Verein eine auf Dauer angelegte Verbindung einer größeren Zahl von Personen zur Erreichung eines gemeinsamen Zweckes und nach seiner Satzung körperschaftsrechtlich (korporativ) organisiert: Mitgliederversammlung, Vorstand, längere Dauer, Name, Satzung, satzungsgemäßer vom Wechsel der Mitglieder unabhängiger Bestand. Durch seine körperschaftliche Organisation unterscheidet er sich von der Gesellschaft. Der historische Gesetzgeber hat diesen Strukturunterschied zwischen Gesellschaft und Verein bewusst ignoriert und in § 54 BGB bestimmt, dass auf den nicht rechtsfähigen Verein die Vorschriften über die Gesellschaft bürgerlichen Rechts anzuwenden seien. Dadurch sollten vor allem politische Parteien und Gewerkschaften veranlasst werden, einen eingetragenen Verein zu bilden, wodurch sie der Kontrolle gemäß §§ 61 Abs. 2, 43 Abs. 3 BGB unterworfen wären (verschleiertes Konzessionssystem).

2 Dieser ursprüngliche Zweck des § 54 BGB ist seit der Aufhebung der §§ 61 Abs. 2 und 43 Abs. 3 BGB überholt und mit dem geltenden Verfassungsrecht (Art. 9 GG) unvereinbar. Die Rechtsprechung hatte schon früh die besondere körperschaftliche Struktur des nicht rechtsfähigen Vereins anerkannt und demnach die Vereinsvorschriften analog angewendet, sofern sie nicht unmittelbar auf die Rechtsfähigkeit des Vereins Bezug nehmen. Auch letzteres Unterscheidungskriterium hat jedoch seine Relevanz verloren, seitdem die Gesellschaft bürgerlichen Rechts, jedenfalls die Außengesellschaft, ebenfalls als teilrechtsfähig anerkannt ist.[1] Richtiger ist daher die Bezeichnung »nicht eingetragener Verein« anstelle des gesetzlichen Begriffs »nicht rechtsfähiger Verein«.[2]

II. Haftung

3 Unterschiede zum eingetragenen Verein ergeben sich jedoch in Bezug auf die Haftung der Mitglieder (1) sowie die Haftung der Handelnden, insbesondere des Vorstands (2):

1. Mitgliederhaftung

4 Dem Grunde nach bedingt die gesetzliche Gleichstellung zur Gesellschaft bürgerlichen Rechts, dass die Mitglieder des nicht eingetragenen Vereins für die in dessen Namen eingegangenen Verbindlichkeiten grundsätzlich persönlich als Gesamtschuldner haften würden. Da der Vorstand eines nicht eingetragenen Vereins allerdings nicht als gesetzlicher Vertreter, sondern als Bevollmächtigter handelt,[3] kann diese Vertretungsmacht eingeschränkt werden. Mittlerweile hat sich für den nicht eingetragenen Idealverein eine gefestigte Verkehrsanschauung dahin gehend herausgebildet, dass diese Haftungsbeschränkung auf den Anteil

---

1 BGH NJW 2001, 1056.
2 Vgl. *Sauter/Schweyer/Waldner*, Rn. 619.
3 RGZ 57, 92.

des jeweiligen Mitglieds am Vereinsvermögen der Vereinssatzung auch ohne ausdrückliche Bestimmung entnommen werden kann, da der Rechtsverkehr mit einer persönlichen Haftung der Mitglieder nicht rechnet.[4] Damit besteht für die Mitglieder eines nicht eingetragenen *Idealvereins* faktisch keine Haftungsgefahr.

Anders verhält es sich jedoch für die Mitglieder eines nicht eingetragenen *wirtschaftlichen Vereins*. Für diese gilt die Rechtsprechung des BGH zur GbR,[5] wonach die zwingende persönliche Haftung für die im Namen der Gesellschaft begründeten Verbindlichkeiten nicht durch eine Gesellschaftsvertragsklausel oder einen schlichten Namenszusatz (GbR mbH) beschränkt werden kann, sondern es hierzu einer individualvertraglichen Abrede bedarf. Demnach haften die Mitglieder des nicht eingetragenen Wirtschaftsvereins gesamtschuldnerisch unter Anwendung der Vorschriften der GbR oder – sofern es sich um einen in kaufmännischer Weise eingerichteten Geschäftsbetrieb handelt – der OHG, persönlich für die im Namen des nicht eingetragenen wirtschaftlichen Vereins eingegangenen Verbindlichkeiten, sofern nicht im Außenverhältnis eine individualvertragliche Haftungsbeschränkung auf das Vereinsvermögen zustande gekommen ist. Hierin liegt ein entscheidendes Risiko für Mitglieder eines wirtschaftlich tätigen nicht eingetragenen Vereins.

Haftungsbeschränkung in der Satzung eines nicht eingetragenen wirtschaftlichen Vereins

..... Die Haftung des Vereins ist auf sein Vermögen beschränkt und die Haftung der Mitglieder auf die von ihnen nach § 6 dieser Satzung geschuldeten Beiträge. Der Vorstand ist verpflichtet, diese Haftungsbeschränkung zum Inhalt aller für den Verein abzuschließenden Verträge zu machen .....

6 M

2. Handelndenhaftung

Für beide Typen des nicht eingetragenen Vereins, sowohl den nicht eingetragenen wirtschaftlichen wie auch Idealverein, müssen die Handelnden, selbst wenn sie keine Vertretungsmacht hatten,[6] jedoch damit rechnen, persönlich aus den Erklärungen in Anspruch genommen zu werden, die sie für den Verein abgeben (Handelndenhaftung, bei mehreren in Gesamtschuldnerschaft, § 54 Satz 2 BGB). Diese Handelndenhaftung kann nicht durch Satzung ausgeschlossen werden, sondern bedarf einer ausdrücklichen Vereinbarung mit dem Geschäftsgegner.[7] Sie bleibt auch dann bestehen, wenn der Verein später eingetragen wird, es sei denn, bei Abschluss des Rechtsgeschäfts wäre die Eintragung bereits in die Wege geleitet worden.[8]

7

III. Partei- und Grundbuchfähigkeit

Der nicht eingetragene Verein kann – selbst wenn auf die gesetzliche Gleichstellung zur GbR nicht rekurriert würde – demnach selbst Träger von Rechten und Pflichten sein; er ist insbesondere passiv und (seit der Änderung des § 50 Abs. 2 ZPO zum 01.10.2009) aktiv parteifähig. Er ist – ebenso wie die GbR – nicht nur uneingeschränkt immobilieneigentumsfähig und grunderwerbsfähig, sondern auch grundbuchfähig.[9] Die dadurch bedingten Schwierigkei-

8

---

4 BGH NJW-RR 2003, 1265.
5 BGHZ 142, 315.
6 RGZ 90, 173.
7 BGH NJW-RR 2003, 1265.
8 OLG Düsseldorf MDR 1984, 489.
9 BGH ZNotP 2009, 66; *Terner*, ZNotP 2009, 137.

ten des Nachweises der Existenz und Vertretung des nicht eingetragenen Vereins im Grundbuchrecht sind, insbesondere im Hinblick auf die Sicherstellung wirksamer Vertretung beim Abschluss des zugrunde liegenden schuldrechtlichen Geschäftes und den Nachweis der Existenz und Vertretungsberechtigung auf Erwerberseite, durch die Reformen vom August 2009 (§ 47 GBO, § 899a BGB) jedoch nur unzureichend gelöst worden; der BGH hat im Beschl. v. 28.04.2011[10] zumindest die grundbuchamtlichen Überprüfungsanforderungen beschränkt. In der Grundbucheintragung anzugeben sind jedoch (analog § 47 Abs. 2 GBO) alle als Mitglieder angeführten Personen des nichtrechtsfähigen Vereins, eine Eintragung nur unter dem »Vereinsnamen« ist nicht möglich.[11]

9 Ebenso ist der nicht eingetragene Verein uneingeschränkt erb- und vermächtnisfähig, sodass die früher diskutierte Lösung der fiduziarischen Einsetzung eines Treuhänders mit Auflagenbelastung entbehrlich ist.

IV. Innenorganisation

10 Als Folge der grundsätzlich anerkannten körperschaftlichen Struktur auch des nicht eingetragenen Ideal- oder wirtschaftlichen Vereins gelten die in §§ 21 ff. BGB erörterten Bestimmungen des Vereinsrechts entsprechend, soweit sie nicht die Eintragung im Vereinsregister voraussetzen oder betreffen. Umstritten ist lediglich die Anwendbarkeit solcher Bestimmungen, die ein Tätigwerden des Gerichts voraussetzen (Bestellung eines Not-Vorstands, § 29 BGB; Ermächtigung einer qualifizierten Minderheit der Mitglieder zur Einberufung einer Mitgliederversammlung, § 37 Abs. 2 BGB).

11 Demzufolge sind die in § 121 Rdn. 50 M und 51 M enthaltenen Satzungsvorschläge auch für den nicht eingetragenen Verein verwendbar, allerdings mit abweichender Organisationsbezeichnung (ohne »e.V.« sowie ohne den auf die Eintragungsabsicht hinzielenden Hinweis).

---

10 BGH, 28.04.2011 – V ZB 194/10, ZfIR 2011, 487 m. Anm. *Böttcher* 461 ff.; vgl. auch *Zimmer* NotBZ 2011, 260, sowie DNotI-Report 2011, 92.
11 BGH, 21.01.2016 – V ZB 19/15, ZNotP 2016, 102; die Eintragung unter dem Namen ist als inhaltlich unzulässig zu löschen: KG, 29.11.2016 – 1 W 442/16, NotBZ 2017, 147.

§ 123 Stiftungen

Literatur: *Berndt*, Stiftung und Unternehmen, 8. Aufl., 2009; *Brandmüller/Lindner*, Gewerbliche Stiftungen, 3. Aufl., 2005; *Hüttemann*, Gemeinnützigkeits- und Spendenrecht, 3. Aufl., 2015; *Pauli/Schulte/Stumpf/Suerbaum*, Stiftungsrecht (Kommentar) 3.. Aufl., 2018; *Pues/Scheerbarth*, Gemeinnützige Stiftungen im Zivil- und Steuerrecht, 3. Aufl., 2008; *Schauhoff*, Handbuch der Gemeinnützigkeit, 3. Aufl., 2010; *Schlüter/Stolte*, Stiftungsrecht, 3. Aufl., 2016; *Seifart/v. Campenhausen*, Handbuch des Stiftungsrechts, 4. Aufl., 2016; *v. Holt/Koch*, Stiftungssatzung 2. Aufl., 2011; *Wachter*, Stiftungen, Zivil- und Steuerrecht in der Praxis, 2. Aufl., 2011; *Richter/Wachter* (Hrsg), Handbuch des Internationalen Stiftungsrecht, 2007; *Voll/Störle*, Bayerisches Stiftungsgesetz, 5. Aufl., 2009; *Wallenhorst/Halaczinsky*, Die Besteuerung gemeinnütziger Vereine, Stiftungen und der juristischen Personen des öffentlichen Rechts, 7. Aufl., 2017; *Werner/Saenger*, Die Stiftung, 2008.

Internet-Adressen: www.stiftungen.org (Bundesverband deutscher Stiftungen, Berlin, mit eigenem Verlag); www.stifterverband.de (Stifterverband für die deutsche Wissenschaft e.V., Essen, dessen Stiftungszentrum ca. 350 Stiftungen betreut und die Förderung von Wissenschaft und Bildung koordiniert); www.bertelsmann-stiftung.de (Arbeitsschwerpunkt: Beratung von Bürgerstiftungsgründungen, vgl. auch die von der Bertelsmann-Stiftung unterhaltene Homepage www.buergerstiftung.de); die zur Ausführung ergangenen Gesetze der Länder sind jeweils als pdf-Datei über folgenden Link aufrufbar: www.stiftungen.org, Stichwort »Stifter & Stiftungen«.

I. Verbreitung

Ende 2017 weist das dreibändige »Verzeichnis deutscher Stiftungen« des Bundesverbandes deutscher Stiftungen (www.stiftungen.org) 22.300, überwiegend gemeinnützige, Stiftungen aus, darunter etwa 1.000 Familien-Stiftungen. Jährlich werden ca. 550 Stiftungen neu errichtet (dies bedeutet eine Verdreifachung gegenüber der Zahl der Gründungen um 1985; die Hälfte der derzeitig errichteten Stiftungen ist noch keine 10 Jahre alt!). Der »typische Stifter« ist[1] zwischen 50 und 70 Jahre alt und Unternehmer (44 %) Stiftungsmotive sind vor allem die nachhaltige Förderung des Anliegens der Stiftung (70 %), die Verewigung des eigenen Namens und die Inanspruchnahme steuerlicher Vorteile (je etwa 25 %), und lediglich in 7 % der Fälle die Nachfolgeregelung im Unternehmen (Mehrfachnennungen waren möglich). Regional liegen die Schwerpunkte in Nordrhein-Westfalen, Bayern und Baden-Württemberg, bei den Städten in Frankfurt und Hamburg. Die größte Stiftung privaten Rechts (Robert Bosch) verfügt über ein Stiftungskapital von mehr als 5 Mrd. €; das Vermögen aller rechtsfähigen Stiftungen in Deutschland wird auf ca. 68 Mrd. € geschätzt.

Die »Renaissance« der Stiftung – die allerdings noch nicht zur früheren Bedeutung aufgeschlossen hat[2] – erklärt sich aus dem ausgezeichneten Ruf dieser Rechtsform (Philanthropie, Tätigkeit öffentlicher Meinungsbildner und Kuratorien, Beständigkeit und Fehlen spektakulärer Insolvenzfälle), dem Wunsch nach posthumer Anerkennung und dem zunehmenden Rückzug des Staats aus der Erfüllung öffentlicher Aufgaben mithilfe von Steuergeldern.

---

1 *Feick*, BB-Spezial 2006 Heft 6, 13.
2 Im Jahr 1900 existierten in Deutschland 100.000 Stiftungen!

II. Das anwendbare Recht

3 Ein dem GmbH- oder Aktiengesetz vergleichbares originäres Stiftungsgesetz auf Bundesebene existiert bisher nicht; §§ 80 bis 88 BGB regeln lediglich das Stiftungsgeschäft und die behördliche Anerkennung. Bezüglich einzelner Regelungskomplexe (Vorstand, Vertretungsmacht, Geschäftsführung, besondere Vertreter, Haftung, Insolvenz) verweist § 86 BGB auf die betreffenden Vorschriften des Vereinsrechts (§§ 26, 27 Abs. 3, 28–31 und 42 BGB), ebenso § 88 BGB hinsichtlich des Liquidationsverfahrens auf §§ 46 bis 53 BGB. Bedeutsam ist die mittelbare Verweisung über § 27 Abs. 3 BGB auf die Regelungen des Auftragsrechts für das Innenverhältnis zwischen Stiftungsvorstand und Stiftung selbst.

Soweit die Stiftung einen steuerbegünstigten Status erhalten soll, sind darüber hinaus ergänzend die Regelungen der §§ 51 ff. AO zu beachten, vgl. Rdn. 91 ff.

4 Öffentlich-rechtliche Stiftungen unterliegen wiederum dem Rechtsregime des die Stiftung konstituierenden Gesetzes.

5 In den §§ 80 ff. BGB sind nunmehr die Voraussetzungen für die Errichtung rechtsfähiger Stiftungen bundeseinheitlich geregelt. Die Regelungen des BGB sind dabei abschließend. Die Regelungen des Landesrechts über Voraussetzungen der Anerkennung von Stiftungen und den notwendigen Inhalt des Stiftungsgeschäfts oder der Stiftungssatzung, die von den bundesrechtlichen Regelungen abweichen, sind überholt und wegen des Vorrangs des Bundesrechts (Art. 31 GG) nicht mehr anzuwenden.[3] Die Landesstiftungsgesetze werden sukzessive angepasst (z.B. das BayStG zum 01.08.2008[4]).

6 Zur Ausfüllung der verbleibenden Lücken berufen sind die Landesstiftungsgesetze jedoch im Hinblick auf die Stiftungsaufsicht (Fragen des Anerkennungsverfahrens, der Zustimmung bei beabsichtigter Nichterhaltung des Stiftungsvermögens, der Zuführung von Erträgen zum Grundstock, des Verzichts auf die Prüfung durch externe Wirtschaftsprüfer bei kleinen Stiftungen, Genehmigung von Satzungsänderungen, Auflösung und Zusammenschluss mehrerer Stiftungen, Zweckänderung, Genehmigung bestimmter Rechtsgeschäfte, die mit besonderen Risiken verbunden sind, Notbestellung von Gremienmitgliedern, Anordnungen zur Durchsetzung des Stifterwillens).

7 Von großer praktischer Bedeutung sind dabei die Regelungen des Landesrechts zu Stiftungsverzeichnissen und zur Erteilung von Vertretungsbescheinigungen. Nur aufgrund eines beglaubigten Auszugs des Stiftungsverzeichnisses, sofern dieses öffentlichen Glauben genießt,[5] oder einer Vertretungsbescheinigung der Aufsichtsbehörde[6] lassen sich die Vertretungsbefugnisse des Stiftungsvorstandes gemäß § 12 HGB oder § 29 GBO gegenüber dem Handelsregister und dem Grundbuchamt nachweisen. Stiftungsverzeichnisse, welche die wesentlichen Informationen einer Stiftung wie Name, Sitz, Organe und ggf. eine Vertretungsregelung vergleichbar dem Vereinsregister enthalten und die öffentlich zugänglich sind, kennen nicht alle Bundesländer. Darüber hinaus wäre de lege ferenda zu fordern, dass

---

3 Vgl. dazu *Hüttemann/Rawert*, ZIP 2002, 2019.
4 GVBl. 2008 I, S. 473. Wesentliche Inhalte: Die Zahl der genehmigungs- bzw. anzeigepflichtigen Rechtsgeschäfte wurde von sechs auf nunmehr drei reduziert, die Rechnungsprüfung kann für jeweils höchstens 3 Jahre ausgesetzt werden, der Erlös für veräußerte Grundstücke muss nicht wieder in Grundstücken angelegt sein. Ehrenamtliche Organmitglieder genießen ein Haftungsprivileg; das Entstehen einer Stiftung muss nicht im Bayerischen Staatsanzeiger bekannt gemacht werden; eine Stiftung kann nunmehr gemäß Art. 14 Abs. 4 BayStiftG auch in der Form der »Zulegung« zu einer funktionsfähigen Stiftung aufgehoben werden (keine Gesamtrechtsnachfolge!).
5 Was häufig nicht der Fall ist, vgl. § 5 Abs. 4 LStiftG LSA; zudem ist dort oft nur das Organ als solches, nicht die zum Organ tatsächlich bestellte Person angegeben.
6 Die Vertretungsbescheinigung der Stiftungsaufsichtsbehörde nach § 9 Abs. 7 LStiftG-RP erfüllt die Voraussetzungen des § 29 GBO, OLG Zweibrücken, 30.11.2010 – 3 W 177/10, ZflR 2011, 319 m. Anm. *Heinze*: »bestmögliche Nachweismöglichkeit angesichts bestehender Beweisnot«.

die Eintragungen im Stiftungsverzeichnis oder in einem neu zu schaffenden Stiftungsregister wie die im Vereinsregister und Handelsregister öffentlichen Glauben haben.[7]

Darüber hinaus existieren private Stiftungsdatenbanken (etwa das dreibändige »Verzeichnis deutscher Stiftungen« 2017 des Bundesverbandes deutscher Stiftungen (www.stiftungen.org); ferner das Verzeichnis des Forschungsinstituts Maecenata, vgl. www.maecenata.de, sowie das Branchenbuch von »Social Net«, www.socialnet.de/branchenbuch).

Öffentlich-rechtliche Stiftungen unterliegen allein dem Rechtsregime des die Stiftung konstituierenden Gesetzes.

Erste Arbeiten an einem Statut einer **Europäischen Stiftung (FE)**, gestützt auf Art. 352 AEUV, sind im Gange.[8]

III. Merkmale der Stiftung

Die Stiftung i.S.d. §§ 80 bis 88 BGB ist eine rechtsfähige Organisation, welche bestimmte durch ein Stiftungsgeschäft festgelegte Zwecke (Rdn. 12 ff.) mithilfe eines Vermögens (Rdn. 16 ff.) verfolgt, das diesen Zwecken dauerhaft in Gestalt einer Stiftungsorganisation (Rdn. 20 ff.) gewidmet wird.[9]

1. Stiftungszweck

Der oder die Stiftungszwecke bilden den Dreh- und Angelpunkt der Stiftungsverfassung. Eine Stiftung existiert lediglich um der Erfüllung dieses Zwecks willen, sodass auch die Organe der Stiftung sich diesem Zweck unterzuordnen haben. Gegebenenfalls hat die staatliche Stiftungsaufsicht bei Verletzung des Zwecks gegen die Organe, ja sogar gegen den Stifter selbst, einzuschreiten. Zur Zweckänderung vgl. unten Rdn. 87 ff.

Der Stiftungszweck kann von dem Stifter im Rahmen der geltenden Rechtsordnung grundsätzlich frei festgelegt werden (zu den weiteren Anforderungen im Rahmen der Gemeinnützigkeit vgl. Rdn. 91 ff.). Es gilt der Grundsatz der gemeinwohlkonformen Allzweckstiftung, der nunmehr in § 80 Abs. 2 BGB ausdrücklich normiert ist. Erlaubt sind alle Stiftungszwecke, die das Gemeinwohl nicht gefährden. Unzulässig sind nur solche Stiftungszwecke, die gegen die geltende Rechtsordnung verstoßen. Gemäß BVerwGE 106, 177 (Republikaner-Stiftung), dem sich ausdrücklich der Gesetzgeber in der Begründung des Gesetzes zur Modernisierung des Stiftungsrechts[10] angeschlossen hat, sollen darüber hinaus auch Stiftungszwecke, die sich an der Grenze der Rechtswidrigkeit oder Sittenwidrigkeit[11] bewegen und diese jederzeit überschreiten können, gemeinwohlgefährdend sein.

Nicht zulässig ist ferner die Stiftung für den Stifter und die Selbstzweckstiftung. Das Wesen der Stiftung setzt voraus, dass das Stiftungsvermögen nicht sich selbst, sondern einem außerhalb seiner selbst liegenden Zweck dient. Stiftungen allein für den Stifter sind daher nichtig; die etwa ausgesprochene behördliche Anerkennung heilt nicht. Die *Mit*begünstigung des Stifters selbst ist allerdings jedenfalls seit der Einführung der »gemeinwohlkonformen Allzweckstiftung« zulässig, wie auch in § 58 Nr. 6 AO erwähnt.

Der Stiftungszweck muss schließlich nach § 80 Abs. 2 BGB *auf Dauer angelegt* sein. Ausreichend ist dabei auch ein zeitlich begrenzter Zweck, sodass auch sog. Verbrauchsstiftungen (Rdn. 39) zulässig sind. An der Dauerhaftigkeit fehlt es lediglich dann, wenn der Stif-

---

7 Vgl. dazu *Mattheus*, DStR 2003, 254.
8 Verordnungsvorschlag der Europäischen Kommission vom 08.02.2012, hierzu *Dt. Notarverein*, notar 2012, 167 ff, der aber im Jahr 2015 zunächst zurückgezogen wurde.
9 Vgl. BayObLG NJW 1973, 249.
10 BT-Drucks. 14/1877 v. 20.02.2002.
11 Z.B. eine durch den Kindsmörder Gäfgen geplante, auf seinen Namen lautende und von ihm zu leitende, Stiftung zur Förderung jugendlicher Gewaltopfer, *Büch*, ZEV 2010, 440 ff.

tungszweck so angelegt ist, dass das Stiftungsvermögen durch einmalige Hingabe einem sofortigen Verbrauch zugeführt wird. Der Begriff der Stiftung setzt nämlich anders als die bloße einmalige Spende voraus, dass das ihr zugewendete Vermögen der Stiftung über einen gewissen Zeitraum erhalten bleibt. Berühmte Stiftungen (Fugger-Stiftung Augsburg und Julius-Spital-Stiftung Würzburg) bestehen schon seit Jahrhunderten.

2. Stiftungsvermögen

16 Zur Verwirklichung ihres Zweckes bedarf die Stiftung als mitgliederlose Organisation eines Vermögens. Die dauerhafte Vermögenslosigkeit einer Stiftung führt nach § 87 BGB zu ihrer Auflösung.[12] Der Begriff des Stiftungsvermögens wird im weiteren und im engeren Sinne verstanden. Im weiteren Sinne meint er die gesamten, verfügbaren Mittel einer Stiftung. Im engeren Sinne (insb. im Rahmen des § 81 Abs. 1 BGB) bezieht sich der Begriff nur auf den Stiftungsgrundstock oder das sog. Stiftungskapital, das der Stifter im Rahmen der Errichtung der Stiftung auf Dauer zur Erreichung ihres Zweckes widmet. Es kann durch sog. Zustiftungen (Rdn. 78 ff.) später ergänzt werden. Ob bei späteren Vermögensübertragungen Dritter eine solche Zustiftung oder eine bloße Zuwendung (insb. Spende) vorliegt, die nicht der Stärkung des Grundstocks, sondern zum Verbrauch bestimmt ist, richtet sich grundsätzlich nach dem Willen des Gebers.

17 Die Stiftung wird nach § 80 Abs. 2 BGB nur anerkannt, wenn ihr Vermögen zugewendet wurde oder wird, das die dauerhafte Verfolgung des Stiftungszwecks ermöglicht. Bei der Errichtung der Stiftung von Todes wegen nach § 83 BGB muss die erforderliche Vermögensausstattung im Stiftungsgeschäft enthalten sein. Bei der Errichtung einer Stiftung durch Stiftungsgeschäft unter Lebenden genügt es dagegen, dass eine rechtlich gesicherte Aussicht auf Erhalt der erforderlichen Mittel besteht. Die erforderliche Vermögensausstattung ist abhängig von dem jeweiligen Zweck der Stiftung; ein gesetzlicher Mindestbetrag besteht nicht. Bei der Prüfung des erforderlichen Kapitals zur dauerhaften Verfolgung des Stiftungszwecks hat die Anerkennungsbehörde einen Beurteilungsspielraum. Im Regelfall werden für die Anerkennung mindestens 100.000 € gefordert. Um den dauerhaften Bestand einer Stiftung und die Verfolgung ihres Zweckes sicherzustellen, dürfte die Errichtung einer rechtsfähigen Stiftung angesichts der aktuell niedrigen Kapitalrendite in der Praxis allerdings erst bei noch deutlich höherem Stiftungsvermögen zweckmäßig sein.

18 Sinnvoll kann es ferner sein, zunächst eine sog. **Vorratsstiftung** zu gründen, die bei ihrer Errichtung nur mit geringem Kapital ausgestattet wird und deren Vermögen durch Zustiftungen Dritter oder des Stifters später ergänzt wird. Häufig erfolgt die Zustiftung dadurch, dass der Stifter die von ihm errichtete Stiftung durch Verfügung von Todes wegen als Erben oder Vermächtnisnehmer einsetzt. Die Vorratsstiftung muss allerdings auch dann laufend – wenn auch auf geringem Niveau – den vorgesehenen Zweck verwirklichen können. Eine »inaktive« Vorratsstiftung lassen weder das bürgerliche Recht noch das Gemeinnützigkeitsrecht zu.

19 Wird die Stiftung durch behördliche Entscheidung oder aufgrund in der Satzung vorgesehenen Beschlusses eines Organs aufgehoben, fällt das noch vorhandene Vermögen an den Fiskus (§ 88 BGB), sofern die Satzung keinen Anfallberechtigten bezeichnet oder dessen Bezeichnung durch ein Organ ermöglicht. Bei gemeinnützigen Stiftungen muss insoweit ein steuerbegünstigter Anfallberechtigter bereits in der Satzung genannt werden (§ 61 AO).

---

12 *Seifart/v. Campenhausen/Hof*, § 12 Rn. 29 ff.; *Staudinger/Rawert*, Vorbem. zu §§ 80 ff. BGB Rn. 15.

3. Stiftungsorganisation

a) Organe

Zur Umsetzung ihres Zweckes benötigt die Stiftung Organe, die ihr Handlungsfähigkeit **20** verleihen. Die Organisationsstruktur der Stiftung bestimmt sich nach ihrer Satzung und subsidiär nach dem BGB. § 81 Abs. 1 Satz 3 Nr. 5 BGB fordert zumindest die Einrichtung eines Vorstandes. Dieser kann (z.B. bei kleinen Förderstiftungen) auch nur aus einer Person bestehen. Als **Organmitglied** (Vorstand, Kuratoriumsmitglied etc.) kann bei der Stiftung – anders als bei der Kapitalgesellschaft – auch eine juristische Person berufen werden. Der Vorstand kann vorbehaltlich landesrechtlicher Bestimmungen[13] in der Satzung (oder durch Beschluss des hierzu in der Satzung ermächtigten Organs) allgemein oder im Einzelfall von den Beschränkungen des § 181 BGB befreit werden.[14] Die Tätigkeit ist grundsätzlich **ehrenamtlich**, sofern die Satzung keine Vergütung vorsieht (§ 86 Satz 1 i.V.m. §§ 27 Abs. 3 Satz 2, 40 Satz 1 BGB in der seit 01.01.2015 geltenden Fassung), vgl. § 121 Rdn. 66.

Die Haftung eines Vorstands gegenüber der Stiftung (basierend auf §§ 86, 27 Abs. 3, **21** 664 ff. BGB und ggf. Pflichtverletzung des Anstellungsvertrages [§ 280 Abs. 1 BGB]; ferner nach deliktischen Normen und im Insolvenzfall gemäß §§ 92 Abs. 2, 93 Abs. 3 Nr. 6 AktG analog)[15] ist der eines Vereinsvorstands vergleichbar (Hauptanwendungsfall: Verlust der Steuerbegünstigung als Folge von Organisationsmängeln). Letzteres Risiko ist besonders groß, wenn ein nebenberuflicher Vorstand die Führung der Geschäfte einem schlecht überwachten Geschäftsführer überlässt. Einzelne Landesstiftungsgesetze (z.B. Art. 14 Satz 2 BayStiftG) stellten daher das unentgeltlich tätige Vorstandsmitglied schon bisher von leichter Fahrlässigkeit frei; § 31a Abs. 2 BGB gibt nun bundesrechtlich allen Vorstandsmitgliedern, die max. 720,00 €[16]/Jahr Vergütung erhalten, einen Freistellungsanspruch gegenüber der Stiftung, wenn Dritte infolge seiner leichten Fahrlässigkeit zu Schaden kommen, und stellt in § 31a Abs. 1 Satz 1 BGB solche Vorstände im Verhältnis zur Stiftung selbst[17] ebenfalls bei leichter Fahrlässigkeit frei.

Stiftungsaufsichtsbehörden achten im Rahmen des Anerkennungsprozesses besonders **22** darauf, dass die Verfahren zur Besetzung der Organe exakt geregelt sind, um Notbestellungen durch das Amtsgericht (§ 86 Satz 1 BGB i.V.m. § 29 BGB) oder die Landesstiftungsbehörde zu vermeiden. Da von Gesetzes wegen kein Mitgliedschaftsorgan zur demokratischen Legitimation der Vorstands- bzw. Kuratoriumsmitglieder existiert, werden die ersten Mitglieder der Organe typischerweise vom Stifter im Stiftungsgeschäft berufen bzw. bei Errichtung von Todes wegen durch den hierfür eingesetzten Testamentsvollstrecker bestimmt. Neu- oder Nachbesetzungen können durch Kooptation (Eigenergänzung), Entsendungsrechte Dritter oder Besetzungsrechte anderer Stiftungsorgane oder eine Kombination dieser Modelle erfolgen. So wird etwa der Stifter bei Familienstiftungen zu seinen Lebzeiten sich selbst bzw. nach seinem Tod anderen Familienmitgliedern ein Besetzungsrecht einräumen.

Die Organmitgliedschaft kann enden durch zeitliche Befristung, Tod, Austritt und – **23** soweit geregelt – Ausschließung (fehlt es an solchen Bestimmungen, ist eine Abberufung aus wichtigem Grund durch das Bestellungsorgan möglich).

Hinsichtlich der **Beschlussfassung** sieht § 86 Satz 1 BGB mit seiner Verweisung auf §§ 28 **24** Abs. 1, 32, 34 BGB den Mehrheitsbeschluss der erschienenen Organmitglieder vor bzw. die einstimmige schriftliche Beschlussfassung gemäß § 32 Abs. 2 BGB. Diese Regelungen kön-

---

13 Z.B. Art. 22 BayStiftG.
14 *Klepsch/Klepsch*, NotBZ 2008, 332.
15 Vgl. *Werner*, ZEV 2009, 366 ff.
16 Angleichung an die Ehrenamtspauschale des § 3 Nr. 26a EStG, zuvor: 500,00 €.
17 Die in § 31a Abs. 1 Satz 2 BGB enthaltene identische Freistellung in Bezug auf die Mitglieder des »Vereins« geht bei der Stiftung – in Ermangelung von Mitgliedern – ins Leere.

nen jedoch durch die Satzung geändert werden. Geht es um die Vornahme eines Rechtsgeschäfts mit sich selbst oder die Einleitung und Erledigung eines Rechtsstreits mit der Stiftung, § 34 BGB, ist zwingend die Stimmberechtigung ausgeschlossen; eine Erweiterung solcher Vorkehrungen gegen Interessenkollisionen in der Satzung ist jedoch empfehlenswert.

25 Ob die Stiftungssatzung neben dem Vorstand weitere Organe vorsieht, unterliegt dem Organisationsermessen des Stifters. Vernünftigerweise wird er sich insoweit von dem Zweck, der Funktion und der Höhe der Vermögensausstattung leiten lassen. Soweit die Satzung weitere Organe vorsieht, muss sie auch deren Kompetenzen festlegen und voneinander abgrenzen. Üblich ist es, dass neben dem Vorstand als Leitungsorgan ein Aufsichtsorgan (Beirat, Kuratorium) durch die Satzung vorgesehen wird. Daneben wird teilweise als weiteres Vertretungsorgan für bestimmte Geschäfte ein besonderer Vertreter nach §§ 86, 30 BGB eingesetzt (§ 121 Rdn. 68).

26 Der Schaffung von Mitbestimmungsrechten zugunsten der Destinatäre, Spender, Zustifter oder Mitarbeiter durch die Satzung sind aufgrund des Prinzips des Numerus clausus der Rechtsformen im deutschen Zivilrecht enge Grenzen gesetzt.[18] Die Stiftung ist eine rechtsfähige Vermögensmasse, die ausschließlich der Verwirklichung des verobjektivierten Willens des Stifters dient. Sie hat anders als eine Körperschaft keine Mitglieder, die als oberstes Verbandsorgan den Verbandswillen und die Verwirklichung des Verbandszweckes festlegen. Destinatären, Spendern und Zustiftern darf daher auch nicht durch die Stiftungssatzung eine mitgliedschaftsähnliche Rechtsposition eingeräumt werden, sodass die Stiftung zu einem körperschaftlichen Gebilde würde.

b) Corporate Governance

27 Ein »corporate governance codex« existiert bisher für Non-profit-Organisationen nur ansatzweise in Gestalt der Richtlinie des Deutschen Zentralinstituts für soziale Fragen (DZI) für die Vergabe des DZI-Spenden-Siegels (www.dzi.de/hinweise; wesentliche Aspekte sind: Trennung von Geschäftsführung und Kontrolle, ausgewogene Machtverteilung zwischen mindestens zwei Organen, Vermeidung der Ämterhäufung, aktive Informationspolitik, operatives und strategisches Steuerungssystem). Die Praxis zeigt, dass hauptamtliche Mitarbeiter (Geschäftsführer) von Non-profit-Organisationen (NPO) allmählich einen Informations- und Kompetenzvorsprung aufbauen, der die tatsächliche Aufsicht durch ehrenamtliche Gremien faktisch vereitelt. Zu große Aufsichtsorgane lassen die Verantwortung des Einzelnen für das Schicksal der Stiftung verblassen, sodass selbst erkennbare Krisen ignoriert werden.

28 Besonders komplex ist die vorausschauende optimale Machtverteilung zwischen verschiedenen Gremien (Geschäftsführung durch den Vorstand/Aufsicht durch ein Kuratorium), die durch Zuordnung von Aufgaben, Informationsrechten, Veto-Möglichkeiten, Größe des Gremiums, Amtsdauer (Wiederwahlmöglichkeit/gestaffelte Neuwahl zur Vermeidung eines einheitlichen Generationenwechsels) etc. in Balance zu bringen ist. Innerhalb der Besetzung des Aufsichtsorgans (Kuratoriums) spielen Entsenderechte zur Sicherstellung personeller Verbindungen zu anderen Institutionen (z.B. zu den im Stadtrat vertretenen Fraktionen) eine besondere Rolle.

29 Daneben tritt häufig eine sogenannte »Stifterversammlung«, die jedoch – mangels vorhandener Mitglieder einer Stiftung – anders als im Verein nicht Demokratiefunktionen vermittelt, sondern ein öffentlichkeitswirksames Forum zur Information und Meinungsbildung, auch zur Anwerbung weiterer Zustifter – bietet. Gerade bei Bürgerstiftungen ist die

---

18 Einzelheiten sind str., vgl. dazu BGHZ 99, 344.

Berufung in die Stifterversammlung an die Vornahme einer Zustiftung in bestimmter Mindesthöhe geknüpft. Nur vereinzelt kommt der Stifterversammlung zusätzliche Kompetenz dadurch zu, dass sie über das Recht zur Entsendung einzelner Kuratoriums(Aufsichts)mitglieder verfügt oder Vergabeentscheidungen (z.B. durch Mehrheitsbeschluss) ablehnen darf.

Aufgrund des statischen, nur schwer abänderbaren Charakters von Stiftungssatzungen (Rdn. 87 ff.) empfiehlt es sich, weitere Details in Geschäftsordnungen festzulegen, die vom betreffenden Gremium selbst (häufig mit Genehmigung anderer Gremien) zu erlassen sind. Dadurch lässt sich die Form der Willensbildung und die Art der Koordination zwischen verschiedenen Gremien einfach an veränderte Verhältnisse anpassen.

c) Rechnungslegung

§ 86 i.V.m. § 27 Abs. 3 i.V.m. §§ 666, 259, 260 BGB regelt lediglich die interne Rechenschaftspflicht für rechtsfähige Stiftungen bürgerlichen Rechts. Ist eine Stiftung (Unternehmensträgerstiftung oder Stiftung & Co. KG) als Kaufmann tätig, unterliegt sie den handelsrechtlichen Rechnungslegungsvorschriften. Andernfalls gelten die Rechnungslegungsvorschriften der Landesstiftungsgesetze (z.B. Art. 25 BayStiftG), die in der Regel zwar keine kaufmännische Buchführung, aber eine Einnahmen-Ausgaben-Rechnung, verbunden mit einer Vermögensübersicht und einem Bericht über die Erfüllung des Stiftungszwecks, verlangen zur Nachprüfung der Erhaltung des Stiftungsvermögens (vgl. Art. 24 BayStiftG). Das Institut der Wirtschaftsprüfer hat Empfehlungen zur Rechnungslegung von Stiftungen vorgelegt.[19]

4. »Destinatäre«

Anders als Zweck, Vermögen und Organe ist das Vorhandensein Begünstigter kein notwendiges Element der Stiftung. Insbesondere Familienstiftungen regeln jedoch exakt, wer zum Kreis der möglichen Förderungsberechtigten zählt. Zur Vermeidung pfändbarer Leistungsverhältnisse (»asset protection«) legen vorsichtige Satzungen daher besonderen Wert auf die Klarstellung, dass die potenziellen Destinatäre keinerlei Anspruch auf Förderung haben, weder im Sinn einer satzungsmäßigen Berechtigung noch als Ausfluss des allgemeinen Gleichheitsgrundsatzes noch aus wiederholter Übung. Letzteres verbietet sich regelmäßig auch deshalb, weil der Kreis der möglichen künftigen Destinatäre (insbesondere die Zahl der Abkömmlinge) starken Veränderungen unterliegen kann, sodass bei einklagbaren Leistungsansprüchen eine Verwässerung der Zuwendungsquantität zu befürchten ist. Verpflichtet sich eine Stiftung vertraglich zu Leistungen an »Destinatäre« zur Erfüllung ihres Zwecks, handelt es sich insoweit nicht um eine Schenkung, sodass es keiner notariellen Beurkundung bedarf.[20]

IV. Erscheinungsformen der Stiftung

1. Öffentlich-rechtliche, kirchliche, kommunale Stiftungen

Die öffentlich-rechtliche Stiftung ist keine privatrechtliche, sondern eine aufgrund öffentlichen Rechts errichtete Verwaltungseinheit mit eigener Rechtspersönlichkeit, die mit einem Kapital- oder Sachbestand Aufgaben des öffentlichen Rechts erfüllt (vgl. Legaldefinition in § 46 Abs. 1 SchlHolLVwG).

---

[19] WPg 2000, 398 ff.; Neufassung der IDW ERS HFA 5 vom 06.12.2013.
[20] BGH, 07.10.2009 – Xa ZR 8/08, ZEV 2010, 100 m. teilw. krit. Anm. *Gantenbrink* (Schenkung liege vor, § 518 Abs. 1 BGB gelte aber wegen Analogie zu § 81 Abs. 1 Satz 1 BGB nicht).

34 *Kirchliche* Stiftungen sind nach den Landesstiftungsgesetzen solche, deren Zweck ausschließlich oder vorwiegend kirchlichen Aufgaben dient und die eine besondere organisatorische Verbindung zu einer Kirche aufweisen. Kirchliche Stiftungen bedürfen neben der Anerkennung durch die staatliche Behörde der Anerkennung durch die zuständige kirchliche Behörde.

35 *Kommunale* oder *örtliche* Stiftungen sind dadurch gekennzeichnet, dass sie einer kommunalen Gebietskörperschaft zugeordnet sind, ihre Zweckbestimmung im Rahmen der öffentlichen Aufgaben dieser Körperschaft liegt und sie in der Regel durch die Organe dieser Körperschaft verwaltet werden. Sie können rechtsfähige oder nicht rechtsfähige Stiftungen sein.

2. Öffentliche vs. private Stiftung

36 Im Hinblick auf die von ihnen verfolgten Zwecke wird zwischen öffentlichen und privaten (richtig privatnützigen) Stiftungen unterschieden (vgl. etwa Art. 1 Abs. 3 Bay. Stiftungsgesetz). Private Stiftungen sind solche, deren Zwecke nur einem durch Familien-, Vereins- oder Betriebszugehörigkeit oder in ähnlicher Weise abgegrenzten Personenkreis dient. Begünstigter einer öffentlichen Stiftung ist dagegen die Allgemeinheit. Als öffentlichen Zwecken dienende Stiftungen gelten vor allem solche, die steuerbegünstigten Zwecken i.S.d. Abgabenordnung dienen. Der Prototyp der privatnützigen Stiftung ist dagegen die *Familienstiftung*, Rdn. 46 ff.

3. Tätigkeitsformen

a) Einfache Förderstiftungen ohne operative Tätigkeit

37 Solche Stiftungen beschränken sich auf die Anlage bzw. den Verbrauch vorhandenen Vermögens und den Einsatz des Erlöses für einen eng umgrenzten Zuwendungszweck; die Stiftungsstruktur ist typischerweise einfach, insbesondere wenn die Vermögensverwaltung in fremde Hand gelegt wird. Auch große Kapitalsammlungen fallen jedoch in diese Kategorie (z.B. VolkswagenStiftung).

b) Operative Stiftungen

38 Häufig vereinen sie ideelle und wirtschaftliche Tätigkeiten unter einem Dach (z.B. Stiftung Warentest). Die ideelle, also nicht auf die Erzielung von Einnahmen gerichtete Leistung liegt z.B. in der Sensibilisierung der Öffentlichkeit für ein bestimmtes Anliegen (Deutsche AIDS-Stiftung). Die operative Tätigkeit kann, je nach Maßgabe der §§ 55 bis 68 AO, steuerbegünstigt oder steuerpflichtig sein.

c) Verbrauchsstiftung

39 Typischer Anwendungsfall der **Verbrauchsstiftung** ist schließlich eine Stiftung, die sich der Restauration oder dem Wiederaufbau eines historischen Gebäudes widmet und daher – nach Erfüllung dieses Ziels – mit einem Vermögen zurückbliebe, dessen Zwecke abhandengekommen sind. Zivilrechtlich stehen die Anforderungen des § 80 Abs. 2 BGB (»dauernd« und »nachhaltig«) nicht entgegen;[21] sogar eine Stiftung auf Zeit dürfte zulässig sein.[22] Die behördliche Anerkennung solcher Verbrauchsstiftungen setzt seit 2013 – der bisherigen häu-

---

[21] Vgl. *Schiffer/Pruns*, NBB 2011, 3858 ff.
[22] A.A. *Muscheler*, Festschrift für Werner, 2009, S. 129, 133 ff.

fig anzutreffenden Praxis entsprechend[23] – einen Mindestzeitraum von 10 Jahren voraus (§ 80 Abs. 2 letzter Satz BGB). Landesrechtliche Bestimmungen, die ohne Ausnahme den Erhalt des Stiftungsvermögens vorschreiben (z.B. Art. 6 Abs. 2 BayStiftG), dürften wegen des Vorrangs des § 80 BGB unwirksam sein. Noch schwieriger ist jedoch die steuerliche Anerkennung der Gemeinnützigkeit, die überwiegend[24] verneint wird, weil bei einer Verbrauchsstiftung gerade nicht zwischen dem Vermögensstock und den zur Zweckerfüllung dienenden Erträgen aus dem Vermögen unterschieden werden kann. Dem Spender selbst steht jedenfalls die Dotationsförderung gemäß § 10b Abs. 1a Satz 2 EStG nicht zur Verfügung, sondern allenfalls der »reguläre« Spendenabzug nach § 10 Abs. 1 oder § 10b Abs. 1 EStG. Bei der Verbrauchs-Familienstiftung ist noch ungeklärt, wie die Finanzverwaltung mit Sachverhalten umgehen wird, in denen kurz vor dem nächsten Steuerstichtag das Vermögen aufgebraucht bzw. unter die Freibeträge »gedrückt« ist (§ 42 AO).

Stiftungszweck einer Verbrauchsstiftung

Das Stiftungsvermögen und Zuwendungen in den Vermögensstock sind auf die Dauer von zehn Jahren ungeschmälert zu erhalten. Soweit hinsichtlich der Kapitalbindungsfrist steuerrechtlich kürzere oder längere Fristen maßgeblich werden, gehen diese der 10-Jahres-Frist vor. Darüber hinaus besteht jedoch keine Verpflichtung, das Vermögen der Stiftung stets ungeschmälert zu erhalten. Zuwendungen können somit nach Ablauf der Kapitalbindungsfrist auch aus dem Vermögen der Stiftung erfolgen. 40 M
Alternativ (lineare Verbrauchsstiftung)**: Der Vorstand ist berechtigt, neben den Erträgen des Stiftungsvermögens jährlich höchstens 1/10 des anfänglichen Grundstockvermögens (jeweils unter Berücksichtigung zwischenzeitlicher Wertminderungen) dem Stiftungszweck entsprechend zu verbrauchen. Nicht ausgeschöpfte Beträge dürfen in den Folgejahren verbraucht werden.**

Dauerstiftungen können in eine Verbrauchsstiftung umgewandelt werden.[25] Zivilrechtlich bedarf es einer Satzungsänderung, und zwar – da der Auflösungsvorgang hierdurch eingeleitet wird – einer sog. »qualifizierten Satzungsänderung«, die nach den meisten Landesstiftungsgesetzen neben der stiftungsaufsichtlichen Genehmigung eine wesentliche Veränderung der Verhältnisse erfordert, die sich maßgeblich auf die Förderung des Zwecks auswirkt bzw. die bisherige Stiftungstätigkeit maßgeblich erschwert (etwa in Gestalt des dauerhaften Rückgangs der Kapitalrendite). Der bereits bestehende steuerliche Gemeinnützigkeitsstatus dürfte durch die Umwandlung in eine Verbrauchsstiftung nicht beeinträchtigt sein. Problematisch ist jedoch das Schicksal bereits erteilter Spendenbescheinigungen für den erhöhten Spendenabzug nach § 10b Abs. 1a EStG, der bei Verbrauchsstiftungen nicht (mehr) zur Verfügung steht. Der Steuerpflichtige selbst wird sich auf den Vertrauensschutz des § 10b Abs. 4 Satz 1 EStG verlassen können, zumal die Bestätigung (zum damaligen Zeitpunkt) korrekt war. 41

Eine sog. »Hybridstiftung«[26] vereinigt die Wesensmerkmale einer Ewigkeitsstiftung (mit dauerhaft gewidmetem Grundstockvermögen), einerseits, mit den Vorteilen einer Verbrauchsstiftung, andererseits, etwa um in Zeiten geringer Erträge dennoch eine raschere Zweckverwirklichung insb. bei einzelnen Förderprojekten durch Substanzeingriffe in die 42

---

23 Orientiert an § 10b Abs. 1a EStG, vgl. *Leitfaden der Bezirksregierung Köln*, Der Weg zur Stiftung, Stand: April 2010, S. 18.
24 Vgl. Verfügungen OFG Frankfurt am Main v. 13.06.2008 – S 223A-155-St216 u. v. 13.10.2008, abgedruckt in »Stiftung & Sponsoring«, Heft 5/2008, S. 43, u. Heft 6/2008, S. 41; *Hüttemann*, Gemeinnützigkeits- und Spendenrecht, 2008, § 8, Rn. 166; a.A. *Schiffer/Pruns*, NBB 2011, 3858, 3862 ff.
25 Vgl. zum Folgenden *Schienke-Ohletz*, ErbStG 2015, 147 ff.
26 Hierzu *Hakert*, NWB 2018, 877 ff.

verbrauchbaren Stiftungsmittel zu ermöglichen. Wer in das Grundstockvermögen zustiftet, kann den erhöhten Sonderausgabenabzug nach § 10b Abs. 1a Satz 1 EStG in Anspruch nehmen, wer verbrauchbares Vermögen zur Verfügung stellt, immerhin noch den normalen Spendenabzug nach § 10b Abs. 1a Satz 2 EStG. Die behördliche Anerkennung einer Hybridstiftung als rechtsfähig ist durch die ausreichende Bildung von Grundstockvermögen gesichert (für den Einsatz des verbrauchbaren Vermögens ist insoweit keine Festlegung im Stiftungsgeschäft oder Stiftungssatzung notwendig[27]. In der Stiftungssatzung ist deutlich zwischen dem Grundstockvermögen und dem verbrauchbaren Vermögen zu differenzieren, wobei jedoch auch in Betracht kommt, die »Umbuchung« des Verbrauchsvermögens etwa zum Inflationsausgleich in das Grundstockvermögen durch Entscheidung des Stiftungsvorstands zu eröffnen.[28]

d) Unternehmensverbundene Stiftung

43 Sie existiert in der Form der (selten gewordenen) unmittelbaren Unternehmensträgerstiftung, einerseits, und der Beteiligungsstiftung, andererseits; bei letzterer dient die Beteiligung lediglich der Mittelbeschaffung, nicht der Zweckverwirklichung. Zweck darf jedoch nicht lediglich der Erhalt eines Unternehmens (also die Selbsterhaltung) sein (Verbot der sogenannten »Selbstzweckstiftung«), sodass ein darüber hinausgehender Zweck (Förderung von Familienmitgliedern oder gemeinnütziger Zweck bzw. Kombination beider) verfolgt werden muss.

44 **Beteiligungsträgerstiftungen** treten v.a. als Stiftung & Co. KG auf, vgl. Rdn. 54 ff. (z.B.: Lidl-Stiftung & Co. KG bzw. Kaufland Stiftung & Co. KG; Markus-Stiftung bzw. Siepmann-Stiftung für Aldi-Nord bzw. Aldi-Süd; häufig auch für Holding-Strukturen, also als stabilisierendes und perpetuierendes Element in der Funktion des persönlich haftenden Gesellschafters oder eines Kommanditisten: Schickedanz Holding Stiftung & Co. KG, Vorwerk Elektrowerke Stiftung & Co. KG). Bedeutsame Unternehmensstiftungen, die bisher – als solche im Handelsregister eingetragen – einzelkaufmännische Unternehmen betrieben (Fa. Carl Zeiss sowie Fa. Schott Glaswerke) sind aufgrund des Formwechsels dieser Unternehmen in AG nunmehr Beteiligungsträgerstiftungen geworden. Familie und Unternehmen sind damit dauerhaft getrennt, die Früchte bleiben jedoch den Angehörigen erhalten.[29] Diese Effekte gehen deutlich hinaus über die Schutzwirkungen, welche die Anordnung einer Dauertestamentsvollstreckung bewirken kann (Dreißig-Jahres-Grenze des § 2210 BGB[30] für Dauertestamentsvollstreckungen auch mit Wirkung für Erbeserben; Abhängigkeit von der Zuverlässigkeit und dem Leistungswillen des eingesetzten Vollstreckers; Gefahr der Ausschlagung und des Pflichtteilsverlangens gem. § 2306 Abs. 1 BGB). Hinzu kommt, dass die in der kraft Rechtsnatur »eigentümerlosen« Stiftung vorhandenen Werte nicht mehr der Gefahr »unzutreffender Vererbung« unterliegen (insb. im Hinblick auf Schwiegerkinder und das latente Erbrecht des geschiedenen Ehegatten) und i.R.d. Zugewinnausgleichs unberücksichtigt bleiben (bis zur Grenze der Hinzurechnung als Schenkung gem. § 1375 BGB). Stiftungen erlauben schließlich eine Perpetuierung erarbeiteten Vermögens zur Unterhalts- (und Ausbildungs-)sicherung künftiger Generationen. Auf die

---

27 Vgl. *Werner*, ZStV 2015, 23, 26.
28 Vgl. *Bäuml/Kastrup*, NWB 2017, 2101.
29 Vgl. *Scherer/Kormann/Blanc/Groth/Wimmer*, Familienunternehmen, Kap. 1 H, Rn. 268; *Ihle*, RNotZ 2009, 557, 567 ff.
30 Die allerdings durch die Lebenszeitbefristung des § 2210 Satz 2 BGB verlängert werden kann; die Vollstreckung endet dann mit dem Tod des letzten Vollstreckers, der 30 Jahre nach dem Erbfall im Amt war, BGH, 05.12.2007 – IV ZR 275/06, MittBayNot 2008, 301 m. Anm. *Weidlich*, S. 263; *Wendt*, ZNotP 2017, 394 ff.

Beteiligungsträgerstiftung wird aber insbes. bei »**familienlosen« Unternehmen** zurückgegriffen.[31]

e) Stiftungen im Verbund

In den letzten Jahrzehnten nimmt ferner die Einbindung von Stiftungen in Verbandsstrukturen zu, etwa zur 45
aa) Mittelbeschaffung (die Stiftung als der Träger der wesentlichen Vermögenswerte betreibt das fund raising; sie ist personell verflochten mit einem Verein, der als Mitgliederverband insbesondere ein *politisches* Mandat wahrnimmt und ehrenamtliche Kräfte anwirbt, der Verein wiederum ist alleiniger Gesellschafter der wirtschaftlich operativ tätigen gemeinnützigen GmbH, die eine gemeinnützige Einrichtung betreibt und das Objekt hierfür von der Stiftung anpachtet);
bb) Bündelung der Sponsoring Aktivitäten als sogenannte »corporate foundation«, wobei die Kontrolle der Stiftung durch personelle Verflechtungen mit dem »dahinterstehenden« Unternehmen sichergestellt wird.

f) Familienstiftung

Die Familienstiftung[32] wird primär zugunsten von Personen errichtet, die von gemeinsamen 46
Stammeltern abstammen, und soll deren Versorgung sichern (§ 1 Abs. 1 Nr. 4 ErbStG; abzustellen ist auf die satzungsmäßige[33] Bezugs- und Anfallberechtigung einerseits, die Einflussnahme auf die Nutzung des Stiftungsvermögens andererseits),[34] gleichzeitig aber eine Zersplitterung des Vermögens durch Erbteilung oder Veräußerung vermeiden. Sie wird im ErbStG einerseits gefördert (Steuerklasse des entferntest Berechtigten ist maßgeblich, nicht a priori Steuerklasse III), andererseits benachteiligt (Erbersatzsteuer im 30-Jahres-Turnus). Reizvoll ist die Möglichkeit, durch gemeinnützige Zwecke i.H.v. mindestens zwei Dritteln der Erträge insgesamt, auch hinsichtlich des zur Familienversorgung vorgesehenen Drittels, steuerbegünstigt zu sein, § 58 Nr. 6 AO (s.u. Rdn. 101); Muster: Rdn. 126 M. In Betracht kommt sie vor allem bei sehr großen Familienbetrieben, wo die Erbschaftsteuer – auch unter Berücksichtigung der Privilegierungsmöglichkeiten von Betriebsvermögen – zu einer deutlichen Schmälerung der Substanz führen würde, andererseits jedoch ein Drittel der Erträge zur (ergänzenden) Versorgung der Familie nachhaltig genügt.

Nach den Regelungen einiger Bundesländer sind Familienstiftungen teilweise oder vollständig von der Stiftungsaufsicht ausgenommen (§ 13 BadWürtt-StiftG; § 10 Abs. 2 Berl-StiftG; §§ 4, 13, 18 Brandenburg StiftG; § 17 BremStiftG; § 14 Abs. 2 HambAGBGB; § 21 Abs. 2 HessStiftG; §§ 14 Abs. 2, 27 Abs. 2 MecklVorPStiftG; §§ 10 Abs. 2, 23 Abs. 3 NdsStiftG; §§ 2 Abs. 5, 28 NWStiftG; §§ 18 Abs. 3, 27, 52 RhPfStiftG; §§ 19, 22 Abs. 2 SchlHolStiftG), da bei ihnen das Eigeninteresse der Familienmitglieder die Gewähr für die Erfüllung des Stifterwillens biete. Dies erschwert auch den Vertretungsnachweis beim Auftreten der Familienstiftung im (Grundbuch-)Rechtsverkehr (faktisch bleibt nur die notarielle Unterschriftsbeglaubigung des Stiftungsaktes und aller späteren Vorstandsbestellungsakte). 47

---

31 Vgl. *Geck*, ZEV 2015, 401 ff.; allgemein zur Unternehmensnachfolge mit Stiftungen *Hüttemann*, DB 2017, 591 ff.
32 Vgl. *Pauli*, FamRZ 2012, 344 ff., sowie *Zensus/Schmitz*, NJW 2012, 1323 ff. (insb. zur erbschaftsteuerlichen Verschonung für betriebliches Vermögen); *Bisle*, DStR 2012, 525 ff. (asset protection).
33 Nach BFH, 18.11.2009 – II R 46/07, ErbStB 2010, 92 selbst dann, wenn Leistungen unwahrscheinlich sind, da die Satzung bestimmte »Armutsschwellen« vorsieht, die aufgrund erheblichen Eigenvermögens der Destinatäre wohl nicht unterschritten werden.
34 *Thoma*, ErbStB 2009, 12.

g) Bürger- oder Gemeinschaftsstiftungen

48 Als Ausdruck bürgerschaftlichen Engagements schaffen sie regional begrenzt Kapitalsammelstellen zur Aufrechterhaltung vormals kommunaler Angebote, zur Entwicklung neuer Engagementformen für Bürger und zur Unterstützung Bedürftiger (sogenannte »community foundations«). Oft werden sie durch örtliche Unternehmen (Sparkassen) mit dem ersten Stiftungskapital ausgestattet. Ihre Struktur ist stark auf die Einwerbung von Zustiftungsmitteln ausgerichtet; als »Lockstoff« dient insoweit auch die Möglichkeit der treuhänderischen Verwaltungen von Namensstiftungen für einzelne Zwecke (Motiv der Eitelkeit). Muster: Rdn. 131 M.

4. Kombinationsmodelle

a) Doppelstiftung

49 Eine Kombination der wirtschaftlichen Vorteile der Familienstiftung mit den steuerlichen Vorteilen der gemeinnützigen Stiftung versucht das Modell der »Doppelstiftung«:[35] Gesellschafter der unternehmenstragenden GmbH sind sowohl eine Familienstiftung – diese hat zur Sicherung des unternehmerischen Einflusses der Familie den überwiegenden Anteil der Stimmrechte, sog. »Führungsstiftung« – als auch eine gemeinnützige Stiftung (ggf. mit Zwei-Drittelbegrenzung hinsichtlich der Erträge) – Letzterer gehört der überwiegende Anteil des Vermögens, zur Minimierung der Erbschaftsteuerbelastung.[36] Die gemeinnützige Stiftung kann dabei auch die Funktion einer »Familienbank« übernehmen, die aufgrund ihrer Gemeinnützigkeit steuerfrei Eigenkapital bildet und dem Familienunternehmen zinsgünstig zur Verfügung stellt. Problematisch ist allerdings, ob dem nicht § 42 AO (Vorwurf des Gestaltungsnießbrauchs) entgegensteht.[37] Ein Beispiel stellte der Verbund aus gemeinnütziger Hertie-Stiftung und Karg´scher-Familienstiftung dar.[38] Die Vorstände beider Stiftungen sollten nicht verflochten sein, da sonst die gemeinnützige Stiftung Teil eines wirtschaftlichen Geschäftsbetriebes werden (»Personalunion«) und damit ihre Gemeinnützigkeit verlieren kann.

50 Als Holding bzw. operativ tätige Gesellschaft eignet sich bei der Doppelstiftung in erster Linie die GmbH, da eine disquotale Gewinnverteilung gemäß § 29 Abs. 3 Satz 2 GmbHG – jedenfalls gesellschaftsrechtlich – keinen Bedenken begegnet (anders als bei der satzungsstrengen AG, § 23 Abs. 5 AktG – bei Letzterer lässt sich ein ähnliches Modell jedoch erreichen durch die Verwendung stimmrechtsloser Vorzugsaktien anstelle von Stammaktien, oder durch Verwendung einer KGaA, bei welcher die Familienstiftung Komplementärin, die gemeinnützige Stiftung Kommanditaktionärin ist).[39] Auch bei einer lediglich symbolischen Kapitalbeteiligung des Mehrstimmberechtigten liegt im Konzept der Doppelstiftung nach herrschender Auffassung kein Verstoß gegen das Abspaltungsverbot des GmbH-Rechts, da § 47 GmbHG dispositiv ist, also sogar stimmrechtslose Anteile ermöglicht.[40]

---

35 Vgl. *Bayer/Koch* (Hrsg.), Unternehmens- und Vermögensnachfolge (NotRV 2009), S. 154 ff.; *Ihle*, RNotZ 2009, 621, 634 ff.; Muster bei *Spiegelberger*, Unternehmensnachfolge, 2. Aufl., § 17 Rn. 45 ff. und (Doppelstiftung & Co KG) bei *Brambring/Mutter/Mutter*, Formularbuch Erbrecht, Muster H II. 5.

36 Es verbleibt nur die Erbersatzsteuer auf die Familienstiftung.

37 Vgl. *Schnitger*, ZEV 2001, 106; dagegen *Kirnberger/Werz*, ErbStG 2004, 147. Bedeutsamer Fall: Hertie (»Der Spiegel«, Heft 22/1999, S. 76 ff.).

38 Die Familienstiftung hielt lediglich 0,5 % der Anteile an der Hertie Waren- und Kaufhaus GmbH, ausgestattet mit Mehrstimmrecht.

39 Vgl. *Pauli*, ZErb 2010, 66 ff.; des Einsatzes disquotaler Gesellschafterrechte bedarf es wegen der bereits gesetzlich angelegten Trennung von Vermögen (Kommanditaktionär) und Herrschaft (Komplementär) nicht.

40 OLG Frankfurt am Main GmbHR 1990, 79, 82; allgemein zu Stimmrechtsausschlüssen kraft Gesetzes oder Satzung *Priester*, GmbHR 2013, 225 ff.

Wird das operativ tätige Unternehmen nicht als Kapitalgesellschaft, sondern bspw. als **51**
GmbH & Co. KG geführt, empfiehlt es sich, zwischen die gemeinnützige Stiftung und
die Kommanditbeteiligung eine GmbH zu schalten, da die unmittelbare Beteiligung einer
gemeinnützigen Stiftung an einer gewerblich tätigen Personengesellschaft stets zu einem
wirtschaftlichen Gewerbebetrieb führt. Stattdessen kann auch die GmbH ihrerseits einziger Kommanditist sein und die Anteile an der GmbH wiederum (in geringem Umfang)
der Familien-Führungsstiftung und (ganz überwiegend) der gemeinnützigen Stiftung
gehören.

Da der Unternehmensgewinn, der ganz überwiegend der gemeinnützigen Stiftung **52**
zugute kommt, die auszuschüttenden Beträge bei Weitem übersteigt, muss die Familienstiftung mit ihrer Stimmenmehrheit eine Thesaurierung durchsetzen, die allerdings aufgrund der feststehenden Gewinnbeteiligungsverhältnisse auch zulasten der Familienstiftung geht. Wirtschaftlich tragfähig ist das Modell, etwa als Unternehmensnachfolgelösung,[41]
daher nur bei außerordentlich hohen Unternehmensgewinnen oder wenn die Familienversorgung bereits durch Tätigkeitsvergütungen gesichert ist. Sofern das Unternehmen selbst
gem. §§ 13a, 13b ErbStG begünstigungsfähig ist, also nicht zur Vermeidung einer Erbschaftsteuer auf eine gemeinnützige Stiftung übergehen muss, eignen sich eher unmittelbare
Beteiligungsträgerstiftungen zur Sicherung der Unternehmensnachfolge.

Eine Spielart der Doppelstiftung liegt darin, an einer **Betriebsführungs-Kapitalgesell-** **53**
schaft ganz überwiegend (z.B. zu 95 %) eine gemeinnützige Stiftung zu beteiligen, die
jedoch lediglich 10 % der Stimmrechte innehat, während eine weitere »Führungs-GmbH«
nur sehr gering am Kapital beteiligt ist, aber die beherrschende Stimmenmehrheit ausübt.
Auf diese Weise kann der Initiator als Geschäftsführer der Führungs-GmbH die Geschicke
der Betriebsführungsgesellschaft bestimmen, deren überwiegendes Vermögen jedoch über
die gemeinnützige Stiftung steuerfrei übertragen werden kann. Die Versorgung mitarbeitender Familienangehöriger wird in diesem Fall durch Geschäftsführergehälter bzw.
Anstellungsverträge gesichert

b) Stiftung & Co. KG

Die eigentümerlose Komplementärin ermöglicht eine vollständige Separierung von **54**
Geschäftsführung und Vertretung gegenüber dem Gesellschafterkreis, der sonst in der
Gesellschafterversammlung des Komplementärs, gegebenenfalls durch Auswechselung der
Geschäftsführung, die Geschicke des Gesamtunternehmens steuern könnte. Insbesondere
starke Unternehmerpersönlichkeiten sehen hierin die Lösung des Nachfolgeproblems in
Familienunternehmen, wenn alle Familienmitglieder von der Mitsprache ferngehalten werden sollen. Die Stiftungssatzung und die Erstbesetzung der Gremien (durch einen Testamentsvollstrecker) braucht auf die Interessen der Erben keine Rücksicht zu nehmen. Als
vorteilhaft empfunden wird weiter die Befreiung von der Unternehmensmitbestimmung.[42]
Seit 2000 unterliegt auch die Stiftung & Co. KG der Abschlusspublizität (§ 264a HGB).
Extrem nachteilig ist jedoch die dadurch drohende Erstarrung der Unternehmensstruktur,
die eine Kapitalaufnahme an der Börse oder ein Zusammengehen mit anderen Unternehmen nach dem UmwG praktisch ausschließt.

Da es eine Vor-Stiftung nicht gibt, kann der Kommanditgesellschaftsvertrag erst nach **55**
Anerkennung der Stiftung geschlossen werden. Vereinzelt bestehen bei Anerkennungsbehörden Bedenken gegen die Konstruktion der Stiftung & Co. KG aufgrund der naturgegebenen Komplementärhaftung der Stiftung.

---

41 *Kirnberger/Werz*, ErbStB 2004, 145 ff.
42 Da die Stiftung & Co. (wie auch die Stiftung selbst) im abschließenden Katalog des § 1 Abs. 1 MitbestG
nicht genannt ist.

56 Für die steuerliche Beurteilung der erzielten Einkünfte der Stiftung & Co. KG ist allein auf die tatsächlich ausgeübte Tätigkeit abzustellen; eine gewerbliche Prägung i.S.d. § 15 Abs. 3 Nr. 2 EStG, die zur Fiktion gewerblicher Einkünfte führt, ist ausgeschlossen.[43] Erzielt die **KG Einkünfte aus Vermietung und Verpachtung oder Kapitalvermögen**, sind diese bei der Komplementär-Stiftung dem steuerbegünstigten Bereich der Vermögensverwaltung zuzurechnen; wegen des Fehlens der gewerblichen Prägung unterliegt die vermögensverwaltende Stiftung & Co. KG auch nicht der Gewerbesteuer. Als problematisch erweist sich, dass Gewinne aus dem wirtschaftlichen Geschäftsbetrieb bei der gemeinnützigen Komplementär-Stiftung nicht in die Rücklagen eingestellt werden dürfen; dies kann allenfalls aus Überschüssen aus der Vermögensverwaltung erfolgen (§ 62 AO, vor 2013: § 58 Nr. 7 Buchst. a) AO). Daher sollte bereits der Personengesellschaftsvertrag eine Rücklagenbildung vorsehen. Ist die KG dagegen genuin gewerblich tätig, unterhält auch die (i.Ü. gemeinnützige) Komplementär-Stiftung als Mitunternehmer einen wirtschaftlichen Geschäftsbetrieb gemäß § 64 Abs. 1 AO (vgl. Rdn. 99 f.; ist die Komplementär-Stiftung [z.B. als Familienstiftung] i.Ü. nicht gemeinnützig, unterliegen ohnehin alle Einkünfte der Besteuerung). Ist der Vorstand der Stiftung – wie häufig – zugleich Kommanditist der Stiftung & Co. KG und übt letztere KG gewerbliche Tätigkeit i.S.d. § 15 Abs. 2 EStG aus, sind die Vergütungen des Vorstands (ebenso wie Pensionsrückstellungen etc.) Sondervergütungen i.S.d. § 15 Abs. 1 Satz 1 Nr. 2 Satz 2 EStG, so dass sie sich im Ergebnis nicht steuermindernd auswirken.[44] Ist der Vorstand nicht zugleich Kommanditist, wird er als Arbeitnehmer angesehen, so dass die Tätigkeitsvergütungen Betriebsausgaben bei der Stiftung gemäß § 4 Abs. 4 EStG sind.

5. Ersatzformen der rechtsfähigen Stiftung

a) Unselbstständige Stiftung

57 Wie bei einer selbstständigen Stiftung widmet der Stifter bei der Treuhandstiftung ein bestimmtes Vermögen einem von ihm gewählten, gemeinnützigen Zweck auf Dauer, ohne hierfür einen rechtsfähigen Träger zu schaffen (allerdings kann die unselbständige Stiftung selbst Körperschaftsteuersubjekt sein).[45] Die unselbstständige Stiftung bedarf daher eines Treuhänders, der sie im Rechtsverkehr nach außen vertritt; sie erfordert keine staatliche Anerkennung und unterliegt keiner staatlichen Aufsicht. Da die §§ 81 bis 88 BGB und die landesrechtlichen Stiftungsgesetze nicht gelten, muss der Stifter im Zuwendungsakt Vorkehrungen gegen unerwünschte Entwicklungen treffen und bei der Auswahl des Treuhänders besondere Sorgfalt walten lassen. Als Rechtsträger[46] einer unselbstständigen Stiftung bieten sich daher insb. juristische Personen des öffentlichen Rechts, Kirchengemeinden oder andere juristische Personen des Privatrechts an, die ähnliche Zwecke wie die unselbstständige Stiftung verfolgen. Natürliche Personen sind dagegen eher ungeeignet, da im Fall ihres Todes die unselbstständige Stiftung ihr Ende findet. Eine Eigenstiftung dergestalt, dass der Stifter selbst Rechtsträger des Vermögens der unselbstständigen Stiftung ist und dieses nur gesondert verwaltet, ist nach h.M. unzulässig.[47] Muster: Rdn. 129 M.

---

43 Vgl. *Götz*, NWB Fach 2, S. 10116 = NWB 2008, 4812.
44 BMF-Schreiben v. 29.01.2008, BStBl. 2008 I, S. 317.
45 OFD Frankfurt, Vfg. v. 30.08.2011 – S 0170 A-41-St 53 (vgl. hierzu *Weimar*, ZErb 2013, 1, 5 ff.): Körperschaftsteuersubjekt (§ 1 Abs. 1 Nr. 5 KStG) ist die nicht rechtsfähige Stiftung selbst, sofern das Stiftungsvermögen gesondert vom sonstigen Vermögen des Treuhänders verwahrt wird und der formale Eigentümer es nicht für eigene Zwecke verwenden kann.
46 Zur Frage, ob die Tätigkeit als Stiftungstreuhänder eine gemäß § 32 Abs. 1, 1 Abs. 1a Satz 2 Nr. 3 KWG genehmigungspflichtige Finanzportfolioverwaltung oder ein gemäß § 1 Abs. 1 Satz 2 Nr. 4 KWG genehmigungspflichtiges Finanzkommissionsgeschäft darstellt, verneinend *Werner*, ZErb 2013, 1, 4 f.
47 Staudinger/*Rawert*, Vorbem. zu §§ 80 ff. BGB Rn. 152; *Seifart/v. Campenhausen/Hof*, § 36 Rn. 46; a.A. Soergel/*Neuhoff*, Vorbem. 21 zu § 80 BGB.

58 Aus Sicht des Stifters ist die Treuhandstiftung geeignet, die Verwaltungskosten zu senken und ermöglicht die allmähliche Ansammlung von Vermögen, bis die Schwelle für die Anerkennungsfähigkeit als rechtsfähige Stiftung erreicht wird. Aus Sicht bereits bestehender selbstständiger Stiftungen bietet die Treuhandstiftung die Chance zur Vergrößerung und Individualisierung des Stiftungsvermögens, vor allem durch Ergänzung von Bürgerstiftungen.[48] Derzeit dürften (geschätzt) ca. 30.000 Treuhandstiftungen existieren.[49]

59 Nicht selten sollen Treuhandstiftungen später in rechtsfähige Stiftungen »umgewandelt« werden, etwa um sie als Erbe oder Vermächtnisnehmer einsetzen zu können. Da weder das UmwG noch die landesrechtlichen Stiftungsgesetze hierfür Sonderbestimmungen vorsehen, bleibt allein die Einzelrechtsnachfolge durch Übertragung der Wirtschaftsgüter auf eine vorhandene rechtsfähige Stiftung. Zu prüfen ist allerdings, ob die Überführung in eine rechtsfähige Stiftung mit der Auflage bzw. dem Treuhandvertrag, welcher der Errichtung der unselbstständigen Stiftung zugrunde lag, vereinbar ist.

60 Auch die Vorgaben des Gemeinnützigkeitsrechts sind bei einer solchen »Umwandlung« einzuhalten: Die Mittelweitergabe muss dem ursprünglichen Satzungszweck der Treuhandstiftung entsprechen (§ 55 Abs. 1 Nr. 4 S. 2 AO), die Anfallsberechtigung bei Auflösung der (nunmehr selbstständigen) Stiftung muss identisch sein. Sind diese Vorgaben eingehalten, führt die rechtliche Verselbstständigung des bisherigen Treuhandstiftungsvermögens zu keiner steuerlichen Zurechnung an ein neues Steuersubjekt.[50] Wird die Treuhandstiftung auf eine bestehende Stiftung übertragen, bedarf es jedoch einer Schlussbilanz und Vermögensübersicht zum Übertragungszeitpunkt, die den Erfordernissen der Mittelverwendungsrechnung genügt.[51]

61 Anders als die Errichtung einer rechtlich selbstständigen Stiftung unter Lebenden ist die Errichtung einer unselbstständigen Stiftung unter Lebenden kein einseitiges Rechtsgeschäft, sondern ein Vertrag. Ist sie eine Schenkung[52] (unter Auflage), bedarf das Schenkungsversprechen der Form des § 518 Abs. 1 BGB. Allerdings wird ein Formmangel durch das Bewirken der versprochenen Leistung nach § 518 Abs. 2 BGB geheilt. Für die Übertragung von Grundstücken oder Gesellschaftsanteilen an einer GmbH vom Stifter im Rahmen der Stiftungserrichtung gelten die § 311b Abs. 1 BGB und § 15 Abs. 3 und 4 GmbHG. Da die treuhänderische Stiftung nicht auf einem unwiderruflichen Organisationsakt, sondern auf schuldrechtlicher Grundlage beruht, kann der Vertrag später einvernehmlich aufgehoben werden, was allerdings bei bisher bestehender Gemeinnützigkeit zur rückwirkenden Besteuerung der Erträge für 10 Jahre führt, § 61 Abs. 3 AO.

62 **Von Todes wegen** kann eine unselbstständige Stiftung durch Testament oder Erbvertrag im Wege einer Erbeinsetzung oder eines Vermächtnisses unter Auflage errichtet werden. Die dauerhafte Verwirklichung des Stiftungszwecks[53] kann (in absteigender Intensität) durch Anordnung einer Nacherbfolge unter aufschiebender Bedingung bzw. eines Nachvermächtnisses (für den Fall der zweckwidrigen Verwendung des Stiftungsvermögens durch den Stiftungsträger oder den Fall dessen Erlöschens) erreicht werden, ebenso durch Anordnung eines Untervermächtnisses bzw. – so im Regelfall – durch eine Auflage, §§ 1940,

---

48 Vgl. *Turner*, Bürgerstiftung als Treuhänder, 2006, Bundesverband deutscher Stiftungen.
49 *Ihle*, RNotZ 2009, 558.
50 Vgl. *Schauhoff*, Handbuch der Gemeinnützigkeit, 2. Aufl., 2005, § 19 Rn. 59.
51 *Möller*, ZEV 2007, 569.
52 Nach anderer Sichtweise handelt es sich um eine uneigennützige Vollrechtstreuhand, für die im Innenverhältnis Auftragsrecht bzw. (bei Entgeltlichkeit) Geschäftsbesorgungsrecht – § 675 BGB – gilt. Diese Subsumtion erleichtert die rechtliche Umsetzung eines Austausches des Treuhänders (auch wenn nicht die Voraussetzungen des § 527 BGB vorliegen), und schützt gegen Pfändungszugriffe beim Treuhänder durch Drittwiderspruchsklage (§ 771 ZPO) bzw. bei dessen Insolvenz durch Gewährung eines Aussonderungsrechtes (§ 47 InsO), vgl.. *Muscheler*, ErbR 2016, 358, 365. Das freie ordentliche Kündigungsrecht des Treugebers, § 671 Abs. 1 BGB, wird i.d.R., zumindest stillschweigend, ausgeschlossen sein.
53 Vgl. hierzu *Lange*, ZErb 2013, 324 ff.

2192 ff. BGB. (Nur[54]) sofern der Stiftungszweck festgelegt ist, kann die Bestimmung derjenigen Personen, an welche die Leistung zu erbringen ist, dem Beschwerten (Stiftungsträger) oder einem Dritten (dem Testamentsvollstrecker) überlassen werden (§ 2193 Abs. 1 BGB). Die Auflage unterliegt (anders als das Vermächtnis) keinen zeitlichen Grenzen, da § 2192 BGB nicht auf § 2162 oder § 2163 BGB verweist. Die Vollziehung der Auflage kann von Gesetzes wegen durch den Erben oder Miterben, ferner denjenigen, dem der Wegfall des Beschwerten zugute käme, die zuständige Behörde (sofern die Vollziehung im öffentlichen Interesse läge) sowie – wie im Regelfall – von einem Testamentsvollstrecker verlangt werden. Die Bedenken, die bei der rechtsfähigen Stiftung gegen das Nebeneinander von Stiftungsorganen und Testamentsvollstrecker vorgebracht werden,[55] bestehen hier nicht.

b) Stiftungsverein und Stiftungskapitalgesellschaft

63 Als Ersatzformen für die Errichtung einer rechtsfähigen Stiftung werden eingetragene Vereine oder Kapitalgesellschaften (insb. gemeinnützige GmbH[56] – firmenrechtlich erst seit 2013 zulässige Verkürzung: gGmbH[57] – prominentes Beispiel: Robert Bosch Stiftung GmbH – ebenso gemeinnützige AG, wohl auch gemeinnützige UG[58]) in der Praxis errichtet. Als Vorteil wird der Wegfall der Stiftungsaufsicht und der Notwendigkeit eines Anerkennungssatzes empfunden. Da das GmbH-Gesetz kein zwingendes Kündigungsrecht kennt und die Rechtsprechung bei ideellen Gesellschaften auch die entschädigungslose Einziehung von Anteilen gestattet,[59] ist sie ebenfalls zur Vermögensperpetuierung geeignet. Allerdings ist das dort gebundene Vermögen nicht »eigentümerlos«. Dies ermöglicht es dem Stifter, als Vereinsmitglied oder Gesellschafter weiterhin in mehr oder weniger großem Umfang – je nach Satzungsausgestaltung – Einfluss auf die von ihm errichtete Körperschaft zu nehmen. Dieser Vorteil kehrt sich spätestens beim Tode des Stifters um. Er muss bei einem Stiftungsverband darauf vertrauen, dass zukünftige Vereinsmitglieder oder Gesellschafter sein Vermögen weiterhin für den von ihm vorgegebenen Zweck einsetzen. Eine Änderung der Satzung des Vereins oder einer Kapitalgesellschaft ist nämlich jedenfalls durch einstimmigen Beschluss stets möglich.[60] Muster einer Stiftungskapitalgesellschaft: Rdn. 130 M.

64 Bei Stiftungsvereinen oder Stiftungsgesellschaften wird durch entsprechende Ausgestaltung erreicht, dass deren Mitglieder oder Gesellschafter von der Teilhabe an dem Vermögen der Körperschaft völlig ausgeschlossen sind und dieses allein dem Verbandszweck gewidmet wird. Letzteres ist insbesondere dann zwingend notwendig, wenn der Verein oder die Gesellschaft den Status einer steuerbegünstigten Körperschaft i.S.d. §§ 51 ff. AO anstreben.[61] Stiftungskörperschaften können in ihrem Namen oder in ihrer Firma grundsätzlich neben dem Rechtsformzusatz die Bezeichnung Stiftung führen, wenn sie entweder über

---

54 Andernfalls ist nicht nur die Auflage, sondern auch die Erbeinsetzung derjenigen Person, die damit beschwert sein sollte, unwirksam, vgl. OLG Celle, 11.04.2017 – 6 W 36/17, ErbR 2017, 521.
55 OLG Frankfurt/Main, 15.10.2010 – 4 U 134/10, ZEV 2011, 605.
56 Muster z.B. § 123 Rdn. 127 M.
57 OLG München, NJW 2007, 1601; zustimmend *Rohde*, GmbHR 2007, 268; krit. *Wachter*, EwiR 2007, 181; *Paulick*, DNotZ 2008, 167 ff.; zulässig war aber wohl weiterhin »gemeinnützige GmbH«, vgl. *Kilian*, notar 2009, 23 m.w.N. Für die Bezeichnung der Firma im Grundbuch ist allerdings die registerrechtliche Zulässigkeit bedeutungslos, OLG München, 07.10.2008 – 34 Wx 063/08, DNotZ 2009, 222. Eine Änderung des § 4 GmbHG durch das Ehrenamtsstärkungsgesetz erlaubt ab 2013 die Abkürzung »gGmbH«.
58 Bay. Landesamt für Steuern v. 31.03.2009 – S 0174.2.1-2/2 St 31; Bedenken bestehen, da das Gebot, ein Viertel des Jahresüberschusses anzusparen, mit dem gemeinnützigkeitsrechtlichen Gebot der zeitnahen Mittelverwendung kollidiert, vgl. *Oberbeck/Winheller*, DStR 2009, 516 ff.; *Ullrich*, GmbHR 2009, 750 ff., für Zulässigkeit *Patt*, GmbH-StB 2011, 21 und *Zehentmeier*, NWB 2012, 1167 ff.
59 MüKo-BGB/*Reuter*, vor § 80 BGB Rn. 40.
60 Vgl. im Einzelnen zur Rechtsformwahl bei Non-Profit-Organisationen *Stock*, NZG 2001, 440 ff.; *Werner*, GmbHR 2003, 331 ff.
61 Siehe auch für die Ausgestaltung der Satzung der gemeinnützigen GmbH: *Schlüter*, GmbHR 2002, 535 ff., 578 ff.; *Wochner*, MittRhNotK 1994, 89 ff.

eine kapitalmäßige Vermögensausstattung verfügen oder eine gesicherte Anwartschaft auf eine solche Dotierung haben.[62]

6. Ausländische Stiftungen und Trust

Schenkungsteuerlich wird die Errichtung solcher ausländischer verselbstständigter eigentümerloser privatnütziger Rechtsträger (wie auch spätere Zustiftungen an diese) – ebenso wie die spätere Auflösung – in der ungünstigsten Steuerklasse III besteuert, wenn es nicht ausnahmsweise schon am Übertragungsvorgang fehlt, wie etwa bei der sog. kontrollierten liechtensteinischen Familienstiftung, bei welcher der Stifter sich vorbehält, weiter über die Verwendung des Vermögens zu entscheiden, sogar sich dieses wieder zurückübertragen zu lassen.[63] Schon aus diesem Grund ist die Verwendung solcher »Vermögensvehikel« für steuerehrliche Gründer extrem nachteilhaft, es sei denn, sie erfolgt nach Wegzug und Ablauf der fünfjährigen erweiterten unbeschränkten Erbschaftsteuerpflicht des § 2 Abs. 1 Satz 2 Buchst. b) ErbStG.

Die Haager Konvention zur Anerkennung des Trusts von 1984,[64] welcher die Bundesrepublik Deutschland allerdings nicht beigetreten ist, definiert den Trust als ein Rechtsverhältnis, wodurch einer Person bestimmte Güter übertragen werden, welche diese für Dritte oder für einen allgemeinen Zweck verwalten soll. Der Errichter des Trusts (settlor bzw. grantor) steht also dem Verwalter (trustee, ähnlich einem Treuhänder) gegenüber und kann zusätzlich einen Überwacher bestimmen, der gegebenenfalls auch den trustee auswechseln kann, den protector. Die Aufgabe des trustee wird häufig von Tochtergesellschaften international tätiger Banken übernommen. Begünstigte sind die sogenannten »beneficiaries«. Trusts können durch letztwillige Verfügung (testamentary trust) oder durch Rechtsgeschäft unter Lebenden begründet werden (intervivos trust).

Während der unter Lebenden errichtete Trust dem Gründungsstatut unterliegt, beurteilt die Rechtsordnung der Objektbelegenheit die Rechtsfrage, ob eine entsprechende aufgespaltene Eigentümerstellung anerkannt werden kann. Der BGH[65] sieht in der trust-immanenten Aufspaltung für in Deutschland belegenes Vermögen einen Verstoß gegen den hiesigen ordre public (Art. 6 EGBGB), sodass sich deutsches Vermögen unmittelbar zur Einbringung in einen Trust nicht eignet. Es muss daher eine ausländische Kapital- oder Personengesellschaft als Eigentümerin zwischengeschaltet werden, die ihrerseits einer Rechtsordnung untersteht, welche das aufgespaltene Trust-Eigentum anerkennt.[66] Das **Stiftungsstatut** selbst folgt mangels anwendbaren europäischen Kollisionsrechts den ungeschriebenen Regeln des internationalen Gesellschaftsrechts, so dass gegenüber Stiftungen, die im EU/EWR-Staaten oder in den USA gegründet wurde, aufgrund der Entscheidungen des EuGH (Centros,[67] Überseering[68] und Inspire Art[69]) die Gründungstheorie, im Verhältnis zu Drittstaaten jedoch weiterhin die Sitztheorie gilt (letztere mit der Folge, dass ausländische Stiftungen bei Sitzverlegung neu zu gründen sind).[70]

---

62 Vgl. dazu BayObLG NJW 1973, 249; OLG Köln MittRhNotK 1997, 233.
63 BFH v. 28.06.2007 – II R 21/05 – EStB 2007, 329; vgl. *Eisele*, NWB 2007, 3969 ff. = Fach 10 S. 1625 ff.
64 IPrax 1987, 55.
65 IPrax 1995, 223.
66 Vgl. *v. Oertzen*, Planning with Trusts in Germany, in: Journal of International Trust and Cooperate Planning, 2003, 197 ff.
67 NJW 1999, 2027.
68 EuGH, 05.11.2002 – C 208/00, NJW 2002, 3614: Verstoß gegen Art. 43 und 48 EGV. Hierzu *Döser* in: Aktuelle Tendenzen und Entwicklungen im Gesellschaftsrecht NotRV Würzburg 2004, S. 88 ff.
69 NJW 2003, 3331.
70 Vgl. *Naumann zu Grünberg*, ZEV 2012, 569, 572 ff.; *Werner*, ZEV 2017, 181 ff.

V. Die Errichtung einer selbstständigen Stiftung

1. Stiftungsgeschäft

68 Eine Stiftung kann sowohl durch Rechtsgeschäft unter Lebenden (§ 81 BGB) als auch von Todes wegen (§ 83 BGB) errichtet werden.

a) Stiftungsgeschäft unter Lebenden

69 Nach § 81 Abs. 1 Satz 1 BGB bedarf das Stiftungsgeschäft unter Lebenden (Muster Rdn. 123 M; für unselbstständige Stiftung: Rdn. 127 M) der Schriftform. Es muss die verbindliche Erklärung des Stifters bzw. der Stifter enthalten, Vermögen für die dauerhafte und nachhaltige Erfüllung eines von ihm/ihnen festgesetzten Zweckes zu widmen. Mindestinhalt der im Stiftungsgeschäft enthaltenen Satzung sind Bestimmungen über den Namen der Stiftung, ihren Sitz, ihren Zweck, ihr Vermögen und die Bildung des Vorstandes. Gemäß § 81 Abs. 2 Satz 1 BGB kann der Stifter das Stiftungsgeschäft unter Lebenden durch einseitige Erklärung bis zur Anerkennung der Stiftung widerrufen (ein Widerruf durch die Erben des Stifters ist allerdings unter den Voraussetzungen des § 81 Abs. 2 Satz 3 BGB ausgeschlossen).

70 Gehört zu dem der Stiftung gewidmeten Vermögen ein Grundstück, bedarf das Stiftungsgeschäft über § 81 Abs. 1 Satz 1 BGB hinaus der Beurkundung.[71] Kostenrechtlich löst dies eine 1,0 Gebühr aus; die Auflassung ist dann gegenstandsgleich gemäß § 109 Abs. 1 Satz 2 GNotKG (Erfüllung des Hauptgeschäftes). Bei isolierter Beurkundung der Auflassung sieht Nr. 21101 Nr. 2 KV GNotKG in Fortführung (und Begrenzung) des bisherigen § 38 Abs. 2 Nr. 6a KostO vor, dass für diese isolierte Beurkundung eine 0,5-Gebühr (mindestens 30 €) zu erheben ist, wenn das zugrunde liegende Rechtsgeschäft bereits beurkundet ist, allerdings nur dann, wenn der schuldrechtliche Vertrag von demselben Notar beurkundet wurde und dieser hierfür bereits die Gebühren nach Nr. 21100 KV GNotKG (für die Beurkundung) oder nach Nr. 23603 KV GNotKG (bei vorzeitiger Beendigung) erhoben hat. Gemäß Vorbem. 2 Abs. 1 KV GNotKG umfasst »derselbe Notar« auch den Vertreter, Aktenverwahrer, Notariatsverwalter, Sozius und den Notar, mit dem Geschäftsräume i.S.d. § 9 Abs. 1 Satz 1 Fall 2 BNotO gemeinsam genutzt werden. Wurde das schuldrechtliche Geschäft, zu dem nun die Auflassung erklärt wird, von einem »anderen Notar« beurkundet, fällt eine 1,0-Gebühr gemäß Nr. 21102 Nr. 1 KV GNotKG an, mindestens 60 €. Nicht ausreichend ist jedoch die Beurkundung des schuldrechtlichen Grundstücksgeschäfts vor einem ausländischen Notar; für die zwingend vor einem deutschen Notar notwendige Erklärung und Entgegennahme der Auflassung (§ 925 BGB) fällt dann ebenfalls eine 2,0-Gebühr an (Nr. 21100 KV GNotKG) mit der Folge, dass eine »Gebührenersparnis« durch die »Flucht ins Ausland« im Grundstücksrecht nicht erzielbar ist.[72] Einzelne Entscheidungen wollen stattdessen auch hier eine 1,0-Gebühr ansetzen.[73]

---

[71] Vgl. Staudinger/*Rawert*, 13. Aufl., § 81 BGB Rn. 3; Palandt/*Heinrichs*, § 311b BGB Rn. 16; MüKo/*Kanzleiter*, § 311b BGB Rn. 24; a.A. OLG Schleswig DNotZ 1996, 770 ff. m. abl. Anm. *Wochner*.

[72] BayObLG DNotZ 1978, 58; OLG Hamm, MittBayNot 1998, 201; *Lappe*, DNotZ 1991, 413 m.w.N., unter Hinweis darauf, dass sich die Gebühren gemäß §§ 36 ff. KostO nur auf die Beurkundungen nach den §§ 167 ff. FGG a.F. beziehen, an deren Stelle 1969 das Beurkundungsgesetz trat, also nicht die Protokollierung durch ausländische Notare erfassen. Außerdem ist bei der Beurkundung der Auflassung durch einen deutschen Notar zu berücksichtigen, dass dieser gemäß § 925a BGB eine volle Prüfung des ausländisch protokollierten Verpflichtungsgeschäfts vorzunehmen hat, was die Gebührenprivilegierung nicht rechtfertigt.

[73] OLG Köln, ZNotP 2002, 411; OLG Zweibrücken, DNotZ 1997, 245; OLG Stuttgart, DNotZ 1991, 411 ff.; OLG Karlsruhe, ZNotP 1998, 127, da der Wortlaut keine Differenzierung nach der Art der Beurkundung zulasse (die Entscheidungen ergingen noch zur KostO, und führten nach damaligem Recht zu einer 0,5 Gebühr).

Die h.M. qualifiziert die Vermögensausstattung im Rahmen des Stiftungsgeschäfts unter Lebenden als Rechtsgeschäft sui generis,[74] und wendet hierauf Schenkungsrecht entsprechend an. So bestimmt sich die Haftung des Stifters nach den §§ 521 ff. BGB, und es besteht im Fall der Verarmung ein Rückforderungsrecht des Stifters analog § 528 BGB. Nach richtiger Auffassung löst ferner die Errichtung einer Stiftung unter Lebenden Pflichtteilsergänzungsansprüche der nächsten Angehörigen nach §§ 2325 ff. BGB aus, wenn der Stifter ihr (über § 2330 BGB hinaus) wesentliche Teile seines Vermögens überträgt.[75]

Der Pflichtteilsergänzungsanspruch richtet sich zunächst gegen den oder die Erben. Nur wenn dieser sich auf die Verletzung seines eigenen Pflichtteils beruft, kann sich der benachteiligte Pflichtteilsberechtigte an die Stiftung als Begünstigte der Vermögenszuwendung nach Maßgabe der §§ 2325, 2329 BGB, also bereicherungsrechtlich, halten. Handelt es sich bei der pflichtteilsergänzungsrechtlichen Zuwendung jedoch nur um eine Spende, kann die Stiftung, solange sie nicht wegen Kenntnis verschärft haftet, sich häufig auf § 818 Abs. 3 BGB berufen, z.B. wenn mit den Zuwendungen übermäßige Aufwendungen getätigt wurden, die sonst nicht notwendigerweise angefallen wären, oder wenn mit hohen Spenden spezielle Hilfsprogramme aufgelegt wurden, die sonst nicht realisiert worden wären.[76] Im Rahmen der Geltendmachung eines Pflichtteilsergänzungsanspruchs müssen sich Pflichtteilsberechtigte, die Destinatäre der Leistungen der Stiftung sind, dabei nur solche Leistungen analog § 2327 BGB anrechnen lassen, die sie aufgrund eines klagbaren Anspruchs von der Stiftung vor dem Tod des Stifters erhalten haben.[77]

Mit Anerkennung der Stiftung ist der Stifter beim Stiftungsgeschäft unter Lebenden verpflichtet, der Stiftung das ihr zugesagte Vermögen zu übertragen. Ein Rechtsübergang kraft Gesetzes findet nicht statt. Lediglich Rechte, zu deren Übertragung die Abtretung genügt, gehen mit der Anerkennung eo ipso auf die Stiftung über, soweit sich aus dem Stiftungsgeschäft nicht ein anderer Wille des Stifters ergibt (§ 82 Satz 2 BGB).

b) Stiftung von Todes wegen

Wird eine Stiftung durch Verfügung von Todes wegen (§ 83 BGB) errichtet (der Erblasser schafft sich damit seinen eigenen Erben selbst[78]) – Muster Rdn. 124 M, für unselbstständige Stiftung: Rdn. 128 M –, so sind die jeweils dafür vom Erbrecht vorgesehenen Formen für das private oder öffentliche Testament bzw. den Erbvertrag zu beachten.[79] Der Stifter muss die Stiftungserrichtung persönlich vornehmen, eine Vertretung ist unzulässig. Die Vermögensausstattung der von Todes wegen errichteten Stiftung kann durch Erbeinsetzung, Vermächtnisanordnung oder Auflage geschehen. Die Fiktion des § 84 BGB ermöglicht die Einsetzung einer Stiftung als Erbin und nicht nur als Nacherbin des Stifters nach § 2101 BGB, wenn sie erst nach dem Tod des Stifters anerkannt wird. § 84 BGB gilt auch für ausländische Stiftungen.[80] Auch eine offene Einsetzung der Stiftung als Nacherbe ist natürlich möglich.[81] Hat der Erblasser eine noch zu errichtende Stiftung als Nacherbin eingesetzt, doch bereits zu Leb-

---

74 Staudinger/*Rawert*, § 80 BGB Rn. 11.
75 *Rawert/Katschinski*, ZEV 1996, 162 ff.; LG Baden-Baden ZEV 1999, 152 m. Anm. *Rawert*; BGH ZEV 2004, 115 m. Anm. *Kollhosser* gegen OLG Dresden NJW 2002, 3181 m. krit. Anm. *Rawert*.
76 Vgl. Gutachten DNotI-Report 2007, 195.
77 Str; zum Ganzen *Rawert/Katschinski*, ZEV 1996, 164 ff.; *Medicus*, FS Heinrichs, 1998, 381 ff.
78 Die Stiftungserrichtung von Todes wegen ist, da auf Fehlentwicklungen nicht mehr reagiert werden kann, oft nur die zweitbeste Lösung; sie liegt nahe, wenn derzeit noch keine ausreichende »Stiftungsreife« besteht.
79 Vgl. *Ebersbach*, S. 52 ff.
80 OLG München, 08.04.2009 – 31 Wx 121/08, ZEV 2009, 512 m. Anm. *Muscheler*; hierzu auch *Süß*, MittBayNot 2009, 485; vgl. *Lange/Honzen*, ZEV 2010, 231.
81 Die für die Einsetzung von juristischen Personen als Nacherben gemäß § 2109 Abs. 1 Satz 1 BGB geltende Frist von maximal 30 Jahren nach dem Erbfall greift nach Ansicht des KG, 30.12.2015 – 6 W 46/15, ErbR 2016, 331 nicht, wenn das den Nacherbfall auslösende Ereignis in der Person des Vorerben eintreten soll und lediglich voraussetzt, dass ein die Nacherbschaft antretender Nacherbe (nämlich die Stiftung) existiert.

zeiten eine Stiftung gegründet, ist – ggf. auch durch ergänzende Testamentsauslegung – gemäß §§ 2084, 133 BGB – zu ermitteln, ob es sich bei der lebzeitigen Stiftung um den Nacherben handelt; maßgebliches Kriterium ist dabei der Stiftungszweck.[82]

75 Daneben kann der Erblasser auch den Erben oder einen Vermächtnisnehmer mit der Auflage beschweren, seinerseits als Stifter die Stiftung zu errichten, bzw. bei der unselbständigen Stiftung mit dem Stiftungsträger eine Schenkung unter Auflagen oder einen Treuhandvertrag zu schließen.[83] Zur Sicherung der Errichtung einer Stiftung von Todes wegen empfiehlt sich die Anordnung der Testamentsvollstreckung: Der Testamentsvollstrecker wird damit betraut, die Anerkennung der Stiftung einzuholen und ihr das zugewandte Vermögen zu übertragen.[84] Zusätzlich kann der Testamentsvollstrecker ermächtigt werden, der Stiftung eine Satzung zu geben (sowie, bei einer unselbständigen Stiftung, sogar den Stiftungsträger zu bestimmen)[85] oder die Stiftungssatzung entsprechend den Anforderungen der Anerkennungsbehörde anzupassen. Er kann sich auch zum Stiftungsorgan bestellen, sofern er von § 181 BGB (analog) befreit ist.[86] Soweit der Erblasser nichts Abweichendes bestimmt, enden die Befugnisse des Testamentsvollstreckers mit der Anerkennung der Stiftung.[87] Fehlt eine derartige Regelung, kann nach § 83 Satz 2 BGB die Anerkennungsbehörde eine unvollständige Stiftungssatzung ergänzen. Soweit nicht der Erbe oder ein Testamentsvollstrecker die Stiftungserrichtung der Anerkennungsbehörde mitteilen, hat dies nach § 83 Satz 1 BGB das Nachlassgericht zu tun.

2. Anerkennung

76 Zur Entstehung einer Stiftung ist nach § 80 Abs. 1 BGB ihre Anerkennung durch die zuständige Behörde des Landes erforderlich. Es handelt sich um einen privatrechtsgestaltenden Verwaltungsakt, durch den die Stiftung ihre Rechtsfähigkeit als juristische Person erlangt. Nach § 80 Abs. 2 BGB ist eine Stiftung als rechtsfähig anzuerkennen, wenn das Stiftungsgeschäft den Anforderungen des § 81 BGB genügt, die nachhaltige Erfüllung des Stiftungszwecks gesichert erscheint und der Stiftungszweck das Gemeinwohl nicht gefährdet. Es besteht also ein subjektiv-öffentliches Recht auf Errichtung einer Stiftung, sofern die Voraussetzungen des § 80 Abs. 2 BGB vorliegen. Die Anerkennung der Stiftung steht nicht im Ermessen der Stiftungsbehörde. Auch kann das Landesrecht keine weiteren Voraussetzungen für die Anerkennung einer Stiftung regeln, da die Regelungen der §§ 80, 81 BGB abschließend sind (s.o.). Etwas anderes gilt nur nach § 80 Abs. 3 BGB für landesrechtliche Regelungen über kirchliche und ihnen gleichgestellte Stiftungen.

77 Zuständig für die Anerkennung der Stiftung ist das Land, in dem die Stiftung ihren Sitz haben soll. Welche Behörde innerhalb des einzelnen Landes zuständig ist, bestimmt sich nach den Landesstiftungsgesetzen und den dazu ergangenen Ausführungsbestimmungen (jeweils als pdf-Datei über folgenden Link aufrufbar: www.stiftungen.org, Stichwort »Stif-

---

82 KG, 30.12.2015 – 6 W 46/15, ErbR 2016, 331.
83 Nicht möglich ist jedoch eine sog. Doppelauflage (da § 2192 BGB nur auf § 2147 BGB verweist, der Begünstigte einer Auflage also nicht seinerseits durch eine Auflage beschwert sein kann) dergestalt, dass der Erbe mit der Auflage beschwert ist, das Vermögen dem Stiftungsträger zu übertragen, Letzterer jedoch mit der Auflage beschwert wird, den Stiftungszweck einzuhalten, vgl. *Muscheler*, ZEV 2014, 573, 574.
84 Eine Dauertestamentsvollstreckung über das einzubringende Gut nach der Anerkennung der Rechtsfähigkeit der Stiftung ist unzulässig, OLG Frankfurt, 15.10.2010 – 4 U 134/10, ZEV 2011, 605 m. Anm. *Reimann*; zustimmend auch *Neuhoff*, ZErb 2013, 81 ff.; für eine stärker differenzierende Betrachtung (stehen der Stiftung gleichwohl nachhaltig Beträge zur Zweckerfüllung zur Verfügung?) plädiert *Schewe*, ZEV 2012, 236 ff. Die Entscheidung ablehnend *Ponath/Jestaedt*, ZErb 2012, 253 ff. Vgl. auch *Pauli*, ZEV 2012, 461, 465.
85 OLG München, 28.05.2014 – 31 Wx 144/13, DNotZ 2014, 702: für § 2193 BGB genügt die Angabe des Stiftungszwecks; a.A. *Muscheler*, ZEV 2014, 573 ff.: § 2193 BGB hilft nur über die fehlende Bestimmung der Destinatäre hinweg (»für Tiere«, »zu römisch-katholischen Zwecken«).
86 *Pauli*, ZEV 2012, 461, 464; die Verfügung von Todes wegen kann dies ausdrücklich gestatten und sollte dann klarstellen, dass die Organstellung auch nach Beendigung der Testamentsvollstreckung fortdauert.
87 BGHZ 41, 23.

ter & Stiftungen«, »Aufsichtsbehörden«. Dort sind auch die Kontaktdaten der Stiftungsaufsichtsbehörden aller Bundesländer hinterlegt).

VI. Die Zustiftung

Seit 2007 können für Zuwendungen in den Vermögensstock einer bestehenden (selbstständigen oder unselbstständigen) Stiftung gemäß § 10b Abs. 1a EStG, § 9 Nr. 5 S. 3 GewStG bis zu 1 Mio. € als Sonderausgaben (einmal binnen 10 Jahren; bei zusammenveranlagten Ehegatten verdoppelt) in Anspruch genommen werden, wobei es im Gegensatz zur früheren Rechtslage nicht mehr darauf ankommt, dass die Zuwendung anlässlich einer Neugründung oder im Jahr danach erfolgt. Damit werden sogenannte »Zustiftungen« für die künftige Gestaltungspraxis weit bedeutsamer werden für solche Stifter, die den Aufwand zur Schaffung eigener Strukturen scheuen oder angesichts bereits bestehender Stiftungen für nicht mehr erforderlich halten dürfen.[88] **78**

Vertragstypologisch handelt es sich um eine Schenkung mit der Auflage (§ 525 BGB), die zugewendeten Vermögenswerte bzw. ihre Surrogate in dem nach jeweiligem Landesrecht zu erhaltenden »Vermögensstock« der Stiftung zu erhalten; bei letztwilliger Zuwendung liegt ein Vermächtnis unter Auflage vor (§§ 2192 ff. BGB). Das Schenkungsversprechen unter Lebenden bedarf (auch wenn für das eigentliche Stiftungsgeschäft gemäß §§ 81 Abs. 1 Satz 1, 126 BGB Schriftform genügt) der notariellen Beurkundung, deren Fehlen jedoch durch Vollzug geheilt wird, § 518 BGB. Verwaltungsbehördliche Genehmigungsverfahren sieht das Landesrecht für Zustiftungen nicht (mehr) vor. **79**

Die Annahme der Zuwendung ist für die Organe der aufnehmenden Stiftung ein Grundlagengeschäft, zu welchem sie nur bei ausdrücklicher Satzungsanordnung oder bei Übereinstimmung mit dem mutmaßlichen Stifterwillen berechtigt sind. Die Annahme ist abzulehnen, wenn die Erfüllung des »Auftrags« des Stifters dadurch ernsthaft gefährdet ist (§ 86 i.V.m. § 27 Abs. 3 BGB erklärt das Recht des Auftragsverhältnisses, §§ 664 bis 670 BGB, für entsprechend anwendbar). Je nach dem Zustifterwillen kann das zugestiftete Vermögen mit dem vorhandenen Grundstock »verschmolzen« werden oder ist als unselbstständige Zweckvermögensmasse unter Verwaltung der Stiftung zu separieren. **80**

Schwierigkeiten bereitet die Annahme insbesondere dann, wenn die Stiftung nicht (wie etwa Bürgerstiftungen) als Mehrzweckstiftung geschaffen ist; eine Änderung des Stiftungszwecks ist allenfalls in den engen Grenzen des § 87 Abs. 1 BGB (Unmöglichkeit oder Gemeinwohlgefährdung als Folge des ursprünglichen Zwecks) möglich; weitergehende landesrechtliche Bestimmungen, die z.B. eine Zweckänderung durch Organbeschluss bei wesentlicher Veränderung der Verhältnisse vorsehen, sind wegen Verstoßes gegen insoweit abschließendes Bundesrecht unwirksam.[89] Die behördliche Genehmigung kommt in der Praxis allenfalls in Betracht, wenn sonst die Stiftung wegen Vermögenslosigkeit aufgehoben werden müsste. **81**

Verlangt der Zustifter – über allgemeine Informations- und Anhörungsrechte, die ihm lediglich einen faktischen Einfluss einräumen können, hinaus – die Schaffung einer eigenständigen Organposition (z.B. einen förmlichen Zustimmungsvorbehalt zu seinen Gunsten bei der Verwendung von Erträgen aus der Zustiftung), bedarf dies einer Satzungsänderung. Sie kann gestützt werden auf § 86 Abs. 1 i.V.m. §§ 27 Abs. 3, 665 BGB (Anpassung eines Auftrags) oder – soweit das Bundesrecht insoweit nicht ebenfalls als vorrangig und abschließend angesehen wird – auf die betreffenden landesrechtlichen Regelungen, z.B. Art. 9 Abs. 3 BayStiftG, sofern die neue Sachlage von den Voraussetzungen, die bei der Festlegung der Stiftungsverfassung galten, deutlich abweicht und damit die unveränderte **82**

---
88 *Rawert*, DNotZ 2008, 5 ff.
89 Vgl. im Einzelnen *Happ*, Stifterwille und Zweckänderung, 2007, S. 135 ff.

Befolgung der Stiftungsverfassung nicht mehr interessengerecht ist, und schließlich der Grundsatz der Verhältnismäßigkeit gewahrt wird (Änderungen der Statuten erfordern also eine ins Gewicht fallende Zustiftung).

Zahlreiche Neugründungen, etwa Bürger- oder Gemeinschaftsstiftungen sind von vornherein auf die Einwerbung weiterer Zustiftungen ausgerichtet. Solche Stiftungen enthalten eine ausdrückliche Ermächtigungsgrundlage zur Annahme von Zustiftungen, zu deren getrennter Verwaltung und häufig auch zur Aufnahme in ein »Ehrengremium« (»Stifterversammlung«).

VII. Stiftungsaufsicht

1. Zuständigkeit

83 Aufsichtsbehörde ist in der Regel die in dem betreffenden Land zur Anerkennung zuständige Behörde (s.o. Rdn. 77). In Bayern ist jedoch abweichend die Regierung der Landesteile, in Nordrhein-Westfalen der Regierungspräsident (oberste Aufsichtsbehörde Innenminister), in Rheinland-Pfalz das Landratsamt oder die Stadtverwaltung bei kreisfreien Städten, in Schleswig-Holstein der Landrat oder Bürgermeister der kreisfreien Städte, in Thüringen das Landesverwaltungsamt Stiftungsaufsichtsbehörde.

84 Die Aufsichtsbehörde überwacht die laufende Verwaltung; anzuzeigen sind ihr die Änderung der Organe, insbesondere des Vorstandes. Sie kann aus wichtigem Grunde, Organmitglieder abberufen und für eine vorläufige Vertretung sorgen. Ebenfalls gehört zu ihren Aufgaben die Erteilung von Vertretungsbescheinigungen, mit denen sich die Organmitglieder im Rechtsverkehr, insbesondere beim Grundbuchamt, legitimieren können. In einigen Landesgesetzen bedürfen besonders wichtige Geschäfte der Genehmigung der Aufsichtsbehörde (Vorsicht bei Grundstücksgeschäften!).

85 Die Aufsichtsbehörde kann aber auch der Stiftung eine andere Zweckbestimmung geben und dazu die Verfassung der Stiftung ändern oder sie aufheben, wenn die Erfüllung ihres Zweckes unmöglich geworden ist oder das Gemeinwohl gefährdet wird (§ 87 BGB und die Landesgesetze).. Mit dem Erlöschen der Stiftung fällt ihr Vermögen an den in der Satzung bestimmten Anfallsberechtigten, hilfsweise an den Fiskus des Landes, in dem die Stiftung ihren Sitz hat, vgl. dazu § 88 Satz 2 BGB.

86 Als spezielle Form der Aufhebung regeln einige Landesstiftungsgesetze die **Zusammenlegung** (auf eine neue zu gründende Stiftung), **Zulegung** (zu einer bestehenden Stiftung, i.d.R. durch Organbeschluss mit Zustimmung der Stiftungsbehörde) und **Zerlegung** von Stiftungen (nicht i.S.e. Gesamtrechtsnachfolge, vielmehr sind die aktiven und passiven Wirtschaftsgüter einzeln zu übertragen und die übertragende Stiftung sodann zu liquidieren)[90]; bei Fehlen solcher Regelungen[91] bedarf es hierzu einer hinreichend konkreten Ermächtigung in der Stiftungssatzung, bzw. (in seltenen Fällen) kann die Zusammenführung mehrerer »passender« Stiftungen durch die Stiftungsbehörde selbst als Maßnahme gem. § 87 Abs. 1 BGB erfolgen

2. Satzungsänderung und Umwandlung von Stiftungen

87 Zweckänderungen auf satzungsrechtlicher Grundlage gehen solchen auf schlicht gesetzlicher Grundlage vor. Gemäß § 85 BGB kann der Stifter bereits in der Stiftungsverfassung

---

90 *Werner*, NWB 2018, 1834 ff; *Seifart/von Campenhausen/Hof*, Stiftungsrechts-Handbuch, § 11 Rn. 54; monografisch *J. Hoffmann*, Zusammenlegung und Zulegung rechtsfähiger Stiftungen des Bürgerlichen Rechts, 2011.
91 Die wohl wirksam sind, da das Bundesrecht nur die Errichtung, nicht die Verfassung einer Stiftung abschließend regelt.

bestimmen, dass bei Nichterreichung (oder Wegfall) des zunächst vorgesehenen Zwecks andere Zwecke gefördert werden, oder er kann dem jeweiligen Vorstand bzw. einem anderen Organ, gegebenenfalls auch im Zusammenwirken, die Entscheidung über die Förderung anderer Zwecke eröffnen. Er muss allerdings dann die Kriterien für die Zweckänderung vorgeben, damit nicht der Vorstand seinen eigenen Willen an die Stelle des ursprünglichen Stifterwillens setzen kann.

Hilfsweise sind Satzungsänderungen gestützt auf § 87 Abs. 1 BGB unter engen Voraussetzungen durch die Stiftungsaufsichtsbehörde möglich, wenn die Erfüllung des Stiftungszwecks unmöglich geworden oder das Gemeinwohl gefährdet ist. Nach traditioneller,[92] jedoch zunehmend bestrittener Auffassung besteht trotz des Vorrangs des Bundesrechts daneben noch Raum für landesrechtliche Bestimmungen, die überwiegend die Zweckänderungen an weitere Voraussetzungen knüpfen, z.B. eine wesentliche Änderung der Verhältnisse. **88**

Eine Änderung des Stiftungszwecks, selbst wenn sie in der Satzung einem Stiftungsorgan durch Beschluss zugewiesen ist, ist nur möglich, wenn eine wesentliche Veränderung der Verhältnisse sie rechtfertigt bzw. wenn konkrete Bedingungen für die Änderung bereits durch den Stifter festgelegt wurden. Insbesondere bei eng umgrenzten Stiftungszwecken (z.B. Förderung einer bestimmten Familie) sollte daher ein hilfsweise (für den Fall des »Aussterbens« der Destinatäre) zu verfolgender weiterer Zweck aufgenommen werden. **89**

Vorbehalte zur Änderung des sonstigen Satzungsinhalts müssen diesen strengen Anforderungen nicht genügen. In jedem Fall bedarf die Satzungsänderung nach Landesrecht der Genehmigung durch die Stiftungsbehörde.

Abgesehen von den landesrechtlichen Regelungen der Zusammenlegung und Zerlegung, die eine besondere Form der Auflösung darstellen (s.o. Rdn. 86), können sich Stiftungen nur eingeschränkt an Umwandlungen beteiligen. Zulässig ist nach §§ 161 ff. UmwG allein die Ausgliederung von Unternehmen oder Teilen eines Unternehmens aus einer rechtsfähigen Stiftung auf Personenhandels- oder Kapitalgesellschaften. **90**

VIII. Besteuerung der gemeinnützigen Stiftung

1. Voraussetzungen der Gemeinnützigkeit

Steuerbegünstigt sind nach der Abgabenordnung nur Stiftungen, welche die Förderung der Allgemeinheit[93] auf materiellem, geistigem oder sittlichem Gebiet (also gemeinnützige, § 52 Abs. 1 Satz 1 AO), mildtätige (§ 53 AO) oder kirchliche Zwecke (§ 54 AO) selbstlos (§ 55 AO, vgl. Rdn. 94, 95), ausschließlich (§ 56 AO, vgl. Rdn. 96) und unmittelbar (§ 57 AO, vgl. Rdn. 97) verfolgen. Insb. genügt nicht bloße Gruppennützigkeit (z.B. eine Sozialstiftung für Angehörige einer Unternehmensgruppe).[94] Die Kataloge in § 52 Abs. 2 AO a.F. sowie in der »Anlage 1« zu § 48 Abs. 2 EStDV a.F. wurden nun in § 52 Abs. 2 AO n.F., und zwar abschließend[95] (Streichung des Wortes »insbesondere«) zusammengeführt. Unschädlich ist es nach § 58 Nr. 6 AO dabei, wenn eine Stiftung max. ein Drittel ihres Einkommens dazu verwendet, um in angemessener Weise den Stifter oder seine nächsten Abkömmlinge zu unterhalten oder ihre Gräber zu pflegen und ihr Andenken zu ehren (Rdn. 101 ff.). **91**

---

92 RGZ 121, 168.
93 Durch die Reform ist klargestellt, dass kulturelle Vereine (Opern-, Theaterverein) ihren Mitgliedern Vergünstigungen (Jahresgaben, verbilligter Eintritt etc.) gewähren können.
94 *Ebeling*, ZEV 1998, 93, errechnet in solchen Fällen eine Gesamtsteuerbelastung von bis zu 85 % aus Körperschafts-, Gewerbe- und Erbschaftsteuer!
95 Allerdings eröffnet § 52 Abs. 2 Satz 2 AO, Öffnungsklausel, die Möglichkeit der Gemeinnützigerklärung neuer, nicht im Katalog aufgeführter Zwecke.

Nach § 59 AO muss sich aus der Satzung und dem Stiftungsgeschäft ergeben, welchen Zweck die Stiftung verfolgt, in welcher Weise er den Anforderungen der §§ 52 bis 55 AO entspricht und dass er ausschließlich und unmittelbar verfolgt wird.

92 Wird die Gemeinnützigkeit angestrebt, ist zusätzlich das Prinzip der sog. »**formellen Satzungsmäßigkeit**« zu beachten, d.h. die Satzung selbst muss belegen, dass die Stiftung alle Voraussetzungen der Gemeinnützigkeit erfüllt.[96] Die Art der Zweckverwirklichung muss daher in räumlicher, sachlicher und persönlicher Hinsicht so konkretisiert werden, dass eine Überprüfung durch die Finanzbehörde möglich ist, § 60 Abs. 1 Satz 1 AO (Muster Rdn. 125 M). Gemäß § 60a AO greift ab 2013 ein gesondertes Verfahren zur Feststellung der satzungsmäßigen Voraussetzungen der Gemeinnützigkeit – auf Antrag der Körperschaft oder von Amts wegen bei der Veranlagung zur Körperschaftsteuer –.[97] Diese Feststellung ist für die Körperschaft und den Steuerpflichtigen, der Beiträge oder Spenden an Erstere erbringt, bindend. Zuwendungsbestätigungen i.S.d. § 50 Abs. 1 EStDV dürfen künftig nur ausgestellt werden, wenn entweder der Freistellungsbescheid nicht länger als 3 Jahre oder der Bescheid zur Feststellung der satzungsmäßigen Voraussetzungen nicht länger als 2 Jahre zurückliegt. Seit 01.01.2009 bestimmt § 60 Abs. 1 Satz 2 AO ferner, dass die Satzung die in **Anlage 1 zur AO**[98] bezeichneten Festlegungen enthalten muss, eine wörtliche Übernahme ist nicht erforderlich.[99] Ältere Satzungen sind aus Anlass einer sonstigen Satzungsänderung anzupassen (Art. 97 § 1f Abs. 2 EGAO), vgl. § 121 Rdn. 34.

93 Die Satzung muss ferner im Hinblick auf die Bindung des Stiftungsvermögens für steuerbegünstigte Zwecke regeln, wofür dieses bei Auflösung, Aufhebung oder Wegfall des bisherigen Zweckes verwandt werden soll (vgl. §§ 61, 55 AO). Neben dieser formalen Satzungsausgestaltung ist es für den Erhalt der Steuerbegünstigung erforderlich, dass die tatsächliche Geschäftsführung der Stiftung diesen Satzungsbestimmungen entspricht (§§ 59, 63 AO).

94 Die *Selbstlosigkeit* verlangt u.a. (§ 55 Abs. 1 Nr. 5 AO), dass freie wirtschaftliche Reserven **zeitnah**,[100] d.h. bis zum Ablauf des übernächsten (vor 2013: des folgenden) Jahres, für steuerbegünstigte Zwecke eingesetzt werden müssen. Das Finanzamt kann seit 2013 gemäß § 63 Abs. 4 AO eine angemessene Frist für die Verwendung der Mittel setzen. Vom Gebot zeitnaher Verwendung ausgenommen sind bspw. die vor 1977 erwirtschafteten sog. »**Altrücklagen**«, ferner Betriebsmittelrücklagen, die zur Vermeidung wirtschaftlicher Risiken benötigt werden,[101] Wiederbeschaffungsrücklagen, die aus noch nicht reinvestierten Abschreibungen resultieren, zur konkreten Finanzierungsplanung vorgesehene Projekt-Investitionsrücklagen, freie Vermögensverwaltungsrücklagen i.H.e. Drittels der Überschüsse aus der Vermögensverwaltung und 10 % der übrigen (eigentlich zeitnah zu verwendenden) Überschüsse (§ 62 Abs. 1 Nr. 3 AO, vor 2013: § 58 Nr. 7a AO),[102] Zuführungen zum Gründungs- oder Kapitalstock, Zuführungen zur Ansparrücklage aus den Überschüssen der Vermögensverwaltung und wirtschaftlicher Geschäftsbetriebe (§ 14 AO) des Gründungsjahres und der beiden folgenden Kalenderjahre (§ 58 Nr. 12 AO) sowie gemäß § 62 Abs. 1 Nr. 4 AO (vor 2013: § 58 Nr. 7b AO) solche Rücklagen, die zur Aufrechterhaltung der Beteiligungsquote an einer Gesellschaft, etwa zur Beteiligung an wirtschaftlich begründbaren[103] Kapitalerhöhungen, erforderlich sind. Nach Auffassung der Finanzverwaltung[104]

---

96 Kommentiertes Muster bei *Zehentmeier*, NWB 2009, 3583, 3594 ff.
97 Vgl. *Korn/Strahl*, NWB 2012, 3909, 3938 ff.
98 BGBl. 2008 I, S. 2794.
99 *Ullrich*, DStR 2009, 2471; Klein/*Gersch*, AO, § 60 Rn. 2; teilweise a.A. die Praxis der FA.
100 Vgl. *Plikat*, EStB 2010, 271 ff.
101 Anwendungserlass zur Abgabenordnung – AEAO – Nr. 10 zu § 58 Nr. 6 AO, BGBl. 2008 I, S. 26 ff.
102 Seit 2013 dadurch erleichtert, dass eine unterbliebene Zuführung zur freien Rücklage in den folgenden 2 Jahren nachgeholt werden kann (Abweichung von Nr. 15 Satz 1 AEAO zu § 58 AO), vgl. *Volland*, ZEV 2013, 320, 322.
103 BFH, 15.07.1998 – I R 156/94, DStR 1998, 1710.
104 Vgl. Rundverfügung der OFD Frankfurt a. Main v. 20.02.2012.

und des BFH[105] können Mittel aus freien Rücklagen auch zur Errichtung eines steuerpflichtigen wirtschaftlichen Geschäftsbetriebs eingesetzt werden, sofern dieser in den folgenden 3 Jahren Beträge in gleicher Höhe an den ideellen Bereich der Körperschaft zurückführt

95 Auch das Ausgabeverhalten der steuerbegünstigten Organisation unterliegt strengen Reglements, insb. dem Verbot unverhältnismäßig hoher Vergütungen (§ 55 Abs. 1 Nr. 3 AO), dem Verbot überhöhter Verwaltungskosten und dem Gebot der Vornahme von Zuwendungen nur i.R.d. Satzungszwecke (§ 55 Abs. 1 Nr. 1 AO). Selbst die steuerfreie Aufwandspauschale gemäß § 3 Nr. 26a EStG (720,00 €/Jahr) sowie die pauschalierte Erstattung dem Grunde nach nachgewiesener Aufwendungen (»30 ct pro gefahrenen km«)[106] darf an Vorstandsmitglieder – der nun klargestellten zivilrechtlichen Rechtslage entsprechend, – § 86 Satz 1 i.V.m. §§ 27 Abs. 3 Satz 2, 40 Satz 1 BGB in der seit 01.01.2015 geltenden Fassung nur bei entsprechender satzungsmäßiger Erlaubnis bezahlt werden, vgl. § 121 Rdn. 66 (das BMF[107] gewährte insoweit schon zuvor eine Übergangsfrist bis 31.12.2010 zur Satzungsanpassung).[108]

96 Hinzu tritt der *Ausschließlichkeitsgrundsatz* mit der Folge, dass die Vermögensverwaltung oder gewerbliche Betätigung nicht Selbstzweck sein dürfen (§ 56 AO).

97 Schließlich erfordert das Gemeinnützigkeitsrecht die *Unmittelbarkeit* der steuerbegünstigten Betätigung (§ 57 AO). Von letzterem Grundsatz bestehen zwei wichtige Ausnahmen: So kann sich zum einen die Stiftung Hilfspersonen bedienen, etwa durch Einschaltung einer sogar gewerblichen Tochtergesellschaft, sofern deren Handeln rechtlich und tatsächlich der Stiftung zugerechnet werden kann. Die Tochtergesellschaft darf aber dann nicht gleichzeitig eigene steuerbegünstigte Zwecke verfolgen (AE Nr. 2 zu § 57 AO). Darüber hinaus kann die Stiftungssatzung ausdrücklich die Sammlung von Mitteln zum Zweck der Weiterleitung an andere steuerbegünstigte Organisationen verfolgen, § 58 Nr. 1 bis 3 AO), z.B. zur Einrichtung von Stiftungsprofessuren.[109]

98 Aufgrund europarechtlicher Vorgaben[110] sah sich der Gesetzgeber gezwungen, die Gemeinnützigkeitsvergünstigungen, die zunächst nur für im Inland unbeschränkt steuerpflichtige Körperschaften galten, auch für solche Körperschaften zu öffnen, die im Inland nur beschränkt steuerpflichtig sind. Gemäß § 5 Abs. 2 Nr. 2 KStG sind daher nunmehr auch gemeinnützige Körperschaften mit Sitz oder Geschäftsleitung im EU/EWR-Ausland von der Körperschaftsteuer befreit, wenn diese Staaten mit der Bundesrepublik Deutschland ein Amtshilfeabkommen unterzeichnet haben, und die allgemeinen Voraussetzungen der Gemeinnützigkeit (§§ 51 ff. AO) sowie zusätzlich (seit 2009) ein »struktureller Inlandsbezug« gemäß § 51 Abs. 2 AO vorliegen. Sie müssen entweder natürliche Personen mit Wohnsitz oder Aufenthalt in Deutschland fördern oder durch ihre Tätigkeit zum Ansehen Deutschlands im Ausland beitragen.[111] Es ist allerdings fraglich, ob diese zusätzlichen Kriterien europarechtlichen Anforderungen genügen.[112]

---

105 BFH, 01.07.2009 – I R 6/08.
106 *Weber*, NWB 2009, 2226, 2229.
107 BMF-Schreiben v. 14.10.2009, BStBl. 2009 S. 1318. Auch ein »Zurückspenden« der Vergütung heilt nicht. Das Postulat vom grundsätzlichen Verbot von Vergütungen wird übrigens zu Unrecht mit § 662 BGB begründet, da § 27 Abs. 3 BGB (i.V.m. § 86 BGB) darauf gerade nicht verweist.
108 Alternativ kann der Vorstand beschließen, künftig auf Tätigkeitsvergütungen zu verzichten, dann sind die vor dem 14.10.2009 gewährten Zuwendungen nicht gemeinnützigkeitsschädlich, solange sie nicht »unangemessen hoch« i.S.d. § 55 Abs. 1 Nr. 3 AO waren.
109 Zur Lockerung des sog. Endowment-Verbotes in § 58 Nr. 3 AO durch das Ehrenamtsstärkungsgesetz 2013 *Volland*, ZEV 2013, 320 ff.
110 Insbesondere in den Rechtssachen »Stauffer«, »Jundt« und »Persche«, vgl. im einzelnen *Weiten/Feldner*, ZErb 2013, 88 ff. Beispielsfall (abgelehnter) Vergleichbarkeit: BFH, 17.09.2013 – I R 16/12, ErbStB 2014, 117.
111 Nach FG Köln, 20.01.2016 – 9 K 3177/14, ErbStB 2016, 170 reicht es bereits, dass die Ansehenssteigerung Deutschlands als Folge der Auslandsspende nicht evident ausgeschlossen ist.
112 Vgl. im einzelnen *Weiten/Feldner*, ZErb 2013, 88, 93 f.

2. Beteiligung gemeinnütziger Stiftungen an anderen Gesellschaften

99 Bei einer **Beteiligung an einer Personengesellschaft** erfolgt eine einheitliche und gesonderte Gewinnfeststellung im Steuerbescheid der Personengesellschaft. Handelt es sich dort nicht um vermögensverwaltende Tätigkeit (mit der Folge von Einkünften aus Kapitalvermögen, Vermietung und Verpachtung etc.), sondern liegt gewerbliche Tätigkeit[113] vor, begründete dies nach früherer, heftig kritisierter Wertung der Finanzverwaltung stets einen wirtschaftlichen Geschäftsbetrieb der Stiftung, auch wenn kein Einfluss auf die Geschäftsführung erfolgte oder möglich war (Folge des Transparenzprinzips).[114] Am 17.01.2012 wurde der Anwendungserlass zur Abgabenordnung (AEAO, § 56) durch Einfügung einer Nr. 1 insoweit geändert, als das Unterhalten eines wirtschaftlichen Geschäftsbetriebes, gleich in welcher Rechtsform, nicht zu einem eigenständigen Zweck der Stiftung werden darf; letzterer muss vielmehr dazu dienen, (allein oder mit anderen Quellen) Mittel zur Erfüllung der steuerbegünstigten Aufgaben zu erwirtschaften.[115] Entscheidendes Kriterium ist nunmehr die Ausschließlichkeit (§ 56 AO), nicht mehr die Selbstlosigkeit (§ 55 AO). Maßgeblich wird insoweit allerdings sein, dass sich aus dem wirtschaftlichen Geschäftsbetrieb langfristig stabile Gewinn erzielen lassen; dauernde Verluste können sogar zum Wegfall der Steuerbefreiung bei der Stiftung selbst führen.[116]

100 Schwierig ist dagegen die steuerrechtliche Einordnung der **Beteiligung gemeinnütziger Stiftungen an Kapitalgesellschaften**, die sowohl in der Form der Vermögensverwaltung als auch eines wirtschaftlichen Geschäftsbetriebs oder eines Zweckbetriebs[117] stattfinden kann:
– Die Anlage des Stiftungsvermögens zählt im Regelfall zur steuerfreien Vermögensverwaltung, sowohl hinsichtlich der Dividenden als auch der Veräußerungsgewinne.
– Nimmt die Stiftung als Inhaberin einer Beteiligung an einer Kapitalgesellschaft jedoch entscheidenden Einfluss auf die laufende Geschäftsführung, ist die Grenze zum **steuerpflichtigen wirtschaftlichen Geschäftsbetrieb** (§ 5 Nr. 9 KStG, § 14 AO, § 20 Abs. 1 Nr. 10 lit. b) Satz 1 bis 3[118] und Satz 4 EStG[119]) überschritten (AEAO Nr. 3 zu § 64 Abs. 1 AO). Gefährlich ist insoweit jede Einflussnahme, die über das gesetzliche Leitbild der Mitwirkung eines Gesellschafters (etwa gemäß § 46 GmbHG) hinausgeht, also Kompetenzen der Geschäftsführung betrifft. Besteht Identität der Geschäftsführungsorgane bei der Tochter-Körpergesellschaft und der Stiftung, wird das Vorliegen der tatsächlichen entscheidenden Einflussnahme vermutet. Ohne Personalunion muss die Ausübung von Weisungsrechten in ursprüngliche Geschäftsführerrechte nachgewiesen sein, insb. durch direkte Weisungen im Hinblick auf den laufenden Geschäftsbetrieb, nicht nur die Gestaltung allgemeiner Strukturfragen. Auch die Ausübung einer Holding-Funktion legt das Vorliegen eines wirtschaftlichen Geschäftsbetriebs nahe.[120]
– **Zweckbetriebe** zählen zum steuerlich begünstigten Bereich einer Stiftung. Sie liegen zum einen vor, wenn die engen gesetzlichen Voraussetzungen des § 65 Nr. 1 bis 3 AO (zur Verwirklichung der steuerbegünstigten Zwecke dienlich und erforderlich; kein vermeidbarer Wettbewerb zu freien Betrieben) kumulativ erfüllt sind, zum anderen aufgrund

---

113 Nicht ausreichend ist lediglich die Fiktion gewerblicher Einkünfte bei einer (gewerblich geprägten, § 15 Abs. 3 Nr. 2 EStG) GmbH & Co. KG, sofern der Sache nach lediglich Vermögensverwaltung stattfindet, BFH, 25.05.2011 – I R 60/10, ZEV 2011, 554; vgl. *Theuffel-Werhahn*, DB 2011, 2058 ff., selbst wenn die Personengesellschaft zuvor gewerblich tätig war: BFH, 18.02.2016 – V R 60/13, EStB 2016, 238.
114 *Arnold*, DStR 2005, 581, 583.
115 Vgl. *Seifried/Volland*, ZEV 2012, 242 ff.; *Hanke/Tybussek*, NWB 2012, 718. Dies entspricht der Wertung des BFH, 04.04.2007 – I R 76/05, DStR 2007, 1121 (»Auftragsforschung«).
116 Nr. 2 AEO zu § 55a Abs. 1 Nr. 1; *Götz*, NWB, Fach 2, S. 10114 = NWB 2008, 4810.
117 Zur Differenzierung vgl. *Söhl*, NWB 2013, 190 ff.
118 Vgl. BMF-Schreiben v. 09.01.2015, BStBl 2015 I 111.
119 Vgl. BMF-Schreiben v. 02.02.2016, BStBl 2016 I S., hierzu *Görden*, EStB 2016, 99.
120 *Götz*, NWB, Fach 2, S. 10113 = NWB 2008, 4809.

gesetzlicher Gleichstellung in den wichtigen Fällen der §§ 66 bis 68 AO (Betrieb von Krankenhäusern, Einrichtungen der Wohlfahrtspflege – z.B. Behindertenwerkstätten – sowie im Rahmen sportlicher Veranstaltungen. Die Umsatzgrenze für die Klassifizierung von sportlichen Veranstaltungen eines Sportvereins als Zweckbetrieb wurde ab 2013 von 35.000 auf 45.000 € angehoben, § 67a Abs. 1 Satz 1 AO).

3. Gemeinnützige Stiftung mit Familienbegünstigung

101 Eine Zwischenform bildet die »gemeinnützige Stiftung mit Familienbegünstigung«: Gemäß § 58 Nr. 6 AO wird die Gemeinnützigkeit nicht gefährdet, sofern die Stiftung nicht mehr als max. ein Drittel ihres Einkommens für den angemessenen Unterhalt des Stifters und seiner Angehörigen verwendet. Die Abgabe der verbleibenden mindestens $2/3$ für Gemeinwohlzwecke bildet eine Art »Gegenleistung« für die Erlangung dauernder Steuerfreiheit. Ausschüttungen an die begünstigten Familienmitglieder sind jedoch gemäß § 22 Nr. 1 Satz 2 Halbs. 3 Buchst. a) EStG einkommensteuerpflichtig (»außerhalb der Erfüllung steuerbegünstigter Zwecke«). Die Ein-Drittel-Grenze[121] des § 58 Nr. 5 AO kann auch nicht dadurch überschritten werden, dass »schuldrechtliche Vorabverpflichtungen«, die im Stiftergeschäft zugunsten der Stifterfamilie oder Dritten auferlegt wurden oder die mit dem eingebrachten Vermögen als »Gegenleistung« zu übernehmen waren, nicht berücksichtigt würden[122] (anders als etwa dingliche Nießbrauchsvorbehalte, die i.R.d. Einbringung ausbedungen sind).[123]

102 Die Finanzverwaltung interpretiert den **Begriff der Angehörigen** jedoch eng und begrenzt ihn auf Ehegatten, Eltern, Großeltern, Kinder, Enkel, Geschwister, Pflegeeltern und Pflegekinder.[124] Mit Erreichen der »dritten Generation« sind demnach Konflikte mit dem Gemeinnützigkeitsrecht »vorprogrammiert«. Problematisch sind weiter Sachverhalte, in denen die »angemessene Versorgung« bereits anderweit sichergestellt ist,[125] aus der Stiftung jedoch Sonderbedarf gedeckt werden soll. Gemeinnützigkeitsschädlich (da bedarfsunabhängig) wäre es auch, stets »statutarisch« einen bestimmten Prozentsatz der Erträge den Angehörigen zugute kommen zu lassen.[126]

4. Steuerliche Behandlung gemeinnütziger Stiftungen

a) Erbschaftsteuer

103 Gemeinnützige (auch mildtätige oder kirchliche) Stiftungen genießen, da sie zugleich den Staat von gemeinschaftswichtigen Aufgaben entlasten, im Verhältnis zu Familienstiftungen deutliche steuerliche Begünstigungen: Die unentgeltliche Übertragung von Vermögen auf solche Stiftungen ist nicht erbschaft-/schenkungsteuerpflichtig, § 13 Abs. 1 Nr. 16 Buchst. b)

---

121 Sollte (atypischerweise) im Stiftungsgeschäft den Destinatären eine feste Rentenzahlung ausgesetzt worden sein, muss diese daher auf die Drittel-Grenze gekappt werden, Formulierungsvorschlag bei *Ihle*, RNotZ 2009, 621, 630.
122 Für Berücksichtigung jedoch BFH DB 1998, 659; Nichtanwendungserlass der Finanzverwaltung: BMF BStBl. 1998 I, 1446.
123 *Kirchhain*, ZEV 2006, 534; *Ihle*, RNotZ 2009, 621, 630; dies ist auch Ansicht der Finanzverwaltung: AEAO Tz. 12 zu § 55 Abs. 1 Nr. 1 AO und OFD Magdeburg, Vfg. v. 03.03.2014, ZEV 2014, 332.
124 AEAO Tz. 6 zu § 58 AO.
125 Vgl. etwa Verfügung der OFD Magdeburg ErbStB 2004, 247: »wenn die Angehörigen in Not geraten sind und sich den gewohnten Lebensstil nicht mehr leisten können«, AEAO Tz. 7 S. 3 zu § 58 Nr. 6 AO – dort wird abgestellt auf den Lebensstandard des Zuwendungsempfängers, während *Tipke/Kruse*, § 58 AO Rn. 6, auf den Lebensstandard des Stifters abstellen. Nach *Reimann*, DNotZ 2012, 250, 260 sieht die Finanzverwaltung die Grenze häufig im Gehalt eines Oberregierungsrates, teilweise auch bei 100.000 bis 150.000 Euro/Jahr.
126 AEAO Nr. 8 zu § 58 Nr. 6 AO (neu gefasst durch BMF-Schreiben v. 30.01.2014, vgl. *Hüttemann*, DB 2014, 442 ff.).

ErbStG. Die Steuerfreiheit soll jedoch nach umstrittener[127] Verwaltungsauffassung[128] wegen Fehlens der »dauerhaften Bindung« i.S.d. § 55 Abs. 1 Nr. 1 AO nicht gewährt werden, wenn die gemeinnützige Stiftung lediglich als Vorerbe (und bspw. die Kinder des Erblassers beim Eintritt bestimmter Umstände als Nacherben) eingesetzt sind. Auch bewertungsrechtlich werden die Bindungen aus der Gemeinnützigkeit (beim Erwerb von Anteilen an gemeinnützigen Kapitalgesellschaften) berücksichtigt.[129]

b) Einkommensteuer

104 Einkommensteuerlich gelten für die unentgeltliche Einbringung von Betrieben, Teilbetrieben und ganzen Mitunternehmeranteilen keine Besonderheiten: Buchwertprivileg des § 6 Abs. 3 EStG. Für Einzelwirtschaftsgüter (Betriebsgrundstück) gilt jedoch ebenfalls das Buchwertprivileg gemäß § 6 Abs. 1 Nr. 1 S. 4 und 5 EStG, ebenso für steuerverstrickte Wirtschaftsgüter des Privatvermögens (Anteile nach § 17 EStG, Objekte in der Spekulationsfrist des § 23 EStG, altrechtliche einbringungsgeborene sowie einbringungsverstrickte Anteile nach § 21 UmwStG).[130]

c) Grunderwerbsteuer

105 Grunderwerbsteuerfreiheit tritt nicht bereits aufgrund der Gemeinnützigkeit ein, aber bei unentgeltlichem Erwerb aufgrund der vorrangigen (in casu wegen § 13 Abs. 1 Nr. 16 Buchst. b) ErbStG nicht eintretenden) Schenkungsteuerbarkeit, § 3 Nr. 2 GrEStG. Letztere Norm sperrt jedoch nicht, wenn anstelle des Grundstücks selbst z.B. alle Anteile des Stifters an einer ihm gehörenden Grundstücks-GmbH eingebracht werden: Besteuerung der, auch aufgrund unentgeltlicher Vorgänge, eintretenden Anteilsvereinigung gemäß § 1 Abs. 3 GrEStG. Auch wenn ein Entgelt vereinbart wird, z.B. die Übernahme von Verbindlichkeiten durch die Stiftung, löst nicht bereits das Ausstattungsversprechen im behördlich anerkannten Stiftungsgeschäft die Steuer aus, sondern erst die spätere Erklärung der Auflassung samt schuldrechtlicher Regelungen selbst.[131] Auch der vorbehaltene Nießbrauch zugunsten des Stifters führt (seit der Abschaffung des § 25 ErbStG) zur Grunderwerbsteuer![132]

d) Körperschaft- und Gewerbesteuer

106 Des Weiteren sind diese Stiftungen gemäß § 5 Abs. 1 Nr. 9 KStG von der Körperschaftsteuer befreit und es unterbleibt gemäß § 44a Abs. 7 EStG auch der Kapitalertragsteuerabzug[133] bei Vorlage einer entsprechenden »NV-Bescheinigung«, eines »Freistellungsbescheides GEM 2« bzw. einer vorläufigen Bescheinigung über die Gemeinnützigkeit (»GEM 5«).[134] Auch unselbstständige Stiftungen sind in gleicher Weise freigestellt, solange sie auch gemeinnützigkeitsrechtlich ausreichend vom Stiftungsträger (Treuhänder) selbst abgegrenzt sind.[135]

---

127 *Söffing/Thoma*, BB 2004, 855.
128 Erlass des BayStMinFin v. 12.11.2003 ZEV 2004, 65.
129 Tz. 5 der gleichlautenden Erlasse vom 09.10.2013, z.B. BayStMinF 34 – S 3102–0005 – 37 831/13 (Abzug einer auflösend bedingten Last i.S.d. § 7 BewG), vgl. *Mannek*, NWB 2013, 3449 ff.
130 Vgl. *Schauhoff*, Handbuch der Gemeinnützigkeit, 2. Aufl., § 6 Rn. 24.
131 BFH, 27.11.2013 – II R 11/12, ZfIR 2014, 210 (nur Ls.) gegen FG Schleswig-Holstein, 08.03.2012 – 3 K 118/11, ErbStB 2012, 208.
132 *Wachter*, DStR 2012, 1900 fordert daher de lege ferenda eine Ergänzung des § 3 GrEStG.
133 Die Beschränkung der Kapitalabzugsteuerfreiheit (bzw. bis VZ 2004 die Rückerstattung gemäß § 44c Abs. 1 Nr. 1 EStG a.F.) auf inländische gemeinnützige Stiftungen verstößt gegen Europarecht, vgl. *Schulz/Augsten*, ErbStB 2008, 204 ff., auch zur notwendigen Erstattungspflicht bis zu einer Neuregelung.
134 Vgl. *Liem/Bieling*, ErbStB 2008, 368 ff.; auch zur Erstattung gemäß § 44b Abs. 5 EStG.
135 Nach OFD Frankfurt am Main, 30.08.2011, S 0170 A-41-St 53, ZEV 2012, 288 ist hierfür Voraussetzung, dass entweder Treuhänder und unselbstständige Stiftung unterschiedliche Zwecke verfolgen oder zwar

Die Steuerbefreiung gilt aber stets nur für ihren ideellen Bereich, Zweckbetriebe oder den Bereich ihrer Vermögensverwaltung. Falls eine Stiftung einen wirtschaftlichen Geschäftsbetrieb (§§ 64 Abs. 1, 14 AO) (»Betrieb gewerblicher Art«, »BgA«)[136] unterhält, sind dessen Erträge steuerpflichtig (§ 5 Abs. 1 Nr. 9 Satz 2 KStG).[137] Gleiches gilt für die Gewerbesteuer (§ 3 Nr. 6 GewStG). Zur Abgrenzung vgl. Rdn. 100; ein BgA kann z.B. in der Anzeigenschaltung als Gegenleistung für das Sportvereinsponsoring liegen,[138] ferner im Fall der Beteiligung an einer gewerblich tätigen Personengesellschaft.[139] Ist die Stiftung an einer Kapitalgesellschaft beteiligt, wird darauf abgestellt, ob sie entscheidenden Einfluss auf die Geschäftsleitung der Gesellschaft nimmt (vgl. Rdn. 100).

Betragen bei solchen wirtschaftlichen Geschäftsbetrieben die Einnahmen einschließlich USt nicht mehr als 35.000,00 €/Jahr, unterliegen diese Besteuerungsgrundlagen nicht der Körperschaft- und Gewerbesteuer (de minimis Grenze in § 64 Abs. 3 AO); darüber hinausgehende Einkünfte sind hinsichtlich der ersten 5.000 € freigestellt (§ 24 Satz 1 KStG; § 11 Abs. 1 Satz 3 Nr. 2 GewStG).

107

Werden Zuwendungen nicht für die bescheinigten steuerbegünstigten Zwecke eingesetzt (bzw. sind bereits die Spendenbescheinigungen zumindest grob fahrlässig fehlerhaft), haftet die gemeinnützige Körperschaft pauschal auf 30 % der Spendensumme (zum Ausgleich der dem Zuwendenden damit ermöglichten Steuerersparnis); bei Spenden aus einem Gewerbebetrieb auf 45 % der Spendensumme; gemäß § 10b Abs. 4 Satz 2 EStG haftet hilfsweise die handelnde Person.

e) Umsatzsteuer und Grundsteuer

Für Umsätze steuerbegünstigter Stiftungen, die im Bereich der Vermögensverwaltung und von Zweckbetrieben anfallen, gilt nach § 12 Abs. 2 Nr. 8a UStG ein ermäßigter Umsatzsteuersatz von 7 % bei vollem Vorsteuerabzug, sofern keine andere Befreiung greift (Einnahmen aus dem ideellen Bereich, wie Spenden und Beiträge, sind gänzlich umsatzsteuerfrei, Gewinne aus dem steuerpflichtigen wirtschaftlichen Geschäftsbetrieb genießen keine Befreiung. Schließlich sind steuerbegünstige Stiftungen i.S.d. §§ 51 ff. AO nach §§ 3 Abs. 1 Nr. 3, 4 Nr. 6 GrStG von der Grundsteuer befreit.

108

5. Steuerliche Förderung des Stifters/Spenders

a) Einkommensteuer

Das rückwirkend zum 01.01.2007 in Kraft getretene »Gesetz zur weiteren Stärkung des bürgerschaftlichen Engagements« enthält zahlreiche Änderungen des Gemeinnützigkeits- und Spendenrechts, insbesondere die Vereinheitlichung des Spendenabzugs (nachstehend aa), und die Erweiterung der Abzugsfähigkeit bei Dotationen an Stiftungen (bb).

109

aa) *Spendenabzug.* Die bisher in § 10b Abs. 1 EStG vorgesehene Differenzierung nach Zwecksetzungen hinsichtlich der Höchstgrenzen wurde aufgehoben, es gilt einheitlich ein Spen-

110

---

gleiche Zwecke verfolgt werden, die unselbstständige Stiftung aber über eigene Gremien verfügt, die unabhängig vom Treuhänder über die Verwendung der Mittel entscheiden können.
136 Vgl. zur Bilanzierung beim BgA *Strahl*, NWB 2009, 2650 ff.
137 Vgl. *Liem/Bieling*, ErbStB 2008, 370 ff., zur Behandlung von Kapitalerträgen ab 2009.
138 BFH, 07.11.2007 – I R 42/06, EStB 2008, 201; hierzu *Thoma*, ErbStB 2009, 11. Das Anzeigengeschäft sollte daher besser an Werbeagenturen verpachtet werden; die daraus resultierenden Einnahmen zählen zur Vermögensverwaltung. Zur steuerlichen Behandlung des Sponsoring vgl. *Carlé*, ErbStB 2011, 296 ff.
139 BFH, 27.03.2001 – I R 78/99, BStBl. 2001 II, S. 449.

den- (und Mitgliedsbeitrag-[140]) Höchstbetrag von 20 % des Gesamtbetrags der Einkünfte (von 2009 bis 2011 unter Einschluss der pauschal abgeltungsbesteuerten Kapitaleinkünfte, sofern nachgewiesen[141] – ab 2012 besteht diese Möglichkeit nicht mehr, es sei denn, der Steuerpflichtige optiert hinsichtlich der Kapitalerträge zur Regelbesteuerung![142]) bzw. 0,4 % der gesamten Umsätze und der im Kalenderjahr aufgewendeten Löhne und Gehälter für die Förderung sämtlicher in §§ 52 bis 54 AO genannter Zwecke (und zwar zur Wahrung der Kapitalverkehrsfreiheit, Art. 63 AEUV, auch seit 2010 an gemeinnützige Empfänger im EU-/EWR-Ausland – »Als-ob-Betrachtung«, Typenvergleich, struktureller Inlandsbezug analog § 51 Abs. 2 AO –,[143] zuvor nur dann, wenn sie die materiellen Anforderungen des deutschen Rechtes erfüllen[144]). Aufgehoben wurde auch die bisherige »Großspendenregelung« des § 10b Abs. 1 Satz 4 EStG a.F. bei Überschreiten von 25.565,00 € für als besonders förderungswürdig anerkannte kulturelle, mildtätige und wissenschaftliche Zwecke.

111 Nunmehr können Zuwendungen, welche die neuen Spendenhöchstgrenzen überschreiten, gemäß § 10b Abs. 4 EStG unbegrenzt vorgetragen werden (ein Spendenrücktrag in das vorangehende Jahr ist dagegen nicht mehr möglich). Allerdings geht ein nicht genutzter Spendenvortrag beim Ableben nicht auf die Erben über.[145] Erforderlich ist ferner stets, dass die Stiftung bereits (durch behördliche Anerkennung) entstanden ist; eine »Vor-Stiftung« kann mangels Existenz nicht tauglicher Zuwendungsempfänger sein.[146] Bei Einzelzuwendungen bis 200,00 € besteht ein erleichtertes Nachweisverfahren durch Bareinzahlungsbeleg bzw. Buchungsbestätigung; Sachspenden unterliegen gemäß § 10b Abs. 3 Satz 3, 4 EStG besonderen Bewertungsregeln. Ab 01.01.2013 sind neue Muster für Zuwendungsbestätigungen zu verwenden;[147] bei unrichtiger Ausstellung haftet der Zuwendungsbegünstigte, ersatzweise die handelnde Person (§ 10b Abs. 4 Satz 2 EStG).

112 **bb) Dotation von Stiftungen.** Auch der bisherige für Zuwendungen an Stiftungen (auch an unselbstständige Stiftungen) geltende zusätzliche Abzugsbetrag von 20.450 € ist durch das neue Gesetz gestrichen worden. Stattdessen können **lebzeitige**[148] **Zuwendungen in den Kapitalstock von Stiftungen** gemäß § 10b Abs. 1a EStG auf Antrag im Zuwendungsjahr – an

---

140 Wie bisher bleiben allerdings ausgeschlossen Mitgliedsbeiträge an Sport-, kulturelle oder nahestehende (Hundezüchter-, Karneval-, Kleingärtnerei-)Vereine, die in erster Linie der Freizeitgestaltung der Mitglieder dienen.
141 § 2 Abs. 5b Satz 2 Nr. 1 EStG a.F.: (allerdings mindert der Spendenabzug nicht die Einkünfte aus Kapitalvermögen, vgl. *Schienke-Ohletz*, ErbStB 2010, 347).
142 Z.B. indem er die Günstigerprüfung beantragt, entweder bezogen auf alle Kapitaleinkünfte oder lediglich bezogen auf Dividenden von Kapitalgesellschaften, an denen er zu mindestens 25 % beteiligt ist bzw. zu mindestens 1 % beteiligt und beruflich für sie tätig ist.
143 »Gesetz zur Umsetzung steuerrechtlicher EU-Vorgaben«, BGBl. 2010 I, S. 386; vgl. *Hüttemann*, IStR 2010, 230; *Seidel*, ErbStB 2010, 204, 213.
144 EuGH, 27.01.2009 – Rs C-318/07 »Hein Persche«, FR 2009, 230 (Sachspende an portugiesisches Seniorenheim), allerdings fehlt es häufig an der Einhaltung der strengen Nachweisregeln des deutschen Rechtes (*Lehr*, NWB 2009, 432; *Fischer*, FR 2009, 249); auch wurde der Inlandsbezug in § 51 Abs. 2 AO durch das JStG 2009 verschärft, vgl. *Nolte*, NWB 2009, 2236 ff. Zur Anwendung des EuGH-Urteils »Persche« vgl. BMF-Schreiben v. 06.04.2010 – IV C 4 – S 2223/07/0005, BeckVerw 237303. Beispielsfall (Spendenabzug abgelehnt): FG Münster, 08.03.2012 – 2 K 2608/09 E, ErbStB 2012, 243.
145 BFH, 21.10.2008 – X R 44/05, ErbStB 2009, 72 m. Anm. *Heinrichshofen*, der einen Billigkeitsantrag empfiehlt.
146 FG Schleswig-Holstein, 04.06.2009 – 1 K 156/04, ErbStB 2009, 267.
147 BMF v. 30.08.2012 – IV C 4 S 2223/97/9918:005; BStBl 2012 I S. 884; Download der Formulare unter https://www.formulare-bfinv.de
148 Kein Sonderausgabenabzug, auch nicht im Todesjahr, für Stiftungsausstattungen von Todes wegen, BFH, 16.02.2011 – X R 46/09 EStB 2011, 180 – die zivilrechtliche Rückwirkung des § 84 BGB hat auf das steuerrechtliche Zuflussprinzip keinen Einfluss – (weder beim Erblasser noch beim Erben. Anders verhält es sich, wenn der Erblasser sein Vermögen dem Erben hinterlässt mit der bloßen »Empfehlung« der Zuwendung an gemeinnützige Empfänger: Spendenabzug zugunsten des Erben, da dennoch Freiwilligkeit gegeben ist, FG Düsseldorf, 02.06.2009 – 16 V 896/09 EFG 2009, 1931; *Günther*, ErbStB 2009, 340).

eine bereits bestehende Stiftung –[149] und in den folgenden neun Veranlagungszeiträumen zusätzlich zu den § 10b Abs. 1 EStG genannten Höchstgrenzen bis zu einem Betrag von gesamt 1 Mio. € abgezogen werden. Dieser Höchstbetrag kann nur einmal binnen 10 Jahren genutzt werden, ist aber nicht mehr begrenzt auf Zuwendungen im Errichtungs- und Folgejahr. Für Ehegatten steht dieser Höchstbetrag zweifach zur Verfügung.[150] Bei zusammen veranlagten Ehegatten[151] kam es bis Ende 2012 zwar nicht auf die Herkunft der Mittel an, allerdings musste jeder Ehegatte selbstständig die Spende jeweils in der (maximalen) Höhe »als eigene« tätigen wollen.[152] Auch der Zehn-Jahres-Zeitraum läuft für jeden Ehegatten-Höchstbetrag getrennt.[153] Für Zuwendungen an sog.»Verbrauchsstiftungen«, deren Grundstock nicht erhalten bleibt (Rdn. 39), besteht diese Abzugsmöglichkeit jedoch nicht.[154] Der allgemeine Spendenabzug von bis zu 20 % des Gesamtbetrages der Einkünfte (vgl. Rdn. 110) und die Dotationsförderung von bis zu 1 Mio. € pro Ehegatte können, und zwar auch nach Ansicht der Finanzverwaltung,[155] kombiniert werden.[156]

b) Schenkung-/Erbschaftsteuer

113 Anstelle der einkommensteuerlichen Förderung kann der Zuwendende jedoch auch eine Möglichkeit zur Erbschaftsteuervermeidung wählen, vgl. § 29 Abs. 1 Nr. 4 ErbStG: Demnach erlischt die Steuer mit Wirkung für die Vergangenheit, soweit ererbte oder geschenkte Vermögensgegenstände (nicht jedoch deren Surrogate)[157] binnen 24 Monaten einer gemeinnützigen Körperschaft, insbesondere Stiftung, zugeführt werden.

IX. Besteuerung der nicht gemeinnützigen Stiftung

114 Steuerlich gilt eine Familienstiftung als nicht mehr gemeinnützig, wenn sie mehr als ein Drittel ihrer Einnahmen für die Versorgung der Stifterfamilie verwendet, § 58 Nr. 6 AO, vgl. Rdn. 101.

Die Einbringung eines Unternehmens kann gemäß § 6 Abs. 3 EStG zu Buchwerten erfolgen, wenn der ganze Betrieb, ein selbstständiger Betriebsteil, oder ein ganzer Mitunternehmeranteil betroffen ist. Auch steuerverstricktes Privatvermögen (also Anteile i.S.d. § 17 EStG oder Wirtschaftsgüter vor Ablauf der »Spekulationsfrist« des § 21 EStG kann unentgeltlich ohne Gewinnrealisierung übertragen werden, die Grundsätze der verdeckten Sacheinlage gelten nicht.

---

149 Dabei muss die Stiftung selbst bereits wirksam entstanden, also behördlich anerkannt sein; der Verwaltungsakt wirkt nicht auf das Stiftungsgeschäft zurück, FG Schleswig, 04.06.2009 – 1 K 156/04 ErbStB 2009, 267; *Wachter*, DStR 2009, 2469 plädiert dafür, schon vor der Anerkennung ein »Zweckvermögen« als »sonstige Vermögensmasse« i.S.d. § 9 Abs. 1 Nr. 2 KStG anzuerkennen; vgl. auch *Seidel*, ErbStB 2010, 204, 212.
150 BFH v. 03.08.2005 – XI R 76/03, BStBl. 2006 II, S. 121, zur alten Regelung, OFD Magdeburg v. 13.04.2006, ZEV 2006, 355; dies dürfte auch für die Neuregelung gelten, vgl. *Müller/Thoma*, ErbStB 2008, 49.
151 Anders als bei getrennter Veranlagung, wo die Mittelherkunft mit der Spendenvornahme übereinstimmen muss.
152 Vgl. *Thoma/Seidel*, ErbStB 2006, 358; *Schienke-Ohletz*, ErbStB 2010, 343; ab 2013 geändert durch das Ehrenamtsstärkungsgesetz.
153 Vgl. *Nickel/Robertz*, FR 2006, 74.
154 § 10b Abs. 1a Satz 2 EStG (Klarstellung seit 2013), schon zuvor *Gastl*, Stiftung & Sponsoring, 2008, S. 32.
155 BMF v. 18.12.2008, BStBl. 2009 I, S. 16 (freie Zuordnungsentscheidung des Steuerpflichtigen; unbefristeter Spendenvortrag). Dadurch sind die teilweise abweichenden Auffassungen der OFD Frankfurt am Main v. 13.10.2008, ZEV 2009, 52 und OFG Frankfurt am Main v. 13.06.2008, BeckVerw 126773 überholt.
156 *Hüttemann*, DB 2008, 2164; *Funke/Lachotzki*, EStB 2009, 75; *Fiala/Strobelt*, NotBZ 2008, 225: Durch günstig verteilte Vermögensausstattung von 876.600,00 € binnen 5 Jahren wird eine Steuerersparnis von 539.093,00 € erzielt!
157 Kritisch hiergegen *Lüdicke*, ZEV 2007, 254.

115 Gemäß §§ 3 Abs. 2 Nr. 1, 7 Abs. 1 Nr. 1 i.V.m. Nr. 8 ErbStG fällt Erbschaft- bzw. Schenkungsteuer an.[158] Dies gilt auch, wenn der Zuwendende, etwa im Fall einer Zustiftung, zugleich (ggf. sogar einziger!) Begünstigter ist.[159] Die Steuerklasse richtet sich allerdings für alle nach dem Stiftungsgeschäft geschuldeten Zuwendungen[160] gemäß § 15 Abs. 2 Satz 1 ErbStG nach dem Verwandtschaftsverhältnis, das zwischen dem Stifter und dem entferntesten nach der Stiftungsurkunde berechtigten Verwandten bestehen kann (bei Begünstigung also nur von Ehegatten, Kindern, Stiefkindern oder Abkömmlingen erfolgt Besteuerung nach Steuerklasse I).[161] Ist jedoch der Stifter selbst der einzig (noch) vorhandene Begünstigte, bleibt es bei der Besteuerung geschuldeter Zuwendungen in Steuerklasse III, da es an der von § 15 Abs. 2 Satz 1 ErbStG für die Gewährung des Steuerklassenprivilegs vorausgesetzten Personenverschiedenheit fehlt.[162] Wird jedoch **Betriebsvermögen** auf eine nicht gemeinnützige (z.B. Familien-)Stiftung unentgeltlich übertragen, kann die Schenkungsteuer bei Einhaltung der §§ 13a ff ErbStG reduziert oder vermieden werden. Die Tarifbegrenzung gemäß § 19a ErbStG gilt allerdings für die Familienstiftung als juristische Person nicht.

116 Einen besonderen Bedeutungszuwachs erfährt die Familienstiftung als im Rahmen des § 28a ErbStG (Verschonungsbedarfsprüfung für betriebliche Großerwerbe) seit 01.07.2016 besonders geeignetes »Erwerbsvehikel«. Die im Übrigen vermögenslose – und im nachfolgenden Beobachtungszeitraum von zehn Jahren auch abgesehen vom erhaltenen Betriebsvermögen vermögenslos bleibende – Familienstiftung gewährleistet, dass lediglich die Hälfte des mit dem erworbenen/ererbten Betrieb übergehenden Verwaltungsvermögens zur Begleichung der Schenkung/Erbschaftsteuer herangezogen werden kann, im Extremfall also, bei Vorhandensein lediglich unschädlichen oder durch Verbindlichkeiten neutralisierten Verwaltungsvermögens, kann die Steuer gar ganz vermieden werden

117 Die laufenden Erträge der Stiftung selbst sind gemäß § 1 Abs. 1 Nr. 5 KStG körperschaftsteuerpflichtig und – falls die Stiftung einen wirtschaftlichen Geschäftsbetrieb i.S.d. § 14 AO unterhält, also nicht bei der reinen Vermögensverwaltung – gewerbesteuerpflichtig,[163] § 2 Abs. 3 GewStG. Anders als bei einer GmbH fällt demnach Gewerbesteuer nicht bereits aufgrund der Rechtsform an.

118 Sofern den begünstigten Familienangehörigen[164] mindestens 75 % der laufenden Bezüge und des bei Auflösung anfallenden Vermögens zustehen, fingiert § 1 Abs. 1 Nr. 4 ErbStG alle 30 Jahre ab erstmaligem Vermögenserwerb einen Erbfall, der (verfassungsrechtlich unbedenklich[165]) sog. »**Erbersatzsteuer**« zulasten der **rechtsfähigen** (– nicht jedoch der

---

158 Dies gilt auch, wenn Vermögen von einer Stiftung auf eine von ihr gegründete weitere Stiftung übertragen wird, BFH, 13.04.2011 – II R 45/09, ErbStB 2011, 213 (keine Übertragung der Rechtsprechung des BFH, 01.12.2004 – II R 46/02, BStBl. 2005 II, S. 311, dass unentgeltliche Vermögensübertragungen unter Trägern öffentlicher Verwaltung keine freigebigen Zuwendungen darstellten).
159 BFH, 09.12.2009 – II R 22/08, BStBl. 2010 II, S. 363 = ZEV 2010, 202 m. Anm. *Geck*; FG Hessen, 27.03.2008 – 1 K 486/05, ErbStB 2008, 229 (anders als bei Zuwendungen eines Gesellschafters an seine Kapitalgesellschaft »causa societatis«: BFH, 17.10.2007 – II R 63/05, MittBayNot 2008, 327 m. Anm. *Gottwald*; zur dort möglichen schenkungsteuerlichen Bereicherung der Mitgesellschafter vgl. nun § 7 Abs. 8 ErbStG.
160 Also nicht für spätere »freiwillige« Zustiftungen, vgl. FG Hessen, 27.03.2008 – 1 K 486/05, ErbStB 2008, 229; *Ihle*, RNotZ 2009, 621, 632. Anderenfalls bleibt nur die Gründung einer weiteren Stiftung, oder die Gewährung eines angemessen verzinsten Darlehens an die Stiftung.
161 Nach Auffassung der Finanzverwaltung Nordrhein-Westfalen (DStR 1992, 582) jedoch in der Steuerklasse III, wenn die Begünstigung solchermaßen entfernter Personen nicht ausgeschlossen ist.
162 Vgl. *Ihle*, notar 2008, 142.
163 Freibetrag max. 3.100 €, § 11 Abs. 1 Nr. 1 GewStG.
164 Der Kreis der relevanten Familienangehörigen ist in § 1 Abs. 1 Nr. 4 ErbStG weiter gefasst als in § 15 Abs. 2 AStG, vgl. im Einzelnen *Schulz/Werz*, ErbStB 2008, 177.
165 BVerfG, 22.08.2011 – 1 BvR 2570/10, ZEV 2012, 51.

unselbständigen[166], die insoweit vorteilhafter ist![167] –) Familienstiftung auslöst Simuliert wird dabei ein Vermögensanfall an zwei Abkömmlinge (und damit später und an mehr Personen als es dem statistischen tatsächlichen Durchschnitt entspräche, ferner zu planbaren Zeitpunkten und Konditionen); die Steuer kann mit einer Verzinsung von 5,5 %, ohne Stellung von Sicherheiten, auf 30 Jahresraten gestundet werden (§ 24 ErbStG). Der nächste »planmäßige« Besteuerungszeitpunkt liegt, falls die Stiftung vor 1954 gegründet wurde, im Jahr 2044 (sie erfolgte zuletzt am 01.01.2014).[168]

Zur Vermeidung von Streitigkeiten zwischen potentiellen Destinatären und zur mehrfachen Erlangung der Steuer»vergünstigungen« von Familienstiftungen im Rahmen der Erbersatzbesteuerung (doppelte Freibeträge; Steuerklasse I auf das halbe Vermögen) kann es sich daher empfehlen, mehrere Familienstiftungen zu gründen.[169]

Die an Destinatäre einer nicht von der Körperschaftsteuer befreiten Stiftung ausgeschütteten[170] Leistungen (»Destinatszahlungen«) können, sofern es sich um **wiederkehrende Leistungen** handelt, sie also nicht als Ermessenszuwendungen »ad hoc« gewährt werden, sonstige Einkünfte i.S.d. § 22 Nr. 1 Satz 2 Hs. 2a) EStG darstellen, die hinsichtlich des Ertragsanteils besteuert werden.[171] Handelt es sich um Einzelleistungen, können seit 2001[172] ertragsteuerlich Einkünfte aus Kapitalvermögen i.S.d. § 20 Abs. 1 Nr. 9 EStG in Betracht kommen, allerdings nur, wenn die Begünstigten zumindest mittelbar Einfluss auf das Ausschüttungsverhalten der Stiftung nehmen konnten, da andernfalls die Stiftung keine Teilhabe an ihren Kapitalerträgen vermittelt;[173] dann muss die Stiftung Kapitalertragsteuer gem. § 43 Abs. 1 Nr. 7b EStG samt Solidaritätszuschlag einbehalten und abführen.[174] Ab dem Veranlagungszeitraum 2009 gilt in diesen Fällen grds. (vorbehaltlich Günstigerprüfung) der Abgeltungsteuersatz (abgeltende Wirkung der Kapitalertragsteuer).[175] § 20 Abs. 1 Nr. 9 EStG wurde zum 14.12.2010 dergestalt geändert, dass nun auch Ausschüttungen ausländischer Familienstiftungen unmittelbar erfasst sind (sofern nicht die vorrangige Zurechnungsbesteuerung gem. § 15 AStG greift. Der Normtext des § 20 Abs. 1 Nr. 9 EStG wurde hierzu um einen Satz 2 erweitert, der »Leistungen von vergleichbaren Körperschaften, Personenvereinigungen oder Vermögensmassen, die weder Sitz noch Geschäftsleitung im Inland haben« einbeziehe.

Daneben kann Erbschaftsteuer anfallen, und zwar im Fall der Auflagenbegünstigung von Nichtstiftern (die nicht mit einem Forderungsrecht verbundene Begünstigung des Stifters selbst bleibt also erbschaftsteuerfrei ebenso wie der [seltene] Fall eines echten Leistungsanspruchs der Destinatäre, da dann auf satzungsmäßiger Rechtspflicht beruhend). Erfolgen Zuwendungen an Angehörige des Stifters, liegt hierin eine Zuwendung der Stif-

---

166 BFH, 25.01.2017 – II R 26/16, ZEV 2017, 286, zustimmend *Trappe*, ErbR 2017, 320 ff.; ebenso zuvor *Theuffel-Werhahn*, ZEV 2014, 14 ff., *van Randenborgh*, BB 2013, 2780, *Daragan*, ZErb 2017, 1 ff. und *Oppel*, ZEV 2017, 22 ff.; a.A. *Hübner/Currle/Schenk*, DStR 2013, 1966 ff., die auch auf die nicht rechtsfähige Stiftung das Steuerklassenprivileg des § 15 Abs. 2 Satz 1 ErbStG und damit die Erbersatzsteuer anwenden wollen.
167 Allerdings greift wohl nicht das Steuerklassenprivileg des § 15 Abs. 2 Satz 1 ErbStG.
168 Zur Vorbereitung hierauf: *von Oertzen*, DStR 2012, Beihefter zu Heft 11, S. 37; *Bruschke*, ErbStB 2013, 21 ff.
169 *Ihle*, notar 2011, 259.
170 Richtigerweise führt der bloße Erwerb einer Destinatärstellung noch zu keiner Erbschaftsteuerpflicht, FG Düsseldorf, 02.04.2014 – 4 K 3718/12 Erb, ZEV 2014, 381 m. zust. Anm. *Maetz/Kotzenberg*, gegen FG Bremen, 16.06.2010 – 1 K 18/10 5 ZEV 2011, 152 und die Finanzverwaltung.
171 BFH, 15.07.2014 – X R 41/12, ErbStB 2014, 330 (zur gemeinnützigen Stiftung); FG Schleswig-Holstein, 07.05.2009 – 5 K 277/06, DStRE 2009, 1429; *Feldner/Stoklassa*, ErbStB 2014, 227, 231.
172 BFH, 14.07.2010 – X R 62/08, EStB 2011, 53.
173 BFH, 03.11.2010 – I R 98/09 EStB 2011, 138 (vergleichbar einer Gewinnausschüttung an Anteilseigner). *Kästler/Müller*, DStR 2011, 614, empfehlen zur Vermeidung der Besteuerung nach § 20 Abs. 1 Nr. 9 EStG, der Destinatär solle gegenüber der Stiftung eine Gegenleistung erbringen.
174 BMF v. 27.06.2006, BStBl. 2006 I, S. 417; BFH, 03.11.2010 – I R 98/09, EStB 2011, 138.
175 Vgl. §§ 3 Nr. 40 lit. a und d, 43 Abs. 1 Satz 3 und Abs. 5, 44 Abs. 5 EStG.

tung, nicht des Stifters.[176] Die Doppelbelastung mit Ertrag- und Schenkungsteuer wird kontrovers diskutiert.[177]

121   Wird die Stiftung aufgelöst, gilt der Erwerb von Vermögensgegenständen gemäß § 7 Abs. 1 Nr. 9 ErbStG als schenkungssteuerpflichtige Schenkung unter Lebenden (allerdings mit der Steuerklasse[178] des Verwandtschaftsverhältnisses zum Stifter, der gemäß § 15 Abs. 2 Satz 2 ErbStG als Schenker fingiert wird;[179] erfolgt ein Rückfall an den Stifter selbst, »bestraft« dies die Rechtsprechung durch Anwendung der Steuerklasse III).[180] Geht Betriebsvermögen über, kommen die Begünstigungen der §§ 13a, 13b ErbStG dem Grunde nach in Betracht. Noch empfehlenswerter kann insoweit sein, ein auf die Auflösung abstellendes **Rückforderungsrecht** des Stifters (zur Erlangung der Stornowirkung des § 29 ErbStG) auszubedingen.[181] Denkbar ist natürlich auch ein freies Rückforderungsrecht bzw. eine hierauf abstellende auflösende Bedingung in ein freies Rückforderungsrecht, die Stiftungsaufsichtsbehörde wird dann jedoch häufig als Voraussetzung der Anerkennung der Familienstiftung fordern, dass auch nach einem Widerruf ein genügend großer Kapitalstock verbleiben muss, um deren Fortbestand dem Grund nach sicherzustellen, so dass dieses freie Rückforderungsrecht dann gegenständlich entsprechend beschränkt werden muss.[182]

122   Die Umwandlung in eine gemeinnützige Stiftung (auch kurz vor dem Stichtag der Erbersatzsteuer)[183] ist jedoch gemäß § 13 Abs. 1 Nr. 16b ErbStG steuerfrei, § 2 Abs. 5 ErbStR. Daneben kann bei entgeltlicher Veräußerung steuerverhafteter Wirtschaftsgüter (etwa Betriebsvermögen) Körperschaftsteuer anfallen, während bei der unentgeltlichen Übertragung keine Auflösung stiller Reserven eintritt. Nach (bedenklicher) Ansicht der Finanzverwaltung[184] tritt daneben bzgl. der thesaurierten Überschüsse die Einkommensteuerpflicht der Anfallberechtigten, § 20 Abs. 1 Nr. 9 EStG ähnlich der laufenden Ausschüttungen (eine gesetzliche Klarstellung ist insoweit beabsichtigt).

Stiftungsgeschäft unter Lebenden

123 M   **Ich, ..., errichte hiermit eine rechtsfähige Stiftung des bürgerlichen Rechts mit dem Sitz in ..... und beantrage die zur ihrer Entstehung erforderliche Anerkennung. Die Stiftung trägt den Namen .....-Stiftung. Zweck der Stiftung ist die Förderung von ..... Ich gebe der Stiftung die anliegende Satzung, die Bestandteil dieses Stiftungsgeschäfts ist.**
Die Stiftung wird von mir mit folgendem Vermögen ausgestattet:
1. ..... € Bargeld;
2. .....(Anzahl) Aktien der .....-Aktiengesellschaft mit einem Kurswert per ..... von insgesamt ..... €;

---

176   Es sei denn der Stiftungsrat hätte auf »Weisung« des Stifters gehandelt, FG Düsseldorf, 14.12.2011 – 4 K 2391/11 Erb, ErbStB 2013, 203.
177   Vgl. im Überblick *Keß*, ZEV 2015, 254, 258; *Meilicke*, DStR 2017, 227 ff.
178   Auch bei mehreren Stiftern liegt aber nur eine einheitliche Zuwendung der Stiftung, und nicht etwa eine Mehrheit von Zuwendungen nach der Zahl der Stifter vor, da § 15 Abs. 2 Satz 2 ErbStG nur die Steuerklasse betrifft, aber keine Neubestimmung der am steuerpflichtigen Vermögensübergang beteiligten Personen enthält: BFH, 30.11.2009 – II R 6/07, ZEV 2010, 105, vgl. *Seidel*, ErbStB 2010, 204, 209.
179   Auch bei einer Mehrheit von Stiftern steht dabei jedoch jedem Anfallberechtigten der Steuerfreibetrag nur einmal zur Verfügung, vgl. FG Düsseldorf, 10.01.2007 – 4 K 1136/02 Erb, ErbStB 2007, 230.
180   BFH, BStBl. 1993 II, S. 238, wobei Erbersatzsteuer, sofern zeitnah zuvor angefallen, gemäß § 26 ErbStG angerechnet werden kann.
181   Vgl. *Theuffel-Werhahn*, ZEV 2017, 17, 21; Formulierungsbeispiel bei *Theuffel-Werhahn*, ZStV 2015, 201, 208.
182   Vgl. *Ihle*, notar 2018, 3, 12.
183   FG Düsseldorf, ErbStB 2006, 66.
184   BMF-Schreiben v. 27.06.2006, DStR 2006, 1227; gegen die (verfassungsrechtlich bedenkliche) Doppelbesteuerung *Desens/Hummel*, DStZ 2011, 710 ff.

3.200.000,– € Anleihen der Bundesrepublik Deutschland, Seriennummer ....., Zinssatz ..... %);
4. .....
Insgesamt statte ich damit die Stiftung mit einem Vermögen in Höhe von ..... € aus.
Die Stiftung hat einen Vorstand und einen Stiftungsrat nach der anliegenden Satzung.
Zu Mitgliedern des ersten Vorstandes bestimme ich:
1. mich, den Stifter
2. Herrn .....,
3. Frau .....,
Zu Mitgliedern des ersten Stiftungsrates bestimme ich:
1. Herrn .....,
2. Herrn .....,
3. Frau .....,
4. Frau .....,
5. Herrn .....,
6. Frau .....,
7. Frau .....,
[Ggf: Ich beauftrage und bevollmächtige ....., mich im Anerkennungsverfahren umfassend zu vertreten, die Einverständniserklärungen der von mir bestimmten Mitglieder des Vorstands und Stiftungsrates einzuholen, Nachweise über das Bereitstehen der einzubringenden Vermögenswerte beizubringen, und sie der Behörde zu übermitteln. Mit der Aufnahme der Stiftungsdaten in Register und Pressemitteilungen bin ich einverstanden.]
Ort, Datum   **Unterschrift des Stifters**

■ *Kosten.* Der Geschäftswert bemisst sich gemäß § 36 Abs. 1, 2. Fall GNotKG nach der Summe aus dem Nominalbetrag des Bargelds, dem Kurswert der gestifteten Aktien und Papiere sowie dem Wert des sonstigen Vermögens, mindestens jedoch 30.000 €, höchstens 10 Mio. €, vgl. § 107 Abs. 1 Satz 1 GNotKG.

Bei Beurkundung allein des Stiftungsgeschäfts fällt eine 1,0 Gebühr gemäß Nr. 21200 KV GNotKG an, mindestens jedoch 60 €. Bei bloßer Entwurfsfertigung ist eine 0,3 bis 1,0 Gebühr gemäß Nr. 24101 KV GNotKG zu erheben, mindestens jedoch wiederum 60 €. Bei Mitbeurkundung der Einbringung – vgl. § 109 Abs. 1 Satz 4 Nr. 2 GNotKG – fällt insgesamt eine 2,0 Gebühr gemäß Nr. 21100 KV GNotKG an, mindestens jedoch 120 €. Bei bloßer Entwurfsfertigung ist eine 0,5 bis 2,0 Gebühr gemäß Nr. 24100 KV GNotKG zu erheben, mindestens jedoch wiederum 120 €. Der Notar bestimmt die Gebührenhöhe im vorgenannten Rahmen gemäß § 92 Abs. 1 GNotKG nach billigem Ermessen unter Berücksichtigung des Umfangs der erbrachten Leistungen; wird der vollständige Entwurf gefertigt, ist gemäß § 92 Abs. 2 a.E. GNotKG die Höchst- (also die 1,0 bzw. 2,0)-Gebühr zu erheben.

Stiftungsgeschäft von Todes wegen in einem Testament mit Testamentsvollstreckeranordnung

Verhandelt zu ..... am .....   **124 M**

.....
Ich, ..., errichte hiermit von Todes wegen eine rechtsfähige Stiftung des bürgerlichen Rechts mit dem Sitz in ..... Die Stiftung erhält den Namen .....-Stiftung. Zweck der Stiftung ist die Förderung von ..... Ich gebe der Stiftung die diesem Testament anliegende Satzung, die Bestandteil dieser Verfügung von Todes wegen ist.
Ich setze die Stiftung zu meiner alleinigen und unbeschränkten Erbin ein.

Die Stiftung erhält einen Vorstand und einen Stiftungsrat nach Maßgabe der anliegenden Satzung.
Zu Mitgliedern des ersten Vorstandes bestimme ich:
1. Herrn .....,
2. Frau .....,
3. Herrn .....,
Zu Mitgliedern des ersten Stiftungsrates bestimme ich:
1. Herrn .....,
2. Herrn .....,
3. Frau .....,
4. Frau .....,
5. Herrn .....,
6. Frau .....,
7. Frau .....,
Ich ordne Testamentsvollstreckung an. Zum Testamentsvollstrecker ernenne ich ..... Sollte der Testamentsvollstrecker das Amt nicht annehmen oder nach der Annahme des Amtes wegfallen, ernenne ich ersatzweise ..... Sollte auch der Ersatztestamentsvollstrecker wegfallen, soll das Nachlassgericht einen geeigneten Testamentsvollstrecker ernennen.
Der Testamentsvollstrecker hat die Aufgabe, die Anerkennung der Stiftung zu beantragen und alle zum Übergang des Nachlasses auf die Stiftung erforderlichen Handlungen vorzunehmen. Der Testamentsvollstrecker ist auch befugt, die als Anlage diesem Testament beigefügte Satzung zu ändern, sofern dies zur Erlangung der Anerkennung der Stiftung und/oder zu deren Anerkennung als steuerbegünstigte Körperschaft iSd §§ 51 ff. AO erforderlich sein sollte. Als Vergütung erhält der Testamentsvollstrecker .....
.....
Vorgelesen nebst Anlage, genehmigt und unterschrieben:

■ *Kosten.* Der Geschäftswert bestimmt sich gemäß § 102 Abs. 1 Satz 2 GNotKG nach dem »modifizierten Reinvermögen«, der Schuldenabzug ist also auf die Hälfte des Aktivvermögens begrenzt. Hieraus fällt für die Beurkundung des Testaments eine 1,0 Gebühr nach Nr. 21200 KV GNotKG an, ferner für die Registrierung im Zentralen Testamentsregister gemäß Nr. 32015 KV GNotKG 15 €. Das Nachlassgericht erhält für die Verwahrung eine (wertunabhängige) Gebühr gemäß Nr. 12100 KV GNotKG in Höhe von 50 €; damit ist auch die Mitteilung nach § 347 FamFG und die Herausgabe abgegolten.

Satzung einer steuerbegünstigten Stiftung mit Vorstand und Stiftungsrat

125 M § 1 Name, Rechtsform, Sitz

(1) Die Stiftung führt den Namen .....-Stiftung.
(2) Sie ist eine rechtsfähige Stiftung des bürgerlichen Rechts.
(3) Die Stiftung hat ihren Sitz in .....

§ 2 Zweck der Stiftung, Gemeinnützigkeit

(1) Zweck der Stiftung ist .....
Der Stiftungszweck wird insbesondere verwirklicht durch .....
(2) Die Stiftung verfolgt ausschließlich und unmittelbar gemeinnützige (mildtätige/ kirchliche) Zwecke im Sinne des Abschnitts »Steuerbegünstigte Zwecke« der Abgabenordnung.

(3) Die Stiftung ist selbstlos tätig; sie verfolgt nicht in erster Linie eigenwirtschaftliche Zwecke.
(4) Mittel der Stiftung dürfen nur für die satzungsmäßigen Zwecke verwendet werden. Niemand wird durch Ausgaben, die den Zwecken der Stiftung fremd sind, oder durch unverhältnismäßig hohe Vergütungen begünstigt. Die Stiftung darf einen Teil ihres Einkommens, höchstens aber ein Drittel, dazu verwenden, um in angemessener Weise den Stifter und seine nächsten Angehörigen zu unterhalten, ihre Gräber zu pflegen und ihr Andenken zu ehren.
(5) Es besteht kein Rechtsanspruch auf Gewährung von Stiftungsleistungen.

§ 3 Vermögen der Stiftung

(1) Das Vermögen der Stiftung besteht zum Zeitpunkt ihrer Errichtung aus:
a) ..... € Bargeld;
b) .....(Anzahl) Aktien der ..... mit einem Kurswert per ..... von insgesamt ..... €;
c) ..... € Anleihen der Bundesrepublik Deutschland, Seriennummer ....., Zinssatz ..... %);
d) .....
(2) Umschichtungen des Stiftungsvermögens sind zulässig.
(3) Die Stiftung erfüllt ihren Zweck aus den Erträgen des Stiftungsvermögens und aus Zuwendungen Dritter, soweit diese nicht zur Aufstockung des Vermögens bestimmt sind (Zustiftungen). Die Stiftung ist berechtigt, Zustiftungen entgegenzunehmen.
(4) Rücklagen dürfen gebildet werden, soweit die Vorschriften des steuerlichen Gemeinnützigkeitsrechts dies zulassen. Der Vorstand kann freie Rücklagen dem Stiftungsvermögen zuführen.

§ 4 Organe der Stiftung

Organe der Stiftung sind
a) der Vorstand und
b) der Stiftungsrat.

§ 5 Anzahl, Berufung, Berufungszeit und Abberufung der Mitglieder des Vorstands

(1) Der Vorstand der Stiftung besteht aus drei Personen. Er wird vom Stiftungsrat auf die Dauer von vier Jahren gewählt. Wiederwahl ist zulässig. Nach Ablauf seiner Amtszeit führt der amtierende Vorstand die Geschäfte bis zur Wahl des neuen Vorstands fort. Ein Mitglied des Vorstands scheidet in jedem Falle mit Vollendung seines siebzigsten Lebensjahres aus dem Vorstand aus.
(2) Die Mitglieder des Vorstands können vor Ablauf ihrer Amtszeit vom Stiftungsrat nur aus wichtigem Grund abberufen werden. Die Rechte der Stiftungsaufsicht bleiben unberührt.
(3) Scheidet ein Mitglied des Vorstands vor Ablauf der Amtszeit aus seinem Amt aus, wählt der Stiftungsrat für den Rest der Amtszeit ein Ersatzmitglied. Bis zur Ergänzung verringert sich die Anzahl der Mitglieder des Vorstands um die Anzahl der ausgeschiedenen Personen.
(4) Der Vorstand wählt aus seiner Mitte einen Vorsitzenden und einen stellvertretenden Vorsitzenden auf die Dauer seiner Amtszeit.
(5) Die Mitglieder des Vorstands sind ehrenamtlich für die Stiftung tätig. Ihnen können ihre notwendigen Auslagen, die durch ihre Tätigkeit für die Stiftung entstanden sind, ersetzt werden.
(6) Der erste Vorstand wird durch den Stifter bestellt.

§ 6 Aufgaben des Vorstands

(1) Der Vorstand hat für die dauernde und nachhaltige Erfüllung des Stiftungszwecks zu sorgen. Er führt die Geschäfte der Stiftung. Zu Beginn eines jeden Geschäftsjahres hat der Vorstand einen Haushaltsplan aufzustellen.
(2) Der Vorstand vertritt die Stiftung gerichtlich und außergerichtlich durch mindestens zwei seiner Mitglieder. Eines dieser Mitglieder muss der Vorsitzende oder der stellvertretende Vorsitzende des Vorstands sein.
(3) Der Vorstand hat für den Schluss eines jeden Geschäftsjahres einen Jahresabschluss zu erstellen.

§ 7 Einberufung, Beschlussfähigkeit und Beschlussfassung des Vorstands

(1) Der Vorstand wird von seinem Vorsitzenden – bei seiner Verhinderung von seinem stellvertretenden Vorsitzenden – schriftlich unter Bezeichnung der einzelnen Punkte der Tagesordnung mindestens zweimal im Kalenderjahr einberufen. Die Ladungsfrist beträgt mindestens zwei Wochen. Der Vorstand ist auch einzuberufen, wenn ein Mitglied es verlangt; das Verlangen hat den Beratungspunkt anzugeben.
(2) Der Vorstand ist beschlussfähig, wenn mehr als die Hälfte seiner Mitglieder anwesend sind.
(3) Der Vorstand beschließt außer in den Fällen des § 11 mit der Mehrheit seiner Mitglieder. Der Vorstand kann einen Beschluss auch schriftlich fassen, wenn alle Mitglieder diesem Verfahren schriftlich zustimmen.
(4) Über die in den Sitzungen des Vorstands gefassten Beschlüsse ist eine Niederschrift anzufertigen. Sie ist von dem Vorsitzenden und einem weiteren Mitglied zu unterschreiben. Alle Beschlüsse des Vorstands sind zu sammeln und während des Bestehens der Stiftung aufzubewahren.

§ 8 Anzahl, Berufung, Berufungszeit und Abberufung der Mitglieder des Stiftungsrates

(1) Der Stiftungsrat besteht aus sieben Mitgliedern. Sie dürfen nicht zugleich Mitglieder des Vorstands sein. Mitglieder des Stiftungsrates werden auf unbestimmte Dauer berufen. Sie scheiden spätestens mit Vollendung des siebzigsten Lebensjahres aus dem Stiftungsrat aus. Der erste Stiftungsrat wird durch den Stifter bestellt.
(2) Der Stiftungsrat wählt aus seiner Mitte einen Vorsitzenden und einen stellvertretenden Vorsitzenden, und zwar für eine Amtszeit von ..... Jahren. Wiederwahl ist zulässig. Der Vorsitzende und der stellvertretende Vorsitzende bleiben auch nach Ablauf ihrer Amtszeit bis zur Neubesetzung ihrer Positionen im Amt.
(3) Mitglieder des Stiftungsrates können nur aus wichtigem Grund von der für die Stiftungsaufsicht zuständigen Behörde abberufen werden.
(4) Scheidet ein Mitglied des Stiftungsrates aus, so ergänzt sich der Stiftungsrat durch Zuwahl. Bis zur Ergänzung verringert sich die Anzahl der Mitglieder des Stiftungsrates um die Anzahl der ausgeschiedenen Personen.
(5) Die Mitglieder des Stiftungsrates sind ehrenamtlich für die Stiftung tätig. Ihnen können ihre notwendigen Auslagen, die ihnen durch ihre Tätigkeit für die Stiftung entstanden sind, ersetzt werden.
(6) Der Stiftungsrat gibt sich eine Geschäftsordnung. Sie kann auch die Vertretung des Stiftungsrates gegenüber dem Vorstand regeln.

§ 9 Aufgaben des Stiftungsrates

(1) Der Stiftungsrat hat die Geschäftsführung des Vorstands zu überwachen und insbesondere darauf zu achten, dass der Vorstand für die dauernde und nachhaltige Erfüllung des Stiftungszwecks sorgt.
(2) Der Stiftungsrat ist ferner zuständig für
a) die Genehmigung des Haushaltsplanes,
b) den Erlass von Richtlinien zur Erfüllung des Stiftungszwecks,
c) die Wahl und Bestellung der Mitglieder des Vorstands,
d) die Kontrolle der Haushalts- und Wirtschaftsführung,
e) die Feststellung des Jahresabschlusses,
f) die Entlastung des Vorstandes,
g) die Wahl des Abschlussprüfers.
Weitere Rechte des Stiftungsrates nach anderen Bestimmungen dieser Satzung bleiben unberührt.
(3) Der Stiftungsrat ist ermächtigt, dem Vorstand insgesamt oder einzelnen seiner Mitglieder im Einzelfall Befreiung von den Beschränkungen des § 181 BGB zu erteilen.

§ 10 Einberufung, Beschlussfähigkeit und Beschlussfassung des Stiftungsrates

(1) Der Stiftungsrat wird von seinem Vorsitzenden – bei seiner Verhinderung vom stellvertretenden Vorsitzenden – schriftlich unter Bezeichnung der einzelnen Punkte der Tagesordnung mindestens einmal im Kalenderjahr einberufen; die Ladungsfrist beträgt mindestens zwei Wochen. Der Stiftungsrat ist auch einzuberufen, wenn zwei Mitglieder des Stiftungsrates oder der Vorstand dieses verlangen; das Verlangen hat den Beratungspunkt anzugeben.
(2) Der Stiftungsrat ist beschlussfähig, wenn mehr als die Hälfte seiner Mitglieder anwesend sind.
(3) Der Stiftungsrat beschließt außer in den Fällen des § 11 mit der Mehrheit seiner anwesenden Mitglieder. Der Stiftungsrat kann einen Beschluss auch schriftlich fassen, wenn alle Mitglieder diesem Verfahren schriftlich zustimmen.
(4) Über die in den Sitzungen des Stiftungsrates gefassten Beschlüsse ist eine Niederschrift anzufertigen. Sie ist von dem Vorsitzenden und einem weiteren Mitglied zu unterschreiben. Alle Beschlüsse des Stiftungsrates sind zu sammeln und während des Bestehens der Stiftung aufzubewahren.

§ 11 Satzungsänderungen, Zweckänderungen, Aufhebung

(1) Satzungsänderungen, die den Stiftungszweck nicht berühren, sind zulässig, wenn sie im Interesse der nachhaltigen Erfüllung des Stiftungszwecks nach dem Stifterwillen erforderlich sind. Sie bedürfen eines jeweils mit einer Mehrheit von $^3/_4$ aller Mitglieder gefassten Beschlusses sowohl des Vorstands als auch des Stiftungsrates. Das Erfordernis staatlicher Genehmigung bleibt unberührt.
(2) Änderungen des Zwecks, die Aufhebung der Stiftung oder die Zusammen- oder Zulegung der Stiftung mit oder zu einer anderen Stiftung sind nur zulässig, wenn die Erfüllung des Stiftungszwecks unmöglich geworden ist oder angesichts wesentlicher Veränderungen der Verhältnisse nicht mehr sinnvoll ist. Sie bedürfen der Zustimmung von aller der Mitglieder des Vorstands und $^6/_7$ der Mitglieder des Stiftungsrates. Das Erfordernis staatlicher Genehmigung bleibt unberührt.

§ 12 Geschäftsjahr

Das Geschäftsjahr der Stiftung ist das Kalenderjahr.

§ 13 Vermögensanfall

Im Falle der Auflösung oder Aufhebung der Stiftung oder bei Wegfall steuerbegünstigter Zwecke fällt ihr Vermögen an eine juristische Person des öffentlichen Rechts oder eine andere steuerbegünstigte Körperschaft, die es zu steuerbegünstigten Zwecken i.S.d. § 2 dieser Satzung zu verwenden hat. Beschlüsse über die künftige Verwendung des Vermögens dürfen erst nach Einwilligung des Finanzamtes ausgeführt werden.

§ 14 Stiftungsaufsicht

Die Stiftung unterliegt der Stiftungsaufsicht nach Maßgabe des Stiftungsgesetzes von …..(Bundesland).

Satzung einer Familienstiftung

126 M

§ 1 Name, Rechtsform, Sitz

(1) Die Stiftung führt den Namen …..-Familien Stiftung.
(2) Sie ist eine rechtsfähige Stiftung des bürgerlichen Rechts.
(3) Die Stiftung hat ihren Sitz in …..

§ 2 Zweck der Stiftung, Gemeinnützigkeit

(1) Zweck der Stiftung ist die
Förderung der universitären und beruflichen Ausbildung der ehelichen und nichtehelichen Abkömmlinge des Stifters im In- und Ausland,
finanzielle Unterstützung der ehelichen Abkömmlinge des Stifters und der sonstigen Familienangehörigen in Fällen wirtschaftlicher Not oder sonstiger Bedürftigkeit,
finanzielle Unterstützung bei Eheschließungen und der Geburt von Kindern von Abkömmlingen des Stifters,
Unterhaltung und Pflege der Familiengrabstätte in angemessenem Umfang,
Unterhaltung des Grundstücks ….. als öffentlich zugängliches Familienmuseum und Begegnungszentrum, wobei auf ihm auch Familienversammlungen und -tage durchgeführt werden können,
…..
Adoptierte Abkömmlinge werden natürlichen Abkömmlingen nur dann gleichgestellt, wenn dies der Stifter oder nach dessen Ableben der Familienrat bestimmt.
(2) Es besteht kein Rechtsanspruch auf Gewährung von Stiftungsleistungen.

§ 3 Vermögen der Stiftung

(1) Das Vermögen der Stiftung besteht zum Zeitpunkt ihrer Errichtung aus:
a) ….. € Bargeld;
b) …..(Anzahl) Aktien der ….. mit einem Kurswert per ….. von insgesamt ….. €;
c) ….. € Anleihen (z.B. Bundesrepublik Deutschland, Seriennummer, Zinssatz ….. %);
d) das Grundstück belegen in ….., eingetragen im Grundbuch des AG ….. von ….. Blatt …..
(2) Umschichtungen des Stiftungsvermögens sind zulässig.
(3) Die Stiftung erfüllt ihren Zweck aus den Erträgen des Stiftungsvermögens und aus Zuwendungen Dritter, soweit diese nicht zur Aufstockung des Vermögens bestimmt sind (Zustiftungen). Die Stiftung ist berechtigt, Zustiftungen entgegenzunehmen.

(4) Das Stiftungsvermögen ist in seinem Bestand zu erhalten. Die Stiftung darf Erträge in Rücklagen einstellen oder dem Stiftungsvermögen zuführen, soweit dies erforderlich ist, um den Stiftungszweck nachhaltig zu erfüllen.

§ 4 Organe der Stiftung

Organe der Stiftung sind
a) der Vorstand und
b) der Familienrat.

§ 5 Anzahl, Berufung, Berufungszeit und Abberufung der Mitglieder des Vorstands

(1) Der Vorstand der Stiftung besteht aus drei Personen. Er wird vom Familienrat auf die Dauer von vier Jahren gewählt. Wiederwahl ist zulässig. Nach Ablauf seiner Amtszeit führt der amtierende Vorstand die Geschäfte bis zur Wahl des neuen Vorstands fort. Ein Mitglied des Vorstands scheidet in jedem Falle mit Vollendung seines siebzigsten Lebensjahres aus dem Vorstand aus.
(2) Die Mitglieder des Vorstands können vor Ablauf ihrer Amtszeit vom Familienrat nur aus wichtigem Grund abberufen werden. Die Rechte der Stiftungsaufsicht bleiben unberührt.
(3) Scheidet ein Mitglied des Vorstands vor Ablauf der Amtszeit aus seinem Amt aus, wählt der Familienrat für den Rest der Amtszeit ein Ersatzmitglied. Bis zur Ergänzung verringert sich die Anzahl der Mitglieder des Vorstands um die Anzahl der ausgeschiedenen Personen.
(4) Der Vorstand wählt aus seiner Mitte einen Vorsitzenden und einen stellvertretenden Vorsitzenden auf die Dauer seiner Amtszeit.
(5) Die Mitglieder des Vorstands sind ehrenamtlich für die Stiftung tätig. Ihnen können ihre notwendigen Auslagen, die durch ihre Tätigkeit für die Stiftung entstanden sind, ersetzt werden.
(6) Der erste Vorstand wird durch den Stifter bestellt. Der Stifter ist abweichend von vorstehenden Regelungen vorbehaltlich seiner Amtsniederlegung bis zu seinem Ausscheiden aus dem Vorstand Vorsitzender des Vorstandes.

§ 6 Aufgaben des Vorstands

(1) Der Vorstand hat für die dauernde und nachhaltige Erfüllung des Stiftungszwecks zu sorgen. Er führt die Geschäfte der Stiftung. Er verwaltet das Stiftungsvermögen und beschließt über die Verwendung der Erträge der Stiftung und der sonstigen Zuwendungen. Zu Beginn eines jeden Geschäftsjahres hat der Vorstand einen Haushaltsplan aufzustellen.
(2) Der Vorstand vertritt die Stiftung gerichtlich und außergerichtlich durch mindestens zwei seiner Mitglieder. Eines dieser Mitglieder muss der Vorsitzende oder der stellvertretende Vorsitzende des Vorstands sein.
(3) Der Vorstand hat für den Schluss eines jeden Geschäftsjahres einen Jahresabschluss zu erstellen.

§ 7 Einberufung, Beschlussfähigkeit und Beschlussfassung des Vorstands

(1) Der Vorstand wird von seinem Vorsitzenden – bei seiner Verhinderung von seinem stellvertretenden Vorsitzenden – schriftlich unter Bezeichnung der einzelnen Punkte der Tagesordnung mindestens zweimal im Kalenderjahr einberufen. Die Ladungsfrist beträgt mindestens zwei Wochen. Der Vorstand ist auch einzuberufen, wenn ein Mitglied es verlangt; das Verlangen hat den Beratungspunkt anzugeben.

(2) Der Vorstand ist beschlussfähig, wenn mehr als die Hälfte seiner Mitglieder anwesend sind.
(3) Der Vorstand beschließt außer in den Fällen des § 11 mit der Mehrheit seiner Mitglieder. Der Vorstand kann einen Beschluss auch schriftlich fassen, wenn alle Mitglieder diesem Verfahren schriftlich zustimmen.
(4) Über die in den Sitzungen des Vorstands gefassten Beschlüsse ist eine Niederschrift anzufertigen. Sie ist von dem Vorsitzenden und einem weiteren Mitglied zu unterschreiben. Alle Beschlüsse des Vorstands sind zu sammeln und während des Bestehens der Stiftung aufzubewahren.

§ 8 Anzahl, Berufung, Berufungszeit und Abberufung der Mitglieder des Familienrates

(1) Der Familienrat besteht aus fünf bis sieben Mitgliedern. Mindestens drei und höchstens fünf Mitglieder des Familienrats sollen der Familie des Stifters angehören. Mitglieder des Familienrates dürfen nicht zugleich Mitglieder des Vorstandes sein. Mitglieder des Familienrates werden auf unbestimmte Dauer berufen. Sie scheiden spätestens mit Vollendung des siebzigsten Lebensjahres aus dem Stiftungsrat aus. Der erste Familienrat wird durch den Stifter bestellt.
(2) Der Familienrat wählt aus seiner Mitte einen Vorsitzenden und einen stellvertretenden Vorsitzenden, und zwar für eine Amtszeit von vier Jahren. Wiederwahl ist zulässig. Der Vorsitzende und der stellvertretende Vorsitzende bleiben auch nach Ablauf ihrer Amtszeit bis zur Neubesetzung ihrer Positionen im Amt.
(3) Mitglieder des Familienrates können nur aus wichtigem Grund von der für die Stiftungsaufsicht zuständigen Behörde abberufen werden.
(4) Scheidet ein Mitglied des Familienrates aus, so ergänzt sich der Familienrat durch Zuwahl. Bis zur Ergänzung verringert sich die Anzahl der Mitglieder des Familienrates um die Anzahl der ausgeschiedenen Personen.
(5) Die Mitglieder des Familienrates sind ehrenamtlich für die Stiftung tätig. Ihnen können ihre notwendigen Auslagen, die ihnen durch ihre Tätigkeit für die Stiftung entstanden sind, ersetzt werden.
(6) Der Familienrat gibt sich eine Geschäftsordnung. Sie kann auch die Vertretung des Familienrates gegenüber dem Vorstand regeln.

§ 9 Aufgaben des Familienrates

(1) Der Familienrat hat die Geschäftsführung des Vorstands zu überwachen und insbesondere darauf zu achten, dass der Vorstand für die dauernde und nachhaltige Erfüllung des Stiftungszwecks sorgt.
(2) Der Familienrat ist ferner zuständig für
a) die Genehmigung des Haushaltsplanes,
b) den Erlass von Richtlinien zur Erfüllung des Stiftungszwecks, insb. bzgl. der Vergabe von Zuwendungen an Destinatäre,
c) die Wahl und Bestellung der Mitglieder des Vorstands,
d) die Kontrolle der Haushalts- und Wirtschaftsführung,
e) die Feststellung des Jahresabschlusses,
f) die Entlastung des Vorstandes.
Weitere Rechte des Familienrates nach anderen Bestimmungen dieser Satzung bleiben unberührt.
(3) Der Familienrat ist ermächtigt, dem Vorstand insgesamt oder einzelnen seiner Mitglieder im Einzelfall Befreiung von den Beschränkungen des § 181 BGB zu erteilen.

§ 10 Einberufung, Beschlussfähigkeit und Beschlussfassung des Familienrates

(1) Der Familienrat wird von seinem Vorsitzenden – bei seiner Verhinderung vom stellvertretenden Vorsitzenden – schriftlich unter Bezeichnung der einzelnen Punkte der Tagesordnung mindestens einmal im Kalenderjahr einberufen; die Ladungsfrist beträgt mindestens zwei Wochen. Der Familienrat ist auch einzuberufen, wenn zwei Mitglieder des Familienrates oder der Vorstand dieses verlangen; das Verlangen hat den Beratungspunkt anzugeben.
(2) Der Familienrat ist beschlussfähig, wenn mehr als die Hälfte seiner Mitglieder anwesend sind.
(3) Der Familienrat beschließt außer in den Fällen des § 11 mit der Mehrheit seiner anwesenden Mitglieder. Der Familienrat kann einen Beschluss auch schriftlich fassen, wenn alle Mitglieder diesem Verfahren schriftlich zustimmen.
(4) Über die in den Sitzungen des Familienrates gefassten Beschlüsse ist eine Niederschrift anzufertigen. Sie ist von dem Vorsitzenden und einem weiteren Mitglied zu unterschreiben. Alle Beschlüsse des Familienrates sind zu sammeln und während des Bestehens der Stiftung aufzubewahren.

§ 11 Satzungsänderungen, Zweckänderungen, Aufhebung

(1) Satzungsänderungen, die den Stiftungszweck nicht berühren, sind zulässig, wenn sie im Interesse der nachhaltigen Erfüllung des Stiftungszwecks nach dem Stifterwillen erforderlich sind. Sie bedürfen eines jeweils mit einer Mehrheit von $^3/_4$ aller Mitglieder gefassten Beschlusses sowohl des Vorstands als auch des Familienrates. Das Erfordernis staatlicher Genehmigung bleibt unberührt.
(2) Änderungen des Zwecks und die Aufhebung der Stiftung sind nur zulässig, wenn die Erfüllung des Stiftungszwecks unmöglich geworden ist oder angesichts wesentlicher Veränderungen der Verhältnisse nicht mehr sinnvoll ist. Sie bedürfen der Zustimmung aller Mitglieder des Vorstands und $^6/_7$ aller Mitglieder des Familienrates. Das Erfordernis staatlicher Genehmigung bleibt unberührt.

§ 12 Geschäftsjahr

Das Geschäftsjahr der Stiftung ist das Kalenderjahr.

§ 13 Vermögensanfall

Im Falle der Auflösung der Stiftung fällt das Stiftungsvermögen zu einem Viertel an die Stadt ....., die es zu steuerbegünstigten Zwecken verwenden soll, die den in dieser Satzung geregelten Zwecken möglichst nahe kommen, und im Übrigen wird es nach Maßgabe eines Beschlusses des Familienrates, der eine Mehrheit von $^6/_7$ bedarf, an die Abkömmlinge des Stifters verteilt.

■ *Kosten:* Der Geschäftswert bemisst sich gemäß § 36 Abs. 1, 2. Fall GNotKG nach dem Wert des einzubringenden Vermögens, mindestens jedoch 30.000 €, höchstens 10 Mio. €, vgl. § 107 Abs. 1 Satz 1 GNotKG.

Bei Beurkundung allein des Stiftungsgeschäfts durch einen oder mehrere Stifter (ohne Einbringung des Stiftungsgutes) fällt eine 1,0 Gebühr gemäß Nr. 21200 KV GNotKG an, mindestens jedoch 60 €. Bei bloßer Entwurfsfertigung ist eine 0,3 bis 1,0 Gebühr gemäß Nr. 24101 KV GNotKG zu erheben, mindestens jedoch wiederum 60 €. Der Notar bestimmt die Gebührenhöhe im vorgenannten Rahmen gemäß § 92 Abs. 1 GNotKG nach billigem Ermessen unter

Berücksichtigung des Umfangs der erbrachten Leistungen; wird der vollständige Entwurf gefertigt, ist gemäß § 92 Abs. 2 a.E. GNotKG die Höchst- (also die 1,0)-Gebühr zu erheben.

Stiftungsgeschäft für eine unselbstständige Stiftung unter Lebenden

127 M Zwischen
Herrn/Frau .....
(nachfolgend auch Stifter genannt)
und
.....
(nachfolgend auch Stiftungsträger genannt)
wird das folgende Stiftungsgeschäft unter Lebenden abgeschlossen:
I. Stiftung
Der Stifter errichtet hiermit die »…..(-Stiftung-)« als nicht rechtsfähige Stiftung des bürgerlichen Rechts und überträgt die Verwaltung des Stiftungsvermögens dem Stiftungsträger ….. mit dem Sitz in .....
Die Stiftung erhält den Namen .....
Zweck der Stiftung ist .....
II. Vermögensausstattung
Der Stifter stattet die Stiftung mit folgendem Vermögen aus und verpflichtet sich, dieses dem Stiftungsträger zu übertragen:
.....
.....
.....
Der Gesamtwert des Stiftungsvermögens beträgt somit ….. € (in Worten: ….. EURO).
Stifter und Stiftungsträger sind sich über den Rechtsübergang der vorstehend aufgeführten Vermögensgegenstände vom Stifter auf den Stiftungsträger einig.
III. Verwaltung des Stiftungsvermögens
Die Rechte und Pflichten des Stiftungsträgers ergeben sich aus der beigefügten Satzung. Die Satzung ist Bestandteil des Stiftungsgeschäfts.
Der Stiftungsträger ist verpflichtet, das Stiftungsvermögen, dessen Erträge und Surrogate sowie etwaige Zustiftungen getrennt von seinem übrigen Vermögen zu verwalten. Er darf das Stiftungsvermögen und dessen Erträge ausschließlich zur Verfolgung der in der Satzung festgelegten Zwecke der Stiftung verwenden. Er hat die Verwaltung selbst zu besorgen und darf sie nur mit Zustimmung des Stiftungsbeirates Dritten übertragen.
IV. Stiftungsrat
Zu Mitgliedern des ersten Stiftungsrats bestimmt der Stifter:
1. Herrn .....,
2. Herrn .....,
3. Frau .....,
4. Frau .....,
5. Herrn .....,
Für die Verwaltung des Stiftungsvermögens erhält der Stiftungsträger aus den Erträgen der Stiftung die Aufwendungen ersetzt, die ihm durch die Tätigkeit der Stiftung entstehen. Eine darüber hinausgehende Vergütung erhält er nicht.
Ort, Datum
…..(Stifter) …..(Stiftungsträger)

■ *Kosten.* Der Geschäftswert bemisst sich gemäß § 36 Abs. 1, 2. Fall GNotKG nach dem Wert des eingebrachten Vermögens, mindestens jedoch 30.000 €, höchstens 10 Mio. €, vgl.

§ 107 Abs. 1 Satz 1 GNotKG. Aufgrund der Mitbeurkundung der Einbringung – vgl. § 109 Abs. 1 Satz 4 Nr. 2 GNotKG – fällt insgesamt eine 2,0 Gebühr gemäß Nr. 21100 KV GNotKG an, mindestens jedoch 120 €. Bei bloßer Entwurfsfertigung ist eine 0,5 bis 2,0 Gebühr gemäß Nr. 24100 KV GNotKG zu erheben, mindestens jedoch wiederum 120 €. Der Notar bestimmt die Gebührenhöhe im vorgenannten Rahmen gemäß § 92 Abs. 1 GNotKG nach billigem Ermessen unter Berücksichtigung des Umfangs der erbrachten Leistungen; wird der vollständige Entwurf gefertigt, ist gemäß § 92 Abs. 2 a.E. GNotKG die Höchst- (also die 2,0) Gebühr zu erheben.

Stiftungsgeschäft für eine unselbstständige Stiftung von Todes wegen

Testament 128 M

Verhandelt zu ..... am .....
.....
Zu meinem Erben setze ich .....(nachstehend »Stiftungsträger« genannt) ein. Ich mache meinem Erben die Auflage, mein Vermögen als nicht rechtsfähige Stiftung nach Maßgabe der beigefügten Satzung zu verwalten. Die Satzung ist Bestandteil der vorliegenden Verfügung von Todes wegen.
Zu Mitgliedern des ersten Stiftungsrates bestimme ich:
1. Herrn .....,
2. Herrn .....,
3. Frau .....,
4. Frau .....,
5. Herrn .....,
Ich ordne Testamentsvollstreckung an. Zum Testamentsvollstrecker ernenne ich .....
Sollte der Testamentsvollstrecker das Amt nicht annehmen oder nach der Annahme des Amtes wegfallen, ernenne ich ersatzweise ..... Sollte auch der Ersatztestamentsvollstrecker wegfallen, soll das Nachlassgericht einen geeigneten Testamentsvollstrecker ernennen.
Der Testamentsvollstrecker hat die Aufgabe, für die Erfüllung der vorstehend angeordneten Auflage Sorge zu tragen.
Der Testamentsvollstrecker ist befugt, nach meinem Tod die beigefügte Satzung der .....-Stiftung zu ändern, soweit dies erforderlich oder zweckdienlich ist, um meinem Willen Geltung zu verschaffen und die steuerliche Anerkennung der nicht rechtsfähigen Stiftung als steuerbegünstigte Körperschaft i.S.d. §§ 51 ff. AO zu erreichen.
Soweit eines der von mir benannten Mitglieder des Stiftungsrates wegfällt, ist der Testamentsvollstrecker auch befugt, ein Ersatzmitglied zu benennen.
Der Testamentsvollstrecker ist von den Beschränkungen des § 181 BGB befreit.
Als Vergütung erhält der Testamentsvollstrecker .....
.....
Vorgelesen nebst Anlage, genehmigt und unterschrieben:

■ *Kosten.* Wie Rdn. 123 M.

Satzung einer unselbstständigen steuerbegünstigten Stiftung mit Stiftungsrat

§ 1 Name, Rechtform, Sitz 129 M

(1) Die Stiftung führt den Namen .....

(2) Sie ist eine nicht rechtsfähige Stiftung des bürgerlichen Rechts in der Verwaltung des/der (z.B. Kirchengemeinde) (nachstehend »Stiftungsträger« genannt) und wird durch deren/dessen Organe im Rechtsverkehr vertreten.
(3) Die Stiftung hat ihren Sitz in .....

§ 2 Zweck der Stiftung, Gemeinnützigkeit

(1) Zweck der Stiftung ist ..... Der Stiftungszweck wird insbesondere verwirklicht durch .....
(2) Die Stiftung verfolgt ausschließlich und unmittelbar gemeinnützige (mildtätige/kirchliche) Zwecke im Sinne des Abschnitts »Steuerbegünstigte Zwecke« der Abgabenordnung.
(3) Die Stiftung ist selbstlos tätig; sie verfolgt nicht in erster Linie eigenwirtschaftliche Zwecke.
(4) Mittel der Stiftung dürfen nur für die satzungsmäßigen Zwecke verwendet werden. Niemand darf durch Ausgaben, die den Zwecken der Stiftung fremd sind, oder durch unverhältnismäßig hohe Vergütungen begünstigt werden.
(5) Es besteht kein Rechtsanspruch auf Gewährung von Stiftungsleistungen.

§ 3 Vermögen der Stiftung

(1) Das Vermögen der Stiftung besteht zum Zeitpunkt ihrer Errichtung aus:
a) ..... € Bargeld;
b) .....(Anzahl) Aktien der ..... mit einem Kurswert per ..... von insgesamt ..... €;
c) ..... € Anleihen (z.B. Bundesrepublik Deutschland, Seriennummer, Zinssatz ..... %);
d) .....
(2) Umschichtungen des Stiftungsvermögens sind zulässig.
(3) Die Stiftung erfüllt ihren Zweck aus den Erträgen des Stiftungsvermögens und aus Zuwendungen Dritter, soweit diese nicht zur Aufstockung des Vermögens bestimmt sind (Zustiftungen). Die Stiftung ist berechtigt, Zustiftungen entgegenzunehmen.
(4) Rücklagen dürfen gebildet werden, soweit die Vorschriften des steuerlichen Gemeinnützigkeitsrechts dies zulassen. Der Vorstand des Stiftungsträgers kann freie Rücklagen dem Stiftungsvermögen zuführen.

§ 4 Organe der Stiftung

Organe der Stiftung sind
a) das Vertretungsorgan des Stiftungsträgers,
b) der Stiftungsrat.

§ 5 Aufgaben und Rechtstellung des Stiftungsträgers

(1) Der Stiftungsträger hat für die dauernde und nachhaltige Erfüllung des Stiftungszweckes zu sorgen. Er führt die Geschäfte der Stiftung. Er hat das Stiftungsvermögen getrennt von seinem übrigen Vermögen zu verwalten.
(2) Zu Beginn eines jeden Geschäftsjahres hat der Stiftungsträger einen Haushaltsplan aufzustellen.
(3) Der Stiftungsträger hat für den Schluss eines jeden Geschäftsjahres einen Jahresabschluss zu erstellen.
(4) Der Stiftungsträger hat Anspruch auf Erstattung der ihm durch die Verwaltung des Stiftungsvermögens entstandenen Aufwendungen und ist befugt, diese dem Stiftungsvermögen zu entnehmen.

(5) Der Stiftungsträger haftet für die Erfüllung seiner Verpflichtungen lediglich für die Sorgfalt, die er auch in eigenen Angelegenheiten anzuwenden pflegt.

§ 6 Anzahl, Berufung, Berufungszeit und Abberufung der Mitglieder des Stiftungsrates

(1) Der Stiftungsrat besteht aus ..... Mitgliedern. Sie dürfen nicht zugleich Mitglieder des Vertretungsorgans des Stiftungsträgers sein. Mindestens ein Mitglied des Stiftungsrates muss den rechts- oder steuerberatenden Berufen angehören. Mitglieder des Stiftungsrates werden auf unbestimmte Zeit berufen. Sie scheiden jedoch mit Vollendung des siebzigsten Lebensjahres aus dem Stiftungsrat aus. Der erste Stiftungsrat wird durch den Stifter bestellt.
(2) Der Stiftungsrat wählt aus seiner Mitte einen Vorsitzenden und einen stellvertretenden Vorsitzenden auf die Dauer seiner Amtszeit.
(3) Mitglieder des Stiftungsrates können nur aus wichtigem Grund abberufen werden. Über die Abberufung entscheidet der Stiftungsrat mit der Mehrheit seiner Mitglieder. Das betroffene Mitglied hat dabei kein Stimmrecht.
(4) Scheidet ein Mitglied des Stiftungsrates aus, so ergänzt sich der Stiftungsrat durch Zuwahl. Bis zur Ergänzung verringert sich die Anzahl der Mitglieder des Stiftungsrates um die Anzahl der ausgeschiedenen Personen.
(5) Die Mitglieder des Stiftungsrates sind ehrenamtlich für die Stiftung tätig. Ihnen können ihre notwendigen Auslagen, die durch die Tätigkeit für die Stiftung entstanden sind, ersetzt werden.
(6) Der Stiftungsrat gibt sich eine Geschäftsordnung. Sie kann auch die Vertretung des Stiftungsrates gegenüber dem Stiftungsträger regeln.

§ 7 Aufgaben des Stiftungsrates

(1) Der Stiftungsrat hat die Geschäftsführung des Stiftungsträgers zu überwachen und insbesondere darauf zu achten, dass dieser für die dauernde und nachhaltige Erfüllung des Stiftungszwecks sorgt.
(2) Der Stiftungsrat ist ferner zuständig für
a) die Genehmigung des Haushaltsplanes,
b) den Erlass von Richtlinien zur Erfüllung des Stiftungszwecks,
c) die Kontrolle der Haushalts- und Wirtschaftsführung,
d) die Feststellung des Jahresabschlusses,
e) die Wahl eines Abschlussprüfers,
f) Entlastung des Stiftungsträgers.
Weitere Rechte des Stiftungsrates nach anderen Bestimmungen dieser Satzung bleiben unberührt.

§ 8 Einberufung, Beschlussfähigkeit und Beschlussfassung des Stiftungsrates

(1) Der Stiftungsrat wird von seinem Vorsitzenden – bei seiner Verhinderung vom stellvertretenden Vorsitzenden – schriftlich unter Bezeichnung der einzelnen Punkte der Tagesordnung mindestens einmal im Kalenderjahr einberufen; die Ladungsfrist beträgt mindestens zwei Wochen. Der Stiftungsrat ist einzuberufen, wenn zwei Mitglieder des Stiftungsrates oder der Stiftungsträger dieses verlangen; das Verlangen hat den Beratungspunkt anzugeben.
(2) Der Stiftungsrat ist beschlussfähig, wenn mehr als die Hälfte seiner Mitglieder anwesend sind.

(3) Der Stiftungsrat beschließt außer in den Fällen des § 9 mit der Mehrheit seiner anwesenden Mitglieder. Der Stiftungsrat kann einen Beschluss auch schriftlich fassen, wenn alle Mitglieder diesem Verfahren schriftlich zustimmen.
(4) Über die in den Sitzungen des Stiftungsrates gefassten Beschlüsse ist eine Niederschrift anzufertigen. Sie ist von dem Vorsitzenden und einem weiteren Mitglied zu unterschreiben. Alle Beschlüsse des Stiftungsrates sind zu sammeln und während des Bestehens der Stiftung aufzubewahren.

§ 9 Satzungsänderungen, Zweckänderungen, Aufhebung

(1) Satzungsänderungen, die den Stiftungszweck nicht berühren, sind zulässig, wenn hierdurch die nachhaltige Erfüllung des Stiftungszwecks nach dem Willen und den Vorstellungen des Stifters gefördert wird. Sie bedürfen eines mit einer Mehrheit von $^3/_4$ aller Mitglieder des Stiftungsrates gefassten Beschlusses und der Zustimmung des Stiftungsträgers.
(2) Änderungen des Zwecks, die Aufhebung der Stiftung oder die Zusammen- oder Zulegung der Stiftung mit oder zu einer anderen Stiftung sind nur zulässig, wenn die Erfüllung des Stiftungszwecks unmöglich geworden ist oder angesichts wesentlicher Veränderungen der Verhältnisse nicht mehr sinnvoll ist. Sie bedürfen der Zustimmung aller Mitglieder des Stiftungsrates und der des Stiftungsträgers.

§ 10 Geschäftsjahr

Das Geschäftsjahr der Stiftung ist das Kalenderjahr.

§ 11 Vermögensanfall

Im Falle der Auflösung der Stiftung, bei Wegfall oder Aufhebung ihres Trägers oder bei Wegfall steuerbegünstigter Zwecke fällt deren Vermögen der …..-Stiftung zu, die es ausschließlich und unmittelbar für gemeinnützige, mildtätige oder kirchliche Zwecke zu verwenden hat.

■ *Kosten.* Wie Rdn. 125 M.

Stiftungskapitalgesellschaft

130 M

§ 1 Firma, Sitz, Geschäftsjahr

Die Firma der Gesellschaft lautet: …..-Stiftung GmbH.
Der Sitz der Gesellschaft ist …..
Das Geschäftsjahr ist das Kalenderjahr. Das erste Geschäftsjahr beginnt mit der Eintragung der Gesellschaft im Handelsregister und endet am 31.12. desselben Jahres.

§ 2 Gesellschaftszweck, Gegenstand des Unternehmens

Zweck der Gesellschaft ist die Förderung von …..
Die Gesellschaft erfüllt ihre Zwecke insbesondere durch folgende Maßnahmen: …..
Die Gesellschaft verfolgt ausschließlich und unmittelbar gemeinnützige/mildtätige/kirchliche Zwecke im Sinne des Abschnitts »Steuerbegünstigte Zwecke« der Abgabenordnung. Die Gesellschaft ist selbstlos tätig und verfolgt nicht in erster Linie eigenwirtschaftliche Zwecke. Mittel der Gesellschaft dürfen nur für die satzungsmäßigen Zwecke verwendet werden. Die Gesellschafter erhalten keine Zuwendungen aus Mitteln der Gesellschaft. Keine Person darf durch Ausgaben, die dem Gesellschaftszweck

fremd sind, oder durch unverhältnismäßig hohe Vergütungen begünstigt werden. Die Gesellschaft kann ihre Mittel teilweise einer anderen, ebenfalls steuerbegünstigten Körperschaft oder einer Körperschaft des öffentlichen Rechts zur Verwendung zu steuerbegünstigten Zwecken zuwenden.
Ein Rechtsanspruch auf Leistungen der Gesellschaft besteht nicht.

§ 3 Stammkapital, Stammeinlagen

Das Stammkapital der Gesellschaft beträgt 25.000,- € (in Worten: Euro fünfundzwanzigtausend).
Hiervon übernehmen die Gesellschafter folgende Stammeinlagen:
Herr A .....12.500,- €
Herr B .....12.500,- €
Die Stammeinlagen sind sofort in voller Höhe in bar zu erbringen.
Das der Erfüllung des Gesellschaftszwecks dienende wesentliche Vermögen der Gesellschaft ist in seinem Bestand unverändert zu erhalten.

§ 4 Geschäftsführung, Vertretung

Die Gesellschaft hat einen oder mehrere Geschäftsführer. Sind mehrere Geschäftsführer bestellt, so wird die Gesellschaft durch zwei Geschäftsführer oder durch einen Geschäftsführer in Gemeinschaft mit einem Prokuristen vertreten. Ist nur ein Geschäftsführer bestellt, vertritt er die Gesellschaft einzeln.
Durch Beschluss der Gesellschafterversammlung kann allen oder einzelnen Geschäftsführern Einzelvertretungsbefugnis und Befreiung von den Beschränkungen des § 181 BGB erteilt werden.
Solange Herr A ..... Gesellschafter der Gesellschaft ist, hat er ein unentziehbares Sonderrecht, einen Geschäftsführer zu bestellen, der einzelvertretungsbefugt und von den Beschränkungen des § 181 BGB befreit ist. Herr A ..... ist auch berechtigt, sich selbst zum Geschäftsführer zu bestellen.

§ 5 Gesellschafterversammlung

Die ordentliche Gesellschafterversammlung findet einmal jährlich innerhalb von zwei Monaten nach Aufstellung des Jahresabschlusses statt. Im Übrigen ist eine Gesellschafterversammlung einzuberufen, wenn dies im Interesse der Gesellschaft erforderlich ist. Die Einberufung der Gesellschafterversammlung erfolgt durch die Geschäftsführung durch eingeschriebenen Brief mit einer Frist von einem Monat unter Angabe der Tagesordnung. Die Gesellschafterversammlung kann ihre Beschlüsse auch im schriftlichen Verfahren fassen.
Jeder Gesellschafter kann unter Angabe von Gründen die Einberufung einer Gesellschafterversammlung oder die Aufnahme eines bestimmten Tagesordnungspunktes verlangen.
Die Gesellschafterversammlung ist nur beschlussfähig, wenn mindestens 75 v.H. der Gesellschafter anwesend sind oder aufgrund schriftlicher Vollmacht vertreten werden. Die Gesellschafterversammlung fasst ihre Beschlüsse mit einfacher Mehrheit, sofern durch Gesetz oder diese Satzung nicht eine abweichende Bestimmung vorgesehen ist. Je 50,- € eines Geschäftsanteils gewähren eine Stimme.
Die Beschlüsse der Gesellschafterversammlung sind in einem Protokoll festzuhalten, dass vom Geschäftsführer zu unterzeichnen ist. Jeder Gesellschafter erhält eine Abschrift.
Die Frist zur Anfechtung von Gesellschafterbeschlüssen beträgt einen Monat nach Absendung des Beschlussprotokolls.

§ 6 Jahresabschluss, Gewinnverwendung

Für die Aufstellung und Prüfung des Jahresabschlusses und des Lageberichtes gelten die gesetzlichen Vorschriften.
Die Gesellschafter dürfen keine Gewinnanteile und keine sonstigen Zuwendungen aus Mitteln der Gesellschaft erhalten.
Die Gesellschaft kann im Rahmen des gemäß §§ 51 ff. AO zulässigen Umfangs Rücklagen bilden und/oder Mittel zum Erwerb von Gesellschafterrechten zur Erhaltung der prozentualen Beteiligung an Kapitalgesellschaften ansammeln.

§ 7 Satzungsänderung, Auflösung, Umwandlungen

Der Zweck und Gegenstand der Gesellschaft soll grundsätzlich nur geändert werden, wenn die Erfüllung des bisherigen Zwecks unmöglich geworden ist.
Beschlüsse über die Änderung der Satzung, die Auflösung der Gesellschaft und die Zustimmung zu Umwandlungen i.S.d. UmwG bedürfen einer einstimmigen Entscheidung aller Gesellschafter.

§ 8 Verfügung über Geschäftsanteile

Verfügungen über Geschäftsanteile oder Teile davon bedürfen zu ihrer Wirksamkeit der Zustimmung aller Mitgesellschafter. Das gilt auch für die Einräumung von Unterbeteiligungen und die Begründung von Rechtsverhältnissen, aufgrund derer ein Gesellschafter seinen Anteil ganz oder teilweise als Treuhänder eines anderen hält oder die Ausübung seiner Gesellschafterrechte an die Zustimmung eines anderen bindet, falls dieser nicht selbst Gesellschafter ist.

§ 9 Einziehung

Die Einziehung von Geschäftsanteilen ist zulässig. Sie wird mit Zugang des Einziehungsbeschlusses beim betroffenen Gesellschafter wirksam.
Ohne Zustimmung des Gesellschafters kann die Einziehung seines Geschäftsanteils beschlossen werden, wenn
a) ein Gesellschafter verstirbt,
b) über sein Vermögen das Insolvenzverfahren eröffnet wird oder die Eröffnung eines solchen Verfahrens mangels Masse abgelehnt wird,
c) in den Geschäftsanteil des Gesellschafters gepfändet wird und die Pfändung nicht innerhalb eines Monates nach Zustellung des Pfändungsbeschlusses wieder aufgehoben wird,
d) ein wichtiger Grund in der Person des Gesellschafters vorliegt, der seine Ausschließung rechtfertigt;
e) die Gesellschafter ihre Funktion als ..... aufgeben;
f) ein Gesellschafter seinen Austritt erklärt.
Statt der Einziehung kann die Gesellschaft verlangen, dass der betroffene Gesellschafter seinen Geschäftsanteil an die Gesellschaft, an einen anderen Gesellschafter oder einen von der Gesellschafterversammlung benannten Dritten abtritt.
Der Beschluss über die Einziehung oder Abtretung bedarf einer Mehrheit von $^3/_4$ der Gesellschafter. Der betroffene Gesellschafter und seinen Erben steht bei der Beschlussfassung kein Stimmrecht zu. Mit Bekanntgabe des Einziehungsbeschlusses scheidet der betroffene Gesellschafter aus der Gesellschaft aus.
Der betroffene Gesellschafter oder seine Erben erhalten eine Abfindung, die sich nach § 11 bestimmt.

§ 10 Dauer, Austritt

Die Gesellschaft besteht auf unbestimmte Zeit.
Jeder Gesellschafter kann zum Ende eines Geschäftsjahres gegenüber der Gesellschaft mit einer Frist von sechs Monaten seinen Austritt durch eingeschriebenen Brief erklären.
Der Austretende hat nach Wahl der Gesellschaft die Einziehung seines Anteils zu dulden oder diesen der Gesellschaft, einem anderen Gesellschafter oder einem von der Gesellschafterversammlung benannten Dritten zu übertragen.
Der austretende Gesellschafter erhält eine Abfindung, die sich nach § 11 bestimmt.

§ 11 Abfindung

In allen Fällen des Ausscheidens ist an einen Gesellschafter nur eine Abfindung in Höhe der eingezahlten Kapitalanteile und dem gemeinen Wert seiner Sacheinlagen zu zahlen.

§ 12 Vermögensbindung

Bei Auflösung oder Aufhebung der Gesellschaft oder bei Wegfall steuerbegünstigter Zwecke erhalten die Gesellschafter nur ihre eingezahlten Kapitalanteile und den gemeinen Wert ihrer geleisteten Sacheinlagen zurück.
Das übrige Gesellschaftsvermögen fällt an ....., die es unmittelbar und ausschließlich für steuerbegünstigte Zwecke zu verwenden hat, die dem Gesellschaftszweck möglichst nahe kommen.

§ 13 Bekanntmachungen

Bekanntmachungen der Gesellschaft erfolgen nur im Bundesanzeiger.

§ 14 Salvatorische Klausel, Gründungskosten

Falls einzelne Bestimmungen dieses Vertrages unwirksam sein sollten oder dieser Vertrag Lücken enthält, wird dadurch die Wirksamkeit der übrigen Bestimmungen nicht berührt. Anstelle der unwirksamen Bestimmung werden die Gesellschafter diejenige wirksame Bestimmung vereinbaren, welche dem Sinn und Zweck der unwirksamen Bestimmung entspricht. Im Falle von Lücken werden die Gesellschafter diejenige Bestimmung vereinbaren, die dem entspricht, was nach Sinn und Zweck dieses Vertrages vernünftigerweise vereinbart worden wäre, hätte man die Angelegenheit bedacht.
Die Gründungskosten bis zur Höhe von ..... € trägt die Gesellschaft.

■ *Kosten.* Für die Bargründung der Mehrpersonengesellschaft fällt eine 2,0 Gebühr gemäß Nr. 21100 KV GNotKG aus dem Mindestgeschäftswert von 30.000 € (§ 107 Abs. 1 Satz 1 GNotKG) an; wird der Beschluss über die Bestellung der Geschäftsführer mitbeurkundet, erhöht sich der Geschäftswert gemäß §§ 97, 108, 105 GNotKG um weitere 30.000 € auf 60.000 €. Hinzu kommt für die Erstellung der Gesellschafterliste gemäß § 8 Abs. 1 Nr. 3 GmbHG eine 0,5 Vollzugsgebühr gemäß Nr. 22113 KV GNotKG (Vorbemerkung 2.2.1.1 Abs. 1 Satz 2 Nr. 3 KV GNotKG) aus dem vollen Wert des Beurkundungsverfahrens, § 112 GNotKG.

Errichtung einer Bürgerstiftung

131 M

Wir, die Stifter, (folgt Angabe der Stifter mit Name, Vorname, Geburtsdatum und Anschrift)
errichten hiermit die Bürgerstiftung X-Stadt mit dem Sitz in X-Stadt.

§ 123 Stiftungen

Diese Stiftung bürgerlichen Rechts soll die Rechtsfähigkeit erlangen.
Zweck der Stiftung ist es, eine nachhaltige Entwicklung in der Stadt X-Stadt zu fördern.
Dies beinhaltet insbesondere die Bereiche
Kunst-, Kultur- und Denkmalpflege,
Umwelt- und Naturschutz sowie Landschaftspflege,
Brauchtums-, Ortsbild- und Heimatpflege,
Bildung und Erziehung,
Wissenschaft und Forschung,
Jugend- und Altenhilfe,
Sport- und Gesundheitsvorsorge sowie
Förderung demokratischen Gedankenguts
Die Stiftung verfolgt ausschließlich und unmittelbar gemeinnützige Zwecke im Sinne des Abschnitts »Steuerbegünstigte Zwecke« der Abgabenordnung.
Näheres regelt die Stiftungssatzung.
Die Stiftung wird mit einem anfänglichen Stiftungsvermögen in Höhe von
..... € in Worten ..... Euro – ausgestattet.
Dieses Anfangsvermögen wird von den Stiftern in bar wie folgt erbracht:

– (Angabe des Stifters)   EURO
– (Angabe des Stifters)   EURO
– (Angabe des Stifters)   EURO.

Die Stiftung wird von ihrem Vorstand gesetzlich vertreten.
Zu Mitgliedern des ersten Vorstands bestimmen wir:
(folgt Angabe der Vorstandsmitglieder mit den entsprechenden Angaben).
Darüber hinaus erhält die Stiftung ein Kuratorium (einen Stiftungsrat).
Zu ersten Mitgliedern des Kuratoriums bestimmen wir:
(folgt Angabe der Kuratoriumsmitglieder mit den entsprechenden Angaben).
Einzelheiten zu den Stiftungsorganen regelt die Satzung, welche diesem Stiftungsgeschäft als wesentlicher Bestandteil beigefügt ist.
(Ort, Datum)   (Name des Stifters)
Anlage: Satzung der Bürgerstiftung X-Stadt
Präambel
Die Bürgerinnen und Bürger von X-Stadt haben sich im Laufe ihrer Geschichte vieles selbst geschaffen, was zur Lebensqualität beiträgt und für die Menschen unabdingbar ist. Die Bürgerstiftung X-Stadt will in Fortführung dieser Tradition unabhängig von politischem oder weltanschaulichem Einfluss ein Forum bilden, in dem bürgerschaftliches Engagement gebündelt und die finanziellen Mittel langfristig gesichert werden. Sie ist offen für jeden Menschen, der seine Leistung oder sein Vermögen in Verantwortung vor dem Gemeinwohl gezielt für die Belange in X-Stadt zur Wirkung bringen möchte.

§ 1 Name, Rechtsstellung und Art, Sitz

1. Die Stiftung führt den Namen Bürgerstiftung X-Stadt.
2. Sie ist eine rechtsfähige öffentliche Stiftung bürgerlichen Rechts und hat ihren Sitz in X-Stadt.

§ 2 Stiftungszweck

1. Zweck der Stiftung ist es, eine nachhaltige Entwicklung in der Stadt X-Stadt zu fördern.
Dies beinhaltet insbesondere die Bereiche
Kunst-, Kultur- und Denkmalpflege,

Umwelt- und Naturschutz sowie Landschaftspflege,
Brauchtums-, Stadtbild- und Heimatpflege,
Bildung und Erziehung,
Wissenschaft und Forschung,
Jugend- und Altenhilfe,
Sport- und Gesundheitsvorsorge sowie
Förderung demokratischen Gedankenguts
Das räumliche Fördergebiet konzentriert sich auf die Stadt X-Stadt. Daneben können auch Projekte außerhalb des Stadtgebiets gefördert werden.
Insbesondere wird angestrebt, bürgerschaftliches Engagement und ehrenamtliche Arbeit in der Stadt X-Stadt zu fördern und durch die Unterstützung von Maßnahmen die Gewinnung zusätzlicher Mittel und die Bereitschaft zur Mitarbeit zu fördern. Auf die Zusammenarbeit von und mit Initiativen und Organisationen wird besonderer Wert gelegt.
2. Der Stiftungszweck wird insbesondere verwirklicht durch
die Unterstützung von Körperschaften nach § 58 Nr. 1 AO, die die vorgenannten Aufgaben ganz oder teilweise fördern und verfolgen,
die Förderung von Kooperationen zwischen Organisationen und Einrichtungen, die ebenfalls diese Zwecke verfolgen,
die Förderung des Meinungsaustausches und der Meinungsbildung sowie öffentlicher Veranstaltungen, um den Stiftungszweck in der Bevölkerung zu verankern,
die Vergabe von Beihilfen, Stipendien oder ähnlichen Unterstützungen zur Förderung der Fort- und Ausbildung auf den Gebieten des Stiftungszweckes,
die Schaffung und Unterstützung lokaler Einrichtungen und Projekte.
Die Zwecke der Stiftung können verwirklicht werden
durch einmalige und durch fortlaufende Förderung,
durch operative wie durch fördernde Projektarbeit,
durch die Verbreitung des Stiftungszwecks und -gedankens sowie der Ergebnisse in der Bevölkerung durch geeignete Öffentlichkeitsarbeit,
durch die Vergabe von Preisen oder Forschungsaufträgen.
Die aufgeführten Zwecke müssen nicht in gleichem Umfang verwirklicht werden.
3. Die Stiftung kann die Trägerschaft für nichtrechtsfähige Stiftungen und die Verwaltung anderer rechtsfähiger Stiftungen übernehmen
4. Die Stiftung darf keine Aufgaben übernehmen, die zu den Pflichtaufgaben der Stadt X-Stadt oder anderer Gebietskörperschaften im Sinne der Gemeindeordnung gehören.

§ 3 Gemeinnützigkeit

1. Die Stiftung verfolgt ausschließlich und unmittelbar gemeinnützige Zwecke im Sinne des Abschnitts »Steuerbegünstigte Zwecke« der Abgabenordnung.
2. Die Stiftung ist selbstlos tätig und verfolgt nicht in erster Linie eigenwirtschaftliche Zwecke.
Die Mittel der Stiftung dürfen nur für satzungsgemäße Zwecke verwendet werden. Es darf niemand durch Ausgaben, die dem Zweck der Stiftung fremd sind, oder durch unverhältnismäßig hohe Vergütungen, Unterstützungen oder Zuwendungen begünstigt werden.
Die zur Aufgabenerfüllung bestimmten Mittel sind grundsätzlich zeitnah zu verwenden.
3. Die Stiftung kann anderen, ebenfalls steuerbegünstigten Körperschaften, Anstalten und Stiftungen oder einer geeigneten öffentlichen Behörde finanzielle oder sachliche Mittel zur Verfügung stellen, wenn diese Stellen mit den Mitteln Maßnahmen im Rahmen des Stiftungszwecks fördern.

§ 123 Stiftungen

Die Stiftung kann die Trägerschaft für nichtrechtsfähige Stiftungen und die Verwaltung anderer rechtsfähiger Stiftungen übernehmen.
4. Die Stiftung kann für ein angemessenes Andenken ihrer Stifter sorgen.
5. Rücklagen dürfen im Rahmen der steuerlichen Rücklagen gebildet werden. Insbesondere dürfen Mittel ganz oder teilweise einer Rücklage zugeführt werden, soweit dies erforderlich ist, um die steuerbegünstigten satzungsgemäßen Zwecke nachhaltig erfüllen zu können. Auch kann der Überschuss der Einnahmen über die Unkosten aus der Vermögensverwaltung im Rahmen der steuerrechtlichen Bestimmungen dem Stiftungsvermögen zur Werterhaltung zugeführt werden (Werterhaltungsrücklage).
6. Es besteht kein Rechtsanspruch auf Leistungen der Stiftung.
Empfänger von Stiftungsleistungen haben über deren Verwendung auf Verlangen Rechenschaft abzulegen.

§ 4 Stiftungsvermögen, Mittelverwendung

1. Das Vermögen der Stiftung besteht zum Zeitpunkt ihrer Errichtung aus
..... € – in Worten ..... EURO –.
Dieses Anfangsvermögen wird von den im Stiftungsgeschäft namentlich genannten Stiftern erbracht.
2. Das Stiftungsvermögen ist in seinem Bestand dauernd und ungeschmälert zu erhalten. Es ist sicher und wirtschaftlich zu verwalten.
Vermögensumschichtungen sind zulässig.
3. Ihre Aufgaben erfüllt die Stiftung
aus den Erträgen des Stiftungsvermögens,
aus Zuwendungen, soweit sie nicht zur Aufstockung des Stiftungsvermögens bestimmt sind.
Aus diesen Mitteln sind vorab auch die Unkosten der Vermögensverwaltung und Stiftungsorganisation sowie etwaige Personalkosten zu bestreiten.
4. Die Stiftung kann Zuwendungen (Zustiftungen oder Spenden) entgegennehmen, ohne hierzu verpflichtet zu sein.
Spenden sind zeitnah und satzungsgemäß zu verwenden.
Zustiftungen wachsen als Zuwendungen zum Stiftungsvermögen diesem zu.
Zuwendungen aufgrund Verfügungen von Todes wegen gelten als Zustiftung, wenn der Erblasser keine andere Zweckbestimmung angegeben hat. Zustiftungen können durch den Zuwendungsgeber einem der in der Satzung aufgeführten Zweckbereiche oder einzelnen Zielen zugeordnet werden.
Ab einem vom Vorstand/Kuratorium/Vorstand mit Zustimmung des Kuratoriums/festzusetzenden Betrag können sie mit dem Namen des Zustiftenden verbunden werden (Namensfonds).

§ 5 Geschäftsjahr

Geschäftsjahr ist das Kalenderjahr.

§ 6 Organe; Angestellte

1. Organe der Stiftung sind
der Vorstand und
das Kuratorium (der Stiftungsrat).
Neben den Organen der Stiftung wird ein Stifterforum gebildet und können Fachausschüsse eingerichtet werden.
2. Die Tätigkeit in den Stiftungsorganen ist ehrenamtlich. Anfallende Auslagen werden in angemessener Höhe ersetzt.

Für Mitglieder des Vorstands kann das Kuratorium angemessene Aufwandspauschalen oder Vergütungen festlegen.
3. Organmitglieder haften nur bei vorsätzlicher oder grob fahrlässiger Verletzung ihrer Sorgfaltspflichten.
4. Die Stiftung kann entgeltlich oder unentgeltlich Aufgaben zur Erledigung an Dritte übertragen und/oder Angestellte, Arbeitnehmer u.Ä. beschäftigen.
Es kann eine hauptamtliche Geschäftsführung eingerichtet werden, die dem Vorstand weisungsgebunden ist. Sie kann als besonderer Vertreter im Sinne von § 30 BGB bestellt werden.
Die Entscheidungen gemäß dieser Ziffer 4. obliegen dem Vorstand mit Zustimmung des Kuratoriums.

§ 7 Der Vorstand der Stiftung

1. Der Vorstand besteht aus einer oder mehreren, höchstens ….. Personen.
Der erste Vorstand wird durch die Stifter im Stiftungsgeschäft bestimmt. Jeder weitere Vorstand wird vom Kuratorium gewählt.
2. Die Amtszeit des Vorstands beträgt ….. Jahre.
Scheidet ein Vorstandsmitglied vorzeitig aus, wird das neue Mitglied nur für die verbleibende Amtszeit gewählt. Auf Ersuchen des Kuratoriums bleibt ein ausscheidendes Vorstandsmitglied bis zur Wahl seines Nachfolgers im Amt.
Wiederwahl ist zulässig.
Mitglieder des Vorstands können vom Kuratorium jederzeit, jedoch nur aus wichtigem Grund abberufen werden. Ein wichtiger Grund liegt insbesondere vor, wenn das Vorstandsmitglied wiederholt oder erheblich gegen die Interessen der Stiftung verstößt oder sich an der Vorstandsarbeit mangelnd beteiligt.
Der Abberufungsbeschluss bedarf einer Mehrheit von ….. der abgegebenen Stimmen.
Rechtliches Gehör ist zu gewähren.
Ein Vorstandsmitglied kann nicht gleichzeitig Mitglied des Kuratoriums sein. Es scheidet ggf. mit seiner Wahl in den Vorstand aus dem Kuratorium aus.
Eine gleichzeitige hauptamtliche Tätigkeit von Vorstandsmitgliedern ist möglich. Hierüber und über eine etwaige Vergütung entscheidet das Kuratorium.
3. Der Vorstand wählt aus seiner Mitte einen Vorstandsvorsitzenden und einen stellvertretenden Vorstandsvorsitzenden, der diesen bei Verhinderung in allen Angelegenheiten vertritt.
4. Der Stiftungsvorstand vertritt die Stiftung gerichtlich und außergerichtlich. Er hat die Stellung eines gesetzlichen Vertreters.
Die Stiftung wird durch zwei Vorstandsmitglieder gemeinsam vertreten.
Einzelvertretungsbefugnis und Befreiung von den Beschränkungen des Art. 22 Abs. 1 S. 1 BayStG können durch das Kuratorium allgemein oder für den Einzelfall erteilt werden.
5. Der Vorstand führt im Rahmen der gesetzlichen und satzungsmäßigen Vorgaben und der Beschlüsse des Kuratoriums die Geschäfte der Stiftung.
Der Vorstand hat für die dauernde und nachhaltige Erfüllung des Stiftungszwecks zu sorgen und ist zur gewissenhaften und sparsamen Verwaltung des Stiftungsvermögens und der sonstigen Mittel verpflichtet.
Aufgaben des Stiftungsvorstands sind insbesondere,
vor Beginn eines jeden Geschäftsjahres den Haushaltsvoranschlag der Stiftung zu erstellen,
über die Einnahmen und Ausgaben und das Vermögen der Stiftung ordnungsgemäß Buch zu führen und die entsprechenden Belege zu sammeln und aufzubewahren,

zum Ende eines jeden Geschäftsjahres innerhalb der gesetzlichen Fristen den Bericht über die Erfüllung des Stiftungszwecks sowie die Aufstellung über die Einnahmen und Ausgaben der Stiftung und ihr Vermögen (Rechnungsabschluss und Vermögensübersicht) zu fertigen,
die Stiftung durch einen Wirtschaftsprüfer oder eine andere zur Erteilung eines gleichwertigen Bestätigungsvermerks befugte Stelle prüfen zu lassen – dabei hat sich die Prüfung auf die Erhaltung des Stiftungsvermögens und die satzungsgemäße Mittelverwendung zu erstrecken,
dem Kuratorium Vorschläge zur Mittel- und Ertragsverwendung zu machen, entsprechende Beschlüsse des Kuratoriums auszuführen und in diesem Rahmen die konkreten Ziele, Prioritäten und Konzepte der Projektarbeit festzulegen,
dem Kuratorium über Geschäftsgang und Aktivitäten der Stiftung zu berichten und diesem einen Tätigkeitsbericht vorzulegen.
6. Der Vorstand ist befugt, an Stelle des Kuratoriums dringliche Anordnungen zu treffen und unaufschiebbare Geschäfte zu besorgen. Hiervon hat er das Kuratorium spätestens in dessen nächster Sitzung zu unterrichten.
7. Vorstandsmitglieder sind berechtigt, auf Ersuchen des Kuratoriums auch verpflichtet, an Sitzungen des Kuratoriums teilzunehmen. Ein Teilnahmerecht besteht nicht, wenn im Einzelfall über Vorstandsmitglieder selbst beraten wird.
8. Der Vorstand kann sich eine Geschäftsordnung geben.
Im übrigen gilt für den Geschäftsgang § 9 entsprechend.

§ 8 Das Kuratorium

1. Das Kuratorium (der Stiftungsrat) besteht aus mindestens ..... und höchstens ..... Personen.
Das erste Kuratorium wird durch die Stifter im Stiftungsgeschäft bestimmt. Alle folgenden Mitglieder des Kuratoriums ergänzen sich durch Kooptation.
Dem Vorstand steht dabei ein Vorschlags- und Empfehlungsrecht zu, das das Kuratorium jedoch nicht bindet.
2. Die Amtszeit eines Kuratoriumsmitglieds beträgt ..... Jahre.
Scheidet ein Kuratoriumsmitglied vorzeitig aus, wird das neue Mitglied nur für die verbleibende Amtszeit bestellt.
Auf Ersuchen des Kuratoriums bleibt ein ausscheidendes Mitglied bis zur Wahl seines Nachfolgers im Amt.
Wiederbestellung ist zulässig.
Mitglieder des Vorstands dürfen nicht zugleich zu Mitgliedern des Kuratoriums bestellt werden.
In das Kuratorium sollen Personen bestellt werden, die aufgrund von gesellschaftspolitischem, sozialem, finanziellem oder fachbezogenem Engagement in besonderer Weise für diese Aufgabe qualifiziert sind.
Bei der Auswahl soll auf eine ausgewogene Besetzung hinsichtlich Altersstruktur, Geschlechterproporz und Interessenvertretung besonders hingewirkt werden.
3. Das Kuratorium wählt aus seiner Mitte einen Vorsitzenden und einen stellvertretenden Vorsitzenden.
4. Ist kein Vorstandsmitglied von den Beschränkungen des Art. 22 Abs. 1 S. 1 BayStG allgemein oder für den konkreten Einzelfall befreit und auch kein besonderer Vertreter im Sinne von § 30 BGB bestellt, vertritt der Vorsitzende des Stiftungsrats die Stiftung bei Rechtsgeschäften mit dem Stiftungsvorstand oder einzelnen Mitgliedern des Stiftungsvorstands.

5. Das Kuratorium entscheidet in allen grundsätzlichen Angelegenheiten und berät, unterstützt und überwacht den Stiftungsvorstand bei seiner Tätigkeit. Es wacht insbesondere über die Einhaltung und Verwirklichung des Stiftungszwecks.
Dem Kuratorium obliegt insbesondere die Beschlussfassung über
den Haushaltsvoranschlag,
den Rechnungsabschluss und die Vermögensübersicht,
die Auswahl und Bestellung eines Wirtschaftsprüfers oder einer anderen zur Erteilung eines gleichwertigen Bestätigungsvermerks befugten Stelle,
die Wahl des Stiftungsvorstands,
die Prüfung des Tätigkeitsberichts des Vorstands,
die Entlastung des Vorstands,
die Zustimmung zu Geschäften, durch die Verbindlichkeiten zu Lasten der Stiftung begründet werden, die eine Laufzeit oder einen Betrag überschreiten, die bzw. der vom Kuratorium – ggf. in einer generellen Richtlinie – festgelegt werden,
die Verwendung der Erträge des Stiftungsvermögens und sonstiger, nicht zur Aufstockung des Stiftungsvermögens bestimmter Mittel,
die Festlegung von Förderkriterien und das Vorschlagsrecht für stiftungseigene oder stiftungsfremde Projekte,
Änderungen der Stiftungssatzung oder eine geplante Umwandlung oder Aufhebung der Stiftung.
Das Kuratorium kann vom Vorstand jederzeit Einsicht in sämtliche (Geschäfts-)Unterlagen der Stiftung verlangen und ist von ihm regelmäßig, d.h. mindestens einmal im Jahr, über die Aktivitäten der Stiftung zu unterrichten.

§ 9 Geschäftsgang des Kuratoriums

1. Das Kuratorium wird vom Vorsitzenden nach Bedarf, mindestens jedoch zweimal jährlich unter Angabe der Tagesordnung und Einhaltung einer Frist von zwei Wochen zu einer Sitzung einberufen.
Sitzungen sind ferner einzuberufen, wenn ..... % der Mitglieder des Kuratoriums oder der Stiftungsvorstand dies verlangen.
2. Das Kuratorium ist beschlussfähig, wenn ordnungsgemäß geladen wurde und mindestens ..... Mitglieder, unter ihnen der Vorsitzende oder stellvertretende Vorsitzende anwesend sind. Ladungsfehler gelten als geheilt, wenn alle betroffenen Mitglieder anwesend sind und keines Widerspruch erhebt.
3. Soweit nicht diese Satzung oder zwingende gesetzliche Regelungen andere Mehrheiten vorsehen, fasst das Kuratorium seine Beschlüsse mit einfacher Mehrheit der abgegebenen Stimmen.
Bei Stimmengleichheit gibt die Stimme des Kuratoriumsvorsitzenden, im Verhinderungsfall des stellvertretenden Vorsitzenden den Ausschlag.
4. Wenn kein Mitglied widerspricht, können Beschlüsse auch im schriftlichen Umlaufverfahren gefasst werden.
Die Schriftform gilt auch durch Fernschreiben, Telefax, E-Mail oder durch sonstige dokumentierbare Übermittlung der Stimmabgabe in elektronischer Form als gewahrt.
5. Ein Mitglied des Kuratoriums kann sich bei der Stimmabgabe vertreten lassen. Voraussetzung ist die Erteilung einer zumindest schriftlichen Vollmacht, die dem Vorsitzenden bzw. dessen Stellvertreter nachzuweisen ist.
6. Über die Ergebnisse der Sitzungen und der Beschlussfassungen im schriftlichen Verfahren sind Niederschriften zu fertigen und vom Vorsitzenden und dem Schriftführer zu unterzeichnen.

Sie sind allen Mitgliedern der Stiftungsorgane unter der bei der Stiftung zuletzt angegebenen Anschrift zu übersenden. Soweit das jeweilige Mitglied nicht widerspricht, ist auch die Übersendung in elektronischer Form, insbesondere per E-Mail, ausreichend.

§ 10 Stifterforum

1. Das Stifterforum besteht aus den Stiftern.
Stifter in diesem Sinne sind die Personen, die bei Errichtung der Stiftung oder zu einem späteren Zeitpunkt einen vom Kuratorium bestimmten Mindestbetrag gestiftet oder zugestiftet haben.
Der Stifter gehört dem Stifterforum grundsätzlich auf Lebenszeit an. Seine Zugehörigkeit zum Forum ist nicht vererblich und nicht übertragbar.
2. Juristische Personen können dem Stifterforum nur angehören, wenn und so lange sie eine natürliche Person zu ihrem Vertreter in das Stifterforum bestellen und diesen der Stiftung schriftlich mitteilen.
Für die Dauer deren Zugehörigkeit gilt Abs. 1 entsprechend.
3. Bei Zustiftungen aufgrund einer Verfügung von Todes wegen kann der Erblasser in der Verfügung von Todes wegen eine natürliche Person bestimmen, die dem Stifterforum angehören soll.
Für diese gilt wiederum Abs. 1 entsprechend.
4. Das Stifterforum soll mindestens einmal im Jahr vom Vorstand zu einer Sitzung einberufen werden.
5. Der Zuständigkeit des Stifterforums unterliegen die Kenntnisnahme des Haushaltsvoranschlages für das jeweils laufende Geschäftsjahr sowie des Rechnungsabschlusses, der Vermögensübersicht und des Tätigkeitsberichts des Vorjahres.

§ 11 Fachausschüsse

1. Der Vorstand kann Fachausschüsse einrichten und sie mit einem Budget ausstatten. Über die Höhe des Budgets entscheidet ...../das Kuratorium/.
Die Fachausschüsse werden von einem Mitglied des Vorstands geleitet, das für die ordentliche Verwaltung des Budgets verantwortlich ist.
Die Fachausschüsse haben über die Verwendung ihres Budgets einmal jährlich dem Vorstand, auf Verlangen auch dem Kuratorium Rechenschaft abzulegen.
Aus dem Budget sind auch etwaige Kosten für Auslagenersatz, Aufwandsentschädigungen oder Vergütungen zu bestreiten. Über diese und deren Höhe entscheidet der Vorstand mit Zustimmung des Kuratoriums.
2. Die Besetzung der Ausschüsse erfolgt durch den Vorstand. Bei der Besetzung soll besonderer Wert auf die Kompetenz und Sachnähe der Ausschussmitglieder gelegt werden.
3. Aufgabe der Fachausschüsse ist die Beratung der Stiftungsorgane in allen Angelegenheiten ihres Fachgebiets sowie die Durchführung von stiftungseigenen Projekten und sonstigen Veranstaltungen im Rahmen der Vorgaben des Kuratoriums und des Vorstands.
4. Alle Mitglieder des Kuratoriums und Vorstands sind berechtigt, an den Sitzungen der Fachausschüsse beratend teilzunehmen.
5. Der Vorstand kann für die Arbeit der Fachausschüsse/mit Zustimmung des Kuratoriums/eine Geschäftsordnung erlassen.

§ 12 Satzungsänderungen, Umwandlung und Aufhebung der Stiftung

1. Änderungen der Satzung sind grundsätzlich möglich, soweit sie zur Anpassung an etwa gewandelte Verhältnisse geboten erscheinen.

Satzungsänderungen dürfen die Steuerbegünstigung der Stiftung nicht beeinträchtigen oder aufheben. Soweit sie sich auf die Anerkennung als gemeinnützig auswirken könnten, sind sie der zuständigen Finanzbehörde vorab zur Stellungnahme vorzulegen.
Änderungen des Stiftungszwecks sind nur zulässig, wenn seine Erfüllung unmöglich wird oder sich die Verhältnisse derart ändern, dass die Erfüllung des Stiftungszwecks nicht mehr sinnvoll erscheint.
Im übrigen gelten für die Umwandlung oder Aufhebung bzw. Auflösung der Stiftung die gesetzlichen Voraussetzungen.
2. Eine Änderung des Stiftungszwecks bedarf der Zustimmung von vier fünftel der Mitglieder des Kuratoriums.
Sonstige Beschlüsse gemäß Ziffer 1. bedürfen einer Mehrheit von ..... der gültig abgegebenen Stimmen des Kuratoriums.
Die Beschlüsse werden erst mit Genehmigung durch die Stiftungsaufsichtsbehörde wirksam und sollen vorab mit dieser abgestimmt werden.

§ 13 Vermögensanfall

Bei Auflösung oder Aufhebung der Stiftung oder Wegfall steuerbegünstigter Zwecke fällt das Vermögen an die Stadt bzw. Gemeinde, in der die Stiftung zuletzt ihren Sitz hatte. Sie hat das Vermögen unmittelbar und ausschließlich für gemeinnützige Zwecke zu verwenden.

§ 14 Stiftungsaufsicht; Inkrafttreten

1. Die Stiftung unterliegt nach Maßgabe des geltenden Rechts der staatlichen Aufsicht, derzeit .....
Der Stiftungsaufsichtsbehörde sind Änderungen der Anschrift, der Vertretungsberechtigung und der Zusammensetzung der Organe unverzüglich mitzuteilen.
2. Die Stiftung erlangt ihre Rechtsfähigkeit durch ihre Anerkennung. Die Satzung tritt mit dieser Anerkennung in Kraft.

■ *Kosten.* Wie Rdn. 125 M.

§ 124 Handelsregister

I. Wesen und Bedeutung

1 Der *Zweck der Register* (Handelsregister, Genossenschaftsregister, Partnerschaftsregister, Vereinsregister, Güterrechtsregister, Binnenschiffsregister, Seeschiffsregister, Register für Pfandrechte an Luftfahrzeugen) besteht vor allem darin, gewisse für den Rechtsverkehr erhebliche Tatsachen für jedermann erkennbar zu machen. Das *Handelsregister* dient der Offenbarung von Tatsachen und Rechtsverhältnissen der Kaufleute und Handelsgesellschaften, die für den Rechtsverkehr von wesentlicher Bedeutung sind.[1] Als öffentliches Verzeichnis von Rechtstatsachen dient es der Unternehmenspublizität und damit dem allgemeinen Schutz des Rechtsverkehrs. Es soll zuverlässig, vollständig und lückenlos die einzutragenden Tatsachen wiedergeben. Dabei steht die Darstellung der Existenz sowie der Vertretungs- und Haftungsverhältnisse des betroffenen Rechtsträgers im Vordergrund.

2 Einige Eintragungen wirken *rechtserzeugend* (konstitutiv), andere nur *kundmachend* (deklaratorisch). So entsteht eine Aktiengesellschaft, eine GmbH, eine eingetragene Genossenschaft erst nach Erfüllung der gesetzlichen Normativbestimmungen mit ihrer Eintragung ins Handels- oder Genossenschaftsregister, und eine Satzungsänderung wird bei ihnen erst mit der Eintragung wirksam (konstitutive Bedeutung der Eintragung). Andererseits bedarf es zur Entstehung einer Offenen Handelsgesellschaft oder Kommanditgesellschaft, zur Errichtung einer Zweigniederlassung, zur Bestellung oder Abberufung von Vorstandsmitgliedern, Geschäftsführern, Liquidatoren oder Prokuristen nicht der Eintragung ins Register (deklaratorische Bedeutung der Eintragung).

3 Das Handelsregister wird von dem Amtsgericht geführt, in dessen Bezirk ein Landgericht seinen Sitz hat, und zwar für sämtliche Amtsgerichte in dessen Landgerichtsbezirk (§ 8 HGB, § 376 Abs. 1 FamFG, § 1 HRV). Durch landesrechtliche Bestimmungen kann eine weitere Konzentration vorgenommen werden.[2]

II. Publizitätswirkungen

4 1. Es gibt keine rechtliche Vermutung hinsichtlich der Richtigkeit des im Handelsregister Eingetragenen. Der Rechtsverkehr kann sich nur beschränkt auf Eintragung und Bekanntmachung verlassen, da Eintragungen im Handelsregister nicht die Richtigkeit der eingetragenen und bekanntgemachten Tatsache als solcher verlautbaren, sondern lediglich den Tatbestand, dass die betreffende Tatsache in gesetzmäßiger Weise angemeldet worden ist.[3] Abs. 1 des § 15 HGB enthält nur die *negative Publizitätswirkung* und regelt die Wirkung der unterlassenen Eintragung und Bekanntmachung, wobei Eintragung und Bekanntmachung stets gemeinschaftlich stattfinden müssen. Die negative Publizitätswirkung besteht darin, dass die einzutragende Tatsache von demjenigen, in dessen Angelegenheiten sie einzutragen war, einem Dritten nicht entgegengesetzt werden kann, es sei denn, dass sie ihm bekannt war. Der Rechtsverkehr soll sich auf den Inhalt des Handelsregisters verlassen können, aber nur soweit, dass ihm eine außerhalb des Handelsregisters eingetretene eintragungspflichtige (Abs. 1) oder eine dem Eintragungspflichtigen zurechenbar falsch eingetragene (Abs. 3)

---
1 BGH NJW 1998, 1071.
2 Übersicht bei *Krafka/Willer*, Rn. 13.
3 BGH, NJW 1992, 975; BayObLG v. 20.06.1974, DB 1974, 1521, 1522.

Rechtstatsache nicht entgegen gehalten werden kann. Nur das Vertrauen des Dritten auf das Schweigen des Handelsregisters wird geschützt, soweit der Dritte sein Handeln auf die Registereintragung eingerichtet hat, er sich im rechtsgeschäftlichen Verhalten also durch die versäumte Eintragung hat leiten lassen. Somit hat eine Gesellschaft keine Berufungsmöglichkeit auf das (noch) nicht eingetragene Ausscheiden eines Gesellschafters/Geschäftsführers, soweit der Dritte nicht davon positive Kenntnis hatte (kennen müssen genügt nicht), sodass dem Dritten nicht entgegen gehalten werden kann, dass der Ausgeschiedene nicht mehr vertretungsberechtigt war.[4] Der Dritte kann sich jedoch jederzeit auf die wirkliche Sachlage berufen, wenn ihm das günstiger erscheint.[5] Einzutragende Tatsachen i.S.v. § 15 Abs. 1 HGB sind alle Tatsachen, deren Eintragung unmittelbar oder mittelbar gesetzlich gefordert wird. Nur eintragungsfähige Tatsachen, wie Vereinbarungen über die Nichthaftung des Firmenerwerbers nach § 25 Abs. 2 HGB und des in eine Gesellschaft Eintretenden nach § 28 Abs. 2 HGB, sollen nicht darunter fallen.

2. Die *positive Publizitätswirkung*, die im Abs. 2 des § 15 HGB geregelt ist, besagt: Wenn die einzutragende Tatsache richtig eingetragen und bekannt gemacht ist, so muss ein Dritter sie gegen sich gelten lassen. Das Gesetz geht davon aus, dass jeder Kaufmann die Bekanntmachungen des Handelsregisters liest. Nur bei Rechtshandlungen, die innerhalb von 15 Tagen nach der Bekanntmachung vorgenommen werden, ist dem Dritten der Beweis gestattet, dass er die Tatsache weder kannte noch kennen musste (§ 15 Abs. 2 Satz 2 HGB). Aus § 15 Abs. 2 HGB folgt aber nicht, dass das Handelsregister öffentlichen Glauben genießt. Der Inhalt des Handelsregisters gilt zugunsten desjenigen, der im Vertrauen auf den Inhalt Rechte erwirbt oder Verpflichtungen erfüllt, nicht als richtig, sodass es keinen Vertrauensschutz erzeugt, dass der Eingetragene auch tatsächlich Gesellschafter, Geschäftsführer oder Prokurist ist oder dass die eingetragene Gesellschaft auch wirksam entstanden ist. § 15 HGB besagt nichts weiter, als dass das *Nichteingetragene* oder Nichtbekanntgemachte als *unbekannt* gilt und damit nicht gegen Dritte eingewendet werden kann (Abs. 1), und dass das *Eingetragene* und Bekanntgemachte als *bekannt* gilt (Abs. 2). **5**

3. Umstr. ist die Tragweite des Abs. 3, nach dem bei unrichtiger Bekanntmachung der gutgläubige Dritte geschützt ist, hier also positiver Gutglaubensschutz besteht. Nach überwiegender Meinung gilt § 15 Abs. 3 HGB nicht nur bei richtiger Eintragung und unrichtiger Bekanntmachung, sondern auch, wenn beides unrichtig ist. Die Norm wird jedoch einschränkend ausgelegt: Voraussetzung i.S. des Veranlassungsprinzips ist, dass die unrichtig bekannt gemachte Eintragung veranlasst wurde und dass es sich um eine eintragungspflichtige Tatsache handelt. Nur wer die Eintragung und Bekanntmachung veranlasst hat, also den Rechtsschein zurechenbar gesetzt hat,[6] kann sich gegenüber dem gutgläubigen Dritten nicht auf die wahre Rechtslage berufen, sondern muss die unrichtige Bekanntmachung sich entgegenhalten lassen, z.B. kann sich nicht zum Nachteil des Dritten darauf berufen, dass der Eingetragene nie Gesellschafter, Geschäftsführer oder Prokurist war, weil etwa der Bestellungsbeschluss unwirksam war. Der Dritte kann sich aber auf die ihm bekannte wahre Rechtslage berufen.[7] Darüber hinaus ist aber Vieles zweifelhaft.[8] **6**

---

4 Dies gilt selbst dann, wenn der Ausgeschiedene zuvor noch nicht im Handelsregister eingetragen war, so OLG Köln, Beschl. v. 03.06.2015 – 2 Wx 117/15, FGPrax 2015, 165. Denn auch die Abberufung eines nicht voreingetragenen Geschäftsführers ist eine anmeldepflichtige Änderung im Sinne des § 39 Abs. 1 GmbHG.
5 BGHZ 55, 267 [273] = NJW 1971, 1268.
6 OLG Brandenburg v. 21.06.2012 – 5 U 66/11: die Vorschrift wirkt nur zulasten desjenigen, der den Eintragungsantrag selbst gestellt hat oder sich einen solchen Antrag zurechnen lassen muss. Ob die Anmeldung selbst fehlerhaft war oder nicht, soll dabei keine Rolle spielen.
7 BGH NJW-RR 1990, 737.
8 S. im Einzelnen *v. Olshausen*, BB 1970, 137; NJW 1971, 966; *Beuthien*, NJW 1970, 2283; *Steckhan*, DNotZ 1971, 211; NJW 1971, 1594; *Beyerle*, BB 1971, 1482; *K. Schmidt*, JuS 1977, 215; 91, 1002; *ders.*, JuS 2013, 360; *ders.*, Handelsrecht § 14 III.; Baumbach/*Hopt*, § 15 HGB Rn. 16 ff.; MüKo-HGB/*Lieb*, § 15 HGB Rn. 62 ff.

7 Seit Langem unstreitig sind daneben in der Praxis folgende Rechtsscheinssätze:
8 Wenn jemand durch eine unrichtige Anmeldung eine falsche Eintragung im Handelsregister herbeiführt, so muss er sie zugunsten eines gutgläubigen Dritten gegen sich gelten lassen. Ein Verschulden wird dabei nicht vorausgesetzt.[9]
9 Wer die Berichtigung einer unrichtigen Registereintragung schuldhaft unterlässt, wird so behandelt, als ob die falsche Eintragung mit seinem Willen fortbesteht, wenn ein gutgläubiger Dritter sich auf die falsche Eintragung verlässt. Wer zum Handelsregister anmeldet, muss sich also darum kümmern, ob das, was er angemeldet hat, ordnungsgemäß eingetragen und bekannt gemacht ist.[10]

III. Einteilung und Inhalt

10 1. Das Handelsregister hat zwei Abteilungen.
11 *Abteilung A* enthält die Eintragungen für Einzelkaufleute, Offene Handelsgesellschaften und Kommanditgesellschaften sowie juristische Personen nach § 33 HGB: hierbei handelt es sich um juristische Personen des privaten oder des öffentlichen Rechts, die nicht Formkaufleute (§ 6 Abs. 2 HGB) sind, deren Eintragung aber mit Rücksicht auf den Gegenstand oder auf die Art oder den Umfang ihres Gewerbebetriebes zu erfolgen hat, z.B. wirtschaftliche Vereine i.S.v. § 22 BGB, Idealvereine, Stiftungen, öffentlich-rechtliche Anstalten und Körperschaften (Sparkassen, selbstständige Kommunalunternehmen wie auch unselbstständige Eigenbetriebe des öffentlichen Rechts), wenn sie ein vollkaufmännisches Unternehmen betreiben.[11]

Nicht eintragbar sind die Gesellschaft bürgerlichen Rechts und die stille Gesellschaft.

12 *Abteilung B* enthält die Eintragungen für Aktiengesellschaften, Kommanditgesellschaften auf Aktien, Gesellschaften m.b.H. und Versicherungsvereine auf Gegenseitigkeit.

13 2. *Inhalt:* Aufgrund der Publizitätsfunktion gibt es Auskunft über die Tatsachen und Rechtsverhältnisse der Kaufleute und Handelsgesellschaften, soweit diese Verhältnisse für den Rechtsverkehr von wesentlicher Bedeutung sind. Nicht alles, was für den Rechts- und Handelsverkehr bedeutsam ist, wird aber in das Handelsregister eingetragen.

14 Eintragungsfähig sind nur Tatsachen, die vom Gesetz für eintragungs- und anmeldepflichtig erklärt wurden oder deren Eintragung als möglich zugelassen wird (z.B. § 2 Satz 2, § 3 Abs. 2 und 3, § 25 Abs. 2, § 28 Abs. 2 HGB). Andere Tatsachen und Rechtsverhältnisse können nur eingetragen werden, wenn deren Eintragung nach Sinn und Zweck des Handelsregisters (Umstände zu verlautbaren, die für den Rechtsverkehr von wesentlicher Bedeutung sind) für die Information des Rechtsverkehrs als erforderlich angesehen werden,[12] wie z.B. bei Prokura die Befugnis zur Veräußerung und Belastung von Grundstücken, die Eintragung der Gesamt- oder Sonderrechtsnachfolge bei Gesellschafterwechsel einer KG, die Befreiung von den Beschränkungen des § 181 BGB, Testamentsvollstreckervermerk bei Anordnung von Dauertestamentsvollstreckung über Kommanditanteil,[13]

---

9 Siehe BGHZ 22, 283.
10 RGZ 131, 12.
11 Hierzu *Holland*, ZNotP 1999, 466 mit Anmeldungsmuster; OLG Frankfurt v. 20.12.2001 – 20 W 184/01, NVwZ 2002, 895 zum Anmeldungsinhalt.
12 BGH v. 14.02.2012 – II ZB 15/11, NZG 2012, 385 Rn. 16; BayObLG v. 18.02.2003 – 3Z BR 233/02, NJW-RR 2003, 908 = NZG 2003, 636. Es genügt nicht, dass die Eintragung für Dritte von wirtschaftlichem oder rechtlichem Interesse ist (OLG München, Beschl. v. 17.03.2011 – 31 Wx 68/11).
13 BGH, Beschl. v. 14.02.2012 – II ZB 15/11, ZEV 2012, 335 m. Anm. *Zimmermann* = MittBayNot 2012, 304 = NJW-RR 2012, 730 = NZG 2012, 385 = NotBZ 2012, 167.

Nießbrauch an einem Kommanditanteil,[14] Abschluss und Beendigung eines Beherrschungs- und Gewinnabführungsvertrag bei der abhängigen Gesellschaft.[15]

Nicht eintragungsfähig sind zukünftige Tatsachen, denn angemeldet werden können nur solche Tatsachen oder Rechtsverhältnisse, die entweder bereits vorliegen oder jedenfalls mit ihrer Eintragung wirksam werden.[16] Nicht eintragungsfähig sind Handlungsvollmachten, Beschränkungen der Verfügungsbefugnis, gesetzliche Vertreter, Befugnisse von Gesellschaftsorganen, der eheliche Güterstand. 15

IV. Weitere Register

Neben dem Handelsregister bestehen als spezielle Register für Genossenschaften das Genossenschaftsregister, für Partnerschaftsgesellschaften das Partnerschaftsregister sowie für Vereine das Vereinsregister. 16

V. Das elektronische Handelsregister

Den Vorgaben des europäischen Gesetzgebers entsprechend wurde mit dem »Gesetz über das elektronische Handelsregister und Genossenschafts- und Partnerschaftsregister sowie das Unternehmensregister« (EHUG)[17] ab dem 01.01.2007 ein vollständig elektronisches Handelsregister eingeführt.[18] § 8 Abs. 1 HGB normiert nunmehr, dass die Handelsregister (einschließlich des Genossenschaftsregisters) vom Gericht elektronisch zu führen sind. Eine Eintragung im Handelsregister wird gemäß § 8a Abs. 1 HGB nunmehr wirksam, sobald sie in den für die Eintragung bestimmten Datenspeicher aufgenommen ist und auf Dauer inhaltlich unverändert in lesbarer Form wiedergegeben werden kann. 17

1. Anmeldung

Anmeldungen in Handelsregistersachen können nach § 378 Abs. 3 Satz 2 FamFG ausschließlich über einen Notar an das Registergericht eingereicht werden. Die Anmeldung und Vollmachten zur Anmeldung einer Eintragung in das Handelsregister (nicht jedoch Anmeldungen zum Genossenschafts-, Partnerschafts-und Vereinsregister) sind gemäß § 12 Abs. 1 Satz 2 HGB im elektronischen Verfahren und in elektronisch beglaubigter Form einzureichen, damit die Registergerichte aufgrund der Pflicht zur Führung eines elektronischen Handelsregisters nicht extra die papierschriftlich eingereichten Dokumente digitalisieren müssen. Dabei ist bei Dokumenten, die in notariell beurkundeter Form oder in öffentlich beglaubigter Abschrift einzureichen sind, ein einfaches elektronisches Zeugnis mittels qualifizierter elektronischer Signatur nach § 39a Satz 2 und 3 BeurkG erforderlich, das die Unterschrift des 18

---

14 OLG Oldenburg, Beschl. v. 09.03.2015 – 12 W 51/15 = NZG 2015, 643; ebenso OLG Stuttgart NZG 2013, 432; ebenso LG Köln RNotZ 2001, 170 m. Anm. *Lindemeier*, RNotZ 2001, 155.
15 Die Eintragung des Unternehmensvertrags im Handelsregister hat konstitutive Wirkung (BGHZ 105, 324 = NJW 1989, 295; BayObLG v. 18.02.2003 – 3Z BR 233/02, NJW-RR 2003, 908 = NZG 2003, 636), da er gesellschaftsrechtlicher Organisationsvertrag ist, der gleich der Satzung der GmbH deren rechtlichen Status verändert. Auch dessen Aufhebung ist dort einzutragen, hat aber nur deklaratorische Bedeutung (OLG Zweibrücken v. 29.10.2013 – 3 W 82/13, FGPrax 2014, 83 = DStR 2014, 910). Dagegen nicht eintragbar ist der Teilgewinnabführungsvertrag (OLG München, Beschl. v. 17.03.2011 – 31 Wx 68/11, DNotZ 2011, 949 = DStR 2011, 1139).
16 Vgl. die Aufstellung eintragungspflichtiger bzw. eintragungsfähiger Tatsachen in *Krafka/Willer*, Rn. 92 ff.
17 BGBl. 2006 I S. 2553.
18 Literatur hierzu: *Liebscher/Scharff*, NJW 2006, 3745; *Willer/Krafka*, DNotZ 2006, 885; *Sikora/Schwab*, MittBayNot 2007, 1; *Tiedtke/Sikora*, MittBayNot 2006, 393; *Jeep/Wiedemann*, NJW 2007, 2439; *Krafka/Willer*, Registerrecht, 8. Aufl., Rn. 137 ff.; *Weikart*, NotBZ 2007, 73.

Notars ersetzt. Daneben muss gemäß § 39a Satz 4 BeurkG mit dem elektronischen Dokument ein elektronischer Beglaubigungs- oder Transfervermerk des Notars verbunden werden, in dem dieser die inhaltliche Übereinstimmung der Bilddatei mit dem Ausgangsdokument feststellt.[19] Ein mit dem *Zeugnis des Notars einzureichendes Dokument*, wie eine Gesellschafterliste gemäß § 40 Abs. 2 Satz 1 GmbHG oder der Bescheinigung gemäß § 40 Abs. 2 Satz 2 GmbHG, wie auch eine notarielle Eigenurkunde kann ohne Papierdokument unmittelbar als elektronisches Dokument erstellt und eingereicht werden. Im Fall der elektronischen Errichtung der Bescheinigung ist eine qualifizierte elektronische Signatur gemäß § 2 Nr. 3 SigG erforderlich und ausreichend, denn durch die qualifizierte elektronische Signatur werden die Unterschrift des Notars gemäß § 126a Abs. 1 BGB und dessen Dienstsiegel ersetzt. Der Notar bestätigt mit der Signaturbeglaubigung, dass die Signatur für das vorliegende, signierte, elektronische Dokument durch den Karteninhaber selbst erfolgt ist; ein Beglaubigungs- oder Transfervermerk ist nicht erforderlich.[20] Bei *sonstigen einzureichenden Schriftstücken* wie Urschriften, einfache Abschriften oder Dokumenten, für welche nur ein Schriftformerfordernis besteht, reicht die Übermittlung einer elektronischen Aufzeichnung ohne ein elektronisches Zeugnis nach § 39a BeurkG aus (§ 12 Abs. 2 Satz 2 Halbs. 1 HGB). Da die Einsicht im Handelsregister und in die dort eingereichten Dokumente, die nach § 9 HGB i.V.m. § 9 HRV ohne Nachweis eines besonderen Interesses von jedermann möglich ist, sollten nur solche Dokumente eingereicht werden, die die für das Registerverfahren erforderliche Informationen enthalten und insofern datenschutzrechtliche Belange der Beteiligten gewahrt werden, gegebenenfalls durch Vorlage nur auszugsweise Abschriften, wozu jedoch dann der entsprechende Vermerk nach § 42 Abs. 3 BeurkG erforderlich ist.

19 **Notarieller Prüfvermerk**: Gemäß § 378 Abs. 3 S. 1 FamFG sind seit 09.06.2017 Anmeldungen in Registersachen, mit Ausnahme der Genossenschaft- und Partnerschaftsregistersachen, hinsichtlich der Eintragungsfähigkeit der einzelnen Eintragungsanträge und in der Anmeldung weiter enthaltenen Erklärung der Anmeldenden vor ihrer Einreichung vom Notar auf deren Eintragungsfähigkeit zu prüfen.[21] Dadurch soll sichergestellt werden, dass nur eindeutig gefasste Anträge hinsichtlich registerfähigen Tatsachen gestellt werden, die jedenfalls nach Auslegung aus sich heraus zu einem eintragungsfähigen Inhalt führen können, ohne dass der Notar noch ergänzende Erklärungen oder Unterlagen beiziehen muss. Nicht zu prüfen sind somit die der Anmeldung beizufügenden Erklärungen und Unterlagen und die Vertretungs- oder Verfügungsberechtigung des/der Anmelder.

20 Die Vornahme und der Inhalt der Prüfung ist durch einen entsprechenden – *gebührenfreien!* – Vermerk des Notars dem Registergericht nachzuweisen. Ein besonderer Nachweis ist aufgrund der Prüfpflicht des Notars nach § 17 BeurkG entbehrlich, wenn die erforderlichen Erklärungen von ihm selbst beurkundet wurden. Gleiches gilt im Fall einer Unterschriftsbeglaubigung, wenn klar und unzweideutig feststeht und ohne Weiteres anhand des Äußeren der Urkunde erkennbar ist, dass die eingereichte Erklärung vom beglaubigenden Notar entworfen wurde, nicht jedoch, wenn der Notar einen Fremdentwurf einreicht.[22] Um Schwierigkeiten bezüglich der Abgrenzung zu vermeiden, empfiehlt sich bei bloßen Unterschriftsbeglaubigungen stets einen entsprechenden Prüfvermerk anzubringen. Zuständig ist bei einem notariellem Entwurf in der Regel der Entwurfsnotar, bei einer

---

19 Hierzu OLG Jena, Beschl. v. 25.05.2010 – 6 W 39/10 m.w.N., DNotZ 2010, 793 m. Anm. *Bettendorf/Mödl* = MittBayNot 2010, 416 = NJW-RR 2010, 1190 = RNotZ 2010, 488 = NotBZ 2010, 311.
20 Ausführlich hierzu KG, Beschl. v. 20.06.2011 – 25 W 25/11, DNotZ 2011, 911 m.w.N.; OLG Schleswig, DNotZ 2008, 709, 711; *Bettendorf/Mödl*, DNotZ 2010, 795, 796; vgl. auch *Malzer*, DNotZ 2006, 9 ff.
21 *Krafka*, NZG 2017, 889; *Attenberger*, MittBayNot 2017, 335; *Diehn/Rachlitz*, DNotZ 2017, 487; *Eickelberg/Böttcher*, FGPrax 2017, 145; DNotI-Report 2017, 89; *Heinemann*, ZNotP 2017, 166; *Weber*, RNotZ 2017, 427; *Zimmer*, NJW 2017, 1909. BeckOK FamFG/*Otto* FamFG § 378, Rz. 21 ff.; Rundschreiben der BNotK Nr. 5/2017.
22 OLG Schleswig, Beschl. v. 28.07.2017, 2 Wx 50/17; DNotZ 2017, 862 (m. Anm. *Rachlitz*,); FGPrax 2017, 210; MittBayNot 2017, 575 (m. Anm. *Weber*); RNotZ 2017, 603; notar 2017, 413 (m. Anm. *Ott*).

Beglaubigung einer Erklärung, die erkennbar von keinem Notar entworfen worden ist, der Beglaubigungsnotar.[23] Der Prüfvermerk bedarf keiner besonderen Form, muss jedoch aus der Anmeldung ersichtlich sein. Er kann in Form einer Eigenurkunde oder durch formlose Bestätigung in Antragsschreiben erfolgen und bedarf keiner Begründung.[24] In Handelsregistersache empfiehlt sich die Aufnahme in den Beglaubigungsvermerk bzgl. der Unterschriften der Anmeldenden, wodurch sich die Diskussion über das erforderliche Anbringung eines Notarsiegels erübrigt. Fehlt der erforderliche Prüfvermerk, liegt ein Eintragungshindernis vor. Zweifel an der Eintragungsfähigkeit oder deren Fehlen sind ebenfalls ggf. mit Begründung zu vermerken. Sein Wortlaut kann bei vorhandener Eintragungsfähigkeit lauten:

Notarieller Prüfvermerk

Die vorstehende Anmeldung habe ich, der unterzeichnende Notar nach § 378 Abs. 3 Satz 1 FamFG auf ihre Eintragungsfähigkeit geprüft. [Ort, Datum, Unterschrift, Siegel (Name und Amtssitz), Amtsbezeichnung)]. 21 M

Nach § 11 HGB können die zum Handelsregister einzutragenden Dokumente sowie der Inhalt der Eintragung *zusätzlich* in jeder Amtssprache eines Mitgliedstaates der europäischen Union übermittelt werden, wobei einem Dritten eine möglicherweise auftretende Abweichung zwischen Originalfassung und eingereichter Übersetzung nicht entgegengehalten werden kann, der Dritte sich aber auf die eingereichte Übersetzung berufen darf. 22

2. Einreichungsverfahren

Der Gesetzgeber hat dem Notar »als ausgelagerte Hand der Justiz« den Medientransfer im Zuge der elektronischen Handelsregisteranmeldungen anvertraut.[25] Demnach hat der Notar zunächst von den einzureichenden Dokumenten eine Bilddatei (zumeist mit der Endung .tiff) zu erstellen, in dem er entweder der papierenen Dokumente einscannt oder aus der Notartextverarbeitung eine Bilddatei mithilfe von Konvertierungsprogrammen (sog. TIFF-Drucker) fertigt, denn die inhaltliche Übereinstimmung eines elektronischen Abbildes mit dem Originaldokument ist nach § 12 Abs. 2 HGB, § 39a BeurkG ausreichend; eine optische Übereinstimmung ist nicht erforderlich. Es genügt, wenn der Notar die Übereinstimmung des übermittelten Abbildes mit der Urschrift bestätigt.[26] Soll nicht das eingescannte Papier- 23

---

23 Eine Gebühr nach Nr. 22124 KV-GNotKG fällt nur in den Fällen einer »isolierten« Prüfung bzw. Weiterleitung, außerhalb eines Beurkundungsverfahrens, ohne Entwurfsfertigung und ohne Unterschriftsbeglaubigung, an.
24 OLG Celle v. 06.11.2017 – 18 W 57/17 (auch zur Gebührenfreiheit) FGPrax 2018, 5, m. Anm. *Eickelberg*; Attenberger, MittBayNot 2017, 335 hatte empfohlen: eine Vermerkurkunde nach § 39 BeurkG, die textlich mit dem Beglaubigungsvermerk verbunden wird, oder durch Verbindung der Urkunde mit dem auf einem gesonderten Blatt enthaltenen Prüfvermerk mittels Schnur und Siegel oder unter entsprechender Bezugnahme auf die beigefügten Erklärungen in dem Vorlageschreiben an das Registergericht aufzunehmen.
25 Zum Verfahren i.E. OLG Nürnberg, Beschl. v. 19.11.2014 – 12 W 2217/14, FGPrax 2015,22. Nach OLG Stuttgart, Beschl. v. 21.04.2009 – 8 W 155/08, Rpfleger 2009, 461 kann eine Anmeldung zum Handelsregister durch eine öffentliche Behörde oder eine siegelberechtigte Körperschaft des öffentlichen Rechts von dieser auch selbst durch ein öffentliches elektronisches Dokument i.S.v. § 371a Abs. 2 ZPO vorgenommen werden.
26 Zur Zulässigkeit der Verwendung von nicht eingescannten Texten, sondern aus der EDV generierten Textdokumenten: OLG Düsseldorf, Beschl. v. 07.03.2012 – I-3 Wx 200/11, NZG 2012, 957; LG Hagen v. 21.06.2007 – 24 T 3/07, RNotZ 2007, 491; LG Chemnitz, v. 08.02.2007 – 2 HK T 88/07, MittBayNot 2007, 340 m. Anm. *Strauß*: das Gesetz verlangt nicht, dass die elektronische Abschrift eine bildliche Wiedergabe der Originalurkunde mit erkennbarem Dienstsiegel und Unterschrift ist, sodass folglich ein Vermerk, dass sich an dieser Stelle das Siegel (»L.S.« = locum sigulum) bzw. eine Unterschrift befindet, völlig ausreichend

dokument, sondern eine elektronische Leseabschrift eingereicht werden, wird dazu die im Rechner gespeicherte Vorlage nach Einarbeiten von in der Beurkundung erfolgten handschriftlichen Änderungen in ein geeignetes Dateiformat (TIFF oder PDF/A) umgewandelt, mit einem Beglaubigungsvermerk versehen und durch den Notar qualifiziert elektronisch signiert. Unterschriften werden durch »gez.« in Verbindung mit dem jeweiligen Namen dargestellt, das Amtssiegel durch die Abkürzung »L.S.« für »*locus sigilli*«. Die mit dem Beglaubigungsvermerk versehene Abschrift ist durch den Notar qualifiziert elektronisch zu signieren.[27]

Um die elektronische Beglaubigung vorzunehmen, hat der Notar bei den elektronisch zu beglaubigenden Dokumenten mittels des Programms »*SigNotar*« eine elektronische Signatur in Form eines einfachen elektronischen Vermerks nach § 39a BeurkG anzubringen.[28] Hierbei wird eine Signaturdatei gefertigt, die es dem Empfänger ermöglicht zu überprüfen, dass das Bilddokument nicht inhaltlich verändert wurde. Die elektronisch beglaubigte Abschrift entsteht somit erst aus der Kombination der gescannten oder elektronisch generierten Tiff-Datei, sowie der aus ihrer Basis erstellten Signaturdatei.

24 Das Programm »SigNotar« enthält verschiedene vorgeschlagene Texte des elektronischen Beglaubigungsvermerks, je nachdem um welche Art von vorliegendem Papierdokument es sich handelt. Es sollte bei der Erstellung des elektronischen Beglaubigungsvermerks darauf geachtet werden, dass präzise formuliert wird, um dem Empfänger die Information über die Art des vorliegenden Papierdokuments (Urschrift, Ausfertigung, beglaubigte Abschrift oder einfache Kopie) zu ermöglichen. Vorgeschlagen wird etwa folgender Beglaubigungsvermerk:[29]

Signaturvermerk

25 M **Durch die beigefügte qualifizierte elektronische Signatur beglaubige ich, dass es sich bei dem vorstehenden elektronischen Dokument um die inhaltlich übereinstimmende Wiedergabe des mir im Original/in Ausfertigung/in beglaubigter Abschrift/als Kopie vorliegenden Papierdokuments handelt.**
Günzburg, am Tag der Signatur,

A.B. Notar

26 Die gemäß § 8a Abs. 2 HGB erlassenen Verordnungen der Länder über den elektronischen Rechtsverkehr sehen vor, dass der Notar die im Handelsregister gemäß der papieren gefertigten Anmeldung einzutragenden Tatsachen dem Gericht über das Programm »*XNotar*« in einer zusätzlichen Datei im XML-Format zur Weiterbearbeitung zur Verfügung stellen können. In dem der Notar diese Strukturdaten liefert, soll er Personal-, Sach- und Zeitaufwand beim Gericht einsparen, denn der Registerrichter soll damit in die Lage versetzt werden, den vorformulierten Registereintrag – nach Überprüfung – direkt in das Registerblatt zu übernehmen. Diese zusätzlich gelieferten Strukturdaten sind jedoch lediglich Hilfsdaten für das Registergericht, die von ihm nicht ungeprüft übernommen werden dürfen.[30]

---

ist. Hierzu auch LG Trier v. 19.03.2009 – 7 HK T 1/09, NotBZ 2009, 423 sowie OLG Jena, Beschl. v. 25.05.2010 – 6 W 39/10 Fn. 14 bzgl. der vom Notar nach § 40 Abs. 2 Satz 1 GmbHG einzureichenden Gesellschafterliste.
27 Hierzu *Bettendorf/Mödl*, DNotZ 2010, 795.
28 Zum technischen Vorgang des »Signierens« s. *Jeep/Wiedemann*, NJW 2007, 2439.
29 Vgl. *Jeep/Wiedemann*, NJW 2007, 2442.
30 OLG Nürnberg, Beschl. v. 19.11.2014 – 12 W 2217/14: Angaben in XML-Datensätzen müssen nicht mit der gemäß § 2 Abs. 3 ERVV notwendigen qualifizierten elektronischen Signatur nach § 2 Nr. 3 SigG versehen sein und stellen kein rechtsverbindliches elektronisches Dokument i.S.d. § 12 Abs. 2 Satz 1 HGB in Verbindung mit § 2 ERVV dar. Fehler darin haben damit keine rechtliche Auswirkung.

Die Arbeitserleichterung bei Gericht tritt jedoch nur soweit ein, wie gut auch die Qualität **27** der mitgelieferten Strukturdaten ist. Aus Sicht des Handelsregisters sind folgende Punkte zu beachten:
a) Als *Dokumentendatum*, welches für den späteren unmittelbaren Abruf des Dokuments über das Internet wichtig ist, ist das Erstellungsdatum des Dokuments gemeint, also der Beurkundungszeitpunkt, das Beschlussdatum bzw. der Zeitpunkt an dem das Dokument wirksam wurde, z.B. Erteilung der Genehmigung.
b) Bei *Gesellschafterlisten* und *Listen der Aufsichtsratsmitglieder* ist es wichtig, im Dokumentendatum den Stichtag anzugeben.

Entscheidend für die Zuordnung und damit den elektronischen Abruf ist die zutreffende **28** Bezeichnung der angehängten Dateien:
a) »*Gesellschaftsvertrag/Satzung/Statut*« sind nur die notariell bescheinigte Satzungsneufassung nach § 54 GmbHG und § 181 AktG.
b) »*Protokoll/Beschluss*« sind sämtliche Beschlüsse der Gesellschaften.
c) »*Anmeldung*« betrifft nur die durch den Inhaber, die Gesellschafter oder die Geschäftsführer bzw. Vorstandsmitglieder unterzeichneten Anmeldungsurkunden.
d) »*Dokumente für den internen Gebrauch*« betrifft Einreichungsschreiben des Notars, Bankbelege und Gewerbeanmeldungen.
e) »*Sonstige Urkunden/Unterlagen*« betrifft behördliche Erlaubnisse und Genehmigungen, Übernahmeerklärung, Sachgründungsberichte, Einbringungsverträge, Bewertungsnachweise, Zeichnungsscheine, Amtsniederlegungserklärungen, Erbscheine und Übernehmerlisten gemäß § 57 Abs. 3 Nr. 2 GmbHG.

Bei der Eingabe des *Unternehmensgegenstandes* ist nur anzugeben, was auch im Register **29** veröffentlicht wird, also nicht die Worte »Gegenstand des Unternehmens ist«. Die Angabe der *konkreten Vertretungsbefugnis* erfordert grundsätzlich nur dann eine Eingabe, wenn diese sich von der allgemeinen unterscheidet. Mehrere Dokumente der gleichen Dokumentenart wie Vollmachten oder Gesellschafterlisten sollten jeweils zu einem Dokument zusammengefasst werden.

3. Elektronische Einreichung/Versand

Nach Erstellen der elektronisch beglaubigten Abschrift (Tiff-Datei + Signatur-Datei) und der **30** Strukturdaten im XML-Format über das Programm XNotar sind diese Dateien mittels elektronischer Post (elektronisches Gerichts- und Verwaltungspostfach = *EGVP*) dem zuständigen Handelsregister zuzuarbeiten. Dabei werden die im Rahmen der Erstellung der XML-Datei zusammengefügten Dokumente aus den elektronisch beglaubigten Abschriften und den sonstig einzureichenden Daten zu einem Datenpaket zusammengeschnürt, das vom Notar nur elektronisch signiert, also elektronisch unterschrieben und nicht elektronisch beglaubigt wird.

Im Rahmen von *X-Notar* werden damit die nur in Urschrift oder einfacher Abschrift einzureichenden Dokumente ohne elektronisches Zeugnis nach § 39a BeurkG, wie Gesellschafterbeschlüsse über Geschäftsführerbestellung und Abberufung, Gesellschafterlisten und *sonstige nicht in notariell beglaubigter oder in öffentlich beglaubigter Abschrift einzureichender Dokumente* beigefügt. **31**

Nach § 12 Abs. 1 Satz 3 HGB ist eine Rechtsnachfolge durch öffentliche Urkunde nachzuweisen. Da der *Erbschein* aber nicht mehr in Ausfertigung eingereicht werden kann, muss es genügen, wenn von der Ausfertigung eine elektronisch beglaubigte Abschrift gemäß § 39a BeurkG erstellt wird und mit einem zeitnahen Beglaubigungsvermerk dem Handelsregister übermittelt wird. Der Nachweis der Rechtsnachfolge nach § 12 Abs. 2 HGB kann auch durch ein eröffnetes öffentliches Testament oder Erbvertrag geführt werden;[31] hier **32**

---

31 OLG Bremen v. 15.04.2014 – 2 W 22/14, NZG 2014, 671 = MittBayNot 2014, 462 m. Anm. *Litzenburger*.

sind eine beglaubigte Abschrift des Eröffnungsprotokoll zusammen mit einer beglaubigten Abschrift der eröffneten letztwilligen Verfügung mit notarieller elektronischen Signatur versehen dem Registergericht einzureichen.

4. Urschrift der Registeranmeldung

33 Es empfiehlt sich, die Urschrift der Registeranmeldung zur Urkundensammlung zu nehmen und dem Mandanten nur eine (beglaubigte) Abschrift zu erteilen, vor allem dann, wenn die Handelsregisteranmeldung auch eine Registervollmacht (hierzu Rdn. 36; Muster s. § 24 Rdn. 106 M, § 139 Rdn. 66, 67 M) beinhaltet. Nur dadurch kann bei späteren Registeranmeldungen nochmals vom Notar auf das Original zurückgegriffen werden.

5. Elektronische Beglaubigung durch den Notarvertreter

34 Der Notar darf seine Signaturkarte nebst PIN aus technischen und aus signaturrechtlichen Gründen nicht an seinen Vertreter aushändigen.[32] Auch gibt es keine Signaturkarte mit dem Attribut »Notarvertreter«. Daher wurde in § 33 Abs. 4 DONot folgendes Verfahren angeordnet:
a) Die Urkunde über die Vertreterbestellung wird in elektronisch beglaubigter Form beigefügt, die vom vertretenen Notar, einem anderen Notar oder von der ausstellenden Stelle, nicht aber vom Vertreter selbst, mit einer qualifizierten elektronischen Signatur versehen ist.
b) Diese signierte Vertreterbestellung wird mit dem vom Vertreter zu signierenden Dokument in einer ZIP-Datei verbunden.

35 Im Gegensatz zum papierenen Verfahren, bei dem der Beglaubigungsvermerk des Notarvertreters neben dem Siegel nur den einfachen Zusatz »Notarvertreter« zu seiner Unterschrift bedurft hatte, ist dies eine schwer verständliche Verkomplizierung. *Jeep/Wiedemann*[33] empfehlen für Sozietäten als pragmatische Lösung: wenn der Notar wie gewöhnlich die Unterschrift auf der papierenen Urkunde beglaubigt hat, kann später der Sozius/Notarvertreter in seiner Eigenschaft als Notar hiervon eine elektronisch beglaubigte Abschrift fertigt. Es gibt keine Verpflichtung, dass der die Unterschrift beglaubigende Notar und der die elektronisch beglaubigte Abschrift fertigende Notar identisch sein müssen. Das Einreichen per EGVP kann der Notarvertreter unmittelbar mit seiner eigenen Signaturkarte wiederum vornehmen ohne dass hier der komplizierte Nachweis der Vertretung erforderlich sein soll. Ob dies dem Notarvertreter bzw. dem von ihn vertretenen Notar das Rücknahmerecht über § 378 FamFG bzw. die Zusendung der Eintragungsnachricht sichert, ist nicht geklärt, weil das Rücknahme- bzw. Beschwerderecht nur dem zusteht, der selbst die Anmeldung entgegen genommen und beglaubigt hat.

6. Behandlung von Registervollmachten

36 Nach § 12 Abs. 2 HGB können Anmeldungen zum Handelsregister auch durch rechtsgeschäftliche Vertreter erfolgen, die dazu keine Spezialvollmacht (für die konkrete Anmeldung) benötigen, sondern lediglich eine Vollmacht, aus der sich allgemein ergibt, dass sie auch Anmeldungen der in Frage stehenden Art einschließt, sodass eine öffentlich beglaubigte General- oder Vorsorgevollmacht ausreichend ist.[34] Bei Publikumspersonengesell-

---
[32] Er würde damit einen schwer Verstoß gegen berufliche Pflichten begehen und sich nach § 269 StGB (Fälschung beweiserheblicher Daten) strafbar machen lt. Bundesnotarkammer, DNotZ 2008, 161 ff.
[33] *Jeep/Wiedemann*, NJW 2007, 2439; siehe hierzu auch *Schmidt/Sikora/Tiedtke*, Praxis des Handelsregister- und Kostenrechts, Rn. 205 ff.
[34] OLG Frankfurt., Beschl. v. 16.04. 2013 – 20 W 494/11; OLG Karlsruhe, Beschl. v. 13.08.2013 – 11 Wx 64/13.

schaften wurden bisher die Handelsregistervollmachten[35] beim Registergericht in dessen Akten verwahrt und konnte darüber der Nachweis für die Bevollmächtigung geführt werden. Nunmehr können keine Originalvollmachten mehr eingereicht werden, sondern lediglich nur noch Abschriften in elektronisch beglaubigter Form. Bei jeder neuen Anmeldung wäre es daher nötig, alle vom Anmeldenden vorgelegten Vollmachten in Urschrift[36] erneut elektronisch zu beglaubigen und als Anlage mit elektronisch einzureichen. Praktikabler erscheint es, dass die im Original auf Papier beglaubigten Vollmachten beim Notar der Gesellschaft aufbewahrt werden und nicht gemäß § 45 Abs. 3 BeurkG an den Beteiligten zurückgegeben werden, wozu eine entsprechende Anweisung in die Urkunde aufgenommen werden sollte. Von jeder neuen Vollmacht erstellt der Notar eine elektronisch beglaubigte Abschrift und sendet diese mit der nächsten Anmeldung zum Handelsregister. Bei jeder weiteren Anmeldung bescheinigt der Notar lediglich durch der Anmeldung beigefügte Eigenurkunde:

Bescheinigung bzgl. Registervollmacht

Der Unterzeichner der Handelsregisteranmeldung handelt zugleich für alle bereits eingetragenen Kommanditisten, deren Vollmachten im Original oder in elektronisch beglaubigter Form beim Registergericht vorliegen. Der die Anmeldung elektronisch signierende Notar bescheinigt, dass ihm die bereits dem Handelsregister in elektronisch beglaubigter Form eingereichten Vollmachten nach wie vor in der für die Eintragung erforderlichen Form vorliegen bzw. vorgelegt wurden.[37] 37 M

Damit ist ein erneutes Übersenden aller Vollmachten in elektronischer Form nicht erforderlich. Aufgrund der gemäß § 21 Abs. 3 BNotO seit 01.09.2013 dem Notar möglichen »Vollmachtsbescheinigung« ist dies noch einfacher geworden, da der Notar nun auch mittels gesiegelter bzw. elektronisch signierter Erklärung die Vertretungsbefugnis des Handelnden bescheinigen kann. In diesem Fall muss der Notar bescheinigen, dass er sich vor Ausstellung der Bescheinigung durch Einsichtnahme in eine öffentliche oder öffentlich beglaubigte Vollmachtsurkunde über die Begründung der Vertretungsmacht vergewissert hat (21 Abs. 3 Satz 2 BNotO). Darüber hinaus ist in der Bescheinigung anzugeben, in welcher Form und an welchem Tag die Vertretungsmacht dem Notar vorgelegt hat.[38] Muster siehe § 15 Rdn. 39 § 42 Abs. 3 BeurkG ist dann ggf. beim Beglaubigungsvermerk zu beachten.[39] Die inhaltliche Prüfung der Vertretungsmacht bleibt Aufgabe des Gerichts.[40] Zur Vertretung bei Registeranmeldung siehe § 125 Rdn. 39, durch den Notar § 125 Rdn. 40 38

---

35 Muster s. § 24 Rdn. 106 M, § 139 Rdn. 66, 67 M.
36 Wurde lediglich eine beglaubigte Abschrift der öffentlich beglaubigten Vollmachtserklärung vorgelegt, kann nach OLG Karlsruhe, Beschl. v. 12.11.2014 – 11 Wx 61/14, das Registergericht die Vorlage einer aktuellen Beglaubigung verlangen, wenn seit dem Zeitpunkt der Beglaubigung der Abschrift eine erhebliche Zwischenzeit vergangen ist; ebenso OLG München, Beschl. v. 17.10.2006 – 31 Wx 244/16; zum praktikableren Verfahren siehe auch *Schmidt/Sikora/Tiedtke*, Praxis des Handelsregister- und Kostenrechts, Rn. 199 ff.; eine von einer Gesellschaft erteilte Vollmacht gilt jedoch auch nach einer Veränderung in der personellen Zusammensetzung ihrer Vertretungsorgane fort (OLG Hamm, Beschl. v. 23. 02. 2012 – I- 27 W 175/11).
37 Jeep/Wiedemann, NJW 2007, 2445; Kilian, notar 2016,16.
38 OLG München, Beschl. v. 17.10.2006 – 31 Wx 244/16.
39 Wenn der Originalurkunde Vollmachten in Urschrift oder beglaubigter Abschrift beigefügt sind, diese jedoch nicht zur ans Register einzureichenden elektronischen Abschrift angefügt werden, muss der Auszugsvermerk nach § 42 Abs. 3 BeurkG angebracht werden; hierzu OLG Düsseldorf, Beschl. v. 30.03.2016 – Wx 52/16, NZG 2016,665.
40 S. hierzu *Rudolph/Melchior*, NotBZ 2007, 350/355; *Jeep/Wiedemann*, NJW 2007, 2445; *Sikora/Schwab*, MittBayNot 2007, 5.

7. Störungen bei der elektronischen Übermittlung

39 Die Landesverordnungen haben jeweils Vorsorge getroffen, wie verfahren werden kann, wenn die elektronische Übertragung scheitert.

8. Beizufügende Nachrichten an das Registergericht

40 Bei der Erstellung der XML-Datei besteht die Möglichkeit, in einem speziellen Feld »Bemerkungen« dem Registergericht weitere Informationen zukommen zu lassen, wie etwa der Hinweis auf die besondere Eilbedürftigkeit oder die Übernahme der Kostenhaftung, welche dazu führt, dass das Gericht die Eintragung nicht mehr von der Zahlung eines Kostenvorschusses abhängig machen darf. Um die Eintragung zu beschleunigen, kann daher der Notar den gerichtsüblichen Kostenvorschuss erheben und dann die Kostenhaftung bei Gericht übernehmen. Daneben besteht die Möglichkeit, ein eigenes Schreiben gescannt zu den XML-Dateien beizufügen.

41 Aufgrund europarechtlicher Vorgaben wird in § 25 Abs. 1 S. 2 HRV bestimmt, dass innerhalb von 21 Tagen ab Vorliegen der vollständigen Anmeldungsunterlagen die Änderung in das Handelsregister einzutragen und bekannt zu machen ist.

9. Antragsrücknahme

42 Die Rücknahme einer Handelsregisteranmeldung durch den Notar ist auch in Papierform unter Beachtung von § 24 III 2 BNotO möglich.[41] Im elektronischen Wege wird es als ausreichend angesehen, dass der Rücknahmeantrag als Nachricht unmittelbar im EGVP-Client oder als angehängte Datei versandt wird, denn die Signatur beim Versand ersetzt Unterschrift und Siegelbeidruck der Papierwelt (§ 24 Abs. 3 BNotO, § 378 FamFG).

10. Kosten im elektronischen Rechtsverkehr

a) Notarkosten

43 Für die in der Praxis sehr aufwendige Bereitstellung der XML-Strukturdaten erhält der Notar nach dem Gerichts- und Notarkostengesetz – GNotKG für die Erzeugung der XML-Daten nach Nr. 22114 KV GNotKG,[42] soweit er eine Gebühr für die Fertigung des Entwurfes der Handelsregisteranmeldung erhält, eine gesonderte Gebühr i.H.v. 0,3 aus dem Wert der Handelsregisteranmeldung, höchstens 250 €, unabhängig davon, ob daneben bereits eine weitere Vollzugsgebühr angefallen ist; jedoch keine gesonderte Gebühr für das Einreichen beim Handelsregister. Ist der Notar lediglich mit dem Einreichen einer Fremdanmeldung betraut, erhält er nach Nr. 22125 KV GNotKG eine Gebührenhöhe von 0,6 aus dem Wert der Handelsregisteranmeldung, höchstens 250 €, sowie daneben eine gesonderte Vollzugsgebühr gemäß § 112 GNotKG für das Einreichen beim Handelsregister nach Nr. 22124 KV GNotKG als Festgebühr (Rdn. 46). Die Gebühr fällt an, wenn der Notar die Handelsregisteranmeldung vollzieht, ohne dass dafür ist ein besonderer Auftrag erforderlich ist. Auch wenn zu einer Anmeldung mehrere Datensätze zu erstellen sind, fällt die Gebühr nur einmal an. Der Geschäftswert ist nach § 112 Satz 1 GNotKG der Wert des Beurkundungsverfahrens.

44 Nach GNotKG fällt keine Dokumentenpauschale für das Einscannen an. Der Notar erhält nach Nr. 32002 KV GNotKG nur je erstelltem elektronischen Dokument eine Gebühr von 1,50 €, für alle in einem Arbeitsgang überlassenen elektronischen Dateien insgesamt höchstens 5 €. Die Anmerkung zu Nr. 32002 KV GNotKG bestimmt jedoch, dass für die auf Antrag

---

41 OLG Frankfurt v. 22.02.2013 – 20 W 550/11, NZG 2013, 626.
42 Der Gesetzgeber widersprach damit der früheren OLG-Rechtsprechung.

erfolgte Überführung von der Papierform in die elektronische Form die Dokumentenpauschale jedoch nicht weniger beträgt, als die Dokumentenpauschale nach Nr. 32000 KV GNotKG betragen würde (das bedeutet: für die ersten 50 Seiten je Seite 0,50 €, für die weiteren je Seite 0,15 €). Ist somit diese Dokumentenpauschale nach Nr. 32000 KV GNotKG betragsmäßig höher als die 1,50 €-Gebühr nach Nr. 32002 KV GNotKG, ist diese höhere Gebühr anzusetzen. Der Antrag ist im Auftrag zur Einreichung beim Handelsregister enthalten. Dabei sind aber alle Seiten von mehreren zusammen elektronisch einzureichenden Urkunden und Dokumente zusammenzurechnen. Werden etwa bei einer GmbH-Errichtung die Errichtungsurkunde mit 15 Seiten, die Handelsregisteranmeldung mit vier Seiten und der Einzahlungsbeleg elektronisch erfasst, beträgt die Dokumentenpauschale für insgesamt 20 Seiten nach Nr. 32000 (= 0,50 € für die ersten 50 Seiten) einen Betrag von 10 €, da dieser über dem Betrag von 5 € Höchstbetrag nach Nr. 32002 KV GNotKG liegt.

Beim Erstellen der elektronisch beglaubigten Abschrift i.S.v. § 39a BeurkG sowie der Übermittlung der Daten per EGVP ist auch nach dem GNotKG zu unterscheiden zwischen vom Notar erstellten Dokumenten und Fremdurkunden: **45**

Bei *vom Notar erstellten Dokumenten* fallen für die elektronische Beglaubigung und für die elektronische Übermittlung der Daten an das Gericht keine Gebühren an, da das Übermitteln an das Gericht in der notariellen Beglaubigungsgebühr enthalten ist.

Beglaubigt der Notar lediglich die Unterschrift unter einer *Fremdurkunde* und fertigt eine elektronische beglaubigte Abschrift eines mitgebrachten Originaldokuments (z.B. von mit einzureichendem Erbschein, Vollmacht usw.), so fallen nach KV GNotKG an: **46**

- Nr. 25100 KV GNotKG für Unterschriftsbeglaubigung eine Wertgebühr von 0,2 jedoch mindestens 20 € und höchstens 70 €;
- für die XML-Datei-Erstellung nach Nr. 22125 KV GNotKG eine Wertgebühr von 0,6 höchstens 250 €;[43]
- die Dokumentenpauschale für das Überlassen von elektronisch gespeicherten Dateien an das Handelsregister(in der das Einscannen enthalten ist) 1,50 € höchstens 5 € für alle in einem Arbeitsgang überlassene Dateien, bei größerer Seitenzahl aller zusammen einzureichenden Dokumente jedoch gemäß Nr. 32002 i.V.m. 32000 KV GNotKG für die ersten 50 Seiten je Seite je 0,50 €, für jede weitere 0,15 € (siehe Rdn. 44); sind jedoch einzureichende Unterlagen elektronisch zu beglaubigen, entsteht eine Beglaubigungsgebühr nach Nr. 25102 KV GNotKG (pro Seite 1 €, mind. 10 €), eine Dokumentenpauschale kann dann nicht mehr berechnet werden, da in der Beglaubigungsgebühr enthalten ist.
- für das Einreichen per EGVP eine Vollzugsgebühr von 0,5 nach Nr. 22122 KV GNotKG, wenn der Notar die Voraussetzungen für das Einreichen überprüft, sonst 20 € nach Nr. 22124 KV GNotKG.

Wird nur eine Fremdurkunde eingereicht, entsteht die Gebühr nach Nr. 22124 KV GNotKG von fest 20,- € für das Einreichen zu Handelsregister, nach Nr. 22125 KV GNotKG für das Erstellen der XML-Datei von von 0,6 höchstens 250 €, sowie die Dokumentenpauschale (siehe vorstehend).

b) Gerichtskosten

Gebühren für Eintragungen in das Handels-, Partnerschafts- oder Genossenschaftsregister werden aufgrund § 58 GNotKG aufgrund der gesonderten Handelsregistergebührenverordnung erhoben, in der abschließend sämtliche, für die Eintragung in diese Register zu erhebenden Gebühren geregelt sind. Danach werden pauschale Festgebühren erhoben, die sich nach dem mit der jeweiligen Amtshandlung verbundenen Aufwand des Registergerichtes zu orientieren haben. Dort sind auch die Gebühren für die Entgegennahme, Prüfung und Aufbewahrung der zum Handelsregister oder Genossenschaftsregister einzureichenden **47**

---

43 Nach der Regierungsbegründung zu Nr. 22125 KV GNotKG, BT-Drucks. 17/11471.

Unterlagen (Nr. 5000 bis 5006 GV HRegGebV) geregelt. Die Handelsregistergebührenverordnung wird als ausgelagerter Teil des GNotKG verstanden, für die somit grundsätzlich die Vorschriften des GNotKG anwendbar sind. Gebührenfrei sind
- im Falle der Ersteintragung die gleichzeitig angemeldeten weiteren Eintragungen, außer die Eintragung der Errichtung einer Zweigniederlassung oder der Erteilung einer Prokura (§ 2 Abs. 1 HreGebV),
- die Löschungseintragung einer Firma oder Gesellschaft,
- die Eintragung im Register der bisherigen Hauptniederlassung bei der Verlegung der Hauptniederlassung oder des Sitzes in den Bezirk eines anderen Registergerichtes,
- die aus Anlass eines Insolvenzverfahrens von Amts wegen vorzunehmenden Eintragungen sowie
- die Löschungen nach § 395 FamFG.

11. Einsicht in das Register

48 Die Einsicht in das Handelsregister und in die dort eingereichten Dokumente ist jedem zu Informationszwecken gestattet (§ 9 Abs. 1 Satz 1 HGB); des Nachweises eines besonderen Interesses bedarf es dazu nicht. Die Einsichtnahme erfolgt über ein von der jeweiligen Landesjustizverwaltung bestimmtes elektronisches Informations- und Kommunikationssystem per Internet sowie bereits länderübergreifend über die Webpage »www.handelsregister.de« per Datenabruf (Online-Einsicht). Der Abruf des Handelsregisters löst gemäß JVKostO eine Gebühr von 4,50 € aus, der Abruf von Dokumenten, die zum Register eingereicht wurden, für jede abgerufene Datei 1,50 €, die im elektronischen System abgerechnet werden.

Sind Dokumente nur in Papierform vorhanden, kann die elektronische Übermittlung für solche Schriftstücke verlangt werden, die weniger als 10 Jahre vor dem Zeitpunkt der Antragstellung zum Handelsregister eingereicht wurden (§ 9 Abs. 2 HGB). Hierfür entsteht eine Gebühr von 2 € je angefangene Seite, mindestens 25 € (Nr. 5007 Anlage zur HRegGebV).

Die so dem Notar durch Abruf übermittelten Daten sind ausreichende Grundlage für eine Registerbescheinigung nach § 21 Abs. 2 Satz 1 BNotO, wobei der Notar den Ausdruck vom Bildschirm nicht selbst herstellen muss.[44]

12. Ausdrucke aus dem Handelsregister

Zu differenzieren ist zwischen

49
a) dem amtlichen Auszug, der mit Dienstsiegel versehen wird (§ 30a Abs. 3 HRV) und nur von der Geschäftsstelle des zuständigen Handelsregisters erteilen darf;
b) dem aktuellen Ausdruck, der nur den letzten Stand der Eintragung enthält (§ 30a Abs. 4 Satz 3 HRV);
c) dem chronologischen Ausdruck, der alle Eintragungen des Registerblattes wiedergibt (§ 30a Abs. 4 Satz 2 HRV) und
d) dem historischen Ausdruck, der das vor Umstellung auf das EDV-Register gültige Karteiblatt in gescannter Form zur Verfügung stellt.

50 Der Notar kann i.S. eines Vermerks nach § 39 BeurkG auch auf einem Ausdruck aus dem Handelsregister bescheinigen, dass dieser Ausdruck mit dem Inhalt des elektronischen Handelsregisters am Ausdruckstag übereinstimmt.[45] Dies ist jedoch kein beglaubigter Handelsregisterauszug, weil einen solche nach §. 9 Abs. 4 S. 3 HGB nur die Geschäftsstelle des zuständigen Handelsregisters erteilen darf.[46]

---

44 Siehe Rundschreiben Nr. 14/2003 der Bundesnotarkammer vom 14.04.2003, auf deren Homepage abrufbar.
45 Gebühr hierfür nach KV 25209 GNotKG = 15 €; nicht nach KV 25211 möglich; a.A. *Korintenberg/Thiedtke*, N 25210 Rz. 11: Tatsachenbescheinigung nach KV 25204 mit niedrigstem Satz.
46 DNotI-Report 2014, 81; eine Registerbescheinigung i.S. § 21 BNotO erfordert rechtliche Schlussfolgerungen.

Beglaubigungsvermerk bzgl. Handelsregisterausdruck

Hiermit bescheinige ich, dass der vorstehende Ausdruck aus dem elektronisch geführten Handelsregister des Amtsgerichts ..... mit dem amtlichen Inhalt es Handelsregister der bezeichneten Gesellschaft am Tag des Ausdrucks übereinstimmt.

51 M

13. Bekanntmachungen der Handelsregistereintragung

Die EU-Richtlinie hat am Erfordernis der Bekanntmachung der Eintragung festgehalten, die im deutschen Recht notwendig ist, da die Publizitätswirkung des Handelsregisters gemäß § 15 HGB an die Bekanntmachung anknüpft. Die Eintragung in das Handelsregister ist gemäß § 10 HGB in dem von der Landesjustizverwaltung bestimmten elektronischen Informations- und Kommunikationssystem i.d.R. mit dem vollen Inhalt der Eintragung, (Ausnahme z.B. §§ 162, 175 HGB) bekannt zu machen, wobei die Länder eine einheitliche, länderübergreifende Plattform bestimmen können (www.handelsregister.de). Die Bekanntmachung zusätzlich auch in einer Tageszeitung oder einem sonstigen Amtsblatt ist entfallen (Art. 61 Abs. 4 EGHGB).

52

Das Gericht nach § 37 HRV hat jede Neuanlegung und jede Änderung eines Registerblatts der Industrie- und Handelskammer, der Handwerkskammer, wenn es sich um ein handwerkliches Unternehmen handelt oder handeln kann, und der Landwirtschaftskammer, wenn es sich um ein land- oder forstwirtschaftliches Unternehmen handelt oder handeln kann, oder, wenn eine Landwirtschaftskammer nicht besteht, der nach Landesrecht zuständigen Stelle mitzuteilen. Die über Geschäftsräume und Unternehmensgegenstand gemachten Angaben sind ebenfalls mitzuteilen.

53

14. Elektronisches Unternehmensregister

Zum 01.01.2007 wurde das zentrale elektronische Unternehmensregister eingeführt. Dadurch soll der Zugang zu veröffentlichungspflichtigen Unternehmensdaten, die gegenwärtig in Deutschland auf viele verschiedene Register- und Datenbanken verteilt sind, erleichtert werden. Alle in § 8b Abs. 2 Nr. 1 bis 11 HGB genannten Dateien sind über das Unternehmensregister unter »*www.unternehmensregister.de*« zugänglich. Das zentrale Unternehmensregister stellt lediglich den Ort dar, an dem alle Informationen gesammelt werden, die über ein Unternehmen bereits aufgrund anderer Vorschriften veröffentlicht werden müssen, sodass nur die Zugriffsmöglichkeit auf ohnehin veröffentlichte Daten für die interessierten Verkehrskreise erleichtert wird. Die Übermittlungspflicht an den Betreiber des Unternehmensregisters betrifft größtenteils nicht die Unternehmen selbst. Vielmehr erfolgt die Weiterleitung durch diejenigen Institutionen, an die die Unternehmensdaten aufgrund anderer gesetzlicher Bestimmungen übermittelt werden müssen (z.B. die Jahresabschlüsse für Kapitalgesellschaften).

54

Die Unternehmen müssen zwar hinsichtlich des Umfangs der Offenlegungspflicht nicht mehr oder andere Daten preisgeben als bisher.[47] Jedoch hat der Betreiber des Bundesanzeigers zu prüfen, ob die einzureichenden Unterlagen fristgemäß und vollständig eingereicht wurden. Erfolgt dies nicht, wird das Bundesamt für Justiz dem gegen den gesetzlichen Vertreter der Kapitalgesellschaft ein Ordnungsgeld abhängig von der Unternehmensgröße bei

55

---

47 Gemäß § 325 Abs. 1 Satz 1 HGB müssen die gesetzlichen Vertreter von Kapitalgesellschaften für diese den geprüften und mit einem Bestätigungs- oder Versagungsvermerk eines Abschlussprüfers (§ 319 HGB) versehenen Jahresabschluss sowie weitere Unterlagen beim Betreiber des Bundesanzeigers in elektronischer Form zur Veröffentlichung einreichen. Das gesetzliche System der Offenlegungspflicht differenziert dabei – wie auch die §§ 264 ff. HGB hinsichtlich der Aufstellungspflicht – nach der Unternehmensgröße. Insbes. für kleine Kapitalgesellschaften (§ 267 Abs. 1 HGB) sowie Kleinstkapitalgesellschaft (§ 267a HGB) gelten Erleichterungen.

der Bilanzierungs- und Publizitätspflicht von 500 € (bei Kleinstkapitalgesellschaft i.S.v. § 267a HGB[48]), 1.000 € (bei kleinen Kapitalgesellschaften i.S.v. § 267 HGB) sowie sonst 2.500 € bis 25.000 € (§ 335 HGB) angedroht und die Kosten des Verfahrens auferlegt, sowie bei Nichterfüllung der gesetzlichen Verpflichtung innerhalb von 6 Wochen nach Zugang der Androhung das Ordnungsgeld festgesetzt (§§ 325 ff. HGB). Wird die Pflicht nach § 325 HGB nicht innerhalb dieser Frist erfüllt, wird das Ordnungsgeld festgesetzt; es wird sodann erneut eine Frist zur Pflichterfüllung gesetzt und ein weiteres Ordnungsgeld angedroht.[49] Eine reale Möglichkeit zur Vermeidung der Veröffentlichung ergibt sich nur, wenn noch vor Ablauf der in § 335 Abs. 3 Satz 1 HGB bestimmten Nachfrist[50] eine Kapitalgesellschaft in eine Personengesellschaft mit zumindest einer natürlichen Person als persönlich vollhaftender Gesellschafter umgewandelt wird,[51] weil dann die Voraussetzungen des § 264a Abs. 1 Satz 1 Nr. 1 HGB nicht erfüllt sind.[52]

56 Die Einsicht in das elektronische Unternehmensregister ist jedem zu Informationszwecken gestattet. Kosten entstehen dem Nutzer nur für den Abruf derjenigen Daten, zu denen das Handelsregister einen portalähnlichen Zugang eröffnet, sodass dann die vorstehenden Einsichtskosten entstehen. Über dieses elektronische Unternehmensregister ist bundesweit die Einsicht in sämtliche Handelsregister gebührenpflichtig möglich.

15. Handelsregister ausländischer Staaten

57 Zu den Handelsregistern *ausländischer Staaten*, die in engen Handelsbeziehungen zu Deutschland stehen, s.o. § 6 Rdn. 49 ff.

16. Europäisches Registerportal

58 Nach § 9b HGB sind alle Handelsregistereintragungen bei Kapitalgesellschaften und Zweigniederlassungen von Kapitalgesellschaften sowie alle diesbezüglich eingereichten Dokumente sowie die Unterlagen der Rechnungslegung nach § 325 HGB auch an das europäische Registerportal zu übermitteln und dadurch allgemein zugänglich zu machen. Dabei handelt es sich um ein EU-weit in allen Amtssprachen der EU bedienbares Suchsystem, über das ein Mindestsatz von Unternehmensdaten kostenlos abrufbar ist; weitergehende Informationen bleiben jedoch im Rahmen nationaler Vorschriften gebührenpflichtig. Zugleich wird in allen Ansprachen der EU erläutert, inwieweit die insgesamt angebotenen Unternehmensinformationen nach dem jeweils anwendbaren nationalen Recht rechtsverbindlich sind. Dies ist inzwischen durch das »Business Register Interconnection System« (BRIS) hergestellt worden. Es erlaubt seit 01.08.2017 Bürgern, Unternehmen und Behörden, über das Portal e-Justice[53] auf Unternehmensinformationen in den jeweiligen nationalen Unternehmensregistern zuzugreifen.

---

48 Diese muss jedoch vom Recht auf Hinterlegung als Form der Offenlegung nach § 326 Abs. 2 HGB Gebrauch gemacht haben; LG Bonn, Beschl. v. 20.10.2016 – 36 T 294/16; anders: OLG Köln v. 20.05. 2016 – 28 Wx 3/16.
49 Zum neuen Ordnungsgeldverfahren *Schülke*, NZG 2013, 1375.
50 LG Bonn v. 13.11.2009 – 30 T 1279/09, NZG 2010, 36.
51 Zur Umwandlung einer GmbH in eine GmbH & Co. KG s. § 139 Rdn. 13 bzw. § 156.
52 Vgl. auch *Grashoff*, DB 2006, 513; *Beilmann*, BB 2006, 2347; *Sattler/Meeh*, DStR 2007, 1595 und 1643; zum Ordnungsgeldverfahren s.a. *Stollwerk/Krieg*, GmbHR 2008, 575 ff.
53 Unter »https://e-justice.europa.eu/content_find_a_company-489-de.do?clang=de«

17. Transparenzregister

Bei dem Transparenzregister[54] handelt es sich um ein Register zur Erfassung und Zugänglichmachung von Angaben über den wirtschaftlich Berechtigten. Als solche gelten gem. § 19 Abs. 2 und § 3 Abs. 1 GwG alle natürlichen Personen in deren Eigentum oder unter deren Kontrolle die Vereinigung steht. Bei juristischen Personen (außer Stiftungen) zählt hierzu insbesondere jede natürliche Person, die mittelbar oder unmittelbar mehr als 25 % der Kapitalanteile hält und/oder der Stimmrechte kontrolliert, und/oder auf vergleichbare Weise Kontrolle ausübt (wirtschaftlich Berechtigte[55]). Juristische Personen des Privatrechts und eingetragene Personengesellschaften haben seit 01.10.2017 die in § 19 Abs. 1 GwG aufgeführten Angaben zu den wirtschaftlich Berechtigten dieser Vereinigungen einschließlich des Wohnsitzlandes einzuholen, aufzubewahren, auf aktuellem Stand zu halten und der registerführenden Stelle (der Bundesanzeiger-Verlag GmbH) unverzüglich zur Eintragung in das Transparenzregister mitzuteilen. Meldepflichtig sind die Leitungsorgane der betroffenen Gesellschaften, die die notwendigen Informationen[56] und etwaige Änderungen zu ermitteln und unverzüglich an das Transparenzregister[57] elektronisch einzureichen haben; bei Nichterfüllung droht Bußgeld. Das GwG beinhaltet jedoch in § 20 zwei Ausnahmen, die Meldungen entbehrlich machen:

1. Die Mitteilungen gelten als erfüllt, wenn sich die in § 19 Abs. 1 GwG aufgeführten Angaben bereits aus den in § 22 Abs. 1 GwG aufgeführten Dokumenten und Eintragungen ergeben, die aus den dort aufgeführten Registern elektronisch abrufbar sind (= Gesellschafterlisten nach § 40 GmbHG in der aktuellen Form mit den Prozentangaben, Eintragungen im Handelsregister, Partnerschaftsregister, Genossenschaftsregister und Vereinsregister).

2. Bei Gesellschaften, die an einem organisierten Markt nach § 2 Abs. 5 WpHG notiert sind oder dem Gemeinschaftsrecht entsprechenden Transparenzanforderungen im Hinblick auf Stimmrechte oder gleichwertigen internationalen Standards unterliegen, gilt die Pflicht zur Mitteilung stets als erfüllt.

---

54 Informationen über das Transparenzregister hat der Bundesanzeiger-Verlag unter »https://www.transparenzregister.de« sowie das Bundesverwaltungsamt als Rechts- und Fachaufsichtbehörde auf seiner Internetseite unter http://www.bva.bund.de/DE/Themen/Verwaltungsdienstleistungen/Transparenzregister veröffentlicht, auf der auch unter »http://www.bva.bund.de/DE/Organisation/Abteilungen/Abteilung_ZMV/Transparenzregister/FAQ/faq_node.html« verschiedene Informationen abgerufen werden können, ebenso bei der IHK Berlin unter https://www.ihk-berlin.de/blob/bihk24/Service-und-Beratung/recht_und_steuern/downloads/3820644/de39eb60cfbfd381eab8abea039405b7/Transparenzregister-data.pdf. Lit: P. *Schaub*, DStR 2017, 1438; *Frese*, ZEV 2017, 695; *Kotzenberg/K. Lorenz*, NJW 2017, 2433; *Longrée/esch*, NZG 2017, 1081.
55 Z.B.: Stimmbindungsverträge, Sonderbestimmungen in der Satzung (insbesondere bei Personengesellschaften), Treuhand- und Nießbrauchsverhältnisse, Unterbeteiligungen sowie stille Beteiligungen, Sonderstimmrechte oder Konstellationen, bei denen natürliche Personen über Beteiligungsketten mittelbar Kapitalanteile bzw. Stimmrechte halten.
56 Vor- und Nachname, Geburtsdatum, Wohnort sowie Art und Umfang des wirtschaftlichen Interesses.
57 Unter »https://www.transparenzregister.de«.

§ 125 Die Firma nach Handelsrecht, Anmeldungen zum Handelsregister, Eintragung des Einzelkaufmanns

I. Die Firma

1 Die Firma ist der Geschäftsname des Kaufmannes. *Kaufmann* ist, wer ein Handelsgewerbe betreibt (§ 1 Abs. 1 HGB). *Handelsgewerbe* ist in Abgrenzung zu den freien Berufen nach der gesetzlichen Vermutungsregelung jeder Gewerbebetrieb, es sei denn, dass das Unternehmen nach Art und Umfang einen in kaufmännischer Weise eingerichteten Geschäftsbetrieb nicht erfordert (§ 1 Abs. 2 HGB). Nicht der Kaufmann, sondern dessen Firma muss (29 HGB) in das Handelsregister eingetragen werden. Überschreitet der Gewerbebetrieb die maßgeblichen Grenzen nicht,[1] kann der Unternehmer dennoch seine Firma in das Handelsregister eintragen lassen (»Kannkaufmann«); sein Unternehmen gilt dann als Handelsgewerbe (§ 2 HGB). Solange die Grenze des § 1 Abs. 2 HGB nicht überschritten ist, kann der Unternehmer seine Eintragung auch wieder löschen lassen (§ 2 Satz 3 HGB). Während bei Handelsgesellschaften die Firma ihr Name schlecht hin ist, kann ein Einzelkaufmann unter verschiedenen Namen unterschiedliche Handelsgeschäfte betreiben. Eine Firma kann jedoch nur ein Kaufmann im Sinne des HGB haben, sodass dies für die freien Berufe ausscheidet.

Die Firma eines Kaufmanns oder einer Handelsgesellschaft ist der Name, unter dem der Rechtsträger des Unternehmens seine Geschäfte betreibt und seine Unterschrift abgibt (§ 17 Abs. 1 HGB). Die Firma hat damit Namensfunktion und ist vom Rechtsträger im Geschäftsverkehr ohne Hinzufügungen und ohne Abkürzungen zu benutzen.

2 Das Handelsrechtsreformgesetz vom 22.06.1998[2] hat das Firmenrecht völlig neu geordnet und im Interesse einer größeren Wahlfreiheit und Gestaltungsmöglichkeit bei der Bildung aussagekräftiger und werbewirksamer Firmen liberalisiert.[3] Während bis 1998 unterschiedliche Vorschriften über die zulässige Bildung der Firmen von Kaufleuten und Gesellschaften bestanden, gilt jetzt der für alle Unternehmensformen geltende Grundsatz, dass die Firma frei gewählt und als Sach-, Personen-, Fantasie- oder Mischfirma gebildet werden kann. Sie muss zur Zulässigkeit und Eintragungsfähigkeit nur drei Anforderungen genügen:
1. die Firma muss zur *Kennzeichnung* geeignet sein (§ 18 Abs. 1 HGB),
2. sie muss *Unterscheidungskraft* besitzen (§ 18 Abs. 1 HGB), und
3. sie darf keine Angaben enthalten, die geeignet sind, über geschäftliche Verhältnisse, die für die angesprochenen Verkehrskreise wesentlich sind, irrezuführen (§ 18 Abs. 2 Satz 1 HGB) (*Irreführungsverbot*).

3 *Rechtsformzusatz*: Darüber hinaus muss jede Firma, auch die des Einzelkaufmannes, einen Zusatz haben, der die Rechtsform des Rechtsträgers klarstellt (§ 19 Abs. 1 HGB für Kaufmann, OHG und KG, § 4 AktG für die AG, § 279 Abs. 1 AktG für die KGaA, § 4 GmbHG für

---

1 Wesentliche Kriterien hierfür sind insbesondere Art und Umfang der Geschäftstätigkeit, die Höhe des Jahresumsatzes (je nach Branche zwischen 200.000 € und 300.000 €) und das Betriebskapital sowie die Anzahl der Beschäftigten und Größe der Organisation; die Größe der Geschäftsräume ist nicht entscheidend, spricht jedoch bei einer entsprechenden Größe ähnlich wie auch eine überregionale Tätigkeit des Unternehmens für ein vollkaufmännisches Gewerbe. Siehe OLG Dresden NotBZ 2001, 268. Evtl. können jetzt auch die Größenmerkmale für Kleinstkapitalgesellschaften gem. § 267a HGB herangezogen werden.
2 BGBl. 1998 I S. 1474.
3 Rechtsprechung vor 1998 kann daher nur noch eingeschränkt herangezogen werden.

die GmbH, § 31 GenG für die eG, § 200 Abs. 2 UmwG für das Unternehmen nach einem Formwechsel).

Des Weiteren verlangt das Gesetz eine klarstellende Bezeichnung (wie GmbH & Co), wenn in einer Personenhandelsgesellschaft (§ 19 Abs. 2 HGB) oder in einer KGaA (§ 279 Abs. 2 AktG) keine natürliche Person persönlich haftet. **4**

Alles andere ist – von unbedeutenden Einzelheiten abgesehen – dem Firmeninhaber überlassen. Der Gesetzgeber hat so – unter Anpassung an den internationalen Standard und in der Erkenntnis, dass mit einer großzügigen Firmenbildung keine ernsthaften Gefahren verbunden sind – das lange zäh verteidigte deutsche Firmenrecht fast vollständig aufgegeben. **5**

Zwingende Angaben auf Geschäftsbriefen: Zur ausreichenden Information der Geschäftspartner sind auf allen *Geschäftsbriefen* die in § 37a HGB angegebenen Pflichtangaben zu machen; weitere Angaben verlangen § 125a HGB für die OHG, § 177a HGB für die KG, § 35a GmbHG für die GmbH, § 80 AktG für die AG und § 25a GenG für die eingetragene Genossenschaft (genaue Auflistungen und Muster sind in der Regel bei den deutschen Industrie- und Handelskammern – meist per Internet – zu erlangen). **6**

Aufgrund der Liberalisierung im Jahr 1998 sind viele Regeln der früheren Rechtsprechung über die Firmenbildung nicht mehr anwendbar. Bedeutsam sind jedoch weiterhin folgende Grundsätze: **7**

Grundsatz der Firmenwahrheit: Dieser findet sich im Irreführungsverbot des § 18 Abs. 2 HGB wieder. Es betrifft sämtliche Einzelbestandteile der Firma, wie auch die Firma als Ganzes. Die Irreführung muss die geschäftlichen Verhältnisse betreffen, die für die angesprochenen Verkehrskreise wesentlich und nicht nur von untergeordneter Bedeutung sind, etwa hinsichtlich Art, Größe, Umfang und Bedeutung des Unternehmens und darf hier keine Fehlvorstellungen hervorrufen. **8**

Bei *geografischen Angaben* hat sich das neue Firmenrecht stark von den früheren Grundsätzen gelöst,[4] sodass nicht mehr die Vorrangstellung am Ort (bedeutendste Unternehmen) maßgeblich ist. In der Aufnahme von Ortsangaben wird unabhängig von deren Positionierung lediglich einen Hinweis auf den Sitz der Firma, den geografischen Schwerpunkt ihrer Tätigkeit oder die Herkunft der von ihr hergestellten Produkte gesehen.[5] Ein vorangestellter attributiv verwendeter Ortsname kann die Inanspruchnahme einer führenden Stellung stärker zum Ausdruck bringen als eine nachgestellte, substanzivierte Ortsangabe.[6] Ist in der Firma eine Großstadt angegeben, genügt es, wenn sich der Sitz des Unternehmens zumindest in deren engeren Wirtschaftsgebiet befindet.[7] Gleiches gilt für Landschafts- und Regionalbezeichnungen.[8] Ein regionaler Namenszusatz ist jedoch irreführend, wenn er über den Bereich, auf den sich die ausgeführte Tätigkeit bezieht, hinausgeht.[9] **9**

Bei der Beurteilung des *Kriteriums der Irreführung* kommt es objektiviert auf die Sicht des durchschnittlichen Angehörigen der betroffenen Verkehrskreise bei verständiger Würdigung an. Außerdem hat das neue Gesetz neben der »Wesentlichkeitsschwelle« für die registerrechtliche Prüfung (s. dazu unten Rdn. 51 ff.) auch die »Ersichtlichkeitsschwelle« gesetzt, wonach die Eintragung nur abgelehnt werden kann, wenn eine *ersichtliche* Eignung zur **10**

---

[4] Verlangt war, dass das betreffende Unternehmen am betreffenden Ort in seiner Branche allein tätig sei oder wenigstens erhebliche, hohe, maßgebende oder überragende Bedeutung besitze, was jetzt nur noch eingeschränkt von Bedeutung ist.
[5] OLG Hamm v. 19.07.2013 – 27 W 57/13, NZG 2013, 996 m.w.N.
[6] So KG v. 11.09.2007 – 1 W 81/07 = DNotZ 2008, 392 zu »Autodienst – Berlin Limited« m. abl. Anm. von *Kanzleiter*, DNotZ 2008, 393. Nach OLG München v. 28.04.2010 – 31 Wx 117/09, MittBayNot 2010, 332 = NotBZ 2010, 275 ist eine Ortsangabe allein noch nicht irreführend, auch, wenn die Firma keine führende oder besondere Stellung in dem Ort nachweisen kann (»Münchener Hausverwaltung GmbH« in Nachbargemeinde von München).
[7] OLG München v. 28.04.2010 – 31 Wx 117/09; OLG Stuttgart Rpfleger 2001, 168.
[8] »Sparkasse Bodensee« OLG Stuttgart FGPrax 2004, 40.
[9] OLG Frankfurt Rpfleger 2001, 428.

11 Eine Irreführung kann sich bei Firmenfortführung jedoch aus *unrichtig gewordenen Inhaber- und Nachfolgezusätzen* sowie aus unrichtigen Rechtsformzusätzen[10] oder weggefallenen akademischen Titeln aufgrund Ausscheidens des Titelträgers[11] ergeben. Nach aktueller Rechtslage kann der Verkehr nicht erwarten, durch den Firmennamen über den bürgerlichen Namen des Inhabers einer Personenfirma informiert zu werden (dieser kann bereits wieder ausgeschieden sein). Daher kann bei der Firma eines Einzelkaufmannes bzw. Gesellschaft auch der Name einer (fiktiven) Person verwendet werden, die keinen Bezug zum Unternehmen hat.[12] Eine Irreführung kann daher allenfalls vorliegen, wenn der maßgebliche Verkehrskreis bei der Nennung des Namens einer bekannten noch lebenden Person in der Firma davon ausgeht, dass diese die Geschicke des Unternehmens lenkt und für seine Verbindlichkeiten einsteht[13] oder dies die maßgebliche Beteiligung des Namensträgers nahelegt und solches für ihn von wesentlicher Bedeutung, etwa wegen des entgegengebrachten Vertrauens, ist.[14]

12 *Unzulässig* sind auch nach neuem Recht Zusätze, die auf bestimmte Eigenschaften oder einen bestimmten Zusammenhang (fachlich, regional, national oder international oder zu bestimmten Personen) hindeuten, wenn dieser Zusammenhang nicht besteht, aber nur, soweit diese Eigenschaft oder dieser Zusammenhang für die angesprochenen Verkehrskreise wesentlich ist. Aus der früheren Rechtsprechung kommen etwa infrage die Verwendung von Bezeichnungen, die unzutreffend sind, die Verwendung von Regionalbezeichnungen ohne jeden Bezug, die Verwendung von Bezeichnungen, die auf eine besondere Sachkunde hinweisen (einschließlich der Verwendung eines akademischen Grades, der auf ein anderes Fach als das des Inhabers hindeutet). Die Verwendung von Begriffen, die auf eine gewisse Größe (»Zentrum«[15], Center, Fahrzeugwerk«) oder bestimmte Art- und Produktionsmerkmale (Fabrik, Industrie) hindeuten; auch die Verwendung von Buchstabenkombinationen die einem Rechtsformzusatz ähnlich sind (-AG) werden teilweise als irreführend angesehen.[16] Irreführend ist jedoch der Zusatz »group« beim Einzelkaufmann oder »Gruppe« für ein einzelnes Unternehmen (Gesellschaft).[17] Zurückhaltung ist bei Zusätzen geboten, die den Eindruck nicht gewerblicher öffentlicher Trägerschaft oder Förderung erwecken und dadurch irreführen können wie »Anstalt«, »Akademie«, »Institut« und dergleichen, es sei denn, dass dies mit einem weiteren Wortbestandteil branchentypisch ist wie »Beerdigungsinstitut«. Außerdem sind gesetzliche Vorgaben zu beachten, wie etwa bei Versicherungsvermittlern[18] und die Reservierung des Begriffs »Partner« für die Partnerschaftsgesellschaft (§ 2 PartGG).

---

10 Nach OLG Hamm v. 08.07.1999 – 15 W 102/99 (DNotI-Report 1999, 170 = DNotZ 1999, 839 = MittRhNotK 1999, 317) muss aber bei Firmenfortführung durch Einzelkauffrau ein nicht mehr zutreffender Rechtsformzusatz (»OHG«) nicht gestrichen werden, wenn die nunmehr gegebene Rechtsform (»e.K.«) zusammen mit einem Nachfolgezusatz beigefügt wird.
11 OLG Köln v. 12.03.2008 – 2 Wx 5/08, DNotZ 2009, 140.
12 OLG München v. 08.11.2012 – 31 Wx 415/12, FGPrax 2013, 35.
13 OLG Karlsruhe v. 24.02.2010 – 11 Wx 15/09, RNotZ 2010, 482; OLG Rostock v. 17.11.2014 – 1 W 53/14: Irreführungsgefahr etwa bei Verwendung des Namens einer Person des öffentlichen Lebens.
14 OLG Düsseldorf v. 11.01.2017 – I-3 Wx 81/16; RNotZ 2017, 255; OLG Jena v. 22.06. 2010 – 6 W 30/10, DNotZ 2010, 935.
15 OLG Frankfurt v. 28.10.2014 – 20 W 411/12, NZG 2015, 1239: Begriff »Zentrum« charakterisiert ein Unternehmen von einer besonderen Größe und Bedeutung und damit überdurchschnittlicher Leistungsfähigkeit.
16 Keine Irreführung: OLG Dresden v. 21.04.2010 – 13 W 295/10, NZG 2010, 1237; a.A. OLG Köln v. 14.07.2006 – 6 U 226/05.
17 OLG Schleswig v. 26.09.2011 – 2 W 231/10; OLG Jena v. 14.10.2013 – 6 W 375/12, NZG 2013, 1270: weil hierunter ein Zusammenschluss mehrerer Unternehmen verstanden wird.
18 Pressemitteilung des Bundesamtes für das Versicherungswesen v. 23.04.2001, MittBayNot 2001, 419.

Grundsatz der Unterscheidbarkeit: Jede neue Firma muss sich hinsichtlich ihres gesamten Firmennamens nach § 30 HGB von allen anderen an demselben Ort (was auch mehrere politische Gemeinden umfassen kann) oder derselben Gemeinde (Rechtsbegriff) bereits bestehenden und im Handelsregister oder Genossenschaftsregister eingetragenen Firmen deutlich unterscheiden. Die Unterscheidungskraft ist dabei abstrakt nach der Verkehrsauffassung eines durchschnittlich versierten Teilnehmers des gesamten Rechtsverkehrs und nicht lediglich der konkret beteiligten Verkehrskreise zu beurteilen; die Firma muss »allgemein gesehen« die Fähigkeit haben, ihren Inhaber von anderen Unternehmensträgern deutlich zu unterscheiden, also jede ernstliche Verwechslungsgefahr ausschließen.[19]

Allein ein unterschiedlicher Rechtsformzusatz ist zur Unterscheidbarkeit noch nicht ausreichend.

Reine Gattungs- bzw. Branchenbezeichnungen (Handel, Handwerk) würden ähnliche Firmenbildungen für Unternehmen des gleichen Geschäftszweiges sperren und damit dem anerkannten Freihaltungsbedürfnis entgegenstehen. Sie sind nur dann nicht schädlich, wenn die Firma durch individualisierende Zusätze von anderen Firmen unterscheidbar gemacht wird.[20]

Ein Personenname kann auch durch eine verschiedene Schreibweise unterschieden werden, z.B. »Schulz« und »Schultz«. Bei Allerweltsnamen kann die Beifügung des Vornamens erforderlich sein, ebenso auch bei gleichem Familiennamen mit bereits eingetragener Firma. Nur bei übereinstimmendem Familien- und Vornamen ist der Unterscheidungszusatz nach § 30 Abs. 2 HGB erforderlich.

Grundsatz der Firmeneinheit: Der Einzelkaufmann kann mehrere Unternehmen am selben Ort mit je einer besonderen Firma betreiben, wenn die Betriebe selbstständig arbeiten. Bei einheitlicher Verwaltung liegt aber keine Selbstständigkeit vor. Für einen einheitlichen Geschäftsbetrieb kann nur eine einzige Firma geführt werden. Personengesellschaften können ebenso wie Kapitalgesellschaften nur eine Firma haben.[21]

Kennzeichnungseignung: Die verwendete Firma muss zur Kennzeichnung des Kaufmanns geeignet sein. Da sie Namensfunktion hat, müssen Firmenkern und Firmenzusätze grundsätzlich eine schreibbare, lesbare und aussprechbare Form haben, was auch bei reinen Buchstabenkombinationen als Firma gegeben ist, wenn diese artikulierbar sind.[22] Zulässig sind auch Zahlen in Verbindung mit einem Wort oder einer Buchstabenfolge oder Ordnungszahlen, nicht jedoch die bloße Verwendung von Zahlen.[23] Fremdsprachige Bezeichnungen, die nicht aus lateinischen Buchstaben gebildet werden sowie reine Bild- oder Sonderzeichen haben daher keine namensrechtliche Funktion und sind als Bestandteil der Firma nicht zulässig.[24] Dagegen werden die Wortzeichen »&« sowie »+«, wohl auch »@«,[25] »€«, »§« oder »$« evtl. auch »°« (für Grad) als Firmenbestandteil akzeptiert.

Reine Branchen- oder Gattungsbezeichnungen (»Autohandel GmbH«, »Profi-Handwerker GmbH« oder »Zahnarztpraxis Ltd.« ohne Zusatz) oder andere nichtssagende Bezeichnungen (dazugehört auch die wahllose Aneinanderreihung des Buchstabens »A«, um im Telefon- oder anderen Verzeichnissen die erste Stelle zu erlangen) sind weiterhin als unzulässig anzusehen.[26] Die Internet-Domain wird inzwischen weitgehend als firmenfähig angesehen.

---

19 KG v. 19.04.2013 – 12 W 51/13, NZG 2013, 1153; OLG Hamm v. 19.06.2013 – 27 W 52/13, NZG 2013, 997.
20 BayObLG v. 01.07.2003 – 3 Z BR 122/03, NJW-RR 2003, 1544: »Profi-Handwerker GmbH« hat keine hinreichende Unterscheidungskraft; nach KG v. 11.09.2007 – 1 W 81/07, DNotZ 2008, 392, aber individualisierbar durch Ortsbezeichnung »Autodienst – Berlin Limited«; abl. *Kanzleiter,* DNotZ 2008, 393.
21 BayObLGZ 92, 59 = MittBayNot 92, 225.
22 Nunmehr BGH v. 02.12.2008 – II ZB 46/07, DNotZ 2009, 469 zu »HM & A« bei einer GmbH & Co. KG.
23 KG v. 19.04.2013 – 12 W 51/13, NZG 2013, 1153; OLG Hamm v. 19.06.2013 – 27 W 52/13, NZG 2013, 997.
24 BGH v. 02.12.2008 – II ZB 46/07, DNotZ 2009, 469 zu »HM & A« bei einer GmbH & Co. KG.
25 LG München v. 15.12.2008, MittBayNot 2009, 315 »@«, kann als Wortzeichen verstanden werden, und damit Firmenbestandteil sein. Anders noch BayObLG Rpfleger 2001, 427.
26 OLG Frankfurt, v. 28.02.2002 – 20 W 531/01, MittBayNot 2002, 307 = NJW 2002, 2400.

II. Die Firmenbildung

18 *Personenfirma:* In der mit dem Namen des Kaufmannes oder von Gesellschaftern gebildeten Firma braucht kein ausgeschriebener Vorname aufgenommen werden, kann aber beigefügt werden, insbesondere um die Unterscheidbarkeit i.S.v. § 30 HGB mit einer bereits eingetragenen Firma herzustellen; dazu kann auch ein sonstiger Unterscheidungszusatz (z.B. Buchstabenkombination) verwendet werden, soweit dieser nicht irreführend ist. Auch die früher umstrittenen unkorrekten Nennnamen (»Jupp« statt »Josef«),[27] Deck-, Künstler- und sonstige Wahlnamen können nun, soweit sie nicht täuschen, geführt werden.[28] Das Gleiche gilt für den Geburtsnamen oder einen anderen früher geführten Namen sowie für einen Doktortitel (immer unter der Voraussetzung, dass damit keine Täuschungsgefahr verbunden ist und nicht in fremde Namensrechte eingegriffen wird). Geringfügige Schreibabweichungen sind zulässig wie »ss« statt »ß« oder »ue« statt »ü«.

19 Ob der Namensgeber nach neuem Firmenrecht auch Inhaber oder Mitgesellschafter sein muss, ist nicht gesetzlich geregelt, wird jedoch inzwischen allgemein als nicht erforderlich angesehen (siehe Rdn. 11).[29]

20 Wird die Firma einer an einer Personengesellschaft beteiligten Handelsgesellschaft für die Personenfirma verwendet (z.B. die Firma der GmbH bei der GmbH & Co. KG) muss die Firma des Gesellschafters nicht vollständig übernommen werden. Die Übernahme von Firmenbestandteilen ist als originäre neue Firmenbildung möglich. Die früher zwingende Übernahme des Namens der GmbH als Firma der GmbH & Co. KG ist entfallen.

21 *Sachfirma:* Die Sachfirma muss nach nunmehriger h.M. nicht mehr aus dem Gegenstand des Unternehmens entnommen sein.[30] Aufgrund des Irreführungsverbots muss sie jedoch mit der tatsächlichen Unternehmenstätigkeit übereinstimmen und darf daher keine umfassenderen Leistungen andeuten als tatsächlich angeboten werden. Da auch die Sachfirma zur Kennzeichnung geeignet sein und Unterscheidungskraft haben muss, sind reine Branchen- oder Gattungsbezeichnungen bzw. eine allgemeine Bezeichnung des Geschäftsbereiches nicht zulässig, zumal die Verwendung solcher Allgemeinbegriffe eine ähnliche Firmenbildung für Unternehmen des gleichen Geschäftszweiges sperren würden. Eine bloße Branchen- oder Gattungsbezeichnung ist nur zulässig, wenn die Firma durch individualisierende Zusätze unterscheidbar gemacht wird.[31] Die Zusätze dürfen nicht irreführend sein.

22 *Geschützte Firmenbestandteile:* Besondere gesetzliche Regelungen für die Verwendung bestimmter Firmenbestandteile gibt es insbesondere für
- Rechtsanwaltsgesellschaft (§ 59k Abs. 2 BRAO)
- Steuerberatungsgesellschaft (§ 43 Abs. 1, § 53 Abs. 1, § 161 StBerG);
- Wirtschaftsprüfungsgesellschaft, Buchprüfungsgesellschaft (§§ 27, 31, 133 WPO);
- Architekt, Ingenieur, entsprechend den einschlägigen Landesgesetzen (z.B. Art. 3 ff. BayArchitektenG);
- Bank, Bankier (§ 39 Abs. 1 KWG); Volksbank (§ 39 Abs. 2 KWG); Sparkasse (§ 40 Abs. 1 KWG); Spar- und Darlehenskasse (§ 40 Abs. 2 KWG);
- Bausparkasse (§ 1 BausparkassenG);

---

27 LG Köln DNotZ 1970, 310.
28 OLG Frankfurt, v. 18.11.2002 – 20 W 319/02, NJW 2003, 364 zu Berufs- oder Künstlername.
29 Für Kapitalgesellschaften nicht erforderlich: OLG Jena v. 22.06.2010 – 6 W 30/10, NZG 2010, 1354; LG München MittBayNot 2007, 71. Bzgl. Name eines Kommanditisten: OLG Saarbrücken Rpfleger 2006, 415. Bzgl. Fremdnamen bei KG: OLG Karlsruhe v. 24.02.2010 – 11 Wx 15/09, RNotZ 2010, 482. Bzgl. fiktiven Namen bei Einzelkaufmann: OLG München v. 08.11.2012 – 31 Wx 415/12, FGPrax 2013, 35.
30 OLG Stuttgart v. 08.03.2012 – 8 W 82/12, NZG 2012, 551.
31 BayObLG v. 01.07.2003 – 3 Z BR 122/03, NJW-RR 2003, 1544: nicht ausreichend »Profi-Handwerker GmbH«; LG Köln v. 08.02.2008 – 88 T 04/08, RNotZ 2008, 553: unzulässig »brillenshop.de GmbH«.

- Kapitalanlagegesellschaft, Investmentgesellschaft, Investmentfonds, Kapitalanlage, Investmentaktiengesellschaft (§ 3 InvG);
- Unternehmensbeteiligungsgesellschaft (§ 20 Abs. 1 UBGG);
- Versicherungen bzw. Versicherer, Assekuranz, Rückversicherung (§ 4 VAG);
- »und Partner«, Partnerschaft, wenn der Begriff »Partner« nicht lediglich als Bestandteil eines zusammengesetzten Wortes verwendet wird (§ 11 Abs. 1 PartGG; s. hierzu § 136 Rdn. 8).

Sonstige Spezialvorschriften – etwa §§ 39, 40 KWG – sind weiter zu beachten.

Fantasiefirma: Die Firma kann auch ohne Übernahme des Inhabernamens oder des Unternehmensgegenstandes frei gebildet werden, sofern dem Fantasiewort Kennzeichnungseignung und Unterscheidungskraft zukommt (s. hierzu oben Rdn. 13 ff., insbesondere hinsichtlich reiner Buchstaben- und Zahlenfolgen). Der Fantasiefirma steht nicht entgegen, dass das Wort auch als Name einer Person verstanden werden kann.[32]

III. Abgeleitete Firma

Da der Kreis der Formulierungen, die für neue Firmen gewählt werden dürfen, jetzt weit gezogen ist, können alle früheren Firmen vom Nachfolger weitergeführt werden, die er auch als ursprüngliche Firma wählen dürfte; der Grundsatz der Firmenbeständigkeit geht dabei unter Beachtung des Vorbehalt des Irreführungsverbotes dem Grundsatz der Firmenwahrheit vor. Zusätzlich lassen die §§ 21 ff. HGB die Fortführung des bisherigen Namens in der Firma zu,[33] wenn sich der Name des Inhabers, z.B. durch Eheschließung, Adoption oder bei einem Inhaberwechsel, ändert.

Der Unternehmensnachfolger, auf den ein bereits bestehendes Handelsgewerbe unter Lebenden oder von Todes wegen übergeht, kann unter folgenden Voraussetzungen die bisherige Firma fortführen:
- der Unternehmensveräußerer muss in zulässiger Weise eine Firma gebildet haben, die er auch selbst führt;[34]
- es muss ein Inhaberwechsel infolge einer Unternehmensübertragung zumindest hinsichtlich des Unternehmenskerns gegeben sein; ohne diesen ist die selbständige Übertragung der Firma nicht zulässig (§ 23 HGB);[35]
- der firmenführungsberechtigte Veräußerer muss dem Übernehmer ausdrücklich die Fortführung der Firma gestattet haben;[36]
- der Übernehmer muss die Firma fortführen, soweit nicht § 18 Abs. 2 HGB zu deren Änderung zwingt.[37]

Die Zustimmung bedarf keiner besonderen Form und kann darin gesehen werden, dass der bisherige Inhaber die Handelsregisteranmeldung unterzeichnet. Gleiches gilt bei einem Gesellschafterwechsel, wobei beim Ausscheiden des Namensträgers die Weiterführung des Namens ebenfalls seine Zustimmung oder die Zustimmung seiner Erben voraussetzt. Die Zustimmung ist auch erforderlich, wenn der Erbe des Firmengründers ausscheidet und die

---

32 LG Landshut MittBayNot 2000, 333; OLG München v. 08.11.2012 – 31 Wx 415/12, FGPrax 2013, 35.
33 Was nach BGH v. 08.05.2018 – II ZB 26/18 auch für Partnerschaftsgesellschaften gilt, da gemäß § 2 Abs. 2 PartGG i.V.m. § 24 Abs. 2 HGB eine Ausnahme vom Grundsatz, keine anderen Namen als die der Partner in den Namen der Partnerschaft aufgenommen werden dürfen gilt, sodass nach Ausscheiden eines namensgebenden Partners unter dessen Zustimmung sein Name auch mit Doktortitel im Namen der PartG fortgeführt werden darf.
34 Wobei eine Handelsregistereintragung der Firma nicht vorliegen muss, jedoch ein entsprechendes vollkaufmännisches Handelsgewerbe, das zur Firmenführung berechtigt.
35 BGH v. 22.11.1990 – I ZR 14/89, NJW 1991,1353: Übergang derjenigen Bestandteile, welche die Betriebsfortführung ermöglichen und Unternehmenskontinuität erwarten lassen.
36 Bei Gesellschaften bedarf es der Zustimmung der Gesellschafterversammlung analog § 179a AktG.
37 BayObLG NJW-RR 1990, 868.

Firma dessen Vornamen und den gemeinsamen Familiennamen enthält.[38] Die Zustimmung kann schon im Gesellschaftsvertrag gegeben werden. Ansonsten muss sie vom Vertretungsorgan abgegeben werden.

27 Haupt- und Zweigniederlassung können getrennt weiterveräußert werden. Unter den allgemeinen Voraussetzungen kann dann jeder Erwerber die bisherige Firma selbstständig weiterführen.[39]

28 Der früher streng gehandhabte Grundsatz, dass eine abgeleitete Firma nicht abgeändert werden darf, kann nach neuem Firmenrecht nicht mehr in dieser Strenge aufrechterhalten werden. Aus §§ 18, 22 Abs. 1 und 24 Abs. 1 HGB ergibt sich einerseits, dass alle anderen Firmen als die, die vom Namen des bisherigen Inhabers oder eines ausgeschiedenen Gesellschafters abgeleitet sind, vom neuen Inhaber sowieso als ursprüngliche neu gewählt werden könnten. Unwesentliche Änderungen, die den Firmenkern bestehen lassen, sind zulässig. Wegen § 18 Abs. 2 HGB sind Änderungen bzgl. Firmenbestandteile erforderlich, die für die angesprochenen Verkehrskreise wesentlich sind und irreführend sein können, wie unrichtig gewordene Rechtsformzusätze[40] oder täuschende Zusätze, die etwa beim Einzelkaufmann auf ein Gesellschaftsverhältnis hindeuten; nicht irreführend ist jedoch der Doktortitel nebst Namen eines ausgeschiedenen Gesellschafters, auch wenn kein aktueller Gesellschafter über einen solchen verfügt (siehe Fn 33). Wesentliche Änderungen, etwa durch Eingriff in Namensbestandteile, sind dann zulässig, wenn eine Änderung im Allgemeininteresse wünschenswert ist oder infolge geänderter Verhältnisse ein sachlich gerechtfertigtes Anliegen des Firmeninhabers besteht, diese keine Zweifel an der Identität der alten Firma aufkommen lässt und die Änderung den Grundsätzen der Firmenbildung entspricht.[41] So kann die wesentliche Änderung der Firma geboten sein, wenn über Gegenstand, Umfang oder Sitz des Unternehmens sonst unrichtige Angaben in der Firma verbleiben würden, z.B. unrichtige geografische oder akademische Zusätze. Daher kann die Beifügung oder Entfernung von Sachbezeichnungen erforderlich sein, wenn dies durch eine Veränderung der Geschäftsentwicklung gerechtfertigt ist, die nach der Unternehmensübernahme eingesetzt hat,[42] wie Änderung der als Sachfirmenzusatz verwendeten ausgeübten Tätigkeit z.B. von »Böringer Kfz-Werkstatt« in »Böringer Autohandel«, wenn die Kfz-Werkstatt aufgegeben wurde.

IV. Rechtsformzusatz

29 Im Unterschied zum bisherigen Recht ist bei allen Unternehmen auch beim Einzelkaufmann, zwingend vorgeschrieben, dass die Firma einen Hinweis auf die Rechtsform enthält:

30 Bei Einzelkaufleuten muss die Bezeichnung »eingetragener Kaufmann« oder »eingetragene Kauffrau« lauten; zulässig ist eine allgemein verständliche Abkürzung, insbesondere »e.K.«, »e.Kfm.« oder »e.Kfr.« (§ 19 Abs. 1 Nr. 1 HGB).

Die Firma einer offenen Handelsgesellschaft muss die Bezeichnung »offene Handelsgesellschaft« oder eine allgemein verständliche Abkürzung dieser Bezeichnung (etwa – »OHG«) enthalten (§ 19 Abs. 1 Nr. 2 HGB).

Bei der Kommanditgesellschaft ist die Bezeichnung »Kommanditgesellschaft« oder eine allgemein verständliche Abkürzung (etwa »KG«) vorgeschrieben (§ 19 Abs. 1 Nr. 3 HGB).

---

38 BGH DNotZ 1986, 27.
39 RGZ 77, 60; OLG Frankfurt DB 1980, 250.
40 OLG Hamm v. 08.07.1999 – 15 W 102/99, DNotZ 1999, 839, dass Nachfolgerzusatz reicht, wohl nicht mehr h.M.
41 BGHZ 44, 116.
42 OLG Hamm RNotZ 2002, 461; Beschl. v. 05.10.2016 – 27 W 107/16, NZG 2016, 1351.

Die Firma einer Aktiengesellschaft muss diese Bezeichnung oder eine allgemein verständliche Abkürzung (etwa »AG«) enthalten (§ 4 AktG); Entsprechendes gilt für die Kommanditgesellschaft auf Aktien (als Abkürzung ist etwa »KGaA« möglich).

Bei der GmbH ist die Bezeichnung »Gesellschaft mit beschränkter Haftung« oder eine allgemein verständliche Abkürzung (etwa »GmbH«) vorgeschrieben. Die Sonderform der »Unternehmergesellschaft«, abgekürzt als »UG«, muss zwingend den stets ausgeschriebenen Zusatz: »haftungsbeschränkt« führen; die Verwendung von »GmbH« ist unzulässig.

Bei der »eingetragenen Genossenschaft« lautet die Bezeichnung so; als Abkürzung ist nur »eG« zugelassen.

Wenn in einer Personalgesellschaft (oder in einer Kommanditgesellschaft auf Aktien) keine natürliche Person persönlich haftet, muss die Firma eine Bezeichnung enthalten (wie GmbH & Co), die die Haftungsbeschränkung deutlich macht (§ 19 Abs. 2 HGB bzw. § 279 Abs. 2 AktG). **31**

Bei *ausländischen Gesellschaften* muss der Zusatz klarstellen, dass es sich um eine bestimmte ausländische Rechtsform handelt. Irreführend wäre daher, ein einer deutschen Rechtsform ähnliches Rechtsformkürzel zu verwenden. Wie bei einer österreichischen GmbH oder einer AG nach schweizerischem Recht zu verfahren ist, ist jedoch noch umstritten. **32**

Im Übrigen sind die Anforderungen an den Rechtsformzusatz streng zu handhaben; die Aufnahme weiterer Kürzel für zusätzliche Angaben ist daher nicht zulässig, wohl aber inzwischen die »gGmbH« gemäß § 4 Satz 2 GmbHG als Hinweis zum Gesellschaftszweck. **33**

Alle diese Grundsätze gelten auch für abgeleitete Firmen: In diesen Firmen muss der Rechtsformzusatz geändert werden, wenn sich die Rechtsform ändert. **34**

Übergangsrecht zum Rechtsformzusatz. Nur bis zum 31.03.2003 galt die Übergangsvorschrift des Art. 38 EGHGB für bereits vor dem 01.07.1998 eingetragene und rechtmäßig geführte Firmen. Spätestens ab 01.04.2003 ist der Rechtsformzusatz in der Firma zu führen und auch im Handelsregister einzutragen. Diese konnten und können immer noch ohne die Einhaltung der Form des § 12 HGB – also auch ohne elektronisches Einreichen – in einfacher schriftlicher Form die Beifügung des Rechtszusatzes beim Handelsregister eintragen lassen. Ob es eine Pflicht zur Eintragung im Handelsregister gibt, ist strittig.[43] Sie wird in der Praxis jedoch zunehmend von den Registergerichten angefordert. **35**

V. Anmeldungen zum Handelsregister

1. Eintragungspflicht

Jede Firma eines Einzelkaufmannes oder einer Personen- bzw. Kapitalgesellschaft ist zum Handelsregister zusammen mit dem Ort der Handelsniederlassung bzw. des Gesellschaftssitzes zur Eintragung anzumelden (§ 29 HGB sowie die Spezialregelungen für Gesellschaften); auch jede spätere Änderung der Firma, des Inhabers sowie die Verlegung der Niederlassung bzw. Sitzes an einen anderen Ort sind im Handelsregister einzutragen (§ 31 HGB sowie die Spezialregelungen bei den Gesellschaften). Darüber hinaus gibt es noch eine Vielzahl von eintragungspflichtigen Tatsachen.[44] **36**

2. Anmeldeberechtigte

Die Einzelkaufleute müssen ihre Firma und alle Änderungen *selbst anmelden*. Die Registeranmeldung muss bei Personengesellschaften stets von allen Gesellschaftern (auch den Kommanditisten) vorgenommen werden, die damit einen Richtigkeitsnachweis für den tatsäch- **37**

---

43 Für eine Veranlassungspflicht: *Krafka/Willer*, 7. Aufl., Rn. 207 m.N. zu den Gegenmeinungen.
44 S. hierzu die Auflistung bei *Krafka/Willer*, Rn. 92 ff.

lichen Eintritt der angemeldeten Tatsache i.S. einer »Garantieerklärung« abgeben.[45] Zur Ersetzung der Anmeldung durch einen sich weigernden Gesellschafter siehe § 16 HGB. Kapitalgesellschaften werden durch ihr Vertretungsorgan vertreten, wobei die Erstanmeldung und alle Kapitalveränderungen von allen Organmitgliedern, sonstige Anmeldungen in der vertretungsberechtigten Anzahl erfolgen müssen. Die Anmeldung kann auch durch in unechter Gesamtvertretung handelnde Geschäftsführer bzw. Vorstandsmitglieder mit einem Prokuristen vorgenommen werden.[46] Dies gilt auch für die Anmeldung einer Änderung der Geschäftsanschrift.[47] Für die Wirksamkeit der Anmeldung kommt es entsprechend § 130 Abs. 2 BGB allein darauf an, dass der Anmeldende, z.B. bei einer GmbH der Geschäftsführer zum Zeitpunkt der Abgabe der Anmeldung für die Gesellschaft Vertretungsmacht besitzt (siehe Rdn. 43).[48] Zum formgerechten Nachweis der Vertretungsbefugnis von gesetzlichen Vertretern, insbes. auch für ausländische Gesellschaften, wie des directors einer englischen Limited, genügt eine notarielle Bescheinigung gemäß § 21 BNotO, wenn das ausländische Register seiner rechtlichen Bedeutung nach dem deutschen Handelsregister entspricht[49] oder wenn eine Zweigniederlassung der Gesellschaft im inländischen Handelsregister eingetragen ist und der Notar seine Erkenntnisse aus der Einsicht in dieses Register erworben hat.[50] Da die Registeranmeldung eine Verfahrenshandlung ist, gelten weder für den gesetzlichen, noch den organschaftlichen oder rechtsgeschäftlichen Vertreter die Beschränkungen des § 181 BGB.[51] Prokuristen allein können hinsichtlich des eigenen Unternehmens keine Anmeldungen vornehmen, wohl aber für die von ihnen vertretene Gesellschaft als Gesellschafterin einer anderen Gesellschaft.[52]

38 Der zum selbstständigen Betrieb eines Erwerbsgeschäftes gemäß § 112 BGB ermächtigte *Minderjährige* hat selbst anzumelden. Sonst müssen für Minderjährige alle gesetzlichen Vertreter, also beide Eltern, anmelden. Für die Anmeldung selbst ist keine familiengerichtliche Genehmigung erforderlich (da Verfahrenshandlung), wohl aber ist die nach §§ 1643, 1822 Nr. 3, 10 oder 11 BGB erforderliche Genehmigung für das angemeldete Rechtsverhältnis und deren Wirksamwerden dem Handelsregister nachzuweisen und in elektronischer Form einzureichen. Sonstige gesetzliche Vertreter weisen sich durch ihre Bestallungsurkunde/Testamentsvollstreckerzeugnis u.ä. aus, welche(s) in Urschrift oder Ausfertigung vorgelegt werden und in elektronischer Form dem Handelsregister eingereicht werden muss. Nur der zur Dauervollstreckung eingesetzte Testamentsvollstrecker, nicht der Abwicklungsvollstrecker, kann die Anmeldung zum Handelsregister anstelle der Erben vornehmen.[53]

---

45 OLG Frankfurt v. 16.04.2013 – 20 W 494/11, ZEV 2013, 686.
46 KG v. 12.04.1962 – 1 W 728/62, NJW 1962, 1349.
47 OLG Karlsruhe v. 07.08.2014 – 11 Wx 17/14, NZG 2014, 1346: Die Prokura umfasst nicht die Vertretungsmacht zur Anmeldung der Änderung der Geschäftsanschrift beim Handelsregister; OLG Frankfurt NZG 2012, 585: bei Kommanditgesellschaften sind auch alle Kommanditisten erforderlich.
48 OLG Zweibrücken v. 29.10.2013 – 3 W 82/13, FGPrax 2014, 83. Die Anmeldung wird mit der Unterschrift beim Notar »abgegeben«, wenn der Notar nach § 53 BeurkG sodann die Einreichung der Urkunde beim Registergericht zu veranlassen hat. Auf einen nach diesem Zeitpunkt liegenden Wegfall seiner Vertretungsmacht kommt es nach dem in § 130 Abs. 2 BGB enthaltenen und verallgemeinerungsfähigen Rechtsgedanken nicht an. Siehe auch OLG Brandenburg v. 05.06.2012 – 7 Wx 13/12, NotBZ 2013, 475.
49 OLG Schleswig v. 13.12.2007 – 2 W 198/07, DNotZ 2008, 709 m. Anm. *Apfelbaum.*
50 Kammergericht v. 28.03.2013 – 1 W 434/12, RNotZ 2013, 426. Für die Anmeldung zum Handelsregister ist auch die Vollmacht durch den ständigen Vertreter der deutschen Zweigniederlassung ausreichend, ohne dass es noch der Vollmacht durch die directors der ausländischen Hauptniederlassung in vertretungsberechtigter Zahl bedarf (OLG Bremen v. 18.12.2012 – 2 W 97/12, RNotZ 2013, 184).
51 BayObLGZ 1977, 76; DNotZ 1977, 683. Die erforderlich familien- oder betreuungsgerichtliche Genehmigung für den einzutragenden Vorgang ist jedoch in der Form des § 12 HGB nachzuweisen, die Elternschaft durch eine Personenstandsurkunde, die Betreuung durch die Bestallungsurkunde.
52 BGH DNotZ 1992, 584; s.a. § 128 Rdn. 9
53 OLG Hamm v. 10.12.2010 – 15 W 636/10, NZG 2011, 437; OLG München v. 07.07.2009 – 31 Wx 115/08, MittBayNot 2010, 144; KG v. 07.03.1991 – 1 W 3124/88, NJW-RR 1991, 835.

Eine Anmeldung kann auch durch einen rechtsgeschäftlichen Vertreter vorgenommen werden, wobei dazu keine Spezialvollmacht (für die konkrete Anmeldung) benötigt wird, sondern lediglich eine Vollmacht, aus der sich allgemein ergibt, dass sie auch Anmeldungen der in Frage stehenden Art einschließt, sodass auch dazu eine General- bzw. Vorsorgevollmacht ausreicht.[54] Für die Form der Vollmacht ist gemäß § 12 Abs. 1 Satz 1 und 2 HGB öffentliche Beglaubigung unter elektronischer Einreichung vorgeschrieben; ebenso auch für den Nachweis eines Bedingungseintritts.[55] Zur Vollmachtsbescheinigung gemäß § 21 Abs. 3 Satz 3 BeurkG i.V.m. § 12 Abs. 1 Satz 3 HGB bezüglich in beurkundeter oder beglaubigter Form vorliegender Vollmachten, siehe § 124 Rdn. 38 Nur soweit höchstpersönliche Erklärungen (z.B. Versicherung des Geschäftsführers nach § 8 Abs. 2 und § 57 Abs. 2 GmbHG bzw. Vorstand nach § 37 Abs. 2 und § 188 Abs. 2 AktG) abzugeben sind, scheidet für diese, nicht jedoch für den sonstigen Anmeldungsinhalt, eine Stellvertretung aus. Die Anmeldung unterfällt auch nicht § 181 BGB, da sie eine Verfahrenshandlung und keine rechtsgeschäftliche Handlung ist.[56] Die Anmeldungsvollmacht muss mindestens *öffentlich beglaubigt* sein (§ 12 Abs. 2 HGB) und elektronisch eingereicht werden.

Jeder deutsche Notar gilt nach § 378 Abs. 2 FamFG als ermächtigt, im Namen eines zur Anmeldung Verpflichteten die Eintragung durch Eigenurkunde zu beantragen, wenn er die zu einer Eintragung erforderliche Erklärung beurkundet oder unterschriftsbeglaubigt hat, jedoch nur bzgl. dieser beurkundeten oder beglaubigten Tatsachen und nicht bei höchstpersönlichen Handlungen des Anmeldepflichtigen. Daher kann auch keine Gebühr nach § 111 Nr. 3 GNotKG für Vollzugsvollmacht zur Handelsregisteranmeldung abgerechnet werden.[57]

Muster:

Gemäß der Ermächtigung nach § 378 Abs. 2 FamFG melde ich, der unterzeichnende Notar, auf der Grundlage des von mir mit URNr. _____ beurkundeten/beglaubigten Gesellschafterbeschlusses, der dieser Anmeldung beigefügt ist, zur Eintragung in das Handelsregister an: .....

Eine Vertretung aufgrund Vollmacht scheidet jedoch bei höchstpersönlichen Erklärungen aus, wie bei GmbH die Versicherung nach § 8 Abs. 2 und § 57 Abs. 2 GmbHG, bzw. bei der AG nach § 37 Abs. 2 und § 188 Abs. 2 AktG, sowie auch bezüglich des zur Eintragung eines Sonderrechtsnachfolgevermerks erforderlichen sog. negativen Abfindungsversicherung durch den ausscheidenden Gesellschafter.

3. Zeitpunkt der Anmeldung

Eintragungen in das Handelsregister können nur hinsichtlich solcher Tatsachen und Rechtsverhältnisse erfolgen, die bereits eingetreten sind oder durch Vornahme der Eintragung im

---

[54] OLG Frankfurt v. 16.04.2013 – 20 W 494/11, ZEV 2013, 686. Aber nicht die Vollmacht des Erblassers zur Eintragung der Erben, OLG München v. 20.06.2017 – 31 Wx 169/17.
[55] OLG Schleswig v. 20.01.2010 – 2 W 182/09, DNotZ 2010, 867.
[56] BayObLG v. 28.03.1977 – BReg.3Z4/76, MittBayNot 1977, 130.
[57] OLG Oldenburg v. 16.09.2011 – 12 W 193/11, NotBZ 2012, 62 = NZG 2011, 1233 = FGPrax 2011, 311; OLG Frankfurt v. 16.11.2010 – 20 W 448/10: ein Vollmachtnachweis kann nicht verlangt werden. OLG München v. 10.03.2015 – 31 Wx 60/15: auch wenn der Anmeldepflichtige (z.B. der Geschäftsführer) selbst nicht Beteiligter der Beurkundung/Beglaubigung war. Allgemein hierzu: Gutachten in DNotI-Report 2010, 112. Nach LG Offenburg v. 16.05.2018 – 4 OH 21/18, NotBZ 2018, 396 m. Anm. *Bachmayer*, kann weder für die Vollzugsvollmacht für den Notar oder seinen Vertreter zur Handelsregisteranmeldung nach § 111 Nr. 3 GNotKG, noch für die sog. »Reparaturvollmacht« zugunsten von Notariatsangestellten gemäß § 110 Nr. 1 GNotKG eine Gebühr abgerechnet werden.

Handelsregister eintreten (z.B. der Beitritt des Kommanditisten in die KG). Als Verfahrenshandlung kann die Anmeldung nicht durch eine Bedingung oder Befristung eingeschränkt werden.[58] Jedoch sind Rechtsbedingungen und innerverfahrensmäßige Abhängigkeit zulässig. So wird es als zulässig angesehen, wenn eine erst künftig in Kraft tretende Rechtstatsache bereits kurz zuvor angemeldet wird, diese nur unter einer Zeitbestimmung steht (z.B. Auflösung und Liquidatorbestellung) und vor dem Zeitpunkt des Zuganges der Anmeldung von vertretungsbefugten Personen unterzeichnet ist, deren Vertretungsbefugnis bis zum zeitlich bedingten Eintritt der einzutragenden Tatsachen noch fortbesteht. Entscheidend ist, das die Vertretungsbefugnis zum Zeitpunkt der Abgabe der Anmeldung (= Einreichung beim Registergericht) besteht, unschädlich ist, wenn diese danach bis zur Eintragung weggefallen ist;[59] bei Abgabe der Anmeldungserklärung durch den neuen GmbH-Geschäftsführer beim Notar, muss dieser aber bereits durch Gesellschafterbeschluss (wenn auch aufschiebend befristet) bestellt sein, da er zuvor keine Erklärungen abgeben kann.[60] Als unproblematisch wird es aber angesehen, wenn die Anmeldung so lange beim Notar liegen bleibt, bis die anzumeldende Tatsache eingetreten ist (z.B. der Termin der Abberufung oder Neubestellung), weil sie erst mit der Zuleitung im elektronischen Verfahren an das Registergericht in den Rechtsverkehr gelangt.[61]

4. Form

44 Die Anmeldung sowie die Vollmacht zur Anmeldung bedürfen der *öffentlich beglaubigten Form* (§ 12 Abs. 1 HGB), also mit notariell beglaubigter Unterschrift (§ 129 BGB; § 40 BeurkG) oder der Beurkundung und muss elektronisch eingereicht werden (zum Verfahren hierzu s. § 124 Rdn. 23 ff.). Sonstige mit einzureichende Dokumente müssen nur dann i.S.d. § 39a BeurkG elektronisch signiert werden, wenn sie gesetzlich zwingend in notariell beurkundeter oder öffentlich beglaubigter Abschrift einzureichen sind; ansonsten genügt die Übermittlung einer einfachen Aufzeichnung in elektronischer Form.[62]

VI. Inhalt der Erstanmeldung

1. Inhaber bzw. Gesellschafter (bei Personenunternehmen)

45 Werden natürliche Personen zur Eintragung in das Handelsregister angemeldet – gleichgültig in welcher Eigenschaft! –, sind diese mit Familiennamen, Vornamen, Geburtsdatum und Wohnort zu bezeichnen; Akademische Titel,[63] der Geburtsname, der Beruf und die Wohnstraße müssen nicht angegeben werden (§ 24 Abs. 1 HRV).

2. Firma

46 Weist die Firma oder einzelne Firmenbestandteile eine besondere Schreibweise oder eine besondere grafische Gestaltung, wie ein *besonderes Schriftbild*, auf, ist dies nicht Firmenbe-

---

58 BayObLG DNotZ 1993, 197; OLG Dresden Rpfleger 2011, 277.
59 OLG Jena v. 15.03.2017 – 2 W 26/17; OLG Zweibrücken v. 29.10.2013 – 3 W 82/13, NZG 2015, 319. *Krafka/Willer*, Rn. 78, 147.
60 OLG Düsseldorf DNotZ 2000, 529.
61 OLG Zweibrücken v. 29.10.2013 – 3 W 82/13, NZG 2015, 319. Siehe hierzu *Waldner*, ZNotP 2000, 188; *Bärwaldt*, GmbHR 2000, 421; *Auer*, DNotZ 2000, 498; *Böcker*, MittRhNotK 2000, 61; *Birtz*, MittRhNotK 2000, 197; a.A. BayObLG v. 17.09.2003 – 3 Z BR 183/03 = DNotI-Report 2004, 18: entscheidend ist die Vertretungsberechtigung zum Zeitpunkt der Abgabe der Registeranmeldung, was regelmäßig mit dem Zeitpunkt der Unterschriftsleistung beim Notar gleichzustellen ist. Siehe auch OLG Zweibrücken FGPrax 2014, 83.
62 *Keidel/Krafka*, Rn. 132; *Jeep/Wiedemann*, NJW 2007, 2439; s.o. § 124 Rdn. 31 f.
63 Sind jedoch eintragungsfähig; BGH v. 04.04.2017 – II ZB 10/16, NZG 2017, 734.

standteil und hat damit keine namensrechtliche und somit auch keine firmenrechtliche Relevanz, auf deren Eintragung ein Anspruch bestehen würde. Namensfunktion kommt grundsätzlich nur der wörtlichen Bezeichnung zu. Es bleibt dem Registergericht nach pflichtgemäßem Ermessen überlassen, die Art und Weise der Eintragung einschließlich des Schriftbildes zu bestimmen.[64]

3. Handelsniederlassung oder Sitz

Jeder Kaufmann muss eine Niederlassung, jede Gesellschaft einen Sitz haben, die im Handelsregister einzutragen ist, wobei nur ausnahmsweise ein Doppelsitz bzw. doppelte Hauptniederlassung zulässig ist. Hierbei handelt es sich um den Ort der tatsächlichen Verwaltung, also der Geschäftsführung. Eine davon abweichende Bestimmung eines Verwaltungssitzes ist nach h.M. nur bei Kapitalgesellschaften möglich (§ 5, 23 Abs. 3 Nr. 1 AktG, § 3 GmbHG).[65]

47

4. Inländische Geschäftsanschrift

Zum Zweck, den Gläubigern die wirksame Zustellungen zu ermöglichen, ist gemäß §§ 29, 31, 106 Abs. 2 Nr. 2 und 107 HGB sowie §§ 13, 13d, 13e, 13g HGB, § 10 Abs. 1 Satz 1 GmbHG, § 39 AktG die *inländische Geschäftsanschrift* zur Eintragung im Handelsregister zwingend anzumelden. Die inländische Geschäftsanschrift muss bei Kapitalgesellschaften nicht am Satzungssitz liegen. Vielmehr ist es der Gesellschaft »freigestellt, den Ort der inländischen Anschrift zu wählen«.[66] Bei Einzelkaufmann und Personenhandelsgesellschaften können dagegen nach h.M. Sitz bzw. Hauptniederlassung und inländische Geschäftsanschrift nicht voneinander abweichen. Auch die Angabe einer c/o Adresse ist möglich, wenn diese auf einen Zustellbevollmächtigten verweist.[67] Daneben verlangt § 24 Abs. 2 Handelsregisterverordnung (HRV), die Lage der Geschäftsräume anzugeben, was jedoch entfällt, wenn diese als inländische Geschäftsanschrift ohnehin anzumelden sind (strittig). Auch jede Änderung der inländischen Geschäftsanschrift, was sich auch durch Änderung des Ortsnamens i.R. einer Gemeindegebietsreform ergeben kann, muss beim Registergericht nunmehr unverzüglich im Verfahren nach § 12 HGB (gebührenpflichtig, s.u.) durch die vertretungsberechtigten Gesellschafter in vertretungsberechtigter Zahl (jetzt: § 108 Satz 2 HGB)[68] bzw. bei Kapitalgesellschaften durch das Vertretungsorgan in vertretungsberechtigter Zahl angemeldet werden (schriftliche Anzeige genügt damit nicht mehr). Häufig gefordert wird, dass bei jeder Anmeldung die Geschäftsanschrift angegeben wird, auch wenn sie sich nicht geändert hat.

48

Wurde dem Registergericht die inländische Geschäftsanschrift bereits vor dem 01.11.2008 mitgeteilt, hat das Gericht, wenn bis zum 31.10.2009 keine Änderung durch förmliche Anmeldung erfolgt ist, von Amts wegen und ohne Überprüfung kostenfrei die ihm bekannte inländische Anschrift als Geschäftsanschrift in das Handelsregister eingetragen (Art. 65 EGHGB). Nur wenn die Anschrift vor dem 01.11.2008 dem Registergericht nicht mitgeteilt wurde oder sich die Anschrift geändert hat, besteht die Verpflichtung zur Anmeldung einer inländischen Geschäftsanschrift.[69] Das Registergericht kann die Anmeldung

---

64 OLG München v. 13.04.2011 – 31 Wx 79/11, NZG 2011, 753 bzgl. hochgestellter Zahl im Firmennamen; KG MittRhNotK 2000, 396.
65 OLG Schleswig v. 14.11.2011 – 2 W 48/11, DNotI-Report 2012, 49; KG v. 16.04.2012 – 25 W 39/12, FGPrax 2012, 172 m. Anm. *Heinemann*. Zum Mehrfachsitz s. § 127 Rdn. 17 ff.; *Krafka/Willer*, Rn. 355 ff.
66 *Goette*, Einführung in das neue GmbH-Recht, 2008, S. 206.
67 OLG Hamm v. 07.05.2015 – 27 W 51/15, NZG 2015, 833; OLG Naumburg v. 08.05.2009 – S Wx 4/09, RNotZ 2009, 614 = MittBayNot 2009, 391.
68 OLG Karlsruhe v. 07.08.2014 – 11 Wx 17/14, NZG 2014, 1346: Die Prokura umfasst nicht die Vertretungsmacht zur Anmeldung der Änderung der Geschäftsanschrift beim Handelsregister. Ebenso AG Berlin-Charlottenburg, Beschl. v. 06.10.2017 – HRA 42783 B-A844170/2017.
69 OLG München, Beschl. v. 28.01.2009 – 31 Wx 5/09, MittBayNot 2009, 246 zum wortgleichen § 3 EGGmbHG; Anm. dazu *Wicke*, NZG 2009, 296.

gemäß § 14 HGB erzwingen. Es wird neue Eintragungen dann erst vornehmen dürfen, wenn auch die Anmeldung der Anschrift mit erfolgt, da Art. 64 EGHGB die Anmeldung »mit« der sonstigen Anmeldung verlangt.

Generell sollte bei jeder Registeranmeldung die aktuelle Geschäftsanschrift mitgeteilt werden, damit evtl. inzwischen falsch gewordene oder vergessene Mitteilungen damit berichtigt werden.

Im Rahmen einer notariellen Anmeldung handelt es sich bei der Anmeldung der Anschrift um einen dazu kostenrechtlich verschiedenen Gegenstand; Gegenstandgleichheit ist jedoch gegeben bei einer Erstanmeldung, einer Sitzverlegung oder bei der Auflösung. Der Wert ist nach § 105 Abs. 5 GNotKG mit 5.000 € anzusetzen.[70] Beim Registergericht handelt es sich um eine selbstständige Rechtstatsache mit der Gebühr nach Nr. 1501–1504, 1506 bzw. 2500 oder 2502 der Anlage zur HRegGebV (i.d.R. 40 € bei selbstständiger Anmeldung bzw. 30 € bei Anmeldung mit weiteren Tatsachen).

5. Gegenstand des Unternehmens

49 Auch wenn der Unternehmensgegenstand bei Personenunternehmen bzw. Einzelkaufmann nicht im Handelsregister eingetragen wird, soll bei den Erstanmeldungen auch der Geschäftszweig angegeben werden, soweit er sich nicht schon aus der Firma ergibt (§ 24 Abs. 4 HRV). Der bei Kapitalgesellschaften einzutragende Gegenstand der konkreten Tätigkeit ist möglichst exakt und individuell wiederzugeben, sodass allgemeine Klauseln wie: Vertrieb, Handel oder Herstellung von Waren aller Art, Ex- und Import, Erledigung sämtlicher Dienstleistungen, unzureichend sind;[71] die »Verwaltung eigenen Vermögens« ist jedoch ausreichend konkret. Unternehmensgegenstände, die einer staatlichen Genehmigung bedürfen, sind immer anzuführen.[72] Negative Abgrenzungen sind zulässig.

6. Staatliche Genehmigungen

50 Ob eine öffentlich rechtliche Zulässigkeit des Gewerbes besteht und Vorschriften der Gewerbe – oder Handwerksordnung oder des Gaststättengesetzes beachtet sind, hat das Registergericht grundsätzlich nicht zu prüfen (§ 7 HGB), auch nicht mehr bei AG, KGaA und GmbH. Etwa erforderliche staatliche Genehmigungsurkunden müssen nicht mit der Anmeldung vorgelegt werden, auch nicht die Eintragungsfähigkeit in die Handwerksrolle.[73]

7. Gerichtliche Prüfung

51 Um das Registerverfahren nicht mit der eventuell umständlichen Prüfung zu belasten, ob ein Firmenbestandteil zur Irreführung geeignet sein könnte, wird die Eignung zur Irreführung nur berücksichtigt, wenn sie ersichtlich ist (§ 18 Abs. 2 Satz 2 HGB).[74] Die Rechtsprechung beschränkt sich, wie vom Gesetzgeber vorgesehen,[75] i.d.R. bei der Prüfungsintensität auf ein »Grobraster«.[76]

---

70 OLG München v. 09.08.2016 – 31 Wx 188/16 Kost bzgl. Notargebühr bzw.v. 09.08.2016 – 31 Wx 94/16 bzgl. Handelsregistergebühr.
71 BayObLG MittBayNot 2003, 233.
72 Listen genehmigungsbedürftiger Tätigkeiten sind abgedruckt bei *Haferland/Schmidt/Tiedtke*, Praxis des Handels- und Kostenrechts, Anlage III; *Gottwald*, MittBayNot 2001, 166 ff.
73 Vgl. BGH v. 25.07.2017 – II ZB 8/16.
74 S. oben Rdn. 10 ff.
75 Vgl. BT-Drucks. 13/8444, S. 36, 38.
76 OLG Stuttgart v. 08.03.2012 – 8 W 82/12 m.w.N., NZG 2012, 551.

In zweifelhaften Fällen kann das Registergericht ein *Gutachten der Industrie- und Handelskammer* und, wenn es sich um einen Handwerksbetrieb handelt, auch ein Gutachten der *Handwerkskammer* einholen (§ 23 HRV jetzt § 380 Abs. 2 FamFG).

52

Der Firmenschutz ist damit weitgehend privatisiert. Das Registergericht prüft nur noch neben der ersichtlichen Irreführung, dass die Unterscheidbarkeit von bereits eingetragenen Firmen am selben Ort gemäß § 30 HGB gegeben ist. Da das von Amts wegen einzuleitende Firmenmissbrauchsverfahren nach § 37 HGB nur selten in der Praxis angewandt wird, verbleiben dem Beeinträchtigten nur die wettbewerbsrechtlichen Instrumente, insbes. die Unterlassungsklage bei Verletzungen gemäß §§ 3 bzw. 13a UWG und der Schutz von geschäftlichen Beziehungen gemäß §§ 15 i.V.m. 5 MarkenG.[77]

53

8. Rücknahme der Anmeldung

Die Rücknahme der Anmeldung kann bis zu deren Vollzug durch Eintragung *formlos* vorgenommen werden.[78] Jedoch sind vom Gericht 120 % der für die Eintragung bestimmte Gebühr zu erheben (§ 3 HRegGebV).[79] Auch einzelne Anmeldungen bei einer Mehrheit von Anmeldungen können zurückgenommen werden, soweit kein zwingender Vollzugszusammenhang besteht. Die zurückgenommene Anmeldung kann grundsätzlich erneut verwendet werden, wenn sie noch inhaltlich richtig ist.

54

Hat der Notar den Eintragungsantrag beglaubigt oder beurkundet, gilt er nach § 24 Abs. 3 BNotO i.V.m. § 378 FamFG als ermächtigt unter Beifügung des Amtssiegels, die Anmeldung zurückzunehmen. Als ausreichend wird es angesehen, dass der Rücknahmeantrag im EGVP-Client versandt wird, denn die Signatur beim Versand ersetzt Unterschrift und Siegelbeidruck der Papierwelt.[80]

VII. Sonstige Gewerbetreibende als Kaufmann

Jeder Gewerbetreibende ist nach der gesetzlichen Vermutung Kaufmann und nach § 29 HGB verpflichtet, seine Firma zur Eintragung in das Handelsregister anzumelden, es denn, er erreicht die Voraussetzungen für einen nach Art oder Umfang in kaufmännischer Weise eingerichteten Geschäftsbetrieb nicht. Überschreitet er die Grenze (siehe Rdn. 1) nicht, kann er trotzdem – sofern er ein Gewerbe betreibt – eine Firma führen, wenn er sich in das Handelsregister eintragen lässt (§ 2 Satz 2 HGB); tut er das, »gilt« sein Unternehmen als Handelsgewerbe (§ 2 Satz 1 HGB) und wird als Kaufmann i.S. des HGB behandelt. Sofern ein solcher Gewerbetreibender die Grenze des § 1 Abs. 2 HGB nicht inzwischen überschritten hat, kann er seine Eintragung im Handelsregister auch jederzeit wieder löschen lassen.

55

Auch ein *Handwerksunternehmen* ist Handelsgewerbe i.S.v. § 1 Abs. 2 HGB. Für die Eintragung im Handelsregister ist die Eintragung in die Handwerksrolle nicht erforderlich (auch nicht mehr bei der GmbH[81]). Vielmehr hat das Handelsregister jede Neueintragung und jede Änderung des Registerblattes, wenn es sich um ein handwerkliches Unternehmen handelt oder handeln kann, an die zuständige Handwerkskammer mitzuteilen (§ 37 Abs. 1

56

---

77 Näheres bei *Baumbach/Hopt*, § 17 HGB Rn. 32 ff.
78 OLG Frankfurt v. 22.02.2013 – 20 W 550/11, NJW-RR 2013, 1052.
79 Gemäß § 21 Abs. 1 Satz 3 GNotKG kann das Registergericht bei Zurücknahme eines Antrags sowie für abweisende Entscheidungen von der Erhebung von Kosten absehen, wenn der Antrag auf unverschuldeter Unkenntnis der tatsächlichen oder rechtlichen Verhältnisse beruht. Erfolgt die Zurücknahme spätestens einen Tag vor Erlass einer Zwischenverfügung des Registergerichts gemäß § 382 Abs. 4 FamFG beträgt die Gebühr lediglich 75 %, höchstens jedoch 250 Euro (§ 3 Abs. 2 HRegGebV).
80 *Jeep/Wiedemann*, NJW 2007, 2439, 2446; *Krafka/Willer*, Rn. 127.
81 § 8 Abs. 1 Nr. 6 GmbHG wurde durch das MoMiG aufgehoben, um das Eintragungsverfahren zu vereinfachen und zu beschleunigen.

Nr. 5 HRV). Um ein zulassungspflichtiges Handwerk nach Anlage A der HwO im Rahmen eines Gewerbebetriebes ausüben zu dürfen, bedarf es jedoch zwingend der Eintragung in die Handwerksrolle (§ 1 Abs. 1 HwO). Die dortige Eintragung setzt voraus, dass der Inhaber die persönlichen Eignungsvoraussetzungen erfüllt. Wird ein handwerksähnliches Gewerbe nach Anlage B der HwO betrieben, ist die Aufnahme des Gewerbebetriebes lediglich der Handwerkskammer anzuzeigen (§ 18 HwO).

57   Eine – geringfügige – Abweichung gilt für *land- und forstwirtschaftliche Unternehmen*: Sie fallen nach § 3 HGB nicht unter § 1 HGB, sondern unter § 2 HGB, sodass ihre Eintragung im Handelsregister auch dann fakultativ ist, wenn sie die Grenze des § 1 Abs. 2 HGB überschreiten. Hat sich ein Land- oder Forstwirt aber einmal im Handelsregister eintragen lassen, gelten für die Löschung die allgemeinen Vorschriften, d.h. er kann seine Eintragung nicht nach § 2 Satz 3 HGB löschen lassen, wenn er die Grenze des § 1 Abs. 2 HGB überschreitet.

VIII. Anmeldungen bei der Firma eines Einzelkaufmanns

1. Erstanmeldung der Firma eines Einzelkaufmanns

Erstanmeldung eines Einzelkaufmannes

58 M   Ich, Bruno Braune, geb. am ....., wohnhaft in ....., betreibe unter der Firma »Color Farbenhandel e. Kfm.«
alternativ: »BB Color eingetragener Kaufmann«
alternativ: »Braune e.K.«
in ..... ein Handelsgeschäft. Der Gegenstand meines Unternehmens ist Handel mit ..... Die Geschäftsanschrift lautet: (PLZ) (Ort), (Straße), wo sich auch die Geschäftsräume befinden.

■ Kosten.
a) Des Notars: Für die Erstanmeldung eines Einzelunternehmens beträgt der Geschäftswert unabhängig vom Wert des Betriebsvermögens fest 30.000 € (§ 105 Abs. 3 GNotKG). Gebühr nach Nr. 24102 i.V.m. 21201 KV GNotKG von 0,5 (Tabelle B = 62,50 €), wenn der Notar den Entwurf gefertigt hat, sowie die Gebühren für das elektronische Einreichen (s. § 124 Rdn. 43 ff.); bei bloßer Unterschriftsbeglaubigung auf einen Fremdentwurf von 0,2 Geb. nach Nr. 25100 KV GNotKG (= 25,00 €).
b) Des Handelsregisters: nach § 58 GNotKG i.V.m. Teil 1 der Anlage zur HRegGebV nach Nr. 1100; Gebühr: 70 €.

2. Erstanmeldung einer übernommenen Firma

59   Der Erwerber bzw. der/die Erbe(n) des Handelsgeschäfts eines Einzelkaufmannes darf dessen Firma mit oder ohne Nachfolgezusatz fortführen (§ 22 HGB). Ist beim Erwerb eines vollkaufmännisch geführten Handelsgeschäftes die bisherige Firma, die fortgeführt werden soll, noch nicht im Handelsregister eingetragen, so müssen zugleich die Firma (§ 29 HGB) und der Inhaberwechsel (die Fortführung, § 31 HGB) sowie gegebenenfalls eine Änderung der Firma angemeldet und in das Handelsregister eingetragen werden.[82] Beim Erwerb der Firma

---

82 BayObLG DNotZ 1978, 692.

unter Lebenden, was nur zusammen mit dem Unternehmen möglich ist (§ 22 HGB), muss der bisherige Inhaber oder sein Erbe in die Fortführung der Firma ausdrücklich einwilligen. Der Erwerber, wie auch der Erbe, kann die nach § 25 bzw. § 27 HGB ihn treffende Haftung für die Verbindlichkeiten des bisherigen Inhabers durch entsprechenden Handelsregistereintrag ausschließen. (im Einzelnen zu dieser Haftung § 126 Rdn. 1 ff. bzw. Rdn. 21 ff. bezüglich Fortführung durch Erben).

Anmeldung einer vom Verkäufer bereits geführten, aber noch nicht eingetragenen Firma durch den Käufer; Erstanmeldung bei Geschäftsfortführung mit firmenähnlichen Namen

Der Kaufmann Eduard Spranger, geb. am ....., wohnhaft in ....., hat in Gießen unter der nicht eingetragenen Firma »Eduard Spranger, Samenhandlung« ein Handelsgeschäft betrieben, das seit etwa einem Jahre einen kaufmännischen Geschäftsbetrieb erfordert hat. 60 M
Der bisherige Inhaber hat es mit Aktiven und Passiven und dem Recht zur Fortführung der Firma auf mich, Kaufmann Ernst Landmann, geb. am ....., wohnhaft in ....., übertragen. Ich führe das Handelsgeschäft fort unter der Firma
»Eduard Spranger, Samenhandlung e. Kfm.«
Der bisherige Inhaber und ich melden dies zur Eintragung in das Handelsregister an. Die Geschäftsanschrift (mit den Geschäftsräumen) lautet: (PLZ) Gießen, Marburger Straße 9.
Die Haftung des Erwerbers für die im Geschäftsbetrieb von Herrn Eduard Spranger begründeten Verbindlichkeiten ist ausgeschlossen.

■ *Kosten*
a) Des Notars: Anmeldung der Ersteintragung des Einzelunternehmens sowie als weitere Eintragungstatsache der Haftungsausschluss, Wert: jeweils 30.000 € (§ 105 Abs. 3 Nr. 1 GNotKG). Gebühr aus 60.000 € nach Nr. 24102 i.V.m. 21201 (5) KV GNotKG von 0,5 (Tabelle B), sowie die Gebühren für das Erstellen der XML-Datei; Nr. 22114 KV aus Gesamtwert der Anmeldung (s. § 124 Rdn. 43 ff.).
b) Des Handelsregisters: nach § 58 Abs. 1 GNotKG i.V.m. Teil 1 der Anlage zur HRegGebV für die Ersteintragung nach Nr. 1100 (Gebühr: 70 €); keine Gebühr für die Eintragung des Haftungsausschlusses gemäß § 2 Abs. 1 HRegGebV.

3. Spätere Anmeldung

Nach § 31 HGB sind alle Änderungen hinsichtlich Firma, Inhaber und Ort der Handelsniederlassung unverzüglich zur Eintragung in das Handelsregister in der Form des § 12 HGB anzumelden. 61

a) Änderung der Firma

Der Kaufmann kann seine Firma jederzeit ändern. Er hat sie zu ändern, wenn sich sein Name z.B. durch Verheiratung geändert hat.[83] Wenn die Firma als abgeleitete Firma 62

---

83 Geschäftswert dann nach § 105 Abs. 5 GNotKG 5000 €.

erworben und zunächst mit einem Nachfolgerzusatz geführt ist, kann dieser später abgelegt werden, falls der Nachfolger nicht vertraglich verpflichtet ist, den Nachfolgerzusatz zu führen. Bei abgeleiteter Firma muss jedoch der Firmenkern bestehen bleiben (s.o. Rdn. 28).

Streichung des Nachfolgezusatzes

63 M Zum Handelsregister A ..... melde ich für die Firma »Ferdinand North, Nachfolger Julius Kaiser« in Gütersloh an:
Ich habe die Firma durch Streichung des Nachfolgerzusatzes und Beifügen des Rechtsformzusatzes in
»Ferdinand North e.K.«
geändert.

- *Kosten.*
  a) Des Notars: Wert der »späteren Anmeldung« ohne bestimmten Geldwert nach § 105 Abs. 4 Nr. 4 GNotKG 30.000 €. Gebühr nach Nr. 24102 i.V.m. 21201 (5) KV GNotKG von 0,5 (Tabelle B) = 62,50 €, sowie die Gebühren für das elektronische Einreichen (s. § 124 Rdn. 43 ff.).
  b) Des Handelsregisters: nach § 58 Abs. 1 GNotKG i.V.m. Teil 1 der Anlage zur HRegGebV für eine sonstige spätere Eintragung nach Nr. 1500 (Gebühr: 40 €). Wird die Firma nur geändert, weil sich der Ortsname oder der Name des Unternehmensinhabers wegen Verheiratung geändert hat, dann beträgt der Geschäftswert lediglich 5.000 € (§ 105 Abs. 5 GNotKG), aber Mindestgebühr von 30 € bei Nr. 21201 Nr. 5 KV GNotKG; die Handelsregistergebühr 30,00 € nach Nr. 1504 HRegGebV.

b) **Anmeldung einer Firmenänderung durch Aufnahme einer Etablissements-(Geschäfts-)Bezeichnung**

64 Im Gegensatz zum alten Firmenrecht bestehen nunmehr beim Einzelkaufmann keine Hinderungsgründe, reine Geschäftsbezeichnungen als Firma zu verwenden, da auch die Firma des Einzelkaufmannes als Sach- oder Fantasiefirma gebildet werden kann. Entscheidend ist, dass die Eignung zur Kennzeichnung und die ausreichende Unterscheidungskraft gegeben sind (s.o. Rdn. 13 ff., 18 ff.).

Aufnahme einer Geschäftsbezeichnung

65 M Zum Handelsregister A ..... melde ich für die »Firma Matthias Grünewald e.K.« an: Die Firma ist geändert in: »Hotel zum Grünen Baum Grünewald e.K.«.

- *Kosten.* Wie zu Rdn. 63 M.

c) **Anmeldung der Aufnahme des Rechtsformzusatzes »eingetragener Kaufmann«**

66 Seit 01.04.2003 müssen bei der Firma eines Einzelkaufmanns der Rechtsformzusatz »eingetragener Kaufmann« (ausgeschrieben oder abgekürzt) in die Firma aufgenommen werden. Beschränkt sich die Änderung auf die Aufnahme dieses Zusatzes, kann die Änderung im Handelsregister vom Kaufmann in privatschriftlicher Form ohne beglaubigte Anmeldung und ohne elektronisches Einreichen angemeldet werden.

Anmeldung des Rechtsformzusatzes

**An das Amtsgericht – Handelsregister – Schwerin
Im Handelsregister A ..... bin ich als Inhaber der Firma »Jürgen Schulze« eingetragen.
Ich füge dieser Firma den Rechtsformzusatz des eingetragenen Kaufmannes zu. Die
Firma lautet künftig
»Jürgen Schulze e.K.«.
Schwerin, den .....   Schulze**

67 M

▪ *Kosten.* Wenn Beglaubigung der Unterschrift gewünscht wird: es handelt sich m.E. um eine Anmeldung ohne wirtschaftliche Bedeutung i.S.v. § 105 Abs. 5 GNotKG mit Geschäftswert 5.000 €, aber Mindestgebühr von 30 € bei Nr. 21201 Nr. 5 KV GNotKG; die Handelsregistergebühr: 30 € nach Nr. 1504 HRegGebV.

d) **Anmeldung der Verlegung der Niederlassung oder der Änderung der Geschäftsanschrift**

Wenn der nach § 29 HGB angemeldete Ort der Niederlassung wechselt, d.h. die kaufmännische Leitung in eine andere Ortschaft verlegt wird, wobei sich der Begriff »Ort« nicht immer mit der politischen Gemeinde deckt, ist die Änderung anzumelden (§ 31 Abs. 1 HGB). Ebenso ist auch jede Änderung der inländischen Geschäftsanschrift zur Eintragung in das Handelsregister im Verfahren nach § 12 HGB anzumelden.

68

Die Verlegung der Niederlassung ist – unter Angabe der neuen inländischen Geschäftsanschrift – auch dann beim bisherigen Gericht anzumelden, wenn sie nach einem Ort in einem anderen Registergerichtsbezirk erfolgt. Das Gericht der bisherigen übersendet dem Gericht der neuen Niederlassung die bei ihm eingereichte Anmeldung unter Beifügung der bisherigen Eintragungen und aller dazu aufbewahrten Urkunden. Das Gericht der neuen Niederlassung trägt die ihm mitgeteilten Eintragungen ein und zeigt dies dem bisherigen Registergericht an, das die Verlegung vermerkt und seine früheren Eintragungen löscht (§ 13h HGB und § 20 HRV).

Verlegung der Hauptniederlassung/Änderung der Geschäftsanschrift

**Ich habe die Hauptniederlassung meines Unternehmens nach Braunschweig verlegt
und betreibe dieses dort unter der bisherigen Firma weiter. Meine Geschäftsanschrift
lautet nunmehr dort: (PLZ) Braunschweig, Helmstedter Straße 3.**
oder:
**Die inländische Geschäftsanschrift hat sich am Ort der Niederlassung geändert. Sie
lautet nunmehr: Hauptstraße 5.
(Die Prokura der Frau Edda Hagenburg besteht fort.)**

69 M

▪ *Kosten.*
a) Des Notars: Nach h.M. spätere Anmeldung nach § 105 Abs. 4 Nr. 4 GNotKG, Wert 30.000 €. Gebühr nach Nr. 24102 i.V.m. 21201 (5) KV GNotKG von 0,5 (Tabelle B) = 62,50 €, sowie die Gebühren für das elektronische Einreichen (s. § 124 Rdn. 43). Es liegt nur *ein* Gegenstand vor, auch bzgl. der neuen Geschäftsanschrift (strittig). Das Bestehenbleiben der Prokura wird nicht neu angemeldet, da sie auch ohne Anmeldung in das Register der neuen Niederlassung übernommen werden muss, somit nur eine erläuternde Bemerkung darstellt. Hat sich nur die Anschrift am bisherigen Ort geändert, ist nach § 105 Abs. 5 GNotKG der Wert 5.000 €.

b) Des Handelsregisters:
   aa) wenn das bisherige Registergericht zuständig bleibt: keine Gebühr nach Teil 1 Abschn. 3 der Anlage zur HRegGebV, sondern nach Nr. 1500 als sonstige spätere Eintragung; Gebühr: 40 €; auch bei bloßer Änderung der Geschäftsanschrift.
   bb) wenn ein anderes Registergericht zuständig wird:
   – beim Neuen: nach Nr. 1300 der Anlage zur HRegGebV für Firmeneintragung; Gebühr: 60 €; keine Bekanntmachungskosten (Nr. 31004 KV GNotKG). Die bei Sitzverlegung erforderliche Eintragung der neuen Geschäftsanschrift löst keine zusätzliche Gerichtsgebühr aus, da Eintragung von Firma und Geschäftsanschrift eine Tatsache nach § 2 Abs. 3 Nr. 2 GNotKG ist; die der hier erforderlichen Prokura-Übernahme auch keine nach Nr. 4000.[84]
   – beim Bisherigen: keine gesonderte Gebühr mehr.[85]

4. Anmeldung des Erlöschens der Firma

70 Die Firma erlischt kraft Gesetzes bei endgültiger Einstellung des Gewerbebetriebes oder bei Veräußerung des Handelsgeschäfts ohne Firma, da eine Firma nie ohne das Handelsgeschäft, wohl aber ein Handelsgeschäft ohne die Firma veräußert werden kann. Die Firma erlischt aber nicht bei Tod des Inhabers, da der Erbe den Gewerbebetrieb unter der bisherigen Firma fortführen kann. Die Firma erlischt auch, wenn das Gewerbe in ein freiberufliches Unternehmen geändert wird oder auf einen nicht kaufmännischen Gewerbebetrieb herabsinkt, wobei aber auch der Kleingewerbetreibende mit eigener Firma im Handelsregister eingetragen bleiben kann (§ 2 HGB) und damit die Firma bis zur Löschung weiter bestehen bleibt (§ 5 HGB). Die Löschung im Register ist nicht Erfordernis des Erlöschens. Dieses ist aber zur Eintragung anzumelden. Wenn der Gewerbebetrieb nach Art und Umfang einen in kaufmännischer Weise eingerichteten Geschäftsbetrieb nicht erfordert, kann der Unternehmer die Löschung seiner Firma im Handelsregister beantragen (§§ 1 Abs. 2, 2 Satz 3 HGB). Die Firma erlischt dann mit der Löschung im Handelsregister. Mit ihr erlöschen automatisch auch die für sie erteilten Prokuren ohne besondere Anmeldung.

a) Einstellung des Gewerbebetriebes

Löschung wegen Einstellung des Gewerbebetriebes

71 M **Die Firma »August Schmuttermeier« ist erloschen.**
Der unter dieser Firma geführte Gewerbebetrieb (Klavierhandel) wurde aufgegeben.

■ *Kosten.*
a) Des Notars: Als spätere Anmeldung ohne bestimmten Geldwert mit Festbetragswert von 30.000 € (§ 105 Abs. 4 Nr. 4 GNotKG). Nach Nr. 24102 i.V.m. 21201 (5) KV GNotKG 0,5 Geb. Tabelle B (= 62,50 €); sowie die Gebühren für das elektronische Einreichen (s. § 124 Rdn. 43).
b) Des Registergerichts: nach § 58 Abs. 1 GNotKG i.V.m. Vorbem. (4) der Anlage zur HRegGebV besteht Gebührenfreiheit für die allgemeine Eintragung des Erlöschens der Firma, mit der alle bei ihr erfolgten Eintragungen mit gelöscht werden.

---
84 AG Duisburg MittRhNotK 1996, 195, OLG Frankfurt Rpfleger 1980, 34; a.A. BayObLG Rpfleger 1987, 1963 f.
85 *Korintenberg/Thamke*, GNotKG § 58 Anh.: HRegGebV Rn. 11. Vorbemerkung 1 Abs. 2, Vorbemerkung 2 Abs. 2 und in Vorbemerkung 3 Abs. 2 des KV zum GNotKG.

b) Wegen Veräußerung des Geschäfts ohne Firma

Nach § 23 HGB kann eine Firma nicht ohne das Handelsgeschäft, für welches sie geführt wird, veräußert werden. Sie kann nicht isoliert veräußert werden, auch wenn beim Veräußerer kein Handelsgeschäft mehr besteht.[86] Eine isolierte Firmenübertragung wäre wegen Verstoß gegen § 134 BGB nichtig. Es besteht jedoch keine sofortige Verpflichtung zur Löschung der Firma, wenn das Handelsgeschäft ohne diese veräußert wird. Der Kaufmann könnte unter der bisherigen Firma ein neues Geschäft beginnen, soweit dem Vereinbarungen mit dem Geschäftserwerber nicht entgegenstehen. Grund für den Erwerb des Handelsgeschäfts ohne Firma kann die Vermeidung der Haftung nach § 25 HGB sein (hierzu siehe § 126 Rdn. 1 ff.).

72

Löschung der Firma, weil Handelsgeschäft veräußert wurde

Die Firma »Otto Hahn e.Kfm.« ist erloschen.
Das Handelsgeschäft ist ohne die Firma veräußert worden.
Alternative:
Der bisherige Inhaber hat das von ihm betriebene Geschäft an ... (Name, Vorname Geburtsdatum, Wohnort des Erwerbers).. **veräußert. Dieser führt die bisherige Firma nicht fort. Er führt das Geschäft weiter unter der neuen Firma ....eK. Die bisherige Firma ist daher erloschen. Die Geschäftsanschrift lautet (unverändert?) ..., wo sich auch die Geschäftsräume befinden.**

73 M

■ *Kosten.* Wie zu Rdn. 71 M. Wird jedoch gemäß Alternative angemeldet, dass A sein Einzelunternehmen an B verkauft hat und B das Unternehmen unter neuer Firma fortführt und damit die bisherige Firma erloschen ist, dann eine Notargebühr für die Erstanmeldung des Einzelunternehmens nach § 105 Abs. 2 Nr. 1 GNotKG und für das Löschen der Firma nach § 105 Abs. 4 Nr. 4 GNotKG.[87]

c) Antrag auf Löschung der Firma des Unternehmens, das keinen kaufmännischen Umfang mehr hat

Löschung der Firma, weil das Geschäft keinen kaufmännischen Umfang mehr hat

Die Firma »Paul Irrgang, Fuhrbetrieb e.K.« ist erloschen.
Der Geschäftsbetrieb erfordert nach Art und Umfang keinen kaufmännischen Geschäftsbetrieb mehr.

74 M

■ *Kosten.* Wie zu Rdn. 71 M.

d) Antrag auf Löschung des Kleinunternehmens, das nie kaufmännischen Umfang hatte

Dem Kleingewerbetreibenden steht es nach dem Gesetz frei, ob er sich im Handelsregister eintragen lassen möchte (§ 2 HGB). Das Registergericht muss nicht das Vorliegen eines vollkaufmännischen Gewerbebetriebes prüfen. Eine derartige Firma kann auf jederzeitigen Antrag des Unternehmers wieder aus dem Handelsregister gelöscht werden (§ 2 Satz 3

75

---

86 Siehe auch § 126 Rdn. 1.
87 Notarkasse, Streifzug durch das GNotKG, 12.Aufl., Rn. 1878 f.; *Gustavus*, Handelsregisteranmeldungen, 9. Aufl., A Nr. 6.

HGB), sofern nicht zwischenzeitlich ein vollkaufmännisches Gewerbe i.S.v. § 1 Abs. 2 HGB vorliegt, was vom Handelsregister zu überprüfen ist.[88]

Löschung Minderkaufmann

76 M Im Handelsregister A ..... Nr. ..... ist die Firma »EuC Eleganz und Chic e.K.« eingetragen. Ich beantrage, diese Firma zu löschen. Meine Damenschneiderei, die ich ohne Angestellte betreibe, erforderte nach Art und Umfang niemals einen in kaufmännischer Weise eingerichteten Geschäftsbetrieb.

■ *Kosten.* Wie zu Rdn. 71 M.

IX. Handelsregistereintragung einer juristischen Person i.S.v. § 33 HGB

77   Eine juristische Person, die ein Handelsgewerbe im Sinne von § 1 HGB betreibt, welches nach kaufmännischen Grundsätzen geführt wird, wie etwa öffentlich-rechtliche Sparkassen, sowie auch verselbständigte Unternehmen der öffentlich-rechtlichen Gebietskörperschaften (Kommunalunternehmen), deren Eintragung in das Handelsregister mit Rücksicht auf den Gegenstand oder die Art und den Umfang ihres Gewerbetriebes zu erfolgen hat, sind gemäß § 33 HGB zur Eintragung in das Handelsregister anzumelden. Dabei müssen über den Wortlaut des § 33 HGB hinaus auch Unternehmen, die von öffentlich-rechtlichen Gebietskörperschaften außerhalb der allgemeinen Verwaltung, auch soweit diese ohne eigene Rechtspersönlichkeit betrieben werden, insbesondere organisatorisch verselbstständige Eigenbetriebe oder vollständig in die Gemeindeverwaltung integrierte rechtlich unselbständigen wirtschaftlichen Regiebetriebe der Gemeinden, soweit sie ein Handelsgewerbe im Sinne des § 1 Abs. 2 HGB betreiben, nach § 33 HGB in das Handelsregister einzutragen. Ausreichend dafür ist die Teilnahme am Wirtschaftsverkehr und die Einkünfteerzielung, auch wenn damit öffentlich-rechtliche Aufgaben erfüllt werden. Welche materiell-rechtlichen Anforderungen an die einzutragenden Rechtsverhältnisse, insbesondere die Vertretungsmacht, zu stellen sind, richtet sich, sofern die handelsrechtlichen Vorschriften hierzu keine Regelungen enthalten, nach den speziellen, für die jeweilige juristische Person geltenden Vorschriften, bei kommunale Gebietskörperschaften, die öffentlich-rechtliche wirtschaftlich tätige Unternehmen betreiben, nach dem kommunalen Wirtschaftsrecht.[89] Für die Vertretung ist vor allem die Betriebssatzung maßgeblich, die die Befugnisse auch über die laufenden Geschäfte hinaus erweitern kann. Die Anmeldung hat durch sämtliche Mitglieder des vertretungsberechtigten Vorstandes in der Form des § 12 HGB, also mit notariell beglaubigter Registeranmeldung, zu erfolgen.

78   Die **Anmeldung** muss gemäß § 33 Abs. 2 HGB enthalten:
– **Firma** im Sinne der satzungsmäßigen Bezeichnung, wobei die allgemeinen Firmengrundsätze des § 18 HGB zu beachten sind und somit aus der Firma die eigenständige juristische Person erkennbar sein muss; ob sie einen Rechtsformzusatz führen muss, ist umstritten; nach vordringender Ansicht solle angegeben werden »Kommunalunternehmen« oder »Regiebetrieb der Stadt Y«

---

[88] *Krafka/Willer*, Rn. 505, 577.
[89] OLG Frankfurt v. 10.12.2009 – 20 W 150/09, BeckRS 2010, 19146 m.w.N. Zur Eintragung von unselbständigen Regiebetrieben ausführlich *Klein*, MittBayNot 2016, 291.

- **Sitz**, als Ort der Hauptniederlassung, wobei bei Sparkassen ein Mehrfachsitz zugelassen wurde, die Eintragung jedoch nur bei der Hauptniederlassung erfolgt;[90]
- Anmeldung und Eintragung einer inländischen Geschäftsanschrift sind nicht vorgesehen;
- **Gegenstand des Unternehmens**, der wegen seiner Eintragung im Handelsregister klar formuliert sein muss, das Registergericht jedoch beim Eintragungstext von der Satzungsformulierung abweichen kann;
- **sämtliche Mitglieder des vertretungsberechtigten Vorstandes** (Familienname, Vorname, Geburtsdatum und Wohnort);[91]
- die **Vertretungsbefugnis der Vorstandmitglieder** in allgemeiner Form sowie evtl. davon bestehenden Abweichungen für einzelne Vorstandsmitglieder; aber kein Verhinderungsvertreter eintragbar; jedoch soll die gesetzliche Beschränkung auf die laufenden Geschäfte mit angemeldet werden;[92]
- **Sonderbestimmung** der Satzung über die Zeitdauer des Unternehmens;
- evtl. erteilte **Prokuren**.

Der Handelsregisteranmeldung sind gemäß § 33 Abs. 2 HGB in Urschrift oder beglaubigter Abschrift beizufügen:
- **Satzung**, wobei die von der öffentlichen Behörde ausgestellte gesiegelte Urkunde genügt;[93]
- die Urkunde über die Bestellung des Vorstandes (Schriftform genügt);
- evtl. Nachweis der Rechtsfähigkeit der juristischen Person.

Anmeldungsmuster juristischen Person i.S.v. § 33 HGB:

Zur Eintragung in das Handelsregister wird angemeldet:
Die Stadt ..... hat unter Umwandlung der bisher von ihr als Eigenbetrieb verwalteten Stadtwerke das Kommunalunternehmen mit der Firmenbezeichnung
»Stadtwerke ... Kommunalunternehmen«
mit dem Sitz in .....
errichtet.
Gegenstand des Kommunalunternehmens ist die Wasserversorgung und Abwasserentsorgung im Gebiet der Stadt ....., der Betrieb des Hallenbades und von Parkierungseinrichtungen, alle mit der Erzeugung, dem Bezug, der Lieferung und der Verteilung von Energie zusammenhängenden Tätigkeiten und Dienstleistungen .....

---

90 BayObLG FGPrax 2000, 209; OLG Frankfurt v. 29.12.2000 – 20 W 460/2000, FGPrax 2001, 86: wenn das für ihre Organisation maßgebliche öffentliche Recht die Bildung von Mehrfachsitzen gestattet. Ist die kaufmännische Leitung und tatsächliche Verwaltung im Falle zulässig begründeter und gleichberechtigter Mehrfachsitze auf diese verteilt, so hat eine Anmeldung und Eintragung bei sämtlichen Sitzgerichten zu erfolgen.
91 Vorstand ist das zur Vertretung der juristischen Person berechtigte Organ, dem die organschaftliche Vertretungsmacht in den laufenden Geschäften zu kommt, also i.d.R. der oder die Betriebsleiter, dem oder denen die organschaftliche Vertretung des Eigenbetriebes für die laufenden Geschäfte obliegt, nicht der für die sonstigen Geschäfte zuständige 1. Bürgermeister. = OLG Frankfurt v. 10.12.2009 – 20 W 150/09, BeckRS 2010, 19146; hierzu DNotI-Rep. 2016, 176. Gleiches dürfte auch bei einem eigenbetriebsähnlich geführten, also weitgehend verselbstständigten Regiebetrieb gelten. Ist der Regiebetrieb jedoch streng organisatorisch in die Gemeindeverwaltung eingegliedert, ist der 1. Bürgermeister als Vertretungsorgan einzutragen (im Einzelnen *Klein*, MittBayNot 2016, 291).
92 In Spalte 5 des Handelsregisters gemäß § 40 Nr. 5 Abs. 4 HRV kann vermerkt werden, dass die Vertretungsbefugnis der Betriebsleitung sich auf die laufenden Geschäfte des Eigenbetriebes beschränkt und es im Übrigen bei der Vertretung der Gemeinde nach der allgemeinen Regelung der Gemeindeordnung verbleibt. Die in der Eigenbetriebssatzung vorgesehene Regelung der Vertretung des alleinigen Betriebsleiters im Falle seiner tatsächlichen oder rechtlichen Verhinderung kann jedoch nicht in das Handelsregister aufgenommen werden. = OLG Frankfurt v. 10.12.2009 – 20 W 150/09, BeckRS 2010, 19146.
93 BayObLG DNotZ 1976, 120.

Der Vorstand besteht aus zwei Personen.
Nach der allgemeinen Vertretungsregelung vertritt jedes Vorstandmitglied das Kommunalunternehmen allein.
Vorstand sind:
Herr/Frau ....., geb. am ....., wohnhaft .....
Herr/Frau ....., geb. am ....., wohnhaft .....
Das Vorstandsmitglied ..... vertritt nur zusammen mit einem weiteren Vorstandsmitglied oder einem Prokuristen. Er/Sie ist nur auf die Dauer von fünf Jahre ab ..... bestellt; eine erneute Bestellung ist zulässig.
Einzelprokura wurde erteilt an Herrn/Frau ....., geb. am ....., wohnhaft .....
Der Anmeldung sind als Anlage in signierter Form beigefügt:
– Satzung des Kommunalunternehmens, welche in gesiegelter Form vorliegt
– Urkunde über die Bestellung des Vorstands (in gesiegelter Form)
– Stadtratbeschluss über die Errichtung des Kommunalunternehmens in öffentlich gesiegelter auszugsweiser Protokollniederschrift

■ *Kosten.*
a) Des Notars: Für die Erstanmeldung beträgt der Geschäftswert unabhängig vom Wert des Betriebsvermögens fest 60.000 € (§ 105 Abs. 3 Nr. 3 GNotKG). Nach Nr. 24102 i.V.m. 21201 KV GNotKG von 0,5 (Tabelle B) = 96 €, wenn der Notar den Entwurf gefertigt hat, sowie die Gebühren für das Erstellen der XML-Datei; Nr. 22114 KV GNotKG aus Gesamtwert der Anmeldung (s. § 124 Rdn. 43).
b) Des Handelsregisters: nach § 58 Abs. 1 GNotKG i.V.m. Teil 1 der Anlage zur HRegGebV nach Nr. 1101; Gebühr: 100 €; keine Bekanntmachungskosten (Nr. 31004 KV GNotKG).

81 Änderung, Auflösung der juristischen Person: Nach § 34 Abs. 1 Satz 1 HGB ist jede Änderung der Firma und des Sitzes, des Gegenstandes und der Mitglieder des Vorstandes und ihrer Vertretungsmacht sowie der Satzung einer juristischen Person im Sinne des § 33 Abs. 1 HGB durch die Vorstandsmitglieder in vertretungsberechtigter Zahl zur Eintragung in das Handelsregister anzumelden; bei einer Änderung des Vorstands nur durch die neu eintretenden Mitglieder, die Auflösung auch durch den bisherigen Vorstand in vertretungsberechtigter Zahl, die aber die Liquidatoren und deren Vertretungsverhältnis mit anzumelden haben. Der entsprechende Beschluss ist der Anmeldung beizufügen. Bei Satzungsänderung sind der Beschluss und der geänderte Satzungswort mit vorzulegen.

§ 126 Fortführung der eingetragenen Firma durch Sonderrechtsnachfolger und Erben

I. Firmenübergang auf Sonderrechtsnachfolger und Haftungsausschluss

Gemäß § 23 HGB kann eine Firma nur mit dem Handelsgeschäft, für welches sie geführt wird, veräußert werden. Dabei genügt es, wenn mit der Firma im großen und ganzen diejenigen Werte übertragen werden, die nach wirtschaftlichen Gesichtspunkten den Schluss rechtfertigen, dass die mit dem Kennzeichen verbundene Geschäftstradition vom Erwerber fortgesetzt wird, solange es nicht zu einer Aufspaltung oder Vervielfältigung der Firmenbezeichnung kommt.[1] Eine isolierte Firmenübertragung wäre wegen Verstoß gegen § 134 BGB nichtig.[2] Wird durch einen Erwerbsvorgang unter Lebenden ein kaufmännisches Handelsgeschäft übernommen und unter der bisherigen Firma mit oder ohne Nachfolgezusatz fortgeführt, ordnet § 25 HGB die neben die Haftung des Veräußerers tretende Haftung des Erwerbers für die bei Erwerb bestehenden Verbindlichkeiten des Betriebes an. Erwerb ist dabei jede Art von Übertragung oder Überlassung, selbst auch die Verpachtung, wie auch die Einbringung in eine Gesellschaft. Da Haftungsgrund die Kontinuität des Unternehmens nach außen ist,[3] die sich in der Fortführung des Handelsgeschäfts und der Firma manifestiert, setzt die Haftung des Unternehmensnachfolgers nach § 25 Abs. 1 HGB zweierlei voraus, nämlich die *Unternehmens*– und die *Firmenfortführung*. Die Anwendung des § 25 HGB bereitet in der Rechtspraxis jedoch immer wieder erhebliche Schwierigkeiten, da der BGH seinen Anwendungsbereich weit über den reinen Gesetzeswortlaut hinaus erstreckt hat und letztlich zu einer Haftungskontinuität im Fall der Unternehmensnachfolge erweitert.[4]

Die *Unternehmensfortführung* ist nach der maßgeblichen Sicht der beteiligten Verkehrskreise zu beurteilen und gegeben, wenn zwar ein Wechsel des Unternehmensträger unter Lebenden erfolgt, der neue Inhaber das Unternehmen aber in seinem wesentlichen Bestand und damit mit seinem den Schwerpunkt des Unternehmens bildenden wesentlichen Kern fortführt, also der Tätigkeitsbereich, die innere Organisation und die Räumlichkeiten

---

1 BGH v. 22.11.1990 – I ZR 14/89, MittBayNot 1991, 89 = NJW 1991, 1353. Bei Liquidation oder Insolvenz sind im Interesse einer wirtschaftlich sinnvollen Verwertung der vorhandenen Vermögenswerte des aufzulösenden Unternehmens keine zu strengen Maßstäbe bei der Beurteilung des Erfordernisses des Betriebsübergangs anzulegen, sodass nur geringere Anforderungen an den Umfang, in dem Teile des aufzulösenden Betriebs zusammen mit der Kennzeichnung übertragen werden müssen, zu stellen sind. Als zulässig wurde von der Rechtsprechung anerkannt, dass aufgrund einer rein schuldrechtlich und nur zwischen den Parteien wirksamen Erlaubnis gewährt werden kann, dass die veräußernde Gesellschaft den Namen vorübergehend in eindeutig begrenztem Umfang weiter nutzen darf. Zur Zulässigkeit von Firmenlizenzen: *Köhler*, DStR 1996, 510.
2 Ausnahme: nur der sog. Mantelkauf (Kauf der Anteile einer GmbH ohne Geschäftsbetrieb) zum Zwecke (auch) des Firmenerwerbs ist keinen Verstoß gegen § 23 HGB; BGH v. 22.11.1990 – I ZR 14/89, MittBayNot 1991, 89.
3 BGH v. 05.07.2012 – III ZR 116/11, NZG 2012, 916 = ZNotP 2012, 430; zu den verschiedenen Ansichten zum Normzweck DNotI-Report 2011, 165.
4 So hat der BGH angezweifelt, dass § 25 HGB auf die PartG nicht anwendbar sei, nur weil diese Vorschrift in § 2 Abs. 2 PartGG nicht aufgeführt ist (BGH, NJW 2010, 3720). Daher hat OLG München, Beschl. v. 08.04.2015 – 31 Wx 120/15, NJW 2015, 2353, die Eintragung des Haftungsausschlusses bei Übernahme der Geschäfte einer Rechtsanwalts-GmbH durch eine Partnerschaftsgesellschaft zugelassen, auch wenn die PartG kein Handelsgewerbe betreiben kann.

ebenso wie Kunden- und Lieferantenbeziehungen jedenfalls im Kern beibehalten und/oder Teile des Personals übernommen werden. Unschädlich dabei ist, wenn einzelne Vermögensbestandteile oder Betätigungsfelder von der Übernahme ausgenommen sind, solange nur der den Schwerpunkt des Unternehmens bildende wesentliche Kern desselben zumindest sukzessive übernommen wird.[5] Wird nur ein Unternehmensteil fortgeführt, spielt neben vorstehenden Kriterien auch der (Ertrags-)Wert des fortgeführten Unternehmensteiles für die Beurteilung der Unternehmenskontinuität eine wichtige Rolle.[6] Entscheidend ist die bloße Tatsache der Geschäftsfortführung; es kommt nicht darauf an, dass ein (wirksamer) rechtsgeschäftlicher Erwerb vorliegt;[7] auch eine Verpachtung oder Überlassung i.R. eines Nießbrauches genügt. Die Haftung des § 25 HGB gilt auch, wenn das übernommene Unternehmen bisher keinen zur Befriedigung seiner Gläubiger ausreichenden Wert verkörpert, selbst wenn die Eröffnung des Insolvenzverfahrens mangels Masse abgelehnt wurde.[8] Lediglich beim Erwerb eines Unternehmens aus der Hand des Insolvenzverwalters ist die Anwendbarkeit von § 25 Abs. 1 HGB aus rein insolvenzrechtlichen Gründen ausgeschlossen.[9]

3   Die für die Haftungserstreckung weiter erforderliche *Firmenfortführung* erfordert nicht, dass eine im Wesentlichen unveränderte, wort- und buchstabengetreue Firmenfortführung vorliegen muss. Sie ist nach der maßgebenden Sicht des betroffenen Verkehrs schon dann anzunehmen, wenn dieser die übernommene Firma noch mit der alten identifiziert. Erforderlich ist, dass der prägende Teil der vom bisherigen Inhaber tatsächlich geführten Firmierung vom Erwerber weitergeführt wird, wobei es darauf ankommt, dass dieser Kern eine derart prägende Kraft besitzt, dass der Verkehr sie mit dem Unternehmen gleichsetzt und in dem Verhalten des Erwerbers eine Fortführung der bisherigen Firma sieht.[10] Die Verwendung anderer Initialen oder die Beifügung eines Nachfolgezusatzes steht der Anwendung der Vorschrift nicht entgegen. Dies ist etwa gegeben, wenn die Firma nach der Verkehrsanschauung mit der alten Firma trotz der vorgenommenen Änderungen noch identisch erscheint. Es soll weder auf ihre rechtsgeschäftliche Übertragung noch auf die Einwilligung des früheren Inhabers zur Fortführung ankommen sowie auch nicht, welche Erklärung der Unternehmer gegenüber dem Registergericht hinsichtlich der Firma abgegeben hat und ob diese dort bisher eingetragen war[11] oder ob diese firmenrechtlich zulässig war, sondern welche Bezeichnung er für sein Auftreten am Markt gewählt und firmenmäßig i.S. einer handelsrechtlichen Firmierung geführt hat.[12] Die Firmenfortführung i.S.d. § 25

---

5   BGH v. 05.07.2012 – III ZR 116/11, NZG 2012, 916: Unternehmenskontinuitäten können sich ergeben aus der Identität bzw. große Ähnlichkeit des Betätigungsfelds, der Firma, des Firmenlogos, des Geschäftssitzes, der Telefon- und Telefax-Nr. und der E-Mail-Adresse sowie der Selbstdarstellung in Schreiben und im Internet; OLG Düsseldorf, Urt. v. 28.10.2008 – 18 U 36/08, NZG 2009, 314 = DStR 2009, 546.
6   BGH v. 07.12.2009 – II ZR 229/08, NZG 2010, 112.
7   OLG Stuttgart v. 23.03.2010 – 8 W 139/10, RNotZ 2010, 417.
8   BGH v. 28.11.2005 – II ZR 355/03, NJW 2006, 1001 = DNotI-Report 2006, 42; 1992, 911. Damit begünstigt die Regelung des § 25 HGB die Altgläubiger, die ihre wertlosen Forderungen jetzt auch gegen den leistungsfähigen »Sanierer« durchsetzen können.
9   BGH v. 11.04.1988, NJW 1988, 1912; BAG NJW 2007, 942; LAG Hamm v. 06.04.2016 – 2 Sa 1395/15. Weil sonst die gleichmäßige Befriedigung aller Gläubiger gefährdet würde. Hierzu auch DNotI-Report 2011, 165, insb. zur Ausnahme gemäß OLG Stuttgart v. 23.03.2010 (8 W 139/10, RNotZ 2010, 417, BWNotZ 2010, 184), wenn nur einzelne bewegliche Gegenstände vom Insolvenzverwalter erworben werden.
10 BGH v. 05.07.2012 – III ZR 116/11, NZG 2012, 916; BGH NJW 2006, 1001; NJW-RR 2004, 1173; v. 16.09.2009 – VIII ZR 321/08 m. Anm. *Wachter*, MittBayNot 2010, 216, 218. Z.B. Änderung des Nachnamens und/oder des verwendeten Vornamens bei Personenfirma, nicht jedoch das bloße Weglassen des Vornamens; hierzu OLG Hamm, Urt. v. 18.09.2017 – I-2 U 29/17 = NJW-Spezial 2017, 720.
11 BGH NJW 1982, 577; OLG Zweibrücken v. 11.11.2013 – 3 W 84/13, NotBZ 2014,239: entscheidend nur, dass der Veräußerer Kaufmann i.S.d. § 1 Abs. 1 HGB ist.
12 BGH v. 01.12.1986 – II ZR 303/85.

Abs. 1 HGB sei bereits dann gegeben, wenn eine Bezeichnung so geführt wird, dass der Verkehr daraus entnehmen muss, es handle sich um die offizielle Firmierung; nicht jedoch bei bloßer Geschäfts- oder Etablissementbezeichnung.[13] Da für den BGH die aus der Sicht des Rechtskreises zu beurteilende Unternehmenskontinuität die Grundlage für die Haftungskontinuität darstellt, hat die Fortführung der Firma dafür lediglich nur noch eine starke Indizwirkung. Der Unternehmenserwerber, der die Haftungskontinuität vermeiden will, muss entweder eine eindeutig andere Firma wählen, die die maßgeblichen Verkehrskreise nicht mehr mit der alten identifizieren, oder auf die Eintragung des Haftungsausschlusses nach § 25 Abs. 2 HGB zurück greifen.

1. Geschäftsveräußerung mit Firmenfortführung und Haftungsausschluss

Bei jeder Anmeldung einer Geschäftsveräußerung mit Fortführung der Firma, selbst wenn nur in Teilen oder bei Ähnlichkeit der neuen Firmierung, ist zu klären, ob in der zwischen den Beteiligten getroffenen Vereinbarung die Übernahme der Verbindlichkeiten des bisherigen Inhabers seitens des Erwerbers vereinbart wurde. Ist dies nicht erfolgt, muss, um die trotzdem gegebene gesetzliche Haftung des Erwerbers nach § 25 Abs. 1 HGB für die Altverbindlichkeiten auszuschließen, der *Haftungsausschluss zum Handelsregister* unverzüglich nach Geschäftsübernahme *angemeldet* und dort in angemessenem Zeitabstand eingetragen und bekannt gemacht oder den einzelnen Gläubigern mitgeteilt werden (§ 25 Abs. 2 HGB). Dieser Haftungsausschluss kann nur dann Außenwirkung haben, wenn die Bekanntmachung unverzüglich nach dem tatsächlichen Wechsel des Unternehmensträgers vorgenommen wird; auf den Zeitpunkt der Eintragung der Firmenübernahme kommt es dabei nicht an.[14] Die Anmeldung muss daher möglichst gleichzeitig mit der Fortführung des Geschäfts, jedenfalls unverzüglich danach geschehen. Das Risiko einer verzögerten Eintragung und Bekanntmachung trifft den neuen Unternehmensträger und ggf. auch den Notar. Ist offensichtlich, dass wegen der langen Zeit zwischen dem Wechsel des Unternehmensträgers und der Eintragung und Bekanntmachung ein nach außen wirkender Haftungsausschluss nicht mehr herbeigeführt werden kann, muss die Eintragung versagt werden.[15] Die Eintragung des Haftungsausschlusses nach § 25 Abs. 2 HGB setzt jedoch nicht voraus, dass die Haftungsvoraussetzungen des § 25 Abs. 1 HGB eindeutig und ohne jeden Zweifel gegeben sind; die ernsthafte Möglichkeit, dass die Voraussetzungen des § 25 Abs. 1 HGB gegeben sein könnten, genügt als Eintragungsvoraussetzung.[16] Die Prüfungskompetenz des Registergerichts ist hier sehr eingeschränkt. Beruht die verspätete Eintragung auf einem Verschulden des Registergerichts, kommt eine Staatshaftung nach § 839 BGB, Art. 34 GG in Betracht.[17]

Zur Eintragbarkeit des Haftungsausschlusses wird von den meisten Gerichten noch in wortgetreuer Anwendung des § 25 Abs. 2 HGB das Vorliegen einer *Vereinbarung zwischen*

---

13 BGH v. 17.12.2013 – II ZR 140/13, NZG 2014, 459; BFH v. 20.05.2014 – VII R 46/13, BFHE 246, 114; BStBl II 2015, 107 = MittBayNot 2015, 58: Eine Geschäfts- oder Etablissementbezeichnung, kennzeichnet lediglich das Geschäftslokal oder den Betrieb allgemein, nicht aber den Geschäftsinhaber. Da Werbeschriften, Anzeigen oder Schilder in der Außenwerbung nicht im Rechtsverkehr verwendet werden führen solche werbenden Hinweise wegen fehlendem Hinweis auf den jeweiligen Inhaber nicht dazu, dass aus der Etablissementbezeichnung eine Firma wird.
14 OLG Zweibrücken v. 16.05.2013 – 3 W 30/13, NZG 2013, 1235.
15 OLG Düsseldorf NJW-RR 2003, 1120; OLG Schleswig v. 29.03.2010 – 2 W 30/10, FGPrax 2010, 253.
16 OLG Zweibrücken v. 11.11.2013 – 3 W 84/13, NotBZ 2014, 239; OLG Düsseldorf, Beschl. v. 15.09.2015 – 3 Wx 138/15, NJW-RR 2016, 106, Beschl. v. 09.05.2011 – 3 Wx 84/11, RNotZ 2011, 434; OLG Stuttgart NZG 2010, 628; OLG Thüringen NotBZ 2007, 298; OLG Frankfurt NJW-RR 2005, 1349.
17 *K. Schmidt*, Handelsrecht, 5. Aufl., § 8 II 3a) S. 253.

Veräußerer und Erwerber über den Haftungsausschluss und dessen Vorlegen zum Handelsregister verlangt, wenn die Anmeldung nicht von beiden Seiten der Unternehmensübertragung erfolgt.[18] Liege keine solche Vereinbarung vor, könne der Haftungsausschluss nicht im Handelsregister eingetragen werden und bleibe es bei der Haftung nach § 25 Abs. 1 HGB.[19] Für den Sonderfall mittelbarer Unternehmensübernahme will die wohl herrschende Lehre auch eine einseitige Erklärung gegenüber dem Registergericht zulassen.[20] Dies muss für alle Fälle gelten, bei denen keine vertraglichen Beziehungen bzgl. der Übernahme der Geschäftstätigkeit bestehen.[21] Alles andere stünde im Widerspruch zur Begründung für die weit auffassende Auslegung des § 25 Abs. 1 HGB, dass dessen Folgen schließlich durch die Eintragung des Haftungsausschlusses vermieden werden könnten.[22]

6   Die von der älteren Rechtsprechung vorgegebene *Eintragungsfrist* von 6 bis 10 Wochen wird heute gemeinhin als zu kurz angesehen. Die aktuelle Rechtsprechung lässt die Eintragung eines Haftungsausschlusses auch noch nach 5 Monaten seit Übergang des Unternehmensträgers bei unverzüglicher Anmeldung genügen;[23] wogegen ein Zeitraum von 7 bzw. 8 Monaten als zulange angesehen wird.[24] Auf die Notwendigkeit der sofortigen Einreichung der Anmeldung und ihrer Eintragung und Bekanntmachung soll der Notar deshalb hinweisen. Jede, wenn auch schuldlose Verzögerung, verhindert den Haftungsausschluss.[25] Ist die Bekanntmachung nicht unverzüglich zu erreichen, so soll der Notar zur unmittelbaren *Mitteilung* an die *Gläubiger* (§ 25 Abs. 2 Halbs. 2 HGB) raten.

2. Handelsregisteranmeldung

7   Die Anmeldung eines Haftungsausschlusses kann zum Registerblatt des neuen Unternehmensträgers durch diesen allein erfolgen.[26] Es bedarf entgegen früherer Ansicht nicht auch einer Anmeldung seitens des veräußernden Rechtsträgers. Wird ein Einzel- oder Personenunternehmen von einer Kapitalgesellschaft fortgeführt, ist bei der Neueintragung der Kapitalgesellschaft der Haftungsausschluss einzutragen und dabei nur vom Vertretungsorgan der Kapitalgesellschaft zum Handelsregister anzumelden. Dem Registergericht kommt keine Prüfungskompetenz darüber zu, ob eine die Haftung ausschließende Vereinbarung zwischen Veräußerer und Erwerber überhaupt vorliegt, weswegen auch keine Unterlagen über den Haftungsausschluss einzureichen sind.[27]

---

18 OLG München v. 23.06.2010 – 31 Wx 105/10, NJW-RR 2010, 1559, aber keine notarielle Form nötig.
19 Röhricht/v. Westphalen/*Ammon/Ries*, § 25 Rn. 39; nach *K. Schmidt*, Handelsrecht, S. 233 ff. ist § 25 Abs. 2 HGB rechtspolitisch verfehlt und gehöre gestrichen, weil sein Regelungsinhalt nicht in das Erklärungsmodell des § 25 HGB von *K. Schmidt* passt. Entscheidend ist m.E., dass nach Vertragsrecht nur ein Schuldbeitritt oder -übernahme zu einer Haftungsvereinbarung führt, deren Fehlen damit bereits eine Vereinbarung i.S.d. § 25 Abs. 2 HGB ist; hierzu Staub/*Burgard*, § 25 HGB Rn. 125.
20 *Wilhelm*, NJW 1986, 1797; MüKo-HGB/*Lieb*, § 25 HGB Rn. 114 Fn. 207 und Rn. 48 m.w.N. in Fn. 104; Staub/*Burgard*, § 25 HGB Rn. 54 m.w.N. in Fn. 117 sowie Rn. 125 f. Als ein solcher Sonderfall wird z.B. der Doppelpächterfall des BGH v. 16.01.1884 – II ZR 114/83, NJW 1984, 1186 angesehen, bei dem zwischen Altpächter und Neupächter keinerlei vertragliche Regelungen bestanden haben, der BGH dennoch wegen der Firmenfortführung § 25 Abs. 1 HGB für anwendbar erklärt hat.
21 *K. Schmidt*, Handelsrecht, § 8 II 3a) S. 253.
22 Für auch andere s. Staub/*Burgard*, § 25 HGB Rn. 72.
23 OLG Düsseldorf NJW-RR 2003, 1120. Rechtsprechungs-Überblick bei OLG Schleswig v. 29.03.2010 – 2 W 30/10, FGPrax 2010, 253, dort auch zur Fristberechnung; führt bei Neueintragung einer GmbH diese eine nicht eingetragene Einzelfirma fort, ist maßgeblich die Frist zwischen Eintragung der GmbH und des Haftungsausschlusses.
24 OLG München DNotZ 2007, 706 = MittBayNot 2007, 333; OLG Hamm NJW-RR 1994, 1119.
25 RGZ 131, 12; OLG Hamburg DNotZ 1955, 211.
26 OLG München v. 30.04.2008 – 31 Wx 41/08, MittBayNot 2008, 401; OLG Schleswig v. 29.03.2010 – 2 W 30/10, FGPrax 2010, 253.
27 Staub/*Burgard*, § 25 HGB Rn. 130; *Wachter*, MittBayNot 2010, 218.

Die Eintragung hat beim die Firma fortführenden Rechtsträger zu erfolgen, selbst wenn der übertragende Rechtsträger (unter neuer Firma) fortbesteht.

3. Teilweiser Haftungsausschluss

Die Haftung kann auch *teilweise ausgeschlossen* werden. Das kann z.B. durch ein zu den Registerakten eingereichtes Verzeichnis der betroffenen Verbindlichkeiten oder durch Beschränkung auf einen bestimmten Prozentsatz geschehen, nicht jedoch durch die allgemeine Begrenzung auf eine bestimmte Höchstsumme, da jeder Gläubiger aus der Bekanntmachung oder Mitteilung entnehmen können muss, wieweit ihm gegenüber die Haftung ausgeschlossen ist.[28] – Die Vermutung des *Übergangs* der im Betriebe begründeten *Forderungen* auf den Erwerber (§ 25 Abs. 1 Satz 2 HGB) braucht nicht mit dem Haftungsausschluss wegbedungen zu werden, sondern kann bestehen bleiben.

4. Eintritt eines Teilhabers

Wie bei der Geschäftsübernahme kann auch die bei *Eintritt eines Teilhabers* grundsätzlich eintretende Haftung der entstehenden Gesellschaft – unabhängig von der Weiterführung der bisherigen Firma – für »Altschulden« des bisherigen Inhabers (§ 28 Abs. 1 HGB) durch Eintragung in das Handelsregister und Bekanntmachung ausgeschlossen werden (§ 28 Abs. 2 HGB).[29] Auch hier setzt der Haftungsausschluss unverzügliche Anmeldung und alsbaldige Eintragung und Bekanntmachung voraus.

5. Ausschluss des Forderungsübergangs

Die nach § 25 Abs. 1 Satz 2 HGB zugunsten des Schuldners bestehende Regelung, dass die im Betrieb begründeten Forderungen auf den Erwerber übergegangen sind, falls der bisherige Inhaber oder sein Erbe in die Fortführung der Firma eingewilligt haben, wird nicht lediglich nur als Vermutung des Überganges verstanden, sondern als Fall des gesetzlichen Forderungsüberganges oder zumindest als eine unwiderlegbare Vermutung. Der Unternehmensveräußerer könne seine Forderung gegenüber seinem Schuldner nur noch durchsetzen, wenn der Ausschluss des Forderungsüberganges rechtzeitig entsprechend den Voraussetzungen des § 25 Abs. 2 HGB im Handelsregister eingetragen und bekannt gemacht wurde.[30]

6. Muster

a) Anmeldung der Firmenübertragung mit Bestehenbleiben der Prokura und Haftungsausschluss

1. Herr/Frau ….. geb. am ….., wohnhaft ….., hat den Geschäftsbetrieb seines/ihres unter der Firma ….. im Handelsregister eingetragenen Unternehmens mit dem Recht zur Fortführung der Firma an Herr/Frau ….., geb. am ….., wohnhaft ….. veräußert, der/die diesen unter der (bisherigen/geänderten) Firma »….. e.K.« weiterführt.
2. Die Haftung für die im Betrieb des Geschäfts begründeten Verbindlichkeiten des bisherigen Inhabers und der Übergang der im Betrieb begründeten Forderungen sind ausgeschlossen worden.

---

28 RGZ 152, 75.
29 Anders bei Eintritt in eine bestehende OHG: Hier ist die Haftung für bisherige Gesellschaftsschulden zwingend, § 130 Abs. 2 HGB.
30 BGH v. 20.01.1992 – II ZR 115/91, NJW-RR 1992, 866; hiergegen mit beachtenswerten Gründen: MüKo-HGB/*Lieb*, § 25 HGB Rn. 103 ff.

3. Die Prokura von ….. geb. am ….., wohnhaft ….., ist bestehen geblieben. Geschäftsanschrift und Geschäftszweige bleiben unverändert.
[Anmeldepflichtige bei Einzelkaufmann: Veräußerer und Erwerber. Die Prokura ist unternehmerbezogen und erlischt mit der Veräußerung, sodass sie vom Erwerber neu erteilt werden muss (s. § 128 Rdn. 6).]

■ Kosten.
a) Des Notars: Es handelt sich um eine erste Anmeldung und Eintragung, weil eine neue Rechtspersönlichkeit verlautbar wird (Geschäftswert: fest 30.000 €) § 105 Abs. 3 Nr. 1 GNotKG. Der Haftungsausschluss ist eine selbstständige Eintragungstatsache. Das Abmelden des bisherigen Inhabers ist m.E. gegenstandsgleich, weil zwingende Folge der Firmenübertragung (strittig).[31] Da die Prokura bei Veräußerung des Geschäfts durch den Einzelkaufmann erlischt, ist die Anmeldung des Bestehenbleibens ein selbstständiger Vorgang als spätere Anmeldung gem. § 105 Abs. 4 Nr. 4 GNotKG, Wert je Prokura 30.000 €. Die Werte sind als gegenstandsverschiedene Anmeldung gem. § 35 GNotKG zu addieren. Wird die Firma nicht übernommen, sondern eine neue angemeldet, ist die neue Firma Teil der Anmeldung des neuen Inhaber, das Erlöschen der bisherigen Firma jedoch ein selbstständiger Gegenstand mit Wert 30.000 €, jedoch nach § 105 Abs. 4 Nr. 4 GNotKG.[32] Gebühr aus Gesamtwert nach Nr. 24102 i.V.m. 21201 (5) KV GNotKG von 0,5 Geb. (Tabelle B); sowie die Gebühren für das Erstellen der XML-Datei; Nr. 22114 KV GNotKG aus Gesamtwert der Anmeldung (s. § 124 Rdn. 43 ff.).
b) Des Registergerichts: Für die Eintragung des neuen Inhabers als Ersteintragung eine Gebühr nach Nr. 1100 HRegGebV = 70 €. Das Streichung des bisherigen Inhabers kann bei Firmenfortführung nur mit der Eintragung des neuen Inhabers erfolgen und ist mit ihr zusammen somit eine einzige gebührenpflichtige Rechtstatsache;[33] außerdem werden nach § 2 Abs. 1 HRegGebV neben der Ersteintragung keine weiteren Eintragungsgebühren erhoben, sodass damit auch die Eintragung des Haftungsausschlusses abgegolten ist; nach a.A.[34] 40 € für Ausscheiden des bisherigen Inhabers nach Nr. 1500 unter Berufung auf § 2 Abs. 2 Satz 2 HRegGebV. Beim »Fortbestand« der Prokura handelt es sich um eine spätere Eintragung, weil mehrere, dieselbe Prokura betreffende Änderungen (Erlöschen beim bisherigen und Erteilung durch den neuen Inhaber) gleichzeitig zur Eintragung angemeldet sind; 1 Gebühr nach Nr. 4000 = 40 €.[35]

---

31 A.A. *Gustavus*, Handelsregisteranmeldungen, Muster A 5.
32 Korintenberg/*Tiedtke*, 19. Aufl., § 105 GNotKG Rn. 45; Fleischhauer/Preuß/*Kallrath*, Handelsregisterrecht, 3. Aufl., C 14.
33 So auch: Fleischhauer/Preuß/*Kallrath*, Handelsregisterrecht, 3. Aufl., C 14. Denn mit OLG Karlsruhe, Beschl. v. 03.04.2013 – 11 Wx 52/12, NZG 2013, 624, wie auch BGH v. 18.10.2016 – II ZB 18/15, ist von nur einer Tatsache im gebührenrechtlichen Sinne auszugehen, wenn mehrere Registertatsachen dergestalt eine Einheit bilden, dass sie nur gemeinsam eingetragen werden können; ablehnend: Korintenberg/*Thamke* § 58 Anh. § 2 HRegGebVO Rn. 19.
34 *Gustavus*, Handelsregisteranmeldungen, Muster A 5; Korintenberg/*Lappe*, 18. Aufl., § 79 KostO Rn. 36 wonach stets ein Wechsel im Unternehmen stattfindet und der bisherige Rechtsträger erlischt, sodass zwei getrennte Eintragungstatsachen vorliegen, wobei die Streichung eine sonstige weitere Eintragung ist, für die aber dann nicht einmal gem. § 2 Abs. 4 HRegGebV i.V.m. Nr. 1506 die ermäßigte Gebühr von 30 €, sondern Nr. 1500 = 40 € gilt. Streichung ist aber m.E. Löschen der Firma, was gemäß Vorbem. 1 Ziffer (4) zu Teil 1 des Gebührenverzeichnisses der HRegGebV gebührenfrei ist.
35 Korintenberg/*Thamke*, § 58 Anh. GNotKG, Nr. 4000 Rn. 15; *Gustavus*, Handelsregisteranmeldungen, 9. Aufl., A 5. Nach § 2 Abs. 1 HRegGebV nicht von Ersteintragung erfasst.

b) Bei teilweisem Haftungsausschluss (§ 25 Abs. 2)

Anmeldung des teilweisem Haftungsausschluss (§ 25 Abs. 2 HGB)

..... Die Übernahme aller im Betriebe des Geschäfts begründeten Verbindlichkeiten wird zur Hälfte (oder: gegenüber den namentlich angeführten Gläubigern .....) ausgeschlossen.   12 M

c) Eintritt eines Teilhabers in Einzelunternehmen

Beim *Einbringen* des Geschäfts eines Einzelkaufmanns in eine von ihm und dem Eintretenden gebildete Gesellschaft haftet die Gesellschaft selbst dann für die im Geschäft begründeten Verbindlichkeiten, wenn die bisherige Firma nicht fortgeführt wird (§ 28 Abs. 1 HGB). Eine abweichende Vereinbarung muss eingetragen und bekannt gemacht werden (Abs. 2):   13

Haftungsausschluss bei Eintritt eines Teilhabers in Einzelunternehmen

..... Die Gesellschaft haftet nicht für die im Geschäft entstandenen Verbindlichkeiten des bisherigen Inhabers.   14 M

d) Firmenfortführung durch eine Kapitalgesellschaft

Im Unternehmensgegenstand der GmbH/AG wird in der Regel die Firmenfortführung bezeichnet werden. Bei der Neueintragung der Kapitalgesellschaft ist der Haftungsausschluss einzutragen und dabei nur vom Vertretungsorgan der Kapitalgesellschaft zum Handelsregister anzumelden.[36] Bringt ein Einzelkaufmann sein Geschäft mit der Firma in eine GmbH ein und ist die Anmeldung und Eintragung der GmbH unter der bisherigen Firma im Handelsregister erfolgt, so hat das Registergericht die Löschung der Firma in Abt. A des Handelsregisters von Amts wegen vorzunehmen und kann von den Beteiligten die Anmeldung der Löschung nicht verlangen.[37]   15

Haftungsausschluss bei Firmenfortführung durch Kapitalgesellschaft

Die GmbH führt die Firma des im Handelsregister des Amtsgerichts ..... unter HRA ..... eingetragenen Einzelkaufmannes ..... lautend »..... e.K.« (*unverändert*) **mit den (*neuen*) Wortlaut »..... GmbH« fort. Die Haftung der GmbH für die im Betrieb dieses Einzelkaufmannes begründeten Verbindlichkeiten (sowie der Übergang der in dem Betrieb begründeten Forderungen) auf die GmbH wurden ausgeschlossen.**   16 M

- ■ *Kosten.*
  a) Des Notars: Der Haftungsausschluss wird als eine selbstständige Erklärung der Handelsregisteranmeldung angesehen.
  b) Des Registergerichts: Nach § 2 Abs. 1 HRegGebV werden neben der Ersteintragung keine weiteren Eintragungsgebühren erhoben, sodass damit auch die Eintragung des Haftungsausschlusses abgegolten ist.

---

36 OLG München DNotZ 2007, 706 = MittBayNot 2007, 333.
37 KG v. 27.12.1912, KGJ 44, 149.

M. Wachter

§ 126 Fortführung der eingetragenen Firma durch Sonderrechtsnachfolger und Erben

e) Anmeldung eines Firmenübergangs auf einen Pächter mit Haftungsausschluss

17 Die Öffentlichkeit ist nicht daran interessiert, wer Eigentümer des Handelsgeschäfts ist, sondern daran, wer es *betreibt*, also der Inhaber ist. § 22 Abs. 2 HGB stellt die Verpachtung eines Handelsgeschäftes der Veräußerung insoweit gleich, dass der Pächter die bisherige Firma mit oder ohne Beifügung eines das Nachfolgeverhältnis andeutenden Zusatzes fortführen kann. Als Nachfolgezusatz ist möglich »Nachfolger X« oder »Inhaber X« oder »Pächter X«. Die Übertragung der Firma ist jedoch immer nur zusammen mit dem Handelsgeschäft möglich (§ 23 HGB). Wählt der Pächter eine eigene Firmierung, bleibt damit die bisherige Firma für den Verpächter nicht verwendbar, bis nach Pachtende das Handelsgeschäft wieder an ihn zurückfällt. Auch den das Handelsgeschäft unter der bisherigen Firma fortführenden Pächter trifft die Haftung nach § 25 Abs. 1 HGB, die nur durch fristgerechte Eintragung und Bekanntmachung nach § 25 Abs. 2 HGB ausgeschlossen werden kann. Da eine erteilte Prokura unternehmerbezogen ist, bedarf deren Fortbestehen der gesonderten Handelsregistereintragung. Gleiches gilt auch bei Begründung eines Nießbrauchsrechtes an einem Unternehmen.

Anmeldung eines Firmenübergangs auf einen Pächter

18 M Das von ….., geb. am ….., wohnhaft in ….. betriebene Handelsgeschäft ist von ….., geb. am ….., wohnhaft in ….., mit dem Recht auf Fortführung der Firma mit oder ohne Nachfolgezusatz, aber unter Ausschluss der Übernahme der Verbindlichkeiten und Forderungen des bisherigen Inhabers gepachtet worden. Der Pächter betreibt es mit dem Nachfolgezusatz unter der bisherigen Firma
»….. Nachfolger e.K.«
Die Prokura von ….., geb. am ….., wohnhaft in ….., ist erloschen/bleibt weiter bestehen.
Die Geschäftsanschrift lautet: (PLZ, Ort, Straße); dort befinden sich auch die Geschäftsräume.
[Anmeldepflichtige: beide Beteiligte, nicht der Prokurist.]

- **Kosten.**
  a) Des Notars: Wert für den Inhaberwechsel als Ersteintragung des Pächters nach § 105 Abs. 3 Nr. 1 GNotKG: 30.000 €[38] die Anmeldung des Haftungsausschlusses wird als selbstständige Erklärung angesehen, jedoch nach eine Teilwert gemäß § 36 Abs. 2, 3 GNotKG; Das Erlöschen der Prokura im Rahmen der Anmeldung als spätere Anmeldung gem. § 105 Abs. 4 Nr. 4 GNotKG, Wert 30.000 €. Beim »Fortbestehen« der Prokura ist sie beim bisherigen Inhaber erloschen und vom neuen Inhaber neu erteilt; damit liegen zwei gegenstandsverschiedene Anmeldungen vor. Aus dem Gesamtwert nach § 35 GNotKG von 120.000 € eine 0,5 Gebühr gem. Nr. 24102 iVm 21201 (5) KV GNotKG (Tabelle B); sowie die Gebühren für das elektronische Einreichen (s. § 124 Rdn. 43).
  b) Des Handelsregisters: wie bei Muster Rdn. 11 M nur für die Eintragung des neuen Inhabers als Ersteintragung eine Gebühr nach Nr. 1100 HRegGebV = 70 €; m.E. keine Gebühr für das Streichen des bisherigen Inhabers.[39] Beim »Fortbestand« der Prokura handelt es

---

[38] Die Abmeldung des bisherigen Inhabers betrifft denselben Gegenstand nach § 109 Abs. 1 GNotKG. So auch Bayer. Notarkasse, Streifzug durch das GNotKG, 11. Aufl., Rn. 1880 f.; nur bei Änderung der bisherige Firma eine weitere Anmeldetatsache (§ 111 Nr. 3 GNotKG). Anders *Gustavus*, Handelsregisteranmeldungen, 9. Aufl., A 7 iVm. A 5.
[39] Nach Korintenberg/*Lappe*, 18. Aufl., § 79 KostO Rn. 32 liegen zwei verschiedene Unternehmen vor und damit getrennte Eintragungen. Ähnlich auch *Gustavus*, Handelsregisteranmeldungen, 9. Aufl., A 7 iVm. A 5. M.E. aber gleicher Eintragungsvorgang; vgl. OLG Karlsruhe, Beschl. v. 03.04.2013 – 11 Wx 52/12, NZG

sich eine spätere Eintragung, weil mehrere, dieselbe Prokura betreffende Änderungen (Erlöschen beim bisherigen und Erteilung durch den neuen Inhaber) gleichzeitig zur Eintragung angemeldet sind; 1 Gebühr nach Nr. 4000 = 40 €.[40]

f) **Anmeldung der Rückübertragung einer Firma auf den Verpächter mit Haftungsausschluss**

Bei *Beendigung* des Pacht- oder Nießbrauchsverhältnisses ist aufgrund erneuter Anmeldung der Pächter (oder Nießbraucher) zu löschen und der frühere Inhaber wieder einzutragen. Der Verpächter setzt dann die vom Pächter benutzte Firma fort und haftet für dessen Betriebsverbindlichkeiten, wenn er sie nicht ausschließt;[41] das Gleiche gilt für einen neuen Pächter.[42] Das Weglassen des vom Pächter angefügten Nachfolgezusatzes durch den Verpächter hebt die Fortführung der Firma nicht auf.

19

Anmeldung der Rückübertragung auf den Verpächter

**Der pachtweise Inhaber der Firma »..... e.K.«, Herr ....., ist am ..... verstorben und von ....., geb. am ....., wohnhaft in ....., nach deren gemeinschaftlichen notariellen Testament allein beerbt worden. Zum Nachweis der Erbfolge wird in elektronisch beglaubigter Abschrift dem Handelsregister mit vorgelegt: gemeinschaftliches notarielles Testament vom ..... nebst der Eröffnungsverhandlung des Nachlassgerichts ..... vom .....
Das Pachtverhältnis ist beendet. Das Geschäft wurde auf den Verpächter, Herrn ....., geb. am ....., wohnhaft in ....., zurückübertragen. Dieser setzt das Geschäft mit der bisherigen Firma unter Weglassen eines Nachfolgezusatzes fort.
Der Übergang der vom früheren Pächter und seiner Erbin im Betrieb begründeten Verbindlichkeiten und Forderungen auf den Verpächter ist ausgeschlossen worden.
Die Geschäftsanschrift hat sich geändert und lautet nunmehr .....(PLZ, Ort, Straße)....., dort befinden sich auch die Geschäftsräume.**
[Anmeldepflichtige: beide Beteiligte. Auch die Erbfolge muss angemeldet und eingetragen werden, weil das Handelsregister eine geschlossene Folge der Rechtsträger wiedergeben muss um die Haftungsverhältnisse gegenüber Dritten darzustellen.[43]]

20 M

■ *Kosten.*
a) Des Notars: Die Anmeldung des Überganges des Geschäftes auf die Erbin und der Übertragung auf den Eigentümer (der Haftungsausschluss ist unselbstständiger Bestandteil der Übertragung) sind gegenstandsverschiedene jeweils erste Anmeldungen[44] gem. § 105 Abs. 3 Nr. 1 GNotKG, Wert 30.000 €; auch die Anmeldung des Haftungsausschlusses wird als selbständige Erklärung angesehen, jedoch nur mit einem Teilwert gemäß § 36 Abs. 2, 3 GNotKG. Die Anmeldung der Adressänderung ist ein weiterer Anmeldegegenstand entspr. § 105 Abs. 5 GNotKG, Wert 5.000 €. Nach dem Gesamtwert von 90.000 € nach § 35 GNotKG eine 0,5 Gebühr nach Nr. 24102 iVm 21201 (5) KV GNotKG

2013, 624: Von nur einer Tatsache im gebührenrechtlichen Sinne ist auszugehen, wenn mehrere Registertatsachen dergestalt eine Einheit bilden, dass sie nur gemeinsam eingetragen werden können.
40 Korintenberg/*Thamke*, § 58 Anh. GNotKG Nr. 4000 Rn. 15.
41 RGZ 149, 25.
42 BGH DNotZ 1984, 580, auch wenn keine Übernahme der Firma und des Unternehmens vom bisherigen Pächter, sondern vom Verpächter und damit keine rechtsgeschäftliche Übertragung vom Erstpächter auf den Zweitpächter erfolgt.
43 Krafka/Willer, Rn. 562.
44 Korintenberg/*Tiedtke*, § 105 GNotKG, Rn. 49; anders *Gustavus*, Handelsregister-Anmeldungen, A 8: auch für das Austragen der Erbin i.S. Löschen der Firma des Pächters eine weitere Anmeldetatsache.

(Tabelle B); sowie die Gebühren für das Erstellen der XML-Datei; Nr. 22114 KV GNotKG aus Gesamtwert der Anmeldung.[45]

b) Des Registergerichts: zwei einzutragende Tatsachen (Erbin + Verpächter) als Ersteintragungen nach Nr. 1100 = 70 € nach a.A. zusätzlich 40 € nach Nr. 1500 für Löschung des Pächter (s. Rdn. 11 M).[46] Für die Eintragung der Adressänderung 30 € nach Nr. 1504.[47]

II. Fortführung durch Erben

1. Fortführung durch einen Erben

21 Der Erbe eines Einzelunternehmers kann die bisherige Firma mit oder ohne Nachfolgezusatz fortführen. Er hat dies unter Nachweis der Erbfolge zur Eintragung in das Handelsregister anzumelden und zwar hinsichtlich jedes Zwischenerwerbs.[48] Aufgrund des elektronischen Übermittlungsverfahrens kann die Ausfertigung des Erbscheines nicht mehr in Papierform dem Register vorgelegt werden. Ausreichend soll nunmehr sein, dass zeitnah zur anschließenden Übermittlung an das Handelsregister von der vorliegenden Ausfertigung des Erbscheines bzw. der Eröffnungsniederschrift nebst Erbverfügung[49] ein beglaubigtes elektronisches Dokument erstellt und dem Registergericht übermittelt wird.[50]

22 Der Übergang vom Vorerben auf den Nacherben ist von allen Vor- und Nacherben anzumelden. Da das Handelsregister wegen der bei Firmenfortführung eingetretenen Haftung nach § 25 HGB die Inhaber lückenlos aufführen muss, muss bei hintereinander stattfindenden Rechtsübergängen jeder Inhaberwechsel im Handelsregister eingetragen werden.

23 Wenn der (volljährige) Erbe oder sein gesetzlicher Vertreter oder der Testamentsvollstrecker in seinem Namen das Unternehmen unter der bisherigen Firma mit oder ohne Nachfolgezusatz fortführt, haftet er nach dem Grundsatz des § 25 Abs. 1 HGB für die früheren Geschäftsverbindlichkeiten des Erblassers unbeschränkt (§ 27 HGB). Diese *handelsrechtliche* Haftung trifft ihn selbst dann, wenn er nach Erbrecht die *Beschränkbarkeit* seiner Haftung auf den Nachlass nicht verloren hatte. Er kann aber auch seine Haftung für frühere Geschäftsschulden auf die erbrechtliche Haftung einschränken

a) durch Weiterführung unter vollständig neuer Firma (§ 25 Abs. 1 HGB) innerhalb der Bedenkzeit nach § 27 Abs. 2 HGB;[51]

b) durch Einstellung des Geschäftsbetriebs[52] innerhalb der Bedenkzeit nach § 27 Abs. 2 HGB;

---

45 Siehe § 124 Rdn. 43
46 *Gustavus*, Handelsregisteranmeldungen, 9. Aufl., A 8. Dagegen wohl OLG Karlsruhe, Beschl. v. 03.04.2013 – 11 Wx 52/12, NZG 2013, 624: Von nur einer Tatsache im gebührenrechtlichen Sinne ist auszugehen, wenn mehrere Registertatsachen dergestalt eine Einheit bilden, dass sie nur gemeinsam eingetragen werden können (so auch BGH v. 18.10.2016 – II ZB 18/15).
47 Der Gesetzgeber des neuen § 105 Abs. 4 GNotKG sieht jegliche Anschriftenänderung als Anmeldung ohne wirtschaftliche Bedeutung an, was nach der Gesetzesbegründung auch für die Handelsregistergebührenverordnung gelten soll (BT-Drucks. 17/11471 S. 282).
48 KG DNotZ 2001, 408 = DNotI-Rep. 2000, 178; überhaupt zum Nachweis der Erbfolge: DNotI-Rep. 2006, 109.
49 Dies ist ausreichend, sofern die Verfügung von Todes wegen keine unlösbaren Auslegungsschwierigkeiten bereitet (OLG Stuttgart v. 17.05.2011 – 8 W 169/11, ZEV 2012, 338; OLG Bremen, v. 15.04.2014 – 2 W 22/14, NJW-RR 2014, 816 = MittBayNot 2014, 462).
50 BT-Drucks. 16/960, S. 45; *Weikart*, NotBZ 2007, 83.
51 Baumbach/*Hopt*, § 27 HGB Rn. 3.
52 Bloße Veräußerung, Verpachtung oder Einbringung in ein anderes Unternehmen genügt dazu nicht, ebenso nicht Fortführung durch einen Testamentsvollstrecker im Namen der Erben; keine Fortführung aber bei Treuhand-Testamentsvollstreckung.

c) entsprechend § 25 Abs. 2 HGB durch Eintragung der unverzüglich nach dem Erbfall abgegebenen Erklärung des/der Erben in das Handelsregister und deren unverzüglicher Bekanntmachung.[53]

Ist der Erbe minderjährig, gilt § 1629a BGB mit der grundsätzlichen Beschränkungsmöglichkeit der Haftung des volljährig Gewordenen auf sein bei Eintritt der Volljährigkeit vorhandenes Vermögen.[54] Die Minderjährigkeit eines Kaufmanns ist deshalb eine für die Geschäftspartner wichtige Tatsache; sie ergibt sich aus dem Handelsregister, weil das Geburtsdatum nach dem Handelsrechtsreformgesetz in das Register einzutragen ist (vgl. §§ 24, 40, 43 HGB).

Firmenübergang auf den Erben mit Ausschluss der handelsrechtlichen Haftung

Zur Eintragung in das Handelsregister wird angemeldet:
Ich, ….., geb. am ….., wohnhaft in ….., bin nach dem in Ausfertigung vorliegenden, dem Handelsregister in elektronisch beglaubigter Abschrift eingereichten Erbschein des Amtsgerichts ….. vom ….., AZ ….., alleinige Erbin des am ….. verstorbenen ….. Ich führe das Geschäft unter der bisherigen Firma fort.
Ich übernehme aber nicht die im Betriebe des Geschäfts vom Erblasser eingegangenen Verbindlichkeiten. Ich behalte mir vielmehr die Beschränkung der Haftung auf den Nachlass vor.
Die im Handelsregister eingetragene Geschäftsanschrift ist unverändert/hat sich geändert und lautet nunmehr: (PLZ, Ort, Straße, Haus-Nr.); dort befinden sich auch die Geschäftsräume.

■ *Kosten.*
a) Des Notars: als erste Anmeldung der Eintragung der neuen Inhaberin nach § 105 Abs. 3 Nr. 1 GNotKG, Wert 30.000 €,[55] auch die Anmeldung des Haftungsausschlusses wird als selbstständige Erklärung angesehen, jedoch nur mit einen Teilwert gemäß § 36 Abs. 2, 3 GNotKG. Die Anmeldung der Adressänderung ist ein weiterer Anmeldegegenstand, worauf § 105 Abs. 5 GNotKG, Wert 5.000 € Anwendung finden soll.[56] Aus dem Gesamtwert 0,5 Gebühr nach Nr. 24102 iVm 21201 (5) KV GNotKG (Tabelle B); sowie die Gebühren für das elektronische Einreichen (s. § 124 Rdn. 43).
b) Des Registergerichts: Gebühr nach Nr. 1100 HRegGebV = 70 €. Für den Haftungsausschluss fällt nach § 2 Abs. 1 HRegGebV i.R.d. Ersteintragung keine eigene Gebühr an, m.E. auch nicht für die Streichung des Vorinhabers aufgrund der Firmenfortführung, da diese nur gemeinsam mit der Neueintragung erfolgen kann.[57] Für die Eintragung einer Adressänderung sowie einer Firmenänderung je 30 € nach Nr. 1503.

---

53 h.M., KG DNotZ 1940, 487; *Nolte*, FS Nipperdey, 1965 I, S. 667; Baumbach/*Hopt*, § 27 HGB Rn. 8.
54 Eine Ausnahme gilt für Verbindlichkeiten aus einem mit Genehmigung von Eltern und Familiengericht nach § 112 BGB selbstständig betriebenen Erwerbsgeschäft. Jedoch wird es, nach Ansicht *K. Schmidt*, JuS 2004, 361, nach dem Erbfall die Pflicht der gesetzlichen Vertreter sein, das Unternehmen binnen der Frist von drei Monaten (§ 27 Abs. 2 HGB) und Genehmigung des Familiengerichts z.B. auf eine GmbH zu überführen.
55 Umfasst auch das Austragen des bisherigen Inhabers, so auch Fleischhauer/Preuß/*Kallrath*, Handelsregisterrecht, 3. Aufl., C 21. aA. *Gustavus*, Handelsregisteranmeldungen, 9. Aufl., A 8: i.S. Löschen dessen Firma als eine eigene Anmeldetatsache.
56 Korintenberg/*Tiedtke*, GNotKG-Komm. 20. Aufl., § 105 Rn. 79 i.V.m. 84.
57 Aber str., s.a. Rdn. 11 M, denn es findet nach a.A. von *Gustavus*, Handelsregisteranmeldungen, 9. Aufl., A 10 ein Wechsel im Unternehmen statt und der bisherige Rechtsträger erlischt, sodass zwei getrennte Eintragungstatsachen vorliegen; Gebühr für die Streichung als sonstige weitere Eintragung, für die aber dann nicht einmal gem. § 2 Abs. 4 HRegGebV nur die ermäßigte Gebühr von 30 €, sondern nach Nr. 1500 ein Betrag von 40 €. So auch Fleischhauer/Preuß/*Kallrath*, Handelsregisterrecht, 3. Aufl., C 21. Dagegen wohl OLG Karlsruhe, Beschl. v. 03.04.2013 – 11 Wx 52/12, NZG 2013, 624: Von nur einer

2. Fortführung durch eine Erbengemeinschaft

26 **a)** Wird ein Einzelkaufmann von mehreren Erben beerbt, geht das Handelsgeschäft auf die Miterben als Rechtsträger in gesamthänderischer Verbundenheit über, denn die Erbengemeinschaft ist nach bisheriger Rechtsansicht nicht selbst rechtsfähig. Die Miterben können es gemeinschaftlich in ungeteilter Erbengemeinschaft als werbendes Unternehmen zeitlich unbeschränkt fortführen ohne sich zu einer Handelsgesellschaft zusammenschließen zu müssen.[58] Die *Fortführung* ist Verwaltungshandlung und kann als solche von der *Erbenmehrheit beschlossen* werden (§ 2038 i.V.m. § 745 BGB). Die Erbengemeinschaft wird einkommensteuerlich als Mitunternehmerschaft angesehen, auch wenn sie das Unternehmen frühzeitig nach dem Erbfall abwickelt oder auf einen Miterben oder Dritten übertragen wird. Der Gewinnverteilungsschlüssel richtet sich nach den Erbquoten.[59] Wird das Handelsgeschäft einverständlich fortgeführt, *haften* die Miterben für die vom Erblasser begründeten Verbindlichkeiten nach §§ 25, 27 HGB ohne die Möglichkeit der erbrechtlichen Beschränkung der Haftung auf den Nachlass; ob diese durch eine Bekanntmachung nach § 25 Abs. 2 HGB herbeigeführt werden kann, ist umstritten.[60] Die Miterben können ihre handelsrechtliche Haftung sicher ausschließen, wenn sie innerhalb der Bedenkzeit des § 27 Abs. 2 HGB (3 Monate ab Kenntnis des Erbfalles) die Fortführung des Unternehmens beenden durch dessen endgültige Stilllegen;[61] veräußern oder verpachten genügt nicht (strittig). Der einzelne Miterbe kann nur durch sein rechtzeitiges Ausscheiden aus der Erbengemeinschaft vor Beginn der Fortführung diese Haftung ausschließen.[62] Dies steht der Fortführung in Erbengemeinschaft nicht entgegen, wenn noch zwei Erben verbleiben. Denkbar ist auch die Überführung des Unternehmens durch Teilbauseinandersetzung mit Einzelrechtsübertragung in eine OHG (siehe § 134 Rdn. 12 ff.) unter Eintragung des Haftungsausschlusses im Handelsregister, was jedoch ebenfalls sehr zeitnah nach dem Erbfall erfolgen muss (strittig ob Frist des § 27 Abs. 2 HGB ausgenutzt werden kann).

Die Geschäftsführung steht in der Regel allen gemeinsam zu, wobei gem. § 2038 BGB zu den üblichen im Rahmen des Unternehmensgegenstandes erforderlichen Geschäften eine Mitwirkungspflicht besteht. Für Verfügungen wird gem. § 2040 BGB Einstimmigkeit verlangt. Bei Fortsetzung der Firma in ungeteilter Erbengemeinschaft kann ein einzelner Erbe von der Vertretung auch nicht ausgeschlossen werden. Daher ist eine klare Vertretungsregelung mit Vollmachtserteilung an die zur Vertretung vorgesehenen Miterben erforderlich. Zu beachten dabei ist, dass eine vor dem Erbfall einem Miterben erteilte Prokura mit dem Erbfall erlischt und eine neue *Prokura* einem Miterben nicht erteilt werden kann,[63] wohl aber einem Dritten.

27 In das *Handelsregister* sind die Miterben in gesamthänderischer Verbundenheit und als solche (»in Miterbengemeinschaft«) einzutragen. Das ererbte Geschäft kann unter der alten Firma (jedoch ohne bisherigen Inhaberzusatz) mit oder ohne Nachfolgezusatz fortgeführt werden, wobei ein Rechtsformzusatz analog § 19 Abs. 1 HGB notwendig ist. Sie kann auch

---

Tatsache im gebührenrechtlichen Sinne ist auszugehen, wenn mehrere Registertatsachen dergestalt eine Einheit bilden, dass sie nur gemeinsam eingetragen werden können.

58 BGH NJW 1985, 136; st.Rspr.; ebenso *M. Wolf*, AcP 181, 480; a.A. *Fischer*, ZHR 1980, 1.
59 BMF-Schreiben v. 14.03.2006, BStBl. I 2006, 253 Tz. 3.
60 Siehe *Hopt*, § 27 HGB Rn. 8 m.w.N., weil teilweise § 27 Abs. 2 HGB als lex specialis angesehen wird.
61 Zur Betriebsaufgabe siehe § 16 Abs. 3b EStG. Sie kann mit dreimonatiger Frist rückwirkend erklärt werden gemäß Anwendungsschreiben v. 22.11.2016, BStBl. I. 2016, 1326, auch noch durch die Erben, sodass der Aufgabegewinn dann noch dem Erblasser zugerechnet werden kann.
62 KG DNotZ 1939, 272; *Hopt*, § 25 HGB Rn. 5.
63 BGHZ 30, 391 = NJW 1959, 2116; a.A. MüKo-BGB/*Heldrich*, § 2032 BGB Rn. 47; *K. Schmidt*, NJW 1985, 2785, 2789 ist für eine analog Anwendung der §§ 125, 126 HGB sodass jeder Miterbe zur Vertretung der Erbengemeinschaft berechtigt sein soll. Fehlt es an einer Vollmachtserteilung, so soll es nach BGH, WM 1962, 1218 darauf ankommen, ob die Miterben »gewusst und geduldet« haben, dass der Handelnde das Geschäft für die Erbengemeinschaft weiterführt.

eine neue Firma mit vollem Namen aller Erben und Angabe der Rechtsform (»in ungeteilter Erbengemeinschaft«) annehmen. *Veränderungen* im Bestand der fortführenden Erbengemeinschaft sind nach § 31 HGB zum Handelsregister anzumelden.

28 Mehrere Erben in ungeteilter Erbengemeinschaft bilden auch bei längerer Dauer der Fortführung und selbst bei Änderung der ererbten Firma *nicht* ohne Weiteres eine *Offene Handelsgesellschaft*, auch wenn der BGH bei lang andauernder Fortführung für das Innenverhältnis statt dem Recht der Erbengemeinschaft das OHG-Innenrecht anwenden will.[64] Es müsste dazu vielmehr zwischen ihnen allen ein Gesellschaftsvertrag geschlossen werden, der auch formlos und konkludent möglich ist; zudem müssen die Unternehmensgüter auf die Personengesellschaft als gesondertes Gesamthandsvermögen rechtsgeschäftlich übertragen werden.[65] Die Erbengemeinschaft ist kein umwandlungsfähiger Rechtsträger i.S.v. § 124 UmwG, sodass die Umwandlung durch Ausgliederung nach UmwG auf einen anderen Rechtsträger nicht möglich ist, sondern der Einzelrechtsübertragung oder der Übertragung aller Erbanteile im Rahmen einer Sachgründung bedarf.[66] – Wenn bei der Erbauseinandersetzung das Handelsunternehmen einem der Miterben zugeteilt wird, gilt § 25 HGB unmittelbar.

29 Zur Fortführung des Handelsgeschäfts in ungeteilter Erbengemeinschaft bedürfen die gesetzlichen Vertreter minderjähriger Miterben nicht der Genehmigung des Familiengerichts. Die *Minderjährigen* werden aus den von ihrem gesetzlichen Vertreter unter der Firma des fortgeführten Unternehmens eingegangenen Verbindlichkeiten mitverpflichtet.[67] Für sie gilt jedoch die Haftungsbeschränkung des § 1629a BGB. Hat der volljährig gewordene Miterbe nicht binnen 3 Monaten nach Eintritt der Volljährigkeit die Auseinandersetzung des Nachlasses verlangt oder die Kündigung der Gesellschaft erklärt, kommt er in den Genuss der Haftungsbeschränkung auf den Bestand seines bei Eintritt in die Volljährigkeit vorhandenen Vermögens (§ 1629a Abs. 1 Satz 1 BGB) nur, wenn er sich darauf berufen kann, dass die Forderungen unstreitig oder erwiesenermaßen vor Eintritt der Volljährigkeit begründet worden ist und kann er nur solche Vermögensteile aus der Haftung herausnehmen, bzgl. denen unstreitig oder nachweislich ist, dass diese erst nach dem Eintritt der Volljährigkeit erworben worden sind (= Entkräftigung der doppelten Vermutungswirkung des § 1629a Abs. 4 BGB).[68] Auch durch Überführung in eine Kommanditgesellschaft mit dem Minderjährigen als Kommanditisten kann die Haftung beschränkt werden; jedoch ist dazu die familiengerichtliche Genehmigung erforderlich.

30 **b)** Alle Erben der Erbengemeinschaft haben unter Nachweis der Erbfolge die Änderung des Firmeninhabers anzumelden; eine Vollmacht des Erblassers über den Tod hinaus genügt dafür nicht.[69] Zum elektronischen Verfahren bzgl. der Erbnachweise s.o. Rdn. 21.

Anmeldung des Firmenübergangs auf Miterben

31 Wenn zu der Erbengemeinschaft Minderjährige gehören bedarf es zur Anmeldung keiner familiengerichtlichen Genehmigung.[70]

---

64 BGHZ 17, 302 = NJW 1955, 1227; kritisch dazu *Hüffer*, ZGR 1986, 625 f.
65 BGHZ 92, 259.
66 *Chr. Ann*, S. 350. *Limmer*, in: Handbuch der Unternehmensumwandlung, 4. Aufl., Teil 3 Rn. 608.
67 BGH v. 08.10.1984 – II ZR 223/83, BGHZ 92, 259 = MittBayNot 1984, 267 = NJW 1985, 136 m. Anm. *K. Schmidt*; hierzu *K. Schmidt*, JuS 2004, 361.
68 Siehe hierzu *K. Schmidt*, JuS 2004, 361; *Reimann*, MittBayNot 1998, 326.
69 OLG München v. 20.06.2018 – WX 169/17.
70 BGH v. 08.10.1984 – II ZR 223/83, BGHZ 92, 259 = NJW 1985, 136.

§ 126 Fortführung der eingetragenen Firma durch Sonderrechtsnachfolger und Erben

Anmeldung des Firmenübergangs auf Miterben

32 M Zur Eintragung in das Handelsregister A ..... melden wir für die Firma »..... e. Kfm.« unter Überreichung einer elektronisch beglaubigten Abschrift des notariellen Testaments des Erblassers vom ..... mit Ausfertigung der Eröffnungsverhandlung des Amtsgerichts Hamm an:
Wir, A ....., geb. am ....., wohnhaft ....., E ....., geb. am ....., wohnhaft ....., und G ....., geb. am ....., wohnhaft ....., sind die Erben des am ..... verstorbenen Inhabers des Handelsunternehmens ..... geworden und führen das Geschäft mit unveränderter Firma, jedoch unter Änderung des Rechtsformzusatzes, in »in Erbengemeinschaft« weiter.
Die Prokura von ....., geb. am ....., wohnhaft ....., ist bestehen geblieben.
Die Geschäftsanschrift ist wie bisher: (PLZ, Ort, Straße), wo sich auch die Geschäftsräume befinden.

■ *Kosten*. Wie Rdn. 25 M; die Erbengemeinschaft gilt kostenrechtlich als Einzelkaufmann. Daher kann m.E. nicht für jede Person der Erben eine gesonderte Gebühr bei den Notarkosten entstehen. Beim Handelsregister gilt jedoch nach § 2 Abs. 2 HRegGebV die Eintragung jeder Person als eigene Tatsache. Das Abmelden des bisherigen Inhabers ist bei der Registeranmeldung gegenstandsgleich; bei der Handelsregisteranmeldung wird das Löschen des bisherigen Inhabers in Teilen der Literatur als gesonderte spätere Anmeldung angesehen. Da die Prokura nicht erloschen ist (§ 52 Abs. 3 HGB), handelt es sich nur um eine erläuternde Bemerkung, die nicht zu einer Eintragung führt und nicht berechnet wird.

33 c) *Erbschaftsteuerlich* hat die Auflösung der Erbengemeinschaft durch Auseinandersetzung keine unmittelbaren Rechtsfolgen, es sei denn, es liegt eine Schenkung vor, weil einzelne Miterben mehr erhalten als ihrem Erbteil entspricht.[71]

34 Die sich *ertragsteuerrechtlich* auf der Grundlage des BFH-Beschlusses[72] ergebende Rechtslage ist im BMF-Schreiben vom 14.03.2006[73] detailliert dargestellt. Gehört ein gewerbliches, freiberufliches oder land- und forstwirtschaftliches Vermögen zum Nachlass, werden nach der BFH-Rechtsprechung sämtliche Miterben Mitunternehmer des verstorbenen Unternehmens. Die Erbengemeinschaft ist steuerlich eine Mitunternehmerschaft (Tz. 3); ihre Auseinandersetzung ist eine Realteilung einer Mitunternehmerschaft. Die Mitunternehmerschaft entsteht nach Auffassung der Finanzverwaltung nur dann nicht, wenn innerhalb von 6 Monaten nach dem Erbfall durch eine klare und rechtlich bindende Vereinbarung die Auseinandersetzung hinsichtlich des Betriebsvermögens mit Übergang von Nutzungen und Lasten auf den Zeitpunkt des Erbfalles festgelegt wurde (Tz. 8, 9). Die rückwirkende Zurechnung der laufenden Einkünfte kann auch über einen darüber hinausgehenden Zeitraum erfolgen, wenn eine Teilungsanordnung vorliegt und sich die Erbengemeinschaft tatsächlich ab der Erbfolge bis zur Auseinandersetzung entsprechend dieser Anordnung verhält (Tz. 8).[74] Sie gilt dann ohne Durchgangserwerb der Erbengemeinschaft als unmittelbar nach dem Erbfall auseinandergesetzt. Findet keine Betriebsfortführung statt, tritt mit der Auseinandersetzung eine nach §§ 16 Abs. 3 1, 34 EStG begünstigte Betriebsaufgabe statt (Tz. 11), was vor allem eintritt, wenn zum wesentlichen Betriebsvermögen gehörende Wirtschaftsgüter in das Privatvermögen eines Miterben überführt werden (Tz. 13).

---

71 BFH BStBl. II 1982, 1714.
72 BStBl. II 1990, 837.
73 BStBl. I 2006, 253; dazu auch OFD Karlsruhe 13.11.2006 – S 2242/4 – St 111.
74 Kritisch, ob die strenge Beachtung der 6-Monatsregelung anzuwenden ist, wenn die verzögerte Auseinandersetzung zB auf Erbstreitigkeiten, unklarer Erbrechtslage, Erstellung von Gutachten oÄ außerhalb der Einflusssphäre der Miterben beruht, *Wälzholz*, ZEV 2016,135, unter Bezugnahme auf BFH, Urt. v. 23.06.2015 – II R 39/13.

Wird im Rahmen der Erbauseinandersetzung der Nachlass real geteilt, indem das Unternehmen einem Miterben zugeteilt wird, und erhält der Miterbe damit wertmäßig mehr, als ihm nach seiner Erbquote zusteht, und zahlt er für dieses »Mehr« an anderen Miterben einen Spitzen- oder Wertausgleich (Abfindung), liegt insoweit ein Anschaffungs- und Veräußerungsgeschäft vor (Tz. 14). Das Entgelt bezieht sich aber nur auf das »Mehr«, das der Erbe aufgrund eines neben der Teilung bestehenden besonderen entgeltlichen Rechtsgeschäftes bekommt, auch wenn die Abfindungszahlung auf einer Teilungsanordnung beruht (Tz. 16). Die Übernahme von Schulden über die Erbquote hinaus führt aber nicht zu Anschaffungskosten (Tz. 18). Der übernehmende Erbe hat nach § 16 Abs. 3 Satz 2 bis 4 EStG die Buchwerte in seinem Betriebsvermögen fortzuführen. Der vom Abfindungsempfänger zu versteuernde Gewinn ist nicht nach §§ 16, 34 EStG begünstigt (Tz. 19). Die Begleichung von Erbfallschulden (z.B. Pflichtteilsansprüche) führt nicht zu Anschaffungskosten (Tz. 35). Werden Pflichtteilsansprüche durch die Übertragung von Nachlassgegenständen abgegolten, liegt darin eine entgeltliche Veräußerung durch den Erben und Anschaffungskosten für den Pflichtteilsberechtigten in Höhe seines Pflichtteilsanspruches.[75]

35

Wird der zum Nachlass gehörende Betrieb von der Erbengemeinschaft veräußert, kann ein nach §§ 16, 34 EStG steuerbegünstigter Veräußerungsgewinn entstehen. Wird der Betrieb nicht fortgeführt und die einzelnen Wirtschaftsgüter einzeln veräußert, kann eine begünstigte Betriebsaufgabe im Sinne von § 16 Abs. 3 Satz 1 EStG vorliegen (Tz. 54). Wird im Rahmen der Erbauseinandersetzung ein Wirtschaftsgut aus dem Betriebsvermögen der Erbengemeinschaft in ein anderes Betriebsvermögen eines Miterben überführt, ist nach § 6 Abs. 5 EStG der Buchwert fortzuführen; wird es in dessen Privatvermögen übernommen, entsteht für die gesamte Erbengemeinschaft ein Entnahmegewinn (Tz. 57).

36

Ist ein ganzer Betrieb aufgrund Vermächtnis oder Teilungsanordnung zu übertragen, ist dies steuerneutral, denn der Vermächtnisnehmer bzw. Miterbe führt nach § 6 Abs. 3 EStG die Buchwerte fort. Die bis zur Erfüllung erzielten betrieblichen Einkünfte werden grundsätzlich den Miterben als Mitunternehmer zugerechnet, es sei denn, die Miterben verhalten sich bereits schon vor der Auseinandersetzung entsprechend der Teilungsanordnung oder des Vermächtnisses und erfüllen diese tatsächlich innerhalb einer sich an den Umständen des Einzelfalles orientierenden angemessenen Frist (Tz. 61, 67[76]). Ist ein Einzelwirtschaftsgut aus dem Betriebsvermögen aufgrund eines Vorausvermächtnisses einem Miterben zu übertragen, bei dem es ein anderes Betriebsvermögen wird, besteht die gewinnneutrale Buchfortführung nach § 6 Abs. 5 EStG (Tz. 65). Wird jedoch das Wirtschaftsgut auf einen Dritten als Vermächtnis übertragen, liegt darin eine hinsichtlich des entstehenden Gewinnes steuerpflichtige Entnahme des Wirtschaftsgutes (Tz. 60).

37

3. Fortführung durch einen Testamentsvollstrecker als Treuhänder mit Haftungsausschluss

Die Testamentsvollstreckung an einem Gesellschaftsanteil in Form der Dauervollstreckung kann nunmehr, im Gegensatz zu anderen Treuhandverhältnissen, in das Handelsregister eingetragen werden.[77]

38

Eine Einsetzung zur Verwaltung eines Handelsgeschäfts berechtigt den Testamentsvollstrecker, das Handelsgeschäft entweder im eigenen Namen als Treuhänder der Erben[78] oder im Namen der Erben weiterzuführen. Im ersten Fall ist er selbst,[79] im zweiten werden die Erben als Inhaber zusammen mit dem Testamentsvollstrecker-Vermerk bei Dauervollstre-

39

---

[75] BFH BStBl. II 2005, 554.
[76] BFH BStBl. II 1992, 330.
[77] BGH v. 14.02.2012 – II ZB 15/11, DNotI-Report 2012, 64 = DNotZ 2012, 788 = ZEV 2012, 335 m. Anm. *Zimmermann*.
[78] BGHZ 12, 102; BGH NJW 1975, 54.
[79] RGZ 132, 142.

ckung im Handelsregister eingetragen; der Testamentsvollstrecker bedarf im zweiten Fall einer Vollmacht der Erben,[80] auf deren Erteilung er einen Rechtsanspruch hat.[81]

40 Die entsprechende Handelsregisteranmeldung des Testamentsvollstreckers als Inhaber oder der Erben ist jeweils vom Testamentsvollstrecker und allen Miterben unter Vorlage eines Erbnachweises vorzunehmen. Bei der Treuhandlösung ist der Testamentsvollstrecker erst im Handelsregister einzutragen, nachdem dort zunächst die Erben eingetragen wurden. Der das Geschäft als Inhaber betreibende Testamentsvollstrecker kann seine persönliche Haftung für die Geschäftsverbindlichkeiten des Erblassers nach § 25 Abs. 2 HGB ausschließen.[82] Eine ihm erteilte Prokura ist zu löschen, da er nicht sein eigener Prokurist sein kann.[83]

Anmeldung des Firmenübergangs auf Testamentsvollstrecker als Treuhänder

41 M Der am ..... verstorbene Inhaber ..... der im Betreff beizeichneten Firma ist von seinen beiden Kindern ....., geboren am ....., wohnhaft in ..... und ....., geboren am ....., wohnhaft in ....., beerbt worden. Er hat mich, ..., geb. am ....., wohnhaft in ....., zum Testamentsvollstrecker mit der Befugnis eingesetzt, sein Unternehmen bis zur Erreichung des 25. Lebensjahres des jüngsten Erben fortzuführen.
Zum Nachweis werden in elektronisch beglaubigter Abschrift dem Registergericht vorgelegt: in Ausfertigung vorliegenden Erbschein des Amtsgerichts ..... vom ..... sowie in Ausfertigung vorliegendem Testamentsvollstreckerzeugnis des Amtsgerichts ..... vom ....., AZ .....
Zur Eintragung wird angemeldet:
Herr ..... ist verstorben und von seinen Kindern ..... und ..... beerbt worden.
Diese haben das Handelsgeschäft mit dem Recht der Firmenfortführung übertragen auf .....(Vor-, und Zuname, Geburtsdatum, Wohnort)....., der das Geschäft als Testamentsvollstrecker im eigenen Namen unter der bisherigen Firma und ohne Nachfolgezusatz fortführt.
Die persönliche Haftung für die im Betrieb begründeten Verbindlichkeiten des Erblassers ist ausgeschlossen worden.
Die Prokura des geschäftsfortführenden Testamentsvollstreckers ist erloschen.
Die Geschäftsanschrift lautet unverändert: (PLZ, Ort, Straße), wo sich auch die Geschäftsräume befinden.

■ *Kosten.* Anmeldung und Eintragung der Führung eines vererbten Unternehmens durch die Erben wie durch den Testamentsvollstrecker im eigenen Namen entspricht jeweils einer Erstanmeldung/Ersteintragung beim Einzelkaufmann.
a) Des Notars: Wert für den Inhaberwechsel als Ersteintragung der Erben wie des Testamentsvollstreckers jeweils nach § 105 Abs. 3 Nr. 1 GNotKG je 30.000 €;[84] auch die Anmeldung des Haftungsausschlusses wird als selbstständige Erklärung angesehen, jedoch nur mit einen Teilwert gemäß § 36 Abs. 2, 3 GNotKG. Das Löschen der Prokura ist automatische Folge der Übernahme der Inhaberschaft und daher nicht zu bewerten. Gebühr gem. Nr. 24102 iVm 21201 (5) KV GNotKG (0,5 Geb. Tabelle B); sowie die Gebühren für das Erstellen der XML-Datei; Nr. 22114 KV GNotKG aus Gesamtwert der Anmeldung (s. § 124 Rdn. 43).

---

80 BGHZ 12, 103; BayObLG BB 1969, 974.
81 Zur postmortalen Vollmacht als alternativer Gestaltung anstelle der Testamentsvollstreckung s. *Reithmann*, BB 1984, 1394.
82 RGZ 132, 138; KG DNotZ 1939, 344 = JFG 18, 282.
83 RG DNotZ 1949, 272.
84 Ob auch das Ausscheiden des Erblasser eine eigene Anmeldetatsache ist, ist strittig; siehe hierzu Rdn. 25 M.

b) Des Handelsregisters: für die Eintragung jedes neuen Inhabers, also jedes Erben (§ 2 Abs. 2 HRegGebV); es handelt sich zwar um eine Neueintragung, jedoch nicht um die einer Gesellschaft i.S.d. Nr. 1101 HRegGebV, sondern bei »einem Einzelkaufmann« nach Nr. 1100HRegGebV, und die des Testamentsvollstreckers, jeweils als Ersteintragung je eine Gebühr nach Nr. 1100 HRegGebV = 2 × 70 €; unklar ist, ob auch eine Gebühr für das Streichung des bisherigen Inhabers anfällt.[85] Das Erlöschen der Prokura ist Folge der Ersteintragung des bisherigen Prokuristen und m.E. daher nach § 2 HRegGebV gebührenfrei.

Steuerrechtlicher Hinweis:

Einkommensteuer: Der Erbe bleibt Unternehmer, auch wenn der Testamentsvollstrecker den Gewerbebetrieb nicht als Vertreter des Erben (Vollmachtslösung), sondern im eigenen Namen, jedoch für Rechnung des Erben (Treuhandlösung) fortführt.[86] Erhält er dafür aber eine Vergütung gem. § 2221 BGB[87] ist dies einkommensteuerpflichtig.

Grunderwerbsteuer: Die Erbengemeinschaft ist selbstständiger Rechtsträger im Sinne des Grunderwerbsteuerrechts. Erlangt eine Erbengemeinschaft mindestens 95 % der Anteile an einer grundbesitzenden Gesellschaft, ist dies gemäß § 1 Abs. 3 Nr. 1 GrEStG grunderwerbsteuerpflichtig.[88]

USt: Das vom Testamentsvollstrecker verwaltete Unternehmen bleibt selbst USt-Subjekt. Werden dabei von ihm über einen längeren Zeitraum eine Vielzahl von Handlungen vorgenommen und erhält er für seine Tätigkeit ein Entgelt, wird der Testamentsvollstrecker selbst regelmäßig nachhaltig und damit unternehmerisch tätig, sodass sein Entgelt der USt selbst dann unterliegt, wenn die Tätigkeit aus privatem Anlass, also nicht gewerbsmäßig aufgenommen wurde.[89] Nach § 19 UStG wird USt von »Kleinunternehmern« aber nicht erhoben, wenn der (Brutto-)Umsatz (also zzgl. der darauf entfallenden Steuer) im Vorjahr 17.500 € nicht überstiegen hat und im laufenden Kalenderjahr 50.000 € voraussichtlich nicht übersteigen wird.

42

---

85 Hierzu Rdn. 25 M.
86 *Schmidt/Weber-Grellet*, § 15 EStG Rn. 141 *Siebert*, ZEV 2010, 121.
87 Zur Vergütung eines Testamentsvollstreckers OLG Schleswig v. 25.08.2009 – 3 U 46/08, ZEV 2009, 625.
88 BFH v. 12.02.2014 – II R 46/12, DStR 2014, 850.
89 BFH v. 07.09.2006 – V R 6/05, BStBl. II 2007, 148 = DStR 2006, 2248 = NJW 2007, 1391 = ZEV 2007, 45 m. Anm. *Kronthaler*; dies gilt auch bei reiner »Auseinandersetzungs-Testamentsvollstreckung«. Zur steuerlichen Haftung des Testamentsvollstreckers: *Piltz*, ZEV 2001, 262.

§ 127 Die Zweigniederlassung

I. Grundlagen

1 1. Eine Zweigniederlassung liegt neben der Hauptniederlassung eines Kaufmannes oder einer Gesellschaft nur vor, wenn nach ihrem Gesamtbild eine in personeller und organisatorischer Hinsicht selbstständige Organisationseinheit vorliegt, die ohne Weiteres bei Wegfall der Hauptniederlassung als eigenständiges Unternehmen geführt werden könnte. Sie hat keine eigene Rechtspersönlichkeit, selbst wenn es sich um die Zweigniederlassung eines ausländischen Unternehmens handelt. Als *Voraussetzungen* für eine Zweigniederlassung in Abgrenzung von reinen Stellen, an denen nur tatsächliche Verrichtungen vorgenommen werden, wie Fabrikationsstätten, Lagerstätten, Versandstellen werden verlangt:
1. *räumliche Selbstständigkeit*, wobei auch in derselben Gemeinde wie die Hauptniederlassung eine Zweigniederlassung unterhalten werden kann, aber nicht in denselben Räumen wie die Hauptniederlassung.[1]
2. *Vornahme sachlich gleichartiger Geschäfte*, wobei aber nicht erforderlich ist, dass volle Identität besteht und alle Geschäftsarten der Hauptniederlassung ausgeübt werden;[2]
3. *organisatorische Selbstständigkeit*, was das Vorliegen äußerer Einrichtungen ähnlich einer Hauptniederlassung, wie eigene Geschäftsräume, voraussetzt. Mit Rücksicht auf die allgemeine Zentralisierung der kaufmännischen Abwicklung durch die EDV ist zweifelhaft, ob auch heute noch die selbstständige Abwicklung des Zahlungsverkehrs und getrennte Buchführung vorauszusetzen ist.[3]
4. Typisch, aber nicht zwingend ist, dass ein intern weisungsgebundener *selbstständiger Leiter* die Befugnis zum selbstständigen Handeln in der Zweigniederlassung hat.

2 Die Errichtung einer Zweigniederlassung fällt bei Kapitalgesellschaften, da die Errichtung eine Organisationsmaßnahme ist, in die Verwaltungszuständigkeit des Vorstandes bzw. der Geschäftsführer, soweit nicht die Satzung die Zustimmung des Aufsichtsrats (§ 111 Abs. 4 AktG) oder (bei GmbH) der Gesellschafterversammlung verlangt.

3 Die Eintragung der Zweigniederlassung im Handelsregister ist bei deren Vorliegen verpflichtend und kann durch Zwangsgeld erzwungen werden. Sie hat aber nur deklaratorische Bedeutung.

4 Die Zweigniederlassung ist nicht selbst rechts- bzw. grundbuchfähig.

5 2. *Wegfall des Zweigniederlassungsblattes:* Seit 01.01.2007 werden Zweigniederlassungen ausschließlich nur beim Gericht der Hauptniederlassung bzw. des Sitzes geführt. Die früher gesondert geführten Registerblätter der Zweigniederlassungen wurden zum 01.01.2007 geschlossen (Art. 61 Abs. 6 EGHGB).

6 Eine firmenrechtliche Prüfung nach § 30 HGB hinsichtlich der Zulässigkeit der Firma der Zweigniederlassung an deren Ort findet nicht mehr statt. Nur wenn offensichtlich keine Zweigniederlassung i.S.d. Gesetzes vorliegt, ist die Eintragung vom Gericht abzulehnen.

---

1 KG JW 1929, 671.
2 Nach OLG Jena, Beschl. v. 09.09.2005 – 6 W 302/05, DNotZ 2006, 153; sowie OLG Hamm, Beschl. v. 28.06.2005, GmbHR 2005, 1130, darf aber das Handelsregister bei Eintragung der Zweigniederlassung die Übereinstimmung des Unternehmensgegenstandes mit dem des Hauptsitzes nicht prüfen; ergangen zu einer Zweigniederlassung einer ausländischen Kapitalgesellschaft (Limited).
3 BayObLGZ 1979, 159: die getrennte Buchführung kann jedenfalls auch bei der Hauptniederlassung eingerichtet sein.

Das Gericht muss jedoch nicht zuvor ein Gutachten der IHK über die Existenz der Zweigniederlassung einholen.

Die *Anmeldungen* sind nur noch beim Gericht der Hauptniederlassung bzw. des Sitzes der Handelsgesellschaft einzureichen. Sie hat bei Gesellschaften durch die vertretungsberechtigten Organe in vertretungsberechtigter Zahl zu erfolgen. Anzugeben sind nach § 13 Abs. 1 Satz 1 HGB derjenige Kaufmann bzw. diejenige juristische Person bzw. Handelsgesellschaft, welche(r) die Zweigniederlassung errichtet, sowie Firma und Ort der Zweigniederlassung und deren inländische Geschäftsanschrift sowie gegebenenfalls die Beschränkung der Vertretungsmacht eines eingetragenen Prokuristen.

3. Die *Firma der Zweigniederlassung* ist diejenige der Hauptniederlassung bzw. der Gesellschaft, sodass sie mit derjenigen der Hauptniederlassung bzw. der Gesellschaft völlig gleichlautend sein kann. Jedoch kann dieser Firma ein Zusatz beigefügt werden, der das Unternehmen als Zweigniederlassung kennzeichnet (»Löwen Apotheke Zweigniederlassung der Martins Apotheke e.K.«).

Besteht am Ort der Zweigniederlassung bereits eine gleiche eingetragene Firma, so muss der Firma der Zweigniederlassung ein Zusatz beigefügt werden (§ 30 Abs. 3 HGB). Das Registergericht der Hauptniederlassung ist bei Eintragung der Zweigniederlassung aber nicht verpflichtet, dies zu überprüfen. Wählt eine Kapitelgesellschaft oder juristische Person nach § 33 HGB für die Zweigniederlassung eine Firma mit abweichenden Firmenkern, muss dem ein entsprechender Filialzusatz mit Wiedergabe der Firma der Hauptniederlassung beigefügt werden und hat sie auch die Firma der Zweigniederlassung in die Satzung mit aufzunehmen, denn die zuständigen Organe der Kapitalgesellschaften dürfen nicht von sich aus den Grundsatz der Firmeneinheit durchbrechen.[4] Die dies zulassende Satzungsregelung könnte lauten:

Satzungsklausel

Die Gesellschaft kann Zweigniederlassungen, auch mit ihrer Firma nur als Firmenzusatz, errichten.

Es gibt somit drei *Formen für die Firmierung der Zweigniederlassung*:
- Firma der Hauptniederlassung
- Firmenkern der Hauptniederlassung mit Beifügen eines Zusatzes oder
- Firma mit neuem Firmenkern, dem ein Zusatz beizufügen ist, der die Zugehörigkeit der Zweigniederlassung zur Hauptniederlassung zum Ausdruck bringt.[5]

Änderungen der Firma der Hauptniederlassung führen automatisch zur Änderung der Firma der Zweigniederlassung, auch wenn diese einen Zusatz führt.

4. Grundsätzlich gelten alle *Vertretungsbefugnisse* der Hauptniederlassung auch für die Zweigniederlassung; bei der Hauptniederlassung bestehende Prokuren müssen nicht auf die Zweigniederlassung erstreckt werden.

Sollen jedoch die Vertretungsbefugnisse eines Prokuristen oder eines persönlich haftenden Gesellschafters auf den Betrieb einer Zweigniederlassung beschränkt werden (§ 50 Abs. 3 Satz 2 HGB, § 126 Abs. 2 HGB), ist es erforderlich, dass für die Zweigniederlassung eine unterscheidbare Firmierung durch Beifügen eines Firmenzusatzes gebildet wird.

---

4 BayObLG MittBayNot 1992, 225.
5 OLG Düsseldorf Beschl. v. 22.2.2017 – I-3 Wx 145/16, NJW-RR 2017, 742.

15 5. *Ausländische Firmen* melden ihre Zweigniederlassung für das Inland beim Gericht der Zweigniederlassung an (§ 13d HGB). Hinsichtlich der Firmierung ist § 18 HGB zu beachten.[6] Gebührenmäßig werden sie wie Hauptniederlassungen behandelt.[7] Wegen der Einzelheiten s. § 162 (Internationales Gesellschaftsrecht).[8]

16 Im *Ausland gelegene Zweigniederlassungen* deutscher Unternehmen sind im deutschen Handelsregister nicht eintragungsfähig. Diesbezügliche Anmeldungen, die das am Ort der Zweigniederlassung geltende ausländische Recht erfordert, sind an die zuständigen Stellen des ausländischen Staates zu richten und hierbei – nur – die im betreffenden Ausland geltenden Vorschriften über die Registerpublizität zu beachten.[9]

17 6. Jeder Kaufmann kann für eine Firma grundsätzlich nur eine Hauptniederlassung, jede Kapital- und Personengesellschaft kann grundsätzlich nur einen Sitz haben. Die Zulässigkeit eines **Doppelsitzes** wurde nach 1945 aber zwischen der DDR und der Bundesrepublik und zwischen Berlin und der Bundesrepublik anerkannt.[10] Soweit verschiedene Hauptsitze in West-Berlin und in der Bundesrepublik bestehen, die errichtet wurden, als in West-Berlin teilweise noch ein anderes Recht galt, und später weitergeführt wurden, muss die Gesellschaft bei den Registergerichten der *beiden Hauptsitze* anmelden, wenn sie nicht in ihrem Gesellschaftsvertrag bestimmt, welcher der für die Zweigniederlassungen maßgebende Hauptsitz und das sich daraus ergebende Registergericht nach den § 13 HGB, §§ 42, 43 AktG sein soll.

18 7. Eine Zweigniederlassung kann an einen anderen Ort und auch in einen anderen Registerbezirk *verlegt* werden. Sie bewahrt ihre Identität, wenn sie ihren Geschäfts- und Kundenkreis im Wesentlichen beibehält. Sie braucht an ihrem bisherigen Sitz nicht aufgehoben und am anderen nicht neu errichtet zu werden. Die Vorschriften über die Verlegung der Hauptniederlassung oder des Hauptsitzes sind auf eine solche Verlegung einer Zweigniederlassung entsprechend anzuwenden.[11] Auch jede Änderung der inländischen Geschäftsanschrift einer Zweigniederlassung muss zur Eintragung in das Handelsregister im Verfahren nach § 12 HGB angemeldet werden (§ 13 Abs. 1 Satz 2 HGB); eine nur schriftliche Anzeige genügt nicht.

II. Formulare

Anmeldung einer Zweigniederlassung

19 M **In Augsburg wurde eine Zweigniederlassung errichtet. Sie führt die Firma der Hauptniederlassung/Gesellschaft ohne Zusatz.**
Die Geschäftsanschrift der Zweigniederlassung lautet: (PLZ) Augsburg, Nürnberger Straße 6, diejenige der Hauptniederlassung ist unverändert (*bzw. falls noch nicht angemeldet wurde:* lautet .....).
Die bisher für die Hauptniederlassung erteilte Prokura von (Name, Vorname, Geburtsdatum, Wohnort) erstreckt sich auch auf die Firma der Zweigniederlassung.

---

6 OLG München vom 07.03.2007 – 31 Wx 92/06, DNotZ 2007, 866; KG, Beschl. v. 11.09.2007 – 1 W 81/07, DNotZ 2008, 392 jeweils bzgl. Zweigniederlassung einer engl. Limited.
7 BayObLG MittBayNot 1999, 202; kritisch dazu *Mödl*, Die ausländische Kapitalgesellschaft in der notariellen Praxis, RNotZ 2008, 1, 17.
8 Ausführlich auch *Mödl*, Die ausländische Kapitalgesellschaft in der notariellen Praxis RNotZ 2008, 1.
9 OLG Düsseldorf vom 26.10.2009 – 3 Wx 142/09, NJW-RR 2010, 107.
10 Siehe § 62 WPBerG, § 2 Abs. 3 der 35. DVO z. UmstG, § 1 Abs. 5 des Berliner DMBilG und § 5 DMBilErgG; zum Doppelsitz s. in MüKo-HGB/*Bockelmann*, § 13 HGB Rn. 33 f.; *Krafka/Willer*, Rn. 355 ff.
11 OLG Stuttgart DNotZ 1965, 224.

- *Kosten.*
a) Des Notars: Die Erstanmeldung einer Zweigniederlassung ist (auch wenn das Unternehmen schon im Handelsregister eingetragen ist) als Erstanmeldung mit einer Gebühr von 0,5 nach Nr. 24102 i.V.m. 21201 Nr. 5 KV GNotKG und Wert nach § 105 Abs. 4 Nr. 4 GNotKG von 30.000 € für jede angemeldete Zweiniederlassung zu bewerten. Die Anmeldung einer Prokura bei der Zweigniederlassung, oder, dass die Prokura der Hauptniederlassung sich nicht auf die Zweigniederlassung erstreckt, ist nach § 105 Abs. 4 Nr. 4 GNotKG mit einem Wert von 30.000 € anzusetzen. Die Geschäftswerte sind, da gegenstandsverschieden, nach § 35 GNotKG zusammen zu rechnen; nach Nr. 24102 i.V.m. 21201 (5) KV GNotKG eine 0,5 Geb. (Tabelle B); sowie die Gebühren für das Erstellen der XML-Datei; Nr. 22114 KV aus Gesamtwert der Anmeldung (s. § 124 Rdn. 43 ff.).
b) Des Handelsregisters: Gebühr nach § 58 Abs. 1 GNotKG i.V.m. HRegGebV Nr. 1200 beim Einzelkaufmann und bei Personengesellschaft einheitlich 40 €; Nr. 2200 bei Kapitalgesellschaften = 120 €; Nr. 3200 bei Genossenschaften = 60 €. Für jede Eintragung einer Prokura bei jeder Zweigniederlassung eine Gebühr von 40 € nach Nr. 4000 HRegGebV.

Anmeldung der Zweigniederlassung mit Zusatz und beschränkter Prokura

In ..... wurde eine Zweigniederlassung unter der Firma 20 M

..... e.K., Zweigniederlassung der .....

errichtet. Die Herrn/Frau .... geb. ...., wohnhaft .... erteilte Einzelprokura beschränkt sich auf den Betrieb der Zweigniederlassung.
Die Geschäftsanschrift der Zweigniederlassung lautet: (PLZ, Ort, Straße), diejenigen der Hauptniederlassung ist unverändert.

- *Kosten.* Wie zu Rdn. 19 M.

Anmeldung der Umwandlung einer Zweigniederlassung in die Hauptniederlassung

Die bisherige Zweigniederlassung in (PLZ, Ort, Straße) wurde zur Hauptniederlassung 21 M
umgewandelt. Die bisherige Firma wird unverändert fortgeführt.
Gegenstand des in ..... unterhaltenen vollkaufmännischen Geschäftsbetriebes ist der Handel mit .....
Deren Geschäftsanschrift lautet unverändert ....
Die Niederlassung in (PLZ, Ort, Straße) habe ich geschlossen.
Oder: ..... *ist nun Zweigniederlassung. Deren Geschäftsanschrift lautet* .....

- *Kosten.*
a) Des Notars: Die Anmeldung betrifft zwar eine bisherige Zweigniederlassung, angemeldet wird jedoch die Umwandlung in eine Hauptniederlassung, was eine Sitzverlegung der Hauptniederlassung an den Ort der Zweigniederlassung bedeutet. Sie unterfällt als spätere Anmeldung § 105 Abs. 4 Nr. 4 GNotKG, Wert 30.000 €. Für die Aufhebung der Zweigniederlassung am bisherigen Ort fällt m.E. keine Gebühr an, anders aber, wenn die bisherige Hauptniederlassung zur Zweigniederlassung wird, dann ergibt sich der Geschäftswert dafür, da Neueintragung, nach § 105 Abs. 4 Nr. 4 GNotKG, Wert 30.000 €. Die Geschäftswerte von Sitzverlegung und Neuanmeldung sind, da gegenstandsverschieden, nach § 35 GNotKG zusammen zu rechnen; nach Nr. 24102 i.V.m. 21201 (5) KV

GNotKG eine 0,5 Geb. (Tabelle B); sowie die Gebühren für das Erstellen der XML-Datei; Nr. 22114 KV aus Gesamtwert der Anmeldung (s. § 124 Rdn. 43).
b) Des Handelsregisters:
   – Für die Verlegung der Hauptniederlassung: wenn *in einen anderen Registerbezirk*: nach § 58 Abs. 1 GNotKG i.V.m. Nr. 1300 bzw. 1301 HRegGebV für Einkaufmann 60 €, bei Personengesellschaft bis drei Gesellschafter 80 €, dann für jeden weitere Gesellschafter bis 100 jeweils 40 € darüber hinaus jeweils 10 €; Nr. 2300 bei Kapitalgesellschaften = 140 €, Nr. 3300 bei Genossenschaften = 210 €, aber jeweils nur zu erheben vom neuen Registergericht der verlegten Hauptniederlassung, wenn das bisherige Registergericht nicht zuständig bleibt; die Austragung beim bisherigen Registergericht ist gebührenfrei (Vorbem. 2 des Gebührenverzeichnisses). Bleibt das *gleiche Registergericht* zuständig, dann fällt nach Vorbem. 1.3. des KV HRegGebV nur die Gebühr für eine sonstige spätere Eintragung an (Nr. 1500–1504, 2500, 3500 HRegGebV).
   – Im Fall, die bisherige Haupt- wird Zweigniederlassung, fällt nur eine Gebühr für eine sonstige spätere Eintragung an (Nr. 1500–1504, 2500, 3500 HRegGebV = 40–110 €), wenn sich die Zweig- und die Hauptniederlassung im gleichen Registerbezirk befinden, da die Zweigniederlassung nur noch bei der Hauptniederlassung eingetragen wird; befinden sich die beiden Niederlassungen nicht im gleichen Gerichtsbezirk, entsteht für die Sitzverlegung der Hauptniederlassung eine Gebühr nach 1300 bis 1303, wobei für die Eintragung der Aufhebung der Zweigniederlassung, weil eine notwendige Eintragungseinheit vorliegt, m.E. keine Gebühr erhoben werden kann. Wird die bisherige Hauptniederlassung jedoch bei als Zweigniederlassung bei der neuen Hauptniederlassung eingetragen, fällt dies m.E. unter Nr. 1200 bzw. 2200.[12]

Anmeldung der Verlegung einer Zweigniederlassung

22 M Die Zweigniederlassung in N ..... mit dem Zusatz »Zweigniederlassung N ......«, wurde nach U ..... verlegt. Sie firmiert in U ..... unter »..... e.K. Zweigniederlassung U .....«. Die Geschäftsanschrift lautet: (PLZ, Ort, Straße).

■ *Kosten.*
a) Des Notars: Verlegung ist nicht Aufhebung und Neueinrichtung, sondern eine Organisationsmaßnahme, daher nach § 105 Abs. 4 Nr. 4 GNotKG Wert 30.000 €; m.E. keine gesonderte Gebühr nach § 105 Abs. 5 GNotKG für die Anmeldung der neuen Anschrift, da notwendige Rechtsfolge der Sitzverlegung (jedoch strittig); nach Nr. 24102 iVm 21201 (5) KV GNotKG eine 0,5 Geb. (Tabelle B); sowie die Gebühren für das Erstellen der XML-Datei; Nr. 22114 KV GNotKG aus Gesamtwert der Anmeldung (s. § 124 Rdn. 43).
b) Des Handelsregisters: Die Eintragung ist als sonstige spätere Eintragung gebührenpflichtig (Nr. 1500–1504, 2500, 3500 HRegGebV = 40–110 €), gleich in welchem Registerbezirk sich die Zweigniederlassung befindet, weil alle Eintragungen nur beim Gericht der Hauptniederlassung erfolgen.

---

12 A.A. Korintenberg/*Thamke*, 20. Auflage GNotKG, § 58 Anh. Nr. 1200 GV Rn. 11, so jedoch m.E. nach BGH v. 18.10.2016 – II ZB 18/15 nicht mehr vertretbar.

Anmeldung der Aufhebung einer Zweigniederlassung

Die in (PLZ, Ort, Straße) unter der Firma »..... e.K.« eingerichtete Zweigniederlassung der »..... e.K.« in ..... wurde aufgehoben.
Die auf die Zweigniederlassung in Würzburg bezogene Einzelprokura für ....., geb. ....., wohnhaft ....., ist nun für die Hauptniederlassung erteilt worden.

23 M

- *Kosten.*
a) Des Notars: nach § 105 Abs. 4 Nr. 4 GNotKG, Wert 30.000 €; für die Erteilung der Prokura auf die Hauptniederlassung: nach § 105 Abs. 4 Nr. 4 GNotKG, Wert 30.000 €; beide Werte werden zusammengerechnet nach § 35 GNotKG. Davon nach Nr. 24102 iVm 21201 (5) KV GNotKG eine 0,5 Geb. (Tabelle B); sowie die Gebühren für das Erstellen der XML-Datei; Nr. 22114 KV GNotKG aus Gesamtwert der Anmeldung (s. § 124 Rdn. 43).
b) Des Registergerichts: für Aufhebung der Zweigniederlassung eine Gebühr nach § 58 Abs. 1 GNotKG i.V.m. der Anlage zur HRegGebV für eine sonstige spätere Eintragung (Nr. 1500–1504, 2500, 3500 HRegGebV = 40–110 €). Für die Erteilung der Prokura eine Gebühr nach Nr. 4000 HRegGebV = 40 €; das Erlöschen der Prokura für die Zweigniederlassung ist Rechtsfolge deren Erlöschen und damit nicht extra gebührenpflichtig.

§ 128 Prokura und Handlungsvollmacht

I. Erteilung und Erlöschen der Prokura

1. *Wesen:* Die Prokura ist eine rechtsgeschäftliche Vertretungsmacht mit gesetzlich festgelegtem Umfang. Jeder im Handelsregister eingetragene Kaufmann bzw. jede Personenhandels- oder Kapitalgesellschaft kann Prokura *erteilen* (§§ 48 ff. HGB). Auch der Testamentsvollstrecker, der das Handelsgeschäft als Treuhänder im eigenen Namen führt, kann Prokura erteilen, nicht aber der im Handelsregister eingetragene Apotheker,[1] der Insolvenzverwalter[2] und der Gemeinschuldner. Bei der Partnerschaftsgesellschaft ist wegen der dortigen persönlichen Berufsausübung und weil diese keine Handelsgesellschaft i.S.v. § 6 Abs. 1 HGB betreibt keine Prokuraerteilung möglich.[3]

2. *Person:* Prokurist kann nur eine *natürliche Person* sein,[4] während Handlungsbevollmächtigter wie jeder andere Bevollmächtigte auch eine juristische Person sein kann.[5] Auch ein Kommanditist, der von der Vertretung ausgeschlossene Gesellschafter (§ 125 HGB) und der stille Gesellschafter wie auch ein Minderjähriger[6] können bestellt werden, jedoch *nicht* ein Miterbe, wenn die Erbengemeinschaft das Geschäft betreibt.[7] Ein Anstellungsverhältnis kann, muss aber nicht vorhanden sein.

3. *Erteilung:* Prokura wird durch ausdrückliche Erklärung erteilt, also nicht stillschweigend, was aber auch durch Erklärung an Dritte oder durch öffentliche Kundgabe über die Handelsregistereintragung erfolgen kann. Die nach § 53 HGB notwendige Eintragung im Handelsregister, die nach § 14 HGB erzwingbar ist, hat jedoch nur deklaratorische Wirkung. Wegen der Rechtsvermutungen des § 15 HGB ist die Eintragung der Erteilung und der Beendigung aber wichtig, selbst wenn die Erteilung nicht eingetragen war.

Nur der Firmeninhaber bzw. der gesetzliche Vertreter selbst – bei Gesellschaften durch die vertretungsberechtigten Organe in vertretungsberechtigter Zahl – kann den Prokuristen bestellen. Im *Innenverhältnis*, ohne dass dies vom Registergericht nachzuprüfen ist, erfolgt die Erteilung der Prokura bei OHG bzw. KG gem. § 116 Abs. 3, 164 Satz 2 HGB aufgrund eines zustimmenden Beschlusses aller geschäftsführenden Gesellschafter (anders der Widerruf, der durch jeden dieser Gesellschafter erfolgen kann) als gewöhnliches Geschäft durch Gesellschafter in vertretungsberechtigter Zahl, die auch nur in dieser Zahl die Handelsregisteranmeldung vornehmen. Bei der GmbH erteilt und meldet der bzw. die Geschäftsführer in vertretungsberechtigter Zahl die Prokura zum Handelsregister an, der nach § 46 Nr. 7 GmbHG dazu im Innenverhältnis eines Gesellschafterbeschlusses bedarf.

Bei der AG bedarf der Vorstand keiner Zustimmung, soweit die Satzung oder ein Aufsichtsratsbeschluss nicht die Zustimmung des Aufsichtrats festlegt; jedoch kann ein Aufsichtsrat keine Prokura erhalten § 105 Abs. 1 AktG. Auch bei einer Liquidationsgesellschaft ist die Erteilung nach h.L.[8] noch möglich. Der gesetzliche Vertreter benötigt die Geneh-

---

1 OLG Celle NJW-RR 1989, 484.
2 BGH WM 58, 431; str., a.A. *K. Schmidt*, BB 89, 229.
3 OLG München NJW 2005, 3730.
4 Kammergericht, v. 23.10.2001 – 1 W 6157/00, FGPrax 2002, 35.
5 Letzteres ist str. s. Baumbach/*Hopt*, HGB § 54 Rn. 7.
6 DNotI-Gutachten Nr. 152905
7 BGHZ 30, 397 = NJW 1959, 2114; BGHZ 32, 67; str.
8 MüKo-HGB/*Lieb/Krebs*, § 48 HGB Rn. 10.

migung des Familiengerichts (§§ 1643 Abs. 1, 1822 Nr. 11 BGB), die dem Handelsregister nachzuweisen ist.

4. *Erlöschen:* Die Prokura erlischt mit dem Tod des Prokuristen, durch Beendigung des zugrunde liegenden Rechtsverhältnisses (§ 168 BGB) oder durch einen jederzeit zulässigen Widerruf (§ 52 Abs. 1 HGB), der ohne Rücksicht auf das der Erteilung zugrunde liegende Rechtsverhältnis jederzeit möglich ist.[9] Bei Personenhandelsgesellschaften ist der Widerruf durch jeden einzelnen persönlich haftenden Gesellschafter möglich, wobei der im Gesellschaftsvertrag zum Prokuristen bestellte *Kommanditist* nur aus wichtigem Grund als Prokurist abberufen werden kann,[10] was jedoch nicht vom Registergericht zu prüfen ist.[11] Bei einer Körperschaft erfolgt der Widerruf durch das Vertretungsorgan in vertretungsberechtigter Zahl.

Die Prokura ist *unternehmerbezogen* und nicht auf das Unternehmen. Sie bleibt daher bestehen bei Übergang der Gesellschaft in Liquidation,[12] bei Rechtsformwechsel gem. §§ 190 ff. UmwG, bei Wechsel des gesetzlichen Vertreters, beim Tod des Inhabers (§ 52 Abs. 3 HGB) sowie auch bei Gesellschafterwechsel, sofern die Personengesellschaft fortbesteht.

Die Prokura *erlischt* aber bei Veräußerung des Handelsgeschäftes, da sie sich von der Person des Geschäftsinhabers ableitet; bei Eintritt eines weiteren Gesellschafters in das Handelsgeschäfte eines Einzelkaufmannes, bei Absinken des Einzelkaufmannes zum Minderkaufmann, bei Insolvenzeröffnung (§ 117 Abs. 1 InsO),[13] bei übertragender Umwandlung, Spaltung oder Verschmelzung auf eine andere Gesellschaft, sowie auch bei der Bestellung des Prokuristen zum Geschäftsführer der Gesellschaft, wobei das Erlöschen im letzteren Fall nicht gesondert zum Handelsregister angemeldet werden muss.[14] Sie erlischt auch für den Prokuristen, der als Miterbe des Verstorbenen Mitinhaber der Firma wird.[15]

II. Umfang der Vertretungsmacht

1. Die Prokura ermächtigt zu allen Geschäften und Rechtshandlungen jeder Art, die »der Betrieb eines Handelsgewerbes« mit sich bringt, d.h. *irgendeines* Handelsgewerbes mit sich bringen *kann*, selbst wenn sie ungewöhnlich sind. Im Rahmen seines Wirkungskreises kann der Prokuristen insbes. Prozesse in geschäftlichen Angelegenheiten (nicht über persönliche des Geschäftsinhabers) führen, Angestellte und Arbeiter anstellen und entlassen, Kredite aufnahmen, Wechselverbindlichkeiten eingehen, Aktien zeichnen, Geschäftsanteile bei Errichtung einer GmbH übernehmen, Handlungs- und Prozessbevollmächtigte bestellen, Zweigniederlassungen errichten und schließen. Er ist jedoch nicht zu Grundlagengeschäften berechtigt, die den Betrieb des Handelsgewerbes als solchen betreffen, wie das Unternehmen einstellen oder veräußern, die Firma ändern, Gesellschafter aufnehmen, die Eröffnung des Insolvenzverfahrens beantragen. Die Prokura bezieht sich als Vertretungsmacht für Verkehrsgeschäfte nicht auf die interne Organisation des Unternehmens. Er kann somit ohne zusätzliche Vollmacht keine Anmeldungen zum Handelsregister vornehmen, wenn diese

---

9 Zu den möglichen Rechtsfolgen siehe BAG v. 26.08.1986 – 3 AZR 94/85 = NJW 1987, 862.
10 BGHZ 17, 394 = DNotZ 1955, 536.
11 OLG Düsseldorf Rpfleger 1998, 346.
12 OLG München, Beschl. v. 09.08.2011 – 31 Wx 314/11, NZG 2011, 1183; sowie h.L. Baumbach/*Hopt*, § 52 HGB Rn. 4; MüKo-HGB/*Lieb*/*Krebs*, § 52 HGB Rn. 28.
13 LG Halle vom 01.09.2004 – 11 T 8/04, RNotZ 2005, 55: Das Erlöschen einer Prokura ist bei der Eröffnung des Insolvenzverfahrens weder vom Insolvenzverwalter zur Eintragung im Handelsregister anzumelden noch von Amts wegen einzutragen.
14 LG Bremen NJW-RR 98, 1332; OLG Düsseldorf, Beschl. v. 07.03.2012 – I-3 Wx 200/11, NZG 2012, 957.
15 BGHZ 30, 391 = NJW 1959, 2114.

die Grundlagen des »eigenen« Handelsgeschäfts betreffen; daher auch nicht das Ausscheiden eines GmbH-Geschäftsführers seiner Gesellschaft, da es sich dabei nicht lediglich um ein Geschäft des »laufenden Betriebs« handelt[16] und nicht die Änderung der inländischen Geschäftsanschrift bei seiner Gesellschaft.[17]

9   Der Prokurist kann *nicht* zum Handelsregister des Unternehmens, insbesondere der Gesellschaft, dessen bzw. deren Prokurist er ist, *Anmeldungen vornehmen*, es sei denn in gemischter Vertretung mit dem Geschäftsführer einer GmbH oder dem Vorstand einer Aktiengesellschaft (§ 78 Abs. 3 AktG). Ist diese Gesellschaft aber ihrerseits an einer anderen Gesellschaft – etwa als Kommanditist beteiligt – kann er »seine« Gesellschaft bei Errichtung sowie Anmeldungen bei dieser anderen Gesellschaft vertreten.[18] Bei der GmbH & Co. KG[19] kann damit der Prokurist der Komplementär-GmbH uneingeschränkt die Geschäfte der Kommanditgesellschaft wahrnehmen, deren Komplementärin die GmbH ist, da er für diese GmbH die organschaftliche Vertretungsmacht im Rahmen der KG ausübt;[20] somit kann er auch im Namen der GmbH grundsätzlich einen Prokuristen bei der Kommanditgesellschaft anmelden. Die Beschränkungen des § 49 Abs. 2 HGB gelten dann nicht, wenn für die KG ein Grundstücksgeschäft erfolgt.[21] Sie gelten nur, wenn der Prokurist, der auf der Ebene der KG bestellt ist, damit unmittelbar über das Grundstück des »Prinzipals« handelt.

10 2. Der Prokurist kann *Grundstücke nicht veräußern* und *nicht belasten*, wenn er hierzu nicht besonders ermächtigt ist (§ 49 Abs. 2 HGB). Die Ermächtigung ist im Handelsregister einzutragen; die Ermächtigung kann jedoch auch dahin gehend eingeschränkt werden, dass für diese Grundstücksangelegenheiten die Mitwirkung eines weiteren Prokuristen oder eines Organmitgliedes erforderlich ist. Darüber hinaus ist der Prokurist, auch ohne die Ermächtigung nach § 49 Abs. 2 HGB, zu allen weiteren Grundstücksgeschäften berechtigt, insbesondere zum Erwerb von Grundstücken, zu Verfügungen über Grundpfandrechte (z.B. Löschung), jedoch nicht zur Abtretung von Eigentümergrundschulden, da dies eine Neubelastung bedeutet.

11 3. Die Prokura ermächtigt nicht zum Selbstkontrahieren. Die allgemeine Befreiung des Prokuristen vom Verbot des Selbstkontrahierens ist eintragungsfähig, wenn auch nicht eintragungspflichtig.[22] Da die Prokura keine Untervollmacht des Geschäftsführers, sondern Vollmacht der Gesellschaft ist, ist es nicht entscheidend, ob der Geschäftsführer selbst von § 181 BGB befreit ist.[23]

12 4. Eine *Beschränkung* des Geschäftsumfangs der Prokura ist Dritten gegenüber *unwirksam*. Örtlich kann sie auf eine von mehreren Niederlassungen beschränkt werden, wenn die Niederlassung mit einem Unterscheidungszusatz in der Firma betrieben wird (§ 50 Abs. 3 HGB), wozu eine Zweigniederlassungsangabe genügt wie »Zweigniederlassung Altona« oder »Filiale Fürth« (§ 50 Abs. 3 Satz 2 HGB).[24]

13 5. Bei einer GmbH & Co. KG stellt sich die Frage, ob der oder die Prokuristen bei der Komplementär-GmbH oder bei der KG angesiedelt werden sollen. Es empfiehlt sich, die Proku-

---

16 OLG Düsseldorf v. 16.03.2012 – I 3 Wx 296/11.
17 KG v. 04.05.2016 – 22 W128/15; OLG Karlsruhe v. 04.08.2014 – 11 Wx 17/14.
18 BGH DB 1992, 369 = DNotZ 1992, 584.
19 Siehe auch Rdn. 13 auf welcher Ebene die Prokura bei der GmbH & Co. KG erteilt werden soll.
20 OLG Hamm NJW 1967, 2163.
21 H.M. jedoch strittig, s. DNotI-Report 2009, 83 m.w.N.
22 BayObLGZ 1980, 195 = DNotZ 1981, 189; OLG Hamm DB 1983, 982 = BB 1983, 791.
23 DNotI-Report 2007, 90.
24 Zur Eintragung einer Prokura bei Zweigniederlassungen ausländischer Kapitalgesellschaften s. *Kühn/Krafka*, NZG 2011, 209.

risten für die KG zu bestellen, für die sie letztlich handeln. Soll jedoch im Rahmen der GmbH eine unechte Gesamtvertretung möglich sein (Geschäftsführer zusammen mit einem Prokuristen) ist er dort zu bestellen. Der bei der Komplementär-GmbH bestellte Prokurist wird dann im Wirkungskreis der Geschäftsführungstätigkeit der Komplementärin für die KG tätig.[25]

III. Gesamtprokura

1. Prokuristen können in der Weise bestellt werden, dass jeder nur mit einem weiteren gemeinschaftlich vertretungsberechtigt ist. Wird dann in einem solchen Fall nur einer tätig, handelt er als Vertreter ohne Vertretungsmacht (§§ 177 ff. BGB). **14**

2. Die Gesamtprokuristen brauchen nicht gleichzeitig zu handeln. **15**

a) Wenn von zwei Gesamtprokuristen zunächst nur einer handelt, kann der andere später beitreten (genehmigen). Genehmigen kann auch der Geschäftsinhaber selbst oder ein allein vertretungsberechtigter Prokurist. **16**

b) Ein Gesamtprokurist kann den anderen auch bevollmächtigen, für ihn mit aufzutreten. Solche Vollmacht ist Gesamtakt aller Gesamtvertreter, einschließlich des zu Bevollmächtigenden, wobei das Selbstkontrahierungsverbot des § 181 BGB nicht entgegensteht; man nimmt stillschweigende Ermächtigung des Geschäftsinhabers hierzu an. Zur *Entgegennahme* von Erklärungen ist *ein* Gesamtprokurist allein ermächtigt.[26] **17**

3. Der erste von zwei Prokuristen kann auch Einzelprokura erhalten und der zweite nur Gesamtprokura mit dem ersten. – Die Gesamtprokura zur gemeinsamen Vertretung nur mit einem Geschäftsführer (auch wenn dieser alleinvertretungsberechtigt ist) ist eintragungsfähig,[27] ebenso mit einem Geschäftsführer oder einem anderen Prokuristen, auch wenn kein weiterer Prokurist bestellt ist.[28] **18**

4. Die Prokura kann auch an die *Mitwirkung* eines vertretungsberechtigten Gesellschafters, Geschäftsführers oder Vorstands geknüpft werden, nicht jedoch von einem gesellschaftsfremden Dritten.[29] Das ist aber keine Gesamtprokura, da sie nicht mehreren Personen gemeinschaftlich erteilt wird (§ 48 Abs. 2 HGB), sondern eine Einzelprokura dergestalt, dass sie nur in der Form einer Gesamtvertretungsmacht zusammen mit einer zur gesetzlichen Vertretung der Gesellschaft berufenen Person ausgeübt werden kann = *unechte Gesamtprokura*,[30] wobei diese Person nicht einzelvertretungsberechtigt sein muss.[31] Für eine KG, deren Komplementärin eine GmbH ist, kann Prokura in der Weise erteilt werden, dass der Prokurist zusammen mit der Komplementärin die KG vertritt. Eine Bindung der Prokura für die **19**

---

25 OLG Hamm NJW 67, 2163; MüKo-HGB/*Grunewald*, § 161 HGB Rn. 75; oben Rdn. 9.
26 RGZ 53, 231.
27 BGH v. 06.11.1986 – V ZB 8/86, MittBayNot 1987, 107.
28 BGH v. 14.02.1974 – II ZB 6/73, BGHZ 62, 166 = NJW 1974, 1194.
29 BGHZ 62, 171; OLG Hamm DNotZ 1968, 445; OLG Stuttgart Rpfleger 1969, 245.
30 BayObLG DNotZ 1970, 429 und OLG Hamm FN 23.
31 A.A. OLG Hamm v. 19.05.1983 – 15 W 424/82 = OLGZ 83,279, wonach bei einer GmbH die unechte Gesamtprokura nur mit einem einzelvertretungsberechtigten Geschäftsführer, jedoch nicht mit einem nur mit einem weiteren Geschäftsführer gesamtvertretungsberechtigten Geschäftsführer erteilt werden dürfe; gegen diese Ansicht spricht, dass es dann des Handelns des Prokuristen gar nicht bedarf sowie dass die ansich gegebene Einzelprokura lediglich von einer Mitwirkung eines Geschäftsführers abhängig gemacht wird.

KG an die Mitwirkung eines nur gesamtvertretungsberechtigten Geschäftsführers der Komplementär-GmbH stellt jedoch eine nach § 50 HGB unzulässige Beschränkung des Prokuristen durch einen Dritten dar und ist deshalb unwirksam.[32] Auch nicht möglich ist es, dass ein Prokurist nur gemeinsam mit dem Einzelkaufmann vertretungsberechtigt ist.[33]

20 5. Davon zu unterscheiden ist die *unechte organschaftliche Gesamtvertretung*, wonach aufgrund einer entsprechenden Satzungsregelung die Organvertretungsbefugnis eines von mehreren vorhandenen[34] vertretungsberechtigten Organmitglieder in der Weise beschränkt ist, dass dieses statt mit einem weiteren Organmitglied auch in Gemeinschaft mit einem Prokuristen vertreten kann (§ 125 Abs. 3 HGB, § 78 Abs. 3 AktG, § 25 Abs. 2 GenG). Hier erweitert sich die Vertretungsmacht des Prokuristen auf die des vertretungsberechtigten Gesellschafters bzw. Geschäftsführers; die Beschränkungen des § 49 HGB gelten nicht. Ist für eine GmbH eine solche (unechte) Gesamtvertretung durch einen Geschäftsführer und einen Prokuristen vorgesehen, so ist der Prokurist befugt bei der Anmeldung eines anderen Prokuristen, Geschäftsführers oder Liquidators mitzuwirken, aber nicht bei der Anmeldung der ihm erteilten Prokura.[35] Zulässig ist dabei auch eine Ermächtigung des Geschäftsführers zur Einzelvertretung durch den Prokuristen, wie umgekehrt des Prokuristen durch den Geschäftsführer.[36]

21 6. Die Erteilung der Prokura sowie die Art und Weise der Vertretungsberechtigung ist unter Angabe von Familienname, Vorname, Geburtsdatum und Wohnort des Prokuristen zum Handelsregister anzumelden. Dokumente über die Erteilung der Prokura sind nicht einzureichen.

Der Prokurist zeichnet zwar im Geschäftsverkehr handschriftlich seinen Namen mit einem die Prokura andeutenden Zusatz (§ 51 HGB). Er kann dabei, muss aber nicht, seinen Vornamen gekürzt oder ungekürzt hinzusetzen.

Anmeldeberechtigt ist nur der Geschäftsherr, also der Einzelkaufmann bzw. die vertretungsberechtigten Gesellschafter oder Organmitglieder in der vertretungsberechtigten Anzahl, nicht der Prokurist selbst. Zustimmungsvorbehalte (s.o. Rdn. 4) haben nur Innenwirkung und sind vom Registergericht nicht zu prüfen.

Anmeldung einer Prokura

22 M Herrn/Frau ....., geb. am ....., wohnhaft ....., *ist Einzelprokura erteilt.*
..... ist Gesamtprokura zusammen mit einem anderen Prokuristen erteilt.
..... ist Gesamtprokura zusammen mit einem anderen Prokuristen oder einem Geschäftsführer erteilt.
..... ist Gesamtprokura zusammen mit einem weiteren Prokuristen oder einem persönlich haftenden Gesellschafter der Gesellschaft erteilt.
... ist Prokura zusammen mit einem Geschäftsführer/persönlich haftenden Gesellschafter der Gesellschaft erteilt.

---

32 OLG Frankfurt v. 16.11.2000 – 20 W 242/00, NJW-RR 2001, 178.
33 BayObLG NJW 1998, 1161.
34 Das allein vorhandene Organmitglied kann jedoch nicht in dieser Weise gebunden werden; s. DNotI-Report 2011, 60.
35 BayObLG 1974, 42; OLG Frankfurt v. 28.02.2005 – 20 W 451/04 = MittBayNot 2005, 513.
36 Siehe § 125 Abs. 3 Satz 2 i.V.m. Abs. 2 Satz 2 HGB, § 78 Abs. 4 AktG, § 25 Abs. 3 GenG; i.E. *Köhl*, NZG 2005, 197.

- *Kosten.*
a) Beim Notar: Geschäftswert für eine spätere Anmeldung nach § 105 Abs. 4 GNotKG, Wert: 30.000 €. Gebühr: Nr. 24102 iVm 21201 (5) KV GNotKG von 0,5 Geb. (Tabelle B); Mitanmeldung der Art des Vertretungsrechtes, der Befreiung von § 181 BGB und/oder Berechtigung nach § 49 HGB sind gegenstandsgleich. Wenn mehrere Anmeldungen erfolgen aus den summierten Beträgen, da verschiedene Gegenstände nach § 35 GNotKG; sowie die Gebühren für das elektronische Einreichen (s. § 124 Rdn. 43 ff.).
b) Beim Handelsregister: Gebühr nach § 58 Abs. 1 GNotKG i.V.m. Nr. 4000 HRegGebV = 40 €, bei mehreren Prokuren für jede weitere nach Nr. 4001 jeweils 30 €.

Bei Erweiterung auf Veräußerung und Belastung von Grundstücken (§ 49 Abs. 2 HGB) hinzuzusetzen: 23

Erweiterung der Prokura auf Grundstücksverfügungen

..... Er ist auch befugt, Grundstücke zu veräußern und zu belasten. 24 M
Oder nur: ..... Er kann auch Grundstücke veräußern.
Oder nur: ..... Er kann auch Grundstücke belasten.
Oder: ..... der Einzelprokurist (Name, Geburtsdatum, Wohnort) ist zur Veräußerung und Belastung von Grundstücken nur zusammen mit einem weiteren Prokuristen oder einem Geschäftsführer/persönlich haftenden Gesellschafter berechtigt.

- *Kosten.* Wie bei Muster Rdn. 22 M.

Anmeldung von Veränderungen bei Prokuren

Die Gesamtprokura von Herrn/Frau ....., geb. am ....., wohnhaft ....., wurde in eine 25 M
Einzelprokura mit der Befugnis, Grundstücke zu veräußern und zu belasten, geändert. Der Prokurist ....., geb. am ....., wohnhaft ....., ist nunmehr auch befugt, für die Gesellschaft mit sich im eigenen Namen oder als Vertreter eines Dritten Rechtsgeschäfte abzuschließen.

- *Kosten.* Wie bei Muster Rdn. 22 M.

Anmeldung einer auf eine Zweigniederlassung beschränkten Prokura

Wegen der notwendigen Verschiedenheit der Firma der Zweigniederlassung zu derjenigen 26
der Hauptniederlassung s.o. Rdn. 12. Die Anmeldung erfolgt nur bei der Hauptniederlassung, weil kein eigenes Handelsregister für die Zweigniederlassung geführt wird.

Anmeldung einer auf eine Zweigniederlassung beschränkten Prokura

Mit Beschränkung auf die Zweigniederlassung *(Firma der Zweigniederlassung)* in ..... 27 M
wurde Herr/Frau ....., geb. ....., wohnhaft ....., Einzelprokura erteilt.
Die Anschrift der Hauptniederlassung lautet unverändert ....., die der Zweigniederlassung .....

- *Kosten.* Wie bei Muster Rdn. 22 M.

§ 128 Prokura und Handlungsvollmacht

Anmeldung des Erlöschens einer Prokura

28 M Die Prokura von Herrn Ernst Kämmerer, geb. ….., wohnhaft ….., ist erloschen.

■ *Kosten.* Wie bei Muster Rdn. 22 M.

Anmeldung der Änderung/Erlöschens der auf eine Zweigniederlassung beschränkten Prokura

29 Die Anmeldung erfolgt nur noch bei der Hauptniederlassung, weil kein eigenes Handelsregister mehr für die Zweigniederlassung geführt wird.

Änderung/Erlöschens auf eine Zweigniederlassung beschränkte Prokura

30 M Die Herrn Werner Westendiek, geb. am ….., wohnhaft in Osnabrück für die Zweigniederlassung *(Firma der Zweigniederlassung)* in Cottbus erteilte Prokura – ist auf sämtliche Niederlassungen erweitert.
– ist erloschen.
Die Anschrift der Hauptniederlassung lautet unverändert ….., die der Zweigniederlassung …..

■ *Kosten.* Wie zu Rdn. 22 M.

IV. Handlungsvollmacht §§ 54 ff. HGB

31 1. Die Handlungsvollmacht[37] ermächtigt zu Geschäften und Rechtshandlungen, die der Betrieb eines *derartigen* Handelsgewerbes oder die Vornahme *derartiger* Geschäfte gewöhnlich mit sich bringt. Was gewöhnliche branchenübliche Geschäfte sind, bestimmt sich nach den örtlichen, zeitlichen und branchenmäßigen Anschauungen und dem Umfang der erteilten Vollmacht. Die Handlungsvollmacht ist rechtsgeschäftlich erteilte Vollmacht, deren Umfang, anders als bei der Prokura, nicht zwingend festgelegt ist; vielmehr begründet § 54 Abs. 1 HGB nur eine widerlegliche Vermutung. Nach dem Gesetz kann sie in drei Grundformen erteilt werden, als
– Einzelvollmacht (Spezialhandlungsvollmacht),
– Artvollmacht (Kassierer, Agent, Zweigstellenleiter, technischer Direktor) oder
– Generalhandlungsvollmacht.

32 Die Generalhandlungsvollmacht (auch allgemeine Handlungsvollmacht genannt) ist zweckmäßiger Teil einer Unternehmervorsorgevollmacht. Sie widerspricht nicht dem Grundsatz der Selbstorganschaft und überträgt keine organschaftlichen Befugnisse. Um sonst zwangsläufig entstehende Zweifel über den Vollmachtsumfang zu vermeiden, sollte die Handlungsvollmacht schriftlich und so präzis wie möglich erteilt werden.

33 Der Firmeninhaber kann die Handlungsvollmacht beschränken hinsichtlich Handeln nur mit einem weiteren Bevollmächtigten oder bestimmter ausgeschlossener oder nur bestimmter zulässiger Geschäfte, oder bzgl. der Verpflichtungshöhe, z.B. auf den Abschluss von bestimmten Verträgen, auf die Gewährung oder Inanspruchnahme von Krediten oder den Abschluss von Warenkäufen über eine bestimmte Höhe hinaus ausschließen. Sie kann örtlich begrenzt sein (z.B. auf eine Filiale, Zweigniederlassung). Solche Beschränkungen

---

[37] Lit. hierzu: *Graf von Westphalen*, DStR 1993, 1562.

braucht ein Dritter, wenn sie ungewöhnlich sind, nur gegen sich gelten zu lassen, wenn er sie kennt oder kennen muss (§ 54 Abs. 3 HGB).

Soweit dazu nicht besonders ermächtigt wird, enthält die Handlungsvollmacht nicht die Befugnisse zur Veräußerung und Belastung von Grundstücken, zur Eingehung von Wechselverbindlichkeiten, zur Aufnahme von Darlehen und zur Prozessführung (§ 54 Abs. 2 HGB), was auch den Abschluss von Schiedsvereinbarungen umfasst. 34

Die Befugnis zum Selbstkontrahieren (§ 181 BGB) ist zu regeln. Für die Befugnis zu Grundstücksverfügungen ist die notarielle Beglaubigung evtl. die Beurkundung der Vollmacht erforderlich (vgl. oben § 24 Rdn. 25). 35

Die Handlungsvollmacht erlischt gem. §§ 168 ff. BGB, insbesondere bei Erlöschen des zugrunde liegenden Dienst- oder Arbeitsverhältnisses, der Eröffnung des Insolvenzverfahrens (§ 117 InsO), mit Veräußerung oder Aufgabe des Betriebes, jedoch in der Regel nicht durch Tod des Geschäftsinhabers. 36

2. Handlungsvollmachten können alle Kaufleute (auch Kleingewerbetreibende), Handelsgesellschaften, auch der Insolvenzverwalter, der Liquidator und der Prokurist erteilen. Erteilt ein Geschäftsführer eine Generalvollmacht, ist diese als Generalhandlungsvollmacht nach § 54 HGB anzusehen, welche auf ein Handeln in (Unter-)Vollmacht des oder der Geschäftsführer gerichtet ist.[38] Nach § 46 Nr. 7 GmbHG ist intern ein Gesellschafterbeschluss erforderlich. Handlungsvollmacht erhalten kann jede natürliche Person und auch eine juristische Person[39] oder Handelsgesellschaft; es vertritt dabei das jeweilige Organ (Vorstand, Geschäftsführer); auch ein Minderjähriger (§ 165 BGB). 37

3. Die Handlungsvollmacht wird gegenüber dem zu Bevollmächtigenden oder gegenüber Dritten oder durch öffentliche Bekanntmachung erteilt und ist formlos. Sie kann nicht ins Handelsregister eingetragen werden. Sie kann jedoch mit Zustimmung des Inhabers des Handelsgeschäftes übertragen werden (§ 58 HGB), wodurch der neue Bevollmächtigte an die Stelle des bisherigen Bevollmächtigten tritt. 38

Der Handlungsbevollmächtigte hat mit einem das Vollmachtsverhältnis ausdrückenden Zusatz zu zeichnen wie »im Auftrag«, »in Vertretung«, »i.V.« oder »i.A.«. Regelmäßig zeichnet er dazu mit seiner üblichen Unterschrift, während die Firma des vertretenen Unternehmens mit Schreibdruck (oder in anderer Weise) beigefügt wird oder sich schon aus dem vorgedruckten Briefbogen ergibt. 39

Generalhandlungsvollmacht

Die Firma 40 M
M ..... GmbH
mit Sitz in Günzburg
Postanschrift: .....
vertreten durch den einzelvertretungsberechtigten Geschäftsführer
.....
eingetragen im Handelsregister des Amtsgerichts ..... unter HRB .....

---

38 BGH v. 18.07.2002 – III ZR 124/01, DNotZ 2003, 147.
39 Strittig, ablehnend *Graf von Westphalen*, DStR 1993, 1562.

erteilt

Herrn/Frau .....,
wohnhaft .....
– Bevollmächtigter –
eine

Generalhandlungsvollmacht

in der Weise, dass der Bevollmächtigte berechtigt ist, alle Geschäfts- und Rechtshandlungen vorzunehmen, die der Betrieb des Unternehmens der vollmachtgebenden GmbH gewöhnlich mit sich bringt (branchenübliche Geschäfte).
Die Vollmacht berechtigt jedoch nicht zu Grundstücksgeschäften, zur Eingehung von Wechselverbindlichkeiten, zur aktiven Prozessführung, ausgenommen die gerichtliche Durchsetzung von Zahlungsforderungen zugunsten der Gesellschaft, und auch nicht zur Vertretung der GmbH gegenüber dem Handelsregister.
alternativ:
Die Vollmacht berechtigt Grundstücke zu erwerben, zu veräußern und zu belasten und alle zur Ausführung von Rechtsgeschäften über Grundstücke erforderlichen grundbuchlichen Erklärungen abzugeben.
Oder:
Für Bankgeschäfte erhält der Bevollmächtigte eine gesonderte Vollmacht.
Die Vollmacht berechtigt den Bevollmächtigten auch, alle organisatorischen Angelegenheiten des Unternehmens der vollmachtgebenden GmbH, auch soweit diese der Geschäftsführung obliegen, auszuführen, insbesondere die Regelung der Personaleinteilung, die Vorbereitung und Überwachung der Arbeitseinsatzpläne und der Urlaubsplanung.
Im Rahmen dieser Vollmacht ist der Bevollmächtigte berechtigt, den Vollmachtgeber umfassend im Rechtsverkehr zu vertreten, insbesondere auch vor Gerichten, Behörden und Dienststellen.
Der Bevollmächtigte ist auch/nicht berechtigt, Untervollmacht zu erteilen. Von den Beschränkungen des § 181 BGB ist er *nicht* befreit.
....., den .....
.....
(M ..... GmbH)
[Unterschriftsbeglaubigung mindestens dann, wenn die Vollmacht zu Grundstücksgeschäften ermächtigt.]

■ **Kosten.** Der Wert ist gemäß § 98 Abs. 3 GNotKG nach billigem Ermessen zu bestimmen; zu berücksichtigen ist das durch die Vollmacht betroffene Aktivvermögen des Unternehmens ohne Schuldenabzug (§ 38 GNotKG), jedoch ist gegebenenfalls ein Abschlag nach dem Maß der Beschränkung des Vollmachtumfanges vorzunehmen; nach § 98 Abs. 3 GNotKG besteht die Beschränkung auf die Hälfte des Vermögens. Höchstwert jedoch nach § 98 Abs. 4 GNotKG 1 Mio. €.

Gebühr: Vollmachten sind einseitige Erklärungen, für deren Beurkundungen die Gebühr Nr. 21200 KV GNotKG mit einem Gebührensatz von 1,0 anfällt. Die Begünstigung ergibt sich durch die Halbierung des Geschäftswertes gem. § 98 Abs. 1 GNotKG. Bei reiner Unterschriftsbeglaubigung eine 0,2 Gebühr (mindestens 20 €, höchstens 70 €) nach Nr. 25100 KV GNotKG. Soweit jedoch der Notar den Entwurf gefertigt hat (siehe die Regelung zur Rahmengebühren in § 92 Abs. 2 GNotKG) erhält er eine 1,0 Gebühr der Tabelle B nach Nr. 24101 KV GNotKG, mindestens 60 €.

§ 129 Gesellschaftliche Schiedsvereinbarungen

I. Wesen

Nicht selten wird in Gesellschaftsverträgen vereinbart, dass aus dem Gesellschaftsverhältnis entstehende Streitigkeiten zwischen den Gesellschaftern oder zwischen der Gesellschaft und Gesellschaftern durch ein Schiedsgericht entschieden werden sollen.[1] Dafür spricht dessen meist vergleichsfördernde Wirkung, die ein weiteres Zusammenwirken der Streitparteien innerhalb der Gesellschaft ermöglichen kann. Weiter hat es den Vorteil, dass die Streitigkeit meist einfacher, schneller und evtl. auch billiger entschieden werden kann als durch die staatlichen Gerichte, dass die Parteien Schiedsrichter berufen können, die ihnen besonders sachkundig erscheinen, und dass keine Öffentlichkeit des Verfahrens besteht; Letzteres sollte aber auch durch eine Geheimhaltungsverpflichtung der Streitparteien gesichert werden. Andererseits kann die schiedsgerichtliche Entscheidung gegenüber der des staatlichen Gerichts den Nachteil haben, dass die Gewähr ihrer Richtigkeit geringer ist: Werden die Schiedsrichter von den Parteien benannt, so besteht die Gefahr einer gewissen (wenn auch unbewussten) Parteilichkeit, die der Partei, die den qualifizierteren Schiedsrichter benannt hat, einen tatsächlichen »Vorsprung« gibt (selbstverständlich sollte sein, dass der Alleinschiedsrichter oder der Obmann eines aus mehreren Richtern bestehenden Schiedsgerichts von einem Neutralen, etwa dem Präsidenten der Industrie- und Handelskammer oder dem Vorstand eines Gerichts bestellt werden sollte, wenn sich die Parteien bzw. die von ihnen benannten Schiedsrichter nicht auf seine Person einigen); die Entscheidung durch nebenberuflich tätige Schiedsrichter bringt die Gefahr mit sich, dass der Fall möglicherweise nicht so gründlich behandelt, der Sachverhalt nicht so umfassend aufgeklärt wird, wie evtl. durch ein staatliches Gericht. Schließlich ist auch die Gefahr von rechtlichen Entscheidungsfehlern größer, weil keine Möglichkeit zur Anfechtung der Entscheidung im Rahmen des Instanzenzugs der staatlichen Gerichte besteht (deshalb sollte der Alleinschiedsrichter bzw. der Obmann des Schiedsgerichts ein qualifizierter Volljurist sein, wenn nicht eine rein wirtschaftliche Frage zur Entscheidung ansteht). Diese Vor- und Nachteile des Schiedsgerichtsverfahrens müssen von den Gesellschaftern gegeneinander abgewogen werden.[2]

1

II. Institutionen und Muster

Getragen insbesondere von den Industrie- und Handelskammern besteht die »Deutsche Institution für Schiedsgerichtsbarkeit e.V.«,[3] die die Durchführung von Schiedsgerichtsverfahren unterstützt und eine eigene Schiedsgerichtsordnung herausgibt. Des Weiteren wurde der Schlichtungs- und Schiedsgerichtshof deutscher Notare (SGH) vom Deutschen Notarverein gegründet, und zwar über dessen Service-Gesellschaft DNotV GmbH. Das Verfahren

2

---

1 Allgem. Lit.: *Heskamp*, Schiedsvereinbarungen in Gesellschaftsverträgen, RNotZ 2012, 415. zu Schiedsklauseln in Erbschaftsangelegenheiten: Lange, Letztwillige Schiedsklauseln in der jüngsten Rechtsprechung, ZEV 2017, 1; Bandel, Das Erbscheinverfahren beim Vorliegen einer letztwilligen Schiedsverfügung, MittBayNot 2017, 1; Keim, Die Grenzen letztwilliger Schiedsklauseln, NJW 2017, 2652. Broschüre der Deutschen Schiedsgerichtsbarkeit für Erbstreitigkeiten e.V. www.dse-erbrecht.de mit Formular für eine Schiedsklausel und deren Schiedsordnung.
2 Siehe hierzu *Franzen*, NJW 1986, 299; *Heskamp*, RNotZ 2012, 415.
3 Siehe www.dis-arb.de.

§ 129 Gesellschaftliche Schiedsvereinbarungen

dort bestimmt sich nach einer eigenen Schiedsgerichtsordnung,[4] die den Schlichtungsgedanken besonders in den Vordergrund rückt. Das nachfolgende Muster einer Schiedsvereinbarung mit Verfahrens- und Vergütungsvereinbarung ist auch über die Internetseite der BNotK[5] zu finden. Die dort niedergelegten Regelungen können als Grundlage für eine Schiedsgerichtsvereinbarung herangezogen werden.

III. Begriffsunterschiede

1. Schiedsregelungen

3 Eine *Schiedsvereinbarung* (auch Schiedsabrede) ist nach § 1029 ZPO eine vertragliche Vereinbarung der Parteien, alle oder einzelne Streitigkeiten die zwischen ihnen in Bezug auf ein bestimmtes Rechtsverhältnis vertraglicher oder nichtvertraglicher Art entstanden sind oder künftig entstehen, der Entscheidung durch ein Schiedsgericht in der Weise zu unterwerfen, dass das Schiedsgericht anstelle des staatlichen Gerichts »endgültig« bzw. »selbstständig und abschließend« über den geltend gemachten Anspruch entscheiden soll. Die Vereinbarung muss damit bei zivilrechtlichen Ansprüchen insoweit den Rechtsweg zu den ordentlichen Gerichten ausschließen.[6] Typische Formulierung daher, dass das Schiedsgericht »unter Ausschluss des ordentlichen Rechtswegs endgültig entscheidet«. Eine Schiedsvereinbarung kann sowohl für einen bereits entstandenen Streit als auch für künftige Streitigkeiten abgeschlossen werden. Sie kann als selbstständige, von allen Gesellschaftern unterschriebene Vereinbarung (Schiedsabrede) oder (nach h.M. nur bei Kapitalgesellschaften) als Satzungsklausel (Schiedsklausel)[7] aufgenommen werden. Unterschieden wird dabei noch zwischen der Schiedsabrede bzw. -klausel, die nur die Vereinbarung enthält, den Rechtsstreit einem Schiedsgericht zu unterstellen sowie ggf. auch die Grundregeln über Zusammensetzung und Verfahren des Schiedsgerichts enthält, und in Ergänzung dazu die Verfahrens- bzw. Schiedsordnung, mit der Parteien gem. § 1042 Abs. 3 ZPO entweder selbst oder auch durch Bezugnahme[8] auf eine Verfahrensordnung[9] das schiedsgerichtliche Verfahren regeln können; wird eine solche Regelung nicht getroffen, gelten die gesetzlichen Regelungen der §§ 1025 ff. ZPO[10] bzw. die vom Schiedsgericht nach freiem Ermessen gegebenen Verfahrensregeln.

4 Das 10. Buch der ZPO regelt in den §§ 1025 ff. ZPO ausführlich das Schiedsgerichtsverfahren. Davon zu unterscheiden ist einerseits das *Schiedsgutachterverfahren*, bei dem es nicht um die Entscheidung eines Rechtsstreites anstelle der staatlichen Gerichte geht, sondern um in der Regel ein Leistungsbestimmungsrecht nach billigem Ermessen gem. §§ 317 ff. BGB

---

4 Vgl. ZNotP Beilage in Heft 3/2000; einsehbar im Internet unter www.dnotv.de dort unter DNotV GmbH – Schiedsgerichtshof – Statut des SGH.
5 Siehe www.bnotk.de/Notar/Berufsrecht/Schiedsvereinbarung.php.
6 BGH v. 24.07.2014 – III ZB 83/13, DNotZ 2014, 912.
7 Hierzu kritisch: *K. Schmidt*, NZG 2018,121. Aufgrund der Satzungsstrenge bei Aktiengesellschaften grds. nicht als Schiedsklausel in der Satzung möglich (*Heskamp*, RNotZ 2012, 415, 424 m.w.N.).
8 BGH v. 24.07.2014 – III ZB 83/13, DNotZ 2014, 912: der Text einer in schriftlichen Schiedsvereinbarung in Bezug genommenen Verfahrensordnung muss weder in der Urkunde enthalten noch mit ihr körperlich verbunden sein, auch nicht bei der Beteiligung von Verbrauchern.
9 Z.B. Verfahrens- und Vergütungsvereinbarung der Bundesnotarkammer vom 28.04.2000 oder der Musterschiedsgerichtsordnung der DIS (Dt. Institution für Schiedsgerichtsbarkeit e.V.) www.dis-arb.de.
10 OLG Karlsruhe v. 28.02.2012 – 17 U 72/11, NZG 2012, 472. Wird eine Schiedsvereinbarung trotz einer Klausel im Vertrag nie abgeschlossen, führt dies nicht zur Undurchführbarkeit und Unanwendbarkeit der Schiedsklausel, denn ausreichend ist, dass ihre sachliche Reichweite bestimmt ist; vielmehr gelten insoweit dann die gesetzlichen Regeln in §§ 1034 bis 1058 ZPO (= OLG Koblenz v. 06.03.2008 – 6 U 610/07; KG v. 21.04.2008 – 20 SchH 4/07, NJW 2008, 2719; Zöller/*Geimer*, § 1029 ZPO Rn. 28); a.A. aber OLG Hamm OLG-Report 2008, 125, weil durch die Verweisung ein offener Einigungsmangel vorliegen kann). Daher sollte immer auch hilfsweise auf die gesetzlichen Regelungen Bezug genommen werden.

oder dass ein Dritter nur Tatumstände festzustellen und Teilfragen zu entscheiden hat, ohne befugt zu sein, auch letztverbindlich darüber zu befinden, welche Verpflichtungen sich daraus für die Parteien ergeben. Zur Abgrenzung ist nicht die Bezeichnung durch die Beteiligten maßgeblich, sondern welche Wirkung der Feststellung des Dritten nach dem Parteiwillen zukommen soll. Sofern eine Überprüfung auf offenbare Unrichtigkeit durch staatliche Gerichte möglich bleiben soll, handelt es sich um ein Schiedsgutachten, soll dies ausgeschlossen sein, liegt ein Schiedsvertrag im Sinn von §§ 1029 ff. ZPO vor.[11] Jedoch ist es nicht ausgeschlossen, dass Parteien sich die Möglichkeit vorbehalten, entweder die Entscheidung durch ein staatliches Gericht überprüfen zu lassen oder ein solches um eine erneute Entscheidung zu bitten.

2. Schlichtungs- und Mediationsregelungen

Zum anderen ist davon das Schlichtungsverfahren abzugrenzen. Durch die *Schlichtungsklausel* soll lediglich die sofortige Klagbarkeit, nicht jedoch ein Verfahren vor den staatlichen Gerichten ausgeschlossen werden. Das Schlichtungsverfahren soll diesem vorgeschaltet sein. Sie ist daher eine Einrede gegen das sofortige Gerichtsverfahren, muss als solche jedoch klar formuliert sein.[12] Im Gesellschaftsbereich ist sie allgemein zulässig und unterliegt keinem gesetzlichen Formzwang.[13] Sie kann allgemein als Satzungsklausel aufgenommen werden, nachträglich wohl nur mit mindestens ¾-Mehrheit aller Gesellschafter (strittig).

Für ein im Rahmen einer solchen Schiedsklausel übliches *Mediationsverfahren*[14] hat der Gesetzgeber nun mit dem »Gesetz zur Förderung der Mediation und anderer Verfahren der außergerichtlichen Konfliktbeilegung« (am 26.07.2012 in Kraft getreten) Regelungen erlassen. Das Anliegen des Gesetzgebers war es dabei, der Mediation einen gewissen Rahmen zu geben, der den Mediationsparteien nützt und die Mediation als Alternative zum staatlichen Gerichtsprozess attraktiver macht. Der Anwendungsbereich des Gesetzes ist jedoch nicht klar bestimmt. Es kann nur angewendet werden, wo eine Mediation vorliegt. Nur dort hat der Mediator die in § 2 Mediationsgesetz genannten Aufgaben und die in § 3 geregelten Offenbarungspflichten und Tätigkeitsbeschränkungen. Nur in einer Mediation gilt die in § 4 gesetzlich angeordnete Verschwiegenheitspflicht. Nur wenn zukünftig andere gesetzliche Bestimmungen an die Mediation oder den Mediator anknüpfen, werden die Definitionen des Mediationsgesetzes zu Grunde gelegt werden.[15]

Nach § 1 Abs. 1 MediationsG ist die Mediation ein vertrauliches und strukturiertes Verfahren, bei dem die Parteien mit Hilfe eines oder mehrerer Mediatoren freiwillig und eigenverantwortlich eine einvernehmliche Beilegung ihres Konflikts anstreben, im Gegensatz zum Schiedsgericht, das eine abschließende Entscheidung trifft. Im Gegensatz zum Schiedsgericht kennt die Mediation weder eine Bindung an den Streitgegenstand noch eine Beschränkung auf vorgegebene Verfahrensschritte und kann damit grundlegende Interessen- bzw. Meinungsdifferenzen aufklären und in Ausgleich bringen, wodurch sie besonders bei Familienunternehmen geeignet ist. Sie verursacht erheblich niedrigeren Zeitaufwand und Kosten als ein gerichtliches Verfahren. Auch Mediationsverfahren, die auf Grund einer (gesellschafts-)vertraglichen Verpflichtung hierzu begonnen werden, fallen unter den Grundsatz der Freiwilligkeit des § 1 MediationsG. Erforderlich ist, dass die Parteien grundsätzlich selbst entscheiden, ob sie eine Mediation durchführen wollen. Der Parteiautonomie

---

11 OLG München v. 01.06.2005 – 34 Sch 5/05, MDR 2005, 1186; OLG Hamm v. 28.10.2008 – 19 U 64/08.
12 OLG Saarbrücken v. 29.04.2015 – 2 U 31/14; BGH Urt. v. 29.10. 2008, XII ZR 165/06, NJW-RR 2009, 637; Loos/Brewitz, SchiedsVZ 2012, 305.
13 Hierzu OLG Frankfurt v. 06.05.2014 – 5 U 116/13, RNotZ 2014, 563.
14 *Habbe/Gieseler*, NGZ 2016, 1010; *Töben*, RNotZ 2013, 321; *Casper/Risse*, ZIP 2000, 437; Heckschen/Heidinger/Heckschen, Die GmbH, 4. Aufl., § 4 Rn. 822 ff.
15 *Risse*, SchiedsVZ 2012, 244 zur Unklarheit des Anwendungsbereichs und zu dessen Auslegung und Anwendung.

unterliegen nicht nur die Aufnahme und Beendigung der Mediation, sondern auch – soweit dies nicht eine entsprechende Satzungsklausel vorgibt – die Auswahl des Mediators, der Verfahrensablauf und der Inhalt der Abschlussvereinbarung sowie die Folge einer Missachtung. Nach § 1 Abs. 2 MediationsG ist ein Mediator »eine unabhängige und neutrale Person ohne Entscheidungsbefugnis, die die Parteien durch die Mediation führt«. Mit der fehlenden Entscheidungsbefugnis ist die inhaltliche Entscheidung im Hinblick auf die Beilegung des Konfliktes gemeint, nicht hingegen die zur Verfahrensführung gehörenden verfahrensleitenden Entscheidungen. Den Parteien bleibt aber als Ausdruck ihrer Eigenverantwortlichkeit unbenommen, den Mediator zur Unterbreitung von Lösungsvorschlägen zu ermächtigen. Der umfangreiche § 2 MediationsG normiert nicht erschöpfend das rechtliche Fundament und die Grundprinzipien des Mediationsverfahrens und die daraus resultierenden Aufgaben des Mediators. Nach § 2 Abs. 5 MediationsG kann eine Mediation als Ausprägung des eigenverantwortlichen und freiwilligen Verfahrens jederzeit von den Medianten beendet werden. Darüber hinaus kann aber auch der Mediator das Mediationsverfahren beenden, insbesondere wenn eine eigenverantwortliche Kommunikation oder eine Einigung der Parteien nicht zu erwarten ist. § 3 MediationsG enthält Offenbarungspflichten und Tätigkeitsbeschränkungen des Mediators, die seine Unabhängigkeit und Neutralität sicherstellen sollen. Nach § 4 MediationsG sind schließlich der Mediator und die in die Mediation eingebundenen Personen zur Verschwiegenheit verpflichtet. Die Mediationsklausel sollte die Hemmung der Klagefrist und deren prozessuale Wirkung als Einrede klar bestimmen, andererseits aber Maßnahmen des einstweiligen Rechtsschutzes und eine Klageerhebung zur Wahrung gesetzlicher Ausschlussfristen zu lassen.

Muster einer Mediationsklausel[16]

8 M   Die Gesellschafter verpflichten sich, zur gütlichen Beilegung von Streitigkeiten im Zusammenhang mit dem Gesellschaftsvertrag und Gesellschafterbeschlüssen ein Mediationsverfahren durchzuführen. Können sich die Beteiligten nicht auf einen Mediator einigen, so wird dieser auf Antrag eines der Beteiligten durch die für die Gesellschaft zuständige Industrie- und Handelskammer benannt. Der Mediator bestimmt die Ausgestaltung des Verfahrens nach billigem Ermessen (*Alternativ:* Das Verfahren richtet sich nach der Verfahrensordnung des DIS). Sämtliche Gesellschafter verpflichten sich, an den Mediationssitzungen teilzunehmen oder einen bevollmächtigten Vertreter zu entsenden. Die Beteiligten verpflichten sich, über den Ablauf der Mediation Verschwiegenheit zu wahren. Im Übrigen gelten die Regelungen des Mediationsgesetzes.
Ein gerichtliches Verfahren ist erst zulässig, wenn die Mediation von einem Beteiligten schriftlich oder vom Mediator jeweils gegenüber den übrigen Beteiligten für gescheitert erklärt wird. Für die Dauer des Mediationsverfahren ist die Frist zur Erhebung einer Anfechtungsklage gehemmt. Die Hemmung beginnt mit Eingang des Antrages auf Durchführung einer Mediation und endet am letzten Tag des Monat, der auf die förmliche Beendigung der Mediation folgt. Die Hemmung endet ferner dann, wenn seit Eingang des Antrages 2 Monate verstrichen sind, ohne dass es zu einer gemeinsamen Mediationssitzung und der Teilnahme aller Gesellschafter gekommen ist. Die Erhebung einer Anfechtungsklage ist erst zulässig, wenn ein Gesellschafter die Mediation in einer ersten gemeinsamen Sitzung für gescheitert erklärt oder wenn seit Eingang des Antrages auf Durchführung der Mediation 2 Monate vergangen sind, ohne dass

---

16 Umfangreiche Vorschläge zur Mediationsklausel siehe: Mediationsordnung der DIS (=Deutsche Institution für Schiedsgerichtsbarkeit e.V., *Töben*, RNotZ 2013, 321; *Casper/Risse*, ZIP 2000, 437; Heckschen/Heidinger/ *Heckschen*, Die GmbH, 4. Aufl., § 4 Rn. 822 ff. (hieran dieses Muster angelehnt).

es zu einer gemeinsamen Mediationssitzung und der Teilnahme aller Gesellschafter gekommen ist. Weigern sich Gesellschafter an der Mediation teilzunehmen, tragen sie die Kosten des folgenden Anfechtungsprozesses unabhängig von dessen Verfahrensausgang. Gerichtliche Eilverfahren bleiben zu jedem Zeitpunkt zulässig.
Die Kosten des Mediationsverfahrens trägt die Gesellschaft; entstehende Anwaltskosten und Auslagen trägt jeder Gesellschafter selbst.

IV. Schiedsvereinbarung

Für die *Schiedsvereinbarung* besteht Vertragsfreiheit, sodass die Parteien, vorbehaltlich der im 10. Buch gemachten Einschränkungen (§ 1042 Abs. 1, 2 ZPO), die Zuständigkeit, Besetzung und das Verfahren des Schiedsgerichtes frei vereinbaren können (§ 1042 Abs. 3 ZPO). Bei nachträglicher Festlegung bedarf es der Zustimmung aller beteiligten Gesellschafter;[17] durch satzungsändernden Mehrheitsbeschluss kann keine Schiedsgerichtsklausel eingeführt werden.[18]

Soweit neben der reinen Schiedsvereinbarung keine weiteren Regelungen (Schiedsordnung) getroffen werden, gelten die gesetzlichen Bestimmungen. Die Verfahrensregeln werden dann vom Schiedsgericht nach freiem Ermessen bestimmt (§ 1042 Abs. 4 Satz 1 ZPO). Die Vereinbarung bestimmte Streitigkeiten einem Schiedsverfahren zu unterstellen bedarf jedoch einer klaren Bestimmung zwischen den Beteiligten, die in Form einer selbstständigen Vereinbarung (Schiedsabrede) oder in Form einer Klausel in einem Vertrag (Schiedsklausel) geschlossen werden kann (§ 1029 Abs. 2 ZPO). Worauf sich die Schiedsvereinbarung bezieht, muss eindeutig festgelegt sein, wobei aber dies nicht einzeln benannt werden muss. Vielmehr ist möglich, dies für alle mit einem Gesellschaftsvertrag in Zusammenhang stehenden Streitigkeiten festzulegen.

1. Form

Nach der früheren Rechtslage gem. § 1027 ZPO a.F., die noch für alle vor dem 01.01.1998 abgeschlossenen Schiedsvereinbarungen gilt (§ 33 Abs. 1 EGZPO), musste der Schiedsvertrag von der Hauptvereinbarung deutlich abgegrenzt und gesondert unterzeichnet sein, soweit nicht der Abschluss des Schiedsvertrages das Hauptgeschäft darstellte, was in der Regel nicht bei Abschluss eines Gesellschaftsvertrages vorlag.[19] Im Gegensatz dazu gilt für seit 01.01.1998 abgeschlossene Schiedsvereinbarungen: Nur wenn an ihr ein Verbraucher beteiligt ist, muss sie weiterhin in einer von den Parteien eigenhändig unterzeichneten Urkunde enthalten sein, die keine anderen Vereinbarungen als solche enthalten darf, die sich auf das schiedsrichterliche Verfahren beziehen; bei Schiedsvereinbarungen, an denen ein Verbraucher beteiligt ist, gilt dies jedoch nicht, wenn notarielle Beurkundung erfolgt.[20] Allgemein genügt aber Schriftlichkeit i.S.d. besonderen Bestimmungen in § 1031 Abs. 1 bis 4 ZPO. Verbraucher i.S.v. § 1031 ZPO ist nach der Legaldefinition des § 13 BGB eine natürliche Person, die bei dem Geschäft, das Gegenstand der Streitigkeit ist, zu einem Zweck handelt, der überwiegend weder ihrer gewerblichen noch ihrer selbstständigen beruflichen Tätigkeit zugerechnet werden kann. Reine Kapitalbeteiligungen eines Verbrauchers sind bei einer

---

17 Soweit auch – wie bei Beschlussmängelstreitigkeiten – die Gesellschaft selbst Beteiligte sein kann, wird auch deren Zustimmung als erforderlich angesehen.
18 BGH Urt. v. 03.04.2000 – II ZR 373/98: Das Grundrecht der Handlungsfreiheit und Privatautonomie verlangt, dass die Unterwerfung unter die Schiedsgerichtsklausel und der damit verbundene Verzicht auf die Entscheidung eines staatlichen Rechtsprechungsorgans grds. auf dem freien Willen des Betroffenen beruhen.
19 Hierzu *Brehme*, BB 2008, 685.
20 BGH v. 24.07.2014 – III ZB 83/13, DNotZ 2014, 912; BGH v. 01.03.2007 – III ZR 164/06, DNotZ 2007, 468 = MittBayNot 2007, 312.

offenen Handelsgesellschaft eher selten, aber denkbar, bei einer KG oder GmbH dagegen häufig. Unternehmer- (§ 14 BGB) und nicht Verbraucherhandeln (§ 1031 Abs. 5 Satz 1 ZPO i.V.m. § 13 BGB) liegt schon dann vor, wenn das betreffende Geschäft im Zuge der Aufnahme einer gewerblichen oder selbstständigen beruflichen Tätigkeit (sogenannte Existenzgründung) geschlossen wird.[21]

12 Ergibt sich (ggf. durch Auslegung) aus der Schiedsklausel, dass die Parteien dem Schiedsgericht auch die Entscheidung des Streits über die Wirksamkeit des Hauptvertrages übertragen haben, so ist der Schiedsvertrag selbstständig und stellt in diesem Sinn keinen Bestandteil des Hauptvertrages dar. Das bedeutet, dass in solchen Fällen die Schiedsvereinbarung, auf die sich nur das Formerfordernis des § 1031 ZPO bezieht, nicht dem für den Hauptvertrag vorgesehenen Formzwang unterfällt. Dass bei notarieller Beurkundung einer Schiedsabrede das Trennungsgebot zwischen Haupt- und Schiedsvertrag bei Beteiligung eines Verbrauchers nicht gilt, besagt nach BGH aber nichts dafür, dass Schiedsklauseln einschließlich einer in ihnen in Bezug genommenen Schiedsgerichtsordnung beurkundungsbedürftig wären.[22] Nur in Zweifelsfällen muss die Form des § 1031 Abs. 5 ZPO und bei Beteiligung von Verbrauchern das Trennungsgebot gewahrt werden soweit keine notarielle Beurkundung (auch im Zusammenhang des Gesellschaftsvertrages selbst) erfolgt. Der Text, der in der schriftlichen bzw. beurkundeten Schiedsvereinbarung in Bezug genommenen Verfahrensordnung, muss weder in der Urkunde enthalten noch mit ihr körperlich verbunden sein.[23] Wird eine Schiedsklausel nachträglich in den Gesellschaftsvertrag aufgenommen oder inhaltlich erweitert, bedarf es dazu der Zustimmung sämtlicher Gesellschafter.

2. Wirkung

13 Sind Streitigkeiten aus einem bestimmten Rechtsverhältnis einer Schiedsvereinbarung unterstellt, dann schließt dies grundsätzlich die ordentliche Klage **und** den Urkundenprozess (§§ 592 ff. ZPO) vor dem staatlichen Gericht aus.[24] Die Parteien haben aber weitgehende Vereinbarungsfreiheit, eine bestimmte Streitigkeit der Entscheidung in einem schiedsrichterlichen Verfahren zu unterstellen, denn dem Schiedsspruch erwächst die bindende Kraft (vgl. § 1055 ZPO) allein durch den Konsens der Parteien. Sie können damit den Schiedsspruch auch unter eine auflösende Bedingung stellen, etwa dergestalt, dass er nur Gültigkeit erlangt, wenn nicht binnen bestimmter Frist Klage vor dem staatlichen Gericht erhoben wird. Aufgrund der Dispositionsfreiheit können die Parteien einem bindend ergangenen Schiedsspruch die Bindungswirkung auch nachträglich nehmen.[25]

14 Ungeachtet der Schiedsvereinbarung bleiben die staatlichen Gerichte unter anderem zuständig für die Feststellung der Zulässigkeit oder Unzulässigkeit eines schiedsrichterlichen Verfahrens (§ 1032 Abs. 2 ZPO), für die Entscheidung über einen die Zuständigkeit

---

21 So im vom BGH mit Beschl. v. 24.02.2005 – III ZB 36/04 entschiedenen Fall bei einem Schiedsvertrag im Rahmen eines Gemeinschaftspraxisvertrages.
22 BGH v. 24.07.2014 – III ZB 83/13, DNotZ 2014, 912.
23 BGH v. 24.07.2014 – III ZB 83/13, DNotZ 2014, 912 ohne zu differenzieren, ob eine bestimmte Schiedsordnung gelten soll oder ob eine dynamische Verweisung auf eine institutionelle Schiedsordnung in der jeweiligen geltenden Fassung gemacht wird, was als Vereinbarung eines Drittbestimmungsrechts verstanden wird. Siehe DNotI-Report 2008, 188.
24 Vgl. BGH, Urt. v. 12.01.2006 – III ZR 214/05; OLG Köln OLG-Report 2001, 227, 228; Stein/Jonas/*Schlosser*, § 1029 ZPO Rn. 23 a.E., s. ferner § 1032 ZPO Rn. 6; Zöller/*Greger*, Vor § 592 ZPO Rn. 3; Musielak/*Voit*, § 592 ZPO Rn. 15; Thomas/Putzo/*Reichold*, Vorb. § 592 ZPO Rn. 2 und § 1032 ZPO Rn. 1; *Wolf*, DB 1999, 1101, 1104; so wohl auch MüKo-ZPO/*Münch*, § 1032 ZPO Rn. 6 und MüKo-BGB/*Braun*, § 597 BGB Rn. 2a; *Schwab/Walter*, Schiedsgerichtsbarkeit, Kapitel 7 Rn. 16a; a.A. OLG Düsseldorf OLG-Report 1995, 198, 199 und 1998, 225, 226 f.; OLG Bamberg OLG-Report 2005, 79, 80.
25 BGH v. 01.03.2007 – III ZB 7/06, NJW-RR 2007, 1511.

betreffenden Zwischenentscheid des Schiedsgerichts (§ 1040 Abs. 3 Satz 1 und 2 ZPO) oder für die Anordnung vorläufiger oder sichernder Maßnahmen (§ 1033 ZPO).

3. Beitritt

Grundsätzlich bindet eine Schiedsvereinbarung nur die Personen, die sie geschlossen haben, da sie stets einen Verzicht auf staatlichen Rechtsschutz enthält. Tritt ein Gesellschafter jedoch durch Einzel- oder Gesamtrechtsnachfolge später in die Gesellschaft ein, so gehen die Rechte und Pflichten aus der im Gesellschaftsvertrag enthaltenen Schiedsklausel und aus der Schiedsordnung auf ihn über, ohne dass es eines gesonderten Beitritts zum Schiedsvertrag in der Form des § 1031 ZPO bedürfte[26] (eine Vereinbarung, durch die die Geltung der Schiedsklausel für den eintretenden Gesellschafter ausgeschlossen wird, ist möglich); ebenso auch gebunden ist der übernehmende Rechtsträger bei einer gesellschaftsrechtlichen Spaltung oder Ausgliederung.[27] Bei nebenvertraglicher Schiedsabrede bedarf es aber eines ausdrücklichen Eintritts in die Schiedsvereinbarung. Bei Neufassung des Gesellschaftsvertrages muss die Weitergeltung einer ausgegliederten Schiedsvereinbarung ausdrücklich geregelt werden.[28]

15

4. Inhalt

Inhalt einer Schiedsvereinbarung sollte sein:[29]

16

a) Sitz des Schiedsgerichtes

Sitz des Schiedsgerichtes im Sinne einer Vereinbarung, dass der Ort des Schiedsverfahrens innerhalb Deutschland liegt, weil nur dann die Regeln der ZPO Anwendung finden, (Territorialitätsprinzips im Schiedsverfahren §§ 1025 Abs. 1, 1043 Abs. 1 ZPO).

17

b) Gegenstand des Schiedsverfahrens

Gegenstand des Schiedsverfahrens, was prinzipiell jede vermögensrechtliche Streitigkeit sein kann sowie auch nicht vermögensrechtliche Streitigkeiten, über die ein Vergleich geschlossen werden kann (§ 1030 ZPO), nicht jedoch der Rechtsstreit über den Bestand eines Mietverhältnisses über Wohnraum. Die Parteien müssen genau bestimmen, welche Streitigkeit sie der Entscheidung des Schiedsgerichts unterwerfen wollen,[30] ob nur einzelne oder alle Streitigkeiten aus dem Gesellschaftsvertrag oder aus dem gesamten Gesellschaftsverhältnis und ob die Wirkung des Schiedsvertrages an die Gesellschafterstellung gebunden ist oder auch noch Streitigkeiten mit ausgeschiedenen Gesellschaftern erfasst. Im Zweifel umfasst er auch Streitigkeiten mit ausgeschiedenen Gesellschaftern und über die Wirksamkeit des Gesell-

18

---

26 BGHZ 68, 356; 71, 162; BGH NJW 1979, 2567; DNotZ 1980, 699. Nach h.M. soll die Satzungslösung jedoch nur bei Kapitalgesellschaften gelten, bei Personengesellschaften nur die allseitige Schiedsvereinbarung aller Gesellschafter (Konsortiallösung), wodurch ein neuer Gesellschafter sich dem abgeschlossenen Schiedsvertrag individuell anschließen muss; kritisch hierzu *K. Schmidt*, NZG 2018, 121.
27 OLG München v. 26.01.2016 – 34 SchH 13/15, NZG 2016, 662.
28 BGH v. 06.04.2017 – I ZB 23/16 (Schiedsfähigkeit III)
29 Vgl. die detaillierten Angaben in den Erläuterungen zur Empfehlung für eine Schiedsvereinbarung mit Verfahrens- und Vergütungsvereinbarung (Beschluss der 80. Vertreterversammlung der Bundesnotarkammer vom 28.04.2000) ab Rn. 25 ff.
30 Nach BGH v. 04.10.2001 – III ZR 281/00 richtet sich die Reichweite eines Schiedsvertrages nach dem Willen der Parteien, die darüber zu bestimmen haben, welche Streitigkeit sie der Entscheidung des Schiedsgerichts unterwerfen wollen. Ist das Schiedsgericht nur »für alle Streitigkeiten aus diesem Gesellschaftsvertrag ...« bestimmt, ist es nicht für sonstige Streitigkeiten aus dem Gesellschaftsverhältnis zuständig.

schaftsvertrages³¹ (zu den Besonderheiten bei Beschlussmängelstreitigkeiten s. nachfolgend Rdn. 27 ff.). Unzulässig ist seit der Neuregelung des Schiedsverfahrens im Jahre 1997 eine Kompetenz-Kompetenz-Klausel, wonach das Schiedsgericht selbst über die Gültigkeit der Schiedsvereinbarung »bindend« entscheiden kann. Eine solche führt aber nicht zur Gesamtnichtigkeit der Schiedsklausel.[32]

c) Bildung des Schiedsgerichts

19 – *Anzahl der Schiedsrichter und ggf. deren Qualifikation:* Nach § 1034 Abs. 1 ZPO sind dies drei Personen, soweit die Schiedsvereinbarung nichts Abweichendes nach oben oder unten bestimmt. Eine ungerade Zahl ist zu empfehlen. Fehlt dazu eine Regelung bestimmt das Gericht gem. § 1035 Abs. 3 ZPO die Schiedsrichter.[33]
– *Bestellungsverfahren*: Dies ist ausführlich in §§ 1034 ff. ZPO geregelt, sodass es sich empfiehlt, hierauf Bezug zu nehmen. Die immer wieder anzutreffende Regelung, dass bei nicht fristgemäßer Benennung eines Schiedsrichters durch eine Seite die andere Seite diesen benennen kann, ist unzulässig, macht jedoch nicht den gesamten Schiedsvertrag unwirksam.[34]
– *Ablehnungsverfahren* hinsichtlich eines Schiedsrichters: auch hier enthält das Gesetz in § 1037 eine ausreichende Regelung.

d) Regelungen zum Verfahren

20 Zum Verfahren enthalten die §§ 1042 ff. ZPO detaillierte Regelungen. Eine besondere Verfahrensordnung ist daher nicht zwingend notwendig. Diesbezüglich kann auch auf spezielle institutionelle Schiedsordnungen[35] verwiesen werden, ohne diese mitbeurkunden zu müssen. Die Schiedsvereinbarung sollte den Ort des schiedsrichterlichen Verfahrens bestimmen, sowie festlegen, ob das Verfahren mündlich oder schriftlich durchgeführt wird, was ansonsten das Schiedsgericht selbst entscheidet (§ 1047 ZPO). Auch die Verfahrenssprache sollte bei Auslandsbezug festgelegt werden. Soweit eine Vereinbarung der Parteien nicht vorliegt und das Zehnte Buch der ZPO keine Regelung enthält, werden die Verfahrensregeln vom Schiedsgericht nach freiem Ermessen bestimmt (§ 1042 Abs. 4 Satz 1 ZPO).

21 Klarzustellen ist, ob die Schiedsvereinbarung die staatliche Gerichtsbarkeit ausschließt und ob über die formalen Aufhebungsgründe des § 1059 ZPO hinaus ein Rechtsbehelf gegen den Schiedsspruch eingelegt werden kann.

22 Vollstreckbar wird ein Schiedsspruch erst, wenn dieser nach dem Verfahren der §§ 1062 bis 1065 ZPO vom zuständigen OLG aufgrund eines Antrags einer Verfahrenspartei unter Einreichung des Schiedsspruches in beglaubigter Abschrift für vollstreckbar erklärt wird.

Schiedsklausel im Gesellschaftsvertrag ohne Beschlussmängel

23 M **Über alle Streitigkeiten, die sich aus diesem Gesellschaftsverhältnis ergeben, sowohl zwischen der Gesellschaft und Gesellschaftern, als auch zwischen Gesellschaftern**

---

31 BGH v. 01.08.2002 – III ZB 66/01, NJW-RR 2002, 1462. OLG Koblenz v. 06.03.2008 – 6 U 610/07, wenn eine gesellschaftsvertragliche Schiedsvereinbarung die ausschließliche Zuständigkeit des Schiedsgerichts für »alle Streitigkeiten und Meinungsverschiedenheiten zwischen den Gesellschaftern oder zwischen der Gesellschaft und einzelnen Gesellschaftern, soweit sie das Gesellschaftsverhältnis berühren« bestimmt.
32 BGH v. 24.07.2014 – III ZB 83/13, DNotZ 2014, 912.
33 KG v. 21.04.2008 – 20 SchH 4/07, NJW 2008, 2719.
34 BGH v. 01.03.2007 – III ZR 164/06, NJW-RR 2007, 1466 = MittBayNot 2007, 312: Benachteiligte Partei kann mit Antrag gem. § 1034 Abs. 2 Satz 1 ZPO durch Entscheidung des staatlichen Gerichts eine ausgewogene Zusammensetzung des Schiedsgerichts erreichen.
35 Z.B. Deutsche Institution für Schiedsgerichtsbarkeit e.V.

untereinander, entscheidet unter Ausschluss des ordentlichen Rechtswegs ein Schiedsgericht. Dies gilt auch für Streitigkeiten aus und im Zusammenhang mit diesem Gesellschaftsvertrag, einschließlich dessen Wirksamkeit, und bei Streitigkeiten mit ausgeschiedenen Gesellschaftern. *Hierfür gelten die als Anlage beigefügte Schiedsordnung sowie ergänzend die gesetzlichen Regelungen//alternativ//Hierfür gilt eine noch abzuschließende gesonderte Schiedsordnung sowie die gesetzlichen Regelungen. Das Schiedsgericht entscheidet jedoch nicht über Streitigkeiten über die Wirksamkeit, Anfechtbarkeit oder Nichtigkeit von Beschlüssen der Gesellschafterversammlung sowie von Beschlüssen eines Beirats, Aufsichtsrats oder sonstiger Gesellschaftsgremien, soweit diese im Gesellschaftsvertrag vorgesehen oder bestellt sind (Beschlussmängelstreitigkeiten).*[36]

Muster einer Schiedsordnung (ohne Beschlussmängelstreitigkeit)

Getrennte Niederlegung nebst der Schiedsvereinbarung ist nur bei Beteiligung eines Verbrauchers i.S.v. § 1031 Abs. 5 Satz 3 ZPO erforderlich, soweit keine gemeinsam mögliche Beurkundung erfolgt; sonst ist die Einbeziehung in den Gesellschaftsvertrag möglich.[37]

24

I.

25 M

Die Gesellschafter der »Naumann und Neumann OHG« mit dem Sitz in Lübeck haben in ihrem Gesellschaftsvertrag vereinbart, dass über alle Streitigkeiten, die sich aus dem Gesellschaftsverhältnis ergeben, sowohl zwischen der Gesellschaft und Gesellschaftern als auch zwischen Gesellschaftern untereinander, unter Ausschluss des ordentlichen Rechtswegs ein Schiedsgericht entscheidet. Dies gilt auch für Streitigkeiten aus und im Zusammenhang mit dem Gesellschaftsvertrag. Im Einzelnen gelten hierzu die Vereinbarungen in dieser Schiedsordnung.

II.

Das Schiedsgericht besteht aus 3 Schiedsrichtern:
Jede Partei ernennt einen Schiedsrichter; ausgeschlossen sind Personen, die zu der Partei in einem Dienstverhältnis oder in einem ähnlichen Rechtsverhältnis stehen, auch wenn das Rechtsverhältnis keinen Zusammenhang mit der Streitigkeit hat. Die beiden Schiedsrichter bestimmen einen Obmann, der die Befähigung zum Richteramt haben muss. Einigen sie sich innerhalb von zwei Wochen nach Benennung des letzten der beiden Schiedsrichter auf die Person des Obmanns nicht, so soll dieser auf Antrag eines der beiden Schiedsrichter oder auf Antrag einer der Parteien vom Präsidenten der Industrie- und Handelskammer Lübeck bestimmt werden.

III.

Die betreibende Partei hat der Gegenpartei – unter Benennung des eigenen Schiedsrichters – den Streitgegenstand schriftlich darzulegen und sie aufzufordern, ihrerseits innerhalb von zwei Wochen einen Schiedsrichter schriftlich gegenüber der betreibenden Partei zu benennen. Geschieht dies innerhalb dieser Frist nicht, so soll der Prä-

---

[36] Bezüglich Beschlussmängelstreitigen verlangt der BGH besondere Verfahrensregelungen; siehe hierzu Rdn 27 ff.
[37] S. Rdn. 11. Weiteres Muster bei § 144 Rdn. 38 M.

sident der Industrie- und Handelskammer Lübeck auf Antrag der betreibenden Partei den Schiedsrichter benennen.[38]

IV.

Fällt ein Schiedsrichter weg, so ist innerhalb von zwei Wochen ein neuer Schiedsrichter zu benennen. Die Bestimmungen unter II. und III. gelten entsprechend.

V.

Soweit dieser Schiedsvertrag keine abweichende Regelung enthält, gelten die Bestimmungen der §§ 1025 ff. ZPO, insbesondere 1034 ff. ZPO, für das Verfahren des Schiedsgerichts die §§ 1042 ff. ZPO. Die Schiedsrichter haben vor Erlass des Schiedsspruchs die Parteien zu hören und den dem Streit zugrunde liegenden Sachverhalt zu ermitteln, soweit sie die Ermittlung für erforderlich halten. Im Übrigen wird das Verfahren von den Schiedsrichtern nach freiem Ermessen bestimmt.
Die Entscheidungen über den äußeren Ablauf des Verfahrens trifft der Obmann. Dieser bestimmt über den Tagungsort und die Termine.

VI.

Für die Abstimmung des Schiedsgerichts und die Entscheidung aufgrund der Abstimmung gelten die §§ 194 ff. GVG.

VII.

Wird der Schiedsspruch aufgehoben, so ist erneut nach den Bestimmungen dieses Schiedsvertrages im Schiedsverfahren zu entscheiden.

■ *Kosten.* Wird die Schiedsvereinbarung zusammen mit dem Gesellschaftsvertrag in einer Niederschrift beurkundet, liegt gleicher Gegenstand vor. Wird diese als selbstständige Vereinbarung, die sich ausschließlich mit dem schiedsrichterlichen Verfahren befasst, beurkundet, entsteht eine 2,0 Gebühr nach Nr. 21100 KV GNotKG; fertigt der Notar lediglich den Entwurf der Schiedsabrede entsteht diese Gebühr nach Nr. 24100 KV GNotKG. Dies erfasst m.E. auch die im Zusammenhang mitbeurkundete Verfahrensordnung. Der Geschäftswert ist gem. § 97 Abs. 1 GNotKG nach dem Wert des beurkundeten Rechtsverhältnisses zu bestimmen, welche wiederum nach § 36 Abs. 1 GNotKG nach billigem Ermessen zu bestimmen ist. Angemessen sind etwa 10–20 % des Wertes des Gesellschaftsvertrages, keinesfalls jedoch mehr als der Wert des Rechtsgeschäftes, auf das sich der Schiedsvertrag bezieht. Auch bei Zusammenbeurkundung mit dem Gesellschaftsvertrag kann der Wert für den gesondert abgeschlossenen Schiedsvertrag nicht mit dem Wert des Gesellschaftsvertrages zusammengerechnet werden, sondern ist eigens zu bewerten; ein Fall des § 109 GNotKG liegt nicht vor.

---

38 Ohne diese Regelung erfolgt die Benennung durch das für den Ort des Schiedsverfahrens zuständige OLG gem. §§ 1035 i.V.m. § 1062 Abs. 1 Nr. 1 ZPO; entscheidend ist, dass der zur Bestimmung befugte Dritte parteiliche Unabhängigkeit hat und nicht einer Partei nahe steht, sonst gilt 1034 Abs. 2 ZPO; i.Ü. bleibt aber die Schiedsklausel wirksam (BGH v. 01.03.2007 – III ZR 164/06, NJW-RR 2007, 1466 = MittBayNot 2007, 312).

Gemeinsame Benennung der Schiedsrichter oder Benennung durch einen neutralen Dritten[39]

Festlegung der Schiedsrichter

26 M

.....

II.

Das Schiedsgericht besteht grundsätzlich aus einem, auf Antrag einer Partei aus drei Schiedsrichtern. Die Schiedsrichter sollen fallbezogene Sachkunde haben. Werden drei Schiedsrichter bestellt, sollen sie sich mit ihren Erfahrungen ergänzen. Ein Schiedsrichter muss die Befähigung zum Richteramt haben.

III.

Die betreibende Partei hat der Gegenpartei den Streitgegenstand schriftlich darzulegen und sie aufzufordern, mit ihr innerhalb von zwei Wochen in Verhandlungen über die gemeinsame Bestellung eines Schiedsrichters (oder, falls von einer Seite bereits beantragt, der drei Schiedsrichter) einzutreten. Kommt eine Einigung über den bzw. die Schiedsrichter nicht innerhalb weiterer zwei Wochen zustande, kann jede Partei seine bzw. ihre Bestellung durch den Präsidenten des Landgerichts Lübeck beantragen.

IV.

Beantragt eine der Parteien innerhalb von zwei Wochen nach Ernennung des Einzelschiedsrichters die Erweiterung des Schiedsgerichts auf drei Richter, so wird unter Vorsitz des Schiedsrichters über die Person der weiteren Schiedsrichter verhandelt. Kommt eine Einigung nicht zustande, so beantragt der Schiedsrichter die Bestellung des oder der weiteren Richter durch den Präsidenten des Landgerichts Lübeck. Er kann Auswahlvorschläge machen.

V.

Besteht das Schiedsgericht aus drei Richtern, wählen sie aus ihrer Mitte den Obmann.
.....

Beschlussmängelstreitigkeiten

Im Gegensatz zum normalen Schiedsverfahren bei dem der Schiedsspruch nur unmittelbar zwischen den Parteien des Schiedsverfahrens Rechtswirkungen erzeugt, muss ein Schiedsspruch in Beschlussmängelstreitigkeiten bei einer GmbH[40] Rechtswirkung für alle Gesellschafter und die Gesellschaft haben. Hinsichtlich des Streits über die Wirksamkeit, Anfechtbarkeit oder Nichtigkeit von Gesellschafterbeschlüssen sowie von Beschlüssen eines Beirats,

27

---

39 Nach dem Formulierungsvorschlag von *Franzen*, NJW 1986, 299.
40 Anders bei Personengesellschaften, bei denen der Beschluss der Gesellschafterversammlung durch Feststellungsklage gegen diejenigen Gesellschafter, die die Unwirksamkeit oder Wirksamkeit des Beschlusses bestreiten. Das Feststellungsurteil hat nur Rechtskraft inter partes (BGH v. 16.04.2015 – I ZB 3/14 NZG 2015, 1242). Kritisch dazu: *K. Schmidt*, NZG 2018, 121.

Aufsichtsrats oder sonstiger Gesellschaftsgremien, soweit diese im Gesellschaftsvertrag vorgesehen oder bestellt sind, (= Beschlussmängelstreitigkeiten) gibt es jedoch keine besonderen gesetzlichen Regelungen für das schiedsgerichtliche Verfahren. Von der Rechtsprechung werden die aktienrechtlichen Bestimmungen der §§ 241 ff. AktG auch für die GmbH als Leitbild teilweise analog angewendet. Beschlussmängelstreitigkeiten werden nunmehr auch von der Rechtsprechung[41] sowohl bei einer GmbH als auch bei einer Personengesellschaft[42] als »schiedsfähig« anerkannt, sofern und soweit das vereinbarte schiedsgerichtliche Verfahren die Belange der von der Rechtskraftwirkung analog §§ 248 Abs. 1 Satz 1, 249 Abs. 1. Satz 1 AktG potenziell berührten Gesellschafter in einer dem Rechtsschutz durch staatliche Gerichte gleichwertigen Weise ausgestaltet ist, also einen aus dem Rechtsstaatsprinzip folgenden Mindeststandard an Mitwirkungsrechten und damit an Rechtsschutzgewährung für alle ihr unterworfenen Gesellschafter einhält. Sollen auch bei Personengesellschaften Beschlussmängelstreitigkeiten vor einem Schiedsgericht ausgetragen werden, ist erforderlich, dass der Gesellschaftsvertrag und ergänzend dazu in einer Schiedsvereinbarung zwischen den jeweiligen Gesellschaftern ausdrücklich vorsieht, dass Beschlussmängelanfechtungsklagen ausschließlich gegen die Gesellschaft zu richten sind; nur dann sind die Rechtsprechungsgrundsätze des BGH auch anzuwenden.[43]

28   Die Voraussetzungen sind:
1. Die Schiedsabrede muss mit Zustimmung sämtlicher Gesellschafter in der Satzung verankert sein;[44] alternativ reicht ein außerhalb der Satzung unter Mitwirkung sämtlicher Gesellschafter und der Gesellschaft getroffenes Abkommen aus.
2. Jeder Gesellschafter muss – neben den Gesellschaftsorgane – über die Einleitung und den Verlauf des Schiedsverfahrens informiert und dadurch in die Lage versetzt werden, dem Verfahren zumindest als Nebenintervenient beizutreten.
3. Bei der Zusammensetzung des Schiedsgerichts ist darauf zu achten, dass alle Gesellschafter darauf Einfluss nehmen können. Sämtliche Gesellschafter müssen an der Auswahl und Bestellung der Schiedsrichter mitwirken können, soweit nicht die Auswahl durch eine neutrale Stelle erfolgt. Daher wird empfohlen, die Bestellung der Schiedsrichter durch einen neutralen Dritten vornehmen zu lassen oder im Voraus ein festbesetztes Schiedsgericht einzurichten. Ansonsten kann die Bestimmung der Schiedsrichter durch die Kläger- und Beklagtenseite erst dann vorgenommen werden, wenn den anderen Gesellschaftern die Gelegenheit gegeben wurde, dem Verfahren beizutreten und diesen dann ein entsprechendes Mitwirkungsrecht eingeräumt wurde. Im Rahmen der Beteiligung mehrerer Gesellschafter auf einer Seite des Schiedsverhältnisses kann dabei grundsätzlich das Mehrheitsprinzip zur Anwendung gebracht werden. Die Schiedsabrede sollte vorsehen, dass innerhalb einer bestimmten angemessenen Frist[45] die Benennung eines Schiedsrichters durch eine Verfahrensseite erfolgen muss. Erfolgt dies auf einer Seite nicht oder besteht Uneinigkeit auf Kläger- oder Beklagtenseite, sollte vorgesehen werden, dass dann sämtlicher Schiedsrichter durch eine neutrale Stelle ernannt werden.[46]
4. Es muss gewährleistet sein, dass alle denselben Streitgegenstand betreffenden Beschlussmängelstreitigkeiten bei einem einzigen Schiedsgericht konzentriert werden.

---

41 BGH NZG 2009, 620 = NJW 2009, 1962 Rn. 20 – Schiedsfähigkeit II.
42 BGH v. 06.04.2017 – I ZB 23/16 (Schiedsfähigkeit III), DNotZ 2017, 953; MittBayNot 2017, 505; NZG 2017, 657; RNotZ 2017, 477: »sofern bei diesen gegenüber Kapitalgesellschaften keine Abweichungen geboten sind.« Kritisch dazu *Bryant*, SchiedsVZ 2017, 194; *Borris*, NZG 2017, 761.
43 *Sackmann*, NZG 2016, 1041; *Borris*, NZG 2017,761. *K. Schmidt*, NZG 2018, 121.
44 Die satzungsmäßige Schiedsklausel hat den Vorteil, dass sie sowohl die gegenwärtigen als so auch die zukünftigen Gesellschafter bindet.
45 Empfehlenswert die Monatsfrist nach § 246 AktG; vgl. *Rensen*, NZG 2011, 569.
46 Im Einzelnen u.a. *Göz/Peitsmeyer*, DB 2009, 1915; *Witte/Hafner*, DStR 2009, 2052; *Römermann*, GmbHR 2009, 710; Heckschen/Heidinger/*Heckschen*, Die GmbH, 3. Aufl., § 4 Rn. 384.

Hinsichtlich der Zuständigkeitskonzentration muss die Schiedsabrede die erforderliche Regelung in der Weise dahin gehend enthalten, dass der erste bei der Geschäftsleitung der Gesellschaft eingegangene Antrag, die Streitigkeiten einem Schiedsgericht vorzulegen, Sperrwirkung im Sinne einer Verfahrenskonzentration im Bezug auf spätere Anträge enthält. Antragsgegner in einer Beschlussmängelstreitigkeit bei einer GmbH ist stets die Gesellschaft, bei einer Personengesellschaft sind dagegen Beschlussanfechtungsklagen grundsätzlich im Wege einer Feststellungsklage nur gegen alle entgegentretenden Gesellschafter zu erheben, sodass Antragsgegner nur die Gesellschaft ist, wenn dies ausdrücklich im Gesellschaftsvertrag festgelegt ist.[47] Die Schiedsabrede muss auch die nicht verzichtbare Bestimmung enthalten, das der Verfahrenseinleitungsantrag ohne Festlegung des Antragstellers auf einen Schiedsrichter bei der Gesellschaft einzureichen und von dort an sämtliche Mitgesellschafter mit der Anforderung zuzustellen ist, binnen einer bestimmten Frist über einen Beitritt aufseiten des Antragstellers oder der Gesellschaft zu entscheiden.[48]

Diese Voraussetzungen muss die Schiedsabrede klar und eindeutig regeln.

Fehlt es daran, so ist die Schiedsklausel insoweit wegen Beschlussmängelstreitigkeiten, jedoch nicht insgesamt, gem. §§ 138, 139 BGB unwirksam.

Soll in einem Gesellschaftsvertrag eine Schiedsklausel neu aufgenommen werden oder eine bereits bestehende Schiedsklausel um den Bereich der Beschlussmängelstreitigkeiten ergänzt werden, bedarf es zur Aufnahme der Schiedsklausel grundsätzlich der Zustimmung aller Gesellschafter. Besteht schon eine unzureichende Schiedsklausel für Beschlussmängel, die lediglich an die Vorgaben des BGH angepasst werden soll, wird ein qualifizierter, satzungsändernder Mehrheitsbeschluss nach § 53 Abs. 2 GmbHG genügen,[49] zumindest sind die Gesellschafter aufgrund der gesellschaftsvertraglichen Treuepflicht verpflichtet, an der Nachbesserung mitzuwirken. Wegen der Bestimmung des § 1031 Abs. 5 Satz 1 ZPO, wonach die Schiedsabrede eigenhändig unterschrieben sein muss, ist die Satzungsänderung durch notarielle Beurkundung nach §§ 8 ff. BeurkG, nicht in Form einer Niederschrift gem. §§ 36 ff. BeurkG vorzunehmen.

Zu beachten ist, dass die Frist des § 246 Abs. 1 AktG nur gewahrt wird, wenn die Klage vor Fristablauf rechtshängig geworden, also zugestellt bzw. zumindest bei der Gesellschaft eingereicht ist. Der bloße Antrag auf Einleitung eines Schiedsverfahrens nach § 1044 ZPO bewirkt noch keine Rechtshängigkeit, wenn darin die Anfechtungsgründe nicht angegeben sind. In der Schiedsklausel empfiehlt sich daher eine eindeutige Regelung dahin, dass die Antragsfrist durch die rechtzeitige Antragsstellung nach § 1044 ZPO gewahrt ist, wenn unverzüglich nach der Konstituierung des Schiedsgerichtes die Klage erhoben wird.[50] Da nach der Rechtsprechung die Gestaltungswirkung eines Schiedsurteiles erst mit Vollstreckbarerklärung eintritt, empfiehlt es sich, diese Erklärung nach § 1060 ZPO innerhalb angemessener Frist einzuholen.[51]

---

47 Im Einzelnen: *Bryant*, SchiedsVZ 2017, 194; *Borris*, NZG 2017, 761.
48 *Böttcher/Helle*, NZG 2009, 700; um die (ggf. nach Satzung bzw. Gesetz) zu beachtenden Anfechtungsfrist zu wahren, s. die nötige Regelung im nachfolgenden Muster sowie hierzu Rdn. 30.
49 Im Einzelnen *Göz/Peitsmeyer*, DB 2009, 1915; nach a.A. von *Nolting*, NotBZ 2009, 241, bedarf die Satzungsänderung der formfreien Zustimmung sämtlicher Gesellschafter nach § 53 Abs. 3 GmbHG, sodass auch im Hinblick auf die Form des § 1031 ZPO die Beurkundung mit allen Gesellschaftern dringend zu empfehlen ist. Ausführlich dazu auch *Witte/Hafner*, DStR 2009, 2052.
50 Im Einzelnen *Nolting*, NotBZ 2009, 241.
51 *Nolting*, NotBZ 2009, 241.

Schiedsklausel für Beschlussmängelstreitigkeiten

31 M **Schiedsklausel**

Sämtliche Streitigkeiten zwischen den Gesellschaftern oder zwischen der Gesellschaft oder einer ihrer Organe und den Gesellschaftern im Zusammenhang mit diesem Gesellschaftsvertrag oder dem Gesellschaftsverhältnis, insbesondere über die Gültigkeit dieses Vertrages, seinen Inhalt und Auslegung, wie auch die Auflösung der Gesellschaft, sollen unter Ausschluss des ordentlichen Gerichtsweges durch ein privates Schiedsgericht entschieden werden. Dies gilt auch für Streitigkeiten über die Wirksamkeit dieses Gesellschaftsvertrags sowie über die Wirksamkeit, Anfechtbarkeit oder Nichtigkeit von Beschlüssen der Gesellschafterversammlung sowie von Beschlüssen eines Beirats, Aufsichtsrats oder sonstiger Gesellschaftsgremien, soweit diese im Gesellschaftsvertrag vorgesehen oder bestellt sind (Beschlussmängelstreitigkeiten), und bei Streitigkeiten mit ausgeschiedenen Gesellschaftern. Denselben Streit betreffende Beschlussmängelstreitigkeiten sind zur gleichen Verhandlung und Entscheidung zu verbinden. Die Schiedsrichter werden entsprechend der beigefügten Schiedsordnung bestimmt [Alternativ: durch die für die Gesellschaft zuständige Industrie- und Handelskammer bestimmt]. Das Schiedsgericht entscheidet mit verbindlicher Wirkung für die Gesellschaft, deren Organe und sämtliche Gesellschafter. Diese sind über Einleitung und Verlauf des Verfahrens zu unterrichten und im Verfahren im Wege der Beiladung zu beteiligen, sofern sie nicht selbst Partei sind. Das Nähere regelt die als Anlage beigefügte Schiedsordnung.

Muster einer Schiedsordnung auch für Beschlussmängelstreitigkeiten[52] als Anlage zur Satzung einer (deutschen) GmbH:

32 M I. Sämtliche Streitigkeiten zwischen den Gesellschaftern oder zwischen der Gesellschaft oder einer ihrer Organe und den Gesellschaftern im Zusammenhang mit diesem Gesellschaftsvertrag oder dem Gesellschaftsverhältnis, insbesondere über die Gültigkeit dieses Vertrages, seinen Inhalt und Auslegung, wie auch die Auflösung der Gesellschaft, sollen unter Ausschluss des ordentlichen Gerichtsweges durch ein privates Schiedsgericht entschieden werden.
Schiedsort ist der Satzungssitz/Verwaltungssitz der Gesellschaft.
Das Schiedsgericht besteht stets aus drei Schiedsrichtern, die durch die Parteien gemäß den gesetzlichen Regelungen, im Beschlussmängelstreit nach dem nachfolgend bestimmten Verfahren, *alternativ: durch den Präsidenten des OLG/der IHK/der Handwerkskammer am Schiedsort* bestellt werden.
II. Diese Schiedsklausel gilt auch für Streitigkeiten über die Wirksamkeit, Anfechtbarkeit oder Nichtigkeit von Beschlüssen der Gesellschafterversammlung sowie von Beschlüssen eines Beirats, Aufsichtsrats oder sonstiger Gesellschaftsgremien, soweit diese im Gesellschaftsvertrag vorgesehen oder bestellt sind (Beschlussmängelstreitigkeiten) nach Maßgabe der folgenden Bestimmungen:
1. Beschlussmängel können nur durch Schiedsklage gegen die Gesellschaft geltend gemacht werden. Der die Anfechtung eines Gesellschafterbeschlusses betreibende Gesellschafter – Kläger – muss ein Schiedsverfahren gegen die Gesellschaft (= die Beklagte) innerhalb einer Frist von einem Monat nach der Beschlussfassung ein-

---

[52] Siehe hierzu auch die Muster: *Göz/Peitsmeyer*, DB 2009, 1915; *Nolting*, NotBZ 2009, 241. Jedoch nur uneingeschränkt passend bei einer GmbH.

leiten. Die Klage auf Feststellung der Nichtigkeit eines Gesellschafterbeschlusses ist unbefristet zulässig. Die Frist beginnt für die in der Gesellschafterversammlung anwesenden oder vertretenen Gesellschafter mit der Beschlussfassung, für die sonstigen Gesellschafter mit Zugang der Niederschrift (Protokoll) der Gesellschafterversammlung. *alternativ:* Geht das Protokoll der Gesellschafterversammlung einem in der Versammlung nicht anwesenden Gesellschafter erst später als eine Woche nach der Beschlussfassung zu, beginnt für den betroffenen Gesellschafter die Frist mit Zugang des Protokolls bei dem Gesellschafter.

Zur Wahrung der Frist genügt der Eingang des Antrags auf Durchführung des schiedsrichterlichen Verfahrens nach § 1044 ZPO bei der Gesellschaft, wenn die Klage unverzüglich nach Konstituierung des Schiedsgerichts, spätestens innerhalb einer vom Schiedsgericht dafür zu setzenden angemessenen Frist, die einen Monat nicht unterschreiten darf, beim Schiedsgericht eingereicht wird. Nach Ablauf dieser Frist können weitere Anfechtungsgründe nicht mehr geltend gemacht werden.

Die Gesellschaft wird in dem Verfahren durch ihre Geschäftsführer vertreten. Ist der Geschäftsführer zugleich Kläger, wird sie allein durch den oder die verbleibenden Geschäftsführer vertreten. Verbleiben keine vertretungsberechtigten Geschäftsführer, wird die Gesellschaft durch den Gesellschafter vertreten, der die Versammlung, in der der angefochtene Beschluss gefasst worden ist, geleitet hat. Die Gesellschafterversammlung kann durch Beschluss nach § 46 Nr. 8 GmbHG einen anderen Vertreter bestellen.

2. Der Kläger hat der Beklagten die Einleitung des Schiedsverfahrens unverzüglich unter kurzer Bezeichnung des Streitgegenstandes, aber ohne Benennung eines Schiedsrichters, schriftliche (per Einschreiben mit Rückschein) mitzuteilen.

3. Zugleich hat der Kläger/die Gesellschaft die übrigen Gesellschafter und Organmitglieder von der Einleitung des Schiedsverfahrens unter Bezeichnung des Streitgegenstandes schriftlich/durch Einschreiben mit Rückschein in Kenntnis zu setzen. Mit dem Zugang des jeweils für sie bestimmten Schreibens entfällt für die übrigen Gesellschafter die Möglichkeit, als Kläger über den Streitgegenstand ein weiteres Schiedsverfahren einzuleiten. Sind andere Schiedsverfahren, die denselben Beschluss betreffen vor Zugang des Schreibens eingeleitet worden, werden alle Schiedsverfahren zu einem einheitlichen Verfahren verbunden. Die Konstituierung eines weiteren Schiedsgerichts ist unzulässig. Zuständig ist das erste nach diesem Verfahren ordnungsgemäß bestellte Schiedsgericht. Für den Nachweis des Tages und des zeitgenauen Eingangs der Klage beim Schiedsgericht ist die Übermittlung der Klage per Fax oder Email ausreichend.

4. In dem Schreiben gemäß Ziff. 3 hat der Kläger/die Gesellschaft die übrigen Gesellschafter und Organmitglieder aufzufordern, innerhalb einer Frist von einem Monat ab dessen Zugang gegenüber dem Kläger und der Beklagten eine schriftliche Erklärung (per Einschreiben mit Rückschein) abzugeben, ob sie sich an dem Schiedsverfahren auf der Seite des Klägers oder der Beklagten beteiligen wollen. Mehrere Kläger gelten als notwendige Streitgenossen i.S.d. § 62 ZPO.

Erklären sich Gesellschafter nicht innerhalb der gesetzten Frist, so nehmen sie an dem Schiedsverfahren nicht teil. Jeder Gesellschafter bleibt jedoch berechtigt, jederzeit dem Schiedsverfahren auf der Seite der Kläger oder Beklagten beizutreten, wobei er den jeweiligen Verfahrensstand zu akzeptieren hat. Der Beitritt erfolgt nach Konstituierung des Schiedsgerichts durch Erklärung gegenüber dem Schiedsgericht. Das Schiedsgericht kann den Beitritt nach seinem freien Ermessen ablehnen, wenn eine Verzögerung des Verfahrens durch den Beitritt zu besorgen ist. Sie haben die Rechtsstellung eines streitgenössischen Nebenintervenienten i.S.v. § 69 ZPO.

§ 129 Gesellschaftliche Schiedsvereinbarungen

Nach Ablauf der Beitrittsfrist hat die Gesellschaft sämtliche Gesellschafter und Organmitglieder darüber zu informieren, welche Gesellschafter im Schiedsverfahren auf Kläger- oder Beklagtenseite beigetreten sind. Die Gesellschaft hat auch sämtliche Gesellschafter und Organmitglieder, auch soweit sie dem Verfahren nicht beigetreten sind, über die wesentlichen Schritte des Verfahrens zu informieren, insbesondere die Verhandlungstermine des Schiedsgerichtes sowie dessen Schiedsspruch mitzuteilen, soweit vom jeweils Betroffenen auf eine solche Unterrichtung nicht ausdrücklich in schriftlicher Form verzichtet wurde. Das Schiedsgericht unterrichtet die nicht dem Verfahren beigetretenen Gesellschafter über den Fortgang des schiedsrichterlichen Verfahrens durch Übersendung von Kopien der Schriftstücke der Verfahrensbeteiligten sowie über schiedsgerichtliche Entscheidungen und Verfügungen.

Betroffene, die dem schiedsrichterlichen Verfahren nicht beigetreten sind, haben (keinen?) Anspruch auf Teilnahme an einer mündlichen Verhandlung.

5. Nach Durchführung des Verfahrens in Ziff. 2 bis 4 und Ablauf der Beitrittsfrist, hat jede Partei ihren Schiedsrichter innerhalb einer Frist von einem Monat ab Ablauf der Beitrittsfrist (oder: nach schriftlicher Aufforderung durch die Gesellschaft) schriftlich (per Einschreiben mit Rückschein) zu benennen.

Sind auf der Kläger- und/oder Beklagtenseite mehrere Verfahrensbeteiligte, haben diese sich jeweils auf einen Schiedsrichter zu einigen (alternativ: durch Mehrheitsbeschluss einen Schiedsrichter zu bestimmen) und innerhalb einer Frist von einem Monat schriftlich (per Einschreiben mit Rückschein) der anderen Verfahrenspartei gegenüber zu benennen.

6. Die beiden parteiernannten Schiedsrichter haben sich innerhalb einer Frist von einem Monat ab Annahme des Amtes durch jeden Schiedsrichter auf die Person des Vorsitzenden Schiedsrichter zu einigen. Können sie sich nicht einigen, so wird der vorsitzende Schiedsrichter auf Antrag einer Partei oder eines parteiernannten Schiedsrichters durch den Präsidenten des zuständigen Oberlandesgerichts/IHK/Handwerkskammer bestellt.

7. Können sich mehrere auf der Kläger- und/oder auf der Beklagtenseite beteiligte Parteien nicht auf einen von ihnen gemeinsam zu bestellenden Schiedsrichter einigen, so werden auf Antrag einer Partei alle drei Schiedsrichter durch den Präsidenten des zuständigen Oberlandesgerichts/IHK/Handwerkskammer (?) bestellt. Mit der Benennung durch den Präsidenten des Oberlandesgerichts/IHK/Handwerkskammer (?) endet das Amt eines bereits von einer Seite benannten Schiedsrichters.

8. Der das Verfahren abschließende Schiedsspruch wirkt für und gegen die Gesellschaft und deren Organe sowie alle Gesellschafter, auch wenn sie nicht an dem Schiedsverfahren teilgenommen haben. Er ist neben den Verfahrensbeteiligten auch sämtlichen Gesellschaftern abschriftlich zuzustellen.

Die Kosten des Schiedsverfahrens tragen auf der Klägerseite, soweit sie diese zu tragen hat, die Verfahrensbeteiligten im Innenverhältnis nach dem Verhältnis ihrer Beteiligung an der Gesellschaft; auf der Beklagtenseite, soweit diese sie zu tragen hat, die Gesellschaft allein. Das Schiedsgericht kann auf Antrag nach seinem Ermessen eine andere Teilung vorsehen.

9. Das Schiedsurteil, mit dem der Gesellschafterbeschluss für nichtig erklärt wird, wirkt erst für und gegen alle Gesellschafter, die Gesellschaft und deren Organe, wenn es gem. § 1060 Abs. 1 ZPO für vollstreckbar erklärt worden ist. Insoweit erkennen schon jetzt alle Gesellschafter ein entsprechendes Schiedsurteil vorbehaltlich des Rechts nach § 1059 ZPO als ihnen gegenüber verbindlich an. Der Antrag auf Vollstreckbarerklärung muss bei dem zuständigen Gericht spätestens innerhalb von drei Monaten nach Erlass des Schiedsspruchs eingegangen sein. Andernfalls verliert der Schiedsspruch seine Wirkung.

10. Soweit es nach diesem Schiedsvertrag auf die Einhaltung von Fristen ankommt und mehrere Verfahrensbeteiligte davon betroffen sind, beginnt der Lauf der Frist im Zweifel zu dem Zeitpunkt, zu dem bei allen betreffenden Verfahrensbeteiligten das die Frist auslösende Ereignis zuletzt eingetreten ist; für den Ablauf einer Frist kommt es entsprechend auf den Zeitpunkt an, zu dem bei allen betreffenden Verfahrensbeteiligten das fristbeendende Ereignis zuletzt eingetreten ist. Das Schiedsgericht kann die vorgesehenen Fristen auf begründeten Antrag eines Verfahrensbeteiligten sowie auch ohne einen solchen Antrag nach eigenem Ermessen verlängern.
Die Durchführung des Schiedsverfahrens regelt das Schiedsgericht nach seinem freien Ermessen.
11. Die Gesellschaft ist verpflichtet, gegen Beschlussanfechtungsklagen von Gesellschaftern, die dieser Schiedsklausel widersprechend Anfechtungsklagen zum staatlichen Gericht erheben, die Schiedseinrede zu erheben. Die Gesellschafter sind verpflichtet, keine Beschlussmängelklage beim staatlichen Gericht einzureichen.
12. Ergänzend gelten die gesetzlichen Regelungen.
Empfehlung der Bundesnotarkammer für eine Schiedsvereinbarung

Die 80. Vertreterversammlung der Bundesnotarkammer hat eine Empfehlung für eine »Schiedsvereinbarung mit Verfahrens- und Vergütungsvereinbarung« verabschiedet, die gerade auch – aber nicht zwingend – für eine notarielle Schiedsrichtertätigkeit geeignete Regelungen mit Alternativformulierungen enthält und mit ausführlichen Erläuterungen versehen ist.[53]

33

Schiedsvereinbarung nach Empfehlung der Bundesnotarkammer

I. Schiedsvereinbarung

34 M

§ 1 Schiedsklausel

(1) Über alle Streitigkeiten, die sich aus oder im Zusammenhang mit der Urkunde des Notars ..... URNr ..... vom ..... nebst etwaigen Nachträgen und Ergänzungen ergeben, entscheidet unter Ausschluss der staatlichen Gerichtsbarkeit ein Schiedsgericht. Dies gilt auch für nichtvermögensrechtliche Streitigkeiten, soweit sie schiedsfähig sind, und Streitigkeiten über die Wirksamkeit der Schiedsvereinbarung oder der übrigen Bestimmungen dieses Vertrages.[54]
(2) Das Schiedsverfahren ist ein Schiedsverfahren deutschen Rechts nach dem Zehnten Buch der deutschen Zivilprozessordnung, auch wenn in einer fremden Sprache verhandelt wird oder einzelne Verfahrenshandlungen im Ausland stattfinden.
(3) Ort des schiedsrichterlichen Verfahrens ist .....

§ 2 Besetzung des Schiedsgerichts

(1) *Alternative 1:* Das Schiedsgericht besteht aus einem Einzelschiedsrichter.
Alternative 2: Das Schiedsgericht besteht aus einem Vorsitzenden und zwei Beisitzern. Über einstweilige Maßnahmen entscheidet der Vorsitzende als Einzelschiedsrichter.

---

53 Abgedruckt in DNotZ 2000, 401 bzw. abrufbar auf der Internetseite der BNotK: www.bnotk.de, Erläuterungen dazu auch von *Wagner*, DNotZ 2000, 421.
54 Vorstehender Halbsatz wegen der Unzulässigkeit von Kompetenz-Kompetenz-Klauseln besser streichen; siehe BGH v. 24.07.2014 – III ZB 83/13, DNotZ 2014, 912.

§ 129 Gesellschaftliche Schiedsvereinbarungen

Der Vorsitzende entscheidet im gesamten Verfahren als Einzelschiedsrichter auch dann, wenn keine der Parteien fristgerecht einen Beisitzer benannt hat.
Alternative 3: Das Schiedsgericht besteht aus einem Einzelschiedsrichter. Dieser hat jedoch nach Annahme seines Amtes eine Frist zu setzen, innerhalb derer jede Partei die Bestellung zweier weiterer Schiedsrichter als Beisitzer verlangen kann, indem sie die andere Partei unter Benennung eines weiteren Schiedsrichters auffordert, ihrerseits einen weiteren Schiedsrichter zu benennen. In diesem Fall wird der Einzelschiedsrichter Vorsitzender des Schiedsgerichts. Für einstweilige Maßnahmen bleibt der Einzelschiedsrichter zuständig.
(2) Als Schiedsrichter benennen die Parteien bereits jetzt .....

§ 3 Weitere Vereinbarungen
.....

§ 4 Bestimmungen zu Verfahren und Vergütung, Schiedsrichtervertrag

(1) Im Übrigen gelten, soweit die Beteiligten vorstehend nichts anderes vereinbart haben, die Bestimmungen der folgenden Verfahrens- und Vergütungsvereinbarungen. Sie sind Bestandteil dieser Schiedsvereinbarung, die auch Inhalt des mit dem Schiedsrichter abzuschließenden Schiedsrichtervertrages werden soll.
(2) Die Benennung eines Schiedsrichters auf Grundlage dieser Schiedsvereinbarung enthält das Angebot an den Schiedsrichter, einen Schiedsrichtervertrag mit dem in Abs. 1 bezeichneten Inhalt abzuschließen. Soweit ein Benennungsrecht nur einer Partei oder einem Dritten zusteht, bevollmächtigen die Parteien den Benennungsberechtigten zur Abgabe dieses Angebots. Keine Partei kann die Vollmacht ohne Zustimmung der anderen Partei widerrufen.

§ 5 Salvatorische Klausel

(1) Sollten einzelne Bestimmungen der Abreden zum Schiedsverfahren unwirksam sein, so bleiben die übrigen Bestimmungen hiervon unberührt. Lassen sich durch Unwirksamkeit einer Bestimmung entstandene Lücken nicht durch ergänzende Auslegung der wirksamen Vereinbarungen schließen, gelten die gesetzlichen Bestimmungen. In jedem Fall soll es bei der Zuständigkeit eines Schiedsgerichts unter Ausschluss der staatlichen Gerichtsbarkeit verbleiben.
(2) Die Unwirksamkeit der übrigen Vertragsbestimmungen lässt die Wirksamkeit der Schiedsvereinbarung unberührt.

Verfahrensordnung nach Empfehlung der Bundesnotarkammer

35 M II. Verfahrensvereinbarung

§ 1 Beginn des schiedsrichterlichen Verfahrens

(1) Das schiedsrichterliche Verfahren beginnt mit dem Tag, an dem der Antrag, die Streitigkeit dem Schiedsgericht vorzulegen, gemäß § 4 dem Beklagten zugestellt worden ist. Der Antrag des Klägers an den Beklagten muss enthalten:
1. Die Bezeichnung der Parteien,
2. die Angabe des Streitgegenstands und
3. einen Hinweis auf die Schiedsvereinbarung.

(2) Soweit sämtliche Schiedsrichter bereits im Voraus benannt wurden, hat der Kläger diesen unverzüglich seinen Antrag in Abschrift zuzuleiten. Andernfalls hat er den Berechtigten im Sinne des § 2 zur Benennung eines Schiedsrichters aufzufordern.

§ 2 Benennung des Schiedsrichters

(1) Sind ein oder mehrere Schiedsrichter noch nicht benannt, so gelten für die Benennung eines Schiedsrichters die folgenden Regeln:
(2) Die Benennung des Einzelschiedsrichters oder des Vorsitzenden obliegt innerhalb eines Monats nach Aufforderung durch eine Partei dem Präsidenten der für den Ort des schiedsrichterlichen Verfahrens zuständigen Notarkammer oder einer von ihm beauftragten Person.
(3) Wenn ein Schiedsgericht mit drei Schiedsrichtern vereinbart ist, benennt jede Partei einen Beisitzer innerhalb eines Monats nach Beginn des schiedsrichterlichen Verfahrens.
(4) Die Benennung eines Schiedsrichters obliegt dem Präsidenten der für den Ort des schiedsrichterlichen Verfahrens zuständigen Notarkammer oder einer von ihm beauftragten Person außerdem, wenn
1. die Benennung eines Schiedsrichters nicht innerhalb einer gesetzlichen oder vereinbarten Frist erfolgt,
2. sich ein vereinbartes Verfahren zur Benennung eines Schiedsrichters aus tatsächlichen oder rechtlichen Gründen als undurchführbar erweist oder
3. einem Schiedsrichter der Beginn des schiedsrichterlichen Verfahrens sowie seine Benennung mitgeteilt worden ist und er nicht innerhalb eines Monats das ihm angetragene Amt angenommen hat, hinsichtlich des Ersatzschiedsrichters.
(5) Fällt ein Schiedsrichter nachträglich weg, gelten für die Benennung eines neuen Schiedsrichters die Absätze (2) bis (4) entsprechend.

§ 3 Amt des Schiedsrichters

(1) Soweit nichts anderes bestimmt ist, entscheidet der Vorsitzende, während der mündlichen Verhandlung das Schiedsgericht, über das Verfahren nach freiem Ermessen.
(2) Der Schiedsrichter hat in jedem Stadium des Verfahrens auf beschleunigte Erledigung hinzuwirken.
(3) Ist ein Notar zum Schiedsrichter bestellt und erlischt das Amt des Notars, so endet auch die Bestellung zum Schiedsrichter, es sei denn, er hat die Befugnis, den Titel eines Notars außer Dienst zu führen. Wird der Notar vorläufig des Amts enthoben, so endet sein Schiedsrichteramt nach sechswöchiger Dauer der vorläufigen Amtsenthebung.
(4) Der Schiedsrichter haftet für eine Pflichtverletzung gegenüber einer Partei nur nach den Grundsätzen der Haftung für staatliche Spruchrichter.

§ 4 Zustellungen

(1) Eine jede Zustellung ist wirksam, wenn das zuzustellende Schriftstück auf Veranlassung des Schiedsgerichts gleich auf welchem Wege zur Kenntnis des Zustellungsempfängers gelangt.
(2) Eine Zustellung gilt als bewirkt, wenn sie an die dem Schiedsgericht zuletzt mitgeteilte Anschrift erfolgt, auch wenn das Schriftstück sich als dort unzustellbar erweist.
(3) Schriftstücke, durch die ein Verfahren erstmals eingeleitet wird, sind nach den gesetzlichen Vorschriften über die Zustellung im Parteibetrieb, durch einen Notar oder gegen ein schriftliches Empfangsbekenntnis zuzustellen. Alle anderen Zustellungen

können durch einfachen Brief erfolgen. Erfolgt eine Zustellung durch eingeschriebenen Brief oder in vergleichbarer Form, so ist sie auch dann wirksam, wenn der Empfänger nicht angetroffen wird und das Schriftstück entweder am Zustellungsort hinterlassen oder beim Zusteller niedergelegt wird.
(4) Wird durch einfachen Brief im Inland zugestellt, so wird vermutet, dass das Schriftstück am dritten Tage nach der Absendung zugegangen ist, wenn der Zugang oder dessen Zeitpunkt nicht ernstlich zweifelhaft sind.
(5) Soweit nicht vereinbart ist, an wen die Zustellung ersatzweise stattfinden kann, wenn der Empfänger selbst nicht angetroffen wird oder das Schriftstück nicht zur Kenntnis erhält (Ersatzzustellung), gelten die Bestimmungen der deutschen Zivilprozessordnung entsprechend, und zwar auch dann, wenn die Zustellung im Ausland erfolgt.
(6) Hat eine Partei einen Rechtsanwalt umfassend mit ihrer Vertretung im Verfahren beauftragt, so erfolgen Zustellungen ausschließlich an ihn. Im Übrigen obliegt es dem Ermessen des Schiedsgerichts, ob an die Partei selbst oder an einen Vertreter zuzustellen ist.
(7) Das Schiedsgericht kann die Benennung eines Zustellungsbevollmächtigten innerhalb einer angemessenen Frist verlangen, an den schnell und sicher zugestellt werden kann. Erfolgt keine fristgerechte Benennung, können spätere Zustellungen bis zur Benennung bewirkt werden, indem das Schriftstück unter der Anschrift der Partei zur Post gegeben wird. Zustellungen im Ausland gelten dann zwei Wochen nach der Aufgabe zur Post als bewirkt.

§ 5 Verhandlung

(1) Das Schiedsgericht bestimmt Form, Ort und Zeit der Verhandlung. Auf übereinstimmende Wünsche der Parteien soll es tunlichst Rücksicht nehmen.
(2) Verlangt eine Partei mündliche Verhandlung, so soll das Schiedsgericht dem stattgeben, sofern dies nach Ermessen des Schiedsgerichts keinen unzumutbaren Aufwand und keine unzumutbare Verzögerung bewirkt oder der anderen Partei sonst nicht zugemutet werden kann.
(3) Das persönliche Erscheinen der Parteien kann angeordnet werden.
(4) Verhandlungssprache ist deutsch. Die Verhandlung kann – ohne Übersetzung ins Deutsche – in einer anderen Sprache geführt werden, wenn alle Parteien damit einverstanden sind und mindestens ein Schiedsrichter diese Sprache beherrscht.
(5) Das Schiedsgericht kann nach seinem Ermessen in jeder Lage des Verfahrens vor seinem erstmaligen oder weiteren Tätigwerden zu leistende Kostenvorschüsse anfordern, und zwar auch vom Antragsgegner.

§ 6 Einigungsphase

(1) Das Schiedsverfahren beginnt – außer bei Verfahren über einstweilige Maßnahmen – mit einer Einigungsphase vor dem Schiedsgericht.
(2) Die Einigungsphase schließt gegebenenfalls mit einem Schiedsspruch mit vereinbartem Wortlaut (Schiedsvergleich) ab.
(3) Die Einigungsphase geht in das streitige Verfahren über, wenn das Schiedsgericht das Scheitern der Einigungsphase feststellt. An die Anträge der Parteien ist es insoweit nicht gebunden. Das Schiedsgericht soll weiterhin auf eine vergleichsweise Einigung der Parteien hinwirken.

§ 7 Streitiges Verfahren

(1) Vor Eintritt in das streitige Verfahren muss das Schiedsgericht die Zulässigkeit der Schiedsklage und der Klageanträge nicht prüfen.
(2) Das Schiedsgericht kann Einlassungs- und Antragsfristen sowie Fristen für die Benennung und die Vorlage von Beweismitteln setzen und nach Ablauf der Frist die Partei mit weiterem Vorbringen ausschließen.

§ 8 Schiedsspruch

(1) Das Schiedsgericht entscheidet nach dem Recht, das nach deutschem internationalem Privatrecht auf das streitige Rechtsverhältnis anzuwenden ist. In der Vereinbarung, den Streit durch das Schiedsgericht entscheiden zu lassen, liegt im Zweifel keine Wahl des deutschen Sachrechts.
(2) Über streitige Tatsachen entscheidet das Schiedsgericht unter Würdigung aller Umstände nach freier Überzeugung.
(3) Im Falle der Säumnis einer Partei entscheidet das Schiedsgericht nach Aktenlage; ob es Behauptungen der anderen Partei allein aufgrund der Säumnis für zugestanden erachten will, entscheidet es nach freier Überzeugung
(4) Das Schiedsgericht entscheidet nach Ermessen, welche Partei zu welchem Anteil Kosten zu tragen oder zu erstatten hat und welche Kosten erstattungsfähig sind.

III. Vergütungsvereinbarung

§ 1 Grundsatz

36 M

(1) Dem Schiedsgericht stehen Gebühren, Auslagen und Vorschüsse (Kosten) nach Maßgabe dieser Vereinbarung zu.
(2) Alle Parteien, die sich auf das Verfahren eingelassen haben, schulden sämtliche Kosten als Gesamtschuldner auch dann, wenn das Schiedsgericht über sie entschieden hat.

§ 2 Fälligkeit

(1) Gebühren sind fällig, sobald der Tatbestand für ihre Entstehung verwirklicht ist.
(2) Auslagen sind fällig, sobald sie entstanden und in Rechnung gestellt worden sind.
(3) Vorschüsse sind fällig, sobald deren Erhebung angeordnet ist.

§ 3 Steuern

Anfallende Umsatzsteuern sind zusätzlich zu zahlen.

§ 4 Zahlung

(1) Zahlungen erfolgen kosten- und spesenfrei auf das vom Schiedsgericht angegebene Konto in Europäischer Währung (EURO).
(2) Dem Schiedsgericht gegenüber kommt der Schuldner, der nicht Verbraucher i.S.d. § 13 BGB ist, spätestens in Verzug, sobald ihm eine schriftliche Mahnung zugeht. Das Schiedsgericht kann eine Mahngebühr von 50,– A erheben.
(3) Aufrechnen kann der Schuldner nur mit unstreitigen oder rechtskräftig festgestellten Ansprüchen.

(4) Das Schiedsgericht kann die Ausfertigung und Zustellungen von Entscheidungen und Anordnungen allen Parteien gegenüber zurückbehalten, bis fällige Kosten sowie Mahngebühren und Verzugszinsen beglichen sind.

§ 5 Wertgebühr

(1) Gebühren bestimmen sich nach dem Streitwert, der vom Schiedsgericht nach billigem Ermessen festgesetzt wird (§ 315 BGB), sofern die Parteien nichts Abweichendes vereinbart haben.
(2) Die Gebühr für Verfahren vor einem Einzelschiedsrichter beträgt .....
(3) Die Gebühr für ein Verfahren vor einem Drei-Personen-Schiedsgericht beträgt das Zweieinhalbfache der Gebühr nach Abs. (2). Von dieser Gebühr stehen 40 v.H. dem Vorsitzenden und jeweils 30 v.H. den Beisitzern zu.
(4) Es werden nur die hier ausdrücklich festgesetzten Gebühren erhoben.

§ 6 Gebührenanfall

Es fallen
1. mit der Annahme des Amtes durch einen Schiedsrichter 10 % der Gebühr,
2. für die Durchführung der Einigungsphase weitere 30 % der Gebühr, sobald das Schiedsgericht seine Tätigkeit aufnimmt,
3. für das streitige Verfahren
    a) nach vorheriger Einigungsphase weitere 40 % der Gebühr, sobald das Scheitern der Schlichtung festgestellt ist,
    b) ohne vorherige Einigungsphase weitere 70 % der Gebühr, sobald das Schiedsgericht seine Tätigkeit aufnimmt, und
4. für einen Schiedsspruch mit vereinbartem Wortlaut keine zusätzliche Gebühr, für andere Schiedssprüche die restlichen 20 % der Gebühr an.

§ 7 Erstattung von Auslagen

(1) Das Schiedsgericht kann tatsächlich, entstandene Kommunikationskosten, insbesondere Porti und Telefongebühren, oder eine Pauschale erheben.
(2) Die Pauschale beträgt .....
(3) Neben der Pauschale können erhoben werden:
1. Auslagen für eine von den Parteien gewünschte besondere Versendungsart, z.B. durch Kurier;
2. Auslagen für Telekommunikation mit Orten außerhalb der Europäischen Union;
3. Auslagen für förmliche Zustellungen.
(4) Dem Schiedsrichter sind für Fahrten außerhalb seines Wohnorts, Amts- oder Geschäftssitzes als Reisekosten zu erstatten:
1. Kosten für die Benutzung eines eigenen Kraftfahrzeugs in Höhe von 1,– A je km, Kosten für die Benutzung anderer Verkehrsmittel in der 1. Klasse;
2. Übernachtungskosten (einschließlich Frühstück) in Hotels der oberen Kategorie;
3. je angefangenem Kalendertag der Reise ein Tagegeld von .....
(5) Zu erstatten sind Kosten für die Anmietung von Räumen für die mündliche Verhandlung.
(6) Zu erstatten sind Kosten für Dolmetscher und Übersetzer, falls deren Einsatz vom Schiedsgericht für tunlich erachtet wird.

(7) Zu erstatten sind alle für eine Beweisaufnahme anfallenden Auslagen. Zeugen und Sachverständigen werden Reisekosten und Verdienstausfall nach Ermessen des Schiedsgerichts vergütet. Sachverständigen kann das Schiedsgericht eine angemessene Vergütung bewilligen.

§ 8 Gerichtliche Verfahren

(1) Wird ein Schiedsrichter in Zusammenhang mit dem Schiedsverfahren vor ein Gericht geladen, sind Reisekosten nach § 7 Abs. (4) zu erstatten.
(2) Zusätzlich ist für jeden angefangenen Tag – auch wenn keine Reisekosten anfallen – eine pauschale Verdienstausfallentschädigung von ..... zu entrichten.

■ *Kosten.* Wie zum Muster Rdn. 25 M.

Erläuterungen zur Empfehlung für eine Schiedsvereinbarung mit Verfahrens- und Vergütungsvereinbarung

(Beschluss der 80. Vertreterversammlung der Bundesnotarkammer vom 28.04.2000)

37

A. Aufbau
Die Empfehlung besteht aus drei Abschnitten: Der Schiedsvereinbarung (I.), einer Verfahrensvereinbarung (II.) und einer Vergütungsvereinbarung (III.).
Die Aufteilung soll es ermöglichen, die Abschnitte II und III *(unter Berücksichtigung der in Abschnitt III §§ 5 Abs. 2, 7 Abs. 2 und 4, 8 Abs. 2 notwendigen Ergänzungen)* in beurkundete Anlagen i.S.d. § 13a BeurkG aufzunehmen. Wird dieses Verfahren gewählt, so können in den vorgelesenen Teil der Urkunde auch weitere Vereinbarungen der Parteien zum Schiedsverfahren aufgenommen werden (I. § 3), die ausdrücklich Vorrang vor dem standardisierten Inhalt der Bezugsurkunden haben (I. § 4 Abs. 1). I.d.R. ist die Verweisung auf Vereinbarungen, die Einzelheiten des Verfahrens betreffen, rechtlich unbedenklich, sofern ihnen kein geschäftswesentlicher Charakter i.S.d. Richtlinien der Kammern zukommt.[55]

B. Zu I. (Schiedsvereinbarung)
Der erste Abschnitt enthält nicht nur die eigentliche Schiedsklausel i.S.d. § 1029 ZPO (§ 1 Abs. 1), sondern neben einigen grundsätzlichen Aussagen (§ 1 Abs. 2 und 3) auch eine Vereinbarung zur Besetzung des Schiedsgerichts (§ 2), für den Einzelfall vereinbarte Klauseln (§ 3) sowie eine Klarstellung des Verhältnisses der Abschnitte I., II. und III. zueinander und zum Schiedsrichtervertrag (§ 4) sowie eine salvatorische Klausel (§ 5).

1. Zu § 1 (Schiedsklausel)
1.1 Die Empfehlung umfasst lediglich eine Formulierung für eine Schiedsklausel innerhalb einer notariellen Urkunde, die alle schiedsfähigen Streitigkeiten abdecken soll, die sich im Zusammenhang mit dem beurkundeten Rechtsgeschäft ergeben können.
In vielen Fällen wird jedoch eine Anpassung erforderlich sein. Dies gilt z.B. für die Übernahme in eine privatschriftliche Schiedsvereinbarung oder auch dann, wenn im Zusammenhang mit der Schiedsvereinbarung mit Streitigkeiten gerechnet werden muss, deren Schiedsfähigkeit bisher nicht eindeutig geklärt (z.B. Beschlussmängelstreitigkeiten in Gesellschaften[56]) oder wie bei Streitigkeiten über den Bestand von Mietverhältnissen über Wohnraum ausgeschlossen ist (§ 1030 Abs. 2 ZPO).

---

55 Vgl. Ziff. II. 2 der Richtlinienempfehlungen der Bundesnotarkammer, DNotZ 1999, 259, 260.
56 Wurde inzwischen durch Rechtsprechung des BGH v. 06.04.2009 – II ZR 255/08, NJW 2009, 1962 geklärt. Die dabei zu beachtenden Verfahrensvoraussetzungen sind in Rdn. 27 ff. erläutert.

1.2 Die in § 1 Abs. 3 vorgesehene Vereinbarung über den Ort des schiedsrichterlichen Verfahrens ist vor dem Hintergrund des Territorialitätsprinzips im Schiedsverfahren (§§ 1025 Abs. 1, 1043 Abs. 1 ZPO) bedeutsam: Der Ort des Schiedsverfahrens entscheidet über das anzuwendende Verfahrensrecht und sollte auch im Schiedsspruch angegeben werden (§ 1054 Abs. 3 ZPO). Zudem ist die Zuständigkeit der Oberlandesgerichte für gerichtliche Entscheidungen mit Bezug zum Schiedsverfahren mit dem Ort des Verfahrens verknüpft (§ 1062 Abs. 1 ZPO). Besondere Beachtung verdient dabei die Zuständigkeit des Bayerischen Obersten Landesgerichtes für alle drei bayerischen OLG-Bezirke (§ 1062 Abs. 5 S. 1 ZPO i.V.m. § 6a BayGZVJu).

2. Zu § 2 (Besetzung des Schiedsgerichts)

2.1 Die Empfehlung stellt drei Varianten für eine Vereinbarung über die Besetzung des Schiedsgerichts zur Verfügung: den Einzelschiedsrichter, das der ZPO entsprechende Dreierschiedsgericht und ein Optionsmodell, das zunächst von einem Einzelschiedsrichter ausgeht, aber den Parteien für eine gewisse Frist nach Entstehen der Streitigkeit die Möglichkeit eröffnet, die Benennung von Beisitzern zu verlangen.

Der Vorschlag zum Dreierschiedsgericht ist in zwei Punkten gegenüber den Vorschriften der ZPO modifiziert: Zum einen sieht er die Zuständigkeit des Vorsitzenden als Einzelschiedsrichter bei einstweiligen Maßnahmen vor. Zum anderen verbleibt es dann bei einem Verfahren vor dem Einzelschiedsrichter, wenn beide Parteien jeweils die Frist zur Ausübung eines Benennungsrechts für einen Beisitzer verstreichen lassen. Wie im Übrigen § 4 Abs. 1 klarstellt, ist diese Regelung gegenüber dem sonst bei Fristversäumnis gegebenen subsidiären Benennungsrecht des Präsidenten einer Notarkammer (II. § 2 Abs. 4 Nr. 1) vorrangig.

Hier besteht ebenso wie bei der Wahl eines Verfahrens für die Benennung der Schiedsrichter ein großer Freiraum für an individuelle Gegebenheiten angepasste Gestaltungen. Dabei kann auch daran gedacht werden, die in Abschnitt II. § 2 vorgesehenen Verfahrensweisen für die Benennung der Schiedsrichter zu variieren, beispielsweise durch ein Benennungsrecht für Dritte.

Nachdem die Vereinbarung insbesondere auf die Wahrnehmung des Schiedsrichteramtes durch einen Notar zugeschnitten ist, mag der Funktion eines Einzelschiedsrichters eine größere Bedeutung zukommen als sonst in der schiedsrichterlichen Praxis. Die Tätigkeit als Einzelschiedsrichter entspricht dem Bild sonstiger notarieller Tätigkeit und bietet gerade für verzögerungsanfällige Verfahren Vorteile gegenüber einer erst durchzuführenden Benennung von Beisitzern. Jedoch kann andererseits bei komplexen Verfahren die Berufung von Beisitzern unerlässlich sein.

2.2 Wie aus Abs. 2 ersichtlich wird, ist es durchaus möglich, bereits vorsorglich einen Schiedsrichter zu benennen. Dies kann gerade hinsichtlich der Benennung eines von beiden Seiten akzeptierten Einzelschiedsrichters oder Vorsitzenden vorteilhaft sein und später zur beschleunigten Durchführung des Verfahrens beitragen.

2.3 In der Praxis wird möglicherweise die Frage auftauchen, ob der die Ausgangsvereinbarung beurkundende Notar als Schiedsrichter benannt werden kann. Dies ist zunächst eine Frage der Zweckmäßigkeit: Es könnte befürchtet werden, dass die dann häufig entstehende Notwendigkeit, dass der Schiedsrichter von ihm selbst errichtete Urkunden in Zweifelsfällen auszulegen hat, zum Vorwurf der Befangenheit führt. Andererseits gibt der Gesetzgeber gerade im Klauselerteilungsverfahren, wo der Notar die Funktion eines Richters ausübt (§ 797 Abs. 2 ZPO), regelmäßig die Notwendigkeit zur Auslegung der eigenen Urkunde vor. In der Praxis ist zumindest außerhalb förmlicher Streitverfahren häufig zu beobachten, dass Parteien die Auslegung eine Urkunde durch den Notar selbst akzeptieren, ohne dabei seine Unvoreingenommenheit in Frage zu stellen.

Rechtliche Beschränkungen ergeben sich jedoch aus § 7 Nr. 1 BeurkG für die Beurkundung der Benennung zum Schiedsrichter durch den betroffenen Notar selbst, da die Kommentarliteratur hierin einen rechtlichen Vorteil für den Notar erkennt, der insoweit zur Unwirksamkeit der Urkunde führt.[57]

2.4 Einer besonderen Regelung im Einzelfall bedarf die Besetzung des Schiedsgerichts, wenn Streitigkeiten absehbar sind, die mehr als zwei Parteien betreffen könnten. Hierauf sind die hier zur Verfügung gestellten Formulierungen nicht anwendbar.

3. Zu § 3 (Weitere Vereinbarungen)

Natürlich können auch weitere individuelle Vereinbarungen zum Schiedsverfahren getroffen werden. Zu denken ist beispielsweise an die Nennung von Ersatzzustellungsberechtigten (II. § 4 Abs. 5), wenn bereits bei der Beurkundung einer Schiedsvereinbarung zu erkennen ist, dass Schwierigkeiten bei Zustellungen an eine Partei auftreten könnten.

4. Zu § 4 (Bestimmungen zu Verfahren und Vergütung, Schiedsrichtervertrag)

4.1 Sind die Verfahrens- und Vergütungsvereinbarung in beurkundeten Anlagen enthalten, ist Abs. 1 geeignet, um mit einem Vermerk i.S.d. § 13a BeurkG ergänzt zu werden.

4.2 Die Abreden der Parteien enthalten eine Vielzahl von Bestimmungen z.B. über das einzuhaltende Verfahren, die Haftung oder die Vergütung, die auch die Rechtsposition der Schiedsrichter betreffen. Daher ist es sinnvoll, dass diese Vereinbarungen ohne weiteres Teil des Vertrages zwischen den Parteien und einem Schiedsrichter werden, indem die Benennung eines Schiedsrichters mit einem entsprechenden Vertragsangebot verbunden wird. Dies sollte bei der Mitteilung der Benennung zumindest durch Übersendung der Schiedsvereinbarung deutlich gemacht werden. Die erforderliche Vollmacht für den Benennungsberechtigten darf aufgrund der gegenseitigen Verpflichtung, einen Vertrag dieses Inhalts mit dem Schiedsrichter abzuschließen, keine Partei einseitig widerrufen.

C. Zu II. (Verfahrensvereinbarung)

1. Zu § 1 (Beginn des schiedsrichterlichen Verfahrens)

Die Regelung entspricht den Vorgaben des § 1044 ZPO. Dennoch wurde hier ausnahmsweise nicht auf eine inhaltliche Wiederholung des Gesetzes verzichtet, da es auch rechtlich nicht erfahrenen Beteiligten möglich sein soll, aus der Urkunde zu entnehmen, wie sie sich bei der Einleitung eines vereinbarten Schiedsverfahrens zu verhalten haben. Zudem kann die hier vorgeschlagene Vereinbarung auch außerhalb notarieller Urkunden verwendet werden, bei denen die nähere Erläuterung und Belehrung nicht im selben Maße wie bei einer Beurkundung gewährleistet ist.

2. Zu § 2 (Benennung des Schiedsrichters)

Das hier vorgeschlagene Verfahren soll möglichst umfassend einsetzbar sein und schließt daher mehr Fallkonstellationen ein als im Einzelfall möglicherweise erforderlich (z.B. beim Einzelschiedsrichter oder bei vorheriger Einigung auf einen Schiedsrichter). Es bestehen keine Bedenken dagegen, hierzu individuelle Vereinbarungen zu treffen.

2.1 Für die Benennung des Vorsitzenden bzw. Einzelschiedsrichters räumt der Vorschlag das Benennungsrecht dem Präsidenten der zuständigen Notarkammer ein, der jedoch eine andere Person zur Benennung beauftragen kann (entweder generell oder im Einzelfall). Organisatorisch lässt sich die Benennung von Notaren als Schiedsrichter erleichtern, indem Notarkammern Listen interessierter Notare – gegebenenfalls unter der Angabe bestimmter

---

[57] *Jansen*, § 7 BeurkG Rn. 6; *Mecke/Lerch*, § 7 BeurkG Rn. 6; *Huhn/v. Schuckmann*, § 7 BeurkG Rn. 4; *Eylmann/Vaasen*, § 7 BeurkG Rn. 8; *Keidel/Winkler*, § 7 BeurkG Rn. 7.

Rechtsgebiete – führen, die dem Benennungsberechtigten dann zur Verfügung stehen. Die Benennung obliegt gegebenenfalls dem Präsidenten einer Notarkammer nicht in Ausübung des Präsidentenamtes, da hierfür eine Zuständigkeit der Notarkammer sowie eine Kompetenzzuweisung innerhalb der Notarkammer an den Präsidenten erforderlich wäre. Deshalb ist die Übertragung des Benennungsrechtes auf den Präsidenten als persönliche Aufgabe (wenn auch verbunden mit dem Recht zur Weitergabe) zu verstehen.

2.2 Die Regeln für die Benennung von Beisitzern lehnen sich an die Vorschriften der ZPO an.

3. Zu § 3 (Amt des Schiedsrichters)

Die Vereinbarung über die Haftung des Schiedsrichters entspricht der Rechtsprechung (BGHZ 42, 313, 316), die eine stillschweigende vereinbarte Haftungsbeschränkung auf die für den Richter im ordentlichen Verfahren geltenden Grundsätze des § 839 Abs. 2 BGB annimmt. Ergänzend dazu sind vertragliche Haftungsbeschränkungen der Summe nach denkbar.

4. Zu § 4 (Zustellungen)

4.1 Die in Abs. 2 vorgesehene Fiktion mag als sehr einschneidend bewertet werden. Dennoch erscheint sie zur Missbrauchsabwehr als unerlässlich und gerechtfertigt – zumal jede Partei durch Mitteilung von Anschriftenwechsel damit verbundene Gefahren vermeiden kann. Auf der anderen Seite wird der Schiedsrichter auch Missbräuchen durch den Absender einer zuzustellenden Erklärung entgegenzuwirken haben, wenn dieser z.B. offensichtlich eine vorübergehende Abwesenheit des Empfängers auszunutzen beabsichtigt, um eine wirksame Zustellung ohne Kenntnisnahme herbeizuführen. Von einer ausdrücklichen Pflicht zur Mitteilung von Anschriftenwechsel wurde abgesehen, da von vornherein damit zu rechnen wäre, dass sie zu wenig Beachtung finden würde, um einschneidende Sanktionen zu rechtfertigen.

4.2 Abs. 4 stellt für den Fall der Zustellung durch einfachen Brief eine Vermutung sowohl für den Zugang als auch für dessen Zeitpunkt auf. Jedoch ist anders als bei einer gesetzlichen Vermutung (§ 292 ZPO) nicht der volle Gegenbeweis zur Entkräftung erforderlich, sondern es genügt, ernstlich einen atypischen Geschehensablauf darzutun. Eine ähnliche Regelung beinhalten für den Zugang im Verwaltungsverfahren § 41 Abs. 2 VwVfG und § 4 Abs. 1 VwZG.

4.3 Abs. 5 soll dazu ermutigen, bei absehbaren Schwierigkeiten, eine Partei zu erreichen, von vornherein einen Ersatzzustellungsberechtigten zu benennen.

4.4 Die Formulierung des Abs. 6, der eine Zustellung an den Rechtsanwalt von einem »umfassenden« Vertretungsauftrag abhängig macht, verzichtet bewusst auf eine Verweisung auf die Prozessvollmacht nach § 79 ZPO, um auch vergleichbare ausländische Vollmachten einzubeziehen. Der Umfang einer Prozessvollmacht i.S.d. § 79 ZPO kann aber als Leitbild für die Prüfung dienen, ob die Voraussetzungen des S. 1 vorliegen. In Zweifelsfällen ist ohnehin der Weg zu einer Ermessensentscheidung des Schiedsgerichts nach S. 2 eröffnet.

4.5 Nach seinem Ermessen kann das Schiedsgericht auch die Benennung eines Zustellungsbevollmächtigten innerhalb einer von ihm gesetzten Frist verlangen. Verstreicht die Frist ergebnislos, so tritt eine Sanktionswirkung durch Fiktion der Zustellung (drei Tage nach Aufgabe bzw. im Ausland nach zwei Wochen) ein, die in ähnlicher Weise für Auslandszustellungen im Rahmen der Reform des Zustellungsrechts diskutiert wird.

5. Zu § 5 (Verhandlung)

Das Verlangen einer Partei nach einer mündlichen Verhandlung (Abs. 2) schränkt lediglich das grundsätzlich dem Schiedsgericht in Abs. 1 eingeräumte Ermessen in der Entscheidung über eine mündliche Verhandlung ein, ohne es zu beseitigen.

6. Zu § 6 (Einigungsphase)

6.1 Das Schiedsgericht soll zunächst in einer abgegrenzten Phase des Verfahrens versuchen, auf eine gütliche Beilegung des Streits hinzuwirken. Wird das Scheitern dieses Versuchs festgestellt (Abs. 3), insbesondere bei Nichterscheinen einer Partei zu einer angesetzten mündlichen Verhandlung, so bleiben die Schiedsrichter auch in den anschließenden Verfahrensphasen aufgefordert, im Rahmen des noch Möglichen auf eine vergleichsweise Einigung hinzuwirken.

6.2 Besonders zu beachten ist, dass im Falle eines widerruflich abgeschlossenen Vergleichs der Ablauf der Widerrufsrist in jedem Fall abzuwarten ist. Widerrufen die Parteien nicht, kann erst dann der Schiedsspruch mit vereinbartem Wortlaut erlassen werden, ohne dass eine erneute mündliche Verhandlung erforderlich ist. Erfolgt ein Widerruf, entscheidet das Schiedsgericht nach § 5 Abs. 2 und kann daher von einer erneuten mündlichen Verhandlung absehen, sofern Sach- und Streitstand dies zulassen.

7. Zu § 7 (Streitiges Verfahren)

7.1 Abs. 1 soll klarstellen, dass die Einigungsphase auch im Falle einer unzulässigen Schiedsklage bzw. unzulässiger Klageanträge durchzuführen ist, so dass die Wirksamkeit eines Schiedsspruchs mit vereinbartem Wortlaut nicht aus diesem Grund in Frage gestellt werden kann.

7.2 Ein Ausschluss einer Partei mit ihrem weiteren Vorbringen nach Abs. 2 kann angesichts der überragenden Bedeutung des Grundsatzes des rechtlichen Gehörs nur bei unentschuldigter Fristversäumnis als ultima ratio in Betracht kommen.

8. Zu § 8 (Schiedsspruch)

Nach Abs. 2 kann das Gericht auf die Maßstäbe des § 287 ZPO über dessen eigentlichen Anwendungsbereich im Schadensersatzrecht hinaus zurückgreifen.

D. Zu III. (Vergütungsvereinbarung)

Der Anspruch des Schiedsrichters auf Honorar entsteht an sich erst aus einem zwischen ihm und den Parteien zu schließenden Schiedsrichtervertrag. Eine Vereinbarung nur der Parteien über eine Schiedsrichtervergütung ist aber zweckmäßig, weil sie einer im Streitfall möglichen Verzögerungstaktik einer verfahrensunwilligen Partei vorbeugen kann, die sonst die Möglichkeit hätte, mit dem Schiedsrichter zu führende Verhandlungen über die Vergütung in die Länge zu ziehen.

Aus den vorgenannten Gründen ist eine Vereinbarung von Parteien, die die Zuständigkeit der staatlichen Gerichtsbarkeit zugunsten eines Schiedsgerichts ausschließen wollen, ohne eine Regelung der Vergütung des Schiedsrichters nicht vollständig. Deshalb legt die Bundesnotarkammer einen unverbindlichen Vorschlag für eine Rahmenvereinbarung über eine am Streitwert orientierte Vergütung vor, die jedoch Vorgaben zur Höhe der im Einzelfall vorzusehenden Vergütung nicht enthält. Diese kann sich an Vergütungsordnungen institutioneller Schiedsgerichte orientieren und muss in besonderem Maße Gegenstand der Erörterungen mit den Parteien im Einzelfall sein. Die Vereinbarung begründet über I. § 4 Abs. 2 mit Annahme des Amtes auch einen unmittelbaren Anspruch des Schiedsrichters, da sie Teil des Schiedsrichtervertrages wird.

Zu § 5 (Wertgebühr)

Die Vereinbarung sieht eine Festsetzung des für die Gebührenhöhe entscheidenden Streitwerts durch das Schiedsgericht vor. Diese kann aber nicht im Schiedsspruch erfolgen, da das Schiedsgericht in keinem Fall zu einer Entscheidung in eigener Sache befugt ist.[58] Eine Kostengrundentscheidung, die Kosten nach Quoten aufteilt, ist daher unbedenklich.

---

58 Zöller/*Geimer*, § 1057 ZPO Rn. 3.

Dies ist jedoch nicht immer möglich, wenn z.B. über mehrere unterschiedlich erfolgreiche Klageanträge zu entscheiden ist, für die Streitwerte noch festzusetzen sind. Dann ist eine Festsetzung der Streitwerte unerlässlich, um über deren Verhältnis zueinander die Gesamtquote zu errechnen. Dies ist nach der Rechtsprechung des BGH[59] nur möglich, wenn die Höhe der Kosten bereits rechnerisch feststeht. Davon scheint die Rechtsprechung des BGH auszugehen, sofern bereits die Kosten vollständig im Vorschusswege entrichtet worden sind.[60]

Für die Praxis ist daher dringend zu empfehlen, bereits zu Beginn des Verfahrens eine verbindliche Einigung über die Streitwerte zu erreichen und auf deren Grundlage Vorschusszahlungen zu verlangen. Ein Vergütungsanspruch, der auf einem nach § 315 BGB vom Schiedsrichter festgesetzten Streitwert beruht, kann andernfalls nur nach Beendigung des Schiedsverfahrens im ordentlichen Rechtsweg durchgesetzt werden.

---

59 BGH WM 1977, 319, 321.
60 Zweifelnd *Lachmann*, Handbuch für die Schiedsgerichtspraxis, Rn. 492.

§ 130 Gesellschaft bürgerlichen Rechts (GbR)

I. Wesen der Gesellschaft

1. Grundsätzliches

Die Gesellschaft bürgerlichen Rechts ist (1) der Zusammenschluss (im Sinne einer vertraglichen Bindung) von (2) mehrerer[1] natürlichen oder juristischen Personen (3) zur Erreichung eines gemeinsamen Zwecks. Sie ist der Grundtyp der Personengesellschaften. Die GbR zeichnet sich durch ihre Formfreiheit und eine hohe Flexibilität des Gesellschaftsverhältnisses aus, da sich aus dem Gesetzestext nur wenige zwingende Regelungen ergeben.

Der gemeinsam zu fördernde *Zweck* der Gesellschaft kann jedes erlaubte Bestreben sein. Deshalb können Gesellschaften unterschiedlichster Art in der Rechtsform der BGB-Gesellschaft geführt werden, z.B. Gesellschaften zum Betrieb von Maschinen, Fahrzeugen oder Anlagen (wie Photovoltaikanlagen), zur Verwaltung von Grundbesitz (auch unter Ehegatten zum Erwerb und Halten des Familienheimes[2]), zur Führung eines landwirtschaftlichen, freiberuflichen oder kleingewerblichen Betriebs, Gesellschafter- oder Stimmrechts-Pool, Arbeitsgemeinschaften von Unternehmen, Zusammenschlüsse zur Förderung wohltätiger Zwecke, Kartelle usw. Im Gegensatz zur Gemeinschaft i.S.d. §§ 741 ff. BGB, die eine auf das gemeinsame Rechtsobjekt bezogene »Zwangsgemeinschaft« ist und sich als Interessengemeinschaft nur auf das gemeinsame Haben und Halten von einem oder mehreren Gegenständen bezieht, bedarf die GbR eines darüber hinausgehenden, von allen Gesellschaftern *gemeinsam* verfolgten und von jedem Gesellschafter zu fördernden wirtschaftlichen oder ideellen Zwecks, der aber nicht auf Dauer angelegt sein muss.

Die GbR eignet sich für den auf Dauer angelegten Betrieb kleingewerblicher Unternehmungen bzw. freiberufliche Zusammenarbeit durch mehrere Personen oder für die dauerhafte Zusammenarbeit mehrerer Unternehmer auf einem Teilgebiet (z.B. Arbeitsgemeinschaft des Baugewerbes). Sofern es sich bei dem Gesellschaftszweck um den dauerhaften Betrieb eines Grundhandelsgewerbes handelt, liegt eine GbR als Rechtsform nur so lange vor, wie es sich nicht um ein kaufmännisches Unternehmen i.S.v. § 1 HGB handelt. Für die Beurteilung dafür ist im Einzelnen insbesondere auf den Jahresumsatz, Art und Umfang der Geschäftsvorgänge, Kreditaufnahme, Größe der Geschäftsräume, Beschäftigtenanzahl, Art der Buchführung, etc. abzustellen. Wird eine je nach Branche verschiedene Größenordnung überschritten,[3] so wird aus der GbR automatisch eine OHG, ohne dass es darauf ankommt, ob sie im Handelsregister eingetragen ist.[4] Auf sie sind dann auch die organisationsrechtlichen Vorschriften des HGB anzuwenden. Sie ist verpflichtet, sich in das Handelsregister eintragen zu lassen. Soweit nur ein vorübergehender Zweck, wie etwa die Durchführung eines einzelnen gemeinsamen Projektes (Arbeitsgemeinschaft[5]) infrage

---

1 Eine Einpersonen-Gesamthand wird bisher als unzulässig angesehen; dazu auch *Ludwig*, DNotZ 2000, 74. Der Übergang eines Gesellschaftsanteiles auf den letzten Mitgesellschafter führt zur Vereinigung beider Anteile in einer Hand und zum Erlöschen der GbR; das Gesellschaftsvermögen geht im Wege der Anwachsung in das Alleineigentum des verbleibenden Gesellschafters über (BGH, Urt. v. 07.07.2008 – II ZR 37/07, MittBayNot 2009, 57 = NZG 2008, 704 = ZNotP 2008, 452).
2 BGH DNotZ 1982, 159.
3 Bei Handels- oder Produktionsbetrieben ein Jahresumsatz von 250.000 €.
4 Dies war der Hauptgrund der Rechtsprechung zur Teilrechtsfähigkeit der GbR in BGHZ 146, 341 = NJW 2001, 1056 = DNotZ 2001, 234.
5 A.A. hierzu OLG Dresden DB 2003, 713, wonach eine gewerbliche Tätigkeit i.S.d. § 1 Abs. 1 HGB und damit zwingend eine OHG vorliege; mit *K. Schmidt*, DB 2003, 703 ist entgegenzuhalten, dass die

steht, kommt es auf die Frage der Kaufmannseigenschaft nicht an, selbst wenn ein hoher Umsatz erzielt wird.

4 Eine Gesellschaft liegt nicht vor bei *partiarischen Geschäften*, sog. Beteiligungsgläubigerverhältnissen,[6] z.B.

Darlehen mit Gewinnbeteiligung ohne Einfluss auf den Geschäftsbetrieb; Verpachtung, wenn der Pachtzins nach dem Umsatz oder Ertrage des Pächters bestimmt ist;

Anstellung mit Gewinnbeteiligung; die Dienste werden durch Überlassung eines Gewinnanteils entlohnt;[7]

Hingabe eines Geldbetrages ohne Rückgabepflicht unter Einräumung eines Gewinnanteils an einem Unternehmen.[8]

2. Rechtsfähigkeit

5 Mit der grundlegenden Änderung der höchstrichterlichen Rechtsprechung[9] besitzt die GbR eigene Rechtsfähigkeit, soweit sie als Außengesellschaft[10] durch Teilnahme am Rechtsverkehr eigene Rechte und Pflichten begründet. Ihre Außenhaftung wurde dabei weitgehend den Regelungen für die OHG angenähert,[11] ohne dass sie jedoch eine juristische Person ist,[12] sondern Gesamthandsgemeinschaft bleibt. Dies hat weitreichende Folgen für das Außenverhältnis der GbR. Sie ist nun selbst rechts- und partei- sowie insolvenzfähig (§ 11 Abs. 2 Nr. 1 InsO) und nach herrschender Meinung auch erbfähig.[13] Sie kann Gesellschafter einer GbR, GmbH, AG und Genossenschaft sein,[14] wie auch Kommanditist, wobei aber gemäß § 162 Abs. 1 Satz 2 HGB alle Gesellschafter namentlich im Handelsregister einzutragen sind, wie dies auch § 47 Abs. 2 GBO für deren Eintragung als Eigentümer im Grundbuch verlangt. Sie kann im Rechtsverkehr mit eigenem Namen auftreten.

3. Grundstrukturen des Personengesellschaftsrechts

6 Während das Außenrecht von Personengesellschaften mit Außenwirkung weitgehend standardisiert und zwingend ist, besteht aufgrund der Vertragsfreiheit in der Regel die Möglichkeit, das Innenrecht typengerecht durch einen Gesellschaftsvertrag festzulegen. Bei der

---

Arbeitsgemeinschaften des Baugewerbes nur dann als OHG oder KG einzustufen sind, wenn sie ausnahmsweise als Anbieter von Bauleistungen am Markt, d.h. nicht nur im Rahmen eines bestimmten Vorhabens ggü. einem konkreten Auftraggeber, gewerblich tätig sind. Die bloße Koordination der gewerblichen Tätigkeit beteiligter Unternehmen erfüllt noch nicht die für den Gewerbebegriff erforderliche Planmäßigkeit und Dauerhaftigkeit einer anbietenden Tätigkeit am Markt.

6 RGZ 168, 286.
7 RGZ 105, 315.
8 RGZ 77, 223.
9 BGHZ 146, 341 = NJW 2001, 1056 = DNotZ 2001, 234. Kritisch zur neuen Rspr. *Beuthien*, NZG 2011, 481.
10 Innengesellschaft liegt vor, wenn die Gesellschafter lediglich untereinander Rechtsverhältnisse begründen, nicht aber am Rechtsverkehr teilnehmen wollen (BGHZ 12, 308 = NJW 1954, 1159). Bei einer Außengesellschaft wollen die Gesellschafter am Rechtsverkehr teilnehmen und nach Außen in Erscheinung treten. Die Existenz von Gesellschaftsvermögen ist nicht entscheidend, ist jedoch ein Indiz für eine Außengesellschaft, insbesondere soweit zum Gesellschaftsvermögen Grundbesitz oder Rechte an Grundstücken gehören. Soweit die Gesellschaft unter eigenem Namen und mit eigenen Gesellschaftsorganen am Rechtsverkehr teilnimmt kommt ihr Rechtsfähigkeit zu.
11 Vom OHG-Recht finden entsprechende Anwendungen, insbesondere die Vorschriften § 110 HGB (Aufwendungsersatz), § 111 HGB (Verzinsungsverpflichtung), §§ 112, 113 HGB (Wettbewerbsverbote), § 116 HGB (Geschäftsführungsbefugnis), §§ 128, 129 HGB (unbeschränkte Außenhaftung der Gesellschafter für Gesellschaftsverbindlichkeiten, s. BGHZ 146, 351 = NJW 2001, 1056), § 130 HGB (Haftung des eintretenden Gesellschafters für Altverbindlichkeiten, s. BGHZ 154, 310 = RNotZ 2003, 324).
12 BGH NJW 2002, 368.
13 Palandt/*Sprau*, § 705 BGB Rn. 24a.
14 Weitere Nachweise bei MüKo-BGB/*Ulmer*, § 705 BGB Rn. 316; zweifelhaft aber, ob sie auch persönlich haftender Gesellschafter sein kann.

Formulierung von Personengesellschaftsverträgen sind jedoch die allgemeinen Grundsätze zu beachten, welche insbesondere wären:

a) Rechtsformzwang

Eine Personengesellschaft kann nur nach Maßgabe der gesetzlich anerkannten Rechtsformen begründet werden.[15]

b) Einheitlichkeit der Beteiligung

Ein Gesellschafter kann nur einen einheitlichen, nicht mehrere unterschiedliche Beteiligungsanteile halten, sodass Zuerwerbe von Anteilen zu einem Anteil zusammenfallen, der inhaltlich nicht unterschiedlich ausgestaltet sein kann;[16] als Ausnahme hierzu ist von der Rechtsprechung lediglich die Testamentsvollstreckung an einem geerbten Anteil anerkannt, in deren Rahmen dessen getrennte Verwaltung durch den Testamentsvollstrecker erfolgen kann.[17] Auch mehrere Personen können nicht in Form einer Bruchteilsgemeinschaft, ehelichen Gütergemeinschaft oder Erbengemeinschaft, sondern nur als Gesellschafter bürgerlichen Rechts oder sonstigen Personengesellschaft an einem Gesellschaftsanteil beteiligt sein.

c) Abspaltungsverbot

Mitgliedschaftsrechte wie das Stimm- und Gewinnbezugsrecht sowie die Teilhabe- und Kontrollrechte können von der Mitgliedschaft nicht getrennt werden, im Gegensatz zu einzelnen aus ihnen erwachsenden obligatorischen vermögensrechtlichen Ansprüche i.s. § 717 Satz 2 BGB. Schuldrechtliche Vereinbarungen über die Ausübung von Mitgliedschaftsrechten, wie auch die Einräumung von Vollmachten zur Ausübung der Mitgliedschaftsrechte sind jedoch bei Zulassung durch die Satzung oder die Mitgesellschafter zulässig, auch in Form der obligatorischen Gruppenvertretung gemäß Satzung.[18] Den Gesellschaftern muss jedoch das Letztentscheidungs- oder Rückholrecht verbleiben, sodass solche Fremdorganschaft unzulässig ist, durch die alle Gesellschafter von der Vertretung ausgeschlossen werden; ebenso eine unwiderrufliche Generalvollmacht. Zulässig ist jedoch die Überlassung der Ausübung von Verwaltungsrechten. Stimmberechtigungsvereinbarungen unter Mitgesellschaftern werden jedoch als zulässig angesehen, ebenso Vertreterklauseln in der Weise, dass eine Gruppe von bestimmten Gesellschaftern einen gemeinsamen Vertreter bestellen müssen und ihre Gesellschafterrechte nur durch diesen Vertreter ausüben dürfen. Ebenso ist die

---

15 *K. Schmidt*, GesR, § 44 I 1.
16 Nach Literaturansicht (s. MüKo-BGB/*Ulmer*, § 705 BGB Rn. 60 ff., 182) soll beim Zusammentreffen von zwei oder mehr Gesellschaftsanteilen in der Hand eines Gesellschafters, sofern an einem dieser Anteile *Rechte Dritter* bestehen, wie Nießbrauch oder Pfandrecht der Einheitlichkeitsgrundsatz eingeschränkt werden; ob dies bei Vor- und Nacherbfolge eintritt, was BGHZ 98, 48 = NJW 1986, 2431 nahe legt, ist unklar, zumal die Einpersonen-Gesamthand bisher als unzulässig angesehen wird: dazu auch *Ludwig*, DNotZ 2000, 74; nach MüKo-BGB/*Ulmer*, § 705 BGB Rn. 183 sollten aber unterschiedliche Mitgliedschaftsrechte, wie Gewinn- und Stimmrechte aufgrund der Privatautonomie bestehen bleiben. Nach OLG Schleswig v. 02.12.2005 – 2 W 141/05 = DNotZ 2006, 374 können mehrere, in der Hand eines Mitgesellschafters zusammenfallende Gesellschaftsanteile ausnahmsweise dann selbständig erhalten bleiben, wenn trotz des Zusammentreffens eine unterschiedliche Zuordnung geboten ist. Eine Zuordnung ist entsprechend § 1256 BGB möglich, wenn der Gesellschaftsanteil mit dem Recht eines Dritten belastet ist oder wenn die Vertragsparteien einen von der Rechtsordnung gebilligten Gestaltungszweck auf andere Weise nicht erreichen können.
17 BGH v. 10.01.1996 – IV ZB 21–94, DStR 1996, 929 m. Anm. *Goette*; MittBayNot 1996, 118 m. Anm. *Weidlich*. Nach BFH v. 23.03.2010 – II R 42/08 = DStR 2010, 868 auch bei Nießbrauch denkbar.
18 *K. Schmidt*, GesR, § 19 III 4. Zum Gruppenstimmrecht s.a. § 137 Rdn. 72

Bestellung eines Nießbrauches wie auch die Verpfändung des Gesellschaftsanteils bei Zulassung durch alle Mitgesellschafter (ggf. antizipiert durch die Satzung) rechtlich möglich.[19]

d) Selbstorganschaft

10 Die organschaftliche Geschäftsführungs- und Vertretungsbefugnis kann nur von den Gesellschaftern selbst wahrgenommen werden, aber nicht auf gesellschaftsfremde Dritte übertragen werden.[20] Jedoch können einzelne Gesellschafter von der Geschäftsführungs- und/oder Vertretungsbefugnis ausgeschlossen werden und können an gesellschaftsfremde Dritte Geschäftsführungsaufgaben durch schuldrechtlichen Vertrag und die Erteilung umfassender Vollmachten[21] übertragen werden, wenn die Gesellschafter selbst die organschaftliche Geschäftsführungs- und Vertretungsbefugnis behalten.[22] Jedem von der Geschäftsführung ausgeschlossenen Gesellschafter steht ein nicht abdingbares Kontrollrecht zu, um sich jederzeit dadurch Einsicht in die Geschäftsbücher und Papiere der Gesellschaft informieren zu können.

e) Gesamthandsprinzip

11 Das ursprüngliche, der BGB-Regelung zugrunde liegende Verständnis der gesellschaftsrechtlichen Gesamthand als Sondervermögen, an dem alle Gesellschafter beteiligt sind und über das nur alle zusammen verfügen können, ist aufgrund der Rechtsfortbildung der Anschauung gewichen, dass es sich bei der Außengesellschaft um eine aus zwei oder mehr Gesellschaftern bestehende rechtsfähige Personenverbindung als Gruppe (nicht als eigenständiger Rechtsperson) mit eigener Rechts- und Parteifähigkeit handelt, der vom Gesellschafterbestand unabhängig das Gesellschaftsvermögen dinglich zugeordnet ist[23] und die durch die Gesamtheit der Gesellschafter handelt (Selbstorganschaft).

f) Abtretungsbeschränkung

12 Aufgrund der personalistischen Struktur der Personengesellschaft ist die Übertragung der Mitgliedschaft nur möglich, wenn alle Mitgesellschafter der Übertragung entweder im Gesellschaftsvertrag oder aktuell aus Anlass der Übertragung zugestimmt haben. Der Gesellschaftsvertrag kann Zustimmungsklauseln enthalten, in denen die Übertragung der Mitgliedschaft von bestimmten Voraussetzungen abhängig gemacht werden, insbesondere dass der Erwerber bestimmte subjektive Voraussetzungen erfüllen muss. Nur ausnahmsweise kann eine Versagung der Zustimmung treuwidrig sein.

---

19 Siehe BGH v. 14.01.2010 – IX ZR 78/09; Baumbach/*Hopt*, § 105 HGB Rn. 44, § 124 HGB Rn. 20.
20 Einem Kommanditisten kann zwar die Geschäftsführung übertragen werden, nicht aber die organschaftliche Vertretung, wohl aber eine umfassende rechtsgeschäftliche Vertretungsbefugnis; s.a. BGH NJW 82, 1817.
21 Zu Möglichkeiten der Stimmrechtseinräumung an Treugeber-Gesellschafter ausführlich: *Wertenbruch*, NZG 2017,81.
22 BGHZ 36, 292, 293 f.; BGH, Urt. v. 05.10.1981 – II ZR 203/80, WM 1982, 394, 396 f. und vom 20.09.1993 – II ZR 204/92, WM 1994, 237, 238. Die umfassende Vollmacht eines solchen Geschäftsbesorgers verstoße nicht gegen das Rechtsberatungsgesetz: BGH, Urt. v. 18.07.2006 – XI ZR 143/05.
23 MüKo-BGB/*Ulmer/Schäfer*, § 718 BGB Rn. 2, sowie § 705 BGB Rn. 298 ff. Eine Abwicklungs-Testamentsvollstreckung ist daher nicht möglich, wohl aber eine Dauervollstreckung (s. OLG Hamm v. 07.12.2010 – I-15 W 636/10, FamRZ 2011, 1253).

g) Anwachsungsprinzip

Gemäß § 738 Abs. 1 Satz 1 BGB geht als zwingende Folge des Ausscheidens eines Gesellschafters seine Mitgliedschaft sowie seine Gesamthandsberechtigung auf die verbleibenden Gesellschafter kraft Gesetzes anteilig über, ohne dass es einer Einziehung bedarf. Die dingliche Rechtsänderung erfordert keine Einzelübertragungsakte, das Grundbuch ist zu berichtigen. Nachdem die Außengesellschaft nun als selbstständiger Rechtsträger angesehen wird, bedeutet die Anwachsung nicht mehr die Übertragung von Anteilen am Sondervermögen, sondern, dass der in Zahlen ausgedrückte Wertanteil des einzelnen Gesellschafter sich anteilig verändert. Nicht das Anwachsungsprinzip, wohl aber die Anwachsungsquote kann abweichend von den Beteiligungsquoten vertraglich vereinbart werden.[24]

h) Sonderrechtsnachfolge im Erbfall

Wird eine Personengesellschaft durch Tod eines Gesellschafters nicht aufgelöst (anders grundsätzlich bei GbR § 727 BGB) oder scheidet der verstorbene Gesellschafter nicht gegen Abfindung aus (anders grundsätzlich bei OHG nach § 131 Abs. 3 Satz 1 HGB sowie der persönlich haftende Gesellschafter der KG), sondern wird die Gesellschaft mit mehreren Erben des Gesellschafters fortgeführt, erlangen diese den Gesellschaftsanteil nicht in Erbengemeinschaft, sondern jeder Erbe mit einem seiner Erbquote entsprechenden Anteil.[25]

i) Einstimmigkeitsprinzip

Jede Änderung des Gesellschaftsvertrages und damit des Verhältnisses der Gesellschafter zueinander bedarf grundsätzlich der Zustimmung aller Gesellschafter (Konsensprinzip), was für alle Angelegenheiten gilt, jedoch grundsätzlich dispositiv ist. Es steht den Gesellschaftern im Rahmen der Privatautonomie in gewissen Grenzen frei, sich im Gesellschaftsvertrag dahin zu einigen, dass das starre, praktischen Erfordernissen oftmals nicht gerecht werdende Einstimmigkeitsprinzip durch das Mehrheitsprinzip ersetzt wird, um die Flexibilität und die Handlungsfähigkeit der Gesellschaft in Streitfällen sicher zu stellen.[26] Eine die Abweichung vom Einstimmigkeitsprinzip legitimierende Mehrheitsklausel muss, wenn der Gesellschaftsvertrag nicht eindeutig dies regelt, zumindest durch Auslegung des Gesellschaftsvertrages ergeben, dass der betreffende Beschlussgegenstand einer Mehrheitsentscheidung unterworfen sein soll; dem Bestimmtheitsgrundsatz kommt keine Bedeutung mehr zu. Die Mehrheitsklausel als eine wertneutrale Verfahrensregel, begründet nur eine formelle Legitimation für die Mehrheitsentscheidungen, auch bei einem ein außergewöhnliches oder ein »Grundlagengeschäft« betreffenden Beschluss, der damit grundsätzlich zulässig wird. Erst auf einer zweiten Prüfungsstufe erfolgt eine inhaltliche Wirksamkeitsprüfung im Einzelfall. Hier kommt es allerdings nicht (mehr) darauf an, ob ein Eingriff in den sog. »Kernbereich« gegeben ist. Abgesehen von unverzichtbaren und schon deshalb unentziehbaren Rechten,[27] kommt es bei Eingriffen in die individuelle Rechtsstellung des Gesellschaf-

---

24 MüKoBGB/*Schäfer* 7. Aufl. 2017, BGB § 738 Rn. 13; *K. Schmidt*, GesR, § 45 II 5. Nach *Früchtl*, NZG 2007, 368 soll jedoch die Folge der Anwachsung bzgl. Verteilung und Höhe einer gesellschaftsvertraglichen Modifikation zugänglich sein; ebenso MünchKomm-HGB/*K. Schmidt*, § 13 Rn. 104; a.A. OLG Hamm v. 06.03.1985, Rpfleger 1985, 289: Vereinbarungen über Anwachsung sind nicht zulässig. Zur Anwachsung und zu den Steuerfolgen: *v. Proff*, DStR 2016, 2227.
25 Ständige Rechtsprechung des BGH vgl. z.B. BGH v. 10.01.1996 – IV ZB 21–94, DStR 1996, 929 m. Anm. *Goette*; MittBayNot 1996, 118 m. Anm. *Weidlich*.
26 BGH Urt. v. 15.01.2007 – II ZR 245/05 (OTTO) = BGHZ 170, 283 = DStR 2007, 494 = DNotZ 2007, 629 = NJW 2007, 1685.
27 Hierzu wurde bisher gezählt: Mindestmaß an Teilhaberechten und an der internen Willensbildung, Loslösungsmöglichkeit aus wichtigem Grund, Verbot der Hinauskündigung aus freiem Ermessen, Wahrung der Gleichbehandlung.

ters, d.h. in seine rechtliche und vermögensmäßige Position in der Gesellschaft, letztlich maßgeblich immer darauf an, ob der Eingriff im Interesse der Gesellschaft geboten und dem betroffenen Gesellschafter unter Berücksichtigung seiner eigenen schutzwerten Belange zumutbar ist.[28] Dabei dürfen nicht treupflichtwidrig beachtenswerte Belange der Minderheit verletzt werden.[29] Die Vereinbarung einer Mehrheitsklausel beinhaltet eine grundsätzlich mögliche, antizipierte Zustimmung zum Mehrheitsbeschluss, der jedoch (z.B. bei nachträglicher Beitragserhöhung) eine gesellschaftsvertragliche Bestimmtheit voraussetzt, die eindeutig sowie Ausmaß und Umfang des möglichen Eingriffes in individuelle Gesellschafterrechte durch Beschluss erkennen lassen muss.[30]

II. Gesellschaftsvertrag der GbR

1. Form der Errichtung

16 Die Gesellschaft kann formlos, auch konkludent, errichtet werden, weil sie nur ein gleichgerichtetes Verhalten zur gemeinsamen Zweckerreichung erfordert.[31] Doch ist die schriftliche Festlegung der Vereinbarungen zur Vermeidung von Streitigkeiten und aus Beweiszwecken empfehlenswert. Anders als bei Kapitalgesellschaften verlangt der Gesellschaftsvertrag keine Vollständigkeit. So können neben den schriftlichen Vereinbarungen auch mündliche oder konkludente Abreden bestehen. Die Beurkundung ist jedoch erforderlich, wenn ein Gesellschafter verpflichtet ist, einen GmbH-Anteil (§ 15 GmbHG) oder einen *konkreten* Grundbesitz in das Gesellschaftsvermögen einzulegen oder bei Ausscheiden oder Auseinandersetzung zu übernehmen (§ 311b BGB),[32] s. Rdn. 91. Wird die Beteiligung geschenkt, ist die Schenkung bei einer Innengesellschaft grundsätzlich nach § 518 Abs. 1 BGB formbedürftig, wogegen nach h.M. bei Außengesellschaften keine Schenkung vorliegen soll, weil der Beschenkte als Gesellschafter eine persönliche Haftung und eine Tätigkeitsverpflichtung übernimmt. Wegen Besonderheiten bei Beteiligung von Minderjährigen s. Rdn. 95.

17 Umstritten ist, ob die Vereinbarung einer Güterstandsklausel im Gesellschaftsvertrag zur notariellen Beurkundung des gesamten Vertrages führt.[33] Die direkte Verpflichtung des Gesellschafters zum Abschluss eines Ehevertrages mit einem bestimmten Inhalt (Vereinbarung von Gütertrennung oder gegenständliche Herausnahme der unternehmerischen Beteiligung aus der Zugewinnausgleichberechnung, Ausschluss der Beschränkung des § 1365 BGB) ist unter dem Grundsatz der Eheschließungsfreiheit kritisch zu sehen[34] und lässt sich auch rechtlich nicht durchsetzen. Zulässig ist eine mittelbare Verpflichtung in der Weise, dass dies ein Aufnahmekriterium ist oder dass ein Verstoß dagegen mit Sanktionen, wie dem Ruhen des Stimmrechtes oder eine Gewinnausschüttungssperre verbunden ist; problematisch ist die Verpflichtung zur Abtretung des Gesellschaftsanteiles, weil dies

---

28 BGH, Urt. v. 21.10.2014 – II ZR 84/13, DNotZ 2015, 65 = DStR 2014, 2403 = ZNotP 2014, 389.
29 BGH Urt. v. 15.01.2007 – II ZR 245/05 (OTTO) = DStR 2007, 494; hierzu Anm. *v. Giedinghagen/Fahl*, DStR 2007, 1965; BGH v. 24.11.2008 – II ZR 116/08 = BGHZ 179, 13 = DNotZ 2009, 392.
30 BGH Urt. v. 05.03.2007 II ZR 282/05 = DStR 2007, 771 = NJW-RR 2007, 757; hierzu *Wertenbruch*, DStR 2007, 1680.
31 So wird etwa bei einer Erbengemeinschaft, ehelichen Gütergemeinschaft und reinen Bruchteilsgemeinschaft, die gewerbliche Einkünfte aus dem Betrieb einer Photovoltaikanlage erwirtschaftet, davon ausgegangen, dass konkludent eine GbR gegründet wurde, die getrennt von der Gemeinschaft zu beurteilen ist (OFD Frankfurt am Main 04.09.2008, S 2241 A – 110 – St 213) oder bei einer Betriebsaufspaltung, wenn die der Betriebsgesellschaft überlassene wesentliche Betriebsgrundlage in Bruchteilseigentum sich befindet (BFH vom 18.08.2005 – IV R 59/04, NZG 2006, 73 = DStRE 2005, 1311).
32 DNotI-Report 2017, 49.
33 Keine Beurkundung erforderlich: *Wenckstern*, NJW 2014, 1335; *Kuhn*, BWNotZ 2008, 86; aA. *Gassen*, RNotZ 2004, 424.
34 Kann gegen § 138 BGB verstoßen; zum Verfassungsrecht *Reul*, DNotZ 2007, 184, 206.

Liquidität kostet und zudem rechtlich fraglich ist.[35] Eine in vorstehender Weise nur indirekte Verpflichtung kann m.E. jedoch nicht zur Formpflicht analog § 1410 BGB führen.

2. Mindestinhalt

Nach § 705 BGB ist als Mindestinhalt des Gesellschaftsvertrages nur der Gesellschaftszweck und die Art seiner Verwirklichung festzulegen. Darüber hinaus sind vor allem bei der Außen-GbR folgende gesellschaftsvertragliche Regelungen sinnvoll: **18**

3. Name, Sitz

Wegen der eigenen Rechtsfähigkeit als Sachenrechtsinhaber kann die GbR statt der Bezeichnung aller Gesellschafter einen eigenen Namen führen (in der Regel Name eines oder mehrerer Gesellschafter oder Sachbezeichnung und einen auf die Rechtsform hinweisenden Zusatz)[36] und sollte dies sogar als Unterscheidungsmerkmal zu anderen GbRs mit gleichen Gesellschaftern.[37] Die Grundsätze des § 18 HGB, dass der Name der Gesellschaft Kennzeichnungs- und Unterscheidungskraft hat und nicht zur Irreführung geeignet ist, sind entsprechend heranzuziehen. Er darf daher nicht den Eindruck einer handelsrechtlichen Firma erwecken können, also z.B. nicht lauten: »Müller & Schulze« oder »Müller & Co.«, weil das Zeichen »&« oder der Zusatz »& Co.« firmenmäßig ist. Namenszusätze »Partnerschaft« oder »und Partner« sind unzulässig (§ 11 PartGG), berufsrechtliche Vorschriften sind zu beachten (z.B. § 9 BORA). In einigen Branchen (Apotheken, Gaststätten etc.) dürfen traditionell Geschäftsbezeichnungen (Etablissementbezeichnungen) geführt werden. Auch das Beibehalten des Familiennamens eines Gesellschafters nach dessen Ausscheiden sollte analog § 24 HGB im Gesellschaftsvertrag geregelt werden; § 22 HGB gilt jedoch nicht. **19**

Als rechts- und parteifähige Außengesellschaft, hat die GbR idR einen Gesellschaftssitz, welcher in der Regel der Ort ist, an dem sich die Verwaltung befindet (§ 17 Abs. 1 Satz 2 ZPO). Für Grundbuchzwecke erfolgt Identifizierung der Gesellschaft jedoch über die notwendige Benennung ihrer Gesellschafter;[38] es besteht aber grundsätzlich keine Notwendigkeit für die Eintragung von Namen und Sitz der GbR.[39] **20**

4. Zweck

Siehe Rdn. 2. **21**

---

35 Hierzu ausführlich *Wenckstern*, NJW 2014, 1335 mit Musterformulierung, sowie die weitere Literatur in vorstehender Fn.
36 Die Angabe der Familiennamen aller Gesellschafter mit mindestens einem ausgeschriebenen Vornamen ist lediglich gemäß § 15b GewO auf allen Geschäftsbriefen sowie an den offenen Verkaufsstellen erforderlich; auch im Grundbuch und bei der GbR als Kommanditist im Handelsregister sind die Gesellschafter mit Name, Vorname, Geburtsdatum, Wohnort aufzuführen.
37 BGH v. 04.12.2008 – V ZB 74/08, MittBayNot 2009, 225 = MittBayNot 2009, 225; *Lautner*, NotBZ 2007, 229, 237.
38 Vgl. BGH v. 02.12.2010 – V ZB 84/10, NJW 2011, 615, 616, Rn. 10: Diese müssen nach § 15 Abs. 1 Buchst. c GBV in einer Weise bezeichnet werden, die bei natürlichen Personen den Anforderungen des § 15 Abs. 1 Buchst. a GBV (Name, Geburtsdatum, ggf. Beruf und Wohnort) und bei juristischen Personen sowie Handels- und Partnerschaftsgesellschaften denjenigen des § 15 Abs. 1 Buchst. b GBV (Name oder Firma, Sitz) genügt.
39 BGH v. 28.04.2011 – V ZB 194/10, DNotZ 2011, 711 m. Anm. *Lautner*, DNotZ 2011, 643, sowie ein Vielzahl von Aufsätzen in der Fachliteratur, = DStR 2011, 1041 = FGPrax 2011, 164. § 15 Abs. 1 Buchst. c GBV eröffnet dazu nur eine Möglichkeit.

5. Dauer

22 Nach dem Gesetz besteht das Gesellschaftsverhältnis unbefristet und kann jederzeit gekündigt werden (§ 723 BGB). Aus dem Gesellschaftszweck kann sich jedoch ein befristeter Ausschluss des ordentlichen Kündigungsrechtes ergeben bzw. vereinbart werden. Dieser darf jedoch nicht unbegrenzt sein, wobei es bei der zulässigen Dauer auf die Umstände des Einzelfalles ankommt. Abzuwägen sind das Interesse des einzelnen Gesellschafters an seiner absehbaren, einseitigen, ohne wichtigen Grund möglichen Herauslösungsmöglichkeit neben der Art und dem Ausmaß der ihn treffenden Pflichten und Haftungsrisiken gegenüber den sich aus dem Zweck ergebenden Interessen der Mitgesellschafter auf langfristigem Bestand.[40] Jedoch können zeitlich befristete Gesellschaftsverträge, bei denen die vertragliche Bindung von so langer Dauer ist, dass bei Vertragsschluss die Entwicklungen und damit die Auswirkungen auf die Gesellschafter unübersehbar sind und dadurch die persönliche und wirtschaftliche Betätigungsfreiheit unvertretbar eingeschränkt wird, gegen § 723 Abs. 3 BGB verstoßen.[41] Bei Anknüpfung an die Lebenszeit des Gesellschafters liegt nach § 724 BGB eine jederzeit durch Kündigung beendbare unbefristete Dauer vor.[42] Eine *Verlängerungsklausel*, wonach durch Mehrheitsbeschluss die Fortsetzung festgelegt werden kann, bedarf wegen des Bestimmtheitsgrundsatzes einer klaren zeitlichen Grenze der Verlängerung.[43] Die unangemessene Beschränkung des Kündigungsrechtes ist nach § 723 Abs. 3 BGB nichtig. Es gelten dann die gesetzlichen Bestimmungen. Eine ergänzende Vertragsauslegung ist nur dann möglich, wenn der Gesellschaftszweck oder die sonstigen zwischen den Gesellschaftern getroffenen Vereinbarungen erkennen lassen, dass sie übereinstimmend eine zeitlich unbegrenzte oder lang anhaltende Bindung gewollt haben und mit der Nichtigkeit aus § 723 Abs. 3 BGB nicht gerechnet haben.[44]

6. Gesellschafter

23 Gesellschafter können natürliche und juristische[45] Personen sein (zu Ehegatten in Gütergemeinschaft s. Rdn. 126; zu Minderjährigen Rdn. 95), sowie Personengesellschaften (also auch eine GbR), nicht jedoch Gemeinschaften, wie eine Erbengemeinschaft[46] oder eine Bruchteilsgemeinschaft.

7. Gesellschaftsanteil

24 Zu unterscheiden ist zwischen

---

40 Nach BGH WM 1967, 315 galt 30 Jahre als die Obergrenze, dem nach BGH v. 22.05.2012 – II ZR 205/10, DNotZ 2012, 869 nicht mehr gefolgt werden kann; kritisch zur früheren Rspr.: MüKo-BGB/*Ulmer*, § 723 BGB Rn. 66; nach Schlegelberger/*K. Schmidt*, § 132 HGB Rn. 29 ff. kann Ausschluss des Kündigungsrechtes zulässig sein, wenn die freie Veräußerbarkeit des Gesellschaftsanteiles ohne die Zustimmung der übrigen Gesellschafter zugelassen ist oder wenn ein Andienungsrecht mit Übernahmepflicht gegen Wertausgleich besteht.
41 BGH, v. 22.05.2012 – II ZR 205/10, DNotZ 2012, 869 sowie v. 18.09.2006 – II ZR 137/04, NJW 2007, 295.
42 Anders m.E. aber dann, wenn das Kündigungsrecht auf die Lebensdauer z.B. des Seniorgesellschafters im Rahmen einer Vermögensverwaltungs-GbR des Familienvermögens ausgeschlossen wird, da hierfür ein beachtenswerter Grund besteht.
43 MüKo-BGB/*Ulmer*, § 723 BGB Rn. 69.
44 BGH, v. 22.05.2012 – II ZR 205/10, DNotZ 2012, 869 sowie v. 18.09.2006 – II ZR 137/04 = NJW 2007, 295. Insoweit ist eine Hilfsklausel für den Fall der Nichtigkeit der Kündigungsbeschränkung nicht immer hilfreich.
45 Sobald auch nur eine juristische Person beteiligt ist, ist die GbR unabhängig davon, ob sie lediglich zu privaten Zwecken und nicht gewerblich oder selbständig beruflich tätig ist, nicht Verbraucher i.S.d. § 13 BGB (BGH v. 30.03.2017 – 19 U 52/13 (DStR 2017,1336 m. Anm. *Beck*).
46 MüKo-BGB/*Ulmer*, § 705 BGB Rn. 83.

– der *Mitgliedschaft* als Gesamtheit der persönlichen, vermögensrechtlichen und kooperativen Rechte und Pflichten, die je Gesellschafter – abweichend von der gesetzlichen Gleichheit – aufgrund der Vertragsfreiheit im Innenverhältnis unterschiedlich ausgestaltet werden können. Deren Inhalt bilden die Mitverwaltungs-[47] und Vermögensrechte[48] sowie die mitgliedschaftlichen Verpflichtungen. Sie ist aufgrund der Anerkennung der *Rechtsfähigkeit der Außengesellschaft* als *subjektives Recht* (der Gesellschaftsanteil) zu qualifizieren, das als solches zum Gegenstand rechtsgeschäftlicher Verfügungen gemacht werden kann.

– *Anteil am Gesellschaftsvermögen* (Beteiligungsquote) als vermögensrechtliche Seite der Mitgliedschaft und von dieser untrennbar, die jedoch je Gesellschafter – abweichend von den gesetzlich gleich hohen Anteilen – unterschiedlich ausgestaltbar sind; er hängt nicht zwingend von der Höhe der Einlage ab. Dies wird in der Regel als Kapitalanteil bezeichnet und drückt das Maß der wirtschaftlichen Beteiligung des einzelnen Gesellschafters am Vermögen der Gesellschaft aus. Er wird für die Bemessung von Stimm- und Beteiligungsrechten an Gewinn, Verlust, Auseinandersetzungsguthaben (jeweils unterschiedlich hoch möglich) durch eine feste Verhältniszahl oder -quote im Gesellschaftsvertrag ausgedrückt, häufig aber auch durch Festkapitalanteile. Möglich ist auch, dass ein Gesellschaftsanteil keinen Anteil am Gesellschaftsvermögen hat. Umgekehrt können auch Mitgliedschaftsrechte beschränkt werden, wobei aber ein Stimmrechtsausschluss nicht das Teilnahme- und Mitspracherecht ausschließen darf oder im Wesentlichen den Kernbereich der Gesellschafterrechte.[49]

8. Einlagen, Beiträge, Gesellschafterkonten

Die Leistung von *Einlagen* und die Bildung von Gesellschaftsvermögen sind bei Außengesellschaften im Allgemeinen üblich, aber nicht Wesenserfordernis der Gesellschaft. Jeder Gesellschafter hat jedoch in irgendeiner Form den Gesellschaftszweck zu fördern, was durch Sach-, Geld- und/oder Dienstleistung möglich ist. Das Gesetz geht in § 706 BGB von gleich hohen Beiträgen je Gesellschafter aus. Die Gesellschafter müssen jedoch nicht zwingend der Höhe nach feste bzw. gleichhohe oder gleichwertige Beiträge festlegen, sondern können sich verpflichten, entsprechend ihrer Beteiligung an der Gesellschaft das zur Erreichung des Gesellschaftszweckes Erforderliche beizutragen.[50] Dann bedarf die Festlegung der Höhe und die Einforderung der Beiträge keines Gesellschafterbeschlusses, sondern nur der Anforderung durch einen Gesellschafter. Sollen Gegenstände der Gesellschaft nur zur Nutzung überlassen werden, ist dies wegen der Einlagevermutung des § 706 Abs. 2 BGB klar zu bestimmen.[51] Kapitalkonten kennt das BGB für die GbR nicht. Aus steuerrechtlichen oder zivilrechtlichen Gründen kann es jedoch sogar nötig werden, verschiedene Gesellschafterkonten zu führen (s. hierzu § 132 Rdn. 9 ff.). 25

Begründung von Nachschusspflichten:[52] Grundsätzlich besteht keine Nachschusspflicht und kein Verlustausgleich (§ 707 BGB). Deren Festlegen bedarf der Einstimmigkeit, soweit nicht im Gesellschaftsvertrag festen Beiträge bestimmt sind. Haben die Gesellschafter entspre- 26

---

47 Recht auf Geschäftsführung und Vertretung (§§ 709, 714 BGB), das Widerspruchsrecht gegen Geschäftsführungsmaßnahmen von Mitgesellschaftern (§ 711 BGB), das Stimmrecht (s. § 709 BGB), das Informations- und Kontrollrecht (§ 716 BGB), das Recht auf Rechnungslegung (§ 721 BGB), das Kündigungsrecht (§ 723 BGB).
48 Anspruch auf Gewinn, auf Anteil am Auseinandersetzungsguthaben sowie auf Aufwendungsersatz.
49 Das Stimm- und Gewinnrecht, das Geschäftsführungsrecht, die Beteiligung am Liquidationserlös, das gesellschaftsvertragliche Informationsrecht (BGH, Urt. v. 10.10.1994 – II ZR 18/94, NJW 1995, 194).
50 BGH Urt. v. 04.07.2005 II ZR 354/03 = DStR 2005, 1579. Gesellschaft ohne Kapitalanteil ist möglich, siehe OLG Frankfurt v. 20.09.2012 – 20 W 264/12, NZG 2013, 338; BGH WM 1987, 689.
51 Hierzu weitere Einzelheiten auch bei § 132 Rdn. 15, zur Einbringung dem Werte nach (quoad sortem).
52 Hierzu *Wertenbruch*, DStR 2007, 1680; *Wilde*, NZG 2012, 215; *Frings*, NZG 2008, 218.

chend ihrer Beteiligung das zur Erreichung des Gesellschaftszwecks Erforderliche beizutragen, muss diese Beteiligung zwar nicht mit einer bestimmten Höhe beziffert werden, sie muss jedoch zumindest in einer objektiv bestimmbaren Weise ausgestaltet sein; in welcher Weise hat der BGH jedoch offen gelassen, sodass eine solche Klausel problematisch sein kann.[53] Soweit durch Mehrheitsentscheidung ein Nachschuss eingefordert werden soll, muss die dies zulassende Satzungsklausel Ausmaß und Umfang, insbesondere hinsichtlich einer Obergrenze erkennen lassen.[54] Dabei kann für die gesamte Dauer der Gesellschaft oder für jedes einzelne Wirtschaftsjahr ein Höchstbetrag festgelegt werden.[55]

9. Geschäftsführung und Vertretung

27 Die Geschäftsführung ist aufgrund des Verbots der Fremdorganschaft auf die Gesellschafter beschränkt. Sie ist die gesamte auf die Förderung des Gesellschaftszwecks gerichtete Tätigkeit, mit und ohne Außenwirkung, und gleich ob es sich um gewöhnliche und außergewöhnliche Geschäfte handelt, soweit sie sich im Rahmen der Förderung des Gesellschaftszwecks halten und nicht zu einer Veränderung der Vertragsgrundlagen führen. Nicht dazugehören daher Maßnahmen, die die Grundlagen der Gesellschaft betreffen oder faktisch den Gesellschaftszweck ändern, wie etwa die Gesamtveräußerung des Vermögens, was dann auch die Vertretungsbefugnis insoweit ausschließt. – Ein Ausschnitt aus der Geschäftsführung ist die Vertretung der Gesellschaft gegenüber Dritten, wobei sich Geschäftsführungsbefugnis – im Verhältnis zu den anderen Gesellschaftern – und Vertretungsmacht – nach außen – im Zweifel decken (§ 714 BGB). Falls nichts anderes im Gesellschaftsvertrag vereinbart ist, steht die Geschäftsführung den Gesellschaftern gemeinsam zu (§ 709 BGB). Bei Abweichungen davon ist zu unterscheiden:
– besteht Einzel- oder Gesamtvertretung durch zwei Gesellschafter, sind aber alle an der Geschäftsführung beteiligt, hat jeder Gesellschafter das die Vornahme des Geschäftes ausschließende Widerspruchsrecht nach § 711 BGB; die Satzung sollte klarstellen, dass ein Widerspruch die Vertretungsbefugnis nicht beeinträchtigt.
– erfolgt die Übertragung der Geschäftsführung insgesamt oder bzgl. bestimmte Geschäfte auf einzelne Gesellschafter (§ 710 BGB), sind die übrigen Gesellschafter ausgeschlossen. Sie haben kein Widerspruchsrecht, sondern sind auf das Kontrollrecht nach § 716 BGB beschränkt, das nicht ausschließbar, aber gemäß § 716 Abs. 2 BGB beschränkbar ist. Die Entziehung der Einzelvertretung ist mit Mehrheitsbeschluss möglich (§ 712 BGB).[56] Fällt der einzige Einzelvertretungsberechtigte weg, tritt Gesamtgeschäftsführungsbefugnis alle verbleibenden Gesellschafter ein.[57] Bestimmte Geschäfte, nicht jedoch die Vertretungsmacht, können auch von einem zustimmenden Gesellschafterbeschluss abhängig gemacht werden, wodurch intern die Geschäftsführungsbefugnis auf gewöhnliche Maßnahmen beschränkt werden kann.

---

53 BGH Urt. v. 04.07.2005 – II ZR 342/03, ZIP 2005, 1455, 1456; BGH Urt. v. 23.01.2006 – II ZR 126/04, DNotZ 2006, 631 = NJW-RR 2006, 829 und II ZR 306/04 = ZIP 2006, 562 = NJW-RR 2006, 827, m.w.N.
54 BGH DStR 2000, 1579; BGH v. 05.11.2007 – II ZR 230/06, DStR 2007, 2078; BGH v. 19.03.2007 – II ZR 73/06, DStR 2007, 865 = DNotZ 2007, 862; BGH v. 23.01.2006 – II ZR 126/04, DStR 2006, 621 = DNotZ 2006, 631 = NJW-RR 2006, 829; BGH v. 09.02.2009 – II ZR 231/07, DStR 2009, 984. Unzureichend, die Nachschusspflicht an den anteiligen Ausgleich einer Unterdeckungen bei laufender Bewirtschaftung eines Grundstückes oder an einen für das jeweilige Wirtschaftsjahr erstellten Wirtschaftsplan anzuknüpfen.
55 BGH Urt. v. 23.01.2006 – II ZR 126/04, DStR 2006, 621 = DNotZ 2006, 631. Ausreichend ist, wenn Nachschüsse zur Bedienung der Fremddarlehen vorgesehen sind, deren Gesamthöhe im Gesellschaftsvertrag festgelegt ist (= BGH Urt. v. 05.11.2007 – II ZR 230/06, DStR 2007, 2078).
56 Sie führt, wie der Tod des Gesellschafters, wieder zur Gesamtvertretung aller Gesellschafter (BGH v. 23.09.2014 – II ZB 4/14).
57 Ein Notgeschäftsführer kann nicht bestellt werden, gleich ob Wegfall durch Tod oder durch Entziehung der Geschäftsführungsbefugnis oder Amtsniederlegung (BGH v. 23.09. 2014 – II ZB 4/14, DStR 2015,312).

Geregelt werden sollte auch, dass für den Fall der Gesamtvertretung durch zwei Gesellschafter, bei Wegfall von einem der beiden, der verbleibende Gesellschafter alleinvertretungsberechtigt ist, soweit es keine weiteren vertretungsberechtigten Gesellschafter gibt (kein automatisches Erstarken zur Alleinvertretungsberechtigung).[58] Sollen von der Gesamtgeschäftsführung und -vertretung abweichende Satzungsbestimmungen auch für die Liquidation gelten, bedarf es einer ausdrücklichen Regelung, ansonsten stehe diese ab dem Auflösungsbeschluss allen Gesellschaftern gemeinschaftlich zu.[59]

28

Die Vertretungsmacht ist aufgrund der Teilrechtsfähigkeit nicht rechtsgeschäftlich, sondern organschaftlich; Minderjährige werden durch den gesetzlichen Vertreter vertreten.[60] Sie kann von der Geschäftsführungsbefugnis abweichen (z.B. im Innenverhältnis Gesamtgeschäftsführungsbefugnis, im Außenverhältnis Einzelvertretungsmacht); str. jedoch, ob grundsätzlich Einzelvertretung gilt, für bestimmte Geschäfte jedoch gemeinsame Vertretung bestimmt werden kann. Zum Nachweis der Einzelvertretung sollten die Gesellschafter zur Erteilung einer Vertretungsbescheinigung verpflichtet werden. Ihr Umfang wird lediglich durch den nach außen erkennbaren Gesellschaftszweck begrenzt.[61] Die Vollmacht[62] muss zur Vertretung der GbR berechtigen und muss daher von allen Gesellschaftern erteilt werden.[63] Sie darf aber nicht die organschaftliche Vertretung ersetzen bzw. ausschließen, wenn eine solche an fremde Dritte erteilt wird. Nach Ansicht des BGH[64] kann die Gesellschaft selbst keine Vollmacht erteilen; für sie handeln vielmehr die Gesellschafter, wobei jeder von ihnen auch durch eine von dem jeweiligen Gesellschafter erteilte Generalvollmacht sodann vertreten werden kann, die auch einem außenstehenden Dritter erteilt sein kann.[65] Nur eine von der Gesellschaft erteilte Vollmacht wirkt aber über den Gesellschafterwechsel hinaus, ggf. darauf inhaltlich beschränkt, dass der Bevollmächtigte noch Gesellschafter ist. Zweckmäßig wäre es daher, bis die Rechtslage abschließend geklärt ist, die Vollmacht auch durch alle Gesellschafter als Gesellschafter für die GbR zu erteilen und zugleich auch ein Handeln namens der GbR zu gestatten. Um Zweifel an der wirksamen Erteilung der Vollmacht durch alle bei deren Erteilung vorhandenen und damit dazu legitimierten Gesellschafter auszuschließen, wird empfohlen, die Vollmacht zusammen mit der Gesellschaftserrichtung zu erteilen (Geburtsvollmacht).[66] Inhaltlich sollte sie alle Rechts-

29

---

58 OLG München v. 12.03.2014 – 15 W 23/14, NZG 2014, 899.
59 BGH v. 05.07.2011 – II ZR 199/10, NJW 2011, 3087 = DStR 2011, 2008: bei Publikums-GbR kann das Gericht aus wichtigen Gründen entsprechend § 146 Abs. 2 HGB aber Liquidatoren ernennen. Vertretung bei Liquidation kann auch nicht durch Mehrheitsbeschluss geregelt werden (OLG Naumburg v. 01.03.2012 – 9 U 151/11).
60 Auch wenn dieser selbst Mitgesellschafter ist (BGH v. 18.09.1975 – II ZB 6/74, NJW 1976,49).
61 Palandt/*Sprau*, § 714 BGB Rn. 3.
62 Zweifelnd, ob eine sog. »Altvollmacht«, mit der sich die Gesellschafter wechselseitig berechtigen, noch zur Vertretung der GbR im Grundbuchverkehr ausreicht und wie weit eine etwaige Auslegung dahin gehend möglich ist, dass der jeweilige Bevollmächtigte auch zur Vertretung bei Erklärungen für die GbR befugt wäre, OLG München, Beschl. v. 26.08.2009 – 34 Wx 54/09, MittBayNot 2010, 126 = NotBZ 2009, 414, was wohl nach BGH v. 20.01.2011 – V ZB 266/10 so nicht mehr anzweifelbar ist.
63 Die Erteilung nur durch einzelne, laut Satzung vertretungsberechtigte Gesellschafter genügt nicht, da deren organschaftliche Befugnis sich nicht durch den Gesellschaftsvertrag sicher nachweisen lässt; KG v. 12.09.2017 – 1 W 326-327/17, NZG 2017, 1190.
64 BGH v. 20.01.2011 – V ZB 266/10, DNotZ 2011, 361 m. Anm. *Böttcher*, der damit gegen KG v. 14.09.2010 – 1 W 380/10, NZG 2010, 1423 = RNotZ 2011, 106, OLG München, NJW-RR 2010, 888; *Ruhwinkel*, MittBayNot 2010, 128 entscheidet. Kritisch dazu *Schöner/Stöber*, 12. Aufl., Rn. 4265, *Lautner*, MittBayNot 2011, 496.
65 Die von den Gesellschaftern untereinander erteilte Vollmacht hat für den Grundbuchverkehr den Vorteil, dass zugleich mit dieser durch den Bevollmächtigten aufgrund deren Grundbucheintragung über § 899a BGB die organschaftliche Vertretung der GbR und über § 172 BGB eine gewillkürten Untervertretung der Gesellschafter erfolgt, so DNotI-Gutachten Nr. 136800.
66 Der notariell beurkundete Gesellschaftsvertrag genügt nicht zum grundbuchtauglichen Vertretungsnachweis, auch wenn daraus die Alleinvertretungsbefugnis hervorgeht (OLG Celle, 22.05.2013 – 4 W 23/13, NGZ 2013, 1141; OLG München v. 20.07.2011 – 34 Wx 131/10, notar 2012, 21 m. Anm. *Abicht*). Anders jedoch OLG Hamm v. 07.09.2010 – 15 W 253/10, RNotZ 2011,306, zum Nachweis gegenüber dem Registergericht.

beziehungen der GbR nach außen umfassen zu deren Regelung der betreffende Gesellschafter befugt ist, ausgenommen jedoch organschaftliche Aufgaben.[67] Zur Übertragung auf Rechtsnachfolger des bevollmächtigten Gesellschafters wird die Erteilung von uneingeschränkten Untervollmachten empfohlen oder die abstrakte Bevollmächtigung, dass jeweils die im Grundbuch eingetragenen Gesellschafter einzeln bzw. zwei zusammen (je nach Satzungsregelung) bevollmächtigt sind.[68] Unschädlich wäre und empfohlen wird, dass daneben auch jeder Mitgesellschafter für sich dem Bevollmächtigten die Vollmacht zur Außenvertretung in den Gesellschaftsangelegenheiten erteilt bzw. dem Vertretungsberechtigten seine Vertretungsmacht gemäß § 714 BGB bestätigt, denn ein Gesellschafter kann aufgrund rechtsgeschäftlicher Vollmacht (auch als Generalvollmacht)[69] in seinen Gesellschafterrechten sich vertreten lassen. Somit kann ein Einzelner eine GbR auf Grund rechtsgeschäftlicher Vollmachten der übrigen Gesellschafter vertreten.[70] Mehrere gesamtvertretungsberechtigte Gesellschafter können sich zudem in konkreten Angelegenheiten (wie z.B. Grundstückgeschäfte) zur Einzelvertretung ermächtigen.[71] Jedoch erlischt die Ermächtigung mit dem Ausscheiden des Ermächtigenden.[72]

Muster einer Vollmacht für einen geschäftsführenden Gesellschafter:

Vollmacht für geschäftsführenden Gesellschafter

30 M Frau ....., geb. am ....., wohnhaft .....,
und
Herr ....., geb. am ....., wohnhaft .....,
sind zusammen die einzigen Gesellschafter der mit Urkunde des Notars ..... in ..... vom ....., URNr. ..... errichteten Gesellschaft bürgerlichen Rechts mit dem Namen ....., zu deren Gesellschaftsvermögen der im Grundbuch des Amtsgerichts ..... von ..... Blatt ..... eingetragene Grundbesitz gehört.
Gemäß dem Gesellschaftsvertrag steht die alleinige Geschäftsführung und Vertretung dem Gesellschafter ..... zu.
Die von der Geschäftsführung und Vertretung ausgeschlossene Gesellschafterin .....
– »vollmachtgebende Gesellschafterin« genannt –

Die notariell erteilte Vollmacht zur Vertretung der GbR ist für das Grundbuchverfahren geeignet, wenn sie als Bestandteil der notariell beurkundeten Gründungsurkunde (= Geburtsvollmacht) oder später von allen im Grundbuch eingetragenen Gesellschaftern für die GbR erteilt wird (*Abicht*, notar 2012, 21). Siehe auch *Reymann*, ZNotP 2011, 84, 88; *Hartmann*, RNotZ 2011, 401, 411.

67 So auch die Anforderung nach BGH v. 20.01.2011 – V ZB 266/10, DNotZ 2011, 361 bzgl. einer einem gesellschafterfremden Dritten erteilten Vollmacht.
68 Hierzu *Reymann*, ZNotP 2011, 84, 88; *Hartmann*, RNotZ 2011, 401, 411.
69 Solange die Gesellschafter selbst ihre organschaftliche Vertretungsbefugnis behalten.
70 BGH, Beschl. v. 12.05.2011 – V ZB 263/10: Diese Vollmachten müssen nicht die ausdrückliche Ermächtigung enthalten, sie als Gesellschafter der GbR zu vertreten, sodass ein Generalvollmacht genügt. OLG München v. 15.06.2015 – 34 Wx 513/13, NZG 2015, 1024: Die Vertretung der GbR erfolgt entweder dadurch, dass die Gesellschafter ihre Vertretungsmacht einem Mitgesellschafter übertragen oder dass einem Gesellschafter von den einzelnen – sämtlichen übrigen – Gesellschaftern rechtsgeschäftlich – nicht organschaftlich – Vollmacht erteilt wird, die sich auf ein Handeln der Vollmachtgeber in ihrer Eigenschaft als Gesellschafter der GbR bezieht.
71 Siehe hierzu *Ruhwinkel*, MittBayNot 2010, 126, sowie Überblick bei *von Oertzen/Hermann*, ZEV 2003, 400 (jedoch vor alten Rechtslage). Zur Frage der Ermächtigung eines einzelnen Gesellschafters zur organschaftlichen Vertretung analog § 125 Abs. 2 Satz 2 HGB, dies darf nur nicht zur generellen Übertragung der Vertretung auf einen Gesamtvertretungsberechtigten führen, s. *Wertenbruch*, NZG 2005, 462; DNotI-Report 2000, 49; zur konkludenten Bevollmächtigung eines einzelnen Gesellschafters: BGH, Urt. v. 14.02.2005 – II ZR 11/03, DNotZ 2005, 710.
72 DNotI-Gutachten in DNotI-Report 2000, 49; jedoch strittig; a.A. genossenschaftsrechtliche Lit. *Lang/Weidmüller/Schaffland*, § 25 Rn. 14 a.E.; *Müller*, § 25 Rn. 19; *Beuthien*, § 25 Rn. 15.

sowie alle Gesellschafter gemeinsam handelnd für die GbR und in deren Angelegenheiten, dass somit auch die GbR Vollmachtgeber ist,

erteilen hiermit

Herrn .....
– »Bevollmächtigter« genannt –
uneingeschränkte Vollmacht, die vorbezeichnete Grundstücks-GbR in allen Angelegenheiten sowie auch die vollmachtgebende Gesellschafterin persönlich in allen Angelegenheiten des Gesellschaftsverhältnisses zu vertreten, die Vertretung in allen organschaftlichen Angelegenheiten bleibt davon unberührt.
Der Bevollmächtigte ist dabei berechtigt, die GbR und die vollmachtgebende Gesellschafterin in allen Angelegenheiten der Gesellschaft – auch soweit sie als Gesellschafterin unmittelbar betroffen ist – bei allen Rechtsgeschäften und Rechtshandlungen gegenüber Dritten, Privaten, Behörden und Gerichten, uneingeschränkt zu vertreten.
Bei allen verpflichtenden Geschäften für die Gesellschaft und deren Gesellschafter ist der Bevollmächtigte jedoch nur berechtigt, das Gesellschaftsvermögen zu verpflichten. Die gesamte Vertretungsbefugnis des Bevollmächtigten erstreckt sich somit nur auf das Gesellschaftsvermögen.
Der Bevollmächtigte ist auch befugt, das Grundbuch nach einem Gesellschafterwechsel berichtigen zu lassen.
Der Bevollmächtigte ist von den Beschränkungen des § 181 BGB befreit. Untervollmacht kann auch mehrfach und mit weiterer Untervollmacht erteilt werden. Intern, ohne Beschränkung nach Außen, besteht jedoch die Anweisung, Untervollmacht nur an Gesellschafter erteilen zu dürfen.
Die Vollmacht erlischt nicht durch den Tod des Vollmachtgebers.

■ *Kosten.* Eine solche Vollmacht ist ähnlich einer Ermächtigung zwischen Gesamtvertretungsberechtigten zu behandeln. Es liegt nur eine Vollmacht vor, da Rechtsgemeinschaft besteht. Geschäftswert ist der hälftige Wert (§ 98 Abs. 3 GNotKG) des/der Geschäfte(s), die mit der Vollmacht vorgenommen werden können. Handelt es sich um eine allgemeine Vollmacht, ist zum einen das Vermögen der GbR zu berücksichtigen, wenn auf dieses die Vollmachtsberechtigung beschränkt ist, ansonsten ist der Höchstwert von 1,0 Mio € (§ 98 Abs. 4 GNotKG) anzusetzen.

Haftungsbeschränkung: Die Gesellschafter der teilrechtsfähigen Gesellschaft bürgerlichen Rechts haften analog §§ 128 HGB kraft Gesetzes für die Verbindlichkeiten der Gesellschaft akzessorisch, untereinander gesamtschuldnerisch und grundsätzlich unbeschränkt unmittelbar persönlich und mit ihrem gesamten, auch privaten Vermögen, jedoch nicht originär, sondern akzessorisch,[73] gesellschaftsintern jedoch nur nachrangig.[74] Die Haftung bezieht sich auf die von der Gesellschaft geschuldete Leistung und ist nicht auf Geldzahlung beschränkt. Der Gesellschaftsvertrag kann zwar intern die Vertretungsbefugnis der geschäftsführenden und vertretungsberechtigten Gesellschafter beschränken (§ 714 BGB), z.B. dahin gehend, dass die Gesellschafter nur mit dem *Gesellschaftsvermögen haftbar* gemacht werden dürfen[75] oder nur quotal entsprechend ihrer Beteiligung haften. Ein einseitiger Ausschluss oder eine einseitige Beschränkung dieser gesetzlichen Haftung durch eine dahin

31

---

73 BGHZ 142, 315, 318 = DNotZ 2000, 135; BGHZ 146, 350 = DNotZ 2001, 234. Die akzessorische Haftung gibt dem Gläubiger nur einen weiteren Zugriff – neben dem auf das Gesellschaftsvermögen – auch auf das Privatvermögen der Gesellschafter (= KG v. 11.11.2008 – 4 U 12/07, NZG 2009, 299).
74 Zum Innenregress: BGH v. 15.10.2007 – II ZR 136/06, DStR 2007, 2268; JuS 2008, 283 (m. Anm. *Schmidt*).
75 RGZ 155, 82, 87; s. BGHZ 61, 59, 67.

gehende Bestimmung im Gesellschaftsvertrag hat – auch wenn damit eine entsprechende Beschränkung der Vertretungsmacht des Gesellschafter-Geschäftsführers verbunden sein soll – jedoch keine Außenwirkung, da jeder Gesellschafter für die Schuld der Gesellschaft kraft Gesetzes unbeschränkt akzessorisch haftet; es bedarf vielmehr einer ausdrücklichen individualvertraglichen Vereinbarung mit dem Gläubiger, die konkludent eintreten kann, wenn dem Gläubiger der Inhalt des Gesellschaftsvertrages bekannt ist.[76] Strittig ist, ob dennoch eine solche Einschränkung der Vertretungsmacht des geschäftsführenden Gesellschafters verwendet werden soll;[77] wohl aber kann er im Innenverhältnis verpflichtet werden, jeweils eine Haftungsbeschränkung zu vereinbaren. Ein bloßer Namenszusatz (»GbR mit auf das Gesellschaftsvermögen beschränkter Haftung« oder »GbRmbH«[78]) oder ein anderer Hinweis, nur beschränkt für die Verpflichtungen der Gesellschaft einstehen zu wollen, genügt nicht, wenn er dem Geschäftspartner nicht bekannt und mit ihm vereinbart ist.[79] Von Bedeutung dabei ist auch, dass für die offene Handelsgesellschaft die Beschränkung der Vertretungsmacht nach § 126 Abs. 2 HGB ausgeschlossen ist.

10. Gesellschafterversammlungen

32 Aufgrund des allgemeinen geltenden Konsensprinzipes (Rdn. 15) sind Regelungen zu Gesellschafterversammlungen nur nötig, wenn Mehrheitsentscheidungen vorgesehen sind. Nach dem Gesetz hat jeder Gesellschafter unabhängig von seiner Kapitalbeteiligung gleiches Stimmgewicht. Die Satzung kann dies jedoch abweichend regeln[80] und sollte zudem Regelungen zum Einberufungsbefugten, zu Ladungsform und -frist, Versammlungsort, Stellvertretung, Beschlussfähigkeit und zu den zulässigen Mehrheitsentscheidungen enthalten.[81]

33 *Stimmrecht und Betriebsaufspaltung*: Die Satzungsregelung über die Entscheidungen in allen laufenden gewöhnlichen Angelegenheiten und über die laufende Verwaltung der der GbR zur Nutzung überlassenen Wirtschaftsgüter kann weitreichende steuerliche Auswirkungen bei einer Betriebsaufspaltung haben, bei der an der Besitz- und an der Betriebs-Gesellschaft nicht ausschließlich die gleichen Personen beteiligt sind. Soll in einem solchen Fall nicht ausschließlich identischer Gesellschafter eine Betriebsaufspaltung begründet oder gesichert werden, ist entweder erforderlich, dass die gesetzlich vorgesehene gemeinschaftliche Geschäftsführung abbedungen wird und auf einen Gesellschafter allein übertragen wird, der auch beherrschend an der Betriebsgesellschaft beteiligt ist, oder das gesetzliche Einstimmigkeitsprinzip für die laufenden Angelegenheiten einschließlich der laufenden Verwaltung für die vermieteten Wirtschaftsgüter wird so abbedungen, dass die Person oder Personen, die das Besitzunternehmen tatsächlich beherrschen, in der Lage

---

76 BGH v. 19.07.2011 – II ZR 300/08, NZG 2011, 1023 unter Bestätigung von KG v. 11.11.2008 – 4 U 12/07, NZG 2009, 299 und Bestätigung der Beachtlichkeit einer im Gesellschaftsvertrag bestimmten quotalen Haftungsbeschränkung bei GbR-Beteiligung an geschlossenen Immobilienfonds als Kapitalanlage gemäß BGH v. 21.01.2002 – II ZR 2/00, DStR 2002, 816 m. Anm. *Goette* = DNotI-Report 2002, 84 = DNotZ 2002, 805.
77 Also möglich angesehen von *Ulmer*, ZIP 1999, 554, 561; zum Meinungsstreit *Specks*, NZG 2009, 293.
78 Was nach BayObLG MittBayNot 1999, 196 wegen der Verwechslungsgefahr mit einer GmbH unzulässig ist.
79 Nach BGH v. 08.02.2011 – II ZR 263/09 = NJW 2011, 2040 unter Aufhebung von KG v. 11.11.2008 – 4 U 12/07, NJW-Spezial 2009, 145, reicht nicht, dass dem Gläubiger eine gesellschaftsvertragliche Regelung bekannt ist, dass die Gesellschafter nur quotal entsprechend ihrer kapitalmäßigen Beteiligung an der Gesellschaft, in der Höhe jedoch unbegrenzt, haften, um daraus zu schließen, dass jeden Gesellschafter lediglich eine echte Teilschuld trifft. Hierzu kritisch: *K. Schmidt*, NJW 2011, 2001; *Westermann*, NGZ 2011, 1041; *Priester*, DStR 2011, 1278.
80 Siehe hierzu die Erläuterungen bei Rdn. 15 sowie § 132 Rdn. 34 ff.
81 Zu Letztem s.o. Rdn. 15 zum Einstimmigkeitsprinzip. Verstöße gegen Form, Frist und Inhalt der Einberufung einer Gesellschafterversammlung bei Personengesellschaft führen jedoch nur zur Nichtigkeit der gefassten Beschlüsse, wenn deren Zustandekommen hierdurch beeinflusst werden konnte (BGH, Urt. v. 11.03.2014 – II ZR 24/13, DNotZ 2014, 537 = DStR 2014, 1297).

sind, auch in der Betriebsgesellschaft ihren Willen durchzusetzen. Soll bei Vermietung von wesentlichen Betriebsgrundlagen durch die GbR an ein Betriebsunternehmen die Entstehung einer Betriebsaufspaltung verhindert werden, ist in der Besitz-GbR erforderlich, dass an dieser ein weiterer Gesellschafter beteiligt ist, der nicht am Betriebsunternehmen mitbeteiligt ist, und dass bei der Besitz-GbR das Einstimmigkeitsprinzip und die Gesamtgeschäftsführung aller Gesellschafter in allen Angelegenheiten bestehen bleibt[82] oder nicht die in beiden Gesellschaften Beteiligten, sondern der weitere Gesellschafter allein die Geschäftsführungsbefugnis in der GbR hat oder durch Vetorechte, Stimmbindungsabreden oder dergleichen die Beherrschungsidentität durch die gleichen Gesellschafter/Gesellschaftergruppen in Besitz- wie im Betriebsunternehmen verhindert wird.[83]

11. Gewinn- und Verlustverteilung

Soweit der Gesellschaftsvertrag nichts Abweichendes regelt, hat jeder Gesellschafter am Schluss jedes Geschäftsjahres (§ 721 Abs. 2 BGB) eine gleich hohe Beteiligung am Gewinn unabhängig von Art und Höhe seines Beitrags (§ 722 BGB) und ein sofortiges, vollständiges Entnahmerecht. Der Maßstab der Gewinnverteilung und die Beschränkung des Entnahmerechts kann frei im Gesellschaftsvertrag geregelt werden (wie bei OHG/KG siehe § 132 Rdn. 38; § 137 Rdn. 24 ff.). Eine Verlustausgleichspflicht besteht erst am Ende der Gesellschaft (§ 735 BGB); für eine vorherige Ausgleichspflicht aufgrund eines Mehrheitsbeschlusses ist eine dem Bestimmtheitsgrundsatz entsprechend Satzungsklausel mit definierter Obergrenze erforderlich.[84] Die Feststellung des Jahresabschlusses einer Personengesellschaft ist als Angelegenheit der laufenden Verwaltung regelmäßig von einer allgemeinen Mehrheitsklausel im Gesellschaftsvertrag gedeckt, wogegen für die Mehrheitsentscheidung über die Ergebnisverwendung (vgl. § 268 Abs. 1 Satz 1 HGB), wie insbesondere die Bildung offener Rücklagen,[85] als »bilanzrechtliches Grundlagengeschäft« wegen ihrer »Kernbereichsrelevanz« eine besondere Mehrheitsermächtigung im Gesellschaftsvertrag mit Begrenzung nach Ausmaß und Umfang verlangt wird.[86]

34

12. Verfügung über die Beteiligung

Abweichend von der wegen § 719 Abs. 1 BGB notwendigen Zustimmung aller Gesellschafter, kann der Gesellschaftsvertrag die Verfügung (Veräußerung,[87] Nießbrauchbestellung, Verpfändung) über den Gesellschaftsanteil allgemein oder unter bestimmten Voraussetzungen zulassen, wobei die Teilübertragung wegen der Vermehrung der Gesellschafter besonders zugelassen sein muss und nicht von der allgemeinen Zustimmung gedeckt ist.[88] Die Verfügung über sonstige Rechte aus dem Gesellschaftsanteil oder die Begründung einer Unterbeteiligung oder Treuhand entgegen einem Zustimmungsvorbehalt in der Satzung führt nur zu einem Treupflichtverstoß, verhindert aber nicht deren Wirksamkeit.

35

---

82 S. hierzu BMF BStBl. I 2002, 1028; BFH vom 15.03.2000, BStBl. II 2002, 774; 2003, 757; *Kempermann*, GmbHR 2005, 317; Gesamtdarstellung zur Betriebsaufspaltung OFD Frankfurt am Main 19.02.2009 S 2240 A – 28 – St 219.
83 FG München v. 24.11.2009, 12 K 1094/09, DStRE 2011, 1053. BFH v. 16.05.2013 – IV R 54/11; MittBayNot 2014, 567 m. Anm. *Wälzholz*.
84 BGH, Urt. v. 09.02.2009 – II ZR 231/07, NJW-RR 2009, 753 = NZG 2009, 501.
85 Vgl. dazu MüKo-HGB/*Priester*, § 120 HGB Rn. 81; *Priester*, DStR 2007, 28, 31; Staub/*Ulmer*, § 120 HGB Rn. 31 f.
86 Strittig: so Staub/*Ulmer*, § 120 HGB Rn. 40, 42; s.a. BGH, Urt. v. 09.02.2009 – II ZR 231/07 (Fn. 52); a.A. *Priester*, DStR 2007, 28, 31 unter Hinweis auf §§ 29 Abs. 1, 46 Nr. 1, 47 Abs. 1 GmbHG sowie auf die Wertsteigerung des Gesellschaftsanteils durch Gewinnthesaurierung; vom BGH offen gelassen.
87 Zu den Wirkungen einer Anteilsübertragung siehe Rdn. 101.
88 MüKo-BGB/*Ulmer* § 719 BGB Rn. 48.

Aus dem Wesen der Anteilsübertragung als Rechtsnachfolge kraft Abtretung ergibt sich die umfassende Haftung des Rechtsnachfolgers für sämtliche auf der Mitgliedschaft unmittelbar beruhenden Verbindlichkeiten gegenüber der Gesellschaft. Ohne Einverständnis der Mitgesellschafter mit dem Übergang der Verbindlichkeiten auf den Rechtsnachfolger bleibt die Haftung des Veräußerers gegenüber der Gesellschaft bestehen. Bestimmt jedoch die Satzung, dass »*der neue Gesellschafter mit der Abtretung in alle in der Gesellschaft begründeten Rechte und Pflichten seines Rechtsvorgängers eintritt*«, liegt darin auch die Zustimmung der Mitgesellschafter zum schuldbefreienden Übergang der Sozialverbindlichkeiten auf den Erwerber.[89]

13. Tod eines Gesellschafters

36 Der Tod eines Gesellschafters führt nach § 727 Abs. 1 BGB zur Auflösung, aber nicht sofortigen Vollbeendigung der Gesellschaft, wobei an der entstehenden Liquidationsgesellschaft auch die Erben des Verstorbenen – mehrere in Erbengemeinschaft –[90] beteiligt sind und in das Grundbuch eingetragen werden können.[91] Abweichend dazu wird in der Regel die Fortsetzung mit oder ohne den Erben des verstorbenen Gesellschafters in der Satzung bestimmt, kann sich aber auch aus dem Gesellschaftszweck ergeben.[92] Zum Tod des vorletzten Gesellschafters Rdn. 44, zu den verschiedenen Nachfolgeklauseln s. die Erläuterungen bei § 133 Rdn. 8 ff.

37 *Testamentsvollstreckung* ist möglich,[93] wobei sich allgemein seine Befugnisse nur auf das Außenverhältnis des Gesellschaftsanteils[94] und somit auf alle übertragbaren Vermögensrechte und -ansprüche beziehen; soweit von den Mitgesellschaftern oder durch Satzung zugelassen, sind auch die Verwaltungs- und Mitgliedschaftsrechte erfasst. Dem Testamentsvollstrecker sind diejenigen inneren Angelegenheiten der Gesellschaft entzogen, bei denen es sich um Gesellschafterrechte höchstpersönlicher Natur handelt, die nicht durch einen Dritten ausgeübt werden können. Zu diesen zählen vor allem die gesellschaftsrechtlichen Mitwirkungsrechte, sodass dem Erben in Gesellschaftsangelegenheiten das Teilnahmerecht sowie das Kontrollrecht nach § 716 Abs. 2 BGB aber grundsätzlich verbleibt, das Stimmrecht jedoch nur, wenn nicht aufgrund Zulassung in der Satzung oder Zustimmung der Mitgesellschafter durch die Erbverfügung dem Testamentsvollstrecker auch die Verwaltungsrechte eingeräumt sind.[95] Ansonsten ist der Testamentsvollstrecker von der Geschäftsführung oder anderen möglicherweise zu einer Haftung der Gesellschaft führenden Handlungen ausgeschlossen. Da er den Gesellschafter-Erben aber nicht hinsichtlich des Erbenvermögens verpflichten darf, bedarf es nach hM., um ihm eine weitgehend freie Handlungsmöglichkeit in den Gesellschaftsangelegenheiten zu verschaffen, einer im Testament verfügten und von der GbR-Satzung zugelassenen Vollmachts- oder Treuhandlösung.

---

89 BGH, Urt. v. 09.02.2009 – II ZR 231/07 (Fn. 60); kritisch *Reiff/Nannt*, DStR 2009, 2376. Fehlt eine solche Zustimmung haften Veräußerer und Erwerber nach Ansicht der Lit. den Mitgesellschafter für Verbindlichkeiten des Veräußerers ggü. der Gesellschaft als Gesamtschuldner (MüKo-BGB/*Ulmer*, § 705 BGB Rn. 45).
90 BGH v. 10.01.1996 – IV ZB 21–94, DStR 1996, 929 m. Anm. *Goette*; MittBayNot 1996, 118 m. Anm. *Weidlich*.
91 OLG München, Beschl. v. 07.09.2010 – 34 Wx 100/10, MittBayNot 2011, 63 = NotBZ 2010, 421: die Grundbuchberichtigung erfolgt über eine Berichtigungsbewilligung aller bisheriger Gesellschafter und der Erben in der Form des § 29 Abs. 1 Satz 2 GBO; § 899a BGB ist bzgl. der Vermutung des Gesellschafterbestandes anzuwenden.
92 BayObLG v. 30.10.1990 – BReg. 2 Z 121/90, NJW-RR 19 91, 361.
93 Allgemein hierzu *v. Proff*, DStR 2018,415; *Kämper*, RNotZ 2016, 625; *Everts*, MittBayNot 2003, 427; *Bisle*, DStR 2013, 1037; *Bengel/Reimann*, Handbuch der Testamentsvollstreckerung, Kap. 5 Rn. 148 ff.
94 Wobei die Abgrenzung zwischen Innen- und Außenseite jedoch bisher durch die obergerichtliche Rechtsprechung nicht einheitlich festgelegt wurde.
95 BGH v. 10.01.1996 – IV ZB 21–94, DStR 1996, 929 m. Anm. *Goette*; MittBayNot 1996, 118 m. Anm. *Weidlich*; MüKo-BGB/*Ulmer*, § 705 BGB Rn. 116 f.

Solche zulassenden Regelungen im Gesellschaftsvertrag, auch zu den Befugnissen des Testamentsvollstreckers, sind i.d.R. zweckmäßig, s. hierzu § 132 Rdn. 72 f.

14. Kündigung (§ 723 BGB)

Eine auf *unbestimmte* Zeit eingegangene Gesellschaft kann jederzeit gekündigt werden (§ 723 Abs. 1 Satz 1 BGB), soweit diese (»zur Unzeit«) nicht aus Gründen des Gesellschaftsverhältnisses (siehe Rdn. 22) missbräuchlich ist. Soweit im Gesellschaftsvertrag nicht abweichend geregelt ist, ist die Kündigung formfrei, muss jedoch allen Mitgesellschaftern gegenüber erklärt werden. Abweichende Regelungen sind empfehlenswert, insbesondere hinsichtlich der Form. Folge ist der sofortige Übergang in eine Liquidationsgesellschaft zur Auflösung der Gesellschaft, soweit der Gesellschaftsvertrag keine Fortsetzung der Gesellschaft unter den übrigen Gesellschaftern unter Ausscheiden des Kündigenden gegen Abfindung vorsieht (§ 736 Abs. 1 BGB). Dies sollte grundsätzlich so geregelt werden; zudem ermöglicht eine solche Satzungsklausel nach § 737 BGB den Ausschluss eines Gesellschafters aus wichtigem Grund. Bei einer auf *bestimmte* Zeit bestehenden Gesellschaft oder bei Ausschluss der Kündigung für eine bestimmte Zeit bleibt dennoch das außerordentliche Kündigungsrecht,[96] insbes. des volljährig gewordenen Gesellschafters (§ 723 Abs. 2 BGB).

38

Eine Vereinbarung, durch die das Kündigungsrecht ausgeschlossen oder dem Gesetz zuwider beschränkt wird, ist *nichtig* (§ 723 Abs. 3 BGB). Zulässig ist zwar ein zeitweiliger[97] Ausschluss des Kündigungsrechts,[98] nicht aber eine Regelung, durch die an eine Kündigung derart schwerwiegende Nachteile geknüpft werden, dass ein Gesellschafter vernünftigerweise von dem Kündigungsrecht keinen Gebrauch machen wird. Als solche Beschränkung können in Betracht kommen die Belastung mit Austritts- oder Abfindungsgeld, Vertragsstrafen, ungenügende Abfindung infolge des Ausscheidens.[99] Eine Satzungsregelung, das Gesellschaftsverhältnis durch Mehrheitsbeschluss zu verlängern, ist nur bei Bestimmung einer zeitlichen Grenze in der Satzung wirksam; fehlt die Grenze ist die Regelung ein unzulässiger Ausschluss des Kündigungsrechts.[100]

39

15. Ausscheiden/Ausschließung

In den gesetzlichen Auflösungsfällen[101] der Kündigung durch einen Gesellschafter oder dessen Gläubiger, durch dessen Tod oder durch die Eröffnung des Insolvenzverfahren über sein Vermögen sollte der Gesellschaftsvertrag die Fortsetzung der Gesellschaft unter den übrigen Gesellschaftern bestimmen (§ 736 Abs. 1 BGB), wobei dem Ausscheidenden eine Abfindung nach den Regelungen der §§ 738 ff. BGB zusteht. Benachteiligt diese den aus-

40

---

96 Ein wichtiger Grund zur außerordentlichen Kündigung liegt vor, wenn dem Kündigenden nach Lage des Falles eine Fortsetzung der Gesellschaft bis zum Vertragsende oder bis zum nächsten ordentlichen Kündigungstermin nicht zumutbar ist, weil das Vertrauensverhältnis grundlegend gestört ist oder ein gedeihliches Zusammenleben aus sonstigen Gründen nicht mehr möglich ist (BGHZ 4, 108; BGHZ 31, 295; BGHZ 84, 379).
97 Nach BGH, Urt. v. 13.03.2006 – II ZR 295/04, DNotZ 2006, 707 = NJW-RR 2006, 1270: als zulässig angesehen: fünfjähriger Ausschluss; über 14 Jahre hinausgehende Bindung nach BGH (Urt. v. 18.09.2006 – II ZR 137/04, NJW 2007, 295) in einem Rechtsanwalts-Sozietätsvertrag eine unzulässige Kündigungsbeschränkung, selbst wenn sie Teil der Alterssicherung der Seniorpartner ist.
98 BGHZ 10, 91, 98.
99 Unzulässig nach BGH v. 13.03.2006 – II ZR 295/04, DNotZ 2006, 707 = NJW-RR 2006, 1270: Abfindung auf der Grundlage des Ertragswerts, wenn der Liquidationswert des Unternehmens den Ertragswert erheblich übersteigt.
100 BGH NJW 1973, 1602.
101 Bei OHG und KG führt dies dagegen nur zum Ausscheiden des betroffenen Gesellschafters § 131 Abs. 3 HGB.

scheidenden Gesellschafter unangemessen, kann die Abfindungsregelung unwirksam sein, nicht jedoch die Fortsetzungsklausel.[102]

41 Liegt bei einem Gesellschafter ein wichtiger Grund im Sinne § 723 Abs. 1 Satz 2 BGB vor, kann dieser auch ausgeschlossen werden (§ 737 BGB), wenn die Satzung dies ausdrücklich bestimmt[103] und wenn diese die Fortsetzung der GbR zumindest bei Kündigung eines Gesellschafters regelt. Da die Ausschließung eines Gesellschafters das äußerste Mittel darstellt, um Schaden von der Gesellschaft abzuwenden und von dem ausscheidenden Gesellschafter drohende Gefahren zu begegnen, muss der wichtige Grund auf solchen Umständen in der Person des Gesellschafters gründen, die die Fortsetzung der Gesellschaft mit ihm für den Mitgesellschafter unzumutbar machen.[104] Ein derartiger Grund kann auch das Betreiben von Zwangsvollstreckungsmaßnahmen in den Anteil des Gesellschafters sein,[105] wobei der dem Gläubiger zustehende Abfindungsanspruch dann nicht abweichend von den sonstigen Abfindungsgründen beschränkt werden darf, sonst wäre dies eine sittenwidrige Gläubigerbenachteiligung im Sinne von § 138 BGB.[106] Zu weiteren Ausschließungsgründen und den Grenzen von zulässigen Hinauskündigungsklauseln sowie dem Verfahren § 132 Rdn. 57 ff.

42 Bei der Satzungsgestaltung ist zwischen dem automatisch mit dem entsprechenden Umstand eintretenden Ausscheiden und der lediglich durch Gesellschafterbeschluss (Bestimmtheitsgrundsatz bei Mehrheitsentscheidung) ausübaren Ausschließung zu unterscheiden. Bei Letzterem hätten die Mitgesellschafter noch insbes. wegen der mit dem Ausscheiden verbundenen Abfindungspflicht eine Abwägungsmöglichkeit. Das Verfahren ist zu regeln. Der betroffene Gesellschafter ist zwar beim Beschluss teilnahme, aber nicht stimmberechtigt, muss also auch geladen werden. Als problematische Kündigungsbeschränkung wird es angesehen, wenn die Satzungsklausel statt des Ausscheidens bestimmt, dass der Kündigende seinen Anteil nach Bestimmung durch Gesellschafterbeschluss abtreten muss.[107]

16. Folgen des Ausscheidens

43 Der Anteil des Ausscheidenden wächst den verbleibenden Gesellschaftern im Verhältnis derer Anteile kraft Gesetzes an (s. Rdn. 13). Dem Ausscheidenden steht nach § 738 BGB gegenüber den Mitgesellschaftern ein Abfindungsanspruch und die Befreiung von gemeinschaftlichen Schulden sowie nach § 740 BGB die Beteiligung am Ergebnis schwebender Geschäfte zu; Letzteres wird wegen den mit der Ermittlung verbundenen Schwierigkeiten und weil dies bei der Ertragswertmethode mit dem Abfindungsanspruch bereits abgedeckt wird (sonst Doppelberücksichtigung), regelmäßig gesellschaftsvertraglich ausgeschlossen. Hinsichtlich der Schuldenfreistellung sind Art und Zeitpunkt, ggf. auch Sicherheitsleistung, oder deren Ausschluss zu regeln. Unabhängig davon besteht jedoch im Außenverhältnis die unbeschränkte persönliche Haftung des Gesellschafters für die Gesellschaftsverbindlichkeiten grundsätzlich nach seinem Ausscheiden fort, soweit der Rechtsgrund für den Anspruch gegen die GbR im Zeitpunkt des Ausscheidens gelegt war. Jedoch gilt entsprechend die Verjährungsfrist nach § 160 Abs. 1 HGB (Rdn. 45). Die Abfindungsschuld wird

---

102 BGH v. 07.04.2008 – II ZR 3/06, NJW 2008, 1943. Aufgrund eines Fortsetzungsbeschlusses sind jedoch dann die Erben einzelne Mitglieder der fortgesetzten Gesellschaft, sodass ein solcher Beschluss der Zustimmung aller Miterben bedarf.
103 Gründe sind genau zu benennen, das Beschlussverfahren ist zu regeln, sonst gilt nach § 737 Satz 2 BGB, dass alle übrigen Gesellschafter gemeinschaftlich handeln müssen.
104 OLG Koblenz v. 15.07.2014 – 3 U 1462/12, NJW-Spezial 2014, 625.
105 Palandt/*Sprau*, § 725 BGB Rn. 3; MüKo-BGB/*Ulmer*, § 725 BGB Rn. 7.
106 BGH v. 19.06.2000 – II ZR 73/99, NJW 2000, 2819 = DNotZ 2001, 868 m. Anm. *Zöllner*; MüKo-BGB/*Ulmer*, § 725 BGB Rn. 7.
107 DNotI-Gutachten Nr. 99686.

häufig allein der Gesellschaft auferlegt. Der Ausscheidende ist nach § 739 BGB zum Verlustausgleich (z.B. negatives Kapitalkonto) verpflichtet, was als Rechnungsposten im Rahmen der Auseinandersetzungsrechnung zu berücksichtigen ist.[108]

44 Regelt der Gesellschaftsvertrag, dass die Gesellschaft von den verbleibenden Gesellschaftern fortgesetzt wird, wenn ein Gesellschafter ausscheidet, wird bei Ausscheiden des vorletzten Gesellschafters die Gesellschaft nicht aufgelöst, sondern wächst – soweit im Gesellschaftsvertrag für diesen Fall nichts Abweichendes geregelt ist – dem letzten verbleibenden Gesellschafter das Vermögen der GbR zu seinem Alleineigentum an, d.h. die Aktiva und Passiva gehen im Wege der Gesamtrechtsnachfolge auf ihn über, ohne dass es eines Übertragungsaktes oder einer Übernahmeerklärung bzw. Auflassung bedarf; es kommt zu einer Beendigung der GbR, weil es eine Einmann-Personengesellschaft nicht gibt; eine Liquidation findet jedoch nicht statt.[109] Der Übernehmer ist dem Ausgeschiedenen gegenüber entsprechend den §§ 738 ff. BGB verpflichtet. Wegen dieser weitreichenden Rechtsfolgen auf Abfindungs- und Freistellungsverpflichtung sollte die Satzungsklausel eine automatische Übernahme ausschließen, sondern dem verbleibenden Gesellschafter ein mit angemessener Entscheidungsfrist versehenes Wahlrecht einräumen. Wird die Übernahme abgelehnt oder kündigt auch der andere Gesellschafter, tritt die GbR in das Abwicklungsstadium, in dem kein Gesellschafter einen bevorrechtigten Abfindungsanspruch hat.[110]

45 Für die Begrenzung der Nachhaftung gelten die Regelungen für Personenhandelsgesellschaften in § 160 HGB sinngemäß (§ 736 Abs. 2 BGB). Die 5-Jahres-Frist beginnt erst mit Kenntniserlangung durch den jeweiligen Gläubiger.

46 *Abfindung bei Ausscheiden:*[111] Nach der dispositiven Regelung des § 738 BGB hat der Ausscheidende grundsätzlich als Äquivalent für seinen Gesellschaftsanteil einen mit dem Ausscheiden entstehenden Anspruch auf Auszahlung des grundsätzlich vollwertigen Abfindungsguthabens gegen die Gesellschaft, nicht gegen die Mitgesellschafter,[112] dessen Fälligkeitseintritt (i.d.R. Feststellung der Auseinandersetzungsbilanz) vertraglich geregelt werden sollte. Dieses ist aus dem dem Gesellschaftsanteil entsprechenden Wert des Gesellschaftsvermögens unter Berücksichtigung der sich daraus ergebenden Folgen, dass der Ausgeschiedene nicht mehr für die Gesellschaft und deren Tätigkeit zur Verfügung steht, aus einer auf den Ausscheidenszeitpunkt zu erstellenden Abfindungsbilanz zu ermitteln. Die Satzung sollte hierzu regeln, was Maßstab für die Beteiligungsquote ist, was bei der Abfindungsberechnung zu berücksichtigen ist und welche weiteren Ansprüche daneben noch bestehen z.B. Anspruch auf stehen gelassene Gewinne, Ausgleich von laufenden Gesellschafterkonten. Gesellschaftsvertragliche Abfindungsbeschränkungen, die im Allgemeinen den Bestand des Unternehmens durch Einschränkung des Kapitalabflusses sichern und/oder die Berechnung des Abfindungsanspruchs vereinfachen sollen, sind grundsätzlich zulässig. Sie dürfen nur nicht zu einem groben Missverhältnis zwischen dem Abfindungs- und dem tatsächlichen Anteilswert zu Lasten der Gesellschafter führen – sei es, dass ein solches Missverhältnis von Vertragsbeginn an bestand, sei es, dass es sich im Laufe der

---

108 Hierzu BGH v. 10.05.2011 – II ZR 227/09, DStR 2011, 1385: Verjährung nicht nach §§ 159, 160 HGB, sondern nach § 195 BGB.
109 BGH v. 07.07.2008 – II ZR 37/07, NJW 2008, 2992 = MittBayNot 2009, 57; zuvor wurde in einer solchen Satzungsklausel nur ein Übernahmerecht des letzten Gesellschafters gesehen, vgl. MüKo-BGB/*Ulmer*, § 730 BGB Rn. 69 m.w.N. zur Lit. In diesem Sinne auch jetzt noch OLG Koblenz v. 15.02.2014 – 3 U 1462/12, NJW-Spezial 2014, 625 unter Anknüpfung an OLG München, NZG 1998, 937; OLG Frankfurt a.M., NJW-RR 2006, 405, für den Fall der Ausschließung, wonach bei einer zweigliedrigen GbR den Mitgesellschaftern analog § 737 Satz 1 BGB, § 140 Abs. 1 Satz 2 HGB ein durch einseitige Erklärung auszuübendes Übernahmerecht zusteht, wenn der Gesellschaftsvertrag für den Fall der Kündigung eine Übernahme- oder Fortsetzungsklausel enthält.
110 Siehe BGH WM 1980, 496.
111 Ausführliche Erläuterungen hierzu in § 132 Rdn. 75 ff.
112 BGH v. 12.07.2016 – II ZR 74/14, DNotZ 2017, 141; DStR 2016, 2118.

Zeit entwickelt hat.¹¹³ Wird die Abfindung ausgeschlossen oder gegenüber der gesetzlichen Regelung unangemessen stark beschränkt (z.B. wenn die Auszahlung ohne Verzinsung über mehr als 5 Jahre gestundet wird oder in Raten gezahlt wird,¹¹⁴ oder das Berechnungsverfahren zu einem erheblich unterwertigen Betrag führt), ist eine solche Abfindungsregelung als unzulässige Kündigungserschwerung unwirksam, sodass an deren Stelle die allgemeinen Regeln treten.¹¹⁵

47 Das Abfindungsguthaben ist grundsätzlich nicht nach dem Liquidationswert, sondern nach anteiligem tatsächlichen (Verkehrs-)Wert an der fortgeführten GbR zu errechnen einschließlich stiller Reserven und des Geschäftswerts.¹¹⁶ Der Gesellschaftsvertrag sollte das anzuwendende Berechnungsverfahren (z.B. Substanzwert-, Ertragswert- oder Umsatzmethode)¹¹⁷ und den Bewertungsstichtag (meist Tag des Ausscheidens) genau beschreiben, sowie die Art und Weise der Berücksichtigung von Gesellschafterkonten,¹¹⁸ den Fälligkeitszeitpunkt und die Modalitäten der Abfindungsauszahlung festlegen.¹¹⁹ Außerachtlassung des Firmenwertes und der stillen Reserven sind allgemein zulässig wie auch eine Beschränkung des Abfindungsanspruchs auf die Buchwerte.¹²⁰ Unwirksam sind *Buchwertabfindungsklauseln* – weil die Kündigungsfreiheit eingeschränkt – jedoch dann, wenn sie schon bei ihrem Abschluss den später ausscheidenden Gesellschafter in sittenwidriger Weise benachteiligen (z.B. Abfindung zu 50 % des Buchwertes); zur Sicherheit sollte als Untergrenze die nach zwingendem Recht geschuldete Mindestabfindung vereinbart werden. Wenn sich jedoch zwischen dem aktuellen Buchwert bzw. dem satzungsmäßigen Abfindungswert und dem wirklichen Anteilswert bis zum Ausscheiden ein grobes Missverhältnis ergeben hat (Faustregel: weniger als $^2/_3$)¹²¹ kommt die Klausel nicht mehr zum Tragen. Vielmehr ist die Abfindung im Rahmen einer geltungserhaltenden Reduktion unter Berücksichtigung

---

113 Ständige Rechtsprechung: vgl. BGH v. 21.01.2014 – II ZR 87/13, DStR 2014, 1404.
114 MüKo-BGB/*Ulmer*, § 738 BGB Rn. 65 m.w.N.; unzulässig sind 5 Jahre ohne angemessene Verzinsung bzw. über 10 Jahre selbst mit Verzinsung. Aufgrund der gesellschaftlichen Treuepflicht kann der Ausscheidende verpflichtet sein, einem Zahlungsaufschub oder einer Ratenzahlung zuzustimmen, sofern der Bestand der Gesellschaft ansonsten ernstlich gefährdet wäre und dem Ausgeschiedenen die Stundung zumutbar ist.
115 BGH v. 07.04.2008 – II ZR 181/04, NJW 2008, 2987 = NZG 2008, 623.
116 Dieser wird i.d.R. nach der Ertragswertmethode errechnet, soweit nicht der Liquidationswert des Unternehmens (= Bewertung der einzelne Gegenstände) den Ertragswert erheblich übersteigt, da bei Auflösung i.d.R. versucht wird, das ganze Unternehmen zu veräußern; s. BGH v. 13.03.2006 – II ZR 295/04, DNotZ 2006, 707 = NJW-RR 2006, 1270.
117 *Substanzwert* = Wert, der bei Veräußerung des lebenden Betriebs zu erreichen wäre; bildet die untere Wertgrenze bei Anwendung der Ertragswertmethode; *Ertragswertmethode* = zukünftige Jahreserträge werden auf Grundlage der zurückliegenden Jahresergebnisse geschätzt; wird von der Rspr. zur Wertermittlung unternehmenstragender Personengesellschaften i.d.R. angewandt. Diese Verfahren bedürfen jeweils der Anpassung auf die jeweilige Gesellschaftssituation (z.B. Gewicht auf Sachwerten mit werthaltigen stillen Reserven oder auf Ertragslage, die vom Ausscheiden beeinflusst wird). Verschiedene berufsständische Organisationen haben Empfehlungen zur Wertermittlung herausgegeben, in die berufsspezifische Kriterien eingeflossen sind (hierzu auch *Henssler/Michel* bzgl. Freiberufler-GbR in NZG 2012, 401). Auszuwählen ist die Methode, die den Besonderheiten des von der GbR betriebenen Unternehmens am besten gerecht wird. Siehe: Pogorzelski, RNotZ 2017, 489 ff (Zusammenfassung S. 587), mit ausführlicher Auseinandersetzung bzgl. Rechtsprechung und Literatur und Auswirkungen bzgl. §§ 1371 Abs. 2, 1375 BGB.
118 Zu erfassen sind diejenigen Kapitalkonten, auf denen wechselseitige Forderungen und Verbindlichkeiten erfasst werden. Der Ausscheidende hat Anspruch auf Rückzahlung von Einlagen bzw. stehen gelassene Gewinne; die Gesellschaft ggf. auf Rückzahlung überhöhter Entnahmen, so BGH v. 12.07.2016 – II ZR 74/14. zur Zulässigkeit jedoch Realitätsferne des »Stuttgarter Verfahrens« BVerfG NJW 2007,573, 583; i.E. OLG Stuttgart v. 15.03.2017 – 14 U3/14.
119 Zu Abfindungsklauseln s. § 132 Rdn. 76 ff.; *Leitzen*, RNotZ 2009, 315; *Pogorzelski*, RNotZ 2017, 489.
120 Zum Inhalt des Buchwertes s. MüKo-BGB/*Ulmer*, § 738 BGB Rn. 63. Zur Buchwertklausel und deren Grenzen siehe BGH v. 24.09.1984, NJW 1985, 192.
121 MüKo-BGB/*Ulmer*, § 738 BGB Rn. 52, siehe OLG Bremen v. 13.03.2013 – 4 UF 7/12 wonach übersteigen des Ertragswerts von 145 % des Buchwertes noch nicht unzulässig die Kündigungsfreiheit einschränkt, wohl aber 222 %. Das Missverhältnis zwischen Buchwert und wirklichem Wert ist aber nicht allein maßgeblich; zu beachten dabei ist auch, ob sich durch die Auszahlungsmodalitäten weitere spürbare Ein-

der beiderseitigen Interessen und der tatsächlichen Wertverhältnisse angemessen auf einen Betrag zwischen Buch- und Verkehrswert anzupassen, wobei verschiedene Faktoren des Einzelfalles dabei zu berücksichtigen sind, z.B. Anteil am Aufbau und Erfolg des Unternehmens, Grund und Verursacher des Ausscheidens, Abfindungsinteresse des Ausscheidenden, Fortführungsinteresse der Verbleibenden usw.[122] Differenziert werden kann – soweit keine Gläubigerbenachteiligung entsteht[123] – hinsichtlich der Abfindungshöhe zwischen dem Ausscheiden aufgrund eines wichtigen Grundes (u.a. Pfändung, Insolvenz, wichtiger Grund im Gesellschafterverhalten) und sonstigen Fällen des Ausscheidens ohne wichtigen Grund oder auch ob der Ausscheidende den wichtigen Grund selbst verschuldet hat; nicht jedoch danach, ob der Anteil unentgeltlich erworben wurde. Eine Schiedsgutachterklausel darf die gerichtliche Überprüfung nicht ausschließen.[124]

Ein pauschaler Abschlag vom ermittelten tatsächlichen Wert ist zum Ausgleich von Bewertungsunsicherheiten grundsätzlich möglich, sollte aber allgemein nicht mehr als ein Drittel des Wertes überschreiten.[125] Bei der Gestaltung der Abfindungsklausel ist daher die Art des möglichen Gesellschaftsvermögens und der sich evtl. bildenden stillen Reserven und sonstigen Wertsteigerungen zu berücksichtigen. **48**

Gemäß § 3 Abs. 1 Nr. 2 Satz 2 bzw. § 7 Abs. 7 ErbStG liegt in der Höhe des Wertes, um den der Abfindungsanspruch hinter dem tatsächlichen Wert des Gesellschaftsanteiles nach Bewertungsgesetz (BewG) zurückbleibt, eine steuerpflichtige Schenkung.[126] Zu den steuerlichen Folgen des Ausscheidens § 131 Rdn. 70 ff.; zur Anwachsung § 139 Rdn. 111 ff.

Der vollständige Ausschluss der Abfindung ist bei Tod eines Gesellschafters, wenn dies für alle gilt, wie auch bei Gesellschaften mit rein ideellen Zwecken grundsätzlich zulässig, kann jedoch Pflichtteilsergänzungsansprüche nach § 2325 BGB auslösen.[127] **49**

17. Schriftformklausel

Sie hat in der Regel den Inhalt, dass auch die Aufhebung der Schriftformklausel seinerseits der Schriftform bedarf. Nach § 125 Satz 2 BGB bewirkt dies dann die Nichtigkeit der mündlichen Vertragsänderung.[128] Anders ist nur eine langjährige einvernehmliche, vom Gesellschaftsvertrag abweichende tatsächliche Praxis zu beurteilen.[129] Denn die Aufhebung einer solchen Schriftformklausel setzt einen – zumindest konkludenten – ernstlich gewollten Auf- **50**

---

schränkungen ergeben. Zur Anpassung, wenn der Abfindungswert den Verkehrswert überschreitet, OLG Stuttgart v. 15.03.2017 – 14 U3/14.
122 S. BGH v. 24.05.1993 – II ZR 36/92 NJW 93, 2101, sowie zum Anpassungswert BGH v. 20.09.1993 ZR 104/92 = BGHZ 123,281.
123 BGH v. 19.06.2000 – II ZR 73/99, NJW 2000, 2819 = DNotZ 2001, 868 m. Anm. *Zöllner*, wenn nicht gleiche Abfindungsbeschränkung für Ausscheiden aus wichtigem Grund wie für Ausscheiden wegen Pfändung.
124 MüKo-BGB/*Ulmer*, § 705 BGB Rn. 199; die Streitentscheidung durch ein Schiedsgericht ist aber zulässig.
125 Bis zu dieser Grenze zulässig lt. MüKo-BGB/*Ulmer*, 738 BGB Rn. 52. Bei ordentlicher Kündigung durch den Gesellschafter ohne Gründe aus dem Gesellschaftsverhältnis oder wenn der Gesellschafter den wichtigen Grund seines Ausschlusses verschuldet hat soll eine Abfindungsbeschränkung bis auf ein Drittel des Anteilswertes zulässig sein (*Mecklenbrauck*, BB 2000, 2001; Beck´scher Online-Kommentar BGB/*Schöne*, § 738 Rz. 41).
126 Den verbleibenden Gesellschaftern als Steuerschuldnern stehen jedoch die Vergünstigungen der §§ 13a, 19a ErbStG (Steuerbefreiung und Tarifbegrenzung für Betriebsvermögen) zu. Bei dem in den Nachlass fallenden Abfindungsanspruch handelt es sich dagegen um einen Erwerb gem. § 3 Abs. 1 Nr. 1 ErbStG, der zum Privatvermögen gehört, sodass die Steuervergünstigungen der §§ 13 a, 19 a ErbStG nicht eingreifen.
127 S. Pogorzelski, RNotZ 2017, 489; BGHZ 22, 194; s.a. Palandt/*Weidlich*, § 2325 BGB Rn. 13 sowie *Mayer*, ZEV 2003, 355 zur Frage des Pflichtteilsergänzungsanspruchs, der nur dann nicht gegeben sein soll, wenn der Abfindungsausschluss für alle Gesellschafter gleich vereinbart ist und bei ihnen keine erheblichen unterschiedlichen Lebenserwartungen gegeben sind, sowie aus gesellschaftsrechtlichen und nicht aus vermögensrechtlichen Interessen erfolgt, also die Sicherung und Kontinuität der Gesellschaft bezweckt.
128 BGHZ 66, 378; BAG NJW 2003, 3725; *Langenfeld*, GbR S. 48; Palandt/Ellenberger, § 125 BGB Rn. 14; ausführlich zur Schriftformklausel *Römermann*, NZG 1998, 978.
129 Siehe i.E. m.w.N. MüKo-BGB/*Ulmer*, § 705 BGB Rn. 51.

hebungswillen mit Bedeutung und Bindung für die Zukunft voraus.[130] Die Schriftform wird nach § 127 Abs. 2 Satz 1 BGB auch durch jede telekommunikative Form gewahrt.

18. Abschlussmängel

51 Leidet die Gesellschaftsgründung an *Abschlussmängeln* irgendwelcher Art, so sind Anfechtung oder Rücktritt nur zulässig, wenn mit der Ausführung der Gesellschaft noch nicht begonnen ist. Anderenfalls würden unerträgliche Verwicklungen entstehen.[131] Ist sie in Vollzug gesetzt worden, weil mit den Geschäften begonnen wurde, können sich die Parteien – von besonderen Ausnahmen abgesehen – lediglich für die Zukunft durch Kündigung aus wichtigem Grunde gemäß § 723 BGB von dem Vertrag lösen.[132]

III. Innengesellschaft, Unterbeteiligung

1. Innengesellschaft

52 Eine Innengesellschaft[133] liegt vor, wenn die Partner sich vertraglich zur Erreichung eines gemeinsamen Zweckes verpflichtet haben, jedoch – auch bei gesamthändisch gebundenen Gesellschaftsvermögen – nach außen gegenüber Dritten nicht am Rechtsverkehr als Gesellschaft auftreten und im Einzelnen eine Vertretungsmacht für sämtliche Gesellschafter fehlt, sondern nur einer im eigenen Namen auftritt.[134] Auf sie findet mangels Außenbeziehung nicht die neue Rechtsprechung zur Teilrechtsfähigkeit und zur Außenhaftung der Gesellschafter gemäß §§ 128 ff. HGB Anwendung. Innengesellschaften sind als Gelegenheitsgesellschaften des täglichen Lebens (z.B. Fahrgemeinschaft), zwischen Ehegatten und nichtehelichen Lebenspartner (Rdn. 126 ff), aber auch im Wirtschaftsleben häufig. Vor allem im Bereich der Freiberufler ist sie als interne Kooperation in Form der Büro- bzw. Praxisgemeinschaft im Gegensatz zur nach außen hin auftretenden Sozietät bzw. Gemeinschaftspraxis anzutreffen (im Einzelnen Rdn. 66 ff.). Zu ihr gehören auch Stimmrechtspools oder Schutzgemeinschaftsverträge.

53 Die Innengesellschaft hat häufig kein eigenes, am Rechtsverkehr teilnehmendes Gesellschafts-(Gesamthands-)vermögen. Ist sie auf einen Vermögensgegenstand hin ausgerichtet, steht dieser meist im gesonderten Eigentum eines oder mehrerer Gesellschafter. Der nicht dinglich Mitberechtigte hat aber dann einen schuldrechtlichen Anspruch so gestellt zu werden, als ob er gesamthänderisch an dem der Gesellschaft zur Nutzung überlassenen Gegenstand aus dem Vermögen des Vertragspartners beteiligt wäre. Derartige Absprachen sind Regelungsinhalt des Gesellschaftsvertrages wie auch die Anteile am Gewinn und Verlust, Verpflichtung zur Mitarbeit und Kontrollrechte. Zu regeln ist auch die Auseinandersetzung bei Auflösung, da §§ 730 ff. BGB im Zweifel nicht gelten. Mangels vertraglicher Absprachen und fehlendem Gesamthandsvermögen besteht nur ein Anspruch auf Abrechnung und Zahlung eines eventuellen Abfindungsguthabens.[135] Handelt es sich um eine Beteiligung an einem kaufmännischen Unternehmen, liegt eine stille Gesellschaft nach §§ 230 ff. HGB vor. Bei der Innengesellschaft entstehen in der Regel keine Gesamthandsverbindlichkeiten. Sie tritt nach außen hin nicht in Erscheinung, sodass eine Außenhaftung der »stillen« Gesellschafter ausscheidet.

---

130 BGH, Urt. v. 26.11.1964 – VII ZR 111/63, NJW 1965, 293; BFH v. 24.07.1996 – I R 115/95, BStBl II 1997, 138; DStR 1997, 66; FG Düsseldorf, v. 03.02.2009 – 6 K 2686/07, DStRE 2011, 488.
131 St. Rspr. zur fehlerhaften Gesellschaft; s. RGZ 112, 280; BGH WM 1961, 436; 1976, 1026.
132 St. Rspr., s. etwa BGHZ 156, 46, 51 ff.
133 Kritisch zur Unterscheidung *Beuthien*, NZG 2011, 161; Muster unter Rdn. 142 M.
134 BGHZ 12, 313.
135 BGH NJW 82, 99; 90, 573.

2. Unterbeteiligung

Eine besondere Form der Innengesellschaft ist die Unterbeteiligung,[136] für die die Regelungen der §§ 230 ff. HGB zur stillen Gesellschaft in analoger Anwendung herangezogen werden. Im Gegensatz zur stillen Gesellschaft (s. § 141), bei der sich ein anderer unmittelbar an einem Handelsgewerbe beteiligt, entsteht sie, wenn an einem Gesellschaftsanteil (jede Art von Personen- oder Kapitalgesellschaftsanteil[137]) eine weitere Person »zweigliedrige« oder mehrere Personen »mehrgliedrige Unterbeteiligung« eine schuldrechtliche Innenbeteiligung zumindest am Gewinn hat, der auf die vom Hauptbeteiligten gehaltenen Gesellschaftsanteile entfällt. Es bestehen dann zwei Gesellschaften, die Hauptgesellschaft sowie die Untergesellschaft zwischen einem ihrer Gesellschafter und dem »Unterbeteiligten«. Der Unterbeteiligte hat Rechtsbeziehungen nur zum Gesellschafter, nicht zur Hauptgesellschaft, und haftet somit auch nicht für deren Schulden. Unterbeteiligung und Treuhandverhältnis schließen sich gegenseitig nicht zwingend aus, sondern können etwa in der Weise miteinander zusammentreffen, dass ein Gesellschafter seine Mitgliedschaft teils für eigene Rechnung, teils für die Rechnung eines oder mehrerer Dritter hält, dagegen liegt reine Treuhand vor, wenn der Anteil nur für den Dritten (fremdnützig) gehalten wird.[138] Bei einer Publikums-GmbH & Co. KG mit einem Treuhandkommanditisten sind die Treugeber an dessen Anteil unterbeteiligt.[139]

Die Unterbeteiligung ist Innengesellschaft ohne eigenes Gesellschaftsvermögen und als solche nicht rechts-, partei- oder insolvenzfähig. Die Einlage des Unterbeteiligten geht in das Vermögen des Hauptgesellschafters über. Er ist an dessen Hauptbeteiligung nur obligatorisch mitberechtigt. Bei der typischen Unterbeteiligung steht ihm nur ein Anspruch auf einen anteiligen Jahresgewinn und auf Einlagenrückzahlung bei Beendigung zu; daneben hat er Informationsrechte entsprechend § 233 Abs. 1 HGB gegenüber dem Hauptbeteiligten.[140]

Zum *typischen Inhalt* eines Unterbeteiligungsvertrages gehören die Bezeichnung der Vertragspartner (jede natürliche oder juristische Person oder Personenvereinigung), die Bezeichnung der Hauptbeteiligung (jede Art von Gesellschaftsbeteiligung), ob die Einlage des Unterbeteiligten unentgeltlich eingeräumt ist (»Einräumung durch Einbuchung«) oder in welcher Art und Höhe sie zu leisten ist, sowie die Gewinn- und ggf. Verlustbeteiligung (hierzu i.E. § 141 Rdn. 16 ff.). Daneben sind zweckmäßig: Vereinbarungen über die Ausübung Rechte an der Hauptbeteiligung, insbes. des Stimmrechts, zu den Informations- und Kontrollrechten des Unterbeteiligten, zur Rechnungslegung, zur Dauer und Kündigung, zu den Rechtsfolgen im Todesfalle und zur Beendigung, wobei jedoch die Rechtsstellung des Hauptbeteiligten aus seinem Gesellschaftsvertrag zu beachten sind, wie sein Gewinnentnahmerecht, aber auch seine Geheimhaltungsverpflichtung und sein Wettbewerbsverbot. Hinsichtlich der Ausübung der Gesellschafterrechte bei der Hauptbeteiligung können dem Unterbeteiligten Zustimmungsvorbehalte und Weisungsrechte gegenüber dem Hauptbeteiligten eingeräumt oder mit diesem ein Stimmbindungsvertrag abgeschlossen, wie auch dem Unterbeteiligten eine Stimmrechtsvollmacht für die Hauptgesellschaft gewährt werden. Siehe Muster Rdn. 145 M.

Die Errichtung ist grundsätzlich formfrei und unterliegt auch an GmbH-Anteilen nicht § 15 Abs. 3, 4 GmbHG, soweit keine Übertragungsverpflichtung enthalten ist; lediglich ein

---

136 Muster Rdn. 145 M; Lit.: *Blaurock*, Handbuch der stillen Gesellschaft, 2003, § 30 m.w.N.; Werner: Die Unterbeteiligung als Instrument der Unternehmensnachfolge, ZEV 2015, 194.
137 Zum Risiko der Doppelbesteuerung bei Unterbeteiligung an Kapitalgesellschaftsanteilen: *Worgulla*, DB 2009, 1146.
138 BGH NJW 1994, 2886; NJW-RR 1995, 165.
139 BGHZ 73, 294.
140 BGHZ 50, 316.

Schenkungsversprechen über eine Unterbeteiligung bedarf nach gefestigter Ansicht der Finanzrechtsprechung[141] stets der Beurkundung nach § 518 Abs. 1 BGB,[142] soweit es sich nicht um eine Ausstattung i.S.d. § 1624 BGB handelt. Ob durch Vollzug eine Heilung eintritt ist umstritten.[143] Sie bedarf nicht der Genehmigung der Hauptgesellschaft, selbst wenn die Übertragung der Hauptbeteiligung genehmigungsbedürftig ist oder durch den Gesellschaftsvertrag verboten ist.[144] Räumt ein Elternteil seinem minderjährigen Kind eine Unterbeteiligung ein, bedarf es auch bei schenkweiser Einräumung und ohne Verlustteilnahme der Beteiligung eines Ergänzungspflegers für den Minderjährigen (bei mehreren Kindern für jedes eines eigenen Pflegers, wenn nicht getrennte Unterbeteiligungen vorliegen) und wenn die Verlustbeteiligung nicht ausgeschlossen ist auch der familiengerichtlichen Genehmigung nach § 1822 Nr. 3 BGB.[145] Mit Veräußerung der Hauptbeteiligung geht die Unterbeteiligten nicht auf den Erwerber über, sondern das Unterbeteiligungsverhältnis erlischt, soweit nicht der Erwerber in dieses Verhältnis eintritt. Analog § 234 Abs. 2 HGB soll nach h.M. der Tod des Unterbeteiligten das Rechtsverhältnis nicht auflösen, wohl aber der Tod des Hauptbeteiligten; eine klare vertragliche Regelung ist hierzu angebracht.

58 Die Unterbeteiligung eignet sich zur verdeckten Mitbeteiligung, insbesondere als Kapitalgeber, wenn eine Teilung nicht möglich oder sinnvoll ist, zur Abfindung »weichender« Erben, deren Beteiligung langfristig abgelöst wird, oder für die Einführung von jungen Familienangehörigen in die Gesellschafternachfolge, sowie zur steuerlichen Einkommensverlagerung im Rahmen einer atypischen Unterbeteiligung.[146] Sie ist in das Transparenzregister einzutragen.

59 Je nach Ausgestaltung des Gesellschaftsverhältnisses können sich unterschiedliche steuerrechtliche Auswirkungen[147] ergeben, deren Folgen im Einzelfall zu prüfen sind. In Form einer Gewinn- und ggf. Verlustbeteiligung erzielt der Unterbeteiligte Einkünfte nach § 20 Abs. 1 Nr. 4 EStG, die der Abgeltungssteuer unterliegen;[148] die Erträge aus der Veräußerung der Unterbeteiligung werden als Kapitaleinkünfte gemäß § 20 Abs. 2 Satz 1 Nr. 4 EStG besteuert, soweit die Unterbeteiligung nach dem 31.12.2008 erworben wurde und nicht im Betriebsvermögen gehalten wird. Liegt eine Unterbeteiligung an einem Kapitalgesellschaftsanteil vor, kann der Hauptbeteiligte wegen des Abzugsverbotes von Werbungskosten (§ 20 Abs. 9 EStG) die an den Unterbeteiligten weitergereichen Einkünfte nicht steuerlich geltend machen; es entsteht somit eine Doppelbesteuerung der Erträge des

---

141 Vgl. BFH BStBl. II 1979, 776, 770. Wobei dann der Schenkungs- und der Unterbeteiligungsvertrag formbedürftig sein sollen.
142 Zur Kritik und Differenzierung *K. Schmidt*, DB 2002, 829; nach h.M. heilt die bloße schenkweise Umbuchung nicht den Formmangel i.S.v. § 518 Abs. 2 BGB; BGH WM 1967, 685; *Blaurock*, Rn. 30.29 ff. m.w.N.
143 Nach ständiger BGH-Rechtsprechung kann mangels dinglicher Mitberechtigung des Unterbeteiligten am Vermögen der Hauptgesellschaft die Schenkung nicht vollzogen werden. Beschränkt sich aber die Unterbeteiligung nicht nur auf schuldrechtliche Ansprüche auf Beteiligung am Gewinn und am Liquidationserlös, sondern werden dem Unterbeteiligten darüber hinaus mitgliedschaftliche Rechte eingeräumt, durch die er Einfluss auf die Innengesellschaft nehmen kann, wie Stimm-, Verwaltungs- und Kontrollrechte, so ist die unentgeltliche Zuwendung einer derartigen Beteiligung mit Abschluss des Gesellschaftsvertrags vollzogen (so jetzt BGH, Urt. v. 29.11.2011 – II ZR 306/09, DNotZ 2012, 713 = DStR 2012, 471 = MittBayNot 2012, 479 (m. Anm. *Lutz*), im Anschluss an MüKo-HGB/*K. Schmidt*, § 230 Rn. 224, 103; MüKo-BGB/*Ulmer*, vor § 705 Rn. 96; § 705 Rn. 45 f.). Dieser Sichtweise hat sich auch der BFH (Urt. v. 17.07.2014 – IV R 52/11, DStR 2014, 2111 = DNotZ 2014, 949) angeschlossen.
144 § 137 BGB steht nicht entgegen. Die Verletzung kann aber einen wichtigen Grund zum Ausschuss des Hauptbeteiligten aus der Hauptgesellschaft darstellen (MüKo/*Ulmer/Schäfer*, Vorbem vor §§ 705 BGB Rn. 97).
145 Umstritten; MüKo-HGB/*K. Schmidt*, § 230 Rn. 226 ff. teilweise a.A.
146 I.E. *Kühne/Rehm*, NZG 2013, 561.
147 Hierzu Werner, ZEV 2015, 194; Maetz, DStR 2015, 1844.
148 Der Zufluss und damit der Versteuerung erfolgt aber erst im Jahr der Ausschüttung (§ 44 Abs. 3 Satz 1 EStG).

Unterbeteiligten.[149] Zur Vermeidung einer Doppelbesteuerung sollte dem Unterbeteiligten nur ein Anspruch bezogen auf die Nettodividende zustehen. Bei Unterbeteiligung an einem Personengesellschaftsanteils sind die dem Unterbeteiligten zustehende Ergebnisanteile beim Hauptbeteiligten Sonderbetriebsausgaben bzw. Sonderwerbungskosten und damit steuerneutral. Verlustanteile können, da über § 20 Abs. 1 Nr. 4 Satz 2 EStG die Regelung des § 15a EStG gelten, nur bis zur Höhe der Einlage mit anderen Kapitaleinkünften verrechnet werden, jedoch erst in dem Jahr, in dem der Jahresabschluss der Hauptgesellschaft und darin der Verlustanteil des Hauptbeteiligten festgestellt ist.

Atypische Unterbeteiligung: Ist die Stellung des Unterbeteiligten vertraglich ähnlich wie die eines Kommanditisten ausgestaltet, sodass der Unterbeteiligte so gestellt wird, als sei er Mitinhaber des Hauptgesellschaftsanteils (Unterbeteiligung mit Treuhandelementen), insbesondere er dergestalt an der Geschäftsführung der Innengesellschaft mitwirkt, dass er, ohne Inhaber oder Mitinhaber des Anteils zu werden, maßgeblichen Einfluss auf die Innengesellschaft nehmen kann, und ist ihm über eine Teilhabe am laufenden Betriebsergebnis hinaus bei Auflösung nicht nur eine Anspruch auf seine ggf. durch Verluste verringerte Einlage, sondern ein Abfindungsanspruch auf einen Anteil an dem tatsächlichen Wert des Gesellschaftsanteiles oder auf die darin entstandenen Wertsteigerungen einschließlich stillen Reserven und des Firmenwertes nach den Liquidationsregeln der Kommanditgesellschaft aufgrund einer Auseinandersetzungsbilanz nach § 738 Abs. 1 Satz 2 BGB eingeräumt, spricht man von einer atypischen Unterbeteiligung.[150]

Ist die Hauptbeteiligung eine Mitunternehmerschaft, was in der Regel bei Personengesellschaften, nie jedoch bei Kapitalgesellschaften[151] (hieran stille Beteiligung, s. bei § 141) vorliegt, ist der Unterbeteiligte im Sinne von § 15 Abs. 1 Nr. 2 Satz 2 EStG ein mittelbar über eine andere Personengesellschaft beteiligter Gesellschafter und damit als steuerlicher Mitunternehmer anzusehen, wenn er aufgrund der Ausgestaltung des Gesellschaftsverhältnisses im Verhältnis zur Hauptgesellschaft Mitunternehmerrisiko trägt (neben der Beteiligung am Gewinn und Verlust auch an den stillen Reserven) und Mitunternehmerinitiative entfalten kann (hierzu genügt die Einräumung von Stimm-, Kontroll- und Widerspruchsrechten entsprechend denen eines stillen Gesellschafters nach § 233 HGB oder eines Kommanditisten nach § 166 HGB, zumindest aber nach § 716 Abs. 1 BGB).[152] Häufig werden aber Stimmbindungsvereinbarungen geschlossen.

Muster Stimmbindungsvereinbarung

Vor jeder Beschlussfassung in der Hauptgesellschaft, bezüglich Änderung des Gesellschaftsvertrages, die den Gesellschaftsanteil des Hauptbeteiligten oder dessen Rechte daraus beeinträchtigen können, wie Änderung der Beteiligungsverhältnisse, der Gewinnverteilung, der Entnahmen, des Auseinandersetzungsguthabens oder des Liquidationserlöses, sowie hinsichtlich der Gewinnverwendung ist rechtzeitig eine

---

149 *Worgulla*, DB 2009, 1146. Die Anwendung der Abgeltungssteuer ist nur dann ausgeschlossen, wenn Haupt- und Unterbeteiligter einander nahestehende Personen i.S.d. § 32d Abs. 2 Satz 1. Nr. 1 EStG sind.
150 Vgl. BGH v. 13.04.1995 – II ZR 132/94 = NJW-RR 1995,1061 = DStR 1995,1315. Zu den verschiedenen möglichen Formen: MüKo-HGB/*K. Schmidt*, § 230 HGB Rn. 77 ff. Zu den unterschiedlichen Kriterien nach Gesellschafts- und nach Steuerrecht s. *Strnad*, ZEV 2012, 394; steuerrechtliche Mindestanforderung ist Beteiligung am Verlust oder am Geschäftswert und an den stillen Reserven (= Mitunternehmerrisiko).
151 BFH v. 22.07.2008 – IX R 61/05: Der Unterbeteiligter muss wirtschaftlicher Eigentümer am Gesellschaftsanteil sein, wozu er aufgrund der getroffenen Abrede alle mit der Beteiligung verbundenen wesentlichen Rechte (Vermögens- und Verwaltungsrechte wie Teilhabe an Wertminderung oder -steigerung des Gesellschaftsanteils, Stimm- und Informationsrecht) ausüben und im Konfliktfall effektiv durchsetzen können muss, i.d.R. über ein Treuhandvereinbarung erreicht werden kann. Zur Besteuerung: *Worgulla*, DB 2009, 1146.
152 GrS BFH BStBl. II 1998, 137.

Abstimmung mit dem Unterbeteiligten herbeizuführen, wobei bei Meinungsverschiedenheiten die ..... Mehrheit der Stimmen gemäß Beteiligungsquoten entscheidet; an diese Entscheidung ist der Hauptbeteiligte bei der Abstimmung in der Hauptgesellschaft gebunden.
Stimmrechtsvollmacht
Der Hauptbeteiligte bevollmächtigt den Unterbeteiligten das Stimmrecht aus dessen Geschäftsanteil bei Gesellschafterversammlung der Hauptgesellschaft auszuüben.

- ■ *Kosten.* Geschäftswert der Vollmacht gemäß § 36 Abs. 1 GNotKG nach der wirtschaftlichen Bedeutung (10 – 30 % des Wertes der Anteile an der Hauptgesellschaft).

63 Der atypisch Unterbeteiligte an einer Mitunternehmerschaft erzielt als Mitunternehmer nicht Kapitaleinkünfte nach § 20 Abs. 1 Nr. 4 EStG, sondern Gewinneinkünfte nach § 15 Abs. 1 Nr. 2 EStG und kann Verluste im Rahmen des § 15a EStG mit anderen Einkünften (Begrenzung in § 10d EStG sowie Ausschluss in § 15 Abs. 4 Satz 6 EStG) verrechnen. Die Einräumung einer atypischen Unterbeteiligung ist nach § 24 UmwStG als Einbringung eines Mitunternehmeranteiles in eine mitunternehmerische Personengesellschaft steuerneutral möglich (unsicher[153]); eine in das Privatvermögen fließende Ausgleichszahlung an den Hauptgesellschafter ist jedoch ein bei diesem steuerpflichtiger Veräußerungsvorgang.[154] Die Beendigung wie auch die Veräußerung der Unterbeteiligung ist – soweit entgeltlich – eine nach § 16 Abs. 1 Satz 2 EStG steuerpflichtige Übertragung eines Mitunternehmeranteiles, mit der Progressionsbegrenzung nach § 34 EStG; soweit unentgeltlich – steuerfrei nach § 6 Abs. 3 EStG (zwingende Buchwertfortführung), der Hauptbeteiligten hat bei Beendigung ertragsneutral erhöhte Anschaffungskosten.

64 Eine zwischen nahen Angehörigen vereinbarte Unterbeteiligung wird steuerlich nur anerkannt, wenn sie zivilrechtlich wirksam, zu Bedingungen wie unter Fremden vereinbart ist und auch tatsächlich durchgeführt wird.[155] Ein freies Widerrufsrecht bzgl. der Schenkung schließt den steuerlichen Schenkungsvollzug aus, nicht jedoch der Widerruf unter genau beschriebenen Voraussetzungen.[156] (s. hierzu auch die Ausführungen zu Familiengesellschaften in § 131 Rdn. 42 sowie zur Angemessenheit der Gewinnbeteiligung die entsprechenden Voraussetzungen bei der stillen Gesellschaft § 141 Rdn. 36 ff.). Werden die für die Erbringung der vereinbarten Einlage benötigten Geldbeträge vom Hauptbeteiligten zuvor im Wege der Auflagenschenkung zugewendet, muss der Vertrag notariell beurkundet sein[157] und bedarf bei minderjährig Beschenkten der familiengerichtlichen Genehmigung (§§ 1643 Abs. 1, 1822 Nr. 3 BGB) sowie ggf. nach §§ 1629, 1795 Nr. 1 BGB der Mitwirkung eines Ergänzungspflegers.[158] Bei der Zuwendung einer atypischen Unterbeteiligung

---

153 *Widmann/Mayer*, § 24 UmwStG Rn. 116. Soweit jedoch für die Anwendung von 24 UmwStG die Übertragung des Mitunternehmeranteils an das Gesamthandsvermögen als erforderlich angesehen wird, liegt bei der Einräumung einer atypischen Unterbeteiligung an einem Mitunternehmeranteil eine Teilveräußerung des Anteiles vor, die nach § 16 Abs. 1 Satz 2 EStG zur laufenden, der Gewerbesteuer unterliegenden Einkünften führt. Bei unentgeltlicher Einräumung soll § 6 Abs. 3 EStG gelten; hierzu: *Maetz*, DStR 2015, 1844, 1846.
154 GrS BFH BStBl. II 2000, 123.
155 BFH, Urt. v. 17.07.2014 – IV R 52/11, DNotZ 2014, 949 = DStR 2014, 2111; v. 22.02.2007 – IX R 45/06, BStBl. II 2007, 294; 2000, 386; DStR 2007, 986.
156 BFH, Urt. v. 27.01.1994 – IV R 114/91, BStBl II 1994 635 = DStR 1994, 1004 = NJW 1995, 77: Eine Rückfallklausel, nach der die geschenkte Unterbeteiligung bei Vorversterben des beschenkten Unterbeteiligten ersatzlos zurückfällt, steht der steuerrechtlichen Anerkennung der Unterbeteiligung nicht entgegen.
157 Die Nichtbeachtung der Form ist ein Indiz gegen die Ernsthaftigkeit des Vertrages und damit gegen die steuerliche Anerkennung: BFH Urt. v. 22.02.2007 – IX R 45/06, DStR 2007, 986; kritisch dazu *Tiedtke/Möllmann*, DStR 2007, 1940.
158 BFH a.a.O. (Fn. 117); EStR 138a.

ist die Schenkung bereits mit Abschluss des Gesellschaftsvertrags[159] oder doch spätestens mit der Einbuchung der atypischen Unterbeteiligung vollzogen.[160] Da es sich um eine Mitunterschaft handelt, gehört der Anteil zum nach § 13b Abs. 1 Nr. 2 ErbStG begünstigten Unternehmensvermögen.[161]

IV. BGB-Gesellschaften in der wirtschaftlichen Praxis

BGB-Gesellschaften (GbR) sind im Alltag wie im Wirtschaftsleben außerordentlich verbreitet. Sie reichen von der Lotto- oder Fahrgemeinschaft bis zum Kartell von Großunternehmen. Im Folgenden werden einige besonders häufige und wichtige Erscheinungsformen solcher Gesellschaften dargestellt. **65**

1. Sozietät von Freiberuflern

a) Das Erfordernis einer zunehmenden Spezialisierung führt bei Freiberuflern immer mehr zu verschiedenen Formen der Zusammenarbeit. Der Gesetzgeber hat hierauf u.a. durch den Erlass des »Gesetzes über Partnerschaftsgesellschaften Angehöriger freier Berufe« (Partnerschaftsgesellschaftsgesetz) vom 01.07.1995 reagiert, für die er auch im Gegensatz zur unbeschränkten Mithaftung jedes GbR-Gesellschafters die gesetzliche Sonderregelung in § 8 Abs. 2 PartGG geschaffen hat, wonach die Haftung für berufliche Fehler anderer Partner beschränkt ist, sowie nunmehr auch die vollständige Berufshaftpflichtbeschränkung bei entsprechendem Versicherungsschutz durch die Unterform einer Partnerschaftsgesellschaft mit beschränkter Berufshaftung (s. hierzu § 136). Da Freiberufler in der Regel kein Gewerbe i.S.v. § 1 Abs. 2 HGB betreiben und auch nicht nur vermögensverwaltend sind, ist ihnen bisher nach herrschender Meinung die Eintragungsfähigkeit als OHG oder KG verwehrt. Darüber hinaus stehen Freiberuflern grundsätzlich alle rechtlichen Gesellschaftsformen zur Verfügung, soweit das Berufs- und Standesrecht keine Einschränkung macht: Apotheken dürfen grundsätzlich nicht als GmbH, sondern nur als BGB-Gesellschaft oder OHG betrieben werden (§ 8 ApothekenG); die Ausübung des Arztberufes in Form einer GmbH ist teilweise durch Landesrecht eingeschränkt;[162] die Rechtsform der GmbH sowie der GmbH & Co. KG[163] gestattet § 49 StBerG den Steuerberatern sowie § 27 Abs. 1 WPO den Wirtschaftsprüfern, die Rechtsform der GmbH § 59c BRAO den Rechtsanwälten. **66**

Nur mit Angehörigen des eigenen Berufes dürfen sich der Apotheker, der Vermessungsingenieur, der Nurnotar und verschiedene Heilberufe zusammenschließen. Begrenzungen beim Zusammenschluss mit Angehörigen anderer Berufe gibt es bei Anwaltsnotaren, Wirt- **67**

---

159 BGH v. 29.11.2011 – II ZR 306/09, ZEV 2012, 167 m. Anm. *Reimann* = MittBayNot 2012, 479 m. Anm. *Lutz,* = DNotZ 2012, 713; so auch BFH, Urt. v. 17.07.2014 – IV R 52/11, DStR 2014, 2111 = DNotZ 2014, 949. Ebenso *Blaurock,* NZG 2012, 521 nach dessen Ansicht Schenkungsgegenstand die Einräumung der Gesellschafterstellung ist und somit sowohl bei der atypischen als auch bei einer typischen Unterbeteiligung der Schenkungsvollzug mit Abschluss des Schenkungsvertrages eintritt; differenzierend jedoch noch die h.M. hierzu MüKo-HGB/*K. Schmidt,* 3. Aufl. (2012), § 230 Rn. 103, sowie in nachfolgender Fn.
160 BFH v. 16.01.2008 – II R 10/06 = BFHE 220, 513 = NJW-RR 2008, 986 = ZEV 2008, 252 m. krit. Anm. *Hübner,* weil nach Ansicht des BFH weder der Abschluss eines Vertrags über die unentgeltliche Einräumung einer **typischen** Unterbeteiligung noch die Einbuchung einer solchen Unterbeteiligung bereits einen Schenkungsvollzug i.S.d. § 518 Abs. 2 BGB bewirkt, da bei einer typischen Unterbeteiligung kein Vermögensgegenstand zugewendet wird, sondern lediglich Rechtsansprüche in Gestalt eines Bündels schuldrechtlicher Ansprüche gegen den Zuwendenden eingeräumt werden. Bereichert sei der Zuwendungsempfänger erst, wenn ihm aus der Unterbeteiligung tatsächlich Gewinnausschüttungen und Liquidationserlöse zufließen.
161 FinMin Bayern, Erl. v. 23.03.2009; FinMin Baden-Württemberg, Erl. v. 09.04.2009.
162 BayVerfGH NJW 2000, 3418; als GmbH aber möglich bei Zahnärzten (BGHZ 124, 224) und Heilpraktikern.
163 BGH v. 15.07.2014 – II ZB 2/13, DNotZ 2015, 57 = DStR 2014, 2419 = DNotI-Report 2014, 156, auch wenn Treuhandtätigkeiten lediglich als untergeordnete Tätigkeiten im Gesellschaftszweck enthalten sind.

schaftsprüfern und Steuerberatern, die sich nur mit Mitgliedern der steuerberatenden, wirtschaftsprüfenden und rechtsberatenden Berufe zusammenschließen dürfen.

68 Infolge der teilweise zwingenden Rechtsvorschriften der Kapitalgesellschaften und aufgrund der von der Rechtsform unabhängigen berufsrechtlichen Haftungsbeschränkungsmöglichkeiten (§§ 51a BRAO, 54a WPO, 67a StBerG) werden viele berufliche Zusammenschlüsse von Freiberuflern in Form einer GbR getroffen, die wegen ihres dispositiven Rechtes für den Einzelfall konkret ausgestaltbare Gesellschaftsvereinbarungen möglich macht. Ihr Zweck ist grundsätzlich die gemeinsame Ausübung des freien Berufes.[164] Die bloße Beteiligung an einzelnen oder mehreren Gegenständen, ohne damit einen weiteren Zweck zu fördern, ist dagegen reine Interessengemeinschaft nach den Bestimmungen der Bruchteilsgemeinschaft.

69 b) Zu unterscheiden ist zwischen der Sozietät/Gemeinschaftspraxis als nunmehr selbst rechtsfähige Außengesellschaft und der Bürogemeinschaft als bloße Innengesellschaft.

70 c) Eine *Büro-/Praxisgemeinschaft*[165] kann sich auf eine räumliche Verbindung selbstständig geführter Praxen beschränken, sich aber auch durch die Teilung anderer Ausgaben und durch Arbeitsleistungen für den anderen einer echten Sozietät annähern. Der Übergang ist fließend; Abgrenzungskriterium ist, ob der Zusammenschluss zur gemeinsamen Berufsausübung durch gemeinsame Entgegennahme von Aufträgen dient, wozu das gemeinsame oder getrennte Auftreten nach außen ein entscheidendes Indiz ist.

71 d) Für das Außenverhältnis der *Sozietät/Gemeinschaftspraxis* als Außengesellschaft gilt nunmehr weitgehend das Außenrecht der OHG, wogegen weiterhin das Innenrecht typengerecht ausgestaltet werden kann. Die Gesellschaft von Freiberuflern unterscheidet sich von der Ausgestaltung des Innenverhältnisses wesentlich von einer unternehmenstragenden oder nur vermögensverwaltenden Personengesellschaft. Im Gegensatz zu den Letzteren als »Einlagengesellschaft« ist sie weitgehend eine »Beitragsgesellschaft« und in diesem Sinne im starken Maße von den Dienstleistungen der Gesellschafter als deren Beiträge geprägt.

72 *Typische Satzungsregelungen*[166] sind daher:
(1) *Name:* Die GbR als Außengesellschaft kann einen eigenen Namen tragen (Rdn. 19). Dabei ist zu beachten, dass Namenszusätze »Partnerschaft« oder »und Partner« für Partnerschaftsgesellschaften reserviert sind (§ 11 PartGG). Zu regeln ist, ob der Name des ausgeschiedenen Gesellschafters fortgeführt werden darf. Bei Rechtsanwälten ist § 10 Abs. 4 BORA zu beachten.
(2) *Beteiligungsquoten,* nach denen sich das Stimmgewicht und die Gewinnanteile richten, wobei beides, auch je Gesellschafter unterschiedlich bemessen werden kann, soweit hierfür berechtigte Gründe bestehen, z.B. dass die Gewinnverteilung sich nach Umsatz und/oder Dauer der Zugehörigkeit und/oder Qualifikation richten kann.
(3) *Regelungen über Arbeitszeiten, Nebentätigkeiten, Urlaub, Krankheit (insbes. Kostenübernahme für Vertreter), laufende Vorwegentnahmen für den Lebensbedarf.*
(4) *Regelungen über die Aufnahme neuer Gesellschafter und über deren Ausschließung:* Von der grundsätzlichen Unwirksamkeit freier Hinauskündigungsklauseln hat der BGH[167] dann eine Ausnahme zugelassen, wenn ein neuer Gesellschafter in eine seit langer Zeit bestehende Praxis aufgenommen wird und das Ausschließungsrecht allein dazu dient, den Aufnehmenden binnen einer angemessenen Frist (die max. 3 Jahre betragen darf) die Prüfung zu ermöglichen, ob zu dem neuen Partner das notwendige Vertrauen hergestellt werden kann und

---

164 BGH NJW 1963, 1302.
165 Muster Rdn. 142 M.
166 Muster Rdn. 143 M.
167 Urt. v. 07.05.2007 – II ZR 281/05, NJW-RR 2007, 1256 = DStR 2007, 1216; NJW 2004, 2013.

ob die Gesellschaft auf Dauer in der für die gemeinsame Berufsausübung erforderlichen Weise harmonisieren kann. Enthält ein Gesellschaftsvertrag eine zeitlich darüber hinausgehende Prüfungsfrist, reduziert diese der BGH geltungserhaltend auf die kürzere, rechtlich anerkannte Frist. Fristende ist der Zeitpunkt des Ausspruchs der Kündigung, nicht der Zeitpunkt, an dem die Kündigungswirkungen eintreten, dieser kann also über der zulässigen Frist liegen.[168] Eine Abfindung ist während der Probezeit bei ordentlicher Kündigung nicht zwingend geschuldet, vor allem nicht, wenn der neu aufgenommene Gesellschafter keine Einlage leisten musste; bei außerordentlicher Kündigung wäre der Abfindungsausschluss aber ein Verstoß gegen § 723 Abs. 3 BGB.[169] Eine von ihm erbrachte Einlageleistung steht ihm bei Ausscheiden zu.

(5) Regelungen zum Ausscheiden und zum *Todesfall:* Die Auflösungsfolge des Gesetzes bei Kündigung, Tod oder Insolvenz eines Gesellschafters entspricht meistens nicht dem Willen der Gesellschafter, sodass gewöhnlich die Auflösung durch das Ausscheiden gegen Abfindungszahlung entsprechend § 131 Abs. 3 Satz 1 HGB ersetzt wird.

(6) *Mandantenschutzklauseln:*[170] Bei der Regelung, ob beim Ausscheiden eines Gesellschafters bzw. der Auseinandersetzung im Rahmen der Auflösung Mandanten mitgenommen werden können oder verbleiben, sind berufsrechtliche Grenzen wie auch das jeweilige Vertragsverhältnis mit den Mandanten zu beachten, welches nicht mit den einzelnen Gesellschafter, sondern mit der Gesellschaft besteht. Bei Rechtsanwälten bestimmt § 32 BORA, dass die Mandanten befragt werden müssen, wer künftig ihre laufende Sache bearbeiten soll. Auch bei anderen Freiberuflern kann der Gesellschaftsvertrag bei Ausscheiden eines Gesellschafters bestimmen, dass die Mandanten aufgeteilt werden, wobei hierbei die Kriterien sorgfältig und genau bestimmt werden sollten. Wird die Mitnahme von Mandanten untersagt, sollte auch das nachträgliche Abwerben untersagt werden. Zugleich muss als Ausgleich eine Abfindung unter Berücksichtigung des Praxiswertes (goodwill) gewährt werden. Solche nachvertragliche Wettbewerbseinschränkungen sind aber nur dann wirksam, wenn sie in räumlicher, gegenständlicher und zeitlicher Hinsicht hinreichend bestimmt sind und das notwendige Maß nicht überschreiten. Soweit eine solche Klausel das zeitlich zulässige Maß von 2 Jahren überschreitet, führt dies nicht zur Nichtigkeit der Abrede, sondern hat lediglich die geltungserhaltende Reduktion der zeitlichen Begrenzung auf längstens 2 Jahre zur Folge.[171] Es darf auch nicht jegliche Berufstätigkeit ausgeschlossen sein[172] (Niederlassungsverbot), denn die Missachtung der gegenständlichen und/oder räumlichen Grenzen führt zur Nichtigkeit der ganzen Klausel.[173] Als zulässig wird es angesehen, wenn das Wettbewerbsverbot sich nur auf die Mandanten bezieht, die während der letzten 3 Jahre Klienten der Sozietät waren. Kriterien für ein örtliches Niederlassungsverbot sind die örtliche Lage der Sozietät/Gemeinschaftspraxis (ländlicher Raum, Ballungszentrum) und das Fachgebiet.[174] Der Gesellschaftsvertrag sollte Gestaltungen bzgl. der Mandanten im Fall der Gesellschaftsauflösung regeln, wie deren Verteilung oder Verkauf.[175] Mit der Befugnis, Mandanten mitnehmen zu können, sollte auch die Berechtigung zur Aktenmitnahme verknüpft werden, wie aber auch das Einsichtsrecht der sonstigen Mitgesellschafter.

---

168 BGH Urt. v. 07.05.2007 – II ZR 281/05, DStR 2007, 1216 = NZG 2007, 583.
169 BGH a.a.O. (Fn. 127).
170 Hierzu *Wolff,* NJW 2009, 1302; *Henssler/Michel,* NZG 2012, 401, 411 ff.; BGH v. 20.01.2015 – II ZR 369/13, ZIP 2015, 472. Siehe auch § 137 Rdn. 31
171 BGH v. 20.01.2015 – II ZR 369/13, ZIP 2015, 472.
172 Hierzu BGH DStR 2000, 1020; v. 07.05.2007 – II ZR 281/05, DStR 2007, 1216.
173 BGH v. 18.07.2005 – II ZR 159/03, NJW 2005, 3061 = NZG 2005, 843.
174 Bei ärztl. Gemeinschaftspraxis ist ein Umkreis von max. 20 bis 30 km im ländlichen Raum und max. 3 bis 4 km im Ballungsraum als noch zulässig anerkannt worden (BGH NZG 2007, 583; OLG Schleswig NZG 2001, 658; *Goette,* AnwBl 2007, 637).
175 BGH v. 07.04.2008 – II ZR 181/04, NJW 2008, 2987 = DStR 2008, 1340.

Nachvertragliche Wettbewerbsbeschränkung

73 M Dem ausscheidenden Gesellschafter ist es untersagt, sich innerhalb von zwei Jahren nach seinem Ausscheiden im Umkreis von 2 km Luftlinie vom Sitz der Gemeinschaftspraxis als ..... mit dem Schwerpunkt ..... niederzulassen oder eine entsprechende Tätigkeit als Angestellter oder freier Mitarbeiter in einer anderen ..... -Praxis aufzunehmen. Die Tätigkeit als ..... ist zulässig.

74 (7) Langfristige Beschränkungen der Kündigungsrechte: Bei übermäßigen langen Bindungsfristen ist die Gesellschaft wie eine unbefristete zu behandeln, mit der Folge, dass Ausschluss oder Erschwerung der ordentlichen Kündigung unzulässig sind. Die Grenze ist anhand des Einzelfalles unter Abwägung der gegenseitigen Interessen auf einseitige Lösungsmöglichkeit des einzelnen Gesellschafters und andererseits der Struktur der Gesellschaft, Art und Ausmaß der Gesellschafterpflichten sowie des aus dem Gesellschaftsvertrag ergebenen Interesse an einem möglichst langfristigen Bestand der Gesellschaft zu beurteilen. Eine über 14 Jahre hinausgehende Bindung ist jedoch eine unzulässige Kündigungsbeschränkung im Sinne von § 723 Abs. 3 BGB.[176]

Übernahmerecht

75 M **Regelungsmöglichkeit bei einer 2-Personen-Gesellschaft:**
Die Gesellschaft kann von jedem Gesellschafter mit einer Frist von 12 Monaten zum Jahresende gekündigt werden. Wird die Gesellschaft durch ordentliche Kündigung aufgelöst, hat der nicht kündigende Gesellschafter das Recht, das Vermögen der Gesellschaft ohne Liquidation mit Aktiven und Passiven gegen Zahlung einer Abfindung an den kündigenden Gesellschafter zu übernehmen und die bisherige Gemeinschaftspraxis als Einzelpraxis oder mit einem Nachfolger seiner Wahl fortzuführen.
Wird ein neuer Gesellschafter in die Gesellschaft aufgenommen, steht den verbleibenden Gesellschaftern innerhalb eines Zeitraumes von 3 Jahren das Recht zu, die Gesellschafterstellung des neu beitretenden Gesellschafters zu kündigen. Dieser erhält eine Abfindung nach den Regelungen in § .....

76 (8) Abfindungsklauseln:[177] Die Satzung muss klar festlegen, nach welchen Regeln der Wert des Anteiles zu ermitteln ist.[178] Nach allgemeiner Ansicht steht bei einer Freiberuflersozietät den ausgeschiedenen Gesellschaftern die rechtlich nicht beschränkte Befugnis zu, um die Mandanten der Sozietät zu werben; daneben haben sie unter Teilung der Sachwerte ihren Anteil am Gesellschaftsvermögen zu erhalten und sind an den schwebenden Geschäften zu beteiligen; eine weitergehende Abfindung kann nicht beansprucht werden,[179] soweit die Satzung dies nicht regelt. Die Gestaltung der Abfindungsklauseln hat die allgemeinen Schranken zu beachten,[180] wobei jedoch hinsichtlich der Zulässig-

---

[176] BGH Urt. v. 18.09.2006 – II ZR 137/04 = NJW 2007, 295. Die überlange Bindung führt aber nur zur Unwirksamkeit der Laufzeitklauseln, nicht zur Gesamtnichtigkeit des Gesellschaftsvertrages, sodass das Kündigungsrecht entsprechend § 724 BGB gilt. Eine angemessene, die Interessen beider Seiten berücksichtigende Anpassung der Bindungsfrist erfolgt nur dann, wenn aus dem Gesellschaftsvertrag deutlich wird, dass die Parteien übereinstimmend eine langanhaltende Bindung (z.B. zum Zweck der Alterssicherung) gewollt und nicht mit der Nichtigkeit der Bindungsfrist gerechnet haben. S. hierzu auch Rdn. 22.
[177] Hierzu *Wolff*, NJW 2009, 1302.
[178] BGH, Urt. v. 17.05.2011 – II ZR 285/09.
[179] BGH v. 07.04.2008 – II ZR 181/04, NJW 2008, 2987 = DStR 2008, 1340; v. 17.05.2011 – II ZR 285/09, DStR 2011, 1382.
[180] Siehe Rdn. 46 ff.

keit von Abfindungsbeschränkungen stark auf den jeweiligen Einzelfall des Gesellschaftsverhältnisses abzustellen ist, z.B. ist bei Mitnahme von Mandanten eine Beschränkung bis zum Ausschluss zulässig ist. Der Abfindungsbetrag muss sich nicht nur an den Sachwerten der Sozietät ausrichten, sondern bei vermögensschwachen Freiberufler-Gesellschaften grundsätzlich auch am Ertragswert des Unternehmens einschließlich einer Beteiligung am goodwill,[181] wobei diese von den individuellen Beiträgen der einzelnen Gesellschafter abhängig sind und daher auch durch das Ausscheiden erheblich beeinflusst werden können. Die Abfindungshöhe steht zudem in enger Verbindung mit der Möglichkeit, Mandate mitnehmen zu können und mit einem nachwirkenden Wettbewerbsverbot.[182] Im Fall der angemessenen Realteilung der Mandate und Sachwerte kann eine Geldabfindung auch ganz ausgeschlossen werden.[183] Ansonsten ist der Ausschluss einer Abfindung unzulässig, abgesehen von der Kündigung während der Probezeit sowie im Todesfall. Bei einem vom Gesellschafter zu vertretenden Ausschluss kann eine niedrigere Abfindung durch einen Abschlag festgelegt werden. Ist der Abfindungsanspruch am Praxiswert ausgerichtet, muss sich der Ausscheidende den Wert mitgenommener Mandate mindernd anrechnen lassen,[184] was jedoch Bewertungsprobleme machen kann. Die Teilhabe an schwebenden Geschäften gemäß § 740 Abs. 1 BGB ist durch den Ertragswert abgefunden.

Abfindungsregelung

Der ausscheidende Gesellschafter erhält als Auseinandersetzungsguthaben den seiner Gewinnbeteiligung entsprechenden Anteil am Jahresumsatz, zzgl. des Saldos auf seinem Verrechnungskonto. Maßgeblich ist der durchschnittliche Jahresumsatz der letzten drei Geschäftsjahre der Gesellschaft. Damit ist auch sein entsprechender Anteil an den stillen Reserven und am »Goodwill« der Praxis abgegolten.
Wird die Praxis beim Ausscheiden eines Gesellschafters von keinem der verbleibenden Gesellschafter fortgeführt, tritt an die Stelle des Jahresumsatzes der Verwertungserlös.

77 M

(9) Ausscheidens- und Auseinandersetzungsfolgen: Die Sozietät kann den Namen eines ausgeschiedenen Gesellschafters fortführen, wenn dieser es gestattet hat, was im Gesellschaftsvertrag geschehen kann, und wenn dadurch keine Täuschung des Rechtsverkehrs verursacht wird. Bei Rechtsanwälten ist das Ausscheiden auf dem Briefbogen kenntlich zu machen (§ 10 Abs. 4 BORA). Für den Fall der Auflösung ist nicht nur die Verteilung bzw. Veräußerung der Mandate, sondern auch die Verwendung der Büroräume, Telefon- und Faxnummer sowie Email-Adresse und die Aktenaufteilung zu regeln.

78

---

181 Der Ertragswert wird häufig aus einem durchschnittlichen Umsatz der letzten 3 Jahre errechnet. Vgl. auch *Hülsmann*, NJW 2002, 1673. Unzulässig nach BGH v. 13.03.2006 – II ZR 295/04, DStR 2006, 1005 sind aber Abfindung auf der Grundlage des Ertragswerts, wenn der Liquidationswert des Unternehmens den Ertragswert erheblich übersteigt, was bei Freiberufler-GbR eher selten sein wird. OLG Celle v. 16.05.2007 – 9 U 46/07, NJOZ 2007, 3455: Bleibt der Mandantenstamm den verbleibenden Partnern vorbehalten, muss die Abfindung den im Mandantenstamm enthaltenen »good will« berücksichtigen.
182 *K. Schmidt*, NJW 2005, 2801. Die Abfindung nach dem durchschnittlichen Umsatz der letzten 3 Geschäftsjahre lässt auf die Vereinbarung eines nachvertraglichen Wettbewerbsverbotes schließen (MüKoBGB/*Schäfer*, 7. Aufl. 2017, § 738 Rn. 68.
183 BGH v. 07.04.2008 – II ZR 181/04, NJW 2008, 2987 = DStR 2008, 1340; v. 31.05.2010 – II ZR 29/09, NZG 2010, 982.
184 BGH, Urt. v. 17.05.2011 – II ZR 285/09, NZG 2011, 858 m. Anm. *Wertenbruch*; NZG 2011, 1133 = NJW 2011, 2355.

79 e) *Steuerliche Besonderheiten:* Freiberufler haben keine handels- bzw. steuerrechtliche Buchführungspflicht[185] und können ihren Gewinn entweder durch Vermögensvergleich § 4 Abs. 1 EStG oder durch eine Überschussrechnung § 4 Abs. 3 EStG ermitteln. Sie unterliegen auch nicht der Gewerbesteuer, wenn ihre steuerpflichtige Tätigkeit ausschließlich dem § 18 EStG unterliegt.

80 Voraussetzung einer (freiberuflichen) Mitunternehmerschaft gemäß § 15 Abs. 1 Satz 1 Nr. 2, § 18 Abs. 4 EStG ist, dass der Mitunternehmer Mitunternehmerrisiko trägt und Mitunternehmerinitiative entfalten kann. Beide Merkmale müssen vorliegen; dabei kann die geringere Ausprägung eines Merkmals im Rahmen der gebotenen Gesamtbeurteilung der Umstände des Einzelfalles durch eine stärkere Ausprägung des anderen Merkmals ausgeglichen werden.[186] Ein einheitliches Auftreten nach außen genügt nicht, um aus einer Bürogemeinschaft eine Mitunternehmerschaft werden zu lassen. Ausdruck, dass ein gemeinsamer Betrieb gewollt ist, ist eine gemeinschaftliche Gewinnerzielungsabsicht auf der »Ebene der Gesellschaft«. Diese fehlt in den Fällen einer Büro- oder Praxisgemeinschaft.[187]

81 Für die steuerlichen Folgen der Begründung einer Mitunternehmerschaft, insbes. auch, wenn eine Einzelpraxis in die Sozietät eingebracht wird, gelten die gleichen Regeln wie bei der Begründung einer sonstigen Mitunternehmerschaft (s. hierzu § 131 »Besteuerung der Personengesellschaft« Rdn. 34 ff.).

82 Der einzelne Freiberufler, sowie auch der Zusammenschluss von mehreren zu einer GbR, OHG oder KG erzielt nur dann gewerbesteuerfreien Einkünften nach § 18 EStG, wenn von jedem Gesellschafter ausschließlich eine Tätigkeit im Rahmen der dort benannten Katalogberufe oder zu ihnen ähnlichen Berufen erfolgt[188] und die tatsächlich ausgeübte Tätigkeit freiberuflicher Art ist, d.h. für den genannten Katalogberuf berufstypisch ist.[189] Zudem müssen die Gesellschafter zumindest in ihrem Bereich leitend und eigenverantwortlich tätig sein.[190] Sind an der Freiberuflergesellschaft auch berufsfremde Personen oder eine Kapitalgesellschaft[191] mitunternehmerisch beteiligt, oder übt sie neben einer freiberuflichen auch eine von dieser zu trennende, nicht nur äußerst geringfügig und untergeordnete[192] gewerbliche Tätigkeit aus, die auf die Erzielung von Gewinnen ausgerichtet ist,[193] so erzielt sie insgesamt gewerbliche Einkünfte (§ 15 Abs. 3 Nr. 1

---

185 Buchführungsgrenze des § 141 AO gelten nicht (*Schmidt-Wacker*, § 18 EStG Rn. 156).
186 St. Rspr., vgl. z.B. BFH-Urt. v. 09.12.2002 – VIII R 20/01, BFH/NV 2003, 601, und v. 16.12.2003 – VIII R 6/93, BFH/NV 2004, 1080.
187 BFH, Urt. v. 14.04.2005 – XI R 82/03, BStBl. II 2005, 752 = NZG 2006, 118 = DStR 2005, 1601.
188 Gemäß BFH, Urt. v. 17.01.2007 – XI R 5/06 setzt aber eine einem Katalogberuf ähnliche Tätigkeit i.S.d. § 18 Abs. 1 Nr. 1 Satz 2 EStG voraus, dass sie in ihren wesentlichen Elementen dem Katalogberuf in Theorie (Ausbildung, Kenntnisse, Qualifikation) und Praxis (berufliche Tätigkeit) gleichwertig ist.
189 BFH, Urt. v. 18.10.2006, XI R 9/06. Kritisch zu BFH *Kubata/Riegler/Straßen*, DStR 2014, 1949.
190 BFH v. 27.08.2014 – VIII R 6/12, DStR 2015, 345 bzgl. gewerbliche Tätigkeit durch Angestellte. BFH v. 3.11.2015 – VIII R 62/13, dies verlangt, dass er eine höchstpersönliche, individuelle Arbeitsleistung am Patienten/Klienten schuldet und deshalb einen wesentlichen Teil der freiberuflichen Leistungen selbst erbringen muss.
191 Denn diese kann selbst keine freiberuflichen Einkünfte erzielen s. BFH v. 08.04.2008 – VIII R 73/05, BStBl. II 2008, 681 = NJW 2008, 3165 = DStR 2008, 1187.
192 BFH v. 27.08.2014 – VIII R 6/12, BStBl. II 2015, 1002, DStR 2015, 345; BFH, Urt. v. 11.08.1999 – XI R 12/98, BFHE 189, 419, BStBl. II 2000, 229, BStBl. II 1999, 699, 1688; BFH, Urt. v. 11.04.2005 – GrS 2/02, BStBl. II 2005, 679 = DStR 2005, 1275. Freiberufliche und gewerbliche Tätigkeit dürfen dabei nicht miteinander so verflochten sein, dass sie sich gegenseitig unlösbar bedingen. Eine Tätigkeit von äußerst geringem Ausmaß, die nicht dazu führt, dass die gesamte Tätigkeit der Personengesellschaft einheitlich als gewerblich fingiert wird, liegt dann vor, wenn die originär gewerblichen Nettoumsatzerlöse 3 v.H. der Gesamtnettoumsatzerlöse der Gesellschaft und den Betrag von 24.500 € im Veranlagungszeitraum nicht übersteigen.
193 BFH v. 12.04.2018 – IV R 5/15, DStR 2018, 1421; fehlt die Gewinnerzielungsabsicht, weil z.B. bei einer Betriebsaufspaltung bei der Besitz-GbR die Nutzungsüberlassung unentgeltlich oder zu einem nicht kostendeckenden Entgelt an die Betriebsgesellschaft erfolgt, kommt es nicht zu gewerblichen Einkünften und ist die Besitz-GbR rein vermögensverwaltend.

EStG); eine solche Tätigkeit sollte daher auf eine zweite Gesellschaft ausgelagert werden.[194] Diese Umqualifizierung der Einkünfte kann insbesondere bei Erbfolge durch Berufsfremde eintreten, sofern nicht innerhalb von 6 Monaten nach dem Erbfall diese im Rahmen der Erbauseinandersetzung wieder ausscheiden. Bilden die Tätigkeiten einer GbR ein nicht aufteilbares, sich gegenseitig bedingendes Konglomerat gewerblicher und freiberuflicher Leistungsbestandteile, so muss die Gesamttätigkeit danach beurteilt werden, welcher Teil ihr das Gepräge gibt.[195] Gewerbliche Einkünfte im Sonderbereich des einzelnen Gesellschafters einer freiberuflich tätigen Personengesellschaft führen aber nicht zu einer Abfärbung gemäß § 15 Abs. 3 Nr. 1 EStG auf die Einkünfte der Gesellschaft im Gesamthandsbereich.[196]

83 Steuersubjekt ist bei der Einkommensteuer der einzelne Gesellschafter, bei der USt die Gesellschaft, die grundsätzlich Unternehmer i.S.d. UStG ist; jedoch sind bestimmte Tätigkeiten (z.B. heilbehandelnde Berufe) umsatzsteuerfrei (§ 4 Nr. 14 UStG).

84 Der bei der Veräußerung des Gesellschaftsanteils erzielte Veräußerungsgewinn ist nach § 18 Abs. 3 EStG steuerpflichtig. Die Steuerbegünstigungen des § 16 Abs. 4 bzw. § 34 Abs. 2 EStG tritt nur bei Veräußerung des ganzen Anteils[197] ein, wozu alle wesentlichen wirtschaftlichen Grundlagen, zu denen auch die immateriellen Wirtschaftsgüter, wie Mandantenstamm, zählen,[198] auf den Erwerber übertragen werden müssen. Auch Wirtschaftsgüter des Sonderbetriebsvermögens müssen mitveräußert werden. Werden sie zurückbehalten und unter Aufdeckung der darin enthaltenen Reserven in Privatvermögen überführt, liegt eine begünstigte Betriebsaufgabe gemäß § 18 Abs. 3 Satz 2 i.V.m. § 16 Abs. 3 EStG vor, soweit diese Wirtschaftsgüter nicht im zeitlichen und wirtschaftlichen Zusammenhang in ein anderes Betriebsvermögen überführt werden.[199] Die unentgeltliche Übertragung führt zu keinem Veräußerungsgewinn, wenn der gesamte Anteil übertragen wird und kein Nießbrauch zurück behalten wird (§ 6 Abs. 3 EStG). Die teilentgeltliche Übertragung ist aufgrund der Einheitstheorie wie eine vollentgeltliche Übertragung zu behandeln. Siehe hierzu die steuerlichen Erläuterungen zur Veräußerung eines Mitunternehmeranteiles bei § 131 Rdn. 54 ff., zur Betriebsaufgabe bei § 131 Rdn. 95 ff. sowie zur Realteilung bei § 131 Rdn. 98 ff.

85 Bei der Erbfolge gelten die gleichen steuerlichen Folgen wie bei der Personengesellschaft (s. § 131 Rdn. 82 ff.).

2. Schutz- bzw. Stimmrechtsgemeinschaft

86 Die Form einer GbR als reine Innengesellschaft ohne Gesamthandsvermögen, kommt in der Praxis häufig als Schutzgemeinschaftsvertrag vor. Sie wird bedeutsam aufgrund der Regelung in § 13b Abs. 1 Nr. 3 ErbStG, wonach ein Gesellschafter mit Kapitalgesellschaftsanteilen nur dann die erbschafts- bzw. schenkungssteuerlichen Begünstigungen in Anspruch nehmen kann, wenn er mindestens Anteile am Nennkapital der GmbH zu mehr als 25 % unmittelbar besitzt oder durch eine Poolvereinbarung mit weiteren Gesellschaftern diese Mindestbeteiligung erlangt.[200] Üblicherweise dient sie der Stärkung des Einflusses einer Gruppe von Gesellschaftern in der Gesellschaft.

---

194 Wobei aber das Verbot von Sternsozietäten, das aus § 59a BRAO gelesen wird, zu beachten ist. Vgl. dazu *Kilian*, NJW 2001, 326.
195 BFH, Urt. in BFHE 209, 116, BStBl. II 2005, 362.
196 BFH, Urt. v. 28.06.2006 – XI R 31/05.
197 Sonst laufender Gewinn gemäß § 18 Abs. 3 Satz 2 i.V.m. § 16 Abs. 1 Nr. 2 EStG.
198 BFH BStBl. II 1994, 925.
199 BFH BStBl. II 1991, 635.
200 Siehe zu einer derartigen Poolvereinbarung für eine GmbH die Erläuterungen nebst Muster bei § 142 Rdn. 189 ff. Er verhindert i.d.R. aber keine Sozialversicherungspflicht des Minderheitsgesellschafters einer GmbH, sondern ist allenfalls ein Indiz gegen eine abhängige Beschäftigung; BSG v. 11.11.2015 – B 12 KR 13/14 R.

87 Häufig ist die Stimmbindung mit einer Stimmabgabe durch einen einheitlichen Gruppenvertreter verbunden und die Übertragbarkeit der Gesellschaftsbeteiligung an Einschränkungen gekoppelt, wie Erwerbsrechte bei Ausscheiden von Gruppenmitgliedern. Die Zulässigkeit von Stimmbindungsverträgen zwischen Gesellschaftern ist allgemein anerkannt und verstößt nicht gegen das Abspaltungsverbot. Danach unzulässig wären nur Verträge, wonach der Gesellschafter sein Stimmrecht nur nach Weisung der Gesellschaft oder ihrer Organe ausüben darf, str., ob nach Weisung eines Dritten, wie z.B. eines Treugebers oder Nießbrauchers.[201] Zulässig sind jedenfalls vertragliche Verpflichtungen, nach Weisung eines Mitgesellschafters abzustimmen. Stimmbindungsvereinbarungen lösen nach Ansicht der Gesetzesbegründung eine Mitteilungspflicht zum Transparenzregister nach § 20 Abs. 1 GwG aus, wenn hierdurch ein oder mehrere Poolmitglieder als wirtschaftlich Berechtigte einer Vereinigung zu qualifizieren sind.[202]

88 Das für die GbR geltende Einstimmigkeitsprinzip kann durch das Prinzip der einfachen Mehrheit gesellschaftsvertraglich ersetzt werden, wobei die Mehrheit nicht nach Köpfen, sondern auch nach anderen Kriterien bestimmt werden kann. Qualifizierte Mehrheitserfordernisse im Aktien-, GmbH- oder Umwandlungsrechtes für Gesellschafterbeschlüsse, schlagen auf die Ebene der Schutzgemeinschaft nicht durch. Zulässig ist eine vertragliche Verpflichtung, dass jeder zur Schutzgemeinschaft gehörende Gesellschafter sein Stimmrecht in der Gesellschafterversammlung jeweils so auszuüben hat, wie das zuvor in der Stimmrechtsgemeinschaft mit einfacher Mehrheit beschlossen wurde.[203] Ihre Grenze findet eine Stimmbindungsvereinbarung an der Treuepflicht der Mehrheit gegenüber der Minderheit, sodass Beschlüsse der Stimmrechtsgemeinschaft unwirksam sind, wenn die Mehrheit sich treupflichtwidrig über beachtenswerte Belange der Minderheit hinweggesetzt. Das Verbot der abredewidrigen Stimmrechtsausübung und das Gebot der geschuldeten Stimmabgabe kann im Klagewege durchgesetzt werden, insbesondere auch ein sich daraus ergebender Schadensersatzanspruch.

89 Der Schutzgemeinschaftsvertrag[204] sollte regeln
a)   den Zweck (einheitliche Stimmrechtsausübung),
b)   die Art und Weise des Zustandekommens von Gesellschafterbeschlüssen,
c)   das Gebot einheitlicher Stimmabgabe verbunden mit dem Verbot abweichender Stimmabgabe oder die Stimmrechtsausübung durch einen bestellten Gruppenvertreter,[205]
d)   das Ausscheiden aus der Schutzgemeinschaft, insbesondere durch Kündigung, wobei die Kündigung aus wichtigem Grund nicht ausgeschlossen werden kann, wohl aber die ordentliche Kündigung auf die Dauer der Gesellschafterstellung,
e)   evtl. Vertragsstrafen bei Verletzung von wesentlichen Verpflichtungen, insbesondere hinsichtlich der Stimmabgaben,

---

201 Zulässig nach BGH NJW 1967, 1963; 1987, 1890. A.A. die h.M. in der Lit.: BeckOK BGB Schöne § 717 Rn. 13; MüKoBGB/*Schäfer* BGB § 717 Rn. 25, der jedoch Ausnahme bei einem Treuhand- oder Nießbrauchsverhältnis zulässt.
202 Kritisch hierzu: P. Schaub, DStR 2018, 871. Ablehnende für Treuhandfällen: Pelka/Hettler/Weinhausen, DStR 2018, 1303.
203 Siehe hierzu BGH vom 24.11.2008 – II ZR 116/08 (Schutzgemeinschaftsvertrag II), BGHZ 179, 13 = DNotZ 2009, 392.
204 Muster s. *Langenfeld*, ZEV 2010, 17. Umfangreich: Blaum/Scholz in Beck'sches Formularbuch Bürgerliches, Handels- und Wirtschaftsrecht, Hoffmann-Becking/Gebele, 12. Auflage 2016, Schutzgemeinschaftsvertrag eines Familienstamms.
205 Siehe hierzu § 137 Rdn. 72

f) die Rechtsfolgen des Ausscheidens eines Gesellschafters, insbesondere ein Erwerbsrecht an dem Anteil des ausscheidenden Gesellschafters, wobei das Erwerbsrecht auch für den Fall des Versterbens oder eines sonstigen Ausscheidensvorganges aus der Gesellschaft festgelegt werden kann, sowie das dann geschuldete angemessene Übernahmeentgelt.

3. Grundbesitzgesellschaft

a) Sind mehrere Personen an einem Grundstück beteiligt, so bilden sie meist eine Bruchteilsgemeinschaft §§ 1008 ff., 741 ff. BGB. Da von den Miteigentümern ein gemeinsamer Zweck (Erhaltung, Verwaltung und Nutzung des gemeinschaftlichen Grundstückes) verfolgt wird, ist auch der Zusammenschluss zur GbR möglich.[206] Nachdem der BGH für die Außen-GbR die Rechtsfähigkeit im Rechtsverkehr anerkannt hat und somit die GbR selbst Sachenrechtsträger wie Eigentümer eines Grundstücks sein kann,[207] wird ihr selbst nunmehr die Grundbuchfähigkeit[208] zuerkannt. Weil der Gesellschafterbestand nicht aus öffentlichen Registern festgestellt werden kann, hat der Gesetzgeber durch § 47 Abs. 2 Satz 1 GBO, ergänzt durch § 15 Abs. 1c GBV, festgelegt, dass, soweit ein Recht für eine Gesellschaft bürgerlichen Rechts in das Grundbuch eingetragen werden soll, neben der Gesellschaft selbst mit deren Namen und Sitz – soweit sie solches führt –,[209] auch deren Gesellschafter – und zwar alle, auch bei einer Publikumsgesellschaft[210] – im Grundbuch einzutragen sind.[211] Das Grundbuchamt hat sich dabei auf die Angaben in der Auflassung bzw. Eintragungsbewilligung zu verlassen, wenn an deren Richtigkeit und Vollständigkeit keine konkreten Zweifel gegeben sind. Die Auflassung auf die GbR (z.B. im Rahmen der Einlageerbringung) hat zu lauten auf die »X GbR mit Sitz in A-dorf mit den Gesellschaftern A, B und C« bzw. »Gesellschaft bürgerlichen Rechts mit den Gesellschaftern A, B und C« (soweit kein eigener Name geführt wird)[212] Zur rechtsgeschäftlichen Vertretung der GbR aufgrund Vollmacht s. Rdn. 29.

90

b) *Form:* Der Vertragsschluss bedarf der notariellen Beurkundung nach § 311b Abs. 1 BGB, wenn der Gesellschaftsvertrag die Verpflichtung zur Veräußerung oder zum Erwerb eines Grundstückes enthält, insbesondere sich ein Gesellschafter zur Einbringung eines Grundstückes verpflichtet, oder der Vertrag die Verpflichtung enthält, bei Ausscheiden oder bei der Auflösung Grundbesitz der GbR, z.B. Wohnungseigentum, zu erwerben. Er bedarf jedoch

91

---

206 Mustertext Rdn. 153 M.
207 BGH MittBayNot 2007, 118 = DNotZ 2007, 118 m. Anm. *Volmer*.
208 Zur Grundbuchfähigkeit: BGH v. 04.12.2008 – V ZB 74/08 = NJW 2009, 594 = DNotZ 2009, 115 m. Anm. *Hertel*, MittBayNot 2009, 225, gegen BayObLG NJW 2009, 70; OLG Celle NJW 2006, 2194; zum früheren Streit über die Grundbuchfähigkeit OLG Stuttgart NZG 2007, 263 sowie *Tavakoli/Fehrenbacher*, DB 2007, 382 mit Hinweisen auf die hierzu vorliegende umfangreiche frühere Lit.
209 Weder nach BGH v. 04.12.2008 noch nach § 47 Abs. 2 Satz 1 GBO besteht Pflicht zur Führung eines Gesellschafternamens und eines Sitzes; die Gesellschaft wird dann in der Weise als Eigentümer eingetragen: Gesellschaft bürgerlichen Rechts mit den Gesellschaftern A, B, C. Hinsichtlich des Gesellschaftsnamens haben die Gesellschafter aber einen Eintragungsanspruch gegenüber dem Grundbuchamt, wobei noch nicht geklärt ist, ob dem Grundbuchamt eine Prüfungskompetenz hinsichtlich des Gesellschaftsnamens zusteht. Enthält der Name der Gesellschaft einen Gesellschafternamen, sollte nach dessen Ausscheiden eine Richtigstellung des Grundbuchinhaltes erfolgen, was jedoch eine Grundbuchgebühr auslöst.
210 Soweit hier kein Grundbuchtreuhänder festgelegt wird, s. hierzu BGH v. 19.07.2011 – II ZR 300/08 = JuS 2011, 1124 m. Anm. *K. Schmidt*, auch zur Frage der Abschirmwirkung der Treuhand bzgl. der Gesellschafteraußenhaftung.
211 Zum Eintragungszwang *Lautner*, DNotZ 2009, 650. Die unvollständige Aufnahme aller Gesellschafter im Grundbuch würde zur Grundbuchunrichtigkeit führen.
212 Die früher schon zweifelhafte entgegen gesetzte Ansicht des BayObLG (DNotZ 2003, 52), dass die Auflassung an »die A, B und C. als Gesellschafter bürgerlichen Rechts der GbR mit dem Namen ABC GbR« erfolgen müsse, ist jetzt eindeutig falsch. S. hierzu *Lautner*, NotBZ 2007, 229 und jetzt DNotZ 2009, 650, 657.

keiner Form, wenn sich der Gesellschaftszweck allgemein auf den Erwerb und die Veräußerung von nicht konkretisierten Grundstücken richtet[213] sowie auch nicht bei lediglich Überlassung von Grundbesitz zur Nutzung oder dem Werte nach.

92 Wird ein Grundstück durch mehrere Personen »zur Gesamthand einer GbR« oder »als GbR« erworben, ist darin regelmäßig gleichzeitig der Abschluss eines Gesellschaftsvertrages nach den gesetzlichen Bestimmungen zu sehen.[214] Wird ohne Heilung des Formmangels die Gesellschaft in Vollzug gesetzt, finden die Grundsätze über die Behandlung einer fehlerhaft gegründeten Gesellschaft Anwendung.[215] Heilung erfolgt aber dadurch, dass die Einlage des Grundstücks durch entsprechende Auflassung vollzogen wird.[216] Wird nach dem Erwerbsvertrag ein schriftlicher Gesellschaftsvertrag geschlossen, ist dies als formfreie Satzungsänderung möglich.[217]

93 Geschlossene Immobilienfonds sind daher meist formbedürftig, wobei nach ganz überwiegender Auffassung dann kein Formzwang mehr besteht, wenn eine Grundstücksgesellschaft, der zunächst nur die Initiatoren des Fonds angehören, das Grundstück bereits zum Eigentum erworben hat und erst dann die Beitrittserklärungen des Anlegers sowie begleitende Vollmachten und Treuhandverträge unterzeichnet werden.

94 c) *Eintritt und Gesellschafterwechsel:* Der Wechsel der Gesellschafter wie auch der Beitritt oder Austritt eines Gesellschafters bedarf der Zustimmung aller Gesellschafter,[218] soweit diese nicht bereits durch den Gesellschaftsvertrag ersetzt ist. Der Vertrag ist grundsätzlich formfrei, auch wenn die GbR Grundstückeigentümer ist; eine Beurkundungspflicht nach § 311b Abs. 1 BGB besteht nur, wenn der beitretende Gesellschafter zur Einbringung eines bestimmten Grundstückes oder zur Übernahme von Grundbesitz der GbR bei Ausscheiden oder Auflösung verpflichtet ist.[219] Der neu Eintretende wie auch der einen Anteil Erwerbende haftet für alle bei seinem Eintritt bestehenden Altverbindlichkeiten.[220] Wird er tatsächlich in Anspruch genommen, kann er die übrigen Gesellschafter anteilig in Regress nehmen.[221] Zu regeln ist bei einer Anteilsveräußerung daher, ob und wie weit der Veräußerer oder bei Neueintritt die Altgesellschafter dem Neugesellschafter gegenüber auf Freistellung haften. Nach § 736 Abs. 2 BGB i.V.m. § 160 Abs. 1 Satz 1 HGB haftet der ausgeschiedene Gesellschafter für Verbindlichkeiten noch weiter, wenn sie vor Ablauf von 5 Jahren nach dem Ausscheiden fällig geworden sind oder wenn eine Vollstreckungshandlung vorgenommen worden ist oder ein Vollstreckungstitel hierüber errichtet worden ist. Anstelle der Eintragung in das Handelsregister kann die Frist erst mit Ende des Tages beginnen, an dem der Gläubiger von dem Ausscheiden des Gesellschafters Kenntnis erlangt hat (BGHZ 117, 168). Der in Anspruch genommene ausgeschiedene Gesellschafter kann jedoch gemäß § 738 Abs. 1 Satz 2 BGB Freistellung von der Gesellschaft verlangen.

---

213 BGH, Urt. v. 10.04.1978 – II ZR 61/77, NJW 1978, 2505.
214 *Langenfeld*, GbR, S. 23; MüKo-BGB/*Schäfer*, § 705 BGB Rn. 38. *Krauß*, Immobilienkaufverträge in der Praxis, 8. Aufl. Rn. 458 ff.
215 BGH DStR 2001, 1711.
216 MüKo-BGB/*Schäfer*, § 705 BGB Rn. 41. BeckOK BGB/*Schöne* BGB § 705 Rn. 48: Formnichtigkeit bezieht sich nur auf die formbedürftige Einlagepflicht.
217 *Langenfeld*, GbR, S. 23.
218 Auf die Zustimmungserklärungen sind die §§ 182 ff. BGB anwendbar. Bis zur Erteilung der Zustimmung ist der Vertrag schwebend unwirksam.
219 DNotI-Report 2017, 49.
220 BGH, Urt. v. 07.04.2003 – II ZR 56/02, BGHZ 154,370 = DNotZ 2003, 764 (m. Anm. *Hasenkamp*) = DStR 2003, 1084 = MittBayNot 2004, 50 (Ls.) (m. Anm. *Eigner*). Besonderheit aber bei geschlossenen Immobilienfonds: BGH v. 21.01.2002 – II ZR 2/00, DStR 2002, 816 m. Anm. *Goette* = DNotZ 2002, 805; BGH v. 25.09.2006 – II ZR 218/05, NJW 2006, 3716 = MittBayNot 2007, 118
221 Zum Innenregress: BGH v. 15.10.2007 – II ZR 136/06, DStR 2007, 2268; JuS 2008, 283 (m. Anm. *Schmidt*).

Der Beitritt eines *Minderjährigen* bedarf der Bestellung eines Ergänzungspflegers – je Minderjährigen einen eigenen – (§§ 1909 Abs. 1 Satz 1, 1630 Abs. 1, 1629 Abs. 2, 1795 Abs. 1 Satz 1, Abs. 2 i.V.m. § 181 BGB), wenn an der Gesellschaft bereits Verwandte des Minderjährigen in gerader Linie beteiligt sind. Auch die schenkungsweise Überlassung ist aufgrund der mit dem Eintritt verbundenen Rechte, Pflichten und Haftungen aus dem Gesellschaftsverhältnis nicht lediglich rechtlich vorteilhaft i.S.v. § 107 BGB. Einer familiengerichtlichen Genehmigung bedarf es nur, wenn Zweck der Gesellschaft über eine reine Vermögensverwaltung hinausgehend der Betrieb eines Erwerbsgeschäftes ist (§ 1822 Nr. 3 BGB), was angenommen wird, wenn gewerblich nutzbare Immobilien von erheblichem Wert verwaltet, vermietet und verwertet werden.[222] Dann ist auch jede gesellschaftsvertragliche Änderung wie auch das Ausscheiden des Minderjährigen genehmigungspflichtig.[223] Zu einer Ausscheidensvereinbarung bedarf die für den Minderjährigen zu erteilende Zustimmung des in der Gesellschaft verbleibenden Minderjährigen aber keiner vormundschaftsgerichtlichen Genehmigung.[224] Dagegen ist jede Verfügung über Grundbesitz einer GbR an der ein Minderjähriger beteiligt ist, wenn deren Zweck nur die Vermögensverwaltung ist, nach § 1821 Nr. 1 BGB genehmigungspflichtig, nicht jedoch für die laufenden Geschäftsangelegenheiten,[225] auch wenn bei einer gewerblich tätigen GbR dazu die Verfügung über Grundbesitz gehört.[226]

95

Grundbucheintragung: Der Erwerb oder Verlust der Gesellschafterstellung vollzieht sich außerhalb des Grundbuches. Das Grundbuch wird hinsichtlich der Rechtsinhaberschaft der GbR dadurch nicht unrichtig, soweit nicht der vorletzte Gesellschafter ausscheidet, da dann die Gesellschaft erlischt. Änderungen im Gesellschafterbestand sind mit Blick auf die Vermutungswirkung des § 899a BGB wie Änderungen der rechtlichen Verhältnisse am Grundstück zu behandeln und dort gemäß § 47 Abs. 2 GBO einzutragen (§ 82 Satz 3 GBO).[227] Die Berichtigung kann entweder im Wege des Unrichtigkeitsnachweises nach § 22 GBO oder durch Berichtigungsbewilligungen nach § 19 GBO erfolgen. Für die bloße Löschung eines ausgeschiedenen Gesellschafters im Grundbuch wird die formgerechte Berichtigungsbewilligung des Ausgeschiedenen nach stritiger Ansicht als ausreichend angesehen und dass keine Bewilligung der weiteren im Grundbuch eingetragenen Gesellschafter, erforderlich

96

---

222 OLG Nürnberg v. 16.12.2014 – 11 WF 1415/14 (wie »Erwerbsgeschäft« i.S.d. § 1821 Nr. 3 BGB zu behandeln, wenn für lange Dauer [ca. 30 Jahre] bzgl. hochwertiger, gewerblich nutzbarer Immobilien); BayObLGZ 1995, 230; OLG Hamm FamRZ 2001, 53. Errichtung oder Beteiligung an einer nur rein vermögensverwaltenden GbR bedarf nicht der familiengerichtlichen Genehmigung (OLG Jena v. 22.03.2013 – 2 WF 26/13; MittBayNot 2013,387 m. Anm. *Gerono*; OLG Koblenz NJW 2003, 1401; OLG Bremen v. 16.06.2008 – 2 W 38/08 = ZEV 2008, 608 = NZG 2008, 750), jedoch ist jede Grundstücksveräußerung aus dem GbR-Vermögen – anders als bei gewerblich tätiger GbR – genehmigungspflichtig (OLG Nürnberg v. 04.10.2012 – 15 W 1623/12, DNotZ 2013, 33; MittBayNot 2014, 165 (m. Anm. *Gerono*): jedoch keine Genehmigung nötig, wenn der Beitritt zur gewerblich tätigen GbR bereits genehmigt wurde). Hierzu auch *Dümig*, FamRZ 2003, 1 ff. Es empfiehlt sich, vorsorglich stets von einer Genehmigungsbedürftigkeit auszugehen und eine familiengerichtliche Genehmigung einzuholen. Ein gerichtliches Negativzeugnis ersetzt die Genehmigung nicht (BGHZ 44, 325 = NJW 1966, 652) und beseitigt somit nicht die eventuelle schwebende Unwirksamkeit. Das Gericht darf die Genehmigung nicht deshalb verweigern, weil das Geschäft nach seiner Auffassung nicht genehmigungsbedürftig ist (BayObLGZ 1963, 1, 9).
223 MüKo-BGB/*Wagenitz*, § 1822 BGB Rn. 19 bzw. 28.
224 BGHZ 38, 26 = NJW 61, 724.
225 Bei laufenden Gesellschaftsangelegenheiten und Maßnahmen der Geschäftsführung ist der gesetzliche Vertreter nicht gemäß § 131 BGB gehindert, sowohl im eigenen Namen als auch als Vertreter des Minderjährigen mitzuwirken (BGH NJW 1976, 940).
226 OLG Nürnberg v. 04.10.2012 – 15 W 1623/12, MittBayNot 2014, 165 m. Anm. *Gerono* = DNotZ 2013, 33 = NJW 2013, 82; OLG Koblenz NJW 2003, 1401; a.A. MüKo-BGB/*Ulmer*, § 705 BGB Rn. 70 Fn. 157. Zur Beschlussfassung mit Minderjährigen und deren Ladung: *Flume*, NZG 2014, 17.
227 Zu den Voraussetzungen der Grundbuchberichtigung: *Schöner/Stöber*, 12. Aufl., Rz. 4270 ff.; *van de Loo*, GRZ 2012, 80.

sei.²²⁸ Scheidet der vorletzte Gesellschafter aus, ist für die Umschreibung in das Alleineigentum des Verbleibenden wegen der sofortigen Vollbeendigung keine Auflassung nötig, sondern nur die Bewilligung beider letzter Gesellschafter.

97 Für die Eintragung des Gesellschafterwechsels im Grundbuch aufgrund Unrichtigkeitsnachweises ist dessen Unrichtigkeit durch Vorlage des Anteilsübertragungsvertrages und der Zustimmungserklärung der übrigen Gesellschafter, bei Tod des Gesellschafters der Nachweis der Erbfolge gemäß § 35 Abs. 1 GBO²²⁹ sowie die für den Tod des Gesellschafters maßgeblichen Bestimmungen des Gesellschaftsvertrages, jeweils alles in der Form des § 29 Abs. 1 Satz 1 GBO erforderlich.²³⁰ Bei der Berichtigungsbewilligung bedarf es in öffentlich beglaubigter Form (§ 29 GBO) der Erklärungen des Eintretenden und des Ausscheidenden sowie des Nachweises, dass es nach Gesellschaftsvertrag keiner Zustimmung der Mitgesellschafter bedarf. Weil aber i.d.R. dessen Aktualität nicht nachweisbar ist, wird die Berichtigungserklärung aller weiteren im Grundbuch eingetragenen Gesellschafter erforderlich sein.²³¹ Die den guten Glauben an die Verfügungsbefugnis der im Grundbuch eingetragenen Gesellschafter schützende Norm des § 899a BGB, ermöglicht zwar keinen gutgläubigen Erwerb von Gesellschaftsanteilen. Jedoch begründet § 899a BGB gegenüber dem Grundbuchamt die Vermutung, dass über die im Grundbuch eingetragenen Gesellschafter hinaus keine weiteren Gesellschafter vorhanden sind und dass die eingetragenen Gesellschafter zur Verfügung über einen Gesellschaftsanteil befugt sind, soweit das eingetragene (Grundstücks-)Recht betroffen ist;²³² eine entsprechende eidesstattliche Versicherung der eingetragenen Gesellschafter über den Gesellschafterbestand im grundbuchlichen Berichtigungsverfahren bei Gesellschafterwechsel erübrigt sich daher.²³³ Ebenso auch beim liquidationslosen Rechtsübergang nach Ausscheiden des vorletzten Gesellschafters.

98 Bei Erbfolge ist neben den Bewilligungserklärung der Erben, die ihre Erbenstellung gemäß § 35 Abs. 1 GBO nachweisen müssen, auch die gesellschaftsvertragliche Zulässigkeit der Rechtsnachfolge durch schlüssige Erklärung hinsichtlich des Inhalts der gesellschaftsvertraglichen Regelung zur Erbfolge im Rahmen der Bewilligung durch die übrigen Gesellschafter nachzuweisen. Bei (aufschiebend bedingtem) Rechtsübergang auf einen Dritten muss auch dieser die Bewilligung mit abgeben. Umstritten ist, ob außerdem der Gesellschaftsvertrag vorzulegen ist (so noch h.M.), damit das Grundbuchamt prüfen kann, wer zur Bewilligung der Berichtigung befugt ist; kann der Gesellschaftsvertrag

---

228 OLG Jena v. 23.06.2011 – 9 W 181/11, ZfIR 2011, 716 m. zust. Anm. *Böttcher*; KG v. 19.07.2011 – 1 W 491, 492/11, NotBZ 2011, 393 = ZfIR 2011, 732; KG v. 30.04.2015 – 1 W 466/15, NZG 2015, 866; a.A. OLG München v. 01.12.2010 – 34 Wx 119/10 = DNotZ 2011, 769; OLG Frankfurt NotBZ 2011, 402; OLG Hamm FGPrax 2011, 226; *Schöner/Stöber*, 12. Aufl. Rz. 4270: Bewilligung aller Gesellschafter erforderlich.
229 Erbschein oder öffentliches Testament mit Eröffnungsniederschrift. Jedoch gilt gem. OLG München v. 09.04.2018 – 34 Wx 13/18 § 40 GBO analog, sodass keine Voreintragung der Erben gemäß § 39 BGB erforderlich ist.
230 BGH v. 13.07.2017 – V ZB 136/16, NZG 2017, 1257: bei Unrichtigkeitsnachweis ist § 29 GBO zwingend. Auch ein in notarieller Form geschlossener Gesellschaftsvertrag ist jedoch nach KG v. 12.9.2017 – 1 W 326-327/17, NZG 2017, 1190, wegen dessen jederzeitiger freier Abänderbarkeit, nicht zum Nachweis geeignet.
231 BayObLG NJW RR 98, 592. Zur notwendigen Bewilligung aller eingetragenen Gesellschafter auch OLG Zweibrücken v. 20.10.2009 – 3 W 116/09, NJW 2010, 384; KG v. 12.09.2017 – 1 W 326-327/17. Der Nachweis, dass es sich um die Erfüllung einer letztwilligen Verfügung handelt, braucht nicht in der Form des § 29 GBO geführt zu werden. Das Grundbuchamt hat im Wege der freien Beweiswürdigung zu prüfen (Kammergericht v. 09.12.2008 – 1 W 417/07, ZEV 2009, 313). Ausführlich dazu DNotI-Report 2010, 145; *Schöner/Stöber*, 12. Aufl., Rn. 4271 ff.; *Suttmann*, NJW 2013, 423.
232 OLG Karlsruhe v. 25.09.2012 – 11 Wx 61/11, MittBayNot 2014, 59 m.w.N. auf OLG-Rechtspr., sowie dort Anm. von *Lautner*.
233 OLG München v. 14.01.2011 – 34 Wx 155/10, MittBayNot 2011, 224 = NZG 2011, 296 = RNotZ 2011, 297: Dies gilt auch, wenn wegen Ausscheidens des vorletzten Gesellschafters einer zweigliedrigen GbR diese liquidationslos erlischt und das Grundbuch nicht nur hinsichtlich des Gesellschafterbestands, sondern auch hinsichtlich der Fortexistenz der Gesellschaft unrichtig wird. Zuvor schon: OLG Zweibrücken v. 20.10.2009 – 3 W 116/09, NJW 2010, 384. Hierzu auch *Böttcher*, ZfIR 2011, 719. Ebenso OLG München v. 27.11.2012 – 34 Wx 303, 406/12; OLG Brandenburg v. 14.09.2011 – 5 Wx 53/11.

nicht in der Form des § 29 GBO vorgelegt werden oder besteht kein schriftlicher Vertrag, haben die verbliebenen Gesellschafter und alle Erben übereinstimmende Erklärungen über den Inhalt des mündlich geschlossenen Vertrags in grundbuchmäßiger Form vorzulegen.[234] Nach neuerer Ansicht ist die Vorlage des Gesellschaftsvertrags bei der Berichtigungsbewilligung nicht erforderlich.[235] Den Nachweis, dass der Gesellschaftsvertrag unverändert geblieben ist, kann das Grundbuchamt nur dann verlangen, wenn konkrete Anhaltspunkte für die Unrichtigkeit der in der Bewilligung gemachten Angaben zum Gesellschaftsvertrag bestehen.[236] Anstelle der Erben kann der Testamentsvollstrecker über den GbR-Anteil oder ein über den Tod hinaus Bevollmächtigter des Verstorbenen handeln.[237] Bei Ausscheiden aufgrund Tod ist statt der Berichtigungsbewilligung durch alle Gesellschafter einschließlich der Erben auch der Unrichtigkeitsnachweis durch Sterbeurkunde und Gesellschaftsvertrag in der Form des § 29 GBO möglich.[238]

Anders als im Handelsregister müssen nicht alle Zwischenübertragungen eingetragen werden, sondern nur der aktuelle Inhaber.[239] Für die Eintragung im Grundbuch entsteht eine Gebühr nach Nr. 14110 Nr. 2 KV GNotKG von 1,0 aus dem anteiligen Wert gemäß § 70 Abs. 1 i.V.m. Abs. 4 Halbs. 2 GNotKG.[240] Stets ist eine Unbedenklichkeitsbescheinigung nach § 22 GrEStG nötig.

Die Angabe der Gesellschafter gilt als Grundbuchinhalt, auf den § 47 Abs. 2 GBO und § 899a BGB anzuwenden sind. In Ansehung des eingetragenen Rechts wird vermutet, dass die im Grundbuch eingetragenen Personen Gesellschafter sind, keine weiteren Gesellschafter vorhanden sind, und somit auch in ihrer Gesamtheit verfügungsberechtigt sind.[241] Da grundsätzlich die Führung der Geschäfte (§ 709 Abs. 1 BGB) und damit auch die Ver-

---

[234] OLG Schleswig v. 04.01.2012 – 2 W 186/11; BayObLG v. 02.11.2000 – 2 Z BR 111/00; OLG Dresden v. 12.04.2011 – 17 W 1272/10 u. 17 W 1273/10. Teilweise wird dazu eidesstattliche Versicherung verlangt (vgl. OLG München v. 04.07.2017 – 34 Wx 123/17). Das Grundbuchamt kann je nach Lage des Einzelfalls auch verlangen, dass die Richtigkeit der Angaben der verbliebenen Gesellschafter und der Erben an Eides statt zu versichern ist; ebenso OLG Dresden v. 12.04.2011 – 17 W 1272/10 und 17 W 1273/10, ZEV 2012, 339 = BWNotZ 2011, 194 m. Anm. *Steiner*; kritisch dazu *Reymann*, FGPrax 2017, 250, 253.

[235] KG v. 12.09.2017 – 1 W 326-327/17, ZEV 2016, 338 m.Anm. *Weber*; RNotZ 2016,328. Nach abzulehnender Ansicht des OLG München v. 04.07.2017 – 34 Wx 123/17, (RNotZ 2017, 545, FGPrax 2017,250 m. abl. Anm. *Reymann*, ZEV 2017, 653 m. abl. Anm. *Weber*, MittBayNot 2018, 138 m. abl. Anm. *Goslich*) muss anstelle des Erben der tatsächliche Rechtsnachfolger in den Gesellschaftsanteil die Grundbuchberichtigung unter schlüssiger Darlegung des Inhalts der gesellschaftsvertragliche Regelung über die Erfolge zusammen mit den Mitgesellschaftern bewilligen.

[236] *Reymann*, FGPrax 2017, 250, 253.

[237] OLG Dresden v. 12.04.2011 – 17 W 1272/10, BWNotZ 2011, 194 m. Anm. *Steiner*; eine Voreintragung der Erben ist nicht nötig.

[238] OLG Schleswig v. 04.01.2012 – 2 W 186/11; a.A. bzgl. Form *Schöner/Stöber*, 12. Aufl., Rn. 4274. Auch ein in notarieller Form geschlossener Gesellschaftsvertrag ist jedoch nach KG v. 12.09.2017 – 1 W 326-327/17, NZG 2017, 1190, wegen dessen jederzeitiger freier Abänderbarkeit ein tauglicher Nachweis geeignet.

[239] *Miras*, DStR 2010, 604 unter Hinweis auf BT-Drucks. 16/13437, S. 25; *Schöner/Stöber*, 12. Aufl. Rn. 4272. Eine reine Quotenänderung ist nicht eintragbar.

[240] Geschäftswert für die nach Nr. 14110 KV GNotKG gebührenpflichtige Eintragung der Übertragung eines Gesellschaftsanteiles oder des Eintritts eines neuen Gesellschafters ist gemäß § 70 Abs. 1 GNotKG der betroffene Anteil, bei mehreren werden die Werte zusammen gerechnet. Veränderungen innerhalb des Bestandes der eingetragenen Gesellschafter ohne Hinzutreten externer werden nicht im Grundbuch eingetragen. Scheidet ein Gesellschafter aus, ist der Anwachsungsvermerk gebührenfrei, lediglich beim Ausscheiden des vorletzten Gesellschafters ist für die Eintragung der volle Wert des Grundbesitzes anzusetzen, da § 70 GNotKG nur bei fortbestehender Gesellschaft gilt. Für die Eintragung von Erben eines Gesellschafters besteht nach Nr. 14110 Abs. 1 KV GNotKG eine Gebührenfreistellung, wenn innerhalb von 2 Jahren seit dem Erbfall die Grundbuchberichtigung beantragt wird. Siehe im einzelnen *Böhringer*, BWNotZ 2014, 18.

[241] Strittig ist, ob daraus sich auch eine Vertretungsbefugnis ableiten lässt, zumindest wohl – unter Beachtung der Berichtigungsverpflichtung nach §§ 47 Abs. 2 Satz 2, 82 GBO für nicht eingetragene Gesellschafter und der Zurechenbarkeit des fehlerhaften Grundbucheintrags – eine Rechtsscheinvollmacht. Strittig auch, ob § 889a BGB zumindest einen Behaltensgrund für den durch § 889a BGB hinsichtlich der Verfügungsbefugnis geschützten Erwerber zu entnehmen ist. Hierzu MüKo-BGB/*Ulmer/Schäfer*, § 705 BGB Rn. 314 f.

tretung den Gesellschaftern gemeinschaftlich zusteht, müssen Abweichungen davon (wie die Einzelvertretungsbefugnis eines Gesellschafter) dem Grundbuchamt gegenüber in der Form des § 29 GBO nachgewiesen werden. Dieser Nachweis kann aber nicht durch den – geraume Zeit vorher abgeschlossenen – Gesellschaftsvertrag geführt werden, mag er auch in grundbuchtauglicher Form vorliegen und keine konkreten Zweifel am Fortbestand der dort getroffenen Vertretungsregelungen bestehen.[242]

100 *Anteilsübertragung:*[243] Der Vertrag über die Übertragung eines GbR-Anteiles (Rdn. 155 M) bedarf, auch wenn das Gesellschaftsvermögen im Wesentlichen nur aus Grundstücken besteht, nicht der Form der § 311b Abs. 1 BGB,[244] selbst wenn gemeinsam alle Anteile an einen neuen Gesellschafter veräußert werden, sowie auch keiner Auflassung;[245] ebenso auch nicht der Eigentumsübergang mit Ausscheiden des vorletzten Gesellschafters.[246] Vertragsgegenstand ist zivilrechtlich nicht das Grundstück, sondern der Gesellschaftsanteil.[247] Der Rechtsübergang vollzieht sich außerhalb des Grundbuches. Daher gilt hierfür nicht die Grundbucheintragung gemäß § 899a BGB als Anknüpfungsmöglichkeit für einen gutgläubigen Anteilserwerb;[248] ein solcher war weder nach alter wie jetzt nach neuer Rechtslage möglich. Der Anteilserwerber muss sich anderweitig über die Inhaberstellung Gewissheit verschaffen. Zur Sicherung der Vertragsabwicklung kann für den Anteilserwerber keine Vormerkung im Grundbuch eingetragen werden. Zur rechtssicheren Abwicklung wird dabei empfohlen, auf die zum Erbteilskauf entwickelten Grundsätze abzustellen. Die Fälligkeit der Gegenleistung wird i.d.R. vom Vorliegen der Zustimmungserklärung weiterer Gesellschafter und ggf. der Eintragung eines Widerspruchs im Grundbuch (bei auflösend bedingter Abtretung) abhängig gemacht werden, wenn nicht die Abwicklung über ein Notaranderkonto erfolgt.[249] Der Erwerber wird sich, soweit er nicht bereits Mitgesellschafters ist, verschiedene verschuldensunabhängige Garantien des Veräußerers geben lassen, insbesondere über Existenz des Gesellschaftsanteils, Lastenfreiheit und Berechtigung des Veräußerers, Umfang des Gesellschaftsvermögens und von Verbindlichkeiten, Richtigkeit des Gesellschaftsvertrages und ggf. des Grundbuches. Der Veräußerer kann sich nur durch eine aufschiebend bedingte Abtretung abhängig von der Erfüllung der Gegenleistung (jedoch keine Verfügungsbeschränkung im Grundbuch zugunsten des Erwerbers eintragbar[250]) oder durch eine auflösend bedingte Abtretung mit Bedingungseintritt bei Rücktritt wegen Zahlungsverzugs sichern, mit der Anweisung an den Notar, die Grundbuchberichtigung erst nach Erbringung der Gegenleistung zu veranlassen. Zum Schutz des Erwerbers vor zwischenzeitlichen Verfügungen der noch im Grundbuch eingetragenen Gesellschafter

---

242 KG v. 12.09.2017 – 1 W 326-327/17, NZG 2017, 1190; OLG München v. 20.07.2011 – 34 Wx 131/10, NZG 2011, 1144 = RNotZ 2011, 601. Zu der Vertretungsvollmacht in der Form des § 29 GBO s. Rn. 26.
243 Ausführlich dazu: Reiff/Nannt, DStR 2009, 2376.
244 BGH DNotZ 1984, 169; bestr.
245 Das OLG München v. 11.10.2010 – 27 Wx 52/10, MittBayNot 2011, 225 hat hier jedoch den Nachweis des Eigentumsüberganges in Form des § 29 GBO verlangt und eine Berichtigungsbewilligung nicht genügen lassen.
246 *Bauer/v. Oefele/Kössinger*, § 20 GBO Rn. 120. Grundbuchgebühr ist nicht nach § 70 Abs. 4 GNotKG begünstigt, der nur bei einer Änderung im Gesellschafterbestand bei fortbestehender GbR Anwendung findet (*Böhringer*, BWNotZ 2014, 17; zur KostO OLG München v. 24.09.2010 – 34 Wx 2/10, MittBayNot 2011, 344 m. Anm. *Weigl*). Die Notarkosten für die Bewilligung der Grundbuchberichtigung gemäß Nr. 14110 KV GNotKG sind damit wie in den Fällen der Anwachsung bei einer OHG bzw. KG aus dem gesamten Grundstückswert zu berechnen.
247 Anders die steuerliche Betrachtung; siehe hierzu Rdn. 113 ff.
248 Wohl aber nach h.M. für die Berichtigungsbewilligung ggü. dem Grundbuchamt.
249 Kölner Handbuch Gesellschaftsrecht/*Heinze*, 1. Kapitel Rn. 255 ff.
250 Ausführlich dazu mit Rechtspr.-Nachweis: DNotI-Report 2015, 97. Daher nur bei Übertragung an Mitgesellschafter passend.

kann ein Widerspruch in das Grundbuch eingetragen werden.[251] Öffentlich rechtliche Genehmigungserfordernisse (z.B. § 2 GrdstVG, §§ 51, 144 BauGB) sowie Vorkaufsrechte (z.B. nach BauGB) bestehen – abgesehen von Umgehungsfällen – nicht. Zur Grundbuchberichtigung Rdn. 97.

Der Anteilserwerber tritt in die Rechtstellung seines Rechtsvorgängers mit allen Rechten und Pflichten ein. Erfasst werden grundsätzlich sämtliche gesellschaftsbezogenen Ansprüche und Vermögensrechte des Veräußerers soweit nicht im Abtretungsvertrag anderes bestimmt wird. Im Vertrag sind auch klare Regelungen hinsichtlich des Übergangs von Verpflichtungen gegenüber der Gesellschaft zu treffen. Ansonsten geht die Rechtsprechung davon aus, dass der Erwerber gegenüber der Gesellschaft nur für diejenigen Verpflichtungen einzustehen hat, die zum Zeitpunkt der Anteilsübertragung im Rechenwerk der Gesellschaft ihren Niederschlag gefunden haben. Vor allem bei der Übertragung eines Teilgeschäftsanteiles sind detaillierte Regelungen hinsichtlich der Aufteilung der Verpflichtungen gegenüber der Gesellschaft zwischen Veräußerer und Erwerber erforderlich. Die allgemein im Gesellschaftsvertrag enthaltene Zustimmung deckt auch nicht automatisch die Übertragung eines Teilgesellschaftsanteiles; ergibt sich eine solche aus dem Gesellschaftsvertrag, ist dennoch zweifelhaft, ob ohne Zustimmung der Mitgesellschafter der Veräußerer bei Übertragung seiner Verpflichtung gegenüber der Gesellschaft auf den Erwerber von seiner Haftung frei wird oder ob beide als Gesamtschuldner weiterhin dafür haften. Die Zustimmung der Mitgesellschafter sollte sich daher auch auf die Haftungsabgrenzung zwischen Veräußerer und Erwerber erstrecken.[252] Verfügungen des Veräußerers vor der Anteilsübertragung hinsichtlich eines bestimmten Anspruchs oder Rechts sind dem Erwerber gegenüber wirksam.[253] §§ 738 ff. BGB finden bei Anteilsveräußerung keine Anwendung, sodass dem Veräußerer gegenüber der GbR keine Ansprüche auf Rückgabe der zur Nutzung überlassen Gegenstände, auf Schuldenbefreiung und Sicherheitsleistung hierfür (§ 738 BGB) sowie auf Beteiligung an schwebenden Geschäften (§ 740 BGB) zusteht, ihn aber auch gegenüber der GbR keine Haftung für einen Fehlbetrag aus gemeinschaftlichen Schulden (§ 739 BGB) und damit auch keine Verpflichtung auf Ausgleich eines negativen Kapitalkontos treffen.

Der Erwerber übernimmt die Gesellschaftsverbindlichkeiten nicht originär; ihn trifft jedoch die akzessorische persönliche unmittelbare Haftung gemäß §§ 128 ff. HGB, auch für vor seinem Beitritt begründete Schulden[254] und letztlich auch die Wirkungen eines negativen Kapitalkontos. Der ausgeschiedene Gesellschafter haftet jedoch nach Außen gesamtschuldnerisch neben dem Erwerber für die bis zum Ausscheiden entstandenen Ansprüche noch weiter, zeitlich begrenzt aber nach § 736 Abs. 2 BGB i.V.m. § 160 HGB. Anstelle der Eintragung in das Handelsregister kann die Frist erst mit Ende des Tages beginnen, an dem der Gläubiger von dem Ausscheiden des Gesellschafters Kenntnis erlangt hat. Der in Anspruch genommene ausgeschiedene Gesellschafter kann jedoch gemäß § 738 Abs. 1 Satz 2 BGB Freistellung von der Gesellschaft verlangen. Vertragliche Regelungen sind daher angebracht. Zu regeln ist insbesondere, ob und wie weit der Veräußerer dem Erwerber gegenüber – oder umgekehrt – auf Freistellung haftet. Zur Zustimmung der Mitgesellschafter siehe Rdn. 94. Zum Erwerb aller Anteile durch einen Gesellschafter siehe Rdn. 44.

Steuerlich zu beachten ist eine mögliche Grunderwerbsteuerpflicht bei wesentlichem Gesellschafterwechsel bzw. bei Anteilsvereinigung.[255] Wurde der Anteil innerhalb der letz-

---

251 *Jurksch*, ZfIR 2017, 5; i.E. zum Sicherungssystem: DNotI-Report 2015, 97 mwN. Zu den Abwicklungsstufen: Krauß, Immobilienkaufverträge in der Praxis, 8. Aufl., Rn.1013 ff., Muster bei Rn. 5534.
252 Kölner Handbuch Gesellschaftsrecht/*Heinze*, 1. Kapitel, Rn. 137 m.w.N.
253 BGH DStR 03, 1040.
254 BGH, Urt. v. 07.04.2003 – II ZR 56/02 unter Abkehr von BGH DNotZ 1979, 537; BGH v. 19.07.2011 – II ZR 300/08, NZG 2011, 1023. BVerfG v. 18.10.2012 – 1 BvR 2366/11, NJW 2013, 523.
255 Siehe Rdn. 108 f.

ten 5 Jahre erst erworben ist die mögliche Nachversteuerung nach § 6 Abs. 3 Satz 2 EStG zu prüfen.[256]

102 d) *Vertragsgestaltung des Ausscheidens:* Die Ausscheidensvereinbarung bedarf der Zustimmung sämtlicher Gesellschafter. Folge des Ausscheidens ist, dass der Anteil des Ausscheidenden am Gesellschaftsvermögen mit allen Rechten und Pflichten im Wege der Gesamtrechtsnachfolge (= Anwachsung § 738 Abs. 1 Satz 1 BGB) grundbuchgebührenfrei auf die verbleibenden Gesellschafter übergeht.[257] Schuldner der sich aus den §§ 738 bis 740 BGB ergebenden Ansprüchen des Ausgeschiedenen und Gläubiger der Ansprüche gegenüber den Ausgeschiedenen ist jeweils die Gesellschaft. Der Ausgeschiedene hat Anspruch auf Rückgabe von Gegenständen, die er der Gesellschaft zur Nutzung überlassen hat, auch soweit die Gegenstände »dem Wert nach«[258] in die Gesellschaft eingebracht worden sind. Im letzteren Fall stehen die Wertsteigerungen der Gesellschaft zu, sodass der Ausscheidende sich den Wert des Gegenstandes bei seinem Abfindungsanspruch anrechnen lassen muss; den Abfindungsanspruch übersteigende Beträge sind der Gesellschaft zu erstatten. Gesellschaftsvertrag oder nachvertragliche Treuepflicht können den Ausgeschiedenen verpflichten, die Gegenstände zunächst noch vorübergehend gegen Nutzungsentgelt der Gesellschaft weiter zu belassen.[259] Der Ausscheidende ist von den Schulden zu befreien, für die er persönlich haftet (§ 738 Abs. 1 Satz 2 BGB). Hat er einem Gesellschaftsgläubiger eine Sicherheit bestellt, schuldet die Gesellschaft die Rückgabe dieser Sicherheit. Für Verbindlichkeiten, für die der Ausgeschiedene persönlich haftet, die aber noch nicht fällig sind, ist ihm Sicherheit zu leisten (§ 738 Abs. 1 Satz 3 BGB). Er hat Anspruch auf Abfindung nach den Regelungen der Gesellschaftssatzung oder, wenn solche fehlen, gemäß § 738 Abs. 1 Satz 2 BGB auf dasjenige, was er bei der Auseinandersetzung erhalten würde, wenn die Gesellschaft z.Zt. des Ausscheidens aufgelöst worden wäre (Rdn. 46 ff.), und auf Beteiligung am Ergebnis schwebender Geschäfte (§ 740 BGB); wird der Unternehmenswert nach der Ertragswertmethode berechnen, sind die künftigen Erträge darin bereits miterfasst, sodass es zweckmäßig ist, die Regelungen des § 740 BGB auszuschließen. Auch ansonsten kann die Ausscheidensvereinbarung abweichend vom Gesetz getroffen werden. Sie bedarf Regelungen zum Ausscheidenszeitpunkt (der von der Erfüllung der Abfindung und ggf. der Haftungsfreistellung abhängen kann), zur Beteiligung am Gewinn des laufenden Wirtschaftsjahres, zur Höhe und Fälligkeit sowie Zahlungsweise der Abfindung, bzgl. der Haftungsfreistellung (sofort oder erst bei Inanspruchnahme, Art der Sicherstellung) und der Freistellung bzw. Erfüllung von Verpflichtungen gegenüber der Gesellschaft.

103 Weitgehend Gleiches gilt auch, wenn der vorletzte Gesellschafter ausscheidet, wodurch die GbR liquidationslos erlischt und das gesamte Gesellschaftsvermögen auf den Verbleibenden in dessen Alleineigentum im Wege der Gesamtrechtsnachfolge übergeht (siehe hierzu Rdn. 44).[260] Die Grundbuchberichtigung erfolgt ohne Auflassungserklärung und ohne dass die Abrede der Form des § 311b Abs. 1 BGB bedarf, nur auf Berichtigungsbewilligung des Ausscheidenden nebst Zustimmung des letzten Gesellschafters sowie schlüssi-

---

256 Näheres dazu bei § 131 Rdn. 58 f.
257 Nach OLG Jena v. 23.06.2011 – 9 W 181/11, NJW-RR 2011, 1236; KG v. 19.07.2011 – 1 W 491/11, 1 W 492/11, MittBayNot 2012, 219 (m. Anm. *Böhringer*), sowie OLG München, Beschl. v. 29.01.2013 – 34 Wx 370/12, DNotZ 2013, 607, reicht für die Löschung des ausscheidenden Gesellschafters, wenn dies ohne Übertragung des Gesellschaftsanteils auf einen Mitgesellschafter oder einen Dritten erfolgt, zur Berichtigung des Grundbuchs die Berichtigungsbewilligung des ausgeschiedenen Gesellschafters aus. Die Grundbucheintragung ist gebührenfrei (*Korintenberg*, GNotKG, Nr. 14110 KV GNotKG Rn. 32). Die finanzamtliche Unbedenklichkeitsbescheinigung ist nötig.
258 Hierzu auch bei § 132 Rdn. 15.
259 BGH NJW 1981, 2808.
260 BGH NJW 1990, 1171. Der Ausgeschiedene erhält nach der gesetzlichen Regelung einen Abfindungsanspruch, der ihm grundsätzlich ein vollwertiges Äquivalent für den Verlust seiner Beteiligung gewährt. (OLG Hamm, Urt. v. 08.04.2013 – I-8 U 122/12, NZG 2014, 540).

ger Darstellung der Unrichtigkeit oder alternativ Vorlage des Vertrags über das Ausscheiden des vorletzten Gesellschafters in der Form des § 29 GBO.[261]

e) *Unterschied zur Bruchteilsgemeinschaft:*[262] Die Grundstücks-GbR unterscheidet sich von der Bruchteilsgemeinschaft wesentlich im Folgenden: Beitritt, Austritt und Wechsel des Beteiligten bedarf grundsätzlich nicht der Form des § 311b Abs. 1 BGB und nicht der Auflassung;[263] er ist weitgehend von der Grunderwerbsteuer freigestellt (s. Rdn. 107 ff.). Eine Verfügung über den Anteil am Grundbesitz ist nicht möglich, über den Gesellschaftsanteil nur mit Zustimmung der übrigen Gesellschafter oder aufgrund Zulassung im Gesellschaftsvertrag; bei der Bruchteilsgemeinschaft kann dagegen der Wechsel des Gemeinschafters nur schuldrechtlich (§ 137 BGB) verboten oder durch An- oder Vorkaufsrechte beschränkt werden. Die Verwertung des GbR-Anteiles kann bei Insolvenz oder Pfändung durch Ausscheiden unter Fortsetzungsklausel, jedoch gegen (ggf. beschränkte) Abfindung, vermieden werden (beschränkte Abschirmung des Gesellschaftsvermögens), wogegen die Teilungsversteigerung bei Bruchteilsgemeinschaft nicht ausgeschlossen werden kann. Die GbR-Gesellschafter haften aber zwingend akzessorisch, unmittelbar, unbeschränkt persönlich für die Verbindlichkeiten der GbR, wogegen der Mitberechtigte der Gemeinschaft nur bei einer gesamtschuldnerisch begründeten Schuld haftet, bei Schulden aus werkvertraglichen Leistungen zur Herstellung von Wohnungseigentum aber nur anteilig.[264]

104

Die Aufhebung der Grundstücksgesellschaft ist nur in den gesetzlichen oder gesellschaftsvertraglichen Auflösungsfällen möglich, wogegen bei der Bruchteilsgemeinschaft, soweit der Aufhebungsanspruch nicht ausgeschlossen ist, jederzeit die Aufhebung ohne jeglichen Grund von jedem Mitberechtigten verlangt werden kann. Eine Hinauskündigungsmöglichkeit eines unliebsamen Gesellschafters ist nur unter besonderen Voraussetzungen möglich.[265] Können bei der Übertragung eines Miteigentumsanteiles unentgeltliche Rückforderungsvorbehalte festgelegt werden, erweist sich dazu die Grundstücksgesellschaft aufgrund des Kündigungsrechtes des Gesellschafters als nachteilig, denn dieses kann nur im Rahmen des § 723 BGB eingeschränkt werden; auch das besondere Kündigungsrecht aus wichtigem Grund nach dem Minderjährigenhaftungsbegrenzungsgesetz in § 723 Abs. 1 Satz 3 Nr. 2 BGB ist bei Beteiligung minderjähriger Gesellschafter zu beachten.

105

Als Vorteil erweist sich, dass das weitgehend dispositive Recht der GbR gesellschaftsvertraglich die Gestaltung insbesondere hinsichtlich der Geschäftsführungs- und Vertretungsbefugnis, sowie der Rechtsnachfolge unter Lebenden oder von Todes wegen ermöglicht. Die Nachfolge kann gezielt durch Nachfolge- oder Fortsetzungsklauseln gesteuert werden. Sie ist daher als sogenannter »Familien-Pool« von zunehmender praktischer Bedeutung.[266]

106

---

261 OLG München, Beschl. v. 29.01.2013 – 34 Wx 370/12, DNotZ 2013, 607 im Anschluss an *Böhringer*, MittBayNot 2012, 219: § 899a BGB – Vermutung, dass keine weiteren Gesellschafter vorhanden sind – ist analog anzuwenden; Unbedenklichkeitsbescheinigung gemäß § 22 GrEStG ist nötig; die Grundbuchberichtigung löst eine Gebühr nach Nr. 14110 KV GNotKG aus dem vollen Grundstückswert aus (§ 70 Abs. 4 GNotKG gilt hier nicht mehr) = *Böhringer* BWNotZ 2014, 17. Nach LAG Köln v. 20.09.2012 – 7 Sa 77/12 trifft den Ausscheidenden keine Nachhaftung nach § 736 Abs. 2 BGB i.V.m. § 160 Abs. 1 HGB, weil die GbR nicht fortbesteht und in diesem Fall nicht von § 736 Abs. 2 BGB erfasst wird.
262 Hierzu auch *Suttmann*, NJW 2013, 423; *Krauß*, Immobilienkaufverträge in der Praxis, Rn. 537 ff.
263 *Bauer/v. Oefele/Kössinger*, § 20 GBO Rn. 119 ff.
264 OLG Stuttgart v. 16.11.2010 – 10 U 77/10, NJW-RR 2011, 527 m. abl. Anm. Ott in ZWE 2011, 73. Nach BGH v. 21.01.2002 – II ZR 2/00, DStR 2002, 816 m. Anm. *Goette* = DNotI-Report 2002, 84 = DNotZ 2002, 805; bestätigt in BGH v. 25.09.2006 – II ZR 218/05, NJW 2006, 3716 = MittBayNot 2007, 118, haften aber Gesellschafter eines geschlossenen Immobilienfonds in der Form der GbR für die Herstellungskosten (»Aufbauschulden«) auch grds. nur anteilig, aber nur, wenn der Gesellschaftsvertrag des Fonds eine Haftungsbeschränkung entsprechend der Beteiligungsquote vorsieht und Fondsbeteiligung eine reine Kapitalanlage darstellt.
265 § 132 Rdn. 63 f.
266 Siehe hierzu die steuerlichen Hinweise zur Familiengesellschaft bei § 131 Rdn. 42 ff.; sowie die umfangreiche Ratgeberliteratur wie *Spiegelberger*, ZEV 2003, 391; *Hohaus/Eickmann*, BB 2004, 1707; *Wälzholz*, FamRB 2007, 85, je m.w.N.; Langenfeld, ZEV 2010, 17.

107 f) *Grunderwerbsteuer:* Bei Gesamthandsgemeinschaften tritt keine Verselbständigung des Gesellschaftsvermögens in der Hand der Personengesellschaft ein. Jeder Gesellschafter ist allein kraft seines Mitgliedschaftsrechts sachenrechtlich am Gesamthandsvermögen beteiligt (gesamthänderische Mitberechtigung). Überträgt ein Gesellschafter im Rahmen der Gründung oder des Beitritts ein Grundstück auf die Grundstücks-GbR, ist dies nach § 1 Abs. 1 Nr. 1 GrEStG steuerpflichtig, jedoch wird die Steuer i.H.d. Anteiles nicht erhoben, zu dem der Veräußerer am Vermögen der Gesamthand beteiligt wird (§ 5 Abs. 2 GrEStG).[267] Das Alleineigentum setzt sich wirtschaftlich gesehen i.H.d. Beteiligungsquote am Gesellschaftseigentum fort. Jedoch entfällt die Steuerbegünstigung, wenn der Gesellschafter das Grundstück in die Gesellschaft einbringt und anschließend innerhalb eines Zeitraumes von 5 Jahren nach Übergang des Grundstückes auf die Gesamthand[268] seinen Gesellschaftsanteil ganz oder teilweise veräußert[269] (§ 5 Abs. 3 GrEStG), es sei denn, die Veräußerung erfolgt an nach § 3 Nr. 2 GrEStG begünstigte Personen[270] oder diese Anteilsabtretung ist selbst wieder grunderwerbsteuerpflichtig.[271]

108 Die *Übertragung eines Gesellschaftsanteils* an einer GbR, zu deren Gesellschaftsvermögen Grundbesitz gehört, ist grundsätzlich nicht nach § 1 Abs. 1 GrEStG steuerpflichtig. Wenn jedoch bei einer Personengesellschaft (nicht bei Kapitalgesellschaft) mit inländischem Grundbesitz innerhalb von 5 Jahren[272] der Gesellschafterbestand unmittelbar oder mittelbar dergestalt sich ändert, dass mindestens 95 % der Anteile[273] auf neue[274] Gesellschafter übergehen, – es sei denn, der Übergang beruht auf einen Erwerb von Todes wegen –, bedeutet dies einen grunderwerbsteuerpflichtigen Rechtsträgerwechsel am Grundstück (§ 1 Abs. 2a GrEStG).[275] Fingiert wird bei § 1 Abs. 2a GrEStG ein Grundstücksverkauf der grundstückshaltenden GbR in der alten Gesellschafterzusammensetzung an eine GbR in der neuen Gesellschafterzusammensetzung.[276] Dabei werden auch mittelbare Veränderungen der Beteiligung erfasst. Nach Ergänzung des § 1 Abs. 2a GrEStG[277] ist jede mittelbare Betei-

---

267 i.E. Gleichlautende Erlasse betr. Anwendung der §§ 5 und 6 GrEStG v. 09.12.2015, BStBl. I S. 1029; DStR 2016, 1546. Maßgebend ist die gesellschaftsvertraglich vereinbarte Beteiligung am Vermögen zum Zeitpunkt der Verwirklichung des Erwerbsvorgangs i.S.v. § 23 GrEStG.
268 FinMin. Bad-Württ., Erlass v. 14.02.2002, DStR 2002, 360: Für den Beginn der 5-Jahres-Frist ist auf den Zeitpunkt der Entstehung der Steuer für den Erwerbsvorgang und nicht auf den Eigentumsübergang abzustellen.
269 Nach BFH DStR 2001, 1751 ist auf die tatsächliche Einschränkung der Gesellschafterstellung abzustellen und nicht auf den Zeitpunkt einer ggf. vorausgegangenen schuldrechtlichen Einschränkung.
270 BFH v. 07.10.2009 – II R 58/08, DStR 2009, 2534 = MittBayNot 2010, 162 = ZEV 2009, 639.
271 SenFin Berlin v. 19.11.2008, DStR 2009, 434.
272 BFH v. 30.08.2017 – II R 39/15, DStR 2018, 26: Tatbestand des § 1 Abs. 2a GrEStG – anders als bei § 1 Abs. 3 GrEStG – nicht schon mit (schuldrechtlichem) Abschluss des Rechtsgeschäfts, das einen Anspruch auf Übertragung von Gesellschaftsanteilen begründet, erfüllt, sondern erst mit (dinglicher) Änderung des Gesellschafterbestandes.
273 I.S.d. vermögensmäßigen Beteiligung am Gesamthandsvermögen, nicht als dingliche Mitberechtigung. Es ist der dem einzelnen Gesellschafter zustehende Wertanteil am Reinvermögen als schuldrechtlicher, gesellschaftsvertraglicher Anspruch des einzelnen Gesellschafters gegen die Gesamthand (Ländererlass v. 18.02.2014, BStBl. I 2014, 561 Tz. 1.3.).
274 Änderungen der Beteiligung am Gesellschaftsvermögen der Altgesellschafter im Verhältnis zueinander, werden von § 1 Abs. 2a GrEStG nicht erfasst. Altgesellschafter sind dabei alle Gesellschafter die vor dem Grundstückserwerb mindestens 5 Jahre beteiligt sind.
275 Ausführlich zu dessen Anwendung mit Beispielsfällen: Ländererlass v. 18.02.2014, BStBl. I 2014,561. Anmerkung dazu v. *Behrens*, DStR 2014,1526.
276 BFH-Beschl. v. 11.09.2002 – II B 113/02, BFHE 199, 32; BStBl II 2002, 777; DStR 2002, 1761; BFH, Urt. v. 27.04.2005 – II R 61/03, BStBl. II 2005, 649. Steuerschuldner ist gemäß § 13 Nr. 6 GrEStG die Gesellschaft. Die Steuer ist sofort absetzbare Werbungskosten, keine Anschaffungsnebenkosten der Beteiligung (BFH v. 02.09.2014 – IX R 50/13, DStR 2015, 291).
277 Steueränderungsgesetz v. 02.11.2015, BGBl. I 2015, 1834. Ausführlich hierzu: *Lange/Broemel*, DStR 2017, 360. Gegen BFH, Urt. v. 24.04.2013 – BStBl. II 2014, S. 833 nachdem, gleich ob eine Personen- oder Kapitalgesellschaft zwischen geschaltet ist, eine vollständige (= 100 %) Änderung auf der Zwischenstufe vorliegen müsse.

ligung über eine Ober-Personengesellschaft in der Weise zu berücksichtigen, dass der Anteil des Neugesellschafters an der Ober-Personengesellschaft mit dem Anteil der Ober-Personengesellschaft an der grundbesitzenden Personengesellschaft multipliziert wird.[278] Anders die mittelbare Beteiligung über eine Kapitalgesellschaft; nur wenn 95 % der Anteile auf neue Gesellschafter übergehen, gilt diese Kapitalgesellschaft als neuer Gesellschafter, auch wenn diese dabei dieselbe bleibt.[279] Ein mittelbar beteiligter Neugesellschafter liegt auch vor, wenn der verbleibende Gesellschafter nur noch quasi Strohmann ist, z.B. einer jederzeit ausübbaren Call-option sowie Stimmbindung ausgesetzt ist[280] oder ein Treuhandverhältnis vereinbart wird.[281] Von der Besteuerung[282] erfasst werden nur die Grundstücke, und zwar wegen der grundstücksbezogenen Betrachtung bezogen auf jedes Einzelne, welche während des Zeitraums, in dem sich der Gesellschafterbestand um mindestens 95 % ändert, durchgängig zum Gesellschaftsvermögen gehört haben. Die Veränderung des Gesellschafterbestandes kann sich auch durch Kapitalerhöhungen durch Neueintritt ergeben.[283] Die Befreiungsregelung des § 6 Abs. 3 GrEStG ist, sofern der Gesellschafterbestand nicht vollständig wechselt, anwendbar i.H.d. Anteils des schon vor Beginn des Zeitraumes beteiligten Gesellschafters.[284] Jedoch darf sich dann nicht innerhalb von 5 Jahren der Anteil des Altgesellschafters vermindern (§ 6 Abs. 3 Satz 2 GrEStG). Nach § 1 Abs. 2a GrEStG steuerbare Änderungen im Gesellschafterbestand einer Personengesellschaft sind bei allen personenbezogenen Befreiungen des § 3 Nr. 4 bis 6 GrEStG steuerbefreit, wie auch bei einer schenkweisen Anteilsübertragung nach § 3 Nr. 2 GrEStG.[285]

---

278 Zuvor hatte der BFH, Urt. v. 09.07.2014 – II R 49/12, DStR 2014, 1829; bzgl. mittelbarer Änderung des Gesellschafterbestandes eine wirtschaftliche Betrachtungsweise unter Anwendung des § 39 Abs. 2 Nr. 1 AO zugrunde gelegt und § 1 Abs. 2a GrEStG dann nur als erfüllt angesehen, wenn das Mitgliedschaftsrecht zwar zivilrechtlich beim bisherigen Gesellschafter verbleibt, aufgrund rein schuldrechtlicher Bindungen jedoch einem Dritten das Risiko der Wertminderung und die Chance der Wertsteigerung sowie die mit dem unmittelbar an der grundbesitzenden Personengesellschaft bestehenden Anteil verbundenen wesentlichen Rechte zustehen und der Dritte aufgrund bürgerlich-rechtlichen Rechtsgeschäfts bereits eine rechtlich geschützte, auf den Erwerb des Anteils gerichtete Position erworben hat, die ihm gegen seinen Willen nicht mehr entzogen werden kann. Nur wird bei zwischengeschalteten Personengesellschaften gemäß Ansicht der Finanzverwaltung unabhängig von der Höhe der übergegangenen Anteile an der zwischengeschalteten Personengesellschaft durchgerechnet, also die mittelbar beteiligten Gesellschafter als unmittelbar anteilig an der grundbesitzenden Personengesellschaft beteiligt angesehen.
279 § 1 Abs. 2a Satz 3-5 GrEStG: Bei zwischengeschalteten Personengesellschaften wird dabei entsprechend Ansicht der Finanzverwaltung unabhängig von der Höhe der übergegangenen Anteile an der zwischengeschalteten Personengesellschaft durchgerechnet, also die mittelbar beteiligten Gesellschafter als unmittelbar anteilig an der grundbesitzenden Personengesellschaft beteiligt angesehen. Wird die 95 %-Grenze auf der Ebene der Kapitalgesellschaft nicht erreicht, gilt die Kapitalgesellschaft nicht als neue Gesellschafterin im Sinne des § 1 Abs. 2a Satz 4 GrEStG. (hierzu auch *Wälzholz*, MittBayNot 2017, 9; *Lange/Broemel*, DStR 2017, 360).
280 Vgl. gleichlautende Erlasse betr. mittelbare Änderung des Gesellschafterbestandes einer grundbesitzenden Personengesellschaft i.S. des § 1 Abs. 2 a GrEStG v. 09.12. 2015, BStBl. 2016 I S. 136; DStR 2016, 1475.
281 BFH v. 25.11.2015 – II R 18/14; DStR 2016, 242: wenn ein an der Personengesellschaft unmittelbar beteiligter Gesellschafter vereinbart, den Gesellschaftsanteil treuhänderisch für andere zu halten.
282 Bemessungsgrundlage ist der Wert i.H.d. erbschaftsteuerlichen Bedarfswerts (§ 8 Abs. 2 Satz 1 Nr. 3 GrEStG, § 138 Abs. 2, 3 BewG); bei vorgefasstem Plan zur zukünftigen Bebauung aber der Bedarfswert für das bebaute Grundstück (§ 8 Abs. 2 Satz 2 GrEStG). Siehe Ländererl. v. 18.02.2014, BStBl. I 2014, 561 Tz. 10.
283 Ländererl. v. 18.02.2014, BStBl. I 2014, 561 Nr. 3.
284 BFH, Urt. v. 27.04.2005 – II R 61/03; Ländererlass v. 18.02.2014, BStBl. I 2014, 561 Tz. 8 zum Begriff der Altgesellschafter. i.E. auch bzgl. der schädlichen Verminderungen: Gleichlautende Erlasse betr. Anwendung der §§ 5 und 6 GrEStG v. 09.12. 2015, BStBl. I S. 1029; DStR 2016, 1546.
285 Ländererlass v. 18.02.2014, BStBl. I 2014, 561 Tz. 7; BFH, Urt. v. 12.10.2006 – II R 79/05 = BStBl. II 2007, 409; DStRE 2007, 432; RNotZ 2007, 495; hierzu auch *Gottwald*, MittBayNot 2007, 460; *ders.*, ZEV 2007, 140. Zum unentgeltlichen Erwerb aller Anteile durch einen Gesellschafter BFH v. 13.09.2006 – II R 37/05, BStBl. II 2007, 59. Nach BFH v. 23.05.2012 – II R 21/10, DStR 2012, 1444 = ZEV 2012, 496 m. Anm. *Gottwald* gilt § 3 Nr. 2 GrEStG zur Vermeidung der Doppelbesteuerung mit Schenkungsteuer und Grunderwerbsteuer auch bei Schenkung von Anteilen an Kapitalgesellschaften.

109 Werden durch ein Rechtsgeschäft oder in anderer Weise (z.B. Anwachsung, Einziehung) Anteile einer Personengesellschaft so übertragen, dass sich dadurch unmittelbar oder mittelbar mindestens 95 % der Anteile[286] in der Hand des alleinigen Erwerbers (oder abhängiger Unternehmen bzw. Personen) vereinigen (§ 1 Abs. 3 Nr. 1 bzw. Nr. 2 GrEStG), wird dies steuerlich wie eine Veräußerung des Grundstücks von der Gesellschaft an den erwerbenden Gesellschafter angesehen (fingiert) und wird damit grunderwerbsteuerpflichtig,[287] soweit der Vorgang nicht schon nach § 1 Abs. 2a GrEStG steuerpflichtig ist. (§ 1 Abs. 3 GrEStG gilt auch bei Anteilsvereinigung bei grundbesitzenden Kapitalgesellschaften). Bemessungsgrundlage ist der volle Grundstückswert nach §§ 138 ff. BewG (§ 8 Abs. 1 Nr. 3 GrEStG). Die spätere Verstärkung bleibt steuerfrei.[288] Bedeutsam bei der Vertragsgestaltung ist dabei auch, ob eine Anteilsübertragung vereinbart wird oder ein Ausscheiden, wenn eine Sachabfindung gewährt wird.[289]

Veräußert ein Gesellschafter, der 95 % oder mehr der Gesellschaftsanteile unmittelbar oder mittelbar besitzt, alle diese Anteile an einen einzigen Erwerber, wird dieser grunderwerbsteuerlich so angesehen, als habe der Erwerber das zum Gesellschaftsvermögen gehörende Grundstück vom früheren Gesellschafter (nicht von der Gesellschaft) erworben (§ 1 Abs. 3 Nr. 3 und 4 GrEStG). Mittelbar über eine andere Gesellschaft gehaltene Anteile wurden bisher nur zugerechnet, wenn der Gesellschafter an dieser Gesellschaft zu mindestens 95 % beteiligt ist.[290]

---

[286] Abweichend zum Begriff des Anteiles nach § 1 Abs. 2a GrEStG nach dem Ländererlass v. 18.02.2014 – BStBl. I 2014, 561 Tz. 1.3 (= rein wirtschaftliche, weil wertanteilsmäßige Betrachtung) ist bei unmittelbarer Beteiligung i.R.d. § 1 Abs. 3 GrEStG unter »Anteil« i.S. einer sachenrechtlichen Betrachtung die gesamthänderische Mitberechtigung (Anteile nach Anzahl der Mitgesellschafter) und nicht die vermögensmäßige Beteiligung am Gesellschaftsvermögen zu verstehen, auch wenn der weitere Gesellschafter nur zu 0 % am Vermögen beteiligt, nicht jedoch bei mittelbarer Beteiligung über zwischengeschaltete Kapital- oder Personengesellschaft = BFH v. 12. 3. 2014 – II R 51/12; BStBl. II 2016, 256; FinMin. Bad-Württ. 18.12.2009 DStR 2010, 114; Anwendungserlass zu § 1 Abs. 3a GrEStG BStBl. I 2013, 1364. Nach *Gottwald* (Grunderwerbsteuer, 3. Aufl., Rn. 331 ff.) kommt der Anwendungsbereich des § 1 Abs. 3 GrEStG bei Personengesellschaften daher kaum zur Anwendung, denn, wenn lediglich auf die gesamthänderische Mitberechtigung und nicht auf die Vermögensbeteiligung abgestellt wird, können sich, wenn noch zwei Gesellschafter verbleiben, nicht Anteile von mehr 95 % in der Hand eines Gesellschafters vereinigen, sondern bleiben zwei gleiche Anteile auch wenn ein Gesellschafter nicht wertmäßig am Vermögen der Personengesellschaft beteiligt ist. Die Anwendung ist auf die mittelbare Zurechnung der GmbH Anteile bei der GmbH & Co. KG beschränkt, weil der Anteil an der Komplementär-GmbH dem Gesellschaft mittelbar zugerechnet wird und somit der Erwerb aller Anteile an der GmbH und der KG den § 1 Abs. 3 Nr. 1 GrEStG verwirklicht (siehe hierzu BFH Urt. v. 12.03.2014 – II R 51/12, BFHE 245, 381 = DStR 2014, 1389). Dies pro-Kopf-Betrachtung wird jedoch seit 06.06.2013 durch den neuen § 1 Abs. 3a GrEStG durchbrochen; danach kommt es auf den wirtschaftlichen Beteiligungserwerb von mindestens 95 % an einer grundbesitzenden Gesellschaft an, wobei die Beteiligung am Kapital oder am Vermögen maßgeblich ist. Hierzu auch BFH v. 27.09. 2017 – II R 41/15; DStR 2018, 189, dass hinsichtlich zwischengeschalteter Personengesellschaft die Beteiligung am Gesellschaftskapital und nicht die sachenrechtliche Beteiligung an der grundbesitzenden Gesellschaft maßgeblich ist.

[287] Die Steuer ist sofort absetzbare Werbungskosten bzw. Betriebsausgaben, keine Anschaffungsnebenkosten der Beteiligung (BFH v. 20.04.2011 – I R 2/10, BStBl. II 2011, 1169 = DStR 2011, 1169).

[288] BFH, Urt. v. 12.02.2014 – II R 46/12, BStBl. II 2014, 536; Ländererlass v. 02.12.1999, BStBl. I S. 991.

[289] BFH v. 20.01. 2016 – II R 29/14; BStBl. II 2016,358 = DStR 2016, 599. Nur die vertragliche Anteilsabtretung unterfällt § 1 Abs. 3 Nr. 1 GrEStG im Zeitpunkt der Vereinbarung, nicht jedoch die Ausscheidensvereinbarung; für diese gilt § 1 Abs. 3 Nr. 2 GrEStG, welcher den zur Gesellschaft gehörenden Grundbesitz im Zeitpunkt des Vollzugs der Ausscheidensvereinbarung erst erfasst, also dann nicht mehr das bereits grunderwerbsteuerlich bereits übergegangene Abfindungsgrundstück. § 1 Abs. 1 Nr. 1 GrEStG setzt einen zivilrechtlich wirksamen und durchsetzbaren Anspruch auf Übereignung voraus, der nicht unter einer aufschiebenden Bedingung stehen darf (BFH v. 11.12.2014 – II R 26/12; DStR 2015, 116). Hierzu: *Wälzholz*, MittBayNot 2017, 9, 16.

[290] S. FinMin. Bad-Württ. v. 14.02.2000, DStR 2000, 430 sowie die Sonderregeln für Organschaftsfälle im Ländererlass vom 21.03.2007, BStBl. I 2007, 422.

Auch wenn keine Besteuerung nach § 1 Abs. 2a oder nach § 1 Abs. 3 GrEStG eintritt, kann aber der Vorgang nach § 1 Abs. 3a GrEStG[291] steuerpflichtig werden, weil nach seinem Regelungsinhalt für die Ermittlung der unmittelbaren oder mittelbaren Beteiligung unter wirtschaftlicher Betrachtung der Anteil nach der unmittelbaren oder mittelbaren Beteiligung am Kapital oder am Vermögen der grundbesitzenden Gesellschaft bemessen wird und somit eine mittelbare Beteiligung (z.B. an einer Beteiligungsgesellschaft) prozentual auf deren unmittelbaren Anteil umgerechnet und dem Gesellschafter zugerechnet wird.

Im Rahmen des § 16 Abs. 2 GrEStG kann ein Gesellschafterwechsel, der zu einer Verwirklichung des § 1 Abs. 2, 2a, 3 sowie 3a GrEStG geführt hat, rückgängig gemacht werden.[292] Jedoch ist die Beschränkung des § 16 Abs. 5 GrEStG zu beachten, dass zuvor der Gesellschafterwechsel fristgerecht (= innerhalb von 2 Wochen) und in allen Teilen vollständig angezeigt worden war. Häufig wird daher ein nachträgliche Beseitigung daran scheitern. Den Beteiligten ist zu raten, unverzüglich innerhalb der 2-Wochen-Frist nach Abtretung einen Fristverlängerungsantrag nach § 109 AO an das zuständige Finanzamt zu stellen. § 16 Abs. 2 GrEStG ist nicht anwendbar, wenn der zuvor ausgeschiedene (Alt-)Gesellschafter innerhalb der Fünfjahresfrist erneut einen Anteil an der Personengesellschaft erwirbt; er ist dann neuer Gesellschafter i.S. des § 1 Abs. 2a Satz 1 GrEStG.[293]

Die persönlichen Befreiungsregeln des § 3 Nr. 4 bis 6 GrEStG sowie der §§ 5 und 6 GrEStG[294] findet bei Personengesellschaften (nicht bei Anteilsübertragung an Kapitalgesellschaften) Anwendung, weil grunderwerbsteuerlich die Gesellschafter als Eigentümer des Gesellschaftsvermögen angesehen werden. Auch die Befreiungsvorschrift des § 3 Nr. 2 GrEStG findet in allen Fällen des § 1 Abs. 2a, 3 und 3a GrEStG Anwendung.[295] Geht daher ein Grundstück von einer Gesamthand auf eine andere Gesamthand (gegebenenfalls nach § 1 Abs. 2a GrEStG auch nur fiktiv) bei Identität der Beteiligungsverhältnisse über,[296] oder bei *Auflösung der GbR* ein Grundstück von der Gesellschaft in das Alleineigentum (durch Anwachsung) oder in das Miteigentum einer oder mehrerer an der Gesamthand beteiligter Personen (durch Realteilung) über, so wird die gemäß § 1 Abs. 1 Nr. 2, Abs. 2a bzw. Abs. 3 GrEStG anfallende Steuer i.H.d. Anteils nicht erhoben, zu dem der Erwerber am Vermögen der Gesamthand beteiligt ist bzw. die seiner gesellschaftsvertraglich vereinbarten Auseinandersetzungsquote entspricht (§ 6 Abs. 1, 2 GrEStG). Dies gilt jedoch insoweit nicht, als der Gesellschafter erst innerhalb von 5 Jahren vorher seinen Anteil an der Gesellschaft

110

---

291 Seit 06.06.2013 ein neuer, eigenständiger Fiktionstatbestand, wobei die Besteuerung eines Rechtsvorgangs nach § 1 Abs. 3a GrEStG nur dann zu prüfen ist, wenn eine Besteuerung nicht bereits nach § 1 Abs. 2a oder Abs. 3 GrEStG in Betracht kommt. Voraussetzung ist, dass ein Rechtsträger erstmalig eine wirtschaftliche Beteiligung in Höhe von mindestens 95 % an einer grundbesitzenden Gesellschaft innehat, gleich ob diese eine unmittelbare, mittelbare oder teils unmittelbare, teils mittelbare wirtschaftliche Beteiligung ist. Siehe hierzu Ländererlass v. 09.10.2013, BStBl. I 2013, 1364 sowie *Gottwald*, MittBayNot 2014, 1.
292 Was für die Tatbestände des § 1 Abs. 2, 2a und 3 sowie auch 3a GrEStG gilt, so BFH, Urt. v. 11.06.2013 – II R 52/12, BStBl II 2013, 752 = DStRE 2013, 1133, und wonach der Steuertatbestand bereits dann nicht (mehr) erfüllt ist, wenn durch einen Anteilsrückerwerb das von dieser Vorschrift vorausgesetzte Quantum von 95 % der Anteile der Gesellschaft unterschritten wird, sodass keine vollständige Rückgängigmachung der Übertragung nötig ist.
293 BFH, Urt. v. 16.05.2013 – II R 3/11, BStBl II 2013, 963 = DStR 2013, 2058 = NZG 2013, 1193; Ländererlass v. 18.02.2014, BStBl. I 2014, 561 Tz. 2.1.
294 Hierzu umfangreicher Ländererlass v. 09.12.2015, BStBl. I 2015, 1029.
295 Grund: Vermeidung der Doppelbesteuerung mit Schenkungssteuer und Grunderwerbsteuer. Nach BFH v. 13.09.2006 – II R 37/05, BStBl. II 2007, 59 bzgl. § 1 Abs. 2a GrEStG. Nach BFH v. 23.05.2012 – II R 21/10, DStR 2012, 1444 = ZEV 2012, 496 m. Anm. *Gottwald* auch bei Schenkung von Anteilen an grundbesitzverwaltenden Kapitalgesellschaften in allen Fällen des § 1 Abs. 3 GrEStG. Nach Ländererlass v. 09.10.2013, BStBl. I 2013, 1364 Tz. 7 auch bei § 1 Abs. 3a GrEStG.
296 BFH, Urt. v. 25.09.2013 – II R 17/12, BStBl II 2014, 268 = BFHE 243, 404 = DStR 2014, 32 für den Fall, dass die gesamthänderische Mitberechtigung der an der grundstückserwerbenden Gesamthand beteiligten Personen innerhalb von fünf Jahren nach dem (u.U. auch nur fiktiven) Grundstücksübergang durch eine formwechselnde Umwandlung in eine Kapitalgesellschaft übergeht.

durch Rechtsgeschäft erworben hat[297] oder die Auseinandersetzungsquote abweichend vereinbart wurde (§ 6 Abs. 4 GrEStG). Voraussetzung ist aber, dass der Erwerber seinerseits die Beteiligung an der Gesamthand i.S.v. § 6 Abs. 3 Satz 2 GrEStG unvermindert über den Zeitraum von fünf Jahren nach dem (fiktiven) Grundstücksübergang aufrechterhält.[298] Kommt es aber innerhalb eines Zeitraums von fünf Jahren nach dem Übergang des Grundstücks zu einer Verminderung des Anteils des Gesamthänders am Vermögen der erwerbenden Gesamthand, so ist danach die Grunderwerbsteuer für den ursprünglichen Erwerbsvorgang gemäß § 6 Abs. 3 Satz 2 GrEStG nach zu erheben.[299] Soweit der Anwachsung des Gesellschaftsvermögens eine freigebige Zuwendung des Anteils eines anderen Gesellschafters zugrunde liegt, ist dies nach § 3 Nr. 2 Satz 1 GrEStG grunderwerbsteuerbefreit, bei gemischter Schenkung anteilig.[300] Bei der flächenmäßigen Aufteilung oder bei der Begründung von Wohnungseigentum ist § 7 GrEStG anzuwenden.[301] Nicht anwendbar ist die Befreiung nach § 3 Nr. 3 GrEStG (Erwerb bei Erbauseinandersetzung), da dieser nur den Erwerb von Grundstücken, nicht jedoch von Gesellschaftsanteilen erfasst.[302]

111   Neben der *Anzeigepflicht des Notars* nach § 18 GrEStG[303] innerhalb von 2 Wochen[304] bei der Veräußerung von Gesellschaftsanteilen an Gesellschaften, zur deren Vermögen Grundstücke gehören, und die er beurkundet hat oder wozu er eine Unterschrift beglaubigt, tritt auch die Anzeigepflicht der Beteiligten nach § 19 GrEStG bei Vereinigung oder Übertragung von mindestens 95 % der Anteile einer Grundstücksgesellschaft oder bei Änderung des Gesellschaftsbestandes i.H.v. mindestens 95 %. Nach § 20 Abs. 2 Nr. 3 GrEStG muss die Anzeige bei mehreren Beteiligten eine Beteiligungsübersicht enthalten. Den Notar trifft aber bei der Veräußerung von Gesellschaftsanteilen bezüglich des Vorhandenseins von Grundstücken keine besondere Nachforschungspflicht, sondern nur eine Erkundigungspflicht. Zu empfehlen ist, folgenden Hinweis in jede notarielle Urkunde bzgl. eines Gesellschafterwechsels mit aufzunehmen:

112 M   **Der Notar hat die Beteiligten darauf hingewiesen, dass auch in Fällen einer nur mittelbaren wirtschaftlichen Anteilsvereinigung eine Besteuerung mit Grunderwerbsteuer entstehen kann und dass die Beteiligten den beurkundeten Rechtsvorgang selbst gegenüber den zuständigen Finanzämtern innerhalb der gesetzlichen Frist zusätzlich zur Anzeige des Notars anzeigen müssen und bei mehreren beteiligten Rechtsträgern – entsprechend den Vorgaben des § 20 Abs. 2 Nr. 3 GrEStG – zusätzlich eine Beteiligungsübersicht beizufügen ist.**

113   g) *Einkommensteuer:* Steuerrechtlich ist eine vermögensverwaltende Personengesellschaft[305] kein selbstständiges Steuersubjekt. Nach § 39 Abs. 2 Nr. 2 AO wird dem Gesellschafter eine

---

297 Wozu auch der Erwerb durch Anwachsung zählt BFH v. 14.12.2002 – II R 31, 01, DStR 2003, 545.
298 BFH, Urt. v. 25.09.2013 – II R 17/12, BStBl II 2014, 268 = BFHE 243, 404 = DStR 2014, 32.
299 BFH, Urt. v. 25.09.2013 – II R 17/12, BStBl II 2014, 268 = BFHE 243, 404 = DStR 2014, 32.
300 BFH Urt. v. 13.09.2006 – II R 37/05, BStBl. II. 2007, 59 = ZEV 2007, 43.
301 BFH BStBl. II 89, 54.
302 BFH v. 25. 11. 2015 – II R 35/14; DStRE 2016, 292.
303 Hierzu *Gottwald*, MittBayNot 2015, 1, 6. Der Notar genügt vorerst noch seiner Verpflichtung, wenn er die vom jeweiligen Bundesland verlangten Formulare ordnungsgemäß vollständig ausfüllt und diese zusammen mit der Urkundenabschrift innerhalb der 2-Wochen-Frist an die Grunderwerbsteuerstelle des zuständigen Finanzamt einreicht, sonst kann Strafbarkeitshaftung des Notar drohen (*Gottwald*, MittBayNot 2010, 1 unter Hinweis auf BFH notar 2008, 376, *ders.*, MittBayNot 2014, 1). Str. ist, ob der Notar auch die Beteiligungsübersicht einreichen muss.
304 § 18 Abs. 3 GrEStG; wenn die Frist nicht eingehalten werden kann, weil nicht alle Angaben bekannt sind, muss Fristverlängerung innerhalb der 2-Wochen-Frist analog § 109 AO beantragt werden (BFH Beschl. v. 20.01.2005 – II B 52/04, GmbHR 2005, 790 m. Anm. *Götz*).
305 Was vermögensverwaltend ist, wird rechtlich nicht definiert; liegt vor, wenn ihre auf Einkünfteerzielung gerichtete Tätigkeit weder als land- und forstwirtschaftliche oder gewerbliche noch als freiberufliche Tätigkeit sich darstellt. Zur Abgrenzung: BFH v. 14.07.2016 – IV R 34/13; DStR 2016, 2697; NJW 2017,

quotale Berechtigung an den zum Gesamthandsvermögen gehörenden Wirtschaftsgütern zugerechnet (Bruchteilsbetrachtung),[306] sodass zwischen einem Miteigentumsanteil oder einem Gesamthandsanteil steuerrechtlich weitgehend kein Unterschied gemacht wird. Veräußert eine solche GbR einen Grundbesitz und ist einer der Gesellschafter noch nicht i.S. § 23 EStG mindestens 10 Jahre (Haltefrist) an der GbR beteiligt, dann führt diese zu einer anteiligen Besteuerung bei diesem.[307]

Erwerb der Beteiligung: Die Einlage einer Immobilie des Privatvermögens[308] eines Gesellschafters in das Gesellschaftsvermögen einer nicht gewerblich tätigen vermögensverwaltenden Personengesellschaft ist grundsätzlich steuerfrei. Bei den Mitgesellschaftern liegt jedoch in Höhe deren Beteiligungsquote ein Anschaffungsvorgang vor, der bei Einbringung gegen Leistung eines Entgelts an den Einleger oder bei Schuldübernahme unter den Voraussetzungen des § 23 EStG zu einer steuerpflichtigen Veräußerung im Umfang dieses Anteils beim Einbringenden führt.[309] Bringen Bruchteilseigentümer Grundstücke zu unveränderten Anteilen in eine personenidentische Gesellschaft bürgerlichen Rechts mit Vermietungseinkünften ein, liegt steuerrechtlich kein Anschaffungsvorgang i.S.v. § 23 EStG vor, weil die Gesellschafter gemäß § 39 Abs. 2 Nr. 2 AO weiterhin im bisherigen Umfang als Bruchteilseigentümer der Grundstücke anzusehen sind.[310]

114

Bewegt sich die Gesellschaftstätigkeit im Rahmen privater Vermögensverwaltung, erzielt der einzelne Gesellschafter (Steuersubjekt ist nicht die Gesellschaft, sondern Zuordnung zum einzelnen Gesellschafter §§ 179, 180 AO) Einkünfte aus Vermietung und Verpachtung nach § 21 EStG. Eine sogenannte »Zebragesellschaft« entsteht, wenn die Einkünfte bei einzelnen Gesellschaftern betrieblicher Natur sind (z.B. eine Kapitalgesellschaft ist als Gesellschafter beteiligt), was jedoch nicht die Einkünfte der anderen Gesellschafter infiziert. Einkünfte aus Gewerbebetrieb im Sinne § 15 EStG liegen jedoch vor, wenn die Tätigkeit der Gesellschaft über die private Vermögensverwaltung hinausgeht,[311] insbesondere, wenn die Kriterien des gewerblichen Grundstückshandels bei ihr erfüllt sind (Rdn. 117 ff.). Hinsichtlich erzielter Verluste ist die Verrechnungsbeschränkung des § 15a EStG zu beachten, soweit die Inanspruchnahme des Gesellschafters für Schulden im Zusammenhang mit dem Betrieb durch Vertrag ausgeschlossen oder nach Art und Weise des Geschäftsbetriebes unwahrscheinlich ist.

115

348: Eine gewerbliche Vermietungstätigkeit ist erst dann anzunehmen, wenn im Einzelfall besondere Umstände hinzutreten, wie Erbringung von Sonderleistungen, die der Tätigkeit als Ganzes das Gepräge einer gewerblichen Betätigung geben, hinter der die eigentliche Gebrauchsüberlassung des Gegenstands in den Hintergrund tritt. Solche sind aber nicht Leistungen wie die Pflege, Wartung und Versicherung des vermieteten Objekts, die im Rahmen einer normalen Vermietungstätigkeit anfallen. Zur betrieblichen Personengesellschaft siehe § 131 Rdn. 19 ff.. Zur Erfassung und Besteuerung der Einkünfte § 137 Rdn. 97

306 Die Wirtschaftsgüter des Gesamthandvermögens werden den Gesellschaftern direkt und quotal ihrer Beteiligung zugerechnet (Großen Senats des BFH v. 25.02.1991, GrS 7/89, BFHE 163, 1, BStBl II 1991, 691, DStR 1991, 506; vgl. auch BFH v. 09.05.2000 – VIII R 41/99, BStBl. II 2000, 686; v. 26.04.2012 – IV R 44/09, DStR 2012, 1497). Siehe auch § 137 Rdn. 97

307 OFD Frankfurt/M. v. 07.08.2014 – S 2256A-41-St213, DStR 2014,1832 unter Bezugnahme auf BFH v. 21.02.2014 – IX R 9/13, DStR 2014, 515; dazu *Schießl*, DStR 2014, 512.

308 Zur Einbringung von Betriebsvermögen s. BFH v. 26.04.2012 – IV R 44/09, DStR 2012, 1497 = NZG 2012, 1198: in dem Umfang der Beteiligung des einbringenden Gesellschafters werden keine stillen Reserven aufgedeckt, sondern erst bei der Veräußerung des Wirtschaftsguts, die dann dem Gesellschafter zugerechnet werden.

309 BFH v. 18.10.2011 – IX R 15/11 = MittBayNot 2012, 329 m. Anm. *Ihle*.

310 BFH Urt. v. 06.10.2004 – IX R 68/01, BStBl. 2005, 324; v. 02.04.2008 – IX R 18/6, DStR 2008, 1131; v. 18.10.1011 – IX R 15/11, BStBl. II 2012, 205, DStR 2011, 2347. Insgesamt zu 23 EStG: BMF-Schr. v. 05.10.2000, geändert mit Schr. v. 07.07.2007, BStBl. I 2007, 262 sowie H 23 EStR mit vielen Verweisen auf die einschlägige Rspr. des BFH.

311 BFH v. 14.07.2016 – IV R 34/13; DStR 2016, 2697: Werden vermögensverwaltende und gewerbliche Tätigkeiten erbracht und sind diese so miteinander verflochten, dass sie sich gegenseitig unlösbar bedingen, liegt eine einheitliche Tätigkeit vor, die steuerrechtlich nach dem vorherrschenden Element zu qualifizieren ist.

116 *Veräußerung der Beteiligung:* Nach § 23 Abs. 1 Satz 4 EStG gilt auch die Anschaffung oder Veräußerung einer unmittelbaren oder mittelbaren Beteiligung an einer Personengesellschaft als Anschaffung oder Veräußerung der anteiligen Wirtschaftsgüter. Bei jeder entgeltlichen Veräußerung eines Miteigentumsanteiles an einem Grundbesitz wie auch bei der Veräußerung von Anteilen an einer Grundbesitz besitzenden Personengesellschaft, ist die Steuerpflicht nach § 23 Abs. 1 Satz 1 Nr. 1 EStG zu prüfen. Hat jedoch eine Person zeitlich versetzt mehrere Anteile erworben, soll für jeden Anteil getrennt die Spekulationsfrist zu berechnen sein (vom BFH noch nicht entschieden). Das Ausscheiden gegen Abfindung ist jedoch kein entgeltlicher Vorgang.[312]

117 *Gewerblicher Grundstückshandel:*[313] Neben der Sonderbesteuerung nach § 23 EStG wird die Veräußerung von Grundbesitz dann steuerpflichtig, wenn ein so genannter »gewerblicher Grundstückshandel« vorliegt.[314] Nach ständiger Rechtsprechung des BFH wird die Grenze von der privaten Vermögensverwaltung zum Gewerbebetrieb überschritten, wenn die Ausnutzung substantieller Vermögenswerte durch Umschichtung gegenüber der Nutzung von Vermögen im Sinne einer Fruchtziehung aus zu erhaltenden Substanzwerten entscheidend in den Vordergrund tritt.[315] Die Vermögensumschichtung tritt in den Vordergrund, wenn der Steuerpflichtige bei Erwerb oder Errichtung des Objekts mit unbedingter[316] Absicht handelt, es im kurzen zeitlichen Zusammenhang[317] wieder zu veräußern oder ein Objekt mit anderer Marktgängigkeit (Bebauung oder Erschließung) zu schaffen. Eine solche Verkaufsabsicht wird von Anfang an als gegeben unterstellt, wenn mehr als drei Objekte in engem zeitlichem Zusammenhang – in der Regel 5 Jahre – zwischen Anschaffung bzw. Bebauung und Verkauf veräußert werden.[318] Weiter muss eine nachhaltige Betätigung mit Gewinnerzielungsabsicht und Teilnahme am allgemeine wirtschaftlichen Verkehr i.S.d. § 15 Abs. 2 EStG, § 2 Abs. 1 GewStG vorliegen.[319] Der Steuertatbestand kann dabei auf der Ebene der Gesellschaft oder des Gesellschafters verwirklicht werden.

---

312 BFH Urt. v. 18.10.2006 – IX R 7/04.
313 Hierzu werden nachfolgend in sehr knapper Weise nur einige wenige wesentliche Grundsätze der mittlerweile sehr komplexen Rechtsprechung des BFH dargestellt. Es bedarf stets einer sorgfältigen Prüfung, wenn Veräußerungen an reinen Grundstücksgesellschaften stattfinden. Lit.: *Schmidt/Wacker*, EStG § 15 Rn. 70 ff.; Rechtsprechungsüberblick: BFH v. 22.08.2012 – X R 24/11, BFHE 238, 180 = BStBl II 2012, 865 = DStR 2012, 2125; sowie *Figgener/von der Tann*, DStR 2012, 2579.
314 Hierzu BMF v. 26.09.2004, BStBl. I 2004, 434 sowie die umfangreichen Rechtsprechungsnachweise bei BFH v. 22.08.2012 – X R 24/11, BFHE 238, 180 = BStBl II 2012, 865 = DStR 2012, 2125 und bei *Söffing/Seitz*, DStR 2007, 1841.
315 Beschluss des Großen Senats des BFH v. 10.12.2001 – GrS 1/98, BFHE 197, 240, BStBl. II 2002, 291.
316 Entschiedene Beispiele unbedingter Veräußerungsabsicht s. BFH Urt. v. 12.07.2007 – X R 4/04, DStR 2007, 1759.
317 Rechtsprechungsüberblick bei BFH v. 28.09. 2017 – IV R 50/15, BStBl. II 2018, 89. Tritt langjährige Vermietung von mehr als 10 Jahren dazwischen (BFH v. 05.04.2017 – X R 6/15, BStBl. II 2017, 1031, DStR 2017, 2028), liegt nur dann ein gewerblicher Grundstückshandel vor, wenn sich ein positives Gesamtergebnis neben dem Mietertrag nur unter Berücksichtigung des Veräußerungserlöses des vermieteten Wirtschaftsgutes erzielen lässt (Verklammerung).
318 BFH GrS 1/98 v. 10.12.2001, BStBl. II 2002, 291 = DStR 2002, 489; BMF v. 26.09.2004, BStBl. I 2004, 434. Die erforderliche bedingte Veräußerungsabsicht im Zeitpunkt des Erwerbs bzw. des Beginns der Bebauung oder der Erschließung kann aber durch Gestaltungen des Steuerpflichtigen widerlegt werden, die in zeitlicher Nähe zum Erwerb (bzw. zur Bebauung oder Erschließung) stehen und eine Veräußerung innerhalb eines Zeitrahmens von etwa fünf Jahren erschweren oder unwirtschaftlicher machen, wie z.B. langfristige Finanzierung, langfristige Vermietung bzw. Verpachtung, Nießbrauchsbestellung (BFH v. 27.09.2012 – III R 19/11, BFHE 240, 278 = BStBl II 2013, 433 = DStRE 2013, 710).
319 Daher aber kein gewerblicher Grundstückshandel gegeben, wenn in einem einzigen Verkaufsvorgang mehrere Objekte zivilrechtlich an verschiedene Käufer veräußert werden, weil dann die Nachhaltigkeit der Tätigkeit fehlt (FG Berlin-Brandenburg v. 18.10.2012 – 5 K 5212/10).

Gewerblicher Grundstückshandel auf Ebene der Gesellschaft: Ob die Grenze überschritten wird, richtet sich bei Personengesellschaften allein nur nach der Zahl der von der Gesellschaft erworbenen bzw. bebauten und veräußerten Objekten,[320] wobei Veräußerungen an personenidentische Schwesterngesellschaften, die durch einen gemeinsamen Zweck miteinander verbunden sind und Veräußerungen an Gesellschafter mit einzubeziehen sind,[321] nicht jedoch Veräußerungen des einzelnen Gesellschafters außerhalb der Gesellschaft.[322] Besondere Umstände, wie der Verkauf vor der Bebauung oder die Bebauung nach Wünschen und auf Rechnung des Erwerbers können auch schon bei weniger als vier Objekten die Gewerblichkeit begründen, wenn darin eine unbedingte Veräußerungsabsicht zum Vorschein tritt und durch die dabei notwendige Vielzahl von Aktivitäten die erforderliche nachhaltige Tätigkeit entsprechend dem Bild eines Gewerbetreibenden erfüllt wird.[323] Nicht einzubeziehen sind durch Erbfolge erlangte Grundstücke.

Die Frist wird bei Durchhandelsfällen vom Erwerb bis zur Veräußerung (= Abschluss des obligatorischen Geschäfts, auch wenn der Vertragsvollzug später scheitert[324]) und bei Errichtungsfällen (= wenn Bebauung durch den Veräußerer erfolgt) von Bebauung bis Veräußerung bzw. von Abschluss der Sanierung bis Veräußerung[325] berechnet. Bei vorweggenommener Erbfolge ist die Besitzzeit der Voreigentümer hinzuzurechnen.

Die *Folge des gewerblichen Grundstückshandels* ist, dass die gesamte Tätigkeit gewerblich wird. Diese bedeutet:
– alle, auch die vorhergehenden Verkäufe werden gewerblich, Ausnahme: Objekt war schon langfristig (= 10 Jahre) in der Nutzung.
– alle Grundstücksveräußerungen gelten als aus dem Umlaufvermögen vorgenommen, daher ist eine vorgenommene AfA rückgängig zu machen und bei Auflösung der Gewerblichkeit durch Verkauf der Immobilien kann nicht die Steuerbegünstigung nach §§ 16, 34 EStG in Anspruch genommen werden.[326]
– auch die Vermietungseinkünfte sind gewerblich und damit gewerbesteuerpflichtig.[327]
– der Gewinn aus der Veräußerung des Anteiles an einer GbR, die gewerblichen Grundstückhandel betreibt, unterliegt der Gewerbesteuer und ist nicht nach §§ 16, 34 EStG einkommensteuerbegünstigt.[328]

Gewerblicher Grundstückshandel auf Ebene des Gesellschafters: Ist ein Gesellschafter an der Grundstücksgesellschaft oder -gemeinschaft zu mindestens 10 % beteiligt[329] oder beträgt der Verkehrswert seines Gesellschaftsanteiles oder des Anteils an dem veräußerten Grundstück mehr als 250.000 €, wird für die Beurteilung auf der Ebene des Gesellschafters, ob von ihm ein gewerblicher Grundstückshandel verwirklicht wird, die von der Gesellschaft vorgenommenen Verkäufe dem Gesellschafter zugerechnet, sodass er durch weitere von ihm außerhalb der Gesellschaft oder bei anderen Gesellschaften vorgenommenen Verkäufe

---

320 OFD Frankfurt/M., Vfg. v. 02.09.2015: ist wegen der unterschiedlichen Haltefristen für jedes Wirtschaftsgut gesondert zu beurteilen.
321 BFH v. 30.11.2004 – VIII R 15/00, BFH/NV 05, 1033; v. 29.05.2005 – VIII B 301/04, BFH/NV 2006, 14.
322 BFH v. 17.12.2008 – IV R 85/06, BStBl. II 2009, 795 = NJW 2009, 2624 = DStR 2009, 311. Denn die Tätigkeit des einzelnen Gesellschafters auch in einer Schwesternpersonengesellschaft infiziert nicht die Tätigkeit der Gesellschaft selbst, wohl aber umgekehrt (s. dazu Rdn. 120).
323 BFH v. 12.07.2007 – X R 4/04, DStR 2007, 1759 m.w.N.; BMF v. 26.09.2004, BStBl. I 2004, 434.
324 BFH DStR 2003, 409.
325 BFH DStR 2003, 409. Die Verkäufe auf Gesellschaftsebene sind dabei Zählobjekte (BFH v. 17.12.2008 – IV R 85/06, DStR 2009, 311.
326 BFHE 211, 100 = BFH BStBl. II 2006, 160; BFH BStBl. II 2003, 467 = DStR 2003, 636.
327 FG Düsseldorf DStRE 2000, 1019.
328 BFH Urt. v. 14.12.2006 – IV R 3/05, GmbHR 2007, 269.
329 Ausnahme nach BFH Urt. v. 12.07.2007 – X R 4/04, DStR 2007, 1759, der Gesellschafter kann über eine Generalvollmacht oder aus anderen Gründen die Geschäfte der Gesellschaft maßgeblich bestimmen.

innerhalb der Haltefrist in den gewerblichen Grundstückshandel gerät.[330] Dies gilt jedoch nicht, wenn die veräußernde Gesellschaft zu einem anderen Zweck gegründet worden ist (z.B. als Gewerbebetrieb) und in Verfolgung dieses Zweckes im Rahmen ihres gewöhnlichen Geschäftsbetriebs aus spezifisch betriebsbezogenen Gründen Grundstücke veräußert. Auch wenn der Gesellschafter in eigener Person kein einziges Objekt veräußert, kann er allein durch die Zurechnung der Grundstücksverkäufe von Personengesellschaften oder Gemeinschaften einen gewerblichen Grundstückshandel betreiben.[331]

121 Veräußert ein solcher mit mindestens 10 % beteiligter Gesellschafter seinen Gesellschaftsanteil (auch durch Ausscheiden), wird dies, entgegen der zivilrechtlichen Auffassung, steuerrechtlich als Veräußerung des ideellen Anteiles an den einzelnen der Gesellschaft gehörenden Objekten angesehen, gleich ob die Gesellschaft rein vermögensverwaltend oder gewerblich tätig ist.[332] Besitzt die Grundstücksgesellschaft insgesamt mehr als drei Grundstücke, liegt in der Veräußerung des Anteiles innerhalb einer kurzen Zeitspanne von 5 Jahren nach dessen Erwerb ein gewerblicher Grundstückshandel.[333] Ein solcher liegt auch vor, wenn der Gesellschafter innerhalb dieser Frist mehr als drei Gesellschaftsbeteiligungen erwirbt und veräußert[334] oder wenn er zusammen mit der Veräußerung von eigenem Grundbesitz und von Gesellschaftsanteilen an Grundstücksgesellschaften die 3-Objekte-Grenze innerhalb der Frist überschreitet,[335] aber auch, wenn er nur innerhalb der Frist einen Anteil an einer Bruchteilsgemeinschaft veräußert und daneben noch an einer gewerblichen Grundstückshandelsgesellschaft beteiligt ist, bei der die Objektgrenze überschritten ist.[336]

122 h) *USt:* Eine nach außen auftretende GbR ist Unternehmer im Sinne von § 2 Abs. 1 UStG. Die Vermietung und Verpachtung ist jedoch gemäß § 4 Nr. 12 Buchst. a) UStG umsatzsteuerfrei, wobei jedoch auf die Umsatzsteuerbefreiung verzichtet werden kann (§ 9 UStG), wenn der Mieter das Grundstück für Umsätze verwendet, die den Vorsteuerabzug nicht ausschließen (daher keine Optionen bei Vermietung z.B. an Bank, Arzt oder Heilberufe, Behörden).[337] Die Grundstücks-GbR ist ihrerseits dann vorsteuerabzugsberechtigt, muss jedoch beachten, dass eine Vorsteuerberichtigung nach § 15a UStG eintritt, wenn innerhalb eines Zeitraumes von 10 Jahren seit Beginn der Verwendung die umsatzsteuerbare Vermietung wegfällt, was auch durch die vorzeitige Veräußerung ohne eine in dem notariellen Veräußerungsvertrag enthaltene Option auf Umsatzbesteuerung nach § 9 EStG eintreten kann, soweit kein Fall der Unternehmensveräußerung nach § 1 Abs. 1a UStG vorliegt.[338] Ein Miethausgrundstück wird als wirtschaftlich selbstständiger Teilbetrieb i.S.d. § 1 Abs. 1a UStG angesehen, wenn der Erwerber die Vermietungstätigkeit zumindest mit gewisser Ähnlichkeit fortführt, also ins-

---

330 BFH BStBl. 1995, 617; BMF v. 26.09.2004, BStBl. I 2004, 434 Rn. 17; *Schmidt/Weber-Grellet*, § 15 EStG Rn. 73 mit verschiedenen Beispielen.
331 BFH v. 22.08.2012 – X R 24/11, BFHE 238, 180 = BStBl II 2012, 865 = DStR 2012, 2125. Private Grundstücksverkäufe sind nur dann nicht einzubeziehen, wenn das Objekt nicht in bedingter Veräußerungsabsicht erworben worden ist (i.d.R. bei einer Haltedauer von über fünf Jahren).
332 BFH BStBl. II 2003, 250 = DStRE 2003, 266; BMF BStBl. I 2004, 434 Rn. 18.
333 BFH v. 28.11.2002 – III R 1/01, BStBl. II 2003, 250 = NJW 2003, 3296; BFH v. 10.12.1998 – III R 61/97, BFHE 187, 526, BStBl. II 1999, 390.
334 BFH III R 61/07 = BStBl II 99, 390.
335 BFH v. 07.03.1996 – IV R 2/92, DStR 1996, 1000.
336 BFH v. 22.08.2012 – X R 24/11, DStR 2012, 2125.
337 Siehe hierzu 9.1 UStAE. Insgesamt zur USt bei Immobilien: *Hipler*, ZNotP 2004, 222; *Schuck*, MittBayNot 1998, 412; *Flues*, RNotZ 2012, 528.
338 Zu den Voraussetzungen i.E. 1.5 UStAE. Eine Steuerklausel sollte, für den Fall, dass § 1 Abs. 1a UStG nicht vorliegt, die Option zum USt-Ausweis, sowie die Erstattungspflicht des Käufers hinsichtlich der bei Verkäufer nachversteuerten USt, auch aus von Käufer gesetzten Gründen, wie nicht umsatzsteuerbaren Verwendung, enthalten; Muster bei *Stümper/Walter*, GmbHR 2008, 31; *Hipler*, ZNotP 2004, 222, sowie bei § 131 Rdn. 110 M. Hierzu ist OFD Niedersachsen, Vfg. v. 14.02.2013, DStR 2013, 918 zu beachten, wonach die Option nicht bedingt sein darf. Sie läuft dann ins Leere, wenn die Umsatzsteuerfreiheit gemäß § 1 Ia UStG gilt.

besondere nicht die wesentliche Eigennutzung beabsichtigt, sondern mit Umsatzsteuerausweis vermietet.[339]

i) *Erbschaftssteuer:* Im Gegensatz zur gesellschaftsrechtlichen selbstständigen Rechtsträgerschaft der GbR gilt nicht nur im Ertragsteuerrecht, sondern auch bei der Erbschaft- und Schenkungsteuer aufgrund des § 39 Abs. 2 Nr. 2 AO die Bruchteilsbetrachtung, sodass nicht die GbR sondern der einzelne Gesellschafter Schenker oder Beschenkter ist.[340] Damit ist die in seiner Person verwirklichte Steuerklasse und der sich daraus ergebende Freibetrag und Steuertarif maßgebend. Nicht nur bei der unentgeltlichen Einbringung eines Wirtschaftsgutes, sondern nach § 10 Abs. 1 Satz 4 ErbStG auch bei unmittelbarem oder mittelbarem Erwerb eines Anteiles an einer Personengesellschaft wird dies steuerlich als anteiliger Erwerb der Wirtschaftsgüter des Gesellschaftsvermögens angesehen. Mit dem übertragenen Vermögen (Wirtschaftsgütern) im Zusammenhang stehende Verbindlichkeiten sind wie eine Gegenleistung zu behandeln jedoch nur in dem anteiligen Verhältnis, wie der Steuerwert des übertragenden Gegenstandes zu dessen Verkehrswert steht.[341] Mangels Mitunternehmerschaft im Sinne § 13b Abs. 1 Nr. 2 ErbStG kann die vermögensverwaltende Personengesellschaft nicht die Betriebsvermögensbegünstigungen nach §§ 13a, 13b und 19a, ErbStG beanspruchen.[342]

123

j) *Die grundstücksverwaltende GmbH & Co. GbR bzw. GmbH & Co. KG:* Zur Haftungsbeschränkung, das Sonderkündigungsrecht bei Volljährigkeit eines minderjährig beteiligten Mitgesellschafters zu vermeiden sowie auch zur Vermeidung der steuerlichen Entstrickung, insbesondere wenn ein Grundstück seine Eigenschaft als Sonderbetriebsvermögen durch Wegfall der Mitunternehmerschaft durch Ausscheiden, Übertragung, Auflösung verliert oder bei Auflösung einer Betriebsaufspaltung, weil etwa die betriebliche Nutzung des eine wesentliche Betriebsgrundlage bildenden Grundstückes endet, aber auch um bei Erbfolge die Betriebsentnahme zu vermeiden, wird empfohlen, mit großen stillen Reserven versehene Vermögensgegenstände (meist Grundbesitz) in eine gewerblich geprägte Personengesellschaft einzubringen. Die frühere begünstige Erbschaftsbesteuerung ist nach der Neuregelung bei vermögensverwaltenden Gesellschaften, deren Anteil an schädlichem Verwaltungsvermögen zu groß ist, nicht mehr möglich (§ 13b Abs. 2 ErbStG)

124

Die grundstücksverwaltende GmbH & Co. GbR hat ihre praktische Bedeutung verloren, nachdem ihre steuerliche Anerkennung weggefallen ist.[343] Sie ist nun ersetzt durch die grundstücksverwaltende GmbH & Co. KG, in deren Rahmen jetzt auch gemäß §§ 105 Abs. 2, 161 Abs. 2 HGB die Verwaltung eigenen Vermögens als ausreichender Gesellschaftsgegenstand anerkannt ist. Zur Umwandlung einer GbR in eine GmbH & Co. KG s. § 139 Rdn. 63.

125

---

339 Im Einzelnen: Abschnitt 1.5 Abs. 2 USt-Anwendungserlass; BFH v. 28.11.2002, BStBl. II 2004, 665; v. 24.02.2005, DStR 2005, 1226; BFH v. 06.05.2010 – V R 25/09; OFD Hannover Vfg. v. 31.05.2006 = DStR 2006, 1227 hier auch zur beschränkten Berichtigungsmöglichkeit unberechtigt ausgewiesener USt; OFD Karlsruhe Vfg. v. 31.08.1999 und v. 28.04.2000, DStR 2000, 878; *Ziegler*, MittBayNot 1996, 70; *Fabry*, GmbHR 99, 1190.
340 FG Baden-Württemberg v. 01.03.2017 – 7 V 2515/16, trotz Teilrechtsfähigkeit der GbR. Ein schenkungsteuerpflichtiger Vorgang liegt vor, wenn nur einzelne Gesellschafter unentgeltliche Leistungen erbringen, die der Gesamtheit der Gesellschafter zugutekommen.
341 Ob die Begünstigung des § 13 Abs. 1 Nr. 4a ErbStG auch für die Übertragung eines Anteiles an einer Gesellschaft gilt, zu deren Vermögen ein Familienheim gehört, ist aufgrund des Anwendungserlasses vom 25.06.2009 BStBl. I 2009, 713, 715 unsicher, denn danach werden nur die Übertragung von Allein- oder Miteigentum steuerfrei gestellt.
342 FG München v. 08.09.2015 – 4 K 360/12 unter Bezugnahme auf die Gesetzesbegründung (BT-Drs. 16/7918, 35/36). Damit ist auch ein Anteilserwerb an einer solchen Gesellschaft nicht erbschaftsteuerlich begünstigt (FG Münster 11.12.2014 – 3 K 2011/12 Erb).
343 S. hierzu *Dornheim*, DStR 2014, 13.

4. Ehegattengesellschaften

126 Die familienrechtliche Verbindung zwischen Ehegatten hindert sie nicht daran, ihre vermögensrechtlichen Beziehungen gesellschaftsrechtlich auszugestalten. Umstritten ist dies lediglich im Fall der *Gütergemeinschaft*, da nach bestrittener Ansicht der Anteil eines Ehegatten an einer Personengesellschaft automatisch und ohne Vereinbarungsmöglichkeit zum Sondergut i.S.d. § 1417 BGB zählt, dort aber für Rechnung des Gesamtguts durch den Ehegatten verwaltet wird (§ 1417 Abs. 3 BGB), wenn der Gesellschaftsanteil eines Ehegatten an einer Gesellschaft mit Dritten nicht übertragbar ist; ist er jedoch nach Gesellschaftsvertrag übertragbar, so gehört er zum Gesamtgut (str.[344]) soweit die Ehegatten dazu nicht Vorbehaltsgut vereinbaren. In Gütergemeinschaft lebende Ehegatten müssen daher, wenn nur ein Ehegatte Gesellschafter zusammen mit Dritten sein soll, durch notariellen Ehevertrag Vorbehaltsgut bzgl. des Gesellschaftsanteils vereinbaren. Sollen beide gemeinsam beteiligt sein, ist der Anteil mangels ehevertraglicher Vereinbarung entweder im Gesamtgut oder automatisch Sondergut jedes Ehegatten.[345] Wollen sie jedoch untereinander ohne Beteiligung Dritter eine an sich formfreie Personengesellschaft gründen, muss Vorbehaltsgut hinsichtlich der Gesellschaftsanteile vereinbart werden.[346]

127 Die Annahme einer **Innengesellschaft** setzt generell unabdingbar die Einigung über einen gemeinsamen Zweck und dessen Förderung durch vermögenswerte Leistungen voraus.[347] Konkludent kann ein Gesellschaftsverhältnis zwischen Eheleuten unter Würdigung aller Umstände des Einzelfalles nur dann angenommen werden, wenn sich feststellen lässt, dass[348]

a) ein über die Verwirklichung der ehelichen Lebensgemeinschaft hinausgehender Zweck verfolgt wird, z.B. wenn die Parteien durch Einsatz von Vermögenswerten und Arbeitsleistung gemeinsam ein Unternehmen aufbauen oder gemeinsam eine berufliche oder gewerbliche Tätigkeit ausüben, sei es auch, dass diese nur zur Sicherung des Familienunterhalts dient, aber die Mitarbeit des Ehepartners im Unternehmen des anderen den eheüblichen Rahmen übersteigt und

b) die Tätigkeit des mitarbeitenden Ehegatten von ihrer Funktion her als gleichberechtigte Mitarbeit anzusehen ist, wozu aber keine Gleichwertigkeit der Beiträge nötig ist und

c) das Verhalten der Ehegatten den Schluss auf ihren Willen zulässt, eine rechtliche Bindung gesellschaftsrechtlicher Art einzugehen (schlüssiges Verhalten), was also nicht zu den von den Ehegatten getroffenen Vereinbarungen in Widerspruch stehen darf.

128 Einen derartigen eheüberschreitenden Zweck kann auch die Vermögensbildung als solche, z.B. der Erwerb von Grundbesitz als Kapitalanlage, liegen. Dagegen werden Leistungen mit denen ein Ehegatte zum Erwerb und/oder dem Ausbau eines Familienheims beiträgt, i.d.R. nur dem Bestreben dienen, die eheliche Lebensgemeinschaft in der von ihm gewünschten Art und Weise zu verwirklichen.[349] Der Zugewinnausgleich schließt den

---

[344] BGHZ 65, 79 = NJW 1975, 1774. Strittig jedoch, wonach sich die Übertragbarkeit richtet: nach allgemeinem Gesellschaftsrecht oder nach der jeweiligen Gesellschaftssatzung (so h.M.). Anders nun OLG Nürnberg v. 24.05.2017 – 12 W 643/17, MittBayNot 2017, 499; RNotZ 2017, 536; Da eine Gütergemeinschaft selbst wegen fehlender eigener Rechtsfähigkeit nicht Gesellschafterin einer Personengesellschaft sein kann (BayObLG NJW-RR 2003, 899 m.w.N.; BayObLG DNotZ 2003, 454 = ZIP 2003, 480 m. abl. Anm. *Grziwotz*, S. 848), sind auch rechtsgeschäftlich übertragbare Gesellschaftsbeteiligungen Sondergut, soweit diese nicht durch Ehevertrag dem Vorbehaltsgut zugewiesen werden. Berechtigte Kritik v. *Wertenbruch*, NZG 2006, 408; *Kanzleiter*, DNotZ 2003, 422. Siehe auch § 137 Fn. 22.
[345] BayObLG v. 18.12.1980 – BReg. 1 Z 118/80 = BayObLGZ 1980, 414: je nachdem, ob nach dem Gesellschaftsvertrag übertragbar oder nicht.
[346] So BGHZ 65, 79 = NJW 1975, 1774. Strittig; detailliert hierzu *Apfelbaum*, MittBayNot 2006, 185.
[347] BGH, Urt. v. 09.07.2008 – XII ZR 179/05, NJW 2008, 3277 = DNotZ 2009, 52; BGH v. 20.10.2008 – II ZR 207/07, NZG 2009, 21 = FamRZ 2009, 34 = DStR 2008, 2499.
[348] BGH v. 28.09.2005 – XII ZR 189/02, DNotZ 2006, 531.
[349] OLG Karlsruhe, Urt. v. 19.01.2009 – 1 U 175/08, DNotZ 2010, 140 m. Anm. *Bruch*.

Anspruch aus der Ehegatteninnengesellschaft nicht aus; vielmehr bestehen beide Ansprüche nebeneinander, wobei jedoch der Ausgleichsanspruch beim Zugewinnausgleich berücksichtigt wird.[350] Mit der Beendigung der tatsächlichen Zusammenarbeit bzw. des Zusammenlebens wird die Innengesellschaft aufgelöst. Es entsteht kein Anspruch auf gegenständliche Auseinandersetzung, sondern auf Auszahlung des Auseinandersetzungsguthabens gemäß §§ 738 ff. BGB.[351] Bis zum Beweis des Gegenteils, gilt ohne Rücksicht auf Art und Größe des jeweiligen Beitrags die Vermutung der hälftigen Beteiligung gemäß § 722 Abs. 1 BGB.[352]

Für jede Form der gemeinsamen Vermögensbildung, auch für ihr gemeinsames Wohnhaus, können Ehegatten eine GbR errichten.[353] Vorteile der GbR sind dabei u.a. Bindung des Vermögens in der Gesellschaft und das damit verbundene Verfügungsverbot des einzelnen Gesellschafters über einzelne Gesellschaftsgegenstände, die Vereinbarungsmöglichkeit der Anwachsung des Gesellschaftsvermögens beim Ausscheiden eines Gesellschafters und damit Entzug des gemeinsamen Vermögens vor Gläubigerzugriffen verbunden mit der Reduzierungsmöglichkeit bzgl. des Abfindungsguthabens im rechtlich zulässigen Rahmen sowie die Bestandssicherungsmöglichkeit im Todesfall durch Ausschluss der Abfindung an die Erben, was auch nach der bisherigen Rechtsprechung pflichtteilsfest angesehen wird, die Bildung von beweglichen Beteiligungsquoten entsprechend der jeweiligen Beiträge des Gesellschafters, die evtl. Grunderwerbsteuerfreiheit von Anteilsübertragungen.[354] Außerdem ist die Übertragung von Gesellschaftsanteilen formfrei möglich.[355] Der gemeinsame Erwerb von Grundbesitz erfordert jedoch einen beurkundeten Gesellschaftsvertrag (s. dazu oben den Abschnitt: 3. Grundbesitzgesellschaft). Trotz der Vorteile spricht die allgemeine Lebenspraxis von Ehegatten jedoch gegen die Vereinbarung einer GbR mit deren besonderen Rechtsfolgen, sowie auch der Umstand, dass dann die Übertragung des Familienheimes als nicht nach § 13 Nr. 4a bzw. 4b ErbStG begünstigt angesehen wird, weil ein Gesellschaftsanteil und kein Miteigentumsanteil übertragen wird.

5. Innengesellschaft bei nichtehelicher Lebensgemeinschaft

Bei der nichtehelichen Lebensgemeinschaft geht der BGH grundsätzlich davon aus, dass sie vom Ansatz her eine Verbindung ohne Rechtsbindungswillen darstellt und daher auch in wirtschaftlicher Hinsicht keine Rechtsgemeinschaft besteht. Die Partner einer gescheiterten nichtehelichen Lebensgemeinschaft können nur unter besonderen Voraussetzungen ihre persönlichen und wirtschaftlichen Leistungen gegeneinander zum Ausgleich bringen.[356] Ein Ausgleichsanspruch nach den Vorschriften über die GbR kann dabei nur bestehen, wenn die Partner ausdrücklich oder durch schlüssiges Verhalten einen entsprechenden Gesellschaftsvertrag geschlossen haben. War die Rechtsprechung bei der nicht eheliche Lebensgemeinschaft hinsichtlich deren Entstehensvoraussetzungen weniger streng als bei der Ehegatten-Innengesellschaft (die gemeinsame Finanzierung eines Wertgegenstandes, auch des selbst bewohnten Hauses, unter der gemeinsamen Vorstellung, der dieser beiden gemeinsam wirt-

---

350 BGH DNotZ 2006, 531; *Schulz*, FamRB 2005, 142; zur Berechnung *Haußleiter*, NJW 2006, 2741.
351 BGH DNotZ 2006, 531.
352 BGH v. 03.02.2016 – XII ZR 29/13.
353 Literatur hierzu u.a. *U. Mayer*, BWNotZ 2002 143 mit Muster; *Münch*, Ehebezogene Rechtsgeschäfte 3. Aufl., Teil 5, B. mit Muster zur Innen- und Außengesellschaft; *ders.*, Die Unternehmerehe, Rn. 854 mit Muster; *Langenfeld/Milzer*, Handbuch der Eheverträge und Scheidungsvereinbarungen, 7. Aufl., 5. Kapitel § 3. mit Muster; s.a. *Schlögel*, MittBayNot 2009, 100.
354 Siehe *Krauß*, Immobilienkaufverträge in der Praxis, zu den Vor- und Nachteilen Rn. 537 ff. mit Muster Rn. 540.
355 Rdn. 100.
356 *Oehlmann/Stille*, FamRZ 2004, 151; Rechtsprechungsübersicht bei *Grziwotz*, FamRZ 2003, 1417.

schaftlich gehören solle, genügte schon), vertritt nunmehr der BGH[357] wie bei der Ehegatten-Innengesellschaft hierzu einschränkend, dass eine Innengesellschaft zwischen Lebensgefährten nur konkludent begründet wird, soweit die Partner die Absicht verfolgt haben, mit dem Erwerb eines Vermögensgegenstandes, etwa einer Immobilie, einen – wenn auch nur wirtschaftlich – gemeinschaftlichen Wert zu schaffen, der von ihnen für die Dauer der Partnerschaft nicht nur gemeinsam genutzt werden, sondern ihnen nach ihrer Vorstellung auch wirtschaftlich gemeinsam gehören soll. Nicht zwingend ist zwar, dass ein über den typischen Rahmen dieser Gemeinschaft hinausgehender Zweck verfolgt wird; fehlt es daran, kann nicht ohne Weiteres von einem für das Vorliegen einer Innengesellschaft erforderlichen Rechtsbindungswillen ausgegangen werden.[358] Dieser ist jedoch gegeben, wenn Vermögensgegenstände betroffen sind, die zur Erzielung von Einkünften dienen (z.B. Mietobjekte, Unternehmen, Freiberuflerpraxen), nicht dagegen wenn es um das gemeinsam genutzte Wohnhaus geht.

131 Dienst- und Arbeitsleistungen sind nur zu erstatten, wenn diese erheblich über bloße Gefälligkeiten oder das, was das tägliche Zusammenleben erfordert, hinausgehen und zu einem messbaren und noch vorhandenen Vermögenszuwachs des anderen Partners geführt haben; für die erbrachten Leistungen kann aber keine Bezahlung, sondern nur eine angemessene Beteiligung an dem gemeinsam Erarbeiteten verlangt werden.[359]

132 Bei nichtehelichen Lebensgemeinschaften empfiehlt es sich daher, klare Vereinbarungen zumindest über deren Auseinandersetzung zu treffen, wobei hierzu auf die Regelungen zur Auseinandersetzung der GbR als Grundlage zurückgegriffen werden kann. Jedoch sollten die Ausgleichsregelungen individualvertraglich der genauen Situation hinsichtlich der Eigentümerstellung (gemeinsam oder einer allein) und der jeweiligen Finanzierungsleistungen angepasst werden[360] (s. hierzu § 91 Nichteheliches Zusammenleben, Partnerschaft und die dortigen Muster). Die GbR hat gesellschaftsvertraglich die bei Rdn. 129 bezeichneten Vorteile, vor allem, dass sie bewegliche Beteiligungsquoten ermöglicht ohne dass dies Schenkungssteuer auslöst. Die Übertragung von Grundbesitz wie auch die Auflösung der GbR auf einen Partner ist grunderwerbsteuerpflichtig, nicht jedoch Quotenverschiebungen bis zur Vereinigung von mind. 95 % in einer Hand. Die Erbringung von Leistungen an die Gesellschaft aufgrund der gesellschaftsvertraglichen Verpflichtungen ist nach Auffassung der Finanzverwaltung jedoch keine freigiebige Zuwendung und unterliegt daher nicht der Schenkungssteuer, ebenso wenig die Auseinandersetzung aufgrund gesellschaftsvertraglicher Regelungen, wenn die Abfindung am Verkehrswert oder den geleisteten Einlagen sich orientiert.

6. Gesellschaften im landwirtschaftlichen Bereich

133 In der Landwirtschaft kann der Abschluss eines Gesellschaftsvertrages[361] verschiedene Zwecke verfolgen:

134 a) Wie im allgemeinen Unternehmensbereich kann der Abschluss eines Gesellschaftsvertrages der Vorbereitung einer späteren Betriebsübergabe dienen, damit der vorgesehene Nachfolger an der Betriebsführung und an den Erträgen mitbeteiligt wird. Durch die Beteiligung am Ertrag wird der steuerliche Grundfreibetrag mehrfach ausgenutzt, sowie die Steuerpro-

---

357 BGH v. 09.07.2008 – XII ZR 179/05, NJW 2008, 3277 = DNotZ 2009, 52; hierzu Anm. *von Proff*, NJW 2008, 3266.
358 BGH v. 25.11.2009 – XII ZR 92/06.
359 BGH v. 09.07.2008 – XII ZR 179/05, NJW 2008, 3277 = DNotZ 2009, 52.
360 *Schlögel*, MittBayNot 2009, 100; *Milzer*, NJW 2008, 1621; *v. Proff zu Irnich*, RNotZ 2008, 313; *ders.*, NotarFormulare Nichteheliche Lebensgemeinschaft; *Grziwotz*, Beck´sches Notar-Handbuch, 6. Aufl., Abschnitt B IV. jeweils mit Muster. *Ising*, NotBZ 2012, 410; *ders.* ZfIR 2013, 41.
361 Mustertext Rdn. 150 M.

gression gemindert. Dies ließe sich auch durch einen Arbeitsvertrag erreichen, welcher jedoch zur Beitragspflicht in der allgemeinen Sozialversicherung führen würde; für den zukünftigen Landwirt würde dies aufgrund der speziellen Sozialversicherungen der Landwirte keinen nennenswerten Vorteil bringen.[362] Auch werden darauf gewerbliche Aktivitäten (z.B. Lohnunternehmen, Direktvermarktung, PV-Anlage) ausgelagert.

Meist wird der Grundbesitz nicht in das Betriebsvermögen eingebracht, was jedoch auch nach der Neuregelung des § 6 Abs. 3 EStG (früher § 7 EStDV), § 24 UmwStG weiterhin steuerneutral möglich ist, wenn der Betrieb mit allen seinen wesentlichen Betriebsgrundlagen, also allen Grundstücken, in die Personengesellschaft eingebracht wird. Stattdessen wird nur die Betriebstätigkeit im Rahmen der Gesellschaft ausgeführt und der Grundbesitz vom Eigentümer der Gesellschaft als Sonderbetriebsvermögen zur Verfügung gestellt. Fehlt dann jedoch eine Alleinerbeneinsetzung des Nachfolgers, dem beim Tode der Gesellschaftsanteil des Seniors anwächst, entstehen gravierende steuerliche Nachteile, soweit mit dem Tod Teile des Betriebsvermögens zwangsweise unter Aufdeckung und Besteuerung der meist sehr hohen stillen Reserven in das Privatvermögen der nicht nachfolgeberechtigten sonstigen Erben entnommen werden. Die Todesfallregelung im Gesellschaftsvertrag und die Erbfolge müssen daher zwingend aufeinander abgestellt werden.

Ist der gesamte Betrieb einschließlich des Grundbesitzes Gesellschaftsvermögen,[363] so bedarf die Abtretung des Gesellschaftsanteiles keiner notariellen Beurkundung, sondern nur der notariell beglaubigten Grundbuchberichtigung; ist der Grundbesitz jedoch nur Sonderbetriebsvermögen, bedarf die Übergabe nach § 311b BGB der notariellen Beurkundung, in deren Rahmen auch die Abtretung des Gesellschaftsanteiles mitbeurkundet werden muss.

b) Die Errichtung von Gesellschaften im landwirtschaftlichen Bereich hat jedoch vorwiegend steuerliche Gründe. Führt der Landwirt eine größere Bauinvestition aus, hat er im Rahmen der Umsatzsteuerpauschalierung nach § 24 UStG keine Möglichkeit des Vorsteuerabzuges (§ 24 Abs. 1 Satz 4 UStG). Errichtet den Bau jedoch ein von seiner Person getrenntes Unternehmen, wozu eine Personengesellschaft, an der er beteiligt ist, genügt, kann diese als umsatzsteuerlich getrennter Unternehmer Vorsteuervergütung geltend machen, wenn das Gebäude »zuzüglich einer gesetzlich zulässigen Umsatzsteuer« an den landwirtschaftlichen Betrieb verpachtet wird.[364] Nach Ablauf des Vorsteuerberichtigungszeitraumes von 10 Jahren nach § 15a UStG kann dann die Optierung auf die Umsatzsteuerausweisung bei den Mietzinsen entfallen. Der BFH unterstellt Landwirtehegatten einen durch schlüssiges Verhalten (konkludent) zustande gekommenen Gesellschaftsvertrag und behandelt diese dann als Mitunternehmer, wenn der selbst bewirtschaftete land- und forstwirtschaftliche Grundbesitz entweder den Ehegatten gemeinsam oder ein erheblicher Teil des landwirtschaftlichen Grundbesitzes jedem Ehegatten zum Alleineigentum oder zum Miteigentum gehört und die Ehegatten in der Landwirtschaft gemeinsam arbeiten. An einem Gesellschaftsverhältnis rechtfertigendes gleichgerichtetes Verhalten fehlt es nur dann, wenn ein Ehegatte das Nutzungsrecht an seinem eigenen Grundstück dem anderen Ehegatten durch einen Nutzungsüberlassungsvertrag einräumt oder die zur Verfügung gestellten Fläche weniger als

---

362 Informationen im Internet bei: Sozialversicherung für Landwirtschaft, Forsten und Gartenbau.
363 Die Einbringung des landwirtschaftlichen Betriebs in die Gesellschaft ist dabei eine nicht umsatzsteuerbare Geschäftsveräußerung, auch wenn einzelne Wirtschaftsgüter davon ausgenommen werden BFH v. 15.10.1998 – V R 69/97, DStR 1999, 60.
364 Dieses Modell ist jedoch nun vom BFH, Urt. v. 01.03.2018 – V R 35/17 in Frage gestellt. Wie die Fin.Verw. reagiert ist abzuwarten. Das FG Baden-Württemberg v. 26.01.2005 – 12 K 493/00 ging bereits jedoch von einem Gestaltungsmissbrauch nach § 42 AO aus, wenn die Gesellschaft nicht über die nötigen Mittel zur Realisierung des Projekts verfügt, sondern diese im Wesentlichen von dem Landwirt in die Gesellschaft eingebracht werden und das Bauprojekt auch nicht auf einem eigenen Grundstück der Gesellschaft, sondern auf einem im Alleineigentum des Landwirts stehenden Grundstück verwirklicht wird.

M. Wachter

10 % der bewirtschaftenden Fläche entspricht oder wenn jeder Ehegatte jeweils einen eigenen landwirtschaftlichen Betrieb betreibt.[365]

138 Im Gegensatz zum Einzelbetrieb unterliegt eine Personengesellschaft[366] jedoch der Abfärbewirkung nach § 15 Abs. 3 Nr. 1 EStG.[367] Kann ein Alleininhaber neben dem landwirtschaftlichen Betrieb ohne Folgen noch daneben einen Gewerbebetrieb haben, wird eine Personengesellschaft, die neben der landwirtschaftlichen Tätigkeit noch eine gewerbliche Tätigkeit (z.B. Handel, Verarbeitung, Kommunalarbeiten, usw.) betreibt, bei Überschreiten bestimmter Grenzen zum einheitlichen Gewerbebetrieb mit den Konsequenzen, dass die Gewerbesteuerbefreiung, die Möglichkeit zur Umsatzsteuerpauschalierung nach § 24 UStG und die Inanspruchnahme der Freibeträge nach § 13 Abs. 3, § 14a EStG wegfallen. Daher werden etwa Maschinengemeinschaften,[368] Fotovoltaik- oder Biogasanlagen[369] als eigenständiger Betrieb geführt, soweit diese der USt-Regelbesteuerung unterliegen.

V. Vertragsmuster

1. Nutzungsgesellschaft bzgl. Photovoltaikanlage (kurzer Vertrag)

139 Die Bestellung einer Dienstbarkeit zum Betrieb einer Fotovoltaikanlage für eine GbR hat den Vorteil, dass das Recht aus der Dienstbarkeit auch bei einem Wechsel der Gesellschafter unverändert bestehen bleibt, wogegen das Recht aus einer beschränkt persönlichen Dienstbarkeit für eine natürliche Person mit deren Tod erlischt und auch nicht übertragbar ist. Zur Vertragsgestaltung wird hierzu ein einfacher Gesellschaftsvertrag vorgeschlagen, der lediglich nur die notwendigsten Regelungen enthält.

Vertrag einer Fotovoltaikbetriebs GbR

140 M **§ 1 Gesellschafter, Zweck, Name:**

Der Landwirt O und seine Tochter K verbinden sich zum Zweck des gemeinsamen Betriebes einer Photovoltaikanlage zu einer Gesellschaft bürgerlichen Rechts unter dem Namen »O & K Biostrom GbR«.
Diese Anlage wird auf dem Grundstück der Gemarkung ..... Flst ..... des Gesellschafters O errichtet. Zur Absicherung der Nutzung und der Eigentumsverhältnisse ist auf Kosten der Gesellschaft auf dem Grundstück eine Dienstbarkeit zugunsten der GbR einzutragen.
Die Gesellschaft ist auf unbestimmte Dauer errichtet.

---

365 BFH v. 16.05.2018 – VI 45/16, DStR 2018,2012; 25.09.2008 – IV R 16/07, BStBl. II 2009, 989.
366 Landwirtsehegatten mit Gütergemeinschaft bilden auch ohne ausdrücklich vereinbarten Gesellschaftsvertrag eine steuerliche Mitunternehmerschaft i.s.v. § 15 Abs. 1 Satz 1 Nr. 2 EStG (BFH v. 18.08.2005 – IV R 37/04, DStRE 2006, 4).
367 Verfassungsgemäß laut BVerfG v. 15.01.2008 – 1 BvL 2/04, NVwZ 2008, 1102 trotz Ungleichbehandlung der Personengesellschaft ggü. dem Einzelunternehmer, zumal die Personengesellschaft die drohende Erstreckung der Gewerbesteuer auf Einkünfte aus anderen Einkunftsarten durch Gründung einer zweiten personenidentischen Schwestergesellschaft vermeiden kann und dass nach der Rechtsprechung des BFH eine originär gewerblichen Tätigkeit von äußerst geringem Ausmaß bis 3 % der gesamten Nettoumsätze zu keiner Abfärbung führt (BFH v. 27.08. 2014 VIII R 16/11).
368 Muster s. hierzu Rn. 134 M in 24. Auflage.
369 Wirtschaft & Steuern 2010 Nr. 4, S. 15; 2011, Nr. 2, S. 10.

§ 2 Anteile, Einlagen:

Die Gesellschafter sind zu gleichen Teilen an der Gesellschaft beteiligt, insbesondere am Gewinn und Verlust und am Auseinandersetzungsguthaben.
Jeder Gesellschafter hat entsprechend seines hälftigen Beteiligung die zum Erreichen des Gesellschaftszwecks erforderlichen Geldmittel zur Verfügung zu stellen, insbesondere die Beträge für die Errichtung der Anlage.
Der Gesellschafter O überlässt sein Grundstück Flst ..... der GbR zur Nutzung. Er erhält für diese Nutzungsüberlassung eine Vorwegvergütung in Höhe von jährlich ..... €.

§ 3 Geschäftsführung, Vertretung:

Die Geschäftsführung obliegt den Gesellschaftern gemeinsam. Zur Vertretung der Gesellschaft ist jeder Gesellschafter allein berechtigt. Er hat – soweit nicht der andere Gesellschafter der persönlichen Gesellschafterhaftung zugestimmt hat – dabei jeweils zu vereinbaren, dass nur das Gesellschaftsvermögen für Verbindlichkeiten haftet.

§ 4 Gewinn und Verlust:

Am Gewinn und Verlust der Gesellschaft sind, nach Abzug der Nutzungsentschädigung für das Grundstück, die Gesellschafter je hälftig beteiligt. Der Gewinn ist binnen eines Monats nach Feststellung der Jahresabrechnung auszuzahlen, ein Verlust in der gleichen Frist von jedem Gesellschafter anteilig auszugleichen.

§ 5 Kündigung, Übernahmerecht:

Das Recht zur ordentlichen Kündigung ist bis zum ..... ausgeschlossen. Das Recht zur außerordentlichen Kündigung bleibt unberührt. Die Gesellschaft wird durch die Kündigung aufgelöst.

§ 6 Auflösung:

Bei Auflösung der Gesellschaft, gleich aus welchem Grund, kann der Gesellschafter O die Anlage zum Zeitwert übernehmen.

§ 7 Tod eines Gesellschafters:

Bei Tod eines Gesellschafters wird die Gesellschaft nicht aufgelöst, sondern mit den Erben oder Vermächtnisnehmern des verstorbenen Gesellschafters fortgesetzt. Sofern mehrere Erben oder Vermächtnisnehmer als Gesellschafter eintreten, sind diese solange von der Geschäftsführung und Vertretung ausgeschlossen, bis diese einen einheitlichen Vertreter für diese Aufgaben bestimmt haben.

§ 8 Schriftform:

Änderungen und Ergänzungen dieses Vertrages bedürfen der Schriftform.

Ort, Datum   Unterschriften

(Beglaubigung nicht erforderlich)

■ *Kosten.* Der Geschäftswert richtet sich nach dem Gesamtbetrag aller Einlagen ohne Schuldenabzug (§§ 97 Abs. 3, 38 GNotKG); 2,0 Gebühr bei Beurkundung: Nr. 21100 KV GNotKG (Tabelle B). Fertigt der Notar lediglich den Entwurf, richtet sich der Geschäftswert gemäß

§ 119 GNotKG nach dem Wert für die Beurkundung. Die Gebühr ist eine Rahmengebühr von 0,5 bis 2,0 (mindestens 120 €) gemäß Nr. 24100 KV GNotKG. Hierbei hat der Notar gemäß § 92 GNotKG die Gebühr unter Berücksichtigung des Umfanges der erbrachten Leistung nach billigem Ermessen zu bestimmen, wobei der konkrete Aufwand im Einzelfall für die notarielle Tätigkeit, nicht jedoch der Haftungsumfang zu berücksichtigen ist. Fertigt der Notar den vollständigen Entwurf, ist nach § 92 Abs. 2 GNotKG der höchste Gebührenansatz des Gebührenrahmens zu erheben.

2. Gesellschaften von Freiberuflern

141 »Alternative« für die Zusammenarbeit von Angehörigen der freien Berufe zur Gesellschaft bürgerlichen Rechts ist die Partnerschaftsgesellschaft (PartGG v. 25.07.1994),[370] für Wirtschaftsprüfer und Steuerberater auch die GmbH & Co. KG.

Die Anwaltssozietät ist Gesellschaft, auch wenn einer der Sozien feste Bezüge erhält.[371]

a) Büro-/Praxisgemeinschaft unter Freiberuflern

Innen-GbR[372]

142 M **1. Errichtung, Zweck**

A und B gründen eine Gesellschaft bürgerlichen Rechts mit dem Zweck, sich zur jeweils selbständigen Berufsausübung als Arzt zu einer gemeinsamen Praxis mit gemeinsamem Personal und gemeinsamem Inventar einschließlich technischer Geräte zusammen zu tun und einander bei Abwesenheit zu vertreten.

2. Dauer, Kündigung

Die Praxisgemeinschaft beginnt am .....
Sie kann von jedem Gesellschafter schriftlich unter Einhaltung einer Frist von 6 Monaten auf das Ende eines Kalenderjahres gekündigt werden. Die sofortige Kündigung aus wichtigem Grund bleibt unberührt.

3. Getrennte Berufsausübung

Die Gesellschafter üben ihre Berufstätigkeit getrennt und unabhängig voneinander in eigener Verantwortung aus. Jeder hat getrennte Patienten und rechnet mit diesen im eigenen Namen und für eigene Rechnung ab.

4. Praxisräume, Geräte, Inventar

Die Gesellschafter mieten die Praxisräume in ..... gemeinsam an und stellen diese sich gegenseitig zur Berufstätigkeit zur Verfügung. Die Gesellschafter werden – soweit erforderlich – Benutzungsregelungen für die Praxisräume und die Geräte vereinbaren. Die Anschaffungskosten tragen die Gesellschafter je zur Hälfte.
Die Gesellschaft beschafft folgende gemeinsame Gegenstände: Telefonanlage mit Internet-Anschluss und Telefax, Fotokopiergerät, ... (Praxisgegenstände) .....

---

370 BGBl. I S. 1744.
371 RG JW 1915, 1428.
372 Als Innengesellschaft im Unterschied zur Gemeinschaftspraxis als Außengesellschaft mit gemeinsamer Gewinnerzielungsabsicht; s. dazu nachfolgendes Muster sowie die Erläuterungen bei Rdn. 69 ff.

5. Personal

Alle Angelegenheiten des Personals regeln die Gesellschafter gemeinsam.

6. Kostenverteilung

Über die jährlichen Gesamtausgaben der Gesellschaft wird eine schriftliche Abrechnung innerhalb eines Monats nach Ablauf eines Kalenderjahres aufgestellt.
Die jährlichen Gesamtausgaben werden von den Gesellschaftern im Verhältnis ihrer in diesem Kalenderjahr erzielten Bruttoumsätze (ohne Mehrwertsteuer) getragen. Hierzu hat jeder Gesellschafter dem anderen den Umsatz schriftlich mitzuteilen und ihm die Überprüfung der Richtigkeit seiner Angaben zu ermöglichen.
Zur Deckung der laufenden Ausgaben der Gesellschaft leistet jeder Gesellschafter monatlich Beiträge auf ein von der Gesellschaft errichtetes gemeinsames Konto bei der Bank X. Der von jedem Gesellschafter zu leistende Monatsbetrag entspricht $^1/_{12}$ der auf ihn für das letzte abgelaufene Kalenderjahr entfallenden Kostenbetrag zzgl. ..... %. Die monatlichen Beiträge im ersten laufenden Kalenderjahr betragen für jeden Gesellschafter jeweils ..... €. Soweit die erbrachten laufenden Beiträge und das liquide Gesellschaftsvermögen nicht ausreichen, um laufende Ausgaben zu decken, sind die Gesellschafter zu sofortigen Sonderzahlungen im zuletzt festgestellten Verteilungsverhältnis verpflichtet.
Ein nach Verrechnung der Vorabbeiträge mit den Gesamtausgaben verbleibender Überschuss ist mit den zukünftigen Vorabbeiträgen zu verrechnen.

7. Geschäftsführung, Vertretung, Bankkonto

Die Gesellschafter sind grundsätzlich gemeinschaftlich geschäftsführungs- und vertretungsbefugt.
Über das von der Gesellschaft errichtete Bankkonto kann jeder allein verfügen. Im Innenverhältnis bedarf es bei Verfügungen über mehr als ..... € der Zustimmung des anderen Gesellschafters.

8. Ausscheiden

Endet die Gesellschaft durch Kündigung eines Gesellschafters oder sonstige Gründe in der Person eines Gesellschafters, die gesetzlich die Auflösung der Gesellschaft zur Folge haben, geht das Vermögen der Gesellschaft ohne Liquidation mit allen Aktiva und Passiva auf den anderen Gesellschafter über, sofern nicht auch dieser sein Ausscheiden erklärt.
Im Falle der Übernahme durch einen Gesellschafter erhält der Ausscheidende eine Abfindung in Höhe der Hälfte des Zeitwertes des gemeinschaftlichen Vermögens. Können sich die Gesellschafter über die Höhe des Zeitwertes nicht einigen, ist dieser durch einen von der ..... kammer bestimmten Sachverständigen gemäß §§ 317 ff. BGB verbindlich festzulegen; dessen Kosten treffen beide Seiten je zur Hälfte.

9. Schriftform, Salvatorische Klausel

■ *Kosten.* Siehe Muster Rdn. 143 M.

b) Vertrag einer Außen-GbR – Gemeinschaftspraxis

Aufnahme eines Arztes in die Einzelpraxis eines anderen Arztes[373]

143 M **Gemeinschaftspraxisvertrag**

Frau Dr. med. ..... nimmt ab ..... Frau Dr. med. ..... in ihre ..... Arztpraxis auf. Sie verbinden sich dazu zur gemeinschaftlichen Ausübung der vertragsärztlichen und privatärztlichen Tätigkeit in Form einer Gemeinschaftspraxis ab dem ..... unter dem Namen Gemeinschaftspraxis Dr. med. ..... und Dr. med. .....

Dieser soll als Bezeichnung der Gemeinschaftspraxis im Geschäftsverkehr, insbesondere auch auf dem Praxisschild sowie bei Mitteilungen jeder Art an Dritte geführt werden.

Sie errichten zu diesem Zweck hiermit eine Gesellschaft bürgerlichen Rechts und treffen dazu folgende Vereinbarungen:

§ 1 Berufsausübung

Beide verpflichten sich ihre volle Arbeitskraft zur Verfügung zu stellen, sich gegenseitig zu vertreten, über alle wesentliche Geschehnisse in der Praxis zeitnah zu unterrichten, die freie Arztwahl seitens der Patienten zu gewährleisten, bei der Berufsausübung sorgfältig und gewissenhaft vorzugehen und die jeweils geltenden berufsrechtlichen Vorschriften zu beachten sowie sich auch auf einen dem jeweils neusten medizinischen Stand der Diagnostik und Therapie fortzubilden.

Beide bringen ihren bisherigen Patientenstamm in die GbR ein. Stimmt ein Patient der Übernahme des Vertrages durch die GbR nicht zu, wird betreffender Patient weiterhin ausschließlich durch den bisherigen Arzt behandelt.

Alle Behandlungsverträge werden ausschließlich für die Gemeinschaftspraxis abgerechnet. Durch geeignete Maßnahmen ist eine gleichmäßige Belastung aller Partner zu gewährleisten. Entscheidungen über die Behandlung eines Patienten oder deren Ablehnung obliegt selbständig und eigenverantwortlich dem jeweiligen behandelnden Partner. Bei ihm liegt auch die Verantwortung für die ordentliche Erfüllung.

§ 2 Sprechstunden, Anwesenheitszeiten

Die Partner legen die Sprechstundenzeiten, ihre Arbeitszeit, die Arbeitsteilung sowie deren jeweilige Änderungen im gegenseitigen Einvernehmen unter Beachtung der einschlägigen berufsrechtlichen Vorschriften fest.

Alle Nebentätigkeiten außerhalb der Gemeinschaftspraxis bedürfen der Zustimmung des Partners.

Das Praxispersonal von Frau Dr. med. ..... wird in die Gemeinschaftspraxis übernommen. Neues Personal wird durch alle Partner gemeinsam eingestellt. Der Einsatz des Personals sowie alle arbeitsrechtlichen Maßnahmen erfolgen im Einvernehmen aller Partner. Bei Vorliegen eines wichtigen Grundes gemäß § 626 BGB ist eine Kündigung auch vorzunehmen, wenn einer der Partner sie verlangt.

§ 3 Geschäftsführung, Vertretung

Die Partner üben, vorbehaltlich der nachfolgenden Regelungen, die Geschäftsführung und Vertretung der GbR gemeinsam aus. Beschränkt auf Handlungen, die die selb-

---

373 Hinweise zur Vertragsgestaltung und Erläuterungen hierzu bei Rdn. 71 ff.

ständige Ausübung des freien Berufes oder der gewöhnliche Gang der Praxisführung mit sich bringt, ist jeder allein geschäftsführungsbefugt. Darüber hinausgehende Maßnahmen bedürfen der Zustimmung aller Partner. Widerspricht ein Partner einem Geschäft, so hat dies zu unterbleiben.
Zur Eingehung neuer Verbindlichkeiten, die die Gemeinschaftspraxis nicht für länger als ..... Jahre oder nicht mit einem höheren Betrag als ..... € verpflichtet, ist jeder allein geschäftsführungs- und vertretungsbefugt, ebenso über das Bankkonto der Gemeinschaftspraxis, im Innenverhältnis jedoch begrenzt auf Verfügungen bis ..... € im Einzelfall.

§ 4 Haftung

Im Innenverhältnis haftet jeder Gesellschafter nur für eigenes Verschulden. Die GbR schließt für die Partner sowie für alle ärztlich tätigen Mitarbeiter der Gemeinschaftspraxis eine Berufshaftpflichtversicherung mit angemessener Deckungssumme ab. Die Angemessenheit ist regelmäßig zu überprüfen und anzupassen.
In Haftpflichtfällen hat jeder Partner von ihm verursachte und verschuldete Haftpflichtschäden gegenüber der Gemeinschaftspraxis und gegenüber dem anderen Partner insoweit allein zu tragen, als die Haftpflichtversicherung den Schaden nicht deckt.

§ 5 Einlagen der Gesellschafter, Beteiligungsverhältnis

Jeder Partner bringt seine bisherige Einzelpraxis ohne Forderungen und Verbindlichkeiten zum Buchwert in die Gemeinschaftspraxis mit dem jeweiligen Patientenstamm ein.
Darüber hinaus bringt jeder Partner seine Praxisgegenstände zu dem gemäß beiliegender Inventarliste festgelegten Wert ein. Der Wertunterschied wird durch eine Geldeinlage des Partners Frau Dr. med. ..... in Höhe von ..... €, welche zum ..... fällig ist, ausgeglichen (*alternativ: wird bei den Anteilsverhältnissen berücksichtigt*).
Am Gesellschaftsvermögen sind die Partner mit folgenden festen Anteilen beteiligt:
Frau Dr. zu ..... %
Frau Dr. zu ..... %
Ersatz- und Neubeschaffungen ab Beginn der GbR werden Vermögen der Gesellschaft und sind fortlaufend in einem Inventarverzeichnis zu erfassen.
Der Anteil des Partners Frau Dr ..... wird jährlich um ..... % erhöht, bis er den Anteil von 50 % erreicht, im gleichen Verhältnis wird der Anteil des Partners Frau Dr ..... verringert. Dies beginnt ab dem Jahr ..... .
Die Anteile der Partner sind für die Beteiligung am Gewinn und Verlust sowie am Auseinandersetzungsguthaben maßgeblich, nicht jedoch für das Stimmrecht, das jedem Partner in gleicher Höhe zusteht.

§ 6 Entnahmen

Jeder Partner darf 75 % seines Gewinnanteiles für das letzte Geschäftsjahr im laufen Geschäftsjahr vorweg entnehmen und zwar aufgeteilt auf 12 gleiche Monatsraten, sofern die Liquidität der Gesellschaft dies zulässt. Die Vorentnahme wird mit dem Gewinnanteil für das betreffende Geschäftsjahr verrechnet. Übersteigt sie den tatsächlichen Gewinnanteil ist die Überentnahme ab dem Vornahmezeitpunkt mit 3 Prozentpunkten jährlich über dem Basiszinssatz zu verzinsen, soweit diese nicht innerhalb von ..... nach Feststellung des tatsächlichen Gewinnanteiles zurückgezahlt wird. Bis zur Feststellung des Gewinns für das erste Geschäftsjahr stehen den Partnern folgende Entnahmebefugnis zu: (*näher auszuführen*)

§ 7 Einnahmen und Ausgaben:

Über sämtliche Einnahmen und Ausgaben ist laufend Buch zu führen durch eine von der GbR beauftragte oder angestellte Person.
Alle durch die Partner im Rahmen der beruflichen Tätigkeit erzielten Honorare einschließlich sonstiger Einkünfte stehen der GbR zu. Sämtliche während des Bestehens der Gemeinschaftspraxis für den Betrieb anfallenden Kosten sind Betriebsausgaben der Gemeinschaftspraxis.
Nicht aus dem Vermögen der Gemeinschaftspraxis, sondern von jedem Partner persönlich zu tragen, sind: Kammerbeiträge einschließlich Beiträge für Berufsverbände und sonstige ärztliche Körperschaften, Aufwendungen für beruflichen Fortbildung einschließlich Fachliteratur, für Berufskleidung, für Steuerberatung für die eigene Veranlagung, für eigene Altersversorgung und Krankenversicherung, für eigenen Pkw (..... sonstige?).

§ 8 Urlaub

Jeder Partner hat Anspruch auf Urlaub von ..... Wochen im Jahr. Die Urlaubszeit ist zu Beginn des Jahres zwischen den Partnern unter Berücksichtigung familiärer Belange abzustimmen. Während des Urlaubs vertreten sich die Partner unentgeltlich wechselseitig.

§ 9 Krankheit, Arbeits- und Berufsunfähigkeit

Erkrankt ein Partner, so hat der andere ihn bis zu ..... Monate unentgeltlich zu vertreten. Dauert die Erkrankung darüber hinaus ist ein Vertreter einzustellen, dessen Kosten der Vertretene zur Hälfte und die Gemeinschaftspraxis zur anderen Hälfte trägt. Wird ein Gesellschafter dauernd berufsunfähig, ist er insbesondere ununterbrochen über ..... Jahre hinaus erkrankt, steht dem anderen Partner das Recht zu, das Ausscheiden des berufsunfähigen Partners zu verlangen.

§ 10 Probezeit und Beendigung der Gemeinschaftspraxis[374]

Die aufnehmende Frau Dr ..... ist berechtigt, innerhalb von drei Jahren ab Beginn der Gemeinschaftspraxis, schriftlich mit einer Frist von ..... Monaten zu erklären, dass die aufgenommene Partnerin Frau. Dr ..... bis spätestens zum Ablauf der Dreijahresfrist aus der Gesellschaft ausscheidet.
Alternativ: Jeder Gesellschafter kann in den ersten drei Jahren nach Beginn der GbR mit einer Frist von ..... Monaten das Gesellschaftsverhältnis durch schriftliche Erklärung gegenüber dem anderen Partner kündigen.
In diesem Fall scheidet die aufgenommene Partnerin, Frau Dr ..... aus der Praxis abweichend von den sonstigen Regelungen in diesem Gesellschaftsvertrag unter Fortsetzung der Praxis durch Frau Dr ..... zu folgenden Regelungen aus:
Der ausscheidende Partner erhält wieder das alleinige Betreuungsrecht der ursprünglich von ihm eingebrachten Patienten. Neuzugänge während der Dauer der Gemeinschaftspraxis sind im gegenseitigen Einvernehmen aufzuteilen. Deren Verteilung bedarf, soweit standesrechtlich notwendig oder zulässig, der Zustimmung der jeweiligen Patienten.
Die Ausscheidende erhält die von ihr eingebrachten Gegenstände des Anlagevermögens erhält die Ausscheidende. Von der Gesellschaft angeschaffte Gegenstände

---

[374] Zur einseitigen Hinauskündigung während einer max. 3-jährigen Probezeit s. bei Rdn. 72 sowie Musterklausel für eine zukünftige Probeaufnahme Rdn. 75 M.

des Anlagevermögens werden vom verbleibenden Partner gegen Ausgleichszahlung in Höhe der auf die Ausscheidende entfallenden Beteiligungsquote, bezogen auf den Zeitwert der Gegenstände, übernommen.
Die erbrachte Einlage ist zinsfrei zurückzugewähren. Erhaltene Gewinnanteile sind nicht auszugleichen. Darüber hinaus erhält der Ausscheidende keine Abfindung.

§ 11 Kündigung, Ausschluss

Nach Ablauf der Probezeit von drei Jahren ab Beginn der GbR kann die Gesellschaft von jedem Partner nur mit einer Frist von ..... Monaten zum Ablauf eines Kalenderjahres durch schriftliche Erklärung gekündigt werden. Das Recht zur Kündigung aus wichtigem Grund bleibt unberührt. Ein wichtiger Grund ist insbesondere der Verlust der kassen/vertragsärztlichen Zulassung.
Vollendet ein Partner das ..... Lebensjahr, kann der andere sein Ausscheiden verlangen. Der Ausscheidende ist auf Wunsch des Verbleibenden verpflichtet, dafür Sorge zu tragen, dass der vom Verbleibenden benannte Nachfolger die vertragsärztliche Zulassung erhält. Ist dies nicht möglich, gleich aus welchen Gründen, entfällt eine Abfindung hinsichtlich der immateriellen Werte der Gesellschaft.
Tritt in der Person eines Partners ein wichtiger Grund im Sinne des § 723 BGB ein oder ein sonstiger Umstand, der nach den gesetzlichen Regelungen zur Auflösung der Gesellschaft führt, wie Kündigung, Tod oder Insolvenz, scheidet der Betroffene aus der Gemeinschaftspraxis in der Weise aus, dass der verbleibende Partner innerhalb einer Frist von ..... Wochen, nach dem ihm der Ausscheidungsgrund bekannt geworden ist, erklären kann, dass er das Vermögen der Gemeinschaftspraxis ohne Liquidation mit allen Aktiva und Passiva übernimmt und die Praxis allein oder mit einem von ihm bekannten Nachfolger des Ausscheidenden fortführen will. Die Ausscheidende ist verpflichtet, alle notwendigen Erklärungen zum Erhalt des Vertragsarztsitzes am Ort der Praxis abzugeben.

§ 12 Abfindung

Der Abfindungsanspruch des Ausscheidenden erfasst den verhältnismäßigen Anteil am Gewinn des laufenden Geschäftsjahres sowie ggf. den Anteil des Ausscheidenden an einer gebildeten Rücklage. Außerdem erhält der Ausscheidende einen dem Wert seines Anteils an der Gemeinschaftspraxis entsprechenden Betrag. Der anzusetzende Wert wird ermittelt nach dem Liquidationswert der Vermögensgegenstände der Gemeinschaftspraxis und dem immateriellen Praxiswert. Kann keine Einigung über den Wert erzielt werden, entscheidet ein durch die zuständige Ärztekammer zu benennender Sachverständiger, dessen Kosten je zur Hälfte von beiden Partnern zu bezahlen sind. Eine Abfindung des immateriellen Praxiswertes ist nicht zu bezahlen, wenn der Ausscheidende sich innerhalb eines Umkreises von zehn Kilometer vom Praxissitz als praktizierender Arzt innerhalb von zwei Jahren nach dem Ausscheiden niederlässt; *bis zum Ablauf dieser Frist ist die Zahlung des Praxiswertes gestundet.*
Das Abfindungsguthaben des Ausscheidenden wird in ..... gleich hohen Halbjahresraten bezahlt, wobei die erste Rate mit dem Ablauf des dritten Monats nach dem Ausscheiden fällig ist, die weiteren je ein halbes Jahr später. Die jeweiligen weiteren Raten sind nicht sicherzustellen und nicht zu verzinsen *(alternativ: mit ..... Prozentpunkten über dem Basiszinssatz zu verzinsen)*. Vorzeitige Zahlung ist zulässig.

§ 13 (Wettbewerbsverbot),[375] (ggf. Mediationsklausel: § 129 Rdn. 8), Salvatorische Klausel, Schriftform

.....

Ort, Datum   Unterschriften

(Beglaubigung nicht erforderlich)

■ *Kosten.* Der Wert richtet sich nach dem Gesamtbetrag der Einlagen § 97 GNotKG ohne Schuldenabzug § 38 GNotKG; bei der Verpflichtung zu persönlichen Dienstleistungen ist nach § 99 Abs. 2 GNotKG der Wert die auf die ersten 5 Jahre entfallenden Bezüge (Mindestwert insgesamt 30.000 € nach § 107 Abs. 1 Satz 1 GNotKG). 2,0 Gebühr nach Nr. 21100 KV GNotKG (Tabelle B). – Fertigt der Notar lediglich den Entwurf, siehe Rdn. 140 M.

3. Unter Handwerkern mit Beschränkung der Haftung auf das Gesellschaftsvermögen

Gesellschaftsvertrag einer gewerblich tätigen GbR[376]

144 M   **1. Errichtung, Name, Werkstatt**

F., H. und W. verbinden sich zu einer Gesellschaft bürgerlichen Rechts unter dem Namen
»Autoreparatur-Werkstatt Flügge, Heiß und Wohlgemuth, Gesellschaft bürgerlichen Rechts«.
Der Werkstattbetrieb liegt in .....

2. Geschäftsjahr

Das Geschäftsjahr ist das Kalenderjahr.

3. Dauer

Die Gesellschaft beginnt am 1. Januar ..... und wird zunächst auf drei Jahre eingegangen. Sie verlängert sich jeweils um weitere drei Jahre, wenn sie nicht spätestens sechs Monate vor Vertragsschluss gekündigt wird. Jeder Gesellschafter ist kündigungsberechtigt. Er muss die Kündigung jedem der Mitgesellschafter gegenüber schriftlich erklären.

4. Zweck

Zweck der Gesellschaft ist der Betrieb einer Autoreparaturwerkstatt.

5. Beteiligung, Einlagen, Haftung

Die Gesellschafter sind zu gleichen Anteilen beteiligt. Sie haben folgende Einlagen zu leisten .....
Dritten gegenüber haften die Gesellschafter für Verbindlichkeiten der Gesellschaft gemeinsam und unbeschränkt. Im Innenverhältnis haften die Gesellschafter bei leich-

---

[375] Zum Wettbewerbsverbot s. Rdn. 72 und Musterklausel Rdn. 73 M.
[376] Hinweise zur Vertragsgestaltung und Erläuterungen zu wesentlichen Vertragsklauseln s. Rdn. 18 ff.

ter Fahrlässigkeit im Verhältnis ihrer Beteiligung. Im Fall vorsätzlicher der grob fahrlässiger Schädigung haftet der schadensverursachende Gesellschafter allein.

6. Geschäftsführung, Vertretung

Die Geschäftsführung und Vertretung wird dem Gesellschafter F ..... allein übertragen, der berechtigt ist, alle Handlungen, die der gewöhnliche Betrieb des Gewerbes mit sich bringt, mit Wirkung für die Gesellschaft vorzunehmen. Für Handlungen, die über den gewöhnlichen Betrieb des Gewerbes hinausgehen, hat der geschäftsführende Gesellschafter zuvor einen Beschluss der Gesellschafter herbeizuführen. Dies gilt insbesondere für folgende Geschäfte: .....
Nur in vorstehendem Umfange und mit der Einschränkung, dass er die anderen Gesellschafter lediglich mit dem Gesellschaftsvermögen haftbar machen darf, ist der Gesellschafter F ..... auch ermächtigt, die Gesellschaft Dritten gegenüber zu vertreten. Er erhält eine von den Gesellschaftern unterschriebene Urkunde, aus der sich seine Vertretungsmacht im vorstehenden Umfang ergibt; diese Urkunde hat er den Geschäftspartnern beim Abschluss von Verträgen vorzulegen und mit ihnen die Beschränkung der Haftung auf das Gesellschaftsvermögen zu vereinbaren.
Die Geschäftsführungs- und Vertretungsmacht kann dem Gesellschafter F ..... nur durch gerichtliche Entscheidung entzogen werden und nur in dem Falle, dass er vorsätzlich oder grob fahrlässig zum Schaden der Gesellschaft gehandelt hat. In diesem Falle erhalten die anderen Gesellschafter gemeinsam Geschäftsführungs- und Vertretungsmacht.
Die gilt auch (nicht) bei Auflösung der Gesellschaft (Liquidation).
Die fachlich/technische Betriebsleitung im Sinne der geltenden handwerksrechtlichen Regelungen übernimmt Herr ..... . Er zeichnet verantwortlich für die sachgemäße Ausführung der handwerklichen Leistungen und für die Ausbildung von Auszubildenden.

7. Beschlüsse

Beschlüsse der Gesellschafter werden, soweit durch Gesetz oder in diesem Gesellschaftsvertrag nichts anderes bestimmt ist, mit einfacher Mehrheit der zur Abstimmung berechtigten Gesellschafter gefasst, von denen jeder ein gleichhohes Stimmrecht hat. Dies gilt nicht nur für die laufenden Maßnahmen der Geschäftsführung, sondern auch für alle außerordentlichen Geschäftsführungsmaßnahmen und für das Verhältnis der Gesellschafter untereinander.
Der Zustimmung aller Gesellschafter bedürfen jedoch:
a) die Änderung des Gesellschaftsvertrages,
b) die Auflösung der Gesellschaft,
c) Erwerb, Veräußerung oder Belastung von Grundstücken oder grundstücksgleichen Rechten,
d) Veräußerung wesentlicher Teile des Unternehmens der Gesellschaft.
Das Zustimmungserfordernis des betroffenen Gesellschafters in allen Angelegenheiten in denen in unverzichtbare Rechte des Gesellschafters eingegriffen werden, bleibt unberührt.

8. Buchführung, Finanzierung

Art und Umfang des Unternehmens der Gesellschaft machen kaufmännische Einrichtungen entbehrlich. Jedoch sind zu Steuerzwecken die Geschäfte der Gesellschaft und die Lage ihres Vermögens nach den Grundsätzen ordentlicher Buchführung ersichtlich zu machen. Der Jahresabschluss ist von dem zur Geschäftsführung berufenen Gesellschafter nach Schluss eines jeden Geschäftsjahres aufzustellen. Dabei sind die

Abschreibungen vorzunehmen, die von den Steuerbehörden als den einkommensteuerpflichtigen Gewinn mindernd anerkannt werden.
Die von dem zur Geschäftsführung berufenen Gesellschafter aufgestellte Bilanz wird den anderen Gesellschaftern zur Genehmigung vorgelegt. Über die Feststellung der Bilanz entscheidet die Mehrheit der Gesellschafter nach Köpfen.

9. Gewinn und Verlust

Am Gewinn und Verlust ist jeder Gesellschafter zu einem Drittel beteiligt. Verluste sind nur mit Gewinnen der Folgejahre bzw. beim Ausscheiden auszugleichen.
Der geschäftsführende Gesellschafter kann an jedem Monatsende 4.000 € ohne Anrechnung auf seinen Gewinnanteil aus der Gesellschaftskasse entnehmen (Sondervergütung). Die beiden anderen Gesellschafter erhalten an jedem Monatsende 4.000 € in Anrechnung auf ihren Gewinnanteil (Gewinnvoraus). Diese Bezüge brauchen nicht zurückgezahlt zu werden, selbst dann nicht, wenn kein entsprechender Gewinn erzielt wird; der Fehlbetrag wird jedoch mit den Gewinnansprüchen der folgenden Jahre verrechnet. Jeder Gesellschafter kann eine Anpassung der Beträge an die Veränderungen der Tariflöhne des Kfz-Gewerbes verlangen.
Jeder Gesellschafter kann nach Feststellung der Jahresbilanz und nach Abzug der bezeichneten Sondervergütung und des Gewinnvoraus seinen Gewinnanteil entnehmen, soweit nicht die Gesellschafter die Zuweisung dieses Gewinnes in Rücklagen beschlossen haben. Der Beschluss über die Bildung und Auflösung von Rücklagen bedarf der Zustimmung von mindestens zwei Gesellschaftern.

10. Informationsrecht

Jeder Gesellschafter ist berechtigt, sich über die Angelegenheiten der Gesellschaft zu unterrichten, die Geschäftsbücher und Unterlagen der Gesellschaft einzusehen und sich aus ihnen eine Übersicht über den Stand des Gesellschaftsvermögens anzufertigen. Jeder Gesellschafter kann auf seine Kosten einen zur Berufsverschwiegenheit verpflichteten Dritten bei der Wahrnehmung seiner Rechte hinzuziehen oder allein hiermit beauftragen.

11. Tätigkeit, Urlaub, Krankheit, Konkurrenzverbot

Die Gesellschafter haben ihre ganze Arbeitskraft der Gesellschaft zur Verfügung zu stellen.
Jeder hat Anspruch auf einen Jahresurlaub von 4 Wochen.
Die Sondervergütungen (Tätigkeitsentgelt) werden im Falle der Krankheit eines Gesellschafters weiterbezahlt, längstens jedoch für einen Zeitraum von ..... Monaten.
Es ist einem Gesellschafter nicht gestattet, Konkurrenzgeschäfte für eigene oder fremde Rechnung zu machen oder sich an Konkurrenzgeschäften unmittelbar oder mittelbar zu beteiligen. Die anderen Gesellschafter können bei Zuwiderhandlungen verlangen, dass der zuwiderhandelnde Gesellschafter für eigene Rechnung gemachte Geschäfte als für Rechnung der Gesellschaft eingegangen gelten lässt und die aus Geschäften für fremde Rechnung bezogene Vergütung der Gesellschaft überlässt.

12. Kündigung, Ausscheiden

Die Kündigung der Gesellschaft zu einem früheren als dem unter Nr. 3 bestimmten Termin ist nur zulässig, wenn ein wichtiger Grund vorliegt.
Kündigt ein Gesellschafter, so scheidet er aus der Gesellschaft aus. Die anderen Gesellschafter sind berechtigt, das Unternehmen mit Vermögen und Schulden zu

übernehmen. Die Gesellschaft hat dem ausgeschiedenen Gesellschafter das zu ermittelnde Auseinandersetzungsguthaben auszuzahlen.

Tritt in der Person eines Gesellschafters ein Umstand ein, der für die anderen Gesellschafter einen wichtigen Grund zur fristlosen vorzeitigen Kündigung darstellt, wozu auch ein Vermögensverfall gehört oder der Gesellschafter andauernd mehr als ..... Monate arbeitsunfähig ist, können die anderen Gesellschafter statt der Kündigung das Ausscheiden jenes Gesellschafters ebenfalls ohne Liquidationsfolge gegen Auszahlung des Auseinandersetzungsguthabens des Ausscheidenden beschließen.

Bei allen Ereignissen in der Person eines Gesellschafters, die gesetzlich zur Auflösung der GbR führen, wird diese unter Ausscheiden des betroffenen Gesellschafters von den übrigen fortgeführt.

Verbleibt nach einem Ausscheiden nur noch ein Gesellschafter kann dieser innerhalb einer Frist von ..... Wochen nach Wirksamwerden des Ausscheidens selbst die Kündigung erklären; die Gesellschaft wird dann aufgelöst; ansonsten führt er das Unternehmen der GbR ohne Liquidation mit allen Aktiva und Passiva fort.

An den zum Zeitpunkt des Ausscheidens schwebenden Geschäften nimmt der Ausscheidende nicht mehr teil. Eine Freistellung von der Haftung für die Gesellschaftsschulden kann nicht verlangt werden.

13. Abfindung

Der ausscheidende Gesellschafter erhält den seiner Beteiligung entsprechenden Anteil am Gesellschaftsvermögen als Abfindung. Bei der Feststellung seines Auseinandersetzungsguthabens sind Vermögen und Schulden der GbR mit ihren Verkehrswerten mit einem Wertabschlag von ..... % anzusetzen. Können sich die übernehmenden und der ausscheidende Gesellschafter darüber nicht einigen, so erfolgt die Wertfestlegung verbindlich gemäß §§ 317 ff. BGB durch einen auf Antrag eines Gesellschafters von der zuständigen Innung/Handwerkskammer benannten Sachverständigen; dessen Kosten tragen der Ausscheidende und die verbleibenden Gesellschafter im Verhältnis ihrer bisherigen Beteiligungsanteile.

Noch zwischen dem Ausscheidenden und der Gesellschaft bestehende Forderungen sind bei der Berechnung der Abfindung zu berücksichtigen. Am Unternehmenswert der Gesellschaft ist der ausscheidende Gesellschafter nicht beteiligt.

14. Auszahlung

Das Auseinandersetzungsguthaben ist binnen 3 Monaten von der Gesellschaft auszuzahlen. Die Frist beginnt, soweit das Guthaben unbestritten ist, mit dem Tage des Ausscheidens, im Übrigen mit dem Vorliegen der endgültigen Schätzung.

15. Tod eines Gesellschafters

Stirbt ein Gesellschafter, so scheidet er gegen Abfindung gemäß den Regelungen in Ziff. 13. und 14. aus der Gesellschaft aus.

alternativ: Beim Tod eines Gesellschafters wird die Gesellschaft nicht aufgelöst. Die Gesellschaft kann mit Zustimmung aller übrigen Gesellschafter mit den Abkömmlingen des verstorbenen Gesellschafters fortgesetzt werden, soweit diese Erben oder Vermächtnisnehmer werden. Andere Erben werden nicht Gesellschafter. Sofern mehrere Erben als Gesellschafter eintreten, sind diese von der Geschäftsführung und Vertretung ausgeschlossen.

16. Schriftform, (Mediationsklausel: § 129 Rdn. 8), salvatorische Klausel (s.o. Rdn. 142 M)

Ort, Datum   Unterschriften

■ *Kosten.* s. Erläuterung bei Rdn. 143 M. Wird ein Gewerbebetrieb in die GbR eingebracht, bestimmt sich der Wert dieser Sacheinlage nach der Summe des Aktivvermögens gemäß der Bilanz; in der Bilanz enthaltener, mit eingebrachte Grundbesitz ist unter Berücksichtigung von § 46 GNotKG (Herausrechnung des Buchwertes und Hinzurechnung des Verkehrswertes) anzusetzen. Zu den sonstigen Bilanzkorrekturen siehe § 132 Rdn. 103 M.

4. Unterbeteiligung als Innengesellschaft

145 M **Schenkung einer Unterbeteiligung**[377]

Verhandelt zu ..... am .....
Herr A. Sch. und sein Sohn B. Sch. erklärten folgenden

Unterbeteiligungsvertrag:

I. Schenkweise Einräumung der Unterbeteiligung

Herr A. Sch. (= Hauptbeteiligter) ist persönlich haftender Gesellschafter der M. Kommanditgesellschaft, Sitz ..... , mit einer zum 31. Dezember letzten Jahres mit 200.000 € ausgewiesenen Festkapitaleinlage.
Er räumt hieran seinem Sohn B. Sch. (= Unterbeteiligter) zum _____ schenkungsweise eine Unterbeteiligung in Höhe von 50.000 € (= 25 v.H. Unterbeteiligungsquote) ein.
(Motivangabe: Die Schenkung der Unterbeteiligung erfolgt wegen des geplanten Eintritts von B. Sch. in die M. Kommanditgesellschaft als Nachfolger seines Vaters für den Fall, dass dieser verstirbt oder aus Gesundheits- oder Altersgründen aus der Gesellschaft ausscheidet oder die Mitarbeit seines Sohnes benötigt. Der Unterbeteiligte soll bis dahin in seine künftige Stellung hineinwachsen.)
Der Hauptbeteiligte ist berechtigt, die Schenkung zu widerrufen, wenn
a) der Unterbeteiligte zu Lebzeiten des Hauptbeteiligten die Unterbeteiligung kündigt oder
b) die Voraussetzungen des § 530 BGB vorliegen, oder
c) über das Vermögen des Unterbeteiligten das Insolvenzverfahren eröffnet oder mangels Masse abgelehnt wird oder Zwangsvollstreckungsmaßnahmen in die Unterbeteiligung eingeleitet werden; oder
d) der Unterbeteiligte nicht bis zum 28. Lebensjahr eine Ausbildung abgeschlossen hat, die ihn befähigt, unternehmensleitend als Nachfolger des Hauptbeteiligten in der Gesellschaft tätig zu werden.

II. Regelung der Unterbeteiligung im Einzelnen:

1. Rechtstellung des Unterbeteiligten, Gewinn- und Verlustverteilung

Der Unterbeteiligte tritt zu der Kommanditgesellschaft nicht unmittelbar in Rechtsbeziehung. Deren Gesellschaftsvertrag begründen die Rechte des Unterbeteiligten

---

377 Erläuterungen hierzu bei Rdn. 54 ff.

gegenüber dem Hauptbeteiligten und ergänzen die Bestimmungen dieses Unterbeteiligungsvertrages.
An dem auf den Kapitalanteil des Hauptbeteiligten entfallenden Gewinn- oder Verlustanteil[378] nach dem steuerlich maßgeblichen Jahresabschluss der M. Kommanditgesellschaft ohne Berücksichtigung der Sondervergütungen des Hauptbeteiligten, ist dieser mit 75 v.H. und der Unterbeteiligte entsprechend seiner Unterbeteiligungsquote mit 25 v.H. beteiligt; eine Nachschusspflicht besteht für letzteren trotz der Verlustbeteiligung nicht.

2. Dauer, Kündigung

Die Unterbeteiligung beginnt am 01.01. ..... und ist 7 Jahre beiderseits unkündbar. Zum Ende dieser Frist und zum Ende jedes folgenden Kalenderjahres kann das Unterbeteiligungsverhältnis beiderseits mit der bei der Kommanditgesellschaft für die Gesellschafter geltenden Frist, mindestens jedoch mit einer Frist von 6 Monaten, durch schriftliche Erklärung gekündigt werden. Zum Kündigungstermin scheidet der Unterbeteiligte aus. Das Recht zur außerordentlichen Kündigung aus wichtigem Grund bleibt unberührt, insbesondere wenn der Hauptbeteiligte ohne Anhörung des Unterbeteiligten einem Grundlagengeschäft der Kommanditgesellschaft zustimmt.

3. Rechte und Pflichten

Der Hauptbeteiligte ist durch die Unterbeteiligung nicht gehindert, seine Gesellschafterrechte bei der Kommanditgesellschaft nach eigenem Ermessen, jedoch unter Berücksichtigung der Interessen des Unterbeteiligten auszuüben. Er wird jedoch den Unterbeteiligten anhören, ehe er Handlungen von besonderer Bedeutung vornimmt, insbesondere vor Änderung des Gesellschaftsvertrages der Kommanditgesellschaft oder vor seinem ganzen oder teilweisen Ausscheiden.
Bei atypischer Unterbeteiligung:
Vor Beschlussfassung in der Hauptgesellschaft ist eine Abstimmung mit dem Unterbeteiligten herbeizuführen, wobei bei Meinungsverschiedenheiten die ..... Mehrheit der Stimmen gemäß Beteiligungsquoten entscheidet.[379]
Der Unterbeteiligte hat Anspruch auf Information über die Geschäftslage der Kommanditgesellschaft und soll Einsicht und Abschrift der jährlichen Bilanz mit Gewinn- und Verlustrechnung erhalten. Der Unterbeteiligte verpflichtet sich zur pflichtgemäßen Geheimhaltung und zur Beachtung der Treuepflichten des Hauptbeteiligten gegenüber der Kommanditgesellschaft.

4. Entnahmen

Der Hauptbeteiligte ist bei seinen Entnahmen im Verhältnis zum Unterbeteiligten nicht beschränkt, *muss jedoch mindestens den auf den Unterbeteiligten entfallenden Anteil entnehmen*. Der Unterbeteiligte kann den auf ihn entfallenden Gewinnanteil eines Geschäftsjahres nach Vorliegen des Jahresabschlusses im Rahmen der Entnahmeregelungen der Kommanditgesellschaft entnehmen; insbesondere gilt die Entnahmebeschränkung bei durch Verlust hervorgerufenem negativem Kapitalkonto.
Vom Hauptbeteiligten oder vom Unterbeteiligten nicht entnommene Gewinnanteile verändern die Unterbeteiligungsquote nicht. Die vom Unterbeteiligten nicht entnommenen Gewinne gelten als Darlehensforderung. Sie werden entsprechend der Rege-

---
378 Bei einer typischen Unterbeteiligung kann die Verlustbeteiligung auch entfallen.
379 Zu Stimmbindungsvereinbarung bzw. Stimmrechtsvollmacht siehe Rdn. 86 ff.

lung bei der Kommanditgesellschaft verzinst und sind mit Halbjahresfrist zum Schluss jeden Kalenderjahres kündbar.

5. Verfügungsbeschränkung

Die Unterbeteiligung sowie die sich daraus ergebenden Ansprüche und Rechte sind nicht/*alternativ:* nur mit Zustimmung des Hauptbeteiligten übertragbar oder verpfändbar. *Alternativ: Für sämtliche Verfügungen über diese Unterbeteiligung oder die Rechte daraus bedarf jeder Beteiligte der Zustimmung des jeweils anderen Beteiligten.*

6. Ausscheiden

Wird über das Vermögen des Unterbeteiligten das Insolvenzverfahren eröffnet oder mangels Masse abgelehnt oder erfolgen Zwangsvollstreckungsmaßnahmen in die Unterbeteiligung, scheidet der Unterbeteiligte mit Eintritt eines solchen Umstandes aus.
Stirbt der Hauptbeteiligte, wird die Unterbeteiligung mit dessen Rechtsnachfolgern in den Gesellschaftsanteil fortgeführt. Stirbt der Unterbeteiligte, wird die Unterbeteiligung beendet/*alternativ:* mit dessen Erben bzw. Vermächtnisnehmer fortgeführt, soweit es sich um die ehelichen Abkömmlinge des Unterbeteiligten handelt. In allen anderen Fällen endet die Unterbeteiligung.
Im Falle der Auflösung der M. Kommanditgesellschaft oder des Ausscheidens des Hauptbeteiligten aus der Kommanditgesellschaft endet zum selben Zeitpunkt die Unterbeteiligung gegen Abfindung an den Unterbeteiligten.

7. Abfindung

a) bei typischer Unterbeteiligung:
Wird die Unterbeteiligung gekündigt oder scheidet der Unterbeteiligte aus sonstigen Gründen aus, so erhält er seine Einlage zurück, welche sich gemäß seiner Unterbeteiligungsquote in Höhe von 25 v.H. aus dem Buchwert des Kapitalanteiles des Hauptbeteiligten zum Zeitpunkt des Ausscheidens des Unterbeteiligten ergibt. Immaterielle Werte, insbesondere ein Geschäfts- oder Firmenwert, sowie stille Reserven bleiben ebenso außer Ansatz wie schwebende Geschäfte. Außerdem erhält er seinen anteilig aus der Gewinnermittlungsbilanz ergebenden Gewinnanteil. Erfolgt das Ausscheiden während eines Geschäftsjahres, bemisst sich die Abfindung nach dem Buchwert in der letzten Jahresbilanz und steht ihm der darauf entfallende Gewinn zeitanteilig zu.
Das Abfindungsguthaben ist vom Hauptbeteiligten in fünf gleichen Jahresraten auszuzahlen, von denen die erste Rate 6 Monate nach dem Ausscheiden zur Zahlung fällig wird. Der jeweilige noch offene Betrag ist ab Fälligkeit der ersten Rate mit 5 v.H.// *3 Prozentpunkten über dem jeweiligen Basiszinssatz*//jährlich zu verzinsen; die Zinsen werden mit jeder Jahresrate fällig. Das Ausscheiden tritt unabhängig von der Abfindungsauszahlung ein.
b) bei atypischer Unterbeteiligung:
Der Unterbeteiligte ist im Verhältnis zum Hauptbeteiligten so gestellt, als ob er als Kommanditist an der Kommanditgesellschaft beteiligt wäre. Wird die Unterbeteiligung gekündigt oder scheidet der Unterbeteiligte aus sonstigen Gründen aus, steht ihm als Abfindung das zu zahlen, was er bei der Auseinandersetzung in Höhe seiner Unterbeteiligungsquote erhalten würde, wenn die Kommanditgesellschaft zur Zeit seines Ausscheidens tatsächlich aufgelöst würde. Dies ist durch eine Vermögensbilanz zu ermitteln, in die der wirkliche Wert des Gesellschaftsanteiles des Hauptbeteiligten einzustellen ist. Dieser errechnet sich auch aus dem Anteil an den stillen Reserven der Kommanditgesellschaft, die dem Hauptbeteiligten im Falle einer von ihm erklärten

ordentlichen Kündigung der Hauptbeteiligung zustehen würden, *ggf.* einschließlich des Firmenwertes. Scheidet der Hauptbeteiligte aus der Kommanditgesellschaft aus oder wird diese aufgelöst, steht dem Unterbeteiligten der Liquidationsüberschuss entsprechend seiner Unterbeteiligungsquote zu. Die Auszahlung hat entsprechend den Abfindungsregelungen der Kommanditgesellschaft zu erfolgen.

8. Beschränkung durch Hauptgesellschaftsvertrag

Der Unterbeteiligte kann gegenüber dem Hauptbeteiligten keine Ansprüche geltend machen, zu deren Erfüllung oder Ausübung der Hauptbeteiligte nach dem Gesellschaftsvertrag der M. Kommanditgesellschaft nicht berechtigt ist. Deren Gesellschaftsvertrag, der beiden Beteiligten bekannt ist, gilt als Bestandteil dieses Vertrages. Sollte zwischen dem Gesellschaftsvertrag der Kommanditgesellschaft und den Bestimmungen dieser Unterbeteiligung ein Widerspruch bestehen oder entstehen, so ist die Unterbeteiligung an den Gesellschaftsvertrag anzupassen.

9. Kapitalerhöhung, Umwandlung

Wird der Kapitalanteil des Hauptbeteiligten bei der Kommanditgesellschaft im Zuge einer Erhöhung des Gesamtkapitals erhöht, kann der Unterbeteiligte eine seiner Unterbeteiligungsquote entsprechende oder geringere Einzahlung leisten und damit die Unterbeteiligung auf die Erhöhung erweitern.
Erwirbt der Hauptbeteiligte eine weitere Beteiligung hinzu, bleibt die Unterbeteiligung unverändert.
Sollte die Beteiligung des Hauptbeteiligten an der Hauptgesellschaft durch Umwandlung, Verschmelzung oder ähnliche Vorgänge eine rechtliche Umformung erfahren, wird das Unterbeteiligungsverhältnis an der neuen Beteiligung unter möglichst den gleichen Bestimmungen dieses Vertrages fortgesetzt, soweit der Unterbeteiligte nicht außerordentlich kündigt.
Die Begründung weiterer Unterbeteiligungen hinsichtlich der Hauptbeteiligung bedarf *keiner (?)* Zustimmung des Unterbeteiligten.
(Schlussvermerk, Unterschriften)

■ Kosten. Nach dem Wert der (geschenkten) Einlage (hier 50.000 €) eine 2,0 Gebühr nach Nr. 21100 KV GNotKG (Tabelle B). Die Regelung des Unterbeteiligungsverhältnisses ist ein unselbstständiger Teil des Schenkungsvertrages.[380] – Anders ist die Bewertung bei Schenkung einer atypischen Unterbeteiligung, bei der im Gegensatz zur typischen Unterbeteiligung eine wirtschaftliche Beteiligung am Gesellschaftsvermögen gebildet wird. Geschäftswert ist deshalb nicht die Einlage des Unterbeteiligten, sondern die prozentuale Beteiligung des atypisch Unterbeteiligten am Aktivvermögenswert der Hauptbeteiligung ohne Schuldenabzug (§ 36 Abs. 1 i.V.m. § 38 GNotKG unter Beachtung der Wertgrenzen in § 107 GNotKG, bei Beteiligung an einem Kommanditanteil ist auch der Wertansatz nach § 54 GNotKG zu beachten), wobei wegen der nur schuldrechtlichen Beteiligung am Gesellschaftsanteil des Hauptbeteiligten ein Wertabschlag von etwa 20–30 % vorzunehmen ist.[381]

Die *Schenkung* ist dem Finanzamt anzuzeigen, § 34 Abs. 2 Nr. 3 ErbStG, § 8 ErbStDV. **146**

---

380 BayObLG MittBayNot 1983, 31.
381 BayObLG MittBayNot 1983, 31. Korintenberg/*Diehn*, 20. Aufl., § 109, Rn. 279. Nach Bay. Notarkasse, Streifzug durch GNotKG, 12. Aufl., Rn. 1978 soll jedoch Gegenstandsgleichheit nach § 109 Abs. 1 GNotKG vorliegen.

5. Gesellschaftsvertrag zwischen dem Bauern und seinem Sohn

147 Die Gründung einer solchen Gesellschaft[382] dient in der Regel zur Einbindung des Hofnachfolgers in den Betrieb und zur Vorbereitung des Generationswechsels. Die Errichtung der Gesellschaft kann neben steuerlichen Folgen vor allem auch Folgen im Bereich der landwirtschaftlichen Sozialversicherungen haben. Als Gesellschafter wird der Sohn bei der landwirtschaftlichen Krankenversicherung voll beitragspflichtig, während er als mitarbeitender Familienangehöriger nach § 42 des 2. Gesetzes über die Krankenversicherung der Landwirte höchstens 75 % des Unternehmerbeitrages bezahlen müsste. Die Gesellschaftsgründung kann häufig auch Einfluss auf den Erhalt von Fördermitteln haben, sodass vor Gesellschaftserrichtung unbedingt die für die staatliche Förderung zuständigen Stellen angefragt werden sollten.

148 Während der Gesellschaftszweck in der Regel die gemeinschaftliche Bewirtschaftung des landwirtschaftlichen Betriebes ist, können die Beitragsleistungen der einzelnen Gesellschafter sehr unterschiedlich sein. Der aufgenommene Sohn wird in der Regel nur seine Arbeitsleistung einbringen, wogegen es beim aufnehmenden Betriebsinhaber darauf ankommt, ob er die Gesellschaft lediglich zum Zwecke der Betriebsführung errichtet oder in diese auch bereits schon neben dem lebenden und toten Inventar als Sacheinlage den landwirtschaftlichen Grundbesitz einbringt. Die Regelungen eines Gesellschaftsvertrags im familiären Bereich müssen dem Fremdvergleich genügen, insbesondere hinsichtlich der Gewinnverteilung; bei dieser kann bzw. sollte aus steuerlichen Gründen ggf. eine Vorabvergütung dem den Betrieb einbringenden Gesellschafter gewährt werden. Die Abfindungshöhe bei Ausscheiden sollte unterhalb des Verkehrswertes geregelt werden und im Todesfalle eines Gesellschafters sollte der Betrieb vom Verbleibenden, in der Regel vom vorgesehenen Nachfolger, unmittelbar durch Anwachsung fortgeführt werden.[383] Bei nur zwei beteiligten Gesellschaftern sind diese ohne besondere vertragliche Regelung nach Köpfen beteiligt, was sowohl ihr Stimmrecht als auch ihre Anteile am Gewinn und Verlust und an einem Auseinandersetzungsguthaben betrifft. Sind Abweichungen gewollt, ist dies in der Satzung zu regeln. Bei unterschiedlicher Arbeitsleistung ist es auch sinnvoll, zwischen einer Tätigkeitsvergütung und Entnahmen zu unterscheiden. Da die Gesellschaft der gemeinsamen Bewirtschaftung dient, ist zu erwägen, die Gesellschaft durch Liquidation zu beenden, wenn ein Gesellschafter freiwillig sich aus der Gesellschaft lösen will, insbesondere dann, wenn der Betrieb lediglich zur Nutzung durch die GbR an diese überlassen/verpachtet wurde (Rückgabeanspruch nach § 732 BGB). Hierzu sind Regelungen zur Realteilung bei Ausscheiden oder Auflösung der GbR möglich, soweit steuerlich anerkannte selbstständige Betriebe verbleiben.

149 Vorvertragliche Vereinbarungen zur zukünftigen Hofübergabe können bereits mit aufgenommen werden. Sie führen jedoch wegen der enthaltenen Verpflichtung zur Übergabe von Grundbesitz zwingend zur notariellen Beurkundung des gesamten Vertragsverhältnisses.

---

[382] Unter Berücksichtigung der Musterverträge von Neumann in »Gesellschaftsverträge zwischen dem Bauern und seinem Sohn« sowie *Deuringer/Fischer/Fauck*, Verträge in der Landwirtschaft.
[383] S. hierzu im Einzelnen oben bei Rdn. 36 ff.

Landwirtschaftliche Bewirtschafts-GbR

Verhandelt zu ..... am ..... **150 M**

1. Zweck

Zweck der Gesellschaft ist die gemeinsame Bewirtschaftung des land- und forstwirtschaftlichen Betriebes mit der Hofstelle in ..... /des Teilbetriebes ..... durch die beiden Gesellschafter Karl Vollmöller und seinem Sohn ..... als Mitunternehmer. Ferner dient der Vertrag der Vorbereitung des Sohnes auf die Hofübernahme und alleinige Betriebsführung.

2. Dauer, Übergabeverpflichtung

Da Herr Karl Vollmöller gegenwärtig ..... Jahre alt ist und sein Sohn ..... gegenwärtig ..... Jahre, soll die Dauer der heute beginnenden Gesellschaft ..... Jahre betragen. In dieser Zeit ist eine Kündigung nur aus wichtigem Grund zulässig. In dieser Zeit soll der Junggesellschafter die Fähigkeit erwerben, den Hof später allein zu führen.
Der Altgesellschafter verpflichtet sich, den Hof bei Ende dieses Vertrages dem Junggesellschafter zu standes- und ortsüblichen Bedingungen zu übereignen. Beide Gesellschafter verpflichten sich, diesen Vorvertrag rechtzeitig durch einen endgültigen Übergabevertrag zu ergänzen.

3. Name der Gesellschaft

Die Gesellschaft führt den Namen: »Rußbaum-Hof, Karl Vollmöller und Sohn, landwirtschaftlicher Betrieb GbR«. Auf diesen Namen werden die Konten bei der Sparkasse und der Raiffeisenbank, und alle Dauervertragsverhältnisse insbesondere bei der Bezugs- und Absatzgenossenschaft, der Molkerei, der Zuckerfabrik und bei allen anderen Stellen, von denen eine fortlaufende Rechnung geführt wird, umgemeldet. Mitgeteilt wird die Änderung auch allen anderen, mit denen ständige Geschäftsbeziehungen bestehen, insbesondere den Versicherungen und der landwirtschaftlichen Buchstelle. Beim Finanzamt wird sogleich eine einheitliche Gewinnfeststellung für die Gesellschaft beantragt.

4. Beiträge

Die Gesellschafter haben ihre volle Arbeitskraft der Gesellschaft zu widmen.
Der Altgesellschafter stellt seinen Hof mit allen baulichen und sonstigen Anlagen, dem gesamten lebenden und toten Inventar, mit Vorräten, Saatgut und allem anderen, was der Wirtschaft dient, der Gesellschaft (pachtweise) zur Nutzung zur Verfügung.
alternativ:
..... und erbringt als Sacheinlage – unter Einlage in das gesamthänderisch gebundene Gesellschaftsvermögen – die in der Anlage A) zu diesem Vertrag aufgeführten Maschinen, Geräte, Werkzeuge, Betriebsvorrichtungen, Viehvermögen, stehende Ernte und Vorratsvermögen und zwar mit jeweils den in der Eröffnungsbilanz zum ..... ausgewiesenen Buchwerten.
Diese Hofnutzung/*eingebrachten Gegenstände* wird/*werden* mit dem derzeitigen Buchwert von ..... € in die Eröffnungsbilanz der Gesellschaft eingestellt. Dem Altgesellschafter wird der Betrag zur Hälfte gutgeschrieben. Die andere Hälfte überlässt der Altgesellschafter schenkungsweise dem Junggesellschafter. Dessen Kapitalkonto wird in der Eröffnungsbilanz der Gesellschaft derselbe Betrag wie dem Altgesellschafter gutgebracht.
(evtl. die Beschreibung verschiedener Gesellschafterkonten: festes und bewegliches Kapitalkonto, Darlehenskonto)[384]

---

[384] Mustertexte bei § 132 Rdn. 98 M (§ 4), § 137 Rdn. 51 M (§ 5) sowie Hinweise bei § 132 Rdn. 7 ff.

5. Geschäftsführung

1. Die Geschäftsführung steht allein zu:
a) dem Junggesellschafter für die Außenwirtschaft. Er besorgt die Feldbestellung und nimmt dazu die Einteilung der Arbeitskräfte und Maschinen vor. Für die anfallenden Geschäfte, besonders für Saatgut, Dünger und Gebrauchsgegenstände, kann er im Jahr bis zu ..... € ohne Zustimmung des Altgesellschafters ausgeben. – Der Junggesellschafter übernimmt ferner die Büroarbeit, führt die Kasse und die Bücher. Nach jedem Vierteljahr gibt er dem Altgesellschafter einen Bericht über den Kassen- und Bücherstand.
b) Der Altgesellschafter führt die Innenwirtschaft. Zur Instandhaltung der Hofstelle kann er ohne Zustimmung des Junggesellschafters bis zu ..... € jährlich ausgeben. Er sorgt für die Tierhaltung und Tierzucht und für die Milchwirtschaft.
2. Die Gesellschafter erledigen gemeinschaftlich folgende Geschäfte: Einstellung und Entlassung der Arbeitskräfte, Aufstellung des Bestellungsplanes, Festlegung der Fruchtfolge und des Anbauverhältnisses sowie der Planung in der Viehwirtschaft, Kreditaufnahme, bauliche Veränderungen auf dem Hof, die über die reine Instandhaltung hinausgehen, sowie die den beiden Gesellschaftern allein überlassenen Geschäfte, bei denen die Ausgaben die ihnen unter 1. gesetzten Grenzen übersteigen.

6. Vertretung

Grundsätzlich kann jeder Gesellschafter die Gesellschaft allein vertreten. Sie verpflichten sich jedoch, in allen Fällen gemeinsam zu vertreten, in denen sie zur gemeinsamen Geschäftsführung nach Ziff. 5 verpflichtet sind.

7. Lastentragung/Haftung

Alle den landwirtschaftlichen Betrieb betreffenden Lasten und Haftungen tragen die Gesellschafter intern im Verhältnis ihrer Beteiligung am Gewinn und Verlust.

8. Wirtschaftsjahr

Das Wirtschaftsjahr läuft vom 1. Juli bis 30. Juni. Zum Ende des Wirtschaftsjahres ist der Rechnungsabschluss aufzustellen.

9. Gewinn- und Verlustverteilung

Von dem Jahresgewinn haben die Gesellschafter zunächst einen für die anstehenden Investitionen im geschätzten Gesamtbetrag von ..... € angemessenen Betrag als Rücklage zu bilden. Von dem verbleibenden Gewinn erhält jeder Gesellschafter die Hälfte. Ebenso sind beide zur Hälfte am Verlust beteiligt; diese werden auf den Gewinn des nächsten Wirtschaftsjahres verrechnet.
Die in der Eröffnungsbilanz zum Ausdruck kommende gleiche Beteiligung am Gesellschaftsvermögen soll bis zum Ende der Gesellschaft fortbestehen.

10. Entnahmen/Tätigkeitsvergütung

Während des Wirtschaftsjahres können die Gesellschafter von den in der Wirtschaft erzeugten Lebensmitteln den für sich und ihre Angehörigen benötigten Eigenbedarf entnehmen. Bargeld kann jeder im Monat bis zu ..... € unter Anrechnung auf seinen Gewinnanteil des laufenden Wirtschaftsjahres entnehmen, mehr jedoch nur mit Zustimmung des anderen Gesellschafters.

Die entnommenen Naturalien werden nach den von der Finanzverwaltung festgesetzten Eigenverbrauchssätzen auf den Gewinnanteil angerechnet.
(evtl. Vereinbarung einer Tätigkeitsvergütung, ggf. nach Stundensätzen, wenn nicht jeder Gesellschafter seine volle Arbeitskraft zur Verfügung stellen muss oder unterschiedliche Arbeitsleistungen erbracht werden, die in der Gesellschaft wie Betriebsausgaben behandelt und daher nicht auf den Gewinnanspruch angerechnet wird.)

11. Tod des Altgesellschafters

Verstirbt der Altgesellschafter, scheidet er aus der Gesellschaft ohne Liquidation aus. Sein Gesellschaftsanteil wächst dem Junggesellschafter an. Eine Abfindung findet nicht statt.

Der Junggesellschafter erlangt mit dem Vorversterben des Altgesellschafters einen Anspruch auf Übertragung des Eigentums am gesamten landwirtschaftlichen Betrieb mit allen Aktiva und Passiva. Er wird hiermit vom Altgesellschafter über seinen Tod hinaus unter Befreiung von den Beschränkungen des § 181 BGB bevollmächtigt, alle zur Übertragung des Eigentums am gesamten landwirtschaftlichen Betrieb erforderlichen Erklärungen, insbesondere die Auflassung und die erforderlichen Grundbuchanträge, abzugeben. Von dieser Vollmacht darf jedoch nur nach Vorlage der Sterbeurkunde des Altgesellschafters Gebrauch gemacht werden.

Auf das Pflichtteilsrecht hat der Notar hingewiesen. Der Junggesellschafter ist verpflichtet, den Ehegatten des Altgesellschafters in folgender Weise zu versorgen und seine Geschwister wie folgt abzufinden: .....

12. Tod des Junggesellschafters

Stirbt der Junggesellschafter ohne Hinterlassung von Ehefrau und Kindern, so scheidet er ohne Abfindung und ohne Liquidation aus der Gesellschaft aus. Hinterlässt er eine Ehefrau mit Kindern, so hat der Altgesellschafter das Gesellschaftsverhältnis mit der dazu bereiten und fähigen Ehefrau fortzusetzen. Der Anspruch auf die Übertragung des Hofes zu Eigentum aus dem Vorvertrag gemäß oben in Ziff. 2 steht nach Erreichung des 25. Lebensjahres dem Kind des Junggesellschafters zu, das zur Bewirtschaftung des Hofes bereit und in der Lage ist. Trifft das bei mehreren Kindern zu, so geht das ältere den jüngeren vor .....

13. Ausscheiden eines Gesellschafters aus sonstigen Gründen

Ein Gesellschafter scheidet aus der Gesellschaft aus, wenn über sein Vermögen das Insolvenzverfahren eröffnet oder die Eröffnung mangels Masse abgelehnt worden ist oder die Kündigung von ihm oder seitens eines seiner Pfändungsgläubiger erfolgt.

Ein Gesellschafter kann auch durch den anderen Gesellschafter aus wichtigem Grund aus der Gesellschaft ausgeschlossen werden, insbesondere bei vorsätzlichem oder grob fahrlässigem Verstoß gegen die ihm aus diesem Gesellschaftsvertrag oder einer beschlossenen Geschäftsordnung obliegenden Pflichten.

Dem verbleibenden Gesellschafter wächst in einem solchen Fall das Gesellschaftsvermögen zu. Er ist berechtigt, unter Tragung der Abfindungslast, das Unternehmen allein weiterzuführen, wenn er nicht gegenüber dem anderen Gesellschafter innerhalb von ..... Wochen nach dessen Ausscheiden die Auflösung der Gesellschaft erklärt.

Scheidet ein Gesellschafter aus der Gesellschaft aus, erhält er eine Abfindung nach Maßgabe einer Abfindungsbilanz, die auf den Stichtag seines Ausscheidens aufzustellen ist und in die alle Vermögensgegenstände der Gesellschaft mit dem Verkehrswert *(unter Abzug von ..... %)* aufzunehmen sind. Noch zwischen dem Ausscheidenden und

der Gesellschaft bestehende Forderungen sind bei der Berechnung der Abfindung zu berücksichtigen.
Ferner sind ihm die Gegenstände, die er der Gesellschaft zur Benutzung überlassen hat, nach Maßgabe des § 732 BGB zurückgeben. An den zum Zeitpunkt des Ausscheidens schwebenden Geschäften nimmt der Ausscheidende nicht mehr teil. Eine Freistellung von der Haftung für die Gesellschaftsschulden kann nicht verlangt werden.
(Auszahlungsstundung, salvatorische Klausel, Schriftform)

■ *Kosten.* Geschäftswert des Gesellschaftsvertrags ist der Wert der Hofnutzung und der Wert der Arbeitsleistungen der Gesellschafter (Nr. 4) für die Dauer der Gesellschaft (Nr. 2); Geschäftswert für den Vorvertrag auf Übergabe des Hofes ist das Vierfache des Einheitswerts (§ 48 GNotKG; dem Landwirtschaftsprivileg des § 48 GNotKG unterfallen solche »gleitenden« Hofübergaben jedoch nur, wenn in dem Gesellschaftsvertrag gleichzeitig eine vollständige Nachfolgeregelung getroffen ist).[385] Nach dem Gesamtwert (§ 35 Abs. 1 GNotKG) gemäß Nr. 21100 KV GNotKG eine 2,0 Geb. (Tabelle B).

151 Wegen der Übertragungsregelung in Nr. 11 bedarf die ganze gesellschaftsvertragliche Vereinbarung der notariellen Beurkundung.

152 Die *Schenkung* des Hofnutzungswertes an den Sohn ist dem Finanzamt anzuzeigen, § 34 Abs. 2 Nr. 3 ErbStG, § 8 ErbStDV.

6. Gesellschaftsvertrag einer Familiengesellschaft zum Erwerb, zur Bebauung und zur Verwaltung von Grundbesitz

Grundbesitz-GbR[386]

153 M
Verhandelt zu ..... am .....
Vor dem unterzeichnenden Notar ..... erschienen:
1. Frau Erika Walter, geb. Weindel,
2. Herr Jürgen Weindel,
3. Frau Karin Weindel, geb. Weiß,
4. Herr Helmut Zweifel,
5. Frau Alwine Zweifel, geb. Weindel .....
Die Beteiligten erklärten:
Wir errichten hiermit eine Gesellschaft bürgerlichen Rechts mit folgendem Gesellschaftsvertrag:

§ 1 Bezeichnung, Rechtsform, Sitz

(1) Die Gesellschaft führt den Namen »Grundstücksgesellschaft Lüneburg, Am Welfenhof 17 GbR« und hat ihren Sitz in Lüneburg.
(2) Sie ist eine Gesellschaft bürgerlichen Rechts nach den §§ 705 ff. BGB.

§ 2 Gesellschafter, Beteiligung, Einlagen

(1) An der Gesellschaft, insbesondere an deren Vermögen, sind die Gesellschafter mit folgenden festen Anteilen beteiligt, die für alle Rechte aus dem Gesellschaftsanteil, insbesondere auch für die Anteile am Gewinn und Verlust der Gesellschaft und am Aus-

---
385 Vgl. BayObLG 01.07.1999 MittBayNot 1999, 496.
386 Ausführliche Hinweise zur Vertragsgestaltung und Erläuterungen zu wesentlichen Vertragsklauseln sowie steuerrechtlichen Folgen bei Rdn. 90 ff.

einandersetzungsguthaben, sowie hinsichtlich des Stimmrechts maßgeblich sind und die sich auch nicht durch Einlagen oder Entnahmen, Gewinne oder Verluste verändert:
Frau Erika Walter, geb. Weindel, zu 40 % (vierzig vom Hundert),
Herr Jürgen Weindel zu 20 % (zwanzig vom Hundert),
Frau Karin Weindel, geb. Weiß, zu 10 % (zehn vom Hundert),
Herr Helmut Zweifel zu 20 % (zwanzig vom Hundert),
Frau Alwine Zweifel, geb. Weindel, zu 10 % (zehn vom Hundert).
(2) Die Gesellschafter haben folgende Einlagen zu erbringen:
.....
Aufgrund eines Gesellschafterbeschlusses mit einfacher Mehrheit sind die Gesellschafter verpflichtet, einen Nachschuss bis zum Betrag ihrer Einlage zu erbringen.
(3) Alle Zahlungsvorgänge zwischen der Gesellschaft und den Gesellschaftern werden auf Darlehenskonten gebucht. Ein Guthaben auf dem Darlehenskonto ist mit 3 %-Punkten jährlich über dem jeweiligen Basiszins, ein eventueller Schuldsaldo ist mit 5 %-Punkten jährlich über dem jeweiligen Basiszins zu verzinsen.

§ 3 Zweck der Gesellschaft

Zweck der Gesellschaft ist der Erwerb, die Bebauung und Verwaltung des Grundbesitzes in Lüneburg, Am Welfenhof 17.
Zu diesem Zweck ist die Gesellschaft auch berechtigt, Fremdfinanzierungsmittel in Höhe bis zu ..... € aufzunehmen.

§ 4 Dauer der Gesellschaft, Kündigung

(1) Die Gesellschaft wird auf die Dauer von zwanzig Jahren[387] fest errichtet. Während dieser Zeit ist das Recht zur Kündigung der Gesellschaft ausgeschlossen. Das Recht zur Kündigung aus wichtigem Grunde bleibt jedoch unberührt.
(2) Nach Ablauf von zwanzig Jahren wird die Gesellschaft auf unbestimmte Dauer weitergeführt. Jeder Gesellschafter kann die Gesellschaft dann mit halbjähriger Frist zum Ende eines Geschäftsjahres kündigen. Der kündigende Gesellschafter scheidet aus der Gesellschaft aus. Er wird nach § 7 Abs. (2) abgefunden.

§ 5 Verfügung über Beteiligungen, Ankaufsrechte

(1) Die Veräußerung der Beteiligung an der Gesellschaft im Ganzen ist zulässig, sobald die Frist für das nachfolgend geregelte Ankaufsrecht abgelaufen ist; jegliche sonstige Verfügung über eine Beteiligung einschließlich deren teilweisen Veräußerung bedarf der Zustimmung durch die Gesellschafterversammlung. Die Bestellung eines Nießbrauches bedarf keiner Zustimmung, auch wenn eine von den gesetzlichen Regelungen abweichende Zuordnung der Vermögens- und Verwaltungsrechte vereinbart ist.
(2) Bei entgeltlicher oder unentgeltlicher, auch nur teilweiser Veräußerung einer Beteiligung steht den anderen Gesellschaftern das Ankaufsrecht zu dem Abfindungswert nach § 7 Abs. 2 und 3 zu; dies gilt nicht bei Veräußerung an einen anderen Gesellschafter oder den Ehegatten oder Abkömmlinge des veräußernden Gesellschafters. Ist der Ehegatte des veräußernden Gesellschafters selbst Gesellschafter, so ist er zunächst allein zum Ankauf berechtigt; in zweiter Linie steht das Ankaufsrecht den

---

[387] Eine Bindung der Gesellschafter bis zu 30 Jahren galt nach § 723 BGB als unbedenklich, wenn die Dauer der Bindung durch sachliche Gründe gerechtfertigt ist (BGH WM 1967, 315, 316), wurde vom BGH (Urt. v. 18.09.2006 – II ZR 137/04) in einem Rechtsanwalts-Sozietätsvertrag aber, wenn über 14 Jahre hinausgehend, auch dann als eine unzulässige Kündigungsbeschränkung i.S.d. § 723 Abs. 3 BGB angesehen, wenn sie Teil der Alterssicherung der Seniorpartner ist.

Gesellschaftern zu, die mit dem Veräußerer in gerader Linie verwandt oder verschwägert sind, in dritter Linie den weniger nah verwandten oder verschwägerten Gesellschaftern (immer den näheren vor den entfernteren Verwandten und Verschwägerten), letztlich allen anderen Gesellschaftern gemeinschaftlich (den Gesellschaftern, die das Ankaufsrecht ausüben, im Verhältnis ihrer Beteiligung an der Gesellschaft); das Recht geht auf den Nächstberechtigten jeweils nach Ablauf der Ausübungsfrist für das Ankaufsrecht über. Wird es nicht ausgeübt, haben die Gesellschafter der Veräußerung zuzustimmen, sofern nicht wichtige, in der Person des Erwerbers liegende Gründe entgegenstehen.

Die Gesellschafter sind verpflichtet, die Veräußerungsabsicht allen anderen Gesellschaftern unverzüglich anzuzeigen. Das Ankaufsrecht kann nur innerhalb von zwei Monaten nach Zugang der Anzeige durch schriftliche Erklärung gegenüber dem veräußernden Gesellschafter ausgeübt werden. Im Übrigen gelten die gesetzlichen Regelungen zum Vorkaufsrecht entsprechend.

§ 6 Tod eines Gesellschafters

Durch den Tod eines Gesellschafters wird die Gesellschaft nicht aufgelöst, sondern mit dessen Erben oder Vermächtnisnehmern fortgeführt. Den übrigen Gesellschaftern steht jedoch das Ankaufsrecht entsprechend § 5 zu. Zur Übertragung auf Vermächtnisnehmer, auch unter Teilung zwischen mehreren Berechtigten, bedarf es keiner Zustimmung.

Die Anordnung einer Testamentsvollstreckung ist im gesetzlich höchstzulässigen Umfang möglich. Der Testamentsvollstrecker kann auch berechtigt werden als Bevollmächtigter oder als Treuhänder der Erben oder Vermächtnisnehmer sämtliche Rechte aus dem Gesellschaftsanteil auszuüben. Hierzu bedarf es nicht der Zustimmung der anderen Gesellschafter.

§ 7 Ausscheiden aus der Gesellschaft

(1) Ein Gesellschafter scheidet aufgrund Gesellschafterbeschluss, bei dem er nicht stimmberechtigt ist, aus der Gesellschaft aus,
a) wenn seine Beteiligung gepfändet und die Pfändung nicht innerhalb von 2 Monaten aufgehoben wird,
b) wenn über sein Vermögen das Insolvenzverfahren eröffnet oder die Eröffnung mangels Masse abgelehnt wird,
c) wenn die Gesellschaft von einem Gläubiger eines Gesellschafters gekündigt wird,
d) wenn in seiner Person ein anderer wichtiger Grund eintritt, der den anderen Gesellschaftern die Fortsetzung des Gesellschaftsverhältnisses mit ihm unzumutbar macht, insbes. sie zur Kündigung nach § 723 BGB berechtigen würde,
e) ein bestimmtes Ereignis in der Person eines Gesellschafters eintritt, das nach dem Gesetz zur Auflösung der Gesellschaft führen würde.

Die Gesellschaft wird von den übrigen Gesellschaftern fortgesetzt. Verbleibt nur noch ein Gesellschafter kann dieser innerhalb einer Frist von ..... Wochen nach Wirksamwerden des Ausscheidens erklären, dass die Gesellschaft aufgelöst wird; ansonsten übernimmt der verbleibende Gesellschafter im Wege der Gesamtrechtsnachfolge alle Aktiva und Passiva des Gesellschaftsvermögens. Der ausgeschiedene Gesellschafter ist verpflichtet, unverzüglich alle sein Ausscheiden betreffenden Erklärungen, insbesondere auch zur Grundbuchberichtigung, in der jeweils erforderlichen Form abzugeben.

(2) Ein ausscheidender Gesellschafter erhält von der Gesellschaft eine Abfindung in Höhe (von ..... %) des tatsächlichen Wertes seiner Beteiligung, wobei der Grundbesitz

mit seinem Zeitwert sowie die aktuellen Verbindlichkeiten und die Saldenstände auf den Gesellschafterkonten zu berücksichtigen sind; die erbrachte Einlage wird durch den Beteiligungswert erstattet. Kommt über die Höhe dieses Wertes keine Einigung zustande, so wird er für alle Beteiligten verbindlich durch einen vereidigten Sachverständigen als Schiedsgutachter festgestellt, den ..... auf Antrag eines Beteiligten bestimmen soll; dessen Kosten tragen die Gesellschaft und der Ausscheidende je hälftig. In den Fällen des Ausscheidens nach § 7 Abs. 1 verringert sich der Abfindungsbetrag um ..... %.
(3) Die Abfindung ist sechs Monate nach dem Zeitpunkt des Ausscheidens zur Zahlung fällig und bis dahin nicht zu verzinsen. Die Gesellschaft hat das Recht, die Abfindung erst nach zwölf Monaten//in vier gleichhohen Raten im Abstand von einem Jahr auszuzahlen. In diesem Fall ist jedoch ab dem siebten Monat der Abfindungsbetrag//die jeweilige Rate mit ..... %-Punkten jährlich über dem jeweiligen Basiszins zu verzinsen. Eine Sicherheitsleistung kann nicht verlangt werden. Eine Freistellung von Gesellschaftsverbindlichkeiten kann der Ausgeschiedene erst verlangen, wenn er in Anspruch genommen wird. Vom Gesellschafter für Gesellschaftsverbindlichkeiten gewährte Sicherheiten sind sofort freizustellen.
(4) Scheidet ein Gesellschafter innerhalb von sechs Monaten nach seinem Beitritt aus der Gesellschaft aus, so ist lediglich eine eventuell schon einbezahlte Einlage an ihn ohne Zinsen zurückzuerstatten.

§ 8 Geschäftsführung, Vertretung

(1) Über die Zahl, die Person und die Vertretungsberechtigung der Geschäftsführer beschließt die Gesellschafterversammlung mit einfacher Mehrheit. Sollen nicht Gesellschafter, sondern dritte Personen zu Geschäftsführern bestellt werden, so bedarf dies eines Gesellschafterbeschlusses mit Drei-Viertel-Mehrheit. Die Gesellschafter sind verpflichtet, den Geschäftsführern in öffentlich beglaubigter Urkunde die Vollmacht zur alleinigen Vertretung der Gesellschaft entsprechend diesem Gesellschaftsvertrag zu erteilen. Für einzelne Maßnahmen kann die Gesellschafterversammlung durch Beschluss jedoch bestimmen, dass der geschäftsführende Gesellschafter nur gemeinsam mit einem weiteren Gesellschafter oder mit allen Gesellschaftern die Gesellschaft vertreten kann. Unabhängig von dieser Vertretungsregelung ist jeder im Grundbuch eingetragene Gesellschafter allein ermächtigt, alle Erklärungen gegenüber dem Grundbuchamt abzugeben, insbesondere auch die Berichtigung des Gesellschafterbestandes. Verfügungen und Belastungen bzgl. des der Gesellschaft gehörenden Grundbesitzes können nur durch alle Gesellschafter gemeinsam erfolgen, soweit dem geschäftsführenden Gesellschafter hierzu keine ausreichende Vollmacht erteilt ist.
(2) Die Geschäftsführer dürfen die Gesellschafter nur beschränkt auf das Gesellschaftsvermögen, nicht darüber hinaus verpflichten. Dies gilt nicht bis zur Fertigstellung des Bauvorhabens; bis zu diesem Zeitpunkt können die Gesellschafter auch mit ihrem übrigen Vermögen, aber – mit Ausnahme des Kaufpreises für den Erwerb des Grundstücks – nicht gesamtschuldnerisch, sondern nur anteilig entsprechend ihrer Beteiligung an der Gesellschaft verpflichtet werden. Die Beschränkung der Haftung und dass vorgenommene Tilgung den Haftungsbetrag jedes Gesellschafter anteilig mindern,[388] haben die Geschäftsführer mit den Geschäftspartnern jeweils zu vereinbaren; ansonsten bedürfen sie der Zustimmung jedes Gesellschafters.
(3) Die Geschäftsführer haben alle zur ordentlichen Geschäftsführung gehörenden gewöhnlichen Geschäfte zu erledigen. Zu allen außergewöhnlichen Geschäftsfüh-

---

[388] Nach BGH v. 08.02.2011 – II ZR 243/09, DStR 2011, 984 m. Anm. *Priester*, DStR 2011, 1278 zweckmäßig als Hinweis für das Vertretungshandeln.

rungsmaßnahmen bedarf er eines Gesellschafterbeschlusses. Zu diesen zustimmungsbedürftigen außergewöhnlichen Geschäften zählen neben den u.a. in § 10 (6) lit. d) und e) bezeichneten Maßnahmen insbesondere:
a) Aufnahme von Darlehen über den in § 3 bezeichneten Betrag hinaus, sowie zu jeder Änderung oder Beendigung von Darlehensverträgen;
b) Abschluss und Beendigung von Bau- und Herstellungsverträgen;
c) Abschluss und Beendigung von Mietverträgen;
d) Führen von Rechtsstreitigkeiten;
e) Abweichungen vom genehmigten Jahreswirtschaftsplan.
(4) Den Geschäftsführern steht für ihre Tätigkeit eine angemessene Vergütung zu; beim Abschluss von Vermietungen haben sie Anspruch auf die übliche Vermittlungsprovision. Notwendige Auslagen sind den Geschäftsführern auf Nachweis zu erstatten.
(5) Zum ersten Geschäftsführer wird ..... bestellt. Er ist berechtigt, die Gesellschaft nach außen allein zu vertreten. Bis zur Fertigstellung des Bauvorhabens kann seine Bestellung zum Geschäftsführer nicht widerrufen und seine Vertretungsberechtigung nicht eingeschränkt werden, danach *(nur gemäß § 712 BGB)* mit einfachem Mehrheitsbeschluss. Ihm wird in der Anlage zu dieser Urkunde von jedem Gesellschafter eine Vollmacht erteilt.[389]
(6) Im Fall der Auflösung der Gesellschaft sind nur die dann bestimmten geschäftsführenden Gesellschafter, nicht auch die übrigen Gesellschafter, Liquidatoren. Die Vertretungsregelung gilt für Liquidatoren entsprechend.

§ 9 Informations- und Kontrollrechte, Wirtschaftsplan

(1) Die Gesellschafter haben, auch soweit sie von der Geschäftsführung und Vertretung ausgeschlossen sind, jederzeit das Recht, die Unterlagen der Gesellschaft einzusehen, sowie umfassende Auskunft über die wirtschaftlichen und rechtlichen Verhältnisse der Gesellschaft zu verlangen.
(2) Der Geschäftsführer hat spätestens zwei Monate vor Ablauf eines Geschäftsjahres für das kommende Geschäftsjahr einen Wirtschaftsplan über die zu erwartenden Einnahmen und geplanten Ausgaben aufzustellen und durch Gesellschafterbeschluss genehmigen zu lassen. Er hat die Gesellschafter unverzüglich zu unterrichten, wenn sich Abweichungen vom Wirtschaftsplan ergeben haben oder voraussichtlich ergeben werden.
(3) Er hat innerhalb von sechs Monaten nach Ablauf eines Geschäftsjahres einen Rechnungsabschluss unter Auflistung der Einnahmen und Ausgaben zu erstellen und den Gesellschaftern zur Genehmigung und Verwendung für die Steuererklärung vorzulegen.

§ 10 Gesellschafterbeschlüsse

(1) Beschlüsse der Gesellschafter werden in Gesellschafterversammlungen gefasst. Sie können auch außerhalb von Gesellschafterversammlungen in jeder beliebigen Weise gefasst werden, wenn alle Gesellschafter mit dieser Art der Abstimmung einverstanden sind. Gesellschafterbeschlüsse sind durch die Geschäftsführer schriftlich niederzulegen, ohne dass die Beachtung dieser Form Wirksamkeitsvoraussetzung ist. Die Anfechtungsfrist bzgl. Gesellschafterbeschlüsse beträgt zwei Monate, beginnend ab der Versendung des Beschlussprotokolls.
(2) In jedem Jahr ist eine ordentliche Gesellschafterversammlung durchzuführen; im Übrigen sind Gesellschafterversammlungen durchzuführen, wenn dies zur Beschluss-

---

[389] Muster hierzu bei § 130 Rdn. 30 M.

fassung erforderlich ist oder wenn es ein Gesellschafter unter Angabe der zur Beschlussfassung oder Erörterung zu stellenden Angelegenheit dies schriftlich verlangt. Gesellschafterversammlungen werden durch die Geschäftsführer – in zur Vertretung der Gesellschaft berechtigter Zahl – wenn kein Geschäftsführer vorhanden ist durch jeden einzelnen Gesellschafter – mit mindestens einwöchiger Frist schriftlich oder in anderer Textform einberufen.

(3) Gesellschafterversammlungen sind beschlussfähig, wenn mindestens die ..... aller Stimmen vertreten ist. Ist dies nicht der Fall, ist innerhalb von zwei Wochen zu einer neuen Gesellschafterversammlung mit gleicher Tagesordnung zu laden, die in jedem Falle beschlussfähig ist; hierauf ist in der Einladung hinzuweisen.

(4) Gesellschafter können sich in Gesellschafterversammlungen durch andere Gesellschafter oder durch zur Berufsverschwiegenheit verpflichtete Dritte der rechts-, steuer- oder wirtschaftsprüfenden Berufe mit Vollmacht in Textform oder durch einen Testamentsvollstrecker oder durch Nießbrauchberechtigte an Gesellschafteranteilen vertreten lassen.

(5) Gesellschafterbeschlüsse werden mit einfacher Mehrheit der abgegebenen Stimmen gefasst, soweit sich aus dieser Satzung oder zwingend aus dem Gesetz kein höheres Mehrheitserfordernis ergibt. Das Stimmrecht richtet sich nach der Höhe der Beteiligung an der Gesellschaft.

(6) Die Gesellschafterversammlung beschließt mit solcher einfacher Mehrheit über alle gewöhnlichen und außergewöhnlichen, geschäftlichen und gesellschaftsinternen Angelegenheiten, insbesondere
a) über Richtlinien für die Geschäftsführung und einzelne Geschäftsführungsmaßnahmen,
b) über den jährlichen Wirtschaftsplan,
c) über den Jahresabschluss,
d) über die eventuelle Aufteilung des Grundbesitzes der Gesellschaft in Wohnungs- und Teileigentum,
e) über den – ganzen oder teilweisen – Verkauf des Grundbesitzes der Gesellschaft,
f) über die Auflösung der Gesellschaft.

Das Recht jedes Gesellschafters, dass unentziehbare Gesellschafterrechte nicht durch Mehrheitsentscheidungen treupflichtwidrig beeinträchtigt werden dürfen, bleibt hiervon unberührt.

§ 11 Aufwendungen

(1) Die Gesellschafter sind verpflichtet, die Aufwendungen der Gesellschaft bis zur Gesamthöhe ihrer jeweiligen Einlage- und höchstzulässigen Nachschusspflicht gemäß § 2 entsprechend dem jährlichen Wirtschaftsplan im Verhältnis ihrer Beteiligung an der Gesellschaft zu tragen und auf Anforderung durch die Geschäftsführer unverzüglich an die Gesellschaft einzuzahlen. Rückständige Zahlungen sind mit ..... Prozentpunkten über dem Basiszinssatz jährlich zu verzinsen.

(2) Die Anforderung von Beiträgen der Gesellschafter über den jährlichen Wirtschaftsplan hinaus bedarf eines Gesellschafterbeschlusses mit ..... Mehrheit.

§ 12 Geschäftsjahr

Das Geschäftsjahr der Gesellschaft ist das Kalenderjahr.

§ 13 Jahresabschluss, Gewinn- und Verlustbeteiligung, Rücklagen

(1) Die Geschäftsführer sind verpflichtet, unverzüglich nach Beendigung eines Geschäftsjahres den Jahresabschluss durch Überschussrechnung aufzustellen und

der Gesellschafterversammlung zur Beschlussfassung vorzulegen. Nach der Fertigstellung des Bauvorhabens der Gesellschaft haben die Geschäftsführer den Gesellschaftern unverzüglich Rechnung zu legen.
(2) Gewinne der Gesellschaft stehen den Gesellschaftern im Verhältnis ihrer Beteiligung an der Gesellschaft zu; Verluste haben sie im selben Verhältnis zu tragen. Der Jahresgewinn ist an die Gesellschafter unverzüglich nach Beschlussfassung über den Jahresabschluss auszuzahlen, wenn nicht die Gesellschafterversammlung hinsichtlich der Auszahlungsweise mit Drei-Viertel-Mehrheit der anwesenden oder vertretenen Gesellschafter etwas anderes beschließt. Die Gesellschafterversammlung kann (mit einfacher Mehrheit) beschließen, dass während des Jahres einzelne oder regelmäßige Abschlagszahlungen geleistet werden.
(3) Beginnend ab dem Jahr in dem die werkvertragliche Mängelhaftung für das zu errichtende Bauobjekt abläuft, ist vom Gewinn vor dessen Verteilung jährlich ein Anteil von ..... % in eine Rücklage einzustellen. Über die Erhöhung oder Verringerung der Rücklagenbildung entscheiden die Gesellschafter durch Beschluss mit einer Mehrheit von $^3/_4$ der anwesenden oder vertretenen Stimmen; über die Verwendung der Rücklagen durch ordentlichen Gesellschafterbeschluss.

§ 14 Schlussbestimmungen

(1) Sollte eine Bestimmung dieses Gesellschaftsvertrags unwirksam sein oder werden, so wird dadurch die Wirksamkeit seines Inhalts im Übrigen nicht berührt. Die Gesellschafter sind in einem solchen Falle verpflichtet, an einer Ergänzung des Gesellschaftsvertrags durch eine Bestimmung mitzuwirken, durch die der wirtschaftliche Zweck der unwirksamen Bestimmung möglichst weitgehend erreicht wird.
(2) Soweit dieser Gesellschaftsvertrag keine abweichende Regelung enthält, gelten die gesetzlichen Bestimmungen der §§ 705 ff. des Bürgerlichen Gesetzbuches über die Gesellschaft bürgerlichen Rechts.
(3) Änderungen und Ergänzungen des Vertrages bedürfen der Schriftform, soweit nicht im Einzelfall weitergehende Formvorschriften bestehen. Dies gilt auch für die Änderung dieser Bestimmung.
(ggf. Mediationsklausel: § 129 Rdn. 8)

■ **Kosten.** Geschäftswert: Gesamtaufwand für Erwerb und Bebauung;[390] nach Nr. 21100 KV GNotKG eine 2,0 Geb. (Tabelle B).

7. Verkauf eines GbR-Anteils

154 Da die Übertragung eines GbR-Anteiles (hierzu u.a. Rdn. 100 ff., zum Regelungsinhalt auch § 133 Rdn. 51) nicht wie die Übertragung eines Miteigentumsanteiles grundbuchmäßig abgesichert werden kann, empfiehlt es sich bei Anteilsveräußerungen eine Absicherung der gegenseitigen Vertragsinteressen wie bei einer Erbteilsübertragung vorzunehmen, also entweder bei Übertragung an Mitgesellschafter durch aufschiebend bedingte Abtretung, wobei Bedingungseintritt die Kaufpreiszahlung ist, oder bei Übertragung an Dritte durch auflösend bedingte Abtretung unter Eintragung eines Widerspruchs im Grundbuch, wobei Bedingungseintritt der Rücktritt wegen Nichtzahlung des Kaufpreises ist.[391] Bzgl. der Erklä-

---

390 OLG Köln MittBayNot 1999, 399.
391 Zu Letzterem s. Muster bei *Schöner/Stöber*, 12. Aufl. Rn. 955; Fuhrmann/Wälzholz/Wicke/Ruhwinkel, Formularbuch Gesellschaftsrecht s. 1469 ff. Zu Sicherungsmöglichkeiten von Veräußerer bzw. Erwerber: DNotI-Report 2015, 97; *Heinze*, RNotZ 2010, 289, 307. Zwischensicherung der aufschiebend bedingten Abtretung über die Eintragung einer Verfügungsbeschränkung im Grundbuch ist nicht mehr möglich, OLG Köln v. 20.12.2010 – 2 Wx 118/10, RNotZ 2011, 166 m. abl. Anm. *Heinze*.

rung der Grundbuchberichtigung, zu der immer eine Unbedenklichkeitsbescheinigung des Finanzamts erforderlich ist, kann der Ausscheidende ein Zurückbehaltungsrecht bis zur Abfindungszahlung geltend machen, soweit dies nicht durch Satzungsregelung ausgeschlossen oder wegen Gefährdung oder Beeinträchtigung der Fortsetzung der Gesellschaftsgeschäfte missbräuchlich wäre.[392] Muster zur Schenkung eines GbR-Anteils unter Nießbrauchsvorbehalt bei § 63 Rdn. 38 M.

Kaufvertrag über GbR-Anteil

I. Vorbemerkungen

155 M

Bezeichnung des Gesellschaftsanteiles, des dazugehörigen Grundbesitzes und der Belastungen

II. Anteilsverkauf

..... = *Veräußerer*
verkauft an
..... = *Erwerber*
zur Alleinberechtigung seinen Gesellschaftsanteil an der in Abschnitt I. bezeichneten Gesellschaft bürgerlichen Rechts.

1. Kaufpreis

Der Kaufpreis beträgt .....
Er ist nach Vorliegen folgender Voraussetzungen fällig: *(bei auflösend bedingte Abtretung:)* *der Widerspruch gemäß Abschn. II. 6.2. im Grundbuch im Rang nach den in Abschn. I. bezeichneten Rechten in Abteilung II und III eingetragen wurde.*
.....
Ggf. Zwangsvollstreckungsunterwerfung

2. Rechte und Pflichten

Soweit gesetzlich zulässig, gehen im Verhältnis der Vertragsteile zueinander alle Rechte und Pflichten, die sich aus den veräußerten Gesellschaftsanteilen ergeben, ab Zahlung des Kaufpreises auf den Erwerber über (= Stichtag).
Die Beteiligung wird übertragen mit allen Rechten und Pflichten an oder gegenüber der GbR, insbesondere allen Ansprüchen und Verbindlichkeiten aus allen Kapitalkonten, auch soweit Einzahlungs- oder Ausgleichspflichten bestehen, allen sonstigen mit der Beteiligung verbundenen Ansprüchen, Rechten und dergleichen, insbesondere allen Ansprüchen auf Gewinnausschüttung und Verzinsung der Kapitalkonten nicht jedoch das Guthaben auf dem Gesellschafter-Darlehenskonto (= Fremdkapitalkonto). Ausgleichsverpflichtungen treffen den Veräußerer gegenüber der Gesellschaft nicht mehr, insbesondere auch keine Pflichten zum Ausgleich eines eventuellen negativen Kapitalkontos *(alternativ: das negative Kapitalkonto hat er noch bis zum ..... auszugleichen)*. Im Verhältnis der Vertragsbeteiligten ist der Gewinn für das laufende Geschäftsjahr zeitanteilig bezogen auf den Stichtag untereinander aufzuteilen. Gewinnbeteiligungen aus vergangenen Geschäftsjahren für die noch kein Jahresabschluss festgestellt

---

[392] BGH v. 08.01.1990 – ZR 115/89, NJW 1990, 1171.

und Gewinnverwendungsbeschluss gefasst worden ist, sowie stehen gelassene Gewinne, stehen dem Veräußerer noch zu.[393]

3. Mängelhaftung

Der Veräußerer haftet hinsichtlich seiner verkauften Gesellschaftsbeteiligung lediglich für den ungehinderten Rechtsübergang an den Erwerber und deren Freiheit von Rechten Dritter sowie dafür, dass der Gesellschaftsvertrag in der Fassung vom ..... unverändert fortbesteht und an der GbR nur die im Grundbuch eingetragenen Gesellschafter beteiligt sind *(ggf. weitere Haftungs- oder Garantievereinbarungen).*
Eine weitergehende Haftung, insbesondere für die Beschaffenheit und Zustand des Unternehmens der Gesellschaft und dessen einzelne Wirtschaftsgüter sowie die Höhe der Gesellschaftsverbindlichkeiten wird ausgeschlossen, insbesondere somit jegliche Haftung für etwaige Sach- oder Rechtsmängel der zum Gesellschaftsvermögen gehörenden Gegenstände.
Eine Gewährleistung, welche Vermögensgegenstände zum Vermögen der Gesellschaft gehören, wird nicht übernommen. Abweichend davon haftet der Veräußerer jedoch, dass der in Abschn. I. bezeichnete Grundbesitz zum Gesellschaftsvermögen gehört.

4. Haftungsfreistellung

Der Notar hat den Veräußerer als ausscheidenden Gesellschafter über die auch nach Ausscheiden aus der Gesellschaft bestehende Nachhaftung gegenüber Gesellschaftsgläubigern belehrt (§ 736 Abs. 2 BGB, § 160 HGB). Danach haftet der ausscheidende Gesellschafter neben den verbleibenden Gesellschaftern als Gesamtschuldner für Verbindlichkeiten, deren Rechtsgrund bereits gelegt ist und die innerhalb von fünf Jahren ab dem Zeitpunkt, von dem der Gläubiger von dem Ausscheiden Kenntnis erlangt, in bestimmter Weise gegenüber dem Ausscheidenden geltend gemacht werden oder vom Ausscheidenden schriftlich anerkannt werden. Dem Erwerber ist bekannt, dass er auch für die zum Zeitpunkt seines Beitritts bestehenden Verbindlichkeiten der GbR persönlich haftet.
Im Hinblick darauf vereinbaren die Vertragsteile:
Der Erwerber verpflichtet sich, den Veräußerer im Innen- und Außenverhältnis von all diesen treffenden Haftungen aus seiner bisherigen Gesellschafterstellung freizustellen.
Die Beteiligten erklären, dass nach ihrer Kenntnis lediglich Haftungen gegenüber der ..... Bank aus der Kreditgewährung zugunsten der Gesellschaft bestehen.
Die Beteiligten beauftragen den Notar bei dieser Bank eine Erklärung einzuholen, wonach der Veräußerer aus allen Haftungen für Verbindlichkeiten der GbR freigestellt ist und alle von ihm evtl. dafür gewährten Sicherheiten freigegeben sind.
Auf Sicherstellung der Haftungsfreistellung des Veräußerers gegenüber sonstigen Gesellschaftsgläubigern wird vorerst verzichtet. Bei Inanspruchnahme des Veräußerers durch Gesellschaftsgläubiger kann dieser jedoch sofortige Freistellung und ausreichende Sicherheitsleistung für zukünftige mögliche Inanspruchnahmen verlangen.
Der Veräußerer erklärt, dass er für Verbindlichkeiten der GbR gegenüber Dritten keine Bürgschaften oder sonstige persönliche Haftungen übernommen und auch keine anderen Sicherheiten geleistet hat.

---

[393] Bei rein vermögensverwaltender GbR erzielt der Gesellschafter Vermietungseinkünfte. Diese werden gemäß § 180 AO einheitlich und gesondert festgestellt und den Gesellschaftern entsprechend dem zivilrechtlichen Beteiligungsverhältnis zugerechnet, solange die Gesellschafter keine abweichende, auch steuerlich zu berücksichtigende Vereinbarung getroffen haben (BFH v. 20.01.2009 – IX R 18/07). Demgemäß wird der Gewinn dem jeweiligen Gesellschafter in der jeweiligen Beteiligungsperiode zugerechnet.

5. Abtretung

Der Veräußerer tritt seinen veräußerten Gesellschaftsanteil an den Erwerber ab, der die Abtretung annimmt. Diese Abtretung ist aufschiebend bedingt; sie wird wirksam, sobald dem Veräußerer bzw. dem Notar die Gläubigerbestätigung gemäß Ziff. 3 vorliegt und der Kaufpreis vollständig bezahlt wurde.

6. Grundbuchberichtigung, Vollzugsanweisung

Mit Eintritt der aufschiebenden Bedingung für den dinglichen Übergang wird das Grundbuch von ..... Blatt ..... unrichtig.
Die Beteiligten bevollmächtigen den Notar, in einer Eigenurkunde den Eintritt der Bedingung festzustellen, sowie den Antrag und die Bewilligung des Rechtsüberganges seitens sämtlicher Gesellschafter gegenüber dem Grundbuchamt abzugeben.
Die Vertragsteile weisen den Notar in einseitig unwiderruflicher Weise an, diese Feststellung sowie die Bewilligung samt Antrag auf Eintragung der Rechtsänderung im Grundbuch erst gegenüber dem Grundbuchamt zu erklären, wenn
dem Notar die Zahlung des Kaufpreises schriftlich nachgewiesen ist u n d
ihm die Erklärung zur Haftungsfreistellung gemäß Ziff. 3 vorliegt, ersatzweise der Veräußerer schriftlich auf die Bedingung verzichtet und schriftlich seine Zustimmung zur Grundbuchberichtigung erteilt hat.

Alternativ: auflösend bedingte Abtretung

5. Abtretung

Der Veräußerer tritt seinen veräußerten Gesellschaftsanteil an den Erwerber mit sofortiger dinglicher Wirkung ab, der die Abtretung annimmt. Diese Abtretung ist jedoch auflösend bedingt. Der Veräußerer behält sich das Recht vor, von dem Veräußerungsvertrag zurückzutreten, wenn der Kaufpreis gemäß Abschn. II.1. nicht zum Fälligkeitszeitpunkt bezahlt wurde. Mit Erklärung des Rücktritts tritt die auflösende Bedingung ein.

6. Grundbuchberichtigung, Widerspruch

6.1. Durch die Anteilsabtretung ist das Grundbuch unrichtig geworden. Der Veräußerer bewilligt und der Erwerber beantragt die Berichtigung des Grundbuches. Der Notar wird jedoch unwiderruflich angewiesen, die Grundbuchberichtigung erst zu beantragen, wenn der Veräußerer die Zahlung des Kaufpreises bestätigt oder der Erwerber dies durch Bankbestätigung nachgewiesen hat. Bis dahin sind keine Ausfertigungen oder beglaubigten Abschriften an die beteiligen zu erteilen, welche diese Regelung zu Abschn. II. 6.1. enthält.
6.2. der Veräußerer bewilligt und der Erwerber beantragt hiermit die Eintragung eines entsprechenden Widerspruchs gemäß § 899a i.V.m. § 899 BGB gegen die Richtigkeit des Grundbuches zugunsten des Erwerbers. Der Erwerber bewilligt und beantragt bereits heute die Löschung des Widerspruchs Zug um Zug mit Vollzug der unter Abschn. II. 6.1. beantragten Grundbuchberichtigung.

7. Genehmigungen

Soweit zu dieser Abtretung auch die Zustimmung der Mitgesellschafter erforderlich ist, werden diese die Beteiligten unverzüglich selbst in öffentlich beglaubigter Form einholen.

8. Schlussbestimmungen

Eine steuerliche Beratung hat der Notar nicht übernommen. Er hat insbesondere auf Folgendes hingewiesen: – die Berichtigung des Grundbuches kann erst erfolgen, wenn die Unbedenklichkeitsbescheinigung vorliegt; – der Erwerber haftet künftig persönlich und akzessorisch für alle Verbindlichkeiten und Verpflichtungen der Gesellschaft, auch wenn sie ihm nicht bekannt sein sollten.
(Vollzugsvollmacht, Kosten, Abschriften)

■ *Kosten.* Kostenrechtlich ist als Geschäftswert der unter fremden Dritten vereinbarte Kaufpreis, bei teil- bzw. unentgeltlicher Veräußerung der tatsächliche Anteilwert gemäß § 86 i.V.m. § 36 GNotKG anzusetzen. Gegenstand der Veräußerung ist die Mitgliedschaft als solche und damit auch der Anteil am Gesamthandsvermögen, wobei das Schuldenabzugsverbot des § 38 Satz 2 GNotKG zu beachten ist. 2,0 Gebühr nach Nr. 21100 KV GNotKG (Tabelle B).

§ 131 Grundlagen und Besteuerung von Personenhandelsgesellschaften

I. Handelsrechtliche Grundlagen

1. Wesensmerkmale

a) Wesen

Schließen sich mehrere Personen mit dem Zweck zusammen unter einer gemeinschaftlichen Firma ein vollkaufmännisches Handelsgewerbe zu betreiben, sind sie Kraft Gesetzes eine OHG, wenn die Gesellschafter nicht durch die Wahl einer anderen zulässigen Rechtsform ihre Haftung beschränkt haben (§ 105 Abs. 1 HGB). »*Offene*« heißt sie im Gegensatz zur stillen Gesellschaft, weil ihre Gesellschafter offen in Erscheinung treten. Die OHG ist die älteste Handelsgesellschaftsform deutschen Rechts. Wie die KG, die eine Unterart von ihr darstellt, ist die OHG eine besondere Form der bürgerlich-rechtlichen Gesellschaft (§§ 705 ff. BGB). Daher gelten ergänzend deren Vorschriften und Rechtsgrundsätze. Wegen dieser und der das Personengesellschaftsrecht beherrschenden Grundsätze (Selbstorganschaft, Gesamthandsprinzip, Anwachsungsprinzip) s. § 130 Rdn. 6 ff.   **1**

b) Zulässiges Gewerbe

Die Rechtsform der OHG/KG steht allen Gesellschaften offen, die ein Gewerbe i.S.v. §§ 1, 2 oder 3 HGB betreiben (unabhängig von dessen Größe) und darüber hinaus nun auch solchen Gesellschaften, die nur eigenes Vermögen verwalten (§ 105 Abs. 1, 2, §§ 1, 2 HGB). Eine Gesellschaft, die kleingewerbetreibend ist oder nur eigenes Vermögen verwaltet oder ein Gewerbe nach §§ 2, 3 HGB betreibt, kann zur offene Handelsgesellschaft/Kommanditgesellschaft werden, indem sie im Handelsregister mit eigener Firma eingetragen wird.   **2**

Weil ihnen die Merkmale des Betriebes eines Handelsgewerbes bzw. der bloßen Vermögensverwaltung fehlen, können freie Berufe (Ärztegemeinschaft, Anwaltssozietät) nicht als OHG/KG betrieben werden. Ihnen stellt der Gesetzgeber seit 1994 neben der Gesellschaft bürgerlichen Rechts die Rechtsform der Partnerschaftsgesellschaft zur Verfügung. Apotheken können, wenn alle Gesellschafter Apotheker sind, nur in der Form einer OHG betrieben werden (§ 8 ApG). Wirtschaftsprüfungsgesellschaften sind als OHG und KG zulässig (§ 27 Abs. 1 Satz 2 WPO) sowie Steuerberatungsgesellschaft (§ 49 Abs. 2 StBerG) in der Form einer Kommanditgesellschaft mit dem Gesellschaftszweck »geschäftsmäßige Hilfeleistung in Steuersachen einschließlich der Treuhandtätigkeit«.[1]   **3**

Auch ein Handwerksunternehmen kann als Personenhandelsgesellschaft geführt werden, da auch das Gewerbe eines Handwerkers Handelsgewerbe i.S.d. § 1 Abs. 2 HGB ist. Für das Entstehen der OHG/KG ist die Eintragung in die Handwerksrolle nicht erforderlich. Vielmehr hat das Handelsregister jede Neueintragung und jede Änderung des Registerblattes, wenn es sich um ein handwerkliches Unternehmen handelt oder handeln kann,   **4**

---

1 BGH, Beschl. v. 15.07.2014 – II ZB 2/13, DNotZ 2015, 57 (m. Anm. *Lubberich*) = DStR 2014, 2085 = DStR 2014, 2419 (m. Anm. *Arens*) = NJW 2015, 61 = RNotZ 2015, 34. BGH bestätigt die GmbH & Co.KG als Rechtsform für Steuerberater und Wirtschaftsprüfer. Nicht jedoch für Rechtsanwälte (BGH v. 18.07.2011 – AnwZ 18/10, NZG 2011, 1063 = NJW 2011, 3036; kritisch hierzu: *Hänssler/Markworth*, NZG 2015, 1). Die GmbH & Co.KG erzielt jedoch zwingend Einkünfte nach § 15 EStG und nicht nach § 18 EStG (BFH v. 10.10.2012 – VIII R 42/10, BFHE 238, 444 = BStBl II 2013, 79 = DStR 2012, 2532).

an die zuständige Handwerkskammer mitzuteilen (§ 37 Abs. 1 Nr. 5 HRV). Um ein zulassungspflichtiges Handwerk nach Anlage A der HwO im Rahmen eines Gewerbebetriebes ausüben zu dürfen, bedarf es jedoch zwingend der Eintragung in die Handwerksrolle (§ 1 Abs. 1 HwO). Bei Personengesellschaften setzt die Eintragung voraus, dass der Betriebsleiter die persönlichen Voraussetzungen erfüllt. Die fehlende Eintragung in die Handwerksrolle hindert jedoch nicht die Eintragung der OHG/KG in das Handelsregister. Wird lediglich ein handwerksähnliches Gewerbe nach Anlage B der HwO betrieben, ist die Aufnahme des Gewerbebetriebes der Handwerkskammer nur anzuzeigen (§ 18 HwO).

c) Haftungsstruktur

5 Die unbeschränkte, persönliche, unmittelbare und gesamtschuldnerische Haftung der Gesellschafter[2] mit ihrem gesamten Vermögen ist zwingende Rechtsfolge des Rechts der OHG bzw. KG und nicht abdingbar (§ 128 HGB), beim Kommanditisten jedoch auf die Einlage beschränkt; sonst bedarf es einer anderen Rechtsform. Sie beruht auf der fehlenden Kapitalsicherung, da ein Mindestkapital nicht erforderlich ist und die von den Gesellschaftern geschuldeten Beiträge auch nur in der Leistung von Diensten bestehen kann. Die Haftung ist eine primäre, nicht eine bloß subsidiäre, sodass aufgrund der Unmittelbarkeit der Gläubiger nicht zuerst gegen die Gesellschaft vorgehen muss, sondern selbst sofort gegen den einzelnen Gesellschafter vorgehen und auf sein gesamtes Vermögen summenmäßig unbeschränkt zugreifen kann. Gesellschaftsschuld und Gesellschafterhaftung sind jedoch zweierlei Dinge.[3] Die Haftung des Gesellschafters ist nicht originär, sondern akzessorisch zum Bestehen der Gesellschaftsverbindlichkeit, sodass ihm damit alle Einreden und Einwendungen zustehen, die auch die Gesellschaft geltend machen kann. Der in Anspruch genommene Gesellschafter hat einen vollen Regressanspruch gegenüber der OHG/KG gemäß § 110 HGB und subsidiär einen anteiligen (*pro rata*) Ausgleichsanspruch gemäß § 426 Abs. 1 BGB gegenüber seinen Mitgesellschaftern.[4]

d) Rechtsstruktur, Gesamthand

6 Die OHG/KG ist als Personengesellschaft ein mitunternehmerischer Verband, keine korporative Einheit. Anders als bei einer Kapitalgesellschaft steht nicht die Einbringung des Kapitals im Vordergrund, sondern der persönliche Einsatz der Gesellschafter (in gemischter Form bei der Kommanditgesellschaft). Diese setzen in der Regel ihre eigene Arbeitskraft ein, woraus sich eine gewisse persönliche Verbundenheit zu dem Unternehmen ergibt. Die Gründung der Personengesellschaft ist nicht von einem bestimmten Mindestkapital abhängig.

7 Sie haben als Handelsgesellschaft Kaufmannseigenschaft und sind als Außengesellschaft eine teilrechtsfähige Gesamthandsgesellschaft, keine juristische Person, auch wenn sie unter ihrer Firma Rechte erwerben und Verbindlichkeiten eingehen (§ 124 Abs. 1 HGB), vor Gericht klagen und verklagt werden können, insolvenzrechtsfähig sind und Eigentum und andere dingliche Rechte an Grundstücken erwerben können. In diesem Rahmen sind sie Rechtssubjekt. Hinsichtlich des Gesellschaftsvermögens wird, im Gegensatz zur früheren Ansicht (gebundenes *Sondervermögen*, das den Gesellschaftern zur gesamten Hand zusteht), die Gesellschaft selbst als Rechtsträger angesehen.[5] Dennoch unterscheiden sie sich gegenüber den juristischen Personen insbesondere durch den dispositiven Einstimmigkeitsgrundsatz, die zwingende Selbstorganschaft, die persönliche Verbindung zwischen den

---

2 Ausführlich hierzu *K. Schmidt*, GesR § 49.
3 Daher ist auch ein eigener Vollstreckungstitel gegen den Gesellschafter erforderlich.
4 BGH NJW 1980, 339: Zwangsvollstreckung braucht aber nicht vorher ggü. der OHG versucht werden.
5 *K. Schmidt*, GesR § 46 II 2.

Gesellschaftern. Über seinen Anteil an der Gesellschaft kann der Gesellschafter nur mit Zustimmung der übrigen Gesellschafter verfügen.

e) Gesellschafter

Gesellschafter können natürliche oder juristische Personen sein, auch Kapitalgesellschaften (AG, GmbH) und auch eine Personengesamtheit (OHG, Kommanditgesellschaft).[6] Gesellschafter können *nicht* werden ein eingetragener Verein oder eine Erbengemeinschaft.[7] Wenn Erben Gesellschafter werden wollen, müssen sie das persönlich tun oder durch einen von ihnen als Treuhänder der anderen. Noch nicht abschließend geklärt ist, ob eine Gesellschaft bürgerlichen Rechts persönlich haftender Gesellschafter einer OHG/KG sein kann; das Gesetz lässt in § 168 Abs. 1 Satz 2 HGB nunmehr zu, dass eine GbR die Stellung eines Kommanditisten einnehmen kann. Aufgrund der Angleichung des Außenverhältnisses einer GbR durch die Rechtsprechung an das der OHG, bestehen nach h.M. keine durchgreifenden Bedenken mehr gegen ihre Zulassung als OHG-Gesellschafterin. Jedoch müssen dann sämtliche Gesellschafter der GbR und jeder Gesellschafterwechsel im Handelsregister der OHG/KG eingetragen werden.[8]

Bei der Gründung einer OHG/KG mit *Minderjährigen* bedarf dessen *gesetzlicher Vertreter* der familiengerichtlichen Genehmigung (§ 1822 Nr. 3 BGB). Als nicht genehmigungsbedürftig angesehen wird auch, wenn die Gesellschaft nur eigenes Vermögen verwaltet (hierzu § 130 Rdn. 95).[9] Bei eigener Beteiligung des gesetzlichen Vertreters ist Bestellung eines eigenen Ergänzungspflegers für jedes mitbeteiligte Kind (§§ 181, 1643 Abs. 1, 1795 Abs. 2, 1909 BGB) erforderlich. Keiner familiengerichtlichen Genehmigung bedarf dagegen der Erwerb einer Beteiligung durch den Minderjährigen kraft Gesetzes, insbesondere durch Erbfolge bei einer Nachfolgeklausel im Gesellschaftsvertrag. Der Minderjährige ist in allen Fällen durch § 1629a BGB und als persönlich haftender Gesellschafter durch das Sonderkündigungsrecht nach § 723 Abs. 1 Nr. 2 BGB geschützt.

Ehegatten, die in Gütergemeinschaft leben,[10] können eine OHG/KG nur durch Begründung von Vorbehaltsgut errichten;[11] gründen sie mit einem Dritten, ist dies nicht erforderlich: ihre Beteiligungen werden in diesem Fall kraft Gesetzes Sondergut[12] jedes Ehegatten.

Die persönlich haftenden Gesellschafter einer oHG/KG sind als Selbstständige normalerweise nicht sozialversicherungspflichtig (Rentenversicherung, Krankenversicherung und Arbeitslosenversicherung). Eine freiwillige Weiterversicherung in der gesetzlichen Krankenversicherung ist möglich. Außerdem besteht die Möglichkeit, eine Pflichtversiche-

---

6 OLG Neustadt NJW 1964, 1376 = DNotZ 1964, 755. Auch Ausländer oder ausländische Gesellschaften und auch Minderjährige.
7 BGHZ 22, 192 = DNotZ 1957, 405.
8 OLG Celle v. 27.03.2012 – 9 W 37/12, DStR 2012, 918: (Außen) Gesellschaft bürgerlichen Rechts kann als solche mitsamt ihren Gesellschaftern und, soweit erforderlich, Vertretungsverhältnis in das Handelsregister eingetragen werden.
9 OLG Jena v. 22.03.2013 – 2 WF 26/13, MittBayNot 2013, 387 m. Anm. *Gerono*; nach OLG München v. 06.11.2008 – 31 Wx 76/08 = MittBayNot 2009, 52 = ZEV 2008, 609; OLG Bremen v. 16.06.2008 – 2 W 38/08 = ZEV 2008, 608. Auch die Grundstücksveräußerung aus dem Vermögen der rein nur vermögensverwaltenden OHG/KG ist genehmigungspflichtig (OLG Nürnberg v. 04.10.2012 – 15 W 1623/12, DNotZ 2013, 33 = MittBayNot 2014, 165 (m. Anm. *Gerono*).
10 S. hierzu auch § 130 Rdn. 126
11 BGHZ 65, 79.
12 So OLG Nürnberg v. 24.05.2017 – 12 W 643/17, DStR 2017, 1717; unter Berufung auf BayObLG v. 22.01.2003 – 3Z BR 238/02, NJW-RR 2003, 899, wonach ein Kommanditanteil nicht im Gesamtgut gehalten werden kann. Ablehnend dazu *Grziwotz*, ZIP 2003, 848, unter Hinweis darauf, dass u.a. Ehegatten in Gütergemeinschaft ein Einzelunternehmen führen können (BayObLG v. 25.07.1991 – 3 Z 16/91) und dass in Gütergemeinschaft lebende Ehegatten mit einem Dritten eine OHG gründen können, ohne dass zuvor der Gesellschaftsanteil zum Vorbehaltsgut erklärt sein muss, wenn der Anteil übertragbar ist, sonst Sondergut (BayObLG v. 18.12.1980 – 1 Z 118/80).

rung oder eine freiwillige Versicherung in der gesetzlichen Rentenversicherung zu beantragen. In einigen Branchen ist auch ein Unternehmer in der gesetzlichen Unfallversicherung (Berufsgenossenschaften) versicherungspflichtig, wenn er keine Arbeitnehmer beschäftigt.

2. Entstehung

a) Abschluss des Gesellschaftsvertrages

12 Die OHG/KG entsteht durch Abschluss eines *Gesellschaftsvertrages* (§ 105 Abs. 2/§ 161 Abs. 2 HGB i.V.m. § 705 BGB) zwischen mindestens zwei Gesellschaftern. Der Vertrag kann formlos, sogar stillschweigend geschlossen werden, indem mindestens zwei Personen zur Förderung eines gemeinsamen handelsgewerblichen Zweckes auf Dauer beginnen zu handeln. Stellvertretung dabei ist möglich. Die Gesellschaft wird OHG/KG, wenn sie auf den Betrieb eines Handelsgewerbes ausgerichtet ist, ansonsten ist sie bis zur Handelsregistereintragung eine Gesellschaft bürgerlichen Rechts (Rdn. 2). Wenn aber Grundstücke oder GmbH-Anteile als Einlage des Gesellschafters in die Gesellschaft eingebracht werden müssen oder Zweck der OHG/KG der Erwerb eines bestimmten Grundstückes oder GmbH-Anteil ist, bedarf der ganze Vertrag nach § 311b Abs. 1 BGB bzw. § 15 GmbHG der notariellen Beurkundung.[13]

13 Im Verhältnis der Gesellschafter zueinander (Innenverhältnis) entsteht die Gesellschaft mit Abschluss des Vertrages, der auch stillschweigend unter Geltung der gesetzlichen Regeln geschlossen werden kann. Im Außenverhältnis wird die Gesellschaft gemäß § 123 Abs. 2 HGB bereits vor der Eintragung in das Handelsregister dann wirksam, wenn die Gesellschafter einem Dritten gegenüber eine den vereinbarten Geschäftsbetrieb vorbereitende Handlung vornehmen,[14] sofern der Gesellschaftszweck auf den Betrieb eines vollkaufmännischen Handelsgewerbes gerichtet ist und ausreichende Anhaltspunkte dafür vorliegen, dass das Unternehmen eine entsprechende Ausgestaltung und Einrichtung in Kürze erfahren wird.[15] Die Eintragung im Handelsregister ist zwar nur deklaratorisch, gemäß § 106 HGB aber verpflichtend und kann mit Zwangsgeldanordnung (§§ 388 ff. FamFG, § 14 HGB) herbeigeführt werden. Es müssen dazu keine Gründungsunterlagen eingereicht werden.

b) Eintragung im Handelsregister

14 Dagegen beginnt die Gesellschaft aber erst mit der Eintragung in das Handelsregister (§ 123 Abs. 1 HGB), wenn sie ein Gewerbe i.S.v. § 2 oder § 3 HGB betreibt oder ihr Gewerbe i.S.v. § 1 HGB die Grenze des § 1 Abs. 2 HGB nicht überschreitet oder die Gesellschaft nur ihr eigenes Vermögen verwaltet (§ 105 Abs. 2/§ 161 Abs. 2 HGB). Bis zur Eintragung ist sie Außengesellschaft des bürgerlichen Rechts. Auch § 2 Satz 3 HGB gilt dann entsprechend (§ 105 Abs. 2 Satz 2 HGB), sodass die Gesellschafter unter den Voraussetzungen dieser Vorschrift ihre Firma im Handelsregister auch wieder löschen lassen können.

15 Der Beginn der Gesellschaft ist nicht mehr im Handelsregister einzutragen.

16 Die sich aus dem Gesellschaftsvertrag ergebende dingliche Übertragung der Einlagegegenstände wird nach den allgemeinen Grundsätzen bewirkt. Erforderlich für den Rechtsübergang sind das Entstehen der OHG/KG und der Übertragungsakt. Die Auflassung an eine eventuell erst künftige Rechtsperson ist zulässig,[16] ebenso die Eintragung einer Auf-

---

13 S. bei § 130 Rdn. 91, auch wegen Heilung eines Formmangels.
14 Dazu kann bereits die Eröffnung eines Bankkontos ausreichen, ebenso Verhandlungen über den Kauf eines Betriebsgrundstücks oder die Vorbereitung des notariellen Abschlusses des Grundstückskaufvertrages (Baumbach/*Hopt*, § 123 HGB Rn. 10; Ebenroth/Boujong/Joost/Strohn/*Hillmann*, § 123 HGB Rn. 20).
15 BGH, Urt. v. 26.04.2004 – II ZR 120/02.
16 BayObLG NJW 1984, 497.

lassungsvormerkung für die Gründungsgesellschaft.[17] Da die Existenz der OHG/KG als besonderer Vermögensträger erst mit der Eintragung in das Handelsregister dem Grundbuchamt nachgewiesen werden kann, kann die Auflassungseintragung in das Grundbuch und somit der Eigentumsübergang des Einlagegrundstücks auf die Gesellschaft, erst nach der Eintragung der Firma in das Handelsregister (§ 15 Abs. 1b der Grundbuchverfügung) erfolgen. Aufgrund der rechtswahrenden Kontinuität zwischen Gründungsgesellschaft und eingetragener Gesellschaft ist eine erneute Auflassung nicht notwendig.[18]

3. Angaben auf Geschäftsbriefen

Auf den Geschäftsbriefen sind folgende Angaben zu machen: Firmenname, Rechtsform, Ort der Niederlassung, Amtsgericht des Handelsregisters, Handelsregisternummer. Bei einer Gesellschaft, bei der kein Gesellschafter eine natürliche Person ist, sind außerdem die Firmen der Gesellschafter sowie deren Eintragungsdaten anzugeben.

4. Buchführung und Jahresabschluss

Als kaufmännisches Unternehmen ist die Gesellschaft unabhängig von ihrem Umfang[19] verpflichtet, gemäß §§ 238 ff. HGB Handelsbücher zu führen und in diesen ihre Handelsgeschäfte und ihre Vermögenslage nach den Grundsätzen ordnungsgemäßer Buchführung ersichtlich zu machen. Am Schluss eines jeden Geschäftsjahres ist nach §§ 242 ff. HGB eine Handelsbilanz (Jahresbilanz) und eine Gewinn- und Verlustrechnung aufzustellen (in deutscher Sprache und in Euro) sowie nach § 140 AO eine Steuerbilanz.

Die Prüfung des Jahresabschlusses und die Offenlegung oder Publizität des Jahresabschlusses (vgl. §§ 325 ff. HGB) sind nicht vorgesehen, außer bei Kreditinstituten (§ 340k HGB) oder Gesellschaften, die dem Gesetz über die Rechnungslegung von bestimmten Unternehmen und Konzernen unterfallen oder bei denen nicht wenigstens eine natürliche Person persönlich haftender Gesellschafter ist (§ 264a HGB).

II. Besteuerung von gewerblich tätigen Personengesellschaften

1. Vorbemerkung, Mitunternehmer

Die Besteuerung von gewerblich tätigen Personengesellschaften und deren Gesellschafter, gleich ob es sich dabei um persönlich haftende Gesellschafter, Kommanditisten oder stille Gesellschafter handelt, ist einheitlich. Daher werden die Besteuerungsgrundlagen zusammengefasst vor den Erläuterungen zu den einzelnen Personengesellschaftsformen dargestellt. Dabei beschränken sich die Ausführungen auf die für die Vertragsgestaltung (speziell des Notars) wesentlichen Grundlagen, zumal der Notar nach ständiger Rechtsprechung in der Regel nicht auf die steuerlichen Folgen des zu beurkundenden Geschäftes hinweisen

---

17 BayObLG DNotZ 1986, 156.
18 Die Vorlage einer Notarbescheinigung oder eines beglaubigen Registerausdruckes bedarf es nicht mehr, weil gemäß § 32 Abs. 2 GBO der Nachweis auch durch Bezugnahme auf das Register geführt werden kann. Existenz und Vertretungsverhältnisse der Gründungsgesellschaft zum Zeitpunkt der notariellen Beurkundung eines Grundstückserwerbsvertrages können daher durch die später erfolgte Eintragung der Gesellschaft im Handelsregister nachgewiesen werden (OLG Hamm v. 19.02.2010 – I-15 W 201+202/10 = MittBayNot 2011, 252). Dagegen nunmehr Kammergericht v. 04.11.2014 – I W 247-248/14, ZfIR 2015, 62 = RNotZ 2015, 82 = DNotI-Report 2015, 11, wonach die Vertretungsverhältnisse nur mit einem Gesellschaftsvertrag in Form des § 29 Abs. 1 Satz 1 GBO nachgewiesen werden können. Ersatzweise ist nur die Nachgenehmigung des Vertretungsberechtigten zum Grundstücksgeschäft möglich; dagegen liegt Rechtsbeschwerde beim BGH vor (Az. V ZB 199/14).
19 A.A. *Demuth/Klingbeil*, DStR 2009, 2537 bzgl. rein vermögensverwaltende Personenhandelsgesellschaften.

muss, soweit er nicht Anlass zur Vermutung haben muss, einen Beteiligten drohe ein Schaden deswegen, weil er sich infolge mangelnder Kenntnis der Rechtslage der Gefahr nicht bewusst ist.[20] Hierbei werden weitgehend nur Hinweise auf Problemstellungen und Verständnishilfen gemacht. Für die genaue steuerliche Beratung ist stets die Hilfe eines Steuerberaters erforderlich.

20 *Begriff der Mitunternehmerschaft*: Die Art der Besteuerung richtet sich vor allem danach, ob es sich bei der Gesellschaft um eine steuerliche Mitunternehmerschaft handelt. Nicht jede Personengesellschaft ist auch schon eine Mitunternehmerschaft i.S.v. § 15 Abs. 1 Satz 1 Nr. 2 EStG. Voraussetzung ist, dass in ihr gewerbliche oder freiberufliche Tätigkeiten (§ 18 EStG) ausgeübt werden. Ist Zweck der Gesellschaft nur die Vermögensverwaltung *(vermögensverwaltende Personengesellschaft)*, werden die Wirtschaftsgüter des Gesellschaftsvermögens nicht der Gesellschaft selbst, sondern gemäß § 39 Abs. 2 Nr. 2 AO dem einzelnen Gesellschafter zugeordnet.[21] Eine Ausnahme dazu besteht gemäß § 15 Abs. 3 Nr. 2 EStG nur dann, wenn persönlich haftende Gesellschafter ausschließlich nur Kapitalgesellschaften sind; dann handelt es sich kraft Gesetzes um eine gewerblich tätige Gesellschaft (gewerblich geprägte Personengesellschaft), was der Rechtsform der GmbH & Co. KG den steuerlichen Vorteil bringt. Auch soweit eine Personengesellschaft gesellschaftsrechtlich als eigenständiger Rechtsträger anerkannt ist, wird sie im Sinne des Ertragsteuerrechts als nicht rechtsfähig angesehen. Vielmehr betrachtet das EStG jeden Gesellschafter einer solchen vermögensverwaltenden Personengesellschaft gemäß § 39 Abs. 2 Nr. 2 AO für sich, in Gegensatz zur Einheitlichkeit bei einer gewerblichen Gesellschaft. Ob ein Gesellschafter selbst auch Einkünfte aus Gewerbebetrieb erzielt oder aus privater Vermögensverwaltung, richtet sich danach, ob er Mitunternehmer ist. Dies ist ein Gesellschafter einer Personengesellschaft nur dann, wenn er aufgrund seiner gesellschaftsrechtlichen Stellung Mitunternehmerinitiative ausüben kann und Mitunternehmerrisiko trägt.[22] Mitunternehmerinitiative bedeutet vor allem Teilhabe an unternehmerischen Entscheidungen, wie sie z.B. Gesellschaftern oder diesen vergleichbaren Personen als Geschäftsführern, Prokuristen oder anderen leitenden Angestellten obliegen. Mitunternehmerrisiko trägt, wer (gesellschaftsrechtlich) am Erfolg oder Misserfolg eines Unternehmens teilhat. Dieses Risiko wird regelmäßig durch Beteiligung am Gewinn und Verlust sowie an den stillen Reserven des Gesellschaftsvermögens einschließlich des Geschäftswerts vermittelt.[23] Wer nicht am laufenden Gewinn oder am Gesamtgewinn der Gesellschaft beteiligt ist, ist danach regelmäßig nicht Mitunternehmer.[24]

21 Die Merkmale der Mitunternehmerinitiative und des Mitunternehmerrisikos können im Einzelfall mehr oder weniger ausgeprägt sein.[25] Ein geringeres mitunternehmerisches Risiko kann deshalb durch eine besonders starke Ausprägung des Initiativrechts ausgeglichen werden (und umgekehrt). Sie müssen jedoch beide vorliegen. Dass ein persönlich haftender Gesellschafter (Komplementär) weder am Gewinn und Verlust noch am Vermögen der Gesellschaft beteiligt ist, schließt dessen Mitunternehmerstellung nicht aus, wenn dem Komplementär entweder das organschaftliche Vertretungsrecht nach § 170 HGB nicht

---

20 LG Münster v. 25.10.2017 – 010 O 29/17: der Notar hat von sich aus auf Zweifel an der Geeignetheit der zu beurkundenden Erklärungen im Hinblick auf die Grunderwerbsteuer hinzuweisen, jedoch nur auf die möglicherweise bestehenden Rechtsrisiken, ohne jedoch eine Beratungspflicht zu haben.
21 Vgl. hierzu BFH v. 26.04.2012 – IV R 44/09, DStR 2012, 1497. Siehe auch bei § 130 Rn. 110 ff.
22 Vgl. Beschluss des Großen Senats des BFH vom 25.06.1984 – GrS 4/82, BFHE 141, 405 = BStBl. II 1984, 751; BFH Urt. v. 25.04.2006 – VIII R 74/03, BFHE 213, 358 = BStBl. II 2006, 595. Siehe auch BFH v. 03.02.2010 – IV R 26/07 = DStR 2010, 743.
23 Z.B. BFH Urteil in BFHE 213, 358, BStBl. II 2006, 595 m.w.N.
24 BFH, Urt. v. 17.05.2006 – VIII R 21/04, BFH/NV 2006, 1839; v. 28.10.1999 – VIII R 66-70/97, BFHE 190, 204, BStBl. II 2000, 183.
25 BFH Urt. v. 01.08.1996 – VIII R 12/94, BFHE 181, 423 = BStBl. II 1997, 272.

entzogen werden kann[26] oder ihm aufgrund seiner Geschäftsführungsbefugnis (§§ 164, 161 Abs. 2 i.V.m. § 114 HGB) das Recht zusteht, typische unternehmerische Entscheidungen zu treffen.[27] Beim Kommanditisten und atypisch stillen Gesellschafter genügt, dass er sowohl am Gewinn und Verlust als auch im Fall seines Ausscheidens und der Liquidation an den stillen Reserven einschließlich des Geschäftswerts beteiligt ist (= Mitunternehmerrisiko) und er Einfluss auf die Geschäftsführung über sein gesellschaftsrechtliches Stimm- und Widerspruchrecht sowie Informations- und Kontrollrechte gemäß § 716 BGB und §§ 118, 233 HGB hat (= Mitunternehmerinitiative).[28] Hierauf muss bei Anteilsübertragung unter Rückbehalt eines Nießbrauches[29] und des Stimmrechts geachtet werden; vorherige steuerliche Überprüfung der vorgesehenen Gestaltung ist dabei dringend anzuraten.[30]

2. Errichtung einer Personengesellschaft

a) Einkommensteuer

aa) Einbringung von Wirtschaftsgütern des Privatvermögens

Bringt ein Gesellschafter statt einer Kapitalleistung ein *Wirtschaftsgut des Privatvermögens* in das Gesamthandsvermögen der gewerblichen Personengesellschaft[31] gegen Gewährung von Gesellschafterrechte als Einräumung eines Mitunternehmeranteiles[32] ein (= offene Einlage), ist dies nicht als Einlage i.S.d. § 6 Abs. 1 Nr. 5 EStG, sondern als entgeltlicher tauschähnlicher Vorgang zu behandeln, der beim Einbringenden zur Veräußerung und bei der übernehmenden Personengesellschaft zu einer Anschaffung führt.[33] Dazu muss der Wert des Einlagegegenstandes auf einem Gesellschafterkonto mit Eigenkapitalcharakter[34] gebucht werden. Daran ändert sich auch nichts, wenn ein Teil des Wertes der gesellschaftsvertraglich geschuldeten Sacheinlage neben dem Kapitalkonto I auf einen gesellschafterbezogenen oder einem gesamthänderisch gebundenen Rücklagenkonto verbucht wird.[35] Wird das Wirtschaftsgut

22

---

26 Vgl. zum sog. angestellten Komplementär Senatsurteil vom 11.06.1985 – VIII R 252/80, BFHE 144, 357, BStBl. II 1987, 33; ebenso zur Treuhand-Komplementärin BFH Urt. v. 17.11.1987 – VIII R 83/84, BFHE 152, 230.
27 BFH-Urt., BFHE 213, 358 = BStBl. II. 2006, 595.
28 BFH v. 06.05.2015 – II R 34/13 = DStR 2015, 1799. Hierzu auch Rdn. 44.
29 Nach BFH v. 25.01.2017 – X R 59/14, ist keine Buchwertfortführung nach § 6 Abs. 3 Satz 1 EStG möglich, wenn der Übertragende seine bisherige gewerbliche Tätigkeit aufgrund eines vorbehaltenen Nießbrauches weiter fortsetzt. Hierzu: *Hübner/Friz*, DStR 2017, 2353.
30 Zur steuerlich unschädlichen Gestaltung s. etwa BFH v. 16.12.2009 – II R 44/08 (NV), GmbHR 2010, 499 = BFH/NV 2010, 690; zu den Auswirkungen bei der Besteuerung nach ErbStG, insb. bzgl. des evtl. Wegfalles der Betriebsvermögensbegünstigung §§ 13a, 13b ErbStG, s. BFH v. 01.09.2011 – II R 67/09 (NV), GmbHR 2011, 1331; ZEV 2012, 51; DStRE 2012, 38; BFH v. 23.02.2010 – II R 42/08 = DStR 2010, 868 = ZEV 2010, 320.
31 In eine gewerblich tätige mitunternehmerische Personengesellschaft; dazu BMF v. 11.07.2011 BStBl. I 2011, 713. Zur Einbringung in eine private vermögensverwaltende Personengesellschaft s. bei § 130 Rdn. 113 ff.
32 Der Wert der gewährten Gesellschaftsbeteiligung ist der Betrag des steuerlichen Entgeltes.
33 Vgl. BFH, Urt. v. 17.07.2008 – I R 77/06, BFHE 222, 402, = BStBl. II 2009, 464. Anders jedoch bei Einbringung in eine nicht gewerbliche, rein vermögensverwaltende Personengesellschaft BFH v. 06.10.2004 – IX R 68/01 = DStRE 2005, 49.
34 Entscheidend nach BFH v. 29.07.2015 – IV R 15/14, BStBl. II 2016, 593, DStR 2016, 217; v.04.02.2016 – IV R 46/12, BStBl. II 2016, 607, DStR 2016,662; (hierzu *M. Wachter*, MittBayNot. 2017, 214), ist es entgegen BMF v. 11.07.2011, BStBl. I 2011, 713 nicht ausreichend, wenn die Verbuchung auf einem variablen Gesellschafterkonto erfolgt, darauf auch Verlustanteile des Gesellschafters verbucht werden, sondern dass in erster Linie eine Verbuchung auf einem Kapitalkonto erfolgt, welches für die Bemessung der Gewinnverteilung und des Auseinandersetzungsguthabens maßgeblich ist; in der Regel richtet sich dies nur nach dem Kapitalkonto I. Nach BFH v. 24.01.2008 – IV R 37/06, BFHE 220, 374 = MittBayNot 2009, 71 ist es jedoch als unschädlich angesehen worden, wenn der das Kapitalkonto I übersteigenden Einlagewert daneben in eine gesamthänderisch gebundene Rücklage eingestellt wird.
35 BFH, Urt. v. 17.07.2008 – I R 77/06, BFHE 222, 402 = BStBl. II 2009, 464; entgegen BMF-Schr. v. 26.11.2004, BStBl. I 2004, 1190; Anwendungserlass dazu BMF-Schr. v. 20.05.2009, BStBl. I 2009, 671 = DStR 2009, 1094. Bei reiner Verbuchung auf Kapitalkonto II liegt eine verdeckte Einlage ohne Gegenleistungen vor, die nicht

unter dem gemeinen Wert gemäß Vereinbarung z.B. wegen einer Zuwendungsabsicht eingebracht und der überschießende Wertanteil nicht einem solchen Rücklagenkonto gutgeschrieben, ist dieser Differenzbetrag zwischen Wert des gewährten Anteils und dem tatsächlichen Objektwert als verdeckte Einlage (= unentgeltlicher Vorgang) zu qualifizieren (Folgen s. Rdn. 24).[36]

23 Entgeltlich ist die Einbringung auch, wenn der Einlagewert einem Privat- bzw. Verrechnungskonto (Darlehenskonto) des Gesellschafters gutgeschrieben wird, das Forderungs- und damit Fremdkapitalcharakter hat. Die empfangende Personengesellschaft hat als »Anschaffungskosten« für das eingebrachte Wirtschaftsgut nach § 6 Abs. 1 Nr. 1 oder 2 EStG dessen gemeinen Wert zu aktivieren.[37] Von diesem Einbringungswert ist die AfA möglich, was zu einer Aufstockung des AfA-Volumens führt, denn § 7 Abs. 1 Satz 5 EStG ist nicht anwendbar, da keine Einlage, sondern ein Tausch vorliegt.[38] Zu einer Besteuerung beim einbringenden Gesellschafter führt die Einbringung aus dem Privatvermögen bei tauschähnlichem Vorgang gegen Gewährung von Gesellschaftsanteilen (= offene Einlage) jedoch nur bei Einbringung von Grundbesitz, wenn die Voraussetzungen des § 23 EStG erfüllt sind, weil durch den Tauschcharakter die Einbringung als ein privates Veräußerungsgeschäft i.S.v. § 23 Abs. 1 Satz 1 Nr. 1 EStG gilt,[39] bei Einbringung von einbringungsgeborenen Anteilen i.S.v. § 21 UmwStG a.F. bzw. von Anteilen an Kapitalgesellschaften, die der Nachbesteuerung gemäß § 22 UmwStG n.F. unterliegen[40] sowie von wesentlicher Beteiligung an einer Kapitalgesellschaft nach § 17 EStG.

24 Nur wenn für den Wert eines eingebrachten Gegenstandes überhaupt keine Gesellschaftsrechte und auch keine sonstigen Gegenleistungen (wie Übernahme von Verbindlichkeiten oder Begründung einer Darlehensforderung durch Buchung des Einlagewertes auf einem Darlehenskonto des Gesellschafters) gewährt werden, sondern der Einbringungswert ausschließlich auf einem gesamthänderisch gebundenen Rücklagenkonto gutgeschrieben wird, soll mangels Gegenleistung ein unentgeltlicher Vorgang im Sinne einer verdeckten Einlage vorliegen.[41] Eine solche erfolgt gemäß §§ 4 Abs. 1 Satz 8 i.V.m. 6 Abs. 1 Nr. 5 EStG zum Teilwert und führt daher nicht zur Aufdeckung und Besteuerung der stillen Reserven.[42] Durch die Einlage auf dem allen Gesellschaftern zustehenden Rücklagenkonto wird deren Mitunternehmeranteil schenkungssteuerlich relevant erhöht.[43]

---

zu abschreibungsfähigen Anschaffungskosten, aber zu einer schenkungsteuerlichen Zuwendung an Mitgesellschafter führen kann (Hierzu BFH in Fn. 3).
36 BMF v. 11.07.2011, BStBl. I 2011, 713; dort auch zur buchungstechnischen Behandlung.
37 BFH BStBl. II 2000, 230; BMF v. 11.07.2011, BStBl. I 2011, 713.
38 Hierzu BFH v. 24.01.2008 – IV R 37/06, BFHE 220, 374 = MittBayNot 2009, 71 = GmbHR 2008, 548 m. krit. Anm. *Hoffmann*. Siehe jedoch BMF BStBl. I 2010, 1204 bzgl. Wirtschaftsgütern, die zuvor zur Erzielung von Überschusseinkünften verwendet wurden.
39 BMF BStBl. I 2000, 462.
40 Wobei es dabei um solche Anteile an Kapitalgesellschaften handelt, die bei Einbringung eines Betriebes, Teilbetriebes oder einer Mitunternehmerschaft in eine Kapitalgesellschaft zu einem Wert unter dem gemeinen Wert (§ 20 UmwStG) erworben wurden und 7 Jahre lang der Nachbesteuerung gemäß § 22 UmwStG unterliegen. Hierzu ausführlich bei § 142 Rdn. 132 f.
41 BMF v. 11.07.2011 BStBl. I 2011, 713. Vom BFH nicht entschieden und in der Lit. strittig; s. hierzu *Schneider/Oepen*, FR 2009, 660 m.w.N.; *Huber/Liebernickel*, Ubg 2009, 844 m.w.N. Im Rahmen der Gründung oder Anteilserhöhung nicht möglich, weil dann immer im Zusammenhang mit der Anteilsgewährung (*Mutscher*, DStR 2009, 1625). Siehe jedoch Rdn. 2 a.E.
42 Jedoch ist dann wegen § 7 Abs. 1 Satz 5 EStG keine Aufstockung des AfA-Potentials möglich. Siehe auch BMF v. 27.10.2010 BStBl. I 2010, 1204. Im Hinblick auf die Anwendbarkeit des § 23 Abs. 1 Satz 1 Nr. 1 EStG (Fußstapfentheorie bei unentgeltlicher Übertragung) kann § 42 AO anzunehmen sein, wenn bei einer »Einmann-GmbH & Co. KG« die Übertragung des Wirtschaftsguts (zunächst) vollständig auf einem gesamthänderisch gebundenen Kapitalrücklagenkonto gebucht wird und später auf ein Kapitalkonto überführt wird.
43 Nach FG Münster, Urt. v. 16.05.2002, 3 K 7831/99 Erb (DStRE 2002, 1024) liegt eine Schenkung von Gesellschaftsanteilen vor, wenn bei Gründung der Personengesellschaft nur einer der Gesellschafter Vermögensgegenstände in die Gesellschaft einbringt.

25 Erfolgt eine solche verdeckte Einlage durch Einbringung eines Grundstückes in das betriebliche Gesamthandsvermögen, kann dies beim Einbringenden zur Spekulationsbesteuerung nach § 23 Abs. 1 Satz 5 Nr. 1 EStG führen, wenn das Grundstück innerhalb eines Zeitraumes von 10 Jahren seit Anschaffung seitens des Einbringenden aus dem Betriebsvermögen der Gesellschaft veräußert wird.[44] Damit wird der Wertzuwachs im Privatvermögen zwischen Anschaffungs- oder Herstellungskosten und dem Einlagewert besteuert (§ 23 Abs. 3 Satz 2 EStG).

26 Eine steuerneutrale Einlage i.S.d. § 6 Abs. 1 Nr. 5 EStG ist bei der Überführung von Privatvermögen in das Sonderbetriebsvermögen (Nutzungsüberlassung an die Gesellschaft) gegeben, wobei jedoch bei abnutzbaren Wirtschaftsgütern die Einlage nur mit dem um die Abschreibungen verringerten Wert erfolgen kann, sodass bei einer späteren Entnahme oder Veräußerung auch die während der Privatnutzung angefallenen stillen Reserven in den Veräußerungsgewinn fallen. Die Überführung in das Sonderbetriebsvermögen wird erst nach § 23 Abs. 1 Satz 5 Nr. 1 EStG eine steuerpflichtige Veräußerung, wenn innerhalb der 10-Jahres-Frist bei der Personengesellschaft der Betrieb, Teilbetrieb oder der Mitunternehmeranteil veräußert wird.

bb) Einlage von Wirtschaftsgüter des Betriebsvermögens

27 Werden einzelne *Wirtschaftsgüter des Betriebsvermögens* in Erfüllung der Beitragspflicht, also gegen Gewährung von Gesellschaftsrechten, auf die Personengesellschaft übertragen, ist dies gemäß § 6 Abs. 6 Satz 4 EStG kein tauschähnlicher Vorgang i.S. § 6 Abs. 6 Satz 1 EStG, sondern hat gemäß § 6 Abs. 5 Satz 3 EStG ohne Aufdeckung der stillen Reserven und damit ohne steuerpflichtigem Veräußerungsgewinn zum Buchwert zu erfolgen.[45] Dazu muss eine Gutschrift auf einem steuerlichen Kapitalkonto erfolgen (s. Rdn. 22).[46] Dies gilt auch dann, wenn teilweise eine unentgeltliche Übertragung erfolgt, weil die gewährten Gesellschaftsanteile nicht dem Wert des Eingebrachten entsprechen und damit ein Überspringen von stillen Reserven auf Mitgesellschafter erfolgt. Dies gilt jedoch nicht, soweit vermögensmäßige Anteile einer als Gesellschafter beteiligten Kapitalgesellschaft begründet werden (§ 6 Abs. 5 Satz 5 EStG).[47]

28 Werden jedoch Einzelwirtschaftsgüter nicht nur gegen Gewährung von Gesellschaftsrechten übertragen, sondern andere Ausgleichsleistungen gewährt, wie Einräumung von Darlehen, Gutschrift auf einem Gesellschafter-Fremdkapitalkonto[48] oder Übernahme von Verbindlichkeiten (z.B. die noch restlich zu tilgende Baufinanzierung wird bei Einbringung des Betriebsgrundstückes durch die Gesellschaft übernommen), liegt i.H.d. sonstigen Leistungen ein Entgelt vor[49] selbst wenn etwa die übernommenen Schulden in wirtschaftlichem Zusammenhang mit dem eingebrachten Einzelwirtschaftsgut stehen.[50] Der Vorgang ist

---

44 BMF v. 05.10.2000 BStBl. I 2000, 1383, = DStR 2000, 1867 mit Erläuterung der die Besteuerung auslösenden Vorgänge bei der Gesellschaft, wie Veräußerung den Betrieb oder dessen Einlage in Kapitalgesellschaft u.a.; OFD Frankfurt/M. v. 07.08.2014, DStR 2014, 1832; BFH v. 21.01.2014 – IX R 9/13, DStR 2014, 515 jedoch nur für die vermögensverwaltende Personengesellschaft m. Anm. *Schießl*, DStR 2014, 512.
45 Siehe hierzu BMF v. 08.11.2011, BStBl. I 2011, 1279.
46 Außerdem muss die Besteuerung der übergehenden stillen Reserven gesichert sein. Siehe zu den Voraussetzungen des steuerlichen Kapitalkontos BFH v. 16.10.2008, BStBl. II 2010, 272 sowie bei § 137 Rdn. 18 ff.
47 Weil dann insoweit der Teilwert anzusetzen ist, s. hierzu BMF v. 08.11.2011, BStBl. I 2011, 1279 Rn. 28. Daher sollte an einer GmbH & Co. KG, in die das Wirtschaftsgut eingebracht wird, die Komplementär-GmbH nicht vermögensmäßig beteiligt sein. Außerdem sollte eine Personengesellschaft nach einer Einbringung eines Wirtschaftsgutes nicht innerhalb der 7-jährigen Sperrfrist des § 6 Abs. 5 Satz 6 EStG in eine Kapitalgesellschaft umgewandelt werden (Verschmelzung, Formwechsel).
48 BFH v. 21.06.2012 – IV R 1/08, DStR 2012, 1500. Zu dem Gesellschafterkonto und der steuerlichen Einordnung BFH v. 16.10.2008, BStBl. II 2010, 272 sowie bei § 137 Rdn. 18 ff.
49 BMF-Schr. v. 07.06.2001, BStBl. I 2001, 367 = DStR 2001, 1073 Tz. 5.
50 Bruttobetrachtung; BFH DStR 2002, 395 = MittBayNot 2002, 412.

dann nach Ansicht der Finanzverwaltung (anders jetzt BFH[51]) in ein entgeltliches Veräußerungsgeschäft (unter steuerpflichtiger Aufdeckung der entsprechenden stillen Reserven) und in einen steuerneutralen Übertragungsvorgang aufzuspalten. Der Umfang der Entgeltlichkeit bestimmt sich nach dem Verhältnis der jeweiligen Teilleistungen (Wert des erlangten Gesellschaftsanteiles einerseits und Wert der sonstigen Entgelte andererseits) zum Teilwert des eingebrachten Wirtschaftsguts.[52] Unschädlich sind lediglich Versorgungsleistungen wie Wohnungsrecht, in Form wiederkehrender Leistungen, da diese nicht als Entgelt anzusehen sind.[53]

29 Der Wechsel vom Einzelbetrieb in das Sonderbetriebsvermögen des gleichen Steuerpflichtigen ist steuerfrei, da gemäß § 6 Abs. 5 Satz 2 EStG zwingend die Buchwerte fortgeführt werden müssen.

30 *Behaltefrist:* Die steuerneutrale Übertragung ist jedoch durch die Regelung in § 6 Abs. 5 Satz 4 EStG in der Weise eingeschränkt, dass auf den Zeitpunkt der Einbringung des Wirtschaftsgutes der Teilwert anzusetzen ist, wenn es innerhalb von 3 Jahren nach Abgabe der Steuererklärung des Einbringenden für den Veranlagungszeitraum, in dem die Einbringung erfolgt, veräußert oder entnommen wird.[54] Die Steuerneutralität bleibt nur dann, wenn der Einbringende die Besteuerung der bis zur Übertragung entstandenen stillen Reserven durch Erstellung einer Ergänzungsbilanz gesichert hat.[55] Bei der *Gestaltung des Gesellschaftsvertrages* wird dies dazu führen, dass evtl. der Einbringende verpflichten wird, unverzüglich nach Ende des bei Übergang des wirtschaftlichen Eigentums laufenden Veranlagungsjahres die Steuererklärung zu fertigen und abzugeben bzw. die stillen Reserven durch eine Ergänzungsbilanz aufzudecken und/oder sich die Gesellschaft verpflichtet, den Einbringenden von einer etwaigen Steuerbelastung freizustellen.

cc) Einbringung eines (Teil-)Betriebes oder eines Mitunternehmeranteiles

31 Bei der *Einbringung eines* (Teil-)*Betriebes*[56] oder eines Mitunternehmeranteiles (z.B. die Überführung eines Besitzunternehmens als Einlage in eine Kommanditgesellschaft) kann dessen Wert statt mit dem gemeinen Wert (= Einzelverkaufspreis der eingebrachten Wirtschaftsgüter gemäß § 9 BewG) auf Antrag auch mit seinem Buchwert oder mit einem Zwischenwert angesetzt werden, wenn die inländische Besteuerung der stillen Reserven gesichert bleibt (§ 24 UmwStG). Nur bei der Aufdeckung aller stillen Reserven (Ansatz des gemeinen Wertes) ist der Veräußerungsgewinn nach §§ 16, 34 EStG steuerbegünstigt (§ 24 Abs. 3 Satz 2

---

51 BMF v. 08.11.2011 BStBl. I 2011, 1279 Rn. 15 unter Bezugnahme auf BFH DStR 2002, 395; a.A. aber jetzt BFH v. 21.06.2012 – IV R 1/08, DStR 2012, 1500.
52 A.A. BFH v. 21.06.2012 – IV R 1/08, DStR 2012, 1500, wonach (so Anm. *Wit*) eine Aufdeckung der stillen Reserven nur vorliegt, wenn und soweit die Gegenleistung den Buchwert übersteigt. Ist die Gegenleistung gleich oder unterhalb des Buchwerts, liegt i.H.d. Differenz zum Verkehrswert eine Entnahme vor, die nach der Regelung in § 6 Abs. 5 Satz 3 EStG privilegiert ist und keine Aufdeckung der stillen Reserven zur Folge hat.
53 BFH v. 09.12.2014 – IV R 29/14, DStR 2015, 211; GrS BFH v. 05.07.1990 – GrS 4-6/89, BFHE 161, 137; BStBl. II 1990, 847. Bei Nießbrauchsvorbehalt ist jedoch zu beachten, dass je nach Ausgestaltung des Rechtsverhältnisses das wirtschaftliche Eigentum beim Einbringenden verbleiben kann.
54 Zu den Ausnahmen bei erneuter Buchwertübertragung, Realteilung oder Ausscheiden infolge höherer Gewalt s. BMF v. 08.11.2011 BStBl. I 2011, 1279 Rn. 23. Eine Veräußerung ist auch eine Umwandlung oder eine Einbringung i.S.d. UmwStG, s. dort Rn. 33.
55 Zur Ergänzungsbilanz s. UmwSt-Erl. BMF BStBl. I 2011, 1314 Rn. 24. 13 f.
56 Wozu die Finanzverwaltung auch eine selbstständige 100-%ige Beteiligung an einer Kapitalgesellschaft zählt, die nicht Teil eines Betriebes ist (Rn. 24.02, 20.05 i.V.m. 15.02, 15.05 UmwStE 2011 BStBl. I 2011, 1314 ff.). Nach Ansicht des BFH (Urt. v. 17.07.2008 – I R 77/06, BFHE 222, 402; BStBl. II 2009, 464) stellt dies keinen Teilbetrieb i.S.v. § 24 Abs. 1 UmwStG dar (entgegen BMF-Schreiben v. 25.03.1998, BStBl. I 1998, 268, Tz. 24.03) dar, sondern ist als Sacheinlage beim Einbringenden nach § 17 EStG zu besteuern. Zum Begriff des Teilbetriebes und dessen Einbringung s. bei § 155 Rdn. 23 sowie Rn. 15.07 ff. UmwStE. Bei Freiberuflern genügt der Mandantenstamm eines die Sozietät Wechselnden nicht; ein selbständiger Zweigbetrieb (»Büro im Büro«) wäre nötig.

UmwStG), wobei jedoch der Veräußerungsgewinn nach § 16 Abs. 2 Satz 3 EStG in einen begünstigten und in einen im Umfang des Mitunternehmeranteiles nicht begünstigten Teil aufzuspalten ist (§ 24 Abs. 3 Satz 3 UmwStG[57]). Die Steuerbegünstigungen der §§ 16 u. 34 EStG gelten jedoch nicht für den Teil des Veräußerungsgewinns, der auf übertragene Anteile an Kapitalgesellschaften entfällt, weil dieser nach § 3 Nr. 40 S. 1 Buchst. b) EStG dem Teileinkünfteverfahren unterfällt (§ 24 Abs. 3 Satz 2 Halbs. 2 UmwStG). Voraussetzung für die Anwendung von § 24 UmwStG ist jedoch, dass die Einbringung gegen Gewährung von Gesellschaftsrechten folgt, also unter Gutschrift auf einem für die Beteiligung an der Gesellschaft maßgeblichen Kapitalkonto. § 24 UmwStG ist nicht anzuwenden, wenn eine unentgeltliche Übertragung erfolgt, was bei Gutschrift allein nur[58] auf dem gesamthänderisch gebundenen Rücklagenkonto (verdeckte Einlage) vorliegt; dann ist der Vorgang gemäß § 6 Abs. 3 EStG wegen der zwingenden Buchwertfortführung steuerneutral, selbst wenn mit der übertragenen betrieblichen Einheit deren Verbindlichkeiten übernommen werden (Nettobetrachtung im Gegensatz zu Bruttobetrachtung bei Übertragung von Einzelwirtschaftsgütern). Keine Einbringung nach § 24 UmwStG, sondern eine gewinnrealisierende Veräußerung i.S.d. §§ 16, 34 EStG liegt vor, wenn die Übertragung der betrieblichen Einheit ausschließlich gegen Gutschrift auf einem Gesellschafterdarlehenskonto erfolgt.[59] Vorsicht ist geboten, wenn neben der Gewährung des Gesellschaftsanteils auch eine Gutschrift auf dem Darlehenskonto (Fremdkonto des Gesellschafters) erfolgt (Mischentgelt) oder private bzw. nicht zum übergehenden Betriebsvermögen gehörende Verbindlichkeiten übernommen werden; der Wertansatz unter dem Verkehrswert nach § 24 UmwStG wird nur gewährt, sofern der gemeine Wert der sonstigen Gegenleistung nicht mehr beträgt als (a) 25 v.H. des Buchwertes des eingebrachten Betriebsvermögens oder (b) den Betrag von 500.000 € nicht übersteigt, jedoch maximal nur bis zur Höhe des Buchwert des eingebrachten Betriebsvermögens (§ 24 Abs. 2 Satz 2 UmwStG).[60]

Voraussetzung für das Wahlrecht nach § 24 UmwStG ist jedoch, dass der Betrieb mit allen seinen *wesentlichen Betriebsgrundlagen* (dies sind alle Wirtschaftsgüter, in denen wesentliche stille Reserven stecken und alle Wirtschaftsgüter, die zur Erreichung des Betriebszweckes erforderlich und von besonderen Gewicht für die Betriebsführung sind, wozu auch immaterielle Wirtschaftsgüter zählen, nicht jedoch Forderungen[61]) gegen Gewährung von Gesellschaftsrechten eingebracht wird; die Einbringung in das Sonderbetriebsvermögen des Mitunternehmers, indem das funktional wesentliche Wirtschaftsgut von ihm der Mitunternehmerschaft zur Nutzung überlassen wird, genügt,[62] sofern dies im Zusammenhang mit einer, wenn auch nur geringfügigen Einlage in das Gesamthandsvermögen gegen Gewährung von Gesellschaftsanteilen steht. Die zum Betrieb gehörenden und mit übergehenden Verbindlichkeiten führen nicht zu einer entgeltlichen Veräußerung, weil diese im Rahmen der hier geltenden Nettobetrachtung als unselbstständiger Teil der Organisations-

---

57 BFH BStBl. II 2001, 178 = NJW 2001, 774; Rn. 24.15 ff. UmwStE 2011.
58 Unschädlich aber bei nur anteiliger Gutschrift auf Rücklagenkonto (Rn. 24.06 UmwStE 2011).
59 BFH vom 25.04.2006, BStBl. II 2006, 847; strittig ist, ob § 24 UmwStG Anwendung findet, wenn neben der Gewährung von Gesellschaftsrechten auch eine Gutschrift auf einem Gesellschafterdarlehenskonto erfolgt. Gemäß BFH vom 24.06.2009 – VIII R 13/07, BFHE 225, 402 = BStBl. II 2009, 993 ist für die Anwendung des § 24 UmwStG nicht erforderlich, dass die Gegenleistung für die Sacheinlage ausschließlich in der Gewährung von Gesellschaftsrechten besteht; ausreichend ist, dass überhaupt ein Mitunternehmeranteil eingeräumt wird. Nach Rn. 24.06 UmwStE 2011 ist dies als Mischentgelt zu werten und aufzuteilen (s. dort).
60 § 24 Abs. 2 Satz 2 UmwStG eingefügt mit Wirkung ab 01.01.2015 als Reaktion auf BFH v. 18.09.2013 – X R 42/10, DStR 2013, 2380; MittBayNot 2014, 387, m. Anm. *Brandenberg*; gegen BMF-Schreiben v. 11.11.2011, Tz. 24.07 (UmwSt-Erlaß). Hierzu *Fuhrmann*, NZG 2014, 137. Zur Neuregelung i.E. *Richter*, DStR 2016, 840.
61 Sie können als unwesentliche Betriebsgrundlagen bei einer Einbringung zurückbehalten werden und gelten nicht zwingend als entnommen, sondern können auch ohne Betrieb als Restbetriebsvermögen behandelt werden OFD Niedersachsen v. 03.03.2017, DStR S. 985. Vgl. auch Rn. 24.03 i.V.m. Rn. 20.08 des BMF v. 11.11.2011, BStBl. I S. 1314.
62 UmwSt-Erlass 2011 Rn. 24.06. Hierzu auch *Ettinger/Schmitz*, DStR 2009, 1248; ablehnend *Niehus*, FR 2010, 1.

einheit »Betrieb« angesehen werden.[63] Auch zum Betriebsvermögen gehörende Anteile an Kapitalgesellschaften sind vollständig mit zu übertragen.[64] Dies ist vor allem zu beachten, wenn ein im Alleineigentum stehendes Besitzunternehmen einer Betriebsaufspaltung, bei dem die Anteile an der Betriebs-GmbH zum Sonderbetriebsvermögen II gehören, in eine Personengesellschaft, etwa eine GmbH & Co. KG eingebracht wird. Eine Rückbeziehung der Einbringung auf einen Bilanzzeitpunkt von 8 Monate vor Anmeldung ist nur bei Gesamtrechtsnachfolge (= Umwandlungsvorgänge nach UmwG), nicht jedoch möglich bei Einzelrechtsnachfolge, wie bei Sacheinlage;[65] bei letzterem ist Rückbeziehung nur bis max. 3 Monate steuerlich möglich, soweit dies der technischen Vereinfachung dient.[66]

33 Fehlt es an der vollständigen Einbringung aller wesentlichen Betriebsgrundlagen, insbesondere wenn davon einzelne zurückbehalten wurden, wobei es auf eine funktionale quantitative Betrachtungsweise ankommt,[67] kommt § 24 UmwStG nicht zur Anwendung.[68] Dies hat die Aufgabe des bisherigen Betriebes zur Folge, die zur Aufdeckung der stillen Reserven führt, soweit nicht die Einbringung der einzelnen Wirtschaftsgüter nach § 6 Abs. 5 EStG zu Buchwerten zwingend erfolgen muss.[69] Werden dabei auch Verbindlichkeiten übertragen, handelt es sich um eine entgeltliche Veräußerung.[70] Dagegen steht der Fortführung der Buchwerte gemäß § 24 UmwStG nicht entgegen, wenn vor der Einbringung eine wesentliche Betriebsgrundlage unter Aufdeckung der stillen Reserven veräußert wird oder nach § 6 Abs. 5 EStG zum Buchwert aus dem Betriebsvermögen entnommen wurde; schädlich ist nur die taggleiche Veräußerung oder sonstige Übertragung oberhalb des Buchwertes.[71] Jedoch ist dann die Tarifbegünstigung nach §§ 16, 34 EStG ausgeschlossen.[72]

dd) Entgeltliche Aufnahme eines zukünftigen Mitgesellschafters in ein Einzelunternehmen

34 Erbringt der in ein Einzelunternehmen als Gesellschafter Beitretende keine oder nicht nur eine Leistung in das Gesamthandsvermögen, sondern an den bisherigen Inhaber, so wird darin von der Finanzverwaltung[73] eine Veräußerung von Eigentumsanteilen an den einzubringenden Wirtschaftsgütern des einzubringenden Betriebes gesehen, die der Einbringung zeitlich vorgeht. Ein abtretbarer Mitunternehmeranteil entsteht erst mit der Gesellschaftsgründung und der Einbringung des bisherigen Einzelbetriebes.[74] Daher werden an die Veräußerung anschließend die dem Einzelunternehmer verbleibenden Eigentumsanteile für

---

63 BFH DStR 2002, 395 = MittBayNot 2002, 412.
64 Rn. 24.02 i.V.m. 20.06 UmwStE 2011.
65 § 24 Abs. 4 i.V.m. § 20 Abs. 5, 6 UmwStG. Rn. 24.06 i.V.m. 20.13 f. UmwSt-Erlass 2011 kann jedoch so verstanden werden, dass durch Festlegung des Übergangs von Nutzen und Lasten (= wirtschaftliches Eigentum) im Einbringungsvertrag auf einen früheren Zeitpunkt eine Rückwirkung erreicht werden kann (m.E. zweifelhaft).
66 BFH v. 21.03.2002 – IV R 1/01; Schmidt/*Wacker*, § 16 EStG Rn. 443.
67 Wobei die Rechtsprechung es als unschädlich ansieht, wenn der nicht übertragene Gegenstand nicht von der Personengesellschaft weiterhin genutzt werden muss (BFH v. 06.05.2010 – IV R 52/08, BStBl II 2011, 261 = DStR 2010, 1374) oder wenn ein Teil des Betriebes nicht eingebracht wird, auf den in den letzten 3 Jahren weniger als 10 % der gesamten Einnahmen entfallen ist (BFH DStR 2005, 554).
68 BFH v. 19.12.2012 IV R 29/09, BStBl. II 2013, 387 = DStR 2013, 802.
69 Rn. 24.02 i.V.m. Rn. 20.08 UmwStE 2011.
70 Str., s. *Dehmer*, UmwStG, 2. Aufl., § 24 Rn. 87.
71 BFH v. 09.12.2014 – IV R 29/14, DStR 2015, 211; v. 09.12.2014 – IV R 36/13, DStR 2015, 404; v. 02.08.2012 – IV R 41, 11, DStR 2012, 2118; hierzu aber Nichtanwendungserlass mit BMF-Schreiben v. 12.09.2013, BStBl. I 2013, 1164. Rechtsprechungsüberblick bei *Mielke*, DStR 2015, 673.
72 BFH v. 09.12.2014 – IV R 36/13, DStR 2015, 404; v. 17.12.2014 – IV R 57/11, DStR 2015, 407: nur im Anwendungsbereich der §§ 16, 34 EStG gilt die Gesamtplan-Rechtsprechung, weil die Tarifbegünstigung nur bei zusammen geballter Realisierung der während vieler Jahre entstandenen stillen Reserven gilt, hierbei jedoch eine Zeitraum bezogene Betrachtung anzusetzen ist.
73 Rn. 24.07 UmwStE 2011 unter Berufung auf BFH GrS BStBl. II 2000, 123 = DStR 2000, 64.
74 GrS BFH DStR 2000, 64.

eigene Rechnung sowie die veräußerten Eigentumsanteil für Rechnung des beitretenden Gesellschafters in das Betriebsvermögen der Personengesellschaft eingelegt. Eine Leistung an den aufnehmenden Einzelunternehmer liegt auch darin, wenn dieser von Verbindlichkeiten befreit wird, z.B. dass diese der Beitretende übernimmt oder dieser auf Forderungen gegen den Einzelunternehmer verzichtet, wie etwa einen Pflichtteilsanspruch.[75] Erfolgt diese Einlage zum gemeinen Wert, wodurch alle stillen Reserven aufgedeckt werden, ist die Einbringung für den Beitretenden nach § 24 Abs. 3 Satz 2 UmwStG i.V.m. §§ 16 Abs. 4, 34 EStG steuerbegünstigt, nach § 24 Abs. 3 Satz 3 UmwStG jedoch nicht für den Anteil des einbringenden Einzelunternehmers.

Dagegen sieht der BFH[76] die vereinbarte Zahlung des Eintretenden an den Aufnehmenden als darauf gerichtet an, einen im Wege der Einbringung vom bisherigen Einzelunternehmer noch zu schaffenden Mitunternehmeranteil entgeltlich zu erwerben. Damit erfolgt logisch vorrangig zuerst die Einbringung und durch die Einlage des Beitretenden die Errichtung der Gesellschaft/Mitunternehmerschaft. Durch die Zuzahlung an den Einbringenden in dessen Privatvermögen erwirbt der Beitretende einen vom Einbringenden/Aufnehmenden abgespaltenen Mitunternehmeranteil. Es wird daher unmittelbar anschließend an die Einbringung dessen Kapitalanteil durch die Veräußerung eines Teiles des Mitunternehmeranteiles herabgesetzt, sodass die Veräußerung keinen Gewinn verursacht, wenn die Einlage zum gemeinen Wert erfolgt ist, weil der Veräußerungswert damit dem Anschaffungswert entspricht; der beim Einbringenden durch die Einbringung zum gemeinen Wert entstehende Einbringungsgewinn unterliege der Tarifbegünstigung nach §§ 16 Abs. 4, 34 EStG, aufgrund § 24 Abs. 3 Satz 3 UmwStG beim Einbringenden jedoch nicht im Umfang der ihm endgültig verbleibenden Beteiligung; nicht maßgeblich sei dabei die Gewinnverteilungsquote, sondern die Beteiligung am steuerlichen Betriebsvermögen. Erfolge die Einbringung aber zu einem Wertansatz unter dem gemeinen Wert, werden durch die Veräußerung stille Reserven aufgedeckt, was als laufender Gewinn zu versteuern ist. 35

Als Gestaltungsweg zur steuerbegünstigten Aufnahme wurde ein *2-Stufen-Modell* vorgeschlagen und vom BFH[77] auch anerkannt: 1. Stufe = Beitritt nur mit einer Kleinstbeteiligung z.B. 5 %; 2. Stufe in zeitlichem Abstand dazu von mindestens einem Jahr[78] = Verkauf von Teilen des Mitunternehmeranteils des früheren Alleinunternehmers. Als weiterer Gestaltungsweg, um die Steuerbegünstigungen der §§ 16 Abs. 4, 34 EStG zu erlangen, wurde vom BFH[79] ein anderes 2-Stufen-Modell vorgeschlagen:[80] 1. Stufe = Einbringung des Einzelunternehmens zum gemeinen Wert in eine GmbH & Co. KG, mit dem Einzelunternehmer als Kommanditisten; 2. Stufe in zeitlichem Abstand dazu = Verkauf von Teilen des Mitunternehmeranteils an den Beitretenden. Gemäß § 16 Abs. 1 Satz 2 EStG ist jedoch der Veräußerungsgewinn bei allen Veräußerungen eines Teil-Mitunternehmeranteiles nach dem 31.12.2001 *nicht mehr steuerbegünstigt*. Diese 2-Stufen-Modelle haben damit ihren Zweck verloren. 36

---

75 BFH v. 16.12.2004 III R 38/00 = NJW-RR 2005, 736.
76 Siehe BFH v. 24.06.2009 – VIII R 13/07, BFHE 225, 402; BStBl. II 2009, 993; DStR 2009, 1948; s.a. BFH v. 21.09.2000, BStBl. II 2001, 178 = NJW 2001, 774 = DStR 2000, 2183., Widmann/Mayer/*Fuhrmann*, § 24 UmwStG Rn. 530.
77 Urt. v. 16.09.2004 – IV R 11/03, BStBl. II 2004, 1068 = DStR 2004, 1953.
78 BFH, Urt. v. 10.02.2016 – VIII R 38/12: Ein schädlicher Gesamtplan liegt nicht vor, wenn zwischen dem Vertrag über die Aufnahme des Sozius in die Einzelpraxis und dem über die Erhöhung des Anteils ein Zeitraum von mindestens einem Jahr liegt und sich nicht mindestens einer der Vertragschließenden bei Gründung der Sozietät unwiderruflich verpflichtet, einen weiteren Anteil zu erwerben bzw. zu veräußern.
79 Urt. v. 16.12.2004 – III R 38/00, NJW-RR 2005, 736.
80 S. auch *Geck*, ZEV 2005, 196/200.

ee) Unentgeltliche Aufnahme eines zukünftigen Mitgesellschafters in ein Einzelunternehmen

37 Der unentgeltliche Eintritt einer natürlichen Person in ein Einzelunternehmen wie auch die unentgeltliche Übertragung eines Teiles einer Mitunternehmerschaft auf eine natürliche Person gegen Gewährung von Gesellschaftsanteilen ist wegen der zwingenden Buchwertfortführung nach § 6 Abs. 3 Satz 1 Halbs. 2 EStG steuerneutral;[81] § 24 UmwStG ist nur auf die Einlage des seinen Betrieb für eigene Rechnung Einbringenden anwendbar.[82] Tritt eine GmbH einer Kommanditgesellschaft als Komplementärin ohne Verpflichtung zur Leistung einer Einlage bei, besteht auch hier kein Bewertungswahlrecht nach § 24 UmwStG.[83]

38 Voraussetzung für die Steuerneutralität des § 6 Abs. 3 EStG ist jedoch, dass alle funktional wesentlichen Betriebsgrundlagen[84] übertragen werden. Dient das zurückbehaltene, bisher eine wesentliche Betriebsgrundlage bildende Wirtschaftsgut jedoch zukünftig einer Kapitalgesellschaft (z.B. im Rahmen einer Betriebsaufspaltung), auch wenn der Eigentümer des Wirtschaftsgutes an dieser beteiligt sein sollte, oder wird es nicht mehr betrieblich genutzt, erfolgt keine Betriebsübertragung im Ganzen, sondern eine Betriebsaufgabe,[85] die jedoch nur dann nach §§ 16, 34 EStG steuerbegünstigt ist, wenn alle stillen Reserven aufgelöst und versteuert werden.

39 Wird das Wirtschaftsgut in ein anderes Betriebsvermögen überführt, soll die dafür anzuwendende Buchwertfortführung nach § 6 Abs. 5 EStG nunmehr nach BFH[86] für die Buchwertfortführung nach § 6 Abs. 3 EStG nicht schädlich sein. Die Übertragung von Verbindlichkeiten führt nur dann zu einer entgeltlichen Veräußerung, wenn Gesamtentgelt (Anteil +Verbindlichkeiten) den Buchwert der eingebrachten betrieblichen Sachgesamtheit übersteigt.[87]

40 Behält jedoch der aufnehmende Einzelunternehmer *wesentliche Betriebsgrundlagen* (wie das Betriebsgrundstück) in seinem Alleineigentum nur zurück, um sie der Personengesellschaft zur Nutzung zur Verfügung zu stellen, handelt es sich dabei um zwingendes Sonderbetriebsvermögen, was nach § 6 Abs. 3 Satz 2 EStG steuerneutral bleibt, wenn der Beitretende seine Mitunternehmeranteil mindestens 5 Jahre nicht veräußert oder aufgibt. Wie lange der Aufnehmende als Mitunternehmer beteiligt bleiben muss, regelt das Gesetz nicht und knüpft auch nicht an den Wegfall der Sonderbetriebsvermögens-Eigenschaft nachteilige Folgen.[88] Beteiligt etwa ein Einzelunternehmer sein Kind unentgeltlich am Unternehmen als Personengesellschafter (Mitunternehmer), behält sich aber das Betriebsgrundstück und -gebäude zurück, ist damit die Steuerfreiheit dieses Vorganges gesichert, wenn das Kind mindestens 5 Jahre mit dem übertragenen Anteil beteiligt bleibt. Die spätere Übertra-

---

81 Soweit die Einbringung für Rechnung der Angehörigen erfolgt, sind die anteiligen Buchwerte des für den Angehörigen eingebrachten Betriebsvermögens nach § 6 Abs. 3 EStG fortzuführen; BFH/NV 2016, 521.
82 BFH v. 18.09.2013 – X R 42/10, DStR 2013, 2380 = MittBayNot 2014, 387 mit Anm. *Brandenberg*; gegen BMF-Schreiben v. 11.11.2011, Tz. 24.07 (UmwSt-Erlaß): Erfolgt zugleich auch eine Gutschrift auf dem Darlehenskonto des Einbringenden (= Aufnehmenden) i.H.d. Differenz zwischen Eigenkapital des Einzelunternehmens und seinem Gesellschaftsanteil, ist die Einbringung für eigene Rechnung gemäß § 24 UmwStG nur insoweit erfolgsneutral möglich, als das Gesamtentgelt (Anteil + Darlehensbetrag) den Buchwert der eingebrachten betrieblichen Sachgesamtheit nicht übersteigt; hierzu *Fuhrmann*, NZG 2014, 137.
83 BFH Beschl. v. 20.09.2007 – IV R 70/05, BStBl. II 2008, 265 = DStR 2008, 44 = GmbHR 2008, 165.
84 OFD Münster DStR 2002, 1860.
85 BFH DStR 2000, 1768.
86 BFH v. 02.08.2012 – IV R 41/11, DStR 2012, 2118. Nichtanwendungserlass vom BMF-Schreiben v. 12.09.2013, BStBl. I 2013,1164: gleichzeitige Inanspruchnahme von § 6 Abs. 3 und § 6 Abs. 5 EStG ist nicht möglich.
87 BFH v. 18.09.2013 – X R 42/10, DStR 2013, 2380.
88 Nach BMF v. 03.03.2005 BStBl. I 2005,458 schädlich, wenn aufgrund eines Gesamtplans das zurückbehaltene Sonderbetriebsvermögen zeitnah veräußert oder entnommen wird. Nach BFH v. 12.05.2016 – IV R 12/15 DStR 2016, 1518, kann auch während der Behaltefrist der übertragende Mitunternehmer das Objekt des zurückbehaltenen Sonderbetriebsvermögens gem. § 6 Abs. 5 EStG in ein anderes Betriebsvermögen zu Buchwert überführen, ohne dass dies die Nachbesteuerung auslöst.

gung des zum Sonderbetriebsvermögen des Seniors gehörenden Grundstückes an das Kind ist durch § 6 Abs. 5 Satz 3 Nr. 3 EStG unter den Voraussetzungen der Behaltefrist nach § 6 Abs. 5 Satz 4 EStG steuerfrei zum Buchwert möglich. Der Buchwertansatz entfällt jedoch, wenn der Übertragungsempfänger den empfangenen Mitunternehmeranteil im Ganzen innerhalb der Frist von mindestens 5 Jahren veräußert oder aufgibt. Als Rechtsfolge sind für die gesamte Übertragung nach § 6 Abs. 3 Satz 2 EStG rückwirkend auf den ursprünglichen Übertragungsstichtag die Teilwerte anzusetzen (§ 175 Abs. 1 Satz 1 Nr. 2 AO). Der beim Übertragenden entstehende Gewinn ist laufender Gewinn (§ 16 Abs. 1 Satz 2 i.V.m. Abs. 3 EStG). Für die Berechnung der Behaltefrist ist der Übergang des wirtschaftlichen Eigentums (= Übergang von Nutzen und Lasten) maßgeblich.[89]

Um den Übertragenden/Aufnehmenden vor der Aufdeckung der stillen Reserven und deren Besteuerung zu bewahren, muss sich dieser bei der Übertragung vor einem steuerschädlichen Verhalten des Aufgenommenen schützen.

Der Veräußerer behält das dem Betrieb der Gesellschaft weiterhin dienende Grundstück in seinem Eigentum zurück. Den Beteiligten ist bekannt, dass es zu einer Gewinnrealisierung und Besteuerung beim Veräußerer kommen kann, wenn der Erwerber den übertragenen Gesellschaftsanteil innerhalb der Frist des § 6 Abs. 3 S. 2 EStG von fünf Jahren veräußert oder aufgibt. Der Erwerber verpflichtet sich, den Anteil nur mit vorheriger Zustimmung des Veräußerers zu übertragen und ihn von einer im Zusammenhang mit der heutigen Veräußerung nachträglich entstehenden Steuerschuld, die durch sein Verhalten innerhalb der bezeichneten Sperrfrist ausgelöst wird, in vollem Umfang frei zu stellen. (Auf Absicherung der Freistellungsverpflichtung wird verzichtet.) 41 M
Der Notar hat darauf hingewiesen, dass er keine Beratung in Steuerfragen übernehmen kann und mit seinen Hinweisen in dieser Urkunde auch nicht übernommen hat.

ff) Familiengesellschaften

Ein zwischen Familienangehörigen abgeschlossener Gesellschaftsvertrag wird steuerlich nur anerkannt,[90] wenn er bürgerlich-rechtlich wirksam abgeschlossen wird, klar und eindeutig ist, die vertraglich vereinbarten Regelungen auch zwischen Fremden üblich sind und tatsächlich durchgeführt werden.[91] 42

Der Gesellschaftsvertrag muss ernsthaft, eindeutig und formwirksam vereinbart sein, wobei die schenkweise Einräumung eines Gesellschaftsanteiles die notarielle Beurkundung des Schenkungsversprechens erfordert, der tatsächliche Vollzug durch Kapitalumbuchung jedoch den Formmangel nach § 518 Abs. 2 BGB heilt (anders bei stiller Gesellschaft bzw. Unterbeteiligung). Bei Minderjährigen ist die Beteiligung eines Ergänzungspflegers – für jedes Kind einer – (§ 1909 BGB) und die familiengerichtliche Genehmigung (§ 1822 Nr. 3 BGB) für den Vertragsabschluss erforderlich.[92] Die Formunwirksamkeit von Verträge, etwa das Fehlen der erforderlichen Beteiligung eines Ergänzungspflegers oder der gerichtlichen Genehmigung, führt jedoch nicht automatisch zur steuerlichen Nichtanerkennung des Vertragsverhältnisses, sondern ist lediglich ein Beweisanzeichen gegen einen ernsthaften Bindungswillen der Beteiligten. Ist ihnen die Nichtbeachtung der bürgerlich-rechtlichen Formvorschriften nicht anzulasten und leiten diese die zur Wirksamkeit erforderlichen Maßnahmen zeitnah nach dem Erkennen der Unwirksamkeit oder dem Auftauchen von 43

---
89 BMF v. 03.03.2005, BStBl. I 2005, 458 Rn. 21 i.V.m. Rn. 11 ff.
90 Zur steuerlichen Anerkennung von Familiengesellschaften: H 15.9 EStR; Schmidt/*Wacker*, EStG § 15 Rn. 740 ff.
91 StRspr. des BFH vgl. BFH v. 03.03.2004 – X R 14/01, BStBl. II 2004, 826 = DStR 2004, 854; BMF v. 02.04.2007 BStBl. I 2007, 441 = DStR 2007, 805; weitere Nachweise bei Tiedtke/*Möllmann*, DStR 2007, 1940.
92 Zusammenfassend BFH BStBl. II 86, 798.

Zweifeln an der Wirksamkeit ein, ist das Vertragsverhältnis auch steuerlich anzuerkennen.[93] Zur tatsächlichen Durchführung bedarf es vor allem der buchführungsmäßigen Einräumung von Kapital- und Privatkonten.

44 Um Mitunternehmer i.S.v. § 15 Abs. 1 Satz 2 EStG zu sein, muss jeder Familienangehörige am Unternehmerrisiko beteiligt sein und Unternehmerinitiative entwickeln können. Schenkweise aufgenommenen Kinder müssen wenigstens annäherungsweise diejenigen Rechte eingeräumt sein, die einem Kommanditisten nach den gesetzlichen Regelungen des HGB zukommen. Der steuerlichen Anerkennung entgegen stehen z.B. unübliche Entnahmebeschränkungen, einseitige jederzeitige Kündigungsrechte[94] oder unentgeltliche Rückübertragungsrechte des Schenkers, nicht mit dem Kapitalanteil korrespondierende Stimmrechte, Ausschluss von den stillen Reserven bei Ausscheiden oder Auflösung der Gesellschaft.[95] Die Mitunternehmerstellung fehlt mangels Mitunternehmerinitiative, wenn sowohl das Stimmrecht als auch das Widerspruchsrecht durch Gesellschaftsvertrag ausgeschlossen ist;[96] dann kann eventuell eine typische stille Beteiligung vorliegen.[97] Sind die aufgenommenen Kinder nicht als Mitunternehmer anzusehen, wird der ihnen gewährte Gewinnanteil als Einkommen des beteiligten Elternteils gewertet. Unschädlich ist jedoch, dass der Gesellschaftsvertrag Mehrheitsbeschlüsse zulässt[98] oder dass bei Vorversterben des beschenkten Kindes ein Rückforderungsrecht besteht.[99]

45 Weiter muss einkommensteuerlich die Gewinnverteilung angemessen sein.[100] Die Gewinnanteile, die die angemessene Begrenzung übersteigen, sind den anderen Gesellschaftern zuzurechnen. Die Rechtsprechung hat hierzu folgende Grundsätze aufgestellt:[101]

Bei schenkweiser Beteiligung nicht mitarbeitender Angehöriger darf die Durchschnittsrendite nach den Verhältnissen im Zeitpunkt des Vertragsabschlusses nicht mehr als 15 % des tatsächlichen Wertes des geschenkten Anteiles betragen.[102] Bei schenkweiser Beteiligung an im Betrieb nicht nur unwesentlich mitarbeitende Angehörige gilt die 15 %-Grenze nicht, sondern es ist zu prüfen, ob der Gewinnanteil dem auch bei einem Fremden üblichen entspricht.[103]

46 Vermittelt der geschenkte Gesellschaftsanteil aufgrund der gemachten Einschränkungen und Rechtsvorbehalte zugunsten des Schenkers dem Beschenkten keine Mitunternehmerinitiative, zählt er auch nicht zum *erbschafts- bzw. schenkungssteuerlich* begünstigten Vermö-

---

93 BFH v. 07.06.2006 – IX R 4/04, BStBl. II 2007, 294 = DStRE 2006, 1372 und BFH v. 22.02.2007 – IX R 45/06, DStR 2007, 986; BMF v. 02.04.2007, BStBl. I 2007, 441 = DStR 2007, 805; hierzu Tiedtke/Möllmann, DStR 2007, 1940.
94 BFH v. 16.09.1989, BStBl. II 1989, 877.
95 BFH v. 28.10.1999, BStBl. II 2000, 183.
96 15.8 EStR; BFH v. 01.09.2011 – II R 67/09, BFHE 239, 137 = BStBl II 2013, 210 und BFHE 241, 49, BStBl II 2013, 635; BMF-Schreiben v. 05.10.1989, BStBl. I 89, 758. Ausübung wesentlicher Gesellschafterrechte durch Beirat aber schadet nicht (BFHE 170, 487 = BStBl. II 1993, 538 = NJW 1993, 3288; BFH/NV 2006, 1148).
97 BFH BStBl. II 81, 663; BFH NJW RR 2000, 1052 bzgl. fehlender Gewinnbeteiligung trotz gesellschaftsrechtlicher Mitwirkungsrechte.
98 BFH v. 07.11.2000, BStBl. II 2001, 186.
99 BFH v. 27.01.1994, BStBl. II 1994, 635.
100 BFH v. 29.05.1972 – GrS 4/71 BStBl. II 1973, 5: entscheidend ist, dass sie nicht auf privaten Gesichtspunkten beruht, sondern am Gesellschaftszweck ausgerichtet ist, z.B. besondere Gesellschafterleistungen berücksichtigt (vgl. BMF v. 02.11.2000, DStR 2000, 2188).
101 S. H 15.9 (3) EStR; zur Angemessenheit bei stiller Gesellschaft s. § 141 Rdn. 36 sowie H 15.9 (4) u. (5) EStR.
102 BFH BStBl. II 1987, 54; BFH v. 14.05. 2003 – X R 14/99. Bei Unterbeteiligung: BFH v. 09.10.2001 – VIII R 77/98, ZEV 2002, 37 m. Anm. Daragan; H 15.9 (3) EStR.
103 BFH BStBl. II 1980, 437.

gen i.S.v. § 13b Abs. 1 Nr. 2 ErbStG.[104] Ein im Rahmen der BGB-Vorgaben ausgestalteter Nießbrauch kann die Mitunternehmerstellung des Beschenkten beeinträchtigen.[105]

b) Grunderwerbsteuer

Die Einbringungsverpflichtung wird als anteilige Veräußerung an jeden einzelnen Gesellschafter angesehen und löst daher grundsätzlich Grunderwerbsteuer aus (§ 1 Abs. 1 Nr. 1 GrEStG). Wird der Grundbesitz jedoch in eine Gesellschaft eingebracht, an der der Ehegatte, Verwandte in gerader Linie oder deren Ehegatte beteiligt sind, so tritt die Steuerbefreiung nach § 3 Nr. 4 oder Nr. 6 GrEStG ein.[106] Sind noch weitere, nicht zu dem begünstigten Personenkreis gehörende Dritte beteiligt, ist der Erwerb entsprechend deren Quote steuerpflichtig. 47

Die Steuer wird i.H.d. Anteils nicht erhoben, zu dem der Einbringende am Vermögen der Personengesellschaft beteiligt ist (§ 5 Abs. 2 GrEStG), also als Gesellschafter wirtschaftlich gesehen anteilig Grundstückseigentümer bleibt, z.B. ein Gesellschafter bringt ein Grundstück in eine OHG ein, an der er zur Hälfte beteiligt ist, so ist nur die Hälfte des vereinbarten Übernahmebetrages zu versteuern. Jedoch darf der Einbringende seine Beteiligung nicht innerhalb von 5 Jahren vermindern (§ 5 Abs. 3 GrEStG) oder die erwerbende Personengesellschaft innerhalb der Frist in eine Kapitalgesellschaft umgewandelt werden.[107] 48

c) Umsatzsteuer

Die Personengesellschaft ist Unternehmer i.S.d. § 2 UStG. Sie erbringt bei der Aufnahme eines Gesellschafters an diesen keine steuerbaren Umsätze, auch keine nach § 4 Nr. 8f UStG.[108] Die Einbringung von Gegenständen und Leistungen (z.B. Übernahme von Schulden) in eine Personengesellschaft ist beim einbringenden Gesellschafter nur steuerpflichtig, wenn sie von einem Unternehmer im Rahmen seines Unternehmens erfolgt,[109] wobei jedoch die Einbringung bestimmter Gegenstände nach § 4 UStG steuerbefreit sein kann, z.B. Grundbesitz (Nr. 8f), oder Forderungen (Nr. 8c), bzw. die Einbringung eines Betriebes oder Teilbetriebes nach § 1 Abs. 1a UStG nicht steuerbar ist; bei Unsicherheit bzgl. eines Falles von § 1 Abs. 1a UStG, sollte eine hilfsweise Umsatzsteuerklausel aufgenommen werden. 49

Die Einbringung eines Betriebes oder Teilbetriebes i.S.d. § 1 Abs. 1a UStG ist, auch wenn nicht alle Betriebsgrundlage mit dinglicher Wirkung übertragen werden,[110] nicht steuerbar. Nicht mitübertragene einzelne wesentliche Betriebsgrundlagen müssen der Gesellschaft jedoch langfristig zur Nutzung so überlassen werden, dass eine dauerhafte Fortführung des Unternehmens durch die Gesellschaft gewährleistet ist;[111] damit macht der Rückbehalt von wesentlichen Betriebsgrundlagen im Sonderbetriebsvermögen des einbringenden Gesellschafters nicht die Übertragung der sonstigen Betriebsgrundlagen umsatzsteuer- 50

---

104 BFH v. 16.05.2013 – II R 5/12, MittBayNot 2013, 509 m. Anm. *Viskorf, Jehle*; = BFHE 241, 49 = BStBl II 2013, 635; v. 23.03.2010 – II R 42/08 = DStR 2010, 868 für den Fall, dass der Schenker sich beim Vorbehalt eines Nießbrauchsrechts am geschenkten Anteil über die BGB-Bestimmungen hinaus alle Stimm- und Verwaltungsrechte auch in Grundlagengeschäfte vorbehält.
105 Nach BFH v. 01.03.1994 – VIII R 35/92, BStBl. II 1995, 241 bisher nicht. Jedoch nach BFH v. 25.01.2017 – X R 59/14, ist keine Buchwertfortführung nach § 6 Abs. 3 Satz 1 EStG möglich, wenn der Übertragende seine bisherige gewerbliche Tätigkeit aufgrund eines vorbehaltenen Nießbrauches weiter fortsetzt. Hierzu: *Hübner/Friz*, DStR 2017, 2353.
106 BFH BStBl. II 1976, 465.
107 BFH, Urt. v. 25.09.2013 – II R 2/12, BStBl II 2014, 329 = DStR 2014, 141. i.E. Gleichlautende Erlasse betr. Anwendung der §§ 5 und 6 GrEStG v. 09.12.2015, BStBl. I S. 1029; DStR 2016, 1546.
108 BFH v. 01.07.2004 – V R 32/00, BStBl. II 2004, 1022.
109 1.6 (2) UStAE.
110 1.5 Abs. 3 UStAE.
111 EuGH v. 10.11.2011 – C-444/10, DStR 2011, 2196 m. Anm. *Zugmaier, Salder*.

pflichtig. Der Rückbehalt führt jedoch bei unentgeltlicher Nutzungsüberlassung zu einer umsatzsteuerpflichtigen Entnahme gemäß § 3 Abs. 1b UStG;[112] bei Verpachtung kann auf Umsatzsteuerausweisung optiert werden.

d) Schenkungsteuer

51 Die unentgeltliche Zuwendung einer Beteiligung an einer Personengesellschaft unterliegt nach § 7 Abs. 1 Nr. 1 ErbStG der Schenkungsteuer, wobei bei der Bewertung des Anteiles (§ 97 BewG; R B 97.3 ErbStR) eine für den Fall der Auflösung oder des vorherigen Ausscheidens vereinbarte Buchwertklausel zunächst unberücksichtigt bleibt (§ 7 Abs. 5 ErbStG; R E 7.7 ErbStR). Wird ein Gesellschaftsanteil mit einer überhöhten Gewinnbeteiligung ausgestattet, gilt das Übermaß als selbstständige Schenkung (§ 7 Abs. 6 ErbStG; R E 7.8 ErbStR).

52 Nach nunmehriger Ansicht der Finanzverwaltung in den ErbSt-Richtlinien 2011[113] ist in entsprechender Anpassung an § 6 Abs. 3 EStG auch die Aufnahme eines Gesellschafters in ein bestehendes Einzelunternehmen sowie die Übertragung von Teil-Mitunternehmeranteilen nach den §§ 13a, 13b und 19a ErbStG bei Vorliegen der Verschonungsvoraussetzungen[114] teilweise oder ganz begünstigt, selbst wenn das vorhandene Sonderbetriebsvermögen nicht in demselben quotalen Verhältnis wie die Beteiligung an der Personengesellschaft übertragen wird, soweit es nur als Sonderbetriebsvermögen weiterhin der Personengesellschaft dient. Werden jedoch wesentliche Betriebsgrundlage zurückbehalten und an Dritte übertragen, entfällt die Begünstigung,[115] ebenso, wenn der Begünstigte keine vollwertige Mitunternehmerstellung erhält.[116]

3. Umsatzsteuer auf Geschäftsführungstätigkeit

53 Die Geschäftsführung durch einen Gesellschafter gegen gesondertes Entgelt, das im Rahmen der Ergebnisermittlung als Aufwand behandelt wird und das unabhängig von der Ergebnissituation der Gesellschaft auch bei Verlust zu zahlen ist, ist umsatzsteuerpflichtig, weil der Geschäftsführer dann die Geschäftsführungsleistungen als Unternehmer selbstständig erbringt und hierfür ein gesondertes Entgelt (Sonderentgelt) nach Umfang der Leistung und/oder unabhängig vom Betriebsergebnis erhält.[117] Keine Umsatzbesteuerung entsteht, wenn die Geschäftsführung nur als Gesellschafterbeitrag durch bloße Beteiligung am Gewinn und Verlust der Gesellschaft abgegolten wird (z.B. durch einen Gewinnvorab im Rahmen der Ergebnisverwendung); das Entgelt wird nur umsatzsteuerpflichtig, wenn es nach der tatsächlich erbrachten Leistung bemessen wird und damit gewinnunabhängig, etwa in Form eines Fixbetrages vereinbart ist. Aber auch ein gesellschaftsvertraglich vereinbartes garantiertes Entnahmerecht, nach dem die den Gewinnanteil übersteigenden Entnahmen nicht zu einer Rückzahlungsverpflichtung führen, führt wie die Vereinbarung einer Vorwegvergütung zu einem umsatzsteuerpflichtigen Leistungsaustausch. Wird für Leistungen des Gesellschafters an die Gesellschaft neben einem Sonderentgelt auch eine gewinnabhängige Vergütung gezahlt (sog. Mischentgelt), kann nur das Sonderentgelt, nicht aber die gewinnabhängige Vergütung umsatzsteuerpflichtig sein,[118] jedoch kann es sich auch um eine

---

112 BFH v. 21.05.2014 – V R 20/13, BStBl. II 2014, 1029 = DStR 2014, 1824. S. auch *Förster*, DStR 2012, 381.
113 RE 13b. 5 (3) ErbStR 2011 sowie jetzt auch Ländererlass v. 25.06.2009 = BStBl. I 2009, 713 Abschn. 20 (3).
114 Siehe hierzu bei § 133 Rdn. 5
115 RE 13b. 5 (3) S. 8 ErbStR 2011 sowie Ländererlass v. 25.06.2009 = BStBl. I 2009, 713 Abschn. 20 (3).
116 BFH v. 10.12.2008 – II R 34/07, BFHE 224, 144 = BStBl. II 2009, 312 = MittBayNot 2010, 156; = ZEV 2009, 149: wenn sich der Schenker den lebenslänglichen Nießbrauch vorbehält und vereinbart ist, dass der Nießbraucher die Gesellschafterrechte der Beschenkten aufgrund einer »vorsorglich« erteilten Stimmrechtsvollmacht ausüben kann.
117 BFH BStBl. II 2003, 36; 1.6. Abs. 3 UStAE.
118 Hierzu sehr detailliert Nr. 1.6 UStAE; zuvor BMF Schreiben v. 23.12.2003 BStBl. I 2004 = DStR 2004, 90; BMF Schreiben v. 31.05.2007 BStBl. I 2007, 503 = DStR 2007, 1039; sowie § 137 Rdn. 96, § 139 Rdn. 103 f.

4. Eintritt und Austritt von Gesellschaftern

a) Einkommensteuer

aa) Eintritt und Anteilsveräußerung

Tritt ein Gesellschafter in eine schon bestehende Personengesellschaft ein, wird dies ertragsteuerlich als Gründung einer neuen Mitunternehmerschaft angesehen, in die die Altgesellschafter ihre Mitunternehmeranteile an der Altgesellschaft einbringen,[120] wobei nach § 24 UmwStG statt des gemeinen Wertes auf rechtzeitig gestellten Antrag einheitlich die Buchwerte oder ein Zwischenwert angesetzt werden kann.

54

(1) *Durch neue Einlage:* Wird zur Aufnahme eines weiteren Gesellschafter von diesem nur eine Einlage in das Gesamthandsvermögen erbracht, gelten für die Besteuerung des neu beitretenden Gesellschafter je nach Art der Einlage die zu Errichtung dargestellten Grundsätze, insbes. die Möglichkeit der Buchwertfortführung nach § 24 UmwStG.[121] Der neue Gesellschafter hat aktivierungspflichtige Anschaffungskosten für die erlangten Anteile an den Wirtschaftsgütern des Gesellschaftsvermögens i.H.d. Werts seiner Einlage, einschließlich eines Agios[122] Erfolgt kein Antrag zur Buchwertfortführung ist der durch Ansatz des gemeinen Wertes entstandene Einbringungsgewinn bei den bisherigen Gesellschaftern aber im Umfang der Beteiligung der bisherigen Gesellschafter an der erweiterten Gesellschaft nicht begünstigter laufender Gewinn (§ 24 Abs. 3 Satz 3 UmwStG). Erbringt der neue Gesellschafter daneben auch Zahlungen an die Altgesellschafter ist jedoch § 24 UmwStG nicht mehr uneingeschränkt anwendbar, sondern entsteht bei den Altgesellschaftern ein Veräußerungsgewinn i.S.d. § 16 Abs. 2 EStG.[123]

55

(2) *Durch Erwerb eines Teilgesellschaftsanteiles:* Erfolgt der Beitritt in der Weise, dass der Beitretende einen Teil eines Mitunternehmeranteiles eines Altgesellschafters entgeltlich erwirbt ohne eine Leistung in das Gesellschaftsvermögen zu erbringen, ist der beim Veräußerer entstehende Veräußerungsgewinn nach § 16 Abs. 1 Satz 2 EStG als laufender Gewinn steuerpflichtig und nicht gemäß §§ 16 Abs. 4, 34 EStG begünstigt. Ein solcher Gewinn ist auch gewerbesteuerpflichtig, unabhängig ob Sonderbetriebsvermögen vorhanden und/oder anteilig mit übertragen wird, weil nur ein der Betriebsveräußerung oder -aufgabe vergleichbarer Vorgang steuerfrei ist.[124]

56

---

119 So FG Schleswig-Holstein v. 27.04. 2016 – 4 K 108/13, DStRE 2017, 927 m.w.N. zu weiteren von der Rspr. entschiedenen Fällen.
120 BFH Urt. v. 07.11.2006 – VIII R 13/04; v. 18.03.1999 IV R 26/98, BFHE 188, 307, BStBl. II 1999, 604; Schmidt/Wacker, § 16 EStG Rn. 562, 567.
121 Wobei aber nach Rn. 01.47 UmwStE 2011 dabei nach steuerlicher Betrachtung i.S.v. § 24 UmwStG die bisherigen Gesellschafter ihre Mitunternehmeranteile in die neue Mitunternehmerschaft einbringen u.a. mit der Folge, dass ein Einbringungsgewinn nach § 24 Abs. 3 Satz 3 UmwStG nicht nach §§ 16, 34 EStG begünstigt ist.
122 BFH v. 13.03.1980 – IV B 58/78, BFHE 130, 305 = BStBl. II 1980, 499.
123 BFH v. 17.09.2014 – IV R 33/11, DStR 2015, 641 = NZG 2015, 766, denn die Einbringung der bisherigen Beteiligungen erfolgt durch die Altgesellschafter dann auch teilweise auf fremde Rechnung für den Neugesellschafter, § 24 UmwStG begünstigt jedoch nur die Einbringung der Altgesellschafter auf eigene Rechnung.
124 OFD Düsseldorf v. 18.01.2001, DStR 2001, 708 unter Berufung auf BFH DStR 2000, 1768.

57 **(3) *Unentgeltliche Übertragung*:**[125] Wird bei der Aufnahme einer natürlichen Person als Gesellschafter oder bei der Übertragung an eine natürliche Person als Mitgesellschafter ein Mitunternehmeranteil geschenkt oder ist die Einlage bzw. Gegenleistung[126] niedriger als der Buchwert, liegt darin eine unentgeltliche Übertragung von Mitunternehmeranteilen, die wegen der Verpflichtung zur Buchwertfortführung nach § 6 Abs. 3 Satz 1 Halbs. 2 EStG ertragsteuerrechtlich neutral bleibt, schenkungssteuerrechtlich zwar steuerpflichtig, aber nach §§ 13a, 13b und 19a ErbStG ganz oder teilweise steuerbefreit sein kann. Der Buchwert kann jedoch bei Übertragung des gesamten Mitunternehmeranteils (Personengesellschaftsanteils) nur angesetzt werden, wenn dabei auch alle wesentlichen Betriebsgrundlagen mitübertragen werden, die im Zeitpunkt der Übertragung Betriebsvermögen sind,[127] wozu auch das funktional wesentliche Sonderbetriebsvermögen[128] gehört. Ansonsten wird dies als nach § 16 Abs. 3 Satz 1 EStG steuerpflichtige Aufgabe des Mitunternehmeranteiles angesehen. Bei Übertragung nur eines Teiles des Mitunternehmeranteils müssen jedoch grundsätzlich nicht ein gleich hoher Bruchteil dieses Sonderbetriebsvermögens mit übertragen werden.[129] Zu den Folgen der zeitgleichen Veräußerung eines funktional wesentlichen Betriebsvermögens an einen Dritten oder Überführung in ein anderes Betriebsvermögen s. Rdn. 66.

58 *Unterquotale Übertragung von Sonderbetriebsvermögen:* Um die gleitende, schrittweise Unternehmensnachfolge steuerneutral zu ermöglichen, bestimmt § 6 Abs. 3 Satz 2 EStG, dass die Übertragung des Teiles eines Mitunternehmeranteils unter zwingender Buchwertfortführung auch dann möglich ist, wenn der bisherige (Mit-)Unternehmer Wirtschaftsgüter seines (Sonder-)Betriebsvermögens zurückbehält, vorausgesetzt, der übertragende (Mit-)Unternehmer bleibt bei derselben Mitunternehmerschaft beteiligt,[130] die Wirtschaftsgüter dienen dieser weiterhin (= »gehören weiterhin zum [Sonder-]Betriebsvermögen derselben Mitunternehmerschaft«),[131] und der übernommene Mitunternehmeran-

---

125 Hierzu BMF v. 03.03.2005, BStBl. I 2005, 458 = DStR 2005, 475 = ZEV 2005, 200; einführende Erläuterungen bei: *Emmerich/Kloster*, GmbHR 2005, 448; *Geck*, ZEV 2005, 196; *Neumann*, EStB 2005, 140; *Wendt*, FR (EStR) 2005, 468; *Wälzholz*, MittBayNot 2006, 113; *Strahl*, kösdi 2013, 18216; tabellarische Übersicht bei *Winkeljohann/Stegemann*, BB 2005, 1416.
126 Die Übernahme betrieblicher Verbindlichkeiten stellt dabei gemäß der Einheitsbetrachtung kein Entgelt dar; anders jedoch, wenn einzelne Wirtschaftsgüter eingebracht werden, da i.R.d. § 6 Abs. 5 Satz 3 EStG die Trennungstheorie gilt; s. hierzu *Wälzholz*, MittBayNot 2006, 113, 117.
127 BFH v. 09.12.2014 – IV R 29/14, DStR 2015, 211; v. 02.08.2012 – IV R 41/11, DStR 2012, 2118: eine taggleiche oder zeitlich vorherige Auslagerung gemäß § 6 Abs. 5 EStG oder Veräußerung von funktional wesentlichen Betriebsvermögen ist grundsätzlich unschädlich. Dagegen Nichtanwendungserlass mit BMF-Schreiben v. 12.09.2013: zeitgleiche Inanspruchnahme der Steuervergünstigungen nach § 6 Abs. 3 und Abs. 5 ist nicht möglich.
128 Hierbei handelt es sich um diejenigen Wirtschaftsgüter, die vom Gesellschafter der Gesellschaft zur Nutzung überlassen werden und dabei für die Funktion des Betriebes von Bedeutung sind, wie etwa Betriebsgrundstücke; dazu zählen aber auch die Anteile des Kommanditisten an der Komplementär GmbH, die zwingend jeweils mit zu übertragen sind, soll nicht die steuerschädliche Aufdeckung sämtlicher stillen Reserven eintreten (H 16 [8] EStR). Nicht zwingend dazu zählt der BFH v. 06.05.2010 – IV R 52/08, DStR 2010, 1374 ein Wirtschaftsgut des Sonderbetriebsvermögens, das nach der Anteilsübertragung nicht mehr von der Mitunternehmerschaft genutzt wird (strittig). Zur Beurteilung, ob der Anteil an der Komplementär-GmbH zum wesentlichen Sonderbetriebsvermögen gehört: OFD Nordrhein-Westfalen v. 17.06.2014; insbesondere gegeben, wenn der Kommanditist beherrschende Gesellschafter der Komplementär-GmbH ist. Hierzu auch BFH v. 16.04.2015 – IV R 1/12, DStR 2015, 1362.
129 So zur seit 2001 geltenden Rechtslage gemäß § 6 Abs. 3 EStG jetzt BFH v. 02.08.2012 – IV R 41/11, DStR 2012, 2118; anders noch BFH DStR 2000, 1768; 2000, 2080; sowie BMF v. 03.03.2005, BStBl. I 2005, 458, DStR 2005, 475 = ZEV 2005, 200.
130 Die Zeitdauer der weiteren Zugehörigkeit, ist gesetzlich nicht geregelt. Wird jedoch der gesamte Mitunternehmeranteil übertragen, aber wesentliches Sonderbetriebsvermögen zurückbehalten, liegt darin eine nach § 16 Abs. 3 Satz 1 EStG steuerpflichtige Aufgabe des Mitunternehmeranteiles.
131 Nach BMF v. 03.03.2005 BStBl. I 2005, 458 schädlich, wenn aufgrund eines Gesamtplanes das zurückbehaltene Sonderbetriebsvermögen zeitnah veräußert wird oder entnommen wird. Nach BFH v. 12.05.2016 – IV R 12/15 DStR 2016, 1518, kann auch während der Behaltefrist der übertragende Mitunternehmer das Objekt des zurückbehaltenen Sonderbetriebsvermögens gem. § 6 Abs. 5 EStG in ein anderes Betriebsvermögen zu Buchwert überführen, ohne dass dies die Nachbesteuerung auslöst.

teil wird vom Rechtsnachfolger über einen Zeitraum von mindestens 5 Jahren ab wirtschaftlichem Übergang nicht veräußert oder aufgegeben.[132]

Der schrittweise Generationswechsel in Personengesellschaften unter Zurückbehaltung wesentlicher Betriebsgrundlagen beim Senior bleibt somit einkommensteuerfrei, soweit der Junior längerfristig (fünf Jahre) beteiligt bleibt. Die Frist beginnt ab dem Erlangen des wirtschaftlichen Eigentums (= Übergang von Nutzen und Lasten). Sie endet jedoch vorzeitig, wenn dem Erwerber der restliche Mitunternehmeranteil vollständig, also mit allen wesentlichen (Sonder-)Betriebsvermögen übertragen wird.[133] Scheidet der Erwerber früher aus, sind nach BMF (Tz 11), für die Gesamtübertragung rückwirkend auf den ursprünglichen Übertragungsstichtag die Teilwerte (ggf. einschl. eines Geschäftswertes) anzusetzen (§ 175 Abs. 1 Satz 1 Nr. 2 AO). Der dabei beim Veräußerer entstehende Gewinn ist als laufender Gewinn steuerpflichtig (§ 16 Abs. 1 Satz 2 i.V.m. Abs. 3 EStG). Steuerschädliches Verhalten des Erwerbers ist dabei die Veräußerung eines übernommenen funktional wesentlichen Wirtschaftsguts oder dessen Einbringung gegen Gewährung von Gesellschaftsanteilen i.S. § 5 Abs. 5 EStG wie auch eine nur teilweise entgeltliche Übertragung oder Aufgabe des erworbenen Mitunternehmeranteiles, wohl auch dessen Einbringung gemäß §§ 20, 24 UmwStG, da dies einen entgeltlichen Tauschvorgang darstellt, sowie der Formwechsel nach § 25 UmwStG. Ausgenommen davon ist lediglich die Einbringung des Mitunternehmeranteiles zu Buchwerten in eine Kapital- oder Personengesellschaft, sofern die dadurch erworbene Beteiligung nicht innerhalb der Behaltefrist veräußert oder aufgegeben wird. Unschädlich ist die unentgeltliche Weiterübertragung, wobei die Behaltefrist vom Rechtsnachfolger fortgesetzt werden muss.

Vor einer Nachbesteuerung sollte sich der Veräußerer entweder dadurch schützen, dass durch gesellschaftsvertragliche Regelungen die Anteilsübertragung nur mit Zustimmung des Veräußerers möglich ist oder dass er den Erwerber zur Beachtung der Behaltefrist verpflichtet. Ein bedingtes Rückforderungsrecht genügt nicht.

Regelung bei Teilanteilsübertragung unter Rückbehalt von wesentlichen Wirtschaftsgütern

Der Erwerber verpflichtet sich, den erhaltenen Gesellschaftsanteil nicht innerhalb einer Frist von 5 Jahren ab dem Übergang aller Rechte und Pflichten ohne Zustimmung des Veräußerers zu veräußern oder aufzugeben. Ansonsten ist er verpflichtet, den Veräußerer von einer dadurch nachträglich entstehenden Steuerschuld vollständig freizustellen. Der Notar hat in diesem Zusammenhang darauf hingewiesen, dass er keine Beratung in Steuerfragen übernehmen kann und mit seinem Hinweis in dieser Urkunde auch nicht übernommen hat.

Überquotale Übertragung von Sonderbetriebsvermögen: Wird überquotal mehr Sonderbetriebsvermögen als Mitunternehmeranteil übertragen, ist der Vorgang nach Ansicht der Finanzverwaltung in eine Übertragung nach § 6 Abs. 3 Satz 1 EStG für den quotalen Teil des Sonderbetriebsvermögens und eine Übertragung des überschießenden Anteiles des Sonderbetriebsvermögen nach § 6 Abs. 5 Satz 3 EStG unter zwingender Buchwertfortführung aufzuteilen (a.A. jetzt BFH).[134] Unter Beachtung der Sperrfrist des § 6 Abs. 5 Satz 4 EStG (nicht des § 6 Abs. 3 Satz 2 EStG) bleibt die Übertragung dann steuerneutral. Werden jedoch

---

132 Hierzu ausführlich BMF v. 03.03.2005, BStBl. I 2005, 458 = DStR 2005, 475 = ZEV 2005, 200; Erläuterungen dazu von *Wälzholz*, MittBayNot 2006, 113.
133 BFH v. 02.08.2012 – IV R 41/11, DStR 2012, 2118.
134 A.A. BFH v. 02.08.2012 – IV R 41/11, DStR 2012, 2118, wonach auch der überquotale Teil des Sonderbetriebsvermögens in den Anwendungsbereich des § 6 Abs. 3 EStG fällt und § 6 Abs. 3 Satz 2 EStG (nur) erfüllt ist, wenn nicht mindestens ein Anteil am Sonderbetriebsvermögen übertragen wird, der dem Anteil des übertragenen Teilanteils am gesamten Mitunternehmeranteil des Übertragenden entspricht. Dagegen Nichtanwendungserlass mit BMF-Schreiben v. 12.09.2013.

vom Erwerber auch Verbindlichkeiten übernommen, liegt nach Finanzverwaltung, (a.A. BFH), eine entgeltliche Übertragung vor, auf die § 6 Abs. 5 EStG keine Anwendung findet,[135] sondern zur Aufdeckung und Versteuerung der darin steckenden stillen Reserven führt.

63 Die spätere unentgeltliche Übertragung des zum Sonderbetriebsvermögen des Seniors gehörenden Grundstückes an den Mitgesellschafter ist durch § 6 Abs. 5 Satz 3 Nr. 3 EStG unter den Voraussetzungen der Behaltefrist nach § 6 Abs. 5 Satz 4 EStG steuerfrei zum Buchwert möglich.

64 Da der Verstoß des Erwerbers gegen die Behaltefrist nachteilige steuerliche Folgen beim Veräußerer/Senior durch nachträgliche Aufdeckung der stillen Reserven und deren Besteuerung hätte, sollte dieser sich im Übertragungsgeschäft davor schützen.

Regelung bei Teilanteilsübertragung unter überquotale Mitübertragung von wesentlichen Betriebsgrundlagen

65 M Den Beteiligten ist bekannt, dass – auch soweit der gegenwärtige Übertragungsvorgang steuerfrei ist – eine Nachbesteuerung beim Veräußerer eintreten kann, wenn der Erwerber den übertragenen Vermögensgegenstand innerhalb der Frist der § 6 Abs. 5 S. 4 EStG veräußert oder aus dem Betriebsvermögen entnimmt. Der Erwerber verpflichtet sich, steuerschädliche Vorgänge nur mit vorheriger Zustimmung des Veräußerers vorzunehmen und ihn von der für die heutige Übertragung dadurch nachträglich entstehenden Steuerschuld vollständig frei zu stellen. (Auf Absicherung der Freistellungsverpflichtung wird verzichtet.)
Der Veräußerer verpflichtet sich, die Steuererklärung für den laufenden Veranlagungszeitraum unverzüglich nach dessen Ablauf zu erstellen und abzugeben sowie den Erwerber davon zu unterrichten.
Der Notar hat darauf hingewiesen, dass er keine Beratung in Steuerfragen übernehmen kann und mit seinen Hinweisen in dieser Urkunde auch nicht übernommen hat.

66 Wird funktional wesentliches Betriebsvermögen zeitlich zuvor oder tagggleich mit der Übertragung der gesamten Gesellschaftsanteile nicht an dessen Erwerber, sondern an einen Dritten veräußert oder übertragen oder in ein anderes Betriebsvermögen des bisherigen Mitunternehmers überführt, findet § 6 Abs. 3 Satz 1 EStG auf die Übertragung des Anteiles am Gesamthandsvermögen nach BFH (a.A. die Finanzverwaltung) Anwendung, sodass die stillen Reserven im Gesellschaftsanteil nicht steuerpflichtig aufzulösen sind.[136] Überführt der Übergeber jedoch ein funktional wesentliches Wirtschaftsgut vor oder bei der Übertragung des gesamten Anteils oder im zeitlichen oder sachlichen Zusammenhang danach[137] in ein anderes seiner Betriebsvermögen, erfolgt dies für das Wirtschaftsgut nach § 6 Abs. 5 Satz 1 EStG steuerneutral, wobei dann nach Ansicht der Finanzverwaltung[138] (anders jetzt BFH[139]) § 6 Abs. 3 Satz 1 EStG auf die Übertragung des Anteiles am Gesamthandsvermögen

---

135 BMF v. 03.03.2005, Rn. 16 ff.; BStBl. I 2005, 458 = DStR 2005, 475 = ZEV 2005, 200. Die ausschließliche Anwendung von § 6 Abs. 3 EStG gemäß BFH (vorstehende Fn.) führt bei Übernahme von Verbindlichkeiten jedoch aufgrund der bei § 6 Abs. 3 EStG geltenden Einheitstheorie nicht zur Entgeltlichkeit.
136 BFH v. 09.12.2014 – IV R 29/14, DStR 2015, 211; v. 02.08.2012 – IV R 41/11, DStR 2012, 2118. Dagegen Nichtanwendungserlass mit BMF-Schreiben v. 12.09.2013: zeitgleiche Inanspruchnahme der Steuervergünstigungen nach § 6 Abs. 3 und Abs. 5 ist nicht möglich; unter Bezugnahme auf BMF BStBl. I 2005, 458 = DStR 2005, 475 Rn. 6.
137 I.S.d. Gesamtplanrechtsprechung, s. BMF BStBl. I 2005, 458 = DStR 2005, 475 Rn. 7; zeitlicher Rahmen nach *Geck*, ZEV 2005, 196 mindestens 1 Jahr.
138 BMF BStBl. I 2005, 458 = DStR 2005, 475 Rn. 6.
139 Nach BFH v. 09.12.2014 – IV R 29/14, DStR 2015, 211; v. 02.08.2012 – IV R 41/11, DStR 2012, 2118 scheidet die Aufdeckung der stillen Reserven im unentgeltlich übertragenen Mitunternehmeranteil nach § 6 Abs. 3 Satz 1 Halbs. 1 EStG aber dann aus, wenn ein funktional wesentliches Betriebsgrundstück des Sonderbetriebsvermögens vorher bzw. zeitgleich zum Buchwert nach § 6 Abs. 5 EStG übertragen worden ist. Beide Steuerbegünstigungen stehen nach Meinung des BFH, entgegen der Ansicht der Finanzverwaltung,

nicht angewendet werden können soll, sodass die stillen Reserven im Gesellschaftsanteil steuerpflichtig aufzulösen wären ohne die Steuerbegünstigung der §§ 16, 34 EStG in Anspruch nehmen zu können. Wird in diesem Zusammenhang ein solches wesentliches Wirtschaftsgut des Sonderbetriebsvermögens zeitgleich in das Privatvermögen des Übergebers überführt, liegt darin eine tarifbegünstigte (§§ 16, 34 EStG) Aufgabe des gesamten Mitunternehmeranteiles, sodass die stillen Reserven vollständig aufzudecken und zu versteuern sind.[140]

Übertragung nur von Sonderbetriebsvermögen: § 6 Abs. 3 Satz 2 EStG ist jedoch nicht anwendbar, wenn lediglich Sonderbetriebsvermögen übertragen wird. Nur bei der unentgeltlicher Übertragung in das Sonderbetriebsvermögen eines anderen Mitunternehmers an der gleichen Mitunternehmerschaft bleibt dies durch zwingende Buchwertfortführung nach § 6 Abs. 5 Satz 3 EStG steuerneutral; ansonsten erfolgt eine Betriebsentnahme. Wird das gesamte wesentliche Betriebsvermögen ohne den Mitunternehmeranteil übertragen, kann dieser dadurch gemäß § 16 Abs. 3 Satz 1 EStG steuerpflichtig aufgegeben sein. Auch schenkungssteuerlich liegt dann kein Übergang von Betriebsvermögen im Wege der vorweggenommenen Erbfolge vor, die nach ErbStG begünstigt wird.[141]

67

Werden Kinder oder der Ehegatte als Gesellschafter in einen Einzelbetrieb oder eine bestehende Personengesellschaft aufgenommen, besteht die widerlegbare Vermutung, dass die beiderseitigen Leistungen nicht kaufmännisch abgewogen sind.[142] Erfolgt die *Übertragung gegen Versorgungsleistungen*,[143] was auch als unentgeltliche Übertragung zählt, tritt Buchwertfortführung nach § 6 Abs. 3 EStG, und damit keine Gewinnrealisierung durch Aufdeckung stiller Reserven nach BMF nur ein, wenn auch die wesentlichen Betriebsgrundlagen des Sonderbetriebsvermögens mit gleicher Quote mit übertragen werden.[144]

68

Werden jedoch bei der Anteilsübertragung *Gegenleistungen* erbracht, die nicht Versorgungsleistungen sind, wie z.B. Abstandszahlungen an den Übergeber oder Geschwister, Übernahme von Privatschulden, Übernahme eines negativen Kapitalkontos,[145] und übersteigt dieses Entgelt den Buchwert des Mitunternehmeranteiles, so liegt eine vollentgeltliche Übertragung (Einheitstheorie) vor (vgl. BFH v. 19.09.2012 – IV R 11/12, DStR 2012, 2051, in Abgrenzung zu BMF-Schreiben vom 08.12.2011 BStBl I 2011,1279); der überragende Entgeltteil ist nach § 16 EStG steuerpflichtiger Veräußerungsgewinn beim Veräußerer und Anschaffungskosten beim Erwerber.

69

---

gleichberechtigt nebeneinander. Dagegen Nichtanwendungserlass mit BMF-Schreiben v. 12.09.2013. Zur Rechtsprechungsübersicht siehe *Mielke*, DStR 2015,673.

140 BMF DStR 2005, 475 Tz. 5. Vgl. dazu auch BFH v. 19.12.2012 – IV R 29/09, BStBl. II 2013, 387 = DStR 2013, 802.
141 DStR 2002, 903; R 51 III 6 ErbStR 2003; hierzu *Götz*, ZEV 2003, 346; RE 13b. 5 (3) S. 9 ErbStR 2011 sowie Ländererlass v. 25.06.2009 BStBl. I 2009, 713 Abschn. 20 (3).
142 BMF-Schreiben BStBl. I 1993, 80 Rn. 2; I 1996, 1508 Rn. 4.
143 Zum Sonderausgabenabzug § 10 Abs. 1 Nr. 1a EStG und hierzu BMF-Schreiben (Rentenerlass IV) v. 11.03.2010 BStBl. I 2010, 227 = DStR 2010, 545 Rn. 5.
144 Nach Meinung der Finanzverwaltung (Rentenerlass IV Rn. 57) liegt ein teilentgeltliches Rechtsgeschäfts vor, wenn nicht die wesentlichen Betriebsgrundlagen des Sonderbetriebsvermögens mit gleicher Quote mit übertragen werden. Hierzu und zu den Gestaltungsmöglichkeiten *Geck*, DStR 2011, 1303; *Spiegelberger*, DStR 2010, 1822; beide empfehlen für die Praxis, das Sonderbetriebsvermögen frühzeitig vor der vorweggenommenen Erbfolge unter Buchwertfortführung gemäß § 6 Abs. 5 Satz 2 EStG in eine gewerblich geprägte GmbH & Co. KG einzubringen.
145 Die Übernahme eines negativen Kapitalkontos zählt voll als Entgelt, sobald auch nur ein auch noch so geringes steuerliches Entgelt geleistet wird; werden dagegen nur Versorgungsleistungen gewährt, geht das negative Kapitalkonto steuerneutral auf den Erwerber über, wenn entsprechende stille Reserven oder zumindest Gewinnchancen vorhanden sind (BFH v. 10.03.1998 – VIII R 76/96, BStBl. II 1999, 269 = DStR 1998, 1253). Soweit nicht durch stille Reserven gedeckt, soll ein teilentgeltlicher Vorgang vorliegen.

bb) Entgeltliches Ausscheiden eines Personengesellschafters/Mitunternehmers

70 Scheidet ein Gesellschafter, der Mitunternehmer i.S.d. § 15 Abs. 1 Satz 2 EStG ist, aus einer Personengesellschaft aus, so unterscheidet das EStG nicht, ob der Anteil auf einen Mitgesellschafter oder einen neu eintretenden Dritten übertragen wird oder ob das Ausscheiden unter Anwachsung des Anteiles bei den verbleibenden Gesellschaftern erfolgt (§ 16 Abs. 3 Satz 1 EStG). Im Gegensatz zur zivilrechtlichen Betrachtung ist Gegenstand der Veräußerung aus steuerlicher Sicht der Anteil des Ausscheidenden an den einzelnen zum Gesellschaftsvermögen zählenden Wirtschaftsgütern.[146]

71 Beim vollständig ausscheidenden Gesellschafter entsteht insoweit gemäß (§ 18 Abs. 3 i.V.m.) § 16 Abs. 1 Satz 1 Nr. 2, Abs. 3 Satz 1 EStG, (beim teilweise ausscheidenden Gesellschafter gemäß § 16 Abs. 1 Satz 2 EStG) ein Veräußerungsgewinn, soweit der Veräußerungspreis nach Abzug der Veräußerungskosten dessen Anteil am Buchwert der Gesellschaft zum Zeitpunkt der Veräußerung übersteigt (§ 16 Abs. 2 EStG). Der Gewinn entsteht im Zeitpunkt, in dem der Anteil auf den Erwerber bzw. die verbleibenden Gesellschafter übergeht. Eine schuldrechtliche Rückbeziehung wird steuerlich ausnahmsweise dann anerkannt, wenn sie sich nur über kurze Zeit (3 Monate) erstreckt, der Vereinfachung der Besteuerung dient und keine steuerlichen Vorteile bezweckt.[147] Im Fall des Ausscheidens entspricht der Abfindungsbetrag dem Veräußerungspreis. Der Veräußerungspreis bzw. Abfindungsanspruch des Ausscheidenden ist der Anschaffungspreis der Erwerbenden. Liegt dieser über dem Buchwert des Mitunternehmeranteiles, werden entsprechend stille Reserven aufgedeckt und gegebenenfalls ein Geschäftswert geschaffen.

72 Die Übernahme von *Gesellschaftsschulden* durch die verbleibenden Gesellschafter ist kein Entgelt.[148] Muss jedoch der Ausscheidende ein negatives Kapitalkonto nicht ausgleichen, erhöht sich der Veräußerungspreis um diesen Betrag. Bei Übertragung auf Familienangehörige stellt das nicht auszugleichende negative Kapitalkonto jedoch keine Gegenleistung dar, wenn entsprechende stille Reserven vorhanden sind oder Gewinnchancen bei der fortbestehenden Gesellschaft bestehen.[149]

73 Liegt der Veräußerungspreis unter dem Buchwert, entsteht ein unter den Beschränkungen des § 10d EStG ausgleichsfähiger Verlust. Die verbleibenden Gesellschafter müssen dann eine Abstockung der Buchwerte vornehmen.[150] Handelt es sich jedoch um eine teilentgeltliche Übertragung, wofür bei Übertragungen zwischen Angehörigen eine widerlegbare Vermutung besteht,[151] und liegt die Gegenleistung unter dem Buchwert, handelt es sich um eine voll *unentgeltliche Übertragung* (Einheitstheorie[152]). Eine unentgeltliche Übertragung ist steuerneutral; der Erwerber führt nach § 6 Abs. 3 EStG die Buchwerte zwingend fort. Die im Rahmen der Vermögensübertragung vereinbarten Versorgungsleistungen, gleich welchen Umfang diese haben, beseitigen nicht die Unentgeltlichkeit.[153]

74 Hat der Ausscheidende das 55. Lebensjahr vollendet oder ist dauernd berufsunfähig, ist ihm nach § 16 Abs. 4 EStG auf Antrag einmalig in seinem Leben (Ausnahme bei früheren Veräußerungen vor dem 01.01.1996; § 52 Abs. 34 EStG) ein *Freibetrag* zu gewähren, der jedoch bei einem höheren Veräußerungsgewinn abschmilzt; auf Antrag wird der von einem

---

146 BFH BStBl. II 1995, 831.
147 BFH BStBl. II 1985, 55; NJW 2001, 173.
148 BFH BStBl. II 1990, 847.
149 BFH BStBl. II 1999, 269.
150 BFH BStBl. II 1994, 745.
151 BFH BStBl. II 1990, 844.
152 BFH BStBl. II 1986, 811.
153 BFH v. 17.09.2015 – III R 49/13 = NJW 2016, 1611: Die Rentenzahlung muss sich dabei bewusst und gewollt danach bemessen, was dem Rentenberechtigten zum Zwecke der Versorgung zur Verfügung stehen sollte (Versorgungscharakter); ansonsten ist eine zeitlich beschränkte oder an den zukünftigen Erträgen der fortbestehenden Mitunternehmerschaft bemessene Rente in Höhe deren Barwert ein Veräußerungserlös im Sinne § 16 Abs. 3 Satz 2 EStG.

solchen Ausscheidenden erzielte Veräußerungsgewinn mit dem ermäßigten Steuersatz gemäß § 34 Abs. 3 EStG besteuert. Der Veräußerungsgewinn des § 16 Abs. 1 Satz 2 EStG unterliegt ansonsten alternativ zu § 34 Abs. 3 EStG der Progressionsminderung nach § 34 Abs. 1 i.V.m. Abs. 2 Nr. 1 EStG (rechnerische Verteilung auf fünf Jahre). Die Tarifbegünstigung (§§ 16, 34 EStG) wird jedoch nicht gewährt, wenn nur ein Teil eines Gesellschaftsanteiles (= Mitunternehmeranteiles) veräußert wird (§ 16 Abs. 1 Satz 2 EStG) und nicht alle stillen Reserven in dem Gesellschaftsanteil aufgedeckt werden.

Hat der Ausscheidende Vermögensgegenstände, die in seinem Eigentum stehen, aber der Gesellschaft zur Nutzung überlassen sind oder die dem Betrieb der Gesellschaft oder der Beteiligung des Gesellschafters sonst zu dienen bestimmt sind *(= Sonderbetriebsvermögen)*, so sind diese Gegenstände Bestandteil des Mitunternehmeranteiles. Wird das Sonderbetriebsvermögen mit dem Gesellschaftsanteil an den Erwerber bzw. bei Ausscheiden an die verbleibenden Gesellschafter übertragen, was auch in einem rechtlich selbstständigen, jedoch im wirtschaftlichen Zusammenhang stehenden Vorgang erfolgen kann,[154] gehört der dafür erzielte Erlös zum Veräußerungspreis. Nimmt der Ausscheidende zeitgleich mit dem Ausscheiden und damit Übergang des Mitunternehmeranteils auf die verbleibenden Gesellschafter das eine wesentliche Betriebsgrundlage bildende Sonderbetriebsvermögen mit, kommt es darauf an, ob er es in ein anderes (Sonder-)Betriebsvermögen (Buchwertfortführung nach § 6 Abs. 5 EStG)[155] oder in sein Privatvermögen (Entnahmebesteuerung der stillen Reserven, Aufgabe des Mitunternehmeranteils)[156] überführt.

Sachwertabfindung: Erhält der vollständig Ausscheidende statt der gesetzlich üblichen Zahlung einen Sachwert (Teilbetrieb oder ein bzw. mehrere einzelne Wirtschaftsgüter), so folgt steuerlich daraus, dass es sich nach BFH nicht um eine Veräußerung des Mitunternehmeranteiles, sondern dessen Aufgabe i.S.v. § 16 Abs. 3 Satz 1 i.V.m. 16 Abs. 1 Satz 1 Nr. 2 EStG handelt. Die Übernahme in das Privatvermögen enthält nach BMF steuerlich zum einen die Veräußerung des Mitunternehmeranteils und zum anderen die Veräußerung an bzw. den Erwerb des Sachwertes durch den Ausscheidenden.[157] Bei der Veräußerung des Anteils entsteht beim Ausscheidenden ein nach §§ 16, 34 EStG begünstigter Veräußerungsgewinn i.H.d. Differenz zwischen dem Nennwert des Abfindungsanspruchs und dem Buchwert des Anteils. Für die verbleibenden Gesellschafter ist die Anwachsung ertragsteuerneutral; es entstehen Anschaffungskosten i.H.d. nominalen Abfindungsschuld, um die alle Buchwerte des Gesamthandsvermögens, einschließlich des Abfindungsgegenstandes aufzustocken sind. Die Übertragung des Abfindungsobjektes ist eine nicht begünstigte Veräußerung, welche bei den verbleibenden Gesellschaftern einen laufenden Veräußerungsgewinn verursacht i.H.d. Differenz zwischen dem aufgestockten Buchwert des Abfindungsobjektes und dem Nennwert der Abfindungsschuld. Beim Ausscheidenden entstehen steuerneutral Anschaffungskosten (tauschähnlicher Vorgang[158]).

Buchwertfortführung: Eine steuerliche Realisierung der stillen Reserven erfolgt jedoch nach § 16 Abs. 3 Satz 2 EStG dann nicht, sofern als Abfindung ein Teilbetrieb oder ein Mitunternehmeranteil oder einzelne Wirtschaftsgüter (z.B. der Mandantenstamm des Ausscheidenden) gewährt wird und vom Gesamthandsvermögen der Gesellschaft in ein ande-

---

154 BFH BStBl. II 1998, 383; 1995, 465.
155 Jedoch ist der Veräußerungserlös aus einer Abfindungszahlung für den Gesellschaftsanteil zwar nach § 16 Abs. 4 EStG, nicht aber nach § 34 EStG steuerbegünstigt (*Förster/Förster*, FR 2016, 596, Schmidt/*Wacker*, EStG § 16 Rn. 429).
156 Dann sind die aufgedeckten stillen Reserven dem Veräußerungserlös hinzuzurechnen und liegt eine begünstigte Aufgabe des Mitunternehmeranteils vor; BFH v. 10.03. 1998 – VIII R 76/96, BStBl. II 99, 269; Schmidt/*Wacker*, EStG § 16 Rn. 414.
157 BFH v. 23.11.1995, IV R 75/94, BStBl II 1996, 194, DStR 1996, 296. BMF-Schr. v. 14.03.2006, BStBl. I 2006, 253, Tz. 51.
158 BMF BStBl. I 2000, 462.

res Betriebs- oder Sonderbetriebsvermögen des Ausscheidenden überführt wird; dann sind zwingend der Buchwert als Anschaffungskosten anzusetzen.[159] Die Übernahme von Verbindlichkeiten oder sonstige Gegenleistungen führt damit nicht mehr zu einer steuerpflichtigen Gewinnrealisierung. Werden aber einzelne Wirtschaftsgüter (anders bei Teilbetrieb oder Mitunternehmeranteil) auf eine Körperschaft übertragen, ist nach § 16 Abs. 3 Satz 4 EStG der gemeine Wert anzusetzen und keine Buchwertfortführung möglich. Zum Ausscheiden des vorletzten Gesellschafters Rdn. 98, zum Spitzenausgleich Rdn. 105.

78 *Gefahr der Nachversteuerung:* Jedoch ist die Sperrfrist nach § 16 Abs. 3 S. 3 EStG zu beachten, wonach es nachträglich zu einer rückwirkenden, nicht begünstigten Nachversteuerung der übergegangenen stillen Reserven kommt, wenn bei der Übertragung einzelne Wirtschaftsgüter zum Buchwert der übertragene Grund und Boden, Gebäude oder andere übertragene wesentliche Betriebsgrundlagen innerhalb einer Sperrfrist von 3 Jahren nach der Übertragung veräußert oder entnommen werden.[160] Der Gewinn ist der Gesellschaft zuzurechnen und nach den allgemeinen Gewinnverteilungsschlüssel allen Gesellschaftern einschließlich des Ausscheidenden zuzurechnen, es sei denn, dass der Gewinn nach dem Gesellschaftsvertrag oder dem von den Mitunternehmern schriftlich getroffenen Vereinbarungen über das Ausscheiden allein dem ausscheidenden oder veräußernden Gesellschafter zuzurechnen ist.[161]

79 In Rahmen der *Abfindungsvereinbarung* sollte daher geregelt werden, dass die verbleibenden Mitunternehmer verpflichten werden, unverzüglich nach Ende des bei Übergang des wirtschaftlichen Eigentums laufenden Veranlagungsjahres die Steuererklärung zu fertigen und abzugeben bzw. die stillen Reserven durch eine Ergänzungsbilanz aufzudecken, oder dass der Übernehmer verpflichten wird, während der Sperrfrist das Wirtschaftsgut nicht zu veräußern und/oder zu entnehmen, ansonsten er eine eintretende Nachbesteuerung den verbleibenden Mitunternehmern zu ersetzen hat.

80 M **Den Beteiligten ist bekannt, dass – auch soweit der gegenwärtige Übertragungsvorgang steuerfrei ist – eine Nachbesteuerung beim Veräußerer eintreten kann, wenn der Erwerber den übertragenen Vermögensgegenstand innerhalb der steuerlichen Sperrfrist veräußert oder aus dem Betriebsvermögen entnimmt. Der Erwerber verpflichtet sich, steuerschädliche Vorgänge nur mit vorheriger Zustimmung der verbleibenden Gesellschafter vorzunehmen und jeden von ihnen, von der für die heutige Übertragung dadurch nachträglich entstehenden Steuerschuld vollständig freizustellen. (Auf Absicherung der Freistellungsverpflichtung wird verzichtet.)**

---

159 BFH v. 30.03.2017 – IV R 11/15, DStR 2017, 1376. Hierzu: *Stenert*, DStR 2017, 1785, mit der Folge, dass Übernahme von Verbindlichkeiten nicht zur Entgeltlichkeit führt, jedoch die Sperrfrist nach § 16 Abs. 3 Satz 3 EStG zu beachten ist. Gegen BMF-Schr. v. 20.12. 2016 = BStBl. I 2017, 36, DStR 2017, 106, Tz. II: nur Buchwertfortführung, wenn das Ausscheiden nur gegen Verringerung der Gesellschaftsrechte und ohne sonstige Gegenleistungen erfolgt (§ 6 Abs. 5 Satz 3 EStG) und wenn es sich beim Abfindungsgegenstand nicht um Anteile an Kapitalgesellschaften handelt (§ 6 Abs. 5 Satz 5, 6 EStG); dann aber darf keine Übernahme von Verbindlichkeiten erfolgen. § 6 Abs. 5 Satz 4 EStG verlangt daher, dass das Wirtschaftsgut noch mindestens 3 Jahre (beginnend ab der Abgabe der Steuererklärung der Personengesellschaft für den Veranlagungszeitraum, in dem der Übertragung war) im Betriebs- bzw. Sonderbetriebsvermögen des Übernehmenden bleibt. Veräußert oder entnimmt er während dieser *Behaltefrist* das Wirtschaftsgut, ist rückwirkend der Teilwert anzusetzen, soweit nicht vorher bei der übertragenden Mitunternehmerschaft eine Aufdeckung der im Wirtschaftsgut enthaltenen stillen Reserven durch Erstellung einer Ergänzungsbilanz erfolgt ist. Die Nachbesteuerung erfolgt auf der Ebene der ursprünglichen Mitunternehmerschaft und belastet daher auch andere ehemalige Mitgesellschafter.
160 Voraussetzungen des Verstoßes wie bei § 5 Abs. 5 EStG (siehe Rdn 59). Die dreijährige Sperrfrist beginnt mit Abgabe der Steuererklärung der Mitunternehmerschaft für den Veranlagungszeitraum der Realteilung und läuft damit i.d.R. erst nach vier bis fünf Jahren ab.
161 BMF-Schr. v. 20.12.2016 = BStBl. I 2017, 36, DStR 2017, 106, Tz. IX.

**Die verbleibenden Gesellschafter verpflichten sich, die Steuererklärung für den laufenden Veranlagungszeitraum unverzüglich nach dessen Ablauf zu erstellen und abzugeben sowie den Erwerber davon zu unterrichten.
Der Notar hat darauf hingewiesen, dass er keine Beratung in Steuerfragen übernehmen kann und mit seinen Hinweisen in dieser Urkunde auch nicht übernommen hat.**

Ausscheiden des vorletzten Gesellschafters: Diese Grundsätze gelten auch bei der Übernahme des Unternehmens einer zweigliedrigen Gesellschaft durch einen Gesellschafter bei Ausscheiden des anderen (Rdn. 98).[162] Der Anteil des Ausgeschiedenen an den verrechenbaren Verlusten geht auf die/den fortführenden Gesellschafter über. 81

b) Schenkungsteuer

Neben der freigiebigen Zuwendung unter dem Buchwert (§ 7 Abs. 1 Satz 1 ErbStG) fingiert § 7 Abs. 7 ErbStG beim Übergang des Gesellschaftsanteils im Wege der gesellschaftsvertraglich geregelten Anwachsung (gesetzliches oder vertragliches Ausscheiden oder Ausschluss, nicht aber bei rechtsgeschäftlicher Anteilsübertragungspflicht lt. Satzung[163]) eine steuerpflichtige Schenkung, wenn der Steuerwert des Anteiles gemäß § 12 ErbStG den gesellschaftsvertraglichen Abfindungsanspruch übersteigt.[164] 82

Erfolgt die Übertragung des Gesellschaftsanteiles nicht zum vollen Verkehrswert des Anteiles, jedoch gegen ein Entgelt oder eine Versorgungsleistung (gemischte Schenkung) oder unter einer Leistungs- oder Duldungsauflage, so ist die Zuwendung in einen entgeltlichen und einen unentgeltlichen Teil aufzuteilen (anders die Einheitstheorie im Ertragsteuerrecht). Die schenkungsteuerliche Bemessungsgrundlage ermittelt sich, indem der Steuerwert der Leistung des Schenkers in dem Verhältnis aufgeteilt wird, in dem der Verkehrswert der Bereicherung des Beschenkten zu dem Verkehrswert des geschenkten Vermögens steht (R E 7.4 ErbStR); die Schenkungsteuer knüpft daher an die bürgerlich-rechtliche Bereicherung an. 83

Bei der freigiebigen Zuwendung (§ 7 Abs. 1 Satz 1 ErbStG) eines Gesellschaftsanteiles an einer gewerblichen Personengesellschaft, wie auch bei der Anwachsung nach § 7 Abs. 7 ErbStG, greifen die Verschonungsregelungen der §§ 13a, 13b ErbStG, der gleitende Abzugsbetrag nach § 13a Abs. 2 ErbStG und die Tarifbegrenzung in § 19a ErbStG, wenn die jeweiligen gesetzlichen Voraussetzungen erfüllt werden;[165] bei Familienunternehmen ist zusätzlich ein Vorwegabschlag gem. § 13a Abs. 9 ErbStG von 30% möglich, wenn in der Satzung bestimmte strenge Voraussetzungen erfüllt sind.[166] Auch dürfen keine Verstöße gegen die Behaltensfrist von fünf Jahren auf der Ebene der Gesellschaft oder des Gesellschafters (§ 13a Abs. 5 ErbStG) erfolgen und darf nach Ablauf der Fünf-Jahres-Frist die Lohnsumme 400% der Ausgangslohnsumme (i.E. § 13a Abs. 3 ErbStG) nicht unterschreiten; eine Vollverscho- 84

---

162 BFH v. 17.09.2015 – III R 49/13, BStBl. II 2017, 37, DStR 2016, 377; MittBayNot 2017, 636 m.Anm. *Wendt*. Dagegen nach BMF-Schr. v. 20. 12. 2016 = BStBl. I 2017, 36, DStR 2017, 106 nur bei Ausscheiden gegen Übertragung eines Teilbetriebes, dagegen nichts bei Sachabfindung durch einzelne Wirtschaftsgüter; hierzu BMF-Schreiben v. 08.12.2011, Tz. 17, BStBl. I 2011, 1279 = DStR 2011, 2401.
163 FG München v. 5.4.2017-4 K 711/16 (n. rkt.): Freigebige Zuwendung verlangt eine Leistung ohne Verpflichtung und ohne rechtlichen Zusammenhang mit einer Gegenleistung oder einem Gemeinschaftszweck. § 7 Abs. 1 Nr. 1 ErbStG ist daher nicht erfüllt, wenn gesellschaftsvertraglich nach Kündigung eine Rückgewähr des Gesellschaftsanteils zum Nennwert geschuldet ist.
164 Sonderregelung jedoch in § 7 Abs. 5 ErbStG bei Buchwertklauseln.
165 Zum Schwellenwert von 26 Mio. Euro: Geck ZEV 2017, 481. Zum neuen Verwaltungsvermögenstest, der in zahlreichen Punkten verschärft wurde und bei dem im Rahmen einer sehr detaillierten Prüfung das begünstigungsfähige Vermögen wertmäßig in das begünstigte und das nicht begünstigte Vermögen aufzuteilen ist (§ 13b II bis X ErbStG) siehe Geck, ZEV 2016, 546; Korezkij, DStR 2016, 2434; Hannes, ZEV 2016, 554; Wartenburger, MittBayNot 2017, 220; A 13b.12 Abs. 4, A 13b.23 ff. AEErbSt 2017.
166 A 13a.19 AEErbSt 2017. Hierzu detailliert u.a. Wachter, NZG 2016, 1168; Weber/Schwind, ZEV 2016, 688; Geck, ZEV 2017, 481; Wälzholz, GmbH-StB 2017, 54 mit Formulierungsvorschlag;

nung zu 100 % ist möglich, wenn die Lohnsumme nach Ablauf der Sieben-Jahres-Frist 700 % nicht unterschreitet (§ 13a Abs. 10 ErbStG) und während dieser Frist kein Verstoß gegen die Behalteregeln erfolgt.[167] Schädlich nach § 13a Abs. 6 ErbStG sind u.a. Veräußerung oder Aufgabe eines Teiles oder des ganzen Mitunternehmeranteils, die Insolvenz der Gesellschaft, Veräußerung wesentlicher Betriebsgrundlagen, soweit nicht eine Reinvestition innerhalb von sechs Monaten in Betriebsvermögen erfolgt. Unschädlich ist die Einbringung des Gesellschaftsanteils in eine Kapital- bzw. Personengesellschaft gem. § 20 Abs. 1, § 24 Abs. 1 UmwStG wie auch die unentgeltliche Weitergabe im Wege der Schenkung oder Erbfolge.[168] Steuerschädlich sind Überentnahmen gem. § 13a Abs. 6 Satz 1 Nr. 3 ErbStG, wenn der Gesellschafter während der Behaltensfrist über seine Einlage und seine zuzurechnenden Gewinnanteile hinaus Entnahmen tätigt.[169] Bei Übertragung eines Kommanditanteils im Wege der vorweggenommenen Erbfolge muss darauf geachtet werden, dass ein zum Sonderbetriebsvermögen gehörendes Grundstück gleichzeitig mitübertragen wird um die Betriebsvermögensbegünstigung nach §§ 13a, 13b ErbStG zu erlangen.[170]

c) Umsatzsteuer

85 Das bloße Erwerben, Halten und Veräußern von gesellschaftsrechtlichen Beteiligungen ist grundsätzlich keine umsatzsteuerrelevante unternehmerische Tätigkeit.[171] Nur bei einer Sachwertabfindung liegt bei der Gesellschaft eine steuerbare und je nach übertragenem Wirtschaftsgut auch steuerpflichtige Leistung an den ausscheidenden Gesellschafter vor (bei Grundbesitz nur im Falle einer Option). Beim Übergang des Gesellschaftsvermögens nach Ausscheiden des vorletzten Gesellschafters auf den verbleibenden Gesellschafter finden die Grundsätze über die steuerfreie Geschäftsveräußerung im Ganzen nach § 1 Abs. 1a GrEStG Anwendung;[172] eine Umsatzsteuerklausel ist empfehlenswert.

d) Grunderwerbsteuer

86 Wegen der Grunderwerbsteuer bei *Einbringung von Grundbesitz* als Einlage gegen Gewährung von Gesellschaftsanteilen s. die Erläuterung bei Rdn. 47 f. sowie allgem. bei § 130 Rdn. 107 ff.

87 *Ausscheiden gegen Abfindung mit Grundbesitz:* Beim Übergang eines Grundstücks von einer Personengesellschaft auf einen oder mehrere Gesellschafter (z.B. bei Abfindung eines ausscheidenden Gesellschafters mit einem Grundstück) gilt dies als nach § 1 Abs. 1 GrEStG

---

167 Wird die Lohnsumme unterschritten, entfällt der Verschonungsabschlag nur anteilig. A 13a.11 AEErbSt 2017.
168 A 13a.12 AEErbSt 2017. Steuerschädlich sind Verfügungen der Gesellschaft oder des Erben, die das aktive Betriebsvermögen mindern. Ein Verstoß lässt den Verschonungsabschlag zeitanteilig entfallen. Bei schädlicher Verwendung in Bezug auf einen Teil des begünstigten Vermögens nur wertmäßig anteilig. A 13a.18 AEErbSt 2017.
169 A 13a.14 AEErbSt 2017.
170 Nach Ansicht des FG Köln (Urt. v. 29.06.2017 – 7 K 1654/16) führt die vertragliche Regelung, dass aus Haftungsgründen der Kommanditanteil unter der aufschiebenden Bedingung der Eintragung des Übernehmers als Kommanditist der KG kraft Sonderrechtsnachfolge im Handelsregister erst abgetreten ist, dazu, dass für die gleichzeitig beabsichtigte Übertragung eines Grundstücks im Sonderbetriebsvermögen zu einem festen Übertragungsstichtag keine Betriebsvermögensbegünstigung nach §§ 13a, 13b ErbStG möglich ist. Insoweit finde keine gleichzeitige Übertragung von Kommanditanteil und Grundstück statt. *Wälzholz* (ZEV 2017, 538) empfiehlt daher, den Notar in der Überlassungsurkunde anzuweisen, die unbedingt erklärte Auflassung erst und unverzüglich beim Grundbuchamt einzureichen, sobald die Bedingung für die Abtretung des Kommanditanteils eingetreten ist. Alternativ könne auch erklärt werden, dass die Zuwendung wirtschaftlich, ertrags- und schenkungsteuerrechtlich sofort ausgeführt wird, die Auflassung sofort vorgelegt wird und lediglich gesellschaftsrechtlich und dinglich die Abtretung des Anteils unter der aufschiebenden Bedingung der Handelsregistereintragung steht.
171 Hierzu Abschn. 1.6 Abs. 2 S. 1 UStAE; BMF-Schreiben v. 26.01.2007 BStBl. I 2007, 211, DStR 2007, 257.
172 Lit. hierzu: *Korn*, kösdi 2013, 18504; *Förster*, DStR 2012, 381; BFH BStBl. III 61, 86; 64, 290.

steuerpflichtige Veräußerung an den Ausscheidenden. Bei dieser wird die Steuer jedoch soweit nicht erhoben, wie der Ausscheidende am Gesellschaftsvermögen beteiligt war (§ 6 Abs. 2 GrEStG) es sei denn, der Übernehmer hat seinen Anteil innerhalb der letzten 5 Jahre durch Rechtsgeschäft unter Lebenden erworben (§ 6 Abs. 4 GrEStG): z.B. wenn zwei von drei Gesellschaftern mit je einem Drittel Kapitalanteil ein Gesellschaftsgrundstück erwerben, bleiben zwei Drittel steuerfrei. Da grunderwerbsteuerlich der Erwerb des Grundstückes als Erwerb der Anteile von den Mitgesellschaftern angesehen wird, gelten zusätzlich die persönlichen Befreiungsgründe gemäß § 3 GrEStG.

Anwachsung bei den Mitgesellschaftern: Bleiben noch mindestens zwei Gesellschafter, führt das Ausscheiden eines Gesellschafters nicht zu einer Steuerpflicht, da § 1 Abs. 2a GrEStG den Erwerb durch neue Gesellschafter voraussetzt und der Tatbestand des § 1 Abs. 3 GrEStG nicht verwirklicht wird, denn unter »Anteile an der Gesellschaft« im Sinne von § 1 Abs. 3 GrEStG wird nicht der Wertanteil am Gesellschaftsvermögen verstanden, sondern die aus der Mitgliedschaft folgende gesamthänderische Mitberechtigung am Gesellschaftsvermögen, welche bei zwei verbleibenden Gesellschaftern jeden von beiden zur Hälfte zusteht, unabhängig von deren vermögensmäßiger Beteiligung.[173] Jedoch kann eine Steuerpflicht über § 1 Abs. 3a GrEStG entstehen, wenn durch die Anwachsung als Vorgang i.S.d. § 1 Abs. 3 GrEStG die Beteiligung am Kapital oder Vermögen der Gesellschaft bei einem (Alt)Gesellschafter auf 95 % erstarkt. **88**

Anwachsung beim letzten Gesellschafter: Der Übergang von Grundstückseigentum infolge Anwachsung beim Erwerb aller Anteile einer Personengesellschaft durch eine einzige Person unterliegt nach § 1 Abs. 1 Nr. 3 GrEStG der Grunderwerbsteuer. § 1 Abs. 3 GrEStG ist nicht anwendbar, da mit der Anwachsung die Personengesellschaft und damit alle Anteile daran untergehen.[174] Bemessungsgrundlage ist der Grundstückswert i.S.v. § 138 Abs. 2, 3 BewG a.F. (§ 8 Abs. 2 Nr. 2 GrEStG). Die Befreiungsvorschrift des § 6 Abs. 2 GrEStG gilt i.H.d. Anteiles des Übernehmers, soweit dieser nicht seinen Anteil innerhalb der letzten 5 Jahre durch Rechtsgeschäft unter Lebenden erworben hat (§ 6 Abs. 4 GrEStG). **89**

Anteilsübertragung: Die Übertragung von Anteilen an Personengesellschaften ist grundsätzlich nicht grunderwerbsteuerpflichtig, auch wenn zum Vermögen einer Personengesellschaft ein inländisches Grundstück gehört. Ändert sich jedoch innerhalb von 5 Jahren der Gesellschafterbestand unmittelbar oder mittelbar dergestalt, dass mindestens 95 % der Anteile am Gesellschaftsvermögen auf neue Gesellschafter übergehen, gilt dies nach § 1 Abs. 2a Satz 1 GrEStG als ein auf die Übereignung eines Grundstücks auf eine neue Personengesellschaft gerichtetes Rechtsgeschäft. Die Befreiungsvorschriften des § 3 Nr. 2 GrEStG bei Anteilsschenkung, die persönlichen Befreiungen nach § 3 Nr. 4–6 GrEStG wie auch nach § 6 GrEStG (Freistellung im Umfang der weiter bestehenden Beteiligung der Altgesellschafter) finden Anwendung.[175] **90**

Veräußert ein Gesellschafter, der 95 % oder mehr der Gesellschaftsanteile unmittelbar oder mittelbar besitzt, alle diese Anteile[176] an einen einzigen Erwerber, wird dieser grunderwerbsteuerlich so angesehen, als habe der Erwerber das zum Gesellschaftsvermögen gehörende Grundstück vom früheren Gesellschafter (nicht von der Gesellschaft) erworben (§ 1 Abs. 3 Nr. 3 und 4 GrEStG).[177] Soweit die Anteilsübertragung unentgeltlich ist, gilt in

---

173 = Gleichlautender Erlass der Obersten Finanzbehörden der Länder zu Erwerbsvorgängen i.S.d. § 1 Abs. 3 GrEStG im Zusammenhang mit Treuhandgeschäften und Auftragserwerben bzw. Geschäftsbesorgungen v. 12.10.2007 BStBl. I, 761.
174 BFH BStBl. II 1995, 903.
175 Ländererlass v. 18.02.2014, BStBl. I 2014, 561, Tz. 7. Im Einzelnen dazu und m.w.N. s.a. § 130 Rdn. 108
176 Wobei aber »Anteil« i.S.d. § 1 Abs. 3 GrEStG als gesamthänderische Mitberechtigung verstanden wird. Nach § 1 Abs. 3a GrEStG wird jedoch die Beteiligung am Kapital bzw. Vermögen betrachtet und kann damit eine Besteuerung eintreten, wenn durch den Erwerb der Gesellschafter 95 % Vermögensanteile an der Gesellschaft innehat.
177 Weitere Erläuterungen hierzu bei § 130 Rdn. 109, insbes. auch wegen der Besteuerung nach § 1 Abs. 3a GrEStG.

diesem Umfang auch die Befreiungsvorschrift des § 3 Nr. 2 GrEStG.[178] Auch die personenbezogenen Befreiungen des § 3 Nr. 4–6 GrEStG finden Anwendung.

e) Gewerbesteuer

91 Ein- oder Austritt von Gesellschaftern ist, solange mindestens ein Gesellschafter unverändert beteiligt bleibt, für die Gewerbesteuer bedeutungslos, wobei es nicht darauf ankommt, auf welche Weise ein Wechsel erfolgt, z.B. Anwachsung, Übertragung, Gesamtrechtsnachfolge, es sei denn, die Personengesellschaft ist innerhalb der letzten 5 Jahre durch Umwandlung aus einer Kapitalgesellschaft hervorgegangen (§ 18 Abs. 3 Satz 2 UmwStG). Die Eigentumsanteile ausscheidender Gesellschafter können beim fortgeführten Gewerbebetrieb auf verbleibende oder neu hinzutretende Gesellschafter übergehen (Abschn. 20 GewStR).

Ein steuerlicher Nachteil ergibt sich, wenn eine als Mitunternehmer beteiligte Kapitalgesellschaft ihren Mitunternehmeranteil mit Gewinn veräußert, denn § 7 Satz 2 Nr. 2 GewStG bestimmt, dass der Gewinn aus der Veräußerung eines Mitunternehmeranteiles der Gewerbesteuer unterliegt, soweit er nicht auf eine natürliche Person als unmittelbar beteiligter Mitunternehmer entfällt. Die dadurch entstehende Gewerbesteuer ist nicht vom Veräußerer, sondern nach § 5 Abs. 1 Satz 3 GewStG von der Personengesellschaft zu tragen. Dazu könnten die Mitgesellschafter ihre Zustimmung zur Veräußerung davon abhängig machen, dass die veräußernde Kapitalgesellschaft die entstehende Gewerbesteuerlast übernimmt und der Personengesellschaft erstattet.[179]

5. Beendigung

92 Die Beendigung einer Personengesellschaft kann aus steuerlicher Sicht in vier Formen erfolgen:
- Veräußerung des ganzen Betriebes im Sinne von § 16 Abs. 1 Satz 1 EStG,
- Aufgabe des Betriebes im Sinne von § 16 Abs. 3 EStG,
- Aufteilung oder Übernahme des Betriebes durch einen Gesellschafter (Realteilung)
- allmähliche Einstellung des Gewerbebetriebes.

a) Betriebsveräußerung

93 Eine *Betriebsveräußerung* liegt vor, wenn der Betrieb mit seinen wesentlichen Grundlagen als Ganzes in einem einheitlichen Vorgang entgeltlich oder teilentgeltlich auf einen Erwerber übertragen wird, und dieser in der Lage ist, den bisherigen Betrieb fortzuführen (R 16 [1] EStR). Auf die tatsächliche Fortführung kommt es nicht an. Es müssen dabei sämtliche wesentlichen Betriebsgrundlagen veräußert werden, die Zurückbehaltung von unwesentlichen Wirtschaftsgütern ist unproblematisch; der entstehende Entnahmegewinn ist im Rahmen der §§ 16, 34 EStG begünstigt, wenn alle stillen Reserven zusammengeballt aufgedeckt werden. Erfolgt die Betriebsveräußerung unentgeltlich (wozu auch die teilentgeltliche Veräußerung, bei Gegenleistungen unter dem Buchwert zählt), erfolgt eine steuerneutrale zwingende Fortführung der Buchwerte nach § 6 Abs. 3 EStG. Bei Gegenleistung in Form einer

---

[178] Siehe hierzu BFH vom 13.09.2008 – II R 37/05 = BFHE 215, 282; BStBl. II 2007, 59; MittBayNot 2007, 249; ZEV 2007, 43 m. Anm. *Gottwald*.
[179] *Stümper/Walter*, Erfordernis von Steuerklauseln bei Übertragung, GmbHR 2008, 31. Musterformulierung in EStB 2010, 351 ff. Zum Anpassungsbedarf von Gewerbesteuerklauseln *Plambeck*, DStR 2010, 1553. Zur Gewerbesteuer bei Personengesellschaften allgemein *Fuhrmann/Urbach*, KÖSDI 2011/17630 ff.

Rente[180] besteht ein Wahlrecht nach R 16 XI EStR, was zur Verlagerung des Gewinnzuflusses in andere Veranlagungsjahre zweckdienlich sein kann.[181]

Die Betriebsveräußerung unterliegt nicht der Gewerbesteuer (Abschn. 40 I GewStR) und nicht der USt (§ 1 Abs. 1a UStG).

b) Betriebsaufgabe

Bei einer *Betriebsaufgabe*[182] werden die stillen Reserven als Differenz zwischen gemeinem Wert und Buchwert besteuert. Sie liegt vor, wenn die wesentlichen Betriebsgrundlagen des Unternehmens innerhalb kurzer Zeit und in einem einheitlichen Vorgang an verschiedene Erwerber veräußert und/oder ins Privatvermögen der Mitunternehmer überführt werden und damit der Betrieb als »selbständiger Organismus des Wirtschaftslebens« aufhört zu bestehen (R 16 (2) und H 16 (2) EStR), es sei denn, es folgt eine Betriebsunterbrechung oder – verpachtung (§ 16 Abs. 3b EStG).[183] Sie kann mit dreimonatiger Frist rückwirkend erklärt werden.[184] Werden alle wesentlichen Betriebsgrundlagen, die nach der Art des Betriebes für dessen laufende Geschäfte von funktionaler Bedeutung sind, veräußert, wozu auch die Wirtschaftsgüter des Sonderbetriebsvermögens gehören können, so tritt damit steuerlich eine Betriebsaufgabe ein, ohne dass hierfür auch handelsrechtlich die Liquidation eingeleitet wird.

Der steuerliche Vorteil der Progressionsmilderung nach § 34 EStG sowie eines eventuellen Freibetrages nach § 16 Abs. 4 EStG hinsichtlich des dem begünstigten Gesellschafter anfallenden Aufgabegewinnes besteht jedoch nur dann, wenn die wesentlichen Betriebsgrundlagen in einem engen zeitlichen und sachlichen Zusammenhang veräußert werden und alle stillen Reserven aufgedeckt oder zuvor als Teilbetrieb veräußert werden.[185] Diese

---

180 Der Veräußerungsvorgang bleibt bei Gewährung einer betrieblichen Versorgungsrente unentgeltlich, wenn deren Rechtsgrund überwiegend durch das betrieblich veranlasste Bestreben bestimmt wird, den Rentenberechtigten zu versorgen, insb. ihn vor materieller Not zu schützen, nicht jedoch wenn keine Versorgungsbedürftigkeit vorliegt. Dabei sollte das vom Berechtigten übertragene Betriebsvermögen und der versicherungs mathematische Barwert der Rente objektiv gleichwertig sein. Es muss sich um Bezüge handeln, die lebenslang bezahlt werden oder eine feste Laufzeit von mehr als zehn Jahren haben. Hierzu BFH v. 17.09.2015 – III R 49/13 m.w.N., BStBl. 2017, 37; DStR 2016, 377.
181 Zur einkommensteuerlichen Behandlung von wiederkehrenden Leistungen im Zusammenhang mit einer Vermögensübertragung: BMF-Schreiben vom 11.03.2010 BStBl. I 2010, 227 = DStR 2010, 545 = ZEV 2010, 212.
182 Hierzu § 16 Abs. 3b EStG sowie Anwendungsschreiben v. 22.11.2016, BStBl. I. 2016, 1326. Zur Begriffsdefinition: BFH v. 16.11.2017 – VI R 63/15, DStRE 2018, 193. zur Abgrenzung zum ruhenden Gewerbebetrieb: BFH, Urt. v. 09.11.2017 – IV R 37/14, DStR 2018, 238: Einstellen der gewerblichen Tätigkeit kann auch nur Betriebsunterbrechung sein, die den Fortbestand des Betriebs unberührt lässt, soweit noch wesentliche Betriebsgrundlagen vorliegen und nach einem begrenzten Zeitraum eine Fortführung erwartet werden kann. Dieser kann keine gewerblich geprägte Gesellschaft i.S.d. § 15 Abs. 3 Nr. 2EStG sein.
183 BFH v. 06.11.2008 – IV R 51/07 = BFHE 223, 386 = BStBl. II 2009, 303 = DStR 2009, 313: Eine Besteuerung aller stillen Reserven tritt bei einer Betriebsverpachtung nicht ein. Sie liegt vor, wenn zwar die Gesellschaft selbst ihre werbende Tätigkeit einstellt, aber entweder den Betrieb im Ganzen als geschlossenen Organismus oder zumindest alle wesentlichen Grundlagen des Betriebs verpachtet und der Steuerpflichtige ggü. den Finanzbehörden nicht (klar und eindeutig) die Aufgabe des Betriebs erklärt. Eine solche kann auch nur hinsichtlich der im Sonderbetriebsvermögen befindlichen wesentlichen Betriebsgrundlage erfolgen (z.B. das Betriebsgrundstück beim Einzelhandelsbetrieb). Zu Voraussetzungen und Wirkungen der Betriebsverpachtung i.E. s. R 16 (5) EStR; *Schönemann/Dietrich*, DStR 2011, 231.
184 Anwendungsschr. v. 22.11.2016, BStBl. I. 2016, 1326, auch noch durch die Erben, sodass der Aufgabegewinn dann noch dem Erblasser zugerechnet werden kann.
185 H 16 (2) EStR. Ständige Rechtsprechung: BFH v. 17.12.2014 – IV R 57/11, DStR 2015, 407 m.w.N. Zu den in § 34 Abs. 2 Nr. 1 EStG aufgeführten Veräußerungsgewinnen i.S.d. § 16 Abs. 1 EStG und den gemäß § 16 Abs. 3 EStG gleichgestellten Aufgabegewinnen gehören auch die Gewinne aus der Veräußerung eines Teilbetriebs oder eines Mitunternehmeranteils, wobei als Teilbetrieb nach § 16 Abs. 1 Satz 1 Nr. 1, Satz 2 EStG auch die das gesamte Nennkapital umfassende Beteiligung an einer Kapitalgesellschaft zählt. Nach BFH v. 28.05.2015 – IV R 26/12, DStR 2015, 1668, bleibt daher § 34 EStG anwendbar, wenn zuvor im engen zeitlichen Zusammenhang mit der Betriebsaufgabe eine das gesamte Nennkapital umfassende Betei-

Steuervorteile bestehen bei der Betriebsveräußerung dann nicht, wenn auf Seiten des Veräußerers und auf Seiten des Erwerbers dieselben Personen Mitunternehmer sind (§ 16 Abs. 3 Satz 5 EStG).

97 Der Veräußerungs- bzw. Aufgabegewinn ermittelt sich aus dem Veräußerungspreis bzw. dem gemeinen Wert der in das Privatvermögen überführten Wirtschaftsgüter abzüglich des jeweiligen Buchwertes und abzüglich angefallener Veräußerungs- bzw. Aufgabekosten.

c) Realteilung

98 *Begriff der Realteilung:*[186] Der steuerliche Begriff der Realteilung unterscheidet sich von handelsrechtlichen, bei dem nur das Gesellschaftsvermögen Gegenstand der Realteilung ist. Als steuerliche Realteilung wird es angesehen, wenn im Rahmen der Aufgabe einer Mitunternehmerschaft durch Aufteilung des Gesellschaftsvermögens unter den Miteigentümern Teilbetriebe, Mitunternehmeranteile oder einzelne Wirtschaftsgüter übertragen werden und mindestens ein Wirtschaftsgut des Betriebs- oder auch des Sonderbetriebsvermögens, das wesentliche Betriebsgrundlage ist, nach der Realteilung (Sonder-)bzw. Betriebsvermögen eines bisherigen Gesellschaftern (Realteilers) ist oder wenn einem der Gesellschafter ein Teilbetrieb übertragen wird und von diesem als selbständiger neuer Betrieb fortgeführt wird.[187] Nicht erforderlich ist, dass alle funktional und quantitativ wesentlichen Betriebsgrundlagen des Gesamthandsvermögen und des Sonderbetriebsvermögens in ein anderes Betriebsvermögen der Realteiler überführt werden; die Überführung in das Privatvermögen anderer Realteiler beseitigt nicht die Realteilung, führt aber zu einer Entnahmebesteuerung bei der Mitunternehmerschaft (Aufgabegewinn auf Ebene der Gesellschaft); entscheidend ist, dass mindestens eine wesentliche Betriebsgrundlage im Betriebsvermögen bleibt. Nicht erforderlich ist auch, dass jeder Realteiler wesentliche Betriebsgrundlagen des Gesamthandsvermögens erhält. Die Realteilung setzt jedoch nach der vom BFH nicht geteilten Ansicht der Finanzverwaltung[188] die Beendigung der betrieblichen Tätigkeit der Mitunternehmerschaft in ihrer bisherigen Form voraus (= *echte Realteilung*), was vorliegt, wenn der Betrieb als selbstständiger Organismus zu bestehen aufhört z.B. bei einer freiberuflichen Sozietät diese in der Weise aufgelöst wird, dass jeder Berufsträger seine Tätigkeit als Einzeltätigkeit fortführt.[189]

Ausscheiden des vorletzten Gesellschafters: Eine Realteilung und keine Sachwertabfindung[190] liegt auch vor, wenn ein Mitunternehmer gegen Überlassung eines Wirtschaftsguts aus einer zweigliedrigen Mitunternehmerschaft ausscheidet und der andere Mitunternehmer

---

ligung an einer Kapitalgesellschaft (100 % Beteiligung hier an der Komplementär-GmbH) zum Buchwert in ein anderes Betriebsvermögen übertragen oder überführt worden ist.

186 Hierzu BMF v. 20.12. 2016, BStBl. I 2017, 36 = DStR 2017, 106; zum BMF v. 28.02.2006: *Schulze*, Steuer und Studium 2014, 588; *Potsch*, kösdi 2013, 18225; *Röhrig*, EStB 2013, 190. Zum neuem Schreiben: *Stebert*, DStR 2017, 1785; *Pupeter*, DB 2017, 684.
187 Voraussetzung ist, dass die Besteuerung der stillen Reserven sichergestellt ist.
188 BMF v. 28.06.2006, BStBl. I 2006, 228 sowie jetzt v. 20. 12. 2016, BStBl. I 2017, 36 = DStR 2017, 106; kritisch: *Dietel*, DStR 2009, 1353; *Ley*, KÖSDI 2010, 16814 ff.; s.a. die Auseinandersetzung mit der Lit. in FG Düsseldorf v. 09.02.2012 – 3 K 1348/10 F = DStRE 2012, 546.
189 BFH v. 16.03. 2017 – IV R 31/14, DStR 2017, 1381: echte Realteilung = Auflösung der Mitunternehmerschaft und Verteilung des Betriebsvermögens; unechte Realteilung = Ausscheiden mindestens eines Mitunternehmers unter Mitnahme von mit unternehmerischen Vermögen aus einer zwischen den übrigen Mitunternehmern fortbestehenden Mitunternehmerschaft
190 So aber BMF v. 20.12. 2016, BStBl. I 2017, 36 Abschn. II. = DStR 2017, 106. Bei Sachwertabfindung kommt es zur Aufgabe des Mitunternehmeranteiles und zu einem steuerpflichtigen Veräußerungsgewinn gemäß § 16 Abs. 1 Nr. 2 EStG, soweit nicht die zugeteilten Wirtschaftsgüter in das Betriebsvermögen des Einzelunternehmens des Ausscheidenden oder in sein Sonderbetriebsvermögen einer anderen Mitunternehmerschaft überführt werden; dann nach § 6 Abs. 5 Satz 1 Nr. 1 EStG zwingende Buchwertfortführung, soweit nicht Verbindlichkeiten übernommen werden, was zur teilentgeltlichen Veräußerung führt (FSen Berlin vom 03.02.2012 III B-S2248-1/2009 = DB 2012, 545); s. hierzu auch die Erläuterungen bei Rdn. 76 ff.

den originären Betrieb als Einzelunternehmen fortführt oder – entgegen Finanzverwaltung – wenn der ausscheidende Mitunternehmer einen Teilbetrieb oder einen Mitunternehmeranteil (an einer Tochterpersonengesellschaft) oder ein einzelnes Wirtschaftsgut erhält, die Mitunternehmerschaft aber von den verbleibenden Gesellschaftern fortgesetzt wird (= unechte Realteilung).[191]

Buchwertfortführung: Wird die Mitunternehmerschaft im Rahmen der Realteilung aufgelöst, so werden zwingend die Abfindungsgegenstände einschließlich der Verbindlichkeiten[192] unter den Voraussetzungen des § 16 Abs. 3 EStG von den Gesellschaftern in deren jeweiliges Betriebsvermögen erfolgsneutral zum Buchwert überführt – und zwar unabhängig davon, ob es sich um einzelne Wirtschaftsgüter oder um betriebliche Sachgesamtheiten(Teilbetrieb[193]) handelt, sofern die Besteuerung der stillen Reserven sichergestellt ist. Dabei muss das Betriebsvermögen, in das das Wirtschaftsgut überführt wird, nicht bereits vorhanden sein, sondern kann durch die Realteilung erst entstehen.[194] Steuerschädlich soll auch die Übertragung in das Gesamthandsvermögen einer anderen Mitunternehmerschaft sein, an der der Realteiler bereits beteiligt ist, auch wenn es sich um eine personenidentische Schwesternpersonengesellschaft handelt (im BFH strittig),[195] ebenso die mittelbare oder unmittelbare Übertragung in das Betriebsvermögen einer Körperschaft (§ 16 Abs. 3 Satz 4 EStG).

99

Sperrfrist: Die Übertragung des Einzelwirtschaftsguts darf, wie bei § 6 Abs. 5 EStG, nur nicht zur Vorbereitung einer Veräußerung und Entnahme dienen. Handelt es sich beim übertragenen Wirtschaftsgut um eine wesentliche Betriebsgrundlage oder um Grundbesitz oder Gebäude, so ist für den jeweiligen Übertragungsvorgang rückwirkend der gemeine Wert anzusetzen und damit die Differenz zum Buchwert steuerpflichtig (nicht nach §§ 16, 34 EStG begünstigt), wenn innerhalb einer Sperrfrist das Wirtschaftsgut veräußert oder entnommen wird. Die Sperrfrist gilt jedoch nicht bei Übertragung einer Sachgesamtheit (Rdn. 104). Sie endet, wie bei § 6 Abs. 5 Satz 4 EStG, 3 Jahre nach Abgabe der Steuererklärung der Mitunternehmerschaft für den Veranlagungszeitraum der Realteilung (§ 16 Abs. 3 Satz 3 EStG). Der Begriff der »wesentlichen Betriebsgrundlagen« ist aus dem Grund, dass die Besteuerung der stillen Reserven auf der Ebene der ursprünglichen Mitunternehmerschaft erfasst werden soll, nicht nur funktional zu verstehen, als Wirtschaftsgüter, denen ein besonderes wirtschaftliches Gewicht für die Betriebsführung zukommt, sondern auch quantitativ auszulegen, also nach dem Gewicht der darin enthaltenen stillen Reserven. Als Veräußerung mit der Folge der steuerpflichtigen Aufdeckung aller stillen Reserven, gilt auch, wenn im Rahmen der Realteilung erhaltene Einzelwirtschaftsgüter nach §§ 20, 24 UmwStG in eine Kapitalgesellschaft oder Personengesellschaft eingebracht werden, da es sich dabei steuerlich um einen Tausch der Wirtschaftsgüter gegen Gesellschafterrechte an der aufnehmenden Gesellschaft handelt oder ein Formwechsel i.S.v. § 25 UmwStG erfolgt.

100

---

191 BFH v. 30.03. 2017 – IV R 11/15, DStR 2017, 1376; s. hierzu auch oben Rdn. 76.
192 Bei der Realteilung führt die Übernahme einer Verbindlichkeit nicht zu einem entgeltlichen und damit gewinnrealisierenden steuerpflichtigen Vorgang, im Gegensatz zur Sachwertabfindung i.R.d. § 6 Abs. 5 EStG. Die Verbindlichkeiten können frei verteilt werden und müssen nicht dem Wirtschaftsgut zugeordnet sein. BFH 10.12.1991 VIII R 69/86, BStBl. II 1992, 385. Rn. 37 des BMF-Schreiben v. 08.12.2011 IV C6 – S 241/10/10002 BStBl. I 2011, 1279.
193 An das Vorliegen eines Teilbetriebes als organisatorisch geschlossener Teil eines Gesamtbetriebes, der für sich lebensfähig und mit gewisser Selbstständigkeit ausgestattet ist, werden strenge Anforderungen gestellt, zumal auch der Teilbetrieb bereits zum Zeitpunkt des Trennungsbeschlusses vorliegen muss (R 16 III EStR 2005 sowie H 16 III EStR 2005).
194 Voraussetzung ist nur, dass es das Betriebsvermögen des Realteilers ist. Daher keine Steuerbegünstigung bei Übertragung auf eine neu errichtete GmbH & Co. KG, weil ein anderes Betriebsvermögen, auch wenn daran ausschließlich der Realteiler beteiligt ist. Außerdem wäre § 1 Abs. 1a UStG nicht anwendbar.
195 BFH v. 25.11.2009 – I R 72/08 = DStR 2010, 269; a.A. BFH v. 15.04.2010 – IV B 105/09, BStBl II 2010, 971 = MittBayNot 2011, 86 (m. Anm. *Spiegelberger*); zwischenzeitlich Vorlage an das BVerfG durch BFH v. 10.04.2013 – I R 80/12, BStBl II 2013 1004 = DStR 2013, 2158. Zu Zwischenlösungen *Potsch*, kösdi 2013,18225; *Röhrig*, EStB 2013, 190.

Dies wäre der Fall, wenn eine zweigliedrige Sozietät das Betriebsvermögen aufteilt, die Gesellschaft beendet und die Realteiler ihre Berufstätigkeit jeweils als Einzelunternehmen fortsetzen, dann aber einer von beiden oder beide ihre Betriebe i.S.d. § 24 UmwStG zum Buchwert gegen Gewährung von Gesellschafterrechte in eine andere Personengesellschaft einbringen.[196]

101 Durch die Veräußerung während der Sperrfrist entsteht rückwirkend bei der real geteilten Mitunternehmerschaft ein Veräußerungsgewinn i.S.d. § 16 Abs. 3 Satz 1 i.V.m. Abs. 2 EStG, der damit auch alle anderen Mitunternehmer nachträglich belastet. Dabei sind jedoch (anders als bei § 6 Abs. 5 Satz 4 EStG) ausschließlich nur die stillen Reserven in dem schädlich veräußerten oder entnommenen Wirtschaftsgut aufzudecken. Gewerbesteuerlich rechnet dieser Gewinn grundsätzlich nicht zum Gewerbeertrag nach § 7 Satz 1 GewStG; soweit er jedoch nicht auf eine natürliche Person als unmittelbar beteiligte Mitunternehmer entfällt, ist er als Gewerbeertrag nach § 7 Satz 2 GewStG zu erfassen.

102 Wie bei der Sachwertabfindung verlangt dieser Umstand daher, dass im Auseinandersetzungsvertrag ein Veräußerungsverbot und eine Ausgleichspflicht für den Fall einer solchen Nachbesteuerung festgelegt werden. Die Finanzverwaltung berücksichtigt jedoch auch eine von den Mitunternehmern schriftlich getroffene Vereinbarung über die Realteilung in der der Gewinn allein dem entnehmenden oder veräußernden Realteiler zuzurechnen ist.[197]

Formulierungsvorschlag:

103 M **Da der Übernehmer des auseinander gesetzten Grundbesitzes diesen weiterhin für betriebliche Zwecke nutzt, gehen die Beteiligten davon aus, dass die Übertragung nach § 16 Abs. 3 EStG steuerfrei erfolgt. Ihnen ist bekannt, dass nachträglich bei den Gesellschaftern eine Nachbesteuerung des Übertragungsvorganges eintreten kann, wenn der Übernehmer den Grundbesitz innerhalb der Sperrfrist des § 16 Abs. 3 S. 3 EStG veräußert oder aus seinem Betriebsvermögen entnimmt. Die Gesellschafter verpflichten sich, unverzüglich dafür zu sorgen, dass die Steuererklärung für die Mitunternehmerschaft für den laufenden Veranlagungszeitraum erstellt und abgegeben wird. Der Übernehmer verpflichtet sich, derartige steuerschädliche Handlungen vor dem ..... [3 Jahre ab frühest möglicher Erstellung der Steuererklärung] zu unterlassen. Für den Fall, dass es durch das Verhalten des Übernehmers innerhalb dieser Unterlassungsfrist für die heutige Übertragung zu einer Nachbesteuerung kommt, ist der entstehende steuerpflichtige Gewinn allein dem Übernehmer zuzurechnen. Der Übernehmer verpflichtet sich, allein die entstehende Steuerschuld zu tragen und die in Anspruch genommenen Mitgesellschafter unverzüglich und vollständig freizustellen.**
Die Mitgesellschafter sind im Falle einer drohenden Nachbesteuerung auch berechtigt, von dieser Auseinandersetzungsvereinbarung zurückzutreten.[198] Zur Absicherung der Verpflichtung zur Rückübertragung des übertragenen Grundbesitzes wird die Eintragung einer Rückauflassungsvormerkung bewilligt.

---

196 Sofern Teile der Ursprungsgesellschaft in Nachfolgesozietäten fortgeführt werden, kommt auch zur Versteuerung von Praxiswert und Mandantenstand (BMF v. 28.02.2006 = FN 153). Zu Auswegsgestaltungen (u.a. Sonderbetriebsvermögen): *Schmidt/Wacker*, § 16 EStG Rn. 546; *Potsch*, kösdi 2013, 18225.
197 BMF v. 20.12. 2016 (IX.), BStBl. I 2017, 36 = DStR 2017, 106.
198 Nachdem die Finanzverwaltung (BMF-Schreiben v. 28.02.2006, DStR 2006, 426) die vertragliche Zuordnung der Steuerlast berücksichtigt, ist das Rücktrittsrecht allenfalls wegen eines steuerlichen Rückgriffes bei Nichtdurchsetzbarkeit der Besteuerung des Übernehmers erforderlich, wobei es jedoch fraglich ist, ob der erklärte Rücktritt die Steuerschädlichkeit nachträglich wieder aufheben kann; der Rücktritt kann damit nur den geschädigten Mitgesellschaftern einen Ausgleich über eine andersartige Auseinandersetzung und Verteilung ermöglichen.

104 Die Sperrfrist gilt jedoch nicht, wenn ein Betrieb oder Teilbetrieb im Rahmen der Realteilung übertragen wird oder eine 100 %ige Beteiligung an einer Kapitalgesellschaft, die von den Rechtsfolgen her wie ein Teilbetrieb behandelt wird (§ 16 Abs. 1 Satz 1 Nr. 1 EStG).

105 Wird ein Wertausgleich (= *Spitzenausgleich*) geleistet, ist der Vorgang in einen entgeltlichen und in einen unentgeltlichen Teil zu zerlegen.[199] Für das übernommene Wirtschaftsgut gilt weiterhin die Buchwertfortführung. Der Empfänger des Spitzenausgleiches erzielt jedoch einen laufenden Veräußerungsgewinn i.H.d. Ausgleichszahlung, verringert um den Buchwertanteil im Umfang der Entgeltlichkeitsquote.[200] Der Gewinn ist gewerbesteuerfrei, wird jedoch, wenn er nicht auf eine natürliche Person entfällt, nach § 7 Satz 2 GewStG als Gewerbeertrag erfasst. Die auch inkongruente Übernahme von Schulden ist kein Entgelt i.S. eines Wertausgleiches und bleibt steuerlich daher unberücksichtigt.

106 Wird im Rahmen der Realteilung ein einzelnes Wirtschaftsgut jedoch mittelbar oder unmittelbar auf eine als Gesellschafter beteiligt gewesene Körperschaft übertragen, ist immer der gemeine Wert anzusetzen (§ 16 Abs. 3 Satz 4 EStG) mit der Konsequenz eines steuerpflichtigen Veräußerungsgewinnes, der alle Mitunternehmer belastet.

107 *Übertragung eines Einzelwirtschaftsguts in das Privatvermögen des Gesellschafters:* Die Überführung des Wirtschaftsguts in das Privatvermögen führt beim jeweiligen Gesellschafter (§ 16 Abs. 3 Satz 8 EStG) im Rahmen der Aufgabe des Mitunternehmeranteiles nach § 16 Abs. 3 Satz 2 EStG zu einem nicht gewerbesteuerpflichtigen Veräußerungsgewinn.[201]

108 *Grunderwerbsteuer bei Realteilung:* Die Übertragung eines Grundstückes im Rahmen der Realteilung auf einen oder mehrere bisherige Gesellschafter in Allein- oder Bruchteilseigentum ist ein steuerpflichtiger Veräußerungsvorgang nach § 1 Abs. 1 Nr. 1 GrEStG. Jedoch wird die Steuer soweit nicht erhoben, wie der Miteigentumsanteil des Erwerbers seiner Beteiligungs- bzw. Abfindungsquote am Gesellschaftsvermögen entspricht (§ 6 Abs. 1 bzw. 2 GrEStG) und der Übernehmer seinen Anteil nicht innerhalb der letzten 5 Jahre durch Rechtsgeschäft unter Lebenden erworben hat (§ 6 Abs. 4 GrEStG). Wird es dabei in eine neue Gesamthand übertragen ist zusätzlich auch noch nach § 6 Abs. 3 Satz 2 GrEStG erforderlich, dass die Beteiligung des Erwerbers an der neuen Gesamthand nicht innerhalb von 5 Jahren nach Übertragung des Grundstückes verringert (also ist hier eine 10-jährige Haltefrist zu beachten). Bedeutsam bei der Vertragsgestaltung ist, dass keine Anteilsübertragung vereinbart wird, sondern ein Ausscheiden gegen Sachabfindung, und dass das Abfindungsgrundstück bereits vor Wirksamwerden des Ausscheidens grunderwerbsteuerlich nicht mehr zum Vermögen der Gesellschaft gehört, sondern schon zuvor Gegenstand des grunderwerbsteuerlichen Veräußerungsvorgangs nach § 1 Abs. 1 GrEStG war.[202]

109 *Umsatzsteuer:* Die Verteilung der Wirtschaftsgüter an die Gesellschafter ist, wie die Versilberung des Betriebsvermögens an Dritte, eine normale steuerbare Leistung.[203] Wird jedoch ein Betriebsbereich an einen Gesellschafter übertragen, der vom Übernehmer als selbstständiges wirtschaftliches Unternehmen fortgeführt werden kann,[204] ist dies bei Vor-

---

[199] BFH v. 01.12.1992 – VIII R 57/90, DStR 1994, 819; BStBl. II 1994, 607; für diesen Gewinn kann die Steuerbegünstigung der §§ 16, 34 EStG nicht beansprucht werden.
[200] Berechnungsbeispiel im BMF-Schreiben v. 20.12. 2016 (IX.), BStBl. I 2017, 36 = DStR 2017, 106.
[201] *Schmidt/Wacker*, § 16 EStG Rn. 551.
[202] BFH v. 20.01. 2016 – II R 29/14; BStBl. II 2016,358 = DStR 2016, 599. Nur die vertragliche Anteilsabtretung unterfällt § 1 Abs. 3 Nr. 1 GrEStG im Zeitpunkt der Vereinbarung, nicht jedoch die Ausscheidensvereinbarung; für diese gilt § 1 Abs. 3 Nr. 2 GrEStG, welcher den zur Gesellschaft gehörenden Grundbesitz im Zeitpunkt des Vollzugs der Ausscheidensvereinbarung erst erfasst, also dann nicht mehr das bereits grunderwerbsteuerlich bereits übergegangene Abfindungsgrundstück. § 1 Abs. 1 Nr. 1 GrEStG setzt einen zivilrechtlich wirksamen und durchsetzbaren Anspruch auf Übereignung voraus, der nicht unter einer aufschiebenden Bedingung stehen darf (BFH v. 11.12.2014 – II R 26/12; DStR 2015, 116). Hierzu: *Wälzholz*, MittBayNot 2017, 9, 16.
[203] Hierzu: Stenert, DStR 2018, 765 m.w.N.
[204] 1.5 Abs. 6 UStAE; BFH v. 19.12.2012 – XI R 38/10, DStR 2013, 585.

liegen der Voraussetzungen des § 1 Abs. 1a UStG[205] nicht steuerbar. Soweit das Vorliegen der Voraussetzungen zweifelhaft ist, sollte in die Übertragungsvereinbarung eine entsprechende Steuerklausel aufgenommen werden:

110 M Die Vertragsparteien gehen davon aus, dass es sich bei der Übertragung des Vertragsgegenstandes um einen Umsatz im Rahmen des § 1 Abs. 1a UStG (Geschäftsveräußerung eines selbständig geführten Teilbetriebes im Ganzen) an einen anderen Unternehmer handelt, und deshalb nicht der Umsatzsteuer unterliegt.
Sollte die Finanzverwaltung dies nicht als Umsatz i.S.d. § 1 Abs. 1a UStG werten, hat die Gesellschaft dem Erwerber unverzüglich nachdem die Finanzverwaltung zu einer abweichenden steuerlichen Bewertung gelangt ist, eine zum Vorsteuerabzug berechtigende Rechnung auszustellen. Der Erwerber verpflichtet sich die anfallende Umsatzsteuer unverzüglich an die Gesellschaft zu entrichten. Die Verjährung des Anspruches auf Erstattung der Umsatzsteuer tritt nicht vor dem Eintritt der Festsetzungsverjährung für die Umsatzsteuer des maßgeblichen Zeitraumes ein.

111 Erfolgt die Realteilung durch Übertragung eines umsatzsteuerpflichtig vermieteten Grundbesitzes, kann dies auch eine nicht steuerbare Geschäftsveräußerung im Ganzen nach § 1 Abs. 1a UStG sein. Liegen dessen Voraussetzungen nicht vor, ist bei einer Übertragung von Grundbesitz um die sonst eintretenden nachträglichen Korrektur des Vorsteuerabzuges bei der Gesellschaft nach § 15a UStG zu vermeiden, der Vorgang nur umsatzsteuerbar, wenn für die grundsätzlich nach § 4 Nr. 9 UStG steuerfreie Grundstücksübertragung unter den Voraussetzungen des § 9 UStG zur Umsatzsteuerpflicht optiert wird. Die Option muss gemäß § 9 Abs. 3 Satz 2 UStG ausdrücklich in der notariellen Übertragungsurkunde erklärt werden und zwar »vorsorglich und unbedingt«.[206] Jedoch muss gesichert sein, dass der Erwerber das »Vermietungsunternehmen« auch zur Erzielung von steuerpflichtigen Umsätzen fortführt und nicht eigenbetrieblich oder für steuerfreie Vermietungsumsätze nutzen will. Auch dadurch käme es noch zu einer Vorsteuerkorrektur auf Ebene der Gesellschaft.[207]

Vorsorgliche Optierung zur Umsatzsteuer:

112 M Zugleich erklären die Beteiligten vorsorglich und unbedingt hiermit, für den gegenwärtigen Vertrag von der Möglichkeit einer Option nach § 9 UStG Gebrauch zu machen, so dass bei Nichtvorliegen einer Geschäftsveräußerung im Ganzen zusätzlich Umsatzsteuer in gesetzlicher Höhe anfällt. Die Gesellschaft verpflichtet sich in diesem Fall, dem Ausscheidenden (= Erwerber) unverzüglich nachdem die Finanzverwaltung diesen Abfindungsleistung als einen nicht dem § 1 Abs. 1a UStG unterfallenden Umsatz gewertet hat, eine zum Vorsteuerabzug berechtigende Rechnung auszustellen, in der keine Mehrwertsteuer ausgewiesen wird, jedoch hinsichtlich der Grundstückslieferung auf die Umsatzsteuerschuldnerschaft des Erwerbers als Leistungsempfänger (§ 13 b, § 14a Abs. 5 UStG) hingewiesen wird. Der Notar hat darauf hingewiesen, dass dann der Erwerber nach § 13 b UStG hinsichtlich der für die Grundstückslieferung (Grundstücke und damit verbundene wesentlichen Bestandteile, insbesondere Gebäude [ohne Betriebsvorrichtungen]) anfallenden Umsatzsteuer Schuldner der

---

205 Die Übertragung muss an einen anderen Unternehmer für dessen (Einzel)Unternehmen erfolgen. § 1 Abs. 1a UStG ist daher nicht anwendbar, wenn das Teilvermögen von einer neuen Personengesellschaft fortgeführt wird. Hierzu *Korn*, kösdi 2013, 18504.
206 Nach dem BMF-Schreiben v. 23.10.2013 kann die die Option auch nur vorsorglich erklärt werden, obwohl diese grundsätzlich bedingungsfeindlich ist. vgl. Abschn. 9.1 Abs. 3 UStAE.
207 Beispiel für eine Vertragsklausel bei *Stümper/Walter*, GmbHR 2008, 31, 37.

Umsatzsteuer ist. Der Erwerber verpflichtet sich daher für diesen Fall die für die Grundstückslieferung anfallende Umsatzsteuer unmittelbar an das Finanzamt und eine etwa für bewegliche Gegenstände einschließlich Betriebsvorrichtungen anfallende Umsatzsteuer an die Gesellschaft zu entrichten.

§ 132 Errichtung der OHG und Eintritt von Gesellschaftern

1 Die OHG ist die vom Gesetzgeber als Grundform vorgesehene Personenhandelsgesellschaft. Daher werden nachfolgend bei ihr alle grundlegenden Strukturprinzipien der gesellschaftsvertraglichen Regelungen einer Personenhandelsgesellschaft ausführlich erläutert. Bei der Darstellung der Kommanditgesellschaft wie der GmbH & Co. KG wird hierauf Bezug genommen und nur im Wesentlichen die abweichenden Regelungen dargestellt. Zu deren Entstehung, Gesellschafter, Haftungsstruktur und zulässigen Gewerbe siehe § 131 Rdn. 1 ff.

2 Die OHG ist besonders geeignet für gleichberechtigte und -verpflichtete Partner, die in der Regel selbst in der Gesellschaft tätig sind. Sie erfordert ein hohes Maß an gegenseitigem Vertrauen. Wegen der unbeschränkten unmittelbaren Gesellschafterhaftung genießt sie eine hohe Kreditwürdigkeit. Sie ist besonders geeignet für kleine und mittlere Unternehmen.

I. Inhalt des Gesellschaftsvertrags:

3 Für sie gelten die §§ 705 ff. BGB entsprechend, soweit die §§ 105 ff. HGB nichts anderes bestimmen. Das Innenrecht der OHG unterliegt dem Grundsatz der Vertragsfreiheit. Die §§ 110 bis 122 HGB finden nur Anwendung, wenn der Gesellschaftsvertrag nicht anderes bestimmt.[1] Im Gesellschaftsvertrag muss geregelt werden: Gesellschaftszweck, Firma, Ort des Gesellschaftssitzes, Art und Umfang der Einlagen der Gesellschafter.

Es sollte darüber hinaus geregelt werden: Geschäftsführungs- und Vertretungsbefugnis, Gesellschafterbeschlüsse, Gewinn- und Verlustverteilung, Umfang des Wettbewerbsverbot, Dauer und Beendigung der Gesellschaft, Ausscheiden von Gesellschaftern.

1. Firma, Sitz und Gesellschaftszweck

4 Die Firma der OHG kann nach den allgemeinen Vorschriften und Grundsätze ohne Einschränkung als Personen-, Sach-, Fantasie- oder Mischfirma gebildet werden.[2] Sie bedarf jedoch zwingend nach § 19 Abs. 1 Nr. 2 HGB (auch wenn es sich um eine abgeleitete Firma[3] handelt) des Rechtsformzusatzes »offene Handelsgesellschaft« oder einer allgemein verständlichen Abkürzung »oHG« oder »OHG«. Ist kein Gesellschafter eine natürliche Person, muss die Firma der Gesellschaft außerdem nach § 19 Abs. 2 HGB die Haftungsbeschränkung erkennen lassen. Bei einer abgeleiteten Firma, deren Unternehmen früher in anderer Rechtsform geführt wurde, muss der frühere Rechtsformzusatz durch den der offenen Handelsgesellschaft ersetzt werden.

Die OHG kann nur eine Firma haben, nicht verschiedene.[4] Wenn sie die Firma eines von ihr erworbenen Geschäfts annehmen will, muss sie deshalb ihre alte aufgeben.[5] Die Weiterführung einer der beiden Firmen als Firmenzusatz bei einer Zweigniederlassung ist aber

---

1 Als zwingend angesehen werden lediglich §§ 118, 166, 233 HGB (Kontrollrecht des Gesellschafters), § 133 HGB (Recht zur Auflösung aus wichtigem Grund); die Regelung für das Außenverhältnis (§§ 123–130a HGB) sind dagegen im Wesentlichen zwingend.
2 Hierzu § 125 Rdn. 2 ff., insb. 18 ff.
3 Zur abgeleiteten Firma § 125 Rdn. 24 ff.
4 RGZ 113, 216; OLG Celle DNotZ 1964, 755.
5 OLG Hamm DNotZ 1974, 246.

nach den allgemeinen Grundsätzen[6] möglich. Ebenfalls ist möglich, dass dieselben Gesellschafter verschiedene offene Handelsgesellschaften mit unterschiedlichen Firmen führen.

Die OHG kann ihren Sitz stets nur am Ort der faktischen Geschäftsleitung haben; ein davon abweichenden Verwaltungssitz, wie bei Kapitalgesellschaften möglich ist, wird von der Rechtsprechung nicht zugelassen.[7]

Wie jede Personengesellschaft bedarf auch die OHG eines von den Gesellschaftern gemeinsam zu fördernden Zweckes (s. § 130 Rdn. 2). Dieser wird nicht im Handelsregister eingetragen. Seine klare Umschreibung ist jedoch wichtig für die, die gewöhnlichen Geschäfte umfassende Geschäftsführungsbefugnis, den Zustimmungsvorbehalt für die von der Geschäftsführung ausgeschlossenen Gesellschafter (bzw. das Widerspruchsrecht der Kommanditisten), aber auch für das Wettbewerbsverbot der Gesellschafter maßgebend. Die Vertretungsbefugnis wird dadurch aber nicht eingeschränkt, es sei denn der Vertragspartner kennt den beschränkten Gesellschaftszweck.[8] Jede gewerblich oder vermögensverwaltende Tätigkeit, nicht jedoch eine freiberufliche[9] oder sonstige nichtgewerbliche Tätigkeit können Gesellschaftszweck sein. Für freiberufliche Tätigkeiten bietet das Gesetz die Partnerschaftsgesellschaft als zulässige Rechtsform (zu den zulässigen Gewerben § 131 Rdn. 2 ff. sowie zum Entstehen und zur Eintragbarkeit im Handelsregister § 131 Rdn. 12 ff., zur Partnerschaftsgesellschaft § 136).

2. Gesellschaftsanteil

a) Bei Personengesellschaften gilt der Grundsatz der Einheitlichkeit der Mitgliedschaft, sodass es nicht möglich ist, mehrere Anteile in der Hand eines Gesellschafters getrennt zu halten und, von bestimmten Sonderkonstellationen abgesehen (Nießbrauch, Pfandrecht, Testamentsvollstreckung), zum Gegenstand gesonderter Verfügungen zu machen. Unterschieden wird allgemein zwischen dem Gesellschaftsanteil und dem Kapitalanteil.[10] Nach dem Grundsatz der Einheitlichkeit hat jeder Gesellschafter einen Gesellschaftsanteil. Darin drückt sich seine *Mitgliedschaft* als Gesamtheit der persönlichen, vermögensrechtlichen und korporativen Rechten und Pflichten aus. Diese können im Gesellschaftsvertrag unterschiedlich ausgestaltet werden (z.B. Geschäftsführungs- und Vertretungsrecht, Sonderstimmrecht, Gewinnanteil). Der *Vermögens- bzw. Kapitalanteil* wird in § 120 Abs. 3 HGB vorausgesetzt, aber nicht definiert. Er drückt die vermögensrechtliche Seite der Mitgliedschaft als Anteil am Gesellschaftsvermögen aus und ist mit ihr untrennbar verbunden, jedoch davon unterschiedlich ausgestaltbar. Er ist wichtig für den Anteil am Abfindungsguthaben im Sinne von § 723 BGB, i.d.R. aber auch Anknüpfungspunkt für die Verteilung von Gewinn und Verlust und für die Bemessung des Stimmrechtes. Er ist nicht mit der Beteiligung des Gesellschafters am Gesellschaftsvermögen identisch und keine Forderung des Gesellschafters gegenüber der OHG. Er wird nicht im Handelsregister eingetragen. Er ist nicht zwingend mit dem Kapitalkonto des Gesellschafters identisch, denn ein Gesellschafter kann auch ohne Kapitalanteil beteiligt sein (zur Übertragung des Gesellschaftsanteiles und möglichen Übertragungsklauseln s. § 133 Rdn. 46 ff.).

---

6 Hierzu § 127 Rdn. 8 ff.
7 OLG Schleswig v. 14.11.2011 – 2 W 48/11 = DNotI-Report 2012, 49: keine Eintragung einer vom Gesellschaftssitz abweichenden inländischen Geschäftsanschrift bei Personengesellschaft. Ebenso Kammergericht v. 16.04.2012 – 25 W 39/12 = FGPrax 2012, 172 m. Anm. *Heinemann*.
8 Vgl. BGH v. 19.06.2006 – II ZR 337/05 = ZNotP 2006, 347; DStR 2006, 1515.
9 BGH, Urt. v. 18.07.2011 – AnwZ (Bfrg) 18/10: § 105 Abs. 2 HGB findet auf freiberuflich tätige Gesellschaften keine Anwendung und ist kein Auffangtatbestand für alle zu einem zulässigen Zweck gegründeten Gesellschaften.
10 *Oppenländer*, Zivilrechtliche Aspekte der Gesellschafterkonten der OHG und KG, DStR 1999, 939; *Röhrig/Doege*, Das Kapital der Personengesellschaften im Handels- und Ertragsteuerrecht, DStR 2006, 489; s.a. bei § 130 Rdn. 24

8 **b)** Die Kapitalanteile können ausgedrückt werden:
- in *festen Beträgen:* Sie entsprechen gewöhnlich den Einlagen und bleiben bis zu einer Vertragsänderung gleich. Die Gewinn- und Verlustanteile und Entnahmen werden getrennt davon auf variablen Konten gebucht, die nicht Eigenkapitalcharakter haben müssen, und beeinflussen das ursprüngliche Verhältnis der Gesellschafter nicht; (das entspricht dem gesetzlichen Modell für den Anteil des Kommanditisten).
- in *Bruchteilen oder Quoten:* Das Verteilungsverhältnis bleibt auch hier unverändert. Die Kapitalbeträge ändern sich je nach Vermögenszuwachs oder -verlust, jedoch immer im selben Verhältnis; das Gesellschafterkonto ist davon unabhängig und variabel;
- in *veränderlichen Kapitalanteilen*. Sie verschieben sich zwischen den Gesellschaftern je nach dem Umfang der gutgeschriebenen Gewinn- oder belasteten Verlustanteile sowie der getätigten Entnahmen und Einlagen (dies entspricht dem gesetzlichen Modell für den Anteil des OHG-Gesellschafters bzw. des Komplementärs).

9 **c)** *Gesellschafterkonten:*[11] § 120 HGB geht bei OHG-Gesellschafter von einem einzigen Konto als variables Konto aus, dessen Bestand dem Kapitalanteil entspricht. Bei ständigen Schwankungen ist dies wenig geeignet für die Anknüpfung von Gewinn- oder Verlustanteilen und dem Stimmrecht. Bei der Differenzierung in verschiedene Konten ist aus gesellschafts- wie auch aus steuerlichen Gründen eine Klarstellung erforderlich, ob es sich jeweils um Eigen-[12] oder Fremdkapital handelt.[13] Häufig erfolgt folgende Unterscheidung:

10 **aa)** *Kapitalkonto I*, das einen Festbetrag ausweist und das Verhältnis der Beteiligung der Gesellschafter ausdrückt und somit maßgeblich für die Bemessung von Gewinn- und Verlustanteilen, Stimmrecht und Auseinandersetzungsguthaben ist. Ihm wird die Pflichteinlage (soweit nach dem Gesellschaftsvertrag geschuldet) gutgeschrieben.

11 **bb)** *Kapitalkonto II*, über das als variables Verrechnungskonto (nicht)[14] entnahmefähige Gewinne, der Verlustanteil,[15] (über die Pflichteinlage hinausgehende) Einlagen[16] und Entnahmen laufen. In der Satzung ist eventuell dessen Verzinsung zu regeln. Im Gesellschafts-

---

11 S. zu den verschiedenen Konto-Modellen § 137 Rdn. 18 ff. sowie ausführlich BFH v. 16.10.2008 – IV R 98/06 = BStBl. II 2009, 272 = DStR 2009, 212, sowie Besprechungen dazu *Leitzen*, ZNotP 2009, 255; *Ley* DStR 2009, 613; frühere Lit.: *Röhrig/Doege*, DStR 2006, 489; *Oppenländer*, DStR 1999, 939; OFD Niedersachsen S 2241a – 96 – St 222/St 221; Lit.: *Wälzholz*, DStR 2011, 1815 u. 1861; *Ley*, kösdi, 2014,18844.
12 Eigenkapital ist es, wenn eine dauerhafte Vermögensüberlassung gegen gewinnabhängige laufende Vermögensausschüttungen und darauf im Ausscheidens- oder Liquidationsfall eine Verlustverrechnung erfolgt (= Kapitalanteil des Gesellschafters); ausreichend ist daher, wenn das Konto in die Ermittlung des Abfindungsguthaben einbezogen wird. Als solches ist es nachrangig in der Insolvenz und nicht nach den Regeln der ordentlichen Kreditkündigung der Gesellschaft entziehbar. BFH v. 15.05.2008 – IV R 46/05, BStBl. II 2008, 812; i.E. zu den Abgrenzungskriterien: OFD Niedersachsen S 2241a – 96 – St 222/St 221.
13 Fremdkapital liegt vor, wenn es sich dabei um eine Forderung gegenüber der Gesellschaft handelt. Daher können bzw. dürfen darauf Verluste nicht verbucht werden, sodass dann ein eigenes Verlustvortragskonto erforderlich ist; Einlage von Wirtschaftsgütern aus dem Betriebsvermögen darf nur auf ein Kapitalkonto und daneben auch auf ein gesamthänderisch gebundenes Rücklagenkonto erfolgen, soll so steuerneutral i.S.v. § 6 Abs. 5 EStG sein, weil bei Verbuchung auf Fremdkapital keine Gesellschaftsrechte vermittelt werden. s. BMF Schr. v. 07.06.2001, BStBl. I 2001, 367; *Mutscher*, DStR 2009, 1625. Bzgl. Einbringung von Privatvermögen in betriebliche Gesamthandsvermögen einer Personengesellschaft s. dazu BMF Schr. v. 26.11.2004, BStBl. I 2004, 1190.
14 Soweit entnahmefähige Gewinne auf dem Gesellschafterverrechnungskonto verbucht werden.
15 Soweit dazu nicht ein gesondertes Verlustverrechnungskonto geführt wird.
16 Werden Einlagen aus dem Privatvermögen auf das Kapitalkonto I verbucht und somit als Gegenleistung Gesellschaftsanteile gewährt, dann liegt ein steuerpflichtiger Veräußerungsvorgang vor, der bei Einlage von Kapitalanteilen nach § 17 EStG, bzw. bei Grundbesitz nach § 23 EStG oder bei Veräußerung von einbringungsgeborenen Anteilen nach § 21 UmwStG zu einer Besteuerung führen kann; anders bei Verbuchung nur auf gesamthänderisch gebundenem Rücklagenkonto oder nur auf dem Kapitalkonto II (BFH v. 29.07.2015 – IV R 15/14). S. dazu BMF Schr. v. 26.11.2004, BStBl. I 2004, 1190 sowie Schrb. V. 26.07.2016 – IV C 6 – S 2178/09/10001; BStBl I 2016, 684. i.E. § 131 Rdn. 22 ff.

vertrag ist zu regeln, ob bei Ausscheiden der Kontostand für die Bemessung des Abfindungsanteils mit herangezogen wird (dann Eigenkapital) oder ob lediglich der Stand in Soll oder Haben auszugleichen ist (dann Fremdkapital, weil Forderungscharakter).

cc) *Verlustvortragskonto*, wird i.d.R. als Unterkonto eines festen Kapitalkontos oder eines variablen Kapitalkontos geführt um darauf zukünftige Gewinn zunächst zu dessen Ausgleich verrechnen zu können, was lediglich bei der KG durch § 169 Abs. 1 Satz 2 HGB vorgesehen und wegen § 15a EStG bedeutsam ist.[17]

dd) *Rücklagenkonto*, das meist gemeinsam für alle Gesellschafter als gesamthänderisch gebundenes für die Gewinnrücklagen geführt wird, aber auch für Einlagen gebildet werden kann.[18] Hierzu kann die Satzung regeln, dass aufgetretene Verluste zunächst durch die Gewinnrücklage zu decken sind. Entnahme durch den einzelnen Gesellschafter sind nicht möglich; die (Teil) Auflösung bedarf der Gesellschafterentscheidung. Es kann aber auch für jeden Gesellschafter gemäß der Satzung ein eigenes, auch disquotales Rücklagenkonto geführt werden.

ee) *Darlehenskonto oder Gesellschafterverrechnungskonto*, das als verzinsliches Konto die schuldrechtlichen Forderungen des Gesellschafters gegenüber der Gesellschaft ausweist, die nicht ihre Grundlage im unmittelbaren Verhältnis Gesellschafter zur Gesellschaft haben und damit kein dem Abspaltungsverbot unterliegender Teil des Mitgliedschaft, sondern Fremdkapital ist. Das Guthaben darauf kann bei Anteilsveräußerung zurück behalten werden.[19] Hierauf werden auch entnahmefähige Gewinne gebucht, die damit nicht mit neuen Verlusten zu verrechnen sind. Das darauf vorhandene Guthaben kann der Gesellschafter nach Darlehensgrundsätzen kündigen. Entnahmebeschränkungen sind zulässig, soweit ein unentziehbarer Anspruch spätestens bei Kündigung oder sonstigen Ausscheiden dem Gesellschafter zusteht. Es wird bei Ausscheiden des Gesellschafters nicht in den Abfindungsbetrag einbezogen, sondern ist getrennt davon auszugleichen. Der Nachrang nach § 139 Abs. 1 Nr. 5 InsO gilt nicht (§ 39 Abs. 4 InsO).[20]

3. Einlagen und Nachschusspflichten

Die Einlage kann in beliebiger Form wie Geld, Sachwerten, immaterielle Wirtschaftsgüter oder in der Leistung von Diensten bestehen oder auch nur in der Gebrauchsüberlassung. Sachgegenstände können vom Gesellschafter der Gesellschaft nur entgeltlich oder unentgeltlich zur Nutzung überlassen oder dieser zum vollen Gesellschaftseigentum übertragen wie auch lediglich »dem Werte nach« eingebracht werden. Die Einbringung einer Sache dem Werte nach (*quoad sortem*) begründet nur die schuldrechtliche Verpflichtung des Gesellschaf-

---

17 Wobei es aber nicht auf die Benennung ankommt, sondern, ob es um Eigen- oder Fremdkapitalkonto handelt; werden Verluste dann tatsächlich auf einem separaten Gesellschafterkonto verrechnet, spricht dies für die Annahme von Eigenkapital (BFH v. 07.04.2005 – IV R 24/03 = BStBl. II 2005, 598 = DStR 2005, 1197). Siehe hierzu auch § 137 Rdn. 21 sowie § 137 Rdn. 100.
18 Die Einlage des einzelnen Gesellschafters steht dann allen Gesellschaftern zu. Erfolgt sie nicht fremdüblich, dass die anderen Gesellschafter dadurch bereichert werden, liegt darin ein schenkungssteuerbarer Vorgang, wobei der Schenker aus steuerlicher Sicht quasi die Einlage auch anteilig auf Rechnung des Beschenkten erbringt (*Mutscher*, DStR 2009, 1625; FG Münster v. 12.01.2017 – 3 K 518/15 Erb n.rkr.). Erfolgt die Einlage ausschließlich nur auf die Rücklage ohne Gegenleistung liegt steuerlich ein unentgeltlicher Vorgang i.S. einer verdeckten Einlage vor (s. dazu BMF Schr. v. 26.11.2004, BStBl. I 2004, 1190 sowie Erl. bei § 131 Rdn. 24 ff.) ist sie jedoch zeitlich und sachlich mit einer Kapitaleinlage verknüpft, liegt darin insgesamt ein entgeltlicher Vorgang in Form einer offenen Einlage, was beim Einbringenden zu einer Steuerbelastung führen kann, dazu § 131 Rn. 22 ff. (*Mutscher* a.a.O. FN 2).
19 OLG Stuttgart v. 31.10.2012 – 14 U 19/12, DStR 2013, 1138.
20 Ein negativer Betrag darauf führt nicht zum Wiederaufleben der Kommanditistenhaftung gemäß § 177 Abs. 4 Satz 2 HGB.

ters, die Sache der Gesellschaft so zur Verfügung zu stellen, als ob sie Gesellschaftsvermögen wäre. Sie lässt jedoch die dingliche Rechtsstellung des Gesellschafters und seine Verfügungsbefugnis im Außenverhältnis unberührt. Die Einbringung einer Sache quoad sortem entfaltet keine Rechtswirkungen gegenüber einem Dritten, der nur das Eigentum des Gesellschafters an der Sache erworben hat, ohne zugleich dessen Gesellschafterstellung zu übernehmen.[21] Nutzungen und Wertsteigerungen fließen dem Gesellschaftsvermögen zu; dieses trägt auch die Lasten und die Sachgefahr. Im Zuge der Liquidation oder beim Ausscheiden des einbringenden Gesellschafters ist die Sache dem Gesellschafter zurückzugeben. Jedoch wird er aber mit einem in die Auseinandersetzungsrechnung einzustellenden Anspruch auf Ausgleich des Wertes dieses quoad sortem eingebrachten Gegenstandes belastet, sodass der Wert des Sachgegenstandes seinen Abfindungsanspruch verringert.[22]

Wird ein Sachgegenstand eingelegt, können die Gesellschafter dessen Wertansatz zur Verbuchung auf den Gesellschafterkonten frei ansetzen. Bei Sacheinlagen sind auch ggf. Art und Umfang der Mängelhaftung des einbringenden Gesellschafters im Einbringungsvertrag zu regeln. Eine Einlage ist aber nicht zwingend nötig. Nur die Förderung des gemeinsamen Zweckes durch Beiträge ist unentbehrlich. Es können sich jedoch weitreichende steuerliche Folgen bei der Einbringung von Grundbesitz wegen § 23 EStG, bei Anteilen an Kapitalgesellschaften wegen § 17 EStG und § 22 UmwStG (wenn aus Einbringungen hervorgegangen) oder von Betriebsvermögen oder von (Teil-)Betrieben ergeben.[23]

16 *Begründung von Nachschusspflichten:*[24] Nach § 707 BGB besteht vor Auflösung der Gesellschaft eine Nachschusspflicht über die vereinbarte Einlage hinaus grundsätzlich nicht. Die dispositive Regelung in § 707 BGB greift allerdings u.a. dann nicht ein, wenn die Gesellschafter im Gesellschaftsvertrag keine der Höhe nach festgelegten Beiträge versprochen, sondern sich verpflichtet haben, entsprechend ihrer Beteiligung das zur Erreichung des Gesellschaftszwecks Erforderliche beizutragen.[25] Ebenso ist § 707 BGB dann nicht berührt, wenn die Gesellschafter zum einen eine betragsmäßig festgelegte Einlage, zum anderen laufende Beiträge versprochen haben.[26] In einem solchen Fall bedürfen die Festlegung der Höhe und die Einforderung der Beiträge keines Gesellschafterbeschlusses, sondern sind Sache der Geschäftsführer.[27]

17 Ansonsten können Beitragserhöhungen, auch in der Form von Nachzahlungen, aber nur mit Zustimmung eines jeden Gesellschafters[28] beschlossen werden, die auch antizipiert im Gesellschaftsvertrag erteilt werden kann. Wegen des damit verbundenen Überschreitens von § 707 BGB hängt die Wirksamkeit einer solchen gesellschaftsvertraglichen Bestimmung dann aber davon ab, ob sie eindeutig ist und Ausmaß und Umfang der möglichen zusätzlichen Belastung erkennen lässt.[29] Das erfordert bei Beitragserhöhungen die Angabe einer Obergrenze oder die Festlegung sonstiger Kriterien, die das Erhöhungsrisiko eingrenzen[30]

---

21 BGH v. 15.06.2009 – II ZR 242/08 = NJW-RR 2009, 1697 = DStR 2009, 2015; vgl. BGH v. 25.03.1965 – II ZR 203/62, WM 1965, 744, 745.
22 OLG Hamburg, Urt. v. 07.02.1994 – 2 U 7/93 = NJW-RR 1996, 803; MüKo-BGB/*Ulmer/Schäffer*, § 732 BGB, Rn. 8 ff.; *Berninger*, DStR 2010, 874. Übersteigt der Wert das übrige Auseinandersetzungsguthaben des Gesellschafters, so führt dies in Höhe der Differenz zu einem Anspruch der Gesellschaft auf Wertausgleich.
23 Dazu die Erläuterungen in § 131 Rdn. 22 ff.
24 Ausführlich hierzu BGH Urt. v. 23.01.2006 – II ZR 306/04, NJW-RR 2006, 827; *Wertenbruch*, DStR 2007, 1680.
25 BGH Urt. v. 04.07.2005 – II ZR 342/03 = ZIP 2005, 1455, 1456; BGH Urt. v. 23.01.2006 – II ZR 126/04 = DNotZ 2006, 631 = NJW-RR 2006, 829, und II ZR 306/04 = ZIP 2006, 562 = NJW-RR 2006, 827, m.w.N.
26 BGH Urt. v. 23.01.2006 – II ZR 126/04 = DNotZ 2006, 631; v. 07.11.1960 – II ZR 216/59 = WM 1961, 32, 34.
27 BGH Urt. v. 04.07.2005 und v. 23.01.2006 – II ZR 126/04 DNotZ 2006, 631; MüKo-BGB/*Ulmer*, § 707 BGB Rn. 3.
28 Ausreichend ist die Zustimmung der Gesellschafter, die daran teilnehmen; s. hierzu BGH v. 25.05.2009 – II ZR 259/07. i.E. *Goette/Goette* DStR 2016, 74, 82.
29 Vgl. BGHZ 132, 263, 268; zuletzt bestätigt von BGH Urt. v. 21.10.2014 – II ZR 84/13 m.w.N., DNotZ 2015, 65 = DStR 2014, 2403 = ZNotP 2014, 389, trotz Aufgabe der Kernbereichslehre.
30 StRspr.: BGHZ 66, 82, 85; zuletzt Urt. v. 04.07.2005 = ZIP 2005, 1455, 1456; s. schon RGZ 87, 261, 265 f.

bzw. bei laufenden Beiträgen muss deren Höhe im Gesellschaftsvertrag zumindest in objektiv bestimmbarer Weise ausgestaltet sein.[31]

4. Geschäftsführung

Die Geschäftsführungsbefugnis als Rechtsbeziehung des *Innenverhältnisses* gegenüber den übrigen Gesellschaftern, steht jedem Gesellschafter zu und ist persönlich auszuüben[32] (§ 114 Abs. 1 HGB). Jeder ist auch berechtigt, allein zu handeln, aber jeder kann auch einer bestimmten Handlung des anderen wirksam widersprechen (§ 115 Abs. 1 HGB). Die Befugnis erstreckt sich auf alle Handlungen, die der gewöhnliche Betrieb des Geschäftes mit sich bringt (§ 116 Abs. 1 HGB). Diese drei Regeln der Geschäftsführung können im Gesellschaftsvertrag abgeändert werden. Für bestimmte Änderungen sind im Gesetz bereits Regelungen vorgesehen, so für die gemeinsame Geschäftsführung die Zustimmung aller zur Geschäftsführung Befugter (§ 115 Abs. 2 HGB), was aber wiederum im Vertrag anders gestaltet werden kann. Einzelne Gesellschafter können auch von der Geschäftsführung im Vertrag ausgeschlossen werden (§ 114 Abs. 2 HGB) nicht aber alle (Grundsatz der Selbstorganschaft), sodass ausschließlich Nichtgesellschafter die Geschäfte allein nicht führen können; solchen kann aber ein umfassender Betriebsführungsauftrag und eine Generalhandlungsvollmacht erteilt werden, soweit nur die Kontroll- und Planungsbefugnisse der Gesellschafter erhalten bleiben.[33] Einem Nichtgesellschafter kann aber neben den Gesellschaftern bei Geschäftsführungsmaßnahmen ein zusätzliches Stimmrecht gewährt werden.[34] Über den gewöhnlichen Geschäftsbetrieb hinausgehende Handlungen, was nach Gegenstand, Umfang, Bedingungen oder Dauer aus dem Rahmen fallende, potenziell gefährliche Geschäfte sind, bedürfen nach dem abdingbaren § 116 Abs. 2 HGB der Zustimmung aller Gesellschafter, soweit der Gesellschaftsvertrag keine Mehrheitsklausel enthält (Rdn. 34), ebenso auch alle Grundlagengeschäfte, welche das Verhältnis der Gesellschafter untereinander betreffen, wie Aufnahme neuer Gesellschafter, Regelung der Vertretungsmacht und Organisation der Geschäftsführung, Feststellung des Jahresabschlusses, Änderung des Gesellschaftsvertrages, Auflösung oder Umwandlung der Gesellschaft.

Der *Gesellschaftsvertrag* kann die Befugnis zur Geschäftsführung auch an bestimmte Voraussetzungen (Alter, Ausbildung) knüpfen. Er kann das Widerspruchsrecht des Mitgesellschafters einschränken oder ausschließen, Mehrheitsentscheidungen der Geschäftsführer festlegen, Geschäftsbereiche bestimmen oder auch das Erfordernis eines Gesellschafterbeschlusses auf gewöhnliche Geschäfte erweitern wie auch bestimmte außergewöhnliche Geschäfte zulassen oder nur von einer Mehrheitsentscheidung abhängig machen (§ 119 Abs. 2 HGB). Er kann jedoch nicht Überwachungs- und Widerspruchsrechte an Dritte gewähren. Dies schließt aber die Einrichtung eines Beirats mit Beratungs-, Kontroll- und Entscheidungsbefugnisse gegenüber der Geschäftsführung nicht aus, soweit dabei nicht in den Kernbereich der Gesellschafterrechte eingegriffen wird oder die Gesellschafter jederzeit dessen Entscheidungen außer Kraft setzen können.

Dem von der Geschäftsführung Ausgeschlossenen steht das Informations-, Einsichts- und Kontrollrecht zu. Dieses kann durch den Gesellschaftsvertrag oder einstimmigen Gesellschafterbeschluss weitgehend bis zur Grenze des § 118 Abs. 2 HGB eingeschränkt werden.[35] Das Auskunftsrecht nach § 713 BGB bleibt wegen der persönlichen Haftung unentziehbar (Kernbereich der Gesellschafterrechte).

---

31 BGH Urt. v. 23.01.2006 – II ZR 126/04 = DNotZ 2006, 631; MüKo-BGB/*Ulmer*, § 707 Rn. 2 f.
32 Minderjährige werden durch den gesetzlichen Vertreter vertreten, auch wenn dieser Mitgesellschafter ist, BGH v. 18.09.1975 – II ZB 6/74.
33 BGHZ 36, 293; NJW 82, 878 bzw. 1817.
34 BGH NJW 1960, 963.
35 Steuerlich besteht dann aber die Gefahr, dass der Gesellschafter keine Mitunternehmerstellung erlangt. S. hierzu § 131 Rdn. 20 f.

21 Die *Entziehung* der Geschäftsführungsbefugnis eines Gesellschafter geschieht durch ein Urteil des Gerichts auf Antrag aller übrigen Gesellschafter, wenn ein wichtiger Grund gegeben ist, der nicht nur in einer Pflichtverletzung, sondern auch in einer unverschuldeten Unfähigkeit, z.B. Krankheit, bestehen kann (§ 117 HGB). Der Gesellschaftsvertrag kann regeln, was als wichtiger Grund anzusehen ist. Er kann die Entziehung erschweren, aber nicht völlig ausschließen, oder auch erleichtern, z.B. Entscheidung durch Mehrheitsbeschluss statt Klage[36] auch ohne wichtigen Grund, wobei die Möglichkeit der gerichtlichen Nachprüfung nicht ausgeschlossen werden kann.

5. Vertretung

22 Unabhängig von der nur intern wirkenden Geschäftsführungsbefugnis steht die Vertretung der Gesellschaft *gegenüber Dritten* grundsätzlich jedem einzelnen Gesellschafter allein zu (§ 125 Abs. 1 HGB). Von dieser Regel kann der Gesellschaftsvertrag lediglich die vom Gesetz zugelassenen Abweichungen vorsehen, soweit der Grundsatz der Selbstorganschaft gewahrt ist: z.B. die Gesamtvertretung durch alle Gesellschafter oder: die Einzelvertretung durch A., die Gesamtvertretung durch A. und B., die Gesamtvertretung durch B. und C. und den Vertretungsausschluss von D. (§ 125 Abs. 2 HGB). Bei Wegfall eines von nur zwei gesamtvertretungsberechtigten Gesellschaftern erstarkt die Gesamtvertretungsmacht des verbleibenden Vertreters jedoch nicht zur Alleinvertretung, sodass dazu eine gesellschaftsvertragliche Regelung nötig ist.[37]

23 Der von der Vertretung ausgeschlossene Gesellschafter kann Prokura erhalten. Die Gesamtvertretung kann auch eine »gemischte« sein, indem mehrere (gewöhnlich zwei) Gesellschafter handeln müssen oder ein Gesellschafter zusammen mit einem Prokuristen (§ 125 Abs. 3 HGB[38]). Aufgrund des Grundsatzes der Selbstorganschaft ist jedoch die organschaftliche Vertretungsmacht nicht vollständig übertragbar, sodass eine umfassende, unwiderrufliche Generalvollmacht an einen Dritten bei Ausschluss des einzelnen Gesellschafters oder aller Gesellschafter von der Vertretungsmacht unzulässig ist. Die im Geschäftsverkehr üblichen Vollmachten bis zu einer jederzeit widerruflichen Generalvollmacht, sind jedoch zulässig.

24 Alle Abweichungen von der alleinigen Vertretungsmacht jedes einzelnen Gesellschafters sind von *sämtlichen Gesellschaftern* zum Handelsregister *anzumelden* (§§ 106 Nr. 4, 107 HGB).

25 Die Handlungen der Gesamtvertreter brauchen nicht gleichzeitig zu erfolgen. Sie können sich auch untereinander zu bestimmten Geschäften oder Arten von Geschäften, aber nicht generell in vollem Umfang, ermächtigen (§ 125 Abs. 2 Satz 2 HGB), wobei dann bei Rechtsgeschäften zwischen dem ermächtigenden Gesellschafter und dem für die OHG handelnden, ermächtigten Gesellschafter nicht § 181 BGB gilt, da dieser insoweit als Alleinvertretungsberechtigter handelt.[39] Zur Entgegennahme von Erklärungen Dritter ist jeder Gesellschafter, der überhaupt eine Vertretungsmacht hat, unabdingbar allein legitimiert (§ 125 Abs. 2 Satz 3 HGB).

26 Der vom Gesetz in § 126 HGB vorgegebene weite *Umfang* der Vertretungsmacht kann (anders als die Geschäftsführungsbefugnis im Verhältnis zu den Gesellschaftern) gegenüber Dritten nicht eingeschränkt werden (§ 126 Abs. 2 HGB). Nur wenn mehrere Niederlassungen unter abweichenden Firmen betrieben werden, ist die Vertretungsmacht einzelner Gesellschafter auf die einzelnen Niederlassungen beschränkbar (§ 126 Abs. 3 i.V.m. § 50 Abs. 3 HGB). Sie umfasst, auch als Einzelvertretung gemäß dem HGB alle Arten von Rechtsgeschäften, ausgenommen alle Grundlagengeschäfte, wozu auch Unternehmensverträge

---

[36] BGHZ 102, 176.
[37] OLG München v. 12.03.2014 – 15 W 23/14, NZG 2014, 899 = NJW-RR 2015, 33.
[38] Wenn mindestens zwei vertretungsberechtigte Gesellschafter vorhanden sind, s. dazu § 128 Rdn. 20
[39] So BGHZ 64, 72, 75 f.; jedoch strittig, s. DNotI-Report 2000, 49 mit ausführlichen Nachweisen.

und das nahezu gesamte Unternehmensvermögen betreffende Geschäfte (Gesamtvermögensgeschäfte i.S. § 179a AktG) fallen; dazu ist entweder die Vertretung durch alle Gesellschafter nötig oder deren nicht zu beurkundende Zustimmung.[40] – Die Entziehung der Vertretungsmacht durch eine gerichtliche Entscheidung ist in gleicher Weise wie die der Geschäftsführungsbefugnis zulässig (§ 127 HGB). Der Gesellschaftsvertrag kann die Entziehung erschweren, jedoch nicht völlig ausschließen[41] aber auch erleichtern, wie auch durch einen Gesellschafterbeschluss ohne Klage ermöglichen.

Die Befreiung eines Gesellschafters von den Beschränkungen des § 181 BGB kann (aber muss nicht) in das Handelsregister eingetragen werden.[42]

Die Regelung der Vertretung unter zwei Gesellschaftern

Jeder allein – A. allein, B. nicht – B. allein, A. nicht – beide gemeinschaftlich – A. allein, B. nur zusammen mit A. – B. allein, A. nur zusammen mit B. – A. allein, B. nur mit A. oder mit einem Prokuristen – B. allein, A. nur zusammen mit B. oder einem Prokuristen.

Gesamtvertretung und Beschränkung auf eine Zweigniederlassung (§ 126 Abs. 3 HGB)

Der Gesellschafter A. ist allein vertretungsberechtigt. Der Gesellschafter B. vertritt die Gesellschaft zusammen mit A. oder mit einem Prokuristen. Der Gesellschafter C. vertritt die Gesellschaft allein, jedoch mit Beschränkung auf die Zweigniederlassung der Firma »Arnold & Co. oHG Zweigniederlassung Saarbrücken«.

Aufteilung der Geschäftsführungsbefugnis

A. leitet den Betrieb technisch, insbesondere obliegt ihm der Bereich der Fabrikation. B. führt die kaufmännischen Geschäfte. Vertretungsberechtigt ist allein B.

Alleinvertretung neben Gesamtvertretung und Aufteilung der Geschäftsführung nebst Beschlussregelung

A. ist zur Geschäftsführung allein berechtigt. Er kann auch außergewöhnliche Geschäfte allein tätigen, insbesondere Prokuristen allein bestellen und abberufen. Über den Umfang seiner Tätigkeit bestimmt er allein. – B., C. und D. haben ihre volle Arbeitskraft für die Gesellschaft einzusetzen. B. leitet den Einkauf und die Buchhaltung, C. den Verkauf und die Belegschaftsfragen und D. die Fabrikation. Zu allen Handlungen, die über den gewöhnlichen Betrieb des Unternehmens hinausgehen, ist ein einstimmiger Beschluss dieser drei Gesellschafter erforderlich. An Stelle des Beschlusses genügt jedoch in jedem Falle eine Entscheidung von A. Die Gesellschafter E. und F. sind nicht geschäftsführungsberechtigt.

---

40 Siehe zu den Einzelheiten: OLG Düsseldorf, v. 23.11. 2017 – I-6 U 225/16: keine Beurkundungspflicht für Zustimmung; Baumbach/*Hopt*, § 126 Rn. 3; *Weber*, DNotZ 2018, 96: 3/4-Mehrheitsbeschluss i.S. § 179a AktG kann genügen, wenn der Gesellschaftsvertrag konkret genug dies zulässt, ggf. durch entsprechende Auslegung.
41 BGH NJW 98, 1226.
42 OLG Hamm DB 1983, 982 = BB 1983, 791.

Zur Vertretung ist A. allein berechtigt. B., C. und D. vertreten gemeinsam mit A. oder einem der beiden anderen oder mit einem Prokuristen. – E. und F. sind nicht vertretungsberechtigt.

Regelungen zu außergewöhnlichen Geschäftsführungsmaßnahmen

32 M Zur Geschäftsführung ist jeder Gesellschafter allein berechtigt. Zu allen über den gewöhnlichen Geschäftsbetrieb hinausgehenden Geschäften hat er jedoch die Zustimmung der Mehrheit aller Gesellschafter/*durch einen Gesellschafterbeschluss mit einfacher Mehrheit des anwesenden und vertretenen Festkapitalanteile*/einzuholen. Als außergewöhnliche Geschäfte gelten insbesondere
  a) alle Grundstücksgeschäfte (Erwerb, Veräußerung und Belastung; die Lastenfreistellung gilt als gewöhnliches Geschäft),
  b) Bauten einschließlich der Instandhaltung der Gebäude, soweit sie nicht mit eigenen Betriebsarbeitern ausgeführt werden,
  c) Erwerb eines anderen Unternehmens oder von Teilen davon,
  d) Errichtung und Schließung von Zweigniederlassungen,
  e) Beteiligung an anderen Unternehmen,
  f) Eingehen von Wechselverbindlichkeiten und Übernahme von Bürgschaften,
  g) Bestellung und Abberufung von Prokuristen und Handlungsbevollmächtigten,
  h) Abschluss von Arbeitsverträgen, die von Tarifverträgen abweichen.

6. Gesellschafterversammlungen

33 Weder das HGB noch das BGB enthalten Regelungen über das Verfahren der Gesellschafterversammlung, sondern gehen vom Einstimmigkeitsgrundsatz aus, von dem der Gesellschaftsvertrag aber Abweichungen bestimmen kann. Die Gesellschaftssatzung sollte zweckmäßigerweise hinsichtlich der Gesellschafterversammlung Regelungen enthalten bzgl.:
  – *Einberufung*: Form, Frist, Zuständigkeit, Ort der Versammlung.
  – *Vertretungsmöglichkeit*: Vollmachtsform, Vertretungsberechtigung[43]
  – *Beschlussfähigkeit* und Ersatzladung.
  – *Beschlussverfahren*: Umlaufverfahren, Zuständigkeit der Versendung, Form und Inhalt der Unterlagen, Fristen für Stimmabgabe, Protokollierung, ggf. Anfechtungsverfahren.[44]
  – *Beschlussfassung*: Bestimmung der Gegenstände, die durch Mehrheitsentscheid geregelt werden können und Bestimmung der Stimmgewichtung,[45] i.d.R. Anknüpfung an die festen Kapitalanteile statt an die gesetzliche Zählung nach Köpfen (§ 119 Abs. 2 HGB).

34 *Beschlüsse* der Gesellschafter kommen grundsätzlich nur mit Zustimmung aller zustande = Konsensprinzip (§ 709 Abs. 1 BGB). Das Einstimmigkeitsprinzip ist aber nicht nur für einfache Geschäftsführungsangelegenheiten (§ 119 Abs. 2 HGB), sondern auch darüber hinaus grundsätzlich dispositiv. Die *Einstimmigkeit* ist zwar nach dem HGB für außergewöhnliche

---

43 Aufgrund des Abspaltungsverbots bedarf die Stellvertretung der Zulassung durch die Satzung oder einen Gesellschafterbeschluss, auch bzgl. der Stimmrechtsausübung durch einen Testamentsvollstrecker.
44 Gemäß BGH v. 01.03.2011 – II ZR 83/09 ist die Feststellungsklage über die Nichtigkeit eines Gesellschafterbeschlusses gegen die Mitgesellschafter geltend zu machen, wenn nicht der Gesellschaftsvertrag bestimmt, dass der Streit mit der Gesellschaft auszutragen ist.
45 Mehrfachstimmrecht für einzelnen Gesellschafter ist zulässig (darf diesen jedoch nicht in die Lage versetzen, allein Mehrheitsbeschlüsse herbeiführen zu können); ebenso zulässig ist auch ein Vetorecht für einen Gesellschafter oder eine Gesellschaftergruppe, wobei dieses nur im Rahmen der gesellschaftsrechtlichen Treuepflicht ausgeübt werden darf. Hierzu *Carle*, kösdi 2013, 18577; OLG Karlsruhe v. 29.07.2014 – 4 U 24/14, DStR 2014, 2472.

Geschäftsführungshandlungen (§ 116 Abs. 2 HGB) und für alle Gesellschafterbeschlüsse (§ 119 Abs. 1 HGB) vorgesehen.. Es ist den Gesellschaftern i.R.d. Privatautonomie jedoch allgemein freigestellt, im Gesellschaftsvertrag das starre, praktischen Erfordernissen oft nicht gerecht werdende Einstimmigkeitsprinzip allgemein durch das Mehrheitsprinzip zu ersetzen. Die frühere Rechtsprechung beschränkte aufgrund des Bestimmtheitsgrundsatzes jedoch den Anwendungsbereich allgemeiner, genereller Mehrheitsklauseln der Gesellschaftssatzung auf »gewöhnliche« Beschlussgegenstände und ließ bei darüber hinausgehenden Beschlussgegenständen eine Mehrheitsentscheidung nur zu, wenn der betroffene Beschlussgegenstand sich hinreichend bestimmt bzw. eindeutig aus der Gesellschaftssatzung ergab.[46] Nach jetziger BGH-Rechtsprechung[47] muss eine Mehrheitsklausel nicht mehr die erfassten Beschlussgegenstände in einem umfangreichen Katalog auflisten. Es genüge, wenn sich aus dem Gesellschaftsvertrag – auch nur durch Auslegung nach den allgemeinen Grundsätzen – eindeutig ergibt, dass der infrage stehende Beschlussgegenstand einer Mehrheitsentscheidung unterworfen sein soll. Dies gilt für alle Arten von Beschlussgegenständen, da die allgemeine Mehrheitsklausel die formelle Legitimation für eine von ihr erfasste Entscheidung ist, bei der dem Bestimmtheitsgrundsatz keine Bedeutung mehr zukommt.[48] Der aufgrund Mehrheitsentscheidung getroffene Beschluss muss jedoch auf einer zweiten Stufe einer inhaltlichen materiellrechtlichen Wirksamkeitsprüfung im Einzelfall unterzogen werden. Zu prüfen ist dabei, ob die Mehrheitsentscheidung unwirksam ist, weil sie einen gesetzeswidrigen Inhalt hat oder gegen den Gleichbehandlungsgrundsatz verstößt, weil sich etwa die Mehrheit treupflichtwidrig über beachtenswerte Belange der Minderheit hinwegsetzt. Dies ist nicht nur zu prüfen, bei einem unzulässigen Eingriff in schlechthin unverzichtbare Mitgliedschaftsrechte, (wie Teilhaberechte an der internen Willensbildung, Austrittsrecht aus wichtigem Grund, Verbot der Hinauskündigung aus freiem Ermessen, Eingriff in den Gleichbehandlungsgrundsatz oder die vermögensmäßige Rechtsstellung des Gesellschafters) oder in relativ unentziehbare Mitgliedschaftsrechte, bei denen der Eingriff nur mit Zustimmung des betroffenen Gesellschafters erfolgen darf; in diesen Fällen liegt regelmäßig eine treupflichtwidrige Ausübung der Mehrheitsmacht vor. Bei den relativ unentziehbaren Mitgliedschaftsrechten kann in der Satzung vom einzelnen Gesellschafter eine antizipierte Zustimmung erteilt werden oder es kann sich um aus wichtigem Grund entziehbare Mitgliedschaftsrechte handeln, denn zu prüfen ist, ob der Eingriff im Interesse der Gesellschaft geboten und dem betroffenen Gesellschafter unter Berücksichtigung seiner eigenen schutzwürdigen Belange zumutbar ist. Auch in sonstigen Fällen hat der benachteiligte Gesellschafter die Möglichkeit darzulegen, dass die Gesellschaftermehrheit sich treupflichtwidrig über beachtenswerte Belange der Minderheit hinweggesetzt hat.[49] Die antizipierte Zustimmung zum Mehrheitsbeschluss im Gesellschaftsvertrag setzt jedoch (z.B. bei nachträglicher Beitragserhöhung) eine gesellschaftsvertragliche Bestimmtheit voraus, die eindeutig sowie Ausmaß und Umfang des möglichen Eingriffes in individuelle Gesellschafterrechte durch Beschluss erkennen lassen muss.[50]

---

46 Hierzu Literaturnachweise bei *Giedinghagen/Fahl*, DStR 2007, 1965.
47 BGH, Urt. v. 21.10.2014 – II ZR 84/13, DNotZ 2015, 65 = DStR 2014, 2403 = ZNotP 2014, 389; BGH v. 15.01.2007 – II ZR 245/05 (OTTO) = DNotZ 2007, 629 = MittBayNot 2007, 232 = DStR 2007, 494; Anm. dazu *Wertenbruch*, ZIP 2007, 798; *Giedinghagen/Fahl*, DStR 2007, 1965 u.a.; zur praktischen Umsetzung: *Goette/Goette* DStR 2016, 74.
48 BGH, Urt. v. 21.10.2014 – II ZR 84/13, DNotZ 2015, 65 = DStR 2014, 2403 = ZNotP 2014, 389.
49 BGH v. 24.11.2008 – II ZR 116/08 (Schutzgemeinschaftsvertrag II) = BGHZ 179, 13 = NJW 2009, 669 = DNotZ 2009, 392 = DStR 2009, 280; in Klarstellung zur OTTO-Entscheidung BGH v. 15.01.2007 – II ZR 245/05. Andererseits kann aufgrund gesellschaftlicher Treuepflicht auch eine Zustimmungspflicht aller Gesellschafter bestehen; vgl. OLG Düsseldorf, v. 23.11.2017 – I-6 U 225/16.
50 BGH, Urt. v. 21.10.2014 – II ZR 84/13, DNotZ 2015, 65 = DStR 2014, 2403 = ZNotP 2014, 389; BGH, Urt. v. 05.03.2007 – II ZR 282/05 = DStR 2007, 771 = NJW-RR 2007, 757; hierzu *Wertenbruch*, DStR 2007, 1680; *Goette/Goette* DStR 2016, 74.

§ 132 Errichtung der OHG und Eintritt von Gesellschaftern

35 Die gesetzliche Regelung des § 119 Abs. 2 HGB, dass die Mehrheit der Stimmen nach der Zahl der Gesellschafter zu berechnen ist, kann durch die Satzung abgeändert werden und – wie üblich – sich nach der Größe der (festen) Kapitalanteile bemessen. Dabei ist auch zu bestimmen, ob sich die Mehrheit z.B. auf alle Stimmen der Gesellschafter oder anwesenden und vertretenen oder der an der Abstimmung teilnehmenden[51] Stimmen bezieht. Fehlerhafte Beschlüsse sind in der Regel nichtig. Da für die Feststellungsklage keine Klagefrist vorgesehen ist, sollte der Rechtsschutz gegen fehlerhafte Gesellschafterbeschlüsse in der Satzung geregelt werden, wobei die Frist analog § 246 AktG die Frist von 1 Monat nicht unterscheiden sollte.

36 *Gruppenstimmrecht:* Es ist grundsätzlich zulässig,[52] findet jedoch seine Grenze im Abspaltungsverbot. Zulässig ist eine Satzungsklausel, dass für mehrere Gesellschafter nur ein Vertreter[53] einheitlich zum Handeln befugt ist. Dessen Bestellung hat durch alle Mitglieder der Gruppe zu erfolgen, wobei jedoch die Satzung bestimmen kann, dass die einzelnen Weisungen an den Gruppenvertreter durch Mehrheitsentscheidung der Gruppenmitglieder wirksam zustande gebracht werden können, soweit die Gruppe davon nichts Abweichendes bestimmt.[54] Das für die interne Gruppenentscheidung geltende Mehrheitserfordernis hängt dabei nicht von einer evtl. für den Gesellschafterbeschluss geltenden qualifizierten Mehrheit ab.[55]

7. Gewinn und Verlustverteilung

37 Die zwingend erforderliche Aufstellung des Jahresabschlusses (§§ 242 ff. HGB) erfolgt nach jedem Geschäftsjahr und ist Geschäftsführungsmaßnahme der geschäftsführungsbefugten Gesellschafter. Dessen Feststellung und die Entscheidung über die Ergebnisverwendung ist als Grundlagengeschäft Angelegenheit sämtlicher Gesellschafter, die hierüber grundsätzlich nur einstimmig beschließen können, soweit keine abweichende Satzungsregelung besteht. Ohne gesellschaftsvertragliche Regelung steht nach § 121 HGB jedem Gesellschafter zunächst 4 % seines Kapitalanteiles zu, der Rest des Gewinnes oder ein Verlust ist nach Köpfen zu verteilen (§ 121 Abs. 3 HGB).

38 Üblich ist es, da die Gewinnverteilung frei regelbar ist, diese in der Satzung abweichend davon an die festen Kapitalanteile zu knüpfen und die »Kapitalanteilsverzinsung von 4 %« nach § 121 Abs. 1 HGB abzubedingen oder nur auf den jeweiligen Saldo auf dem beweglichen Kapitalkonto zu beschränken. Jede Änderung des Grundprinzips der Gewinn- oder Verlustverteilung bedarf, da Grundlagengeschäft, eines einstimmigen Beschlusses der Gesellschafter. Der Gesellschaftsvertrag kann einen festen Anteil zur Zuführung in eine Gewinnrücklage festsetzen oder auch die Gewinnverwendung von einem Mehrheitsbeschluss abhängig machen, wobei jedoch bisher verlangt wird, dass die Satzungsklausel den »Bestimmtheitsgrundsatz« beachtet, also Umfang und Ausmaß der Mehrheitsentscheidung

---

51 Gemäß BGH v. 19.07.2011 – II ZR 209/09 meint Mehrheit der »anwesenden« Gesellschafter **bei schriftlicher Abstimmung** nur die Gesellschafter, die sich an der Abstimmung beteiligen.
52 ThürOLG Jena, Urt. v. 09.07.1997 – 2 U 1248/96, NZG 1998, 343: Stimmbindungsverträge sind grundsätzlich zulässig, da sie nicht das Stimmrecht an sich, sondern lediglich seine Ausübung betreffen. Dies darf nicht zu unzulässigen Stimmrechtsbeschränkungen führen und nicht mit dem Entzug von höchstpersönlichen Gesellschaftsrechten, wie dem Kündigungsrecht, verbunden sein. Kritisch dazu *K. Schmidt*, Gesellschaftsrecht, S. 621 ff.; hierzu auch *Schörnig*, ZEV 2002, 343; MüKo-BGB/*Schäfer*, § 709 BGB Rn. 79; sowie weitere Erläuterungen bei § 133 Rdn. 42.
53 Strittig, ob dieser Mitglied dieser Gesellschaftergruppe sein muss.
54 BGHZ 46, 291; strittig ist, ob die Gesellschaftssatzung die Innenorganisation der Gesellschaftergruppe regeln kann; s. hierzu Baumbach/Hopt, § 163 HGB Rn. 10; *Carle*, kösdi 2013, 18573 mit Musterformulierung; sowie auch bei § 133 Rdn. 43, § 137 Rdn. 72.
55 BGH v. 24.11.2008 – II ZR 116/08 (Schutzgemeinschaftsvertrag II) = BGHZ 179, 13.

über eine Rücklagenbildung konkretisieren muss.[56] Aus steuerlichen Gründen muss die vereinbarte Gewinnverteilung den Beitrag des Gesellschafters zur Erreichung des Gesellschaftszwecks entsprechen und somit einem Fremdvergleich standhalten. Erhält ein Gesellschafter aus ertragsteuerlicher Sicht einen unangemessenen überhöhten (nicht fremdüblichen) Gewinnanteil ist dies nach § 7 Abs. 6 ErbStG eine selbstständige Schenkung des kapitalisierten Gewinnübermaßes.[57]

Gewinnverteilung

Vom Reingewinn erhalten: 39 M
Alle Gesellschafter 2 Prozentpunkte über dem Stand des EURIBOR der Europäischen Zentralbanks *(alternativ: Basiszinssatz)* am Kalenderjahresende auf ihre (geleisteten) Kapitalanteile, die sich am Ende des Geschäftsjahres vor der Gewinnverteilung ergeben. Reicht der Gewinn dazu nicht aus, so ermäßigt sich der Satz entsprechend. Vom restlichen Gewinn erhält jeder Gesellschafter den gleichen Anteil. Oder: Der restliche Gewinn wird verteilt .....
- **im Verhältnis der vereinbarten festen Kapitalanteile.**
- **im Verhältnis des aufsummierten Guthabens auf den Kapitalkonten des jeweiligen Gesellschafters.**

Verlustzuteilung

Ein Verlust wird von den Gesellschaftern getragen ..... 40 M
- **im selben Verhältnis, wie sie nach der vorstehenden Regelung am Gewinn beteiligt werden.**
- **im Verhältnis der Kapitalanteile .....**
- **nach Köpfen .....**
- **nach Köpfen, von den geschäftsführenden Gesellschaftern jedoch nach doppelten Kopfanteilen.**
- **von den geschäftsführenden Gesellschaftern allein und unter diesen nach Kopfanteilen.**

Verteilung nach sich verändernden Bruchteilen

Vom Reingewinn erhält A. im ersten Geschäftsjahr 66 $^{2}/_{3}$ % und B. 33 $^{1}/_{3}$ %. Vom zweiten 41 M
Geschäftsjahr ab fällt der Anteil von A. und steigt der Anteil von B. am Gewinn jährlich um 1 %, bis er vom 18. Jahr an je 50 v.H. fest bleibt.
Ein Verlust wird im gleichen Verhältnis getragen.

8. Entnahmen

Das Gesetz gewährt dem Gesellschafter das gewinnunabhängige Entnahmerecht (keine 42
Pflicht) i.H.v. 4 % des Betrages seines für das letzte Geschäftsjahr festgestellten Kapitalan-

---

56 Hierzu genauer *Priester*, DStR 2007, 28. Dann auch nur für kaufmännisch notwendige Rücklagen. Ein Betrag für die Steuerschuld sollte dem Gesellschafter bleiben.
57 Hierzu detailliert: *Birnbaum/Escher*, DStR 2014, 1413. Zur ertragsteuerlichen Zulässigkeit einer disquotalen Gewinnverteilung siehe BFH v. 04.12.2014 – IV R 28/11; OFD Frankfurt, Rundvfg. v. 13.05.2015 = DStR 2015, 1802 sowie H 15.8 Abs. 3 »Vorabanteile« EStH.

M. Wachter

teils. Darüber hinaus ist auch die Entnahme des darüber hinausgehenden Gewinnanteiles des letzten Geschäftsjahres zulässig, soweit dies nicht zum offenen Schaden der Gesellschaft gereicht (§ 122 HGB). Der Gesellschaftsvertrag sollte jedoch im Interesse des Kapitalerhalts der Gesellschaft und dem Entnahmeinteresse des Gesellschafters (z.B. laufende Versorgung, Steuerbezahlung) Voraussetzungen und Umfang der Entnahme abweichend regeln. Häufig wird das Entnahmerecht davon abhängig gemacht, dass durch einen Gewinnverwendungsbeschluss Beträge zur Ausschüttung zugewiesen sind und/oder dem Gesellschafter wird ein Entnahmerecht hinsichtlich der von ihm auf die Gewinne zu zahlende Einkommensteuer[58] oder in bestimmter Höhe des Guthabens auf dem Kapitalkonto II zugestanden und dass darüber hinausgehende Entnahmen eines Mehrheitsbeschlusses der Gesellschafter bedürfen. Für begünstigtes Vermögen i.S.v. § 13b Abs. 2 ErbStG kann ein Abschlag von bis zu 30 % vorgenommen werden, wenn der Gesellschaftsvertrag kumulativ bestimmte einschränkende Regelungen u.a. zur Entnahme bzw. Gewinnausschüttungen enthält (§ 13a Abs. 9 ErbStG).[59]

Beschränkte Entnahme

43 M   Jeder Gesellschafter ist berechtigt, ... % seines Gewinnanteils des vergangenen Geschäftsjahres zu entnehmen. Darüber hinausgehende Entnahmen sind nur aufgrund eines Gesellschafterbeschlusses (mit einer Mehrheit von .....) zulässig.
Oder:[60]

Feste Entnahmebeträge

44 M   Zu Lasten ihrer Kapitalanteile *(bei festen Kapitalanteilen: ihrer Verrechnungskonten/ Kapitalkonten II)* können alle Gesellschafter, auch die nicht geschäftsführenden, monatlich nachträglich 2.000 € entnehmen, auch soweit diese dadurch negativ werden.
Ggf. ergänzt um:..... und die zu leistenden Beträge der auf ihre Beteiligung entfallenden Einkommensteuer.

45   Die Vergütung für die Geschäftsführertätigkeit ist kein »Gehalt«, wie sie zuweilen bezeichnet wird, sondern eine Vorausentnahme des erwarteten Gewinns und bei unzureichendem Gewinn eine Entnahme aus der Substanz. Steuerlich ist sie immer Einkommen aus Gewerbebetrieb (§ 15 Abs. 1 Nr. 2 EStG) und nicht Arbeitslohn. Das Verbuchen als »Geschäftsunkosten« oder »Aufwand der Gesellschaft« bedeutet, dass die Vergütung aus dem Vermögen der Gesellschaft gezahlt wird, auch wenn kein ausreichender Gewinn erzielt ist.

---

58 Entnahmen zur Tilgung der laufenden Einkommensteuer des Gesellschafters bedürfen einer besonderen Regelung im Gesellschaftsvertrag (siehe BGH v. 29.03.1996 – II ZR 263/94, DStR 1996, 753; *Kruth*, DStR 2013, 2224). Zur Entnahme der anteiligen Erbschaftsteuer ist die Entnahmebegrenzung des § 13a Abs. 6 Satz 1 Nr. 3 ErbStG zu beachten.
59 Die Entnahme oder Ausschüttung ist auf höchstens 37,5 Prozent des um die auf den Gewinnanteil entfallenden Steuern vom Einkommen gekürzten Betrages des steuerrechtlichen Gewinns beschränkt; Entnahmen zur Begleichung der auf den Gewinnanteil entfallenden Steuern vom Einkommen bleiben von der Beschränkung der Entnahme unberücksichtigt. i.E: A 13a.19 Abs. 2 Satz 1 AEErbSt 2017; *Geck*, ZEV 2017, 481.
60 Weitere Muster s. bei Rdn. 98 M (§ 10) bzw. Rdn. 103 M (Nr. 4).

Geschäftsführungsentgelt

Als Vergütung erhalten die geschäftsführenden Gesellschafter monatlich nachträglich einen Betrag von 3.000 € zzgl. gesetzlicher Mehrwertsteuer, die als Geschäftsunkosten (Gesellschaftsaufwand) gebucht werden und nicht von einer Gewinnerzielung abhängen. 46 M

Wird die Geschäftsführungs- und Vertretungsleistung des Gesellschafters nicht oder nicht nur mit einem erhöhten Anteil am Gewinn der Gesellschaft abgegolten, sondern erhält er dafür eine gewinnunabhängige Tätigkeitsvergütung, die in der Handelsbilanz der Gesellschaft als Aufwand behandelt wird, ist die Tätigkeitsvergütung umsatzsteuerpflichtig.[61] Auf die Bezeichnung des ausbezahlten Betrages kommt es nicht an.[62] 47

9. Informationsrecht

Dem von der Geschäftsführung ausgeschlossenen Gesellschafter steht das Informationsrecht gemäß § 118 Abs. 1 HGB zu.[63] Dieses ist bis zu der Grenze des § 118 Abs. 2 HGB (Annahme unredlicher Geschäftsführung) einschränkbar, aber im Kern nicht entziehbar, jedoch in zeitlicher Hinsicht sowie bezüglich Art und Weise und bzgl. dessen Ausübung durch Bevollmächtigte regelbar. Neben diesen individuellen Informationsrechte des einzelnen Gesellschafters besteht das kollektive Informationsrecht der Gesellschaft gegenüber einem geschäftsführenden Gesellschafter, der nach §§ 105 Abs. 2 HGB, 713, 666 BGB auskunfts- und berichtspflichtig ist. 48

10. Wettbewerbsverbot § 112 HGB

§ 112 HGB legt für die Gesellschafter der OHG ein strenges Wettbewerbsverbot fest, die ohne Einwilligung der anderen Gesellschafter weder in dem Handelszweig der Gesellschaft Geschäfte machen, noch an einer anderen gleichartigen Handelsgesellschaft als persönlich haftende Gesellschafter teilnehmen dürfen.[64] § 112 HGB erfasst jedoch nicht den ausgeschiedenen Gesellschafter,[65] der nur durch besondere Vereinbarung dem Wettbewerbsverbot unterworfen werden kann, soweit nicht eine nachwirkende Treupflicht ihn bindet. 49

Der Gesellschaftsvertrag sollte genaue Regelungen hierzu treffen und kann die Einwilligung der anderen Gesellschafter auch durch einen Gesellschafterbeschluss mit Mehrheit vorsehen. Unabhängig davon obliegt es jedoch dem geschäftsführenden Gesellschafter stets zum Wohl der Gesellschaft zu handeln und nicht Erwerbschancen für sich oder für andere auszunutzen (= Geschäftschancenlehre[66]). 50

Damit sind aber nicht dienst- oder werkvertragliche Leistungen für andere verboten. Wettbewerbsverbote in Gesellschaftsverträgen verstoßen nicht gegen § 1 GWB, wenn sie erforderlich sind, um das Gesellschaftsunternehmen in seinem Bestand und seiner Funktionsfähigkeit zu erhalten, seine »Aushöhlung« von innen zu verhindern.[67] 51

---

61 1.6 UStAE mit vielen Beispielen.
62 Ausführliche Erläuterungen hierzu bei § 131 Rdn. 53, § 139 Rdn. 103 f. und § 137 Rdn. 97
63 Hierzu *Otte*, NZG 2014, 521.
64 Ausführlich: Rudersdorf, RNotZ 2011, 509.
65 OLG Düsseldorf NJW-RR 1989, 1305. Zu nachvertragliche Wettbewerbsklausel siehe auch § 130 Rdn. 72 unter (6).
66 BGH v. 04.12.2012 – II ZR 159/10, NZG 2013, 216; Anm. *K. Schmidt*, JuS 2013, 462; GmbHR 2013, 259 m. Anm. *Ulrich*; Fleischer, NZG 2003, 985.
67 BGHZ 70, 331 = DB 1978, 833; BGH DB 1984, 496; DNotZ 1989, 238; *Kanzleiter*, DNotZ 1989, 195.

11. Dauer, Kündigung, Ausscheiden, Ausschluss

52 **a)** Nach §§ 131 Nr. 1, 132 HGB kann die Gesellschaft auf *bestimmte* oder *unbestimmte* Zeit eingegangen werden. Eine auf unbestimmte Zeit eingegangene Gesellschaft kann mit sechsmonatiger Frist zum Ende des Geschäftsjahres gekündigt werden.[68] Bei der auf bestimmte Dauer eingegangenen OHG ist während dieser Zeit die ordentliche Kündigungsmöglichkeit der Gesellschafter ausgeschlossen. Ist sie jedoch auf Lebensdauer eines Gesellschafters geschlossen, gilt die OHG nach § 134 HGB als auf unbestimmte Zeit geschlossen, ebenso aber auch die befristete Gesellschaft, sobald diese nach Zeitablauf stillschweigend fortsetzt wird. Die Dauer der Befristung ist jedoch zeitlich nicht unbegrenzt möglich, sondern bedarf der Abwägung unter Berücksichtigung des Gesellschaftszweckes sowie des Interesses des einzelnen Gesellschafters auf seine Herauslösungsmöglichkeit[69] (hierzu auch § 130 Rdn. 22).

53 **b)** *Auflösung, Ausscheiden:* Die OHG endet nach § 131 Abs. 1 HGB durch Zeitablauf, Beschluss der Gesellschafter, Eröffnung des Insolvenzverfahrens bzw. durch gerichtliche Entscheidung, wenn ein wichtiger Grund gemäß § 133 HGB vorliegt (hierzu ausführlich § 135) und wird dadurch Liquidationsgesellschaft. Die Kündigung eines Gesellschafters führt nach § 131 Abs. 3 Nr. 3 HGB, wie sein Tod nach Nr. 1, seine Insolvenz nach Nr. 2 und die Kündigung durch seinen Gläubiger nach Nr. 4, nicht zur Auflösung der Gesellschaft, sondern wegen Erhalt der Unternehmenskontinuität zum Ausscheiden gegen Abfindung (anders bei der GbR und die frühere Rechtslage). Es kann aber auch geregelt werden, dass nicht bereits mit Eintritt des jeweiligen Ereignisses, sondern erst aufgrund eines entsprechenden Gesellschafterbeschlusses die Wirkungen des Ausschlusses eintreten, um insbesondere bei der Zwei-Personen-Gesellschaft deren Auflösung zu verhindern (hierzu Rdn. 69 f.). Die Satzung kann auch bestimmen, dass anstelle der in § 140 Abs. 1 HGB vorgesehenen Ausschließung aus wichtigem Grund mittels gerichtlicher Entscheidung eine Ausschließung durch Beschluss der Gesellschafter bei Vorliegen sonstiger sachlicher Gründe erfolgen kann. Dies muss jedoch klar und bestimmt festgelegt sein, wie z.B. als Grund die Ablehnung eines Insolvenzverfahrens mangels Masse, die vorläufige Verfahrenseröffnung oder die Pfändung in einen Gesellschaftsanteil. Dabei gelten die gleichen Schranken, wie bei § 133 HGB. Weil ansonsten Einstimmigkeit für diesen Beschluss erforderlich ist, muss die Satzung auch das Stimmrechtsverbot des betroffenen Gesellschafters sowie die erforderliche Beschlussmehrheit festlegen. Dieser Beschluss wird mit Zugang der darauf gegründeten Ausschließungserklärung dem auszuschließenden Gesellschafter gegenüber wirksam.[70] Die Satzung sollte berücksichtigen, dass es nach § 24 Abs. 2 HGB der ausdrücklichen Zustimmung des Ausscheidenden zur Beibehaltung seines Namens in der Firma bedarf und diese Zustimmung bereits enthalten.

---

68 Siehe dazu auch bei § 130 Rdn. 22, 38
69 Nach BGH WM 1967, 315 galt 30 Jahre als Obergrenze, jedoch sehr strittig: nach OLG Düsseldorf NJW RR 2005, 288 sind 14 Jahre zu lang, was vom BGH, Urt. v. 18.09.2006 – II ZR 137/04 – bestätig wurde, sodass die alte Rechtsansicht des BGH nicht mehr heranziehbar ist. Die überlange Bindung führt aber nur zur Unwirksamkeit der Laufzeitklausel, nicht zur Gesamtnichtigkeit des Gesellschaftsvertrages, sodass das Kündigungsrecht nach § 132 HGB gilt. Eine angemessene, die Interessen beider Seiten berücksichtigende Anpassung der Bindungsfrist erfolgt nur dann, wenn aus dem Gesellschaftsvertrag deutlich wird, dass die Parteien übereinstimmend eine langanhaltende Bindung (z.B. zum Zweck der Alterssicherung) gewollt und nicht mit der Nichtigkeit der Bindungsfrist gerechnet haben. Kritisch zur früheren Rspr.: MüKo-BGB/*Ulmer*, § 723 BGB Rn. 66; nach Schlegelberger/*K. Schmidt*, § 132 HGB Rn. 29 ff. kann Ausschluss des Kündigungsrechtes zulässig sein, wenn die freie Veräußerbarkeit des Gesellschaftsanteiles ohne die Zustimmung der übrigen Gesellschafter zugelassen ist oder wenn ein Andienungsrecht mit Übernahmepflicht gegen Wertausgleich besteht.
70 BGH, Urt. v. 21.06.2011 – II ZR 262/09 = NJW 2011, 2648 = NZG 2011, 901.

c) *Kündigung:*[71] Das Gesetz gewährt dem Gesellschafter bei auf unbestimmte Zeit eingegangener Gesellschaft in § 132 HGB das Kündigungsrecht mit sechsmonatiger Frist zum Jahresende. Abweichende Vereinbarungen über Voraussetzungen und Folgen der Kündigung sind im Gesellschaftsvertrag möglich, dabei auch Unterschiede bei den Gesellschaftern, sowie Verlängerung der Frist, wobei aber die Verlängerung der Kündigungsfrist nicht gegenüber der Kündigung des Privatgläubigers eines Gesellschafters (§ 135 HGB) wirkt. Ein Ausschluss des Kündigungsrechts auf Dauer ist aber *unzulässig* (§ 723 Abs. 3 BGB). Dies gilt auch für Erschwerungen, die einem Ausschluss des Kündigungsrechts nahe kommen, z.B. für eine Satzungsregelung zur Abfindungshöhe bzw. -auszahlung, durch die der Kündigende erhebliche wirtschaftliche Nachteile erleidet.[72] Zulässig ist es jedoch, das Kündigungsrecht angemessen einzuschränken, z.B. durch Verlängerung der Kündigungsfrist auf 1 bis 2 Jahre. Zur Stundung der Abfindungsauszahlung und Beschränkung der Abfindungshöhe im angemessenen Rahmen s. Rdn. 81 ff. Ein minderjähriger Gesellschafter kann gemäß § 723 Abs. 1 Satz 3 BGB zur Beschränkung seiner Haftung mit Erreichen der Volljährigkeit seine Gesellschafterstellung kündigen. Er hat aber kein Recht, durch einseitige Erklärung in die Kommanditistenstellung zurück zu treten; diese kann ihm nur durch Vereinbarung mit den Mitgesellschaftern vor Ablauf der Frist des § 1629a Abs. 4 BGB eingeräumt werden. Die Satzung kann ihm einen Anspruch darauf gewähren.[73]

d) Die Kündigung durch den Privatgläubiger eines Gesellschafters führt nach § 131 Abs. 3 Nr. 4 HGB jetzt zum Ausscheiden des Gesellschafters, wenn nichts anderes vereinbart ist. Zur Klarstellung ist eine ausdrückliche Vereinbarung im Gesellschaftsvertrag mit diesem Inhalt, wie sie früher üblich war, weiterhin zweckmäßig:

Ausscheiden bei Kündigung

Im Fall der Kündigung der Gesellschaft durch einen Privatgläubiger eines Gesellschafters scheidet dieser Gesellschafter mit dem Ende des Geschäftsjahres, in dem die Kündigung der Gesellschaft ausgesprochen wird, aus der Gesellschaft aus.

e) *Auflösungsklage, Ausschließungsbeschluss:* Nach § 133 HGB kann jeder Gesellschafter auf vorzeitige *Auflösung* der Gesellschaft klagen, wenn ein *wichtiger Grund* vorliegt. Das ist insbesondere der Fall, wenn ein anderer Gesellschafter eine ihm nach dem Gesellschaftsvertrag obliegende wesentliche Verpflichtung vorsätzlich oder grob fahrlässig verletzt. Nach § 140 HGB kann auch von allen anderen Gesellschaftern auf die Ausschließung eines Gesellschafters geklagt werden, in dessen Person ein wichtiger Grund i.S.v. § 133 HGB eingetreten ist. Die Ausschließung wird erst mit Rechtskraft wirksam, Abfindungsstichtag ist aber der Zeitpunkt der Klageerhebung (§ 140 Abs. 2 HGB). Das Recht des einzelnen Gesellschafters zur Auflösungsklage bei Vorliegen eines wichtigen Grundes kann nicht ausgeschlossen oder beschränkt werden.[74] Dagegen kann das nach § 140 HGB allen übrigen Gesellschaftern

---

71 Siehe auch § 130 Rdn. 38 ff.
72 St. Rspr. des BGH zur Unzulässigkeit von Abfindungsvereinbarungen, durch die der Ausscheidende unangemessen benachteiligt wird, s. nur BGH DNotZ 1986, 31; 1991, 906; 1991, 910; nach BGHZ 123, 281 = NJW 1993, 3139 wird eine anfänglich angemessene und damit zulässige Buchwertabfindungsklausel aber nicht unwirksam, wenn beim Ausscheiden des Gesellschafters ein grobes Missverhältnis zwischen Buchwert und tatsächlichem Beteiligungswert besteht, sondern führt unter Berücksichtigung von Auslegung, ergänzender Auslegung und § 242 BGB zu einer angemessenen Abfindung soz. »in der Mitte«.
73 K. Schmidt, JuS 2004, 361.
74 Zulässig ist jedoch die Auflösungsklage durch ein Kündigungsrecht des Gesellschafters zu ersetzen, was mit dem Ausscheiden des Kündigenden unter Fortsetzung durch die verbleibenden Gesellschafter verknüpft werden kann, jedoch darf dann keine nachteilige Abfindungsregelung gelten.

gemeinsam zustehende Recht auf *Ausschließung* eines Gesellschafters, bei dem es einen wichtigen Grund gibt, völlig beseitigt oder eingeengt, aber auch erweitert werden oder einer Mehrheitsentscheidung überlassen werden. Das kann insbesondere durch Zulassung des Ausschlusses aus wichtigem Grund durch einen Gesellschafterbeschluss gemäß § 131 Abs. 3 Nr. 6 HGB anstelle des in § 140 HGB vorgesehenen Gestaltungsurteils geschehen.[75] Soweit der Gesellschaftsvertrag dies nicht anders regelt, bedarf der Beschluss der Einstimmigkeit; der betroffene Gesellschafter ist dabei mit stimmberechtigt. Die Ausschließung wird in einem solchen Fall – sofern im Gesellschaftsvertrag nicht anders geregelt – in dem Zeitpunkt wirksam, in dem die beschlossene Ausschließung dem betroffenen Gesellschafter mitgeteilt wird.[76] Diesem bleibt das gerichtliche Anfechtungsrecht.[77]

58 Um Streitigkeiten zu vermeiden, sollte die Vertragsklausel den wichtigen Grund näher bestimmen und kann für ihn mildere oder strengere Maßstäbe festlegen (z.B. längere Arbeitsunfähigkeit, Altersgrenze, Beendigung der Mitarbeit), wobei jedoch bei Erleichterung die nachfolgend dargestellten Rechtsgrundsätze der Hinauskündigungsklauseln zu beachten sind. Sie hat auch das Verfahren zu bestimmen und dazu festzulegen, ob eine Mehrheitsentscheidung ausreicht und ob der Ausschließungsbeschluss konstitutive Wirkung hat oder erst mit dessen Mitteilung an den Gesellschafter die Ausschließungswirkung eintritt. Der betroffene Gesellschafter muss, auch wenn er nicht stimmberechtigt ist, aber ordnungsgemäß geladen werden und hat Teilnahme- und Rederecht.[78]

Ausschließung aus wichtigem Grund

59 M Tritt bei einem Gesellschafter ein wichtiger Grund i.S.v. § 133 Abs. 2 HGB ein, können die übrigen Gesellschafter mit einer Mehrheit von ..... das Ausscheiden des Gesellschafters beschließen. Dieser scheidet mit der Bekanntgabe des Beschlusses durch einen geschäftsführungsbefugten Gesellschafter aus der Gesellschaft aus.
evtl.: Der Gesellschafter A. kann aber bei Arbeitsunfähigkeit infolge schwerer Krankheit oder hohen Alters nicht ausgeschlossen werden.
evtl.: Vor der Ausschließung wegen Pflichtverletzung muss jeder, der ausgeschlossen werden soll, schriftlich durch einen Gesellschafter aufgrund eines Gesellschafterbeschlusses, ermahnt werden. Die Ausschließung ist erst dann zulässig, wenn er innerhalb eines Jahres wiederum gegen seine Pflichten verstößt.

Oder:

Ausschließung mangels Mitarbeit

60 M Die Ausschließung kann auch beschossen werden, wenn ein Gesellschafter nicht seine volle Arbeitskraft dem Geschäft der Gesellschaft widmet oder er sich noch an irgendeinem anderen Unternehmen, (das im Wettbewerb mit der Gesellschaft steht) beteiligt.

---

75 BGHZ 31, 301; 68, 214.
76 BGHZ 31, 295, 299 f., 301 f.; BGH Urt. v. 03.02.1997 – II ZR 71/96, DStR 1997, 1091 f.; h.M.: vgl. nur MüKo-HGB/*K. Schmidt*, § 140 HGB Rn. 91; Ebenroth/Boujong/Joost/Strohn/*Lorz*, § 140 HGB Rn. 45 – jew. m.w.N.
77 BGH DNotZ 1960, 324.
78 Zur Anfechtbarkeit: KG, Urt. v. 23.03.1995 – 2 U 3723/94, NJW-RR 1995, 1442. Zur Mitwirkungspflicht der Gesellschafter s. BGH NJW-RR 1997, 925. Zur Pflicht zum Ausscheiden aufgrund Treuepflichten: BGH, Urt. v. 09.06.2015 – II ZR 420/13, NJW 2015, 2882; Anm. *K.*Schmidt, JuS 2016, 173.

Die Ausschließung eines Gesellschafters wegen wichtigen Grundes könnte – weil es die **61** ultima ratio sein sollte – auch gemildert werden, z.B. durch die Umwandlung seiner Gesellschafterstellung in die eines Kommanditisten (oder in die eines stillen Gesellschafters). Eine solche, wohl selten gewünschte Vertragsbestimmung könnte lauten:

Ausschließung: Wechsel in Kommanditistenstellung

Der Auszuschließende hat das Wahlrecht, ob er, wenn die Mehrheit der übrigen Gesellschafter seinen Ausschluss beschlossen hat, die Stellung eines Kommanditisten oder eines stillen Gesellschafters erhalten oder aus der Gesellschaft gegen Auszahlung seines Abfindungsguthabens ausscheiden will. **62 M**

f) *Hinauskündigungsklauseln:* Nach der Rechtsprechung kann eine gesellschaftsvertragliche **63** Regelung im Allgemeinen nicht anerkannt werden, die einem einzelnen Gesellschafter das Recht einräumt, Mitgesellschafter ohne Vorliegen eines sachlichen Grundes aus einer Personengesellschaft oder einer GmbH auszuschließen.[79] Dieser Grundsatz, der den von der Ausschließung bedrohten Gesellschafter bei der Wahrnehmung seiner Gesellschafterrechte und -pflichten davor schützen soll, unangemessene Rücksicht auf die Vorstellungen des durch die Vertragsgestaltung begünstigten Gesellschafters nehmen zu müssen, gilt nicht ausnahmslos. Vielmehr kann eine freie Hinauskündigungsklausel wegen besonderer Umstände sachlich gerechtfertigt sein. Dies hat der BGH in seiner neueren Rechtsprechung[80] etwa angenommen, wenn
– dem Gesellschafter der Anteil lediglich treuhänderisch oder treuhandähnlich wie z.B. im Rahmen einer »eheähnlichen Beziehung« übertragen wurde;[81]
– das Ausschließungsrecht bei Aufnahme eines neuen Gesellschafters in eine Freiberuflerpraxis dazu dient, den Altgesellschaftern binnen angemessener Frist (max. 3 Jahre)[82] die Prüfung zu ermöglichen, ob zu dem neuen Gesellschafter das notwendige Vertrauen aufgebaut werden kann;[83]
– wenn nach Beendigung eines zwischen der Gesellschaft und dem Gesellschafter bestehenden Kooperationsvertrages auch die dazu nur einen Annex bildende Gesellschafterstellung gekündigt werden darf;[84]
– wenn die Kündigung eines Gesellschafters für den Fall der Beendigung seines Amtes als Geschäftsführer[85] oder für den Fall seines Ausscheidens als Angestellter[86] vereinbart wird.
In diesen Fällen sah der BGH den gekündigten Gesellschafter in einer Art Treuhänderstellung gegenüber dem Kündigungsberechtigten. Nicht entscheidend dabei ist, ob der Gesellschaftsanteil geschenkt wurde, wobei sich jedoch der Schenker in gewissem Rahmen Rückforderungsrechte vorbehalten kann. Ob die vereinbarte Abfindung angemessen ist,

---

79 BGH Urt. v. 08.03.2004 – II ZR 165/02 = NJW 2004, 2013 m.w.N.
80 Kritisch zu dieser Rechtsprechung: *K. Schmidt*, GesR § 50 III 3c, der unter Berufung auf den verbandsrechtlichen Grundsatz, dass nur die Rechtsformen unbeweglich, das Innenverhältnis bei Personengesellschaften weitgehend variabel ist, es den Gesellschafter freistellen will, dass diese die Konditionen ihrer Gesellschaftsbeteiligung unterschiedlich vereinbaren können, vor allem wenn es sich um einen kleinen Gesellschafterkreis handelt.
81 BGHZ 112, 103 = NJW 1990, 2622.
82 BGH Urt. v. 07.05.2007 – II ZR 281/05 = DStR 2007, 1216 = BB 2007, 1578 m. Anm.
83 BGH Urt. v. 08.03.2004, NJW 2004, 2013.
84 BGH Urt. v. 14.03.2005 – II ZR 153/03, = ZIP 2005, 706 = DStR 2005, 798 = DNotZ 2005, 792.
85 BGH Urt. v. 19.09.2005 – II ZR 173/04, BGHZ 164, 98 = DNotZ 2006, 137 = DStR 2005, 1913 »Managermodell«. Lit: *Schockenhoff*, NZG 2018, 201; bzgl. AG und GmbH: *Stenzel*, DStR 2017, 82, 2018, 139;
86 BGH Urt. v. 19.09.2005 – II ZR 342/03, BGHZ 164, 107 = DNotZ 2006, 140 = DStR 2005, 1910 »Mitarbeitermodell«. OLG München v. 05.10.2016 – 7 U 3036/15.

hat für die Wirksamkeit der Hinauskündigungsregelung auch keine Bedeutung, sondern wird von der Rechtsprechung getrennt geprüft.[87] Sie muss mindestens die Höhe der vom Ausscheidenden auf die Gesellschaftsbeteiligung aufgewandten Beträge umfassen. In der vertraglichen Vereinbarung bzgl. der Rückübertragung des Gesellschaftsanteils sollte klargestellt werden, dass dem Ausscheidenden neben den ausgeschütteten auch die nicht ausgeschütteten Gewinne aus der Zeit seiner Zugehörigkeit und ihm bei längerer Beteiligung auch eine Abfindung an dem in der Zwischenzeit von ihm erwirtschafteten Unternehmenswert zustehen, sowie ggf. die volle Rückzahlung eines gewährten Darlehens. Da unangemessene Abfindungsregelungen zur Gesamtnichtigkeit der Abfindungsklausel führen, sollte eine Auffangregelung (»niedrigst zulässige Abfindungsbetrag«) aufgenommen werden.[88] Im Gesellschaftsvertrag sind die für die Manager geltenden Sondervorschriften (etwa im Hinblick auf Stimmrechte, Kapitalerhöhungen, Gewinn- und Exit-Erlösverteilung, Mitverkaufsrechte und -pflichten, Haltefristen, Ausschließungsmöglichkeiten, Rechtsfolgen bei Ausscheiden oder Tod) zu regeln.

64 Daneben hat es der BGH als sachlich gerechtfertigt angesehen, wenn der Erblasser bei der Vererbung eines Unternehmens an mehrere Kinder, unter Auflage der Fortführung als Gesellschaft, einem dieser Kinder ein an keine Gründe geknüpftes Eigenkündigungsrecht verbunden mit dem Recht zur Übernahme des Geschäftsbetriebs einräumt, weil der Erblasser durch diese Gestaltung dem betroffenen Kind eine bereits mit dem Kündigungsrecht belastete Beteiligung vermacht hat.[89] Diskutiert wird, ob auch die Kleinstbeteiligung ein sachlicher Grund der Hinauskündigung von Minderheitsgesellschaftern in personalistisch geprägten Gesellschaften ist.[90]

65 g) *Fortsetzung durch einen Gesellschafter:* In dem Bestreben, bestehende Unternehmen zu erhalten, gewährt das Gesetz *bei zwei Gesellschaftern*, von denen der eine einen wichtigen Grund zu seiner *Ausschließung* gibt, dem anderen Gesellschafter das im Klagewege geltend zu machende Recht, das Geschäft ohne Liquidation mit Aktiven und Passiven zu übernehmen. § 140 Abs. 1 Satz 2 HGB stellt klar, dass die Ausschließungsklage auch dem letztverbleibenden Gesellschafter zusteht. Da dispositives Recht, kann der Gesellschaftsvertrag etwa bestimmen:

Übernahmebefugnis

66 M **In allen Fällen, in denen gesetzlich oder nach dem Gesellschaftsvertrag die Übernahme des Geschäfts durch einen Gesellschafter in Frage kommt, kann nur der Gesellschafter A. (der Gründer des Unternehmens, oder: der Gesellschafter mit dem größten Kapitalanteil) das Geschäft ohne Liquidation mit Aktiven und Passiven unter Fortführung der bisherigen Firma übernehmen.**

67 Um eine rechtsgestaltende Klage zu vermeiden, kann einem Gesellschafter im Gesellschaftsvertrag das Recht eingeräumt werden, bei Vorliegen eines Ausschließungsgrundes die Über-

---

87 BGH v. 19.09.2005 – II ZR 173/04 = Fn. 68.
88 Zum Abfindungsausschluss: BGH v. 29.04.2014 – II ZR 216/13, DNotZ 2014, 788; zulässig nur bei Beteiligung ohne Kapitaleinsatz. Zur Gestaltung von Abfindungsklauseln: *Schockenhoff*, NZG 2018, 201; *Weitnauer/Grob*, GWR 2015, 353. Zur steuerlichen Einordnung der Abfindung: BFH v. 04.10.2016 – IX R 43/15 m. Anm. *Rödding*, DStR 2017, 437. Heckschen/Heidinger/*Heckschen*, § 4 Rn. 247.
89 BGH, Urt. v. 19.03.2007 – II ZR 300/05 = DStR 2007, 914 m. Anm. *Goette* = ZEV 2007, 340 m. Anm. *Langenfeld* = DNotZ 2007, 858; *Verse*, DStR 2007, 1822.
90 *Heusel/Goette*, DStR 2015, 1315.

nahme durch eine einfache Erklärung gegenüber dem anderen Gesellschafter zu erreichen.[91] Bei Bestreiten kann der Erklärende sich die Wirksamkeit in einem Feststellungsurteil bestätigen lassen, wenn der andere Gesellschafter nicht seinerseits eine negative Feststellungsklage erhebt.

Ausschließung mit Übernahmerecht

Jeder der beiden Gesellschafter kann den anderen durch eine schriftliche Erklärung ausschließen, wenn ein wichtiger Grund vorliegt, insbesondere wenn der Andere Geschäfte gleicher Art, wie die Gesellschaft sie betreibt, für sich persönlich tätigt. Er ist dann berechtigt, das Geschäft mit Aktiven und Passiven unter Fortführung oder auch Änderung der Firma zu übernehmen. Dem Ausgeschlossenen ist die ihm zustehende Abfindung auszuzahlen, sobald er sein Ausscheiden mit zum Handelsregister angemeldet hat. Die Abfindung beträgt ..... 68 M

Das Ausscheiden des vorletzten Gesellschafters – gleich aus welchem Grund -führt zwingend zur Auflösung und Beendigung der Gesellschaft ohne Abwicklung (Ausnahme: Versterben, dann Abwicklungsgesellschaft mit den Erben).[92] Das Gesellschaftsvermögen geht im Wege der Gesamtrechtsnachfolge in das Alleineigentum des verbleibenden Gesellschafters über.[93] 69

Dem verbleibenden Gesellschafter sollte jedoch durch entsprechende Satzungsklausel die Möglichkeit verschafft werden, die Übernahme des Unternehmens innerhalb einer bestimmten Frist durch Erklärung gegenüber den ausscheidenden Gesellschaftern ablehnen zu können, damit dann die Auflösung der Gesellschaft eintritt und die Liquidation nach §§ 145 ff. HGB durchgeführt werden kann (s. Formulierung im Muster Rdn. 98 M dort § 12). Damit wird die Wirkung des Ausscheidens solange hinaus geschoben. Gleiches ist möglich, wenn vereinbart wird, dass vom ausscheidenden vorletzten Gesellschafter die Abtretung seines Anteiles an einen vom Verbleibenden benannten Nachfolger innerhalb einer gesellschaftsvertraglich festgelegten Frist verlangt werden kann. 70

12. Regelung der Erbfolge

Der Tod des Gesellschafters führt nicht mehr zur Auflösung der OHG (anders bei GbR) sondern zu dessen Ausscheiden gegen Abfindungsanspruch (§ 131 Abs. 3 Nr. 1 HGB), soweit der Gesellschaftsvertrag nicht vorsieht, dass die Gesellschaft mit dessen gesamten oder einzeln bestimmten Erben fortgesetzt wird, wobei jeder Erbe verlangen kann, dass ihm die Stellung eines Kommanditisten eingeräumt wird (§ 139 HGB). Treten *mehrere Erben* an die Stelle eines verstorbenen Gesellschafters, werden sie *Sonderrechtsnachfolger* im Verhältnis ihrer Erbteile, da eine Erbengemeinschaft nicht Gesellschafter sein 71

---

91 BGH JR 1968, 300. Zum wichtigen Grund: OLG Koblenz v. 15.07.2014 – 3 U 1462/12, NJW-Spezial 2014, 625. Zur sog. »chinesische bzw. Russian-Roulette-Klausel« wonach jeder von zwei Kommanditisten berechtigt ist, dem anderen seinen Kommanditanteil unter Nennung eines bestimmten Preises zum Ankauf anzubieten. Nimmt der Angebotsempfänger dies nicht rechtzeitig an, so ist er verpflichtet, seinen Kommanditanteil dem Anbietenden unverzüglich zum entsprechend gleichen Preis zu verkaufen und abzutreten. Der Anbietende ist zur unverzüglichen Annahme, Übernahme und Zahlung des bestimmten Preises verpflichtet, siehe OLG Nürnberg v. 20.12.2013 – 12 U 49/13, NZG 2014, 222 = RNotZ 2014, 180 (m. Anm. Schriftleitung) sowie *Weidmann*, DStR 2014, 1500, der weitere Konfliktbeilegungsmaßnahmen darstellt.
92 BayObLG v. 19.06.2001 – 3 Z BR 48/01; OLG Düsseldorf GmbHR 1997, 903/904.
93 Vgl. BGHZ 71, 296/300; 113, 132/133; BGH NZG 2000, 474; Baumbach/*Hopt*, § 131 HGB Rn. 35; Schlegelberger/*Schmidt*, § 131 HGB Rn. 2.

kann.⁹⁴ Zu den Gestaltungsmöglichkeiten der Erbfolge im Gesellschaftsvertrag ausführlich § 133 Rdn. 1 ff., zum Gruppenstimmrecht mehrerer Erben § 133 Rdn. 42 f.

72 *Testamentsvollstreckung* an einem Personengesellschaftsanteil⁹⁵ ist nur mit Zustimmung aller Gesellschafter möglich, soweit nicht der Gesellschaftsvertrag diese generell zulässt; die freie Übertragbarkeit von Gesellschaftsanteilen oder die uneingeschränkte Nachfolgeklausel wird in der Regel als Zustimmung zur Testamentsvollstreckung verstanden. Der BGH⁹⁶ hat bisher die Verwaltungs-Testamentsvollstreckung nur im Außenverhältnis in der Weise anerkannt, dass der der Testamentsvollstreckung unterworfene Anteil nicht frei zur Verfügung des Erben steht (§ 2205 BGB) und nicht dem Zugriff seiner Eigengläubiger unterliegt (§ 2214 BGB). Der Testamentsvollstrecker kann über die mit der Beteiligung verbundenen verkehrsfähigen Vermögensrechte verfügen, wie Ansprüche auf Auseinandersetzungs- oder Abfindungsguthaben sowie Gewinnansprüche. Er kann jedoch, anders wie bereits für den Kommanditanteil als zulässig entschieden,⁹⁷ nicht in die inneren Angelegenheiten der Gesellschaft eingreifen und nicht Mitgliedsrechte ausüben (vgl. § 130 Rdn. 37).⁹⁸ Die Dauertestamentsvollstreckung kann auf Antrag des Testamentsvollstreckers in das Handelsregister eingetragen werden.⁹⁹

73 Soweit die Gesellschafterrechte danach nicht durch einen Testamentsvollstrecker wahrgenommen werden können, ist entweder die Erteilung entsprechender Vollmachten durch den Erblasser oder die Erben¹⁰⁰ (soweit nicht der Gesellschaftsvertrag persönliche Stimmrechtsausübung vorschreibt) oder die Übertragung des Gesellschaftsanteils auf den Testamentsvollstrecker als dann persönlich selbst haftender Treuhänder¹⁰¹ erforderlich,¹⁰² wobei entweder die Satzung oder eine entsprechende Zustimmung der Mitgesellschafter die Übertragung des Anteiles zulassen muss. Der Testator kann bestimmen, welcher Weg zu wählen ist; hat er nichts bestimmt, so hat der Testamentsvollstrecker Anspruch auf entsprechende Vollmachten.¹⁰³

Bestimmung im Gesellschaftsvertrag:

---

94 Der auf den einzelnen Gesellschaftererben übergegangene Anteil ist nicht mehr Teil des gesamthänderisch gebundenen Vermögens der Erbengemeinschaft, gehört aber dennoch zum Nachlass (BGH NJW 1989, 3152).
95 Allgemein hierzu *v. Proff*, DStR 2018,415; *Kämper*, notar 2018, 125; *dies*. RNotZ 2016, 625; *Everts*, MittBayNot 2003, 427; *Bisle*, DStR 2013, 1037; *Bengel/Reimann*, Handbuch der Testamentsvollstreckung, Kap. 5 Rn. 148 ff.
96 BGHZ 98, 48 = NJW 1986, 2431.
97 BGHZ 108, 187 = NJW 1989, 3152.
98 OLG Düsseldorf v. 24.09.2007 – I-9 U 26/07 = RNotZ 2008, 303 = ZEV 2008, 142. Das Stimmrecht und andere Verwaltungsrechte kann jedoch aufgrund Zulassung in der Satzung oder Zustimmung der Mitgesellschafter durch die Erbverfügung dem Testamentsvollstrecker eingeräumt werden. Siehe BGH v. 10.01.1996, IV ZB 21–94, DStR 1996, 929 mit Anm. *Goette*; MittBayNot 1996, 118 mit Anm. *Weidlich*. Jedoch darf dadurch keine eigene persönliche Haftung für den betroffenen Erben nicht begründet sowie der Kernbereich seiner Mitgliedschaft und der Grundsatz der Selbstorganschaft bei Personenhandelsgesellschaften nicht betroffen werden.
99 Ablehnend KG NJW-RR 1996, 227; als zulässig angesehen von h.M. ausführlich hierzu *Plank*, ZEV 1998, 325. Für Kommanditanteil durch BGH v. 14.02.2012 – II ZB 15/11 = DNotZ 2012, 788 anerkannt.
100 Die testamentarische Verpflichtung zur Vollmachtserteilung wird kritisch gesehen, da zweifelhaft ist, ob der Erblasser den Erben zu einer Maßnahme zwingen kann, die dessen unbeschränkte Haftung mit dem gesamten Privatvermögen nach sich zieht. Außerdem ist sie aus wichtigem Grund seitens der Erben widerruflich. Vgl. *Kämper*, notar 2018, 125; auch zu alternativen Gestaltungen, wie Umwandlung der Beteiligung oder der Gesellschaft durch bzw. Weisungsbefugnis des Testamentsvollstreckers.
101 Er ist dann im Handelsregister als Gesellschafter einzutragen. Nach BFH v. 16.05.1995 – VIII R 18/93, BStBl. II 1995, 714; DStR 1995, 1423; v. 05.06.2008 – IV R 76/05 (= NJW 2008, 3088; DStR 2008, 1679; ZEV 2008, 495) beseitigt selbst die Treuhand-Testamentsvollstreckung über einen Personengesellschaftsanteil nicht die Mitunternehmerschaft des Erben bzw. Vermächtnisnehmers.
102 BGHZ 24, 106, 112; BGH BB 1977, 811; kritisch dazu auch OLG Düsseldorf v. 24.09.2007 – I-9 U 26/07 = RNotZ 2008, 303.
103 Hierzu ausführlich *Bengel/Reimann*, Handbuch der Testamentsvollstreckung, Kapitel 5 Rn. 148 ff.

Zulassung der Testamentsvollstreckung

Der von einem verstorbenen Gesellschafter auch zur Dauerverwaltung eingesetzte Testamentsvollstrecker übt alle gesellschaftlichen Rechte der Erben oder Vermächtnisnehmer uneingeschränkt aus, insbes. auch deren Stimmrecht bei Beschlüssen; er kann den Anteil aufgrund Bevollmächtigung oder als Treuhänder für die Erben verwalten. Zur treuhänderischen Übertragung auf den Testamentsvollstrecker und zur Ausübung der Gesellschafterrechte durch diesen bedarf es nicht der Zustimmung der anderen Gesellschafter.

74 M

13. Abfindungsregelung

Die Auseinandersetzung mit ausscheidenden Gesellschaftern erfolgt gemäß § 105 Abs. 2 HGB nach den Regelungen der §§ 738 bis 740 BGB.[104] Dem ausscheidenden Gesellschafter steht eine Abfindung zu i.H.d. wirklichen Werts seiner Beteiligung zum Zeitpunkt des Ausscheidens (§ 738 BGB), einschließlich des auf seine Beteiligung entfallenden Anteils an den stillen Reserven und am Geschäfts-/Firmenwert.[105] Damit wird zugleich der Anspruch auf Einlagenrückerstattung (§ 733 Abs. 2 BGB) und auf Überschussbeteiligung (§ 734 BGB) mit abgefunden.[106] Maßgebend ist der Anteil am Gesamtwert des Unternehmens der Gesellschaft, der sich beim Verkauf des lebensfähigen Unternehmens (Fortführungswert, nicht Liquidationswert) erzielen ließe.[107] Dabei ist nicht auf den Substanzwert, sondern auf den *Ertragswert* abzustellen (Prognose der künftigen Erträge, was jedoch schwierig sein kann). Als untere Grenze wird der Substanzwert angesehen, zu dessen Ermittlung die einzelnen Gegenstände des Geschäftsvermögens einer aufzustellenden Auseinandersetzungsbilanz nicht mit ihrem Verkaufswert, sondern mit ihrem nachhaltigen inneren Wert bei Fortsetzung des Unternehmens (»Teilwert«) anzusetzen sind.[108] Schuldner der an sich sofort fälligen Abfindung ist die fortbestehende Gesellschaft. Diese hat dem Ausscheidenden nach den gesetzlichen Bestimmungen nicht nur die Gegenstände zurückzugeben, die er ihr zur Benutzung überlassen hat[109] (§§ 105 Abs. 3 HGB, 738 Abs. 1 Satz 2 BGB), sondern ihn auch von den gemeinschaftlichen Schulden zu befreien bzw. Sicherheit zu leisten (§ 105 Abs. 3 HGB, 738 Abs. 1 Satz 2 BGB) und ihm seine Beteiligung an den z.Zt. seines Ausscheidens schwebenden Geschäften zu gewähren (§ 740 BGB); letztere Pflichten werden jedoch häufig durch Satzungsklausel ausgeschlossen, zumal der Ertragswert die schwebenden Geschäfte schon mit berücksichtigt. Reicht der Wert des Gesellschaftsvermögens zur Deckung der gemeinschaftlichen Schulden nicht aus, muss der Ausscheidende gemäß seinem Verlustanteil dafür aufkommen (§§ 105 Abs. 3 HGB, 739 BGB), was zu einer Nachschusspflicht führen kann; ebenso

75

---

104 Literatur zu Abfindungsregelung: *Dauner-Lieb*, ZHR 158 (1994), 271; *Hülsmann*, NJW 2002, 1673; *Leitzen*, RNotZ 2009, 315 (beide mit Rspr.-Überblick); *Mayer*, ZEV 03, 355; *K. Schmidt*, GesR § 50 IV 2c; MüKo-HGB/*K. Schmidt*, § 131 HGB Rn. 148 ff.; Palandt/*Sprau*, § 738 BGB Rn. 7; *Riegger/Weipert/Piehler/Schulte*, Münchener Handbuch GesR I § 76; *Volmer*, DB 1998, 2507; *Wangler*, DB 2001, 1763; S. aus dem älteren Schrifttum: *Flume*, DB 1986, 629; *Gessler*, GmbHR 1984, 29; *Heid*, DB 1985, Beil. 4 zu Heft 7; *Hennerkes*, NJW 1988, 2765; *Hennerkes-Binz*, NJW 1983, 73; *dies.*, DB 1983, 2669; *Koller*, DB 1984, 545; *Kreutz*, ZGR 1983, 109; *D. Mayer*, DB 1990, 1319; *Rasner*, NJW 1983, 2905; *Reimann*, DNotZ 1992, 472; *Reinicke/Tiedtke*, DB 1984, 703.
105 BGHZ 17, 136; BB 1974, 151.
106 Palandt/*Sprau*, § 733 BGB Rn. 4.
107 BGH NJW 1974, 312.
108 BGHZ 17, 136; BGH v. 24.09.1984 – II ZR 256/83 = DNotZ 1986, 31; MittBayNot 1985, 41; MüKo-HGB/*K. Schmidt*, § 131 HGB Rn. 140. zum Liquidationswert als evtl. Untergrenze: BGH v. 13.03.2006 – II ZR 295/04 = DNotZ 2006, 707; DStR 2006, 1005.
109 Auch wenn der Gegenstand »dem Werte nach (quoad sortem)« der Gesellschaft überlassen wurde; da jedoch dabei eingetretene Wertsteigerungen der Gesellschaft zustehen, ist dann die Differenz, um die der Wert eines solchen Gegenstandes das Abfindungsguthaben übersteigt vom Ausscheidenden der Gesellschaft zu erstatten, was somit auf die Abfindung anzurechnen ist. Siehe hierzu Rdn. 15 sowie *Berninger*, DStR 2010, 874.

bei einem negativen Kapitalkonto oder sonstigen Konten, soweit diese nicht durch Verrechnung mit dem Guthaben ausgeglichen werden können.[110]

76 *Abfindungsklausel:* Um den Bestand des Unternehmens gegen hohe Belastungen mit Abfindungsforderungen zu sichern, sowie um Streitigkeiten hinsichtlich des Unternehmenswertes zu vermeiden, werden häufig von den gesetzlichen Vorgaben abweichende Abfindungsklauseln vereinbart.

77 Der völlige Ausschluss der Abfindung ist nur ausnahmsweise zulässig, wenn ihn sachliche Gesichtspunkte unter Berücksichtigung der Interessen aller Gesellschafter rechtfertigen. Regelmäßig zulässig ist eine für alle Gesellschafter gleichmäßig geltende Regelung, dass sie beim Tode ohne Entschädigung ausscheiden; falls eine solche Bestimmung für alle Gesellschafter bei gleichen Chancen und Risiken gilt, liegt in der Anwachsung der Beteiligung des verstorbenen Gesellschafters an die Verbleibenden keine Schenkung.[111]

78 Sehr häufig wird vereinbart, dass der *ausscheidende Gesellschafter als Abfindung nicht* den *vollen Wert* seiner Beteiligung, sondern einen niedrigeren Betrag erhält. Damit soll die Gesellschaft vor dem leichtfertigen Herbeiführen der zum Ausscheiden führenden Umstände durch die Gesellschafter geschützt und außerdem bei Eintritt des Ausscheidens im Interesse der Fortführung der Gesellschaft der Abfluss von Mitteln in Grenzen gehalten werden. Dazu dient auch eine Bestimmung, nach der die Abfindung nicht sofort und in einem Betrag, sondern in Raten über einen längeren Zeitraum gestreckt zu bezahlen ist.

79 Grundsätzlich sind alle Arten von Abfindungsklauseln, soweit sie nicht wegen Knebelung oder Gläubigerbenachteiligung sittenwidrig sind, zulässig. Eine beschränkende Abfindungsklausel darf daher nicht nur für den Fall der Insolvenz oder der Zwangsvollstreckung gelten, sondern mindestens auch für den Fall des Ausschlusses aus wichtigem Grund.[112] Darüber hinaus begrenzt ihre Zulässigkeit der sich aus § 723 Abs. 3 BGB ergebende Grundsatz, dass eine zeitlich unbegrenzte Bindung an die Gesellschaft unzulässig ist, sodass die Vereinbarung von Nachteilen für den Ausscheidenden, die die Kündigung praktisch ausschließen, unzulässig ist.[113]

80 Im Einzelnen können für die Bemessung der Abfindung des ausscheidenden Gesellschafters die unterschiedlichsten Regelungen getroffen werden. Für unterschiedliche Gegenstände des Gesellschaftsvermögens können unterschiedliche Bewertungsmaßstäbe oder Pauschalierungen vereinbart werden. Möglich ist z.B. die Ansetzung des Buchwerts, des steuerlichen Teilwerts, des für die Erbschaftssteuer maßgeblichen Werts im sog. vereinfachten Ertragswertverfahren nach §§ 199 ff. BewG (das aber zu zu hohen Werten führen soll), des nach IDW-Standards zur Unternehmensbewertung ermittelten Wertes oder (u.a. bei Grundbesitz) eines durch einen Schiedsgutachter ermittelten Werts (mit oder ohne Abschlag) zu vereinbaren. Auch der Einkaufswert, der Tageswert und der Schrottwert können im Gesellschaftsvertrag als maßgebend bestimmt werden. Bei Warenlagern kann der Selbstkostenwert, der Verkaufswert oder ein solcher Wert mit einem Abschlag oder Zuschlag als maßgebend erklärt werden. Bei Außenständen kann von vornherein ein Prozentsatz für dubiose abzuziehen sein. Zu den steuerlichen Folgen, insbes. bei Abfindung durch Gegenstände des Gesellschaftsvermögens § 131 Rdn. 70 ff. insbes. Rdn. 76 ff.

81 *Beschränkungen der Abfindung* sind zulässig, solange eine angemessene Abfindung bleibt, wobei die Angemessenheit nach dem Abfindungsanlass und auch nach der Art der Beteiligung zu beurteilen ist. Erhält der Gesellschafter mindestens den Wert der von ihm oder seinem Rechtsvorgänger geleisteten Einlage, vermehrt um stehen gelassene Gewinne und gemindert um nicht ausgeglichene Verluste als Abfindung, ist dies grundsätzlich zuläs-

---

110 Zum Vorstehenden auch: Baumbach/*Hopt*, HGB, 38. Aufl., § 131 Rn. 34ff, 48 ff.
111 BGHZ 22, 194, v. 20.12.1965, II ZR 145/64.
112 OLG Frankfurt DB 1977, 2046.
113 Allg. M. seit RGZ 75, 238; s.a. BGH NJW 1973, 651; DNotZ 1986, 31.

sig.[114] Der Abfindungswert darf jedoch nicht unter der Hälfte des Ertragswertes und nie unter dem Buchwert liegen. Andererseits ist es durchaus angebracht, vom vollen Ertragswert einen pauschalierten Abzug von ca. 20 % vorzunehmen, um Unsicherheiten der Bewertung auszuschließen.[115] Bei bereits anfänglich unwirksamer Abfindungsklausel (Wirksamkeitskontrolle) ist der volle Wert geschuldet.[116] Siehe auch § 130 Rdn. 46 ff.

Die bei Vertragsabschluss zulässig Abfindungsklausel unterliegen jedoch sodann noch einer Angemessenheitskontrolle, wenn im Lauf der Zeit ein grobes Missverhältnis zwischen dem vereinbarten Wert (z.B. Buchwert) und dem bei Ausscheiden aktuellen Verkehrswert entstanden ist und es deshalb nach Treu und Glauben nicht mehr dem betroffenen Gesellschafter zugemutet werden kann, den niedrigeren Wert hinzunehmen (§ 242 BGB).[117] Dabei kommt es nicht allein auf die Differenz zwischen dem Wert laut Satzung und dem Verkehrswert an, sondern auf alle Umstände des Einzelfalles, wie etwa die Aufbauleistungen des ausscheidenden Gründungsgesellschafters und den Anlass seines Ausschlusses.[118] Es erfolgt dann eine geltungserhaltende Anpassung auf einen angemessenen, i.d.R. unter dem Verkehrswert liegen den Abfindungsbetrag.[119] Zudem kann es zweckmäßig sein, die Vereinbarung einer Abfindung i.H.d. Buchwerts oder eines anderen Werts, der hinter dem tatsächlichen Beteiligungswert zurückbleibt, mit einer hilfsweisen anderen Abfindungsvereinbarung für den Fall zu verbinden, dass die eigentlich gewollte sich später als unwirksam erweisen sollte. Dies könnte aber einer ergänzenden Vertragsauslegung entgegenstehen, weil diese nach BGH nur möglich ist, wenn die zwischen den Gesellschaftern getroffenen Vereinbarungen erkennen lassen, dass sie mit der Nichtigkeit nicht gerechnet haben.[120]

82

Um Streitigkeiten über die Höhe des Werts der Beteiligung auszuschließen, die angesichts der Schwierigkeiten der Bewertung sonst regelmäßig zu befürchten sind, sollten im Gesellschaftsvertrag präzise Grundsätze der Bewertung festgelegt werden, die durch eine *Schiedsgutachterklausel*[121] ergänzt werden können. Die Feststellung durch Schiedsgutachter (Sachverständige) ist mangels anderer Vereinbarung »nach billigem Ermessen« zu treffen (§ 317 Abs. 1 BGB) und unwirksam, wenn sie offenbar unbillig ist (§ 319 Abs. 1 BGB). Soll sie nach »freiem Belieben« (§ 319 Abs. 2 BGB) getroffen werden, so ist sie nur dann nicht verbindlich, wenn Treu und Glauben in grober Weise verletzt sind.[122] Selbst offenbare Unrichtigkeit reicht dann also nicht zur Anfechtung aus.

83

Um die Kosten einer gesonderten *Auseinandersetzungsbilanz* zu *vermeiden*, kann vereinbart werden, dass eine solche nicht aufzustellen ist, sondern dass die Bilanz zum letzten vor dem Ausscheiden liegenden Bilanzstichtag maßgebend ist, wenn der Zeitpunkt des Ausscheidens vom Bilanzstichtag abweicht. Bei der Bemessung nach dem Ertragswert, sollte das anzuwendende Berechnungsverfahren genau bestimmt werden. Das bisherige häufig verwendete, gesetzlich nicht mehr geltende »Stuttgarter Verfahren« ist nicht generell passend, zumal es zukünftige Entwicklungen nicht mitberücksichtigt. Das neue vereinfachte Ertragswertverfahren nach §§ 199 ff. Bewertungsgesetz soll zu zu hohen Werten führen.[123] Das Ertragswertverfahren nach IDW verursacht hohe Ermittlungskosten. Die Berechnung

84

---

114 K. *Schmidt*, GesR § 50 IV.2.c, cc. Insbesondere bei »Manager-« oder »Mitarbeiterbeteiligung« siehe Rdn. 63.
115 K. *Schmidt*, GesR § 50 IV.2.c, cc; MüKo-BGB/*Ulmer*, § 738 BGB Rn. 52, 65: bis max. $^1/_3$. chlag um $^1/_3$ nach OLG Hamm v. 04.12.2002 – 8 U 40/02 = NZG 2003, 440 unwirksam, wenn zugleich Auszahlung über einen Zeitraum von fünfeinhalb Jahren.
116 BGH v. 13.06.1994 – II ZR 38/93, NJW 1994, 2536.
117 BGHZ 123, 281/286 = NJW 1993, 3193. OLG Bremen v. 13.03.2013 – 4 UF 7/12.
118 BGH Urt. v. 17.12.2001 – II ZR 348/99 = DNotZ 2002, 305.
119 OLG Bremen v. 13.03. 2013 – 4 UF 7/12, ZEV 2013, 460; RNotZ 2013, 44: Anpassungsnotwendigkeit, wenn Buchwert nur 72 % des Verkehrswertes.
120 BGH, v. 22.05.2012 – II ZR 205/10 = DNotZ 2012, 869.
121 Schiedsgutachterklauseln zur Abfindungsermittlung unterliegen den Regelungen der §§ 317 ff. BGB und sind keine Schiedsvereinbarung i.S.v. §§ 1025 ff. ZPO.
122 BGH LM Nr. 7 zu § 317 BGB.
123 Hierzu *Leitzen*, RNotZ 2009, 315 ff. m.w.N.

nach den Substanzwerten ist nur dann angemessen, wenn es sich um eine sehr kapitalintensive Gesellschaft handelt, bei der der Ertrag weitgehend nur die Verzinsung des Kapitaleinsatzes bedeutet.

85 Unterschiede hinsichtlich der Abfindungshöhe können zwischen Ausschluss aus wichtigem Grund, einschließlich Gläubigerkündigung und Gesellschafterinsolvenz einerseits, bei der die Abfindung keinesfalls die Hälfte des Buchwertes unterschieden darf, und sonstigen Ausscheidensgründen andererseits getroffen werden, bei denen der Abfindungsbetrag möglichst nahe am tatsächlichen Unternehmenswert liegen kann.[124]

86 Auch die *Auszahlungsmodalitäten* müssen angemessen sein, da die Interessen des Unternehmenserhalts nicht einseitig über das Abfindungsinteresse des Ausscheidens gestellt werden darf. Eine Auszahlungsdauer von bis zu 5 Jahren ohne Zinsen und bis zu 10 Jahren mit Verzinsung und angemessener Abfindung wird noch als zulässig angesehen.[125]

87 Ein Guthaben oder ein Negativsaldo auf dem darlehensähnlichen Verrechnungs-/Sonderkonto (= Fremdkapital) sind außerhalb der Abfindungsregelung abzuwickeln. Ein negatives Kapitalkonto ist im Rahmen des Abfindungsguthabens zu berücksichtigen.

Buchwert als Grundlage der Abfindung

88 M **In allen Fällen des Ausscheidens eines Gesellschafters, ohne dass die Gesellschaft aufgelöst wird oder sein Anteil auf einen Rechtsnachfolger übergeht, erhält der Ausscheidende nur den Nennbetrag seiner Kapitalkonten, wie sich diese aus der auf den Tag des Ausscheidens aufzustellenden Auseinandersetzungsbilanz ergeben. Ein entstehender Saldo ist von ihm auszugleichen. Etwaige stille Reserven werden nicht aufgedeckt, der Firmenwert wird nicht berücksichtigt. Sein Anteil an gebildeten Rücklagen ist zu berücksichtigen/*alternativ:* bleiben unberücksichtigt. Das hierbei nicht berücksichtigte Gesellschafterdarlehenskonto ist gesondert auszugleichen.**
Wenn das Abfindungsguthaben aus der letzten Jahresbilanz zu ermitteln ist:
Als Abfindung für seinen geschätzten Anteil am Gewinn des noch nicht abgerechneten Jahres erhält er einen Zuschlag von 5 %.
Oder: Sein Gewinnanteil wird aus dem Jahresabschluss des bei seinem Ausscheiden laufenden und noch nicht abgerechneten Jahres ermittelt und gesondert ausgezahlt.

Salvatorische Anpassungsklausel bei evtl. Unwirksamkeit der Buchwertabfindung

89 M **Ist die Abfindungsregelung aufgrund eines groben Missverhältnisses zwischen dem so errechneten Abfindungs- und dem tatsächlichen Anteilswert (von Anfang an oder aus sonstigen Gründen unwirksam oder ist dieses grobe Missverhältnis)[126] als Folge der wirtschaftlichen Entwicklung der Gesellschaft nachträglich bis zum Zeitpunkt des Ausscheidens entstanden, ist dem ausscheidenden Gesellschafter die niedrigste noch zulässige Abfindung zu gewähren.**

---

124 MüKo-HGB/*K. Schmidt*, § 131 HGB Rn. 180.
125 MüKo-HGB/*K. Schmidt*, § 131 HGB Rn. 171; MüKo-BGB/*Ulmer*, § 738 BGB Rn. 65 m.w.N. in Fn. 139.
126 Siehe Rdn. 82 a.E.

Stundung der Abfindungszahlung:

Das Abfindungsguthaben ist in vier gleichen, unmittelbar aufeinander folgenden Jahresraten auszuzahlen. Die erste Rate ist ein Jahr nach dem Ausscheidungsstichtag zur Zahlung fällig; die weiteren Raten jeweils ein Jahr später. Das Abfindungsguthaben ist bis zur jeweiligen Fälligkeit nicht zu verzinsen.
Wenn es die wirtschaftliche Lage gebietet, kann von den verbleibenden Gesellschaftern verlangt werden, dass das Abfindungsguthaben auch in sieben gleichen, unmittelbar aufeinander folgenden Jahresraten von der Gesellschaft entrichtet wird. In diesem Fall ist das restliche Abfindungsguthaben mit jährlich ..... Prozentpunkten über dem jeweiligen Basiszins ab Fälligkeit der ersten Rate zu verzinsen. Zinsen sind jeweils mit den Jahresraten zu entrichten.
Sicherheitsleistung für die Abfindung kann nicht gefordert werden.

90 M

Substanzwert zu Verkehrswerten mit Ermittlung durch mehrere Schiedsgutachten

Dem Ausscheidenden ist dessen Kapitalanteil auf Grund einer Auseinandersetzungsbilanz, die auf den Tag des Ausscheidens aufzustellen ist, zu zahlen. In dieser sind die Aktiva und Passiva mit ihren tatsächlichen Werten aufzunehmen, stille Reserven sind aufzulösen. Ein eventueller Firmenwert wird mit einem pauschalen Aufschlag von 5 % auf das Auseinandersetzungsguthaben berücksichtigt. Von dem so ermittelten Wert ist ein Wertabschlag von ..... % vorzunehmen. Im Streitfalle ist das Auseinandersetzungsguthaben in der Weise zu ermitteln, dass zwei Sachverständige bestellt werden, der eine von dem ausscheidenden, der andere von den übrigen Gesellschaftern. Jeder ermittelt den Abfindungsbetrag für sich. Der sich aus beiden Gutachten ergebende Mittelwert ist maßgeblich. Weichen die Schätzungen mehr als 20 % voneinander ab, so wird von der für den Gesellschaftssitz zuständigen Industrie- und Handelskammer ein dritter Sachverständiger (= Obmann) bestellt, der ebenfalls eine Schätzung vornimmt. Der Durchschnitt der drei Schätzungen ist maßgebend. Jedoch scheidet die Schätzung eines Parteisachverständigen bei der Berechnung des Durchschnitts aus, wenn sie von dem Schätzungsergebnis des Obmanns um mehr als ein Drittel abweicht, so dass dann die Mittelung der beiden anderen Gutachten (alternativ: das Gutachten des Obmannes allein) bestimmend ist.

91 M

Ertragswertabfindung mit Schiedsgutachten

Als Abfindung ist der auf der Grundlage des IDW Standards: Grundsätze zur Durchführung von Unternehmensbewertungen (IDW S 1) auf den Zeitpunkt des Wirksamwerdens des Ausscheidens für den Anteil des ausscheidenden Gesellschafters ermittelte Wert[127] zu bezahlen. Darauf ist ein Abschlag von ..... % zu machen. Dieser ist von einem Wirtschaftsprüfer als Sachverständigen gemäß §§ 317 ff. BGB zu ermitteln, der, soweit sich die Gesellschafter einschließlich des Ausscheidenden nicht auf eine Person einigen, von der für den Gesellschaftssitz zuständigen Industrie- und Handelskammer bestellt wird. Dieser bestimmt auch die Einzelheiten der Bewertungsgrundsätze.

92 M

---

127 Zu beachten ist, dass Gutachten und IDW erhebliche Kosten von mehreren 1000 € verursachen können.

93 Der Ausgeschiedene kann nach § 738 Abs. 1 Satz 2 BGB verlangen, dass die übrigen Gesellschafter ihn von der *Haftung* für Gesellschaftsschulden *befreien*, und, soweit Forderungen noch nicht fällig sind, ihm *Sicherheit leisten*. In Abweichung von § 738 Abs. 1 Satz 2 BGB wird häufig auch vereinbart, dass der ausscheidende Gesellschafter nicht Befreiung von den Schulden der Gesellschaft und keine Sicherheitsleistung verlangen kann. Es finden sich aber auch Vereinbarungen, die dem Ausgeschiedenen erst einen Freistellungsanspruch gewähren, sollte er von Gesellschaftsgläubigern im Rahmen seiner Nachhaftungsverpflichtung gemäß § 160 HGB in Anspruch genommen werden.

Haftungsfreistellung

94 M **Eine sofortige Befreiung von den Gesellschaftsschulden und Sicherheitsleistungen kann der Ausscheidende nicht verlangen. Jedoch ist die Gesellschaft verpflichtet, den Ausgeschiedenen von Gesellschaftsverbindlichkeiten freizustellen, wenn er nach seinem Ausscheiden in Anspruch genommen wird.**

95 Die Satzungsklausel hat auch zu regeln, ob der Ausscheidende gemäß § 740 BGB auch an den z.Zt. seines Ausscheidens noch schwebenden Geschäften beteiligt ist, was jedoch üblicherweise abgedungen wird, weil der Ertrag der schwebenden Geschäfte in der Regel schon in der Ertragswertberechnung des Abfindungsguthaben erfasst ist.

Ausschluss von schwebenden Geschäften

96 M **An den bei seinem Ausscheiden schwebenden Geschäften nimmt der Ausgeschiedene nicht teil.**
Evtl. mit Zusatz:
Er erhält dafür einen Zuschlag von 3 v.H. zu seinem Auseinandersetzungsguthaben.

II. Muster für die Neugründung einer OHG

97 Beurkundung der OHG-Errichtung ist erforderlich, wenn betrieblich benötigter Grundbesitz mit eingebracht wird. Zur Übertragung des Gesamthandseigentums einer Erbengemeinschaft auf eine OHG ist eine rechtsgeschäftliche Eigentumsübertragung aller einzelnen Vermögensgegenstände und Übernahme der Verbindlichkeiten erforderlich,[128] wozu bezüglich des Grundbesitzes die Auflassung von der Erbengemeinschaft an die OHG erforderlich ist.[129] Zu den Voraussetzungen für die steuerliche Anerkennung einer Familiengesellschaft s. § 131 Rdn. 42 ff. Zu den steuerlichen Umständen der Einbringung eines Einzelunternehmens in eine neu errichtete Personengesellschaft s. § 131 Rdn. 31 ff.

---

128 MüKo-BGB/*Gergen*, § 2032 BGB Rn. 32.
129 Das Einbringen in die Gesellschaft macht Auflassung und Eintragung erforderlich (RGZ 65, 133). Die OHG erwirbt nach § 124 HGB das Eigentum am Grundstück mit der Eintragung in das Grundbuch, die der Eintragung in das Handelsregister folgt. Zum Grundbuchvollzug kann auf das elektronische Handelsregister (Gericht und Nummer) Bezug genommen werden (§ 32 Abs. 2 GBO). S. hierzu weitere Regelungsmöglichkeit Fn. 116 bei § 137 Rdn. 54 M sowie wegen der zulässigen bedingten Auflassung auf die OHG nach Eintragung, die von allen Gesellschaftern zu erklären ist, s. *Schöner/Stöber*, Rn. 981c.

Errichtung einer Familiengesellschaft zur Fortführung eines Einzelunternehmens durch die Erben

Verhandelt zu ..... am .....   98 M

A) Die am ..... an ihrem letzten Wohnsitz ..... verstorbene verwitwete Frau ....., wurde nach dem vom Amtsgericht ..... am ..... erteilten Erbschein von ihren vier Kindern, den Beteiligten zu 1 bis 4, zu je einem Viertel beerbt.

Der Hauptnachlassgegenstand ist das von der Erblasserin unter der Firma »*Baustoffhandlung ..... e.K.*« in Hannover betriebene Geschäft. Die zum 31. Dezember ..... aufgestellte Bilanz weist ein Aktivvermögen von rund 1.560.000 € und einen Überschuss der Aktiva über die Passiva von 500.000 € aus. Eine Abschrift der Bilanz wird dieser Verhandlung beigefügt. Zum Betriebsvermögen gehört auch das im Grundbuch des Amtsgerichts ..... von ..... Blatt ..... verzeichnete Geschäftsgrundstück Flst ..... Die Erbfolge ist dort noch nicht eingetragen.[130]

Das seit dem Erbfall von der Erbengemeinschaft fortgeführte Geschäft soll als Familiengesellschaft in der Form einer Offenen Handelsgesellschaft fortgeführt werden.

B) Zu diesem Zwecke errichten die vier Geschwister zum 1. Juli ..... (= Einbringungsstichtag) eine Offene Handelsgesellschaft und geben sich folgenden

Gesellschaftsvertrag:

§ 1 Firma und Sitz

Die Firma lautet » ..... oHG«. Der Sitz ist .....

§ 2 Gegenstand

Gegenstand des Unternehmens ist .....
Eine Beteiligung an Geschäften, die gleichen Zwecken dienen, ist zulässig.

§ 3 Dauer und Geschäftsjahr

Die Gesellschaft beginnt am 1. Juli ..... und ist bis ..... nicht ordentlich kündbar. Sie verlängert sich danach jeweils um ..... Jahre, wenn sie nicht mindestens ein Jahr vor Ablauf des Vertrages gekündigt wird. Die Kündigung ist jedem der Mitgesellschafter gegenüber mittels eingeschriebenen Briefs zu erklären. Die Kündigung aus wichtigem Grund ist jederzeit möglich.

Das erste Geschäftsjahr reicht vom 1. Juli bis 31. Dezember ..... Im Übrigen entspricht es dem Kalenderjahr.

§ 4 Gesellschafter, Kapitalanteile, Gesellschafterkonten, Einlagen

Gesellschafter sind .....
Der Kapitalanteil eines jeden Gesellschafter wird auf ..... € festgestellt. Sie sollen unverändert bleiben und müssen immer im selben Verhältnis zueinander stehen. Wenn die Beteiligungen erhöht oder verringert werden, darf sich dadurch das Beteiligungsverhältnis nicht verändern. Nach diesem Kapitalanteil richten sich die Beteiligung des Gesellschafters am Ergebnis und am Vermögen, an einem etwaigen Auseinandersetzungsguthaben sowie sein Stimmrecht.

---

[130] Die vorherige Grundbuchberichtigung ist bei der Auseinandersetzung der Erbengemeinschaft durch Fortführung als OHG nicht zwingend notwendig. Nach Anm. Nr. 1 zu Nr. 14110 KV GNotKG ist nur die Eintragung der Erben des Gesellschafters bürgerlichen Rechts innerhalb von 2 Jahren seit dem Erbfall gebührenbefreit.

Die Gutschriften, z.B. für Arbeitsentschädigungen, Gewinnanteile, Zinsen, und die Belastungen, z.B. wegen Entnahmen, Verlustanteilen, Zinsen usw., werden auf einem Sonderkonto für jeden Gesellschafter vorgenommen. Dieses wird als Darlehenskonto wie Fremdkapital geführt und als Guthaben wie als Schulden mit jährlich 2 %-Punkten über dem jeweiligen Basiszinssatz in vierteljährlichen Nachtragsraten verzinst.[131]
Wenn die Gesellschaft die Darlehen auf den Sonderkonten nicht benötigt, kann ihre Verzinsung auf Grund eines Mehrheitsbeschlusses der Gesellschafter eingestellt werden.
Eine Schuld auf dem Darlehens-/Sonderkonto ist nach ihrer Entstehung spätestens bis Ende des Geschäftsjahres zu begleichen. Gewinnanteile werden hierzu so lange verwendet, bis ein passives Darlehens-/Sonderkonto ausgeglichen ist.
Als Einlage haben die Gesellschafter alle Aktiva und Passiva des erbengemeinschaftlichen Unternehmens, wie in Abschnitt A bezeichnet, zu Buchwerten einzubringen. Soweit die Buchwerte die Kapitalanteile übersteigen, wird der übersteigende Betrag auf ein gesamthänderisches Kapitalrücklagenkonto verbucht.

§ 5 Geschäftsführung

Zur Geschäftsführung sind nur die Beteiligten zu 1, 3 und 4 je einzeln berechtigt. Sie haben ihre gesamte Arbeitskraft für die Gesellschaft zu verwenden.
Die Beteiligte zu 1 wird vornehmlich die Geld- und Buchführungsgeschäfte, der Beteiligte zu 3 den Einkauf und die Herstellung und die Beteiligte zu 4 den Verkauf besorgen.
Zur Vornahme von Handlungen, die über den gewöhnlichen Betrieb des Geschäfts hinausgehen, ist ein Gesellschafterbeschluss mit einfacher Mehrheit erforderlich. Im Übrigen ist das Widerspruchsrecht der Gesellschafter gegen gewöhnliche Geschäftsführungsmaßnahmen ausgeschlossen.
Zu den außergewöhnlichen Geschäften gehören u.a.
a) der An- und Verkauf und die Belastung von Grundstücken,
b) vom Geschäftszweck abweichende Geschäfte,
c) der Erwerb eines anderen Unternehmens oder eine Beteiligung daran sowie die Veräußerung von Unternehmensteilen,
d) die Bestellung und Abberufung von Prokuristen,
e) die Errichtung oder Auflösung von Zweigniederlassungen.
Die Gesellschafter sind nicht berechtigt, Konkurrenzgeschäfte für eigene oder fremde Rechnung durchzuführen oder sich an Konkurrenzunternehmen unmittelbar oder mittelbar zu beteiligen.
(Alternativ: Nebentätigkeiten – gewerblicher/freiberuflicher Art oder auf arbeitsvertraglicher Basis – während der Vertragsdauer sind nicht zulässig; ebenso nicht die direkte oder indirekte Beteiligung an Konkurrenzunternehmen. Ausnahmen hiervon bedürfen der schriftlichen Zustimmung der übrigen Gesellschafter.)

§ 6 Vertretung

Die Beteiligte zu 1 ist allein vertretungsberechtigt. Die Beteiligten zu 3 und 4 vertreten die Gesellschaft zusammen mit einem der beiden anderen vertretungsberechtigten Gesellschafter oder mit einem Prokuristen.[132] Die Beteiligte zu 2 ist nicht vertretungsberechtigt. Befreiung von den Beschränkungen des § 181 BGB kann mit einfachem Gesellschafterbeschluss erteilt werden.

---

131 Zu den möglichen Konten s. Rdn. 9 ff. sowie bei § 137 Rdn. 18 ff. und die dort bezeichneten Muster.
132 Eine Befreiung von § 181 BGB ist hier nicht zwingend erforderlich, jedoch möglich.

§ 7 Vergütung für Geschäftsführung

Als Vergütung für ihre Geschäftsführungstätigkeit erhalten die Gesellschafter zu 1, 3 und 4 Beträge, die ohne Rücksicht auf das Jahresergebnis und dem Stand seines Sonderkontos am Ende eines jeden Monats ausgezahlt und als Gesellschaftsaufwand verbucht werden. Die monatliche Vergütung zuzüglich einer evtl. geschuldeten gesetzlicher Mehrwertsteuer, ist jährlich bei der Feststellung des Jahresergebnisses unter Berücksichtigung der Geldwertveränderung und des Ergebnisses der Gesellschaft sowie dem Umfang der jeweiligen Tätigkeit durch Gesellschafterbeschluss neu festzulegen.

Bei unverschuldeter Verhinderung an der Geschäftsführung, z.B. bei Krankheit, wird die Vergütung bis zu sechs Monaten im Jahr weitergezahlt. Ist ein Gesellschafter durch Krankheit länger als sechs Monate an der Geschäftsführung verhindert, kann für ihn eine Ersatzkraft eingestellt werden, deren Gehalt zulasten der Tätigkeitsvergütung des betreffenden Gesellschafters geht. Der Anspruch auf Gewinnbeteiligung bleibt davon unberührt.

Nach Vollendung des 65. Lebensjahres haben die Gesellschafter, die bis dahin die Geschäftsführung ausgeübt haben, Anspruch auf Weiterzahlung von zwei Dritteln der Vergütung, wenn sie nicht mehr tätig sind.

§ 8 Jahresabschluss, Informationsrecht

Zum Ende eines Geschäftsjahres haben die geschäftsführenden Gesellschafter innerhalb der ersten 4 Monate des folgenden Jahres die Bilanz nebst Gewinn- und Verlustrechnung nach handelsrechtlichen Grundsätzen unter Beachtung der steuerlichen Gewinnermittlungsvorschriften aufzustellen.

Einigen sich die drei geschäftsführenden Gesellschafter nicht über den Jahresabschluss oder widerspricht die Gesellschafterin zu 2 binnen 20 Tagen dem ihr von den geschäftsführungsberechtigten Gesellschaftern zugesandten Abschluss, so ist er durch einen Wirtschaftsprüfer, den bei Nichteinigung die Industrie- und Handelskammer zu ernennen hat, endgültig festzustellen.

Jeder Gesellschafter ist berechtigt, sich persönlich über die Angelegenheiten der Gesellschaft zu unterrichten, die Geschäftsbücher und die Papiere der Gesellschaft einzusehen und sich aus ihnen eine Übersicht über den Stand des Gesellschaftsvermögens anzufertigen. Dabei kann sich jeder Gesellschafter auf seine Kosten eines zur Berufsverschwiegenheit verpflichteten Dritten bedienen.

§ 9 Verteilung von Gewinn und Verlust

An dem – nach § 8 unter Berücksichtigung der den geschäftsführenden Gesellschaftern nach § 7 zustehenden Vergütungen und der jedem Gesellschafter auf sein Sonderkonto zustehenden Verzinsung – festgestellten Gewinn oder Verlust ist jeder Gesellschafter zu gleichen Teilen beteiligt.

§ 10 Entnahmen

Während des laufenden Geschäftsjahres können die geschäftsführenden Gesellschafter die ihnen nach § 7 zustehenden Vergütungen und jeder Gesellschafter einen Betrag von 2 %-Punkten über dem Basiszins bezogen auf seinen Kapitalanteil, sowie die Zinsen auf ihren Sonderkonten nach § 4 entnehmen. Guthaben auf dem Darlehenskonto kann ein Gesellschafter nur mit einer Kündigungsfrist von ..... Monaten kündigen und jeweils nur pro Geschäftsjahr ..... % des Guthabens entnehmen.[133]

§ 11 Gesellschafterversammlung und Gesellschafterbeschlüsse

Zu einer Gesellschafterversammlung kann jeder Gesellschafter mit einer Frist von ..... schriftlich unter Angabe von Tagungsort, -zeit und -ordnung einladen. Widerspricht kein Gesellschafter, können Beschlüsse auch außerhalb einer Gesellschafterversammlung mündlich, schriftlich oder im elektronischen Verfahren gefasst werden. Über die Beschlüsse ist – ohne Voraussetzung für deren Wirksamkeit – ein Protokoll zu führen. Die Versammlung ist beschlussfähig, wenn alle Gesellschafter anwesend oder vertreten sind. Fehlt es daran, ist innerhalb von zwei Wochen mit neuer Ladungsfrist und gleicher Tagesordnung eine weitere Versammlung einzuberufen, die unabhängig von der Zahl der anwesenden Gesellschafter beschlussfähig ist.
Gesellschafter sind berechtigt, sich in der Gesellschaftsversammlung durch andere Gesellschafter oder durch Rechtsanwalt, Steuerberater oder Wirtschaftsprüfer vertreten zu lassen. Die Vertretung durch andere Personen bedarf der Zustimmung aller anwesenden Gesellschafter. Die Vollmacht bedarf der Textform.
Schreiben Gesetz oder Gesellschaftsvertrag nicht zwingend eine andere Mehrheit vor, werden die Gesellschafterbeschlüsse immer mit einfacher Mehrheit der abgegebenen Stimmen gefasst. Der Zustimmung aller Gesellschafter bedürfen Beschlüsse über
– Änderung des Gesellschaftsvertrages
– Auflösung der Gesellschaft
– Aufnahme eines Gesellschafters
– .....

§ 12 Ausscheiden eines Gesellschafters

Ein Gesellschafter scheidet aus,
a) wenn ein Gesellschafter gemäß § 3 kündigt, mit dem Wirksamwerden der Kündigung.
b) wenn über sein Vermögen das Insolvenzverfahren eröffnet wird, mit dem Zeitpunkt der Eröffnung des Verfahrens;
c) wenn sein Gesellschaftsanteil, Gewinnanteil oder Auseinandersetzungsguthaben von einem Privatgläubiger gepfändet wird, mit dem Ende des laufenden Geschäftsjahres;
d) wenn durch gerichtliche Entscheidung die Auflösung der Gesellschaft wegen Vorliegens eines wichtigen, in der Person des Gesellschafters liegenden Grundes ausgesprochen wird, oder die anderen Gesellschafter aus einem solchen Grund die Ausschließung des Gesellschafters beschlossen haben, mit Ausspruch des Urteiles oder Kenntnisgabe des Beschlusses an den betroffenen Gesellschafter.

Ist nach Ausscheiden eines Gesellschafters nur noch ein Gesellschafter vorhanden, so geht das Unternehmen der Gesellschaft ohne Liquidation mit allen Aktiva und Passiva und mit dem Recht, die bisherige Firma fortzuführen, auf den verbleibenden Gesellschafter als Einzelunternehmen über. Der verbleibende Gesellschafter kann jedoch innerhalb einer Frist von ..... Monaten nach bekannt werden des Ausscheidensgrundes erklären, dass er die Übernahme ablehnt. In einem solchen Fall wird die Gesellschaft aufgelöst. Er kann innerhalb der gleichen Frist vom Ausscheidenden verlangen, dass dieser seinen Anteil an einen vom Verbleibenden bestimmten Nachfolger gegen

---

[133] Die Darlehenslösung hat den Nachteil, dass keine gesamthänderische Bindung wie bei einem Kapitalkonto besteht und daher die Kündigungsmöglichkeit im zulässigen Rahmen beschränkt werden muss.

ein Entgelt in Höhe der Abfindung nach § 13 abtritt. Bis zum Ablauf dieser Frist ist das Ausscheiden noch nicht eingetreten.

§ 13 Berechnung des Auseinandersetzungsguthabens

Das Auseinandersetzungsguthaben der ausscheidenden Gesellschafter entspricht seiner Beteiligung, wie sich dies aus einer Auseinandersetzungsbilanz ergibt, in die die Aktiven und Passiven mit ihrem wahren Wert aufzunehmen sind. Ein Firmenwert und sonstige immaterielle Vermögensgegenstände sind hierbei nicht zu berücksichtigen. Scheidet ein Gesellschafter aus den in § 12 Abs. 1 genannten Gründen aus, verringert sich das geschuldete Abfindungsguthaben um ..... Prozent.
Kommt über die Berechnung des Auseinandersetzungsguthabens eine Einigung nicht zustande, so kann jeder Teil einen Schiedsgutachter bestellen, der Wirtschaftsprüfer sein muss. Soweit jeder von diesen zu verschiedenen Ergebnissen kommen, gilt der Mittelwert.
Der ausscheidende Gesellschafter ist an dem Ergebnis schwebender Geschäfte der Gesellschaft nicht mehr beteiligt. Der ausgeschiedene Gesellschafter kann nicht verlangen, dass die übrigen Gesellschafter die Gläubiger sofort befriedigen oder ihm Sicherheit leisten; von den Schulden der Gesellschaft ist er erst zu befreien, wenn er von Gläubigern in Anspruch genommen wird.

§ 14 Auszahlung des Auseinandersetzungsguthabens und des Darlehens-/= Sonderkontos

Auszuzahlen ist das Auseinandersetzungsguthaben in drei Jahresraten, von denen die erste Rate ..... Monate nach dem Ausscheiden des Gesellschafters, die beiden weiteren jeweils ein Jahr später fällig sind. Es ist mit 2 Prozentpunkten über dem Basiszinssatz zu verzinsen. Sicherheitsleistung kann nicht verlangt werden.
Ein Negativsaldo auf dem Darlehenskonto ist zunächst mit dem Auseinandersetzungsguthaben zu verrechnen, im Übrigen innerhalb von ..... auszugleichen. Ein Guthabensaldo auf dem Darlehenskonto ist entsprechend Abs. 1 auszuzahlen.

§ 15 Tod eines Gesellschafters

Durch den Tod eines Gesellschafters wird die Gesellschaft nicht aufgelöst. Sein Nachfolger wird die Person, die er bei Lebzeiten der Gesellschaft benannt oder von Todes wegen einsetzt; es kann nur eine Person sein. – Die Geschäftsführungs- und Vertretungsbefugnis des verstorbenen Gesellschafters steht seinem Nachfolger jedoch nur dann zu, wenn er nach Vorbildung und Leistung zu einem Mitleiten des Geschäfts in der Lage ist. Verneint das die Mehrheit der übrigen Gesellschafter, so soll ein Gutachten eines von der Industrie- und Handelskammer benannten Sachverständigen für den neuen Gesellschafter und die Gesellschaft bindend sein.
Hat der Verstorbene keinen Nachfolger bestimmt, so scheiden seine Erben aus und werden nach den vorstehenden §§ 13 und 14 abgefunden.
(Testamentsvollstreckerklausel: Rdn. 74 M)

§ 16 Liquidation

Wenn die Gesellschaft aufgelöst wird, so obliegt die Abwicklung den geschäftsführenden Gesellschaftern.
Der Liquidationserlös steht den Gesellschaftern im Verhältnis ihrer festen Kapitalkonten zu.

§ 17 Vertragsänderungen

Dieser Vertrag kann nur einstimmig (mit einer Mehrheit von .....) geändert werden. Für Vertragsänderungen gilt das Erfordernis der Schriftform, soweit nicht das Gesetz zwingend eine andere Form vorschreibt.

§ 18 Schlussbestimmungen

Soweit dieser Vertrag keine abweichende Regelung enthält, finden die gesetzlichen Bestimmungen Anwendung, insbesondere §§ 105 ff. HGB. Sollten einzelne Bestimmungen dieses Vertrages unwirksam sein oder werden, so wird dadurch die Wirksamkeit der übrigen Bestimmungen nicht berührt. Eine unwirksame Bestimmung ist durch eine solche zu ersetzen, die dem angestrebten wirtschaftlichen Zweck möglichst nahe kommt.
(ggf. Mediationsklausel: § 129 Rdn. 8)

C) Einbringungsvertrag:

Zur Erfüllung ihrer Einlageverpflichtung übertragen die Miterben hiermit alle Aktiva und Passiva des erbengemeinschaftlichen Unternehmens, wie in Abschnitt A bezeichnet, mit schuldrechtlicher und dinglicher Wirkung zum Einbringungsstichtag, den ..... auf die vorstehend errichtete OHG. Auf die Einzelaufführung der den Beteiligten bekannten, zum Aktivvermögen gehörenden Gegenstände sowie der zu den Passiva zählenden Verbindlichkeiten, wird verzichtet. Die Einbringung erfolgt zum Buchwert gemäß der zum Einbringungsstichtag aufzustellenden Bilanz gegen Gewährung der Gesellschaftsanteile.

Auf den Einbringungsstichtag gehen Besitz, Nutzungen, Lasten und Abgaben sowie die Gefahren aller Art auf die OHG über. Sie tritt zu diesem Zeitpunkt in alle betrieblichen Dauerschuldverhältnisse (Miet-, Wartungs-, Versicherungsverträge und dgl.) ein und übernimmt gemäß § 613a BGB alle bestehenden Arbeitsverhältnisse.

Die Beteiligten sind sich über den Eigentumsübergang sämtlicher zum Einbringungsstichtag vorhandener, zum Betriebsvermögen zählender Gegenstände von der Erbengemeinschaft auf die OHG einig, insbesondere auch – ohne diese zeitliche Bedingung – hinsichtlich des in Abschnitt A bezeichneten Geschäftsgrundstückes und bewilligen und beantragen die Eintragung der Rechtsänderung in das Grundbuch.

Sämtliche betriebliche Forderungen und sonstige betriebliche Ansprüche, wie diese zum Einbringungsstichtag bestehen, werden an die OHG abgetreten. Sämtliche zum Einbringungsstichtag bestehenden betrieblichen Verbindlichkeiten werden von der OHG zur Erfüllung übernommen. Angesichts der weiterhin bestehenden Mithaftung aller Gesellschafter für die Verbindlichkeiten, wird auf das Einholen einer Schuldübernahmegenehmigung verzichtet.

■ Kosten.
a) Des Notars: Nach dem zusammengerechneten Wert aller von den Gesellschaftern zu erbringenden Einlageleistungen, § 97 GNotKG. Da hier eine Einzelrechtsübertragung der zum erbengemeinschaftlichen Vermögen gehörenden Aktiva und Passiva erforderlich ist und die Gesellschafter auch persönlich für die einzubringenden Betriebsverbindlichkeiten (= Nachlassverbindlichkeiten) haften, gilt das Schuldenabzugsverbot des § 38 GNotKG. Die im Gesellschaftsvertrag mitbeurkundete Erfüllung der Einlageverpflichtung (Einbringung von Grundbesitz nebst Auflassung) ist gegenstandsgleich (§ 109 Abs. 1 Satz 4 Nr. 2 GNotKG) und nicht gesondert zu bewerten. Dagegen wäre eine gleichzeitig mitbeurkundete Schenkung zwecks Einbringung des Schenkungsobjekts in die Gesellschaft gegenstandsverschieden und gesondert zu bewerten (§ 109 Abs. 1 Satz 2 GNotKG). § 107 Abs. 1 GNotKG: mindestens 30.000 €, höchstens 10 Mio. €, auch bei mitbeurkundetem

Erfüllungsvertrag und auch bzgl. später beurkundeter Auflassung.[134] – 2,0 Gebühr nach Nr. 21100 KV GNotKG (Tabelle B) aus dem zusammenaddierten Betrag aller Werte.
b) Des Grundbuchamts: für den Rechtsträgerwechsel von Erbengemeinschaft auf OHG: Geschäftswert = Grundstückswert (§ 46 GNotKG, § 70 Abs. 4 GNotKG; die Begünstigung von § 70 Abs. 2 GNotKG auf die Hälfte des Grundstückswertes, kann danach nicht angewendet werden), 1,0 Gebühr nach Nr. 14110 KV GNotKG (Tabelle B).

Grunderwerbsteuer: In Höhe des Anteils, zu dem der Veräußerer des Grundstücks am Vermögen der OHG beteiligt ist, wird die Steuer nicht erhoben (§ 5 Abs. 2 GrEStG); hier entsteht also keine Steuer.

III. Eintritt eines Gesellschafters in eine Einzelfirma

Tritt in ein von einem Einzelkaufmann betriebenes Handelsgeschäft ein »Mitinhaber« ein, so entsteht eine OHG, soweit die beiden Beteiligten keine andere Rechtsform wählen. Es empfiehlt sich, mindestens einen schriftlichen Gesellschaftsvertrag zu schließen, um Unklarheit zu vermeiden und Vorsorge für den Fall des Todes zu treffen, soweit nicht Beurkundung nach § 311b Abs. 1 BGB wegen Einbringung von Grundbesitz oder nach § 15 Abs. 4 GmbHG wegen Einbringung von GmbH-Anteilen erforderlich ist. Darin sind die notwendigen Festlegungen hinsichtlich des Gesellschaftsverhältnisses sowie Firma und Sitz der Gesellschaft, deren Beginn, Art und Höhe der Einlagen[135] und der Einlagegegenstände sowie der Zeitpunkt deren Leistung zu regeln. Die Bewertung der Einlagen, insbesondere deren Wertverhältnis, steht den Gesellschaftern bis zur Grenze des § 138 BGB frei.[136] Die Erfüllung der Einbringungsverpflichtung erfolgt auch hinsichtlich des bisherigen Einzelunternehmens wie bei einem Unternehmensverkauf durch Einzelrechtsübertragung der Sachgegenstände durch Übereignung (§§ 925, 929 ff. BGB), der Forderung durch Abtretung (§§ 398 ff. BGB) und durch Schuld- bzw. Vertragsübernahme hinsichtlich der Verbindlichkeiten und Vertragsverhältnisse. Regelungen zu Leistungsstörungen sowie zur Sach- und Rechtsmängelhaftung bzgl. der eingebrachten Vermögensgegenstände und evtl. gegebener Garantien empfehlen sich, wobei wohl häufig der Haftungsausschluss der Standard sein wird.[137] Bei Arbeitnehmern im bisherigen Einzelunternehmen ist § 613a BGB zu beachten. Ein Regelungsmuster hierzu findet sich in § 137 Rdn. 54 M.

Steuerlich relevant ist, ob die Aufnahme eines Gesellschafters in ein Einzelunternehmen entgeltlich oder unentgeltlich, ob durch Leistung einer Einlage in die neue Gesellschaft oder nur durch Zahlung an den bisherigen Einzelunternehmer erfolgt (s. hierzu § 131 Rdn. 34 ff.).

Dem beitretenden Gesellschafter dürfen aufgrund des gesellschaftsrechtlichen Gleichbehandlungsgrundsatzes keine krass einseitig belastenden und beschränkenden Regelungen auferlegt werden. Jedoch steht es den Gesellschaftern bis zur Grenze des § 138 BGB frei, die Rechte der Gesellschafter unterschiedlich auszugestalten. Zum Ausschließungsrecht während einer Prüfungsphase, s. Rdn. 63 sowie bei § 130 Rdn. 72

Für die im Geschäft des bisherigen Alleininhabers begründeten Verbindlichkeiten *haftet* die Gesellschaft selbst dann, wenn sie die frühere Firma nicht fortführt (§ 28 Abs. 1 HGB), soweit nicht die Haftung ausgeschlossen wird und unverzüglich zur Eintragung in das Handelsregister angemeldet wird (§ 28 Abs. 2 HGB). S. bei § 126 Rdn. 9, 13

Wegen der *Fortführung* der Firma s.o. § 126 Rdn. 26 ff.

---

134 Korintenberg/*Diehn*, § 109 GNotKG Rn. 56a.
135 Möglich ist auch die Einbringung nur dem Werte nach, s. Rdn. 15.
136 Da der BFH die Personengesellschaft als transparent behandelt, werden disquotale Einlagen bei Vorliegen der Voraussetzungen des § 7 Abs. 1 Nr. 1 ErbStG als Schenkungen an die Mitgesellschafter besteuert (BFH v. 14.09.1994 – II R 95/92, BStBl. II 1995, 81 = ZEV 1995, 74).
137 Hierzu MüKo-BGB/*Schäfer*, § 706 BGB Rn. 1 ff.

§ 132 Errichtung der OHG und Eintritt von Gesellschaftern

Gesellschaftsvertrag (Aufnahme in Einzelunternehmen, kurze Fassung)

103 M

1. Gesellschaftserrichtung

A. betreibt in Kassel unter der eingetragenen Firma »A ..... e. Kfm.« – HRA ..... – ein Handelsgeschäfts. Er nimmt B. als Gesellschafter auf. Die durch diese Aufnahme entstehende Offene Handelsgesellschaft führt das Unternehmen unter der Firma »A ..... oHG« weiter. Die Gesellschaft hat am ..... begonnen und ist auf unbestimmte Dauer errichtet. Ihr Zweck ist die Fortführung des bisherigen einzelkaufmännischen Unternehmens.

2. Einlagen

A. bringt als Einlage zum ..... in die Gesellschaft sein bisher betriebenes Unternehmen mit allen Aktiva und Passiva zu deren Buchwerten[138] ein. *(evtl.: ab diesem Zeitpunkt gilt der Betrieb des bisherigen Einzelunternehmens auf Rechnung der OHG geführt.). Stille Reserven sind nicht aufzulösen; ein Geschäftswert ist nicht anzusetzen.* A und B sind sich über den Rechtsübergang aller ihnen einzeln bekannten Gegenstände der Aktiva und Passiva einig.[139] *Die Haftung für Rechts- und Sachmängel ist im weitest möglichen Umfang, soweit gesetzlich zulässig, ausgeschlossen.*
Der Einbringung wird die Bilanz zum ..... zugrunde gelegt. Die Buchwerte der Aktiva mit 365.000 € übersteigen die der Passiva von 65.000 € um 300.000 €. Von diesem Überschuss des Vermögens über die Schulden wird ein Betrag von ..... als Kapitalanteil von A. behandelt; der Restbetrag wird dem gesamthänderisch gebundenen Rücklagenkonto gutgeschrieben.
alternativ: Der Einlagewert ist das in der zum Stichtag aufzustellende Bilanz ausgewiesene Eigenkapital des eingebrachten Unternehmens. Die Bilanz ist nach handelsrechtlichen Grundsätzen wie folgt aufzustellen:..... (Art der Bewertung usw.).
B. erbringt bis zum ..... eine Bareinlage von ..... 000 € *(alternativ:..... in Höhe von $^2/_3$ des Einlagewertes des von A eingebrachten Unternehmens)*.[140]
A. ist damit zu ...../10, B. zu ...../10 an der Gesellschaft beteiligt.[141] Dieses Verhältnis gilt für das gesamte Verhältnis der Gesellschafter untereinander, auch für die Bestimmung des Auseinandersetzungsguthabens.
(Alternativ: Die Einlage ist dem Gesellschafter B gestundet und kann durch Gutschrift von auf ihn entfallende Gewinne erbracht werden; sie ist jedoch in jedem Fall spätestens bis zum ..... in voller Höhe als Geldeinlage zu leisten.
Die erbrachten Einlagen werden jedem Gesellschafter auf dem festen Kapitalkonto I gutgeschrieben. Daneben wird für jeden Gesellschafter ein variables Kapitalkonto II geführt.

---

138 Um die Wahlmöglichkeit nach § 24 UmwStG zu erlangen, insb. das bisherige Betriebsvermögen ohne Besteuerung der dort vorhandenen stillen Reserven zu Buchwerten einbringen zu können, ist die Übertragung aller funktionell wesentlichen Betriebsgrundlagen erforderlich. S. Tz. 24.03 i.V.m. 20.06 UmwSt-Erlass, BStBl. I 2011, 1314; hierzu weitere Erläuterungen in § 131 Rdn. 34 ff.
139 Bei ausführlichen Einbringungsregelungen empfiehlt sich ein als Anlage aufgenommener gesonderter Einbringungsvertrag; Muster bei § 137 Rdn. 54 M.
140 Keine eigene Einlage nötig; siehe § 131 Rdn. 37 ff.
141 Das Kapitalkonto kann insgesamt als variables Konto geführt werden. Wenn keine festen Kapitalanteile gebildet werden, muss klargestellt werden, ob der jeweilige Kontostand Maßstab für die Gewinnbeteiligung ist. Wird ein fester Kapitalanteil gebildet, erfolgt die Verbuchung von Gewinn- und Verlustanteilen in der Regel nicht auf das Kapitalkonto, sondern auf einem variablen Beteiligungskonto (= Eigenkapital). S. hierzu Rdn. 9 ff.

An der Gesellschaft sind die Gesellschafter im Verhältnis ihrer jeweiligen festen Kapitalkonten I beteiligt.
Das Kapitalkonto II ist in Soll und Haben mit ..... Prozentpunkten über dem jeweiligen Basiszins zu verzinsen.
Solange der Gesellschafter B seine Einlage noch nicht vollständig erbracht hat, ist A berechtigt, von dem auf ihn entfallenden Gewinnanteil ..... Prozent zu entnehmen.)
Haftung/Haftungsausschluss:
B ist bekannt, dass die Gesellschaft für die im eingebrachten Betrieb von A. entstandenen Verbindlichkeiten von 65.000 € haftet. *alternativ: B haftet nicht für die im Betrieb des bisherigen Einzelunternehmens von A entstandene Verbindlichkeiten. Dies ist unverzüglich zum Handelsregister anzumelden.*

3. Gewinn- und Verlustbeteiligung

Am Gewinn und Verlust nehmen die Gesellschafter im Verhältnis ihrer Beteiligung gemäß Ziff. 2. teil. (evtl.: *Von dem Jahresgewinn des ersten Geschäftsjahres (Rumpfjahr) erhalten A ..... % und B ..... %.)*

4. Tätigkeitsvergütung und Entnahmen

A. erhält monatlich 3.000 €, B. monatlich 2.000 € (soweit geschuldet zuzüglich gesetzlicher Mehrwertsteuer) unabhängig vom Jahresergebnis der OHG und ohne Anrechnung auf den Gewinnanteil von der Gesellschaft als Tätigkeitsvergütung.[142] Sie ist Aufwand der Gesellschaft und jeweils am Ende eines jeden Monats zahlbar. Die Vergütung ist jeweils zum Jahresbeginn unter Berücksichtigung der Entwicklung der Lebenshaltungskosten und des Ertrages der Gesellschaft neu festzusetzen.
Die Tätigkeitsvergütung fällt weg *(alternativ: verringert sich auf die Hälfte)*, wenn und solange ein Gesellschafter mehr als ..... Wochen verhindert ist, die Geschäfte zu führen.
(alternativ: *Ist ein Gesellschafter durch Krankheit länger als sechs Monate an der Geschäftsführung verhindert, kann für ihn eine Ersatzkraft eingestellt werden, deren Gehalt zulasten der Tätigkeitsvergütung des betreffenden Gesellschafters geht.)*
Entnahmen auf den am Jahresende festzustellenden Gewinnanteil sind nur in beiderseitigem Einverständnis der Gesellschafter zulässig. Jedoch kann ein jeder von dem auf ihn entfallenden Gewinn einen Betrag in Höhe von ..... % seines für das letzte Geschäftsjahr festgestellten Kapitalanteils (Kapitalkonto I und II) entnehmen, und zwar ohne Anrechnung seiner festen Monatsbezüge.

5. Geschäftsführung und Vertretung

Zur Geschäftsführung und Vertretung ist jeder Gesellschafter einzeln berechtigt. B. ist nicht berechtigt, Geschäftsführungshandlungen des A. im gewöhnlichen Geschäftsbetrieb der OHG zu widersprechen.[143]

6. Mitarbeit, Arbeitsunfähigkeit

A. hat seine ganze Arbeitskraft wie bisher der Gesellschaft zu widmen. Sein Ausscheiden kann nicht verlangt werden, wenn er arbeitsunfähig wird. B. ist berechtigt, neben der Geschäftsführung für die Gesellschaft in beschränktem Umfang seine Tätigkeit

---
142 Da Sondervergütung und kein Gewinnvorab, daher umsatzsteuerpflichtig s. dazu § 131 Rdn. 53
143 Abweichung von § 116 Abs. 2 HGB; für außergewöhnliche Geschäfte bleibt § 116 Abs. 2 HGB.

als Sachverständiger fortzusetzen.[144] Wenn B. arbeitsunfähig oder länger als sechs Monate durch anhaltende Krankheit gehindert wird, für die Gesellschaft tätig zu sein, kann A. das Ausscheiden von B. verlangen.[145]

7. Kündigung, Fortsetzung

Die OHG kann mit einer Frist von ..... Monaten zu Geschäftsjahresende von jedem Gesellschafter gekündigt werden, frühestens zum ..... Das Recht zur Kündigung aus wichtigem Grund bleibt unberührt.
Kündigt ein Gesellschafter, scheidet dieser zum Fristablauf aus. Der andere Gesellschafter ist berechtigt, das Geschäft mit Aktiven und Passiven und dem Recht zur Fortführung der Firma zu übernehmen und weiterzuführen, wenn er nicht durch schriftliche Erklärung innerhalb von zwei Monaten ab Zugang der Kündigungserklärung dies gegenüber dem Ausscheidenden ablehnt; die OHG wird bei Ablehnung aufgelöst. Der verbleibende Gesellschafter kann innerhalb der gleichen Frist vom Ausscheidenden verlangen, dass dieser seinen Anteil an einen vom Verbleibenden bestimmten Nachfolger gegen ein Entgelt in Höhe der Abfindung nach Ziff. 8. abtritt. Bis zum Ablauf dieser Frist ist das Ausscheiden noch nicht eingetreten.
In allen Fällen der Auflösung der OHG ist ein Übernahmeangebot des Gesellschafters A, das anderen Angeboten wertähnlich ist, bevorzugt zu berücksichtigen.

8. Ausscheiden, Abfindung

In allen Fällen des Ausscheidens eines Gesellschafters erhält der Ausscheidende nur den Nennbetrag seines Kapitalkontos.
(alternativ:..... erhält der Ausscheidende eine Abfindung, die aus einer zum Stichtag des Ausscheidens zu erstellenden Auseinandersetzungsbilanz zu ermitteln ist. In dieser sind alle Aktiva und Passiva unter Aufdeckung der stillen Reserven mit ihrem gemeinen Wert anzusetzen; ein Geschäftswert bleibt unberücksichtigt. Kann keine Einigung über die Wertansätze erzielt werden, erfolgt diese durch einen auf Antrag eines Gesellschafters von der zuständigen IHK benannten Sachverständigen als gemäß §§ 317 ff. BGB verbindlich entscheidenden Schiedsgutachter, dessen Kosten beide Gesellschafter je zur Hälfte tragen.)
Das dem ausscheidenden Gesellschafter hiernach zustehende Abfindungsguthaben ist zur Hälfte ..... Monate nach dem Ausscheiden fällig, die andere Hälfte ein Jahr später. Der jeweilige Betrag ist ab ..... mit 2 Prozentpunkten über dem jeweiligen Basiszins zu verzinsen.
An den schwebenden Geschäften nimmt der ausgeschiedene Gesellschafter nicht teil. Dafür erhält er einen Zuschlag von 5 % zu seinem Abfindungsguthaben, der mit der zweiten Hälfte zu begleichen ist.
Wegen seiner etwaigen Inanspruchnahme seitens der Gesellschaftsgläubiger kann der Ausscheidende eine sofortige Befreiung oder Sicherheit nicht verlangen.

9. Tod und Ausscheiden eines Gesellschafters

Stirbt A., der keine Kinder hat, wird das Geschäft von B. ohne Liquidation fortgeführt. Den Erben von A., die ausscheiden, ist dessen Kapitalanteil nach Nr. 8 auszuzahlen.
Ein Gesellschafter scheidet gegen Abfindung auch aus, wenn er die Auflösungsklage erhebt, oder wenn das Insolvenzverfahren über sein Vermögen eröffnet wird, oder wenn einer seiner Gläubiger kündigt.

---

144 Als notwendige Befreiung vom Wettbewerbsverbot nach § 112 HGB.
145 Derartige Klauseln verstoßen seit den BGH-Urteilen zum Mitarbeiter- bzw. Managermodell (s. Rdn. 63) nicht gegen das Verbot einer willkürlichen Hinauskündigungsklausel.

Stirbt B., so ist dessen ältester Sohn C. berechtigt, unter Übernahme des väterlichen Gesellschaftsanteils in die Gesellschaft einzutreten. Er erhält die Geschäftsführung und Vertretung nach Vollendung seines 25. Lebensjahres. Auch stehen ihm dann die Bezüge seines Vaters nach Nr. 4 zu.

10. Nachfolge

B. kann seinem ältesten Sohn C., wenn dieser das 25. Lebensjahr erreicht hat, seinen Gesellschaftsanteil übertragen und selbst ausscheiden. C. wird dann geschäftsführungs- und vertretungsberechtigt .....

▪ *Kosten.* Nach dem Aktivwert ohne Schuldenabzug (§ 38 GNotKG) der von allen Gesellschaftern einzubringenden Vermögensgegenstände (§§ 97 Abs. 3, 38 GNotKG; § 107 GNotKG: mindestens 30.000 €, höchstens 10 Mio. €). Für die Ermittlung des Geschäftswertes eines eingebrachten Unternehmens[146] sind die Aktivposten der dem Beurkundungstag am nächsten kommenden Bilanz heranzuziehen, wobei Grundbesitz entsprechend § 46 GNotKG mit dem tatsächlichen Wert anzusetzen ist; nicht zu berücksichtigen und damit von der Aktivasumme abzuziehen sind echte Wertberichtigungen auf Forderungen, Verlustverträge und nicht durch Eigenkapital gedeckter Fehlbetrag gemäß § 268 Abs. 3 HGB, anzusetzen sind aber Rechnungsabgrenzungsposten. Die Erfüllung der Einbringungsverpflichtung bzgl. des Einzelunternehmens ist gegenstandsgleich zur Gesellschaftserrichtung (§ 109 Abs. 1 Satz 4 Nr. 2 GNotKG). – 2,0 Gebühr nach Nr. 21100 KV GNotKG (Tabelle B). Fertigt der Notar lediglich den Entwurf, richtet sich der Geschäftswert gemäß § 119 GNotKG nach dem Wert für die Beurkundung. Die Gebühr ist eine Rahmengebühr von 0,5 bis 2,0 (mindestens 120,00 €) gemäß Nr. 24100 i.V.m. 21100 KV GNotKG. Hierbei hat der Notar gemäß § 92 GNotKG die Gebühr unter Berücksichtigung des Umfanges der erbrachten Leistung nach billigem Ermessen zu bestimmen, wobei der konkrete Aufwand im Einzelfall für die notarielle Tätigkeit, nicht jedoch der Haftungsumfang zu berücksichtigen ist. Fertigt der Notar den vollständigen Entwurf, ist nach § 92 Abs. 2 GNotKG der höchste Gebührenansatz des Gebührenrahmens zu erheben, also 2,0.

---

146 Hierzu im Einzelnen: Bayerische Notarkasse, Streifzug durch das GNotKG, 12. Aufl., Rn. 1690 ff.

§ 133 Ausscheiden und Eintritt von Gesellschaftern bei Personengesellschaften

I. Nachfolge des verstorbenen Gesellschafters

1. Folgen des Versterbens

1 Das *Versterben* eines persönlich haftenden Gesellschafters einer OHG/KG führt nach § 131 Abs. 3 Nr. 1 HGB – im Gegensatz zur früheren Rechtssituation und bei der GbR (§ 727 Abs. 1 BGB)[1] – nicht mehr zur Auflösung der Gesellschaft, sondern zum Ausscheiden des Verstorbenen gegen Abfindung an dessen Erben und zur Fortsetzung der Gesellschaft unter den verbleibenden Gesellschaftern. Der Gesellschaftsvertrag kann jedoch auch vorsehen, dass die Gesellschaft mit all seinen Erben (einfache Nachfolgeklausel) oder einzelnen von ihnen (qualifizierte Nachfolgeklausel) fortgesetzt wird, wobei jeder Erbe verlangen kann, dass ihm die Stellung eines Kommanditisten eingeräumt wird (§ 139 HGB). Er kann aber auch einzelnen Personen, die nicht Erbe geworden sind, den Eintritt in die Gesellschaft (Eintrittsklausel) gewähren.[2]

2. Fortsetzungsklausel

2 Auch wenn – entsprechend der jetzigen gesetzlichen Regelung in § 131 Abs. 3 Satz 1 Nr. 1 HGB für persönlich haftende Gesellschafter der OHG und KG – die Gesellschaft unter den anderen Gesellschaftern unter Ausscheiden der Erben des Verstorbenen[3] fortgesetzt werden soll und diesen der Anteil des Verstorbenen ohne besondere Rechtsübertragung dadurch anwächst, sollte dies auch wegen der Abfindungsregelung im Gesellschaftsvertrag, zusammen mit der Befugnis zur Fortführung der Firma, ausdrücklich geregelt werden (sog. Fortsetzungsklausel). Für den vererblichen Kommanditanteil (hier gilt die einfache Nachfolgeklausel) und die durch Tod sich auflösende GbR ist eine entsprechende gesellschaftsvertragliche Regelung jedoch nötig, die ausdrücklich das Ausscheiden des Kommanditisten/GbR-Gesellschafter und die Fortsetzung der Gesellschaft mit den mehreren übrigen verbleibenden Gesellschaftern gemäß § 736 BGB bestimmt. Das Ausscheiden führt zwingend ohne besonderen Übertragungsakt zur Anwachsung des Anteiles bei den verbleibenden Gesellschaftern, wobei jedoch der Gesellschaftsvertrag den Verteilungsmaßstab regeln kann.[4] Der den Erben in einem solchen Fall zustehende, das Gesellschaftsvermögen u.U. erheblich belastende schuldrechtliche Abfindungsanspruch gemäß §§ 105 Abs. 3 HGB, 738 Abs. 1 Satz 2 BGB gegen die übrigen Gesellschafter kann im Gesellschaftsvertrag vermindert, gestundet oder auch ganz ausgeschlossen werden. Verbleibt nur noch ein Gesellschafter, führt die Fortsetzungsklausel zum Übergang aller Aktiva und Passiva im Wege der Gesamtrechtsnachfolge auf den verbleibenden Gesellschafter; diesem sollte die

---

[1] Dazu § 130 Rdn. 36
[2] Überblick bei: v. Proff, DStR 2017, 2555; Becker, ZEV 2011, 157. Zu den einkommen- und gewerbesteuerlichen Folgen auch: Esskandari, ZEV 2012, 249.
[3] Hierzu § 132 Rdn. 71.
[4] Im Gegensatz zu § 2094 Abs. 1 BGB bestimmt § 738 Abs. 1 BGB nicht die Verteilung bei Anwachsung, sodass zwar das Anwachsungsprinzip nicht dispositiv ist, wohl aber eine Differenzierung hinsichtlich der Höhe und der Verteilung der anwachsenden Anteile nicht ausgeschlossen ist. Hierzu ausführlich: *Früchtl*, NZG 2007, 368. Zur Anwachsung als Gestaltungsmodell auch: v. Proff, DStR 2016, 2227.

Möglichkeit eingeräumt werden, durch entsprechende Gestaltungserklärung hinsichtlich der Übernahme frei entscheiden zu können.[5]

Muster einer Fortsetzungsklausel

Beim Tod eines Gesellschafters wird die Gesellschaft zwischen den verbleibenden Gesellschaftern unter Beibehaltung der bisherigen Firma fortgesetzt, denen der Anteil des Verstorbenen in deren Anteilsverhältnis anwächst. Verbleibt nur noch ein Gesellschafter wird dadurch die Gesellschaft aufgelöst, wenn nicht der verbleibende Gesellschafter innerhalb von drei Monaten gegenüber den Erben die Übernahme des Vermögens der Gesellschaft mit allen Aktiva und Passiva ohne Abwicklung verlangt. Den Erben des verstorbenen Gesellschafters steht kein Abfindungsanspruch gegen die Gesellschaft oder die verbleibenden Gesellschafter zu.

3 M

Ob der Ausschluss des Abfindungsanspruchs bei Tod des Gesellschafters Pflichtteilsansprüche der leer ausgehenden Erben des verstorbenen Gesellschafters gegenüber den verbleibenden Gesellschaftern, denen der Anteil des Verstorbenen angewachsen ist, eröffnet, ist höchstrichterlich bisher nicht entschieden, auch wenn der BGH[6] grundsätzlich die Zulässigkeit des Abfindungsausschlusses anerkannt hat. Die Literatur ist uneinheitlich.[7] Als einigermaßen gesichert kann wohl die Ansicht gelten, dass kein Pflichtteilsanspruch gegeben ist, wenn das Risiko des Abfindungsausschlusses für alle Gesellschafter einigermaßen gleich ist, was insbesondere voraussetzt, dass keine erhebliche unterschiedliche Lebenserwartung gegeben ist. Hinzukommen muss, dass der Abfindungsausschluss aus gesellschaftsrechtlichen und nicht aus vermögensrechtlichen Interessen erfolgt, also die Sicherung und Kontinuität der Gesellschaft bezweckt,[8] wobei bei einem nahen Verwandtschaftsverhältnis zwischen den Gesellschaftern eher die vermögensrechtlichen Interessen im Vordergrund stehen werden.[9]

4

a) Erbschaftsteuerliche Auswirkungen der Fortsetzungsklausel

Wird die Gesellschaft aufgrund der Satzungsregelung oder aufgrund der gesetzlichen Regelung unter Ausscheiden des verstorbenen Gesellschafters nur unter den verbleibenden Gesellschaftern fortgeführt,[10] ergeben sich hieraus für die verbleibenden Gesellschafter *erbschaftsteuerliche Folgen* nur, wenn der Steuerwert des Anteiles gemäß § 12 Abs. 1 ErbStG i.V.m. §§ 95 ff. BewG die zu zahlende Abfindung übersteigt; im übersteigenden Betrag liegt nach gesetzlichen Fiktion des § 3 Abs. 1 Nr. 2 Satz 2 ErbStG eine Schenkung auf den Todesfall. Aufgrund der nach dem neuen Bewertungsgesetz (§§ 199 ff.) geltenden wesentlich höheren Bewertung der Personengesellschaftsanteile gemäß dem Verkehrswert führen damit Abfindungsklauseln häufig zu deutlichen Wertunterschieden des Abfindungsbetra-

5

---

5 Tod des vorletzten Gesellschafter führt die Anwachsung zur Vollbeendigung (OLG München v. 4.7.2017 – 34 Wx 123/17, NZG 2017, 941), soweit nicht wegen Vor- und Nacherbfolge oder Testamentsvollstreckung der Anteil als fortbestehend gilt (BGH v. 10.01.1996 – IV ZB 21/94, NJW 1996, 1284). Siehe hierzu § 130 Rdn. 8, 44, § 132 Rdn. 69 f., sowie BGH v. 07.07.2008 – II ZR 37/07 = NJW 2008, 2992 m. Anm. *Trams*, NZG 2008, 736. Nach GNotKG fällt keine Grundbuchgebühr an, wenn lediglich aufgrund Anwachsung das Ausscheiden eines GbR-Gesellschafters im Grundbuch berichtigt wird, so die Begründung zu Abs. 1 der Anmerkung von Nr. 14110 KV GNotKG. Die Eintragung des letzten Gesellschafters als den neuen Alleineigentümer ist dagegen eine Neueintragung und nicht eine bloße Namensberichtigung. Für diese Eintragung fällt eine 1,0 Gebühr nach Nr. 14110 Nr. 1 KV GNotKG an.
6 BGHZ 22, 194 = v. 20.12. 1965, II ZR 145/64.
7 Ausführlich hierzu auch *Reimann*, ZEV 1994, 7; *Winkler*, ZEV 2005, 89, 93 f.; *Nieder/Kössinger*, Handbuch der Testamentsgestaltung, 4. Aufl., § 20 Rn. 12 f.; *Mayer*, ZEV 2003, 355.
8 BGH DNotZ 66, 620; OLG Düsseldorf MDR 77, 932.
9 *Mayer*, ZEV 2003, 355.
10 Zum Fällen des nur kurzfristigen Verbleibens der Erben s. *Piltz*, ZEV 2006, 205.

ges zum Steuerwert des Anteiles. Die Steuer verringert sich jedoch nach §§ 13a, 13b und 19a ErbStG um den Abzugsbetrag nach § 13a Abs. 2 ErbStG, den Verschonungsabschlag, sofern die gesetzlichen Begünstigungsvoraussetzungen erfüllt werden[11] Führen die verbleibenden Gesellschafter jedoch bei einer Fortsetzungsklausel mit den Erben die Gesellschaft fort, liegt darin eine steuerschädliche Abtretung des Anteiles, sodass die Steuerbegünstigung des § 13a ErbStG für die verbleibenden Gesellschafter entfällt. § 13a ErbStG steht aber dann auch nicht den Erben zu, weil diese unter Lebenden erwerben.

6 Der Abfindungsanspruch des Erben ist mit seinem Nominalbetrag steuerpflichtig und, da keine begünstigte Betriebsfortführung durch den Erben erfolgt, auch nicht steuerbegünstigt (A 13b. 1 Abs. 2 AEErbSt 2017).

Sonderbetriebsvermögen gehört zum begünstigten Mitunternehmeranteil, wenn es mit dem Anteil zusammen vererbt wird. Bei der Fortsetzungsklausel verbleibt das Sonderbetriebsvermögen jedoch dem ausgeschiedenen Erben und verliert mit dem Tode des Gesellschafters somit seine Betriebsvermögenseigenschaft, mit der Folge der ertragssteuerpflichtigen Betriebsentnahme aufseiten des Erblassers. Daher können die Erben auch nicht für das Sonderbetriebsvermögen die Steuerbegünstigung der §§ 13a, 13b und 19a ErbStG beanspruchen.[12] Verhindern lässt sich die ertragsteuerliche Entnahme nur durch die vorherige Einbringung in eine gewerblich geprägte Personengesellschaft (GmbH & Co. KG)[13] dort ist es aber als Verwaltungsvermögen nicht erbschaftsteuerlich begünstigt. Sonderbetriebsvermögen bei einer gesellschaftsvertraglichen Fortsetzungsklausel kann daher zu erheblichen steuerlichen Nachteilen führen.

b) Einkommensteuerliche Auswirkungen der Fortsetzungsklausel

7 Die Anwachsung ist steuerlich eine Veräußerung des Mitunternehmeranteiles des verstorbenen Gesellschafters an die übrigen Gesellschafter. Beim Erblasser entsteht ein steuerpflichtiger Veräußerungsgewinn i.H.d. Unterschiedes zwischen dem Buchwert und dem Abfindungsbetrag gemäß § 16 EStG,[14] der nach §§ 16, 34 EStG nach den Umständen des Erblassers steuerbegünstigt ist. Soweit die Abfindungszahlung niedriger als der Buchwert ist oder ganz ausgeschlossen ist, besteht die Pflicht zur Buchwertfortführung nach § 6 Abs. 3 EStG, sodass kein steuerpflichtige Gewinn entsteht. Gegenstände des Sonderbetriebsvermögens werden, soweit der Erbe nicht Gesellschafter ist, zwingend aus dem Betriebsvermögen in dessen Privatvermögen entnommen unter Besteuerung des Entnahmegewinnes nach § 16 Abs. 3, 4 EStG (i.E. § 131 Rdn. 75).

3. Nachfolgeklauseln

8 Abweichend vom Gesetz kann der Gesellschaftsvertrag jedoch auch die Auflösung der Gesellschaft bestimmen, was in der Praxis selten ist. Häufiger sind jedoch *Nachfolge- oder Eintrittsklauseln*. Da ein Gesellschafter in einer Verfügung von Todes wegen die überlebenden

---

11 I.E. bei § 131 Rdn. 84 Koordinierter Ländererlass v. 22.06.2017.
12 Ist der Gegenstand des Sonderbetriebsvermögens wesentliche Betriebsgrundlage, führt dies wegen Übergang in Privatvermögen ertragsteuerlich zur Aufgabe des Mitunternehmeranteiles, was somit erbschaftsteuerlich dazu führen kann, dass auch für den auf die fortsetzenden Mitgesellschafter übergehenden Mitunternehmeranteil die Steuerbegünstigungen nicht anwendbar sind (*Riedel*, ZErb 2009, 2). Die Zuwendung des Sonderbetriebsvermögens an die verbleibenden Gesellschafter im Rahmen eines Vermächtnisses kann die automatisch mit dem Erbfall eingetretene Trennung des betrieblichen Zusammenhanges nicht wieder rückgängig machen. Hierzu R E 13b.5 Abs. 3 Satz 9 ErbStR 2011.
13 Siehe § 139 Rdn. 91
14 BFH BStBl. II 1994, 227. BMF-Schreiben v. 14.03.2006, BStBl. I 2006, 253 ff, Tz. 69. Problematisch ist eine Abfindungszahlungen neben einem übernommenen, fortbestehenden negativen Kapitalkonto, da dessen Betrag als Entgelt steuerlich zählt; siehe hierzu § 137 Rdn. 101 Allgemein zu den Steuerfolgen: *Esskandari*, ZEV 2012, 249.

Gesellschafter nicht zur Fortsetzung mit seinen Erben verpflichten kann (er kann nur seinen Erben Auflagen über die Nachfolge machen), muss die Fortsetzung mit den Erben eines einzelnen oder jedes verstorbenen Gesellschafters oder das Abhängigmachen der Fortsetzung mit dem (oder den) Erben von dessen (deren) Bereiterklärung nach Eintritt des Erbfalls daher im Gesellschaftsvertrag geregelt sein.

a) Einfache Nachfolgeklausel

Bei der *einfachen Nachfolgeklausel* kann der Gesellschafter seinen Nachfolger frei bestimmen. Der Anteil des Verstorbenen geht dabei im Wege der Sondererbfolge entsprechend der gesetzlichen oder der gewillkürten Erbquoten mit dinglicher Wirkung auf den bzw. die Erben über. Diese(r) treten/tritt umfassend in die Rechtsstellung des Verstorbenen ein, ausgenommen höchstpersönliche oder unvererbliche Sonderrechte. Der Gesellschaftsvertrag sollte regeln, ob Geschäftsführungs- und Vertretungsrechte bzw. Sonderrechte auf die Erben übergehen.[15] Bei mehreren Miterben geht die (vererbliche) Beteiligung nicht auf die Erbengemeinschaft, sondern im Verhältnis der Erbquoten geteilt unmittelbar auf die Erben über.[16] Die Gesellschaftsanteile können dennoch in eine Erbauseinandersetzung einbezogen und abweichend aufgeteilt werden.[17] Der Gesellschaftsvertrag kann eine Gruppenvertretung (Rdn. 42 ff.) bestimmen oder, dass nur einer von mehreren Erben persönlich haftender Gesellschafter wird und die Übrigen in die Kommanditistenstellung wechseln, wobei die Betroffenen auch ein Dritter bestimmen kann[18]

9

Muster einer einfachen erbrechtlichen Nachfolgeklausel

Durch den Tod eines Gesellschafters wird die Gesellschaft nicht aufgelöst, sondern mit dem oder den Erben fortgesetzt.

10 M

Häufig wird jedoch der Nachfolger in den Gesellschaftsanteil durch Vermächtnis bestimmt, was jedoch nicht zum unmittelbaren Anfall des Anteiles führt, sondern der rechtsgeschäftlichen Übertragung bedarf. Lässt der Gesellschaftsvertrag auch Vermächtnisnehmer zur Nachfolge zu, hat der Berechtigte damit ein Eintrittsrecht, wobei die Satzungsklausel auch zu regeln hat, ob die Vermächtniserfüllung auch der Zustimmung der Mitgesellschafter bedarf.

11

Einfache Nachfolgeklausel mit Regelung zur Gesellschafterstellung

Jeder Gesellschafter (bzw. der Gesellschafter A.) kann durch Verfügung von Todes wegen seine Nachfolge in der Gesellschaft regeln. Er kann den oder die Nachfolger – mehrere zu bestimmten Teilen – durch Erbeinsetzung oder durch Vermächtnis bestimmen. Die Übertragung der Beteiligung von dem Erben auf den Vermächtnisnehmer wird hiermit gestattet, ebenso die Übertragung im Vollzug einer Teilungsanordnung.

12 M

---

15 Zu den Auswirkungen auf die Geschäftsführungs- und Vertretungsregelungen siehe u.a. BGH v. 25.05. 1964 – II ZR 42/62, NJW 1964, 1624. *v. Proff*, DStR 2017, 2555.
16 BGH v. 14.02.2012 – II ZB 15/11, NJW-RR 2012, 730 Rn. 18 m.w.N.; *v. Proff*, DStR 2017, 2555.
17 BGH v. 04.05.1983 – IV a ZR 229/81, NJW 1983, 2376; BGHZ 98, 48; zum Steuerlichen: BMF v. 14.03.2006, BStBl. I 2006, 253 Rn. 71. Ausgleichszahlungen an die weichenden Miterben führen auch in diesem Fall zu Anschaffungskosten (BFH, Urt. v. 13.12.1990 – IV R 107/89, DStR 1991, 455).
18 BGH DNotZ 1964, 108; hierzu eingehend *K. Schmidt*, BB 1989, 1702.

Der (die) ausgewählte(n) Nachfolger hat (haben) das gleiche Recht und die gleiche Pflicht zur Geschäftsführung und Vertretung der Gesellschaft, wie sie der Erblasser hatte.

Oder:
Von der Geschäftsführung und Vertretung sind die Erben ausgeschlossen.

Oder:
Zur Geschäftsführung und Vertretung kann nur ein Erbe oder Vermächtnisnehmer berufen werden.
Dem kann hinzugesetzt werden:
Der zur Geschäftsführung und Vertretung berechtigte Erbe erhält dieselben Geschäftsführerbezüge, wie sie der Erblasser bekam.

Oder:
..... erhält während der ersten drei Jahre zwei Drittel der Geschäftsführerbezüge, später die vollen Bezüge des Erblassers.

aa) Erbschaftsteuerliche Folgen

13   Wird die Gesellschaft mit allen Erben fortgeführt, ist deren Erwerb einschließlich des Sonderbetriebsvermögens unter den Voraussetzungen §§ 13a, 13b, 13c, 19a, 28 und 28a ErbStG steuerbegünstigt. Ist der Gesellschaftsanteil jedoch aufgrund eines Vermächtnisses zu übertragen oder wird er im Rahmen einer Teilungsanordnung oder Erbauseinandersetzung auf einen Miterben übertragen, steht gemäß § 13a Abs. 3 ErbStG die Steuerverschonung nicht dem Durchgangserwerber zu, sondern demjenigen, der tatsächlich die Gesellschafterstellung fortführt.[19] Wird jedoch dabei das Sonderbetriebsvermögen nicht mitübertragen, gehört es nicht mehr zum begünstigten Vermögen i.S.d. § 13b ErbStG, selbst wenn es beim Übernehmer Betriebsvermögen bleibt.[20]

bb) Einkommensteuerliche Folgen

14   Der Erbe wird Mitunternehmer, bei mehreren unmittelbar aufgeteilt, ohne dass dies rückwirkend vermieden werden kann. Wegen der zwingenden Buchwertfortführung nach § 6 Abs. 3 EStG ist dies auch dann steuerfrei, wenn die übergegangenen Anteile aufgrund einer Teilungsanordnung oder eines Vermächtnisses auf einen Miterben zu übertragen sind, da dieser nicht schon beim Erbfall wirtschaftlicher Inhaber des Anteiles ist.[21] Bei der steuerlich davon getrennten Erbauseinandersetzung führen Ausgleichszahlungen an weichende Erben zu einem steuerpflichtigen Veräußerungsgewinn (§ 16 EStG).[22]

---

19   Ländererlass vom 25.06.2009, BStBl. I 2009, 713 Abschnitt 7; AEErbSt 13b.1 (1); nach *Riedel* (ZErb 2009, 2) verwirklicht ein Vermächtnis den selbständigen Erwerbstatbestand von § 3 Abs. 1 Nr. 1 ErbStG und verringert die Vermächtnislast den Vermögensanfall beim erfüllungsverpflichteten Erben gem. § 10 Abs. 5 Nr. 2 ErbStG. Die Auseinandersetzung muss jedoch zeitnah erfolgen, 13a (2) Satz 6 ErbStRE.
20   Ländererlass vom 25.06.2009, BStBl. I 2009, 713 Abschnitt 20 (3); AEErbSt 13b.5 (3); nicht erforderlich ist, dass Gesellschaftsanteile und Sonderbetriebsvermögen im gleichen quotalen Umfang auf den Erwerber übergehen. Entscheidend ist nur, dass der Erwerb von Wirtschaftsgütern des Sonderbetriebsvermögens unmittelbar mit dem Erwerb einer Gesellschaftsbeteiligung verbunden ist.
21   BFH BStBl. 1999, 291; jedoch abweichende Gewinnzurechnung nach BFH NJW 2001, 173.
22   Siehe hierzu auch die Erläuterungen zur Realteilung § 131 Rdn. 98 ff. sowie BMF-Schreiben v. 14.03.2006, BStBl. I 2006, 253 Tz. 71 mit Beispielen.

b) Qualifizierte Nachfolgeklauseln

Meist wird jedoch durch qualifizierte Nachfolgeklauseln festgelegt, dass nur bestimmte Personen aus dem Kreis der Erben in die Stellung des verstorbenen Gesellschafters nachfolgen können. Sind von mehreren Miterben aufgrund einer solchen »qualifizierten« Nachfolgeklausel nur einige (oder einer von ihnen) nachfolgeberechtigt, so werden diese – unabhängig von ihrer Erbquote und unter Ausschluss der anderen Miterben – mit Eintritt der Erbfolge unmittelbar Gesellschafternachfolger.[23] Die sonstigen, nicht nachfolgeberechtigten Erben, haben dann keinen Abfindungsanspruch gegenüber der Gesellschaft, sondern nur einen schuldrechtlichen Ausgleichsanspruch gegenüber dem Nachfolgeberechtigten auf der Ebene der Erbengemeinschaft,[24] soweit nicht dem Nachfolger der Gesellschaftsanteil durch Vorausvermächtnis zugewiesen wird. Die erbrechtliche Nachfolgeklausel muss jedoch die nachfolgeberechtigten Personen namentlich oder nach eindeutigen Merkmalen bezeichnen. Neben der Öffnung der Gesellschaft für die Erben als Rechtsnachfolger durch *gesellschaftsvertragliche Nachfolgeklausel* ist es notwendig, dass durch eine entsprechende *Verfügung von Todes wegen* die zugelassene(n) Person(en) auch (Mit-)Erbe(n) wird/werden; sonst tritt Anwachsung zugunsten der verbleibenden Gesellschafter gegen Abfindung der Erben ein. Werden die so Bezeichneten nicht Erbe, sondern nur Vermächtnisnehmer, so erfolgt kein automatischer Eintritt. Die Nachfolgeklausel wird jedoch dann ggf. als Eintrittsklausel verstanden.[25] In wie weit die Nachfolgeberechtigten dann die ausscheidenden Erben abfinden müssen bzw. inwieweit die Erben zur Übertragung der Beteiligung an die Nachfolgeberechtigten verpflichtet sind, kann gesellschafts- wie erbrechtlich geregelt werden.

Qualifizierte Nachfolgeklausel aus bestimmten Personengruppen

Beim Tod eines Gesellschafters wird die Gesellschaft nicht aufgelöst, sondern mit dem Nachfolger des verstorbenen Gesellschafters fortgesetzt. Nachfolger kann nur sein Ehegatte oder ein (oder mehrere) Abkömmling(e) sein. Auf die Nachfolgeberechtigten gehen alle Rechte und Pflichten des verstorbenen Gesellschafters über, mit Ausnahme solcher, die ihm wegen seiner persönlichen Eigenschaften übertragen oder auferlegt waren. Den nicht nachfolgeberechtigten Erben des verstorbenen Gesellschafters steht gegen die Gesellschaft bzw. die fortsetzenden Gesellschafter kein Abfindungsanspruch zu. Sind keine nachfolgeberechtigten Personen Erbe des verstorbenen Gesellschafters geworden, wächst der Anteil des verstorbenen Gesellschafters den verbleibenden Gesellschaftern ohne Abfindungsverpflichtung an. Durch Vermächtnis mit dem Gesellschaftsanteil bedachte Nachfolgeberechtigte haben ein unentgeltliches Eintrittsrecht.

Qualifizierte Nachfolge mit Bestimmungsrecht durch Dritte

Beim Tod eines Gesellschafters wird die Gesellschaft immer nur mit einer Person aus dem Kreis seiner Erben oder Vermächtnisnehmer als Nachfolger fortgesetzt. Der Nachfolger ist durch Erklärung gegenüber der Gesellschaft zu Lebzeiten oder durch Verfügung von Todes wegen durch den Gesellschafter oder durch eine von ihm bestimmte Person (z.B. Testamentsvollstrecker) zu bestimmen.

---

23 BGHZ 68, 225, 237 ff., NJW 1977, 1339; BayObLG DNotZ 1981, 702.
24 BGHZ 68, 225. OLG Stuttgart v. 02.11.2016 – 19 U 49/16 bzgl. Zulässigkeit des Ausschlusses der Wertabfindung in den Grenzen des Pflichtteilsrechts.
25 BGH NJW 1978, 264; *Nieder/Kössinger*, Handbuch der Testamentsgestaltung, 5. Aufl., § 20 Rn. 38.

Übt er sein Bestimmungsrecht nicht aus oder wird der als Nachfolger Vorgesehene nicht Erbe, so sind die verbleibenden Gesellschafter, die den Anteil solange treuhänderisch halten, auf Verlangen verpflichtet, den Gesellschaftsanteil an die bestimmte Person oder, falls niemand bestimmt ist, demjenigen zu übertragen, den der Testamentsvollstrecker oder notfalls die übrigen Gesellschafter einstimmig als Nachfolger aus dem Kreis der Abkömmlinge des verstorbenen Gesellschafters nach freiem Ermessen auswählen. Der so Bestimmte hat innerhalb der von den verbleibenden Gesellschaftern gesetzten angemessen Frist diesen gegenüber schriftlich zu erklären, ob er die Nachfolge in die Gesellschafterstellung annehmen will. Wird die Erklärung nicht innerhalb der Frist abgegeben, scheiden die Erben des verstorbenen Gesellschafters ohne Abfindung aus der Gesellschaft aus, die unter den verbleibenden Gesellschaftern fortgesetzt wird. Den Erben des verstorbenen Gesellschafters stehen auch keine Abfindungsansprüche zu, wenn ein Abkömmling des verstorbenen Gesellschafters Nachfolger wird. Auf diesen Nachfolger sind alle Rechte und Pflichten des verstorbenen Gesellschafters aus dem Gesellschaftsverhältnis uneingeschränkt und unentgeltlich zu übertragen, ausgenommen solche, die dem verstorbenen Gesellschafter wegen seiner persönlichen Eigenschaften übertragen oder auferlegt waren.

(In Anlehnung an *Nieder/Kössinger*, § 20 Rn. 43).

Ergänzung zur qualifizierten Nachfolgeklausel bei Vermächtnisnehmern

18 M Wendet ein Gesellschafter seinen Gesellschaftsanteil dem Nachfolger durch Vermächtnis zu,
Alternative 1:..... wird die Gesellschaft bis zur Vermächtniserfüllung mit den Erben des Verstorbenen fortgesetzt. Nimmt der Vermächtnisnehmer das Vermächtnis nicht innerhalb von 3 Monaten nach dem Erbfall an, scheiden die Erben unter Abfindung/unter Ausschluss von Abfindungsansprüchen aus der Gesellschaft aus.
(Formulierung von Ivo, ZEV 2006, 304).
Alternative 2:..... scheiden die Erben des Verstorbenen aus der Gesellschaft aus. Dem Vermächtnisnehmer steht jedoch das Recht zu, innerhalb einer Frist von zwei Monaten nach dem Erbfall von den übrigen Gesellschaftern die Aufnahme in die Gesellschaft zu den Bedingungen der Mitgliedschaft des Verstorbenen zu verlangen. Tritt der Begünstigte in die Gesellschaft ein, haben ihm die übrigen Gesellschafter den treuhänderisch gehaltenen Gesellschaftsanteil des Verstorbenen einschließlich seiner Rechte aus dem Gesellschaftsverhältnis unentgeltlich zu übertragen. Die Erben erhalten keine Abfindung. Macht der Vermächtnisnehmer vom Eintrittsrecht keinen Gebrauch, wird die Gesellschaft unter/ohne Abfindung der Erben von den übrigen Gesellschaftern fortgesetzt. Verstirbt der vorletzte Gesellschafter, bleiben dessen Erben jedoch solange Gesellschafter bis sie den Anteil an den Vermächtnisnehmer übertragen haben.

Qualifizierte Nachfolgeklausel mit Kommanditistenstellung

19 M Bei Tod eines Gesellschafters wird die Gesellschaft mit einem seiner Abkömmlinge fortgesetzt, der die notwendige Eignung und Vorbildung besitzt, um die kaufmännische oder technische Leitung mit zu übernehmen. Der Gesellschafter hat unter Lebenden oder von Todes wegen seinen Nachfolger zu bestimmen. Übt er sein Bestimmungsrecht nicht aus, scheiden seine Erben gegen Abfindung nach § ..... der Satzung aus der Gesellschaft aus und wird die Gesellschaft von den übrigen Gesellschaftern unter der bisherigen Firma fortgeführt. (alternativ: Das Bestimmungsrecht wie in dem Muster Rdn. 17).

Ist der Benannte im Zeitpunkt des Todes des Gesellschafters zur Übernahme der Leitungsfunktion noch nicht in der Lage, so wird der Benannte zunächst Kommanditist, kann aber binnen 5 Jahren in die Stellung eines persönlich haftenden und geschäftsführungs- und vertretungsberechtigten Gesellschafters eintreten, wenn er bis dahin die vorstehende Voraussetzung erfüllt.

Nachfolgeklausel mit Übernahme-/Ausschlussmöglichkeit

**Beim Tod eines Gesellschafters wird die Gesellschaft mit den Erben des Gesellschafters fortgesetzt.
Die neben den Erben des verstorbenen Gesellschafters verbliebenen Gesellschafter sind jedoch berechtigt, innerhalb von ..... Monaten nach dem Erbfall und Kenntnis von der Person der Erben mit einer Mehrheit von 75 % aller ihrer Stimmen zu beschließen, dass sie die Gesellschaft nicht mit den Erben des verstorbenen Gesellschafters fortführen wollen. Wird ein derartiger Ausschließungsbeschluss gefasst, wird die Gesellschaft unter den verbliebenen Gesellschafter ohne die Erben des verstorbenen Gesellschafters fortgesetzt. Die Erben des verstorbenen Gesellschafters erhalten die Abfindung nach § ..... des Gesellschaftsvertrages.**

Die Ausschließungsklausel kann eventuell auch nur auf Erben bezogen werden, die keine bestimmten Qualifikationen vorweisen. Die Überlegungsfrist darf nicht unangemessen lang sein, damit keine unzulässige Hinauskündigungsklausel daraus wird.[26]

aa) Erbschaftsteuerliche Folgen

Geht der Gesellschaftsanteil aufgrund einer gesellschaftsvertraglichen Regelung nicht auf alle Erben, sondern nur auf bestimmte Miterben unmittelbar über, wird dies zivilrechtlich wie auch steuerrechtlich als ein gesellschaftsrechtlich besonders ausgestalteter Unterfall einer Teilungsanordnung angesehen.[27] Allerdings kann die Begünstigungen der §§ 13a, 13b, 13c, 19a, 28 und 28a ErbStG bei Vorliegen deren Voraussetzungen gemäß § 13a Abs. 5 ErbStG nur der nachfolgeberechtigten Miterben in Anspruch nehmen.[28] Sonderbetriebsvermögen fällt grundsätzlich der Erbengemeinschaft gesamthänderisch an. Galt nach dem bisherigen Recht des § 99 BewG ein Grundstück nicht zum Betriebsvermögen gehörend, wenn neben dem Betriebsinhaber noch andere Personen beteiligt sind, gilt nunmehr nach § 95 Abs. 1 BewG, dass er, soweit der qualifizierte Nachfolger in den Gesellschaftsanteil auch Mitglied der Erbengemeinschaft an dem zum Sonderbetriebsvermögen gehörenden Grundbesitz ist, entsprechend seinen Erbteil das Sonderbetriebsvermögen steuerbegünstigt unter den Voraussetzungen der §§ 13a, 13b ErbStG erwerben kann. Soweit es jedoch an die nicht nachfolgeberechtigten Erben anfällt, gilt es als vom Erblasser ins Privatvermögen ertragssteuerlich entnommen und ist deren Erwerb nicht erbschaftsteuerbegünstigt. Die vermächtnisweise Zuwendung des Sonderbetriebsvermögens an den qualifizierten Nachfolger hebt die Zwangsentnahme aus dem Betriebsvermögen nicht auf; § 13a Abs. 5 ErbStG hilft nicht, da das Vermächtnis der Entnahme nachfolgt.[29]

---

26 Gemäß BGH v. 07.05.2007 – II ZR 281/05 ist 3 Jahre als Obergrenze anzusehen; s. zu Hinauskündigungsklauseln auch § 132 Rdn. 63
27 BFH BStBl. II 1983, 329; AEErbSt 2017 13b.1 (2).
28 Evtl. aber begrenzt auf die tatsächliche Erbbeteiligungshöhe, *Wälzholz*, notar 2015, 39.
29 Hierzu *Riedel*, ZErb 2009, 2; dieser weist darauf hin, dass, soweit das Sonderbetriebsvermögen eine wesentliche Betriebsgrundlage bildet, durch die zwangsweise Entnahme der Mitunternehmeranteil insgesamt aufgegeben wird und dies die Anwendung der §§ 13a, 19a ErbStG ausschließt. Hierzu auch 13b.5 Abs. 3 ErbStRE 2011, wonach die Steuerbegünstigung der Anteilsübertragung nicht davon abhängen, dass Son-

bb) Einkommensteuerliche Folgen

23 Der qualifizierte Miterbe wird unmittelbar Mitunternehmer (kein Durchgangserwerb[30]) und führt steuerneutral die Buchwerte gemäß § 6 Abs. 3 EStG fort.[31] Der vom qualifizierten Nachfolger zu zahlende Ausgleich stellt für diesen keine Anschaffungskosten dar. Beim Miterben ist er kein Entgelt, sondern Nachlassbestandteil.[32] Sonderbetriebsvermögen, das mangels entsprechender Gestaltungen in den allgemeinen Nachlass fällt, behält nur i.H.d. Erbquoten des Nachfolgers seine Eigenschaft als Sonderbetriebsvermögen.[33] In Höhe der übrigen Miterben wird es zwingend Privatvermögen (Zwangsentnahme) und führt zu einem laufenden Entnahmegewinn nach § 16 EStG.

24 Vermeiden lässt sich dies nur durch Alleinerbeneinsetzung des Gesellschafternachfolgers oder dadurch, dass der Altgesellschafter das Sonderbetriebsvermögen noch selbst in das Gesamthandvermögens der Personengesellschaft oder in eine weitere Betriebsvermögen z.B. eine gewerblich geprägte GmbH & Co. KG zu Buchwerten einbringt (Ausgliederungsmodell) oder dass anstelle einer qualifizierten Nachfolgeklausel eine einfache Nachfolgeklausel tritt, die der Erblasser durch eine testamentarische Teilungsordnung ergänzt, was jedoch für die verbleibenden Mitgesellschafter das Risiko beinhaltet, dass entweder der Gesellschafter nicht entsprechend testiert oder die Erben sich anderweitig auseinandersetzen. Ansonsten bleibt nur noch als sicherer Weg die vorweggenommene Erbfolge unter Vorbehaltsnießbrauch für den Übertragenden. Als problematisch angesehen wird, das Sonderbetriebsvermögen durch Teilungsanordnung oder Vorausvermächtnis[34] oder durch Schenkung des Sonderbetriebsvermögens auf den Todesfall zu übertragen.[35]

25 Die *Übernahme-/Ausschließungsklausel* stellt eine Veräußerung des Gesellschaftsanteiles an die verbleibenden Gesellschafter dar. Machen die verbleibenden Gesellschafter von ihrem Recht alsbald nach dem Erbfall Gebrauch, wird dies einkommensteuerlich als Veräußerung des Mitunternehmeranteiles durch die Erben angesehen.[36] Erbschaftssteuerlich wird dies auch als Ausscheiden des Erben aus der Gesellschaft und somit als lebzeitige Bereicherung der Mitgesellschafter i.S. § 7 Abs. 7 ErbStG angesehen, für die §§ 13a, 19a ErbStG angewendet werden kann; die abzufindenden Erben haben den Abfindungsanspruch zu versteuern (nicht begünstigt).[37]

c) Gesellschaftsvertragliche Nachfolgeklausel

26 Neben der erbrechtlichen Nachfolgeklausel ist auch eine gesellschaftsvertragliche Nachfolgeklausel möglich, mit der der Nachfolgeberechtigte durch einen lebzeitig aufschiebend bedingten Abtretungsvertrag eine vererbliche Nachfolgeposition erlangt, wozu aber seine Mitwirkung erforderlich ist, da es sich ansonsten um eine unzulässige Verfügung zugunsten Dritter handeln würde.[38]

---

derbetriebsvermögen in gleicher Quote über geht, diese jedoch entfällt, wenn solches auf andere Erwerber übergeht.
30 BFH BStBl. II 1992, 512.
31 BFH v. 27.07.1993 – VIII R 72/90, BStBl. I 1994, 625 = DStR 1994, 747. Da eine Ausgleichsleistung an den weichenden Miterben keine Anschaffungskosten sind, entsteht bei einer späteren Veräußerung ein höherer steuerpflichtiger Veräußerungsgewinn.
32 BMF v. 14.03.2006, BStBl. I 2006, 253 Tz. 72.
33 So BMF v. 14.03.2006 BStBl. I 2006, 253 Tz. 73; BMF v. 03.03.2005, BStBl. I 2005, 458 Rn. 23.
34 Gemäß BMF Schreiben v. 14.03.2006, BStBl. I 2006, 253, Tz 73 führt dies nicht zu einem direkten Erwerb.
35 Nach Schmidt/*Wacker*, § 16 EStG Rn. 675 wahrscheinlich untauglich.
36 Schmidt/*Wacker*, § 16 EStG Rn. 664; Esskandari, ZEV 2012, 249.
37 Ländererlass vom 25.06.2009 BStBl. I 2009, 713 Abschn. 2; ErbStRE 10.13 Abs. 1.
38 *Nieder/Kössinger*, § 20 Rn. 52. der Anteil fällt damit nicht in den Nachlass. Den Erben steht keine Abfindung zu, jedoch ein Pflichtteilsergänzungsanspruch nach § 2325 BGB. iE. Siehe MüKo/BGB § 727 Rn. 49; § 1922 Rn. 101.

Im Gesellschaftsvertrag oder einer Ergänzung dazu wird die Nachfolge jedes ausscheidenden Gesellschafters bereits durch lebzeitige Vereinbarung aller Gesellschafter mit den Nachfolgern geregelt; sie müssen also die Vereinbarung selbst mit unterzeichnen. Sie treten dann gleichzeitig mit dem Ausscheiden ein, ohne dass es einer nochmaligen Zustimmung oder Beitrittserklärung zur Nachfolge bedarf.

Muster einer gesellschaftsvertraglichen Nachfolgeklausel

Durch das Ausscheiden eines der drei Gesellschafter durch Tod oder aus anderen Gründen wird die Gesellschaft nicht aufgelöst, sondern mit seinen Nachfolgern im Gesellschafterrecht fortgesetzt. Nachfolger des Gesellschafters A. wird der Prokurist D., Nachfolger des Gesellschafters B. der Ingenieur E. und Nachfolger des Gesellschafters C. der Handlungsbevollmächtigte F. 27 M
Jeder Nachfolger erhält den Gesellschaftsanteil des Ausscheidenden zu dem Buchwerte am Tage der Rechtsnachfolge. An den Ausscheidenden bzw. dessen Erben hat er mindestens $1/5$ im Jahre des Gesellschafterwechsels und in jedem weiteren Jahre ebenfalls mindestens $1/5$ des Abfindungsguthabens auszuzahlen und mit 3 v.H. über dem Basiszins zu verzinsen. Ein Abfindungsanspruch der Erben des verstorbenen Gesellschafters gegen die Gesellschaft selbst oder die übrigen Gesellschafter ist ausgeschlossen.
D., E. und F. verpflichten sich, zu den vorstehenden Bedingungen in die Gesellschaft einzutreten und alle Rechte und Pflichten ihres Vorgängers zu übernehmen.

Eine unmittelbare Bestimmung des Ersatzgesellschafters im Gesellschaftsvertrag ist nur dann zweckmäßig, wenn die Nachfolge schon absehbar ist. Die Bezahlung des Abfindungsguthabens kann die Gesellschaft übernehmen, die dazu die Einlage des Ersatzgesellschafters verwendet. 28

4. Eintrittsklauseln

Die Eintrittsklausel gibt dem Begünstigten das Recht auf Eintritt in die Gesellschaft zu den in der Klausel genannten Bedingungen. Es handelt sich bei ihr regelmäßig um einen begünstigenden Vertrag zugunsten Dritter auf den Todesfall. Der Begünstigte muss nicht Erbe oder Vermächtnisnehmer sein. Der Eintritt erfolgt durch Abschluss eines Vertrages zwischen Eintrittsberechtigten und verbleibenden Gesellschaftern (Muster Rdn. 36 M sowie Rdn. 64 M), soweit es sich nicht bei der Eintrittsklausel um ein bindendes Vertragsangebot handelt. Bis zur Ausübung des Eintrittsrechtes wird die Gesellschaft grundsätzlich ohne die Erben fortgeführt; vereinbart wird in der Regel, dass die verbleibenden Gesellschafter den Anteil des Verstorbenen bis zur Ausübung des Eintrittsrechtes als Treuhänder halten. Bei der nur noch zweigliedrigen Gesellschaft ist zu beachten, dass mit dem Tod immer zunächst mit den Erben fortgesetzt werden muss, ansonsten die Gesellschaft aufgelöst würde (kombinierte Nachfolge- und Eintrittsklausel). Der Gesellschaftsvertrag sollte zumindest die Frist regeln, bis zu der das Eintrittsrecht ausgeübt werden kann. Daneben sollte die Klausel auch die Voraussetzungen für die Eintrittsberechtigung regeln und den Umfang der Rechte und Pflichten bestimmen, die dem Eintrittsberechtigten zustehen. Soll dieser in die volle Stellung des Verstorbenen eintreten, haben die verbleibenden Gesellschafter bzw. die Erben den Anteil des Verstorbenen als Treuhänder des Berechtigten weiter zu führen. Der Abfindungsanspruch der ausscheidenden Erben des verstorbenen Gesellschafters wird hier in der Regel ausgeschlossen und dem Eintretenden der Beitritt ohne neue Einlageleistung zugebilligt[39] 29

---
39 BGH NJW 1978, 264.

oder dem Eintrittsberechtigten wird der Abfindungsanspruch vermacht, damit er damit die geschuldete Einlageverpflichtung erfüllen kann.

30   Eine Eintrittsklausel kann es auch dem einzelnen Gesellschafter freistellen, den Eintrittsberechtigten zu bestimmen. Dabei kann er durch letztwillige Verfügung auch bestimmen, dass künftige Gewinn- und Abfindungsansprüche im Nachlass bleiben und der Gesellschaftsanteil dieser Rechte entkleidet ist, um sie dem Zugriff der Privatgläubiger eines nachfolgeberechtigten Erben zu entziehen.[40] Das einem persönlich haftenden Gesellschafter eingeräumte Präsentationsrecht für seinen Nachfolger kann auch so gemeint sein, dass es seine Erben noch ausüben können.[41] Die Eintrittsklausel kann aber auch den verbleibenden Gesellschaftern oder einem Dritten, z.B. dem Testamentsvollstrecker, das Recht einräumen, den Eintrittsberechtigten zu bestimmen.

Muster für Eintrittsklauseln – Nachfolge durch Vermächtnisnehmer:

31   Die Sondererbfolge des Personengesellschaftsrechts setzt voraus, dass der zur Nachfolge Berufene auch Erbe wird. Wird er lediglich Vermächtnisnehmer, kann er nur durch eine Eintrittsklausel in die Gesellschafterstellung gelangen. Durch ergänzende Vertragsauslegung des Gesellschaftsvertrages wird in der Regel die qualifizierte Nachfolgeklausel dann als Eintrittsklausel gedeutet werden können. Um diese Problemstellung zu vermeiden, empfiehlt es sich in den Gesellschaftsvertrag aufzunehmen:

Eintrittsklausel bzgl. Vermächtnisnehmer

32 M   Wendet ein Gesellschafter seinen Gesellschaftsanteil dem von ihm bestimmten Nachfolger durch Vermächtnis zu, wird die Gesellschaft zunächst bis zur Übertragung der Beteiligung auf den Vermächtnisnehmer mit den Erben des Verstorbenen fortgesetzt. Nimmt der Vermächtnisnehmer das Vermächtnis nicht innerhalb von ..... Monaten nach dem Erbfall an, scheiden die Erben unter Abfindung gemäß § ..... dieser Satzung/ unter Ausschluss von Abfindungsansprüchen aus der Gesellschaft aus.
Alternativ:

Eintrittsklausel für vom Verstorbenen bestimmte Person

33 M   Beim Tod eines Gesellschafters wird die Gesellschaft zunächst durch die verbleibenden Gesellschafter fortgeführt; ist in Folge dessen nur noch ein Gesellschafter vorhanden erfolgt die Fortsetzung bis zum Ablauf des Eintrittsrechts mit den Erben des verstorbenen Gesellschafters. Der Person, die der Verstorbenen zu Lebzeiten oder durch Verfügung von Todes wegen bestimmt hat, steht das unentgeltlich ausübbare Eintrittsrecht in die Gesellschaft zu. Die Eintrittserklärung ist von ihr schriftlich gegenüber den noch verbliebenen Gesellschaftern innerhalb einer Frist von sechs[42] Monaten nach dem Erbfall zu erklären; fordern die verbliebenen Gesellschafter den Eintrittsberechtigten zur Erklärung auf, kann diese nur innerhalb einer Frist von drei Monaten nach Zugang der Aufforderung abgegeben werden, soweit keine längere Frist von ihnen gesetzt wird. Bis zur Ausübung des Eintrittsrechtes wird der Anteil des verstorbenen Gesellschafters von den verbleibenden Gesellschaftern treuhänderisch verwaltet. Der Eintrittsberechtigte erhält den Anteil des Verstorbenen zu den Bedingungen

---
40 BGH DNotZ 1988, 46.
41 BGH DNotZ 1976, 387.
42 Zu beachtende steuerliche Frist; siehe Rdn. 38.

dessen Mitgliedschaft mit allen Rechten und Pflichten des Verstorbenen, ausgenommen solche, die dem Verstorbenen wegen seiner persönlichen Eigenschaften übertragen oder auferlegt waren. Abfindungsansprüche der Erben gegen die Gesellschaft oder deren Gesellschafter sind stets ausgeschlossen.

Sollen nach dem Tod eines Gesellschafters nicht unmittelbar seine Erben in die Gesellschafterstellung nachfolgen, sondern allenfalls einzelne von ihnen, soweit und sobald sie besondere Qualifikationen nachweisen können, oder sollen andere Personen, wie besonders qualifizierte Mitarbeiter in die Gesellschafterstellung nachfolgen können, ist eine Eintrittsklausel in der Gesellschaftssatzung erforderlich. 34

Eintrittsklausel bei bestimmter Qualifikation

Verstirbt ein Gesellschafter, scheidet er ohne Abfindung aus der Gesellschaft aus. Die Gesellschaft wird von den verbleibenden Gesellschaftern unter der bisherigen Firma fortgeführt. 35 M
Schließt einer der Abkömmlinge des verstorbenen Gesellschafters jedoch ein Universitätsstudium für Wirtschaftsingenieure mit der Fachrichtung ..... erfolgreich ab, hat dieser das Recht, den Eintritt in die Gesellschaft zu erklären. Die Erklärung ist schriftlich gegenüber allen verbliebenen Gesellschaftern abzugeben. Fordern diese den Eintrittsberechtigten zur Erklärung auf, kann er die Erklärung nur innerhalb einer Frist von ..... Monaten nach Zugang der Aufforderung abgeben, soweit keine längere Frist gesetzt wird. Bis zur Ausübung des Eintrittsrechtes wird der Anteil des verstorbenen Gesellschafters von den verbleibenden Gesellschaftern treuhänderisch verwaltet. Nach fruchtlosem Ablauf der gesetzten Frist wird die Gesellschaft endgültig von den übrigen Gesellschaftern (*ggf.* unter Abfindung der Erben des verstorbenen Gesellschafters gemäß § ..... der Satzung) fortgesetzt. Macht der Eintrittsberechtigte von seinem Eintrittsrecht Gebrauch, sind die übrigen Gesellschafter verpflichtet, ihm den Anteil des verstorbenen Gesellschafters unentgeltlich (*oder:* gegen ein Entgelt in Höhe der Abfindung an die Erben) zu den Bedingungen der Mitgliedschaft des verstorbenen Gesellschafters zu übertragen, ausgenommen diejenigen Rechte und Pflichten, die dem verstorbenen Gesellschafter nur wegen seiner persönlichen Eigenschaften übertragen oder auferlegt waren (*Abfindungsanspruch der Erben?*).

Aufnahmevereinbarung nach Ausübung des Eintrittsrechtes

I.

36 M

Im Gesellschaftsvertrag der Offenen Handelsgesellschaft » ..... oHG« ist bestimmt:
.....

II.

Am ..... ist der Gesellschafter ..... verstorben. Das seinen Erben zustehende Auseinandersetzungsguthaben beläuft sich auf ..... €. Die erste Jahresrate von ..... € wird mit den Zinsen am ..... fällig.

III.

Herr ....., hat sein Eintrittsrecht ausgeübt. Die anderen vier Gesellschafter ..... nehmen ihn als neuen Gesellschafter zum ..... in die Gesellschaft auf. Ihm steht die gleiche

Gesellschafterstellung, insbes. bzgl. Gewinn- und Verlustbeteiligung, Geschäftsführungs- und Vertretungsbefugnis, wie dem Verstorbenen zu. Die Rechtsverhältnisse der OHG und mit seiner Gesellschafterstellung verbundenen persönlichen Haftungspflichten sind ihm bekannt.

Da ihm durch Erbverfügung des verstorbenen Gesellschafters der Abfindungsanspruch durch ein gegenüber den Erben angenommenes Vermächtnis zugewendet wurde, leistet er seine Einlage durch Verrechnung des Abfindungsanspruchs mit der Einlageschuld, worüber die Beteiligten einig sind.

Im Übrigen gilt der dem neuen Gesellschafter bekannte Vertrag vom .....

■ *Kosten.* Für diesen Güteraustauschvertrag ist der Wert der Einlage des Eintretenden oder der etwa höhere Wert des ihm anwachsenden Anteils am Gesellschaftsvermögen maßgebend, und zwar am Aktivvermögen ohne Schuldenabzug (wegen Bilanzwertberichtigung s. Muster § 132 Rdn. 103 M). Der Vermögensanteil ist nach dem Verhältnis des Kapitalanteils des Eintretenden zu den Kapitalanteilen der anderen Gesellschafter im Zeitpunkt des Eintritts zu ermitteln gemäß § 97 i.V.m. 38 GNotKG. Eine Ausnahme gilt lediglich bei Erwerb eines Kommanditanteiles an einer nicht überwiegend vermögensverwaltend tätigen KG, weil dann nach § 54 GNotKG der Wert des zu erwerbenden KG-Anteiles nach dem Anteil am Eigenkapital gemäß § 266 Abs. 3 HGB bemessen wird. – Gebühr nach Nr. 21100 KV GNotKG von 2,0 (Tabelle B).

a) Erbschaftsteuerliche Folgen der Eintrittsklausel

37 Bis zur Ausübung des Eintrittsrechtes gelten die erbschaftsteuerlichen Folgen der Fortsetzungsklausel. Mit Ausübung des Eintrittsrechtes verlieren die übrigen Gesellschafter den ererbten Anteil (Weitergabeverpflichtung i.S.v. §§ 13a Abs. 5, 19a Abs. 2 ErbStG) und liegt beim Eintretenden im dem Umfang, wie er keine vollwertige Einlage leisten muss, rückwirkend auf den Todestag entsprechend einer qualifizierten Nachfolgeklausel ein steuerpflichtiger Erwerb gemäß § 3 Abs. 1 Nr. 2 ErbStG vor, der bei Vorliegen der Voraussetzungen der §§ 13a, b, c, 19a, 28 und 28a ErbStG begünstigt ist, wenn das Eintrittsrecht innerhalb von 6 Monaten nach dem Erbfall ausgeübt worden ist.[43]

b) Einkommensteuerliche Folgen der Eintrittsklausel

38 Wird das Eintrittsrecht innerhalb von 6 Monaten nach dem Erbfall ausgeübt, werden die verbliebenen Gesellschafter nur als Treuhänder angesehen und treten die Steuerkonsequenzen der einfachen Nachfolgeklausel ein, wenn alle Erben von ihrem Eintrittsrecht Gebrauch machen, bzw. die Regeln der qualifizierten Nachfolge, wenn nur einzelne Erben eintreten.[44] Macht der Berechtigte keinen Gebrauch, treten die Folgen wie bei der Fortsetzungsklausel ein. Probleme können sich beim Vorhandensein von Sonderbetriebsvermögen ergeben.

5. Umwandlung in Kommanditistenstellung

39 Die Bestimmung im Gesellschaftsvertrag, dass die Gesellschaft mit allen Erben eines verstorbenen Gesellschafters oder mit einzelnen fortgesetzt werden soll, gibt jedem Erben nach § 139 HGB das gesellschaftsvertraglich nicht entziehbare Recht, binnen 3 Monaten ab Kenntnis des Erbanfalls zu verlangen, nicht persönlich haftende Gesellschafter, sondern *Kommanditisten* mit dem seinem Erbteil entsprechenden Teil des Gesellschafteranteils des Verstorbe-

---

43 BMF Schreiben v. 14.03.2006, BStBl. I 2006, 253; AEErbSt 2017 13b.1 (2).
44 BMF v. 14.03.2006, BStBl. I 2006, 253 Rn. 70; 55 Abs. 2 ErbStR 2003; diff. Schmidt/*Wacker*; § 16 EStG Rn. 677.

nen *zu werden*.⁴⁵ Wird der Antrag eines Erben von den Gesellschaftern nicht angenommen, so hat er die Wahl, sein Ausscheiden zu erklären oder vollhaftender Gesellschafter zu bleiben. Weitere Erläuterungen mit Muster s. bei § 138 Rdn. 15 ff.

Der Gesellschaftsvertrag kann die Gesellschafterstellung der Erben jedoch auch als die eines Kommanditisten festlegen:⁴⁶   40

Muster für Wechsel in Kommanditistenstellung

Die Erben oder Vermächtnisnehmer erhalten jedoch nur die Stellung als Kommanditisten. Die übrigen Gesellschafter können jedoch einzelnen dieser Gesellschafternachfolger innerhalb eines Jahres ab dem Erbfall die Stellung eines vollhaftenden Gesellschafters anbieten.   41 M
Die Kommanditisten gewordenen Erben oder Vermächtnisnehmer können ihr Stimmrecht nur einheitlich durch einen gemeinsamen Vertreter ausüben, sofern es sich nicht um Beschlüsse über die Änderung oder Ergänzung des Gesellschaftsvertrages handelt. Die Kommanditistengruppe fasst ihre Beschlüsse, insbesondere die über die Bestellung und Abberufung des gemeinschaftlichen Vertreters sowie die Erteilung von Weisungen an ihn, mit einfacher Mehrheit der abgegebenen Stimmen, die sich nach der Höhe ihrer Kommanditanteile (Haftanteil) richtet. Solange ein gemeinsamer Vertreter nicht bestellt ist, ruhen die Stimmrechte dieser Gesellschafter in den Angelegenheiten, in denen sie nur durch den gemeinsamen Vertreter wahrgenommen werden können.

6. Gruppenstimmrecht

Ob in einem Gesellschaftsvertrag die Verpflichtung festgelegt werden kann, dass mehrere Gesellschafter zusammen ihre Rechte nur gemeinsam durch einen Vertreter ausüben können (Gruppenvertreter), ist je nach Art der Gesellschaft unterschiedlich zu beurteilen. Bei einer OHG wird dies wegen der einzelnen persönlichen Haftung jedes Gesellschafters nur innerhalb strenger Grenzen als zulässig angesehen; zumindest in dem sogenannten »Kernbereich« der nicht verzichtbaren Gesellschafterrechte wie Informationsrecht, Kündigungsrecht, bleibt der einzelne Gesellschafter allein handlungsfähig. Auch strittig ist, ob die Satzungsklausel die Binnenverfassung der Gesellschaftergruppe regeln kann oder nur die Gruppe selbst. Empfehlenswert ist daher, dass der Gesellschafter auch in seiner letztwilligen Verfügung die Binnenverfassung der Gesellschaftergruppe festlegt.⁴⁷ Für die Erbfolge nach einem Kommanditisten hat der BGH⁴⁸ jedenfalls die Notwendigkeit anerkannt, dass der sich aus der erbrechtlichen Aufspaltung der Mitgliedschaftsrechte ergebenden Gefahr einer Zersplitterung bei der Meinungsbildung durch das gesellschaftsvertragliche Erfordernis gemeinschaftlicher Rechtsausübung der Erben des Gesellschafters begegnet wird.⁴⁹   42

Ausgehend davon, dass ein Gesellschaftsanteil grundsätzlich in die Erbengemeinschaft gefallen wäre, für die Gemeinschaftsrecht (§§ 2038 Abs. 2, 745 BGB) gilt, dies aber wegen der gesplitteten Sondererbfolge im Personengesellschaftsrecht nicht eintritt, entsteht zwischen den mehreren Gesellschaftererben, soweit diese ihr Innenverhältnis nicht anders regeln, ein gemeinschaftsrechtliches Verhältnis, in dem entsprechend § 745 Abs. 1 BGB   43

---

45 BGHZ 22, 195 = DNotZ 1957, 405.
46 Muster auch bei *Nieder/Kössinger*, § 20 Rn. 32.
47 Zum Ganzen *K. Schmidt*, Gesellschaftsrecht, S. 621 ff.; MüKo-HGB/*Enzinger*, § 119 HGB Rn. 52 ff.; *Schörnig*, ZEV 2002, 343.
48 BGHZ 119, 346, 354 f.; vgl. auch BGH v. 24.11.2008 – II ZR 116/08 (Schutzgemeinschaftsvertrag II) = BGHZ 179, 13; DNotZ 2009, 392.
49 Weitere Erläuterung hierzu bei § 137 Rdn. 72

mehrheitlich nach der Größe der Anteile entschieden wird.[50] Begrenzt ist diese Mehrheitsentscheidung nur insofern, als sie weder in unverzichtbare Mitgliedschaftsrechte (Informationsrecht, Kündigungsrecht und Ähnliches) noch in die Rechte eingreifen kann, die der Minderheit nur mit deren Zustimmung entzogen werden können, die also zum sogenannten Kernbereich der Mitgliedschaft gehören. Sonstige Änderungen des Gesellschaftsvertrages sowie auch außergewöhnliche Maßnahmen der Geschäftsführung unterliegen daher der Mehrheitsentscheidung innerhalb der Gesellschaftergruppe.

44 Das Ruhen des Stimmrechtes aus dem Anteil solange kein einheitlicher Bevollmächtigter benannt ist, kann durch Gesellschaftsvertrag geregelt werden, soweit es nicht um Angelegenheiten geht, bei denen die Gruppenvertretung an sich ausgeschlossen ist. Rechtlich bisher nicht geklärt ist, ob im Gesellschaftsvertrag die Anwachsung beschränkt nur auf die Gesellschafter des betroffenen Familienstammes festgelegt werden kann.[51]

45 M **Muster siehe bei § 137 Rdn. 73.**

II. Lebzeitige Übertragung des Gesellschaftsanteiles

46 1. Trotz § 719 BGB kann das Mitgliedschaftsrecht einschließlich der wirtschaftlichen Beteiligung in Form des Gesellschafts-, Geschäfts-, bzw. Kapitalanteils, mit Zustimmung aller übrigen Gesellschafter übertragen werden. Nur ausnahmsweise kann eine Versagung der Zustimmung treuwidrig sein. Die Zustimmung kann bereits antizipiert im Gesellschaftsvertrag erteilt werden, wobei die Übertragung der Mitgliedschaft von bestimmten Voraussetzungen abhängig gemacht werden kann, insbesondere dass der Erwerber bestimmte subjektive Voraussetzungen erfüllen muss. Der Erwerber wird unmittelbarer *Rechtsnachfolger* des ausscheidenden Gesellschafters,[52] ohne dass es eines besonderen Aufnahmevertrages mit den übrigen Gesellschaftern bedarf. Die freie Abtretbarkeit der Beteiligung an einen beliebigen Dritten ist jedoch bei den meisten Personengesellschaften nicht zweckmäßig. Nur bei zahlreichen Gesellschaftern, von denen die Mehrzahl nicht geschäftsführungs- und vertretungsberechtigt ist, wird sie infrage kommen. Im Allgemeinen wird die Abtretung im Gesellschaftsvertrag nur an Gesellschafter oder deren Angehörige und, wenn an Dritte, nur mit Genehmigung der übrigen Gesellschafter zugelassen. In der Zustimmung zur Sicherungsabtretung liegt gleichzeitig die unwiderrufliche Zustimmung zur Rückübertragung.[53] Der Gesellschafterwechsel muss von allen Gesellschaftern zur Eintragung in das Handelsregister angemeldet werden.

47 Der Gesellschafter einer OHG kann aufgrund seiner gesellschafterlichen Treuepflicht aber gehalten sein, der von einem Mitgesellschafter aus Alters- oder Krankheitsgründen gewünschten *Vorwegnahme* einer im Gesellschaftsvertrag für den Fall seines Todes getroffenen *Nachfolgeregelung* zuzustimmen, wenn die Vorsorge für die Zukunft des Gesellschaftsunternehmens dies erfordert.[54]

---

50 In dem Urt. v. 04.10.2004 – II ZR 356/02 geht der BGH dagegen davon aus, dass sich das Rechtsverhältnis zwischen den durch einen Gruppenvertreter vertretenen Gesellschaftern nach den Regeln der GbR richtet, die mangels gegenteiliger vertraglicher Regelung grds. Einstimmigkeit bei Beschlüssen voraussetzen (§ 709 BGB). Es gelte aber auch bei der Gruppenvertretung der Grundsatz, dass bei Vorhandensein eines wichtigen Grundes durch Mehrheitsbeschluss in die mitgliedschaftlichen Rechte eines Gesellschafters eingegriffen werden kann; s.a. § 137 Rdn. 72
51 Hierzu *Becker*, ZEV 2011, 157 m.w.N. *v. Proff*, DStR 2016, 2227. Für Zulässigkeit: die herrschende Literaturmeinung; ablehnend OLG Hamm v. 06.03.1985 – 15 W 88/85 = Rpfleger 1985, 289.
52 BGHZ 13, 179 = DNotZ 1954, 407.
53 BGHZ 77, 392 = DNotZ 1981, 454 = NJW 1980, 2708.
54 Vgl. BGH, Urt. v. 20.10.1986 – II ZR 86/85, = WM 1987, 133; BGH, Urt. v. 08.11.2004 – II ZR 350/02 –, DNotZ 2005, 308.

Ist Erwerber oder Veräußerer ein Minderjähriger, ist die familiengerichtliche Genehmigung nach § 1822 Nr. 3 BGB erforderlich,[55] bei Mitbeteiligung von Verwandten in gerader Linie auch die Bestellung eines Ergänzungspflegers. Erfolgt der Erwerb einer Gesellschaftsbeteiligung durch einen Minderjährigen aufgrund Vermächtniserfüllung ist nach allgemeiner Ansicht ein Ergänzungspfleger auch dann nicht erforderlich, wenn der gesetzliche Vertreter des bedachten Minderjährigen zugleich Miterbe ist.[56] Bedarf es lediglich der Zustimmung des Minderjährigen als Mitgesellschafter zur Übertragung des Gesellschaftsanteiles eines anderen Gesellschafters, kann der gesetzliche Vertreter des Minderjährigen die Zustimmung gleichzeitig im eigenen Namen und im Namen der von ihm vertretenen Kinder erklären.[57]

48

Der Erwerber eines Gesellschaftsanteils tritt in die Rechtsstellung seines Rechtsvorgängers mit allen Rechten und Pflichten ein. Erfasst werden grundsätzlich sämtliche gesellschaftsbezogenen Ansprüche und Vermögensrechte. Hat der Veräußerer vor dem Zeitpunkt der Anteilsübertragung Verfügungen hinsichtlich eines bestimmten Anspruchs oder Rechts getroffen, so sind diese auch dem Erwerber gegenüber wirksam.[58]

49

Der Erwerber haftet unbeschränkt für alle zum Zeitpunkt seines Beitritts bestehenden Verbindlichkeiten der Gesellschaft und des Gesellschafters. Auch der Veräußerer haftet weiterhin für die bis zum Zeitpunkt seines Ausscheidens begründeten Verbindlichkeiten der Gesellschaft (= Nachhaftung gemäß § 160 Abs. 1 Satz 1 HGB) auch wenn diese erst später fällig werden, sowie grundsätzlich auch gemäß § 15 Abs. 1 HGB für danach begründeten Neuschulden bis sein Ausscheiden im Handelsregister eingetragen wurde. Nach § 160 HGB tritt jedoch 5 Jahre nach dem Ausscheiden eine Enthaftung ein, beginnend ab der Eintragung des Ausscheidens im Handelsregister. Wird das Ausscheiden des Gesellschafters einer OHG nicht in das Handelsregister eingetragen, beginnt – wie im BGB-Gesellschaftsrecht – der Lauf der fünfjährigen Enthaftungsfrist mit der positiven Kenntnis des Gesellschaftsgläubigers vom Ausscheiden des Gesellschafters; die Eintragung des Ausscheidens im Handelsregister ist für den Fristbeginn nicht konstitutiv.[59]

Möglich ist im Gesellschaftsvertrag eine Regelung, dass der ausgeschiedene Gesellschafter seitens der Gesellschaft von der Inanspruchnahme durch Gläubiger freigestellt wird, was jedoch nur Innenwirkung hat.

50

Inhaltlich sollte der Übertragungsvertrag regeln: Genaue Beschreibung der abgetretenen Beteiligung; Umfang der abgetretenen Rechte und übergehenden Pflichten, insbesondere ob Forderungen des Veräußerers gegenüber der Gesellschaft an den Erwerber abgetreten sind und ob der Veräußerer von Forderungen der Gesellschaft ihm gegenüber freigestellt wird;[60] Art und Fälligkeit der Gegenleistung; Bedingungen des Wirksamwerdens der Übertragung; Übertragungsstichtag; Art und Umfang der Mängelhaftung; Verpflichtung, für eine unverzügliche Handelsregistereintragung zu sorgen. Im Einzelnen s. hierzu die Ausführungen und Muster bei § 130 Rdn. 100 ff., § 130 Rdn. 155 M, § 137 Rdn. 77 ff, § 137 Rdn. 93 M. Der

51

---

55 Hierzu Erläuterungen bei § 130 Rdn. 95 sowie § 137 Rdn. 77
56 Die Übertragung des Gesellschaftsanteiles erfolgt ausschließlich in Erfüllung einer Verbindlichkeit, sodass die Eltern nicht durch § 181 BGB bei der Vermächtniserfüllung ausgeschlossen sind. Hierzu OLG München v. 23.09.2011 – 34 Wx 311/11, DNotZ 2012, 193 = ZEV 2011, 658 m. Anm. *Keim*. Kritisch dazu: *Friedrich-Büttner/Wiese*, ZEV 2014, 513.
57 BayObLGZ 1977, 76; OLG Hamm DB 1989, 169; *Ivo*, ZEV 2005, 193, 195.
58 BGH, Urt. v. 02.12.2002 – II ZR 194/00, DStR 2003, 1040.
59 BGH, Urt. v. 24.09.2007 – II ZR 284/05, NJW 2007, 3784.
60 Der Erwerber haftet als Rechtsnachfolger. Ohne eine ausdrückliche Zustimmung der Mitgesellschafter zu einer Schuldbefreiung des Veräußerers kommt es zu einer gesamtschuldnerischen Haftung von bisherigem und neuem Gesellschafter. Hierzu *Reiff/Nannt*, DStR 2009, 2376, die sich auch kritisch mit BGH v. 09.02.2009 – II ZR 231/07 = DStR 2009, 984 auseinandersetzen, wonach eine Satzungsklausel: »Der Gesellschafter darf seine Beteiligung an der Gesellschaft auf Dritte übertragen. Mit der Abtretung tritt der neue Gesellschafter in alle in der Gesellschaft begründeten Rechte und Pflichten seines Rechtsvorgängers ein.« als antizipierte Zustimmung nicht nur zur Übertragung des Gesellschaftsanteils, sondern auch zum schuldbefreienden Übergang der Sozialverbindlichkeiten auf den Erwerber angesehen werden kann.

Geschäftswert für die beurkundete Anteilsabtretung ergibt sich aus dem Anteilswert unter Berücksichtigung des Schuldenabzugsverbotes in § 38 Satz 2 GNotKG.[61]

52   2. Ein Gesellschaftsanteil kann auch *teilweise* übertragen werden, wenn der Gesellschaftsvertrag es zulässt oder alle anderen Gesellschafter zustimmen. Das geschieht in der Regel zu einem Bruchteil des der Höhe nach unbestimmten Kapitalanteils. Erfolgt die Übertragung auf einen bisher nicht Beteiligten, so tritt ein neuer Gesellschafter ein, was nach § 107 HGB zur Eintragung in das Handelsregister anzumelden ist. Wird auf einen Mitgesellschafter übertragen, so findet in entsprechender Anwendung von § 738 Abs. 1 BGB *Anwachsung* statt, ohne dass dies im Handelsregister eingetragen wird.

53   3. Zu den steuerrechtlichen Folgen des Gesellschafterwechsel, der steuerlich als Veräußerung eines Mitunternehmeranteiles gewertet wird und die dabei notwendig Mitübertragung von Sonderbetriebsvermögen s. § 131 Rdn. 57 ff.

Gestattung der Übertragung des Gesellschafterrechtes

54 M   **..... Jeder Gesellschafter kann zum Ende eines Geschäftsjahres seinen gesamten Gesellschaftsanteil oder einen Teil davon auf einen anderen Gesellschafter und/oder seinen Ehegatten oder einen seiner Abkömmlinge frei und ohne Zustimmung der übrigen Gesellschafter übertragen. Soll an andere Personen übertragen werden, bedarf es der Zustimmung aller übrigen Gesellschafter. Alle Rechte[62] einschließlich der Geschäftsführungs- und Vertretungsbefugnis gehen auf den Nachfolger über. Die Gesellschafter sind zur Anmeldung des Gesellschafterwechsels zum Handelsregister verpflichtet .....**

Gestattung der Umwandlung in eine übertragbare Kommanditbeteiligung

55   Um einem Gesellschafter das Aufgeben der Geschäftsführung und der vollen Haftung und gleichzeitig die Übertragung seiner Beteiligung ohne Gefahr für die Gesellschaft zu ermöglichen, lässt sich in den Gesellschaftsvertrag aufnehmen:

Umwandlung in Kommanditbeteiligung

56 M   **..... Der jeweils in der Gesellschafterstellung – oder: an Lebensalter – älteste Gesellschafter kann die Umwandlung seiner Gesellschafterstellung in die eines Kommanditisten dadurch herbeiführen, dass er sie unter Einhaltung einer Frist von einem Vierteljahr zum Ende eines Geschäftsjahres den übrigen Gesellschaftern schriftlich erklärt. Sein Kapitalanteil wird Kommanditeinlage. Der Gewinnanteil bleibt derselbe. Alle Gesellschafter haben die Umwandlung unverzüglich zum Handelsregister anzumelden.**
Die Kommanditbeteiligung kann ohne Zustimmung der übrigen Gesellschafter abgetreten werden. Mit der Abtretung vermindert sich der Gewinnanteil in folgender Weise, während sich der Gewinnanteil aller anderen Gesellschafter anteilsmäßig entsprechend erhöht:.....

---

61   § 54 GNotKG gilt bei OHG-Anteil nicht.
62   Wenn auch geregelt wird, dass auch »alle Pflichten« übergehen, würde dies nach BGH v. 09.02.2009 – II ZR 231/07 = DStR 2009, 984 als antizipierte Zustimmung nicht nur zur Übertragung des Gesellschaftsanteils, sondern auch zum schuldbefreienden Übergang der Sozialverbindlichkeiten auf den Erwerber angesehen werden können.

III. Eintritt eines Gesellschafters in eine bestehende OHG

Die Aufnahme eines weiteren Gesellschafters in eine OHG kommt neben der gesellschaftsvertraglich zugelassenen Rechtsnachfolge eines verstorbenen Gesellschafters und der gesellschaftsvertraglich oder durch Zustimmung aller Gesellschafter zugelassenen ganzen oder teilweisen Übertragung eines Gesellschaftsanteiles, auch durch eine Beitrittsvereinbarung der bisherigen mit dem neuen Gesellschafter zustande, was eine Änderung des bisherigen Gesellschaftsvertrages darstellt. 57

Der Beitritt kann unter Bedingung oder Befristung vereinbart werden. Eine *Rückwirkung* ist aber nur mit schuldrechtlicher Wirkung möglich.[63] Steuerlich wird die Rückbeziehung nur anerkannt, wenn sie eine kurze Zeitspanne umfasst und nur der technischen Vereinfachung der Besteuerung dient.[64] Steuerlich können dem neuen Gesellschafter nur sein vertraglicher Anteil an den ab dem Vertragsabschluss erwirtschafteten Gewinnen oder Verlusten zugerechnet werden. Eine tatsächlich vollzogene rückbezügliche Zurechnung kann eine entgeltliche Veräußerung von Teilen des Mitunternehmeranteiles an den neuen Gesellschafter sein.[65] Nur wenn die Einlageleistung in der Übertragung eines Grundstücks oder eines GmbH-Anteiles besteht, bedarf der Eintritt der *Form* des § 311b Abs. 1 BGB bzw. § 15 Abs. 4 GmbHG. 58

Bei *Minderjährigen* ist der spätere Beitritt nach § 1822 Nr. 3, 1. Alt. BGB genehmigungspflichtig, unabhängig ob der Minderjährige entgeltlich oder unentgeltlich in die Gesellschaft aufgenommen wird. 59

Der Beitritt neuer Gesellschafter bedarf immer der Mitwirkung aller Gesellschafter (was durch die entsprechende Satzungsklausel bereits antizipiert erklärt sein kann), wobei diese aufgrund ihrer Treuepflicht zur Mitwirkung verpflichtet sein können. 60

Durch *Anwachsung*[66] – und somit ohne besonderen Übertragungsakt – wird der Eintretende Mitberechtigter am Gesellschaftsvermögen. Das gilt auch für Grundstücke, die der OHG gehören, sodass es keines beurkundeten Vertrages und keiner Auflassung bedarf. – Der Eintretende haftet für die vor seinem Eintritt begründeten Verbindlichkeiten der Gesellschaft, selbst wenn die Firma geändert wird, ohne Möglichkeit eines Haftungsausschlusses (§ 130 HGB). Die Haftung beginnt jedoch erst mit Wirksamkeit des Beitritts. Im Außenverhältnis gegenüber Dritten kann sie nicht ausgeschlossen werden. Sie erfasst alle Altverbindlichkeiten sowie die Neuverbindlichkeiten. Lediglich im Innenverhältnis kann die Freistellung von Altschulden vereinbart werden, was dann auch die Mitgesellschafter verpflichtet. 61

Der Beitritt ist von allen bisherigen und dem neuen Gesellschafter zum Handelsregister anzumelden. (s. § 134 Rdn. 21 ff.). 62

Muster der Aufnahme eines Gesellschafters mit Einbringung von Grundbesitz

Wegen der Einbringung von Grundbesitz bedarf die Aufnahmevereinbarung zwischen allen Gesellschaftern der notariellen Beurkundung gemäß § 311b Abs. 1 BGB. Der Erfüllungsvertrag wird dann zwischen dem Eintretenden und der Gesellschaft geschlossen: 63

---

63 BFHE 108, 495.
64 Schmidt/*Wacker*, § 16 EStG Rn. 443.
65 Schmidt/*Wacker*, § 15 EStG Rn. 454.
66 Sie ist steuerlich eine Übertragung eines Mitunternehmeranteiles und hat unterschiedliche steuerliche Folgen, ob die Übertragung entgeltlich oder unentgeltlich erfolgt und ob Gegenstände des Sonderbetriebsvermögens (die nur der Gesellschaft zur Nutzung überlassen wurde) mit übertragen werden. S. hierzu § 131 Rdn. 54 ff.

64 M
1. Herr/Frau A ….. und Herr/Frau B ….. betreiben als Offene Handelsgesellschaft unter der Firma » ….. & Co. OHG« in ….. ein Handelsunternehmen, eingetragen im Registergericht von ….. unter HRA …..
Der feste Kapitalanteil entsprechend Kapitalkonto I des Gesellschafters A ….. beträgt ….. € und der des Gesellschafters B ….. €.
2. Mit Wirkung zum ….. (= Beitrittszeitpunkt) tritt Herr/Frau H ….. als weiterer Gesellschafter in die Gesellschaft ein.
Er/Sie leistet eine Einlage von ….. €. Dazu bringt er/sie sein/ihr Grundstück der Gemarkung ….. mit der Flurnummer ….. als Einlage in die Gesellschaft ein, dessen Verkehrswert mit einem Betrag von ….. € festgelegt wurde. Der restliche Betrag seiner Einlageverpflichtung von ….. € werden ihm aus den Gewinnanteilen der nächsten Jahre gutgeschrieben. Bis zum vollen Erreichen des Einlagebetrages wird der Gesellschafter H ….. nur die ihm zustehende Geschäftsführervergütung entnehmen.
3. Der feste Kapitalanteil des neu beigetretenen Gesellschafters beträgt ….. €.
Am Gewinn und Verlust des laufenden Geschäftsjahres ist der neu eintretende Gesellschafter zur Hälfte des auf seinen Anteil entfallenden Betrages beteiligt./….. nur insoweit beteiligt, als dieser auf den Zeitraum nach dem ….. entfällt.
4. Als Vergütung für die Geschäftsführung erhält der neue Gesellschafter ebenso wie die bisherigen Gesellschafter monatlich nachträglich 5.000 €. Die Beträge werden als Geschäftsunkosten verbucht.
Vom Gewinn stehen – abweichend von den Kapitalanteilen – dem Gesellschafter A 50 v.H., dem Gesellschafter B 30 v.H. und dem Gesellschafter H 20 v.H. zu. Verluste werden in demselben Verhältnis getragen.
5. Das Geschäft wird von den drei Gesellschaftern gemeinsam geführt.
Vertreten wird die Gesellschaft vom Gesellschafter A allein und von den Gesellschaftern B und H jeweils gemeinsam mit einem anderen Gesellschafter.
6. Im Übrigen gilt der auch dem neuen Gesellschafter bekannte Gesellschaftsvertrag vom …..
7. Der Notar hat auf die unbeschränkte Außenhaftung des neu eintretenden Gesellschafters für die bereits in der Gesellschaft bestehenden Schuldverpflichtungen hingewiesen. Hierzu vereinbaren die Beteiligten, dass die bisherigen Gesellschafter den neu eintretenden Gesellschafter von allen Haftungen freistellen, soweit dieser für Verbindlichkeiten in Anspruch genommen wird, die bis zum Beitrittszeitpunkt entstanden sind.
Weitergehende Verpflichtungen treffen die aufnehmenden Gesellschafter nicht, insbesondere wird jede Haftung für Rechts- und Sachmängel des Unternehmens der Gesellschaft und dessen Wirtschaftsgüter gegenüber dem eintretenden Gesellschafter ausgeschlossen.
8. Einbringungsvertrag:
Zur Erfüllung seiner Einlageverpflichtung überträgt der Gesellschafter H
an
die » ….. & Co. OHG«
das im Grundbuch von ….. Blatt ….. eingetragene Grundstück der Gemarkung ….. mit der Fl. Nr ….. zu deren Gesamthandseigentum. Zum Nachweis über die Vertretungsberechtigung für die OHG wird gemäß § 32 Abs. 2 GBO auf das Handelsregisterblatt HRA ….. des Handelsregisters ….. verwiesen.
….. weitere Regelung zum Besitz, Nutzen, Lasten und Gefahr, zum Ausschluss der Mängelrechte, Auflassung, Genehmigungen (evtl. nach Grundstücksverkehrsgesetz), jedoch ist kein Vorkaufsrechtszeugnis nach BauGB erforderlich …..

■ *Kosten.* Für diesen Güteraustauschvertrag, zu dem der Einbringungsvertrag nach § 109 Abs. 1 Nr. 2 GNotKG gegenstandsgleich ist, ist der Wert der Einlage des Eintretenden oder der etwa höhere Wert des ihm anwachsenden Anteils am Gesellschaftsvermögen maßgebend, der aus dem Aktivvermögen ohne Schuldenabzug ermittelt werden soll.[67] Der Anteilswert ist aus der Gesellschaftsbilanz unter Zugrundelegung der Verkehrswerte des Anlagevermögens zu ermitteln; wegen Bilanzwertberichtigung s. § 132 Rdn. 103 M. Der Vermögensanteil ist nach dem Verhältnis des Kapitalanteils des Eintretenden zu den Kapitalanteilen der beiden anderen Gesellschafter im Zeitpunkt des Eintritts zu ermitteln (§§ 97 Abs. 3, 96, 38 Satz 2 GNotKG; Grundstückswert nach § 46 GNotKG = Verkehrswert). – Gebühr nach Nr. 21100 KV GNotKG von 2,0 (Tabelle B).

Zu den Gebühren beim Grundbuch s. Muster § 132 Rdn. 98 M.

---

[67] Hierzu BayObLG MittBayNot 2005, 74.

§ 134 Erste und spätere Anmeldungen zur OHG

I. Neuerrichtung

1. Notwendiger Inhalt

1 Die Anmeldung hat zu enthalten:
(1) *Personalien:* Name, Vorname, Geburtsdatum und Wohnort jedes Gesellschafters, bei juristischen Personen oder Personengesellschaften als Gesellschafter deren Firma, Sitz und gegebenenfalls genaue Registerstelle deren Eintragung.
(2) *Firma und Sitz* = der Ort der tatsächlichen Geschäftsführung; eine freie Bestimmung des Sitzes sowie eine Trennung von Satzungs- und Verwaltungssitz ist jeweils nicht möglich;[1]
(3) *Vertretungsmacht der Gesellschafter* (§ 106 Abs. 2 Nr. 4 HGB): die organschaftliche Vertretungsmacht der persönlich haftenden Gesellschafter muss sich aus dem Handelsregister ergeben. Diese ist somit hinsichtlich der allgemeinen Vertretungsregelungen anzumelden, selbst wenn diese dem Gesetz entsprechen.[2] »Alleinvertretung« oder »Einzelvertretung« sind gleichbedeutend.[3] Nur soweit sich die konkrete Vertretungsbefugnis einzelner Gesellschafter davon (gemeinsame Vertretung von zwei Gesellschaftern zusammen und/oder mit einem Prokuristen) unterscheidet, ist diese noch gesondert anzumelden, ebenso, wenn ein Gesellschafter von der Vertretung ausgeschlossen ist. Auch die Befreiung vom Verbot der Selbstkontrahierung in den beiden Varianten des § 181 BGB ist anzumelden.[4]
(4) Die *inländische Geschäftsanschrift*, die nach h.M. nur am Ort des Sitzes sein kann, wobei auch eine c/o Adresse möglich sein soll,[5] sowie nach m.E. nicht zutreffender Ansicht[6] auch die Lage der Geschäftsräume, sind zur Eintragung stets anzumelden (§ 106 Abs. 2 Nr. 2 HGB und – wie bisher – § 24 Abs. 2 Handelsregisterverordnung = HRV), wie auch jede spätere Änderung (§ 107 HGB). Durch die Eintragung soll eine Zustellungserleichterung für Gläubiger erreicht werden.
(5) Die *Angabe des Geschäftszweiges,* soweit er sich nicht schon aus der Firma ergibt (§ 24 Abs. 4 HRV).

Soweit für die Unternehmenstätigkeit der OHG eine *staatliche Genehmigung* erforderlich ist, ist diese nicht Voraussetzung für die Handelsregistereintragung und muss nicht mit der Anmeldung eingereicht werden.

2 Der Gesellschaftsvertrag ist nicht einzureichen. Zur evtl. Prüfung einer beantragten Eintragung kann das Registergericht dessen Vorlegen aber verlangen.

2. Anmeldepflichtige

3 Anmelden müssen *alle* Gesellschafter, auch die von der Vertretung Ausgeschlossenen. Im Übrigen s.o. § 125 Rdn. 37 ff. Bei minderjährigen Gesellschaftern handelt der gesetzliche Ver-

---

[1] OLG Schleswig v. 14.11.2011 – 2 W 48/11 = DNotI-Report 2012, 49: keine Eintragung einer vom Gesellschaftssitz abweichenden inländischen Geschäftsanschrift bei Personengesellschaft.
[2] OLG Köln NJW-RR 2004, 1106.
[3] BGH v. 19.03.2007 – II ZB 19/0 = DNotZ 2007, 861: Alleinvertretung kann nicht als Ausschluss anderer verstanden werden.
[4] OLG Hamburg v. 29.04. 1986 – 2 W 3/86 m.w.N.; DNotZ 1986, 571..
[5] OLG Naumburg v. 08.05.2009 – S Wx 4/09 = RNotZ 2009, 614 = MittBayNot 2009, 391.
[6] Ebenso *Leitzen,* RNotZ 2011, 536: nur bei Kapitalgesellschaften nötig.

treter, selbst wenn dieser Mit-Gesellschafter ist, da für die Registeranmeldung als Verfahrenshandlung § 181 BGB nicht zur Anwendung kommt.[7] Eine nach §§ 1643, 1822 Nr. 3, 10 und 11 BGB etwa erforderliche familiengerichtliche Genehmigung ist bei der Anmeldung nachzuweisen und in der Form des § 12 Abs. 2 HGB im elektronischen Verfahren in Form eines elektronisch beglaubigten Dokuments einzureichen.

3. Verwendung der Firma

Ist die Firma zum Handelsregister angemeldet, kann sie im Handelsverkehr geführt werden, auch wenn das Registergericht die Entscheidung über die Eintragung der Gesellschaft einstweilen ausgesetzt hat. 4

Anmeldung einer neuen OHG

Herr/Frau ….., geb. am ….., wohnhaft ….., und Herr/Frau ….., geb. am ….., wohnhaft ….., haben unter der Firma 5 M

» ….. & Co. OHG«

eine Offene Handelsgesellschaft errichtet.
Die Gesellschaft hat ihren Sitz in …..
Allgemeine Vertretung: Jeder Gesellschafter vertritt stets allein.
Konkrete Vertretung: Der Gesellschafter ….. ist von den Beschränkungen des § 181 BGB befreit.
Der Unternehmensgegenstand ist …..
Die Geschäftsanschrift lautet (PLZ, Ort, Straße), wo sich auch die Geschäftsräume befinden.

Die Firma darf jedoch keine irreführenden Angaben enthalten, sodass der Zusatz »& Co.« als Hinweis auf das Vorhandensein weiterer Gesellschafter nur zulässig ist, wenn nicht die Namen aller Gesellschafter die Firma bildet. Wegen der verschiedenen Möglichkeiten der Regelung der abstrakten und konkreten *Vertretungsberechtigung*, s. nachfolgend Rdn. 7. 6

■ *Kosten.*
a) Des Notars: Fester Geschäftswert nach § 105 Abs. 3 Nr. 2 GNotKG bei zwei Gesellschaftern von 45.000 €, für jeden weiteren Gesellschafter zusätzlich jeweils 15.000 €. Die Vertretungsregelung, wie auch Sitz und Geschäftsanschrift betreffen denselben Gegenstand. Gebühr nach Nr. 24102 i.V.m. 21201 (5) KV GNotKG von 0,5 (Tabelle B); sowie die Gebühren für das elektronische Einreichen (s. § 124 Rdn. 43 ff.).
b) Des Registergerichts: nach § 58 Abs. 1 GNotKG und Nr. 1101 der Anlage zur HRegGebV eine Gebühr von 100 €, für eine OHG mit mehr als drei Gesellschafter für jeden weiteren Gesellschafter eine Gebühr von 40 € (Nr. 1102). Anmeldungen des Gesellschafters sowie dessen Vertretungsmacht oder Ausschluss davon betreffen eine Tatsache (§ 2 Abs. 3 Nr. 1 Nr. 2 HRegGebV); keine Gebühr für Eintragungen der Geschäftsanschrift.

4. Differenz zwischen abstrakter und konkreter Vertretung

Nach § 106 Abs. 2 Nr. 4 HGB muss die organschaftliche Vertretungsmacht der persönlich haftenden Gesellschafter im Handelsregister eingetragen werden und zusätzlich – soweit 7

---
7 BayObLG DNotZ 1977, 683; NJW 1970, 1796.

davon abweichend – die konkrete Vertretungsbefugnis. Auch die über X-Notar einzugebenden Strukturdaten verlangen deren Angabe, wobei jedoch eine gesetzliche Verpflichtung hierfür nicht besteht.

▶ **Beispiel:**

8 Im Gesellschaftsvertrag heißt es »Die Gesellschaft wird durch zwei persönlich haftende Gesellschafter gemeinsam oder durch einen persönlich haftenden Gesellschafter gemeinsam mit einem Prokuristen vertreten. Die Gesellschafterversammlung kann Gesellschaftern Einzelvertretungsbefugnis erteilen und sie von den Beschränkungen des § 181 BGB befreien.« Dazu wird ein Gesellschafterbeschluss gefasst, dass Herr Cämmerer und Herr Preuss einzelvertretungsberechtigt und von den Beschränkungen des § 181 BGB befreit sind.

Registeranmeldung Vertretungsregelung abweichend vom HGB

9 M ..... **Die allgemeine Regelung über die Vertretung der Gesellschaft im Gesellschaftsvertrag hat folgenden Wortlaut:**
Die Gesellschaft wird durch zwei persönlich haftende Gesellschafter gemeinsam oder durch einen persönlichen haftenden Gesellschafter gemeinsam mit einem Prokuristen vertreten. Die Gesellschafterversammlung kann Gesellschaftern Einzelvertretungsbefugnis erteilen und sie von den Beschränkungen des § 181 BGB befreien.
Die konkrete Vertretungsmacht der beiden Gründungsgesellschafter lautet:
Die beiden Gesellschafter E ..... und M ..... vertreten die Gesellschaft jeweils einzeln und sind von den Beschränkungen des § 181 BGB befreit.

10 Auch die mit § 125 Abs. 1 HGB übereinstimmende Vertretungsbefugnis eines Gesellschafters ist anzumelden, wenn die Vertretungsmacht eines Gesellschafters nicht mit der gesetzlichen Regel des § 125 Abs. 1 HGB übereinstimmt:

Registeranmeldung abweichende konkrete Vertretungsregelung

11 M **Nach der allgemeinen Regelung für die Vertretung der Gesellschaft entsprechend den gesetzlichen Bestimmungen vertritt jeder Gesellschafter allein.**
Für die gegenwärtigen Gesellschafter gilt als konkrete Vertretungsbestimmung:
Der Gesellschafter P ..... ist von der Vertretung ausgeschlossen. Der Gesellschafter C ..... ist einzelvertretungsberechtigt.

Oder:
Der Gesellschafter P ..... ist gemeinsam mit einem anderen Gesellschafter oder mit einem Prokuristen zur Vertretung berechtigt. Der Gesellschafter C ..... ist einzelvertretungsberechtigt.

II. OHG-Errichtung durch Fortführung einer Einzelfirma durch die Erben in Form einer OHG

12 Wird ein Unternehmen durch mehrere Erben in ungeteilter Erbengemeinschaft fortgeführt, bilden diese auch bei längerer Dauer der Fortführung und selbst bei Änderung der ererbten

Firma *nicht* ohne Weiteres eine *Offene Handelsgesellschaft*,[8] sondern können als Erbengemeinschaft Unternehmensträger sein.[9] Es muss vielmehr zwischen ihnen ausdrücklich ein Gesellschaftsvertrag geschlossen werden, was auch formlos möglich ist; zudem müssen die Unternehmensgüter auf die Personengesellschaft als gesondertes Gesamthandsvermögen übertragen werden,[10] da die Erbengemeinschaft kein umwandlungsfähiger Rechtsträger i.S.v. § 124 UmwG ist (h.M.).

Bei minderjährigen Miterben bedürfen die Eltern zum Abschluss des OHG-Gesellschaftsvertrages der familiengerichtlichen Genehmigung (§ 1643 Abs. 1, § 1822 Nr. 3 BGB), die erst mit ihrer Mitteilung an die anderen Vertragsschließenden wirksam wird (§ 1829 Abs. 1 Satz 2 BGB). Sind die Eltern selbst an der OHG beteiligt, sind sie gemäß § 181 BGB von der Vertretung ihres Kindes ausgeschlossen; dieses wird durch einen Ergänzungspfleger (bei mehreren Minderjährigen je Kind ein eigener Pfleger[11]) vertreten, der zum Abschluss des Gesellschaftsvertrages auch der familiengerichtlichen Genehmigung bedarf (§§ 1915, 1822 Nr. 3 BGB; § 151 Nr. 5 FamFG). Dem Registergericht nachzuweisen sind die Genehmigung (übermittelt in elektronischer Abschrift) sowie deren Mitteilung an die übrigen Gesellschafter (durch Bestätigung in der Handelsregisteranmeldung). Für die Handelsregisteranmeldung sind die Eltern nicht von der Vertretung ausgeschlossen, da für diese Verfahrenshandlung § 181 BGB nicht gilt.[12]

Sowohl die Erbfolge nebst Fortführung in Erbengemeinschaft als auch der Rechtsübergang kraft Rechtsgeschäftes auf die OHG sind zur Eintragung in das Handelsregister anzumelden. Haftungsausschluss nach § 25 Abs. 2 HGB ist möglich, wenn zeitnah.[13]

Registeranmeldung: Fortführung einer Einzelfirma durch die Erben

Die Inhaberin des Unternehmens mit der Firma

» ..... e.K.«

Herr/Frau ....., geb ....., ist am ..... verstorben und nach dem in Ausfertigung vorliegenden Erbschein des Amtsgerichts ..... vom ..... Akt.-Z ..... beerbt worden von ihren vier Kindern (Namen, Vornamen, Geburtsdatum, Ort, Straße). Die Erben haben das Geschäft zunächst in Erbengemeinschaft fortgeführt und nunmehr eine Offene Handelsgesellschaft mit Sitz in ..... errichtet, deren vier Gesellschafter sie sind. Die Offene Handelsgesellschaft betreibt das Geschäft unter der bisherigen Firma ohne Nachfolgezusatz jedoch mit dem geänderten Rechtsformzusatz

» ..... OHG«

fort.
Die Geschäftsanschrift lautet wie bereits angezeigt unverändert (PLZ, Ort, Straße), wo sich auch die Geschäftsräume befinden.
Die allgemeine Vertretung der Gesellschaft erfolgt durch je zwei Gesellschafter gemeinsam oder durch einen Gesellschafter gemeinsam mit einem Prokuristen, soweit nicht durch Gesellschafterbeschluss abweichendes bestimmt oder ein Gesellschafter von

---

8 BGH NJW 85, 136; BFH BStBl. II 1988, 245.
9 Genaueres bei § 126 Rdn. 26 ff.
10 BGHZ 92, 259.
11 Denn der Pfleger kann nicht von § 181 BGB befreit werden.
12 BayObLG DNotZ 1977, 683; NJW 1970, 1796. Im Einzelnen dazu: *Krug*, ZEV 2001, 51.
13 Siehe *Hopt*, § 27 HGB Rn. 8 m.w.N.; KG JFG 22, 70.

der Vertretung ausgeschlossen wird. Gesellschafter können auch durch Gesellschafterbeschluss von den Beschränkungen des § 181 BGB befreit werden.
Hinsichtlich der konkreten Vertretung durch die Gesellschafter gilt:
a) die Gesellschafter(in) ....., vertritt allein,
b) die Gesellschafter ..... und ..... vertreten jeweils gemeinsam mit einem anderen vertretungsberechtigten Gesellschafter oder mit einem Prokuristen.
Die Gesellschafter(in) ....., ist nicht vertretungsberechtigt.
(ggf:) Die Haftung der OHG für die Verbindlichkeiten des bisherigen Unternehmens ist ausgeschlossen.

■ *Kosten.* Als Rechtsvorgänge müssen angemeldet und eingetragen:
1. Der Tod der Einzelkauffrau mit dem Übergang auf die Erben, die Erbengemeinschaft gilt beim Notar kostenrechtlich als Einzelkaufmann;
2. die Errichtung der OHG mit der Vertretungsberechtigung.

Gebühren:
a) Des Notars: Geschäftswert für Tod und Übergang auf die Erbengemeinschaft als derselbe Gegenstand: § 105 Abs. 4 Nr. 4 GNotKG: Wert = 30.000 €). Der Geschäftswert für die OHG-Errichtung beträgt nach § 105 Abs. 3 Nr. 2 GNotKG bei zwei Gesellschaftern 45.000 € und für jeden weiteren Gesellschafter jeweils 15.000 €. Die Anmeldung der Geschäftsanschrift ist Teil des Gegenstandes der OHG-Anmeldung. Gebühr nach Nr. 24102 i.V.m. 21201 (5) KV GNotKG (0,5 Geb. Tabelle B) aus den gemäß § 35 GNotKG summierten Werten; sowie die Gebühren für das elektronische Einreichen (s. § 124 Rdn. 43 ff.).
b) Des Registergerichts: Die Fortführung des Einzelunternehmens durch die Erbengemeinschaft ist ein Inhaberwechsel, der aber als Ersteintragung behandelt wird (Nr. 1101), weil ein neuer Rechtsinhaber verlautbar wird.[14] M.E. handelt es sich bzgl. eines Einzelkaufmannes als Rechtsnachfolger bzw. hier der Erbengemeinschaft, die zwingend einzutragen ist, um ein sonstige spätere Eintragung nach Nr. 1500 bzw. 1501 der Anlage zur HRegGebV; Gebühr von 40 € bzw. hier 60 €. Für die nachfolgende Neueintragung der OHG entsteht eine Gebühr von 100 € nach Nr. 1101 der Anlage zur HRegGebV, ab dem vierten Gesellschafter für jeden Weiteren nach Nr. 1102 je 40 €. § 2 Abs. 4 HRegGebV bringt keine Begünstigung, da zwei verschiedene Tatsachen einzutragen sind, die nicht unter Nr. 1503 als sonstige spätere Eintragungen fallen. Die Eintragung der Vertretungsregelung und der Geschäftsanschrift sind Teil der einheitlichen Eintragung der OHG (§ 2 Abs. 1 bzw. 3 HRegGebV).

III. OHG-Errichtung durch Eintritt eines Gesellschafters in eine Einzelfirma unter Haftungsbeschränkung für bisherige Verbindlichkeiten

Bei der Errichtung einer Personengesellschaft durch Eintritt eines Gesellschafters in das Geschäft eines Einzelkaufmannes haftet die entstehende Gesellschaft und damit über die unmittelbare persönliche Haftung auch der eintretende Gesellschafter für alle im Betrieb des Einzelunternehmens entstandenen Verbindlichkeiten, auch wenn sie die frühere Firma nicht fortführt (§ 28 Abs. 1 Satz 1 HGB). Der Haftungsausschluss ist nur bei rechtzeitiger Eintragung im Handelsregister und Bekanntmachung wirksam (s. hierzu § 126 Rdn. 4 f.). Bei Eintragung des Ausschlusses der Haftung gemäß § 28 Abs. 2 HGB bleiben die Verbindlichkeiten

---

14 Korintenberg/*Lauktien*, 20. Aufl., Nr. 1100 GV HRegGebV Rn. 5. Nach nach dessen Rn. 11 und m.E. wegen Vorbem 1 (4) falscher Ansicht von *Gustavus*, Handelsregister-Anmeldungen 9. Aufl., A 11 fällt für das Ausscheiden des Erblassers auch eine Gebühr nach Nr. 1500 an.

des bisherigen Einzelunternehmers als ursprünglichen Schuldner bei diesem allein unverändert bestehen; der neu Eingetretene haftet dann nicht mit.

Stimmt die konkrete Vertretungsregelung der Gesellschafter mit der allgemeinen Vertretungsregelung der Satzung überein, bedarf es nicht zwingend einer gesonderten Anmeldung. Die Erwähnung der konkreten Vertretungsregelung in der Registeranmeldung ist jedoch für die Übernahme der Daten in die elektronische XML-Datei hilfreich, da diese dort im Rahmen des XNotar-Programmes abgefragt wird.

Anmeldung der inländischen Geschäftsanschrift: Zum Zweck, den Gläubigern die wirksame Zustellungen zu ermöglichen, ist die inländische Geschäftsanschrift zwingend zur Eintragung im Handelsregister anzumelden (§ 106 Abs. 2 Nr. 2 HGB). Nur wenn die Lage der Geschäftsräume von der inländische Geschäftsanschrift abweicht, sind diese nach § 24 Abs. 2 HRV zusätzlich anzugeben. Im Rahmen der notariellen Erstanmeldung handelt es sich um den gleichen Gegenstand; beim Registergericht ist die Eintragung der Anschrift gemäß § 2 Abs. 1 HRegGebV in der Gebühr für die Ersteintragung enthalten.

Eintritt eines Gesellschafters in ein Einzelunternehmen

Ich, ….., geb. ….., wohnhaft ….., habe Herrn/Frau ….., geb ….., wohnhaft in ….., als persönlich haftenden Gesellschafter in mein unter der Firma » ….. e.K.« (eingetragen unter HRA …..) betriebenes Handelsgeschäft aufgenommen und eine Offene Handelsgesellschaft mit dem Sitz in ….. begründet.
Die bisherige Firma » ….. e.K.« wird mit geänderten Rechtsformzusatz

» ….. OHG«

fortgeführt.
Die neue Geschäftsanschrift lautet: (PLZ, Ort, Straße), wo sich auch die Geschäftsräume befinden.
Der Unternehmensgegenstand ist weiterhin …..
Die allgemeine Vertretung der Gesellschaft erfolgt durch jeden Gesellschafter allein.
Jeder Gesellschafter ist von den Beschränkungen des § 181 BGB befreit.
(Jeder der beiden Gesellschafter ….. ist allein zur Vertretung der Gesellschaft berechtigt.)
Zugleich wird angemeldet, dass die Gesellschaft nicht für die im Geschäft des bisherigen Inhabers entstandenen Verbindlichkeiten haftet.

■ *Kosten.* Es handelt sich um eine erste Anmeldung und Eintragung der neuen Rechtspersönlichkeit der OHG.
a) Des Notars: Alles Angemeldete betrifft denselben Gegenstand als Erstanmeldung. Wert nach § 105 Abs. 3 Nr. 2 GNotKG 45.000 €. Nach a.A. ist (wenn ggb.) auch die Anmeldung eines Erlöschens der Firma des bisherigen Inhabers kostenrechtlich nach § 105 Abs. 4 Nr. 4 GNotKG gesondert anzusetzen.[15] Die Anmeldung des Haftungsausschlusses wird als selbstständige Erklärung angesehen, jedoch nur mit einem Teilwert gem. § 36 Abs. 2, 3 GNotKG. Gebühr aus den zusammengerechneten Werten; nach Nr. 24102 i.V.m. 21201 (5) KV GNotKG eine 0,5 Geb. (Tabelle B); sowie die Gebühren für das elektronische Einreichen (s. § 124 Rdn. 43 ff.).

---

15 Korintenberg/*Tiedtke*, § 105 GNotKG Rn. 46. Nach *Gustavus*, 9. Aufl., A 61 soll auch die Einwilligung in die Firmenfortführung ein gesonderter Anmeldungstatbestand sein.

b) Des Registergerichts: Nur eine Gebühr von 100 € nach Nr. 1101 der Anlage zur HRegGebV für die Neueintragung der OHG.[16] Die Eintragung des Haftungsausschlusses und der Geschäftsanschrift sind ein Teil der einheitlichen Eintragung der OHG und damit nach § 2 Abs. 1 HRegGebV in der Eintragungsgebühr enthalten.

IV. OHG-Errichtung zur Fortführung eines von der Gesellschaft erworbenen Unternehmens (Unternehmenskauf)

Übertragung des Handelsgewerbes auf eine OHG mit Firmenfortführung

19 M Das Geschäft der Firma »K ..... Knopffabrik e.K.« in ..... ist mit dem Recht zur Fortführung der Firma von der Inhaberin M ....., geb ....., wohnhaft ....., auf die von ....., geb. am ....., wohnhaft ....., und ....., geb. am ....., wohnhaft ....., gegründete offene Handelsgesellschaft mit Sitz in ..... übergegangen. Die Erwerber führen das Unternehmen unter der bisherigen Firma

»K ..... Knopffabrik & Textilprodukte OHG«

fort. Der bisherige Inhaber hat in die Firmenfortführung eingewilligt.
Die allgemeine Vertretungsregelung lautet: Die Gesellschaft wird von je zwei Gesellschaftern gemeinsam oder von einem Gesellschafter gemeinsam mit einem Prokuristen vertreten. Durch Gesellschafterbeschluss kann Gesellschaftern Einzelvertretungsbefugnis erteilt werden.
Konkrete Vertretung: Die Gesellschafter ..... und ..... vertreten stets einzeln.
Die Prokuren von ..... und ..... sind erloschen.
Zu Gesamtprokuristen sind bestellt ....., geb. am ....., wohnhaft ....., und ....., geb. am ....., wohnhaft ..... Sie vertreten die Gesellschaft gemeinsam miteinander oder jeder gemeinsam mit einem persönlich haftenden Gesellschafter.
Weiter wird angemeldet:
Der Übergang der Forderungen und Verbindlichkeiten, die im Betriebe des Veräußerers entstanden sind, auf die Erwerber ist ausgeschlossen.
Die Geschäftsanschrift der Gesellschaft lautet: (PLZ, Ort, Straße), wo sich auch die Geschäftsräume befinden.
Gegenstand des Unternehmens ist die Herstellung und der Vertrieb von textilen Hilfsprodukten, insbesondere Knöpfe und Garne. Die Firma wurde daher an die geänderte Geschäftstätigkeit des Unternehmens angepasst.
Anzumelden von Veräußerer und beiden Erwerbern. Der Veräußerer muss in die Firmenfortführung ausdrücklich einwilligen. Der gemäß § 25 Abs. 1 HGB eintretenden Haftungsübergang für die alten Geschäftsschulden kann durch rechtzeitig im Handelsregister eingetragenen Haftungsausschluss ausgeschlossen werden (s. hierzu § 126 Rdn. 1 ff.).

■ *Kosten.*
a) Des Notars: Geschäftswert der Neuanmeldung der OHG bei zwei Gesellschaftern nach § 105 Abs. 3 Nr. 2 GNotKG: 45.000 €. Die Abmeldung der beiden Prokuren des Einzelunternehmens wäre nicht gesondert notwendig, da deren Löschung Folgewirkung des

---

16 Denn die Firma des Einzelunternehmens wird nicht gelöscht, sondern es wird nur eine Tatsache, die Errichtung der OHG, neu eingetragen. Die Löschung der bisherigen Firma wäre gebührenfrei, Vorbem. 1 Abs. 4 Anlage zur HRegGebV.

Untergangs der Einzelfirma ist; eine Gebühr kann deshalb dafür nicht erhoben werden. Die Anmeldung der beiden neuen Prokuren ist, auch wenn im Zusammenhang mit der Neuanmeldung der OHG stehend, immer eine spätere Anmeldung nach § 105 Abs. 4 Nr. 3 GNotKG mit dem Wert je 30.000 €. Eine Gebühr nach Nr. 24102 i.V.m. 21201 (5) KV GNotKG von 0,5 (Tabelle B) aus den zusammengerechneten Werten (§ 35 GNotKG), sowie die Gebühren für das elektronische Einreichen (s. § 124 Rdn. 43 ff.).

b) Des Registergerichts: Bei Inhaberwechsel mit Fortführung der Firma handelt es sich um eine Eintragung, denn die Einzelfirma wird nicht gelöscht, sondern nur die OHG neu eingetragen[17] (bis drei Gesellschafter Nr. 1101 = 100 €). Die Eintragung hinsichtlich der Prokuren kann nicht zur Gebühr des Inhaberwechsel einbezogen werden (§ 2 Abs. 1 HRegGebV). Löschungen der beiden Prokuren ist zwar Folgeeintragung des Erlöschens des Einzelkaufmannes, weil mit diesem auch die von ihm erteilten Prokuren erlöschen; jedoch sind alle Eintragungen bzgl. Prokuren nach § 2 Abs. 1 i.V.m. Abs. 3 der Vorbemerkung zur Anlage der HRegGebV gesondert nach Nr. 4000 zu erheben, sodass hierfür zwei Gebühren, eine nach Nr. 4000 = 40 € und eine weitere nach Nr. 4001 = 30 € entstehen. Für die beiden Neueintragung der Prokuren weiter zwei Gebühren nach Nr. 4001 je 30 €.

20 Grundsatz der Firmenfortführung ist, dass grundsätzlich die Firma unverändert bzgl. des Firmenkerns der bisherigen Firma fortgeführt wird, es sei denn, der Grundsatz der Firmenwahrheit macht eine Änderung unabdingbar erforderlich. Sie ist nur zulässig, wenn die nach der Verkehrsauffassung zu beurteilende[18] Firmenidentität nicht beeinträchtigt wird. Zu den Änderungsmöglichkeiten bei einer abgeleiteten Firma s. § 125 Rdn. 28.

V. Eintritt in eine bestehende OHG mit beschränktem Vertretungsrecht

21 Tritt in eine OHG ein neuer Gesellschafter ein, dann haftet er für die bisher entstandenen Verbindlichkeiten, gleichgültig ob die Firma fortgeführt oder geändert wird. Abweichende Vereinbarungen sind gegenüber den Gläubigern unwirksam (§ 130 HGB). – Nur beim Eintritt eines Gesellschafters in das Geschäft eines Einzelkaufmanns, wodurch eine OHG entsteht, ist ein Haftungsausschluss zulässig (§ 28 Abs. 2 HGB).

Eine Beschränkung des Umfangs der Vertretungsmacht ist nur auf den Betrieb einer Zweigniederlassung mit besonderer Firma möglich. Die Anmeldung hat durch sämtliche bisherige und den neu eintretenden Gesellschafter zu erfolgen.

Eintritt eines weiteren Gesellschafters

22 M **Herr/Frau ....., geb. am ....., wohnhaft in ..... ist als weiterer persönlich haftender Gesellschafter eingetreten.**
Seine/Ihre Vertretungsberechtigung ist ausgeschlossen/auf die Zweigniederlassung ..... beschränkt.
oder:
Er/Sie vertritt die Gesellschaft abweichend von der allgemeinen Vertretungsregelung nur gemeinschaftlich mit einem weiteren Gesellschafter.

---

17 *Rohs/Waldner*, § 79 KostO Rn. 24; ebenso Gustavus 8. Aufl., A 22; a.A. *Kallrath* in Fleischhauer/Preuß, Handelsregisteranmeldungen, 3. Aufl.; für das Ausscheiden des bisherigen Inhabers eine Gebühr nach Nr. 1500 Anlage zur HRegGebV. Löschung der bisherigen Firma ist aber gebührenfrei, Vorbem. 1 Abs. 4 Anlage zur HRegGebV.
18 BayObLG NJW 1998, 1158.

Die Geschäftsanschrift der Hauptniederlassung lautet, wie bereits angezeigt: (PLZ, Ort Straße), wo sich auch die Geschäftsräume befinden. Der Unternehmensgegenstand ist unverändert.

- **Kosten.**
a) Des Notars: Wert für die spätere Anmeldung nach § 105 Abs. 4 Nr. 3 GNotKG: 30.000 € (bei Wechsel von mehr als zwei Gesellschafter für jeden Weiteren je 15.000 €). Die Anmeldung der Vertretungsregelung ist unselbstständiger Teil und nicht gesondert zu bewerten. Da bei schon dem Handelsregister gemäß § 24 HRV angezeigten Geschäftsräumen die Anmeldung der gleich gebliebenen Geschäftsanschrift nicht zwingend ist, fällt hierfür keine eigene Wertgebühr an (s. Rdn. 17). 0,5 Gebühr nach Nr. 24102 i.V.m. 21201 (5) KV GNotKG (Tabelle B), sowie die Gebühren für das elektronische Einreichen (s. § 124 Rdn. 43 ff.).
b) Des Registergerichts: Alle Eintragungen erfolgen nur noch im Handelsregister der Hauptniederlassung. Die Eintragung der Vertretungsbeschränkung ist ein Teil der einheitlichen Eintragung des Gesellschafterbeitritts zur OHG (§ 2 Abs. 3 Satz 1 HRegGebV). Gebühr von 60 € bzw. 70 € nach Nr. 1501 bzw. 1502 der Anlage zur HRegGebV; die Eintragung der schon angezeigten Geschäftsanschrift nach Art. 64 Satz 3 EGHGB ist gebührenfrei.

VI. Ausscheiden und Eintritt

23 Das Ausscheiden und der Neueintritt von Gesellschaftern kann auch bei zeitlichem Zusammentreffen getrennt angemeldet und eingetragen werden. Jedoch kann ein Gesellschafterwechsel auch in der Weise erfolgen, dass der Gesellschafter seinen Anteil mit Zustimmung der übrigen an den Rechtsnachfolger abtritt.[19] Anzumelden haben auch dann alle Gesellschafter, einschließlich des Ausscheidenden/Veräußernden und des Eintretenden/Erwerbenden. Ein Vermerk über die Sonderrechtsnachfolge wird bei der OHG nicht eingetragen, da der Anteilserwerb ohne Auswirkungen auf die persönliche Haftung des Eintretenden ist. Die bisherige Firma kann unverändert fortgeführt werden (§ 24 Abs. 1 HGB). Enthält die Firma aber den Familiennamen des ausscheidenden Gesellschafters, ist dessen Zustimmung zur Fortführung notwendig, auch bei der Anmeldung seines Ausscheidens durch den Insolvenzverwalter.[20] Die Einwilligung kann schon in Gesellschaftsvertrag und auch stillschweigend erteilt werden und unter Befristung oder Bedingung stehen oder an bestimmte Rechtsformen geknüpft werden.[21] Scheidet ein Gesellschafter aus, weil über sein Vermögen das Insolvenzverfahren eröffnet worden ist, hat an seiner Stelle der Insolvenzverwalter bei der Anmeldung mitzuwirken.[22]

24 Für die bis zum Ausscheiden begründeten Verbindlichkeiten haftet der ausgeschiedene Gesellschafter nur, wenn sie vor Ablauf von 5 Jahren nach dem Ausscheiden fällig sind und ihm gegenüber geltend gemacht werden. Da die Frist grundsätzlich erst mit dem Ende des Tages der Eintragung des Ausscheidens im Handelsregister beginnt (§ 160 Abs. 1 Satz 2 HGB) soweit nicht der Gläubiger positive Kenntnis vom Ausscheiden hat,[23] hat die Anmeldung des Ausscheidens zügig zu erfolgen. Sie kann auch nicht von der Einigung über die Modalitäten des Ausscheidens abhängig gemacht werden. Zum Ausscheiden des vorletzten Gesellschafters (s. § 135 Rdn. 2).

---

19 Hierzu § 133 Rdn. 46 ff. Muster § 134 Rdn. 32 M.
20 BGHZ 32, 103; anders BGHZ 85, 221 zur GmbH.
21 BayObLG NJW 1998, 1158.
22 BGH DNotZ 1981, 453 – noch zur KO.
23 BGH NJW 2007, 3784.

Bei Ausscheiden eines Gesellschafters muss nicht zusätzlich auch der Wegfall seiner Vertretungsbefugnis (weil selbstverständlich) angemeldet werden, wohl aber eine mit dem Ausscheiden verbundene Änderung der Vertretungsbefugnis anderer persönlich haftender Gesellschafter. Ändert sich die Vertretungsbefugnis der anderen Gesellschafter nicht, kann dies – muss aber nicht – in der Anmeldung klargestellt werden. 25

Das Ausscheiden eines Minderjährigen ist genehmigungsbedürftig[24] und bedarf bei Mitbeteiligung eines Elternteils als Mitgesellschafter für den Veräußerungsvertrag der Beteiligung eines Ergänzungspflegers, jedoch nicht bei der Handelsregisteranmeldung, für die als Verfahrenshandlung § 181 BGB nicht gilt. 26

Ein- bzw. Austritt von Gesellschaftern

Herr K ….. geb. am ….., wohnhaft in ….. ist aus der Gesellschaft ausgeschieden. Herr G ….., geb. am ….., wohnhaft in ….. ist als persönlich haftender Gesellschafter eingetreten. 27 M
Die Gesellschaft kann mit Zustimmung des ausscheidenden Gesellschafter K ….. unter der bisherigen Firma weitergeführt werden.

- *Kosten.*
a) Des Notars: Für die späteren Anmeldungen ist nach § 105 Abs. 4 Nr. 3 GNotKG der Eintritt sowie der Austritt getrennt anzusetzen: Wert 30.000 €, wenn nur insgesamt zwei Gesellschafter ein- und/oder austreten. Würden noch eine oder mehrere weitere Gesellschafter gleichzeitig ein- oder austreten, wäre für jede dieser Personen ein weiterer Wertbetrag von 15.000 € anzusetzen. Eine 0,5 Gebühr nach Nr. 2402 i.V.m. 21201 (5) KV GNotKG aus dem Gesamtwert (Tabelle B), sowie die Gebühren für das elektronische Einreichen (s. § 124 Rdn. 43 ff.).
b) Des Registergerichts: nach § 2 Abs. 2 S. 2 HRegGebV ist das Eintreten und Ausscheiden hinsichtlich einer jeden Person eine besondere Eintragungstatsache; als sonstige spätere Eintragung nach Nr. 1501/1502 der Anlage zur HRegGebV je 60/70 €. Erfolgt die Anmeldung aber am gleichen Tag, wird dies als eine Anmeldung angesehen (§ 2 Abs. 4 HRegGebV), sodass für die zweite und jede weitere ein- oder auszutragende Person nach Nr. 1503 jeweils nur 30 € anfällt.

VII. Gesellschafterwechsel durch Rechtsnachfolge unter Lebenden und aufgrund des Todes eines Gesellschafters

Wegen der Rechtsnachfolge unter Lebenden s.o. § 133 Rdn. 46 ff. 28

Gesellschafterwechsel aufgrund Erbfolge. Der Tod eines Gesellschafters führt nicht zur Auflösung der Gesellschaft, sondern zum Ausscheiden des Verstorbenen (131 Abs. 3 Nr. 1 HGB) und Anwachsung seines Anteils bei den übrigen Gesellschaftern (§ 738 BGB),[25] soweit der Gesellschaftsvertrag keine Nachfolge der Erben in die Gesellschafterstellung vorsieht.[26] Sein Ausscheiden müssen alle verbleibenden Gesellschafter und alle Erben des Verstorbenen zum Handelsregister anmelden (Ausnahme: § 143 Abs. 3 HGB), auch wenn nur einige von ihnen oder keiner nachfolge- oder eintrittsberechtigt sind.[27] Sie haben ihre Erbenstel- 29

---
24 RGZ 122, 370.
25 Zum Sonderfall des Ausscheidens des vorletzten Gesellschafters s. § 135 Rdn. 2
26 Zu den verschiedenen Regelungsmöglichkeiten der Nachfolge s. § 133.
27 BayObLG DNotZ 1979, 10; Rpfleger 1993, 288.

lung durch einen Erbschein[28] oder durch beglaubigte Abschrift der notariellen Erbverfügung samt Eröffnungsprotokoll[29] nachzuweisen. Ein minderjähriger Miterbe wird dabei, durch seinen gesetzlichen Vertreter vertreten, der auch für sich selbst als Gesellschafter anmelden kann, da für die Registeranmeldung als Verfahrenshandlung § 181 BGB nicht gilt.[30]

30 Bei Vor- und Nacherbfolge ist zunächst nur der Vorerbe anmeldeberechtigt. Bei Eintritt der Nacherbfolge sind der Austritt des Vorerben und der Eintritt des Nacherben auch von den Erben des Vorerben anzumelden. Der *Testamentsvollstrecker* kann nur das Ausscheiden des Erblassers anmelden, wenn keine Fortsetzung der Gesellschaft mit den Erben erfolgt, nicht jedoch deren Eintritt als Erben des Gesellschafters, da er nicht den Anteil, sondern lediglich die Vermögensrechte aus der Beteiligung verwalten kann.[31]

31 Die Rechtsnachfolge von Todes wegen auf die Erben und die anschließende Übertragung auf einen Miterben (etwa zur Erfüllung einer Teilungsanordnung oder eines Vorausvermächtnisses) sind zwei getrennte Vorgänge und beide zur Eintragung in das Handelsregister anzumelden. Alle eingetretenen Gesellschafterwechsel müssen in der chronologischen Reihenfolge in das Handelsregister eingetragen werden, um die nach § 28 HGB eingetretene Haftung der jeweiligen Rechtsnachfolger vollständig und lückenlos für den Rechtsverkehr nachvollziehbar zu machen. Deshalb ist die Anmeldung durch alle Erben mit Erbnachweis auch dann erforderlich, wenn die Weiterübertragung durch einen Testamentsvollstrecker erfolgt, der seine Vertretungsbefugnis durch Testamentsvollstreckerzeugnis nachweisen kann.[32] Wegen des Nachweises der Erbfolge-Unterlagen gegenüber dem Handelsregister im elektronischen Verfahren: s. § 124 Rdn. 30 (elektronische beglaubigte Abschrift gemäß § 39a BeurkG von der Ausfertigung des Erbscheines oder der Eröffnungsunterlagen genügen).

Soweit der Name des Verstorbenen in der Firma enthalten ist, ist zur Firmenfortführung die Einwilligung seiner Erben nach § 24 Abs. 2 HGB erforderlich.[33]

Rechtsnachfolge aufgrund Rechtsgeschäft bzw. Versterben

32 M **Der Gesellschafter A ....., geb. am ....., wohnhaft ....., hat seine Gesellschafterstellung auf den neu eintretenden Gesellschafter R ....., geb. am ....., wohnhaft ....., übertragen und ist damit aus der Gesellschaft ausgeschieden. Er hat in die Fortführung seines Namens in der Firma eingewilligt.**
Der Gesellschafter B ..... ist am ..... verstorben. Er wurde von E ....., geb. am ....., wohnhaft in ....., allein beerbt.
Zu seinem Nachfolger als Gesellschafter hat er (*auf Grund der Ermächtigung in § ..... des anliegenden Gesellschaftsvertrages durch das in beglaubigter Abschrift mit der Eröffnungsniederschrift beigefügte notarielle Testament vom .....*) **Herrn N ....., geb. am ....., wohnhaft ....., bestimmt. Dieser ist in die Gesellschaft an Stelle des Erben eingetreten.**
R ..... und N ....., die beiden Rechtsnachfolger der ausgeschiedenen Gesellschafter, setzen die Gesellschaft unter der bisherigen Firma fort.
Jeder der neu beigetretenen Gesellschafter vertritt die Gesellschaft gemäß der allgemeinen Vertretungsregelung einzeln.

---

28 Erbschein zur Grundbuchzwecken genügt dafür: OLG Frankfurt v. 30.08.1993 – 20 W 336/93 = NJW-RR-1994, 10.
29 OLG Bremen, Beschl. v. 15.04.2014 – 2 W 22/14, NZG 2014, 671.
30 BayObLGZ 1977, 76 = DNotZ 1977, 683.
31 OLG Hamburg NJW 1966, 986; KG NJW-RR 1991, 835.
32 KG DNotZ 2001, 408.
33 BGHZ 100, 77.

Die Geschäftsanschrift ist unverändert.
Zum Nachweis der Erbfolge ist der Anmeldung eine beglaubigte Abschrift der Eröffnungsniederschrift und des notariell beglaubigten Testaments beigefügt und dem Handelsregister mit einzureichen.
Unterschrift aller Beteiligter (= ausscheidende und eintretende Gesellschafter und des Erben)

- *Kosten.*
  a) Des Notars: Der Gesellschafterwechsel aufgrund Gesamt- oder Sonderrechtsnachfolge ist nach § 105 Abs. 4 Nr. 3 GNotKG mit einem Geschäftswert von 30.000 € anzusetzen und zwar Ausscheiden und Nachfolge als ein Gegenstand. Erst wenn weitere Gesellschafterwechsel mit angemeldet werden (wobei alle Wechsel als eine Anmeldung angesehen wird), ist für jeden dieser Gegenstände ein weiterer Wert von 15.000 € anzusetzen. Bezieht sich die Anmeldung nur auf ein Ausscheiden und damit verbundenes Eintreten ist dies als ein Beurkundungsgegenstand anzusetzen mit Geschäftswert 30.000 €. Wird noch weiteres angemeldet, wie hier die Erbfolge, ist diese Gesamtrechtsnachfolge mit der rechtlichen Folge verknüpft, dass das Ausscheiden des vorherigen Inhabers und der Eintritt des Erben bzw. Eintrittsberechtigten anzumelden sind (Geschäftswert 30.000 €), bei mehreren Nachfolgern für jeden weiteren nach § 105 Abs. 4 Nr. 3 Halbs. 2 GNotKG je 15.000 €. Die nachfolgende Abtretung seitens des Erben ist dazu ein weiterer verschiedener Gegenstand mit dem Wert von 15.000 € gemäß § 105 Abs. 4 Nr. 3 Halbs. 2 GNotKG. Eine 0,5 Gebühr nach Nr. 24102 i.V.m. 21201 (5) KV GNotKG (Tabelle B) aus den zusammengerechneten Werten (§ 35 GNotKG) sowie die Kosten für das elektronische Einreichen (s. § 124 Rdn. 43).
  b) Des Registergerichts: s. Erläuterungen zu Muster Rdn. 27 M, auch für Eintragung des E eine Gebühr nach Nr. 1503 HRegGebV.

Will der Erbe jedoch seine Haftung auf den Nachlass beschränken, muss er rechtzeitig innerhalb der Frist des § 139 Abs. 4 HGB ausscheiden oder die Stellung eines Kommanditisten eingeräumt erhalten. Siehe hierzu § 137 Rdn. 57 ff. sowie zur Handelsregisteranmeldung § 138 Rdn. 15 ff. mit Muster Rdn. 19 M.

VIII. Verlegung des Gesellschaftersitzes oder Änderung der inländischen Geschäftsanschrift

Gesellschaftssitz ist der Ort, der tatsächlichen Geschäftsleitung und an dem sich der Schwerpunkt der geschäftlichen Tätigkeit befindet; dies ist nicht notwendig derjenige der Betriebsstätte. Im Gegensatz zum Recht der Kapitalgesellschaften kann der Sitz auch nicht frei bestimmt werden. Jede Verlegung der tatsächlichen Geschäftsleitung an einen anderen Ort i.S.d. politischen Gemeinde bzw. eines selbstständigen Gemeindeteils ist zur Eintragung in das Handelsregister in der Form des § 12 HGB anzumelden (§ 107 HGB).

Nachdem zum Zweck, den Gläubigern wirksame Zustellungen im Inland zu ermöglichen, auch die *inländische Geschäftsanschrift* im Handelsregister zwingend einzutragen ist (§ 106 Abs. 2 Nr. 2 HGB) ist gemäß § 107 HGB auch jede Änderung der inländischen Geschäftsanschrift, wenn dabei der Sitz unverändert bleibt, beim Registergericht unverzüglich im Verfahren nach § 12 HGB notariell beglaubigt im elektronischen Verfahren anzumelden, es genügt dabei durch vertretungsberechtigte Gesellschafter in der für die Vertretung erforderlichen Anzahl. Ist eine Sitzverlegung an einen anderen Ort damit verbunden, bedarf es der Anmeldung durch alle Gesellschafter, auch der von der Vertretung ausgeschlossenen. Das Registergericht, das von der neuen Gemeinde die Gewerbeanmeldung gemäß § 14 Abs. 9 Nr. 8 GewO i.V.m. §§ 379, 388 FamFG erhält, hat unter Zwangsgeldandrohung bzw. -festsetzung die Eintragung der Anschriftenänderung herbeizuführen.

Sitzverlegung, Änderung der Geschäftsanschrift

36 M Sitz der Gesellschaft wurde von ..... nach ..... verlegt.
Die Geschäftsanschrift hat sich geändert und lautet nunmehr: (PLZ, Ort, Straße, Hausnummer), dort befinden sich auch die Geschäftsräume.

■ *Kosten.*
a) Beim Notar: die *Sitzverlegung* als selbstständige, notariell beglaubigte Anmeldung hat einen Geschäftswert nach § 105 Abs. 4 Nr. 3 GNotKG von 30.000 €. Die reine Änderung der *Geschäftsanschrift* ohne Sitzverlegung nach § 105 Abs. 5 GNotKG von 5.000 €. 0,5 Gebühr nach Nr. 24102 i.V.m. 21201 (5) KV GNotKG (Tabelle B). Erfolgt die Anmeldung der Geschäftsanschrift zusammen mit der Sitzverlegung, liegt derselbe Gegenstand vor; erfolgt sie mit der Anmeldung weiterer anzumeldender Tatsachenänderungen, dann liegen verschiedene Gegenstände mit jeweils dem eigenen Geschäftswert von 30.000 € vor (für die Adressänderung ist auch hier entspr. § 105 Abs. 5 GNotKG ein Geschäftswert von 5.000 € anzusetzen). Die 0,5 Gebühr ist nach Nr. 24102 i.V.m. 21201 (5) KV GNotKG (Tabelle B) aus dem zusammengerechneten Wert (§ 35 GNotKG) zu berechnen.
b) Des Registergerichts: Änderung der Anschrift ist zusammen mit der Sitzverlegung eine einzutragende Rechtstatsache wie auch die eigenständige Änderung der Anschrift: Gebühr nach Nr. 1501/1502 der Anlage zur HRegGebV (60/70 €) für die erste einzutragende Rechtstatsache; für noch weitere Tatsacheneintragungen nach Nr. 1503 = je 30 €; für die reine Anschriftenänderung jedoch Nr. 1504 = 30 €.

§ 135 Auflösung und Liquidation der OHG

I. Auflösung

Zwischen Auflösung und Liquidation ist zu unterscheiden. Die OHG wird gemäß § 131 Abs. 1 HGB *aufgelöst* durch Zeitablauf, Gesellschafterbeschluss,[1] Eröffnung des Insolvenzverfahrens über das Vermögen der Gesellschaft und gerichtliche Entscheidung, sowie auch aus anderen im Gesellschaftsvertrag vorgesehenen Umständen. Das Ausscheiden eines Gesellschafters gemäß den Gründen in § 131 Abs. 3 HGB (Tod, Kündigung, Gesellschaftergläubigerkündigung, Gesellschafterinsolvenz, Ausscheidensbeschluss, Eintritt eines gesellschaftsvertraglichen Grundes) löst die OHG (im Gegensatz zur GbR) nicht auf; anders nur beim Ausscheiden des vorletzten Gesellschafters (s. dazu Rdn. 2). Besonderheiten gelten für eine OHG, bei der kein persönlich haftender Gesellschafter eine natürliche Person ist, gemäß § 131 Abs. 2 HGB. Der Umstand, dass die OHG kein vollkaufmännisches Gewerbe mehr betreibt, führt noch nicht automatisch zu deren Auflösen, auch wenn dadurch eine GbR entsteht. Die Gesellschafter können gemäß § 105 Abs. 2 HGB von einer Löschung Abstand nehmen und die Handelsgesellschaft weiter bestehen lassen. 1

Mit der »Auflösung« hört die Gesellschaft nicht auf zu existieren. Sie beendet nur ihre werbende Tätigkeit, besteht aber vorläufig weiter und tritt in den Zustand der Abwicklungsgesellschaft ein (Liquidationszustand), an deren Ende die Auseinandersetzung als Abschluss der Abwicklung steht. Lediglich das Ausscheiden des vorletzten Gesellschafters führt zur sofortigen Vollbeendigung ohne Liquidation; das Gesellschaftsvermögen geht hierbei nicht durch Anwachsung, sondern im Wege der Gesamtrechtsnachfolge auf den verbliebenen einzigen Gesellschafter über.[2] Dabei muss nicht nur das Ausscheiden des vorletzten Gesellschafters, sondern auch das Erlöschen der Gesellschaft vom Ausscheidenden und dem Übernehmenden zur Eintragung im Handelsregister anmeldet werden.[3] 2

Ansonsten führt die Auflösung über die Liquidation zur Auseinandersetzung unter den Gesellschaftern. Die Auflösung lässt die bisherige Firma bestehen; sie ist aber als Liquidationsfirma zu bezeichnen, worauf die Liquidatoren bei der Unterschrift achten müssen (§ 153 HGB). Mit der Auflösung entfällt die Vertretungsmacht der Gesellschafter zugunsten derjenigen der Liquidatoren (§§ 146 bis 153 HGB). Erteilte Prokuren erlöschen nach h.L.[4] erst mit der Beendigung der Liquidation, sind aber auf den Liquidationszweck inhaltlich begrenzt.[5] 3

Die Auflösung ist, ausgenommen der Fall der Auflösung durch Eröffnung des Insolvenzverfahrens, von sämtlichen Gesellschaftern zur Eintragung in das Handelsregister anzumelden (§ 143 Abs. 1 Satz 1 HGB). Auch die Erben eines verstorbenen Gesellschafters sind zur Mitwirkung verpflichtet, soweit nicht besondere Hinderungsgründe entgegenstehen (§ 143 Abs. 3 HGB). Bei Minderjährigen bedarf es für den Auflösungsbeschluss keiner familiengerichtlichen Genehmigung;[6] die Anmeldung kann durch den gesetzlichen Vertreter erfolgen, auch wenn dieser selbst Mitgesellschafter ist, weil § 181 BGB für die Registeranmeldung als Verfahrenshandlung nicht gilt. Der Auflösungsgrund soll in der Registeranmeldung angegeben werden, um eine gerichtliche Nachprüfung zu ermöglichen. 4

---

1 Einstimmigkeit erforderlich soweit keine andere Satzungsregelung besteht.
2 Zu den steuerlichen Folgen: BFH v. 10.03.1998 – VIII R 76–96 = BStBl. II 1999, 269 = NJW-RR 1998, 1645. Siehe auch § 131 Rdn. 81 (EStG), 89 (GrdEStG).
3 KG v. 03.04.2007 – 1 W 305/06 = DNotZ 2007, 954 = RNotZ 2007, 615.
4 Baumbach/*Hopt*, § 52 HGB Rn. 4; MüKo-HGB/*Lieb/Krebs*, § 52 HGB Rn. 28.
5 A.A.RG 72, 123: Prokuren erlöschen und werden ggf. zu Handlungsvollmachten i.R.d. Liquidationszweckes.
6 BGH NJW 1970, 33.

II. Liquidation

5 Gemäß § 146 Abs. 1 Satz 1 HGB erfolgt die Liquidation in der Regel *durch sämtliche Gesellschafter* als Liquidatoren, auch durch die, die bisher von der Vertretung ausgeschlossen waren; an die Stelle eines nicht voll geschäftsfähigen Gesellschafters tritt dessen gesetzlicher Vertreter, der selbst in seiner Person Liquidator ist.[7] Durch Gesellschaftsvertrag oder i.d.R. einstimmigen Gesellschafterbeschluss kann die Liquidation einzelnen Gesellschaftern oder außenstehenden Dritten (wie den Gesellschafter oder Geschäftsführern einer beteiligten Gesellschaft) übertragen werden (Ausnahme vom Grundsatz der Selbstorganschaft). Die Handelsregistereintragung der Liquidatoren und ihrer Vertretungsmacht hat nach § 148 Abs. 1 Satz 1 HGB durch sämtliche Gesellschafter zu erfolgen. Sie hat nur deklaratorische Wirkung und ist nur möglich nach bzw. mit Eintragung der Auflösung.[8] Mehrere Erben eines verstorbenen Gesellschafters haben einen gemeinsamen Vertreter als Liquidator zu bestellen (§ 146 Abs. 1 Satz 2 HGB).

6 Für die Liquidatoren gilt der Grundsatz der Gesamtvertretung (§ 150 HGB). Nach § 148 Abs. 1 Satz 1 HGB n.F. ist auch die *Vertretungsmacht der Liquidatoren,* ggf. einschließlich der Befreiung von § 181 BGB, zum Handelsregister anzumelden, nach § 148 Abs. 1 Satz 2 HGB gilt Gleiches für Änderungen in den Personen der Liquidatoren oder in ihrer Vertretungsmacht. In jedem Fall anzumelden ist die abstrakte Vertretungsmacht; besteht eine vom Gesetz abweichende gesellschaftsvertragliche Vertretungsregelung (was selten der Fall sein wird, denn § 150 Abs. 1 HGB wird den Zwecken der Gesellschafter regelmäßig gerecht), ist sie als abstrakte anzumelden.

7 Weicht die Vertretungsmacht einzelner Liquidatoren von der Gesamtvertretung ab, so ist neben der allgemeinen (abstrakten) Vertretungsregelung auch die konkrete Vertretungsregelungsbefugnis zur Eintragung in das Handelsregister anzumelden und dort einzutragen (§ 148 HGB).

8 Die Firma erlischt erst mit der Beendigung der Liquidation, die durch die Auflösung eingeleitet wird. – Die Eintragung der Auflösung ist nur rechtsbekundend (deklaratorisch), nicht rechtsbegründend (konstitutiv). Die Prokuren erlöschen nach h.L. nicht von selbst.[9] Eine Anmeldung ist aber aus Gründen der Klarstellung zweckmäßig. Neue Prokuristen können noch bestellt werden.[10]

Anmeldung der Auflösung einer OHG

9 M **Die Gesellschaft ist durch Gesellschafterbeschluss aufgelöst.**
Zum Liquidator ist Herr ….., geb. am ….., wohnhaft in ….. bestellt. Er vertritt die Gesellschaft stets allein.
Die allgemeine Vertretungsregelung der Liquidatoren lautet:
Ist nur ein Liquidator bestellt, vertritt er allein. Sind mehrere Liquidatoren bestellt, vertreten diese gemeinsam *(alternativ: je zwei zusammen)* die Gesellschaft.
Die Prokura von Frau ….., geb. am ….., wohnhaft in ….. bleibt bestehen/ist erloschen.

■ Kosten.
a) Des Notars: Anmeldung der bisherigen Gesellschafter als Liquidatoren ist ein unselbstständiger Teil der Anmeldung bzgl. der Auflösung (Eintragungseinheit i.S. § 109 Abs. 1 GNotKG), anders aber, wenn ein Dritter zum Liquidator bestellt wird. Ein gesonderter

---

[7] Baumbach/*Hopt*, § 146 HGB Rn. 2.
[8] BayObLGZ 1980, 429; OLG Hamm v. 16.07.2007 – 15 W 56/07 = DNotZ 2008, 227.
[9] S. oben Rdn. 3; a.A. RGZ 72, 123: weil sie nur für ein werbendes Unternehmen erteilt sind.
[10] H.M. aber strittig, s. MüKo-HGB/*Lieb/Krebs*, § 48 HGB Rn. 10.

Anmeldungtatbestand ist das Erlöschen der Prokura. Drei Geschäftswerte je 30.000 € nach § 105 Abs. 4 Nr. 3 GNotKG. Nach Nr. 24102 i.V.m. 21201 (5) KV GNotKG eine 0,5 Geb. (Tabelle B), sowie die Gebühren für das elektronische Einreichen (s. § 124 Rdn. 43).
b) Des Registergerichts: Eine Gebühr von 60 € bzw. 70 € nach Nr. 1501 bzw. Nr. 1502 der Anlage zur HRegGebV; nach Nr. 1503 für Eintragung jedes Liquidators (§ 2 Abs. 2 S. 2 HRegGebV), die Eintragung der Vertretungsregelung ist mit der Eintragung der vertretungsberechtigten Person eine Tatsache (§ 2 Abs. 3 Satz 1 HRegGebV). Die Löschung der Prokura löst eine Gebühr von 40 € nach Nr. 4000 aus.

Die Liquidatoren haben die laufenden Geschäfte zu beenden, die Außenstände einzuziehen, das übrige Vermögen in Geld umzusetzen, die Gläubiger zu befriedigen und das verbleibende Vermögen nach dem Verhältnis der Kapitalanteile, wie sie sich aufgrund der Schlussbilanz ergeben, unter die Gesellschafter zu verteilen (§§ 149, 155 HGB). Soweit der erzielte Liquidationsgewinn nicht zum Ausgleich der Gesellschaftsverbindlichkeiten und zur Rückerstattung der Einlagen ausreicht, sind die Gesellschafter nach § 105 Abs. 3 HGB i.V.m. § 735 BGB verpflichtet, den Fehlbetrag entsprechend ihrer Verlustbeteiligung durch Nachschüsse auszugleichen. Ob die Geltendmachung der Nachschusspflicht auch zu den Aufgaben der Liquidatoren gehört, ist umstritten.[11]

10

Die Verteilung des Gesellschaftsvermögens erfolgt gemäß § 155 HGB nach dem Verhältnis der Kapitalanteile, wobei sämtliche Kapitalkonten eines Gesellschafters zusammenzufassen sind, soweit der Gesellschaftsvertrag dies nicht anders bestimmt. Die Verteilung erfolgt unter den Gesellschaftern mit aktivem Kapitalanteil entsprechend deren Verhältnis. Zwischen den Gesellschaftern mit positivem und denen mit negativem Kapitalkonto hat gemäß § 735 BGB der Ausgleich zu erfolgen. Nur bei entsprechender Satzungsregelung oder Gesellschafterbeschluss soll es auch Aufgabe der Liquidatoren sein, den Ausgleich von den Gesellschaftern mit negativem Anteil einzuziehen und zu verteilen.[12] Für ungedeckte Schulden besteht eine Nachschusspflicht gemäß § 735 BGB, für die die Gesellschafter nach dem Verteilungsschlüssel haften.[13]

11

III. Sonstige Auseinandersetzung

Die Auseinandersetzung kann auch auf andere Art herbeigeführt werden, wenn die Gesellschafter dies vereinbaren (§ 145 Abs. 1 HGB). Das Unternehmen kann z.B. nach Ausscheiden aller sonstigen Gesellschafter oder Übertragung ihrer Gesellschaftsanteile ohne Liquidation mit allen Aktiven und Passiven von einem Gesellschafter fortgeführt werden oder insgesamt an einen Dritten *veräußert* werden. Wenn der Erwerber die Anteile unmittelbar bezahlt, entfällt die sonst notwendige Verteilungsauseinandersetzung. Es kann auch in eine Kapitalgesellschaft *eingebracht* (umgewandelt) werden, die von den Gesellschaftern allein oder mit anderen gegründet wird (die OHG ist verschmelzungs- (§ 3 Abs. 1 UmwG), spaltungs- (§ 124 Abs. 1 UmwG) und formwechslungsfähiger Rechtsträger (§ 191 Abs. 1 UmwG). Die Übertragung des gesamten Vermögens auf einen *Treuhänder* zwecks Herbeiführung eines Liquidationsvergleichs erfolgt zuweilen bei starker Verschuldung. Die Teilung des Vermögens (*Naturalteilung*) unter den Gesellschaftern geschieht meistens durch Übertragung des ganzen Geschäfts oder geschlossener Teile. Zu den steuerlichen Folgen s. § 131 Rdn. 98 ff.

12

---

11 Vgl. *K. Schmidt*, ZHR 153, 1998, 270 ff.: hier auch insgesamt zur Rechtssituation der Liquidationsgesellschaft.
12 Str: Baumbach/*Hopt*, § 155 HGB Rn. 2; a.A. *K. Schmidt*, GesR § 54 IV 1b: der Innenausgleich ist auch Aufgabe der Liquidatoren, da die Ausgleichsleistung zum liquidierenden Gesellschaftsvermögen einzuziehen sei.
13 Baumbach/*Hopt*, § 155 HGB Rn. 3.

IV. Fortsetzung

13 Durch Beschluss aller Gesellschafter, soweit der Gesellschaftsvertrag nicht einen Mehrheitsbeschluss zulässt,[14] kann während der Liquidation jederzeit die Fortsetzung der Gesellschaft bestimmt und im Handelsregister angemeldet werden. Bei minderjährigen Gesellschaftern bedarf es der Genehmigung des Familiengerichts, die dem Registergericht nachzuweisen ist. Erfolgte die Auflösung durch Kündigung des Gläubigers eines Gesellschafters oder durch Eröffnung des Insolvenzverfahrens über das Vermögen der OHG bedarf es der Zustimmung des Gläubigers bzw. Insolvenzverwalters (§ 145 Abs. 2 HGB).

Anmeldung der Fortsetzung

14 M **Die aufgelöste Gesellschaft wird als werbende Gesellschaft unter der bisherigen Firma fortgesetzt. Die Liquidation ist noch nicht beendet.**
Der Liquidator ..... ist abberufen.
Für das Vertretungsrecht der Gesellschafter gilt: *(ggf. unterschieden nach abstrakt und konkret)* **Die Gesellschafter ..... vertreten jeweils einzeln die Gesellschaft.**

- *Kosten.*
  a) Des Notars: Die Anmeldung der Fortsetzung wird wie die einer Erstanmeldung gemäß § 105 Abs. 3 Nr. 2 GNotKG behandelt (Wert mind. 45.000 €). Die Abberufung eines jeden Liquidators ist zu der Anmeldung eines besonderen Vertretungsrechtes eines jeden Gesellschafters gegenstandsverschieden, damit Wert jeweils 30.000 € gemäß § 105 Abs. 4 Nr. 3 GNotKG. Nach Nr. 24102 i.V.m. 21201 (5) KV GNotKG eine 0,5 Geb. (Tabelle B).
  b) Des Registergerichts: für Eintragung der Fortsetzung je nach Größe der Gesellschaft 60 € bzw. 70 € nach Nr. 1501 bzw. Nr. 1502 der Anlage zur HRegGebV; strittig, ob Gebühr für Löschung der Liquidatoren mit je 30 € nach Nr. 1503 der Anlage zur HRegGebV anfällt.[15]

Anmeldung des Wechsels der Liquidatoren

15 Bei Amtsniederlegung des Liquidators kann nach § 146 Abs. 2 HGB bei Vorliegen eines wichtigen Grundes ein neuer Liquidator durch das Gericht ernannt werden. Die Praxis behandelt in solchem Fall jedoch sämtliche Gesellschafter als Liquidatoren (§ 146 Abs. 1 HGB) und erzwingt von diesen die Anmeldung (§ 388 FamFG). – Der Liquidator steht im Dienstverhältnis zur Gesellschaft, auch der gerichtlich bestellte.

Auch die Änderung in der Person der Liquidatoren ist von allen *Gesellschaftern* anzumelden, nicht von den Liquidatoren.

Anmeldung des Wechsels der Liquidatoren

16 M **Der Liquidator ....., geb. am ....., wohnhaft in ....., hat sein Amt niedergelegt.**
Zum neuen Liquidator der Gesellschaft wurde Frau ....., geb. am ....., wohnhaft in ....., bestellt. Sie vertritt die Gesellschaft stets allein.

---

14 BGH v. 02.07.2007 – II ZR 181/06 = ZNotP 2008, 36 = DStR 2007, 2021.
15 Keine Gebühr für Abberufung: Fleischhauer/Preuß/*Kallrath*, Handelsregisterrecht, 3. Aufl., D 25: mit Fortsetzung untrennbar verbunden. Abweichend: *Gustavus*, 9. Aufl., A 57: zusätzliche Gebühr für Löschung der Liquidatoren nach Nr. 1503 = 30 €.

- **Kosten.** Zwei Anmeldungen und auch nach § 2 Abs. 2 Satz 2 HRegGebV zwei Eintragungstatsachen.
a) Des Notars: Geschäftswert je Person nach § 105 Abs. 4 Nr. 3 GNotKG 30.000 €. Aus dem zusammengerechneten Wert von 60.000 € (nach Nr. 24102 i.V.m. 21201 (5.) KV GNotKG eine 0,5 Geb. (Tabelle B), sowie die Gebühren für das elektronische Einreichen (s. § 124 Rdn. 43).
b) Des Registergerichts: weil zwei, jedoch dasselbe Unternehmen betreffende, gleichzeitig angemeldete sonstige spätere Eintragungen, eine Gebühr von 60 € nach Nr. 1501 sowie eine Gebühr von 30 € nach Nr. 1503 der Anlage zur HRegGebV.

V. Erlöschen der Firma

Wenn die Liquidatoren das Gesellschaftsvermögen, das nach Bezahlung der Schulden verblieben ist, an die Gesellschafter verteilt haben, ist ihr Amt erledigt. Ob sich passive Kapitalanteile ergeben, spielt für das Erlöschen keine Rolle, da die Gesellschafter den Ausgleich der Kapitalanteile selbst vorzunehmen haben.

Nach Beendigung der Liquidation haben alle Liquidatoren das Erlöschen der Firma zum Handelsregister anzumelden (§ 157 HGB), statt ihrer sind auch alle Gesellschafter anmeldeberechtigt. Auch kann bei bereits beendeter Liquidation die Voreintragung der Auflösung und der Liquidatoren unterbleiben und unmittelbar das Erlöschen angemeldet werden, insbesondere wenn eine andere Art der Auseinandersetzung gewählt wurde. Das Registergericht kann die Eintragung der Auflösung und das gleichzeitige Erlöschen der Firma nicht davon abhängig machen, dass zugleich die Liquidatoren zur Eintragung angemeldet werden.[16]

Mit Beendigung der Liquidation müssen die Bücher und Papiere der Gesellschaft auf die Dauer der sich aus § 257 HGB ergebenden Fristen bei einem Gesellschafter oder Dritten verwahrt werden, was auch zum Handelsregister anzumelden ist. Sonst kann das Registergericht dazu eine Anordnung treffen (§ 157 Abs. 3 HGB).

Anmeldung des Erlöschens der Firma nach Beendigung

Die (Liquidation der) Gesellschaft ist beendet. Die Firma ist erloschen. Die Bücher und Papiere der aufgelösten Gesellschaft sind dem Gesellschafter Hans Müller in Verwahrung gegeben worden.

- **Kosten.**
a) Des Notars: Eine Anmeldung mit Wert 30.000 € nach § 105 Abs. 4 Nr. 3 GNotKG. Nach Nr. 24102 i.V.m. 21201 (5) KV GNotKG eine 0,5 Geb. (Tabelle B), sowie die Gebühren für das elektronische Einreichen (s. § 124 Rdn. 43).
b) Des Registergerichts: gebührenfrei nach Vorbemerkung (4) der Anlage zur HRegGebV, auch wenn eine Prokura damit erlischt.

VI. Nachtragsliquidation

Die Eintragung des Erlöschens hat nur deklaratorische Bedeutung. Stellt sich nach Löschung einer OHG heraus, dass die Liquidation in Wirklichkeit noch nicht beendet war, weil z.B. noch ungeteilte Vermögensstücke vorhanden sind – etwa nachträglich ermittelt wurden –, so ist die Gesellschaft tatsächlich nicht erloschen. Sofern erforderlich, kann das Registergericht

---

16 BayObLG v. 07.03.2001 – 3 Z BR 68/01 = MittBayNot 2001, 409 = NJW-RR 2001, 1482.

angeregt werden, die Eintragung, dass die Firma gelöscht sei, von Amts wegen nach § 395 FamFG wieder zu löschen.[17] Die Liquidatoren können ihre Tätigkeit wiederaufnehmen,[18] falls notwendig, können Neue bestellt werden. Ein Nachtragsliquidator ist allgemein nur bei einer Publikumsgesellschaft zu bestellen bzw. bei jeder gelöschten OHG, wenn die Nachtragsliquidation einer OHG sehr lange Zeit nach der Löschung im Handelsregister erforderlich wird und es unklar ist, ob zu diesem Zeitpunkt die Gesellschafter überhaupt noch existieren und auffindbar sowie zur Fortsetzung der Liquidation bereit und in der Lage sind; für deren Anordnung genügt grundsätzlich bereits, wenn Rechtsbeziehungen oder Tatsachen bekannt werden, die eine gesetzliche Vertretung der Gesellschaft verlangen. Auf Antrag eines Dritten kann dann analog § 273 Abs. 4 AktG auch ein gesellschaftsfremder Liquidator gerichtlich bestellt werden.[19]

Anregung der Wiedereintragung

21 M   Im Handelsregister A ..... ist die Firma » ..... OHG« am ..... gelöscht worden. Inzwischen hat sich herausgestellt, dass die zum Vermögen der Gesellschaft gehörende Schadensersatzforderung gegen ....., die als uneinbringlich abgeschrieben wurde, jetzt eingezogen werden kann. Das österreichische Gericht verlangt zum Nachweis des Bestehens der Gesellschaft ein Registerzeugnis.
Ich beantrage, die Unzulässigkeit der Löschung der Firma zu vermerken und mir nach dieser Feststellung einen beglaubigten Handelsregisterauszug, aus dem sich auch meine Vertretungsberechtigung als Liquidator ergibt, zu erteilen.

.... (Unterschrift des/der ehemaligen Liquidatoren)

Da es sich nicht um eine Anmeldung, sondern um eine Anregung handelt, sind eine Beglaubigung und das Einreichen im elektronischen Verfahren nicht erforderlich.

■ *Kosten.*
a) Des Notars, wenn er beim Handelsregister selbst die Anregung macht: Der Wert ist, ausgehend von der Höhe der Forderung, nach § 36 Abs. 1 GNotKG auf etwa 25 % zu schätzen. Nach § 113 GNotKG, Nr. 22200 (5.) KV GNotKG eine 0,5 Geb. (Tabelle B); macht er nur dafür einen Entwurf: Gebühr nach Nr. 24102 KV GNotKG (0,3–0,5 Geb. Tabelle B mind. 30 €).
b) Des Registergerichts: Die Löschung (der Löschung) löst m.E. eine Gebühr wie für eine spätere Eintragung aus = Nr. 1501/1502 der Anlage zur HRegGebV, weil die OHG tatsächlich noch nicht erloschen war. Für die Erteilung einer beglaubigten Registerausdruck entsteht eine Gebühr von 20 € Nr. 17001 KV GNotKG.

22   Oft wird die Wiedereintragung der Firma nicht nötig sein, weil die weitere Liquidation nach den Vorschriften der bürgerlich-rechtlichen Gesellschaft gem. § 730 BGB vereinbart werden kann. Im Inland kann die etwa für Prozesse notwendige Legitimation auch durch den beglaubigten Registerauszug der gelöschten Firma geführt werden. Auch für das Grundbuchamt reicht der Registerauszug der gelöschten Firma als Nachweis aus, da die bisherigen Liquidatoren weiterhin vertretungsberechtigt sind.[20]

---

17 KGJ 24 A 125.
18 RG JW 1926, 1432.
19 So OLG Saarbrücken v. 18.07.2018 – 5 W 43/18 in Abgrenzung u.a. zu BGH, Urt. v. 02.06.2003 – II ZR 102/02 = DNotZ 2003, 773 = DStR 2003, 1541.
20 BGH v. 19.02.1990 – II ZR 268/88 Nr. 2b = BGHZ 110, 342/352 = NJW 1990, 1725/1728.

VII. Fortführung als Einzelfirma

Durch das Ausscheiden des vorletzten Gesellschafters wird die Gesellschaft nicht aufgelöst, sondern vollständig beendet. Zugunsten des zuletzt verbliebenen Gesellschafters findet nicht eine Anwachsung, sondern die Gesamtrechtsnachfolge hinsichtlich sämtlicher Aktiva und Passiva des Unternehmens der Gesellschaft statt. Eine Liquidation erfolgt nicht. Das einzelkaufmännische Handelsgeschäft kann die eingetragene Firma fortführen, wozu es aber der ausdrücklichen Einwilligung der Ausscheidenden bedarf, wenn dessen Name in der Firma enthalten ist (§ 24 Abs. 2 HGB). Täuschenden Firmenteile sind zu entfernen und der Rechtsformzusatz zu ändern, soweit nicht ein entsprechender Nachfolgezusatz mit der richtigen Rechtsform beigefügt wird.[21]

Die Anmeldung hat durch sämtliche bisherige Gesellschafter zu erfolgen. Dabei ist neben dem Ausscheiden auch die Fortführung anzumelden. Ausscheidende Minderjährige werden durch ihre gesetzlichen Vertreter vertreten, auch wenn diese Mitgesellschafter sind, da § 181 BGB für Verfahrenshandlungen nicht gilt. Das Ausscheiden des Minderjährigen ist genehmigungsbedürftig und die Genehmiung den Registergericht in signierter Form nachzuweisen.[22]

Fortführung einer OHG als einzelkaufmännisches Unternehmen

Der Gesellschafter Hans Hensel, geb. am ....., wohnhaft in ....., ist aus der Firma »H. Hensel & Co. OHG« ausgeschieden. Damit ist die Gesellschaft aufgelöst und ohne Liquidation beendet.
Der bisherige Mitgesellschafter Karl Krause führt das Geschäft mit allen Aktiva und Passiva als Einzelkaufmann unter der Firma

»H. Hensel & Co. OHG Nachf. Karl Krause e.K.«

fort. Hans Hensel hat in die Firmenfortführung eingewilligt.
Die Geschäftsanschrift lautet weiterhin:.....
Anmeldung: durch beide bisherigen Gesellschafter

■ *Kosten.*
a) Des Notars: Die Anmeldung des Ausscheidens und der Auflösung verlautbart ein Rechtsverhältnis (es handelt sich um eine einzige, da rechtlich zwingend zusammenhängende [strittig, a.A. zwei getrennte] spätere Anmeldung nach § 105 Abs. 4 Nr. 3 GNotKG, Wert 30.000 €). Dazu ist die Anmeldung der Fortführung des Geschäftes einschließlich Zustimmung zur Firmenfortführung ein zweites Rechtsverhältnis (es handelt sich um eine Erstanmeldung nach § 105 Abs. 3 Nr. 1 GNotKG, Wert 30.000 €). Eine Gebühr nach Nr. 24102 i.V.m. 21201 (5) KV GNotKG von 0,5 (Tabelle B) aus dem zusammengerechneten Wert (§ 35 GNotKG); sowie die Gebühren für das elektronische Einreichen (s. § 124 Rdn. 43).

---

21 BayObLGZ 78, 48 = MittBayNot 1978, 69. Siehe auch OLG Frankfurt v. 24.05.1971 = 6 W 158/71, DNotZ 1972, 309, wonach der Einzelkaufmann die bisherige Firma »X und Sohn OHG« ohne den Zusatz »OHG« fortführen kann, wobei aber der Rechtsformhinweis nach § 19 Abs. 1 Nr. 1 HGB nötig ist.
22 RGZ 122, 370.

b) Des Registergerichts: Das Ausscheiden (je Gesellschafter) ist m.E. mit dem Erlöschen zusammen eine einzutragende Rechtstatsache.[23] 60 € bzw. 70 € nach Nr. 1501 bzw. 1502 (1503 für weitere Ausscheidende) der Anlage zur HRegGebV. Für die Ersteintragung des Einzelkaufmannes fällt eine Gebühr von 70 € nach Nr. 1100 an.[24]

25 Zur Umwandlung einer OHG in eine KG mit Erben s. § 137 Rdn. 57 ff.

---

[23] Vgl. OLG Karlsruhe, Beschl. v. 03.04.2013 – 11 Wx 52/12, NZG 2013, 624: von nur einer Tatsache im gebührenrechtlichen Sinne ist auszugehen, wenn mehrere Registertatsachen dergestalt eine Einheit bilden, dass sie nur gemeinsam eingetragen werden können; ablehnend: Korintenberg/*Thamke* § 58 Anh. § 2 HRegGebVO Rn. 19 sowie Rn. 12 zu KV-Nr. 1503: Auflösung nach Nr. 1501, je ausscheidender Gesellschafter Nr. 1503 = 30 €. Keine Gebühr für die Eintragung als Einzelunternehmer.
[24] So auch Fleischhauer/Preuß/*Kallrath*, Handelsregisterrecht, 3. Aufl., D 14. Abweichend: *Gustavus*, 9. Aufl., A 33: zusätzliche Gebühr für Auflösung nach Nr. 1503 = 30 €.

§ 136 Partnerschaftsgesellschaft

I. Grundstruktur

Durch das Gesetz über Partnerschaftsgesellschaften Angehöriger freier Berufe (Partnerschaftsgesellschaftsgesetz – PartGG) vom 25.07.1994[1] wurde für die Angehörigen freier Berufe neben der GbR (OHG/KG sind mangels Gewerbebetrieb nicht möglich) als zusätzliche Gesellschaftsform die Partnerschaftsgesellschaft geschaffen, in der sich nur Angehörige der freien Berufe zur gemeinsamen Berufsausübung zusammenschließen können. Freie Berufe sollten dadurch die Möglichkeit erhalten, ihre Haftung für Fehler bei der Berufsausübung auf das Vermögen der Gesellschaft und der tätig gewordenen Partner zu beschränken (die persönliche Haftung von denjenigen Partnern also auszuschließen, die in der betreffenden Angelegenheit nicht tätig waren). Ein Bedürfnis bestand dafür, den freien Berufen eine Alternative für die GbR anzubieten, weil die Rechtsform der GmbH für bestimmte freie Berufe aus berufsrechtlichen Gründen nicht offen steht,[2] ebenso nicht die OHG/KG wegen fehlendem Gewerbebetrieb (Ausnahmen: Wirtschaftsprüfungsgesellschaften als OHG und KG (§ 27 Abs. 1 Satz 2 WPO) sowie Steuerberatungsgesellschaft als KG auch GmbH& Co. KG (§ 49 Abs. 2 StBerG).[3] Nach der Haftungsregelung des § 8 Abs. 1 PartGG haften den Gläubigern für Verbindlichkeiten der Partnerschaftsgesellschaft grundsätzlich neben deren Vermögen auch die Partner akzessorisch als Gesamtschuldner. Waren aber nur einzelne Partner mit der Bearbeitung eines Auftrags befasst, so bringt dazu § 8 Abs. 2 PartGG eine Ausnahme, in dem die Haftung für fehlerhafte Berufsausübung sich nur auf diese neben der Haftung der Partnerschaft beschränkt (ausgenommen sind auch Bearbeitungsbeiträge von untergeordneter Bedeutung).

Die Partnerschaftsgesellschaft übt kein Handelsgewerbe aus. Die Partnerschaft ist kein Kaufmann kraft Rechtsform, sodass sie nicht nach § 238 HGB zur Führung von Büchern und zur kaufmännischen Rechnungslegung sowie auch nicht zur Veröffentlichung des Jahresabschlusses gemäß § 325 HGB verpflichtet ist. Sie ist als Personengesellschaft selbst Trägerin des Gesellschaftsvermögens, aktiv und passiv parteifähig sowie insolvenzfähig, kann jedoch wegen ihrer Ausrichtung auf die gemeinsame Berufsausübung nicht Gesellschafter

---

1 BGBl. I S. 1744.
2 S. bei Baumbach/Hueck/*Fastrich*, § 1 GmbHG Rn. 9; Rohwedder/Schmidt-Leithoff, § 1 GmbHG Rn. 13; vor allem bei ärztlichen Berufen aufgrund Kammer- bzw. Heilberufsgesetze einiger Länder, ausgenommen durch BGHZ 124, 224 = NJW 1994, 786 für Zahnärzte-GmbH; nach Art. 18 BayHKaG auch Tierarzt, anders aber Land Niedersachsen: § 32 HKG i.V.m. § 19 Berufsordnung der Tierärztekammer Niedersachsen; Land Hessen: §§ 24, 25 HeilBerG i.V.m. § 25 Berufsordnung der Tierärztekammer Hessen, wo die Führung einer Tierarztpraxis in der Rechtsform einer Kapitalgesellschaft grundsätzlich gestattet ist. Unter den Voraussetzungen der §§ 59c ff. BRAO, § 27 f. WPO, § 49 f. StBerG ist in Form einer Kapitalgesellschaft auch zugelassen für Rechtsanwälte, Steuerberater und Wirtschaftsprüfer, sowie Angehörige der Heilberufe in Baden-Württemberg (§ 31 Abs. 3 Nr. 7 HBKG i.V.m. § 23a BO), Brandenburg (§§ 31 Abs. 4 Satz 1, 32 Abs. 2 HeilBerG i.V.m. § 23a BO), Bremen (§ 27 Abs. 2 Satz 3 HeilBerG i.V.m. § 23a BO), Hamburg (§ 27 Abs. 3 Satz 2 HmbKGH), Hessen (§ 25 Nr. 18 Heilberufsgesetz i.V.m. § 23a BO) Niedersachsen (§ 32 Abs. 2 HKG), Rheinland-Pfalz (§ 24 Abs. 1 Nr. 9 HeilBG i.V.m. § 23a BO), Sachsen (§ 16 Abs. 4 SächsHKaG), Sachsen-Anhalt (§ 20 Abs. 1 Nr. 4 KGHB-LSA i.V.m. § 23a BO), Schleswig-Holstein (§ 29 Abs. 2 Satz 2 HBKG) und Thüringen (§§ 20 Abs. 2 Satz 3, 23 Nr. 7 ThürHeilBG i.V.m. § 23a BO), jedoch verbunden mit strengeren Anforderungen an die Mindesthaftpflichtversicherung und größeren Beschränkungen bei interprofessionellen Verbindungen. Hierzu Lieder/Hoffmann, NZG 2016, 287; MüKo-BGB/*Ulmer/Schäfer*, Vorbem. Rn. 15 ff.
3 Auch mit dem Gesellschaftszweck »geschäftsmäßige Hilfeleistung in Steuersachen einschließlich der Treuhandtätigkeit« BGH, Beschl. v. 15.07.2014 – II ZB 2/13, DNotZ 2015, 57 (m. Anm. *Lubberich*) = DStR 2014, 2085 = DStR 2014, 2419 (m. Anm. *Arens*) = NJW 2015, 61 = RNotZ 2015, 34.

einer anderen Gesellschaft sein.[4] Sie führt keine Firma, sondern einen Namen und ist verpflichtet einen Namenszusatz »und Partner« oder »Partnerschaft« zu führen. Sie ist auch in der Form einer PartmbB nicht der gewerbesteuerspflichtig.

II. Die Sonderform der Partnerschaftsgesellschaft mit beschränkter Berufshaftung (PartGmbB)

3 Die Haftung aller Partner, die mit der Bearbeitung eines Auftrags befasst waren, für berufliche Fehler einzelner daran Beteiligter wurde bei Partnerschaftsgesellschaften, die eine gewisse Größenordnung überschreiten und bei denen die Aufgaben von Teams und nicht allein von einem Partner innerhalb der Partnerschaftsgesellschaft bearbeitet werden, als problematisch angesehen. Im Juni 2013 wurde daher das Gesetz »zur Einführung einer Partnerschaftsgesellschaft mit beschränkter Berufshaftung (PartG mbB) und zur Änderung des Berufsrechts der Rechtsanwälte, Patentanwälte und Steuerberater« verabschiedet.[5] Sie ist keine neue Rechtsform, sondern nur eine Rechtsformvariante zur normalen Partnerschaft.[6] Dadurch ist neben der herkömmlichen Partnerschaftsgesellschaft mit Haftungskonzentration auf den Handelnden nun auch die Möglichkeit einer Partnerschaftsgesellschaft mit beschränkter Berufshaftung möglich, bei der die Haftung für berufliche Fehler auf das Gesellschaftsvermögen beschränkt wird, die unmittelbare persönliche Haftung der Handelnden nach § 8 Abs. 1 Satz 2 PartGG also ausgeschlossen ist.[7] Daneben bleibt aber die unbeschränkte persönliche Haftung der Partner für alle anderen Verbindlichkeiten der Gesellschaft bestehen. Voraussetzung der Haftungsbeschränkung ist ausschließlich allein, dass eine vom jeweiligen Berufsrecht vorgegebene Berufshaftpflichtversicherung von der Partnerschaft unterhalten wird.[8] Dies ist bisher jedoch nur zugelassen worden für Rechts- und Patentanwälte, Steuerberater und Wirtschaftsprüfer (§ 51a Abs. 2 BRAO, § 45a Abs. 2 PatAO, § 67 Abs. 2 StBerG und § 54 WPO i.V.m. § 323 Abs. 2 Satz 1 HGB), sowie in einzelnen Bundesländern für Architekte[9] und beratende Ingenieure,[10] und in Bayern auch für Ärzte,

---

4 BGH v. 20.03.2017 – AnwZ (Brfg) 33/16 bezüglich Beteiligung an einer Rechtsanwaltsgesellschaft.
5 Gesetzesentwurf mit BR-Drucks. 309/12 bzw. BT-Drucks. 17/10487; s.a. Parlamentsprotokoll Deutscher Bundestag – 17. Wahlperiode – 195. Sitzung am 27.09.2012 S. 23579 ff.; angenommen in der Beschlussentfehlung des Rechtsausschusse BT-Drcks. 17/13944; Lit.: u.a. *Römermann*, NZG 2012, 601; *Posegga*, DStR 2012, 611; *Lieder*, NotBZ 2014, 81 und 128; *Wälzholz*, DStR 2013, 2637; *Wertenbruch*, NZG 2013, 1006; *Leuering*, NZG 2013, 1001; *Korch*, Offene Rechtsfragen zur Reichweite der Haftungsbeschränkung durch die Partnerschaftsgesellschaft mit beschränkter Berufshaftung, NZG 2015, 1425; *Lieder/Hoffmann*, Rechtstatsachen-Update zur PartG mbB, NZG 2016, 287; *Henssler/Trottmann*, Berufsrechtliche Besonderheiten bei der interprofessionellen Partnerschaftsgesellschaft mit beschränkter Berufshaftung, NZG 2017, 241; sehr detailliert: *Zöbeley*, Die Partnerschaftsgesellschaft mit beschränkter Berufshaftung in der notariellen Praxis, RNotZ 2017, 341; u.v.a.
6 OLG Nürnberg v. 05.02.2014 – 12 W 351/14, NZG 2014, 422; DNotI-Report 2014, 55.
7 Deliktische Ansprüche der Vertragspartner gegen den Handelnden bleiben jedoch bestehen; *Korch*, NZG 2015, 1425.
8 Es gelten je nach Berufsgruppe sehr unterschiedlich hohe Mindestversicherungssummen; Überblick bei *Zöbeley*, RNotZ 2017, 341. Zu den inhaltlichen Voraussetzungen: *Henssler/Trottmann*, NZG 2017, 241.
9 § 2a Abs. 4 ArchGBW; Art. 9 Abs. 3 BauKG Bayern; § 7a Abs. 3 Berliner ABKG; § 7 Abs. 1 BbgArchG; § 4 Abs. 4 BremArchG; § 10 Abs. 3 HambArchG; § 6 Abs.1 Nr. 2 HASG; § 30 Abs. 2 Gesetz zur Neufassung des Architekten- und Ingenieurrechts des Landes Mecklenburg-Vorpommern; § 4b Abs. 4 NArchG; § 10 BauKaGNRW i.V.m. § 19 Abs. 2 DVOBauKaGNRW; § 9 V ArchG Rheinland-Pfalz; § 7 Abs. Satz 3 SAIG; § 10 Abs. 2 SächsArchG; § 33a IngGLSA; § 10 Abs. 2 ArchIngKG Schleswig-Holstein sowie Thüringen: § 33 ThürAIKG).Vgl. *Henssler/Trottmann*, NZG 2017, 241.
10 § 17a Abs. 2 IngKammGBW; Art. 9 Abs. 3 BauKG Bayern; §7a Abs. 3 Berliner ABKG; § 7 Abs. 1 BbgIngG; § 6 V BremIngG; §§ 6a Abs.1, 3 Satz 4, Abs. 5 Satz 1 Nrn. 2, 6b Hamb IngG; §§ 13 Abs. 1 Satz 1, 2 Nr. 2, 15 Abs. 4 HIngG; § 30 Abs. 2 Gesetz zur Neufassung des Architekten- und Ingenieurrechts des Landes Mecklenburg-Vorpommern; § 7 Abs. 2 NIngG; § 35 BauKaGNRW i.V.m. § 19 Abs. 2 DVOBauKaGNRW; § 10 Abs. 3 IngKAG Rheinland-Pfalz; § 7 Abs. 4 Satz 3 SAIG; § 33a IngGLSA; § 10 Abs. 2 ArchIngKG Schleswig-Holstein sowie Thüringen: § 33 ThürAIKG. Vgl. *Henssler/Trottmann*, NZG 2017, 241.

Zahnärzte, Tierärzte, Apotheker, Psychotherapeuten.[11] Die Partnerschaft muss zusätzlich einen entsprechenden Namenszusatz (»mit beschränkter Berufshaftung« oder die Abkürzung »mbB« oder eine andere allgemein verständliche Abkürzung dieser Bezeichnung) führen, der auch auf Geschäftsbriefen verwendet werden muss. Die Haftungsbeschränkung ist jedoch nicht von der Eintragung dieses Namenszusatzes in das Partnerschaftsregister abhängig, muss jedoch erfolgen.[12] Außerdem kann der nach § 2 Abs. 1 Satz 1 vorgegebenen Namenszusatz bei der Partnerschaft mit beschränkter Berufshaftung auf den Zusatz »Part mbB« oder »PartG mbB« verkürzt werden. Fehlt dieser Namenszusatz, können gutgläubige Dritte nach § 15 Abs. 1 HGB i.V.m. § 5 Abs. 2 PartGG auf das Schweigen des Partnerschaftsregisters vertrauen; die Haftungsbeschränkung kann ihnen damit nicht entgegengesetzt werden. Auch kann ein Vertragspartner den mit der Partnerschaft geschlossenen Vertrag kündigen, wenn er über die beschränkte Haftung arglistig getäuscht wurde (§ 123 BGB) oder er sich über diese verkehrswesentliche Eigenschaft in einem kausalen Irrtum (§ 119 Abs. 2 BGB) befunden hat.[13] Die Haftungsbeschränkung gilt jedoch nur im Außenverhältnis. Im Innenverhältnis haftet der den Schaden verursachende Partner wegen Berufspflichtverletzung der Gesellschaft gemäß § 280 BGB, soweit die Versicherung nicht eingreift oder die Versicherungssumme überschritten wird.[14] Ein solcher Anspruch kann auch von einem Gläubiger der Partnerschaft gepfändet werden. Zwar soll die Wahl der PartGmbB regelmäßig schon konkludent zum Ausdruck bringen, im Innenverhältnis nur für grob fahrlässiges und vorsätzliches Fehlverhalten einstehen zu wollen.[15] Sicherheitshalber sollte eine solche Haftungsbegrenzung explizit im Gesellschaftsvertrag festgelegt werden.[16]

Formulierungsvorschlag für interne Haftungsbeschränkung[17]

Verursacht ein Partner einen Berufshaftpflichtfall, für den nach § 8 Abs. 4 PartGG nur das Gesamthandsvermögen der Gesellschaft haftet, so sind Rückgriffsansprüche der Gesellschaft gegen den Partner ausgeschlossen – außer bei vorsätzlichem Handeln des Partners. Nachschusspflichten i.S. des § 735 BGB aus Anlass der Liquidation der Gesellschaft, der Insolvenz der Gesellschaft oder aus Anlass des Ausscheidens eines Partners aus der Gesellschaft sind ausgeschlossen, soweit der Verlust auf einem Berufshaftpflichtfall beruht, für den nach § 8 Abs. 4 PartGG nur das Gesamthandsvermögen der PartG haftet.

4 M

Entstehung der Partnerschaftsgesellschaft mit beschränkter Berufshaftung durch Umwandlung

Da sie lediglich eine Sonderform der Partnerschaft ist, erfolgte die Errichtung gemäß den Regelungen des PartGG. Zusätzlich ist lediglich das Unterhalten der gesetzlich vorgesehenen Berufshaftpflichtversicherung erforderlich. Auch für den Wechsel einer bereits bestehenden Partnerschaft zur PartGmbB bedarf es nur des Abschlusses einer entsprechenden Berufshaftpflichtversicherung; zusätzlich muss der Namenszusatz im Partnerschaftsregister

5

---

11 Ärzten (Art. 18 Abs. 2 HKaG), Zahnärzten (Art. 46 Abs. 1 HKaG), Tierärzten (Art. 51 Abs. 1 HKaG), Apothekern (Art. 59 Abs.1 Satz1 HKaG), Psychologischen Psychotherapeuten sowie Kinder- und Jugendlichenpsychotherapeuten (Art. 65 HKaG).
12 Wobei dies aber nicht in der Rubrik »Rechtsform« vermerkt wird; OLG Nürnberg v. 05.02.2014 – 12 W 351/14, NZG 2014, 422.
13 *Lieder*, NotBZ 2014, 128 ff.
14 Ausführlich zum Binnenregress: *Korch*, NZG 2015, 1425; *Zöbeley*, RNotZ 2017, 341,353 mwN.
15 *Wertenbruch*, NZG 2013, 1006.
16 *Lieder*, NotBZ 2014, 81,84; *Wälzholz*, DStR 2013, 2637, 2638; *Wertenbruch*, NZG 2013, 1006; *Korch*, NZG 2015, 1425.
17 Mustertext von Wälzholz, DStR 2013, 2637, 2639.

eingetragen werden, was aber nur deklaratorische Wirkung hat. Im Innenverhältnis bedarf es einer Änderung des Gesellschaftsvertrages, wozu grundsätzlich die Zustimmung sämtlicher Partner (zumindest aber mit vertragsändernder Mehrheit) erforderlich ist, da es sich um eine außergewöhnliche Geschäftsführungsmaßnahme handelt.[18] Die Haftungsbeschränkung beginnt dabei erst mit der Eintragung im Partnerschaftsregister; vertreten wird, dass die Haftung für Altverbindlichkeiten entsprechende den Nachhaftungsgrundsätzen für Personengesellschaften (§ 736 BGB, § 160 HGB, § 10 Abs. 2 PartGG) nach Ablauf von fünf Jahren erlöschen soll.[19]

6   Die Umwandlung einer Sozietät in Form einer GbR ist möglich durch identitätswahrende Umformung gemäß § 2 Abs. 2 PartGG (Wechsel des Rechtskleides). Hierzu ist Änderung des Gesellschaftsvertrages gemäß dem Mindestinhalt nach § 3 PartGG, Abschluss des erforderlichen Versicherungsvertrages und Anmeldung zum Partnerschaftsregister erforderlich.[20] Nach § 2 Abs. 2 PartGG i.V.m. § 24 Abs. 2 HGB kann dabei auch der Name eines ausgeschiedenen GbR-Gesellschafters nebst dessen Doktortitel fortgeführt werden, sofern der Gesellschafter oder seine Erben einwilligen.[21]

7   Aus einer Kapitalgesellschaft kann die PartmbB durch einen Formwechsel nach den Vorschriften der §§ 192 ff., 228 ff. UmwG oder auch durch Verschmelzung oder Spaltung entstehen. Voraussetzung ist, dass in diesem Zeitpunkt alle Gesellschafter der Kapitalgesellschaft natürliche Personen sind, die einen freien Beruf i.S. § 1 Abs. 1 und 2 PartGG ausüben und außerdem den allgemeinen Anforderungen des jeweiligen Berufsrechts entsprechen (§ 1 Abs. 3 PartGG). Die PartmbB kann zwar grundsätzlich eine bisher eingetragene Firma als Namen fortführen, jedoch nach § 200 Abs. 4 UmwG nur unter den Voraussetzungen des § 2 Abs. 1 PartGG. Somit muss mindestens der Name eines Partners, der Rechtsformzusatz sowie die Berufsbezeichnung alle in der Partnerschaft vertretenen Berufe enthalten sein. Reine Sach- oder Fantasiefirmen sind unzulässig, Mischformen aber möglich.[22] Erfolgt nur eine Übernahme der Geschäfte einer GmbH durch eine Partnerschaft mit Fortführung deren Firma als Name der Partnerschaft, kann der vereinbarte Haftungsausschluss in das Handelsregister eingetragen werden.[23] Der Wechsel einer Kommanditgesellschaft, insbesondere einer GmbH & Co. KG in eine PartGmbB ist durch Verschmelzung auf eine PartGmbB möglich, aber auch durch Einbringung der Gesellschaftsanteile, wie auch durch Beitritt der PartmbB zur KG und Austritt alle übrigen Gesellschafter. Weiter möglich ist auch die Rechtsformänderung durch Gesellschafterbeschluss und Änderung des Gesellschaftsvertrages, Versicherungsabschluss und Registereintragung; die Voraussetzungen bezüglich der beteiligten Partner und der Firmenfortführung sind jedoch, wie vorstehend bei der GmbH dargestellt, zu beachten, sodass insbesondere die Komplementär-GmbH dabei aufschiebend bedingt auf die Eintragung im Register ausscheiden muss, da Gesellschafter nur natürliche Personen sein können.[24]

---

18 *Sommer/Treptow*, NJW 2013, 3269: nach deren Ansicht ist der Abschluss der spezifischen Berufshaftpflichtversicherung kein Grundlagengeschäft und könne daher von Partnern in vertretungsberechtigter Zahl abgeschlossen werden.
19 *Sommer/Treptow*, NJW 2013, 3269; *Wälzholz*, DStR 2013, 2637.
20 *Wälzholz*, DStR 2013, 2637; *Lieder*, NotBZ 2014,128. Bei Ausgliederung oder Abspaltung kann auch der in der bisherigen Bezeichnung enthaltene Name von nicht mehr an der Partnerschaft beteiligten Personen fortgeführt werden, wozu es lediglich der Zustimmung sämtlicher Gesellschafter der Sozietät, nicht hingegen der Namensträger bedarf; OLG Hamm v. 05.07.2016 – 27 W 42/16 und v. 03.11.2016 – 27 W 130/16; DStR 2017, 1231. Möglich ist auch die Übertragung aller Anteile an der GbR auf die PartmbB; hierzu: *Zöbeley*, RNotZ 2017, 341,348.
21 BGH v. 08.05.2018 – II ZB 26/17.
22 BGH v. 11.03.2004 – I ZR 62/01, NJW 2005,1651.
23 OLG München v. 08.04.2015 – 31 Wx 120/15 = NZG 2015, 599; NJW 2015, 2353 m. Anm. *Miras*.
24 *Zöbeley*, RNotZ 2017, 341,348; *Wälzholz*, DStR 2013, 2637.

III. Schutz des Begriffs »Partner«

§ 11 PartGG reserviert den Zusatz »Partnerschaft« oder »und Partner« für Partnerschaftsgesellschaften nach diesem Gesetz. Gesellschaften, die diese Bezeichnung bei Inkrafttreten des Gesetzes zulässigerweise geführt haben, dürfen die Bezeichnungen zwar weiterführen, mussten aber einen Hinweis auf die andere Rechtsform hinzufügen. Nach Inkrafttreten des PartGG begründete oder umbenannte Gesellschaften mit anderer Rechtsform ist das Führen des Zusatzes »und Partner« bzw. »Partnerschaft« aber verwehrt, selbst wenn es sich dabei lediglich um einen Bestandteil des Firmenkernes unter Hinzufügung des zutreffenden Rechtsformzusatzes handelt. Auf die Art der Schreibweise »+ Partner« oder »& Partner« kommt es nicht an,[25] denn die Verwendung ist stets dann ausgeschlossen, wenn der Begriff als Bezeichnung der Rechtsform verstanden werden kann, was auch in der englischen Pluralform »partners« gesehen wird.[26] Lediglich dann, wenn der Begriff »Partner« nur als Bestandteil eines zusammengesetzten Wortes verwendet wird und damit die Verwechslung mit dem Rechtsformzusatz ausgeschlossen wird (»Großverbraucherpartner« oder »GV-Partner«) wird die Wortverwendung als zulässig angesehen.[27] Das Fortführungsverbot bei Umbenennung tritt jedoch hinter dem Recht zur Weiterführung des Firmenbestandteils »und Partner« durch eine Gesellschaft anderer Rechtsform (im konkreten Fall eine GmbH) zurück, wenn nur ein untergeordneter Firmenbestandteil geändert wird.[28]

IV. Rechtsnormen

Nach § 1 Abs. 4 PartGG gelten für die Partnerschaftsgesellschaft die Vorschriften des Bürgerlichen Gesetzbuches über die Gesellschaft (§§ 705 ff. BGB), soweit im PartGG nichts anderes bestimmt ist. Weitgehend wird jedoch im Gesetz in zahlreichen Vorschriften auf das Recht der offenen Handelsgesellschaft verwiesen, sodass sie als deren »Schwesterfigur« einer rechtsfähigen Personengesellschaft und insoweit einer juristischen Person angenähert ist. Wegen der Wesensverschiedenheit zwischen freiberuflicher Tätigkeit und Handelsgewerbe wird sie jedoch der OHG nicht gleichgestellt. So sind etwa die Regelungen zur Prokura nicht anwendbar, weil eine solche rechtsgeschäftliche Vertretung mit dem Prinzip des besonderen persönlichen Vertrauensverhältnisses bei freiberuflicher Berufsausübung nicht im Einklang steht.[29]

V. Voraussetzungen, Entstehen

Partner einer Partnerschaftsgesellschaft können nur natürliche Personen sein, die Angehörige eines freien Berufes sind und diesen aktiv in der Partnerschaft ausüben. Grundsätzlich können hierbei verschiedene Berufe zusammengeschlossen sein (berufsübergreifende Partnerschaft), wobei jedoch § 2 Abs. 1 Satz 1 PartGG die Aufnahme aller ausgeübten Berufe in den Partnerschaftsnamen verlangt; eine Ausnahme besteht jedoch nach § 53 Satz 2 StBerG bei Steuerberatungsgesellschaften[30] und nach § 31 Satz 2 WPO bei Wirtschaftsprüfungsgesellschaften. Einschränkungen hinsichtlich einer interprofessionellen Zusammenarbeit erge-

---

25 BGHZ 135, 257 = NJW 1997, 1854.
26 KG NZG 2004, 416; OLG Frankfurt am Main GmbHR 2005, 96.
27 OLG Düsseldorf, 09.10.2009 – I-3 Wx 182/09 = NGZ 2010, 37; OLG München DStR 2007, 126 = DNotZ 2007, 449.
28 BayObLG DNotZ 2003, 458.
29 OLG München NJW 2005, 3730.
30 OLG München v. 1.12.2016 – 31 Wx 281/16, NZG 2017,64: bei Eintritt eines Rechtsanwalts in eine Steuerberatungsgesellschaft. Anders jedoch bei Eintritt eines Steuerberaters in eine Rechtsanwalts-Partnerschaft.

ben sich aus spezialgesetzlichen Vorschriften insbesondere bei Rechtsanwälten (§ 59a BRAO[31]), Patentanwälten (§ 52a PAO), Steuerberatern (§ 56 StBerG), Wirtschaftsprüfer (§ 44b WPO), bei Ärzten, Zahnärzten und Tierärzten. Die in einer Partnerschaft ausübbaren freien Berufe sind in § 1 Abs. 2 PartGG aufgezählt, wobei dies nicht als abschließende Aufzählung verstanden wird, sondern diesen Katalogberufen ähnliche Berufe auch im Rahmen einer Partnerschaftsgesellschaft zulässig sind. Nicht möglich ist diese Gesellschaftsform bei Apothekern (§ 8 ApothG)[32] und bei Notaren (strittig). Die gleichzeitige gewerbliche Tätigkeit hindert die Errichtung oder das Fortbestehen einer *Partnerschaft* nicht, solange die gewerbliche der freiberuflichen Tätigkeit lediglich dient und ihr untergeordnet ist.[33] Eine Partnerschaft mit beschränkter Berufshaftung können jedoch nur diejenigen Berufsgruppen ausüben, für die durch Gesetz eine Berufshaftpflichtversicherung vorgegeben ist.

11 Die Partnerschaftsgesellschaft entsteht im Verhältnis zu Dritten erst mit der Eintragung im Partnerschaftsregister (§ 7 Abs. 1 PartGG; konstitutive Wirkung), während im Innenverhältnis bereits ab dem Abschluss des schriftlichen Vertrages über die Partnerschaft das von den Partner gewollte Recht der Partnerschaft gilt. Bis zur Eintragung besteht nach außen aber die Haftung nach GbR-Recht und somit noch keine Haftungsbeschränkung.

VI. Vertrag einer Partnerschaftsgesellschaft

12 Der Partnerschaftsvertrag bedarf zwingend der Schriftform (§ 3 Abs. 1 PartGG), soweit nicht wegen § 311b BGB oder § 15 GmbHG notarielle Form nötig ist, und wäre sonst nichtig (§ 125 BGB).[34]

13 Er muss enthalten
- den Namen und den Sitz der Gesellschaft,
- den Namen und den Vornamen sowie den in der Partnerschaft ausgeübten Beruf und den Wohnort (ohne Straße) jedes Partners und
- den Gegenstand der Partnerschaft = die in der Partnerschaft ausgeübte freie Berufstätigkeit,

sowie gemäß der Verweisung auf §§ 705 ff. BGB Vereinbarungen über den gemeinsamen Zweck und über die von den Partnern geschuldeten Beiträge. Darüber hinaus müssen die von den jeweiligen Berufsordnungsgesetzen geforderten Vertragsinhalte berücksichtigt werden.[35]

14 Der *Name der Partnerschaft*[36] muss gemäß § 2 Abs. 1 Satz 1 PartGG mindestens den Familiennamen eines Partners,[37] die Bezeichnung *aller* in der Partnerschaft tatsächlich ausgeübten Berufe, sowie den Rechtsformzusatz »und Partner« oder »Partnerschaft« enthalten. Die Partnergesellschaft mit beschränkter Berufshaftung kann statt diese Namenszusätze den Zusatz »Part« oder »PartG« führen und muss den Namenszusatz »mit beschränkter Berufs-

---

[31] Zu dessen Verfassungswidrigkeit bezüglich Zusammenschluss von Rechtsanwälten mit Ärzten und Apothekern: BVerG v. 12.01.2016 – 1 BvL 6/13, NJW 2016, 70.
[32] Ausnahme in Bayern: Art. 59 Abs. 1 i.V.m. Art. 18 Abs. 2 BayHKaG, auch als PartGmbB.
[33] Strittig, s. MüKo-BGB/*Ulmer/Schäfer*, § 1 PartGG Rn. 22. Das Steuerrecht hat strengere Kriterien, wonach die gewerbliche Tätigkeit schon auf die freiberuflichen Einkünfte abfärbt, wenn dies einen äußerst geringen Anteil überschreiten (BFH v. 11.08.1999 – XI R 12/98 = BFHE 189, 419; BStBl. II 2000, 229).
[34] Erfolgt trotz des Formmangels die Eintragung im Partnerschaftsregister und wird die Vereinigung in Vollzug gesetzt, wird sie zur wirksamen, aber fehlerhaften Partnerschaft, die nach den Grundsätze über die fehlerhafte Gesellschaft solange fortbesteht, bis sich einer der Partner durch Auflösungsklage nach § 9 Abs. 1 i.V.m. § 133 HGB erfolgreich auf den Formmangel beruft (MüKo-BGB/*Ulmer*, § 3 PartGG Rn. 9).
[35] Die jeweiligen Kammern haben dazu i.d.R. Informationsblätter herausgegeben, die auch im Internet abrufbar sind, häufig verbunden auch mit Musterverträgen, z.B. Architektenkammer Baden-Württemberg, die Steuerberaterkammern; Dt. Steuerberaterverband u.v.m.
[36] Ausführlich dazu: *Zöbeley*, RNotZ 2017, 341,348; auch statt »und« die Zeichen »&« sowie »+« zulässig.
[37] Auch nur mit Berufs- oder Künstlername OLG Frankfurt am Main, v. 18.11.2002 – 20 W 319/02 = NJW 2003, 364.

haftung« oder die Abkürzung »mbB« oder eine andere allgemein verständliche Abkürzung dieser Bezeichnung enthalten. Namen von Personen, die nicht Partner sind, können nicht aufgenommen werden. Berufsrechtlich vorgegebene Bezeichnungen sind zu verwenden; lediglich bei Steuerberatungs- und Wirtschaftsprüfungsgesellschaften lassen § 53 Satz 2 StBerG, § 31 Satz 2 WPO die Pflicht zur Angabe der Berufsbezeichnungen der andere Berufe ausübenden Partner entfallen.

Die allgemeinen Grundsätze[38] über Firmenwahrheit, Firmenklarheit und Unterscheidbarkeit gelten für den Namen der Partnerschaftsgesellschaft entsprechend, da § 2 Abs. 2 PartGG die Norm des § 18 Abs. 2 HGB für entsprechend anwendbar erklärt. Auch die Aufnahme einer Sach- oder Fantasiebezeichnung als Zusatz ist zulässig.[39] Zu beachten ist das *Verbot täuschender Zusätze in § 18 Abs. 2 HGB*; danach soll der Zusatz »Institut« für Ärzte-Partnerschaft unzulässig sein.[40] Schrumpft die Angebotspalette der Partnerschaft oder wird diese ausgeweitet, besteht die Pflicht zur Namensänderung. Die unveränderte Fortführung des Namens ist trotz Ausscheidens des Namensgebers (jedoch nur mit seiner oder seiner Erben Zustimmung) zulässig, nicht mehr jedoch, wenn der Firmenname der Partnerschaft wesentlich verändert wird, etwa durch Beifügen eines neuen Partnernamens.[41] Wird das Geschäft einer GmbH oder KG von der PartG unter deren Firma als nunmehrigen Namen der Partnerschaft fortgeführt, kann der Haftungsausschluss gemäß § 25 Abs. 2 HGB in das Handelsregister eingetragen werden.[42]

Bei einer Partnerschaft mit berufsunterschiedlichen Fachärzten ist es aufgrund der Musterberufsordnung für die deutschen Ärzte notwendig, dass nicht einfach sämtliche ausgeübten Facharztberufe zusammengefasst in den Partnerschaftsnamen aufgenommen werden, sondern es muss der jeweilige Facharzt dem einzelnen Arzt namentlich auch zugeordnet werden, sodass dann die Namen sämtlicher Partner aufgenommen werden müssen.[43] Möglich ist jedoch, den Namen eines, in der Regel des wichtigsten Partners vorneweg zu stellen mit dem Zusatz »und Partner«, und dann die Namen der weiteren Partner nebst ihrer Facharztbezeichnung aufzuführen (z.B. Dr. med. K und Partner, Dr. med. K Zahnarzt, Dr. med. L, Kieferorthopäde, Dr. med. M Chirurg). **15**

Sitz ist der Ort der tatsächlichen Hauptgeschäftsführung, ein Doppelsitz ist ausgeschlossen. Daneben besteht die Möglichkeit von Zweigniederlassungen, soweit diese die allgemeinen Voraussetzungen[44] erfüllen. **16**

Vertragsinhalt: Aufgrund der urkundenrechtlichen Vollständigkeitsvermutung des Schriftformerfordernisses bedarf es der sorgfältigen Abfassung des Satzungstextes unter Berücksichtigung aller Regelungskomplexe, über die die Parteien sich entweder geeinigt haben oder eine Vereinbarung treffen wollten.[45] Die Regelungsnotwendigkeit und der Regelungsinhalt sind weitgehend ähnlich wie bei jedem Gesellschaftsvertrag einer Personengesellschaft, insbes. von Freiberuflern (s. § 130 Rdn. 66 ff.; Muster § 130 Rdn. 143 M); § 6 Abs. 3 PartGG verweist dazu auf die Regelungen für die OHG, nimmt jedoch die Verweisung auf die Prokurabestellung in § 116 Abs. 3 HGB und die Vorschriften über die Gewinnermittlung und -verteilung in der OHG (§§ 120 bis 122 HGB) heraus, da hierfür wie auch sonst das Recht der GbR Anwendung findet. Für das Innenverhältnis gilt die Privatautonomie, wogegen das Außenverhältnis weitgehend der Parteidisposition entzogen ist. Der **17**

---

38 S. oben § 125 Rdn. 8 ff.
39 BGH v. 11.03.2004 – I ZR 62/01 = NJW 2004, 1651.
40 OLG Frankfurt am Main DB 2001, 1664.
41 OLG Frankfurt am Main FGPrax 2005, 270; OLG Hamm v. 05.10.2016 – 27 W 107/16.
42 OLG München v. 08.04.2015 – 31 Wx 120/15 = NZG 2015, 599.
43 Trotz § 1 Abs. 3 PartGG ist *Ulmer* in Münch-Komm PartGG § 2 Rn. 14 der Ansicht, dass das Berufrecht nicht § 2 PartGG überlegen ist, sondern lediglich daneben bzgl. der konkreten Berufsausübung gilt, z.B. bzgl. des Praxisschildes.
44 S. hierzu § 127 Rdn. 1, sowie die berufsrechtlichen Vorschriften.
45 Von den jeweiligen Berufskammern gibt es im Internet abrufbare Musterverträge.

berufsrechtlichen Vorrang (§ 1 Abs. 3 PartGG) ist zu beachten. Vor allem sollte der Vertrag Bestimmungen enthalten[46] bzgl.

- Anteile und Beiträge der Partner: §§ 706f BGB gelten; daher grundsätzlich Pflicht zur Arbeitsleistung, daneben evtl. auch Geld- oder Sacheinlagen; Regelungen zur Nachschusspflicht; Treuhandschaft ist teilweise berufsrechtlich ausgeschlossen.
- Berufsausübung: Art und Weise der selbstständigen und der gemeinschaftlichen Berufsausübung, Art bzw. Verfahren zur Zulassung von Nebentätigkeiten; hierbei ist die Beachtlichkeit des Berufsrechts bei der Ausübung der freiberuflichen Tätigkeit durch die Partner gemäß § 6 Abs. 1 PartGG und dessen Vorrang zu beachten;
- Geschäftsführung: Grundsatz der Selbstorganschaft gilt; einzelne Partner können nach § 6 Abs. 2 PartGG nur hinsichtlich der »sonstigen« Geschäfte, in Abgrenzung von der Erbringung der beruflichen Leistungen, von der Geschäftsführung ausgeschlossen werden, sodass gemäß §§ 114 HGB gemeinschaftliche, mehrheitliche oder Einzelgeschäftsführung möglich ist,[47] Verantwortungsbereiche und Beschlussvoraussetzungen für Entziehung der Geschäftsführung können festgelegt werden; hinsichtlich der Ausübung der *freiberuflichen* Tätigkeit ist ein vertraglicher Ausschluss einzelner Partner aber nicht zulässig, wohl aber die Entziehung aus wichtigem Grund.
- Vertretung: aufgrund Selbstorganschaft nicht durch Dritte; wegen der Verweisung in § 7 Abs. 3 PartGG auf § 125 Abs. 1 und 2 HGB ist jeder Partner grundsätzlich allein vertretungsberechtigt, es kann aber auch Gesamtvertretung durch zwei oder mehr Partner festgelegt werden wie auch einzelne Gesamtvertreter zur Vornahme bestimmter Arten von Geschäften ermächtigt werden; der Umfang der Vertretungsmacht ist entsprechend § 126 Abs. 1 und 2 HGB unbeschränkt und grundsätzlich unbeschränkbar; vertraglich können einzelne Partner jedoch von der Vertretung ausgeschlossen werden (vgl. § 132 Rdn. 22 ff.);
- Versammlung und Beschlüsse: grundsätzlich gilt das Einstimmigkeitsprinzip des § 119 HGB; zu regeln sind Form und Frist sowie Zuständigkeit der Einberufung, Entscheidungsbereiche mit Mehrheitsentscheidung, Stimmrechtsbemessung (im Zweifel nach Köpfen, § 6 Abs. 3 PartGG i.V.m. § 119 Abs. 2 HGB), Vertretung, [48]Beschlussfähigkeit, Beschlussmehrheit, Protokollierung (s. i.E. § 132 Rdn. 33 ff.);
- Haftung und Versicherung; die nach § 8 Abs. 2 PartGG nach außen bestehende Haftung kann allenfalls im Innenverhältnis abgeändert werden, soweit nicht die gesetzliche mögliche Berufshaftpflichtversicherung gemäß § 8 Abs. 4 PartGG unterhalten wird; bei einer solchen PartmbB ist der Innenregress gegenüber dem eine Gesellschaftshaftung wegen Berufsfehler verursachenden Partner, soweit der Schaden nicht durch den gesetzlich vorgeschriebene Versicherung gedeckt ist, zu regeln, ggf. auch der Ausschluss bzw. die Beschränkung einer Nachschuss- oder Verlustausgleichspflicht (siehe Rdn. 3 a.E.);
- Gewinn und Verlustverteilung: §§ 721, 722 BGB (Verteilung und sofortige Ausschüttung nach Köpfen) passen nicht, daher ist i.d.R. andere Verteilung üblich z.B. nach Umsatzanteil oder Zugehörigkeitsdauer; Regelungen zu Entnahmen, Rücklagenbildung (in der Regel monatliche Vorauszahlungen auf den Gewinnanteil als Tätigkeitsvergütung, über die periodisch abhängig von der Ertragslage entschieden wird) (s. § 130 Rdn. 34);
- Urlaub, Folgen von Krankheit oder Berufsunfähigkeit auf die Tätigkeitsvergütung und/ oder Mitgliedschaft;
- rechtsgeschäftliche Verfügungen und Vererblichkeit bzgl. des Anteils im Rahmen der berufsrechtlichen Grenzen. Entsprechend den Regelungen der Personengesellschaften bedarf die rechtsgeschäftliche Verfügung der Zustimmung aller Partner, soweit der Ver-

---

46 ausführlich dazu: *Zöbeley*, RNotZ 2017, 341,355 ff.
47 MüKo-BGB/*Ulmer*, § 6 BGB Rn. 19 f.
48 Beschränkung der Bevollmächtigung auf Berufsangehörige nach § 50a Abs. 1 Nr. 6 StBerG; § 28 Abs. 4 Nr. 6 WPO.

trag nichts anderes regelt. § 9 Abs. 4 PartGG schließt die Vererblichkeit des Anteils grundsätzlich aus, sodass der Verstorbene mit seinen Erben gemäß § 131 HGB ausscheidet und bei den verbleibenden Partnern Anwachsung eintritt bzw. wenn nur noch einer verbleibt, zwingende Gesamtrechtsnachfolge eintritt (s. Rdn. 29). Der Partnerschaftsvertrag kann jedoch die Vererblichkeit an Berufsträger eines freien Berufes i.S.v. § 1 PartGG zulassen. In diesem Rahmen ist eine qualifizierte Nachfolgeklausel möglich, wenn der Erbe die freiberuflichen Voraussetzungen i.S.d. § 1 PartGG erfüllt. Alternativ und ggf. zweckmäßiger kann eine Eintrittsklausel für den Erben oder Vermächtnisnehmer sein, sobald dieser die beruflichen Voraussetzungen erfüllt (hierzu § 133 Rdn. 29 ff.). Die Abfindung im Erbfall ist zu regeln. Klarzustellen ist, ob die Geschäftsführungs- und Vertretungsbefugnis auf den Erben übergeht, da dies strittig ist;
- Beginn (siehe Rdn. 11), Dauer, Geschäftsjahr, Kündigung (die dispositive Frist des § 132 HGB ist zu beachten: 6 Monate zum Geschäftsjahresende) (hierzu § 132 Rdn. 52 ff.);
- Ausscheiden: Ausscheidensgründe sind neben den dispositiven §§ 131 ff. HGB, insbesondere zwingend nach § 9 Abs. 3 der Wegfall der erforderlichen Zulassung zum freien Beruf; Ausschließung durch Gesellschafterbeschluss aus wichtigem Grund; die allgemeinen ungeschriebenen Schranken der Rechtsprechung sind zu beachten bei Abfindungsbemessung und Zahlungsweise (hierzu § 132 Rdn. 75 ff.); da die Gewinnerwartung der Partnerschaft von der Berufsleistung des einzelnen Partners abhängig ist, wäre die Bemessung der Abfindung nach den zukünftig zu erwartenden Erträge unangemessen; der Ausscheidende kann in der Regel ohne Beschränkung durch ein Wettbewerbsverbot oder durch eine Mandantenschutzklausel (§ 130 Rdn. 72) seine Tätigkeit außerhalb der Partnerschaft fortführen, sodass die Abfindung nach dem Goodwill dann entfallen kann;[49] zu regeln ist evtl. auch eine Haftungsfreistellung im Innenverhältnis von der Nachhaftung gemäß § 10 Abs. 2 PartGG i.V.m. § 160 HGB; Einwilligung in die Fortführung des Partnernamens nach Ausscheiden, ggf. mit Widerruf bei wichtigem Grund;
- Wettbewerbsverbot bzw. Mandantenschutzklausel: muss die rechtlichen Grenzen beachten (i.E. bei § 130 Rdn. 72 (6)); nach Ausscheiden besteht sonst nur Abwerbeverbot;
- Auflösung und Liquidation § 10 Abs. 1 PartGG i.V.m. §§ 145 ff. HGB (hierzu Erl. in § 135); Beschlussmehrheit für die Liquidatorenbestellung.

Einfacher Partnerschaftsvertrag (mit nur zwei Partnern)[50]

**1. Der Statiker Hugo Neumann, wohnhaft in ..... und der Statiker Max Ewers, wohnhaft in ....., üben ihre Berufe künftig gemeinsam in einer Partnerschaftsgesellschaft aus. Gegenstand dieser Gesellschaft sind die beruflichen Leistungen jeder Art eines Statikers.
2. Die Gesellschaft führt den Namen »Neumann & Ewers Statikerbüro Partnerschaftsgesellschaft«.[51] Sitz der Gesellschaft ist ..... Sie beginnt im Innenverhältnis mit Unterzeichnung dieses Vertrages, im Außenverhältnis mit dem Tag ihrer Eintragung in das Partnerschaftsregister. Sie ist auf unbestimmte Dauer errichtet.
3. An der Partnerschaftsgesellschaft sind beide Partner je zur Hälfte und in jeder Weise gleichberechtigt beteiligt; dies betrifft insbesondere die Verteilung von Gewinn und Verlust sowie des Auseinandersetzungsguthabens und das Stimmrecht.**

18 M

---

49 OLG Celle v. 16.05.2007 – 9 U 46/07 = NJOZ 2007, 3455: Bleibt der Mandantenstamm den verbleibenden Partnern vorbehalten, muss die Abfindung den im Mandantenstamm enthaltenen »good will« berücksichtigen.
50 Da die Regelungen von Personengesellschaften Anwendung finden, können die dafür üblichen Satzungsregelungen weitgehend auch hierfür übernommen werden. Siehe dazu etwa § 130 Rdn. 143 M.
51 Auch möglich: »Neumann und Partner Statiker«.

§ 136 Partnerschaftsgesellschaft

Als Einlage hat jeder Partner nur seine volle Arbeitskraft der Partnerschaft zur Verfügung zu stellen. Berufliche Nebentätigkeiten dürfen nur mit Zustimmung beider Partner ausgeübt werden.
4. Beide Partner sind zur Geschäftsführung jeweils allein berechtigt und verpflichtet. Jeder vertritt die Gesellschaft nach außen allein und ist von den Beschränkungen des § 181 BGB befreit. Angelegenheiten, die über den gewöhnlichen, laufenden Betrieb der Gesellschaft hinausgehen, bedürfen eines vorherigen Gesellschafterbeschlusses.
alternativ: *(1) Im Rahmen der Erbringung seiner freiberuflichen Leistungen (Berufs- und Mandatsangelegenheiten) ist jeder Partner einzelgeschäftsführungsbefugt.*
(2) Außerhalb dieses Bereichs werden die Geschäfte der Gesellschaft von den Partnern gemeinsam geführt; bestimmte Geschäftsbereiche oder einzelne Geschäfte können durch Gesellschaftsbeschluss einzelnen Partnern zur alleinigen Erledigung übertragen werden.
(3) Im Außenverhältnis ist jeder Partner einzelvertretungsberechtigt. Zu folgenden Maßnahmen bedarf er jedoch eines vorherigen Gesellschafterbeschlusses:......
Durch Gesellschafterbeschluss kann Partnern Befreiung von den Beschränkungen des § 181 BGB erteilt werden.
5. *Evtl. Regelungen zur Tätigkeitsvergütung, Urlaub, Krankheit.*[52]
6. Die persönliche Haftung der einzelnen Partner für Ansprüche aus Schäden wegen fehlerhafter Berufsausübung ist auf denjenigen Partner beschränkt, der mit der Bearbeitung des Auftrages befasst war. Dies gilt auch für Bearbeitungsbeiträge von untergeordneter Bedeutung des anderen Partners.
Für alle Partner werden von der Partnerschaft Berufshaftpflichtversicherungen mit angemessener Deckungssumme abgeschlossen. Sofern es berufsrechtlich möglich ist, durch den Abschluss einer Berufshaftpflichtversicherung in bestimmter Höhe die Haftung für Schadensersatzansprüche aus fehlerhafter Berufsausübung auf einen bestimmten Höchstbetrag zu beschränken, soll die Berufshaftpflichtversicherung in der dazu erforderlichen Höhe abgeschlossen und von der Haftungsbeschränkungsmöglichkeit Gebrauch gemacht werden. *(evtl.: Rückgriffsansprüche der Gesellschaft gegen den verursachenden Partner besteht bei einem Berufshaftpflichtfall dann nur bei vorsätzlichem oder grob fahrlässigen Verhalten.)*
7. Jeder Partner kann das Gesellschaftsverhältnis durch schriftliche Erklärung gegenüber dem anderen Partner mit einer Frist von einem Jahr zum Ende jedes Kalenderjahres kündigen, frühestens zum ..... Das Recht zur fristlosen Kündigung aus wichtigem Grund bleibt hiervon unberührt.
Kündigt ein Gesellschafter die Partnerschaft, so wird die Gesellschaft aufgelöst. Bei Auflösung der Gesellschaft werden die laufenden Aufträge von den einzelnen Partnern nach Wunsch der Vertragspartner weitergeführt; die Vertragspartner sind gemeinsam zu befragen. Das Vermögen der Gesellschaft ist wertmäßig entsprechend den Anteilen der Partner zu verteilen. Ein Mandantenschutz besteht nicht.
8. Verstirbt ein Partner, wird über sein Vermögen das Insolvenzverfahren eröffnet oder kündigt der Privatgläubiger eines Partners, oder erlischt seine Zulassung zu dem in der Partnerschaft ausgeübten freien Beruf, so scheidet er aus. Dies tritt auch ein, wenn der andere Partner die Hinauskündigung aus wichtigem Grund i.S.v. § 140 HGB in der Person eines Partner diesem gegenüber schriftlich mit Begründung erklärt. Der andere Partner führt das Unternehmen der Gesellschaft mit allen Aktiva und Passiva weiter (ggf. Mandantenschutzklausel).
Der ausscheidende Partner erhält eine Abfindung. Dazu ist auf den Zeitpunkt des Ausscheidens eine Bilanz aufzustellen, in der alle Aktiva und Passiva mit ihrem wirklichen Wert einzusetzen sind, so dass stille Reserven aufgedeckt werden. Ein eventueller

---

52 Siehe hierzu Muster § 130 Rdn. 143 M; § 132 Rdn. 103 M.

Unternehmenswert (aus dem Mandantenstamm) ist zu berücksichtigen und von einem von der Berufkammer zu bestimmenden Sachverständigen gemäß §§ 317 ff. BGB festzulegen. Der daraus errechnete Wertanteil des Ausscheidenden beträgt davon ..... %. An schwebenden Geschäften nimmt der Ausscheidende nicht mehr teil. Haftungsfreistellung für während seiner Zugehörigkeit zur Partnerschaft entstandene Verbindlichkeiten kann er//nicht//erst nach Inanspruchnahme verlangen.

Die Abfindung ist in zwei gleichen, unverzinslichen, nicht zu sichernden Jahresraten zu zahlen, deren erste 6 Monate nach dem Zeitpunkt des Ausscheidens zur Zahlung fällig ist, die weitere ein Jahr später.

- *Kosten.* Der Wert ist nach dem Gesamtbetrag der Einlageleistungen (§ 97 Abs. 1 GNotKG) zu ermitteln. Sind dies nur die Verpflichtungen zu persönlichen Dienstleistungen, ist der Wert gemäß § 99 Abs. 2 GNotKG aus dem Wert der auf die ersten 5 Jahre entfallenden Bezüge zu errechnen. Daraus nach Nr. 21100 KV GNotKG eine 2,0 Geb. (Tabelle B).

VII. Anmeldung der Partnerschaft

Nach § 4 PartGG ist die Partnerschaft, da sie kein Handelsgewerbe betreibt, zur Eintragung in das vom Handelsregister getrennte Partnerschaftsregister anzumelden. Erst mit ihrer Eintragung entsteht sie gegenüber Dritten (§ 7 Abs. 1 PartGG) und greift bei der PartmbB die Haftungsbeschränkung ein. Für das Partnerschaftsregister gelten die Regelungen über das Handelsregister entsprechend (§ 5 Abs. 2 PartGG), sodass die Anmeldung nebst Unterlagen im elektronischen Verfahren zu erfolgen hat.[53]

19

Für den Inhalt der Anmeldung gelten § 106 Abs. 1 und § 108 HGB entsprechend; an die Stelle von § 106 Abs. 2 HGB tritt § 3 Abs. 2 PartGG. Demnach muss die Anmeldung enthalten:[54]
- Name der Partnerschaft;[55]
- Sitz der Partnerschaft;[56] die inländische Geschäftsanschrift muss nicht angemeldet werden; Lage der Geschäftsräume soll angegeben werden;
- Personalien jedes Partners (Familienname, Vorname, Geburtsdatum, Wohnort, sowie ausgeübter Beruf;
- Gegenstand der Partnerschaft (auch wenn dieser nicht im Partnerschaftsregister eingetragen wird);
- Allgemeine Vertretungsregelung der Partner sowie etwaige Besonderheiten bzgl. der konkreten Vertretungsbefugnis einzelner Partner;
- Befreiung vom Verbot des Selbstkontrahierens nach § 181 BGB;
- die Erklärung, dass dem Eingehen der Partnerschaft berufsrechtliche Vorschriften nicht entgegenstehen, insbesondere nicht solche über die Zusammenarbeit von Angehörigen verschiedener freier Berufe (§ 3 Abs. 2 PRV) und dass keine staatliche Zulassung erforderlich ist (ansonsten ist die Bestätigung der zuständigen Behörde über die Zulassung vorzulegen) sowie Angaben zur zuständigen Berufskammer mit Name und Anschrift

20

Als Anlagen beizufügen sind:
- Bedarf die Berufsausübung der staatlichen Zulassung, soll nach § 3 Abs. 1 Satz 2 PRV die Urkunde (beglaubigte Abschrift oder mit qualifizierter elektronischen Signatur) mit

---

53 S. hierzu die Erläuterungen in § 124 Rdn. 23 ff.
54 Hierzu auch die Merkblätter des Amtsgerichts Essen unter: http://www.ag-essen.nrw.de/infos/Formulare/050_ZT_Partnerschaften/index.php, zuletzt abgerufen am 20.07.2018.
55 S. hierzu Rdn. 14.
56 S. hierzu Rdn. 16.

vorgelegt werden; jedoch handelt es sich hierbei nur um eine Sollbestimmung, die über § 4 Abs. 2 PartGG hinausgeht und damit nicht durch die Verordnungsermächtigung gedeckt ist; ein Nachweis kann deshalb nur bei Zweifel des Registergerichts verlangt werden;[57]
- Nachweis über die staatliche Zulassung, soweit eine solche für die Ausübung der freien Berufstätigkeit im Rahmen einer Partnerschaft erforderlich ist.[58]
- bei Partnerschaft mit beschränkter Berufshaftung: Versicherungsbescheinigung gemäß § 113 Absatz 2 des Gesetzes über den Versicherungsvertrag über die nach den jeweiligen berufsrechtlichen Vorschriften erforderliche Berufshaftpflichtversicherung und der erforderlichen Mindestversicherungssumme sowie die vereinbarte Jahreshöchstleistung;[59] bei interprofessionellen Partnerschaften gilt das strengste Berufsrecht.

21 Die Anmeldung hat durch sämtliche Partner zu erfolgen; Vertretung mit öffentlich beglaubigter Vollmacht (§ 12 Abs. 1 Satz 2 HGB) ist zulässig.

Anmeldung einer Partnerschaft

22 M Zur Eintragung in das Partnerschaftsregister wird angemeldet, dass unter dem Namen

»Neumann & Ewers Statikerbüro Partnerschaftsgesellschaft«

eine Partnerschaft mit dem Sitz in ….. errichtet wurde. Partner sind die Diplomingenieure Hugo Neumann, geb. am ….., und Max Ewers, geb. am ….., beide wohnhaft in …..
Jeder Partner vertritt die Partnerschaftsgesellschaft jeweils einzeln. Einem Partner kann durch Vereinbarung der Partner Befreiung von den Beschränkungen des § 181 BGB erteilt werden.
Jeder der beiden Partner ….. und ….. ist einzelvertretungsberechtigt und von den Beschränkungen des § 181 BGB befreit.
Jeder Partner übt in der Partnerschaft den Beruf des Statikers aus. Gegenstand der Partnerschaft sind dementsprechend alle Leistungen eines Statikers.
Jeder Unterzeichner versichert,
- die Zugehörigkeit zu dem angegebenen freien Beruf und dass er den genannten Beruf in der Partnerschaft ausübt. (Als Nachweis hierzu wird vorgelegt, jeweils ein Auszug aus der Registrierung der jeweiligen Kammer bzw. berufständigen Vereinigung).
- eine Zusammenarbeit der Partner in der Partnerschaft ist berufsrechtlich weder eingeschränkt noch ausgeschlossen.
- eine staatliche Zulassung der Tätigkeit der Partnerschaft ist nicht erforderlich.

Für die in der Partnerschaft ausgeübten Berufe bestehen folgende Berufskammern: (Bezeichnung und Anschrift der jeweiligen Berufskammer)
Bei der PartmbB: Die Partnerschaftsgesellschaft unterhält eine Berufshaftpflichtversicherung gemäß § 8 Abs. 4. Satz 1 PartGG. Zum Nachweis ist dieser Anmeldung die gesetzlich geforderte Bescheinigung nach § 113 Abs. 2 des Gesetzes über den Versicherungsvertrag beigefügt.
Die Geschäftsräume der Partnerschaft befinden sich in ….. (Ort, Straße).

---
57 LG München I DNotZ 2001, 815; LG Augsburg MittBayNot 2006, 522.
58 S. oben Rdn. 10.
59 Überblick bei: *Zöbeley*, RNotZ 2017, 341, 362.

- *Kosten.* Gebühren:
a) Des Notars: Der Geschäftswert bestimmt sich nach § 105 Abs. 3 Nr. 2 GNotKG, Wert bis zwei Gesellschafter 45.000 € für jeden weiteren je 15.000 € wie für die Eintragung einer OHG. Nach Nr. 24102 i.V.m. 21201 (5) KV GNotKG ein 0,5 Geb. (Tabelle B), sowie die Gebühren für das elektronische Einreichen (s. § 124 Rdn. 43).
b) Des Registergerichts: Gebühr nach § 58 Abs. 1 GNotKG i.V.m. Nr. 1101 HRegGebV = 100 €.

Partnerschaft wird Partnerschaft mit beschränkter Berufshaftung

Zur Eintragung in das Partnerschaftsregister wird angemeldet:
Die Partnerschaftsgesellschaft »…..& Partner Steuerberatungsgesellschaft« unterhält eine Berufshaftpflichtversicherung gemäß § 8 Abs. 4 Satz 1 PartGG und ist dadurch zu einer Partnerschaft mit beschränkter Berufshaftung geworden. Entsprechend wurde im Gesellschaftsvertrag der gesetzlich erforderliche Namenszusatz aufgenommen.
Der Name der Partnerschaft lautet nunmehr:
» …..& Partner Steuerberatungsgesellschaft mbB«.
Zum Nachweis des Unterhaltens der erforderlichen Berufshaftpflichtversicherung ist dieser Anmeldung die gesetzlich geforderte Bescheinigung nach § 113 Abs. 2 des Gesetzes über den Versicherungsvertrag beigefügt.
Die inländische Geschäftsanschrift lautet unverändert: (Ort, Straße). Dort befinden sich auch die Geschäftsräume (§ 24 HRV).

23 M

- *Kosten.* Gebühren:
a) Des Notars: Der Geschäftswert bestimmt sich nach § 105 Abs. 4 Nr. 3 GNotKG, Wert 30.000 €. Die Namensänderung ist eine notwendige Erklärungseinheit und daher nicht gesondert zu bewerten. Nach Nr. 24102 i.V.m. 21201 (5) KV GNotKG ein 0,5 Geb. (Tabelle B), sowie die Gebühren für das elektronische Einreichen (s. § 124 Rdn. 43).
b) Des Registergerichts: Gebühr nach § 58 Abs. 1 GNotKG i.V.m. Nr. 1501 bzw. 1502 HRegGebV = 60 bzw. 70 €.

Umwandlung von GmbH in PartmbB

Es wird vorgelegt: elektronisch beglaubigte Abschrift des Formwechselbeschlusses zu Urkunde des Notars ….. in ….. vom ….., die auch die Satzung des neuen Rechtsträgers und die nötigen Zustimmungs- und Verzichtserklärungen enthält.

24 M

I.

Die Unterzeichner erklären, dass
gemäß § 16 Abs. 2 UmwG sämtliche Gesellschafter auf ein Anfechtungsrecht, insbesondere auf die Klage gegen die Wirksamkeit des Formwechselbeschlusses verzichtet haben;
bei der beteiligten Gesellschaft kein Betriebsrat vorhanden ist.

II.

Zur Eintragung in das Handelsregister wird angemeldet:
Die ….. GmbH ist durch Formwechsel in eine Partnerschaftsgesellschaft mit beschränkter Berufshaftung unter der Firma
SBG Steuerberatungsgesellschaft PartGmbB

B .....+ G .....
mit dem Sitz in ..... nach Maßgabe des beschlossenen Gesellschaftsvertrags umgewandelt worden.
Die inländische Geschäftsanschrift lautet unverändert: (Ort, Straße). Dort befinden sich auch die Geschäftsräume (§ 24 HRV).
Partner sind Frau Steuerberaterin B....., geb. am ....., wohnhaft ..... (PLZ, Ort) und Herr Steuerberater G....., geb. am ....., wohnhaft ..... (PLZ, Ort).
Jeder Partner vertritt die Partnerschaftsgesellschaft jeweils einzeln. Jedem Partner kann durch Vereinbarung der Partner Befreiung von den Beschränkungen des § 181 BGB erteilt werden.
Jeder der beiden Partner ..... und ..... ist einzelvertretungsberechtigt und von den Beschränkungen des § 181 BGB befreit.
Jeder Partner übt in der Partnerschaft den Beruf des Steuerberaters aus.
Gegenstand der Partnerschaftsgesellschaft ist die geschäftsmäßige Hilfeleistung in Steuersachen sowie die damit vereinbaren Tätigkeiten gemäß § 33 i.V.m. § 57 Abs. 3 Steuerberatungsgesetz.

III.

Jeder Unterzeichner versichert:
– Die Zugehörigkeit zu dem Beruf des Steuerberaters und dass er diesen Beruf in der Partnerschaft ausübt. Als Nachweis für die Steuerberatereigenschaft wird hierzu die Bescheinigung der Steuerberaterkammer für ..... vorgelegt.
– Eine Zusammenarbeit der Partner in der Partnerschaftsgesellschaft ist berufsrechtlich weder eingeschränkt noch ausgeschlossen.
– Eine staatliche Zulassung der Tätigkeit der Partnerschaftsgesellschaft ist nicht erforderlich.
– Die Partnerschaftsgesellschaft unterhält eine Berufshaftpflichtversicherung gemäß § 8 Abs. 4. Satz 1 PartGG. Zum Nachweis ist dieser Anmeldung die gesetzlich geforderte Bescheinigung nach § 113 Abs. 2 des Gesetzes über den Versicherungsvertrag beigefügt.
Für die in der Partnerschaft ausgeübten Berufe ist die Steuerberaterkammer ..... zuständig.

IV.

Die Angestellten an der Notarstelle in ..... werden je einzeln bevollmächtigt, in vorstehender Angelegenheit Nachtragserklärungen aller Art abzugeben.

■ *Kosten*. Gebühren:
a) Des Notars: Der Geschäftswert bestimmt sich, da die Umwandlung wie eine Ersteintragung behandelt wird, nach § 105 Abs. 3 Nr. 2 GNotKG, Wert bis zwei Gesellschafter 45.000 € für jeden weiteren je 15.000 €) wie für die Eintragung einer OHG. Nach Nr. 24102 i.V.m. 21201 (5) KV GNotKG ein 0,5 Geb. (Tabelle B), sowie die Gebühren für das elektronische Einreichen (s. § 124 Rdn. 43).
b) Des Registergerichts: Gebühr nach § 58 Abs. 1 GNotKG beim formwechselnden Rechtsträger (hier GmbH) nach Nr. 2402 HRegGebV in Höhe von 240 € sowie zusätzlich für die Ersteintragung der Partnerschaft aufgrund des Formwechsels nach Nr. 1101 HRegGebV = 100 €.

VIII. Sonstige Eintragungen

1. Änderungen

Alle *Änderungen* bzgl. der eintragungspflichtigen Angaben sind gleichfalls zur Eintragung in das Partnerschaftsregister durch sämtliche Partner anzumelden (§ 4 Abs. 1 Satz 3 PartGG);[60] Vertretung dabei ist möglich. Die Eintragung ist grundsätzlich deklaratorisch. Änderungen im Namen und beim Wohnort eines Partners können durch eine formlos nachgewiesene Bekanntgabe durch den jeweils betroffenen Partner zur Eintragung gebracht werden.[61]

2. Zweigniederlassungen

Bei der Begründung von *Zweigniederlassungen*[62] gemäß § 5 Abs. 2 PartGG i.V.m. §§ 13, 13d HGB sind die berufsrechtlichen Einschränkungen zu beachten (Rechtsanwälte § 59a Abs. 2 BRAO, Patentanwälte § 52a Abs. 2 PAO, Steuerberater § 51 BOStB, Wirtschaftsprüfer, ärztliche Berufe).

3. Eintritt eines neuen Partners

Bei *Eintritt eines neuen Partners* kann der bisher geführte Name, wenn er unverändert bleibt, weitergeführt werden. Übt jedoch der neue Partner einen bislang in der Partnerschaft nicht vertretenen Beruf aus, ist dieser in den Namen aufzunehmen, da der Name stets vollständige Auskunft über die in der Partnerschaft erbrachten Dienstleistungen geben soll (§ 2 Abs. 1 Satz 1 PartGG). Liegt aber bereits ein fortgeführter Name der Partnerschaft vor und muss die neue Berufsbezeichnung des neu beitretenden Partners in den Namen mit aufgenommen werden, kann der Name eines zwischenzeitlich verstorbenen Partners nicht mehr fortgeführt werden.[63] Die Angaben und Nachweise müssen wie bei der Anmeldung der Ersteintragung erbracht werden. So sind gemäß § 3 PRV die Urkunde über die Zulassung zur Berufsausübung oder das Zeugnis über die Befähigung zu dem jeweiligen Beruf vorzulegen, sofern derartige berufsrechtliche Erfordernisse bestehen (§ 3 Abs. 1 PRV) und zu erklären, dass berufsrechtliche Vorschriften der Zusammenarbeit der Angehörigen verschiedener in der Partnerschaft ausgeübter Berufe nicht entgegenstehen (§ 3 Abs. 2 PRV) sowie gff. eine neue Versicherungsbescheinigung. Auch die Übertragung des Anteiles auf einen Dritten ist möglich, anzumelden jedoch wie das Ausscheiden und der Neueintritt.

4. Änderung des Gegenstands

Auch die *Änderung des Gegenstands* der Partnerschaft ist anzumelden; es bedarf jedoch keiner Vorlage des geänderten Partnerschaftsvertrages.

5. Ausscheiden eines Partners

Bei *Ausscheiden eines Partners* – wofür die §§ 131 ff. HGB i.V.m. §§ 738 ff. BGB gelten[64] – wird die Partnerschaft in der Regel von den übrigen Partnern fortgeführt (§ 9 Abs. 1 PartGG i.V.m. § 131 Abs. 3 HGB); scheidet jedoch der vorletzte Partner aus, ist die Partnerschaft ohne

---

60 Hierzu auch die Merkblätter des Amtsgerichts Essen unter: http://www.ag-essen.nrw.de/infos/Formulare/050_ZT_Partnerschaften/index.php
61 *Krafka/Willer*, Rn. 2055.
62 Hierzu allgemein § 127.
63 OLG Frankfurt FGPrax 2005, 270.
64 Anmeldung durch alle Partner, auch dem Ausscheidenden, bei Tod eines Partners auch durch dessen Erben. Zu den Folgen des Ausscheidens gem. §§ 738 ff. BGB s. Erl. bei § 130 Rdn. 43 ff; es gilt die Nachhaftung nach § 10 Abs. 2 PartGG i.V.m. § 160 HGB.

Durchführung einer Liquidation beendet.[65] Nach Ausscheiden eines Partners kann der Name der Partnerschaft grundsätzlich unverändert fortgeführt werden (auch mit dem Doktortitel des Ausgeschiedenen, wenn von den Fortführenden keiner promoviert hat), die Einwilligung des ausscheidenden Namensgebers ist erforderlich.[66] Jedoch ist der Name der Partnerschaft gegebenenfalls hinsichtlich der ausgeübten Berufe zu korrigieren. Mit dem Ausscheiden des vorletzten Partners erlischt auch die Partnerschaft. Anzumelden sind das Ausscheiden, die Auflösung und die Liquidationssauce Beendigung sowie der Übergang des Vermögens im Wege der Gesamtrechtsnachfolge in das Vermögen des zuletzt verbliebenen Partners sowie das Erlöschen der Partnerschaft. Eine Namensfortführung als Einzelfirma ist nicht möglich, da die freien Berufe kein Handelsgewerbe betreiben. Muster für die Registeranmeldung: zum Ausscheiden bei § 134 Rdn. 32 M.

6. Umwandlung, Auflösung und Liquidation

30 Die PartG kann übertragender wie auch übernehmender Rechtsträger einer Umwandlung nach dem UmwG sein im Rahmen einer Verschmelzung (§§ 45a ff. UmwG),[67] einer Auf- oder Abspaltung (nicht einer Ausgliederung § 123 Abs. 3 UmwG) und eines Formwechsels in eine Kapitalgesellschaft oder Genossenschaft (§ 225a UmwG). Bezüglich der *Auflösung und Liquidation* gelten die Regelungen der OHG entsprechend (s.o. § 132 Rdn. 53 ff., § 135 Rdn. 18 ff.). Wird jedoch ein Dritter als Liquidator bestellt, muss er die berufsrechtlichen Vorgaben erfüllen. Die Partner können durch einstimmigen Beschluss anstelle der Liquidation nach §§ 145 ff. HGB eine andere Art der Auseinandersetzung wählen. Diese kann in einer Naturalteilung bestehen.[68]

IX. Ausscheiden des vorletzten Partners

Inhalt der Anmeldung zum Partnerschaftsregister

31 M **Aus der »Gruber & Hinze Wirtschaftsprüfer Partnerschaft« mit Sitz in Oberndorf ist der Partner Klaus Hinze ausgeschieden. Die Partnerschaft ist damit aufgelöst und ohne Liquidation beendet. Sie ist erloschen.**
Das Vermögen der Partnerschaft geht im Wege der Gesamtrechtsnachfolge in das Alleinvermögen des anderen Partners Karl Gruber über. Eine Liquidation findet nicht statt.
Die Bücher und Papiere der Partnerschaft werden bei Herrn Karl Gruber, wohnhaft ……, verwahrt.
Anmeldepflichtig: alle bisherigen Partner

- *Kosten.* Gebühren:
  a) Des Notars: Der Geschäftswert bestimmt sich nach § 105 Abs. 4 Nr. 3 GNotKG: Wert = 30.000 €). Nach Nr. 24102 iVm 21201 (5) KV GNotKG eine 0,5 Geb. (Tabelle B) sowie die Gebühren für das elektronische Einreichen (s. § 124 Rdn. 43).
  b) Des Registergerichts: Gebühr nach § 58 Abs. 1 GNotKG i.V.m. Nr. 1501 HRegGebV = 60 €.

---

65 KG v. 03.04.2007 = DNotZ 2007, 954: mit dem Ausscheiden des vorletzten Partners ist auch das Erlöschen der Gesellschaft anzumelden.
66 BGH v. 08.05.2018 – II ZB 26/17: keine Irreführung bei einer Partnerschaft von Wirtschaftsprüfern, Steuerberatern bzw. Rechtsanwälten, weil die Promotion keine besondere Qualifikation über die Zugangsvoraussetzungen hinaus beinhaltet. OLG Celle v. 11.08.2008 – 9 W 82/08 = NGZ 2008, 866.
67 I.E. Lieder/Hoffmann, NZG 2016, 287 m.w.N.
68 BGH vom 11.05.2009 – II ZR 210/08 = NGZ 2009, 778.

X. Anteilsübertragung

Der neu eintretende Gesellschafter haftet gemäß § 8 Abs. 1 PartGG i.V.m. § 130 HGB für die Altverbindlichkeiten der Gesellschaft. Wird er mit der Bearbeitung eines bereits bestehenden Auftrages befasst, kann er auch für vor seinem Eintritt in die Partnerschaft begangene berufliche Fehler eines anderen mit demselben Auftrag befassten Partners haften.[69] Für den ausscheidenden Partner gilt die Nachhaftung gemäß § 10 Abs. 2 PartGG i.V.m. §§ 159, 160 HGB.

Inhalt der Anmeldung zum Partnerschaftsregister:

32 M

**Frau Inge König, geb. am ....., wohnhaft in ..... hat ihre Beteiligung an der »LernGut König & Winter Erzieherinnen Partnerschaft« übertragen auf Frau Gisela Klein, geb. am ....., wohnhaft in ..... vom Beruf Lehrerin, und ist aus der Partnerschaft ausgeschieden. Sie willigt in die Fortführung des Namens der Partnerschaft ein.
Frau Gisela Klein ist in die Partnerschaft eingetreten. Sie ist jeweils einzelvertretungsberechtigt. Sie übt in der Partnerschaft den Beruf einer Nachhilfelehrerin aus.
Der Name der Partnerschaft ändert sich daher und lautet nunmehr:
»LernGut König & Winter Lehrerin und Erzieherin Partnerschaft«
Die Zugehörigkeit des eintretenden Partners zu dem freien Beruf, den er in der Partnerschaft ausübt und den er bisher ausgeübt hat, wird versichert.
Eine Zusammenarbeit der Partner in der Partnerschaft ist berufsrechtlich weder eingeschränkt noch ausgeschlossen.
Eine staatliche Zulassung ist nicht erforderlich.
Die Geschäftsanschrift lautet unverändert: (PLZ, Ort, Straße).
Anmeldepflichtig: alle bisherigen Partner und der neue Partner, die Geschäftsanschrift ist nicht anmeldepflichtig.**

■ *Kosten.* Gebühren:
a) Des Notars: Der Geschäftswert bestimmt sich nach § 105 Abs. 4 Nr. 3 GNotKG. Danach zählt zwar jeder eintretende »oder« austretende Gesellschafter, jedoch handelt es sich beim Gesellschafterwechsel im einen einheitlichen Vorgang; Wert damit 30.000 €. Nach Nr. 24102 i.V.m. 21201 (5) KV GNotKG eine 0,5 Geb. (Tabelle B) sowie die Gebühren für das elektronische Einreichen (s. § 124 Rdn. 43).
b) Des Registergerichts: eine Gebühr nach § 58 Abs. 1 GNotKG i.V.m. Nr. 1501 HRegGebV für das Eintragen des Ausscheidens = 60 € und eine Gebühr nach Nr. 1503 von 30 € für das Eintragen des Neueintritts als weitere Tatsache (§ 2 Abs. 2 Satz 2 HRegGebV) aufgrund derselben Anmeldung (§ 2 Abs. 4 HRegGebV); für die Namensänderung fällt m.E. keine Gebühr nach Nr. 1503 zusätzlich an, da die Tatsache des Wechsels bei den Partnern nur i.S.v. § 2 Abs. 1 HRegGebV gemeinsam mit der Aufnahme des neuen Namens eingetragen werden kann.

XI. Besteuerung

Die steuerrechtliche Behandlung der Partnerschaft, auch der PartGmbB, entspricht uneingeschränkt derjenigen der GbR.[70] Die tatbestandlichen Voraussetzungen der Freiberuflichkeit können nicht von der Personengesellschaft selbst, sondern nur von natürlichen Perso-

33

---
69 BGH v. 19.11.2009 – IX ZR 12/09, DStR 2010, 463.
70 Siehe Erläuterungen bei § 130 Rdn. 79 ff.

nen erfüllt werden. Sämtliche Gesellschafter-Mitunternehmer müssen mit ihrer gemeinschaftlichen Tätigkeit die Merkmale eines freien Berufs i.S.v. § 18 EStG erfüllen. Jeder Gesellschafter muss die beiden Hauptmerkmale des freien Berufs in eigener Person positiv erfüllen, nämlich über die persönliche Berufsqualifikation verfügen und eine freiberufliche Tätigkeit, zu deren Ausübung er persönlich qualifiziert ist, tatsächlich auch entfalten. Obwohl die freiberufliche Tätigkeit durch die unmittelbare, persönliche und individuelle Arbeitsleistung des Berufsträgers geprägt ist, muss er aufgrund eigener Fachkenntnisse leitend und eigenverantwortlich tätig sein, wenn er sich hierbei der Mithilfe fachlich vorgebildeter Arbeitskräfte bedient.[71] Eine auch nur geringfügige gewerbliche Tätigkeit führt nach der Abfärbe- oder Infektionstheorie zu gewerblichen Einkünften.[72] Die PartG mbB ist Gewerbesteuer frei, sofern keine berufsfremden Personen Mitglied sind.[73]

---

[71] BFH-Urt. v. 04.07.2007 – VIII R 77/05, BStBl. II 2008, 681.
[72] OFD Niedersachsen, Vfg. v. 26.10.2015 – S 2000 – 103 – St 221/St 222: Die Verlustabzugsbeschränkung nach § 15a EStG scheidet aus, weil auch bei der PartGmbB kein genereller Haftungsausschluss vorliegt.
[73] Wälzholz, DStR 2013, 2637.

§ 137 Kommanditgesellschaft (KG). Grundsätzliches und Errichtungsverträge

I. Wesen, Entstehen

1. Allgemeines

Die KG ist eine Personenhandelsgesellschaft in Abwandlung zur OHG. Wie bei dieser muss der von den Gesellschaftern gemeinsam verfolgte Zweck, in Abgrenzung von den freien Berufen, auf den Betrieb eines kaufmännischen Handelsgewerbes[1] im Sinne einer Unternehmensträgerschaft gerichtet sein; daneben ist auch die Tätigkeit der reinen Vermögensverwaltung möglich (§§ 161, 105 Abs. 2 HGB). Nicht möglich ist sie bei reiner freiberuflicher Tätigkeit, möglich jedoch wegen § 49 Abs. 2 StBerG bzw. § 27 Abs. 2 WPO bei Steuerberatungs- und Wirtschaftsprüfungsgesellschaften, zu deren Gesellschaftszweck auch die Treuhandtätigkeit gehört.[2] Die *unbeschränkte* persönliche *Haftung* der Komplementäre mit ihrem ganzen Vermögen in Verbindung mit der auf die *Einlage beschränkten* Haftung der Kommanditisten bildet die Grundlage ihrer Existenz im Wirtschaftsleben. Obwohl Personengesellschaft, kann die KG den Kapitalgesellschaften angenähert werden: zu einem oder mehreren persönlich haftenden Gesellschaftern, die nur geringe oder gar keine Kapitalanteile haben, treten eine oder mehrere natürliche oder juristische Personen mit erheblichem Kapital hinzu = »*Kapitalistische Kommanditgesellschaft*« (s.u. Rdn. 68 ff.). Mit ihrer Handelsregistereintragung wird sie Formkaufmann und damit buchführungs- und bilanzierungspflichtig (§ 238 HGB).

2. Unterschiede zur OHG

Nach § 161 Abs. 2 HGB gilt für die Kommanditgesellschaft – soweit keine Sonderregelungen in den §§ 162 ff. HGB getroffen sind – das Recht der OHG. Wesentliche Unterschiede zur OHG sind:
– Mindestens *ein* Gesellschafter (Komplementär) muss unbeschränkt, unmittelbar und persönlich haften, und bei mindestens *einem* Gesellschafter (Kommanditisten) muss die Haftung auf die Einlage beschränkt sein. Diese Einlage kann auch aus einem Sachgegenstand, Sachgesamtheiten (z.B. einem Erwerbsgeschäft), Forderungen oder Dienstleistungen (str., ob haftungsbefreiend) bestehen (§ 706 Abs. 3 BGB i.V.m. §§ 105 Abs. 2 und 161 Abs. 2 HGB).
– Nur der Komplementär ist geschäftsführungs- und vertretungsbefugt (§§ 164, 170 HGB).
– Beim Tod des Kommanditisten scheidet der Erbe nicht wie beim Tod des Komplementärs aus der Gesellschaft aus, sondern wird diese mit seinen Erben fortgesetzt (§ 177 HGB).

3. Entstehen

Im Außenverhältnis wird die Gesellschaft gemäß §§ 161 Abs. 2, 123 Abs. 2 HGB bereits vor der Eintragung in das Handelsregister dann wirksam, wenn die Gesellschafter einem Drit-

---
1 S. § 131 Rdn. 2 ff.
2 BGH v. 15.07.2014 – II ZB 2/13.

ten gegenüber eine den vereinbarten Geschäftsbetrieb vorbereitende Handlung vornehmen,[3] sofern der Gesellschaftszweck auf den Betrieb eines vollkaufmännischen Handelsgewerbes gerichtet ist und ausreichende Anhaltspunkte dafür vorliegen, dass das Unternehmen eine entsprechende Ausgestaltung und Einrichtung in Kürze erfahren wird.[4] Sie ist verpflichtet sich im Handelsregister eintragen zu lassen. Wegen der erst mit der Eintragung im Handelsregister eintretenden Haftungsbegrenzung für die Kommanditisten (§ 176 HGB) sollte deren Eintragung auch unverzüglich erfolgen.

5 Betreibt die KG ein minderkaufmännisches Gewerbe oder die Verwaltung eigenen Vermögens, entsteht sie erst mit der Eintragung in Handelsregister nach §§ 2, 105 Abs. 2, 161 Abs. 2 HGB; bis dahin ist sie eine Gesellschaft bürgerlichen Rechts.

4. Haftung des Kommanditisten bei KG-Errichtung

6 Die Haftung des Kommanditisten[5] (auch desjenigen, der erst später beitritt und von dem der Gläubiger gar nichts weiß,[6] und auch desjenigen, der seine Beteiligung durch Abtretung erworben hat[7]) ist erst von seiner *Eintragung* im Handelsregister an *auf seine Einlage beschränkt*. Für die Verbindlichkeiten aus Geschäften zwischen dem Entstehen der Gesellschaft bis zu seiner Eintragung als Kommanditist im Handelsregister haftet er unbeschränkt, es sei denn, dass seine Beteiligung als Kommanditist dem Gläubiger bekannt war (§ 176 HGB). Diese unbeschränkte Haftung erlischt auch nicht durch die Eintragung, sondern analog § 160 HGB erst nach 5 Jahren.[8] Das gilt grundsätzlich auch bei der GmbH & Co.,[9] wobei der geschäftsgewandte Vertragspartner aus der Firmenbezeichnung den Schluss ziehen muss, dass kein Gesellschafter unbeschränkt haftet.[10]

7 Der Kommanditist kann seine *unbeschränkte Haftung* nur dadurch *ausschließen*,
a) dass er das Eingehen von Geschäften durch den persönlich haftenden Gesellschafter bis zu seiner Eintragung als Kommanditist verhindert, oder
b) dass die Gesellschaft erst mit ihrer Eintragung im Handelsregister *wirksam* entsteht.[11]

Deshalb empfiehlt sich eine sofortige Anmeldung und ein Bemühen um eine *schnelle Eintragung*. Diese schließt schon die persönliche Haftung aus, nicht erst die Bekanntmachung.

Hat der Kommanditist seine geschuldete Leistung auf die Einlage wertdeckend erbracht, lebt die auf die Hafteinlage beschränkte Haftung erst wieder auf, wenn die Einlage ganz oder teilweise ihm zurückerstattet wird (§ 172 Abs. 4 i.V.m. § 171 Abs. 1 Halbs. 2 HGB), was auf vielfältige Weise erfolgen kann (Rdn. 17).

II. Der Gesellschaftsvertrag

8 *Form*: wie bei der OHG grundsätzlich formfrei, auch stillschweigender Abschluss möglich. (s. i.E. Erläuterungen bei § 131 Rdn. 12)

---

3 Dazu kann bereits die Eröffnung eines Bankkontos ausreichen, ebenso Verhandlungen über den Kauf eines Betriebsgrundstücks oder die Vorbereitung des notariellen Abschlusses des Grundstückskaufvertrages; Baumbach/*Hopt*, § 123 HGB Rn. 10; Ebenroth/Boujong/Joost/Strohn/*Hillmann*, § 123 HGB Rn. 20.
4 BGH, Urt. v. 26.04.2004 – II ZR 120/02 = NGZ 2004, 663.
5 Ausführlich hierzu *Peters*, RNotZ 2002, 425 ff.; *Specks*, RNotZ 2008, 143.
6 BGH DNotZ 1984, 582.
7 BGH DB 1983, 1419 = BB 1983, 1118.
8 Baumbach/*Hopt*, § 176 HGB Rn. 13.
9 BGH DNotZ 1980, 56.
10 So jetzt OLG Frankfurt v. 09.05.2007 – 13 U 195/06 = RNotZ 2008, 170.
11 Die Bedingung des Entstehens muss dabei nicht dem Handelsregister angemeldet werden; s. § 138 Rdn. 9 S. zum Beginn aber Rdn. 4 f.

Wesentliche Regelungsinhalte: Regelungen sind erforderlich zu Firma, Sitz, Gesellschaftszweck,[12] Gesellschafter, Höhe der Hafteinlage des Kommanditisten. Im Einzelnen werden nachfolgend weitgehend nur die Unterschiede und Besonderheiten dargestellt, die sich bei der Kommanditgesellschaft gegenüber den durch § 161 Abs. 2 HGB in Bezug genommenen Regelungen der OHG ergeben; von den Grundlagen her wird auf die in § 132 Rdn. 4 ff. gemachten Erläuterungen verwiesen:

1. Firma und Sitz

Für die Firma[13] der Kommanditgesellschaft gelten die allgemeinen Grundsätze; auch der Name eines Kommanditisten kann zur Firmenbildung verwendet werden.[14] Zur Kennzeichnung der Rechtsform muss die Bezeichnung »Kommanditgesellschaft« oder eine allgemein verständliche Abkürzung dieser Bezeichnung (üblich ist »KG«) in der Firma geführt werden.

Kommanditgesellschaft kann ihren Sitz stets nur am Ort der faktischen Geschäftsleitung haben; ein davon abweichenden Verwaltungssitz, wie bei Kapitalgesellschaften möglich ist, wird von der Rechtsprechung nicht zugelassen.[15] Jedoch soll es zulässig sein, dass die anzumeldende Geschäftsanschrift davon abweicht (s. § 125 Rdn. 48).

2. Der persönlich haftende Gesellschafter (Komplementär)

Gesellschafter können alle natürlichen und juristischen Personen (auch GmbH in Gründung) und Personengesellschaften (strittig bei GbR)[16] sein (s. § 131 Rdn. 8). Auch eine juristische Person kann persönlich haftender Gesellschafter sein, was in Form der GmbH & Co. KG[17] außerordentliche Bedeutung in der Praxis erlangt hat. Da auch eine Personengesellschaft und damit auch eine »GmbH & Co. KG« persönlich haftende Gesellschafterin einer Kommanditgesellschaft sein kann, ist auch eine »doppelstöckige« oder »mehrstöckige« GmbH & Co. KG möglich.

Die Stellung als Komplementär und als Kommanditist schließen sich gegenseitig aus, sodass der Kommanditist, der an die Stelle eines (z.B. verstorbenen) Komplementärs tritt oder als weiterer Komplementär bei seiner KG eintritt, seine Kommanditistenstellung verliert.[18] Möglich ist dagegen, dass bei einer »GmbH & Co. KG« alle Geschäftsanteile an der

---

12 Er bestimmt den Umfang der Geschäftsführungsbefugnis des Komplementärs; bei dessen Überschreiten bedarf es der Zustimmung auch der Kommanditisten (s. § 116 HGB). Er muss auf gewerbliche Tätigkeit oder eigene, einem Gewerbe vergleichbare Vermögensverwaltung gerichtet sein; nicht zulässig ist eine freiberufliche Tätigkeit, wie Rechtsanwaltssozietät (BGH, Urt. v. 18.07.2011 – AnwZ [Brfg] 18/10). Aber zugelassen Wirtschaftsprüfungsgesellschaften als OHG und KG (§ 27 Abs. 1 Satz 2 WPO), sowie jetzt auch Steuerberatungsgesellschaft als KG auch GmbH& Co. KG (§ 49 Abs. 2 StBerG) mit dem Gesellschaftszweck »geschäftsmäßige Hilfeleistung in Steuersachen einschließlich der Treuhandtätigkeit« (BGH, Beschl. v. 15.07.2014 – II ZB 2/13, DNotZ 2015, 57 (m. Anm. *Lubberich*) = DStR 2014, 2085 = DStR 2014, 2419 (m. Anm. *Arens*) = NJW 2015, 61 = RNotZ 2015, 34).
13 Hierzu auch § 132 Rdn. 4 ff. sowie ausführlich § 125.
14 OLG Saarbrücken Rpfleger 2006, 415; s.a. § 125 Rdn. 19; noch nicht entschieden ist, ob auch der Namen eines Nichtgesellschafters verwendet werden kann; dazu Gutachten des DNotI zu § 4 GmbHG Nr. 48 406.
15 OLG Schleswig v. 14.11.2011 – 2 W 48/11 = DNotI-Report 2012, 49: keine Eintragung einer vom Gesellschaftssitz abweichenden inländischen Geschäftsanschrift bei Personengesellschaft. Ebenso Kammergericht v. 16.04.2012 – 25 W 39/12 = FGPrax 2012, 172 m.Anm. *Heinemann*.
16 OLG Celle v. 27.03.2012 – 9 W 37/12 = DStR 2012, 918: (Außen) Gesellschaft bürgerlichen Rechts kann als solche mitsamt ihren Gesellschaftern und, soweit erforderlich, Vertretungsverhältnis in das Handelsregister eingetragen werden.
17 S. hierzu § 139.
18 OLG Hamm DNotZ 1982, 496; OLG Jena v. 31.08.2011 – 6 W 188/11 = NZG 2011, 1301 = DStR 2011, 1916.

persönlich haftenden Komplementär-GmbH auf die KG übertragen werden (sog. »Einheitsgesellschaft«).[19]

13 Der Komplementär muss nicht über ausreichendes eigenes Vermögen verfügen und auch nicht mit einer Vermögenseinlage beteiligt sein. Seine Rechtsstellung innerhalb der Gesellschaft kann erheblich beschränkt werden und von Genehmigungen und Weisungen der Kommanditisten abhängig gemacht werden. Er kann auch von den Beteiligungsrechten am Gewinn, Verlust und Auseinandersetzungsguthaben ausgeschlossen sein. Seine *Vertretungsbefugnis*[20] kann ihm aber nicht genommen oder eingeschränkt werden. Daneben bleibt aber die Verpflichtung Beiträge zur Förderung des Gesellschaftszweckes (hier in der Regel Geschäftsführung und Vertretung sowie Haftungsübernahme) zu erbringen.[21]

3. Der Kommanditist

14 Kommanditist (= beschränkt haftender Gesellschafter) kann jede Person sein, welche persönlich haftender Gesellschafter sein könnte, sowie auch eine Gesellschaft bürgerlichen Rechts (§ 162 Abs. 2 Satz 1 HGB) und auch Ehegatten in Gütergemeinschaft (soll aber Sondergut jedes Ehegatten sein),[22] nicht aber eine Erbengemeinschaft aufgrund der bei ihr eintretenden den Anteil unmittelbar aufteilenden Sondererbfolge.

15 Die Beteiligung eines *Minderjährigen* als Kommanditist[23] bedarf der familiengerichtlichen Genehmigung (§ 1822 Nr. 3 BGB gilt auch für die Kommanditbeteiligung),[24] selbst wenn die Beteiligung unentgeltlich eingeräumt wird; Gefahr i.S. eines rechtlichen Nachteils droht dem Minderjährigen durch die Außenhaftung bis zur Einlagenerbringung; als nicht erforderlich angesehen jedoch bei einer nicht gewerblichen, rein eigenes Vermögen verwaltenden KG.[25] Ist ein Elternteil oder ein Verwandter in gerader Linie als weiterer Gesellschafter

---

19 S. hierzu bei § 139 Rdn. 72 ff.
20 Hierzu § 132 Rdn. 22 ff.
21 Hierzu i.E. *Binz/Sorg*, Die GmbH&Co.KG 1. Teil, Rn. 7 ff., 24 ff.; ob das Stimmrecht auch für den Kernbereich der Mitgliedschaftsrechts ausgeschlossen werden kann, ist nur für eine beteiligungsidentische GmbH&Co. KG positiv vom BGH entschieden (NJW 1993, 2100). Zur steuerlichen Frage der Anforderungen an eine Mit-Unternehmerstellung s. § 131 Rdn. 21.
22 OLG Nürnberg v. 24.05.2017 – 12 W 643/17, MittBayNot 2017, 499; RNotZ 2017, 536. Eine Gütergemeinschaft selbst kann wegen fehlender eigener Rechtsfähigkeit nicht Gesellschafterin einer Personengesellschaft sein (BayObLG NJW-RR 2003, 899 m.w.N.; BayObLG DNotZ 2003, 454 = ZIP 2003, 480 m. abl. Anm. *Grziwotz*, S. 848). Auch rechtsgeschäftlich übertragbare Gesellschaftsbeteiligungen sind Sondergut, soweit diese nicht durch Ehevertrag dem Vorbehaltsgut zugewiesen werden, was sich empfiehlt, da das Vorbehaltsgut gemäß § 1418 Abs. 3 Satz 2 BGB auf Rechnung des Ehegatten, das Sondergut gemäß § 1417 Abs. 3 Satz 2 BGB auf Rechnung des Gesamtguts verwaltet wird. Hierzu auch *Apfelbaum*, Gütergemeinschaft und Gesellschaftsrecht, MittBayNot 2006, 185. Berechtigte Kritik von *Wertenbruch* NZG 2006, 408: die namentliche Eintragung beider Ehegatten ist als Eintragung zweier Kommanditisten anzusehen; der Zusatz »in Gütergemeinschaft« bringt nur die gesamthänderische Vermögensbindung in Bezug auf die Kommanditbeteiligung zum Ausdruck; *Kanzleiter*, DNotZ 2003, 422; s.a. BGHZ 65, 79 = DNotZ 1976, 113.
23 Hierzu auch *Lüdecke*, NJOZ 2018, 681; *Menzel/Wolf*, MittBayNot 2010, 186. Zur Beschlussfassung mit Minderjährigen und deren Ladung: *Flume*, NZG 2014, 17.
24 BGHZ 17, 160 = DNotZ 1955, 530.
25 Nach OLG Jena v. 22.03.2013 – II WF 26/13, MittBayNot 2013, 387 mit Anm. *Gerono* bei Verwaltung eigenen Grundbesitzes, wenn die Einlage nicht aus eigenen Mitteln aufzubringen ist, erbracht ist und der Eintritt des Kindes erst mit Handelsregistereintragung wirksam wird und es sich nicht um gewerblich nutzbare Immobilien von erheblichem Wert handelt; nach OLG München v. 06.11.2008 – 31 Wx 76/08 = MittBayNot 2009, 52 = ZEV 2008, 609 m. Anm. *Grunsky* bei Verwaltung eigengenutztem Grundbesitz nicht erforderlich; OLG Bremen v. 16.06.2008 – 2 W 38/08 = ZEV 2008, 608: schenkweise Übertragung eines voll eingezahlten Kommanditanteils an einen Minderjährigen ist lediglich rechtlich vorteilhaft i.S.d. § 107 BGB; anders OLG Celle v. 30.01.2018 – 9 W 13/18, NZG 2018, 303, für eine Beteiligung an einer Windkraftanlagen betreibenden KG (ist nicht rein vermögensverwaltend). Die Vertretungsbeschränkungen der §§ 1629 Abs. 2, 1795 BGB greifen nicht. Es bedarf nicht der vormundschaftlichen Genehmigung nach § 1822 Nr. 3 BGB (vgl. DNotI-Report 2018, 27); sicherheitshalber sollte die Genehmigung betrieben werden und ggf. auch durchgesetzt werden, weil ein Negativzeugnis keine Rechtswirkungen hat (BGHZ 44, 325 = NJW 1966, 652) und nicht die eventuelle schwebende Unwirksamkeit beseitigt. Das Gericht darf die Genehmigung nicht des-

mit beteiligt, sind die Eltern von der gesetzlichen Vertretung ausgeschlossen (§§ 1629 Abs. 2 Satz 1, 1795 BGB), da wegen der Vielzahl den Kommanditisten betreffenden Verpflichtungen die Beteiligung nicht rein rechtlich vorteilhaft ist. Für jeden beteiligten Minderjährigen ist ein Ergänzungspfleger zu bestellen.[26] Als Pfleger kommen Personen, bei denen eine Interessenkollision zu befürchten ist, nicht in Betracht. Das Gericht ist nicht an den Vorschlag der Eltern gebunden.[27] Aufgrund fehlender persönlicher Haftung gilt für den minderjährigen Kommanditisten nicht die Kündigungsmöglichkeit nach § 723 Abs. 1 Nr. 2 BGB.

Die vom Kommanditisten (= beschränkt haftenden Gesellschafters) gemäß dem Gesellschaftsvertrag im Innenverhältnis geschuldete *Einlage* (= *Pflichteinlage*) muss in Geld wenigstens schätzbar sein, wenn sie in anderen Vermögensgegenständen[28] besteht. Diese sind nach dem objektiven Wert zu schätzen, um sicherzustellen, dass der Kommanditist durch die Leistung seiner Einlage i.H.d. Haftsumme i.S.v. §§ 171, 172 HGB von einer weiteren Außenhaftung frei wird. Im Unterschied zu §§ 19 Abs. 2 Satz 2 GmbHG, 66 Abs. 1 Satz 2 AktG kann der Kommanditist seine Einlage mit haftungsbefreiender Wirkung auch durch Aufrechnung mit einer beliebigen, ihm gegen die Gesellschaft zustehenden werthaltigen Forderung[29] wie durch jede andere geldwerte Leistung, und auch durch Umbuchung[30] (bei schenkweiser Aufnahme in ein bisheriges Einzelunternehmen oder von ihm zustehenden Gewinnen) erbringen; ebenso auch durch Befriedigung eines Gesellschaftsgläubigers in Höhe der Einlageschuld.[31] Die Entstehung der Gesellschaft ist nicht von der Einlageleistung und die Eintragung nicht von deren Erbringung oder dem Werthaltigkeitsnachweis abhängig. Steuerlich von Bedeutung kann es werden, ob der die Pflichteinlage übersteigende Wert eines eingelegten Sachgegenstandes als Darlehen oder auf eine gesamthänderische Rücklage gutgeschrieben wird (s. § 131 Rdn. 22 ff.). **16**

Der Kommanditist *haftet*[32] ab seiner Eintragung im Handelsregister (siehe Rdn. 6) im Außenverhältnis i.S. §§ 171, 172 HGB nur in Höhe seiner »Einlage«, was allgemein als *Hafteinlage*/Haftsumme bezeichnet wird, um diese von der im Innenverhältnis geschuldeten Pflichteinlage abzugrenzen. Der Gesellschafter kann grundsätzlich bestimmen, worauf er seine Einlageleistung erbringen will.[33] Diese Hafteinlage muss im Gesellschaftsvertrag beziffert und im Handelsregister eingetragen werden (§ 162 Abs. 1 HGB). Hat er diese Verpflichtung erfüllt, so ist seine Haftung zunächst erledigt (§ 171 Abs. 1 HGB), denn seine Haftung ist im Außenverhältnis auf die Haftsumme absolut begrenzt. Für die Frage, ob der Kommanditist seiner Einlageverpflichtung durch eine Sacheinlage nachgekommen ist, wird deren Werthaltigkeit bedeutsam. Maßgebend ist ihr objektiver Wert,[34] bei Einbringung kurz vor der Insolvenz nur der bei unverzüglicher Veräußerung erzielbare Preis.[35] Die Haftung des Kommanditisten lebt wieder auf (jedoch nur maximal in Höhe der Haftsumme), wenn **17**

---

halb verweigern, weil das Geschäft nach seiner Auffassung nicht genehmigungsbedürftig ist (BayObLGZ 1963, 1, 9). Siehe auch *Damrau*, ZEV 2000, 209. Zum Genehmigungsverfahren: *Bielfeldt*, RpflStud 2013, 15.
26 S. hierzu *Rust*, DStR 2005, 1942; *Reimann*, DNotZ 1999, 179.
27 Zum Nachweis der Genehmigungserteilung ggü. dem Handelsregister: OLG Frankfurt v. 27.05.2008 – 20 W 123/08 = DNotZ 2009, 142; s. i.E. § 138 Rdn. 10
28 Z.B. auch durch Verrechnung mit einer Forderung gegenüber der KG. S. zu den möglichen Einlagen und Nachschusspflichten § 132 Rdn. 15 ff. Werden ein Grundstück, GmbH-Anteil, (Teil-)Betrieb oder Personengesellschaftsanteil eingebracht, ergeben sich unterschiedliche steuerliche Folgen. Siehe hierzu § 131 Rdn. 22 ff. Vor allem bei Einbringung eines Personengesellschaftsanteiles ist größte steuerliche Sorgfalt angebracht, da auch das Sonderbetriebsvermögen mit berücksichtigt werden muss. S. dazu § 131 Rdn. 31 ff.
29 BGHZ 51, 394; 58, 76; 61, 71.
30 Ausführlich dazu *Tillkorn*, DNotZ 2014, 724.
31 BGH v. 25.07.2017 – II ZR 122/16, DStR 2017, 2343, zur Verrechnung bei nachfolgender Insolvenz.
32 Zur Haftung des Kommanditisten als allgemeiner Überblick *Peters*, RNotZ 2002, 425.
33 BFH v. 11.10.2007 – IV R 38/05 = BStBl. II 2009, 135; DStR 2008, 38; krit. Anm. *Hüttemann/Meyer*, DB 2009, 1613.
34 RGZ 150, 166.
35 BGHZ 39, 330; zur Einbringung einer zweifelhaften Forderung s. BGHZ 61, 71.

und soweit ihm die Einlage zurückgezahlt wird und damit der Kapitalanteil unter den Betrag der geleisteten Einlage herabgemindert wird oder wenn er trotz einer durch Verlust eingetretenen Verminderung seines Kapitalanteils[36] seinen Gewinnanteil nicht zur Wiederauffüllung verwendet, sondern entnimmt (§ 172 Abs. 4 HGB).[37] Darunter fällt jede Rückführung von Mitteln aus dem Gesellschaftsvermögen in das Vermögen des Kommanditisten, wenn dadurch der Kapitalanteil des Kommanditisten unter den Betrag seiner Haftsumme sinkt oder schon zuvor diesen Wert nicht mehr erreicht hat, auch wenn die Rückzahlung (z.B. eines Agios) vertraglich vorgesehen war.[38] Ob und unter welchen Voraussetzungen (z.B. nur bei Entnahmen, nicht bei Verlusten) eine Ausgleichspflicht eines negativen Kontos bei Ausscheiden besteht, sollte im Gesellschaftsvertrag klargestellt werden.[39] Verkehrsgeschäfte zwischen Gesellschaft und Kommanditist werden dann der Rückzahlung der Einlage gleichgestellt, wenn sie der Gesellschaft Mittel entziehen und als verdeckte Ausschüttung zu betrachten sind, weil die KG einem Dritten einen solchen Vorteil nicht hätte zukommen lassen, wie z.B. ein überhöhter Kaufpreis, zu hohe Verzinsung eines Gesellschafterdarlehens oder unangemessen hohe Tätigkeitsvergütung. Empfohlen wird, dass bzgl. einer angemessenen Tätigkeitsvergütung vereinbart wird, dass diese handelsrechtlich als Aufwand zu behandeln und auch unabhängig von einem erzielten Gewinn zu bezahlen ist.[40]

Die Haftsumme/Hafteinlage wird häufig niedriger, kann aber auch höher als die Einlage (Pflichteinlage), die der Kommanditist gegenüber der Gesellschaft als Beitrag schuldet, vereinbart werden, wobei Letzteres wegen § 171 HGB wenig Sinn macht.[41]

4. Der Kapitalanteil

18 Der Kapitalanteil[42] stellt das Verhältnis der Gesellschafter untereinander dar, wobei die Vertragsgestaltung in der Regel von festen Kapitalanteilen ausgeht. Diese werden, wie üblich, auf einem festen Kapitalkonto I verbucht. Die gesetzliche Gestaltung geht beim Komplementär von *einem* variablen Kapitalkonto aus. Der Kapitalanteil des Kommanditisten ist gemäß § 167 Abs. 2 HGB nach oben hin durch seine Hafteinlage begrenzt; ist diese durch Beiträge und/oder Gewinne erbracht, werden weitere Gewinne nicht mehr dem Kapitalkonto zugeschrieben, sondern haben Forderungscharakter gegenüber der KG und können sofort entnommen werden. Verluste mindern wegen der fehlenden Nachschusspflicht[43] das

---

36 Reine Betrachtung aufgrund der Bilanz (BGH Urt. v. 20.04.2009 – II ZR 88/08 = ZNotP 2009, 274).
37 OLG Hamm v. 07.07.2010 – I-8 U 106/09: keine haftungsschädliche Entnahme liegt vor, wenn der Auszahlung ein Verkehrsgeschäft, z.B. eine Darlehensgewährung seitens der Gesellschaft, zugrunde liegt, dass dem Drittvergleich standhält. Hierzu auch *Wälzholz*, DStR 2011, 1815/1818 f.
38 BGH v. 09.07.2007 – II ZR 95/06 = ZNotP 2007, 465; v. 05.05.2008 – II ZR 105/07 = ZNotP 2008, 320. Die spätere Rückzahlung der insoweit zurück gezahlten Einlage gilt als erneute Einzahlung der Einlage und beseitigt die haftungsschädliche Entnahme, so BGH v. 10.10.2017 – II ZR 353/15; DStR 2018, 86.
39 Denn grundsätzlich sind weder bezogene Gewinne zurückzuzahlen, wenn später Verluste entstehen (§ 169 Abs. 2 HGB), noch gewinnunabhängige Auszahlungen an den Kommanditisten, die der Gesellschaftsvertrag vorsieht oder mit Einverständnis aller Gesellschafter erfolgen, selbst wenn dadurch seine Einlage ganz oder teilweise zurückbezahlt wird und dadurch eine Außenhaftung des Gesellschafters wieder auflebt; so zuletzt BGH v. 20.04. 2017 – IX ZR 189/16
40 S. hierzu MüKo-HGB/*K. Schmidt*, §§ 171, 172 HGB Rn. 67 f.; soweit dadurch die Tätigkeitsvergütung nicht mehr Gewinnvorab ist, sondern Sonderentgelt, ist jedoch deren Umsatzsteuerpflichtigkeit zu beachten; s. hierzu Rdn. 96.
41 OLG Schleswig v. 30.10.2008 – 5 U 66/08 = NZG 2009, 256: grds. keinen Missbrauch der Rechtsform, wenn die Haftsumme hinter der Einlage (Pflichteinlage) zurückbleibt; s. hierzu auch *K. Schmidt*, GesR § 54 I 2, bleibt Pflichteinlage darunter, kann die Hafteinlage mit Gewinnen aufzufüllen sein.
42 S. dazu sehr detailliert BFH v. 16.10.2008 – IV R 98/06 = BStBl. II 2009, 272 = DStR 2009, 212, sowie Besprechungen dazu *Leitzen*, ZNotP 2009, 255; *Ley*, DStR 2009, 613; *ders.*, kösdi, 2014, 18844; *Wälzholz*, DStR 2011, 1815 und 1861.
43 Der Gesellschaftsvertrag kann zwar eine Erhöhung der Pflichteinlage aufgrund eines Gesellschafterbeschlusses vorsehen, muss jedoch wegen § 707 BGB ein Obergrenze festlegen (BGH v. 09.02.2009 – II ZR 231/07; v. 19.03.2007 – II ZR 73/06; v. 25.05.2009 – II ZR 259/07) s.a. § 132 Rdn. 16

Kapitalkonto. Da die gesetzlichen Regelungen unzureichend sind, hat die Praxis hiervon folgende abweichende Kontomodelle[44] entwickelt:

Satzungsmäßige Gesellschafterkonten (s. hierzu auch § 132 Rdn. 9 ff.): Ein aufgrund zugewiesener Verluste schwankendes Kapitalkonto wird in der Praxis als nicht zweckmäßig angesehen. In der Vertragspraxis werden daher in der Regel nicht nur für den Kommanditisten, sondern auch für den Komplementär neben dem festen Kapitalkonto I, auf dem die vereinbarte (Pflicht-)Einlage verbucht wird und von dem die Beteiligung am Jahresergebnis und am Liquidationserlös sowie die Stimmrechte abhängen, ein variables Kapitalkonto II geführt, über das Gewinn, Verlust, eventuell Tätigkeitsvergütungen sowie Einlagen und Entnahmen verbucht werden (*Zwei-Konten-Modell* s. Muster Rdn. 51 M); dieses gilt wegen der Verlustverrechnung auch steuerlich als Kapitalkonto. Ein Negativbetrag auf dem Kapitalkonto II führt dann gemäß § 172 Abs. 4 Satz 2 HGB zum Wiederaufleben der Haftung des Kommanditisten. Folge ist aber auch, dass entgegen § 167 Abs. 2 HGB stehen gelassene Gewinne aus den Vorjahren mit Verlusten verrechnet werden. Gewinne können dann auch nur entnommen werden, wenn das Kapitalkonto II ein Guthaben ausweist.

Kapitalkonto I = festes Kapitalkonto

Kapitalkonto II = variables Kapitalkonto, über das der gesamte Zahlungsverkehr läuft.

19

Um klar abzugrenzen, welche Gewinne entnahmefähig und welche als Gesellschaftskapital und evtl. auch zur Verlustverrechnung der Gesellschaft zur Verfügung stehen, wird im *Drei-Konten-Modell* (s. Muster Rdn. 55 M Nr. 4) neben dem Kapitalkonto II, auf dem nur die nicht entnahmefähigen Gewinne sowie die Verluste erfasst werden,[45] und daher Eigenkapitalcharakter hat (teilweise auch als gesamthänderisch gebundenes Rücklagenkonto geführt), ein drittes Konto (Gesellschafterfremd- oder -darlehenskonto, auch -verrechnungskonto) eingerichtet, das die entnahmefähigen Gewinnanteile aufnimmt und zur Verbuchung sonstiger Einlagen sowie von Entnahmen dient. Es darf bei Ausscheiden des Gesellschafters nicht in den Abfindungsbetrag einbezogen werden, sondern ist getrennt davon auszugleichen. Dieses Darlehenskonto ist als Forderung zwischen Kommanditist und Gesellschaft Fremdkapital. Das Guthaben darauf kann bei Anteilsveräußerung zurück behalten werden.[46]

20

Kapitalkonto I = festes Kapitalkonto

Kapitalkonto II = variables Kapitalkonto zur Verbuchung der Verluste und nicht entnahmefähigen Gewinne.

Darlehenskonto (Privat- oder Verrechnungskonto) = entnahmefähige Gewinne, Tätigkeitsvergütung, Entnahmen.

Um zu erreichen, dass gemäß § 169 Abs. 1 Satz 2 Halbs. 2 HGB Verluste nicht mit stehen gelassenen Gewinnen, sondern nur mit künftigen Gewinnen verrechnet werden, wird im *Vier-Konten-Modell*[47] ein Verlustverrechnungskonto als Unterkonto zum Kapitalkonto eingerichtet, das mit den zukünftigen Gewinnen i.S.v. § 172 Abs. 4 Satz 2 HGB zunächst auszugleichen ist, bevor diese anderweitig (für Rücklagenbildung oder Ausschüttung) verwendet werden können. Dabei ist im Vier-Konten-Modell hinsichtlich des Kapitalkonto II durch den Gesellschaftsvertrag zwingend klarzustellen, ob es sich um einen Teil der gesellschaftsrechtlichen Beteiligung und damit um Eigenkapital handelt, das in der Insolvenz untergeht, oder um eine rein schuldrechtliche Forderung zwischen der KG und dem Gesellschafter und damit um Fremdkapital; dies hat – wenn Gesellschaftereigenkapital – auch Auswir-

21

---

44 Übersicht bei OFD Niedersachsen S 2241a – 96 – St 222/St 221.
45 Um steuerlich einen Mitunternehmeranteil zu erlangen, reicht es entgegen früherer Ansicht des BMF nicht, die Einlage eines Wirtschaftsgutes gegen Gewährung von Gesellschaftsanteilen nur auf ein solches Kapitalkonto II zu verbuchen; BFH v. 29.07.2015 – IV R 15/14 mit Anm. v. Martin Wachter, MittBayNot 2017, 214. BMF, Schrb. v. 26.07.2016 – IV C 6 – S 2178/09/10001
46 OLG Stuttgart v. 31.10.2012 – 14 U 19/12, DStR 2013, 1138.
47 Formulierungsvorschlag bei *Leitzen*, ZNotP 2009, 255, 262; s. Muster Rdn. 60 M sowie § 139 Rdn. 57 M.

kungen hinsichtlich eines Wiederauflebens der Haftung gemäß § 172 Abs. 4 Satz 2 HGB, wie auch bei der steuerlichen Verlustverrechnung gemäß § 15a EStG bzw. bei der Frage von Überentnahmen im Bereich des § 34a EStG u.a.[48] Dabei spielt es keine Rolle, ob das Konto einer fremdüblichen Verzinsung unterliegt (was auch bei Kapitalkonten üblich ist) oder ob fremdübliche Sicherheiten gestellt und Tilgungsmodalitäten vereinbart wurden. Die jederzeitige Entnahmemöglichkeit spricht für den Darlehenscharakter. Dagegen liegt ein Eigenkapitalkonto vor, sofern der Gesellschaftsvertrag vorsieht, dass das Verlustvortragskonto als Unterkonto zum Kapitalkonto II geführt wird oder das Kapitalkonto II als Rücklagenkonto spätere Verluste abdecken soll. Entscheidend für den BFH ist, dass auf dieses Verluste verrechnet werden- zumindest spätestens beim Ausscheiden -, oder dass das Konto im Fall der Liquidation der Gesellschaft oder des Ausscheidens des Gesellschafters mit einem etwa bestehenden negativen Kapitalkonto zu verrechnen ist.[49]

Kapitalkonto I = festes Kapitalkonto

Kapitalkonto II = variables Kapitalkonto zur Verbuchung der Verluste und nicht entnahmefähigen Gewinne.

Verlustvortragskonto (als Unterkonto zu Kapitalkonto II)

Darlehenskonto (Privat- oder Verrechnungskonto) = entnahmefähige Gewinne, Tätigkeitsvergütung, Entnahmen.

22 Ein *Rücklagenkonto* wird meist gemeinsam für alle Gesellschafter als gesamthänderisch gebundenes für den nicht zu entnehmenden Gewinn geführt (häufig das Kapitalkonto II beim Vier-Konten-Modell), kann aber auch für Einlagen gebildet werden.[50] Regelt die Satzung, dass es in die Berechnung der Abfindung einbezogen wird, oder dass aufgetretene Verluste zunächst durch die Gewinnrücklage zu decken sind, ist es Eigenkapital. Entnahme durch den einzelnen Gesellschafter sind nur aufgrund Gesellschafterentscheidung möglich; ebenso die ganze oder teilweise Auflösung. Es kann aber auch durch Satzungsregelung für jeden Gesellschafter ein eigenes, auch disquotales Rücklagenkonto geführt werden.[51]

23 Nur die Kapitalkonten bringen die wirtschaftliche Beteiligung des Gesellschafters am Gesellschaftsvermögen zum Ausdruck, daher auch »Beteiligungskonten« genannt. Klarzustellen ist in der Satzung daher auch, ob sich die Verteilung von Gewinn, Verlust und das Auseinandersetzungsguthaben nach dem Verhältnis des festen Kapitalkonto I richtet oder aus der Summe aller Kapitalkonten ergibt und damit z.B. Bedeutung für das Wiederaufleben der Haftung gemäß § 172 Abs. 4 Satz 2 HGB (siehe Rdn. 21). Forderungskonten (Darlehenskonten) dokumentieren dagegen einen schuldrechtlichen Anspruch zwischen Gesellschaft und Gesellschafter und unterliegen daher allgemein keiner Entnahmesperre. Auf eine klare Regelung ist daher zu achten; unklare Begriffe wie Privatkonto oder Verrechnungskonto sollten eher vermieden werden. Auf entsprechende Regelungen bei Entnahmen und Abfindung ist zu achten, bei Darlehenskonten insbesondere auf evtl. Kündigungsbeschränkung. Sowohl hinsichtlich des Kapitalkontos II wie auch des Darlehenskontos kann eine Verzinsung in Soll und Haben vereinbart werden.

---

48 I.E. OFD Niedersachsen S 2241a – 96 – St 222/St 221; *Ley*, DStR 2009, 613; *Wälzholz*, DStR 2011, 1815 und 1861.
49 BFH v. 15.05.2008 – IV R 46/05 = BStBl. II 2008, 812 = DStR 2008, 1577; BMF v. 11.07.2011 = BStBl. I 2011, 713 = DStR 2011, 1319.
50 Die Einlage des einzelnen Gesellschafters steht dann allen Gesellschaftern zu. Erfolgt sie ohne Gegenleistung liegt steuerlich ein unentgeltlicher Vorgang i.S. einer verdeckten Einlage vor. S. dazu BMF Schr. v. 26.11.2004, BStBl. I 2004, 1190; FG Münster v. 12.01.2017 – 3 K 518/15 Erb n.rkr.; sowie Erl. in § 131 Rdn. 24.
51 Kritisch dazu *Wälzholz*, DStR 2011, 1861.

5. Ausgestaltung der Gesellschafterrechte

a) Gewinnverteilung:[52] Die gesetzliche Verteilung des *Gewinns* mit 4 % auf die Kapitalanteile und im Übrigen »in einem den Umständen nach angemessenen Verhältnis« (§ 168 HGB) macht ebenso wie der nach § 161 Abs. 2 i.V.m. § 122 HGB nur den persönlich haftenden Gesellschaftern zustehende Entnahmeanspruch regelmäßig eine vertragliche Regelung erforderlich. Sie wird, wenn die persönliche Geschäftsführungstätigkeit im Vordergrund steht, stärker die persönlich haftenden Gesellschafter und wenn der Kapitaleinsatz entscheidend ist, mehr die Kommanditisten berücksichtigen. Wenn diese am Verlust in geringem Maße oder gar nicht teilnehmen oder wenn ihnen sogar ein bestimmter Gewinn garantiert[53] wird, so wird ihre Gesamtbeteiligung am Gewinn entsprechend niedriger ausfallen. Ein vereinbartes Zuschreiben des Gewinns zum Kapitalanteil über die Kommanditeinlage hinaus könnte als Vertrag über eine Erhöhung der Haftsumme angesehen werden und ist daher klarzustellen. Ein überhöhter Gewinnanteil eines Gesellschafters kann zu Schenkungssteuer nach § 7 Abs. 6 ErbStG führen.

24

b) Verlustbeteiligung: Der *Verlust* ist dem Kommanditisten nach dem Verteilungsmaßstab des § 168 Abs. 2 HGB zu belasten. Er nimmt zwar am Verlust nur bis zur Höhe seiner vertraglichen Einlage teil (§ 167 Abs. 3 HGB), doch ist sein Kapitalkonto auch noch mit etwaigen weiteren Verlustanteilen zu belasten. Der so entstehende *Passivsaldo* als Rechnungsposten ist durch spätere Gewinnanteile auszugleichen und die Haft- bzw. Pflichteinlage bis zur gesellschaftsvertraglich bestimmten Höhe aufzufüllen, bevor wieder ein Gewinn an den Kommanditisten ausgezahlt wird (§ 169 Abs. 1 Satz 2 HGB). Zu einer Ausgleichszahlung ist er jedoch – auch bei seinem Ausscheiden – nicht verpflichtet und braucht auch bezogene Gewinne wegen späterer Verluste nicht zurückzuzahlen (§ 169 Abs. 2 HGB). Werden von ihm jedoch bei negativem Kapitalkonto Gewinnanteile entnommen oder ihm Einlagen zurückgewährt, lebt die Haftung nach § 172 Abs. 4 Satz 2 HGB wieder auf (Rdn. 17). Dabei ist der Gesamtsaldo aller Kapitalkonten aufgrund einer Erfolgsbilanz zu fortgeführten Buchwerten maßgeblich.[54]

25

Das Passivwerden des Kapitalanteils kann durch folgende Klausel ausgeschlossen werden, da die gesetzlichen, vorstehend dargestellten Regeln abdingbar sind:

Der Kapitalanteil des Kommanditisten darf nicht passiv werden. Daher werden ihm Verlustanteile nur bis zum Betrage seiner bedungenen Einlage belastet. Ein darüber hinausgehender Verlustanteil wird allein von den persönlich haftenden Gesellschaftern getragen …..

26 M

c) Entnahmerecht:[55] Der Kommanditist kann gesetzlich nur die *Auszahlung von Gewinnanteilen* verlangen, dies jedoch sofort und voll, solange sein Kapitalanteil aufgrund der Bilanz

27

---

52 Allgemein hierzu zunächst § 132 Rdn. 37 ff.
53 Dies kann zu nach § 172 Abs. 4 HGB haftungsschädlichen Entnahmen führen, auch wenn im Innenverhältnis kein Rückzahlungsanspruch bei nachfolgenden Verlusten besteht, soweit nicht ausdrücklich im Gesellschaftsvertrag vereinbart; BGH v. 20.04.2017 – IX ZR 189/16. Zur möglichen Umsatzsteuerpflicht bei Sonderentgelt und Gewinnvorab s. Rdn. 96.
54 BGHZ 109, 334 = NJW 1990, 1109.
55 Bei einer im Gesellschaftsvertrag zugelassenen entnahmebedingten Überziehung des Kapitalkontos handelt es sich um einen Vorschuss, den die Gesellschaft auf zukünftige Gewinne zahlt, und nicht um eine jederzeit fällige Forderung. Erst wenn bei Beendigung der Gesellschafterstellung feststeht, dass es zu keiner Verrechnung mit Gewinnen mehr kommen kann, ist der Kommanditist zum Ausgleich offener Gewinnvorschüsse verpflichtet. Dagegen soll die Gesellschaft bei Überziehungen infolge »unzulässiger« (nicht im Gesellschaftsvertrag vorgesehener) Entnahmen einen jederzeitigen Rückforderungsanspruch haben (*Pöschke/Steenbreker*, NZG 2016, 841; *Huber*, Vermögensanteil, Kapitalanteil und Gesellschaftsanteil an Personalgesellschaften des Handelsrechts, S. 253; *ders.*, ZGR 1988, 1, 59; *Ley*, DStR 2003, 957, 959). Zum

nicht unter die Haftsumme gemindert ist (§§ 169 Abs. 1, 172 Abs. 4 HGB). Dabei kann der Gesellschaftsvertrag die Entnahmemöglichkeit aber beschränken, aber auch mit dem Risiko von haftungsschädigenden Entnahmen gemäß § 172 Abs. 4 HGB erweitern, z.B. gewinnunabhängige Entnahmen oder Verzinsung seiner Einlage auf dem Kapitalkonto; insbesondere das Recht auf Steuerentnahmen sollte in der Satzung geregelt werden.[56] Bei Mehr-Konten-Modellen ist klarzustellen, von welchen Konten Entnahmen zulässig sind und ob und wann ein negativer Betrag auszugleichen ist.[57] Die Vereinbarung oder auch spätere Änderung eines Entnahmerechtes bedarf der Zustimmung sämtlicher Gesellschafter, soweit der Gesellschaftsvertrag nicht eine Gewinnausschüttung aufgrund eines Gesellschafterbeschlusses erlaubt, die auch mit nur einfacher Mehrheit festgelegt werden kann. Denn während die Feststellung des Jahresabschlusses[58] eine den Gesellschaftern obliegende Angelegenheit der laufenden Verwaltung ist und regelmäßig von einer allgemeinen Mehrheitsklausel im Gesellschaftsvertrag gedeckt ist, bedarf der Mehrheitsbeschluss über die Gewinnverteilung aufgrund des Bestimmtheitsgrundsatzes einer klaren Satzungsregelung.[59] Dies betrifft auch die Möglichkeit Rücklagen zu bilden, wobei entweder die Satzung hierfür klare Grenzen bestimmt oder ansonsten der Mehrheitsbeschluss das zum Kernbereich gehörende Gewinnbezugsrecht der Minderheitsgesellschafter nicht treupflichtwidrig verletzen darf.[60]

Rücklagenbildung

28 M Vom Ergebnis des Geschäftsjahres, soweit es nicht negativ ist, wird (*aufgrund eines Gesellschafterbeschlusses mit ..... Mehrheit*) ein Betrag in Höhe von (*bis zu*) 20 % in eine gesamthänderisch gebundene Rücklage eingestellt, *bis eine Rücklage in Höhe von ..... € gebildet ist.* Über die Verwendung, Erhöhung oder Auflösung der Rücklage entscheidet die Gesellschafterversammlung mit einfacher Mehrheit aller Stimmen.

29 In der Satzung sollte dem Gesellschafter das Recht zugestanden werden, dass er schon vor Feststellung der Bilanz die Beträge entnehmen kann, die er zur Leistung von Steuervorauszahlungen und zur Bezahlung seiner Ertragssteuern auf die Gesellschaftsbeteiligung benötigt.[61] Zusätzlich wird teils auch geregelt, dass bei einer Vererbung die auf den Anteil entfallende Erbschaftssteuer entnommen werden kann. Als Grenze wird in der Regel die Pflicht zur Rücksichtnahme auf die Belange der Gesellschaft angesehen. Jedoch ist auch das evtl.

Entnahmerecht des persönlich haftenden Gesellschafters s. § 132 Rdn. 42 ff.; *Ley*, kösdi 2014, 18844 zu den Probleme bei durch Entnahme negativ gewordenen Kapitalkonten. Zu hohe Entnahmen können zum Wiederaufleben der Haftung nach § 172 Abs. 4 HGB führen; hierzu zuletzt BGH v. 20.04.2017 – IX ZR 189/16.

56 Nach BGH v. 29.03.1996 – II ZR 263/94, DStR 1996, 753, besteht ein solches sonst nicht. Auch diese kann zur haftungsschädlichen Entnahme i.S. § 172 Abs. 4 HGB führen. Hierzu *Ley*, kösdi 2014, 18892; *Kruth*, DStR 2013, 2224.

57 Der Gesellschaftsvertrag entscheidet dabei durch eine entsprechende Satzungsregelung, ob es sich um zulässige Entnahmen handelt, die ein Vorschuss auf künftige darauf zu verrechnende Gewinne sind, oder ob es sich um unzulässige Entnahmen handelt, die zu einem jederzeitigen Rückforderungsanspruch der Gesellschaft gegenüber dem Gesellschafter führen; hierzu auch *Ley*, kösdi 2014, 18892.

58 Zu dessen Erstellung in Form einer Bilanz sowie Gewinn- und Verlustrechnung gemäß § 242 Abs. 3 HGB auch eine rein vermögensverwaltende KG verpflichtet ist.

59 BGH, Urt. v. 15.01.2007 – II ZR 245/05 (OTTO) = NJW 2007, 1685 = DStR 2007, 494 = DNotZ 2007, 629.

60 BGH, Urt. v. 07.07.2008 – II ZR 151/07: Bestimmt der Gesellschaftsvertrag, dass bei der Thesaurierungsentscheidung vorrangig »Vorsorge für eine erfolgreiche Weiterentwicklung des Unternehmens« zu treffen ist, die einzelnen Gesellschafter aber so viel vom Gewinn entnehmen dürfen, dass sie ihre auf ihre Beteiligung entfallenden individuellen Steuern begleichen können, ist eine Thesaurierung von 40 % des Gewinns nicht treupflichtwidrig.

61 Nach BGH v. 29.03.1996 – II ZR 263/94, DStR 1996, 753 bedarf die Entnahme auch nur zur Tilgung der laufenden Einkommensteuern der Gesellschafter grundsätzlich einer besonderen Regelung im Gesellschaftsvertrag. Hierzu *Kruth*, DStR 2014, 2224.

Wiederaufleben der Haftung gemäß § 172 Abs. 4 HGB zu beachten.[62] Sind gewinnunabhängige Entnahmen möglich, ist ggf. zu regeln, unter welchen Voraussetzungen diese zurückgefordert werden können.[63]

Entnahmeregelung (Beschränkung mit Steuerentnahmerecht)

Jeder Gesellschafter kann ein Guthaben auf seinem Kapitalkonto II entnehmen, soweit dadurch die Liquidität der Gesellschaft nicht beeinträchtigt wird. Entnahmen von mehr als 20 v.H. des Guthabens auf dem Kapitalkonto II pro Kalendervierteljahr bedürfen daher der vorherigen schriftlichen Ankündigung mit Laufzeit von einem Monat. Innerhalb dieser Frist können die geschäftsführenden Gesellschafter widersprechen. Dann entscheidet die Gesellschafterversammlung mit einfacher Mehrheit der anwesenden Gesellschafter.
Dies gilt nicht für Entnahmen, welche der Gesellschafter zur Bezahlung seiner persönlichen Steuern und öffentlichen Abgaben auf seine Beteiligung an der Gesellschaft und seiner Einkünfte daraus benötigt; dabei ist vom höchsten Steuersatz auszugehen. Soweit es einem nachfolgeberechtigten Erben oder Vermächtnisnehmer eines verstorbenen Gesellschafters nicht möglich ist, die durch den Erwerb des Gesellschaftsanteils des verstorbenen Gesellschafters ausgelöste Erbschaftsteuer aus seinen Einkünften und/oder seinem Vermögen außerhalb der Gesellschaft zu zahlen, hat ihm die Gesellschaft eine Entnahme zu Lasten seines Kapitalkonto II zu gestatten, soweit ihr eine solche Entnahme angesichts ihrer Vermögens-, Finanz- und Ertragslage zumutbar ist.

30 M

d) **Wettbewerbsverbot:** Für den Komplementär bestimmt § 112 HGB ein gesetzliches Wettbewerbsverbot, dem jedoch nach § 165 HGB der Kommanditist nicht unterliegt. Dem Kommanditisten können außerhalb der ihn bereits aus dem Gesellschaftsverhältnis ohnehin treffenden Treuepflichten gesellschaftsvertraglich insoweit nur sehr begrenzt weitere Verpflichtungen, wie ein Wettbewerbsverbot auferlegt werden. Es ist anerkannt, dass auch ein Kommanditist – entweder analog § 112 HGB oder aufgrund der ihnen gegenüber der Gesellschaft obliegenden Treuepflicht dann einem auch im Hinblick auf § 1 GWB wirksamen Wettbewerbsverbot unterliegt und ihm auch nur dann ein Wettbewerbsverbot auferlegt werden darf, wenn er die Geschäftsführung der Gesellschaft maßgeblich beeinflussen kann. Dies ist gegeben, wenn er entweder eine Mehrheitsbeteiligung hält oder aufgrund satzungsmäßiger Sonderrechte – etwa bei der Bestellung von Geschäftsführern – maßgeblichen Einfluss auf die Geschäftsführung nehmen kann oder als Gesellschafter und Geschäftsführer der Komplementär-GmbH maßgeblichen Einfluss auf die Geschäftsführung hat. Dabei kann es genügen, wenn der Gesellschafter in der Lage ist, strategisch wichtige Entscheidungen zu blockieren.[64] Schranken für die Zulässigkeit von Wettbewerbsverboten können sich insbesondere aus § 138 BGB, aus § 1 GWB und aus EU-Recht ergeben. Nur dann, wenn ein Wettbewerbsverbot den Bestand und die Funktionsfähigkeit einer ansonsten kartellrechtsneutralen Gesellschaft gewährleistet und es nicht über das Maß dessen hinaus geht, was zum Schutze des Gesellschaftsunternehmens notwendig ist, verstößt es nicht gegen § 1 GWB. Es verstößt auch nur dann nicht gegen § 138 BGB, wenn die Gesellschaft daran ein schutzwürdiges Interesse hat und dieses in räumlicher, gegenständlicher und zeitlicher Hinsicht die schützens-

31

---

62 Vgl. BGHZ 60, 324 = NJW 1973, 1036; s. hierzu auch Rdn. 17.
63 Dies muss ausreichend klar im Gesellschaftsvertrag geregelt sein, denn ansonsten besteht kein Rückzahlungsanspruch der Gesellschaft; zuletzt dazu BGH v. 20.04.2017 – IX ZR 189/16.
64 BGH v. 23.06.2009 – KZR 58/07, NJW-RR 2010, 615 = JuS 2010, 547; OLG Frankfurt a.M. v. 17.03.2009 – 11 U 61/08, NZG 2009, 903; KG v. 06.03.2014 – 2 W 1/14.Kart.

werten Interessen des Verpflichteten nicht übermäßig beschwert.[65] Zu weit gefasste Wettbewerbsverbote sind grundsätzlich insgesamt nichtig; nur bei zeitlich zu langer Dauer (wenn über zwei Jahre[66] hinaus) kommt eine geltungserhaltende Reduktion auf das zulässige Maß in Betracht.[67]

Wettbewerbsverbot

32 M **Die Kommanditisten werden für die Dauer ihrer Stellung als Kommanditist der Gesellschaft *und Geschäftsführer der Komplementär-GmbH* im Kernbereich des Vertriebsgebietes der Gesellschaft, auf jeden Fall nicht über das Gebiet der Bundesrepublik Deutschland hinaus, jegliche Betätigung unterlassen, mit der sie unmittelbar oder mittelbar in Wettbewerb mit dem Geschäftsbetrieb der Gesellschaft treten würden oder die unmittelbar oder mittelbar einen solchen Wettbewerb zur Folge haben würden. Dies gilt unabhängig davon, ob die Betätigung gewerbsmäßig oder gelegentlich, für eigene oder für fremde Rechnung erfolgt. Die Kommanditisten werden insbesondere kein Unternehmen, das mit dem Geschäftsbetrieb der Gesellschaft in Wettbewerb steht (Konkurrenzunternehmen), gründen, erwerben oder sich an Konkurrenzunternehmen beteiligen oder Konkurrenzunternehmen auf andere Weise unmittelbar oder mittelbar unterstützen fördern oder beraten. Der Geschäftsbetrieb der KG ist im Sinne dieses Wettbewerbsverbots gegenständlich beschränkt auf die Herstellung von .....; des Weiteren ist das Wettbewerbsverbot nach Ausscheiden aus der Gesellschaft zeitlich begrenzt auf die Dauer von zwei Jahren und räumlich eingeschränkt auf Wettbewerbsunternehmen in einem Umkreis von ..... km um den Gesellschaftssitz.**[68]

6. Geschäftsführung

33 § 164 HGB schließt die Kommanditisten von der *Geschäftsführung*[69] aus. Sie haben damit – vorbehaltlich anderweitiger Regelungen im Gesellschaftsvertrag – keine Beschlusskompetenz in der Gesellschafterversammlung bezüglich gewöhnlicher Geschäftsführungsmaßnahmen. Die Komplementäre sind nicht deren Weisungen unterworfen.[70] Der Gesellschaftsvertrag kann jedoch bestimmen, dass die Kommanditisten (auch unter Ausschluss des Komplementärs) zur Führung der Geschäfte berechtigt und verpflichtet sind,[71] (selbst Nichtgesellschafter können zur Geschäftsführung bestellt werden, allerdings wohl nicht ausschließlich[72]). Eintragungsfähig ist das nicht, weil im Handelsregister nur die Vertretungsbefugnis (Rdn. 40) nach außen veröffentlicht werden kann. Ist einem Kommanditisten Geschäftsführungsbefugnis eingeräumt, so kann ihm diese nur entsprechend § 117 HGB

---

65 Ständige Rechtsprechung, BGH v. 31.05.2012 – I ZR 198/11, GRUR-RR 2012, 495.
66 BGH v. 20.01.2015 – II ZR 369/13, ZIP 2015, 472.
67 BGH v. 20.01.2015 – II ZR 369/13, ZIP 2015, 472; *Weitnauer/Grob*, GWR 2014, 185. Siehe auch bei § 130 Rdn. 72: *Mandantenschutzklauseln*.
68 Ohne den letzten Halbsatz bzgl. des nachvertraglichen Wettbewerbsverbot als wirksam anerkannt durch KG v. 06.03.2014 – 2 W 1/14.Kart.
69 Hierzu § 132 Rdn. 18 ff.
70 OLG Hamm v. 28.10.2015 – 8 U 73/15: Etwas anderes gilt gemäß § 164 Satz 1 HGB nur für außergewöhnliche Geschäfte i.S.v. § 116 Abs. 2 HGB, die der Zustimmung aller Gesellschafter bedürfen, soweit keine Mehrheitsregelung im Gesellschaftervertrag steht. Hierzu Rdn. 39, Rdn. 41; *Wertenbruch*, NZG 2016, 1081.
71 BGH BB 1976, 526.
72 Vgl. BGHZ 36, 293.

entzogen werden,[73] allerdings wohl nicht nur durch Gerichtsentscheidung, sondern durch Gesellschafterbeschluss, wenn vom Gesellschaftsvertrag vorgesehen.[74]

a) Widerspruchsrecht

34 Grundsätzlich können die Kommanditisten bei der Geschäftsführung nicht mitwirken und haben kein Weisungsrecht gegenüber dem Komplementär. Sie haben jedoch bei Handlungen, die über den gewöhnlichen Betrieb des Handelsgewerbes der Gesellschaft hinausgehen, ein Widerspruchsrecht (§ 164 HGB),[75] sodass der Komplementär seinen Kompetenzrahmen überschreitet, wenn er ungewöhnliche Geschäfte ohne Zustimmung der Kommanditisten vornimmt. Nach Widerspruch hat gemäß § 115 Abs. 1 HGB das Geschäft zu unterbleiben. § 164 HGB ist jedoch dispositiv, sodass er eingeschränkt werden kann. Dabei ist zu beachten, dass sein Regelungsinhalt lediglich Geschäftsführungsmaßnahmen, jedoch keine Grundlagengeschäfte des Gesellschaftsverhältnisses erfasst, denn letztere können nur zusammen mit dem Kommanditisten geregelt werden (Rdn. 37). Das Widerspruchsrecht kann deshalb auch nur auf bestimmte Geschäfte beschränkt oder insgesamt ausgeschlossen werden.[76] Es kann festgelegt werden, dass nach Widerspruch die Gesellschafterversammlung mit einer im Vertrag bestimmten Mehrheit entscheidet.

35 M **Macht ein Kommanditist von seinem Widerspruchsrecht nach § 164 HGB Gebrauch, so entscheiden die Gesellschafter der Kommanditgesellschaft durch Gesellschafterbeschluss mit einfacher Mehrheit der anwesenden Stimmen über die Vornahme der Handlung.**

36 Andererseits kann aber auch den Kommanditisten über das Widerspruchsrecht hinaus Mitwirkungsrechte bezüglich der Geschäftsführung eingeräumt werden, insbesondere auch Weisungsrechte an den Komplementär sowie Genehmigungsvorbehalte.

Zu beachten ist, dass die Erteilung einer Prokura ohne die Mitwirkung der Kommanditisten erfolgt (§§ 164, 116 Abs. 3 HGB), soweit der Gesellschaftsvertrag nicht anderes bestimmt.

b) beschränkte Beschlusskompetenz, Mitwirkungsrecht

37 In der Kommanditgesellschaft kommt der Gesellschafterversammlung keine umfassende Beschlusskompetenz zu. Soweit die Mitwirkungsrechte der Kommanditisten beschränkt sind, fehlt es grundsätzlich an einer Beschlusskompetenz der – auch die Kommanditisten umfassenden – Gesellschafterversammlung.[77] *Mitwirkungsrecht* und eine Mitwirkungspflicht hat der Kommanditist, wenn der Gesellschaftsvertrag nichts anderes vorsieht, bei Geschäften:
– die *gesellschaftliche Rechte* und Grundlagen des Gesellschaftsverhältnisses und der Beziehungen der Gesellschafter untereinander betreffen (sog. Grundlagengeschäfte), z.B. Mitwirkung bei Gesellschafterbeschlüssen über Änderung des Gesellschaftsvertrages, über Aufnahme von Gesellschaftern, über Klagen auf Ausschließung von Gesellschaftern aus der Gesellschaft oder von der Geschäftsführung oder Vertretung, Feststellung des Jahresabschlusses;

---

73 RGZ 110, 420; OHZ 1, 33.
74 BGHZ 17, 394.
75 Wobei nach h.M. auch für die KG § 116 Abs. 2 HGB entsprechend gelten soll, sodass bei den darüber hinausgehenden Handlungen die Zustimmung aller Gesellschafter erforderlich wird.
76 Bei vollständigem Ausschluss ist der Kommanditist dann kein steuerlicher Mitunternehmer s. § 131 Rdn. 20 f., 44 f.
77 OLG Hamm v. 28.10.2015 – 8 U 73/15, NZG 2016, 696; OLG Stuttgart v. 25.02.2009 – 14 U 24/08, ZIP 2010, 131. Hierzu auch *Wertenbruch*, NZG 2016, 1081.

– die über den *gewöhnlichen Betrieb* des Handelsgewerbes *hinausgehen*, z.B. Änderung und Erweiterung des Geschäftszweiges, Erweiterung von Fabrikationsstätten, Errichtung von Zweigniederlassungen, Aufnahme hoher Kredite, Grundstückserwerb, Veräußerung des Unternehmens der Gesellschaft im Ganzen oder im Wesentlichen[78] (§ 164 Satz 1 HGB).

Der Gesellschaftsvertrag kann dazu Mehrheitsbeschlüsse zulassen. Zur Regelung der Gesellschafterversammlung und der Mehrheitsverhältnisse bei Beschlussfassung s. die Erl. bei § 132 Rdn. 33 ff.

38 Eine stärkere Bindung der geschäftsführenden Gesellschafter an die Entscheidung der Kommanditisten durch den Gesellschaftsvertrag ist möglich und häufig. Es kann vorgesehen werden, dass sie zu bestimmten oder allen wichtigen oder allen über den gewöhnlichen laufenden Betrieb des Unternehmens hinausgehenden Geschäften der Zustimmung aller Kommanditisten oder eines zustimmenden Gesellschafterbeschlusses mit einfacher oder qualifizierter Mehrheit nach Köpfen oder Kommanditanteilen, mit oder ohne Stimmrecht der persönlich haftenden Gesellschafter bedürfen.[79] In kleineren Gesellschaften werden diese Rechte regelmäßig den Kommanditisten selbst eingeräumt, in größeren wird häufig ein von den Kommanditisten gewählter Ausschuss, Beirat oder Aufsichtsrat oder auch ein Beauftragter der Kommanditisten eingesetzt (s. dazu auch unten Rdn. 70 f.) oder Gesellschaftergruppen mit einheitlichem Stimmrecht (dazu Rdn. 72).

c) Informationsrecht

39 Das *Informationsrecht* des Kommanditisten ist durch § 166 HGB eng ausgestattet und bleibt hinter dem des BGB-Gesellschafters nach § 716 BGB zurück. Als zum Kernbereich der Mitgliedschaft gehörendes Recht, kann es durch die Satzung zwar beschränkt, aber nicht ausgeschlossen werden. In der Regel wird es zumindest auf das Informationsrecht gemäß § 51a GmbHG erweitert.[80] Bei Publikumsgesellschaften empfiehlt es sich, das Informationsrecht durch einen Beirat ausüben zu lassen.

7. Vertretung

40 Nach § 170 HGB ist der Kommanditist zur *Vertretung* der Gesellschaft[81] *nicht ermächtigt*. Dies ist *zwingendes Recht*. Es betrifft jedoch nur die organschaftliche (gesellschaftsrechtliche) Stellung des Kommanditisten. Rechtsgeschäftliche Vertretungsmacht, also Prokura oder Handlungsvollmacht, kann ihm erteilt werden. Ist ein solches Recht im Gesellschaftsvertrag vorgesehen, so kann es ihm nur aus wichtigem Grunde entzogen werden,[82] falls der Gesellschaftsvertrag nicht eine Erleichterung trifft.

---

78 LG Düsseldorf v. 11.11.2016 – 39 O 3/16; NZG 2017, 1260: keine notarielle Beurkundung des Beschlusses nötig, da §§ 179,179a AktG nicht auf Personengesellschaften übertragbar. Hierzu *Weber*, DNotZ 2018, 96; *Fink/Chilevych*, NZG 2017, 1254; *Burmeister/Schmidt-Hern*, NZG 2016, 580. Die dennoch vorgenommenen notarielle Beurkundung stellt kostenrechtlich keine unrichtige Sachbehandlung dar; OLG Düsseldorf v. 26.11.2015 – I-10 W 120/15; NZG 2016, 589.
79 Zur Gestaltung der Gesellschafterversammlung und der Gesellschafterbeschlüsse s. i.E. § 132 Rdn. 33 ff.
80 S. BGH DNotZ 1989, 509.
81 Hierzu § 132 Rdn. 22 ff. sowie *Otte*, NZG 2014, 521.
82 BGHZ 17, 392, 295 = DNotZ 1955, 536.

8. Ausscheiden und Rechtsnachfolge in den Kommanditanteil

a) Ausscheiden

Hinsichtlich der Gründe für das Ausscheiden eines Gesellschafters gelten die gesetzlichen Regelungen der OHG.[83] Kündigt ein Gesellschafter oder dessen Gläubiger die Gesellschaft oder wird über sein Vermögen das Insolvenzverfahren eröffnet (§ 131 Abs. 3 HGB) scheidet dieser Gesellschafter aus der KG aus. Das Gleiche tritt ein, wenn ein Komplementär verstirbt; dagegen wird beim Tod des Kommanditisten dessen Anteil vererbt (§ 177 HGB). Der Fortfall des einzigen Komplementärs hat die Auflösung der KG zur Folge, wenn mindestens noch zwei Kommanditisten vorhanden sind. Die KG ist dann zu liquidieren, soweit nicht die verbleibenden Kommanditisten die aufgelöste KG unverzüglich mit einem neuen Komplementär fortsetzen. Ansonsten wandelt sie sich in eine OHG, wenn der Gesellschaftsvertrag dies so bestimmt oder die verbliebenen Gesellschafter die Liquidation nicht nachhaltig betreiben.[84] Ist nach Erbfolge oder Übernahme eines Gesellschaftsanteils oder Ausscheiden nur noch ein Gesellschafter vorhanden, führt dies zum liquidationslosen Erlöschen der Gesellschaft bei gleichzeitigem Übergang sämtlicher Aktiva und Passiva und dem Recht der Firmenfortführung[85] auf den allein verbleibenden Gesellschafter.[86] Zur Grundbuchberichtigung siehe § 138 Rdn. 65. Eine Fortsetzung als KG ist dann nur in Form einer Neugründung mit einem neuen weiteren Gesellschafter möglich. Führt ein allein verbleibender Kommanditist das Unternehmen allein fort, haftet er unbeschränkt.[87] Führt er das Unternehmen nicht fort, haftet er für die Verbindlichkeiten der KG nur mit dem ihm zugefallenen Gesellschaftsvermögen.[88] Verbleibt nur noch ein persönlich haftender Gesellschafter, kann bei einer Überschuldungssituation es für diesen günstiger sein, die Auseinandersetzung im Rahmen der Auflösung zu verlangen. Statt des sich aus einer Fortsetzungsklausel (= Fortführung der KG bei Ausscheiden eines Gesellschafters mit den Verbleibenden) ergebenden automatischen Vermögensüberganges auf den verbleibenden letzten Gesellschafters sollte diesem gesellschaftsvertraglich nur ein Übernahmerecht eingeräumt werden, das innerhalb einer bestimmten Frist auszuüben ist.

41

---

83 S. hierzu § 132 Rdn. 53 ff., wie auch § 132 Rdn. 76 ff. hinsichtlich der Abfindungsregelungen. Zur sog. »chinesische bzw. Russian-Roulette-Klausel« wonach jeder von zwei Kommanditisten berechtigt ist, dem anderen seinen Kommanditanteil unter Nennung eines bestimmten Preises zum Ankauf anzubieten. Nimmt der Angebotsempfänger nicht oder nicht rechtzeitig an, so ist er verpflichtet, seinen Kommanditanteil dem Anbietenden unverzüglich zum entsprechend gleichen Preis zu verkaufen und abzutreten. Der Anbietende ist zur unverzüglichen Annahme, Übernahme und Zahlung des bestimmten Preises verpflichtet, siehe OLG Nürnberg v. 20.12.2013, 12 U 49/13, NZG 2014, 222 = RNotZ 2014, 180 (m. Anm. Schriftleitung) sowie *Weidmann*, DStR 2014, 1500, der weitere Konfliktbeilegungsmaßnahmen darstellt.
84 OLG Rostock, v. 03.09.2009 – 3 U 271/08, OLGReport KG 2009, 947.
85 BayObLG, v. 10.03.2000 – 3 Z BR 385/99, NZG 2000, 641, jedoch unter Beachtung von § 24 Abs. 2 HGB: OLG München v. 22.07.2008 – 31 Wx 88/07, DNotZ 2009, 73: auch wenn sie den Namen von Gesellschaftern enthält. Jedoch nur, wenn der alleinige Inhaber ein Handelsgewerbe betreibt; daher keine Firmenfortführung, wenn Gegenstand nur die Verwaltung eigenen Vermögens ist.
86 BGH v. 05.07.2018 – V ZB 10/18 insbes. auch zur Grundbuchberichtigung auf den Verbleibenden als Alleineigentümer; BGHZ 113, 132 = NJW 1991, 844; BayObLG v. 19.06.2001 – 3 Z BR 48/01, DNotI-Report 2001, 166.
87 Anders, wenn er das Geschäft innerhalb der 3-Monats-Frist des § 27 Abs. 2 HGB beendet.
88 BGH v. 15.03.2004 – II ZR 247/01 = RNotZ 2004, 338 = NotBZ 2004, 276; diese Entscheidung betrifft das Ausscheiden wegen Insolvenz des Komplementärs, woraus *Gößl* (DNotZ 2011, 230) schließen will, dass bei gestaltetem Ausscheiden der verbleibende Gesellschafter unbeschränkt haftet; s. hierzu auch § 138 Rdn. 65

b) Erbfolge

42 Der Kommanditanteil ist unbeschränkt vererblich, soweit der Gesellschaftsvertrag[89] dies nicht einschränkt oder ausschließt (§ 177 HGB). Mehrere Erben des Kommanditisten erwerben den Anteil aber nicht in ungeteilter Erbengemeinschaft, sondern einzeln als selbstständige Kommanditisten nach dem Verhältnis ihrer Erbquoten.[90] § 176 Abs. 2 HGB gilt nicht bei Nachfolge von Todes wegen,[91] wohl aber die Haftung nach §§ 171 ff. HGB.[92] Soll der Kommanditist bei seinem Tod ausscheiden und wird dazu eine Fortsetzungsklausel festgelegt, ist u.a. bzgl. des Ausscheidens zu regeln, ob mit oder ohne Abfindung, wer bei Abfindungszahlung eine eventuell entstehende Pflichtteilslast trägt und welche Rechtsfolgen sich beim Tod des letzten Kommanditisten ergeben; im letzteren Fall hätten bei Geltung einer Fortsetzungsklausel die Erben einen Abfindungsanspruch; es entsteht keine Auseinandersetzungsgesellschaft, sondern es tritt eine Gesamtrechtsnachfolge zugunsten des letzten Gesellschafters ein.[93] Soll es wahlweise unter Beteiligung der Erben zur Auflösung kommen, dann muss der Verbleibende die Übernahme ablehnen.

Fortsetzungsklausel

43 M **Beim Tod eines Gesellschafters wird die Gesellschaft zwischen den verbleibenden Gesellschaftern unter Beibehaltung der bisherigen Firma fortgesetzt. Der Anteil des Verstorbenen wächst den verbleibenden Kommanditisten im Verhältnis ihrer festen Kapitalanteile (Kapitalkonto I) an. Verstirbt der letzte Kommanditist, wird dadurch die Gesellschaft aufgelöst, wenn nicht der verbleibende Gesellschafter innerhalb von drei Monaten gegenüber den Erben die Übernahme des Vermögens der Gesellschaft mit allen Aktiva und Passiva ohne Abwicklung verlangt.**

44 *Erbfolge aufgrund Vermächtnis:* Ist die Erbfolge in den Kommanditanteil durch Vermächtnis geregelt, fällt der Kommanditanteil zunächst den Erben (ggf. bei mehreren in Sondernachfolge aufgeteilt) an. Diese sind schuldrechtlich zur Erfüllung verpflichtet. Werden die Erben jedoch von einer Erbfolge durch qualifizierte Nachfolgeklausel ausgeschlossen, um den Vermächtnisnehmern den Gesellschaftsanteil zu verschaffen, muss der Gesellschaftsvertrag entweder dem Vermächtnisnehmer ein Eintrittsrecht einräumen oder den vorübergehenden Rechtsübergang auf die nicht nachfolgeberechtigten Erben gestatten (s. hierzu auch Muster Rdn. 51 M dort Nr. 13. den Alternativtext bzw. bei § 133 Rdn. 31 ff.).[94]

45 Wegen der schuldrechtlichen Übertragung des Kommanditanteils auf den Vermächtnisnehmer besteht die Haftungsgefahr des § 176 Abs. 2 HGB, sodass die Übertragung aufschiebend bedingt auf die Eintragung im Handelsregister erfolgen sollte. Die erforderliche Zustimmung der übrigen Gesellschafter für die Übertragung an den Vermächtnisnehmer wird in der Regel in der gesellschaftsvertraglichen Nachfolgeklausel als enthalten angesehen,[95] sollte sicherheitshalber aber in der Satzung enthalten sein.[96]

---

[89] Ausführlich zu den möglichen Satzungsklauseln: § 133 Rdn. 1 ff.
[90] BGHZ 22, 192 = DNotZ 1957, 405; BGHZ 58, 317; DB 1977, 1374; BGH NJW 1983, 2377; s.o. § 133 Rdn. 42 f. zur Bildung einer Gesellschaftergruppe.
[91] Strittig: so h.L.: s. Baumbach/*Hopt*, § 176 HGB Rn. 12.
[92] S. auch § 138 Rdn. 15 f.
[93] BGH v. 07.07.2008 – II ZR 37/07 = MittBayNot 2009, 57 = NJW 2008, 2992 = NZG 2008, 704.
[94] S. hierzu *Ivo*, ZEV 2006, 302; *Reimann*, ZNotP 2006, 162, 173; *Reymann*, ZEV 2006, 307.
[95] MüKo-HGB/*K. Schmidt*, § 139 HGB Rn. 13.
[96] Formulierungsempfehlung bei *Ivo*, ZEV 2006, 302. Zur Haftung des Erben und Vermächtnisnehmers eines Kommanditisten s. *Reymann*, ZEV 2006, 307.

Wird Erbe eines persönlich haftenden Gesellschafters ein Kommanditist, so vereinigen sich die Einlagen des Komplementärs und des Kommanditisten zu einer einheitlichen Beteiligung; auch wenn ihm das Wahlrecht des § 139 Abs. 1 HGB nicht verloren geht, wird der Kommanditist in diesem Fall wegen der Einheitlichkeit der Beteiligung an der Personengesellschaft zunächst Komplementär.[97] Erbt ein persönlich haftender Gesellschafter einen Kommanditanteil hinzu, kann er diesen wegen des Grundsatzes der Einheitlichkeit der Gesellschaftsbeteiligung nicht getrennt fortführen; anzumelden ist der Rechtsübergang des Kommanditanteils auf den persönlich haftenden Gesellschafter.[98] **46**

Testamentsvollstreckung:[99] Während die Dauertestamentsvollstreckung an einem Komplementäranteil nur beschränkt möglich ist (kann nicht in die inneren Angelegenheiten der Gesellschaft eingreifen und nicht die Mitgliedsrechte ausüben),[100] ist die Zulässigkeit einer die gesamte Kommanditistenstellung erfassenden Dauertestamentsvollstreckung höchst richterlich anerkannt,[101] auch wenn die Kommanditeinlage noch nicht voll geleistet ist. Voraussetzung ist die Zustimmung aller Gesellschafter, die bereits im Gesellschaftsvertrag erteilt werden kann.[102] Zum Eingriff in den Kernbereich der Mitgliedschaft wie auch zur Begründung einer persönlichen Haftung oder zu Maßnahmen, die über die Ausübung der laufenden Verwaltungsrechte hinaus gehen oder die Rechtsstellung des Erben nicht nur geringfügig beeinträchtigen, bedarf er jedoch nach noch h.M. der Zustimmung des Erben.[103] Auch bei Zusammentreffen von eigenen und ererbten Anteilen ist eine Testamentsvollstreckung an dem ererbten Anteil möglich, der insoweit selbständig bleibt.[104] Die Zulässigkeit der Testamentsvollstreckung soll auch nur für den Kommanditisten gelten, der dem gesetzlichen Regelbild entspricht, wegen dessen Verpflichtungsbefugnis aber nicht für den »geschäftsführungsbefugten« Kommanditisten.[105] Die Dauervollstreckung kann in das Handelsregister eingetragen werden.[106] **47**

Soweit der Gesellschaftsvertrag oder eine Gesellschafterzustimmung nicht bereits die Ausübung der Gesellschafterrechte durch einen Testamentsvollstrecker zulässt (was aus einer freien Übertragbarkeit des Anteils gemäß Satzung teilweise geschlossen wird), ist entweder die Erteilung entsprechender Vollmachten durch die Erben (soweit nicht durch den Gesellschaftsvertrag beschränkt) oder die Übertragung des Gesellschaftsanteils auf den Testamentsvollstrecker als Treuhänder erforderlich.[107] Der Testator kann bestimmen, **48**

---

97 BayObLG ZIP 2003, 1443.
98 OLG Jena v. 31.08.2011 – 6 W 188/11 = NZG 2011, 1301 = DStR 2011, 1916.
99 Allgemein hierzu *v. Proff*, DStR 2018,415; *Kämper*, RNotZ 2016, 625; *Everts*, MittBayNot 2003, 427; *Bisle*, DStR 2013, 1037; *Bengel/Reimann*, Handbuch der Testamentsvollstreckerung, Kap. 5 Rn. 148 ff.
100 OLG Düsseldorf v. 24.09.2007 – 9 U 26/07 = FamRZ 2008, 1295: Befugnisse sind beschränkt auf die Wahrnehmung und Erhaltung der Vermögensrechte und darauf, zu verhindern, dass der Erbe über den Anteil und die daraus erwachsenen Vermögensrechte verfüge (§ 2211 BGB) und seine Eigengläuniger in den Anteil und diese Vermögensrechte vollstrecken können (§ 2214 BGB); zur Testamentsvollstreckung hinsichtlich des persönlich haftenden Gesellschafters s.a. § 132 Rdn. 72 ff.
101 BGH v. 13.05.2014 – II ZR 250/12, ZEV 2014, 662 (m. Anm. *Reimann*) = DStR 2014, 1984: Eine unbeschränkte Testamentsvollstreckung berechtigt alle Verwaltungs- und Vermögensrechte auszuüben und schließt die Erben von deren Ausübung grundsätzlich aus. BGH NJW 1989, 3152; hierzu *Reimann*, DNotZ 1990, 190.
102 BGH NJW 1985, 1953; kann konkludent enthalten sein in freier Übertragbarkeit der Anteile, aber nicht schon in einer einfachen Nachfolgeklausel (Baumbach/Hopt, HGB, 34. Aufl. § 139 Rn. 26).
103 S. hierzu *Bengel/Reimann/Mayer*, Teil 5 Rn. 194 ff. Die Kernbereichslehre wird vom BGH jedoch weitgehend aufgegeben, sodass der Testamentsvollstrecker lediglich nur den gesetzlichen Beschränkungen, wie Verbot persönlicher Verpflichtungen des Erben (§ 2206 BGB), als unterworfen angesehen wird und der Erbe durch die gesetzl. Beschränkungen der Testamentsvollstreckung (§§ 2216 Abs. 1, 2218, 2219 BGB) geschützt ist. Siehe *Reimann*, ZEV 2014, 666.
104 BGH ZEV 1996, 110 = NJW 1996, 1284, hier entschieden für die Gesellschaft bürgerlichen Rechts.
105 Vgl. im Einzelnen *Reimann*, DNotZ 1990, 190; *Ulmer*, NJW 1990, 73.
106 BGH v. 14.02.2012 – II ZB 15/11 = DNotI-Report 2012, 64 = DNotZ 2012, 788 = ZEV 2012, 335 m. Anm. *Zimmermann*.
107 BGHZ 24, 106, 112; BGH BB 1977, 811. Er wird im Handelsregister eingetragen und tritt nach außen nicht als Testamentsvollstrecker, sondern als Gesellschafter auf (vgl. dazu nur BGH NJW 1981, 749); wozu aber

welcher Weg zu wählen ist; hat er nichts bestimmt, so ist zweifelhaft, ob der Testamentsvollstrecker Anspruch auf entsprechende Vollmachten hat.[108]

Gesellschaftsvertragsregelung zum Testamentsvollstrecker

49 M Der von einem verstorbenen Gesellschafter eingesetzte Testamentsvollstrecker übt alle gesellschaftlichen Rechte der Erben oder Vermächtnisnehmer *im gesetzlich höchstzulässigen Umfang* aus. Er ist bei Gesellschafterbeschlüssen stimmberechtigt und kann den Gesellschaftsanteil treuhänderisch verwalten. Zur treuhänderischen Übertragung auf den Testamentsvollstrecker und zur Ausübung der Gesellschafterrechte durch diesen bedarf es nicht der Zustimmung der anderen Gesellschafter.

c) Übertragung von Gesellschafterrechten

50 Für die ganze oder teilweise Übertragung des Gesellschaftsanteiles sowie auch von abtrennbaren Gesellschafterrechten gelten die gleichen Grundsätze wie bei der OHG (s. § 133 Rdn. 46 ff.). Die Gesellschaftssatzung kann eine antizipierte Zustimmung enthalten oder diese nur von einem Mehrheitsbeschluss oder von bestimmten Voraussetzungen des Erwerbers abhängig machen. Wegen der entstehenden persönlichen Haftung bis zur Eintragung im Handelsregister gemäß § 176 HGB, s. Rdn. 86 sowie § 138 Rdn. 28 f., 39 ff. Es können Erwerbsrechte gegenüber dem veräußerungswilligen Gesellschafter oder ihn treffende Andienungspflichten festgelegt werden.

III. Vertragsmuster für Errichtung der Kommanditgesellschaft und Beitritt weiterer Gesellschafter

1. Errichtung einer Kommanditgesellschaft mit kleinem Gesellschafterkreis

51 M 1. Herr W. ….., geb …... ohnhaft …..
2. Herr R ….., geb ….. wohnhaft ….. und
3. Herr M ….., geb…... wohnhaft …..
errichten eine

Kommanditgesellschaft.

Dazu vereinbaren sie folgenden Gesellschaftsvertrag:

§ 1 Firma und Sitz

Die Firma der Gesellschaft lautet » ….. KG«
Sie hat ihren Sitz in …..

§ 2 Zweck

Zweck der Gesellschaft ist …..
Die Gesellschaft kann alle Geschäfte tätigen, die dem Gesellschaftszweck unmittelbar oder mittelbar dienen, sie darf Zweigniederlassungen errichten und andere Unterneh-

---

die Zustimmung aller Gesellschafter erforderlich ist, soweit der Gesellschaftsvertrag diese nicht schon enthält. Er haftet dann den Gläubigern der Gesellschaft persönlich und unbeschränkt.
108 Ablehnend: OLG Düsseldorf v. 24.09.2007 – 9 U 26/07 weil der Testamentsvollstrecker als Bevollmächtigter durch seine Handlungen eine Haftung des Erben auch mit seinem Privatvermögen begründen kann, wozu er gemäß § 2206 BGB in seiner Eigenschaft als Testamentsvollstrecker nicht berechtigt wäre.

men gründen, erwerben und sich an solchen beteiligen. (Bei rein vermögensverwaltender KG wäre zu ergänzen: Die Gesellschaft ist jedoch nicht berechtigt, in irgendeiner Weise gewerblich tätig zu werden, insbesondere keine Geschäfte durchführen, die zu gewerblichen Einkünften führen können und auch keine Beteiligung an gewerblich tätigen oder gewerblich geprägte Personengesellschaften eingehen.)

§ 3 Gesellschafter und Anteile

Persönlich haftende Gesellschafter sind
Herr W ..... mit einem Festkapitalanteil von ..... 000,– € und
Herr R ..... mit einem Festkapitalanteil von ..... 000,– €
Herr M ..... ist Kommanditist mit einem Festkapitalanteil von ..... 000,– €
Dieser Betrag ist auch die im Handelsregister einzutragende Kommanditeinlage (Hafteinlage).

§ 4 Einlagen

a) Der Gesellschafter W ..... bringt die Maschinen und Werkzeuge, die in der beigefügten Liste aufgeführt sind, ein. Diese werden ihm mit einem Betrag von ..... 000 € auf sein Kapitalkonto I verrechnet. Der darüber hinausgehende Wertbetrag wird auf sein Kapitalkonto II/auf die gesamthänderische Rücklage verbucht.
b) Der Gesellschafter R ..... erbringt seine Einlage dadurch, dass er seine berufliche Erfahrung und seine Beziehungen zu Lieferanten und Käufern der Gesellschaft zur Verfügung stellt. Diese Dienstleistung wird ihm nach jedem der ersten *(vier)* vollen Geschäftsjahre mit ..... 000 € auf seine Einlageschuld angerechnet. Darüber hinaus stellt der Gesellschafter sein Betriebsgrundstück Flst.Nr. ..... der Gemarkung ..... der Gesellschaft zur Nutzung gegen das nachfolgend vereinbarte Nutzungsentgelt zur Verfügung.
c) Der Kommanditist M ..... erbringt seine Einlage (Pflichteinlage) von ..... € als Geldbetrag, der bis zum ..... an die KG einzuzahlen ist.

§ 5 Gesellschafterkonten[109]

a) Die Einlagen gemäß § 4. werden bis zur Höhe des Festkapitalanteils gemäß § 3 auf das Kapitalkonto I gebucht. Die Kapitalkonten I sind Festkonten und werden nicht verzinst. Sie können nur durch einstimmigen Beschluss der Gesellschafterversammlung geändert werden. Sie bilden jeweils die Beteiligung des Gesellschafters, nach welcher sich die mitgliedschaftlichen Rechte und Pflichten des Gesellschafters, insbesondere das Stimmrecht, der Anteil am Ergebnis und an den stillen Reserven richtet. Zusammen sind sie das Festkapital der Gesellschaft im Sinne dieses Vertrages.
b) Gewinne und Verluste, Einlagen und Entnahmen der Gesellschafter sind über laufende Konten (Kapitalkonto II) für jeden Gesellschafter zu erfassen. Diese sind mit ihrem jeweiligen Aktiv- oder Passivsaldo mit 2 %-punkten über dem Basiszins zu verzinsen; die Zinsen gelten im Verhältnis der Gesellschafter zueinander als Aufwand bzw. Ertrag.
c) Daneben kann als weiteres Kapitalkonto der Gesellschafter ein gesamthänderisch gebundenes Rücklagenkonto gebildet werden, auf das Gesellschafter Einlagen

---

[109] Hier ein Muster für ein Zwei-Konto-Modell, was dem gesetzlichen Modell für Konten der Kommanditisten entspricht; s. wegen eines Muster für ein Drei-Konten-Modell bei Rdn. 55 M und für ein Vier-Konten-Modell bei Rdn. 60 M.

erbringen können. Das Rücklagenkonto steht den Gesellschaftern im Verhältnis ihres Kapitalkontos zu.
d) Darlehen der Gesellschafter sind kontenmäßig gesondert als Gesellschafter-Darlehen auszuweisen, die im Soll und Haben zu marktüblichen Zinsen zu verzinsen sind; die Zinshöhe und Fälligkeit wird durch Gesellschafterbeschluss festgelegt. Die Zinsen gelten im Verhältnis der Gesellschafter zueinander als Aufwand bzw. Ertrag.

§ 6 Dauer; Geschäftsjahr

Die Gesellschaft beginnt mit der Eintragung in das Handelsregister. (alternativ: Die Gesellschaft beginnt mit Unterzeichnung dieses Gesellschaftsvertrages. Bis zu ihrer Eintragung im Handelsregister hat der Kommanditist nur die Rechtstellung eines atypisch still beteiligten Gesellschafters.)
Sie wird auf unbestimmte Zeit errichtet.
Jeder Gesellschafter kann die Gesellschaft zum Schluss eines Geschäftsjahres schriftlich gegenüber sämtlichen Mitgesellschaftern mit einer Frist von 2 Jahren kündigen, frühestens zum ...... Das Recht zur außerordentlichen Kündigung aus wichtigem Grund bleibt unberührt.
Im Falle der Kündigung scheidet der kündigende Gesellschafter aus der Gesellschaft aus, die mit dem Recht zur Firmenfortführung von den verbleibenden Gesellschaftern fortgesetzt werden kann, soweit diese nicht innerhalb einer Frist von zwei Monaten nach dem Eingang der Kündigung ebenfalls die Anschlusskündigung erklären.
Das Geschäftsjahr ist das Kalenderjahr.

§ 7 Geschäftsführung und Vertretung

Die persönlich haftenden Gesellschafter sind zur Geschäftsführung und Vertretung je einzeln*(alternativ: nur zu zweit zusammen)* berechtigt. Jeder von ihnen kann durch Gesellschafterbeschluss von den Beschränkungen des § 181 BGB befreit werden.
Der Kommanditist M ..... erhält Einzelprokura. Sie ist nur aus wichtigem Grund entziehbar, solange er Kommanditist der Gesellschaft ist.
Der Kommanditist hat nur bei den in diesem Vertrag ausdrücklich genannten Geschäften mitzuwirken. Darüber hinaus besteht das Widerspruchsrecht nach § 164 HGB für Handlungen des Komplementärs, die über den gewöhnlichen Betrieb des Handelsgewerbes der Gesellschaft hinausgehen; über diese müssen vorher die Gesellschafter informiert werden. Bei Widerspruch entscheidet die Gesellschafterversammlung mit einfacher Mehrheit über die Vornahme des Rechtsgeschäftes. Ihm steht das umfassende Informationsrecht entsprechend § 118 HGB zu.
Alternativ: Zu allen Maßnahmen, die über den Rahmen einer für das Unternehmen der Gesellschaft branchenüblichen Führung i.S.d. § 116 Abs. 2 HGB hinausgehen, bedarf es im Innenverhältnis eines Gesellschafterbeschlusses (nur zu folgenden Geschäften: Erwerb, Veräußerung und Belastung von Grundstücken; Errichtung von Zweigniederlassungen und Beteiligung an anderen Unternehmen; Abschluss und Kündigung von Pacht- und Mietverträgen; Erteilung von Prokura und Handlungsvollmacht; Aufnahme von Krediten, soweit es sich nicht um handelsübliche Wareneinkaufsgeschäfte handelt; Übernahme von Bürgschaften und Gewährung von Darlehen) unter Mitwirkung des Kommanditisten. Darüber hinaus ist das Widerspruchsrecht des Kommanditisten nach § 164 HGB ausgeschlossen.
(evtl.: Regelungen zu Urlaub, Verhinderung)

§ 8 Verteilung von Gewinn und Verlust

Vom Gewinn erhält der persönlich haftende Gesellschafter W ..... vorab 20 % und der persönlich haftende Gesellschafter R ..... 15 %. Damit ist die Tätigkeit des Gesellschafters für die Gesellschaft abgefunden.

Für die Nutzungsüberlassung des Betriebsgrundstückes erhält der Gesellschafter R ..... ein jährliches Nutzungsentgelt in Höhe der marktüblichen Miete, welches jeweils zu Beginn eines Geschäftsjahres durch Gesellschafterbeschluss festgelegt wird und welches in monatlichen Teilbeträgen zu $1/_{12}$ zu bezahlen ist.

Der nach Abrechnung der Tätigkeits- und Nutzungsvergütung verbleibende Gewinn bzw. der gesamte Verlust wird auf die Gesellschafter nach dem Verhältnis ihrer Festeinlagen (Kapitalkonto I) verteilt. Er ist dem Kapitalkonto II zuzuschreiben.

Eine Nachschusspflicht der Kommanditisten besteht nicht.

Alternativ: Die Gesellschafter können vereinbaren, dass ein Komplementär/ein Gesellschafter/unabhängig vom ausgewiesenen Gewinn für seine Tätigkeit eine Vergütung[110] erhält, die zum Ende eines jeden Monats zu bezahlen ist und im Verhältnis der Gesellschafter als Aufwand behandelt wird. In diesem Fall ist die Vergütung zu Beginn eines jeden Geschäftsjahres unter Berücksichtigung der Entwicklung der Lebenshaltungskosten/der Gehaltsentwicklung in der ..... branche und der Ertragslage der Gesellschaft durch Gesellschafterbeschluss neu festzulegen. Im Verhältnis der Gesellschafter zueinander werden diese als Geschäftsunkosten (alternativ: als Vorabausschüttung auf den Gewinnanteil des Komplementärs) behandelt. Dieses Entgelt wird auch im Falle der Krankheit des Gesellschafters weiterbezahlt, längstens jedoch für einen Zeitraum von zwölf Monaten.

§ 9 Entnahmen[111]

Abweichend von § 122 HGB kann nur ein Aktivsaldo auf dem Kapitalkonto II von jedem Gesellschafter frei ohne Zustimmungsbeschluss der Mitgesellschafter entnommen werden. Übersteigt die Entnahme einen Betrag von ..... % seines Festkapitalkontos I, können solche von einem Gesellschafter aber erst nach einer drei Monate zuvor gemachten schriftlichen Ankündigung erfolgen. Durch einen Gesellschafterbeschluss mit einer Mehrheit von ..... können Entnahmen für eine bestimmte Zeit, jedoch nicht länger als ....., untersagt werden.

Alternativ: Jeder Gesellschafter kann abweichend von § 122 HGB ein Guthaben auf seinem Kapitalkonto II entnehmen, soweit dadurch die Liquidität der Gesellschaft nicht beeinträchtigt wird. Entnahmen von mehr als 20 v.H. des Guthabens auf dem Kapitalkonto II pro Kalendervierteljahr bedürfen der vorherigen schriftlichen Ankündigung mit Vorlaufzeit von einem Monat. Innerhalb dieser Frist können die geschäftsführenden Gesellschafter widersprechen. Sodann entscheidet die Gesellschafterversammlung mit einfacher Mehrheit der anwesenden Gesellschafter.

Unabhängig davon kann jeder Gesellschafter zu lasten seines Kapitalkontos II diejenigen Beträge entnehmen, die er benötigt, um seine Steuern auf die Einkünfte aus der Gesellschaft bezahlen zu können. Die Höhe errechnet sich aus dem Verhältnis, wie die Gesellschaftseinkünfte zu den gesamten zu versteuernden Einkommen des Gesellschafters sich ergibt und dieses Verhältnis angewendet auf die gesamte vom Gesellschafter zu bezahlende Steuer. Die Entnahme ist nicht/auch[112] zulässig, wenn dadurch

---

[110] Hierauf kann eine Umsatzsteuerpflicht entstehen, s. Rdn. 96. Beachte auch die mögliche Regelung in Nr. 9. Zur Auswirkung eines selbstständigen Verlustverrechnungskontos s. Rdn. 105.
[111] Wegen der Gestaltungsfragen bei der Entnahmeregelung s.o. Rdn. 27 sowie zum Muster einer Rücklagenbildung Rdn. 28 M.
[112] Wegen der Gefahr des Wiederauflebens der persönlichen Haftung nach § 172 Abs. 4 HGB, s. Rdn. 17.

ein Negativsaldo entsteht. Ein Gewinn ist sodann zunächst zur Wiederauffüllung des Kontos zu verwenden.
Soweit es einem nachfolgeberechtigten Erben oder Vermächtnisnehmer eines verstorbenen Gesellschafters nicht möglich ist, die durch den Erwerb des Gesellschaftsanteils des verstorbenen Gesellschafters ausgelöste Erbschaftsteuer aus seinen Einkünften und/oder seinem Vermögen außerhalb der Gesellschaft zu zahlen, hat ihm die Gesellschaft eine Entnahme zu Lasten seines Kapitalkonto II zu gestatten, soweit ihr eine solche Entnahme angesichts ihrer Vermögens-, Finanz- und Ertragslage zumutbar ist. Ob und in welchem Umfang der Gesellschaft eine solche Entnahme zumutbar ist, entscheidet die Gesellschafterversammlung nach pflichtgemäßem Ermessen.

§ 10 Gesellschafterversammlung

Die ordentliche Gesellschafterversammlung findet nach Aufstellung des Jahresabschlusses für das vorhergehende Geschäftsjahr statt. Darüber hinaus ist sie einzuberufen, wenn es im Interesse der Gesellschaft erforderlich erscheint oder ein Gesellschafter es unter Angabe des Zweckes und der Gründe verlangt.
Sie wird durch einen Komplementär mit einer Frist von 2 Wochen unter Angabe der Tagesordnung schriftlich oder in Textform einberufen. Auf die Einberufung einer Gesellschafterversammlung finden im Übrigen die §§ 49 bis 51 GmbHG entsprechende Anwendung.
Sie ist beschlussfähig, wenn ..... % des Festkapitals (Kapitalkonto I) vertreten sind. Fehlt es an dieser Voraussetzung, so ist innerhalb von zwei Wochen zu einer neuen Versammlung mit gleicher Tagesordnung einzuladen, die dann immer beschlussfähig ist.
Jeder Gesellschafter kann sich in der Gesellschafterversammlung nur durch einen schriftlich bevollmächtigen Mitgesellschafter vertreten lassen. Die Gesellschafterversammlung kann die Vertretung durch andere Personen gestatten.

§ 11 Gesellschafterbeschlüsse

Die Beschlüsse der Gesellschafter werden grundsätzlich in Versammlungen gefasst. Sie können aber auch ohne Einhaltung der für die Einberufung erforderlichen Form- und Fristvorschriften jederzeit mündlich, fernmündlich, per Telefax oder mittels elektronischer Kommunikation sowie auch im kombinierten Verfahren gefasst werden, soweit kein Gesellschafter diesem Verfahren widerspricht. Bei Beschlussfassung außerhalb einer Versammlung setzt der Geschäftsführer eine Frist von mindestens zwei Wochen ab Datum der Absendung des Beschlussschreibens. Geht innerhalb der gesetzten Frist die Stimme nicht bei der Geschäftsführung ein, so gilt dies als Stimmenthaltung.
Die Gesellschafterbeschlüsse werden, bei allen über gewöhnliche Geschäftsführungsmaßnahmen und laufenden Angelegenheiten hinausgehenden Beschlussgegenstände auch unter Beteiligung der Kommanditisten, immer mit einfacher Mehrheit der anwesenden oder vertretenen Gesellschafter, gerechnet nach dem Verhältnis der Kapitalkonten I gefasst, soweit nicht nach Gesetz eine höhere oder nach dieser Satzung eine andere Mehrheit vorgeschrieben ist. Auch Grundlagengeschäfte bedürfen, soweit nicht in dieser Satzung oder zwingend durch Gesetz etwas anderes geregelt ist, grundsätzlich nur der einfachen Mehrheit des am Gesellschafterbeschluss teilnehmenden Festkapitals. Soweit aber der Kernbereich der Gesellschafterrechte eines Gesellschafters betroffen ist, ist dessen Zustimmung erforderlich.
Ggf.: Eines Gesellschafterbeschlusses unter Beteiligung der Kommanditisten mit einer Mehrheit von ..... des (anwesenden) Festkapitals bedürfen aber alle das Gesellschaftsverhältnis betreffenden Angelegenheiten

alternativ: ..... bedürfen insbesondere:
- *alle Maßnahmen, die bei einer GmbH ohne insoweit abweichende Satzungsbestimmung der Zustimmung von 75 % der abgegebenen Stimmen bedürfen*
- *Festlegung von Nachschusspflichten bis zur Höhe der Festkapitalanteile;*
- *Bildung von Rücklagen in Höhe bis zu 50 % des ausgewiesenen Jahresgewinnes;*
- *Ausschluss eines Gesellschafters;*
- *Abschluss von Unternehmensverträgen.*

Das Ergebnis der Gesellschafterbeschlüsse wird vom *(versammlungsleitenden)* Komplementär schriftlich niedergelegt, ohne dass dies für dessen Wirksamkeit von Bedeutung ist. Jeder Gesellschafter erhält eine Kopie der Niederschrift.

Beschlüsse können nur innerhalb von einem Monat durch Klage gegen die Gesellschaft angefochten werden.

§ 12 Verfügung über Gesellschaftsanteile

Eine Übertragung, auch eine teilweise, und jede andere Verfügung über einen Geschäftsanteil, wie Belastung eines Geschäftsanteils, sowie die Vereinbarung von Unterbeteiligung, Stimmrechts- und Treuhandvereinbarungen bedürfen der Zustimmung aller stimmberechtigten *[alternativ: einer Mehrheit von 75 % aller nach dem Gesellschaftsvertrag vorhandenen Stimmen gemäß dem Verhältnis der Kapitalkonten I der]* Mitgesellschafter.

[Evtl.:]
Ohne diese Zustimmung kann jeder Gesellschafter *[alternativ: Kommanditist]* seinen Gesellschaftsanteil durch rechtsgeschäftliche Verfügung unter Lebenden ganz oder teilweise nur auf nachfolgeberechtigte Personen im Sinne von § 14 lit. a) übertragen. Im Rahmen der Übertragung kann er sich und/oder seinem Ehegatten sowie auch Abkömmlingen von ihm einen Nießbrauch an dem übertragenen Gesellschaftsanteil vorbehalten bzw. einräumen, welcher dem Nießbrauchsberechtigten auch das Recht einräumen kann, neben dem Gewinnbezug auch alle Verwaltungs- und Stimmrechte aus dem Anteil auszuüben, soweit dies rechtlich möglich ist.

§ 13 Ausscheiden eines Gesellschafters

Neben den Fällen der Kündigung durch einen Gesellschafter scheidet ein solcher mit dem Zeitpunkt aus (alternativ: auf Grund Gesellschafterbeschlusses, an dem er nicht stimmberechtigt ist, mit einer Mehrheit von ..... aus),
a) wenn über sein Vermögen das Insolvenzverfahren eröffnet oder die Eröffnung mangels Masse abgelehnt wird oder
b) mit Wirksamwerden der Kündigung durch einen Privatgläubiger des Gesellschafters oder
c) mit Rechtskraft des Auflösungsurteils, wenn ein Gesellschafter gemäß § 133 HGB auf Auflösung der Gesellschaft klagt.

Die Gesellschafter können bei Vorliegen eines wichtigen Grundes in der Person unter den Voraussetzungen des § 140 HGB die Ausschließung eines Gesellschafters beschließen. Der betroffene Gesellschafter hat bei der Beschlussfassung kein Stimmrecht. Mit der Mitteilung des Beschlusses, zu der jeder Gesellschafter ermächtigt ist, scheidet der betroffene Gesellschafter aus der Gesellschaft aus.[113] Ein wichtiger Grund liegt auch vor, wenn Gesellschafterrechte gepfändet werden.

---

113 BGHZ 31, 295, 299 f., 301 f.; BGH Urt. v. 03.02.1997 – II ZR 71/96, DStR 1997, 1091 f.; h.M. vgl. nur MüKo-HGB/*K. Schmidt*, § 140 HGB Rn. 91.

§ 14 Versterben

Stirbt ein persönlich haftender Gesellschafter oder ein Kommanditist wird die Gesellschaft nicht aufgelöst, sondern treten an die Stelle des Verstorbenen seine Erben als Kommanditisten. Die Sonderrechte des verstorbenen Gesellschafters, insbesondere eine Tätigkeitsvergütung, fallen für die Erben weg. (ggf. Gruppenstimmrecht bei mehreren Erben; Muster Rdn. 73M).

Jeder Gesellschafter kann bestimmen, dass nach seinem Tode eine bestimmte Person an seine Stelle tritt. Ist das ein Kind eines persönlich haftenden Gesellschafters, das das 25. Lebensjahr vollendet hat, erhält es, wenn es ein dahingehendes Verlangen binnen einem Jahre nach dem Erbfall stellt, die Rechte und Pflichten eines persönlich haftenden Gesellschafters.

Alternativ:
a) *Durch den Tod eines Gesellschafters wird die Gesellschaft nicht aufgelöst, sondern mit seinen Erben oder Vermächtnisnehmern fortgesetzt, sofern diese in Ansehung des Gesellschaftsanteils nachfolgeberechtigt sind, andernfalls unter den verbleibenden Gesellschaftern. Nachfolgeberechtigt sind nur Gesellschafter und Abkömmlinge des verstorbenen Gesellschafters (oder von Mitgesellschaftern).*
b) *Wird der als Nachfolger Vorgesehene nicht Erbe, so sind die Erben des Verstorbenen bzw. die verbliebenen Gesellschafter, welchen der Gesellschaftsanteil angefallen bzw. angewachsen ist, verpflichtet, dem bzw. den Bestimmten diesen Anteil mit allen Rechten und Pflichten des verstorbenen Gesellschafters aus dem Gesellschaftsverhältnis uneingeschränkt und unentgeltlich zu übertragen. Ausgenommen von der Übertragung sind solche Rechte und Pflichten, die dem verstorbenen Gesellschafter wegen seiner persönlichen Eigenschaften übertragen oder auferlegt waren.*
c) *Soweit einzelne Miterben oder Vermächtnisnehmer nicht nachfolgeberechtigt sind, haben sie keinen Anspruch auf eine Abfindung.*
d) *Auf den nachfolgeberechtigten Rechtsnachfolger des verstorbenen Gesellschafters gehen alle Rechte und Pflichten uneingeschränkt über. Die Geschäftsführungs- und Vertretungsbefugnis sowie die entsprechende Tätigkeitsvergütung stehen dem Rechtsnachfolger des persönlich haftenden Gesellschafters jedoch nur dann zu, wenn er nach Vorbildung und Leistung zu einem verantwortlichen Mitleiten des Unternehmens in der Lage ist. Im Streitfall soll hierüber die Feststellung eines von IHK/HWK/Innung ..... benannten Schiedsgutachters für beide Teile rechtsverbindlich sein.*
e) *Die Anordnung einer Testamentsvollstreckung für Gesellschaftsanteile ist im gesetzlich höchstzulässigen Umfang möglich. Der oder die Testamentsvollstrecker können auch berechtigt werden als Bevollmächtigte oder als Treuhänder der Erben oder Vermächtnisnehmer sämtliche Rechte aus dem Gesellschaftsanteil auszuüben. Hierzu bedarf es nicht der Zustimmung der anderen Gesellschafter.*

§ 15 Übernahme bei Ausscheiden

Scheiden ein Gesellschafter aus, so können die übrigen die Gesellschaft unter Beibehaltung der Firma fortsetzen. (*Erklären sich nur einige der nicht kündigenden Gesellschafter zur Fortsetzung bereit, so können diese die Gesellschaft fortsetzen. Die anderen Gesellschafter scheiden dann zum gleichen Tage wie der Kündigende aus.*)

Scheidet der letzte persönlich haftende Gesellschafter aus, wird die Gesellschaft aufgelöst, wenn die verbleibenden Gesellschafter nicht innerhalb einer Frist von ..... die Fortsetzung der Gesellschaft mit oder ohne einen neuen persönlich haftenden Gesellschafter beschließen.

Verbleibt nur ein einziger Gesellschafter wird *die Gesellschaft aufgelöst soweit nicht der verbleibende Gesellschafter schriftlich innerhalb einer Frist von ..... nach Kenntniserlangung die Übernahme der Geschäfte der Gesellschaft erklärt. Er kann dann das Unternehmen ohne Liquidation mit Aktiven und Passiven sowie der Firma übernehmen.*

§ 16 Abfindung und Auszahlung[114]

a) Der auszuzahlende Abfindungsbetrag eines aus irgendeinem Grunde ausscheidenden Gesellschafters ist durch eine auf den Tag seines Ausscheidens aufzustellende Auseinandersetzungsbilanz festzustellen. Hierin sind Aktiven und Passiven mit ihrem wahren Wert einzusetzen. Eine Bewertung des Firmenwertes oder des Kundenkreises scheidet jedoch aus. Am Gewinn oder Verlust der Gesellschaft aus zum Zeitpunkt des Ausscheidens schwebenden Geschäften nimmt der ausscheidende Gesellschafter nicht mehr teil.
(Alternativ: Der Abfindungsbetrag ist ein dem Festkapitalanteil entsprechender Anteil am Unternehmenswert, wie dieser von der Finanzverwaltung im vereinfachten Ertragswertverfahren zu ermitteln ist, abzgl. eines Bewertungsabschlages von ..... %. Die Wertermittlung ist von dem für die Gesellschaft zur Zeit des Ausscheidens tätigen Steuerberater vorzunehmen. Dessen Kosten sind im Verhältnis der Kapitalkonten zwischen Ausscheidendem und den verbleibenden Gesellschaftern aufzuteilen.)
b) Wenn über die Bewertung der Aktiven und Passiven der Auseinandersetzungsbilanz ein Einvernehmen nicht erzielt wird, soll das einzuholende Gutachten eines Wirtschaftsprüfers in einer für alle Beteiligten verbindlichen Weise entscheidend sein. – Der Wirtschaftsprüfer wird von den Gesellschaftern gemeinsam bestimmt. Einigen sie sich nicht über ihn, so soll er von der für die Gesellschaft zuständigen Industrie- und Handelskammer ernannt werden.
c) Ein etwaiges Guthaben auf dem Kapitalkonto II *(und sein Anteil am Rücklagenkonto)* ist dem Gesellschafter unverzüglich nach dem Stichtag seines Ausscheidens auszuzahlen; ein etwaiger Schuldensaldo wird mit dem Abfindungsguthaben verrechnet bzw. ist von diesem auszugleichen.
d) Die Auszahlung des Auseinandersetzungsguthabens erfolgt zur Hälfte binnen einem Jahr und zur anderen Hälfte binnen ..... Jahren, nachdem es festgestellt ist; der jeweils noch geschuldete Betrag ist mit ..... v.H. jährlich vom Tage des Ausscheidens ab zu verzinsen. Der Gesellschafter kann für die ausstehenden Raten keine Sicherheit verlangen. Die Gesellschaft ist jederzeit berechtigt, die Abfindung ganz oder teilweise vorzeitig zu bezahlen.
e) Die verbliebenen Gesellschafter sind verpflichtet, den ausscheidenden Gesellschafter von der etwaigen Inanspruchnahme durch Gesellschaftsgläubiger freizuhalten oder hierfür auf Verlangen*(jedoch erst bei Inanspruchnahme)* des Ausgeschiedenen/Sicherheit zu leisten.

§ 17 Auflösung der Gesellschaft

Bei Auflösung der Gesellschaft erfolgt die Liquidation durch die Komplementäre. Der Umfang ihrer Geschäftsführungs- und Vertretungsmacht wird durch die Eröffnung der Liquidation nicht verändert.

---

114 Wegen der Feststellung der Auseinandersetzungsguthabens s.a. oben § 132 Rdn. 76 ff.

§ 18 Allgemeines

**Im Übrigen gelten die gesetzlichen Bestimmungen. Sollten einzelne Teile dieses Vertrages unwirksam sein, so bleiben alle übrigen Bestimmungen gültig.
Ergänzungen und Änderungen dieses Vertrages bedürfen der Schriftform. Kein Gesellschafter kann sich auf eine vom Vertrag abweichende tatsächliche Übung berufen, solange die Abweichung nicht schriftlich fixiert ist.
(ggf. Mediationsklausel: § 129 Rdn. 8)**

■ *Kosten.* Der Wert ist gemäß § 97 GNotKG aus den Einlagewerten ohne Schuldenabzug (§ 38 GNotKG) zu ermitteln; nach § 107 Abs. 1 GNotKG beträgt der Geschäftswert mindestens 30.000 € und höchstens 10 Mio. €. Gebühr: Nr. 21100 KV GNotKG (2,0 Geb. Tabelle B).

52 Formpflichtig nur, wenn ein Grundstück eingebracht wird. Dann bedarf der Vertrag nach § 311b BGB notarieller Beurkundung, die Grundstücksübertragung nach § 925 BGB der Auflassung, die erst nach der Eintragung der KG im Handelsregister vollzogen werden kann[115] (s. hierzu Rdn. 53, Fn. 119 zu Rdn. 54 M; § 139 Fn. 1313 bei Rdn. 64 M).

2. Eintritt von Kommanditisten in Einzelkaufmannsfirma

53 Beurkundung der KG-Errichtung ist erforderlich, wenn betrieblich benötigter Grundbesitz mit eingebracht wird. Zur Übertragung des Einzelunternehmens auf eine KG ist eine rechtsgeschäftliche Eigentumsübertragung aller einzelnen Vermögensgegenstände und Übernahme der Verbindlichkeiten erforderlich, wozu bezüglich des Grundbesitzes die Auflassung an die KG erforderlich ist, was bereits mit der Errichtung vor der Eintragung im Handelsregister erklärt werden kann.[116] Zum Ausschluss der persönlichen unbeschränkten Haftung des beitretenden Kommanditisten gemäß § 176 Abs. 2 HGB sollte der Eintritt aufschiebend bedingt auf die Eintragung in das Handelsregister erfolgen. Wird der bisherige Einzelunternehmer Kommanditist besteht für ihn eine Nachhaftung gemäß § 28 Abs. 3 HGB auf 5 Jahre ab Eintragung der KG im Handelsregister. Zur Haftung des eintretenden Kommanditisten Rdn. 6.

Zu den Voraussetzungen für die steuerliche Anerkennung einer Familiengesellschaft s. § 131 Rdn. 42 ff. Die Erläuterung der steuerlichen Folgen findet sich in § 131 Rdn. 34; insbesondere ergeben sich solche bei Rückbehalt von wesentlichen Betriebsgrundlagen und bei Zahlungen an den aufnehmenden Einzelunternehmer. Bringt jedoch ein Erbe sein Einzelunternehmen zu Buchwerten in eine neu gegründete KG ein, an der die Kinder zur Abgeltung ihrer Pflichtteilsansprüche (wertmäßig über ihre Einlage hinaus) am KG-Ver-

---

115 OLG Hamm, Beschl. v. 14.10.2010 – 15 W 201, 202/10 = NZG 2011, 300.
116 Das Einbringen in die Gesellschaft macht Auflassung und Eintragung erforderlich (RGZ 65, 133). Die KG erwirbt nach § 124 HGB das Eigentum am Grundstück mit der Eintragung in das Grundbuch, die der Eintragung in das Handelsregister folgt. Zum Grundbuchvollzug kann auf das elektronische Handelsregister (Gericht und Nummer) Bezug genommen werden (§ 32 Abs. 2 GBO). Das Grundbuch ist zur eigenen Einsichtnahme und Prüfung verpflichtet und kann nicht die Vorlage eines beglaubigten Registerauszugs oder eine Notarbescheinigung gemäß § 21 BNotO zum Nachweis der Vertretungsberechtigung verlangen, selbst wenn das elektronische Register bei einem Registergericht eines anderen Bundeslandes geführt wird. (OLG Frankfurt, Beschl. v. 29.06.2011 – 20 W 267/11 = DNotZ 2012, 141 = NJW-RR 2012, 149 = NZG 2012, 228). Siehe wegen der im mit der Gesellschaftserrichtung verbundenen Einbringungsvertrag zulässigen bedingten Auflassung auf die KG, die von allen Gesellschaftern zu erklären ist, *Schöner/Stöber*, Rn. 981c; OLG Hamm, Beschl. v. 14.10.2010 – 15 W 201, 202/10 = NZG 2011, 300; anders KG, v. 04.11.2014 – 1 W 247-248/14, NZG 2015, 70: Nachweis der Vertretungsmacht bzgl. Auflassung nur durch Gesellschaftsvertrag in Form des § 29 GBO möglich.

mögen beteiligt werden, liegt ein entgeltliches Rechtsgeschäft vor, das zu einem laufenden Gewinn führt.[117]

Vertrag über Aufnahme in Einzelunternehmen

Verhandelt zu...am... 54 M

Die Beteiligten schließen folgenden Vertrag über die Errichtung einer Kommanditgesellschaft durch Aufnahme der Beteiligten zu 2. und 3. als Kommanditisten in das bisherige Einzelkaufmannsgeschäft der Beteiligten zu 1.

1. Ausgangslage

Die Beteiligte zu 1. betreibt als Einzelkaufmann unter der Firma »..... e.K.« eine ..... großhandlung in ..... mit der Geschäftsstelle ..... (Ort, Straße) ....., die im Handelsregister A ..... des Amtsgerichts ..... eingetragen ist. Sie hat dieses Unternehmen von ihrem am ..... verstorbenen Ehemann ..... geerbt und mit unveränderter Firma fortgeführt.
Zum Betriebsvermögen des Unternehmens gehört der im Grundbuch des Amtsgerichts ..... unter Blatt ..... eingetragene Grundbesitz mit Fl. Nr. ..... Dieser ist in Abt. II unbelastet und in Abt. III des Grundbuchs wie folgt belastet: Buchgrundschuld zu ..... für ..... -Bank
Die Beteiligte zu 1. nimmt ihre Töchter zur Abfindung deren Pflichtteilsanspruchs durch Beteiligung an dem Unternehmen, das fast den ganzen Nachlass darstellt, aufschiebend bedingt auf die Eintragung der Gesellschaft im Handelsregister als Kommanditisten auf.

2. Gesellschaftserrichtung

Die Beteiligten errichten unter der Firma »..... KG« eine Kommanditgesellschaft mit Sitz in ..... und schließen dazu den in der Anlage beigefügten Gesellschaftsvertrag, auf den verwiesen wird.
Komplementärin und damit persönlich haftende Gesellschafterin ist die Beteiligte zu 1. Die Beteiligten zu 2 und 3 sind jeweils Kommanditisten mit einer im Handelsregister einzutragenden Kommanditeinlage in Höhe von jeweils ..... €.
Die Beteiligung der Beteiligten zu 2. und 3. erfolgt unentgeltlich in der Weise, dass die Beteiligte zu 1. ihr einzelkaufmännisches Unternehmen auch zur Erfüllung der Einlageleistung im Umfang von je $1/8$ für jeden der Beteiligten zu 2. und 3. zu den Buchwerten in die Gesellschaft als Einlage einbringt.
Die Gesellschaft beginnt erst mit ihrer Eintragung im Handelsregister. Die Beteiligten verpflichten sich, die Eintragung unverzüglich herbeizuführen. Bis zur Eintragung wird das einzelkaufmännische Unternehmen bereits ab dem ..... (= Stichtag) für Rechnung der Kommanditgesellschaft geführt. Die Übertragung des Einzelunternehmens auf die KG wird damit erst mit deren Eintragung im Handelsregister dinglich wirksam, schuldrechtlich jedoch rückbezogen auf den vereinbarten Stichtag.
Die Komplementärin ist (zur Erfüllung der Einbringungsleistungen) von den Beschränkungen des § 181 BGB befreit.

3. Einlageerbringung

3.1. Unternehmensübertragung

---

117 BFH v. 16.12.2004 – III R 38/00, BFHE 209, 62 = BStBl II 2005, 554 = MittBayNot 2005, 519 = ZEV 2005, 315 (m. Anm. *Hübner*).

Zur Erfüllung der Einlageverpflichtung aller Gesellschafter überträgt die Beteiligte zu 1. unter Ausschluss jeder Haftung für Sach- und Rechtsmängel an die neu errichtete Kommanditgesellschaft unter der Firma » ..... KG« zu deren Gesamthands-Alleineigentum alle Aktiva und Passiva ihres bisherigen Einzelunternehmens mit dem Stand zum ..... (= Stichtag) mit deren Buchwerten, insbesondere auch den bezeichneten Grundbesitz mit allen Rechten, Bestandteilen und dem gesetzlichen Zubehör. Auf Einzelaufführung aller übertragenen Vermögensgegenstände und Beifügen der Übergabebilanz zu dieser Urkunde wird ausdrücklich verzichtet.
Alternativ: Übertragen sind alle Aktiva und Passiva, wie sie sich aus der zum ..... aufgestellten Bilanz ergeben. Die Bilanz wird beigefügt; auf diese wird gemäß § 14 BeurkG verwiesen. Die Beteiligten haben auf deren Vorlesen verzichtet. Sie wurde ihnen zur Kenntnisnahme vorgelegt und von ihnen auf jeder Seite unterschrieben.
a) Kein Ausgleich
Ein sich aus der Übergabebilanz ergebender Gewinn bzw. Verlust ist nicht an bzw. von der Beteiligten zu 1. auszugleichen, sondern geht auf die KG über. Vor dem Stichtag vorgenommene Entnahme aus dem Betrieb sind nicht zu erstatten.
b) Steuern
Alle bis zum Stichtag entstanden und noch nicht bezahlten sowie alle danach entstehenden Betriebssteuern (insbes. Gewerbesteuer, Umsatzsteuer, Lohnsteuer) hat die KG zu tragen. Die im laufenden Veranlagungsjahr auf den bis zum Stichtag erzielten betrieblichen Gewinn anfallende Einkommensteuer trägt die Beteiligte zu 1. Diese Verteilungsregelung gilt auch für alle eventuell aufgrund von Betriebsprüfungen entstehenden Nachzahlungsverpflichtungen sowie für alle Rückzahlungen bezüglich dieser Steuern.
Auf die Haftung der KG nach § 75 AO wurde hingewiesen.
c) Forderungen
Alle betrieblich begründeten Forderungen werden mit ihrem Stand zum Stichtag an die KG abgetreten, die die Abtretung hiermit annimmt.
d) Betriebliche Verbindlichkeiten
Alle Betriebsverbindlichkeiten in Haupt- und Nebensachen, wie sie nach Art und Höhe zum Stichtag bestehen, werden von der KG in der Weise übernommen, dass die seit dem Stichtag fälligen Zins- und Tilgungsleistungen bereits der KG zur Last fallen.
e) Übernahme
Die Übertragung der Aktiva des Einzelunternehmens erfolgt unter Ausschluss jeglicher Haftung für Sach- und Rechtsmängel. Besitz, Nutzen, Lasten und die Gefahr gehen auf die KG zum ..... über.
Die KG übernimmt ab dem Stichtag alle Rechte und alle Verpflichtungen aus sämtlichen Vertragsverhältnissen, die hinsichtlich des eingebrachten Einzelunternehmens bestehen, insbesondere aus allen bestehenden Versicherungsverträgen, Mietverträgen, Pachtverträgen. Die dazu evtl. notwendigen Vertragsänderungen werden die Beteiligten unverzüglich vornehmen.
Die Beteiligten sind darüber informiert, dass die KG kraft Gesetzes gemäß § 613a BGB in die vorhandenen Arbeitsverhältnisse der im Betrieb des Einzelunternehmens Beschäftigen eintritt. Die Regelungen des § 613a BGB sind den Beteiligten bekannt, insbesondere die schriftlichen Informationspflichten der Vertragsparteien gegenüber den Arbeitnehmern und deren Widerspruchsrecht gegen die Übertragung ihres Beschäftigungsverhältnisses, sowie die Kündigungsbeschränkungen.

3.2. Grundschuldübernahme

Die am übertragenen Grundbesitz eingetragenen Grundschulden übernimmt die KG zur dinglichen Haftung. Sie tritt in alle Rechte und Pflichten aus den Grundschulden mit Wirkung vom Stichtag an anstelle der Beteiligten zu 1. ein.

Unter der aufschiebenden Bedingung der vertragsgemäßen Eigentumsumschreibung werden alle aus den genannten Grundschulden entstandenen Eigentümerrechte heute schon auf die KG übertragen, die diese Übertragung hiermit annimmt. Entsprechende Berichtigung des Grundbuchs wird bewilligt.

3.3. Dinglicher Rechtsübergang

Die Beteiligten sind über den Rechtsübergang aller eingebrachten Vermögensgegenstände auf die Kommanditgesellschaft mit dem Zeitpunkt ihrer Entstehung durch Eintragung im Handelsregister einig.[118]

Die Beteiligte zu 1 – auch als Vertreterin der KG als deren von allen Beschränkungen des § 181 BGB befreite persönlich haftende Gesellschafterin – bewilligt die Eintragung der Rechtsänderung im Grundbuch.

Die Eintragung der Kommanditgesellschaft als neue Eigentümerin wird beantragt; sie kann erst erfolgen nachdem die Gesellschaft im Handelsregister eingetragen und die Unbedenklichkeitsbescheinigung wegen der Grunderwerbsteuer, soweit erforderlich, erteilt ist.[119]

Zur Satzung der KG: (im Auszug)

1. Firma, Sitz, Beginn und Dauer

55 M

Die Firma lautet

» ..... KG«.

Sie hat ihren Sitz in .....

Die Gesellschaft beginnt mit ihrer Eintragung im Handelsregister.

Sie wird auf unbestimmte Zeit errichtet.

2. Gesellschafter, Anteile

Persönlich haftende Gesellschafterin ist ....., geb. am ....., wohnhaft in ..... mit einem Gesellschaftsanteil zu $^{75}/_{100}$

---

118 Die künftige Entstehung der Personengesellschaft ist eine trotz § 925 Abs. 2 BGB zulässige Rechtsbedingung = BayObLG NJW 84, 497 (hierzu auch DNotI-Report 2002, 185 ff.).

119 Der Vollzug der Auflassung an die KG kann erst nach deren Eintragung im Handelsregister erfolgen (BayObLG DNotZ 1986, 156). Existenz und Vertretungsverhältnisse einer KG in Gründung zum Zeitpunkt der notariellen Beurkundung eines Grundstückserwerbsvertrags können durch die später erfolgte Eintragung der Gesellschaft im Handelsregister im Hinblick auf die Identität zwischen Vorgesellschaft und der rechtlich voll entstandenen KG nachgewiesen werden (OLG Hamm v. 14.10.2010 – 15 W 201, 202/10 = NZG 2011, 300, anders KG, v. 04.11.2014 – 1 W 247-248/14, NZG 2015, 70: Nachweis der Vertretungsmacht bzgl. Auflassung nur durch Gesellschaftsvertrag in Form des § 29 GBO möglich (Rev. eingelegt)). Dazu ist dem Grundbuchamt nach § 32 GBO ein Nachweis über die Vertretungsbefugnis für den Zeitraum ab der Eintragung des Vertretungsberechtigten im Handelsregister zu erbringen (OLG Köln NJW-RR 1991, 425 = MittRhNotK 1991, 16) s. hierzu DNotI-Report 2002, 185, 187), wozu neben der Vorlage einer Notarbescheinigung oder eines beglaubigen Registerausdruckes gemäß § 32 Abs. 2 GBO der Nachweis auch durch Bezugnahme auf das elektronische Register mit Angabe des Registergerichts und das Registerblatts geführt werden kann, auch wenn das elektronische Register bei einem Registergericht eines anderen Bundeslandes geführt wird (OLG Frankfurt v. 29.06.2011 – 20 W 267/11 = DNotZ 2012, 141 = FGPrax 2011, 272 = NJW-RR 2012, 149; OLG Hamm v. 14.10.2010 – 15 W 201, 202/10). Muster eines Anmeldungstextes s. § 139 Rdn. 64 M.

Kommanditisten sind:
....., geb. am ....., wohnhaft in .....
und
....., geb. am ....., wohnhaft in .....,
mit jeweils einem Anteil von $^{12,5}/_{100}$
Die im Handelsregister einzutragende Hafteinlage jedes Kommanditisten beträgt ..... €.

3. Einlagen

Die Einlagen erbringen alle Gesellschafter durch Übertragung aller Aktiva und Passiva des bisher von ..... unter der Einzelfirma » ..... e.K.« geführten Einzelunternehmens, der/die diese Einlage zugleich auch für die Kommanditisten erbringt. Er/Sie führt das Einzelunternehmen ab dem ..... (= Stichtag) bis zur Entstehung der Kommanditgesellschaft mit deren Eintragung im Handelsregister für Rechnung der Gesellschaft.

4. Gesellschafterkonten

a) **Die Einlagen werden gemäß dem Anteilsverhältnis der Gesellschafter mit dem Buchwert in der Übergabebilanz auf das Kapitalkonto I jedes Gesellschafters gebucht.[120] Die Kapitalkonten I sind Festkonten und werden nicht verzinst. Sie können nur durch einstimmigen Beschluss der Gesellschafter geändert werden. Sie bilden jeweils die Beteiligung des Gesellschafters, nach welcher sich die mitgliedschaftlichen Rechte und Pflichten des Gesellschafters, insbesondere das Stimmrecht, der Anteil am Ergebnis und an den stillen Reserven richtet.**

b) **Aufgrund eines Gesellschafterbeschlusses nach Bezahlung einer Tätigkeitsvergütung nicht zur Entnahme vorgesehene Gewinne und die Verluste sowie über die Einlagen auf den Kapitalkonto I hinausgehende Kapitaleinlagen des Gesellschafters sind auf dem Kapitalkonto II jedes Gesellschafters zu erfassen. Ein Negativsaldo darauf ist durch spätere Gewinne auszugleichen, bevor diese ausgezahlt werden können.** (*Ggf.: Die Gesellschafter können durch Gesellschafterbeschluss mit einer Mehrheit von ..... aller Gesellschafter beschließen, Gewinne in ein gesamthänderisch gebundenes Rücklagenkonto einzustellen, an dem die Gesellschafter im Verhältnis der Kapitalkonten I beteiligt sind, bzw. dieses Rücklagenkonto ganz oder teilweise aufzulösen. Verluste sind zunächst bis zur Höhe dessen Guthabenstand darauf zu verrechnen bevor sie auf das Kapitalkonto II verrechnet werden.*) **Das Kapitalkonto II (und der Anteil am Rücklagenkonto) geht im Falle der Übertragung der Beteiligung mit dem Festkapitalkonto I auf den Rechtsnachfolger über. Sie stellen keine Verbindlichkeiten zwischen der Gesellschaft und den Gesellschaftern dar.[121] Bei Ausscheiden werden die Guthaben darauf dem ausscheidenden Gesellschafter (nicht) gutgeschrieben. Ein Saldo ist vom Kommanditisten dann nicht auszugleichen, wenn er durch Verluste entstanden ist.**

---

[120] Möglich ist auch, nur einen Teilbetrag der Einlage auf das fest bezifferte Kapitalkonto I jedes Gesellschafters und den darüber hinausgehenden Betrag des Buchwertes auf das Kapitalkonto II oder ein eigenes gesamthänderisch gebundenes Rücklagenkonto zu verbuchen. Bedeutsam dabei ist, wie das Kapitalkonto II bzw. das Rücklagenkonto beim Ausscheiden bzw. der Auseinandersetzung behandelt wird, weil dann ggf. der Gesellschafter auch einen Teil dieser Einlage ausbezahlt erhält.

[121] Beim Vier-Konten-Modell werden Verluste nicht auf das Kapitalkonto II gebucht, sondern zusätzlich geregelt: *Verluste sind zunächst auf das Verlustvortragskonto, das ein Unterkonto zum Kapitalkonto II ist, zu buchen und durch Gewinne nachfolgender Jahre auszugleichen. Erst nach Ausgleich dieses Kontos können Gewinne wieder auf dem Fremdkonto gutgeschrieben werden. Der Anteil am Kapitalkonto II geht zusammen mit dem am Verlustvortragskonto im Falle der Übertragung der Beteiligung mit dem Festkapitalkonto I auf den Rechtsnachfolger über. Sie stellen keine Verbindlichkeiten zwischen der Gesellschaft und den Gesellschaftern dar.*

c) Entnahmefähige Gewinne, sonstige Einlagen und Entnahmen der Gesellschafter sind über Gesellschafterfremdkonten (die als Darlehenskonten geführt werden) zu erfassen. Diese sind mit ihrem jeweiligen Aktiv- oder Passivsaldo mit ..... % über dem Basiszins zu verzinsen; die Zinsen gelten im Verhältnis der Gesellschafter zueinander als Aufwand bzw. Ertrag. Abweichend von § 122 HGB kann ein Aktivsaldo auf diesem Konto von jedem Gesellschafter frei ohne Zustimmungsbeschluss der Mitgesellschafter entnommen werden. Ein Passivsaldo ist bei Ausscheiden des Gesellschafters oder bei Auflösung der Gesellschaft auszugleichen.

d) Auf gesonderten Darlehenskonten werden die von Gesellschaftern ansonsten gewährten Darlehen verbucht. Die Konditionen, insbesondere Verzinsung, Tilgung und Laufzeit der Gesellschafterdarlehen wird im Einzelfall durch einen mit einfacher Mehrheit zu fassenden Beschluss festgelegt. Die Zinsen werden unbeschadet der steuerlichen Behandlung wie Aufwand behandelt und dem Gesellschafterfremdkonto gutgeschrieben.

5. Geschäftsführung und Vertretung

a) Der Komplementär ist zur Geschäftsführung und Vertretung der Gesellschaft allein berechtigt und verpflichtet, bei mehreren jeder einzeln. Er kann durch Gesellschafterbeschluss von den Beschränkungen des § 181 BGB befreit werden.

b) Der Komplementär ist verpflichtet, seine Aufgaben gegenüber der Kommanditgesellschaft in der gleichen Weise zu erfüllen und deren Interessen wahrzunehmen, wie dies dem Geschäftsführer einer GmbH gegenüber seiner eigenen Gesellschaft und deren Gesellschaftern vorgeschrieben ist.

c) Ein Kommanditist hat nur bei den das Verhältnis der Gesellschafter untereinander betreffende Angelegenheiten und bei den in diesem Vertrag ausdrücklich genannten Geschäften eine Mitwirkungsbefugnis. Darüber hinaus besteht das Widerspruchsrecht nach § 164 HGB für Handlungen des Komplementärs, die über den gewöhnlichen Betrieb des Handelsgewerbes der Gesellschaft hinausgehen. Bei Widerspruch entscheidet die Gesellschafterversammlung mit einfacher Mehrheit über die Vornahme des Rechtsgeschäftes.

d) Die Gesellschafter können vereinbaren, dass der Komplementär für seine Tätigkeit eine Vergütung erhält, die zum Ende eines jeden Monats zu bezahlen ist und im Verhältnis der Gesellschafter als Aufwand behandelt wird. In diesem Fall ist die Vergütung zu Beginn eines jeden Geschäftsjahres unter Berücksichtigung der Entwicklung der Lebenshaltungskosten und der Ertragslage der Gesellschaft durch Gesellschafterbeschluss neu festzulegen.

e) Die Beteiligten zu 2. und 3. erhalten je Einzelprokura.

[..... Regelungen zu Gesellschafterversammlung, Gesellschafterbeschlüsse, Verfügung über den Gesellschaftsanteil, Kündigung, Ausschluss, Ausscheiden,.....]

6. Übernahme bei Ausscheiden

Wenn ein Gesellschafter aus der Gesellschaft ausscheidet, sind die beiden anderen Gesellschafter gemeinsam, bei Ablehnung des einen, auch der andere allein, berechtigt, das Geschäft mit Aktiven und Passiven ohne Liquidation unter der bisherigen Firma als Kommanditgesellschaft oder als offene Handelsgesellschaft bzw. als Einzelkaufmannsgeschäft fortzuführen. Die Übernahme muss binnen 3 Monaten nach dem Ausscheiden erklärt werden; sonst wird die Gesellschaft aufgelöst.

7. Tod eines Gesellschafters

Stirbt die Beteiligte zu 1., so treten die Beteiligten zu 2. und 3. an ihre Stelle. Sie werden persönlich haftende Gesellschafter und führen das Geschäft als offene Handelsgesellschaft mit gleichen Rechten und Pflichten fort, soweit sie nicht innerhalb von drei Monaten die Fortsetzung der Kommanditgesellschaft mit einem neuen persönlich haftenden Gesellschafter oder die Auflösung der Gesellschaft beschließen.
Stirbt eine der Beteiligten zu 2. und 3. so treten ihre Erben als einzelne Kommanditisten an ihre Stelle. Sie haben jedoch nicht den Anspruch auf Prokura-Erteilung. Darüber entscheidet die Beteiligte zu 1.
(Evtl. Regelungen zu Gesellschafterstämmen siehe Muster bei § 137 Rdn. 73 M.; Mediationsklausel bei § 129 Rdn. 8)

■ *Kosten.* Wert aus dem Aktivvermögen des bisherigen Einzelunternehmens (hierzu § 132 Rdn. 103 M), welches in das Vermögen der KG einzubringen ist, (§ 97 GNotKG) ohne Schuldenabzug (§ 38 GNotKG); nach § 107 Abs. 1 GNotKG beträgt der Geschäftswert mindestens 30.000 € und höchstens 10 Mio. €. 2,0 Gebühr nach Nr. 21100 KV GNotKG (Tabelle B mind. 120 €).

Die im Gesellschaftsvertrag mitbeurkundete Erfüllung der Einlageverpflichtung (bei Einbringung von Grundbesitz auch die Auflassung) ist gemäß § 109 Abs. 1 Satz 4 Nr. 2 GNotKG gegenstandsgleich mit dem Gründungsvertrag und nicht gesondert zu bewerten. Die gleichzeitig jedoch mitbeurkundete Schenkung zwecks Einbringung in die Gesellschaft ist gegenstandsverschieden nach § 109 Abs. 1 GNotKG und gesondert zu bewerten.[122] Daher hier Hinzurechnung von 25 % des Aktivvermögenswertes für die Schenkung. Gebühr aus der Summe aller Werte.

56 Zu den Grundbuchkosten s. Muster § 132 Rdn. 98 M; zu den Voraussetzungen des Grundbuchvollzugs s. Fn. zu Rdn. 53 sowie zu Nr. 3.3 in Muster Rdn. 54 M.

3. »Umwandlung« einer OHG in eine KG mit Erben

57 Scheidet der OHG-Gesellschafter aufgrund gesellschaftsvertraglicher Regelung nicht durch seinen Tod aus der Gesellschaft aus (§ 131 Abs. 3 Nr. 1 HGB), sondern wird seine Gesellschafterstellung durch den bzw. die Erben fortgesetzt, kann jeder von ihnen unabhängig von den anderen wählen, ob er mit voller Haftung in der Gesellschaft verbleibt oder sein Verbleiben von der Einräumung des Kommanditistenstatus durch die Mitgesellschafter abhängig macht (§ 139 Abs. 1 HGB). Die Umwandlung tritt erst ein, wenn sämtliche Mitgesellschafter den Antrag angenommen haben. Der Erbe hat eine Bedenkzeit von 3 Monaten ab Ablauf der Ausschlagungsfrist (§ 139 Abs. 3 HGB), muss aber den Vertrag über die Beteiligungsumwandlung innerhalb dieser Frist zustanden bringen um die Haftungsbeschränkung des § 139 Abs. 4 HGB zu erlangen. Bei minderjährigen Erben bedarf es nicht der familiengerichtlichen Genehmigung.[123] Mit Abschluss des entsprechenden Vertrages zwischen dem Erben und den Gesellschaftern wird die Gesellschaft zur KG, an die Stelle der Rechte und Pflichten eines persönlich haftenden Gesellschafters treten für den Erben die eines Kommanditisten; er hat denselben Gewinn- und Verlustanteil wie der Erblasser, soweit der Gesellschaftsvertrag nicht in den Grenzen des § 139 Abs. 5 HGB etwas anderes bestimmt. Der Kommanditanteil entspricht dem Kapitalanteil des Erblassers. Bei festem Kapitalanteil

---

122 BayObLG MittBayNot 1971, 328; 1988, 97.
123 Baumbach/*Hopt*, § 139 HGB, Rn. 39.

sind die weiteren Kapitalkonten zu berücksichtigen sowie geschuldete Einlagen und unzulässige Entnahmen hinzu zu rechnen.[124] Dieser Betrag ist auch die Hafteinlage.[125]

58 Der Kommanditist gewordene Erbe haftet in seiner Eigenschaft als Erbe für die Altschulden bis zum Erbfall und für die Neuschulden bis zur Beteiligungsumwandlung als Nachlassverbindlichkeiten persönlich, aber mit der Möglichkeit der erbrechtlichen Haftungsbeschränkung (§ 139 Abs. 4 HGB). Daneben bleibt die Haftung als Kommanditist nach § 173 HGB. Da strittig ist, ob bis zur Eintragung des Erben als Kommanditist die Haftung nach § 176 Abs. 2 HGB eintritt, sollte die Handelsregisteranmeldung schnellst möglich erfolgen.[126]

59 Es handelt sich *nicht* um eine Neugründung. Die Gesellschaft wird nach der Umwandlung in veränderter Form fortgesetzt. Nur die Firma kann im Grundbuch berichtigt werden, so wie es auch beim Weiterbestehen einer OHG, die ihre Firma ändert, geschehen würde.

Hierzu auch Erläuterungen bei § 138 Rdn. 15 ff. und Muster zur Handelsregister-Anmeldung § 138 Rdn. 19 M.

Vertrag über Umwandlung der Gesellschafterstellung eines Kommanditisten gemäß § 139 HGB

60 M
**1. Kaufmann A ….. und Kaufmann B ….. sind die Gesellschafter der Offenen Handelsgesellschaft unter der in das Handelsregister A Nr. ….. des Amtsgerichts ….. eingetragenen Firma »A …..& Co. OHG«. Der Gesellschafter B ….. ist am ….. verstorben. Er hatte ein festes Kapitalkonto in Höhe von 100.000,00 € sowie auf seinem variablen Kapitalkonto einen Guthabenbetrag in Höhe von 10.000,00 €.
Nach dem Erbschein des Amtsgerichts ….. vom ….. ist er beerbt worden von der verwitweten Frau E ….., zur Hälfte und von Herrn H ….. und Frau G ….., zu je einem Viertel, sämtlich wohnhaft in …..
Nach dem Gesellschaftsvertrag scheidet ein Gesellschafter nicht mit seinem Tod aus, sondern wird die OHG mit dessen Erben fortgesetzt.
Die drei Erben haben innerhalb der gesetzlichen Frist des § 139 HGB die Einräumung der Stellung von Kommanditisten verlangt. Der Gesellschafter A ….. hat diesem zugestimmt, so dass zwischen den Beteiligten dazu folgender Vertrag abgeschlossen wird:
2. Die Erben des Gesellschafters B ….. erhalten die Stellung eines Kommanditisten. Die Gesellschaft wird als Kommanditgesellschaft fortgeführt.
Persönliche haftender Gesellschafter bleibt A …..
Kommanditisten mit einem festen auf Kapitalkonto I zu verbuchenden Anteil, welcher im Handelsregister als Hafteinlage einzutragen ist, sind
E ….. mit 55.000,00 €,
H ….. und G ….. mit je 27.500,00 €.
3. Die Tätigkeitsvergütung des verstorbenen Gesellschafters entfällt. Die Tätigkeitsvergütung des verbleibenden persönlich haftenden Gesellschafters A ….. erhöht sich auf ….. € monatlich sowie sein Gewinnanteil an der Gesellschaft von bisher 50 % auf 60 %. Den als Kommanditisten beteiligten Gesellschaftern steht im Verhältnis ihrer**

---

[124] Strittig; so Baumbach/*Hopt*, § 139 HGB Rn. 41; teilw. anders MüKo-HGB/*K. Schmidt*, § 139 HGB Rn. 71 ff.
[125] Bei negativem Kapitalkonto Hafteinlage 1,00 € – so überwiegende Lehre: s. Baumbach/*Hopt*, § 139 HGB Rn. 42; anders *K. Schmidt*, Fn. 101: Hafteinlage stets i.H.d. Betrags der bedungenen Einlage.
[126] Andererseits gilt ab der Umwandlung die Verlustabzugsbeschränkung des § 15a EStG (hierzu Rdn. 102), was es nahelegt, soweit von der Frist her möglich, die Umwandlung nicht zum 31.12. sondern zum 01.01. des Folgejahres zu vereinbaren. Vgl. BFH v. 14.10.2003 – VIII R 81/02, BFHE 203, 484 = BStBl II 2004, 118, DStR 2004, 29.

Kommanditanteile am Gewinn und Verlust ein Anteil von 40 % zu. Die Gewinnverteilungsregelung gilt für das gesamte laufende Geschäftsjahr.
4. Die Firma wird unverändert, jedoch mit dem neuen Rechtsformzusatz fortgeführt.
5. Die Satzung der Gesellschaft wird wie folgt geändert:
in § 1 Firma:
Die Firma lautet: A .....& Co. KG
in § ..... Gesellschafter:
Persönliche haftender Gesellschafter ist A ..... mit einem festen Kapitalanteil auf Kapitalkonto I von ..... €
Kommanditisten sind mit einem festen Kapitalanteil auf Kapitalkonto I in Höhe von
E ..... mit 55.000,00 €,
H ..... und G ..... mit je 27.500,00 €.
Diese Beträge sind die Pflichteinlage und zugleich auch die im Handelsregister einzutragende Hafteinlage.
In § ..... Gesellschafterkonten:[127]
1. Für jeden Gesellschafter werden als Kapitalkonten ein Festkapitalkonto, ein gesamthänderisch gebundenes Rücklagenkonto und ein Verlustvortragskonto sowie als Forderungskonten ein Fremdkonto[128] und ein Darlehenskonto geführt.
2. Die Einlagen gemäß § ..... werden auf das Festkapitalkonto (= Kapitalkonto I) gebucht. Die Kapitalkonten I sind Festkonten und werden nicht verzinst. Sie können nur durch einstimmigen Beschluss der Gesellschafterversammlung geändert werden. Sie bilden jeweils die Beteiligung des Gesellschafters, nach welcher sich die mitgliedschaftlichen Rechte und Pflichten des Gesellschafters, insbesondere das Stimmrecht, der Anteil am Ergebnis und an den stillen Reserven richten. Zusammen sind sie das Festkapital der Gesellschaft im Sinne dieses Vertrages.
3. Auf dem *(gesamthänderisch gebundenen)* Rücklagenkonto[129] (= Kapitalkonto II) werden die den Gesellschaftern zustehenden, aufgrund eines Gesellschafterbeschlusses nicht entnahmefähigen Gewinne sowie über die Hafteinlage hinausgehende Einlagen, die der Gesellschafter in das Eigenkapital leistet, gebucht. Es wird nicht verzinst. Die Gesellschafterversammlung kann mit einer Mehrheit von 75 % der gültig abgegebenen Stimmen beschließen, dass das Rücklagenkonto ganz oder teilweise aufgelöst wird und die freiwerdenden Beträge den Fremdkonten der Kommanditisten gutgeschrieben werden. Mit der gleichen Mehrheit können sie beschließen, dass Guthaben auf dem Rücklagenkonto ganz oder teilweise dazu verwandt werden, Verluste auf den Verlustvortragskonten auszugleichen. [wenn für jeden Gesellschafter ein eigenes Rücklagenkonto geführt wird: Die vorstehenden Beschlüsse können nur mit Wirkung für alle Rücklagenkonten in gleichem Verhältnis gefasst werden.]
4. Verluste sind zunächst auf das Verlustvortragskonto, das ein Unterkonto zum Kapitalkonto II ist, zu buchen und durch Gewinne nachfolgender Jahre auszugleichen. Erst nach Ausgleich dieses Kontos können Gewinne wieder auf dem Fremdkonto gutgeschrieben werden.
Der Anteil am Kapitalkonto II geht zusammen mit dem am Verlustvortragskonto im Falle der Übertragung der Beteiligung mit dem Festkapitalkonto I auf den Rechtsnachfolger über. Sie stellen keine Verbindlichkeiten zwischen der Gesellschaft und den Gesellschaftern dar.

---

127 Sog. Vier-Konten-Modell; s. hierzu Rdn. 21.
128 Häufig auch »Gesellschafterdarlehenskonto« genannt, was aber irritierend zu einem echten Darlehensvorgang zwischen Gesellschaft und Gesellschafter ist.
129 Statt eines gesamthänderisch gebundene Rücklagenkontos kann auch für jeden Gesellschafter ein individuelles variables Kapitalkonto geführt werden; siehe hierzu § 132 Rdn. 13 sowie § 137 Rdn. 22

5. Auf dem Fremdkonto werden der an den Gesellschafter zu verteilende, entnahmefähige Gewinn sowie alle sonstigen Forderungen und Verbindlichkeiten zwischen Gesellschaft und Gesellschafter gebucht (mit Ausnahme von reinen Darlehensverbindlichkeiten), insbesondere die Zinsen aus den Darlehenskonten, sonstige Einlagen, sofern es sich dabei nicht um Zuzahlungen auf das Rücklagenkonto oder Gewährung von Darlehen handelt, sowie die Entnahmen. Dieses Konto wird im Soll und Haben mit ..... Prozentpunkten über dem zu Beginn eines jeden Kalenderjahres geltenden Basiszinssatz (§ 247 BGB) p.a. verzinst. Bemessungsgrundlage für die Zinsen ist der Stand des Kontos zum Ende eines jeden Kalendermonats. Die Zinsen auf diesen Konten stellen im Verhältnis zu den Gesellschaftern Aufwand bzw. Ertrag dar. Mit Ausnahme von Entnahmen für Steuern auf den Gewinnanteil sind Entnahmen, durch die ein negativer Saldo auf diesem Konto entstünde, nicht zulässig/*alternativ:* nur aufgrund eines Gesellschafterbeschlusses zulässig.

6. Auf dem Darlehenskonto werden die von den Gesellschaftern gewährten Darlehen verbucht. Die Konditionen, insbesondere Verzinsung, Tilgung und Laufzeit der Gesellschafterdarlehen wird im Einzelfall durch einen mit einfacher Mehrheit zu fassenden Beschluss festgelegt. Die Zinsen werden unbeschadet der steuerlichen Behandlung wie Aufwand behandelt und dem Fremdkonto gutgebracht. Die Gesellschaft kann bei gekündigten Darlehen, solange ihre finanzielle Lage es erfordert, die Tilgung in gleichen Quartalsraten in einem Zeitraum von bis zu drei Jahren vornehmen.

(ggf. weitere neue Regelungen zur Tätigkeitsvergütung des persönlich haftenden Gesellschafters, zur Erbfolge[130] sowie zum Ausscheiden eines Gesellschafters und dessen Folgen).

Im Übrigen verbleibt es bei den bisherigen Bestimmungen des Gesellschaftsvertrages.

6. Die Einlagen der verheirateten Beteiligten stellen nicht ihr gesamtes Vermögen dar.

7. Die Anmeldung der Rechtsnachfolge, des Gesellschafter- und des Rechtsformwechsels zum Handelsregister hat unverzüglich zu erfolgen.

■ *Kosten.* Wird der grundsätzlich bestehen gebliebene Gesellschaftsvertrag nur wegen der durch Gesetz und Vertrag bereits zu Gesellschaftern gewordenen Erben geändert, hat die Änderung nicht den Wert der Kommanditeinlagen von zusammen 110.000 €, da der Inhalt der Rechte der Gesellschafter-Erben nur eine gewisse Wandlung erfährt; daher nur Teilwertansatz. Da aber auch der Inhalt des Rechts des Gesellschafters A geändert wird, wenn auch unerheblich, wird man die Änderungen insgesamt auf etwa 25 % des Vermögens der Gesellschaft nach § 36 Abs. 1 GNotKG schätzen können,[131] also auf 82.500 €. – Es handelt sich auch nicht deshalb um einen wirtschaftlich neuen Vertrag, weil die Erben eintreten, wenn deren Eintritt bereits in einem früher beurkundeten Vertrag vorgesehen war. Erfolgt ein Beitritt eines neuen Gesellschafters und liegt schon ein beurkundeter Gesellschaftsvertrag vor, sind der Beitritt und die Änderung der selbe Beurkundungsgegenstand sowie die Anpassung des Gesellschaftsvertrages nur Durchführungserklärung zum Beitritt. 2,0 Gebühr nach Nr. 21100 KV GNotKG. Wird ohne bereits beurkundeten Gesellschaftsvertrag nur die Änderung des Gesellschaftsvertrages beurkundet, fällt eine 2,0 Gebühr nach Nr. 21100 KV GNotKG an. Wird das Gesellschaftsverhältnis erstmalig insgesamt beurkundet, hat die Bewertung so zu erfolgen, als würde die Gesellschaft jetzt erst gegründet, also nach dem Aktivwert des Betriebsvermögens ohne Abzug von Schulden (§ 38 GNotKG).

---

130 Da bei Versterben für den Komplementär das Ausscheiden mit Fortsetzungswirkung, für den Kommanditisten die uneingeschränkte Nachfolge gilt. Hierzu Rdn. 42 ff. sowie § 132 Rdn. 71 ff., § 133 Rdn. 1 ff.
131 Hierzu auch: Bayerische Notarkasse, Streifzug durch das GNotKG, 12. Aufl., Rn. 1671 ff.

4. Beitritt weiterer Kommanditisten unter Einlageerbringung

61 Die Aufnahme eines weiteren Gesellschafters[132] ist eine Änderung des bisherigen Gesellschaftsvertrages und bedarf daher der Mitwirkung aller Gesellschafter. Der Aufnahmevertrag bedarf grundsätzlich keiner Form, soweit nicht wegen Einlage eines Grundstücks (§ 311b Abs. 1 BGB) oder eines GmbH-Anteils (§ 15 Abs. 4 GmbHG) des beitretenden Gesellschafters eine besondere Formpflicht besteht. Die Einbringung von Grundbesitz ist grunderwerbsteuerpflichtig, jedoch gemäß § 5 Abs. 2 GrEStG anteilig steuerbegünstigt (Behaltefrist § 5 Abs. 3 GrEStG). Gehen mindestens 95 % der Anteile auf neu beitretende Gesellschafter innerhalb von 5 Jahren über und gehört der Gesellschaft ein inländisches Grundstück, ist der Beitritt gemäß § 1 Abs. 2a GrEStG grunderwerbsteuerpflichtig.[133]

62 Beim Eintritt eines weiteren Gesellschafters bedarf es – anders als beim Eintritt in ein Einzelunternehmen – keiner Zwischenbilanz der Gesellschaft.

63 Der Beitritt eines Minderjährigen als Kommanditist wird nach h.M.[134] wie der Abschluss eines Gesellschaftsvertrages einer neuen KG gemäß § 1822 Nr. 3 BGB als familiengerichtlich genehmigungsbedürftig angesehen.[135] Bei Mitbeteiligung eines Elternteiles bedarf es auch der Bestellung eines Ergänzungspflegers (bei gleichzeitigem Beitritt mehrerer Minderjähriger für jeden einen eigenen Ergänzungspfleger).[136] Jedoch keiner Genehmigung und keiner Mitwirkung eines Ergänzungspflegers bedarf der unentgeltliche spätere Beitritt eines Minderjährigen in eine rein nur vermögensverwaltende Familien-KG, wenn der Kommanditanteil bereits voll eingezahlt ist und der Beitritt aufschiebend bedingt auf die Handelsregistereintragung erfolgt.[137]

64 Die Einlage des Kommanditisten muss nicht von diesen persönlich erbracht werden, sondern kann mit haftungsbefreiender Wirkung auch durch Schenkung eines Dritten oder durch sogenannte »Einbuchung«[138] erbracht werden. Bei der Schenkung wird der etwaige Formmangel durch den Vertragsschluss als Vollzug der Schenkung nach § 518 Abs. 2 BGB geheilt.[139] Beim Kommanditisten müsste die Umbuchung aus dem freien Vermögen und nicht aus den gebundenen Kapitalkonto erfolgen, um das Wiederaufleben der Haftung gemäß § 172 Abs. 4 HGB zu vermeiden.[140]

65 Zur steuerlichen Anerkennung der schenkweise als Kommanditisten aufgenommenen Familienangehörigen als Mitunternehmer im Sinne von § 15 Abs. 1 Satz 1 Nr. 2 EStG wird

---

132 Wegen den steuerlichen Folgen des Eintritts von weiteren Gesellschaftern und der damit verbundenen steuerlichen Abtretung eines Teiles eines Mitunternehmeranteiles, insbesondere auch der Folgen einer Zahlung an die aufnehmenden Gesellschafter und des Rückbehaltes von Sonderbetriebsvermögen s. § 131 Rdn. 54 ff. Wegen der steuerlichen Folgen einer Regelung zur Zurechnung des Ergebnisses des laufenden Geschäftsjahres siehe Rdn. 88.
133 Siehe hierzu § 131 Rdn. 90
134 Im Einzelnen hierzu *Ivo*, ZEV 2005, 193; *Menzel/Wolf*, MittBayNot 2010, 186; *Lüdecke*, NJOZ 2018, 681. Anders bei Abtretung OLG München v. 17.06.2010 – 31 Wx 70/10 = NZG 2010, 862 = ZEV 2010, 646 = RNotZ 2010, 461.
135 OLG Frankfurt DNotZ 2009, 142; hierzu auch Fn. 25 bei Rdn. 15, § 133 Rdn. 48
136 OLG Zweibrücken OLGZ 1980, 213; im Einzelnen *Maier-Reimer/Marx*, NJW 2005, 3025, 3027; *Rust*, DStR 2005, 1942, 1946; OLG Frankfurt v. 27.05.2008 – 20 W 123/08.
137 OLG Jena v. 22.03.2013 – 2 WF 26/13; MittBayNot 2013, 387 m. Anm. *Gerono*; OLG Bremen v. 16.06.2008 – 2 W 38/08 = NZG 2008, 750 = ZEV 2008, 608; OLG München v. 06.11.2008 – 31 Wx 76/08 = MittBayNot 2009, 52 = ZEV 2008, 609) anders aber bei Beitritt zu einer gewerblich tätigen KG (OLG Frankfurt v. 27.05.2008 – 20 W 123/08 = DNotZ 2009, 142). Nicht vermögensverwaltend sei eine Beteiligung an einer Windkraftanlagen betreibenden KG, OLG Celle v. 30.1.2018 – 9 W 13/18, NZG 2018, 303. Sicherheitshalber sollte die Genehmigung betrieben und ggf. auch durchgesetzt werden, weil ein Negativzeugnis keine Rechtswirkungen hat (BGHZ 44, 325 = NJW 1966, 652) und nicht die eventuelle schwebende Unwirksamkeit beseitigt. Das Gericht darf die Genehmigung nicht deshalb verweigern, weil das Geschäft nach seiner Auffassung nicht genehmigungsbedürftig ist (BayObLGZ 1963, 1, 9). Hierzu auch DNotI-Report 2018, 27.
138 Ausführlich dazu *Tillkorn*, DNotZ 2014, 724.
139 *Palandt/Weidenkaff*, § 518 BGB Rn. 14; *K. Schmidt*, BB 1990, 1992.
140 *Peters*, RNotZ 2002, 425, 431.

vorausgesetzt, dass nach dem Gesellschaftsvertrag und der tatsächlichen Durchführung dem Kommanditisten wenigstens annäherungsweise die Rechtstellung eingeräumt bzw. belassen ist, die handelsrechtlich das Bild des Kommanditisten bestimmen. Zu starke Beschränkungen des Widerspruchsrechts nach § 164 HGB, des Kontrollrechts nach § 166 HGB und des Stimmrechtes, des Gewinnentnahme- und Kündigungsrechts sowie des Auseinandersetzungsanspruchs oder über die gesetzlichen Befugnisse hinausgehenden Befugnisse für den Vorbehaltsnießbraucher schließen die Mitunternehmerschaft aus.[141]

Der eintretende Kommanditist haftet für Verbindlichkeiten der KG, die bereits vor seinem Eintritt begründet waren (sog. Altverbindlichkeiten, § 173 Abs. 1 HGB), bis er seine Einlage vollständig erbracht hat. Um die uneingeschränkte persönliche Haftung der eintretenden Kommanditisten für die Zeit zwischen dem Eintritt und dem Zeitpunkt der Handelsregistereintragung nach § 176 Abs. 2 HGB zu vermeiden,[142] erfolgt der Beitritt in die KG erst mit Wirkung zum Zeitpunkt der Eintragung der neuen Kommanditisten im Handelsregister. Bei Anteilsschenkung ist zu beachten, dass mitübertragenes Sonderbetriebsvermögen (z.B. Grundstück, Anteil an Komplementär-GmbH) zur Vermeidung schenkungssteuerlicher Nachteile zum gleichen Zeitpunkt erst übergehen.[143] Soll der Kommanditist aber sofort oder zu einem bestimmten Zeitpunkt beteiligt werden, kann er bereits sofort auflösend bedingt als atypischer stiller Gesellschafter und sodann aufschiebend bedingt mit der Eintragung im Handelsregister als Kommanditist beitreten. Auch möglich ist die schuldrechtliche Vereinbarung unter allen Gesellschaftern, dass der Beitretende nach Eintritt der Bedingung rein schuldrechtlich mit Rückwirkung im Innenverhältnis so gestellt wird, als sei er bereits zum Stichtag Kommanditist geworden.[144] (Muster der Registeranmeldung bei § 138 Rdn. 28 ff.).

Aufnahmevertrag

1. Vorbemerkung

Gesellschafter der Kommanditgesellschaft mit der Firma » ….. KG« in ….., eingetragen im Handelsregister des Amtsgerichts ….. HRA ….., sind

….., geb. am ….. wohnhaft in …..
**– als persönlich haftender Gesellschafter
und**

….., geb. am ….., wohnhaft in …..
– als Kommanditistin mit einer im Handelsregister eingetragenen Hafteinlage in Höhe von …..,– €.

2. Beitritt

Herr/Frau, geb. am ….., wohnhaft ….., und

---

141 *Schmidt*, § 15 EStG Rn. 750 ff.; BFH BStBl. II 1989, 758, 762; 2001, 186; s.a. *Schnitter*, EStB 2003, 383, sowie zum zulässigen Vorbehalt eines Widerrufsrechtes in nur bestimmten Ausnahmefällen: BFH BStBl. II 1994, 635 sowie *Jülicher*, DStR 98, 1977. Zu den Voraussetzungen der steuerlichen Anerkennung einer Familiengesellschaft s. § 131 Rdn. 42 ff. Zum Begriff des Mitunternehmers § 131 Rdn. 20 f. Zum vorbehaltenen Nießbrauch für den Übergeber siehe u.a. *Fleischer*, ZEV 2012, 466 m.w.N., insbes. auf die BFH-Rechtsprechung.
142 Entsprechend § 160 HGB erlischt diese auch erst nach 5 Jahren.
143 Nach FG Köln v. 29.06.2017 – 7 K 1654/16, ZEV 2017, 535 mit krit. Anm. *Wälzholz*; Götz, DStR 2018, 115 (Rev. eingelegt, Az. BFH: II R 38/17) kann ein Verschonungsabschlag nach § 13a Abs. 1 ErbStG nicht gewährt werden, wenn die dingliche Wirkung der Übertragung und Abtretung eines Kommanditanteils aufschiebend bedingt sein soll, der Übertragungsstichtag des Sonderbetriebsvermögens (z.B. die Auflassung des Einlagegrundstücks) davon aber zeitlich abweicht.
144 S. hierzu MüKo-HGB/*K. Schmidt*, § 176 HGB Rn. 29 ff. sowie dort Rdn. 43 bzgl. Treuhand.

Herr/Frau, geb. am ....., wohnhaft ....., (die Beteiligten zu 3 und 4),
treten als weitere Kommanditisten in die Gesellschaft ein.
Der Beitritt wird jedoch erst zum Zeitpunkt ihrer Eintragung in das Handelsregister wirksam. Die Beteiligten verpflichten sich, diese Eintragung unverzüglich herbeizuführen.
Alternativ: Die Beitretenden sind auflösend bedingt durch die Registereintragung im Rahmen einer stillen Beteiligung an der KG beteiligt, für die alle Bestimmungen des KG-Vertrages entsprechend gelten.
Im Innenverhältnis gelten die Beitretenden jedoch bereits mit Wirkung zum ..... (= Stichtag) als beteiligt. Insoweit halten die bisherigen Gesellschafter das Gesellschaftsvermögen auch treuhänderisch für die Beitretenden. Diese sind damit ab dem Stichtag zeitanteilig am Ergebnis der Gesellschaft für das laufende Geschäftsjahr beteiligt.
Die zu erbringende Einlagen der beiden neu eingetretenen Kommanditisten werden auf je 100.000 – einhunderttausend – € vereinbArt. Im Handelsregister einzutragen ist jeder von ihnen mit einer Hafteinlage von je 50.000,– €
Die neu eingetretenen Kommanditisten erbringen ihre Einlage dadurch, dass die erforderlichen Beträge von dem Kapitalkonto des persönlich haftenden Gesellschafters abgebucht und auf die festen Kapitalkonten der neuen Kommanditisten gutgeschrieben werden.
Variante: Die/Der Beitretende zu 3 erbringt ihre/seine Einlage in folgender Weise: Sie/Er erhielt bisher als Angestellte/r zu ihrem/seinem festen Gehalt eine Gewinnbeteiligung (Tantieme) von je 10 v.H. des Jahresgewinnes, die ab 1. Januar ..... entfällt. Aus diesen nicht ausgezahlten Gewinnbeteiligungen stehen ihr/ihm 116.000 € zu, die in Darlehensforderungen umgewandelt sind. Davon werden je 100.000 – einhunderttausend – € entnommen und als Kommanditeinlagen mit Wirkung zum 01.01...... eingezahlt. Die restlichen 16.000 € werden mit 2 Prozentpunkten über dem jeweiligen Basiszins verzinst. Sie sind für beide Teile mit 6-Monats-Frist zum Jahresende kündbar.
Die/Der Beitretende zu 4 erbringt ihre/seine Einlage durch Einbringung des Grundstückes Flst. ___ Gemarkung _____, vorgetragen im Grundbuch von ____ Blatt. Die Übertragung erfolgt mit allen Rechten, Bestandteilen und dem gesetzlichen Zubehör, jedoch unter Ausschluss jeglicher Haftung für Sach- und Rechtsmängel. Besitz, Nutzen, Lasten und die Gefahr gehen auf die KG zum ..... über. Die Beteiligten sind sich über den Rechtsübergang des Grundstückes einig und bewilligen und beantragen die Eintragung der Rechtsänderung im Grundbuch.

3. Änderung des Gesellschaftsvertrags

Die so erweiterte Kommanditgesellschaft führt die bisherige Firma unverändert weiter. Ihr Sitz bleibt .....
Im Übrigen wird hinsichtlich des künftigen Gesellschaftsverhältnisses folgender neuer Gesellschaftsvertrag vereinbart:
.....

■ *Kosten.* Wenn nur die neuen Kommanditisten eintreten würden, so würden deren Einlagen oder der höhere Wert des ihnen nach § 738 BGB anwachsenden Anteils gemäß § 54 GNotKG nach dem erlangten Anteil am Wert des Eigenkapitals i.S.v. § 166 Abs. 3 HGB, soweit es sich nicht um eine überwiegend vermögensverwaltend tätige KG handelt, maßgebend sein. Wird zugleich ein Änderung des Gesellschaftsvertrages vorgenommen, beschränkt sich dies aber auf geringfügige Ergänzungen und Änderungen des früher beurkundeten Gesellschaftsvertrages, dann ist die Vertragsänderung nur Durchführungserklärung zum Beitritt. Wird dagegen das gesamte Gesellschaftsverhältnis neu geregelt, liegt neben der Beitrittsvereinbarung als Austauschverhältnis im Sinne von § 97 Abs. 3 GNotKG »dass die Neueintretenden eine

Geldeinlage erbringen und dafür einen Gesellschaftsanteil erhalten«, zusätzlich noch ein dazu gemäß § 86 GNotKG gegenstandsverschiedene Änderung des Gesellschaftsvertrages vor (Wert nach vollem Aktivvermögen gemäß Bilanz der KG ohne Schuldenabzug). Nach § 107 GNotKG beträgt der Geschäftswert mindestens 30.000 €, höchstens 10 Mio. €. Eine 2,0 Gebühr nach Nr. 21100 KV GNotKG aus den gemäß § 35 GNotKG summierten Werten (mindestens 120 €).

Wegen der *Anmeldung* zum Handelsregister s.u. § 138 Rdn. 28 ff.

IV. Die kapitalistische Kommanditgesellschaft; Publikumsgesellschaft

1. Verhältnis der Einflussmöglichkeiten

In der kapitalistischen Kommanditgesellschaft tritt der Einfluss der persönlich haftenden Gesellschafter gegenüber dem der Kommanditisten zurück, insbesonders, wenn viele Kommanditisten mit einem großen Gesamtkapital beteiligt sind, denen Komplementäre mit geringem Kapitalanteil gegenüberstehen. Aber auch ein einzelner oder wenige Kommanditisten können sich einen größeren Einfluss als den im HGB für den Normalfall vorgesehenen ausbedingen.

68

2. Ausbau der Stellung der Kommanditisten

Die Stellung der Kommanditisten, die nach § 164 HGB von der Geschäftsführung ausgeschlossen sind und gewöhnlichen Geschäftsführungsmaßnahmen der Komplementäre nicht widersprechen können, kann weit ausgebaut werden. Das ihm in § 166 HGB eingeräumte geringe *Kontrollrecht*, das sich auf die Nachprüfung der Bilanz unter Einsicht in die Bücher und Papiere der Gesellschaft beschränkt, kann in das für den nicht geschäftsführenden Gesellschafter der OHG in § 118 HGB vorgesehene jederzeitige Überwachungsrecht erweitert werden. Es kann einzelnen aber auch über § 164 HGB hinaus eine *Geschäftsführungsbefugnis* eingeräumt werden, jedoch keine organschaftliche Vertretung. Es ist sogar zulässig, ihnen die volle Herrschaft über die Gesellschaft derart zu übertragen, dass die persönlich haftenden Gesellschafter auch bei gewöhnlichen Geschäftsführungsmaßnahmen an die Weisungen eines einzelnen oder des Mehrheitsbeschlusses der Kommanditisten gebunden sind oder dass sie allgemein oder in bestimmten Angelegenheiten dessen bzw. deren vorheriger Zustimmung bedürfen.[145]

69

3. Beirat

Neben der Versammlung der Kommanditisten können einem Repräsentantengremium, einem »Beirat«, »Aufsichtsrat« o.ä., besondere Befugnisse in der Gesellschaft übertragen werden, soweit dadurch nicht gegen das Abspaltungsverbot und den Grundsatz der Selbstorganschaft verstoßen wird.[146] Ein Beirat ist ein durch Vereinbarung der Gesellschafter eingerichtetes Beratung- und Aufsichtsgremium, das der Geschäftsführung von den Gesellschaftern an die Seite gestellt wird, soweit nicht bereits die Gesellschaft der unternehmerischen Mitbestimmung nach dem Drittelbeteiligungsgesetz oder Mitbestimmungsgesetz unterliegt

70

---

145 Ausführlich hierzu: *Wertenbruch*, NZG 2016, 1081.
146 Lit: *Binz/Sorg*, Die GmbH&Co. KG, § 10; sowie *K. Schmidt*, GesR § 56 IV 4; *Simon*, GmbHR 1999, 257; *Thümmel*, DB 1995, 2461; *Wälzholz*, DStR 2003, 511; *Werner*, ZEV 2010, 619; *Grunewald*, ZEV 2011, 283. Die Ausübung wesentlicher Gesellschafterrechte durch Beirat beeinträchtigt auch nicht die Stellung als Mitunternehmer (BFHE 170, 487 = BStBl. II 1993, 538 = NJW 1993, 3288; BFH/NV 2006, 1148).

und damit zwingend einen Aufsichtsrat bilden muss. Dessen festzulegende Aufgaben können vielseitig sein, wie nur wirtschaftlich und/oder technisch beratende Funktion gegenüber der Geschäftsführung, aber auch deren Kontrolle, Auswahl und Überwachung sowie Geltendmachung von Ansprüchen gegenüber Geschäftsführern, Feststellung des Jahresabschlusses, Regelung der Gewinnverteilung (str.), Schlichtung von Auseinandersetzungen zwischen den Gesellschaftern,[147] sowie auch Übernahme unternehmensleitender Funktionen. Insbesondere wird er in Familienunternehmen eingesetzt zur Lösung deren spezifischer Probleme.[148] An dessen Entscheidung können die Handlungen der persönlich haftenden Gesellschafter bei ihrer Geschäftsführung gebunden werden, wobei diesen selbst auch ein Stimmrecht eingeräumt werden kann. Soll der *Beirat* neben den Gesellschaftern oder an deren Stelle als eigenständiges Organ Überwachungs-, Weisungs- oder gar Geschäftsführungsbefugnisse haben, bedarf dies einer Satzungsregelung, in der auch seine Aufgabenbereiche und Befugnisse genau festzulegen sind, sowie dessen Bestellung, Zahl der Beiräte, Amtszeit und Vergütung, evtl. auch bestimmte Qualifikation. Mitglieder des Beirats können neben Gesellschaftern auch Dritte sein. Bestellung und Abberufung dessen Mitglieder erfolgt – vorbehaltlich anderer Satzungsregelung – mit einfacher Mehrheit. Hat der Beirat unternehmensleitende Funktion wird jedoch zur Wahrung des Grundsatzes der Selbstorganschaft gefordert, dass die Bestellung auf längsten 5 Jahr und jederzeit widerruflich erfolgt, mehrheitlich der Beirat aus Gesellschaftern besteht und auch die Nichtgesellschafter der organschaftlichen Haftung unterliegen. Das Sonderrecht eines Gesellschafters auf Entsendung ist möglich, schließt aber die Abberufung aus wichtigem Grund mit satzungsändernder Mehrheit nicht aus. Grenzen ergeben sich jedoch, wenn zwingende Befugnisse der Gesellschafter beeinträchtigt werden, sodass bei Änderung des Gesellschaftsvertrages, einschließlich der Regelungen zum Beirat sowie zur Abberufung dessen Mitglieder die Entscheidung der Gesellschafter nicht ausgeschlossen werden kann, und bei Eingriffen in den Kernbereich der Gesellschafterrechte dessen Befugnis endet.

Muster für eine Beiratsregelung

71 M **Beirat**

1. Zusammensetzung des Beirates

1.1. Der Beirat besteht aus drei Personen. Für jedes Mitglied des Beirates kann ein Ersatzbeirat gewählt werden.
1.2. Beiratsmitglieder können Gesellschafter oder Dritte sein. Sie müssen über die erforderliche Fachkenntnis und wirtschaftliche Erfahrung verfügen, die dem Umfang und der Bedeutung ihres Amtes entsprechen. Dem Beirat dürfen nicht angehören
- **Personen, die bei der Gesellschaft oder einer Gesellschafterin der Gesellschaft angestellt sind, insbesondere deren Prokuristen und Handlungsbevollmächtigten,**
- **Personen, die in einem Konkurrenzunternehmen tätig oder auf sonstiger Weise mit einem Konkurrenzunternehmen interessenmäßig verbunden sind; dies sind insbesondere Unternehmen die im unmittelbaren Wettbewerb zur Gesellschaft stehen; für diesen Personenkreis kann jedoch mit einstimmigem Beschluss des Beirats und der Gesellschafter eine Ausnahme gemacht werden.**

---

[147] Berechtigte Bedenken hierzu bei *Habbe/Gieseler*, NZG 2016, 1010, da es an der erforderlichen Neutralität und Unabhängigkeit fehlt, sodass regelmäßig eine Mediation durch einen unabhängigen, gesellschaftsfremden Mediator zweckmäßiger ist. Hierzu § 129 Rdn. 6 ff.
[148] Ausführlich hierzu: *Sanders*, NZG 2017, 961. Zu dessen dabei auftretende funktionalen Grenze siehe *Habbe/Gieseler*, NZG 2016, 1010.

1.3. Die Beiratsmitglieder werden von der Gesellschafterversammlung einzeln mit einfacher Mehrheit der dort anwesenden oder vertretenen Stimmen gewählt. Die Amtsdauer beträgt zwei Jahre. Sie beginnt mit der Annahme der Wahl durch den Gewählten. Nach Ablauf der Wahldauer bleiben die Beiratsmitglieder solange im Amt, bis ein Nachfolger gewählt ist. Wiederwahl ist zulässig. Die Amtsdauer kann durch einstimmigen Beschluss der Gesellschafter verlängert werden.
Ist ein Beiratsmitglied vorzeitig weggefallen und kein Ersatzmitglied berufen, bestellt die Gesellschafterversammlung für die verbleibende Amtsdauer einen Nachfolger.
1.4. Jedes Beiratsmitglied kann sein Amt vorzeitig ohne Angabe von Gründen durch schriftliche Erklärung gegenüber einem/allen geschäftsführungsbefugten Gesellschaftern niederlegen, hat hierbei aber auf die Belange der Gesellschaft Rücksicht zu nehmen. Soweit kein wichtiger Grund vorliegt, ist eine Kündigungsfrist von sechs Monaten einzuhalten; durch Gesellschafterbeschluss mit einfacher Mehrheit kann einer vorzeitigen Amtsniederlegung zugestimmt werden.
1.5. Die Abberufung eines Beiratsmitgliedes erfolgt durch Gesellschafterbeschluss mit einfacher Mehrheit der Stimmen aller Gesellschafter.

2. Aufgaben, Rechte und Pflichten des Beirates

2.1. Der Beirat hat die Aufgabe, die Gesellschafter und die Geschäftsführung in allen wesentlichen, das Unternehmen betreffenden Fragen zu beraten sowie die Geschäftsführung zu überwachen. Er berichtet der Gesellschafterversammlung jährlich über seine Tätigkeit.
2.2. Der Beirat hat unter Ausschluss der Gesellschafterversammlung folgende Zuständigkeiten:
a) Erteilung aller Zustimmungserklärungen für Maßnahmen der Geschäftsführung, zu deren Durchführung diese die Zustimmung der Gesellschafter bzw. Gesellschafterversammlung benötigen sowie bezüglich der von der Geschäftsführung jährlich bis spätestens 30. November für das Folgejahr aufzustellenden Gesamtjahrespläne inklusive Vertriebs-, Investitions-, Finanzierungs- und Liquiditätsplans sowie Fortschreibung der schriftlichen Unternehmensstrategie;
b) Beschlussfassung über die Geltendmachung von Ersatzansprüchen der Gesellschaft gegenüber Gesellschaftern;
c) Vertretung der Gesellschaft einschließlich Prozessvertretung gegenüber den Gesellschaftern.
2.3. Durch Gesellschafterbeschluss mit einfacher Mehrheit aller Gesellschafterstimmen kann der Beirat darüber hinaus ermächtigt werden, den Geschäftsführern Weisungen zu erteilen und eine Geschäftsordnung für diese festzulegen.
2.4. Die Mitglieder des Beirates sind verpflichtet, an Gesellschafterversammlungen teilzunehmen, soweit nicht die Gesellschafterversammlung ein anderes beschließt.
2.5. Soweit dies zur Erfüllung seiner Aufgaben erforderlich oder zweckmäßig ist, ist der Beirat berechtigt, sich über alle Angelegenheiten und Verhältnisse der Gesellschaft zu informieren; er kann insbesondere die Bücher und Schriften der Gesellschaft sowie deren Vermögensgegenstände einsehen und prüfen. Er kann mit dieser Prüfung auch einzelne seiner Mitglieder beauftragen. Die Mitglieder der Geschäftsführung sind verpflichtet, dem Beirat jede gewünschte Auskunft über alle geschäftlichen Verhältnisse zu erteilen sowie auf Aufforderung zu den Sitzungen des Beirats zu erscheinen und in diesen über alle Sachverhalte, die für die Entschließungen des Beirates von Belang sein können, zu berichten.
2.6. Die Beiratsmitglieder sind nicht an Weisungen gebunden; sie haben ihre Entscheidungen nach bestem Wissen und Gewissen zu treffen. Ihre Haftung ist auf vorsätzliches oder grob fahrlässiges Handeln beschränkt. Wird für sie auf Kosten der

Gesellschaft eine entsprechende Haftpflichtversicherung abgeschlossen, haften sie auch für einfache Fahrlässigkeit.

2.7. Den Mitgliedern des Beirats steht außer dem Ersatz der ihnen in Ausübung des Amtes entstandenen Aufwendungen eine dem Umfang ihrer Tätigkeit entsprechende angemessene Vergütung zu, die für jedes Geschäftsjahr von der Gesellschafterversammlung festgelegt wird. Hierbei kann die Gesellschafterversammlung auch das Jahresergebnis berücksichtigen.

3. Zustimmungsbedürftige Rechtsgeschäfte

Anstelle der Gesellschafterversammlung entscheidet der Beirat über folgende Maßnahmen der Geschäftsführung:
a) Erwerb, Belastung und Veräußerung von Beteiligungen, Abschluss und Änderung von Gesellschaftsverträgen bei Beteiligungsgesellschaften, Beschlussfassung in deren Gesellschafterversammlungen, Begründung oder Aufhebung von Zweigniederlassungen, Abschluss oder Aufhebung von Organverträgen;
b) Abschluss, Aufhebung und Änderung eines Vertrages über die Verpachtung des Unternehmens im Ganzen oder in Teilen, über die Pacht anderer Betriebe oder über die Übernahme ihrer Geschäftsführung sowie über die Abführung des Ergebnisses der Gesellschaft an ein anderes Unternehmen;
c) Aufnahme neuer Geschäftszweige;
d) Abschluss, Fortsetzung und Beendigung von Dauerschuldverhältnissen mit einer jährlichen Belastung von mehr als ..... 0.000,00 € im Einzelfall;
e) Abschluss von Anstellungsverträgen mit Mitarbeitern, deren Jahresentgelt den Betrag von ..... 000,00 € brutto überschreitet; jede Einstellung und Entlassung von leitenden Mitarbeitern im Sinne des Betriebsverfassungsgesetzes sowie jede Massenentlassung im Sinne des Betriebsverfassungsgesetzes;
f) die Aufnahme von Darlehen (außer der Prolongation bestehender Darlehen) und die Erweiterung bestehender Kreditrahmenvereinbarungen, sofern im Einzelfall ein Betrag von ..... 0.000,00 € überstiegen wird; die Übernahme von Bürgschaften und Garantieverpflichtungen sowie zu Wechselverbindlichkeiten, außer im Rahmen des ordnungsgemäßen Geschäftsbetriebes liegender Verpflichtungserklärungen solcher Art;
g) Gewährung von Darlehen;
h) Rechtsgeschäfte, die außerhalb der vom Beirat genehmigten Unternehmensplanung (Investitions-, Personal- und Finanzplanung) liegen;
i) Führung von Aktivprozessen, soweit der Streitwert einen Betrag 0,15 % der Bilanzsumme des zuletzt erstellten Jahresabschlusses und mehr ausmacht;
j) Erteilung und Widerruf von Prokura und Handlungsvollmachten sowie Vertragsgestaltung mit Prokuristen;
k) Verträge mit Gesellschaftern und solchen mit Angehörigen im Sinne des § 15 AO von Gesellschaftern;
l) Entnahmen aus den Rücklagen und/oder Rückstellungen.

Der Beirat kann die in vorstehendem Katalog festgelegten Summen bzw. Grenzen der allgemeinen Geldwertentwicklung im Laufe der Jahre anpassen. Er kann auch generelle Zustimmungen erteilen.

4. Sitzungen des Beirats

4.1. Der Beirat hält pro Geschäftsjahr ..... ordentliche Sitzungen ab, wobei in jedem Monat/Halbjahr möglichst eine stattfinden soll. Auf begründetes Verlangen eines Beiratsmitgliedes oder Gesellschafters sind außerplanmäßige Sitzungen einzuberufen.

4.2. Die Sitzungen werden vom Vorsitzenden des Beirates mit einer Frist von zwei Wochen einberufen. Ist Gefahr in Verzug, kann die Frist abgekürzt werden. Die Einberufung erfolgt schriftlich oder im elektronischen Verfahren, bei Gefahr in Verzug auch telefonisch, unter Angabe der Tagesordnung und der Beschlussgegenstände. Einzelne Beiratsmitglieder oder Gesellschafter sind selbst zur Einberufung berechtigt, wenn der Beiratsvorsitzende einem begründeten Einberufungsverlangen nicht innerhalb von zwei Wochen nachkommt. Der Vorsitzende bestimmt aus den anwesenden Beiratsmitgliedern einen Protokollführer.

4.3. An den Sitzungen nehmen nur die Mitglieder des Beirates teil. Dritte, insbesondere Gesellschafter, können zugelassen werden.

4.4. Der Beirat ist berechtigt, sich selbst eine Geschäftsordnung zu geben, soweit dies nicht durch Gesellschafterbeschluss erfolgt, die den Ablauf von Beiratssitzungen sowie die Beschlussfassung (§ 6) im Beirat näher regelt.

4.5. Der Beirat ist nur mit drei Beiratsmitgliedern beschlussfähig. Beschlüsse können auch außerhalb einer Beiratssitzung durch schriftliche, fernschriftliche oder im elektronischen Verfahren, wie auch im kombinierten Verfahren durchgeführten Abstimmung gefasst werden, wenn sich alle Mitglieder mit einer solchen Art der Abstimmung einverstanden erklären oder sich an ihr beteiligen. Beiratssitzungen können auch durch Telefonkonferenz geschehen.

5. Beiratsvorsitzender

5.1. Die Gesellschafterversammlung wählt im Rahmen der Bestimmungen des Abschnittes 1 einen Beiratsvorsitzenden. Es kann auch ein Stellvertreter gewählt werden, der zur Vertretung des Beiratsvorsitzenden bei dessen Verhinderung berufen ist.

5.2. Dem Vorsitzenden obliegt die Einberufung von Beiratssitzungen sowie ihrer Leitung. Er bestimmt die Reihenfolge der Tagesordnung. Er führt die Beschlussfassung des Beirates herbei und teilt deren Ergebnis den Gesellschaftern mit, gibt Willenserklärungen im Namen des Beirates ab und nimmt solche für den Beirat entgegen.

6. Beschlüsse des Beirates

6.1. Die Beschlüsse des Beirates werden mit der einfachen Mehrheit der abgegebenen Stimmen gefasst; Stimmenthaltungen sind hierbei nicht zu berücksichtigen.

6.2. Über die Sitzung des Beirates ist eine Niederschrift anzufertigen, aus der sich insbesondere der Inhalt der gefassten Beschlüsse ergibt. Die Niederschrift ist vom Protokollführer und dem Vorsitzenden zu unterzeichnen. Dieses ist den Mitgliedern des Beirates in Abschrift zu übersenden und im Übrigen zu den Akten des Beirats zu nehmen.

6.3. Beiratsbeschlüsse die unter Verletzung von Bestimmungen dieser Satzung oder einer Geschäftsordnung zustande gekommen sind, oder sonst gegen zwingendes Recht verstoßen, sind unwirksam.

7. Änderungen, gesetzliche Regelungen

7.1. Änderungen der vorstehenden Regelungen zum Beirat bedürfen der Zustimmung sämtlicher Gesellschafter.

7.2. Auf den Beirat sind Bestimmungen des Aktiengesetzes nicht entsprechend anzuwenden. Zwingende Publizitätsvorschriften bleiben unberührt.

7.3. Die Tätigkeit des Beirates schließt ein Tätigwerden der Gesellschafterversammlung in derselben Angelegenheit aus, soweit die Angelegenheit durch diese Satzung auf den Beirat übertragen ist.

4. Stimmrechtsgemeinschaft, Gruppenvertretung

72 Gerade bei Familienunternehmen ist es im Interesse der Gesellschaft und Gesellschafter, dass bei der Generationenfolge die Gesellschafterrechte sich nicht zu sehr aufspalten. Um den Einfluss der einzelnen Familienstämme zu sichern, wird häufig eine obligatorische Gruppenvertretung durch eine sog. Vertreterklausel in den Gesellschaftsvertrag aufgenommen.[149] Außerhalb davon kann auch eine Stimmbindungsvereinbarung zwischen allen oder einzelnen Gesellschaftern getroffen werden. Dadurch werden die Gesellschafternachfolger verpflichtet, ihre Stimm- und sonstigen Mitgliedschaftsrechte nur einheitlich durch einen von ihnen bestellten gemeinsamen Vertreter auszuüben. Eine solche Klausel verstößt nicht gegen das Abspaltungsverbot[150] (Argument: wenn schon Stimmrechtsausschluss möglich ist, dann auch Stimmrechtsvollmacht an einen Vertreter mit Stimmverzicht). Der Grundsatz der Selbstbestimmung und der Selbstorganschaft wird nicht beeinträchtigt, da jedes Gruppenmitglied nicht seine Gesellschafterrechte auf den Vertreter überträgt. Er wird lediglich nur durch diesen bei deren Wahrnehmung rechtsgeschäftlich vertreten mit der Folge, dass es ihm verboten ist, die Gesellschafterrechte persönlich auszuüben, nicht jedoch von seinem Teilnahmerecht ausgeschlossen.[151] Dies wird in der Regel zur Mitteilungspflicht zum Transparenzregister nach § 20 Abs. 1 GwG führen.[152] Die Rechte des Kernbereiches,[153] wie das Informations- und Kontrollrecht oder das Kündigungsrecht müssen ihm aber verbleiben, selbst wenn das Kontrollrecht nur über den stimmberechtigten Gesellschafter des jeweiligen Stammes wahrgenommen werden kann.[154] Das Rechtsverhältnis zwischen den durch eine Stimmrechtsgemeinschaft gebundenen bzw. durch einen Gruppenvertreter vertretenen Gesellschaftern richtet sich nach den Regeln der GbR, die mangels gegenteiliger vertraglicher Regelung grundsätzlich Einstimmigkeit bei Beschlüssen voraussetzen (§ 709 BGB).[155] Das Verhältnis der Gesellschaftergruppe untereinander ist daraufhin ausgerichtet, durch Beschlussfassung den Vertreter allgemein oder für den Einzelfall anzuweisen, wie er die Rechte der Gesellschafter wahrzunehmen hat. Da strittig ist, ob durch den Gesellschaftsvertrag deren Suborganisation geregelt werden kann, sollte immer auch eine besondere Regelung innerhalb der Gesellschaftergruppe als Stimmbindungsvereinbarung erfolgen. Darin ist auch festzulegen, ob – abweichend von der gesetzlichen Einstimmigkeit – durch eine Mehrheitsentscheidung bestimmt wird, wie der Vertreter bzw. die einzelnen Gruppenmitglieder ihr Stimmrecht bei Gesellschafterbeschlüssen auszuüben haben. Ein interner Beschluss mit einfacher Mehrheit ist selbst in Angelegenheiten möglich, bei denen in der Gesellschaft eine qualifizierte Mehrheit erforderlich ist. Bis zur Bestellung eines von der Satzung geforderten gemeinsamen Vertreters ruhen die Rechte der Gruppe. Die Bestellung des Gruppenvertreters hat – mangels anderweitiger Regelung in der Satzung (Mehrheitsklausel) – durch alle Mitglieder der Gruppe einstimmig zu erfolgen, wozu jeder zur Mitwirkung verpflichtet ist (einklagbarer Rechtsanspruch). Der gemeinsame Vertreter kann von den Gruppenmitgliedern stets bei Vorliegen eines wichtigen Grundes mit einfacher Mehrheit abberufen werden. Ihm können bindende Weisungen für die Ausübung der vollmachtweise

---

[149] Lit.: *Schörnig*, ZEV 2002, 343; *K. Schmidt*, ZHR 146 (1982), 525, 530; *Klumpp*, ZEV 1999, 305; *Grunewald*, ZEV 2011, 283. *Habbe/Gieseler*, NGZ 2016, 1010 auch zu alternativen Regelungen, wie Beirat und Mediationsklausel (zu letzterem mit Muster: § 129 Rdn. 6 ff.).
[150] BGHZ 46, 291; 119, 346, 354; 121, 137, 150.
[151] BGHZ 46, 291.
[152] Differenzierend hierzu, ob bei einer Gesellschaftergruppe mit mehr als 25 % der Stimmrechte ein Mitglied innerhalb der Gruppe beherrschend ist: *Schaub*, DStR 2018, 871.
[153] Vgl. BGH, Urt. v. 04.10.2004 – II ZR 356/02; BGHZ 20, 363; 46, 291, 296; Staub/*Schilling*, § 163 HGB Rn. 16; *K. Schmidt*, ZHR 146 [1982], 525, 533; Staub/*Ulmer*, § 119 HGB, Rn. 65 (dazu auch § 133 Rdn. 43).
[154] OLG Hamm NJW-RR 1998, 1045.
[155] BGHZ 46, 291, 295; die Gegenansicht (z.B. Staub/*Schilling*, § 163 HGB Rn. 17), wonach auf interne Gruppenbeschlüsse § 745 BGB entsprechend anzuwenden sei, wurde von BGH, Urt. v. 04.10.2004 – II ZR 356/02 verworfen. Anders aber die Ansicht bei Gesellschaftergruppe aufgrund Erbfolge; s. hierzu § 133 Rdn. 42

übertragenen Rechte erteilen werden. Unter diesen Einschränkungen kann auch ein Nichtgesellschafter der Vertreter sein, soweit vom Gesellschaftsvertrag zugelassen.[156] Im Einzelfall kann eine Bindung an einen Mehrheitsbeschluss wegen dessen Unwirksamkeit entfallen, wenn dieser einen gesetzeswidrigen Inhalt hat oder die Mehrheit sich treupflichtwidrig über beachtenswerte Belange der Minderheit hinweg setzt und ohne wichtigen Grund in mitgliedschaftliche Rechte eines Gesellschafters eingreift.[157] Das Ruhen des Stimmrechtes aus dem Anteil, solange kein einheitlicher Bevollmächtigter benannt ist, kann durch Gesellschaftsvertrag geregelt werden, soweit es nicht um Angelegenheiten geht, bei denen die Gruppenvertretung an sich ausgeschlossen ist. Rechtlich bisher nicht geklärt ist, ob im Gesellschaftsvertrag die Anwachsung nur auf die Gesellschafter des betroffenen Familienstammes festgelegt werden kann.[158] Hilfsweise sollte ein Übernahmerecht geregelt werden.

Muster für eine Stimmbindungsklausel

Die Nachfolger eines Gründungsgesellschafters in dessen Anteil und deren Nachfolger bilden jeweils einen Gesellschafterstamm. Das Stimmrecht kann von ihnen allen nur einheitlich ausgeübt werden, soweit nicht der Kernbereich ihrer Gesellschafterrechte betroffen ist; insbes. bleibt das Recht jedes Gesellschafters, das Gesellschaftsverhältnis zu kündigen sowie auf Information und Teilnahme an Gesellschafterversammlungen unberührt. Ebenso hat er bei Satzungsänderungen ein eigenes Stimmrecht.

73 M

Die zum Gesellschafterstamm gehörenden Personen haben einen von ihnen zur Stimmabgabe schriftlich zu bevollmächtigten und gegenüber der Gesellschaft zu benennen. Der Bevollmächtigte nimmt die Stimmrechte aller Mitglieder des Gesellschafterstammes wahr. Den Bevollmächtigten obliegt es, die Mitglieder des Gesellschafterstammes über alle Belange der Gesellschaft im Rahmen ihrer Tätigkeit unverzüglich zu unterrichten.

Innerhalb des Gesellschafterstammes richtet sich das Stimmgewicht nach der Größe des (*festen*) Kapitalanteils. Der Gesellschafterstamm fasst seine Beschlüsse, insbesondere die über die Bestellung und Abberufung des gemeinschaftlichen Vertreters sowie die Erteilung von Weisungen an ihn, mit einfacher Mehrheit der abgegebenen Stimmen, auch wenn in der Gesellschafterversammlung der Gesellschaft eine qualifizierte Mehrheit erforderlich ist. Kommt keine Mehrheit zustande, hat sich der Gesellschafterstamm der Stimme zu enthalten. Solange ein gemeinsamer Vertreter nicht bestellt ist, ruhen die Stimmrechte der Gesellschafter dieses Gesellschafterstammes in allen Angelegenheiten, in denen sie dieses nur durch einen gemeinsamen Vertreter wahrnehmen können.

Soweit nach diesem Gesellschaftsvertrag die Zustimmung aller oder einer bestimmten Mehrheit der Gesellschafter erforderlich ist, ist nur auf die Zustimmung der jeweiligen Gesellschafterstämme abzustellen.

Der Zuerwerb eines Anteiles aus einem anderen Stamm ändert die Zugehörigkeit des Erwerbers zum bisherigen Stamm nicht. In allen Fällen des Ausscheidens eines zu einem Stamm gehörenden Gesellschafters findet die Anwachsung zunächst nur inner-

---

156 BGHZ 46, 295.
157 BGH v. 24.11.2008 – II ZR 116/08 (Schutzgemeinschaftsvertrag II) = BGHZ 179, 13 = DNotZ 2009, 392 = NZG 2009, 183.
158 Hierzu *Becker*, ZEV 2011, 157 m.w.N.; ablehnend OLG Hamm v. 06.03.1985 – 15 W 88/85 = Rpfleger 1985, 289. MüKo-BGB/*Schäfer* 7. Aufl. 2017, BGB § 738 Rn. 13: Nicht das Anwachsungsprinzip, wohl aber die Anwachsungsquote kann abweichend von den Beteiligungsquoten vertraglich vereinbart werden. Siehe auch zu den Steuerfolgen: *v. Proff*, DStR 2016, 2227.

halb des Stammes statt, der zugleich mit der Abfindungszahlung belastet ist. Findet eine Anwachsung beim Ausscheiden eines Gesellschafters zu Gunsten der Gesellschafter seines Stammes nicht statt, steht den Gesellschaftern dessen Stammes ein Übernahmerecht gegenüber den übrigen Gesellschaftern zu, welches durch schriftliche Erklärung gegenüber diesen innerhalb einer Frist von ..... auszuüben ist. Die Übernehmenden sind verpflichtet, die Gesellschafter von Abfindungsverpflichtungen gegenüber dem Ausscheidenden freizustellen; mehrere sind jedoch nicht Gesamtschuldner.

5. Besondere Vertragsgestaltung bei kapitalistischen Kommanditgesellschaften

74 Im Gesellschaftsvertrag sollte genau bestimmt werden, wie »*Beschlüsse* der Gesellschaft« zustande kommen, zumal bei der Kommanditgesellschaft die Entscheidungskompetenz für Maßnahmen des gewöhnlichen Geschäftsbetriebs bei den Komplementären und nicht den Kommanditisten liegt.[159] Bei der kapitalistischen Kommanditgesellschaft, bei der die eigentlichen Vermögensträger die Kommanditisten mit ihrer Einlage sind, wird der Schwerpunkt der Entscheidungen in die Beschlussfassung der Kommanditisten gesellschaftsvertraglich gelegt werden, weil es sich im Wesentlichen um deren Interessen handelt. Bei Mehrheitsentscheidungen wird in der Regel nicht die Kopfzahl maßgebend sein (abweichend von § 119 Abs. 2 HGB), sondern das *Verhältnis der Kapitalanteile*. Auch hier gilt aber, dass eine Abweichung vom personengesellschaftsrechtlichen Einstimmigkeitsprinzip durch Mehrheitsklausel in der Satzung seine Grundlage haben muss, was sich aber auch durch Auslegung des Gesellschaftsvertrages ergeben kann. (hierzu § 132 Rdn. 34)

75 Nach § 707 BGB ist ein Gesellschafter zur *Erhöhung* seiner *Einlage* oder zur Ergänzung der durch Verlust verminderten Einlage *nicht verpflichtet*.[160] Diese auch für die Kommanditgesellschaft geltende Vorschrift enthält jedoch nicht zwingendes Recht. Es kann also im Gesellschaftsvertrag vereinbart werden, dass der Kommanditist unter bestimmten Voraussetzungen seine Einlage erhöhen muss. Doch gelten auch hier die Grenzen der Zumutbarkeit[161] und der Vorhersehbarkeit,[162] die regelmäßig die Festlegung einer Obergrenze verlangt[163] (s.a. ausführlich bei § 132 Rdn. 16 f. zur Nachschusspflicht).

76 »*Publikumskommanditgesellschaften;*[164] unterliegen einem in der Rechtsprechung herausgebildeten Sonderrecht, das diese Art von Gesellschaften abweichend vom Personengesellschaftsrecht dem Recht der Kapitalgesellschaften annähert und in der Tendenz auf die Stärkung der Rechte der Kapitalanleger ausgerichtet ist. Hierauf kann wegen der Vielzahl in den letzten Jahren dazu ergangenen speziellen Rechtsprechung im Rahmen dieses Buches aus Platzgründen nicht im Einzelnen weiter eingegangen werden.

Die *Investment-Kommanditgesellschaft* gibt es als Sonderform einer Kommanditgesellschaft seit 2003 aufgrund des Kapitalanlagengesetzbuches[165] in den Formen der offenen und der geschlossenen InvestKG (§§ 124 ff. bzw. §§ 149 ff. KAGB). Dessen speziellen Regelungen

---

159 OLG Hamm v. 28.10.2015 – 8 U 73/15, NZG 2016, 696; OLG Stuttgart v. 25.02.2009 – 14 U 24/08, ZIP 2010, 131. Ausführlich hierzu: *Wertenbruch*, NZG 2016, 1081.
160 Jedoch kann er aufgrund der Treuepflicht verpflichtet sein, aus der Gesellschaft auszuscheiden, wenn er an einer notwendigen, von der Mehrheit der Gesellschafter beschlossenen Sanierung durch Kapitalaufstockung nicht teilnehmen will (BGH v. 19.10.2009 – II ZR 240/08 = NJW 2010, 65).
161 RGZ 163, 385.
162 S. dazu BGH NJW 1979, 419.
163 St. Rspr.: BGHZ 8, 39; 66, 85; zuletzt BGH DStR 2000, 1579; BGH, Urt. v. 05.11.2007 – II ZR 230/06; Urt. v. 19.03.2007 – II ZR 73/06 = DStR 2007, 865 = DNotZ 2007, 862; Urt. v. 23.01.2006 – II ZR 126/04 = DStR 2006, 621 = DNotZ 2006, 631.
164 Ausführlich hierzu *Wagner*, Neue Entwicklungen zum Sonderrecht der Publikums-Personengesellschaften ZNotP 2009, 48 und 101; *ders.*, NJW 2013, 198. *Zoller*, NJW 2017, 2962 zur Treuhänderhaftung.
165 Gesetz zur Umsetzung der Richtlinie 2011/61/EU über die Verwalter alternativer Investmentfonds vom 04.2013, BGBl I 4. Juli 2013, BGBl I 2013, 1981.

unterscheiden sich teilweise grundlegend zu den Vorschriften des HGB, zumal hier der Anlegerschutz dem Gläubigerschutz vorgeht. Die Bestimmungen des Handelsgesetzbuchs sind nur anzuwenden, soweit sich aus den Vorschriften des KAGB nichts anderes ergibt. Auf Einzelheiten dieser Sonderformen kann im Rahmen dieses Buches jedoch nicht eingegangen werden.[166]

V. Übertragung des Kommanditanteils

Der Kommanditist kann aufgrund einer im Gesellschaftsvertrag antizipierten oder aufgrund konkreter Zustimmung aller Gesellschafter seinen Anteil durch Rechtsgeschäft auf einen anderen *übertragen* (abtreten). Soweit die Einlage gezahlt ist, kommt das dem Erwerber voll zugute, und der ausgeschiedene Kommanditist wird von der Haftung frei.[167] In der von allen Gesellschaftern, auch allen Nicht-Vertretungsberechtigten, vorzunehmenden Anmeldung zum Handelsregister muss zum Nachweis der Sonderrechtsnachfolge in den Kommanditanteil die sog. (negative) »Abfindungsversicherung« von allen persönlich haftenden Gesellschaftern und dem ausscheidenden Kommanditisten abgegeben werden.[168] Zugleich muss im Handelsregister ein auf die Rechtsnachfolge hindeutender Vermerk eingetragen werden.[169] Geschieht dies nicht, haftet nicht der erwerbende, sondern der abtretende Kommanditist für die (nochmalige) Aufbringung der Hafteinlage.[170] Bei Übertragung sämtlicher Anteile auf einen Erwerber tritt Erlöschen und Gesamtrechtsnachfolge ein.[171]

77

Ob die Schenkung eines Kommanditanteiles an Minderjährige rein rechtlich vorteilhaft ist und auch dann nicht der Mitwirkung eines Ergänzungspflegers bedarf, wenn an der Schenkung ein Verwandter in gerader Linie zum Minderjährigen beteiligt ist, muss nach der neuesten Rechtsprechung wohl differenziert beantwortet werden: a) Ist die Einlage nicht vollständig erbracht, fehlt wegen der Haftung nach § 172 Abs. 1 HGB die rechtliche Vorteilhaftigkeit. b) Ist die Einlage erbracht, ist für die Schenkung des Anteiles an einer KG mit einem Erwerbsgeschäft an einem Minderjährigen gemäß §§ 1643 Abs. 1, 1822 Nr. 3 BGB die familiengerichtlichen Genehmigung erforderlich[172] und bei Mitbeteiligung eines Elternteiles auch der Bestellung eines Ergänzungspfleger (bei gleichzeitiger Übertragung an mehrere Minderjährige für alle nur ein Ergänzungspfleger).[173] c) Betreibt dagegen die Gesellschaft kein Erwerbsgeschäft, sondern reine Vermögensverwaltung, ist der unentgeltliche Anteilserwerb nicht gemäß § 1822 Nr. 3 BGB genehmigungsbedürftig, denn die persönliche Haftung des Kindes und sein Verlustrisiko sind auf die bereits erbrachte Kommanditeinlage beschränkt, was die Anteilsübertragung nicht rechtlich nachteilig macht, insbes. wenn die Abtretung aufschiebend bedingt auf die Eintragung erfolgt.[174] Es bedarf dann auch nicht bei Mitbeteiligung eines Elternteiles der Mitwirkung eines Ergänzungspflegers (§§ 1629 Abs. 2, 1795, 1909 Abs. 1 BGB). Da aber die gerichtliche Genehmigung

---

166 Einen allgemeinen Überblick gibt *Wiedemann*, NZG 2013 1041 mit weiteren Literaturhinweisen zum Gesetzesentwurf; *Freitag*, NZG 2013, 329. Kommentar: *Weitnauer/Boxberger/Anders*, KAGB.
167 RG, Großer Senat in Zivilsachen DNotZ 1944, 195, neu abgedruckt WM 1964, 1131; OLG Köln DNotZ 1953, 435.
168 BGH, Beschl. v. 19.09.2005 – II ZB 11/04 = DNotZ 2006, 135. Muster und Erläuterung zur Handelsregisteranmeldung s. § 138 Rdn. 39 ff.
169 Auch nach Neufassung des § 162 Abs. 2 HGB noch erforderlich: OLG Hamm, 16.09.2004 – 15 W 304/04.
170 BGHZ 81, 82 = DNotZ 1982, 490.
171 OLG München, Beschl. v. 16.06.2010 – 31 Wx 94/10 = NZG 2010, 1305.
172 Da dies als Abschluss eines neuen Gesellschaftsvertrages zu werten ist. OLG Frankfurt v. 27.05.2008 – 20 W 123/08 = DNotZ 2009, 142; NJW-Spezial 2008, 655 m. krit. Anm.; im Einzelnen *Maier-Reimer/Marx*, NJW 2005, 3025, 3027; *Rust*, DStR 2005, 1942, 1946; *Reimann*, DNotZ 1999, 179; kritisch *Ivo*, ZEV 2005, 199, 196 m.w.N.
173 OLG München v. 17.06.2010 – 31 Wx 70/10 = RNotZ 2010, 461 = NZG 2010, 862 = ZEV 2010, 646.
174 OLG Bremen, Beschl. v. 16.06.2008 – 2 W 38/08 = ZEV 2008, 608 = RNotZ 2008, 625.

beim voll eingezahlten Kommanditanteil und aufschiebend bedingtem Beitritt regelmäßig unproblematisch erlangt werden kann, sollte diese in Zweifelsfällen grundsätzlich beantragt werden.[175]

1. Wirkung

78 In Form der Gesamtrechtsnachfolge gemäß § 719 BGB tritt der Erwerber des KG-Anteils in die Rechtstellung seines Rechtsvorgängers mit allen Rechten und Pflichten ein. Erfasst werden grundsätzlich sämtliche gesellschaftsbezogenen Ansprüche und Vermögensrechte. Verfügungen des Veräußerers vor der Anteilsübertragung hinsichtl. eines bestimmten Anspruchs oder Rechts sind dem Erwerber gegenüber wirksam.[176]

79 Auch alle zukünftigen Rechte und Pflichten gehen auf den Erwerber über. Es besteht auch die Vermutung, dass die aus der Vergangenheit herrührenden Geldansprüche übergehen. Die Parteien können auch über die aus dem Gesellschaftsverhältnis herrührenden Verbindlichkeiten (z.B. Einlagepflichten) disponieren, wozu aber die Zustimmung der Mitgesellschafter erforderlich ist, welche diese im Rahmen der Zustimmung zur Abtretung erteilen oder dies bereits in der Satzungsklausel, die als Wirkung der Abtretung auch »das Eintreten in die Rechte und Pflichten des Rechtsvorgängers« bestimmt;[177] (strittig wegen des Problems des Schuldnerwechsels gegenüber der Gesellschaft).[178]
§§ 738 f. BGB sind nicht anwendbar, d.h.:
– keine Rückgabe der zur Nutzung überlassenen Gegenstände;
– keine Schuldenbefreiung und keine Sicherheitsleistung hierfür;
– keine Haftung für einen Fehlbetrag aus gemeinschaftlichen Schulden § 739 BGB;
– keine Beteiligung an schwebenden Geschäften § 740 BGB;
– auch kein Anspruch auf Ausgleich eines durch Verluste entstandenes negativen Kapitalkontos (Rdn. 100 f.) seitens der Gesellschaft, soweit hierzu der Gesellschaftsvertrag nichts anderes regelt; das negative Kapitalkonto ist nur ein Rechnungsposten, der beim Erwerber dazu führt, dass Gewinnanteile i.d.R. zuerst zu dessen Ausgleich zu verwenden ist; eine gesellschaftsvertragliche Ausgleichspflicht, insbes. bei durch Entnahmen entstandenes negatives Kapitalkonto, geht auf den Erwerber über.

80 *Haftung des Erwerbers:* Umstritten ist, ob die Anteilsabtretung unter Lebenden ein Eintritt im Sinne von § 176 Abs. 2 HGB ist.[179] Vorsichtshalber sollte daher die dingliche Wirkung der Übertragung aufschiebend bedingt auf die Eintragung im Handelsregister erklärt werden und schnellst möglich die Eintragung veranlasst werden, wobei ein Anspruch gegen die Mitgesellschafter auf Mitwirkung besteht.

81 *Haftung des Veräußerers:* Wird der Rechtsnachfolgevermerk im Handelsregister eingetragen haftet der Veräußerer nicht nach § 172 Abs. 4 HGB. Umstritten ist jedoch, ob eine Einlagenrückgewähr an den Erwerber auch zulasten des Veräußerers wirkt.[180] Solange das Ausscheiden nicht eingetragen ist, haftet er den Gesellschaftsgläubigern als Kommanditist

---

175 Sicherheitshalber sollte die Genehmigung betrieben werden und ggf. auch durchgesetzt werden, weil ein Negativzeugnis keine Rechtswirkungen hat (BGHZ 44, 325 = NJW 1966, 652) und nicht die eventuelle schwebende Unwirksamkeit beseitigt. Das Gericht darf die Genehmigung nicht deshalb verweigern, weil das Geschäft nach seiner Auffassung nicht genehmigungsbedürftig ist (BayObLGZ 1963, 1, 9). Siehe auch *Damrau*, ZEV 2000, 209; *Ivo*, ZEV 2005, 193, 196 m.w.N.
176 BGH DStR 2003, 1040.
177 BGH v. 09.02.2009 II ZR 231/07 = DStR 2009, 984; kritisch dazu *Reiff/Nannt*, DStR 2009, 2376.
178 S. MünchHdb KG, § 35 Rn. 23; BGH NJW 1966, 1307; MüKo-BGB/*Ulmer*, § 719 BGB Rn. 44.
179 So BGHZ 66, 100; NJW 83, 2259; dagegen die h.L.: Baumbach/*Hopt*, § 176 HGB Rn. 11 m.w.N.; *K. Schmidt*, GesR § 55 II 2b dd) hier auch § 138 Rdn. 39 ff.
180 So BGH v. 20.10.1975 – II ZR 214/74 = NJW 1976, 751; zum Meinungsstand: MüKo-HGB/*K. Schmidt*, § 173 HGB Rn. 33; die Ansicht von Baumbach/*Hopt*, § 173 HGB, Rn. 12, dass dies nicht eintritt ist m.E. allein richtig, weil dem Gläubiger wegen der infolge Einlagenerbringung erloschenen Haftung des Veräußerers, kein neuer Schuldner aufgedrängt wird.

auf seine Einlagenhöhe, weil die Einlageleistung ab der Abtretung dem Erwerber haftungsbefreiend zugutekommt. Bei Veräußerung des Anteiles eines persönlich haftenden Gesellschafters hat dieser in der Regel einen Freistellungsanspruch gegenüber dem Erwerber, wenn er von Gesellschaftsgläubigern in Anspruch genommen wird, daneben kann er bei der Gesellschaft und den früheren Mitgesellschaftern Rückgriff nehmen. Andererseits haftet der Altgesellschafter seinen früheren Mitgesellschaftern anteilig, falls diese von einem Gesellschaftsgläubiger für Altverbindlichkeiten in Anspruch genommen werden und keine Erstattung aus dem Gesellschaftsvermögen erhalten können.[181]

2. Form und Vertragsinhalt einer Abtretung eines KG-Anteils

a) Form und Zustimmung

Die vollständige oder teilweise Übertragung ist im Wege der Rechtsübertragung i.S.v. § 413 BGB möglich und grundsätzlich formfrei, soweit nicht sich eine Formpflicht im Zusammenhang stehenden Rechtsgeschäften, wie die Abtretung von Geschäftsanteilen an der Komplementär-GmbH, oder der evtl. steuerlich notwendigen Mitveräußerung von zum Sonderbetriebsvermögen des Veräußerers gehörenden Grundbesitzes[182] ergibt; s. hierzu § 139 Rdn. 84; bei Beteiligung Minderjähriger s. § 139 Rdn. 85 f. Ein Ergänzungspfleger kann dabei mehrere minderjährige Kinder vertreten.[183] Zur schenkweisen Übertragung an Minderjährige s. Rdn. 77 sowie DNotI-Gutachten Abruf-Nr. 110750. Zur Handelsregisteranmeldung siehe § 138 Rdn. 39 ff.

82

Zur Wirksamkeit der Abtretung bedarf es der Zustimmung aller Mitgesellschafter, soweit die Satzung diese nicht antizipiert dadurch erteilt, dass diese (ggf. auch nur bei Übertragungen an bestimmte Personen) keiner Zustimmung bedarf.

b) Vertragsgegenstand

Genaue Bezeichnung
- des Anteils;
- der mitübertragenen Rechte und Pflichten;[184]
- ob und in welcher Höhe die Hafteinlage auf den Anteil geleistet und vorhanden ist;
- welche Verpflichtungen und Verbindlichkeiten gegenüber der Gesellschaft übernommen werden, insbes. ob Einzahlungs- oder Ausgleichspflichten bestehen (z.B. wegen negativem Kapitalkonto), wenn diese der Erwerber übernehmen soll, sonst kann dies Gewährleistungsfrage werden;
- einer Beteiligung des Veräußerers am laufenden Gewinn oder schwebenden Geschäften;
- ob Darlehenskonten des Gesellschafters (da Fremdkapital und kein Beteiligungsrecht) mitabgetreten werden.

83

c) Zeitpunkt
aa) Des Übergangs der Beteiligungsrechte und -pflichten;

84

---

181 BGH NJW 1981, 1095.
182 Siehe hierzu § 131 Rdn. 75
183 OLG München v. 17.06.2010 – 31 Wx 70/10 = NZG 2010, 862 = ZEV 2010, 646 = RNotZ 2010, 461.
184 Mit dem Anteil gehen alle Verwaltungsrechte aber auch alle zum Gesellschaftsanteil gehörenden Gesellschaftskonten (die Gesellschaftskonten, welche zum Eigenkapital zählen) mit über. Zurückbehalten kann der Veräußerer jedoch die von seiner Mitgliedschaft gelösten Vermögensrechte, wozu insbesondere auch ein schuldrechtliches Forderungskonto (Darlehenskonto des Gesellschafters) zählt (OLG Stuttgart v. 31.10.2012 – 14 U 19/12, DStR 2013, 1138).

bb) der Ergebniszurechnung (wg. § 120 HGB ist dem Erwerber das Ergebnis des ganzen Geschäftsjahres zuzurechnen).[185]

85 Zu aa): Wegen der möglichen Haftung des Erwerbers nach § 176 Abs. 2 HGB sollte der Gesellschafterwechsels (dingliche Wirkung) möglichst nicht vor der Handelsregistereintragung wirksam werden, sondern bis dahin unter aufschiebender Bedingung stehen. Um die wirtschaftliche Zurechnung des KG-Anteiles ab dem Übertragungszeitpunkt schuldrechtlich zu erreichen, wird treuhänderisches Halten durch den Veräußerer bzw. auflösend bedingte (bis zur Eintragung) stille Beteiligung des Erwerbers vorgeschlagen.[186] Dies ist nicht erforderlich bei Übertragung auf Mit-Gesellschafter, weil kein Neu-Eintritt vorliegt;[187] bei ihm verschmilzt der erworbene Anteil mit seinem bisherigen Anteil. Ist der Erwerber Komplementär, vergrößert sich sein Anteil durch den Hinzuerwerb.

86 Daher enthält der Übertragungsvertrag i.d.R. die Verpflichtung, unverzüglich die Eintragung im Handelsregister mit Rechtsnachfolge-Vermerk herbeizuführen und dazu die sog. negative »Abfindungsversicherung« abzugeben, was auch bei Teilabtretung erforderlich ist. Dabei kann aber auch die vollständige Kaufpreiszahlung Bedingungsvoraussetzung für die Handelsregistereintragung und den dinglichen Rechtsübergang sein.

87 Zu bb): Der *Gewinnanspruch* entsteht erst mit Feststellung des Jahresabschlusses, dann ist er gemäß § 122 HGB ohne Ausschüttungsbeschluss entnahmefähig.[188] Das Entnahmerecht geht auf den Rechtsnachfolger in den Anteil über.[189] Von diesem gesellschaftsrechtlichen Anspruch zu unterscheiden ist aber der schuldrechtlich Anspruch auf Aufteilung des Fruchtgenusses gemäß § 101 Nr. 2 BGB.[190]

88 *Einkommensteuer-Schuldner* ist der Mitunternehmer. Der Veräußerer ist dies bis zum Zeitpunkt an dem der Anteil auf den Erwerber übergeht; erfolgt die Übertragung unter aufschiebender Bedingung und hängt der Eintritt der Bedingung nicht allein vom Willen und vom Verhalten des Erwerbers ab (nicht nur von der Kaufpreiszahlung, sondern von der Handelsregistereintragung), geht das wirtschaftliche Eigentum an den Gesellschaftsanteil erst mit Bedingungseintritt auf den Erwerber über.[191] Bis zum Übergang des wirtschaftlichen Eigentums ist dem Veräußerer der Jahresgewinn grundsätzlich zeitanteilig aufgrund einer Zwischenbilanz, evtl. durch Schätzung aufzuteilen und getrennt zuzurechnen, soweit der Gesellschaftsvertrag keine abweichende Zurechnung enthält.[192] Als nicht zulässig ange-

---

185 S. MüHB Pers.-Ges., § 22 Rn. 83 ff.
186 S. *K. Schmidt*, GesR § 55 IV 2; s.a. § 138 Rdn. 41 Bei Übertragung eines Kommanditanteils im Wege der vorweggenommenen Erbfolge führt nach Ansicht des FG Köln (Urt. v. 29.06.2017 – 7 K 1654/16) die vertragliche Regelung, dass aus Haftungsgründen der Kommanditanteil unter der aufschiebenden Bedingung der Eintragung des Übernehmers als Kommanditist der KG kraft Sonderrechtsnachfolge im Handelsregister erst abgetreten ist, dazu, dass für die gleichzeitig beabsichtigte Übertragung eines Grundstücks im Sonderbetriebsvermögen zu einem festen Übertragungsstichtag keine Betriebsvermögensbegünstigung nach §§ 13a, 13b ErbStG möglich ist. Insoweit finde keine gleichzeitige Übertragung von Kommanditanteil und Grundstück statt. *Wälzholz*, ZEV 2017, 538 empfiehlt daher, den Notar in der Überlassungsurkunde anzuweisen, die unbedingt erklärte Auflassung erst und unverzüglich beim Grundbuchamt einzureichen, sobald die Bedingung für die Abtretung des Kommanditanteiles eingetreten ist. Alternativ könne auch erklärt werden, dass die Zuwendung wirtschaftlich, ertrags- und schenkungsteuerrechtlich sofort ausgeführt wird, die Auflassung sofort vorgelegt wird und lediglich gesellschaftsrechtlich und dinglich die Abtretung des Anteiles unter der aufschiebenden Bedingung der Handelsregistereintragung steht.
187 MüHB KG, § 33 Rn. 47.
188 MüKo-HGB/*Priester*, § 121 HGB Rn. 10, § 122 HGB Rn. 7.
189 MüKo-HGB/*Priester*, § 122 HGB Rn. 9.
190 MüHB Pers.-Ges., § 22 Rn. 85.
191 BFH, Urt. v. 25.06.2009 – IV R 3/07 = NZG 2009, 1439 = DStR 2009, 2304 = GmbHR 2009, 1282.
192 BFH v. 17.03.1989 – VIII R 293/82 = BStBl II 1987, 558: es ist nicht zulässig, den bis zum Eintrittszeitpunkt entstandenen Gewinn oder Verlust durch eine schuldrechtliche Rückbeziehung der Eintrittsvereinbarung als laufenden Gewinn oder Verlust einkommensteuerrechtlich von den bisherigen Gesellschaftern ganz oder teilweise auf den neu eingetretenen Gesellschafter zu verlagern. Die rechtlichen Beziehungen zwischen den Gesellschaftern einer Personengesellschaft können steuerlich grundsätzlich nur mit Wirkung für die Zukunft gestaltet werden (BFH v. 23.01.2009 – IV B 149/07 (NV)). MüHB GesR Bd. 2, § 39 Rn. 14;

sehen wird, durch eine schuldrechtliche Rückbeziehung der Ein- oder Austrittsvereinbarung den laufenden Gewinn oder Verlust einkommensteuerlich dem neu eingetretenen Gesellschafter bzw. den verbleibenden Gesellschaftern zuzurechnen. Rückwirkende Abtretung ist einkommensteuerlich nur ausnahmsweise zulässig, wenn die Rückbeziehung nur kurze Zeitspanne (ca. 3 Monate) betrifft und der technischen Vereinfachung der Besteuerung dient.[193] Daher sollte diese mögliche Steuerbelastung des Veräußerers bei der Vertragsgestaltung berücksichtigt werden.

d) Gegenleistung

Da § 738 BGB nicht gilt, erfolgt i.d.R. die Wertberechnung unter Abzug eines negativen Kapitalkontos[194] oder sonstigen Verpflichtungen. Evtl. zweckmäßig sein kann eine nachträgliche Ausgleichpflicht bei Realisierung von Risiken oder Gewinnkorrektur nach Bilanzerstellung oder Betriebsprüfung. Zu wiederkehrenden Leistungen s. § 139 Rdn. 88   89

e) Gewährleistung

Eine Haftung sollte der Veräußerer übernehmen bzgl.   90
- Verfügungsfreiheit über den Anteil;
- Freiheit des Anteils von Drittrechten;
- volle Erbringung der Haft- und Pflichteinlage, keine Verminderung des Kapitalanteils zu Buchwerten unter die Hafteinlage durch Verluste oder Rückzahlung i.S.v. § 172 Abs. 4 HGB (wie Gewinnentnahmen trotz negativem Kapitalkonto);[195]
- kein Vorliegen eines negativen Kapitalkontos;
- ggf. Freiheit von Gesellschafter-Haftung bzw. Verpflichtung zur Freistellung.

Verlangt werden können auch Haftungen des Veräußerers entsprechend den Regelungen zum Unternehmenskauf bezüglich der Gesellschaftssatzung, sowie hinsichtlich des Unternehmens, seiner Vermögens-, Ertrags- und Haftungslage, der Erfüllung der steuerlichen und sozialversicherungs- sowie sonstiger abgabenrechtlichen Verpflichtungen.

f) Haftungsfreistellung des Veräußerers

Haftungsfreistellung bzgl. evtl. Resteinzahlung oder bei wieder aufgelebter Haftung wegen Rückzahlung der Einlage gemäß § 172 Abs. 4 HGB.   91

3. Steuerrecht

- EStG: Bei unentgeltlicher Übertragung unter Rückbehalt von Sonderbetriebsvermögen ist die Nachversteuerung nach § 6 Abs. 3 EStG durch Verpflichtung des Erwerbers zu vermeiden.[196] Zur Besteuerung des Veräußerers s. § 131 Rdn. 70 ff.   92

Schmidt/*Wacker*, § 16 EStG Rn. 441, § 15 Rn. 453: Ein tatsächlicher Vollzug einer rückbezüglichen Eintrittsvereinbarung ist dann eine teilweise entgeltliche Veräußerung des Mitunternehmeranteiles und kann damit die Steuerbegünstigung des § 6 Abs. 3 bzw. Abs. 5 EStG verhindern.
193 Schmidt/*Wacker* § 16 EStG Rn. 442 f.
194 Zur Ausgleichspflicht des Veräußerers bei negativem Kapitalkonto siehe Rdn. 101. Die möglichen steuerlichen Folgen des negativen Kapitalkontos sind vor Beurkundung zwingend zu überprüfen, insbesondere, wenn dieses vom Erwerber übernommen wird. Siehe hierzu § 131 Rdn. 72
195 S. *K. Schmidt*, GesR, S. 1580 ff. zur haftungsschädlichen Einlagenrückgewähr, sowie Baumbach/*Hopt*, § 172 HGB Rn. 6 ff.; s.a. Rdn. 17.
196 Hierzu § 131 Rdn. 57 ff. und Musterklausel § 131 Rdn. 41 M, insb. ist die Behandlung von Sonderbetriebsvermögen mit Steuerfolgen verknüpft.

- GrEStG: Nach § 1 Abs. 2a GrEStG führt der Wechsel von 95 % der Gesellschafter sowie nach § 1 Abs. 3 GrEStG die Vereinigung von 95 % der Anteile zu einer Besteuerung.[197]
- Schenkungsteuer (ErbStG): ein Verschonungsabschlag nach § 13a Abs. 1 ErbStG kann u.U. nicht gewährt werden, wenn die dingliche Wirkung der Übertragung und Abtretung eines Kommanditanteils aufschiebend bedingt sein soll, der Übertragungsstichtag des Sonderbetriebsvermögens (z.B. Betriebsgrundstück, Geschäftsanteil an der Komplementär-GmbH) davon aber zeitlich abweicht.[198]
- Gewerbesteuer: bei Veräußerung durch eine Personen- oder Kapitalgesellschaft wird die KG für den entstehenden Veräußerungsgewinn gewerbesteuerpflichtig (§ 7 Satz 2 Nr. 2 GewStG); die Zustimmung der Gesellschafter kann von der Übernahme dieser Steuer durch den Veräußerer abhängig gemacht werden, soweit der Gesellschaftsvertrag nicht bereits eine entsprechende Steuerklausel enthält (§ 131 Rdn. 91).

Vertrag über die Veräußerung einer KG-Beteiligung

93 M Zwischen
Herrn/Frau
– nachfolgend »Verkäufer« genannt –
und
Herrn/Frau
– nachfolgend »Käufer« genannt –
wird folgender Vertrag über die Veräußerung eines Kommanditanteiles geschlossen:

1. Gegenstand

Der Verkäufer ist an der im Handelsregister des Amtsgerichts unter HRA eingetragenen Kommanditgesellschaft mit Firma ..... KG und Sitz in ..... als Kommanditist mit einer im Handelsregister eingetragenen Hafteinlage in Höhe von ..... € beteiligt.

2. Verkauf

Der Verkäufer verkauft an den Verkäufer mit schuldrechtlicher Wirkung zum ..... (= Stichtag) seinen Kommanditanteil mit allen dazugehörenden Rechten, einschließlich der selbständig übertragbaren Vermögensrechte nach § 717 Satz 2 BGB, und laufenden Verpflichtungen, insbesondere mit seinen Beteiligungskonten (Kapitalkonten) *(und sein Guthaben auf dem Privatkonto/Entnahmekonto)* in ihrem Stand zum Stichtag, ausgenommen jedoch sein Ansprüche/Verbindlichkeiten auf seinem Darlehenskonto gemäß den nachfolgenden Regelungen.

3. Dingliche Übertragung

Die dingliche Übertragung und Abtretung des Gesellschaftsanteils ist aufschiebend bedingt auf die vollständige Zahlung des Kaufpreises und die Eintragung des Käufers als Kommanditist im Handelsregister. Diese werden die Beteiligten unverzüglich mit dem entsprechenden Rechtsnachfolgevermerk herbeiführen. Der beglaubigende Notar soll dabei angewiesen werden, diese Handelsregisteranmeldung erst dann den jeweils übrigen Parteien dieser Vereinbarung zugänglich zu machen und beim zuständigen Handelsregister einzureichen, wenn der in Abschn. 4. vereinbarte Kaufpreis voll-

---

[197] Hierzu § 131 Rdn. 87 ff.
[198] FG Köln v. 29.06.2017 – 7 K 1654/16, ZEV 2017, 535 mit krit. Anm. *Wälzholz* mit Formulierungsvorschlag; Götz, DStR 2018, 115. Rev. eingelegt, Az. BFH: II R 38/17.

ständig bezahlt ist. Der Verkäufer überträgt unter diesen aufschiebend Bedingungen den verkauften Kommanditanteil; der Käufer nimmt diese Abtretung hiermit an. Zwischen dem Stichtag und der Handelsregistereintragung wird der Kommanditanteil vom Verkäufer unentgeltlich treuhänderisch für den Käufer gehalten. Der Verkäufer darf während dieser Zeit seine Rechte als Gesellschafter aus dem verkauften Kommanditanteil nur mit Weisung des Käufers ausüben.

4. Kaufpreis

Der Kaufpreis beträgt ..... €.
Er ist (am .....) innerhalb von ..... Tagen zur Zahlung fällig nachdem der Käufer die schriftliche Mitteilung des Komplementärs/des Notars erhalten hat, dass die Zustimmungen aller Mitgesellschafter bei ihm zugegangen sind.
Wegen der Zahlungsverpflichtung unterwirft sich der Käufer der sofortigen Zwangsvollstreckung aus dieser Urkunde in sein gesamtes Vermögen. Vollstreckbare Ausfertigung kann ohne weiteren Nachweis erteilt werden.[199]

5. Gewinn- und Verlustbeteiligung

Dem Verkäufer steht das auf seinen veräußerten Anteil entfallende Ergebnis des laufenden und der vorangegangenen Geschäftsjahre nach Maßgabe der von der Gesellschafterversammlung beschlossenen bzw. noch festzustellenden Jahresabschlüsse zu. Der Verkäufer ist berechtigt, diese nach den Bestimmungen des Gesellschaftsvertrages unverzüglich zu entnehmen. Am Ergebnis des laufenden Geschäftsjahres ist er nur gemäß § 101 BGB zeitanteilig bezogen auf den Stichtag beteiligt. Ein festgestellter Gewinn ist anteilig unverzüglich nach Feststellung des Jahresabschlusses auszuzahlen; ein festgestellter Verlust verringert den Kaufpreis/*bleibt unberücksichtigt und ist vom Verkäufer nicht auszugleichen. Nachträgliche Änderungen der Jahresabschlüsse, gleich aus welchem Grund, bleiben generell unberücksichtigt; steuerliche Folgen hieraus treffen allein den Verkäufer.*
Alternativ: Alle auf die Beteiligung entfallenden Gewinnbezugsrechte für das gesamte laufende Geschäftsjahr und Geschäftsjahre, für die noch kein Jahresabschluss festgestellt und Gewinnverwendungsbeschluss gefasst worden ist, stehen – unabhängig von einer evtl. steuerlichen Zurechnung zum Verkäufer – dem Käufer zu, so dass dem Verkäufer auch keine Ansprüche mehr aus seiner Beteiligung gegenüber der Gesellschaft zustehen.
Der Käufer tritt in die Rechtstellung des Verkäufers mit all dessen Rechten und Pflichten ein. Erfasst werden sämtliche selbstständig übertragbaren gesellschaftsbezogene Ansprüche, Vermögensrechte und Haftungen, die am Stichtag hinsichtlich des Gesellschaftsanteiles bestehen, ausgenommen .....
Ausgleichsverpflichtungen treffen den Verkäufer gegenüber der Gesellschaft nicht mehr, insbesondere auch keine Pflichten zum Ausgleich eines negativen Kapitalkontos.

6. Zusicherungen, Gewährleistungen

Der Verkäufer erklärt, dass die Hafteinlage und die geschuldete Pflichteinlage voll an die Gesellschaft eingezahlt sowie die Haftung insbesondere weder durch Rückführung von Gesellschaftsmitteln noch durch Entnahmen bei durch Verluste gemindertem Kapitalkonto gemäß § 172 Abs. 4 HGB wieder aufgelebt ist.

---

[199] Diese Zwangsvollstreckungsunterwerfung macht die notarielle Beurkundung des Vertrags erforderlich.

Der Verkäufer haftet darüber hinaus lediglich für den ungehinderten Rechtsübergang seiner Kommanditbeteiligung auf den Käufer und dessen Freiheit von Rechten Dritter sowie, dass der Gesellschaftsvertrag vom ..... unverändert fortbesteht. Im Übrigen erfolgt der Verkauf unter Ausschluss jeglicher Haftung, insbesondere auch bezüglich etwaiger Sach- oder Rechtsmängel des Unternehmens der Gesellschaft und der zum Gesellschaftsvermögen gehörenden Gegenstände. (ggf. Gewährleistung bzgl. der Richtigkeit der zugrunde gelegten Bilanz). Der Verkäufer weiß, dass er den Käufer auch ungefragt über alle Umstände aufklären muss, die für diesen von wesentlicher Bedeutung sind, z.B. über die finanzielle Lage der Gesellschaft. (ggf. Begrenzung der Haftungsfrist oder umfassende Mängelhaftung bzgl. Vermögens-, Ertrags- und Haftungslage, der Erfüllung der steuerlichen und sozialversicherungs- sowie sonstiger abgabenrechtlichen Verpflichtungen u.a.m.[200])

---

200 Mögliche Haftungsregelung:
1. Haftungen bzgl. des Gesellschaftsanteiles
 Der Verkäufer haftet dem Käufer verschuldensunabhängig i.S. einer Garantie lediglich
   – für den rechtlichen Bestand des abgetretenen Anteils in seiner Person,
   – die Freiheit des Anteils von Rechten Dritter,
   – dafür, dass der Anteil in der angegebenen Höhe der Hafteinlage einbezahlt wurden und keine unzulässigen Rückzahlungen oder Minderungen durch Verluste erfolgt sind und
   – dass der Gesellschaftsvertrag in der dem Käufer bekannten, ihm vorliegenden Fassung vom _____ unverändert fortbesteht.
2. Geschäftstätigkeit und Geschäftsführung
 Die Geschäfte der Gesellschaft sind seit der letzten Bilanzerrichtung zum _____ nach ordnungsgemäßen kaufmännischen Grundsätzen geführt und keine außerordentlichen Geschäfte getätigt worden. Sie werden in dieser Weise bis zum Stichtag weitergeführt. Das Anlage- und Umlaufvermögen der Gesellschaft wurde seit der Bilanzerstellung zum 31.12.20__ nach ordnungsgemäßen kaufmännischen Grundsätzen erhalten und ergänzt.
 Wesentliche Änderungen bei der Geschäftstätigkeit der Gesellschaft und alle Rechtshandlungen, die wesentliche Auswirkungen auf den Zeitraum nach dem Stichtag haben, bedürfen der Zustimmung des Käufers.
3. Vertragsverhältnisse
 Der Verkäufer versichert, dass er den Käufer über alle bestehenden Vertragsverhältnisse der Gesellschaft ordnungsgemäß und vollständig informiert hat. Eine Aufstellung über die gegenwärtig bestehenden Vertragsverhältnisse ist als Anlage beigefügt.
 Haftungen für fremde Verbindlichkeiten sind bis heute nicht eingegangen worden. Steuer- und Sozialversicherungsverbindlichkeiten sind bis heute ordnungsgemäß bezahlt. Ergibt sich jedoch aufgrund einer Betriebsprüfung oder aufgrund von sozialversicherungsrechtlichen oder anderen Prüfungen gegenüber den bis zum Stichtag bezahlten Steuern oder solchen Verbindlichkeiten für Zeiträume vor dem Stichtag eine Nachzahlung, hat diese der Verkäufer tragen.
 Die KG hat keine Vereinbarung abgeschlossen, deren Gegenstand außerhalb ihres normalen Geschäftsbetriebs liegt.
 Alle für die Durchführung der Geschäfte der KG erforderlichen materiellen und immateriellen Wirtschaftsgüter stehen in ihrem ausschließlichen Eigentum und sind frei von Rechten Dritter. Ausgenommen sind handelsübliche (verlängerte) Eigentumsvorbehalte hinsichtlich der Gegenstände des Umlaufvermögens.
4. Haftungen der Gesellschaft
 Über die gewöhnliche Mängelhaftung hinaus bestehen keine weitergehenden Haftungsverpflichtungen der Gesellschaft aus ihrer Geschäftstätigkeit.
 Langfristige Verbindlichkeiten sind nicht vorhanden und dürfen nur mit Zustimmung des Käufers bis zum Stichtag begründet werden.
 Die KG ist nicht in gerichtliche Aktiv- oder Passivprozesse verwickelt, noch drohen solche; behördliche Maßnahmen gegen Tätigkeiten der KG sind weder am Laufen, noch angekündigt, noch zu befürchten. Die Gesellschaft verfügt zum Übergabestichtag über sämtliche öffentlich-rechtlichen Genehmigungen und Erlaubnisse, die zur Fortführung des Geschäftsbetriebs der Gesellschaft erforderlich sind; diese Genehmigungen und Erlaubnisse sind nicht zurückgenommen oder widerrufen worden; es liegen keine Umstände vor, welche die Rücknahme oder den Widerruf dieser Genehmigungen und Erlaubnisse befürchten lassen; der Geschäftsbetrieb der Gesellschaft wird in Übereinstimmung mit diesen Genehmigungen und Erlaubnissen geführt.

7. Haftungsfreistellung des Verkäufers

Der Verkäufer nimmt nicht mehr an den schwebenden Geschäften der Gesellschaft teil. Der Käufer stellt den Verkäufer von allen Verpflichtungen und Haftungen, auch von rückständigen Einlage- bzw. Ausgleichsverpflichtungen gegenüber der Gesellschaft frei sowie auch von Verbindlichkeiten der Gesellschaft, wenn der Verkäufer von Gesellschaftsgläubigern unmittelbar in Anspruch genommen wird. Auf Absicherung dieser Freistellungsverpflichtung wird verzichtet. Lediglich bei der X-Bank werden die Beteiligten gemeinsam unverzüglich eine Erklärung einholen, dass dem Verkäufer alle von ihm für die Verbindlichkeiten der Gesellschaft gegebenen persönlichen Sicherheiten freigegeben werden, insbesondere er aus der Bürgschaft vom ..... entlassen wird und die am Grundstück Fl. Nr. ..... der Gemarkung ..... eingetragene Grundschuld nicht mehr für Verbindlichkeiten der Gesellschaft verwendet wird.

Der Käufer stellt den Verkäufer auch von der Inanspruchnahme aus Gesellschaftsverbindlichkeiten frei, wenn der Verkäufer deshalb in Anspruch genommen wird, weil der Käufer seitens der Gesellschaft mittelbar oder unmittelbar Einlagen zurück erhalten hat.

Ggf.: Dieser Vertrag wird erst mit Zustimmung aller Gesellschafter wirksam.

ggf. Vereinbarung über die Mitübertragung von zum Kommanditanteil zugehörigem Sonderbetriebsvermögen wie an die Gesellschaft zur Nutzung überlassene Grundbesitz oder Geschäftsanteile an der Komplementär-GmbH.[201]

■ *Kosten.* Kostenrechtlich ist als Geschäftswert der unter fremden Dritten vereinbarte Kaufpreis, bei teil- bzw. unentgeltlicher Veräußerung der tatsächliche Anteilwert gemäß § 86 i.V.m. § 54 GNotKG anzusetzen. Bei den Aktiva sind die Buchwerte des Grundbesitzes im Anlagevermögens durch den Verkehrswert zu ersetzen und sodann von den Aktiva die Verbindlichkeiten wie auch evtl. auf der Aktivseite verbuchtes Minuskapital abzuziehen. Das so

---

Hinsichtlich der Inanspruchnahme der Gesellschaft aus Mängelrecht aus allen bis zum Stichtag ausgeführten Leistungen wird vereinbart, dass den Verkäufer gegenüber dem Käufer keine? Ausgleichspflicht trifft.

5. Haftung, Verjährung
Sämtliche dem Käufer erteilten Informationen sind zutreffend. Der Verkäufer hat keinerlei Informationen, deren Offenlegung für die Kaufentscheidung des Käufers von wesentlicher Bedeutung sein könnte, arglistig zurückgehalten oder verschwiegen.
Soweit vorstehend nicht besonders vereinbart, handelt es sich bei den vorstehenden Verpflichtungen nach dem ausdrücklichen Willen der Parteien nicht um eine Garantie für die Beschaffenheit der Sache im Sinne von §§ 443 Abs. 1 Alt. 1, 444 Alt. 2 BGB. Die Bestimmungen der § 442 BGB und § 377 HGB und die darin enthaltenen Rechtsgedanken sind weder direkt noch im Wege der Analogie anzuwenden. Es gelten vielmehr – soweit nicht ausdrücklich eine Garantie übernommen wird – die gesetzlichen Mängelrechte. Sollten sich aus der Unrichtigkeit oder Unvollständigkeit der vorstehend gemachten Angaben bezifferbare Vermögensnachteile ergeben, kann daher der Käufer den Kaufpreis angemessen mindern, oder, falls ihm ein Festhalten am Vertrag unzumutbar ist, vom Vertrag zurücktreten oder Schadensersatz verlangen, wenn er zuvor eine angemessene Nachfrist zur Behebung des Mangels gesetzt hat.
Die Ansprüche des Käufers bei Unrichtigkeit der Angaben nach Abschn. 1. verjähren in 10 Jahren, die Ansprüche aus Unrichtigkeit der sonstigen Angaben in 2 Jahren, jeweils von heute an gerechnet.
Die Haftung der Verkäufer ist in diesem Abschnitt abschließend geregelt. Weitergehende oder andere Ansprüche gegen die Verkäufer, gleich welchen Inhalts, welcher Art und welchen Rechtsgrundes, sind ausgeschlossen. Die Haftung der Verkäufer ist insgesamt auf die Höhe des gesamten Kaufpreises beschränkt.
Eine weitergehende Haftung, insbesondere für die Ertragskraft oder Werthaltigkeit des Unternehmens der Gesellschaft, wird ausgeschlossen.
Der Verkäufer weiß, dass er auch ungefragt über alle Umstände aufklären muss, die für den Käufer von wesentlicher Bedeutung sind, z.B. über die finanzielle Lage der Gesellschaft.

201 die zeitgleiche Mitübertragung von Sonderbetriebsvermögen ist zur Vermeidung steuerlicher Nachteile erforderlich.

um die im Anlagevermögen enthaltenen, um die stillen Reserven erhöhte Eigenkapital ist der Geschäftswert gemäß § 54 GNotKG. Lediglich bei einer überwiegend vermögensverwaltenden KG ist auf die Vermögenswerte ohne Schuldenabzug (§ 38 GNotKG) abzustellen. Davon eine 2,0 Gebühr nach Nr. 21100 KV GNotKG.

VI. Die Besteuerung der Kommanditgesellschaft

1. Grundsatz

94 Für die Besteuerung der KG gilt im Wesentlichen das für die Personengesellschaft in § 131 Rdn. 20 ff. Ausgeführte.

2. Verkehr- und Verbrauchsteuern

95 Für die *USt, Grunderwerbsteuer und sonstige Verkehr- und Verbrauchsteuern der KG* bestehen gegenüber der OHG keine Besonderheiten. Gemäß § 43 AO i.V.m. § 5 Abs. 1 Satz 3 GewStG und § 13 Abs. 2 UStG ist Steuerschuldner allein die Gesellschaft. Die Gesellschafter selbst haften nur im Rahmen ihrer bürgerlich-rechtlichen Haftung.

96 *Umsatzbesteuerung der Geschäftsführungstätigkeit* des Komplementärs:[202] Nach Auffassung der Finanzverwaltung[203] richtet sich die umsatzsteuerrechtliche Behandlung der Geschäftsführungs- und Vertretungsleistungen danach, ob es sich um Leistungen handelt, die als Gesellschafterbeitrag durch die Beteiligung am Gewinn oder Verlust der Gesellschaft abgegolten werden, oder um Leistungen, die gegen Sonderentgelt ausgeführt werden und damit auf einen Leistungsaustausch gerichtet sind. Die Umsatzsteuerpflicht hängt davon ab, ob der Komplementär als geschäftsführende persönlich haftende natürliche Person Selbstständigkeit in der Organisation und bei der Durchführung der Tätigkeit hat sowie das Vergütungsrisiko trägt, insbesondere keine Vergütung für Ausfallzeiten erhält.[204] Wenn die Leistungen ihren Grund in dem gesellschaftsrechtlichen Beitragsverhältnis haben, also die Leistungen durch eine ergebnisabhängige oder erhöhte Beteiligung am Ergebnis (Gewinn und Verlust) der Gesellschaft abgegolten werden, fehlt der umsatzsteuerrechtliche Leistungsaustausch.[205] Ein für die Tätigkeit des Komplementärs gezahlter »Gewinnvorab« (bzw. ein festes Entnahmerecht) führt damit wie ein vereinbartes Sonderentgelt nur zur Umsatzsteuerpflichtigkeit, wenn dieser unabhängig vom tatsächlich erzielten Gewinn ist und nicht damit verrechnet wird (auch bei Ausscheiden keine Rückvergütungspflicht besteht), sowie als Aufwand bei der Gesellschaft zu erfassen ist.[206] Eine gewinnabhängige Vergütung, die neben einem steuerpflichtigen Sonderentgelt bezahlt wird, ist bei einer einheitlichen Leistung auch umsatzsteuerpflichtig.[207]

---

202 S. auch § 139 Rdn. 103 f. Dort auch zur Haftungsvergütung und zur Geschäftsführung durch eine juristische Person, was stets umsatzsteuerpflichtig ist. Übersicht auch bei *Gerz*, SteuK 2012, 10. Zur Besteuerung der nichtunternehmerischen Nutzung eines zum Gesellschaftsvermögen gehörenden Fahrzeuges siehe OFD Frankfurt, Rdvfg. v. 27.01.2015, DStR 2015, 1567.
203 Jetzt Abschnitt 1.6 USt-Anwendungserlass v. 01.10.2010 (UStAE), früher BMF-Schreiben v. 31.05.2007, BStBl. I 2007, 503 = GmbHR 2007, 893 = DStR 2007, 1039 m. Anm. *Küffner; Zugmaier*, DStR 2007, 1241; s.a. Abschn. 1.1 (12) und 2.2. UStAE.
204 BFH v. 14.04.2010 – XI R 14/09, DStR 2010, 1585.
205 Abschn. 1.6. (4) S. 2. UStAE.
206 Abschn. 1.6. (4) S. 4 UStAE.
207 FG Schleswig-Holstein v. 27.04.2016 – 4 K 108/13, DStRE 2017, 927.

3. Einkommensteuer

Bei der vermögensverwaltenden Personengesellschaft werden die einzelnen Wirtschaftsgüter dem Gesellschafter nach § 39 Abs. 2 Nr. 2 AO zugerechnet, wogegen die unternehmerisch tätige Personengesellschaft selbst als Besteuerungsobjekt angesehen wird.[208]

Einkommenssteuerlich ist die KG selbst nicht Steuerobjekt. Vielmehr werden dem einzelnen Gesellschafter der darin erwirtschaftete Gewinn oder Verlust als eigene Einkünfte zugerechnet (Transparenzprinzip). Dennoch wird der Gewinn zunächst auf der Ebene der Gesellschaft ermittelt und dann den Gesellschaftern unmittelbar zugerechnet (keine Abschirmwirkung im Gegensatz zu Körperschaften). Die Zurechnung erfolgt auf den Zeitpunkt, wann der Gewinn erzielt (§ 2 Abs. 1 Satz 1 EStG) wurde, somit in der Regel am Ende des jeweiligen Wirtschaftsjahres,[209] unabhängig davon, ob der Gewinnanteil entnahmefähig ist oder eine Gewinnausschüttung beschlossen wurde. Ist die KG ausschließlich nur vermögensverwaltend tätig, erzielt sie Überschusseinkünfte, in der Regel aus Vermietung und Verpachtung, sodass die Wertveränderungen im Vermögen einkommenssteuerlich nur in den Fällen der §§ 17, 20 Abs. 2 und 22 Nr. 2 i.V.m. § 23 EStG steuerbar sind. Betreibt die KG ein gewerbliches Unternehmen im Sinne von § 15 Abs. 1 Satz 1 Nr. 1 EStG und sind die Gesellschafter als Mitunternehmer i.S. § 15 Abs. 1 Satz 1 Nr. 2 EStG anzusehen, erzielt der Gesellschafter Einkünfte aus Gewerbebetrieb. Die im Betriebsvermögen dieses Gewerbebetriebes realisierten Wertzuwächse sind stets steuerpflichtig. Mitunternehmer ist ein Kommanditist nur, wenn er am Unternehmerrisiko beteiligt ist und Unternehmerinitiative entwickeln kann. Daran fehlt es, wenn seine Gesellschafterstellung erheblich vom gesetzlichen Leitbild abweicht, z.B. bei fehlender Gewinnbeteiligung trotz gesellschaftsrechtlicher Mitwirkungsrechte;[210] er erzielt dann Einkünfte aus Kapitalvermögen (§ 20 EStG). Dem mitunternehmerischen Gesellschafter ist das Ergebnis der KG entsprechend dem gesellschaftsvertraglichen Gewinnverteilungsschlüssel, der vom Verhältnis der Kapitalbeteiligung abweichen kann, zuzurechnen. Darüber hinaus erzielt er weitere Einkünfte (Sondervergütungen gemäß § 15 Abs. 1 Satz 1 Nr. 2 EStG), weitere Gewerbeeinkünfte aus gezahlten Tätigkeitsvergütungen und Entgelte für Darlehensgewährungen und Überlassung von Wirtschaftsgütern.

Auch die vermögensverwaltende Personengesellschaft ist nach den allgemeinen Vorschriften zur Aufstellung von handelsrechtlichen Jahresabschlüssen verpflichtet (§§ 238 ff. i.V.m. § 6 HGB, §§ 264a ff. HGB). Die gewerbliche Einkünfte erzielende Personengesellschaft ist nach §§ 4 Abs. 1, 5 Abs. 1 EStG auch verpflichtet eine Steuerbilanz zu errichten. Sind an einer vermögensverwaltenden KG auch Gesellschafter beteiligt, die ihre Beteiligung in einem Betriebsvermögen halten, im Übrigen die anderen Gesellschafter diese im Privatvermögen halten (sog. Zebragesellschaft), werden dadurch die Einkünfte der Personengesellschaft nicht gewerblich, sondern werden die Einkünfte erst auf der Ebene des Gesellschafters in betriebliche Einkünfte umqualifiziert.

Für nicht entnommene Gewinne kann auf Antrag nach § 34a EStG die Besteuerung zunächst auf einen Steuersatz von 28,25 % begrenzt werden (Thesaurierungsbegünstigung). Erst bei späterer Entnahme fallen dann nochmals 25 % zzgl. Solidaritätszuschlag an (§ 34a Abs. 4 Satz 2 EStG).

Die Gründungskosten sind abzugsfähige Betriebsausgaben.[211]

---

208 BFH vom 26.04.2012 – IV R 44/09 = DStR 2012, 1497 = NZG 2012, 1198; s. dort auch zu den Auswirkungen der Übertragung von Wirtschaftsgütern zwischen Gesellschaft und Gesellschaftern; dazu auch § 130 Rz. 113 ff.
209 Schmidt/*Wacker*, EStG, § 15 Rn. 441.
210 BFH v. 28.10.1999 – VIII R 66-70/97 = BStBl. II 2000, 183 = NJW-RR 2000, 1052; BMF-Schreiben v. 05.10.1989, BStBl. I 1989, 758; EStR H 15.9. (2); s.a. § 131 Rdn. 20 f. u. 44 f. wegen steuerrechtlicher Folgen von Einschränkungen bei Familien-Unternehmen.
211 BFH BStBl. 1957 III, 160 und 1958 III, 432.

99 Bei der Einkommensteuer wird die beschränkte Haftung der Kommanditisten nur im Rahmen der Verlustabzugsmöglichkeit (§ 15a EStG, s. Rdn. 102 ff.) berücksichtigt.

4. Negatives Kapitalkonto

a) Gesellschaftsrechtliche Wirkung

100 Ein Verlustanteil, der nach der vertraglichen oder gesetzlichen Gewinn- und Verlustverteilung auf einen Gesellschafter (persönlich haftender Gesellschafter oder Kommanditisten) entfällt, wird von seinem Kapitalanteil abgeschrieben (§ 161 Abs. 2 i.V.m. § 120 Abs. 2 HGB).

101 Nach § 167 Abs. 3 HGB nimmt ein Kommanditist, sofern nichts anderes vereinbart ist, am Verlust nur bis zum Betrag seines Kapitalanteiles teil. Diese missverständliche Formulierung meint, dass ihn gemäß § 707 BGB keine Nachschuss- oder Ausgleichspflicht trifft. Es entfällt aber das Entnahmerecht für neue Gewinne (§ 122 Abs. 2 HGB) solange, bis das negative Kapitalkonto (wobei alle Konten mit Eigenkapitalcharakter zusammenzufassen sind) durch die Gewinnanteile wieder aufgefüllt ist (§ 169 Abs. 1 Satz 2 HGB). Beim negativ gewordenen Kapitalkonto (gleich ob durch Verluste oder Entnahmen) handelt es sich somit um keine Forderung gegen den Gesellschafter, sondern nur um eine buchmäßige Rechnungsziffer, die den wirtschaftlichen Wert der Beteiligung zum Ausdruck bringt. In deren Höhe kann der Kommanditist zukünftige Gewinnanteile nicht entnehmen, sondern muss diese zum Ausgleich verwenden. Ansonsten lebt die persönliche Haftung des Kommanditisten gemäß § 172 Abs. 4 Satz 2 HGB wieder auf. Bei Ausscheiden oder Liquidation braucht jedoch der Kommanditist (im Gegensatz zum Komplementär) den Negativbetrag gemäß der Regelung in § 167 Abs. 3 bzw. § 169 Abs. 2 HGB nicht auszugleichen, soweit es durch »Verluste« entstanden ist oder soweit keine abweichend Satzungsbestimmung besteht.[212] Eine Ausgleichspflicht kann jedoch bestehen, wenn das negative Kapitalkonto durch Entnahmen entstanden ist.[213] Dagegen begründet ein negatives Darlehenskonto stets eine auszugleichende Forderung gegenüber dem Gesellschafter.[214]

b) Steuerrechtliche Wirkung (Überblick)

102 Einem Kommanditisten einer gewerblich tätigen oder gewerblich geprägten[215] KG ist der auf ihn entfallende Verlustanteil einkommensteuerlich grundsätzlich auch insoweit zuzu-

---

[212] Kammergericht v. 26.04.1990 – 2 U 5823/89 = DStR 1991, 820. Der verlustbedingte Debetsaldo ist auf die Komplementäre und auf die übrigen Kommanditisten zu verteilen, die positiven Kapitalanteile haben (*Wertenbruch*, NZG 2013, 1323).

[213] Denn eine Entnahme stellt einen Vorschuss dar, der mit künftigen Gewinnen verrechnet werden soll, was bei Liquidation der Gesellschaft bzw. bei Ausscheiden des Kommanditisten nicht mehr möglich ist (*Wertenbruch*, NZG 2013, 1323). Hierzu *Ley*, DStR 2009, 613, 616; *Demuth*, KÖSDI 2013, 18381; BFH v. 16.08.2008 – IV R 98/06 = DStR 2009, 212. Nach BGH sind jedoch selbst gewinnunabhängige Auszahlungen auf Grundlage einer Ermächtigung im Gesellschaftsvertrag, obwohl dadurch der Kapitalanteil unter die bedungene Leistung herabgemindert wird, nur zurückzuzahlen, wenn dies gesellschaftsvertraglich festgelegt wurde (BGH v. 12.03.2013 – II ZR 73/11; v. 16.02.2016 – II ZR 348/14; v. 20.04. 2017 – IX ZR 189/16). Zu gewinnunabhängige Auszahlungen an Kommanditisten: *Pöschke/Steenbreker*, NZG 2016, 841.

[214] Ob es sich um durch unzulässige Entnahmen bewirktes negatives Kapitalkonto handelt, spielt insbesondere steuerlich bei Übertragung des Gesellschaftsanteils eine Rolle, weil durch Übernahme des negativen Kapitalkontos damit auch ein Entgelt geleistet wird, was bei entgeltlicher Veräußerung zu Veräußerungsgewinn führt (BFH v. 09.07.2015 – IV R 19/12; v. 30.03.2017 – IV R9/15), bei unentgeltlich gewollten Anteilsübertragungen zu Entgelt und damit Wegfall der Steuerbegünstigung im Sinne § 6 Abs. 3 EStG führt. Siehe hierzu § 131 Rdn. 69. Die Finanzverwaltung wertet dabei auch Entnahmen aufgrund eines einzelnen Gesellschafterbeschlusses, welche keine allgemeine Satzungsgrundlage haben (OFD Münster v. 04.12.2009). Hierzu ausführlich *Demuth*, KÖSDI 2013, 18381.

[215] BFH, Urt. v. 02.09.2014 – IX R 52/13: Auch anzuwenden bei einer vermögensverwaltenden Kommanditgesellschaft, jedoch nur bzgl. der Einkünfte aus Vermietung und Verpachtung. Hierzu: *Dorn*, DStR 2015, 1598.

rechnen, als dieser in der Steuerbilanz zu einem negativen Kapitalkonto führt oder dieses erhöht, solange zu erwarten ist, dass künftige Gewinnanteile anfallen werden, die der Kommanditist zur Deckung früherer Verluste belassen muss.[216] § 15a EStG trägt jedoch der Haftungsbeschränkung nach § 167 Abs. 3 HGB vergröbernd typisierend dadurch Rechnung, dass der beschränkt haftende Mitunternehmer im Regelfall für Verluste, die über seinen Haftungsbetrag hinausgehen, im Jahr ihrer Entstehung weder rechtlich noch wirtschaftlich belastet wird, sondern eine Belastung allenfalls eintritt, wenn später Gewinne entstehen, mit denen er zunächst sein negatives Kapitalkonto ausgleichen muss. § 15a Abs. 1 Satz 1 EStG bestimmt daher, dass der Kommanditist Verluste, soweit diese ein negatives Kapitalkonto begründen oder erhöhen, nicht mit anderen Einkünften ausgleichen darf, sondern nur mit Gewinnen der KG in späteren Jahren (= verrechenbarer Verlust, § 15a Abs. 2 EStG). Der Verlust wird damit zeitversetzt mit zukünftigen Gewinnen verrechenbar; diese werden dadurch steuerfrei. Er kann somit Verluste nur bis zur Höhe seiner tatsächlich geleisteten Einlage auf die Eigenkapitalkonten steuerlich sofort geltend machen; hierzu zählen auch Darlehen, die im Fall des Ausscheidens oder der Liquidation mit eine negativen Kapitalkonto zu verrechnen sind. Der Gesetzgeber will jedoch nicht, dass der Kommanditist nachträglich nach Ablauf des Wirtschaftsjahres noch seine Einlage erhöht um dadurch einen eingetretenen Verlust sofort ausgleichsfähig zu machen (hierzu der neue § 15a Abs. 1a EStG).

Besteht jedoch nach § 171 Abs. 1 HGB eine Außenhaftung, weil die bisher geleistete Einlage noch unter der Haftsumme (= im Handelsregister eingetragene Hafteinlage) liegt, sind zusätzlich auch Verluste in Höhe dieses persönlichen Haftungsbetrages sofort ausgleichsfähig = sofort steuermindernd (§ 15a Abs. 1 Satz 2 EStG). Haftungsbeendende Einlagen vermitteln zudem keinen Verlustausgleich nach Abs. 1 Satz 1, wenn sie ein Kapitalkonto ausgleichen, das bereits durch ausgleichsfähige Verluste negativ geworden ist. **103**

Mit § 15a Abs. 3 EStG soll verhindert werden, dass durch nur vorübergehende höhere Einlagen oder nur vorübergehende Haftungserweiterungen der Ausschluss des Verlustausgleiches umgangen wird. Bei einer späteren Einlagen- oder Haftungsminderung wird der zuvor in Anspruch genommene Verlustausgleich nachversteuert, jedoch nicht durch rückwirkende Änderung deren Besteuerung, sondern dadurch, dass i.H.d. Einlagenminderung bzw. Haftungsminderung der früher ausgleichs- und abzugsfähige Verlust als laufender Gewinn des Jahres der Einlagen- oder Haftungsminderung zu versteuern ist, jedoch in gleicher Höhe ein verrechenbarer Verlust angesetzt wird. Lebt jedoch die Haftung nach §§ 172 Abs. 4, 174 HGB durch Entnahmen wieder auf, entsteht ein Verlustausgleichpotenzial nach § 15a Abs. 1 Satz 2 EStG. Verringerungen der Hafteinlage können daher zur steuerlichen Folgen führen. Wird ein negatives Kapitalkonto durch Entnahmen erzeugt oder erhöht, ohne dass die Haftung nach § 172 Abs. 4, 171 HGB wieder auflebt, wird dem Kommanditisten für das Jahr der Entnahme im Umfang der Einlagenminderung ein Gewinn hinzugerechnet und in gleicher Höhe ein verrechenbaren Verlust festgesetzt (§ 15a Abs. 3 Satz 1, 4 EStG). **104**

Nach dem handelsrechtlichen Regelungsmodell hat der Kommanditist hinsichtlich seines Gewinnanteiles ein Forderungsrecht, sodass ein diesbezügliches Verrechnungskonto ohne darauf erfolgende Verlustverrechnung kein Kapitalkonto i.S.v. § 15a EStG ist. Zum *Umfang* des Kapitalkontos i.S.v. § 15a EStG zählt daher auch das getrennte Forderungs- oder Darlehenskonto, sofern hierauf auch die Verluste verrechnet werden. Das variable Kapitalkonto II wird dagegen zum steuerlichen Sonderbetriebsvermögen und zählt damit nicht mehr zum Kapitalkonto i.S.v. § 15a EStG, wenn davon getrennt ein Verlustvortragskonto geführt wird, weil es dann als Auszahlungskonto zur Forderung wird; dadurch entfällt es als Kapitalkonto, auf das Verluste steuerwirksam i.S.d. § 15a Abs. 1 EStG ausgegli- **105**

---

[216] OFD Hannover NJW 1998, 1290.

chen werden können.[217] Anderes kann nur gelten, wenn zur besseren Bilanzübersicht das Verlustvortragskonto reines Unterkonto des Kapitalkontos ist. Die gesellschaftsvertragliche Festlegung der Gesellschafterkonten ist daher für die Verlustausgleichsmöglichkeit des § 15a EStG entscheidend.

106 Ein negatives Kapitalkonto, das bei voll- oder teilentgeltlicher[218] *Veräußerung des KG-Anteiles*[219] nicht ausgeglichen werden muss, erhöht den Veräußerungspreis um diesen Betrag; die Befreiung von der Ausgleichungspflicht ist Teil des Veräußerungserlöses.[220] Soweit noch beim Kommanditisten nach § 15a EStG verrechenbare Verluste vorliegen, die er bisher nicht mit Gewinnen ausgleichen konnte, können diese mit dem Veräußerungsgewinn verrechnet werden.[221] Der Erwerber hat auch i.H.d. negativen Kapitalkontos Anschaffungskosten. In Höhe des Teilbetrages des negativen Kapitalkontos, der die stillen Reserven einschließlich des Firmenwertes übersteigt, sind beim Erwerber verrechenbare Verlustanteile anzusetzen.[222]

107 Soweit der Kommanditist das durch Verluste entstandene negative Kapitalkonto bei *Auflösung der Gesellschaft* durch Betriebsaufgabe nicht ausgleichen muss, entsteht bei ihm ein nach §§ 16, 34 EStG begünstigter Aufgabegewinn,[223] der jedoch durch noch verrechenbare Verluste gemindert wird. Soweit den Kommanditisten jedoch ein Aufgabegewinn zuzurechnen ist, verringert dieser das negative Kapitalkonto; der Aufgabegewinn wird seinerseits durch drohende Haftungsinanspruchnahmen gekürzt.[224] Den tatsächlich bei der Gesellschaft verbleibenden Verlust tragen die Gesellschafter mit positivem Kapitalkonto und können ihn daher steuerlich ansetzen (§ 52 Abs. 33 Satz 3 ff. EStG).

---

217 BMF v. 30.05.1997, DStR 1997, 1005.
218 Wird neben der Übernahme des negativen Kapitalkontos auch eine sonstige Gegenleistung erbracht, wie Gleichstellungsgelder, führt jedes über dem negativen Kapitalkonto geleistete Entgelt – und sei es nur 1 € – in Höhe der Summe des Entgelts und dem Bestand des negativen Kapitalkontos zu einem Veräußerungsgewinn (BFH v. 02.09.2009 – IV R 17/07, BStBl. II 2010, 631). Werden jedoch nur Verbindlichkeiten in Höhe des negativen Kapitalkontos übernommen, stellen diese kein Entgelt dar, wenn entsprechende stille Reserven oder zumindest entsprechende Gewinnchancen vorhanden sind und keine sonstigen Gegenleistungen erbracht werden (BFH v. 10.03.1998 – VIII R 76/96, BStBl. II 1999, 269). Die Übertragung bleibt dann nach § 6 Abs. 3 StG im Rahmen der Buchwertfortführung steuerfrei.
219 Hierzu ausführlich Demuth, KÖSDI 2013, 18381.
220 BFH v. 09.07.2015 – IV R 19/12. Ausnahme, der ausscheidende Kommanditist haftet für Schulden der KG aufgrund Bürgschaft oder gemäß §§ 171, 172 HGB und muss ernstlich mit einer Inanspruchnahme rechnen (H15a EStH 2011).
221 BFH BStBl. II 1995, 467.
222 BFH BStBl. II 1994, 745; R 138 VI EStR.
223 BFH v. 30.03. 2017 – IV R9/15, der eintritt, sobald eine Auffüllung des negativen Kapitalkontos unter keinem denkbaren Gesichtspunkt mehr in Betracht kommt.
224 BFH v. 03.09.2009 – IV 17/07 = DStR 2010, 303. Hierzu auch ausführliche Erläuterungen von *Demuth*, KÖSDI 2013, 18381; sowie OFD Frankfurt v. 17.12.2014 S 2241, A – 30 – St 213.

§ 138 Anmeldungen zur Kommanditgesellschaft

I. Neuerrichtung einer Kommanditgesellschaft

1. Anmeldepflichtige Personen

Die Erstanmeldung, wie auch grundsätzlich alle späteren Anmeldungen (Ausnahme: Zweigniederlassung, Prokura), sind stets durch alle Gesellschafter einschließlich allen Kommanditisten[1] vorzunehmen, sodass sich bei einer Vielzahl von Gesellschaftern empfiehlt, dass von diesen eine Registervollmacht erteilt wird.[2] Eine juristische Person oder eine Personenhandelsgesellschaft als Gesellschafter wird durch ihr Vertretungsorgan in vertretungsberechtigter Zahl dabei vertreten, wobei unechte Gesamtvertretung (Organmitglied mit einem Prokuristen)[3] möglich ist. Minderjährige werden durch ihren gesetzlichen Vertreter vertreten, selbst wenn dieser Mitgesellschafter ist, da § 181 BGB für die Handelsregisteranmeldung nicht gilt.[4] Der nur zur Abwicklung bestellte Testamentsvollstrecker ist im Gegensatz zum Dauervollstrecker nicht anmeldebefugt.[5]

2. Wirkung der Handelsregistereintragung

Betreibt die KG ein gewerbliches Unternehmen i.S.v. § 2 HGB (nicht daher möglich bei freiberuflicher Tätigkeit) ist die Eintragung im Handelsregister deklaratorisch, da sie schon mit Aufnahme der den vereinbarten Geschäftsbetrieb vorbereitende Handlung beginnt. Sie ist verpflichtet sich im Handelsregister eintragen zu lassen. Wegen der erst mit der Eintragung im Handelsregister eintretenden Haftungsbegrenzung für die Kommanditisten (§ 176 HGB) sollte deren Eintragung auch unverzüglich erfolgen. Bei einer erst mit Eintragung entstehenden vermögensverwaltenden »Kann-KG« kann auch angemeldet werden, dass die Gesellschaft erst mit ihrer Eintragung entsteht. (s. § 137 Rdn. 6 f.) Bei Kleingewerbetreibenden oder Vermögensverwaltung ist die Eintragung konstitutiv §§ 105 Abs. 2, 161 Abs. 2 HGB.

3. Inhalt der Anmeldung

Siehe hierzu zunächst die Ausführungen bei § 134 Rdn. 1 ff., da nach § 162 Abs. 1 Satz 1 HGB die Angaben gemäß § 106 Abs. 2 HGB zu machen sind.

Im Rahmen der stets notwendigen Anmeldung der abstrakten sowie der davon evtl. abweichenden konkreten *Vertretungsregelung* ist anzumelden die gesetzliche Vertretung gemäß § 125 HGB durch jeden einzelnen persönlich haftenden Gesellschafter (Komplementär) bzw. die davon evtl. abweichende abstrakte Vertretungsregelung gemäß dem Gesellschaftsvertrag. Deshalb ist auch anzumelden, dass die Gesellschaft durch einen persönlich haftenden Gesellschafter allein vertreten wird, auch wenn nur ein persönlich haftender

---

1 KG v. 07.02.2012 – 25 W 4/12 = NZG 2012, 1346 = RNotZ 2012, 395; OLG Frankfurt v. 12.09.2011 – 20 W 13/11 = NZG 2012, 585: auch wenn nur eine neue inländische Geschäftsanschrift angemeldet wird.
2 Siehe hierzu § 139 Rdn. 66; zur Handhabung bei der Anmeldung gegenüber dem Registergericht § 124 Rdn. 36
3 Zur Anmeldebefugnis von Prokuristen § 128 Rdn. 9
4 BayObLG DNotZ 1977, 683.
5 OLG München v. 07.07.2009 – 31 Wx 115/08 = NZG 2009, 1234; OLG Hamm v. 10.12.2010 – 15 W 636/10 = ZEV 2011, 200; bzgl. Dauervollstreckung: BGH v. 14.02.2012 – II ZB 15/11 = DNotZ 2012, 788 = MittBayNot 2012, 304 = NJW-RR 2012, 730 = NZG 2012, 385 = ZEV 2012, 335 m. Anm. *Zimmermann*.

§ 138 Anmeldungen zur Kommanditgesellschaft

Gesellschafter vorhanden ist. Besteht abweichend vom Gesetz Gesamtvertretung, ist zusätzlich anzumelden, dass, wenn nur noch ein vertretungsberechtigter Gesellschafter vorhanden ist, dieser allein vertritt.[6] Auch die Befreiung von den Beschränkungen des § 181 BGB kann im Handelsregister eingetragen werden.

4. Zusätzliche Angaben

5   Zusätzlich anzumelden sind die *Person des Kommanditisten* und der Betrag dessen *Hafteinlage* i.S.v. § 172 Abs. 1 HGB (davon kann die gemäß Gesellschaftsvertrag als Gesellschafterbeitrag i.S.v. § 705 BGB im Innenverhältnis geschuldete Pflichteinlage abweichen), die in jeder beliebigen Höhe als Euro-Betrag eingetragen werden kann. Deren Erbringung ist nicht Voraussetzung für die Eintragung. Ist eine *Gesellschaft bürgerlichen Rechts* als Kommanditist oder Komplementär[7] beteiligt ist sie mit ihrer Bezeichnung und mit den Personalien aller Gesellschafter im Handelsregister einzutragen (§ 162 Abs. 1 Satz 2 HGB), wobei die Anmeldung von allen ihren Gesellschaftern zu erfolgen hat, soweit nicht einzelne besonders bevollmächtigt sind (Vertretungsnachweis gemäß § 12 Abs. 1 Satz 2 HGB ist erforderlich). Bei sonstigen Personengesellschaften als Kommanditist wird nur die Firma der Gesellschaft, nicht aber deren Gesellschafter eingetragen. Ein Einzelkaufmann kann auch unter seiner Firma als Kommanditist im Handelsregister eingetragen werden.[8]

6   Einem Kommanditisten kann zwar keine Vertretungsbefugnis (Außenverhältnis) eingeräumt werden, wohl aber Geschäftsführungsbefugnis (Innenverhältnis), was aber nicht eintragungsfähig ist; zur Vertretung der KG kann ihm aber Prokura erteilt und eingetragen werden.

7   Alle Eintragungen bzgl. Kommanditisten, deren Eintritt, Ausscheiden und Veränderung der Einlage werden nicht mehr bekannt gemacht (§§ 175 Satz 2, 162 Abs. 2 HGB).

8   Ggf. anzumelden: Ausschluss der Haftung gemäß § 28 HGB bei Eintritt in das Handelsgeschäft eines Einzelkaufmannes.

9   Der Beginn der Gesellschaft[9] ist seit Änderung von § 106 Abs. 2 HGB nicht mehr anzumelden. Dafür muss jedoch nunmehr zwingend durch alle Gesellschafter, auch die Kommanditisten, die *inländische Geschäftsanschrift*, (nach teilweise vertretener, wohl aber nicht richtiger Ansicht, auch noch zusätzlich die Lage der Geschäftsräume i.S.v. § 24 HRV; anders nur bei Abweichung), zur Eintragung angemeldet werden (§ 106 Abs. 2 Nr. 2 HGB). Deren spätere Änderung kann nur durch die persönlich haftenden Gesellschafter in vertretungsberechtigter Zahl erfolgen (§ 108 Satz 2 HGB). Durch die Eintragung soll eine Zustellungserleichterung für Gläubiger erreicht werden.

Der Gesellschaftsvertrag ist dem Registergericht nicht einzureichen. Nicht anmeldepflichtig, jedoch eintragungsfähig ist jede Klarstellung des Handelsregistereintrags bzgl. einer eingetretenen Namensänderung eines Gesellschafters (z.B. Firmenänderung des Komplementärs, Namensänderung des Kommanditisten), wozu es keiner förmlichen Anmeldung durch sämtliche Gesellschafter bedarf, sondern eines Antrags durch einen Vertretungsberechtigten der Gesellschaft oder den von der Anmeldung unmittelbar betroffenen Gesellschafter allein unter Nachweis der Änderung (z.B. Stammbuch, Heiratsurkunde oder Handelsregistereintragung der Firmenänderung).[10]

---

6 Ansonsten erstarkt die Vertretungsberechtigung des allein verbleibenden Vertretungsberechtigten nicht zur Alleinvertretungsmacht. (OLG München v. 12.03.2014 – 15 W 23/14, NZG 2014, 899).
7 Strittig, ob dies möglich ist; bejahend OLG Celle v. 27.03.2012 – 9 W 37/12 = NZG 2012, 667 = DStR 2012, 918.
8 BayObLG DNotZ 1973, 561.
9 S. hierzu § 137 Rdn. 4 Zu beachten ist auch die Haftung gemäß § 176 Abs. 1 HGB bis zur Eintragung des Kommanditisten, was bei »Kann-KG« empfehlen kann, das Entstehen an die Eintragung zu knüpfen.
10 OLG Frankfurt, Beschl.v. 30.09. 2014 – 20 W 241/13; NZG 2015,710.

Werden *Minderjährige* als Kommanditisten beteiligt, bedarf zwar nicht die Anmeldung zu Handelsregister der familiengerichtlichen Genehmigung. Die Eltern des Minderjährigen (nicht der für den jeweiligen Minderjährigen evtl. bestellte Ergänzungspfleger) sind, da es sich um eine Verfahrenshandlung und nicht um eine rechtsgeschäftliche Vertretung handelt, dabei auch dann anmeldebefugt, wenn sie selbst an der Gesellschaft beteiligt sind. Jedoch ist die zum Abschluss des Gesellschaftsvertrages bzw. des Beitrittes[11] gemäß § 1822 Nr. 3 BGB erforderliche familiengerichtliche Genehmigung[12] mit Rechtskraftvermerk oder das Negativzeugnis mit der Handelsregisteranmeldung dem Registergericht nachzuweisen,[13] zusammen mit dem Zugang der Genehmigung an die übrigen Gesellschafter. Um diesen Nachweis zu erbringen, empfiehlt es sich, erst nach Erteilung der Genehmigung die Registeranmeldung mit der darin enthaltenen Zugangsbestätigung der Mitgesellschafter vorzunehmen.

5. Beispiel für eine Handelsregisteranmeldung

Im Gesellschaftsvertrag ist abweichend von der gesetzlichen Einzelvertretung gemäß § 125 HGB bestimmt, dass die Gesellschaft, falls mehr als ein persönlich haftender Gesellschafter vorhanden ist, durch zwei persönlich haftende Gesellschafter gemeinsam oder durch einen persönlich haftenden Gesellschafter gemeinsam mit einem Prokuristen vertreten wird und durch Gesellschafterbeschluss Einzelvertretungsbefugnis erteilt werden kann.

Ersteintragung einer Kommanditgesellschaft

Zur Eintragung im Handelsregister A. melden wir an:
Unter der Firma »….. & Co. KG« wurde eine Kommanditgesellschaft mit dem Sitz in ….. errichtet.
Persönlich haftende Gesellschafter sind W ….., geb. am ….., wohnhaft in ….., und R ….., geb. am ….., wohnhaft in …….
Kommanditist ist ….., geb. am ….., wohnhaft in ….. mit einer Hafteinlage von ….. €.
Die allgemeine Vertretungsregelung sieht vor: Ist nur ein persönlich haftender Gesellschafter vorhanden, vertritt er die Gesellschaft allein. Sind mehrere persönlich haftende Gesellschafter vorhanden, vertritt jeder von ihnen die Gesellschaft gemeinsam mit einem weiteren persönlich haftenden Gesellschafter oder gemeinsam mit einem Prokuristen. Durch Gesellschafterbeschluss kann die Befugnis zur Einzelvertretung erteilt werden.
Die konkrete Vertretungsregelung bestimmt:
die persönlich haftenden Gesellschafter W ….. und R ….. vertreten die Gesellschaft ….. ….. gemäß der allgemeinen Vertretungsregelung.
alternativ: **….. jeder stets einzeln und ist von den Beschränkungen des § 181 BGB befreit.**
alternativ: **….. der persönlich haftenden Gesellschafter vertritt stets einzeln; der Gesellschafter Wilhelm Wenger ist nicht zur Vertretung berechtigt.**
Zum Prokuristen ist ….., geb. am ….., wohnhaft in ….. bestellt. Er vertritt die Gesellschaft gemeinsam mit einem persönlich haftenden Gesellschafter oder gemeinsam mit einem weiteren Prokuristen.

---

11 Jedoch soll der unentgeltliche spätere Beitritt eines Minderjährigen in eine vermögensverwaltende Familien-KG, wenn der Kommanditanteil bereits voll eingezahlt ist, rein rechtlich vorteilhaft sein und nicht der Genehmigung nach § 1822 Nr. 3 BGB bedürfen (OLG Bremen v. 16.06.2008 – 2 W 38/08 = NZG 2008, 750 = ZEV 2008, 608; OLG München v. 06.11.2008 – 31 Wx 76/08 = MittBayNot 2009, 52 = ZEV 2008, 609) anders aber bei Beitritt zu einer gewerblich tätigen KG (OLG Frankfurt v. 27.05.2008 – 20 W 123/08 = DNotZ 2009, 142).
12 Hierzu § 137 Rdn. 15; s.a. *Ivo*, ZEV 2005, 193.
13 OLG Frankfurt v. 27.05.2008 – 20 W 123/08 = DNotZ 2009, 142.

Gegenstand des Unternehmens ist ……
Die Geschäftsanschrift lautet: (PLZ, Ort, Straße) ….. **wo sich auch die Geschäftsräume befinden.**

▪ Kosten.
a) Des Notars: Geschäftswert für die Erstanmeldung der Kommanditgesellschaft ist nach § 105 Abs. 1 Nr. 5 GNotKG die Summe der Kommanditeinlagen zzgl. 30.000 € für den ersten persönlich haftenden Gesellschafter und 15.000 € für jeden weiteren persönlich haftenden Gesellschafter. Die Vertretungsregelung der persönlich haftenden Gesellschafter ist gegenstandsgleich mit ihrer Anmeldung.
Die Anmeldung der Prokuraerteilung ist eine gegenstandsverschiedene spätere Anmeldung mit dem Geschäftswert 30.000 € nach § 105 Abs. 4 Nr. 3 GNotKG; die Vertretungsregelung ist wiederum gegenstandsgleiche Anmeldung.
Eine Gebühr nach Nr. 24102 i.V.m. 21201 (5) KV GNotKG in Höhe von 0,5 (Tabelle B) aus den zusammengerechneten Werten (§ 35 GNotKG); höchstens 1 Mio. € gemäß § 106 GNotKG. Bzgl. der Gebühren für das elektronische Einreichen (s. § 124 Rdn. 43).
b) Des Registergerichts: Die Eintragung der Kommanditgesellschaft, ihrer inländischen Geschäftsanschrift und ihrer Gesellschafter einschließlich deren Vertretungsregelung ist eine Eintragung nach § 2 Abs. 1, 3 HRegGebV, wofür eine Gebühr nach Nr. 1101 der Anlage zur HRegGebV von 100 € bzw. bei mehr als drei Gesellschaftern für jede weitere Person von 40 € nach Nr. 1102 anfällt; die Eintragung der Prokura mit ihrer Vertretungsregelung ist eine weitere Eintragung (§ 2 Abs. 1 HRegGebV) mit einer getrennten Gebühr nach Nr. 4000 von 40 € je Prokuristen.

II. Eintritt eines Kommanditisten in eine OHG

13 Die OHG wird durch Aufnahme eines Kommanditisten zu einer KG. Ein Haftungsausschluss des eintretenden Kommanditisten für die alten Schulden ist nur im Verhältnis der Gesellschafter zueinander wirksam, jedoch nicht gegenüber den bisherigen Gesellschaftsgläubigern (§ 173 Abs. 2 HGB). Die persönliche Haftung begrenzt sich aber auf die Einlageleistung und erlischt, sobald diese vollständig geleistet ist (§ 171 Abs. 1 HGB). Um aber die darüber hinausgehende unbeschränkte persönliche Haftung für die von seinem Eintritt bis zur Eintragung des Kommanditisten im Handelsregister entstehenden Neuverbindlichkeiten der Gesellschaft gemäß § 176 HGB zu vermeiden,[14] sollte der Beitritt aufschiebend bedingt bis zur Eintragung des Kommanditisten im Handelsregister erfolgen.[15] Im Innenverhältnis kann unter *alle* Gesellschaftern vereinbart werden, dass der neu beitretende Kommanditist so gestellt wird, als sei er schon zum gewollten Stichtag beigetreten; s. Rdn. 29.

Der Rechtsformzusatz bei der Firma ist zu ändern und die Vertretungsregelung hinsichtlich der abstrakten und einer davon abweichenden konkreten Vertretungsart anzumelden.

Eintritt eines Kommanditisten in eine OHG

14 M In die Offene Handelsgesellschaft »B …..& B ….. OHG« ist die ….. Aktiengesellschaft mit Sitz in ….., HRA ….. des Registergerichts ….., (Anschrift:…..), mit einer Einlage

---
[14] Die entstandene Haftung endet nicht durch die Eintragung; die Eintragung verhindert nur die Haftung für danach begründete Verbindlichkeiten. Sie endet aber analog § 160 Abs. 3 HGB (MüKo-HGB/*K. Schmidt*, § 176 HGB Rn. 42 f.).
[15] BGHZ 82, 212 m. Anm. *K. Schmidt*, NJW 1982, 886.

von ..... € als Kommanditistin eingetreten. Die Gesellschaft ist dadurch zur Kommanditgesellschaft geworden.
Der Gesellschaftsvertrag bestimmt zur abstrakten Vertretung: die Gesellschaft wird bei Vorhandensein mehrerer persönlich haftender Gesellschafter durch zwei persönlich haftende Gesellschafter gemeinsam oder durch einen persönlich haftenden Gesellschafter gemeinsam mit einem Prokuristen vertreten; ist nur ein persönlich haftender Gesellschafter vorhanden, vertritt dieser die Gesellschaft allein.
Die beiden persönlich haftenden Gesellschafter ..... und ..... vertreten nunmehr abweichend von der bisher eingetragenen Vertretungsregelung die Gesellschaft jeweils gemeinsam mit einem anderen persönlich haftenden Gesellschafter oder gemeinsam mit einem Prokuristen.
Die Firma der Gesellschaft lautet unter Änderung des Rechtsformzusatzes künftig »B .....& B ..... KG«.
Sitz und Gegenstand der Gesellschaft bleiben unverändert. Die Geschäftsanschrift lautet unverändert .....

- *Kosten.*
a) Des Notars: Geschäftswert für den Eintritt eines Kommanditisten in eine bestehende Personenhandelsgesellschaft ist die einzutragende Kommanditeinlage des jeweiligen eintretenden Kommanditisten, mindestens 30.000 € (§ 105 Abs. 1 Nr. 6 GNotKG). Darin ist m.E. auch eine evtl. nötige Änderung des Rechtsformzusatzes als gegenstandsgleich enthalten (str.); soweit es dabei aber um mehr als nur die Änderung des Rechtsformzusatzes geht, liegt darin immer eine eigens zu bewertende Rechtstatsache als spätere Anmeldung nach § 105 Abs. 4 Nr. 3 GNotKG, Wert 30.000 €. Eine Gebühr nach Nr. 24102 i.V.m. 21201 (5) KV GNotKG von 0,5 (Tabelle B) aus den zusammengerechneten Werten (§ 35 GNotKG), jedoch Höchstwertbegrenzung auf 1 Mio. € gemäß § 106 GNotKG für alle Anmeldungen in derselben Verhandlung. Bzgl. der Gebühren für das elektronische Einreichen (s. § 124 Rdn. 43).
b) Des Registergerichts: Der Eintritt ist bei mehreren Personen je eine einzutragenden Tatsache (§ 2 Abs. 2 Satz 2 HRegGebV). Es liegen hier spätere sonstige Eintragungen bei der schon eingetragen bleibenden Personenhandelsgesellschaft vor (Neueintragung des Kommanditisten), wofür eine Gebühr nach Nr. 1501 von 60 € bzw. Nr. 1502 von 70 € und für die weiteren Eintragungen (Änderung der Vertretungsregelung der Komplementäre, sowie evtl. Änderung der Firma, der konkreten Vertretung usw.) nach Nr. 1503 (i.V.m. § 2 Abs. 4 HRegGebV) jeweils eine Gebühr von 30 € anfallen würde, bzw. nur Änderung des Rechtsformzusatzes nur nach Nr. 1504, wogegen nach Nr. 1101 als Neueintragung nur eine Gebühr von 100 € anfällt, sodass m.E. damit die Gebühr nur nach Nr. 1101 erhoben werden kann.

III. Umwandlung einer OHG in eine KG mit Erben

Scheidet aufgrund der Satzungsregelung der persönlich haftende OHG-Gesellschafter nicht mit seinem Tod aus, sondern wird die Gesellschaft aufgrund der gesellschaftsvertraglichen Nachfolgeklausel mit allen oder bestimmten seiner Erben fortgesetzt, hat der Erbe – bei mehreren jeder für sich allein – nach § 139 BGB das Recht, sein Verbleiben in der Gesellschaft davon abhängig zu machen, dass ihm die Stellung eines Kommanditisten eingeräumt wird.[16] Macht er innerhalb der Frist des § 139 Abs. 3 HGB sein Recht geltend, haftet er nur nach Erbrecht und nach §§ 171 ff. HGB. Kommanditist wird er dann erst

---

16 Hierzu auch Erläuterungen in § 137 Rdn. 57 ff. mit Vertragsmuster.

durch die Umwandlung der Beteiligung aufgrund seines Antrags und dessen Annahme durch die anderen Gesellschafter.[17] Strittig ist dabei noch, ob § 176 Abs. 2 HGB Anwendung findet, wenn bis zum Ende der Schwebezeit nicht die Eintragung erfolgt.[18] Daher sollte zügig die Eintragung vorgenommen werden. Gleiches gilt auch bei Erbfolge nach einem Kommanditisten.

16 Die Rechtsnachfolge von Todes wegen auf die Erben und die anschließende Einräumung der Kommanditistenstellung sind zwei getrennte Vorgänge und beide zur Eintragung in das Handelsregister anzumelden. Deshalb ist die Anmeldung durch alle Erben mit Erbnachweis auch dann erforderlich, wenn auch nur einzelne Erben in die Gesellschafterstellung aufgrund Sondererbfolge in den Gesellschaftsanteil nachfolgen.

17 Bei Beteiligung von Minderjährigen ist zur automatisch eintretenden Sonderrechtsnachfolge zwar keine gerichtliche Genehmigung erforderlich, wohl aber bedarf der Abschluss des KG-Vertrags der Genehmigung nach § 1822 Nr. 3 BGB und ggf. der Mitwirkung von Ergänzungspflegern, falls die Eltern des Minderjährigen mit beteiligt sind (§§ 1629 Abs. 2 Satz 1, 1795 BGB, da nicht rein rechtliche vorteilhaft wegen der Vielzahl von Pflichten und möglichen Haftungen) (siehe § 137 Rdn. 15).

18 Das Ausscheiden eines Gesellschafters kann dazu führen, dass sich die Vertretungsbefugnis anderer persönlich haftender Gesellschafter ändert, was dann im Handelsregister eingetragen werden muss. Ändert sich die Vertretungsbefugnis der anderen Gesellschafter nicht, kann dies – muss aber nicht – in der Anmeldung klargestellt werden. Geändert werden muss der Rechtsformzusatz.

19 M Zum Handelsregister A 5555 der Firma »…..& Co. oHG« melden wir an:

Der Gesellschafter B ….., geb ….., zuletzt wohnhaft ….., ist am ….. verstorben und wurde von Frau D ….., geb. am ….., wohnhaft ….., Herr H ….., geb. am ….., wohnhaft ….., und Frau G ….., geb. am ….., wohnhaft ….., beerbt.
Die Gesellschaft wird nach dem Vertrag mit seinen Erben fortgesetzt. Sie sind anstelle des verstorbenen Gesellschafters in die Gesellschaft eingetreten. Ihnen wurde aufgrund des Gesellschaftsvertrages/aufgrund deren Verlangen nach § 139 HGB jeweils die Stellung eines Kommanditisten eingeräumt. Die Gesellschaft hat dadurch die Rechtsform einer Kommanditgesellschaft. Sie wird unter der bisherigen Firma mit geändertem Rechtsformzusatz jetzt lautend: »…..& Co. KG« fortgeführt.
Kommanditisten sind:
Frau D ….., geb. am ….., wohnhaft ….., mit einer Einlage von ….. €,
Herr H ….., geb. am ….., wohnhaft ….., mit Einlagen von ….. €
und
Frau G ….., geb. am ….., wohnhaft ….., mit Einlagen von ….. €
An der Alleinvertretungsbefugnis des persönlich haftenden Gesellschafters A ….. ändert sich nichts.
oder:
Der persönlich haftende Gesellschafter A ….. ist jetzt allein zur Vertretung der Gesellschaft berechtigt.
Zum Nachweis der Erbfolge ist heute der Erbschein nach B ….. in Ausfertigung vorgelegt worden, der dem Handelsregister in elektronisch beglaubigter Abschrift eingereicht wird.
Die Geschäftsanschrift lautet unverändert (Ort, Straße).

---

17 BayObLG DNotZ 2003, 456.
18 S. MüKo-HGB/*K. Schmidt*, § 176 HGB, Rn. 24.

■ *Kosten.*
a) Des Notars: Es erfolgt keine Neueintragung, sondern ein Gesellschafterwechsel bei einer Personenhandelsgesellschaft, die hierdurch zur Kommanditgesellschaft wird. Deshalb liegt keine Erstanmeldung vor, weil die OHG und KG im Verhältnis zueinander keine verschiedenen Rechtspersönlichkeiten sind.[19] Das Löschen des Verstorbenen und die Neueintragung der Erben ist eine einzige anzumeldende Rechtstatsache, wie sich aus § 105 Abs. 1 Nr. 6 GNotKG ergibt mit dem Geschäftswert in Höhe der einzelnen Kommanditeinlagen, jedoch mindestens 30.000 €.[20] Die Änderung der Vertretungsregelung und der Firma soll eine Anmeldung nach § 105 Abs. 4 Nr. 3 GNotKG mit dem Wert von 30.000 € sein, selbst wenn nur allein der Rechtsformzusatz zu berichtigen ist (siehe hierzu bei Muster Rdn. 14 M). Eine Gebühr nach Nr. 24102 i.V.m. 21201 (5) KV GNotKG von 0,5 (Tabelle B) aus allen zusammengerechneten Werten der Anmeldungstatsachen (§ 35 GNotKG); Höchstwertbegrenzung auf 1 Mio. € gemäß § 106 GNotKG. Bzgl. der Gebühren für das elektronische Einreichen (s. § 124 Rdn. 43).
b) Des Registergerichts: Das Eintreten und Ausscheiden einzutragender Personen ist hinsichtlich einer jeden Person eine besondere Tatsache (§ 2 Abs. 2 Satz 2 HRegGebV), ebenso für die Firmenänderung und die Änderung des Vertretung des persönlich haftenden Gesellschafters, wobei aber für sonstige spätere Eintragungen nach Nr. 1501 für die erste einzutragende Tatsache eine Gebühr von 60 € anfällt und für jede weitere Tatsache eine Gebühr nach Nr. 1503 von je 30 €; da aber die Ersteintragung ggf. nach Nr. 1101 günstiger sein kann, ist m.E. diese niedriger Gebühr nur maßgeblich (strittig).

IV. Eintritt eines Kommanditisten in eine bestehende Einzelfirma

Wer in eine Einzelfirma eintritt,[21] kann die Haftung der neuen Gesellschaft und damit seine eigene Haftung für die alten Verbindlichkeiten des bisherigen Einzelunternehmens nach § 28 Abs. 2 HGB ausschließen;[22] den in die Stellung des Kommanditisten wechselnden bisherigen Einzelunternehmer trifft jedoch die Nachhaftung gemäß § 28 Abs. 3 HGB. Dazu ist die rechtzeitige Eintragung im Handelsregister und Bekanntmachung erforderlich. Eile ist daher geboten, s. § 126. – Der beitretende Kommanditist haftet jedoch bis zu seiner Eintragung im Handelsregister unbeschränkt nach § 176 Abs. 1 HGB für die im Handelsgeschäft der KG begründeten Verbindlichkeiten, sodass diese unverzüglich vorgenommen werden sollte, oder der Beitritt wird *aufschiebend bedingt* auf die Eintragung erklärt, wobei diese Bedingung aber nicht in der Handelsregisteranmeldung angegeben werden muss. Nachdem er eingetragen wurde, haftet er für die ab dann begründeten Verbindlichkeiten nur noch, soweit er seine Einlage noch nicht vollständig erbracht hat, dabei aber nur bis zu deren Höhe (§§ 171, 172 HGB). S. § 137 Rdn. 6 f. Wegen Beitritt eines Minderjährigen s.o. Rdn. 10.

20

Eintritt eines Kommanditisten in Einzelunternehmen

Zum Handelsregister wird bei der Firma »...... e.K.« angemeldet:

21 M

---

19 OLG Düsseldorf DNotZ 78, 756.
20 Korintenberg/*Tiedtke*, § 105 GNotKG Rn. 36 ff.
21 Vertragsmuster bei § 137 Rdn. 54 M; steuerliche Hinweise bei § 131 Rdn. 34 ff.
22 Für den in eine *bestehende* Gesellschaft eintretenden Kommanditisten ist dagegen ein Haftungsausschluss ebenso wenig möglich (§ 173 Abs. 2 HGB) wie für den eintretenden persönlich haftenden Gesellschafter (§ 130 HGB); s. zur Haftungsbeschränkung § 137 Rdn. 66, § 138 Rdn. 13, 29

Frau ....., geb. am ....., wohnhaft in ..... ist in das bisherige Einzelhandelsgeschäft der Firma »..... e.K.« als Kommanditistin mit einer Hafteinlage von ..... € eingetreten. Der Sitz ist ......
Die Gesellschaft haftet nicht für die im Betrieb des Geschäftes des bisherigen Geschäftsinhabers entstandenen Verbindlichkeiten.
Die Firma ist geändert in
.....& Co. KG
Die allgemeine Vertretungsregelung bestimmt:
Die Gesellschaft wird durch jeden persönlich haftenden Gesellschafter einzeln vertreten.
Unternehmensgegenstand der Gesellschaft ist weiterhin der Betrieb eines Gartenbauunternehmens.
Die im Handelsregister eingetragene Geschäftsanschrift ist unverändert.

- **Kosten.**
  a) Des Notars: Nur *ein* Gegenstand (strittig), nämlich Neugründung der KG, wird angemeldet. Die Firmenänderung und der Haftungsausschluss sind Bestandteile der Anmeldung der KG. Geschäftswert ist nach § 105 Abs. 1 Nr. 5 GNotKG = Wert der Kommanditeinlage zzgl. 30.000 € für den persönlich haftenden Gesellschafter, da der Eintritt des Kommanditisten zu einer Neugründung der KG führt. Darin ist auch die Änderung des Rechtsformzusatzes mit enthalten. Nach a.A. ist (wenn ggb.) auch die Anmeldung eines Erlöschens der Firma des bisherigen Inhabers kostenrechtlich nach § 105 Abs. 4 Nr. 4 GNotKG gesondert anzusetzen.[23] Die Anmeldung des Haftungsausschlusses wird als selbstständige Erklärung angesehen, jedoch nur mit einem Teilwert gemäß § 36 Abs. 2, 3 GNotKG. Gebühr aus den zusammengerechneten Werten nach Nr. 24102 i.V.m. 21201 (5) KV GNotKG von 0,5 (Tabelle B); Höchstwertbegrenzung für alle Anmeldungen in einer Urkunde nach § 106 GNotKG auf 1 Mio. €. Bzgl. der Gebühren für das elektronische Einreichen (s. § 124 Rdn. 43).
  b) Des Registergerichts: Die Löschung der Einzelfirma ist nach Vorbem. (4) zur Anlage der HRegGebV gebührenfrei. Die Neueintragung der Kommanditgesellschaft löst eine Gebühr nach Nr. 1101 der Anlage zur HRegGebV von 100 € aus; der Haftungsausschluss ist unselbstständiger Teil der KG-Eintragung und gemäß § 2 Abs. 1 HRegGebV von dieser erfasst. Teilweise wird vertreten, dass daneben für den Eintritt des Kommanditisten in das Einzelunternehmen eine Gebühren nach Nr. 1500 HRegGebV anfällt.

V. Eintritt eines weiteren persönlich haftenden Gesellschafters in eine KG

22 Der Ausschluss der Haftung des neu eintretenden persönlich haftenden Gesellschafters für die alten Schulden ist den Gläubigern gegenüber unwirksam (§§ 161 Abs. 2, 130 Abs. 2 HGB). Alle Gesellschafter, auch die Kommanditisten, müssen anmelden (§ 161 Abs. 2 i.V.m. § 108 Abs. 1 HGB).[24]

Anmeldung Eintritt eines weiteren persönlich haftenden Gesellschafters

23 M Frau ....., geb. am ....., wohnhaft in ....., ist als weiterer persönlich haftender Gesellschafter eingetreten.

---
23 Korintenberg/*Tiedtke*, 20. Aufl., § 105 GNotKG Rn. 46. nach *Gustavus*, 9. Aufl., A 61 soll auch die Einwilligung in die Firmenfortführung ein gesonderter Anmeldungstatbestand sein.
24 Vertragsmuster bei § 137 Rdn. 67 M.

(Nur, soweit die allgemeine Vertretungsregelung bisher noch nicht angemeldet und eingetragen wurde:) Die allgemeine Vertretungsregelung lautet: (z.B. Hat die Gesellschaft nur einen persönlich haftenden Gesellschafter, vertritt er die Gesellschaft allein. Sind mehrere persönlich haftende Gesellschafter vorhanden, wird die Gesellschaft entweder durch zwei von ihnen gemeinsam oder durch einen von ihnen gemeinsam mit einem Prokuristen vertreten. Die Übertragung von Alleinvertretungsbefugnis ist durch (einstimmigen) Gesellschafterbeschluss zulässig.
Frau ..... vertritt die Gesellschaft gemeinsam mit einem weiteren persönlich haftenden Gesellschafter oder gemeinsam mit einem Prokuristen. Herr ..... vertritt die Gesellschaft weiterhin einzeln.
Die Geschäftsanschrift lautet unverändert: (Ort, Straße).

■ **Kosten.**
a) Des Notars: Wert nach § 105 Abs. 4 Nr. 3 GNotKG: 30.000 €. Die Regelung der Vertretungsberechtigung gehört zur Anmeldung und Eintragung des neuen Gesellschafters. Nach Nr. 24102 i.V.m. 21201 (5) KV GNotKG eine 0,5 Geb. (Tabelle B). Bzgl. der Gebühren für das elektronische Einreichen (s. § 124 Rdn. 43).
b) Des Registergerichts: eine Gebühr nach Nr. 1501 i.H.v. 60 €.

VI. Erhöhung und Herabsetzung der Kommanditeinlagen

Jede Änderung der Höhe des Haftbetrages der Kommanditeinlagen (nicht der Pflichteinlage) ist von *allen* Gesellschaftern anzumelden (§ 175 Satz 1 HGB). Sie kann nicht erzwungen werden (§ 175 Satz 3 HGB). Der geänderte Betrag ist in Euro anzugeben. Die Einlagenbeträge der übrigen Gesellschafter können unverändert auf DM-Betrag bleiben. Die Bekanntmachung der Einlagenänderung erfolgt nicht mehr[25] (§ 175 Satz 2 i.V.m. § 162 Abs. 2 HGB). Davon zu unterscheiden ist der Hinzuerwerb oder die Abtretung eines (Teil-)Kommanditanteiles.[26]

Die Einlageerhöhung muss vor Eintragung nicht erbracht und somit nicht dem Handelsregister nachgewiesen werden. Der Kommanditist haftet den Gläubigern der Gesellschaft unmittelbar und persönlich bis er die erhöhte Einlage geleistet hat (§ 171 Abs. 1 HGB), wobei vor der Eintragung der Erhöhung im Handelsregister sich die Gläubiger auf diese Haftung nur berufen können, wenn die Erhöhung in handelsüblicher Weise kundgemacht oder ihnen in anderer Weise von der Gesellschaft mitgeteilt worden ist (§ 172 Abs. 2 HGB).

Eine Herabsetzung der Hafteinlage hat gegenüber Gläubigern der KG nur Wirkung, wenn sie eingetragen ist, und auch dann nur gegenüber späteren Gläubigern (§ 174 HGB). Der Gesellschafter der herabgesetzten Einlage haftet i.H.d. Herabsetzungsbetrages unmittelbar und persönlich allen Gesellschaftsgläubigern, sobald ihm der Einlagebetrag zurückbezahlt wurde (§ 172 Abs. 4 HGB i.V.m. § 171 Abs. 1 HGB). Die Haftung begrenzt sich jedoch auf 5 Jahre ab der Eintragung der Herabsetzung im Handelsregister auf die zu diesem Zeitpunkt bestehenden Gesellschaftsgläubiger (§ 160 Abs. 1 Satz 2 HGB). Die Eintragung ist aber nur deklaratorisch, sodass die Frist unabhängig von der Handelsregistereintragung schon mit vorheriger positiver Kenntnis des Gesellschaftsgläubigers beginnt.[27]

---
25 Baumbach/*Hopt*, § 175 HGB Rn. 2.
26 Dazu bei Rdn. 44.
27 BGH Urt. v. 24.09.2007 – II ZR 283/05 = MittBayNot 2008, 138 = NJW 2007, 3784 = DStR 2007, 2222.

Anmeldung Erhöhung/Herabsetzung der Kommanditeinlage

27 M 1. Die Einlage des Kommanditisten ....., geb ....., wohnhaft ....., ist von 20.000 € auf 10.000 € herabgesetzt worden.
2. Die Einlage der Kommanditistin ....., geb ....., wohnhaft ....., ist von 20.000 € auf 50.000 € erhöht worden.

■ *Kosten.*
a) Des Notars: Geschäftswert ist die Summe der Nennbeträge aller angemeldeten Einlageerhöhungen und Herabsetzungen (§ 105 Abs. 1 Nr. 7 GNotKG, Wert mind. 30.000 € je angemeldeter Änderung). Eine Gebühr nach Nr. 24102 i.V.m. 21201 (5) KV GNotKG von 0,5 (Tabelle B) aus der Summe aller Anmeldungstatsachen (§ 35 GNotKG) (aber Höchstwert nach § 106 GNotKG: 1 Mio €). Bzgl. der Gebühren für das elektronische Einreichen (s. § 124 Rdn. 43).
b) Des Registergerichts: Eingetragen werden mehrere Registertatsachen als spätere sonstige Eintragungen, für die nach § 2 Abs. 2 Satz 1 HRegGebV für jede Tatsache eine gesonderte Gebühr erhoben wird. Jedoch werden Anmeldungen beim selben Unternehmen am selben Tag als eine Anmeldung behandelt (§ 2 Abs. 4 HRegGebV). Gebühr für die erste Tatsache nach Nr. 1501 oder 1502 von 60 bzw. 70 € (je nach Gesellschafterzahl) und für jede weitere Tatsache nach Nr. 1503 i.H.v. je 30 €.

VII. Kommanditistenwechsel; Eintritt, Ausscheiden

1. Ein- und Austritt ohne rechtlichen Zusammenhang

28 Das Ausscheiden eines Kommanditisten[28] aufgrund eines grundsätzlich formfreien Vertrages zwischen dem austretenden und den übrigen Gesellschaftern führt mit dem Wirksamwerden des Vertrages zum Erlöschen der Mitgliedschaft und der Anwachsung seiner Gesellschaftsbeteiligung bei den verbleibenden Gesellschaftern gemäß § 738 Abs. 1 Satz 1 BGB nicht zu einer Erhöhung deren Hafteinlage.[29] Der ausscheidende Kommanditist haftet wegen der durch Auszahlung des Auseinandersetzungsguthabens erfolgten Rückzahlung seiner Einlage beschränkt auf seine Hafteinlage für die bis zu seinem Austritt entstandenen Verbindlichkeiten den Altgläubigern unmittelbar (§§ 171, 172 Abs. 4 Satz 1 HGB), jedoch zeitlich begrenzt ab Eintragung seines Ausscheidens im Handelsregister bis zum Verjährungseintritt bzw. Ablauf der Nachhaftungsfrist gemäß § 160 HGB.[30] Um die Frist des § 160 HGB in Lauf setzen zu können, kann auch der Kommanditist, der schon vor der Eintragung der KG (oder seines Eintritts) in das Handelsregister wieder ausgeschieden ist, verlangen, dass sein Eintritt und Ausscheiden in das Handelsregister eingetragen werden.[31] Alle Gesellschafter müssen anmelden, auch der Ausgeschiedene oder dessen sämtliche Erben (§ 162 Abs. 3 i.V.m. § 108 Abs. 1 HGB). Der Wechsel bei den Kommanditisten wird nicht vom Handelsregister bekannt gemacht.

29 Ein neu eintretender Kommanditist[32] haftet bis zur vollständigen Erbringung seiner Einlage unmittelbar (§ 171 Abs. 1 HGB) und unabdingbar für die bestehenden Altschulden (§ 173

---

28 Zu den möglichen steuerrechtlichen Folgen, insb. bei Abfindung mit einem Sachgegenstand, s. § 131 Rdn. 76 ff.
29 DNotI-Report 2010, 23.
30 Die Handelsregistereintragung ist aber nur deklaratorisch, sodass die Frist schon mit vorheriger positiver Kenntnis des Gesellschaftsgläubigers beginnt (BGH Urt. v. 24.09.2007 – II ZR 283/05 = DStR 2222, 2007).
31 OLG Oldenburg DNotZ 1988, 57.
32 Zu den Einzelheiten und bzgl. Muster eines Aufnahmevertrages: § 137 Rdn. 61 ff.

Abs. 1 HGB) wie auch unbeschränkt für die bis zu seiner Eintragung im Handelsregister begründeten Neuschulden (§ 176 Abs. 2 HGB). Der Eintritt des Kommanditisten erfolgt daher in der Regel unter der aufschiebenden Bedingung seiner Eintragung im Handelsregister, um die Haftung nach § 176 Abs. 2 HGB zu vermeiden;[33] diese Bedingung muss in der Anmeldung nicht angegeben werden, da sie nicht im Handelsregister eingetragen werden kann.

Die zwingend erforderliche Handelsregistereintragung hat lediglich deklaratorische Bedeutung. Strittig ist, ob der namensgebende Kommanditist im Falle seines Ausscheidens zur Firmenfortführung zustimmen muss. Für das Ausscheiden gelten die §§ 738–740 BGB (hierzu § 130 Rdn. 100 ff.). **30**

Der Beitritt eines Minderjährigen als Kommanditist bedarf grundsätzlich der familiengerichtlichen Genehmigung; unter bestimmten Voraussetzungen jedoch nicht, soweit dies nur rein vermögensverwaltend ist.[34] **31**

Die Beendigung der Gesellschafterstellung ist nicht lediglich rechtlich vorteilhaft i.S.v. § 107 BGB, sodass bei Interessenkollision des gesetzlichen Vertreters gemäß § 181 BGB nach § 1909 Abs. 1 Satz 1 BGB ein Ergänzungspfleger zu bestellen ist. Eine Genehmigungsbedürftigkeit i.S.v. § 1822 BGB besteht nicht.[35] Allerdings kann § 1823 BGB hier Anwendung finden, sodass ein Vormund/Ergänzungspfleger die Genehmigung des Familiengerichts einholen sollte, welche aber dann nicht für die Handelsregistereintragung erforderlich ist. Die Eltern brauchen dagegen keine Genehmigung des Familiengerichts, da § 1643 Abs. 1 BGB nicht auf § 1823 BGB verweist und sich § 1645 BGB nur auf neue Erwerbsgeschäfte bezieht.[36] Wegen der Vertretungsberechtigung bei der Registeranmeldung siehe Rdn. 42.

Besteht die KG nur noch aus zwei Personen, ist darauf zu achten, dass der Eintritt vor dem Ausscheiden erfolgt und in dieser Weise auch angemeldet wird, um das Erlöschen der KG zu vermeiden. Beides kann jedoch in einer Handelsregisteranmeldung erfolgen. Der Beitritt darf dann nicht aufschiebend bedingt auf die Eintragung erfolgen. **32**

Anmeldung Ein- und Austritt von Kommanditisten

**1. Frau ….., geb. am ….., wohnhaft ….., ist in die Gesellschaft mit einer Einlage von ….. € als Kommanditistin eingetreten.
2. Der Kommanditist ….., geb. am ….., wohnhaft ….., ist mit seiner Kommanditeinlage von ….. €[37] danach am gleichen Tag aus der Gesellschaft ausgeschieden. Er hat in die Fortführung der Firma wegen seines darin enthaltenen Namens durch die Gesellschaft eingewilligt.** **33 M**

■ *Kosten.*
a) Des Notars: Geschäftswert für den miteinander verbundenen Eintritt eines Kommanditisten in und das Ausscheiden aus einer bestehenden KG ist jeweils die einfache Kommanditeinlage des eintretenden bzw. ausscheidenden Kommanditisten (§ 105 Abs. 1 Nr. 6 GNotKG), Mindestwert nach § 105 Abs. 1 Satz 2 GNotKG jeweils 30.000 €. Bei unabhängigem Eintritt und Ausscheiden liegt Gegenstandsverschiedenheit vor, sodass gemäß § 35 GNotKG aus der Summe dieser Geschäftswerte eine Gebühr nach Nr. 24102 i.V.m. 21201 (5) KV GNotKG von 0,5 (Tabelle B) anfällt, Höchstwertbegrenzung auf 1 Mio. €

---

33 BGHZ 82, 212.
34 Sowie § 137 Rdn. 63
35 *Rust*, DStR 2005, 1992; *Reimann*, DNotZ 1999, 179, 205; Palandt/*Diederichsen*, § 1822 BGB Rn. 10; a.A. MüKo-BGB/*Wagenitz*, § 1822 BGB Rn. 19.
36 *Rust*, DStR 2005, 1992; *Reimann*, DNotZ 1999, 179, 205.
37 Meist noch auf DM-Betrag eingetragen, eine Umrechnung auf Euro ist beim Ausscheiden nicht mehr erforderlich.

gemäß § 106 GNotKG für alle Anmeldungen in derselben Verhandlung. Bzgl. der Gebühren für das elektronische Einreichen (s. § 124 Rdn. 43).
b) Des Registergerichts: Der Eintritt bzw. das Ausscheiden ist bei mehreren Personen je eine einzutragenden Tatsache (§ 2 Abs. 2 Satz 2 HRegGebV). Es liegen hier spätere sonstige Eintragungen vor, wofür zunächst eine Gebühr nach Nr. 1501bzw. 1502 von 60 bzw. 70 € für die erste Eintragung und für die weitere Eintragungen nach Nr. 1503 (i.V.m. § 2 Abs. 4 HRegGebV) jeweils eine Gebühr von 30 € anfällt.

Eintritt einer BGB-Gesellschaft als Kommanditist

34   Bei Eintritt einer BGB-Außengesellschaft als Kommanditistin sind neben der Bezeichnung der Gesellschaft auch die ihr zum Zeitpunkt des Beitritts angehörenden Gesellschafter mit Namen, Geburtstag und Wohnort (entsprechend §§ 106 Abs. 2, 161 Abs. 2 HGB) zur Eintragung in das Handelsregister anzumelden (§ 162 Abs. 2 Satz 2 HGB); das Gleiche gilt bei jedem späteren Wechsel in der Zusammensetzung der Gesellschafter der Gesellschaft bürgerlichen Rechts.[38]

Anmeldung Eintritt einer BGB-Gesellschaft als Kommanditist

35 M   **Der Gesellschaft ist als weiterer Kommanditist mit einer Einlage von ..... € beigetreten: die Gesellschaft bürgerlichen Rechts unter der Bezeichnung**
..... **GbR**
mit dem Sitz in Augsburg, bestehend aus den Gesellschaftern
Ludwig Lang, geb ....., wohnhaft
Gertrud Reich, geb ....., wohnhaft
Agnes Amann, geb ....., wohnhaft

■ *Kosten.* Wie bei Rdn. 33 M.

36   Jede Veränderung bei den Gesellschaftern der GbR ist dann auch bei der KG zur Eintragung ins Handelsregister anzumelden.

37 M   **Bei der Kommanditistin unter der Bezeichnung »Franz Familienvermögensgesellschaft bürgerlichen Rechts« ist der bisherige Gesellschafter Egon Franz ausgeschieden; an seiner Stelle ist Frau Agathe Franz, geb. Maus, geb. am 12.04.1938, Zwickau, Alleenstraße 17, in die Gesellschaft eingetreten.**

■ *Kosten.* Notar: Wert nach § 105 Abs. 4 Nr. 3 GNotKG 30.000 € (m.E. ist die Erbengemeinschaft als ein Rechtsnachfolger bei der Registeranmeldung zu behandeln; anders nur bei Sondererbfolge auf den jeweiligen Erben). Gebühr nach Nr. 24102 i.V.m. 21201 (5) KV GNotKG von 0,5 (Tabelle B). Gericht: eine Gebühr nach Nr. 1501bzw. 1502 von 60 bzw. 70 € für die erste Eintragung und für die weitere Eintragungen nach Nr. 1503 (i.V.m. § 2 Abs. 4 HRegGebV) jeweils eine Gebühr von 30 €.[39]

2. Ein- und Austritt als Rechtsnachfolge

38   Der Kommanditistenwechsel durch Rechtsnachfolge kann sich vollziehen entweder
– aufgrund Sonderrechtsnachfolge durch Anteilsabtretung oder

---

38 Dazu auch BGHZ 148, 291 = DNotZ 2002, 57 m. Anm. *Heil*.
39 Korintenberg/*Thamke*, 20. Aufl., § 2 HRegGebV Rn. 15.

– aufgrund Gesamtrechtsnachfolge.
Im Handelsregister ist dabei jeweils einzutragen, dass er auf Rechtsnachfolge beruht.

a) Durch lebzeitige Abtretung

Der Gesellschafterwechsel kann statt getrenntem Ein- und Austritt in der Weise erfolgen, dass der ausscheidende Kommanditist seinen Kommanditanteil an den Eintretenden abtritt,[40] wozu es entweder der Zustimmung aller Gesellschafter oder der Zulassung im Gesellschaftsvertrag bedarf. Im Handelsregister sind auch in diesem Fall das Ausscheiden des bisherigen und der Eintritt des neuen Kommanditisten einzutragen, was von allen Gesellschaftern, auch den nicht beteiligten Kommanditisten, anzumelden ist (§§ 162, 175 HGB).[41] Ist der Kommanditanteil noch als DM-Betrag eingetragen, ist die Übertragung nur mit Betragsangabe in Euro möglich.[42] Soll der »krumme« Euro-Betrag durch Erhöhung oder Herabsetzung der Einlage geglättet werden, muss zusätzlich eine Erhöhung oder Herabsetzung angemeldet werden. Ein rechtlicher Zwang, die anderen noch als DM-Betrag eingetragenen Anteile in Euro umzustellen, besteht nicht.[43] Die Haftsumme gegenüber den Gesellschaftsgläubigern soll sich durch eine solche Sonderrechtsnachfolge jedoch nicht verdoppeln, da der neue Gesellschafter auch hinsichtlich der Haftung gegenüber den Gesellschaftsgläubigern die Rechtsposition des bisherigen Kommanditisten einnimmt: Der Ausscheidende erhält keine Rückzahlung der Einlage, die von ihm erbrachte Einlageleistung wirkt vielmehr für den Neuen, der damit nicht nach § 173 HGB haftet, soweit die Einlage voll erbracht und nicht ganz oder teilweise zurückgewährt wurde.

39

Um das Wiederaufleben der Haftung des Ausscheidenden nach § 172 Abs. 4 HGB[44] auszuschließen, bedarf es der Eintragung eines entsprechenden Sonderrechtsnachfolge-Vermerks, der auch nach Änderung der Bestimmung des § 162 Abs. 2 HGB immer noch erforderlich ist, damit die Gesellschaftsgläubiger aus dem Handelsregister ersehen können, wie sich die Haftungslage im Außenverhältnis ergibt.[45] Dazu haben bei ganzer oder teilweiser Anteilsabtretung die persönlich haftenden Gesellschafter in vertretungsberechtigter Anzahl und der übertragende Kommanditist dem Handelsregister gegenüber in der Handelsregisteranmeldung höchstpersönlich (Vertretung ist nicht möglich),[46] jedoch nur schriftlich und nicht in beglaubigter Form des § 12 Abs. 1 Satz 1 HGB[47] zu versichern, dass der ausscheidende bzw. teilabtretende Kommanditist von Seiten der Gesellschaft keinerlei Abfindung für die von ihm abgegebenen Anteilsrechte aus dem Gesellschaftsvermögen gewährt oder versprochen erhalten hat. Der Erwerber und die übrigen Kommanditisten müssen nicht versichern.[48] Fehlt der Nachfolgevermerk im Register, wird der Veräußerer so behandelt, als sei die Einlage an ihn zurückgezahlt worden; der Erwerber kann sich dennoch auf die Einzahlung der Einlage berufen.[49]

40

---

40 Vertragsmuster und nähere Erläuterungen zur Abtretung eines Kommanditanteils bei § 137 Rdn. 77 ff.
41 Nach OLG Stuttgart v. 31.10.2012 – 14 U 19/12, DStR 2013, 1138, steht jedem einzelnen Mitgesellschafter ein Anspruch gegen jeden anderen Mitgesellschafter auf Mitwirkung bei der Anmeldung zu.
42 Ab der dritten Nachkommastelle werden entsprechend der in Deutschland üblichen kaufmännischen Rundungsmethode Nachkommastellen, die kleiner oder gleich 4 sind, abgerundet, und solche, die gleich oder größer 5 sind, aufgerundet (OLG Stuttgart v. 31.10.2012 – 14 U 19/12, DStR 2013, 1138).
43 *Gustavus*, 7. Aufl., S. 59; die Anpassung kann jedoch gemäß Art. 45 Abs. 1 HGB frei von der in § 12 HGB vorgeschriebenen Form zur Eintragung im Handelsregister, jedoch im elektronischen Verfahren angemeldet werden (Kostenvergünstigung nach § 105 Abs. 5 GNotKG auch bei zusätzlicher Glättung).
44 BGHZ 81, 82 = NJW 1981, 2787.
45 BGH DNotZ 2006, 135. Zur Kritik hierzu *Bielefeldt*, RpflStud. 2013, 15.
46 OLG Köln v. 21.07.2017 – 4 Wx 9/17; KG v. 28.04.2009 – 1 W 389/08 = NotBZ 2009, 367.
47 KG v. 28.04.2009 – 1 W 389/08 = NotBZ 2009, 367, da nicht Teil der Anmeldung.
48 OLG Zweibrücken Rpfleger 2002, 156; die wissentlich falsche Abgabe der Versicherung ist strafbewehrt nach § 263 StGB (KG v. 12.03.1985 – 1 W 3699/84, 498/85).
49 BGHZ 81, 82 = NJW 1981, 2747.

41 Umstritten ist, ob die Anteilsabtretung unter Lebenden ein Eintritt im Sinne von § 176 Abs. 2 HGB ist.[50] Um dieses Haftungsrisiko in der Praxis auszuschließen, sollte der Anteilserwerb daher erst mit Eintragung im Handelsregister wirksam werden und auf diesen Zeitpunkt aufschiebend bedingt die Übertragung erklärt werden. Diese kann im Innenverhältnis mit einer auflösend bedingten Verwaltungstreuhand des Veräußerers zugunsten des Erwerbers kombiniert werden.[51]

42 Minderjährige werden bei der Registeranmeldung, bei der es sich um eine verfahrensrechtliche Erklärung und nicht um ein Rechtsgeschäft im Sinne des § 181 BGB handelt, immer von ihren Eltern als gesetzliche Vertreter vertreten, selbst wenn diese auch im eigenen Namen handeln. Die zur Wirksamkeit der Anteilsübertragung eventuell erforderliche Zustimmung des Ergänzungspflegers (§ 137 Rdn. 78) ist zusammen mit der entsprechenden Bestallungsurkunde in elektronischer Form nachzuweisen, ebenso die Erteilung der evtl. erforderlichen gerichtlichen Genehmigung nebst Rechtskraft, einschließlich des Zuganges an die übrigen Gesellschafter; dazu empfiehlt es sich, erst nach Vorliegen der gerichtlichen Genehmigung die Handelsregisteranmeldung vorzunehmen und darin die Mitteilung von allen Gesellschaftern bestätigen zu lassen. Ansonsten müssen dem Gericht weder die Vereinbarung über die Sonderrechtsnachfolge noch ein Bedingungseintritt nachgewiesen werden.[52]

Wurde der Name des ausscheidenen Kommanditisten zur Firmenbildung verwendet, ist zur Fortführung der Firma auch dessen Zustimmung als erforderlich angesehen.

Anmeldung rechtsgeschäftliche Übertragung von Kommanditanteil

43 M Der Kommanditist ….. geb ….., wohnhaft ….., ist aus der Gesellschaft ausgeschieden. Er hat seinen Kommanditanteil von ….. € je zur Hälfte, also je ….. €, seiner Tochter ….., geb. am ….., und seinem Sohn ….., geb. am ….., beide wohnhaft in ….., übertragen. Diese sind als seine Sonderrechtsnachfolger in den Kommanditanteil in die Gesellschaft eingetreten. Der Ausgeschiedene hat wegen seines darin enthaltenen Namens in die Fortführung der Firma durch die Gesellschaft eingewilligt.

Der bisherige Kommanditist und der persönlich haftende Gesellschafter versichern, dass dem ausgeschiedenen Kommanditisten keinerlei Abfindung aus dem Gesellschaftsvermögen gewährt oder versprochen ist.

Eingereicht wird dem Registergericht in elektronisch signierter Form die Bestallungsurkunde des für den minderjährigen Gesellschafter ….. handelnden Ergänzungspflegers sowie die für die Wirksamkeit der Anteilsübertragung erforderliche familiengerichtliche Genehmigung nebst Rechtskraftzeugnis. Alle unterzeichnenden Gesellschafter versichern, dass diese Genehmigung ihnen gemäß § 1829 Abs. 1 Satz 2 BGB mitgeteilt wurde.

■ **Kosten.**
a) Des Notars: Geschäftswert ist nach § 105 Abs. 1 Nr. 6 GNotKG, wenn ein Kommanditist als Nachfolger eines anderen in die Gesellschaft eintritt, die Höhe der im Handelsregister eingetragenen Kommanditeinlage, mind. 30.000 €. Wird bei einer solchen Rechtsnachfolge die Hafteinlage geteilt, ist der Mindestwert auf jede geteilte Einlage anzuwenden. Ausscheiden und Eintritt sind hier gegenstandsgleich; ebenso auch die Versicherung über die unterlassene Abfindungszahlung. Eine Gebühr nach Nr. 24102 i.V.m. 21201

---

50 So BGHZ 66, 100; NJW 1983, 2259; dagegen die herrschende Literaturmeinung: Baumbach/*Hopt*, § 176 HGB Rn. 11 m.w.N.
51 Im Einzelnen MüKo-HGB/*K. Schmidt*, § 176 HGB Rn. 31. Siehe auch oben § 137 Rdn. 85
52 OLG Hamm, Beschl. v. 06.07.2011 – I 27 W 88/11.

(5) KV GNotKG von 0,5 (Tabelle B) aus dem Gesamtwert der Teile (Mindestwert § 105 Abs. 1 Satz 2 GNotKG 30.000 € und Höchstwertbegrenzung von 1 Mio. € nach § 106 GNotKG). Bzgl. der Gebühren für das elektronische Einreichen (s. § 124 Rdn. 43).
b) Des Registergerichts: Der Eintritt bzw. das Ausscheiden ist hinsichtlich jeder Person je eine einzutragenden Tatsache (§ 2 Abs. 2 Satz 2 HRegGebV). Es liegen hier spätere sonstige Eintragungen vor, wofür zunächst eine Gebühr nach Nr. 1501 bzw. 1502 von 60 bzw. 70 € für die erste Eintragung und für die weitere Eintragungen nach Nr. 1503 (i.V.m. § 2 Abs. 4 HRegGebV) jeweils eine Gebühr von 30 € anfällt.

(Teilweise) Rechtsnachfolge durch Abtretung auf Mit- und Neugesellschafter

Auch wenn der Kommanditist nicht vollständig ausscheidet, sondern lediglich Teile seiner Einlage abtritt, ist um die Haftungsbegrenzung der Sonderrechtsnachfolge zu erlangen, diesbezüglich die Versicherung abzugeben.[53]

44

Anmeldung Teilabtretung von Kommanditanteil

1. Der Kommanditist ....., geb ....., wohnhaft ....., hat im Wege der Sonderrechtsnachfolge von seiner Kommanditeinlage von ..... € folgende Teile abgetreten:
a) an die Kommanditistin Frau ....., geb. am ....., wohnhaft ....., einen Anteil von ..... €, wodurch sich die Einlage dieser Kommanditistin von ..... € auf ..... € erhöht,
b) an den neu in die KG eingetretenen Kommanditisten ....., geb. am ....., wohnhaft in ....., einen Anteil von ..... €.
Die Kommanditeinlage des Gesellschafters ..... ist durch diese Abtretungen und durch die Abtretung eines Anteils von ..... € an den persönlich haftenden Gesellschafter ..... auf ..... € herabgesetzt.
2. Der Kommanditisten ..... hat seine erworbene Einlage von ..... € um eine weitere Einlage von ..... € auf ..... € erhöht.
Es wird vom übertragenden Kommanditist und vom persönlich haftenden Gesellschafter versichert, dass dem übertragenden Kommanditisten keine Abfindung aus dem Geschäftsvermögen der Kommanditgesellschaft, gewährt oder versprochen worden ist.
Die Geschäftsanschrift lautet unverändert:.....(Ort, Straße), wo sich auch die Geschäftsräume befinden.

45 M

■ *Kosten.* Wie bei vorstehendem Muster: Geschäftswert beim Notar für jede Anteilsabtretung (jeweils eigener Gegenstand) ist die Höhe des jeweils abgetretenen Kommanditanteiles (§ 105 Abs. 1 Nr. 6 GNotKG); die Herabsetzung ist gegenstandsgleich; ebenso auch die Versicherung über die unterlassene Abfindungszahlung; Wert bei der gesonderten Erhöhung der Kommanditeinlage der Erhöhungsbetrag (§ 105 Abs. 1 Nr. 7 GNotKG); aber je angemeldetem Gegenstand Wert mind. 30.000 €. Bzgl. der Gebühren für das elektronische Einreichen (s. § 124 Rdn. 43). Die Einlagenerhöhung ist auch eine eigene sonstige Eintragung, die beim Registergericht eine Gebühr nach Nr. 1503 der Anlage zur HRegGebV auslöst.

b) **Durch Erbfolge**

Ein Kommanditanteil ist, soweit der Gesellschaftsvertrag dies nicht ausschließt, gemäß § 177 HGB vererblich. Mehrere Erben werden – soweit der Gesellschaftsvertrag keine besondere

46

---

53 Zu steuerrechtlichen Fragen s. bei § 131 Rdn. 56 ff.

qualifizierte Nachfolgeklausel beinhaltet – nicht in Erbengemeinschaft Kommanditisten, sondern einzeln jeweils mit einem ihrer Erbquote entsprechenden Anteil der Hafteinlage, die zu bezeichnen und gegebenenfalls nach kaufmännischen Grundsätzen zu runden und – soweit noch als DM-Betrag eingetragen – zwingend als Euro-Betrag (auch mit Cent-Betrag) einzutragen ist.[54] Die Erbfolge ist als Sondererbfolge in Form der Gesamtrechtsnachfolge von allen Gesellschaftern einschließlich aller Erben zur Eintragung in das Handelsregister anzumelden und dort als solche auch einzutragen. Die Erbenstellung ist dem Registergericht nachzuweisen (Form: § 12 HGB). Einer Versicherung, dass der ausscheidende Kommanditist bzw. seine Erben von Seiten der Gesellschaft keinerlei Abfindung für aufgegebene Rechte aus dem Gesellschaftsvermögen gewährt oder versprochen erhalten haben, ist nicht erforderlich.[55]

47 Ist ein Erbe persönlich haftender Gesellschafter, geht die Kommanditistenstellung in seiner Stellung als persönlich haftender Gesellschafter auf, sodass nur das Ausscheiden des Verstorbenen anzumelden ist. War der Erbe bereits Kommanditist, ist das Ausscheiden und der Übergang der Einlage auf den Erben sowie die dadurch eintretende Erhöhung seine Haftsumme[56] im Handelsregister einzutragen.

48 Die Rechtsnachfolge von Todes wegen auf die Erben und die anschließende Übertragung auf einen Miterben (etwa zur Erfüllung einer Teilungsanordnung oder eines Vermächtnisses) sind zwei getrennte Vorgänge und beide zur Eintragung in das Handelsregister anzumelden, da das Handelsregister lückenlos die Haftungslage darstellen muss.[57] Deshalb ist die Anmeldung immer durch alle Erben (auch welche nicht nachfolgeberechtigt sind) mit deren Erbnachweis erforderlich (bei Vorliegen einer Testamentsvollstreckung s. Rdn. 53). Lediglich dann, wenn nach dem Gesellschaftsvertrag aufgrund qualifizierter Nachfolgeklausel ein Teil der Erben nicht Gesellschafternachfolger werden kann, ist nur die Gesamtrechtsnachfolge auf die Nachfolgeberechtigten (jedoch von allen Erben) anzumelden und einzutragen. Scheiden die Erben aufgrund Fortsetzungsklausel aus, ist nur das Ausscheiden, aber auch durch alle Erben, anzumelden und einzutragen; die Anwachsung bei den weiteren Gesellschaftern führt nicht zu einer Erhöhung der Hafteinlage.[58]

49 Jede Anmeldung der Rechtsnachfolge aufgrund Erbfolge, auch wenn nicht alle Erben nachfolgeberechtigt sind, muss immer durch sämtliche Gesellschafter und sämtliche Erben erfolgen;[59] bei Vor- und Nacherbfolge jedoch nur der Vorerben (ohne Eintragung einer Nacherbfolge); zur Eintragung der Nacherben ist die Mitwirkung aller Vor- und Nacherben nötig. Für Minderjährige sind deren Eltern als gesetzliche Vertreter nicht gemäß § 181 BGB ausgeschlossen.

50 Die Erbfolge ist regelmäßig durch eine Ausfertigung des Erbscheines nachzuweisen, wobei auch ein nur für Grundbuchzwecke erteilter Erbschein genügt.[60] Beruht die Erbfolge auf einer letztwilligen Verfügung in öffentlicher Urkunde, kann das Registergericht in Anlehnung an § 35 Abs. 1 GBO diese zusammen mit der Niederschrift über die Eröffnung als ausreichend ansehen.[61] Der Nachweis durch öffentliche Urkunde kann untunlich sein,

---

54 Ab der dritten Nachkommastelle werden entsprechend der in Deutschland üblichen kaufmännischen Rundungsmethode Nachkommastellen, die kleiner oder gleich 4 sind, abgerundet, und solche, die gleich oder größer 5 sind, aufgerundet (OLG Stuttgart v. 31.10.2012 – 14 U 19/12, DStR 2013, 1138).
55 Hierzu KG DNotZ 2001, 408; *Krafka/Willer*, Rn. 755.
56 Hierzu DNotI-Report 2010, 23.
57 KG DNotZ 2001, 408, 409 m.w.N.; allgemein *Krug*, ZEV 2001, 51.
58 DNotI-Report 2010, 23.
59 Nur bei Dauertestamentsvollstreckung kann statt der Erben auch der Testamentsvollstrecker mit entsprechendem Nachweis durch das Testamentsvollstrecker-Zeugnis anmelden (BGHZ 108, 187 = DNotZ 1990, 183; KG DNotZ 2001, 408, 411; OLG München MittBayNot 2010, 144).
60 OLG Frankfurt NJW-RR 1994, 10.
61 OLG Bremen v. 15.04.2014 – 2 W 22/14: eine Lücke im Nachweis der Erbenstellung (z.B. wegen Pflichtteilsklausel im gemeinschaftlichen Testament) kann durch eidesstattliche Versicherung geschlossen werden. Zum Nachweis der Erbfolge gegenüber dem Handelsregister s. auch § 124 Rdn. 32

wenn sich die Rechtsnachfolge aus den Akten des Registergerichts oder aus bei demselben Gericht geführten Nachlassakten ergibt.[62] Auch bei Anmeldung durch einen Bevollmächtigten des verstorbenen Kommanditisten aufgrund einer über den Tod hinaus erteilten Generalvollmacht ist zum Nachweis der Erben ein Erbschein erforderlich; die (General-)Vollmacht des Verstorbenen berechtigt jedoch nicht zur Anmeldung des Erben als Kommanditisten beim Handelsregister.[63]

Wurde der Name des verstorbenen Kommanditisten zur Firmenbildung verwendet, ist zur Fortführung der Firma auch die Zustimmung der Erben erforderlich. **51**

Anmeldung Erbfolge nach Kommanditisten

Der bisherige Kommanditist A ....., geb. am ....., wohnhaft in ..... ist durch Tod aus der Gesellschaft ausgeschieden. Seine Einlage von 30.000 € ist durch Erbfolge auf seine Erben K ....., geb. am ....., wohnhaft in ....., R ....., geb. am ....., wohnhaft in ..... und S ....., geb. am ....., wohnhaft in ..... übergegangen. Die Erben K ..... und S ..... sind damit im Wege der Gesamtrechtsnachfolge Kommanditisten mit einer Kommanditeinlage von je 10.000 € geworden, der Kommanditanteil des Erben R ..... hat sich damit im Wege der Sondererbfolge auf 40.000 € erhöht. **52 M**
Die Erben R ..... und K ..... haben im Erbauseinandersetzungsvertrag vom .....– URNr ..... – des Notars ..... in ..... die geerbten Kommanditeinlagen im Wege der Sonderrechtsnachfolge übertragen auf die Miterbin S ......
Diese ist nunmehr aufgrund Sonderrechtsnachfolge Kommanditist mit der Einlage von 30.000 €.
Die Komplementärin und die Kommanditisten R ..... und K ..... versichern, dass ihnen keine Abfindung aus dem Geschäftsvermögen der Kommanditgesellschaft gewährt oder versprochen worden ist.
Zum Nachweis der Erbfolge liegt Ausfertigung des gemeinschaftlichen Erbscheins des Amtsgerichts ..... vom ..... Az ..... vor.
Die Geschäftsanschrift lautet unverändert ....., wo sich auch die Geschäftsräume befinden.
Unterschriften des persönlich haftenden Gesellschafters, aller Kommanditisten und aller Miterben erforderlich.

■ **Kosten.**
a) Des Notars: Geschäftswert für die Anmeldung der Gesamtrechtsnachfolge (= eine Tatsache) ist nach § 105 Abs. 1 Nr. 6 GNotKG (Wert mind. 30.000 €) der Betrag des vererbten Kommanditanteiles. Weiterer Geschäftswert für die einen selbstständigen Teil der Anmeldung bildende Auseinandersetzung und Übertragung der Kommanditanteile ist die Summe der einzelnen übertragenen Einlagebeträge nach § 105 Abs. 1 Nr. 6 GNotKG, Wert je Anteil mind. 30.000 €. Eine Gebühr nach Nr. 24102 i.V.m. 21201 (5) KV GNotKG von 0,5 (Tabelle B) aus Summe der Geschäftswertbeträge § 35 GNotKG. Nach §§ 105, 106 GNotKG Höchstwert für alle Anmeldungsgegenstände zusammen von 1,0 Mio €. Bzgl. der Gebühren für das elektronische Einreichen (s. § 124 Rdn. 43).
b) Des Registergerichts: Der Eintritt bzw. das Ausscheiden ist hinsichtlich jeder Person, also hinsichtlich des verstorbenen Gesellschafters sowie je zunächst einzutragenden und je dann ausscheidenden Erben je eine besondere Tatsache (§ 2 Abs. 2 Satz 2 HReg-

---

62 KG v. 30.05.2000 – 1 W 931/99 = DNotZ, 2001, 408, 410; nach OLG Köln v. 09.09.2004 – 2 Wx 22/04 = DNotZ 2005, 555 ist der damit verbundene Zeitaufwand nicht unüblich i.S.v. § 12 Abs. 2 Satz 2 HGB und mit das Gericht nicht selbst Nachlassakten anderer Gerichte beiziehen.
63 KG v. 12.11.2002 – 1 W 462/01 = MittBayNot 2003, 495 = ZEV 2003, 204 = ZNotP 2003, 112. OLG München v. 20.06.2017 – 31 Wx 169/17: der Erbe muss sich anmelden und daher selbst die Vollmacht erteilt haben.

GebV). Es liegen hier spätere sonstige Eintragungen vor, wofür zunächst eine Gebühr nach Nr. 1501 bzw. 1502 von 60 bzw. 70 € für die erste Eintragung und für die weitere Eintragungen nach Nr. 1503 (i.V.m. § 2 Abs. 4 HRegGebV) jeweils eine Gebühr von 30 € anfällt.

53 Die Eintragung einer *Testamentsvollstreckung* an einem Kommanditanteil im Handelsregister ist möglich, wenn es sich um eine Dauervollstreckung handelt.[64] Der Testamentsvollstrecker hat auch den durch die Vererbung eintretenden Gesellschafterwechsel zusammen mit den übrigen Gesellschaftern zum Handelsregister anzumelden, wenn es sich um eine Verwaltungsvollstreckung oder Dauervollstreckung handelt; die Erben sind dann von der Mitwirkung bei der Anmeldung ausgeschlossen.[65] Die Vorlage nur des Testamentsvollstreckerzeugnisses ohne Erbschein genügt dabei nicht.[66] Dagegen ist er als Abwicklungsvollstrecker nicht befugt, den durch den Tod eines Kommanditisten eingetretenen Gesellschafterwechsel anstelle des oder der Erben des Kommanditisten zum Handelsregister anzumelden.[67] Strittig ist, ob eine Testamentsvollstreckung an einem Kommanditanteil fortbestehen kann, den ein Mitgesellschafter zu seiner bestehenden Beteiligung hinzuerbt.[68]

54 **c) Übergang der Kommanditeinlage auf einen Komplementär**

55 Aufgrund des Grundsatzes der Einheitlichkeit der Gesellschafterstellung kann ein Komplementär nicht zugleich Kommanditist oder umgekehrt sein.[69] Bei der Übertragung einer Kommanditeinlage auf einen Komplementär sollte, um eine evtl. Haftung des ausgeschiedenen Kommanditisten nach §§ 171, 172 HGB (wenn er gegen Abfindung aus der Gesellschaft ausgeschieden ist) sicher auszuschließen, nicht nur das Ausscheiden des Kommanditisten, sondern auch die Sonderrechtsnachfolge durch den Komplementär angemeldet und eingetragen werden.[70] Verbleibt nur noch der persönlich haftende Gesellschafter, erlischt die Gesellschaft ohne Liquidation (siehe § 137 Rdn. 41).

Anmeldung Übergang der Kommanditeinlage auf einen Komplementär

56 M Der Kommanditist ..... hat seinen Kommanditanteil auf den persönlich haftenden Gesellschafter ....., geboren am ....., wohnhaft in ..... übertragen und ist dadurch aus der Gesellschaft ausgeschieden.

---

64 BGH v. 14.02.2012 – II ZB 15/11 = DNotZ 2012, 788 = MittBayNot 2012, 304 = NJW-RR 2012, 730 = NZG 2012, 385 = ZEV 2012, 335 m. Anm. *Zimmermann*. Früher strittig: Nachweise bei *Krafka/Willer*, Rn. 769 Fn. 2; Muster einer Anmeldung der Eintragung des Testamentsvollstreckers im Handelsregister bei *Bengel/Reimann/Mayer*, Handbuch der Testamentsvollstreckung, Teil 5, Rn. 213.
65 KG DNotZ 2001, 408, 411; nicht jedoch bei sonstigen Anmeldungen, die Haftungsfolgen für die Kommanditisten-Erben haben können und in deren Kernbereich der Gesellschafterrechte eingreifen (s. BGH NJW 1989, 3152; *Krafka/Willer*, Rn. 768); anmeldeberechtigt ist der Testamentsvollstrecker jedoch für Änderungen von Firma, Sitz.
66 KG DNotZ, 2001, 408, 410; OLG Köln v. 09.09.2004 – 2 Wx 22/04 = DNotZ 2005, 555.
67 OLG München v. 07.07.2009 – 31 Wx 115/08 = RNotZ 2009, 666; OLG Hamm v. 10.12.2010 – 15 W 636/10 = ZEV 2011, 200.
68 Nachweise bei *Krafka/Willer*, Rn. 768 Fn. 7, sowie *Reimann*, DNotZ 1990, 193.
69 OLG Jena v. 31.08.2011 – 6 W 188/11 = DStR 2011, 1916 = NZG 2011, 1301.
70 LG Aachen Rpfleger 1983, 356; *Röder*, MittBayNot 1983, 207; *Wolfsteiner*, BB 1985, 1217; jedoch umstritten, da nach BayObLG v. 10.12.1982 = MittBayNot 1982, 22 nur das Ausscheiden, aber nicht der Vermerk über die Sonderrechtsnachfolge eingetragen werden kann. Die Haftung des ausgeschiedenen Kommanditisten lebt aber nicht wieder auf, wenn ihm der persönlich haftende Gesellschafter aus eigenem Vermögen eine Leistung an Gesellschaftsgläubiger vergütet und aus rechtlichen oder tatsächlichen Gründen bei der Kommanditgesellschaft nicht Rückgriff nehmen kann (BGH v. 14.01.1985 – II ZR 103/84, NJW 1985, 1776).

Es wird beantragt, den Nachfolgevermerk im Handelsregister einzutragen.
bei Erbfolge:
Der Kommanditist G ..... ist verstorben und damit als Kommanditist aus der Gesellschaft ausgeschieden. Sein Kommanditanteil zu ..... € ist je zur Hälfte aufgrund Erbfolge (= Sonderrechtsnachfolge) übergegangen:
- auf den persönlich haftenden Gesellschafter R ....., geb. am ....., wohnhaft in .....
- und
- auf die im Wege der Sonderrechtsnachfolge damit als Kommanditistin mit einer Einlage von ..... € in die Gesellschaft eingetretene Frau C ....., geb. am ....., wohnhaft in ......

■ *Kosten.*
a) Des Notars: Geschäftswert nach § 105 Abs. 1 Nr. 6 GNotKG ist der Betrag des vererbten Kommanditanteiles (Wert mind. 30.000 €); die Gesamtrechtsnachfolge wird als eine Tatsache angesehen. Eine Gebühr nach Nr. 24102 i.V.m. 21201 (5) KV GNotKG von 0,5 Geb. Tabelle B). Nach § 106 GNotKG Höchstwert von 1.000.000 €. Bzgl. der Gebühren für das elektronische Einreichen (s. § 124 Rdn. 43).
b) Des Registergerichts: Der Eintritt bzw. das Ausscheiden ist hinsichtlich jeder Person, also hinsichtlich des verstorbenen Gesellschafters sowie des neu einzutragenden Erben (nicht jedoch der Anteilserwerb durch den Komplementär) je eine besondere Tatsache (§ 2 Abs. 2 Satz 2 HRegGebV). Es liegen hier spätere sonstige Eintragungen vor, wofür zunächst eine Gebühr nach Nr. 1501 bzw. 1502 von 60 bzw. 70 € für die erste Eintragung und für die weitere Eintragung nach Nr. 1503 (i.V.m. § 2 bis 4 HRegGebV) eine Gebühr von 30 € anfällt.

d) Übergang des Komplementäranteils auf einen Kommanditisten

aa) *Durch Abtretung:* Aufgrund des Grundsatzes der Einheitlichkeit der Gesellschafterstellung kann ein Kommanditist nicht zugleich Komplementär sein. Erlangt ein Kommanditist die Stellung eines Komplementärs wird wegen der nunmehr bestehenden unbeschränkten und unmittelbaren Haftung keine Sonderrechtsnachfolge im Handelsregister eingetragen, sondern das Ausscheiden als Kommanditisten und der Eintritt als Komplementär eingetragen und daher auch angemeldet.

57

Anmeldung Kommanditisten wird Komplementär

Der bisherige Kommanditist ....., geb. am ....., wohnhaft in ..... ist nunmehr persönlich haftender Gesellschafter (Komplementär)
Er vertritt die Gesellschaft in gesetzlicher Weise je einzeln.
oder alternativ: satzungsgemäß zusammen mit einem weiteren persönlich haftenden Gesellschafter oder einem Prokuristen.
oder alternativ: abweichend von der gesellschaftsvertraglichen Vertretungsregelung stets einzeln.
Er ist von den Beschränkungen des § 181 BGB befreit.
Die Geschäftsanschrift ist unverändert.

58 M

■ *Kosten:*
a) Des Notars: Geschäftswert der Beteiligungsumwandlung ist der Wert der Kommanditeinlage gemäß § 105 Abs. 1 Nr. 6 GNotKG, Wert mind. 30.000 €. Gebühr nach Nr. 24102

i.V.m. 21201 (5) KV GNotKG von 0,5 (Tabelle B). Höchstwert nach § 106 GNotKG 1,0 Mio €. Bzgl. der Gebühren für das elektronische Einreichen (s. § 124 Rdn. 43).
b) Des Registergerichts: als spätere sonstige Eintragung eine Gebühr von 60 bzw. 70 € nach Nr. 1501 bzw. 1502 der Anlage zur HRegGebV.[71]

59 **bb)** *Durch Erbfolge*: Ist der Erbe eines Komplementärs[72] bereits Kommanditist wird er zwar aufgrund der Einheitlichkeit der Gesellschafterstellung zunächst Komplementär. Macht er aber von seinem Wahlrecht nach § 139 HGB auf Umwandlung in die Kommanditistenstellung Gebrauch, muss seine Kommanditeinlage (Hafteinlage) nicht zwingend erhöht werden. Kommanditist wird er aber erst durch die Umwandlung der Beteiligung aufgrund seines Antrags und dessen Annahme durch die anderen Gesellschafter.[73] Verbleibt nur noch ein Gesellschafter, erlischt die Gesellschaft ohne Liquidation (siehe § 137 Rdn. 41).

VIII. Auflösung und Liquidation

1. Auflösung

60 Für die Auflösung und Liquidation einer Kommanditgesellschaft gelten die Regelungen der OHG entsprechend (s. hierzu § 135).[74] Neben allen persönlich haftenden Gesellschaftern (bei der GmbH & Co KG die Komplementär-GmbH), zählen auch sämtliche Kommanditisten zu den gesetzlich berufenen Liquidatoren im Sinne von § 146 Abs. 1 HGB (bei mehreren Erben ist ein Vertreter zu bestimmen), soweit der Gesellschaftsvertrag nichts anderes bestimmt oder durch idR einstimmigen Gesellschafterbeschluss anderes festgelegt wird.[75] In Ausnahme vom Grundsatz der Selbstorganschaft können auch der oder die Geschäftsführer der Komplementär-GmbH oder außenstehende Dritte Liquidatoren sein (zu den Einzelheiten der Liquidation siehe auch § 135).

61 Die Auflösung ist von sämtlichen Gesellschaftern einschließlich der Kommanditisten, nicht von den Liquidatoren, anzumelden (§§ 161 Abs. 2, 143 Abs. 1 HGB).

62 Mit der Eintragung der Auflösung sind die Liquidatoren und deren allgemeine Vertretungsregelung anzumelden, auch die nach Gesetz, dass sämtliche Liquidatoren gemeinsam vertreten. Eine davon abweichende konkrete Vertretungsregelung der einzelnen Liquidatoren ist zusätzlich anzumelden. Nach strittiger Ansicht erlischt durch die Liquidation die erteilte Prokura noch nicht (s. § 128 Rdn. 6).

---

71 Nach *Gustavus* zwei Tatsachen, weil die Beteiligungsumwandlung als Austritt aus der alten Stellung und Eintritt in die neue Stellung eingetragen wird; somit für die zweite Tatsache eine Gebühr nach 1503 der Anlage zur HRegGebV von 30 €. Andere wohl zu beurteilen nach OLG Karlsruhe, Beschl. v. 03.04.2013 – 11 Wx 52/12, NZG 2013, 624: Von nur einer Tatsache im gebührenrechtlichen Sinne ist auszugehen, wenn mehrere Registertatsachen dergestalt eine Einheit bilden, dass sie nur gemeinsam eingetragen werden können.
72 Soweit aufgrund einer gesellschaftsvertraglichen Nachfolgeklausel das Ausscheiden nach § 131 Abs. 3 Nr. 1 HGB nicht eintritt.
73 Hierzu BayObLG DNotZ 2003, 456, jedoch strittig, s. dazu DNotI-Report 2003, 1; S. hierzu auch § 137 Rdn. 57 ff. und § 138 Rdn. 15
74 Zu den steuerrechtlichen Folgen bei § 131 Rdn. 92 ff.
75 Zum Nachweis der alleinigen Vertretungsbefugnisse der Geschäftsführer der Komplementär-GmbH genügt die Vorlage eines entsprechenden Gesellschafterbeschlusses in der grundbuchrechtlich vorgeschriebenen Form einer öffentlichen Urkunde; OLG Düsseldorf v. 28.01. 2016 – I-3 Wx 21/15, RNotZ 2016, 258.

Anmeldung der Auflösung

Die Gesellschaft ist durch Beschluss der Gesellschafter aufgelöst.
Zum Liquidator wurde der bisherige Komplementär, (Name, Vorname, Geburtsdatum, Wohnort) ….., geb. am ….., wohnhaft in ….., bestellt.
Die allgemeine Vertretungsregelung lautet: die Gesellschaft wird durch sämtliche Liquidatoren gemeinsam vertreten.
Der Liquidator ….. ist abweichend davon stets einzeln zur Vertretung der Gesellschaft berechtigt und von den Beschränkungen des § 181 BGB befreit.
Die Prokura von (Name, Vorname, Geburtsdatum, Wohnort) ist erloschen./*alternativ:/* besteht unverändert fort.
Die Geschäftsanschrift lautet unverändert (PLZ, Ort, Straße).

63 M

- *Kosten.*
a) Des Notars: Anmeldung der Auflösung und Bestellung der Liquidatoren sind gegenstandsgleich (§ 109 GNotKG)[76]. Der Geschäftswert nach § 105 Abs. 4 Nr. 3 GNotKG 30.000 €. Die Prokuralöschung ist eine weitere spätere Anmeldung mit Geschäftswert nach § 105 Abs. 4 Nr. 3 GNotKG von 30.000 €. Das Anmelden des Bestehenbleibens der Prokura hat nur klarstellende Funktion, da die Prokura im Liquidationsstadium noch nicht erlischt (strittig s. § 128 Rdn. 6). Eine Gebühr aus dem gemäß § 35 GNotKG zusammengerechneten Werten i.H.v. 0,5 nach Nr. 24102 i.V.m. 21201 (5) KV GNotKG (Tabelle B). Bzgl. der Gebühren für das elektronische Einreichen (s. § 124 Rdn. 43).
b) Des Registergerichts: Gebühr von 60 bzw. 70 € nach Nr. 1501 bzw. 1502 der Anlage zur HRegGebV für die Eintragung der Auflösung. Die Eintragung der Liquidatoren je Person mit je einer Gebühr von 30 € nach Nr. 1503. Deren Vertretungsregelung ist Teil deren Anmeldung(§ 2 Abs. 3 Nr. 1 HRegGebV). Löschung der Prokura nach Nr. 4000 mit 40 €.

Die Auflösung der Gesellschaft ist von deren Liquidation (Abwicklung) zu unterscheiden.[77] Die Auflösung der Gesellschaft bedeutet nur den Übergang von der dem Gesellschaftszweck gewidmeten werbenden Tätigkeit in die Abwicklung. Die Abwicklung (Liquidation) ist die Auseinandersetzung unter den Gesellschaftern, die sich als gesetzliche Regelfolge an die Auflösung anschließt, sofern nicht eine andere Art der Auseinandersetzung vereinbart oder über das Vermögen der Gesellschaft das Insolvenzverfahren eröffnet worden ist. Erst die vollständige Abwicklung bewirkt die Vollbeendigung, an die sich die Löschung der Firma der Gesellschaft im Handelsregister gemäß § 157 HGB anschließt. Auch in der Liquidation ist der Kommanditist, der seine Einlage vollständig geleistet hat und davon nichts zurück erhalten hat, gemäß § 167 Abs. 3 HGB und damit abweichend von § 735 BGB nicht nachschusspflichtig, soweit im Gesellschaftsvertrag nichts anderes vereinbart ist, wozu jedoch die Vereinbarung einer Verlustbeteiligung des Kommanditisten nicht ausreichend ist.[78] Einen durch Verluste entstandenen negativen Kapitalanteil braucht der Kommanditist damit bei Auflösung oder bei seinem Ausscheiden nicht auszugleichen; wohl aber, wenn durch Entnahme entstanden.[79] Etwaige Verluste bleiben allein beim persönlich haftenden Gesellschafter hängen. Daher empfehlen sich hierzu klare Regelungen im Gesellschaftsvertrag, ob ein negative Kapitalkonto und etwaige Auflösungsverluste vom Kommanditisten auch und in welchem Verhältnis zu tragen sind.

64

---

[76] BGH v. 18.10.2016 – II ZB 18/15.
[77] Vgl. Baumbach/*Hopt*, § 131 HGB Rn. 2.
[78] Hierzu *Weimar*, DStR 1997, 1730.
[79] *Wertenbruch*, NZG 2013, 1323. Zu den steuerlichen Folgen *Demuth*, KÖSDI 2013, 18381.

§ 138 Anmeldungen zur Kommanditgesellschaft

2. Fortführung als Einzelfirma

65 Mit der Auflösung fällt die Vollbeendigung nur dann zusammen, wenn nach dem Ausscheiden eines oder mehrerer Gesellschafter – gleich ob durch Anteilsübertragung oder sonstiges Ausscheiden – nur noch ein Gesellschafter übrig bleibt. In einem solchen Fall erlischt die Gesellschaft ohne Liquidation[80] und gehen sämtliche Aktiva und Passiva im Wege der Gesamtrechtsnachfolge auf den verbleibenden Gesellschafter über, bei dem das bisherige Gesamthandseigentum der Gesellschafter sich in dessen Alleineigentum wandelt; das Grundbuch kann durch notariell beglaubigte Handelsregisteranmeldung beider Gesellschafter, aus der sich die zur Gesamtrechtsnachfolge führende Rechtsänderung ergibt, oder mittels einer notariell beglaubigten Ausscheidensvereinbarung der Gesellschafter und zum anderen durch Nachweis, dass das Ausscheiden des Gesellschafters sowie das Erlöschen der Gesellschaft im Handelsregister eingetragen ist, berichtigt werden. Er hat den Ausscheidenden abzufinden.[81] Die Eröffnung des Insolvenzverfahrens über das Vermögen des einzigen Komplementärs führt zum Ausscheiden des Komplementärs aus der KG (§§ 161 Abs. 2, 131 Abs. 3 Nr. 2 HGB) und zur liquidationslosen Vollbeendigung der KG, wenn nur noch ein Kommanditist vorhanden ist, unter Gesamtrechtsnachfolge des Kommanditisten;[82] dieser haftet für Gesellschaftsverbindlichkeiten nur mit dem übergegangenen Vermögen. Eine weitergehende Haftung gemäß §§ 171 ff. HGB oder aus § 25 HGB, wenn der Kommanditist das Handelsgeschäft der KG fortführt, bleibt davon ebenso unberührt wie die Nachhaftung des ausgeschiedenen Komplementärs (§ 128 HGB).[83] Scheidet aber auch der noch verbliebene Gesellschafter zeitgleich aus, fehlt es an einem Gesellschafter auf den das Vermögen der Gesellschaft übergehen kann, sodass in einem solchen Fall das Abwicklungsverfahren durchzuführen ist. Findet eine Simultaninsolvenz von KG und Komplementärgesellschaft statt, scheidet dennoch der Komplementäre aus, wenn der Gesellschaftsvertrag eine Fortsetzungsklausel nach Ausscheiden eines Gesellschafters enthält und noch weitere Gesellschafter vorhanden sind.[84]

66 Das Ausscheiden des vorletzten Gesellschafters kann bei einer gewerblich tätigen KG, insbesondere wenn er ein negatives Kapitalkonto nicht ausgleichen muss oder einen Sachgegenstand als Abfindung erhält, zu steuerlichen Folgen auch durch das spätere Verhalten des Ausscheidenden für den fortführenden Gesellschafter haben. Siehe hierzu allgemeine Hinweise bei § 131 Rdn. 70 ff.

Anmeldung der Fortführung als Einzelfirma

67 M Der Gesellschafter (Name, Vorname, Geburtsdatum, Wohnort) ist aus der Gesellschaft ausgeschieden.
Die Gesellschaft ist dadurch aufgelöst und ohne Liquidation beendet.
Das Geschäft wurde von dem verbliebenen Gesellschafter (Name, Vorname) ohne Liquidation mit allen Aktiven und Passiven übernommen und wird unter der bisherigen Firma, jedoch mit geändertem Rechtsformzusatz, also unter

---

80 BGH v. 05.07.2018 – V ZB 10/18, insb. auch zur Grundbuchberichtigung auf das Alleineigentum des allein verbleibenden Gesellschafters; BayObLG v. 19.06.2001 – 3 Z BR 48/01, FGPrax 2001, 213; vgl. auch BGHZ 113, 132/133; OLG Düsseldorf GmbHR 1997, 903, 904. Weitere Einzelheiten bei § 132 Rdn. 65 ff., § 137 Rdn. 41
81 OLG Hamm v. 03.07.2003 – 15 W 375/02 = Rpfleger 2003, 665 = GmbHR 2003, 1361.
82 Daran ändert sich auch nichts, wenn auch im Anschluss daran über dessen Vermögen das Insolvenzverfahren eröffnet wird; siehe hierzu OLG Hamm v. 08.04.2013 – I-8 U 122/12, NZG 2014, 540, bezüglich Doppelinsolvenz bei einer GbR.
83 BGH v. 15.03.2004 – II ZR 247/01 = DStR 2004, 1137 = NZG 2004, 611 = RNotZ 2004, 338.
84 BGH v. 08.05.2014 – I ZR 217/12, NZG 2014, 897.

..... e.K.

als Einzelunternehmen fortgeführt.
Der ausscheidende Gesellschafter willigt in die Fortführung der Firma ein.
Die Geschäftsanschrift lautet unverändert (PLZ, Ort, Straße).

- *Kosten* (s.a. § 135 Rdn. 24 M).
a) Des Notars: der Geschäftswert für das Ausscheiden mit Folge der Auflösung der KG (m.E. eine Tatsache)[85] ergibt sich aus § 105 Abs. 4 Nr. 3 GNotKG mit 30.000 €, für die Anmeldung des Einzelunternehmens als erste Anmeldung gemäß § 105 Abs. 3 Nr. 1 GNotKG ebenfalls 30.000 €. Der Gesamtgeschäftswert gemäß Zusammenrechnung nach § 35 GNotKG insgesamt 60.000 €. Hieraus eine Gebühr gemäß Nr. 24102 i.V.m. 21201 (5) KV GNotKG von 0,5 (Tabelle B). Bzgl. der Gebühren für das elektronische Einreichen (s. § 124 Rdn. 43).
b) Des Registergerichts: Gebühr für das Ausscheiden eines Gesellschafters von 60 € nach Nr. 1501 der HRegGebV, m.E. keine extra Gebühr nach Nr. 1503 für die Eintragung der Auflösung der KG.[86] Gebühr für die Eintragung des Einzelkaufmannes 70 € nach Nr. 1100.

3. Eintragung des Erlöschens

Gemäß § 31 Abs. 2 Satz 1 HGB ist das Erlöschen der Firma der Kommanditgesellschaft – abgesehen vom Fall der Löschung nach Abschluss der Liquidation gemäß 157 HGB – nach den Vorschriften des § 29 HGB zur Eintragung in das Handelsregister anzumelden, was nach § 14 Satz 1 HGB vom Registergericht durch Festsetzung eines Zwangsgeldes erzwungen werden kann.[87] Nach Beendigung der Liquidation werden die Bücher und Papiere der Gesellschaft bei einem Gesellschafter oder einem Dritten verwahrt, den das Gericht bestimmen kann, wenn sich die Gesellschafter auf die Person nicht verständigen (§§ 161 Abs. 1, 157 Abs. 2 HGB). 68

Die Eintragung der Auflösung kann zugleich mit Eintragung des Erlöschens der Firma erfolgen und kann vom Registergericht nicht von der Eintragung von Liquidatoren abhängig gemacht werden.[88] Das Erlöschen der Firma setzt bei Personengesellschaften eine Liquidation und das Vorhanden von Liquidatoren nicht zwingend voraus. Das Registergericht hat auch die Notwendigkeit einer Liquidation nicht zu prüfen. Die Anmeldung des Erlöschens ist zwar nach § 157 Abs. 1 HGB von allen Liquidatoren vorzunehmen, kann aber auch durch sämtliche Gesellschafter erfolgen.[89] das Registergericht kann den Vollzug der Löschung nicht von einer Bescheinigung des Finanzamtes abhängig machen, dass keine Steuerforderungen mehr ausstehen.[90] 69

---

85 So auch Streifzug durch das GNotKG, Bayer. Notarkasse, 12. Aufl., Rn. 1759; a.A. *Gustavus*, 9. Aufl., A 33: getrennt anzusetzen, sowie *Schmidt/Sikora/Tiedtke*, Rn. 881.
86 Da nach OLG Karlsruhe, Beschl. v. 03.04.2013 – 11 Wx 52/12, NZG 2013, 624 von nur einer Tatsache im gebührenrechtlichen Sinne auszugehen ist, wenn mehrere Registertatsachen dergestalt eine Einheit bilden, dass sie nur gemeinsam eingetragen werden können. aA. *Gustavus*, 9. Aufl., A 33.
87 OLG Hamm v. 03.07.2003 – 15 W 375/02 = Rpfleger 2003, 665.
88 BayObLG v. 07.03.2001 – 3 Z BR 68/01 = MittBayNot 2001, 409 = FGPrax 2001, 160 = NJW-RR 2001, 1482. Wird dabei in der Anmeldung erklärt, dass »zu verteilendes Vermögen nicht vorhanden ist«, werde damit der Innenausgleich der Gesellschafter untereinander aus § 735 BGB abbedungen; jeder ehemalige Gesellschafter haftet unmittelbar; OLG Düsseldorf v. 27.03.2014 – 1-3 Wx 48/14, DStR 2014, 1245.
89 BayObLG MittBayNot 2001, 409.
90 OLG Düsseldorf v. 27.03.2014 – 1-3 Wx 48/14, DStR 2014, 1245.

Löschung ohne vorherige Liquidation

70 M **Die Gesellschaft ist aufgelöst. Die Firma ist erloschen.
Die Bücher und Papiere der aufgelösten Gesellschaft sind dem Gesellschafter (Name, Vorname, Geburtsdatum, Wohnort und Straße) in Verwahrung gegeben worden.**

▪ *Kosten.*
a) Des Notars: Geschäftswert nach § 105 Abs. 4 Nr. 3 GNotKG: 30.000 €. Das Erlöschen einer Prokura ist notwendige Folge der Löschung der Gesellschaft und nicht zusätzlich zu bewerten. Gebühr nach Nr. 24102 i.V.m. 21201 (5) KV GNotKG von 0,5 (Tabelle B). Bzgl. der Gebühren für das elektronische Einreichen (s. § 124 Rdn. 43).
b) Des Registergerichts: Keine Gebühr, da das Erlöschen der Firma nach Vorbemerkung 1 Abs. 4 der Anlage zur HRegGebV gebührenfrei ist. Die Prokura wird automatisch mit gelöscht.

4. Nachtragsliquidation

71 Die Vertretungsbefugnis der Liquidatoren besteht jedoch auch nachdem die Firma im Handelsregister gelöscht worden ist weiter, wenn noch Abwicklungsmaßnahmen notwendig werden, da die Löschung im Handelsregister nur deklaratorische Wirkung hat;[91] nach Löschung einer Publikumskommanditgesellschaft, aber auch, wenn die Nachtragsliquidation sehr lange Zeit nach der Löschung im Handelsregister erforderlich wird und es unklar ist, ob zu diesem Zeitpunkt die Gesellschafter überhaupt noch existieren und auffindbar sowie zur Fortsetzung der Liquidation bereit und in der Lage sind, findet § 273 Abs. 4 AktG entsprechende Anwendung, sodass auf Antrag eines Dritten auch ein gesellschaftsfremder Liquidator gerichtlich bestellt werden kann. Für die Anordnung genügt bereits, wenn Rechtsbeziehungen oder Tatsachen bekannt werden, die eine gesetzliche Vertretung der Gesellschaft verlangen.[92]

---

[91] OLG Düsseldorf v. 27.03.2014 – 1-3 Wx 48/14, DStR 2014, 1245. Der Verwahrer der Bücher und Papiere kann gemäß § 157 Abs. 2 HGB als ermächtigt angesehen werden, Erklärungen bzgl. einzelner Abwicklungsmaßnahmen für die gelöschte Gesellschaft abzugeben.
[92] BGH v. 02.06.2003 – II ZR 102/02 = DNotZ 2003, 773 = Rpfleger 2003, 508. zur Publikums-KG, sowie nur allgemein: OLG Saarbrücken v. 18.07.2018 – 5 W 43/18. Zu den nicht unerheblichen Kosten für die Bestellung: *Tiedtke*, DNotZ 2016, 576, 598. Nach *Diehn*, Rn. 1386 löst die gerichtliche Bestellung des Nachtragsliquidators Gerichtskosten i.H.v. 1.332,00 € aus (2,0-Gebühr nach Nr. 13500 nach Tabelle A aus einem Verfahrenswert gem. § 67 Abs. 1 Nr. 1 GNotKG von 60.000,00 €) aus, der aber nach OLG Dresden v. 18.02.2015 – 17 W 158/15; KG v. 09.12.2015 – 22 W 98/15 bei geringer Bedeutung und entsprechender Glaubhaftmachung nach § 67 Abs. 3 zu reduzieren ist.

§ 139 Die GmbH & Co. KG

I. Gesichtspunkte für die Wahl der Unternehmensform »GmbH & Co.«

Die Gesellschaftsform der Kommanditgesellschaft mit einer GmbH als Komplementärin, die »GmbH & Co. KG«, hat in der Praxis außerordentliche Bedeutung erlangt. An ihrer gesellschaftsrechtlichen Zulässigkeit[1] wie steuerlichen Anerkennung wird seit Langem nicht mehr gezweifelt. Sie ist keine eigene Rechtsform, sondern ein Fall der Grundtypenvermischung auf der Basis der Kommanditgesellschaft und somit eine Personengesellschaft, die kapitalgesellschaftlichen Zwecken dient.[2] Bei Freiberuflern bestehen jedoch berufsgesetzliche Beschränkungen, sodass sie bisher nur zulässig ist für Wirtschaftsprüfer und Steuerberater, soweit mit ihr zumindest in geringem Umfang treuhänderische Tätigkeiten ausgeübt werden.[3]

Motiv für die Wahl der GmbH & Co. KG war und ist meist die begrenzte Haftung aller Gesellschafter, da keine natürliche Person die unbeschränkte persönliche Haftung für die Verbindlichkeiten der Gesellschaft zu übernehmen braucht. Daneben hat sie den Vorteil der Flexibilität und Gestaltungsfreiheit einer Personengesellschaft, wie geringe Formstrenge, weitgehend freie Gestaltung der Innenbeziehung, einfache Kapitalbeschaffung durch Eintritt und Einlagenerhöhung auf Kommanditistenseite, sowie die Möglichkeit, dass ein Kommanditist oder gar ein Dritter geschäftsleitend und vertretend als Geschäftsführer der Komplementär-GmbH tätig werden kann (Fremdorganschaft). Sie ist auch die einzige Personengesellschaftsform bei der nur eine natürliche Person erforderlich ist (Ein-Personen-GmbH & Co. KG).

Steuerliche Motive: Häufiger ertragsteuerlicher Grund für die Wahl der GmbH & Co. KG als Rechtsform ist vor allem im vermögensverwaltenden Bereich die Sicherstellung der Betriebsvermögenseigenschaft von Vermögensgegenstände über § 15 Abs. 3 Nr. 2 EStG für den Fall, dass eine betriebliche Nutzung zukünftig durch Betriebsaufgabe wegfallen kann. Bei der Abwägung zwischen Personengesellschaft und Kapitalgesellschaft sind die erheblichen Systemunterschiede der Besteuerung zu berücksichtigen. Bei der Kapitalgesellschaft erfolgt neben der Belastung mit Gewerbesteuer eine Definitivbesteuerung aller Erträge, gleich ob sie ausgeschüttet oder thesauriert werden, mit einem festen Steuersatz nach § 23 KStG (15 % zzgl. Solidaritätszuschlag = SolZ) und entsteht auf ausgeschüttete Gewinne eine Doppelbesteuerung, indem durch das Teileinkünfteverfahren nach § 3 Nr. 40 EStG 60 % der Einkünfte bzw. diese bei im Privatvermögen gehaltenen GmbH-Anteilen mit der Abgeltungssteuer besteuert werden. Bei hoher Steuerprogression beim Gesellschafter kann sich daraus eine höhere Gesamtsteuerbelastung als bei gleichen Erträgen aus einer Personengesellschaft ergeben. Bei der Personengesellschaft werden die Gewinne als gewerbliche Einkünfte des Kommanditisten bei ihm persönlich individuell mit seinen sonstigen Einkünften in voller Höhe besteuert, auch wenn sie nicht ausgeschüttet werden. Jeder Personengesellschafter hat für sich die Möglichkeit, die Gewerbesteuer der Personengesellschaft gemäß § 35 EStG anrechnen zu lassen und kann nach § 34a EStG eine ermäßigte Besteuerung von 28,25 % auf nicht entnommene Gewinne beantragen (Thesaurierungsbegünsti-

---

1 Anerkannt durch RG 105, 104 sowie durch eine Vielzahl von gesetzlichen Vorschriften wie §§ 19 Abs. 2, 125a, 129a, 130a, b; § 131 Abs. 2, § 172 Abs. 6, § 177a HGB usw.
2 *K. Schmidt*, GesR § 56 I 2.
3 § 49 Abs. 2 StBerG, § 27 Abs. 2 WPO; KG v. 27.09. 2013 – 12 W 94/12, DStR 2013, 2792 m. Anm. *Juretzek*; zur Eintragung im Handelsregister: BGH v. 15.07.2014 – II ZB 2/13, DNotZ 2015, 57 m. Anm. *Lubberich*, DStR 2014, 2085, 2014, 2419 m. Anm. *Arens*.

gung), sodass erst bei späterer Ausschüttung, Veräußerung oder Ähnlichem eine Nachversteuerung erfolgt.

4 Die früher erheblich stärkere Belastung der Kapitalgesellschaft bei der Erbschafts- und Schenkungssteuer wegen der Bewertung nach dem sog. Stuttgarter Verfahren im Gegensatz zur Bewertung bei Personengesellschaften zu den Steuerbilanzwerten, ist seit der Steuerreform ab 01.01.2009 weitgehend entfallen. Der Vorteil der Personengesellschaft beschränkt sich darauf, dass jeder Personengesellschaftsanteil, gleich wie hoch, automatisch in den Genuss des Verschonungsabschlags gemäß § 13b Abs. 4 ErbStG gelangt[4] und jede Übertragung nach der günstigsten Steuerklasse behandelt wird (Tarifbegrenzung gemäß § 19a ErbStG), während weiterhin diese Vorteile bei einer GmbH nur für Gesellschafter gelten, die Geschäftsanteile von mehr als 25 % des Stammkapitals halten, soweit diese nicht ihre Kapitalanteile in einen Pool zusammenfassen. Dadurch ergeben sich zukünftig zwar geringere Steuerbelastungsunterschiede.[5] Die dennoch bestehen bleibenden, unterschiedlichen Besteuerungskonzepte von Kapitalgesellschaften und Personenunternehmen können aber auch in Zukunft einen wichtigen Aspekt für die Wahl der einen oder anderen Gesellschaftsform geben. In jedem Einzelfall müssen alle Unterschiede zwischen den beiden Gesellschaftsformen abgewogen werden, wie z.B., dass nur bei der Kapitalgesellschaft die Geschäftsführer-Vergütung und eine angemessene betriebliche Altersversorgung für die Geschäftsführer als Betriebsausgaben steuermindernd angesetzt werden können, nur bei der Personengesellschaft können persönlich haftende Gesellschafter Verluste aus der Gesellschaft unbeschränkt in voller Höhe, Kommanditisten nur nach Maßgabe des § 15a EStG, mit Einkünften aus anderen Quellen steuerlich verrechnen; bedeutsam werden können aber auch z.B. die unterschiedliche Besteuerung bei der Veräußerung von Anteilen[6] und bei der Betriebsaufgabe sowie zugunsten der Personengesellschaft die grunderwerbsteuerliche Begünstigung von Grundstücksübertragungen zwischen Gesellschaft und Gesellschaftern (§§ 5, 6 GrEStG), die Möglichkeit der steuerfreien Einlage und Entnahmen von Betriebsvermögen (§ 6 Abs. 5 EStG), die von der Größe des Anteils unabhängige steuerneutrale Einbringung von Mitunternehmeranteilen (§§ 20, 24 UmwStG).[7] Anteile an gewerblich tätigen Personengesellschaften können gegen Vereinbarung einer sog. Versorgungsleistung übertragen werden, bei einer GmbH, nur wenn ein Anteil von mindestens 50 % am Stammkapital mit Wechsel in der Geschäftsführung übergeben wird.

5 *Gesellschaftsrechtliche Motive:* Das Zurücktreten der gravierenden steuerlichen Gegensätze zwischen GmbH und GmbH & Co. KG lässt die Aspekte, aufgrund derer diese Gesell-

---

4 § 13b Abs. 1 Nr. 2 ErbStG bezieht auch den Erwerb eines Anteils an einer lediglich vermögensverwaltenden, aber gewerblich geprägten Personengesellschaft i.S.d. § 15 Abs. 3 Nr. 2 EStG in die Vergünstigungen nach §§ 13a und 13b ErbStG ein. Nach Ansicht des BFH (v. 27.09.2012 – II R 9/11 = u.a. ZEV 2012, 599) führe die Möglichkeit, Gegenstände der privaten Vermögensverwaltung in eine gewerblich geprägte Personengesellschaft einzulegen und damit Betriebsvermögen zu generieren, zu einer durch keine sachlichen Gründe gerechtfertigte Sonderverschonung des Privatvermögens für einen bestimmten Personenkreis. Das BVerfG hält dem folgend die Regelung über das Verwaltungsvermögen nicht mit Art. 3 Abs. 1 GG vereinbar, weil sie den Erwerb von begünstigten Vermögen selbst dann uneingeschränkt verschont, wenn es bis zu 50 % aus Verwaltungsvermögen besteht, ohne dass hierfür ein tragfähiger Rechtfertigungsgrund vorliegt.

5 Hierzu aus der umfangreichen Lit.: *Neubert/Plenk*, Steuer&Studium 2008, 37; *Dörfer/Graf/Reichl*, DStR 2007, 645; *Kessler/Ortmann-Babel/Zipfel*, BB 2007, 525.

6 Bei der Veräußerung von GmbH-Anteilen unterliegt der Veräußerungsgewinn bei natürlichen Personen dem Teileinkünfteverfahren (bei Beteiligungen von mehr als 1 % § 17 EStG) bzw. bei kleineren Beteiligungen nach § 20 Abs. 1 Nr. 1, 3 Nr. 40 EStG oder ggf. der Abgeltungssteuer (s. hierzu § 145 Rdn. 68 ff.), bei Veräußerung von Kommanditbeteiligungen (s. hierzu § 131 Rdn. 70 ff.) grds. der vollen Besteuerung gemäß § 15 EStG, wogegen nur hier bei Vollveräußerungen eine Steuerbegünstigung nach §§ 16, 34 Abs. 1 EStG bzw. unter den Voraussetzungen des § 34 Abs. 3 EStG (Veräußerer mindestens 55 Jahre u.a.) in Anspruch genommen werden kann.

7 Zu den Belastungsunterschieden zwischen GmbH & Co. KG und GmbH s. etwa die Berechnungen bei: *Rödder*, Beiheft zu DStR 2007, Heft 70 mit tabellarischer Gegenüberstellung auch sonstiger unterschiedlicher Besteuerungsfolgen; *Merkel*, Steuer & Studium 2007, 539.

schaftsform aus *gesellschaftsrechtlichen Motiven* gewählt wird, mehr hervortreten: sie ermöglicht es, bei Aufrechterhalten der unterschiedlichen Gesellschafterrechte des Komplementärs und der Kommanditisten die Herrschaftsmacht von der persönlichen Haftung zu trennen und diese dem an sich nicht vertretungsbefugten Kommanditisten oder – in Abweichung vom Grundsatz der Selbstorganschaft – einem Nichtgesellschafter einzuräumen. Sie ermöglicht es aber auch, Gesellschafter lediglich zum Zwecke der Kapitalanlage unter weitgehenden Ausschluss irgendwelcher Einflussmöglichkeiten auf die Geschäftsführung zu beteiligen. Sie bietet auch die Umstrukturierungsmöglichkeit durch Anwachsung statt durch Umwandlung nach UmwG.

Die GmbH & Co. KG wird daher oft verwendet, um die *Kontinuität der Weiterführung eines Unternehmens bei* einer (Familien-)*Personen*gesellschaft für den Fall zu sichern, dass der geschäftsführende Seniorgesellschafter sich zur Ruhe setzt oder verstirbt, bevor der vorgesehene Nachfolger an seine Stelle treten kann. Für einen gewissen kürzeren oder längeren Zeitraum, der etwa eine nicht zur Übernahme der Geschäftsführung bereite oder geeignete Generation überbrückt, kann die Weiterführung des Unternehmens durch fremde Personen als Geschäftsführer der GmbH sichergestellt werden, während die Gesellschafter selbst sich in dieser Zeit (unterstützt durch sachverständige Berater) auf die Wahrnehmung von Überwachungsfunktionen beschränken. Die hierfür erforderliche GmbH kann vom Seniorgesellschafter bereits errichtet und ihr Eintritt in die Kommanditgesellschaft in deren Gesellschaftsvertrag für den Fall seines Todes bereits vorgesehen werden. Eine dementsprechende Nachfolgeregelung kann auch durch Auflage in einer Verfügung von Todes wegen geschehen. **6**

Die GmbH & Co. KG eignet sich auch häufig, wenn die Geschäfte (gleichberechtigt) von zum Kreis der Gesellschafter gehörenden und fremden Personen gemeinsam geführt werden sollen. Sie kann bei einer größeren Familiengesellschaft gewählt werden, wenn neben dem großen Kreis der Kommanditisten, dessen Funktion sich in der Hingabe des erforderlichen Kapitals beschränkt und dem nur geringe Überwachungsrechte zustehen, ein engerer Kreis von Gesellschaftern (etwa aus jedem Familienstamm eine Person) durch die Auswahl der Geschäftsführer und Mitwirkungsrechte starken Einfluss auf die Geschäftsführung erhalten soll und die persönlich haftende GmbH bildet. Auch die umgekehrte Gestaltung – Sammlung des Kapitals in der GmbH, Mitwirkungsrechte für die wenigen Kommanditisten – ist möglich. Ähnliche Gesichtspunkte gelten für die Gründung einer »*Publikumsgesellschaft*« in der Rechtsform der GmbH & Co. KG, bei der der beherrschende Einfluss auf die Geschäftsführung bei den (wenigen) Gesellschaftern der GmbH liegt, die zur Aufbringung der notwendigen Mittel Kapitalanleger als Kommanditisten hinzu nimmt. Die Gesichtspunkte, die für die Wahl der GmbH & Co. KG den Ausschlag geben, können mannigfaltig sein. Geprüft werden sollte aber regelmäßig, ob durch die Wahl der Rechtsform der reinen GmbH mit einer entsprechenden Ausgestaltung ihres Gesellschaftsvertrages die Absichten der Gesellschafter in gleicher Weise und einfacher erreicht werden können. **7**

Als *Nachteile* der GmbH & Co. KG wird es teilweise angesehen, dass die Regelung der Rechtsvorgänge aufgrund der beiden strukturell sehr unterschiedlichen Gesellschaftsformen komplexer ist, dass evtl. das Mitbestimmungsgesetz anzuwenden ist,[8] dass zwingend doppelte Buchführungs- und Bilanzierungsaufwand (§§ 264a ff. HGB) mit evtl. höheren steuerlichen Beratungskosten besteht, dass steuerliches Privatvermögen zum steuerverknüpften Betriebsvermögen wird, wenn keine natürliche Person geschäftsführend ist (§ 15 Abs. 3 Nr. 2 EStG) und dass sie der Gewerbesteuer sowie der Bilanzierungs- (§§ 6, 238 HGB) und Publizitätspflicht (§§ 325 HGB) unterliegt, da aufgrund der Richtlinie der EU aus dem **8**

---

8 Die Arbeitnehmer der KG werden der Komplementär-GmbH zugerechnet, wenn die Mehrheit der Kommanditisten über die Mehrheit an der Komplementär-GmbH verfügt und die GmbH keinen eigenen Geschäftsbetrieb unterhält (§ 4 MitbestG), sodass dann bei mehr als 2000 Arbeitnehmer paritätische Mitbestimmung eintritt.

Jahr 1990 die GmbH & Co. KG beim Jahres- und Konzernabschluss weitgehend der Kapitalgesellschaft gleichzustellen ist. Die früher weitgehend ignorierte Offenlegungsverpflichtung hinsichtlich des Jahresabschlusses ist aufgrund der reformierten §§ 325 ff. HGB bei der GmbH & Co. KG als Gesellschaftsform i.S. § 264a HGB nunmehr zwingend zu beachten und durch die ab 01.01.2010 generelle Pflicht, Dokumente in elektronischer Form beim Bundesanzeiger einzureichen, leichter überwachbar; die Strenge und der Umfang der Bilanzierungs- und Publizitätspflicht ist jedoch abhängig von der Unternehmensgröße (§§ 325 ff. HGB); besondere Erleichterungen wurden für die seit 2013 eingeführte Kategorie der Kleinstkapitalgesellschaft (§ 267a HGB)[9] geschaffen, den Regelungen auch für die GmbH & Co. KG gelten. Mit erheblichem Ordnungsgeld von 500,00 € (bei Kleinstkapitalgesellschaft i.S. § 267a HGB), 1.000,00 € (bei kleinen Kapitalgesellschaften i.S. § 267 HGB) sowie sonst 2.500 € bis 25.000 € wird das Unterlassen der Offenlegungsverpflichtung geahndet.[10] Umgehungsmöglichkeiten sind kaum möglich, soweit nicht eine natürliche Person die Funktion eines persönlich haftenden Gesellschafters innehat[11] oder noch vor Ablauf der in § 355 Abs. 3 Satz 1 HGB bestimmten Nachfrist beigetreten ist.[12]

II. Errichtung der »GmbH & Co. KG«

1. Grundüberlegungen zur Struktur

9   Die GmbH & Co. KG verlangt die Ausgestaltung von zwei Gesellschaftsverträgen, denen grundlegend unterschiedliche gesetzliche Strukturprinzipien und Grundmuster zugrunde liegen: die Regelungen der Kapitalgesellschaft bei der Komplementär-GmbH und die Regelungen der Personengesellschaften für die Kommanditgesellschaft. Es liegt am Vertragsgestalter, die unterschiedlichen Strukturprinzipien beider Gesellschaftssatzungen passend miteinander zu harmonisieren. Dabei hat er ein weiteres Gestaltungsspektrum. Ausgangspunkt ist jeweils die Satzungsgestaltung der KG. Diese kann über das gesetzliche Grundprinzip hinaus auf die weitgehende Beherrschung durch die GmbH-Geschäftsführer ausgestaltet werden, in dem das Widerspruchsrecht der Kommanditisten auch gegen ungewöhnliche Geschäftsführungshandlungen ausgeschlossen wird und deren Entscheidungsrecht bei den Grundlagengeschäften auf einen Mehrheitsbeschluss beschränkt wird, sodass lediglich die unentziehbaren Gesellschafterrechte verbleiben (geschäftsführerbeherrschte KG). Dem so entmachteten Kommanditisten fehlt dann aber die steuerliche Eigenschaft zum Mitunternehmer.[13]

10 Der Gegenpol dazu ist die kommanditistenbeherrschte KG, bei der die Geschäftsführungsbefugnis der Komplementär-GmbH und deren Geschäftsführer weitgehend von den Zustimmungsvorbehalten der Kommanditisten abhängig gemacht werden kann bzw. die Komplementär-GmbH vom Stimmrecht ausgeschlossen und die Entscheidungsbefugnisse abweichend von § 164 HGB bezüglich der Geschäftsführung auch in den laufenden Geschäften allein den Kommanditisten eingeräumt werden.[14] Dies kann sogar soweit ausgestaltet werden, dass Kommanditisten Geschäftsführungsbefugnis bei der KG eingeräumt

---

9 Mindestens zwei der drei nachstehenden Merkmale dürfen nicht überschritten werden: (1.) 350.000 € Bilanzsumme nach Abzug eines auf der Aktivseite ausgewiesenen Fehlbetrags (§ 268 Abs. 3 HGB); (2.) 700.000 € Umsatzerlöse in den zwölf Monaten vor dem Abschlussstichtag; (3.) im Jahresdurchschnitt zehn Arbeitnehmer.
10 Hierzu § 124 Rdn. 55 mit weiteren Nachweisen zum Verfahren.
11 S. u.a. hierzu *Sattler/Meeh*, DStR 2007, 1595 u. 1643; zur Verfassungsmäßigkeit auch BVerfG vom 11.03.2009 – 1 BvR 3413/08 = NJW 2009, 2588.
12 LG Bonn v. 13.11.2009 – 30 T 1279/09 = NZG 2010, 36.
13 BFH BStBl. II 1989, 762.
14 Hierzu Rdn. 41, § 137 Rdn. 33; *Wertenbruch*, NZG 2016, 1081.

wird, gegebenenfalls sogar unter Ausschluss der Komplementär-GmbH von der Geschäftsführung.[15] Zwar haben grundsätzlich nur die GmbH-Gesellschafter ein Weisungsrecht gegenüber den GmbH-Geschäftsführern; der Komplementär kann aber an die Weisungen der Kommanditisten gebunden werden.[16] Lediglich die Außenvertretung verbleibt dann bei den Geschäftsführern, welche zugleich Kommanditisten sein können.[17] Durch eine umfassende organschaftliche Geschäftsführungsbefugnis auch nur einer natürlichen Person als Kommanditist (nicht als Geschäftsführer der Komplementär-GmbH) wird die gewerbliche Prägung kraft Rechtsform gemäß § 15 Abs. 3 Satz 1 Nr. 2 EStG ausgeschlossen,[18] was insbesondere bei Vermögensverwaltung von Privatvermögen zweckmäßig ist.

2. Entstehung

Die ein Gewerbe i.S.v. § 1 Abs. 2 HGB betreibende GmbH & Co. KG entsteht nach Abschluss des grundsätzlich formfreien Gesellschaftsvertrages der KG zwischen mindestens einem Komplementär in der Form einer GmbH (auch in der Form einer Unternehmergesellschaft i.S.v. § 5a Abs. 1 GmbHG)[19] und einem Kommanditisten, der nicht zwingend eine natürliche Person sein muss und der gleichzeitig auch der einzige Gesellschafter und Geschäftsführer der Komplementär-GmbH sein kann, sobald diese ihren Geschäftsbetrieb aufnimmt[20] (§§ 161 Abs. 2, 122 Abs. 2 HGB). Hat sie nur den Zweck, eigenes Vermögen zu verwalten, entsteht sie jedoch erst mit ihrer Eintragung im Handelsregister; bis zu diesem Zeitpunkt besteht sie in der Rechtsform der GbR,[21] die sich mit Registereintragung identitätswährend mit allen ihren Rechtsverhältnisse in die KG wandelt,[22] jedoch bereits vorher entsprechend dem KG-Recht vertreten werden kann.[23] Zu Gestaltungen, wie die volle persönliche Haftung des Kommanditisten nach § 176 Abs. 1 HGB bis zu seiner Eintragung im Handelsregister eingeschränkt werden kann, s. § 137 Rdn. 6 f. Auch die GmbH i.G. (Vor-GmbH) kann bereits Komplementär einer KG sein.[24] Dass diese noch nicht im Handelsregister eingetragen ist, hindert auch nicht die Eintragung der Kommanditgesellschaft.[25] Jedoch gilt die unbeschränkte Haftung der GmbH-Gesellschafter und der Geschäftsführer bis die GmbH im Handelsregister eingetragen ist, auch für die Verbindlichkeiten des Geschäftsbetriebes der KG. Außerdem müssen die Geschäftsführer der GmbH i.G. zum Abschluss des KG-Vertrages ausdrücklich ermächtigt werden (was sich konkludent aus dem GmbH-Errichtungsvertrag ergeben kann)

---

15 S. BGHZ 51, 198, 201.
16 S. MüKo-HGB/*Grunewald*, § 161 HGB Rn. 69, § 164 HGB Rn. 23.
17 Die Haftungsbeschränkung wird dadurch nicht berührt, BGHZ 45, 204; *K. Schmidt*, GesR § 56 V 2b.
18 Auch wenn diese neben der Komplementär-GmbH und gegebenenfalls nur beschränkt auf einen bestimmten Bereich geschäftsführungsbefugt ist/sind; so BFH v. 13.07.2017 – IV R 42/14, DStR 2017, 2031: ausgenommen jedoch bei der Einheit-GmbH & Co. KG.
19 Nicht in Zweifel gezogen von KG v. 08.09.2009 – 1 W 244/09 = NZG 2009, 1159; hier auch zur notwendigen Bezeichnung der UG im Rechtsformzusatz; Baumbach/Hueck/*Fastrich*, GmbH-Gesetz § 5a, Rn. 36 m.w.N.; zum Streit, ob die nicht an den Gewinnen der KG beteiligte Komplementär-UG nicht die gesetzlich vorgeschriebenen Rücklage bilden kann und daher die UG als Rechtsform ausfällt s. *Heckschen*, Die GmbH in der Gestaltungspraxis, 4. Aufl., § 5 Rn. 84.
20 Wozu bereits ein zum Unternehmen gehörendes Rechtsgeschäfts zählt, das aber mit (ggf. stillschweigender) Zustimmung aller Gesellschafter erfolgen muss. Dabei kann die KG bereits vor der Handelsregistereintragung von der Komplementär-GmbH vertreten werden. Hierzu DNotI-Report 2017, 169.
21 BayObLG DNotZ 86, 156.
22 BayObLG DNotZ 84, 567; OLG Hamm NZG 2011, 300.
23 Im Zweifel wird die Vertretungsregelung des KG-Rechts angewendet, wenn sämtliche Kommanditisten der Geschäftsausnahme vor Eintragung zugestimmt haben. Sie haften jedoch dann noch persönlich als GbR-Gesellschafter. Hierzu DNotI-Report 2017, 169.
24 BGH v. 09.03.1981 – II ZR 54/80, BGHZ 80, 129 = NJW 1981, 1373.
25 BGH NJW 1985, 737. Jedoch muss der Notar bei zeitgleichem Einreichen eindeutig das vorherige Eintragen der KG vor der GmbH verlangen.

und bedürfen dazu der Befreiung von den Beschränkungen des § 181 BGB, wenn sie selbst auch Kommanditist werden.[26]

12 Auch eine bereits schon bestehende Personengesellschaft (GbR, OHG, KG) kann durch Beitritt einer GmbH als Komplementärin in die Rechtsform der GmbH & Co. KG übergeführt werden. Es bedarf dazu nicht eines komplizierten Umwandlungsvorganges nach UmwG. Bei einer Personenhandelsgesellschaft bleibt eine Veränderung im Gesellschaftsbestand ohne Auswirkungen auf ihre Identität,[27] selbst wenn die Gesellschaft gleichzeitig ihre Form wechselt. Somit kann auch durch vertragliche Beteiligungsumwandlung der Gesellschafter und Eintragung im Handelsregister aus einer GbR eine KG werden.[28] Wird eine solche Veränderung im Grundbuch eingetragen, handelt es sich um einen Fall der Richtigstellung tatsächlicher Angaben und ist damit nach GNotKG gebührenfrei.[29]

13 Die GmbH & Co. KG kann auch dadurch entstehen, dass eine GmbH ihre Gesellschafter i.S.d. § 28 HGB in ihr Handelsgeschäft aufnimmt, in dem sie mit ihnen einen KG-Vertrag schließt und ihr Unternehmen in die Kommanditgesellschaft einbringt.[30]

3. Form der Errichtung

14 Während die Errichtung der Komplementär-GmbH stets der Beurkundungsform gemäß § 2 Abs. 1 GmbHG bedarf, ist die Errichtung der KG grundsätzlich formfrei, soweit nicht wegen der Verpflichtung zur Einbringung oder zum Erwerb eines bestimmten Grundbesitzes die Form des § 311b BGB[31] oder wegen der Verpflichtung zur Einbringung von GmbH-Anteilen die Form des § 15 Abs. 4 GmbHG zwingend zu beachten ist; ebenso, wenn in der KG Satzung die Verpflichtung festgelegt ist, bei Ausscheiden einen entsprechenden Geschäftsanteil an der Komplementär-GmbH zur Herbeiführung gleicher Beteiligungsverhältnisse abzutreten. (hierzu Rdn. 17). Nach Literaturmeinungen könne sich die Beurkundungsbedürftigkeit auch daraus ergeben, dass beide Gesellschaftserrichtungen miteinander »stehen und fallen«.[32]

III. Gesellschaftsvertrag

1. Grundüberlegungen

15 Die *Gesellschaftsverträge* der GmbH und der KG sollten bei der GmbH & Co. KG möglichst *aufeinander abgestimmt* werden. Unbedachte Vertragsgestaltungen bergen große Gefahren. Vor allem bei personenidentischen Gesellschaften sollte eine weitgehende Angleichung erfolgen.

---

26 Beck´sches Notar-Handbuch/*Hermanns*, Abschnitt D.II. Personengesellschaft, Rn. 5.
27 BGHZ 44, 229/231.
28 Baumbach/*Hopt*, § 162 HGB Rn. 10; Schlegelberger/*K. Schmidt*, § 105 HGB Rn. 87. S. auch unter Rdn. 63 f. mit Muster der Handelsregisteranmeldung.
29 Nach der Begründung zu Nr. 14160 KV GNotKG soll die Berichtigung einer Firma im Handelsregister keinem Gebührentatbestand mehr unterfallen.
30 Zu den steuerlichen Folgen s. § 131 Rdn. 34 ff.
31 Zur Heilung durch Auflassungsvollzug: bejahend *Palandt*, § 311b BGB Rn. 47 unter Hinweis auf BGHZ 22, 312/317; kritisch dazu *Wolfsteiner*, DNotZ 2003, 626.
32 Siehe zu den Beurkundungspflichten bei der GmbH & Co. KG: *Binz/Meyer*, NJW 2002, 3054.

Folgende wesentliche Unterschiede sind festzustellen bzgl. derer folgende *Möglichkeiten der Angleichung bzw. Verzahnung* bestehen:

Maßnahme	GmbH	KG	Gestaltungsmöglichkeit der Verzahnung
Übertragung und Belastung des Anteils	frei übertragbar, *jedoch nach § 15 Abs. 5 GmbH beschränkbar*	nur mit Zustimmung aller Gesellschafter, *jedoch freistellbar*	Einheitliche Zustimmungserfordernisse in beiden Gesellschaften, ggf. mit Freistellung von Verfügungen zugunsten bestimmter Angehöriger und/oder Mitgesellschafter
Vererbung	frei vererblich; einschränkbar nur durch Einziehung oder Abtretungspflicht; Anteil in Erbengemeinschaft	frei vererblich, jedoch Sondererbfolge entspr. der Erbquoten	Ggf. gleiche Erben und gleiche Quoten sicherstellen
Gesellschafterversammlung	§§ 47 ff. GmbHG; grundsätzlich einfache Mehrheit nach abgegebenen Stimmen; Ausnahmen z.B. Satzungsänderung § 53 Abs. 2 GmbHG	Grundsätzlich Einstimmigkeit; Mehrheitsentscheidungen nach Anteilsstimmrecht in Satzung klar bezüglich Gegenstand zu regeln	Gleichlauf der Beschlussfähigkeit und Mehrheitsquote auch bei KG; gleicher Rechtsschutz gegen Beschlussmängel zu regeln
Kündigung	Gesetzlich kein ordentliches Kündigungsrecht gegeben; *jedoch durch Satzungsklausel möglich*	Kündigungsrecht mit 6 Monaten zum Geschäftsjahrsende; es darf nicht übermäßig beschränkt werden; führt zum Ausscheiden des Kommanditisten	Kündigung sollte nur einheitlich möglich sein; Sicherung durch Ausscheidenspflicht in Form von Abtretungsverpflichtung in beiden Satzungen aufnehmen; jedoch bedarf die Abtretungsverpflichtung für GmbH-Anteil der Form des § 15 Abs. 4 Satz 1 GmbHG; daher nur in beurkundeter KG-Satzung möglich.
Auflösungsklage des Gesellschafters	§ 61 GmbHG für Gesellschafter mit mind. 10 % Anteil bei wichtigem Grund	§ 133 i.V.m. § 161 Abs. 2 HGB jedem Kommanditisten zustehend, und auch dem Pfändungsgläubigers; nicht abdingbar	Da zwingendes Recht, nicht abdingbar, aber (klagender) Gesellschafter kann mit Abtretungsverpflichtung (Form des § 15 Abs. 4 Satz 1 GmbHG beachten) gegen Abfindung belastet werden

Maßnahme	GmbH	KG	Gestaltungsmöglichkeit der Verzahnung
Hinauskündigung	Nur durch Einziehung bei benanntem Grund (wichtiger Grund)	Aufgrund Satzungsklausel bei wichtigem Grund	Festlegung in jeder Satzung, dass die Einziehung bzw. Kündigung nur gleichzeitig und zusammen erfolgen darf
Ausschließung eines Gesellschafters bei wichtigem Grund	Von Rspr. als zulässig anerkannt, jedoch strenge Anforderungen an den Ausschließungsgrund; Abfindungsregelung bedeutsam, weil im Ausschließungsurteil mit zu regeln; Satzungsregelung möglich.	§ 140 HGB, wenn wichtiger Grund für Auflösungsklage vorliegt, geringere Anforderungen, *können jedoch verschärft werden*; Höhe der Abfindung wird außerhalb des Ausschließungsverfahrens geregelt	Satzungsregelung; zwangsweiser Ausschluss eines Gesellschafters in einer Gesellschaft als wichtiger Grund für den Ausschluss in der anderen Gesellschaft
Abfindung des ausscheidenden Gesellschafters	In Höhe des vollen Verkehrswertes, bewertet wie bei KG und mit gleichen Schranken bzgl. Abfindungsbeschränkung	Nach § 738 Abs. 1 Satz 2 BGB i.V.m. § 105 Abs. 3, 161 Abs. 2 HGB: Anteil am wirklichen (Zukunfts-)Wert einschl. Firmenwert und stillen Reserven, Ausnahme nur nach h.M. bei Tod des Gesellschafters, wenn alle gleich treffend	Beschränkungen möglich, wenn klar und deutlich in der Satzung geregelt und nicht in grobem Missverhältnis zum tatsächlichen Wert sowie nicht einseitig gläubigerbenachteiligend; Ausschluss nach h.M. nur bei Tod oder bei KG mit ideellem Zweck zulässig; späteres grobes Missverhältnis führt zur richterlichen Anpassung.
Schiedsklauseln	In Satzung möglich, dann Formpflicht durch Beurkundung erfüllt	Formvorschrift des § 1031 ZPO zu beachten = Unterschrift des Gesellschafter nötig	

17 **Gleichlaufklausel:** Die personengleiche GmbH & Co. KG bedarf vor allem aus steuerlichen Gründen eines Gleichlaufs der Beteiligungsverhältnisse, da die Anteile an der Komplementär-GmbH beim Kommanditisten Sonderbetriebsvermögen II sind. Würde er jeweils ohne den anderen Anteil veräußern, hätte dies gravierende steuerliche Nachteile,[33] kann

---

33 Bei unentgeltlicher Übertragung des KG-Anteils ohne den GmbH-Anteil zu Lebzeiten oder auf den Todesfall liegt darin eine der Veräußerung gleichgestellte Aufgabe eines Mitunternehmeranteiles (§ 16 Abs. 3 Satz 1 EStG), was zu einem steuerpflichtigen, jedoch tarifbegünstigten (§§ 16, 34 EStG) Veräußerungsgewinn führt (s. hierzu näher bei § 131 Rdn. 57). Bei entgeltlicher Veräußerung ist der erzielte Gewinn gemäß § 16 I 2 EStG laufender Gewinn und entfallen die Begünstigungen gemäß §§ 16, 34 EStG, weil nicht der ganze Mitunternehmeranteil veräußert wird. (vgl. BFH, Beschl. v. 17.07.2008 – IV B 26/08 [NV] = BFH/NV 2008, 2003).

jedoch zur Mitbestimmung führen.[34] Daher sind in den Satzungen der Komplementär-GmbH und der KG Regelungen üblich, dass Verfügungen über den jeweiligen Gesellschaftsanteil nur wirksam sind, wenn gleichzeitig korrespondierend über die andere Beteiligung verfügt wird.[35] Da das GmbH-Recht keine Anwachsung kennt, ist in die GmbH-Satzung zweckmäßigerweise eine Regelung aufzunehmen, wonach bei jedem Ausscheiden aus der Kommanditgesellschaft der GmbH-Geschäftsanteil des Ausscheidenden zu teilen ist und auf die verbleibenden GmbH-Gesellschafter, welche Kommanditisten sind, zu übertragen ist. Hierbei ist die Formpflicht des § 15 Abs. 4 GmbHG für eine derartige Regelung zu beachten; eine Übertragungsverpflichtung hinsichtlich der GmbH-Anteile als Inhalt der KG-Satzung wäre nach § 15 Abs. 4 GmbHG beurkundungspflichtig und damit die ganze Satzung.[36]

Gleichlaufklausel für die Satzung der Komplementär-GmbH:

Jeder Gesellschafter soll/muss stets am Stammkapital der Gesellschaft im gleichen Verhältnis beteiligt sein, in dem er an dem Festkapital der Gesellschaft ..... GmbH & Co. KG mit dem Sitz in ..... beteiligt ist. Unberücksichtigt bleiben dabei eigene Anteile und eingezogene Anteile. Jeder Gesellschafter ist verpflichtet, Geschäftsanteile ganz oder teilweise derart auf die Kommanditisten der KG zu übertragen, dass jeweils Gleichheit der Beteiligungsquoten besteht. Ebenso besteht in dem Umfang, in dem dies zur Herstellung der Gleichheit der Beteiligungsquoten erforderlich ist, eine Pflicht der jeweiligen Gesellschafter, Geschäftsanteile oder Teile davon zu erwerben. Kommt eine Einigung über die Gegenleistung nicht zustande, so gelten die Bestimmungen über das Einziehungsentgelt gemäß § ..... entsprechend.

18 M

Weitere Regelungen bei der Vinkulierung der Anteilsabtretung (Rdn. 49 ff.) und bei Einziehung/Ausscheiden bzw. Ausschluss (Rdn. 52 ff.).

Daneben bedarf es immer einer Angleichung der Regelung der Gesellschaftererbfolge, wobei in der GmbH der Geschäftsanteil und in der KG der Kommanditanteil jeweils frei vererblich sind. Ist der Kreis der Gesellschafter – wie häufig – identisch und soll dies auch für die Zukunft gewährleistet bleiben, so wird wegen der zwingenden Vererbung bei der GmbH idR im Gesellschaftsvertrag der KG die Nachfolge so geregelt, dass sichergestellt ist, dass die Beteiligung nur an denselben Nachfolger fallen kann. Dies hat vor allem auch steuerliche Gründe, denn würde der Anteile des Kommanditisten an der GmbH, der steuerliches Sonderbetriebsvermögen II ist, nicht mit dem KG-Anteil an die gleichen Personen vererbt, käme es zu einer steuerpflichtigen Betriebsentnahme dieses Anteiles.[37] Ergänzend sind dann Einziehungs- (in der GmbH-Satzung) und Ausschließungsregelungen (im KG-Vertrag) möglich, um nur bestimmte Erben in den beiden Gesellschaften zu haben.[38]

19

---

34 Hat die GmbH & Co. KG mit mehr als 2000 Beschäftigte, werden nach § 4 Abs. 1 MitbestG die Arbeitnehmer der KG mitbestimmungsrechtlich der Komplementär-GmbH zugerechnet, sofern die Kommanditistenmehrheit der KG auch in der Komplementär-GmbH über die Mehrheit verfügt und zudem die GmbH keinen eigenen Geschäftsbetrieb unterhält. Sie unterfällt damit entgegen der klassischen KG und OHG mit dieser Arbeitnehmerzahl dem Mitbestimmungsgesetz.
35 Nur wenn damit in der KG-Satzung eine Abtretungsverpflichtung bezüglich dem Geschäftsanteil an der Komplementär-GmbH verbunden wird, ist die ganze Satzung beurkundungsbedürftig nach § 15 Abs. 4 GmbHG. Vgl. Beck'sches Notar-Handbuch/*Hermanns*, Abschnitt D.II. Personengesellschaft, Rn. 8.
36 *Binz/Meyer*, NJW 2002, 3054.
37 Siehe zu den steuerlichen Folgen von Nachfolgeklauseln § 133 Rdn. 13 f. Gefährlich sind qualifizierte Nachfolgeklausel, s. § 133 Rdn. 24 zu den Gestaltungsmöglichkeiten.
38 Siehe § 12 im Muster Rdn. 57 M sowie § 133 Rdn. 20 M. Zu den steuerlichen Folgen: § 133 Rdn. 25

2. Firma und Sitz

20 Die Firma der GmbH & Co. KG kann nach den allgemeinen Grundsätzen ohne Übereinstimmung mit der Firma der GmbH gewählt werden (hierzu § 125 Rdn. 8 ff.). Beide müssen sich jedoch gemäß § 30 HGB deutlich voneinander unterscheiden, wenn beide den gleichen Sitz haben. Der unterschiedliche Rechtsformzusatz reicht dafür nicht aus.[39] Jedoch genügen Zusätze wie Verwaltungs-, Geschäftsführungs-, Beteiligungs-, Betriebs- oder Besitz-. Die Fortführung der Firma bei Ausscheiden des Namensgebers ist in der Satzung ggf. zu sichern. Zum Sitz und Geschäftsanschrift § 125 Rdn. 48 sowie § 134 Rdn. 1. Deren Sitz muss mit dem Sitz der Komplementär-GmbH übereinstimmen. Späteren Änderungen der Komplementär-GmbH (Firma, Sitz) sind nicht anmeldepflichtig, können jedoch aufgrund einer nicht der Form des § 12 HGB bedürfenden »Anregung« zur Berichtigung des Handelsregisters durch einen vertretungsberechtigten Gesellschafter (nicht alle) vom Registergericht gemäß § 17 Abs. 1 Satz 1 HRV eingetragen werden.[40]

21 Bezüglich des Rechtsformzusatzes ist auch zu beachten, dass nach § 19 Abs. 2 HGB die *Firma* der GmbH & Co. KG eine Bezeichnung enthalten muss, die deutlich macht, dass keine natürliche Person unbeschränkt haftet (z.B. »GmbH & Co. KG«); haftet nur eine Unternehmergesellschaft i.S.v. § 5a Abs. 1 GmbHG allein persönlich, darf diese nicht als »GmbH & Co.« bezeichnet werden, sondern muss die gesetzliche Bezeichnung »Unternehmergesellschaft (haftungsbeschränkt)« bzw. »UG (haftungsbeschränkt)« führen.[41] Str. ist, ob § 19 Abs. 2 HGB auch dann gilt, wenn bei einer mehrstufigen GmbH & Co. KG erst auf einer höheren Ebene eine natürliche Person haftet.[42]

3. Zweck/Gegenstand

22 **a)** *Zweck der KG*: Nach §§ 161 Abs. 2, 105 Abs. 2 HGB kann eine GmbH & Co. KG zum Betrieb jedes Gewerbes i.S.v. § 1 Abs. 2 HGB (auch mit geringem Umfang) wie auch zur Verwaltung eigenen Vermögens errichtet werden, nicht jedoch für eine freiberufliche Tätigkeit,[43] z.B. für eine Rechtsanwaltssozietät,[44] soweit keine spezialgesetzlichen Regelungen wie für Wirtschaftsprüfungs- (§ 27 Abs. 1 Satz 2 WPO) und Steuerberatungsgesellschaften (§ 49 Abs. 2 StBerG)[45] bestehen.

23 **b)** Der *Gegenstand der Komplementär-GmbH* muss darauf hinweisen, dass die Gesellschaft als persönlich haftende Gesellschafterin an Handelsgesellschaften sich beteiligen soll, wobei jedoch nicht auf eine bestimmte Gesellschaft (strittig) auf jeden Fall aber nicht auf eine bestimmte Art von Geschäftsbetrieb der Kommanditgesellschaft hingewiesen werden muss.[46]

---

39 BGHZ 46, 7/12.
40 OLG Frankfurt v. 30.09. 2014 – 20 W 241/13, N ZG 2015, 710: Eintragung steht im Ermessen des Registergerichts; a.A. OLG Hamm v. 26.01. 2010 – 15 W 361/09.
41 KG v. 08.09.2009 – 1 W 244/09 = NZG 2009, 1159.
42 Zu Unrecht bejahend KG DNotZ 1989, 250. Siehe hierzu *Mehringer*, NZG 2017, 41.
43 Hierzu *Tersteegen*, NZG 2010, 651.
44 BGH, Urt. v. 18.07.2011 – AnwZ (Bfrg) 18/10.
45 Auch mit dem Gesellschaftszweck »geschäftsmäßige Hilfeleistung in Steuersachen einschließlich der Treuhandtätigkeit« BGH, Beschl. v. 15.07.2014 – II ZB 2/13, DNotZ 2015, 57 (m. Anm. *Lubberich*) = DStR 2014, 2085 = DStR 2014, 2419 (m. Anm. *Arens*) = NJW 2015, 61 = RNotZ 2015, 34.
46 Strittig; *K. Schmidt*, GesR § 56 III 2 m.w.N.

Gegenstand der Komplementär-GmbH

..... die Beteiligung als persönlich haftende Gesellschafterin und die Übernahme der Geschäftsführung bei anderen Gesellschaften.

24 M

4. Beginn

Wie in Rdn. 11 dargestellt, kann die KG bereits schon mit der Errichtung der GmbH in Gründung vor deren Eintragung im Handelsregister beginnen, jedoch mit der Haftungsfolge für die GmbH-Gesellschafter. Für die Haftung der Kommanditisten wird die Regelung des § 176 Abs. 1 HGB meist nicht als Problem gesehen, denn durch die Verwendung der Rechtsformbezeichnung »GmbH & Co. KG« ist den Gläubigern die Beteiligung als Kommanditist bekannt.[47] Betreibt jedoch die KG kein Handelsgewerbe im Sinne von § 1 Abs. 2 HGB liegt bis zur Handelsregistereintragung keine KG, sondern eine Gesellschaft bürgerlichen Rechts vor, wobei jedoch auf die KG »in Gründung« bereits wirksam eine Grundstücksauflassung erklärt werden kann,[48] denn mit der Eintragung wird die KG Trägerin aller im Gründungsstadium begründeter Rechte und Pflichten.[49]

25

5. Komplementär-GmbH

Die Komplementär GmbH kann, muss aber nicht, die gleichen Gesellschafter haben, wie Kommanditisten sind. Ihr einziger Gesellschafter kann sogar die KG selbst sein (Einheits-GmbH & Co. KG).[50] Sie kann auch in der Sonderform einer Unternehmergesellschaft (haftungsbeschränkt) bestehen, darf sich aber dann nicht »GmbH & Co.« nennen.[51] Die Komplementär-Gesellschaft kann nur für die Geschäftsführung bei der KG errichtet sein, kann aber auch einen eigenen sonstigen Geschäftsbetrieb haben oder geschäftsführend auch bei anderen Gesellschaften tätig sein (sternförmige GmbH & Co. KG). Hat die GmbH den bloßen Zweck, die Geschäfte der KG zu führen (wozu sie keine eigenen Mittel benötigt), wird sie nur mit einem *geringen Stammkapital* ausgestattet, häufig nur mit dem Mindeststammkapital von 25.000 €, wobei nur mindestens 12.500 € sofort einbezahlt werden müssen, auch bei einer Ein-Personen-GmbH. Eine Einlage muss von der GmbH bei der KG nicht zwingend erbracht werden und an deren Vermögen braucht sie nicht beteiligt zu sein,[52] was sich so

26

---

47 OLG Frankfurt v. 09.05.2007 (n.rk.) = NJW-Spezial 2007, 365; hierzu *Specks*, RNotZ 2008, 143; BGH NJW 1983, 2258; *K. Schmidt*, GesR § 56 III c.
48 BayObLG DNotZ 1984, 567 = NJW 1984, 497; entgegen der Ansicht von OLG Hamm v. 14.10.2010 – 15 W 201, 202/10 = NZG 2011, 300, wonach Existenz und Vertretungsverhältnisse einer KG in Gründung zum Zeitpunkt der notariellen Beurkundung eines Grundstückserwerbsvertrags durch die später erfolgte Eintragung der Gesellschaft im Handelsregister im Hinblick auf die Identität zwischen Vorgesellschaft und der rechtlich voll entstandenen KG nachgewiesen werden können, ist das KG v. 04.11.2014 – 1 W 247-248/14, NZG 2015, 70 der Meinung: der Nachweis der Vertretungsmacht bzgl. der Auflassung sei nur durch einen Gesellschaftsvertrag in Form des § 29 GBO möglich (str., ob Beurkundung nötig). Zur Lösung des Problems, die Vertretungsbefugnis der Geschäftsführer der Komplementär-GmbH vor Handelsregistereintragung der KG dem Grundbuchamt nachweisen zu können, wird die Genehmigung bzw. Mitwirkung aller Kommanditisten empfohlen, insbes. bei Einbringung von Grundbesitz als Einlage. Bei Erwerbsgeschäft der noch nicht im Handelsregister eingetragenen rein vermögensverwaltenden KG besteht diese noch als GbR und haften die Kommanditisten persönlich. Siehe dazu DNotI-Report 2017, 169.
49 BGHZ 69, 95/101 = NJW 1977, 1683.
50 S. dazu Rdn. 72 ff.
51 Vgl. KG v. 08.09.2009 – 1 W 244/09 = NZG 2009, 1159; h.M. in Lit. vgl. u.a. *Heeg*, DB 2009, 719.
52 *K. Schmidt*, GesR § 47 III 1b; dies hat auch seinen Grund in § 6 Abs. 5 Satz 5, 6 EStG, wonach bei Einbringung eines Wirtschaftsguts nicht der Anteil einer Körperschaft (Kapitalgesellschaft) begründet oder erhöht werden darf. Außerdem könnte es bei Erhöhung der Kommanditeinlage ohne entsprechende Erhöhung der Einlage der Komplementär-GmbH zu einer verdeckten Gewinnausschüttung kommen (i.E.: *Briese*, DStR 2015, 1945).

auch in den meisten Gesellschaftsverträgen findet. Die GmbH ist dann zwar Gesellschafter, hat aber keinen Vermögensanteil und i.d.R. damit korrespondierend auch kein Stimmrecht in den Gesellschafterversammlungen.[53] Ihr Gesellschaftsbeitrag besteht dann allein in der Geschäftsführung.

27 Die früher übliche Praxis, dass die GmbH ihre Stammeinlage als Darlehen an die KG weiterleitet, führt bei einer personengleichen GmbH & Co. KG dazu, dass die Einlage an die Komplementär-GmbH nicht wirksam erbracht ist, weil es den GmbH-Gesellschaftern als Kommanditisten wieder zufließt.[54] Die Einlage würde erst mit Rückzahlung des Darlehens erbracht. Nach dem gesetzgeberischen Konzept sind beide Gesellschaften als jeweils selbstständiges Unternehmen zu behandeln, weshalb die Einlageverpflichtungen jeweils gesondert zu erfüllen sind und die Vermögensmassen beider Gesellschaften getrennt zu halten sind.[55] Ob dies auch gilt, wenn die Komplementär-GmbH satzungsgemäß eine Einlage in die KG erbringen muss, ist bisher nicht entschieden. Als Lösung bietet sich an, mit der Geldeinlage einen Anlagegegenstand zu erwerben, der dann von der GmbH an die KG zur Nutzung überlassen/vermietet wird oder überhaupt eine Sacheinlage in die GmbH zu machen oder eine UG (haftungsbeschränkt) als Komplementärin zu verwenden.[56]

28 Nach § 19 Abs. 5 GmbHG gilt eine Gesellschafterleistung auch dann als befreiend erbracht, soweit für diese vor deren Einlage bereits eine wirtschaftliche Rückzahlung dieser Einlage vereinbart ist, wenn die Einlageleistung durch einen vollwertigen Rückgewährsanspruch gedeckt ist, der jederzeit fällig ist oder durch fristlose Kündigung durch die Gesellschaft fällig werden kann und dies in der Handelsregisteranmeldung offen gelegt wird; nur Vereinbarung eines Darlehens genügt nicht.[57] Nur unter diesen strengen Voraussetzungen, an deren Erfüllung die Rechtsprechung hohe Anforderungen stellt, kann die Darlehenslösung noch angewendet werden. Textmuster für die Handelsregisteranmeldung:

Einlage bei Komplementär-GmbH als Darlehen an die KG

29 M **Die auf den Geschäftsanteil mit der laufenden Nr. 1 im Nennbetrag von 25.000 € vollständig an die Gesellschaft einbezahlte Einlage wird aufgrund getroffener Vereinbarung als jederzeit fristlos kündbares Darlehen der ..... GmbH & Co. KG. gewährt, an der der einzige Gründungsgesellschafter als einziger Kommanditist beteiligt ist. Der Rückgewährsanspruch des Darlehens ist vollwertig und jederzeit fällig//alternativ// kann jederzeit durch fristlose Kündigung fällig gestellt werden//ggf.//und gesichert durch .....**

30 An etwaigen Verlusten der KG wird die Komplementär-GmbH regelmäßig nicht beteiligt, um nicht die Gefahr der Überschuldung und damit der Insolvenz der GmbH herauf zu beschwören, was wiederum die Auflösung der KG zur Folge hätte (§§ 161 Abs. 2, 131 Abs. 3 Nr. 2 HGB). Teilweise wird vertreten, dass dann der Komplementär-GmbH ein Freistellungs-

---

53 Was bei personenidentischen Gesellschaften rechtlich anerkannt ist, wegen der notwendigen gleichmäßigen Willensbildung; s. BGH NJW 1993, 2100; OLG München GmbHR 1999, 81.
54 BGH Urt. v. 10.12.2007 – II ZR 180/06 = DStR 2008, 311 = GmbHR 2008, 203 m. Anm. *Rohde*; gegen OLG Jena v. 28.06.2006 = NZG 2006, 661 und gegen *Priester*, EWiR 2006, 497.
55 Kritisch hierzu u.a. Heckschen/Heidinger/*Heidinger*, Die GmbH, 4. Aufl., § 16 Rn. 435 ff., 439; zur Heilungsmöglichkeit früherer Darlehensgewährungen DNotI-Gutachten v. 11.11.2009 Fax-Abruf-Nr. 98537.
56 Was jedoch im Geschäftsverkehr wegen des zwingenden Rechtsformzusatzes der »UG (haftungsbeschränkt)« nachteilig sein kann.
57 BGH v. 20.07.2009 – II ZR 273/07 = DNotZ 2009, 941 = NJW 2009, 3091 = ZNotP 2009, 359. Zum Nachweis von Liquidität und Vollwertigkeit eines Rückgewähranspruchs gemäß § 19 Abs. 5 Satz 1 GmbHG ggü. dem Handelsregister s. OLG München v. 17.02.2011 – 31 Wx 246/10 = MittBayNot 2011, 331 = RNotZ 2011, 312; OLG Schleswig v. 09.05.2012 – 2 W 37/12 = FGPrax 2012, 214: Registergericht kann die Vorlage des Darlehensvertrags und Nachweise für die Liquidität und Vollwertigkeit des Rückzahlungsanspruchs verlangen.

anspruch gegen die anderen Gesellschafter zustehe, soweit dieser nicht ausdrücklich ausgeschlossen wird;[58] durch eine entsprechende Klausel im Gesellschaftsvertrag sollte dies klargestellt werden:

Ausschluss der Haftungsfreistellung

Eine Pflicht der Kommanditisten zum Haftungsausgleich gegenüber der Komplementär-GmbH besteht nicht.

31 M

Regelmäßig wird im Gesellschaftsvertrag der KG bestimmt, dass der GmbH die *Aufwendungen für die Geschäftsführung* (insbesondere die Geschäftsführergehälter) *zu erstatten* sind.[59] Bei Identität zwischen Gesellschaftern der GmbH und Kommanditisten haben diese regelmäßig kein Interesse, die GmbH darüber hinaus an den Erträgen der KG zu beteiligen. Steuerlich läge aber eine verdeckte Gewinnausschüttung vor, wenn die GmbH sich in der KG mit einer schlechteren Rechtsstellung begnügen muss, als sie eine nicht personenidentische, völlig unabhängige GmbH fordern würde. Deshalb ist ihr ein über die Erstattung der Aufwendungen hinausgehendes zusätzliches *Entgelt* einzuräumen, das ihrem Kapitaleinsatz, der Verantwortung und dem Haftungsrisiko entspricht.[60] Wird von der GmbH keine Einlage und damit kein Kapitaleinsatz geleistet, so erkennt der BFH[61] im Normalfall eine (feste oder gewinnabhängige) Vergütung als angemessen an, die in etwa der üblichen Avalprovision entspricht und damit einen Ertrag von durchschnittlich mindestens über 2–5 %, bei hohem Haftungsrisiko bis 10 % jährlich des haftenden Stammkapitals der GmbH erwarten lässt.

32

6. Kommanditist

Die Kommanditisten[62] können zugleich Gesellschafter und Geschäftsführer der Komplementär-GmbH sein, ohne dass dadurch eine unbeschränkte Haftung entsteht. Haben sie ihre im Handelsregister einzutragende Hafteinlage (= Haftsumme) erbracht, endet ihre persönliche Haftung gemäß § 171 Abs. 1 HGB. Besteht diese in der Einbringung dessen bisherigen Einzelunternehmens ist die Nachhaftung nach § 28 Abs. 3 HGB zu beachten. Die im Innenverhältnis nach dem Gesellschaftsvertrag geschuldete Pflichteinlage kann sich davon unterscheiden,[63] was häufig der Fall ist. Gibt es keine gesellschaftsvertragliche Regelung gilt: Hafteinlage = Pflichteinlage. Die unbeschränkte Haftung gemäß § 176 Abs. 1 HGB bis zur Eintragung als Kommanditist wird bei der nach außen hin als GmbH & Co. KG in Erscheinung getretenen Gesellschaft in der Regel verneint.[64] Wird aber dem Kommanditisten das Vermögen der KG in einem Umfang ausgezahlt (was auch durch Darlehensgewährung oder Bestellung einer Sicherheit zugunsten des Kommanditisten erfolgen kann[65]), dass dadurch

33

---

58 Literaturnachweis bei *K. Schmidt*, GesR § 56 IV 1a. Nicht ausgeschlossen werden darf jedoch der Regressanspruch der Komplementär-GmbH gegenüber der Kommanditgesellschaft.
59 Zur Umsatzsteuerpflicht der Tätigkeitsvergütung der Komplementär-GmbH einschl. des Haftungsentgelts s. Rdn. 103 f.
60 *Wassermeyer*, GmbHR 1999, 18.
61 BStBl. II 77, 346.
62 Zu den als Gesellschafter möglichen Rechtspersonen s.o. bei § 137 Rdn. 14
63 Soweit der Gesellschaftsvertrag nichts Abweichendes regelt, entspricht die Haftsumme stets der Einlage (BGH NJW 1977, 1820). Der Gesellschaftsvertrag sollte die im Handelsregister einzutragende Haftsumme jedoch betragsmäßig beziffern.
64 OLG Frankfurt v. 09.05.2007 – 13 U 195/06, RNotZ 2008, 170 = NJW-Spezial 2007, 365; so auch h.M. in Lit.; hierzu *Specks*, RNotZ 2008, 143; anders noch BGH NJW 1980, 54.
65 BGH v. 21.03.2017 – II ZR 93/16, RNotZ 2018, 54: Auch die Bestellung einer Sicherheit durch die Gesellschaft für einen Darlehensrückgewähranspruch eines Sicherungsnehmers gegen einen Gesellschafter stellt eine Auszahlung i.S.v. § 30 Abs. 1 Satz 1 GmbHG dar, wenn der Gesellschafter – betrachtet auf den Zeit-

mittelbar das Vermögen der Komplementär-GmbH unter den Nennwert des Stammkapitals herabsinkt oder eine bilanzielle Überschuldung vertieft, liegt darin ein Verstoß gegen § 30 GmbHG, sodass der Kommanditist dann nicht nur unter den Voraussetzungen des § 172 Abs. 4 HGB wegen Einlagenrückgewähr haftet, sondern ohne Beschränkung auf die Hafteinlage auch dem Rückgriffsanspruch nach § 31 GmbHG ausgesetzt ist. Eine unzulässige Auszahlung ist gem. § 30 Abs. 1 Satz 2 Alt. 2 GmbHG nur dann nicht gegeben, wenn der Gesellschaft gegen den Gesellschafter im Zeitpunkt der Auszahlung[66] ein vollwertiger Gegenleistungs- oder Rückgewähranspruch zusteht.[67]

34 Im Gegensatz zu den strengen Vorschriften über die Kapitalerbringung bei der GmbH sind die Gesellschafter bei der Bestimmung der Einlagen völlig frei. Die Einlage des Gesellschafters kann durch Geldeinlage erfolgen, auch durch Zahlung auf ein debitorisches Konto.[68] Daneben kann die Einlage durch Vermögenswerte aller Art, auch durch Erbringen bestimmter Dienstleistungen oder Übertragen immaterieller Wirtschaftsgüter erbracht werden. In welcher Form die Einlage zu erbringen ist und in welcher Höhe eine Sacheinlage bzw. Dienstleistung auf die Einlageverpflichtung angerechnet werden soll, muss im Gesellschaftsvertrag geregelt werden. Erst wenn die Gesellschaft über die Einlage frei verfügen kann ist die Einlageschuld erfüllt. Sacheinlagen sind mit dem objektiven Zeitwert anzusetzen; eine Werthaltigkeitskontrolle erfolgt durch das Registergericht nicht. Lässt der Kommanditist auf seinem Kapitalkonto Gewinne stehen, liegt darin in der Regel eine Leistung der Einlage. Bei Sacheinlagen ist es sinnvoll, Art und Umfang der Mängelhaftung im Einbringungsvertrag zu regeln. Ob nur ein Teil der Sacheinlage auf die Haft- und Pflichteinlage verrechnet wird und der Restwert auf eine gesamthänderisch gebundene Rücklage oder als Gesellschafterdarlehens verbucht wird, hat unterschiedliche steuerliche Folgen (s. § 131 Rdn. 22 ff.). Dem Gesellschafter soll es auch möglich sein, durch eine »negative Tilgungsbestimmung« festlegen zu können, dass eine von ihm erbrachte Einlage nicht auf sein Kapitalkonto verbucht wird.[69] Die Einlage des Kommanditisten kann auch durch bloße Umbuchung erbracht werden, wie z.B. bei schenkweiser Aufnahme.

Zu den Konten des Kommanditisten s. § 137 Rdn. 18 ff. Zum Wettbewerbsverbot § 137 Rdn. 31.

7. Geschäftsführung

35 Die Geschäftsführung obliegt gemäß HGB – unter Ausschuss der Kommanditisten (§ 164 HGB) – dem persönlich haftenden Gesellschafter und dessen Organe,[70] soweit es nicht gemäß § 116 Abs. 2 HGB bei außergewöhnlichen Geschäften auch der Zustimmung durch die Kommanditisten bedarf.[71] Weisungen an die Geschäftsführer können nicht die Kom-

---

punkt der Gewährung der Sicherheit – nicht voraussichtlich zur Rückzahlung in der Lage ist und zudem eine Unterbilanz entsteht oder vertieft wird.
66 Auch nicht, wenn sich die Vermögenslage des Gesellschafters später verschlechtert; BGH v. 21.03.2017 – II ZR 93/16, RNotZ 2018, 54.
67 BGH v. 21.03.2017 – II ZR 93/16; Siehe auch *Priester*, DStR 2013, 1786, 1790. Der Geschäftsführer der Komplementär-GmbH haftet zugleich nach § 43 Abs. 3 GmbHG für nach § 30 Abs. 1 GmbHG verbotene Auszahlungen aus dem Vermögen der Kommanditgesellschaft an einen Gesellschafter der Komplementär-GmbH, soweit nicht die Auszahlung mit Duldung aller Gesellschafter erfolgt oder ein werthaltiger Freistellungsanspruch aus §§ 161 Abs. 2, 110 HGB der GmbH gegen die Kommanditgesellschaft besteht; BGH v. 09.12.2014 – II ZR 360/13, DStR 2015, 597. Hierzu auch: *Gummert*, DStR 2015, 761.
68 OLG Schleswig v. 27.10.2005 – V U 82/05.
69 BFH v. 11.10.2007 – IVR 38/05 = DStR 2008, 38 m. krit. Anm. *Hüttemann/Meyer*, DB 2009, 1613.
70 Hierzu: *Wertenbruch*, NZG 2016, 1081. Zur möglichen Umsatzsteuerpflicht für die Geschäftsführungsleistung s. Rdn. 103.
71 BGH v. 19.04.2016 – II ZR 123/15: Zu den Grundlagengeschäften gehören Maßnahmen, die das Verhältnis der Gesellschafter untereinander betreffen, also etwa die Aufnahme neuer Gesellschafter, die Regelung der Vertretungsmacht und die Organisation der Geschäftsführung. Entscheidungen auf dieser Ebene sind der Gesellschafterversammlung der KG vorbehalten.

manditisten, sondern nur die Geschäftsführer der Komplementär-GmbH gemäß § 37 Abs. 1 GmbHG erteilen. Die Geschäftsführungsbefugnis auf der Ebene der KG kann jedoch – sogar unter Ausschluss der Komplementär-GmbH davon – Kommanditisten übertragen werden[72] (jedoch keine organschaftliche Vertretungsbefugnis). Ebenso kann aber auch ein Nichtgesellschafter Geschäftsführer der Komplementär-GmbH sein. Die Gestaltungsmöglichkeiten sind hier vielfältig, insbesondere hinsichtlich der Zustimmungsvorbehalte. Trifft der KG-Vertrag keine besondere Regelung, steht den Kommanditisten lediglich bei außergewöhnlichen Geschäftshandlungen ein Widerspruchsrecht nach § 164 HGB zu, was allgemein dahin gehend ausgelegt wird, dass derartige Geschäfte dem Zustimmungsvorbehalt der Kommanditisten gemäß § 116 Abs. 2 HGB unterliegen. Diese Regeln sind dispositiv, sodass die Rechte der Kommanditisten erweitert oder beschränkt,[73] z.B. auch das Widerspruchrecht oder ein Zustimmungsvorbehalt auf einzelne Geschäfte beschränkt oder ganz ausgeschlossen werden können. Davon nicht betroffen sind die Entscheidungen im Rahmen des Gesellschaftsverhältnisses, gemeinhin als Grundlagengeschäfte bezeichnet, die grundsätzlich dem Einstimmigkeitsprinzip des Personengesellschaftsrechts unterliegen, soweit der KG-Vertrag nicht eindeutig oder auslegbar Mehrheitsbeschlüsse zulässt (§ 132 Rdn. 34; § 137 Rdn. 37 f.).

36 Der Anstellungsvertrag kann zwischen der Komplementär-GmbH und dem Geschäftsführer abgeschlossen werden, zu dessen Abschluss der Geschäftsführer entweder der Befreiung von den Beschränkungen des § 181 BGB bedarf oder ansonsten eines Vertrages zwischen ihm und der nach § 46 GmbHG zur Bestellung zuständigen Gesellschafterversammlung bedarf.[74] Zwar wird der Geschäftsführer in der GmbH & Co. KG von der Gesellschafterversammlung der GmbH bestellt. Der Anstellungsvertrag kann aber auch mit der Kommanditgesellschaft unmittelbar abgeschlossen werden. Auch wenn dabei die KG durch die Komplementär-GmbH vertreten wird, wird darauf § 181 BGB angewandt, sodass der Geschäftsführer – soweit er für die Komplementär-GmbH handelt, weil kein weiterer Geschäftsführer vorhanden ist – von den Beschränkungen des § 181 BGB seitens der Kommanditgesellschaft befreit sein muss.[75] Weil strittig ist, ob dazu die Zustimmung der Gesellschafterversammlung der Komplementär-GmbH erforderlich ist, empfiehlt sich diese stets einzuholen. Ferner ist es möglich, ohne Abschluss eines Anstellungs(dienst)vertrages für den Kommanditisten, der in der GmbH & Co. KG aufgrund einer Bestellung zum Geschäftsführer der Komplementär-GmbH die dieser (allein) obliegende Geschäftsführung und Vertretung der Kommanditgesellschaft ausübt, eine Vergütung für diese Geschäftsführungstätigkeit im Gesellschaftsvertrag der Kommanditgesellschaft zu vereinbaren.[76]

8. Vertretung

37 Die Außenvertretung bei der KG obliegt gemäß dem Grundsatz der Selbstorganschaft ausschließlich zwingend der Komplementär-GmbH, die wiederum durch ihre(n) Geschäftsführer als Vertretungsorgan handelt. Zu deren Geschäftsführer kann sowohl ein Kommandi-

---

72 Vorsicht jedoch wegen den steuerlichen Folgen, weil bei Geschäftsführung durch natürliche Personen die gewerbliche Prägung nach § 15 Abs. 3 Nr. 2 EStG entfällt, was auch gewollt sein kann; unschädlich jedoch, wenn der Kommanditist zugleich Geschäftsführer der Komplementär-GmbH ist. s. hierzu Rdn. 93 f.
73 Wird aber das Widerspruchsrecht dem Kommanditisten ganz genommen, ist die steuerliche Anerkennung er Mitunternehmerschaft gefährdet (s. § 137 Rdn. 97 sowie § 131 Rdn. 20 und 44).
74 BGH v. 01.12.1969 – II ZR 224/67: Die Entscheidung über die Änderung des Dienstvertrages liegt im Aufgabenbereich der Mitgeschäftsführer, wenn ein weiterer vertretungsberechtigter Geschäftsführer nicht vorhanden ist, in der Entscheidung und Vertretung bei der Gesellschafterversammlung als dem obersten Gesellschaftsorgan.
75 BGH Urt. v. 15.04.2014 – II ZR 44/13, NZG 2014, 780. *Höpfner*, NZG 2014, 1174 m.w.N.. unter Bezugnahme auch auf BGH v. 01.12.1969 – II ZR 224/67: die Gesellschafterversammlung der Komplementär-GmbH kann durch Beschluss im Namen der KG eine Befreiung des Geschäftsführers von den Beschränkungen des § 181 BGB erteilen.
76 BGH v. 15.03.2016 – II ZR 114/15, DStR 2016, 1618.

tist, aber auch ein Nichtgesellschafter (zulässige Fremdorganschaft bei der GmbH) bestellt werden. Daneben kann Kommanditisten zur Vertretung nur eine rechtsgeschäftliche Vollmacht, zwar nicht eine Generalvollmacht bzgl. der Gesellschaftsangelegenheiten, wohl aber eine Prokura oder Generalhandlungsvollmacht erteilt werden, die sowohl auf der Ebene der KG als auch bei der Komplementär-GmbH erteilt werden kann. Eine Prokura bei der GmbH ermöglicht stets auch die Vertretung der KG.[77] Für die Liquidation sollte zugleich klargestellt werden, dass allein die Komplementär-GmbH vertretungsberechtigt ist.[78]

38 Der Geschäftsführer der Komplementär-GmbH kann auch gleichzeitig Prokurist der GmbH & Co. KG sein.[79] Zu beachten ist aber, dass eine unechte Gesamtvertretung nur bei Vorhandensein von mindestens zwei Komplementären möglich ist, da der alleinige Komplementär nicht von der Mitwirkung eines Prokuristen der KG abhängig gemacht werden kann. Sind jedoch mehrere Geschäftsführer vorhanden, kann auf Ebene der GmbH die unechte Gesamtvertretung festgelegt werden und damit ein Kommanditist als Prokurist der GmbH zur Mitvertretung bestimmt werden.[80] Zu beachten ist, dass eine Gesamtvertretung nicht zur Alleinvertretung erstarkt, wenn einer der beiden gesamtvertretungsberechtigten Vertreter wegfällt.[81]

39 Nach der gesetzlichen Regelung haben die Kommanditisten keinen unmittelbaren Einfluss auf die Auswahl der von den GmbH-Gesellschaftern bestellten Geschäftsführer. Im Gesellschaftsvertrag der GmbH kann die Befugnis zur Bestellung aber auch einem anderen Organ, einzelnen Gesellschaftern oder auch außenstehenden Dritten übertragen werden[82] und somit also auch der wie ein Beirat fungierenden Kommanditisten-Versammlung.

9. Selbstkontrahieren

40 Für Rechtsgeschäfte des Geschäftsführers mit der GmbH bedarf es der Befreiung von den Beschränkungen des § 181 BGB,[83] was auch bei der Ein-Personen-GmbH erforderlich ist, dort einer Satzungsbestimmung zwingend bedarf und der Eintragung im Handelsregister.[84] Für Rechtsgeschäfte des GmbH-Geschäftsführers mit der KG bedarf es dessen Befreiung durch die KG,[85] wozu allein die Komplementär-GmbH berechtigt ist; für Geschäfte zwischen der GmbH und der KG zusätzlich auch der Befreiung auf der Ebene der GmbH.[86] Zweckmäßig ist daher eine Regelung im Gesellschaftsvertrag der KG, dass die Komplementär-GmbH und deren (jeweilige) Geschäftsführer von den Beschränkungen des § 181 BGB befreit sind, was beides im Handelsregister eingetragen werden kann,[87] oder eine Öffnungsklausel für ein Befreiung im Einzelfall durch Gesellschafterbeschluss. Nur durch diese Doppelbefreiung wird nach h.M. der Geschäftsführer der Komplementär-GmbH auch zur Mehrfachvertretung befugt angesehen, wenn er zugleich auch als (auch dort befreiter) Vertreter einer weiteren Gesellschaft mit der KG zusammen Rechtsgeschäfte abwickelt (z.B. auch einen Gesellschafterbeschluss bei einer Gesellschaft, bei der beide Gesellschaften beteiligt sind);

---

77 OLG Hamm NJW 1967, 2163.
78 Ansonsten gilt Gesamtvertretung mit allen Kommanditisten; siehe hierzu § 138 Rdn. 60 ff.
79 BayObLGZ 1980, 195 = DNotZ 1981, 189; OLG Hamm DNotZ 1973, 564.
80 *Binz/Sorg*, Die GmbH & Co. KG, § 4 Rn. 7.
81 OLG München v. 12.03.2014 – 15 W 23/14, NZG 2014, 899.
82 Vgl. BGH NJW 1990, 387; *Rowedder/Koppensteiner*, GmbH § 35 Rn. 15 m.w.N.
83 Hierzu *Binz/Sorg*, § 4 Rn. 10 ff.; *Fröhler*, BWNotZ 2006, 108 ff.; *Baetzgen*, RNotZ 2005, 193, 217 ff.; *Suttmann*, MittBayNot 2011, 1; *Höpfner*, NZG 2014, 1174; *Schindeldecker*, RNotZ 2015, 533.
84 BGHZ 89, 60.
85 Die Befreiung nur im Verhältnis zur GmbH genügt nicht; BGH v. 15.04.2014 – II ZR 44/13, DStR 2014, 1506 = NZG 2014, 780.
86 A.A. jetzt Kammergericht v. 04.12.2012 – 1 W 150/12: Befreiung der juristischen Person von den Beschränkungen des § 181 BGB gilt auch für deren Vertreter.
87 BayObLG vom 04.11.1999 – 3 Z BR 321/99 = MittBayNot 2000, 53.

die Befreiung der Komplementär-GmbH genügt dafür nach h.M. nicht.[88] Es können allerdings nur allgemein »die Geschäftsführer«, nicht dagegen namentlich benannte Geschäftsführer als von § 181 BGB befreit eingetragen werden.[89] Ist letzteres gewollt, kann nur die Komplementär-GmbH durch die KG befreit werden mit der Befugnis zur Befreiung ihrer Geschäftsführer gegenüber der KG und dann auf der Ebene der GmbH der jeweils gemeinte Geschäftsführer, was bei der GmbH im Handelsregister eingetragen werden kann. Möglich ist auch die Beschränkung der Befreiungsregelung auf das Verhältnis zwischen Geschäftsführer und/oder Komplementär-GmbH zur KG. Die Befreiung von § 181 BGB ist auch zum Abschluss des Gesellschaftsvertrages sowie auch zu den Einbringungsverträgen erforderlich, kann jedoch bei personenidentischen Gesellschaften stillschweigend erteilt sein.[90] Fehlt eine allgemeine Befreiung vonseiten der KG für die GmbH und deren Geschäftsführer namens der KG Geschäfte mit sich selbst abzuschließen, ist aber der alleinige Geschäftsführer im Verhältnis zur GmbH von den Beschränkungen des § 181 BGB befreit, so kann die GmbH als Geschäftsführer der KG eine solche auf den Einzelfall bezogene Erlaubnis als Maßnahme der Geschäftsführung erteilen.[91] Bei der Ermächtigung eines gesamtvertretungsberechtigten Geschäftsführers durch den anderen i.S.d. § 125 Abs. 2 Satz 2 HGB, § 78 Abs. 4 Satz 1 AktG zur Alleinvertretung findet § 181 BGB dann auf ein Geschäft zwischen dem ermächtigenden Geschäftsführer und dem die KG vertretenden Geschäftsführer kein Anwendung.[92]

10. Informationsrecht

Während das Informationsrecht des GmbH-Gesellschafters nach § 51a GmbHG relativ weit ausgestaltet ist, ist das Recht des Kommanditisten im Rahmen des § 166 HGB unzureichend geregelt.[93] Da einerseits § 166 HGB als einschränkbare Regelung gilt (ausgenommen die Kompetenz gemäß § 166 Abs. 3 HGB), andererseits aber § 51a GmbHG zwingendes Recht ist, empfiehlt es sich, in der KG-Satzung das Informationsrecht des Kommanditisten dem Umfang des § 51a GmbHG zu unterstellen.[94]

11. Gesellschafterversammlung

Im Gegensatz zum GmbH-Recht (§§ 47 ff. GmbHG) enthält das HGB keine besondere Regelungen zur Gesellschafterversammlung,[95] da die Kommanditisten dem Komplementär – bezogen auf den gewöhnlichen Geschäftsbetrieb – keine Weisungen erteilen können und insoweit keine Beschlusskompetenz haben, auch nicht hinsichtlich der Geschäftsführerbestellung bei der Komplementär-GmbH, soweit es sich dabei nicht um einen Kommanditisten handelt.[96] Der Gesellschaftsvertrag kann jedoch zugunsten der Kommanditisten abweichen

---

88 Unter Bezugnahme auf BGHZ 58, 115 = DNotZ 1972, 432 = NJW 1972, 623. a.A. aber jetzt Kammergericht v. 04.12.2012 – 1 W 150/12 mit der m.E. richtigen Begründung, dass juristische Personen allein nur durch ihre satzungsmäßigen Organe vertreten werden können, somit die Befreiung der juristischen Person von den Beschränkungen des § 181 BGB auch deren Vertretern gelten muss (OLG Hamm v. 25.07.1968, 15 W 116/68, NJW 1968, 2110; vgl. auch *Fröhler*, BWNotZ 2005, 133; *Schindeldecker*, RNotZ 2015, 533).
89 BayObLG vom 23.02.2000 – 3 Z BR 37/00 = MittBayNot 2000, 241.
90 BGH NJW 1976, 1538.
91 OLG Düsseldorf v. 29.09.2004 – I-3 Wx 125/04 = DNotZ 2005, 232; kritisch dazu *Fröhler*, BWNotZ 2006, 112; *Baetzgen*, RNotZ 2005, 193, 220; nach deren Ansicht unter Hinweis auf BGH DNotZ 1972, 432 eine faktische Satzungsdurchbrechung hierbei nur möglich sei.
92 BGHZ 64, 72, da es sich nicht um eine Unterbevollmächtigung handelt.
93 S. hierzu *Binz/Sorg*, § 5 Rn. 85 ff.
94 S. auch *K. Schmidt*, GesR § 56 IV 1d.
95 Zu den zweckmäßigen Regelungspunkten s. § 132 Rdn. 33
96 OLG Hamm v. 28.10.2015 – 8 U 73/15, NZG 2016, 696; OLG Stuttgart v. 25.02.2009 – 14 U 24/08, ZIP 2010, 131. i.E. dazu *Wertenbruch*, NZG 2016, 1081.

bis zur Einräumung eines Weisungsrecht in Fragen der gewöhnlichen Geschäftsführung. Bei Beschlüssen geht das HGB bei der KG grundsätzlich vom Einstimmigkeitsgrundsatz aus, das GmbH-Recht dagegen i.d.R. von Mehrheitsbeschlüssen der anwesenden Gesellschafter. Daher bedürfen gerade die Regelungen zum Gesellschafterversammlung und damit der Willensbildung in den beiden Gesellschaften der gegenseitigen Anpassung. Bei den personengleichen Gesellschaften lässt sich dies am leichtesten dadurch sicherstellen, dass eine dauerhafte personelle Verzahnung mit gleichen Beteiligungsverhältnissen und gleichen Mehrheitserfordernissen in beiden Gesellschaften sowie einheitlichen Einberufungs- und Beschlussverfahren geregelt werden. Dazu kann der KG-Vertrag weitgehend auch am Recht der GmbH ausgerichtet werden (Rdn. 16 ff.).

43 Die Zulässigkeit gesellschaftsvertraglicher Mehrheitsklauseln im KG-Vertrag ist inzwischen unstreitig und zwar nicht nur für alle Arten von Geschäftsführungsmaßnahmen, sondern auch für gesellschaftsinterne Strukturmaßnahmen (wie Vertragsänderung) sowie Organisationsgeschäfte (wie Entlastung der Organe, Feststellung des Jahresabschlusses). Jedoch müssen alle Mehrheitsentscheidungen im Einzelfall dahin überprüft werden, ob sie gegen die gesellschafterliche Treuepflicht verstößt und dadurch unwirksam sind.[97] Zulässig ist, dass hinsichtlich der Mehrheitserfordernisse in der Kommanditistenversammlung generalklauselhaft auf die für die Komplementär-GmbH geltenden Regelungen verwiesen wird.[98] Ist allgemein die einfache Mehrheit bestimmt, kann für einzelne klar definierte Bereiche eine qualifizierte Mehrheit oder die Einstimmigkeit festgelegt werden. Weitere Erläuterungen bei § 132 Rdn. 33 ff.

44 Wie die Mehrheit ermittelt wird (nach Köpfen wie § 119 Abs. 2 HGB vorsieht oder nach festen Kapitalanteilen) und welche Mehrheit entscheidend ist, kann die Satzung grundsätzlich frei bestimmen.[99] Soweit die Komplementär-GmbH nicht am Kapital mitbeteiligt ist, hat sie in der Regel auch kein Stimmrecht, was in der beteiligungsgleichen GmbH & Co. KG grundsätzlich auch für Beschlüsse gilt, die in deren Mitgliedschaftsrechte eingreifen.[100] Zulässig ist es auch, dem Komplementär ein Mehrstimmrecht einzuräumen.[101] Zulässig ist auch die Festlegung eines *Gruppenstimmrechtes*, wonach eine Gesellschaftsgruppe nur einheitlich oder nur durch einen Vertreter ihr Stimmrecht in der Gesellschafterversammlung abgeben kann.[102]

45 Da das Rechtschutzsystem gegen fehlerhafte Beschlüsse bei der Personengesellschaft (Folge: in der Regel Nichtigkeit) völlig unterschiedlich zur Kapitalgesellschaft (Folge: Anfechtbarkeit) ausgestattet ist, sollte für beide Gesellschaften ein einheitliches System durch Anfechtungsklage innerhalb einer Frist von mindestens 1 Monat (vgl. § 146 AktG) festgelegt werden.

12. Jahresabschluss, Gewinn und Verlustbeteiligung, Entnahme

46 Hat die GmbH & Co. KG keine natürliche Person als persönlich haftenden Gesellschafter gelten für deren Jahresabschluss die Vorschriften für Kapitalgesellschaften (§ 264a i.V.m. §§ 284 ff. HGB) mit Anhang, sowie auch die für diese geltenden evtl. Prüfungs- (§§ 316 ff HGB) und Offenlegungsverpflichtungen (Bilanzierungs- (§§ 6, 238 HGB) sowie Publizitäts-

---

[97] Entscheidend ist, dass der Eingriff im Interesse der Gesellschaft geboten und dem betroffenen Gesellschafter unter Berücksichtigung seiner eigenen schutzwerten Belange zumutbar ist, so BGH v. 21.10.2014 – II ZR 84/13 = DNotZ 2015, 65; NZG 2014, 1296; DStR 2014,2403BGHZ 203, 77. Ausführlich dazu *Goette/Goette*, DStR 2016,74.
[98] *K. Schmidt*, GesR § 56 IV 2a; MüKo-HGB/*Enzinger*, § 119 HGB Rn. 88.
[99] Soweit nicht zwingende gesetzliche Vorgaben bestehen, wie nach § 43 Abs. 2 UmwG, wonach bei Umwandlungsmaßnahmen eine qualifizierte Mehrheit von drei Viertel der Anwesenden nötig ist.
[100] BGH v. 24.05.1993 – II ZR 73/92 = MittBayNot 1993, 363 = NJW 1993, 2100.
[101] OLG Karlsruhe v. 29.07.2014 – 4 U 24/14, DStR 2014, 2472.
[102] S. hierzu die Erläuterungen bei § 137 Rdn. 72

pflicht (§§ 325 ff. HGB), jedoch mit Erleichterungen für kleine Gesellschaften i.S. § 267 HGB; s. hierzu Rdn. 8). Die Feststellung des Jahresabschlusses gehört insoweit zu den Grundlagengeschäften, als generell die Mitwirkung aller Gesellschafter erforderlich ist. In wieweit Mehrheitsentscheidungen über die Gewinnverwendung möglich sind, sollte der Gesellschaftsvertrag unter Berücksichtigung des Minderheitenschutzes im Einzelnen festlegen, insbesondere hinsichtlich der Obergrenzen für die Bildung von Gewinnrücklagen.[103]

47 Die nicht am Vermögen der KG beteiligte Komplementär-GmbH ist in der Regel von der Beteiligung am Gewinn und Verlust ausgeschlossen und erhält stattdessen den Ersatz ihrer Auslagen und eine angemessene Haftungsvergütung (s. hierzu Rdn. 30, 32), wobei im Gesellschaftsvertrag klargestellt werden muss, ob es sich dabei um einen Vorabgewinn oder eine gewinnunabhängige Sondervergütung (dann umsatzsteuerpflichtig) handelt.

48 Nach dem dispositiven § 169 HGB hat der Kommanditist einen Anspruch auf vollständige Entnahmemöglichkeit seines Gewinnanteils, soweit nicht der Kapitalanteil durch Verluste oder Auszahlungen unter die bedungene Hafteinlage herabgemindert ist. In der Regel wird dieses Entnahmerecht eingeschränkt, um die Liquidität der Gesellschaft nicht zu gefährden. Im KG-Vertrag sind unter der Beachtung der Bestimmtheit und des Minderheitenschutzes, Entnahmebeschränkungen wie auch Mehrheitsregelungen hinsichtlich des Entnahmerechtes, Sonderentnahmerechte für die Einkommensteuer bzw. Erbschaftsteuer auf den Gesellschaftsanteil sowie auch Regelungen hinsichtlich der Bildung und Auflösung von Rücklagen möglich.[104] Soweit eine Nachschusspflicht bestehen soll, bedarf die Festlegung im Gesellschaftsvertrag einer bestimmten Obergrenze oder der Festlegung sonstiger Kriterien, die Ausmaß und Umfang der Erhöhungsmöglichkeit eingrenzen, sowie der Bestimmung mit welcher Mehrheit der Nachschuss angefordert werden kann.[105]

13. Gesellschafterwechsel

49 Wegen den unterschiedlichen gesetzlichen Regelungen ist hier eine Verzahnung der Regelungen über die Veräußerung von Gesellschaftsanteilen zweckmäßig (s. hierzu oben Rdn. 17).

In der GmbH-Satzung:

Zustimmungsvorbehalt bzgl. Verfügung in Komplementär-GmbH

50 M **Zur Verfügung über Geschäftsanteile bedarf es der Zustimmung (einer Mehrheit von …..) aller Gesellschafter. Die Zustimmung darf nur erteilt werden, wenn der veräußernde Gesellschafter auch seine Beteiligung an der X-GmbH & Co. KG im entsprechend Verhältnis mitveräußert. (evtl.: Zur Herbeiführung gleicher Beteiligungsverhältnisse bedarf es keiner Zustimmung.)**

In der KG-Satzung:

Zustimmungsvorbehalt bzgl. Verfügung in GmbH&Co.KG-Satzung

51 M **Verfügungen über Gesellschaftsanteile bedürfen der Zustimmung (einer Mehrheit von …..) aller Gesellschafter. Die Zustimmung darf nur erteilt werden, wenn der veräußernde Gesellschafter auch seine Beteiligung an der Komplementär-GmbH entsprechend mitveräußert.**

---

103 S. hierzu Priester DStR 2008, 1386; s.a. § 132 Rdn. 37 f.
104 S. hierzu bei § 137 Rdn. 27 ff.
105 S. hierzu im Einzelnen bei § 132 Rdn. 16 f.

14. Ausscheiden

52 Während das GmbH-Recht keine ordentliche Kündigung kennt, steht diese dem Kommanditisten bei unbefristeter Dauer der Gesellschaft gemäß §§ 161 Abs. 2, 132 HGB zum Geschäftsjahresschluss mit 6-monatiger Frist zu, wozu jedoch gesellschaftsvertraglich andere Regelungen getroffen werden können (s. hierzu § 132 Rdn. 54).[106] Das Recht eines minderjährigen Gesellschafters nach Erreichen der Volljährigkeit, das Gesellschaftsverhältnis zu kündigen (§ 723 Abs. 1 Satz 3 Nr. 2 BGB) gilt nicht für einen minderjährigen Kommanditisten, dessen Hafteinlage voll erbracht worden ist, da bei ihm kein Risiko einer persönlichen Haftung besteht.[107] Daneben führen die Eröffnung des Insolvenzverfahrens oder die Kündigung durch einen Gläubiger des Kommanditisten zu dessen Ausscheiden (§§ 161 Abs. 2, 131 Abs. 3 Nr. 4 HGB). Mit dem Ausscheiden wächst der Anteil den verbleibenden Gesellschaftern an. Parallel dazu muss zumindest in der GmbH-Satzung die Einziehungsmöglichkeit des Geschäftsanteils des betroffenen Gesellschafters festgelegt werden.

Einziehungsklausel in Komplementär-GmbH

53 M Die Einziehung des Geschäftsanteils ist zulässig, wenn der Gesellschafter seinen Anteil an der X-GmbH & Co. KG teilweise überträgt oder aus dieser KG – gleich aus welchem Rechtsgrund – ausscheidet und dann nicht eine gleiche Beteiligung in beiden Gesellschaften innerhalb einer Frist von ..... Monaten nach Aufforderung durch einen Gesellschafter herbeiführt.

54 Eine Abtretungsverpflichtung in der KG-Satzung, die zur Übertragung von GmbH-Anteilen verpflichtet, würde wegen des Formzwanges des § 15 Abs. 4 Satz 1 GmbHG zur Beurkundungspflicht für die ganze KG-Satzung führen. In der KG-Satzung kann jedoch bestimmt werden:

Ausschließungsklausel in KG-Satzung

55 M Ein Gesellschafter kann mit einer Mehrheit von ..... aller Stimmen der übrigen Gesellschafter aus der Gesellschaft ausgeschlossen werden, wenn in seiner Person ein wichtiger Grund vorliegt. Ein solcher ist insbesondere gegeben, wenn er keine Geschäftsanteile mehr an der Komplementär-GmbH besitzt oder nach Aufforderung durch einen Gesellschafter nicht innerhalb einer Frist von ..... Monaten hinsichtlich seiner Beteiligung in der KG die gleichen Verhältnisse wie in der Komplementär-GmbH herbeiführt.

56 Die Insolvenz der Komplementär-GmbH, aber auch schon deren Ablehnung mangels Masse (§ 131 Abs. 2 Nr. 1 HGB), führt zu deren Ausscheiden aus der KG[108] und bei einer Zwei-Personen-Gesellschaft zu deren liquidationslosen Vollbeendigung und Anwachsung des Gesell-

---

[106] Da das Recht der Kommanditgesellschaft bzgl. des Ausscheidens von Gesellschaftern weitgehend auf die Regelungen zu OHG verweisen, s. hierzu neben den Erläuterungen in § 137 Rdn. 41 auch § 132 Rdn. 53 ff.
[107] *Reimann*, DNotZ 1999, 1979.
[108] Dies gilt auch, wenn zeitnah über das Vermögen sowohl der KG als auch der Komplementär-GmbH das Insolvenzverfahren eröffnet wird, aber noch zwei weitere Kommanditisten als Gesellschafter verbleiben. (BGH v. 08.05.2014 – I ZR 217/12, DNotZ 2014, 863). Hierzu allgemein *Werner*, NZI 2014, 895: Im Fall der Gesamtrechtsnachfolge auf den einzigen verbleibenden Kommanditisten erfolgt eine Fortführung als Partikularinsolvenzverfahren in analoger Anwendung der Vorschriften über die Nachlassinsolvenz nach den §§ 315 ff. InsO.

schaftsvermögens beim Kommanditisten. Sind jedoch mehrere Kommanditisten vorhanden, ist durch Ausscheiden des einzigen Komplementärs die KG in Auflösung/Liquidation. Analog § 139 Abs. 3 HGB können diese einen Fortsetzungsbeschluss unter Berufung eines neuen persönlichen haftenden Gesellschafters treffen; erfolgt dies nicht innerhalb der 3-Monats-Frist wandelt sich die KG i.L. in eine OHG mit der Folge der unbeschränkten Haftung der Kommanditisten.[109] Der allein verbliebene Kommanditist haftet für die Verbindlichkeiten der KG nur mit dem ihm zugefallenen Gesellschaftsvermögen.[110] Eine weitergehende Haftung gemäß §§ 171 ff. HGB oder aus § 25 HGB für die bereits bestehenden Verbindlichkeiten trifft ihn nur, wenn er das Handelsgeschäft der KG nicht innerhalb von 3 Monaten i.S. § 27 Abs. 2 HGB einstellt, sondern darüber hinaus fortführt. Daher sollte der KG-Vertrag nicht für diesen Fall die Fortsetzung bestimmen, sondern dem verbliebenen Gesellschafter ein befristetes Wahlrecht einräumen, ob er die KG als Einzelunternehmen fortführen oder (dann zusammen mit dem Ausgeschiedenen) liquidieren will.

Wegen Regelungen zur Abfindung s. § 132 Rdn. 75 ff. und zur Erbfolge s. § 137 Rdn. 42 ff. sowie § 133.

Zur *Auflösung und Liquidation* siehe § 138 Rdn. 60 ff.

Gesellschaftsvertrag einer GmbH & Co. KG mit kleinem Gesellschafterkreis

§ 1 Firma, Sitz, Geschäftsjahr

57 M

(1) Die Firma der Gesellschaft lautet:
»..... GmbH & Co. KG«.
(2) Sitz der Gesellschaft ist .....
(3) Das Geschäftsjahr ist das Kalenderjahr.

§ 2 Gegenstand des Unternehmens

Gegenstand des Unternehmens der Gesellschaft ist ..... Die Gesellschaft kann Geschäfte jeder Art tätigen, die dem Gesellschaftszweck unmittelbar oder mittelbar dienen. Sie ist auch berechtigt, sich an anderen Unternehmen mit gleichem oder ähnlichem Gegenstand zu beteiligen.

§ 3 Gesellschafter und Beteiligung

(1) Persönlich haftender Gesellschafter ist die »..... GmbH« mit dem Sitz in ....., eingetragen im Handelsregister des Amtsgerichts ..... unter HRA ..... Diese erbringt keine Einlage und hat keinen Kapitalanteil und kein Stimmrecht.
(2) Kommanditisten sind Frau ....., geb. am ..... wohnhaft in ..... und Herr ....., geb. am ..... wohnhaft in ..... mit Kommanditeinlagen in Höhe von jeweils ..... – i.W.:..... – EURO.
(3) Diese Pflichteinlagen sind in Geld *(durch folgende Sacheinlage .....)* bis zum ..... an die Gesellschaft zu erbringen. Sie sind mit diesem Betrag *(alternativ: in Höhe von .....)* als Haftsumme im Handelsregister einzutragen. Sie bilden die festen Kapitalanteile; sie können nur durch Änderung des Gesellschaftsvertrages verändert werden. Zusammen bilden sie das Festkapital der Gesellschaft im Sinne dieses Vertrages. Sie bestimmen die Beteiligung des Gesellschafters am Vermögen der Gesellschaft und das Verhältnis der Gesellschafterrechte zueinander.

---

[109] Ausführlich hierzu: *Krings/Otte*, NZG 2012, 761.
[110] BGH v. 15.03. 2004 – II ZR 247/01, BGHZ 113, 132, 138; = DStR 2004, 1137; NZG 2004, 611.

(4) Für jeden Kommanditisten werden neben dem festen Kapitalkonto I, ein laufendes Kapitalkonto II und dazu als Unterkonto ein Verlustsonderkonto geführt, bei Bedarf auch ein gesamthänderisch gebundenes Rücklagenkonto sowie ein als Fremdkapital geführtes Gesellschafter-Fremdkonto.[111]
a) Auf dem Kapitalkonto I wird die Pflichteinlage als fester Kapitalanteil des Gesellschafters gebucht; es ist ein Festkonto und unverzinslich.
b) Auf dem Kapitalkonto II (variables Kapitalkonto mit Eigenkapitalcharakter) werden für jeden Gesellschafter gesondert erfasst: der nach Bezahlung der Tätigkeitsvergütung verbleibende, auf Grund eines mit qualifizierter Mehrheit getroffenen Gesellschafterbeschlusses nicht entnahmefähige Gewinn sowie Einlagen der Gesellschafter, die über die Hafteinlage hinausgehen.
Verlustanteile werden auf dem Verlustvortragskonto gebucht, das zum Kapitalkonto II als Unterkonto geführt wird.[112] Es ist vorrangig durch die späteren Gewinne auszugleichen.
Diese Konten gehen im Falle der Übertragung der Beteiligung anteilig mit dem Festkapitalkonto I auf den Rechtsnachfolger über. Sie stellen keine Verbindlichkeiten zwischen der Gesellschaft und den Gesellschaftern dar.
c) Auf dem Gesellschafter-Fremdkonto (variables Konto mit Fremdkapitalcharakter) werden verbucht: der entnahmefähige Gewinnanteil, Entnahmen und Einlagen, Zinsen, Tätigkeitsvergütungen, der Ausgaben- und Aufwendungsersatz, Vorabvergütungen sowie der sonstige Zahlungsverkehr zwischen der Gesellschaft und dem Gesellschafter. Der jeweilige Stand auf diesem Gesellschafterkonto wird im Soll und Haben nach der Durchschnittsmethode mit 2 %-Punkten p.a. über dem jeweiligen aktuellen Basiszinssatz verzinst. Die Zinsen gelten im Verhältnis der Gesellschafter zueinander als Aufwand bzw. Ertrag. Die Zinsen sind jeweils am Jahresende diesem Konto gutzuschreiben bzw. zu belasten.
d) Für sonstige Darlehen eines Gesellschafters werden gesonderte Darlehenskonten geführt, die im Soll und Haben zu marktüblichen Zinsen zu verzinsen sind; die Zinshöhe und Fälligkeit wird durch Gesellschafterbeschluss festgelegt. Die Zinsen gelten im Verhältnis der Gesellschafter zueinander als Aufwand bzw. Ertrag.
(5) Jeder Kommanditist soll im gleichen Umfang an der KG beteiligt sein, wie er am Stammkapital der Komplementär-GmbH beteiligt ist. Er ist verpflichtet, alle zur Herstellung oder Beibehaltung der gleichen Beteiligungsverhältnisse erforderlichen oder zweckmäßigen Maßnahmen zu ergreifen und zuzustimmen.

§ 4 Dauer der Gesellschaft

(1) Die Gesellschaft beginnt mit ihrer Eintragung im Handelsregister.[113] Sie ist auf unbestimmte Dauer errichtet. Geschäftsjahr ist das Kalenderjahr.
Die Gesellschaft kann jedoch frühestens zum 31. Dezember ..... und von da an zum Ende jeden weiteren (*fünften*) Geschäftsjahres unter Einhaltung einer Kündigungsfrist von (*einem Jahr*) gekündigt werden. Die Kündigung hat durch eingeschriebenen Brief, gerichtet an alle Mitgesellschafter, zu erfolgen. Sie ist nur wirksam, wenn zugleich

---

111 Vier-Konten-Modell. Drei-Konten-Modell: siehe § 137 Rdn. 55 M Nr. 4. Anderes Vier-Konten-Modell: siehe § 137 Rdn. 60 M. Zu den verschiedenen Kontomodellen s. § 137 Rdn. 18 ff., § 132 Rdn. 9 ff. Zu den schenkungssteuerlichen Folgen bei unterschiedlich hoher Einbringung in die gesamthänderische Rücklage: FG Münster v. 16. 5.2002, 3 K 7831/99; DStRE 2002,1024.
112 Würden zum Kapitalkonto II keine Verluste zugewiesen werden, hätte es entsprechend dem handelsrechtlichen Regelungsmodell Forderungscharakter und wäre damit Fremdkapital und als solches nicht für das Verlustausgleichspotenzial des § 15a EStG verwendbar. S. hierzu § 137 Rdn. 18 ff. und 102 ff.
113 Um die persönliche Haftung der Kommanditisten gemäß § 176 Abs. 1 HGB bei Geschäftsbeginn vor Handelsregistereintragung der KG auszuschließen.

auch die Beteiligung an der Komplementär-GmbH auf den gleichen Zeitpunkt gekündigt wird.

(2) Eine Kündigung aus wichtigem Grund ist jederzeit möglich. § 133 HGB ist insoweit ausgeschlossen.

(3) Im Falle der Kündigung scheidet der kündigende Gesellschafter aus der Gesellschaft aus, die mit dem Recht zur Firmenfortführung von den verbleibenden Gesellschaftern fortgesetzt werden kann, soweit diese nicht innerhalb einer Frist von zwei Monaten nach dem Eingang der Kündigung ebenfalls die Anschlusskündigung erklären.

§ 5 Geschäftsführung und Vertretung

(1) Die Geschäftsführung und Vertretung der Gesellschaft obliegt der persönlich haftenden Gesellschafterin, die sie durch ihren bzw. ihre Geschäftsführer ausübt; mehrere persönlich haftende Gesellschafter vertreten einzeln. Die persönlich haftende Gesellschafterin ..... und ihre Geschäftsführer sind von den Beschränkungen des § 181 BGB befreit. *Anderen persönlich haftenden Gesellschaftern und ihren jeweiligen Geschäftsführern kann durch Gesellschafterbeschluss Befreiung von den Beschränkungen des § 181 BGB erteilt werden.*

(2) Die Befugnis zur Geschäftsführung erstreckt sich auf alle Handlungen, die der gewöhnliche Betrieb des Handelsgewerbes der Gesellschaft mit sich bringt. Zur Vornahme von Handlungen, die darüber hinausgehen, ist ein Beschluss der Gesellschafter erforderlich. Solche Geschäfte dürfen ohne vorherige Zustimmung nur dann durchgeführt werden, wenn bei einer Verzögerung bis zur Herbeiführung eines Beschlusses der Gesellschafter nicht wieder gutzumachende Nachteile für die Gesellschaft entstehen würden. In einem solchen Falle ist die nachträgliche Genehmigung der Gesellschafter herbeizuführen.[114]

Zu diesen Handlungen gehören insbesondere:
a) Erwerb, Veräußerung oder Belastung von Grundbesitz und grundstückgleichen Rechten.
b) Rechtsgeschäfte – außer Umsatzgeschäfte-, durch die die Gesellschaft Verpflichtungen im Einzelfall im Betrag oder im Wert von mehr als ..... 000 € übernimmt.
c) Erwerb und Veräußerung eines Unternehmens bzw. Unternehmensteiles oder von Beteiligungen an anderen Unternehmen.
d) Veräußerung des Unternehmens im Ganzen oder selbständiger Teilbetriebe sowie die Errichtung und Aufhebung von Zweigniederlassungen.
e) Einstellung und Entlassung von Angestellten, die ein Jahresgehalt von mehr als ..... 000 € erhalten, oder Erteilung bzw. Änderung von Pensionszusagen oder Tantiemen.
f) Errichtung von Neubauten und Vornahme von Umbauten sowie sonstigen Investitionen, soweit die Aufwendung im einzelnen Falle ..... 000 € überschreitet.
g) Abschluss, Änderung und Aufhebung (Kündigung) von Miet-, Pacht-, Leasing- oder sonstige Nutzungsverträgen bei längerer Bindung als ..... Jahren oder bei einer Jahresmiete bzw. Jahrespacht von mehr als ..... 000 € oder von sonstigen Dauerschuldverhältnissen mit einer Laufzeit von mehr als ..... Jahren.
h) Abschluss, Änderung und Beendigung von Kreditverträgen über mehr als ..... € im Einzelfall oder mehr als ..... € im Geschäftsjahr

---

[114] Wenn die Kommanditisten nur bei das Gesellschaftsverhältnis betreffenden Angelegenheiten stimmberechtigt sein sollen, Abs. (2) zu ändern und das Widerspruchsrecht der Kommanditisten gemäß § 164 HGB beschränken bzw. ausschließen gemäß Abs. (3); siehe hierzu Rdn. 42.

i) Abschluss, Änderung und Beendigung von Verträgen mit Gesellschaftern, deren Angehörige im Sinne § 15 AO und Gesellschaften, an denen die Gesellschafter und deren Angehörige mehrheitlich beteiligt sind.
j) Übernahme von Bürgschaften oder Garantieverpflichtungen.
k) Einleitung von Rechtsstreitigkeiten mit einem Streitwert von mehr als ..... 000 € im Einzelfall.
l) Bestellung und Abberufung von Prokuristen und Handlungsbevollmächtigten.

Die vorstehend erwähnten Beschränkungen der Geschäftsführungsbefugnis gelten nur im Innenverhältnis.

(3) Darüber hinaus ist das Widerspruchsrecht der Kommanditisten nach § 164 HGB ausgeschlossen. *Alternativ: Der Kommanditist hat nur bei diesen ausdrücklich genannten Geschäften mitzuwirken. Darüber hinaus besteht das Widerspruchsrecht nach § 164 HGB für Handlungen des Komplementärs, die über den gewöhnlichen Betrieb des Handelsgewerbes der Gesellschaft hinausgehen und über die vorher informiert werden muss. Bei Widerspruch entscheidet die Gesellschafterversammlung mit einer Mehrheit von ..... der Stimmen aller Gesellschafter über die Vornahme des Rechtsgeschäftes.*

§ 6 Gesellschafterbeschlüsse

(1) Beschlüsse der Gesellschafter werden in einer Gesellschafterversammlung gefasst. Für die Einberufung und Abhaltung einer Gesellschafterversammlung finden, soweit nicht anderes in dieser Satzung geregelt ist, die §§ 49 bis 51 GmbHG entsprechende Anwendung.
(2) Die Gesellschafterversammlung findet am Sitz der Gesellschaft statt, wenn nicht alle Gesellschafter sich mit der Abhaltung an einem anderen Ort einverstanden erklären. Sie kann zusammen mit der Versammlung der Komplementär-GmbH erfolgen.
(3) Die Einberufung und die Leitung der Gesellschafterversammlung erfolgt durch einen Geschäftsführer der Komplementärin. Die ordentliche Gesellschafterversammlung findet nach Aufstellung des Jahresabschlusses für das vorhergehende Geschäftsjahr statt. Darüber hinaus ist sie einzuberufen, wenn es im Interesse der Gesellschaft erforderlich erscheint oder ein Gesellschafter es unter Angabe des Zweckes und der Gründe verlangt.
(4) Die Gesellschafterversammlung ist beschlussfähig, wenn ..... der Stimmen der Gesellschafter anwesend oder vertreten sind. Fehlt es daran, so ist innerhalb einer Woche zu einer neuen Gesellschafterversammlung mit der gleichen Tagesordnung einzuladen, die stets beschlussfähig ist.
(5) In der Gesellschafterversammlung kann sich ein Gesellschafter durch einen anderen Gesellschafter oder durch einen Rechtsanwalt, Steuerberater oder Wirtschaftsprüfer mit Vollmacht in Textform vertreten lassen.
(6) In der Gesellschafterversammlung gewähren je volle 1.000 € des Betrages der Pflichteinlage (Betrag des Kapitalkonto I) jedes Kommanditisten ihm in allen Angelegenheiten der Gesellschaft eine Stimme.
(7) Die Komplementärin ist in der Gesellschafterversammlung nicht stimmberechtigt.
(8) Die Beschlüsse der Gesellschafterversammlung werden mit einfacher Mehrheit der abgegebenen Stimmen gefasst, soweit mit dieser Mehrheit nach den Regelungen des GmbHG ein Gesellschafterbeschluss gefasst werden kann.
(9) Einstimmigkeit *(alternativ: Eine Mehrheit von ..... der abgegebenen Stimmen)* ist erforderlich *(in allen Grundlagengeschäfte, insbesondere)* bei a) Änderungen des Gesellschaftsvertrages und Aufnahme von Gesellschaftern, b) Auflösung oder Umwandlung der Gesellschaft, c) Veräußerung des gesamten Vermögens der Gesellschaft oder des Unternehmens im ganzen oder Einbringung eines wesentlichen Teils

in ein anderes Unternehmen (*bei Mehrheitsentscheidung: Soweit aber der Kernbereich der Gesellschafterrechte eines Gesellschafters betroffen ist, ist dessen Zustimmung erforderlich.*)
(10) Über die Beschlussfassung ist – ohne Bedeutung für deren Wirksamkeit – von der Geschäftsführung der Komplementärin auf Verlangen eines Gesellschafters ein Protokoll zu erstellen. Beschlüsse können nur innerhalb von zwei Monaten durch Klage gegen die Gesellschaft angefochten werden.
(11) Beschlüsse können auch ohne Einhaltung der für die Einberufung erforderlichen Form- und Fristvorschriften jederzeit mündlich, fernmündlich, per Telefax oder im elektronischen Kommunikationsverfahren, auch in kombinierter Beschlussfassung, sowie in dem in der Satzung der Komplementär-GmbH geregelten Verfahren gefasst werden, soweit kein Gesellschafter diesem Verfahren widerspricht. *Wird ein Beschluss auf einem solchen Weg gefasst, so ist er von der Geschäftsführung unverzüglich schriftlich sämtlichen Gesellschaftern mitzuteilen, ohne dass dies jedoch für die Wirksamkeit des Beschlusses entscheidend ist.*

§ 7 Überwachung der Geschäftsführung

Jedem Kommanditisten steht ein Auskunfts- und Einsichtsrecht im Umfang des § 51a Abs. 1 und 2 GmbHG zu.
Alternativ: Jeder Gesellschafter kann in Angelegenheiten der Gesellschaft von der Geschäftsführung Aufschluss verlangen, Bücher und Schriften einsehen, sich davon Abschriften anfertigen oder sich auf eigene Kosten anfertigen lassen. Er kann sich zur Ausübung dieser Rechte einer kraft Berufsrechts zur Verschwiegenheit verpflichteten Person bedienen.

§ 8 Ergebnisverwendung

(1) Der Komplementärin sind alle Auslagen zu erstatten, die mit der Geschäftsführung der Gesellschaft direkt oder indirekt zusammenhängen und zwar auch dann, wenn kein Gewinn erzielt wird. Eine etwa anfallende Umsatzsteuer ist gegen Rechnungsstellung zusätzlich zu bezahlen.
(2) Von dem danach verbleibenden Gewinn erhält die persönlich haftende Gesellschafterin für die Übernahme der Haftung zunächst einen Anteil in Höhe von 4 % ihres eingezahlten Stammkapitals.
Der darüber hinausgehende Gewinn steht den Kommanditisten im Verhältnis ihrer festen Kapitalkonten zu.
(3) Der nach Abzug des der persönlich haftenden Gesellschafterin zustehende Gewinnanteiles und der Verzinsung des Gesellschafterfremdkontos verbleibende Gewinn wird den Kommanditisten – soweit nicht das Verlustsonderkonto auszugleichen ist – deren laufenden Gesellschafter-Fremdkonto gutgeschrieben. Die Gesellschafterversammlung kann beschließen, dass davon bis zu ..... % in eine gesamthänderisch gebundene Rücklage eingestellt oder auf das Kapitalkonto II gebucht werden.
(4) Einen eventuellen Verlust der Gesellschaft haben die Kommanditisten im Verhältnis ihrer festen Kommanditeinlagen zu tragen. Die persönlich haftende Gesellschafterin nimmt am Verlust nicht teil.
(5) Verlustanteile der Kommanditisten werden auf Verlustsonderkonten gebucht. Spätere Gewinne sind zunächst zum Ausgleich dieser Sonderkonten zu verwenden.
(6) Zu Nachschüssen und zum Haftungsausgleich gegenüber der Komplementär-GmbH sind die Kommanditisten nicht verpflichtet.

§ 9 Entnahmen[115]

§ 122 Abs. 1 HGB ist nicht anzuwenden. Die Kommanditisten sind berechtigt, mit dreimonatiger Kündigungsfrist Entnahmen von ihrem laufenden Konto vorzunehmen, soweit dieses ein Guthaben ausweist. Der dreimonatigen Kündigung *(und des Guthabenstandes)* bedarf es nicht zu Entnahmen, die für die Bezahlung von durch die Beteiligung an der Gesellschaft verursachten Steuern erforderlich sind.

§ 10 Verfügung über Kommanditanteile

**Die Verfügung über Kommanditanteile, insbesondere deren ganzen oder teilweisen Veräußerung, Verpfändung oder Belastung mit einem Nießbrauch bedarf der Zustimmung aller anderen *(einer Mehrheit von ..... der)* Gesellschafter. *(Ohne diese Zustimmung kann jedoch jeder Gesellschafter seinen Gesellschaftsanteil durch rechtsgeschäftliche Verfügung unter Lebenden ganz oder teilweise auf Mitgesellschafter oder Abkömmlinge übertragen sowie für sich oder seinen Ehegatten einen Verwaltungs-Nießbrauch vorbehalten.)*
Die Zustimmung darf nur erteilt werden, wenn zugleich mit der Übertragung des Gesellschaftsanteils der übertragene Gesellschafter einen verhältnismäßig entsprechenden Anteil seines Geschäftsanteils an der Komplementär-GmbH auf den Erwerber überträgt. *(ggf. Erwerbsrecht der Mitgesellschafter)*

§ 11 Ausscheiden aus der Gesellschaft

(1) Ein Gesellschafter scheidet aus der Gesellschaft aus,
a) wenn das Gesellschaftsverhältnis nach § 4 dieses Vertrages vom Gesellschafter oder von einem seiner Gläubiger gekündigt wird, mit Ablauf der Kündigungsfrist;
b) wenn in der Person eines Gesellschafters ein wichtiger Grund eintritt, aufgrund Beschlusses der übrigen Gesellschafter. mit Bekanntgabe des Gesellschafterbeschlusses; ein solcher wichtiger Grund ist insbesondere gegeben, wenn ein Gesellschafter eine ihm nach dem Gesellschaftsvertrag obliegende wesentliche Verpflichtung schuldhaft verletzt oder ein Gläubiger des Gesellschafters die Gesellschaft kündigt oder der Gesellschafter nicht mehr Inhaber von Geschäftsanteilen an der Komplementär-GmbH ist.
c) wenn über sein Vermögen das Insolvenzverfahren eröffnet oder die Eröffnung mangels Masse abgelehnt wird, mit dem Tag des Gerichtsbeschlusses; oder
d) aufgrund eines Gesellschafterbeschlusses, wenn in seine Beteiligungsrechte Zwangsvollstreckungsmaßnahmen eingeleitet werden und es ihm nicht gelingt, diese innerhalb von zwei Monaten zu beseitigen, mit Bekanntgabe des Gesellschafterbeschlusses; oder
e) wenn ein Gesellschafter auf Auflösung der Gesellschaft klagt, mit Rechtskraft des Auflösungsurteils, oder
f) auf Beschluss der Mit-Gesellschafter wenn ein Gesellschafter seinen Geschäftsanteil an der Komplementär-GmbH ganz oder teilweise ohne seinen Gesellschaftsanteil an dieser Gesellschaft im gleichen Verhältnis veräußert hat.
Die Gesellschaft wird in diesen Fällen von den übrigen Gesellschaftern unter der bisherigen Firma fortgeführt, es sei denn, sie beschließen innerhalb von ..... Wochen seit Eintritt des Ereignisses einstimmig, die Gesellschaft nicht fortzusetzen. In diesem Fall wird die Gesellschaft unter Beteiligung des ausscheidenden Gesellschafters liquidiert.

---

115 Verschiedene Gestaltungen möglich, insbes. abhängig vom Modell der Gesellschafterkonten, z.B. monatlich 1/12 des gutgeschriebenen Gewinnes des vergangenen Geschäftsjahres; s. Erläuterung bei § 137 Rdn. 27 ff. sowie Mustertexte bei Satzungen in § 137.

Der Beschluss über die Ausschließung wird mit der Mitteilung an den betroffenen Gesellschafter – unabhängig von der Auszahlung der Abfindung – wirksam, wozu jeder der übrigen Gesellschafter berechtigt ist. Der Beschluss ist solange als wirksam zu behandeln, bis seine Unwirksamkeit rechtskräftig festgestellt ist.
(2) Verbleibt nur noch ein Gesellschafter, wird die Gesellschaft aufgelöst. Der verbleibende Gesellschafter hat aber ein Übernahmerecht. Macht er davon Gebrauch, geht das Vermögen der Gesellschaft ohne Liquidation mit allen Aktiven und Passiven und dem Recht, die Firma fortzuführen, auf diesen über. Die Übernahmeerklärung ist innerhalb einer Frist von drei Monaten nach dem Wirksamwerden des Ausscheidens gegenüber dem Ausgeschiedenen zu erklären.
Scheidet der alleinige persönlich haftende Gesellschafter aus, ist die Gesellschaft aufgelöst, soweit nicht die übrigen Gesellschafter innerhalb einer Frist von ..... (max. 3 Monate) mit einer Mehrheit von ..... Stimmen einen neuen persönlich haftenden Gesellschafter bestellen und die Fortsetzung der Gesellschaft beschließen.
Der in der Firma enthaltene Name eines Gesellschafters darf nach dessen Ausscheiden fortgeführt werden.

§ 12 Tod eines Kommanditisten

(1) Beim Tod eines Kommanditisten geht dessen Beteiligung auf seine Erben über. *(Für die Übertragung des Gesellschaftsanteils vom Erben auf den Vermächtnisnehmer, dem der Erblasser den Gesellschaftsanteil ganz oder teilweise vermacht hat, bedarf es nicht der Zustimmung der anderen Gesellschafter.)*
(2) Anstelle eines verstorbenen Gesellschafters dürfen jedoch höchstens zwei neue Gesellschafter in die Gesellschaft eintreten. Ist die Beteiligung eines Gesellschafters auf mehr Personen übergegangen, so sind diese berechtigt, innerhalb von drei Monaten nach dem Tod des verstorbenen Gesellschafters den oder die beiden Gesellschafternachfolger zu benennen. Wird die Benennung nicht rechtzeitig vorgenommen, so können die übrigen Gesellschafter durch einstimmigen Beschluss den oder die beiden Gesellschafternachfolger bestimmen. Kommt keine Einigung zustande, so scheiden alle Rechtsnachfolger des verstorbenen Gesellschafters aus der Gesellschaft gegen/ohne/Abfindung aus.
Alternativ:
Geht der Gesellschaftsanteil auf mehrere Erben über, die bisher nicht Gesellschafter waren, können diese ihre Gesellschafterstellung nur durch einen von ihnen einvernehmlich oder vom verstorbenen Gesellschafter durch letztwillige Verfügung bestimmten Vertreter ausüben, der Gesellschafter sein muss. Solange der Vertreter nicht bestellt ist, ruhen die Stimmrechte der betroffenen Rechtsnachfolger.
Die Anordnung einer Testamentsvollstreckung ist im gesetzlich höchstzulässigen Umfang möglich. Hierzu bedarf es keiner Zustimmung der Mitgesellschafter.

§ 13 Abfindung beim Ausscheiden von Gesellschaftern

(1) Beim Ausscheiden eines Gesellschafters ohne dass eine Anteilsübertragung erfolgt, erhält er eine Abfindung. Auf den Zeitpunkt seines Ausscheidens ist eine Auseinandersetzungsbilanz zu erstellen. In diese Bilanz sind die Aktiva der Gesellschaft mit ihrem wirklichen Wert einzustellen, stille Reserven sind also aufzulösen. Ein etwaiger Firmenwert bleibt jedoch außer Ansatz. *(Alternativ: Der Abfindungsbetrag ist ein dem Festkapitalanteil des Gesellschafters entsprechender Anteil am Unternehmenswert, wie dieser von der Finanzverwaltung im vereinfachten Ertragswertverfahren zu ermitteln ist, abzgl. eines Bewertungsabschlages von ..... %. Die Wertermittlung ist von dem für die Gesellschaft zur Zeit des Ausscheidens tätigen Steuerberater vorzuneh-*

men. Dessen Kosten sind im Verhältnis der Kapitalkonten zwischen Ausscheidendem und den verbleibenden Gesellschaftern aufzuteilen.)
(2) Das sich danach ergebende Auseinandersetzungsguthaben ist an den ausscheidenden Gesellschafter in drei gleichen, unmittelbar aufeinander folgenden, unverzinslichen Jahresraten auszuzahlen, deren erste sechs Monate nach dem Zeitpunkt des Ausscheidens zur Zahlung fällig ist, die weiteren ab diesem Zeitpunkt. Sicherheitsleistung kann nicht verlangt werden. Vorzeitige Zahlung ist seitens der Gesellschaft ganz oder teilweise zulässig.
(3) An schwebenden Geschäften nimmt der ausscheidende Gesellschafter nur insoweit teil, als diese in der Abfindungsbilanz zu berücksichtigen sind.
(4) Ein nach Verrechnung mit dem Verlustvortragskonto etwaiges Guthaben auf dem laufenden Kapitalkonto II des Gesellschafters sowie das seinem Anteil entsprechende Guthaben auf einem Rücklagenkonto erhöht das Auseinandersetzungsguthaben, ein Verlust ist nicht auszugleichen. Ein Guthaben auf dem Gesellschafterfremdkonto ist diesem unverzüglich nach dem Stichtag seines Ausscheidens auszuzahlen. Ein etwaiger Schuldensaldo wird mit dem Abfindungsguthaben verrechnet; zum Ausgleich eines nicht gedeckten Schuldensaldo ist der Gesellschafter (nicht?) verpflichtet.
(5) Sicherheit wegen Inanspruchnahme durch Gesellschaftergläubiger oder Befreiung von Geschäftsverbindlichkeiten kann der ausscheidende Gesellschafter nur verlangen, wenn er in Anspruch genommen wird.
(6) Weitere Ansprüche stehen dem ausscheidenden Gesellschafter aus dem Gesellschaftsverhältnis nicht zu.

§ 14 Auflösung der Gesellschaft

Bei Auflösung der Gesellschaft erfolgt die Liquidation durch die Komplementäre. Der Umfang ihrer Geschäftsführungs- und Vertretungsmacht wird durch die Eröffnung der Liquidation nicht verändert. (ggf. Mediationsklausel: § 129 Rdn. 8)

§ 15 Schlussbestimmungen

Änderungen dieses Vertrages bedürfen, ebenso wie Ergänzungen, der Schriftform. Dies gilt auch für die Änderung dieser Klausel. Besondere gesetzliche Formvorschriften bleiben unberührt. Sollte eine Bestimmung dieses Vertrages unwirksam oder undurchführbar sein oder werden oder sich im Vertrag eine Regelungslücke herausstellen, so berührt dies den Bestand des Vertrages im Übrigen nicht. Die Gesellschafter verpflichten sich schon jetzt, die unwirksame Bestimmung durch eine solche angemessene Regelung zu ersetzen bzw. auszufüllen, die dem gewollten wirtschaftlichen Sinn und Zweck entspricht bzw. dem am nächsten kommt, was die Gesellschafter gewollt hätten, wenn sie sich der Regelungslücke bewusst gewesen wären.

■ **Kosten.** Als Geschäftswert ist gemäß § 97 GNotKG der Gesamtwert der Einlagen (bei Sachgegenstände gemäß § 38 GNotKG ohne Abzug von Schulden) anzusetzen, gemäß § 107 GNotKG mindestens 30.000 € und höchstens 10. Mio. €. 2,0 Gebühr nach Nr. 21100 KV GNotKG (Tabelle B). Bei Sacheinlage siehe zum Wert: § 132 Rdn. 103 M. – Fertigt der Notar lediglich den Entwurf, richtet sich der Geschäftswert gemäß § 119 GNotKG nach dem Wert für die Beurkundung. Die Entwurfsgebühr ist eine Rahmengebühr von 0,5 bis 2,0 (mindestens 120 €) nach Nr. 24100 KV GNotKG. Diese hat der Notar gemäß § 92 GNotKG unter Berücksichtigung des Umfanges der erbrachten Leistung nach billigem Ermessen zu bestimmen, wobei der konkrete Aufwand im Einzelfall für die notarielle Tätigkeit zu berücksichtigen ist, nicht jedoch der Haftungsumfang. Fertigt der Notar den vollständigen Entwurf, ist nach § 92 Abs. 2 GNotKG der höchste Gebührenansatz des Gebührenrahmens zu erheben.

IV. Handelsregister-Anmeldung der GmbH & Co. KG

1. Anmeldende

Die GmbH als persönlich haftende Gesellschafterin hat durch ihre eigenen Vertretungsberechtigten zu handeln. Ausreichend ist bei der Anmeldung die Vertretung der GmbH durch Geschäftsführer in zur Vertretung der Gesellschaft berechtigter Zahl,[116] auch in unechter Gesamtvertretung mit einem Prokuristen der GmbH sowie auch nur durch den Prokuristen der GmbH (siehe § 128 Rdn. 9). Daneben haben alle Kommanditisten die Anmeldung zu unterzeichnen.

58

2. Inhalt der Anmeldung

S. hierzu die Ausführungen bei § 134 Rdn. 1 ff. und § 138 Rdn. 4 ff.

59

Die Eintragung der GmbH & Co. KG im Handelsregister ist auch mit einer GmbH in Gründung als persönlich haftender Gesellschafter möglich[117] Die Kommanditgesellschaft der GmbH & Co. KG kann deshalb gleichzeitig mit der neu errichteten Komplementär-GmbH zur Eintragung in das Handelsregister angemeldet werden, wobei der Zusatz »in Gründung« auch im Handelsregister einzutragen ist, soweit nicht bis zur KG-Eintragung schon die GmbH-Eintragung erfolgt ist. Zu führen ist dazu der Nachweis der Geschäftsführerbestellung und dass die Gründungsgesellschafter die Geschäftsführer zur Errichtung der KG ermächtigt haben und die Eintragung der GmbH im Handelsregister ernsthaft betrieben wird sowie eine Vorbelastung des Anfangskapitals der GmbH durch die beginnende KG nicht vorliegt. Wegen der Schwierigkeit dieses Nachweises werden in der Regel zeitnah im Handelsregister zunächst die GmbH und dann die KG eingetragen.[118]

3. Vertretungsregelung und inländische Geschäftsanschrift

Nach §§ 161 Abs. 2, 106 Abs. 2 Nr. 4 HGB ist auch bei der GmbH & Co. KG die abstrakte Vertretungsmacht der persönlich haftenden Gesellschafter (gemäß der allgemeinen Regelung im Gesellschaftsvertrag oder – wenn dazu nichts geregelt ist – die gesetzliche Einzelvertretungsbefugnis gemäß § 125 HGB) sowie eine evtl. davon abweichende (konkrete) Vertretungsbefugnis einzelner persönlich haftender Gesellschafter zur Eintragung in das Handelsregister anzumelden. Hat die GmbH & Co. KG – wie regelmäßig – nur eine persönlich haftende GmbH, ist dennoch als abstrakte Vertretung anzumelden, dass »jeder persönlich haftende Gesellschafter einzeln die Gesellschaft vertritt«. Nur eine von der abstrakten Regelung abweichende konkrete Vertretungsregelung muss gesondert noch angemeldet werden. Häufig besteht diese darin, dass die GmbH und ihre jeweiligen Geschäftsführer von den Beschränkungen des § 181 BGB befreit sind; hierzu Rdn. 40.

60

Anmeldung einer inländischen Geschäftsanschrift in der Form des § 12 HGB ist zwingend vorgeschrieben (§§ 162 Abs. 1, 106 Abs. 2 Nr. 2 HGB). Daneben soll aufgrund § 24 Abs. 2 Handelsregisterverordnung (HRV) auch noch die Lage der Geschäftsräume dem Handelsregister angezeigt werden, m.E. nur, wenn diese von der Gesellschaftsanschrift abweichen. Zu beachten ist, dass der Gesetzgeber zwar für die GmbH es als zulässig ansieht, dass diese

61

---

116 OLG Hamm DNotZ 1985, 172. Es bedarf jedoch keiner Vertretungsbescheinigung für die Geschäftsführer gemäß § 21 BNotO, wenn die GmbH beim gleichen Register eingetragen ist; AG Nürnberg, Beschl. v. 06.02.1976 – HRA 7024, MittBayNot 1976, 33.
117 BGHZ 80, 129 = NJW 1981, 1373. Muss jedoch ausdrücklich beantragt werden, weil ansonsten wegen des Erfordernisses, auf dem Registerblatt der KG auch die Registerstelle der GmbH zu vermerken, dass Gerichte die Voreintragung der GmbH abwarten wird.
118 S. hierzu *Krafka/Willer*, Rn. 818.

einen vom Satzungssitz abweichenden Verwaltungssitz hat. Eine entsprechende gesetzliche Änderung wurde jedoch für die Personhandelsgesellschaft nicht festgelegt und wird von der Rechtsprechung als nicht übertragbar angesehen, sodass die Kommanditgesellschaft ihren Sitz stets nur am Ort der faktischen Geschäftsleitung haben kann.[119] Jedoch soll es zulässig sein, dass die anzumeldende Geschäftsanschrift von Sitz abweicht (s. § 125 Rdn. 48).

Muster einer Handelsregisteranmeldung für die KG

62 M Zur Eintragung in das Handelsregister wird angemeldet::
Unter der Firma
».... GmbH & Co. KG«
wurde eine Kommanditgesellschaft mit dem Sitz in ..... errichtet.
Persönlich haftende Gesellschafterin ist die
».... GmbH«
mit dem Sitz in ....., eingetragen im Handelsregister des Amtsgericht ..... unter HRB ...../ neu errichtet zur Urkunde des Notars ..... in ..... vom ..... URNr .....
Kommanditistin mit einer Kommanditeinlage von ..... € ist ....., geb. am ....., wohnhaft in .....
Abstrakte Vertretung: Jeder persönlich haftende Gesellschafter ist einzeln zur Vertretung der Gesellschaft berechtigt.
Konkrete Vertretung: Die persönlich haftende Gesellschafterin vertritt einzeln; sie *und ihre jeweiligen Geschäftsführer* sind von den Beschränkungen des § 181 BGB befreit.
Gegenstand des Unternehmens der Gesellschaft sind der Erwerb von Grundstückseigentum und Erbbaurechten zur Bebauung mit Geschäftshäusern und deren Verwaltung.
Die Geschäftsanschrift der Gesellschaft lautet: (PLZ) (Ort) (Straße), wo sich auch die Geschäftsräume befinden.
(Unterschriften alle Gesellschafter)

■ Kosten.
a) Des Notars: Wert ist nach § 105 Abs. 1 Nr. 5 GNotKG die Summe der Kommanditeinlagen unter Hinzurechnung eines Betrages von 30.000 € für den ersten Komplementär und 15.000 € für jeden weiteren Komplementär. Höchstwert der gesamten Anmeldung 1 Mio. € (§ 106 GNotKG). 0,5 Gebühr nach Nr. 24102 i.V.m. 21201 (5) KV GNotKG (Tabelle B). Bzgl. der Gebühren für das elektronische Einreichen (s. § 124 Rdn. 43).
b) Des Registergerichts: Die Eintragung der Kommanditgesellschaft und ihrer Gesellschafter einschließlich deren Vertretungsregelung ist eine Eintragung nach § 2 Abs. 3 HRegGebV, wofür eine Gebühr nach Nr. 1101 der Anlage zur HRegGebV von 100 € bzw. bei mehr als drei Gesellschafter für jede weitere Person von 40 € nach Nr. 1102 anfällt.

V. Umwandlung Personengesellschaft (insbes. GbR) in eine GmbH & Co. KG

63 Bei vermögensverwaltenden Gesellschaften bürgerlichen Rechts ergeben sich teilweise aus haftungsrechtlichen Gründen, aber auch aus steuerrechtlichen Gründen[120] die Notwendigkeit, diese in eine GmbH & Co. KG umzuwandeln. Da die reine Vermögensverwaltung nicht

---
119 OLG Schleswig v. 14.11.2011 – 2 W 48/11 = DNotI-Report 2012, 49: keine Eintragung einer vom Gesellschaftssitz abweichenden inländischen Geschäftsanschrift bei Personengesellschaft. Ebenso Kammergericht v. 16.04.2012 – 25 W 39/12 = FGPrax 2012, 172 m. Anm. *Heinemann*.
120 Z.B. Erhalt der steuerlichen Betriebsvermögenseigenschaft; hierzu bei Rdn. 93.

als gewerbliche Tätigkeit i.S.d. § 15 Abs. 1 Satz 1 Nr. 1 EStG gilt, wird der Weg über die gewerblich geprägte Personengesellschaft im Sinne von § 15 Abs. 3 Nr. 2 EStG gesucht. Die vermögensverwaltende Tätigkeit der Personengesellschaft ist nach der gesetzlichen Fiktion des § 15 Abs. 3 Nr. 2 EStG gewerblich, wenn diese von (1) einer Personengesellschaft (2) mit Einkünfteerzielungsabsicht ausgeübt wird, (3) der oder die persönlich haftenden Gesellschafter der Personengesellschaft ausschließlich Kapitalgesellschaften oder gewerblich geprägte Personengesellschaften sind und (4) die Geschäftsführungsbefugnis nur diesen oder Dritten zusteht. Diese Voraussetzungen werden grundsätzlich von der GmbH & Co. KG erfüllt, wenn nur die GmbH persönlich haftender Gesellschafter ist und keinem Kommanditisten Geschäftsführungsbefugnis erteilt wird; möglich und steuerlich zulässig ist jedoch, dass dieselbe Person zugleich GmbH-Gesellschafter und Geschäftsführer sowie einziger Kommanditist ist.

Eine Umwandlung einer GbR in die GmbH & Co. KG nach dem UmwG ist jedoch nicht möglich, da nach § 191 Abs. 1 UmwG nur Personenhandelsgesellschaften als formwechselnde Rechtsträger beteiligt sein können, wogegen BGB-Gesellschaften nur Zielrechtsträger sein können, in die eine Gesellschaft umgewandelt werden kann. Nach § 105 Abs. 2 HGB kann eine Kommanditgesellschaft auch nur den Zweck haben, eigenes Vermögen zu verwalten. Sie entsteht dann identitätswahrend aber erst mit ihrer Eintragung im Handelsregister.[121] Zur Entstehung genügt es, wenn die Gesellschafter der GbR eine zukünftige Komplementär-GmbH errichten (wobei es auch denkbar erscheint, dass die nunmehr auch teilrechtsfähig anerkannte GbR selbst Gründungsgesellschafter ihrer zukünftigen Komplementär-GmbH wird; s. hierzu nachfolgend Rdn. 72 ff. zur Einheits-GmbH & Co. KG). Die durch notarielle Urkunde errichtete, aber noch nicht im Handelsregister eingetragene GmbH i.G. kann bereits Gesellschafter einer Kommanditgesellschaft sein. Sie kann daher in die bestehende GbR als weiterer Gesellschafter eintreten, wobei zugleich die Gesellschafter beschließen, ihre Organisationsform von einer GbR in eine Kommanditgesellschaft zu ändern,[122] wodurch die Personenidentität als gesamthänderische Personenmehrheit gewahrt bleibt.[123] Das Problem des Vertretungsnachweises der handelnden Personen für die GbR ist für die Handelsregistereintragung abgeschwächt, da das Registergericht nur bei begründeten Bedenken gegen die Richtigkeit der ihm mitgeteilten, glaubhaft zu machenden Tatsachen, diese nachzuprüfen hat.[124] Handeln bei der Aufnahme der GmbH in die GbR und deren Formumwandlung materiell rechtlich nicht die tatsächlich vertretungsberechtigten Gesellschafter, liegt ein Handeln von Vertretern ohne Vertretungsmacht vor, welches mangels Zurechenbarkeit gegenüber der vertretenen GbR nicht nach den Grundsätzen einer fehlerhaften Gesellschaft, sondern nach § 179 BGB und bei Eintragung im Handelsregister nach den Grundsätzen der Rechtscheinhaftung zu behandeln ist.[125] Ertragsteuerlich ist der Beitritt eines Gesellschafters gegen Leistung einer Einlage in das Gesellschaftsvermögen wie die Gründung einer neuen Personengesellschaft zu behandeln. Leistet die GmbH jedoch keine Einlage in das Vermögen der KG ist dies jedoch nicht mit einem veräußerungsähnlichen Tatbestand verbunden, da die Beteiligungsstruktur sich nicht ändert, sodass die Bilanzwerte fortzuführen sind und nicht das Bewertungswahlrecht des § 24 UmwStG eröffnet ist.[126] Soweit die GmbH keine Einlage erbringt, bleibt der Beitritt grunderwerbsteuerlich auch im Rahmen des § 1 Abs. 2a GrEStG ohne Wirkung.[127]

---

121 BayObLG DNotZ 84, 567.
122 S. hierzu Rdn. 12.
123 LG München MittBayNot 2001, 482 m. Anm. *Limmer*; BayObLG v. 07.05.2002 – 3 Z BR 55/02. OLG München, Beschl. v. 30.11.2015 – 34 Wx 70/15, RNotZ 2016, 195.
124 Baumbach/*Hopt*, § 8 Rn. 8.
125 MüKo-BGB/*Ulmer*, § 705 BGB Rn. 327.
126 BFH v. 20.09.2007 – IV R 70/05 = DStR 2008, 44.
127 § 1 Abs. 2a GrEStG stellt auf die vermögensmäßige Beteiligung ab. Siehe § 130 Rdn. 108.

Der zum Kommanditist gewordene bisherige GbR-Gesellschafter unterliegt jedoch weiterhin der Nachhaftung gemäß § 736 Abs. 2 BGB i.V.m. § 160 HGB. Ob die 5-jährige Ausschlussfrist damit beginnt, dass die Gründung der KG und die Übernahme der Kommanditistenstellung im Handelsregister eingetragen wird, ist strittig. Daher empfiehlt sich parallel die Bekanntgabe an alle Gläubiger.[128]

Anmeldung der Umwandlung einer GbR in eine GmbH & Co. KG

64 M In die Gesellschaft bürgerlichen Rechts mit den Gesellschaftern A ....., geb. am ....., wohnhaft in ..... und B ....., geb. am ....., wohnhaft in ..... ist die zur heutigen Urkunde des Notars ..... in ..... URNr ..... errichtete X-GmbH mit Sitz in ..... als persönlich haftende Gesellschafterin eingetreten. Gleichzeitig haben die Gesellschafter A und B die Stellung von Kommanditisten erlangt und zwar der Gesellschafter A mit einer Kommanditeinlage von ..... € und der Gesellschafter B mit einer Kommanditeinlage von ..... €.
Die Gesellschaft ist dadurch in eine Kommanditgesellschaft mit der Firma
..... -GmbH & Co. KG
und dem Sitz in ..... umgewandelt.
Die Geschäftsanschrift der Gesellschaft lautet: (PLZ, Ort, Straße).
Die allgemeine (abstrakte) Vertretungsregelung sieht vor, dass jeder persönlich haftende Gesellschafter stets einzeln die Gesellschaft vertritt.[129]
Die Berichtigung des Grundbuches von ....., Blatt ....., unter Eintragung der neu errichteten GmbH & Co. KG als neuer Eigentümer wird bewilligt und beantragt.[130]
Der beglaubigende Notar ist beauftragt und ermächtigt, nach Eintragung der Gesellschaft im Handelsregister unter Bezugnahme auf das Registergericht und das Registerblatt[131] den Grundbuchvollzug zu betreiben und dazu alle erforderlichen Erklärungen abzugeben.

---

128 Palandt/*Sprau*, § 736 Rn. 14: Eintragung für Fristbeginn nicht konstitutiv; a.A. Beck'scher Online-Kommentar BGB/*Schöne*, § 736 Rn. 15.
129 Nur soweit die konkrete Vertretungsbefugnis des einzelnen Komplementärs davon abweicht, ist dazu eine weitere Anmeldung erforderlich; ein Hinweis auf die grds. bestehende gesetzliche Möglichkeit einer abweichenden gesellschaftsvertraglichen Regelung ist nicht erforderlich, so OLG Köln RPfleger 2004, 5071.
130 Nachdem § 15 Abs. 3 Satz 2 GB-Verfügung mit Gesetz vom 11.08.2009, BGBl. I 2009, S. 2713 aufgehoben wurde, ist dem Grundbuchamt keine Bescheinigung des Registergerichts über die Eintragung vorzulegen, sondern genügt nach der Gesetzesbegründung die Eintragungsbewilligung der eingetragenen GbR-Gesellschafter, da es sich wegen bestehen bleibender Identität der Gesellschaft nur um eine bloße gebührenfreie (so Korintenberg Nr. 14110 KV GNotKG Rn. 36; Böhringer, BWNotZ 2014, 17) Richtigstellung des Grundbuches handelt (siehe hierzu OLG Zweibrücken v. 14.02.2012 – 3 W 80/11; OLG München, Beschl. v. 30.11.2015 – 34 Wx 70/15, RNotZ 2016, 195). Diese sollte zweckmäßigerweise in den Text der Handelsregister-Anmeldung mit aufgenommen werden, zusammen mit der Ermächtigung an den Notar zu allen erforderlichen Grundbucherklärungen.
131 Aufgrund der Neuregelung von § 32 GBO bedarf es nicht mehr zwingend der Vorlage einer Notarbescheinigung oder eines beglaubigten Registerausdruckes, da gemäß § 32 Abs. 2 GBO der Nachweis auch durch Bezugnahme auf das elektronische Register unter Bezeichnung des Registergerichts und Registerblatts geführt werden kann, auch wenn das elektronische Register bei einem Registergericht eines anderen Bundeslandes geführt wird (OLG Frankfurt v. 29.06.2011 – 20 W 267/11 = DNotZ 2012, 141 = NJW-RR 2012, 149 = NZG 2012, 228). Dies ist auch ausreichender Existenznachweis für die erst nachträglich durch Registereintragung entstandene KG (hierzu OLG Hamm v. 14.10.2010 – 15 W 201, 202/10 = NZG 2011, 300); anders KG v. 04.11.2014 – 1 W 247-248/14, NZG 2015, 70: Nachweis der Vertretungsmacht bzgl. Auflassung nur durch Gesellschaftsvertrag in Form des § 29 GBO möglich.

- *Kosten.*
  a) Des Notars:
     aa) *Für die Handelsregisteranmeldung:* Geschäftswert für die Erstanmeldung der Kommanditgesellschaft ist die Summe der Kommanditeinlagen unter Hinzurechnung eines Betrages von 30.000 € für den ersten persönlich haftenden Gesellschafter § 105 Abs. 1 Nr. 5 GNotKG. Die Vertretungsregelung der persönlich haftenden Gesellschafter ist gegenstandsgleich mit ihrer Anmeldung.
     bb) *Für die Grundbuchberichtigung:* Da es sich nur um die Berichtigung der Bezeichnung des eingetragenen Eigentümers handelt, ist der Geschäftswert mit einem Teilwert nach § 36 Abs. 1 GNotKG i.H.v. 10–30 % des Wertes des betroffenen Grundbesitzes anzusetzen, hieraus nach Nr. 21201 (4.) KV GNotKG eine 0,5 Geb. (Tabelle B). Für die Registerbescheinigung über die neu eingetragene KG eine Gebühr nach Nr. 25200 KV GNotKG 15 €.
     Eine [5]Gebühr aus Nr. 24102 iVm 21201 (4.) und (5.) KV GNotKG (0,5 Geb. Tabelle B) unter Zusammenrechnung der Werte nach § 35 Abs. 1 GNotKG.
  b) Des Registergerichts: Die Eintragung der Kommanditgesellschaft und ihrer Gesellschafter einschließlich deren Vertretungsregelung ist eine Eintragung nach § 2 Abs. 3 HRegGebV, wofür eine Gebühr nach Nr. 1101 der Anlage zur HRegGebV von 100 € bzw. bei mehr als drei Gesellschafter für jede weitere Person von 40 € nach Nr. 1102 anfällt.
  c) Des Grundbuchamtes: Nach GNotKG werden alle Grundbuchvorgänge, die eine Gesamthand betreffen, durch § 70 GNotKG geregelt. Da es sich bei der Überführung einer GbR in eine GmbH & Co. KG lediglich um die Richtigstellung der Rechtsform im Grundbuch handelt, wird wegen der enumerativen Aufführung der Gebührentatbestände in KV 14160 die Richtigstellung davon nicht erfasst.[132]

Aufnahmevereinbarung

A ....., geb. am ....., wohnhaft in ....., und B ....., geb. am ....., wohnhaft in ....., sind die einzigen Gesellschafter der zwischen ihnen bestehenden Gesellschaft bürgerlichen Rechts mit dem Namen ..... GbR. Sie nehmen die ..... GmbH, eingetragen im Handelsregister des Amtsgerichts ..... unter HRB ..... // neu errichtete zu heutigen Urkunde Nr. ..... des Notars ..... in ....., als persönlich haftende Gesellschafterin in die Gesellschaft auf. Mit deren Eintritt in die GbR endet die Rechtsstellung der Gesellschafter A ..... und B ..... als persönlich haftende Gesellschafter. Ihre Beteiligung wird in diejenige von Kommanditisten umgewandelt. Die Kommanditeinlage (Haftsumme) beträgt für A ..... Euro und für B ..... Euro. Sie wird dadurch geleistet, dass der jeweilige Betrag vom Festkapitalkonto jedes Gesellschafters bei der GbR auf sein jeweiliges Kapitalkonto I bei der KG gutgeschrieben wird. Die darüber hinaus bestehenden Guthaben auf den Kapitalkonten der Gesellschafter A ..... und B ..... bei der GbR werden auf deren Kapitalkonto II bei der KG verbucht. Die beitretende ..... GmbH erbringt keine Einlage. Die dadurch entstehende Kommanditgesellschaft unter der Firma ..... GmbH & Co. KG und mit dem Sitz in ..... erhält unter Aufhebung der bisherigen gesellschaftsvertraglichen Bestimmungen der GbR folgenden neuen Gesellschaftsvertrag: 65 M

- *Kosten* der Geschäftswert ist gemäß § 97 Abs. 2, § 36 Abs. 1 GNotKG mit einem Teilwert unter Berücksichtigung des Ausmaßes der Änderung zu bestimmen. Abhängig vom Umfang der Änderung des Gesellschaftsvertrages ist ein Teilwert von 30-50 % des Aktivvermögens der Gesellschaft anzusetzen. Da die GmbH ohne Vermögensbeteiligung beitritt, wird dafür

---
132 Korintenberg Nr. 14110 KV GNotKG Rn. 36; Böhringer BWNotZ 2014, 17.

ein Teilwertansatz in Höhe von ca. 1-5 % des Gesellschaftsvermögen (Aktivvermögen) als angemessen angenommen.[133] 2,0 Gebühren nach KV-Nr. 21100. F.

VI. Kommanditistenvollmacht, Treuhandkommanditist

66 1. Wenn eine größere Zahl von Kommanditisten benötigt wird, um das für erforderlich gehaltene Kapital aufzubringen, lässt sich die bereits durch die Initiatoren errichtete GmbH & Co. KG schriftliche Angebote, sog. Beitrittserklärungen, geben, die sie schriftlich annimmt. Zulässig ist auch eine Bestimmung im KG-Vertrag, wonach »*alle Gesellschafter nach Wahl der persönlich haftenden Gesellschafterin und auf deren Anforderung Anmeldungen zur Eintragung in das Handelsregister formgerecht zu unterzeichnen oder der persönlich haftenden Gesellschafterin in öffentlich beglaubigter Form unwiderruflich Vollmacht zur Zeichnung von allen die Gesellschaft betreffenden Anmeldungen zum Handelsregister zu erteilen*« haben.[134]

Zur Vereinfachung und Sicherstellung von Handelsregisteranmeldungen sollte von jedem Kommanditist zu allen für die Dauer seiner Kommanditbeteiligung notwendig werdenden Anmeldungen zum Handelsregister der KG der gleichen Person, i.d.R. deren persönlich haftenden Gesellschafterin bzw. deren jeweiligen Geschäftsführern[135] – ggf. je einzeln –, eine Registervollmacht erteilt werden. Die Vollmacht zu Anmeldungen, auch die zur Anmeldung der Übertragung eines Gesellschaftsanteils im Wege der Einzelrechtsnachfolge, muss öffentlich beglaubigt werden (§§ 162 Abs. 1, 108 Abs. 1, 12 Abs. 2 HGB[136]). Zu beachten ist, dass aber bei Ausscheiden die gegenüber dem Handelsregister abzugebende Versicherung, dass der ausscheidende bzw. teilabtretende Kommanditist von Seiten der Gesellschaft keinerlei Abfindung für die von ihm abgegebenen Anteilsrechte aus dem Gesellschaftsvermögen gewährt oder versprochen erhalten hat, nur höchstpersönlich abgegeben werden kann, jedoch nur schriftlich und nicht in beglaubigter Form des § 12 Abs. 1 Satz 1 HGB.[137] Zum Nachweis gegenüber dem Registergericht s. § 124 Rdn. 36 ff. Nach dem ihr zugrunde liegenden Zweck ist eine solche Vollmacht grundsätzlich nicht frei widerruflich.[138] Sie kann über den Tod hinaus erteilt werden. Eine Befreiung von § 181 BGB ist nicht zwingend nötig, da Anmeldung zum Handelsregister eine verfahrensrechtliche Erklärung und kein Rechtsgeschäft ist, das vom Verbot des § 181 BGB erfasst wäre.

Handelsregister-Vollmacht

67 M Herr/Frau .....
ist Kommanditist mit einer Kommanditeinlage von ..... € an der im Handelsregister des Amtsgerichts ..... unter HRA ..... eingetragenen
..... GmbH & Co. KG.
Er/Sie bevollmächtigt den jeweiligen Geschäftsführer der Komplementär-GmbH – jeden einzeln – für den Vollmachtgeber sämtliche Anmeldungen zum Handelsregister der KG vorzunehmen, sowie alle Erklärungen in seinem Namen gegenüber Gerichten, Behörden und Privatpersonen abzugeben, die zu Eintragungen in das Handelsregister

---

133 Korintenberg/*Bormann* § 36 Rn. 57b.
134 BGH Urt. v. 09.05.2005 – II ZR 29/03.
135 BayObLG (2. ZS), Beschl. v. 25.03.1975 – BReg. 2 Z 10/75: bei Erteilung nur an die GmbH sind die jeweiligen Geschäftsführer – in vertretungsberechtigter Zahl – als bevollmächtigt anzusehen.
136 OLG Frankfurt DNotZ 1973, 563.
137 OLG Köln v. 21.7.2017 – 4 Wx 9/17; KG v. 28.04.2009 – 1 W 389/08 = NotBZ 2009, 367, da nicht Teil der Anmeldung.
138 KG DNotZ 1980, 166. Die Unwiderruflichkeit beschränkt das Widerrufsrecht auf einen wichtigem Grund; BGH Urt. v. 09.05.2005 – II ZR 29/03.

der KG erforderlich sind und bei denen seine Mitwirkung als Kommanditist gesetzlich erforderlich ist, insbesondere alle Eintragungen, die die Beteiligung des Vollmachtgebers betreffen, wie seinen Eintritt, (*sein Ausscheiden*),[139] die Übertragung sowie die Erhöhung und Herabsetzung seiner Kommanditeinlage, sowie allesonstigen, die Gesellschaft oder deren Gesellschafter betreffenden Eintragungen.
Diese Vollmacht ist für die Dauer der Zugehörigkeit zur Gesellschaft unwiderruflich. Sie erlischt nicht durch den Tod des Vollmachtgebers. Der Bevollmächtigte ist von den Beschränkungen des § 181 BGB befreit; er ist (nicht) befugt, Untervollmacht zu erteilen.

Weitere Muster bei § 24 Rdn. 106 M und 107 M.
Behandlung der Registervollmacht im elektronischen Verfahren s. § 124 Rdn. 36

■ *Kosten.* Nach § 98 Abs. 1 GNotKG ist Geschäftswert einer Vollmacht die Hälfte des Beurkundungswertes für das Rechtsgeschäft. Bei einer allgemeinen Vollmacht für Handelsregisteranmeldungen ist nach § 98 Abs. 3 GNotKG bei der Wertbestimmung die Zahl der künftigen Anmeldungen, die unter Ausübung der Vollmacht erfolgen, zu schätzen. Sachgerecht ist, von mindestens zwei Anmeldungen aus zu gehen, deren Gesamtwert 60.000 € (je 30.000 € gemäß § 105 Abs. 1 GNotKG) beträgt; die Hälfte davon (30.000 €) ist der angemessene Geschäftswert.
Gebühren:
— wenn vom Notar entworfen: 1,0 Gebühr (§ 92 GNotKG) für einseitige Erklärungen gemäß Nr. 24101 i.V.m. 21200 KV GNotKG, mindestens 60 €;
— wenn nur Unterschriftsbeglaubigung: 0,2 Gebühr nach Nr. 25100 KV GNotKG Tabelle B, mind. 20 € höchstens 70 €.

2. *Treuhand-Kommanditist:* Wenn die Zahl der Kommanditisten sehr groß wird, z.B. mehrere Hundert erreicht, würden die Anmeldungen, die für jeden Wechsel in der Person eines jeden Kommanditisten erforderlich werden, auch für den bevollmächtigten persönlich haftenden Gesellschafter zu zahlreich und im Verhältnis zu den Kommanditeinlagen unverhältnismäßig kostspielig werden. In einem solchen Falle kann anstelle der einzelnen Kommanditisten ein Treuhänder als Kommanditist der Gesellschaft beitreten, der die Kommanditeinlage für die einzelnen Anleger hält, deren Gesellschafterrecht wahrnimmt und an ihrer Stelle im Handelsregister eingetragen wird. Dadurch verringert sich der rechtliche Einfluss der Anleger auf das Management, was wiederum die einkommensteuerliche Qualifizierung des Anlegers als Mitunternehmer gefährden kann. Daher ist es auch von der Rechtsprechung anerkannt, dass im Gesellschaftsvertrag der Personengesellschaft dem Treugeber-Gesellschafter unmittelbare Rechte und Ansprüche zugebilligt werden können, sodass er die Stellung eines »Quasi-Gesellschafters« erhält mit unmittelbarem Stimmrecht, mit Teilnahmerecht an der Gesellschafterversammlung und mit Einsichts-, Informations- und Kontrollrechten.[140] Der Gesellschaftsvertrag, wie auch der Treuhandvertrag unterliegen der strengen Inhaltskontrolle. Den Treuhänder-Kommanditisten trifft nicht nur die Pflicht, die künftigen Treugeber über alle wesentlichen Punkte aufzuklären, die für die zu übernehmende mittelbare Beteiligung von Bedeutung sind. Er haftet den Treugeber-Gesellschaftern intern im Fall von Pflichtverletzungen, wie auch an Stelle der Treugeber den Gläubigern der Gesellschaft im Rahmen der gesetzlichen Außen-Haftungsregeln, kann jedoch seinerseits

---
139 Zu beachten ist, dass die Versicherung, keine Abfindung gewährt oder versprochen erhalten zu haben, nur höchstpersönlich abgegeben werden kann.
140 BGH v. 11.10.2011 – II ZR 242/09 = NZG 2011, 1432. Ausführlich: *Wertenbruch*, NZG 2017, 81.

aus dem Treuhandverhältnis Regress gegen die Treugeber nehmen.[141] Ein Treugeber, der nicht selbst Gesellschafter einer Personengesellschaft wird, sondern für den ein Gesellschafter den Geschäftsanteil treuhänderisch hält, haftet für Gesellschaftsschulden nicht analog §§ 128, 130 HGB persönlich.[142] Der Treugebergesellschafter ist, soweit nicht schon im Treuhandvertrag geregelt, gemäß §§ 675, 670 i.V.m. § 257 BGB verpflichtet, den Treuhänder von allen Aufwendungen und Verbindlichkeiten freizustellen.[143] Dieser Anspruch ist abtretbar, z.B. an den Insolvenzverwalter im Insolvenzverfahren über das Vermögen der KG.[144]

VII. Ein-Person-Gesellschaft

69 Eine nur aus einer Person bestehende Gesamthandgesellschaft (allgemein als »Einmann-Personengesellschaft« bezeichnet) wird grundsätzlich als unzulässig angesehen, da sie dem Grundprinzip des Personengesellschaftsrechts widerspricht, welches die Verbundenheit von Gesellschaftern durch einen Organisationsvertrag als unabdingbares Wesensmerkmal einer Personengesellschaft voraussetzt.[145] Daher kann es keine Kommanditgesellschaft geben, bei der der einzige Komplementär zugleich auch der einzige Kommanditist ist. Lediglich die europäische wirtschaftliche Interessenvereinigung (EWIV) kennt die Möglichkeit der Ein-Mann-Personenhandelsgesellschaft, hier jedoch aus dem Schutz der Arbeitnehmerinteressen. Daneben hat die Rechtsprechung lediglich den Sonderfall einer »Ein-Mann-Personengesellschaft« zugelassen, wenn an dem vom einzig verbliebenen Gesellschafter hinzu geerbten Gesellschaftsanteil, den er vom vorletzten Gesellschafter übernommen hat, Testamentsvollstreckung besteht oder Vor- und Nacherbfolge angeordnet ist.[146]

70 Im Gegensatz zur nicht zulässigen Ein-Mann-Personengesellschaft ist es seit Langem anerkannt, dass sich hinter einer GmbH & Co. KG nur eine einzige natürliche Person verbirgt, die einziger Gesellschafter der Komplementär-GmbH und einziger Kommanditist ist. Eine Personengesellschaft setzt lediglich voraus, dass mindestens zwei Rechtsobjekte im technischen Sinne vorhanden sind, was erfüllt ist, wenn eine GmbH und ein Kommanditist vorhanden sind. Es ist dabei auch zulässig, dass die GmbH von der Beteiligung am Vermögen der KG ganz ausgeschlossen wird und nur der einzige Kommanditist ein Kapitalkonto bei der Gesellschaft hält und alleiniger Vermögensanteilsinhaber ist. In einem solchen Gesellschaftsverhältnis ist es vor allem wichtig, die Bestimmung des § 181 BGB zu beachten und zweckmäßigerweise im Gesellschaftsvertrag der GmbH eine Befreiung von § 181 BGB aufzunehmen (s. hierzu oben Rdn. 40). Der Kommanditist kann Wirtschaftsgüter aus dem Sonderbetriebsvermögen in das Gesamthandsvermögen der Einmann-Gesellschaft steuerneutral einlegen. Die stillen Reserven werden weiterhin ihm zuzuordnen.[147]

---

141 BGH v. 11.11.2008 – XI ZR 468/07 = BGHZ 178, 271 = DNotZ 2009, 302; BGH v. 12.02.2009 – III ZR 90/08 = NJW-RR 2009, 1040 = NZG 2009, 779. Allgemein: *Wertenbruch*, NZG 2013, 285.
142 BGH v. 11.11.2008 – XI ZR 468/07 = DNotI-Report 2009, 13 = DNotZ 2009, 302.
143 BGH v. 05.05.2010 – III ZR 209/09 = BGHZ 185, 310 = NZG 2010, 790 = NJW 2010, 2197 Rn. 11 m. w.N.; zu Haftungsrisiken bei mittelbarer Beteiligung an geschlossenen Fonds: *Wagner*, GWR 2013, 7; *Stari/Beuster*, DStR 2014, 271. Zum Ausgleichsanspruch gegenüber Mit-Treugebern: BGH v. 29.9.2015 – II ZR 403/13; hierzu K. Schmidt, JuS 2016, 361; *Wertenbruch*, NZG 2016, 401; kritisch: *Altmeppen*, NJW 2016, 1761
144 BGH v. 12.11.2009 – III ZR 113/09, NJW-RR 2010, 333; BGH v. 05.05.2010 – III ZR 209/09, DStR 2010, 1534; BGH v. 22.03.2011 – II ZR 271/08 = NZG 2011, 588.
145 Ausführlich dazu *Fett/Brand*, NZG 1999, 45, insb. auch zur Frage des Fortbestehens bei Erbfolgeregelungen unter Nacherbfolge oder Testamentsvollstreckung zugunsten des letzten Gesellschafters. KG v. 03.04.2007 – 1 W 305/06, DNotZ 2007, 954, zu möglichen Fällen.
146 BGHZ 98, 48 = NJW 1986, 2431.
147 Eine Veräußerung des eingebrachten Wirtschaftsguts innerhalb der Sperrfrist von § 6 Abs. 5 Satz 4 EStG führt jedoch nicht rückwirkend auf den Zeitpunkt der Überführung zwischen Sonderbetriebsvermögen und Gesamthandsvermögen zu einem nachträglichen steuerpflichtigen Teilwertansatz, sondern § 6b-EStG-Rücklage ist bei der KG möglich (BFH v. 26.06.2014 – IV R 31/12 DStRE 2015, 1; BFH v. 31.07.2013 – I R 44/12, DStR 2013, 2165).

Muster einer KG-Satzung mit nur einem Kommanditisten, der zugleich einziger GmbH-Gesellschafter und -Geschäftsführer ist:

§ 1 Firma, Sitz

71 M

(1) Die Firma der Gesellschaft lautet:
..... GmbH & Co. KG
(2) Die Gesellschaft hat ihren Sitz in .....

§ 2 Gegenstand des Unternehmens, Dauer, Geschäftsjahr

(1) Gesellschaftszweck ist. .....
(2) Die Gesellschaft darf alle Geschäfte vornehmen, die den Gesellschaftszweck fördern. Sie darf gleichartige oder ähnliche Unternehmen erwerben, sich an solchen beteiligen oder die Geschäftsführung und Vertretung solcher Unternehmen übernehmen. Sie darf auch Zweigniederlassungen errichten.
(3) Die Gesellschaft ist für unbestimmte Zeit eingegangen. Geschäftsjahr ist das Kalenderjahr.

§ 3 Gesellschafter, Kapitalanteile, Einlagen, Haftsummen

(1) Komplementärin ist die ..... Verwaltungs-GmbH mit Sitz in ..... Sie erbringt keine Einlage und hat keinen Kapitalanteil und damit auch – außer beim Beschluss nach § 8 – kein Stimmrecht, auch nicht bei Grundlagengeschäften, soweit dies zulässig ist.
(2) Kommanditist ist Frau/Herr ..... mit einer Kapitaleinlage in Höhe von ..... €
(3) Der Kapitalanteil des Kommanditisten ist als seine Haftsumme in das Handelsregister einzutragen.
(4) Die Einlage wird erbracht durch Übertragung des von Frau/Herrn ..... bisher als Einzelunternehmen betriebenen ..... -Unternehmens mit all dessen Aktiva und Passiva zu den Buchwerten. Die Übertragung erfolgt zum Stichtag .....

§ 4 Gesellschafterkonten

(1) Für den Kommanditisten werden ein Kapitalkonto[148] und bei Bedarf ein Verlustvortragskonto als Unterkonto dazu sowie gesonderte Darlehenskonten geführt.
(2) Auf dem Kapitalkonto werden die Einlage, der Gewinnanteil, Entnahmen und Einlagen, Zinsen, Tätigkeitsvergütungen, der Ausgaben- und Aufwendungsersatz, Vorabvergütungen sowie der sonstige Zahlungsverkehr zwischen der Gesellschaft und dem Gesellschafter gebucht. Etwaige auf ihn entfallende Verluste werden auf einem Unterkonto (Verlustvortragskonto) gebucht.
(3) Für Gesellschafter-Darlehen werden gesonderte Darlehenskonten geführt, die im Soll und Haben zu marktüblichen Zinsen zu verzinsen sind; die Zinshöhe und Fälligkeit wird durch Gesellschafterbeschluss festgelegt. Die Zinsen gelten im Verhältnis zur Gesellschaft als Aufwand bzw. Ertrag.

§ 5 Vertretung, Geschäftsführung

(1) Zur Geschäftsführung und Vertretung der Gesellschaft ist die Komplementärin berechtigt und verpflichtet, soweit sich aus diesem Vertrag nichts anderes ergibt.
(2) Sowohl die Komplementärin als auch ihre Geschäftsführer sind von den Beschränkungen des § 181 BGB befreit.

---

[148] Entspricht dem gesetzlichen Modell, jedoch werden häufig mehrere Konten geführt; siehe hierzu § 137 Rdn. 19 ff., wobei sich insbesondere ein Verlustvortragskonto empfiehlt.

§ 6 Vergütung der Komplementärin

(1) Die Komplementärin erhält als Gegenleistung für Ihre Geschäftsführung und als Entschädigung für die Übernahme der persönlichen Haftung eine Vergütung von jährlich 5 % ihres zu Beginn des Geschäftsjahres eingezahlten und nicht durch Verluste geminderten Stammkapitals. Die Vergütung ist zum Ende eines jeden Geschäftsjahres fällig.
(2) Außerdem erstattet die Gesellschaft der Komplementärin sämtliche Auslagen für die Geschäftsführung einschließlich der an die Geschäftsführer der Komplementärin zu zahlenden Bezüge. Eine eventuelle Umsatzsteuer ist nach ordnungsgemäßer Rechnungsstellung zusätzlich zu bezahlen.
(3) Die Vergütungen der Komplementärin nach Abs. 1 und 2 sind im Verhältnis der Gesellschafter zueinander als Aufwand zu behandeln.

§ 7 Ergebnisverteilung, Entnahmen

(1) An dem nach Abzug aller Kosten einschließlich der Vergütungen der Komplementärin verbleibenden Gewinn oder Verlust ist nur der Kommanditist beteiligt.
Der Kommanditist ist, auch im Falle der Liquidation, nicht zum Nachschuss verpflichtet. Eine Pflicht des Kommanditisten zum Haftungsausgleich gegenüber der Komplementärin besteht nicht.
(2) Die Gewinnanteile können, solange und soweit das Kapitalkonto unter Berücksichtigung eines Verlustvortragskontos unter den Betrag der Hafteinlage gesunken ist, nicht entnommen werden. Über dem Betrag der Hafteinlage hinausgehende Guthaben auf dem Kapitalkonto können jederzeit entnommen werden.

§ 8 Ausschluss

(1) Ein Gesellschafter kann durch Beschluss des anderen Gesellschafters aus der Gesellschaft ausgeschlossen werden, wenn
a) seine Beteiligung gepfändet ist,
b) über sein Vermögen das Insolvenzverfahren eröffnet oder mangels Masse abgelehnt wird,
c) in seiner Person ein anderer wichtiger Grund im Sinne des § 133 Abs. 1 HGB vorliegt, insbes. er oder sein Gläubiger kündigt.
Der betroffene Gesellschafter hat bei der Abstimmung über den Ausschluss kein Stimmrecht.
(2) Der Beschluss über die Ausschließung wird mit der Mitteilung durch den beschließenden Gesellschafter an den betroffenen Gesellschafter – unabhängig von der Auszahlung der Abfindung – wirksam. Der Beschluss ist solange als wirksam zu behandeln, bis seine Unwirksamkeit rechtskräftig festgestellt ist.
(3) Im Übrigen gelten die gesetzlichen Ausscheidensgründe. Der nach einem Ausscheiden verbleibende Gesellschafter übernimmt das Unternehmen mit allen Aktiva und Passiva und dem Recht zur Fortführung der Firma unter Ausschluss der Liquidation, soweit er nicht innerhalb von 3 Monaten die Auflösung erklärt.
(4) Die Abfindung erfolgt zu Buchwerten oder wenn dies rechtlich unzulässig ist zum niedrigst zulässigen Abfindungswert. Ein eventueller Saldo auf dem Kapitalkonto des Kommanditisten ist von diesem nicht auszugleichen; ein Guthaben steht ihm zu. An schwebenden Geschäften ist der Gesellschafter nicht mehr beteiligt. Sicherheitsleistung und Freistellung von den Gesellschaftsverbindlichkeiten kann er nicht verlangen. Auf Verlangen des übernehmenden Gesellschafters ist die Auszahlung bis auf die Dauer von drei Jahren zinsfrei zu stunden.

§ 9 Übertragung von Gesellschaftsanteilen und Rechtsnachfolge

(1) Jegliche Verfügung über einen Gesellschaftsanteil oder über Teile eines Gesellschaftsanteils bedarf eines Zustimmungsbeschlusses des anderen Gesellschafters, ausgenommen die Verfügung über einen Gesellschaftsanteil oder Teile davon zugunsten des Ehegatten oder von Abkömmlingen.
(2) Beim Tod des Kommanditisten wird die Gesellschaft mit seinen Erben fortgesetzt.
(3) Die Anordnung einer Testamentsvollstreckung am Gesellschaftsanteil ist zulässig. Der oder die Testamentsvollstrecker können als Bevollmächtigte der Erben oder Vermächtnisnehmer sämtliche Rechte aus dem Gesellschaftsanteil ausüben. Hierzu bedarf es nicht der Zustimmung der anderen Gesellschafter.

§ 10 Schlussbestimmungen

(1) Alle das Gesellschaftsverhältnis betreffenden Vereinbarungen zwischen Gesellschaft und Gesellschaftern bedürfen zu ihrer Wirksamkeit der Schriftform, soweit nicht kraft Gesetzes notarielle Beurkundung vorgeschrieben ist. Dies gilt auch für einen etwaigen Verzicht auf das Schriftformerfordernis.
(2) Sollten einzelne Bestimmungen dieses Vertrages unwirksam sein oder werden, wird hierdurch die Wirksamkeit der übrigen Bestimmungen nicht berührt. Anstelle der unwirksamen Bestimmung gilt diejenige wirksame Bestimmung als vereinbart bzw. ist zu vereinbaren, die dem Sinn und Zweck der unwirksamen Bestimmung am nächsten kommt. Im Falle von Lücken gilt diejenige Bestimmung als vereinbart bzw. ist zu vereinbaren, die dem entspricht, was nach Sinn und Zweck dieses Vertrages vereinbart worden wäre, hätte man die Angelegenheit von vornherein bedacht.

■ *Kosten.* Fertigt der Notar lediglich den Entwurf, richtet sich der Geschäftswert gemäß § 119 GNotKG nach dem Wert für die Beurkundung. Nach § 107 Abs. 1 GNotKG beträgt der Geschäftswert für die Beurkundung von Gesellschaftsverträgen mindestens 30.000,00 € und höchstens 10. Mio. €. Maßgeblich ist konkret die Wertsumme aller geschuldeten Einlagen. Es entsteht eine 2,0 Gebühr (mindestens 120 €) gemäß Nr. 21100 KV GNotKG, wenn der Notar den Vertrag beurkundet; fertigt er lediglich einen Entwurf ist die Gebühr eine Rahmengebühr von 0,5 bis 2,0 (mindestens 120 €) gemäß Nr. 24100 KV GNotKG. Hierbei hat der Notar gemäß § 92 GNotKG die Gebühr unter Berücksichtigung des Umfanges der erbrachten Leistung nach billigem Ermessen zu bestimmen, wobei der konkreter Aufwand im Einzelfall für die notarielle Tätigkeit, nicht jedoch der Haftungsumfang zu berücksichtigen ist. Fertigt der Notar den vollständigen Entwurf, ist nach § 92 Abs. 2 GNotKG der höchste Gebührenansatz des Gebührenrahmens zu erheben.

VIII. Einheitsgesellschaft

1. Grundlagen und Gestaltungsfragen[149]

Ist bei der Ein-Person-GmbH & Co. KG der Gleichlauf der Beteiligung und der Interessenausübung in der Komplementär GmbH und der KG kein Problem, so kann die Verzahnung bei Mehrzahl von Gesellschaftern durchaus erheblichen kautelarjuristischen Aufwand bedeuten. Die fortdauernde Parallelität der Beteiligungsverhältnisse in beiden Gesellschaften soll vor allem auch aus steuerlichen Gründen gesichert werden, denn der Geschäftsanteil an der Komplementär GmbH stellt beim Kommanditisten steuerliches Sonderbetriebsver-

---

[149] Aktuelle Literatur: *v. Bonin*, RNotZ 2017, 1; *Brosius/Frese*, NZG 2016, 808; *v. Proff*, DStR 2017, 2590; *Weinland*, notar 2017, 366;

mögen dar; wird der eine Anteil ohne den anderen übertragen, findet eine steuerpflichtige Betriebsentnahme, evtl. sogar eine Betriebsaufgabe (s. Fn. 22) statt. Die Einheitlichkeit lässt sich dadurch herstellen, dass sämtliche Geschäftsanteile an der Komplementär-GmbH von der KG gehalten werden, sodass die KG Alleingesellschafterin ihrer Komplementär-GmbH wird (= Einheits-GmbH & Co.KG). Dann kann umsatzsteuerlich die GmbH als Organgesellschaft in die KG eingegliedert angesehen werden, sodass sie bei Vorliegen der übrigen Eingliederungsvoraussetzungen ihre Geschäftsführungs- und Vertretungsleistungen gegenüber der KG nicht selbständig (§ 2 Abs. 2 Nr. 2 UStG) ausübt und damit grundsätzlich nicht umsatzsteuerpflichtig.[150]

Ein weiterer Grund für deren Gestaltung dürfte auch darin liegen, das Beurkundungserfordernis der Geschäftsanteilsabtretung nach § 15 GmbHG bei rechtsgeschäftlichen Gesellschafterwechseln zu umgehen.

73 Die rechtliche Zulässigkeit der Einheits-GmbH & Co. KG wird nicht mehr angezweifelt (berücksichtigt in § 172 Abs. 6 HGB sowie § 264c Abs. 4 HGB), da weiterhin noch mindestens zwei verschiedene Gesellschafter (Rechtsobjekte) an der KG beteiligt sind, die Kommanditisten sowie die juristisch selbstständige Person der Komplementär-GmbH. Jedoch birgt sie eine Vielzahl von Problemstellungen, die eine sorgfältige kautelarjuristische Ausgestaltung verlangen. Die faktischen Gesellschafter sind in einer solchen Gesellschaftskonstruktion die Kommanditisten der KG, denen die Willensbildung zustehen sollte.

74 Hauptproblem der Gestaltung ist dabei die *Stimmrechtsausübung*. Die Kommanditgesellschaft als (i.d.R. einzige) Gesellschafterin der GmbH wird in der Gesellschafterversammlung der GmbH durch die Geschäftsführer dieser Komplementär-GmbH vertreten, soweit der Gesellschaftsvertrag der KG keine abweichende Regelung enthält, denn die Kommanditisten haben selbst kein Außenvertretungsrecht.[151] Dies bringt vor allem Probleme, wenn keine Personen- oder wenigstens Beherrschungsidentität zwischen den Kommanditisten und den GmbH-Geschäftsführern besteht und führt dazu, dass über die Kündigung des organschaftlichen Anstellungsverhältnisses eines Geschäftsführers der Komplementär-GmbH dessen Mitgeschäftsführer entscheiden – soweit vorhanden –.[152] Diese Situation ist aber auch in den Fällen des Stimmrechtsausschlusses nach § 47 Abs. 4 GmbHG problematisch. Die Vertragsgestaltung muss daher dafür sorgen, dass die Kommanditisten die Geschehnisse in der Komplementär-GmbH und gegenüber deren Geschäftsführer ausreichend kontrollieren können. Den Kommanditisten muss daher die Ausübung der Gesellschafterrechte aus oder an den von der KG gehaltenen Geschäftsanteile eingeräumt werden. Die Lösungsversuche der Gestaltungspraxis bestehen entweder in der Kompetenzverlagerung auf eine »Kommanditisten-Versammlung« oder in der Vollmachtslösung. Vorgeschlagen wird auch, in der GmbH-Satzung festzulegen, dass die Kommanditisten das Stimmrecht in der Gesellschafterversammlung der GmbH ausüben. Es ist jedoch zweifelhaft, ob die zwingenden Beschlusskompetenzen der Gesellschafterversammlung einer GmbH in allen Angelegenheiten auf eine außenstehende »Kommanditistenversammlung« verlagert werden können. Ob bei der KG gesellschaftsrechtlich die Vertretung der KG in Angelegenheiten der Komplementär-GmbH vom Komplementär weg zu den Kom-

---

150 Abschn. 2.8. UStR samt Änderung durch BMF Schreiben v. 26.05.2017 = DStR 2017, 1268.
151 BGH v. 16.07.2007, II ZR 109/06 DStR 2007, 1640 = NotBZ 2007, 442 = MittBayNot 2008, 306 = DNotZ 2008, 145; OLG Celle, v. 06.07.2016 – 9 W 93/16, NZG 2016, 1147 m.Anm. *v. Bonin*, NZG 2016, 1299.
152 BGH Urt. v. 09.05.2005 – II ZR 29/03. Die GmbH beherrscht dadurch ihre eigene Gesellschafterversammlung und die Geschäftsführung der Komplementärin kontrolliert sich faktisch selbst. Zu den möglichen Risiken von Interessenkonflikten und Handlungsunmöglichkeiten *v. Proff*, DStR 2017, 2590.

manditisten zugewiesen werden kann,[153] wird ebenfalls kritisch gesehen.[154] Daher wird bei der Vollmachtsregelung durch die Satzung der KG bestimmt, dass die Ausübung der Gesellschafterrechte aus oder an den von der KG gehaltenen Geschäftsanteile den Kommanditisten eingeräumt ist, sodass das Stimmrecht in der Gesellschafterversammlung der GmbH aufgrund dieser Bevollmächtigung durch den bzw. die Kommanditisten in ihrer Gesamtheit ausgeübt wird und die Komplementär-GmbH in Angelegenheiten der Willensbildung bei der Komplementär-GmbH ausgeschlossen ist.[155] Vertreten wird sogar, dass beim Fehlen einer solchen Satzungsregelung die ergänzende Vertragsauslegung zumindest dann zu einem Stimmrecht der Kommanditisten führt, wenn der Geschäftsführer der GmbH nach § 47 Abs. 4 GmbHG von der Rechtsausübung ausgeschlossen ist.[156] Dabei soll dem Geschäftsführer der Komplementär-GmbH die Befugnis im Bezug auf die Ausübung der Rechte aus dem GmbH-Geschäftsanteil entzogen und den Kommanditisten übertragen werden. Dass auch in gewissen Umfang einem Kommanditisten Geschäftsführungsbefugnisse eingeräumt werden können, wird allgemein als zulässig angesehen, soweit dies gegenüber dem persönlich haftenden Gesellschafter nicht verdrängend ist. Eine solche Gestaltung lässt auch die gewerbliche Prägung im Sinne von § 15 Abs. 3 Nr. 2 S. 1 EStG nicht entfällt, wenn die Befugnisse der Kommanditisten bei der GmbH & Co. KG nur den internen Rechtskreis der Ausübung der Gesellschafterrechte an oder an den von der KG gehaltenen Geschäftsanteile an der Komplementär-GmbH betreffen, die Ausübung der eigentlichen Unternehmenstätigkeit aber der Komplementärin unberührt lässt.[157] Alternativ dazu ist die Gestaltung eines mit den Kommanditisten besetzten Beirates bei der Komplementär-GmbH.[158]

2. Errichtung der Einheitsgesellschaft

Die Errichtung erfolgt in drei Schritten:
(1) Errichtung der zukünftigen Komplementär GmbH, i.d.R durch den oder die zukünftigen Kommanditisten, deren Satzung, da zukünftig nur die KG als einziger Gesellschafter beteiligt ist, einfach gehalten werden kann.[159] Die Geschäftsführer sind dabei ggf. zu ermächtigen, bereits vor der Eintragung der GmbH die Komplementärrolle in einer KG zu übernehmen.
(2) Errichtung der KG durch die Komplementär GmbH und den bzw. die Kommanditisten, wobei die GmbH noch nicht im Handelsregister eingetragen sein muss, da auch eine GmbH in Gründung bereits Gesellschafter einer KG sein kann (siehe Rdn. 11 und Rdn. 59). Deren Errichtung wird wegen der Verpflichtung, den GmbH-Anteil als Ein-

75

---

153 Hierzu DNotI-Report 2010, 154. Dort vor allem zum Problem des Stimmverbots nach § 47 Abs. 4 GmbHG bei Beschlüssen der GmbH-Gesellschafterversammlung, wenn ein Kommanditist bzw. der vertretende Kommanditist davon selbst betroffen ist, sodass dann die KG durch andere Kommanditisten vertreten werden müsste.
154 Dafür: *v. Bonin*, NZG 2016, 1299; *Weinland*, notar 2017, 366; ablehnend: *Brosius/Frese*, NZG 2016, 808.
155 Hierzu die in FN 149 zitierte aktuelle Literatur, *Giehl*, MittBayNot 2008, 268 auch als Anm. zu BGH v. 16.07.2007, II ZR 109/06; DNotI-Gutachten Nr. 110914 sowie BFH v. 26.04. 2017 – I R 84/15; DStR 2017, 2035.
156 *K. Schmidt*, GesR, S. 1637.
157 BFH v. 26.04. 2017 – I R 84/15; DStR 2017, 2035. *Geck*, ZEV 2018,19 unter Hinweis, dass das Vermeiden der gewerblichen Prägung dadurch jedoch schwierig ist.
158 Ein Kernbereich eigener Zuständigkeiten muss jedoch bei der GmbH-Gesellschafterversammlung verbleiben, insbesondere kann die Befugnis zur Satzungsänderung nicht auf einen Beirat verlagert werden. Daher ist diese Lösung seltener verwendet; siehe dazu auch OLG Celle, v. 06.07.2016 – 9 W 93/16, NZG 2016, 1147, wonach die Kompetenz zu Satzungsänderungen bei der Komplementär-GmbH in der Satzung der KG den Kommanditisten oder einen Beirat übertragen werden können; i.E. zur Beiratslösung: *v. Bonin*, RNotZ 2017, 1; *v. Proff*, DStR 2017, 2590; *Weinland*, notar 2017, 366.
159 Errichtet eine schon existente KG, dann muss (wegen § 172 Abs. 6 HGB) ein über die Hafteinlage hinausgehendes Vermögen vorhanden sein, aus dem die Stammeinlage auf die GmbH bedient werden kann.

lage in die KG zu erbringen, als nach § 15 Abs. 4 Satz 1 GmbHG beurkundungspflichtig angesehen,[160] wobei jedoch durch die Übertragung Heilungswirkung eintritt.

(3) Übertragung des bzw. der Geschäftsanteile an der Komplementär GmbH auf die KG; wird diese gleich mit der Beurkundung der Errichtung der Komplementär-GmbH und der KG vorgenommen,[161] bedarf es einer aufschiebend bedingten Übertragung des Geschäftsanteils, weil dieser vor Eintragung der GmbH noch nicht abtretbar vorhanden ist.

76 Hierbei ergeben sich folgende rechtliche Probleme:
Wird die KG bereits schon vor Eintragung der GmbH geschäftlich tätig, entstehen dadurch Haftungsgefahren für die Gründungsgesellschafter der GmbH aus der Vorbelastungshaftung. Wird die KG tätig bevor sie im Handelsregister eingetragen ist, haften die Kommanditisten voll und unbeschränkt persönlich gemäß § 176 Abs. 1 HGB soweit nicht diese Haftung entfällt, weil dem Gläubiger bekannt war, dass im Rahmen einer GmbH & Co. KG gehandelt wird, denn bei ihr muss der Rechtsverkehr davon ausgehen, dass die natürlichen Personen als Gesellschafter neben der GmbH als deren Komplementärin nicht haften wollen.[162] Außerdem ist die auf die Hafteinlage begrenzte persönliche Haftung des Kommanditisten aus § 171 Abs. 1 HGB zu beachten, die bis zur vollen Einzahlung der Einlage besteht.

77 Für die Abtretbarkeit des Geschäftsanteils an der Komplementär-GmbH ist zu beachten, dass bei dieser die Stammeinlage voll erbracht sein muss, da ansonsten ein Erwerbsverbot nach § 33 GmbHG besteht und dass die Kommanditgesellschaft bereits existiert.[163] Die Einbringung des GmbH-Geschäftsanteils darf auch nicht Hafteinlagepflicht des Kommanditisten sein, denn nach § 172 Abs. 6 HGB gilt dann insoweit die Einlage als nicht geleistet, wenn sie im Anteil an der Komplementär-GmbH besteht. Veräußert der Kommanditist seinen GmbH-Geschäftsanteil entgeltlich an die KG kann dadurch die Rückzahlung seiner KG-Einlage erfolgen, was zum Wiederaufleben seiner Haftung nach § 172 Abs. 4 HGB führen kann. Daher muss die Übertragung des GmbH-Anteils auf die KG entweder unentgeltlich als weitere Einlage erfolgen oder das Entgelt aus einer zusätzlichen, die Haftsumme übersteigenden Geld-Einlage oder aus über die Haftsumme hinaus vorhandenem Vermögen erfolgen.

3. Ausgestaltung der Satzungen:

78 Mindesterfordernisse bei der Ausgestaltung der Satzungen von GmbH und KG sind:

a) Bei der GmbH

79 Denkbar ist eine Kompetenzregelung bzgl. der Gesellschafterversammlung, mit der im Rahmen des rechtlich Zulässigen der Kommanditistenversammlung als außenstehendem Drittorgan – ähnlich einem Beirat – Entscheidungsbefugnisse im eng begrenzten Rahmen eingeräumt werden, z.B. bzgl. Bestellung, Abberufung und Entlastung von Geschäftsführern. Möglich ist es, auch in die GmbH-Satzung eine Vollmacht zugunsten der Kommanditisten aufzunehmen, dass diese Vertretungsbefugnisse für die GmbH neben deren Geschäftsführern bei der Wahrnehmung der Gesellschafterrechte aus Geschäftsanteilen haben, die zum Gesellschaftsvermögen einer Kommanditgesellschaft gehören, deren persönlich haftende Gesellschafterin die GmbH ist. Außerdem ist durch eine Stimmbindungsvereinbarung sicherzustellen, dass die Geschäftsführer der Komplementär-GmbH nur mit Zustimmung

---

160 MüHB GesR/*Riegger*, Abschn. III 9. Rn. 3.
161 Was jedoch bei einer vermögensverwaltenden KG erst nach deren Handelsregistereintragung möglich ist, da diese zuvor noch nicht existiert.
162 OLG Frankfurt v. 09.05.2007 – 13 U 195/06 = RNotZ 2008, 170 = NJW-Spezial 2007, 365; mit ausf. Anm. *Specks*, RNotZ 2008, 143; MüKo-HGB/*K. Schmidt*, § 176 HGB Rn. 50, 54.
163 Bei vermögensverwaltender KG diese also im Handelsregister eingetragen ist.

der Kommanditisten über wesentliche Angelegenheiten der KG entscheiden. Da aus einem Geschäftsanteil jedoch das Stimmrecht nur einheitlich ausgeübt werden kann, bedarf es bei einer Mehrheit von Kommanditisten auch einer Regelung, wie die Ausübung des Gesellschafterrechts durch den Kreis der Kommanditisten festgelegt wird.

Satzungsklausel der Komplementär-GmbH

Zur Wahrnehmung der Gesellschafterrechte an, aus und im Zusammenhang mit einem GmbH-Geschäftsanteil, der zum Gesellschaftsvermögen einer Kommanditgesellschaft gehört, an der die GmbH persönlich haftende Gesellschafterin ist, sind die jeweiligen Kommanditisten dieser KG *(je einzelnen)* befreit von den Beschränkungen des § 181 BGB berechtigt; die GmbH-Geschäftsführer haben hierbei auch nach Weisung der Kommanditisten bei Gesellschafterversammlungen dieser GmbH zu handeln. Dies gilt insbesondere für die Ausübung des Stimmrechtes aus diesem Geschäftsanteil. Die Kommanditisten sind dabei – soweit möglich – vom Stimmverbot des § 47 Abs. 4 GmbHG befreit.

Die Geschäftsführer der GmbH bedürfen der vorherigen Zustimmung der Gesellschafterversammlung zum Abschluss, zur Änderung und Beendigung des Gesellschaftsvertrages einer Kommanditgesellschaft, deren persönlich haftende Gesellschafterin die GmbH ist.

Die Gesellschafterversammlungen können zusammen mit der Gesellschafterversammlung einer solchen Kommanditgesellschaft einberufen und abgehalten werden. Jedem Kommanditisten einer solchen KG steht das Auskunfts- und Einsichtsrecht nach Maßgabe des § 51a GmbHG zu.[164]

80 M

b) Gesellschaftsvertrag der Kommanditgesellschaft

Die Verpflichtung des Kommanditisten zur Einlage seines GmbH-Anteils besteht zusätzlichen neben seiner allgemeinen Verpflichtung zur Erbringung seiner Pflichteinlage, die mindestens der Hafteinlage entspricht. Vor allem wichtig ist auch die Regelung, dass die Kommanditisten ermächtigt und bevollmächtigt werden, in allen Angelegenheiten der Geschäftsanteile an der Komplementär-GmbH die Befugnisse zur Geschäftsführung und Vertretung, insbesondere zur Stimmrechtsausübung in der Gesellschafterversammlung der Komplementär-GmbH, wahrzunehmen.[165]

81

Satzungsklausel in der Einheits-KG

Jeder Kommanditist ist befreit von den Beschränkungen des § 181 BGB an Stelle der Komplementärin zur Vertretung der Gesellschaft und zur Geschäftsführung in allen Angelegenheiten und Rechten aus, an oder im Zusammenhang bevollmächtigt, die den Geschäftsanteil der Gesellschaft an der Komplementär-GmbH betreffen, insbesondere zur Ausübung des Stimmrechts in deren Gesellschafterversammlungen. Diese Vollmacht ist nur aus wichtigem Grund und durch die Komplementärin nur nach Weisung aufgrund eines Beschlusses der Kommanditisten widerruflich.

82 M

---

164 Ansonsten gilt nur das eingeschränkte Informationsrecht nach § 166 HGB; OLG Celle v. 14.03.2017 – 9 W 18/17.
165 Hierzu die in FN 149 zitierte aktuelle Literatur; *Giehl*, MittBayNot 2008, 268 nach dessen Ansicht allein eine Regelung in der KG-Satzung ausreichend ist; DNotI-Gutachten Nr. 110914. Zur Gestaltung von Kapitaländerungen bei der Einheit-GmbH & Co. KG: *Becker*, notar 2017, 364.

Jeder Kommanditist kann die Geschäftsführungs- und Vertretungsbefugnis hinsichtlich des Geschäftsanteiles an der Komplementär-GmbH jedoch nur entsprechend den Bestimmungen und Weisungen in einem Beschluss der Kommanditisten ausüben, in dem auch der zur Ausübung der Vertretungsmacht befugte Kommanditist zu bestimmen ist. Die Beschlüsse der Kommanditisten bedürfen dabei grundsätzlich der einfachen Mehrheit der Stimmen der anwesenden oder vertretenen Gesellschafter. Zu folgenden Maßnahmen bedarf es einer Mehrheit von ..... aller Stimmen der Kommanditisten:
– Änderung des Gesellschaftsvertrages der Komplementär-GmbH
– Verfügung über den Geschäftsanteil an der Komplementär-GmbH
– Bestellung und Abberufung von Geschäftsführern der Komplementär-GmbH sowie deren Befreiung vom Wettbewerbsverbot
– Auflösung der Komplementär-GmbH
– Zustimmung zur Änderung und Beendigung des Gesellschaftsvertrages einer Kommanditgesellschaft, deren persönlich haftende Gesellschafterin die Komplementär-GmbH ist.

Ein Kommanditist, welcher aufgrund der Beschlussfassung entlastet oder von einer Verbindlichkeit befreit werden soll, oder dem gegenüber die Einleitung oder Erledigung eines Rechtstreites vorgenommen werden soll, hat bei der Beschlussfassung kein Stimmrecht; das gleich gilt *(alternativ: dies gilt jedoch nicht*[166]), wenn diesem gegenüber ein Rechtsgeschäft vorgenommen werden soll. Im Übrigen bleiben die Rechte der Komplementärin zur Geschäftsführung und Vertretung der Gesellschaft unberührt. Der Geschäftsführer der Komplementär-GmbH hat jedoch bei allen wesentlichen Vorgängen, welche ihren eigenen Geschäftsbetrieb bzw. ihre Position als Gesellschafterin der GmbH & Co KG betrifft, die Zustimmung der Gesellschafterversammlung der Kommanditisten einzuholen. Diese können für den Betrieb der Komplementär-GmbH eine Geschäftsordnung erlassen.
.....

Einlageverpflichtung:
.....
Zusätzlich zu seiner festen Geldeinlage in Höhe der jeweiligen im Handelsregister einzutragenden Haftsumme und damit nicht darauf zu verrechnen, hat jeder Kommanditist als weitere Pflichteinlage an die Gesellschaft seinen Geschäftsanteil an der Komplementär GmbH voll eingezahlt und frei von Rechten Dritter zu übertragen. .....[167]

IX. Rechtsgeschäftliche Übertragung von Anteilen

83 Für die rechtsgeschäftliche Übertragung der Kommanditanteile gelten die bei § 137 Rdn. 77 ff. dargestellten Regelungen nebst Muster Rdn. 93 M, für die Übertragung der Komplementärstellung die bei § 133 Rdn. 46 ff. dargestellten Regelungen für die Übertragung eines OHG-Anteils entsprechend, sowie für die Übertragung des Anteils an der Komplementär-GmbH die bei § 145 für die Geschäftsanteilsabtretung dargestellten Regelungen. Kostenrechtlich berücksichtigt § 54 GNotKG die Rechtsprechung bzgl. des Wertansatzes von Kommandit- und GmbH-Anteilen, wonach der Anteil am Wert des Eigenkapitals i.S.d. § 266 Abs. 3 HGB maßgeblich ist, soweit es sich nicht um eine überwiegend vermögensverwaltend tätige KG handelt. Steuerlich sind die Erläuterungen in § 131 Rdn. 54 ff. zu beachten. Vor allem ist die gleichzeitige Mitübertragung von Gegenständen des steuerlichen Sonderbetriebsver-

---

166 Ggf. ist die teilweise Befreiung vom Stimmverbot des § 47 Abs. 4 GmbHG zweckmäßig; wobei bei der Ein-PersonenGesellschaft nach h.M. das Verbot nicht gilt; hierzu DNotI-Report 2010, 154.
167 Damit notarielle Beurkundung gemäß § 15 Abs. 4 GmbHG erforderlich.

mögens zu beachten, um deren steuerschädliches Ausscheiden aus dem Betriebsvermögen und die sonstigen möglichen steuerlichen Nachteile (Aufdeckung der stillen Reserven im Gesellschaftsanteil) zu vermeiden; bei § 131 Rdn. 75 Daneben kann auch durch Ausscheidensvereinbarung ein Übergang des KG-Anteils durch Anwachsung (Rdn. 111 ff.), bei der GmbH jedoch nur durch notarielle Übertragung, oder durch Austritt/Kündigung mit Einziehung bei der GmbH und Ausscheiden mit Anwachsung bei der KG erfolgen.

1. Formpflicht

Während der Verkauf und die Übertragung von Kommanditanteilen grundsätzlich formfrei möglich sind, bedarf dies bei Geschäftsanteilen einer GmbH gemäß § 15 Abs. 3, 4 GmbHG der notariellen Beurkundung. Die Formpflicht für das Verpflichtungsgeschäft erfasst auch die Verpflichtung zur Übertragung des Kommanditanteils, da aufgrund der (insbesondere steuerrechtlichen[168]) Interessenlage beider Vertragsseiten die Übertragung beider Anteile typischerweise miteinander verbunden sind, sodass sie eine rechtliche Einheit bilden. Würde nur die Übertragung der Geschäftsanteile der Komplementär-GmbH beurkundet, hätte dies die Gesamtnichtigkeit des schuldrechtlichen Rechtsgeschäfts zur Folge.[169] Werden davon getrennt die dinglichen Verfügungsgeschäfte (Anteilsabtretungen) vorgenommen, kann dadurch eine Heilung des nichtigen Rechtsgeschäfts durch die formwirksame Beurkundung der Abtretung der GmbH-Geschäftsanteile in Betracht kommen.[170] Aufgrund der Abstraktheit der dinglichen Verfügungsgeschäfte sind diese nicht untrennbar miteinander verbunden, sodass für die Abtretung des Kommanditanteils in der Regel keine Formbedürftigkeit gegeben ist.[171] Der Notar hat aber die Errichtung rechtlich unwirksamer Urkunden möglichst zu verhindern und muss dazu seine Amtstätigkeit versagen (vgl. § 14 Abs. 2 BNotO, § 4 BeurkG), selbst wenn die Möglichkeit einer nachträglichen Heilung des Rechtsgeschäfts besteht.[172] Keiner Formpflicht bedarf die Veräußerung und Übertragung der Kommanditbeteiligung an einer Einheits-GmbH & Co. KG, da hier die Beteiligung an der Komplementär-GmbH nicht unmittelbar mitübertragen wird.[173]

2. Beteiligung Minderjähriger

a) Anteilserwerb

Der Erwerb eines Kommanditanteils durch einen Minderjährigen[174] bedarf je nach Art der Gesellschaftstätigkeit und des Umfangs der Einlagenerbringung nach § 1822 Nr. 3 BGB[175] und nach teilweise vertretener Ansicht auch nach § 1822 Nr. 10 BGB der gerichtlichen Genehmigung (vgl. § 137 Rdn. 77), nicht jedoch die Abtretung des GmbH-Anteils.[176] Wird der

---

168 Da der Geschäftsanteil des Kommanditisten an der Komplementär-GmbH zu dessen Sonderbetriebsvermögen II gehört, bedarf die ganze oder teilweise Veräußerung des Kommanditanteils auch einer entsprechenden Veräußerung des Geschäftsanteils an der Komplementär-GmbH, ansonsten gilt – weil der Mitunternehmeranteil nicht mit alle wesentlichen Betriebsgrundlagen veräußert würde –, der erzielte Gewinn gemäß § 16 Abs. 1 Satz 2 EStG als laufender Gewinn und entfallen die Begünstigungen gemäß §§ 16, 34 EStG. (vgl. BFH, Beschl. v. 17.07.2008 – IV B 26/08 [NV] = BFH/NV 2008, 2003) Der GmbH-Anteil würde zudem steuerpflichtig in das Privatvermögen des Veräußerers entnommen werden.
169 BGH v. 14.04.1986 – II ZR 155/85 = DNotZ 1986, 687 = MittBayNot 1986, 270.
170 BGH v. 29.01.1992 – VIII ZR 95/91, NJW-RR 1992, 991.
171 BGH vom 14.04.1986 – II ZR 155/85 = NJW 1986, 2642; OLG Düsseldorf v. 22.02.2005 = GmbHR 2005, 769.
172 BGH v. 20.10.2009 – VIII ZB 13/08 = NZG 2010, 154; *BGH*, NJW 1992, 3237.
173 S. insgesamt zu den Beurkundungspflichten bei der GmbH & Co. KG: *Binz/Mayer*, NJW 2002, 3054.
174 S. hierzu *Lüdecke*, NJOZ 2018, 681; *Ivo*, ZEV 2005, 193; *Maier-Reimer/Marx*, NJW 2005, 3025; *Rust*, DStR 2005, 1942; *Reimann*, DNotZ 1999, 179; *Werner*, GmbHR 2006, 737; *Menzel/Wolf*, MittBayNot 2010, 186.
175 BGH v. 30.03.1955 = BGHZ 17, 160.
176 BGH v. 20.02.1989 – II ZR 148/88 = GmbHR 1989, 327.

Anteil von einem Elternteil an den Minderjährigen geschenkt, ist die Mitwirkung eines Ergänzungspflegers nicht erforderlich, wenn der Kommanditanteil und das Stammkapital der GmbH vollständig einbezahlt sind, es sich um eine rein vermögensverwaltende KG handelt und der Beitritt aufschiebend bedingt auf die Handelsregistereintragung erfolgt.[177]

b) Anteilsveräußerung

86 Die Veräußerung des Kommanditanteils bedarf der Genehmigung nach § 1822 Nr. 3 BGB, nicht jedoch die Veräußerung des GmbH-Anteils, soweit nicht der Minderjährige mindestens 50 % der Anteile an der GmbH hält.[178] Bei Veräußerung an Verwandte in gerader Linie ist ein Ergänzungspfleger erforderlich (§§ 1629 Abs. 2, 1795 BGB).

3. Erweiterte Haftung

87 Wegen der Gestaltungsmöglichkeiten, um die Haftung des erwerbenden Kommanditisten nach § 176 Abs. 2 HGB auszuschließen, erfolgt i.d.R. ein aufschiebend bedingter Erwerb auf die Eintragung des Erwerbers im Handelsregister.[179] Hierzu und wegen der bei Schenkung damit verbundenen Probleme eines möglichen Verlust der schenkungssteuerlichen Begünstigung (s. § 137 Rdn. 85). Ein übernommenes negatives Kapitalkonto verhindert zunächst nur die Ausschüttung zukünftiger Gewinne. Es führt jedoch zu einer auch den Erwerber treffenden Haftung nach § 172 Abs. 4 HGB, wenn trotz des negativen Kapitalkontos weiterhin Gewinne entnommen wurden.[180] Im Rahmen der Ausgestaltung der Haftungsregelungen ist zusätzlich noch zu beachten, dass nach Ansicht des BGH[181] auch der Kommanditist für die Ausstattung der Gesellschaft mit haftendem Kapital verantwortlich ist, wenn keine natürliche Person unbeschränkt haftet (Rdn. 33). Bezüglich von Darlehen des Gesellschafters an die GmbH & Co. KG sind die Regelungen der §§ 39, 135 Abs. 2, 143 Abs. 3 InsO zu beachten, wonach nunmehr jedes Gesellschafterdarlehen in der Insolvenz der GmbH & Co. KG nachrangig ist (§ 172a HGB wurde aufgehoben).

4. Veräußerung gegen wiederkehrende Leistungen

88 Nachdem § 10 Abs. 1 Nr. 1a EStG zum 01.01.2008 geändert wurde, gibt es steuerlich keine Unterscheidung mehr zwischen Leibrente und dauernder Last.[182] Beides wird einheitlich als Versorgungsleistung verstanden, wobei die Geld- und Sachleistungen jedoch – um steuerlich relevant zu sein – wiederkehrend und auf Lebensdauer vereinbart werden müssen. Bei zeitlicher Begrenzung handelt es sich steuerlich um eine Gegenleistung.[183] Die früher übli-

---

177 Der unentgeltliche spätere Beitritt eines Minderjährigen in eine vermögensverwaltende Familien-KG soll, wenn der Kommanditanteil bereits voll eingezahlt ist, rein rechtlich vorteilhaft sein und nicht der Genehmigung nach § 1822 Nr. 3 BGB bedürfen (OLG Bremen v. 16.06.2008 – 2 W 38/08 = NZG 2008, 750 = ZEV 2008, 608; OLG München v. 06.11.2008 – 31 Wx 76/08 = MittBayNot 2009, 52 = ZEV 2008, 609) anders aber bei Beitritt zu einer gewerblich tätigen KG (OLG Frankfurt v. 27.05.2008 – 20 W 123/08 = DNotZ 2009, 142. Im Einzelnen hierzu: *Menzel/Wolf*, MittBayNot 2010, 186.
178 KG NJW 1976, 1946; BGH v. 28.01.2003 – XI ZR 243/02 = GmbHR 2003, 417.
179 Nach OLG Frankfurt v. 09.05.2007 – 13 U 195/06, NZG 2007,625; Die Firmierung als GmbH & Co. KG ist ausreichend, um die Haftung eines Kommanditisten nach § 176 Abs. 1 Satz 1 HGB auszuschließen. Strittig!
180 S. hierzu § 137 Rdn. 17
181 BGHZ 100, 342 = NJW 1990, 1725; s.a. BGH NJW 1995, 1960.
182 BMF Schreiben v. 11.03.2010 – IV C III-S 2221/09/10004 Tz. 8 ff.; Tz 23. BStBl. I 2010, 227 = DStR 2010, 545. Hierzu *Geck*, ZEV 2010, 161; *Seitz*, DStR 2010, 629; *Wälzholz*, DStR 2010, 850.
183 Nach FG Köln v. 17.10.2013 – 1 K 2457/11 (rkr.) = DStRE 2015, 906 beseitigt eine Befristung nur dann nicht den Sonderausgabenabzug für Versorgungsleistungen, wenn durch diese eine Versorgungslücke überbrückt werden soll, wie etwa, wenn die Zahlungen bis zum erstmaligen Bezug einer Sozialversicherungsrente oder bis zu einer Wiederverheiratung zu leisten sind.

che Anpassungsklausel nach § 323a ZPO ist steuerlich nicht mehr erforderlich; deren Vereinbarung aber auch nicht steuerlich schädlich und für das zivilrechtliche Vertragsverhältnis als Klarstellung zur Leistungspflicht erforderlich. Die Regelung, dass die Abänderbarkeit entfällt, soweit ein Pflegefall eintritt oder dass aus dem Eintritt des Pflegefalles kein höherer Bedarf hergeleitet werden darf, ist ebenfalls steuerlich unschädlich.[184]

Eine steuerlich begünstigte Vermögensübertragung i.S.d. § 10 Abs. 1 Nr. 1a EStG, die es dem Erwerber ermöglicht, die Leistungen in voller Höhe steuerlich als Sonderausgaben abzuziehen,[185] wogegen der Veräußerer diese vollständig als wiederkehrende Bezüge i.S. § 22 Nr. 1b EStG versteuern muss, liegt u.a. nur vor, wenn Versorgungsleistungen im Zusammenhang mit der Übertragung eines Mitunternehmeranteils an einer Personengesellschaft, die eine Tätigkeit i.S.d. §§ 13, 15 Abs. 1 Satz 1 Nr. 1 EStG oder des § 18 Abs. 1 EStG ausübt und entweder der gesamte Mitunternehmeranteil einschließlich Sonderbetriebsvermögen auf ein oder mehrere Übernehmer übertragen wird oder bei der Übertragung eines Teiles eines Mitunternehmeranteiles zugleich eine quotal gleiche Übertragung der wesentlichen Betriebsgrundlagen des Sonderbetriebsvermögens erfolgt.[186] Dies gilt jedoch nicht bei Übertragung von Anteilen an einer nur rein vermögensverwaltende GmbH & Co. KG, die lediglich i.S.d. § 15 Abs. 3 Nr. 2 EStG gewerblich geprägt ist.[187] Da der Anteil an der Komplementär-GmbH zum Sonderbetriebsvermögen II gehört, muss dieser mit übertragen werden. Auch wenn dieser – wie in der Regel – weniger als 50 % des Stammkapitals i.S.v. § 10 Abs. 1 Nr. 1a EStG umfasst, liegt dennoch eine insgesamt mit dem KG-Anteil nach § 10 Abs. 1 Nr. 1a EStG begünstigte Übertragung vor.[188]

89

Einer vorherigen gründlichen steuerlichen Überprüfung der möglichen einkommensteuerlichen wie schenkungssteuerlichen Folgen bedarf jede Anteilsübertragung unter Nießbrauchsvorbehalt, weil durch die unterschiedlich mögliche zivilrechtliche Ausgestaltung der Stimmrechtsbefugnisse des Nießbrauchsberechtigten bei diesem die steuerliche Stellung des Mitunternehmers verbleiben kann und damit der keine steuerlich relevante Übertragung stattfindet (zum Nießbrauch an Gesellschaftsanteilen mit Muster siehe § 63 Rdn. 31 ff.).[189]

90

---

184 *Wälzholz*, DStR 2010, 850.
185 Ein Abzug ist nur möglich, wenn eine auf die Verhältnisse bei Vertragsschluss abstellende Ertragsprognose aus dem durchschnittliche Nettoertrag des Jahres der Übergabe und der beiden vorangegangenen Jahre ergibt, dass durch die (voraussichtlich) aus dem übertragenen Wirtschaftsgut erzielbaren Nettoerträge die geschuldeten Leistungen abgedeckt werden. Vgl. FG Münster, Urt. v. 20.04.2016 – 7 K 999/13 E m.w.N. Leistungen, die nicht aus den erzielbaren Nettoerträgen des übernommenen Vermögens gezahlt werden können, sind hingegen Entgelt für das übernommene Vermögen (BFH, Urt. v. 08.07.2015 – X R 47/14). Die übersteigenden Beträge stellen Zuwendungen i.S.d. § 12 EStG dar, die allenfalls im Rahmen der §§ 33 und 33a EStG abgezogen werden können (BFH, Urt. v. 13.12.2005 – X R 61/01, BStBl II 2008, 16).
186 Hierzu BFH v. 06.05.2010 – IV R 52/08 = DStR 2010, 1374 = NJW-RR 2011, 35, wenn kein funktional wesentliches Sonderbetriebsvermögen übertragen wird; LFD Thüringen S 2221 A-80-A 2.15 v. 21.06.2011, wonach die überquotale Mitübertragung wesentlicher Betriebsgrundlagen des Sonderbetriebsvermögens unschädlich, dagegen die unterquotale oder gar nicht vorgenommene Mitübertragung eine begünstigte Vermögensübertragung ausschließt. *Geck* und *Seitz* (je a.a.O. Fn. 152) kritisieren berechtigt die Verwaltungsansicht, die nicht der Wertung des § 6 Abs. 3 EStG entspricht und die bei den Versorgungsleistungen bei nicht quotal übertragenem Sonderbetriebsvermögen zu teilentgeltlicher Gegenleistung machen und damit das Buchwertprivileg des § 6 Abs. 3 EStG ausschließen würde. Nach BFH, Urt. v. 09.12.2014 – IV R 29/14, ZEV 2015, 179 = NZG 2015, 247 = DStR 2015, 211 ist jedoch für die Buchwertfortführung nach § 6 Abs. 3 EStG unschädlich, wenn ein Mitunternehmer auf Grund einheitlicher Planung Sonderbetriebsvermögen veräußert, bevor er den ihm verbliebenen Mitunternehmeranteil insgesamt unentgeltlich überträgt.
187 FG Sachsen v. 23.07.2014 – 2 K 469/14, EFG 2014, 2024. Denn hier fehlt die gewerbliche Tätigkeit soweit nicht die rein nur vermögensverwaltende Personengesellschaft nicht gewerblich infiziert wird oder Besitzgesellschaft einer Betriebsaufspaltung ist. Zu Gestaltungsmöglichkeiten: *Geck*, DStR 2011, 962.
188 Soweit nicht innerhalb 1 Jahres zuvor die Mitunternehmerschaft aus einer Körperschaft hervorgegangen ist; s. Tz. 23 BMF Schreiben v. 11.03.2010, BStBl I 2010, 227.
189 Siehe aus der neueren Rechtsprechung zur Einkommensteuer: BFH v. 24.01.2012 – IX R 51/10, BFHE 236, 356 = BStBl. II 2012, 308 = MittBayNot 2013, 84 (m. Anm. *Wachter*) = ZEV 2012, 284 (m. Anm. *Daragan*),

X. Die Besteuerung der GmbH & Co. KG

91 Die GmbH & Co. KG wird vor allem auch aus steuerlichen Gründen (»Einbringungsmodelle«) in der Praxis verwendet, um die Betriebsentnahme von nicht mehr betrieblich genutztem Grundbesitz und die damit verbundene zwingende Besteuerung der aufzudeckenden stillen Reserven zu vermeiden, etwa wenn bei einer Betriebsaufspaltung das Grundstück für betriebsfremde Zwecke verwendet wird (z.B. Fremdvermietung), oder wenn ein Gesellschafter sein Grundstück seiner Personengesellschaft zur Nutzung überlassen hatte (= Sonderbetriebsvermögen), später jedoch diese Nutzung durch die Gesellschaft wegfällt, oder wenn im Rahmen der Erbfolge betrieblicher Grundbesitz (auch) an Personen fällt, die diesen nicht betrieblich nutzen. Denn durch die gewerbliche Prägung (§ 15 Abs. 3 Nr. 2 EStG) bleibt die Betriebsvermögenseigenschaft gesichert. Der damit verknüpfte erbschaftssteuerliche Vorteil des Betriebsfreibetrages sowie der Tarifvergünstigung (§§ 13a, 19a ErbStG), des gleitenden Abzugsbetrages nach § 13a Abs. 2 ErbStG sowie zusätzlich bei Familienunternehmen des Vorwegabschlags gem. § 13a Abs. 9 ErbStG von 30 % bestehen jedoch nur, wenn die Gesellschaft nicht über begünstigtes Vermögen i.S.v. § 13b ErbStG verfügt.[190]

92 **1. Einkommensteuer**: Die Kommanditgesellschaft in der Rechtsform einer GmbH & Co. KG ist einkommensteuerlich wie eine Personengesellschaft zu behandeln und unterliegt nicht der Körperschaftsteuer.[191] Der Umstand, dass der persönlich haftende Gesellschafter (Komplementär) weder am Gewinn und Verlust noch am Vermögen der Gesellschaft beteiligt ist, schließt dessen Mitunternehmerstellung nicht aus (H 15.8 [1] EStR). Dieser trägt über seine persönliche Haftung ein gewisses Mitunternehmerrisiko. Daneben stehen ihm die Initiativrechte zu, wenn ihm entweder das organschaftliche Vertretungsrecht nach § 170 HGB nicht entzogen werden kann, oder ihm aufgrund seiner Geschäftsführungsbefugnis (§§ 164, 161 Abs. 2 i.V.m. § 114 HGB) das Recht zusteht, unternehmerische Entscheidungen zu treffen.[192] Auch der Kommanditist ist nur dann Mitunternehmer, wenn er aufgrund seiner gesellschaftsrechtlichen Stellung Mitunternehmerinitiative ausüben kann und Mitunternehmerrisiko trägt.[193] Dazu muss seine gesellschaftsrechtliche Stellung wenigstens annähernd dem gesetzlichen Leitbild entsprechen.[194]

93 Soweit *persönlich haftende Gesellschafter nur* eine oder mehrere *Kapitalgesellschaften* sind und nur diese oder Personen, die nicht Gesellschafter sind, zur Geschäftsführung befugt sind, sind ihre Einkünfte stets als gewerbliche Einkünfte i.S.v. § 15 EStG zu versteuern, auch wenn ihre Tätigkeit nicht die Tatbestandsmerkmale des Gewerbebetriebsbegriffes nach § 15 Abs. 2 EStG erfüllt (§ 15 Abs. 3 Nr. 2 EStG). Damit wird in eine solche KG eingebrachtes

---

nebst Nachfolgeentscheidung hierzu v. 18.11.2014 – IX R 49/13, DStR 2015, 27; sowie zur Schenkungsteuer: BFH v. 16.05.2013, II R 5/12, DStR 2013, 1380 mit Anm. *Th. Wachter* DStR 2013, 1929, zum Quotennießbrauch; BFH v. 06.05.2015 – II R 34/13 = DStR 2015, 1799 (keine Steuerbegünstigung nach § 13a ErbStG wenn Nießbraucher des Stimmrecht auch in Grundlagengeschäften hat); hierzu auch Ländererlass v. 02.11.2012 = BStBl I 2012, 1101, = ZEV 2013, 51, = DStR 2012, 2440 »Nießbrauchserlass«; besprochen durch *Stein*, DStR 2013, 567; *Reich/Stein*, DStR 2013, 1272; *Götz*, ZEV 2014, 241. Der Nießbrauch an einem Kommanditanteil ist im Handelsregister wegen der dem Nießbraucher zustehenden Verwaltungsrechte eintragungsfähig (OLG Stuttgart v. 28.01.2013 – 8 W 25/13, DNotZ 2013, 793 = ZEV 2013, 347; OLG Oldenburg v. 09.03.2015 – 12 W 51/15).

[190] Zum neuen Verwaltungsvermögenstest, der in zahlreichen Punkten verschärft wurde und bei dem im Rahmen einer sehr detaillierten Prüfung das begünstigungsfähige Vermögen wertmäßig in das begünstigte und das nicht begünstigte Vermögen aufzuteilen ist (§ 13b Abs. 2 bis 10 ErbStG) siehe *Geck*, ZEV 2016, 546; *Hannes*, ZEV 2016, 554; *Korezkij*, DStR 2016, 2434; *Wartenburger*, MittBayNot 2017, 220; A 13b.12 Abs. 4, A 13b.23 ff. AEErbSt 2017.
[191] BFH GrS BStBl. II 1984, 751.
[192] BFH Urt. v. 10.05.2007, IV R 2/05 = BStBl. II 2007, 927.
[193] Vgl. Beschluss des Großen Senats des BFH v. 25.06.1984 GrS 4/82, BFHE 141, 405, BStBl. II 1984, 751; BFH-Urt. v. 25.04.2006 VIII R 74/03, BFHE 213, 358, BStBl. II 2006, 595. Hierzu auch H 15.8 (1) EStR.
[194] Siehe hierzu bei § 131 Rdn. 44 ff.

Privatvermögen (z.B. Grundbesitz) zum steuerverhafteten Betriebsvermögen. Jedoch muss die Absicht eines Totalgewinnes oder einer Betriebsvermögensmehrung bestehen, sodass reinen Verlustgesellschaften die Gewerblichkeit fehlt.[195]

Soweit die gewerbliche Prägung verhindert werden soll, muss zumindest durch den Gesellschaftsvertrag ein Kommanditist allein oder neben der Komplementär-GmbH zum geschäftsführungsbefugten Gesellschafter der KG[196] berufen werden, wobei strittig ist, ob dies eine natürliche Person sein muss (s. R 15.8 [6] EStR). Die Tätigkeit des Kommanditisten als Geschäftsführer der Komplementär-GmbH machen ihn aber noch nicht zum Geschäftsführer der KG, ebenso auch nicht die Erteilung einer Prokura, da hier nur Vertretungsmacht im Außenverhältnis eingeräumt wird.[197] **94**

Vermögensverwaltende GmbH & Co. KG: Bei Gesellschaften, die weitgehend oder ausschließlich nur bisheriges Privatvermögen verwalten sollen, wird sich nach Wegfall der Begünstigung bei der ErbStG in Zukunft weniger die GmbH & Co. KG, sondern eher die Gesellschaft bürgerlichen Rechts als passende Rechtsform anbieten. Die KG hat zwar gegenüber der GbR den Vorteil, dass die Haftung beschränkt ist, Minderjährige mit Erreichen der Volljährigkeit kein Sonderkündigungsrecht nach § 723 Abs. 1 Satz 3 Nr. 2 BGB haben[198] und dass an dem Kommanditanteil eine Testamentsvollstreckung uneingeschränkt möglich ist. Dagegen hat sie den Nachteil, dass durch die Handelsregistereintragung nicht nur eine stärkere Publizität als durch die Grundbucheintragung der GbR-Gesellschafter entsteht, sondern dass die Komplementär-GmbH Kraft Rechtsform buchführungs- und bilanzierungspflichtig (§ 238 HGB, § 140 AO), sowie die KG gemäß §§ 325 HGB wegen ihres Jahresabschlusses publizitätspflichtig ist. Hinsichtlich der Geschäftsführung und Vertretung können bei der GbR gesellschaftsvertragliche Regelungen getroffen werden, die sie der KG angleichen; lediglich der Vertretungsnachweis kann nicht durch Handelsregisterauszug, sondern nur durch eine entsprechende Vollmacht erbracht werden, wobei die Vollmacht nicht wie bisher zur Vertretung der Mitgesellschafter, sondern der GbR berechtigen muss.[199] Soll jedoch auch betriebliches Vermögen mit erheblichen stillen Reserven durch die Gesellschaft verwaltet werden, empfiehlt sich weiterhin die GmbH & Co. KG, weil deren gewerbliche Prägung bei einem späteren Wegfall der unmittelbaren betrieblichen Nutzung, die steuerpflichtige Überführung in das Privatvermögen verhindert. **95**

Die von den Gesellschaftern der KG, insbesondere den Kommanditisten, bezogenen Einkünfte sind daher in der Regel *gewerbliche Einkünfte* i.S.v. § 15 EStG. Lediglich die bei der Komplementär-GmbH entstehenden Gewinne unterliegen der Körperschaftsteuer (§ 8 Abs. 2 KStG). Die Ausschüttungen durch die GmbH an ihre Gesellschafter, die zugleich Kommanditisten sind, sind bei diesen Sonderbetriebseinnahmen i.S.v. § 15 EStG. **96**

---

195 BFH v. 25.04.2008 – IV R 80/05 = BFHE 223, 86; = BStBl. II 2009, 266.
196 Ohne dass er notwendig eine Außenvertretungsbefugnis z.B. durch Prokura haben muss, die ihm nach § 170 HGB nicht zustehen kann.
197 *Schmidt/Wacker*, 37. Aufl., § 15 EStG Rn. 222.
198 *Glöckner*, ZEV 2001, 47.
199 S. hierzu Überblick bei von *Oertzen/Hermann*, ZEV 2003, 400; zweifelnd, ob eine sog. »Altvollmacht«, mit der sich die Gesellschafter wechselseitig berechtigen, noch zur Vertretung der GbR im Grundbuchverkehr ausreicht und wie weit eine etwaige Auslegung dahin gehend möglich ist, dass der jeweilige Bevollmächtigte auch zur Vertretung bei Erklärungen für die GbR befugt wäre, OLG München, Beschl. v. 26.08.2009 – 34 Wx 54/09 = MittBayNot 2010, 126 = NotBZ 2009, 414. Zur Frage der Ermächtigung eines einzelnen Gesellschafters zur organschaftlichen Vertretung analog § 125 Abs. 2 Satz 2 HGB, was jedoch nicht zur generellen vollständigen Übertragung der Vertretung auf einen Gesamtvertretungsberechtigten führen darf, s. *Wertenbruch*, NZG 2005, 462; DNotI-Report 2000, 49; zur konkludenten Bevollmächtigung eines einzelnen Gesellschafters: BGH, Urt. v. 14.02.2005 – II ZR 11/03 = DNotZ 2005, 710. i.E. auch Erl. bei § 130 Rdn. 29

97 Es ist auf eine *angemessene Gewinnverteilung* zwischen der Komplementär-GmbH und den Kommanditisten zu achten, soll eine verdeckte Gewinnausschüttung[200] an die GmbH-Gesellschafter vermieden werden, die zugleich Kommanditisten sind. Leistet die GmbH eine Vermögenseinlage und ist sie damit auch am Kapital der KG beteiligt, ist eine Gewinnverteilung angemessen, wenn der GmbH auf Dauer der Ersatz ihrer Auslagen und eine den Kapitaleinsatz und das eventuell vorhandene Haftungsrisiko berücksichtigende Beteiligung am Gewinn in einer Höhe eingeräumt ist, mit der sich eine aus gesellschaftsfremden Personen bestehende GmbH zufriedengegeben hätte.[201] Ist die Komplementär-GmbH ohne Kapitalanteil an der KG, muss ihr neben dem Auslagenersatz eine angemessene Verzinsung ihres eingesetzten Kapitals gewährt werden, wobei auf die Risiken des Einzelfalles abzustellen ist und eine banktübliche Avalprovision einen Anhalt bieten kann.[202] Die *Vergütung* für die Geschäftsführungstätigkeit der *Komplementär-GmbH* muss im Gesellschaftsvertrag vereinbart sein. Ist vereinbart, dass diese als Aufwand der KG behandelt werden und auch dann gezahlt werden soll, wenn ein Verlust erwirtschaftet wird, so ist die Vergütung kein Gewinnvorab, sondern eine Sondervergütung i.S.v. § 15 Abs. 1 Satz 1 Nr. 2 EStG,[203] der sich als Aufwand auf alle Gesellschafter entsprechend dem Gewinnverteilungsschlüssel aufteilt und nur bei der GmbH als Einkommen anfällt.[204]

98 Die *Vergütung* an den als Kommanditisten beteiligten *GmbH-Geschäftsführer* ist bei diesem kein Arbeitseinkommen, sondern Sondervergütung i.S.v. § 15 Abs. 1 Satz 1 Nr. 2 EStG, weil er mittelbar auch die Geschäftsführerdienste als Mitunternehmer für die KG leistet.[205] Sie mindert damit grundsätzlich den Steuerbilanzgewinn der Gesellschaft, wird aber beim Gesellschafter erfasst.[206] Bei der GmbH ist sie Sonderbetriebsausgabe. Unangemessene und/oder nicht auf einer im Voraus getroffenen Vereinbarung beruhende Tätigkeitsvergütungen (auch Tantieme) sind verdeckte Gewinnausschüttungen[207] und können auch zum Wiederaufleben der persönlichen Kommanditistenhaftung gemäß § 172 Abs. 4 HGB führen.[208]

99 Bei der Verlustzuweisung an Kommanditisten ist die Abzugsbeschränkung und der Verlustvortrag nach § 15a EStG zu beachten (s. § 137 Rdn. 102 ff.).

100 Die Anteile des Kommanditisten an der Komplementär-GmbH zählen zu dessen Sonderbetriebsvermögen II, soweit die GmbH neben ihrer Geschäftsführertätigkeit bei der KG keine andere gewerbliche Tätigkeit oder nur eine von ganz untergeordneter Bedeutung ausübt.[209] Wird der KG-Anteil ohne den GmbH-Anteil veräußert, wird Letzterer aus dem Sonderbetriebsvermögen des Gesellschafters steuerpflichtig entnommen[210] und droht die volle Besteuerung als Aufgabe des Mitunternehmeranteiles. Werden beide Beteiligungen

---

200 Zu den verschiedenen Verhältnissen s. *Briese*, DStR 2015, 1945; *Schulze zur Wiesche*, BB 2005, 1137. Zum überhöhten Gewinnanteil der Komplementär–GmbH als verdeckte Einlage: BFH v. 23.08.1990 – IV R 71/89, DStR 1991, 179.
201 BFH BStBl. II 1968, 52. Die Tätigkeitsvergütungen und die Gewinnanteile müssen zusammengerechnet dem Personalaufwand gegenübergestellt werden und alsdann ist der verbleibende Gewinnanteil auf seine Angemessenheit zu beurteilen; BFH v. 24.07.1990 – VIII R 290/84.
202 BFH BStBl. II 1977, 346.
203 S. H 15.8 (3) EStR; zur Umsatzsteuerpflicht auf die Tätigkeitsvergütung Rdn. 103 f.
204 BFH DStR 1999, 104.
205 BFH BStBl. II 1993, 792; H 15.8 (3) EStR.
206 BFH BStBl. II 1991, 800.
207 *Wassermeyer*, GmbHR 1999, 18.
208 Hierzu § 137 Rdn. 17.
209 BFH BStBl. II 1991, 510; hierzu im Einzelnen OFD Frankfurt am Main v. 17.08.1998, DStR 1998, 1793. Nach BFH v. 14.06.2015 – IV R 1/12 = DStR 2015, 1362 ist eine Minderheitsbeteiligung von weniger als 10 % jedoch nicht dem Sonderbetriebsvermögen zuzuordnen, soweit der Minderheitsgesellschafter keinen Einfluss auf die Geschäftsführung der Komplementär-GmbH hat bzw. ausüben kann (dagegen ist auch eine solche als wesentliche Betriebsgrundlage im Anwendungsbereich der §§ 20, 24 UmwStG zwingend mit einzubringen).
210 BFH BStBl. II 1983, 771.

zusammen veräußert, entsteht ein begünstigter Veräußerungsgewinn nach § 16 Abs. 1 Satz 2 EStG. Wegen des Umfangs von mit zu veräußerndem Sonderbetriebsvermögen bei nur teilweiser Anteilsveräußerung siehe § 131 Rdn. 58 ff.

2. Bei der **Gewerbesteuer** sind GmbH und KG getrennte Steuersubjekte, wobei die KG, selbst wenn sie kein gewerbliches Unternehmen betreibt, (z.B. reine Vermögensverwaltung) steuerlich eine gewerblich geprägte Personengesellschaft i.S.v. § 15 Abs. 3 Nr. 2 EStG ist[211] und damit gewerbesteuerpflichtig ist. Die KG kann die gewerbesteuerlichen Begünstigungen in Anspruch nehmen.   **101**

3. Bei der **Umsatzsteuer** ist die GmbH & Co. KG Unternehmer, nicht jedoch die Komplementär GmbH.   **102**

Die *Geschäftsführungstätigkeit der GmbH* ist jedoch im Gegensatz zur früheren Rechtsprechung[212] nicht mehr umsatzsteuerfrei. Zum einen liegt ein umsatzsteuerpflichtiger Leistungsaustausch bereits dann vor, wenn aufgrund eines Geschäftsbesorgungsvertrages gegen Vergütung für eine Personengesellschaft durch einen Gesellschafter Geschäftsführungs- und Vertretungsleistungen erbracht werden.[213] Es darf sich nur nicht um Leistungen handeln, die als Gesellschafterbeitrag durch die Beteiligung am Gewinn und Verlust der Gesellschaft abgegolten werden (bei der Komplementär-GmbH i.d.R. ausgeschlossen), sondern der Gesellschafter muss selbstständig tätig sein und die Leistung an die Gesellschaft im Rahmen eines Leistungsaustausches gegen Sonderentgelt erfolgen.[214] Der Gesellschafter ist andererseits zum Vorsteuerabzug berechtigt, muss aber für seine Leistungen Rechnungen mit USt-Ausweisung ausstellen.[215]   **103**

Erbringt eine juristische Person als persönlich haftender Gesellschafter Geschäftsführungs- und Vertretungsleistungen bei einer Personengesellschaft, ist diese auch grundsätzlich i.S.d. § 2 Abs. 1 UStG selbstständig tätig, selbst wenn eine gesellschaftsvertragliche, aber keine arbeitnehmerähnliche Weisungsgebundenheit vorliegt.[216] Sie kann dabei auch Kleinunternehmer sein. Der Komplementär ist jedoch umsatzsteuerrechtlich nicht selbstständig, wenn er im Innenverhältnis durch die Kommanditisten beherrscht wird, insbesondere weisungsgebunden und jederzeit abrufbar ist. Die selbstständige Tätigkeit fehlt daher, wenn die GmbH im Rahmen einer Organschaft nach § 2 Abs. 2 Nr. 2 UStG in ein anderes Unternehmen eingegliedert ist, was nur bei der Einheits-GmbH & Co. KG vorliegt.[217] Die Tätigkeit des ggf. einzigen Kommanditisten als Geschäftsführer der Komplementär-GmbH ist dagegen gegenüber der Komplementär-GmbH nicht selbstständige Tätigkeit und damit nicht steuerbar.[218] Erfolgt aber die Geschäftsführung nicht durch die Komplementär-GmbH, sondern durch einen Kommanditisten aufgrund eines zwischen diesem und der KG geschlossenen Arbeitsvertragsverhältnisses, ist dieser gegenüber der KG nicht selbstständig tätig und das an ihn unmittelbar dafür bezahlte Sonderentgelt damit nicht umsatzsteuerpflichtig,[219] es sei denn, er ist in keiner Weise weisungsgebunden. Die an den Kom-   **104**

---

211 Soweit nicht eine natürliche Person als Gesellschafter, auch als Kommanditist, geschäftsführend tätig ist.
212 BFH BStBl. II 1980, 622.
213 BFH BStBl. II 2003, 36.
214 1.6 (3) UStAE; BMF-Schr. v. 23.12.2003 BStBl. I 2004 = DStR 2004, 90. Zur Besteuerung der nichtunternehmerischen Nutzung eines zum Gesellschaftsvermögen gehörenden Fahrzeuges siehe OFD Frankfurt, Rdvfg. v. 27.01.2015, DStR 2015, 1567.
215 Zu den ab 01.01.2004 auf den Rechnungen notwendigen Angaben s. § 14 Abs. 4 und § 14a UStG sowie das Übergangsschreiben des BMF v. 19.12.2003, BStBl. I 2004, 62.
216 Vgl. BFH v. 14.04.2010 – XI R 14/09 = DStR 2010, 1985; 1.6 UStAE; BMF Schr. v. 31.05.2007 BStBl. I 2007, 503 = DStR 2007, 1039.
217 BMF DStR 2007, 1039.
218 EuGH v. 18.10.2007, NotBZ 2007, 402 = DStR 2007, 1958; OFD Düsseldorf u.a. v. 02.02.2005 = GmbHR 2005, 574.
219 Tz. 17 (2) UStR 2008 Beispiel 3; anders noch OFD Düsseldorf GmbHR 2005, 574. Siehe auch § 137 Rdn. 96

plementär bezahlte Haftungsvergütung erfolgt grundsätzlich nicht im Rahmen eines umsatzsteuerpflichtigen Leistungsaustausches. Erhält der Komplementär daneben aber auch eine Tätigkeitsvergütung für seine Geschäftsführungs- und Vertretungsleistungen, ist die pauschale Haftungsvergütung als zusätzliches Entgelt dafür als einheitliche Leistung mit umsatzsteuerpflichtig.[220]

105 **4. Grunderwerbsteuer:**[221] Die Einbringung von Grundbesitz als Einlage eines Kommanditisten in das Vermögen der GmbH & Co. KG wird nach § 1 Abs. 1 Nr. 1 GrEStG besteuert. Jedoch ist dies nach § 5 Abs. 1 GrEStG i.H.d. Beteiligungsverhältnisses (nicht Gewinnanteil oder Auseinandersetzungsquote) des einbringenden Gesellschafters am Gesamthandsvermögen steuerfrei, wenn die Anteilsquote nicht innerhalb von 5 Jahren vermindert wird (5 Abs. 3 GrEStG) oder die KG in eine Kapitalgesellschaft umgewandelt wird.[222] Dabei wird nur die unmittelbare Beteiligung, nicht auch die mittelbare Beteiligung als Gesellschafter der Komplementär-GmbH berücksichtigt.

106 Nicht nur der Wechsel von Kommanditisten bei der grundbesitzhaltenden GmbH & Co. KG, sondern auch der mittelbare Gesellschafterwechsel im Bestand der GmbH-Gesellschafter, kann zu einer Besteuerung nach § 1 Abs. 2a GrEStG führen. Die GmbH-Anteile sind auch bei der Vereinigung von 95 % der Anteile in einer Hand nach § 1 Abs. 3 GrEStG mit zu berücksichtigen, da mittelbare Beteiligung genügt, wobei diese Vereinigung nicht nur durch Rechtsgeschäft, sondern auch durch Ausscheiden von Gesellschaftern oder durch Erbfolge[223] eintreten kann.[224]

107 **5.** Bei **Umwandlungen** ist zu unterscheiden nach deren »Richtung«:

a) *Kapitalgesellschaft in GmbH & Co. KG:* Die Umwandlung einer GmbH in eine GmbH & Co. KG ist nach dem UmwG als Formwechsel möglich. Der Kreis der Gesellschafter des Rechtsträgers müsste jedoch vor und nach Durchführung des Formwechsels grundsätzlich identisch sein. Daher müsste die künftige Komplementär-GmbH schon vor dem Formwechsel an der Ausgangsgesellschaft beteiligt sein, was bisher, wenn sie – wie üblich – an der GmbH & Co. KG keinen Kapitalanteil halten soll, durch die Hilfskonstruktion erfolgte, dass sie an der formwechselnden Ausgangsgesellschaft treuhänderisch für einen Altgesellschafter einen Zwerg-Anteil hält. Nunmehr ist nach BGH aber möglich, dass sie erst während des Formwechsels als neuer Gesellschafter durch entsprechende Regelung im Formwechselbeschluss beitritt.[225]

108 Nach § 9 Satz 1 i.V.m. § 3 UmwStG können auf Antrag die Wirtschaftsgüter in der Übertragungsbilanz statt mit dem gemeinen Wert mit dem Buchwert oder einem Zwischenwert

---

220 BFH v. 03.03.2011 V R 24/10 BStBl. II 2011, 951; 1.6. Abs. 6 USt AE; BMF Schr. v. 31.05.2007 BStBl. I 2007, 503 = DStR 2007, 1039.
221 Hierzu ausführlich die Erläuterungen bei § 131 Rdn. 47 f. bzw. 90 ff. sowie § 130 Rdn. 109
222 BFH v. 25.09.2013 – II R 2/12, DStR 2014, 141, auch wenn es sich um eine bloße formwechselnde Umwandlung ohne Rechtsträgerwechsel handelt, weil dadurch die gesamthänderische Mitberechtigung am Grundstück entfällt.
223 BFH BStBl. II 1988, 785.
224 S. auch § 130 Rdn. 107 ff. bzw. § 131 Rdn. 88 f. Die mittelbare Beteiligung ist nach § 1 Abs. 3a GrEStG anteilig der Beteiligung am Gesellschaftskapital durchzurechnen. »Anteil« i.S. des § 1 Abs. 3 Nr. 1 GrEStG ist aber ansonsten die gesellschaftsrechtliche Beteiligung an der Personengesellschaft, d.h. die aus der Mitgliedschaft in der Personengesellschaft folgende gesamthänderische Mitberechtigung hinsichtlich des (aktiven) Gesellschaftsvermögens. Eine solche Beteiligung hat auch ein Gesellschafter inne, der keinen Anteil am Gesellschaftskapital hält. Der Anteil beurteilt sich daher nicht nach der Beteiligungshöhe am Gesellschaftsvermögen (BFH, Urt. v. 12.03.2014 – II R 51/12, BFHE 245, 381 = DStR 2014, 1389).
225 BGH v. 09.05.2005 – II ZR 29/03 = NGZ 2005, 722; s. hierzu *Simon/Leuering*, NJW-Spezial 2005, 459.

angesetzt werden.[226] Nach § 9 Satz 3 UmwStG kann der steuerliche Umwandlungsstichtag auf eine Bilanz, die höchstens 8 Monate vor Anmeldung des Formwechsels zur Eintragung in das Handelsregister erstellt wurde, zurückverlegt werden, auch wenn zu diesem Zeitpunkt die gesellschaftsrechtlichen Voraussetzungen (z.B. Komplementär-GmbH war noch nicht errichtet) für den Formwechsel noch nicht vorliegen.[227]

b) *GmbH & Co. KG in GmbH*:[228] Nach §§ 214 ff. UmwG ist der *Formwechsel*[229] einer Personenhandelsgesellschaft auch in eine Kapitalgesellschaft möglich.[230] Jedoch wird dann die Komplementär-GmbH Gesellschafter bei der neuen Ziel-GmbH, was bei deren fehlender vermögensmäßiger Beteiligung nach den Bestimmungen des § 194 Abs. 1 Nr. 4, sowie § 207 Abs. 1 Satz 1, 2 UmwG Probleme macht. Eine Nachversteuerung nach § 5 Abs. 3 GrEStG droht, wenn Grundbesitz erst innerhalb von 5 Jahren zuvor in die KG eingelegt wurde.[231]

109

Möglich ist die Umwandlung durch Verschmelzung, wobei das Vermögen der KG auf die GmbH als aufnehmenden Rechtsträger verschmolzen wird. Hier müsste die Komplementär-GmbH bei der Verschmelzung austreten, weil ihr ohne Kapitalanteil an der KG keine entsprechenden Anteile an der aufnehmenden GmbH gewährt werden können.

110

6. Anwachsungsvorgänge: Diese »Umwandlung« lässt sich aber auch mit geringerem Aufwand und Kosten, da ohne notarielle Beurkundung und ggf. Bilanzierung, nur in Form einer Registeranmeldung, einfach durch den *Austritt aller Kommanditisten* (= einfache Anwachsung) oder durch Übertragung aller Kommanditanteile auf die Komplementär-GmbH (sog. erweiterte *Anwachsung*) erreichen.[232] In beiden Fällen wächst das Vermögen der Personengesellschaft bei der allein verbleibenden GmbH an. Arbeitsrechtlich bleiben die Arbeitsverhältnisse bestehen, ohne dass ein Widerspruchsrecht gemäß § 613a Abs. 6 BGB besteht.[233] Die Übertragung des Kommanditanteils wird ertragsteuerlich entweder als entgeltliche oder als unentgeltliche Übertragung eines Mitunternehmeranteils behandelt. An die Art des Ausscheidens knüpfen sich sehr unterschiedliche ertragsteuerliche Folgen.

111

a) Ist der Ausscheidende am Vermögen der *zweigliedrigen Personengesellschaft* beteiligt, liegt bei *entgeltlichem Ausscheiden gegen Barabfindung* nach der Finanzverwaltung eine hinsichtlich des Veräußerungsgewinnes nach § 16 Abs. 1 Nr. 2 EStG steuerpflichtige Anteilsveräußerung auf den verbleibenden Gesellschafter vor, der nach § 34 Abs. 2 Nr. 1, § 16 Abs. 4 EStG begünstigt ist. Wird dabei Sonderbetriebsvermögen nicht mit übertragen, erfolgt eine Aufgabe des Mitunternehmeranteils gemäß § 16 Abs. 3 EStG.[234] Erfolgt eine *Sachabfindung* aus der KG-Vermögen entsteht für den Ausscheidenden ein Aufgabegewinn i.S. § 16 Abs. 3 EStG (siehe § 131 Rdn. 76 ff.).

112

---

226 Ein Wertansatz über dem Buchwert kann insb. bei körperschaft- und gewerbesteuerlichen Verlustvorträgen sinnvoll sein, die nicht übertragbar sind (§ 4 Abs. 2 Satz 2 UmwStG); jedoch begrenzt nach § 10d Abs. 2 EStG und § 10a Satz 2 GewStG; Einzelheiten bei § 156 Rdn. 15.
227 UmwSt-Erlass BStBl. I 2011, 1314 Tz. 02.11.
228 Hierzu *Lux*, Steuer & Studium 2006, 310; nach *Simon/Leuering*, NJW-Spezial 2005, 459 soll abweichend vom Grundsatz der Mitgliederidentität aufgrund des BGH Urt. v. 09.05.2005 – II ZR 29/03 = NGZ 2005, 722 die vermögenslos beteiligte Komplementär-GmbH auch beim Formwechsel mit ihrer notariell beurkundeten Zustimmung ausscheiden.
229 Erläuterungen und Formularmuster bei § 156 Rdn. 25 ff.
230 Nach § 25 UmwStG gelten hierfür die §§ 20 bis 23 UmwStG entsprechend, sodass der Formwechsel steuerneutral möglich ist (der Teilwertansatz zur Auflösung von Verlustvorträgen ist strittig; zum Ausschluss der Verlustverrechnung bei rückwirkender Umwandlung § 2 Abs. 4 UmwStG).
231 BFH v. 25.09.2013 – II R 2/12, DStR 2014, 141.
232 S. auch *Breiteneicher*, DStR 2007, 1405; *v. Proff*, DStR 2016, 2227.
233 BAG, Urt. v. 21.02. 2008 – 8 AZR 157/07, NZA 2008, 815; hierzu: *Vogt/Oltmanns*, NZA 2012, 1190, die vorsichtshalber eine Unterrichtung der Arbeitnehmer i.S. § 613a Abs. 5 BGB empfehlen.
234 Fin.Sen. Bremen v. 25.10.2002 – GmbHR 2002, 1264.

113 Scheiden alle Kommanditisten einfach nur aus der KG aus (»*unentgeltliches Ausscheiden*«), wäre der Vorgang, wenn der jeweilige Miteigentumsanteil unentgeltlich auf den Komplementär übertragen wird, gemäß § 6 Abs. 3 Satz 1 EStG bei Buchwertfortführung steuerneutral. Da aber lediglich eine Kapitalgesellschaft verbleibt, ist von einer Aufgabe der Mitunternehmeranteile gemäß § 16 Abs. 3 EStG auszugehen, da die Anteile bei Verzicht auf eine Abfindung im Wege einer verdeckten Einlage (§ 6 Abs. 6 Satz 2 EStG) in die Kapitalgesellschaft eingebracht werden. Der Wert der verdeckten Einlage bemisst sich nach der Wertsteigerung, die die Beteiligungen der GmbH durch das Ausscheiden der Kommanditisten erfährt, einschließlich des übergehenden Geschäftswertes; sodass die im Kommanditanteil steckenden stillen Reserven aufgedeckt werden; bei teilentgeltlichem Ausscheiden im entsprechend verringerten Umfang. Die bislang zum Sonderbetriebsvermögen II gehörenden GmbH Anteile werden Privatvermögen und sind mit ihrem gemeinen Wert neben dem Wert der verdeckten Einlage als nach §§ 16, 34 EStG begünstigter Veräußerungserlös beim Kommanditisten zu besteuern.[235] Schenkungssteuer kann nach § 7 Abs. 8 Satz 1 ErbStG entstehen, wenn die ausscheidenden Kommanditisten an der Komplementär-GmbH nicht im gleichen Verhältnis beteiligt sind.

114 **b)** Werden jedoch die KG-Anteile gegen Gewährung von Gesellschaftsanteile über eine Kapitalerhöhung (auch nur gegen einen Mini-Anteil) in Form einer offenen Sacheinlage (§§ 55, 56, 56a GmbHG) in die GmbH eingebracht (*erweiterte Anwachsung*), kann statt des Ansatzes mit dem gemeinen Wert nach § 20 Abs. 2 Satz 1 UmwStG auf Antrag bei Vorliegen der gesetzlichen Voraussetzungen nach § 20 Abs. 2 Satz 2 UmwStG der Buchwert angesetzt werden und damit statt des steuerrelevanten Austritts die Einlage ohne Aufdeckung der stillen Reserven steuerneutral erfolgen.[236] Problematisch kann dabei ein negatives Kapitalkonto sein und zu einem Zwischenwertansatz führen, weil die Passivposten des eingebrachten Betriebsvermögens nicht die Aktivposten übersteigen dürfen (§ 20 Abs. 2 Satz 2 Nr. 2 UmwStG). Der den Nominalbetrag des gewährten Gesellschaftsanteiles übersteigende Einbringungswert ist in die Kapitalrücklage gemäß § 272 Abs. 2 Nr. 4 HGB (§ 27 KStG) einzustellen; stattdessen dürfen nur sonstige Gegenleistungen (wie Verbuchung als Darlehen) bis zum Buchwert des eingebrachten Anteiles gewährt werden (§ 20 Abs. 2 Satz 4 UmwStG), ansonsten erfolgt eine partielle Gewinnrealisierung. Wird ein funktionell wesentlicher Gegenstand des Sonderbetriebsvermögens aber nicht mit dem KG-Anteil in einem zeitlichen und sachlichen Zusammenhang in die GmbH eingelegt, erfolgt eine steuerpflichtige Betriebsentnahme und findet keine für die Anwendung des § 20 UmwStG erforderliche Einbringung eines Mitunternehmeranteils statt. Zu Sonderbetriebsvermögen zählen zwar auch die Anteile des Kommanditisten an der Komplementär-GmbH. Diese können jedoch zurückbehalten werden, denn sie können als eigene Anteile gesellschaftsrechtlich nur eingeschränkt übertragen werden.[237] Sie sollen nicht als entnommen gelten, werden jedoch – wie die als Gegenleistung neu erworbenen Anteile – als durch Sacheinlage erworben behandelt und sind damit sperrfristverhaftete Anteile i.S.v. § 22 Abs. 1 UmwStG.[238] Zu prüfen ist, dass mit der Anteilsübertragung keine Sperrfrist des § 6 Abs. 3 EStG (Anteil erst innerhalb der letzte 5 Jahre erworben) bzw. § 6 Abs. 5 EStG (Gegenstand des Sonderbetriebsvermögen erst innerhalb der letzten 3 Jahre erworben) verletzt wird.

---

235 Fin.Sen. Bremen GmbHR 2002, 1264. Ausführlich auch: *v. Proff*, DStR 2016, 2227.
236 Strittig, ob § 20 UmwStG anwendbar; s. hierzu bei *Kowallik/Merklein/Scheipers*, DStR 2008, 173; Orth DStR 2009, 192; *Ropohl/Freck*, GmbHR 2009, 1076.
237 BFH v. 25.07.2012 – I R 88/10 = DStR 2012, 2228; außerdem verlieren sie durch das Erlöschen der KG als Folge der Anteilsübertragung ihre wesentliche Funktion (BFH v. 16.12.2009 – I R 97/08 = BStBl II 2010, 808, = DStR 2010, 802).
238 BFH v. 25.07.2012 – I R 88/10, DStR 2012, 2228.

Die in den durch die Einbringung erworbenen neuen Anteilen steckenden stillen Reserven werden durch die Sicherungsklausel des § 22 Abs. 1 UmwStG noch 7 Jahre lang erfasst.[239] Werden die Anteile in diesem Zeitraum veräußert (auch Umwandlungsvorgänge sind gefährlich), kommt es zu einer Nachversteuerung der übergegangenen stillen Reserven. Die im Zeitpunkt der Einbringung nicht realisierten stillen Reserven sind zu ermitteln und jährlich linear um ein Siebtel zu vermindern. Dieser sog. Einbringungsgewinn I[240] ist ein nachträglicher Veräußerungsgewinn i.S.v. § 16 EStG und rückwirkend im Veranlagungszeitraum der Einbringung vom Einbringenden zu versteuern, ohne dass darauf das Teileinkünfteverfahren anwendbar ist und ohne dass die Begünstigungen der §§ 16, 34 EStG in Anspruch genommen werden können. Daher kann es sich empfehlen, im Einbringungsvertrag eine Erstattungsverpflichtung bezüglich der steuerlichen Nachteile vorzusehen (hierzu Muster bei § 142 Rdn. 134).

c) *Übergang auf den (einzigen) Kommanditisten*: Soll das Unternehmen vom einzigen Kommanditisten allein fortgeführt werden und ist der Kommanditist auch zugleich der einzige Gesellschafter der Komplementär-GmbH besteht die Möglichkeit der *Verschmelzung* der Komplementär-GmbH nach den Regelungen der §§ 3 Abs. 2 Nr. 2, 46 ff., 120 ff. UmwG *auf ihren alleinigen Gesellschafter*. Dies hat den Vorteil, dass mit dieser Verschmelzung die GmbH erlischt und eine Gesamtrechtsnachfolge auf den Kommanditisten erfolgt (§ 20 UmwG), also sie nicht gesondert liquidiert werden muss. Der Nachweis der Rechtsnachfolge, insbes. gegenüber dem Grundbuchamt, kann jedoch nicht allein mit dem Handelsregistereintrag, sondern durch die notariell beglaubigte Ausscheidensvereinbarung der Gesellschafter oder durch die notariell beglaubigten Anmeldungen der Auflösung der Gesellschaft und des Erlöschens der Firma durch alle Gesellschafter geführt werden[241] oder durch Berichtigungsbewilligung beider Gesellschafter.

Rechtlich nicht möglich sein soll eine Verschmelzung der Komplementär-GmbH auf die Kommanditgesellschaft, weil es Grundsatz des Verschmelzungsrechtes sei, dass nach der Durchführung der übernehmende Rechtsträger fortbesteht, bei der Verschmelzung der Komplementär-GmbH auf die KG jedoch diese erlischt, da nur noch ein Gesellschafter, nämlich der Kommanditist vorhanden ist.[242]

Einfacheres Verfahren als die Verschmelzung ist das Ausscheiden der Komplementär GmbH aus der KG *(einfache Anwachsung)* oder die Übertragung des Anteiles an den Kommanditisten *(erweiterte Anwachsung)*, denn dadurch geht die Gesellschaft ohne Liquidation durch Gesamtrechtsnachfolge auf den einzigen verbleibenden Kommanditisten über. Gesellschaftsrechtlich bleibt die Nachhaftung der GmbH und die Notwendigkeit, diese zu liquidieren.

Steuerlich kommt es sowohl bei der Verschmelzung als auch bei der Ausscheidens- bzw. Übertragungslösung darauf an, ob die GmbH am Vermögen der Personengesellschaft beteiligt war. Fehlt es an der Beteiligung, so führt das Ausscheiden nicht zu einem Veräußerungs- und Anschaffungsvorgang, weil steuerlich gesehen die Wirtschaftsgüter schon allein dem verbleibenden Gesellschafter zuzurechnen waren. Ist die Komplementär-GmbH am Vermögen beteiligt, liegt weder eine Betriebsaufgabe noch eine Aufgabe des Mitunternehmer-

---

239 Bis 2007 unterlagen sie als sog. einbringungsgeborene Anteile der Steuerverstrickung nach § 21 UmwStG (bestätigt durch BFH BStBl. II 2001, 321); zu den Einzelheiten *Orth*, DStR 1999, 1056 bzw. DStR 2009, 193; *Schmidt/Wacker*, § 16 EStG Rn. 513.
240 Hierzu auch § 142 Rdn. 132 ff.
241 BayObLG v. 26.03.1993 – 2 Z BR 91/92 = DNotZ 1993, 601. Hierzu ausführlich *Gößl*, DNotZ 2011, 230.
242 OLG Hamm vom 24.06.2010 – 15 Wx 360/09 = NZG 2010, 1309 = DNotZ 2011, 230 m. Anm. *Gößl*. Diese Ansicht ist in der Lit. vielfach kritisiert worden unter anderem von *Ege/Klett*, DStR 2010, 2463; ausführlich dazu auch DNotI-Report 2011, 81 m.w.N.

anteiles beim ausscheidenden Gesellschafter vor. Die Anwachsung wird ertragssteuerlich als Veräußerungsvorgang angesehen, was bei entgeltlicher Übertragung zur Besteuerung des Veräußerungsgewinns nach § 16 Abs. 1 Nr. 2 EStG und bei unentgeltlicher Übertragung auf eine natürliche Person zur zwingenden Buchwertfortführung nach § 6 Abs. 3 EStG führt, der auch bei der Beteiligung von Kapitalgesellschaften als Mitunternehmer anwendbar ist.[243] Bei der Verschmelzung gelten die Regelungen des UmwStG mit der Möglichkeit der Buchwertfortführung.

118 d) *Umsatzsteuer bei Anwachsung:* Die Verschmelzung wie auch die Anwachsung wird als Geschäftsveräußerung gemäß § 1 Abs. 1a UStG an den fortführenden Unternehmer als nichtsteuerbar angesehen.

119 e) *Grunderwerbsteuer bei Anwachsung*:[244] Bei Grundbesitz im Gesellschaftsvermögen ist die Anwachsung nach § 1 Abs. 1 Nr. 3 GrEStG steuerpflichtig.[245] Die anwachsungsbedingte Grunderwerbsteuer wird allerdings i.H.d. Anteiles nicht erhoben, mit dem der verbleibende, übernehmende Gesellschafter bisher bereits am Vermögen der KG beteiligt war (§ 6 Abs. 2 GrEStG; Auseinandersetzungsquote ist maßgeblich; § 6 Abs. 1 Satz 2 GrEStG), was in der Regel bei der erweiterten Anwachsung nicht greifen wird, soweit die übernehmende GmbH anteilslos beteiligt ist; hier würde ein Formwechsel von der GmbH & Co. KG in eine GmbH gemäß § 190 UmwG sowohl unstreitig die Aufdeckung der stillen Reserven wie auch die Grunderwerbsteuer vermeiden. Die Begünstigung nach § 6 Abs. 2 GrEStG greift jedoch bei der Anwachsung auf den letzten Kommanditisten; sie ist dann nur ausgeschlossen, wenn der Anteil vom Kommanditisten erst innerhalb der letzten 5 Jahre erworben wurde (§ 6 Abs. 4 GrEStG). Bemessungsgrundlage ist der Grundstückswert nach §§ 138 ff. BewG (§ 8 Abs. 2 Satz 1 Nr. 2 GrEStG).

120 Die formwechselnde Umwandlung unterliegt, im Gegensatz zum Anwachsungsmodell, mangels Rechtsträgerwechsel nicht der Grunderwerbsteuer.[246] Jedoch können in Anspruch genommene Steuerbefreiungen nach §§ 5 bzw. 6 GrEStG dadurch nachträglich entfallen.[247]

---

243   OFD Berlin Vfg. v. 19.07.2002 = DStR 2002, 1811; verdeckte Einlage aber mit Wirkung einer Betriebsaufgabebesteuerung, wenn die verbleibende Kommanditistin eine Kapitalgesellschaft ist (s. vorgehenden Text).
244   Hierzu *Breiteneicher,* DStR 2007, 1405.
245   Nicht als Vereinigung von mehr als 95 % aller Anteile der Gesellschaft in einer Hand i.S.v. § 1 Abs. 3 GrEStG, weil mit der Übertragung aller Gesellschaftsanteile die Personengesellschaft erlischt und mit ihr die Gesellschaftsanteile wegfallen; BFH v. 13.09.1995 – II R 80/92, BStBl. II 95, 903; DStR 1996, 20; Scheiden zuvor alle übrigen Kommanditisten gegen Abfindung aus der Kommanditgesellschaft aus und übertragen ihre Geschäftsanteile an der Komplementär-GmbH auf den verbleibenden Kommanditisten, erfüllt dies nicht den Tatbestand des § 1 Abs. 3 Nr. 1 GrEStG, sondern ist erst der Vollzug gemäß § 1 Abs. 3 Nr. 2 GrEStG steuerpflichtig; BFH, Urt. v. 20.01.2016 – II R 29/14, DStR 2016, 599.
246   BFH BStBl. II 1997, 661.
247   BFH, Urt. v. 25.09.2013 – II R 2/12, BStBl II 2014, 329 = DStR 2014, 141, wenn nach Einbringung eines Grundstückes in eine KG unter Befreiung nach § 5 Abs. 1 GrEStG innerhalb von 5 Jahren die KG in eine GmbH formgewechselt wird, entfällt die Befreiung nach § 5 Abs. 3 GrEStG. BFH, Urt. v. 25.09.2013 – II R 17/12, BStBl II 2014 268, BFH/NV 2014 275, wenn nach Übergang eines Grundstücks von einer Gesamthand auf eine andere Gesamthand bei Identität der Beteiligungsverhältnisse die Steuer nach § 6 Abs. 3 Satz 1 GrEStG nicht erhoben, dann aber innerhalb von 5 Jahren die KG durch eine formwechselnde Umwandlung eine Kapitalgesellschaft wird, entfällt nach § 6 Abs. 3 GrEStG die Befreiung.

§ 140 Europäische wirtschaftliche Interessenvereinigung

Literatur: *Antenrieth*, BB 1989, 305; *Gloria/Karbowski*, WM 1990, 1313; *Kollhosser/Raddatz*, JA 1989, 11; *Müller-Gugenberger*, NJW 1989, 1449; *Scriba*, Die Europäische wirtschaftliche Interessenvereinigung, 1988; *Schlüter, Andreas*, Europ. Zeitschrift für Wirtschaftsrecht 2002, 589; *Krafka/Kühn*, Registerrecht, 10. Aufl., Rn. 868; umfangreiche Hinweise und der Text der EG-Verordnung auch unter: http://www.libertas-institut.com/de/EWIV/de_ewiv.htm. Analyse der Vor- und Nachteile der Hochschule Schmalkalden unter: http://wdb.fh-sm.de/EWIVVorNachteile. Informationen der IHK Hochrhein-Bodensee.

I. Grundlage

Durch die EG-Verordnung Nr. 2137/85 v. 25.07.1985 – EGVO – (Abl. EG v. 31.07.1985 Nr. L 199/1) wurde die neue Gesellschaftsform der »Europäischen wirtschaftlichen Interessenvereinigung« (EWIV) geschaffen. Bei ihr handelte es sich um die erste supranationale Gesellschaftsform. Neben der EU-Verordnung ist jeweils das Recht des Sitzstaates entscheidend. Für EWIV'en mit Sitz in Deutschland enthält das »EWIV-AG« v. 14.04.1988[1] die notwendigen Vorschriften zur Anpassung an das deutsche Recht. Danach gelten mit einigen in § 2 EWIV-AG bestimmten Besonderheiten die Vorschriften für die OHG. Lediglich die Regelungen über die Geschäftsführung und Vertretung sind dem GmbH-Recht entlehnt (eine Art OHG mit Fremdgeschäftsführung). Sie ermöglicht die *grenzüberschreitende Zusammenarbeit*, ohne eine nationale Rechtsform eines bestimmten Mitgliedstaates wählen zu müssen. Im Gegensatz zur OHG ist sie auch für Freiberufler offen. Gründungsvoraussetzungen sind der (privat-)schriftliche Gesellschaftsvertrag, der bestimmte Angaben enthalten muss (Art. 5 EWIV-VO) und die Eintragung in das Handelsregister des Sitzstaates (Art. 6 EWIV-VO). Wegen ihrer Zweckbeschränkung (s. Rdn. 3) hat sie aber nur geringe praktische Bedeutung erlangt (z.B. Fernsehsender ARTE).

II. Mitglieder

Mitglieder einer EWIV können Gesellschaften i.S.v. Art. 58 Abs. 2 EG-Vertrag, andere juristische Personen des öffentlichen oder privaten Rechts, auch eine deutsche GbR, (mit Hauptverwaltung in der europäischen Union – EU) oder natürliche Personen sein, die eine wirtschaftliche Tätigkeit in der EU ausüben (im Einzelnen s. Art. 4 Abs. 1 EGVO). Mindestens zwei Mitglieder sind notwendig, die ihre Hauptverwaltung (bei Gesellschaften) in unterschiedlichen Ländern der EU haben bzw. ihre Haupttätigkeit (bei natürlichen Personen) in unterschiedlichen Ländern der EU in Form einer gewerblichen, kaufmännischen, handwerklichen, landwirtschaftlichen oder auch freiberuflichen Tätigkeit ausüben oder Dienstleistungen erbringen müssen (vgl. Art. 4 Abs. 2 EGVO). Nicht zulässig sind Mitglieder aus Drittstaaten außerhalb der EU. Die Mitgliedschaft ist grundsätzlich nicht vererblich (Art. 28 Abs. 2 EGVO) und nur mit Zustimmung alle Mitglieder übertragbar (Art. 22 Abs. 1 EGVO). Das Ausscheiden regelt § 27 EGVO; es löst die EWIV nicht auf (Art. 30 EGVO). Abfindungsklauseln sind wegen Art. 33 EGVO nur beschränkt möglich. Es besteht keine Pflicht zur Erbringung einer Einlage, denn die EWIV benötigt kein Mindestkapital. Die Auflösungs-

---

[1] BGBl. 1988 I, S. 514, s.: http://www.gesetze-im-internet.de/bundesrecht/ewivag/gesamt.pdf.

gründe sind in Art. 31 EGVO abschließend geregelt.[2] Die Mitglieder sind im Handelsregister einzutragen, damit auch jede Änderung bei den Mitgliedern (Eintritt,[3] Ausscheiden, Übertragung der Beteiligung) mit dem entsprechenden Dokument (bei Eintritt oder Übertragung mit dem entspr. Mitgliederbeschluss) mittels einer durch einen Geschäftsführer vorgenommenen Anmeldung zum Handelsregister; das Ausscheiden kann jeder Beteiligte allein anmelden (§ 3 Abs. 2 EWIV-AG).

III. Gegenstand

3   Gegenstand einer EWIV ist es, die Mitglieder in ihrer wirtschaftlichen Tätigkeit zu unterstützen (Art. 3 Abs. 1 EGVO); es darf sich daher nur um eine unterstützende Hilfstätigkeit dazu handeln. Die EWIV selbst hat nicht den Zweck, Gewinn für sich selbst zu erzielen (Art. 3 Abs. 1, 2 EGVO). Dieser muss vielmehr zwischen den Mitgliedern aufgeteilt und besteuert werden. Nach Art. 3 Abs. 2 EGVO bestehen bestimmte Tätigkeitsverbote, wie das Verbot Konzernleitungs- oder Holdingtätigkeit auszuüben.

IV. Rechtsträgerschaft

4   Die EWIV hat die Fähigkeit, im eigenen Namen Träger von Rechten und Pflichten zu sein (Art. 1 Abs. 2 EGVO), sie gilt als Handelsgesellschaft, ist aber (aufgrund ihrer grundsätzlichen Gleichstellung mit der OHG) keine juristische Person (§ 1 EWIV-AG). Sie wird nicht durch ihre Gesellschafter, sondern durch einen oder mehrere Geschäftsführer vertreten.[4]

V. Formanforderungen an den Vertrag

5   Nach Art. 5 EGVO *muss* der Gründungsvertrag als Mindestinhalt den Namen der Vereinigung[5] (mit dem Zusatz »Europäischen wirtschaftlichen Interessenvereinigung« oder abgekürzt »EWIV«), ihren Sitz,[6] ihren Gegenstand, die Mitglieder (ggf. mit Nummer und Ort der Registereintragung) und die Dauer (sofern sie nicht unbestimmt ist) der Vereinigung enthalten. Der Gründungsvertrag ist beim Handelsregister zu hinterlegen (Art. 7 EGVO); das Gleiche gilt für die Urkunden über die weiteren in Art. 7 aufgeführten Vorgänge während des Bestehens bis zur Beendigung der EWIV. Eine bestimmte Form ist für den Gründungsvertrag nicht vorgeschrieben; die Verpflichtung, den Vertrag zu hinterlegen, bedeutet aber praktisch das Erfordernis der Schriftform (das ergibt sich auch aus Art. 7 Satz 2a EGVO, der die Hinterlegung der Urkunden über die Änderung des Gründungsvertrags verlangt).

---

2   Zur Auflösung und deren Anmeldung: *Krafka/Kühn*, Rn. 900; Fleischhauer/Preuß/*Solveen*, Handelsregisterrecht, Abschn. H Rn. 9 (mit Muster).
3   Muster bei *Krafka/Kühn*, Rn. 894.
4   S. Rdn. 8.
5   Für EWIV mit Sitz im Inland gilt das deutsche Firmenrecht der OHG: s. OLG Frankfurt am Main DB 1993, 1182.
6   Nach Art. 12 EGVO muss der Sitz in der EU sein und entweder am Ort der (tatsächlichen) Hauptverwaltung der EWIV oder am Sitz eines Mitglieds, wenn dort die EWIV eine Tätigkeit ausübt.

VI. Registeranmeldung

Der Gründungsvertrag und der Beschluss über die Bestellung der Geschäftsführer müssen bei dem von den einzelnen Mitgliedstaaten dafür vorgesehene Register hinterlegt werden und dazu dem Registergericht in schriftlicher Form mit der Anmeldung eingereicht werden (Art. 7 EGVO). Die EWIV ist daher zur Eintragung in das Handelsregister des Bezirks ihres Sitzes anzumelden (§ 2 EWIV-AG); sie erlangt ihre Rechtsstellung erst mit der Eintragung (Art. 1 Abs. 2 EGVO) in Abt. A des Handelsregisters. Die Eintragung verleiht ihr in der gesamten Gemeinschaft die volle Rechtsfähigkeit. Die Eintragung muss im Amtsblatt der Europäischen Gemeinschaften veröffentlicht werden. Zwingender Inhalt der Anmeldung nach § 2 EWIV-AG sind: die Firma der Vereinigung mit dem Zusatz EWIV, der Sitz (einschließlich inländischer Geschäftsanschrift), der Unternehmensgegenstand, die Mitglieder (Name, Geburtsdatum, Wohnsitz bzw. Firma, Rechtsform, Sitz, ggf. Nummer und Ort der Registereintragung), die Geschäftsführer (mit Name, Geburtsdatum und Wohnsitz sowie der Angabe der Vertretungsberechtigung) und die Dauer (sofern nicht unbestimmt). Die Anmeldung zur Eintragung der EWIV ist von **allen** Geschäftsführern vorzunehmen (§ 3 Abs. 1 EWIV-AG). Sie haben in der Anmeldung persönlich zu versichern, dass keine Umstände vorliegen, die ihrer Bestellung zu Geschäftsführern nach Art. 19 Abs. 1 der EGVO entgegenstehen und dass sie über ihre unbeschränkte Auskunftspflicht gegenüber dem Gericht belehrt worden sind (§ 3 Abs. 3 EWIV-AG). Auch jeder spätere Geschäftsführer muss die Versicherung abgeben (§ 3 Abs. 5 EWIV-AG).

Die weiteren anmeldungspflichtigen Vorgänge enthält § 2 Abs. 3 EWIV-AG,[7] wobei nach § 7 Abs. 2 EGVO die Urkunden über die zugrunde liegenden Mitgliederentscheidungen beim Registergericht zu hinterlegen sind.

VII. Geschäftsführung und Beschlussfassung

Die EWIV handelt nicht wie die OHG durch ihre Gesellschafter, sondern hat einen oder mehrere (auch Fremd-)Geschäftsführer, welches nur natürliche Personen sein können. Diese werden durch den Gesellschaftsvertrag oder durch einstimmigen Gesellschafterbeschluss bestellt, wobei der Gesellschaftsvertrag das Bestellungs- und Abberufungsverfahren regeln kann (Art. 19 EGVO). Grundsätzlich gilt Einzelvertretungsbefugnis, auch wenn mehrere Geschäftsführer bestellt sind (Art. 20 Abs. 1 EGVO); der Gründungsvertrag kann Gesamtvertretung vorsehen (Art. 20 Abs. 2 EGVO), was im Handelsregister einzutragen und bekannt zu machen ist. Strittig ist, ob unechte Gesamtvertretung möglich ist. Die Vertretungsmacht kann Dritten gegenüber nicht beschränkt werden und ist nach Außen nicht an die Einhaltung des Unternehmensgegenstandes gebunden. § 181 BGB gilt für EWIG mit Inlandsitz und ist im Handelsregister einzutragen. Intern sind Weisungen an die Geschäftsführer möglich.

Für Beschlüsse der Mitglieder ist Einstimmigkeit erforderlich, wenn der Gründungsvertrag nichts anderes vorsieht (Art. 17 Abs. 3 EGVO). Für bestimmte Beschlüsse ist Einstimmigkeit zwingend vorgesehen (v.a. Art. 17 Abs. 2 EGVO). Jedes Mitglied hat eine Stimme; Stimmrecht nach Kapitalanteilen ist nicht möglich. Mehrstimmrecht ist zwar möglich, darf aber nicht zur Stimmenmehrheit für ein Mitglied führen (Art. 17 Abs. 1 EGVO).

---

[7] § 2 Abs. 4 i.V.m. § 1 und der EGVO kommt keine praktische Bedeutung zu.

VIII. Haftung der Mitglieder

10 Da die Mitglieder kein Pflichtkapital zur Verfügung stellen müssen, haften sie für die Verbindlichkeiten der EWIV unbeschränkt und gesamtschuldnerisch, jedoch nur sekundär (Art. 24 Abs. 1 u. 2 EGVO). Durch eine Regelung im Gründungsvertrag oder durch eine Vereinbarung bei Aufnahme eines neuen Mitgliedes, kann das neue Mitglied von der Haftung für Verbindlichkeiten befreit werden, die vor seinem Beitritt entstanden sind (Art. 26 Abs. 2 EEVO). Dies ist mit den Angaben zum neuen Mitglied (Familien- und Vorname oder Firma nebst Rechtsform, Wohnsitz bzw. Sitz) zur Eintragung in das Handelsregister anzumelden. Für das ausgeschiedene Mitglied gilt eine 5-jährige Nachhaftung (Art. 34, 37 EGVO).

11 Das Ergebnis der Tätigkeit der EWIV wird nur bei ihren Mitgliedern versteuert; sie ist steuerrechtlich wie eine OHG zu behandeln.[8]

Gründungsvertrag einer Europäischen wirtschaftlichen Interessenvereinigung

12 M   Verhandelt zu ..... am .....

§ 1

Die Spediteure Maurice Faerber, Strasbourg/Frankreich, Rue Haeberlin 9 (eingetragen im Handelsregister von Strasbourg .....), Max Kienast, Kehl/Bundesrepublik Deutschland, Rheinstraße 37 (eingetragen im Handelsregister des Amtsgerichts Kehl unter Handelsregister A Nr. 7234) und Enzo Ferrari, Torino/Italien, Corso d´ Italia 96 (eingetragen im Handelsregister von Torino .....) sowie die »Mergentaler, internationale Spedition GmbH« mit dem Sitz in Freiburg im Breisgau (Postanschrift: Freiburg im Breisgau, Schauinslandstraße 47; eingetragen im Handelsregister des Amtsgerichts Freiburg unter Handelsregister B Nr. 6411), vertreten durch ihren alleinvertretungsberechtigten Geschäftsführer Martin Mergentaler, gründen hiermit eine Europäische wirtschaftliche Interessenvereinigung.

§ 2

Deren Firma lautet
»Faerber, Kienast und Kollegen Europäische wirtschaftliche Interessenvereinigung«.

§ 3

Ihr Sitz ist Kehl/Bundesrepublik Deutschland.

§ 4

Gegenstand des Unternehmens der Vereinigung ist die Entwicklung von Software für Speditionen und die Übernahme der Elektronischen Datenverarbeitung für alle Mitgliedsfirmen.

§ 5

Die Vereinigung wird auf unbestimmte Zeit errichtet. Jedes Mitglied kann seine Mitgliedschaft mit Jahresfrist zum Ende eines Geschäftsjahres durch schriftliche Erklä-

---

[8] BMF-Schr. v. 15.11.1988 – IV C 5 – S 1316–67/88 zur Besteuerung der EWIV in Deutschland; Literaturangaben unter http://www.libertas-institut.com/de/EWIV/de_ewiv.htm.

rung gegenüber der Vereinigung kündigen und scheidet damit aus der Vereinigung aus.
Im Übrigen gelten für das Ausscheiden von Mitgliedern die gesetzlichen Bestimmungen.

§ 6

Ein ausscheidendes Mitglied erhält entsprechend Art. 33 EGVO über die EWIV eine Abfindung in Höhe des Buchwerts seiner Beteiligung, zuzüglich der darauf entfallenden stillen Reserven, jedoch ohne Berücksichtigung eines etwaigen good will.
Die anderen Mitglieder können statt der Abfindung des ausscheidenden Mitglieds einstimmig die Auflösung der Vereinigung beschließen.

§ 7

Geht das Speditionsunternehmen eines Mitglieds unter Lebenden oder von Todes wegen auf einen neuen Inhaber über, können die Mitglieder der Abtretung der Beteiligung des Mitglieds an den Unternehmensnachfolger oder den Übergang der Beteiligung auf die Erben nur aus einem wichtigen Grund verweigern.

§ 8

Entwicklungen der Vereinigung stehen grundsätzlich nur den Mitgliedern zur Verfügung; eine anderweitige Verwertung bedarf eines einstimmigen Beschlusses der Mitglieder. Gegenüber Dritten ist von den Geschäftsführern und Mitgliedern über alle Angelegenheiten der Vereinigung Stillschweigen zu bewahren. Insbesondere ist es ihnen untersagt, Entwicklungen der Gesellschaft Dritten mitzuteilen.

§ 9

Alle Aufwendungen tragen die Mitglieder zu gleichen Teilen.

§ 10

Die Mitglieder verpflichten sich, die Vereinigung über alle Angelegenheiten zu unterrichten, die für die Entwicklung von Software im Bereich des Speditionsgewerbes von Interesse sein könnten und ihnen, insbesondere im Rahmen ihres eigenen Unternehmens, zur Kenntnis gelangen.

§ 11

Die Vereinigung hat einen oder mehrere Geschäftsführer, die von den Mitgliedern mit Mehrheit gewählt und abberufen werden.
Ist nur ein Geschäftsführer bestellt, vertritt er die Vereinigung allein. Sind mehrere Geschäftsführer bestellt, so wird die Vereinigung durch zwei Geschäftsführer gemeinsam vertreten. Die Mitgliederversammlung kann auch bei Vorhandensein mehrerer Geschäftsführer mit Drei-Viertel-Mehrheit Geschäftsführern Einzelvertretungsbefugnis erteilen. Sie kann Geschäftsführer mit derselben Mehrheit von den Beschränkungen des § 181 BGB befreien.
Die Geschäftsführer vertreten die Vereinigung in allen Angelegenheiten. Im Innenverhältnis bedürfen sie zu außergewöhnlichen Maßnahmen der Zustimmung durch die Mitglieder mit Drei-Viertel-Mehrheit.

§ 12

Die Mitglieder fassen ihre Beschlüsse grundsätzlich in Mitgliederversammlungen. Jedes Jahr ist innerhalb eines Monats nach Aufstellung des Jahresabschlusses zu einer ordentlichen Mitgliederversammlung einzuladen; der Jahresabschluss ist der Einladung beizufügen.

Mitgliederversammlungen finden in Kehl oder Strasbourg statt, wenn nicht alle Mitglieder mit einem anderen Tagungsort einverstanden sind.

Zu den Mitgliederversammlungen laden die Geschäftsführer mit dreiwöchiger Frist schriftlich und unter Beifügung einer Tagesordnung alle Mitglieder ein. Jedes Mitglied kann schriftlich die Einberufung einer Mitgliederversammlung von den Geschäftsführern verlangen, wenn es die Punkte angibt, über die beschlossen werden soll oder die erörtert werden sollen.

Eine Mitgliederversammlung ist beschlussfähig, wenn mehr als die Hälfte aller Mitglieder anwesend oder vertreten sind. Ist dies nicht der Fall, ist zu einer neuen Mitgliederversammlung einzuladen, die in jedem Fall beschlussfähig ist; darauf ist in der Einladung hinzuweisen.

Jedes Mitglied kann sich in der Mitgliederversammlung durch ein anderes Mitglied oder durch eine aufgrund ihres Berufes zur Verschwiegenheit gegenüber Dritten verpflichtete Person mit schriftlicher Vollmacht vertreten lassen.

Jedes Mitglied hat eine Stimme. In allen Angelegenheiten, in denen das Gesetz nicht zwingend Einstimmigkeit verlangt oder dieser Vertrag eine andere Mehrheit vorschreibt, werden Beschlüsse der Mitglieder mit einer Mehrheit von drei Viertel der abgegebenen Stimmen gefasst.

Sind alle Mitglieder mit dem Beschluss oder dieser Art der Beschlussfassung einverstanden, können Beschlüsse in jeder anderen Weise, schriftlich, Telefax, telefonisch oder in Textform gefasst werden.

Beschlüsse, die nicht von den Mitgliedern unterzeichnet sind, haben die Geschäftsführer schriftlich niederzulegen und zu unterzeichnen.

§ 13

Im Falle der Auflösung der Vereinigung sind die Geschäftsführer deren Abwickler. Die Mitglieder können mit Mehrheit andere Abwickler bestimmen oder Abwickler abberufen.

■ *Kosten.* Wert: nach §§ 97 Abs. 1 i.V.m. § 107 Abs. 1 GNotKG: Summe der Einlagen aller Mitglieder (mindestens 30.000 €, höchstens 10 Mio. €). – Gebühr nach Nr. 21100 KV GNotKG von 2,0 (Tabelle B).

Anmeldung der EWIV zum Handelsregister

13 M Zum Eintragung in das Handelsregister werden eine neu errichtete Europäische wirtschaftliche Interessenvereinigung und deren Geschäftsführer wie folgt angemeldet:
Die Firma lautet:

»..... Europäische wirtschaftliche Interessenvereinigung«.

Sitz der Vereinigung ist ......
Ihre inländische Geschäftsanschrift, an der sich auch ihre Geschäftsräume befinden, lautet: (PLZ) (Ort) (Straße).

Sie ist auf unbeschränkte Zeit/auf die Dauer bis ..... errichtet.
Gegenstand des Unternehmens ist die Entwicklung von Software für Speditionen und die Übernahme der Elektronischen Datenverarbeitung für die Mitgliedsfirmen.
Mitglieder der Vereinigung sind:
a) der Spediteur Maurice Faerber, Strasbourg/Frankreich, Rue Haeberlin 9 (eingetragen im Handelsregister von Strasbourg .....)
b) der Spediteur Max Kienast, Kehl/Bundesrepublik Deutschland, Rheinstraße 37 (eingetragen unter der Firma »Max Kienast e.K.« im Handelsregister von Kehl unter HRA Nr. 7234)
c) der Spediteur Enzo Ferrari, Torino/Italien, Corso d´ Italia 96 (eingetragen im Handelsregister von Torino .....);
d) die »Mergentaler internationale Spedition GmbH« mit dem Sitz in Freiburg/Breisgau (Postanschrift: Freiburg im Breisgau, Schauinslandstraße 47, eingetragen im Handelsregister des Amtsgerichts Freiburg unter Handelsregister B Nr. 6411)
Geschäftsführer der Vereinigung sind
a) der Spediteur Maurice Faerber in Strasbourg/Frankreich, geb. am ..... und
b) der Spediteur Max Kienast, Kehl/Bundesrepublik Deutschland, geb. am .....
Sie vertreten die Vereinigung gemeinsam. *(Alternativ: Jeder Geschäftsführer vertritt die Vereinigung allein und ist von den Beschränkungen des § 181 BGB befreit; er kann somit die Vereinigung bei Rechtsgeschäften mit sich selbst im eigenen Namen oder mit einem von ihm vertretenen Dritten vertreten.)*
Im Gründungsvertrag ist die Vertretung der Vereinigung wie folgt geregelt:
Die Vereinigung hat einen oder mehrere Geschäftsführer, die von den Mitgliedern mit Mehrheit gewählt und abberufen werden.
Ist nur ein Geschäftsführer bestellt, vertritt er die Vereinigung allein. Sind mehrere Geschäftsführer bestellt, so wird die Vereinigung durch zwei Geschäftsführer gemeinsam vertreten. Die Mitgliederversammlung kann auch bei Vorhandensein mehrerer Geschäftsführer mit Drei-Viertel-Mehrheit Geschäftsführern Einzelvertretungsbefugnis erteilen. Sie kann Geschäftsführer mit derselben Mehrheit von den Beschränkungen des § 181 BGB befreien.
Jeder von uns versichert, dass keine Umstände vorliegen, die seiner Bestellung zum Geschäftsführer nach Art. 19 Abs. 1 S. 2 der EG-Verordnung über die Schaffung einer Europäischen wirtschaftlichen Interessenvereinigung entgegenstehen: Er versichert, dass er weder nach dem auf ihn anwendbaren Recht[9] (dies ist bei dem Geschäftsführer Maurice Faerber das französische Recht, bei dem Geschäftsführer Max Kienast das deutsche Recht), noch nach deutschem Recht[10] noch aufgrund einer in einem Mitgliedstaat der EG ergangenen oder anerkannten gerichtlichen Entscheidung oder Verwaltungsentscheidung dem Verwaltungs- oder Leitungsorgan von Gesellschaften nicht angehören darf, Unternehmen nicht leiten darf oder nicht als Geschäftsführer einer Europäischen wirtschaftlichen Interessenvereinigung handeln darf. Über unsere unbeschränkte Auskunftspflicht gegenüber dem Handelsregister wurden wir vom Notar unterrichtet.
Gleichzeitig hinterlegen wir den beigefügten Gründungsvertrag. Beigefügt ist der Beschluss über die Bestellung der Geschäftsführer.
....., den .....
Anmeldung durch alle Geschäftsführer (persönlich, wegen der abzugebenden Versicherung), Beglaubigungsvermerk

---

9 Recht des Wohnsitzlandes.
10 Recht des Sitzstaates der Vereinigung.

■ *Kosten.*
a) Des Notars: Die EWIV ist in § 105 GNotKG nicht aufgeführt, für deren Ersteintragung ist jedoch § 105 Abs. 3 Nr. 2 GNotKG, Wert 45.000 € analog anzuwenden, da nach § 1 EWIV-AusfG die analoge Anwendung der Vorschriften über die OHG angeordnet ist. Geschäftswert: bei vier Gesellschaftern für jeden weiteren über zwei hinausgehenden Gesellschafter je Person nach GNotKG 15.000 €. Gebühren: eine Gebühr nach Nr. 21201 (5) KV GNotKG von 0,5 (Tabelle B) und Kosten des elektronischen Rechtsverkehrs mit dem Handelsregister s. § 124 Rdn. 43
b) Des Registergerichts: § 58 GNotKG i.V.m. Vorbemerkung (1) zum Gebührenverzeichnis bestimmt sich die Gebühr unabhängig von der Gesellschafterzahl nach den für Eintragungen bei Gesellschaften mit bis zu 3 eingetragenen Gesellschaftern = Nr. 1101, somit 100 € (Vorbem. 1 [1]).

§ 141 Stille Gesellschaft

I. Wesen

Die stille Gesellschaft ist ihrer Rechtsnatur nach eine Personengesellschaft in Form einer reinen Innengesellschaft und damit eine Unterart der Gesellschaft bürgerlichen Rechts, bei der der stille Beteiligte am Unternehmen eines Anderen mit einer Einlage beteiligt ist und eine Gewinnbeteiligung erhält. Sie hat damit keine eigene Rechtspersönlichkeit und kann damit auch nicht Träger von eigenen Rechten und Pflichten, insbesondere nicht eines Unternehmens sein. Hilfsweise gelten neben den §§ 230 ff. HGB damit die Vorschriften der §§ 705 ff. BGB. Auch wenn sie der Kommanditgesellschaft wirtschaftlich verwandt ist, ist sie keine Handelsgesellschaft. Sie kann nicht in das Handelsregister eingetragen werden[1] (es sei denn, sie gilt als Teilgewinnabführungsvertrag entsprechend §§ 292 Abs. 1 Nr. 2, 293 ff. AktG), und setzt damit nach außen keine Vertrauenstatbestand, der eine unmittelbare Haftung des stillen Gesellschafters gegenüber Gläubigern begründen könnte.[2]

Die stille Beteiligung an einem Unternehmen kann sehr unterschiedliche Funktionen haben, wie Abfindung von Pflichtteilsrechten nicht unternehmensleitender Abkömmlinge,[3] und von ihrer Ausgestaltung her von einem qualifizierten Kreditverhältnis bis zu einer Art »Innen-KG« reichen.[4] Steuerlich eröffnet sie interessante Gestaltungsmöglichkeiten, insbesondere zur Verlagerung von Anlaufverlusten bei Gründung einer Kapitalgesellschaft und zur Verlagerung von Einkünften auf andere Personen, zur Gestaltung der Unternehmensnachfolge, zumal dem stillen Gesellschafter keine Geschäftsführungs- und Vertretungsbefugnis zustehen, aber auch keine Außenhaftung trifft, u.a.m. Unterschieden wird zwischen der rein schuldrechtlich konzipierten »typischen« (gesetzestypischen) stillen Einlage und der durch ein Mitgliedschaftsrecht unterlegten »atypischen« stillen Einlage.

II. Merkmale, Abgrenzung

Wesentliches Merkmal ist, dass es sich um die nach außen hin nicht in Erscheinung tretende Beteiligung einer Person an einem kaufmännischen Unternehmen handelt. Die Abgrenzung zum partiarischen Darlehen (Darlehen mit Gewinnbeteiligung des Darlehensgebers) ist fließend, die Zuordnung in Grenzfällen zweifelhaft. Grundlegender Unterschied sind die parallelen Interessen der Beteiligten bei der stillen Gesellschaft als Gemeinschaft zur Erreichung eines gemeinschaftlichen Zwecks im Gegensatz zu den gegenläufigen Interessen bei der Darlehensgewährung.[5] Dieser Gegensatz kann durch die Gestaltung im Einzelfall jedoch aufgelockert sein. Kriterien sind das Maß an Risiko und Chance (keine feste Verzinsung oder eine Verlustbeteiligung sind eindeutige Indizien für stille Beteiligung[6]). Für eine stille Beteiligung sprechen auch die Möglichkeit der Einflussnahme auf die Geschäftsführung, Überwachungs- und Mitwirkungsrechte, das Fehlen jeder Kreditsicherung, die lange Dauer einer vertraglichen Bindung, die Beschränkung der Kündigungsmöglichkeit und die Beschrän-

---

1 OLG München, 17.03.2011 – 31 Wx 68/11 = DStR 2011, 1139; s.a. Rdn. 47.
2 BGH v. 01.03.2010 – II ZR 249/08 = NZG 2010, 823; OLG Schleswig v. 30.10.2008 – 5 U 66/08 = NZG 2009, 256.
3 Weitere Zwecke s. *Lasa*, ZEV 2010, 433.
4 Näheres bei *K. Schmidt*, GesR § 62 II 2; *Geißler*, GmbHR 2008, 515 ff.
5 BGH v. 10.10.1994 – II ZR 32/94 = BGHZ 127, 178 = NJW 1995, 192.
6 BGH BB 1967, 349.

kung der Beteiligungsübertragung, vor allem aber auch, wenn der Geschäftsinhaber der Zustimmung des stillen Beteiligten zu wesentlichen Änderungen innerhalb des Unternehmens bedarf.[7] Steht diesem jedoch eine weitgehende Weisungsbefugnis gegenüber dem Inhaber zu, liegt ein Treuhandverhältnis vor.

4 Unverzichtbare Elemente der stillen Gesellschaft sind, dass der stille Beteiligte
- an einem kaufmännischen Unternehmen i.S.d. §§ 1 bis 6 HGB (nicht an einer Gesellschaftsbeteiligung, dann liegt Unterbeteiligung vor, s. § 130 Rdn. 54 ff.) mit einer *Vermögenseinlage* beteiligt ist, die er nicht selbst geleistet haben muss, sondern ihm auch durch Schenkung seitens des Unternehmensträgers zugewendet sein kann;
- eine *Gewinnbeteiligung* am Bilanzgewinns des Unternehmens hat (§ 231 Abs. 2 HGB); die Beteiligung am Verlust kann jedoch ausgeschlossen werden.

5 Die stille Gesellschaft ist keine Gesamthandsgemeinschaft und hat daher kein gesellschaftliches Sondervermögen. Vielmehr wird bzw. ist die Einlage des Stillen Eigentum des Geschäftsinhabers. Nach der Konstruktion des HGB wird zwischen dem Unternehmensträger und dem still Beteiligten ein Schuldverhältnis als Gesellschaft und zugleich ein Einlageverhältnis in Form eines qualifizierten Krediets begründet.[8]

6 *Einlage* kann jeder in Geld schätzbare Vorteil sein: Geld, Sachen, Patente, Fabrikationsverfahren, ein Handelsunternehmen, auch bloße Dienste,[9] Nutzungsüberlassung von Gegenständen oder Rechten, oder die Übernahme von Verbindlichkeiten des Unternehmens, wenn dies schuldbefreiend erfolgt.[10] Die Einlage kann sogar aus dem Vermögen des Geschäftsinhabers stammen, der dem Stillen die Einlage geschenkt (Rdn. 14) oder als Darlehen gegeben hat. Die Einlage des Stillen kann durch Sicherungsübereignung und Bestellung von Pfandrechten gesichert werden.

7 Jeder Art der stillen Gesellschaft ist vom Geschäftsinhaber in das Transparenzregister einzutragen; siehe hierzu § 124 Rdn. 59.

III. Die Gesellschafter

8 **1.** *Geschäftsinhaber*: Die stille Gesellschaft gemäß §§ 230 ff. HGB setzt die Beteiligung an einem kaufmännischen Unternehmen voraus, welches auf Gewinnerzielung ausgerichtet ist; dies kann das eines Einzelkaufmannes, einer Personen- und Kapitalgesellschaft (auch an GmbH & Co KG), aber auch einer anderen Gemeinschaft (z.B. bürgerlich-rechtliche Gesellschaften oder Erbengemeinschaften) sein, sofern sie ein Handelsgewerbe betreiben,[11] nicht jedoch an einer Apotheke (§ 8 Satz 2 ApG) und nicht im freiberuflichen bzw. gemeinnützigen Bereich. Erhebliche Bedeutung hat die stille Beteiligung an einer GmbH erlangt – die sog. »GmbH & Still« –; s. dazu unten Rdn. 46.

9 Sonstige Formen einer »Stillen Beteiligung« sind auch an nicht kaufmännischen Unternehmen oder an einem Gesellschaftsanteil (als Unterbeteiligung) möglich (s. hierzu § 130 Rdn. 54 ff.). Rechtlich handelt es sich um Gesellschaften bürgerlichen Rechts in Form einer Innengesellschaft; die entsprechende Anwendung der §§ 230 ff. HGB kann vereinbart werden.

---

7 BGH v. 10.10.1994 – II ZR 32/94 = BGHZ 127, 178 = NJW 95, 192.
8 *K. Schmidt*, GesR § 62 I 2c. Die Einlageforderung unterliegt der dreijährigen Regelverjährung nach § 195 BGB (BGH v. 01.03.2010 – II ZR 249/08 = NZG 2010, 823).
9 Baumbach/*Hopt*, § 230 HGB Rn. 20.
10 Hierzu BFH v. 16.10.2007 – VIII R 21/06 = DStR 2008, 35 = MittBayNot 2009, 69 m. Anm. *Weigl*, MittBayNot 2009, 23. Das Erbringen durch Stehenlassen der von der stillen Gesellschaft erwirtschafteten Gewinnanteile reicht jedoch steuerlich bei atypischer stG nicht aus (= fehlendes Mitunternehmerrisiko); BFH v. 13.07.2017 – IV R 41/14.
11 Baumbach/*Hopt*, § 230 HGB Rn. 5.

2. *Stiller Gesellschafter* kann jedermann sein, Einzelperson, Personengemeinschaft und juristische Person, auch GbR und Erbengemeinschaft sowie der einzige Gesellschafter der als Geschäftsinhaber fungierenden Kapitalgesellschaft. Mehrere stille Beteiligte können jeder für sich in einem Gesellschaftsverhältnis zum Inhaber stehen oder zusammen in einem einzigen Gesellschaftsverhältnis (mehrgliedrige Stille Gesellschaft).[12]

10

3. Zum Vertrag mit einem *minderjährigen* stillen Gesellschafter allgemein ist eine familiengerichtliche Genehmigung nicht erforderlich.[13] Ist jedoch die Verlustbeteiligung nicht ausgeschlossen (§ 231 Abs. 2 HGB) oder wird eine atypische stille Beteiligung vereinbart, bedarf der minderjährige stille Gesellschafter zum Abschluss des Gesellschaftsvertrages der familiengerichtlichen Genehmigung (§§ 1643 Abs. 1, 1822 Nr. 3 BGB)[14] und, soweit Verwandte in gerader Linie mit beteiligt sind, der Mitwirkung eines Ergänzungspflegers (§§ 1629 Abs. 2, 1795 Abs. 1 Nr. 1 BGB), je Minderjährigen eines eigenen.[15] Dessen Mitwirkung ist auch zum Abschluss einer typischen, nicht am Verlust beteiligten stillen Beteiligung mit einem in gerader Linie Verwandten nötig, weil die Einlageverpflichtung nicht lediglich rechtlich vorteilhaft ist, selbst wenn die Einlageleistung zuvor von den Eltern geschenkt wird.[16]

11

Der vertretungsberechtigte Gesellschafter einer KG, an der minderjährige Kommanditisten beteiligt sind, kann eine stille Gesellschaft im Namen der KG ohne familiengerichtliche Genehmigung eingehen, da die Zustimmung der Kommanditisten nicht erforderlich ist.[17]

12

IV. Gesellschaftsvertrag

1. Form

Der Gesellschaftsvertrag ist grundsätzlich formfrei (auch mit einer GmbH als Inhaber) und stillschweigend möglich, soweit nicht die Einlageverpflichtung einer Form bedarf. Auf ihn ist das AGB-Recht grundsätzlich nicht anwendbar (§ 310 Abs. 4 Satz 1 BGB).[18]

13

Werden die für die Erbringung der vereinbarten Einlage benötigten Geldbeträge vom Geschäftsinhaber zuvor im Wege der Auflagenschenkung zugewendet, wird differenziert, ob das Schenkungsversprechen gemäß § 518 Abs. 1 BGB notariell beurkundet werden muss: erfolgt bei einem Einzelunternehmen die Zuwendung durch Umbuchung zugunsten des Stillen bedarf die Schenkung wegen der Begründung nur schuldrechtlicher Ansprüche des

14

---

12 BGH, Urt. v. 19.11. 2013 – II ZR 383/12 zu deren Vertragsinhalt Rn. 18 ff,; BGH, Urt. v. 08.12.2015 – II ZR 333/14 zu deren Auflösung; Anm. *K. Schmidt*, NZG 2016, 641; zur Abgrenzung: OLG München, v. 25.04.2013 – 23 U 4034/12 bzw. 23 U 5044/12; *Baumbach/Hopt*, § 230 HGB Rn. 7; *Blaurock*, § 9.30 f.
13 So h.L. vgl. *Blaurock*, § 9.40.
14 BFH BStBl. II 1995, 449; strittig vgl. *Blaurock*, § 9.41 ff.; differenzierend: MüKo-HGB/*K. Schmidt*, § 230 HGB Rn. 106.
15 Keine Genehmigung und kein Ergänzungspfleger nötig, weil nicht rechtlich nachteilig, so FG Sachsen-Anhalt v. 23.05.2013 – 1 K 1568/07, EFG 2013, 1632, unter Bezugnahme auf OLG Bremen v. 16.06.2008 – 2 W 38/08, RNotZ 2008, 625 bzgl. unentgeltliche Beitritt des Minderjährigen in eine vermögensverwaltende Familienkommanditgesellschaft.
16 BFH BStBl. II 1974, 289, Ausnahme nur bei Einbuchungsfall, sofern die Umbuchung zugunsten des minderjährigen Stillen vom Geschäftsinhaber erfolgt, nicht aber, wenn durch einen Mitgesellschafter, BFH BStBl. II 1988, 247; a.A. *Tiedtke*, BB 1988, 946; differenzierend MüKo-HGB/*K. Schmidt*, § 230 HGB Rn. 105; ausführliche Darstellung bei *Blaurock*, § 9.38 ff. Keine Genehmigung und kein Ergänzungspfleger nötig nach FG Sachsen-Anhalt v. 23.05.2013 – 1 K 1568/07, EFG 2013, 1632, ausdrücklich gegen BFH v. 28.11.1973 – I R 101/72.
17 RGZ 153, 371; BGH DNotZ 1971, 414 = NJW 1971, 375.
18 BGH 10.10.1994 – II ZR 32/94 = BGHZ 127, 178; a.A. *K. Schmidt*, GesR § 62 I 2a; ebenso LAG Rheinland-Pfalz Urt. v. 21.08. 2014 – 5 Sa 110/14 bei Stiller Gesellschaft mit Ausscheidensregelung bei Beendigung des Arbeitsverhältnisses.

Stillen der Beurkundung.[19] Wird bei einer Personengesellschaft zugunsten des Stillen ein Kapitalkonto umgebucht, liegt darin bereits der Vollzug der Schenkung, sodass keine Beurkundung nötig ist. Eine atypisch stille Gesellschaft ist aber bereits mit Abschluss des Gesellschaftsvertrages i.S.v. § 518 Abs. 2 BGB vollzogen.[20]

15 Abschlussberechtigt sind bei Handelsgesellschaften grundsätzlich die Vertretungsorgane ohne Zustimmung aller Gesellschafter. Ausnahmen bestehen
a) bei Abschluss eines atypischen stillen Gesellschaftsvertrages sowie
b) bei der Aktiengesellschaft wegen des sich daraus ergebenden Teilgewinnabführungsvertrages (§§ 292 Abs. 1 Nr. 2, 293 Abs. 1 AktG), sodass hier zur Wirksamkeit auch nach außen immer die Zustimmung der Hauptversammlung erforderlich ist, der im Handelsregister einzutragen ist (§ 294 AktG),[21] was aber nicht bei der GmbH gilt.

Jedoch bedürfen die geschäftsführenden Gesellschafter der Personengesellschaft bzw. die Geschäftsführer der GmbH auch bei typischer stiller Beteiligung i.d.R. im Innenverhältnis eines zustimmenden Gesellschafterbeschlusses, der jedoch nicht Wirksamkeitsvoraussetzung des Vertragsabschlusses ist.[22] Zur atypischen StG Rdn. 32.

2. Inhalt

16 Notwendiger Inhalt eines Vertrags[23] über eine stille Gesellschaft sind die nachfolgenden Punkte a) bis c), zweckdienlich die weiteren Punkte:

17 a) *Bezeichnung des Beteiligungsunternehmens und des stillen Beteiligten* sowie die Verbindung beider in einem reinen Innenverhältnis zueinander.

18 b) *Bezeichnung der Vermögenseinlage*, den Einlagezeitpunkt[24] sowie ggf. auch deren Zweckverwendung.

19 c) *Regelung der Beteiligung des Stillen am Gewinn und ggf. auch am Verlust*, soweit nicht ausgeschlossen (§ 231 Abs. 2 HGB). Wesentliches Erfordernis ist, das der stille Gesellschafter am *Gewinn* des Unternehmens *beteiligt* ist. Fehlt dies, liegt auch keine stille Gesellschaft vor, sondern eine (Innen-)Gesellschaft bürgerlichen Rechts oder ein Darlehensverhältnis. Nicht ausreichend ist die Vereinbarung einer festen Verzinsung oder einer Gewinngarantie, wenn nicht ein vereinbartes Kontrollrecht auf eine stille Gesellschaft schließen lässt. Die Beteiligung am *Verlust* – soweit sie nicht vertraglich beschränkt wird – geht über den Einlagebetrag hinaus (§ 232 Abs. 2 HGB ist missverständlich; er will nur eine Nachschusspflicht ausschließen). Zukünftige Gewinne sind zunächst auf die Verluste zu verrechnen, sodass sich die Führung eines eigenen Verlustkontos empfiehlt. Aus steuerlichen Gründen ist bei Familiengesellschaften eine Anpassungsmöglichkeit der Beteiligungsquote an eine veränderte Ertragssituation in den Vertrag aufzunehmen. Zur steuerrechtlich angemessenen Gewinnbeteiligung von Angehörigen s. Rdn. 36 f.

---

19 Differenzierend *K. Schmidt*, DB 2002, 829: formpflichtig nur im reinen Einbuchungsfall beim Einzelunternehmer als typischer Stiller, nicht aber bei atypischer Beteiligung; MüKo-HGB/*K. Schmidt*, § 230 HGB Rn. 100 ff.; ausführlich dazu *Blaurock*, § 6.18 ff. Siehe jetzt auch BGH v. 29.11.2011 – II ZR 306/09 = NZG 2012, 222 m. Anm. *Blaurock*, NZG 2012, 521, wonach bei atypischer Unterbeteiligung der Schenkungsvollzug bereits mit Abschluss des Vertrages eintritt.
20 BFH v. 17.07.2014 – IV R 52/11, DStR 2014, 2111 = BFHE 246, 349 = DNotZ 2014, 949; unter Fortentwicklung des BGH v. 29.11.2011 – II ZR 306/09, BGHZ 191, 354, DStR 2012, 471, weil bei der atypischen stillen Beteiligung nicht nur schuldrechtliche Ansprüche auf Beteiligung am Gewinn und am Liquidationserlös, sondern darüber hinaus mitgliedschaftliche Rechte an der Innengesellschaft eingeräumt werden.
21 BGH v. 08.05.2006 – II ZR 123/05, NJW-RR 2006, 1182 = NZG 2006, 540; *Blaurock*, § 7.19 ff., § 9.63 ff.
22 *Blaurock*, § 9.54 u. 9.60; MüKo-HGB/*K. Schmidt*, § 230 HGB Rn. 110 ff.
23 Detailliert dazu *Blaurock*, § 10. die Regelungen der §§ 230 ff. HGB sind weitgehend dispositiv.
24 Dreijährige Verjährung gem. §§ 195, 199 BGB (BGH v. 01.03.2010 – II ZR 249/08 = NZG 2010, 823.

Der Gesellschaftsvertrag muss die Quote der Beteiligung festlegen. Einen Verlust muss der Stille, soweit er daran beteiligt ist, über den Betrag seiner Einlage hinaus tragen,[25] sein Einlagenkonto wird dadurch negativ. Das negative Konto muss der Stille aber – auch bei Auflösung einer atypischer Beteiligung – nicht ausgleichen, soweit dies nicht eindeutig anders vereinbart wird; jedoch wird, solange seine Einlage durch Verlust vermindert ist, der jährliche Gewinn zur Deckung des Verlustes verwendet (§ 232 Abs. 2 Satz 2 HGB). Zur Übersichtlichkeit empfiehlt sich ein festes Einlagenkonto, dazu als Unterkonto das Verlustkonto, auf das der vom Stillen zu tragende Verlust und spätere Gewinne bis zu dessen Ausgleich gebucht werden, sowie ein Sonder- oder Verrechnungskonto, auf das der entnahmefähige Gewinn verbucht wird. **20**

Der stille Gesellschafter ist nur am *Betriebsergebnis* des Handelsunternehmens beteiligt, nicht an den stillen Reserven und nicht am Firmenwert (sonst atypische Form). Dies zeigt sich darin, dass er alljährlich seinen vertraglichen Anteil am Reingewinn empfängt, sowie darin, dass er bei Auflösung der stillen Gesellschaft aufgrund einer »Ertragsbilanz« (nicht einer Vermögensbilanz) sein Auseinandersetzungsguthaben (s. Rdn. 29) erhält. In welcher Weise der Gewinn zu ermitteln und die Ertragsbilanz aufzustellen ist, bestimmt sich in erster Linie nach dem Gesellschaftsvertrag (in der Regel wird die Steuerbilanz zugrunde gelegt). Enthält dieser keine Regelung, so ist der stille Gesellschafter an allen ordentlichen Erträgnissen beteiligt. An Wertsteigerungen des Anlagevermögens nimmt er i.d.R. nicht teil, wenn es sich nicht um eine atypische Beteiligung handelt.[26] In der Ertragsbilanz bei Beendigung der stillen Gesellschaft sind Abschreibungen nicht nach den steuerlich zulässigen, sondern nach betriebswirtschaftlichen Gesichtspunkten durchzuführen (s.u. Rdn. 29). Sonst zu befürchtende streitrelevante Unklarheiten sollten durch eine vertragliche Regelung über die Modalitäten der Gewinnberechnung ausgeräumt werden.

Grundsätzlich sollen die jährlichen Gewinnanteile dem Stillen ausgezahlt werden, § 232 Abs. 1 HGB. Durch das Stehenlassen des Gewinns wird gemäß § 232 Abs. 3 HGB seine Einlage nicht erhöht (wenn nicht eine entsprechende Vereinbarung getroffen ist), vielmehr ist der stehen bleibende Gewinn seinem Sonderkonto gutzuschreiben. Lediglich das dort vorhandene Guthaben kann jederzeit – soweit keine abweichende Vereinbarung besteht – vollständig entnommen werden und dient nicht zum Verlustausgleich. Ansonsten bestehen bzgl. der Einlage bis zur Auflösung des Gesellschaftsverhältnisses keine Entnahmerechte.[27] **21**

d) *Führung der Geschäfte.* Die Führung der Geschäfte des Unternehmens liegt abweichend von GbR-Recht allein in den Händen des Geschäftsinhabers, muss jedoch im Interesse der stG erfolgen. Selbst bei ungewöhnlichen Geschäften hat der Stille grundsätzlich kein Widerspruchsrecht. Im Gesellschaftsvertrag kann er sich aber Widerspruchsrechte und Zustimmungsvorbehalte bis zum Recht und zur Pflicht zur Mitgeschäftsführung ausbedingen sowie Vollmacht für das Unternehmen eingeräumt werden (dann atypische Stille Gesellschaft).[28] **22**

Der Geschäftsinhaber braucht zu ungewöhnlichen Geschäften die Zustimmung des Stillen nicht einzuholen; jedoch bedarf es der Zustimmung des stillen Gesellschafters, wenn wesentlichen *Grundlage des* Gewerbebetriebes[29] oder die Rechtsform geändert werden. Außergewöhnliche Maßnahmen und Geschäfte außerhalb des Handelsgewerbes braucht der Stille nicht gegen sich gelten lassen, soweit er sie nicht genehmigt hat; jedoch nimmt er dann auch an deren Gewinn oder Verlust nicht teil. **23**

---

25 § 323 Abs. 2 Satz 1 HGB ist missverständlich, s. MüKo-HGB/*K. Schmidt*, § 232 HGB Rn. 31.
26 MüKo-HGB/*K. Schmidt*, § 232 HGB Rn. 9, § 235 HGB Rn. 25.
27 MüKo-HGB/*K. Schmidt*, § 232 HGB Rn. 29 f.
28 BGHZ 8, 160; BGH NJW 1992, 2696.
29 BGH BB 63, 1277.

24 e) *Rechnungslegung, Informationsrechte.* Nach § 233 HGB hat der Stille nur ein unvollkommenes Informationsrecht, das in der Regel zu einem Informationsrecht des Stillen mit Auskunftspflicht des Geschäftsinhabers erweitert wird. Es sollte ihm auch für die Zeit nach Beendigung zur Überprüfung seines Auseinandersetzungsguthabens eingeräumt werden.

25 f) *Übertragbarkeit.* Grundsätzlich ist die stille Beteiligung nur mit Zustimmung aller Mitgesellschafter übertragbar. Sie kann jedoch als übertragbar geregelt werden (= atypisch), was jedoch, wenn der Geschäftsinhaber eine Personengesellschaft ist, der Zustimmung aller dieser Gesellschafter bedarf. Mit Übertragung des Geschäftsbetriebes durch den Geschäftsinhaber geht die stille Beteiligung nicht automatisch auf den Erwerber über.

26 g) *Kündigung, Auflösung.* Zeitablauf, Zweckerreichung, Insolvenz[30] oder Tod des Geschäftsinhabers (§ 727 Abs. 1 BGB), – nicht jedoch Tod des stillen Gesellschafters (§ 234 Abs. 2 HGB) – lösen analog §§ 723 ff. BGB die stille Gesellschaft auf, ebenso die Kündigung. Privatgläubiger des stillen Gesellschafters können sein Auseinandersetzungsguthaben pfänden und die stille Gesellschaft kündigen. Eine auf Lebenszeit eines Gesellschafters eingegangene stille Gesellschaft steht nach den §§ 234 Abs. 1, 134 HGB einer für unbestimmte Zeit eingegangenen i.S.d. §§ 132, 133 HGB gleich.[31] Die ordentliche Kündigung kann bei einer auf unbestimmte Zeit geschlossenen stillen Gesellschaft nicht vollständig ausgeschlossen werden (§ 723 Abs. 3 BGB). Der Gesellschaftsvertrag hat das Kündigungsverfahren zu regeln.

27 Geschäftsübertragung,[32] Auflösung des Inhabers oder wesentliche gesellschaftsvertragliche Änderungen der Hauptgesellschaft, wie auch Umwandlungsvorgänge sind kein Auflösungsgrund, berechtigen aber den Stillen (nicht den Geschäftsinhaber) zu einer außerordentlichen Kündigung. Bei Formwechsel wird die stille Gesellschaft unter der neuen Rechtsform fortgeführt, bei Verschmelzung und Spaltung geht diese nach § 20 UmwG bzw. § 131 UmwG auf den übernehmenden Rechtsträger über.[33]

28 Die Auflösung führt zur Vollbeendigung,[34] wobei mangels Gesamthandsvermögens nicht liquidiert wird, sondern der Stille einen schuldrechtlichen Anspruch gegen den Inhaber des Handelsgeschäfts auf Auszahlung seines Abfindungsguthabens hat. Dieser ist auf Grundlage einer vom Geschäftsinhaber unverzüglich auf den Tag der Auflösung zu erstellende Schlussabrechnung in Form einer Ertragsrechnung zu ermitteln (§ 235 Abs. 1 HGB). Der typische Stille Gesellschafter ist nicht am Geschäftswert und an den stillen Reserven beteiligt.[35] Ein negatives Kapitalkonto oder Verlustkonto muss nach vollständig erbrachte Einlage nur bei entsprechender Vereinbarung i.R. einer atypischen Beteiligung ausgeglichen werden. Die zurückzahlbare Einlage wird dadurch jedoch aufgebraucht.

29 h) *Das Abfindungsguthabens* des Stillen setzt sich, soweit nicht der Buchwert des Einlagekontos vereinbart ist, zusammen aus dem in Geld zu erbringenden Rückzahlungsanspruch auf die stille Einlage (kein Anspruch auf Rückgabe des Einlagegegenstandes, soweit nicht vertraglich vereinbart) sowie Gewinngutschriften bzw. Verlustlastschriften bis zum Tag der Auflösung, auch aus früheren Geschäftsjahren, falls der Stille daran zu gering oder überhöht beteiligt war, damit er am echten Gewinn beteiligt ist. Dabei können sowohl frühere, den Gewinn vermindernde offene oder stille Rücklagen, durch nicht ausgeschüttete,

---

30 a.A. *Blaurock/Pordzik*, NZG 2018, 81: der stille Gesellschafter hat ein außerordentliches Kündigungsrecht.
31 BGHZ 23, 12; 50, 321.
32 Str. ist, ob hier Übergang gem. §§ 25, 28 HGB stattfindet so MüKo-HGB/*K. Schmidt*, § 234 HGB Rn. 39; a.A. Baumbach/*Hopt*, § 234 HGB, 7: Fortbestehen mit dem bisherigen Inhaber.
33 S. hierzu ausführlich MüKo-HGB/*K. Schmidt*, § 234 HGB Rn. 22 ff.
34 Beendigung des schuldrechtlichen Vertragsverhältnisses. BGH, Urt. v. 08.12.2015 – II ZR 333/14, DStR 2016, 880; NZG 2016, 422; hierzu Anm. K. Schmidt, NZG 641. ausführlich zur Auflösung: *Blaurock/Pordzik*, NZG 2018, 81.
35 BGHZ 127, 181.

reinvestierte Gewinne eingetretenen Vermehrung des Geschäftsvermögens, als auch Abschreibungen, die über das betrieblich angemessene Maß hinausgehen, auch wenn sie steuerlich zulässig sind, sowie nicht betriebsbedingte Investitionen zu berücksichtigen sein. Wertveränderungen des Anlagevermögens und der Geschäftswert bleiben unberücksichtigt. Es ist – soweit nicht anders vereinbart – fällig mit Vorliegen der Schlussabrechnung. Die tatsächliche Durchführung kann schwierig werden, sodass der Gesellschaftsvertrag dazu klare Berechnungsregeln treffen sollte.[36] Die schwebenden Geschäfte sind gesondert abzurechnen (§ 235 Abs. 2, 3 HGB).[37]

i) *Gewährung einer Sicherheit* für den Abfindungsanspruch, insbesondere für die Rückgewähr der geleisteten Einlage durch Sicherungsübereignung, Hypothek u.a.

j) *Schiedsklausel, Schriftformklausel, Regelungen zur Rechnungslegung, Buchführung, Geheimhaltung u.ä.* können ebenfalls geregelt werden, sind aber ebenso wenig zwingend wie die Punkte d) bis i).

V. Atypische stille Gesellschaft

Eine gesetzlich nicht geregelte *atypische* stille Gesellschaft liegt vor, wenn die Rechte des stillen Gesellschafters gegenüber den weitgehend dispositiven gesetzlichen Regelungen erweitert sind, wenn ihm insbesondere[38]
– unternehmerische Rechte eingeräumt werden, v.a. Mitwirkungsrechte bei der Geschäftsführung sowie auch Vertretungsmacht durch Vollmacht nach außen oder zumindest Weisungsrechte, Zustimmungsvorbehalte oder ein Widerspruchsrecht bei Geschäftsführungsmaßnahmen;
– die Übertragbarkeit seiner Gesellschafterstellung eingeräumt ist und/oder
– eine schuldrechtliche Vermögensbeteiligung an den Unternehmenswerten gewährt wird, indem ihm bei der Auflösung Ansprüche auf einen Teil des Geschäftsvermögens oder dessen Wertsteigerung, auch in Form der stillen Reserven und einem eventuellen Firmenwert zustehen sollen. Dieser Anteil kann von der Gewinn/Verlustbeteiligung abweichen, muss jedoch angemessen sein.

Die Stellung des Stillen wird dabei der eines Kommanditisten (Innen-KG) mehr oder weniger stark angenähert, ohne dass jedoch die gesetzlichen Regelungen des Außenverhältnisses der Kommanditgesellschaft anwendbar sind,[39] insbesondere keine Außenhaftung des Stillen für die Verbindlichkeiten des Inhabers besteht[40] und ohne dass eine Gesamthandvermögen entsteht. Sie ist als andere (nicht rechtsfähige) Personenmehrheit i.S.v. § 2 Abs. 1 IHKG neben der GmbH kammerzugehörig und beitragspflichtig.[41] Der schuldrecht-

---

36 Dazu sehr detailliert MüKo-HGB/*K. Schmidt*, § 235 HGB Rn. 20 ff., *Blaurock/Pordzik*, NZG 2018, 81; *Blaurock*, § 16.12 ff.
37 BGH BB 1960, 15.
38 Im Einzelnen dazu MüKo-HGB/*K. Schmidt*, § 230 HGB Rn. 76 ff.
39 OLG Schleswig v. 30.10.2008 – 5 U 66/08 = NZG 2009, 256 m. Anm. *K. Schmidt*, NZG 2009, 361. Also keine Haftung i.S.v. § 171 Abs. 1, 4 HGB wegen ausstehender Einlagen. Zur Abgrenzung zwischen KG und stille Gesellschaft s.a. *Weigl*, MittBayNot 2009, 23. Insolvenzrechtlich werden jedoch die Ansprüche des Stillen, wenn dessen Rechtsposition derjenigen eines Kommanditisten weitgehend angenähert ist, wie Gesellschafterdarlehen i.S.d. § 39 Abs. 1 Nr. 5 InsO behandelt und unterliegen daher dem Nachrang (BGH v. 28.06.2012 – IX ZR 191/11 = DStR 2012, 2137).
40 BGH v. 01.03.2010 – II ZR 249/08 = NZG 2010, 823, selbst wenn der Stille Leitungsbefugnis (Generalbevollmächtigung oder Geschäftsführungsbefugnis) im Handelsunternehmen hat. Hierzu: Berninger, DStR 2010, 2359.
41 Soweit sie als Mitunternehmer anzusehen und zur Gewerbesteuer veranlagt wird, Beitragsschuldnerin ist die GmbH (OVG Berlin-Brandenburg v. 17.03.2011 – OVG 1 B 7.10, DStR 2011, 1331).

liche Abfindungsanspruch bei Auflösung wird dann so bestimmt, also ob eine dingliche Vermögensgemeinschaft bestanden habe. Meist wird vereinbart, das Auseinandersetzungsguthaben entspr. §§ 145 HGB wie bei Ausscheiden aus einer KG mit einer Vermögensbilanz, in der die wirklichen Fortführungswerte einzustellen sind, zu ermitteln.[42] Dessen Ermittlung ist ein Kernbereich der notwendigen vertraglichen Regelung. Dabei sind insbes. vertraglich festzulegen: Beteiligungsquote, Beteiligung an dem Unternehmensvermögen oder nur Rückfluss der Einlage zuzüglich Beteiligung an den tatsächlichen Wertsteigerungen während der Gesellschaftsdauer, Bewertungsgrundsätze für die Ermittlung der stillen Reserven und des Geschäftswerts, Zeitraum der Ergebnisbeteiligung, Berücksichtigung eines negativen Kapitalkontos des Stillen (z.B. Ausgleichspflicht gegenüber dem Geschäftsherrn, sowie ggf. dessen Begrenzung auf die Einlagenhöhe), Art der Berücksichtigung schwebender Geschäfte, Zeitraum sowie Sicherung der Auszahlung des Abfindungsguthaben. Hinsichtlich der Abfindungshöhe kann danach differenziert werden, ob gleichzeitig mit Beendigung der stillen Gesellschaft auch das Unternehmen des Inhabers eingestellt oder ob es fortgeführt wird.[43]

34 Wegen der mitgliedschaftsähnlichen Beteiligung des Stillen bedarf die Begründung einer atypisch stillen Gesellschaft immer der Zustimmung aller beteiligten Gesellschafter.[44] Ein freies Hinauskündigungsrecht kann dann auch unzulässig sein, schließt jedoch zumindest die steuerliche Mitunternehmerstellung aus.

VI. Besteuerung

1. Typische stille Gesellschaft

35 Bei der typischen stillen Gesellschaft steht der stille Gesellschafter dem Geschäftsinhaber einkommensteuer- bzw. körperschaftsteuerrechtlich[45] als außenstehender Gläubiger gegenüber, dessen Gewinnanteil als Betriebsausgabe und dessen Einlage als Verbindlichkeit zu verbuchen sind. Der stille Gesellschafter erzielt Einnahmen aus Kapitalvermögen gemäß § 20 Abs. 1 Nr. 4 EStG, welche gemäß § 32d EStG der Abgeltungssteuer[46] unterliegen; ausgenommen von der Abgeltungssteuer nach § 32d Abs. 2 Nr. 1 EStG ist nur wenn Inhaber und Stiller nachstehende Personen sind[47] oder die GmbH & Still, wenn der Stille oder eine nahe-

---

42 *Blaurock/Pordzik*, NZG 2018, 81. Zur Berücksichtigung von Sach- und/oder Dienstleistungen s. *Blaurock*, § 16.22 ff.; MüKo-HGB/*K. Schmidt*, § 234 HGB Rn. 12 ff. Im Vertrag sollten Bewertungsregeln zum Anlagevermögen, stillen Reserven, Geschäfts- bzw. Firmenwert getroffen werden. Die Angemessenheit der Gewinnbeteiligung ist steuerlich von Bedeutung; s. Rdn. 36.
43 BGH NJW 2001, 3777. Unangemessene Abfindungsbeschränkungen können zu einer unzulässigen Kündigungserschwernis führen (vgl. LAG Rheinland-Pfalz v. 21.08.2014 – 5 Sa 110/14. Überhöhte Gewinnbeteiligungen des Stillen werden bei der Besteuerung berichtigt, BFH v. 18.06.2015 – IV R 5/12.
44 *K. Schmidt*, GesR § 62 IV.2.c.; MüKo-HGB/*K. Schmidt*, § 230 HGB Rn. 115. Wegen Handelsregistereintragung siehe hier Rdn. 47.
45 OFD Frankfurt am Main Rdvfg. v. 14.03.2001 = DStR 2001, 1159; OFD Erfurt, Vfg. v. 23.10.2003, GmbHR 2004, 209.
46 Diese wird als Kapitalertragsteuer von 25 % einbehalten § 43 Abs. 1 Nr. 3 i.V.m. § 43a Abs. 1 Satz 1 Nr. 1 EStG und ist damit abgegolten § 43 Abs. 5 Satz 1 EStG. Werbungskosten und Verluste können dann nicht mehr geltend gemacht werden, wohl aber bei Veräußerungserträgen die Anschaffungs- und Veräußerungskosten (§ 20 Abs. 4 i.V.m. Abs. 2 Nr. 4 i.V.m. Abs. 1 Nr. 4 EStG).
47 Der Begriff »nachstehende Person« beurteilt sich jedoch nicht nach § 15 AO. Das Verhältnis von nahestehenden Personen liegt vor, wenn die Person auf den Steuerpflichtigen einen beherrschenden Einfluss ausüben kann oder umgekehrt der Steuerpflichtige auf diese Person einen beherrschenden Einfluss ausüben kann oder eine dritte Person auf beide einen beherrschenden Einfluss ausüben kann oder die Person oder der Steuerpflichtige imstande ist, bei der Vereinbarung der Bedingungen einer Geschäftsbeziehung auf den Steuerpflichtigen oder die nahestehende Person einen außerhalb dieser Geschäftsbeziehung begründeten Einfluss auszuüben oder wenn einer von ihnen ein eigenes wirtschaftliches Interesse an der Erzielung der Einkünfte des anderen hat. So BMF, Schreiben v. 09.12.2014 – BStBl I 2014, 1608 = DStR 2014, 2567 unter

stehende Person mindestens 10 % der GmbH-Anteile hält. Außerhalb der Abgeltungssteuer gilt bzgl. der Verlustanteile, wenn der zuzurechnende Verlustanteil die tatsächlich »geleistete Einlage« übersteigt, die Abzugs- und Verrechnungsbeschränkung des § 15a Abs. 1 Satz 1 EStG sinngemäß.[48] Bei der Beendigung der stillen Gesellschaft erzielt der Stille, durch Vereinnahmung des Auseinandersetzungsguthabens Einkünfte i.S.d. § 20 Abs. 2 Satz 1 Nr. 4 i.V.m. Abs. 2 Satz 2 EStG. Bei der Gewinnermittlung nach § 20 Abs. 4 EStG außerhalb der Abgeltungssteuer sind die als laufende Einkünfte berücksichtigten Gewinn- oder Verlustanteile, die das Auseinandersetzungsguthaben erhöht oder gemindert haben, vom Gewinn abzurechnen oder hinzuzurechnen.[49]

2. Familiengesellschaft

Steuerliches Motiv für die Begründung einer stillen Gesellschaft ist häufig die Übertragung von Einkunftsquellen von hoch auf bisher nicht oder nur gering besteuerte Familienmitglieder, insbesondere Kinder, und damit Nutzung von deren Freibeträgen und Provisionsvorteilen. Bei einer stillen Gesellschaft zwischen Familienangehörigen wird diese steuerlich nur anerkannt,[50] wenn der Gesellschaftsvertrag klar vereinbart, zivilrechtlich wirksam und ernsthaft gewollt ist, tatsächlich durchgeführt wird, wirtschaftlich zu einer Änderung der bisherigen Verhältnisse führt und der Vertrag keine Bedingungen enthält, unter denen fremde Dritte Kapital als stille Einlage nicht zur Verfügung stellen würden.[51] Außerdem muss die Gewinnbeteiligung angemessen sein, was nicht anhand eines konkreten Fremdvergleichs, sondern nach Maßgabe einer angemessenen Durchschnittsrendite der Einlage zu bestimmen ist. Sie ist ausgehend von der im Zeitpunkt des Vertragsschlusses für die Zukunft (in der Regel die nächsten 5 Jahre) erwarteten Entwicklung der die Gewinnabrede bestimmenden Bezugsgröße – (z.B. Bilanzgewinn) – in eine angemessene prozentuale Gewinnbeteiligung des stillen Gesellschafters umzurechnen. Steuerlich anerkannt sind dabei folgende Gewinnbeteiligungen,[52] die jedoch ggf. der veränderten Gewinnerwartung angepasst werden müssen:[53]
– Bei schenkweiser Beteiligung, wenn die Verlustbeteiligung ausgeschlossen ist, bis 12 %, ansonsten bis 15 % der Einlage;[54]
– Bei entgeltlich erworbener Beteiligung, wenn Verlustbeteiligung ausgeschlossen ist, bis zu 25 %, ansonsten bis zu 35 % der Einlage.[55]

Eine unverhältnismäßig hohe Gewinnverteilung kann bei einer GmbH & Still eine verdeckte Gewinnausschüttung sein, wenn der stille Gesellschafter eine nahestehende Person zum GmbH-Gesellschafter ist. An minderjährige Kinder geschenkte Einlagen müssen auch am Verlust beteiligt sein, ansonsten sind deren Gewinnanteile steuerlich nicht abziehbare Zuwendungen i.S.v. § 12 Nr. 2 EStG.[56]

Bezugnahme auf BFH v. 29.04.2014 – VIII R 9/13, VIII R 35/13, VIII R 44/13, BStBl. II 2014, 986 ff. = DStR 2014, 1661.
48 BFH Urt. v. 16.10.2007, VIII R 21/06. Hierzu weitere Erläuterungen bei § 137 Rdn. 102.
49 BMF Schreiben v. 22.12.2009, BStBl. I 2010, 94 Tz. 4. Ausnahme bei vor dem 01.01.2009 begründet bzw. angeschafft stille Beteiligung.
50 Siehe hierzu auch § 131 Rdn. 42 ff.
51 BFH BStBl. II 1984, 623; 1990, 10; BFH v. 25.11.1999 – IV R 15/98.
52 Hierzu auch EStR H 15.9(3) bzw. (5). *Lasa*, ZEV 2010, 433.
53 BFH v. 19.02.2009 – IV R 83/06 = DStR 2009, 959 = NJW-RR 2009, 1119. – Unterbleibt eine (fremdübliche) Korrektur, so ist der Betriebsausgabenabzug des Gewinnanteils des Stillen, weil nicht nur betrieblich veranlasst, begrenzt. Die Satzung sollte daher eine Anpassungsmöglichkeit vorsehen, die jedoch dem Bestimmtheitsgrundsatz entsprechen muss.
54 BFH BStBl. II 1973, 650.
55 BFH BStBl. II 1982, 387.
56 BFH BStBl. II 1993, 289; zur Anerkennung von Darlehensverträgen zwischen Angehörigen: BMF Schreiben v. 01.12.1992 BStBl. I 1992, 729; zur Beurkundungsbedürftigkeit des Schenkungsversprechens und zur familiengerichtlichen Genehmigung s.o. Rdn. 11, 14.

38 Bei Schenkung der Beteiligung hindern Verfügungsbeschränkungen zugunsten des Schenkers und benachteiligende Abweichungen von den gesetzlichen Rechten des stillen Gesellschafters das Entstehen einer Mitunternehmerschaft und damit atypischen Gesellschaft; unschädlich ist nur eine Rückfallklausel im Todesfall des Beschenkten.[57] Die unentgeltliche Zuwendung der stillen Beteiligung löst wie auch die Begründung einer stillen Gesellschaft, bei der sich der Wert der Einlage und die Beteiligungsquote nicht entsprechen, *Schenkungsteuer* aus, §§ 1 Abs. 1 Nr. 2, 7 ErbStG.

3. Atypische stille Gesellschaft

39 **a) Einkommensteuer:** Eine atypische stille Gesellschaft liegt steuerrechtlich dann vor, wenn die Rechtsstellung des stillen Gesellschafters aufgrund einer Gesamtbetrachtung unter Berücksichtigung aller Umstände des Einzelfalles von den §§ 230 ff. HGB in einer Weise abweicht, dass nach dem Gesamtbild der Typus einer Mitunternehmerschaft[58] vorliegt, also der stille Gesellschafter Unternehmerinitiative entfalten kann und ein Unternehmerrisiko trägt.[59] Die Merkmale der Mitunternehmerinitiative und des Mitunternehmerrisikos können im Einzelfall mehr oder weniger ausgeprägt sein. Sie müssen jedoch beide vorliegen. Mitunternehmerinitiative bedeutet vor allem Teilhabe an unternehmerischen Entscheidungen, was ähnlich der Stellung eines Kommanditisten gleichberechtigte Stimm-, Kontroll- und Widerspruchsrechten voraussetzt (§§ 161, 164, 166 HGB), insbes. dass bei über den gewöhnlichen Betrieb des Handelsgewerbes hinausgehenden Maßnahmen die Zustimmung des Stillen erforderlich ist oder ihm das Widerspruchsrecht zusteht.[60] Mitunternehmerrisiko trägt, wer (gesellschaftsrechtlich) am Erfolg oder Misserfolg eines Unternehmens teilhat. Dieses Risiko wird regelmäßig durch Beteiligung am Gewinn und Verlust sowie anteilig an Wertsteigerungen und Wertverfall der stillen Reserven des Gesellschaftsvermögens einschließlich des Geschäftswerts im Fall der Auseinandersetzung vermittelt,[61] wobei die Verlustbeteiligung zwar beschränkt aber nicht ausgeschlossen werden darf. Dies ist bei atypischer Beteiligung in der Regel gegeben, soweit der Stille nicht von seinen gesetzlichen Rechten ausgeschlossen ist. Für den Fall des vorzeitigen Ausscheidens kann die Beteiligung an den stillen Reserven jedoch ausgeschlossen werden.[62]

40 Die Entstehung einer atypisch stillen Gesellschaft ist ertragsteuerlich wie eine Einbringung des Betriebs des Inhabers des Handelsgewerbes in die stille Gesellschaft i.S.d. § 24 UmwStG zu sehen,[63] mit Sperrfrist analog § 6 Abs. 5 EStG. Bei unentgeltlicher Einräumung erhält der Stille den Mitunternehmeranteil steuerneutral gemäß § 6 Abs. 3 EStG. Überlässt der stille Gesellschafter Wirtschaftsgüter an den Geschäftsinhaber (die stille Gesellschaft selbst hat kein Gesamthandsvermögen) zur Nutzung, werden diese zum Sonderbetriebsvermögen des Stillen. Vom Stillen bezogene Vergütungen wie Mieteinnahmen, Darlehenszinsen, Gehälter für Geschäftsführung, sind damit keine Betriebsausgaben, sondern Sonderbetriebseinnahmen i.S.v. § 15 Abs. 1 Satz 2 EStG.[64] Soweit der Geschäftsinhaber ein

---

57 BFH BStBl. II 1994, 635; EStR H 15.9 (2).
58 S. hierzu ausführlich OFD Erfurt Vfg. v. 23.10.2003 = GmbHR 2004, 209.
59 Der Begriff ist gesellschafts- und steuerrechtlich daher unterschiedlich von seinen Voraussetzungen.
60 BFH v. 25.06.1984, GrS 4/82, BStBl II 1984, 751; NJW 1985, 93.
61 Z.B. BFH v. 13.7.2017 – IV 41/14, DStR 2017,2 1104; BFHE 213, 358, BStBl. II 2006, 595; BFH Urt. v. 10.05.2007 – IV R 2/05 = BStBl. II 2007, 927. Eine geringere Ausprägung des Mitunternehmerrisikos kann im Rahmen der Gesamtwürdigung der Umstände des Einzelfalls durch eine stärkere Ausprägung der Mitunternehmerinitiative ausgeglichen werden. Ein fehlendes Mitunternehmerrisiko und eine fehlende Mitunternehmerinitiative kann durch eine erhebliche Beteiligung am Gewinn und eine Befugnis zu typischen unternehmerischen Entscheidungen der laufenden Geschäftsführung ausgeglichen werden (FG Hessen v. 05.09.2006 – 11 K 2034/03).
62 BFH BStBl. II 1992, 465.
63 BFH, Urt. v. 08.12.2016 – IV R 8/14, DStR 2017, 255. Wegen Sperrfrist: Maetz, DStR 2015, 1844.
64 BFH DStRE 1999, 465.

gewerbliches Unternehmen i.S.v. § 15 Abs. 2 EStG betreibt, also keine rein freiberufliche, land- und forstwirtschaftliche oder vermögensverwaltende Tätigkeit ausübt, erzielt der stille Gesellschafter Gewerbeeinkünfte i.S.v. § 15 Abs. 1 Satz 1 Nr. 2 EStG. Die Verteilung muss jedoch angemessen sein.[65] Verluste sind nur entsprechend § 15a EStG steuerlich verwendbar.[66]

Veräußert der typisch stille Gesellschafter seine im Privatvermögen gehaltene Beteiligung, ist der Veräußerungsgewinn nach § 20 Abs. 2 Nr. 4 i.V.m. Abs. 4 EStG steuerpflichtig. Der Veräußerungsgewinn des atypisch stillen Gesellschafters, wie auch der Aufgabegewinn bei Ausscheiden, Auflösung oder Beendigung der atypisch stillen Gesellschaft werden von §§ 16, 34 EStG erfasst.[67]

41

b) Erbschaft- und Schenkungsteuer: Der Anteil des atypisch stillen Gesellschafters ist ein nach §§ 13b Abs. 1 Nr. 2, 19a ErbStG begünstigtes Unternehmensvermögen,[68] auf das der Verschonungsabschlag gemäß §§ 13a und b ErbStG, die Tarifbegrenzung gemäß § 19a ErbStG und die Stundungsmöglichkeit gemäß § 28 ErbStG Anwendung finden. Dies gilt auch für den erst durch Schenkung der Beteiligung an einem bisherigen Einzelunternehmen entstehenden stillen Anteil. Bei Schenkung der stillen Beteiligung an einer Gesellschaft wird vom Gesellschafter nur die Einlage geschenkt, das Gesellschaftsverhältnis aber mit der Gesellschaft begründet, sodass hier nicht die Beteiligung zugewendet wird.[69] Der als Sonderbetriebsvermögen geltende GmbH-Anteil des Gesellschafters bei der GmbH & Still unterliegt damit auch der Steuerbegünstigung, selbst wenn der Anteil nicht 25 % des Kapitals der GmbH übersteigt, muss jedoch dann aber auch zusammen mit der stillen Beteiligung stets übertragen werden, damit einkommensteuerlich keine Betriebsentnahme entsteht. Der Schenker sollte sich jedoch vor einer Inanspruchnahme aus der Nachversteuerung vertraglich gegen den Beschenkten schützen, falls die gesetzlichen Begünstigungsvoraussetzungen nicht vollständig erfüllt werden, insbes. wegen Verletzung der Behaltefrist i.S.v. § 13a Abs. 6 ErbStG.

42

c) Gewerbesteuer: Bei einer atypischen stillen Beteiligung an einer Personengesellschaft, die ein gewerbliches Unternehmen betreibt und damit schon eine eigenständige Mitunternehmerschaft i.S.v. § 15 Abs. 1 Nr. 2 EStG ist, besteht kein einheitlicher Gewerbebetrieb, sondern zwei eigenständige Mitunternehmerschaften und Gewerbebetriebe, die jeweils getrennt gewerbesteuerpflichtig sind.[70]

43

d) Grunderwerbsteuer: Die Übertragung der stillen Beteiligung an Grundbesitz haltenden Unternehmen unterliegt nicht der Grunderwerbsteuer. Da die stille Gesellschaft kein

44

---

65 BFH, Urt. v. 18.06.2015 – IV R 5/12: Grundsätzlich ist die gesellschaftsvertraglich festgelegte Gewinnverteilung auch steuerrechtlich maßgeblich. Wenn Inhaber des Handelsgewerbes eine Kapitalgesellschaft und der stille Gesellschafter zugleich Gesellschafter der Kapitalgesellschaft ist oder einem solchen nahestehe, darf die Gewinnverteilung nicht aufgrund von außerhalb des stillen Gesellschaftsverhältnisses liegenden (verwandtschaftlichen, aber auch wirtschaftlichen) Beziehungen erfolgen, sondern muss dann korrigiert werden, führen aber nicht zu einer verdeckten Gewinnausschüttung.
66 BFH DStRE 1998, 624; zu § 15a EStG s. § 137 Rdn. 102 ff.
67 Bei der Veräußerung der stillen Beteiligung an einer GmbH & Still muss jedoch auch der zum Sonderbetriebsvermögen des stillen Gesellschafters gehörende GmbH-Anteil zusammen mit übertragen werden, damit keine Betriebsentnahme entsteht, und damit nicht der gesamte Mitunternehmeranteil veräußert wird. Dies gilt jedoch nicht, bei einer Minderheitsbeteiligung an der GmbH von weniger als 10 % und der Minderheitsgesellschafter keinen entscheidenden Einfluss auf die Geschäftsführung der GmbH hat (BFH v. 14.06.2015 – IV R 1/12 = DStR 2015, 1362).
68 FinMin Bad-Württ. Erl. v. 09.04.2009; Bay.FinMin. Erl. v. 23.03.2009, DStR 2009, 908.
69 Zu möglichen Gestaltungen, u.a. dass der Gesellschafter zuerst selbst die Beteiligung begründet und dann mit angemessenem Abstand (Gesamtplanrechtsprechung!) diese schenkt, s. *Lasa*, ZEV 2010, 433 m.w.N.
70 BFH, Urt. v. 08.12.2016 – IV R 8/14, DStR 2017, 255.

Gesamthandsvermögen hat, ist eine Übertragung eines Grundstückes als Vermögenseinlage in das Vermögen des Inhabers daher in vollem Umfang GrESt-pflichtig und § 5 Abs. 2 GrEStG zugunsten des Stillen nicht anwendbar.

45 e) Umsatzsteuer: Die typische, wie auch die atypische stille Gesellschaft sind keine Unternehmer i.S.d. UStG.[71]

VII. GmbH & Still

46 Der Unternehmensträger (Hauptgesellschafter) einer stillen Gesellschaft kann auch eine Kapitalgesellschaft sein. Auch der oder die Gesellschafter einer GmbH können sich an dieser zugleich als stille Gesellschafter beteiligen (personenidentische GmbH & Still).[72] Bei idealer Gestaltung lassen sich die besonderen steuerlichen Vorteile der Personengesellschaft mit dem Vorteil der Haftungsbeschränkung[73] kombinieren. Sie ermöglicht, im Gegensatz zum Rechtsverhältnis eines GmbH-Gesellschafters, dasjenige eines Stillen wesentlich einfacher zu begründen, zu modifizieren und abzuwickeln.[74] Daher wird sie immer häufiger auch als Variante der Unternehmensfinanzierung genutzt, da die vertragliche Gestaltungsfreiheit dem Stillen weitreichende Einflussnahmemöglichkeiten auf die Verwaltung der GmbH eröffnet, um seine Investition verantwortlich mitgestalten zu können, z.B. auch als (Mit-)Geschäftsführer; andererseits bleibt seine Beteiligung bei der GmbH Fremdkapital und kann damit gemäß § 236 Abs. 1 HGB als Insolvenzforderung angemeldet werden, wenn der Stille nicht am Verlust mit beteiligt ist und/oder zugleich Gesellschafter der GmbH ist, wenn er also nicht atypisch beteiligt ist.[75] Sie bietet auch die Möglichkeit der steuergünstigen Einkommensverteilung bzw. -verlagerung auf Angehörige, was insbes. in Familienunternehmen interessant sein kann. Im Gegensatz zu der artverwandten GmbH & Co. KG ist die GmbH & Still reine Innengesellschaft ohne Außenpublizität sowie ohne Kaufmannseigenschaft und somit nicht buchführungspflichtig, ohne Haftung des Stillen i.S.d. §§ 171, 172 HGB, in der atypischen Form jedoch steuerlich weitgehend einander gleichgestellt.

---

[71] OFD Erfurt, Vfg. v. 23.10.2003, GmbHR 2004, 209, 215.
[72] Heckschen/Heidinger/*Heckschen/Kreußlein*, 4. Aufl., § 15 Rn. 111 ff., 146. *Post-Hoffmann*, Die stille Beteiligung am Unternehmen der Kapitalgesellschaft, 2. Aufl. 1984; *Schulze zur Wiesche*, GmbH & Still, 4. Aufl. 2003; *Sterzenbach*, DStR 2000, 1669; *Weigl*, Zur Eintragungspflicht einer GmbH & Still im Handelsregister GmbHR 2001, 182; *Suchanek*, Steuerpraxisfragen der GmbH & atypisch Still FR-ErtragStR 2004, 1149; *Geißler*, GmbHR 2008, 515.
[73] Ein unmittelbarer Haftungsdurchgriff der GmbH-Gläubiger auf den Stillen ist nicht möglich (BGH BB 1964, 327; s.a. v. 01.03.2010 – II ZR 249/08 = NZG 2010, 823). Nach *K. Schmidt* (zuletzt in NZG 2016, 4) übernimmt die GmbH dabei die Stellung einer Quasi-Komplementärin in einer Quasi-Kommanditgesellschaft, bei der der Stille als Quasi-Kommanditist mit einem Quasi-Kapitalanteil beteiligt ist. Das Unternehmen der GmbH wird von ihr treuhänderisch im eigenen Namen verwaltet und stellt das Gesellschaftsvermögen einer virtuellen Quasi-KG im Sinne einer nichtrechtsfähigen GmbH & Co. KG dar.
[74] Die strengen Vorschriften des Konzernrechts des AktG werden nicht entsprechend angewendet.
[75] Die Beteiligung des atypisch stillen Gesellschafters bei einer stillen Gesellschaft ohne natürliche Person als persönlich haftenden Gesellschafter (= GmbH & Still) unterfällt jedoch der Nachrangregelung der § 39 Abs. 1 Nr. 5, § 135 Abs. 1 InsO (BGH v. 23.11.2017 – IX ZR 218/16, DStR 2018,40; *Mack*, DStR 2008, 1645). Außerdem kann die Einlage eigenkapitalersetzende Funktion habe oder erlangen, wenn der Stille aufgrund der vertraglichen Ausgestaltung des stillen Gesellschaftsverhältnisses hinsichtlich seiner vermögensmäßigen Beteiligung und seines Einflusses auf die Geschicke der GmbH weitgehend einem GmbH-Gesellschafter gleichsteht (BGHZ 106, 7, 9 ff.) Seine Einlage ist damit – ebenso wie es die Einlagen der GmbH-Gesellschafter sind – durch § 30 GmbHG gebunden. Bei einer Beendigung der stillen Gesellschaft darf das Auseinandersetzungsguthaben deshalb nicht ausgezahlt werden, wenn und soweit dadurch das Vermögen der GmbH unter den Betrag der Stammkapitalziffer sinken würde (BGH v. 13.02.2006 – II ZR 62/04 = NZG 2006, 341 = NJW-RR 2006, 760); hierzu auch *Blaurock*, § 17.13 ff.; *Geißler*, GmbHR 2008, 515, 520 f.

Die Vereinbarung einer GmbH & Still ist von der organschaftliche Vertretungsmacht des Geschäftsführers gedeckt, soweit keine exorbitante Gewinnabführung erfolgen soll.[76] Als außergewöhnliches Geschäft verlangt sie jedoch in der Regel im Innenverhältnis der Zustimmung der GmbH-Gesellschafter. Die darin enthaltene Teil-Gewinnabführung führt nach h.M. insbes. in der Rspr., soweit dadurch nicht der gesamte oder nahezu gesamte Gewinn abgeführt wird, nicht zu einem Unternehmensvertrag i.S.d. Konzernrechts und ist daher im Handelsregister weder eintragungsfähig noch -pflichtig, auch nicht in der atypischen Form.[77] Um eine evtl. drohende Unwirksamkeit zu verhindern, wird dennoch empfohlen, einen notariellen zustimmenden Gesellschafterbeschluss mit qualifizierter Mehrheit zu fassen und den schriftlichen Vertrag zur Eintragung im Handelsregister anzumelden.[78]

Steuerlich bringt vor allem die atypische Form dieser Gesellschaft den Vorteil, GmbH-Verluste von der Gesellschaft auf die Gesellschafterebene zu verschieben und dort in den Grenzen des § 15a EStG[79] verwenden zu können, jedoch auch das Risiko von verdeckten Gewinnausschüttungen, wenn die Gewinnbeteiligung unangemessen ist. Daneben besteht die Möglichkeit, eine Gewinnrealisierung zu vermeiden, wenn ein Einzelunternehmen in eine GmbH eingebracht wird und eine wesentliche Betriebsgrundlage, wie z.B. ein Betriebsgrundstück beim Einzelunternehmer verbleibt. Durch die stille Beteiligung wird es nicht entnommen, sondern wird bei ihm Sonderbetriebsvermögen. Zugleich besteht jedoch auch die Gefahr, dass eine Gewinnrealisierung eintritt, wenn die atypisch stille Gesellschaft unbeabsichtigt aufgelöst wird, etwa weil die Geschäftsführerfunktion niedergelegt wird, oder wenn der GmbH-Gesellschafter seine stille Beteiligung ohne den GmbH-Anteil oder umgekehrt veräußert. Die Veräußerung der stillen Beteiligung muss mit der Veräußerung und Abtretung des GmbH-Anteiles zwingend gemäß § 15 Abs. 3, 4 GmbHG mit beurkundet werden. Die stille Beteiligung folgt nicht automatisch der GmbH-Anteilsabtretung nach, da sie nicht mit dieser verknüpft ist.

Die steuerliche Anerkennung setzt voraus, dass eine zivilrechtlich wirksame, klare und im Voraus abgeschlossene Vereinbarung vorliegt, die tatsächlich durchgeführt wird, und der Vertrag keine Bedingungen enthält, unter denen fremde Dritte nicht Kapital als stille Einlage zur Verfügung stellen würden; außerdem muss der Berechnungsmodus zur Ermittlung des Gewinnanteiles des Stillen eindeutig und darf einer Einflussnahme durch den Gesellschafter nicht zugänglich sein. Als Obergrenze für eine angemessene Gewinnverteilung wird der Betrag angesehen, den ein ordentlicher und gewissenhafter Geschäftsleiter an einen Fremden für die Kapitalüberlassung zu zahlen bereit wäre; ansonsten liegt verdeckte Gewinnausschüttung vor. Auch muss sich klar aus dem Gesellschaftsvertrag ergeben, ob bei Ermittlung des Gewinnanteils aus der Steuerbilanz der Steuerbilanzgewinn vor oder nach Abzug der Körperschaftsteuer maßgeblich ist.[80]

Auch die GmbH & Still gibt es in den Ausformungen der typischen stillen Gesellschaft (ohne Beteiligung an den stillen Reserven) und als atypische Beteiligung; letzteres liegt in der Regel vor, wenn der Gesellschafter-Geschäftsführer der GmbH zugleich auch stiller Gesellschafter ist, selbst wenn nur ein geringes Unternehmerrisiko besteht, was etwa bei fehlender Beteiligung des Stillen an den stillen Reserven und am Firmenwert der GmbH gegeben ist, weil dieses fehlende Unternehmerrisiko durch eine ausgeprägte, verstärkte

---

76 Vgl. *Morshäuser/Dietz-Vellmer*, NZG 2011, 1135.
77 Kammergericht v. 24.03.2014 – 12 W 43/12, RNotZ 2014, 452; Anmerkung hierzu *Schmidt*, NZG 2014, 881; OLG München, 17.03.2011 – 31 Wx 68/11 = DStR 2011, 1139; MüKo-HGB/*K. Schmidt*, § 230 HGB Rn. 114 u.a.; a.A. *Weigl*, GmbHR 2001, 182; *ders.*, DStR 99, 1572.
78 Ausführlich hierzu: Heckschen/Heidinger/*Heckschen/Kreußlein*, 4. Aufl., § 15 Rn. 137 ff.
79 Sowie des § 15 Abs. 4 Satz 6–8 EStG, wenn stiller Gesellschafter eine Kapitalgesellschaft ist (Zweck: Einschränkung des Verlusttransfers zwischen Kapitalgesellschaften) s. *Götz/Bindl*, GmbHR 2009, 584.
80 Detaillierte Darstellung insb. auch bzgl. den Fragen der Behandlung von verdeckten Gewinnausschüttungen in Vfg. der OFD Rostock v. 19.12.1999, DStR 2000, 591; OFD Frankfurt am Main, RdVfg. v. 14.03.2001, DStR 2001, 1159 sowie OFD Erfurt, Vfg. v. 23.10.2003, GmbHR 2004, 209, 213.

Mitunternehmerinitiative ausgeglichen ist.[81] Ansonsten verlangt die atypische Form (s.a. Rdn. 39) zwingend die Beteiligung des Stillen am konkret ermittelten Geschäftswert.[82] Der atypisch stille Gesellschafter, der zugleich GmbH-Geschäftsführer ist, erzielt keine Arbeitnehmereinkünfte, sondern Gesellschafter-Sondervergütungen im Sinne von § 15 Abs. 1 Satz 1 Nr. 2 S. 1 EStG.[83] Die Einlage des Stillen ist einlagefähig als Sacheinlage in die GmbH.[84]

VIII. AG & Still

51 Ein mit einer AG geschlossener stiller Gesellschaftsvertrag ist ein Teilgewinnabführungsvertrag i.S.d. § 292 Abs. 1 Nr. 2 AktG und wird deshalb grundsätzlich erst mit der Genehmigung der Hauptversammlung mit $^3/_4$ – Mehrheit und der Eintragung nach § 294 AktG im Handelsregister wirksam, soweit nicht ein Fall des § 292 Abs. 2 AktG vorliegt.[85]

Gesellschaftsvertrag einer typischen stillen Gesellschaft[86]

52 M Der Kaufmann Hans Hergt und Frau Gertrud Hartung, geborene Pflug, beide in Wiesbaden, schließen folgenden Vertrag über eine stille Gesellschaft:

1. Gegenstand, Beteiligung, Einlage, Verfügungen

Kaufmann Hergt (= Geschäftsinhaber) betreibt in Wiesbaden eine Lederhandlung (= Unternehmen) unter der eingetragenen Firma »Herbert Hesselmann, Nachfolger Hans Hergt e.K.« die im Handelsregister des Amtsgericht Wiesbaden unter HRA ..... eingetragen ist. An diesem Geschäft beteiligt sich Frau Hartung mit einer bis zum ..... in Geld zu erbringenden Einlage von 100.000 € als stille Gesellschafterin. Die Einlage soll nur zur Stärkung der Betriebsmittel dienen, darf also nicht zur Bezahlung alter Schulden verwandt werden.
Abtretung, Verpfändung und Veräußerung der stillen Beteiligung, Einräumung von Treuhandverhältnissen sowie Bestellung eines Nießbrauchs daran bedürfen der vorherigen Zustimmung des Geschäftsinhabers.

2. Dauer

Die stille Gesellschaft beginnt am ..... und endet am .....
Die Gesellschaft verlängert sich immer um fünf Jahre, wenn sie nicht sechs Monate vor dem jedesmaligen Ablauf gekündigt wird. Das erste Geschäftsjahr läuft bis .....
Danach entspricht es dem Kalenderjahr.
Ohne Einhaltung einer Kündigungsfrist kann die Gesellschaft von jedem Gesellschafter schriftlich gekündigt werden, wenn ein wichtiger Grund vorliegt. Wichtige Gründe sind:

---

81 BFH v. 13.07.2017 – IV er 41/14, DStR 2017, 2104: die Einlage darf jedoch dabei nicht durch Verrechnung mit den dem Stillen zustehenden Gewinnanteilen erbracht werden (dann fehlendes Unternehmerrisiko)., s.a. OFD Frankfurt am Main, RdVfg. v. 26.06.1996, DStR 1996, 1406.
82 BFH v. 27.05.1993, IV R 1/92, BStBl II 1994, 700, DStR 1993, 1742, NJW-RR 1994, 423.
83 *Schmidt/Wacker*, § 15 EStG Rn. 358 mit Hinweis auf BFH/NV 2006, 277.
84 BGH v. 3.11.2015 – II ZR 13/14 m. Anm. *K. Schmidt* NZG 2016, 4. Heckschen/Heidinger/*Heckschen/Kreußlein*, § 15 Rn. 147: aufschiebend bedingt auf die Eintragung der Sachkapitalerhöhung im Handelsregister.
85 BGH, Urt. v. 08.05.2006 – II ZR 123/05 = DStR 2006, 1292; BGHZ 156, 38 = DStR 2003, 2031; BFH DStR 2005, 295.
86 Muster für eine stille Gesellschaftsbeteiligung an einer Gesellschaft u.a. unter www.frankfurt-main.ihk.de/recht/rechtslinks/vertraege.

- vorsätzliche Vertragsverletzung, insbes. Verletzung der Regeln über die zustimmungspflichtigen Geschäftsführungsmaßnahmen,
- Unrentabilität des Unternehmens während zweier hintereinander folgender Vertragsjahre oder dessen Liquidation,
- Tod oder Geschäftsunfähigkeit des Inhabers,
- Eröffnung des Insolvenzverfahrens über das Vermögen des Geschäftsinhabers, bzw. der stillen Gesellschafterin oder Ablehnung der Eröffnung mangels Masse,
- Zwangsvollstreckungen gegen den Geschäftsinhaber bzw. in Gesellschafterrecht der stillen Gesellschafterin, falls sie nicht binnen zwei Wochen durch Zahlung abgewendet werden.

Wichtige Gründe sind auch Tatsachen, nach denen es einem der Gesellschafter nicht mehr zuzumuten ist, das Gesellschaftsverhältnis fortzusetzen. Dazu gehören auch andauernde persönliche Zwistigkeiten.

3. Geschäftsführung

Die Führung der Geschäfte steht ausschließlich dem Geschäftsinhaber zu.
Bei atypischer Form: Zur Vornahme von Handlungen, die über den gewöhnlichen Geschäftsbetrieb hinausgehen, bedarf der Inhaber der vorherigen Einwilligung der stillen Gesellschafterin.
Die stille Gesellschafterin ist verpflichtet, unverzüglich nach schriftlicher Mitteilung der beabsichtigten Maßnahme sich dazu zu erklären. Erfolgt keine Stellungnahme innerhalb von ..... Wochen nach Erhalt ausreichender Information, gilt ihre Einwilligung als erteilt; hierauf ist in der Aufforderung ausdrücklich hinzuweisen.
Außergewöhnliche Geschäfte außerhalb des Handelsgewerbes ohne ihre Einwilligung braucht die stille Gesellschafterin bei der Gewinnberechnung und der Auseinandersetzung nicht gegen sich gelten lassen.
Der Geschäftsinhaber erhält für seine Tätigkeit einen Betrag von monatlich 4.000 €.

4. Gewinn- und Verlustbeteiligung

An dem in der Handelsbilanz des Unternehmens ausgewiesenen Jahresgewinn vor Berücksichtigung des auf den stillen Gesellschafter entfallenden Gewinn- und Verlustanteils (*sowie vor Abzug der Körperschaftsteuer*)[87] ist die stille Gesellschafterin mit 25 vom Hundert beteiligt, im ersten (Rest-)Geschäftsjahr zeitanteilig. Am jährlichen Verlust nimmt die stille Gesellschafterin gleichfalls mit 25 vom Hundert teil, der auf ein zur Einlage gesondertes Verlustkonto verbucht wird. alternativ: *An einem etwaigen Verlust des Unternehmens ist der stille Gesellschafter nicht beteiligt.*
Der Jahresabschluss (Handelsbilanz nebst Gewinn- und Verlustrechnung) ist unverzüglich zu erstellen und der stillen Gesellschafterin zu übermitteln. Einwendungen dagegen kann diese nur innerhalb von ..... Wochen nach Erhalt schriftlich geltend machen, ansonsten gilt er als genehmigt. Die Gewinn- und Verlustbeteiligung wird der Höhe nach auf einen Betrag in Höhe von 30 % der Einlage des stillen Gesellschafters begrenzt.[88]
Der Gewinn bzw. Verlust ist wie folgt zu berichten:
a) folgende Positionen sind hinzuzurechnen:
- außerordentliche Aufwendungen sowie als Aufwand behandelte Tätigkeitsvergütungen oder sonstige Zahlungen an den Inhaber

---

87 Nur bei GmbH & Still.
88 Eine Begrenzung ist evtl. aus steuerlichen Gründen bei Familiengesellschaften erforderlich s. Rdn. 36.

- Verluste aus der Veräußerung oder Zerstörung von Wirtschaftsgütern des Anlagevermögens,
- Ertragsminderung aufgrund erhöhter Absetzungen oder Sonderabschreibungen nach steuerrechtlichen Vorschriften,
- Zuführung zu den Rücklagen.

b) Folgende Positionen sind herauszurechnen:
- außerordentliche Erträge,
- Erträge aus der Veräußerung oder Zerstörung von Wirtschaftsgütern des Anlagevermögens.

Der auf die stille Gesellschafterin entfallende Jahresgewinn ist, *soweit nicht eingetretene Verluste vergangener Jahr auf dem Verlustkonto damit auszugleichen sind*, ihr bis zum 1. März des auf das abgeschlossene Geschäftsjahr folgenden Jahres auszuzahlen und bei späterer Zahlung mit 6 vom Hundert jährlich zu verzinsen.

Von der stillen Gesellschafterin stehen gelassene Gewinnanteile erhöhen nicht ihre Einlagen. Sie sind vielmehr ihrem Privatkonto gutzuschreiben, das mit ..... %-Punkten über dem jeweiligen Basiszinssatz jährlich verzinst wird. Dessen Auszahlung kann der Inhaber jederzeit ganz oder teilweise vornehmen, die stille Gesellschafterin nur mit einer vorherigen Kündigung von ..... Wochen verlangen, soweit nicht dem Geschäftsbetrieb des Geschäftsinhabers ersichtlich ein Schaden entstehen würde.

5. Sicherungsübereignung

Zur Sicherung aller Ansprüche der stillen Gesellschafterin übereignet ihr der Geschäftsinhaber die aus der Anlage zu diesem Vertrage ersichtlichen Gegenstände. Die Gesellschafter sind darüber einig, dass das Eigentum daran heute auf die stille Gesellschafterin übergeht. Die Übergabe wird dadurch ersetzt, dass die übereigneten Gegenstände leihweise dem Geschäftsinhaber zur Benutzung überlassen werden. Die übereigneten Gegenstände sind gegen Feuer, Einbruchdiebstahl und Wasserschaden mit 100.000 € zugunsten von Frau Hartung versichert zu halten. Die Prämienrechnung hat der Geschäftsinhaber zu begleichen, was er auf Verlangen nachzuweisen hat.

Für abgängige Stücke oder solche, die durch irgendwelche Umstände wesentlich an Wert verlieren, hat der Geschäftsinhaber gleichwertige Ersatzstücke anzuschaffen. Über diese hat er der stillen Gesellschafterin Listen zu übergeben. Es besteht Einigkeit darüber, dass die in den zukünftig überreichten Listen aufgeführten Sachen in das Eigentum der stillen Gesellschafterin übergehen und dass der Geschäftsinhaber an ihnen lediglich Leihbesitz hat. Er ist verpflichtet, die stille Gesellschafterin unverzüglich zu benachrichtigen, wenn die übereigneten Gegenstände für Gläubiger gepfändet werden. Der Anzeige ist eine Abschrift des Pfändungsprotokolls und eine Versicherung beizufügen, dass die gepfändeten Gegenstände mit den übereigneten identisch sind. Wenn der Geschäftsinhaber mit seinen geldlichen Verpflichtungen aus diesem Vertrage in Verzug gerät, ist die stille Gesellschafterin berechtigt, die übereigneten Gegenstände freihändig zu verwerten oder öffentlich versteigern zu lassen. Nach Beendigung der Auseinandersetzung und Auszahlung des danach der stillen Gesellschafterin zustehenden Guthabens fällt das Eigentum an den übereigneten Gegenständen an den Geschäftsinhaber zurück.

6. Folgen des Versterbens

Stirbt der Geschäftsinhaber, wird die Gesellschaft nicht aufgelöst; sie wird vielmehr mit seinen Erben fortgesetzt, soweit diese seinen Geschäftsbetrieb fortführen. Führen mehrere Erben den Geschäftsbetrieb in Form einer Personenhandelsgesellschaft fort, ist der Vertrag der stillen Gesellschaft auf die Erfordernisse der Beteiligung an dieser

Gesellschaft so anzupassen, dass das Gesellschaftsverhältnis möglichst unverändert weitergeführt werden kann.
Stirbt die stille Gesellschafterin, so sind ihre Erben berechtigt, das Gesellschaftsverhältnis fortzusetzen oder mit sechsmonatiger Frist zum Ablauf des Geschäftsjahres ihres Todes oder des folgenden Geschäftsjahres zu kündigen.

7. Zustimmungsvorbehalt

Der Geschäftsinhaber darf unabhängig von den Regelungen in Ziff. 3. folgende Maßnahmen nur mit vorheriger Zustimmung des stillen Gesellschafters vornehmen: Änderung des Unternehmensgegenstandes, Einbringung oder Umwandlung des Unternehmens in eine Gesellschaft, Veräußerung oder Verpachtung des Unternehmens ganz oder in Teilen, Einstellung des Geschäftsbetriebes, Erwerb, Erweiterung oder Aufgabe von Beteiligungen an anderen Unternehmen, Erwerb, Veräußerung oder Überlassung von Grundstücken.[89] Wird diese Zustimmung nicht eingeholt, ist die stille Gesellschafterin berechtigt, das Gesellschaftsverhältnis ohne Einhaltung einer Kündigungsfrist zu kündigen. In diesem Falle ist ihr außer ihrem Auseinandersetzungsguthaben ein Zuschlag von 25 vom Hundert davon zu gewähren.

8. Informations- und Kontrollrechte

Der stillen Gesellschafterin stehen über § 233 HGB hinaus Informations- und Kontrollrechte gemäß § 716 BGB zu. Sie kann sich jederzeit über die Angelegenheiten des Handelsunternehmens unterrichten, die Bücher und Papiere während der Geschäftszeit in den Geschäftsräumen einsehen und sich aus ihnen Abschriften anfertigen. Zwecks Ausübung dieser Überwachungsrechte kann sie sich einer zur Berufsverschwiegenheit verpflichteten Person bedienen. Diese Rechte stehen ihr und im Falle ihres Todes ihren Erben auch nach Auflösung der Gesellschaft bis zur Beendigung der Auseinandersetzung zu. Auf Verlangen hat der Geschäftsinhaber Auskunft zu geben. Die Kosten der Bucheinsicht trägt die stille Gesellschafterin.

9. Wettbewerbsverbot, Geheimhaltung

Solange die stille Gesellschaft besteht, dürfen weder der Geschäftsinhaber noch die stille Gesellschafterin für sich persönlich Geschäfte abschließen, die in den Rahmen des Handelszweiges des Unternehmens der stillen Gesellschaft fallen. Beide dürfen sich auch nicht an einem anderen gleichartigen Unternehmen beteiligen, auch nicht als stille Gesellschafter. Eine Befreiung hiervon kann verlangt werden, soweit ein Nachteil für die Gesellschaft nicht zu erwarten ist.
Die stille Gesellschafterin ist verpflichtet, über alle Angelegenheiten des Unternehmens des Geschäftsinhabers Stillschweigen zu bewahren.

10. Auseinandersetzung

Nach Auflösung der Gesellschaft erhält die stille Gesellschafterin ihre Einlage, den auf ihrem Privatkonto stehenden Betrag und ihren Gewinnanteil bis zum Tag ihres Ausscheidens, bei Ausscheiden während des Geschäftsjahres zeitanteilig auf der Grundlage des Jahresabschlusses für das Ausscheidensjahr. Am Gewinn oder Verlust aus den noch schwebenden Geschäften nimmt die stille Gesellschafterin nicht teil, ebenso nicht an den stillen Reserven und am Firmenwert. Einen noch nicht ausgeglichen

---

89 Je mehr Mitentscheidungsbefugnisse dem stillen Gesellschafter zustehen, um so eher erlangt er Mitunternehmerinitiative, was dann zur atypischen stillen Gesellschaft führt. Wesentliche Veränderungen dürfen aber auch bei der typischen stillen Gesellschaft der Zustimmung des Stillen: BGH WM 1963, 1210.

Betrag auf dem Verlustkonto hat die stille Gesellschafterin nicht auszugleichen; dieser ist nicht auf die Abfindung zu verrechnen. *alternativ: Dieser wird bis zur Hälfte ihrer Einlage verrechnet.*
Das Auseinandersetzungsguthaben ist binnen ..... Monaten nach Beendigung der Gesellschaft auszuzahlen und bis zum Tag der Zahlung mit ..... %-Punkten über dem Basiszinssatz zu verzinsen. Die Zinsen sind gleichzeitig mit dem Guthabenbetrag fällig und zahlbar.

11. Schriftform, salvatorische Klausel

Unterschriften
[Beglaubigung nicht erforderlich]

■ *Kosten.* Wert: Nur die Einlageverpflichtung der Stillen ist maßgebend (§ 97 Abs. 1 i.V.m. § 107 Abs. 1 GNotKG (= Mind. bzw. Höchstwertgrenze), hier 100.000 €. – Gebühr nach Nr. 21100 KV GNotKG von 2,0 (Tabelle B). Bei Mitbeurkundung von Vereinbarungen über die Zuwendung der vom stillen Gesellschafter einzubringenden Vermögenseinlage im Wege der Schenkung durch den Geschäftsinhaber liegen gegenstandsverschiedene Rechtsverhältnisse nach § 86 Abs. 2 GNotKG vor; liegt nicht zusätzlich noch eine Schenkung vor, ist die Erfüllung der Einlageverpflichtung gegenstandsgleich nach § 109 Abs. 1 Satz 4 Nr. 2 GNotKG.

Atypische stille Gesellschaft

In der Form einer **GmbH & Still** unter Beteiligung eines Gesellschafter/Geschäftsführers als Stiller:

Gesellschaftsvertrag einer atypische stille Gesellschaft

53 M Die »Autohaus Kolbe GmbH« vertreten durch ihren von den Beschränkungen des § 181 BGB befreiten Geschäftsführer Christan Kolbe
und
Herr Christan Kolbe, geboren am ..... wohnhaft in .....,
schließen folgenden

Vertrag über eine atypisch stille Gesellschaft:

1. Einlage

Herr Kolbe ist Mitgesellschafter und alleiniger Geschäftsführer der Firma »Autohaus Kolbe GmbH«. An diesem Unternehmen beteiligt er sich mit Wirkung vom 1. Januar kommenden Jahres an zusätzlich als stiller Gesellschafter, indem er je 75.000 € am 1. Januar und am 1. April kommenden Jahres, insgesamt also 150.000 €, einlegt.

2. Dauer

Der Vertrag läuft vom kommenden 1. Januar (= Stichtag) ab auf unbestimmte Dauer. Das Geschäftsjahr entspricht dem der GmbH.
Jeder Beteiligte kann das Gesellschaftsverhältnis mit einer Frist von einem Jahr zum Ende eines Kalenderjahres kündigen, erstmals zum 31.12......,
Das Recht, aus wichtigem Grund ohne Einhaltung einer Frist zu kündigen, bleibt unberührt. Wichtige Gründe insbesondere sind:

- Ausscheiden des stillen Gesellschafters als Geschäftsführer und Gesellschafter der GmbH
- Verletzung einer wesentlichen Vertragspflicht durch einen Gesellschafter, insbesondere Vornahme von Maßnahmen ohne die nach diesem Vertrag erforderliche Zustimmung des stillen Gesellschafters
- Auflösung der GmbH oder Veräußerung oder Einstellung eines wesentlichen Teils ihrer Geschäftstätigkeit.
- Eröffnung des Insolvenzverfahrens oder Ablehnung der Eröffnung eines solchen Verfahrens mangels Masse über das Vermögen der GmbH bzw. des stillen Gesellschafters oder Einleitung von Zwangsvollstreckungsmaßnahmen in die Gesellschafterrechte des stillen Gesellschafters.
- wesentliche Verschlechterung der Vermögensverhältnisse der GmbH, bei der die Einhaltung der ordentlichen Kündigungsfrist unzumutbar erscheint.

Die Kündigung bedarf der Schriftform.

3. Beteiligungsverhältnis

Die Beteiligten bewerten das Unternehmen der GmbH zum Stichtag mit 1.350.000,00 €. An der stillen Gesellschaft und damit auch an dem nach Ziff. 6 festgestellt Auseinandersetzungswert ist damit der stille Gesellschafter mit 10 % (zehn von Hundert) beteiligt. Erhöht die GmbH ihr Kapital, ist der stille Gesellschafter berechtigt, aber nicht verpflichtet, eine seiner Beteiligungsquote entsprechende Einlageerhöhung vorzunehmen. Nimmt er nicht entsprechend daran teil, verringert sich seine Beteiligungsquote im Verhältnis des vormaligen zum erhöhten Kapital entsprechend.

Das Vermögen der Gesellschaft wird unbeschadet der Tatsache, dass rechtlich kein Gesamthandsvermögen besteht, im Innenverhältnis wie gemeinschaftliches Vermögen behandelt. Insbesondere erstreckt sich die Beteiligung des stillen Gesellschafters auch auf den Vermögenszuwachs und die stillen und offenen Reserven der Gesellschaft.

4. Mitgeschäftsführung

Die Geschäftsführung der stillen Gesellschaft erfolgt durch den stillen Gesellschafter als Geschäftsführer der GmbH.

Ist der stille Gesellschafter nicht mehr Geschäftsführer der GmbH, bedarf die GmbH zu folgenden Maßnahmen der vorherigen Zustimmung des stillen Gesellschafters:

Alle Geschäfte, die über den gewöhnlichen Rahmen des Betriebes der GmbH hinausgehen

Oder: ein entsprechender Katalog zustimmungsbedürftigen Angelegenheiten: [siehe vorheriges Muster Ziffer 7.]

Die Inhaberin hat die beabsichtigte Maßnahme dem stillen Gesellschafter unter Aufforderung zur Erteilung seiner Zustimmung schriftlich mitzuteilen. Der stille Gesellschafter ist verpflichtet, unverzüglich Stellung zu nehmen. Widerspricht der stille Gesellschafter der Vornahme einer ihm mitgeteilten beabsichtigenden Maßnahme nicht innerhalb von zwei Wochen seit Zugang der Mitteilung, gilt dies als Zustimmung.

5. Gewinnverteilung

Die Jahresbilanz der GmbH nach handels-/steuerrechtlichen Regeln ist dem stillen Gesellschafter innerhalb von ..... Monaten nach Ablauf des Geschäftsjahres zusammen mit einem Rechnungsabschluss der stillen Gesellschaft mit einer Darstellung der Ergebnisbeteiligung des stillen Gesellschafters und Entwicklung seiner Konten zur

Genehmigung zu übermitteln. Einwendungen dagegen können nur innerhalb eines Monats nach Zugang geltend gemacht werden, ansonsten gilt er als genehmigt.

Für die Ermittlung des Gewinnanteils ist die Steuerbilanz[90] der Inhaberin maßgeblich und der dort vor/nach (?) Abzug der Körperschaftsteuer ergebende Bilanzgewinn, bevor der auf den stillen Gesellschafter entfallende Gewinn- oder Verlustanteil berücksichtigt wird. Wird der Jahresabschluss der Inhaberin bestandskräftig geändert, so ist diese Änderung auch bei der Ergebnisbeteiligung des stillen Gesellschafters zu berücksichtigen.

An dem so ermittelten Gewinn oder Verlust nimmt der stille Gesellschafter entsprechend seinem Beteiligungsverhältnis teil. Verluste werden auch über den Betrag seiner Einlage hinaus dem stillen Gesellschafter auf sein Verlustkonto verbucht, welches mit künftigen Gewinnanteilen auszugleichen ist. Eine Nachschusspflicht des stillen Gesellschafters entsteht dadurch nicht.

Einigen sich die Gesellschafter über den Jahresabschluss nicht, so ist er auf Kosten des Geschäftsinhabers von einem von der zuständigen IHK zu bestimmenden Steuerberater mit verbindlicher Wirkung für beide Gesellschafter festzustellen.

Um das Verhältnis der Beteiligungen unverändert zu halten, werden für die Vertragschließenden neben dem festen Einlagenkonto, ein Verlustkonto und ein Privatkonto gesondert geführt; auf Letzterem werden die entnahmefähigen Gewinnanteile und der sonstige Zahlungsverkehr verbucht. Guthaben auf dem Privatkonto können jederzeit (alternativ: nur so weiter zur auf den Gewinnanteil entfallenden Steuerbelastung erforderlich, ansonsten nur mit einer vorherigen Kündigung von ..... Wochen) entnommen werden. Dabei ist auf die finanzielle Lage des Unternehmens Rücksicht zu nehmen. Beträge, die aufgrund schriftlicher Vereinbarung der Beteiligten auf dem Privatkonto mindestens ein halbes Jahr festgelegt werden, sind mit 2 Prozentpunkten über dem jeweiligen Basiszinssatz zu verzinsen, während sonstige Guthaben nicht verzinst werden.

6. Auseinandersetzung

Bei Beendigung der stillen Gesellschaft steht dem stillen Gesellschafter ein Abfindungsanspruch (Auseinandersetzungsguthaben) zu. Dieser wird auf der Grundlage einer Auseinandersetzungsbilanz nach den handelsrechtlichen Grundsätzen ermittelt, für die der Jahresabschluss für das Geschäftsjahr maßgebend ist, zu dessen Ablauf die Gesellschaft beendigt wird; erfolgt die Beendigung während eines laufenden Geschäftsjahres, ist der Jahresabschluss des vorangegangenen Geschäftsjahres maßgebend.

Der ermittelte Gewinn- oder Verlustanteil des stillen Gesellschafters ist zu berücksichtigen; bei unterjährigem Ausscheiden, zeitanteilig/aufgrund einer Zwischenbilanzierung. An zum Zeitpunkt der Beendigung schwebenden Geschäften nimmt der stille Gesellschafter nicht mehr teil.

Er erhält seine Einlage und den Saldo seiner gesamten Sonderkonten (= Verlust- und Privatkonto); ein aus seinen Sonderkonten ergebender negativer Saldo ist von ihm (nicht?)/*alternativ:* bis zur Höhe seiner Einlage (seines Abfindungsguthabens) auszugleichen.

Darüber hinaus erhält der stille Gesellschafter einen seiner Beteiligungsquote entsprechenden Anteil an den Wertsteigerungen der GmbH im Zeitraum des Bestehens der stillen Gesellschaft. Die Wertsteigerung entspricht dem Unterschied zwischen dem Wert der GmbH zum Beginn der stillen Gesellschaft im Vergleich zu deren Beendigung.

---

[90] Bei einer GmbH & Still muss geregelt werden, ob bei Ermittlung des Gewinnanteils aus der Steuerbilanz der Steuerbilanzgewinn vor oder nach Abzug der Körperschaftsteuer maßgeblich ist.

Der Wert ist nach dem Verfahren zu ermitteln, wie nach dem gegenwärtig geltenden Bewertungsgesetz der Wert sämtlicher Geschäftsanteilen der GmbH im vereinfachten Ertragswertverfahren ermittelt werden, abzüglich eines Abschlages von 10 %.
Alternativ: (bei Beteiligung am Vermögen)
In der Auseinandersetzungsbilanz sind alle Aktiva und Passiva des gesamten Betriebsvermögens mit ihren tatsächlichen, aktuellen Werten anzusetzen und auch der Firmenwert zu berücksichtigen. Hieran ist der stille Gesellschafter entsprechend seiner Beteiligungsquote beteiligt. Damit ist die Einlage abgefunden. Ein Guthaben auf dem Privatkonto ist dem Abfindungsanspruch hinzuzurechnen, ein Saldo auf dem Privat- und/oder dem Verlustkonto von diesem abzuziehen. Ergibt sich insgesamt ein Negativbetrag, ist dieser nur bis zur Höhe eines negativen Privatkontos vom stillen Gesellschafter auszugleichen.
Können sich die Beteiligten nicht über den Abfindungswert innerhalb von ..... Monaten nach der Beendigung einigen, ist dieser von einem von der zuständigen IHK bestimmten Wirtschaftsprüfer für beide Seiten verbindlich festzulegen. Dessen Kosten tragen beide Seiten je zur Hälfte.
Das Auseinandersetzungsguthaben ist dem stillen Gesellschafter in ..... gleichen Jahresraten auszubezahlen, die erste Rate binnen sechs Wochen nach Fertigstellung der Auseinandersetzungsbilanz, *(sechs Monate nach Beendigung der Gesellschaft)*, die weiteren Raten jeweils im Jahresabstand. Verzinst wird das Gesamtguthaben vom Tage der Beendigung der Gesellschaft ab bis zur jeweiligen Auszahlung mit 2 Prozentpunkte über dem jeweiligen Basiszinssatz. Vorzeitige Tilgung ist zulässig. Sicherheitsleistung kann nicht verlangt werden.
Änderungen des maßgeblichen Jahresabschlusses sind nicht zu berücksichtigen.

7. Verfügungen

Nur soweit der stille Gesellschafter seine Beteiligung an Personen überträgt, die Rechtsnachfolger in seine GmbH-Anteile sind, bedarf die Verfügung keine Zustimmung; alle sonstige Verfügungen über die stille Beteiligung wie auch über Rechte aus der stillen Beteiligung sowie die Begründung einer Unterbeteiligung oder eines Treuhandverhältnisses sowie eines Nießbrauches an der stillen Beteiligung bedürfen der Zustimmung der Gesellschafterversammlung der GmbH.

8. Versterben eines Beteiligten

[Siehe vorheriges Muster Ziffer 6; zusätzlich wäre noch anzufügen:]
Werden andere Personen Rechtsnachfolger in die stille Beteiligung als Rechtsnachfolger in die GmbH-Anteile des stillen Gesellschafters wurden, kann die stille Gesellschaft von Seiten der GmbH außerordentlich gekündigt werden.

9. Wettbewerbsverbot, Geheimhaltung

[Siehe vorheriges Muster Ziffer 9.]

10. Schriftform, salvatorische Klausel

Unterschriften

[Beglaubigung nicht erforderlich]

■ *Kosten.* Da der stille Gesellschafter bei der Auseinandersetzung so zu stellen ist, als wäre er am gesamten Geschäftsvermögen beteiligt gewesen, richtet sich der Geschäftswert nicht nur nach der Einlage des stillen Gesellschafters, sondern nach seiner prozentualen Beteiligung am Aktivvermögen des Unternehmens ohne Schuldenabzug. Wegen der schuldrechtlichen Beteiligung ist ein Wertabschlag von 20–30 % veranlasst.[91] Da hier nur eine Beteiligung in den zukünftigen Wertsteigerungen besteht, sind diese nach § 36 Abs. 1 GNotKG zu ermitteln. Angemessen erscheint neben dem Betrag der Einlage ein Betrag von 10 % bis max. 30 % des Vermögenswertes der GmbH, ermittelt aus den Bilanzwerten der GmbH unter Ansatz der Verkehrswerte des Anlagevermögens. Im Übrigen s. Kosten zu Rdn. 52 M.

---

91 BayObLG MittBayNot 1983, 31.

§ 142 Gesellschaft mit beschränkter Haftung (GmbH). Gründung, Satzungsbestandteile

I. Errichtung der GmbH, Gründungsprotokoll

1. Überblick

a) Wird nicht ausnahmsweise ein gesonderter, seinerseits formbedürftiger Vorvertrag geschlossen, ist der erste Schritt zur GmbH-Gründung (i.) der Abschluss des notariell beurkundeten Gesellschaftsvertrages, mit welchem die Vor-GmbH entsteht. Sodann sind (ii.) die ersten Geschäftsführer durch privatschriftlichen Beschluss zu bestellen, falls dies nicht schon in der Gründungsurkunde, wie meist, erfolgt ist (§ 6 Abs. 3 Satz 2 GmbHG), und (iii.) die geschuldeten Einlagen nach Maßgabe der Regelungen im Gesellschaftsvertrag unter Beachtung des § 7 GmbHG zu leisten. Hiernach kann der Notar (iv.) die zulässigerweise (mit entsprechender Treuhandabrede)[1] regelmäßig bereits bei Abschluss des Gesellschaftsvertrages durch die Geschäftsführer unterzeichnete und beglaubigte, aber noch zurückgehaltene Anmeldung zum Handelsregister in elektronisch beglaubigter Form einreichen. Ist dies erfolgt, kann (v.) das Registergericht in die Prüfung einsteigen, die jedoch durch § 9c Abs. 2 GmbHG bei der Gesellschaftsgründung eingeschränkt ist: Mängel des Gesellschaftsvertrags rechtfertigen die Ablehnung der Eintragung nur, soweit die Mängel zwingend erforderliche Satzungsbestandteile, ins Handelsregister einzutragende oder vom Handelsregister bekannt zu machende Tatsachen betreffen, gegen Gläubigerschutzvorschriften oder Vorschriften verstoßen, die im öffentlichen Interesse erlassen sind, oder zur Nichtigkeit des Gesellschaftsvertrags führen. Sodann erfolgt (vi.) die Eintragung der GmbH in das Handelsregister. Der Notar hat gemäß § 54 EStDV beglaubigte Abschriften der Errichtungsurkunde und der Handelsregisteranmeldung innerhalb von 2 Wochen nach Beurkundung an das für den Sitz der Gesellschaft zuständige Finanzamt für Körperschaften zu übersenden.[2] Zuvor dürfen den Beteiligten keine Abschriften oder Ausfertigungen ausgehändigt werden.

Kurzer Errichtungsvertrag – Bargründung

Verhandelt in Neustadt an der Weinstraße am …..
Vor mir, dem Notar …..
mit dem Amtssitz in Neustadt an der Weinstraße,
erschienen heute in meinen Amtsräumen …..:
1. **Herr Ernst Winter**, geb. am ….., wohnhaft in ….., ausgewiesen durch amtlichen Lichtbildausweis,
2. **Frau Margot Winter**, geborene Lassen, geb. am ….., wohnhaft in ….., ausgewiesen durch amtlichen Lichtbildausweis,
3. **Herr Walter Warmbold**, geb. am ….., wohnhaft in ….., von Person bekannt,
4. **Frau Herta Warmbold**, geborene Herner, geb. am ….., wohnhaft in ….., von Person bekannt,
– die Beteiligten zu 1.-4. werden nachfolgend auch kurz »die Gesellschafter« genannt –.

---
1 Hierzu nur MüKo-GmbHG/*Herrler*, § 8 GmbHG Rn. 46; Heckschen/Heidinger/*Heidinger/Knaier*, Kap. 2 E. Rn. 121 ff.
2 Zur Bedeutung dieser Vorschrift *Heinze*, NZG 2017, 371 ff.

§ 142 Gesellschaft mit beschränkter Haftung (GmbH). Gründung, Satzungsbestandteile

Auf Ansuchen der Erschienenen, die erklärten, ausreichend Gelegenheit erhalten zu haben, sich mit dem Gegenstand der Beurkundung auseinanderzusetzen, und auf eigene Rechnung zu handeln, beurkunde ich ihren Erklärungen gemäß, was folgt:

I. Gründung einer Gesellschaft mit beschränkter Haftung

Hiermit wird durch die Gesellschafter eine Gesellschaft mit beschränkter Haftung unter der Firma »Winter & Warmbold Pelzwaren GmbH« mit dem Sitz in Neustadt an der Weinstraße errichtet und der Gesellschaftsvertrag wie aus der Anlage I ersichtlich festgestellt. Zugleich werden die darin genannten Geschäftsanteile zu den dort aufgeführten Bedingungen übernommen.[3] Auf die Anlage wird als wesentlicher Bestandteil dieser Urkunde verwiesen, sie wurden den Beteiligten vorgelesen.

II. Gesellschafterversammlung

Die Gesellschafter halten hiermit sofort [unter Verzicht auf alle Frist-, Ladungs- und Formvorschriften][4] eine erste Gesellschafterversammlung der »Winter & Warmbold Pelzwaren GmbH i.G.« ab und beschließen mit sämtlichen Stimmen:
1. Mit sofortiger Wirkung wird Herr Walter Warmbold, geb. am ….., wohnhaft in [Wohnort], zum ersten Geschäftsführer bestellt. Er vertritt die Gesellschaft stets einzeln. Er hat das Recht, die Gesellschaft auch bei solchen Rechtsgeschäften zu vertreten, die er mit sich selbst oder mit einem von ihm vertretenen Dritten abschließt (Befreiung von den Beschränkungen des § 181 BGB).
2. Die Einzelheiten des Anstellungsvertrages mit Herrn Walter Warmbold werden in einem besonderen Anstellungsvertrag geregelt, zu dessen Unterzeichnung im Namen der Gesellschaft Frau Margot Winter beauftragt und bevollmächtigt wird.
3. Der Geschäftsführer ist vor Eintragung der Gesellschaft in das Handelsregister lediglich befugt, die zur Gründung nötigen Geschäfte und Maßnahmen vorzunehmen.[5]

III. Inländische Geschäftsanschrift

Die zum Handelsregister anzumeldende inländische Geschäftsanschrift der Gesellschaft befindet sich in Neustadt an der Weinstraße, Weinstraße 1; dies ist zugleich die Lage der Geschäftsräume.[6]

---

3 Zuweilen wird in den Gründungsmantel auch die Übernahmeerklärung der jeweiligen Gründer aufgenommen, s. Fuhrmann/Wälzholz/*Wälzholz*, M. 12.1; BeckOF-Vertrag/*Pfisterer*, M 7.8.1.1.1; zwingend ist dies aber nicht, da diese zumindest auch in der Satzung enthalten sein muss, § 3 Abs. 1 Nr. 4 GmbHG. Um den Gründungsmantel zu entschlacken, wird die Übernahmeerklärung regelmäßig nur in der Satzung aufgeführt. Der hier eingeschlagene Weg stellt gewissermaßen einen Kompromiss dar, indem spezifisch auf die Übernahmeerklärungen in der Anlage verwiesen wird; so auch Meyer-Landrut/*Radke*, FormKomm-GmbHR, A 1.
4 An sich wohl unerheblich bei der ersten Versammlung der Gründer, aber jedenfalls schadet der Zusatz nicht.
5 Alternative: Rdn. 23 M. Eine Regelung hierzu fehlt in vielen Gründungsprotokollen (vgl. etwa Meyer-Landrut/*Radke*, FormKomm-GmbHR, A 1; Herrler/*Haines*, Gesellschaftsrecht in der Notar- und Gestaltungspraxis, § 26 A), ist aber zumindest empfehlenswert (vgl. etwa *Furhmann*, in: Centrale für GmbH, GmbH-Handbuch, Loseblatt Band V, M 1).
6 Diese Angabe ist letztlich nur in der Anmeldung zum Handelsregister erforderlich, verschiedentlich wird aber empfohlen, sie auch in das Gründungsprotokoll aufzunehmen; so etwa *Furhmann*, in: Centrale für GmbH, GmbH-Handbuch, Loseblatt Band V, M 12, Fn. 4. Dies ist sicher unschädlich, allerdings ist nach hier vertretener Ansicht ein echter Mehrwert damit nicht verbunden.

IV. Vollzug, Vollmacht, Kosten

1. Die Erschienenen bevollmächtigen sich jeweils wechselseitig sowie die Angestellten des Notars ....., jeweils einzeln und unter Befreiung von den Beschränkungen des § 181 BGB, sie zum Zwecke des Vollzugs dieser Urkunde zu vertreten und alle in diesem Zusammenhang erforderlichen oder zweckdienlichen Erklärungen abzugeben, insbesondere die vorstehenden Erklärungen zu ändern bzw. zu ergänzen, entsprechende Beschlüsse der Gesellschafter zu fassen und zur Anmeldung zu bringen. Zur Ausübung der Vollmacht sind die Bevollmächtigten nur im Einvernehmen mit den Vollmachtgebern und nur vor dem beurkundenden Notar oder dessen amtlich bestellten Vertreter berechtigt. Die Vollmacht erlischt drei Monate nach Eintragung der Gesellschaft im Handelsregister.
2. Die Kosten der vorliegenden notariellen Beurkundung und der weiteren Durchführung der Gründung trägt nach den Regelungen des Gesellschaftsvertrages die Gesellschaft bis zu einem Betrag in Höhe von € 2.000.
3. Von dieser Urkunde erhalten die Gesellschafter je eine Ausfertigung, die Gesellschaft eine Ausfertigung und drei beglaubigte Abschriften sowie das Amtsgericht – Handelsregister – (in elektronischer Form) und das Finanzamt – Körperschaftsteuerstelle – je eine beglaubigte Abschrift.

V. Hinweise

Der Notar hat den Beteiligten den Ablauf der Gründung sowie die Bestimmungen der in der Anlage beigefügten Satzung erklärt und darauf hingewiesen,[7] dass
– die GmbH erst mit der Eintragung im Handelsregister entsteht und ein Handeln im Namen der Gesellschaft vor Eintragung, insbesondere als oder wie ein Geschäftsführer, zur persönlichen Haftung führt;
– die Gesellschafter für den Ausgleich eines bis zur Eintragung der Gesellschaft in das Handelsregister eventuell eintretenden Verlustes persönlich haften;
– Geldeinlagen grundsätzlich nur durch bare Leistung oder Banküberweisung, nicht aber durch eine Aufrechnung oder Verrechnung mit Forderungen eines Gesellschafters gegen die Gesellschaft erbracht werden können;
– Leistungen der Gesellschafter vor der heutigen Beurkundung grundsätzlich nicht zur Erfüllung der Einlagepflichten führen können;
– Gesellschafter und Geschäftsführer für die Richtigkeit der im Rahmen der Gründung gemachten Angaben haften und falsche Angaben strafbewehrt sind;
– Gesellschafter persönlich mit ihrem gesamten Vermögen haften, soweit auf übernommene Einlagen entfallende Leistungen nicht erbracht wurden.

Zugleich hat er die Gesellschafter vor Rechnungen für nicht bestellte (nicht staatliche) Registereintragungen gewarnt. Weiter hat der Notar darauf hingewiesen, dass er hinsichtlich der steuerlichen Auswirkungen dieser Urkunde keine Beratung vorgenommen hat und auch keine Haftung übernimmt.

VI. Schlussvermerk

Vorgelesen nebst Anlage 1 (Gesellschaftsvertrag), von den Erschienenen genehmigt und von ihnen und dem Notar eigenhändig wie folgt unterschrieben:.....

Anlage

---

7 Eine ggf. empfehlenswerte erweiterte Liste der Hinweise findet sich unter Rdn. 14 M. Jedenfalls sollten die nachfolgenden Hinweise in der Urkunde dokumentiert werden.

§ 142 Gesellschaft mit beschränkter Haftung (GmbH). Gründung, Satzungsbestandteile

Gesellschaftsvertrag

§ 1 Firma und Sitz: Die Firma lautet »Winter & Warmbold Pelzwaren GmbH«. Die Gesellschaft hat ihren Sitz in Neustadt an der Weinstraße.

§ 2 Gegenstand: Gegenstand des Unternehmens ist die Herstellung von und der Handel mit Pelzwaren.

§ 3 Stammkapital und Geschäftsanteile: (1) Das Stammkapital beträgt 50.000 €. (2) Von dem Stammkapital übernehmen bei Gründung: a) Herr Ernst Winter, geb. am ….., wohnhaft in [Wohnort], einen Geschäftsanteil Nr. 1 im Nennbetrag von 20.000 €, b) Frau Margot Winter, geb. am ….., wohnhaft in [Wohnort], einen Geschäftsanteil Nr. 2 im Nennbetrag von 15.000 €, c) Herr Walter Warmbold, geb. am ….., wohnhaft in [Wohnort], einen Geschäftsanteil Nr. 3 im Nennbetrag von 11.500 €, d) Frau Herta Warmbold, geb. am ….., wohnhaft in [Wohnort], einen Geschäftsanteil Nr. 4 im Nennbetrag von 3.500 €. (3) Die Einlagen sind sofort in voller Höhe in Geld einzuzahlen.

§ 4 Verfügungen über Geschäftsanteile: Verfügungen über ganze Geschäftsanteile sind ebenso wie diejenigen über Teile von Geschäftsanteilen nur mit schriftlicher Genehmigung der Gesellschaft zulässig. Über die Erteilung der Genehmigung beschließt die Gesellschafterversammlung mit einer Mehrheit von drei Vierteln der abgegebenen Stimmen.

§ 5 Gesellschafterversammlung: (1) Beschlüsse der Gesellschafter werden mit einfacher Mehrheit der abgegebenen Stimmen in Gesellschafterversammlungen gefasst, wenn das Gesetz oder die Satzung nicht eine höhere Mehrheit vorschreibt. Abstimmung in Schrift- oder Textform außerhalb einer Präsenzversammlung sowie im kombinierten Verfahren (teils Präsenzversammlung, teils präsenzlos) ist zulässig, wenn alle Gesellschafter dem Beschluss oder der Beschlussfassung außerhalb einer Präsenzversammlung in Schrift- oder Textform zustimmen. Zu den Gesellschafterversammlungen sind die Gesellschafter mit eingeschriebenen Briefen mindestens eine Woche vorher zu laden. (2) Je 1 € des Nennbetrags eines Geschäftsanteils gewähren eine Stimme.

§ 6 Geschäftsführer: (1) Die Gesellschaft hat einen oder mehrere Geschäftsführer. Ist nur ein Geschäftsführer vorhanden, so vertritt dieser die Gesellschaft allein. Sind mehrere Geschäftsführer bestellt, so wird die Gesellschaft durch zwei Geschäftsführer gemeinschaftlich oder durch einen Geschäftsführer in Gemeinschaft mit einem Prokuristen vertreten. (2) Die Gesellschafterversammlung kann auch bei Vorhandensein mehrerer Geschäftsführer durch Beschluss einzelnen oder mehreren Geschäftsführern Einzelvertretungsbefugnis erteilen und einzelne oder mehrere Geschäftsführer von den Beschränkungen des § 181 BGB befreien. (3) Diese vorstehenden Absätze 1 und 2 gelten entsprechend für Liquidatoren.

§ 7 Geschäftsjahr und Bekanntmachungen: (1) Das Geschäftsjahr ist das Kalenderjahr. (2) Bekanntmachungen der Gesellschaft erfolgen nur im Bundesanzeiger.

§ 8 Gründungskosten: Die Kosten der Beurkundung des Gesellschaftsvertrages, der Anmeldung der Gesellschaft beim und ihrer Eintragung im Handelsregister trägt die Gesellschaft bis zu einem Betrag von 2.000 €; etwa darüberhinausgehende Gründungskosten tragen die Gesellschafter.

■ *Kosten.* Der Wert richtet sich gemäß § 97 Abs. 1 GNotKG nach den gesamten Einlageverpflichtungen, also hier 50.000 € (zum Wertrahmen nach § 107 Abs. 1 GNotKG mind. 30.000 €, höchstens 10 Mio. €), hieraus eine 2,0 Gebühr nach Nr. 21100 KV GNotKG Tabelle B, wenn Gründung durch mehrere Gesellschafter, 1,0 Gebühren nach Nr. 21200, wenn Gründung nur durch einen Gesellschafter. Der Mindestwert nach § 107 Abs. 1 GNotKG von 30.000 € ist auch bei Gründung mit *Min*destkapital nach GmbHG zu beachten. – Für *die* G*e*schäftsführerbestellung fällt, wenn sie nicht in der Satzung der Gesellschaft erfolg*t*, *s*ondern durch Beschluss der Gesellschafter, für den mitbeurkundeten Beschluss mit unbestimmten Geschäftswert (§ 108 Abs. 1 Satz 1 i.V.m. § 105 Abs. 4 Nr. 1 GNotKG) (1 % des Stammkapitals, mindestens 30.000 €) immer eine 2,0 Gebühr nach Nr. 21100 KV GNotKG Tabelle B an, auch wenn nur Errichtung durch einen Gesellschafter. Auch wenn es sich nach § 110 Nr. 1 GNotKG um verschiedene Beurkundungsgegenstände handelt, erfolgt nach § 35 GNotKG die Wertzusammenrechnung für die Gebühr, wenn nicht – wie beim 1-Personen-GmbH – getrennte Bewertung je nach Gebührenansatz günstiger ist. (Auch die Bestellung mehrerer Geschäftsführer ist immer nur ein Beschluss = § 109 Abs. 2 Nr. 4d GNotKG). Wird der Notar angewiesen, die Handelsregisteranmeldung der neuen GmbH erst zur Eintragung zu übersenden, wenn ihm die Einzahlung des Stammkapitals nachgewiesen wurde, ist dies eine Betreuungstätigkeit mit dem Geschäftswert nach § 113 Abs. 1 GNotKG der Handelsregisteranmeldung, 0,5 Gebühr nach KV 22200 Nr. 3 GNotKG. Eine 0,5 Vollzugsgebühr (bei 1-Personen-GmbH 0,3 Nr. 22111) gemäß KV-Nr. 22110 GNotKG fällt an, wenn der Notar eine Genehmigung einholt, sofern nur Abklärung der Firmierung mit der IHK erfolgt, nur höchstens 50 € nach KV-Nr. 22112 GNotKG. Dabei ist aber die Vollzugsgebühr für die Erstellung der Gesellschafterliste (250 € nach KV 22113) mit zu berücksichtigen, wobei aber strittig ist, ob eine solche Gebühr aus dem Wert des Beurkundungsverfahrens (hier 80.000 € = 50.000 € GmbH-Errichtung + 30.000 € Geschäftsführerbestellung) oder aus dem Wert der Handelsregisteranmeldung anzusetzen ist;[8] Insgesamt fällt nur einmal für alle Vollzugstätigkeiten eine Gebühr an – Nach LG Offenburg[9] kann weder für die Vollzugsvollmacht für den Notar oder seinen Vertreter zur Handelsregisteranmeldung nach § 111 Nr. 3 GNotKG, noch für die sog. »Reparaturvollmacht« zugunsten von Notariatsangestellten gemäß § 110 Nr. 1 GNotKG eine Gebühr abgerechnet werden.

b) Wird der Geschäftsführer in einer keiner Beurkundung bedürftigen gesonderten ersten Gesellschafterversammlung bestellt, für die die Regelungen des GmbHG entsprechend gelten, ist wie folgt zu formulieren: 3

Bestellungsbeschluss des ersten Geschäftsführers ohne Befreiung von den Beschränkungen des § 181 BGB

Unter Verzicht auf alle gesetzlichen oder satzungsmäßigen Formalitäten und Fristen für die Einberufung und Ankündigung einer Gesellschafterversammlung wird hiermit durch sämtliche Gesellschafter der mit notarieller Urkunde des Notars ..... (UR-Nr .....) am heutigen Tage errichteten Firma »Holzhandel Müller & Franck Hamburg GmbH i.G.« eine Vollversammlung abgehalten und einstimmig beschlossen: 4 M
1. **Zum alleinigen Geschäftsführer wird Herr Manfred Müller, geb. am ....., wohnhaft in Hamburg, bestellt.**
2. **Er vertritt die Gesellschaft allein, solange er einziger Geschäftsführer ist oder wird. [Ggf. klarstellend: Werden weitere Geschäftsführer bestellt, so vertritt er die Gesellschaft gemeinsam mit einem weiteren Geschäftsführer oder einem Prokuristen.]**
3. **[Ggf. klarstellend: Eine Befreiung von den Beschränkungen des § 181 BGB wird nicht erteilt.]**

---

8 So LG Magdeburg v. 02.02.2016 – 10 OH 35/16; LG Chemnitz v. 30.09.2016 – 3 OH 9/14 sowie h.M. in Lit.; a.A. OLG Nürnberg v. 09.05.2018 – 8 W 736/18, da bei Neuerrichtung die Liste nicht für den Gesellschaftsvertrag, sondern für die Registeranmeldung nach § 8 GmbHG nötig, sodass Wertgrundlage der Wert der Handelsregisteranmeldung ist und damit 0,3 Gebühr nach KV 22111 GNotKG (*Wudy*, Notar, 2018, 277; *ders.* 2017, 272). Die Vollzugsgebühr für die Stellungnahme der IHK errechnet sich jedoch aus dem Gesamtwert der Errichtungsurkunde; hierzu *Volpert*, RNotZ 2017, 296.
9 V. 16.05.2018 – 4 OH 21/18, NotBZ 2018, 396 m. Anm. *Bachmayer*.

4. Herr ..... wird bevollmächtigt, den in der Anlage beigefügten Entwurf eines Anstellungsvertrages, dessen Abschluss hiermit zugestimmt wird, im Namen der Gesellschaft zu unterzeichnen.

■ **Kosten.** Wird der Beschluss freiwillig notariell beurkundet, fällt aus dem für den Beschluss maßgeblichen Geschäftswert nach § 108 Abs. 1 Satz 1 i.V.m. § 105 Abs. 4 Nr. 1 GNotKG (1 % des Stammkapitals, mindestens 30.000 €); eine 2,0 Geb. der Tabelle B nach Nr. 21100 KV GNotKG, mindestens 120 € an. Mehrere Bestellungen gelten als derselbe Beurkundungsgegenstand gemäß § 109 Abs. 2 Nr. 4d GNotKG.

Fertigt der Notar lediglich den Entwurf, richtet sich der Geschäftswert gemäß § 119 GNotKG nach dem Wert für die Beurkundung. Die Gebühr ist eine Rahmengebühr von 0,5 bis 2,0 (mindestens 120,00 €) gemäß Nr. 24100 i.V.m. 21100 KV GNotKG. Hierbei hat der Notar gemäß § 92 GNotKG die Gebühr unter Berücksichtigung des Umfanges der erbrachten Leistung nach billigem Ermessen zu bestimmen, wobei der konkrete Aufwand im Einzelfall für die notarielle Tätigkeit, nicht jedoch der Haftungsumfang, zu berücksichtigen ist. Fertigt der Notar den vollständigen Entwurf, ist nach § 92 Abs. 2 GNotKG der höchste Gebührenansatz des Gebührenrahmens zu erheben, also 2,0; Wert: mindestens 30000 €; Gebühr mindestens 250 €. Ggf. ist daher die Mitbeurkundung deutlich kostengünstiger.

2. Notarielle Beurkundung

a) Beurkundungstechnik

5 aa) Im Rahmen der Gründung der GmbH hat der Gesellschaftsvertrag eine Doppelfunktion. Er beinhaltet zum einen die schuldrechtliche Gründervereinbarung (das Errichtungsgeschäft), zum anderen die nach Eintragung verobjektivierte Satzung, die mit (überwiegend) korporativer Wirkung Rechte und Pflichten der Gesellschafter zueinander und im Verhältnis zur Gesellschaft quasi »dinglich« festlegt. Beurkundungstechnisch (maßgebend sind die §§ 6 ff. BeurkG, ein Tatsachenprotokoll genügt mithin anders als bei Satzungsänderungen nicht) kann die Satzung von der Gründervereinbarung getrennt werden, dann wäre beides separat zu beurkunden. Üblich ist es jedoch, die Gründervereinbarung in das Gründungsprotokoll aufzunehmen, und diesem als zu verlesende Anlage und wesentlichen Bestandteil die Satzung nach § 9 Abs. 1 Satz 2 BeurkG beizufügen; dann bedarf nicht die Anlage, sondern nur das Gründungsprotokoll der Unterschrift der Beteiligten. Den Gesellschaftsvertrag im engeren Sinn (Satzung) in eine Anlage zur Gründungsurkunde gemäß § 9 Abs. 1 Satz 2 BeurkG aufzunehmen und so von den übrigen Bestimmungen der Urkunde (insbesondere auch den schuldrechtlichen Gesellschaftervereinbarungen) zu trennen, empfiehlt sich – trotz der Darlegungen von *Winkler*[10] und *Röll*[11] – wegen der erleichterten Erteilung der *Bescheinigung* des Notars nach § 54 Abs. 1 Satz 2 GmbHG sowie der hierdurch ermöglichten klaren Trennung zwischen korporativen und nicht-korporativen Bestandteilen.

Verweis in Gründungsmantel auf Gesellschaftsvertrag

6 M Die Erschienen errichten hiermit unter der Firma »Holzhandel Müller & Franck Hamburg GmbH« mit Sitz in Hamburg eine Gesellschaft mit beschränkter Haftung, für die der als wesentlicher Bestandteil dieser Urkunde beigefügte Gesellschaftsvertrag festgestellt wird.

---
10 DNotZ 1980, 578.
11 DNotZ 1981, 16; GmbHR 1982, 251.

bb) Die sichtbar zu machende Differenzierung zwischen korporativ wirkenden Gesellschaftsvertragsbestimmungen und solchen, die bloß individualvertragliche Bedeutung haben oder schlichte Beschlüsse bilden, ist zentrale Aufgabe des Vertragsgestalter. Sie gelingt am besten durch die geschilderte Auslagerung letzterer in das Gründungsprotokoll/die Rahmenurkunde (was vor allem in Form des Beschlusses über die Bestellung der Geschäftsführer auch regelmäßig erfolgt), anderenfalls, d.h. wenn diese als sog. »unechte Bestandteile« rein formal in den Gesellschaftsvertrag aufgenommen werden sollen, empfiehlt sich zumindest deren eindeutige Kennzeichnung.

Unechter Satzungsbestandteil mit entsprechender Kennzeichnung

§ ..... Zum Geschäftsführer der Gesellschaft wird Herr ....., geb. am ....., wohnhaft in [Wohnort], bestellt und zwar mit der Maßgabe, dass er unabhängig von der Bestellung weiterer Geschäftsführer oder Prokuristen einzeln zur Vertretung der Gesellschaft berechtigt und von den Beschränkungen des § 181 BGB befreit ist. Die vorstehenden Regelungen über die Geschäftsführerbestellung sind keine materiellen (korporativen) Satzungsbestandteile und gewähren insbesondere kein Sonderrecht auf das Geschäftsführeramt; sie können damit durch einfachen Gesellschafterbeschluss geändert oder aufgehoben werden.[12]

cc) Bei der zu empfehlenden Aufteilung der Gründungsurkunde in Gründungsprotokoll und Satzung als deren Anlage ist zu beachten, dass die Rspr. § 54 Abs. 1 Satz 2 GmbH eine Vorwirkung schon für das Gründungsstadium entnimmt und daher fordert, dass sämtliche echte Gesellschaftsvertragsbestimmungen vollständig und in sich geschlossen *in einem Schriftstück* enthalten sind (und damit nicht nur *in einer Urkunde* im beurkundungstechnischen Sinne, zu der auch eine Anlage gehörte, auf die nach § 9 Abs. 1 Satz 2 BeurkG verwiesen wird).[13] Alle im Gesellschaftsvertrag als materielle Bestandteile enthaltenen Bestimmungen (auch die fakultativen) müssen deshalb in der Anlage wiederholt werden, falls sie (auch) im Gründungsprotokoll auftauchen. Dies gilt insbesondere, wie besonderer Betonung bedarf, weil es teilweise übersehen wird, für die in § 3 Abs. 1 Nr. 4 GmbHG geforderte Angabe von Zahl und Nennbeträgen der Geschäftsanteile, die jeder Gesellschafter gegen Einlage auf das Stammkapital übernimmt, sowie für die Namen der Einlageschuldner, auch wenn diese Angaben eigentlich materiell zur Gründungsvereinbarung gehören.

dd) Das Erfordernis eines einheitlichen Schriftstücks steht einer (praktisch seltenen, aber richtigerweise zulässigen) sukzessiven Beurkundung der Gründungserklärungen (in mehreren Urkunden) – zu unterscheiden von der unzulässigen Stufengründung – nicht entgegen, wobei bei den späteren Gründungserklärungen auf die schon beurkundete Satzung (als einheitliches Schriftstück) nach § 13a Abs. 1 BeurkG verwiesen werden kann. In der Praxis empfiehlt sich als Alternative eher die (ggf. vollmachtlose) Vertretung beim Gründungsakt.

b) Beurkundung durch im Ausland zugelassenen Notar

Die Wirksamkeit der »Auslandsgründung« einer GmbH, d.h. die (im Lichte des GNotKG meist nur vermeintlich kostengünstigere) Vornahme des Gründungsakts in einem Staat außerhalb des (deutschen) Gesellschaftsstatuts, ist höchstrichterlich nicht geklärt. Es stellen sich zwei Formfragen, die erste materiell-, die zweite kollisionsrechtlicher Natur: (1.) Kann

---

12 S. auch Münchener AnwaltHB – GmbH/*Seibt*, § 2 Rn. 5. S. zu den Sonderrechten § 143 Rdn. 36 M.
13 OLG Hamm GmbHR 1986, 311; Lutter/Hommelhoff/*Bayer*, § 3 GmbHG Rn. 17; Scholz/*Cziupka*, § 3 GmbHG Rn. 1.

das dem deutschen Wirkungsstatut entnommene notarielle Beurkundungserfordernis (§ 2 Abs. 1 GmbHG) durch einen im Ausland zugelassenen (nicht entscheidend dagegen: ausländischen) Notar gewahrt werden (Frage der Substituierbarkeit)? (2.) Falls nein: Kann der Abschluss des Gesellschaftsvertrages im Ausland über eine alternative Anknüpfung an ein zumeist laxeres Ortsstatut Wirksamkeit erlangen (Frage der Anknüpfung)? Das KG[14] hat kürzlich die zweite Frage verneint (keine alternative Ortsformanknüpfung), die erste hingegen bejaht (grundsätzlich mögliche Substituierbarkeit, im konkreten Fall angenommene Gleichwertigkeit eines Schweizer Notars mit Amtssitz im Kanton Bern) und damit die Auslandsgründung durch einen Notar mit Amtssitz in Bern für wirksam erachtet, allerdings wohl nicht generell, sondern nur, weil der Notar die gesamte Urkunde freiwillig verlesen hatte, und nicht nur deren »wesentliche Bestandteile«, wie es das dortige Recht gefordert hätte. Jüngst hat das KG[15] diese verfehlte Rspr. auf die Beurkundung eines Verschmelzungsvertrages samt entsprechender Verschmelzungsbeschlüsse (§§ 6, 13 Abs. 2 Satz 1 UmwG) – wiederum durch einen Schweizer Notar, diesmal des Kantons Basel-Stadt – ausgedehnt.

12 Mittlerweile nahezu gefestigte h.M.[16] dürfte sein, dass jedenfalls die Beachtung der ausländischen Ortsform unzureichend ist, was sich mit einer entsprechenden Anwendung des Art. 11 Abs. 4 EGBGB begründen lässt, denn die Erwägungen, die dieser auf sachenrechtliche Geschäfte bezogenen Ausnahme von der alternativen Anknüpfung an das Ortsstatut zugrunde liegen, lassen sich auch auf gesellschaftsrechtliche Organisationsgeschäfte übertragen. Dafür sprechen die Ziele der Rechtssicherheit sowie des Verkehrsschutzes, weiterhin die Notwendigkeit, materielle und formelle Anforderungen an den Gründungsakt als vom nationalen Gesetzgeber abgestimmtes »Gesamtpaket« zur Anwendung gelangen zu lassen. Sofern man somit zur Anwendung des deutschen Wirkungsstatuts (hier des Gesellschaftsstatuts) gelangt, ist jeweils zu prüfen, ob der Zweck der deutschen Formvorschrift durch eine Auslandsbeurkundung in gleichwertiger Weise erreicht werden kann und im konkreten Fall erreicht wird. Insoweit dürfte festzustellen sein, dass die Zwecke des § 2 Abs. 1 GmbHG durch eine Auslandsbeurkundung nicht in gleichwertiger Weise erreicht werden, weshalb eine Substituierbarkeit ausscheidet (sehr str.)[17]. Hierfür spricht, dass der Zweck des Beurkundungserfordernisses auch in der materiellen Richtigkeitsgewähr liegt, d.h. dem Allgemeininteresse an in Übereinstimmung mit den gesellschaftsrechtlichen Voraussetzungen gegründeten Gesellschaften. Insofern wird ein ausländischer Notar bei der gebotenen abstrakten Betrachtungsweise mangels vergleichbarer deutscher Rechtskenntnisse und häufig fehlender ausländischer Entsprechung zu den Prüfungs- und Belehrungspflichten gem. § 17 BeurkG diese Richtigkeitsgewähr nicht in vergleichbarer Weise bieten können. Bis zu einer höchstrichterlichen Klärung der Frage ist der Praxis daher zumindest von einer Gründung im Ausland abzuraten.

c) Notarielle Belehrung

13 Zentraler Gegenstand der Gründungsurkunde ist aus notarieller Sicht der Belehrungsvermerk. Art und Umfang der schriftlich fixierten Belehrung mögen zu einem gewissen Grad »Geschmacksfrage« sein, indes ist es aus Beweissicherungsgründen unbedingt zu empfehlen, die Dokumentation der Belehrung zumindest über folgende, besonders neuralgische Aspekte in der Urkunde selbst vorzunehmen:[18] (i) Entstehungszeitpunkt der GmbH, (ii)

---

14 KG Berlin DB 2018, 369; dazu kritisch *Cramer*, DStR 2018, 746 ff.; *Cziupka*, EWiR 2018, 138 f.; *Heckschen*, DB 2018, 685 ff.; *Herrler*, NJW 2018, 1787 ff. S. hierzu auch *Lieder*, ZIP 2018, 805 ff.
15 DB 2018, 2236. Mit Recht kritisch *Heckschen*, GWR 2018, 393; BeckOGK-UmwG/*von Hinden*, § 50 Rn. 34.
16 S. hierzu mit weiteren Nachweisen Scholz/*Cramer*, § 2 GmbHG Rn. 15 ff.
17 S. hierzu die Nachweise o. Fn. 14.
18 Vgl. etwa Beck'sches Notarhandbuch/*Mayer/Weiler*, D.I. GmbH Rn. 19.

Gesellschaft mit beschränkter Haftung (GmbH). Gründung, Satzungsbestandteile § 142

Gefahren der Handelndenhaftung; (iii) Risiken einer Voreinzahlung der Einlagen,[19] (iv) Anforderungen an eine Bareinlage, (v) Gefahren der verdeckten Sachgründung,[20] (vi) Konsequenzen des Hin- und Herzahlens,[21] (vii) Vorbelastungs- und Unterbilanzhaftung,[22] (viii) Risiken der wirtschaftlichen Neugründung;[23] (ix) Gründungshaftung (§ 9a GmbHG), Ausfallhaftung (§ 24 GmbHG) sowie Strafbarkeit nach § 82 GmbHG.

Längere Belehrung

Der Notar hat darauf hingewiesen,[24] dass
- die Gesellschaft als solche erst mit ihrer Eintragung im Handelsregister entsteht;
- Geldeinlagen grundsätzlich nur durch bare Leistung oder Banküberweisung, nicht aber durch Aufrechnung oder Verrechnung mit Forderungen eines Gesellschafters gegen die Gesellschaft erbracht werden können;
- Leistungen der Gesellschafter auf ihre Bareinlageverpflichtung, die vor der heutigen Beurkundung erbracht wurden, regelmäßig keine Tilgungswirkung haben und daher zu vermeiden sind;
- die vor der Eintragung in das Handelsregister im Namen der Gesellschaft insbesondere als Geschäftsführer oder wie ein Geschäftsführer Handelnden persönlich haften, wobei die Haftung mit Eintragung erlischt;
- das Stammkapital der Gesellschaft im Zeitpunkt der Eintragung der Gesellschaft im Handelsregister unversehrt sein muss und daher die Gesellschafter für Anlaufverluste in bar haften können, und zwar ohne Beschränkung auf die Höhe der übernommenen Einlagen, wenn im Zeitpunkt der Eintragung der Gesellschaft das Nettovermögen der Gesellschaft niedriger ist als das Stammkapital abzüglich der ausgewiesenen Gründungskosten (sog. Vorbelastungshaftung);
- die Gesellschafter eine höhenmäßig unbeschränkte Haftung für nicht vom Gesellschaftsvermögen gedeckte Verluste trifft, sofern es nicht zur Eintragung der Gesellschaft im Handelsregister kommt (Verlustdeckungshaftung);
- Gesellschafter und Geschäftsführer für falsche Angaben bei der Gründung der Gesellschaft u.a. auf Schadensersatz haften und diese nach § 82 GmbHG strafbewehrt sind;
- Geldeinlagen, die aufgrund Vorabsprache zeitlich unmittelbar nach der Gründung wieder an den Gesellschafter (etwa in Form eines Darlehens) zurückfließen (Hin- und Herzahlen), nur bei einem vollwertigen und jederzeit fälligen Rückgewähranspruch und nur bei Offenlegung gegenüber dem Registergericht zur Erfüllung der Einlagepflicht führen können; selbiges gilt für eine verdeckte Finanzierung der Einlage durch die Gesellschaft (Her- und Hinzahlen); bei einem Verstoß muss jeweils die Geldeinlage erneut geleistet werden, der Geschäftsführer kann sich strafbar machen;
- Gesellschafter für nicht erfüllte Einlagepflichten anderer Gesellschafter gesamtschuldnerisch haften;

14 M

---

[19] BGH NZG 2008, 512 = GmbHR 2008, 766; OLG Naumburg NZG 2010, 585 = GmbHR 2010, 533.
[20] BGH GmbHR 2007, 1331 = DB 2007, 2477.
[21] BGH NZG 2008, 512 = GmbHR 2008, 766.
[22] BGH ZIP 2005, 257 = DNotI-Report 2005, 7.
[23] OLG München v. 23.01.2012 – 1 W 1162/11, n. v.
[24] Vgl. für andere Formulierungen Meyer-Landrut/*Radke*, FormKomm-GmbHR, A 1; Herrler/*Haines*, Gesellschaftsrecht in der Notar- und Gestaltungspraxis, § 26 A (sehr ausführlich); Fuhrmann/Wälzholz/*Wälzholz*, M. 12.5 (knapper, aber ausreichend). S. insgesamt hierzu auch Heckschen/Heidinger/*Heckschen*, Kap. 2 F.

– jeder Gesellschafter auch bei Ausscheiden aus der Gesellschaft neben dem Erwerber seines Geschäftsanteils für die vollständige Einlageleistung gesamtschuldnerisch haftet.

Weiter hat der Notar darauf hingewiesen, dass
– dass er nicht prüfen kann, ob die gewählte Firmierung jenseits der handelsrechtlichen Bestimmungen zulässig ist, insbesondere ob sie Namens- oder Markenrechte Dritter verletzt;
– er hinsichtlich der steuerlichen Auswirkungen der hier erfolgten Gründung keine Beratung vornimmt und insoweit auch nicht haftet.

3. Abschluss durch Bevollmächtigte und sonstige Vertreter

15 a) Die Unterzeichnung des Gesellschaftsvertrages durch *Bevollmächtigte*, die auch bei der Einpersonen-GmbH zulässig ist,[25] ist nur aufgrund einer notariell errichteten oder beglaubigten Vollmacht zulässig (§ 2 Abs. 2 GmbHG), die im Original (bei Beglaubigung) oder in Ausfertigung (bei Beurkundung) vorzulegen und in beglaubigter Abschrift der Urkunde nach § 12 Satz 1 BeurkG beizufügen ist.[26] Die Wahrung der Form der Vollmacht (auch durch gleichwertige Beurkundung bzw. Beglaubigung durch ausländischen Notar möglich) ist Wirksamkeitsvoraussetzung, das Handeln als Vertreter ohne formgerechte Vollmacht daher schwebend unwirksam – mit Möglichkeit der Nachgenehmigung und zwar abweichend von § 182 Abs. 2 BGB in notarieller Form, nicht formlos,[27] nach der zweifelhaften Rspr. formlos jedoch, wenn Minderjähriger nach Eintritt der Volljährigkeit genehmigt[28] –, bei der Einpersonengesellschaft wohl gar nichtig (hier also nur formbedürftige Neuvornahme möglich).[29] Eine speziell auf die Gründung gerichtete Vollmacht ist nicht erforderlich, ausreichend ist daher insbesondere auch eine formgerechte Generalvollmacht.[30] Soll ein Mitgründer bevollmächtigt werden, ist eine Befreiung vom Verbot des Selbstkontrahierens (§ 181 BGB) erforderlich.

16 b) Keine Anwendung findet § 2 Abs. 2 GmbHG auf das Handeln gesetzlicher Vertreter.[31] Hier gilt: Bei Handeln der Eltern für das von ihnen vertretene Kind genügt die Vorlage einer Geburtsurkunde bzw. der Sorgeerklärung, bei gerichtlich bestellten Vertretern (insbesondere Betreuern, Vormündern und Testamentsvollstreckern) die Vorlage der Bestallungsurkunde, bei organschaftlichen Vertretern ein Registerauszug bzw. ein Verweis auf die Registereintragung (sofern bei demselben Registergericht wie die zu gründende Gesellschaft eingetragen), alternativ genügt der Nachweis durch notarielle Bescheinigung nach § 21 Abs. 1 Nr. 1 BNotO. Eine Bescheinigung eines deutschen Notars etwa, die auf einer Einsichtnahme in das beim Companies House geführte Register beruht, genügt aber bei der von Amts wegen erfolgenden Prüfung der Vertretungsberechtigung eines organschaftlich für eine Limited englischen Rechts Handelnden vielen Registergerichten nicht, wenn und weil dieses Register seiner rechtlichen Qualität nach nicht dem deutschen entspricht.[32] Diese Registerpraxis

---

25 *Lohr*, GmbH-StB 2017, 161. Allerdings bei der Einpersonen-Gesellschaft kein Handeln ohne Vertretungsmacht, s. OLG Frankfurt GmbHR 2017, 371; OLG Stuttgart, GmbHR 2015, 487.
26 S. *Lohr*, GmbH-StB 2017, 161 und zu Mängeln der Vollmacht *Stenzel*, GmbHR 2015, 567.
27 Lutter/Hommelhoff/*Bayer*, § 2 GmbHG Rn. 33; Scholz/*Cramer*, § 2 GmbHG Rn. 37.
28 BGH 1980, 857; Lutter/Hommelhoff/*Bayer*, § 2 Rn. 33. A.A. MüKo-GmbHG/*Heinze*, § 2 GmbHG Rn. 72 mit überzeugender Begründung.
29 S. Lutter/Hommelhoff/*Bayer*, § 2 GmbHG Rn. 33; Scholz/*Cramer*, § 1 GmbHG Rn. 55, der aber selbst für eine Genehmigungsfähigkeit plädiert.
30 OLG Frankfurt GmbHR 2017, 371; Lutter/Hommelhoff/*Bayer*, § 2 GmbHG Rn. 32.
31 Unstr.; s. Lutter/Hommelhoff/*Bayer*, § 2 GmbHG Rn. 33.
32 OLG Nürnberg GmbHR 2015, 196 = NotBZ 2015, 235 m. Anm. *Zimmer*. Hierzu auch: Heckschen/Heidinger/*Heckschen*, Kap. 9 D Rn. 115.

ist allerdings ungeachtet der in der Tat von Fall zu Fall unzureichenden Feststellungsgrundlage im Ergebnis zweifelhaft, weil hiermit die Bedeutung der Bescheinigung nach § 21 Abs. 1 Nr. 1 BNotO, für die der Notar die Verantwortung trägt, relativiert wird.[33]

c) Unklar ist, ob mangels entsprechenden Registereintrags Vertreter einer GbR einen Nachweis in der Form des § 2 Abs. 2 GmbHG beizubringen haben.[34] Dagegen spricht zwar, dass es sich auch hier um eine organschaftliche Vertretung handelt, der Praxis ist aber vorsichtshalber zur Wahrung der Form des § 2 Abs. 2 GmbHG zu raten. – S. zur Gründungsvollmacht oben § 24 Rdn. 98 M.

17

Urkundeneingang des Gründungsprotokolls bei Bevollmächtigten und organschaftlichen Vertretern

Verhandelt zu ..... am .....
Vor mir, dem Notar ..... mit dem Amtssitz in ....., erschienen heute in meinen Amtsräumen .....
1. Herr ....., geb. am ....., wohnhaft in [Anschrift], ausgewiesen durch amtlichen Lichtbildausweis, handelnd seiner Erklärung nach nicht im eigenen Namen, sondern aufgrund in Urschrift vorgelegter notariell beglaubigter Vollmacht vom ....., von der eine hiermit beglaubigte Abschrift dieser Urkunde beigefügt wird, als Bevollmächtigter für die ..... GmbH, eingetragen im Handelsregister des Amtsgerichts Hamburg unter HRB ....., und der Geschäftsanschrift ..... [35]
2. Frau ....., geb. am ....., wohnhaft in [Anschrift], ausgewiesen durch amtlichen Lichtbildausweis, handelnd ihrer Erklärung nach in ihrer Eigenschaft als einzelvertretungsberechtigte und von den Beschränkungen des § 181 BGB befreite Geschäftsführerin für die Gesellschaft mit beschränkter Haftung in Firma ..... GmbH, eingetragen im Handelsregister des Amtsgerichts Hamburg unter HRB ..... und der Geschäftsanschrift ..... Hiermit bescheinige ich, der Notar, gemäß § 21 Abs. 1 Nr. 1 BNotO diese Vertretungsberechtigung, und zwar aufgrund heutiger Einsicht in das elektronische Handelsregister des Amtsgerichts Hamburg.

18 M

■ *Kosten.* Für die beglaubigte Abschrift der Vollmachtsurkunde fällt aufgrund KV-Nr. 25102 Abs. 2 Nr. 2 GNotKG keine Beglaubigungsgebühr, sondern nur die Dokumentenpauschale von 1 € je Seite an. Für die Registerbescheinigung nach § 21 Abs. 1 Satz 1 Nr. 1 BNotO beträgt die Gebühr nach KV 25200 GNotKG 15 € für jedes eingesehene Registerblatt.

4. Vorvertrag

Nicht nur der Gesellschaftsvertrag bedarf der *notariellen Beurkundung* (§ 2 Abs. 1 GmbHG), sondern schon ein Vorvertrag ist beurkundungspflichtig.[36] An die Bestimmtheit des Vorvertrages werden geringere Anforderungen als an jene des Gesellschaftsvertrages gestellt; im Falle von zu unbestimmten Mindestangaben, vor allem in Bezug auf den zu konkretisierenden Unternehmensgegenstand, die ein Eintragungshindernis bilden, kann sich daher aus dem evtl. dennoch wirksamen Vorvertrag (gepaart mit der Treuepflicht) eine einklagbare Verpflichtung zum Abschluss eines wirksamen Gesellschaftsvertrages ergeben.

19

---

33 Kritisch auch *Zimmer*, NotBZ 2015, 239, 240. Zur Bescheinigung einer Legitimationskette BGH ZIP 2017, 84.
34 Hierzu ausf. Scholz/*Cramer*, § 2 GmbHG Rn. 35.
35 Auch hier kommt eine Bescheinigung nur nach § 21 Abs. 3 BNotO in Betracht.
36 BGH DNotZ 1988, 504. Praktisch wird ein Vorvertrag etwa, wenn sich Join-Venture-Partner zur Gründung einer GmbH verpflichten.

5. Vorgesellschaft

a) Überblick

20 Vor Eintragung der GmbH besteht bereits eine (seit Aufgabe des Vorbelastungsverbots[37] nicht mehr auf »notwendige Geschäfte« beschränkte) handlungsfähige Vorgesellschaft, die als Personen-Vereinigung eigener Art (h.M., st. Rspr. des BGH[38]) eine Vorstufe zur GmbH bildet und einem Sonderrecht untersteht. Das Vermögen steht bereits der Vorgesellschaft als Rechtsträger eigener Art zu.[39] Die Geschäftsführung und Vertretung obliegt den Geschäftsführern. Zugunsten der Vorgesellschaft kann bereits eine (Auflassungs-)Vormerkung in das Grundbuch eingetragen werden, auch wenn es sich beim erworbenen Grundstück nicht um eine Sacheinlage handelt.[40] Auch in der Vorgesellschaft gelten bereits Gesellschaftsvertrag und GmbHG; so können – falls im Gesellschaftsvertrag nicht anders geregelt – bereits Mehrheitsbeschlüsse (s. § 47 Abs. 1 GmbHG), etwa über die Geschäftsführerbestellung, gefasst werden.[41]

b) Steuerrecht

21 Das (Ertrag- und Umsatzsteuer-[42])Steuerrecht folgt dieser Sichtweise. Die Vor-GmbH[43] wird daher bereits wie eine Kapitalgesellschaft behandelt, sofern die GmbH später in das Handelsregister eingetragen wird.[44] Eine vertragliche Rückbeziehung auf einen Zeitpunkt vor Beurkundung des Gesellschaftsvertrages wird steuerlich jedoch nicht anerkannt, soweit nicht die Voraussetzungen des § 20 Abs. 1 UmwStG (Einbringung eines [Teil-]Betriebes oder Mitunternehmeranteiles) vorliegen.[45] Ihre Vorlaufkosten sind körperschaftsteuerrechtlich Gewinn mindernde Betriebsausgaben, wobei die Übernahme der Gründungskosten durch die Körperschaft in der Gründungsurkunde festgelegt sein muss, um die Annahme einer verdeckten Gewinnausschüttung auszuschließen.[46] *Gewerbesteuerlich* beginnt die Gesellschaft, sobald sie ihre werbende Tätigkeit aufnimmt, auch wenn sie noch nicht im Handelsregister eingetragen ist (Abschn. 2.5 [2] GewStR 2009).

---

37 BGHZ 80, 129 = NJW 1981, 1373 = GmbHR 1981, 114,115 f.; s. auch *Fleck*, GmbHR 1983, 5, 8 f.
38 BGHZ 45, 338, 347; 72, 45, 48 f.; 80, 129, 132; 134, 333, 336.
39 BGHZ 117, 323, 326; 143, 314, 319.
40 BayObLGZ 1979, 172 = DNotZ 1979, 502; OLG Hamm DNotZ 1981, 582; zur Sicherung des Erwerbs eines Grundstücks als Sacheinlage hatte schon BGHZ 45, 338 die Eintragung einer Vormerkung zugelassen; die Frage ist strittig.
41 BGHZ 80, 212 = DNotZ 1982, 171.
42 OFD Koblenz v. 25.10.2006, DStR 2007, 115.
43 Anders aber die *Vorgründungsgesellschaft*, die ertragsteuerlich entsprechend ihrer zivilrechtlichen Natur als Personengesellschaft als Mitunternehmerschaft gilt (BFH v. 18.03.2010 – IV R 88/06 = BStBl. II 2010, 991 hierzu *Martini*, DStR 2011, 337). Verluste der Vorgründungsgesellschaft können mangels Personenidentität nicht auf die Vorgesellschaft bzw. GmbH übertragen werden; zivilrechtlich müssen alle Rechte und Pflichten einzeln übertragen werden, steuerlich kann dabei § 20 UmwStG Anwendung finden. Zur möglichen Umsatzsteuerpflicht, wenn die durch Vorbereitungshandlungen erhaltenen Leistungen auf die GmbH übertragen werden: BFH v. 15.07.2004, DStR 2004, 1870; OFD Koblenz v. 25.10.2006, DStR 2007, 115.
44 Vgl. BFH v. 03.09.2009 – IV R 38/07 = MittBayNot 2010, 158: Beginn mit Aufnahme der Geschäftstätigkeit der Vor-GmbH; s.a. BFH v. 12.12.2007 – X R 17/05 sowie BFH Urteil in BFHE 169, 343, BStBl. II 1993, 352, unter II.2.a, m.w.N. aus der Rechtsprechung des BFH; OFD Frankfurt am Main v. 31.10.2007 – S 7104 A – 47 – St 11.
45 Hier ist eine Rückbeziehung auf bis zu 8 Monate vor dem Einbringungsvollzug (§ 20 Abs. 6 Satz 3 UmwStG) möglich.
46 BFH BStBl. II 1990, 89; MittBayNot 1998, 280.

c) Haftung in der Vor-GmbH

aa) Nach heutigem Stand der Rechtsprechung kann die Vor-GmbH nach Aufgabe des Vorbelastungsverbots und Einführung der Verlustdeckungs- und Unterbilanzhaftung uneingeschränkt Verpflichtungen eingehen, sofern sie wirksam durch die Geschäftsführer vertreten wurde. Nach den Grundsätzen des unternehmensbezogenen Rechtsgeschäfts wird die Vor-GmbH selbst dann verpflichtet, wenn im Namen der »GmbH« und nicht explizit für die »Vor-GmbH« gehandelt wird. Ein Auftreten im Rechtsverkehr ganz ohne die beschränkte Haftung indizierenden Rechtsformzusatz kann allerdings eine persönliche Rechtsscheinhaftung begründen.[47] Für die Vertretungsmacht der Geschäftsführer wird § 37 Abs. 2 GmbHG nicht entsprechend herangezogen[48] (zweifelhaft), vielmehr ist diese (mit Außenwirkung) auf Rechtsgeschäfte beschränkt, die den Zweck der Vor-GmbH, die Eintragung herbeizuführen und das Vermögen bis dahin zu verwalten und zu erhalten, verwirklichen. Wird allerdings ein lebendiges Unternehmen als Sacheinlage eingebracht, fordert dessen Erhaltung bzw. Fortführung faktisch Handlungen, die zu einer insoweit unbeschränkten Vertretungsmacht führen.[49] Dass die Vor-GmbH wirksam verpflichtet werden kann, ist sogar zu vermuten, wenn die Gesellschaft einen Gewerbebetrieb weiterführt.[50] Die Vertretungsmacht kann überdies mit Zustimmung aller Gesellschafter zur vorzeitigen Geschäftsaufnahme ausdrücklich erweitert werden.[51]

Erweiterung der Vertretungsmacht bei der Vor-GmbH

Es wird beschlossen, dass die Geschäftsführung bereits vor Eintragung der Gesellschaft in das Handelsregister befugt sein soll, (1.) die zur Gründung nötigen Geschäfte und Maßnahmen vorzunehmen und (2.) den Geschäftsbetrieb im Rahmen des Unternehmensgegenstandes aufzunehmen. Sämtliche solche Geschäfte gelten als für Rechnung der neu errichteten GmbH getätigt.[52] Auf die mit der vorzeitigen Aufnahme der Geschäfte verbundenen Haftungsrisiken der zustimmenden Gesellschafter, insbesondere in Form der Verlustdeckungs- und Unterbilanzhaftung, hat der Notar hingewiesen. Ebenso hat er auf die Pflicht hingewiesen, vor Eintragung der Gesellschaft als GmbH in Gründung bzw. mit einem ähnlichen das Stadium der Vorgesellschaft anzeigenden Zusatz zu firmieren.

bb) Nach BGHZ 134, 333 haften die Gründer für die Verbindlichkeiten der Vor-GmbH unbeschränkt im Innenverhältnis gegenüber der Gesellschaft. Alle Rechte und Pflichten der Vor-GmbH gehen mit der Eintragung der GmbH ohne Weiteres voll auf diese über, die Haftung der Vorgesellschafter (und die der Handelnden aufgrund § 11 Abs. 2 GmbHG) endet gleichzeitig. Für eventuelle Minderungen der Einlagen, die Verluste der Vorgesellschaft bis zur Eintragung mit sich bringen, haften die Gründer anteilig (diese »Differenzhaftung« ist praktisch an die Stelle des »Vorbelastungsverbots« getreten). Kommt es zu der Eintragung der Gesellschaft, sind nicht nur Anlaufverluste auszugleichen, sondern ist das Stammkapital wieder aufzufüllen (Unterbilanzhaftung = Ausgleich der Wertdifferenz zwischen Stammkapitalbetrag und Ist-Vermögenswert zum Eintragungspunkt). Wird die GmbH nicht ein-

---

47 Scholz/*Cziupka*, § 4 GmbHG Rn. 79.
48 BGHZ 80, 129, 139 = NJW 1981, 1373; *Wicke*, § 11 GmbHG Rn. 5.
49 Richtig Lutter/Hommelhoff/*Bayer*, § 11 GmbHG Rn. 17; *Wicke*, § 11 GmbHG Rn. 5.
50 BGHZ 72, 45.
51 BGHZ 80, 139 = NJW 1981, 1373; dies ist auch formlos möglich, Lutter/Hommelhoff/*Bayer*, § 11 GmbHG Rn. 17.
52 *Fuhrmann*, in: Centrale für GmbH, GmbH-Handbuch, Loseblatt Band V, M 12 V 61.

getragen, greift die anteilige, der Höhe nach aber unbeschränkte Verlustdeckungshaftung (als Binnenhaftung auf vollständigen Ausgleich aller Verluste, indes ohne Pflicht zur Auffüllung des Stammkapitals), jedoch nur, wenn die Geschäftätigkeit sofort beendet und die Vorgesellschaft abgewickelt wird; sonst haften die Gründer nach personengesellschaftsrechtlichen Grundsätzen.

25 Die Versicherung der Geschäftsführer über die Leistung der Einlage (dazu unten Rdn. 70) hat sich im Lichte dessen auch darauf zu erstrecken, inwieweit das Anfangskapital *im Zeitpunkt der Anmeldung* (nicht mehr danach) seinem Wert nach (also inklusiver offener Resteinlageforderungen) noch vorhanden ist, also nicht durch Schulden vorbelastet ist. Die weitergehende Ansicht,[53] es sei Aufgabe des Registergerichts, auch eine nach Anmeldung eingetretene Unterbilanz zu überprüfen, sodass das Gericht wohl eine neue Versicherung verlangen könnte, wenn – etwa aufgrund Ablaufs einer längeren Zeit – Anhaltspunkte dafür bestehen, dass die Vorgesellschaft in der Zwischenzeit Verbindlichkeiten eingegangen ist, ist abzulehnen.[54] Zum einen ist die Versicherung der Geschäftsführer notwendigerweise veraltet, weil sie sich nicht auf den Zeitpunkt der Eintragung im Handelsregister beziehen kann, zum anderen stehen den mit der – durch die Rechtsprechung des BGH geförderten – Aufnahme der Geschäftätigkeit durch die Vorgesellschaft eingegangenen Verbindlichkeiten regelmäßig Gegenleistungen gegenüber, die die Vor-GmbH erlangt und die Verbindlichkeiten bilanziell neutralisieren können; dies führt zu den weiterführenden Bedenken, dass die Feststellung der Differenzhaftung der Gründer letztlich die Erstellung einer Bilanz auf den Zeitpunkt der Eintragung der GmbH in das Handelsregister notwendig machen würde, was nach Ablauf längerer Zeit kaum noch praktikabel ist.

6. Gründer, Gesellschafter

a) Juristische Personen, Personengesellschaften, andere Personenmehrheiten

26 Als Gesellschafter sind alle natürlichen und juristischen Personen sowie Personengesellschaften und andere Personenmehrheiten geeignet. Da seit der Anerkennung ihrer Teilrechtsfähigkeit die (Außen)-BGB-Gesellschaft Rechte erwerben und Verpflichtungen eingehen kann, kann auch sie sich an einer GmbH (auch als Einmann-Gründer) unproblematisch beteiligen, wobei die BGB-Gesellschafter für die Einlageverpflichtung persönlich haften und als solche im Gesellschaftsvertrag als Kompensation für die mangelnde Registerpublizität der BGB-Gesellschaft namentlich zu bezeichnen sind[55] (§ 40 Abs. 1 Satz 1 GmbHG fordert nun auch deren Nennung in der Gesellschafterliste).[56] Andere Gesamthandsgemeinschaften können ebenfalls Gesellschafter sein, und sich nach nunmehr h.A. auch bereits als Gründungsgesellschafter beteiligen[57] (das betrifft den nichtrechtsfähigen Verein, sowie die Gütergemeinschaft, aber auch die Erbengemeinschaft, die sich etwa mit Mitteln der Erbschaft an einer Gesellschaft beteiligt[58]). Auch hier haften die Gesamthandsmitglieder für die Einlageverpflichtung unbeschränkt und persönlich, was sich für die Erben- und Gütergemeinschaft bereits aus § 18 GmbHG ergibt.

---

53 OLG Hamm GmbHR 1993, 95; BayObLG GmbHR 1998, 1225; s. zudem BGHZ 80, 129, 143.
54 S. nur Lutter/Hommelhoff/*Bayer*, § 9c GmbHG Rn. 19.
55 Aufgrund BGHZ 146, 341 jetzt allg. M.
56 Zur Aufnahme der Gesellschafter einer GbR in der Gesellschafterliste in Alt- bzw. Übergangsfällen BGH NJW 2018, 1794 m. abl. Anm. *Cziupka*.
57 BGHZ 78, 311 = NJW 1981, 682; 116, 86 = NJW 1992, 499; 118, 83 = NJW 1992, 2222; *K. Schmidt*, BB 1983, 1697 ff.; *Koch*, ZHR 146 [1982], 118 ff.
58 Hierzu auch *Schürnbrand*, NZG 2016, 241 ff.

b) Ehegatten

Beteiligt sich nur einer der in Gütergemeinschaft lebenden Ehegatten an der GmbH, gehört der Geschäftsanteil gleichwohl grundsätzlich zum Gesamtgut, falls keine Vorbehaltsgutsvereinbarung getroffen wurde. Bei ausländischem Güterstatut kann der Geschäftsanteil ggf. in eine dinglich wirkende Errungenschaftsgemeinschaft fallen – ob Vinkulierungsklauseln hier wie dort dieses Ergebnis verhindern können, ist ungeklärt, richtigerweise aber anzunehmen.[59] Im Güterstand der Zugewinngemeinschaft kann sich (ebenso wie selbstverständlich bei vereinbarter Gütertrennung) dagegen jeder Ehegatte individuell an der GmbH beteiligen; sollte die Einlageverpflichtung allerdings ein für die Mitgesellschafter erkanntes Gesamtvermögensgeschäft im Sinne des § 1365 BGB darstellen (relevant vor allem bei als Sacheinlage eingebrachten Grundstücken, sog. Einzeltheorie, mangels Anwendbarkeit auf Zahlungsverpflichtungen jedoch nicht bei der Bargründung), ist die Einwilligung des anderen Ehegatten erforderlich.[60]

27

c) Ausländische Gesellschafter

Auch ausländische Gesellschafter – selbst solche ohne Wohnsitz/Aufenthaltsort im Inland – können sich an der GmbH beteiligen; unproblematisch ist dies für EU- oder solche Ausländer, die eine Erlaubnis für eine Erwerbstätigkeit in Deutschland besitzen. Aber auch in sonstigen Fällen ist (auch eine maßgebliche) Beteiligung aus der Warte des GmbH-Gesetzes möglich. Die Nichtigkeit des Gesellschaftszwecks steht nur im Ausnahmefall zu befürchten, wenn die Gründung gezielt der Umgehung aufenthaltsrechtlicher Beschränkungen dient[61] (insoweit besteht aber keine Ermittlungspflicht des Registergerichts nach § 26 FamFG)[62]. Abseits dieses Umgehungsfalls kommt es auf außenwirtschaftliche Anforderungen nicht an.

28

d) Minderjährige

Minderjährige bedürfen der Mitwirkung des gesetzlichen Vertreters, da die Beteiligung an der Gesellschaft nicht lediglich rechtlich vorteilhaft ist. Soll, wie häufig in solchen Konstellationen, ein Elternteil ebenfalls an der Gesellschaft beteiligt werden (mit der Folge des Ausschlusses der Vertretungsmacht auch des anderen Elternteils nach Maßgabe der §§ 1629 Abs. 2, 1795 BGB), bedarf es der Bestellung eines Ergänzungspflegers, § 1909 BGB. In jedem Fall ist ungeachtet dahingehender Meinungsverschiedenheiten in der Literatur in der Praxis zumindest vorsichtshalber, betreibt die GmbH ein Erwerbsgeschäft (§ 1822 Nr. 3 BGB), aber auch in übrigen Fällen (§ 1822 Nr. 10 BGB), die familiengerichtliche Genehmigung des Errichtungsgeschäfts einzuholen. Bei ihrem Fehlen ist das Gründungsgeschäft entweder nichtig (bei Einpersonengesellschaft, § 1831 BGB) oder schwebend unwirksam (bei Mehrpersonengesellschaft, § 1829 BGB). Ist der Minderjährige volljährig geworden, kann er seine – schwebend unwirksame – Beitrittserklärung formfrei genehmigen.[63] Für Betreute, bei denen ein Einwilligungsvorbehalt angeordnet worden ist, gilt Entsprechendes.[64]

29

---

59 Dagegen etwa *Apfelbaum*, MittBayNot 2006, 185, 190.
60 MüKo-GmbHG/*Fleischer*, § 1 GmbHG Rn. 51.
61 Scholz/*Cramer*, § 2 GmbHG Rn. 47.
62 *Krafka/Kühn*, Registerrecht, Rn. 923.
63 BGH DNotZ 1981, 183.
64 Lutter/Hommelhoff/*Bayer*, § 2 GmbHG Rn. 8.

e) Treuhänder

30 Aus unterschiedlichen Gründen ist die Gesellschaftsgründung unter Mitwirkung eines Treuhänders (»Strohmanns«) nicht selten, wobei der Treuhänder selbst die Gesellschafterrolle innehat, dabei aber das auftragsrechtliche Innenverhältnis zum Treugeber beachten muss (vgl. § 145 Rdn. 114 ff.) Umstritten ist, inwieweit *auch* der Treugeber der Gesellschafterhaftung unterliegt, was durch BGHZ 31, 258; 118, 107 für die §§ 19 Abs. 2, 24 GmbHG bejaht wird. Der Grund der Anonymität des wirtschaftlich Berechtigten könnte allerdings aufgrund des in Umsetzung der Vierten EU-Geldwäscherichtlinie neu eingeführten Transparenzregisters, in dem die wirtschaftlich Berechtigten einer Gesellschaft aufzuführen sind (das wird regelmäßig der Treugeber sein, wenn er über den Treuhänder mittelbar mehr als 25 % der Geschäftsanteile kontrolliert), an Bedeutung verlieren.[65] Im Einzelnen ist aber noch ungeklärt, in welchem Umfang Treuhandverhältnisse eine offenzulegende wirtschaftliche Berechtigung des Treugebers begründen,[66] insbesondere, wenn der Treuhänder seinerseits keine natürliche Person ist und damit eine Beteiligungskette vorliegt (und zwar ohne dass der Treugeber Kontrolle im Sinne des § 20 Abs. 3 Satz 1 und 5, § 3 Abs. 2 Satz 1-4 GwG erhält). Ist der Treuhänder dagegen selbst eine natürliche Person ist, gilt schon dieser, sofern er für den Treugeber zu mehr als 25 Prozent am Stammkapital beteiligt ist, gemäß § 3 Abs. 2 Satz 1 Nr. 1 GWG selbst als wirtschaftlich Berechtigter und hat dies der Gesellschaft zu melden (wobei aufgrund seiner Angabe in der Gesellschafterliste kraft Verweisungslösung eine gesonderte Mitteilung des Geschäftsführers der Gesellschaft zum Transparenzregister regelmäßig entbehrlich ist). Eine Offenlegung, dass und für welchen Treugeber er die Geschäftsanteile hält, wäre nur dann gefordert, wenn seine Angabepflicht gemäß § 20 Abs. 3 Satz 1 i.V.m. § 19 Abs. 1 Nr. 4, Abs. 3 Nr. 1 lit. b) GWG hinsichtlich »Art und Umfang des wirtschaftlichen Interesses« auch die Preisgabe des Treuhandverhältnisses verlangte; dies dürfte nach Sinn und Zweck der geldwäscherechtlichen Vorschriften durchaus naheliegen, eine extensive Auslegung wird aber im bußgeldbewehrten Bereich nur äußerst begrenzt möglich sein.[67] Jedenfalls aber muss der Geschäftsführer der GmbH selbst eine Mitteilung an das Transparenzregister abgeben, sofern er um um eine etwaige wirtschaftliche Berechtigung des Treugebers weiß (die sich in diesen Fällen über eine mittelbare Beteiligung ergibt); dies wird bei einer verdeckten Treuhand zuweilen nicht der Fall sein. Auf die Problematik sollte der Notar hinweisen (aber wohl ohne dahingehende Pflicht).

31 Der Treuhänder kann bereits bei der Gründung eine Verpflichtung eingehen, seinen Geschäftsanteil für Rechnung des Treugebers zu erwerben und an den Treugeber (etwa auf dessen jederzeit zulässiges Verlangen) zu übertragen (Erwerbstreuhand; formbedürftig nach § 15 Abs. 4 GmbHG selbst dann, wenn nach Errichtung und vor der Eintragung vereinbart, nach str. Ansicht jedoch formfrei, wenn vor Beurkundung des Gesellschaftsvertrages vereinbart; die meist vereinbarte aufschiebende bedingte Abtretung verlangt aber jedenfalls die notarielle Form, § 15 Abs. 3 GmbHG).[68]

---

65 Für eine dahingehende Hinweispflicht des Beraters Heckschen/Heidinger/*Heckschen*, Kap. 3 F Rn. 112 a.
66 Hierzu nur *Bochmann*, DB 2017, 1310 ff. Zum Transparenzregister auch Heckschen/Heidinger/*Heidinger*, Kap. 13 F Rn. 361 ff. Zu Beteiligungsketten *Seibert/Bochmann/Cziupka*, GmbHR 2017, 1128.
67 *Bochmann*, DB 2017, 1310, 1316.
68 BGHZ 21, 378. Hierzu DNotI-Report 2005, 73. S. näher § 145 Rdn. 115 ff.

Fremdnützige Gründungstreuhand mit Belehrungshinweisen

I. Treuhandvertrag 32 M

§ 1 Treuhandverhältnis

Der Treuhänder wird bei der Gründung der »Hans Westerfeld Fliesenarbeiten GmbH« einen Geschäftsanteil im Nennbetrag von 10.000 € übernehmen und diesen künftigen Geschäftsanteil unmittelbar im Auftrag und für Rechnung des Treugebers halten. Die Erschienenen sind sich darüber einig, dass der Geschäftsanteil einschließlich aller Nutzungen im Innenverhältnis dem Treugeber zusteht und diesem als wirtschaftlichem Inhaber (auch steuerrechtlich) zuzurechnen sein soll.
§ ..... (wie Muster § 53 Rdn. 24 M)
§ ..... Beendigung des Treuhandverhältnisses
..... Der Treuhänder tritt bereits jetzt zur Sicherung des Treugebers aufschiebend bedingt auf den Zeitpunkt der Beendigung des Treuhandvertrages nach Maßgabe des § ..... den Geschäftsanteil an den Treugeber ab, der die Abtretung annimmt.[69] Der Notar ist von dem Bedingungseintritt durch Vorlage von ihm für geeignet gehaltener Nachweise zu informieren.

II. Hinweise des Notars

Treugeber und Treuhänder verpflichten sich, diesen Treuhandvertrag vertraulich zu behandeln, soweit nicht nach zwingendem Recht eine Verpflichtung zur Offenlegung besteht. Der Notar hat die Beteiligten auf die gesellschafterbezogene Angabe- und die gesellschaftsbezogenen Einholungs-, Aufbewahrungs-, Aktualisierungs-, und Mitteilungspflichten nach dem Geldwäschegesetz hingewiesen, insbesondere darauf, dass eine etwaige Stellung des Treugebers als wirtschaftlich Berechtigter ggf. dem Transparenzregister zu melden sein kann.

■ *Kosten.* Da es sich um ein echtes Treuhandverhältnis handelt, bei dem nach Beendigung der Anteil aufschiebend bedingt abgetreten ist, ist der Geschäftswert der tatsächliche Wert des Geschäftsanteiles, § 97 Abs. 1 GNotKG.

f) Nennung der Gründer in der Satzung

Die Namen der Gründer sind nach § 3 Abs. 1 Nr. 4 GmbHG obligatorisch im Gesellschaftsvertrag zu nennen, die Bezeichnung sollte sich an den neu gefassten Anforderungen des § 40 Abs. 1 Satz 1 GmbHG orientieren (ohne dass dies freilich zwingend wäre). Insoweit kann auch Kongruenz zur Gesellschafterliste, die mit der Anmeldung elektronisch einzureichen ist, hergestellt werden. Die in der Gesellschafterliste geforderten Prozentangaben sind dagegen nicht zwingend in die Satzung aufzunehmen; ein Mehrwert ist bei einer freiwilligen Aufnahme nicht zu erkennen, sie schadet aber auch nicht. Nach überw. M. kann der sich an der Gesellschaft beteiligende Einzelkaufmann entweder unter seinem Namen oder seiner Firma beitreten (in der Gesellschafterliste ist aber der Name des Einzelkaufmanns anzuge-

33

---

[69] Dies würde nach h.M. bei der Gründungstreuhand, die vor der notariellen Gründungsurkunde vereinbart wird, erst die notarielle Beurkundung erforderlich machen. S. hierzu kritisch MünchHdBGesR III/*Kraus*, § 26 Rn. 20 f. Zum Ganzen auch *Greitemann*, GmbHR 2005, 577.

ben, in letzterem Falle unter Hinzufügung der Firma);[70] sollte er mehrere Geschäftsanteile übernehmen, kann er sich auch gemischt beteiligen.[71]

34 Nach heute h.M. können die Angaben der Gründer nach Eintragung bei späteren Satzungsänderungen wieder entfallen, auch wenn die Einlage noch nicht vollständig erbracht wurde.[72]

Angaben nach § 3 Abs. 1 Nr. 4 GmbHG in der Satzung bei zweigliedriger GmbH mit Beteiligung einer Außen-GbR sowie einer juristischen Person

35 M **§ ..... Stammkapital, Geschäftsanteile**
1. Das Stammkapital der Gesellschaft beträgt € 25.000.
2. Hierauf übernehmen als Gründungsgesellschafter:

lfd. Nr.	Gesellschafter	Nennwert Geschäftsanteil
1	AB Beteiligung GbR mit Sitz in Hamburg, bestehend aus den Gesellschaftern Anton Müller, geb. am ....., wohnhaft in Hamburg, sowie Bernd Walter, geb. am ....., wohnhaft in Hamburg	€ 10.000,00
2	Gesellschaft mit beschränkter Haftung unter der Firma Hans Müller Autodienste UG (haftungsbeschränkt), mit Sitz in Hamburg, eingetragen Amtsgericht Hamburg unter HRB	€ 15.000,00

Die Einlagen auf die übernommenen Geschäftsanteile sind in der vorgenannten Höhe unverzüglich in bar einzuzahlen.

Gesellschafterliste bei Beteiligung mit Außen-GbR und juristischer Person

35.1 M Liste der Gesellschafter der »..... GmbH« mit dem Sitz in Hamburg, eingetragen im Handelsregister des Amtsgerichts Hamburg unter HRB.....

Gesellschafter[1]	Angaben zum Geschäftsanteil			Beteiligungsquote pro Gesellschafter
	Lfd. Nr.	Nennbetrag in €	Geschäftsanteilsbezogene Beteiligungsquote	
AB Beteiligung GbR, Hamburg, bestehend aus den Gesellschaftern – Anton Müller, geb. am 03.02.1980, wohnhaft in Hamburg – Bernd Walter, geb. am 04.02.1978 wohnhaft in Hamburg	1	12.500	50 %	50 %

---

70 Baumbach/Hueck/*Fastrich*, § 8 GmbHG Rn. 7; Scholz/*Cramer*, § 2 GmbHG Rn. 55.
71 Roth/Altmeppen/*Roth*, § 1 GmbHG Rn. 25.
72 Lutter/Hommelhoff/*Bayer*, § 53 GmbHG Rn. 36; Scholz/*Cziupka*, § 3 GmbHG Rn. 74.

Gesellschaft mit beschränkter Haftung (GmbH). Gründung, Satzungsbestandteile **§ 142**

Müller Autodienste UG (haftungsbeschränkt), mit Sitz in Hamburg, eingetragen im Handelsregister des Amtsgerichts Hamburg unter HRB.....	2	12.500	50 %	50 %
Stammkapital in € gesamt: 25.000				

¹Bei natürlichen Personen: Name, Vorname, Geburtsdatum, Wohnort; bei eingetragenen Gesellschaften: Firma/Name, Satzungssitz, zuständiges Register, Registernummer; bei nichteingetragenen Gesellschaften: zusammenfassende Bezeichnung der Gesellschaft und deren Gesellschafter, jeweils mit Name, Vorname, Geburtsdatum und Wohnort.

Hamburg, den.....
Unterschrift der Geschäftsführer

■ *Kosten.* Vorbemerkung 2.2.1.1. Abs. 1 Nr. 3 KV GNotKG bestimmt, dass das Fertigung, Änderung oder Ergänzung der Liste der Gesellschafter gemäß § 8 Abs. 1 Nr. 3 GmbHG eine Vollzugstätigkeit zu der GmbH-Errichtung ist. Da für die GmbH-Errichtung nach Nr. 21100 KV GNotKG eine 2,0-Gebühr anfällt, entsteht somit für die Listenerstellung gemäß Nr. 22110 KV GNotKG eine Vollzuggebühr von 0,5 nach Tabelle B, die nach Nr. 22113 KV GNotKG auf höchstens 250 € beschränkt wird (0,3 Gebühr, wenn 1-Personen-GmbH ohne Geschäftsführerbestellung in der Gründungsurkunde). Geschäftswert der Vollzugsgebühr: Wert des Beurkundungsverfahrens (§ 112 GNotKG) gemäß § 35 Abs. 1 i.v.m. § 86 Abs. 2 GNotKG, (Beurkundung + Geschäftsführerbestellung); keine gesonderte Gebühr für die Fertigung des Entwurfes der Liste (Vorbemerkung 2.2. KV GNotKG). Die Bescheinigung nach § 40 Abs. 2. Satz 2 GmbHG ist kostenfrei.

II. Mindestinhalt der Satzung

1. Überblick

§ 3 GmbHG regelt in Abs. 1 den Mindestinhalt des Gesellschaftsvertrages. Es handelt sich um Regelungsgegenstände, die jeder Gesellschaftsvertrag in der Form des § 2 GmbHG und damit im Satzungstext enthalten muss. Gesellschaften, deren Gesellschaftsvertrag hinter dem gesetzlich festgelegten Mindestinhalt zurückbleibt, wird die Eintragung in das Handelsregister – und damit ihre Entstehung als juristische Person – versagt, § 9c Abs. 2 Nr. 1 GmbHG, nach Eintragung gilt hingegen § 75 GmbHG. Sonstige Mindestbestandteile gibt es im GmbHG nicht – eine GmbH kann im Wege der Bargründung errichtet werden, auch wenn der Gesellschaftsvertrag allein den in § 3 Abs. 1 GmbHG genannten Inhalte aufweist. Soll allerdings eine Sachgründung erfolgen, müssen nach § 5 Abs. 4 GmbHG zudem der Gegenstand der Sacheinlage und der Nennbetrag des Geschäftsanteils, auf den sich die Sacheinlage bezieht, im Gesellschaftsvertrag festgesetzt werden; auch diese Festsetzungen sind zwingend im Sinne des § 9c Abs. 2 Nr. 1 GmbHG und damit, wenn eine Sachgründung vorliegt, Eintragungsvoraussetzung.

36

2. Firma

a) Vorgaben der §§ 18, 30 HGB

37 Für die Firma der GmbH gelten seit der Liberalisierung des Firmenrechts durch das Handelsrechtsreformgesetz von 1998 die allgemeinen Anforderungen nach § 18 HGB, d.h. sie muss (i) zur Kennzeichnung geeignet sein (Namensfunktion, dafür muss die Bezeichnung schreibbar, lesbar und artikulierbar sein), (ii) abstrakt Unterscheidungskraft besitzen (Individualisierungsfunktion, dafür dürfen Verwechslungen nicht typischerweise zu erwarten sein – Maßstab: durchschnittlicher Rechtsverkehrsteilnehmer) und darf (iii) keine Angaben enthalten, die über für den Geschäftsverkehr wesentliche Umstände täuschen können (Täuschungsverbot; nach OLG Karlsruhe[73] und OLG Düsseldorf[74] schließt das die Verwendung des Namens eines Nichtgesellschafters in der Firma (iv) nicht zwingend aus, sofern dieser keine allgemeine Bekanntheit hat und daher ein besonderes Vertrauen auf dessen Beteiligung an der Gesellschaft besteht). Überdies muss die Firma nach § 30 HGB konkret von anderen an demselben Ort oder in derselben Gemeinde bereits bestehenden und in das Handelsregister oder in das Genossenschaftsregister eingetragenen Firmen deutlich unterscheidbar sein: Die Unterscheidung zwischen verschiedenen Firmentypen (Sach-, Namens- und Phantasiefirmen) hat keine rechtliche Bedeutung mehr, erlaubt aber eine gewisse Orientierung. Spezifische Besonderheiten der Firmenbildung ergeben sich im Recht der GmbH damit nicht, verwiesen werden kann damit weitgehend auf die Ausführungen bei § 125.

b) Vorgaben des § 4 GmbHG

38 Darüber hinaus schreibt § 4 Satz 1 GmbHG – der nur den Rechtsformzusatz, nicht den Firmenkern thematisiert – vor, dass in die Firma (auch wenn sie nach § 22 HGB oder anderen Vorschriften als abgeleitete geführt wird) die Bezeichnung »Gesellschaft mit beschränkter Haftung« oder eine allgemein verständliche Abkürzung dieser Bezeichnung (üblich ist »GmbH«, zulässig mit oder ohne Punktierung, durchgängig in Groß- oder auch Kleinschreibung) aufgenommen wird, wobei der Rechtsformzusatz an beliebiger Stelle innerhalb der Firma platziert werden kann (auf »Gesellschaft« muss aber »mit beschränkter Haftung« oder die jeweilige Abkürzung folgen, ein Auseinanderreißen ist insoweit unzulässig, str.)[75]. Bei der Unternehmergesellschaft nach § 5a GmbHG ist die Bezeichnung »Unternehmergesellschaft (haftungsbeschränkt)« oder »UG (haftungsbeschränkt)« anzugeben. Das Handeln einer Unternehmergesellschaft (haftungsbeschränkt) mit dem unrichtigen Firmenzusatz »GmbH« führt zur Rechtsscheinhaftung gegenüber dem Geschäftspartner.[76] Die – weitverbreitete – Abkürzung »gGmbH« für eine gemeinnützige GmbH ist nach § 4 Satz 2 GmbHG zulässig, trotz fehlenden Verweises in § 5a GmbHG auch bei der UG (haftungsbeschränkt), mithin ist »gUG haftungsbeschränkt« als Rechtsformzusatz zulässig.

3. Unternehmensgegenstand

a) Überblick

39 Während der Gesellschaftszweck nach zutreffender Ansicht als das Gesamtziel der Tätigkeit der Gesellschaft zu verstehen ist (»Wozu« der Betätigung; also: erwerbswirtschaftliche, sonstige wirtschaftliche oder ideelle Zwecke), erfasst der Gegenstand des Unternehmens den

---

[73] GmbHR 2014, 142.
[74] Rpfleger 2017, 558. Aktuell zum Täuschungsverbot KG Berlin ZIP 2018, 1975 (Bezeichnung »Partner«).
[75] Vgl. Scholz/*Cziupka*, § 4 GmbHG Rn. 10 f.
[76] BGH DNotZ 2013, 54; zur Frage wie weit s. *Weiler*, notar 2013, 195; C. Schirrmacher, GmbHR 2018, 942.

Bereich und die Art der Betätigung der Gesellschaft (»Was« der Betätigung); wird beides aufeinander bezogen, dient der Gegenstand als Mittel zur Erreichung des Zwecks. Weil allerdings die Betätigungsart auch Selbstzweck sein kann, können Zweck und Gegenstand teilidentisch sein. Im Gegensatz zum Unternehmensgegenstand braucht der von diesem zu unterscheidende Zweck der Gesellschaft im Gesellschaftsvertrag grundsätzlich nicht genannt zu werden.

Fehlt der Unternehmensgegenstand oder ist seine Angabe nichtig, kann die Gesellschaft auf Klage für nichtig erklärt werden kann (§ 75 Abs. 1 GmbHG; § 275 Abs. 1 Satz 1 AktG). Außerdem kann die Gesellschaft von Amts wegen gelöscht werden (§ 397 Satz 2 FamFG). Dies belegt die Bedeutung, die dem Unternehmensgegenstand in der Satzung zukommt. Nichtig ist die Bestimmung des Unternehmensgegenstandes vor allem, wenn sie gesetz- oder sittenwidrig ist (§§ 134, 138 BGB) oder nur zum Schein erfolgte (§ 117 BGB; § 75 GmbHG). **40**

b) Konkretisierung

Der Unternehmensgegenstand darf nicht nur vage angegeben werden, sondern muss konkretisiert werden; an diese Individualisierung der Angabe des Unternehmensgegenstandes werden zu Recht gewisse Anforderungen gestellt (sonst ist die Angabe des Unternehmensgegenstands sinnlos).[77] Als weitgehend konsentiert kann gelten, dass der Bereich (zB Auto-, Lebensmittel- oder Immobilienbereich) und die Art der Tätigkeit (zB Vertrieb, Produktion oder Vermittlung) – bei vielen Streitigkeiten im Detail – möglichst exakt und individuell und überdies wahrheitsgemäß anzugeben ist mit dem Leitziel, den beteiligten Verkehrskreisen ein Bild vom Schwerpunkt der Betätigung der Gesellschaft zu verschaffen. Daher verbieten sich nichtssagende Beschreibungen des Unternehmensgegenstandes. Andererseits impliziert das Abstellen auf den Schwerpunkt der Tätigkeit bereits, dass eine allzu ausdifferenzierte Beschreibung nicht erforderlich ist. Daraus folgt, dass der Unternehmensgegenstand den Kernbereich der Tätigkeit der Gesellschaft zu kennzeichnen hat, sofern ein solcher, wie meist, vorhanden ist; falls zumindest eine Schwerpunktbildung möglich, ist diese durch »insbesondere« anzuzeigen.[78] Die Gründung einer GmbH ohne konkret beschriebenen Unternehmensgegenstand oder mit einem Unternehmensgegenstand, der nicht den tatsächlichen Absichten der Gesellschafter entspricht, ist unzulässig, bei mangelnder Konkretisierung aber nach Eintragung als bloßer Ordnungsmangel unbeachtlich. Ausreichend ist als Unternehmensgegenstand der Gesellschaft aber »die Verwaltung eigenen Vermögens« und deshalb ist eine offene Vorratsgründung mit diesem Gesellschaftszweck zulässig.[79] **41**

c) Zusätze

Zu allgemeine, nichtssagende Formulierungen sind auch als Zusätze unzulässig. Negative Zusätze sind allerdings zulässig (»mit Ausnahme«), aber selbst nicht zur Konkretisierung hinreichend. Allein klarstellungshalber wirkt der Zusatz, dass die Gesellschaft im In- und Ausland Zweigniederlassungen errichten darf, sofern die Zweigniederlassungen der Verwirklichung des Unternehmensgegenstandes dienen – dieser in zahlreichen Satzungen vorfindliche Zusatz kann hier ohne rechtliche Konsequenzen auch weggelassen werden. **42**

---

77 Vgl. KG GmbHR 2012, 856.
78 BGH WM 1981, 163.
79 BGHZ 117, 323, 331, 333 = DB 1992, 1228; Scholz/*Cziupka*, § 3 GmbHG Rn. 17.

d) Komplementär-GmbHG

43 Während in der früheren Rechtsprechung angenommen wurde, dass zur Bestimmung des Unternehmensgegenstandes bei der Komplementär-GmbH auch der von der KG beabsichtigte Tätigkeitsbereich genannt werden müsse, ist dies nach heute h.M. nicht mehr erforderlich.[80] Anderenfalls würde das Konkretisierungsgebot in Bezug auf den Unternehmensgegenstand von der allein angesprochenen GmbH auf die von ihr zu unterscheidende KG erstreckt. Damit würden letztlich auch Missverständnisse über den eigentlichen Unternehmensgegenstand der GmbH herbeigeführt werden. Allerdings muss die KG nach der hM namentlich genannt werden.[81] Es genügt nach dieser Ansicht mithin trotz des nicht zu verkennenden Bedürfnisses nach Flexibilität nicht die blasse Angabe, Unternehmensgegenstand der GmbH sei ihre Beteiligung als Komplementärin (irgendeiner) KG. Wenn die GmbH jedoch Komplementärin mehrerer Kommanditgesellschaften werden soll und diese namentlich noch nicht bekannt sind, sodass die Angabe deren Firma und Sitz nicht möglich ist, sollte es jedenfalls entgegen dieser Ansicht genügen, als Gegenstand die Übernahme der Vertretung und Geschäftsführung bei einer Mehrzahl von (nicht näher genannten) Kommanditgesellschaften zu bezeichnen. Anderenfalls würde über die Anforderungen an die Angabe des Unternehmensgegenstandes eine Erweiterung der Tätigkeit der Komplementär-GmbH deutlich erschwert, obgleich der Tätigkeitsbereich der GmbH (= Komplementärin) klar erkennbar ist. Werden die Kommanditgesellschaften jeweils auf einem ähnlichen Gebiet tätig, kann es sich anbieten, sicherheitshalber in Anlehnung an die ältere Rspr. den Tätigkeitsbereich der Kommanditgesellschaften anzugeben (was zwar nicht erforderlich, aber doch rechtlich zulässig ist). Im Übrigen ist jedoch zu beobachten, dass die Registerpraxis in solchen Konstellationen zunehmend die Angabe der Komplementärfunktion ohne namentliche Nennung der betreffenden KG genügen lässt. Eine Angabe von Firma und Sitz der Kommanditgesellschaft sollte aber erfolgen, wenn die GmbH Komplementärin nur einer Kommanditgesellschaft werden soll und diese bereits näher bezeichnet werden kann.

Unternehmensgegenstand einer Komplementär-GmbH

44 M § ..... Gegenstand des Unternehmens der Gesellschaft ist die Übernahme der Geschäftsführung als persönlich haftende Gesellschafterin an der »Bernd Ackermann Möbelhaus GmbH & Co. KG« mit Sitz Hamburg, die den Handel mit Möbeln jeder Art zum Gegenstand hat, sowie die Vornahme aller damit im Zusammenhang stehenden Geschäfte.

Abstrakte Ermöglichung der Komplementärstellung

44.1 M § ..... Die Gesellschaft kann alle Geschäfte betreiben, die dem Gegenstand des Unternehmens dienen. Sie kann zu diesem Zweck Zweigniederlassungen errichten, andere Unternehmen gründen, sich an anderen Unternehmen beteiligen, auch als alleinige Komplementärin, sowie Unternehmensverträge mit anderen Unternehmen abschließen.

4. Sitz

45 **a)** Der *Sitz* der Gesellschaft – gemeint ist der Satzungssitz, also jener Sitz, den die Satzung hierzu bestimmt – kann nach § 4a GmbHG in Deutschland (solange kein Rechtsmissbrauch vorliegt, was nur selten anzunehmen sein wird)[82] frei gewählt werden (muss insbesondere

---

80 S. dazu Scholz/*Cziupka*, § 3 GmbHG Rn. 16.
81 S. nur Lutter/Hommelhoff/*Bayer*, § 3 GmbHG Rn. 10.
82 Vgl. Scholz/*Cziupka*, § 4a GmbHG Rn. 10 ff.; großzügiger *Meckbach*, NZG 2014, 526 ff.

nicht mit dem Verwaltungssitz übereinstimmen oder auch nur mit der inländischen Geschäftsanschrift), darf aber nicht im Ausland liegen.[83] Er ist insbesondere maßgeblich für die Zuständigkeit des Registergerichts, § 7 Abs. 1 GmbHG, § 17 ZPO. Bei Großstädten mit mehreren Gerichtsbezirken ist zur hinreichenden Individualisierung auch der Ortsteil angeben; anderes gilt aber, wenn die Führung des Handelsregisters nur einem Gericht zugewiesen ist (§ 376 Abs. 2 FamFG); Bsp.: Berlin (AG Charlottenburg).

b) Demgegenüber kann der Verwaltungssitz, der bis zur Grenze des Rechtsmissbrauchs vom Satzungssitz losgelöst werden kann, im In- oder Ausland frei gewählt werden (bei Gründung oder durch Sitzverlegung), kollisionsrechtlich aber nur ohne Friktionen bei Verwaltungssitz in einem der Gründungstheorie folgenden Staat (folgt der Zuzugsstaat der Sitztheorie kommt es zur Rückverweisung auf deutsches Recht). Es kann sich empfehlen, den Verwaltungssitz freiwillig in der Satzung zu verankern, damit dessen Verlegung nur mit qualifiziertem Mehrheitsbeschluss zulässig ist. Auch kann ein Auseinanderfallen zwischen Satzungs- und Verwaltungssitz von einer Satzungsänderung abhängig gemacht werden.   46

Satzungsbestimmung zum Verwaltungssitz (Aufweichung der Flexibilität)

§ ..... Sitz der Gesellschaft
Der Satzungssitz der Gesellschaft ist Hamburg. Der Verwaltungssitz der Gesellschaft liegt ebenfalls in Hamburg. (Alt. 1: Der Verwaltungssitz liegt zwingend stets am Ort des Satzungssitzes; Alt. 2: Der Verwaltungssitz der Gesellschaft kann im Inland frei gewählt werden. Soll der Verwaltungssitz ins Ausland verlegt werden, bedarf dies eines satzungsändernden Beschlusses.).   47 M

c) Der Beschluss, den Satzungssitz ins Ausland zu verlegen, ist nichtig, richtigerweise aber nicht als Auflösungsbeschluss zu verstehen.[84] Eine grenzüberschreitende Satzungssitzverlegung einer deutschen GmbH ist ungeachtet dieses Streits jedenfalls nicht möglich. Von dieser rechtsformwahrenden Sitzverlegung ist der grenzüberschreitende Formwechsel zu unterscheiden: Hier verlässt eine GmbH mit ihrem Satzungssitz im Inland auch ihre Rechtsform als deutsche GmbH, um sich ohne Liquidation zu einer Gesellschaft ausländischen Rechts umzuwandeln. Ein solcher Herausformwechsel ist im Grundsatz zuzulassen, sofern die GmbH sich (rechtsformkongruent oder -inkongruent) in eine Gesellschaft eines EU- oder EWR-Staates verwandelt. Aus Sicht des Herkunftsstaates darf dieser Wegzug nicht mit dem bloßen Verweis darauf verhindern oder erschwert darf, dass die Gesellschaft ihren Verwaltungssitz im Inland belässt oder nicht einmal geschäftliche Aktivitäten im Aufnahmestaat plant (EuGH in der Rechtssache Polbud).[85] Dagegen darf der Aufnahmestaat in nichtdiskriminierender Weise einen bei ihm belegenen Verwaltungssitz oder eine sonstige reale Anknüpfung als Voraussetzung für die Annahme einer Rechtsform des Aufnahmestaates verlangen (Rechtssache Vale).[86] Ungeachtet dessen kann der Herkunftsstaat den Wegzug unionsrechtskonform davon abhängig machen, dass die Umwandlung in einem geordneten Verfahren erfolgt. Aus deutscher Sicht müssen daher für den grenzüberschreitenden Formwechsel (wohl) auch nach »Polbud« die §§ 190 ff. UmwG, nach umstrittener Ansicht zudem auch etwa Art. 8 SE-VO[87] beachtet werden. Die Eintragung im Aufnahmestaat als Gesellschaft in einer Rechtsform des Aufnahmestaates kann keine »heilende« Wirkung in dem   48

---
83 Scholz/*Cziupka*, § 4a GmbHG Rn. 8.
84 Hierzu Scholz/*Cziupka*, § 4a GmbHG Rn. 16.
85 EuGH DStR 2017, 2684 m. Anm. *Wicke* = GmbHR 2017, 1216 m. Anm. *Bochmann/Cziupka*. S. hierzu etwa *Kieninger*, ZEuP 2018, 309 ff.; *Kindler*, NZG 2018, 1 ff.; *Schall*, ZfPW 2018, 176 ff.
86 EuGH, GmbHR 2012, 860.
87 Vgl. *Knaier/Pfleger*, GmbHR 2017, 859 ff.

Sinne haben, dass damit die Übergehung des Formwechselverfahrens des Heimatstaates legitimiert würde. Aus deutscher Perspektive ergibt sich eine solche Wirkung insbesondere nicht aus § 202 UmwG; anderes ist auch nicht unionsrechtlich geboten.[88] Auch der in der Praxis häufig beschrittene Weg des Formwechsels durch grenzüberschreitende Verschmelzung auf eine Neugesellschaft ausländischen Rechts führt nicht am Umwandlungsrecht (§§ 122a ff. UmwG) und den begleitenden Schutzvorschriften (MgVG) vorbei.

5. Stammkapital und Geschäftsanteile

a) Mindestkapital, Stückelung, Teilung

49 Das *Stammkapital* beträgt mindestens 25.000 € (ohne Grenze nach oben), der Nennbetrag jedes Geschäftsanteils mindestens 1 € (§ 5 Abs. 1 bis 3 GmbHG). Eine »Vorratsstückelung« der Geschäftsanteile – etwa eine Atomisierung aller Anteile auf 1 € – ist nur selten zweckmäßig (etwa bei Begründung von mehreren Treuhandverhältnissen mit einem Treuhänder, aber auch zur Gewinnung von Flexibilität bei Umwandlungsmaßnahmen bzw. einer ohnehin geplanten Abtretung von Anteilen an Dritte), jedoch zunehmend anzutreffen. Will man das Erfordernis späterer Zustimmung der Gesellschafterversammlung zur *Teilung* nach § 46 Nr. 4 GmbHG vermeiden, ist dessen Ausschluss im Gesellschaftsvertrag zumeist vernünftiger.[89] Weil Teilungen in der Praxis meist in Vorbereitung auf einen ohnehin notariell zu beurkundenden Anteilskaufvertrag bedeutsam werden, kann es sich (auch zwecks Begründung einer entsprechenden Zuständigkeit zur Erstellung der geänderten Gesellschafterliste) empfehlen, die Teilung an eine notariell zu beurkundende Erklärung des Anteilsinhabers zu knüpfen. Im Übrigen ist bei der Teilung selbstverständlich darauf zu achten, dass die neu entstehenden Teile den Mindestnennbetrag nicht unterschreiten (sonst ist der Beschluss nach § 134 BGB nichtig). Die durch Teilung neu entstandenen Geschäftsteile sind in der Gesellschafterliste am besten mit den nächsten freien Nummern aufzuführen, s. dazu § 145 Rdn. 57 M. S. zur Gesellschafterliste § 145 Rdn. 56.

Satzungsregelung zur Teilung und Zusammenlegung von Geschäftsanteilen

50 M § ..... Die Teilung und die Zusammenlegung von Geschäftsanteilen bedürfen der notariell beurkundeten Erklärung des betreffenden Gesellschafters, jedoch keiner Zustimmung der übrigen Gesellschafter oder der Gesellschafterversammlung.

Satzung bei Ein-Euro-Stückelung

50.1 M § ..... Stammkapital und Geschäftsanteile
Das Stammkapital beträgt 50.000 €.
Hiervon übernehmen:

lfd. Nr.	Gesellschafter	Nennwert pro Geschäftsanteil
1-20.000	Herr Ernst Winter, geb. am ..... wohnhaft in	€ 1,00

---

88 AA OLG Frankfurt GmbHR 2017, 420; zu Recht kritisch *Hushahn*, RNotZ 2017, 264, 264 f.
89 S. hierzu *D. Mayer*, DNotZ 2008, 403, 425.

20.001-35.000	Frau Margot Winter, geborene Lassen, geb. am ..... wohnhaft	€ 1,00
35.001-46.500	Walter Warmbold, geb. am ....., wohnhaft	€ 1,00
46.501-50.000	Herta Warmbold, geb. am ....., wohnhaft	€ 1,00

Gesellschafterliste bei Ein-Euro-Stückelung

Liste der Gesellschafter der »Winter & Warmbold GmbH« mit dem Sitz in Neustadt/Weinstraße, HRB.....

50.2 M

Gesellschafter[1]	Angaben zum Geschäftsanteil			Beteiligungsquote pro Gesellschafter
	Lfd. Nr.	Nennbetrag in €	Geschäftsanteilsbezogene Beteiligungsquote	
Ernst Winter, geb. am ....., wohnhaft in [Wohnort]	1-20.000	je 1 (gesamt: 20.000)	< 1 %	40,00 %
Margot Winter, geb. am ....., wohnhaft in [Wohnort]	20.001-35.000	je 1 (gesamt: 15.000)	< 1 %	30,00 %
Walter Warmbold, geb. am ....., wohnhaft in [Wohnort]	35.001-46.500	je 1 (gesamt: 11.500)	< 1 %	23,00 %
Herta Warmbold, geb. am ....., wohnhaft in [Wohnort]	46.501-50.000	je 1 (gesamt: 3.500)	< 1 %	7,00 %
Stammkapital in € gesamt: 50.000				

[1] Bei natürlichen Personen: Name, Vorname, Geburtsdatum, Wohnort; bei eingetragenen Gesellschaften: Firma/Name, Satzungssitz, zuständiges Register, Registernummer; bei nichteingetragenen Gesellschaften: zusammenfassende Bezeichnung der Gesellschaft und deren Gesellschafter, jeweils mit Name, Vorname, Geburtsdatum und Wohnort.

Neustadt/Weinstraße, den.....

Walter Warmbold (alleiniger Geschäftsführer)

■ *Kosten.* Bei einer nicht mit einer Beurkundung im Zusammenhang stehenden Fertigung des Entwurfs einer Gesellschafterliste liegt keine Vollzugs- sondern eine Entwurfstätigkeit vor. Sie löst eine 1,0-Entwurfsgebühr nach KV-Nr. 24101 GNotKG (Mindestgebühr 60,– €)

aus (§ 92 Abs. 2 GNotKG). Der Geschäftswert ist nach § 119 Abs. 1 i.V. mit § 36 Abs. 1 GNotKG nach billigem Ermessen zu bestimmen; Teilwert von etwa 10% des Stammkapitals. Für die Einreichung dieser Liste beim Handelsregister im Auftrag des Geschäftsführers unter Fertigung eines XML-Strukturdatensatzes ist eine 0,3-Vollzugsgebühr nach KV-Nr. 22114 GNotKG aus dem Geschäftswert der Entwurfsfertigung nach § 112 GNotKG zu erheben.[90]

b) Geschäftsanteil

51 aa) *Geschäftsanteil* ist die jeweilige Bündelung der mitgliedschaftlichen Rechte, die »Beteiligung« eines Gesellschafters (wie bei der Aktiengesellschaft die Aktie). Die Geschäftsanteile schon im Gründungsvertrag zu nummerieren (§ 8 Abs. 1 Nr. 3 GmbHG), ist nicht vorgeschrieben, aber zweckmäßig (schon wegen des sachenrechtlichen Bestimmtheitsgrundsatzes); die eigentliche Zuordnungsfunktion hat allerdings die Gesellschafterliste mit fortlaufender Nummerierung der Geschäftsanteile zu erfüllen.

52 Der Begriff der *»Stammeinlage«* wurde durch das MoMiG durch die Begriffe »Einlage«, »Einlageverpflichtung« oder »Nennbetrag des Geschäftsanteils« ersetzt. Soweit der Begriff »Stammeinlage« noch in Vorschriften verwendet wird, ist er im bisherigen Sinne des auf das Stammkapital einzulegenden Werts zu verstehen (s. § 3 Abs. 1 Nr. 4 GmbHG).

53 Auf jeden Geschäftsanteil ist eine Einlage (als Geld- oder Sacheinlage) i.H.d. Nennbetrages zu leisten (§ 14 GmbHG). Die Einlagehöhe korrespondiert mit dem Nennbetrag. Dieser kann auf einen beliebigen Betrag in vollen Euro lauten. Ist ein Aufgeld (Agio) über den Nennbetrag der Einlage[91] hinaus zu leisten, um die Beteiligungsrechte zu erwerben, ist dieses gemäß § 272 Abs. 2 Nr. 1 HGB in der Handelsbilanz der GmbH als Kapitalrücklage auszuweisen und dem steuerlichen Einlagekonto (§ 27 KStG) zuzuschreiben; bei dem Agio handelt es sich steuerlich nicht um eine verdeckte Einlage, sondern um einen Teil der Einbringungsleistung und damit um Anschaffungskosten.[92] Das Agio ist nicht Teil der Einlageleistung, auch unterfällt es nicht den strengen Kapitalaufbringungs- und -erhaltungsregeln; dies gilt für das statutarische Agio gleichermaßen wie für ein nur schuldrechtlich vereinbartes (insofern Differenz zur Behandlung des Agios im Aktienrecht). Die Fälligkeit der Einlagen richtet sich, sofern die Einlagen nicht bereits vor der Anmeldung der Gesellschaft zu leisten sind (wie bei den Mindesteinlagen zwingend), nach dem Gesellschaftsvertrag (§ 45 Abs. 2 GmbHG). Fehlt eine Regelung, so unterliegt nach § 46 Nr. 2 GmbHG die Einforderung von Einzahlungen der Bestimmung der Gesellschafter nach ihrem Ermessen; Fälligkeit tritt dann erst ein, wenn die Gesellschafter die Einforderung beschließen – der Beschluss wird, falls der Einlageschuldner bei der Beschlussfassung nicht anwesend war, über eine Zahlungsaufforderung durch den Geschäftsführer vollzogen. Häufig wird aber auch die Entscheidungsmacht über die Einforderung selbst kraft gesellschaftsvertraglicher Regelung auf die Ebene der Geschäftsführung übertragen.

---

90 *Tiedtke/Sikora*, DNotZ 2017, 673
91 Bareinlage mit Sachagio ist steuerlich anerkannt und wird als einheitliche Sacheinlage i.S.d. § 20 Abs. 1 UmwStG angesehen, wenn als Sachgegenstand ein Betrieb, Teilbetrieb oder Mitunternehmeranteil mit allen funktional wesentlichen Betriebsgrundlagen eingebracht sind. Nicht bei Einzelwirtschaftsgut, wie einzelnes Grundstück; hier liegt ein tauschähnlicher Vorgang vor. BFH vom 07.04.2010 – I R 55/09 = Mitt-BayNot 2010, 507; *Wälzholz*, MittBayNot 2011, 265. BMF-Schrb (Umw.steuererlass) vom 11.11.2011, BStBl I 1314 Rn E 20.11. Hierzu auch bei § 144 Rdn. 114; sonst steuerpflichtige Betriebsaufgabe beim Einbringer und Einbringung zum Teilwert (Tz. 20.06 ff. UmwStE).
92 BFH v. 24.04.2007 – I R 35/05. Nachteil dieses Verfahrens ist jedoch, dass dann steuerlich der Differenzbetrag dem Einlagekonto gemäß § 27 KStG zugeordnet ist und somit Gewinnausschüttungen nach § 27 Abs. 1 KStG zunächst der dort geregelten Verwendungsreihenfolge unterliegen, was zu einer rückwirkenden Nachbesteuerung nach § 22 Abs. 1 Satz 6 Nr. 3 UmwStG führen kann. Hierzu Tz. 22.24 UmwStE mit erläuterndem Berechnungsbeispiel. Derartige Gestaltungen müssen daher im Hinblick auf die möglichen Steuerfolgen vom Steuerberater zuvor genau überprüft werden. Zum Sachagio: § 144 Rdn. 139 ff.

bb) Die Gesellschafter können auch mehrere Geschäftsanteile übernehmen (§ 5 Abs. 2 Satz 2 GmbHG). Hinzuerworbene Geschäftsanteile bleiben selbständig (§ 15 Abs. 2 GmbHG). Aus der Summe der Nennbeträge, die ein Gesellschafter übernimmt, ergib sich damit dessen Beteiligungsumfang und Beteiligungsmaß in Beziehung zu den Mitgesellschaftern. Die aus den Geschäftsanteilen resultierenden mitgliedschaftlichen Rechte können aber auch disproportional zum Beteiligungsumfang ausgestaltet werden, etwa durch die Einräumung von Mehrstimmrechten oder die Gewährung von Sondervergünstigungen. Die addierten Nennbeträge aller Geschäftsanteile ergeben das Stammkapital.

54

cc) Auch wenn jeder Gesellschafter im Gesellschaftsvertrag einen Geschäftsanteil übernehmen muss, folgt daraus keineswegs, dass der Geschäftsanteil bereits vor Eintragung der Gesellschaft im Handelsregister existieren würde (nämlich mit Beurkundung des Gesellschaftsvertrages); vielmehr wird entgegen einer stark vertretenen Ansicht[93] aus der Mitgliedschaft erst dann ein Geschäftsanteil als dessen dingliche Verkörperung, wenn die Gesellschaft im Handelsregister eingetragen ist.[94] Hierfür spricht die Systemkohärenz: Denn auch bei der Kapitalerhöhung erwirbt ein Gesellschafter seinen Geschäftsanteil erst mit Einlageleistung und Eintragung der Kapitalerhöhung im Handelsregister[95]; bei der AG dürfen zudem Aktien erst nach Eintragung der AG ausgegeben werden (§ 41 Abs. 4 AktG).[96]

55

Daraus folgt dann, dass sich Veränderungen des Gesellschafterkreises nach § 2, nicht aber nach § 15 richten. Eine vor der Eintragung der Gesellschaft vorgenommene Abtretung eines künftigen Geschäftsanteils wird damit erst mit der Eintragung wirksam. Soll vorher ein Gründer wechseln, so bedarf es einer beurkundeten Änderung des Gesellschaftsvertrages.[97] (Umstr. ist, ob auch eine Abtretung der Beteiligung an der Vorgesellschaft unter entsprechender Anwendung des § 15 GmbHG zulässig ist).[98] – Wegen der *Veräußerung* von *Geschäftsanteilen* s.u. § 145 Rdn. 1 ff.

56

Steuerlich erlangt der Zessionar bereits mit der Abtretung in der gebotenen notariellen Form, trotz der aufschiebenden Bedingung der späteren Eintragung der GmbH ins Handelsregister, das wirtschaftliche Eigentum an dem GmbH-Anteil, denn er erlangt schon durch die Errichtung der GmbH und des gleichzeitig in die Wege geleiteten Verfahrens zur Eintragung der Gesellschaft ins Handelsregister ein Anwartschaftsrecht, das ihm einen entsprechenden Anteil an der bis zur Eintragung bestehenden Vor-GmbH vermittelt.[99]

57

dd) Die in § 15 GmbHG vorgesehene *Selbstständigkeit mehrerer* (auch nach der Gründung hinzuerworbener) *Geschäftsanteile* in einer Hand kann durch Gesellschafterbeschluss geändert werden (§ 46 Nr. 4 GmbHG). Die *Zusammenlegung* mehrerer in einer Hand befindlicher Geschäftsanteile zu *einem* Geschäftsanteil, die nach h.L. der Zustimmung der betroffenen Gesellschafter bedarf, ist besonders zweckmäßig, wenn die Geschäftsanteile eine größere Zahl erreicht haben. Nachdem die Zusammenlegung in § 46 Nr. 4 GmbHG seit dem MoMiG ohne ausdrückliche Voraussetzungen vorgesehen ist, ist umstr., ob die Zusammenlegung der Geschäftsanteile wegen des Schutzes der Gläubiger weiterhin die volle Einzahlung der Einlagen und das Nichtbestehen einer Nachschusspflicht (§§ 26 ff. GmbHG) voraussetzt, wovon wohl auszugehen sein dürfte.[100] Ebenso bedarf es wohl auch der Zustimmung des Betroffenen, str. Die Satzung sollte dies klarstellen.

58

---

93 MüKo-GmbHG/*Weller*, § 14 GmbHG Rn. 9 ff.
94 Lutter/Hommelhoff/*Bayer*, 14 Rn. 4.
95 Lutter/Hommelhoff/*Bayer*, GmbHG, § 14 Rn. 4.
96 Lutter/Hommelhoff/*Bayer*, GmbHG, § 14 Rn. 4.
97 BGHZ 21, 242, 246; BGH NJW 1997, 1507.
98 S. Lutter/Hommelhoff/*Bayer*, GmbHG, § 11 Rn. 11a ff.
99 BFH v. 12.12.2007 – X R 17/05, ZIP 2008, 1678.
100 S. *Wicke*, GmbHG, § 46 GmbHG Rn. 12; Lutter/Hommelhoff/*Bayer*, GmbHG, § 46 GmbHG Rn. 18, die das entsprechend § 58a Abs. 3 GmbHG a.F. – s. dazu BGHZ 42, 89, 92 f. = NJW 1964, 1954; BGHZ 63, 116, 118 = NJW 1975, 118 – annehmen.

Die Zusammenlegung ist möglich, auch wenn sie der Gesellschaftsvertrag nicht ausdrücklich vorsieht. Eine Bestimmung über die Zusammenlegung im Gesellschaftsvertrag kann lauten:

Satzungsregelung zur Zusammenlegung

59 M § ..... Hält ein Gesellschafter mehrere Geschäftsanteile, so kann die Gesellschafterversammlung auf seinen Antrag und mit seiner Zustimmung mit einfacher Mehrheit die Vereinigung zu einem Geschäftsanteil beschließen, wenn die Einlagen voll eingezahlt sind und Nachschusspflichten nicht bestehen.

60 ee) Die Ausstellung von im Gesetz nicht erwähnten Anteilscheinen kann im Gesellschaftsvertrag vorgesehen werden; in der Praxis ist das extrem selten. Der Anteilsschein ist Beweisurkunde, nicht Wertpapier. Der Gesellschaftsvertrag kann nach § 15 Abs. 5 GmbHG die Abtretung von der *Übergabe* des Anteilscheins und von einem *Vermerk* der *Abtretung* durch die Gesellschaft *abhängig machen*. Wegen der »Publizitätsfunktion« der Gesellschafterliste nach § 40 GmbHG scheint eine solche Regelung noch weniger als früher zweckmäßig.

Bestimmung über den Anteilschein im Gesellschaftsvertrag

61 M § ..... Die Abtretung und Verpfändung von Geschäftsanteilen hängt davon ab, dass sie bei der Gesellschaft schriftlich angemeldet, der auf den Veräußerer oder Verpfänder lautende Anteilschein der Gesellschaft eingereicht, von ihr mit dem Übertragungs- oder Verpfändungsvermerk versehen und von der Gesellschaft dem Erwerber ausgehändigt wird.

Anteilschein

62 M An der Berliner Gesundbrunnen-Gesellschaft mit beschränkter Haftung ist der Kaufmann Erich Espe in Berlin 65, Prinzenstr. 7, mit einem Geschäftsanteil von 10.000 € beteiligt.
Eine Übertragung oder Verpfändung des Geschäftsanteils ist nur wirksam, wenn sie nach der Beurkundung der Gesellschaft schriftlich angemeldet, der auf den Veräußerer oder Verpfänder lautende Anteilschein der Gesellschaft eingereicht, von ihr mit dem Übertragungs- oder Verpfändungsvermerk versehen und dem Erwerber ausgehändigt ist.
Berlin, den .....
Berliner Gesundbrunnen-Gesellschaft
mit beschränkter Haftung

             Karl Altmann Fritz Neumann

Der vorstehende Geschäftsanteil ist der Geschäftsinhaberin Vera Wolf, geborene Wender in Berlin, Brunnenstraße 17, abgetreten worden.
Berlin, ...
Berliner Gesundbrunnen-Gesellschaft
mit beschränkter Haftung

             Karl Altmann Fritz Neumann

III. Anmeldung der Bargründung

Anmeldung einer Bargründung

An das Amtsgericht in Neustadt/Weinstraße
– Registergericht –
Anschrift ….. ,
per EGVP

63 M

In der Handelsregistersache
»Winter & Warmbold Pelzwaren GmbH« mit dem Sitz in Neustadt/Weinstraße – HRB neu werden durch den unterzeichneten Geschäftsführer überreicht:
1. eine elektronisch beglaubigte Abschrift der notariellen Niederschrift vom ….. (UR-Nr ….. des Notars ….. mit dem Amtssitz in ….., die den Gesellschaftsvertrag und die Bestellung des Unterzeichneten als Geschäftsführer enthält,
2. eine elektronisch beglaubigte Abschrift der Liste der Gesellschafter,[101]
3. eine Einzahlungsbestätigung über die Einzahlung der Bareinlagen in elektronischer Aufzeichnung.[102]

I. Anmeldungen

Zur Eintragung in das Handelsregister wird angemeldet:
1. Es wurde im Wege der Bargründung eine Gesellschaft mit beschränkter Haftung unter der »Firma Winter & Warmbold Pelzwaren GmbH« mit dem Sitz in Neustadt an der Weinstraße gegründet. Das Stammkapital der Gesellschaft beträgt € 25.000,00 und wird durch Bareinlagen erbracht.
2. Die allgemeine (abstrakte) Regelung der Vertretungsbefugnis der Gesellschaft lautet wie folgt:
Die Gesellschaft hat einen oder mehrere Geschäftsführer. Ist nur ein Geschäftsführer vorhanden, so vertritt dieser die Gesellschaft allein. Sind mehrere Geschäftsführer bestellt, so wird die Gesellschaft durch zwei Geschäftsführer gemeinsam oder durch einen Geschäftsführer zusammen mit einem Prokuristen vertreten. Einzelvertretungsbefugnis und Befreiung von den Beschränkungen des § 181 BGB kann durch Gesellschafterbeschluss gewährt werden.[103]
3. Zum Geschäftsführer wurde bestellt: Walter Warmbold, geboren am ….. , wohnhaft in [ersten Wohnort]. Es gilt folgende konkrete Vertretungsregelung: Herr Warmbold vertritt die Gesellschaft stets einzeln. Er hat das Recht, die Gesellschaft auch bei solchen Rechtsgeschäften zu vertreten, die er mit sich selbst oder mit einem von ihm vertretenen Dritten abschließt (Befreiung von den Beschränkungen des § 181 BGB).
4. Die Geschäftsräume der Gesellschaft befinden sich in 67434 Neustadt/Weinstraße, Landauer Straße 1; dies ist zugleich die inländische Geschäftsanschrift.

---

101 Einfache Aufzeichnung nach § 12 Abs. 2 Satz 2 Hs. 1 HGB genügt, falls Unterschrift der Geschäftsführer lesbar, empfehlenswert ist aber eine elektronisch beglaubigte Abschrift.
102 Nicht zwingend, aber zur Beschleunigung des Eintragungsverfahrens empfehlenswert. Anderenfalls kann das Registergericht bei Zweifeln Nachweise verlangen.
103 Wie hier auch BeckOF-Vertrag/*Pfisterer*, M. 7.9.1.3. Ob die allgemeine Ermächtigung eingetragen und hierfür angemeldet werden kann, ist zweifelhaft (dagegen OLG Hamm GmbHR 1997, 32); der Passus sollte daher nur aufgenommen werden, wenn im jeweiligen Gerichtsbezirk eine solche Eintragung in Betracht kommt, dann empfiehlt sich die Anmeldung schon zur Beschleunigung des Eintragungsverfahrens.

II. Geschäftsführer-Versicherungen

1. Der unterzeichnete alleinige Geschäftsführer versichert,
   - dass sämtliche Einlagen durch die Gesellschafter Ernst Winter, Margot Winter, Walter Warmbold und Herta Warmbold vollständig einbezahlt sind, sich endgültig in seiner freien Verfügung befinden und nicht an die Gesellschafter zurückgewährt wurden, sowie
   - dass das Stammkapital der Gesellschaft außer mit den in § 8 des Gesellschaftsvertrages genannten Gründungskosten nicht vorbelastet ist.

   Der Notar wird angewiesen, diese Handelsregisteranmeldung erst dann zum Handelsregister einzureichen, wenn ihm gegenüber ein Nachweis der Einzahlung der Einlagen auf ein Konto der Gesellschaft erbracht ist oder er von der Geschäftsführung in Schriftform zur Einreichung aufgefordert wird.

2. Der unterzeichnete alleinige Geschäftsführer versichert nach Belehrung durch den beglaubigenden Notar über die unbeschränkte Auskunftspflicht nach § 53 Abs. 2 des Gesetzes über das Zentralregister und das Erziehungsregister und die Strafbarkeit einer falschen Versicherung (§ 82 GmbHG) weiter:

   »Es liegen keine Umstände vor, aufgrund derer ich nach § 6 Abs. 2 Satz 2 Nr. 2 und 3 sowie Satz 3 GmbHG vom Amt eines Geschäftsführers ausgeschlossen wäre. Insbesondere versichere ich, dass
   - ich während der letzten fünf Jahre nicht rechtskräftig verurteilt wurde wegen des Unterlassens der Stellung eines Antrags auf Eröffnung des Insolvenzverfahrens (Insolvenzverschleppung), nach §§ 283 bis 283 d StGB (Insolvenzstraftaten), wegen falscher Angaben nach § 82 GmbHG oder § 399 AktG, wegen unrichtiger Darstellung nach § 400 AktG, § 331 HGB, § 313 UmwG oder § 17 PublG oder nach § 263 StGB (Betrug), § 263 a (Computerbetrug), § 264 StGB (Subventionsbetrug), § 264 a (Kapitalanlagebetrug), § 265 b StGB (Kreditbetrug), § 265c (Sportwettenbetrug), § 265d StGB (Manipulation von berufssportlichen Wettbewerben), § 265e StGB (besonders schwere Fälle von Sportwettenbetrug und der Manipulation von berufssportlichen Wettbewerben), § 266 StGB (Untreue) oder § 266 a StGB (Vorenthalten oder Veruntreuen von Arbeitsentgelt), wobei mir bekannt ist, dass die Frist von fünf Jahren erst durch den Eintritt der Rechtskraft eines entsprechenden Urteils in Lauf gesetzt und dass nicht die Zeit eingerechnet wird, in welcher der Täter auf behördliche Anordnung in einer Anstalt verwahrt wird,[104]
   - ich auch im Ausland nicht wegen einer vergleichbaren Tat rechtskräftig verurteilt wurde,
   - mir gegenwärtig weder durch gerichtliches Urteil noch durch vollziehbare Entscheidung der Verwaltungsbehörde die Ausübung eines Berufes, Berufszweiges, Gewerbes oder Gewerbezweiges untersagt wurde, somit auch nicht im Rahmen des Unternehmensgegenstandes der Gesellschaft,
   - ich nicht bei der Besorgung meiner Vermögensangelegenheiten ganz oder teilweise einem Einwilligungsvorbehalt (§ 1903 BGB) unterliege,
   - ich nicht aufgrund einer behördlichen Anordnung in einer Anstalt verwahrt wurde,
   - ich vom beglaubigenden Notar über meine unbeschränkte Auskunftspflicht gegenüber dem Registergericht belehrt wurde.«[105]

---

[104] Letzterer Passus in Anlehnung an *Gustavus*, M. 91a.
[105] Weil Registergerichte hier zuweilen übermäßig streng sind, erfolgt noch einmal die ausdrückliche Einbeziehung dieser Belehrung in den Katalog der Versicherungen.

III. Vollmacht

Der die Anmeldung beglaubigende Notar und sein amtlich bestellter Vertreter sind zur Stellung, Änderung und Zurücknahme jeglicher Anträge im Zusammenhang mit dieser Anmeldung ermächtigt. Der unterzeichnete Geschäftsführer beauftragt und bevollmächtigt die Notarangestellten ..... und zwar einzeln und unter Befreiung von den Beschränkungen des § 181 BGB, alles Erforderliche zu tun, um die Eintragung der Gesellschaft zu bewirken und um eventuelle Eintragungshindernisse zu beseitigen, insbesondere, diese Anmeldung zu ändern und zu ergänzen, soweit dies nach dem Ermessen der Bevollmächtigten notwendig oder förderlich ist, etwa auf Grund von Verfügungen des Amtsgerichts. Die Vollmacht erlischt drei Monate nach Eintragung der Gesellschaft im Handelsregister.

Der beglaubigende Notar hat die Anmeldung nach § 378 Abs. 3 Satz 1 FamFG auf Eintragungsfähigkeit geprüft. Bedenken gegen die Eintragungsfähigkeit bestehen danach nicht.[106]

Neustadt/Weinstraße, den .....
Walter Warmbold
Beglaubigungsvermerk wie Rdn. 96 M

Anlage 63.1 M

Gesellschafterliste
Liste der Gesellschafter der »Winter & Warmbold GmbH« mit dem Sitz in Neustadt/Weinstraße, HRB .....

Gesellschafter[1]	Angaben zum Geschäftsanteil			Beteiligungsquote pro Gesellschafter
	Lfd. Nr.	Nennbetrag in €	Geschäftsanteilsbezogene Beteiligungsquote	
Ernst Winter, geb. am. ....., wohnhaft in [Wohnort]	1	20.000	40,00 %	40,00 %
Margot Winter, geb. am. ....., wohnhaft in [Wohnort]	2	15.000	30,00 %	30,00 %
Walter Warmbold, geb. am. ....., wohnhaft in [Wohnort]	3	11.500	23,00 %	23,00 %
Herta Warmbold, geb. am. ....., wohnhaft in [Wohnort]	4	3.500	7,00 %	7,00 %
Stammkapital in € gesamt: 50.000				

[1]Bei natürlichen Personen: Name, Vorname, Geburtsdatum, Wohnort; bei eingetragenen Gesellschaften: Firma/Name, Satzungssitz, zuständiges Register, Registernummer; bei nichteingetragenen Gesellschaften: zusammenfassende Bezeichnung der

---

[106] Dieses Vermerks bedarf es nicht, wenn klar und unzweideutig feststeht und ohne Weiteres anhand des Äußeren der Urkunde erkennbar ist, dass die Erklärung, deren Unterzeichnung der einreichende Notar beglaubigt hat, auch von diesem entworfen worden, OLG Schleswig NotBZ 2018, 76. Der Vermerk ist hier damit entbehrlich.

§ 142 Gesellschaft mit beschränkter Haftung (GmbH). Gründung, Satzungsbestandteile

Gesellschaft und deren Gesellschafter, jeweils mit Name, Vorname, Geburtsdatum und Wohnort.

Neustadt/Weinstraße, den .....

Walter Warmbold (alleiniger Geschäftsführer)

■ *Kosten.*
a) Des Notars: Bzgl. Fertigen des *Entwurfs der Handelsregisteranmeldung:* die Anmeldung der GmbH und des/der Geschäftsführer (auch wenn mehrere) nebst deren Versicherung ist eine notwendige Erklärungseinheit und nicht jeweils gesondert zu bewerten (BGH v. 18. 10. 2016 – II ZB 18/15). Wert der Anmeldung ist der bestimmte, nach § 10 Abs. 1 GmbHG in das Handelsregister einzutragende Stammkapitalbetrag § 105 Abs. 1 Nr. 1 GNotKG, Wert mindestens 30.000 €). Höchstwertbegrenzung in § 106 GNotKG höchstens 1 Mio. €; 0,5 Geb. aus Tabelle B nach Nr. 24102 i.V.m. 21201 (5) KV GNotKG, wenn der Notar den Entwurf vollständig gefertigt hat (Rahmengebühr für Entwurf gemäß § 92 GNotKG). Gebühr für Betreuungstätigkeit nach Nr. 22200 KV GNotKG fällt nur an, wenn der Notar besondere Anweisung wegen der Voraussetzungen zur Vorlage zum Handelsregister zu beachten hat, z.B. Nachweis über die Einzahlung der Einlage. Daneben erhält der Notar für die Erzeugung der XML-Datei eine Gebühr von 0,3, höchstens 250 € nach Nr. 22114 KV GNotKG. Das Einreichen beim Gericht ist gebührenfrei, Vorbem. 2.4.1 Abs. 4 KV GNotKG. Dokumentenpauschale nach KV-Nr. 32001 GNotKG für jede übermittelte Datei eine Pauschale von 1,50 €, höchstens 5 €. Werden die Dokumente zuvor vom Notar in die elektronische Form übertragen (eingescannt), beträgt die Dokumentenpauschale nicht weniger als die bei der Herstellung von Kopien anfallende Pauschale nach Nr. 32000 KV GNotKG (je nach Seitenzahl). Zu den Gebühren für das elektronische Einreichen s. § 124 Rdn. 43.
Entwurf der Gesellschafterliste: wenn der Notar die GmbH-Errichtung beurkundet hat: Vorbemerkung 2.2.1.1. Abs. 1 Nr. 3 KV GNotKG bestimmt, dass Fertigung, Änderung oder Ergänzung der Liste der Gesellschafter gemäß § 8 Abs. 1 Nr. 3 GmbHG eine Vollzugstätigkeit zu der GmbH-Errichtung ist. Da für die GmbH-Errichtung nach Nr. 21100 KV GNotKG eine 2,0-Gebühr anfällt, entsteht somit für die Listenerstellung gemäß Nr. 22110 KV GNotKG eine Vollzuggebühr von 0,5 nach Tabelle B, die nach Nr. 22113 KV GNotKG auf höchstens 250 € beschränkt wird (0,3 Gebühr, wenn 1-Personen-GmbH ohne Geschäftsführerbestellung in der Gründungsurkunde). Geschäftswert der Vollzugsgebühr: Wert des Beurkundungsverfahrens (§ 112 GNotKG) gemäß § 35 Abs. 1 i.V.m. § 86 Abs. 2 GNotKG, (Beurkundung + Geschäftsführerbestellung);[107] keine gesonderte Gebühr für die Fertigung des Entwurfes der Liste (Vormerkung 2.2. KV GNotKG) – Soll der Notar nur die Anmeldung vornehmen und die Liste entwerfen: Vorbemerkung 2.2.1.1. Abs. 1 Nr. 3 KV GNotKG bestimmt, dass das Fertigung, Änderung oder Ergänzung der Liste der Gesellschafter gemäß § 8 Abs. 1 Nr. 3 GmbHG eine Vollzugsgebühr in bes. Fällen nach dem höchsten Gebührensatz innerhalb des Beurkundungsverfahrens zu erheben (KV Vorbem. 2.2.1.2.); entweder gemäß Nr. 22120 KV GNotKG von 1,0 oder gemäß Nr. 22121 KV GNotKG von 0,5 nach Tabelle B;[108] die Beschränkung nach Nr. 22113 KV GNotKG auf höchstens 250 € gilt nicht. – Die Bescheinigung nach § 40

---

107 Hierzu Fn. 108.
108 Strittig jedoch, ob Wert nach Beurkundungswert, so LG Magdeburg v. 02.02.2016 – 10 OH 35/16; LG Chemnitz v. 30.09.2016 – 3 OH 9/14 sowie h.M. in Lit., oder ob Wertgrundlage allein der Wert der Handelsregisteranmeldung ist, so jetzt OLG Nürnberg v. 09.05.2018 – 8 W 736/18, da bei Neuerrichtung die Liste nicht für die Gesellschaftsvertrag, sondern für die Registeranmeldung nach § 8 GmbHG nötig ist, und damit 0,3 Gebühr nach KV 22111 GNotKG; so auch Beck'sches Notarhandbuch/*Waldner,* J. Kostenrecht, Rn. 61; siehe auch: *Wudy,* notar, 2018, 277; *ders.* 2017, 272.

Abs. 2. Satz 2 GmbHG ist kostenfrei.[109] Weder für die Vollzugsvollmacht für den Notar oder seinen Vertreter zur Handelsregisteranmeldung nach § 111 Nr. 3 GNotKG, noch für die sog. »Reparaturvollmacht« zugunsten von Notariatsangestellte gemäß § 110 Nr. 1 GNotKG kann eine Gebühr abgerechnet werden.[110]

b) Des Registergerichts: Festgebühren i.H.v. 150 € gemäß § 58 GNotKG i.V.m. § 1, Nr. 2100 GV HRegGebVO, die Eintragung der Geschäftsführer und ihres Vertretungsverhältnisses, der Geschäftsanschrift sowie auch die Aufnahme der Gesellschafterliste zum Handelsregister ist damit umfasst (§ 2 Abs. 1 HRegGebVO).

1. Anmeldebefugnis

Sämtliche Geschäftsführer müssen anmelden (§§ 7 Abs. 1, 78 GmbHG). Eine Stellvertretung ist ausgeschlossen, richtigerweise allerdings nur in Bezug auf die höchstpersönlichen Versicherungen nach §§ 8 Abs. 2 und 3 GmbHG.[111] Da diese Erklärungen aber regelmäßig nicht getrennt, sondern in einer Anmeldung abgegeben werden, hat der Streit kaum Praxisrelevanz. Hiervon ist die Einreichung zu unterscheiden; diese nimmt im Regelfall der Notar kraft Beauftragung oder in entsprechender Anwendung von § 378 Abs. 2 FamFG vor.[112]   **64**

2. Öffentlich-rechtliche Genehmigungen

Eine eventuell erforderliche öffentlich-rechtliche Genehmigung braucht nach Streichung des früheren § 8 Abs. 1 Nr. 6 GmbHG durch das MoMiG nicht mehr vorgelegt zu werden. Zwischen der Gesellschaftsgründung und öffentlich-rechtlichen Voraussetzungen für die Tätigkeit der Gesellschaft gibt es keinen Zusammenhang mehr, soweit nicht eine öffentlich-rechtliche Vorschrift schon die Gesellschaftsgründung erst zulässt, wenn die Genehmigung vorliegt. Daher kann auch durch entsprechende erlaubnispflichtige Geschäfte ausklammernde Klauseln zum Unternehmensgegenstand das Eintragungsverfahren nicht mehr beschleunigt werden (wohl aber ist die Aufnahme der Tätigkeit ohne entsprechende Erlaubnis untersagt). Dieser oftmals als »Standardklausel« in Satzungen integrierte Zusatz ist daher überflüssig (jedoch unschädlich), kann aber dann sinnvoll sein, wenn ein Unternehmensgegenstand verfolgt wird, der sich »in der Nähe« einer genehmigungspflichtigen Tätigkeit bewegt (ohne dass freilich die jeweils zuständigen Behörden an diese satzungsmäßige Ausklammerung bei ihrer Prüfung gebunden wären); Beispiel.: »Bebauung von Grundstücken, jedoch keine nach § 34 c GewO erlaubnispflichtigen Tätigkeiten«[113].   **65**

Ist Voraussetzung der Eintragung eines bestimmten Unternehmensgegenstandes dagegen in Abweichung von diesem Grundsatz im Ausnahmefall der Nachweis einer staatlichen Genehmigung, wie dies vor allem bei einer Tätigkeit nach § 32 KWG (Bankgeschäfte oder Finanzdienstleistungen) der Fall ist und wird hieran eine Eintragungssperre (§ 43 Abs. 1 KWG) geknüpft, ist zu unterscheiden: (1) Soll tatsächlich eine solche Tätigkeit ausgeübt werden, ist eine entsprechende Erlaubnis (hier der BaFin) dem Registergericht nachzuweisen. (2) Soll dagegen der Unternehmensgegenstand zwar »ähnliche«, aber selbst nicht erlaubnispflichtige Geschäfte ausüben, muss in der Satzung ein negativer Zusatz aufgenommen werden[114] – dieser hat präzise die erlaubnispflichtigen Geschäfte auszunehmen (zumindest im Sinne von: »keine erlaubnispflichtigen Geschäfte nach dem KWG«), ein pauschaler Zusatz, wonach der Unternehmensgegenstand alle erlaubnispflichtigen   **66**

---

109 OLG Düsseldorf v. 19.11.2015 – I-10 W 136/15. Strittig, siehe *Volpert*, RNotZ 2017, 296.
110 LG Offenburg v. 16.05.2018 – 4 OH 21/18, NotBZ 2018,396 m. Anm. *Bachmayer*.
111 Vgl. Fuhrmann/Wälzholz/*Wälzholz*, M. 12.3 Anm. 2.
112 Zum Ganzen nur MüKo-GmbHG/*Herrler*, § 7 GmbHG Rn. 19 ff.
113 *Krafka/Kühn*, Rn. 930. S. zum Ganzen auch *Heckschen*, GmbHR 2018, 1093, 1094.
114 Vgl. auch *Herrler*, § 7 Rn. 97.

Geschäfte bzw. Tätigkeiten nicht erfassen soll, kann zu Beanstandungen des Registergerichts führen.[115] Liegt ein solcher Negativzusatz vor, darf das Registergericht kein Negativattest der zuständigen Behörde verlangen, wenn ein Geschäftsbereich betroffen ist, bei dem nicht vollständig eine Erlaubnispflicht nach dem KWG besteht (Bsp.: »Anlageberatung«)[116]. Wird ein Negativattest beigefügt, ist das Registergericht jedoch hieran gebunden.

3. Einzahlungsversicherung

67 **a)** Ein Viertel des Nennbetrages muss auf *jeden* Geschäftsanteil, *insgesamt* müssen mindestens 12.500 € zur endgültig freien Verfügung der Geschäftsführer eingezahlt sein, § 7 Abs. 2 GmbHG. Das Registergericht kann dies prüfen; wurde nicht ordnungsgemäß eingezahlt, ist die Eintragung abzulehnen.[117] Eine Versicherung darüber, dass die Einzahlungen geleistet wurden – und zwar unter konkreter Angabe, wer wieviel auf welchen Geschäftsanteil geleistet hat – und zur freien Verfügung der Geschäftsführer stehen, ist in die Anmeldung zur Erleichterung der Prüfung des Registergerichts aufzunehmen (§ 8 Abs. 2 GmbHG).[118] Nach den – strengen und nicht ganz zweifelsfreien – Entscheidungen des BayObLG[119] und des OLG Hamm[120] soll die Versicherung, es sei »ein Viertel« oder »die Hälfte« der Einlage auf jeden Geschäftsanteil oder sie sei »in voller Höhe« eingezahlt, nicht genügen, vielmehr soll stets die »ziffernmäßige« Angabe der eingezahlten Beträge (d.h. die konkrete Einzahlungssumme, und zwar in Bezug auf jeden Geschäftsanteil) erforderlich sein. Unzureichend soll zudem die Versicherung sein, auf jeden Geschäftsanteil sei die Mindesteinlage und insgesamt sei der Betrag des Mindeststammkapitals eingezahlt; auch hier soll ziffernmäßig zu konkretisieren sein (was nicht vollends überzeugt, wenn auch die Summe des Stammkapitals in der Anmeldung angegeben wird). Davon abgesehen ist die Versicherung aber mit dem OLG Hamm[121] *bei Teileinzahlungen* jedenfalls auf jeden einzelnen Geschäftsanteil zu beziehen (ggf. unter der abkürzenden Wendung »auf jeden Geschäftsanteil ...«), was sich schon daraus ergibt, dass auf jeden Geschäftsanteil eine Einlage, mindestens ein Viertel, einzuzahlen ist, eine Gesamtbetrachtung mithin nur bei der Bestimmung der Mindesteinzahlungssumme (12.500 €) erfolgt. Fehlerhaft wäre es daher etwa, selbst bei einer nur aus zwei Gesellschaftern bestehenden GmbH mit Ein-Euro-Stückelung des Stammkapitals, zu versichern, jeder Gesellschafter habe auf die 12.500 Geschäftsanteile mit einem Nennbetrag in Höhe von jeweils € 1,00 mit den laufenden Nummern ... einen Gesamtbetrag in Höhe von 6.250 € gezahlt – diese undifferenzierte Versicherung lässt gerade nicht deutlich werden, ob auch auf jeden Geschäftsanteil mindestens ein Viertel eingezahlt worden ist. Das OLG Frankfurt[122] hält das Vorgenannte indes bei der Volleinzahlung für entbehrlich, was zutreffend ist, weil hier die Zuordnung offenkundig ist.[123]

68 **b)** Zum Aufrechnungsverbot s. § 19 Abs. 2 GmbHG (Beispiel: keine Aufrechnung mit der Forderung eines Gesellschafter-Geschäftsführers auf Gehaltszahlung[124]). Nach § 19 Abs. 4 GmbHG führen »verdeckte Sacheinlagen« nur noch zur Verpflichtung, die Differenz zwischen Wert und Nennbetrag der Einlage an die Gesellschaft zu leisten; die Beweislast für die

---

115 Scholz/*Cziupka*, § 4 GmbHG Rn. 15.
116 OLG München ZIP 2012, 2107, 2107 f.
117 BayObLG DNotZ 1989, 34; OLG Köln DNotZ 1989, 39. S. jüngst OLG Jena ZInsO 2017, 2569.
118 Die Versicherung ist nach GNotKG dabei notwendige Erklärungseinheit zur Anmeldung der GmbH.
119 DNotZ 1980, 464.
120 DNotZ 1982, 706.
121 S. OLG Hamm RNotZ 2011, 437 bei Stückelung der Geschäftsanteile auf je 1 €.
122 OLG Frankfurt DNotZ 1992, 744.
123 So auch MüKo-GmbHG/*Herrler*, § 8 Rn. 52.
124 BGH NJW 1979, 216.

Werthaltigkeit der Einlage trifft den Gesellschafter. Nicht offengelegte Sacheinlagen führen allerdings zur (strafbewehrten) falschen Anmeldeversicherung.

c) Nach § 19 Abs. 5 GmbHG steht eine wirtschaftliche Einlagenrückgewähr an den Gesellschafter der Erfüllung der Einlageschuld nicht entgegen, wenn sie durch einen vollwertigen, jederzeit fälligen oder fällig zu stellenden Gegenleistungs- oder Rückgewähranspruch gegen den Gesellschafter gedeckt ist. Eine solche Vereinbarung ist in der Anmeldung nach § 8 GmbHG anzugeben (§ 19 Abs. 5 GmbHG a.E.). Bei (erheblichen?) Zweifeln an der Richtigkeit der Versicherung nach § 8 Abs. 2 Satz 1 GmbHG kann das Gericht Nachweise verlangen (§ 8 Abs. 2 Satz 2 GmbHG), ein zur Einlagenrückgewähr führender Darlehensvertrag ist bspw. dem Registergericht anzuzeigen,[125] das dann wiederum als Wertnachweis etwa ein WP-Gutachten einfordern kann.[126] Besteht kein dem § 19 Abs. 5 GmbHG genügender Anspruch der Gesellschaft, erlischt die Einlageverpflichtung nicht, auch nicht teilweise. Nach (sehr umstr.) Rspr. des BGH gilt Gleiches, wenn die Voraussetzungen des § 19 Abs. 5 GmbHG in der Anmeldung nicht ordnungsgemäß offengelegt werden.[127] S. auch § 144 Rdn. 94 ff. zur Kapitalerhöhung; dort haben diese Fragen größere Bedeutung.

69

d) Die Versicherung der Geschäftsführer muss sich nach BGHZ 80, 129, 143[128] auch darauf erstrecken, inwieweit das »Startkapital« der Gesellschaft im Anmeldezeitpunkt (!) (d.h. bei Zugang der Anmeldung beim Registergericht) bereits durch Verbindlichkeiten (abgesehen von statutarisch auf die Gesellschaft abgewälzten Gründungskosten) vorbelastet ist,[129] entsprechend hat das Registergericht zu prüfen, ob Verluste ausgeglichen wurden. Bis heute nicht abschließend geklärt ist, ob sich dieses Element der Versicherung bereits als in der Versicherung über die »freie Verfügung« inbegriffen verstehen lässt, so die h.M.,[130] oder vielmehr richtigerweise eine gesonderte Erklärung verlangt.[131] Die Praxis ist gut beraten, die jedenfalls unschädliche Zusatzerklärung mit aufzunehmen. Da zwischen dem Zeitpunkt der Anmeldung und dem der Eintragung der GmbH in das Handelsregister notwendigerweise ein kürzerer oder auch längerer Zeitraum liegt und die Rspr. des BGH zur Verpflichtungsfähigkeit der Vorgesellschaft (s. oben Rdn. 20) die Aufnahme der Geschäftstätigkeit in diesem Stadium im Grunde unterstützt, ist der Wert einer solchen Versicherung für den Zeitpunkt der Anmeldung freilich begrenzt. Dies umso mehr, als nach Wirksamwerden der Anmeldung eingetretene Veränderungen nicht zur Unrichtigkeit der früheren Versicherung führen. Eine Nachmeldepflicht besteht im Grundsatz nicht. Eine Nachmeldepflicht besteht im Grundsatz nicht. Eine Ergänzungsversicherung ist allerdings nach der Rspr. abzugeben, wenn seit der Anmeldung längere Zeit (drei Monate oder mehr) vergangen ist und das Registergericht diese fordert.[132] Verbindlichkeiten vor Anmeldung sind auszugleichen (der Anspruch aus Vorbelastungshaftung ist insoweit nicht als Forderung ausreichend), nach Anmeldung stellen diese richtiger Ansicht nach kein Eintragungshindernis mehr dar; die Ansprüche aus der Unterbilanzhaftung können aktiviert werden, ein barer Ausgleich ist nicht zu fordern, anders ist es nur dann, wenn erhebliche Zweifel an Erfüllbarkeit der Ansprüche bestehen. S. hierzu auch Rdn. 25.

70

---

125 OLG Schleswig GmbHR 2012, 908.
126 OLG München GmbHR 2011, 422.
127 BGHZ 180, 38; 182, 103. Kritisch zu Recht *Lieder*, GmbHR 2018, 1116, 1124 ff.
128 = BGH NJW 1981, 1373.
129 Vgl. auch OLG Frankfurt DNotZ 1992, 744.
130 KG GmbHR 1997 412.
131 So Lutter/Hommelhoff/*Bayer*, § 8 GmbHG Rn. 12 mit Formulierungsbeispiel.
132 OLG Hamm BeckRS 2016, 117126.

4. Angabe einer inländischen Geschäftsanschrift

71 § 8 Abs. 4 Nr. 1 GmbHG verlangt die Angabe einer »inländischen Geschäftsanschrift« (zwecks Eintragung ins Handelsregister, § 10 Abs. 1 Satz 1 GmbHG). Unter dieser (Angabe von Straße, Hausnummer, Ort mit Postleitzahl erforderlich) muss die Gesellschaft erreichbar sein (Zugangs- und Zustellanschrift); ein c/o-Zusatz ist bei realistischer Zustellmöglichkeit zulässig,[133] die Angabe eines bloßen Postfachs allerdings unzureichend. Der Ort der Geschäftsanschrift ist frei wählbar (im Inland), eine Kopplung an den Satzungs- oder Verwaltungssitz nicht zwingend (ebenso wenig an die »Lage der Geschäftsräume«), aber bei Auseinanderfallen von Satzungs- und Verwaltungssitz regelmäßig an letzteren geknüpft. Nachträgliche Änderung ist elektronisch in beglaubigter Form durch die Geschäftsführer (nach str. Ansicht wahlweise auch durch Prokuristen oder Handlungsbevollmächtigte) anzumelden (§ 31 HGB); bei unterlassener Anmeldung kann ein Zwangsgeld festgesetzt werden (§ 14 HGB),[134] überdies ist dann eine erleichterte öffentliche Zustellung möglich, § 15a HGB, § 185 Nr. 2 ZPO (dadurch wird eine Unerreichbarkeit der Gesellschaft vor allem bei Verwaltungssitzverlegung ins Ausland vermieden; bei letzterer kann ggf. etwa inländische Wohnanschrift eines Geschäftsführers oder Gesellschafters angemeldet werden).

Änderung der inländischen Geschäftsanschrift

72 M Die Geschäftsräume befinden sich nunmehr in (PLZ, Ort und Straße mit Hausnummer). Dies ist auch die neue inländische Geschäftsanschrift.

5. Vertretungsbefugnis der Geschäftsführer

73 a) Nach § 8 Abs. 4 und § 10 Abs. 1 Satz 2 GmbHG ist in der Anmeldung[135] anzugeben und in das Handelsregister einzutragen, »*welche Vertretungsbefugnis die Geschäftsführer haben*«. Damit soll die Feststellung der Vertretungsbefugnis aus dem Handelsregister erleichtert werden. Anzumelden ist idR »konkret« die Vertretungsbefugnis der bestellten Geschäftsführer *und* »abstrakt« die allgemein geltende Vertretungsregelung, wobei nach BGHZ 63, 261 die Anmeldung »wenn mehrere Geschäftsführer bestellt sind, so wird die Gesellschaft durch zwei Geschäftsführer gemeinsam oder…vertreten« nicht genügen soll, sondern zusätzlich angemeldet werden muss, dass bei Bestellung eines einzigen Geschäftsführers dieser die Gesellschaft allein vertritt. Vertritt ein Geschäftsführer alleine, so kann (muss aber nicht!) von vornherein konkret bestimmt, angemeldet und in das Handelsregister eingetragen werden, ob er bei etwaigem Hinzutreten weiterer Geschäftsführer einzelvertretungsberechtigt bleibt (»stets einzelvertretungsberechtigt«) oder nicht[136] (»solange er alleiniger Geschäftsführer ist«). Da letzteres aber oftmals der abstrakten Vertretungsregelung entspricht, ist dieser Zusatz entbehrlich und sollte weggelassen werden.[137] Generell gilt, dass eine konkrete Vertretungsbefugnis nur bei Abweichung von der abstrakten anzumelden ist. Terminolo-

---

133 OLG Hamm NZG 2015, 833; NZG 2016, 386. Bei der Erstanmeldung ist sie Teil deren Anmeldung. Die isolierte Anmeldung einer Sitzverlegung ist eine Anmeldung nach § 105 Abs. 5 GNotKG (Wert = 5.000€); bei Anmeldung zusammen mit einer Sitzverlegung ist strittig, ob dies dann noch ein dazu verschiedener Anmeldetatbestand ist, (so die wohl h.M. in Lit., was jedoch m.E. aufgrund BGH v. 18.10.2016 – II ZB 18/15 zweifelhaft ist).
134 Zwangsgeld kann auch bei unterlassener Anmeldung der Änderung der Geschäftsanschrift festgesetzt werden. S. KG Berlin DB 2016, 2655.
135 Dies ist nach GNotKG notwendige Erklärungseinheit zu seiner Anmeldung und nach § 3 Nr. 1 HRGebV zur Handelsregistereintragung.
136 OLG Köln MittRhNotK 1980, 14.
137 *H. Schmidt*, ZNotP 2002, 306, 307.

gisch sollte bei mehreren Geschäftsführern von »Einzel«- nicht aber von »Alleinvertretungsbefugnis« gesprochen werden, weil letzteres eine unzulässige Entziehung der Vertretungsmacht anderer Geschäftsführer impliziert, wenn »allein« im Sinne von »ausschließlich« statt »eigenständig« verstanden wird; weil beide Begriffe aber mittlerweile überwiegend als Synonyme gebraucht werden, sollte die Verwendung des Begriffs »Alleinvertretungsbefugnis« rechtlich nicht beanstandet werden.

b) Die generelle Befugnis des Geschäftsführers zum Selbstkontrahieren – ebenso eine beschränkte Befugnis[138] – ist anzumelden und in das Register einzutragen.[139] Schweigt der Gesellschaftsvertrag, bedarf die generelle Befreiung eines Geschäftsführers einer Änderung des Gesellschaftsvertrages[140] (wohingegen eine punktuelle Befreiung als satzungsdurchbrechender Beschluss trotz Missachtung der §§ 53 f. GmbHG zumindest wirksam, wenn auch ggf. anfechtbar ist). Anderes gilt, wenn der Gesellschaftsvertrag eine Bestimmung enthält, dass die Gesellschafterversammlung sämtliche oder einzelne Geschäftsführer mit Mehrheit von den Beschränkungen des § 181 BGB befreien kann; liegt eine solche Öffnungsklausel vor, bedarf die Befreiung selbst keiner Satzungsänderung. Eine derartige Öffnungsklausel ist ihrerseits jedoch nach h.M. nicht in das Register einzutragen,[141] was allerdings nicht überzeugt; auch die Öffnungsklausel sollte eintragen werden, schon um bei einer späteren Befreiung aus dem Register die abstrakte Möglichkeit hierzu entnehmen zu können. Die einem bestimmten Geschäftsführer einer GmbH (mit mehreren Gesellschaftern) erteilte Befreiung von § 181 BGB erlischt nicht, wenn dieser Geschäftsführer Alleingesellschafter wird.[142] Abzulehnen ist die Auffassung, eine Befreiung von § 181 BGB beim Abschluss mit Konzerngesellschaften (oder eine ähnliche eingeschränkte Befreiung) könne wegen ihrer Unbestimmtheit nicht ins Handelsregister eingetragen und deshalb auch nicht getroffen werden.[143]

74

6. Geschäftsführerversicherungen

a) Nach § 6 Abs. 2 GmbHG kann nur eine natürliche, unbeschränkt geschäftsfähige Person Geschäftsführer sein (Satz 1; das Gleiche gilt – wie das Folgende – nach § 66 Abs. 4 GmbHG für die Liquidatoren). Nicht Geschäftsführer kann sein, wer innerhalb der vorangegangenen 5 Jahre (zur Fristberechnung s. § 6 Abs. 2 Satz 2 GmbHG a.E.) aufgrund vorsätzlich begangener Straftat wegen Insolvenzverschleppung (§ 15a Abs. 4 InsO, nach richtiger Ansicht nicht nur bei vollständigem Unterlassen des Stellens des Insolvenzantrags, sondern auch bei nicht rechtzeitigem oder nicht richtigem Stellen),[144] wegen einer Insolvenzstraftat nach den §§ 283 bis 283d des Strafgesetzbuchs, wegen falscher Angaben nach § 82 GmbHG oder § 399 AktG, wegen unrichtiger Darstellung nach § 400 AktG, § 331 HGB, § 313 UmwG oder § 17 PublG, wegen einer Straftat aus dem Bereich des Betruges und der Untreue nach §§ 263 bis 264a oder §§ 265b bis 266a des Strafgesetzbuches (zu einer Freiheitsstrafe von mindestens 1 Jahr) oder wegen einer vergleichbaren Straftat im Ausland verurteilt wurde oder wem durch Gericht oder Verwaltungsbehörde die Betätigung im Bereich des Unternehmensgegenstandes der Gesellschaft untersagt ist. Geschäftsführer und Liquidator haben in ihrer Anmel-

75

---

138 OLG Stuttgart NZG 2008, 36.
139 BayObLGZ 1979, 182 = MDR 1979, 938; BayObLGZ 1982, 41 = DB 1982, 689; OLG Frankfurt DNotZ 1983, 639; OLG Köln DNotZ 1980, 650; BGHZ 87, 59 = DNotZ 1983, 633 zum Alleingesellschafter-Geschäftsführer.
140 BayObLG DNotZ 1981, 185; OLG Frankfurt DNotZ 1983, 641.
141 BayObLGZ 1982, 41 = DB, 1982, 689; OLG Frankfurt DNotZ 1984, 633.
142 BGH DNotZ 1991, 614 = BB 1991, 925; a.A. BayObLGZ DNotZ 1989, 32.
143 OLG Hamm DNotZ 1996, 816; OLG Stuttgart DNotZ 2008, 303; dagegen zu Recht *Altmeppen*, NJW 1995, 1185; *Kanzleiter*, DNotZ 1996, 819.
144 OLG Celle ZIP 2013, 1914; OLG Naumburg GmbHR 2017, 403 m. Anm. *Melchior*.

dung zum Handelsregister zu versichern, dass keine derartigen Umstände vorliegen, die sie von der Bestellung ausschließen (§§ 8 Abs. 3, 39 Abs. 3, 67 Abs. 3 GmbHG). Da § 8 Abs. 3 Satz 1 GmbHG nicht auf § 6 Abs. 2 Satz 2 Nr. 1 GmbHG verweist, ist eine Versicherung, nicht unter Betreuung zu stehen, nicht erforderlich ist.[145] Eine dahingehende Versicherung ist aber ratsam, und zwar schon deshalb, weil der Registerrichter bei Anhaltspunkten ermitteln muss, ob der Geschäftsführer bei der Besorgung seiner Vermögensangelegenheiten beschränkt ist.[146]

76 **b)** Seit dem Inkrafttreten des 51. Strafrechtsänderungsgesetzes sind von der Verweisung auf die §§ 265b bis 266a StGB zumindest formal auch die neu geschaffenen Tatbestände der § 265c und § 265d StGB erfasst, ebenfalls die Regelbeispiele des § 265e StGB. Dies hat zu der intensiv diskutierten Frage geführt, ob sich die Versicherung des Geschäftsführers im Sinne des § 8 Abs. 3 Satz 1 GmbHG auf die neuen Tatbestände des § 265c StGB (Sportwettenbetrug), des § 265d StGB (Manipulation von berufssportlichen Wettbewerben) und ggf. die Regelbeispiele für besonders schwere Fälle in § 265e StGB zu beziehen hat. Dahingehend hat jüngst das OLG Oldenburg entschieden,[147] allein die Regelbeispiele bedürfen danach keiner gesonderten Erwähnung. Vieles spricht jedoch dafür, dass der Gesetzgeber bzw. die insoweit in verschiedenen Abteilungen arbeitenden Entwurfsverfasser mit der Einfügung dieser neuen Straftatbestände in den Zwischenraum der §§ 265b bis 266a StGB die etwaige Folgewirkunge auf die Geschäftsführerinhabilität nicht bedacht haben. Wäre diese Folgewirkung intendiert gewesen, hätte eine dahingehende Ausführung in der Gesetzesbegründung nahegelegen. Überdies ist der Verweis des § 6 Abs. 2 Satz 2 Nr. 3 lit. e GmbHG in das StGB wohl als statischer Verweis zu verstehen ist,[148] sodass Änderungen unberücksichtigt bleiben. Schließlich dürfte es bei einer Verurteilung wegen Sportwettenbetrugs an der Konnexität mit Fehlverhalten bei Leitungsaufgaben fehlen. Damit liegt eine teleologische Reduktion nahe. Auf der anderen Seite ist freilich zu sehen, dass nicht alle der neu eingefügten Straftatbestände Unrecht erstmals strafrechtlich erfassen. Vielmehr konnten einzelnen Fallgestaltungen auch schon zuvor unter den Betrugstatbestand subsumiert werden. Auch fehlt es ebenfalls bei den §§ 263-264a StGB typischerweise an einem Zusammenhang mit einer organschaftlichen Leitungstätigkeit, weswegen es bei § 6 Abs. 2 Satz 2 Nr. 3 lit. e GmbHG für die Inhabilität entscheidend darauf ankommt, dass die betreffende Person zu einer Freiheitsstrafe von mindestens einem Jahr verurteilt worden ist. Dieses Argument lässt sich auf die neu eingefügten Straftatbestände übertragen. Im Lichte der Entscheidung des OLG Oldenburg,[149] einer dahingehenden Registerpraxis, aber auch der durchaus guten Argumente für diese Position, sollte in der Praxis die Versicherung vorsichtshalber auch diese Straftatbestände umfassen. S. auch Rdn. 78.

77 **c)** Während das BayObLG[150] eine Einzelaufführung der Bestellungshindernisse verlangte[151] (und sich dem die Praxis angepasst hatte), begnügt sich der BGH[152] zu Recht – weil aufgrund des Zusammenhangs zweifelsfrei – mit der Versicherung, der Geschäftsführer sei »noch nie, weder im Inland noch im Ausland wegen einer Straftat verurteilt worden«, das OLG Hamm[153] mit der Versicherung, der Geschäftsführer »sei weder im Inland wegen einer vorsätzlichen

---

145 OLG Hamm GmbHR 2011, 30; OLG München GmbHR 2009, 830.
146 *Knaier*, ZNotP 2017, 409, 415.
147 So auch *Melchior*, GmbHR 2017, R193; *Melchior/Böhringer*, GmbHR 2017, 1074, 1075. Zu den Kosten einer erneuten Versicherung: Prüfungsabteilung der Ländernotarkasse A.d.ö.R., NotBZ 2017, 257.
148 DNotI-Report 10/2017, S. 73 ff. Ausf. *Knaier/Pfleger*, RPfleger 2018, 357.
149 OLG Oldenburg, GmbHR 2018, 310 m. Anm. *Wachter*. S. jetzt aber a.A. OLG Hamm BeckRS 2018 24810.
150 BayObLG BB 1984, 238.
151 Ähnlich nun wieder OLG Schleswig GmbHR 2014, 1095.
152 BGH DNotZ 2010, 930.
153 OLG Hamm NZG 2011, 710.

Straftat gemäß § 6 Abs. 2 Satz 2 Nr. 3 GmbHG noch im Ausland wegen vergleichbarer Taten rechtskräftig verurteilt worden« und das OLG Stuttgart,[154] allerdings nach vorheriger schriftlich dokumentierter Belehrung durch einen Notar, sogar mit der Versicherung, »dass keine Umstände vorliegen, die . . . der Bestellung nach § 6 Abs. 2 Satz 2 und 3 GmbHG entgegenstehen . . . «.[155] Da es auf den Sinn der nach § 82 Abs. 1 Nr. 5 GmbHG zudem strafbewehrten Erklärung des Geschäftsführers ankommt, der darüber zu belehren war, sind Spitzfindigkeiten ohne Bedeutung, bei »Auslandstaten« etwa, ob es sich im betreffenden Land um eine »Straf«-Tat und nicht nur eine Ordnungswidrigkeit handelt[156] (»Vergleichbarkeit« setzt Verurteilung wegen einer Handlung voraus, die aus der Sicht der deutschen lex fori strafwürdig erscheint). Zu solchen Spitzfindigkeiten gehört es auch, wenn im Lichte der neu eingefügten Straftatbestände des § 265c und § 265d StGB (s. oben Rdn. 76) empfohlen wird[157], So Melchior, GMBHR 2017, R193. diese Tatbestände ausdrücklich aufzuführen, um deutlich zu machen, dass sich die Versicherung auch auf diese bezieht. Wenn möglich, sollte allgemein – »niemals« »kein« Berufs- oder Gewerbeverbot, »irgendeines Berufs oder Gewerbes« –[158] formuliert werden. Dies dürfte ohnehin bei den meisten Geschäftsführern zutreffen und ist überdies auch sachlich am einfachsten zu vermitteln.[159] Die größte Spitzfindigkeit (und sachlich nicht überzeugend) ist es, wenn die Wiederholung des Gesetzeswortlauts des § 8 Abs. 3 GmbHG als zu pauschal zurückgewiesen wird, bzw. die Versicherung beanstandet wird, dem Geschäftsführer sei weder durch gerichtliches Urteil noch durch vollziehbare Entscheidung einer Verwaltungsbehörde die Ausübung eines Berufs, Berufszweigs, Gewerbes oder Gewerbezweigs untersagt worden, »der ganz oder teilweise mit dem Unternehmensgegenstand übereinstimmt«, weil hierin angeblich eine unzulässige, für das Registergericht nicht nachprüfbare Wertung enthalten sei.[160] Die Praxis hat sich allerdings hieran zu orientieren.

Kurze Versicherung

Der Geschäftsführer versichert, dass (i) er noch nie im In- oder Ausland wegen einer (Straf-)Tat verurteilt worden ist, (ii) ihm weder durch gerichtliches Urteil noch durch vollziehbare Entscheidung einer Verwaltungsbehörde die Ausübung eines Berufs, Berufszweigs, Gewerbes oder Gewerbezweigs untersagt worden ist, (iii) er vom beglaubigenden Notar über die unbeschränkte Auskunftspflicht gegenüber dem Gericht belehrt worden ist.[161]

78 M

■ *Kosten.* Bei isolierter Belehrung ohne Zusammenhang mit einer Beurkundungstätigkeit des Notar, insbes. bei Fremdentwurf einer Registeranmeldung, fällt neben der Beglaubigungsgebühr eine Beratungsgebühr von 0,3 gem. KV 24202 GNotKG an (Wert: 5.000 € nach § 36 Abs. 3 GNotKG). Ansonsten ist sie Erklärungseinheit zur Registeranmeldung des Geschäftsführers.

---

154 OLG Stuttgart GmbHR 2013, 91.
155 Bedenken gegen solche pauschalen Versicherungen bei *Wohlrab*, DNotZ 2011, 792; *Weiler*, notar 2012, 193, sodass sich eine konkretere Versicherung empfehlen kann.
156 BGH DNotZ 2010, 930, 932 a.E.; OLG München GmbHR 2014, 869 m. Anm. *Wachter*: keine »Straftaten« im Ausland genügt, keine »Taten« darüber hinaus nicht erforderlich.
157 So *Melchior*, GmbHR 2017, R 193.
158 So begegnet man den unberechtigten Bedenken von OLG Frankfurt GmbHR 2015, 863 m. abl. Anm. *Oppenländer*, eine Versicherung, es bestehe kein Berufsverbot im Bereich des Unternehmensgegenstandes sei unzureichend, da Zweifel an der Richtigkeit dieser Wertung bestehen könnten.
159 *Wachter*, GmbHR 2018, 310, 314) mit ähnlicher Formulierungsvorschlag.
160 OLG Frankfurt GmbHR 2010, 918; OLG Frankfurt, GmbHR 2011, 1156.
161 S. für eine ausführlichere Versicherung oben Rdn. 63 sowie Heckschen/Heidinger/Heidinger/Knaier Kap. 6 Rn. 58, 192, bzw. in englischer Sprache Kap. 6 Rn. 58.

79 d) Wenn Einzelheiten versichert werden, sollte genau formuliert werden. Wird versichert, dass keine Verurteilung innerhalb der 5-Jahres-Frist des § 6 Abs. 2 Satz 2 Nr. 3 a.E. GmbHG der Bestellung zum Geschäftsführer entgegensteht, ist klarzustellen, dass die Frist mit der Rechtskraft der Verurteilung beginnt[162] und der Betroffene während der Frist nicht »auf behördliche Anordnung in einer Anstalt verwahrt« war. Zu beachten ist, dass für die Ausschlussgründe des § 6 Abs. 2 Satz 2 Nr. 3 lit. a-d GmbHG die Ahndungsform nicht relevant ist, sodass auch ein Strafbefehl oder gar eine Verwarnung mit Strafvorbehalt genügt,[163] wohingegen für § 6 Abs. 2 Satz 2 Nr. 3 lit. e GmbHG das Strafmaß maßgebend ist.

80 e) Nach § 51 Abs. 1 des Bundeszentralregistergesetzes (BZRG) besteht über Verurteilungen grundsätzlich nur eine eingeschränkte Offenbarungspflicht. Bei ihrer Versicherung gegenüber dem Handelsregister sind die Geschäftsführer unbeschränkt auskunftspflichtig, was nach § 53 Abs. 2 BZRG aber die vorherige Belehrung über die unbeschränkte Auskunftspflicht voraussetzt. Diese kann – und wird regelmäßig – nach § 8 Abs. 3 Satz 2 GmbHG der Notar vornehmen, der die Unterschrift unter der Anmeldung beglaubigt. Nach § 8 Abs. 3 Satz 2 GmbHG kann die Belehrung auch schriftlich[164] und auch durch einen ausländischen Notar oder einen Vertreter eines vergleichbaren rechtsberatenden Berufes oder einen Konsularbeamten erfolgen. Der Geschäftsführer wiederum muss in der Anmeldung versichern, *dass* er über seine unbeschränkte Auskunftspflicht belehrt wurde, nicht notwendig, durch *wen*. Um Rückfragen des Registergerichts zu vermeiden, sollte dies auch in der Praxis angegeben werden.

7. Anlagen

81 Die Anlagen, die mit der Anmeldung beim Handelsregister eingereicht werden müssen, sind in § 8 Abs. 1 GmbHG zusammengefasst. Für die Form der Einreichung gilt:[165] Die Anmeldung, inklusive der Geschäftsführerversicherungen nach § 8 Abs. 2 und 3 GmbHG, sowie der Angaben nach Abs. 4, ist in elektronisch beglaubigter Form zum Handelsregister einzureichen; üblicherweise erfolgt dies, indem die Unterschrift der Anmeldenden unter einer Anmeldung in Papierform erfolgt, diese sodann eingescannt und mit dem elektronischen Beglaubigungsvermerk versehen wird. Dieselbe Form ist für einzureichende Dokumente erforderlich, die als notariell beurkundete Dokumente oder öffentlich beglaubigte Abschriften einzureichen sind; hierzu zählt der als Anlage beizufügende Gesellschaftsvertrag. Die Anlagen nach § 8 Abs. 1 Nr. 2-5 GmbHG können dagegen idR in einfacher elektronischer Aufzeichnung eingereicht werden. Oftmals werden in der Praxis allerdings, schon aus Rationalisierungsgründen, sämtliche beizufügenden Anlagen in elektronisch beglaubigter Form übermittelt, was selbstverständlich zulässig ist.

8. Gesellschafterliste

82 a) Die Gesellschafterliste[166] hat Legitimationsfunktion, da nur als Gesellschafter gilt, wer in der im Handelsregisterordner aufgenommenen Gesellschafterliste eingetragen ist, und ist Rechtsscheinträger für einen etwaigen gutgläubigen Anteilserwerb. In der Gesellschafter-

---

162 BGH DNotZ 2011, 790.
163 *Knaier*, ZNotP 2017, 409, 415; *Weiß*, GmbHR 2013, 1076, 1078.
164 Für die Fernbelehrung fällt eine Beratungsgebühr von 0,3 gem. KV 24202 GNotKG an (Wert: 5.000 € nach § 36 Abs. 3 GNotKG). Wenn diese im Zusammenhang mit dem Entwurf der Registeranmeldung steht ist sie gebührenfrei; wenn fremdsprachig: Zusatzgebühr von 30 % nach KV 26001 GNotKG.
165 S. nur MüKo-GmbHG/*Herrler*, § 8 Rn. 88.
166 Zur Schutzfunktion beim Anteilserwerb *Paefgen/Wallisch*, NZG 2016, 801 ff.; zu Zusatzangaben *Kalbfleisch/Glock*, GmbHR 2015, 847 ff.; zum Rechtsschutz *Lieder*, GmbHR 2016, 189 ff.; zum Widerspruch *Bernauer/Bernauer*, GmbHR 2016, 621 ff.; zur Korrektur *Lieder/Cziupka*, GmbHR 2018, 231 ff.

liste, die auch der Anmeldung beizufügen ist (§ 8 Abs. 1 Nr. 3 GmbHG), sind Name, Vorname, Geburtsdatum und Wohnort (nicht Anschrift) der Gesellschafter (nicht, bei fehlender Überstimmung, jener, die den betreffenden Geschäftsanteil wirtschaftlich zu Eigentum haben) sowie die Nennbeträge und die laufenden Nummern der übernommenen Geschäftsanteile anzugeben. § 40 Abs. 1 n.F. schreibt im Zeichen einer effektiven Geldwäscheprävention[167] nunmehr zudem die Angabe von Prozentwerten für jeden Geschäftsanteil und für die Summe mehrerer von einem Gesellschafter gehaltener Geschäftsanteile vor. Überdies wurden die verpflichtenden Angaben zur eindeutigen Ermittlung der Gesellschafter erweitert; danach gilt: bei einer eingetragenen Gesellschaft sind Firma, Satzungssitz, zuständiges Register und Registernummer der Gesellschaft aufzunehmen (§ 40 Abs. 1 Satz 2, 1. HS. GmbHG), bei nicht eingetragenen Gesellschaften, jedenfalls der (Außen-)GbR, die jeweiligen Gesellschafter unter einer zusammenfassenden Bezeichnung mit Name, Vorname, Geburtsdatum und Wohnort (§ 40 Abs. 1 Satz 2, 2. Hs. GmbHG).[168] Unter der »zusammenfassenden Bezeichnung« ist in erster Linie der Name der (Außen-)GbR zu verstehen, fehlt ein solcher, genügt die Bezeichnung »als Gesellschafter einer Gesellschaft bürgerlichen Rechts«. S. zur Gesellschafterliste mit Beteiligung einer Außen-GbR Rdn. 35.1 M. Jeder Wechsel im Gesellschafterkreis auf Ebene der GbR ist damit zugleich Anlass für die Einreichung einer neuen Gesellschafterliste. S. zur Ausgestaltung der Gesellschafterliste im Detail die Ausführungen bei den jeweils relevanten Veränderungen, sowie die Muster unten Rdn. 50.2 M, 63.1 M, 141 M, 105.2 M, § 145 Rdn. 57 M. Weitere konkretisierende Vorgaben an die Ausgestaltung der Gesellschafterliste macht nun eine Gesellschafterlistenverordnung (GesL-VO) auf Basis des § 40 Abs. 4 GmbHG.

b) Die Wahl des Sortierungskriteriums (entweder nach Geschäftsanteilen oder nach Gesellschaftern) wird dem Listenersteller freigestellt (§ 1 Abs. 1 Satz 3 GesL-VO), solange er dieses Kriterium einheitlich anwendet. Ein gesellschafterbezogener Aufbau der Gesellschafterliste ist zu empfehlen, die Vorgabe der fortlaufenden Nummerierung der Geschäftsanteile steht ihr nicht entgegen;[169] diese fordert nur die Vergabe der jeweils nächsten freien Zahl, nicht aber eine Gliederung, die eine aufsteigende Zahlenkette abbildet (unzulässig wäre es daher nur, wenn etwa Gesellschafter A die Geschäftsanteile mit den Nummern 1 und 2 hielte, der Gesellschafter B jedoch die Geschäftsanteile mit den Nummern 4 und 5, und die Ziffer 3 freibliebe; unzulässig wäre es ebenfalls, wenn dem Gesellschafter A die Geschäftsanteile mit den Nummern (A) 1 und (A) 2 zugeordnet würden und dem Gesellschafter B die Nummern (B) 1 (B) 2 und (B) 3.) Wird dagegen der Weg einer Gliederung nach Geschäftsanteilen gewählt, empfiehlt sich für die Angabe der Gesamtbeteiligungsquote eines Gesellschafters die Einfügung einer separaten Zeile unterhalb der in Tabellenform erstellten Gesellschafterliste (dass dies zulässig ist, ergibt sich aus § 4 Abs. 5 Satz 2 GesL-VO). Zur Illustration dient das nachfolgende Muster Rdn. 84 M, das aber nicht nur ästhetisch wenig wertvoll ist, sondern auch sachlich wenig überzeugen kann.

83

---

167 Begr. RegE, BT-Drucks. 16/6140, S. 37; *Noack*, DB 2006, 1475, 1477.
168 Zu Übergangsfällen BGH NJW 2018, 2794 m. krit. Anm. *Cziupka*.
169 Vgl. dazu Musterformulierung von *Lohr*, GmbH-StB 2017, 262, 262 f. Ausf. zum reformierten § 40 Abs. 1 GmbHG *Wachter*, GmbHR 2017, 1177 ff.

§ 142 Gesellschaft mit beschränkter Haftung (GmbH). Gründung, Satzungsbestandteile

84 M **Alternativer Aufbau Gesellschafterliste mit Zusatzspalte und Gliederung nach Geschäftsanteilen (selten empfehlenswert)**

Lfd. Nr. des Geschäftsanteils	Gesellschafter	Nennbetrag des Geschäftsanteils in Euro	Geschäftsanteilsbezogene Beteiligungsquote (in Prozent)
Nr. 1	Albert Müller, geb. am ....., wohnhaft in	10.000,00	40,00
Nr. 2	Berthold Bernd, geb. am ....., wohnhaft in	5.000,00	20,00
Nr. 3	Albert Müller, geb. am ....., wohnhaft in	10.000,00	40,00
Gesellschafter		**Gesellschafterbezogene Beteiligungsquote (in Prozent)**	
Albert Müller **Berthold Bernd**		**80** **20**	

85 c) Eine Vergabe von Nummern für die Geschäftsanteile (die für die Gesellschafterliste im Ausgangspunkt bei Gründung durch die Geschäftsführer zu erfolgen hat, meist nach Entwurf durch den beurkundenden Notar) kann bereits in der Satzung erfolgen, zwingend ist dies aber nicht;[170] falls sie erfolgt, muss sie mit der Gesellschafterliste übereinstimmen. Die erste Gesellschafterliste ist von sämtlichen Geschäftsführern zu unterzeichnen, nicht jedoch von den Gesellschaftern oder dem Notar. Zum Musterprotokoll Rdn. 98. Die bei Gründung festgelegte Nummerierung darf im Grundsatz nicht verändert, sondern hat fortgeschrieben zu werden; insofern bezieht sich das Erfordernis der Vergabe laufender Nummern darauf, bei neu entstehenden Geschäftsanteilen jeweils die nächste freie Nummer zu vergeben. Eine Umnummerierung der Geschäftsanteile wird durch § 1 Abs. 4 GesL-VO aber ausdrücklich zugelassen (mit dann zwingender Veränderungsspalte, § 2 Abs. 2 GesL-VO), falls die Gesellschafterliste unübersichtlich geworden ist oder werden würde. Notar und Geschäftsführer haben hier einen tatbestandlichen Beurteilungsspielraum. Der Beurteilungsspielraum sollte nicht durch eine strenge registergerichtliche Nachprüfung unterminiert werden (die ausweislich der Verordnungsbegründung im Übrigen gerade auch hier quer zur Intention des Verordnungsgebers stünde). Vielmehr sollte sich der registergerichtliche Prüfungsumfang auf die Frage reduzieren, ob die neu gestaltete Gesellschafterliste ihrerseits den Vorgaben der GesL-VO entspricht. In diesem Fall könnte die Bereinigungsliste ein entscheidendes Instrument zur Vereinfachung (und damit zur Verringerung der Fehleranfälligkeit) der Darstellung komplexer Beteiligungsstrukturen werden.

86 d) Die neu eingefügte Pflicht zur Angabe der Beteiligungsquote hat zahlreiche Zweifelsfragen in der Praxis aufgeworfen. Hier hatte sich in der noch jungen Literatur und Rspr. Folgendes herauskristallisiert: Rundungen sollten zulässig sein, gleich, ob bis auf eine oder mehrere Nachkommastellen, wobei jedoch das Konsistenzgebot zu beachten ist. Sonderheiten sollten jedoch in folgenden Fällen gelten: Eine Abrundung auf den Wert »0 Prozent« sei unzulässig, weil hierdurch der falsche Eindruck entstehe, der betreffende Gesellschafter sei gar nicht an

---

170 Scholz/Cziupka, § 3 GmbHG Rn. 51. Selbiges gilt für Prozentangaben.

der Gesellschaft beteiligt.[171] Eine Abrundung auf 25 % sollte ebenfalls unterbleiben, weil hiermit suggeriert würde, der betreffende Gesellschafter sei kein »wirtschaftlich Berechtigter« der Gesellschaft i.S.v. § 19 Abs. 2 Satz 1 i.V.m. § 3 GwG, obgleich er dies bei einer 25 % auch nur geringfügig überschreitenden Beteiligungsquote ist.[172] Ebenfalls sollte eine Abrundung auf 50 % nicht erfolgen dürfen, weil diese Beteiligungsquote bedeutsam für die Frage der Zurechnung einer mittelbaren Beteiligung[173] ist.[174] Die Registerpraxis und ebenso erste Judikatur vor Inkrafttreten der GesL-VO am 1.7.2018 haben gezeigt, dass jedenfalls das Fehlen von Prozentangaben, auch bei Kleinstbeteiligungen,[175] sowie »kreative« Darstellungsweisen (»< 1 %«)[176] beanstandet werden. Die neue GesL-VO schafft hier nun weitere Klarheit und Erleichterungen. Einerlei ist es nun, ob eine Rundung bis auf eine Nachkommastelle erfolgt oder schlicht ohne Rundung die Wiedergabe nach der ersten (oder einer späteren) Nachkommastelle abgebrochen wird. Dass die Angabe von Bruchzahlen nicht mehr als Erleichterung vorgesehen ist, fällt daher nicht ins Gewicht; sie hatte sich in der Praxis ohnehin nicht durchgesetzt. Allerdings: Es sollte in der Gesellschafterliste (etwa in einer Fußnote) klargestellt werden, wie verfahren worden ist.[177] Rundungen bzw. der Abbruch der Darstellung dürfen nicht zu den Prozentangaben 0,0, 25,0 oder 50,0 führen. Zur Vermeidung solcher Prozentzahlen sind weitere Nachkommastellen anzufügen. Dies sollte aber nicht bedeuten, dass in diesen Fällen sämtliche Prozentangaben in der betreffenden Liste ebenfalls dieselbe Anzahl an Nachkommastellen aufweisen müssen. Vielmehr bleibt es in dieser Hinsicht bei § 4 Abs. 1 Satz 1 u. 3 GesL-VO. Diese Durchbrechung des Konsistenzgebots sollte aber ausdrücklich in der Gesellschafterliste (am besten wiederum in einer Fußnote) offengelegt werden. Für Praktiker hilfreich (aber angesichts der nun weitreichenden Möglichkeiten zum Abbruch der Nachkommastellen nicht mehr allzu wichtig) ist die Erleichterung, Minimalbeteiligungen vereinfacht als »1 Prozent« anzugeben, sodass die entgegenstehende Rspr. bis auf Altfälle überholt ist. Für die Prüfungsdichte des Registergerichts sollte gelten, dass Rechenfehler bei Nachkommastellen allenfalls in Evidenzfällen eine Nichtaufnahme der Gesellschafterliste rechtfertigen,[178] gesichert ist dies aber nicht. Ist eine GbR Gesellschafter, sind deren jeweilige Gesellschafter konkret anzugeben, nicht aber deren jeweilige unmittelbare oder – bezogen auf die GmbH – mittelbare Beteiligungsquote; denn beteiligt ist bei der (Außen-)GbR nur diese selbst, sodass auch nur ihre Beteiligungsquote anzugeben ist. Auf einem anderen Blatt steht die Frage, ob in solchen Fällen der die GbR beherrschende GbR-Gesellschafter gesondert dem Transparenzregister zu melden ist. Um dies zu vermeiden, kann sich jedenfalls (freiwillig) die Angabe der Quoten innerhalb der GbR in der Gesellschaft anbieten – zulässig dürfte dies sein. S. näher zur Gesellschafterliste bei der Darstellung der jeweiligen Veränderung, die eine Einreichung erforderlich macht.

e) Die Einreichung der Gesellschafterliste zum Handelsregister erfolgt per EGVP, entweder durch Übermittlung eines unsignierten Scans, mithin als einfache Aufzeichnung der in Papierform unterschriebenen Liste, oder aber in elektronisch beglaubigter Ablichtung; letzteres ist zwar nach § 12 Abs. 2 Satz 2 HGB nicht erforderlich, aber möglich und durchaus

---

171 *Seibert/Bochmann/Cziupka*, GmbHR 2017, R241 f.
172 Vgl. *Elsing*, Notarbüro 2017, 45, 46; *Seibert/Bochmann/Cziupka*, GmbHR 2017, R241 f.
173 Vgl. hierzu *Seibert/Bochmann/Cziupka*, GmbHR 2017, 1128, 1131.
174 So zu Recht Rowedder/Schmidt-Leithoff/*Görner*, § 40 GmbHG Rn. 5a.
175 So der Fall des OLG München GmbHR 2018, 35 m. Komm. *Bochmann/Cziupka*, EWiR 2018, 11 f.
176 OLG Nürnberg GmbHR 2018, 86 m. Anm. *Bochmann/Cziupka*, sowie Anm. *Wachter*, EWiR 2018, 9 f. Für deren Zulässigkeit schon damals *Seibert/Bochmann/Cziupka*, GmbHR 2017, R241, 242.
177 In diesem Sinne schon Heckschen/Heidinger/*Heidinger*, Kap. 13 Rn. 387.
178 *Seibert/Bochmann/Cziupka*, GmbHR 2017, R241 f.; einschränkend auch *Wicke*, DB 2017, 2528, 2529: Einschreiten nur bei evidenten Rechenfehlern; dagegen BeckOK GmbHG/*Heilmeier*, 33. Ed., Stand: 01.11.2017, § 40 Rn. 34c, der bei jeglichen Rechenfehlern eine Beanstandung für denkbar hält. An der Sache vorbei *Cramer*, NZG 2018, 721.

9. Anmeldung nach Änderung im Gründungsstadium; Gesellschafterwechsel im Gründungsstadium

88 Wird der *Gesellschaftsvertrag* in der Gründungsphase (durch Vertrag oder einstimmigen Beschluss der Gesellschafter der Vorgesellschaft, die §§ 53 ff. GmbHG gelten noch nicht) vor Eintragung in das Handelsregister *geändert*, etwa um auf Beanstandungen des Registergerichts zu reagieren, so bedarf es insbesondere dann, wenn unzulässige Bestimmungen geändert werden sollen, keiner erneuten förmlichen Anmeldung. Es genügt, dass die Urkunde über die Änderung und der neue vollständige Wortlaut des Gesellschaftsvertrags mit der Bescheinigung des Notars nach § 54 Abs. 1 Satz 2 GmbHG formlos beim Handelsregister eingereicht werden.[179] Einer erneuten Anmeldung bedarf es dagegen, wenn ein Punkt geändert wird, der in § 10 Abs. 1 oder Abs. 2 GmbHG aufgeführt und daher auch bei einer Satzungsänderung gesondert einzutragen ist (Firma, Sitz, Unternehmensgegenstand, Vertretungsbefugnis und Zeitdauer); hier sind die Änderungen wenigstens schlagwortartig gesondert anzumelden. Möglich ist auch eine Änderung hin zur UG (haftungsbeschränkt).[180]

89 Soll ein *Gesellschafterwechsel* nach Anmeldung aber vor Eintragung der GmbH erfolgen, ist zu berücksichtigen, dass ein Geschäftsanteil vor Eintragung der Gesellschaft im Handelsregister richtigerweise noch nicht entstanden ist. Veränderungen des Gesellschafterkreises richten sich daher nach § 2 GmbHG, nicht aber nach § 15 GmbHG.[181]

IV. Unternehmergesellschaft (haftungsbeschränkt)

90 Durch § 5a GmbHG wurde – als Alternative zur britischen »Private Company Limited by Shares« – die »Unternehmergesellschaft (haftungsbeschränkt)« geschaffen. Nach der gesetzlichen Konzeption ist diese Gesellschaft eine Subform der GmbH (»GmbH Light«), es gelten somit im Ausgangspunkt alle Vorschriften für die GmbH, es sei denn, aus den Sondervorschriften in § 5a GmbHG ergibt sich anderes. Ein Mindeststammkapital ist nicht vorgeschrieben, aus § 5 Abs. 2 Satz 1 GmbHG folgt jedoch, dass ein Mindeststammkapital von zumindest 1 € aufzubringen ist. Zur Vermeidung einer Überschuldung unmittelbar nach Gründung ist es allerdings empfehlenswert, das Stammkapital zumindest so hoch anzusetzen, dass es über den Gründungskosten liegt. Der Gesellschaftszusatz in der Firma hat »Unternehmergesellschaft (haftungsbeschränkt)« zu lauten, er kann aber als »UG (haftungsbeschränkt)« abgekürzt werden (§ 5a Abs. 1 GmbHG); die korrekte Firmenführung ist wichtig, auch eine unzutreffende Firmierung als GmbH kann nach der Rspr. zur persönlichen Haftung führen.[182] Volleinzahlung der Einlagen ist vorgeschrieben, das Stammkapital ist daher immer zur Gänze aufzubringen. Sacheinlagen sind ausgeschlossen (§ 5a Abs. 2 Satz 2 GmbHG); deshalb kann eine UG nicht durch Abspaltung gegründet werden.[183] Nach überwiegender Ansicht kommt es aufgrund des Sacheinlageverbots bei einer verdeckten Sacheinlage nicht zur Anrechnung nach § 19 Abs. 4 GmbHG. Dies ist zwar im Lichte des Normzwecks des § 19 Abs. 4 GmbHG nicht überzeugend,[184] aber in der Praxis unbedingt zu beachten, sodass ganz besonderes Augenmerk auf die Vermeidung einer verdeckten Sacheinlage zu richten ist.

---

179 OLG Zweibrücken DNotZ 2001, 411 m.w.N; Lutter/Hommelhoff/*Bayer*, § 2 GmbHG Rn. 48.
180 OLG Frankfurt GmbHR 2011, 984.
181 BGH NZG 2005, 263; OLG Jena GmbHR 2013, 1258; Lutter/Hommelhoff/*Bayer*, § 11 GmbHG Rn. 14, str.
182 S. BGH NJW 2012, 2871.
183 BGH DNotZ 2012, 70.
184 So auch ausf. Lutter/Hommelhoff/*Kleindiek*, § 5a GmbHG Rn. 28 f. m.w.N.; *Wicke*, GmbHR 2018, 1105, 1107.

Bzgl. des auf die UG abwälzbaren Gründungsaufwands ist gerade bei geringem Stammkapital darauf zu achten, dass eine Unterbilanz vermieden wird. Allerdings soll es nach KG ZIP 2015, 1923 zulässig sein, dass der auf die Gesellschaft abgewälzte Gründungsaufwand eine 300 € überschreitende Stammkapitalsumme der UG erreicht; diese Entscheidung kann nicht überzeugen und dürfte auch nicht der überwiegenden Praxis der Registergerichte entsprechen. Von einer solchen Festsetzung ist damit abzusehen, sie ist auch nicht zweckgerecht. Indes gilt (selbstverständlich) auch keine starre 10%-Grenze.[185]

Bis zum Erreichen des Mindeststammkapitals nach § 5 Abs. 1 GmbHG sind jährlich Rücklagen (i.H.v. einem Viertel des Jahresüberschusses abzüglich Verlustvortrag) zu bilden, diese Rücklage darf nur zur Kapitalerhöhung aus Gesellschaftsmitteln oder zum Ausgleich von Verlusten verwendet werden (§ 5a Abs. 3 Satz 2 GmbHG). Diese Pflicht entfällt auch dann nicht, wenn die Rücklage das Mindeststammkapital der GmbH erreicht, sondern erst nach der Transformation in die GmbH.

Ist das Mindeststammkapital nach § 5 Abs. 1 GmbHG erreicht, gelten die Sondervorschriften nicht mehr. Das Erreichen des Mindeststammkapitals setzt aber voraus, dass entweder eine reale Kapitalerhöhung oder aber eine Kapitalerhöhung aus Gesellschaftsmitteln durch Verwendung etwa der angesparten Rücklage erfolgt. Eine automatische Umwandlung gibt es mithin nicht. Das Überschreiten der Schwelle des Mindeststammkapitals kann auch trotz des bei der UG (haftungsbeschränkt) bestehenden Sacheinlageverbots durch Sachkapitalerhöhung erzielt werden, sofern hierdurch das Mindeststammkapital der GmbH erreicht wird.[186] Trotz Erreichens des Mindeststammkapitals darf die Firma beibehalten werden (§ 5a Abs. 5 Hs. 2 GmbHG), der Rechtsformzusatz kann aber auch in »GmbH« geändert werden.[187] Hierfür ist jedoch ein ausdrücklicher satzungsändernder Beschluss erforderlich. Wird auch der Firmenkern geändert, darf der Rechtsformzusatz nicht mehr beibehalten werden, dann ist zwingend als GmbH zu firmieren.[188] Zur Transformation in eine GmbH s. § 144 Rdn. 155.

Die Kosten der Kapitalerhöhung zwecks Transformation in die GmbH kann die Gesellschaft selbst tragen, eine Festsetzung im Gesellschaftsvertrag ist hierfür nicht erforderlich. Unzulässig ist es dagegen, im Zuge der Kapitalerhöhung zur Transformation der UG in die »reguläre« GmbH die Satzung dahin zu ändern, dass die Gesellschaft einen höheren Gründungsaufwand trägt als er bei der Gründung ausgewiesen wurde.[189] Änderungen der Festsetzungen des Gründungsaufwands dürfen in entsprechender Anwendung des § 26 Abs. 4 AktG nach h.A. erst fünf Jahre nach Eintragung geändert werden; ungeachtet dessen dürfen Änderungen zulasten der Gesellschaft auch nicht nach Ablauf der Fünfjahresfrist erfolgen (redaktionelle Änderungen, etwa nach einer Satzungsänderung einer mit Musterprotokoll gegründeten GmbH, sind jedoch zulässig).[190] Dies folgt aus dem Rechtsgedanken des § 26 Abs. 3 Satz 2 AktG. Ein Änderungsbeschluss ist daher entsprechend § 241 Nr. 3 AktG nichtig. Auch eine erstmalige Festsetzung der Übernahme von Gründungsaufwand nach erfolgter Eintragung der Gründung wäre allerdings unzulässig. Dies führte zu Spannungen im System der Kapitalaufbringungskontrolle.[191]

---

185 OLG Hamburg GmbHR 2011, 766.
186 BGH NZG 2011, 664.
187 Lutter/Hommelhoff/*Kleindiek*, § 5a GmbHG Rn. 62 m.w.N.
188 Scholz/*H.P.Westermann*, § 5a GmbHG Rn. 32.
189 OLG Celle NZG 2018, 261 m. Anm. *Cziupka*, EWiR 2018, 329.
190 OLG München ZIP 2010, 2096 m. Anm. *T. Wachter*, EWiR 2011, 15
191 Vgl. Rowedder/Schmidt-Leithoff/*Schmidt-Leithoff*, GmbHG, § 5 Rn. 70. S. näher unten Rdn. 162 ff.

Errichtung einer Unternehmergesellschaft (haftungsbeschränkt) (ohne Musterprotokoll)

95 M   Verhandelt in Stralsund ..... am .....
Vor mir, dem Notar .....
mit dem Amtssitz in Stralsund,
erschienen heute in meinen Amtsräumen ..... :
1. Herr Sven Lemke, geb. am ....., wohnhaft in ....., ausgewiesen durch amtlichen Lichtbildausweis;
2. Herr Bernd Seller, geb. am ....., wohnhaft in ....., ausgewiesen durch amtlichen Lichtbildausweis, handelnd nicht im eigenen Namen, sondern aufgrund notariell beglaubigter Vollmacht vom ....., die im Original vorgelegt und in hiermit beglaubigter Abschrift zu dieser Urkunde genommen wird, im Namen von Herrn Axel Pauli, geb. am ....., wohnhaft in .....

- die Beteiligten werden nachfolgend auch kurz »die Gesellschafter« genannt -.

Der Erschienene zu 1) erklärte, auf eigene Rechnung zu handeln, der Erschienene zu 2) erklärte, dass der von ihm vertretene Axel Pauli auf eigene Rechnung handelt. Auf Ansuchen der Erschienenen, die erklärten, ausreichend Gelegenheit erhalten zu haben, sich mit dem Gegenstand der Beurkundung auseinanderzusetzen, beurkunde ich ihren vor mir abgegebenen Erklärungen entsprechend Folgendes:

I. Gründung einer Gesellschaft mit beschränkter Haftung

Hiermit wird durch die Erschienenen, handelnd wie angegeben, eine Gesellschaft mit beschränkter Haftung unter der Firma »Lemke & Pauli UG (haftungsbeschränkt)« mit dem Sitz in Stralsund errichtet und der Gesellschaftsvertrag wie aus der Anlage I ersichtlich festgestellt. Auf die Anlage wird als wesentlicher Bestandteil dieser Urkunde verwiesen, sie wurden den Beteiligten vorgelesen.

II. Gesellschafterversammlung

Die Erschienen, handelnd wie angegeben, halten hiermit [unter Verzicht auf alle Frist-, Ladungs- und Formvorschriften] eine erste Gesellschafterversammlung der Lemke & Pauli UG (haftungsbeschränkt) ab und beschließen mit sämtlichen Stimmen:
1. Zu ersten Geschäftsführern der Gesellschaft werden bestellt:
    – Sven Lemke, geboren am ..... wohnhaft in [Ort],
    – Bernd Seller, geboren am ..... wohnhaft in [Ort]
    Jeder Geschäftsführer vertritt die Gesellschaft einzeln (auch wenn weitere Geschäftsführer bestellt werden) und ist berechtigt, für die Gesellschaft mit sich oder einem von ihm vertretenen Dritten Rechtsgeschäfte zu schließen (Befreiung von den Beschränkungen des § 181 BGB).
2. Die Einzelheiten der Anstellungsverträge werden gesondert geregelt.
3. Der Geschäftsführer werden angewiesen, schon vor Eintragung der Gesellschaft in das Handelsregister mit der Geschäftstätigkeit zu beginnen. Alle Geschäfte, die ab dem heutigen Tage der Errichtung der GmbH in Gründung im Rahmen dessen Unternehmensgegenstandes und in deren Namen getätigt werden, gelten als für Rechnung der neu gegründeten Gesellschaft geschlossen.

III. Vollzug, Vollmacht, Kosten

Vollzugsvollmacht, wie oben Muster Rdn. 2 M

Die Kosten der Beurkundung, der Anmeldung der Gesellschaft beim Handelsregister und die Kosten des Handelsregisters tragen die Gründungsgesellschafter je zur Hälfte. Von dieser Urkunde erhalten die Gesellschafter je eine Ausfertigung, die Gesellschaft eine Ausfertigung und drei beglaubigte Abschriften sowie das Amtsgericht Stralsund–Handelsregister – (in elektronischer Form) und das Finanzamt Stralsund – Körperschaftsteuerstelle – jeweils eine beglaubigte Abschrift.

IV. Hinweise

Der Notar hat darauf hingewiesen, dass
- die GmbH erst mit der Eintragung im Handelsregister entsteht,
- die vor der Eintragung in das Handelsregister im Namen der Gesellschaft Handelnden persönlich haften,
- die Gesellschafter für den Ausgleich eines bis zur Eintragung der Gesellschaft in das Handelsregister eventuell eintretenden Verlustes haften,
- der Firmenzusatz »UG (haftungsbeschränkt)« beibehalten werden muss, solange das Stammkapital nicht mindestens € 25.000 beträgt,
- im Jahresabschluss nach § 5a Abs. 3 GmbHG eine jährliche Rücklage zu bilden ist;
- bei Zahlungsunfähigkeit oder Überschuldung der Gesellschaft die Geschäftsführer (wenn kein Geschäftsführer vorhanden ist, die Gesellschafter) unverzüglich, spätestens innerhalb 3 Wochen, Insolvenzantrag stellen müssen und sich strafbar machen, falls sie das nicht richtig oder nicht rechtzeitig tun,
- die Überschuldung der Gesellschaft durch Einlagen oder durch Darlehen der Gesellschafter vermieden werden kann, die nach der getroffenen Vereinbarung erst nach den nachrangigen Forderungen des § 39 Abs. 1 Nr. 1–5 InsO zu befriedigen sind (§ 19 Abs. 2 Satz 3 InsO). Weitere Belehrung wie in Rdn. 14 M.

Vorgelesen nebst Anlage 1 (Gesellschaftsvertrag), von den Erschienenen genehmigt und von ihnen und dem Notar eigenhändig wie folgt unterschrieben:

Anlage

Gesellschaftsvertrag

§ 1 Firma: Die Firma lautet »Lemke & Pauli UG (haftungsbeschränkt)«.
§ 2 Unternehmensgegenstand .....
§ 3 Stammkapital
Das Stammkapital beträgt 5.000 € und ist eingeteilt in 100 Geschäftsanteile zu je 1 €. Hierauf übernehmen:
- Herr Sven Lemke, geboren am ....., wohnhaft [Ort], 50 Geschäftsanteile in Höhe von jeweils 1 € (Geschäftsanteile Nr. 1-50),
- Herr Axel Pauli, geboren am ....., wohnhaft [Ort], 50 Geschäftsanteile in Höhe von jeweils 1 € (Geschäftsanteile Nr. 51-100).

Die Einlagen sind sofort in voller Höhe in bar an die Gesellschaft einzuzahlen.
§ ..... Geschäftsführung, Vertretung
Die Gesellschaft hat einen oder mehrere Geschäftsführer. Ist nur ein Geschäftsführer bestellt, vertritt er die Gesellschaft allein. Sind mehrere Geschäftsführer bestellt, wird die Gesellschaft durch zwei Geschäftsführer oder durch einen Geschäftsführer gemeinsam mit einem Prokuristen vertreten; die Gesellschafterversammlung kann aber die Berechtigung zur Einzelvertretung beschließen. Sie kann Geschäftsführer von den Beschränkungen des § 181 BGB befreien.

§ ..... Gründungskosten: Mit den Kosten ihrer Gründung ist die Gesellschaft nicht belastet.

■ *Kosten.* Wie bei Muster Rdn. 2 M richtet sich der Wert nach der Einlageverpflichtung. Jedoch bestimmt § 107 Abs. 1 GNotKG als Mindestwert 30.000 €, höchstens 10 Mio. €, nach Nr. 21100 KV GNotKG eine 2,0 Geb. (Tabelle B). Im Übrigen wie Muster Rdn. 2 M auch bzgl. Geschäftsführerbestellung.

Anmeldung einer Unternehmergesellschaft (haftungsbeschränkt) (ohne Musterprotokoll)

96 M An das Amtsgericht Stralsund
– Registergericht –
In der Handelsregistersache
»Lemke & Pauli UG (haftungsbeschränkt)« mit dem Sitz in Stralsund – HRB neu werden überreicht:
1. eine elektronisch beglaubigte Abschrift der notariellen Niederschrift vom ..... (UR-Nr ..... des Notars ..... mit dem Amtssitz in .....), die den Gesellschaftsvertrag und die Bestellung des Unterzeichneten als Geschäftsführer enthält,
2. eine elektronische Aufzeichnung der Liste der Gesellschafter.

I. Anmeldungen

Zur Eintragung in das Handelsregister wird angemeldet:
1. Es wurde im Wege der Bargründung eine Gesellschaft mit beschränkter Haftung unter der Firma »Lemke & Pauli UG (haftungsbeschränkt)« gegründet. Das Stammkapital der Gesellschaft beträgt 100,00 € und wird durch Bareinlagen erbracht.
2. Zu Geschäftsführern wurden bestellt:
Her Sven Lemke, geb. am. ...., wohnhaft in .....
Herr Axel Pauli, geb. am. ...., wohnhaft in .....
3. Die allgemeine (abstrakte) Regelung der Vertretungsbefugnis der Gesellschaft lautet wie folgt:
Die Gesellschaft hat einen oder mehrere Geschäftsführer. Ist nur ein Geschäftsführer vorhanden, so vertritt dieser die Gesellschaft allein. Sind mehrere Geschäftsführer bestellt, so wird die Gesellschaft durch zwei Geschäftsführer gemeinsam oder durch einen Geschäftsführer zusammen mit einem Prokuristen vertreten. Einzelvertretungsbefugnis und Befreiung von den Beschränkungen des § 181 BGB kann gewährt werden.[192]
Herr Lemke und Herr Pauli vertreten die Gesellschaft jeweils einzeln, auch wenn weitere Geschäftsführer bestellt werden sollten, und sind jeweils berechtigt, für die Gesellschaft mit sich oder einem von ihnen vertretenen Dritten Rechtsgeschäfte zu schließen.

II. Versicherungen der Geschäftsführer

1. Die unterzeichneten Geschäftsführer versichern, jeweils für sich einzeln, dass sämtliche Einlagen durch die Gesellschafter Sven Lemke und Axel Pauli vollständig einbezahlt sind, sich endgültig in der Verfügung der Geschäftsführer befinden und nicht an die Gesellschafter zurückgewährt wurden. Weiterhin versichern sie,

---

192 S. oben Fn. 104.

dass das Vermögen der Gesellschaft durch keinerlei Verbindlichkeiten vorbelastet ist und die Kosten der Errichtung der Gesellschaft nicht zu deren Lasten gehen.
2. Die unterzeichneten Geschäftsführer versichern, jeweils für sich einzeln, nach Belehrung durch den beglaubigenden Notar über die unbeschränkte Auskunftspflicht nach § 53 Abs. 2 des Gesetzes über das Zentralregister und das Erziehungsregister und die Strafbarkeit einer falschen Versicherung (§ 82 GmbHG) weiter: »Es liegen keine Umstände vor, aufgrund derer ich nach § 6 Abs. 2 Satz 2 Nr. 2 und 3 sowie Satz 3 GmbHG vom Amt eines Geschäftsführers ausgeschlossen wäre. Insbesondere versichere ich, dass
   – ich während der letzten fünf Jahre nicht rechtskräftig verurteilt wurde wegen des Unterlassens der Stellung eines Antrags auf Eröffnung des Insolvenzverfahrens (Insolvenzverschleppung), nach §§ 283 bis 283 d StGB (Insolvenzstraftaten), wegen falscher Angaben nach § 82 GmbHG oder § 399 AktG, wegen unrichtiger Darstellung nach § 400 AktG, § 331 HGB, § 313 UmwG oder § 17 PublG oder nach § 263 StGB (Betrug), § 263 a (Computerbetrug), § 264 StGB (Subventionsbetrug), § 264 a (Kapitalanlagebetrug), § 265 b StGB (Kreditbetrug), § 265c (Sportwettenbetrug), § 265d StGB (Manipulation von berufssportlichen Wettbewerben, § 265e StGB (besonders schwere Fälle von Sportwettenbetrug und der Manipulation von berufssportlichen Wettbewerben), § 266 StGB (Untreue) oder § 266 a StGB (Vorenthalten oder Veruntreuen von Arbeitsentgelt), wobei mir bekannt ist, dass die Frist von fünf Jahren erst durch den Eintritt der Rechtskraft eines entsprechenden Urteils in Lauf gesetzt und dass nicht die Zeit eingerechnet wird, in welcher der Täter auf behördliche Anordnung in einer Anstalt verwahrt wird,
   – ich auch im Ausland nicht wegen einer vergleichbaren Tat rechtskräftig verurteilt wurde,
   – mir gegenwärtig weder durch gerichtliches Urteil noch durch vollziehbare Entscheidung der Verwaltungsbehörde die Ausübung eines Berufes, Berufszweiges, Gewerbes oder Gewerbezweiges untersagt wurde, somit auch nicht im Rahmen des Unternehmensgegenstandes der Gesellschaft;
   – ich nicht bei der Besorgung meiner Vermögensangelegenheiten ganz oder teilweise einem Einwilligungsvorbehalt (§ 1903 BGB) unterliege;
   – ich nicht aufgrund einer behördlichen Anordnung in einer Anstalt verwahrt wurde,
   – ich vom beglaubigenden Notar über meine unbeschränkte Auskunftspflicht gegenüber dem Registergericht belehrt wurde.«
3. Die Geschäftsräume der Gesellschaft befinden sich in [PLZ] Stralsund, Am Hafen 37 (inländische Geschäftsanschrift).

III. Vollmacht

[Vollzugsvollmacht, wie Rdn. 63 M]
Diese Anmeldung ist dem Handelsregister in elektronischer Form einzureichen. Die Gesellschaft erhält eine beglaubigte Abschrift. Die Kosten der Anmeldung und ihres Vollzugs im Handelsregister tragen die Geschäftsführer je zur Hälfte.
Stralsund, den …..
Unterschriften sämtlicher Geschäftsführer
Beglaubigt werden die vor mir geleisteten Namensunterschriften von
a) Herrn Sven Lemke, geb. am ….., Stralsund ….. und
b) Herrn Axel Pauli, geb. am ….., Stralsund …..,
die sich durch Vorlage ihrer Personalausweise ausgewiesen haben.

Stralsund, den ..... **Notar**
Der beglaubigende Notar hat die Anmeldung nach § 378 Abs. 3 Satz 1 FamFG auf Eintragungsfähigkeit geprüft. Bedenken gegen die Eintragungsfähigkeit bestehen danach nicht.[193]

■ *Kosten des Notars.* Wie beim vorhergehenden Muster Rdn. 63 M richtet sich der Wert nach der Einlageverpflichtung, da hier die Gründung ohne Musterprotokoll erfolgt (§ 105 Abs. 6 Nr. 1 GNotKG). Nach § 105 Abs. 1 Nr. 1 GNotKG der Mindestwert von 30.000 €. 0,5 Gebühr nach Nr. 24102 i.V.m. 21201 (5) KV GNotKG (Tabelle B). Im Übrigen wie Muster Rdn. 63 M, auch bezüglich der Gesellschafterliste und der Kosten beim Registergericht. Gebühren für das elektronische Einreichen s. § 124 Rdn. 43

V. Vereinfachte Gründung nach § 2 Abs. 1a GmbHG

97 Nach § 2 Abs. 1a GmbHG kann die Gesellschaft in einem vereinfachten Verfahren gegründet werden, wenn sie *nicht mehr als drei Gesellschafter und nur einen Geschäftsführer hat.* Zu verwenden ist das Musterprotokoll in Anlage 1a des Gesetzes (Einpersonengesellschaft) oder Anlage 1b des Gesetzes (Mehrpersonengesellschaft mit bis zu drei Gesellschaftern).[194] Abweichungen vom Gesetz sind unzulässig, Hinzufügungen jedenfalls im Rahmen der Alternativen des Musterprotokolls – zu Hinweisen des Notars s. Nr. 7 des Musters – zulässig. Zulässig sind auch durch das BeurkG gebotene Änderungen[195] und völlig unbedeutende Abwandlungen, die keinerlei Auswirkungen auf den Inhalt haben,[196] oder Weglassungen, die sich logisch zwingend aus dem konkreten Sachverhalt ergeben. Im Zweifel ist es indes zweckmäßig, beim gesetzlichen Wortlaut zu bleiben. Da die Unternehmergesellschaft (haftungsbeschränkt) »GmbH« ist, kann das Musterprotokoll auch bei Errichtung einer Unternehmergesellschaft (haftungsbeschränkt) verwendet werden. (Das ergibt sich auch aus Fn. 3 in den Musterprotokollen). Zum Teil wird hier vertreten, die Rechtsformbezeichnung »Gesellschaft mit beschränkter Haftung« in Nr. 1 dürfe nicht durch »UG (haftungsbeschränkt)« ersetzt werden.[197] Hierauf sollte in der Praxis Acht gegeben werden; dass eine UG (haftungsbeschränkt) vorliegt, wird dann aber durch die Angabe der Firma deutlich.

98 Das Musterprotokoll ersetzt die Gesellschafterliste, auch wenn das Musterprotokoll anders als die reguläre Gesellschafterliste (§§ 8 Abs. 1 Nr. 4, § 40 Abs. 1) keine prozentualen Angaben über die Beteiligungshöhe enthält. Daher besteht kein Bedürfnis für die Ergänzung des Musterprotokolls um Prozentangaben (unter Fortfall der Kostenprivilegierung) oder die Einreichung einer weiteren Gesellschafterliste.[198] Für die Durchbrechung des Prinzips, dass das Musterprotokoll auch als Gesellschafterliste gilt, ist in den Gesetzesmaterialien nichts ersichtlich. Vielmehr dürfte vieles dafür sprechen, dass zum Zwecke der Vereinfachung bei einem Musterprotokoll prozentuale Angaben für unnötig gehalten wurden, was auch deshalb gut begründbar ist, weil das Musterprotokoll bei höchstens drei Gesellschaftern genutzt werden kann, hier aber die Beteiligungsverhältnisse ohnehin transparent sein dürften. Weit verbreitet ist die nach hier vertretener Ansicht rechtsirrige Auffassung,

---

193 Dieses Vermerks bedarf es nicht, wenn klar und unzweideutig feststeht und ohne Weiteres anhand des Äußeren der Urkunde erkennbar ist, dass die Erklärung, deren Unterzeichnung der einreichende Notar beglaubigt hat, auch von diesem entworfen worden, OLG Schleswig NotBZ 2018, 76. Der Vermerk ist hier damit entbehrlich.
194 Speziell zum Praxistest des Musterprotokolls *Wicke,* GmbHR 2018, 1105, 1113; zur Vertretungsmacht des bei der Gründung bestellten Geschäftsführers *Blasche,* GmbHR 2015, 403 ff.
195 OLG Düsseldorf ZIP 2011, 2468.
196 OLG Düsseldorf ZIP 2011, 2468; OLG München DNotZ 2011, 69.
197 S. hierzu etwa Scholz/*Wicke,* § 3 GmbHG Rn. 129.
198 S. statt vieler nur Scholz/*Wicke,* § 2 GmbHG Rn. 133 f. m.w.N.

aufgrund des Fehlens von Prozentangaben nach § 40 Abs. 1 GmbHG im Musterprotokoll sei hier stets eine Mitteilung an das Transparenzregister erforderlich, da die sog. Verweisungslösung hier nicht greifen könne.[199] Dies überzeugt insofern nicht, als § 20 Abs. 2 GwG, der die Mitteilung an das Transparenzregister entfallen lässt, wenn sich der wirtschaftlich Berechtigte aus dem Handelsregister ergibt, keine Prozentangabe voraussetzt. Eine Verweisung auf die Gesellschafterliste ist auch dann möglich, falls sich bereits aus den Beteiligungsverhältnissen selbst der wirtschaftlich Berechtigte ergibt.[200] Prozentangaben sind auch bei den anderen Dokumenten nicht gefordert, auf die verwiesen werden kann. Die Mitteilungsfiktion[201] hängt mithin hiervon nicht ab. – Die im vereinfachten Verfahren gegründete Gesellschaft ist nach den allgemein geltenden Grundsätzen zum Handelsregister anzumelden.[202] Einziger Vorteil des »Musterprotokolls« ist die Kostenermäßigung nach § 105 Abs. 6 GNotKG.

99 Bei der Einpersonengründung mag man das Musterprotokoll verwenden. Bei der Mehrpersonengründung ist das Musterprotokoll (in aller Regel) ungeeignet, zulässig ist es bei maximal drei Gesellschaftern.

100 Die Befreiung von den Beschränkungen des § 181 BGB in Nr. 4 des Musterprotokolls für den konkreten ersten Geschäftsführer ist als Befugnis für ihn zu verstehen.[203] Daher ist sie auch nur konkret anzumelden. Die Befreiung späterer Geschäftsführer vom Verbot des Selbstkontrahierens bedarf daher jedenfalls zunächst einer Grundlage im Gesellschaftsvertrag. Umstritten ist auch noch, ob die Befugnis des ersten Geschäftsführers weiter besteht oder entfällt, wenn ein weiterer Geschäftsführer bestellt wird; richtigerweise besteht sie entgegen der obergerichtlichen Rspr.[204] fort – die Praxis muss sich aber auf die abweichende Ansicht einstellen. Dazu 143 Rdn. 25.

101 Als generelle Vertretungsbefugnis ist die Vertretung nach dem Gesetz anzumelden (diese Angabe ist nicht entbehrlich), weil das Musterprotokoll keine abstrakte Regelung enthält: Wenn nur ein Geschäftsführer bestellt ist, vertritt er die Gesellschaft allein; sind mehrere bestellt, vertreten sie (alle, § 35 Abs. 2 Satz 2 GmbHG) gemeinsam. Ist nur ein Geschäftsführer bestellt, darf daher nicht der Zusatz hinzugefügt werden, dieser sei einzelvertretungsberechtigt, weil dies den Rechtsverkehr darüber täuschte, dass er dies bei Hinzutreten eines weiteren Geschäftsführers nicht mehr ist. Denn richtigerweise gilt die Alleinvertretungsbefugnis in Anwendung der allgemeinen gesetzlichen Regelung nur solange, wie kei˙ weiterer Geschäftsführer bestellt ist.[205] Jedenfalls wäre nach OLG Hamm[206] zu ergänz dass die Alleinvertretungsbefugnis nur besteht, solange kein weiterer Geschäftsf˙ bestellt ist.

Der nach dem Musterprotokoll bestellte erste Geschäftsführer hat kein gesells˙ tragliches Sonderrecht;[207] deshalb kann er durch Gesellschafterbeschluss abber˙ können weitere Geschäftsführer bestellt werden.

---

199 So etwa Fuhrmann/Wälzholz/*Wälzholz*, M. 12.37 Anm. 7; *Melchior/Böhringer*, G
200 *Seibert/Bochmann/Cziupka*, GmbHR 2017, R 289, 290.
201 Sinn und Zweck der Mitteilungsfiktion gemäß § 20 Abs. 2 GwG ist es, Do˙ da die in § 22 Abs. 1 GwG aufgeführten Informationen über das Trans˙ linkung zum Handelsregister zugänglich sind, Begr. RegE, BT-Drucks. ˙
202 OLG Stuttgart DNotZ 2010, 71; OLG Bremen DNotZ 2010, 73.
203 So OLG Stuttgart NZG 2009, 754; OLG Hamm NZG 2009, 1431 m verlangen OLG Stuttgart und OLG Hamm keinen Hinweis in d § 181 BGB bei Bestellung eines weiteren Geschäftsführers entfä˙ 153 = GmbHR 2015, 1279.
204 OLG Nürnberg GmbHR 2015, 1279. Zum Fortfall der Befrei˙ GmbHR 2012, 294.
205 Scholz/*Wicke*, § 2 GmbHG Rn. 126.
206 OLG Hamm NZG 2011, 705.
207 Allg. Meinung, s. nur OLG Rostock DNotZ 2011, 308.

§ 142 Gesellschaft mit beschränkter Haftung (GmbH). Gründung, Satzungsbestandteile

Errichtung einer Einpersonen-Unternehmergesellschaft (haftungsbeschränkt) durch Musterprotokoll

103 M Heute, den .....
erschien vor mir, Katharina Baum, Notarin in Cottbus, in meinen Kanzleiräumen, Cottbus, Marktplatz 11:
Frau Christine Ulrich, wohnhaft in 03044 Cottbus, Friedenstraße 5, geboren am 20. Mai 1980, ausgewiesen durch Bundespersonalausweis.
Ich beurkundete ihre folgenden Erklärungen:
1. Die Erschienene[208] errichtet hiermit nach § 2 Abs. 1a GmbHG eine Gesellschaft mit beschränkter Haftung unter der Firma

   »Salon Hair UG (haftungsbeschränkt)«

   mit dem Sitz in Cottbus.
2. Gegenstand des Unternehmens ist der Betrieb eines Friseurgeschäfts.
3. Das Stammkapital der Gesellschaft beträgt 1.000 € (i.W. eintausend Euro) und wird vollständig von Frau Christine Ulrich übernommen (Geschäftsanteil Nr. 1). Die Einlage ist in Geld zu erbringen und zwar sofort in voller Höhe.
4. Zum Geschäftsführer der Gesellschaft wird Frau Christine Ulrich, geb. am 20. Mai 1980, wohnhaft in Cottbus, bestellt. Die Geschäftsführerin ist von den Beschränkungen des § 181 des Bürgerlichen Gesetzbuches befreit.
5. Die Gesellschaft trägt die mit der Gründung verbundenen Kosten bis zu einem Gesamtbetrag von 300 €, höchstens jedoch bis zum Betrag ihres Stammkapitals.[209] Darüber hinausgehende Kosten trägt die Gesellschafterin.
6. Von dieser Urkunde erhalten eine Ausfertigung die Gesellschafterin, beglaubigte Abschriften die Gesellschaft, das Registergericht (in elektronischer Form), sowie eine einfache Abschrift das Finanzamt – Körperschaftsteuerstelle –.
7. Die Erschienene wurde von der Notarin insbesondere auf Folgendes hingewiesen:
   – die Gesellschaft als solche entsteht erst mit ihrer Eintragung im Handelsregister;
   – die vor der Eintragung in das Handelsregister im Namen der Gesellschaft Handelnden haften persönlich;
   – die Gesellschafter haften für den Ausgleich eines bis zur Eintragung der Gesellschaft in das Handelsregister eventuell eintretenden Verlustes;
   – die Gründung der Gesellschaft im von der Erschienenen gewünschten vereinfachten Verfahren erfolgt notwendig nach dem gesetzlichen Musterprotokoll, welches nur rudimentäre Regelungen beinhaltet und individuelle Regelungen nicht erlaubt;
   – im Jahresabschluss nach § 5a Abs. 3 GmbHG ist eine jährliche Rücklage zu bilden;
   – bei Zahlungsunfähigkeit oder Überschuldung der Gesellschaft müssen die Geschäftsführer (wenn kein Geschäftsführer vorhanden ist, die Gesellschafter) unverzüglich, spätestens innerhalb 3 Wochen, Insolvenzantrag stellen und machen sich strafbar, falls sie das nicht richtig oder nicht rechtzeitig tun;

___ unbedeutende Abweichungen vom Musterprotokoll führen nicht zum Verlust des Kostenprivilegs; ___ zählt selbstverständlich auch die Wahl der femininen Form »die Erschienene«.
___ Zusatz ist letztlich sinnentleert, wenn das Stammkapital den Betrag der abwälzbaren Gründungs___icht übersteigt. Gleichwohl sollte er stehen gelassen werden, um nicht die Gefahr einer unzu___ Abweichung vom Muster zu begründen.

Kanzleiter/Cziupka

– die Überschuldung der Gesellschaft kann durch Einlagen oder durch Darlehen der Gesellschafter vermieden werden, die nach der getroffenen Vereinbarung auch erst nach den nachrangigen Forderungen des § 39 Abs. 1 Nr. 1–5 InsO zu befriedigen sind (§ 19 Abs. 2 Satz 2 InsO).

Schlussvermerk

■ *Kosten.* Wird das Musterprotokoll gemäß Anlage zu § 2 Abs. 1a GmbHG ohne Abweichung verwendet, bestimmt § 107 Abs. 1 Satz 2 GNotKG, dass der Mindestwert von 30.000 € dann nicht gilt, wenn es um eine Gründung i.S.d. § 105 Abs. 6 GNotKG geht. Damit ist das Stammkapital von 1.000 € der Geschäftswert für das Errichtungsprotokoll. Dies gilt dann auch für die Anmeldung zum Handelsregister. Da Errichtung nur durch einen Gesellschafter kein Vertrag, sondern einseitige Erklärung, daher aus Nr. 21200 KV GNotKG nur eine 1,0 Geb. (Tabelle B), mindestens 60 €, bei Errichtung durch mehrere Gesellschafter 2,0 Gebühr der Tabelle B nach Nr. 21100 KV GNotKG mind. 120 €. Geschäftsführerbestellung ist als Satzungsbestandteil nicht gesondert zu bewerten.

Anmeldung der Einpersonen-UG (Musterprotokoll)

104 M

In der Handelsregistersache »Salon Hair UG (haftungsbeschränkt)« mit Sitz in Cottbus – HRB neu
wird in elektronisch beglaubigter Ablichtung überreicht:
– das notarielle Musterprotokoll über die Errichtung der vorbezeichneten Gesellschaft im vereinfachten Gründungsverfahren, die den Gesellschaftsvertrag und die Liste der Gesellschafter enthält
und hiermit zum Handelsregister angemeldet:

I. Anmeldungen

1. Die Gesellschaft wurde – im vereinfachten Verfahren nach § 2 Abs. 1a GmbHG – errichtet.
2. Die allgemeine Vertretungsregelung richtet sich mangels abweichender Satzungsregelung nach dem Gesetz: Ist nur ein Geschäftsführer bestellt, so vertritt dieser die Gesellschaft allein. Sind mehrere Geschäftsführer bestellt, wird die Gesellschaft durch sämtliche Geschäftsführer gemeinsam vertreten.
3. Zum Geschäftsführer wurde bestellt: Frau Christine Ulrich, geb. am 20. Mai 1980, wohnhaft in Cottbus. Es gilt folgende konkrete Vertretungsregelung: Frau Ulrich vertritt die Gesellschaft nach Maßgabe der allgemeinen Vertretungsregelung und ist von den Beschränkungen des § 181 BGB (Verbot des Selbstkontrahierens) befreit.

II. Versicherungen

1. Die unterzeichnete Geschäftsführerin versichert, dass das Stammkapital in Höhe von 1.000 € in voller Höhe bar an die Gesellschaft eingezahlt ist und sich der eingezahlte Betrag endgültig in ihrer freien Verfügung als Geschäftsführer befindet. Sie versichert außerdem, dass der eingezahlte Betrag, abgesehen von den Kosten der Errichtung der Gesellschaft unter 300 €, durch keine Verbindlichkeiten vorbelastet ist.
Der Notar wird angewiesen, diese Handelsregisteranmeldung erst dann zum Handelsregister einzureichen, wenn ihm gegenüber ein Nachweis der Einzahlung der Einlagen auf ein Konto der Gesellschaft erbracht ist oder er von der Geschäftsführung in Schriftform zur Einreichung aufgefordert wird.

Kanzleiter/Cziupka/M. Wachter

2. **Die unterzeichnete Geschäftsführerin versichert nach Belehrung durch den beglaubigenden Notar über die unbeschränkte Auskunftpflicht nach § 53 Abs. 2 des Gesetzes über das Zentralregister und das Erziehungsregister, dass (i) sie nicht als Betreute bei der Besorgung ihrer Vermögensangelegenheiten ganz oder teilweise einem Einwilligungsvorbehalt gemäß § 1903 BGB unterliegt, (ii) sie noch nie im In- oder Ausland wegen einer (Straf-)Tat verurteilt worden ist, (iii) ihr weder durch gerichtliches Urteil noch durch vollziehbare Entscheidung einer Verwaltungsbehörde die Ausübung eines Berufs, Berufszweigs, Gewerbes oder Gewerbezweigs untersagt worden ist, (iv) sie vom beglaubigenden Notar über die unbeschränkte Auskunftpflicht gegenüber dem Gericht belehrt worden ist.**

III. Geschäftsräume, inländische Geschäftsanschrift

Die Geschäftsräume der Gesellschaft befinden sich in [PLZ] Neustadt, Landauer Straße 1 (zugleich inländische Geschäftsanschrift).

IV. Vollmacht ..... (s. Muster Rdn. 2 M)

Cottbus, den .....
Unterschrift der alleinigen Geschäftsführerin
Beglaubigungsvermerk (wie Rdn. 96 M)

■ *Kosten.*
a) Des Notars: wie bei Muster Rdn. 63 M. Wird das Musterprotokoll gemäß Anlage zu § 2 Abs. 1a GmbHG ohne Abweichung verwendet, bestimmt § 105 Abs. 6 Nr. 1 GNotKG, dass dann die Mindestgebühr von 30.000 € nicht gilt; damit ist das Stammkapital von 1.000 € der Geschäftswert für die Anmeldung zum Handelsregister; 0,5 Gebühr aus Tabelle B gemäß Nr. 24102 i.V.m. 21201 (5.) KV GNotKG, mind. 30 €. Keine Gesellschafterliste erforderlich. Die Anmeldung der UG-Errichtung und des Geschäftsführers ist eine notwendige Erklärungseinheit ist, sodass daher nur ein Beurkundungsgegenstand vorliegt.[210] Gebühren für das elektronische Einreichen s. § 124 Rdn. 43.
b) Des Registergerichts: Wie oben Rdn. 63 M.

VI. Sachgründung

1. Sacheinlagen

105 *Sacheinlagen* können alle Sachen und Rechte mit Vermögenswert sein, z.B. Urheber- und Erfinderrechte, Lizenzrechte, Fabrikationsverfahren, Betriebsgeheimnisse, Forderungen, auch solche gegen die GmbH selbst (vgl. § 19 Abs. 2 Satz 2 GmbHG), ein Handelsunternehmen, Grundstücke, Sachgesamtheiten, die zu spezifizieren sind, wegen § 7 Abs. 3 GmbHG aber nicht Ansprüche auf Dienstleistungen der Gesellschafter. Für Vermögens- und Grundstücksübertragungen ist die Form des § 311b Abs. 1, Abs. 3 BGB geboten. Auch das Darlehen, das ein Gesellschafter der Gesellschaft gewährt hat, kann nur nach den Vorschriften über Sacheinlagen in Stammkapital »umgewandelt« werden, kann also nur Gegenstand einer Kapitalerhöhung durch Sacheinlage sein[211] (demgegenüber ist die spätere einvernehmliche Verrechnung einer bar zu erfüllenden Einlageforderung eines Gesellschafters mit dessen Darlehensanspruch gegen die GmbH oder die Aufrechnung durch die GmbH zulässig,

---
210 BGH v. 18.10.2016 – II ZB 18/15.
211 BGH GmbHR 1983, 194.

wenn der Anspruch des Gesellschafters werthaltig ist). Bei der *Sachübernahme*, die § 5 Abs. 4 GmbHG nicht mehr von der Sacheinlage unterscheidet, soll die Bareinlage dadurch erbracht werden, dass der Gesellschafter der Gesellschaft eine Sachleistung erbringt, ihr etwa eine Sache verkauft, und die mit ihm vereinbarte Gegenleistung (der Kaufpreis) mit seiner Einlageschuld verrechnet wird; die Vorschriften für die Sacheinlage gelten hier ohne Einschränkung.[212] Im häufigen Fall einer gemischten Sacheinlage, in welchem der Wert der Sacheinlage den Nennbetrag des Geschäftsanteils übersteigt, muss in der Satzung festgelegt werden, wie mit dem überschießenden Teil zu verfahren ist.

Gemischte Sacheinlage

Der Betrag in Höhe von 10.000 €, um den der Wert der Sacheinlage den Nennbetrag des von Herrn ….. übernommenen Geschäftsanteils mit der laufenden Nummer 2 übersteigt, ist von der Gesellschaft durch Barzahlung zu vergüten. [Alt.: ….. wird dem Gesellschafter als fristlos kündbares Darlehen gewährt, verzinslich mit ….. Prozent p.a. über dem jeweiligen Basiszinssatz,[213] beginnend ab dem Tage der Eintragung der errichteten Gesellschaft im Handelsregister.] [Alt.: ….. wird der Kapitalrücklage gutgeschrieben.][214]

106 M

2. Verdeckte Sacheinlage

Mit Rücksicht auf § 19 Abs. 4 GmbHG führen Verstöße zwar seit dem MoMiG nur noch zur Verpflichtung, die Differenz zwischen Nennbetrag des Geschäftsanteils und Wert der verdeckten Sacheinlage an die Gesellschaft zu leisten; die Beweislast für die Werthaltigkeit trägt der Gesellschafter. § 19 Abs. 4 Satz 1 GmbHG bestimmt aber ausdrücklich, dass die Einlageverpflichtung durch eine verdeckte Sacheinlage nicht erfüllt wird (auch wenn nach Satz 2 die Verträge über die Sacheinlage und die Rechtshandlungen zu ihrer Ausführung »nicht unwirksam« sind). Das bedeutet, dass das Registergericht die Gesellschaft nicht eintragen und der Notar bei der Gründung einer GmbH mit verdeckter Sacheinlage nicht mitwirken darf. Das von manchen Steuerberatern empfohlene Modell, in zeitlichem und sachlichem Zusammenhang mit der Bargründung Vermögensgegenstände aus dem Vermögensbereich der GmbH-Gesellschafter an die neu errichtete GmbH zu verkaufen, ist verdeckte Sacheinlage. Der Verkauf der betriebsnotwendigen Vermögensgegenstände an die neue GmbH kann nicht als Verkehrsgeschäft angesehen werden.[215] Die verdeckte Sacheinlage hat das Risiko in sich, dass nachträglich noch deren Werthaltigkeit durch die Gründungsgesellschafter nachgewiesen werden müsste. Der einbringende Gesellschafter hat die Beweislast und muss nachweisen, dass die eingebrachten = verkauften Sachgegenstände damals auch tatsächlich den Wert des dafür bezahlten Kaufpreises hatten. Kann der Nachweis nicht erbracht werden, haftet der Einleger nochmals für die fehlende Einlage. Der Zahlungsanspruch verjährt erst nach zehn Jahren seit Errichtung der Gesellschaft. Außerdem besteht noch darüber hinaus ein Anspruch gegenüber dem Geschäftsführer nach § 9a Abs. 1 GmbHG bzw. nach § 43 GmbHG auf weitere fünf Jahre, weil er nicht rechtzeitig die geschuldete Einlage angefordert hat. Zudem machen sich der Geschäftsführer auch bei Vollwertigkeit der verdeckten

107

---

212 Vgl. BGHZ 15, 58; 28, 314 = DNotZ 1959, 133; BGH WM 1982, 1200 = GmbHR 1983, 194.
213 Die Eckdaten des Darlehensvertrages sollten genannt werden, auch wenn dies nicht zwingend ist.
214 Vgl. auch Fuhrmann/Wälzholz/*Wälzholz*, M. 12.15.
215 BGH v. 11.02.2008 – II ZR 171/06, DStR 2008, 831.

Sacheinlage nach § 82 GmbHG strafbar.[216] Der Berater, der solches empfiehlt, ist schadensersatzpflichtig (zu den steuerlichen Folgen § 144 Rdn. 123).[217]

108 Um ein Einzelunternehmen in eine GmbH zu überführen, gibt es folgende Gestaltungsmöglichkeiten: 1. Sacheinlage des Unternehmens in eine neugegründete GmbH; 2. Stufengründung: zunächst Bargründung und Kapitalerhöhung durch Sacheinlage oder Sachagio des Einzelunternehmens; 3. Ausgliederung auf eine neugegründete GmbH oder 4. Ausgliederung auf eine bereits gegründete GmbH nach UmwG. Hierbei fallen in deutlich unterschiedlicher Höhe Kosten beim Notar und Handelsregister an.

3. Festsetzungen im Gesellschaftsvertrag

109 Der Gesellschaftsvertrag (nicht aber das Gründungsprotokoll, auch wenn in der Praxis häufig auch hierin entsprechende Ausführungen zu finden sind) muss die Personen der Gesellschafter mit ihren Einlagen oder Übernahmen mit dem Wertansatz der Einlagen oder der Vergütungen der Übernahmen anführen. Die Sacheinlagen und Übernahmen müssen individualisiert werden (bei der Einbringung eines Unternehmens mit Firma sowie HR-Nr., nicht notwendig einer Einbringungsbilanz, sofern nicht einzelne Aktiva oder Passiva ausgenommen werden sollen), die Bewertung selbst ist Sache des Gründungsberichts. Das Registergericht muss sich eine Ansicht über den Wert bilden können. Bei Zweifeln über die Richtigkeit der Bewertung kann es den Wert nachprüfen, insbesondere Gutachten der Industrie- und Handelskammer oder besonderer Sachverständiger einholen.[218] Jeder übertragbare bilanzfähige Vermögensgegenstand eignet sich zur Sacheinlage. In der Praxis werden die Festsetzungen über Sacheinlagen häufig sowohl in das Gründungsprotokoll als auch in die Satzung aufgenommen; dies ist überflüssig. Maßgebend ist allein, dass die Satzung die Festsetzungen enthält.

110 Die (umstr.) Frage, wie lange die Angabe der Sacheinlagen und ihrer Übernehmer im Gesellschaftsvertrag weitergeführt werden muss, insbesondere, wenn dieser geändert und eine Bescheinigung über den neuen vollständigen Wortlaut nach § 54 Abs. 1 Satz 2 GmbHG erstellt wird, wird durch das Gesetz nicht beantwortet.[219] Früher wurde verbreitet die Auffassung vertreten, die Angaben könnten nach fünf Jahren aus dem Gesellschaftsvertrag gestrichen werden. Nach Verlängerung der Verjährungsfrist in § 9 Abs. 2 GmbHG auf zehn Jahre, müssten die Angaben über diesen Zeitraum aufrechterhalten werden. Überzeugend sind diese Ansichten allerdings kaum, zumindest sollten sie im Lichte der elektronischen Abrufbarkeit auch der Gründungssatzung noch einmal überdacht werden. Die Entfernung der Angaben bedarf richtigerweise einer ausdrücklichen Satzungsänderung, da auch die Streichung überholter Satzungsbestandteile den Wortlaut der Satzung ändert.

4. Bewirkung der Sacheinlagen

111 a) § 7 Abs. 3 GmbHG bestimmt ausdrücklich, dass die Sacheinlagen vor der Anmeldung an die Gesellschaft (d.h. die Vorgesellschaft) bewirkt sein müssen, d.h. der Leistungserfolg muss vor der Anmeldung eingetreten sein, und zwar unbedingt, sodass insbesondere die in der Praxis zum Teil zu beobachtenden aufschiebend bedingten Leistungen auf den Zeitpunkt der Eintragung der Gesellschaft die Einlageleistung im Ausgangspunkt nicht ord-

---

216 BT-Drucks. 16/13098, S. 54; hierzu weitere Nachweise bei *Henkel*, NZI 2010, 6. Die Vermutung einer Abrede zur verdeckten Sacheinlage bei engem sachlich-zeitlichen Zusammenhang gilt aber nicht im Strafrecht.
217 BGH v. 19.05.2009 – IX ZR 43/08: Verjährungsfrist wegen einer Fehlberatung beginnt erst zu laufen, wenn die Gesellschaft die fortbestehende Bareinlageverpflichtung geltend macht.
218 RGZ 155, 211.
219 Zum Streitstand s. Scholz/*Veil*, § 5 GmbHG Rn. 86.

nungsgemäß bewirken.[220] Bei Grundstücken genügt nach wohl überw. Meinung dagegen aus Gründen der Praktikabilität die Auflassung an die Gesellschaft, das Vorliegen einer Eintragungsbewilligung und die Stellung des Antrags auf Eigentumsumschreibung beim Grundbuchamt zumindest auch im Namen der Gesellschaft,[221] wohingegen die Gegenansicht auch hier den Eintritt des Leistungserfolgs und damit die Umschreibung verlangt.[222]

b) Eine sog. Mischeinlage liegt vor, wenn Bar- und Sacheinlagen dergestalt kombiniert werden, dass ein Gesellschafter auf eine Einlageverpflichtung sowohl eine Bar- als auch eine Sacheinlage erbringt. Beide Elemente müssen klar und mit konkreter Festlegung zugeordneter Beträge als solche in der Satzung ausgewiesen werden. Im Rahmen der Anmeldeversicherung muss strikt zwischen beiden Elementen differenziert werden, insbesondere mit Blick auf das Volleinzahlungsgebot in Bezug auf das Element der Sacheinlage nach § 7 Abs. 3 GmbHG und das Mindesteinzahlungsgebot in Bezug auf die Bareinlage nach § 7 Abs. 2 Satz 1 GmbHG (d.h. es ist mindestens 25 % auf die Differenz zwischen dem Nennbetrag des Geschäftsanteils und dem ausgewiesenen Wert der Sacheinlage zu zahlen). Zudem muss insgesamt, d.h. aus der Addition beider Einlagen, zumindest die Hälfte des Mindeststammkapitals erreicht werden, § 7 Abs. 2 Satz 2 GmbHG. Da auch bei Gründung ein Gesellschafter mehrere Geschäftsanteile übernehmen kann, ist in der Praxis von der Mischeinlage allerdings abzuraten; sinnvoller erscheint es, mehrere Geschäftsanteile zu übernehmen, und diesen die Bareinlage und die Sacheinlage jeweils vollständig zuzuweisen.

112

Festsetzungen in der Satzung bei Mischeinlage[223]

Herr Frank Martin, geb. am ....., wohnhaft ....., übernimmt bei Gründung einen Geschäftsanteil mit der Nr. 1 im Nennbetrag von 15.000 €. Die von Herrn Martin zu erbringende Einlage ist in Geld zu leisten. Herr Walter Michaelis, geb. am.., wohnhaft in ..... übernimmt bei Gründung einen Geschäftsanteil mit der Nr. 2 im Nennbetrag von 15.000 €. Herr Michaelis leistet seine entsprechende Einlage (i) in Höhe von 9.725 € durch Übereignung des in seinem Eigentum stehenden Personenkraftwagens Mercedes Benz, Typ ..... Baujahr ..... Motornummer ..... Fahrgestellnummer ..... , (ii) in Höhe von 5.275 € in Geld. Die Bareinlagen sind jeweils in Höhe der Mindesteinzahlungsverpflichtung sofort vor der Anmeldung der Gesellschaft zum Handelsregister einzuzahlen. Die restlichen Bareinlagen sind auf Anforderung der Geschäftsführung zur Zahlung fällig.

113 M

Anmeldeversicherung bei Mischeinlage

Die Geschäftsführer versichern – jeweils für sich einzeln –, dass die Gesellschafter auf ihre Geschäftsanteile folgende Leistungen bewirkt haben:
– Der Gesellschafter Frank Martin hat auf den Geschäftsanteil Nr. 1 einen Betrag von 3.750,00 € durch Überweisung auf ein Bankkonto der Gesellschaft i.G. eingezahlt.
– Der Gesellschafter Walter Michaelis hat auf die von ihm übernommene Mischeinlage für den Geschäftsanteil Nr. 2 im Nennbetrag von 15.000 € einen Betrag von 1.318,75 € durch Überweisung auf ein Bankkonto der Gesellschaft i.G. eingezahlt

114 M

---

220 Lutter/Hommelhoff/*Bayer*, § 8 GmbHG Rn. 119; a.A MüKo-GmbHG/*Herrler*, § 8 GmbHG Rn. 119.
221 Lutter/Hommelhoff/*Bayer*, § 8 GmbHG Rn. 26; MüKo-GmbHG/*Herrler*, § 8 GmbHG Rn. 123 ff.
222 *Hüffer*, ZHR 148 (1984), 74, 76. S. jüngst auch OLG Naumburg NotBZ 2018, 316.
223 In Anlehnung an *T. Wachter*, GmbHR 2016, 290, 291. S. auch Fuhrmann/Wälzholz/*Wälzholz*, M. 1?
S. hierzu auch OLG Celle NZG 2016, 300.

sowie die von ihm in Anrechnung auf die Einlageverpflichtung zu leistende Sacheinlage durch Übereignung des in seinem Eigentum stehenden Personenkraftwagens Mercedes Benz, Typ ..... Baujahr ..... Motornummer ..... Fahrgestellnummer ....., auf die Gesellschaft vollständig erbracht.
Weiterhin wird versichert, dass damit auf jede Bareinlage mindestens ein Viertel eingezahlt und auf das Stammkapital ein Betrag von insgesamt mehr als 12.500 € erbracht ist. Überdies wird versichert, dass sich der Gegenstand aller Leistungen (Bar- und Sacheinlagen) in unserer freien Verfügung befindet und nicht an die Gesellschafter zurückgewährt wurde sowie, dass das Anfangskapital der Gesellschaft außer mit den in § ..... des Gesellschaftsvertrages genannten Gründungskosten nicht vorbelastet ist.

■ *Kosten.* Die Versicherung der Geschäftsführer ist als Teil der Registeranmeldung nicht gesondert zu bewerten.

5. Sachgründungsbericht

115 Wie bei der AG ist nach § 5 Abs. 4 Satz 2 GmbHG auch bei der Sachgründung einer GmbH ein Gründungsbericht erforderlich. Dieser ist von den Gesellschaftern (nicht den Geschäftsführern) zu erstatten; er bedarf der Schriftform mit Unterzeichnung durch alle Gesellschafter. Im Gründungsbericht sind die für den Wert der Sacheinlagen wesentlichen Umstände darzulegen, nähere Einzelheiten für den Inhalt des Gründungsberichts schreibt § 5 Abs. 4 Satz 2 GmbHG nur beim Übergang eines Unternehmens vor, wo die Jahresergebnisse der beiden letzten Geschäftsjahre anzugeben sind.

Sachgründungsbericht (Einbringung eines Lkw)

116 M Der Gründungsgesellschafter, Herr Heinz Knote, Transportunternehmer in 1223 Hildesheim, hat bei der Gründung der »Knote und Reimann Fuhrunternehmen GmbH« mit dem Sitz in Hildesheim, den ihm gehörenden Lkw Fabrikat Iveco-Magirus, Typ 735, Baujahr ....., mit der Fahrgestellnr ....., in die Gesellschaft eingebracht. Die Einigung über den Übergang des Eigentums an dem Lkw wurde im Vertrag über die Errichtung der GmbH erklärt. Der Lkw befindet sich auf dem Firmengelände der neugegründeten GmbH und steht daher im unmittelbaren Besitz von deren Geschäftsführer, so dass das Eigentum auf die GmbH bzw. die entstandene Vorgesellschaft übergegangen ist; den Kraftfahrzeugbrief hat der Geschäftsführer der GmbH in Händen. Im Vertrag über die Errichtung der GmbH hat Herr Knote versichert, dass der Lkw in seinem Eigentum steht, nicht mit Rechten Dritter belastet ist und ihm wertmindernde versteckte Mängel des Fahrzeugs nicht bekannt sind. Die Anschaffungskosten für den Lkw haben im September ..... 105.500 € betragen (die Rechnung der Firma Iveco-Magirus, Zweigniederlassung Hannover, wird dem Handelsregister bei der Anmeldung miteingereicht werden). Bei Einbringung in die Gesellschaft war das Fahrzeug 18 Monate alt, sein Kilometerstand betrug ..... km. Das Fahrzeug befindet sich in gutem Zustand, nach Versicherung von Herrn Knote wurde es regelmäßig fachgemäß gewartet. Unter Zugrundelegung der üblichen Abschreibungsgrundsätze bei Lastkraftwagen ist davon auszugehen, dass der Lkw zum Zeitpunkt der Einbringung einen Wert von ca. 65.000 € hatte. Im Gesellschaftsvertrag ist vereinbart, dass die geleistete Sacheinlage dem Gründungsgesellschafter Heinz Knote auf den Betrag seiner Einlage in Höhe von 60.000 € angerechnet wird. Der Wert der geleisteten Sacheinlage erreicht danach mit Sicherheit den Nennbetrag des Geschäftsanteils, auf die sich die Sacheinlage bezieht.
Hildesheim, den .....
Heinz Knote   Rainer Reimann

Gesellschaft mit beschränkter Haftung (GmbH). Gründung, Satzungsbestandteile § 142

Unterschriftsbeglaubigung nicht erforderlich

■ *Kosten.* Fertigt der Notar lediglich den Entwurf, handelt es sich nicht um eine Vollzugstätigkeit zur Beurkundung des Gesellschaftsvertrages. Der Geschäftswert richtet sich gemäß § 119 GNotKG nach dem Wert für die Beurkundung, also aus dem Aktivvermögen, wobei auch im System des GNotKG ein Teilwert nach billigem Ermessen gemäß § 36 GNotKG gebildet werden kann (ca. 20–30 % aus Wert der Sacheinlage ohne Schuldenabzug). Die Gebühr ist eine Rahmengebühr von 0,3 bis 1,0 (mindestens 60,00 €) gemäß Nr. 24101 i.V.m. 21201 KV GNotKG. Hierbei hat der Notar gemäß § 92 GNotKG die Gebühr unter Berücksichtigung des Umfanges der erbrachten Leistung nach billigem Ermessen zu bestimmen, wobei der konkrete Aufwand im Einzelfall für die notarielle Tätigkeit, nicht jedoch der Haftungsumfang zu berücksichtigen ist. Fertigt der Notar den vollständigen Entwurf, ist nach § 92 Abs. 2 GNotKG der höchste Gebührenansatz des Gebührenrahmens zu erheben. Berät der Notar dazu lediglich, erhält er eine Beratungsgebühr nach KV-Nr. 24201 GNotKG.

6. Alternativen zur Sachgründung

Um zu vermeiden, dass sich die Eintragung der GmbH durch die Prüfung der Sachgründung verzögert, kann – bei Gründungen mit höherem Stammkapital – zunächst eine Bargründung mit der Mindesteinlage vorgenommen und anschließend eine Kapitalerhöhung mit Sacheinlagen durchgeführt werden. Ebenso denkbar ist es, eine Bargründung mit einem Sachagio zu kombinieren. S. dazu näher § 144 Rdn. 139 ff. **117**

7. Steuerliche Folgen einer Sacheinlage

a) *Mitteilungspflichten:* Wird bei der Sacheinlage ein Grundstück eingelegt, ist dies nach § 1 Abs. 1 Nr. 1 GrEStG grunderwerbsteuerpflichtig, ohne dass eine Steuerbefreiung bzw. -begünstigung nach § 3 Nr. 4 u. 6 GrEStG oder nach §§ 5, 6 GrEStG beansprucht werden kann. Daher ist der Notar neben der Mitteilung nach § 54 EStDV, auch nach § 18 Abs. 1 GrEStG verpflichtet, dem Finanzamt, in dessen Bezirk das Grundstück liegt, über den Gründungsvertrag, der die Verpflichtung zur Einlage enthält, wie auch über den Einbringungsvertrag Anzeige auf dem amtlichen Formular zu erstatten und eine einfache Abschrift der Urkunde mit beizufügen.[224] **118**

b) *Einkommensteuer/Körperschaftsteuer:*[225] Die offene Sacheinlage gegen Gewährung von Gesellschaftsrechten stellt steuerlich einen tauschähnlichen Vorgang dar, was grundsätzlich zur Aufdeckung und Besteuerung der im übertragenen Sachvermögen enthaltenen stillen Reserven führt.[226] Steuerlich unterschieden wird dabei, ob der Gegenstand der *Sacheinlage* ein einzelnes Wirtschaftsgut, ein Anteil an einer Kapitalgesellschaft oder ein (Teil-)Betrieb bzw. ein Anteil an einer Personengesellschaft (Mitunternehmeranteil) ist, sowie, ob das ein- **119**

---

224 S. Merkblatt über die steuerlichen Beistandspflichten der Notare, Bayer. Landesamt für Steuern, abgedruckt unter § 32 Rdn. 444. Die Mitteilung muss in allen Teilen vollständig und fristgemäß innerhalb der gesetzlich geforderten Frist von 14 Tagen vom Notar und von der Gesellschaft gemäß den Bestimmungen des § 18 GrEStG an das er für die Grunderwerbsteuer zuständige Finanzamt angezeigt worden sein, ansonsten ist eine steuerfreie Rückgängigmachung nach § 16 GrEStG später nicht möglich (§ 16 Abs. 5 GrEStG wurde hier deutlich verschärft).
225 Lit. hierzu: *Ley*, FR (EStR) 2007, 109; *Forst/Radmer*, EStB 2007, 61 bzw. 112; *Rödder/Schumacher*, DStR 2007, 369/374; *Paus*, EStB 2007, 180; *Stümper/Walter*, GmbHR 2008, 31/32 ff. Zur Nachweispflicht: BMF v. 04.09.2007, DStR 2007, 1628 = GmbHR 2007, 1119 m. Anm. von *Söffing/Lange*, DStR 2007, 1607. Grenzüberschreitende Gestaltungen: *Nagel*, EStB 2007, 105; *Schönherr/Lemaitre*, GmbHR 2007, 459; *Ungemach/Gehrmann*, Steuer und Studium 2014, 152 ff.
226 BFH BStBl. 1984 II 422.

zelne Wirtschaftsgut aus dem Privatvermögen oder dem Betriebsvermögen des Gesellschafters kommt:

120 **aa)** *Einzelwirtschaftsgut:* Wird ein Gegenstand des *Privatvermögens* eingebracht, hat der Gesellschafter Anschaffungskosten i.H.d. gemeinen Wertes des hingegebenen Wirtschaftsguts zzgl. der Gründungsaufwendungen. Dies wird beim Gesellschafter nur steuerpflichtig, wenn die steuerrelevante Frist des privaten Veräußerungsgeschäftes nach § 23 EStG seit Erwerb des Einlagegegenstandes noch nicht abgelaufen ist. Eine Sonderregelung zur Einbringung von Anteilen an Kapitalgesellschaft enthält § 21 UmwStG; s. dazu Rdn. 132.

121 Werden aus einem *Betriebsvermögen* einzelne Wirtschaftsgüter eingelegt, bemessen sich nach § 6 Abs. 6 Satz 1 EStG die Anschaffungskosten für den damit erworbenen GmbH-Anteil nach dem gemeinen Wert des Sachgegenstandes (= Einzelveräußerungspreis), sodass eine steuerpflichtige Auflösung der stillen Reserven beim Gesellschafter erfolgt. Umsatzsteuerlich liegt ein steuerbarer Vorgang vor.

122 Hat der einzubringende Gegenstand einen Einbringungswert, der über den Nennbetrag der Einlageverpflichtung des Einlegenden hinausgeht, ist der übersteigende Teilbetrag gemäß § 272 Abs. 2 Nr. 1 HGB in die Kapitalrücklage einzustellen.[227] Der auf das Aufgeld entfallende Wertanteil des eingebrachten Wirtschaftsgutes ist Bestandteil der vom Gesellschafter geschuldeten Leistung und damit keine verdeckte Einlage, sondern Teil des tauschähnlichen Einbringungsgeschäfts, sodass die Anschaffungskosten des Geschäftsanteiles sich insgesamt aus dem gemeinen Wert des Sachgegenstandes ergeben.[228] Erhält der Gesellschafter für seine Einlage keine gleichwertige Kapitalbeteiligung, erhalten die Mitgesellschafter vom einbringenden Gesellschafter eine Schenkung.[229] Soweit der übersteigende Wertanteil als Darlehen gutgeschrieben wird, ist als Anschaffungskosten nur der Nominalbetrag anzusetzen; das Darlehen ist steuerneutral; stammt der Sachgegenstand aus einem Betriebsvermögen ist das Darlehen einer Gegenleistung, sodass der Sachgegenstand daraus steuerpflichtig unter Aufdeckung der stillen Reserven veräußert wird.

123 **bb)** *Einbringung eines (Teil-*[230]*)Betriebes oder Mitunternehmeranteil:* Sondervorschriften gelten, wenn ein ganzer *Betrieb oder Teilbetrieb* mit allen[231] seinen im Zeitpunkt der tatsächlichen Einbringung vorhandenen funktional wesentlichen Betriebsgrundlagen oder ein Mitunternehmeranteil (einschließlich des wesentlichen Sonderbetriebsvermögens[232] mit gleicher Quote) eingebracht (ansonsten erfolgt Betriebsaufgabe[233]) und dem Einbringenden dafür Gesell-

---

[227] Vgl. *Ebenroth/Boujong/Joost/Wiedmann*, § 272 HGB Rn. 16.
[228] BFH v. 24.04.2007 – I R 35/05 = BFHE 218, 97 = BStBl. II 2008, 253 = DB 2007, 1731 = DStR 2007, 1388.
[229] Ländererlass v. 20.4.2018 BStBl. I 2018, 632 Tz. 2.1.2; BFH v. 12.07.2005 – II R 8/04, BStBl. II 2005, 845 = DStR 2005, 1770 für den Fall der gestuften Sachgründung; abweichend jedoch bzgl. einer verdeckten Einlage ohne Gegenleistung in Form von Gesellschaftsanteilen: BFH v. 17.10.2007 – II R 63/05 = BStBl. II 2008, 381 = MittBayNot 2008, 327 = ZEV 2008, 153 m. Anm. *Crezelius*, wonach es sich dann rein um einen gesellschaftsrechtlichen Vorgang und nicht um eine Zuwendung an die Gesellschaft und auch nicht an die Gesellschafter handeln soll, selbst wenn dadurch eine Werterhöhung ihres Anteils eintritt. Nach jetzt geltendem § 7 Abs. 8 ErbStG wird jedoch eine Schenkung zwischen den Gesellschaftern steuerlich fingiert. Die Einbringung von Grundbesitz wäre daher steuerpflichtig, aber nach § 3 Nr. 2 GrEStG befreit, weil grds. keine Doppelbesteuerung erfolgen soll.
[230] Zum neuen Teilbetriebsbegriff Tz. 20.06 i.V.m. 15.02 ff. UmwStE, der vom Begriff nach § 16 EStG abweicht.
[231] Siehe Tz. 20.06 ff. UmwStE. Wird eine wesentliche Betriebsgrundlage zurück behalten liegt eine steuerpflichtige Betriebsaufgabe vor; dann erfolgt die Sacheinlage als Einbringung von Einzelwirtschaftsgütern zum Teilwert; §§ 20 ff. UmwStG gelten nicht. Dabei wird auch ein Geschäfts- oder Praxiswert steuerpflichtig realisiert.
[232] Zur Beurteilung, ob der Anteil an der Komplementär-GmbH zum wesentlichen Sonderbetriebsvermögen gehört: OFD Nordrhein-Westfalen v. 17.06.2014; insbesondere gegeben, wenn der Kommanditist beherrschender Gesellschafter der Komplementär-GmbH ist.
[233] BFH v. 29.11.2017 – I R 7/16, DStR 2018, 1014 m.Anm. *Wacker*; mit der Folge der steuerpflichtigen Aufdeckung aller stillen Reserven.

schaftsanteile gewährt werden. Zwar muss nicht zwingend das zivilrechtliche Eigentum übergehen, wohl aber das wirtschaftliche Eigentum i.S. § 39 Abs. 2 Nr. 1 AO.[234] Unschädlich ist jedoch, wenn zeitlich vor der Einbringung eine wesentliche Betriebsgrundlage veräußert wird oder nach § 6 Abs. 5 EStG zu Buchwerten ausgelagert wird.[235] Nach der Neufassung der §§ 20 ff. UmwStG[236] kann statt des grundsätzlich anzusetzenden gemeinen Wertes (= Verkehrswert oder Einzelveräußerungspreis gemäß § 9 Abs. 2 BewG) auf Antrag der übernehmenden Gesellschaft[237] auch der Buchwert oder ein höherer Zwischenwert angesetzt werden, wenn sichergestellt ist, (1) dass das übernommene Betriebsvermögen später bei der Körperschaft der Besteuerung der Körperschaftssteuer unterliegt, (2) es kein negatives Kapital ausweist und (3) das inländische Besteuerungsrecht des Gewinnes aus der Veräußerung des eingebrachten Betriebsvermögens bei der übernehmenden Gesellschaft nicht ausgeschlossen oder beschränkt wird (§ 20 Abs. 2 Satz 2 UmwStG). Weist das eingebrachte Betriebsvermögen kein positives Kapitalkonto aus, verfügt es jedoch über ausreichende stille Reserven, müssen diese in entsprechender Höhe durch einen Zwischenwertansatz aufgedeckt werden; der aufgedeckte Betrag ist als Einbringungsgewinn beim Einbringenden voll zu versteuern, da die §§ 16 Abs. 4, 34 EStG mangels Aufdeckung aller stillen Reserven nicht in Anspruch genommen werden können. Zu möglichen schenkungssteuerlichen Folgen.[238]

Dieser von der GmbH gewählte Ansatz gilt für den Einbringenden als Veräußerungspreis und als Anschaffungskosten für den Gesellschaftsanteil (§ 20 Abs. 3 Satz 1 UmwStG). Die Einbringung des Betriebes bzw. Teilbetriebes ist damit keine Betriebsaufgabe und Veräußerung i.S.d. § 16 Abs. 1 EStG, vorausgesetzt, der Einbringende erhält Anteile an der Kapitalgesellschaft und behält auch keine funktional wesentlichen Betriebsgrundlagen zurück. Vorsicht ist geboten, wenn neben den Gesellschaftsanteilen sonstige Gegenleistungen, wie Darlehensforderungen, gewährt, oder private bzw. nicht zum übergehenden Betriebsvermögen gehörende Verbindlichkeiten übernommen werden; der Wertansatz unter dem Verkehrswert nach § 20 UmwStG wird nur gewährt, sofern der gemeine Wert der sonstigen Gegenleistung nicht mehr beträgt als (a) 25 % des Buchwertes des eingebrachten Betriebsvermögens oder (b) den Betrag von 500.000 € nicht übersteigt (Kleinunternehmensprivileg), jedoch maximal nur bis zur Höhe des Buchwert des eingebrachten Betriebsvermögens (§ 20 Abs. 2 Nr. 4 UmwStG). Soweit diese Grenzen überstiegen werden entsteht ein steuerpflichtiger Einbringungsgewinn. Wird der gemeine Wert angesetzt, sind alle stillen Reserven aufzudecken, einschließlich der immateriellen selbst geschaffenen Wirtschaftsgüter wie z.B. Firmen- bzw. Geschäftswert; diese unterliegen dann aber der nach §§ 16 Abs. 4, 34 EStG begünstigten Besteuerung. Soll ein Wert unter dem gemeinen Wert angesetzt werden, muss rechtzeitig von der GmbH der entsprechende Antrag gestellt werden, wozu im Einbringungsvertrag neben der dort enthaltenen Bestimmung des Wertansatzes eine Verpflichtung festgelegt werden sollte.

Bei *Buchwertfortführung* entsteht für den Einbringenden kein Veräußerungsgewinn. Die in dem eingebrachten Betriebsvermögen enthaltenen stillen Reserven werden jedoch steuerlich doppelt erfasst, zum einen bei deren Veräußerung durch die Kapitalgesellschaft, zum

---

234 Bayer.LA f. Steuern Erl. v. 06.03.2006, DStR 2006, 946; Tz. 01.43 UmwStErlass, reine Nutzungsüberlassung genügt jedoch nicht Tz. 20.06 UmwStE.
235 BFH v. 25.11.2009 – I R 72/08, BStBl. II 2010, 471 = DStR 2010, 269. Anders aber, wenn das Wirtschaftsgut lediglich zurückbehalten wird (BFH v. 19.12.2012 – IV R 29/09, BStBl. II 2013, 387 = DStR 2013, 802; BFH v. 29.11.2017 – I R 7/16, DStR 2018, 1014 m.Anm. *Wacker*). Entscheidend ist, was im Zeitpunkt der tatsächlichen Einbringung noch als funktional wesentliches Betriebsvermögen vorhanden ist. A.A. die Finanzverwaltung Tz. 20.06 ff. UmwStE.
236 Zum 13.12.2006 durch das Gesetz über steuerliche Begleitmaßnahmen zur Einführung der europäischen Gesellschaft und zur Änderung weiterer steuerrechtlicher Vorschriften (SEStEG) vom 07.12.2006, BGBl. 2006, S. 2782.
237 Bei Einbringung daher den Wertansatz vereinbaren. Zum Zeitpunkt des Antrags Tz. 20.21 ff. UmwStE.
238 Ländererlass v. 14.03.2012 BStBl. I 2012, 331 Tz. 2.1.2; sowie BFH v. 12.07.2005 – II R 8/04, BStBl. II 2005, 845 = DStR 2005, 1770 für den Fall der gestuften Sachgründung.

anderen sind sie in dem neu erhaltenen Anteil an der GmbH enthalten, da dessen Anschaffungskosten nur dem niedrigen Buchwert entsprechen. Verkauft die GmbH den eingebrachten Sachgegenstand, werden dadurch die stillen Reserven steuerpflichtig als Veräußerungsgewinn aufgedeckt. Wird der Veräußerungsgewinn ausgeschüttet, unterliegt er dem Teileinkünfteverfahren. Verkauft der einbringende Gesellschafter seinen dafür erhaltenen Anteil, werden dabei auch die stillen Reserven im Umfang der Differenz zwischen dem Verkaufserlös und den Anschaffungskosten i.H.d. Buchwertes aufgedeckt und nach dem Teileinkünfteverfahren besteuert.

126 Um zu verhindern, dass auf diese Weise steuergünstig stille Reserven aufgelöst werden, enthält das Gesetz in § 22 UmwStG eine Missbrauchsvorschrift, die rückwirkend auf die Einbringung eine steuerpflichtige Veräußerung des eingebrachten Betriebsvermögens fingiert, wenn innerhalb von 7 Jahren der einbringende Gesellschafter seinen dafür erhaltenen Anteil (= sperrfristbehafteten Anteil[239]) gegen Entgelt veräußert.[240]

127 Mit § 22 UmwStG werden die im Zeitpunkt der Einbringung (= steuerlicher Übertragungsstichtag) vorhandenen, steuerfrei übergegangenen stillen Reserven bei einer Veräußerung des Anteils[241] innerhalb eines Zeitraumes von 7 Jahren nach der Einbringung nachträglich nach § 16 EStG besteuert. Der sog. *Einbringungsgewinn I* entspricht der Differenz zwischen dem gemeinen Wert des Anteils und dem bei der Einbringung angesetzten Buch- oder Zwischenwert (abzüglich Einbringungskosten) im Zeitpunkt der Einbringung. Dieser wird jedoch für jedes seit dem Einbringungszeitpunkt abgelaufenen Zeitjahres um ein Siebtel reduziert (§ 22 Abs. 1 UmwStG). Der Einbringungsgewinn I gilt gemäß § 22 Abs. 1 Satz 4 UmwStG als nachträgliche Anschaffungskosten des erhaltenen Anteils und mindern als solche den Gewinn aus der Veräußerung des Anteiles (im Einzelnen s. Tz. 22.07 ff. UmwStE, sowie bei § 145 Rdn. 74). Die Nachbesteuerung erfolgt auf das Jahr der Einbringung. Obwohl die vollen stillen Reserven aufgedeckt werden, besteht keine Möglichkeit der Begünstigung nach §§ 16, 34 EStG.

128 Nach § 20 Abs. 6 UmwStG kann ertragssteuerlich die Einbringung auch auf einen Zeitraum von 8 Monate vor der Handelsregisteranmeldung der Sacheinlage bestimmt werden.[242]

129 Für den *Ansatz des gemeinen Wertes* können folgende Gründe sprechen: bei Vorliegen der übrigen Voraussetzungen (Alter mindestens 55 Jahre oder Berufsunfähigkeit, Objektbeschränkung) kann der Einbringende bis zur Obergrenze von 5 Mio. € den ermäßigten Steuersatz nach § 34 Abs. 3 EStG in Anspruch nehmen; bei niedrigen stillen Reserven daneben auch den Freibetrag nach § 16 Abs. 4 EStG (bis zu 45.000 €). Für die übernehmende GmbH ergeben sich aufgestockte Abschreibungsgrundlagen. Sollte die aufnehmende GmbH innerhalb des Sieben-Jahres-Zeitraums aufgelöst werden oder ihr Kapital herabsetzen oder der erworbene Anteil in eine andere Kapitalgesellschaft eingebracht werden, wird der Ersatz-

---

[239] Vor dem 13.12.2006 hatten die aufgrund einer Sacheinlage erhaltenen Anteile den Status von einbringungsgeborenen Anteilen (§ 21 UmwStG a.F.). Wurden diese innerhalb von 7 Jahren nach der Einbringung veräußert, fand auf den Veräußerungsgewinn weder das Halbeinkünfteverfahren nach § 30 Nr. 40 EStG noch die Steuerbefreiung nach § 8b Abs. 2 KStG Anwendung.

[240] Oder ein anderer ähnlicher Vorgang gem. § 22 Abs. 1 Satz 6 UmwStG eintritt; s. Tz. 22.18 ff. UmwStE. Unentgeltliche Übertragung gilt nicht als Veräußerungsvorgang, sondern führt gemäß § 22 Abs. 6 UmwStG zur Rechtsnachfolge des Beschenkten in die fortlaufende Sperrfrist. Versorgungsleistungen führen nicht zu einem die Nachversteuerung auslösenden Veräußerungsentgelt, wohl aber Abstandszahlungen, wiederkehrende Bezüge, Gleichstellungsgeldern oder Übernahme von Verbindlichkeiten; siehe hierzu *Dorn*, DStR 2014, 248.

[241] Oder ein anderer ähnlicher Vorgang gem. § 22 Abs. 1 Satz 6 UmwStG eintritt; s. Tz. 22.18 ff. UmwStE. Den Einbringenden trifft eine umfassende Nachweispflicht innerhalb des 7-Jahre-Zeitraumes, wem der Anteil zuzurechnen ist. Wird diese nicht bis 31. Mai erfüllt, gilt der Anteil als veräußert (§ 22 Abs. 3 UmwStG; z.B. wird eine Verschmelzung auch als steuerschädliche Veräußerung angesehen (hierzu bzgl. Aufwärtsverschmelzung einer Tochter- auf ihre Muttergesellschaft: BFH v. 24.01.2018 – I R 48/15).

[242] Nicht umsatzsteuerlich: OFD Frankfurt, Vfg. v. 17.12.2015, DStR 2016, 539.

tatbestand der nachträglichen Besteuerung gemäß § 22 Abs. 1 Satz 6 UmwStG nicht herbeigeführt; der Einbringende ist damit flexibler.

Ist der Einbringende eine natürliche Person und sind im eingebrachten Betriebsvermögen auch Anteile an einer Kapitalgesellschaft, so kann es nach § 22 Abs. 2 UmwStG zu einer nachträglichen Besteuerung des Einbringungsvorganges kommen, wenn die übernehmende GmbH innerhalb des Sieben-Jahres-Zeitraumes die eingebrachten Kapitalgesellschaftsanteile veräußert (Tz. 22.12 ff. UmwStE). Da in diesem Fall der einbringende Gesellschafter der Nachversteuerung unterworfen wird, sollte im Einbringungsvertrag eine Regelung aufgenommen werden, dass eine Weiterveräußerung solcher Anteile von der Zustimmung des Einbringenden abhängig ist. 130

Steuerklausel bei Sacheinlage (Einbringung von Kapitalgesellschaftsanteil in GmbH)

Frau A. bringt ihr im Handelsregister des Amtsgerichts Kempten unter HRA 1234 eingetragenes einzelkaufmännisches Unternehmen mit Firma »Allgäu-Life e.K.« als Sacheinlage in die neu errichtete »Allgäu-Life GmbH« mit allen Aktiva und Passiva ein. Diese setzt die eingebrachten Wirtschaftsgüter mit den Buchwerten an und verpflichtet sich dafür zu sorgen, dass der entsprechende Antrag nach § 20 UmwStG zum Ansatz der Buchwerte rechtzeitig beim zuständigen Finanzamt gestellt wird. Hinsichtlich des im Rahmen der Aktiva des Einzelunternehmens mit eingebrachten Anteiles an der »Fellhorn-Look GmbH« ist die »Allgäu-Life GmbH« verpflichtet, die Anteile nur mit Zustimmung von Frau A. zu veräußern. Entstehen Frau A. durch die Nichterfüllung dieser Verpflichtungen steuerliche Nachteile, erfolgt insbesondere eine Nachbesteuerung gemäß § 22 UmwStG, hat die GmbH diese der einbringenden Gesellschafterin auszugleichen. 131 M

cc) *Einbringung von Kapitalanteilen:* Wird durch eine natürliche Person als Sacheinlage nur Anteil(e) an einer Kapitalgesellschaft eingebracht, handelt es sich dabei um einen Anteilstausch. Er gilt als entgeltlicher Veräußerungsvorgang, der zur vollen Aufdeckung der stillen Reserven führt (§ 21 Abs. 1 UmwStG) und bei im Privatvermögen gehaltenen Anteilen, die mindestens 1 %-Beteiligung umfassen bzw. um sog. einbringungsverbundenen Anteilen i.S. § 17 Abs. 6 EStG handelt, nach § 17 EStG besteuert werden, bei im Betriebsvermögen gehaltenem Anteil nach § 15 EStG. § 21 UmwStG ermöglicht es aber, im Fall eines *qualifizierten* Anteilstausches diesen ohne sofortige volle Aufdeckung sogar voll steuerneutral durchzuführen, denn die erwerbende Gesellschaft kann auf ihren Antrag hin die erworbenen Anteile mit dem Buch- oder einem Zwischenwert[243] ansetzen; bei Anteile aus dem Privatvermögen tritt anstelle des Buchwertes dessen Anschaffungskosten (§ 21 Abs. 2 Satz 5 UmwStG). Ein *qualifizierter Anteilstausch* liegt vor, wenn die erwerbende Gesellschaft nach der Einbringung aufgrund ihrer Beteiligung einschließlich der eingebrachten Anteile nachweisbar unmittelbar die Mehrheit der Stimmrechte an der erworbenen Gesellschaft hat. Die Veräußerung[244] der unter dem gemeinen Wert eingebrachten Anteile (= sperrfristbehaftete Anteile)[245] 132

---

243 Für den Ansatz des Zwischenwertes ist eine Beschränkung der Gegenleistung auf 25 % des Buchwertes oder 300.000 €, höchstens der Buchwert, vorgesehen. Wird dieser Wert überschritten, wird zwingend der gemeine Wert des eingebrachten Betriebsvermögens anzusetzen sein. Aktuelle Fassung von § 20 Abs. 2 Satz 4 UmwStG ist zu beachten.
244 Oder ein anderer ähnlicher Vorgang gem. § 22 Abs. 2 Satz 6 i.V.m. Abs. 1 Satz 6 UmwStG eintritt; s. Tz. 22.18 ff. UmwStE. Den Einbringenden trifft eine umfassende Nachweispflicht innerhalb des 7-Jahre-Zeitraumes, wem der Anteil zuzurechnen ist. Wird diese nicht bis 31. Mai erfüllt, gilt der Anteil als veräußert; § 22 Abs. 3 UmwStG.
245 Nach dem bis 31.12.2006 geltenden Recht waren durch die Einbringung von Gesellschaftsanteilen in eine Kapitalgesellschaft erworbene Anteile sog. einbringungsgeborene Anteile. Deren Veräußerung innerhalb einer Sperrfrist von 7 Jahre führte gemäß § 8b Abs. 4 Satz 1 Nr. 2 KStG a.F. zur vollen Besteuerung.

durch die übernehmende Gesellschaft innerhalb von 7 Jahren führt zu einer rückwirkenden Besteuerung des sog. *Einbringungsgewinnes II* beim einbringenden Gesellschafter, wenn die einbringende Person keine Körperschaft im Sinne § 8b Abs. 2 KStG war. Der Einbringungsgewinn II ist der Gewinn, der der Differenz zwischen dem gemeinen Wert und dem bei der Einbringung angesetzten Buch- oder Zwischenwert (abzgl. Einbringungskosten), entspricht. Er vermindert sich um jeweils $1/7$ für jedes seit dem Einbringungszeitpunkt abgelaufenen Zeitjahres. Der Anteilstausch gilt erst zum Zeitpunkt der Übertragung des wirtschaftlichen Eigentums an den Anteilen als bewirkt und kann steuerlich nicht rückbezogen werden.

133 Zwar löst, anders als im Fall der Sacheinlage gemäß § 20 UmwStG, die Weiterveräußerung des erhaltenen neuen Anteiles durch den Gesellschafter keine nachträgliche Besteuerung des ursprünglichen Einbringungsgewinnes aus. Jedoch bewirkt die Veräußerung des eingelegten Anteiles durch die Gesellschaft innerhalb der Sieben-Jahres-Frist eine Nachbesteuerung beim einbringenden Gesellschafter. Dieser sollte sich daher vor der nachteiligen Steuerfolge durch eine entsprechende Regelung im Einbringungsvertrag absichern, die etwa eine Weiterveräußerung des eingelegten Anteiles von seiner Zustimmung abhängig macht. Dabei ist auch zu berücksichtigen, dass dem einbringenden Gesellschafter die jährliche Nachweisverpflichtung bis spätestens zum 31. Mai darüber auferlegt ist, wem die eingebrachten Anteile steuerlich zuzurechnen sind (§ 22 Abs. 3 Satz 1 UmwStG). Die Fristversäumnis führt automatisch zur Nachversteuerung.

Steuerklausel bei Anteilstausch (Einbringung von Kapitalgesellschaftsanteil in GmbH)

134 M Die X-GmbH (übernehmender Rechtsträger) verpflichtet sich, die als Sacheinlage übertragenen Anteile an der A-GmbH innerhalb der nächsten sieben Jahre seit dem steuerlichen Einbringungsstichtag nur mit Einwilligung des einbringenden Gesellschafters E zu veräußern. Sollte aufgrund einer Verfügung der X-GmbH beim einbringenden Gesellschafter E gemäß § 22 Abs. 2 UmwStG rückwirkend ein steuerpflichtiger Gewinn (sog. Einbringungsgewinn II) entstehen, hat die X-GmbH (übernehmender Rechtsträger) die hieraus entstehende Steuerbelastung dem einbringenden Gesellschafter E zu erstatten. Die X-GmbH verpflichtet sich jährlich bis spätestens zum 30. April dem einbringenden Gesellschafter E den Nachweis zu erbringen, dass sie noch Inhaber des eingebrachten Gesellschaftsanteils ist. Sie verpflichtet sich, diesen nicht mit anderen Anteilen an der gleichen Gesellschaft zu vereinigen.[246]

135 Der Ansatz des gemeinen Wertes gewährt bei Einlage einer wesentlichen Beteiligung im Sinne von § 17 EStG aus dem Privatvermögen den Freibetrag gemäß § 17 Abs. 3 EStG, bei Einlage aus dem Betriebsvermögen den Freibetrag nach § 16 Abs. 4 EStG aber nur, wenn eine 100 %-ige Beteiligung an einer Kapitalgesellschaft eingebracht wird (§ 21 Abs. 3 UmwStG).

136 c) *Umsatzsteuer:* Der Erwerb von Gesellschaftsanteilen ist nach § 4 Nr. 8f UStG umsatzsteuerfrei. Ist der Einbringende Unternehmer, unterliegt die Erbringung der Sacheinlage der USt (§ 3 Abs. 12 UStG), soweit nicht der einzelne Gegenstand nach § 4 UStG steuerbefreit ist (z.B. Einbringung von Grundstücken nach § 4 Nr. 9a UStG) und keine Option auf Umsatzsteuerausweisung nach § 9 UStG erklärt wird, was zur Vermeidung einer Vorsteuerkorrektur nach § 15a UStG beim Einbringenden notwendig werden kann, dann aber in der notariellen Einbringungsurkunde erklärt werden muss. Die Einbringung eines Unternehmens oder eines als selbständiger Betrieb geführten Unternehmensteiles (wozu auch ein vermietetes Gebäude

---

246 Musterformulierung nach *Stümper/Walter*, GmbHR 2008, 31, 33 ff.

zählen kann) unterliegt nach § 1 Abs. 1a UStG nicht der USt, wenn die Gesamtheit der übertragenen Vermögensgegenstände die Fortsetzung einer bisher durch den Veräußerer ausgeübten Tätigkeit ermöglichen. Unschädlich ist, wenn der Erwerber den von ihm erworbenen Geschäftsbetrieb in seinem Zuschnitt ändert oder modernisiert. Entscheidend ist, dass die bisher damit ausgeübte Tätigkeit durch die GmbH zumindest in ähnlicher Form fortgeführt wird. § 1 Abs. 1a UStG gilt damit nicht, wenn die GmbH ein bisher nicht vermietetes Grundstück erhält und dieses vermietet oder wenn sie statt der bisherigen Vermietung dieses ausschließlich selbst nutzt.[247]

Errichtungsvertrag mit reiner Sacheinlage (Erbauseinandersetzung mit Sachgründung)

137 M

Verhandelt zu ..... am .....

Vor dem Notar ..... erklärten, sämtlich dem Notar persönlich bekannt,
1. Frau Martha Herfurth, geborene Weidemann, geboren am ....., wohnhaft in .....,
2. Herr Karl Herfurth, geboren am ....., wohnhaft in .....,
3. Frau Ilse Herfurth, geborene Solmann, geboren am ....., wohnhaft in .....,
4. Frau Ursula Herfurth, geboren am ....., wohnhaft in .....,
– die Beteiligten zu 1.-4. werden nachfolgend auch kurz »die Gesellschafter« genannt –.
Auf Ansuchen der Erschienenen, die erklärten, ausreichend Gelegenheit erhalten zu haben, sich mit dem Gegenstand der Beurkundung auseinanderzusetzen, beurkunde ich ihren Erklärungen gemäß, was folgt:

I. Vorbemerkung

1. Wir sind Erben zu je einem Viertel des am ..... verstorbenen Hermann Herfurth, wie der vom Amtsgericht Neukölln in Berlin am ..... erteilte Erbschein – ..... – ausweist, der dieser Urkunde in hiermit beglaubigter Ablichtung zu Beweiszwecken beigefügt ist.
2. Die verheirateten Beteiligten zu 2 und 3 leben im Güterstande der Gütertrennung.

II. Teilerbauseinandersetzung; Gründung einer Gesellschaft mit beschränkter Haftung

Wir setzen uns über das Unternehmen des Erblassers, das den Hauptnachlassgegenstand bildet, auseinander, indem wir eine Gesellschaft mit beschränkter Haftung unter der Firma »Herfurth Haushaltswaren GmbH« mit dem Sitz in Berlin errichten und den Gesellschaftsvertrag wie aus der Anlage I ersichtlich feststellen. Auf die Anlage wird als wesentlicher Bestandteil dieser Urkunde verwiesen, sie wurden den Beteiligten vorgelesen.[248]

III. Gesellschafterversammlung

Die Gesellschafter halten hiermit [unter Verzicht auf alle Frist-, Ladungs- und Formvorschriften] eine erste Gesellschafterversammlung ab und beschließen mit sämtlichen Stimmen:

---

247 Vgl. BFH v. 23.08.2007 – V R 14/05; v. 11.10.2007 – V R 57/06.
248 Eine Festsetzung der Sacheinlagen in dem Gründungsprotokoll ist obsolet, weil dies in der Satzung selbst erfolgen muss.

Zum ersten Geschäftsführer der Gesellschaft wird Herr Karl Herfurth, geb. am ....., wohnhaft in ....., bestellt. Er vertritt die Gesellschaft alleine, solange er einziger Geschäftsführer ist oder wird. Er hat das Recht, die Gesellschaft auch bei solchen Rechtsgeschäften zu vertreten, die er mit sich selbst oder mit einem von ihm vertretenen Dritten abschließt (Befreiung von den Beschränkungen des § 181 BGB).

IV. Sonstiges, Vollmacht, Hinweise

1. Der Gesellschafter und Geschäftsführer Karl Herfurth wird hiermit unter Befreiung von den Beschränkungen des § 181 BGB bevollmächtigt, alle zur Einbringung des ererbten Unternehmens, darunter auch des Geschäftsgrundstückes, in die GmbH und alle zur Eintragung der Gesellschaft in das Handelsregister von ihm für erforderlich gehaltenen Erklärungen abzugeben, auch den Gesellschaftsvertrag zu ändern, soweit das vom Registergericht für notwendig gehalten werden sollte.
2. Der Notar wies darauf hin, dass ..... (wie Rdn. 2 M), sowie, dass die Gesellschafter für die Vollwertigkeit der Sacheinlagen haften, d.h. die Grundsätze der Differenzhaftung nach § 9 GmbHG gelten, falls die Sacheinlage überbewertet wurde.

Anlage

Gesellschaftsvertrag

§ 1 Firma und Sitz

Die Firma der Gesellschaft lautet: »Herfurth Haushaltswaren GmbH«. Sitz der Gesellschaft ist Berlin.

§ 2 Gegenstand

Gegenstand der Gesellschaft ist die bisher unter der Firma »Hermann Herfurth e.K.« betriebene Herstellung von Haushaltswaren aus Kunststoff und der Handel damit. Das nach dem Tode des Erblassers von der Erbengemeinschaft fortgeführte Geschäft wird mit Wirkung zum 1. Januar ..... von der Gesellschaft fortgeführt.

§ 3 Stammkapital und Sacheinlage

Das Stammkapital der Gesellschaft beträgt 300.000 €. Das Stammkapital ist eingeteilt in vier Geschäftsanteile mit einem Nennbetrag von je 75.000 €.
Die Geschäftsanteile wurden bei Gründung der Gesellschaft übernommen von Frau Martha Herfurth, geborene Weidemann, geb. am ....., wohnhaft in ..... (Geschäftsanteil Nr. 1), Herrn Karl Herfurth, geb. am ....., wohnhaft in ..... (Geschäftsanteil Nr. 2), Frau Ilse Herfurth, geborene Solmann, geb. am ....., wohnhaft in ..... (Geschäftsanteil Nr. 3) und Frau Ursula Herfurth, geb. am ....., wohnhaft in ..... (Geschäftsanteil Nr. 4).
Die Einlagen werden geleistet, indem die Gesellschafter das gesamte Geschäftsvermögen der Firma »Hermann Herfurth« in Berlin-Neukölln mit allen Aktiven und Passiven nach der zum 31. Dezember ..... aufgestellten Bilanz unter Buchwertfortführung in die Gesellschaft einbringen. Das Aktivvermögen des Unternehmens (ohne Schuldenabzug) beträgt nach der Bilanz zum 31. Dezember ..... 355.000 €. Nach Abzug der Verbindlichkeiten von rund 50.000 € verbleibt ein reiner Wert von mindestens 300.000 €, der als Wert der Einlage festgesetzt wird.[249] Von jedem der vier Gesellschafter wird ein Betrag von 75.000 € als eingelegt angesehen. Die Einbringung erfolgt zur Erfüllung

---

249 Vorsicht bei Gutschrift des den Nominalbetrag übersteigenden Einlagewert nicht auf dem gesamthänderisch gebundenen Rücklagenkonto, sondern Verbuchung als Darlehen: Nach § 20 Abs. 2 Satz 4 UmwStG darf der gemeine Wert der sonstigen Gegenleistung nicht mehr betragen als (a) 25 % des Buchwertes des eingebrachten Betriebsvermögens oder (b) den Betrag von 500.000 € nicht übersteigen (Kleinunterneh-

der Sacheinlageverpflichtungen auf Grund eines zwischen den Gesellschaftern und der Gesellschaft am Tage der Gründung abgeschlossenen Einbringungsvertrags, der diesem Gesellschaftsvertrag als Anlage beigefügt ist.

§ 4 Veräußerung und Einziehung von Geschäftsanteilen

(1) Zur Veräußerung von Geschäftsanteilen oder Teilen von Geschäftsanteilen ist die Zustimmung aller Gesellschafter erforderlich.
(2) Ein gepfändeter, voll eingezahlter Geschäftsanteil kann eingezogen werden. Die Einziehung kann auch stattfinden, wenn der Inhaber des Geschäftsanteils in Insolvenz fällt. Weiter wie unter Rdn. 167 M § 11.

§ 5 Geschäftsführer

Die Gesellschaft wird durch einen Geschäftsführer allein vertreten, wenn er alleiniger Geschäftsführer ist oder wird bzw. durch Gesellschafterbeschluss zur Einzelvertretung ermächtigt ist. Im Übrigen wird die Gesellschaft gemeinsam durch zwei Geschäftsführer oder durch einen Geschäftsführer gemeinsam mit einem Prokuristen vertreten. Die Gesellschafterversammlung kann Geschäftsführer von den Beschränkungen des § 181 BGB befreien. Die vorstehenden Regelungen gelten entsprechend für einen Liquidator.

§ 6 Rücklage

Es wird eine Gewinnrücklage gebildet, der alljährlich zwanzig vom Hundert des verteilbaren Jahresergebnisses zuzuführen sind, bis 600.000 € erreicht sind. Im Übrigen haben die Gesellschafter Anspruch auf Ausschüttung des Jahresergebnisses (im Verhältnis der Geschäftsanteile).

§ 7 Geschäftsjahr, Bekanntmachungen und Gründungskosten

Das Geschäftsjahr ist das Kalenderjahr. Bekanntmachungen der Gesellschaft erfolgen nur im Bundesanzeiger. Die mit der Gründung verbundenen Kosten des Notars und des Handelsregisters trägt die Gesellschaft bis zu 5.000 €; darüber hinaus tragen sie die Gesellschafter.

■ *Kosten.* Wert: Das Aktivvermögen von hier 355.000 € (nach § 38 GNotKG ohne Schuldenabzug) ist maßgebend (§ 97 GNotKG), jedoch Höchstwertbegrenzung durch § 107 Abs. 1 GNotKG auf 10 Mio. €. Nach §§ 86, 110 Nr. 1 GNotKG sind Errichtungsvertrag und Bestellungsbeschluss der Geschäftsführer verschiedene Beurkundungsgegenstände, sodass sich der Geschäftswert für die Bestellung aus § 108 Abs. 1 Satz 1 i.V.m. § 105 Abs. 4 Nr. 1 GNotKG, mindestens 30.000 €, ergibt (2,0 Gebühr nach Nr. 21100 KV GNotKG. Die Vollmacht bleibt auch nach GNotKG als Durchführungsgeschäft gegenstandsgleich (§ 109 Abs. 1 Satz 2 GNotKG). – Beim Aktivvermögen eines Handelsgeschäftes ist die Summe der Aktiva aus der Bilanz um den tatsächlichen Wert der Betriebsgrundstücke zu berichtigen und sind die echten Wertberichtigungsposten und ein Verlustvortrag sowie ein nicht durch Eigenkapital gedeckter Fehlbetrag abzuziehen. Geschäftswert nach § 107 Abs. 1 GNotKG mind. 30.000 €, höchstens 10 Mio. €. – Die Vereinbarung der Erbauseinandersetzung ist zum Gesellschaftsvertrag gegenstandsverschieden i.S.v. § 86 Abs. 2 GNotKG,[250] wie es auch die Schenkung von Vermögensgegenständen zur Einbringung in die Gesellschaft ist,[251] sodass deren Geschäftswert (= Aktivvermögen) mit dem Geschäftswert der Gesellschaftserrichtung

---

mensprivileg), jedoch maximal nur bis zur Höhe des Buchwertes des eingebrachten Betriebsvermögens. Ansonsten entsteht ein Einbringungsgewinn.
250 OLG Celle DNotZ 1968, 507.
251 BayObLG MittBayNot 1971, 328; 88, 97.

aufzuaddieren ist. Zusammenrechnung der Werte nach § 35 GNotKG, da gleicher Gebührensatz. Gegenstandsgleich zum Gründungsvertrag ist der mitbeurkundete Einbringungsvertrag als Erfüllung der Einlageverpflichtung (s. § 109 Abs. 1 Satz 4 Nr. 2 GNotKG). –2,0 Gebühr der Tabelle B nach Nr. 21100 KV GNotKG.

Einbringungsvertrag

138 M Verhandelt zu ..... am .....
Vor dem Notar ..... erklärte, dem Notar persönlich bekannt, Herr Karl Herfurth in Berlin-Neukölln, Weserstraße 1, geb. am ....., gleichzeitig handelnd für
a) Frau Martha Herfurth, geborene Weidemann, geb. am ....., wohnhaft in .....
b) Frau Ilse Herfurth, geborene Solmann, geb. am .....wohnhaft in ....., und
c) Frau Ursula Herfurth, geb. am ....., wohnhaft in .....,
aufgrund (unter Befreiung von den Beschränkungen des § 181 BGB erteilter) Vollmacht, die in Urschrift vorlag und dieser Urkunde in hiermit beglaubigter Abschrift beigefügt ist, folgenden Einbringungsvertrag:

I.

Frau Martha Herfurth, Herr Karl Herfurth, Frau Ilse Herfurth, geborene Solmann, und Frau Ursula Herfurth sind Erben zu je einem Viertel des am ..... verstorbenen Hermann Herfurth in Berlin-Neukölln geworden. Auf den in Ausfertigung vorgelegten, dieser Urkunde in hiermit beglaubigter Abschrift beigehefteten Erbschein wird verwiesen. Die Beteiligten haben durch Vertrag vom heutigen Tage unter der Firma »Herfurth Haushaltswaren GmbH« eine Gesellschaft mit beschränkter Haftung mit dem Sitz in Berlin errichtet. Sie haben vereinbart, dass die Einlagen dadurch geleistet werden, dass das gesamte Geschäftsvermögen des von dem Verstorbenen unter der Firma »Hermann Herfurth e.K.« in Berlin-Neukölln betriebenen Unternehmens in die neu errichtete GmbH eingebracht wird. Sie haben Herrn Karl Herfurth bevollmächtigt, alle zur Einbringung erforderlichen Erklärungen abzugeben. Einbringungsgegenstand sind alle durch die dieser Urkunde als Anlage I beigefügten Bilanz zum 31.12 ..... erfassten Vermögensgegenstände und Schulden, abzüglich der Abgänge und zuzüglich der Zugänge seit dem Bilanzstichtag.

II.

Zum Vermögen des Unternehmens gehört der Grundbesitz Berlin-Neukölln, Weserstraße 1, Flurstück-Nr. 207/3, eingetragen im Grundbuch für Berlin-Neukölln Band 34 Blatt 918. Die Vertragsteile sind sich darüber einig, dass das Eigentum an diesem Grundbesitz von den bisherigen Eigentümern auf die in Gründung befindliche GmbH nach deren Eintragung in das Handelsregister auf die GmbH übergehen soll. Sie bewilligen und beantragen, den Eigentumsübergang in das Grundbuch einzutragen. Der Eigentumsübergang soll sämtliche Bestandteile und das gesetzliche Zubehör einschließen.

III.

Die Vertragsteile sind sich weiter darüber einig, dass sämtliche bewegliche Sachen, die sich im Anwesen Berlin-Neukölln, Weserstraße 1, befinden und zum Geschäftsvermögen des eingebrachten Unternehmens gehören, einschließlich insbesondere der in Anlage III aufgeführten beweglichen Sachen, in das Eigentum der in Gründung befindlichen GmbH, nach deren Eintragung in das Handelsregister in das Eigentum

der GmbH übergehen sollen. Da Herr Karl Herfurth diese Sachen als Geschäftsführer der in Gründung befindlichen GmbH in Besitz hat, sind sie damit in deren Eigentum übergegangen. Das gleiche soll für eventuelle Anwartschaftsrechte auf Erwerb des Eigentums an beweglichen Sachen gelten.

IV.

Die Erbengemeinschaft nach dem Tode von Herrn Hermann Herfurth tritt sämtliche in dessen Unternehmen begründete Forderungen und sonstige Rechte an die in Gründung befindliche GmbH ab, einschließlich insbesondere der Forderungen/Rechte, die in Anlage IV aufgeführt sind; diese nimmt die Abtretung an.

V.

Die in Gründung befindliche GmbH übernimmt in schuldbefreiender Weise sämtliche Verbindlichkeiten, die im Unternehmen von Herrn Hermann Herfurth begründet worden sind, einschließlich insbesondere jener Verbindlichkeiten, die in Anlage V aufgeführt sind. Sie verpflichtet sich, die Miterben nach dem Tode von Herrn Hermann Herfurth von jeglicher Inanspruchnahme freizustellen. Ihre Entlassung aus der Haftung für die Verbindlichkeiten werden die Vertragsteile selbst einholen.

VI.

Die Vertragsteile sind sich weiter darüber einig, dass sämtliche Dauerschuldverhältnisse, deren Vertragspartner Herr Hermann Herfurth in der Eigenschaft als Inhaber seines Unternehmens gewesen ist, auf die in Gründung befindliche GmbH mit allen Rechten und Pflichten übergehen, einschließlich insbesondere jener Dauerschuldverhältnisse, die in Anlage VI aufgeführt sind. Die Zustimmung der anderen Vertragspartner werden die Vertragsteile selbst einholen. Die Vertragsteile sind sich darüber einig, dass die Arbeitsverhältnisse nach § 613a BGB auf die GmbH übergehen. Zusagen einer betrieblichen Altersversorgung hatte Herr Hermann Herfurth seinen Arbeitnehmern nicht gegeben.

VII.

Alle Rechte und Pflichten gehen mit sofortiger Wirkung auf die in Gründung befindliche GmbH über.

VIII.

Die Gewährleistung für einzelne zu dem eingebrachten Unternehmen gehörende Gegenstände wird ausgeschlossen, soweit dies gesetzlich zulässig ist. Dies gilt insbesondere für Sachmängel an den einzelnen eingebrachten Sachen und für die Einbringlichkeit der abgetretenen Forderungen.

IX.

Die Kosten dieses Vertrages und seiner Durchführung trägt die Gesellschaft. Über die steuerlichen Auswirkungen hat der Notar nicht belehrt und übernimmt insoweit keine Haftung.

Vorstehende Niederschrift einschließlich Anlagen vorgelesen, genehmigt und wie folgt unterschrieben .....

Kanzleiter/Cziupka

■ **Kosten.** Wird der Einbringungsvertrag außerhalb des Gründungsvertrags beurkundet, richtet sich der Geschäftswert nach dem Wert der eingebrachten Gegenstände (gemäß § 38 GNotKG) und ohne (strittig, a.A. einschließlich) die Höchstwertbegrenzung nach § 107 Abs. 1 GNotKG von 10 Mio. €, Gebühr: 2,0 aus Tabelle B Nr. 21100 KV GNotKG. Kostengünstiger wäre es, den Einbringungsvertrag mit der GmbH-Errichtung zusammen zu beurkunden, weil die Erfüllung der Einlageverpflichtung, einschließlich der Auflassungserklärung bei Grundbesitz, gemäß § 109 Abs. 1 Nr. 2 GNotKG gegenstandsgleich mit dem Gesellschaftsvertrag ist und damit nicht gesondert bewertet wird.[252] Getrennte Beurkundung kann nach § 21 Abs. 1 GNotKG unrichtige Sachbehandlung sein.

Sachgründungsbericht

139 M Bei Errichtung der »Herfurth Haushaltswaren GmbH« haben die Gesellschafter das von dem verstorbenen Fabrikanten Hermann Herfurth unter der Firma »Hermann Herfurth e.K.« in Berlin-Neukölln betriebene Unternehmen als Sacheinlage in die Gesellschaft eingebracht. Gegenstand des Unternehmens ist die Herstellung von Haushaltswaren aus Kunststoff und der Handel damit.
Der Einbringung wurde die Bilanz zum 31. Dezember ..... zugrundegelegt. Nach dieser Bilanz betrug das Aktivvermögen des Unternehmens (ohne Schuldenabzug) 355.000 €. Es waren Verbindlichkeiten in Höhe von rund 50.000 € vorhanden. Danach verblieb nach dieser Bilanz ein reiner Wert von mindestens 300.000 €. Der tatsächliche Wert des Unternehmens ist jedoch nicht unerheblich höher: Bei sämtlichen Gegenständen des Unternehmens wurden die höchstzulässigen Abschreibungen vorgenommen, so dass die tatsächlichen Werte über die Ansätze in der Bilanz hinausgehen. Dies gilt insbesondere für das Anwesen Weserstraße 1 in Berlin-Neukölln, das in der Bilanz mit einem Betrag von 166.000 € bewertet ist; als vor zwei Jahren die Veräußerung dieses Anwesens ins Auge gefasst wurde, hielten zugezogene Makler einen Kaufpreis von über 400.000 € für realistisch. Bei den Forderungen wurde ein Abzug von 10 % für eventuell uneinbringliche Forderungen gemacht. Nach den Zahlungseingängen seit dem 31. Dezember ..... dürfte dieser Abzug über die tatsächliche Einbuße hinausgehen. Seit dem Bilanzstichtag, dem 31. Dezember ..... hat sich der Geschäftsverlauf in der gewohnten Weise weiterentwickelt. Entnahmen wurden nach der Verteilung des Reingewinns aus dem Geschäftsjahr ..... nicht mehr vorgenommen. Danach ist davon auszugehen, dass sich das Vermögen des Unternehmens seit dem 31. Dezember ..... durch die seither gemachten Gewinne weiter erhöht hat. Insgesamt scheint es gerechtfertigt, das Aktivvermögen des Unternehmens abzüglich der Verbindlichkeiten auf ca. 650.000 € zu schätzen. Dieser Betrag geht über den Betrag von 300.000 € erheblich hinaus, mit dem die Einbringung den Gesellschaftern auf die Einlagen angerechnet worden ist.
Die Erträge des Unternehmens sind seit ..... kontinuierlich gestiegen; seit ..... sind sie ungefähr konstant. Die Bilanz zum 31. Dezember ..... (Vorjahr) weist für das Geschäftsjahr ..... einen Reingewinn in Höhe von 83.450 €, die Bilanz zum 31. Dezember ..... für das (vorvorige) Geschäftsjahr ..... einen Reingewinn in Höhe von 78.720 € aus.
Berlin-Neukölln, den .....

Unterschrift sämtlicher Gesellschafter, Unterschriftsbeglaubigung nicht erforderlich

■ **Kosten.** wie Rdn. 116.

---
252 OLG Düsseldorf MittRhNotK 1989, 25.

VII. Anmeldung der Sachgründung

Die Sacheinlage muss erbracht sein, erst dann ist die Anmeldung möglich. Was dies bedeutet, hängt vom Gegenstand der Sacheinlage ab. Forderungen, Rechte sind abzutreten, Sachen zu übereignen. Bei Einbringung von Grundbesitz ist noch nicht höchstrichterlich geklärt, ob die Auflassung an die in Gründung befindliche GmbH (oder die Geschäftsführer) hierfür auch vollzogen sein muss; nach wohl h.M. genügen Beurkundung und eine Antragstellung, die nicht ohne Zustimmung der GmbH zurückgenommen werden kann.[253] S. dazu oben Rdn. 111. Nach Eintragung der GmbH in das Handelsregister wird sie dann als Eigentümerin in das Grundbuch eingetragen. Die Versicherung nach § 7 Abs. 3 GmbHG muss dahin gehen, dass die Sacheinlage so bewirkt ist, dass sie endgültig zur freien Verfügung der Geschäftsführer steht. Bei Geld- und Sacheinlagen muss versichert werden, dass die Geldeinlage i.H.v. einem Viertel und die Sacheinlage voll erbracht ist. S. dazu oben Rdn. 111 f. Der Anmeldung zum Handelsregister sind bei der Sachgründung zusätzlich beizufügen die Verträge, die den Festsetzungen der Sacheinlagen zugrunde liegen oder zu ihrer Ausführung geschlossen worden sind, sowie Unterlagen darüber, dass der Wert der Sacheinlagen den Betrag der dafür übernommenen Einlage erreicht (§ 8 Abs. 1 Nr. 5 GmbHG). Die Vorlage der Einbringungsverträge ist aufgrund § 8 Abs. 1 Nr. 4 GmbHG aber nur erforderlich, wenn diese Verträge zumindest schriftlich abgeschlossen sind,[254] sonst muss in der Anmeldung angegeben werden, dass keine schriftlichen Verträge vorliegen. Sachgründungsbericht, Wertnachweise (bei Gesellschaftsanteilen oder Unternehmen: zeitnahe, testierte oder zumindest durch Steuerberater bescheinigte Einbringungsbilanz, ggf., falls nicht aussagekräftig, Sachverständigengutachten) und, falls separat schriftlich abgeschlossen, Einbringungsverträge sind in elektronischer Aufzeichnung der Anmeldung beizufügen, s. § 8 Abs. 1 Nr. 4 GmbHG; waren Einbringungsverträge notariell zu beurkunden (Einbringung eines Grundstücks oder eines GmbH-Geschäftsanteils), sind diese in elektronisch beglaubigter Abschrift zu übermitteln.

An das Amtsgericht Berlin-Charlottenburg

– Handelsregister –
Anschrift .....,
per EGVP

In der Handelsregistersache
»Herfurth Haushaltswaren GmbH« mit dem Sitz in Berlin-Neukölln – HRB neu
werden überreicht:
1. elektronisch beglaubigte Abschrift der notariellen Niederschrift des Notars ..... vom ..... (UR-NR .....), die auch den Gesellschaftsvertrag und die Bestellung des Geschäftsführers beinhaltet,
2. Sachgründungsbericht in elektronischer Aufzeichnung,
3. elektronisch beglaubigte Abschrift des Einbringungsvertrags über den dinglichen Vollzug der Einbringung,
4. Liste der Gesellschafter in elektronischer Aufzeichnung,
5. Bilanz des eingebrachten Unternehmens zum 31.12 ..... als Unterlage über den Wert der Sacheinlage in elektronischer Aufzeichnung.

---

253 Siehe *Priester*, DNotZ 1980, 513, 523.
254 So mit Recht *Priester*, DNotZ 1980, 515, 521.

I. Anmeldungen

Zur Eintragung in das Handelsregister wird angemeldet:
1. Es wurde im Wege der Sachgründung eine Gesellschaft mit beschränkter Haftung unter der Firma »Herfurth Haushaltswaren GmbH« mit dem Sitz in Berlin-Neukölln gegründet.
2. Die allgemeine (abstrakte) Regelung der Vertretungsbefugnis der Gesellschaft lautet wie folgt:
Die Gesellschaft hat einen oder mehrere Geschäftsführer. Ist nur ein Geschäftsführer vorhanden, so vertritt dieser die Gesellschaft allein. Sind mehrere Geschäftsführer bestellt, so wird die Gesellschaft durch zwei Geschäftsführer gemeinsam oder durch einen Geschäftsführer zusammen mit einem Prokuristen vertreten. Einzelvertretungsbefugnis und Befreiung von den Beschränkungen des § 181 BGB kann durch Gesellschafterbeschluss gewährt werden.
3. Zum Geschäftsführer wurde bestellt: Karl Herfurth, geb. am ....., wohnhaft in [Wohnort]. Es gilt folgende konkrete Vertretungsregelung: Herr Herfurth vertritt die Gesellschaft alleine, solange er einziger Geschäftsführer ist oder wird. Er hat das Recht, die Gesellschaft auch bei solchen Rechtsgeschäften zu vertreten, die er mit sich selbst oder mit einem von ihm vertretenen Dritten abschließt (Befreiung von den Beschränkungen des § 181 BGB).

II. Versicherungen des Geschäftsführers

1. Der unterzeichnete alleinige Geschäftsführer versichert:
   – Alle Vermögensteile des bisher unter der Firma »Hermann Herfurth e.K.« »Herfurth Haushaltswaren GmbH« geführten Unternehmens sind auf die Gesellschaft übertragen und befinden sich endgültig in meiner freien Verfügung. Das Grundstück ist der GmbH aufgelassen; der Antrag auf Umschreibung ist beim Grundbuchamt gestellt. Damit sind die Sacheinlagen, die sich auf die Einlagen der Gesellschafter Frau Martha Herfurth, Herr Karl Herfurth, Frau Ilse Somann und Fräulein Ursula Herfurth in Höhe von je 75.000 € beziehen, voll geleistet.
   – Das eingebrachte Unternehmen wurde bisher von der Erbengemeinschaft geführt und wird nun von der in Gründung befindlichen GmbH weitergeführt. Die bestehenden Verbindlichkeiten wurden von der in Gründung befindlichen GmbH übernommen; diese ist in alle Dauerschuldverhältnisse eingetreten. Bei der Bewertung der eingebrachten Sacheinlagen wurden die bestehenden Verbindlichkeiten berücksichtigt. Damit ist das Vermögen der Gesellschaft nur durch die mit der Gründung der Gesellschaft verbundenen Kosten im Gesamtbetrag bis zu 5.000 € und durch die übernommenen Verbindlichkeiten, einschließlich der im laufenden Betrieb des Unternehmens entstandenen und noch entstehenden Verbindlichkeiten, vorbelastet. Den seit dem Bilanzstichtag zum 31. Dezember ..... eingegangenen Verbindlichkeiten stehen allerdings auf die Gesellschaft übergehende Aktivwerte gegenüber, die über die Höhe dieser Verbindlichkeiten hinausgehen.
Der Notar wird angewiesen, diese Handelsregisteranmeldung erst dann zum Handelsregister einzureichen, wenn ihm die Unterlagen zur Erbringung und Werthaltigkeit der Sacheinlagen vorliegen oder er gesondert schriftlich hierzu aufgefordert wird.
2. Der unterzeichnete alleinige Geschäftsführer versichert nach Belehrung durch den beglaubigenden Notar über die unbeschränkte Auskunftspflicht nach § 53 Abs. 2

des Gesetzes über das Zentralregister und das Erziehungsregister und die Strafbarkeit einer falschen Versicherung (§ 82 GmbHG) weiter:
»Es liegen keine Umstände vor, aufgrund derer ich nach § 6 Abs. 2 Satz 2 Nr. 2 und 3 sowie Satz 3 GmbHG vom Amt eines Geschäftsführers ausgeschlossen wäre. Insbesondere versichere ich, dass
- ich während der letzten fünf Jahre nicht rechtskräftig verurteilt wurde wegen des Unterlassens der Stellung eines Antrags auf Eröffnung des Insolvenzverfahrens (Insolvenzverschleppung), nach §§ 283 bis 283 d StGB (Insolvenzstraftaten), wegen falscher Angaben nach § 82 GmbHG oder § 399 AktG, wegen unrichtiger Darstellung nach § 400 AktG, § 331 HGB, § 313 UmwG oder § 17 PublG oder nach § 263 StGB (Betrug), § 263 a (Computerbetrug), § 264 StGB (Subventionsbetrug), § 264 a (Kapitalanlagebetrug), § 265 b StGB (Kreditbetrug), § 265c (Sportwettenbetrug), § 265d StGB (Manipulation von berufssportlichen Wettbewerben), § 265e StGB (besonders schwere Fälle von Sportwettenbetrug und der Manipulation von berufssportlichen Wettbewerben), § 266 StGB (Untreue) oder § 266 a StGB (Vorenthalten oder Veruntreuen von Arbeitsentgelt), wobei mir bekannt ist, dass die Frist von fünf Jahren erst durch den Eintritt der Rechtskraft eines entsprechenden Urteils in Lauf gesetzt und dass nicht die Zeit eingerechnet wird, in welcher der Täter auf behördliche Anordnung in einer Anstalt verwahrt wird,
- ich auch im Ausland nicht wegen einer vergleichbaren Tat rechtskräftig verurteilt wurde,
- mir gegenwärtig weder durch gerichtliches Urteil noch durch vollziehbare Entscheidung der Verwaltungsbehörde die Ausübung eines Berufes, Berufszweiges, Gewerbes oder Gewerbezweiges untersagt wurde, somit auch nicht im Rahmen des Unternehmensgegenstandes der Gesellschaft,
- ich nicht bei der Besorgung meiner Vermögensangelegenheiten ganz oder teilweise einem Einwilligungsvorbehalt (§ 1903 BGB) unterliege,
- ich nicht aufgrund einer behördlichen Anordnung in einer Anstalt verwahrt wurde,
- ich vom beglaubigenden Notar über meine unbeschränkte Auskunftspflicht gegenüber dem Registergericht belehrt wurde.«

III. Geschäftsräume, inländische Geschäftsanschrift

Die Geschäftsräume der Gesellschaft befinden sich in Berlin-Neukölln, Weserstraße 1 (zugleich inländische Geschäftsanschrift).

IV. Vollmacht (wie Rdn. 2 M)

Berlin Neukölln, den ..... Karl Herfurth
Unterschrift des alleinigen Geschäftsführers, Beglaubigungsvermerk wie Rdn. 96 M

Anlage

Liste der Gesellschafter der »Herfurth Haushaltswaren GmbH« mit dem Sitz in Berlin-Neukölln, HRB.....

Gesellschafter[1]	Angaben zum Geschäftsanteil			Beteiligungsquote pro Gesellschafter[2]
	Lfd. Nr.	Nennbetrag in €	Geschäftsanteilsbezogene Beteiligungsquote[2]	
Marta Herfurth, geb. am....., wohnhaft [Wohnort]	1	75.000	25,00 %	25,00 %
Karl Herfurth, geb. am....., wohnhaft in [Wohnort]	2	75.000	25,00 %	25,00 %
Ilse Herfurth, geb. am....., wohnhaft in [Wohnort]	3	75.000	25,00 %	25,00 %
Ursula Herfurth, geb. am....., wohnhaft in [Wohnort]	4	75.000	25,00 %	25,00 %
Stammkapital in € gesamt: 300.000				

[1] Bei natürlichen Personen; Name, Vorname, Geburtsdatum, Wohnort; bei eingetragenen Gesellschaften: Firma/Name, Satzungssitz, zuständiges Register, Registernummer; bei nichteingetragenen Gesellschaften: zusammenfassende Bezeichnung der Gesellschaft und deren Gesellschafter, jeweils mit Name, Vorname, Geburtsdatum und Wohnort.
[2] Keine Abrundung auf 0, 25 oder 50 Prozent.

Berlin-Neukölln, den.....

Karl Herfurth (alleiniger Geschäftsführer)

■ *Kosten.*
a) Des Notars: Wert: Der Wert der Registeranmeldung und Eintragung richtet sich immer nur nach dem einzutragenden Stammkapital, § 105 Abs. 1 Nr. 1 GNotKG, Mindestwert 30.000 €. Die Anmeldung der GmbH-Errichtung und des Geschäftsführers einschließlich dessen Versicherungen gegenüber dem Registergericht sind eine notwendige Erklärungseinheit, sodass daher nur ein Beurkundungsgegenstand vorliegt.[255] Höchstwertbegrenzung in § 106 GNotKG höchstens 1 Mio. €. – Gebühr: Hier eine 0,5 Gebühr aus Tabelle B gemäß Nr. 24102 i.V.m. 21201 (5.) KV GNotKG. Gebühr für Betreuungstätigkeit nach Nr. 22200 KV GNotKG nur, wenn der Notar besondere Anweisung wegen der Voraussetzungen zur Vorlage zum Handelsregister zu beachten hat. – Gebühren für das elektronische Einreichen s. § 124 Rdn. 43.
Entwurf der Gesellschafterliste: Nach Vorbemerkung 2.2.1.1. Abs. 1 Nr. 3 KV GNotKG ist die Fertigung der Liste der Gesellschafter gemäß § 8 Abs. 1 Nr. 3 GmbHG eine Voll-

---

[255] BGH v. 18.10.2016 – II ZB 18/15.

Gesellschaft mit beschränkter Haftung (GmbH). Gründung, Satzungsbestandteile **§ 142**

zugstätigkeit zu der GmbH-Errichtung. Strittig ist, weil für die GmbH-Errichtung nach § 21100 KV GNotKG eine 2,0-Gebühr anfällt, für die Listenerstellung gemäß Nr. 22110 KV GNotKG eine Gebühr von 0,5 nach Tabelle B, die nach Nr. 22113 KV GNotKG auf höchstens 250 € beschränkt wird, oder nach dem Wert der Handelsregisteranmeldung und damit eine 0,3 Gebühr nach KV 22111 GNotKG (hierzu Fn. zu Kosten bei Rdn. 2 M sowie Rdn. 63 M). Geschäftswert der Vollzugsgebühr ist der Wert der Handelsregisteranmeldung, nach noch h.M. der Wert der zu vollziehenden Beurkundung (§ 112 GNotKG) hier nach h.M. aus Geschäftswert der Errichtung + Geschäftsführerbestellung. Daneben erhält der Notar für die Erzeugung der XML-Datei eine Gebühr von 0,3, höchstens 250,00 € nach Nr. 22114 KV GNotKG. Für die Fertigung des Entwurfes der Liste gibt es dann keine Gebühr (Vormerkung 2.2. KV GNotKG).

b) Des Registergerichts: Nach § 42 HRV sind beim Übergang des Handelsgeschäfts eines Einzelkaufmanns auf eine in Abt. B des Handelsregisters eingetragene Handelsgesellschaft mit dem Recht zur Fortführung der Firma, die das Handelsgeschäft betreffenden Eintragungen in Abt. A lediglich rot zu unterstreichen. Diese Rotunterstreichung ist als Löschung anzusehen und ist als solche immer gebührenfrei (s. Teil I Vorbem. [4] GV HRegGebVO). – Gebühr für die Neueintragung der GmbH einschließlich deren Geschäftsführer und Vertretungsregelung: eine Gebühr i.H.v. 240 € nach Nr. 2101 der GV HRegGebVO i.V.m. § 58 GNotKG.

Errichtungsvertrag mit Sach- und Geldeinlage (mit integriertem Einbringungsvertrag)

Verhandelt zu ..... am ..... **142 M**
Vor dem Notar ..... erklärten,
1. **Ingenieur Hans Sommer,**
2. **Kaufmann Günther Haak,**
3. **Diplom-Ingenieur Werner Haefner,**

zu 1. und 2. in Hamburg ....., zu 3. in Bremen ....., sämtlich dem Notar persönlich bekannt:
1. **Wir errichten eine Gesellschaft mit beschränkter Haftung mit dem als Anlage beigefügten Gesellschaftsvertrag.**
2. **Zu ersten Geschäftsführern werden alle drei Gründungsgesellschafter bestellt. Je zwei von ihnen vertreten die Gesellschaft gemeinsam (falls Prokuristen bestellt werden sollten, außerdem jeder Geschäftsführer gemeinsam mit einem Prokuristen).**
3. **Die Gesellschafter wurden darauf hingewiesen,**
    a) **dass die Gesellschaft erst mit der Eintragung in das Handelsregister entsteht;**
    b) **dass diejenigen persönlich haften, die vorher im Namen der Gesellschaft handeln;**
    c) **dass die Gesellschafter für die Aufbringung der Differenz haften, wenn das Vermögen der Gesellschaft zum Zeitpunkt ihrer Eintragung in das Handelsregister niedriger sein sollte als das Stammkapital, abzüglich der von der Gesellschaft übernommenen Gründungskosten (weitere Hinweise wie oben Rdn. 14 M):**
4. **Kosten, Abschriften.**
Vorgelesen, genehmigt und wie folgt eigenhändig unterschrieben .....

Anlage

Gesellschaftsvertrag

§ 1

Die Firma lautet »Hans Sommer Gesellschaft mit beschränkter Haftung« und hat ihren Sitz in Hamburg.

§ 2

Gegenstand der Gesellschaft ist die Herstellung und der Vertrieb von staub- und lufttechnischen Anlagen und Geräten.

§ 3

Das Stammkapital beträgt 200.000 €. Vom Stammkapital der Gesellschaft zu 200.000 € übernehmen Herr Sommer, ..., einen Geschäftsanteil in Höhe von 70.000 € (Nr. 1), Herr Haak, ..., und Herr Haefner, ..., jeweils Geschäftsanteile in Höhe von 65.000 € (Nr. 2 und Nr. 3). Herr Sommer erbringt seine Einlage in voller Höhe, indem er sein unter der Einzelkaufmannsfirma »Hans Sommer e.K.« betriebenes Handelsgeschäft mit allen Aktiven und Passiven und dem Recht zur Fortführung der Firma auf die Gesellschaft überträgt. Ab 1. Juni ..... wird das Geschäft für Rechnung der Gesellschaft geführt. Dies ist der steuerliche Einbringungszeitpunkt i.S. des § 20 Abs. 6 Satz 3 UmwStG. Über den Übergang aller Aktiven und Passiven auf die in Gründung befindliche GmbH sind sich die Vertragsteile (ggf. auch antizipiert) einig.
Die Übertragung geschieht auf Grund einer zum 31. Mai ..... aufzustellenden Zwischenbilanz, die sich an den letzten Jahresabschluss unter Beibehaltung der dazu angewandten Bilanzierungsgrundsätze anschließt. *[Anm.: Einbringungsbilanz muss erst bei Anmeldung vorliegen.]*
Dem sich daraus ergebenden Überschuss des Vermögens über die Schulden werden 20 v.H. für den Firmenwert hinzugesetzt. Das Aktivvermögen betrug nach dem letzten Jahresabschluss rund 120.000 € bei 50.000 € Verbindlichkeiten. Eine wesentliche Änderung ist seitdem nicht eingetreten. Das reine Geschäftsvermögen stellt sich danach auf rund 70.000 € und mit dem Firmenwert auf rund 84.000 €. Der Mehrbetrag des reinen Vermögens von 14.000 €, der sich nach Abzug der Einlage von 70.000 € ergibt, wird Herrn Sommer als Darlehensforderung gutgeschrieben und ab ..... mit 5 v.H. jährlich bei kalenderhalbjährlicher Kündigungsmöglichkeit verzinst.[256]
Herr Steuerberater und WP ..... wird das Leistungsbestimmungsrecht nach § 317 BGB eingeräumt, die eingebrachten Vermögensgegenstände für alle Beteiligten verbindlich zu bezeichnen, sofern sie in der Einbringungsbilanz oder in diesem Vertrag nicht ausreichend bezeichnet sind. Er wird zudem bevollmächtigt, und zwar unter Befreiung von den Beschränkungen des § 181 BGB, sämtliche zum Vollzug dieses Vertrages bzw. der Einbringung erforderlichen Erklärungen abzugeben.
Die Gesellschafter Haak und Haefner erbringen ihre Einlagen von je 65.000 € in bar. Sie sind sofort zur Zahlung fällig.

---

256 Vorsicht bei Gutschrift als Darlehen: Nach § 20 Abs. 2 Satz 4 UmwStG darf der gemeine Wert der sonstigen Gegenleistung nicht mehr betragen als (a) 25 % des Buchwertes des eingebrachten Betriebsvermögens oder (b) den Betrag von 500.000 € nicht übersteigen (Kleinunternehmensprivileg), jedoch maximal nur bis zur Höhe des Buchwert des eingebrachten Betriebsvermögens. Ansonsten entsteht ein Einbringungsgewinn.

§ 4

Zugunsten von Mitgesellschaftern oder Ehegatten oder Abkömmlingen von Gesellschaftern können die Geschäftsanteile abgetreten, verpfändet oder mit einem Nießbrauchrecht belastet werden, ohne dass es einer Genehmigung bedarf. – Die Übertragung oder Verpfändung oder Nießbrauchbestellung zugunsten anderer Personen bedarf eines Mehrheitsbeschlusses der Gesellschafterversammlung.

§ 5

Die Gesellschaft hat einen oder mehrere Geschäftsführer. Sind mehrere Geschäftsführer bestellt, so vertreten zwei gemeinschaftlich oder ein Geschäftsführer zusammen mit einem Prokuristen. Die Gesellschafterversammlung kann, auch wenn mehrere Geschäftsführer bestellt sind, dem einzelnen die Befugnis zur Einzelvertretung erteilen, ohne dass es einer Satzungsänderung bedarf. Sie kann Geschäftsführer von den Beschränkungen des § 181 BGB befreien.

§ 6

Beschlüsse der Gesellschafter werden mit einfacher Stimmenmehrheit gefasst, sofern das Gesetz nicht eine andere Mehrheit zwingend vorschreibt. Auf je 50 € Geschäftsanteile entfällt eine Stimme.

§ 7

Am Gewinn nehmen die Gesellschafter im Verhältnis ihrer Geschäftsanteile teil.

§ 8

Die Gesellschaft wird auf unbestimmte Zeit geschlossen. Das Geschäftsjahr ist das Kalenderjahr. Die Bekanntmachungen erfolgen nur im Bundesanzeiger.

§ 9

Gründungskosten .....

■ *Kosten.* Wie Rdn. 137 M Der Wert ist hier die Summe aus dem Wert der Sacheinlage 120.000 € (Aktivvermögen) und 14.000 € vereinbarte Hinzurechnung des Firmenwertes (20 % von 70.000 €) und der Bareinlagen 130.000 € = 264.000 €. Die Erfüllung der Einlageverpflichtung ist gegenstandsgleich und damit nicht zu bewerten. – 2,0 Gebühr nach Nr. 21100 KV GNotKG (Tabelle B).

In die *Anmeldung* ist aufzunehmen:

Versicherung bei Gründung mit Sach- und und Geldeinlage

Wir versichern, bei mehreren Geschäftsführern jeder für sich einzeln: 143 M

Das Handelsgeschäft der bisherigen Einzelkaufmannsfirma Hans Sommer e.K. ist mit allen Vermögens- und Schuldenteilen, die in der Zwischenbilanz zum 31. Mai ..... aufgeführt sind, auf die Gesellschaft übertragen worden, und die Bareinlagen der Gesellschafter Haak und Haefner sind voll eingezahlt und werden nicht an die Gesellschafter zurückgewährt. Alle Einlagen befinden sich endgültig in der freien Verfügung der Geschäftsführer und wurden nicht an die Gesellschafter zurückgewährt. Weiterhin versichere ich, dass in den Vermögensverhältnissen der Einzelkaufmannsfirma seit dem Stichtag der Bilanz bis zur Einbringung keine Verschlechterung eingetreten ist.

§ 142 Gesellschaft mit beschränkter Haftung (GmbH). Gründung, Satzungsbestandteile

Über die Vereinbarungen im Vertrag über die Errichtung der Gesellschaft hinaus sind zur Einbringung der geleisteten Sacheinlage keine zusätzlichen Vereinbarungen getroffen.

▪ *Kosten*. Die Versicherung ist Erklärungseinheit zur Anmeldung und daher nicht gesondert zu bewerten.

VIII. Einmann-Gesellschaft

1. Grundsätzliches

144 Seit dem Gesetz zur Änderung des GmbH-Gesetzes v. 04.07.1980[257] ist die Einmann-Gründung zugelassen. Für die Einmann-Gründung gelten grundsätzlich keine Besonderheiten, auch nicht für die Firmierung, sodass der Firmenbestandteil »Gesellschaft« auch bei der Einmann-Gründung zulässig ist.[258] Bis zum MoMiG war einzige zusätzliche Voraussetzung gegenüber der Gründung durch mehrere Personen, dass der Einmann-Gesellschafter für nicht geleistete Einlage »eine Sicherung« bestellen musste (§ 7 Abs. 2 a.E. GmbHG a.F.). Dass die Sicherung bestellt wurde, hatten die Geschäftsführer in der Anmeldung zu versichern (§ 8 Abs. 2 Satz 2 GmbHG a.F.). Diese Besonderheit wurde durch das MoMiG aufgehoben. Mit Rücksicht auf die mit der Sicherung verbundenen Schwierigkeiten war bei der Einmann-Gründung Volleinzahlung bisher die Regel. S. zur Vertretung bei der Gründung oben Rdn. 15 ff.

Einmann-Gründung einer GmbH

145 M Verhandelt zu ..... am .....
Vor dem unterzeichneten Notar ..... erklärte der Kaufmann Karl Schroeder, geb. am ....., wohnhaft in Köln, Zülpicher Straße 104, dem Notar persönlich bekannt:
1. Ich errichte hiermit unter der Firma »Schroeder Samenhandlung GmbH« eine Gesellschaft mit beschränkter Haftung mit dem Sitz in Köln. Für das Gesellschaftsverhältnis ist der in der Anlage beigefügte Gesellschaftsvertrag maßgebend.
2. Das Stammkapital der Gesellschaft beträgt 25.000 €.
   Ich übernehme den Geschäftsanteil in Höhe von 25.000 €. Meine Einlage ist in Höhe von 12.500 € sofort bar an die Gesellschaft einzuzahlen. Der Restbetrag ist unverzüglich nach Aufforderung durch die Geschäftsführung an die Gesellschaft zu zahlen.
3. Zum ersten Geschäftsführer der Gesellschaft bin ich Karl Schroeder, geb. am ....., wohnhaft in Köln, bestellt. Ich vertrete die Gesellschaft alleine, auch wenn weitere Geschäftsführer bestellt werden sollten. Ich bin von den Beschränkungen des § 181 BGB befreit.
4. Hinweise, Kosten, Abschriften .....

---
257 BGBl. I S. 836.
258 OLG Frankfurt BB 1982, 694.

Anlage

Gesellschaftsvertrag

§ 1 Firma

Die Firma der Gesellschaft lautet:

»Schroeder Samenhandlung GmbH«.

§ 2 Sitz

Sitz der Gesellschaft ist Köln.

§ 3 Gegenstand des Unternehmens:

Gegenstand des Unternehmens der Gesellschaft ist der Einzelhandel mit Sämereien.

§ 4 Stammkapital und Geschäftsanteil

Das Stammkapital der Gesellschaft beträgt 25.000 €. Es besteht ein Geschäftsanteil in Höhe von 25.000 € (Geschäftsanteil Nr. 1), der bei Gründung der Gesellschaft von Herrn Karl Schroeder, Köln, Zülpicher Straße 104, übernommen wurde. Als Einlage ist auf diesen Geschäftsanteil ein barer Betrag in Höhe von 12.500 € an die Gesellschaft eingezahlt. Im Übrigen ist die Einlage unverzüglich nach Aufforderung durch die Geschäftsführer bar an die Gesellschaft zu zahlen.

§ 5 Geschäftsführung

Die Gesellschaft hat einen oder mehrere Geschäftsführer, die durch die Gesellschafterversammlung bestellt und abberufen werden.
Ist nur ein Geschäftsführer bestellt, so vertritt dieser die Gesellschaft alleine. Sind mehrere Geschäftsführer vorhanden, so wird die Gesellschaft durch zwei Geschäftsführer gemeinsam oder durch einen Geschäftsführer gemeinsam mit einem Prokuristen vertreten. Die Gesellschafterversammlung kann auch bei Vorhandensein mehrerer Geschäftsführer einzelnen oder allen von ihnen Einzelvertretungsbefugnis erteilen. Sie kann Geschäftsführer von den Beschränkungen des § 181 BGB befreien.

§ 6 Geschäftsjahr

Das Geschäftsjahr der Gesellschaft ist das Kalenderjahr. Das erste Geschäftsjahr beginnt mit der Eintragung der Gesellschaft in das Handelsregister und endet mit dem darauffolgenden 31. Dezember.

§ 7 Befreiung vom Wettbewerbsverbot

Gesellschafter und Geschäftsführer können durch Beschluss der Gesellschafter – auch unentgeltlich – von Wettbewerbsverboten befreit werden. Die näheren Einzelheiten regelt der Gesellschafterbeschluss.

§ 8 Bekanntmachungen

Die Bekanntmachungen der Gesellschaft erfolgen nur im Bundesanzeiger.

§ 9 Gründungskosten
.....

■ *Kosten.* Geschäftswert nach § 107 Abs. 1 GNotKG mind. 30.000 €. 1,0 Gebühr aus Nr. 21200 KV GNotKG (Tabelle B).

146 M **Anmeldung der Gründung der Einmann-GmbH**

Amtsgericht, Handelsregister, in Köln

Zum Handelsregister B ..... übermittle ich in elektronisch beglaubigter Abschrift:
a) Urkunde vom heutigen Tage über die Errichtung der »Schroeder Samenhandlung GmbH« mit dem Sitz in Köln, aus der sich auch meine Bestellung zu deren ersten Geschäftsführer ergibt;
b) eine Liste, in der der Gründungsgesellschafter und der von ihm übernommene Geschäftsanteil aufgeführt ist.

I.

1. Zur Eintragung in das Handelsregister melde ich die Gesellschaft und meine Bestellung zu deren ersten Geschäftsführer an.
2. Ich vertrete die Gesellschaft alleine, auch wenn weitere Geschäftsführer bestellt werden sollten. Ich bin von den Beschränkungen des § 181 BGB (Verbot des Selbstkontrahierens) befreit.
3. Die allgemeine Bestimmung im Gesellschaftsvertrag über die Vertretung der Gesellschaft lautet wie folgt:
Ist nur ein Geschäftsführer vorhanden, so vertritt dieser die Gesellschaft alleine. Sind mehrere Geschäftsführer bestellt, so wird die Gesellschaft durch zwei Geschäftsführer gemeinsam oder durch einen Geschäftsführer gemeinsam mit einem Prokuristen vertreten. Die Gesellschafterversammlung kann auch bei Vorhandensein mehrerer Geschäftsführer allen oder einzelnen von ihnen Einzelvertretungsbefugnis erteilen. Sie kann Geschäftsführer von den Beschränkungen des § 181 BGB befreien.

II.

1. Ich versichere, dass auf den Geschäftsanteil ein barer Betrag in Höhe von 12.500 € eingezahlt ist, dass sich der eingezahlte Betrag endgültig in meiner freien Verfügung als Geschäftsführer befindet und dass das Vermögen der Gesellschaft – abgesehen von den mit der Gründung verbundenen Kosten unter in Höhe von ..... € – durch keinerlei Verbindlichkeiten belastet ist.
2. Ich versichere, dass keine Umstände vorliegen, die mich vom Amt des Geschäftsführers nach § 6 Abs. 2 Satz 2 Nr. 2 und 3 sowie Satz 3 GmbHG ausschließen: (s. Muster § 143 Rdn. 63 M).

III.

Die Geschäftsräume der Gesellschaft befinden sich in Köln ..... (inländische Geschäftsanschrift).

Vollzugsvollmacht (s. Muster Rdn. 63 M)
Köln, den .....   Karl Schroeder
Beglaubigungsvermerk (s. Muster Rdn. 96 M)

■ *Kosten.* Wie zu Muster § 142 Rdn. 63 M. Nach noch h.M. für die Listenerstellung gemäß Nr. 22110 KV GNotKG eine Gebühr von 0,5 aus Tabelle B, die nach Nr. 22113 KV GNotKG auf höchstens 250 € beschränkt wird, da in der Urkunde über die GmbH-Errichtung auch der Beschluss über die Geschäftsführerbestellung (= 2,0 Gebühr) enthalten ist und die Vollzugsgebühr sich nach dem höchsten Gebührensatz in der Urkunde richtet.

2. Spätere Vereinigung aller Anteile in einer Hand

Nach Aufhebung von § 19 Abs. 4 GmbHG a.F. durch das MoMiG hat die spätere Vereinigung aller Geschäftsanteile in einer Hand keine – über die allgemeinen Folgen des § 40 GmbHG – hinausgehenden Konsequenzen mehr. **147**

3. § 181 BGB beim Gesellschafter-Geschäftsführer

In § 35 Abs. 4 GmbHG ist ausdrücklich bestimmt, dass § 181 BGB für Rechtsgeschäfte zwischen dem Alleingeschäftsführer, der gleichzeitig Alleingesellschafter ist, und der Gesellschaft gilt. Da diese Vorschrift abdingbar ist, kann in den Gesellschaftsvertrag eine Bestimmung des folgenden Inhalts aufgenommen werden: **148**

Ist der alleinige Gesellschafter der Gesellschaft zugleich deren alleiniger Geschäftsführer, so ist er von den Beschränkungen des § 181 BGB befreit. **149 M**

Diese – an sich regelmäßig interessengerechte – Bestimmung, dass der Geschäftsführer befreit sein soll, wenn er alleiniger Gesellschafter ist, ist nach BGHZ 87, 59 indes nicht zulässig. Den (unzutreffenden) Bedenken trägt folgende Formulierung Rechnung: **150**

Die Gesellschafterversammlung kann Geschäftsführer von den Beschränkungen des § 181 BGB befreien. Der Geschäftsführer Karl Schroeder, Kaufmann in Köln, ist von den Beschränkungen des § 181 BGB befreit. **151 M**

Soll der Geschäftsführer von den Beschränkungen des § 181 BGB befreit sein, und dies ist zur Wirksamkeit zahlreicher Geschäfte erforderlich, so ist eine dem ersten Satz entsprechende Bestimmung im Gesellschaftsvertrag erforderlich. Schweigt der Gesellschaftsvertrag, muss sie durch Satzungsänderung aufgenommen werden.[259] Lässt der Gesellschaftsvertrag die Befreiung zu, kann sie der Allein-Gesellschafter-Geschäftsführer beschließen, § 47 Abs. 4 Satz 2 GmbHG gilt nicht.[260]

4. Gesellschafterbeschlüsse

§ 48 Abs. 3 GmbHG verpflichtet den Alleingesellschafter, Gesellschafterbeschlüsse schriftlich niederzulegen. **152**

IX. Fakultativer Satzungsinhalt

1. Überblick

Neben dem Mindestinhalt (§ 3 GmbHG) enthält der Gesellschaftsvertrag fast ausnahmslos zusätzliche Vereinbarungen (fakultativer Inhalt). Dieser muss bei gesetzlichem Satzungsvorbehalt korporativ ausgestaltet sein (also in der Satzung als echter Satzungsbestandteil ent- **153**

---

[259] BGHZ 87, 59 = DNotZ 1983, 633; Beschl. v. 03.04.2000, bei *Goette*, DStR 2000, 697; BayObLG DNotZ 1981, 699.
[260] BayObLG MDR 1984, 754.

halten sein), ansonsten besteht bei vielen Regelungsmaterien weitgehend Wahlfreiheit, ob eine korporative Ausgestaltung beabsichtigt ist, oder vielmehr eine individualrechtliche Regelung getroffen werden soll. In letzterem Fall wirkt die Aufnahme der Vereinbarung in die Satzung nur deklaratorisch, daher auch »unechter« oder »formeller« Satzungsbestandteil genannt. Ganz überwiegend finden sich in den Gesellschaftsverträgen – über die Mindestbestandteile der §§ 3 bis 5 GmbHG hinaus – zumindest Regelungen zur Geschäftsführung und Vertretung (hierzu noch unten § 143 Rdn. 36 M) sowie zur Übernahme des Gründungsaufwandes (hierzu Rdn. 162); bei Mehrpersonengesellschaften sind in der Praxis überdies vor allem Bestimmungen über die Vinkulierung der Anteile[261] – unter präziser Festlegung, wer (Geschäftsführer, Gesellschafterversammlung, jeder einzelne Gesellschafter oder ein Beirat), ggf. unter welchen Voraussetzungen (freies Ermessen oder Zustimmungspflicht bei Übertragungen an einen bestimmten Personenkreis) über die »Freigabe« entscheiden darf – über Austritts- und Ausschließungsrechte (hierzu noch unten § 145 Rdn. 126 ff.), sowie über die Abfindung ausgeschiedener Gesellschafter[262] (hierzu noch unten § 145 Rdn. 141 ff.), ggf. auch Regelungen über die Nachfolge im Erbfall[263] anzutreffen und zweckmäßig. Demgegenüber sind die fakultativen Regelungen, auch diejenigen des § 3 Abs. 2 GmbHG, bei einer Gründung im vereinfachten Verfahren ausgeschlossen. Satzungsergänzende Nebenabreden bleiben freilich zulässig;[264] sie erfreuen sich insgesamt aufgrund ihrer mangelnden Publizität (keine Einreichung zum Handelsregister erforderlich) und großen Flexibilität (Begründung, Abänderung, Aufhebung im Grundsatz ohne notarielle Mitwirkung, es sei denn, Verpflichtungen zur Anteilsübertragung oder bedingte Abtretungen wären in ihre enthalten) enormer Beliebtheit.

Fast in jedem Gesellschaftsvertrag finden sich korporative Regelungen zu den folgenden Punkten:

154 **a)** Zur *Dauer der Gesellschaft* (s. § 3 Abs. 2 GmbHG) wird meist wenigstens bestimmt, dass die Gesellschaft auf unbestimmte Zeit errichtet ist (fehlt diese Bestimmung, ist dies aber ohnehin der gesetzliche »Normalfall«). Enthält der Gesellschaftsvertrag keine oder nur diese Regelung, so kann die Gesellschafterversammlung jederzeit mit Drei-Viertel-Mehrheit die Auflösung beschließen (§ 60 Abs. 1 Nr. 2 GmbHG); angesichts dieser Flexibilität ist eine satzungsmäßige Bestimmung zur Dauer der Gesellschaft meist nicht empfehlenswert.[265] Wird sie doch getroffen, gilt: Eine Zeitbeschränkung als Befristung ist zulässig, nicht aber als Bedingung, da der Eintritt ungewiss ist (unzulässig ist es daher etwa, auf eine Kündigungserklärung des Geschäftsführers abzustellen). Die Auflösung tritt mit Zeitablauf kraft Gesetzes ein, eine etwaige Fortsetzung bedarf eines Beschlusses.

155 **b)** Meist wird das *Geschäftsjahr* durch den Gesellschaftsvertrag bestimmt (regelmäßig stimmt es mit dem Kalenderjahr überein, zwingend ist dies aber nicht). Der Gesellschaftsvertrag kann die Bestimmung des Geschäftsjahres aber auch der Geschäftsführung übertragen.[266] Steuerlich besteht bei Gründung Wahlfreiheit (§ 4a Abs. 1 Nr. 2 EStG). Das erste (Rumpf-)Wirtschaftsjahr einer GmbH beginnt bei vorherigem Tätigwerden nicht erst mit deren Eintragung im Handelsregister (was unnötig häufig so in Satzungen geregelt wird), sondern bereits mit der Aufnahme der Geschäftstätigkeit der Vor-GmbH[267] und reicht dann bis zum ersten Wechsel des Geschäftsjahres. Eine Geschäftsjahresumstellung bedarf einer Satzungs-

---

261 Hierzu etwa *Loritz*, NZG 2007, 361 ff.; *Liebscher*, ZIP 2003, 825 ff.; *Reichert*, GmbHR 2012, 713 ff.; *K. Schmidt*, GmbHR 2011, 1289 ff.
262 *Hülsmann*, GmbHR 2007, 290 ff.
263 *Ivo*, ZEV 2009, 333 ff.; *Langner/Heydel*, GmbHR 2005, 377ff.
264 *Leitzen*, RNotZ 2010, 566 ff.; *Noack*, NZG 2010, 1017.
265 So auch Fuhrmann/Wälzholz/*Wälzholz*, M. 13.2 Anm. 93.
266 OLG Stuttgart DNotZ 1992, 742.
267 BFH v. 03.09.2009 – IV R 38/07 = BFHE 226, 283 = BStBl. II 2010, 60 = MittBayNot 2010, 158.

änderung[268] und regelmäßig der Zustimmung der Finanzverwaltung, § 4a Abs. 1 Satz 2 Nr. 2 Satz 2 EStG.

Geschäftsjahr entspricht Kalenderjahr

Das Geschäftsjahr entspricht dem Kalenderjahr. Das erste Geschäftsjahr ist ein Rumpfgeschäftsjahr. 156 M

Abweichendes Geschäftsjahr

Das Geschäftsjahr beginnt jeweils am 1. April eines Jahres und endet am 31. März des Folgejahres. Für das erste Geschäftsjahr wird für die die Zeit bis zum 31. März ..... ein Rumpfgeschäftsjahr gebildet. 157

c) Das GmbHG verlangt keine Bestimmungen über die Form der kraft Gesetzes oder Satzung zwingend zu erfolgenden Bekanntmachungen der Gesellschaft (z.B. nach § 30 Abs. 2 oder § 58 Abs. 1 Nr. 1 GmbHG); diese erfolgen im Bundesanzeiger (§ 12 GmbHG), der nur noch elektronisch erscheint.[269] Im Gesellschaftsvertrag können – zusätzlich – andere öffentliche Blätter oder elektronische Informationsmedien als Gesellschaftsblätter bezeichnet werden, was jedoch in aller Regel nicht zweckmäßig ist; der Gesellschaftsvertrag sollte dann zwecks Verschlankung keine Bestimmung über das Bekanntmachungsmedium enthalten. 158

d) Die früher häufige Bestimmung, dass die Geschäftsführer innerhalb bestimmter Frist (meist 6 Monate) den Jahresabschluss aufzustellen haben, ist verschwunden: § 264 Abs. 1 HGB sieht nunmehr generell eine Dreimonats-Frist vor, innerhalb der der Jahresabschluss (= Bilanz mit Gewinn- und Verlustrechnung) nebst Lagebericht § 289 HGB und Anhang §§ 284 bis 288 HGB aufzustellen ist; diese dürfen nur kleine Kapitalgesellschaften i.S.d. § 267 HGB[270] (um höchstens 3 weitere Monate) überschreiten, wenn dies »einem ordnungsmäßigen Geschäftsgang« entspricht. Eine Sechs-Monats-Frist im Gesellschaftsvertrag ist danach auch bei kleinen Gesellschaften unzulässig.[271] Eine die gesetzliche Frist verkürzende Regelung im Gesellschaftsvertrag – etwa die Festlegung einer Drei-Monatsfrist auch bei einer (derzeit) kleinen Kapitalgesellschaft – wäre dagegen möglich. Die handelsrechtlichen Ansatz- und Bewertungsvorschriften sind zwingend, soweit sich aus §§ 246 ff. HGB nichts anderes ergibt. Trotz weitgehender (aber nicht vollständiger) Übereinstimmung mit den steuerlichen Vorschriften ist deshalb eine Bestimmung im Gesellschaftsvertrag unwirksam, die Bilanz ausschließlich nach steuerlichen Vorschriften aufzustellen.[272] Häufig sind in der Satzung nur noch deklaratorische Bestimmungen enthalten, denen zufolge sich Aufstellung von Jahresabschluss und ggf. Lagebericht nach den gesetzlichen Bestimmungen richtet. 159

---

268 Zur Umstellung in der Insolvenz BGH GmbHR 2017, 479.
269 Gesetz zur Änderung von Vorschriften über Verkündung und Bekanntmachungen v. 22.12.2011, BGBl. 2011 I S. 3044.
270 Für diese entfällt der Lagebericht. Noch mehr Erleichterungen bestehen für Kleinstkapitalgesellschaften i.S.d. § 267a HGB, die u.a. auch nur die Bilanz zum Bundesanzeiger einreichen, aber nicht veröffentlichen müssen, § 326 Abs. 2 HGB.
271 BayObLG DNotZ 1988, 50.
272 BayObLG DNotZ 1989, 116.

§ 142 Gesellschaft mit beschränkter Haftung (GmbH). Gründung, Satzungsbestandteile

Bestimmung zum Jahresabschluss

160 M Der Jahresabschluss (Bilanz, Gewinn- und Verlustrechnung) – ggf. nebst Anhang und Lagebericht –[273] ist von der Geschäftsführung innerhalb der gesetzlichen Frist nach Ablauf eines Geschäftsjahres aufzustellen und unverzüglich den Gesellschaftern zur Feststellung vorzulegen. Die Gesellschafter haben den Jahresabschluss innerhalb der gesetzlichen Frist festzustellen und über die Ergebnisverwendung zu beschließen.

161 e) Zur Vereinbarung einer *Schiedsgerichtsklausel* s. § 129.[274] Ist die Schiedsgerichtsvereinbarung Bestandteil des Gründungsvertrags, bedarf sie nach dem beurkundungsrechtlichen Vollständigkeitsgrundsatz wohl richtigerweise der notariellen Beurkundung,[275] unabhängig davon, ob sie im Gesellschaftsvertrag selbst enthalten ist oder in besonderer Urkunde erklärt wird (beides ist auch bei Beteiligung von Verbrauchern möglich, s. § 1031 Abs. 5 ZPO a.E.).[276] Regelmäßig wird es aber ohnehin sinnvoll sein, die Schiedsgerichtsklausel als echten Bestandteil in die Satzung aufzunehmen. Nur dadurch kann erreicht werden, dass diese auch für künftige Gesellschafter Bindung erlangt. Die Verfahrensvereinbarung, also Schiedsordnung des Schiedsgerichts, bedarf ihrerseits jedenfalls dann nicht der Mitbeurkundung, wenn auf sie abstrakt in ihrer jeweiligen Fassung (d.h. dynamisch) verwiesen ist.[277] Das ist regelmäßig so gewollt. – Eine nachträgliche Aufnahme einer Schiedsgerichtsklausel bedarf der Zustimmung aller Gesellschafter.[278] – Inhaltlich können Schiedsgerichtsvereinbarungen, sind bestimmte Mindeststandards gewahrt, auch auf Beschlussmängelstreitigkeiten erstreckt werden.[279] Muster bei § 129 Rdn. 31 M, 32 M.

162 f) Zu den Gründungskosten, die die Gesellschaft entsprechend § 26 Abs. 2 AktG selbst tragen darf, ist vieles umstr.[280], wobei es im Kern immer um die Probleme der Vermeidung einer verdeckten Gewinnausschüttung sowie einer Unterbilanzhaftung geht: Inwieweit die Gründungskosten von der Gesellschaft zu tragen sind, wenn der Vertrag schweigt, ob der Gesellschaft entsprechend § 26 Abs. 3 AktG ein Erstattungsanspruch gegen die Gründer zusteht, inwieweit die Übernahme der Gründungskosten durch die Gesellschaft einer Vereinbarung im Gesellschaftsvertrag bedarf,[281] ob die Differenzhaftung der Gründer und die Verpflichtung der Geschäftsführer zur Versicherung über eventuelle Verbindlichkeiten in der Anmeldung auch für die von der Gesellschaft übernommenen Gründungskosten gilt, schließlich, ob das Gebot, das Stammkapital zu erhalten (§ 30 Abs. 1 GmbHG), die Entnahme der Gründungskosten aus dem Gesellschaftsvermögen vor seiner entsprechenden Erhöhung durch Gewinne hindert. Sollen die Gründungskosten (wie regelmäßig, wenigstens teilweise) von der Gesellschaft übernommen werden, nötigen BGHZ 80, 129, 143 einerseits, BGHZ 107, 1[282] anderer-

---

273 Pauschale Regelung, die dem Rechnung trägt, dass die Aufstellung eines Lageberichts für kleine sowie der Anhangs für Kleinstkapitalgesellschaften entbehrlich ist, § 264 Abs. 1 Satz 4 und 5 HGB. Vgl. auch Fuhrmann/Wälzholz/*Wälzholz*, M. 13.2 Anm. 48.
274 Formulierung bei *Schmitz*, RNotZ 2003, 591, 610.
275 A.A. wohl BGH DNotZ 2014, 912, der § 1031 ZPO als lex specialis ansieht; mit Rücksicht auf die Langfristigkeit der Maßnahme wird die Praxis zur Vorsicht raten.
276 BGH DNotZ 2014, 912, 917. Zu Schiedsklauseln *Reichert/Harbath*, Statutarische Schiedsklauseln, NZG 2003, 379; *K. Schmidt*, Schiedsklauseln und Schiedsverfahren im Gesellschaftsrecht als prozessuale Legitimationsprobleme – Ein Beitrag zur Verzahnung von Gesellschafts- und Prozessrecht, BB 2001, 1857. Ausf. aus notarieller Sicht Heckschen/Heidinger/*Heckschen*, Kap. 4 C. Rn. 786 ff, dort auch zur Mediation.
277 BGH DNotZ 2014, 912; OLG München DNotZ 2014, 206 m. zust. Anm. *Heskamp*.
278 BGH DStR 2000, 937.
279 BGH GmbHR 2017, 759; OLG Frankfurt GmbHR 2011, 431; s. auch *Versin*, GmbHR 2015, 959 sowie Fuhrmann/Wälzholz/*Wälzholz*, M. 13.2 Anm. 91.
280 S. etwa *Cramer*, NZG 2015, 373 ff.
281 OLG Hamburg GmbHR 2011, 766; KG GmbHR 2012, 856.
282 = BGH DNotZ 1990, 124.

seits, zur Aufnahme einer entsprechenden, ausreichend konkreten Bestimmung[283] in den Gesellschaftsvertrag im engeren Sinne (also nicht nur in das Gründungsprotokoll) unter Angabe eines (notfalls geschätzten) Gesamtbetrags und zur Erwähnung der übernommenen Gründungskosten in der Versicherung der Geschäftsführer darüber, inwieweit das eingezahlte Stammkapital durch Verbindlichkeiten vorbelastet ist. Auch zur Vermeidung einer evtl. verdeckten Gewinnausschüttung bei Übernahme durch die GmbH empfiehlt sich, die Höhe des zu übernehmenden Gründungsaufwandes in den Gesellschaftsvertrag aufzunehmen.[284]

163 Weil gesetzliche Vorschriften fehlen – abgesehen von der allgemein für richtig gehaltenen entsprechenden Anwendung von § 26 Abs. 2 AktG und den Regelungen in Ziff. 5 der Musterprotokolle zur Gesellschaftsgründung in der Anlage zum GmbHG –, sind Zweifel über die Zulässigkeit von Vereinbarungen und darauf beruhende Beanstandungen der Handelsregister häufig. Das OLG Zweibrücken beanstandete im Beschl. v. 25.06.2013[285] als obiter dictum eine pauschalierte prozentuale Obergrenze von 10 % des Stammkapitals (wobei gerade in dieser Höhe Registergerichte oft großzügig sind, was die Angemessenheit des überwälzten Gründungsaufwands betrifft, nicht aber darf bei dieser Obergrenze auf die Nennung der jeweiligen Posten verzichtet werden), das OLG Celle im Beschl. v. 22.10.2014,[286] ohne auf die Umstände des konkreten Falls einzugehen, Gründungskosten von 15.000 € bei einem Stammkapital von 25.000 € als unangemessen[287] sowie im Beschl. v. 11.02.2016 (ZIP 2016, 618) die fehlende namentliche Nennung der von der Gesellschaft zu tragenden Gründungskosten. Richtigerweise gibt es *keine starre Obergrenze*, ab dem eine Übernahme der Gründungskosten nicht mehr angemessen wäre; auch kann keine prozentuale Größe in Relation zum Stammkapital pauschal als Grenze der Angemessenheit gelten. Gleichwohl wird man folgende Faustformel aufstellen dürfen: Je höher die Summe des abgewälzten Gründungsaufwands im Verhältnis zur Stammkapitalziffer ausfällt, desto eher wird eine Unangemessenheit naheliegen; in diesem Sinne wird die registergerichtliche Prüfungsintensität bei einer Überschreitung der 10 %-Grenze zunehmen.[288] Bei der Satzungsgestaltung sollte auf die namentliche Nennung der einzelnen Posten des Gründungsaufwands sowie den Ausweis eines notfalls geschätzten Gesamtbetrages geachtet werden,[289] wohingegen eine genaue Ausdifferenzierung der einzelnen Kostenposten nicht erforderlich ist.[290]

164 Die Änderung der betreffenden Satzungsbestimmungen (zu Gunsten, niemals zu Lasten der Gesellschaft) soll in Anlehnung an die hier für wertungsgerecht erachteten aktienrechtlichen Vorschriften erst fünf Jahre nach Eintragung, § 26 Abs. 4 AktG, zulässig sein; die Streichung, d.h. deren Beseitigung, falls diese inhaltlich überholt sein sollten, wäre danach erst nach dreißig Jahren, § 26 Abs. 5 AktG möglich, wobei hier die Analogie zu Recht nicht konsequent zu Ende geführt wird.[291] Eine Streichung 10 Jahre nach Eintragung wird meist für zulässig erachtet.[292] Zwar mag schon prinzipiell zu bezweifeln sein, ob bei der regelmäßig personalistisch strukturierten GmbH der Analogieschluss trägt, oder ob dieser jedenfalls im Lichte gewandelter technischer Voraussetzungen (elektronische Einsichtnahme in das Handelsregister und dadurch regelmäßig effektivere Auffindbarkeit auch früherer Fassungen der Satzung) zu überdenken ist; in der Praxis sind diese Fristen jedoch unbedingt zu beachten.

---

283 OLG Celle GmbHR 2016, 650.
284 S. BFH BStBl. II 1990, 89; BFH v. 11.02.1997 – I R 42/96, MittBayNot 1998, 280.
285 DNotI-Report 2013, 166 m. krit. Anm. der Schriftleitung.
286 GmbHR 2015, 139 = MittBayNot 2015, 154.
287 S. dazu den instruktiven Kommentar von *Wachter*, GmbHR 2015, 140.
288 OLG Hamburg GmbHR 2011, 766 m. Anm. *Wachter*, EWiR 2011, 535.
289 Fuhrmann/Wälzholz/*Wälzholz*, M. 13.1 Anm. 11.
290 *Wachter*, GmbHR 2016, 791.
291 Vgl. etwa OLG Celle, DStR 2018, 423: mindestens zehn Jahre.
292 OLG Oldenburg GmbHR 2016, 1305.

Satzungsregelung zu den Gründungskosten

165 M § ..... Die Gesellschaft trägt die Kosten (Gerichtsgebühren, Veröffentlichungskosten, Notarkosten sowie ggf. Vergütung für Beratungstätigkeit) ihrer Gründung bis zu höchstens € 2.500,00. Im Übrigen tragen die Gesellschafter Gründungskosten selbst. Die Kosten etwaiger künftigen Kapitalerhöhungen trägt die Gesellschaft vollständig, die Kosten der Übernahmeerklärungen bis zu höchstens ..... % bezogen auf den Kapitalerhöhungsbetrag.

166 g) Häufig sind etwa noch Regelungen zur Gewinnverwendung (dazu Rdn. 129), zur Einziehung (dazu § 145 Rdn. 126 ff.), seltener auch zu Nachschusspflichten (§ dazu § 145 Rdn. 149) anzutreffen.

Ausführlicher Gesellschaftsvertrag[293] **als vollständige Satzungsneufassung mit Nachschusspflicht, Einziehung von Geschäftsanteilen, fakultativem Aufsichtsrat, Wettbewerbsverbot**[294]

167 M Verhandelt in Essen am .....

§ 1 Firma, Sitz

1. Die Firma der Gesellschaft lautet: »Büromat Büromaschinengesellschaft mit beschränkter Haftung«.
2. Sitz der Gesellschaft ist Duisburg, der Verwaltungssitz liegt ebendort.

§ 2 Gegenstand des Unternehmens

1. Gegenstand des Unternehmens ist die Herstellung und der Vertrieb von Büromaschinen.
2. Die Gesellschaft kann gleichartige oder ähnliche Unternehmungen erwerben, sich an solchen beteiligen, deren Vertretung übernehmen und Zweigniederlassungen errichten.

§ 3 Stammkapital

Das Stammkapital beträgt fünf Millionen Euro und ist vollständig geleistet.[295]

§ 4 Geschäftsführung, Vertretung

1. Die Gesellschaft hat einen oder mehrere Geschäftsführer. Die Geschäftsführer werden vom Aufsichtsrat bestellt.

---

293 S. für weitere Muster die vorzüglichen Formulare von Fuhrmann/Wälzholz/*Wälzholz*, M. 13.1 bis 13.9.
294 Wird der nachstehende Gesellschaftsvertrag als Neufassung (z.B. anlässlich einer Kapitalerhöhung) beschlossen, braucht der historische Werdegang (Kapitalveränderungen) nicht geschildert zu werden.
295 Str. ist, ob die Übernehmer der Geschäftsanteile bei der Gründung solange im Gesellschaftsvertrag aufgeführt werden müssen, als die Einlagen nicht voll erbracht sind. Richtigerweise ist dies zu verneinen, s. OLG Rostock NZG 2011, 992; Scholz/*Cziupka*, § 3 GmbHG Rn. 53. Ohne Bedenken kann jedenfalls die Angabe der Gründungsgesellschafter im Gesellschaftsvertrag entfallen, wenn die Einlagen geleistet sind. Eine ähnliche Frage besteht bei den Festsetzungen zu Sacheinlagen nach § 5 Abs. 4 GmbHG. Wegen der Verjährungsfrist nach § 9 Abs. 2 GmbHG wird dazu eine zehnjährige Frist bis zur Streichung aus dem Gesellschaftsvertrag vertreten (zweifelhaft). Ähnliches gilt für den Gründungsaufwand, dazu Rdn. 162. Das hiesige Muster unterstellt, dass die Gesellschaft bereits seit 10 Jahren eingetragen ist und die Bestimmung dauerhaft weggelassen werden darf.

2. Sind mehrere Geschäftsführer bestellt, so wird die Gesellschaft durch zwei gemeinschaftlich oder durch einen Geschäftsführer in Gemeinschaft mit einem Prokuristen vertreten. Die Gesellschaft wird durch einen Geschäftsführer allein vertreten, wenn er alleiniger Geschäftsführer ist oder wird.
3. Bei mehreren Geschäftsführern kann durch Aufsichtsratsbeschluss einzelnen oder mehreren die Befugnis zur Einzelvertretung übertragen werden. Der Aufsichtsrat kann einzelne oder mehrere Geschäftsführer von den Beschränkungen des § 181 BGB befreien.
4. Die Geschäftsführer können durch den Aufsichtsrat, aber auch durch einen Beschluss der Gesellschafterversammlung abberufen werden. Der Beschluss bedarf der Mehrheit von drei Vierteln der in der Gesellschafterversammlung abgegebenen Stimmen. Ist der Geschäftsführer, der abberufen werden soll, zugleich Gesellschafter, so hat er kein Stimmrecht bei der Beschlussfassung über seine Abberufung; er kann es auch nicht für andere ausüben oder sich vertreten lassen.
5. Der Geschäftsführer ..... kann nur aus wichtigen Gründen abberufen werden. Ob solche vorliegen, entscheidet im Streitfalle (soweit zulässig) unter Ausschluss des Rechtsweges die Gesellschafterversammlung. Der Geschäftsführer ..... darf bei der Beschlussfassung nicht mitwirken.
6. Die Anstellungsverträge mit den Geschäftsführern können auf höchstens 5 Jahre abgeschlossen werden und höchstens eine sechsmonatige Kündigungsfrist enthalten. – Die Geschäftsführer sind verpflichtet, ihre ganze Arbeitskraft der Gesellschaft zu widmen. Sie dürfen sich weder unmittelbar noch mittelbar an einem Unternehmen gleicher Art beteiligen oder selbst ein derartiges Unternehmen betreiben.
7. Die für Geschäftsführer geltenden Bestimmungen der Abs. 1-5 gelten entsprechend für Liquidatoren.

§ 5 Geschäftsjahr und Dauer der Gesellschaft

1. Geschäftsjahr ist das Kalenderjahr.[296]
2. Die Gesellschaft besteht auf unbestimmte Zeit.[297]

§ 6 Nachschusspflicht

1. Die Gesellschafter können die Einzahlung von Nachschüssen beschließen, wenn die Einlagen voll eingezahlt sind. Der Beschluss bedarf einfacher Stimmenmehrheit.
2. Die Nachschusspflicht ist insgesamt auf einen Betrag von fünfzig vom Hundert des Nennbetrages der übernommenen Geschäftsanteile beschränkt. In einem Geschäftsjahr kann ein Nachschuss von nicht mehr als zehn vom Hundert des Nennbetrages des Geschäftsanteils eingefordert werden. Die eingeforderten Nachschüsse sind binnen drei Monaten nach der Beschlussfassung einzuzahlen.

§ 7 Aufsichtsrat

1. Die Gesellschaft hat einen Aufsichtsrat. Er besteht aus drei oder sechs Mitgliedern. Diese werden von der Gesellschafterversammlung mit einer Mehrheit von mindestens drei Vierteln bestellt und abberufen. Von ihr wird auch die Zahl der Mitglieder festgesetzt. Der Aufsichtsrat bestellt aus sich heraus einen Vorsitzenden, der im Namen des Aufsichtsrats auftritt. Seine Unterschrift allein ist genügend. Im Übrigen gibt sich der Aufsichtsrat seine Geschäftsordnung selbst.

---

[296] Kein zwingender Satzungsbestandteil, aber üblich.
[297] Deklaratorische Angabe.

2. Der Aufsichtsrat schließt die Anstellungsverträge mit den Geschäftsführern; er überwacht die Geschäftsführung, wobei er sich der Unterstützung eines Wirtschaftsprüfers bedienen kann. Er hat ein unbeschränktes Recht auf Auskunft und Untersuchung. Die Geschäftsführer haben seinen Weisungen zu folgen. Im Übrigen finden die in § 52 GmbHG angeführten Vorschriften des Aktiengesetzes auf den Aufsichtsrat Anwendung.

§ 8 Einberufung von Gesellschafterversammlungen[298]

1. Die Gesellschafterversammlungen werden durch die Geschäftsführer einberufen. Es genügt die Einberufung durch einen Geschäftsführer. Auf Verlangen des Aufsichtsrats haben die Geschäftsführer die Einberufung vorzunehmen.
2. Die ordentliche Gesellschafterversammlung, die in jedem ersten Halbjahr stattfindet, beschließt im Falle des § 13 Abs. 1 Satz 2 dieses Vertrages über den Jahresabschluss des abgelaufenen Jahres, die Verwendung des Ergebnisses und die Entlastung des Geschäftsführers und des Aufsichtsrats.
3. Außerordentliche Gesellschafterversammlungen sind einzuberufen, wenn eine Beschlussfassung der Gesellschafter erforderlich wird oder wenn der Aufsichtsrat ihre Unterrichtung oder Anhörung für geboten hält.
4. Gesellschafter, denen zusammen Geschäftsanteile von mindestens einem Zehntel des Stammkapitals gehören, haben das Recht, eine außerordentliche Gesellschafterversammlung einzuberufen, wenn die Geschäftsführer und der Aufsichtsrat auf ihren Antrag, der Zweck und Gründe enthält, die Einberufung ablehnen oder binnen einem Monat nach Eingang des Antrags die Gesellschafterversammlung nicht einberufen haben.
5. Die Einberufung erfolgt durch Einschreibebriefe (Übergabe- oder Einwurfeinschreiben), die an alle Gesellschafter unter Angabe von Ort, Tag, Zeit und Mitteilung der Tagesordnung zu richten sind. Zwischen dem Tag der Absendung und dem Tag der Gesellschafterversammlung muss eine Frist von mindestens zehn Tagen liegen, wobei weder der Tag der Absendung noch der Tag mitzurechnen sind, an dem die Gesellschafterversammlung stattfindet.
6. Gesellschafterversammlungen können, wenn alle Gesellschafter anwesend oder vertreten und mit der Beschlussfassung einverstanden sind, ohne Beachtung der gesetzlichen oder gesellschaftsvertraglichen Frist- und Formvorschriften abgehalten werden.
7. Gesellschafterversammlungen finden am Sitze der Gesellschaft statt.

§ 9 Durchführung von Gesellschafterversammlungen und Gesellschafterbeschlüsse

1. Die Gesellschafterversammlung beschließt über die ihr im Gesetz und an anderen Stellen der Satzung zugeteilten Gegenstände, insbesondere über
   a) die Erhöhung oder Herabsetzung des Stammkapitals,
   b) sonstige Satzungsänderungen,
   c) die Verwendung des Ergebnisses,
   d) die Geltendmachung von Ersatzansprüchen gegen Geschäftsführer und Aufsichtsrat,
   e) die Entlastung der Geschäftsführer und Aufsichtsratsmitglieder,
   f) die Auflösung der Gesellschaft.
2. Jeder Gesellschafter kann sich durch einen anderen Gesellschafter mit schriftlicher Vollmacht vertreten lassen. Er ist auch berechtigt, einen zur Berufsver-

---

[298] Für einige alternative Formulierungen, die ggf. etwas mehr Flexibilität schaffen, s. die Muster bei § 144 Rdn. 20 M; 22 M; 28 M.

schwiegenheit verpflichteten Dritten zur Wahrnehmung seiner Rechte in der Gesellschafterversammlung schriftlich zu bevollmächtigen.
3. Den Vorsitz in der Gesellschafterversammlung führt der Vorsitzende des Aufsichtsrats oder sein Stellvertreter.
4. Der Vorsitzende stellt eine Anwesenheitsliste auf, die er zu unterschreiben hat. Die Liste enthält Namen und Wohnort der stimmberechtigten Gesellschafter oder ihrer Vertreter und den Betrag der Geschäftsanteile. Der Vorsitzende bestimmt die Art der Abstimmung.
5. Die Gesellschafterversammlung ist beschlussfähig, wenn so viele Gesellschafter anwesend oder vertreten sind, dass sie mindestens die Hälfte aller vorhandenen Stimmen in sich vereinen. Erweist sich eine Gesellschafterversammlung als beschlussunfähig, so ist durch die Geschäftsführer binnen drei Wochen eine neue Gesellschafterversammlung mit gleicher Tagesordnung einzuberufen. Diese Gesellschafterversammlung ist ohne Rücksicht auf die Zahl der vertretenen Stimmen beschlussfähig; hierauf ist in der Einladung hinzuweisen. Wird in einer Gesellschafterversammlung eine Beschlussfassung vertagt und sogleich der Termin für eine neue Gesellschafterversammlung bestimmt, so sind die nicht anwesenden oder nicht vertretenen Gesellschafter zu der neuen Gesellschafterversammlung zu laden.
6. Jede 50 € eines Geschäftsanteils gewähren eine Stimme. Beschlüsse kommen mit einfacher Mehrheit zustande, soweit diese Satzung oder das Gesetz nicht zwingend eine größere Mehrheit vorschreiben. Bei Stimmengleichheit findet eine nochmalige Abstimmung statt. Wenn auch diese Stimmengleichheit ergibt, entscheidet das Los.
7. Sofern der Beschluss nicht beurkundungsbedürftig ist und keine zwingenden gesetzlichen Bestimmungen entgegenstehen, können Gesellschafterbeschlüsse statt in einer als Präsenzversammlung stattfindenden Gesellschafterversammlung auch außerhalb einer solchen oder in kombinierten Verfahren (d.h. teils in Präsenzversammlung, teils präsenzlos) gefasst werden, wenn kein Gesellschafter dieser Art der Beschlussfassung vor dem Beginn der Abstimmung widerspricht. Die Stimmabgabe außerhalb einer Präsenzversammlung kann im Stern- oder Umlaufverfahren schriftlich, in Textform (insbesondere E-Mail), mündlich oder telefonisch gegenüber dem Initiator der Versammlung erfolgen. Eine Kombination verschiedener Stimmabgabearten ist zulässig. Wird ein Beschluss ganz oder teilweise außerhalb einer Gesellschafterversammlung gefasst, so haben die Initiatoren der Beschlussfassung einen Geschäftsführer oder Gesellschafter zu bestimmen, bei dem die Stimmabgaben eingehen müssen, der das Ergebnis ermittelt und den Gesellschaftern mitteilt. Der benannte Gesellschafter oder Geschäftsführer hat (zu Beweiszwecken) eine Niederschrift anzufertigen, die Tag und Form der Beschlussfassung, den Inhalt des Beschlusses, die Stimmabgaben und einen etwaigen Widerspruch aufzuführen hat.
8. In jeder Gesellschafterversammlung ist, wenn nicht eine notarielle Beurkundung erfolgt, eine Niederschrift (zu Beweiszwecken) anzufertigen. Der Schriftführer wird durch den Vorsitzenden bestimmt. Die Niederschrift soll enthalten
   a) Tag, Ort und Zeit der Versammlung,
   b) Namen, Geschäftsanteile und Stimmen der anwesenden oder vertretenen Gesellschafter,
   c) Tagesordnung und Anträge,
   d) das Ergebnis der Abstimmung sowie den Wortlaut der gefassten Beschlüsse,
   e) Angaben über Erledigung sonstiger Anträge.

9. Die Niederschrift ist von dem Vorsitzenden und dem Schriftführer binnen drei Tagen nach der Gesellschafterversammlung zu unterschreiben und den Geschäftsführern auszuhändigen. Diese senden eine Abschrift der Niederschrift binnen einer Woche jedem Gesellschafter zu, der es schriftlich beantragt. Einwendungen gegen die Richtigkeit der Niederschrift müssen innerhalb von zwei Wochen nach Empfang bei der Gesellschaft geltend gemacht werden. Über sie entscheidet die nächste Gesellschafterversammlung mit einfacher Stimmenmehrheit. Werden Beschlüsse außerhalb von Versammlungen gefasst, gilt § 9 Abs. 7 Satz 4.
10. Beschlüsse der Gesellschafterversammlung können nur innerhalb einer Frist von einem Monat seit der Beschlussfassung durch Klageerhebung angefochten werden.
11. Die Abänderung des Gesellschaftsvertrages bedarf einer Mehrheit von vier Fünftel der abgegebenen Stimmen. Bei Beschlüssen, die die Änderung der Fassung oder die Verlegung des Geschäftsjahres betreffen, genügt die gesetzliche Mehrheit von drei Viertel. Der Beschluss muss notariell beurkundet und zur Eintragung in das Handelsregister angemeldet werden.

§ 10 Verfügungen über Geschäftsanteile

1. Jeder Gesellschafter kann seine Anteile ungeteilt an Mitgesellschafter abtreten. Im Übrigen kann er seine Geschäftsanteile ungeteilt an seinen Ehegatten oder seine ehelichen Abkömmlinge[299] oder deren Ehegatten abtreten.[300] Die Abtretung bedarf in diesen Fällen der schriftlichen Genehmigung des Aufsichtsrats der Gesellschaft, die zu erteilen ist, wenn der Erwerber den Nachweis führt, dass er zu den vorgenannten Personen gehört.
2. Geht ein Geschäftsanteil von Todes wegen nicht ausschließlich auf Mitgesellschafter, den Ehegatten oder Abkömmlinge des verstorbenen Gesellschafters oder deren Ehegatten über, so kann der Anteil auch gegen den Willen der fremden Erben oder Vermächtnisnehmer gegen ein vollwertiges Entgelt nach Maßgabe von § 11 Abs. 6 eingezogen oder erworben werden. Auch kann die Gesellschaft in diesem Falle statt der Einziehung verlangen, dass der Anteil auf eine von ihr benannte Person gegen ein vollwertiges Entgelt übertragen wird.
3. Die Abtretung von Teilen von Geschäftsanteilen an die in Absatz 1 benannten Personen bedarf der Genehmigung der Gesellschafterversammlung, die darüber mit einfacher Mehrheit entscheidet. Der einstimmigen Genehmigung der Gesellschafterversammlung bedarf die Abtretung von Geschäftsanteilen oder Teilen von Geschäftsanteilen an Dritte (Nichtgesellschafter). Die Genehmigungsurkunde ist von den Geschäftsführern zu unterschreiben; eine Abschrift des Protokolls über die Gesellschafterversammlung ist der Genehmigungsurkunde beizufügen.

§ 11 Einziehung, Abtretungspflicht

1. Die Gesellschafter können die Einziehung von Geschäftsanteilen mit Zustimmung des betroffenen Gesellschafters jederzeit beschließen.
2. Der Zustimmung des betroffenen Gesellschafters bedarf es nicht, wenn
    a) er das Verbot in § 14 dieses Gesellschaftsvertrages nicht einhält,
    b) über sein Vermögen das Insolvenzverfahren eröffnet wird oder die Eröffnung mangels Masse abgelehnt wird,

---

299 Dient der Abschottung des meist familiären Familienkreises gegen Dritte. Die Einbeziehung nur ehelicher Kinder ist allerdings eine recht antiquierte, aber rechtlich unbedenkliche Bestimmung.
300 Das formale Abstellen auf die Verbindung als Ehe ist ebenfalls heute kaum mehr zeitgemäß, aber durchaus noch anzutreffen. Hier besteht viel Gestaltungsspielraum.

c) in den betroffenen Geschäftsanteil die Zwangsvollstreckung betrieben wird und die Vollstreckungsmaßnahme nicht binnen zweier Monate wieder aufgehoben wird,
d) in seiner Person ein die Ausschließung rechtfertigender Grund gegeben ist,
e) er die Gesellschaft kündigt,
f) im Falle des § 10 Abs. 2 dieses Gesellschaftsvertrages,
g) in den übrigen in diesem Gesellschaftsvertrag genannten Fällen.
3. Steht ein Geschäftsanteil mehreren Gesellschaftern ungeteilt zu, so ist die Einziehung nach Abs. 2 auch zulässig, wenn deren Voraussetzungen nur in der Person eines Gesellschafters vorliegen. Steht einem Gesellschafter mehr als ein Geschäftsanteil zu, werden diese sämtlich und einheitlich eingezogen, es sei denn, die Gesellschafterversammlung beschließt mit Drei-Viertel-Mehrheit anderes.
4. Die Einziehung erfolgt durch Gesellschafterbeschluss. Der betroffene Gesellschafter hat kein Stimmrecht.[301] Ist der betroffene Gesellschafter bei der Beschlussfassung anwesend oder vertreten, was ihm unbenommen bleibt, wird die Einziehung mit der Beschlussfassung wirksam, ansonsten mit Zugang der schriftlichen Mitteilung beim betroffenen Gesellschafter;[302] in beiden Fällen scheidet der betroffene Gesellschafter in dem maßgeblichen Zeitpunkt sofort aus, unabhängig von der Zahlung der Abfindung nach Abs. 6.
5. Ab dem Zeitpunkt der Wirksamkeit der Einziehung nach Abs. 4 ruhen die Stimm- und Teilnahmerechte des betroffenen Gesellschafters; Gesellschafterversammlungen können auch ohne ihn zu laden und ohne seine Teilnahme erfolgen und Beschlüsse ohne seine Mitwirkung gefasst werden. Ihm stehen auch keine Rechte aus der Satzung mehr zu, wie z.B. etwaige Vorkaufsrechte.
6. In den vorstehenden Fällen ist dem betroffenen Gesellschafter ein dem Werte des Geschäftsanteils entsprechendes Entgelt zu zahlen. Steht es nicht fest, wird es durch einen Wirtschaftsprüfer nach den im Zeitpunkt des Ausscheidens geltenden Grundsätzen des Instituts der Wirtschaftsprüfer ermittelt, der von der Wirtschaftsprüferkammer vorgeschlagen wird.[303] Die Zahlung der Abfindung ist keine Wirksamkeitsvoraussetzung der Einziehung oder der Übertragung;[304] ein etwaiger Streit über die Höhe der Abfindung ist ebenfalls unbeachtlich. Die Einziehung gegen Abfindung kann indes nur beschlossen werden, wenn im Zeitpunkt der Beschlussfassung die Abfindung aus ungebundenem Vermögen nicht erbracht werden könnte. Abs. 7 bleibt unberührt.
7. Statt der Einziehung kann die Gesellschafterversammlung beschließen, dass der Gesellschafter aus der Gesellschaft ausgeschlossen wird und sein Anteil von der Gesellschaft erworben oder auf eine von ihr benannte Person übertragen wird. Abs. 4 gilt, soweit rechtlich zulässig, entsprechend. Das entsprechend Abs. 6 zu berechnende Einziehungsentgelt hat primär der Erwerber des Geschäftsanteils aus einem Vermögen zu zahlen; erwirbt ein Dritter, haftet die Gesellschaft für die Abfindung wie ein Bürge, der auf die Einrede der Vorausklage verzichtet hat. Die jeweiligen Geschäftsführer werden bevollmächtigt, unter Befreiung von den

---

[301] Umstr., ob dies bereits von Gesetzes wegen nach § 47 Abs. 4 GmbHG so ist; die Regelung dient damit der Streitvermeidung. Dem Betroffenen verbleibt ggf. die Anfechtungsklage, ggf. auch der einstweilige Rechtsschutz; *Kleindiek*, GmbHR 2017, 815.
[302] Dies ist eine zentrale Regelung, um Streit zu vermeiden, insbesondere die ungestörte Weiterarbeit ohne einen ggf. querulatorischen Gesellschafter sicherzustellen. Vgl. hierzu *Blath*, GmbHR 2012, 657, 662.
[303] Wie in § 145 Rdn. 141 ff. dargelegt, können zur Bewertung des Geschäftsanteils eines ausscheidenden Gesellschafters die unterschiedlichsten Regelungen getroffen werden; infrage kommt eine Anknüpfung an die für die Erbschaftsbesteuerung maßgebende Bewertung nach §§ 200 ff. BewG.
[304] Nur noch klarstellungshalber, BGH GmbHR 2012, 387.

Beschränkungen des § 181 BGB, die Geschäftsanteilsübertragung für die Gesellschaft in Vollzug des vorgenannten Beschlusses durchzuführen.[305]

§ 12 Kündigung,[306] Austritt[307]

1. Die Gesellschaft kann mit sechsmonatiger Frist auf das Ende des Kalenderjahres[308] gekündigt werden, wenn in zwei aufeinanderfolgenden Geschäftsjahren ein Verlust entstanden ist, der höher ist als ein Viertel des am Anfang des Geschäftsjahres vorhandenen Vermögens der Gesellschaft. Ein Verlust in den ersten beiden Geschäftsjahren berechtigt nicht zur Kündigung.
2. Kündigt ein Gesellschafter, so hat dies nicht zwingend (automatisch) die Auflösung der Gesellschaft, sondern nur das Ausscheiden des Kündigenden zur Folge (Austritt); die übrigen Gesellschafter haben das Recht, die Fortsetzung der Gesellschaft mit einfacher Mehrheit zu beschließen. In diesem Falle ist der Kündigende verpflichtet, seinen Geschäftsanteil auf die Gesellschaft oder einen von ihr bestimmten Gesellschafter oder andere Personen zu übertragen. Der Geschäftsanteil kann auch eingezogen werden (oben § 11 Abs. 2 lit. e).[309] Das Austrittsrecht aus wichtigem Grund bleibt unberührt.
3. Beim Ausscheiden eines Gesellschafters hat jeder andere Gesellschafter das Recht, gegen Leistung des entsprechenden Entgelts einen seiner bisherigen Beteiligung am Stammkapital entsprechenden Teil des Geschäftsanteils zu erwerben. Die Geschäftsführer fordern nach Empfang der Kündigung die Gesellschafter zur Ausübung ihres Erwerbsrechts auf. Das Erwerbsrecht kann nur binnen einem Monat nach Empfang der Aufforderung ausgeübt werden.
4. Das dem Kündigenden zu zahlende Entgelt wird nach § 11 Abs. 6 festgestellt.

§ 13 Jahresabschluss, Gewinnverwendung

1. Die Bilanz nebst Gewinn- und Verlustrechnung ist binnen drei Monaten nach Schluss des Geschäftsjahres von den Geschäftsführern aufzustellen und im Einvernehmen mit dem Aufsichtsrat festzustellen. Falls sich die beiden Organe nicht verständigen, stellt die Gesellschafterversammlung den Jahresabschluss fest.[310]
2. Eine Abschrift der Bilanz nebst Gewinn- und Verlustrechnung ist von den Geschäftsführern zusammen mit der Einladung zur ordentlichen Gesellschafterversammlung den Gesellschaftern zu übersenden. – Die festgestellte Bilanz nebst Gewinn- und Verlustrechnung kann von einem Gesellschafter nur innerhalb einer Frist von einem Monat nach Bekanntgabe durch Klageerhebung angefochten werden.
3. Das Jahresergebnis[311] ist an die Gesellschafter (im Verhältnis ihrer Geschäftsanteile) auszuschütten. Die Gesellschafterversammlung kann mit einfacher Mehrheit eine andere Verwendung von bis zu 20 % des Jahresergebnisses, mit Drei-Viertel-Mehrheit eine andere Verwendung von bis zu 50 % des Jahresergebnisses und mit

---

305 Vgl. Fuhrmann/Wälzholz/*Wälzholz*, M. 13.2 Anm. 74.
306 Sollte angesichts des zwingenden Austrittsrechts aus wichtigem Grund nicht standardmäßig aufgenommen werden.
307 Die Abgrenzung ist nicht immer klar; meist wird gewünscht zu regeln, dass die Kündigung nur das Ausscheiden des Kündigenden, nicht aber die Auflösung der Gesellschaft zur Folge hat. Dann aber liegt der Sache nach ein Austrittsrecht vor. Zur Kündigung *Menkel*, GmbHR 2017, 17; *Lohr*, GmbH-StB 2015, 85.
308 Erleichtert das Ermitteln des Abfindungsguthabens; s. Fuhrmann/Wälzholz/*Wälzholz*, M. 13.2 Anm. 57.
309 Der Austritt führt zum Verlust der Mitgliedschaft, der in der Luft hängende Geschäftsanteil muss danach entweder eingezogen oder abgetreten werden.
310 Eine solche Übertragung ist möglich.
311 Unsauber wäre: »Bilanzgewinn«; s. nur Fuhrmann/Wälzholz/*Wälzholz*, M. 13.2 Anm. 45.

Neun-Zehntel-Mehrheit eine andere Verwendung von bis zu 80 % des Jahresergebnisses beschließen.[312]

4. Die Ansprüche der Gesellschafter, gleichviel aus welchen Rechtsgründen, insbesondere der Anspruch auf Gewinn und Liquidationserlös, sind nicht an Dritte übertragbar. Die Bestellung eines Nießbrauchs an Geschäftsanteilen und die Verpfändung von Geschäftsanteilen sind unzulässig.

§ 14 Wettbewerbsverbot

1. Den Gesellschaftern ist nicht gestattet, ohne Zustimmung des Aufsichtsrats Konkurrenzgeschäfte für eigene oder fremde Rechnung – weder unmittelbar noch mittelbar – vorzunehmen.[313]
2. Kein Gesellschafter darf nach seinem Ausscheiden aus der Gesellschaft während der Dauer von einem Jahre im Inlande Gegenstände irgendwelcher Art, die nach § 2 dieses Vertrages Gegenstand des Unternehmens sind, selbst herstellen oder unmittelbar oder mittelbar vertreiben oder sich an einem Unternehmen unmittelbar oder mittelbar maßgeblich beteiligen, das Gegenstände dieser Art herstellt, vertreibt oder vertreiben lässt.
3. Für jeden Fall der Zuwiderhandlung ist eine sofort zahlbare Vertragsstrafe in Höhe von 5.000 € verwirkt. Der Anspruch auf Unterlassung und Schadensersatz bleibt bestehen.
4. Wenn ein Gesellschafter aus Anlass seiner Tätigkeit in der Gesellschaft oder unter Ausnutzung seiner Kenntnisse von der Tätigkeit in der Gesellschaft Erfindungen während der Dauer oder innerhalb eines Jahres nach Beendigung des Gesellschaftsverhältnisses macht, so hat er sie zur gewerblichen Ausnutzung der Gesellschaft zu überlassen. Entsprechendes gilt auch bei anderen gewerblichen Schutzrechten. Die Vergütung für die Überlassung der Auswertung der Erfindung bestimmt der Aufsichtsrat nach billigem Ermessen. Die vorstehenden Bestimmungen gelten auch für Geschäftsführer und Prokuristen. Sie sind in alle Dienstverträge aufzunehmen.

§ 15 Einsichtsrecht

Jeder Gesellschafter hat das Recht, während der üblichen Geschäftsstunden persönlich die Bücher und Schriften der Gesellschaft einzusehen. Er kann eine zur Berufsverschwiegenheit verpflichtete Person zur Einsichtnahme hinzuziehen oder mit der Einsichtnahme beauftragen, ohne dass der Gesellschaft hierdurch Kosten erwachsen dürfen.

§ 16 Bekanntmachungen

Die Bekanntmachungen der Gesellschaft werden nur im Bundesanzeiger veröffentlicht.[314]

---

312 S. hierzu auch *Einhaus/Selter*, GmbHR 2016, 1177; *Heusel/M. Goette*, GmbHR 2017, 385.
313 S. zum Wettbewerbsverbot als Nebenleistungspflicht Scholz/*Cziupka*, § 3 GmbHG Rn. 83 ff., dort auch zu den Grenzen der Zulässigkeit.
314 Kein zwingender Satzungsbestandteil, aber üblich.

§ 17 Salvatorische Klausel

Sollte eine in diesem Gesellschaftsvertrag enthaltene Bestimmung unwirksam sein oder werden, so soll die Wirksamkeit der übrigen Bestimmungen hiervon unberührt bleiben. Die betreffende Bestimmung ist vielmehr so auszulegen oder zu ersetzen, dass der mit ihr erstrebte wirtschaftliche Zweck nach Möglichkeit erreicht wird. Dasselbe gilt sinngemäß für die Ausfüllung von Regelungslücken. Es ist der Wille der Gesellschafter, dass diese salvatorische Klausel keine bloße Beweislastumkehr zur Folge hat, sondern § 139 BGB insgesamt abbedungen ist.

■ *Kosten.* Der Wert der Beurkundung eines Beschlusses auf Satzungsänderung (Neufassung): 1 % des eingetragenen Stammkapitals gemäß § 97 Abs. 1 i.V.m. § 108 Abs. 1 i.V.m. § 105 Abs. 4 Nr. 1 GNotKG, Wert mindestens 30.000 €, höchstens 5 Mio. € (§ 108 Abs. 5 GNotKG) – nach Nr. 21100 KV GNotKG 2,0 Geb. (Tabelle B). Die nach § 54 GmbHG erforderliche Satzungsbescheinigung ist gebührenfreies Nebengeschäft nach Vorb. 2.1 (2) Nr. 4 KV GNotKG. Jedoch fallen Schreibauslagen nach Nr. 32000 KV GNotKG an.

2. Satzungsbestimmung zur Ergebnisverwendung, inkongruente Gewinnverteilung

168 Nach § 29 Abs. 1 Satz 1 GmbHG i.d.F. des BiRiLiG v. 19.12.1985[315] entscheidet über die Ergebnisverwendung die Mehrheit, wenn der Gesellschaftsvertrag schweigt. Früher waren Bestimmungen im Gesellschaftsvertrag zum Schutz der Gesellschaft vor einem Abfließen des gesamten Jahresergebnisses erforderlich (allerdings konnten stille Reserven im Jahresabschluss durch Mehrheitsbeschluss einfacher gebildet werden, als dies jetzt nach den Bewertungsvorschriften des HGB der Fall ist). Umgekehrt muss jetzt überlegt werden, ob die Interessen der Minderheitsgesellschafter an einer (Teil-)Ausschüttung des Jahresergebnisses vor einer Mehrheitsentscheidung geschützt werden sollen, weil sonst die Gesellschaftermehrheit auf Jahre hinaus das gesamte Jahresergebnis den Rücklagen zuführen könnte. Inhaltlich besteht vollständige Vertragsfreiheit, differenzierende Lösungen, die z.B. unterschiedlich hohe Rücklagenbildungen durch unterschiedlich hohe Gesellschaftermehrheiten vorsehen, sind möglich.[316]

169 *Gesellschaftsrechtlich* hat die Gewinnverteilung aufgrund des Gleichbehandlungsgrundsatzes im Verhältnis der Nennbeträge der Geschäftsanteile zu erfolgen, soweit die Satzung keinen abweichenden Verteilungsmaßstab festlegt.[317] Eine spätere Umgestaltung erfordert eine Satzungsänderung, der insbesondere die durch die geänderte Verteilung benachteiligten Gesellschafter zustimmen müssen.[318] Außerhalb der Satzung getroffene Verteilungsabreden sind rein schuldrechtliche Regelungen zwischen den Gesellschaftern, durch die einer dem anderen Teile des ihm zustehenden Gewinnes überlässt. Von der Rechtsliteratur[319] und der Finanzverwaltung[320] wird es jedoch als zulässig angesehen, wenn in der Satzung eine Öffnungsklausel enthalten ist, aufgrund derer mit Zustimmung derjenigen Gesellschafter, deren Gewinnbezugsrecht geschmälert wird, eine von der Gleichbehandlung abweichende Gewinnverteilung – je Geschäftsjahr unterschiedlich – festgelegt werden kann.

---

315 BGBl. I S. 2355.
316 Vgl. *Hommelhoff*, ZGR 1986, 418; *ders.*, DNotZ 1986, 323; *Hommelhoff/Priester*, ZGR 1986, 463.
317 H.M., s.a. BFH BStBl. II 2001, 43.
318 H.M., s. Baumbach/Hueck/*Fastrich*, § 29 GmbHG Rn. 53 m.w.N.
319 Hierzu Nachweise bei *Bender/Bracksiek*, DStR 2014, 121.
320 BMF v. 17.12.2013, BStBl. II BStBl I 2014, 63, = DStR 2014, 36.

Öffnungsklausel für inkongruente Gewinnverteilung

Mit Zustimmung der beeinträchtigten Gesellschafter (oder: aller Gesellschafter) kann eine vom Verhältnis der Geschäftsanteile abweichende (beteiligungsinkongruente) Gewinnverteilung beschlossen werden, insbesondere auch durch unterschiedliche Gewinnausschüttung, Rücklagenbildung oder Gewinnvortragszuweisung. 170 M

Ertragsteuerrechtlich hat der BFH[321] zwar entschieden, dass sogar im Rahmen eines Schütt-aus-hol-zurück-Verfahrens die Gesellschafter sich auf eine vom Beteiligungsverhältnis abweichende inkongruente Gewinnausschüttung verständigen können, ohne dass dies als Gestaltungsmissbrauch nach § 42 AO anzusehen sei. Die Steuerverwaltung[322] anerkennt zwar eine solche allgemeine Öffnungsklausel wie vorstehend. Sie fordert jedoch neben deren zivilrechtlichen Wirksamkeit auch weiterhin eine Missbrauchsprüfung und verlangt, dass für die vom gesetzlichen Verteilungsschlüssel abweichende Gewinnverteilung beachtliche wirtschaftlich vernünftige außersteuerliche Gründe nachgewiesen werden, z.B. bei unentgeltlicher Nutzungsüberlassung eines wertvollen Grundstückes oder bei unentgeltlicher Geschäftsführung; eine unangemessene Gestaltung kann sein, wenn die Gewinnverteilungsabrede nur kurzzeitig gilt oder wiederholt geändert wird.[323] Wird jedoch die inkongruente Gewinnausschüttung mit einer inkongruenten Einlage wirtschaftlich verbunden, wird dies als nach § 20 Abs. 2 Nr. 2 Satz 1 EStG beim verzichtenden Gesellschafter steuerpflichtige Veräußerung seiner Gewinnbeteiligung angesehen. 171

Schenkungsteuerrechtlich führt das Fehlen von besonderen Gesellschafterleistungen, die die inkongruente Ausschüttung rechtfertigen können, nach Ansicht der Finanzverwaltung zu einer nach § 7 Abs. 1 Nr. 1 ErbStG steuerpflichtigen Bereicherung dieses Gesellschafters auf Kosten der übrigen Gesellschafter.[324] 172

3. Steuerklauseln zur verdeckten Gewinnausschüttung

Das Problem der verdeckten Gewinnausschüttung (= vGA)[325] kann bei Kapitalgesellschaften in vielfältiger Weise auftreten. Unter einer vGA i.S.d. § 8 Abs. 3 Satz 2 KStG ist bei einer Kapitalgesellschaft eine Vermögensminderung (verhinderte Vermögensmehrung) zu verstehen, die durch das Gesellschaftsverhältnis veranlasst ist, sich auf die Höhe des Unterschiedsbetrags gemäß § 4 Abs. 1 Satz 1 EStG i.V.m. § 8 Abs. 1 Satz 1 KStG und damit auf den Gewinn der Gesellschaft auswirkt und nicht auf einem den gesellschaftsrechtlichen Vorschriften entsprechenden Gewinnverteilungsbeschluss beruht und somit in keinem Zusammenhang zu einer offenen Ausschüttung steht. Eine solche Veranlassung durch das Gesell- 173

---

321 BStBl. II 2001, 43. FG Hessen v. 25.02.2008 – 9 K 577/03, NZG 2009, 320, wonach eine zivilrechtlich ordnungsgemäß zustande gekommene inkongruente Gewinnausschüttung steuerlich anzuerkennen ist, auch für den Fall einer anschließenden inkongruenten Wiedereinlage.
322 BMF v. 17.12.2013, BStBl. II BStBl I 2014, 63, = DStR 2014, 36 unter Aufgabe seiner früheren stark einschränkenden Ansicht. Dagegen jetzt: FG Köln v., 14.09.2016 – 9 K 1560/14: auch ohne Öffnungsklausel in der Satzung bei Zustimmung aller Gesellschafter zulässig. Hierzu: *Wälzholz*, notar, 2016, 345.
323 Dann steuerliche Zurechnung beim unterquotal bezugsberechtigten Anteilseigner, welcher die ihm zuzurechnenden Einkünfte im Rahmen einer steuerlich unbeachtlichen Einkünfteverwendung (§ 12 Nr. 2 EStG) an den überquotal bezugsberechtigten Anteilseigner weiterreicht (abgekürzter Zahlungsweg). Hierzu detailliert: *Birnbaum/Escher* DStR 2014, 1413.
324 Tz. 2.6.4. Ländererlass v. 20.04.2018 BStBl. I 2018, 632; somit keine Zuwendung der GmbH an den Gesellschafter, wie dies BFH v. 07.11.2007 – II R 28/06, ZEV 2008, 154 angedeutet hatte; zumindest würde nach § 15 Abs. 4 ErbStG die Besteuerung nach den persönlichen Verhältnissen der Gesellschafter zueinander erfolgen. Anderer Ansicht: BFH v. 30.01.2013 – II R 6/12, ZEV 2013, 283 m. Anm. *Crezelius*; dagegen Nichtanwendungserlass v. 05.06.2013 – BStBl I 2013, 1465, DStR 2014, 104. Darstellung des Meinungsstandes bei *Bender/Bracksiek*, DStR 2014, 121.
325 Siehe hierzu die ausführliche Darstellung von *Neihus/Wilke*, StuSt 2009, 357 ff.

schaftsverhältnis wurde angenommen, wenn die Kapitalgesellschaft ihrem Gesellschafter oder einer diesem nahestehenden Person einen Vermögensvorteil zuwendet, den sie bei der Sorgfalt eines ordentlichen und gewissenhaften Geschäftsleiters einem Nichtgesellschafter nicht gewährt hätte.[326] Ist der begünstigte Gesellschafter ein beherrschender, so kann eine vGA auch dann anzunehmen sein, wenn die Kapitalgesellschaft eine Leistung an ihn oder an eine ihm nahestehende Person erbringt, für die es an einer klaren und eindeutigen, im Voraus getroffenen, zivilrechtlich wirksamen und tatsächlich durchgeführten Vereinbarung fehlt.[327] In diesen Fällen indiziert das vom Fremdvergleich abweichende Verhalten der Kapitalgesellschaft und ihres Gesellschafters oder der diesem nahestehenden Person die Veranlassung im Gesellschaftsverhältnis.

174 So wurde eine vGA angenommen bei nicht angemessenen Pensions- oder Tantiemezusagen; unangemessen hohen Geschäftsführergehälter; Überstundenzuschlägen; Gewährung verbilligter Lieferungen, Leistungen oder Darlehen an den Gesellschafter; Lieferungen, Leistungen oder Darlehen des Gesellschafters an die Gesellschaft zu überhöhten Preisen bzw. Zinsen; vertraglich nicht geregelte private Kfz-Nutzung durch den Gesellschafter.[328]

175 Ein Rechtsgeschäft, das ein *Alleingesellschafter-Geschäftsführer* ohne wirksame Befreiung von § 181 BGB als Vertreter der GmbH mit sich selbst vornimmt, ist schwebend unwirksam, sodass die erbrachten Zahlungen verdeckte Gewinnausschüttungen sind. Eine später erfolgte Befreiung vom Selbstkontrahierungsverbot gilt jedoch als auch steuerlich zurückwirkende Genehmigung, wenn bei Abschluss des Rechtsgeschäfts eine klare und eindeutige vertragliche Abrede vorgelegen hat.[329]

176 Wird eine vGA festgestellt, entfällt *bei der Gesellschaft* rückwirkend der Betriebsausgabenabzug, was zur Erhöhung des körperschaftsteuerpflichtigen sowie des gewerbesteuerpflichtigen Einkommens führt (§ 8 Abs. 3 KStG).

177 Im Rahmen des § 20 Abs. 1 Nr. 1 Satz 2 EStG ist die vGA *beim Gesellschafter* steuerpflichtig, unabhängig von der Beurteilung bei der GmbH, wenn ihm von der GmbH ein in Geldwert messbarer Vermögensvorteil außerhalb der gesellschaftsrechtlichen Gewinnverteilung zufließt und diese Zuwendung ihren Anlass oder zumindest ihre Mitveranlassung im Gesellschaftsverhältnis hat. Das ist der Fall, wenn ein ordentlicher und gewissenhafter Geschäftsführer diesen Vorteil einem Nichtgesellschafter nicht zugewendet hätte.[330] Eine vGA kann aber auch vorliegen, wenn der Vorteil nicht dem Gesellschafter, sondern einer ihm nahestehende Person zufließt. Nahestehend ist nicht nur ein Angehöriger i.S.d. § 15 AO, sondern jede Person, zu der der Gesellschafter eine Beziehung familienrechtlicher, gesellschaftsrechtlicher, schuldrechtlicher oder auch rein tatsächlicher Art hat, die den Schluss zulässt, sie habe die Vorteilszuwendung der Gesellschaft an diese beeinflusst. Dabei ist nicht maßgeblich, ob auch der Gesellschafter selbst ein vermögenswertes Interesse an dieser Zuwendung hat, soweit andere Ursachen für die Zuwendung als das Nahestehen des Empfängers zu dem Gesellschafter auszuschließen sind.[331] Liegt danach eine vGA vor, so ist die Zuwendung ertragsteuerrechtlich so zu beurteilen, als hätte der Gesellschafter den Vorteil erhalten und diesen an die nahestehende Person weitergegeben.

---

326 Ständige Rechtsprechung des BFH seit Urt. v. 16.03.1967 – I 261/63, BFHE 89, 208, BStBl. III 1967, 626.
327 Ständige Rechtsprechung, vgl. BFH v. 23.02.2005 – I R 70/04, BFHE 209, 252, BStBl. II 2005, 882, m.w.N.
328 S. Rechtsprechungsnachweise bei H 36 KStR; die vertragswidrige private Nutzung eines PKWs durch einen Gesellschafter-Geschäftsführer wird vom BFH eher dem Arbeitsverhältnis als dem Gesellschaftsverhältnis zugeordnet und ist daher i.d.R. keine vGA (BFH v. 23.04.2009 – VI R 81/06, BFHE 225, 33; DStR 2009, 1355). Zur Besteuerung der nichtunternehmerischen Nutzung eines zum Gesellschaftsvermögen gehörenden Fahrzeuges siehe OFD Frankfurt, Rdvfg. v. 27.01.2015, DStR 2015, 1567.
329 BFH DStR 98, 309: Geschäftsführer-Anstellungsvertrag des Alleingesellschafters. Siehe auch hierzu und zur Strafbarkeit wegen Steuerhinterziehung BGH v. 24.05.2007 – 5 StR 72/07 = DStRE 2008, 169. BGH v. 01.12.2015 – 1 StR 154/15: Eine verdeckte Gewinnausschüttung ist weder steuerrechtlich noch strafrechtlich verboten und daher
330 BFH v. 13.12.2006 – VIII R 31/05, BFHE 216, 214, BStBl. II 2007, 393, m.w.N.
331 BFH v. 19.06.2007 – VIII R 54/05, BStBl. II 2007, 830, m.w.N.

Gesellschaft mit beschränkter Haftung (GmbH). Gründung, Satzungsbestandteile § 142

Beim Gesellschafter wird die verdeckte Gewinnausschüttung nach § 20 Abs. 1 Nr. 1 Satz 2 EStG nachversteuert,[332] soweit keine steuerfreie Einlagenrückgewähr i.S. § 20 Abs. 1 Nr. 1 Satz 3 EStG vorliegt. Beim Gesellschafter, der den Anteil im Privatvermögen hält, unterliegt eine vGA seit 2009 der Abgeltungssteuer nach § 32d EStG,[333] wobei dann aber auch keine damit verbundenen Werbungskosten absetzbar sind; beim Anteil im Betriebsvermögen dem Teileinkünfteverfahren, jeweils jedoch nur, wenn der Steuerbescheid der GmbH noch einer Änderung zugänglich ist; sonst muss die vGA in voller Höhe versteuert werden.[334] 178

Keine Rückgängigmachung durch Rückgewährklausel: Nach der Rechtsprechung kann eine Bestimmungen in Gesellschaftsverträgen, wonach eine erhaltene verdeckte Gewinnausschüttung zurück zu gewähren ist, die steuerlichen Konsequenzen nicht neutralisieren.[335] Die zivilrechtlichen Ansprüche der Gesellschaft gegen den Gesellschafter, die sich aus einem als vGA zu qualifizierenden Vorgang ergeben, folgt steuerlich gesehen der vGA eine logische Sekunde nach und sind daher keine negative Einnahme, sondern als Einlageforderung gegen den Gesellschafter zu behandeln, die als verdeckte Einlage bei der GmbH erfolgsneutral zu aktivieren und somit nicht geeignet sind, die durch die vorangegangene vGA eintretende Vermögensminderung auszugleichen.[336] Die verdeckte Einlage führt beim Gesellschafter zu nachträglichen Anschaffungskosten auf die Beteiligung.[337] Schuldet der Gesellschafter für die Zeit zwischen Vorteilsgewährung und Rückgewähr angemessene Zinsen, sind diese Werbungskosten im Zusammenhang mit den aus der Beteiligung erzielten Einkünften,[338] im Rahmen der Abgeltungssteuer des § 32d EStG ab 2009 (Anteil ist im Privatvermögen des Gesellschafter) aber steuerlich nicht mehr absetzbar. 179

Durch den Wegfall des körperschaftsteuerlichen Anrechnungsverfahrens ab 2001 ist zwar der damalige Hauptgrund für die Rückgewährsverpflichtung entfallen. Bei einer verdeckten Gewinnausschüttung an den Gesellschafter oder eine ihm nahestehende Person liegt keine steuerpflichtige freigebige Zuwendung vor.[339] Regelmäßig liegt jedoch zwischen dem Gesellschafter und der nahestehende Person eine schenkungsteuerpflichtige freigebige Zuwendung nach § 7 Abs. 1Nr. 1 ErbStG vor, wenn die Zuwendung zwischen diesen unter Mitwirkung des Gesellschafters erfolgt ist, soweit nicht zwischen beiden ein Gegenleistungsverhältnis (z.B. Darlehen) besteht.[340] Zwar wird die Freigebigkeit nicht durch 180

---

332 Die vGA wird ertragsteuerlich somit im Ergebnis wie eine offene Gewinnausschüttung behandelt.
333 Nach § 32d Abs. 2 EStG aber nur, wenn die vGA das Einkommen der leistenden Körperschaft nicht gemindert hat, ansonsten erfolgt normale Besteuerung als Dividendeneinkommen nach § 20 EStG bzw. Teileinkünfteverfahren (wenn Anteil i.S. § 17 EStG) oder als Betriebseinnahme, was je nach individuellem Steuersatz nachteilig sein kann, hierzu *Binz*, DStR 2008, 1820.
334 Teileinkünfteverfahren jedoch nur dann gegeben, wenn die den Einnahmen zugrunde liegende vGA auf der Ebene der Kapitalgesellschaft, deren Einkommen sich gemindert hat, steuerlich berichtigt wurde. Dazu ist erforderlich, dass dort nach § 8 Abs. 3 Satz 2 KStG die vGA dem Jahresergebnis außerhalb der Bilanz hinzugerechnet worden ist. Ist der Steuerbescheid der GmbH keiner Änderung mehr zugänglich, kann der Gesellschafter seine Steuerschuld nicht durch Anwendung des Teileinkünfteverfahrens bzw. Anwendung der Abgeltungssteuer mindern, sondern muss die vGA in voller Höhe versteuern. Zu den verfassungs- und europarechtlichen Problemen: *Kohlhepp*, DStR 2007, 1502.
335 Vgl. FG Nürnberg v. 10.05.2017 – 3 K 1157/16 (Rev. bei BFH); Rückgängigmachung kann allenfalls einen (Teil-)Erlass der Steuer oder die Nichtberücksichtigung eines auslösenden Vorgangs gemäß § 163 Abs. 1 AO geboten erscheinen lassen. *Schulz*, DStR 2014, 2165.
336 Vgl. u.a. BFH v. 25.05.2004 – VIII R 4/01 = GmbHR 2005, 60; v. 13.09.1989 – I R 41/86, BFHE 158, 338, BStBl. II 1989, 1029; v. 29.05.1996 – I R 118/93, BFHE 180, 405, BStBl. II 1997, 92, m.w.N.
337 BFH NJW 1999, 2991. Erst beim Verkauf der Anteile oder bei Liquidation wirken sich diese erhöhten Anschaffungskosten mindernd auf den Verkaufs- bzw. Liquidationserlös aus.
338 BFH NJW 1999, 2990.
339 BFH v. 30.01.2013 – II R 6/12; BFH/NV 2013 846; = BStBl II 2013, 930; = DStR 2013, 649 (m. Anm. *Haag/Viskorf*); = NZG 2013, 518; = ZEV 2013, 283 (m. Anm. *Crezelius*), MittBayNot 2013, 512 (m. Anm. *Wartenburger*); *Dorn*, ZEV 2013, 488; nun auch die Finanzverwaltung im Länder-Erlass v. 20.04.2018 BStBl. I 2018, 632 Rz. 2.6.
340 Das BFH-Urteil BStBl. II 2008,258 wurde durch BFH v. 13. 9. 2017, BStBl. II 2018, 296 revidiert; der darauf beruhende Ländererlass vom 14.03.2012 – BStBl. I 2012, 331, wonach eine schenkungsteuerpflichtige

etwaige Ersatz- oder Rückgewähransprüche der Gesellschaft gegen die handelnden Organe oder den veranlassenden Gesellschaftern ausgeschlossen. Wird jedoch die verdeckte Gewinnausschüttung rückgängig gemacht, erlischt die Schenkungsteuer unter den Voraussetzungen des § 29 Abs. 1 Nr. 1 ErbStG rückwirkend.

181 Die verdeckte Gewinnausschüttung kann jedoch auch gesellschaftsrechtlich eine Vermögensverschiebung zulasten der Gesellschaft und der nicht begünstigten Gesellschafter beinhalten, die keinen gleichberechtigten Zufluss erzielt haben und deren Anspruch auf den später erwirtschafteten Gewinn durch die Nachversteuerung geschmälert ist. Ergibt sich dadurch ein Verstoß gegen den Grundsatz der Kapitalerhaltung gemäß § 30 GmbHG entsteht die Rückzahlungspflicht gemäß § 31 GmbHG. Ein Rückzahlungsanspruch kann sich ergeben aus Verletzung der Treuepflicht oder des Gleichbehandlungsgrundsatzes sowie beim Gesellschafter-Geschäftsführer auch nach § 43 GmbHG. Erfolgt die Vorteilsgewährung ohne entsprechende Satzungsklausel oder Gesellschafterbeschluss durch den Geschäftsführer liegt darin ein Kompetenzverstoß, der die Ausschüttung unwirksam macht und zur Rückabwicklung nach Bereicherungsrecht führen kann.[341] Eine gesellschaftsvertragliche Rückzahlungsklausel kann zur Klarstellung und aus schenkungssteuerlichen Gründen gerechtfertigt sein.[342] Sie ist jedoch mit dem Nachteil verbunden, dass über die – im Grunde zivilrechtliche – Frage der Angemessenheit von Zuwendungen der Gesellschaft an ihre Gesellschafter letztlich die Finanzbehörden oder Finanzgerichte entscheiden.

Umsatzsteuerrechtlich stellt die verdeckte Gewinnausschüttung bei der Gesellschaft eine sonstige steuerpflichtige Leistung nach § 3 Abs. 1b UStG dar.

Steuerklausel bzgl. verdeckte Gewinnausschüttung

182 M **Geldwerte Vorteile jeder Art dürfen Gesellschaftern oder ihnen nahestehenden Personen nur aufgrund eines ordnungsgemäßen Gewinnverteilungsbeschlusses zugewendet werden. Bei allen Rechtsgeschäften zwischen der Gesellschaft und einzelnen Gesellschaftern oder ihnen nahestehenden Dritten hat der Leistungsverkehr nach den jeweils geltenden steuerlichen Grundsätzen über die Angemessenheit von Leistung und Gegenleistung zu erfolgen.**
Rechtsgeschäfte, die den vorstehenden Bestimmungen widersprechen, sind von Anfang an insoweit unwirksam, als die gewährten Vorteile nach den anzuwendenden steuerlichen Grundsätzen über die Angemessenheit von Leistung und Gegenleistung unangemessen sind. Die Höhe des unangemessenen Vorteils bestimmt sich nach der unanfechtbaren Entscheidung der Finanzbehörden bzw. Finanzgerichte. Mit der Zuwendung des unangemessenen Vorteils entsteht für die Gesellschaft ein Anspruch auf Wertersatz (ggf.: nebst der auf den Betrag bei der Gesellschaft angefallenen Körperschaftsteuer). Dieser Anspruch ist von der Gewährung des unangemessenen Vorteils bis zu seiner Erfüllung in Höhe des Zinssatzes der örtlichen Sparkasse für Spar-

---

Zuwendung der Kapitalgesellschaft an die nahestehende Person vorliegen würde, ist durch Länder-Erlass v. 20.4.2018 BStBl. I 2018, 632 aufgehoben.

341 Vgl. OLG Brandenburg, GmbHR 1997, 750; Baumbach/Hueck/*Fastrich*, § 29 GmbHG Rn. 76; MüKo-GmbHG/*Ekkenga*, § 29 GmbHG Rn. 268; Scholz/*Verse*, § 29 GmbHG Rn. 125; Großkomm-GmbHG/*Müller*, § 29 GmbHG Rn. 169; Rowedder/Schmidt-Leithoff/*Pentz*, GmbHG, § 29 Rn. 169. Zur Darlegungs- und Beweislast sowie zur Verjährung nach §§ 195, 199 BGB vgl. OLG Stuttgart v. 15.02.2013 – 14 U 5/13, NZG 2013, 869.

342 OLG Frankfurt v. 28.11.2012 – 23 U 118/13 DStR 2012, 2546. Die Rückgewährspflicht hinsichtlich einer vGA kann sich auch aus der ungeschriebenen gesellschaftsrechtlichen Treuepflicht ergeben (hierzu auch *Karsten Schmidt*, Gesellschaftsrecht, 4. Aufl., § 20 IV, S. 587 ff. und § 35 I, S. 1035) bzw. aus der Verletzung des Gleichbehandlungsgrundsatzes oder der innergesellschaftlichen Kompetenzverteilung (hierzu auch Baumbach/Hueck/*Hueck/Fastrich*, § 29 GmbHG Rn. 75 ff.).

guthaben mit gesetzlicher Kündigungsfrist zu verzinsen. Schuldner des Anspruchs ist derjenige, dem der Vorteil zugeflossen ist; besteht gegenüber dem Begünstigten kein Anspruch, so ist Schuldner der Gesellschafter, der dem Begünstigten nahe steht. Der Erstattungsanspruch ist in der Bilanz der Gesellschaft zu aktivieren. Wird sein Bestehen erst nach Aufstellung der Bilanz festgestellt, so ist die Bilanz zu berichtigen.

4. Befreiung vom Wettbewerbsverbot aus steuerlichen Gründen

183 Die Annahme eines *Verstoßes gegen ein Wettbewerbsverbot*[343] setzt voraus, dass der Gesellschafter-Geschäftsführer entweder seine Treuepflichten als Gesellschafter oder seine Verhaltenspflichten als Geschäftsführer verletzt. Dies ist bei einer eigennützigen Einflussnahme auf die Gesellschaft oder bei einer Verwertung von Informationen denkbar, die aufgrund der Gesellschafterstellung erlangt wurde, oder wenn der Gesellschafter-Geschäftsführer Geschäftschancen, die gemäß dem Unternehmensgegenstand der Kapitalgesellschaft gebühren, als Eigengeschäft wahrnimmt oder Kenntnisse der Gesellschaft über geschäftliche Möglichkeiten tatsächlicher oder rechtsgeschäftlicher Art an sich zieht und für eigene Rechnung nutzt, ohne dass ihm dazu eine Befreiung in der Satzung oder durch Gesellschafterbeschluss erteilt ist. Hinzukommen muss, dass ein fremder Dritter für die Nutzung der Geschäftschance ein Entgelt zu zahlen gehabt hätte. Der Verzicht auf Geltendmachung von zivilrechtlichen Ansprüchen auf Vorteilsherausgabe und/oder Schadensersatz, die der Gesellschaft infolge des Treuepflichtverstoßes gegen den Gesellschafter zustehen, begründet dann eine verdeckte Gewinnausschüttung.[344]

184 Da der *Alleingesellschafter und -geschäftsführer* grundsätzlich keinem Wettbewerbsverbot unterliegt, benötigt er auch keine Befreiung, weil seine Interessen von denen der Gesellschaft jedenfalls solange nicht getrennt werden können, als er nicht Gläubigerinteressen gefährdet, insbesondere er der GmbH kein Vermögen entzieht, das zur Deckung des Stammkapitals benötigt wird.[345]

185 Von dem zivilrechtlichen Wettbewerbsverbot kann gesellschaftsrechtlich wirksam Dispens nicht nur durch einen Gesellschafterbeschluss, sondern auch durch Einwilligung aller Gesellschafter in die Wettbewerbshandlung erteilt werden.[346] Steuerrechtlich bedarf es entweder der Befreiung in der Satzung oder aufgrund eines Gesellschafterbeschlusses auf der Grundlage einer entsprechenden Öffnungsklausel in der Satzung. Die Wirksamkeit der Erlaubnis verlangt zwar nicht, dass eine detaillierte Abgrenzung der wechselseitigen Geschäftsbereiche und für die Dispenserteilung ein angemessenes Entgelt vereinbart wurde.[347] Jedoch erleichtert eine solche Abgrenzung die Zuordnung der Geschäftschance.

186 Wird eine Befreiung erteilt, kann dies bei Gründung unentgeltlich erfolgen. Wird nachträglich ein Dispens erteilt, kann eine verdeckte Gewinnausschüttung dann vorliegen, wenn einem Gesellschafter von der Gesellschaft ihr eigene konkrete Geschäftschancen nicht gegen ein angemessenes Entgelt zur Nutzung überlassen werden.[348] Entscheidend ist, dass der einzelne Auftrag geschäftschancenmäßig der Gesellschaft zuzurechnen war, wobei die Geschäftschance nicht nach formalen Kriterien (z.B. nur dem Unternehmensgegenstand nach) zugeordnet werden kann und auch grundsätzlich kein Gebot der klaren und eindeutigen Aufgabenabgrenzung besteht.[349] Von einer Geschäftschance der Gesellschaft kann jedenfalls ausgegangen werden, wenn der Gesellschafter sich zur Durchführung des

---

343 Siehe hierzu: Baumbach/Hueck/*Zöllner/Noack*, § 35 GmbHG Rn. 41 ff.; *Rudersdorf*, RNotZ 2011, 509.
344 BFH v. 30.08.1995 – I R 155/94, NJW 1996, 950 = MittBayNot 1995, 496.
345 Vgl. BGHZ 119, 257, 262; 142, 92, 95; BGH v. 07.01.2008 – II ZR 314/05 = NJW-Spezial 2008, 176.
346 BFH DStR 98, 1354.
347 BFH NJW 1997, 1804.
348 Soweit eine andere Rechtsauffassung in dem BMF-Schreiben vom 04.02.1992, BStBl. I 1992, 137 und vom 29.06.1993, BStBl. I 1993, 556 vertreten wird, habe dieselbe keine Rechtsgrundlage; BFH NJW 1997, 1804.
349 BFH v. 13.11.1996 – I R 149/94, NJW 1997, 1806; klarere Kriterien hat der BFH bisher nicht vorgegeben.

Geschäfts, des Personals, der Sachausstattung oder eines bei der Gesellschaft erworbenen besonderen Know-hows bedient.[350]

187 Eine sog. Öffnungsklausel im Gesellschaftsvertrag, wie von der Finanzverwaltung[351] verlangt, ist somit steuerrechtlich für den Gesellschafter/Geschäftsführer bzw. beherrschende Gesellschafter erforderlich, wenn die Befreiung durch einfachen Gesellschafterbeschluss ermöglich werden soll; sie sollte eine klare und eindeutige *Aufgabenabgrenzung* zwischen der Gesellschaft und dem Gesellschafter/Geschäftsführer enthalten.[352] Ob die teils geforderte einschränkende Festlegung des Unternehmensgegenstandes steuerrechtlich erforderlich ist, kann jedoch bezweifelt werden, da dessen Umfang nicht allein die Geschäftschancen der Gesellschaft beschreibt, welche für die Verletzung des Wettbewerbsverbot als ausschlaggebend angesehen werden.

Muster einer steuerlichen Klausel zur Befreiung vom Wettbewerbsverbot:

188 M **Dem Gesellschafter und Geschäftsführer ..... wird unentgeltlich umfassende Befreiung vom Wettbewerbsverbot für seine Tätigkeit als Geschäftsführer bei ..... erteilt. Durch Gesellschafterbeschluss kann Geschäftsführern oder Gesellschaftern die Befreiung von einem Wettbewerbsverbot umfassend oder begrenzt erteilt werden. Die Einzelheiten sind in einer besonderen Abgrenzungs- und Entgeltvereinbarung beim Geschäftsführer sowie beim Gesellschafter durch Gesellschafterbeschluss zu regeln.**

5. Erbschaftsteuerliche Poolvereinbarung i.S.v. § 13b Abs. 1 ErbStG

189 Anteile an einer Kapitalgesellschaft im Inland oder in einem EU-Staat gehören gemäß § 13b Abs. 1 Nr. 3 ErbStG nur zum erbschaft- und schenkungsteuerlich begünstigten Vermögen,[353] wenn der Erblasser oder Schenker nach der Summe der ihm unmittelbar zuzurechnenden Anteile am Nennkapital dieser Gesellschaft zu mehr als 25 % unmittelbar beteiligt war (Mindestbeteiligung)[354] oder wenn er diese Summe zusammen mit Anteile weiterer Gesellschafter erreicht, soweit er und die weiteren Gesellschafter untereinander verpflichtet sind, (1) über die Anteile (1a) nur einheitlich zu verfügen oder (1b) ausschließlich auf andere derselben Verpflichtung unterliegende Anteilseigner zu übertragen und (2) das Stimmrecht gegenüber nicht gebundenen Gesellschaftern einheitlich auszuüben.[355]

190 Die Vereinbarung bedarf mindestens der Schriftlichkeit,[356] wenn Veräußerungs- und Erwerbsverpflichtungen darin enthalten sind gemäß § 15 Abs. 4 GmbHG der notariellen Beurkundung. Sie kann auch im Gesellschaftsvertrag enthalten sein,[357] was beim Gesellschafterwechsel den Vorteil hat, dass der Erwerber dann automatisch in die Vereinbarung

---

350 Insgesamt hierzu: *Lawall*, NJW 1997, 1742; *Wassermeyer*, DStR 97, 681; *Fleischer*, DStR 99, 1249.
351 BStBl. I 1993, 556.
352 Hierzu *Rudersdorf*, RNotZ 2011, 509.
353 Verwaltungsschreiben: Ländererlass v.22.06.2017 BStBl. I 2017, 902 Abschn. 13a.16; 13b.6 (3–6) AEErbSt 2017. Lit.: *Feick/Nordmeier*, DStR 2009, 893; *Lahme/Zikesch*, DB 2009, 527; *Langenfeld*, ZEV 2009, 596; *Onderka/Lasa*, Ubg 2009, 309; *Stahl*, KÖSDI 2010, 16823; *Weber/Schwind*, ZEV 2009, 16; *dies.*, DStR 2011, 13; *Korezkij*, DStR 2011, 1733; *Karla*, Steuer und Studium 2012, 225; *Geck*, DNotZ 2012, 329; *Fuhrmann/Urbach*, KÖSDI 2012, 17850 *Wälzholz*, MittBayNot 2013, 281.
354 Eigene Anteil der GmbH werden bei der Berechnung der Quote nicht mitgerechnet (Abschnitt 13b.6 Abs. 2 Satz 2 AEErbSt). Stimmrechtslose Anteile können ebenfalls nicht Gegenstand einer Poolvereinbarung sein (A 13b 6 Abs. 5 AEErbSt 2017).
355 Zu Poolvereinbarungen im Erbschaftsteuerrecht *T. Wachter*, ErbR 2016, 174 ff.
356 Abschnitt 13b.6 Abs. 6 AEErbSt.
357 A 13b.6 (6) AEErbSt.

eintritt.[358] Durch die Vereinbarung entsteht eine Gesellschaft bürgerlichen Rechts in der Form einer Innengesellschaft ohne Gesellschaftsvermögen,[359] deren Dauer unbestimmt sein sollte.

191 Die gesetzliche Voraussetzung, nur einheitlich verfügen zu können, verlangt eine Veräußerungs- und Übertragungsbeschränkung, jedoch keine generelle Verfügungsbeschränkung und auch nicht, dass alle Poolmitglieder gleichzeitig oder mit gleicher Quote verfügen. Aufgrund des Gesetzeszweckes, einen bestimmenden Einfluss von familienfremden Dritten durch freie Veräußerbarkeit der Anteile zu verhindern, genügt es, wenn die Poolvereinbarung durch Aufstellung einheitlicher Grundsätze für die Übertragung von Anteilen, den Erwerberkreis, auf den frei übertragen werden kann, z.B. auf Familienmitglieder, beschränkt oder ansonsten Anteile nur mit Zustimmung einer Mehrheit der anderen Poolmitglieder übertragen werden können.[360] Vinkulierungsklausel in der Satzung sind daher ausreichend, die aber alle Rechtsgeschäfte erfassen sollte, die auf die Übertragung des wirtschaftlichen Eigentums gerichtet sind (z.B. Unterbeteiligung, Vereinbarungstreuhand).

192 Alternativ zur einheitlichen Verfügung bestimmt das Gesetz, dass sonst nur »ausschließlich auf andere derselben Verpflichtung unterliegende Anteilseigner« übertragen werden darf, wobei es ausreicht, wenn die Erwerber erst durch die Übertragung zu Poolmitglieder werden.

193 Die weitere Voraussetzung, dass »das Stimmrecht gegenüber nicht gebundenen Gesellschaftern nur einheitlich ausgeübt werden kann«, kann durch verbindliche Vereinbarung der Poolmitglieder entweder dadurch erreicht werden, dass es durch einen Gruppenvertreter, welcher auch eine gruppenfremde Person sein kann, oder nur im Rahmen eines Stimmbindungsvertrages[361] ausgeübt werden kann.

194 Die durch den Abschluss einer Poolvereinbarung gewonnenen Begünstigungen entfallen rückwirkend für alle Poolmitglieder, wenn die Verfügungsbeschränkungen oder Stimmrechtsbündelung aufgehoben wird und für das einzelne Poolmitglied, wenn es gegen die Behaltensvorschrift des § 13a Abs. 5 Satz 1 Nr. 4 ErbStG verstößt und den erhaltenen Anteil innerhalb der Behaltefrist auf eine andere Person, auch wenn diese ein Poolmitglied ist, überträgt; Nießbrauchsbestellung ist unschädlich. Problematisch ist die Vereinbarung von atypischer Unterbeteiligung oder Vereinbarungstreuhand an dem poolgebundenen Anteil. Bei Verpfändung eines poolgebundenen Anteiles führt noch nicht die Verpfändung selbst, sondern erst die Verwertung des Pfandgutes durch den Gläubiger zum Verstoß gegen die Behaltensfrist und zum Verlust der Begünstigung. Sobald auch die Beteiligung aller Poolmitglieder auf 25 % oder darunter sinkt, gleich ob dies durch Veräußerung des Anteils eines Poolmitgliedes ohne dass der Erwerber in die Poolvereinbarung eintritt, oder durch dessen Ausscheiden/Kündigung oder durch Beteiligungsveränderung infolge Kapitalerhöhung eintritt, entfällt die Begünstigung.[362]

195 Weil auch die Begünstigung für alle Mitglieder entfällt, wenn auch nur ein Poolmitglied durch Kündigung ausscheidet und damit nicht mehr als 25 % der Anteile im Pool vertreten sind, wird teilweise empfohlen, das ordentliche Kündigungsrecht solange auszuschließen,

---

358 Die Regelung im Gesellschaftsvertrag würde zugleich sicherstellen, dass die Anteile nur auf andere Gesellschafter übertragen werden können, die »derselben Verpflichtung unterliegen«, wie dies das Gesetz verlangt.
359 Die Übertragung der Geschäftsanteile an der GmbH in das Gesamthandsvermögen der GbR würde die vom Gesetz verlangte **unmittelbare** Beteiligung des Erblassers bzw. Schenkers beseitigen.
360 A 13b.6 (4) AEErbSt; *Langenfeld*, ZEV 2009, 596.
361 Verzicht des einzelnen Anteilseigner auf sein Stimmrecht zugunsten der Poolgemeinschaft (vgl. Abschnitt 21 Abs. 4 Ländererlass; R E 13b.6 [5] ErbStR). Nach Satzung stimmrechtslose Anteile zählen jedoch nicht.
362 Insgesamt zu den Umständen des Wegfalls der Begünstigung: A 13a.16 Abs. 2 AEErbSt; teilweise kritisch dazu die Lit.

solange bei einem Poolmitglied noch die Behaltefrist läuft bzw. die Verpflichtung zum Nachteilsausgleich festgelegt wird.[363]

196 Um eine Überfrachtung des Satzungswortlautes zu vermeiden und trotzdem die Poolvereinbarung satzungsgemäß zu installieren, empfiehlt sich, diese als Anlage zum Satzungstext zu nehmen. Die Satzungsbestimmung muss so abgefasst sein, dass sich daraus immer feststellen lässt, welche Gesellschafter der Poolvereinbarung unterliegen. Dazu ist es möglich, alle Gesellschafter satzungsmäßig der Poolvereinbarung zu unterwerfen, deren Beteiligung am Nennkapital die Mindestquote von mehr als 25 % nicht erreicht. Kommt dadurch aber die Mindestquote nicht zustande, kann die Satzungsregelung ergänzend auch bestimmen, dass ein Gesellschafter, der zwar selbst mit mehr als 25 % beteiligt ist, dessen Beteiligung aber von den Minderheitsgesellschaftern benötigt wird, um die Mindestquote zu erreichen, selbst Mitglied der Poolvereinbarung wird[364] oder dass alle Gesellschafter der Poolvereinbarung unterworfen sind.[365]

Poolvereinbarung, Regelung in GmbH-Satzung [366]

197 M § ..... Poolvereinbarung nach § 13b Abs. 1 Nr. 3 Satz 1 ErbStG
(1) Diejenigen Gesellschafter, deren jeweils zusammengerechneten Anteile keine Beteiligung am Nennkapital der Gesellschaft von mehr als 25 % (§ 13b Abs. 1 Nr. 3 Satz 1 ErbStG) erreichen, bilden einen Verfügungs- und Stimmrechtspool i.S. von § 13b Abs. 1 Nr. 3 Satz 2 ErbStG nach Maßgabe der in der Anlage beigefügten Poolvereinbarung. Wird von solchen Gesellschaftern durch Zusammenrechnung deren unmittelbaren Beteiligungen nicht mehr als 25 % erreicht, gilt die Poolvereinbarung für alle Gesellschafter, auch soweit diese selbst mit mehr als 25 % am Nennkapital der Gesellschaft beteiligt sind. Die Poolgemeinschaft ist eine reine Innengesellschaft; Anteile werden auf diese nicht übertragen.
Über den allgemeinen Zustimmungsvorbehalt bei Verfügungen über Geschäftsanteile hinaus, bedarf jede Verfügung über Geschäftsanteile, die zu dieser Poolvereinbarung gehören, der Zustimmung aller (*der Mehrheit aller*) zu dieser Poolvereinbarung gehörenden Gesellschafter; dies betrifft auch alle Rechtsgeschäfte, die auf die Übertragung des wirtschaftlichen Eigentums an dem Anteil gerichtet sind, wie Unterbeteiligung oder Treuhand.
Gesellschafter, bei denen der Erbschaftsteuerfall eingetreten ist und die wegen des Pooling in den Genuss der Verschonung gekommen sind, bleiben unabhängig von der Höhe ihrer Beteiligung Mitglied der Poolvereinbarung, bis die Behaltensfrist für ihren Erwerb abgelaufen ist.
(2) Die Abänderung der vorstehenden Satzungsbestimmung und/oder der Anlage bedarf der Zustimmung aller Gesellschafter.
(3) Auf die Regelungen in der Anlage wird verwiesen.

---

363 *Korezkij*, DStR 2011, 1733; *Karla*, Steuer und Studium 2012, 225; *Geck*, DNotZ 2012, 329, der aber die Kündigungsklausel als unzweckmäßig ablehnt.
364 So der Vorschlag von *Langenfeld*, ZEV 2009, 596, 600.
365 Dies ist nach A 13b.6 (5) AEErbSt R E 13b.6 (5) ErbStR sowie Ländererlass v. 25.06.2009 Abschn. 21 Abs. 4 Satz 8 zulässig, um die erbschaftsteuerlichen Vergünstigungen in Anspruch nehmen zu können.
366 Unter Berücksichtigung der Muster von *Langenfeld*: Gestaltungen zur Vermeidung des Entfallens einer Poolvereinbarung nach § 13b Abs. 1 ErbStG, ZEV 2009, 596 sowie *Stahl*, Die Poolvereinbarung im neuen Erbschaftsteuerrecht, KÖSDI 2010, 16822. Muster für eine getrennte Poolvereinbarung außerhalb der GmbH-Satzung bei *Wälzholz*, MittBayNot 2013, 281.

Poolvereinbarung nach § 13b ErbStG

§ 1 Verpflichtungen der Gesellschafter untereinander

Die Mitglieder des Pools sind untereinander verpflichtet, über ihre Anteile unter Lebenden oder von Todes wegen nur einheitlich zu verfügen oder sie ausschließlich nur auf andere derselben Verpflichtung unterliegende Anteilseigner zu übertragen. Von der Verpflichtung umfasst werden die entgeltliche oder unentgeltliche Veräußerung von Geschäftsanteilen und deren Belastung, ausgenommen die Verpfändung. Die Erwerber müssen spätestens mit Wirksamwerden ihres Erwerbs Mitglied dieser Poolvereinbarung werden.

§ 2 Einheitlichkeit der Verfügung

Zur Einheitlichkeit der Verfügung sind die Poolmitglieder verpflichtet, die Verfügungsbeschränkungen der Satzung der GmbH beachten. Danach genehmigungsfreie Veräußerungen durch ein Poolmitglied sind nur zulässig, sofern der Erwerber bei der Verfügung seinen Beitritt zu dieser Poolvereinbarung erklärt. Geschäftsanteile, die unter Verstoß gegen Verfügungsbeschränkungen der Satzung und dieser Poolvereinbarung erworben werden, unterliegen den Einziehungsregelungen gemäß § ..... der Satzung.

§ 3 Einheitlichkeit der Stimmrechtsausübung

Die Mitglieder des Pools sind weiterhin verpflichtet, das sich aus ihren GmbH-Anteilen ergebende Stimmrecht gegenüber nicht gebundenen Gesellschaftern einheitlich auszuüben. Daher können die Poolmitglieder ihre Stimmen in allen Angelegenheiten der Gesellschaft grundsätzlich nur einheitlich abgeben, soweit nicht der Kernbereich ihrer Gesellschafterrechte betroffen ist.

Vor jeder Stimmabgabe in der GmbH ist ein Beschluss der Mitglieder dieses Pools darüber herbeizuführen, wie die Stimmrechte in der GmbH einheitlich ausgeübt werden. Die einheitliche Stimmabgabe in der Gesellschafterversammlung der GmbH erfolgt durch ein mit einer Mehrheit von ..... der Poolmitglieder, gerechnet nach den in der GmbH geltenden Stimmen, hierzu bestimmtes Mitglied. Kommt keine entsprechende Mehrheit zustande, vertritt das an Jahren älteste Mitglied dieses Pools.

§ 4 Innengesellschaft bürgerlichen Rechts

Dieser Verfügungs- und Stimmrechtspool ist eine Innengesellschaft bürgerlichen Rechts ohne Gesamthandsvermögen.

Jedes Mitglied kann eine Beschlussfassung des Pools gemäß den Satzungsregelungen der GmbH, auch außerhalb von Versammlungen, herbeiführen, insbes. dazu auch eine Gesellschafterversammlungen des Pools einberufen. Für die Einberufung und Durchführung der Gesellschafterversammlung, auch bzgl. der Vertretung in dieser, gelten die entsprechenden Vorschriften der Satzung der GmbH.

Die Poolmitglieder treffen ihre Entscheidungen durch Beschluss mit einfacher Mehrheit aller//der anwesenden oder vertretenen Poolmitglieder, auch wenn in der Gesellschafterversammlung der GmbH eine qualifizierte Mehrheit erforderlich ist. Das Stimmrecht der Poolmitglieder richtet sich nach den Stimmrechten in der Gesellschafterversammlung der GmbH.

§ 5 Dauer der Gesellschaft, Kündigung

(1) Die Gesellschaft wird auf unbestimmte Zeit vereinbart. Sie kann mit einer Frist von sechs Monaten vorbehaltlich der Regelung in Abs. 2 zum Ende eines Kalenderjahres

gekündigt werden, frühestens zum ..... Die Kündigung bedarf der Schriftform. Der Kündigende scheidet mit Wirksamwerden der Kündigung aus der Gesellschaft aus, die mit den übrigen Mitgliedern der Poolvereinbarung fortgesetzt wird. Er erhält keine Abfindung.
(2) Ist in Bezug auf einen der Poolvereinbarung unterliegenden Geschäftsanteil ein erbschafts- oder schenkungsteuerpflichtiger Tatbestand eingetreten unter Inanspruchnahme der Verschonung gemäß §§ 13a, 13b ErbStG, darf die Poolvereinbarung für die Dauer der gesetzlichen Behaltensfrist von fünf bzw. sieben Jahren (§ 13a Abs. 5 ErbStG) ab dem Besteuerungszeitpunkt nicht aufgehoben werden. Eine Kündigung – ausgenommen aus wichtigem Grund – wird erst zum Ende des Kalendermonats wirksam, der auf das Ende der gesetzlichen Behaltensfrist erfolgt. Laufen zu diesem Zeitpunkt noch weitere gesetzlichen Behaltensfristen, verzögert sich das Wirksamwerden der Kündigung entsprechend.
(3) Durch den Tod eines Gesellschafters wird die Poolvereinbarung nicht aufgelöst. Sie wird mit seinen Rechtsnachfolger in den Geschäftsanteil fortgesetzt.
(4) Ein Poolmitglied scheidet aus der Poolvereinbarung aus, wenn es als Gesellschafter aus der GmbH ausscheidet, insbesondere auch wenn die Einziehung seines Geschäftsanteiles beschlossen oder die an deren Stelle tretende Abtretung verlangt wird. Die Poolvereinbarung wird mit einem evtl. Nachfolger in dessen Geschäftsanteil fortgesetzt. Scheidet ein Poolmitglied ohne Einwilligung aller weiteren Mitglieder aus und sinkt dadurch der Beteiligungsumfang der Poolgemeinschaft auf 25 % der Anteile oder darunter, ist das ausscheidende Poolmitglied verpflichtet, den einem sonstigen Poolmitglied entstehenden steuerlichen Nachteil zu ersetzen; dies gilt auch, wenn andere Umstände in der Person eines Poolmitgliedes zu einem tatsächlichen eintretenden Steuernachteil für andere Poolmitgliedern führen.

■ *Kosten des Notars:* Wenn Anlage zur Satzung: keine gesonderte Gebühr. Wenn als selbständige Vereinbarung: Wert = Teilwert von 20–30 % aus der Summe der Verkehrswerte der beteiligten GmbH-Anteile (§ 36 Abs. 1 GNotKG). Daraus nach Nr. 21100 KV GNotKG 2,0 Geb. (Tabelle B).

X. Anmeldung einer Zweigniederlassung

198 Durch das EHUG v. 10.11.2006 wurden die §§ 13a bis 13c HGB aufgehoben. Angelegenheiten, die eine Zweigniederlassung betreffen, werden nur noch im Handelsregister der Hauptniederlassung eingetragen (und sind deshalb selbstverständlich nur noch dort zum Handelsregister anzumelden). Die früheren Handelsregister für Zweigniederlassungen wurden zum 01.01.2007 geschlossen (s. Art. 61 Abs. 6 EGHGB).

199 Wegen der *Zweigniederlassung* s. weiter oben § 127. Wegen der Anmeldung der Zweigniederlassung eines ausländischen Unternehmens, §§ 13d ff. HGB, s. § 158 Rdn. 45 ff. – Wegen der Verlegung des *Sitzes* (der Hauptniederlassung) s.o. § 127 Rdn. 18 u. 22 M. Keine Handelsregister-Kosten, wenn das gleiche Gericht zuständig bleibt (Nr. 2300 GV HRegGebVO).

200 *Firma:* Die Zweigniederlassung kann dieselbe Firma haben wie die Hauptniederlassung, *Prokuristen,* deren Vertretungsmacht auf die Hauptniederlassung oder auf die Zweigniederlassung beschränkt werden soll, können nur dann bestellt werden, wenn die Zweigniederlassung anders firmiert als die Hauptniederlassung. Beispiele: »Hamburger Maschinenfabrik GmbH, Zweigniederlassung Altona« oder: »Schütz & Co., Zweigniederlassung Altona der Hamburger Maschinenfabrik GmbH«. S. oben § 127 Rdn. 14.

Gesellschaft mit beschränkter Haftung (GmbH). Gründung, Satzungsbestandteile § 142

Anmeldung einer Zweigniederlassung

An das Amtsgericht Hamburg [Anm: Amtsgericht der Hauptniederlassung]   201 M
– Handelsregister –
HRB 237
Hamburger Maschinenfabrik GmbH
Errichtung einer Zweigniederlassung
Zur Eintragung in das Handelsregister melden wir als gemeinschaftlich vertretungsbefugte Geschäftsführer die Errichtung einer Zweigniederlassung der Gesellschafter unter der Firma »Hamburger Maschinenfabrik GmbH, Zweigniederlassung Altona« an. Die inländische Geschäftsanschrift der Zweigniederlassung befindet sich in [Postleitzahl, Ort, Straße] (zugleich Lage der Geschäftsräume).
Wir fügen eine elektronisch beglaubigte Abschrift des Gesellschaftsvertrags und eine Liste der Gesellschafter bei.
Hamburg, den .....
Unterschriften
Vollzugsvollmacht und Beglaubigungsvermerk wie Rdn. 63 M

■ *Kosten.*
a) Des Notars: Da es sich um eine spätere Anmeldung bei einer Kapitalgesellschaft handelt, ist der Geschäftswert nach § 105 Abs. 4 Nr. 1 GNotKG 1 % des Stammkapitals, mindestens 30.000 €. 0,5 Gebühr aus Tabelle B gemäß Nr. 24102 i.V.m. 21201 (5.) KV GNotKG. Gebühren für das elektronische Einreichen s. § 124 Rdn. 43
b) Des Handelsregisters: Die Eintragung erfolgt nur noch beim Gericht der Hauptniederlassung (s. § 127 Rdn. 5). Dort eine Gebühr von 120 € nach Nr. 2200 GV HRegGebVO i.V.m. § 58 GNotKG.

XI. Vorratsgründung

Unter einer Vorratsgründung versteht man die Gründung einer Gesellschaft ohne konkrete   202
Absicht der Gründer, in absehbarer Zeit mit der GmbH am Geschäftsverkehr teilzunehmen, so dass sich die Tätigkeit der Gesellschaft zunächst auf die »Verwaltung« ihres in der Regel geringfügigen Vermögens beschränkt. Die Gründung einer Gesellschaft, die die alsbaldige Aufnahme einer Geschäftstätigkeit nicht beabsichtigt, ist zulässig, wenn als Gesellschaftszweck wahrheitsgemäß »die Verwaltung eigenen Vermögens« gewählt wird.[367] Dies ist insbesondere in der Transaktionspraxis von Bedeutung, sofern eine Gesellschaft schnell »verfügbar« sein soll (die Vorratsgesellschaft wird hier oftmals als Akquisitionsvehikel genutzt). Damit verbindet sich häufig der Zweck, die den Gründern drohende Unterbilanzhaftung bei Aufnahme der Geschäftstätigkeit vor Eintragung der Gesellschaft ebenso wie die dann den Geschäftsführern drohende Handelndenhaftung des § 11 Abs. 2 in der Zwischenzeit bis zur Eintragung der Gesellschaft nach Möglichkeit zu vermeiden. Zwar dürfte die gerichtliche Bearbeitungszeit bei einer Neugründung, besonders sofern ein »Eilantrag« durch den Notar gestellt wird, heutzutage nicht mehr allzu viel Zeit in Anspruch nehmen; die Eröffnung eines Bankkontos zwecks Einzahlung der Einlagen ist im Lichte des (vor allem geldwäscherechtlich) erforderlichen »Know-Your-Costumer«-Managements aber der entscheidende Faktor, der Zeit in Anspruch nimmt. Bei späterer Aktivierung, d.h. Ausstattung mit einem Geschäftsbetrieb, sind die Gründungsvorschriften auf diese wirtschaftliche Neugründung weitgehend entsprechend anzuwenden. Zum Mantelkauf s. § 145 Rdn. 105 ff.

---
367 BGH DB 1992, 1228.

203 Die mit der Verwendung einer Mantelgesellschaft zusammenhängenden Fragen[368] der Kapitalaufbringung und der Haftung sind Gegenstand zahlreicher höchstrichterlicher Entscheidungen geworden.[369] Im Wesentlichen hat sich dabei folgende Linie herausdestilliert: (1.) Die Verwendung des Mantels einer GmbH wird wirtschaftlich als Neugründung« eingestuft. Liegt eine derartige wirtschaftliche Neugründung vor, ist dies dem Handelsregister gegenüber (2.) offenzulegen und zugleich (3.) zu versichern, dass die in § 7 Abs. 2 und 3 GmbHG bezeichneten Leistungen auf die Einlagen (Mindesteinlagen) bewirkt sind und sich der Gegenstand der Leistungen endgültig in der freien Verfügung der Geschäftsführer befindet. Sind die Einlageleistungen (wie häufig bei der Aktivierung einer Mantelgesellschaft, insbesondere bei gebrauchten Mantelgesellschaften) im Anmeldezeitpunkt nicht mehr »unversehrt« vorhanden bzw. bestehen zureichende Anhaltspunkte dafür, dass das Stammkapital durch Vorbelastungen zumindest teilweise aufgezehrt wurde, muss das Registergericht (4.) auch das Vorliegen einer Unterbilanz prüfen. In diesem Sinne ist richtigerweise (nach hier vertretener Ansicht sogar ausschließlich, d.h. ohne die Versicherung nach Ziffer 3) zugleich zu versichern, dass (5.) die Gesellschaft im Zeitpunkt der Offenlegung noch über ein Vermögen in Höhe der Stammkapitalziffer verfügt. Besteht im Zeitpunkt der Offenlegung eine Differenz zwischen Stammkapital und tatsächlichem Gesellschaftsvermögen, weil die Gesellschaft Verluste gemacht hat, haften die Gesellschafter (6.) für die Differenz anteilig. Ist die Geschäftstätigkeit jedoch schon vor dem Zeitpunkt der Offenlegung aufgenommen worden und ist diese auch nach außen in Erscheinung getreten, kommt es für die Unterbilanzhaftung (7.) nicht auf den Zeitpunkt der Offenlegung an, sondern auf jenen des In-Erscheinung-Tretens der Geschäftstätigkeit.[370]

Anmeldung der Veränderungen nach Erwerb einer Vorrats-GmbH

204 M **An das Amtsgericht in Berlin-Charlottenburg**

Zum Handelsregister B Nr. 7936 übermittle ich als neuer Geschäftsführer der »ABC 20. Vermögensverwaltungs GmbH« mit dem Sitz in Berlin in elektronisch beglaubigter Abschrift:
a) eine aktuelle Gesellschafterliste mit der Bescheinigung des Notars nach § 40 Abs. 2 GmbHG aufgrund der vorausgehenden Abtretungen,
b) die Niederschrift des Notars ..... (UR-Nr .....) über die Gesellschafterversammlung vom heutigen Tag,
c) den neuen vollständigen Wortlaut des Gesellschaftsvertrags mit der Bescheinigung des Notars nach § 54 GmbHG,
d) Saldenbestätigung des Kreditinstituts.

---

368 Aus der jüngeren Literatur Scholz/*Cziupka*, § 3 GmbHG Rn. 21 ff; *v. Proff*, NotBZ 2017, 171; *Winnen*, RNotZ 2013, 389 ff.

369 Der BGH hatte sich bereits 1992 für eine Einstufung der späteren Verwendung einer Vorratsgesellschaft als »wirtschaftliche Neugründung« ausgesprochen, BGHZ 117, 323, 331 = GmbHR 1992, 451. Die endgültige Bestätigung dieser Qualifizierung der Verwendung einer Vorratsgesellschaft brachten dann Beschlüsse aus den Jahren 2002 und 2003; BGHZ 153, 158, 160 = GmbHR 2003, 227; BGHZ 155, 318, 321 = GmbHR 2003, 1125. Anders aber vor dieser Rechtsprechung etwa BayObLGZ 1999, 87, 89 ff. = GmbHR 1999, 607: Eintragungen in das Handelsregister anlässlich der Verwertung einer Mantel- oder Vorrats-GmbH rechtfertigen nicht die registergerichtlichen Kontrolle der Unversehrtheit des Stammkapitals. S. zur modifizierten Unterbilanzhaftung sodann BGHZ 155, 318 = GmbHR 2003, 1125; BGH GmbHR 2008, 208; BGH GmbHR 2011, 1032; BGHZ 192, 341 = GmbHR 2012, 630; BGH GmbHR 2014, 317; OLG Jena GmbHR 2004, 1468; OLG Düsseldorf GmbHR 2012, 1135.

370 S. BGH GmbHR 2014, 317. S. auch unten § 145 Rdn. 106.

I.

Ich lege offen, dass die Gesellschaft als Vorratsgesellschaft gegründet wurde und bislang keine Geschäftstätigkeit aufgenommen hat, ab Eingang der Anmeldung beim Registergericht allerdings wirtschaftlich tätig, d.h. aktiviert werden soll.
Zur Eintragung in das Handelsregister melde ich an:
1. Die Firma der Gesellschaft wurde geändert, sie lautet nunmehr »MMM Informationssysteme GmbH«
2. Der Sitz der Gesellschaft wurde von Berlin nach Cottbus verlegt, die inländische Geschäftsanschrift befindet sich in Cottbus, Hauptplatz 34 (das ist zugleich die Lage der Geschäftsräume).
3. Der Gegenstand des Unternehmens der Gesellschaft ist nunmehr die Entwicklung, Installierung und Betreuung von Informationssystemen aller Art und die Beratung in diesem Bereich.
4. Die neue allgemeine Regelung der Vertretung im Gesellschaftsvertrag lautet künftig: Sind mehrere Geschäftsführer bestellt, so vertreten zwei Geschäftsführer gemeinschaftlich oder ein Geschäftsführer in Gemeinschaft mit einem Prokuristen die Gesellschaft (die Erteilung von Einzelvertretungsbefugnis ist zulässig). Ist nur ein Geschäftsführer bestellt, so vertritt er die Gesellschaft alleine. Die Gesellschafterversammlung kann Geschäftsführer von den Beschränkungen des § 181 BGB befreien.
5. Der bisherige Geschäftsführer, Herr Steuerberater Martin Ratgeber, wurde abberufen.
6. Zum neuen Geschäftsführer wurde ich, Michaela Maria Müller, geb. am 17.03.1950, wohnhaft in Cottbus, bestellt. Ich vertrete die Gesellschaft einzeln, auch wenn weitere Geschäftsführer bestellt werden sollten, und bin von den Beschränkungen des § 181 BGB befreit.

II.

Ich, die unterzeichnete alleinige Geschäftsführerin, versichere, dass alle Stammeinlagen in Höhe von 25.000 € vollständig bezahlt sind und dass dieser Betrag, abzüglich der mit der Gründung verbundenen Kosten und zuzüglich Zinsen, in Höhe von insgesamt mindestens 24.500 € auf einem Bankkonto endgültig und weiterhin [bzw. wieder] zu meiner freien Verfügung als Geschäftsführer steht. Ich versichere weiter, dass das Vermögen der Gesellschaft, abgesehen von den mit den angemeldeten Veränderungen verbundenen Kosten bei Notar und Registergericht unter 500 € durch keine Verbindlichkeiten vorbelastet ist, weil die Gesellschaft bisher außer der Verwaltung ihres Bankkontos keinerlei Tätigkeit entfaltet hat.
Ich versichere schließlich, dass keine Umstände vorliegen, aufgrund deren ich nach § 6 Abs. 2 Satz 2 Nr. 2 und 3 sowie Satz 3 GmbHG von dem Amt als Geschäftsführer ausgeschlossen wäre: Ich wurde niemals wegen Insolvenzverschleppung, einer Insolvenzstraftat nach den §§ 283 bis 283d des Strafgesetzbuches wegen falscher Angaben nach § 82 GmbHG oder § 399 AktG, wegen unrichtiger Darstellung nach § 400 AktG, § 331 HGB, § 313 UmwG oder § 17 PublG oder wegen einer Straftat nach den §§ 263–264a oder §§ 265b–266a StGB und auch nicht wegen einer vergleichbaren Straftat im Ausland verurteilt; mir ist weder durch gerichtliches Urteil noch durch vollziehbare Entscheidung einer Verwaltungsbehörde die Ausübung irgendeines Berufes, Berufszweiges, Gewerbes oder Gewerbezweiges untersagt. Ich wurde vom Notar über meine unbeschränkte Auskunftspflicht gegenüber dem Registergericht belehrt.

III.

Die inländische Geschäftsanschrift befindet sich nunmehr in .....
Cottbus, den .....
Vollzugsvollmacht wie Rdn. 67 M.
Beglaubigungsvermerk wie Rdn. 96 M.

Michaela Müller

Versicherung entsprechend § 7 Abs. 2 GmbHG bei Aktivierung eines gebrauchten Gesellschaftsmantels

204.1 M ..... Sämtliche Geschäftsführer legen hiermit gegenüber dem Handelsregister offen, dass die Gesellschaft ein inaktiver Mantel ist, der keinen Geschäftsbetrieb betreibt, jedoch beabsichtigt ist, nunmehr einen Geschäftsbetrieb im Bereich des Unternehmensgegenstandes wiederaufzunehmen.
Sämtliche Geschäftsführer versichern, dass der nach allgemeinen Bilanzierungsgrundsätzen festgestellte Wert des Gesellschaftsvermögens das satzungsmäßige Stammkapital in Höhe von 25.000 € deckt/überschreitet und sich endgültig in ihrer freien Verfügung befindet. [371]

■ *Kosten.* Trotz der Notwendigkeit, die einzelnen Änderungen der in § 10 Abs. 1 und 2 GmbHG genannten Regelungen in der Registeranmeldung zu bezeichnen, handelt es sich insgesamt nur um eine Anmeldung ohne bestimmten Geldwert, da alle Satzungsänderungen eine Anmeldeeinheit bilden[372]
Mehrere einzelne Anmeldungen zur Bestellung und Abberufung von Vertretungsorganen sind dazu gegenstandsverschieden (siehe § 111 Nr. 3 GNotKG); die Geschäftsführer-Versicherung gegenüber dem Handelsregister ist Teil der Anmeldung ohne Bewertung. – Die Offenlegung der wirtschaftlichen Neugründung mit Versicherung über die Höhe der Einzahlung, ist eine weitere Anmeldungstatsache, da diese eine gesonderte, für die Eintragung erforderliche Erklärung ist, die zwar Voraussetzung für die Eintragung der Satzungsänderung ist, jedoch aufgrund der Rechtsprechung des BGH einen eigenen rechtlichen Gehalt hat. Die Einzahlungsversicherung bei Neugründung ist dagegen Teil der Eintragungsanmeldung, bei Kapitalerhöhung Teil der Erhöhungsanmeldung und somit bei der wirtschaftlichen Neugründung auch als Teil der Offenlegung zu behandeln.
Geschäftswert nach § 105 Abs. 4 Nr. 1 GNotKG,[373] Wert mind. 30.000 €; Gebühr: als einseitige Erklärung mit 1,0 Gebühr aus Tabelle B nach Nr. 24101 i.V.m. 21200 KV GNotKG, zur Rahmengebühr siehe § 92 Abs. 2 GNotKG) dann Vergleichsberechnung nach § 94 Abs. 1 GNotKG; Belehrung gebührenfreies Nebengeschäft.
Wert. Aus der Summe der einzelnen Anmeldungen (§ 35 Abs. 1 GNotKG): jeweils 1 % des Stammkapitals, aber mindestens 30.000 €. § 105 Abs. 4 Nr. 1 GNotKG, höchstens bzgl. der Summe aller Anmeldungen 1 Mio. € gemäß § 106 GNotKG 0,5 Gebühr aus Tabelle B gemäß Nr. 24102 i.V.m 21201 (5.) KV GNotKG.

---

371 Der letzte Halbsatz ist in seiner Bedeutung zweifelhaft; dazu auch Scholz/*Cziupka*, § 3 GmbHG Rn. 31; überhaupt ist die Anmeldeversicherung noch nicht geklärt; s. nur *Heidenhain/Hasselmann*, in: Münchner Vetragshandbuch, Bd. 1, Muster IV. 10, Fuhrmann/*Wälzholz/Wälzholz*, M.14.13.
372 OLG Hamm v. 14.09.2016 – 15 W 548/15, gegen Korintenberg/*Diehn* GNotKG, 20. Aufl. § 11 Rn. 31.
373 So Bayer. Notarkasse, Streifzug GNotKG, 12. Aufl., Rn. 1580. A.A. *Gustavus*, 9. Aufl., Muster A 101: Versicherung gesonderter Anmeldegegenstand. Nach *Schmidt/Sikora/Tiedtke*, Rn. 1372, und *Gustavus* a.a.O. soll die Anmeldung der neuen inländischen Geschäftsanschrift eine weitere Anmeldung nach § 105 Abs. 5 GNotKG ohne wirtschaftliche Bedeutung sein (Wert: 5.000 €), weil beide auseinanderfallen können. M.E. ist dies jedoch gegenstandsgleich zur Sitzverlegung, weil dazu i.S. der neuen Rspr. eine Erklärungseinheit besteht.

Satzungsbescheinigung: als solche gebührenfreies Nebengeschäft, nach Hauptabschnitt 1 Vorbemerkung 2,1 (2) Nr. 4 KV GNotKG (Erteilung einer erforderlichen Bescheinigung des neuen vollständiges Wortlautes der Satzung ist durch die Gebühr des Hauptgeschäftes abgegolten); auch für die Zusammenstellung des neuen Satzungstextes nach GNotKG keine Gebühr mehr, jedoch Schreibauslagen; s. dazu auch § 144 Rdn. 69 M.

Neue Gesellschafterliste: Nach Vorbemerkung 2.2.1.1. Abs. 1 Nr. 3 KV GNotKG sind Fertigung, Änderung oder Ergänzung der Liste der Gesellschafter gemäß § 40 GmbHG eine Vollzugstätigkeit zum Beurkundungsverfahren der Anteilsabtretung. Da die Abtretung nach § 21100 KV GNotKG eine 2,0-Gebühr auslöst, fällt für die Listenerstellung gemäß Nr. 22110 KV GNotKG eine Gebühr von 0,5 nach Tabelle B an, die Nr. 22113 KV GNotKG auf höchstens 250,00 € beschränkt. Der Geschäftswert ist der Wert der Anteilsabtretung. Eine Betreuungsgebühr nach Nr. 22200 KV GNotKG in Höhe von 0,5 aus Tabelle B erhält der Notar darüber hinaus nur dann, wenn von ihm Umstände außerhalb der Urkunde zu prüfen sind, wie etwa der Eintritt aufschiebender Bedingungen oder das Vorliegen von Genehmigungen. Daneben entsteht für die Erzeugung der XML-Datei eine Gebühr von 0,3, höchstens 250,00 € nach Nr. 22114 KV GNotKG. Für die Fertigung des Entwurfes der Liste gibt es dann keine Gebühr (Vormerkung 2.2. KV GNotKG).

Beim Registergericht: Für jede Änderung von eingetragenen Angaben fällt nach § 2 Abs. 3 Nr. 4 HRegGebVO jeweils eine eigene Eintragungsgebühr an, zusätzlich auch noch für die Satzungsneufassung nach § 2 Abs. 3 Nr. 3 HRegGebVO eine Gebühren, des Weiteren auch jeweils für Ausscheiden und Neueintritt eines Geschäftsführers. Gemäß § 58 GNotKG i.V.m. Nr. 2500 und Nr. 2501 GV HRegGebVO Festgebühren von 70 € für die erste Eintragungstatsache und je 40 € für jede weitere (hier 6 mal). Die Eintragung der Vertretungsregelung beim neuen Geschäftsführer löst keine weitere Gebühr aus (§ 2 Abs. 3 Nr. 1 HRegGebVO). Sitzverlegung und neue Geschäftsanschrift sind mE. auch gegenstandsgleich. – Gebühr für die Entgegennahme der geänderten Liste der Gesellschafter: 30 € nach Nr. 5002 GV HRegGebVO.

§ 143 Geschäftsführer, Aufsichtsrat, Prokuristen, Handlungsbevollmächtigte

I. Geschäftsführer

1. Bestellung

1 Der Geschäftsführer ist Organ der Gesellschaft und zu ihrer Vertretung Dritten gegenüber ermächtigt. Auch »stellvertretende Geschäftsführer« können bestellt werden, sind aber den anderen Geschäftsführern gleichgestellt, § 44 GmbHG, und zwar im Außenverhältnis zwingend,[1] was insbesondere für die Vertretungsmacht (§§ 35 Abs. 2 Satz 2, 37 Abs. 2 GmbHG) sowie Aufgaben von Bedeutung ist, die die Mitwirkung aller Geschäftsführer verlangen (§§ 8, 10, 78 GmbHG). Entgegen früherer Gepflogenheit dürfen stellvertretende Geschäftsführer nicht mit dieser Bezeichnung im Register eingetragen werden.[2] Zum Ausländer als Gesellschafter-Geschäftsführer s. § 142 Rdn. 28 sowie § 158 Rdn. 29 ff. mit zweisprachigem Belehrungstext.

2 **a)** Der erste oder die ersten Geschäftsführer werden gewöhnlich im *Gesellschaftsvertrag* bestimmt (§ 6 Abs. 3 Satz 2 Halbs. 1 GmbHG), allerdings in der Regel ohne hiermit ein Sonderrecht zugunsten des Geschäftsführers zu begründen (Aufnahme in die Satzung nur als formeller Bestandteil). Die Satzung kann einem Gesellschafter aber ein Sonderrecht auf die Geschäftsführung einräumen.[3] Soll ein Sonderrecht begründet werden, empfiehlt sich dessen ausdrückliche Kennzeichnung. S. hierzu oben § 142 Rdn. 8.

3 **b)** Später bestellt die *Gesellschafterversammlung* die Geschäftsführer durch formfreien (und ohne Eintragung wirksam werdenden) Mehrheitsbeschluss (§ 46 Nr. 5 GmbHG). Dies gilt auch schon im Stadium der Vorgesellschaft.[4] Der zu Bestellende kann mitstimmen, wenn er Gesellschafter ist.[5] Der Bestellungsbeschluss muss gegenüber dem zu bestellenden Geschäftsführer erklärt werden, § 130 Abs. 1 BGB, dieser muss die Bestellung sodann annehmen, was meist konkludent durch die Handelsregisteranmeldung erfolgt. Die Satzung kann die Befugnis zur Bestellung der Geschäftsführereiner anderen Stelle übertragen, etwa dem Aufsichtsrat oder einem Gesellschafter. Ob einem Dritten über ein Vorschlagsrecht hinaus eine Kompetenz zur Bestellung eines Geschäftsführers durch den Gesellschaftsvertrag eingeräumt werden kann, ist dagegen nicht gesichert;[6] zwingend ist jedenfalls die Abberufungsbefugnis bei wichtigem Grund durch ein Gesellschaftsorgan.

4 Ein nicht von § 181 Alt. 1 BGB befreiter Geschäftsführer einer Muttergesellschaft kann sich nach überwiegender Ansicht nicht selbst zum Geschäftsführer der Tochtergesellschaft bestellen.[7] Handelt es sich bei der Muttergesellschaft um eine GmbH, kann und muss daher zuvor eine Befreiung vom Verbot des Selbstkontrahierens erteilt werden. Ist die Muttergesellschaft eine AG, stellt dies die Praxis vor erhebliche Probleme, weil Vorstandsmitglieder

---

1 Roth/Altmeppen/*Altmeppen*, § 44 GmbHG Rn. 2.
2 BGH NJW 1998, 1071.
3 RGZ 170, 368; vgl. BGHZ 86, 177, 179 = NJW 1983, 938.
4 BGHZ 80, 212 = DNotZ 1982, 171.
5 BGHZ 18, 210.
6 Dagegen etwa Lutter/Hommelhoff/*Bayer*, § 46 GmbHG Rn. 23.
7 DNotI-Report 2012, 189; vgl. ferner BayObLG DNotZ 2001, 887; *Ising*, NZG 2011, 841 ff.; krit. *Schemmann*, NZG 2008, 89, 90 ff.

im Grundsatz nicht vom Verbot des Selbstkontrahierens befreit werden können[8] (das Aktienrecht löst diesen Fall der Interessenkollision über einen Wechsel der Zuständigkeit hin zum Aufsichtsrat, § 112 AktG). Zum Teil wird in der Literatur aber mit Recht eine (dann auch eintragungsfähige) Befreiung (durch den Aufsichtsrat) für möglich gehalten, da § 112 AktG auf den Fall der Doppelmandate schon tatbestandlich nicht direkt passt, zumal es bei der Bestellung auf Ebene der Tochtergesellschaft nicht um ein Geschäft der AG mit ihren Vorstandsmitgliedern geht, sondern um eine Stimmrechtsausübung in der GmbH.[9] Die betreffenden Vorstandsmitglieder dürften jedenfalls in dieser Konstellation regelmäßig keinem Stimmverbot nach § 47 Abs. 4 GmbHG unterliegen. Der Praxis ist indes weiterhin zur Vorsicht zu raten; sollten auch andere Vorstandsmitglieder verfügbar sein, sollten diese auftreten.

c) Das Gesetz schreibt eine *Aufzeichnung* der Gesellschafterbeschlüsse nicht ausdrücklich vor (s.u. § 144 Rdn. 40). Zu Geschäftsführerveränderungen ist sie aber schon deshalb notwendig, weil für die Anmeldung die Urschrift (auch dann ist eine einfache elektronische Aufzeichnung nach § 12 Abs. 2 HGB ausreichend)[10] oder eine beglaubigte Abschrift des Gesellschafterbeschlusses eingereicht werden muss (§ 39 Abs. 2 GmbHG). S. hierzu unten Rdn. 45. Ist nur ein Gesellschafter vorhanden, sind Beschlüsse in jedem Fall zu protokollieren (§ 48 Abs. 3 GmbHG).   5

Niederschrift über Gesellschafterbeschluss (Universalversammlung) zur Geschäftsführerbestellung

Wir, die unterzeichneten alleinigen Gesellschafter der »Winter & Warmbold Pelzwaren GmbH« mit Sitz in Neustadt/Weinstraße, halten hiermit unter Verzicht auf alle Formalitäten und Fristen für die Einberufung, Ankündigung und Durchführung eine Gesellschafterversammlung ab und beschließen mit allen Stimmen was folgt: 6 M
Herr Martin Warmbold, geb. am ....., wohnhaft in ....., wird mit sofortiger Wirkung zum Geschäftsführer der Winter & Warmbold Pelzwaren GmbH bestellt. Er vertritt die Gesellschaft allein, wenn nur ein Geschäftsführer bestellt ist, und gemeinsam mit einem anderen Geschäftsführer oder einem Prokuristen, wenn mehrere Geschäftsführer bestellt sind. Er ist berechtigt, die Gesellschaft bei der Vornahme von Rechtsgeschäften mit sich im eigenen Namen oder als Vertreter eines Dritten zu vertreten (Befreiung von den Beschränkungen des § 181 BGB).
Weitere Beschlüsse wurden nicht gefasst.
Ort, Datum
Unterschriften der Gesellschafter

■ *Kosten.* Nach § 108 Abs. 1 Satz 1 GNotKG ergibt sich der Geschäftswert bei Beschlüssen ohne bestimmten Geldwert aus § 105 Abs. 4 Nr. 1 GNotKG und beträgt 1 % des Stammkapitals, mindestens jedoch 30.000,00 €. Bestellung und Abberufung mehrerer Geschäftsführer (= Wahlen) sind gemäß § 109 Abs. 2 Nr. 4d) GNotKG derselbe Beurkundungsgegenstand.

---

8 *Götze*, GmbHR 2001, 217, 220; *Fischer*, ZNotP 2002, 297, 298. Dagegen aber für den hiesigen Fall OLG München BZG 2012, 710.
9 Vgl. etwa *Bochmann/Cziupka*, in: Centrale für GmbH, GmbH-Handbuch, Loseblatt, Rn. I 1709; *Cramer*, NZG 2012, 765, 766 ff.
10 OLG Jena GmbHR 2011, 28; Lutter/Hommelhoff/*Kleindiek*, § 39 GmbHG Rn. 8.

Die Abberufung gilt als Wahl. Die Entwurfsgebühr ergibt sich aus Nr. 24100 i.V.m. Nr. 21100 KV GNotKG, da unter Nr. 21100 auch Beschlüsse von Gesellschaftsorganen fallen. Sie beträgt 2,0 nach Tabelle B, mindestens 120,00 €, soweit der Notar den Entwurf vollständig gefertigt hat (s. die Regelung zu Rahmengebühren in § 92 Abs. 2 GNotKG).

7 d) In den nach dem MitbestG mitbestimmten GmbHs (nicht in denen nach dem DrittelbG) bestellt zwingend der Aufsichtsrat die Geschäftsführer (darunter den Arbeitsdirektor, dem Geschäftsführerbefugnisse zustehen, § 33 MitbestG).

8 e) Notfalls bestellt das Prozessgericht nach § 57 ZPO einen »Prozesspfleger« oder das *Registergericht* nach (oder entsprechend) § 29 BGB einen Notgeschäftsführer. Dies Bestellung eines Notgeschäftsführers verlangt einen Antrag durch einen der in § 28 BGB genannten Beteiligten und das Glaubhaftmachen der Voraussetzungen der Notbestellung, am besten zugleich unter Unterbreitung eines Vorschlags für die Person des Notgeschäftsführers. Es handelt sich nicht um eine Anmeldung zum Handelsregister im engeren Sinne, die Eintragung des Notgeschäftsführers erfolgt vielmehr von Amts wegen. Die Form des Antrags richtet sich aus diesem Grunde nach § 25 FamFG.

Antrag auf Bestellung eines Notgeschäftsführers

9 M An das Amtsgericht in Neustadt/Weinstraße (…)
In der Handelsregistersache »Winter & Warmbold Pelzwaren GmbH« mit dem Sitz in Neustadt/Weinstraße beantrage ich, der unterzeichnete Gesellschafter der vorgenannten Gesellschaft, den langjährigen und mit sämtlichen Geschäftsvorgängen vertrauten Prokuristen der Gesellschaft Herrn Michael Markwort, geboren am 12.01.1973, wohnhaft in Neustadt/Weinstraße, mit sofortiger Wirkung zum Notgeschäftsführer der Gesellschaft zu bestellen.
Zur Begründung trage ich vor: (Darlegung, dass ein für die organschaftliche Vertretung der GmbH unentbehrlicher Geschäftsführer fehlt oder aus rechtlichen oder tatsächlichen Gründen an der Geschäftsführung gehindert ist).
Die Bestellung eines Notgeschäftsführers ist dringlich, um folgende Handlungen vorzunehmen: (…..). Käme es nicht alsbald zur Bestellung eines Notgeschäftsführers, drohte der Gesellschaft Schaden.
Der vorgeschlagene Prokurist Michael Markwort hat sich zur Übernahme des Amtes bereit erklärt. Eine notariell beglaubigte Einverständniserklärung mit notariell beglaubigter Versicherungserklärung gemäß § 39 Abs. 3 GmbHG ist als Anlage beigefügt.
Ort, Datum
Unterschrift des Gesellschafters

▪ *Kosten*. Wenn Schreiben vom Notar vollständig entworfen wird, eine Entwurfsgebühr von 0,5 nach Nr. 24102 KV i.V.m. Nr. 21201 Nr. 5 KV GNotKG; Wert: gemäß § 105 Abs. 4 Nr. 1 GNotKG (mind. 30.000 €).

10 f) *Wie viele* Geschäftsführer die Gesellschaft haben soll, jedenfalls einen Rahmen dafür, bestimmt regelmäßig die Satzung.

11 M **Die Gesellschaft hat einen oder mehrere Geschäftsführer. Ihre Zahl bestimmt die Gesellschafterversammlung.**

Ist im Gesellschaftsvertrag abstrakt nur eine Gesamtvertretung vorgesehen, so kann zur Einzelvertretung erst nach einer Satzungsänderung übergegangen werden.[11] Umgekehrt kann eine abstrakte Einzelvertretungsbefugnis nicht ohne Satzungsänderung für einen bestimmten Geschäftsführer durch einfachen Gesellschafterbeschluss beschränkt werden.[12]

2. Anstellungsvertrag

Den Anstellungsvertrag schließt die Gesellschafterversammlung oder das in der Satzung bestimmte Organ (z.B. der Aufsichtsrat). Auf diesen finden die Vorschriften über den Dienstvertrag Anwendung, im Grundsatz nicht jene des Arbeitsrechts (keine Anwendung des KSchG),[13] was zuletzt für Bestimmungen des europäischen Arbeitnehmerschutzes indes fraglich geworden ist.[14] – Der Geschäftsführer ist kraft seiner Stellung nicht Kaufmann und auch nicht Handlungsgehilfe, sondern Dienstnehmer der GmbH, im Ausnahmefall bei fehlendem Dienstvertrag aber freier Mitarbeiter;[15] selbst der alleinige Gesellschafter-Geschäftsführer ist aber anderseits kein Arbeitnehmer.

Steuerrelevante Regelungen im Anstellungsvertrag: Schuldrechtliche Leistungsbeziehungen (Arbeits- oder Dienstverträge) zwischen der Kapitalgesellschaft und dem Gesellschafter-Geschäftsführer sind grundsätzlich steuerlich anzuerkennen, wenn Sie dem Fremdvergleich standhalten.[16]

Um beim *beherrschenden Gesellschafter* (mindestens 50 % Beteiligungsquote oder mehrere Gesellschafter mit gleichgerichteten Interessen) eine verdeckte Gewinnausschüttung auszuschließen, muss von vornherein eine klare und eindeutige Vereinbarung bestehen, ob und in welcher Höhe ein Entgelt bezahlt werden soll. Dies gilt auch, wenn der Geschäftsführer eine dem beherrschenden Gesellschafter *nahestehende Person* (zum Begriff s. H 36 III KStR) ist.[17] Ohne eine solche klare und eindeutige Vereinbarung, die zumindest erkennen lässt, nach welcher Bemessungsgrundlage die Vergütung berechnet werden soll, kann diese steuerlich nicht anerkannt werden, selbst wenn ein Vergütungsanspruch aufgrund gesetzlicher Regelungen, wie z.B. nach § 612 BGB für eine Arbeitsleistung, bestehen sollte.

Die Gesamtvergütung des Geschäftsführers muss angemessen sein.[18] Der Gesellschaft muss daneben noch eine angemessene Verzinsung des Eigenkapitals verbleiben.[19] Über-

---

11 BGH GmbHR 1960, 185 = DNotZ 1961, 99.
12 OLG München NZG 2017, 1428.
13 BAG GmbHR 2017, 748.
14 EuGH NJW 2015, 2481.
15 BFH GmbHR 2005, 794.
16 Sie führen auf der Ebene der Kapitalgesellschaft zu Betriebsausgaben, wenn ein ordentlicher und gewissenhafter Geschäftsleiter die Leistung auch gegenüber einer Person, die nicht Gesellschafter ist, gewährt hätte (Fremdvergleich). Hält der Fremdvergleich nicht, ist die durch die Leistung eintretende Gewinnminderung als durch das Gesellschaftsverhältnis veranlasst anzusehen und damit verdeckte Gewinnausschüttung, die außerhalb der Steuerbilanz dem Gewinn hinzuzurechnen ist (§ 8 Abs. 3 Satz 2 KStG). Hierzu auch § 142 Rdn. 173 ff. Nicht entscheidend ist, in welchem Verhältnis der Geschäftsführer auch als Gesellschafter an der GmbH beteiligt ist. Aufgrund des neben seiner Organstellung bestehenden Anstellungsverhältnisses ist er grds. Arbeitnehmer i.S.d. § 1 Abs. 2 LStDV. (BFH v. 23.04.2009 – VI R 81/06 = FR 2009, 1069 m. Anm. *Bergkemper*; Abgrenzung zur verdeckten Gewinnausschüttung).
17 Ein überhöhtes Entgelt ist zwar keine freigebige Zuwendung der GmbH (BFH v. 13.09.2017 – II R 32/16; II R 42/16 (DStR 2018, 185; ZEV 2018, 102 m. Anm. *Crezelius*); II R 54/15), jedoch eventuell eine Schenkung des Gesellschafters i.S.v. § 7 Abs. 1 Nr. 1 ErbStG.
18 BFH v. 04.06.2003 – I R 38/02 (BFHE 202, 500, BStBl II 2004, 139): Bei Bestellung mehrerer Gesellschafter-Geschäftsführer müssen insbesondere bei sog. kleineren GmbH ggf. Vergütungsabschläge vorgenommen werden, die von den Unterschieden in den Aufgabenstellungen, in der zeitlichen Beanspruchung und in der für den Betrieb der GmbH zu tragenden Verantwortung abhängen. In Ausnahmefällen können auch Gehaltszuschläge gerechtfertigt sein.
19 BMF v. 14.10.2002, BStBl. I 2002, 972.

stundenvergütungen sind mit dem Aufgabenbild eines Geschäftsführers nicht vereinbar,[20] ebenso Sonntags-, Feiertags- oder Nachzuschläge.[21] Gewinntantieme sind verdeckte Gewinnausschüttung, wenn sie dem Grunde oder der Höhe nach nicht dem entsprechen, was ein ordentlicher und gewissenhafter Geschäftsleiter der GmbH dem Geschäftsführer als Tätigkeitsentgelt versprechen würde. Dabei ist in der Regel davon auszugehen, dass die Bezüge im Allgemeinen wenigstens zu 75 % aus einem festen und höchstens zu 25 % aus erfolgsabhängigen Bestandteilen (Tantieme) bestehen.[22] Sie soll auch 50 % des Bruttojahresgewinnes der GmbH vor Abzug der Steuern und Tantiemen nicht überschreiten.[23] Gewinnunabhängige Tantieme, die angefallene oder noch anfallende Jahresfehlbeträge nicht berücksichtigen, führen regelmäßig zu einer verdeckten Gewinnausschüttung.[24] Die private Pkw-Nutzung[25] wie auch die verbilligte Gewährung einer Beteiligung an der GmbH führt zu steuerpflichtigen Einnahmen aus nichtselbstständiger Arbeit.[26]

17 Steuerlich problematisch kann auch die Vertragsklausel im Anstellungsvertrag des Geschäftsführers werden, dass dieser seine ganze Arbeitskraft der Gesellschaft zur Verfügung stellen muss. Ist zudem vereinbart, dass Vertragsänderungen des Anstellungsvertrages der Schriftform bedürfen, will der BFH[27] in einer von der Gesellschafterversammlung beschlossenen Befreiung vom Wettbewerbsverbot noch keine ausreichende Vertragsänderung erkennen. Wird durch eine anderweitige Tätigkeit des Geschäftsführers die Parität von Leistung und Gegenleistung gestört, weil die anderweitige Tätigkeit für die Gesellschaft keinen Vorteil mit sich bringt, liegt in der Höhe des nicht mehr angemessenen Gehaltsteiles eine verdeckte Gewinnausschüttung vor. Diese führt zu einer Umqualifizierung der Einkünfte von versteuerpflichtigen Arbeitseinkünften zu seit 2009 der Abgeltungssteuer § 32d EStG) nun unterliegenden Einkünften.[28]

18 *Umsatzsteuerpflichtige Bezüge:* Nach der Rechtsprechung des EuGH[29] übt auch der alleinige Gesellschafter als Geschäftsführer keine selbstständige Tätigkeit i.S.d. 6. Ust-Richtlinie aus, sodass für die Tätigkeitsvergütung des Geschäftsführers keine Umsatzsteuerpflicht besteht. Jedoch kann die entsprechende Ausgestaltung des Anstellungsvertrages (wie freies Ermessen hinsichtlich Zeit, Umfang und Ort der Tätigkeit, und Tragen eines Unternehmerrisikos in der Form des Vergütungsrisikos, weil eine Vergütung für Ausfallzeiten nicht gezahlt wird) zu einer umsatzsteuerpflichtigen Selbständigkeit führen; gegen die Beurteilung als selbständig sprechen ein Urlaubsanspruch, der Anspruch auf sonstige Sozialleistungen oder die Fortzahlung der Bezüge im Krankheitsfall.[30]

---

20 BFH v. 27.03.2001 – I R 40/00, BStBl. II 2001, 655; DStR 2001, 1343; NJW 2002, 86.
21 FG Münster v. 27.01.2016 – 10 K 1167/13: sie führen i.d.R. zu verdeckten Gewinnausschüttungen, soweit sie nicht dem betriebsinternen Fremdvergleich standhält.
22 BMF v. 01.02.2002, BStBl. I 2002, 219.
23 BFH v. 04.06.2003 – I R 24/02, BStBl. II 04, 136; DStR 2003, 1747. FG Hamburg v. 29.11.2016 – 2 V 285/16.
24 BFH v. 18.09.2007 – I R 73/06 BStBl. II 2008, 314; DStR 2008, 247.
25 Überlässt der Arbeitgeber einem Arbeitnehmer unentgeltlich oder verbilligt einen Dienstwagen auch zur privaten Nutzung, führt als Lohnzufluss nach § 19 Abs. 1 Satz 1 Nr. 1 EStG zu erfassenden steuerbaren Nutzungsvorteil des Arbeitnehmers. Der Vorteil ist nach § 8 Abs. 2 Sätze 2 bis 5 i.V.m. § 6 Abs. 1 Nr. 4 Satz 2 EStG entweder mit der Fahrtenbuchmethode oder, wenn kein ordnungsgemäßes Fahrtenbuch geführt wird, mit der 1 %-Regelung zu bewerten. Nutzt der Gesellschafter-Geschäftsführer den betrieblichen Pkw allerdings unbefugt privat, liegt kein Arbeitslohn, sondern eine verdeckte Gewinnausschüttung vor. Vgl. BFH v. 21.03.2013 – VI R 46/11, DStR 2013, 1425. Hierzu auch: BMF Schreiben v. 03.04.2012 BStBl.I 2012, 478. Zur USt dabei: BFH v. 05.06.2014 – 6 K 2515/09, DStR 2014, 2018; OFD Niedersachsen v. 28.2.2017.
26 BFH v. 26.06.2014 – VI R 94/13, DStR 2014, 1713.
27 Urt. v. 26.05.2004 – I R 92/03 – DStR 2004, 1919.
28 Was aber im Vergleich zum bisherigen Halbeinkünfteverfahren i.d.R. zu einer Mehrbelastung beim Gesellschafter führt (s. hierzu *Binz*, DStR 2008, 1820).
29 Urt. v. 18.10.2007 – C-355/06 = DStR 2007, 44.
30 S. dazu BFH Urt. v. 10.03.2005 – V R 29/03 – = BStBl. II 2005, 730; DStR 2005, 919; BMF-Schreiben v. 31.05.2007 BStBl. I 2007, 503; hierzu *Küffner/Zugmaier*, DStR 2007, 1241.

§ 143 Geschäftsführer, Aufsichtsrat, Prokuristen, Handlungsbevollmächtigte

Anstellungsvertrag mit einem Geschäftsführer

Die Hagener Metallwarenfabrik Gesellschaft mit beschränkter Haftung in Hagen i.W., vertreten durch ihren Aufsichtsrat, für den der Vorsitzende Herr Georg Grohmann in Hagen satzungsgemäß handelt, und Herr Diplomingenieur Walter Wiegand in Hagen schließen folgenden

19 M

Anstellungsvertrag:

1. Geschäftsführung und Vertretung
Herr Wiegand übernimmt die Geschäftsführung des Unternehmens neben dem anderen Geschäftsführer. Ihm liegt hauptsächlich die technische Leitung ob, während der andere Geschäftsführer vorwiegend die kaufmännischen Geschäfte führt. Beide haben sich zu ergänzen und zu vertreten. Über die Abgrenzung ihrer Tätigkeit entscheidet bei Meinungsverschiedenheiten der Aufsichtsrat.
Herr Wiegand vertritt die Gesellschaft zusammen mit dem anderen Geschäftsführer oder mit einem Prokuristen. Eine andere Regelung der Vertretungsbefugnis bleibt dem Aufsichtsrat vorbehalten.
2. Zusammenarbeit mit dem Aufsichtsrat
Herr Wiegand hat ebenso wie der andere Geschäftsführer die Einwilligung des Aufsichtsrats zu den nicht im gewöhnlichen Geschäftsbetriebe vorkommenden Handlungen einzuholen. Dazu rechnen insbesondere: Erwerb, Veräußerung und Belastung von Grundstücken; Anstellung und Entlassung von übertariflich bezahlten Angestellten; Abschluss von Miet- und Pachtverträgen auf länger als ein Jahr mit einer monatlichen Vergütung von mehr als 2.500 €; Übernahme von Bürgschaften oder Garantieverpflichtungen; Aufnahme von anderen als Warenkrediten; außerhalb des üblichen Geschäftskreises fallende Rechtshandlungen, wie z.B. Errichtung einer Zweigniederlassung; Bestellung von Generalhandlungsbevollmächtigten.
3. Umfang der Tätigkeit
Herr Wiegand hat seine gesamte Arbeitskraft für die Gesellschaft einzusetzen. Er darf weder Konkurrenzgeschäfte noch sonstige Geschäfte für eigene oder fremde Rechnung machen. Er darf sich auch nicht an fremden Geschäften beteiligen.
4. Vergütung und Urlaub
Herr Wiegand bezieht ein Gehalt von monatlich 4.000 €. Außerdem erhält er 5 v.H. des steuerlichen Reingewinns. Der Wert der Erfolgsvergütung (Tantieme) wird auf jährlich 12.000 € geschätzt.
Der Urlaub des Geschäftsführers beträgt in den ersten drei Jahren seiner Tätigkeit 30, später 35 Arbeitstage im Jahr.
5. Ruhegehalt und Versorgung der Angehörigen
Nach mindestens zehnjähriger Tätigkeit für die Gesellschaft erhält Herr Wiegand bei Dienstunfähigkeit ein Ruhegehalt und seine Witwe und seine minderjährigen Kinder ein Witwen- und Waisengeld.
Das Ruhegehalt beginnt mit 55 v.H. des zuletzt bezogenen festen Gehalts (ohne Tantieme) und steigt nach jedem weiteren Jahr um 1 v.H. bis 75 v.H. Das Witwengeld beträgt 60 v.H. des von Herrn Wiegand bis zum Ableben verdienten Ruhegehalts und steigt für jedes minderjährige Kind um 20 v.H. bis zum vollen Ruhegehalt. Für jede Vollwaise beträgt es 30 v.H. des Ruhegehalts, kann jedoch für mehr als drei Vollwaisen das Ruhegehalt selbst nicht übersteigen.
6. Dauer
Der Vertrag wird zunächst auf die Zeit vom 1. Januar ..... bis 31. Dezember ..... geschlossen. Er verlängert sich jeweils um 5 Jahre, wenn er nicht von einem Vertragsteil vorher

gekündigt wird. Das Vertragsverhältnis kann vorzeitig gekündigt werden, wenn ein wichtiger Grund vorliegt. Wichtige Gründe sind z.B. Auflösung der Gesellschaft, eine länger als sechs Monate ununterbrochen anhaltende Krankheit des Geschäftsführers, Arbeitsunfähigkeit infolge von Gebrechen, wenn eine Besserung nicht zu erwarten ist.

■ *Kosten.* Nach GNotKG bemisst sich der Geschäftswert bei der Beurkundung eines Dienstvertrages nach dem Wert aller Bezüge des zur Dienstleistung Verpflichteten während der gesamten Vertragszeit, einschließlich der Tantiemen (hier nach dem Schätzbetrag, sonst nach Durchschnitt des Gewinns der letzten 5 Jahre) und ggf. des Ruhegehalts, höchstens jedoch nach dem Wert der auf die ersten 5 Jahre entfallenden Bezüge (§ 99 Abs. 2 GNotKG). Die Gebühr für den vom Notar gefertigten Entwurf ergibt sich aus Nr. 24100 i.V.m. 21100 KV GNotKG = 2,0 nach Tabelle B.

3. Sozialversicherungsrechtliche Stellung des GmbH-Geschäftsführers

20 Nur der abhängig beschäftigte Geschäftsführer einer GmbH ist sozialversicherungpflichtig. Nach der Rechtsprechung des BSG[31] hängt die Versicherungspflicht eines Geschäftsführers einer GmbH, der zugleich deren Gesellschafter ist, davon ab, ob wegen seiner Kapitalbeteiligung noch ein Verhältnis der persönlichen Abhängigkeit vorliegt. Hat ein solcher Geschäftsführer aufgrund seiner Kapitalbeteiligung einen so maßgeblichen Einfluss auf die Entscheidungen der Gesellschaft, dass er jeden ihm nicht genehmen Beschluss verhindern kann, so fehlt die das versicherungspflichtige Beschäftigungsverhältnis wesentlich kennzeichnende persönliche Abhängigkeit; so insbesondere, wenn der Geschäftsführer Mehrheitsgesellschafter ist, aber auch, wenn er über eine in der Satzung verankerte (nicht nur über Stimmbindungen vermittelte) Sperrminorität verfügt, die sich u.a. darauf erstreckt, ihm nicht genehme Weisungen gerade hinsichtlich Zeit, Dauer, Umfang und Ort der Tätigkeit zu verhindern oder, seltener, er aus sonstigen Gründen in der GmbH die Geschäfte nach eigenem Gutdünken wie ein Alleininhaber führen, d.h. »schalten und walten« kann, wie er will, er die Gesellschafter persönlich dominiert oder weil diese wirtschaftlich von ihm abhängig sind oder weil die Gesellschafter tatsächlich keinerlei Einfluss auf die Geschicke der Gesellschaft nehmen und sich der Geschäftsführer nur in eine von ihm selbst gegebenen Ordnung des Betriebs einfügt. Zusätzliches Indiz kann sein, dass er nach dem Geschäftsführervertrag seine Aufgaben eigenverantwortlich wahrnehmen kann, an bestimmte Arbeitszeiten nicht gebunden und bei der Wahl seines Arbeitsortes frei ist, sowie auch einzelvertretungsberechtigt und von den Bestimmungen des § 181 BGB befreit ist.[32] Das Vorliegen einer schuldrechtlichen Stimmbindungsvereinbarung, die eine bloße Minderheitsbeteiligung »aufwerten« soll, kann allerdings eine Abhängigkeit nicht überwinden, schon weil diese kündbar ist. Selbiges gilt – selbst für ein weitegehendes – außerstatutarisches Veto-Recht gegen mehrheitlich gefasste Beschlüsse der Gesellschafterversammlung,[33] weil auch dieses aufgrund seiner schuldrechtlichen Natur (etwa im Rahmen einer Vereinbarung im Anstellungsvertrag) dessen Schicksal und damit deren (zumindest außerordentliche) Kündbarkeit teilt.

---

31 BSG GmbHR 2016, 533; BSG GmbHR 2016, 528; BSG, GmbHR 2016, 537; BSG DStR 2013, 770. S. hierzu auch *Peetz*, GmbHR 2017, 230; *Brand*, GmbHR 2017, 1137.
32 LSG Nordrhein-Westfalen, Urt. v. 27.08.2014 – L 8 R 337/13; SG Karlsruhe v. 12.03.2014 – S 15 R 2777/13 mit Darstellung der BSG-Rechtsprechung; LSG Bayern v. 16.07.2014 – L 16 R 851/13. Ausführlicher Überblick bei *Freckmann*, DStR 2008, 52; *Arens*, DStR 2010, 115, zur Rentenversicherungspflicht eines ansonsten sozialversicherungsfreie Geschäftsführer einer GmbH s. BSG v. 24.11.2005 – B 12 RA 1/04 R (= DStR 2006, 434, GmbHR 2006, 367): Gesellschafter-Geschäftsführer ist als selbstständig Erwerbstätiger rentenversicherungspflichtig, wenn er selbst keinen versicherungspflichtigen Arbeitnehmer beschäftigen und im Wesentlichen nur für einen Auftraggeber tätig ist. LSG Baden-Württemberg v. 26.06.2012 – L 11 KR 2769/11: spezielles Fachwissen. Zur 50-%-Grenze: LSG Saarland DStR 2012, 1038.
33 BSG DStR 2016, 1275.

4. Befugnisse des Geschäftsführers

a) Die Vertretungsbefugnis des Geschäftsführers lässt sich, abgesehen von der Gesamtvertretungsbefugnis, Dritten gegenüber nicht einschränken. Der alleinige Geschäftsführer kann durch Prokuristen oder Handlungsbevollmächtigte in seiner Vertretungsmacht nicht beschränkt werden (§ 37 Abs. 2 GmbHG). Da die Vertretungsbefugnis aller Geschäftsführer umfassend ist, wäre auch die Eintragung einer hervorgehobenen Stellung (»Sprecher der Geschäftsführung«) im Handelsregister verwirrend und ist deshalb unzulässig.[34]

21

b) Geschäftsführer können ganz oder teilweise von den Beschränkungen des § 181 BGB befreit werden. Zur Perplexität und damit Unwirksamkeit[35] führt eine »Befreiung von der Beschränkung des § 181 BGB« im Singular. Es ist mithin jeweils Farbe zu bekennen und sauber zwischen der Befreiung vom Verbot des In-Sich-Geschäfts und jenem der Mehrfachvertretung zu differenzieren, soll nicht von beiden Beschränkungen befreit werden doch nur eine entsprechende Ermächtigung aufgenommen. Die *Befreiung* vom *Verbot des Selbstkontrahierens* kann in die Satzung aufgenommen werden:

22

§ ..... Die Geschäftsführer sind von den in § 181 BGB vorgesehenen Beschränkungen der Vertretungsmacht befreit, d.h. sie können die Gesellschaft auch bei Rechtsgeschäften vertreten, die sie mit sich selbst oder mit einem von ihnen vertretenen Dritten abschließen.

23 M

Ein Geschäftsführer kann nur dann generell von den Beschränkungen des § 181 BGB befreit werden, wenn der Gesellschaftsvertrag das ausdrücklich zulässt oder zumindest eine Öffnungsklausel enthält;[36] ansonsten muss eine entsprechende Bestimmung durch Satzungsänderung aufgenommen werden, falls eine Befreiung erfolgen soll.[37] Zur Eintragung der Befreiung in das Handelsregister, s. § 142 Rdn. 74. Eine Regelung in der Satzung, die die Befreiung zulässt (Ermächtigung der Gesellschafterversammlung zur Befreiung), ist ihrerseits nach überw. M. ebenso wenig wie eine Ermächtigung zur Erteilung von Einzelvertretungsbefugnis in das Register einzutragen,[38] jedoch stets das Gebrauchmachen hiervon. Eine Ad-hoc-Befreiung für einen konkreten Einzelfall (punktuelle Regelung, bei der sich die Wirkung des Beschlusses in einer konkreten Maßnahme erschöpft) ist allerdings auch ohne entsprechende satzungsmäßige Grundlage als sog. satzungsdurchbrechender Beschluss möglich und zwar ohne Einhaltung der formellen Anforderungen an eine Satzungsänderung (qualifizierter Mehrheitsbeschluss, notarielle Beurkundung, Registereintragung). »Möglich« bedeutet, dass ein solcher Beschluss nicht nichtig wäre, wohl aber (bei fehlender qualifizierter Mehrheit oder fehlender notarieller Beurkundung, richtigerweise aber nicht bei fehlender Handelsregistereintragung) anfechtbar – damit wäre er jedoch zunächst wirksam. Wird der satzungsdurchbrechende Beschluss einstimmig in einer Universalversammlung gefasst, drohen zudem keine Anfechtungsgefahren, weil die zustimmenden Gesellschafter damit ihre Anfechtungsbefugnis verlieren; sollten einzelne Gesellschafter nicht zustimmen, empfiehlt es sich – sofern sie dennoch bereit sind, den Beschluss zu akzeptieren – einen Anfechtungsverzicht erklären zu lassen.

24

Wird eine GmbH im vereinfachten Verfahren mit Musterprotokoll errichtet, ist der erste Geschäftsführer von den Beschränkungen des § 181 BGB befreit; sofern im Folgenden ein

25

---

34 OLG München DNotZ 2012, 557.
35 OLG Nürnberg GmbHR 2015, 486.
36 BGHZ 87, 59, 60; OLG Nürnberg GmbHR 2015, 486, 487; Scholz/*U.H.Schneider*/*S.H.Schneider*, § 35 GmbHG Rn. 45; a.A. Lutter/Hommelhoff/*Kleindiek*, § 35 GmbHG Rn. 52 f.
37 BayObLG DNotZ 1981, 185. Zum Missbrauch der Vertretungsmacht BGH GmbHR 2018, 251.
38 OLG Frankfurt GmbHR 1994, 118.

weiterer Geschäftsführer bestellt wird, kommt es (nach der gesetzlichen Regelung des § 35 GmbHG) zur Gesamtvertretung, der zunächst von den Beschränkungen des § 181 BGB befreite Geschäftsführer verliert zugleich diese Befreiung. Dazu § 142 Rdn. 100. Beide Änderungen sind anzumelden. Der Wegfall der Befreiung soll nach der zu kritisierenden Rspr.[39] mithin auch bei einem schlichten Hinzutreten eines weiteren Geschäftsführers erfolgen, eben weil das Musterprotokoll nur die besonderen Vertretungsbefugnisse für den Fall eines alleinigen Geschäftsführers regelt. Richtig ist allerdings nur, dass die Befreiung für den ersten Geschäftsführer nicht für einen hinzukommenden[40] oder einen an seine Stelle tretenden Geschäftsführer greifen kann. Soll eine »dauerhafte« Befreiung ermöglicht werden, bedarf es hierfür damit einer durch Satzungsänderung zu schaffenden Ermächtigung.

26 c) *Beschränkungen nach innen* sind zulässig (§ 37 Abs. 1 GmbHG). Beispielsweise kann der Geschäftsführer durch Satzung, Anstellungsvertrag oder Gesellschafterbeschluss verpflichtet werden, gewisse Geschäfte, z.B. über Grundstücke, nur mit vorheriger Ermächtigung durch die Gesellschafterversammlung vorzunehmen.

27 d) Auch der *Stellvertreter* eines Geschäftsführers (§ 44 GmbHG) ist nach außen voll vertretungsberechtigt wie der ordentliche Geschäftsführer. Nur im Innenverhältnis ist er auf die Fälle der Verhinderung des oder der ordentlichen Geschäftsführer nach näherer Bestimmung des Anstellungsvertrages und einer etwaigen Geschäftsordnung beschränkt. S. schon oben Rdn. 1.

28 e) Auf allen *Geschäftsbriefen* einschließlich der Bestellscheine müssen Rechtsform, Sitz der Gesellschaft, Registergericht, Eintragungsnummer sowie die Geschäftsführer und ein etwaiger Aufsichtsratsvorsitzender mit Familiennamen und mindestens einem ausgeschriebenen Vornamen angegeben werden (§ 35a GmbHG). Angaben über das Stammkapital sind – auch bei der Unternehmergesellschaft – nicht vorgeschrieben; werden sie gemacht, gilt § 35a Abs. 1 Satz 2 GmbHG.

5. Gesamtvertretung

29 a) Sind mehrere Geschäftsführer bestellt, vertreten sie nach § 35 Abs. 2 Satz 1 GmbHG alle gemeinschaftlich. Doch bestimmt häufig die Satzung, dass zwei vertretungsberechtigt sind oder einer in Gemeinschaft mit einem Prokuristen (Letzteres *unechte* Gesamtvertretung). Kraft Ermächtigung in der Satzung kann durch Gesellschafterbeschluss einem Geschäftsführer die Befugnis zur Einzelvertretung übertragen werden.[41]

30 b) Sind zwei Geschäftsführer ausdrücklich nur gemeinschaftlich vertretungsberechtigt und fällt einer weg, so wird der verbleibende nicht ohne Weiteres alleinvertretungsberechtigt, falls die Satzung zur Vertretungsberechtigung des verbleibenden Geschäftsführers schweigt, was jedoch selten der Fall sein dürfte; entweder ist ein neuer zweiter Geschäftsführer zu bestellen oder der verbleibende ist durch Gesellschafterbeschluss (und – soweit erforderlich – Satzungsänderung) zur Alleinvertretung zu ermächtigen.[42] Wenn die Satzung aber vorsieht, dass die Gesellschaft durch einen oder mehrere Geschäftsführer vertreten wird und einer von zwei gemeinschaftlich vertretungsberechtigten Geschäftsführern ausscheidet, so

---

39 OLG Nürnberg NZG 2016, 153. Kritik hieran bei Scholz/*Wicke*, § 2 GmbHG Rn. 127.
40 OLG Stuttgart GmbHR 2009, 827; näher hierzu *Heidinger/Blath*, ZNotP 2010, 402, 404.
41 Zur nicht allzu ernst zu nehmenden Frage, ob »Einzel-« oder »Allein-«Vertretung, s. OLG Zweibrücken DNotZ 1993, 199 m. abl. Anm. *Kanzleiter*; vgl. auch § 78 Abs. 3 Satz 1 AktG.
42 BGHZ 121, 263, 264; Lutter/Hommelhoff/*Kleindiek*, § 35 GmbHG Rn. 26.

ist der andere alleinvertretungsberechtigt,[43] auch wenn der ausgeschiedene im Handelsregister noch nicht gelöscht ist (denn dies wirkt nur deklaratorisch).[44] Nichtig wäre nach OLG München GmbHR 2017, 1145 dagegen ein satzungsdurchbrechender Beschluss, der entgegen der abstrakten Vertretungsregelung in der Satzung ohne dahingehende Ermächtigung eine abweichende konkrete Vertretungsregelung durch einfachen Beschluss trifft. Denn dabei handelte es sich nicht um eine punktuelle Maßnahme.

Ist einer von zwei gesamtvertretungsberechtigten Geschäftsführern aufgrund von § 181 BGB an der Vertretung gehindert, kann er den hiervon nicht betroffenen Geschäftsführer analog § 78 Abs. 4 Satz 1 AktG, § 25 Abs. 3 Satz 1 GenG, § 125 Abs. 2 Satz 2 HGB zur Alleinvertretung zu ermächtigen.[45] Die Literatur bringt hiergegen zum Teil vor, eine solche Alleinvertretung unterminiere die Kontrolle, die über das Erfordernis der Gesamtvertretung erreicht werden solle; die Ermächtigung eines Gesamtvertreters zur Alleinvertretung ist aber ein gefestigtes und beliebtes Instrument in der Praxis, um »Blockaden« des oftmals sehr sperrigen und im Gesellschaftsrecht rechtpolitisch zu kritisierenden § 181 BGB zu überwinden. **31**

Ermächtigung zur Alleinvertretung durch Gesamtvertreter

Wir, Martin Warmbold und…, sind gemeinsam vertretungsberechtigte Geschäftsführer der »Winter & Warmbold Pelzwaren GmbH«. Wir ermächtigen hiermit Herrn Martin Warmbold, die »Winter & Warmbold Pelzwaren GmbH« bei dem geplanten Abschluss eines Geschäftsanteilskauf- und Abtretungsvertrages mit der Y-GmbH, gerichtet auf den Erwerb von Geschäftsanteilen an der Z-GmbH, und allen damit im Zusammenhang stehenden Erklärungen allein zu vertreten. Die Ermächtigung gilt auch insbesondere gegenüber dem Handelsregister, Behörden und Gerichten. Sie ist im Zweifel weit auszulegen. Die Ermächtigung ist befristet bis zum…… . **32 M**

■ *Kosten.* Geschäftswert eines vom Notar vollständig gefertigten Entwurfs für die Ermächtigung ist die Hälfte des Wertes vom vorgesehenen Rechtsgeschäft nach § 98 Abs. 1 GNotKG; es liegt kein Mitberechtigungsverhältnis nach § 98 Abs. 2 GNotKG vor. Als einseitige Erklärung eine 1,0 Rahmengebühr nach KV-Nr. 24101 i.V.m. 21200 GNotKG, jedoch max. 1,0 Mio €.

c) Die Vertretungsmacht des Geschäftsführers ist nicht übertragbar. Die Erteilung von Generalvollmachten an Nichtgeschäftsführer ist deshalb nicht zulässig, auch nicht mit Zustimmung aller Gesellschafter.[46] Auch ein Gesamtgeschäftsführer kann deshalb einem anderen Vollmacht nur zu bestimmten Geschäften oder Geschäftsarten erteilen, nicht zu allen Rechtshandlungen, ihm also keine Generalvollmacht geben, auch nicht für eine beschränkte Zeit.[47] Dennoch erteilte Generalvollmachten sind aber nicht wirkungslos, sondern dahin auszulegen, dass der Bevollmächtigte bei allen Rechtsgeschäften vertreten kann, ausgenommen solche, die dem Geschäftsführer als Organ vorbehalten sind.[48] **33**

---

43 BGH DNotZ 2008, 69; Lutter/Hommelhoff/*Kleindiek*, § 35 GmbHG Rn. 26.
44 BGHZ 34, 27 = BB 1960, 880.
45 BGH NJW 1975, 1117; NJW 1992, 618 = MittRhNotK 1992, 17; Scholz/*U.H.Schneider/S.H. Schneider*, § 35 GmbHG Rn. 93; kritisch Lutter/Hommelhoff/*Kleindiek*, § 35 GmbHG Rn. 32; zum Ganzen *Blasche/König*, NZG 2013, 1412.
46 BGH NJW 1977, 199; GmbHR 2002, 972.
47 BGHZ 34, 27 = DNotZ 1961, 534.
48 Vgl. *Leitzhans*, GmbHR 1989, 229; vgl. auch BGH GmbHR 2002, 972.

Bevollmächtigung durch Geschäftsführer

34 M Wir, Martin Warmbold und ....., sind vertretungsberechtigte Geschäftsführer der »Winter & Warmbold Pelzwaren GmbH«. Wir ermächtigen hiermit Herrn ....., geb. am ....., wohnhaft in [Ort], die »Winter & Warmbold Pelzwaren GmbH« bei allen Willenserklärungen zu vertreten, die in Verbindung mit dem Abschluss, der Kündigung, Aufhebung und Durchführung von Arbeitsverhältnissen mit Prokuristen stehen.

■ *Kosten.* Wert: nach § 98 Abs. 3 GNotKG nach billigem Ermessen; hier nach der Häufigkeit der erforderlichen Tätigkeit und der möglichen Vergütungen; daraus m.E. 10 %. Gebühr: wie vorstehendes Muster.

6. Abberufung

35 Die Bestellung kann jederzeit fristlos und ohne Angabe von Gründen – indes nicht durch eine Eigenabberufung des Allein-Gesellschafter-Geschäftsführers zur Unzeit –[49] widerrufen werden, wenn die Satzung den Widerruf nicht auf das Vorliegen wichtiger Gründe beschränkt (§ 38 GmbHG). Ein gesellschaftsvertragliches Sonderrecht auf das Geschäftsführeramt lässt indes nur eine Abberufung aus wichtigem Grunde nach § 38 Abs. 2 GmbHG zu;[50] der im Musterprotokoll nach § 2 Abs. 1a GmbHG bestellte Geschäftsführer hat ein solches Sonderrecht allerdings nicht, allg. M. Hiervon strikt zu unterscheiden ist die Ebene des zivilrechtlichen Dienstvertrages, die durch den Verlust der Organstellung nicht automatisch tangiert wird, es sei denn, beide Ebenen wären über eine (wirksame, d. h. insbesondere dienstvertragliche Kündigungsfristen nicht unterschreitende) Koppelungsklausel miteinander verbunden.[51] Häufig wird in derselben Versammlung dem abzuberufenden Geschäftsführer Entlastung erteilt, d.h. seine bisherige Geschäftsführung gebilligt, sodass Haftungs- und Bereicherungsansprüche wegen erkennbarer Pflichtverletzungen entfallen,[52] bzw. zumindest darüber abgestimmt (ohne Stimmrecht eines betroffenen Gesellschafter-Geschäftsführers).[53]

Sonderrecht zur Geschäftsführung in der Satzung

36 M § ..... Der Gesellschafterin B. wird das Sonderrecht eingeräumt, das Amt als allein vertretungsberechtigte Geschäftsführerin zu übernehmen, sobald der Gesellschafter A. als Geschäftsführer aus irgendeinem Grunde ausscheidet. In diesem Falle kann sich die Gesellschafterin B. selbst zum Geschäftsführer bestellen und die Anmeldung des Ausscheidens von A. und ihre Neuanmeldung beim Registergericht vornehmen.
Für die Geschäftsführertätigkeit erhält die Gesellschafterin B. eine Vergütung, die der üblichen Gebühr für die Verwaltung des vermieteten Gesellschaftsgrundstückes entspricht und 5 v.H. des Reinertrags des Grundstücks ausmacht .....

37 Widerrufsberechtigt ist (falls im Gesellschaftsvertrag nichts anderes bestimmt ist, § 45 GmbHG) die Gesellschafterversammlung, bei der mitbestimmten GmbH der Aufsichtsrat. Auch bei Widerruf aus einem wichtigen Grund steht das Widerrufsrecht diesem Organ zu,

---

49 OLG München ZIP 2011, 866.
50 Vgl. *Wicke*, § 8 GmbHG Rn. 8; Roth/Altmeppen/*Altmeppen*, § 38 GmbHG Rn. 29 f., beide m.w.N.
51 Lutter/Hommelhoff/*Kleindiek*, § 38 Rn. 1; OLG Karlsruhe GmbHR 2017, 295.
52 BGH GmbHR 2014, 817. Zu den Auswirkungen auf den Versicherungsschutz *Ruchatz*, GmbHR 2016, 681.
53 OLG München GmbHR 2015, 1324.

nicht einem oder einzelnen Gesellschaftern.[54] In die Ankündigung der Abberufung eines Geschäftsführers bei Einladung zu einer Gesellschafterversammlung braucht der Grund nicht aufgenommen zu werden, auch nicht ein wichtiger Grund.[55] Als Annexkompetenz hierzu darf die Versammlung – als Vertretungsorgan – auch auf Abschluss, Änderung, Aufhebung und Kündigung des Anstellungsvertrages einwirken.[56]

Das Recht der Gesellschafter zur Abberufung eines Geschäftsführers aus wichtigem Grund nach § 38 Abs. 2 GmbHG kann nicht eingeschränkt werden, auch nicht durch das Erfordernis einer qualifizierten Mehrheit.[57] Der abzuberufende Geschäftsführer kann als Gesellschafter mitstimmen,[58] nur bei Abberufung aus einem wichtigen Grund ist er nicht stimmberechtigt,[59] auch nicht in einer Zweimann-Gesellschaft. Dies gilt allerdings nach stark umstrittener Ansicht nur, sofern der wichtige Grund in seiner Person objektiv vorliegt, d.h. nicht nur substantiiert dargelegt wird.[60] Ob ein wichtiger Grund vorlag und die Ausschließung vom Stimmrecht deshalb wirksam war, entscheiden bei Streit die Gerichte; über die Wirksamkeit der Abberufung entscheidet mithin allein die materielle Rechtslage nach § 38 Abs. 2 GmbHG; §§ 117, 127 HGB oder § 84 Abs. 3 Satz 4 AktG sind nicht entsprechend anwendbar;[61] einstweilige Anordnungen während des Schwebezustandes sind möglich.[62]

Gesellschafterbeschluss über Abberufung und Neubestellung von Geschäftsführern

Aufzeichnung

der Beschlüsse der Gesellschafterversammlung der »Wetzlarer Photo-Kino Gesellschaft mit beschränkter Haftung« vom .....
Anwesend sämtliche Gesellschafter, nämlich:
Anton Albert, Inhaber von 21.000 € Geschäftsanteil seit der Gründung, Bruno Becker, Inhaber von 18.000 € Geschäftsanteil seit der Gründung, Christian Contag mit schriftlicher Vollmacht von Dietrich Decker, dem ein 11.000-€-Geschäftsanteil laut notarieller Abtretung vom ..... zusteht.
Zum Versammlungsleiter wurde Herr Becker bestellt.
Die Gesellschafterversammlung beschloss einstimmig:
1. Der bisherige Geschäftsführer Ernst Ehlert wird abberufen. Es wird ihm Entlastung erteilt.
2. Zu neuen Geschäftsführern werden bestellt:
   a) Herr Franz Fraser, geb. am…, wohnhaft in…..
   b) Herr Gustav Ganser, geb. am…, wohnhaft in…..
Sie vertreten die Gesellschaft satzungsgemäß. Damit vertreten sie die Gesellschaft allein, wenn nur ein Geschäftsführer bestellt ist, und gemeinschaftlich, wenn mehrere Geschäftsführer bestellt sind.
3. Den in Entwurf vorliegenden Anstellungsverträgen mit den Herren Fraser und Ganser wird hiermit zugestimmt; die übrigen Geschäftsführer der Gesellschaft werden

---

54 OLG Hamm BB 1960, 535.
55 BGH DNotZ 1962, 414.
56 S. zuletzt wieder BGH ZIP 2018, 1629 m. Anm. *Bochmann/Cziupka*, EWiR 2018, 551.
57 BGH DNotZ 1983, 764.
58 BGHZ 18, 210; BGH NJW 1969, 1483. S. auch § 144 Rdn. 30.
59 Vgl. auch BGH GmbHR 2017, 701.
60 *Esenbach*, GmbHR 2016, 8 ff; Lutter/Hommelhoff/*Bayer*, § 47 GmbHG Rn. 40; offen gelassen BGH GmbHR 2017, 70.
61 BGH DNotZ 1983, 764.
62 BGH DNotZ 1983, 764, 768.

bevollmächtigt, die Anstellungsverträge, wie im Entwurf vorliegend, mit den Herren Fraser und Ganser abzuschließen.
Hiermit ist die Gesellschafterversammlung beendet.

   Anton Albert   **Bruno Becker**   **Christian Contag**

■ *Kosten.* Nach § 108 Abs. 1 Satz 1 GNotKG bestimmt sich der Geschäftswert bei Geschäften ohne bestimmten Geldwert aus § 105 Abs. 4 GNotKG und beträgt somit gemäß dessen Nr. 1 1 % des Stammkapitals, mindestens jedoch 30.000,00 €. Bei Bestellung und Abberufung mehrerer Geschäftsführer (= Wahlen) handelt es sich gemäß § 109 Abs. 2 Nr. 4d) GNotKG um denselben Beurkundungsgegenstand. Die Abberufung gilt als Wahl. Die Gebühr für den Entwurf ergibt sich aus Nr. 24100 i.V.m. Nr. 21100 KV GNotKG, weil unter Nr. 21100 auch Beschlüsse von Gesellschaftsorganen fallen. Sie beträgt 2,0 nach Tabelle B, mindestens 120,00 €, soweit der Notar den Entwurf vollständig gefertigt hat (s. die Regelung zur Rahmengebühren in § 92 Abs. 2 GNotKG).

7. Amtsniederlegung

40 Der Geschäftsführer kann seine Organstellung, jedenfalls in Verbindung mit einer ordentlichen Kündigung seines Dienstvertrages, aufgeben oder sein Amt aus einem wichtigen Grund sofort niederlegen; wenn die Gesellschaft den wichtigen Grund zu vertreten hat, sogar unter Aufrechterhaltung seines Anstellungsverhältnisses.[63] Die Amtsniederlegung wird – nach dem allgemeinen Grundsatz der Einzelvertretungsbefugnis bei der Passivvertretung – mit Zugang bei einem Empfangsberechtigten wirksam, fehlt eine andere Regelung im Gesellschaftsvertrag mit Zugang bei einem Gesellschafter.[64] Die aus einem wichtigen Grund erklärte sofortige Amtsniederlegung ist auch dann wirksam, wenn das Vorliegen des wichtigen Grundes streitig ist.[65] Unwirksam ist die Niederlegung dagegen, wenn sie rechtsmissbräuchlich ohne wichtigen Grund zur Unzeit erklärt wurde,[66] etwa wenn der einzige Geschäftsführer, der zugleich einziger Gesellschafter ist, sein Amt niederlegt, ohne gleichzeitig einen neuen Geschäftsführer zu bestellen.[67]

41 Da das Amt mit der Niederlegung endet, kann sie der (ehemalige) Geschäftsführer danach nicht mehr selbst zum Handelsregister anmelden.[68] Niederlegung des Amtes mit Wirkung von der Eintragung in das Handelsregister an und deren Anmeldung durch den niederlegenden (einzelvertretungsberechtigten) Geschäftsführer ist aber möglich.[69]

42 Ein *beglaubigter Auszug* aus der Niederschrift über die Bestellung (Abberufung) genügt nur dann, wenn alle den Anmeldungsgegenstand betreffenden Teile angeführt sind und der Notar im Beglaubigungsvermerk bezeugt, dass die Niederschrift weiteres, die Bestellung (Abberufung) Betreffendes nicht enthält.[70] Zur *Beglaubigung auszugsweiser Abschriften* s.o. § 12 Rdn. 40.

---

63 BGH DNotZ 1978, 368.
64 BGH DNotZ 2002, 302.
65 BGHZ 78, 82 = NJW 1980, 2415, freilich unbeschadet einer eventuellen Schadensersatzpflicht wegen Verletzung des Anstellungsvertrages; BGHZ 121, 257, 260 = NJW 1993, 1198.
66 OLG Bamberg GmbHR 2017, 1144; OLG Frankfurt GmbHR 2015, 363; OLG München GmbHR 2011, 486; Uhlenbruck, GmbHR 2005, 817, 820.
67 Vgl. BayObLGZ 1981, 266 = Rpfleger 1981, 486; DNotZ 1993, 198; OLG Hamm DNotZ 1989, 396.
68 BayObLGZ 1981, 227 = Rpfleger 1981, 406; OLG Frankfurt DNotZ 1983, 771; NJW-RR 1994, 105; OLG Bamberg DNotZ 2013, 155.
69 OLG Frankfurt DNotZ 1983, 771.
70 LG Kreuznach Rpfleger 1960, 164 = DNotZ 1961, 100.

8. Anmeldung von Änderungen der Geschäftsführer

a) Eine Änderung in der Person der Geschäftsführer (Amtsniederlegung, Abberufung, Gewerbeverbot, Verurteilung im Sinne des § 6 Abs. 2 Satz 2 Nr. 2 und 3 GmbHG, aber auch Änderung in den Personalien) ist ebenso wie eine Änderung der Vertretungsbefugnis, wozu auch eine Änderung der Vertretungsbefugnis der bisherigen Geschäftsführer zählt, in der Form des § 12 Abs. 1 HGB *anzumelden*, jedoch nur von so vielen Geschäftsführern, wie zur Vertretung erforderlich sind (§ 78 Alt. 1 GmbHG). Ein Prokurist kann zusammen mit einem Geschäftsführer anmelden, wenn unechte Gesamtvertretung in der Satzung vorgesehen ist.[71] Der Ausgeschiedene ist kein Geschäftsführer mehr und kann daher nicht mitwirken. Das geschieht – nach § 39 Abs. 2 GmbHG unter Beifügung des Bestellungsbeschlusses – regelmäßig durch den häufig zugleich neu bestellten Geschäftsführer, der es mit Beschlussfassung und Mitteilung an ihn geworden ist, sodass er die bereits eingetretene Änderung verlautbArt. Zu den – strafbewehrten,[72] daher höchstpersönlichen – Versicherungen, die der neu bestellte Geschäftsführer nach § 39 Abs. 3 GmbHG abzugeben hat, s. näher § 142 Rdn. 75 ff.; zur Anmeldung seiner Vertretungsbefugnis § 142 Rdn. 73. **43**

b) Bei der Anmeldung, dass ein Geschäftsführer abberufen wurde, genügt die Vorlage des Gesellschafterbeschlusses. § 39 Abs. 2 GmbHG macht es nicht notwendig, einen Nachweis über den Zugang der Abberufung beim Geschäftsführer vorzulegen;[73] bei einer Amtsniederlegung ist dagegen ein Zugangsnachweis zu erbringen.[74] Der Abberufene kann die Beendigung seiner Geschäftsführerbestellung selbst anmelden, sofern das Datum der Beendigung in der Zukunft liegt, ansonsten nicht. Auch rechtsgeschäftliche Vertretung ist möglich, sofern die Vollmacht derartige Anmeldungen erfasst und in der Form des § 12 Abs. 1 Satz 2 HGB nachgewiesen ist; eine Anmeldung durch Prokuristen oder Handlungsbevollmächtigte qua ihres gesetzlich bestimmten Vertretungsumfangs ist jedoch unzulässig,[75] weil nicht vom Vertretungsumfang erfasst. Die Abberufung ist auch dann anzumelden, wenn eine wirksame Bestellung nicht ins Handelsregister eingetragen war, ja sogar dann, wenn eine wirksame Bestellung nicht festgestellt werden kann;[76] die Notwendigkeit der Eintragung ergibt sich jeweils aus § 15 HGB. **44**

c) Bei der Anmeldung der Geschäftsführerbestellung zum Handelsregister ist § 39 Abs. 2 GmbHG zu beachten, der die Beifügung der Urschrift oder einer beglaubigten Abschrift des Gesellschafterbeschlusses verlangt. Diese Vorgabe ist freilich im Zusammenspiel mit der elektronischen Übermittlung von Dokumenten an das Handelsregister im Sinne von § 12 Abs. 2 HGB zu lesen; da nicht zwingend ein notariell beurkundetes Dokument einzureichen ist, sondern die Einreichung der privatschriftlichen Urschrift genügt, ist – übersetzt in die elektronischen Übertragungserfordernisse – die Übermittlung einer einfachen elektronischen Aufzeichnung, d.h. etwa: eines einfachen Scans der Urschrift, ausreichend.[77] Dennoch wird in der Praxis zuweilen eine elektronisch beglaubigte Abschrift der Urschrift übermittelt, was nicht erforderlich, aber zulässig und auch ratsam ist. **45**

---

71 KG NJW 1962, 1349 = DNotZ 1962, 660; BayObLG GmbHR 2003, 1356.
72 LG Leipzig GmbHR 2017, 406.
73 OLG Hamm DNotZ 2003, 154.
74 OLG Düsseldorf GmbHR 2014, 1532; OLG Hamm GmbHR 2010, 1092; OLG Naumburg GmbHR 2001, 31. A.A. *Wachter*, GmbHR 2001, 1129, 1137.
75 OLG Düsseldorf ZIP 2012, 969; KG DNotZ 2012, 388.
76 OLG Köln FGPrax 2015, 165.
77 OLG Jena GmbHR 2011, 28: Einreichung einer Urschrift die Übermittlung einer elektronischen Aufzeichnung genügt. Verlangt wird eine »elektronische Fotokopie« des Dokuments.

Anmeldung der Abberufung eines bisherigen und der Bestellung eines neuen Geschäftsführers

46 M   An das Amtsgericht in Hannover
– Handelsregister –
per EGVP

In der Handelsregistersache
»Leibnizplatz Grundstücksgesellschaft mit beschränkter Haftung« mit Sitz in Hannover, eingetragen im Handelsregister des Amtsgerichts Hannover unter HRB 619
wird durch den unterzeichneten alleinigen Geschäftsführer überreicht:
einfache elektronische Aufzeichnung des Gesellschafterbeschlusses vom (Datum), der die Geschäftsführerabberufung und die Geschäftsführerbestellung enthält.

I. Anmeldungen
Zur Eintragung in das Handelsregister wird angemeldet:
1. Hasso Hammer, geb. am ....., wohnhaft in ....., ist nicht mehr Geschäftsführer.
2. Zum Geschäftsführer wurde bestellt: Joachim Jander, geb. am ....., wohnhaft in ..... Er vertritt die Gesellschaft stets einzeln. Er hat das Recht, die Gesellschaft auch bei solchen Rechtsgeschäften zu vertreten, die er mit sich selbst oder mit einem von ihm vertretenen Dritten abschließt (Befreiung von den Beschränkungen des § 181 BGB).

II. Versicherungen des Geschäftsführers
1. Der unterzeichnete Geschäftsführer versichert nach Belehrung durch den beglaubigenden Notar über die unbeschränkte Auskunftspflicht nach § 53 Abs. 2 des Gesetzes über das Zentralregister und das Erziehungsregister, die Strafbarkeit einer falschen Versicherung (§ 82 GmbHG) weiter:
»Es liegen keine Umstände vor, aufgrund derer ich nach § 6 Abs. 2 Satz 2 Nr. 2 und 3 sowie Satz 3 GmbHG vom Amt eines Geschäftsführers ausgeschlossen wäre. Insbesondere versichere ich, dass
- ich während der letzten fünf Jahre nicht rechtskräftig verurteilt wurde wegen des Unterlassens der Stellung eines Antrags auf Eröffnung des Insolvenzverfahrens (Insolvenzverschleppung), nach §§ 283 bis 283 d StGB (Insolvenzstraftaten), wegen falscher Angaben nach § 82 GmbHG oder § 399 AktG, wegen unrichtiger Darstellung nach § 400 AktG, § 331 HGB, § 313 UmwG oder § 17 PublG oder nach § 263 StGB (Betrug), § 263 a (Computerbetrug), § 264 StGB (Subventionsbetrug), § 264 a (Kapitalanlagebetrug), § 265 b StGB (Kreditbetrug), § 265d StGB (Manipulation von berufssportlichen Wettbewerben), § 265e StGB (besonders schwere Fälle von Sportwettbetrug und der Manipulation von berufssportlichen Wettbewerben)[78], § 266 StGB (Untreue) oder § 266 a StGB (Vorenthalten oder Veruntreuen von Arbeitsentgelt), wobei mir bekannt ist, dass die Frist von fünf Jahren erst durch den Eintritt der Rechtskraft eines entsprechenden Urteils in Lauf gesetzt und dass nicht die Zeit eingerechnet wird, in welcher der Täter auf behördliche Anordnung in einer Anstalt verwahrt wird,
- ich auch im Ausland nicht wegen einer vergleichbaren Tat rechtskräftig verurteilt wurde,
- mir gegenwärtig weder durch gerichtliches Urteil noch durch vollziehbare Entscheidung der Verwaltungsbehörde die Ausübung eines Berufes, Berufszweiges, Gewerbes oder Gewerbezweiges untersagt wurde, somit auch nicht im Rahmen des Unternehmensgegenstandes der Gesellschaft,

---
[78] § 265e StGB ist nicht zwingend zu nennen, weil bloßer Strafzumessungsgrund. Hierzu oben § 142 Rdn. 76.

- ich nicht bei der Besorgung meiner Vermögensangelegenheiten ganz oder teilweise einem Einwilligungsvorbehalt (§ 1903 BGB) unterliege,
- ich nicht aufgrund einer behördlichen Anordnung in einer Anstalt verwahrt wurde,
- ich vom beglaubigenden Notar über meine unbeschränkte Auskunftspflicht gegenüber dem Registergericht belehrt wurde.«

III. Geschäftsanschrift

Die Geschäftsräume der Gesellschaft befinden sich weiterhin in (PLZ, Ort und Straße mit Hausnummer) (inländische Geschäftsanschrift).

IV. Vollmacht

..... (wie § 142 Rdn. 63 M)
Hannover, den.....
Unterschrift des neuen Geschäftsführers
Notarieller Beglaubigungsvermerk (wie § 142 Rdn. 96 M)

■ *Kosten.*

Des Notars: Wert nach § 105 Abs. 4 Nr. 1 GNotKG 30.000 €. Zwei Gegenstände i.S.v. § 111 Nr. 3 GNotKG, da zwei Rechtsverhältnisse verlautbart werden sollen (§ 111 Nr. 3 ist lex specialis zu § 109 Abs. 2 Nr. 4 lit. d) GNotKG). Die Versicherung des Geschäftsführers ist notwendige Erklärungseinheit zu seiner Anmeldung. Nach dem zusammengerechneten Wert (§ 35 Abs. 1 GNotKG, Höchstwertbegrenzung in § 106 GNotKG (= 1 Mio. €). 0,5 Gebühr nach Nr. 24102 i.V.m. 21201 (5.) KV GNotKG (Tabelle B). 0,3-Vollzugsgebühr nach Nr. 22114 KV GNotKG, höchstens 250 €, für die XML-Strukturdatei aus dem Geschäftswert der Anmeldung (siehe hierzu § 124 Rdn. 43).

Des Registergerichts: Festgebühren i.H.v. 70 € gemäß § 58 GNotKG i.V.m. § 1, Nr. 2500 GV HRegGebVO für die erste einzutragende Tatsache und 40 € gemäß § 1, Nr. 2501 GV HRegGebVO für jede weitere einzutragende Tatsache, die am gleichen Tage beim Registergericht angemeldet wird. Die Eintragung der Vertretungsregelung löst keine weitere Gebühr aus (§ 2 Abs. 3 Nr. 1 HRegGebVO).

d) Nach dem Beschl. des BGH vom 10.11.1997,[79] dem die ganz h.M. folgt,[80] wirkt die Bestimmung, dass ein Geschäftsführer als Stellvertreter bestellt ist (§ 44 GmbHG), nur im Innenverhältnis (s.o. Rdn. 26 f.); die Stellvertretereigenschaft wird deshalb nicht im Handelsregister eingetragen, weil das im Rechtsverkehr Verwirrung stiften könnte, dennoch ist die Stellvertreterposition als solche anzumelden.

47

Anmeldung eines stellvertretenden Geschäftsführers

An das Amtsgericht in Wanne-Eickel
- Handelsregister -
per EGVP

48 M

In der Handelsregistersache
»Maschinenbauanstalt Lothar Leiser GmbH« mit Sitz in Wanne-Eickel, eingetragen im Handelsregister des Amtsgerichts Wanne-Eickel unter HRB 312

---

79 NJW 1998, 1071, 1072.
80 S. hierzu *van Venrooy*, GmbHR 2010, 169 ff.

wird durch die unterzeichneten Geschäftsführer überreicht:
einfache elektronische Aufzeichnung des Gesellschafterbeschlusses vom (Datum), der die Bestellung zum stellvertretenden Geschäftsführer enthält.

I. Anmeldung
Zur Eintragung in das Handelsregister wird angemeldet:
Richard Riefenstahl, geb. am....., wohnhaft in....., ist zum stellvertretenden Geschäftsführer bestellt worden. Er vertritt die Gesellschaft gemeinsam mit einem anderen Geschäftsführer.

II. Versicherungen des Geschäftsführers
Der unterzeichnete stellvertretende Geschäftsführer Richard Riefenthal versichert nach Belehrung durch den beglaubigenden Notar über die unbeschränkte Auskunftspflicht nach § 53 Abs. 2 des Gesetzes über das Zentralregister und das Erziehungsregister, die Strafbarkeit einer falschen Versicherung (§ 82 GmbHG) weiter:
»Es liegen keine Umstände vor, aufgrund derer ich nach § 6 Abs. 2 Satz 2 Nr. 2 und 3 sowie Satz 3 GmbHG vom Amt eines Geschäftsführers ausgeschlossen wäre. Insbesondere versichere ich, dass
- ich während der letzten fünf Jahre nicht rechtskräftig verurteilt wurde wegen des Unterlassens der Stellung eines Antrags auf Eröffnung des Insolvenzverfahrens (Insolvenzverschleppung), nach §§ 283 bis 283 d StGB (Insolvenzstraftaten), wegen falscher Angaben nach § 82 GmbHG oder § 399 AktG, wegen unrichtiger Darstellung nach § 400 AktG, § 331 HGB, § 313 UmwG oder § 17 PublG oder nach § 263 StGB (Betrug), § 263 a (Computerbetrug), § 264 StGB (Subventionsbetrug), § 264 a (Kapitalanlagebetrug), § 265 b StGB (Kreditbetrug), § 265d StGB (Manipulation von berufssportlichen Wettbewerben), § 265e StGB (besonders schwere Fälle von Sportwettenbetrug und der Manipulation von berufssportlichen Wettbewerben)[81], § 266 StGB (Untreue) oder § 266 a StGB (Vorenthalten oder Veruntreuen von Arbeitsentgelt), wobei mir bekannt ist, dass die Frist von fünf Jahren erst durch den Eintritt der Rechtskraft eines entsprechenden Urteils in Lauf gesetzt und dass nicht die Zeit eingerechnet wird, in welcher der Täter auf behördliche Anordnung in einer Anstalt verwahrt wird,
- ich auch im Ausland nicht wegen einer vergleichbaren Tat rechtskräftig verurteilt wurde,
- mir gegenwärtig weder durch gerichtliches Urteil noch durch vollziehbare Entscheidung der Verwaltungsbehörde die Ausübung eines Berufes, Berufszweiges, Gewerbes oder Gewerbezweiges untersagt wurde, somit auch nicht im Rahmen des Unternehmensgegenstandes der Gesellschaft,
- ich nicht bei der Besorgung meiner Vermögensangelegenheiten ganz oder teilweise einem Einwilligungsvorbehalt (§ 1903 BGB) unterliege,
- ich nicht aufgrund einer behördlichen Anordnung in einer Anstalt verwahrt wurde,
- ich vom beglaubigenden Notar über meine unbeschränkte Auskunftspflicht gegenüber dem Registergericht belehrt wurde.«

III. Geschäftsanschrift
Die Geschäftsräume der Gesellschaft befinden sich weiterhin in (PLZ, Ort und Straße mit Hausnummer) (inländische Geschäftsanschrift).

---

81 § 265e StGB ist nicht zwingend zu nennen, weil bloßer Strafzumessungsgrund. Hierzu oben § 142 Rdn. 76.

- ich nicht bei der Besorgung meiner Vermögensangelegenheiten ganz oder teilweise einem Einwilligungsvorbehalt (§ 1903 BGB) unterliege,
- ich nicht aufgrund einer behördlichen Anordnung in einer Anstalt verwahrt wurde,
- ich vom beglaubigenden Notar über meine unbeschränkte Auskunftspflicht gegenüber dem Registergericht belehrt wurde.«

III. Geschäftsanschrift

Die Geschäftsräume der Gesellschaft befinden sich weiterhin in (PLZ, Ort und Straße mit Hausnummer) (inländische Geschäftsanschrift).

IV. Vollmacht

..... (wie § 142 Rdn. 63 M)
Hannover, den.....
Unterschrift des neuen Geschäftsführers
Notarieller Beglaubigungsvermerk (wie § 142 Rdn. 96 M)

■ *Kosten.*

Des Notars: Wert nach § 105 Abs. 4 Nr. 1 GNotKG 30.000 €. Zwei Gegenstände i.S.v. § 111 Nr. 3 GNotKG, da zwei Rechtsverhältnisse verlautbart werden sollen (§ 111 Nr. 3 ist lex specialis zu § 109 Abs. 2 Nr. 4 lit. d) GNotKG). Die Versicherung des Geschäftsführers ist notwendige Erklärungseinheit zu seiner Anmeldung. Nach dem zusammengerechneten Wert (§ 35 Abs. 1 GNotKG, Höchstwertbegrenzung in § 106 GNotKG (= 1 Mio. €). 0,5 Gebühr nach Nr. 24102 i.V.m. 21201 (5.) KV GNotKG (Tabelle B). 0,3-Vollzugsgebühr nach Nr. 22114 KV GNotKG, höchstens 250 €, für die XML-Strukturdatei aus dem Geschäftswert der Anmeldung (siehe hierzu § 124 Rdn. 43).

Des Registergerichts: Festgebühren i.H.v. 70 € gemäß § 58 GNotKG i.V.m. § 1, Nr. 2500 GV HRegGebVO für die erste einzutragende Tatsache und 40 € gemäß § 1, Nr. 2501 GV HRegGebVO für jede weitere einzutragende Tatsache, die am gleichen Tage beim Registergericht angemeldet wird. Die Eintragung der Vertretungsregelung löst keine weitere Gebühr aus (§ 2 Abs. 3 Nr. 1 HRegGebVO).

d) Nach dem Beschl. des BGH vom 10.11.1997,[79] dem die ganz h.M. folgt,[80] wirkt die Bestimmung, dass ein Geschäftsführer als Stellvertreter bestellt ist (§ 44 GmbHG), nur im Innenverhältnis (s.o. Rdn. 26 f.); die Stellvertretereigenschaft wird deshalb nicht im Handelsregister eingetragen, weil das im Rechtsverkehr Verwirrung stiften könnte, dennoch ist die Stellvertreterposition als solche anzumelden.

47

Anmeldung eines stellvertretenden Geschäftsführers

An das Amtsgericht in Wanne-Eickel
- Handelsregister -
per EGVP

48 M

In der Handelsregistersache
»Maschinenbauanstalt Lothar Leiser GmbH« mit Sitz in Wanne-Eickel, eingetragen im Handelsregister des Amtsgerichts Wanne-Eickel unter HRB 312

---

79 NJW 1998, 1071, 1072.
80 S. hierzu *van Venrooy*, GmbHR 2010, 169 ff.

wird durch die unterzeichneten Geschäftsführer überreicht:
einfache elektronische Aufzeichnung des Gesellschafterbeschlusses vom (Datum), der die Bestellung zum stellvertretenden Geschäftsführer enthält.

I. Anmeldung

Zur Eintragung in das Handelsregister wird angemeldet:
Richard Riefenstahl, geb. am....., wohnhaft in....., ist zum stellvertretenden Geschäftsführer bestellt worden. Er vertritt die Gesellschaft gemeinsam mit einem anderen Geschäftsführer.

II. Versicherungen des Geschäftsführers

Der unterzeichnete stellvertretende Geschäftsführer Richard Riefenthal versichert nach Belehrung durch den beglaubigenden Notar über die unbeschränkte Auskunftspflicht nach § 53 Abs. 2 des Gesetzes über das Zentralregister und das Erziehungsregister, die Strafbarkeit einer falschen Versicherung (§ 82 GmbHG) weiter:
»Es liegen keine Umstände vor, aufgrund derer ich nach § 6 Abs. 2 Satz 2 Nr. 2 und 3 sowie Satz 3 GmbHG vom Amt eines Geschäftsführers ausgeschlossen wäre. Insbesondere versichere ich, dass
- ich während der letzten fünf Jahre nicht rechtskräftig verurteilt wurde wegen des Unterlassens der Stellung eines Antrags auf Eröffnung des Insolvenzverfahrens (Insolvenzverschleppung), nach §§ 283 bis 283 d StGB (Insolvenzstraftaten), wegen falscher Angaben nach § 82 GmbHG oder § 399 AktG, wegen unrichtiger Darstellung nach § 400 AktG, § 331 HGB, § 313 UmwG oder § 17 PublG oder nach § 263 StGB (Betrug), § 263 a (Computerbetrug), § 264 StGB (Subventionsbetrug), § 264 a (Kapitalanlagebetrug), § 265 b StGB (Kreditbetrug), § 265d StGB (Manipulation von berufssportlichen Wettbewerben), § 265e StGB (besonders schwere Fälle von Sportwettenbetrug und der Manipulation von berufssportlichen Wettbewerben)[81], § 266 StGB (Untreue) oder § 266 a StGB (Vorenthalten oder Veruntreuen von Arbeitsentgelt), wobei mir bekannt ist, dass die Frist von fünf Jahren erst durch den Eintritt der Rechtskraft eines entsprechenden Urteils in Lauf gesetzt und dass nicht die Zeit eingerechnet wird, in welcher der Täter auf behördliche Anordnung in einer Anstalt verwahrt wird,
- ich auch im Ausland nicht wegen einer vergleichbaren Tat rechtskräftig verurteilt wurde,
- mir gegenwärtig weder durch gerichtliches Urteil noch durch vollziehbare Entscheidung der Verwaltungsbehörde die Ausübung eines Berufes, Berufszweiges, Gewerbes oder Gewerbezweiges untersagt wurde, somit auch nicht im Rahmen des Unternehmensgegenstandes der Gesellschaft,
- ich nicht bei der Besorgung meiner Vermögensangelegenheiten ganz oder teilweise einem Einwilligungsvorbehalt (§ 1903 BGB) unterliege,
- ich nicht aufgrund einer behördlichen Anordnung in einer Anstalt verwahrt wurde,
- ich vom beglaubigenden Notar über meine unbeschränkte Auskunftspflicht gegenüber dem Registergericht belehrt wurde.«

III. Geschäftsanschrift

Die Geschäftsräume der Gesellschaft befinden sich weiterhin in (PLZ, Ort und Straße mit Hausnummer) (inländische Geschäftsanschrift).

---

81 § 265e StGB ist nicht zwingend zu nennen, weil bloßer Strafzumessungsgrund. Hierzu oben § 142 Rdn. 76.

IV. Vollmacht
(wie § 142 Rdn. 63 M)
Wanne-Eickel, den .....   Karl Külper   Max Münzel   Richard Riefenstahl
Beglaubigungsvermerk wie zu § 142 Rdn. 86 M.

■ *Kosten.* Wie zu Rdn. 46 M, jedoch nur ein Anmeldungsgegenstand bzw. eine einzutragende Rechtstatsache.

Anmeldung des Ausscheidens eines verstorbenen Geschäftsführers

Zum Handelsregister B 135 der »Fahrholz & Co. Färberei Gesellschaft mit beschränkter Haftung« melden wir als gemeinsam vertretungsberechtigte Geschäftsführer an: Unsere Mitgeschäftsführerin Frau Karla Kranzler, geb. am ....., zuletzt wohnhaft in ....., ist durch Versterben am ..... ausgeschieden.
Wir überreichen ihre Sterbeurkunde in elektronisch beglaubigter Abschrift.
Die Geschäftsräume befinden sich unverändert in .....
Wuppertal-Barmen, den .....   Konrad Kranzler   Käte Kranzler
Vollmachtund Beglaubigungsvermerk wie S 142 Rdn. 63 M bzw. § 142 Rdn. 96 M.

49 M

■ *Kosten.* Wie zu Muster Rdn. 48 M.

Anmeldung der Niederlegung eines Geschäftsführeramts und der Bestellung eines neuen Geschäftsführers durch den Aufsichtsrat

Zum Handelsregister B 589 melden wir für die »Stuttgarter Flughafen-Gesellschaft mit beschränkter Haftung« an:
1. Der bisherige Geschäftsführer Franz Feltinger, geb. am ....., wohnhaft in ....., hat sein Amt mit dem in elektronisch beglaubigter Abschrift (*ausreichend auch, wenn Unterschrift sichtbar: als einfache elektronische Aufzeichnung*) beigefügten Schreiben vom ....., das der Gesellschaft am gleichen Tage zugegangen ist, niedergelegt. Ein Einschreiben-Rückschein zum Nachweis des Zugangs bei mindestens einem Gesellschafter wird ebenfalls in beglaubigter Abschrift beigefügt.
2. Dem Aufsichtsrat ist in § 11 des zu den Registerakten mit notarieller Bescheinigung nach § 54 Abs. 1 Satz 2 GmBHG eingereichten Gesellschaftsvertrages neuester Fassung die Bestellung und Abberufung der Geschäftsführer übertragen.
Der Aufsichtsrat hat mit dem in elektronisch beglaubigter Abschrift beigefügten Beschluss vom ..... der Niederlegung des Geschäftsführeramts durch Herrn Feltinger zugestimmt und den Baumeister Ludwig Lommel, geb. am ....., zum Geschäftsführer bestellt. Dieser vertritt die Gesellschaft zusammen mit einem anderen Geschäftsführer.
Die Aufsichtsratsmitglieder sind gemäß § 15 des Gesellschaftsvertrages gewählt worden, worüber wir eine beglaubigte Abschrift der Niederschrift der Gesellschafterversammlung vom ..... überreichen.
3. Ich, der neu bestellte Geschäftsführer Ludwig Lommel, versichere, dass keine Umstände vorliegen, aufgrund deren ich von dem Amt als Geschäftsführer nach § 6

50 M

Abs. 2 Satz 2 Nr. 2 und 3 sowie Satz 3 GmbHG ausgeschlossen wäre ..... (Fortsetzung wie in Rdn. 46 M).
Stuttgart, den .....   Manfred Maier   Ludwig Lommel
Beglaubigungsvermerk wie zum Muster § 142 Rdn. 96 M.

■ *Kosten.* Wie zum Muster Rdn. 46 M.

51   e) Wenn die Kommanditisten einer GmbH & Co. KG Einfluss auf die für sie handelnde GmbH nehmen wollen (s.o. § 139 Rdn. 10, 39 sowie insbesondere bei Einheits-GmbH & Co. KG § 139 Rdn. 74), so hat die GmbH entsprechend dem Gesellschaftsvertrag der KG in ihren Gesellschaftsvertrag aufzunehmen (nach wohl überw. M. ist es zulässig, die Bestellung der Geschäftsführer Dritten zu übertragen[82]):

Satzungsregelung zur Bestellung der Geschäftsführer durch die Kommanditisten einer GmbH & Co. KG

52 M **Die Beschlussfassung über die Bestellung und Abberufung der Geschäftsführer ist, solange die Gesellschaft Komplementärin der »Milchversorgung Bremen Zentralverwaltungs GmbH & Co. Kommanditgesellschaft« in Bremen ist, der Gesellschafterversammlung der GmbH entzogen und obliegt der Beschlussfassung der Kommanditisten der Milchversorgung Bremen Zentralverwaltungs GmbH & Co. KG nach Maßgabe deren Gesellschaftsvertrages .....**

II. Aufsichtsrat

53   **1.** Die Gesellschaften mit beschränkter Haftung, die nicht mehr als 500 Arbeitnehmer haben und nicht Kapitalanlagegesellschaft sind, brauchen keinen Aufsichtsrat zu bilden. Wenn ihr ursprünglicher oder geänderter Gesellschaftsvertrag einen Aufsichtsrat vorsieht, so steht die Bezeichnung (neben Aufsichtsrat etwa Beirat oder Ausschuss) ebenso in ihrem Belieben wie Zahl und Zusammensetzung seiner Mitglieder (wobei Geschäftsführer nicht gleichzeitig Mitglied des Aufsichtsrats sein können: beide Ämter sind unvereinbar[83]) und die Übertragung von Rechten und Pflichten. Trifft die Satzung keine Bestimmung, so sind die in § 52 GmbHG angeführten Vorschriften des Aktiengesetzes entsprechend anzuwenden. Das sind einige wichtige, auch für weniger große Kapitalgesellschaften geeignete Bestimmungen. Die in § 84 AktG enthaltene Bestellung und Abberufung des Vorstandes ist in § 52 GmbHG nicht mit angeführt, sodass sie dem Aufsichtsrat der GmbH für die Geschäftsführer in der Satzung gegebenenfalls ausdrücklich übertragen werden muss.

54   Die Einrichtung des Aufsichtsrats bedarf einer entsprechenden materiellen Satzungsbestimmung, entweder bereits in der Gründungssatzung oder durch Einführung im Zuge einer Satzungsänderung. In der Praxis wird stattdessen zuweilen in der Satzung lediglich eine Ermächtigung zur Errichtung eines Aufsichtsrats durch einfachen Mehrheitsbeschluss, d.h. ohne die Beachtung der besonderen Voraussetzungen für Satzungsänderungen, verankert (»Gesellschafter können mit einfacher Mehrheit beschließen, dass die Gesellschaft einen Aufsichtsrat erhalten soll, der aus drei Mitgliedern zu bestehen hat«); ob eine solche Ermächtigung hier zielführend ist, wurde jüngst vom KG[84] mit dem Argument bestritten, die nach-

---
82 S. die Nachw. bei Baumbach/Hueck/*Fastrich*, § 6 GmbHG Rn. 31.
83 OLG Frankfurt OLGZ 1982, 33 = DB 1981, 2220.
84 KG Berlin GmbHR 2016, 29.

trägliche Errichtung eines Aufsichtsrats sei stets Satzungsänderung, die vorgelagerte Ermächtigung könne darüber nicht hinweghelfen. Diese Argumentation ist in der Literatur mit Recht kritisiert worden,[85] zumal sie nicht hinreichend zwischen Satzungsgrundlage zur Schaffung eines Aufsichtsrats und späterem Errichtungsbeschluss differenziert. Gleichwohl wird bis zu einer höchstrichterlichen Klärung der Praxis Vorsicht anzuraten sein. D.h.: Zu Lasten der Flexibilität sollte von derartigen Ermächtigungsklauseln vorerst Abstand genommen, der Aufsichtsrat stattdessen »unbedingt« im Gesellschaftsvertrag vorgesehen werden.

2. Wegen der Bestimmung der Zusammensetzung und der Befugnis des Aufsichtsrats s. das nachstehende Muster (Muster einer ausführlichen Beiratsordnung unter § 137 Rdn. 71 M).

Aufsichtsratsregelung im Gesellschaftsvertrag

1. Die Gesellschaft hat einen Aufsichtsrat von drei Mitgliedern. **55 M**
2. Die in § 52 GmbHG angegebenen Vorschriften des Aktiengesetzes finden auf ihn insoweit Anwendung, als in diesem Gesellschaftsvertrag nichts anderes bestimmt ist.
Die Wahl des Aufsichtsrats erfolgt durch die Gesellschafterversammlung mit einfacher Stimmenmehrheit.
3. Die Amtsdauer der Mitglieder des Aufsichtsrats beträgt 3 Jahre. Sie wählen einen Vorsitzenden. Die Beschlüsse des Aufsichtsrats werden mit Stimmenmehrheit gefasst. Bei Stimmengleichheit gibt die Stimme des Vorsitzenden den Ausschlag.
4. Die Aufgaben des Aufsichtsrats sind die folgenden und die mit ihnen in Zusammenhang stehenden:
   a) Er bestellt die Geschäftsführer und beruft sie ab.
   b) Er berät und überwacht die Geschäftsführer. Er ist auch zu Weisungen an sie berechtigt, soweit dem keine gesetzliche Bestimmung entgegensteht.
   c) Er nimmt zu dem von den Geschäftsführern aufgestellten Jahresabschluss Stellung, bevor er der Gesellschafterversammlung zur Beschlussfassung vorgelegt wird.
5. Einberufen wird der Aufsichtsrat von seinem Vorsitzenden. Das hat zu geschehen, wenn das Interesse der Gesellschaft es erfordert. Er hat auch zusammenzutreten, wenn ein Mitglied des Aufsichtsrats oder ein Geschäftsführer oder mindestens zwei Gesellschafter es unter Angabe der Gründe verlangen.
6. Der Aufsichtsrat kann von der Gesellschafterversammlung Entlastung beanspruchen.
7. Seine Mitglieder erhalten neben dem Ersatz ihrer Auslagen eine Vergütung, deren Höhe von der Gesellschafterversammlung mit einfacher Stimmenmehrheit beschlossen wird .....

3. Gesellschaften mit *mehr als 500 Arbeitnehmern müssen* einen Aufsichtsrat bestellen (§ 1 **56** Abs. 1 Nr. 3 DrittelbG). Ein Drittel davon müssen Arbeitnehmer sein. Für die Zusammensetzung, die Rechte und Pflichten dieses Aufsichtsrats gelten nach § 1 Abs. 1 Nr. 2 DrittelbG die Bestimmungen des AktG S. unten § 148 Rdn. 21 ff.

4. Für Gesellschaften, die in der Regel mehr als 2.000 Arbeitnehmer beschäftigen, gilt das **57** Mitbestimmungsgesetz (MitBestG) v. 04.05.1976.[86] Die Bildung eines Aufsichtsrats ist obligatorisch (§ 6 Abs. 1 MitBestG). Seine Mitglieder, deren Zahl sich nach der Größe des Unter-

---

85 *Otto*, GmbHR 2016, 19 ff; *Priester*, NZG 2016, 774 ff. mit dem Titel »Aufsichtsrat per Öffnungsklausel«.
86 BGBl. I S. 1153.

nehmens richtet (§ 7 Abs. 1 MitBestG), sind je zur Hälfte Vertreter der Anteilseigner und der Arbeitnehmer (§ 7 Abs. 1 MitBestG). Die Geschäftsführer werden vom Aufsichtsrat bestellt (§ 31 Abs. 1 MitBestG); das schließt die Zuständigkeit des Aufsichtsrats zu Entscheidungen über den Abschluss, die Änderung und die Aufhebung von Anstellungsverträgen mit Geschäftsführern ein.[87] Als gleichberechtigter Geschäftsführer ist ein Arbeitsdirektor zu bestellen (§ 33 Abs. 1 MitBestG); dessen Rechtsstellung darf nicht durch ein allgemeines Vetorecht des Vorsitzenden der Geschäftsführung »untergraben« werden.[88] Zu den Rechten und Pflichten des Aufsichtsrats s. §§ 25 ff. MitBestG.

58 5. Derzeit gibt es keine *Montangesellschaften*, die in der Rechtsform einer GmbH geführt werden.

III. Bestellung von Prokuristen, Erteilung von Vollmachten

59 1. Die *Bestellung* der Prokuristen und Generalhandlungsbevollmächtigten ist in § 46 Nr. 7 GmbHG an die Zustimmung der Gesellschafter gebunden. Die nach außen unbeschränkbare Vertretungsmacht der Geschäftsführer (§ 37 Abs. 2 GmbHG) macht die Bestellung durch sie aber auch dann wirksam, wenn die Gesellschafter sie nicht beschlossen haben.[89] Auf einen Gesellschafter- oder Aufsichtsratsbeschluss braucht deshalb bei der Anmeldung einer Prokura nicht Bezug genommen zu werden. Bei unechter Gesamtvertretung (oben Rdn. 29) kann auch ein Geschäftsführer mit einem Prokuristen eine Prokura erteilen.[90] Die Mitwirkung eines zur (unechten) Gesamtvertretung berufenen Prokuristen (neben einem Geschäftsführer) ist nicht nur bei der Anmeldung eines Geschäftsführers (oben Rdn. 43), sondern auch bei der Anmeldung eines Prokuristen ausreichend (ist die GmbH ihrerseits Gesellschafterin einer anderen Gesellschaft, kann sie der Prokurist bei Anmeldungen bei dieser anderen Gesellschaft ohne Einschränkung vertreten)[91]. Der neu bestellte Prokurist kann aber nicht bei der ihn betreffenden Eintragung mitwirken,[92] was aber nur überzeugt, wenn nicht in Entsprechung zu § 39 Abs. 2 GmbHG Nachweis über die wirksame Bestellung erbracht wird.

60 Während die »unechte Gesamtvertretung von oben« (ein Geschäftsführer ist berechtigt, die Gesellschaft gemeinsam mit einem Prokuristen zu vertreten) ohne Zweifel zulässig ist, werden gegen die »Gesamtvertretung von unten« (ein Prokurist soll die Gesellschaft gemeinsam mit einem Geschäftsführer vertreten dürfen, der selbst die Gesellschaft nur gemeinsam mit einem weiteren Geschäftsführer vertreten darf) Bedenken erhoben,[93] weil hier die Vertretungsbefugnis an die Mitwirkung eines Dritten gebunden würde. Diese Unterscheidung ist aber spitzfindig und nicht gerechtfertigt.

Prokuraanmeldung

61 M **An das Amtsgericht Wolfenbüttel .....**
In der Handelsregistersache der F. W. Hermann Liebe GmbH mit dem Sitz in Wolfenbüttel, eingetragen unter HRB ....., melden wir, die unterzeichneten Geschäftsführer zur Eintragung in das Handelsregister an:

---

87 BGH NJW 1984, 733 = DB 1984, 104.
88 BGH NJW 1984, 733 = DB 1984, 104.
89 BGHZ 62, 168.
90 RGZ 134, 303.
91 BGH DB 1992, 369 = DNotZ 1992, 584.
92 OLG Düsseldorf GWR 2012, 335513; OLG Frankfurt NZG 2005, 765.
93 OLG Hamm DB 1983, 1700.

1. Herrn Otto Ohlsen, geb. am ....., wohnhaft in....., ist Gesamtprokura erteilt: Er vertritt die Gesellschaft gemeinsam mit einem Geschäftsführer oder gemeinsam mit einem Prokuristen. Er ist befugt, Rechtsgeschäfte im Namen der Gesellschaft mit sich im eigenen Namen oder als Vertreter eines Dritten abzuschließen.
2. Herrn Manfred Ohlsen, geb. am..., wohnhaft in...ist Einzelprokura erteilt worden mit der Befugnis zur Veräußerung und Belastung von Grundstücken.
Vollzugsvollmacht wie § 142 Rdn. 63 M.
Wolfenbüttel, den .....
Unterschriften
Ich beglaubige als vor mir geleistet: Die Namensunterschriften des Geschäftsführers Paul Pohlmann, geboren am.....,und des Geschäftsführers Rudolf Rathmann, geboren am ....., sämtlich in Wolfenbüttel und mir persönlich bekannt.
Die vorstehende unterschriebene Urkunde habe ich gemäß § 378 Abs. 3 Satz 1 FamFG auf Eintragungsfähigkeit geprüft. Bedenken gegen die Eintragungsfähigkeit bestehen danach nicht.
Wolfenbüttel, den ...., Notar

- *Kosten.*
a) Des Notars: Wert für jede Bestellung nach § 105 Abs. 4 Nr. 1 GNotKG, mindestens 30.000 €. Bei Eigenentwurf: 0,5 Gebühr nach Nr. 24102 i.V.m. 21201 (5.) KV GNotKG (Tabelle B). Gebühr für reine Unterschriftsbeglaubigung nach KV Nr. 25100 GNotKG. Für das Einreichen beim Handelsregister und Erstellen der XML-Strukturdatei aus dem Geschäftswert der Anmeldung (siehe hierzu § 124 Rdn. 43).
b) Des Registergerichts: Festgebühr von 40 € gemäß § 58 GNotKG, Nr. 4000 GV Hreg-GebVO, für die zweite Prokuraeintragung 30 € nach Nr. 4001.

2. Die Geschäftsführer einer GmbH können auch jede Art von Vollmachten, einschließlich einer Generalhandlungsvollmacht nach § 54 HGB erteilen. Die Erteilung einer Generalvollmacht unter Einschluss von Tätigkeiten, die dem Geschäftsführer genuin vorbehalten sind, ist dagegen unzulässig;[94] eine solche »Generalvollmacht« kann aber als Generalhandlungsvollmacht i.S.v. § 54 HGB auszulegen sein;[95] außerdem können zugunsten dritter Geschäftspartner die Rechtsscheingrundsätze wirken. Im Einzelnen s. bei § 128 Rdn. 31 ff. mit Muster bei Rdn. 48 M. Erteilt der alleinige Geschäftsführer, der nur einzelvertretungsberechtigt ist, solange keine weiteren Geschäftsführer bestellt sind, einem Dritten rechtsgeschäftliche Vollmacht, für die Gesellschaft zu handeln, erlischt diese Vollmacht nicht dadurch, dass später weitere Geschäftsführer bestellt werden und damit die Einzelvertretungsberechtigung endet.[96]

3. Der Geschäftsführer kann auch Untervollmacht erteilen, der nicht von den Beschränkungen des § 181 BGB befreite Geschäftsführer aber nicht hiervon befreien, weil er anderenfalls mehr Rechtsmacht erteilen würde als ihm selbst zusteht. Auch dürfen die Beschränkungen des § 181 BGB nicht durch die Erteilung von Untervollmacht unterwandert werden. Aus diesem Grunde kann etwa der auf beiden Seiten eines Rechtsgeschäfts beteiligte, selbst nicht befreite Geschäftsführer diese Mehrfachvertretung nur formal durch eine Untervertreterbestellung aufheben – § 181 BGB wird wegen des hier abstrakten Interessenkonflikts erweiternd ausgelegt, weil der Untervertreter typischerweise von den Weisungen des Hauptvertreters abhängig sein dürfte.

---
94 BGH DNotZ 1977, 119 = NJW 1977, 199.
95 BGH DNotZ 2003, 147.
96 OLG Düsseldorf NZG 2018, 381.

63 Ist der nicht von dem Verbot der Mehrfachvertretung befreite Geschäftsführer, etwa bei einer kurzfristig zu vollziehenden Transaktion, auf beiden Seiten des Rechtsgeschäft beteiligt und bleibt keine Zeit für einen Befreiungsbeschluss der Gesellschafterversammlung, bleibt der Ausweg, einen Prokuristen zu bestellen, sodass der Geschäftsführer sodann als Vertreter des Dritten und der Prokurist als Vertreter der Gesellschaft auftreten kann. Diese Möglichkeit ergibt sich daraus, dass der Prokurist nicht Untervertreter des Geschäftsführers ist, sondern die Gesellschaft vertritt[97] und der nach § 47 Nr. 7 GmbHG erforderliche Beschluss nur das Innenverhältnis betrifft.

---

97 BGH DNotZ 1985, 215. A.A. Lutter/Hommelhoff/*Kleindiek*, § 35 GmbHG Rn. 51.

§ 144 Versammlung, Satzungsänderung, Kapitalmaßnahmen, Auflösung

I. Einberufung

1. Einberufungsberechtigte, Einberufungsadressaten

a) Nach § 49 Abs. 1 GmbHG berufen – mit handschriftlicher Unterzeichnung, soweit die Satzung keine Erleichterungen vorsieht –[1] allein »die Geschäftsführer« ein (in den Fällen des § 49 Abs. 2 und 3 GmbHG mit Einberufungspflicht), wenn die Satzung die Einberufung nicht anders regelt, z.B. auch dem Aufsichtsrat oder Mehrheitsgesellschafter ein Einberufungsrecht verschafft (das Einberufungsrecht der Geschäftsführer darf diesen aber nicht genommen werden = keine ausschließende Übertragung der Kompetenz, zulässig ist jedoch eine Gesamteinberufungskompetenz;[2] str.).[3] Die Einberufung durch *einen* Geschäftsführer (auch bei Gesamtvertretung) genügt.[4] Dies ist nunmehr höchstrichterlich geklärt;[5] gleichwohl kann es sich anbieten, dass vorsichtshalber die Geschäftsführer (falls organisatorisch einfach umsetzbar) in vertretungsberechtigter Zahl einberufen.[6]

Einberufungsregelung in der Satzung

§ ….. Gesellschafterversammlungen werden durch die Geschäftsführer einberufen. Sie können auch von jedem Geschäftsführer einzeln und auch von einzelnen Gesellschaftern einberufen werden. **2 M**

Ein vorläufig wirksam abberufener, aber noch im Handelsregister eingetragener Geschäftsführer ist nach der Rspr. nicht in entsprechender Anwendung des § 121 Abs. 2 Satz 2 AktG einberufungsbefugt[7] (Arg.: keine vergleichbare Interessenlage zur AG, was allerdings nur bei personalistischen GmbH überzeugen kann); eine dies ermöglichende abweichende Satzungsregelung ist aber zulässig.[8] **3**

Einberufungsrecht eingetragener Geschäftsführer

§ ….. Personen, die im Zeitpunkt der Einberufung als Geschäftsführer im Handelsregister eingetragen sind, gelten als zur Einberufung befugt. **4 M**

---

1 BGH GmbHR 2016, 538.
2 KG Berlin GmbHR 2016, 927.
3 Scholz/*Seibt*, § 49 GmbHG Rn. 15; *Wicke*, GmbHR 2017, 777, 778.
4 KG NJW 1965, 2157; OLG Frankfurt GmbHR 1976, 110, aufgrund Mehrheitsbeschlusses der Geschäftsführer; OLG München DB 1994, 320; *Wicke*, GmbHR 2017, 777, 778.
5 BGH MDR 2016, 776 = AG 2016, 582 = GmbHR 2016, 587 m. Anm. *Wagner* = ZIP 2016, 817 Rz. 29; bestätigt durch BGH GmbHR 2017, 188.
6 vgl. BGHZ 87, 1, 2 = GmbHR 1983, 267 = MDR 1983, 822; BGHZ 201, 216 = MDR 2014, 1036 = FamRZ 2015, 255 = GmbHR 2014, 863 m. Anm. *Werner* Rz. 12 m.w.N.
7 BGH DNotZ 2017, 220.
8 *Liebscher/Steinbrück*, GmbHR 2017, 497, 504 mit Formulierungsvorschlag.

b) Auch eine Minderheit von 10 % des Stammkapitals (Zeitpunkt des Einberufungsverlangens ist maßgebend) kann einberufen (kraft Notkompetenz),[9] wenn die Geschäftsführung ihrem Verlangen auf Einberufung unter Darlegung[10] der Voraussetzungen des § 50 Abs. 1 nicht entsprochen hat oder Geschäftsführer nicht vorhanden sind (§ 50 Abs. 1 und Abs. 3 GmbHG); liegen die Voraussetzungen für eine Minderheitseinberufung nicht vor, sind gefasste Beschlüsse deshalb nichtig,[11] falls keine Vollversammlung erfolgt. – Absagen (nur aus sachlichem Grund, pflichtwidrige Absage aber wirksam) kann die Gesellschafterversammlung stets derjenige, der sie zuvor kompetenzgemäß einberufen hat; d.h.: kommt Geschäftsführer einem Minderheitsverlangen zur Einberufung nach, kann allein er absagen, nicht etwa die Gesellschafterminderheit; ruft diese dagegen wirksam selbst ein, kann nur diese absagen. Die Versammlung darf nicht eigenmächtig durch den Versammlungsleiter abgebrochen[12] oder vertagt werden,[13] hierfür bedarf es eines Beschlusses der Gesellschafter.

Verlangen der Minderheit auf Einberufung der Gesellschafterversammlung

5 M An die »Gebrüder Born Weinhandelsgesellschaft mit beschränkter Haftung« in Wiesbaden
Als Gesellschafter mit Geschäftsanteilen im Gesamtnennwert von 40.000 € des 100.000 € betragenden Stammkapitals fordere ich die Einberufung einer außerordentlichen Gesellschafterversammlung innerhalb angemessener Frist, spätestens aber bis zum ....., mit der folgenden Tagesordnung:
1. Abberufung des Geschäftsführers Bernhard Born;
2. Geltendmachung von Ersatzansprüchen gegen den Geschäftsführer Born; sowie
3. Wahl eines anderen Geschäftsführers.

Die Abberufung muss aus wichtigem Grunde erfolgen, weil der Geschäftsführer Born wegen Betruges verurteilt ist.
Zur Einberufung ist der Geschäftsführer Reichelt berechtigt und verpflichtet. Sollte meinem Verlangen nicht fristgerecht entsprochen werden, so werde ich gem. § 50 Abs. 3 GmbHG die Gesellschafterversammlung selbst einberufen.
Frankfurt/Main, den .....
                                                                       Lothar Lehr

▪ **Kosten.** Der Wert des Entwurfs ist nach § 36 Abs. 1 GNotKG auf einen Bruchteil (hier etwa 20 %) des nach § 108 Abs. 1 i.V.m. § 105 Abs. 4 Nr. 1 GNotKG (mindestens 30.000 €) zu ermittelnden Wertes der zu fassenden Beschlüsse ohne bestimmten Geldwert (Nr. 1. u. 3. gelten nach § 109 Abs. 2 Nr. 4d GNotKG als ein Beschluss) zuzüglich (§ 35 GNotKG) des Beschlusses mit bestimmten Geldwert (Nr. 2.) zu schätzen. 1,0 Gebühr aus Tabelle B nach Nr. 24101 i.V.m. 21200 KV GNotKG, mindestens 60 € (s. die Regelung zur Rahmengebühren in § 92 Abs. 2 GNotKG).

---

9 Zur Berechnung *Bochmann/Cziupka*, in: Centrale für GmbH, GmbH-Handbuch, Loseblatt, Rn. I 1536. Ist Testamentsvollstreckung angeordnet, kann nur der Testamentsvollstrecker die Rechte aus § 50 GmbHG geltend machen; BGH GmbHR 2014, 863. Näher *Altmeppen*, GmbHR 2017, 788.
10 OLG Jena GmbHR 2014, 706, 709.
11 OLG Stuttgart GmbHR 2013, 535.
12 OLG Hamburg GmbHR 2016, 1039, 1040. Zum Parallelproblem bei der AG *Cziupka/Kraack*, DNotZ 2016, 15.
13 BGH GmbHR 2010, 977 m.Anm. *Münnich*.

Einberufung der Gesellschafterversammlung durch Minderheitsgesellschafter

Per Einschreiben 6 M
An die Gesellschafter der »Gebrüder Born Weinhandelsgesellschaft mit beschränkter Haftung« in Wiesbaden, nämlich:
1. Herrn Bernhard Born in Wiesbaden, Rüdesheimer Straße 7,
2. Frau Adelheid Asbach in Wiesbaden, Frankfurter Straße 10.
Meinem Verlangen vom ..... auf Einberufung einer Gesellschafterversammlung zum Zwecke der Abberufung des Geschäftsführers Bernhard Born aus wichtigem Grunde, der Geltendmachung von Ersatzansprüchen gegen diesen und der Wahl eines anderen Geschäftsführers ist nicht entsprochen worden.
Ich berufe deshalb in Ausübung meines Rechts zur Ersatzeinberufung nach § 50 Abs. 3 GmbHG als Gesellschafter mit 40 v.H. Anteil am Stammkapital eine Gesellschafterversammlung ein auf

> Mittwoch, den ....., in dem kleinen Sitzungsraum im Erdgeschoß des Hotels zum Blauen Engel in Wiesbaden, Mainzer Straße 12,

zwecks Beschlussfassung über die beiden obigen Gegenstände. (Ggf. Begründung der Tagesordnungspunkte).
Frankfurt/Main, den .....   Lothar Lehr

■ *Kosten.* Wie zum Muster Rdn. 5 M.

c) Die Anforderungen an die Ausübung der Minderheitenrechte des § 50 GmbHG können in der Satzung abgeschwächt werden. Von Fall zu Fall, etwa dann, wenn die Minderheit einen geschäftsführenden Mehrheitsgesellschafter auszuschließen beabsichtigt, kann es sich zur Effektuierung des Minderheitenschutzes sogar anbieten, die Einberufungszuständigkeit bis hin zu jener eines einzelnen Gesellschafters zu erweitern.[14] 7

Einberufungsrecht eines Gesellschafters

§ ..... Für den Fall, dass der Ausschluss eines Gesellschafters Gegenstand der Tagesordnung wird, kann auch jeder Gesellschafter einzeln eine Gesellschafterversammlung mittels eingeschriebenen Briefs mit einer Frist von 14 Tagen einberufen. 8 M

d) Wenn ein Gesellschafter einberuft, ohne dass die Satzung dies zulässt, sind die gefassten Beschlüsse nichtig[15] (fehlende Einberufungsbefugnis führt zur unwirksamen Ladung = nichtige Beschlüsse). Das gilt in sinngemäßer Anwendung von § 241 Nr. 1 AktG auch für Beschlüsse einer Gesellschafterversammlung, die von Gesellschaftern einberufen wird, die nicht die dazu erforderliche Minderheit vertreten,[16] oder die zwar diese Minderheit vertreten, nach ihrem Verlangen der Einberufung aber nicht auf ein Tätigwerden der Geschäftsführer gewartet haben.[17] Ebenfalls nichtig sind Beschlüsse, die in einer Versammlung gefasst werden, zu der nicht sämtliche Gesellschafter eingeladen sind.[18] Die Beschlüsse sind aber wirksam, wenn sämtliche Gesellschafter erschienen sind und bei der Beschlussfassung mit- 9

---
14 *Hackel,* GmbHR 2016, 44 ff. mit Formulierungsbeispiel.
15 BGHZ 36, 211.
16 BGHZ 11, 234 = DNotZ 1954, 87.
17 BGH GmbHR 1983, 267.
18 BGH NJW 1962, 538 = DNotZ 1962, 415; OLG Frankfurt DB 1983, 2678 = BB 1983, 2139.

gewirkt haben (*Voll*-[Universal-]*Versammlung*; § 51 Abs. 3 GmbHG, die nachträgliche Rüge eines Einberufungs- oder Ankündigungsmangels ist bedeutungslos[19]), oder wenn die Nichterschienenen den Beschlüssen (formlos) zustimmen.

10 e) Die Einberufung ist an alle (auch in der Versammlung nicht stimmberechtigte) durch die Gesellschafterliste gem. § 16 Abs. 1 GmbHG als solche ausgewiesene Gesellschafter zu richten.[20] Werden nicht alle dort aufgeführten Gesellschafter ordnungsgemäß geladen, sind gefasste Beschlüsse nichtig, § 241 Nr. 1 AktG analog. Bei minderjährigen Gesellschaftern sind deren gesetzliche Vertreter zu laden, ggf. vorsichtshalber mit vorheriger Bestellung eines Ergänzungspflegers, falls eine Beschlussfassung angekündigt wird, bei der ein Ergänzungspfleger erforderlich ist,[21] bei angeordneter Testamentsvollstreckung ist der Testamentsvollstrecker zu laden, wenn dieser auch das Stimmrecht ausüben darf[22] (im Zweifel sollte die Einladung an Erbe und Testamentsvollstrecker erfolgen, selbiges, d.h. doppelte Ladung zur Absicherung, gilt im Falle einer angeordneten Betreuung, bei der eine Ladung an den Betreuten unzulässig sein soll[23]). Maßgebender Zeitpunkt für die Ermittlung der richtigen Einberufungsadressaten ist derjenige der Absendung der Einladung. Sie hat an die Adresse zu erfolgen, die der Gesellschaft zuletzt mitgeteilt worden ist,[24] Unzustellbarkeit geht dann nicht zu Lasten der Gesellschaft. Wird eine abweichende Adresse verwandt, ist dies unschädlich, sofern die Einladung den Adressaten erreicht. Ist der Gesellschaft die Unerreichbarkeit des betreffenden Gesellschafters nicht zuzurechnen, muss sie nicht die Bestellung eines Abwesenheitspflegers gem. § 1911 BGB veranlassen. Wird an einen verstorbenen Gesellschafter versandt, bestand bei Absendung aber noch keine Kenntnisse auf Seiten der Gesellschaft von dessen Ableben, ist die Ladung wirksam; bestand Kenntnis, musste der Geschäftsführer schon zuvor die Gesellschafterliste aktualisieren und/oder die Erben laden; sind diese nicht ermittelt, ist eine Nachlasspflegschaft einzuleiten und ein Pfleger zu laden.[25]

2. Ort und Zeit; Frist

11 Falls die Satzung keine Bestimmung trifft, entscheidet über Ort und Zeit der Versammlung der Einberufende. Nach § 121 Abs. 5 AktG analog »soll« die Versammlung am Sitz der Gesellschaft stattfinden (Geschäftsräumlichkeiten der Gesellschaft sollten Versammlungslokal sein); die Satzung kann einen anderen zumutbaren Ort, auch im Ausland, bestimmen.[26] Die Einberufung an einen Ort, der für die Gesellschafter gleich gut erreichbar ist, ist zulässig.[27] Eine »schikanöse« Ortsbestimmung, die Teilnahmerecht beeinträchtigt (etwa Ladung in Kanzleiräume des Anwalts eines verfeindeten Gesellschafters),[28] führt aber jedenfalls zur Anfechtbarkeit der gefassten Beschlüsse, bei unzumutbarem Ort kann eine solche Ladung einer Nichtladung sogar gleich zu werten sein, sodass die Nichtigkeit der Beschlüsse die Folge wäre (Empfehlung daher: neutraler Ort). Für die Zeit der Versammlung ist auf die üblichen Gepflogenheiten abzustellen, Ladung auf einen Wochenendtag sollte daher regel-

---

19 BGH DNotZ 2003, 221.
20 Ausf. *Bochmann/Cziupka*, in: Centrale für GmbH, GmbH-Handbuch, Loseblatt, Rn. I 1525 ff.; Scholz/*Seibt*, § 51 GmbHG Rn. 6 ff.
21 *Flume*, NZG 2014, 17, 19.
22 BGHZ 201, 216 = MDR 2014, 1036 = FamRZ 2015, 255 = GmbHR 2014, 863 m. Anm. *Werner*; BGH, GmbHR 2015, 526.
23 Anders wohl *Werner*, GmbHR 2013, 963.
24 Vgl. OLG Celle GmbHR 2014, 369; *Löhrer*, GmbH-StB 2016, 335, 336.
25 *Werner*, GmbHR 2014, 357, 358 m.w.N. S. auch OLG Naumburg MittBayNot 2017, 287.
26 BGH AG 2014, 82, 83.
27 BGH WM 1985, 567, 568: jedenfalls bei Gesellschaft mit überschaubarem Gesellschafterkreis Einberufung an einen Ort, den die Gesellschafter leichter – richtigerweise gleich gut – erreichen können.
28 BGH GmbHR 2016, 587 (eine faktische Verhinderung der Teilnahme und damit einen Nichtigkeitsgrund soll dies aber regelmäßig nicht begründen).

mäßig vermieden werden, falls keine besondere Dringlichkeit oder sonstiger Grund vorhanden.[29]

Nach § 51 Abs. 1 Satz 2 GmbHG beträgt die Einberufungsfrist (mindestens) 1 Woche, der Gesellschaftsvertrag kann die Frist verlängern. Die ihrerseits nicht nach unten disponible Wochenfrist des § 51 Abs. 1 Satz 2 GmbHG und die Drei-Tages-Frist des § 51 Abs. 4 GmbHG beginnen mit dem Tag, an dem die Einladung bewirkt ist, d.h. zum üblichen Zugangszeitpunkt. Wird etwa mittels eingeschriebenen Briefs geladen, beginnt die Frist mit dem Tag, an welchem dieser bei normaler Beförderung durch die Post den Empfänger erreicht (im Inland zwei Tage nach Absendung)[30]; also nicht schon mit dem Tag der Absendung, str. Für die Berechnung gelten §§ 187 Abs. 1, 188 Abs. 2, 193 BGB (daher muss eine ganze Woche zwischen Einberufung und Versammlungstag liegen). Die Schwierigkeiten um den Begriff der »bewirkten Einberufung« werden in der Praxis vermieden, indem die Ladungsfrist regelmäßig auf 14 Tage verlängert und an die Absendung der Einladung oder den darauffolgenden Tag für den Fristbeginn abgestellt wird.   12

Einberufungsfrist

§ ..... Die Frist für die Einberufung beträgt mindestens zwei Wochen, sie beginnt am Tag nach der Aufgabe zur Post.   13 M

Häufig wird ergänzend geregelt, dass diese Frist auf eine Woche verkürzt werden kann, wenn Eilbedürftigkeit vorliegt.   14

Einberufungsfrist mit Verkürzung bei Eilbedürftigkeit

§ ..... Die Einberufung erfolgt durch Einladung mittels Übergabe- oder Einwurfeinschreiben an die zuletzt der Gesellschaft mitgeteilte Adresse und zwar unter Angabe von Ort, Tag, Zeit und Tagesordnung mit einer Frist von zwei Wochen; bei Eilbedürftigkeit kann die Frist angemessen bis auf eine Woche verkürzt werden, was in der Einladung zu begründen ist.   15 M

Dieser unscharfe Begriff schafft allerdings Unsicherheit, zudem ist dann wiederum die Bewirkung der Einberufung zwingend für den Fristbeginn maßgebend, was insgesamt zu einer sehr fehleranfälligen Situation führt. Daher sollte hiervon abgesehen werden.   16

Einberufungsfristregelung mit Differenzierung nach Einberufungsweise

§ ..... Bei der Übermittlung durch Einschreiben beträgt die Frist mindestens zwei Wochen, sie beginnt am Tag nach der Aufgabe zur Post. Bei Übermittlung durch Telefax oder E-Mail beträgt die Frist mindestens eine Woche, sie beginnt am Tag nach der Absendung. Der Tag der Versammlung wird bei der Berechnung der Frist nicht mitgezählt.   17 M

---

29 Bochmann/Cziupka, in: Centrale für GmbH, GmbH-Handbuch, Loseblatt, Rn. I 1555.
30 So – zumindest für die Frist des § 51 Abs. 4 GmbHG – jüngst OLG Jena GmbHR 2018, 1063.

3. Tagesordnung

18 In dem Einladungsschreiben (oder in einem besonderen Schreiben – auch in einer Ergänzung zur Tagesordnung) ist die Tagesordnung von den Geschäftsführern anzukündigen. Die Ankündigungsfrist beträgt mindestens 3 Tage (§ 51 Abs. 4 GmbHG), wobei bei Zustellungen im Inland eine Postlaufzeit von zwei Tagen zugrunde zu legen ist.[31] Ist der Gegenstand der Beschlussfassung nicht rechtzeitig angekündigt, so ist der Beschluss anfechtbar. Ein konkreter Beschlussvorschlag muss mit der Tagesordnung nicht einhergehen, anders im Aktienrecht.

4. Form

19 a) Die Einladung durch *Einschreibebriefe* (§ 51 Abs. 1 GmbHG) bedeutet einerseits Briefform, d.h. (nach überw. M.) eigenhändige Unterzeichnung durch die Einberufenden (nicht nur Firmenstempel), andererseits Einschreiben i.S.d. § 1 Abs. 2 Nr. 1 Post-Universaldienstleistungsverordnung. Nicht nur das Übergabe-, sondern auch ein Einwurf-Einschreiben genügt dieser Anforderung,[32] auch bei Nutzung der Deutsche Post AG vergleichbarer Kurierdienste, und zwar auch dann, wenn ein Gesellschaftsvertrag aus der Zeit vor Einführung des Einwurf-Einschreibens nur den Gesetzeswortlaut wiederholt.[33] Die Satzung kann abweichende Bestimmungen über die Form der Einberufung treffen, insbesondere Erleichterungen vorsehen (Bsp.: Einladung durch E-Mail). Dies wird zunehmend bedeutsam. Oftmals empfiehlt es sich, diese Erleichterungen daran zu koppeln, dass kein Gesellschafter widerspricht.

Erleichterte Einberufungsform

20 M § ..... Die Einberufung kann auch per Telefax oder E-Mail erfolgen, wenn kein Gesellschafter dieser Form der Einladung widerspricht.

21 b) Die Einberufung erfolgt durch Einladung unter Angabe von Ort, Tag, Zeit und Tagesordnung. Diese ist durch Übergabe- oder Einwurf-Einschreiben oder durch Telefax oder E-Mail an die zuletzt der Gesellschaft vom Gesellschafter mitgeteilten Adressdaten zu übersenden.

Satzungsregelung zur Einberufung

22 M § ..... Die Einberufung erfolgt durch Einladung mittels durch Übergabe- oder Einwurfeinschreiben an die zuletzt der Gesellschaft mitgeteilte Adresse und zwar unter Angabe von Ort, Tag, Zeit und Tagesordnung mit einer Frist von zwei Wochen. Mit der Einladung soll eine Ablichtung der aktuell im Handelsregister hinterlegten Gesellschafterliste übersandt werden, wobei die Nichtbeachtung dieser Regelung keinen Formverstoß darstellt. Die Frist beginnt am Tag nach der Aufgabe der Einladung zur Post. Der Tag der Versammlung wird bei der Berechnung der Frist nicht mitgezählt.

---

[31] OLG Jena GmbHR 2018, 1063; BGH NJW 2014, 225 ist insoweit nicht übertragbar.
[32] LG Mannheim NZG 2008, 111; *Köper*, NZG 2008, 96; str. Jüngst zur Kaduzierung für Vergleichbarkeit BGH GmbHR 2017, 30, m. Anm. *Bayer*. Das wird auch für die Einberufung entsprechend gelten. So auch *Bayer*, GmbHR 2017, 33, 34; *Lieder*, NZG 2017, 9, 15. Zu Fallstricken bei der Ladung auch *Wicke*, notar 2017, 234.
[33] *Köper*, ZGR 2008, 96, 97 ff.

Einladung durch den verbliebenen Geschäftsführer

23 M

Bad Harzburg, den .....

An die Gesellschafter der
Nordharzer Hartsteinwerk GmbH (Einschreiben)
Hiermit lade ich Sie auf den ..... vormittags 10 Uhr in die Geschäftsräume der Gesellschaft in Harzburg, Goslarer Straße 1, zu einer Gesellschafterversammlung mit folgender Tagesordnung ein:
1. Begrüßung, Feststellung der Beschlussfähigkeit;
2. Bericht der Geschäftsführung über das abgelaufene Geschäftsjahr;
3. Feststellung des von den Geschäftsführern aufgestellten Jahresabschlusses;
4. Verteilung des zur Verfügung stehenden Ergebnisses;
5. Entlastung der Geschäftsführer;
6. Neuwahl eines Geschäftsführers an Stelle des durch Tod ausgeschiedenen Geschäftsführers Dietrich Dormann. – Vorgeschlagen ist von der Gesellschafterin Frau Karla Koch der Prokurist Peter Peilecke;
7. Änderung des Gesellschaftsvertrages in den §§ 4, 6, 7, insbesondere Erhöhung des Stammkapitals um 200.000 € durch bar zu leistende Einlagen; und
8. Verschiedenes (Prokuristenbestellung, Grundstückskauf).
Der Jahresabschluss, der Lagebericht und der Prüfungsbericht des Abschlussprüfers sind dieser Einladung in der Anlage in Kopie beigefügt.

Nordharzer Hartsteinwerk GmbH
Erdmann

■ *Kosten.* Der Wert des Entwurfs ist nach § 36 Abs. 1 GNotKG auf einen Bruchteil (hier etwa 20 %) des nach § 108 Abs. 1 i.V.m. § 105 Abs. 4 Nr. 1 GNotKG zu ermittelnden Wertes der zu fassenden Beschlüsse ohne bestimmten Geldwert (Nr. 5., 6. u. 7. je einzeln) zuzüglich (§ 35 GNotKG) der Beschlüsse mit bestimmten Geldwert (Nr. 3. u. 4. = 1 Gegenstand, Nr. 7. Kapitalerhöhung) zu schätzen. 1,0 Gebühr aus Tabelle B nach Nr. 24101 i.V.m. 21200 KV GNotKG, mindestens 60 €; (s. die Regelung zur Rahmengebühren in § 92 Abs. 2 GNotKG). S. auch § 144 Rdn. 66.

II. Abstimmung

1. Beschlussgegenstände

Kraft Gesetzes (vorbehaltlich einer abweichenden Regelung im Gesellschaftsvertrag, § 45 Abs. 2 GmbHG) beschließt die Gesellschafterversammlung über eine Reihe wichtiger Gegenstände. Darüber hinaus kann die Gesellschafterversammlung als oberstes Organ der Gesellschaft (wiederum vorbehaltlich abweichender Regelung im Gesellschaftsvertrag) alle Angelegenheiten an sich ziehen und den Geschäftsführern Weisungen erteilen. *Nicht* abänderlich ist lediglich die gesetzliche Zuständigkeit der Gesellschafter zur Beschlussfassung über die Einforderung von *Nachschüssen* (§ 26; s. § 145 Rdn. 149), über die Satzungsänderung (§ 53 Abs. 1 GmbHG) und die Auflösung (§ 60 Abs. 1 Nr. 2 GmbHG). Wenn im Vertrage nicht anders geregelt, beschließt die Gesellschafterversammlung über:

24

1. Feststellung des Jahresabschlusses (§ 46 Nr. 1; § 42a GmbHG),
2. Ergebnisverwendung (§ 46 Nr. 1; § 29 GmbHG),
3. Einforderung der Einlagen (§ 46 Nr. 2; § 19 GmbHG),
4. Rückzahlung von Nachschüssen (§ 46 Nr. 3; § 30 Abs. 2 GmbHG),

5. a) Teilung und Zusammenlegung von Geschäftsanteilen (§ 46 Nr. 4; § 17 GmbHG),
   b) Einziehung von Geschäftsanteilen, falls in der Satzung vorgesehen (§ 46 Nr. 4; § 34 GmbHG),
6. Bestellung, Abberufung und Entlastung von Geschäftsführern (§ 46 Nr. 5; § 38 GmbHG),
7. Maßregeln zur Prüfung und Überwachung der Geschäftsführung (§ 46 Nr. 6 GmbHG),
8. Bestellung von Prokuristen und Generalhandlungsbevollmächtigten (§ 46 Nr. 7 GmbHG),
9. Geltendmachen von Ersatzansprüchen gegen Geschäftsführer und Gesellschafter (§ 46 Nr. 8; § 47 Abs. 4 GmbHG).
10. Zur Beschlusskompetenz über die Satzungsänderung gehört auch die über die Auslegung der Satzung.[34]

2. Stimmrechtsverteilung; Mehrheit; Vollmacht

25 a) Jeder Euro eines Geschäftsanteils gewährt eine Stimme (§ 47 Abs. 2 GmbHG). Der Gesellschaftsvertrag kann das Stimmrecht anders verteilen, auch nach Köpfen, was jedoch selten geschieht. Wenn im Gesellschaftsvertrag oder im Gesetz nichts anderes bestimmt ist, entscheidet die einfache Mehrheit der abgegebenen Stimmen (§ 47 Abs. 1 GmbHG); d.h.: es muss mindestens eine wirksame Ja-Stimme mehr als Nein-Stimmen vorliegen, Stimmenthaltungen bleiben unberücksichtigt. Eine unterschiedliche Abstimmung aus mehreren Geschäftsanteilen ist möglich,[35] wenn ein rechtliches Interesse daran besteht oder die Satzung dies gestattet (aber keine gespaltene Abstimmung aus einem Geschäftsanteil, es sei denn wiederum, Satzung gestattet dies).

Satzungsregelung zur Stimmrechtsausübung bei mehreren Anteilen

26 M § ..... Hält ein Gesellschafter mehrere Geschäftsanteile, ist aus diesen eine unterschiedliche Ausübung der Stimmrechte zulässig.

27 b) *Vollmachten* bedürfen der Textform (§ 47 Abs. 3 GmbHG, § 126b BGB); die Einhaltung ist Wirksamkeitsvoraussetzung.[36] Die Vollmacht ist vom Vertreter vorzulegen und ihm auf Verlangen zurückzugeben (Stimmabgabe ohne Vorlage aber wirksam). Die Teilnahme an der Versammlung durch Vertreter kann in der Satzung auf eine bestimmte Personengruppe beschränkt sein, aber die Treuepflicht kann im Einzelfall Ausnahmen gebieten. Bei einer Kapitalerhöhung bedarf die Vollmacht zur *Übernahme* eines neuen Geschäftsanteils (Zeichnung) der notariellen Form (§ 55 Abs. 1 und § 2 Abs. 2 GmbHG), nicht aber die Vollmacht zur *Beschlussfassung* über die Kapitalerhöhung. Die Versammlung bzw. der (von dieser überstimmbare) Versammlungsleiter kann einen vollmachtlosen Vertreter zulassen,[37] der die Genehmigung nachzureichen hat; diese ist materiell formlos möglich, aber zu Nachweiszwecken gegenüber dem Registergericht ist dennoch Textform erforderlich. Auch die Durchführung der Vollversammlung einer Einmann-GmbH durch einen vollmachtlosen Stellvertreter mit späterer Genehmigung des Gesellschafters ist zulässig.[38] Wegen der *Stimmrechtsvollmachten* s.o. § 24.

---

34 BGH DNotZ 2003, 221.
35 Hierzu *Blasche*, GmbHR 2016, 99 ff., der auch eine unterschiedliche Abgabe der Stimmen aus einem Geschäftsanteil für zulässig hält.
36 *K. Schmidt*, GmbHR 2013, 1177.
37 Lutter/Hommelhoff/*Bayer*, § 47 GmbHG Rn. 25.
38 OLG Frankfurt DNotZ 2003, 459.

Satzungsregelung zur Vertretung bei Versammlung

§ ..... Jeder Gesellschafter kann sich in der Gesellschafterversammlung auch ohne Mehrheitsbeschluss der übrigen Gesellschafter durch einen Mitgesellschafter, einen nahen Angehörigen (§ 15 AO) oder eine zur Berufsverschwiegenheit verpflichtete Person (Rechtsanwalt, Steuerberater, Wirtschaftsprüfer) aufgrund von Vollmacht mindestens in Textform vertreten lassen. Das Vorliegen der Vollmacht mindestens in Textform ist Wirksamkeitsvoraussetzung der Bevollmächtigung. Die Vorlage der formgerechten Vollmacht ist für die Stimmabgabe nur erforderlich, wenn der Versammlungsvorsitzende oder die Mehrheit der übrigen Gesellschafter dies verlangt. 28 M

3. Stimmverbote

a) Nach § 47 Abs. 4 GmbHG kann nicht mitstimmen: 29
(1). ein Gesellschafter, der Geschäftsführer, Aufsichtsratsmitglied oder Liquidator ist, bei seiner *Entlastung*, auch nicht als Bevollmächtigter eines anderen Gesellschafters,
(2). wer von einer *Verbindlichkeit befreit* werden soll, z.B. von einer Sonderleistungspflicht, Nachschusspflicht, Darlehensrückzahlung, Kauferfüllung,
(3). der Gesellschafter, dem gegenüber ein *Rechtsstreit* eingeleitet oder erledigt werden soll,
(4). wer ein Rechtsgeschäft mit der Gesellschaft vornimmt, auch wenn er in einer Gesamthand (Gesellschaft bürgerlichen Rechts, OHG, KG, Erbengemeinschaft) an der GmbH beteiligt ist.[39] Anders ist es, wenn eine juristische Person, an der er beteiligt ist, Gesellschafterin der GmbH ist.

b) Ebenso wie ein Gesellschafter bei seiner Wahl zum Geschäftsführer mitstimmen und sich selbst wählen kann, so kann er auch bei der Beschlussfassung über den Widerruf seiner Bestellung mitstimmen.[40] Denn es handelt sich dabei nicht um ein Rechtsgeschäft (§ 47 Abs. 4 Satz 2 GmbHG), sondern um eine Verwaltungsmaßnahme. Wenn aber ein *wichtiger Grund* für das *Abberufen* eines Gesellschafter-Geschäftsführers vorliegt, so kann er nicht mitstimmen,[41] auch nicht in einer Zwei-Mann-Gesellschaft.[42] Ob der Grund wirklich wichtig war, wird erst im Rechtsstreit entschieden (s.o. § 143 Rdn. 38). 30

Satzungsregelung zu Stimmverboten

§ ..... Ein Gesellschafter ist auch in eigener Angelegenheit stimmberechtigt, es sei denn, dass dies in dem Gesellschaftsvertrag ausdrücklich anders geregelt ist oder dass Gegenstand der Beschlussfassung seine Entlastung, seine Befreiung von einer Verbindlichkeit, die Einleitung eines Rechtsstreits der Gesellschaft mit ihm oder eine Maßnahme gegen ihn aus wichtigem Grund ist. Auch in diesen Fällen ist der betreffende Gesellschafter, soweit rechtlich zulässig, stimmberechtigt, wenn alle Gesellschafter das Stimmverbot im konkreten Fall einvernehmlich aufheben.[43] 31 M

c) Str. und zweifelhaft ist die Anwendbarkeit des § 181 BGB bei Beschlüssen; von der wohl h.M. wird sie bejaht bei Beschlüssen über die Änderung des Gesellschaftsvertrages.[44] Bei 32

---

39 RGZ 146, 71.
40 BGHZ 18, 210; BGH NJW 1969, 1483 = DNotZ 1970, 113.
41 BGHZ 34, 367, 371; BGH NJW 1969, 1483 = DNotZ 1970, 113.
42 BGHZ 86, 177 = DNotZ 1983, 764; OLG Hamburg BB 1954, 978 = DNotZ 1955, 484.
43 Zu Stimmverboten *Heckschen*, GmbHR 2016, 897 ff. S. auch OLG Brandenburg ZIP 2017, 1417.
44 Für die Anwendung des § 181 BGB BGH DNotZ 1989, 26 m. Anm. *Kirstgen*; vgl. auch *Kirstgen*, MittRhNotK 1988, 219, 222 ff. Keine Anwendung bei sonstigen Beschlüssen, s. OLG Nürnberg MittBayNot 2018, 333.

rechtsgeschäftlicher Stimmrechtsvollmacht hilft die (ausdrückliche oder sich aus der Vollmacht ergebende) Gestattung. Der gesetzliche Vertreter ist bei Anwendung des § 181 BGB dagegen von der Ausübung des Stimmrechts ausgeschlossen.

33 **d)** Bei der Abstimmung über die Genehmigung zur Abtretung von Geschäftsanteilen handelt es sich nicht um ein Rechtsgeschäft, sondern um ein Mitverwaltungsrecht, sodass der abtretende Gesellschafter nicht von der Ausübung seines Stimmrechts ausgeschlossen ist.[45]

4. Stimmrechtsbindung

34 **a)** Grundsätzlich kann sich ein Gesellschafter gegenüber anderen Gesellschaftern zu einer bestimmten Abstimmung verpflichten,[46] entweder für den Einzelfall (zum Beispiel Wahlabsprachen) oder aber auch mit Dauerwirkung. Letzteres kann zur Koalitionsbildung einer Gesellschaftergruppe dienen. Stimmbindungen finden ihre Grenze in § 138 Abs. 1 BGB (Gesichtspunkte: Machthäufung, Treueverletzung, Ausbeutung). Der Erfüllungsanspruch aufgrund der Stimmrechtsbindung ist vollstreckbar. Die rechtskräftige Verurteilung ersetzt die vereinbarte Stimmabgabe nach § 894 ZPO, wenn das Urteil dem Leiter der Abstimmung vorgelegt wird.[47] Die Bindung ist an sich formfrei. Die bedingte Verpflichtung zur Abtretung von Geschäftsanteilen in Nr. 6 des nachstehenden Vertrages etwa (Rdn. 36 M) macht jedoch notarielle Beurkundung erforderlich (§ 15 Abs. 4 GmbHG[48]). Die stimmbindungswidrige Stimmabgabe ist vertragswidrig (evtl. Schadensersatzpflicht oder Vertragsstrafe), jedoch nicht nichtig, nicht einmal anfechtbar, sofern nicht eine allseitige Stimmbindungsvereinbarung vorliegt, der gewisse korporative Wirkungen zugesprochen werden. Zu diesem Komplex Scholz/*Cziupka*, § 3 GmbHG Rn. 114 ff.

35 **b)** Nichtig ist eine isolierte Abtretung des Stimmrechts, weil dieses untrennbar mit der Mitgliedschaft verbunden ist (§§ 717 Satz 1 BGB, 105 Abs. 2 HGB); sie ist als Stimmrechtsvollmacht auszulegen. Eine unwiderrufliche Stimmrechtsvollmacht ist grundsätzlich ebenfalls unzulässig:[49] Die Vollmachtserteilung ist wirksam, die Vollmacht ist aber widerruflich. Die Widerruflichkeit kann so weit ausgeschlossen werden, wie sie bei dem der Vollmacht zugrunde liegenden Rechtsverhältnis ausgeschlossen werden kann.[50] Dies gilt alles auch und umso mehr, wenn sie mit der Verpflichtung des Vollmachtgebers verbunden ist, vom Stimmrecht selbst keinen Gebrauch zu machen.

Schutzgemeinschaftsvertrag mit Stimmrechtsbindung[51]

36 M Verhandelt zu ..... am .....
Vor dem Notar ..... mit Amtssitz in ..... erklärten die fünf Gesellschafter der »Chemischen Fabrik Vanola Gesellschaft mit beschränkter Haftung« ..... folgenden

---

45 BGHZ 48, 166, 167.
46 BGHZ 48, 166/167.
47 BGHZ 48, 166/167.
48 RGZ 149, 397; BGHZ 21, 245.
49 BGH DNotZ 1970, 363.
50 S. z.B. BGH DB 1976, 2295 zu einer Vollmacht im Rahmen eines Treuhandverhältnisses.
51 Die Regelungen genügen nicht vollständig den steuerlichen Anforderungen einer Poolvereinbarung nach § 13b ErbStG; Erläuterungen hierzu und eine Musterregelung finden sich bei § 142 Rdn. 189 ff.

Schutzgemeinschaftsvertrag

1. Durch dieses Abkommen wollen die Vertragschließenden die ungestörte Weiterentwicklung der Chemischen Fabrik Vanola GmbH garantieren. Dazu gehören insbesondere die Festigung der Leitung des Unternehmens und der Schutz vor Überfremdung.
2. Die Veräußerung von Geschäftsanteilen oder von Teilen davon an Nichtgesellschafter ist nach dem Gesellschaftsvertrag nur mit Genehmigung der Gesellschafterversammlung zulässig. Für die Veräußerung von Teilen eines Geschäftsanteils an andere Gesellschafter sowie für die Teilung von Geschäftsanteilen verstorbener Gesellschafter unter deren Erben ist eine Genehmigung der Gesellschafterversammlung nicht erforderlich. Aber auch unter den Gesellschaftern bedarf die Übertragung der Genehmigung der Gesellschafterversammlung:
   a) wenn ein Mitgesellschafter den Geschäftsanteil zwar im eigenen Namen, aber für Rechnung eines Dritten erwerben will,
   b) wenn bei einer Auseinandersetzung unter Miterben ein Geschäftsanteil oder ein Teil davon jemandem zugeteilt wird, der chemische Erzeugnisse herstellt oder unmittelbar oder mittelbar an einem derartigen Unternehmen beteiligt ist, oder
   c) wenn ein Geschäftsanteil in eine zu errichtende oder bestehende Gesellschaft eingebracht werden soll.
3. Bevor die fünf Vertragschließenden in Gesellschafterversammlungen ihre Stimme für die Genehmigung einer Abtretung abgeben, werden sie Ermittlungen hinsichtlich des dritten Erwerbers sowie hinsichtlich des Inhalts und des Zwecks des Abtretungsgeschäfts anstellen. Werden von einem der fünf Vertragschließenden begründete Bedenken gegen die Genehmigung des Abtretungsgeschäfts geäußert, so dürfen die anderen nicht für die Genehmigung stimmen.
4. Einem Vertragschließenden, der seinen Geschäftsanteil veräußern will, muss von den anderen die Möglichkeit dazu gelassen werden. Einigen sich die Vertragschließenden über die Person des Übernehmenden oder den Übernahmepreis nicht, so entscheidet ihre Mehrheit. Kommt ein Mehrheitsbeschluss nicht zustande, so kann der Veräußerungswillige frei veräußern.
5. Grundsätzlich sollen die Vertragsbeteiligten nur im gleichen Sinne abstimmen, also mit »Ja« oder mit »Nein«, oder sich gleichmäßig der Stimme enthalten. Vor jeder Gesellschafterversammlung haben sie eine Verständigung über die Ausübung ihres Stimmrechts zu erstreben. Dabei sind alle Vertragschließenden zu befragen. Sie stimmen vorher in der gleichen Weise ab wie in der Gesellschafterversammlung der Firma, also im Verhältnis der Geschäftsanteile.
Die notwendige Verständigung über die Ausübung des Stimmrechts in Gesellschafterversammlungen der Firma gilt als erzielt, wenn zu der Frage der Abberufung und Bestellung von Geschäftsführern eine Mehrheit von 60 % und zu allen anderen Fragen von 75 % erzielt wird.
6. Wenn ein Vertragschließender in Gesellschafterversammlungen der Firma anders abstimmt, als er es nach den vorstehenden Bestimmungen tun muss, ist er auf Verlangen der Mehrheit der übrigen Vertragsbeteiligten verpflichtet, seinen Geschäftsanteil an den zu veräußern, der ihm mitgeteilt wird. Der Preis richtet sich nach dem gemeinen Wert. Bei nur fahrlässiger Zuwiderhandlung gegen die Stimmrechtsvereinbarung hat der Zuwiderhandelnde eine Vertragsstrafe in Höhe eines Viertels des Nennwerts seiner Anteile an die übrigen Vertragschließenden zu entrichten.
7. Die Rechte der übrigen Vertragschließenden gegenüber einem diesem Vertrage zuwiderhandelnden Gesellschafter werden durch einen von ihnen zu wählenden Treuhänder ausgeübt.
8. Der Vertrag gilt für die Dauer des Bestehens der Firma.

Durch das Ausscheiden eines oder mehrerer Vertragsteilnehmer wird die Gültigkeit dieses Vertrages unter den übrigen nicht berührt. – Im Falle des Todes eines Vertragsteilnehmers treten seine Erben an seine Stelle. Mehrere Erben müssen ihre Rechte durch einen Vertreter ausüben.
Der Vertrag kann aus wichtigen Gründen gekündigt werden. Als wichtiger Grund gilt die finanzielle Notlage eines Vertragsteilnehmers nur dann, wenn die übrigen Vertragsteilnehmer den Geschäftsanteil des Notleidenden nicht in angemessener Frist zum gemeinen Wert zu übernehmen bereit sind.
9. Eine schiedsrichterliche Entscheidung ist bei Streit über folgende Fragen vorgesehen:
   a) Liegt ein Verstoß gegen eine Verpflichtung dieses Vertrages vor?
   b) Ist eine »Verständigung« im Sinne der Nr. 5 erzielt worden?
   c) Von wem und in welchem Verhältnis sind Geschäftsanteile ausscheidender Gesellschafter zu übernehmen?
   d) Liegt ein wichtiger Grund für die Kündigung eines Gesellschafters vor?
Die Schiedsvereinbarung soll, da die Beteiligten zu 4 und 5 bei diesem Vertrag nicht zu einem Zweck handeln, der ihrer gewerblichen oder ihrer selbständigen beruflichen Tätigkeit zugerechnet werden kann, in besonderer Urkunde geschlossen werden.
10. Bei Aufhebung oder sonstigem Wegfall einzelner Bestimmungen dieses Vertrages aus irgendeinem Grunde bleiben die übrigen Vertragsbestimmungen bestehen.
11. Die Kosten dieses Vertrages tragen die Beteiligten im Verhältnis ihrer Geschäftsanteile. Der Nennbetrag der durch diesen Vertrag gebundenen Geschäftsanteile ist 600.000 €, das Stammkapital der Gesellschaft beträgt 1.000.000 € und das Reinvermögen 2 Millionen €.

■ *Kosten.* Bezieht sich eine Stimmrechtsbindung auf bestimmte Beschlussgegenstände, ist sie nach dem aus § 108 Abs. 1 i.V.m. § 105 GNotKG (mindestens 30.000 €) zu berechnenden Beschlusswerte, ermäßigt nach dem Verhältnis der Geschäftsanteile zum Stammkapital, zu bewerten, wie eine erteilte Stimmrechtsvollmacht (§ 98 GNotKG). Die gesellschaftsähnliche Zusammenarbeit zu allen während der Dauer des Unternehmens zu treffenden Entscheidungen macht jedoch eine Schätzung des Geschäftswertes nach § 36 Abs. 1 GNotKG notwendig (angemessen 20–30 %), die vom Gesamtwert der Anteile, und zwar vom Verkehrswert, ausgehen muss, hier also $^3/_5$ von 2 Mio. = 1.200.000 €. Die Beschränkung der Verfügung über die Ausübung der Gesellschafterrechte ist so bedeutend, dass der Geschäftswert auf die Hälfte, also auf 600.000 € zu schätzen sein dürfte.[52] –2,0 Gebühr nach Nr. 21100 KV GNotKG Tabelle B. – Die einzelnen Bestimmungen sind Bestandteile des Gesamtvertrages. Um eine nach § 37 GNotKG nicht werterhöhende Vertragsstrafe handelt es sich in Z. 6 des Vertrages.

37 **d)** Begleitet werden Schutzgemeinschaftsvereinbarungen – wie auch im vorangestellten Muster – häufig von Schiedsvereinbarungen. Im konkreten Fall ist mit Rücksicht auf den Zusammenhang mit einem Vertrag, der eine – bedingte – Verpflichtung zur Veräußerung eines Geschäftsanteils enthält und deshalb nach § 15 Abs. 4 GmbHG der Beurkundung bedarf, trotz BGHZ 69, 260[53] zur Beurkundung der Schiedsvereinbarung zu raten. Eine Schiedsvereinbarung, an der kein Verbraucher beteiligt ist (§ 1031 Abs. 5 ZPO), bedarf ansonsten an sich nur der besonderen Schriftform i.S.v. § 1031 Abs. 1 bis 4 ZPO. Wie stets, wird die schriftliche Form durch die stärkere Form der notariellen Beurkundung ersetzt (§ 126 Abs. 3 BGB). Ist ein Verbraucher i.S.v. § 1031 Abs. 5 ZPO beteiligt, muss die Schiedsvereinbarung in einer von den Parteien eigenhändig unterzeichneten Urkunde enthalten

---

52 Bayer. Notarkasse, Streifzug GNotKG, Rn. 1929 ff.; Höchstwertbeschränkung in § 107 Abs. 2 GNotKG ist zu beachten.
53 = NJW 1978, 212; bestätigt in BGH DNotZ 2014, 912.

sein. Ist diese Urkunde nicht notariell beurkundet, darf sie keine Vereinbarungen enthalten, die sich nicht auf das schiedsrichterliche Verfahren beziehen (§ 1031 Abs. 5 ZPO; die Schiedsvereinbarung könnte also auch bei Beteiligung von Verbrauchern in den notariell beurkundeten Schutzgemeinschaftsvertrag aufgenommen werden). Vgl. auch oben § 129 Schiedsvertrag und § 142 Rdn. 161.

Schiedsvereinbarung

Verhandelt zu ..... am ..... 38 M
Vor dem Notar ..... erklärten die erschienenen fünf Gesellschafter der »Chemischen Fabrik Vanola Gesellschaft mit beschränkter Haftung«, nämlich ......, zu dem Schutzgemeinschaftsvertrag vom heutigen Tage (UR-Nr .....) die

Schiedsvereinbarung

folgenden Wortlauts:
1. Das Schiedsgericht soll aus drei Personen bestehen, nämlich aus zwei Schiedsrichtern und einem Obmann. Es entscheidet unter Ausschluss des Rechtsweges endgültig.
2. Im Streitfalle ernennt jede Partei einen Schiedsrichter. Den Obmann ernennt die Industrie- und Handelskammer am Sitz der Gesellschaft auf Antrag der Schiedsrichter oder einer Partei.
3. Der das Schiedsgericht Anrufende hat der Gegenpartei seinen Schiedsrichter schriftlich mit einer Darlegung seines Anspruchs zu bezeichnen und sie aufzufordern, binnen einer zweiwöchigen Frist ihrerseits einen Schiedsrichter zu bestellen. Wird innerhalb dieser Frist von der anderen Partei der Schiedsrichter nicht benannt, so ernennt ihn auf Antrag der betreibenden Partei die Industrie- und Handelskammer.
4. Die Schiedsrichter dürfen nicht in einem Abhängigkeitsverhältnis oder ständigen Geschäftsverhältnis zu den Parteien stehen.
5. Klagt ein Vertragsbeteiligter gegen die übrigen, so genügt es, wenn er die Klage gegen zwei von ihnen erhebt. Soll gegen einen Vertragschließenden von den anderen Vertragschließenden eine Klage erhoben werden, so genügt es, wenn zwei von den anderen als Kläger auftreten. Der Obmann des Schiedsgerichts sorgt für die Benachrichtigung der anderen Beteiligten.
Die hiernach nicht unmittelbar am Schiedsverfahren teilnehmenden Vertragschließenden lassen den ergehenden Schiedsspruch gegen sich gelten. Sie können in dem Streit nicht als Zeugen oder Sachverständige gehört werden.
6. Das Schiedsgericht kann den Beteiligten die Zahlung eines angemessenen Vorschusses aufgeben. Es setzt die Kosten nach eigenem Ermessen fest. Sie dürfen die Gebühren des ordentlichen Gerichts nicht überschreiten.
7. Der Schiedsspruch ist mit Gründen zu versehen. Er ist in fünf gleichlautenden Exemplaren herzustellen. Jedes Stück ist von den Schiedsrichtern zu unterzeichnen.
8. Das für die Hinterlegung des Schiedsspruchs und das sonstige Verfahren zuständige Gericht ist das Oberlandesgericht in Frankfurt/Main.
9. Das Schiedsgericht kann Beweise erheben, auch Sachverständige hören. Um die Abnahme von Eiden muss auf Antrag eines Beteiligten das ordentliche Gericht ersucht werden.
10. Der Schiedsspruch soll möglichst nach mündlicher Verhandlung erlassen werden, doch kann das Schiedsgericht davon absehen, wenn es zu der Feststellung gelangt, dass die Parteien schriftsätzlich den Streitstoff erschöpfend dargelegt haben.

11. Eine Niederlegung des Schiedsspruchs beim Oberlandesgericht ist nur dann erforderlich, wenn die Beteiligten ihm nicht nachkommen, so dass er vollstreckt werden muss. In diesem Falle wird der Schiedsspruch den Parteien förmlich zugestellt.
12. Von diesem Vertrage werden Geschäftsanteile im Nennwert von 600.000 € und im Verkehrswert von etwa 1.200.000 € betroffen.
Vorgelesen, genehmigt und wie folgt eigenhändig unterschrieben .....

■ *Kosten.* Der gesondert abgeschlossene Schiedsvertrag ist mangels eines genügenden Anhalts zu einer Schätzung nach freiem Ermessen nach § 36 Abs. 2 GNotKG zu bewerten. Angemessen sind 10–20 % des Vertragswertes (= Verkehrswert). Die »Lage des Falles«, nämlich die weitreichende Bedeutung der schiedsrichterlichen Entscheidung für die hohen Vermögenswerte, kann jedoch ein deutliches Überschreiten des Regelwerts auf etwa 100.000 € rechtfertigen. –2,0 Gebühr der Tabelle B nach Nr. 21100 KV GNotKG. Er ist jedoch eine nicht zu bewertende unselbständige Vertragsabrede, wenn er mit dem betroffenen Rechtsgeschäft in die gleiche Urkunde aufgenommen wird (wenn nicht so verfahren wird, kann ggf. fehlerhafte Sachbehandlung i.S.d. § 21 GNotKG vorliegen). Siehe auch Kosten bei § 129 Rdn. 25 M.

5. Stimmrechtsloser Anteil

39 Ein Geschäftsanteil kann vom Stimmrecht (und Gewinnrecht) im Gesellschaftsvertrag ausgeschlossen werden, wenn nur das Recht auf Teilnahme an der Gesellschafterversammlung, auf Auskunft und auf Büchereinsicht, also auf die Mitverwaltungsrechte, sowie das Recht zur Anfechtung der Gesellschafterbeschlüsse und die Beteiligung am Liquidationserlös nicht ausgeschlossen sind.[54]

6. Form

40 Im Allgemeinen können Gesellschafterbeschlüsse formlos gefasst werden. Bei Zustimmung aller geschieht das auch durch schriftliche Antworten auf schriftliche Fragen. Es gehört jedoch zur inneren Ordnung der Gesellschaft, dass die Geschäftsführer die Beschlüsse schriftlich niederlegen. Die Aufzeichnung ist geboten, wenn eine Urkunde vorgelegt werden muss, wie z.B. nach § 39 Abs. 2 GmbHG bei An- und Abmeldung von Geschäftsführern (s.o. § 143 Rdn. 43 ff.) oder wenn zur Anmeldung der Auflösung (§ 65 GmbHG) der Beschluss, auf dem diese beruht, dem Registergericht einzureichen ist.

III. Anfechtbarkeit von Gesellschafterbeschlüssen

41 Hat der Versammlungsleiter festgestellt, dass ein bestimmter Beschluss gefasst worden sei, so ist der Beschluss mit dem festgestellten Inhalt vorläufig verbindlich; formelle oder materielle Mängel können in diesem Fall nur durch Anfechtungsklage geltend gemacht werden.[55] Daher kann es sich je nach Fall empfehlen, in der Satzung festzulegen, dass die Feststellung des Beschlusses durch einen Versammlungsleiter Wirksamkeitsvoraussetzung des Beschlusses ist, sodass Beschlüsse nicht schon durch ihre Fassung als solche wirksam zustande kommen.

---

54 RGZ 167, 73; BGHZ 14, 264 = DNotZ 1954, 545.
55 BGH DNotZ 1989, 21. S. auch KG Berlin GmbHR 2016, 58.

Satzungsregelung zum Versammlungsleiter

Wird zu Beginn der Versammlung kein Versammlungsleiter mit einfacher Mehrheit gewählt, wird die Versammlung von dem Gesellschafter mit dem größten Geschäftsanteil, hilfsweise dem ältesten anwesenden Gesellschafter geführt. Der Versammlungsleiter stellt die Beschlussfähigkeit, die Beschlussergebnisse und die gefassten Beschlüsse förmlich fest. 42 M

Auch mangelhafte Beschlüsse der Gesellschafterversammlung einer GmbH sind nur ausnahmsweise nichtig, sonst meist nur anfechtbar. Nach h.M. gilt die einmonatige Anfechtungsfrist des § 246 Abs. 1 AktG nicht rigoros entsprechend, vielmehr ist die Anfechtungsklage innerhalb angemessener Frist zu erheben. Eine Regelung der Anfechtungsfrist im Gesellschaftsvertrag hat die aktienrechtliche Monatsfrist als absolutes Minimum zu beachten, eine kürzere Frist ist jedenfalls unangemessen, eine entsprechende Regelung damit unwirksam.[56] Andererseits gilt die Monatsfrist des § 246 Abs. 1 AktG auch bei der GmbH als Maßstab,[57] sodass sie regelmäßig einzuhalten ist und nur dann überschritten werden darf, wenn dies im Einzelfall gerechtfertigt ist (weil der Gesellschafter etwa eine längere Frist benötigt, um schwierige rechtliche oder tatsächliche Fragen zu klären,[58] oder Vergleichsverhandlungen zwischen den Gesellschaftern über den Beschluss im Gange sind: dann ist die Klage in der Regel innerhalb 1 Monats nach deren Scheitern zu erheben[59]). Wurden Beschlüsse nicht (durch den Versammlungsleiter) festgestellt, können Beschlussmängel im Ausgangspunkt ohne eine Fristbindung geltend gemacht werden. 43

Satzungsregelung zu Beschlussmängeln

Die Nichtigkeit oder Anfechtbarkeit von Gesellschafterbeschlüssen kann nur durch Klage innerhalb von einem Monat geltend gemacht werden, nachdem der Gesellschafter die entsprechende Abschrift erhalten hat. 44 M

IV. Satzungsänderungen

1. Änderung von Satzungsbestandteilen

Notarielle Beurkundung nebst Beschluss mit qualifizierter Mehrheit und Registereintragung ist erforderlich für alle Satzungsänderungen. Hierunter sind nach der weitest gehenden Definition alle Wortlautänderungen am Satzungstext zu verstehen, d.h. Abänderungen oder Ergänzungen der bisherigen Fassung. Nicht jede im Satzungstext enthaltene Bestimmung hat jedoch korporativen Satzungscharakter; zudem führt nicht jede Wortlautänderung zu einer konstitutiven Änderung des Satzungsinhalts. Diese Erkenntnis wird zuweilen mit der Forderung verbunden, abhängig zur rechtlichen Bedeutung der Textänderung über die Anwendbarkeit des Verfahrens der § 53 f. GmbHG zu entscheiden; allein inhaltliche Änderungen materieller Satzungsbestimmen sollen danach diesem Verfahren unterworfen sein, dagegen redaktionelle Anpassungen bereits mittels einfachen Gesellschafterbeschlusses, ohne notarielle Beurkundung und allenfalls deklaratorischer Registereintragung möglich sein. Auch wenn etwa die Streichung überholter Satzungsbestandteile (Bsp.: Angaben über die Gründungsgesellschafter) keine konstitutive Wirkung hat, sollte in der Praxis zumindest aus Gründen der Vorsicht 45

---

56 BGH DNotZ 1989, 21.
57 BGHZ 137, 378, 386.
58 Vgl. BGH DNotZ 1993, 251.
59 OLG Hamm GmbHR 1995, 736, 738; vgl. auch – relativ großzügig – BGHZ 111, 22.

gleichwohl eine notarielle Beurkundung eines qualifizierten Mehrheitsbeschlusses mit Registereintragung vorgenommen werden; erfolgt anlässlich solcher redaktionellen Änderungen eine Satzungsneufassung, ist ohnehin die notarielle Beurkundung zwingend. Wird allerdings eine Vereinbarung geändert, die nur formell in die Satzung aufgenommen wurde, materiell aber eine schuldrechtliche Gesellschafterabrede ist, ist eine Satzungsänderung zwecks Änderung der Gesellschafterabrede weder erforderlich noch ausreichend. Die Änderung der Gesellschafterabrede erfolgt hier nach schuldrechtlichen Grundsätzen. Soll allerdings die Satzung entsprechend angepasst werden, um die aktuelle Gesellschafterabrede deklaratorisch aufzunehmen, muss hierfür das Verfahren der §§ 53 f. GmbHG beachtet werden.

Satzungsneufassung (ohne Änderung von Bestandteilen nach § 10 Abs. 1, 2 GmbHG):

46 M **Verhandelt zu ..... am .....**
Vor mir, dem beurkundenden Notar ..... mit Amtssitz in ....., erschienen heute ..... und erklärten Folgendes zu meinem Protokoll:

I.

Die Erschienenen sind nach ihren Angaben die alleinigen Gesellschafter der im Handelsregister des Amtsgerichts Neustadt/Weinstraße unter HRB ..... eingetragenen »Winter & Warmbold Pelzwaren GmbH«. Zu Beweiszwecken wird dieser Urkunde als Anlage I ein Ausdruck der am heutigen Tage elektronisch beim Handelsregister abgerufenen Gesellschafterliste der »Winter & Warmbold Pelzwaren GmbH« beigefügt. Bei dieser Gesellschafterliste handelt es sich nach Angaben der Gesellschafter und heutiger Einsicht des beurkundenden Notars um die letzte im Registerordner des Handelsregisters aufgenommene Gesellschafterliste.

II.

Die Gesellschafter treten unter Verzicht auf sämtliche in Gesetz oder Satzung enthaltenen Anforderungen an Formen und Fristen der Einberufung und Durchführung zu einer Gesellschafterversammlung »Winter & Warmbold Pelzwaren GmbH« zusammen, bei der das gesamte Stammkapital vertreten ist, und beschließen mit allen Stimmen:
Die Satzung der Gesellschaft wird insgesamt geändert und wie aus der Anlage II ersichtlich neugefasst. Die Anlage bildet einen wesentlichen Bestandteil dieser Urkunde und wurde ebenfalls vorgelesen.
Weitere Beschlüsse wurden nicht gefasst. Die Gesellschafterversammlung ist damit beendet.

III.

Die Kosten dieser Urkunde und ihres Vollzugs trägt die Gesellschaft. Elektronisch beglaubigte Abschrift an das Handelsregister, beglaubigte Abschrift an die Gesellschaft und jeden Gesellschafter.
Der Notar hat darauf hingewiesen, dass die Satzungsänderung erst mit Eintragung im Handelsregister wirksam wird.
Vollmacht wie § 142 Rdn. 2 M. Vorgelesen, genehmigt und wie folgt eigenhändig unterschrieben .....

■ Kosten: Der Wert bei Beschlüssen mit unbestimmtem Geldwert ergibt sich aus § 108 Abs. 1 Satz 1 i.V.m. § 105 Abs. 4 Nr. 1 GNotKG (mindestens 30.000 €, höchstens 5 Mio. €), dabei sind mehrere Satzungsänderungen jedoch ein einheitlicher Beschluss, auch wenn es sich um verschiedene nach § 10 Abs. 1 GmbHG einzutragende Beschlussgegenstände handelt.[60] – 2,0 Gebühr der Tabelle B nach Nr. 21100 KV GNotKG.

Anmeldung der Satzungsneufassung

47 M

In der Handelsregistersache
»Winter & Warmbold Pelzwaren GmbH« mit dem Sitz in Neustadt/Weinstraße, HRB .....
werden durch den unterzeichneten einzelvertretungsberechtigten Geschäftsführer in elektronisch beglaubigter Abschrift überreicht:
1. notarielle Niederschrift vom ..... (UR-Nr ..... des Notars ..... mit dem Amtssitz in .....) über die Änderung des Gesellschaftsvertrags,
2. vollständiger neuer Wortlaut der Satzung nebst notarieller Bescheinigung nach § 54 Abs. 1 Satz 2 GmbHG.[61]

und hiermit zum Handelsregister angemeldet:

I.

Die Satzung ist vollständig neugefasst und hat die aus der Anlage ersichtliche neue Fassung. Geändert wurden § ..... (Bekanntmachungen) und § ..... (Vinkulierung). Die in § 10 Abs. 1 und 2 GmbHG genannten Gegenstände sind unverändert geblieben.[62]

II.

Die inländische Geschäftsanschrift ist unverändert ....., Neustadt/Weinstraße (zugleich Lage der Geschäftsräume).

III.

1. Der Notar wird mit dem Vollzug dieser Urkunde beauftragt und bevollmächtigt, die Beteiligten im Registerverfahren uneingeschränkt zu vertreten.
2. Die Notariatsangestellten ....., geschäftsansässig ....., jeweils einzeln, unter Befreiung von den Beschränkungen des § 181 BGB, werden durch die Beteiligten unabhängig von der Wirksamkeit dieser Urkunde bevollmächtigt, die vorstehende Handelsregisteranmeldung zu berichten, zu ändern und zu ergänzen. Diese Vollmacht ist im Außenverhältnis unbeschränkt. Im Innenverhältnis werden die Bevollmächtigten jedoch angewiesen, von dieser Vollmacht nur Gebrauch zu machen, wenn die Geschäftsführung der Gesellschaft einer Änderung oder Ergänzung zugestimmt hat. Sie erlischt drei Monate nach Eintragung der Gesellschaft im Handelsregister.
3. Der Gesellschaft ist nach Eintragung ein beglaubigter Registerauszug zu übersenden. Um Vollzugsmitteilung an den unterzeichneten Notar wird gebeten.
4. Der unterzeichnete Notar hat darauf hingewiesen, dass die Satzungsänderung erst mit ihrer Eintragung im Handelsregister wirksam wird und die Eintragung ggf. erst nach Zahlung der Gerichtskostenrechnung erfolgt.

---

60 OLG Hamm v. 14.09.2016 – 15 W 548/15, FGPrax 2017, 138.
61 Satzungsbescheinigung ist auch bei vollständiger Satzungsneufassung richtigerweise erforderlich, OLG Jena GmbHR 2016, 487.
62 Dieser Zusatz ist nach einigen Registergerichten erforderlich, genauso wie bei Satzungsneufassung eine schlagworthafte Nennung von Änderungen i.S.d. § 10 GmbHG gefordert wird.

5. Der unterzeichnete Notar hat die vorstehende Handelsregisteranmeldung nach § 378 Abs. 3 Satz 1 FamFG auf Eintragungsfähigkeit geprüft. Bedenken gegen die Eintragungsfähigkeit bestehen danach nicht.
Unterschrift Geschäftsführer (in vertretungsberechtigter Zahl)
Notarieller Beglaubigungsvermerk wie § 142 Rdn. 96 M.

■ Kosten.
a) Des Notars: Wert nach § 105 Abs. 4 Nr. 1 GNotKG, mindestens 30.000 €. 0,5 Gebühr nach Nr. 24102 i.V.m. 21201 (5.) KV GNotKG (Tabelle B). Die Satzungsänderung ist auch dann eine einheitlich angemeldete Tatsache, wenn sie neben anderen auch solche Änderungen enthält, die nach § 10 Abs. 1 GmbHG gesondert im Handelsregister einzutragen und dementsprechend in der Anmeldung gesondert hervorzuheben sind.[63] Gebühren für das elektronische Einreichen s. § 124 Rdn. 43.[64]
b) Des Registergerichts: Festgebühr von 70 € gemäß § 58 GNotKG i.V.m. Nr. 2500 GV, HRegGebVO. Werden mehrere Änderungen von eingetragenen Angaben angemeldet, fällt nach § 2 Abs. 3 Nr. 4 HRegGebVO für jede dieser Änderungen eine eigene Eintragungsgebühren nach Nr. 2501 von 40 € an, für alle Änderungen der Satzung von nicht eingetragenen Angaben insges. nur eine Gebühr nach § 2 Abs. 3 Nr. 3 HRegGebVO.

2. Folgen mangelnder Formwahrung; Auslandsbeurkundung

48 Mangelnde Beachtung der Form führt zur Nichtigkeit der Beschlüsse entsprechend § 241 Nr. 2 AktG. Umstr. ist, ob die Satzungsänderung im Ausland wirksam beurkundet werden kann. Der BGH lässt offen,[65] ob der Ortsformgrundsatz des Art. 11 Abs. 1 Hs. 2 EGBGB gilt, und sieht das deutsche Formerfordernis durch die ausländische Beurkundung als erfüllt, wenn die ausländische der deutschen Beurkundung gleichwertig ist.[66] Diese Ansicht ist zweifelhaft. Sämtliche Formerfordernisse sollten bei Organisationsakten nicht oder nur bei strenger Gleichwertigkeit substituiert werden können. Dies gilt auch für die Satzungsänderung, selbst wenn hier eine vereinfachte Niederschrift in Form eines Tatsachenprotokolls (§§ 36 ff. BeurkG) erstellt werden kann (ohne Verlesungs- und ohne Prüfungs- und Belehrungspflichten nach § 17 BeurkG). Der Beschluss muss mit Dreiviertelmehrheit der abgegebenen Stimmen, also idR des abstimmenden Kapitals, gefasst werden (§ 53 Abs. 2 GmbHG). Ist nach ordnungsmäßiger Ladung nur ein Gesellschafter vertreten, so genügt seine Stimme allein, wie auch bei der Einmann-Gesellschaft die einzige Stimme ausreicht. Die Satzung kann die Änderung nur erschweren, nicht erleichtern (§ 53 Abs. 2 Satz 2 GmbHG). Die Praxis nutzt hier aber häufig Öffnungsklauseln (insbesondere in Bezug auf eine abweichende Gewinnverteilung), die als gleichsam antizipierte Zustimmung zu einer späteren Änderung mit einfacher Mehrheit zu werten sind.[67] Solche sind zulässig, jedenfalls dann, wenn sie auf bestimmte Satzungsregelungen bezogen sind, und nicht schematisch gebraucht werden.

---

63 OLG Hamm v. 14.09.2016 – 15 W 548/15, FGPrax 2017, 138. A.A. h.M. in Lit. u.a. Korintenberg/*Diehn*, § 111 Rn. 31; *Wudy*, notar 2017, 267: jede Tatsache nach § 10 GmbHG sei eine gesonderte Rechtstatsache i.S. § 111 Nr. 3 GNotKG.
64 Nach LG Offenburg v. 16.05.2018 – 4 OH 21/18, NotBZ 2018,396 m. Anm. *Bachmayer*, kann weder für die Vollzugsvollmacht für den Notar oder seinen Vertreter nach § 111 Nr. 3 GNotKG, noch für die sog. »Reparaturvollmacht« zugunsten von Notariatsangestellten gemäß § 110 Nr.1 GNotKG eine Gebühr abgerechnet werden.
65 In BGH 80, 76 = DNotZ 1981, 451.
66 S. etwa Lutter/Hommelhoff/*Bayer*, § 2 GmbHG Rn. 18 ff. m.w.N.; BGH DNotZ 2014, 457.
67 MüKo-GmbHG/*Harbarth*, § 53 GmbHG Rn. 44 ff.; Scholz/*Priester*, § 53 GmbHG Rn. 27a.

3. Beschlussfassung

a) Der Beschluss der Gesellschafter, der eine Satzungsänderung enthält, wird i.d.R. in einer Gesellschafterversammlung gefasst. Dies ist bei Beschlüssen, die die Grundlagen der Gesellschaft betreffen, auch sachgerecht, wie die Regelungen des UmwG zeigen, nach denen Umwandlungen, also auch der bloße Formwechsel, nur in einer Gesellschafterversammlung beschlossen werden können (§§ 13 Abs. 1 Satz 2, 193 Abs. 1 Satz 2 UmwG). Möglich ist abseits dieser Spezialkonstellationen aber auch eine schriftliche Beschlussfassung nach § 48 Abs. 2 GmbHG. Zur Formwahrung muss hier neben der Stimmabgabe auch ihr Zugang bei der Gesellschaft in die notarielle Urkunde aufgenommen werden, da die getrennte Beurkundung einzelner Stimmabgaben die Beurkundung des erforderlichen Beschlusses der Gesellschafterversammlung nicht ersetzen kann;[68] Beurkundungsgegenstand ist der Beschluss, nicht die Stimmabgabe. Dies erfolgt meist dadurch, dass ein Notar die jeweiligen Urkunden mit Stimmabgabe für die Gesellschaft entgegennimmt und dies entsprechend protokolliert. 49

b) Der Beschluss über die *Auflösung* der Gesellschaft (§ 60 Abs. 1 Nr. 2 GmbHG) ist in der Regel keine Satzungsänderung, sondern nur dann, wenn die Satzung Unauflösbarkeit oder einen bestimmten früheren oder späteren Endtermin vorsieht, der durch den Beschluss geändert wird.[69] Zur Auflösung unten Rdn. 186 ff. 50

c) *Nicht* notwendig ist die notarielle Beurkundung bei Bestellung oder Abberufung von Geschäftsführern, selbst wenn diese in der notariellen Niederschrift über die Errichtung des Gesellschaftsvertrages bestellt sind; anderes gilt aber dann, wenn diese ein Sonderrecht auf Geschäftsführung haben. Auch eine neue Regelung der Vergütung der Geschäftsführer gegenüber dem Gesellschaftsvertrag stellt in der Regel keine Satzungsänderung dar. 51

d) Die Schmälerung eines Sonderrechts oder die Zurücksetzung eines Gesellschafters hinter andere ist nur mit dessen Zustimmung zulässig, ebenso die Erweiterung seiner Verpflichtungen oder Einschränkung seiner Rechte (wenn für alle Gesellschafter geltend, ist hier also Einstimmigkeit erforderlich, so z.B. bei Einführung des Rechts zur Einziehung von Geschäftsanteilen). Nach der Rspr. ist § 181 BGB auf Stimmabgaben bei satzungsändernden Beschlüssen anwendbar;[70] soll – wie häufig – ein Gesellschafter durch einen Mitgesellschafter vertreten werden, bedarf es einer Befreiung vom Verbot des Selbstkontrahierens, bei Vertretung mehrerer Mitgesellschafter überdies der Befreiung vom Verbot der Mehrfachvertretung.27 52

4. Beurkundungsverfahren

a) Bei der Beurkundung der Beschlüsse der Gesellschafter über eine Abänderung des Gesellschaftsvertrages nach § 53 GmbHG handelt es sich nicht um eine Beurkundung von Willenserklärungen nach §§ 6 ff. BeurkG – dieses Verfahren kann aber gewählt werden[71] –, sondern um die *Beurkundung »sonstiger Tatsachen«* nach den §§ 36 ff. BeurkG (der Beschluss wird beurkundet).[72] Für diese gelten insbesondere nicht die §§ 9 ff. BeurkG über die Bezeichnung der Beteiligten und nicht die §§ 13 ff. BeurkG über das Vorlesen, Genehmigen und Unterschreiben durch alle Beteiligte (s.o. § 13 Rdn. 1 u. 2). Die Niederschrift über die Beschlüsse *muss* nur die Bezeichnung des Notars und den Bericht über seine Wahrnehmungen, der auch 53

---

68 KG DNotZ 1959, 429.
69 KGJ 45, A 178; RGZ 145, 99.
70 BGH GmbHR 1988, 337, 338.
71 Zweifelnd Baumbach/Hueck/*Zöllner/Noack*, § 53 GmbHG Rn. 70.
72 Zu diesen Formfragen ausf. *Grotheer*, RNotZ 2015, 4 ff.

in einer der Niederschrift beigefügten und in Bezug genommenen Anlage stehen kann, enthalten und *soll* Ort und Tag der Wahrnehmungen des Notars und Ort und Tag der Errichtung seiner Urkunde anführen (§ 37 Abs. 1 und Abs. 2 BeurkG). Sie *muss* von dem Notar eigenhändig unterschrieben werden, wozu seine Amtsbezeichnung beigefügt werden *soll* (§ 37 Abs. 3 i.V.m. § 13 Abs. 3 BeurkG). Eine Tatsachenbeurkundung nach den §§ 36 ff. BeurkG ist auch ausreichend, sofern die Satzung vollständig neu gefasst wird; hierin liegt keine besondere Form der Satzungsänderung, insbesondere kein erneuter, der Gründung ähnlicher Vertragsabschluss.[73] Auch bei der Ein-Mann-GmbH genügt ein Tatsachenprotokoll.[74] Das Tatsachenprotokoll kann auch nachträglich noch unter bestimmten Voraussetzungen berichtigt werden und zwar ohne Mitwirkung der Gesellschafter.[75]

54 Eine Stimmrechtsvollmacht bedarf keiner notariellen Beurkundung (Arg.: Beurkundungserfordernis bei Satzungsänderungen dient primär Beweissicherung, daher keine Erstreckung auf Vollmachtserteilung aus Schutzerwägungen geboten). Verlangt wird allein Textform, § 47 Abs. 3 GmbHG, dies aber als Wirksamkeitserfordernis der Vertretung und nicht nur als Legitimationsnachweis. Eine mündliche Vollmacht kann nachträglich formlos genehmigt werden, Textform ist aber zwecks Nachweis gegenüber dem Handelsregister erforderlich und auch aus Gründen der Vorsicht zu beachten, da die Form der Genehmigung umstritten ist. Ist die mündliche Vollmacht allen Gesellschaftern bekannt und rügt keiner den Formmangel, genügt diese allerdings für eine wirksame Stimmabgabe.[76] Wählt der Notar das Verfahren nach §§ 8 ff. BeurkG, hat er auch die Vertretungsbefugnis von Bevollmächtigten zu überprüfen, wogegen er beim Verfahren nach §§ 36 f. BeurkG nur prüfen muss, ob Nichtigkeitsgründe bestehen.[77]

55 **b)** Wenn *Willenserklärungen* in eine Niederschrift über Gesellschafter*beschlüsse* mit aufgenommen werden, z.B. die nach § 55 Abs. 1 GmbHG mindestens beglaubigungsbedürftigen Erklärungen zur Übernahme der Geschäftsanteile auf das erhöhte Stammkapital, müssen insoweit die Vorschriften über die Beurkundung von Willenserklärungen eingehalten werden. Die an den Willenserklärungen Beteiligten sind dann genau zu bezeichnen und die Niederschrift muss ihnen, soweit sie ihre Beteiligung mit ihren Erklärungen betrifft, vorgelesen, von ihnen genehmigt und eigenhändig von ihnen unterschrieben werden, was auch in die Niederschrift aufgenommen werden soll.

56 Auch ohne dass einzelne Willenserklärungen der Beurkundung bedürften, wird in der Praxis das Verfahren der §§ 8 ff. BeurkG ganz überwiegend in den klassischen Fällen der personalistischen GmbH mit geringem Gesellschafterkreis und einstimmiger Beschlussfassung in einer Universalversammlung gewählt. Dieser Weg wird in der Registerpraxis anerkannt,[78] zumal hiermit – aufgrund der dadurch begründeten Belehrungspflicht – ein verbesserter Beteiligtenschutz und eine höhere Richtigkeitsgewähr verbunden ist. Dieses Verfahren wird zwar von einer prominenten Gegenstimme angezweifelt,[79] weil im Rahmen einer Tatsachenbeurkundung des Abstimmungsvorganges ggf. weitere relevante Ereignisse als die bloße Stimmabgabe in die Urkunde aufgenommen werden könnten, das Verfahren der §§ 8 ff. BeurkG somit nicht in jeder Hinsicht höherwertig sei. Dieser Einwand überzeugt jedoch nicht, zumal auch im Verfahren nach §§ 8 ff. BeurkG formlos gültige Willenserklärungen Tatsachen mitbeurkundet werden können.[80]

---

73 Offenlassend OLG Köln MittBayNot 1993, 170, 171.
74 OLG Celle DNotI-Report 2017, 69.
75 BGH NotBZ 2018, 41.
76 BGHZ 49, 183, 194; BayObLG v. 8.12.1988 – BReg.3 Z 138/88, GmbHR 1989, 252, 253.
77 Vgl. *Gustavus*, S. 199.
78 Begr. RegE BeurkG, BT-Drs. V/3282, 37; *Röll*, DNotZ 1979, 644, 646; *Mecke*, DNotZ 1968, 584, 611 f.; aus der Kommentarliteratur etwa Lutter/Hommelhoff/*Bayer*, § 53 GmbHG Rn. 70.
79 Baumbach/Hueck/*Zöllner*/*Noack*, § 53 GmbHG Rn. 70.
80 *Winkler*, Vor § 36 BeurkG; Rn. 16 f.; Eylmann/Vaasen/*Limmer*, § 36 BeurkG Rn. 2

Die Niederschrift über die gefassten (oder abgelehnten) Beschlüsse braucht – selbst wenn bei Satzungsänderungen das Verfahren der §§ 8 ff. BeurkG gewählt wird – dem Leiter der Gesellschafterversammlung (Geschäftsführer, Aufsichtsratsvorsitzendem, von der Versammlung gewähltem Gesellschafter) weder vorgelesen zu werden, noch ist es von ihm zu genehmigen oder zu unterschreiben. Nicht einmal der Name des Versammlungsleiters muss in die Niederschrift aufgenommen werden. Eine Angabe hierüber kann jedoch zweckmäßig sein. Das Vorlesen, Genehmigen und Unterschreiben durch den Versammlungsleiter oder auch noch durch die Geschäftsführer (Vorstand) ist unschädlich und zuweilen sogar zweckmäßig. Wenn der Notar aufnimmt, dass der Versammlungsleiter die Beschlussfassung festgestellt (verkündet) habe, so steht die Tatsache des gefassten Beschlusses aber nur fest, wenn der Notar seine eigene Wahrnehmung hierzu in die Niederschrift aufnimmt. Über das von anderen hierzu Gesagte berichtet der Notar als Tatsache.

6. Versammlungsleiter, Durchführung

Der nicht im Gesellschaftsvertrag vorgeschriebene, jedoch von der Versammlung gewählte oder stillschweigend anerkannte *Versammlungsleiter* kann auch ein Nichtgesellschafter oder Nichtgeschäftsführer sein; ebenso wie bei der Aktiengesellschaft der zur Beurkundung hinzugezogenen Notar nach fast einhelliger Meinung[81] nicht den Vorsatz übernehmen kann, bestehen auch bei der GmbH erhebliche Bedenken. Eine Leitung durch den Notar wäre jedenfalls unüblich und sollte vermieden werden. Das schon deshalb, weil die Weisungsbefugnis der Gesellschafterversammlung gegenüber dem Leiter nur schwer mit der Funktion und Stellung der Notars vereinbar ist. Einem dahingehenden Ansinnen hat der Notar mithin zu widerstehen, was freilich eine Unterstützung des Leiters nicht ausschließt, sofern das Neutralitätsgebot gewahrt wird. Über das *Verzeichnis* der Teilnehmer und über die *Belege* zur Einberufung sagt das Gesetz ebenfalls nichts. Eine Aufzeichnung der vertretenen Gesellschafter und eine Feststellung der Form der Einberufung ist in entsprechender Anwendung von § 130 Abs. 3 AktG angebracht, um einer Anfechtung der Beschlüsse vorzubeugen.

Ein erhobener *Widerspruch* (Protest) ist anders als bei der AG (§ 245 Nr. 1 AktG) nicht Voraussetzung der Anfechtung, sodass sich seine Aufzeichnung im Allgemeinen erübrigt, es sei denn, dass aus einem Stillschweigen auf einen Verzicht auf die Rüge eines Satzungsverstoßes geschlossen werden könnte, z.B. aus der Teilnahme an einer von allen Gesellschaftern besuchten Versammlung trotz nicht ordnungsmäßiger Einberufung.[82]

7. Universalversammlungen

In der Praxis werden Satzungsänderungen häufig in Universalversammlungen gefasst. Dies setzt voraus, dass alle Gesellschafter anwesend sind, wozu auch eine Vertretung ausreicht, selbst im Falle der nachträglichen Genehmigung des Auftritts eines vollmachtlosen Vertreters;[83] verzichtet ein Gesellschafter förmlich auf seine Teilnahme, wird er bei der Frage der Anwesenheit der Gesellschafter nicht berücksichtigt. Bei der Universalversammlung können Beschlüsse trotz Mängeln bei der Einberufung oder Ankündigung wirksam gefasst werden, wenn keiner hiergegen widerspricht; § 51 Abs. 3, 4 GmbHG. Bereits diese widerspruchslose Beschlussfassung führt zur Unbeachtlichkeit der Mängel. Wer dagegen widerspricht, wird als nicht anwesend im Sinne des § 51 Abs. 3 GmbHG behandelt.[84] Ein zusätzlicher Verzicht auf Frist- und Formvorschriften ist daneben nicht erforderlich, entspricht aber den Gepflogenheiten. Erst recht nicht erforderlich ist in diesen Fällen ein Rügeverzicht ein-

---

81 S. Hüffer/*Koch*, § 129 AktG Rn. 18 m. Nachw.
82 RGZ 92, 470.
83 Lutter/Hommelhoff/*Bayer*, § 47 GmbHG, Rn. 32.
84 Lutter/Hommelhoff/*Bayer*, § 47 GmbHG Rn. 33.

zelner Gesellschafter; dieser führt ebenfalls zur Heilung von Einberufungsmängeln, die aber bei einer Universalversammlung bei fehlendem Widerspruch bereits nach § 51 Abs. 3 GmbHG eintritt.

8. Satzungsbescheinigung

60 Nach §§ 181 Abs. 1 Satz 2, 248 Abs. 2 AktG, § 54 Abs. 1 GmbHG ist bei Aktiengesellschaft und GmbH zu jeder Anmeldung einer beschlossenen Satzungsänderung der vollständige nunmehr gültige Wortlaut der Satzung beizufügen. Dieser muss mit der *Bescheinigung* »eines« *Notars* (also nicht unbedingt, wenn auch in der Regel, des Notars, der den Beschluss beurkundet hat) versehen sein, »dass die geänderten Bestimmungen des Gesellschaftsvertrages (der Satzung) mit dem Beschluss über die Änderung des Gesellschaftsvertrages (der Satzung) und die unveränderten Bestimmungen mit dem zuletzt dem Handelsregister eingereichten vollständigen Wortlaut des Gesellschaftsvertrages (der Satzung) übereinstimmen«. Richtigerweise ist eine solche Bescheinigung auch bei einer vollständigen Neufassung des Gesellschaftsvertrags erforderlich.[85] Die Aufgabe der technischen Zusammenstellung des angepassten Satzungswortlauts ist eine solche der Geschäftsführung, wird aber meist vom beurkundenden Notar übernommen. Hierbei dürfen überholte Satzungsbestandteile nur dann gestrichen werden, wenn ein entsprechender Beschluss vorliegt.

9. Anmeldung der Satzungsänderung

61 a) Die Änderung des Gesellschaftsvertrages ist durch die Geschäftsführer (in vertretungsberechtigter Zahl – unechte Gesamtvertretung genügt –[86], die Kapitalerhöhung und Kapitalherabsetzung jedoch durch alle Geschäftsführer, § 78 GmbHG) anzumelden. Str. ist, ob die geänderten Bestimmungen der Satzung in der Anmeldung bezeichnet sein müssen[87] oder ob die Bezugnahme auf den eingereichten Gesellschafterbeschluss genügt,[88] und ob – unter entsprechender Anwendung des § 54 Abs. 2 GmbHG – bei Abänderung einer der Angaben des § 10 Abs. 1, 2 GmbHG (Firma, Sitz, Gegenstand, Stammkapital usw.) der Inhalt der Änderung in der Anmeldung anzugeben ist[89] oder ob eine schlagwortartige Kennzeichnung in der Anmeldung ausreichend ist[90] oder ob auch in diesen Fällen die bloße Bezugnahme auf den eingereichten Gesellschafterbeschluss ausreicht.[91] Richtigerweise ist die schlagwortartige Hervorhebung der Änderungen erforderlich (aber auch ausreichend), soweit Angaben nach § 10 Abs. 1, 2 GmbHG erfasst sind, bei Änderungen der Vertretungsregelung ist gar der geänderte Wortlaut anzugeben (in einigen Registerbezirken gilt selbiges für den Unternehmensgegenstand); selbiges gilt auch bei vollständiger Neufassung der Satzung.[92] Werden bei einer Satzungsneufassung keine Änderungen nach § 10 Abs.1 und 2 GmbHG vorgenommen, wird auch diese Angabe von Registergerichten teilweise verlangt (das Registergericht muss sich mithin nicht auf die Suche nach solchen Änderungen machen, weshalb die Negativaussage Sinn ergibt).[93]

---

85 Lutter/Hommelhoff/*Bayer*, § 54 GmbHG Rn. 4 m.w.N. auch zur Gegenansicht; Scholz/*Priester*, § 54 GmbHG Rn. 15. So auch OLG Jena GmbHR 2016, 487. Verneinend OLG Celle DNotZ 1982, 493; OLG Zweibrücken MittRhNotK 1984, 84; NZG 2002, 93 gegen OLG Schleswig DNotZ 1973, 482.
86 Eine Anmeldung durch Prokuristen scheidet jedoch aus; OLG Karlsruhe GmbHR 2014, 1046.
87 OLG Schleswig DNotZ 1973, 482.
88 BayObLG DNotZ 1979, 52.
89 OLG Schleswig DNotZ 1973, 482.
90 BGH DNotZ 1988, 182: danach wird sich die Praxis richten; BayObLG DNotZ 1979, 52; DNotZ 1986, 52; OLG Düsseldorf OLGZ 1978, 313 OLG Hamm NZG 2002, 782; OLG Frankfurt NZG 2003, 1075.
91 *Winkler*, NJW 1980, 2683.
92 Gehrlein/Born/Simon/*Leitzen*, § 54 GmbHG Rn. 14.
93 Beck'sches Formularbach GmbH-Recht/*Rombach*, H.III.3. Anm. 2.

b) Die Änderung des Gesellschaftsvertrags wird erst mit der Eintragung in das Handelsregister wirksam (§ 54 Abs. 3 GmbHG). Eine Rückwirkung im Innenverhältnis ist mit Einverständnis aller zulässig, im Außenverhältnis aber ausgeschlossen. Die Änderung des Geschäftsjahres muss deshalb zur Eintragung in das Handelsregister angemeldet werden, solange das erforderliche verkürzte Rumpfgeschäftsjahr noch nicht abgelaufen ist.[94] In steuerlicher Hinsicht bedarf nach § 7 Abs. 4 Satz 3 KStG eine Umstellung in Abweichung vom Kalenderjahr des Einvernehmens des Finanzamtes, wozu ernsthafte betriebliche oder wirtschaftliche Gründe vorliegen müssen. In der Insolvenz ist nach einer Entscheidung des BGH[95] eine Satzungsänderung für die Rückkehr zum satzungsmäßigen Geschäftsjahr nicht erforderlich; die Entscheidung ist aber dem Registergericht mitzuteilen,[96] richtigerweise förmlich anzumelden. S. auch Rdn. 191.

62

c) Besonderheiten gelten bei der Anmeldung einer Sitzverlegung, die ebenfalls – anders als regelmäßig die Verlegung des tatsächlichen Verwaltungssitzes – eine Satzungsänderung darstellt. Die Sitzverlegung ist nach § 13h HGB bei dem bisher zuständigen Registergericht zur Eintragung ins Handelsregister anzumelden, das jedoch nur die formelle Ordnungsmäßigkeit der Anmeldung prüft und sodann die Sitzverlegung dem in Zukunft zuständigen Registergericht mitzuteilen hat; dieses prüft sodann die sachliche Richtigkeit der Sitzverlegung, d.h. ihre Vereinbarkeit mit § 4a GmbHG und § 30 HGB, prüft (nicht aber die Satzung im Übrigen). Anders verhält es sich aber, wenn mit der Sitzverlegung im Verbund weitere Satzungsänderungen zum Handelsregister angemeldet werden. Wird hier keine nähere Bestimmung durch den Anmeldenden getroffen, ist richtigerweise das in Zukunft zuständige Registergericht zur inhaltlichen Überprüfung der gesamten Satzungsänderung zuständig. Gerade wenn eine schnelle Eintragung der sonstigen Satzungsänderungen erreicht werden soll, kann empfohlen werden, die Sitzverlegung unter der aufschiebenden Bedingung der vorherigen Eintragung der anderen Satzungsänderungen (dann noch durch das alte Registergericht) zu beschließen. Diese Rangfolge ist dann in der Anmeldung anzugeben.

63

Beschluss über bedingte Sitzverlegung und Geschäftsjahresänderung

Vor mir, dem Notar ….. mit Amtssitz in ….. erschienen heute ….. und erklärten zu meinem Protokoll: …..
Es wird beschlossen, den Satzungssitz der Gesellschaft von Lübeck nach Hamburg zu verlegen. § ….. der Satzung wird entsprechend geändert und wie folgt neu gefasst …..
Diese Satzungsänderung soll nur vollzogen, d.h. im Handelsregister eingetragen werden, wenn zuvor die unter ….. beschlossene Änderung des Geschäftsjahres im Handelsregister des Amtsgerichts Lübeck eingetragen wird. Weitere Beschlüsse werden heute nicht gefasst. Der Notar hat darauf hingewiesen, dass Satzungsänderungen erst mit der Eintragung im Handelsregister wirksam werden und die Geschäftsjahresänderung steuerlich nur wirksam ist, wenn sie im Einvernehmen mit dem Finanzamt erfolgt. Vorgelesen, genehmigt und wie folgt eigenhändig unterschrieben …..

64 M

■ Kosten: wie Rdn. 46 M als Beschluss mit unbestimmten Geldwert.

---

94 Vgl. OLG Karlsruhe Rpfleger 1975, 178, das die Frage offen lässt; auf den Zeitpunkt der Anmeldung beim Handelsregister abzustellen, ist gerechtfertigt, weil die Wirksamkeit dieser Maßnahme nicht von der Tätigkeit des Registergerichts abhängen sollte; vgl. auch OLG Frankfurt GmbHR 1999, 484: das Rumpfgeschäftsjahr darf jedenfalls bei Beschlussfassung noch nicht abgelaufen sein. Sicherheitshalber sollte der Notar jedoch darauf bedacht sein, dass die Eintragung vor Ablauf des Rumpfgeschäftsjahres erfolgt; hierzu *Suttmann*, MittBayNot 2010, 247.
95 NZI 2015, 135.
96 BGH NZI 2017, 630.

Anmeldung der Sitzverlegung und Geschäftsjahresänderung

65 M An das Amtsgericht Lübeck – Handelsregister –
In der Handelsregistersache ..... werden in elektronisch beglaubigter Abschrift überreicht:
1. notarielle Niederschrift vom ..... (UR-Nr ..... des Notars ..... mit dem Amtssitz in .....) über die Änderung des Gesellschaftsvertrags,
2. vollständiger neuer Wortlaut der Satzung in der Fassung mit den unbedingt gefassten Satzungsänderungsbeschlüssen nebst notarieller Bescheinigung nach § 54 Abs. 1 Satz 2 GmbHG,
3. vollständiger neuer Wortlaut der Satzung in der Fassung mit den bedingt gefassten Satzungsänderungsbeschlüssen nebst notarieller Bescheinigung nach § 54 Abs. 1 Satz 2 GmbHG,
4. Zustimmungserklärung des örtlich zuständigen Finanzamts wegen der Geschäftsjahresänderung.

I.

Zur sofortigen Eintragung wird angemeldet:
Das Geschäftsjahr der Gesellschaft und entsprechend § ..... der Satzung wurden geändert.

II.

Zur Eintragung erst nach Vollzug der Eintragung der Änderung des Geschäftsjahres nach Ziffer I. wird angemeldet:
Der Sitz der Gesellschaft wurde von Lübeck nach Hamburg verlegt. § ..... Abs ..... der Satzung ist entsprechend geändert.

III.

Die Geschäftsanschrift lautet nunmehr ..... Dies ist zugleich die Lage der Geschäftsräume.

IV.

1. Der Notar wird mit dem Vollzug dieser Urkunde beauftragt und bevollmächtigt, die Beteiligten im Registerverfahren uneingeschränkt zu vertreten.
2. Die Notariatsangestellten ....., geschäftsansässig ....., und zwar jeweils einzeln, unter Befreiung von den Beschränkungen des § 181 BGB, werden durch die Beteiligten unabhängig von der Wirksamkeit dieser Urkunde bevollmächtigt, die vorstehende Handelsregisteranmeldung zu berichtigen, zu ändern und zu ergänzen. Diese Vollmacht ist im Außenverhältnis unbeschränkt und vom Registergericht nicht zu überprüfen. Im Innenverhältnis werden die Bevollmächtigten jedoch angewiesen, von dieser Vollmacht nur Gebrauch zu machen, wenn die Geschäftsführung der Gesellschaft einer Änderung oder Ergänzung zugestimmt hat. Sie erlischt drei Monate nach Eintragung der Gesellschaft im Handelsregister.
3. Der Gesellschaft ist nach Eintragung ein beglaubigter Registerauszug zu übersenden. Um Vollzugsmitteilung an den unterzeichneten Notar wird gebeten.
4. Der unterzeichnete Notar hat darauf hingewiesen, dass die Satzungsänderung erst mit ihrer Eintragung im Handelsregister wirksam wird und die Eintragung ggf. erst nach Zahlung der Gerichtskostenrechnung erfolgt.

5. Der unterzeichnete Notar hat die vorstehende Handelsregisteranmeldung nach § 378 Abs. 3 Satz 1 FamFG auf Eintragungsfähigkeit geprüft. Bedenken gegen die Eintragungsfähigkeit bestehen danach nicht.
Lübeck, den .....
Unterschrift Geschäftsführer (in vertretungsberechtigter Zahl)
Notarieller Beglaubigungsvermerk wie § 142 Rdn. 96 M.

■ Kosten: wie Rdn. 47 M, als ein Anmeldegegenstand. Würde auch die Geschäftsanschrift verändert, dann dafür eine Gebühr nach § 105 Abs. 5 GNotKG (Wert = 5.000 €), sowie beim Handelsregister eine Gebühr nach GV 2502 HRegGebV. Bleibt das gleiche Gericht zuständig, dann nur Gebühr von 70 € nach GV 2500 HRegGebV. Wird ein anderes Gericht zuständig, dann Gebühr von 140 € nach GV 2300 HRegGebV beim neuen Gericht; die Löschung beim bisherigen Gericht ist nach Vorbem. 2. Abs.2 HRegGebV gebührenfrei.

Abänderung des Gesellschaftsvertrages verbunden mit Feststellung des Jahresabschlusses und Entlastung[97] (hier in Form eines Tatsachenprotokolls)

Friedberg, den .....   66 M

Der unterzeichnete Notar ..... war ersucht, die Beschlüsse der Gesellschafterversammlung der »Friedberger Schloßbrauerei Hattenbach & Co. GmbH« in deren Geschäftsräumen in Friedberg, Nauheimer Straße 1, heute, dem ....., zu beurkunden. Es fanden sich dazu ein:
1. die beiden dem Notar persönlich bekannten Geschäftsführer Direktor Herbert Herr und Braumeister Siegfried Senst, beide in Friedberg,
2. die nachstehenden, mit ihren Geschäftsanteilen aufgeführten fünf Gesellschafter: .....

Zum Versammlungsleiter wurde der Bankdirektor Alfred Koch durch Zuruf gewählt. Dieser eröffnete die Versammlung um 11.20 Uhr und stellte zunächst fest, dass auch die nicht vertretenen weiteren zwei Gesellschafter mit eingeschriebenen Briefen, die am ..... abgesandt wurden, unter Übersendung der Tagesordnung mit Beschlussvorschlägen zu der heutigen Versammlung um 11 Uhr geladen sind und die Versammlung form- und fristgerecht einberufen wurde. Ein Belegexemplar des Einladungsschreibens wird diesem Protokoll als Anlage beigefügt. Die Einladung bezeichnet folgende Tagesordnung:
1. Feststellung des Jahresabschlusses (Bilanz und Gewinn- und Verlustrechnung) zum 31. Dezember .....;
2. Verwendung des Ergebnisses des Geschäftsjahres .....;
3. Entlastung der Geschäftsführer;
4. Änderung des § 1 des Gesellschaftsvertrages durch Weglassen der Worte: »Hattenbach & Co.« aus der Firma und Neufassung in: Die Firma lautet »Friedberger Schloßbrauerei GmbH«.

Nachdem der Vorsitzende bekanntgegeben hatte, dass durch Handaufheben abgestimmt werde, beschloss die Versammlung:
1. Zu Punkt 1 der Tagesordnung: Der von den Geschäftsführern aufgestellte Abschluss für das Geschäftsjahr ..... wird festgestellt.
2. Zu Punkt 2 der Tagesordnung: Von dem im Geschäftsjahr ..... erzielten Ergebnis von 51.000 €, das durch den Gewinnvortrag aus dem Jahre ..... von 4.000 € erhöht wird,

---
97 Die Satzungsänderung macht eine Beurkundung notwendig (wobei hier die Form des Tatsachenprotokolls nach §§ 36 ff. BeurkG gewählt wird).

wird eine Dividende von 10 v.H. auf das Stammkapital von 500.000 € mit 50.000 € verteilt. Die restlichen 5.000 € werden auf neue Rechnung vorgetragen.
3. Zu Punkt 3 der Tagesordnung: Den Geschäftsführern wird jeweils Entlastung erteilt. Hierbei enthielten sich die Gesellschafter-Geschäftsführer der Stimme.
4. Zu Punkt 4 der Tagesordnung: § 1 des Gesellschaftsvertrages hat künftig folgenden Wortlaut: Die Firma der Gesellschaft lautet: »Friedberger Schloßbrauerei GmbH«.

Alle Beschlüsse wurden einstimmig gefasst. Der Versammlungsleiter stellte das fest und verkündete die Beschlüsse als gefasst. Damit war die Tagesordnung erledigt und die Gesellschafterversammlung beendet.

Von dieser Urkunde erhalten die Gesellschaft, die Gesellschafter und das zuständige Registergericht je eine beglaubigte Abschrift.
Die Kosten dieser Urkunde trägt die Gesellschaft.
Diese Niederschrift ist von dem Notar eigenhändig unterschrieben worden wie folgt .....

Hengstenberg, Notar

Ggf. separate Vollzugsvollmacht

■ *Kosten.* Der Wert der beiden gegenständlich verschiedenen Beschlüsse mit unbestimmtem Geldwert (Nr. 3. und 4.) ergibt sich nach § 108 Abs. 1 Satz 1 i.V.m. § 105 Abs. 4 Nr. 1 GNotKG (mindestens 30.000 €), wobei jeder Beschluss gesondert bewertet wird. Die Feststellung des Jahresabschluss ist ein mittelbarer Gewinnverwendungsbeschluss und mit dem eigentlichen Gewinnverwendungsbeschluss gegenstandsgleich; dessen Betrag ist der maßgebliche Wert nach § 108 Abs. 1 S. 1 GNotKG. Wert aus der Summe (§ 35 GNotKG); Höchstwert: nach § 108 Abs. 5 GNotKG darf die Summe aller Geschäftswert, einschließlich der Beschlüsse mit bestimmten Geldwert höchstens 5 Mio. € betragen. –2,0 Gebühr der Tabelle B nach Nr. 21100 KV GNotKG. Für die Tätigkeit des Notars, die dieser auf Verlangen eines Beteiligten außerhalb der Geschäftsstelle vornimmt, erhält er nach Nr. 26002 KV GNotKG eine Zusatzgebühr von 50,00 € je angefangener halbe Stunde der Abwesenheit. Daneben noch Erstattung der Fahrtkosten nach Nr. 32006 bzw. 32007 KV GNotKG, jedoch kein Tage- oder Abwesenheitsentgelt.

Anmeldung der Abänderung des Gesellschaftsvertrages

67 M In der Handelsregistersache
»Friedberger Schloßbrauerei Hattenbach & Co. GmbH«[98] mit Sitz in Friedberg, HRB 25 werden in elektronisch beglaubigter Abschrift überreicht:
1. notarielle Niederschrift vom ..... (UR-Nr ..... des Notars Hengstenberg mit dem Amtssitz in Friedberg) über die Änderung des Gesellschaftsvertrags,
2. vollständiger neuer Wortlaut der Satzung nebst notarieller Bescheinigung nach § 54 Abs. 1 Satz 2 GmbHG. [3. Liste der Gesellschafter nach § 40 Abs. 1 GmbHG][99]

I.

Zur Eintragung ins Handelsregister wird angemeldet:

---

98 Die Firma ist im Zeitpunkt der Anmeldung noch unverändert. Die Änderung erlangt erst durch die Eintragung in das Handelsregister Wirksamkeit (§ 54 Abs. 3 GmbHG), sodass sie in der Anmeldung in der noch geltenden Fassung zu bezeichnen ist.
99 Nicht zwingend, aber sinnvoll; vgl. zum Problem *Schumacher/Frühwirt*, GmbH-StB 2016, 237.

Die Firma der Gesellschaft wurde geändert, § 1 des Gesellschaftsvertrages entsprechend neu gefasst. Die Firma der Gesellschaft lautet nunmehr: »Friedberger Schloßbrauerei GmbH«.

II.

Die Geschäftsanschrift lautet unverändert ..... Dies ist zugleich die Lage der Geschäftsräume.

III.

1. Der Notar wird mit dem Vollzug dieser Urkunde beauftragt und bevollmächtigt, die Beteiligten im Registerverfahren uneingeschränkt zu vertreten.
2. Die Notariatsangestellten ....., geschäftsansässig ....., jeweils einzeln, unter Befreiung von den Beschränkungen des § 181 BGB, werden durch die Beteiligten unabhängig von der Wirksamkeit dieser Urkunde bevollmächtigt, die vorstehende Handelsregisteranmeldung zu berichtigen, zu ändern und zu ergänzen. Diese Vollmacht ist im Außenverhältnis unbeschränkt und vom Registergericht nicht zu überprüfen. Im Innenverhältnis werden die Bevollmächtigten jedoch angewiesen, von dieser Vollmacht nur Gebrauch zu machen, wenn die Geschäftsführung der Gesellschaft einer Änderung oder Ergänzung zugestimmt hat. Sie erlischt drei Monate nach Eintragung der Gesellschaft im Handelsregister.
3. Der Gesellschaft ist nach Eintragung ein beglaubigter Registerauszug zu übersenden. Um Vollzugsmitteilung an den unterzeichneten Notar wird gebeten.
4. Der unterzeichnete Notar hat darauf hingewiesen, dass die Satzungsänderung erst mit ihrer Eintragung im Handelsregister wirksam wird und die Eintragung ggf. erst nach Zahlung der Gerichtskostenrechnung erfolgt.

Friedberg, den .....
Unterschriften der Geschäftsführer (in vertretungsberechtigter Zahl)

Ich beglaubige die vor mir geleisteten Unterschriften der mir persönlich bekannten Geschäftsführer Herbert Herr, geb. am ....., wohnhaft ..... und Siegfried Senst, geb. am ....., wohnhaft ....., beide geschäftsansässig in Friedberg, Nauheimer Straße 1.
Die vorstehende Anmeldung habe ich im Einklang mit § 378 Abs. 3 Satz 3 FamFG auf Eintragungsfähigkeit geprüft. Nach meiner Prüfung bestehen keine Bedenken gegen die Eintragungsfähigkeit.[100]
Friedberg, den .....
....., Notar

■ *Kosten.*
a) Des Notars: Die Satzungsänderung ist auch dann eine einheitlich angemeldete Tatsache, wenn sie neben anderen auch solche Änderungen enthält, die nach § 10 Abs. 1 GmbHG gesondert im Handelsregister einzutragen und dementsprechend in der Anmeldung gesondert hervorzuheben sind.[101] Wert nach § 105 Abs. 4 Nr. 1 GNotKG, mindestens 30.000 €. 0,5 Gebühr nach Nr. 24102 i.V.m. 21201 (5.) KV GNotKG (Tabelle B). Bei aus-

---

100 Nicht zwingend erforderlich, wenn aus der Urkunde erkennbar ist, dass die Anmeldung vom beglaubigenden Notar selbst entworfen wurde.
101 OLG Hamm v. 14.09. 2016 – 15 W 548/15 (n.rk), FGPrax 2017, 138. A.A. h.M. in Lit. u.a. Korintenberg/*Diehn*, § 111 Rn. 31; *Wudy*, notar 2017, 267: jede Tatsache nach § 10 GmbHG sei eine gesonderte Rechtstatsache i.S. § 111 Nr. 3 GNotKG.

§ 144   Versammlung, Satzungsänderung, Kapitalmaßnahmen, Auflösung

wärtiger Beglaubigung wird nach Nr. 26002 KV GNotKG eine zeitabhängige Gebühr von 50 € je angefangen halbe Stunde der Abwesenheit von der Geschäftsstelle. Dabei fällt die Gebühr bei Vornahme mehrerer Geschäfte nur einmal an. Die Gebühr ist unter Berücksichtigung der aufgewendeten Zeit angemessen auf die mehreren vorgenommenen Geschäfte zu verteilen. Daneben ist der Ansatz von Fahrtkosten nach Nr. 32006 bzw. 32007 KV GNotKG möglich, von Tages- und Abwesenheitsgeld aber ausgeschlossen. Keine Gebühr für die Vollzugsvollmacht, siehe Rdn. 47. Gebühren für das elektronische Einreichen s. § 124 Rdn. 43.

b) Des Registergerichts: Festgebühr von 70 € gemäß § 58 GNotKG i.V.m. Nr. 2500 GV, HRegGebVO. Werden mehrere Änderungen von eingetragenen Angaben angemeldet, fällt nach § 2 Abs. 3 Nr. 4 HRegGebVO für jede dieser Änderungen eine eigene Eintragungsgebühren nach Nr. 2501 von 40 € an, für alle Änderungen der Satzung von nicht eingetragenen Angaben aber nur eine Gebühr nach § 2 Abs. 3 Nr. 3 HRegGebVO.

68 Die unter Nr. 4 der vorstehenden Niederschrift über die Gesellschafterversammlung beschlossene Änderung des Gesellschaftsvertrages nimmt der Notar in die Abschrift des bisherigen Gesellschaftsvertrages auf. Liegt ihm dieser nur in der Niederschrift über die Gesellschaftsgründung vor, so lässt er das nicht zur eigentlichen Satzung Gehörige weg. Zu dem bereinigten und geänderten Gesellschaftsvertrag erteilt er die Bescheinigung nach § 54 Abs. 1 Satz 2 GmbHG:

Bescheinigung nach § 54 Abs. 1 Satz 2 GmbHG

69 M **Bescheinigung für die »Friedberger Schloßbrauerei Hattenbach & Co. GmbH« mit dem Sitz in Friedberg, eingetragen im Handelsregister des Amtsgerichts ..... unter HRB 25**
Ich bescheinige hiermit für die beigefügte Satzung, dass die geänderten Bestimmungen mit dem in meiner Urkunde ..... vom ..... unter Punkt 4 gefassten Beschluss über die Änderung des Gesellschaftsvertrages und die unveränderten Bestimmungen mit dem zuletzt zum Handelsregister eingereichten vollständigen Wortlaut des Gesellschaftsvertrages übereinstimmen.
Friedberg, den .....
                                                                                                                                      ....., Notar

■ *Kosten.* Nach Hauptabschnitt 1 Kostenverzeichnis zum GNotKG ist nach Vorbemerkung 2,1 (2) Nr. 4 bei Änderung eines Gesellschaftsvertrages oder einer Satzung die Erteilung einer für die Anmeldung zum Handelsregister erforderlichen Bescheinigung des neuen vollständiges Wortlautes des Gesellschaftsvertrages oder der Satzung durch die Gebühr des Hauptgeschäftes abgegolten, sodass für die Satzungsbescheinigung keine Notargebühr abgerechnet werden kann. Eine Betreuungsgebühr kann nicht erhoben werden, da die Tätigkeit nicht unter den Katalog von Nr. 22200 KV GNotKG fällt. – Hat der Notar die Satzungsänderung nicht beurkundet, fällt für die Bescheinigung eine 1,0 Gebühr nach Nr. 25104 KV GNotKG an; Geschäftswert ist ein Teilwert von 50 –100 % des Änderungsbeschlusses gemäß § 108 Abs. 1 i.V.m. § 105 Abs. 4 Nr. 1 GNotKG.

Schreibauslagen: Die für die Zusammenstellung des neuen Wortlauts selbst anfallenden Schreibauslagen fallen nicht unter die Gebührenfreiheit. Auch für alle antragsgemäß gefertigten Abschriften der Satzungsbescheinigung fallen Schreibauslagen gemäß Nr. 32001 KV GNotKG von 0,15 € je Seite anfallen. Eine Beglaubigungsgebühr fällt gemäß Anmerkung (2) Nr. 1 zu Nr. 25102 KV GNotKG nicht an.

Anmeldung eines vollständig neu gefassten Gesellschaftsvertrages

70 M

In der Handelsregistersache
»Friedberger Schloßbrauerei Hattenbach & Co. GmbH« mit Sitz in Friedberg, HRB 25 werden in elektronisch beglaubigter Abschrift überreicht:
1. notarielle Niederschrift vom ..... (UR-Nr ..... des Notars Hengstenberg mit dem Amtssitz in Friedberg) über die Änderung des Gesellschaftsvertrags,
2. vollständiger neuer Wortlaut der Satzung nebst notarieller Bescheinigung nach § 54 Abs. 1 Satz 2 GmbHG.

I.

Zur Eintragung ins Handelsregister wird angemeldet:
1. Die Satzung wurde vollständig neu gefasst und hat die aus der Anlage ersichtliche neue Fassung. Geändert wurden die Regelungen in § ..... und § ..... Firma, Sitz, Unternehmensgegenstand und Höhe des Stammkapitals sind nicht geändert worden. Bestimmungen i.S.d. § 10 Abs. 2 GmbHG sind nicht vorhanden.
2. Die abstrakte Vertretungsregelung ist gemäß § ..... der Satzung neu gefasst und lautet nun wie folgt: ..... Wegen der übrigen Änderungen wird auf die in der Anlage beigefügte Niederschrift über die Gesellschafterversammlung verwiesen.

II.

Die Geschäftsanschrift lautet unverändert ..... Dies ist zugleich die Lage der Geschäftsräume.

III.

Vollzugsvollmacht; Hinweise, wie oben Rdn. 67 M
Friedberg, den .....
Unterschriften
Notarieller Beglaubigungsvermerk wie oben Rdn. 67 M.

■ *Kosten.* siehe Muster Rdn. 67 M

Dazu die Bescheinigung des Notars (deren Notwendigkeit bei vollständiger Satzungsneufassung str. ist, s.o. zu Rdn. 60):

71

Bescheinigung für die »Friedberger Schloßbrauerei Hattenbach & Co. GmbH« mit dem Sitz in Friedberg, eingetragen im Handelsregister des Amtsgerichts ..... unter HRB 25

72 M

Ich bescheinige hiermit für die beigefügte Satzung, dass diese neu gefasste Satzung mit dem in meiner Urkunde ..... vom ..... gefassten Beschluss über die Änderung des Gesellschaftsvertrages übereinstimmt und die unveränderten Bestimmungen mit dem zuletzt zum Handelsregister eingereichten vollständigen Wortlaut des Gesellschaftsvertrages übereinstimmen. Es handelt sich um eine vollständige Satzungsneufassung. Alle früheren Bestimmungen sind damit aufgehoben.

■ *Kosten.* siehe Muster Rdn. 69 M

V. Umstellung des Stammkapitals auf Euro

73 Nach § 1 Abs. 1 EGGmbHG (der bisherige § 86 GmbHG wurde – angepasst an die Rechtslage nach dem MoMiG – in das neue EGGmbHG übernommen) können Gesellschaften, die vor dem 01.01.1999 im Handelsregister eingetragen (oder nach diesem Datum angemeldet und vor dem 31.12.2001 eingetragen) wurden, ihr auf DM laufendes Stammkapital auch künftig (ohne zeitliche Einschränkung) weiterführen. § 1 Abs. 3 EGGmbHG lässt eine Umstellung auf Euro durch einfachen Gesellschafterbeschluss mit einfacher Stimmenmehrheit (und Art. 45 Abs. 1 EGHGB deren Anmeldung zum Handelsregister ohne die Form des § 12 HGB) zu; dies gilt aber nur für die rein rechnerische Umstellung, bei der sich »krumme« EURO-Beträge ergeben und von der deshalb kaum Gebrauch gemacht wird (eine Rundung auf 0,01 € wird, obwohl im Gesetz nicht vorgeschrieben, aus Gründen der Praktikabilität allgemein zugelassen). Für Kapitaländerungen (Erhöhung oder Herabsetzung des Stammkapitals) gelten nämlich die allgemeinen Vorschriften (§ 1 Abs. 3 EGGmbHG). Die gebotene Maßnahme für Gesellschaften, die ihr Stammkapital auf Euro umstellen wollen, ist die einer geringfügigen Kapitalerhöhung auf den nächsten geeigneten Euro-Betrag (s. dazu unter Rdn. 76 M). Vorgeschrieben ist eine Umstellung auf Euro dann, wenn eine Änderung des Stammkapitals im Handelsregister eingetragen werden soll (§ 1 Abs. 1 letzter Satz EGGmbHG).

Umstellung des Stammkapitals auf Euro

74 M **Gesellschafterbeschluss (mit einfacher Stimmenmehrheit, notarielle Beurkundung nicht erforderlich)**

Die Gesellschafter der »Tierhandlung am Südplatz GmbH« mit dem Sitz in Dresden beschließen hiermit: Das Stammkapital der Gesellschaft wird von 50.000 DM auf 25.564,59 € umgestellt. § 4 des Gesellschaftsvertrags erhält deshalb folgende neue Fassung: »Das Stammkapital beträgt 25.564,59 €.«

Anmeldung (notarielle Beglaubigung nicht erforderlich):

75 M **An das Amtsgericht – Handelsregister – Dresden .....**
Als Geschäftsführer der »Tierhandlung am Südplatz GmbH« mit dem Sitz in Dresden melden wir zu deren Handelsregister B Nr. 7777 an, dass das Stammkapital der Gesellschaft von 50.000 DM auf 25.564,59 € umgestellt und § 4 des Gesellschaftsvertrages neu gefasst wurde. Eine elektronisch beglaubigte Abschrift der Niederschrift über die Gesellschafterversammlung füge ich bei .....

■ *Kosten.* Fertigt der Notar den Entwurf des Gesellschafterbeschlusses, der nur die bloße rechnerische Umstellung des Stammkapitals von DM auf Euro enthält, handelt es sich um einen Beschluss ohne bestimmten Geldwert. Dafür ist eine 2,0 Gebühr der Tabelle B nach Nr. 24100 i.V.m. 21100 KV GNotKG. Nach § 108 Abs. 1 Satz 1 GNotKG bestimmt sich der Geschäftswert bei Beschlüssen mit unbestimmten Geldwert nach § 105 Abs. 4 Nr. 1 GNotKG (1 % des Stammkapitals, mindestens 30.000 €). 2,0 Gebühr nach Nr. 24100 i.V.m. 21100 KV GNotKG (Tabelle B), mindestens 120 €, soweit der Notar den Entwurf vollständig gefertigt hat (s. die Regelung zur Rahmengebühren in § 92 Abs. 2 GNotKG).
Wird der Notar, ungeachtet dessen, dass die Anmeldung der reinen Umstellung zum Handelsregister keiner öffentlichen Beglaubigung bedarf, mit der Entwurfsfertigung auch für die

Anmeldung beauftragt, fällt eine 0,5 Gebühr gemäß Nr. 24102 i.V.m. 21201 (5.) KV GNotKG (Tabelle B) an. Es liegt eine Anmeldung ohne wirtschaftliche Bedeutung vor, sodass der Geschäftswert nach § 105 Abs. 5 GNotKG 5.000 € beträgt, Mindestgebühr 30 €. Daneben fallen noch die Gebühren für die Erstellung der XML-Datei und für das Einreichen im elektronischen Verfahren an, ebenso auch, wenn er nur mit der Einreichung einer privatschriftlichen Erklärung beauftragt ist (s. Erläuterungen bei § 124 Rdn. 43).

Kosten des Handelsregisters: Festgebühr von 30 € gemäß § 58 GNotKG, i.V.m. Nr. 2502 GV, HRegGebVO.

Geringfügige Erhöhung des Stammkapitals durch Bareinlagen zur Umstellung auf Euro (hier in Form einer Niederschrift nach den §§ 8 ff. BeurkG aufgrund der enthaltenen Übernahmen)[102]

In den Kanzleiräumen des Notars ..... in Wismar, Hafenallee 3, erschienen: Herr Franz Friedrich ..... und Frau Sieglinde Schulze ....., beide dem Notar persönlich bekannt. Nach Angaben der Erschienen sind diese die alleinigen Gesellschafter der im Handelsregister des Amtsgerichts Wismar unter HRB ..... eingetragenen »Friedrich & Schulze Installateure GmbH« mit dem Sitz in Wismar – nachstehend kurz die »Gesellschaft« genannt – und halten jeweils einen Geschäftsanteil im Nennbetrag von 25.000 DM, Herr Friedrich den Geschäftsanteil Nr. 1, Frau Schulze den Geschäftsanteil Nr. 2. Unter Verzicht auf sämtliche Formalitäten und Fristen der Einberufung und Ankündigung halten die Erschienenen hiermit eine Gesellschafterversammlung ab und beschließen mit allen Stimmen: 76 M

1. Das Stammkapital der Gesellschaft sowie sämtliche Betragsangaben in der Satzung mit Ausnahme des Gründungsaufwandes werden nach dem amtlichen Umrechnungskurs in € umgerechnet. Das Stammkapital wird folglich von 50.000 DM auf 25.564,59 € umgestellt und zudem um 435,41 € auf 26.000 € im Wege der Barkapitalerhöhung erhöht.
2. Die Erhöhung erfolgt durch Aufstockung der Nennbeträge der bestehenden Geschäftsanteile[103] und zwar wie folgt: Die Geschäftsanteile der Gesellschafter Friedrich (Geschäftsanteil Nr. 1) und Schulze (Geschäftsanteil Nr. 2) werden um je 217,705 € auf je 13.000 € erhöht.
3. Frau Schulze und Herr Friedrich haben jeweils sofort 217,705 € in bar an die Gesellschaft einzuzahlen.
4. § 4 des Gesellschaftsvertrags erhält folgende neue Fassung: »Das Stammkapital beträgt 26.000 €.« Ferner wird § ..... wie folgt geändert: .....

Sodann erklärten Frau Schulze und Herr Friedrich: Wir übernehmen zu den Bedingungen des Kapitalerhöhungsbeschlusses je einen neue Einlage in Höhe von 217,705 € und verpflichten uns, diesen Betrag sofort bar an die Gesellschaft einzuzahlen.

Hinweise, notarielle Schlussformel, Unterschriften

■ *Kosten.* Geschäftswert für den Gesellschafterbeschluss ist der Erhöhungsbetrag (hier 435,41 €). Nach § 108 Abs. 1 Satz 2 GNotKG bestimmt sich der Geschäftswert bei einem Beschluss mit bestimmten Geldwert nach § 105 Abs. 1 Nr. 3 GNotKG und beträgt mindestens jedoch 30.000 €. Ist Inhalt des Beschlusses auch der Beschluss über die Umstellung des

---

102 Wegen der in der Urkunde enthaltenen Übernahmeerklärungen als Willenserklärung am besten insgesamt nach §§ 8 ff. BeurkG zu beurkunden.
103 Die Erhöhung des Nennbetrages der bisherigen Geschäftsanteile ist zulässig, wenn sie voll eingezahlt sind oder wenn sich die nicht voll eingezahlten Einlagen noch in der Hand der Gründungsgesellschafter befinden.

Stammkapitals von DM auf EURO, was ein Beschluss mit unbestimmtem Geldwert ist, ist nach § 108 Abs. 1 Satz 1 GNotKG iVm. § 105 Abs. 4 Nr. 1 GNotKG als Geschäftswert dafür 1 % des Stammkapitals, mindestens jedoch 30.000 €, höchstens 5 Mio. € anzusetzen. Erfolgt nur eine Mindestglättung liegt nur derselbe Beurkundungsgegenstand vor; Geschäftswert aus dem höheren Wert des Umstellungsbeschlusses ohne Berücksichtigung des geringfügigen Anpassungsbetrages. Wird über die Mindestglättung hinaus erhöht, liegen verschiedene Beurkundungsgegenstände nach § 86 Abs. 2 GNotKG vor mit getrennten Geschäftswerten, die jedoch für die Gebühr nach § 35 Abs. 1 GNotKG zusammenzurechnen sind. 2,0 Gebühr der Tabelle B nach Nr. 21100 KV GNotKG, auch wenn nur ein Gesellschafter beteiligt ist.

Wer gebührenrechtlich den billigeren Weg gehen will, empfiehlt den Beteiligten, selbst die formfreie Umstellung vor dem Erhöhungsbeschluss zu beschließen und dem Registergericht dann zusammen mit der Kapitalerhöhung am gleichen Tag vorzulegen. Die Gebührenermäßigung nach Art. 45 Abs. 3 EGHGB ist auf den Beschluss nicht anwendbar.

Gebühr für die Übernahmeerklärung: 1,0 Gebühr aus dem zusammengerechneten Wert beider Übernahmeerklärungen nach Nr. 21200 KV GNotKG. Wert nach § 97 Abs. 1 GNotKG in Höhe der Summe der übernommenen Anteile (§ 35 Abs. 1 GNotKG). Nach § 110 Nr. 1 GNotKG handelt es sich dabei um einen zu den Beschlüssen verschiedenen Beurkundungsgegenstand. Vergleichsrechnung nach § 94 Abs. 1 GNotKG; s. § 144 Rdn. 79.

Hinweis zu den Gebühren für Handelsregistereintragung: Die HRegGebVO beinhaltet keine Sonderregelung, sodass die reine Euro-Umrechnung eine Gebühr von 30 € nach Nr. 2502 GV, zusätzliche reine Glättungsmaßnahmen eine zusätzliche Gebühr von 40 € nach Nr. 2501 GV, eine darüber hinausgehende Kapitaländerung, wie allgemein, unabhängig von der Höhe des Änderungsbetrages bei Geldeinlage eine Festgebühr von 70 € nach Nr. 2500 GV HRegGebVO, bei Sacheinlage in Höhe von 210 € nach Nr. 2401 GV auslöst.

Zu den Gebühren für die notarielle Handelsregisteranmeldung und den Handelsregistereintrag s. Muster Rdn. 100 M.

Die Anmeldung der reinen rechnerischen Euro-Umstellung ist bei der Handelsregisteranmeldung eine Anmeldung ohne wirtschaftliche Bedeutung nach § 105 Abs. 5 GNotKG mit Geschäftswert 5.000 €; die Kapitalerhöhung zur Glättung nach § 105 Abs. 1 Nr. 3 GNotKG gemäß dem Erhöhungsbetrag (Mindestbetrag 30.000 €); zwei verschiedene Anmeldungsgegenstände.

VI. Erhöhung und Herabsetzung des Stammkapitals

1. Kapitalerhöhung durch Einlagen

a) Satzungsänderung

77 Die Kapitalerhöhung ist *Satzungsänderung* (der notwendige Satzungsinhalt des § 3 Abs. 1 Nr. 3 GmbHG wird geändert). Der Beschluss (d.h. der Erhöhungsbeschluss, regelmäßig unter Festlegung des Nennwerts der neu geschaffenen Geschäftsanteile bzw. des Aufstockungsbetrages und unter Mitprotokollierung von Zulassungsbeschluss und Übernahmeerklärungen) muss also nach § 53 GmbHG notariell beurkundet werden und bedarf einer Mehrheit von mindestens drei Vierteln der abgegebenen Stimmen sowie der konstitutiv wirkenden Eintragung im Handelsregister. Bevollmächtigte legen Vollmacht mindestens in Textform vor (§ 47 Abs. 3 GmbHG). Anders als bei Gründung der Gesellschaft (s.o. § 142 Rdn. 33) brauchen die zu leistenden neuen Einlagen und ihre Übernehmer auch dann nicht in den Gesellschaftsvertrag aufgenommen zu werden, wenn die Einlagen auf die neuen Geschäftsanteile noch nicht voll eingezahlt sind; § 3 Abs. 1 Nr. 4 gilt insoweit nur für die Gründungssatzung.

Eine Volleinzahlung des bisherigen Kapitals ist anders als im Allgemeinen bei der AG (§ 182 Abs. 4 AktG) nicht erforderlich. Die *Haftung* der Übernehmer der neuen Geschäftsanteile für die Ausfälle bei den alten und der alten Gesellschafter bei Nichterfüllung der neuen macht allerdings eine Klärung zweckmäßig (deren Resultat regelmäßig in einer Vorbemerkung der Urkunde niedergelegt wird), ob die alten Einlagen eingezahlt sind und der Eingang der neu übernommenen gesichert ist. Eine Satzungsbestimmung, die eine Kapitalerhöhung nur nach Volleinzahlung der alten und bei Volleinzahlung der neuen Geschäftsanteile zulässt, schließt die Haftung für fremde Schulden am sichersten aus.

78

Satzungsregelung zur Kapitalerhöhung mit größerer Mehrheit nach Volleinzahlung der alten und bei Volleinzahlung der neuen Geschäftsanteile

Zu einer Änderung des Gesellschaftsvertrages hinsichtlich des Stammkapitals bedarf es einer Mehrheit von vier Fünftel des gesamten Stammkapitals. Eine Erhöhung des Stammkapitals kann nur beschlossen werden, wenn die bisherigen Einlagen voll geleistet sind. Der Beschluss muss die Bestimmung enthalten, dass seine Wirksamkeit von der vollständigen Übernahme und Leistung der zur Deckung des erhöhten Kapitals erforderlichen Einlagen bis längstens einen Monat nach Beschlussfassung abhängt .....

79 M

Kapitalerhöhung mit Übernahme der Geldeinlagen als gemischte Beurkundung[104]

Darmstadt, den .....
Der Notar ..... traf in den Geschäftsräumen der Firma »Radiowerk Westermann & Co. Gesellschaft mit beschränkter Haftung« in Darmstadt, Mannheimer Straße 7, von der er gebeten war, die Beschlüsse der Gesellschafterversammlung zu beurkunden, die ihm bekannten Geschäftsführer der Gesellschaft an, nämlich:
- Herrn Karl Kaiser, geb. am ..... wohnhaft in ....., und Herrn Walter Wennrich, geb. am ....., wohnhaft in .....
Sie überreichten ihm die als Anlage 1 beigefügte Liste, in der unter Nr. 1 bis 8 Gesellschafter und unter Nr. 9 und 10 Gesellschaftervertreter mit eigenen bzw. den Geschäftsanteilen der von ihnen vertretenen Gesellschafter aufgeführt sind, und stellten ihm die Anwesenden als die in der Liste angegebenen vor. Die beiden Gesellschaftervertreter zu Nr. 9 und 10 überreichten notariell beglaubigte Vollmachten, von denen je eine beglaubigte Abschrift der Niederschrift als Anlage 2 beigefügt wird.

79.1 M

I.

Die Versammlung wählte zu ihrem Leiter den Geschäftsführer Kaiser. Dieser eröffnete um 10 Uhr die Versammlung. Er legte die Einschreibungsnachweise über die am ..... versandten Ladungen vor – ein Belegexemplar wird als Anlage 3 beigefügt – und stellte fest, dass die Versammlung form- und fristgerecht unter Übermittlung folgender Tagesordnung einberufen wurde:
Antrag der Geschäftsführer, das Stammkapital von bisher 100.000 € um 100.000 € auf 200.000 € zu erhöhen und die Satzung entsprechend zu ändern.

---

104 Diese gemischte Beurkundung ist zulässig, aber fehleranfällig. Wenn möglich, sollten die Übernahmeerklärungen daher in separater Urkunde erfolgen oder insgesamt nach den §§ 8 ff. BeurkG beurkundet werden. Das Tatsachenprotokoll empfiehlt sich ohnehin nur bei einem überaus großen Teilnehmerkreis. Gleichwohl wird hier zur Illustration dieser selten empfehlenswerten Vorgehensweise eine gemischte Beurkundung zugrunde gelegt.

Die Versammlung möge beschließen:
1. Das Stammkapital wird von 100.000 € um 100.000 € auf 200.000 € durch Ausgabe neuer Geschäftsanteile erhöht. Die Ausgabe erfolgt zum Nennwert, der sofort zu 100% in bar zu leisten ist.
2. Die neuen Geschäftsanteile nehmen am Gewinn des laufenden Jahres bereits teil.
3. Die Einlagen sind in voller Höhe der neuen Geschäftsanteile binnen 14 Tagen einzuzahlen.
4. Zur Übernahme der Geschäftsanteile werden nur die Gesellschafter zugelassen. Die Übernahme ist in der Versammlung zu erklären.

II.

Der Vorsitzende stellte unter Bezugnahme auf die als Anlage 1 beigefügte und von ihm unterschriebene Teilnehmerliste fest, dass von dem Stammkapital in Höhe von 100.000 € das gesamte Stammkapital anwesend bzw. vertreten ist und somit eine Vollversammlung vorliege. Nachdem der Versammlungsleiter bekanntgegeben hatte, dass die Stimmabgabe durch Handaufheben erfolgen solle und er im Wege der Blockabstimmung abstimmen lassen wolle, stimmten die zu Nr. 1 bis 8 der Liste aufgeführten Gesellschafter mit zusammen 80.000 € Stammkapital und 800 Stimmen für die Anträge. Dagegen stimmten die beiden Gesellschaftervertreter zu Nr. 9 und 10 der Liste mit 20.000 € Stammkapital und 200 Stimmen. Der Versammlungsleiter stellte fest, dass die Anträge mit der erforderlichen Dreiviertelmehrheit angenommen sind und verkündete die Beschlüsse als gefasst ist.

III.

Die Gesellschafter wurden von dem Versammlungsleiter zur Übernahme der neuen Geschäftsanteile aufgefordert. Um das bisherige Anteilsverhältnis aufrechtzuerhalten, schlug er vor, dass jeder Gesellschafter einen neuen Geschäftsanteil von je 10.000 € übernehmen solle. Soweit das nicht geschehe, solle der Fehlbetrag von den anderen Gesellschaftern im Verhältnis ihrer bisherigen Anteile oder einer anderen Aufteilung, die in der Summe den Erhöhungsbetrag ergibt, übernommen werden. Die Übernahme müsse in dieser Versammlung erklärt werden.
Die Versammlung beschloss mit denselben 800 Stimmen gegen dieselben 200 Stimmen wie zu II, die Übernahme der Geschäftsanteile nach dem Vorschlag des Versammlungsleiters zuzulassen.

IV.

Darauf erklärten die Gesellschafter zu Nr. 1 bis 8 der Anwesenheitsliste, nämlich Herr A, geb. am ....., wohnhaft in ....., Herr Bernd, geb. am ..... wohnhaft in ....., Herr Celler, geb. am ....., wohnhaft in ....., Herr D, geb. am ....., wohnhaft in ....., Herr E., geb. am ....., wohnhaft in ....., Herr F., geb. am ..... wohnhaft in ....., Herr G., geb. am ..... wohnhaft in ....., Herr H., geb. am ....., wohnhaft in ....., die sich jeweils durch Vorlage eines amtlichen Lichtbildausweises auswiesen, sie übernähmen Geschäftsanteile von je 10.000 €. Die Gesellschaftervertreter zu Nr. 9 und 10 gaben keine Erklärung ab.
Die Gesellschafter zu 1 bis 6 erklärten nunmehr, dass sie die von ihnen übernommenen Geschäftsanteile auf je 13.000 €, die Gesellschafter zu 7 und 8, dass sie sie auf jeweils 11.000 € erhöhten. Sie verpflichteten sich jeder für sich einzeln zur Leistung der von ihnen jeweils übernommenen Einlage auf das Stammkapital in bar in das Vermögen der Gesellschaft.

V.

Mit den 800 Stimmen der Gesellschafter zu 1 bis 8 gegen die 200 Stimmen der Gesellschaftervertreter zu Nr. 9 und 10 beschloss die Versammlung:
§ 3 des Gesellschaftsvertrages wird dahin gefasst:
»Das Stammkapital beträgt 200.000 €. Es ist durch Gesellschafterbeschluss vom ..... von 100.000 € auf 200.000 € erhöht worden.«
Diese Niederschrift wurde in Gegenwart des Notars vorgelesen,[105] von den Übernehmern der neuen Geschäftsanteile genehmigt und von ihnen und dem Notar eigenhändig unterschrieben:
Unterschriften (der Übernehmer)[106] [ggf. sparate Vollzugsvollmacht]

....., Notar

■ *Kosten.* Geschäftswert: Der bestimmte Betrag von 100.000 €. Der Zulassungsbeschluss und die formelle Satzungsänderung bzgl. des Stammkapitals sind Teile des Erhöhungsbeschlusses. 2,0 Gebühr der Tabelle B nach Nr. 21100 KV GNotKG für den Erhöhungsbeschluss einschließlich des Zulassungsbeschlusses (derselbe Beurkundungsgegenstand nach § 109 Abs. 2 Nr. 4 Buchst. b) GNotKG); Geschäftswert nach § 108 Abs. 1 Satz 2 i.V.m. § 105 Abs. 1 GNotKG mindestens 30.000 €, nach § 108 Abs. 5 GNotKG höchstens 5 Mio. €. – Die Übernahmeerklärungen werden neben als rechtsgeschäftliche Erklärungen neben der Beschlussbeurkundung getrennt bewertet (§ 110 Nr. 1 GNotKG), eine Zusammenrechnung nach § 94 Abs. 1 GNotKG ist nicht möglich, jedoch Vergleichsberechnung nach § 94 Abs. 1 S. 2 GNotKG erforderlich. Alle Übernahmeerklärungen werden nach § 35 Abs. 1 GNotKG zusammengerechnet (hier 100.000 € und berechnet mit 1,0 Gebühr der Tabelle B nach Nr. 21200 KV GNotKG, wenn notariell beurkundet; wenn vom Notar entworfen und beglaubigt, Nr. 24101 KV GNotKG). Für die auswärtige Beurkundung der Übernahme als Willenserklärung wird je vorgenommenen Geschäft eine Gebühr angesetzt, sondern nach Nr. 26002 KV GNotKG eine zeitabhängige Gebühr von 50 € je angefangen halbe Stunde der Abwesenheit von der Geschäftsstelle erhoben. Dabei fällt die Gebühr bei Vornahme mehrerer Geschäfte nur einmal an. Die Gebühr ist unter Berücksichtigung der aufgewendeten Zeit angemessen auf die mehreren vorgenommenen Geschäfte zu verteilen. Daneben ist der Ansatz von Fahrtkosten nach Nr. 32006 bzw. 32007 KV GNotKG möglich, von Tages- und Abwesenheitsgeld aber ausgeschlossen.

b) Neubildung von Anteilen, Nennwerterhöhung

Regelmäßig geschieht die Kapitalerhöhung durch die *Bildung neuer Geschäftsanteile.* Sind die Geschäftsanteile voll eingezahlt oder gehört der Inhaber des nicht voll eingezahlten Anteils zu den Gründern (sodass eine Haftung von Vorgängern und der Anteilsübergang auf sie nach § 22 GmbHG ausscheidet), kann die Kapitalerhöhung aber auch durch *Erhöhung der Nennbeträge* der bisherigen Anteile vollzogen werden.[107] Auch dann ist ein Viertel des Erhöhungsbetrages vor der Anmeldung einzuzahlen.[108] In beiden Fällen bedarf es der Einreichung einer aktualisierten Gesellschafterliste; nach Ausgabe neuer Geschäftsanteile (auch bei alleiniger Ausgabe an Altgesellschafter) haben diese am besten (§ 1 Abs. 3 GesL-VO) die nächste freie Nummer zu erhalten; dagegen erfolgt bei Nennwertaufstockung keine Änderung der Nummerierung.

80

---

105 Nur notwendig in Bezug auf die Übernehmer.
106 Die Übernahmeerklärung bedarf nur der öffentlichen Beglaubigung, § 55 GmbHG. Gleichwohl kann selbstverständlich eine Beurkundung nach den §§ 8 ff. BeurkG erfolgen. Werden die §§ 8 ff. BeurkG nicht beachtet, kann gleichwohl die Formvorschrift des § 55 GmbHG erfüllt werden, wenn die Niederschrift nach § 37 BeurkG die Tatsachenfeststellung der Unterschrift der Übernehmer beinhaltet; Armbrüster/Preuß/Renner/*Preuß*, § 36 BeurkG Rn. 8.
107 BGHZ 63, 116 = NJW 1975, 118; BGH v. 11.06.2013, DNotZ 2013, 949; OLG Hamm DNotZ 1982, 706.
108 BGH DNotZ 2013, 949 m. zust. Anm. *Komo.*

c) Übernahme von Geschäftsanteilen

81 *Durchgeführt* wird der Erhöhungsbeschluss durch die *Übernahme der neuen Geschäftsanteile* (oder der Erhöhungsbeträge auf die vorhandenen). Zur Übernahme können die bisherigen Gesellschafter oder Dritte *zugelassen* werden. Ein gesetzliches *Bezugsrecht* wie die Aktionäre (§ 186 AktG) haben die Gesellschafter nicht. Jedoch wird aufgrund des Minderheitenschutzes und des Gleichbehandlungsgrundsatzes ein ungeschriebenes Bezugsrecht, insbesondere bei Zulassung von Altgesellschaftern, angenommen.[109] Abweichungen hiervon sind nur zulässig, wenn das mit der Kapitalerhöhung verfolgte Ziel anders nicht erreichbar, seine Verwirklichung aber durch sachliche Gründe im Interesse der Gesellschaft geboten ist,[110] insbesondere bei Kapitalerhöhungen durch Sacheinlage, wenn am Erwerb des Sachgegenstandes ein dringendes Interesse besteht, ein notwendiger Kooperationspartner aufgenommen werden soll oder durch die Gesellschafter oder durch Fremdmittel nicht zu deckender Finanzbedarf gedeckt wird.

82 Aufseiten der Gesellschaft wird der *Übernahmevertrag* nicht durch die Geschäftsführer (es handelt sich nicht um ein »Außengeschäft«), sondern von den Gesellschaftern oder einem von ihnen Ermächtigten abgeschlossen.[111] Sowohl zum Abschluss als auch zur Ermächtigung eines Dritten genügt ein Mehrheitsbeschluss der Gesellschafterversammlung.[112]

83 Wenn die übernommenen Geschäftsanteile nicht den *bestimmten* Betrag des Beschlusses erreichen, kann das erhöhte Kapital nicht nach § 57 Abs. 1 GmbHG als »gedeckt« angemeldet und eingetragen werden. Wenn die Übernahme in begehrter Höhe nicht gesichert ist, sollte der Beschluss nur den *Höchst- und Mindestbetrag* angeben (ob auch ein Mindestbetrag angegeben werden muss, ist zweifelhaft, wohl aber zu verneinen).[113] Dann ist mit der Zeichnung des Mindestbetrages die beschlossene Kapitalerhöhung gedeckt, kann aber auch mit den darüber hinaus übernommenen Einlagen bis zum bestimmten Höchstbetrag angemeldet werden.[114]

Kapitalerhöhung mit einem Mindest- und einem Höchstbetrag (Bis-zu-Kapitalerhöhung)

84 M Vor mir, dem Notar . . . . . erschienen heute in meinen Amtsräumen . . . . ., die Gesellschafter der »Autohandel Hamburg GmbH« (nachfolgend die Gesellschaft genannt), nämlich . . . . ., und erklärten Folgendes zu meinem Protokoll:

I.

Unter Verzicht auf sämtliche Formalien und Fristen wird hiermit eine Gesellschafterversammlung der Gesellschaft abgehalten und einstimmig beschlossen:
1. Das bisherige Stammkapital der Gesellschaft von 150.000 € wird um mindestens 50.000 € und höchstens 100.000 € erhöht. Der endgültige Betrag der Erhöhung des Stammkapitals ergibt sich aus dem Gesamtbetrag der bis zum . . . . . übernommenen Geschäftsanteile, sofern hierdurch der Mindestbetrag erreicht wird.
2. Die Kapitalerhöhung erfolgt durch Ausgabe neuer Geschäftsanteile, die jeweils voll einzuzahlen sind. Zur Übernahme werden alle Gesellschafter der Gesellschaft

---

[109] Als selbstverständlich vorausgesetzt in BGH DNotZ 2005, 862 sowie BFH v. VIII R 68/04 m.w.N. zur Lit.
[110] BGH NJW 1978, 1316; 1982, 2444.
[111] BGHZ 49, 117 = DNotZ 1968, 567; auch der Geschäftsführer kann selbstverständlich ermächtigt werden, BGHZ 117, 120 = DNotZ 1968, 567, 569.
[112] OLG Frankfurt DNotZ 1982, 189.
[113] Vgl. Scholz/*Priester*, § 55 GmbHG Rn. 19.
[114] Vgl. *Gerber/Pilz*, GmbHR 2005, 1328.

zugelassen, und zwar im Verhältnis des Nominalwerts der vom jeweiligen Gesellschafter gehaltenen Geschäftsanteile an der Gesellschaft zum gesamten nominellen Stammkapital der Gesellschaft; die Übernahme ist bis zum Ablauf des dritten Monats nach dem Tage der heutigen Beurkundung zulässig, wobei maßgebend für die Fristwahrung der Zugang der mindestens beglaubigten Übernahmeerklärung bei der Gesellschaft ist. Die vollständigen Zahlungen sind durch den betreffenden Übernehmer binnen fünf Bankarbeitstagen nach Übernahme der betreffenden Geschäftsanteile zu leisten.
3. Der jeweils übernommene Geschäftsanteil nimmt mit Beginn des laufenden Geschäftsjahres am Gewinn der Gesellschaft teil.
4. Der Notar und jeder Geschäftsführer der Gesellschaft werden jeweils einzeln ermächtigt, die Geschäftsanteile in der neuen Gesellschafterliste und der Übernehmerliste zu nummerieren.
5. Wenn der Mindestbetrag von 50.000 € durch Übernahmen bis zum ..... gedeckt ist, haben die Geschäftsführer die Erhöhung des Stammkapitals um den übernommenen Gesamtbetrag bis zu 100.000 € zur Eintragung in das Handelsregister anzumelden. Die Geschäftsführung wird insgesamt zur Durchführung der Kapitalerhöhung und zum Abschluss von Übernahmeverträgen mit den betreffenden Gesellschaftern beauftragt und ermächtigt. Dieser Beschluss wird unwirksam, wenn bis zum ..... nicht neue Geschäftsanteile in Höhe von mindestens 50.000 € übernommen wurden.
6. § 3 der Satzung wird entsprechend des Umfangs der übernommenen Geschäftsanteile neu gefasst. Jeder Geschäftsführer der Gesellschaft sowie die Angestellten des Notars ..... werden hiermit jeweils einzeln beauftragt und bevollmächtigt, und zwar unter Befreiung von den Beschränkungen des § 181 BGB, die Neufassung des Gesellschaftsvertrags entsprechend der Durchführung der Kapitalerhöhung und damit des endgültigen Erhöhungsbetrags zu bestätigen und einen entsprechenden Gesellschafterbeschluss zur (redaktionellen) Anpassung des Gesellschaftsvertrags zu fassen.[115] *Alt.: § 3 der Satzung wird wie folgt geändert: Das Stammkapital bei Gründung beträgt 150.000 €. Dieses Stammkapital ist durch Beschluss vom ..... um mindestens 50.000 € und höchstens 100.000 € erhöht worden, wobei sich die tatsächliche Summe der Erhöhung aus der Summe der bis zum ..... übernommenen Geschäftsanteile ergibt.*

II.

Der Notar wird beauftragt, diese Urkunde abzuwickeln. Die Kosten der vorliegenden notariellen Beurkundung und ihrer weiteren Durchführung trägt die Gesellschaft. Die Beteiligten erklärten, dass zum Vermögen der Gesellschaft kein Grundbesitz gehört, auch nicht mittelbar.
Vorgelesen, genehmigt und wie folgt eigenhändig unterschrieben .....
....., Notar

■ *Kosten.* Wert: Der bestimmte Höchstbetrag, hier 100.000 €. – 2,0 Gebühr der Tabelle B nach Nr. 21100 KV GNotKG für den Erhöhungsbeschluss einschließlich des Zulassungsbeschlusses (derselbe Beurkundungsgegenstand nach § 109 Abs. 2 Nr. 4 Buchst. b) GNotKG); Geschäftswert nach § 108 Abs. 1 Satz 2 i.V.m. § 105 Abs. 1 GNotKG mindestens 30.000 €, nach § 108 Abs. 5 GNotKG höchstens 5 Mio. €.

---

115 Zur Absicherung, falls eine förmliche Satzungsanpassung für erforderlich gehalten werden sollte; dafür und zum Streitstand umfassend BeckOK-GmbHG/*Ziemons*, § 55a GmbHG Rn. 57.

85 Für die *Übernahmeerklärung* gilt im Einzelnen:

aa) Sie muss *notariell beurkundet oder beglaubigt* werden (§ 55 Abs. 1 GmbHG). Wird Grundbesitz eingebracht, ist die Übernahmeerklärung zu beurkunden.[116] Ein Formmangel wird aber durch Eintragung geheilt.[117] Sie kann vor oder nach dem Erhöhungsbeschluss abgegeben werden. Wenn sie sogleich im Anschluss an die Beschlussfassung zur Niederschrift des beurkundenden Notars erklärt wird, muss der Übernehmer die ihm vorzulesende Niederschrift seiner Willenserklärung *genehmigen* und *unterschreiben*, sofern nicht ohnehin bereits die zum Beschluss führenden Stimmabgaben nach den §§ 8 ff. BeurkG beurkundet werden und daher schon deshalb sämtliche teilnehmenden Gesellschafter die Niederschrift unterschreiben müssen.

Gesonderte Übernahme eines bar einzuzahlenden Geschäftsanteils

86 M Die Gesellschafterversammlung der »Holzmindener Handelsmühle GmbH« in Holzminden hat am ..... die Erhöhung ihres Stammkapitals um 50.000 € durch Ausgabe neuer Geschäftsanteile beschlossen. Zur Übernahme eines Geschäftsanteils Nr. 6 mit einem Nennbetrag von 5.000 € wurde der Unterzeichnete zugelassen.
Ich, Hugo Hilmer, geb. am ....., wohnhaft in ....., übernehme von diesem Betrage einen Geschäftsanteil Nr. 6 entsprechend dem vorgenannten Kapitalerhöhungsbeschluss mit einem Nennbetrag von 5.000 €. Ich verpflichte mich hiermit zur sofortigen vollständigen Leistung der geschuldeten Einlage in bar. Die Gesellschaft wird die Übernahme gesondert annehmen. Ich verzichte auf den Zugang der Annahmeerklärung.
Boffzen, den .....   Hugo Hillmer
Beglaubigungsvermerk

87 **bb)** Wenn neue Gesellschafter die Übernahmeerklärung abgeben und der Gesellschaftsvertrag *Nebenverpflichtungen* nach § 3 Abs. 2 GmbHG oder eine Nachschusspflicht nach § 26 GmbHG vorsieht, müssen diese mit aufgenommen werden (§ 55 Abs. 2 Satz 2 GmbHG).

Gesonderte Übernahme eines bar einzuzahlenden Geschäftsanteils mit Nebenverpflichtung

88 M Die Gesellschafterversammlung der »Zuckerfabrik Hildesheim Gesellschaft mit beschränkter Haftung« hat am ..... die Erhöhung ihres Stammkapitals um mindestens 200.000 € und höchstens 300.000 € beschlossen.
Ich übernehme davon einen sofort einzuzahlenden Geschäftsanteil mit einem Nennbetrag von 5.000 € und die nach dem Gesellschaftsvertrag damit verbundene Verpflichtung, mindestens den zehnten Teil des von mir geackerten Landes mit Zuckerrüben zu bebauen und die Rüben an die Gesellschaft abzuliefern.
Ich verzichte auf den Zugang der gesonderten Annahmeerklärung der Gesellschaft.
Hildesheim, den .....   Otto Heinrich Meyer
Beglaubigungsvermerk

■ *Kosten.* Zu diesem und dem vorstehenden M. nach dem Nennbetrag von 5.000 € ggf. zuzügl. der weiteren Leistungsverpflichtungen, wie Aufgeld.[118] 1,0 Gebühr der Tabelle B nach

---
116 Anders OLG Frankfurt GmbHR 2015, 1040; wie hier: *Lohr*, GmbH-StB 2013, 356; offengelassen bei BGH GmbHR 2018, 148.
117 BGH GmbHR 2018, 148.
118 OLG München NZG 2018, 429 = ZNotP 2018, 158.

Nr. 24101 i.V.m. 21200 KV GNotKG, wenn Text vom Notar vollständig entworfen (zur Rahmengebühr § 92 Abs. 2 GNotKG). Daneben erhält der Notar für die Erzeugung der XML-Datei eine Gebühr von 0,3, höchstens 250 € nach Nr. 22114 KV GNotKG. Bei nur Beglaubigung eines Fremdtextes für die Unterschriftsbeglaubigung nach Nr. 25100 eine Wertgebühr von 0,2 jedoch mindestens 20 € und höchstens 70 €, für die Erzeugung der XML-Datei im Rahmen der Registeranmeldung eine Vollzugsgebühr von 0,6 höchstens 250 € nach Nr. 22125 KV GNotKG sowie die Vollzugsgebühr von 20 € nach Nr. 22124 und die Dokumentenpauschale gemäß Nr. 32002 (s. i.E. Erläuterungen bei § 124 Rdn. 43).

cc) Wer zur Abgabe der Übernahmeerklärung bevollmächtigt ist, bedarf notariell beurkundeter oder beglaubigter *Vollmacht*, weil die Kapitalerhöhung eine teilweise Neugründung ist (§ 2 Abs. 1 GmbHG). **89**

dd) Der *Mindestbetrag* der neuen Geschäftsanteile ist *1 €*. Gleiches – § 5 Abs. 2 Satz 1 GmbHG »volle Euro« – gilt auch bei der Kapitalerhöhung durch Erhöhung des Nennbetrags der vorhandenen Geschäftsanteile. Ein Gesellschafter kann auch mehrere neue Geschäftsanteile übernehmen (§ 5 Abs. 2 Satz 2 GmbHG). **90**

ee) Übernehmen *Minderjährige* durch ihre gesetzlichen Vertreter, ist die familiengerichtliche Genehmigung nach § 1822 Nr. 3 BGB (nur) erforderlich, wenn die Übernahme dem entgeltlichen Erwerb eines Erwerbsgeschäfts entspricht, eine Genehmigung nach § 1822 Nr. 10 BGB, wenn eine Haftung für Verbindlichkeiten von Mitgesellschaftern entsteht.[119] **91**

ff) Die *GmbH selbst* kann sich nach allg. M.[120] an der Kapitalerhöhung *nicht beteiligen*. Gleiches gilt für von der GmbH abhängige Gesellschaften, jedenfalls soweit die GmbH an ihnen kapitalmäßig beteiligt ist. **92**

d) Einlageleistung zur freien Verfügung der Geschäftsführer

Zur *endgültig freien Verfügung* der Geschäftsführer ist die Einzahlung erfolgt, wenn sie in deren uneingeschränkten Verfügungsbereich gelangt ist,[121] was nach § 57 Abs. 2 GmbHG zu versichern ist. Die geleisteten Einlagen müssen im Anmeldezeitpunkt nicht mehr (unverbraucht) zur Verfügung stehen, es gibt keine Bardepotpflicht; auch die vormals in der Rspr. erhobene Forderung einer mindestens »wertgleichen Deckung«[122] ist überholt[123] – dies ist richtig, da die zugeführten Einlagen in ein tätiges Unternehmen fließen, dessen Verhältnisse sich ständig ändern und es bei der Kapitalerhöhung aufgrund der bereits bestehenden Gesellschaft keine Unterbilanzhaftung gibt. Es bedarf daher bei entsprechender »Verwirtschaftung« der geleisteten Einlagen bis zum Anmeldezeitpunkt keiner Darlegungen dahin, was mit den Einlagen geschehen ist, d.h. für welche geschäftlichen Maßnahmen der Einlagebetrag genutzt wurde. Allerdings verlangt der BGH, über den Wortlaut hinaus, dass versichert wird, dass der Einlagebetrag zur endgültig freien Verfügung der Geschäftsführer eingezahlt worden und in der Folge nicht an den Einleger zurückbezahlt worden ist. **93**

Ob dies im Lichte des reformierten § 19 Abs. 5 GmbHG weiter überzeugen kann, erscheint zweifelhaft. Diese Vorschrift bringt nämlich eine weitere Lockerung der Anforderungen an **94**

---

119 Vgl. BGHZ 107, 23; *Reimann*, DNotZ 1999, 179, 191.
120 Seit BGHZ 15, 391 = DNotZ 1955, 92.
121 BGHZ 150, 197 = DNotZ 2002, 808. Zum Hin- und Herzahlen OLG Brandenburg GmbHR 2018, 474.
122 BGHZ 119, 117 = GmbHR 1993, 225
123 BGHZ 150, 197 = DNotZ 2002, 808.

die freie Verfügungsmöglichkeit der Geschäftsführer. Mit Urt. v. 24.11.2003[124] hatte der BGH entschieden (was nach der früheren Rechtslage kaum zu bezweifeln war[125]), dass die *Kreditgewährung an den Gesellschafter* auch dann eine verbotene Einlagenrückgewähr ist, wenn der der Gesellschaft gegen den Gesellschafter zustehende Darlehensrückzahlungsanspruch vollwertig sein sollte. Mit § 19 Abs. 5, 30 Abs. 1 Satz 2 GmbHG i.d.F. des MoMiG hat der Gesetzgeber die Rechtslage sowohl zur Kapitalaufbringung als auch zur Kapitalerhaltung grundlegend geändert: Falls der Rückgewähranspruch vollwertig ist, wird die Einlageschuld wirksam getilgt und nicht gegen das Kapitalerhaltungsgebot verstoßen. Damit sind nicht nur Verfahren wie das »*Cash-Pooling*« im Konzern, sondern auch einfachere Vorgänge des Hin- und Herzahlens etwa zur Darlehensgewährung oder im Rahmen eines Treuhandverhältnisses an den Gesellschafter bei Vollwertigkeit des Anspruchs der Gesellschaft unbedenklich, aber auch nur dann (deshalb z.B. Einlage in den Cash-Pool bei negativem Saldo der GmbH unzulässig, da Tilgung von Verbindlichkeit und deshalb verdeckte Sacheinlage). Überholt ist für diesen Bereich damit auch BGHZ 150, 197[126] mit der – auf der Basis der früheren Rechtslage verminderten – Anforderung zu versichern, dass die Einlage nicht an den Einleger zurückgeflossen ist. Ist sie das, so muss die Versicherung nach § 19 Abs. 5 GmbHG nur dahin gehen, dass die Einlage zwar zurückgeflossen ist, dass an ihre Stelle aber ein vollwertiger Anspruch der Gesellschaft gegen den Gesellschafter getreten ist. Insgesamt ist die Versicherung der Geschäftsführer jeweils der konkreten Situation anzupassen. S. auch § 142 Rdn. 67 ff. zur Gründung der Gesellschaft.

95 Für *frühere Vorgänge* dieser Art bleibt die Rspr. des BGH bedeutsam, dass die Erfüllung des Rückzahlungsanspruchs durch den Gesellschafter zur Tilgung der Einlageschuld führt.[127]

96 Nach der Rspr. des BGH weiterhin bedenklich sind dagegen Vorauszahlungen auf eine noch nicht beschlossene Kapitalerhöhung, auch wenn diese der Einzahlung unmittelbar folgt und der Zusammenhang offensichtlich ist;[128] schuldtilgend soll dies nur wirken, wenn der eingezahlte Betrag im Zeitpunkt der Entstehung der Einlageverpflichtung noch im Gesellschaftsvermögen eindeutig vorhanden ist.[129] Ansonsten liegt eine verdeckte Sacheinlage vor, da die durch nicht schuldtilgende Einlagenleistung entstandene Bereicherungsforderung eingebracht wird.

97 Für die Kapitalerhöhung bei der Einmann-Gesellschaft gelten nach Aufhebung des früheren § 7 Abs. 2 Satz 3 GmbHG durch das MoMiG keine Besonderheiten mehr.

e) Kapitalerhöhungskosten zulasten der Gesellschaft

98 Kapitalerhöhungskosten kann die Gesellschaft selbst tragen, diese hat jene ohnehin im Rechtssinn maßgebend veranlasst. Hierfür bedarf es nicht einmal einer Festsetzung in der Satzung; § 26 Abs. 2 AktG ist hier nicht entsprechend zur Anwendung zu bringen.[130] Allein für die Überbürdung der Kosten, die für die Übernahme der Geschäftsanteile anfallen, wird (aus steuerrechtlicher Sicht) eine Festsetzung in der Satzung empfohlen. Diese kann entwe-

---

124 BGHZ 157, 72 = DNotZ 2004, 720.
125 Für das Cash-Pooling bestätigt in BGHZ 166, 8 = DNotZ 2006, 543.
126 = DNotZ 2002, 808.
127 BGHZ 165, 113 = DNotZ 2006, 218; BGHZ 165, 352 = DNotZ 2006, 536.
128 BGH DNotZ 2004, 867 m. abl. Anm. *Kanzleiter* – gegen die Auffassung des BGH auch *Priester*, EWiR 2004, 851; *Günter H. Roth*, LMK 2004, 139; *Ulmer*, JZ 2004, 685 –; BGH DNotZ 2005, 312; grundlegend anders, aber überholt, BGH DNotZ 1997, 495 m. zust. Anm. *Kanzleiter*.
129 BGH GmbHR 2016, 479. Ausf. *Lieder*, GmbHR 2018, 1116, 1124 ff.
130 S. auch BFH DStR 2000, 585, 586.

Versammlung, Satzungsänderung, Kapitalmaßnahmen, Auflösung § 144

der im Zuge der Kapitalerhöhung mitbeschlossen oder direkt in die Gründungssatzung aufgenommen werden. Kautelarjuristisch empfiehlt sich Letzteres.[131]

f) Anmeldung

Die Kapitalerhöhung ist nach der Übernahme der neuen Geschäftsanteile *von allen Geschäftsführern* (§ 78 Alt. 2 GmbHG) zur Eintragung in das Handelsregister *anzumelden* (§ 57 GmbHG). In der Anmeldung ist die gleiche Versicherung wie bei der Gründung darüber abzugeben, dass die Einlagen bewirkt sind und zur freien Verfügung der Geschäftsführer stehen (§ 57 Abs. 2 GmbHG), jetzt unter Berücksichtigung der Möglichkeit des Hin- und Herzahlens gegen vollwertigen Rückzahlungsanspruch nach § 19 Abs. 5 GmbHG. Hierzu Rdn. 94. Beizufügen sind nach § 57 Abs. 3 GmbHG die *Übernahmeerklärungen*, bei einer Kapitalerhöhung mit Sacheinlagen die Verträge, die ihnen zugrunde liegen, und eine *Liste der Übernehmer* der neuen Geschäftsanteile. Nach § 40 Abs. 2 GmbHG hat der Notar außerdem nach Eintragung eine neue Gesellschafterliste einzureichen, am einfachsten wird sie aber gleich mit vorgelegt, obwohl die Kapitalerhöhung erst mit der Eintragung wirksam wird (str., dazu unten Rdn. 107). Sie »sollte« nach § 2 Abs. 3 Nr. 4 der neuen Gesellschafterlistenverordnung eine Veränderungsspalte enthalten. Eine Abschrift der geänderten Liste ist der Gesellschaft zu übermitteln. Schließlich ist nach § 54 Abs. 1 Satz 2 GmbHG der *neue Wortlaut des Gesellschaftsvertrages* mit der Bescheinigung des Notars vorzulegen.

99

Anmeldung der Kapitalerhöhung durch Geldeinlagen

**An das Amtsgericht Darmstadt
– Handelsregister –
In der Handelsregistersache »Radiowerk Westermann & Co. Gesellschaft mit beschränkter Haftung« mit Sitz in Darmstadt, eingetragen im Handelsregister des Amtsgerichts Darmstadt unter HRB ..... überreichen wir, die unterzeichneten Geschäftsführer, in jeweils elektronisch beglaubigter Abschrift**
1. **das Protokoll ..... des Notars ..... in Darmstadt vom ..... – UR-Nr ..... – über die von der Gesellschaft beschlossene Erhöhung des Stammkapitals, sowie die darin enthaltenen Erklärungen der Übernehmer der neuen Geschäftsanteile,**
2. **die Liste der Übernehmer und der übernommenen Beträge,**
3. **die Gesellschafterliste mit der Bescheinigung nach § 40 Abs. 2 GmbHG zur Aufnahme in den Registerordner nach Eintragung der Kapitalerhöhung,**
4. **den vollständigen Wortlaut des geänderten Gesellschaftsvertrages mit der Bescheinigung des Notars.**

100 M

I.
Zur Eintragung in das Handelsregister melden wir an:
1. **Das Stammkapital wurde von 100.000 € um 100.000 € auf 200.000 € erhöht.**
2. **§ 2 des Gesellschaftsvertrages wurde entsprechend geändert.**

II.
1. **Wir versichern, und zwar jeder für sich, dass sämtliche Einlagen auf die übernommenen Geschäftsanteile in voller Höhe und damit insgesamt 100.000 € eingezahlt**

---

[131] S. Münchener Anwaltshandbuch-GmbH/*Seibt*, § 2 Rn. 346; *Tiedtke/Wälzholz*, GmbHR 2001, 223, 227; *Cziupka*, EWiR 2018, 329 f.; missverständlich OLG Celle NZG 2018, 261.

sind, die Einlagebeträge für die Zwecke der Gesellschaft eingezahlt wurden, danach nicht an die Übernehmer zurückgezahlt worden sind und sich daher endgültig in unserer freien Verfügung befinden.
2. Der Notar wird von den unterzeichneten Geschäftsführern angewiesen, diese Anmeldung erst zum Registergericht einzureichen, wenn ihm die Erbringung der auf die neu geschaffenen Geschäftsanteile zu leistenden Zahlungen an die Gesellschaft in ausreichender Weise durch Beleg nachgewiesen wurde oder wenn die Geschäftsführer den Notar zur Vorlage ohne entsprechenden Beleg schriftlich anweisen.

III.

1. Der Notar wies daraufhin, dass
   - falsche Angaben der Geschäftsführer zum Zweck der Eintragung einer Erhöhung des Stammkapitals in das Handelsregister strafbar sind und eine persönliche Haftung des Geschäftsführers begründen können und
   - die in der Handelsregisteranmeldung abgegebenen Erklärungen und Versicherungen mit ihrem Zugang beim Registergericht rechtlich wirksam werden.
2. Der Notar wird mit dem Vollzug dieser Urkunde beauftragt und bevollmächtigt, die Beteiligten im Registerverfahren uneingeschränkt zu vertreten.
3. Die Notariatsangestellten ....., geschäftsansässig ....., und zwar jeweils einzeln, unter Befreiung von den Beschränkungen des § 181 BGB, werden durch die Beteiligten unabhängig von der Wirksamkeit dieser Urkunde bevollmächtigt, die vorstehende Handelsregisteranmeldung zu berichtigen, zu ändern und zu ergänzen. Diese Vollmacht ist im Außenverhältnis unbeschränkt und vom Registergericht nicht zu überprüfen. Im Innenverhältnis werden die Bevollmächtigten jedoch angewiesen, von dieser Vollmacht nur Gebrauch zu machen, wenn die Geschäftsführung der Gesellschaft einer Änderung oder Ergänzung zugestimmt hat. Sie erlischt drei Monate nach Eintragung der Gesellschaft im Handelsregister.
4. Der Gesellschaft ist nach Eintragung ein beglaubigter Registerauszug zu übersenden. Um Vollzugsmitteilung an den unterzeichneten Notar wird gebeten.

Unterschriften aller Geschäftsführer
Notarieller Beglaubigungsvermerk
Beglaubigungsvermerk wie zum Muster Rdn. 67 M. Die Bescheinigung nach § 54 Abs. 1 Satz 2 GmbHG wie im Muster Rdn. 69 M.

■ *Kosten.*
a) Des Notars: Wert = der bestimmte einzutragende Erhöhungsbetrag (§ 105 Abs. 1 Nr. 3 GNotKG, Wert mindestens 30.000 €) hier 100.000 €. Gebühr von 0,5 Gebühr aus Tabelle B nach Nr. 24102 i.V.m. 21201 (5.) KV GNotKG. Nach § 106 GNotKG Höchstwert aller zusammengefassten Anmeldungen 1 Mio. €. Für die Zusammenstellung des neuen vollständigen Wortlauts des Gesellschaftsvertrages durch den Notar kann nach GNotKG keine Gebühr erhoben werden (s. Muster Rdn. 69 M). Auch keine Gebühr für die Vollzugsvollmacht, siehe Rdn. 47.
b) Daneben erhält der Notar für die Erzeugung der XML-Datei eine Gebühr von 0,3, höchstens 250 € nach Nr. 22114 KV GNotKG. S. § 124 Rdn. 43.
c) Des Registergerichts: Festgebühr von 70 € gemäß § 1 i.V.m. Nr. 2500 GV, HRegGebVO. 30 € für Entgegennahme der neuen Gesellschafterliste, keine Gebühr bzgl. Übernehmerliste, wegen Fehlens eines Gebührentatbestand; s. Rdn. 102 M.

g) Liste der Übernehmer

Auch die Liste der Übernehmer müssen alle Geschäftsführer unterschreiben (§ 57 Abs. 3 Nr. 2 GmbHG), Beglaubigung ist nicht erforderlich. In die Liste der Übernehmer sind, anders als in die Gesellschafterliste, keine Prozentangaben bzgl. der Relation des Nennwerts eines Geschäftsanteils zum Gesamtstammkapital und der addierten Höhe sämtlicher von einem Anteilsinhaber gehaltener Geschäftsanteile zum Gesamtstammkapital erforderlich; die Aufnahme wäre aber nicht zu beanstanden, wenn auch wenig zweckmäßig. **101**

Anlage

Liste der Personen, die die neuen Geschäftsanteile übernommen haben: **102 M**
Namen, Vornamen, Geburtsdatum, Wohnort, Betrag und Nummer der neuen Geschäftsanteile der 8 übernehmenden Gesellschafter zu 1–6 je 13.000 und zu 7 und 8 je 11.000 €.
Darmstadt, den .....

Kaiser
Wennrich

■ *Kosten.* Entwurf der **Übernehmerliste:** Vorbemerkung 2.2.1.1. Abs. 1 Nr. 3 KV GNotKG bestimmt, dass Fertigung, Änderung oder Ergänzung der Liste der Gesellschafter gemäß § 57 Abs. 3 Nr. 2 GmbHG eine Vollzugstätigkeit zu der Kapitalerhöhung ist. Weil gemäß § 93 GNotKG für einen Beurkundungsvorgang nur eine Vollzugsgebühr anfallen kann, ist in dieser auch die neue Gesellschafterliste gemäß § 40 Abs. 2 GmbHG erfasst. Geschäftswert der Vollzugsgebühr ist der Wert der zu vollziehenden Beurkundung (§ 112 GNotKG) hier der Kapitalerhöhung, wobei jedoch der Mindestgeschäftswert von 30.000 € nach § 108 Abs. 1 Satz 2 i.V.m. § 105 Abs. 1 GNotKG zu beachten ist. Da für diese Erhöhung nach Nr. 21100 KV GNotKG eine 2,0-Gebühr anfällt, entsteht somit für die Listenerstellung(en) gemäß Nr. 22110 KV GNotKG eine 0,5 Vollzugsgebühr (Tabelle B), die nach Nr. 22113 KV GNotKG je erstellter Liste auf höchstens 250 € beschränkt wird, höchstens die Gesamtgebühr nach Nr. 22110. – Keine Gebühr beim Registergericht für die Entgegennahme der Übernehmerliste.

h) Gesellschafterliste

S. zur Gesellschafterliste zunächst § 142 Rdn. 82 ff. Nach § 40 Abs. 1 GmbHG haben die Geschäftsführer »unverzüglich nach Wirksamwerden« jeder Veränderung in den Personen der Gesellschafter oder des Umfangs ihrer Beteiligung eine von ihnen unterschriebene (Unterzeichnung durch die Geschäftsführer in vertretungsberechtigter Zahl genügt, h.M.[132]) Liste der Gesellschafter zum Handelsregister einzureichen. Sie muss Name, Vorname, Geburtsdatum und Wohnort der Gesellschafter sowie die Nennbeträge und die laufenden Nummern (neu, § 40 Abs. 1 GmbHG i.d.F. des MoMiG) ihrer Geschäftsanteile enthalten. Nach § 40 Abs. 2 GmbHG ist bei allen Veränderungen, an denen ein Notar »mitwirkt«, von diesem eine Liste mit der Bescheinigung einzureichen, dass die Liste der zuletzt beim Handelsregister eingereichten Liste unter Berücksichtigung der Änderungen entspricht, bei denen der Notar mitgewirkt hat (eine Unterschrift unter Liste und Bescheinigung genügt).[133] Diese Liste ersetzt die nach § 40 Abs. 1 GmbHG von den Geschäftsführern einzureichende. Obwohl die Eintragung der Kapitalerhöhung erst mit der Eintragung im Handelsregister wirksam wird (§ 54 Abs. 3 GmbHG), kann die Liste mit der Anmeldung beim Handelsregis- **103**

---

132 OLG Jena NZG 2011, 909. (unzureichend aber unechte Gesamtvertretung).
133 OLG München DNotZ 2009, 637.

104 ter eingereicht werden, wenn zugleich die Anweisung gegeben wird, die Gesellschafterliste erst nach Eintragung der Kapitalerhöhung in den Registerordner aufzunehmen (s. unten Rdn. 107): Die Wirksamkeit der Kapitalerhöhung und damit die Richtigkeit der Liste tritt mit der Eintragung im Handelsregister automatisch ein.

Im Übrigen ist zu beachten: Erfolgt die Kapitalerhöhung durch Ausgabe neuer Geschäftsanteile, sind für diese in der Gesellschafterliste die nächsten freien Nummern zu vergeben (Abschnittsnummern sind hier unzulässig); erfolgt hingegen eine Aufstockung bestehender Geschäftsanteile, ist die Kapitalerhöhung nicht durch neue Nummern, sondern schlicht durch die bei den aufgestockten Geschäftsanteilen ausgewiesenen erhöhten Nennbeträge im Verbund mit der – freigestellten, allerdings zu empfehlenden – Veränderungsspalte sichtbar zu machen.[134] Denn im letzteren Fall bleibt jeweils der Geschäftsanteil selbst identisch.[135]

Gesellschafterliste nach Kapitalerhöhung (mit Veränderungsspalte und Spalte für Beteiligungsquote der Gesellschafter)

105 M Liste der Gesellschafter
der »Radiowerk Westermann & Co Gesellschaft mit beschränkter Haftung« mit dem Sitz in Darmstadt, eingetragen im Handelsregister des Amtsgerichts Darmstadt

Gesellschafter[1]	Angaben zum Geschäftsanteil			Veränderung	Beteiligungsquote pro Gesellschafter
	Lfd. Nr.	Nennbetrag in €	Geschäftsanteilsbezogene Beteiligungsquote		
Herr A, geb. am ....., wohnhaft	1	10.000	5,0 %		11,5 %
	11	13.000	6,5 %	Kapitalerhöhung	
Herr B, geb. am ....., wohnhaft	2	10.000	5,0 %		11,5 %
	12	13.000	6,5 %	Kapitalerhöhung	
Herr C, geb. am ....., wohnhaft	3	10.000	5,0 %		11,5 %
	13	13.000	6,5 %	Kapitalerhöhung	
Herr D, geb. am ....., wohnhaft	4	10.000	5,0 %		11,5 %
	14	13.000	6,5 %	Kapitalerhöhung	
Herr E, geb. am ....., wohnhaft	5	10.000	5,0 %		11,5 %
	15	13.000	6,5 %	Kapitalerhöhung	

---

134 Für Möglichkeit der Vergabe neuer Nummern nach der Aufstockung von Geschäftsanteilen noch Heckschen/Heidinger/*Heckschen*, Kap. 13 Rn. 402, auf der Basis des insoweit noch weniger strengen Referentenwurfs.
135 *Cziupka*, GmbHR 2018, R180, 181.

Gesellschafter[1]	Angaben zum Geschäftsanteil			Veränderung	Beteiligungs-quote pro Gesellschafter
	Lfd. Nr.	Nennbetrag in €	Geschäftsanteils-bezogene Beteiligungsquote		
Herr F, geb. am ....., wohnhaft	6	10.000	5,0 %		11,5 %
	16	13.000	6,5 %	Kapital-erhöhung	
Herr G, geb. am ....., wohnhaft	7	10.000	5,0 %		10,5 %
	17	11.000	5,5 %	Kapital-erhöhung	
Herr H, geb. am ....., wohnhaft	8	10.000	5,0 %		10,5 %
	18	11.000	5,5 %	Kapital-erhöhung	
Herr I, geb. am ....., wohnhaft	9	10.000	5,0 %		5,0 %
Herr J, geb. am ....., wohnhaft	10	10.000	5,0 %		5,0 %
Stammkapital in € gesamt: 200.000,00					

[1]Bei natürlichen Personen: Name, Vorname, Geburtsdatum, Wohnort; bei eingetragenen Gesellschaften: Firma/Name, Satzungssitz, zuständiges Register, Registernummer; bei nichteingetragenen Gesellschaften: zusammenfassende Bezeichnung der Gesellschaft und deren Gesellschafter, jeweils mit Name, Vorname, Geburtsdatum und Wohnort.

Veränderungsgrund: Am ..... beschlossene Kapitalerhöhung (gilt mit Eintragung im Handelsregister), aus der die Geschäftsanteile Nr. 11-18 neu hervorgegangen sind.[136]
Darmstadt, den .....

Notar

Gemäß § 40 Abs. 2 S. 2 GmbHG bescheinige ich zu der vorstehend vollständig wiedergegebenen Gesellschafterliste der »Radiowerk Westermann & Co Gesellschaft mit beschränkter Haftung« mit dem Sitz in Darmstadt, eingetragen im Handelsregister des Amtsgerichts Darmstadt, dass die geänderten Eintragungen der Gesellschafterliste den Veränderungen entsprechen, die sich aufgrund meiner Urkunde vom ..... – UR-Nr ..... – mit Eintragung der Kapitalerhöhung in das Handelsregister ergeben, und die übrigen Eintragungen mit dem Inhalt der zuletzt im Handelsregister aufgenommenen Gesellschafterliste übereinstimmen.
Darmstadt, den .....

Notar (Siegel)

- *Kosten.* Vorbemerkung 2.2.1.1. Abs. 1 Nr. 3 KV GNotKG bestimmt, dass Fertigung, Änderung oder Ergänzung der Liste der Gesellschafter gemäß § 57 Abs. 3 Nr. 2 bzw. § 40 Abs. 2

---

136 Nach hier vertretener Ansicht genügt dies als Änderungsspalte; s. auch *Cziupka*, GmbHR 2018, R180, 182.

GmbHG eine Vollzugstätigkeit zum Beurkundungsverfahren der Kapitalerhöhung ist. Für alle Vollzugstätigkeiten fällt nur eine Vollzugsgebühr an (§ 93 GNotKG). Geschäftswert der Vollzugsgebühr ist der gesamte Wert des zu vollziehenden Beurkundungsverfahrens (§ 112 GNotKG) hier der Kapitalerhöhung (also ggf. auch mit dem Wert eines mitbeurkundeten Einbringungsvertrag oder einer Übernahmeerklärung), wobei jedoch der Mindestgeschäftswert von 30.000 € nach § 108 Abs. 1 Satz 2 i.V.m. § 105 Abs. 1 GNotKG zu beachten ist. Da für diese Erhöhung nach Nr. 21100 KV GNotKG eine 2,0-Gebühr anfällt, entsteht somit für die Erstellung der Übernehmer- wie auch der neuen Gesellschafterliste gemäß Nr. 22110 KV GNotKG eine Gebühr von 0,5 nach Tabelle B; diese wird je gefertigter Liste nach Nr. 22113 KV GNotKG auf höchstens 250 € beschränkt, sodass bei Fertigen von beiden Listen die Höchstgebühr zweimal in Betracht kommt, wenn die Summen dieser Höchstgebühren geringer ist als die 0,5-Vollzugsgebühr. – Für die Erteilung einer Bescheinigung über Veränderungen hinsichtlich der Person der Gesellschafter oder Umfangs ihrer Beteiligung gemäß § 40 Abs. 2 GmbHG erhält der Notar darüber hinaus nur dann auch eine Betreuungsgebühr, wenn von ihm Umstände außerhalb der Urkunde zu prüfen sind, wie etwa der Eintritt aufschiebender Bedingungen oder das Vorliegen von Genehmigungen, nach Nr. 22200 KV GNotKG i.H.v. 0,5 aus Tabelle B; nicht ausreichend ist dafür nur das Abwarten von bestimmte Vorgängen, ohne dass den Notar selbst konkrete Überprüfungstätigkeiten treffen.[137] Daneben erhält der Notar für die Erzeugung der XML-Datei eine Gebühr von 0,3, höchstens 250 € nach Nr. 22114 KV GNotKG. Beschränkt sich die Notartätigkeit auf das Einreichen der Fremdliste beim Register fällt nur die Festgebühren von 20 € nach Nr. 22124 KV GNotKG an. Fertigt der Notar zu einer Fremdurkunde die Gesellschafterliste(n) erhält er eine 1,0 Vollzugsgebühr in besonderen Fällen (Vorbem. 2.2.1.2.) nach Nr. 22120 KV GNotKG ohne Höchstwertbegrenzung.– *Beim Registergericht:* Gebühr für die Entgegennahme der geänderten Liste der Gesellschafter gemäß § 40 GmbHG: 30 € nach Nr. 5002 GV HRegGebVO.

106 Es ist in der Regel nicht erforderlich, dass der Notar die mit der Bescheinigung versehene Liste zweimal unterschreibt, denn die Unterschrift des Notars unter der einheitlichen Urkunde, die Liste und Bescheinigung enthält, bringt in der Regel hinreichend deutlich zum Ausdruck, dass die Liste vom Notar erstellt ist.[138] Innerhalb des durch die Funktion der Gesellschafterliste vorgegebenen Rahmens trifft der der Notar (§ 40 Abs. 2 GmbHG) die Entscheidung darüber, wie die Gesellschafterliste letztlich geführt werden soll.[139] Daher kann der Notar – soweit die durchgehende Nummerierung gewahrt bleibt – die Liste auch nach Gesellschaftern sortieren – diese Gestaltungsfreiheit stellt nun auch § 1 Abs. 1 Satz 3 der neuen GesL-VO klar.

107 Der Notar darf erst unverzüglich nach dem Wirksamwerden der Veränderungen die geänderte Gesellschafterliste zum Handelsregister einreichen und eine Abschrift an die Gesellschaft übermitteln. Demnach dürfte der eine Kapitalerhöhung beurkundende Notar die geänderte Gesellschafterliste nach umstrittener Ansicht erst nach Eintragung der Kapitalerhöhung in das Handelsregister (vgl. § 54 Abs. 3 GmbHG) unterzeichnen und einreichen. Nach Ansicht des OLG Jena[140] ist der Notar jedoch nicht gehindert, die aktualisierte Liste schon zeitlich vorher entsprechend der von ihm beurkundeten Veränderungen zu erstellen und mit der Notarbescheinigung nach § 40 Abs. 2 Satz 2 GmbHG zu versehen.

---

137 So h.M. vgl. Korintenberg/*Tiedtke*, Nr. 22200 KV Rn. 33. Notarkasse Streifzug 12. Aufl. Rn. 1363 ff. Anders jedoch LG Düsseldorf v. 29.09.2017 – 25 T 112/15, ZNotP 2018, 77 m.Anm. *Fackelmann*; RNotZ 2018, 115 m. Anm. Schriftleitung, wonach die Betreuungsgebühr nach Nr. 22200 KV GNotKG anfalle, weil der Notar die richtige Eintragung der Kapitalmaßnahme im Handelsregister zu überprüfen habe. Die Gebühr würde aber nicht anfallen, wenn er die Liste bereits zuvor mit der Anmeldung der Kapitalerhöhung einreiche. Letzteres wird als zulässig angesehen. Der Notar begehe aber bei diesem Verfahren keine unrichtige Sachbehandlung.
138 OLG München RNotZ 2009, 552.
139 OLG Jena NZG 2010, 591.
140 OLG Jena GmbHR 2010, 1038.

Reicht er die geänderte Liste erst nach Wirksamwerden der Veränderungen zum Handelsregister ein (vorher wäre diese nach dieser Ansicht unzulässig und vom Registergericht zurückzuweisen), entspricht diese inhaltlich dem Sachstand am Tag der Einreichung. Nach der Gegenansicht kann die Gesellschafterliste jedoch auch bereits zuvor zum Handelsregister eingereicht werden, umstritten ist dann jedoch, wie dies kenntlich zu machen ist; jedenfalls sollte dann in der Anmeldung der Kapitalerhöhung, der die Gesellschafterliste als Anlage beigefügt wird, auf diesen Umstand hingewiesen werden, womöglich auch bei der Bezeichnung der Gesellschafterliste selbst; denkbar wäre zusätzlich eine modifizierte Notarbescheinigung, die aber teilweise für unzulässig gehalten wird[141] – lässt man eine Einreichung vor Wirksamwerden der Kapitalerhöhung zu, erscheint es aber konsequent, die Anpassung der Notarbescheinigung für zulässig und dann sogar sinnvoll zu erachten. Aufgenommen werden darf die Gesellschafterliste in den Registerordner freilich dennoch erst nach dem Wirksamwerden der Kapitalerhöhung. S. dazu Muster Rdn. 100 M.

Gesellschafterliste nach Durchführung der Kapitalerhöhung auf 200.000 €

Gemäß § 40 Abs. 2 S. 2 GmbHG bescheinige ich zu der vorstehend vollständig wiedergegebenen Gesellschafterliste der ….. GmbH, eingetragen im Handelsregister des Amtsgerichts unter HRB ….., dass die geänderten Eintragungen in der Gesellschafterliste den Veränderungen entsprechen, die sich aufgrund meiner Urkunde vom ….. – UR-Nr. ….. – nach registergerichtlichem Vollzug ergeben. Die übrigen Eintragungen stimmen mit dem Inhalt der zuletzt im Handelsregister aufgenommenen Gesellschafterliste überein, wovon ich, der Notar, mich durch Einsicht vom heutigen Tage versichert habe.
Ort, Datum

Notar (Siegel)

108 M

Die Bescheinigung des Notars nach § 40 Abs. 2 Satz 2 GmbHG stellt eine in der Form eines Vermerks errichtete öffentliche Urkunde dar. Die wirksame Einreichung zum Handelsregister hat der Form des § 39a BeurkG zu genügen; sie erfordert neben der qualifizierten elektronischen Signatur als solcher, durch welche die Unterschrift des Notars in der Papierwelt ersetzt wird, einen elektronischen Beglaubigungs- oder Transfervermerk des Notars, in dem dieser die inhaltliche Übereinstimmung der Bilddatei mit dem Ausgangsdokument feststellt.[142] Die elektronisch beglaubigte Abschrift kann auf Grundlage eines Scans der Gesellschafterliste oder aber einer elektronischen Leseabschrift erfolgen.[143] Eine elektronische Abschrift ist aber nur erforderlich, sofern zunächst eine Gesellschafterliste in Papierform erstellt wird; alternativ kann der Notar auch originär eine elektronische Gesellschafterliste mitsamt Bescheinigung nach § 40 Abs. 2 GmbHG erstellen und qualifiziert elektronisch signieren; ein Transfervermerk ist dann verfehlt.

109

i) Genehmigtes Kapital

§ 55a GmbHG lässt nun auch bei der GmbH zu, dass der Gesellschaftsvertrag oder seine spätere Änderung die Geschäftsführer auf die Dauer von höchstens 5 Jahren ermächtigt, das Stammkapital bis zu einem bestimmten Nennbetrag durch Ausgabe neuer Geschäftsanteile zu erhöhen (Genehmigtes Kapital). Grenze ist die Hälfte des Stammkapitals zum Zeitpunkt

110

---
141 *Krafka/Kühn*, Registerrecht, Rn. 1051a.
142 OLG Jena DNotZ 2010, 792. Die Notarbescheinigung ist Rechtsgutachten und nTatsachenbescheinigung *Lieder/Cziupka*, GmbHR 2018, 231, 240.
143 *Bettendorf/Mödl*, DNotZ 2010, 795, 797; *Lieder/Cziupka*, GmbHR 2018, 231, 239.

der Ermächtigung. Wie bei der AG muss die Ermächtigung im Gesellschaftsvertrag nur die Frist und den Höchstbetrag der Erhöhung (bei Sacheinlagen nach § 55a Abs. 3 GmbHG auch deren Gegenstand) enthalten. Alle Einzelheiten können den Geschäftsführern überlassen werden. S. hierzu das Muster Rdn. 144 M.

j) § 54 EStDV

111 Der Notar hat gemäß § 54 EStDV beglaubigte Abschriften der Urkunde über den Kapitalerhöhungsbeschluss und deren Handelsregisteranmeldung innerhalb von 2 Wochen nach Beurkundung an das für den Sitz der Gesellschaft zuständige Finanzamt für Körperschaften zu übersenden. Zuvor dürfen den Beteiligten keine Abschriften und Ausfertigungen ausgehändigt werden.

k) Steuerliche Folgen der Kapitalerhöhung

112 aa) *Beurkundungskosten:* Übernimmt die GmbH die Kosten, die mit der eigentlichen Kapitalerhöhung zusammenhängen (Beurkundungs- und Eintragungskosten), sind dies abzugsfähige Betriebsausgaben. Eine verdeckte Gewinnausschüttung liegt jedoch vor, wenn sie auch diejenigen Kosten trägt, die auf die Übernahme der neuen Anteile (Beurkundung der Übernahmeerklärung) zurückzuführen sind, soweit hierfür neben den gesellschaftlichen Gründen nicht auch betriebliche Gründe vorliegen.[144]

113 bb) *Einkommensteuer:* Die steuerlichen Folgen der Einlage beim Gesellschafter sind identisch mit der Einlage bei Errichtung der Gesellschaft; insoweit wird auf § 142 Rdn. 118 verwiesen. Eine Sacheinlage gegen neue Gesellschaftsanteile ist ein tauschähnlicher Vorgang. Ein vollentgeltlicher Einbringungsvorgang liegt auch bei sog. »Mischfällen« vor, in denen die dem Gesellschafter gewährte angemessene (drittübliche) Gegenleistung teils in der Gewährung von Gesellschaftsrechten und teils in anderen Entgelten, z.B. in der Zahlung eines Barkaufpreises oder der Übernahme von Schulden des Gesellschafters besteht.[145] Sonderregelungen gelten für Kapitalerhöhung aus Gesellschaftsmitteln; s. hierzu bei Rdn. 150.

Anschaffungskosten sind auch die Nebenkosten des Erwerbs, wozu typischerweise Makler-, Gutachter- oder Beurkundungskosten zählen.[146] *Finanzierungskosten* einer im Privatvermögen gehaltenen GmbH-Beteiligung sind dagegen nicht Anschaffungskosten, sondern laufende Werbungskosten im Rahmen des § 9 Abs. 1 Satz 3 Nr. 1, § 20 Abs. 1 Nr. 1 EStG,[147] die aber im Rahmen der Abgeltungssteuer nicht mehr angesetzt werden können.

114 *Aufgeld (Agio):* Häufig wird bei der Kapitalerhöhung gegen Sacheinlage (z.B. mit einem Unternehmen oder einem Grundstück) vereinbart, dass die eingebrachten Wirtschaftsgüter mit dem Buchwert eingebracht werden. Der abgerundete Buchwert wird als Nennbetrag der Kapitalerhöhung angesetzt. Zivilrechtlich handelt es sich bei dem Differenzbetrag zwischen Buchwert und tatsächlichem Wert um ein Aufgeld (Agio) im Rahmen einer Überpari-Emission, welches gemäß § 272 Abs. 2 Nr. 1 HGB in der Handelsbilanz der GmbH als Kapitalrücklage und steuerlich auf dem Einlagekonto § 27 KStG auszuweisen sind. Wird der darüber hinausgehende tatsächliche Wert des eingebrachten Betriebsvermögens in die Kapitalrücklage eingestellt, dann ist der über den Nennbetrag hinausgehende Wertanteil des eingebrachten Sachgegenstandes aus steuerlicher Sicht Bestandteil der vom Einbrin-

---

144 BFH BStBl. I 2000, 545; NJW 2000, 1975.
145 BFH Urt. v. 19.09.2002 – X R 51/98 –, BFHE 201, 19, BStBl. II 2003, 394; v. 11.12.2001 – VIII R 58/98 –, BFHE 197, 411, BStBl. II 2002, 420.
146 Vgl. zu diesen BFH v. 27.03.2007 – VIII R 62/05 –; v. 30.10.2001 – VIII R 29/00 –, BFHE 197, 114, BStBl. II 2006, 223.
147 BFH Urt. v. 27.03.2007 – VIII R 28/04 –, BStBl. II 2007, 699.

genden im Austausch gegen die Verschaffung der Beteiligungsrechte geschuldeten Leistung und folglich Teil des tauschähnlichen Einbringungsgeschäfts und keine verdeckte Einlage.[148] Zur Besteuerung s. § 142 Rdn. 122. Zum Agio ausführlich unter Rdn. 139.

Wird aber der darüber hinausgehende Betrag zugunsten des Gesellschafters als Darlehen gutgeschrieben, wobei die Darlehensbestimmungen meist nicht im Kapitalerhöhungsbeschluss oder Einbringungsvertrag festgelegt werden, handelt es sich im Umfang des Darlehens um ein Entgelt. Der einbringende Betriebsinhaber erhält damit neben dem neuen Gesellschaftsanteil ein anderes Wirtschaftsgut in Form des eingeräumten Darlehens. Bei Anwendbarkeit von § 20 Abs. 2 Satz 4 UmwStG (= Einbringung eines [Teil-]Betriebes oder Mitunternehmeranteiles) ist Vorsicht geboten; der Wertansatz unter dem Verkehrswert nach § 20 UmwStG wird nur gewährt, sofern der gemeine Wert der sonstigen Gegenleistung nicht mehr beträgt als (a) 25 % des Buchwertes des eingebrachten Betriebsvermögens oder (b) den Betrag von 500.000 € nicht übersteigt (Kleinunternehmensprivileg), jedoch maximal bis zur Höhe des als Buchwert des eingebrachten Betriebsvermögens (§ 20 Abs. 2 Nr. 4 UmwStG). Soweit diese Grenzen überstiegen werden, entsteht ein steuerpflichtiger Einbringungsgewinn. Bei Einbringung eines Einzelwirtschaftgutes wird dies vorher zum Teilwert aus dem Betriebsvermögen steuerpflichtig unter Aufdeckung der stillen Reserven entnommen und liegen für den erworbenen Anteil Anschaffungskosten nur i.H.d. Verrechnungswertes vor. Verliert der Gesellschafter jedoch später aufgrund einer Gesellschaftskrise sein Darlehen, kann dies zu nachträglichen Anschaffungskosten führen (s. Rdn. 109).

Einlage eines Gewerbebetriebes: Entscheidend für die steuerlichen Folgen ist, ob der Betrieb oder Teilbetrieb mit allen seinen funktional wesentlichen Betriebsgrundlagen (Tz 20.08 UmwSt-Erlass) eingebracht wird (sonst Gefahr der Betriebsaufgabe, i.E. bei § 142 Rdn. 123). Werden dabei die Wirtschaftgüter nach § 20 UmwStG unter dem gemeinen Wert bei der GmbH angesetzt, ist zu beachten, dass die dabei übertragenen stillen Reserven bei Veräußerung des erhaltenen Anteiles innerhalb von 7 Jahren gemäß § 22 UmwStG rückwirkend aufgedeckt und beim Einbringenden nachbesteuert werden. Siehe hierzu § 142 Rdn. 123.

Einlage von Kapitalgesellschaftsanteilen: Auch hier findet zulasten des einbringenden Gesellschafters eine Nachbesteuerung statt, wenn die eingebrachten Anteile unter dem gemeinen Wert eingelegt wurden und die GmbH den eingelegten Anteil innerhalb von 7 Jahren veräußert (§§ 21, 22 UmwStG). Der einbringenden Gesellschafter sollte sich daher vor diesen für ihn nachteiligen steuerlichen Folgen durch vertragliche Regelungen mit der GmbH im Einbringungsvertrag schützen; i.E. hierzu bei § 142 Rdn. 132.

Weitere Nachbesteuerungsgefahren: Hinsichtlich der bereits bestehenden Anteile führt die Kapitalerhöhung gegen Einlagen eventuell zu einer Substanzabspaltung zugunsten der aufgrund der Bezugsrechte erworbenen neuen Anteile mit der Folge, dass Anschaffungskosten der bereits bestehenden Anteile nach Maßgabe der Gesamtwertmethode den neuen Anteilen zuzuordnen sind.[149] Soweit vor allem der Wert der Einlage geringer als der Wert des neuen Anteiles ist, erfolgt eine Wertverschiebung (sog. Überspringen von stillen Reserven), die aufgrund ihrer jeweiligen privaten oder gesellschaftlichen Veranlassung entsprechende ertragsteuerlichen Konsequenzen auslösen,[150] zumindest aber im Rahmen der Einbringung eines (Teil-)Betriebes oder von Kapitalanteilen nach § 22 Abs. 7 UmwStG zu auf die Dauer von 7 Jahren steuergebundene Anteils führen kann, bei einem Sachwert über dem Anteilswert zu einer schenkungsteuerpflichtigen Zuwendung gemäß § 7 Abs. 8 ErbStG (siehe Rdn. 125).

Bezugsrechtsübertragung: Nach überwiegender Ansicht im Schrifttum steht jedem Altgesellschafter einer GmbH bei der Kapitalerhöhung über den gesellschaftsrechtlichen Grund-

---

148 BFH v. 24.04.2007 – I R 35/05 – BStBl. II 2008, 253; DStR 2007, 1388.
149 BFH BStBl. II 1999, 638; BFH, Urt. v. 21.09.2004 – IX R 36/01 = BFHE 207, 543; BStBl. II 2006, 12; = NZG 2005, 232.
150 Hierzu v. *Proff*, ZNotP 2009, 423.

satz der Gleichbehandlung ein Bezugsrecht auf einen neuen Anteil zu (vgl. Rdn. 81). Nach § 17 Abs. 1 Satz 3 bzw. § 20 Abs. 2 Satz 1 Nr. 1 EStG gehört zu den Anteilen an einer Kapitalgesellschaft auch jede Anwartschaft auf einen neuen Geschäftsanteil. Verzichtet ein Altgesellschafter anlässlich einer Kapitalerhöhung, die nicht aus Gesellschaftsmitteln erfolgt, auf sein Bezugsrecht und erhält er dafür eine Gegenleistung, unterliegt die darin enthaltene entgeltliche Verfügung über sein Bezugsrecht, wenn der Anteil im Betriebsvermögen ist, der Besteuerung nach § 17 Abs. 1 Satz 1, 2 i.V.m. § 3 Nr. 40 EStG (Teileinkünfteverfahren), bzw. wenn der Anteil im Privatvermögen liegt über § 20 Abs. 2 Satz 1 Nr. 1 i.V.m. § 32d EStG der Abgeltungssteuer.[151] Gleichgültig dabei ist, ob der Altgesellschafter sein Bezugsrecht abtritt, auf dieses verzichtet oder durch Beschluss von der Kapitalerhöhung ausgeschlossen wird.[152] Wird dabei ein Aufgeld an die Gesellschaft bezahlt, erhält der Gesellschafter jedoch kein steuerpflichtiges Entgelt. Wird es jedoch in einem engen zeitlichen Zusammenhang mit der Kapitalerhöhung an die Altgesellschafter ausgezahlt[153] oder fließt es ihnen auf andere Weise zu, liegt darin das Entgelt für die nach § 17 EStG steuerpflichtige Veräußerung des Bezugsrechtes.[154]

120 *Verlustabzugsbeschränkung:* Daneben kann es nach § 8c KStG zum teilweisen oder ganzen Untergang von Verlustvorträgen und verrechenbaren Verlusten bei der Gesellschaft kommen, wenn sich durch Kapitalerhöhungen innerhalb eines Zeitraumes von 5 Jahren die Beteiligungsquoten um mehr als 25 bzw. 50 % verschieben (hierzu § 145 Rdn. 75).

121 *Hin- und Herzahlen:* Werden die neuen Vorgaben des § 19 Abs. 5 GmbHG beachtet, ist das Zurückzahlen von Stammeinlagen ertragsteuerlich unproblematisch. Fehlt es dagegen an einem vollwertigen Gegenleistungs- oder Rückgewähranspruch, ist die Hin- und Herzahlung insgesamt unzulässig und der Darlehensvertrag gemäß § 134 BGB nichtig, was die Auszahlung des Darlehens zu einer verdeckten Gewinnausschüttung i.S.v. § 8 Abs. 3 Satz 2 KStG machen kann.[155]

122 Das steuerrechtlich zulässige »Schütt aus – Hol zurück«-Verfahrens,[156] führt zu einer Doppelbesteuerung bei der Gesellschaft nach § 23 KStG n.F. und beim Gesellschafter mit Anteil im Betriebsvermögen (Teileinkünfteverfahren: § 3 Nr. 40 EStG) bzw. bei Anteil im Privatvermögen seit 2009 zur Abgeltungssteuer (§ 32d EStG) und ist daher nicht mehr sinnvoll.

123 *Verdeckte (verschleierte) Sacheinlage:* Da die gesellschaftsrechtliche *verschleierte Sacheinlage*[157] gemäß § 19 Abs. 4 GmbHG der automatischen Anrechnung unterliegt, führt diese auch steuerrechtlich dazu, dass sie als offene Sacheinlage behandelt wird. Der Sachgegenstand wird entgeltlich gegen Gewährung des Gesellschaftsanteiles eingebracht, denn im Rahmen eines Gesamtplanes wird zunächst auf den Geschäftsanteil die Geldeinlage und sodann im Austausch dazu die Sacheinlage erbracht.[158] Strittig ist, ob bei Einbringung eines (Teil-)Betriebes oder einer mehrheitsvermittelten Beteiligung die Einbringungsregelungen der §§ 20, 21 UmwStG Anwendung finden, sodass die Einlage daher nicht zwingend zum gemeinen Wert, sondern auch zum Buchwert oder einem Zwischenwert erfolgen kann.[159]

---

151 *Wagner*, DStR 2009, 626.
152 BFH BStBl. II 1992, 761.
153 BFH Urteil in BFHE 169, 336, BStBl. II 1993, 477; *Schmidt/Weber-Grellet*, § 17 EStG Rn. 104.
154 BFH Urt. v. 19.04.2005 – VIII R 68/04 –, BFHE 209, 476, BStBl. II 2005, 762, m.w.N.; H 17 (4) EStR.
155 Hierzu *Fischer*, Ubg 2008, 694.
156 BFH BStBl. I 2001, 43; DStR 99, 1849.
157 Hat nichts mit dem steuerrechtlichen Begriff der »verdeckten Einlage« zu tun, die vorliegt, wenn ein Gesellschafter oder eine ihm nahestehende Person der Gesellschaft einen einlagefähigen Vermögensvorteil zuwendet und diese Zuwendung ihre Ursache im Gesellschaftsverhältnis hat, ohne dass der Einlegende dafür eine wertadäquate Gegenleistung, auch nicht in Form von Gesellschaftsanteilen erhält. Dies ist grds. ein unentgeltlicher Vorgang; Ausnahme aber in § 17 Abs. 1 Satz 2 EStG, der die Einlage von Anteilen an Kapitalgesellschaften deren Veräußerung gleich stellt (BFH v. 04.03.2009 I R 32/08 BStBl. 2012, 341). Nach § 8 Abs. 1 KStG i.V.m. § 6 Abs. 1 Nr. 5 EStG erfolgen diese grds. zum Teilwert. Siehe R 40 KStR.
158 Vgl. *Fuhrmann*, RNotZ 2010, 188; a.A. *Hein/Suchan/Geeb*, BStR 2008, 2289.
159 BMF-Schrb v. 11.11.2011, BStBl I 1314, Rn E 20.10.

Wird ein Einzelwirtschaftsgut verdeckt eingelegt und entstammt dieses aus einem Betriebsvermögen, liegt ein tauschähnliches Rechtsgeschäft vor.[160] Kommt das Wirtschaftsgut aus dem Privatvermögen, entsteht beim einlegenden Gesellschafter eine steuerpflichtige Veräußerung, wenn es um nach § 17 EStG, § 20 Abs. 2 EStG oder § 23 EStG steuerverstrickte Wirtschaftsgüter handelt. Erreicht jedoch der Wert der Sacheinlage nicht den Wert der übernommenen Bareinlage, liegt i.H.d. von der GmbH zu viel geleisteten Entgeltes eine verdeckte Gewinnausschüttung vor, auch wenn gemäß § 19 Abs. 4 Satz 1 GmbHG weiterhin eine entsprechende Einlageforderung besteht.

Nicht nur gesellschaftsrechtlich (siehe § 142 Rdn. 107), sondern auch steuerrechtlich problematisch ist das von manchen Steuerberatern empfohlene Modell, in zeitlichem und sachlichem Zusammenhang mit der Bargründung oder Kapitalerhöhung Vermögensgegenstände aus dem Vermögensbereich der GmbH-Gesellschafter an die neu errichtete GmbH zu verkaufen. Die dadurch entstehende steuerliche verdeckte Einlage von Wirtschaftsgütern aus dem Betriebsvermögen des Gesellschafters in das Vermögen der Kapitalgesellschaft führt dazu, dass die Einlagegüter nunmehr einem anderen Rechtsträger (Steuerrechtssubjekt) zuzurechnen sind. Daher hat der einlegende Gesellschafter grundsätzlich einen Entnahmegewinn (§ 4 Abs. 1 Satz 2 i.V.m. § 6 Abs. 1 Nr. 4 EStG) zu versteuern. Denn der verdeckten Einlage von einzelnen Wirtschaftsgütern aus dem Betriebsvermögen des einlegenden Gesellschafters geht grundsätzlich die vorherige Entnahme der nämlichen Wirtschaftsgüter aus dem Betriebsvermögen des Einlegenden voraus.[161] Die unentgeltliche Übertragung eines Betriebs auf eine Kapitalgesellschaft ohne die Gewährung von Gesellschaftsrechten gilt als Aufgabe des Gewerbebetriebs nach § 16 Abs. 3 Satz 1 EStG, da allein die Wertsteigerung der Anteile an der Kapitalgesellschaft keine Gegenleistung darstellt. Es liegt auch keine Sacheinlage i.S.d. § 20 Abs. 1 UmwStG vor, so dass die Kapitalgesellschaft das eingebrachte Betriebsvermögen nicht zu Buchwerten fortführen kann. Eine Sacheinlage gegen Gewährung von Gesellschaftsanteilen gemäß § 20 Abs. 1 UmwStG liegt nur dann vor, wenn der Einbringungsgegenstand als reines Aufgeld gleichzeitig und offengelegt neben der Bareinlage übertragen wird, nicht aber, wenn die Einbringung auf einem von der Bargründung getrennten Vorgang beruht. Bei der Ermittlung des Betriebsaufgabegewinns ist der gemeine Wert der in die Kapitalgesellschaft eingelegten Wirtschaftsgüter im Zeitpunkt der Aufgabe anzusetzen, von dem die Aufgabekosten sowie die Buchwerte abzusetzen sind.[162]

cc) *Schenkungsteuer*: Nunmehriger Grundsatz der Rechtsprechung und Finanzverwaltung[163] ist, dass zwischen GmbH und Gesellschafter grundsätzlich keine freigiebige Zuwendung gemäß § 7 Abs. 1 Nr. 1 ErbStG vorliegen kann. Vermögensübertragungen von einem Gesellschafter an die GmbH sind entweder offene Einlagen, wenn gegen Gewährung von Gesellschaftsrechten, oder verdeckte Einlagen, die ihre Ursache grundsätzlich im Gesellschaftsverhältnis haben, wenn ein Nichtgesellschafter den Vermögensvorteil der Gesellschaft nicht eingeräumt hätte. Erwirbt ein Gesellschafter im Rahmen einer Kapitalerhöhung einen Anteil mit Ausgabekurs unter dem tatsächlichen Wert einschließlich stiller Reserven ist er auf Kosten der anderen Gesellschafter bereichert, kommt eine gemischte Schenkung von diesem in Betracht, weil stille Reserven auf den neuen Anteil übergehen.[164] Leistet der Gesellschafter

---

160 Strittig ist lediglich, ob dafür § 6 Abs. 1 Nr. 4 EStG anzuwenden ist oder ob es sich um einen normalen Veräußerungstatbestand handelt; ebenfalls erfolgt dadurch eine Entnahme aus dem Betriebsvermögen unter Aufdeckung der stillen Reserven, wobei die GmbH diesen Wert als Anschaffungskosten und AfA-Grundlage zu aktivieren hat (hierzu *Fuhrmann*, RNotZ 2010, 188).
161 BFH v. 11.02.2009 – X R 56/06 (NV).
162 FG Baden-Württemberg v. 19.04.2011 – 11 K 4386/08.
163 BFH v. 20.01.2016 – IIR 40/14; NZG 2016, 557 m.Anm. *Geck*; MittBayNot 2018, 85 m.Anm. *Worbst/Zintl*. Länder-Erl. v. 20.04.2018 BStBl. I 2018, 632.
164 Siehe Ländererlass v. 20.04.2018 BStBl. I 2018, 632 Tz. 2.1.4.

mehr als dem Anteilswert entspricht,¹⁶⁵ liegt keine steuerbare Zuwendung an die übrigen Gesellschafter i.S.d. § 7 Abs. 1 Nr. 1 ErbStG vor. Jedoch wird durch den neuen § 7 Abs. 8 ErbStG darin ein schenkungssteuerrelevanter Vorgang fingiert, ohne dass aber die Befreiung nach § 13a ErbStG gewährt wird.¹⁶⁶ Lässt ein Gesellschafter bei der Kapitalerhöhung sein Bezugsrecht ganz oder teilweise verfallen, kann dies eine steuerbare Zuwendung i.S.d. § 7 Abs. 1 Nr. 1 ErbStG an den an der Kapitalerhöhung Teilnehmenden sein, wenn diesem dadurch eine Wertsteigerung zufließt, die den Wert seiner Einlage übersteigt (z.B. Kapitalerhöhung gegen zu geringes Aufgeld).¹⁶⁷ Erwirbt ein Dritter als Neugesellschafter einen Anteil bei Kapitalerhöhung gegen eine unter dem Verkehrswert liegende Einlage (Nominalwert der Stammeinlage einschließlich Aufgeld), handelt es sich nicht um eine gemischte, sondern um eine reine Schenkung der Altgesellschafter an den Neugesellschafter. Die Einlage stellt keine teilweise Gegenleistung, sondern Erwerbsaufwand gemäß § 1 Abs. 2 i.V.m. § 10 Abs. 5 Nr. 3 ErbStG dar, die unter den Voraussetzungen von §§ 13a, 13b ErbStG steuerbegünstigt sind.¹⁶⁸ Solche Vorgänge sind daher dem Finanzamt für Schenkungssteuer anzuzeigen.

126 **dd)** *Grunderwerbsteuer:* Bei Einlage eines Grundstückes ist der Einbringungsvertrag ein Rechtsgeschäft i.S. § 1 Abs. 1 Nr. 1 GrEStG. Die Grunderwerbsteuer bemisst sich gemäß § 8 Abs. 2 Satz 1 Nr. 2 GrEStG nach dem Bedarfswert entsprechend § 138 Abs. 2 oder Abs. 3 BewG und nicht nach dem Wert des gewährten Gesellschaftsanteiles. Erhöht sich der Anteilsbesitz eines einzelnen Gesellschafters durch eine Kapitalerhöhung auf mindestens 95 % der Anteile dieser Gesellschaft wird durch die Übernahmeerklärung der Tatbestand des § 1 Abs. 3 GrEStG erfüllt.¹⁶⁹ Dem Finanzamt – Grunderwerbsteuerstelle – ist dies nach § 18 Abs. 2 GrEStG anzuzeigen.

l) Sacheinlagen

127 Nach den §§ 56, 56a, 57 und 57a GmbHG gelten die *Anforderungen an die Sachgründung* bei der späteren Kapitalerhöhung durch Sacheinlagen *im Wesentlichen entsprechend* (s. deshalb § 142 Rdn. 105 ff.). Nach § 56 Abs. 1 GmbHG ist der Gegenstand der Sacheinlage und der Nennbetrag des Geschäftsanteils, auf den sie sich bezieht, in den Beschluss über die Kapitalerhöhung und die Übernahmeerklärung (§ 55 Abs. 1 GmbHG) aufzunehmen, aber nicht in die Satzung. Satzungsänderung ist (nur) die Erhöhung des Stammkapitals.¹⁷⁰

128 Auf die Verpflichtung zur Erstattung eines Sachgründungsberichts nach § 5 Abs. 4 Satz 2 GmbHG und auf § 8 Abs. 1 Nr. 4 und 5 GmbHG wird allerdings in den Vorschriften über die Kapitalerhöhung nicht verwiesen, § 57 Abs. 3 Nr. 3 GmbHG schreibt nur die Vorlage der Verträge vor, die der Festsetzung der Sacheinlage zugrunde liegen oder zu ihrer Ausführung geschlossen worden sind (*Priester*¹⁷¹ ging davon aus, dass dem Gesetzgeber ein Redak-

---

165 Dies kann vor allem eintreten, wenn im Rahmen einer Sachkapitalerhöhung die Sacheinlage unter dem Teilwert (Buch- oder Zwischenwert) angesetzt wird und der darüber hinausgehende Wert nicht als Darlehen dem Gesellschafter gutgeschrieben wird, sondern in eine Kapitalrücklage eingestellt wird.
166 BFH v. 09.12.2009 – II R 28/08 = DStR 2010, 925; zu § 7 Abs. 8 ErbStG jetzt Ländererlass v. 20./4.2018 BStBl. I 2018, 632 Tz. 2.1.3. sowie 3.3. Damit liegt keine freigebige Zuwendung des Gesellschafters an die Kapitalgesellschaft vorliegt, mit Steuerklasse III, sondern eine günstigere Steuerklasse des Verhältnisses zwischen den Gesellschaftern; hierzu *Viskorf/Haag*, DStR 2012, 1166; *Geck*, DNotZ 2012, 329; *Crezelius*, ZEV 2011, 393; *Kerezkij*, DStR 2012, 163.
167 Ländererlass v. 14.03.2012 BStBl. I 2012, 331 Tz. 2.3.1.
168 BFH v. 27.08.2014 – II R 43/12, BFH/NV 2015 106, BStBl II 2015 241; = DNotZ 2015, 72; = DStR 2014, 2282; kritisch hierzu *T. Wachter*, ZEV 2015, 53. Konsequenz ist, dass dann damit zusammenhängende Schulden und Lasten nur anteilig gemäß § 10 Abs. 6 S. 4 ErbStG abzugsfähig sind.
169 BFH v. 12.02.2014 – II R 46/12, BStBl. II 2012, 536 = DStR 2014, 850 = MittBayNot 2014, 486.
170 OLG Frankfurt DNotZ 1964, 423.
171 DNotZ 1980, 515, 526.

tionsversehen unterlaufen und deshalb auch bei der Kapitalerhöhung ein Sacherhöhungsbericht zu erstatten sei; demgegenüber hat sich inzwischen wegen des klaren Gesetzeswortlauts die Auffassung überwiegend durchgesetzt, dass das Gesetz die Vorlage eines Sacherhöhungsberichts als generelle Regel nicht verlangt;[172] nachdem auch das MoMiG das nicht geändert hat, ist diese Auffassung noch überzeugender geworden). Jedenfalls kann das Registergericht die Vorlage von Unterlagen über den Wert der Sacheinlagen und Erläuterungen und damit in der Sache einen Erhöhungsbericht verlangen,[173] wenn seine Prüfung im Rahmen des § 9c GmbHG Anlass zu Zweifeln über die angemessene Bewertung der Sacheinlagen gibt.

Gemäß § 57 Abs. 2 GmbHG ist in der Anmeldung von der Geschäftsführung zu versichern, dass die Einlage nach § 7 Abs. 3 GmbHG bewirkt ist und sich der Gegenstand der Sacheinlage endgültig zur freien Verfügung der Geschäftsführung befindet. Bei einem einzulegenden Grundstück genügt nach herrschender Meinung, dass die Auflassung erklärt und Antrag auf Eigentumsumschreibung gestellt worden ist, der ohne Zustimmung der GmbH nicht zurückgenommen werden kann. **129**

Eine *verdeckte Sacheinlage* kann nachträglich noch durch satzungsändernden Mehrheitsbeschluss in eine offene Sacheinlage umgewandelt und dadurch *geheilt* werden;[174] Voraussetzung ist, dass die geleistete Einlage bei der Umwandlung und deren Eintragung in das Handelsregister[175] noch werthaltig vorhanden ist. Nach der Neufassung des § 19 Abs. 4 GmbHG durch das MoMiG ist die nachträgliche Umwandlung nur noch für die Beweislast im späteren Insolvenzfall bedeutsam. **130**

Die Verwendung der Einzahlung nach *Absprache mit dem einzahlenden Gesellschafter* führt nur dann zur Sacheinlage, wenn der Geschäftsführer derart gebunden ist, dass ihn der Einleger an jeder anderen Verwendung hindern kann,[176] und die unmittelbare Einzahlung auf einem *debitorischen Bankkonto* der Gesellschaft nur dann, wenn die Gesellschaft nicht über Mittel in entsprechender Höhe verfügen kann, sei es im Rahmen eines eingeräumten Kreditrahmens – auch auf einem anderen Konto[177] – oder aufgrund stillschweigender Duldung der Bank.[178] **131**

Der Notar ist nach § 54 EStDV zur Mitteilung der von ihm beurkundeten oder beglaubigten Abschriften an das Finanzamt für Körperschaften am Sitz der Gesellschaft verpflichtet. **132**

Steuerrechtliche Folgen der Sacheinlage: Steuerlich besteht kein Unterschied zwischen der Sacheinlage bei Gründung und bei Kapitalerhöhung; daher s.o. Rdn. 112 ff. sowie allgemein § 142 Rdn. 119 ff. **133**

Kapitalerhöhung mit Sacheinlagen und gesonderter Übernahmeerklärung (Tatsachenprotokoll)

Verhandelt zu Erbach, den ..... **134 M**
Der unterzeichnete Notar ..... hatte sich heute auf Ersuchen in die Geschäftsräume der »Wenzel & Wimmer Edelschmuck GmbH« in Erbach begeben, um die Beschlüsse der Gesellschafter dieser Firma zu beurkunden. Er traf dort an:
Die beiden Geschäftsführer und Gesellschafter Walter Wenzel und Winfried Wimmer und die weiteren drei Gesellschafter, nämlich: .....

---

172 S. zu der Streitfrage die Nachw. bei Scholz/*Priester*, § 56 GmbHG Rn. 89 ff.
173 OLG Jena GmbHR 1994, 710.
174 BGH NJW 1996, 1473 = DNotZ 1997, 485 m. Aufsatz *Custodis*, S. 437.
175 BGH DNotZ 1997, 485, 491 ff.
176 BGHZ 96, 231, 241 f. = DNotZ 1986, 368; BGH DNotZ 1991, 826.
177 BGHZ 150, 197 = DNotZ 2002, 808.
178 BGH DNotZ 2005, 312.

Sie erklärten:
Wir haben uns zu einer Versammlung der Gesellschafter der »Wenzel & Wimmer Edelschmuck GmbH« unter Verzicht auf Form und Frist der Einberufung zusammengefunden, um über den Antrag der Geschäftsführer Beschluss zu fassen, das Stammkapital um 300.000 € gegen Einbringen des Nachbargrundstücks zu erhöhen.
Die Gesellschafter beschlossen darauf einstimmig:
1. Das Stammkapital der Gesellschaft wird von 600.000 € um 300.000 € auf 900.00 € erhöht. In § 3 des Gesellschaftsvertrages wird der Betrag des Stammkapitals von 600.000 € in 900.000 € geändert. Der neue Geschäftsanteil Nr. 6 nimmt am Gewinn des laufenden Geschäftsjahres bereits teil.
2. Zur Übernahme des neuen Geschäftsanteils von 300.000 € wird die verwitwete Frau Gertrud Morgenroth, geborene Späth, in Erbach zugelassen. Sie hat als Einlage ihr unbelastetes Grundstück einzubringen, verzeichnet im Grundbuch von Erbach Band 1, Blatt 11. Dessen Übernahmewert wird auf 300.000 € festgestellt. Das Grundstück ist bis zum 1. Juli dieses Jahres der Gesellschaft, die alle Erwerbskosten einschließlich der Grunderwerbsteuer trägt, aufzulassen und zu übergeben. Zur Vertretung der Gesellschaft bei der Übernahme werden deren Geschäftsführer Herr Walter Wenzel und Herr Winfried Wimmer (gemeinsam) bevollmächtigt.
3. Wird die Sacheinlage bis dahin nicht von Frau Morgenroth übernommen und durch Auflassung und Übergabe geleistet, so kann die Kapitalerhöhung nicht durchgeführt werden. Anzumelden ist sie nach fristgemäßer Übernahme und Leistung.

Diese Niederschrift ist von dem Notar eigenhändig unterschrieben worden wie folgt:

….., Notar

■ *Kosten.* Wert nach § 46 GNotKG, nicht nach dem Nennbetrag der Kapitalerhöhung, sondern nach dem Wert der Sacheinlage, also dem vollen Grundstückswert (ohne Abzug ggf. übernommener Schulden § 38 GNotKG). – 2,0 Gebühr der Tabelle B nach Nr. 21100 KV GNotKG für den Erhöhungsbeschluss einschließlich des Zulassungsbeschlusses (derselbe Beurkundungsgegenstand nach § 109 Abs. 2 Nr. 4 Buchst. b) GNotKG); Geschäftswert nach § 108 Abs. 1 Satz 2 i.V.m. § 105 Abs. 1 GNotKG mindestens 30.000 €, nach § 108 Abs. 5 GNotKG höchstens 5 Mio. €.[179] Die Bevollmächtigung ist gemäß § 110 Nr. 1 GNotKG dazu ein verschiedener Gegenstand (ebenso die evtl. mitbeurkundete Auflassung), Wert der Vollmacht nach § 98 Abs. 1 GNotKG ist die Hälfte des einzulegenden Sachgegenstandes (hier 150.000 €); 1,0 Gebühr der Tabelle B nach Nr. 21200 KV GNotKG. Keine Zusammenrechnung der Werte, nach § 94 Abs. 1 S. 2 GNotKG jedoch Vergleichsberechnung. Zur Auswärtsgebühr nach GNotKG s. Kostenanmerkung zu Rdn. 79.

Gesonderte Übernahmeerklärung und Einbringungsvertrag mit einem Grundstück als Sacheinlage[180]

135 M Verhandelt zu Erbach, den …..
Vor dem unterzeichneten Notar ….. erklärten, sämtlich persönlich bekannt:
1. Frau Gertrud Morgenroth, geborene Späth, geb. am ….., wohnhaft in ….,
2. Walter Wenzel, geb. am ….., wohnhaft in …..,
3. Juwelier Winfried Wimmer, geb. am ….., wohnhaft in …..,

---

179 OLG München v. 26.02.2018 – 32 Wx 405/17.
180 Nach § 311b BGB ist hier die Beurkundung des Vertrages, nicht nur Beglaubigung der Übernahmeerklärung erforderlich.

zu 2 und 3 handelnd ihren Angaben nach für die »Wenzel & Wimmer Edelschmuck GmbH«. Zum Nachweis ihrer Vertretungsmacht überreichten die Erschienenen zu 1 und 2 einen beglaubigten Auszug aus dem Handelsregister.
1. Die »Wenzel & Wimmer Edelschmuck GmbH« hat am ..... die Erhöhung ihres Stammkapitals um 300.000 € beschlossen. Die Beteiligte zu 1 ist zur Übernahme des Geschäftsanteils von 300.000 € (Nr. 6) gegen Einbringen des ihr gehörigen Grundstücks, eingetragen im Grundbuch von Erbach Band 1, Blatt 11, zugelassen worden. Sie erklärte, hiermit den Geschäftsanteil zu übernehmen und das angegebene Grundstück als Einlage einbringen zu wollen.
2. Die Beteiligte zu 1 übergibt das Grundstück der von den Beteiligten zu 2 und 3 vertretenen Gesellschaft frei von im Grundbuch eingetragenen Lasten und ohne Haftung für die Beschaffenheit. Die Übergabe und der Übergang der Nutzungen und Lasten erfolgen am ..... Die Gesellschaft trägt alle mit der Übernahme und Leistung verbundenen Kosten und Steuern.
3. Die Beteiligten sind darüber einig, dass das Eigentum an dem unter 1 bezeichneten Grundstück auf die »Wenzel & Wimmer Edelschmuck GmbH« übergeht; sie bewilligen und beantragen deren Eintragung im Grundbuch als Eigentümerin.
4. Eine Eigentumserwerbsvormerkung wird nicht beantragt.
5. Die Gesellschaft verpflichtet sich, die Eintragung der Kapitalerhöhung im Handelsregister so schnell wie möglich herbeizuführen und der Beteiligten zu 1 die Gesellschafterstellung zu bestätigen.
Vorgelesen, genehmigt und wie folgt eigenhändig unterschrieben: .....

■ **Kosten.** Werden Übernahmeerklärung und Einbringungsvertrag einschließlich Auflassungserklärung in einer Urkunde zusammengefasst, sind diese Erklärungen alle gegenstandsgleich, sodass nur eine 2,0 Gebühr der Tabelle B nach Nr. 21100 KV GNotKG anfällt. Nach § 109 Abs. 1 GNotKG liegt derselbe Beurkundungsgegenstand vor, wenn die Rechtsverhältnisse zueinander in einem Abhängigkeitsverhältnis stehen, wozu erforderlich ist, dass das andere Rechtsverhältnis der Erfüllung, Sicherung oder sonstigen Durchführung des einen Rechtsverhältnisses dient. Eine derartige Abhängigkeit besteht zwischen Übernahmeerklärung und Einbringungsvertrag sowie zwischen Einbringungsvertrag und Auflassungserklärung, da ähnlich zu § 109 Abs. 1 Nr. 2 GNotKG. – Der Wert ergibt sich nicht aus dem Nennbetrag der Kapitalerhöhung, sondern aus dem Wert des Gegenstands der Sacheinlage ohne Schuldenabzug gemäß § 46 i.V.m. § 38 GNotKG. Keine Höchstwertbegrenzung nach § 108 GNotKG.
Gebühr des Grundbuchamtes: 1,0 Gebühr aus Tabelle B nach Nr. 14110 KV GNotKG.

Dem Finanzamt – Grunderwerbsteuerstelle – ist der Vorgang nach § 18 Abs. 2 GrEStG anzuzeigen und eine einfache Abschrift der Übernahmeerklärung und des Einbringungsvertrages beizufügen.

Anmeldung der Kapitalerhöhung durch Sacheinlage

An das Amtsgericht Erbach
– Handelsregister –
In der Handelsregisterssache »Wenzel & Wimmer Edelschmuck GmbH« mit Sitz in Erbach, eingetragen im Handelsregister des Amtsgericht Erbach unter HRB ....., überreichen wir als Geschäftsführer in jeweils elektronisch beglaubigter Abschrift:
1. die notarielle Niederschrift über die Beschlüsse der Gesellschafterversammlung vom ....., in der das Stammkapital von 600.00 € um 300.000 € auf 900.000 € erhöht und die entsprechende Änderung des § 3 des Gesellschaftsvertrages, betreffend das Stammkapital, beschlossen ist,

2. die Urkunde Nr ….. des Notars ….. vom ….., in der die Übernahmeerklärung und der Einbringungsvertrag enthalten ist,
3. den vollständigen Wortlaut des Gesellschaftsvertrages mit der Bescheinigung des Notars nach § 54 Abs. 1 GmbHG,
4. eine von uns unterschriebene Liste der Übernehmerin und des übernommenen Geschäftsanteils,
5. eine vollständige neue Gesellschafterliste mit der Bescheinigung des Notars nach § 40 Abs. 2 GmbHG zur Aufnahme in den Registerordner nach Eintragung der Kapitalerhöhung,
6. Unterlagen darüber, dass der Wert der Sacheinalge den Betrag der dafür übernommenen Einlage erreicht.

I.

Wir melden zur Eintragung ins Handelsregister an:
Das Stammkapital wurde von 600.000 € um 300.000 € auf 900.000 € erhöht. § ….. des Gesellschaftsvertrages wurde entsprechend geändert. Der Wortlaut ergibt sich aus dem beigefügten Protokoll des Beschlusses.

II.

1. Wir versichern, und zwar jeder für sich, dass die Sacheinlage vollständig erbracht ist und sich endgültig in unserer freien Verfügung befindet, indem das Grundstück der Gesellschaft aufgelassen, übergeben und als Eigentum der Gesellschaft im Grundbuch eingetragen ist.
2. Der Notar wird von den unterzeichneten Geschäftsführern angewiesen, diese Anmeldung erst zum Registergericht einzureichen, wenn ihm die Erbringung der auf die neu geschaffenen Geschäftsanteile zu leistende Einlage an die Gesellschaft in ausreichender Weise durch Beleg nachgewiesen wurde oder wenn die Geschäftsführer den Notar zur Vorlage ohne entsprechenden Beleg schriftlich anweisen.

III.

Der Notar wies daraufhin, dass
- falsche Angaben der Geschäftsführer zum Zweck der Eintragung einer Erhöhung des Stammkapitals in das Handelsregister strafbar sind und eine persönliche Haftung des Geschäftsführers begründen können und
- die in der Handelsregisteranmeldung abgegebenen Erklärungen und Versicherungen mit ihrem Zugang beim Registergericht rechtlich wirksam werden.
Vollzugsvollmacht wie oben Rdn. 100 M.
Erbach, den …..

Walter Wenzel
Winfried Wimmer

Ich beglaubige die in meiner Gegenwart geleisteten Unterschriften des Kaufmanns Walter Wenzel und des Juweliers Winfried Wimmer, beide geschäftsansässig in Erbach, Darmstädter Straße 1, handelnd als Geschäftsführer für die »Wenzel & Wimmer Edelschmuck GmbH«. Beide sind mir persönlich bekannt.
Prüfvermerk wie bei Rdn. 67 M. Erbach, den …..   ….., Notar

▪ *Kosten.*
a) Des Notars: *Wert* = der Betrag der Kapitalerhöhung (ohne Aufgeld) von 300.000 € nach § 105 Abs. 1 Nr. 3 GNotKG, Mindestwert 30.000 €, höchsten 1 Mio. € gemäß § 106

GNotKG. Die Versicherungen der Geschäftsführer sind Teil der Anmeldung und daher nicht gesondert zu bewerten. Die Anmeldung der Satzungsänderung hinsichtlich des Stammkapital ist gegenstandsgleich und damit nach § 109 Abs. 2 Nr. 4 lit. a) GNotKG nicht gesondert zu bewerten. Gebühren: Für die Anmeldung eine 0,5 Gebühr Tabelle B nach Nr. 24102 i.V.m. 21201 (5.) KV GNotKG, mindestens 30 €. Eine Betreuungsgebühr nach Nr. 22200 KV GNotKG i.H.v. 0,5 aus Tabelle B, weil Umstände außerhalb der Urkunde zu prüfen sind. – Entwurf der Übernehmerliste und für die neue vollständige Gesellschafterliste sind beide Teil der Vollzugsgebühr zum Gesellschafterbeschluss, s. Rdn. 105. Kosten des elektronischen Verfahrens, s. § 124 Rdn. 43 ff.

b) Des Registergerichts: Festgebühr von 210 € gemäß § 58 GNotKG i.V.m. Nr. 2401 GV HRegGebVO. – Gebühr für die Entgegennahme der geänderten Liste der Gesellschafter: 30 € nach Nr. 5002 GV HRegGebVO.

Bescheinigung nach § 54 Abs. 1 GmbHG

Der geänderte § 3 des Gesellschaftsvertrages der »Wenzel & Wimmer Edelschmuck GmbH« in Erbach – HRB 15 des Amtsgerichts ..... stimmt mit dem Beschluss über die Änderung des Gesellschaftsvertrages vom ....., enthalten in meiner Urkunde ....., und die unveränderten Bestimmungen stimmen mit dem zuletzt zum Handelsregister eingereichten vollständigen Wortlaut des Gesellschaftsvertrags vom ..... überein. Erbach, den ..... **....., Notar**

138 M

■ *Kosten.* Gebührenfrei (s. zu Muster Rdn. 69).

m) Sachagio

Eine registergerichtliche Prüfung erfolgt im Ausgangspunkt hinsichtlich einer als *Agio* eingebrachten Sacheinlage nicht, wenn diese zusätzlich gemäß dem Erhöhungsbeschluss neben einer vereinbarten Bareinlage erbracht wird.[181] Denn das Agio ist nicht an den strengen Kapitalaufbringungsgrundsätzen zu messen. Dennoch muss sichergestellt werden, dass der eingebrachte Sachgegenstand keinen negativen Wert hat, was etwa der Fall sein könnte, wenn ein überschuldetes Unternehmen eingebracht würde; hierfür ist in solchen Fällen ein dies ausschließender Wertnachweis zu erbringen; damit dürften vor allem Fälle betroffen sein, in denen eine Sachgesamtheit inkl. Verbindlichkeit eingebracht wird. Das Modell der Bareinlage mit (jedenfalls korporativem) Sachagio ist steuerlich anerkannt und wird als einheitliche Sacheinlage i.S.d. § 20 Abs. 1 UmwStG angesehen, wenn als Sachgegenstand ein Betrieb, Teilbetrieb oder Mitunternehmeranteil mit allen funktional wesentlichen Betriebsgrundlagen[182] auf die Kapitalgesellschaft gleichzeitig! mit der Bar-Kapitalerhöhung gegen Gewährung neuer Anteile oder Aufstockung bestehender übertragen wird.[183] Der über den Nennbetrag der Bareinlage hinausgehende Wert des Sachgegenstandes ist gemäß § 272 Abs. 2 Nr. 1 HGB als Kapitalrücklage in der Bilanz auszuweisen.[184] Nachteil dieses Verfahrens ist jedoch, dass dann steuerlich der Differenzbetrag dem Einlagenkonto gemäß § 27

139

---

[181] Hierzu *Heinze*, ZNotP 2012, 87 ff.; *Lübberich*, RNotZ 2016, 164 ff.; zu großzügig OLG Karlsruhe GmbHR 2014, 762.
[182] Nicht bei Einzelwirtschaftsgut, wie einzelnes Grundstück; hier liegt ein tauschähnlicher Vorgang vor; siehe dazu § 142 Rdn. 120, § 144 Rdn. 114.
[183] BFH vom 07.04.2010 – I R 55/09 = MittBayNot 2010, 507; *Wälzholz*, MittBayNot 2011, 265. BMF-Schrb (Umw.steuererlass) vom 11.11.2011, BStBl I 1314 Rn E 20.11.Hierzu auch bei § 142 Rdn. 123 sonst steuerpflichtige Betriebsaufgabe beim Einbringer und Einbringung zum Teilwert (Tz. 20.06 ff. UmwStE).
[184] BFH v. 27.05.2009 – IR53/08. Steuerliche Probleme möglich bei teilweiser Verbuchung als Darlehen, siehe hierzu Rdn. 115.

§ 144 Versammlung, Satzungsänderung, Kapitalmaßnahmen, Auflösung

KStG zugeordnet ist und somit Gewinnausschüttungen nach § 27 Abs. 1 KStG zunächst der dort geregelten Verwendungsreihenfolge unterliegen, was zu einer rückwirkenden Nachbesteuerung nach § 22 Abs. 1 Satz 6 Nr. 3 UmwStG führen kann.[185] Derartige Gestaltungen müssen daher im Hinblick auf die möglichen Steuerfolgen vom Steuerberater zuvor genau überprüft werden.

Sachagio verbunden mit Barkapitalerhöhung

140 M Der Übernehmer ist neben der Einlagepflicht zusätzlich zur Leistung eines Aufgeldes nach § 272 Abs. 2 Ziffer 1 HGB verpflichtet. Das Aufgeld ist in Form eines Sachagios durch die Abtretung des von dem Übernehmer gehaltenen Geschäftsanteils Nr. 1 mit einem Nennwert von 5.000 € an der ..... UG (haftungsbeschränkt) an die Gesellschaft zu erbringen. Ein entsprechender Beteiligungsvertrag wird in gesonderter Urkunde abgeschlossen.

Versicherung bei Einbringung eines Geschäftsanteils als Agio

141 M Es wird durch jeden Geschäftsführer einzeln versichert, dass der als Sachagio eingebrachte Geschäftsanteil Nr. 1 mit einem Nennwert von 5.000 € an der ..... UG (haftungsbeschränkt) an die Gesellschaft abgetreten wurde, der Wert des Sachagios der Kapitalrücklage gutgeschrieben wurde und dieses keinen negativen Wert hat.

Handelsregisteranmeldung bei Einbringung eines Unternehmens als Sachagio

142 M Zum Handelsregister ..... wird überreicht
1. Protokoll ..... des Notars ..... vom ..... über die von der Gesellschaft beschlossene Erhöhung des Stammkapitals, sowie die darin enthaltenen Erklärung des Übernehmers des neuen Geschäftsanteils,
2. Liste der Übernehmer und der übernommenen Beträge,
3. Gesellschafterliste mit der Bescheinigung nach § 40 Abs. 2 GmbHG zur Aufnahme in den Registerordner nach Eintragung der Kapitalerhöhung,
4. vollständiger Wortlaut des geänderten Gesellschaftsvertrages mit der Bescheinigung des Notars
5. Bilanz der Müller und Söhne Bauunternehmung GmbH[186] als Wertnachweis für das Sachagio.

---

185 Hierzu Tz. 22.24 UmwStE mit erläuterndem Berechnungsbeispiel. Steuerliche Prüfung der Folgen auch bei Einbringung von Anteilen an Kapitalgesellschaft siehe § 142 Rdn. 132, bzw. Personengesellschaft siehe § 142 Rdn. 123 ff.
186 Deren Einreichung wird von einigen Registergerichten verlangt; die Bilanz darf in diesen Fällen nicht älter als acht Monate sein. Zum registergerichtlichen Prüfungsrecht, das nach h.M. nur darauf erstreckt werden darf, dass der eingebrachte Gegenstand keinen negativen Wert hat Scholz/*Cziupka*, § 3 GmbHG Rn. 80. Für ein weitergehendes Prüfungsrecht *Haslinger*, MittBayNot 1996, 278, 281; *Kurz*, MittBayNot 1996, 172, 174; *Geßler*, BB 1980, 1385, 1387; *Herchen*, Agio und verdecktes Agio im Recht der Kapitalgesellschaften, 2004, S. 157 ff. Jüngst auch *Heidinger/Knaier*, in: FS DNotI 2018, S. 467 ff.

I.

Zur Eintragung in das Handelsregister wird angemeldet:
Das Stammkapital der Gesellschaft wurde im Wege der Barkapitalerhöhung von 100.000 € (Ausgangsbetrag) um 50.000 € (Erhöhungsbetrag) auf 150.000 € (Zielbetrag) erhöht. § ..... der Satzung ist entsprechend geändert.

II.

1. Es wird durch jeden Geschäftsführer einzeln versichert, dass der Übernehmer, Herr Ludwig Müller, die Leistung auf die neue Einlage in Höhe von 50.000 € durch Überweisung auf ein eigenes Konto der Gesellschaft in voller Höhe des Nennbetrags erbracht hat, sich dieser Betrag endgültig in der freien Verfügung der Geschäftsführung befindet und nicht an den Übernehmer zurückgewährt wurde.
2. Es wird durch jeden Geschäftsführer einzeln zudem versichert, dass der als Sachagio eingebrachte gesamte Betrieb der Müller und Söhne Bauunternehmung GmbH vollständig an die Gesellschaft übereignet wurde und wertmäßig in die Kapitalrücklage eingestellt wurde. Ferner wird versichert, dass der eingebrachte Betrieb ein positives Eigenkapital ausweist, und zwar sowohl bei betriebswirtschaftlicher als auch handelsbilanzieller Betrachtung.[187] (Alt.: Ferner wird versichert, dass der eingebrachte Betrieb in seiner Gesamtheit keinen negativen Wert aufweist) .....
Vollzugsvollmacht, Belehrung, Beglaubigungsvermerk

■ Kosten: wie bei Muster Rdn. 137 M. Das Sachagio wird zwar beim Erhöhungsbeschluss berücksichtigt, jedoch nicht bei der Registeranmeldung.

2. Genehmigtes Kapital, § 55a GmbHG

Nach § 55a Abs. 1 GmbHG kann der Gesellschaftsvertrag die Geschäftsführer für höchstens 5 Jahre nach Eintragung der Gesellschaft ermächtigen, das Stammkapital bis zu einem bestimmten Nennbetrag durch Ausgabe neuer Geschäftsanteile gegen Einlagen zu erhöhen. Der Nennbetrag des genehmigten Kapitals darf die Hälfte des Stammkapitals bei Ermächtigung nicht überschreiten. Geschieht das, ist die Bestimmung des genehmigten Kapitals unwirksam. Nach § 55a Abs. 2 GmbHG kann das genehmigte Kapital auch später durch Satzungsänderung beschlossen werden. Zur Möglichkeit des Bezugsrechtsausschlusses und allgemein zur Möglichkeit, Regelungslücken durch analoge Heranziehung der aktienrechtlichen Bestimmungen zu schließen, s. OLG München, Beschl. v. 23.01.2012.[188]

Schaffung eines genehmigten Kapitals durch satzungsändernden Gesellschafterbeschluss

1. Es wird mit allen Stimmen beschlossen, Folgendes als neue Ziffer 3a in die Satzung einzufügen:
§ 3a Genehmigtes Kapital
Die Geschäftsführer sind bis zum Ablauf des fünften Jahres nach Eintragung dieser Satzungsregelung im Handelsregister ermächtigt, das Stammkapital um bis zu . .
. . . € *[maximal 50 % des Stammkapitals]* durch Ausgabe neuer Geschäftsanteile

---

[187] Vgl. auch Fuhrmann/Wälzholz/*Wälzholz*, Formularbuch Gesellschaftsrecht, 3. Aufl. 2018, Muster M. 13.30.
[188] OLG München GmbHR 2012, 329 m. Anm. *Priester* = DNotZ 2012, 469.

§ 144 Versammlung, Satzungsänderung, Kapitalmaßnahmen, Auflösung

zu ihrem gemeinen Wert im Zeitpunkt des Ausübungsbeschlusses, mithin ggf. mit Agio, gegen Bareinlage einmal oder mehrmals zu erhöhen. Das Bezugsrecht der Gesellschafter wird nicht beschränkt. Die Geschäftsführung bestimmt nach Maßgabe des Satzes 1 den Umfang der Erhöhung, die Nennbeträge der auszugebenden Geschäftsanteile sowie den Zeitpunkt ihrer Gewinnberechtigung.
2. Die Geschäftsführung wird hiermit entsprechend § 179 Abs. 1 Satz 2 AktG beauftragt und ermächtigt, die Satzung nach Ausübung des genehmigten Kapitals entsprechend anzupassen. *[Alt: Jeder Geschäftsführer der Gesellschaft sowie die Angestellten des Notars . . . . . werden hiermit jeweils einzeln beauftragt und bevollmächtigt, und zwar (soweit zulässig) unter Befreiung von den Beschränkungen des § 181 BGB, die Neufassung des Gesellschaftsvertrags entsprechend der Ausübung des genehmigten Kapitals zu bestätigen und einen entsprechenden Gesellschafterbeschluss zur Anpassung des Gesellschaftsvertrags zu fassen.]*

■ **Kosten.** Geschäftswert des Gesellschafterbeschlusses ist der Betrag des genehmigten Kapitals. 2,0 Gebühr der Tabelle B nach Nr. 21100 KV GNotKG.
1. Kosten der Handelsregisteranmeldung bzgl. des genehmigten Kapitals:
    a) *Beim Notar*: Wert gemäß § 105 Abs. 1 Nr. 3 GNotKG (Mindestwert 30.000 €) der Betrag des einzutragenden genehmigten Kapitals. 0,5 Gebühr aus Tabelle B gemäß Nr. 24102 i.V.m. 21201 (5.) KV GNotKG.
    b) *Beim Registergericht*: Festgebühr von 70 € gemäß § 58 GNotKG i.V.m. Nr. 2500 GV HRegGebVO, auch wenn der Beschluss die Kapitalerhöhung durch Sacheinlage ermöglicht.
2. Kosten der Handelsregisteranmeldung bzgl. der Durchführung der Kapitalerhöhung:
    a) *Beim Notar*: Wert gemäß § 105 Abs. 1 Nr. 3 GNotKG (Mindestwert 30.000 €) der Betrag der tatsächlich durchgeführten Kapitalerhöhung. 0,5 Gebühr aus Tabelle B gemäß Nr. 24102 i.V.m. 21201 (5.) KV GNotKG sowie die Kosten des elektronischen Verfahrens, s. § 124 Rdn. 43.
    b) *Beim Registergericht*: gemäß § 58 GNotKG i.V.m. Nr. 2500 GV HRegGebVO bei Kapitalerhöhung durch Geldeinlage eine Festgebühr von 70 € bzw. nach Nr. 2401 von 210 € bei Erhöhung durch Sacheinlage.

3. Kapitalerhöhung aus Gesellschaftsmitteln

145 a) Die Kapitalerhöhung aus Gesellschaftsmitteln führt der Gesellschaft keine neuen Mittel zu. Sie *wandelt* nur gesetzlich nicht gebundenes, bereits vorhandenes Vermögen *um* in gesetzlich gebundenes Nennkapital, also *Rücklagen* (Gewinn- oder Kapitalrücklage) der GmbH *in Stammkapital*.

146 Seit dem UmwBerG vom 28.10.1994[189] ist die Kapitalerhöhung aus Gesellschaftsmitteln in den §§ 57c ff. GmbHG geregelt. Die Bilanzfrist beträgt jetzt in §§ 56e, 56f und 56i GmbHG 8 (gegenüber früher 7) Monate. Im Wesentlichen gilt für die Kapitalerhöhung aus Gesellschaftsmitteln bei der GmbH das Gleiche wie für Kapitalerhöhung aus Gesellschaftsmitteln bei der AG, auch wenn dort die vorherige Aufbringung der Einlagen zwingend ist.

147 b) Der nach § 57c Abs. 4 i.V.m. § 53 GmbHG notariell zu beurkundende Beschluss der Gesellschafterversammlung bedarf als Änderung des Gesellschaftsvertrages einer ³/₄ Mehrheit der *abgegebenen Stimmen* (zweifelhaft nach der gesetzlichen Formulierung »des bei der Beschlussfassung *vertretenen*« – also auch des nicht mitstimmenden – Grundkapitals wie bei der AG). Die Anmeldung auch dieser Kapitalerhöhung muss durch alle Geschäftsführer

---
[189] BGBl. I S. 3257.

geschehen (§ 57i Abs. 1 i.V.m. § 78 GmbHG), nicht wie bei der AG vom Vorstand in vertretungsberechtigter Zahl und dem Vorsitzenden des Aufsichtsrates. Wegen der strafrechtlichen Verantwortlichkeit nach § 82a Abs. 1 Nr. 4 GmbHG ist Vertretung – abweichend von der Regel des § 12 Abs. 1 Satz 2 HGB – ausgeschlossen.

c) Die *Bilanz*, die dem Kapitalerhöhungsbeschluss zugrunde gelegt wird, muss von einem Wirtschaftsprüfer oder (bei nicht großen Gesellschaften) von einem vereidigten Buchprüfer geprüft und mit dem uneingeschränkten Bestätigungsvermerk versehen sein (§§ 57e, 57f GmbHG) (sonst ist der Erhöhungsbeschluss nichtig). Der Prüfer muss von der Gesellschafterversammlung gewählt werden, wenn der Gesellschaftsvertrag nichts anderes vorsieht (§ 318 Abs. 1 Satz 1, 2 HGB); wird der Kapitalerhöhung nicht die letzte Jahres-, sondern eine Zwischenbilanz zugrunde gelegt (§ 57f GmbHG), ist eine gesonderte Wahl entbehrlich (§ 57f Abs. 3 Satz 1 Halbs. 2 GmbHG) (in diesen Fällen ist zusätzlich allerdings die letzte Jahresbilanz zum Handelsregister einzureichen). Der Bilanzstichtag darf nicht länger als 8 Monate vor der Anmeldung (d.h. deren Einreichung beim Registergericht) liegen (§§ 57e Abs. 1, 57f Abs. 1 GmbHG).[190] Unter welchen Voraussetzungen Rücklagen umgewandelt werden können, regelt jetzt § 57d GmbHG.

148

d) Während die AG die Erhöhung durch Ausgabe neuer Aktien auszuführen hat, hat die GmbH zwischen der *Ausgabe neuer Geschäftsanteile* und der *Erhöhung des Nennbetrages* der alten Anteile die Wahl und ist auf die zweite Form nur bei nicht voll eingezahlten Anteilen angewiesen (§ 57h und § 57l Abs. 2 GmbHG), um die Sicherstellung der Resteinzahlungspflicht nicht zu gefährden. Die neuen Geschäftsanteile und die erhöhten Nennbeträge der bisherigen Anteile müssen auf volle Euro lauten (§ 51h Abs. 1 Satz 2 GmbHG). Die neuen Anteilsrechte stehen den bisherigen Gesellschaftern im Verhältnis ihrer bisherigen Geschäftsanteile zu (§ 57j GmbHG).

149

e) *Steuerliche Folgen:* Bei einer Kapitalerhöhung aus Gesellschaftsmitteln gehört der Wert der neuen Anteilsrechte nicht zu den Einkünften i.S.d. EStG (§ 1 KapErhStG). Die Besteuerung wird bei noch nicht besteuerten Gewinnen auf die spätere Kapitalherabsetzung oder -rückzahlung verschoben (§ 28 Abs. 2 Satz 2 KStG); hierzu Rdn. 168. Die Anschaffungskosten der bisher vom Gesellschafter gehaltenen Anteile verteilen sich entsprechend dem Nennkapital auf die bisherigen und die neuen Anteile (§ 3 KapErhStG). Die Kapitalgesellschaft hat binnen 2 Wochen nach Eintragung des Beschlusses in das Handelsregister die Erhöhung des Nennkapitals unter Beifügung einer Abschrift des Erhöhungsbeschlusses dem (Körperschaftsteuer-)Finanzamt mitzuteilen (§ 4 KapErhStG). Daneben besteht die *Mitteilungspflicht des Notars* nach § 54 EStDV, wonach eine beglaubigte Abschrift des Kapitalerhöhungsbeschlusses dem Finanzamt für Körperschaftsteuern zu übersenden ist.

150

Bilanzfeststellung, Gewinnverteilung, Kapitalerhöhung aus Gesellschaftsmitteln

Der unterzeichnete Notar .....
..... Von den drei Gesellschaftern wurde einstimmig beschlossen:
1. Der vom Geschäftsführer vorgelegte Jahresabschluss zum 31. Dezember ..... wurde von dem vereidigten Buchprüfer B. in Berlin geprüft und mit dem uneingeschränkten

151 M

---

[190] Wird eine Zwischenbilanz zugrunde gelegt, darf aber trotz der 8-Monatsfrist der nächste reguläre Bilanzstichtag nicht überschritten werden; z.B. Bilanzstichtag = 31.12., trotz Zwischenbilanz zum 30.09.01 muss die Anmeldung vor dem 31.12.01 erfolgen.

Bestätigungsvermerk versehen. Der Prüfer wurde in der Gesellschafterversammlung vom ..... gewählt. Der geprüfte Jahresabschluss wird festgestellt.[191]

2. Von dem in der Jahresbilanz zum 31. Dezember ..... ausgewiesenen Reingewinn von 28.000 € erhalten: Der Gesellschafter A. auf seine Geschäftsanteile Nr. 1 im Nennbetrag von 20.000 € und Nr. 2 im Nennbetrag von 10.000 € Beträge von 10.000 und 5.000 €, der Gesellschafter B. auf seinen Geschäftsanteil Nr. 3 im Nennbetrag von 15.000 € den Betrag von 7.500 € und der Gesellschafter C. auf seinen Geschäftsanteil Nr. 4 im Nennbetrag von 5.000 € den Betrag von 2.250 €. Der restliche Reingewinn von 3.000 € wird auf neue Rechnung vorgetragen.

3. In der Jahresbilanz zum 31. Dezember ..... ist eine – nicht zweckgebundene – Gewinnrücklage von 58.000 € ausgewiesen. Davon wird ein Teilbetrag von 50.000 € in Stammkapital nach §§ 57c ff. GmbHG umgewandelt. Das Stammkapital wird im Wege der Kapitalerhöhung aus Gesellschaftsmitteln um 50.000 € auf 100.000 € erhöht. An der Kapitalerhöhung nehmen die bisherigen Gesellschafter im Verhältnis ihrer bisherigen Geschäftsanteile teil.

Ausgeführt wird die Kapitalerhöhung durch Zuteilung neuer Geschäftsanteile, die für den Gesellschafter A. auf 20.000 € (Geschäftsanteil Nr. 5) und 10.000 € (Geschäftsanteil Nr. 6), den Gesellschafter B. auf 15.000 € (Geschäftsanteil Nr. 7) und den Gesellschafter C. auf 5.000 € (Geschäftsanteil Nr. 8) lauten. Die neuen Geschäftsanteile nehmen ab Beginn des bei Beschlussfassung laufenden Geschäftsjahres an Gewinn und Verlust der Gesellschaft teil.

4. § 3 des Gesellschaftsvertrages wird entsprechend geändert: »Das Stammkapital beträgt einhunderttausend EURO.«

Diese Niederschrift ist von dem Notar eigenhändig unterschrieben worden wie folgt:

....., Notar

■ *Kosten.* Der Beschluss zu 1. ist ein sonstiger Beschluss und hat keinen bestimmten Geldwert; sein Wert kann nur geschätzt werden. Er steht jedoch im Zusammenhang mit dem Beschluss zu 2. über die Gewinnverwendung und Gewinnausschüttung, der ohne die Feststellung des Jahresabschlusses nicht getroffen werden kann, sodass er zum Gewinnverwendungsbeschluss gegenstandsgleich ist. Für die Wertermittlung des Gewinnverwendungsbeschlusses ist maßgebend der Betrag, über dessen Verwendung beschlossen wird. Die Kapitalerhöhung ist ebenfalls ein Beschluss mit einem bestimmten Geldwert, hier i.H.v. 50.000 €. Bei jedem einzelnen Beschluss mit unbestimmtem Geldwert ist nach § 108 Abs. 1 Satz 1 i.V.m. § 105 Abs. 4 Nr. 1 GNotKG der Geschäftswert mindestens 30.000 €, ebenso auch für Beschlüsse mit bestimmten Geldwert nach § 108 Abs. 1 Satz 2 i.V.m. § 105 Abs. 1 Satz 2 GNotKG, höchstens 5 Mio. € gemäß § 108 Abs. 5 GNotKG. 2,0 Gebühr aus der Tabelle B nach Nr. 21100 KV GNotKG aus den gemäß § 35 Abs. 1 GNotKG zusammengerechneten Werten.

Anmeldung der Kapitalerhöhung aus Gesellschaftsmitteln

152 M An das Amtsgericht Charlottenburg in Berlin
Zum Handelsregister B 3686 überreiche ich als alleiniger Geschäftsführer der »Franz Flügel Kraftfahrzeughandelsgesellschaft mbH« in Berlin, Pariser Str. 10 in elektronisch beglaubigter Abschrift:

1. die Niederschrift des Notars ..... in Berlin über die Gesellschafterversammlung vom ....., in der die Erhöhung des Stammkapitals aus Gesellschaftsmitteln von 50.000 €

---

191 Feststellung der Jahresabschlusses und Kapitalerhöhung können auch in einer Versammlung beschlossen werden, wenn in dieser Reihenfolge beschlossen wird.

um 50.000 € auf 100.000 € und die entsprechende Änderung des § 3 des Gesellschaftsvertrages beschlossen ist;
2. die Jahresbilanz zum 31. Dezember ..... mit dem Bestätigungsvermerk des vereidigten Buchprüfers B. ..... in Berlin, Lietzenburger Str. 12, die der Kapitalerhöhung aus Gesellschaftsmitteln zugrunde gelegt wurde;
3. die vollständige neue Gesellschafterliste mit der Bescheinigung des Notars nach § 40 Abs. 2 GmbHG zur Aufnahme in den Registerordner nach Eintragung der Kapitalerhöhung;
4. den vollständigen Wortlaut des Gesellschaftsvertrages mit der Bescheinigung des Notars nach § 54 Abs. 1 GmbHG.
Ferner überreiche ich eine einfache elektronische Aufzeichnung des Gesellschafterbeschlusses vom ..... über die Wahl des Abschlussprüfers für die Bilanz zum 31. Dezember .....

I.

Ich melde die am ..... beschlossene Kapitalerhöhung aus Gesellschaftsmitteln um 50.000 € auf 100.000 € (neues Stammkapital) und die entsprechende Änderung des Gesellschaftsvertrages unter § 3 zur Eintragung in das Handelsregister an.

II.

Ich versichere, dass nach meiner Kenntnis seit dem Stichtag der Bilanz bis zur heutigen Anmeldung keine Minderung des Vermögens der Gesellschaft eingetreten ist, die der Kapitalerhöhung entgegenstünde, wenn sie am Tage der Anmeldung beschlossen worden wäre.

III.

Die Geschäftsanschrift befinden sich unverändert in: .....; dies ist zugleich die Lage der Geschäftsräume .....

Berlin, den 20. August .....   Karl Flügel
Unterschriften aller Geschäftsführer

Vollzugsvollmacht und Beglaubigungsvermerk wie Muster Rdn. 67 M.

Bescheinigung nach § 54 Abs. 1 GmbHG wie im Muster Rdn. 69 M.

■ *Kosten.*
a) Des Notars: Geschäftswert: Der einzutragende Erhöhungsbetrag von 50.000 €. – 0,5 Gebühr aus Tabelle B gemäß Nr. 24102 i.V.m. 21201 (5.) KV GNotKG, Geschäftswert: § 105 Abs. 1 Nr. 3 GNotKG Mindestwert 30.000 €, höchstens 1 Mio. € gemäß § 106 GNotKG. Eine 0,5 Vollzugsgebühr für die beizufügenden Listen s. Rdn. 105 M. Gebühren für das elektronische Einreichen s. § 124 Rdn. 43 Die Satzungsbescheinigung ist gebührenfrei, siehe Rdn. 69 M zu den möglichen Schreibauslagen.
b) Des Registergerichts: Festgebühr von 70 € gemäß § 58 GNotKG i.V.m. Nr. 2500 GV HRegGebVO. – Gebühr für die Entgegennahme der geänderten Liste der Gesellschafter: 30 € nach Nr. 5002 GV HRegGebVO.

f) Sach- nicht Bareinlage ist die »*Einbringung*« *von Ansprüchen des Gesellschafters* gegen die Gesellschaft, z.B. sein Verzicht auf die Rückzahlung eines Darlehensanspruchs. Nach BGHZ

113, 335[192] ist die Einzahlung ausgeschütteter Gewinne (»Schütt-Aus – Hol-Zurück«), ja jede Einzahlung im Zusammenhang mit einer Gewinnausschüttung nicht Bar-, sondern Sacheinlage.[193] Nach BGHZ 135, 381[194] gilt aber für die Kapitalerhöhung durch das »Schütt-Aus – Hol-Zurück«-Verfahren gegenüber der »normalen« Sachkapitalerhöhung eine Milderung: Wegen der wirtschaftlichen Vergleichbarkeit mit der Kapitalerhöhung aus Gesellschaftsmitteln ist es möglich und ausreichend, deren Grundsätze (§§ 57c ff. GmbHG) entsprechend anzuwenden, wobei offengelegt werden muss, dass eine Kapitalerhöhung durch Wiedereinzahlung ausgeschütteter Gewinne erfolgt (bzw. eine Umbuchung erfolgt).

Kapitalerhöhung im Schütt-Aus-Hol-Zurück-Verfahren[195]

154 M Verhandelt zu ..... am .....
Vor mir, dem Notar ..... mit Amtssitz in ..... erschienen ..... und erklärten folgendes zu meinem Protokoll:

I. Gesellschafterversammlung

Unter Verzicht auf alle durch Gesetz oder Satzung bestimmten Formalitäten und Fristen wird hiermit eine Universammlung der ..... GmbH abgehalten, bei der sämtliche Gesellschafter anwesend sind, und mit allen Stimmen beschlossen:
1. Das Stammkapital der Gesellschaft wird von ..... um ..... auf ..... € erhöht.
2. Zur Übernahme werden die bisherigen Gesellschafter zugelassen, nämlich .....
3. Die Kapitalerhöhung erfolgt durch Bildung neuer Geschäftsanteile, und zwar erhalten ..... Die Ausgabe erfolgt zum Nennwert.
4. Die Einlagen sind im sog. Schütt-Aus-Hol-Zurück-Verfahren zu leisten. Die Gesellschafterversammlung der Gesellschaft hat am ..... den zum 31. 12 ..... aufgestellten Jahresabschluss festgestellt und beschlossen, vom Bilanzgewinn des Geschäftsjahres ..... in Höhe von EUR ..... einen Betrag in Höhe von EUR ..... an die Gesellschafter auszuschütten. Im Zusammenhang mit dem Gewinnverwendungsbeschluss wurde vereinbart, dass der an die Gesellschafter auszuschüttende Gewinn wieder an die Gesellschaft zur freien Verfügung der Geschäftsführer zurückzugewähren ist. Der Gewinn wurde noch nicht an die Gesellschafter ausbezahlt. Die Einlagen sind durch Verrechnung mit der Dividendenzahlung sofort zu leisten.
5. Die übernommenen Geschäftsanteile nehmen mit Beginn des laufenden Geschäftsjahres am Gewinn der Gesellschaft teil.
6. Der Gesellschaftsvertrag erhält in Ziffer ..... »Stammkapital« den folgenden, neuen Wortlaut: »Das Stammkapital der Gesellschaft beträgt ..... €. Das Stammkapital ist zu 100 % erbracht.«

II. Übernahmeerklärung

Unter Bezugnahme auf den vorstehenden Kapitalerhöhungsbeschluss und zu den dort aufgeführten Bedingungen übernehmen hiermit .....

---

192 = DNotZ 1991, 843. Steuerlich zulässig und kein Gestaltungsmissbrauch nach § 42 AO: BFH v. 19.08.1999 – I R 77–96, BStBl. I 2001, 43; DStR 99, 1849, auch wenn in Zusammenhang mit inkongruenter Gewinnausschüttung und Wiedereinlage. Führt zu einer Doppelbesteuerung bei der Gesellschaft nach § 23 KStG n.F. und beim Gesellschafter mit Anteil im Betriebsvermögen (Teileinkünfteverfahren: § 3 Nr. 40 EStG) bzw. bei Anteil im Privatvermögen seit 2009 zur Abgeltungssteuer (§ 32d EStG) und ist daher nicht mehr sinnvoll. Steuerlich sinnvoller wäre eine Kapitalerhöhung aus Gesellschaftsmitteln.
193 S. dazu u.a. Roth, NJW 1991, 1913; Bergmann/Schürrle, DNotZ 1992, 144.
194 = DNotZ 1998, 149.
195 In Anlehnung an Steiner, BWNotZ 1998, 49, 56 f. und Langenfeld, GmbH-StB, 1999, 296 f.

III. Einbringungsvertrag

Zur Leistung der Einlagen nach II.1 treten die Gesellschafter ihre durch den vorstehend genannten Gewinnverwendungsbeschluss fälligen Dividendenforderungen an die Gesellschaft mit sofortiger Wirkung ab. Die Gesellschaft nimmt die Abtretung ausdrücklich an. Der jeweilige Gesellschafter sichert zu, dass er seine Dividendenforderung nicht an Dritte abgetreten hat und diese nicht mit Rechten Dritter belastet ist. Durch die Abtretung sind die Gesellschafterforderungen infolge Konfusion erloschen.

IV. Hinweise

Der Notar hat darauf hingewiesen, dass
- das Registergericht die Werthaltigkeit der Dividendenforderung überprüfen und gegebenenfalls weitere Nachweise verlangen wird, wobei zum Wertnachweis die testierte Bilanz, auf dessen Grundlage der Gewinnverwendungsbeschluss gefasst wurde, verwandt werden kann,
- die Gesellschafter im Fall einer Überbewertung der Sacheinlage für den Differenzbetrag solidarisch haften,
- der Wert der Sacheinlage auch noch im Zeitpunkt des Eingangs der Anmeldung beim Registergericht vorhanden sein muss.

Vorgelesen, genehmigt und eigenhändig wie folgt unterschrieben: .....

■ *Kosten.* 2,0-Beurkundungsgebühr nach KV 21100 GNotKG aus Erhöhungsbetrag (= Geschäftswert), mindestens 30.000 €, höchstens 5 Mio €. Für Übernahmeerklärung: 1,0-Beurkundungsgebühr nach KV 21200 GNotKG (ohne Höchstwertbeschränkung); diese bleibt jedoch unberücksichtigt, wenn sie mit dem Einbringungsvertrag zusammen beurkundet wird, da dann ein Abhängigkeitsverhältnis i.S. § 109 Abs. 1 GNotKG vorliegt. Für den Einbringungsvertrag eine 2,0-Gebühr nach KV 21100 GNotKG aus dem Einbringungsbetrag. Erhöhungsbeschluss und Einbringungsvertrag sind gegenstandsverschieden gemäß § 110 Nr. 1 GNotKG. Die Einzelwerte sind gemäß § 35 Abs. 1 GNotKG zu addieren.

4. Kapitalerhöhung bei der UG (haftungsbeschränkt)

Bei der UG ist nach § 5a Abs. 2 Satz 2 GmbHG eine Kapitalerhöhung durch Sacheinlage ausgeschlossen. Das Sacheinlageverbot gilt nicht nur bei der Gründung der UG. Anderes gilt aber, wenn durch die Sachkapitalerhöhung der Betrag des Mindeststammkapitals nach § 5 Abs. 1 GmbHG erreicht oder überschritten und dadurch der Übergang zur »regulären« GmbH bewirkt wird, § 5a Abs. 5 GmbHG.[196]

Wird bei einer UG durch eine effektive Kapitalerhöhung das Mindeststammkapital der GmbH erreicht, gilt das für die UG zu beachtende Volleinzahlungsgebot nach § 5a Abs. 2 Satz 1 GmbHG nicht mehr, die üblichen Mindesteinzahlungen nach §§ 56a, 57 Abs. 2, 7 Abs. 2 Satz 1 GmbHG genügen. Auch der nur im Gründungsstadium greifende § 7 Abs. 2 Satz 2, der den Halbaufbringungsgrundsatz (Hälfte des Stammkapitals, mindestens 12.500 EUR, muss geleistet sein) normiert, ist hier anwendbar, weil anderenfalls die UG gegenüber einer regulären GmbH besser gestellt würde.[197] Im Ergebnis muss bei einer Erhöhung des Stammkapitals auf 25.000 € die Summe der Einlageleistungen bei Gründung und Kapitalerhöhung mindestens einen Betrag von 12.500 € erreichen (und auf jeden Geschäftsanteil ein Viertel des Nennbetrags eingezahlt sein). Trotz dieser zusammenfassenden Betrachtung hat sich die

---

196 BGH v. 19.04.2011 – II ZB 25/10, GmbHR 2011, 699; BGH v. 11.04.2011 – II ZB 9/10, GmbHR 2011, 701; OLG München v. 06.07.2010 – 31 Wx 112/10, GmbHR 2010, 922; OLG Stuttgart v. 13.10.2011 – 8 W 341/11, GmbHR 2011, 1275; OLG München v. 07.11.2011 – 31 Wx 475/11, GmbHR 2011, 1276; *Berninger*, GmbHR 2011, 953.
197 *T. Wachter*, GmbHR 2017, 1035, 1036.

Geschäftsführerversicherung im Rahmen der Anmeldung der Kapitalerhöhung richtigerweise nur auf die in diesem Kontext erbrachten Leistungen zu beziehen, nicht auch auf das weitere Vorhandensein des ursprünglichen (bei der UG notwendig vollständig einzuzahlenden) Stammkapitals. Mangels höchstrichterlicher Klärung dieser Frage sollte jedoch aus Gründen der Vorsicht die Versicherung auch auf das weitere Vorhandensein des ursprünglichen Stammkapitals bezogen werden, wenn der Mindesteinzahlungsbetrag nur in der Addition mit der bei Gründung geleisteten Einlagen erreicht wird. Es könnte hier, soll der vorsichtigste Weg beschritten werden, wie folgt durch die Geschäftsführer versichert werden[198]:

Anmeldeversicherung bei Überführung der UG (haftungsbeschränkt) in die GmbH

157 M   Jeder Geschäftsführer versichert, dass auf den von dem Gesellschafter ..... im Rahmen der Barkapitalerhöhung übernommenen Geschäftsanteil mit der Nummer 2 mit einem Nennbetrag in Höhe von 24.500 € ein Betrag in Höhe von 12.000 € durch Geldeinlage geleistet worden, der sich in der endgültigen Verfügung der Geschäftsführung befindet und auch nicht zurückgewährt worden ist. Jeder Geschäftsführer versichert weiter, dass auf den von dem Gesellschafter ..... bei Gründung der Gesellschaft übernommenen Geschäftsanteil mit der Nummer 1 mit einem Nennbetrag in Höhe von 500 € ein Betrag in Höhe von 500 € durch Geldeinlage geleistet worden ist, und sich dieser Betrag weiterhin in der endgültigen Verfügung der Geschäftsführer befindet und auch nicht zurückgewährt worden ist. Damit ist insgesamt auf das Stammkapital ein Betrag in Höhe von 12.500 € eingezahlt worden.

■ *Kosten.* Die Gebührenprivilegierung nach § 105 Abs. 6 Nr. GNotKG greift nicht. Daher gilt nach § 108 Abs. 1 S. 2 GNotKG der Mindestgeschäftswert von 30.000 € nach § 105 Abs. 1 Satz 2 GNotKG. Die Anmeldung des Rechtsformwechsels in GmbH ist ein gesonderter Anmeldegegenstand, da nicht zwingend erforderlich; Geschäftswert nach § 105 Abs. 4 Nr. 1 GNotKG. – beim Registergericht: für die Eintragung der Kapitalerhöhung 70 € (GV 2500 HRegGebV), sowie für die Umfirmierung in GmbH 40 € nach GV 2501.

158   Praktisch bedeutsam ist die Kapitalerhöhung aus Gesellschaftsmitteln bei der Überführung einer UG (haftungsbeschränkt) zur GmbH. Soll hier nicht der Weg über die Erbringung von Bar- oder Sacheinlagen gewählt werden, ist das Stammkapital nominell ohne effektive Mittelzuführung auf mindestens 25.000 € zu erhöhen – denn eine ex lege Transformation in eine reguläre GmbH erfolgt nicht, auch nicht, wenn die Summe aus Stammkapital und gesetzlicher Rücklage die Höhe des Mindeststammkapitals erreicht oder gar übersteigt. Die nominelle Kapitalerhöhung setzt voraussetzt, dass bilanziell ausgewiesenes Eigenkapital in Form von Rücklagen (§ 57d Abs. 1 GmbHG) in hinreichendem Umfang vorhanden ist und dieses in gebundenes Stammkapital umgeformt werden kann; umwandlungsfähig sind Gewinn- oder Kapitalrücklagen und vor allem die Rücklage nach § 5a Abs. 3. Der Kapitalerhöhung ist eine geprüft Bilanz zugrunde zu legen, meist wird hierfür der Jahresabschluss genutzt, falls dieser bei Handelsregisteranmeldung noch nicht älter als acht Monate sein sollte; ansonsten ist eine wiederum geprüfte Zwischenbilanz erforderlich.

---

198 In Anlehnung an *T. Wachter*, GmbHR 2017, 1035, 1036. Versicherung bzgl. Einlageleistung genügen lassend OLG Celle GmbHR 2017, 1034.

5. Kapitalherabsetzung

a) *Zweck* der Kapitalherabsetzung (Senkung des Haftungsfonds) können sein: Die Beseitigung einer Unterbilanz (zur Anpassung des Stammkapitals an den tatsächlichen Vermögensstand, dadurch Ausschüttung zukünftiger Gewinne möglich), die Zurückzahlung von Einlagen auf Geschäftsanteile, der Erlass ausstehender Einlageverpflichtungen, die Abfindung ausscheidender Gesellschafter oder die Rücklagenbildung. Als Folge mindern sich die Nennwerte der Geschäftsanteile in der Regel automatisch quotal (der Beschluss ist indes nichtig, wenn dadurch der Mindestnennbetrag – 1 € – eines Geschäftsanteils unterschritten wird, § 58 Abs. 2 Satz 2 GmbHG, § 5 Abs. 2 Satz 1 GmbHG; dann ist etwa vorherige Zusammenlegung erforderlich). Mit Zustimmung der Betroffenen kann aber auch eine disquotale Nennbetragsreduktion beschlossen werden (Teileinziehung). Nach § 58 Abs. 2 Satz 1 GmbHG i.V.m. § 5 Abs. 1 GmbHG darf das Mindeststammkapital nicht unter 25.000 € herabgesetzt werden (ein Übergang zur Unternehmergesellschaft – haftungsbeschränkt – durch Kapitalherabsetzung ist nicht vorgesehen). Eine – wichtige – Ausnahme besteht nach § 58a Abs. 4 GmbHG, wenn die vereinfachte Kapitalherabsetzung mit einer (Bar-)Kapitalerhöhung verbunden wird.

159

b) *Voraussetzung* der ordentlichen Herabsetzung ist – aufgrund der mit ihr letztlich verbundenen »Teilliquidation« – die Bekanntmachung des Herabsetzungsbeschlusses – einmalige Bekanntmachung im Bundesanzeiger genügt, wenn die Satzung keine weiteren Publikationsmedien vorsieht – mit Aufforderung der Gesellschaftsgläubiger, sich zu melden, und Einhaltung eines *Sperrjahres*. Die sich meldenden Gläubiger fälliger Forderungen, die der Herabsetzung nicht zustimmen, sind zu befriedigen. An diesem Erfordernis kann die Herabsetzung praktisch scheitern.

160

Angemeldet werden kann die ordentliche Herabsetzung erst nach Ablauf des Sperrjahres. Anmelden müssen alle Geschäftsführer mit der Versicherung, dass die Gläubiger, die sich gemeldet und der Herabsetzung nicht zugestimmt haben, befriedigt oder sichergestellt sind.

161

Umstr. ist, ob das Sperrjahr auch bei der Sanierung durch gleichzeitige Kapitalerhöhung und -herabsetzung eingehalten werden muss.[199] Jedenfalls gilt nach § 1 Abs. 3 EGGmbHG (bisher § 86 Abs. 2 GmbHG) § 58 Abs. 1 GmbHG nicht, wenn zur Euro-Umstellung gleichzeitig mit der Kapitalherabsetzung eine Barkapitalerhöhung beschlossen wird und die Bareinlagen vor der Anmeldung zum Handelsregister in voller Höhe geleistet werden.

162

c) Der Notar hat gemäß § 54 EStDV beglaubigte Abschriften der Urkunde über den Kapitalherabsetzungsbeschluss bzw. deren Handelsregisteranmeldung innerhalb von 2 Wochen nach der jeweiligen Beurkundung bzw. Beglaubigung an das für den Sitz der Gesellschaft zuständige Finanzamt für Körperschaften zu übersenden. Zuvor dürfen den Beteiligten keine Abschriften und Ausfertigungen ausgehändigt werden.

163

d) Da der Gesellschaftsvertrag geändert wird, muss der Beschluss beurkundet werden (§ 53 Abs. 2 GmbHG). Der Zweck der Kapitalherabsetzung ist in entsprechender Anwendung des § 222 Abs. 3 AktG im Herabsetzungsbeschluss anzugeben.[200] Wenn vom Regelfall der anteiligen Herabsetzung des Nennbetrags aller Geschäftsanteile abgewichen wird, müssen im Beschluss die Auswirkungen auf die Geschäftsanteile angegeben werden.

164

e) *Steuern:* Die Kapitalherabsetzung ist *bei der Gesellschaft* ein rein gesellschaftsrechtlicher Vorgang, der steuerlich auf der Vermögensebene stattfindet und sich auf das Einkommen

165

---

199 Dies bejaht LG Frankfurt am Main DNotZ 1993, 256 m. abl. Anm. *Hirte*.
200 BayObLG BB 1979, 240 = DNotZ 1979, 357; str.

der Gesellschaft grundsätzlich nicht auswirken darf. Werden jedoch zur Rückzahlung Sachwerte verwendet, kommt es zur Aufdeckung stiller Reserven.

166 *Auf der Gesellschafterebene* kommt es darauf an, ob eine Kapitalerhöhung aus Gesellschaftsmitteln erfolgt war. Steuerrechtlich wird die Kapitalherabsetzung, wie auch die Liquidation, als Veräußerung des Anteils an den Gesellschafter zum Betrag der Rückzahlung behandelt (§ 17 Abs. 4 EStG).

167 *Rückzahlung von durch Einlagen gebildetem Nennkapital*: Befindet sich der Anteil im *Privatvermögen* und handelt es sich um eine wesentliche Beteiligung i.S.v. § 17 EStG, entsteht ein im Rahmen des Teileinkünfteverfahrens (§ 3 Nr. 40 Buchst. c) EStG) steuerpflichtiger Gewinn, soweit der Rückzahlungsbetrag die Anschaffungskosten übersteigt und die Rückzahlung nicht aus Gewinnrücklagen stammt.[201] Handelt es sich um eine nicht wesentliche Beteiligung (weniger als 1 %) liegen nach § 20 Abs. 1 Nr. 1 S. 3 EStG keine steuerpflichtigen Einkünfte vor. Befindet sich der Anteil im *Betriebsvermögen* einer natürlichen Person liegt ein nach § 3 Nr. 40 Buchst. a) EStG steuerpflichtiger Veräußerungsgewinn vor, wenn der Rückzahlungsbetrag die Anschaffungskosten übersteigt. Ist eine Kapitalgesellschaft der Anteilsinhaber ist dabei der Veräußerungsgewinn gemäß § 8b Abs. 2 KStG steuerfreigestellt, wobei jedoch gemäß § 8b Abs. 3 KStG 5 % des Veräußerungsgewinns steuerpflichtig werden.

168 *Rückzahlung nach Kapitalerhöhung aus Gesellschaftsmitteln*: Wurde die Kapitalerhöhung lediglich aus Mitteln der Kapitalrücklage gebildet, erfolgt die Besteuerung nach dem vorstehend Dargestellten. Wurde jedoch eine Gewinnrücklage verwendet, kommt es nach § 28 Abs. 2 Satz 2 KStG zu einer steuerpflichtigen Gewinnausschüttung, soweit Gewinnrücklagen ausbezahlt werden.[202]

169 Wurde ein Anteil an der GmbH durch *Sacheinlage eines (Teil-)Betriebes oder eines Mitunternehmeranteiles* erworben (§ 20 Abs. 1 UmwStG) und dabei nicht der volle gemeine Wert gemäß § 20 Abs. 2 Satz 1 UmwStG angesetzt, führt die Kapitalherabsetzung zwingend bei dem Gesellschafter, der die Einlage erbracht hat, zu einer rückwirkenden Nachbesteuerung im Umfang der bei der damaligen Einbringung nicht aufgedeckten stillen Reserven, soweit seit der Einbringung nicht bereits 7 Jahre verstrichen sind (§ 22 Abs. 1 UmwStG); s. hierzu im Einzelnen bei § 142 Rdn. 123 ff. Ebenso verursacht die Kapitalherabsetzung eine rückwirkende Nachsteuerung beim Gesellschafter, wenn der Anteil *durch einen qualifizierten Anteilstausch* gemäß § 21 UmwStG innerhalb eines Zeitraumes von 7 Jahren vor der Kapitalherabsetzung erworben wurde; s. hierzu bei § 142 Rdn. 132 ff.

Herabsetzung zum Zwecke teilweiser Rückzahlung und des Erlasses von Einlageforderungen (Tatsachenprotokoll)

170 M
Bielefeld, den .....
Vor dem unterzeichneten Notar ..... hatten sich heute zur Abhaltung einer Versammlung der Gesellschafter der »Wenk Holzbau Gesellschaft mit beschränkter Haftung« in Bielefeld eingefunden:
1. Kaufmann Karl Habermann, der gleichzeitig Geschäftsführer ist, mit einem Geschäftsanteil von 100.000 €,
2. Frau Helly Niemeyer, geborene Habermann, mit einem Geschäftsanteil von 80.000 €,
3. Kaufmann Konrad Niemeyer mit einem Geschäftsanteil von 20.000 €.
Sie erklärten, die sämtlichen Gesellschafter der angeführten Gesellschaft zu sein und auf Form und Frist der Einberufung verzichten zu wollen.

---

[201] Die Auskehrung thesaurierter Gewinne ist wie eine Gewinnausschüttung zu werten und führt gemäß § 17 Abs. 4 S. 3 EStG zu Kapitaleinkünften im Sinne § 20 Abs. 1 Nr. 2 EStG.
[202] Einführende Erläuterung hierzu bei *Frotscher*, Körperschaftsteuer, Rn. 512 ff.

Auf Antrag des Geschäftsführers als Versammlungsleiter (auf Zuruf gewählt) beschlossen sie einstimmig:
1. Das Stammkapital der Gesellschaft von 200.000 € wird zum Zwecke der Zurückzahlung von Einlagen auf Geschäftsanteile von 75.000 € sowie des Erlasses einer Einlagerestforderung von 25.000 €, die gegen den Gesellschafter Karl Habermann besteht, nach § 58 GmbHG um 100.000 € verhältnismäßig herabgesetzt.
2. Die Herabsetzung wird wie folgt durchgeführt:
   a) Zurückgezahlt werden auf die Geschäftsanteile zu gegebener Zeit
   aa) an den Gesellschafter Karl Habermann auf seinen mit 75.000 € eingezahlten Geschäftsanteil von 100.000 €   25.000 €
   bb) an die Gesellschafterin Frau Hella Niemeyer auf ihren voll eingezahlten Geschäftsanteil von 80.000 €   40.000 €
   cc) an den Gesellschafter Konrad Niemeyer auf seinen voll eingezahlten Geschäftsanteil von 20.000 €   10.000 €
   b) Erlassen wird dem Gesellschafter Karl Habermann zu gegebener Zeit die Einzahlung des von ihm auf den Geschäftsanteil geschuldeten Betrages von   25.000 €.

Entsprechend werden die Nennbeträge der Gesellschafteranteile herabgesetzt und zwar wie folgt:
Die Geschäftsanteile stellen sich nunmehr für den Gesellschafter Habermann auf 50.000 €, für die Gesellschafterin Hella Niemeyer auf 40.000 € und für den Gesellschafter Konrad Niemeyer auf 10.000 €.
3. Der § 3 des Gesellschaftsvertrages erhält folgenden Zusatz:
»Das Stammkapital der Gesellschaft beträgt 100.000 €.«
Der Geschäftsführer als Versammlungsleiter stellte die Beschlüsse fest und verkündete sie. Sodann wurde die Versammlung beendet. Der Notar auf das Erfordernis des Gläubigeraufrufs und die möglichen Rechte von Gläubigern nach § 58 GmbHG hingewiesen.[203]
Diese Niederschrift ist von dem Notar eigenhändig unterschrieben worden wie folgt:
......, Notar

■ *Kosten.* Der Wert richtet sich nach dem bestimmten Betrag der Herabsetzung von 100.000 € (§ 108 Abs. 1 S. 2 iVm § 105 Abs. 1 Nr. 3 GNotKG, mindestens 30 000 EURO). Die weiteren Beschlüsse betreffen alle den gleichen Gegenstand (§ 109 Abs. 2 Nr. 4 lit. a)). – 2,0 Gebühr der Tabelle B nach Nr. 21100 KV GNotKG.

f) Die Bekanntmachung hat nach § 12 GmbHG in den Gesellschaftsblättern, dem Bundesanzeiger und eventuell noch anderen im Gesellschaftsvertrag bestimmten Veröffentlichungsorgan zu erfolgen, und zwar einmalig. Die Bekanntmachung ist nach § 58 Abs. 1 Nr. 4 GmbHG mit der Anmeldung der Herabsetzung einzureichen; dagegen muss ein Nachweis über die besondere Mitteilung der bekannten Gläubiger nach § 58 Abs. 1 Nr. 1 a.E. GmbHG nicht mit eingereicht werden.[204]

171

Bekanntmachung des Herabsetzungsbeschlusses

Die Gesellschafterversammlung der »Wenk Holzbau Gesellschaft mit beschränkter Haftung« in Bielefeld hat am ..... beschlossen, das Stammkapital der Gesellschaft um 100.000 € herabzusetzen.

172 M

---
203 An sich beim Tatsachenprotokoll nicht zwingend.
204 Scholz/*Priester*, § 58 GmbHG Rn. 68.

Die Gläubiger der Gesellschaft werden aufgefordert, sich bei der Gesellschaft in Bielefeld, Herforder Straße 1, zu melden.
Bielefeld, den .....

Wenk Holzbau
Gesellschaft mit beschränkter Haftung
Habermann

■ *Kosten.* Der Entwurf ist nach § 36 GNotKG in Anlehnung an die Bestimmungen zur Anmeldung mit unbestimmten Wert § 105 Abs. 4 Nr. 1 GNotKG (1 % der Herabsetzung, mind. 30.000 €) zu bewerten, wofür aufgrund der BGH-Entscheidung,[205] dass auch für jegliche Art von Willenserklärungen, die im Rahmen notarieller Amtstätigkeit entworfen werden (hier Vollzugstätigkeit bzgl. des Herabsetzungsbeschlusses) eine Entwurfsgebühr nach Nr. 24101 i.V.m. 21200 KV GNotKG: 0,3 bis 1,0 Gebühr aus Tabelle B (zur Rahmengebühr s. § 92 Abs. 2 GNotKG) anfällt.

Anmeldung der Kapitalherabsetzung

173 M Zum Handelsregister B 213 der »Wenk Holzbau Gesellschaft mit beschränkter Haftung« überreiche ich als Geschäftsführer in elektronisch beglaubigter Abschrift
1. Niederschrift vom ..... über die von der Gesellschafterversammlung beschlossene Herabsetzung des Stammkapitals,
2. Belegexemplare des Bundesanzeigers vom ....., enthaltend die Bekanntmachung des Beschlusses und Aufforderung an die Gläubiger, sich zu melden,
3. vollständigen Wortlaut des Gesellschaftsvertrages mit der Bescheinigung des Notars nach § 54 Abs. 1 GmbHG,
4. Liste der Gesellschafter mit der Bescheinigung des Notars nach § 40 Abs. 2 GmbHG zur Aufnahme in den Registerordner nach Eintragung der Kapitalherabsetzung.

I.

Zur Eintragung ins Handelsregister melde ich an:
Die Gesellschafterversammlung hat am ..... (Datum) beschlossen, das Stammkapital der Gesellschaft von 200.000 € um 100.000 € auf 100.00 € herabzusetzen.
Der § 3 der Gesellschaftssatzung wurde entsprechend geändert. Die Kapitalherabsetzung erfolgte zum Zweck der Rückzahlung von Einlagen sowie zum Erlass einer Einlagenforderung.

II.

Nach Belehrung durch den Notar über die Strafbarkeit einer wissentlich falschen Versicherung (§ 82 GmbHG) versichere ich, dass die Gesellschaftsgläubiger, die sich bei der Gesellschaft gemeldet und der Herabsetzung nicht zugestimmt haben, befriedigt oder sichergestellt sind, und melde die Herabsetzung des Stammkapitals um 100.000 € sowie die entsprechende Satzungsänderung zur Eintragung an.

III.

Die inländische Geschäftsanschrift lautet unverändert: .....

---

205 BGH-Beschl. v. 08.12.2005 – V ZB 144/05 = DNotZ 2006, 382 zur Verweisungsurkunde.

IV.

1. Der Notar hat darauf hingewiesen, dass die Satzungsänderung erst mit ihrer Eintragung im Handelsregister wirksam wird und die Eintragung ggf. erst nach Zahlung der Gerichtskostenrechnung erfolgt.
2. Der Notar wird mit dem Vollzug dieser Urkunde beauftragt und bevollmächtigt, die Beteiligten im Registerverfahren uneingeschränkt zu vertreten.
3. Die Notariatsangestellten ....., geschäftsansässig ....., und zwar jeweils einzeln, unter Befreiung von den Beschränkungen des § 181 BGB, werden durch die Beteiligten unabhängig von der Wirksamkeit dieser Urkunde bevollmächtigt, die vorstehende Handelsregisteranmeldung zu berichtigen, zu ändern und zu ergänzen. Diese Vollmacht ist im Außenverhältnis unbeschränkt und vom Registergericht nicht zu überprüfen. Im Innenverhältnis werden die Bevollmächtigten jedoch angewiesen, von dieser Vollmacht nur Gebrauch zu machen, wenn die Geschäftsführung der Gesellschaft einer Änderung oder Ergänzung zugestimmt hat. Sie erlischt drei Monate nach Eintragung der Gesellschaft im Handelsregister.
4. Der Gesellschaft ist nach Eintragung ein beglaubigter Registerauszug zu übersenden. Um Vollzugsmitteilung an den unterzeichneten Notar wird gebeten.
5. Der unterzeichnete Notar hat die vorstehende Handelsregisteranmeldung nach § 378 Abs. 3 Satz 1 FamFG auf Eintragungsfähigkeit geprüft. Bedenken gegen die Eintragungsfähigkeit bestehen danach nicht.

Bielefeld, den .....   Karl Habermann
Beglaubigungsvermerk

■ *Kosten.*
a) Des Notars: Wert: Nach § 105 Abs. 1 Nr. 3 GNotKG (Mindestwert 30.000 €, höchstens 1 Mio. €) hier der bestimmte Herabsetzungsbetrag von 100.000 €. 0,5 Gebühr aus Tabelle B gemäß Nr. 24102 i.V.m. 21201 (5.) KV GNotKG; Vollzugsgebühr für die Gesellschafterliste s. Rdn. 105 M. Keine Gebühr für die Vollzugsvollmacht, siehe Rdn. 47. Zu den Kosten des elektronischen Einreicheverfahrens, s. § 124 Rdn. 43.
b) Des Registergerichts: Festgebühr von 70 € gemäß § 58 GNotKG i.V.m. Nr. 2500 GV, HRegGebVO. – Gebühr für die Entgegennahme der geänderten Liste der Gesellschafter nach § 40 GmbHG: 30 € nach Nr. 5002 GV HRegGebVO.

Bescheinigung nach § 54 Abs. 1 GmbHG wie oben Muster Rdn. 138 M (gebührenfrei). Auch durch die Kapitalherabsetzung wird das Stammkapital und damit der Gesellschaftsvertrag geändert. Liste mit Bescheinigung nach § 40 Abs. 2 GmbHG wie oben Muster Rdn. 105 M.

6. Vereinfachte Kapitalherabsetzung

Eine vereinfachte Kapitalherabsetzung, bei der nicht wie bei der ordentlichen Kapitalherabsetzung nach § 58 GmbHG vor deren Anmeldung das Sperrjahr abzuwarten ist und nicht die Mitteilungen zum Schutz der Gesellschaftsgläubiger notwendig sind, ist zur Buchsanierung zulässig, um eine eingetretene Wertminderung auszugleichen oder sonstige Verluste abzudecken, § 58a Abs. 1 GmbHG (zur EURO-Umstellung s. außerdem § 1 Abs. 3 EGGmbHG). Zweck kann auch die bilanzielle Beseitigung von evtl. nur drohenden Verlusten sein, die sich nicht schon aus der Bilanz ergeben, sondern aus einer gewissenhaften Prognose. Zuvor müssen Kapital- und Gewinnrücklagen bis auf 10 % des verbleibenden Kapitals und ein Gewinnvortrag aufgelöst werden, § 58a Abs. 2 GmbHG.

Der *Beschluss* muss die Anpassung der Nennbeträge der Geschäftsanteile an das herabgesetzte Stammkapital enthalten. Die Geschäftsanteile müssen auf volle Euro lauten. Eine Herabsetzung des Stammkapitals unter den Mindestbetrag von 25.000 € ist zulässig, wenn durch eine gleichzeitige Kapitalerhöhung, bei der keine Sacheinlagen zulässig sind, eine Auffüllung auf mindestens 25.000 € erfolgt, § 58a Abs. 4 GmbHG. Die Beschlüsse sind nichtig, wenn sie nicht innerhalb 3 Monate im Handelsregister eingetragen sind. Strittig ist, ob der Beschluss auch Angaben über den Herabsetzungszweck enthalten muss, was jedenfalls zu empfehlen ist.

176 Der Beschluss soll weiter die Feststellung des Jahresergebnisses des letzten Geschäftsjahres enthalten, wenn die Kapitalherabsetzung schon für dessen Bilanz gelten soll (§ 58e Abs. 2 GmbHG). Eine Kapitalerhöhung mit Rückbeziehung kann nur beschlossen werden, wenn zuvor die Übernahme der neuen Geschäftsanteile erklärt wurde, keine Sacheinlage erbracht wird und vorher die Einzahlung erfolgte, was bei Beurkundung dem Notar nachgewiesen werden muss (§ 58f GmbHG).

177 Der Herabsetzungsbetrag darf nur zur Wertberichtigung bzw. Verlustdeckung und zur Bildung einer Kapitalrücklage bis 10 % des neuen Stammkapitals nach Herabsetzung verwendet werden (§ 58b Abs. 1, Abs. 2 GmbHG). Die Verwendbarkeit der so gebildeten Rücklage (§ 58b Abs. 3 GmbHG) und die Gewinnausschüttung sind beschränkt (§ 58d GmbHG).

178 Für die *Registeranmeldung* gelten die allgemeinen Regeln (durch alle Geschäftsführer; Versicherung über die Einzahlung bei verbundener Kapitalerhöhung), wobei diese bei einer Kapitalherabsetzung unter 25.000 € so rechtzeitig erfolgen muss, dass die Eintragung spätestens innerhalb 3 Monaten nach Beschlussfassung möglich ist, sonst sind die Beschlüsse nichtig (§ 58a Abs. 4, 58e Abs. 3 GmbHG). Zu Prüfungszwecken sollten dem Registergericht als Anlage die Jahresbilanz oder Unterlagen über den prognostizierten Verlust des laufenden Geschäftsjahres vorgelegt werden. Strittig ist, ob auch eine Satzungsbescheinigung mit vorzulegen ist, wenn durch die Kapitalerhöhung der Betrag des Stammkapitals unverändert geblieben ist.

179 *Steuern:* Bei der vereinfachten Kapitalherabsetzung nach §§ 58a bis 58f GmbHG zum Ausgleich einer Wertminderung oder zur Verlustdeckung erfolgt keine Ausschüttung, sodass damit beim Gesellschafter kein steuerpflichtiger Kapitalertrag entsteht. Da die Kapitalherabsetzung ohne Kapitalrückgewähr erfolgt, verringert sich auf der Ebene der Gesellschaft das Nennkapital, während sich das steuerliche Einlagenkonto erhöht.[206] Auf Seiten des Gesellschafters ergeben sich damit noch keinen Folgen.

Gesellschafterbeschluss der vereinfachten Kapitalherabsetzung und anschließender Kapitalerhöhung (im Beurkundungsverfahren nach §§ 8 ff. BeurkG)

180 M Vor mir ..... dem Notar ..... mit Amtssitz in ..... erschien heute ....., handelnd nicht in eigenem Namen, sondern als alleinvertretungsberechtigter Geschäftsführer der Firma »K Bau GmbH« mit Sitz in Füssen ..... und erklärte folgendes zu meinem Protokoll:

I. Vorbemerkung

An der im Handelsregister des Amtsgerichts Kempten unter HRB ..... eingetragenen Gesellschaft »ABX Baustoffe GmbH« mit dem Sitz in Kaufbeuren, deren Stammkapital 400.000 € beträgt, besitzt die Fa. »K Bau GmbH« mit Sitz in Füssen nach ihren Angaben den einzigen Geschäftsanteil. Das gesamte Stammkapital ist somit vertreten. Die Einlage ist in voller Höhe des Nennbetrages des Geschäftsanteils an die Gesellschaft einbezahlt.

---

206 Hierzu auch das Anwendungsschreibens zu §§ 27, 28 KStG des BMF v. 04.06.2003 BStBl. I 2003, 366 Tz. 37 ff.

II. Gesellschafterversammlung

Die Gesellschaft hat in den Geschäftsjahren ..... und ..... einen Jahresfehlbetrag erwirtschaftet. Infolge dessen ist das Eigenkapital der Gesellschaft erheblich gesunken. Sämtliche Kapital- und Gewinnrücklagen sind aufgelöst worden. Ein Gewinnvortrag ist nicht mehr vorhanden. Zur Sanierung soll das Stammkapital (zum Ausgleich dieses Bilanzverlusts) herabgesetzt und gleichzeitig wieder erhöht werden. Die heutigen Beschlüsse sollen nicht im Jahresabschluss für das letzte vor der heutigen Beurkundung abgelaufenen Geschäftsjahres ..... berücksichtigt werden.

Unter Verzicht auf die Einhaltung aller nach Gesetz und Satzung vorgeschriebenen Form- und Fristvorschriften hält die »K Bau GmbH« eine Gesellschafterversammlung der in Abschn. 1. bezeichneten Gesellschaft ab und beschließt einstimmig und mündlich was folgt:

1. Das Stammkapital der Gesellschaft wird im Wege der vereinfachten Kapitalherabsetzung von 400.000 € um 395.000 € auf 5.000 € herabgesetzt. Die Herabsetzung dient dem Ausgleich von Verlusten.
2. Zur Durchführung der Herabsetzung des Stammkapitals wird der Nennbetrag des vom Gesellschafter gehaltenen Geschäftsanteils in Höhe von 400.000 € auf 5.000 € herabgesetzt.
3. Das herabgesetzte Stammkapital der Gesellschaft wird von 5.000 € um 395.000 € auf 400.000 € erhöht.
4. Es wird ein neuer Geschäftsanteil in Höhe von 395.000 € gebildet. Zu dessen Übernahme wird die »Fa. K Bau GmbH«, Sitz Füssen, zugelassen. Der neue Geschäftsanteil wird zum Nennwert ausgegeben und ist in Geld zu erbringen, und zwar in Höhe von 197.500,– € sofort, die restliche Hälfte des Betrages von weiteren 197.500,– € unverzüglich nach Anforderung durch die Geschäftsführung, spätestens jedoch am ..... Der neue Geschäftsanteil ist vom Beginn des bei der Eintragung der Kapitalerhöhung laufenden Geschäftsjahres an am Gewinn der Gesellschaft beteiligt.
5. § 3 des Gesellschaftsvertrages (Stammkapital) bleibt unverändert.

Weitere Beschlüsse werden nicht gefasst.

III. Hinweise, Kosten, Abschriften

Der Notar hat insbesondere darauf hingewiesen, dass Kapitalherabsetzung und Kapitalerhöhung erst mit Eintragung in das Handelsregister wirksam werden und die Verwendbarkeit der in den nächsten fünf Jahren entstehenden Gewinne durch das Gesetz beschränkt ist.

Die Kosten dieser Niederschrift und ihres Vollzugs im Handelsregister trägt die Gesellschaft.

Von dieser Niederschrift erhalten:
der Gesellschafter eine Ausfertigung;
die Gesellschaft, das zuständige Registergericht und das Finanzamt am Gesellschaftssitz je eine beglaubigte Abschrift.
Vorgelesen, genehmigt und wie folgt eigenhändig unterschrieben:

....., Notar

■ *Kosten.* Die gleichzeitige Herabsetzung und Erhöhung des Stammkapitals in einer Gesellschafterversammlung sind gegenstandsverschiedene Beschlüsse, deren Werte gemäß § 35 Abs. 1 GNotKG zusammenzurechnen sind (§ 108 Abs. 1 Satz 2 i.V.m. § 105 Abs. 1 GNotKG mindestens 30.000 €, nach § 108 Abs. 5 GNotKG höchstens 5 Mio. €. Siehe auch § 109 Abs. 2 Nr. 4 Buchst. b) GNotKG. Eine 2,0 Gebühr der Tabelle B nach Nr. 21100 KV GNotKG.

181 *Übernahmeerklärung* s. Muster Rdn. 86 M.

Anmeldung der vereinfachten Kapitalherabsetzung

182 M Zur Eintragung in das Handelsregister wird im Eilantrag unter Vorlage elektronischer beglaubigter Abschriften
1. der Niederschrift über die Gesellschafterversammlung vom .....
2. der Übernahmeerklärung vom .....
3. der Liste des Übernehmers des neuen Geschäftsanteils
4. der neuen Gesellschafterliste mit der Bescheinigung des Notars nach § 40 Abs. 2 GmbHG zur Aufnahme in den Registerordner nach Eintragung der Kapitalherabsetzung
5. der Satzungsbescheinigung gemäß § 54 Abs. 1 GmbHG
zur Eintragung in das Handelsregister angemeldet:

I.

1. Zum Zwecke der Abdeckung eines entstandenen Verlustes wurde das Stammkapital der Gesellschaft von 400.000 € um 395.000 € auf 5.000 € herabgesetzt.
2. Gleichzeitig wurde das Stammkapital der Gesellschaft von 5.000 € um 395.000 € auf 400.000 € erhöht. § 3 des Gesellschaftervertrages blieb unverändert.

II.

1. Der unterzeichnete Geschäftsführer versichert, dass auf den neugebildeten Geschäftsanteil in Höhe von 395.000 € ein Geldbetrag in Höhe von 197.500,– € zur endgültig freien Verfügung der Geschäftsführung einbezahlt wurde und dieser Geldbetrag auch nicht später an die Gesellschafterin zurückgeflossen ist.
2. Der unterzeichnete Geschäftsführer erklärt, dass sämtliche Kapital- und Gewinnrücklagen der Gesellschaft vor dem Beschluss über die Kapitalherabsetzung aufgelöst wurden und dass ein Gewinnvortrag nicht mehr vorhanden war.

III.

1. Die Geschäftsanschrift lautet unverändert: .....
2. Die angemeldeten Beschlüsse sind nach § 58a Abs. 4 GmbHG zwingend innerhalb von drei Monaten im Handelsregister einzutragen, ansonsten sind sie nichtig. Der Antrag ist daher vordringlich zu behandeln.

Kaufbeuren, den .....   Karl Klein
Beglaubigungsvermerk

■ *Kosten.*
a) Beim Notar: Geschäftswert ist nach § 105 Abs. 1 Nr. 3 GNotKG (Mindestwert 30.000 €) jeweils der Betrag der Herabsetzung und Erhöhung als getrennte Rechtstatsachen. Gebühren: Es handelt sich um gegenstandsverschiedene Anmeldungen mit jeweils bestimmtem Geldwert, sodass eine 0,5 Gebühr aus Tabelle B gemäß Nr. 24102 i.V.m. 21201 (5.) KV GNotKG; § 105 Abs. 1 Nr. 3 GNotKG: Mindestwert 30.000 €, höchstens 1 Mio. € gemäß § 106 GNotKG. Vollzugsgebühr für die Gesellschafter- und Übernehmerliste s. Rdn. 100 M u. Rdn. 105 M.

b) **Beim Registergericht:** Nachdem die Anmeldung am gleichen Tag erfolgt, fallen gemäß § 58 GNotKG i.V.m. Nr. 2500 und Nr. 2501 GV HRegGebVO Festgebühren von 70 € für die erste Eintragungstatsache (Herabsetzung) und 40 € für die weitere (= Erhöhung) an. – Gebühr für die Entgegennahme der geänderten Liste der Gesellschafter nach § 40 GmbHG: 30 € nach Nr. 5002 GV HRegGebVO.

VII. Einforderung von Nachschüssen

Zu der satzungsmäßigen Gestattung der Einforderung von Nachschüssen muss der Beschluss der Gesellschafterversammlung auf Einforderung hinzukommen, damit die Geschäftsführer die Nachschüsse einziehen können. **183**

Notarielle Beurkundung ist nicht erforderlich, aber wegen der Bedeutung zweckmäßig. **184**

Gesellschafterbeschluss auf Einforderung von Nachschüssen

Verhandelt in Montabaur, ... **185 M**
Vor dem unterzeichneten Notar ..... erklärten die Gesellschafter der »Wolters Propellerbau GmbH« in Montabaur, nämlich:
1. bis 5 .....
Wir, die zu 1 bis 3 Angeführten und die von den zu 4 und 5 Angegebenen vertretene ..... Aktiengesellschaft, sind die alleinigen Gesellschafter der »Wolters Propellerbau Gesellschaft mit beschränkter Haftung«.
Wir treten unter Verzicht auf Form und Frist der Einberufung zu einer Gesellschafterversammlung zusammen.
Der Vertrag unserer Gesellschaft gestattet die Einforderung von Nachschüssen bis zur Hälfte der Geschäftsanteile.
Wir beschließen, je 25 vom Hundert der Geschäftsanteile zur Einzahlung bis ..... einzufordern.

....., Notar

■ *Kosten.* Wert: 2,0 Gebühr der Tabelle B nach Nr. 21100 KV GNotKG; Geschäftswert nach § 108 Abs. 1 Satz 2 i.V.m. § 105 Abs. 1 GNotKG mindestens 30.000 €, nach § 108 Abs. 5 GNotKG höchstens 5 Mio. €.

VIII. Auflösung und Liquidation der GmbH

1. Wirkung der Auflösung

Die *Auflösung*, die u.a. bei Ablauf der in der Satzung bestimmten Zeit oder durch nicht notwendig zu beurkundenden Gesellschafterbeschluss (mit Mehrheit von $^3/_4$ der abgegebenen Stimmen) eintritt, beendet das Leben der Gesellschaft nicht, sondern stellt es um. Sie besteht als Liquidationsgesellschaft zu dem Zweck weiter, die laufenden Geschäfte zu beenden, die Außenstände einzuziehen, das Vermögen in Geld umzusetzen, die Gläubiger zu befriedigen und das Restvermögen an die Gesellschafter zu verteilen (§ 70 GmbHG). **186**

Trotz der »Auflösung« bleibt die Gesellschaft bestehen, solange Gesellschaftsvermögen vorhanden ist. Die Geschäftsführer werden Liquidatoren. Die Firma erhält den Zusatz »in Liquidation« (abgekürzt »i.Liqu.« oder »i.L.«) oder »in Abwicklung« (»in Abw.«). Die Gesellschaft ist keine werbende mehr, die durch Geschäfte ihre Zwecke verfolgt, sondern der Gegenstand des Unternehmens ist nur noch die Liquidation (Abwicklung ihrer **187**

Geschäfte, Versilberung ihres Vermögens). Erst mit der Beendigung der Liquidation ist auch die Gesellschaft beendet.

188 Die Tatsache, dass die Gesellschaft sich in Liquidation befindet, ist mit Rechtsform und Sitz, Handelsregisternummer, allen Liquidatoren und einem etwaigen Aufsichtsratsvorsitzenden auf den *Geschäftsbriefen* bei Vermeidung eines Zwangsgeldes von den Liquidatoren anzugeben (§§ 71 Abs. 5, 35a, 79 Abs. 1 GmbHG). Zur entsprechenden Verpflichtung der Geschäftsführer s.o. § 143 Rdn. 28.

2. Auflösungsbeschluss

189 Nur dann liegt in dem Beschluss der Gesellschaft, die Gesellschaft aufzulösen, eine Satzungsänderung und ist notarielle Beurkundung erforderlich, wenn der Gesellschaftsvertrag die Unauflösbarkeit oder einen *anderen* Beendigungszeitpunkt bestimmt hatte.[207] S. oben § 142 Rdn. 154.

Auflösungsbeschluss (Beurkundung des Beschlusses in der Regel nicht zwingend)

190 M   Kassel, den .....

Vor dem unterzeichneten Notar ..... fanden sich zu einer Versammlung der Gesellschafter der »Schuhgroßhandlung Schön Gesellschaft mit beschränkter Haftung« mit dem Sitz in Kassel, eingetragen im Handelsregister des Amtsgerichts Kassel unter HRB ....., ein:

Kaufmann Robert Riemann, Kaufmann Siegismund Schön, Kaufmann Thomas Thormann, Geschäftsinhaberin Ursula Ulmer, sämtlich in Kassel und dem Notar persönlich bekannt.

Sie erklärten:

Wir stellen fest, dass sämtliche Gesellschafter durch eingeschriebene, am ..... abgesandte Briefe, also rechtzeitig, unter Angabe des Zwecks der heutigen Gesellschafterversammlung eingeladen worden sind. Mit Ausnahme der Gesellschafterin Klara Schumacher in Eschwege sind alle Gesellschafter erschienen. Wir beschließen einstimmig:

1. **Die Gesellschaft ist mit Ablauf des[208] ..... aufgelöst (Liquidationsbeginn).**
2. **Herr Eberhard Müller ist mit Wirkung zum Liquidationsbeginn nicht mehr Geschäftsführer. Die Vertretungsbefugnis des bisherigen Geschäftsführers ist zum Liquidationsbeginn erloschen.**
3. **Zum Liquidator mit Wirkung zum Liquidationsbeginn wird der Steuerberater Karl Krebs, geb. am ....., wohnhaft in Kassel bestellt. Die Gesellschaft wird durch einen Liquidationsvertreter vertreten, wenn er alleiniger Liquidator ist oder ihn die Gesellschafter zur Einzelvertretung ermächtigt haben. Im Übrigen wird die Gesellschaft durch zwei Liquidatoren gemeinschaftlich oder einemn Liquidator gemeinsam mit einem Prokuristen vertreten.**
   Herr Krebs vertritt die Gesellschaft stets einzeln.
4. **Liquidationsgeschäftsjahr ist das Kalenderjahr.**
5. **Die Bücher und Schriften der Gesellschaft werden nach Beendigung der Liquidation dem letzten Liquidator in Verwahrung gegeben.**

---

207 KGJ 45 A 178; RGZ 145, 99.
208 Nicht: »mit dem heutigen Tage«.

**Die Gesellschafterversammlung ist damit beendet.
Diese Niederschrift ist von dem Notar eigenhändig unterschrieben worden wie folgt:**
....., Notar

- **Kosten.** Es handelt sich um Beschlüsse ohne bestimmten Geldwert, wobei Ziffern 3. und 4. zur Durchführung von Ziffer 1. dienen und daher gegenstandsgleich sind. Nach § 109 GNotKG ist die Bestellung des/der bisherigen Geschäftsführer als Liquidator(en) der Durchführung des Auflösungsbeschlusses dienend anzusehen.[209] Geschäftswert für jeden der beiden Beschlüsse nach § 108 Abs. 1 Satz 1 i.V.m. § 105 Abs. 4 Nr. 1 GNotKG mindestens 30.000 €, nach § 108 Abs. 5 GNotKG höchstens 5 Mio. € (so auch bei Auflösung einer Unternehmergesellschaft, keine Geschäftswertprivilegierung möglich)[210].– 2,0 Gebühr der Tabelle B nach Nr. 21100 KV GNotKG aus den gemäß § 35 Abs. 1 GNotKG zusammengerechneten Werten; wenn nur als Entwurf des Notars: ebenso 2,0 Gebühr der Tabelle B nach Nr. 24100 i.V.m. 21100 KV GNotKG.

3. Bildung einer Ersatzfirma

In der Insolvenz der Gesellschaft ist nach allgemeiner Meinung der Insolvenzverwalter befugt, das Unternehmen mit der Firma zu veräußern, da die Firma einen wirtschaftlichen Wert hat[211]. Im Anschluss muss die Firma der Gesellschaft geändert werden, da die erwerbende Gesellschaft die neue Firma nutzen wird, die insolvente Gesellschaft aber bis zur Löschung fortbesteht und jede Gesellschaft einen Namen haben muss.[212] In einer aktuellen Entscheidung vom 21.12.2017 hat das OLG Hamm[213] – wie schon zuvor das KG[214] zur Parallelproblematik bei der AG – dem Insolvenzverwalter eine unmittelbar aus § 80 Abs. 1 InsO, jedenfalls aber aus einer Annexkompetenz zu seinem Verwertungsrecht folgende Befugnis zugesprochen, eine Umfirmierung qua Satzungsänderung vorzunehmen, wenn er zuvor das als Immaterialgüterrecht ebenfalls in die Insolvenzmasse fallende Firmenrecht[215] an einen Erwerber des Unternehmens mitveräußert hat (§§ 22 f. HGB). Damit hat es zu Recht insbesondere jenen Gegenstimmen eine Absage erteilt, die sich zwar für die Notwendigkeit einer Satzungsänderung, indes gegen eine verdrängende oder auch nur subsidiäre (Annex-)Kompetenz des Insolvenzverwalters ausgesprochen hatten, vielmehr die Satzungsänderungskompetenz zur Bildung dieser »Ersatzfirma« auch insoweit alleinig bei der Gesellschafterversammlung angesiedelt sahen und auf bloße Sekundäransprüche gegen »sture«, sich einer erforderlichen Umfirmierung widersetzende Gesellschafter verwiesen hatten.[216] Offengelassen hat das OLG Hamm allerdings die Vorfrage, ob es für die Bildung einer Ersatzfirma überhaupt notwendig einer Satzungsänderung bedarf (oder nicht vielmehr der Insolvenzverwalter eigenmächtig die Firmenänderung anmelden kann), da eine solche im konkreten Fall erfolgt und somit alleinig die Frage einer entsprechenden Kompetenz des Insolvenzverwalters entscheidungserheblich war. Eine Bildung der Ersatzfirma ohne zugrunde liegende Satzungsänderung, d.h. durch eigenmächtige und sodann zum Handelsregister anzumeldende Entscheidung des Insolvenzverwalters,[217] führte jedoch zu einem Auseinanderklaffen zwischen (im Handelsregister einsehbarer) Satzung und im Handelsregister verlautbarter

---

209 Insbes. aufgrund BGH v. 18.10.2016 – II ZB 18/15, NZG 2017, 28.
210 OLG Köln, v. 28.04.2017 – 2Wx 99/17, FGPrax 2017, 140.
211 BGH v. 27.09.1982 – II ZR 51/82, BGHZ 85, 221 = ZIP 1983, 193; bestätigend BGH v. 14.12.1989 – I ZR 17/88, BGHZ 109, 364 = NJW 1990, 1605, 1607. Zum Ganzen *Cziupka/Kraack*, AG 2018, 525 ff.
212 OLG München v. 30.05. 2016 – 31 Wx 38/16, GmbHR 2016, 928 m. Anm. *Wachter*.
213 Az. I-27 W 144/17.
214 Az. 22 W 47/17, GmbHR 2017, 982, Revision anhängig unter Az. II ZB 21/17
215 *Scholz/Bitter*, Vor § 64 GmbHG Rn. 121 u. 136
216 So in jüngerer Zeit etwa *Wachter*, GmbHR 2016, 928, 930.
217 Dafür etwa *Ulmer*, NJW 1983, 1697, 1702.

Rechtslage (§ 10 Abs. 1 Satz 1 GmbHG). Überdies riefe dies kaum zu rechtfertigende Friktionen mit § 3 Abs. 1 Nr. 1 GmbHG hervor. Denn die Vorgabe, dass die Firma notwendiger Satzungsinhalt zu sein hat, ist in der Insolvenz nicht suspendiert. Die (jeweils aktuelle) Firma muss sich mithin fortwährend aus der Satzung ergeben.[218] In diesem Sinne hatte schon zuvor das OLG München[219] entschieden, konnte seinerseits aber die dort nicht entscheidungserhebliche Frage offenlassen, ob der Insolvenzverwalter zu dessen Vornahme befugt ist.

192 Die Entscheidungen des OLG Hamm und des OLG München sind nach hier vertretener Sichtweise komplementär zu verstehen. D.h.: (1.) Die Bildung der Ersatzfirma bedarf notwendig im Einklang mit allgemeinen Grundsätzen einer notariell beurkundeten Satzungsänderung mit anschließender Eintragung im Handelsregister (§§ 53 ff., 78 GmbHG, § 12 HGB). (2.) Die Kompetenz zur entsprechenden Satzungsänderung (und anschließenden Anmeldung zum Handelsregister) liegt beim Insolvenzverwalter, richtigerweise im Sinne einer Subsidiärzuständigkeit.[220]

193 Technisch wird die Bildung der Ersatzfirma wie folgt ablaufen müssen: (1.) Der Insolvenzverwalter fasst die Entscheidung zur Bildung einer neuen Firma, die sich vor allem bei Tätigwerden auf demselben regionalen Markt oder entsprechender vertraglicher Vereinbarung im Unternehmenskaufvertrag von der veräußerten Firma deutlich unterscheiden muss (§ 30 Abs. 1 HGB); diese Entscheidung bildet das Substitut zum regulär erforderlichen qualifizierten Mehrheitsbeschluss der Gesellschafterversammlung. (2.) Die Insolvenzverwalterentscheidung erfolgt zwingend zu notariellem Protokoll,[221] wobei eine Beurkundung als Willenserklärung iSd §§ 6 ff. BeurkG, nicht jedoch als (ansonsten für Satzungsänderungsbeschlüsse alternativ mögliches) Tatsachenprotokoll iSd §§ 36 ff. BeurkG naheliegt. (3.) Der Insolvenzverwalter (nicht der Geschäftsführer) meldet die Satzungsänderung (wie üblich in beglaubigter Form, § 12 Abs. 1 HGB) elektronisch zum Handelsregister an; der die Übermittlung übernehmende Notar fügt der Anmeldung den vollständigen Wortlaut der Satzung, d.h. inklusive der nunmehr aktuellen Firmierung, nebst Satzungsbescheinigung (§ 54 Abs. 1 Satz 2 GmbHG) in elektronischer Form bei. (4.) Zuletzt wird die Firmenänderung im Handelsregister nach den üblichen Grundsätzen eingetragen. Eine irgendwie geartete Sondereintragung, etwa der Art, dass »die Firma auf Grund einer Entschließung des Insolvenzverwalters geändert worden sei«[222] ist mangels hierfür vorhandener Grundlage abzulehnen und auch nicht erforderlich.[223] S. auch ein ähnliches Problem (Geschäftsjahresumstellung) Rdn. 62.

4. Steuerrechtliche Mitteilungspflicht

194 Der Notar hat gemäß § 54 EStDV beglaubigte Abschriften der von ihm aufgenommenen oder beglaubigten Urkunden über die Auflösung der Gesellschaft (i.d.R. nur die Handelsregisteranmeldung) innerhalb von 2 Wochen nach Beglaubigung an das für den Sitz der Gesellschaft zuständige Finanzamt für Körperschaften zu übersenden. Zuvor dürfen den Beteiligten keine Abschriften ausgehändigt werden.

---

218 A.A. LG Essen ZIP 2009, 1583: Auseinanderfallen zwischen eingetragener und in der Satzung vermerkter Firma sei für die Dauer des Insolvenzverfahrens hinzunehmen.
219 GmbHR 2016, 928 m. Anm. *T. Wachter*.
220 So schon *Grüneberg*, ZIP 1988, 1165, 1166; gegen Beibehaltung einer Gesellschafterkompetenz aber OLG Karlsruhe GmbHR 1993, 101 und jetzt wieder KG GmbHR 2017, 982: nur mit Zustimmung des Insolvenzverwalters.
221 So auch Heckschen/Heidinger/*Heckschen*, Die GmbH in der Gestaltungs- und Beratungspraxis, 4. Aufl. 2018, Kapitel 19.C, Rn. 149.
222 Siehe etwa *Horstkotte*, ZInsO 2016, 1369, 1371).
223 Richtig *Podewils*, GmbH-StB 2017, 309.

5. Steuerliche Folgen

Besteuerung der Kapitalgesellschaft: Die Kapitalgesellschaft hat nach § 270 AktG oder § 71 **195**
GmbHG auf den Tag der Auflösung durch den Liquidator innerhalb von 3 Monaten eine
Bilanz (Rumpfgeschäftsjahr) aufzustellen und auch weiterhin handelsrechtlich jährliche
Abschlüsse, die zu veröffentlichen sind. Auch eine in Liquidation befindliche Kapitalgesellschaft hat ein Wirtschaftsjahr, das mangels anderweitigem Gesellschafterbeschluss mit dem
Auflösungszeitpunkt beginnt und das nicht mit dem Besteuerungszeitraum i.S.d. § 11 KStG
identisch ist.[224] Diese Liquidationsbilanzen dienen jedoch lediglich der Vermögensermittlung und nicht der Gewinnermittlung.[225]

Nach § 11 Abs. 1 KStG wird lediglich im Interesse der Verwaltungsvereinfachung der
Besteuerungszeitraum abweichend von § 7 Abs. 4 KStG nicht kalenderjahrbezogen
bestimmt, sondern als der die Abwicklung umfassende Zeitraum, der allerdings nach § 11
Abs. 1 Satz 2 KStG 3 Jahre nicht übersteigen soll. Besteuerungszeitraum ist somit grundsätzlich der gesamte Abwicklungszeitraum,[226] in dem es keine Wirtschaftsjahre im steuerlichen
Sinn mehr gibt. Steuerlich beginnt der Abwicklungszeitraum mit dem Schluss des dem
Auflösungsbeginn (= Zeitpunkt der Beschlussfassung über die Auflösung) vorangehenden
Geschäftsjahres. Nach Abschn. R11 Abs. 1 Satz 3 KStR kann auch ein Rumpfwirtschaftsjahr bis zum Auflösungszeitpunkt gebildet werden, sodass dann dessen Ergebnis nicht in
die Liquidationsbesteuerung einbezogen ist. Dies kann jedoch ungünstig sein, wenn ein
Liquidationsverlust zu erwarten ist, im vorangegangenen Geschäftsjahr jedoch ein Gewinn
erzielt wurde, denn der Liquidationsverlust kann nur in das letzte abgelaufene Wirtschaftsjahr zurückübertragen werden und mit dem dort entstandenen Gewinn verrechnet werden;
ansonsten geht diese Abzugsmöglichkeit verloren.[227] Der steuerliche Liquidationszeitraum
endet mit der vollständigen Verteilung des Vermögens der GmbH an die Gesellschafter,
frühestens mit Ablauf des Sperrjahres (Abschn. R 11 Abs. 2 KStR).

Der bei der GmbH der Körperschaftsteuer unterliegende Liquidationsgewinn ist der **196**
Unterschiedsbetrag zwischen dem Abwicklungs-Endvermögen und dem Abwicklungs-Anfangsvermögen, worin die im Liquidationszeitraum erzielten Erträge und realisierten
stillen Reserven enthalten sind. Unabhängig davon ist die Besteuerung beim Anteilsinhaber.[228]

Besteuerung beim Anteilsinhaber: Beim Anteilsinhaber teilt sich der Liquidationserlös in **197**
Kapitalerträge gemäß § 20 Abs. 1 Satz 1 EStG und Kapitalrückzahlungen und richtet sich
danach, ob der Anteil im Betriebs- oder Privatvermögen sich befindet. Steuerlich wird dabei
die Liquidation beim Gesellschafter wie die zusammengefasste Veräußerung des gesamten
Anteils behandelt, sodass vorweggenommene Verteilungen bzw. Abschlagszahlungen im
Zeitpunkt des Zuflusses noch nicht besteuert werden. Gemäß § 17 Abs. 4 Satz 1 i.V.m. § 17
Abs. 1 Satz 1 EStG gehört daher zu den nach dem Teileinkünfteverfahren (§ 3 Nr. 40
Buchst. c) EStG) steuerpflichtigen Einkünften auch der Gewinn bzw. Verlust aus der Auflösung einer Kapitalgesellschaft, wenn der Anteilseigner in den letzten 5 Jahren am Kapital
der Gesellschaft wesentlich (nach § 17 Abs. 1 Satz 4 EStG zu mindestens 1 %) beteiligt war
und er diese Beteiligung in seinem Privatvermögen gehalten hat.[229] Der entstehende
Gewinn ist der Betrag, um den der Veräußerungspreis (zugeteilte oder zurückgezahlte Ver-

---

224 Vgl. *Eller*, Die Liquidation der GmbH in Grundzügen, SteuK 2012, 367.
225 BFH Urt. v. 17.07.1974 – I R 233/71 –, BFHE 113, 112, BStBl. II 1974, 692.
226 BFH Urt. v. 22.02.2006 – I R 67/05 –, BFHE 213, 301; BMF-Schreiben v. 26.08.2003, BStBl. I 2003, 434.
227 *Eller*, SteuK 2012, 367.
228 Im Überblick: *Eller*, SteuK 2012, 367
229 BFH v. 04.11.1997 – VIII R 18/94 –, BFHE 184, 374, BStBl. II 1999, 344; zu den Voraussetzungen BFH
v. 25.01.2000 – VIII R 63/98 –, BFHE 191, 115, BStBl. II 2000, 343; vom 12.12.2000 – VIII R 36/97 –, BFH/NV
2001, 761 zum Zeitpunkt der Realisierung eines Auflösungsverlustes und einer ausnahmsweise früheren
Realisierung vor Abschluss eines Liquidationsverfahrens.

mögen einschließlich anteiliger Kapitalrückzahlung) die Anschaffungskosten[230] übersteigt (Freibetrag nach § 17 Abs. 3 EStG); bleibt der Betrag darunter, entsteht ein Aufgabeverlust (Beschränkung in § 17 Abs. 2 Satz 4 EStG)), der im Rahmen des Teilabzugsverfahrens nach § 3c Abs. 2 EStG (nur zu 60 %) steuererheblich ist.[231] Gleiches gilt, wenn eine natürliche Person den Anteil in Betriebsvermögen hält. Bei der Kapitalgesellschaft als Anteilsinhaber gilt die Steuerfreistellung nach § 8b Abs. 2 KStG, jedoch mit der Steuerpflicht von 5 % des Veräußerungserlöses gemäß § 8b Abs. 3 KStG. Daneben sind die im Rahmen der Liquidationsausschüttung dem Anteilsinhaber zufließenden stehen gelassenen Gewinne bzw. in Kapitalerhöhungen verwendete Gewinne aus Gewinnrücklagen und der Liquidationsgewinn als Einkünfte aus Kapitalvermögen gemäß § 20 Abs. 1 Satz 2 EStG zu versteuern, worauf die Abgeltungssteuer des § 32d EStG seit 2009 gilt, wenn der Gesellschafter eine natürliche Person ist und den Anteil im Privatvermögen hält; ansonsten gilt das Teileinkünfteverfahren nach § 3 Nr. 40 Buchst. c) EStG.

198 *Rückwirkende Nachbesteuerung nach § 22 UmwStG:* Die Auflösung der GmbH führt gemäß § 22 Abs. 1 Satz 6 Nr. 3 bzw. Abs. 2 Satz 6 UmwStG bei einem Gesellschafter, der innerhalb von 7 Jahren vor der Auflösung im Rahmen einer Sacheinlage einen (Teil-)Betrieb, Mitunternehmeranteil oder im Rahmen eines qualifizierten Anteilstausches einen Kapitalgesellschaftsanteil eingebracht hat, zu einer rückwirkenden Nachbesteuerung, wenn bei der Einbringung der Einbringungswert gemäß §§ 20, 21 UmwStG unter dem gemeinen Wert angesetzt wurde (s. hierzu bei § 142 Rdn. 123 ff.).

199 Der ganze oder teilweise Ausfall eines Gesellschafterdarlehens kann (je nach Umständen der Darlehensgewährung) sehr unterschiedlich hoch zu nachträglichen Anschaffungskosten bei einer im Privatvermögen gehaltenen wesentlichen Beteiligung i.S.v. § 17 EStG führen, wenn das Darlehen durch das Gesellschaftsverhältnis veranlasst ist. Diese erhöhten Anschaffungskosten führen dann i.d.R. zu einer Erhöhung des mit anderen Einkünften verrechenbaren Auflösungsverlustes (§ 17 Abs. 4 EStG i.V.m. Abs. 2 EStG). Der BFH[232] hat seine bisherige Rechtsprechung[233] aufgegeben, die durch die Änderung des GmbH-Gesetzes durch das MoMiG[234] ihren Bezugspunkt verloren habe und nur noch für Vorgänge bis zum 27.09.2017 aus Gründen des Vertrauensschutzes anwendbar sei. Solche Verluste führen daher nicht mehr zu nachträglichen Anschaffungskosten.[235] Die Finanzverwaltung hat dazu noch nicht Stellung genommen und hält bei Altfällen vor dem 27.9.2017 an den bisherigen Grundsätzen fest,[236] die sich an den vom BFH gebildeten vier Fallgruppen (Hingabe des

---

230 BFH v. 06.05.2014 – IX R 19/13, DStR 2014, 1428. Zur Begriff der Anschaffungskosten s. BFH v. 04.03.2008 – IX R 80/06, BFHE 220, 451, BStBl. II 2008, 577, DStR 2008, 967. Nach § 3c Abs. 2 S. 1 EStG können diese aber auch nur mit 60 % abgezogen werden (Teilabzugsverbot).
231 Zum Zeitpunkt: BFH v. 10.05.2016 (BFH/NV 2016, 1681 = BeckRS 2016, 95490). I.d.R. steht regelmäßig erst im Zeitpunkt der Vollbeendigung, d.h. der Beendigung der Liquidation, fest, ob es zu einem endgültigen Liquidationsverlust kommen wird. Ausnahmsweise vorher, wenn eine Liquidation *mangels Masse* oder die Aktiva zwar für eine Befriedigung der Gesellschaftsgläubiger, nicht aber auch für eine Verteilung unter den Gesellschaftern ausreichen.
232 BFH v. 11.07.2017 – IX R 36/15; DStR 2017, 2098; hierzu eine Vielzahl von Anmerkungen.
233 Der BFH hat im Anschluss an die zu kapitalersetzenden Darlehen ergangene Rechtsprechung des BGH vier Fallgruppen unterschieden: vgl. BFH v. 13.07.1999 – VIII R 31/98, BStBl. II 1999, 725, DStRE 1999, 779; stRspr., z.B. BFH v. 04.03.2008 – IX R 80/06, BStBl. II 2008, 577, und IX R 78/06, BStBl. II 2008, 575, DStR 2008, 967. Siehe hierzu auch BMF-Schreiben vom 18.06.1999, BStBl. I 1999, 545.
234 v. 23.10.2008,BGBl. I, S. 2026.
235 Eventuell können jedoch bei in der privaten Vermögenssphäre gehaltenen Anteilen steuerlich anzuerkennende Verlust nach § 20 Abs. 2 Satz 1 Nr. 7, Satz 2, Abs. 4 EStG entstehen. So BFH v. 24.10.2017 – VIII R 13/15, DStR 2017, 2801 m.Anm. *Kahlert* DStR 2018, 229.
236 LfSt Niedersachsen, Vfg. v. 13.03.2018, für alle Finanzierungshilfen danach bleiben die Verfahren offen.

Darlehens in der Krise, stehen gelassene Darlehen, Finanzplandarlehen, krisenbestimmte Darlehen) orientieren.[237]

Umsatzsteuer: Die Veräußerung des Betriebsvermögens, wie auch die Verteilung an die Gesellschafter unterliegt der USt. Die Unternehmereigenschaft endet erst, wenn nachhaltig keine Umsätze mehr ausgeführt werden und ist unabhängig von der Löschung im Handelsregister.[238]

200

6. Anmeldung der Auflösung und der Liquidatoren

Wenn der Gesellschaftsvertrag nichts anderes bestimmt oder die Gesellschafterversammlung nichts anderes beschließt, werden die Geschäftsführer Liquidatoren (§ 66 GmbHG), sodass eine Amtskontinuität besteht. In diesem Fall können die Personen, die die Liquidation anzumelden haben, auch als »Geschäftsführer/Liquidatoren« bezeichnet werden,[239] was den Streit umgeht, ob die Auflösung durch die Geschäftsführer und/oder die Liquidatoren anzumelden ist. Richtigerweise haben die jeweiligen gesetzlichen Vertreter der Gesellschaft die Liquidation anzumelden, sodass die Frage, ob dies die Geschäftsführer oder die Liquidatoren sind, davon abhängt, ob die Eintragung der Auflösung, wie in der Regel, nur deklaratorisch wirkt – dann melden die Liquidatoren an –[240] oder ob diese, wie bei einem satzungsändernden Beschluss zur Auflösung, ausnahmsweise konstitutive Bedeutung hat – in diesem Fall melden die bisherigen Geschäftsführer an.

201

Von der Anmeldung der Auflösung ist die Anmeldung der Liquidatoren zu unterscheiden, § 67 GmbHG, die nach h.M. durch die gesetzlichen Vertreter der Gesellschaft (in vertretungsberechtigter Zahl, wobei allerdings die Versicherung nach § 67 Abs. 3 GmbHG durch jeden Liquidator abzugeben ist) zu erfolgen hat, mithin durch die jeweils im Amt befindlichen Organmitglieder.[241] Entgegen dem insoweit etwas missverständlichen Wortlaut des § 67 Abs. 1 GmbHG sind dies mithin bei regelmäßig bereits mit Beschlussfassung eintretender Auflösung die Liquidatoren selbst, nicht die Geschäftsführer. Werden die Geschäftsführer Liquidatoren, haben diese mithin als Liquidatoren anzumelden, dass sie selbst Liquidatoren geworden sind. Wenn andere Personen zu Liquidatoren bestellt werden – sollten dies vormalige Prokuristen sein, sollte das gleichzeitige Erlöschen der Prokura in die Anmeldung integriert werden –,[242] liegt diesen die Anmeldung ob, in diesem Fall ist auch der Wegfall der Vertretungsbefugnis der bisherigen Geschäftsführer anzumelden.[243] Die Liquidatoren müssen auch dann angemeldet werden, wenn zugleich das Erlöschen der Firma angemeldet wird.[244] Auch wenn der Geschäftsführer kraft Gesetzes Liquidator wird, muss er die Versicherung nach § 67 Abs. 3 GmbHG jedenfalls dann abgeben, wenn er sie als Geschäftsführer noch nicht abgegeben hatte,[245] nach BayObLGZ 1982, 303[246] sogar selbst in

202

---

237 Schreiben v. 21.10.2010 (BStBl. I 2010, 832), deren steuerliche Folgen unter Bezugnahme auf BMF-Schreiben vom 08.06.1999 BStBl I 1999, 545 erläutert werden. Hierzu auch *Wälzholz*, MittBayNot 2011, 265; *Hartman*, Steuer und Studium 2015, 10.
238 Siehe im Einzelnen OFD Koblenz v. 25.10.2006, DStR 2007, 115.
239 Scholz/*K. Schmidt*, § 65 GmbHG Rn. 7.
240 OLG Oldenburg GmbHR 2005, 367, 368.
241 Scholz/*K. Schmidt*, § 67 GmbHG Rn. 8.
242 S. OLG Düsseldorf GmbHR 2012, 692.
243 OLG Köln BB 1984, 1066 = GmbHR 1985, 23, 24; a.A. BayObLG v. 31.03.1994 – 3 Z BR 8/94, DNotZ 1995, 219: in der Anmeldung des ersten Liquidators liegt zugleich die Erklärung, dass die Vertretungsberechtigung des/der bisherigen Geschäftsführer(s) erloschen ist. Das Registergericht kann das Abmelden der Geschäftsführer nicht erzwingen.
244 BayObLG Rpfleger 1982, 429 = BB 1982, 1749.
245 BayObLG Rpfleger 1982, 429 = BB 1982, 1749.
246 = GmbHR 1982, 274.

diesem Fall, weil das Registergericht eine Versicherung nach dem aktuellen Stand verlangen kann.[247]

203 Die Vertretungsbefugnis der Liquidatoren ist anzumelden; die verbreitete Auffassung, es genüge die Anmeldung der konkreten Vertretungsbefugnis der ersten Liquidatoren,[248] hat der BGH[249] *nicht* gebilligt: die »abstrakte«, d.h. die generell für ein mehrköpfiges Organ geltende Vertretungsregelung sei auch dann anzumelden, wenn nur ein (erster) Liquidator bestellt ist. Wenn nichts anderes durch Gesellschaftsvertrag oder Gesellschafterbeschluss aufgrund des Gesellschaftsvertrags bestimmt ist, vertreten mehrere Liquidatoren gemeinsam (§ 68 Abs. 1 Satz 2 GmbHG). Fehlen Regelungen für die Vertretung durch Liquidatoren in der Satzung (die daher jedenfalls zu empfehlen sind), erstreckt sich nach zweifelhafter Rspr. auch bei geborenen Liquidatoren eine diesen zuvor zukommende Einzelvertretungsbefugnis nicht auf ihr Amt als Liquidator;[250] den Liquidatoren kann allerdings durch Beschluss auch ohne dahingehende Satzungsregelung Einzelvertretungsbefugnis erteilt werden.[251] In dieselbe Richtung geht die Judikatur, wonach eine satzungsmäßige Ermächtigung zur Befreiung der Geschäftsführer von den Beschränkungen des § 181 BGB durch Gesellschafterbeschluss nicht zugleich die dahingehende Befreiung der Liquidatoren ermöglicht.[252] Auf dieser Basis ist es unbedingt zu empfehlen, eine entsprechende Befreiungsmöglichkeit auch in Bezug auf Liquidatoren von vornherein in die Satzung aufzunehmen; fehlt diese, kann eine (dauerhafte, nicht nur ad-hoc greifende) Befreiung von den Beschränkungen des § 181 BGB auch nicht über einen einfachen Beschluss erreicht werden (insofern inkonsequent gegenüber der Möglichkeit der Erteilung von Einzelvertretungsbefugnis zugunsten der Liquidatoren durch einfachen Beschluss);[253] folgt man dem, bedarf es hierfür einer Satzungsänderung.

Anmeldung der Liquidation und der Liquidatoren

204 M Zum Handelsregister B 250 der »Schuhgroßhandlung Schön Gesellschaft mit beschränkter Haftung« i.L. überreiche ich, der unterzeichnete Karl Krebs, als Liquidator eine elektronisch beglaubigte Abschrift der Niederschrift über die Gesellschafterversammlung vom ..... und melde zur Eintragung an:

I.

1. Die Gesellschaft ist durch Beschluss der Gesellschafterversammlung mit Wirkung zum 1. Januar ..... aufgelöst worden.
2. Herr ..... ist nicht mehr Geschäftsführer.
3. Zum Liquidator wurde bestellt: Steuerberater Karl Krebs in Kassel, Gießener Str. 9.
4. Die Gesellschaft wird durch einen Liquidator vertreten, wenn er alleiniger Liquidator ist oder ihn die Gesellschafter zur Einzelvertretung ermächtigt hat. Im Übrigen wird die Gesellschaft durch zwei Liquidatoren gemeinsam oder einen Liquidator gemeinsam mit einem Prokuristen vertreten.
5. Herr Karl Krebs vertritt die Gesellschaft stets einzeln.

---

247 Ebenso OLG Schleswig GmbHR 2014, 1095.
248 OLG Hamm DNotZ 1988, 330; str.; vgl. den Wortlaut des § 67 Abs. 1 GmbHG.
249 DNotZ 2008, 75.
250 BGH GmbHR 2009, 212.
251 BGH GmbHR 2009, 212; Lutter/Hommelhoff/*Kleindiek*, § 68 GmbHG Rn. 2.
252 BGH GmbHR 2009, 212; OLG Köln GmbHR 2016, 1273; OLG Düsseldorf GmbHR 2017, 36.
253 OLG Düsseldorf GmbHR 2017, 37. A.A. OLG Zweibrücken GmbHR 2011, 1209; Lutter/Hommelhoff/*Kleindiek*, § 68 GmbHG Rn. 4.

II.

Der Liquidator gibt gegenüber dem Registergericht die folgende Versicherung ab:
Ich, Karl Krebs, versichere, dass keine Umstände vorliegen, aufgrund deren ich nach §§ 66 Abs. 4, 6 Abs. 2 GmbHG von dem Amt als Liquidator ausgeschlossen wäre: Ich wurde niemals wegen Insolvenzverschleppung, einer Insolvenzstraftat nach den §§ 283 bis 283d des Strafgesetzbuches, wegen falscher Angaben nach § 82 GmbHG oder § 399 AktG, wegen unrichtiger Darstellung nach § 400 AktG, § 331 HGB, § 313 UmwG oder § 17 PublG oder wegen einer Straftat aus dem Bereich von Betrug und Untreue (§§ 263–264a oder §§ 265b–266a StGB) und auch nicht wegen einer vergleichbaren Tat im Ausland verurteilt; mir ist weder durch gerichtliches Urteil noch durch vollziehbare Entscheidung einer Verwaltungsbehörde die Ausübung irgendeines Berufes, Berufszweiges, Gewerbes oder Gewerbezweiges untersagt. Vom beglaubigenden Notar wurde ich über meine unbeschränkte Auskunftspflicht gegenüber dem Registergericht belehrt.
Die inländische Geschäftsanschrift lautet unverändert …..
Kassel, den ….. **Karl Krebs**

Ich beglaubige die vor mir geleistete Unterschrift des Steuerberaters Karl Krebs in Kassel, Gießener Str. 9, der mir persönlich bekannt ist.
Zur Vorlage beim zuständigen Registergericht:
Die vorstehende Anmeldung habe ich nach § 378 Abs. 3 Satz 1 FamFG auf Eintragungsfähigkeit geprüft; Bedenken gegen diese bestehen nicht.
Kassel, den ….. **….., Notar**

■ *Kosten.*
a) Des Notars: Nach § 111 Nr. 3 GNotKG ist jede einzelne anzumeldende Rechtstatsache ein besonderer Beurkundungsgegenstand, wenn diese keine Erklärungseinheit zueinander bilden. Wie bei der Neueintragung ist nach BGH[254] die Anmeldung der Liquidation mit den bisherigen Geschäftsführer als geborener Liquidator ein Beurkundungsgegenstand gemäß § 86 Abs. 1 GNotKG, (§ 109 Abs. 1 GNotKG) und liegt somit eine Anmeldung ohne bestimmten Wert vor; eine getrennt dazu zu bewertende Rechtstatsache liegt nur vor, wenn statt des bzw. der bisherigen Geschäftsführer eine andere Person angemeldet wird.[255] Die Versicherung des Liquidators ist notwendige Erklärungseinheit zu seiner Anmeldung. Der jeweilige Geschäftswert ergibt sich aus § 105 Abs. 4 Nr. 1 GNotKG, Mindestwert 30.000 € je Anmeldungstatsache, höchstens insgesamt 1 Mio. € gemäß § 106 GNotKG (so auch bei Auflösung einer Unternehmergesellschaft; keine Geschäftswertprivilegierung möglich)[256]. –0,5 Gebühr aus Tabelle B gemäß Nr. 24102 i.V.m. 21201 (5.) KV GNotKG. Gebühren für das elektronische Einreichen s. § 124 Rdn. 43.
b) Des Registergerichts: Die Eintragung der Auflösung und des Liquidators sowie auch das Austragen des bzw. der bisherigen Geschäftsführer[257] sind jeweils getrennte Rechtstatsachen, die jedoch am selben Tag angemeldet werden und dasselbe Unternehmen

---

254 BGH GmbHR 2017, 229 m.Anm. *Diehn*.
255 H.M. Nach *Tiedtke*, MittBayNot 2017, 181, 188, und *Volpert*, RNotZ 2017, 291, 298 soll das Erlösen des Geschäftsführeramtes wie bei Abberufung und Neubestellung eines Geschäftsführers eine dritte Anmeldungstatsache sein. M.E. aber Erklärungseinheit zwischen Abmeldung des bisherigen Geschäftsführer und Anmeldung des Liquidators vor, weil dessen Abmeldung automatische Folge ist und nicht gesondert angemeldet werden muss (BayObLG BayObLG v. 31.03. 1994 – 3Z BR 8/94). Unklar: Bayer. Notarkasse, Streifzug durch das GNotKG, Rn. 1434 f., nicht differenzierend jetzt: *Gustavus*, A 115.
256 OLG Köln v. 28.04. 2017 – 2Wx 99/17, FGPrax 2017, 140.
257 Da aber die bzw. der Liquidator nur eingetragen werden kann, wenn zugleich auch die bisherigen Geschäftsführer gelöscht werden, kann dies i.S. OLG Karlsruhe, Beschl. v. 03.04.2013 – 11 Wx 52/12, NZG 2013, 624 auch nur als eine Tatsache im gebührenrechtlichen Sinne auszusehen sein.

betreffen, sodass gemäß § 58 GNotKG, § 2 i.V.m. Nr. 2500 und Nr. 2501 GV, HReg-GebVO Festgebühren von 70 € und 40 €, insgesamt somit 110 € anfallen.

Anmeldung eines Wechsels des Liquidators

205 M Zum Handelsregister B 250 der »Schuhgroßhandlung Schön Gesellschaft mit beschränkter Haftung« in Kassel überreiche ich beglaubigte Abschrift der Beschlüsse der Gesellschafterversammlung vom ..... und melde zur Eintragung an:
1. Der Liquidator Karl Krebs ist abberufen.
2. Zum Liquidator bin ich, vereidigter Buchprüfer Richard Rheinländer, geb. am ....., wohnhaft in Kassel, bestellt worden. Ich vertrete die Gesellschaft allein, solange kein weiterer Liquidator bestellt ist.

Der Liquidator gibt gegenüber dem Registergericht die folgende Versicherung ab:
Ich, Richard Rheinländer, versichere, dass keine Umstände vorliegen, aufgrund deren ich nach §§ 66 Abs. 4, 6 Abs. 2 GmbHG von dem Amt als Liquidator ausgeschlossen wäre: Ich wurde niemals wegen Insolvenzverschleppung, einer Insolvenzstraftat nach den §§ 283 bis 283d des Strafgesetzbuches, wegen falscher Angaben nach § 822 GmbHG oder § 399 AktG, wegen unrichtiger Darstellung nach § 400 AktG, § 331 HGB, § 313 UmwG oder § 17 PublG oder wegen einer Straftat aus dem Bereich von Betrug und Untreue (§§ 263–264a oder §§ 265b–266a StGB) und auch nicht wegen einer vergleichbaren Tat im Ausland verurteilt; mir ist weder durch gerichtliches Urteil noch durch vollziehbare Entscheidung einer Verwaltungsbehörde die Ausübung irgendeines Berufes, Berufszweiges, Gewerbes oder Gewerbezweiges untersagt. Vom beglaubigenden Notar wurde ich über meine unbeschränkte Auskunftspflicht gegenüber dem Registergericht belehrt.

Kassel, den .....   Richard Rheinländer

Beglaubigungsvermerk wie zum vorigen Muster.

■ *Kosten.*
a) Beim Notar: Mehrere Anmeldungen zur Bestellung und Abberufung von Vertretungsorganen sind gegenstandsverschieden nach § 110 Nr. 3 GNotKG. Die Versicherung des Liquidators ist notwendige Erklärungseinheit zu seiner Anmeldung. Geschäftswert jeweils nach § 105 Abs. 4 Nr. 1 GNotKG, Mindestwert 30.000 €, höchstens 1 Mio. € gemäß § 106 GNotKG. 0,5 Gebühr aus Tabelle B gemäß Nr. 24102 i.V.m. 21201 (5.) KV GNotKG. Gebühren für das elektronische Einreichen s. § 124 Rdn. 43
b) Beim Registergericht: Eintragung mehrerer Rechtstatsachen aufgrund einer Anmeldung am selben Tag, die dasselbe Unternehmen betrifft, sodass gemäß § 58 GNotKG, § 1 i.V.m. Nr. 2500 und Nr. 2501 GV HRegGebVO Festgebühren von 70 € und je weitere Eintragung 40 € anfallen.

7. Bekanntmachung der Auflösung der Gesellschaft

206 Die Auflösung ist nach § 65 Abs. 2 GmbHG in den Gesellschaftsblättern zu veröffentlichen (und zwar, anders als früher, nur noch ein- statt dreimal). Nach § 12 Satz 1 GmbHG ist obligatorisches Veröffentlichungsorgan der Bundesanzeiger; er wird üblicherweise auch in den Gesellschaftsverträgen bestimmt; zusätzlich können nach § 12 Satz 2 GmbHG noch andere Veröffentlichungsorgane bestimmt werden. Das Sperrjahr zum Schutze der Gläubiger (§ 73 GmbHG) beginnt mit der Bekanntmachung.

Bekanntmachung

Die »Schuhgroßhandlung Schön Gesellschaft mit beschränkter Haftung« in Kassel, Herkulesstraße 27 ist aufgelöst. Die Gläubiger der Gesellschaft werden aufgefordert, sich bei ihr zu melden.
Kassel, den .....

Der Liquidator
Rheinländer

207 M

■ *Kosten.* Veranlasst der Notar im Auftrag des Liquidators die Veröffentlichung, fällt eine Betreuungsgebühr zur Handelsregisteranmeldung von 0,5 an nach KV 22200 Nr. 5 GNotKG aus dem vollen Wert der Anmeldungsurkunde.[258]

8. Anmeldung der Beendigung der Liquidation und des Erlöschens

Mit der Verteilung des restlichen Gesellschaftsvermögens ist die Liquidation beendet und die Auflösung anzumelden. Damit ist auch die Vertretungsberechtigung des Liquidators beendet, sodass deren Beendigung nicht besonders angemeldet zu werden braucht. Das Sperrjahr ist auch vom Registergericht zu beachten, es ist aber nicht verpflichtet, in jedem Fall einen Nachweis über den Ablaufs des Sperrjahrs zu verlangen. Der Nachweis kann sich insbesondere dann erübrigen, wenn die Vermögenslosigkeit der Gesellschaft feststeht oder wenn das Gesellschaftsvermögen durch die Befriedigung der Gesellschaftsgläubiger erschöpft worden ist (s. dazu sogleich unten Rdn. 212). Die Löschung im Handelsregister hat nicht nur deklaratorische Bedeutung. Eine automatische Vollbeendigung der Gesellschaft bei Eintritt der Vermögenslosigkeit wird überwiegend abgelehnt.

208

Im Rahmen der Prüfung über die Ordnungsmäßigkeit der Anmeldung fragen die Gerichte meist auch bei der Finanzverwaltung nach, ob die steuerliche Abwicklung der GmbH erfolgt ist. Die Finanzverwaltung sieht sich jedoch i.d.R. nicht in der Lage, vor Ablauf des Veranlagungsjahres, in dem die Liquidation beendet wird, die Gesellschaft steuerlich abzuwickeln, sodass meist nach handelsrechtlicher Beendigung der Liquidation und deren Anmeldung zum Handelsregister noch längere Zeit (i.d.R. bis in das nächste Kalenderjahr) das Erlöschen nicht im Handelsregister eingetragen werden kann, weil die Finanzverwaltung nicht die steuerliche Abwicklung vorher bestätigt. Diese Bescheinigung, dass das Steuerverfahren der Gesellschaft abgeschlossen ist, ist jedoch nach umstrittener Ansicht des OLG Hamm für die Beendigung der Liquidation i.S.v. § 74 Abs. 1 GmbHG erforderlich.[259] Richtigerweise sollte demgegenüber allerdings zumindest dem OLG Düsseldorf gefolgt werden, das einen Abschluss des Steuerverfahrens nicht zur Voraussetzung der Beendigung der Liquidation erhebt,[260] sofern die Gesellschaft den Geschäftsbetrieb eingestellt hat und über kein Vermögen mehr verfügt; hier wäre ohnehin von Amts wegen ein Amtslöschungsverfahren nach § 394 FamFG einzuleiten.

209

Die Liquidatoren können Entlastung verlangen (früher h.M., inzwischen sehr umstr., a.A. – nur Anspruch auf Feststellung, dass konkret behauptete Ansprüche nicht bestehen – BGHZ 94, 324). Ist ein Liquidator Gesellschafter, darf er nicht mitstimmen (§ 47 Abs. 4 Satz 1 GmbHG).

210

---

258 LG Düsseldorf v. 25.05.2016, 19 T 12/16; MittBayNot 2016, 548. Nach *Volpert*, RNotZ 2017, 291, 298 soll der Wert des Auflösungsbeschlusses und damit § 105 Abs. 4 Nr. 1 GNotKG maßgeblich sein.
259 OLG Hamm NZG 2015, 953.
260 OLG Düsseldorf GmbHR 2017, 531; OLG Jena GmbHR 2015, 1093.

Anmeldung Beendigung der Liquidation und Erlöschen der GmbH

211 M An das
Amtsgericht Kassel
– Handelsregister –
Zum Handelsregister B 250 der »Schuhgroßhandlung Schön Gesellschaft mit beschränkter Haftung« i.L. in Kassel melde ich als Liquidator an, dass die Liquidation beendet und die Firma der Gesellschaft erloschen ist. Meine Vertretungsbefugnisse als Liquidator sind zugleich erloschen.
Ich füge den Ausdruck (Belegexemplar) des Bundesanzeigers vom ..... bei, in dem die Gläubiger aufgefordert sind, sich zu melden. Die Bücher und Schriften der Gesellschaft werden von mir aufbewahrt.
Der Notar hat darauf hingewiesen, dass das Erlöschen der Firma regelmäßig erst eingetragen wird, wenn das zuständige Finanzamt die Beendigung des Steuerverfahrens mitgeteilt hat.
Vollzugsvollmacht wie Muster Rdn. 67 M.
Kassel, den .....

Rheinländer,
Liquidator

Beglaubigungsvermerk wie oben Rdn. 69 M.
Empfehlenswert könnte es sein, noch in der Handelsregisteranmeldung eine Kostenmithaftung des Anmelders wie folgt aufzunehmen:
Herr/Frau übernimmt auch eigenen Namens neben der liquidierten Gesellschaft die persönliche Haftung für die Kosten der Handelsregisteranmeldung.

▪ *Kosten.*
a) Beim Notar: alle Anmeldungen bilden eine notwendige Erklärungseinheit, einschließlich der Angaben zur Aufbewahrung. Geschäftswert für die Anmeldung und Eintragung des Erlöschens nach § 105 Abs. 4 Nr. 1 GNotKG, Mindestwert 30.000 €, höchstens 1 Mio. € gemäß § 106 GNotKG. 0,5 Gebühr aus Tabelle B gemäß Nr. 24102 i.V.m. 21201 (5.) KV GNotKG. Gebühren für das elektronische Einreichen s. § 124 Rdn. 43
b) Beim Registergericht: gebührenfrei, § 58 GNotKG, § 1 i.V.m. Vorbemerkung 2 Abs. 4 GV HRegGebVO.

9. Löschung der GmbH bei Vermögenslosigkeit ohne Sperrjahr

212 Teilen die Liquidatoren (zutreffend) mit, dass die Gesellschaft (insbesondere nach Gläubigerbefriedigung) vermögenslos ist, d.h. kein verteilungsfähiges Vermögen mehr vorhanden ist, wäre die Beachtung des Sperrjahres reiner Formalismus. Aus diesem Grunde kann in diesem Fall ausnahmsweise das Erlöschen der Gesellschaft *sofort ohne Liquidation mit der Auflösung angemeldet* und eingetragen werden,[261] sofern hierdurch nicht die gesetzlichen Kautelen unzulässig umgangen werden, wie dies bei einer stillen Liquidation mit Verteilung des Vermögens an die Gesellschafter vor Auflösung der Fall wäre (dann bestehen Ersatzansprüche und damit Vermögenswerte!), oder aber eine Überschuldung bzw. Zahlungsunfähigkeit vorliegt, sodass stattdessen ein Insolvenzantrag zu stellen wäre. Richtigerweise sollte im Regelfall abseits dieser letztgenannten Fälle die schlichte Mitteilung der Vermögenslosigkeit ausreichen (eine Versicherung im engeren Sinne ist nicht erforderlich), ggf. ergänzt um die Mitteilung, dass bei der Gesellschaft keine Prozesse anhängig sind, mit der Verteilung des

---

[261] S. nur OLG Hamm GmbHR 2017, 930 m. Anm. *T. Wachter*; OLG Jena GmbHR 2015,1093; *Lohr*, GmbH-StB 2017, 292; *Wälzholz*, GmbH-StB 2010, 300. S. hierzu auch das Muster bei Fuhrmann/*Wälzholz*/*Wälzholz*, Formularbuch Gesellschaftsrecht, 3. Aufl. 2018, M 18.5.

Gesellschaftsvermögens an die Gesellschafter noch nicht begonnen wurde und dass eine solche Verteilung mangels vorhandenen Vermögens auch nicht erfolgen wird. Die Praxis verfährt aber häufig strenger mit Blick auf die Darlegung der Vermögenslosigkeit, sodass es sich anbietet, soweit möglich, die Vermögenslosigkeit detaillierter zu schildern. Konkret sollte daher die Erklärung dahin ergänzt werden, dass keine Ausschüttungen an Gesellschafter über einen ordentlichen Verteilungsplan hinaus erfolgt sind, keine Zahlungen auf Stammeinlagen ausstehen, keine Rechtsstreitigkeiten anhängig sind, kein Gesellschaftsvermögen mehr vorhanden ist und dass ein Fall der Überschuldung oder Zahlungsunfähigkeit nicht vorliegt.[262] Bei begründeten Zweifeln an der Richtigkeit der angemeldeten Tatsachen kann wohl die Vorlage einer Liquidationsschlussbilanz gefordert werden,[263] richtigerweise allerdings dann nicht, wenn die Gesellschafter auf ihre Erstellung verzichtet haben, was ggf. zu nachzuweisen ist.[264]

Auflösung ohne Liquidation

213 M **Die Gesellschaft wurde mit Beschluss der Gesellschafter mit Wirkung zum ..... aufgelöst. Die Liquidatoren teilen hierzu mit, dass die Gesellschaft keinerlei Vermögen hat, sodass kein Vermögen verteilt werden kann. Eine Liquidation ist daher nicht erforderlich. Weiterhin teilen die Liquidatoren mit, dass insbesondere (i) Ausschüttungen an Gesellschafter über eine ordentliche Gewinnverteilung hinaus nicht erfolgt sind, (ii) keine Zahlungen auf Stammeinlagen ausstehen, (iii) keine Grundbucheintragungen zugunsten der Gesellschaft bestehen, (iv) keine Rechtsstreitigkeiten anhängig sind, und (v) ein Fall der Überschuldung oder Zahlungsunfähigkeit nicht vorliegt.**

■ *Kosten.* Wie reguläre Anmeldung vgl. Muster Rdn. 204 M; die Versicherung ist Erklärungseinheit zur Anmeldung der Auflösung.[265]

214 Bei Vermögenslosigkeit kann die GmbH überdies nach § 394 Abs. 1 FamFG gelöscht werden Gesellschafter und Geschäftsführer können diese Löschung wegen Vermögenslosigkeit – formlos – anregen. Stellt sich später heraus, dass doch noch Vermögen vorhanden ist, wird nach § 66 Abs. 5 GmbHG die Liquidation durchgeführt; auf Antrag eines Beteiligten sind die Liquidatoren durch das Gericht zu ernennen (§ 66 Abs. 5 wurde durch das EGInsO in das GmbHG eingefügt; der Gesetzgeber hat sich im Rahmen der Erwägungen in BGH DNotZ 1989, 387, 389 für diese Lösung entschieden).[266]

10. Bestellung eines Nachtrags-Liquidators nach Löschung der GmbH

215 Die Löschung der GmbH hat keine rechtsvernichtende Wirkung; die Gesellschaft bleibt trotz Löschung rechts- und parteifähig, wenn noch verwertbares Gesellschaftsvermögen vorhan-

---

262 OLG Köln DNotZ 2005, 314; andere Registergerichte, wie das AG München, verlangen als Inhalt der Versicherung, dass keine Ausschüttungen an Gesellschafter über einen ordentlichen Verteilungsplan hinaus erfolgt sind, keine Zahlungen auf Stammeinlagen ausstehen, keine Rechtsstreite anhängig sind, kein Gesellschaftsvermögen mehr vorhanden ist und dass ein Fall der Überschuldung oder Zahlungsunfähigkeit nicht vorliegt. Gegen Löschung ohne Sperrjahr nun OLG Celle BeckRS 2018, 26529.
263 OLG Düsseldorf, GmbHR 2015, 1159.
264 OLG Hamm GmbHR 2017, 930 m.Anm. *T. Wachter*.
265 Nach *Gustavus*, A 119 soll für die Eintragung der Auflösung im Handelsregister eine Gebühr nach GV 2500 HRegGebV (70 €) gesondert anfallen, wogegen die Eintragung der Löschung nach § 2 Abs. 3 Nr. 1 HRegGebV gebührenfrei ist.
266 S. zur Löschung der Löschung OLG Düsseldorf NZG 2017, 745; ZIP 2016, 1068 sowie KG Berlin NZG 2016, 792.

den ist.[267] Wenn sich nach der Löschung herausstellt, dass noch verteilbares Vermögen vorhanden ist oder ein Anspruch gegen die GmbH bei der Abwicklung übergangen ist, der einen Rückgriffsanspruch der GmbH gegen Geschäftsführer oder Gesellschafter auslösen könnte, lebt die Vertretungsbefugnis der früheren Abwickler nicht ohne Weiteres wieder auf, sondern das Registergericht hat nach § 66 Abs. 2, 3, 67 Abs. 4 GmbHG, §§ 375 Nr. 6, 376, 377 Abs. 1 FamFG auf Antrag die bisherigen oder andere Abwickler neu zu bestellen, wobei die Auswahl seinem pflichtgemäßen Ermessen unterliegt.[268] Die Nachtragsabwicklung ist auch dann zulässig, wenn bei Beendigung der Liquidation das Vorhandensein von unverteiltem Vermögen bekannt war.[269] Auch wenn ein Tätigwerden der gelöschten GmbH erforderlich wird, die z.B. Wohnungseigentum verwaltete, kann ein Nachtragsliquidator auf Antrag eines Beteiligten durch das Amtsgericht bestellt werden.

Antrag auf Bestellung eines Nachtragsliquidators

216 M **An das Amtsgericht, Handelsregister in Kassel**
Betrifft die gelöschte Firma »Schuhgroßhandlung Schön Gesellschaft mit beschränkter Haftung« in Kassel – HRB 250.
Der letzte Liquidator der Gesellschaft, Steuerberater Rheinländer, hat am ….. zum Handelsregister angemeldet, dass die Liquidation beendet und die Firma erloschen sei. Darauf wurde das Erlöschen der Firma am ….. eingetragen.
Es hat sich jedoch herausgestellt, dass die Liquidation noch nicht beendet ist. Die aus der Anlage ersichtlichen Außenstände, die für uneinbringlich gehalten worden sind, können mit voraussichtlichem Erfolg geltend gemacht werden, da die Lage der Schuldner sich gebessert hat.
Wir, die Unterzeichneten, waren bis zur Löschung der GmbH ihre Gesellschafter, wie sich aus der letzten vor der Liquidation zum Handelsregister nach § 40 GmbHG eingereichten Gesellschafterliste ergibt.
Der Steuerberater Rheinländer ist zur Wiederaufnahme des Amtes als Liquidator nicht bereit, hat sich jedoch mit der beigefügten Erklärung vom ….. mit der Bestellung
Wir beantragen deshalb, den Kaufmann Robert Riemann, geb. am ….., wohnhaft in Kassel-Wilhelmshöhe, zum Liquidator zu bestellen, der ausweislich der beigefügten Erklärung für den Fall seiner Bestellung bereit ist, für die Gesellschaft als Nachtragsliquidator tätig zu werden.
Kassel, den …..   Unterschriften der Gesellschafter
Beglaubigung nicht erforderlich

■ *Kosten.* Aufgrund des BGH-Beschlusses[270] auch für jegliche Art von Willenserklärungen, die im Rahmen notarieller Amtstätigkeit entworfen werden, fällt eine Entwurfsgebühr nach Nr. 24102 i.V.m. 21201 KV GNotKG: 0,3 bis 0,5 Gebühr[271] aus Tabelle B (zur Rahmengebühr s. § 92 Abs. 2 GNotKG). Wert: nach § 105 Abs. 4 Nr. 1 GNotKG (Mindestwert 30.000 €) aus dem noch vorhandenen Vermögen.

---

267 BGH ZIP 2012, 2007.
268 BGH DNotZ 1970, 427, unter entsprechender Anwendung von § 273 Abs. 4 AktG.
269 KGJ 41, A 139.
270 V. 08.12.2005 – V ZB 144/05 = DNotZ 2006, 382 zur Verweisungsurkunde.
271 Nach *Gustavus*, A 122 1,0-Entwurfsgebühr nach KV 24101, 21200 GNotKG (= mind. 60 €). Ähnlich: *Diehn*, Rn. 1385, da keine Handelsregisteranmeldung nicht Gebührensatzrahmen nach Nr. 24102 (0,3–0,5), jedoch Geschäftswert nicht als der Beschluss zur Liquidatorenbestellung.

Beim Gericht: als Löschung der unrichtigen Löschung eine Gebühr nach GV 2500 HReg-GebV für die Eintragung des Nachtragsliquidators, sowie unternehmensrechtliche Verfahrensgebühr nach §§ 67 Abs. 1 Nr. 1 iVm Abs. 3 GNotKG.[272]

Versicherung des Nachtragsliquidators. Umstr. ist, ob der nach § 67 Abs. 4 GmbHG aufgrund gerichtlicher Ernennung einzutragende Nachtragsliquidator eine Versicherung nach § 67 Abs. 3 GmbHG abzugeben hat.[273] Diese sollte vorsichtshalber auch beglaubigt werden.

217

Versicherung des Nachtragliquidators

Ich bin durch Beschluss des Amtsgerichts Kassel vom ….. zum Nachtragsabwickler ernannt worden. Meine Ernennung ist von Amts wegen im Handelsregister eingetragen worden.

218 M

Ich vertrete die Gesellschaft alleine, solange kein weiterer Liquidator bestellt ist. Ich versichere, dass keine Umstände vorliegen, aufgrund deren ich entsprechend §§ 66 Abs. 4, 6 Abs. 2 GmbHG von dem Amt als Liquidator ausgeschlossen wäre: Ich wurde niemals wegen Insolvenzverschleppung, einer Insolvenzstraftat nach den §§ 283 bis 283d des Strafgesetzbuches, wegen falscher Angaben nach § 822 GmbHG oder § 399 AktG, wegen unrichtiger Darstellung nach § 400 AktG, § 331 HGB, § 313 UmwG oder § 17 PublG oder wegen einer Straftat nach den §§ 263–264a oder §§ 265b–266a des Strafgesetzbuches und auch nicht wegen einer vergleichbaren Tat im Ausland verurteilt; mir ist weder durch gerichtliches Urteil noch durch vollziehbare Entscheidung einer Verwaltungsbehörde die Ausübung irgendeines Berufes, Berufszweiges, Gewerbes oder Gewerbezweiges untersagt. Vom beglaubigenden Notar wurde ich über meine unbeschränkte Auskunftspflicht gegenüber dem Registergericht belehrt.
Kassel, den …..   **Robert Riemann**
Beglaubigungsvermerk

■ *Kosten.* Für die isolierte Versicherung: Teilwert von 20-40 % nach § 105 Abs. 4 Nr. 1 GNotKG (Mindestwert 30.000 €). 0,5 Gebühr aus Tabelle B gemäß Nr. 24102 i.V.m. 21201 (5.) KV GNotKG.

11. Aufhebung der Auflösung und Fortsetzung

Nur für die in Insolvenz geratene Gesellschaft, deren Vermögen noch nicht ausgeschüttet ist, sieht § 60 Abs. 1 Nr. 4 GmbHG die Möglichkeit eines Gesellschafterbeschlusses auf Fortsetzung vor; die darin genannten Gründe sind abschließend, eine Fortsetzung ohne ihr Vorliegen ist scheidet aus.[274] Aber auch eine durch Zeitablauf oder Gesellschafterbeschluss nach § 60 Abs. 1 Nr. 1 und 2 GmbHG aufgelöste Gesellschaft kann beschließen, die Auflösung wieder aufzuheben und sich von einer Liquidationsgesellschaft in eine *werbende* Gesellschaft zurück zu verwandeln. Der Fortsetzungsbeschluss bedarf mindestens einer Dreiviertelmehrheit (unter Abfindung der nicht zustimmenden, nach a.A. der Zustimmung aller vorhande-

219

---

272 Nach *Diehn*, Rn. 1386 löst die gerichtliche Bestellung des Nachtragsliquidators Gerichtskosten i.H.v. 1.332,00 € aus (2,0-Gebühr nach Nr. 13500 nach Tabelle A aus einem Verfahrenswert gem. § 67 Abs. 1 Nr. 1 GNotKG von 60.000,00 €) aus, der aber nach OLG Dresden v. 18.02.2015 – 17 W 158/15; KG v. 09.12.2015 – 22 W 98/15 bei geringer Bedeutung und entsprechender Glaubhaftmachung nach § 67 Abs. 3 zu reduzieren ist. *Tiedtke*, DNotZ 2016, 576, 598.
273 S. nur Baumbach/Hueck/*Schulze-Osterloh/Noack*, § 67 GmbHG Rn. 15 m.w.N.
274 BGH BZG 2015, 872.

nen Gesellschafter;[275] § 274 AktG ist entsprechend anwendbar). Voraussetzung ist in jedem Fall, dass noch *nicht* mit der *Verteilung des Vermögens* unter die Gesellschafter begonnen ist (str.). Dasselbe gilt in den Fällen der Auflösung nach § 60 Abs. 1 Nr. 3 GmbHG i.V.m. §§ 61, 62 GmbHG; der Fortsetzungsbeschluss bedarf dann der Zustimmung durch die erfolgreichen Kläger bzw. die Behörde.[276] Eine Fortsetzung scheidet aber nach dem KG[277] aus, wenn die GmbH mit der Rechtskraft eines die Eröffnung des Insolvenzverfahrens mangels Masse ablehnenden Beschlusses aufgelöst worden ist, § 60 Abs. 1 Nr. 5. Wurde die Auflösung nach §§ 60 Abs. 1 Nr. 6, 65 Abs. 1 Satz 3 GmbHG in das Register eingetragen, kann die Eintragung der Auflösung nicht mehr gelöscht werden, wenn der Mangel des Gesellschaftsvertrags rechtskräftig festgestellt ist; wird dieser Mangel behoben, kann die Gesellschaft wieder als werbende eingetragen werden (ebenfalls in entsprechender Anwendung des § 274 AktG).[278] Der Fortsetzungsbeschluss kann eine Änderung des Gesellschaftsvertrags enthalten (z.B. bei Ablauf der im Gesellschaftsvertrag bestimmten Zeit) oder erforderlich machen; dann gilt § 53 Abs. 2 GmbHG.[279]

Fortsetzungsbeschluss (Beurkundung[280] in Form eines Tatsachenprotokolls)

220 M Verhandelt in Gelsenkirchen, den .....
Vor dem unterzeichneten Notar ..... erklärten:
Kaufmann Thilo Trenkmann, Fabrikantin Hanna Hoffmann, Kaufmann Reinhard Renner, sämtlich in Gelsenkirchen und sämtlich dem Notar persönlich bekannt:
Wir sind die alleinigen Gesellschafter der »Gelsenkirchener Mineralwasser- und Trinkhallen GmbH« in Gelsenkirchen. Am ..... ist von uns die Auflösung der Gesellschaft und die Bestellung des Kaufmanns Reinhard Renner zum Liquidator beschlossen und anschließend in das Handelsregister eingetragen worden.
Der Liquidator hat aus den flüssigen Mitteln Zahlungen an Gläubiger geleistet, aber die Verwertung des Anlagevermögens vergeblich versucht. Eine Verteilung von Vermögen an die Gesellschafter ist nicht erfolgt. Unter Verzicht auf alle Formalitäten und Fristen halten wir hiermit eine Gesellschafterversammlung ab und beschließen einstimmig:
1. **Der Auflösungsbeschluss vom ..... wird aufgehoben.**
2. **Die Gesellschaft wird als werdende Gesellschaft fortgesetzt.**
3. **Herr Reinhard Renner, geb. am ....., wohnhaft ....., ist nicht mehr Liquidator.**
4. **Zum Geschäftsführer wird der Gesellschafter Reinhard Renner, geb. am ....., wohnhaft ....., bestellt. Er vertritt die Gesellschaft alleine, solange er einziger Geschäftsführer ist oder wird. Sind weitere Geschäftsführer vorhanden, vertritt er die Gesellschaft gemeinsam mit einem weiteren Geschäftsführer.**
Damit ist die Gesellschafterversammlung beendet.

....., Notar

■ *Kosten.* Der Geschäftswert für die zwei getrennten Beschlüsse bzgl. Fortsetzung und Geschäftsführerbestellung (mitbeschlossene Abberufung des/der bisherigen Liquidator(en) ist dazu eine Erklärungseinheit) ist nach § 108 Abs. 1 Satz 1 i.V.m. § 105 Abs. 4 Nr. 1 GNotKG jeweils mindestens 30.000 €, nach § 108 Abs. 5 GNotKG insgesamt höchstens 5 Mio. €. –2,0 Gebühr der Tabelle B nach Nr. 21100 KV GNotKG aus den gemäß § 35 Abs. 1

---

275 Vgl. Scholz/*K. Schmidt*/*Bitter*, § 60 GmbHG Rn. 43 ff. ausführlich zum Stand der Meinungen.
276 S. BayObLG DB 1978, 2164, 2165.
277 KG, GmbHR 2017, 196.
278 OLG Düsseldorf, GmbHR 1979, 276.
279 S. Scholz/*K. Schmidt*/*Bitter*, § 60 GmbHG Rn. 48 ff.
280 Hier aber formfrei, anders nur, wenn hiermit eine Satzungsänderung verbunden ist.

GNotKG zusammengerechneten Werten. Fertigt der Notar lediglich den Entwurf, ergibt sich die Gebühr dafür aus Nr. 24100 i.V.m. Nr. 21100 KV GNotKG, weil unter Nr. 21100 auch Beschlüsse von Gesellschaftsorganen fallen. Sie beträgt 2,0 nach Tabelle B, mindestens 120 €, soweit der Notar den Entwurf vollständig gefertigt hat (s. die Regelung zur Rahmengebühren in § 92 Abs. 2 GNotKG).

Die Versicherung nach §§ 8 Abs. 3, 6 Abs. 2 GmbHG sollte der neue Geschäftsführer selbst dann abgeben, wenn er sie als Liquidator bereits abgegeben hatte.[281] **221**

Anmeldung der Fortsetzung der GmbH

Zum Handelsregister B 101 der »Gelsenkirchener Mineralwasser- und Trinkhallen GmbH« überreiche ich die Ausfertigung der Urkunde ..... des Notars ..... in Gelsenkirchen und melde die Aufhebung des Auflösungsbeschlusses vom ..... und die Fortsetzung der Gesellschaft als werdende zur Eintragung an. Zugleich melde ich an, dass ich nicht mehr Liquidator bin. **222 M**
Die allgemeine Vertretungsbefugnis lautet gemäß § ..... der Satzung wie folgt:[282] .....
Ich vertrete die Gesellschaft alleine, solange ich einziger Geschäftsführer bin. Sind mehrere Geschäftsführer bestellt, vertritt er die Gesellschaft gemeinsam mit einem weiteren Geschäftsführer.
Ich versichere, dass mit der Verteilung des Gesellschaftsvermögens an die Gesellschafter noch nicht begonnen wurde und dass die bestehenden Verbindlichkeiten das Vermögen der Gesellschaft nicht übersteigen. Ich überreiche eine gutachtliche Äußerung des vereidigten Buchprüfers Karl Kessler in Gelsenkirchen, der auf Grund der Nachprüfung der Bücher und Geschäftspapiere und der Befragung der Angestellten der Gesellschaft festgestellt hat, dass Vermögen an die Gesellschafter nicht verteilt ist. Ich nehme auch auf die Erklärung meiner Mitgesellschafter in der heutigen Versammlung Bezug und versichere dasselbe als bisheriger Liquidator.
Weiterhin versichere ich, dass keine Umstände vorliegen, aufgrund deren ich nach § 6 Abs. 2 Satz 2 Nr. 2 und 3 sowie Satz 3 GmbHG von dem Amt als Geschäftsführer ausgeschlossen wäre, insbesondere (wie Muster § 142 Rdn. 63 M).
Gelsenkirchen, den ..... **Reinhard Renner**
Beglaubigungsvermerk

■ *Kosten.* Es handelt sich um eine spätere Anmeldung/Eintragung. Werte und Gebühren wie bei Anmeldung/Eintragung der Liquidation; bei der Registeranmeldung handelt es sich um eine Erklärungseinheit wie bei GmbH-Gründung; s. Muster Rdn. 204 M.

---

281 Vgl. BayObLGZ 1982, 303 = GmbHR 1982, 274.
282 Diese ist erneut anzumelden.

§ 145 Der Geschäftsanteil (Verfügungen, Ausschluss, Einziehung, Preisgabe)

I. Die Form des Veräußerungsvertrages; Verfügungsbefugnis des Veräußerers; Sicherung des Veräußerers

1 1. Notariell zu beurkunden nach § 15 Abs. 3 GmbHG ist der Abtretungsvertrag (§§ 413, 398 BGB) über Geschäftsanteile, einschließlich aller das dingliche Geschäft betreffende Nebenabreden, wie etwa Bedingungen.[1] Auch die Abtretung des Anspruchs auf Übertragung eines Geschäftsanteils bedarf dieser Form.[2] Die Geschäftsanteile sind genau zu bezeichnen (sachenrechtlicher Bestimmtheitsgrundsatz),[3] am besten unter Zugrundelegung der Nummerierung der als Beweiszweckanlage beizufügenden Gesellschafterliste. Hierfür bietet es sich an, im Rahmen des Veräußerungsvertrages eine Vorbemerkung vorauszuschicken, in welcher die Beteiligungsverhältnisse offengelegt werden.

Offenlegung der Beteiligungsverhältnisse

2 M **Im Handelsregister des Amtsgerichts Hamburg ist unter HRB ..... die Nordmeer Fischerei GmbH (hier kurz die Gesellschaft genannt) eingetragen. Nach Angaben der Beteiligten ist das Stammkapital in Höhe von 25.000 € zu 100 % geleistet. Eine Ablichtung der Gesellschafterliste ist zu Beweiszwecken als Anlage beigefügt. Hierbei handelt es sich nach der Einsicht vom heutigen Tage um die zuletzt im Registerordner des Handelsregisters elektronisch aufgenommene Gesellschafterliste der Gesellschaft. Danach und nach den Angaben der Beteiligten sind die Verkäufer die alleinigen Gesellschafter der Gesellschaft. Der Verkäufer zu 1) hält einen Geschäftsanteil an der Gesellschaft im Nennbetrag von € 10.000 (Geschäftsanteil Nr. 1), der Verkäufer zu 2) einen Geschäftsanteil im Nennbetrag von € 15.000 (Geschäftsanteil Nr. 2). Die Geschäftsanteile sind unter der angegebenen Nummer in der Gesellschafterliste ohne Zuordnung eines Widerspruchs aufgeführt.**

3 2. Je nach Deutung der Formzwecke des § 15 Abs. 3 GmbHG lässt sich für oder gegen das Ausreichen der Wahrung der *ausländischen Ortsform* (Art. 11 Abs. 1 Alt. 2 EGBGB) für die Übertragung des Geschäftsanteils an einer deutschen GmbH im Ausland argumentieren.[4] Wird der zutreffenden strengeren Ansicht gefolgt, die das dingliche Übertragungsgeschäft nur dem Gesellschaftsstatut unterwirft (und somit eine alternative Anknüpfung an die Ortsform für unzureichend erachtet), ist eine Beurkundung der Abtretung durch einen im Ausland zugelassenen Notar nur möglich, wenn diese Beurkundung personell und sachlich

---

1 BGH GmbHR 2016, 1198 = DB 2016, 2472; BGH GmbHR 2018, 148 = NZG 2018, 29; BGH NotBZ 2017, 181.
2 BGHZ 75, 352 = DNotZ 1980, 376.
3 BGH GmbHR 2010, 918; BGH GmbHR 2014, 198; *Maier-Reimer*, GmbHR 2017, 1325, 1327; *Seelinger*, GmbHR 2014, 119.
4 Sowohl diese Grundfrage (für die Abtretung Art. 11 Abs. 4 EGBGB?) als auch zahlreiche Einzelheiten sind umstr.; s. nach dem MoMiG grundlegend *Bayer*, GmbHR 2013, 896 (Ausschluss der Ortsform durch den erweiterten Formzweck des § 15 Abs. 3 GmbHG); weiter *Stenzel*, GmbHR 2014, 1024; *Kanzleiter*, in FS Fessler, 2013, S. 207; Lutter/Hommelhoff/*Bayer*, § 15 GmbHG Rn. 16; *Wicke*, § 15 GmbHG Rn. 20.

jener durch einen deutschen Notar gleichwertig ist.[5] Gegen die Möglichkeit einer alternativen Ortsformanknüpfung spricht entscheidend eine teleologische Extension des Art. 11 Abs. 4 EGBGB: Die dort statuierte Ausnahme von der alternativen Anknüpfung an das Ortsstatut für sachenrechtliche Rechtsgeschäfte greift nach ihrem Sinn und Zweck gleichermaßen für den dinglichen Akt der Anteilsübertragung; ebenso wie dort sind nämlich auch hier besondere Verkehrsschutzinteressen im Spiel, die die Beachtung einer laxeren Ortsform, ggf. ohne Beurkundungserfordernisse, nicht gleichermaßen wahren kann. Das damit einzig anwendbare deutsche Geschäftsstatut führt zur Notwendigkeit der Beachtung der notariellen Form des § 15 Abs. 3 GmbH. Hier indiziert allerdings die Folgepflicht der beurkundeten Anteilsübertragung, nämlich die Einreichung einer die Veränderung wiedergebenden notariellen Gesellschafterliste, dass eine Substituierbarkeit prinzipiell ausscheidet; denn unabhängig von dem (vom BGH zu Recht bejahten) Recht des ausländischen Notars zur Einreichung, kann ihm jedenfalls keine dahingehende Pflicht auferlegt werden. Auf dasselbe Ergebnis läuft es hinaus, wenn diese Friktionen nicht gegen eine Substituierbarkeit als solche angeführt werden, wohl aber in die Gleichwertigkeitsprüfung einbezogen werden: Weil der Notar gerade auch die materielle Richtigkeit der Gesellschafterliste gewährleisten soll, wird ein im Ausland zugelassener Notar mangels vergleichbarer Rechtskenntnisse diesem regelmäßig nicht funktionell gleichwertig sein. Die Frage ist allerdings umstritten; der Praxis ist zur Vorsicht zu raten.

3. Der Beurkundung bedarf nach § 15 Abs. 4 Satz 1 GmbHG auch der schuldrechtliche Verpflichtungsvertrag, ebenfalls wieder einschließlich aller Nebenabreden (h.M.), die die Parteien als hiermit wirtschaftlich notwendig zusammenhängend betrachten, womit insbesondere der häufige Zusatz, der Kaufpreis werde außerhalb der Urkunde geregelt, zum Formverstoß führen kann. Die Gegenansicht, die nur die Vereinbarung über die Abtretung selbst der Beurkundung unterwirft, ist mit dem beurkundungsrechtlichen Vollständigkeitsgrundsatz nicht vereinbar, überdies rechtsicher nur schwer handhabbar. Zuzugestehen ist allerdings, dass der vorrangige Normzweck des Beurkundungserfordernisses in § 15 Abs. 4 Satz 1 GmbHG (Erschwerung des Anteilshandels) den Vollständigkeitsgrundsatz nicht zwingend fordert; der dadurch bewirkte Übereilungsschutz ist nur ein Rechtsreflex. Der schuldrechtliche Verpflichtungsvertrag kann auch einem ausländischen Statut unterworfen werden; hier besteht Rechtswahlfreiheit, Art. 3 Rom I-VO. Kommt deutsches Recht zur Anwendung, genügt bei Abschluss im Ausland die dortige Form (Art. 11 Abs. 1 Rom I-VO).

Der nicht beurkundete schuldrechtliche Vertrag wird durch die (beurkundete) Abtretung geheilt (§ 15 Abs. 4 Satz 2 GmbHG); der Formmangel des Verpflichtungsgeschäfts schlägt aufgrund des Abstraktionsprinzips nicht auf den Abtretungsvertrag durch. Die Heilung tritt nur ein, wenn der Anteil zur Erfüllung der unwirksamen Verpflichtung (nicht, wenn er – abgesehen vom Fall der Kettenveräußerung – an einen Dritten) abgetreten wird.[6]

4. Auch die Annahmeerklärung des Erwerbers bedarf der Beurkundung, sowohl beim Kausal- als auch beim Übertragungsgeschäft. Also kann es in der notariellen Niederschrift etwa heißen:

A. erklärte: Ich verkaufe meinen Geschäftsanteil im Nennbetrag von ..... an der ..... GmbH an B und treten diesen Geschäftsanteil hiermit ab. B. erklärte: Ich nehme das Kaufvertragsangebot und das Abtretungsangebot an.

---

5 BGH DNotZ 2014, 457; bei den Schweizer Kantonalrechten kann die Beurteilung unterschiedlich ausfallen; der BGH entzieht sich letztlich einer Festlegung über den konkreten Fall der eingereichten Liste des Basler Notars hinaus.
6 BGH DNotZ 2001, 952.

§ 145 Der Geschäftsanteil (Verfügungen, Ausschluss, Einziehung, Preisgabe)

7 Statt »abtreten« kann auf dinglicher Ebene auch »übertragen« gesagt werden, womit die Unterscheidung zur Abtretung von Forderungen sogar deutlicher wird.

8 M **Der Veräußerer überträgt hiermit den Geschäftsanteil mit sofortiger dinglicher Wirkung ..... an den Erwerber. Der Erwerber nimmt die Übertragung hiermit an.**

9 5. Möglich ist auch eine Aufspaltung der Beurkundung in Angebot und Annahme, § 128 BGB, wirksam wird das Angebot dann mit Zugang einer Ausfertigung beim Angebotsempfänger – eine beglaubigte Abschrift ist bei fehlender dahingehender Vereinbarung unzureichend –, die Annahmeerklärung muss nicht zugehen, § 152 BGB, es sei denn, ein Zugangserfordernis würde ausdrücklich vereinbart.[7]

Angebot zum Erwerb eines teileingezahlten Geschäftsanteils

10 M Verhandelt in Münden, den .....
Vor dem unterzeichneten Notar ....., mit dem Amtssitz in Münden, erklärte die ihm persönlich bekannte Frau Hildegard Herter, geborene Kohlmann, geboren am ..... wohnhaft in ..... Münden:
1. Ich bin Gesellschafterin der »Kautabakfabrik Hinze & Söhne Gesellschaft mit beschränkter Haftung«, eingetragen im Handelsregister des Amtsgerichts Münden unter HRB ....., und halte den in der Gesellschafterliste unter der Nr. 1 eingetragenen Geschäftsanteil im Nennbetrag von 20.000 €. Eine Ablichtung der letzten im Handelsregister aufgenommenen Gesellschafterliste dieser Gesellschaft ist zu Beweiszwecken dieser Urkunde als Anlage beigefügt.
2. Ich mache Herrn Berthold Becker, geboren am ....., wohnhaft in ..... Kassel, nachfolgendes Verkaufsangebot,[8] gerichtet auf den Abschluss eines Kaufvertrages über den vorbezeichneten Geschäftsanteil. An dieses Angebot halte ich mich bis zu einem schriftlichen Widerruf gebunden, den ich nicht vor dem ..... erklären werde (bis dahin ist das Angebot unwiderruflich). Das Angebot erlischt, wenn es nicht bis zum ..... zu notarieller Urkunde angenommen worden ist. Für die Rechtzeitigkeit der Annahme kommt es nicht auf den Zeitpunkt des Zugangs der formgerechten Annahmeerklärung an mich an, sondern auf jenen der Beurkundung der Annahmeerklärung.
a) Ich verkaufe den vorbezeichneten Geschäftsanteil an Herrn Becker und trete den Geschäftsanteil aufschiebend bedingt mit der Kaufpreiszahlung an Herrn Becker ab. Den Anteil habe ich durch Übernahme eines Geschäftsanteils mit Nennwert von 20.000 € bei der Gründung erworben, wofür ich eine beglaubigte Abschrift der Errichtungsurkunde überreiche, die dieser Anlage zu Beweiszwecken beigefügt wird. Der die Annahme beurkundende Notar wird beauftragt, den Bedingungseintritt durch notaramtliche Betätigung verbindlich festzustellen; die Feststellung wirkt als Bedingungseintritt. Dem Notar gegenüber gilt die Bedingung als eingetreten, wenn ihm die Kaufpreiszahlung schriftlich nachgewiesen ist, wozu sich die Beteiligten verpflichten.

---
7 Hierzu BeckOGK/*Cziupka*, § 128 BGB Rn. 29 ff.
8 Üblicherweise wird in der Praxis bei einer Verkaufsofferte die Urkunde in einen Angebotsmantel (der nur spezifische Regelungen zum Angebot enthält) und eine den vollständigen Kaufvertrag enthaltende Anlage aufgeteilt. S. dafür Fuhrmann/Wälzholz/*Wälzholz*, Formularbuch Gesellschaftsrecht, 3. Aufl. 2018, M. 15.12. Hier wird ein etwas ungewöhnlicherer Aufbau gewählt, der aber gerade in einfachen Fällen durchaus zweckmäßig sein kann und rechtlich gleichermaßen zulässig ist.

b) Der Kaufpreis beträgt 5.000 € und ist innerhalb von drei Bankarbeitstagen nach der Annahme auf folgendes Konto zu zahlen..... Sofern Herr Becker den Kaufpreis bei Fälligkeit nicht vollständig zahlt, kommt er ohne Mahnung in Verzug.
c) Über das Ergebnis des vergangenen Geschäftsjahres wurde bereits beschlossen. Das Ergebnis für das laufende Geschäftsjahr steht Herrn Becker zu.
d) Die Stammeinlage ist mit 25 %, wie die der übrigen Gesellschafter, eingezahlt. Die restliche Einzahlungsverpflichtung übernimmt der Erwerber. Zukünftige Einzahlungsansprüche hat er pünktlich zu erfüllen, so dass ich nicht in Anspruch genommen werde. Der Notar hat darauf hingewiesen, dass der Veräußerer ungeachtet dessen zeitlich befristet für die Aufbringung des Stammkapitals haftet.
e) Ich garantiere verschuldensunabhängig im Sinne des § 276 BGB, dass die vorstehenden Angaben über den verkauften Geschäftsanteil richtig sind, dieser nicht mit Rechten Dritter belastet ist und ich über diesen frei verfügen kann. Zudem garantiere ich, dass keine wirtschaftliche Neugründung in der Vergangenheit stattgefunden hat.
f) Die Abtretung ist nicht von einer Genehmigung abhängig.
3. Die Kosten dieser Verhandlung trägt zunächst die Erschienene, im Falle der Annahme des Angebots aufgrund gesonderter Vereinbarung im Innenverhältnis zur Erschienenen Herr Becker. Die Kosten der Beurkundung der Annahme trägt Herr Becker. Die Gesellschaft hat keinen Grundbesitz. Die Erschienene erklärt, dass sie in Deutschland unbeschränkt einkommensteuerpflichtig ist. Der Notar wird mit dem Vollzug dieser Urkunde beauftragt. Der die Annahme beurkundende Notar wird mit der Erstellung und Einreichung der Gesellschafterliste beauftragt.
Der Notar hat über die rechtliche Bedeutung einer Aufspaltung eines Vertragsschlusses in Angebot und Annahme belehrt, insbesondere über die vorerst einseitige Bindung des Antragenden, und alternative Gestaltungen aufgezeigt. Die Erschienene wünschte jedoch ausdrücklich die Beurkundung eines Antrages.

....., Notar

■ *Kosten.* Wert: Betrag des Kaufpreises (hier: 5.000 €), wenn kein höherer Wert nach § 54 GNotKG feststellbar ist (bei operativer GmbH: Anteil am Stammkapital gemäß § 266 Abs. 3 HGB)[9]. Die noch offene Einzahlungspflicht mindert den Wert des Geschäftsanteils, mit dem sie verbunden ist. Ihre schuldbefreiende Übernahme ist jedoch eine weitere Leistung neben dem Kaufpreis.[10] Nach Nr. 1 der Vorbem. 2.1.1. zum Abschn. 1 des Hauptabschnittes 1 fällt eine Beurkundungsgebühr von 2,0 aus Tabelle B, mindestens 120 €, nach Nr. 21100 KV GNotKG auch für das Angebot eines Vertrages an.

Erst mit der Annahme ist dem Finanzamt für Körperschaften die beglaubigte Abschrift gemäß § 54 EStDV zu übersenden. 11

---

9 Wertermittlung bei operativer GmbH: bilanzielles Eigenkapital zuzüglich Gesellschafterdarlehen, abzüglich Buchwert Finanzanlagen, zuzüglich Verkehrswert Finanzanlagen, zuzüglich Verkehrswert Grundbesitz mit Gebäude, abzüglich Buchwert Grundbesitz mit Gebäude. Bei vermögensverwaltender Gesellschaft ist gemäß § 54 Satz 3 GNotKG das Aktivvermögen der GmbH ohne Abzug von Verbindlichkeiten nach den Verkehrswerten zu bestimmen.
10 OLG Frankfurt v. 26.03.1986 – 20 W 482/85, DNotZ 1987, 179; OLG Köln v. 14.01.2000 – 2 Wx 46/99, FGPrax 2000, 126.

§ 145   Der Geschäftsanteil (Verfügungen, Ausschluss, Einziehung, Preisgabe)

Annahme des Kauf- und Abtretungsangebots

12 M   Verhandelt Kassel, den .....
Vor dem unterzeichneten Notar ..... erschien der persönlich bekannte Kaufmann Berthold Becker in Kassel, Marburger Straße 1 und bat um die Beurkundung nachfolgender Annahmeerklärung:
Frau Hildegard Herter, geborene Kohlmann, in Münden hat dem Erschienenen ihren Geschäftsanteil im Nennbetrag von 20.000 € an der »Kautabakfabrik Hinze & Söhne Gesellschaft mit beschränkter Haftung« in Münden am ..... unter Urk.-Nr. ..... des Notars ..... in Münden zum Kauf und zur Übertragung angeboten. Die Angebotsurkunde lag bei Beurkundung in Ausfertigung vor; sie ist dem Erschienenen bekannt, er verzichtet auf nochmaliges Vorlesen und Beifügen zur heutigen Urkunde. Die darin enthaltene Bindungsfrist der Antragenden ist noch nicht abgelaufen.
Der Erschienene nimmt hiermit das vorstehend bezeichnete Angebot vorbehaltlos an. Er schließt sich den in der Angebotsurkunde enthaltenen einseitigen Erklärungen/ Vollmachten an und wiederholt diese im eigenen Namen. Die Kosten dieser Urkunde trägt der Erschienene. Von dieser Urkunde erhalten die Anbietende und der Erschienene je eine Ausfertigung, die Gesellschaft eine Ausfertigung und das Finanzamt – Körperschaftsteuerstelle – eine beglaubigte Abschrift.

....., Notar

■ *Kosten.* Wert wie zu Angebot. 0,5 Gebühr nach Tabelle B, mindestens 30 € gemäß Nr. 21101 (Nr. 1) KV GNotKG. Vollzugsgebühr für Fertigen der Gesellschafterliste siehe Rdn. 57 M. Registergebühr für die Entgegennahme der geänderten Liste der Gesellschafter: 30 € nach Nr. 5002 GV HRegGebVO.

Mitteilung nach § 54 EStDV hat zu erfolgen.

13   6. Basis für die *Verfügungsbefugnis* des Abtretenden ist jetzt nach § 16 Abs. 2 GmbHG die beim Handelsregister eingereichte Gesellschafterliste. Da der Gutglaubensschutz der Liste erst nach 3 Jahren einsetzt, ist eine Darlegung der Vorgänge, auf denen die Verfügungsbefugnis beruht, trotzdem oft nicht entbehrlich.

14 M   A. erklärte, den zu veräußernden Geschäftsanteil von 10.000 € habe er am ..... von B. Z. erworben. Er legte hierzu eine beglaubigte Abschrift der Urkunde des Notars ..... vom ..... vor. Eine Urkunde darüber, dass B. Z. diesen Geschäftsanteil erworben habe, besitze er nicht, in der vor vier Jahren zum Handelsregister eingereichten Gesellschafterliste sei B. Z. jedoch mit einem Geschäftsanteil von 10.000 € aufgeführt.

15   7. Die einzelnen Geschäftsanteile behalten nach § 15 Abs. 2 GmbHG auch bei Vereinigung *in einer* Hand ihre *Selbstständigkeit*. Über die Zusammenlegung mehrerer Geschäftsanteile in einer Hand s.o. § 142 Rdn. 58.

16   8. Bei späterer Fälligkeit des Kaufpreises kann der Verkäufer dadurch gesichert werden, das der Geschäftsanteil aufschiebend bedingt mit der Kaufpreiszahlung an den Erwerber abgetreten wird (Gesellschafter bleibt dann in der Zwischenzeit der Veräußerer).

Aufschiebend bedingte Übertragung mit Mitteilungspflicht gegenüber dem Notar

17 M   Die Übertragung erfolgt unter der aufschiebenden Bedingung, dass der vorstehend vereinbarte Kaufpreis an den Veräußerer gezahlt ist. Die Beteiligten verpflichten sich,

dem Notar den Eintritt der Bedingung mitzuteilen, entweder durch schriftliche Bestätigung des Veräußerers über den Erhalt des Kaufpreises oder durch schriftlichen Nachweis des Erwerbers über die Zahlung des vollständigen Kaufpreises. Die Beteiligten beauftragen und bevollmächtigen hiermit den Notar, den Eintritt der aufschiebenden Bedingung durch eine notaramtliche Bestätigung verbindlich festzustellen, die er dieser Urkunde beizufügen hat. Maßgebend für den Zeitpunkt des Übergangs des Geschäftsanteils ist das Datum des Eingangs des vorgenannten Schreibens bzw. des Nachweises beim beurkundenden Notar. Der Notar hat darauf hingewiesen, dass er eine aktualisierte Gesellschafterliste erst unmittelbar nach dem Wirksamwerden der Anteilsabtretung zum Handelsregister einreichen kann. Die Beteiligten beauftragten den Notar, eine Kopie der Gesellschafterliste nach Bedingungseintritt an alle Beteiligte dieser Urkunde und an die Gesellschaft zu übermitteln.

18 Auch eine sofortige Abtretung an den Erwerber, verbunden mit der Verpfändung des Anteils an den Veräußerer zur Sicherung seines Kaufpreisanspruches ist eine häufig zweckmäßige Gestaltung.

Sofortige Abtretung mit Verpfändung

19 M Die Verkäuferin tritt den verkauften Geschäftsanteil im Nennbetrag von 4.000 €, in der Gesellschafterliste vom ..... mit der Nummer 2 bezeichnet, an den Käufer ab. Dieser nimmt die Abtretung an. Zur Sicherung des Anspruchs der Verkäuferin auf Zahlung des Kaufpreises sind sich die Beteiligten einig, dass der Verkäuferin der Geschäftsanteil hiermit verpfändet wird.

20 Mitunter entspricht es allerdings dem Willen der Parteien, die Anteilsabtretung mit sofortiger Wirkung durchzuführen; in diesem Fall hat der Notar besonders auf das hiermit verbundene Vorleistungsrisiko sowie auf bestehende Absicherungsmöglichkeiten hinzuweisen.

Abtretung mit sofortiger dinglicher Wirkung

21 M Die Übertragung erfolgt mit sofortiger dinglicher Wirkung, losgelöst insbesondere von der Kaufpreiszahlung durch den Erwerber. Der Veräußerer wurde auf die Risiken der damit bewirkten Vorleistung hingewiesen. Zugleich hat der Notar mögliche Sicherungsmittel, insbesondere eine aufschiebend bedingte Übertragung, eine Verpfändung des Geschäftsanteils und eine Zwangsvollstreckungsunterwerfung erläutert. Der Veräußerer erklärte jedoch, auf diese Absicherungsmittel verzichten und die sofortige Übertragung vornehmen zu wollen.

22 9. Die Einräumung von Vorkaufsrechten unter den Gesellschaftern kann zweckmäßig sein. Sie kann auch für einen bestimmten Preis erfolgen (s.o. § 62 Rdn. 15 ff.) oder zu einem bestimmbaren Preis. Sie wird häufig in den Gesellschaftsvertrag aufgenommen, zwingend ist dies aber nicht.

Vorkaufsrecht zugunsten der Gesellschafter

23 M § ..... Die beiden Gesellschafter räumen sich gegenseitig ein schuldrechtliches Vorkaufsrecht an ihren jeweiligen Geschäftsanteilen ein, das auch die Fälle der Veräußerung eines Teilgeschäftsanteiles oder künftiger Geschäftsanteile erfasst. Der Vorkaufs-

berechtigte ist zur Übernahme des Geschäftsanteils des veräußerungswilligen Gesellschafters zu einem Preis berechtigt, der dem auf den Geschäftsanteil entfallenden Wert nach dem vereinfachten Ertragswertverfahren der §§ 199 ff. Bewertungsgesetz entspricht.[11]
Das Vorkaufsrecht ist binnen 14 Tagen nach Eingang der Mitteilung des Verkaufes auszuüben mittels eingeschriebenen Briefs an den Verkäufer. Die Hälfte des Kaufpreises ist innerhalb eines Monates nach der Ausübung des Vorkaufsrechtes und die andere Hälfte binnen weiterer drei Monate zu begleichen .....

■ *Kosten.* Wenn gesonderte Vereinbarung: Wert nach § 51 Abs. 1 Satz 2 GNotKG = hälftiger Betrag des höherwertigen Geschäftsanteiles maßgeblich (§ 97 Abs. 3 GNotKG). –2,0 Gebühr der Tabelle B nach Nr. 21100 KV GNotKG.

II. Übergang von Rechten und Pflichten, insbes. des Gewinnbezugsrechts bei Anteilsabtretung

24 1. *Gesellschaftsrecht:* Mit dem dinglichen Übergang des Geschäftsanteiles geht auch das mit dem Anteil untrennbar verbundene Gewinnbezugsrecht für alle noch nicht entstandenen Gewinnansprüche auf den Erwerber über. Der Anspruch auf Auszahlung des Gewinnes entsteht aber erst mit dem nach Ablauf des Geschäftsjahres gefassten Gesellschafterbeschluss über die Feststellung des Jahresabschlusses und die Gewinnverwendung.[12] Mangels abweichender Abrede hat der Veräußerer einen schuldrechtlichen Anspruch gemäß § 101 Nr. 2 Halbs. 2 BGB gegen den Erwerber auf den für die Dauer seiner Gesellschaftszugehörigkeit auf den veräußerten Anteil entfallenden Gewinn, sofern er ausgeschüttet wird.[13] Dieser Anspruch betrifft nicht nur den Gewinn für das laufende Geschäftsjahr der Veräußerung, sondern auch den Gewinn aus abgelaufenen Geschäftsjahren, für die noch kein Gewinnverwendungsbeschluss gefasst worden ist, sowie jenen Gewinn, der als Gewinn vorgetragen wurde (bereits mit Beschluss über die Gewinnverwendung in der Person des Veräußerers entstandene, aber noch nicht erfüllte Gewinnansprüche verbleiben ohnehin ebenfalls bei diesem, gehen mithin nicht mit Anteilsabtretung über). Wurde allerdings bereits über die Verwendung des Gewinns Beschluss gefasst, dieser aber nicht unter den Gesellschaftern verteilt oder als Gewinn vorgetragen, sondern in eine Rücklage eingestellt, sind die Gesellschafter von der Verteilung ausgeschlossen; daher kann der Veräußerer hier schon deshalb keine Ansprüche hierauf geltend machen.

Die Anteilsabtretung und damit der Übergang der mit dem Anteil verbundenen Rechten und Pflichten kann aufschiebend bedingt auf den Eintritt eines zukünftigen Zeitpunkt oder Ereignisses, z.B. vollständige Kaufpreiszahlung, vereinbart werden, sodass sich die materiell rechtliche Rechtslage bzgl. der Gesellschafterstellung dann erst mit Eintritt der Bedingung ändert. Der durch die Bedingung Begünstigte kann einseitig durch formfreie, empfangsbedürftige Erklärung auf die Bedingung verzichten.[14] Rein schuldrechtlich kann von dem dinglichen Übergang unabhängig vereinbart werden, wann die wirtschaftliche Wirkung der Übertragung des Geschäftsanteiles eintreten soll, vor allem, wem das Gewinn-

---

11 Sog. preislimitiertes Vorkaufsrecht, vgl. Fuhrmann/Wälzholz/*Wälzholz*, M. 15.22 Anm 8.
12 BGH NJW 1998, 3646 = MittBayNot 1999, 84; ausführlich hierzu auch DNotI-Report 1998, 113.
13 BGH NJW 95, 1027; NJW 98, 1314.
14 BGH v. 23.11.1988 – VIII ZR 262/87 = DNotZ 1990, 122 = MittBayNot 1989, 165: Soll jedoch der unter einer aufschiebenden Bedingung abgeschlossene Verpflichtungsvertrag zur Abtretung eines Geschäftsanteiles unabhängig vom Eintritt der Bedingung wirksam werden, erfordert dies eine Vertragsänderung, die grds. dem Formzwang des § 15 Abs. 4 GmbHG unterliegt.

bezugsrecht für das laufende Geschäftsjahr sowie noch nicht ausgeschüttete Gewinne vergangener Geschäftsjahre zustehen soll.

2. *Steuerrecht:* Im Gegensatz zum Gesellschaftsrecht legt § 20 Abs. 5 EStG ohne Rücksicht auf § 101 Nr. 2 BGB oder vertragliche Festlegung fest, dass die Gewinnausschüttung immer von demjenigen als Kapitalertrag zu versteuern ist, der im Zeitpunkt des Gewinnverwendungsbeschlusses als Inhaber des Anteiles gemäß § 39 AO anzusehen ist.[15] Die Auszahlung des dem Erwerber zuzurechnenden Gewinnes an den Veräußerer führt beim diesem nicht zu Kapitaleinkünften, sondern zur Erhöhung des steuerpflichtigen Veräußerungserlöses, der bei nichtwesentlicher Beteiligung nun seit 2009 mit der Abgeltungssteuer belastet ist; beim Erwerber erhöhen sich die Anschaffungskosten.

3. *Zivilrechtliches Folgeproblem* ist, ob anteilig gemäß § 101 Nr. 2 BGB die gesamte Bruttoausschüttung oder nur die dem Erwerber nach der Besteuerung verbleibende Ausschüttung abzuführen ist. Das Problem hat sich seit 2009 entschärft, weil nun alle Ausschüttungen auf Anteile im Privatvermögen, auch wenn es sich um wesentliche Beteiligungen handelt, mit dem festen Steuersatz der Abgeltungssteuer des § 32d EStG einheitlich belastet werden. Damit ist nur der nach Steuer verbleibende Ausschüttungsbetrag an den Veräußerer abzuführen,[16] der sich durch eine Vorwegabtretung des Auszahlungsanspruches in der Übertragungsurkunde absichern lässt. Hält der Erwerber aber im Betriebsvermögen, empfiehlt sich, entweder den Anteil mit allen Nebenrechten, einschließlich aller noch nicht festgestellten und noch nicht ausgeschütteten Gewinne, abzutreten (sodass in dem für den Veräußerer steuerpflichtigen Veräußerungserlös der Gewinn mit enthalten ist und dadurch für den Erwerber steuersparende Anschaffungskosten wird)[17] oder – wenn die Gesellschaft über Gewinnvorträge verfügt oder die Abtretung am Geschäftsjahresende erfolgt – eine Vorabausschüttung erfolgt,[18] also eine Abschlagszahlung auf einen konkret zu erwartenden Gewinnanspruch, der als solcher noch nicht entstanden ist; der Vorabausschüttungsbeschluss ist ein rechtswirksamer Gewinnverwendungsbeschluss, der lediglich unter der auflösenden Bedingung steht, dass die GmbH im betreffenden Geschäftsjahr tatsächlich einen entsprechenden Bilanzgewinn erzielt.[19] Die Verpflichtung zur Rückzahlung von zu hohen Ausschüttungen ist zu regeln. Bleibt der Veräußerer noch mit anderen Anteilen Mitgesellschafter, könnte auch eine inkongruente Gewinnausschüttung erfolgen; hierzu § 142 Rdn. 168 ff. Lediglich dann, wenn der eine Gesellschafter vom anderen dessen Geschäftsanteil mit dinglicher Wirkung zum Bilanzstichtag erwirbt und alle Gesellschafter zugleich vereinbaren, dass dem Ausscheidenden der laufende Gewinn noch bis zum Bilanzstichtag zustehen und nach Aufstellung dieser Bilanz an ihn ausgeschüttet wird, kann darin ein zivilrechtlich wirksamer und steuerlich anzuerkennender Gewinnverteilungsbeschluss liegen mit der Folge, dass der im Folgejahr an den Ausgeschiedenen ausgeschüttete Betrag diesem als (nachträgliche) Einkünfte aus Kapitalvermögen zuzurechnen ist und nicht dem erwerbenden Gesellschafter. Es kommt auch nicht zu einer nachträglichen Erhöhung des Veräußerungserlöses beim Ausgeschiedenen.[20]

---

15 Zur steuerlichen Wirkung der bedingten Abtretung s. Rdn. 68.
16 Zu berücksichtigen ist evtl. eine Kirchensteuer. Formulierungsvorschlag dazu in DNotI-Report 1998, 113, welcher jedoch noch nicht die Abgeltungssteuer berücksichtigt, die auf alle Gewinneinkünfte aus Anteil im Privatvermögen anfällt.
17 S. Meyer-Landrut/*Wenz*, Formularbuch GmbH-Recht, 3. Aufl. 2016, Muster E 1. Rn. 12; Münchener Vertragshandbuch I/*Heidenhain/Hasselmann*, Muster IV. 65, Anm. 8.
18 OLG Hamm GmbHR 1992, 456.
19 BFH v. 02.12.2014 – VIII R 2/12 = DStR 2015, 402; zur Vorabausschüttung s. *Sattler/Meeh*, DStR 2007, 1595 m.w.N. Nach FG Köln v, 14.09.2016 – 9 K 1560/14 (n.rkr.) soll zivilrechtlich wirksam vereinbart werden können, dass vor Veräußerung von GmbH-Anteilen thesaurierte Gewinne an den veräußernden Gesellschafter ausgeschüttet werden; hierzu auch: *Wälzholz*, notar, 2016, 345, der darauf hinweist, dass der Verkäufer jedoch Gesellschafter bleiben müsse.
20 BFH, Urt. v. 13.03.2018 – IX R 35/16, DStR 2018, 1756.

Abtretung aller Gewinnbezugsrechte

27 M Das Gewinnbezugsrecht steht dem Erwerber bezüglich des Gewinnes des laufenden Geschäftsjahres sowie eines etwaigen noch nicht unter den Gesellschaftern verteilten Gewinnes vergangener Geschäftsjahre zu, was im Kaufpreis berücksichtigt worden ist.

Anteilige Berechtigung des Veräußerers

28 M Dem Veräußerer steht der Gewinn zu, der für frühere Geschäftsjahre noch nicht (festgestellt und) ausgeschüttet wurde, sowie auch zeitanteilig der Gewinn des laufenden Geschäftsjahres, wobei der Zeitpunkt des schuldrechtlichen Übergangs aller Rechte und Pflichten aus dem veräußerten Anteil maßgeblich ist. Soweit der Gewinn beim Erwerber der Abgeltungssteuer unterliegt, ist der dem Veräußerer zustehende Gewinn verringert um die Abgeltungssteuer auszuzahlen.
Zur Absicherung des Veräußerers tritt hiermit bereits der Erwerber den um die Abgeltungssteuer verringerten Gewinnanspruch an den Veräußerer ab. Die Abtretung wird der Veräußerer selbst der GmbH gegenüber offenlegen.
Die steuerliche Prüfung dieser Klausel war nicht Sache des Notars.

Abtretung mit Berechtigung zur Vorabausschüttung

29 M Die Abtretung des Anteils erfolgt aufschiebend bedingt[21] auf das Ende des laufenden Geschäftsjahres. Der Erwerber ist damit einverstanden, dass der Gewinn für das laufende Geschäftsjahr unter Berücksichtigung der vom Steuerberater für die GmbH ermittelten vorläufigen Betriebsergebnisrechnung noch mittels Vorabausschüttung vor Ablauf des Geschäftsjahres an den Veräußerer ausgeschüttet werden kann, wozu der Veräußerer berechtigt ist, einen entsprechenden Gesellschafterbeschluss herbeizuführen. Ergibt der endgültige Jahresabschluss eine Abweichung vom vorläufig ermittelten Betriebsergebnis oder erfolgen nach der Gewinnfeststellung steuerliche Berichtigungen, hat dennoch kein berichtigender Ausgleich zwischen Veräußerer und Erwerber zu erfolgen.
Eine steuerliche Beratung und Überprüfung der getroffenen Regelung war nicht Sache des Notars. Die Beteiligten erklären, dass sie die Möglichkeit zur steuerlichen Überprüfung der getroffenen Regelung hatten.

III. Gewährleistung; Haftung

30 Fast stets will der Veräußerer Gewähr dafür übernehmen, dass ihm der Anteil zusteht und nicht mit Rechten Dritter belastet ist, regelmäßig auch dafür, dass bestimmte Zahlungen auf die Einlagen erbracht sind. Kennt der Erwerber die Verhältnisse der Gesellschaft – als bisheriger Mitgesellschafter oder Geschäftsführer oder auf andere Weise – wird oft jede weitergehende Gewährleistung ausgeschlossen.

---

21 Zu den steuerlichen Folgen der aufschiebend bedingten Abtretung s. Rdn. 69.

Anteilsveräußerung an Mitgesellschafter mit gesetzlichem Mängelregime

Der Erwerber haftet für den rechtsmangelfreien Erwerb des Vertragsgegenstandes sowie die ordnungsgemäße Aufbringung der von ihm geschuldeten Einlage. Dem Erwerber sind die Verhältnisse der Gesellschaft hinlänglich bekannt, da der Erwerber selbst bereits seit dem ..... an der Gesellschaft beteiligt ist. Vor diesem Hintergrund einer Veräußerung an einen Mitgesellschafter erklären die Parteien nach Belehrung des Notars über die gesetzlichen Haftungsregelungen bei einem Geschäftsanteils- und Unternehmenskauf, dass jede weitergehende Haftung wegen Sach- oder Rechtsmängeln ausgeschlossen sein soll. Die Haftung wegen Vorsatz oder Arglist des Veräußerers bleibt allerdings unberührt. Der Notar hat steuerlich oder sozialversicherungsrechtlich nicht beraten, jedoch auf die mögliche Schenkungssteuerpflicht bei ganz oder teilweise unentgeltlichen Rechtsgeschäften hingewiesen.

31 M

Kennt der Erwerber die Verhältnisse der Gesellschaft nicht, werden oft ausführliche Vereinbarungen (Bestimmung, von welchem Tatbestand ausgegangen wird; Garantien des Veräußerers, jedenfalls nach Änderung des § 444 BGB, nicht mehr unbedingt als selbstständiger Garantievertrag; unterschiedlichste Vereinbarungen anderer Art) zur Gewährleistung und deren Begrenzung getroffen. Diese Vereinbarungen regeln die Gewährleistung mit Tatbestand und Rechtsfolgen (einschließlich Verjährung) regelmäßig selbstständig, unabhängig vom Gesetz. Das beruht darauf, dass die gesetzliche Regelung zur Gewährleistung den individuellen Verhältnissen eines Beteiligungskaufs nicht gerecht werden kann, in ihren Voraussetzungen oft zu Zweifeln führen würde (beim Rechtskauf gelten nach § 453 Abs. 1 BGB die Vorschriften über den Sachkauf entsprechend, Abgrenzung von Rechts- und Sachmangel?; Anwendung der Grundsätze für den Unternehmenskauf?, jedenfalls bei Beteiligung von 80 %;[22] grundsätzlich keine Haftung für Mängel des Unternehmens der Gesellschaft;[23] Auskunftspflichten des Veräußerers?[24]) und ihre Rechtsfolgen nicht nur oft zweifelhaft sind (Ausschluss des Schadensersatzanspruchs nach allgemeinem Schuldrecht durch die §§ 434 ff. BGB?[25]), sondern darüber hinaus in aller Regel nicht passen, weil Nacherfüllung nicht möglich ist, Minderung notwendigerweise zu nur durch Sachverständige mit unsicherem Ergebnis lösbarem Streit und die Rückabwicklung, soweit möglich, oft zu einem wirtschaftlich unsinnigen Ergebnis führt. Zum Unternehmenskauf oben § 31.

32

Anteilsveräußerung mit typischen Garantien (ohne Unternehmenskauf)

Der Veräußerer garantiert auf den Zeitpunkt des Abschlusses dieses Vertrages [und, falls davon abweichend: auf den Zeitpunkt der Wirksamkeit der dinglichen Abtretung] verschuldensunabhängig nach § 276 BGB, dass (a) ihm der Vertragsgegenstand zusteht, (b) er über diesen frei verfügen kann, (c) dieser nicht mit Rechten Dritter belastet ist und (d) die auf den Vertragsgegenstand geleistete Einlage in der angegebenen Höhe ordnungsgemäß aufgebracht wurde.[26] Im Garantiefall stehen dem Erwerber die Rechte nach § 437 BGB zu, ohne dass es auf ein ggf. erforderliches Verschulden ankäme. Etwaige Ansprüche aus einer Verletzung dieser Garantie verjähren innerhalb von sechs Monaten von dem Zeitpunkt an, in dem der Erwerber Kenntnis

33 M

---

22 Vgl. *Weitnauer*, NJW 2002, 2511. Nicht bei Hinzuerwerb der zweiten 50 %: BGH DB 2018, 2690.
23 Vgl. *Grunewald*, NZG 2003, 372.
24 BGH NJW 2002, 1042.
25 S. nur *Berger*, JZ 2004, 276; *Häublein*, NJW 2003, 388.
26 Die Feststellung der *Volleinzahlung* ist wegen der Mithaftung des Erwerbers für die rückständigen Leistungen (§ 16 Abs. 2 GmbHG) häufig geboten.

von der Unrichtigkeit der Garantie erlangt hat, spätestens jedoch innerhalb von zwei Jahren nach Vertragsschluss. Eine weitergehende Haftung wegen Sach- oder Rechtsmängeln des Vertragsgegenstandes, der Gesellschaft oder des von ihr betriebenen Unternehmens wird ausgeschlossen; die Haftung wegen Vorsatz oder Arglist des Veräußerers bleibt allerdings unberührt.

34 Sind an dem Veräußerungsgeschäft mehrere Personen beteiligt, sind Regelungen zur Schuldner- bzw. Gläubigermehrheit aufzunehmen. Im häufigsten Fall, dass mehrere Gesellschafter jeweils ihren Anteil an einen Erwerber Urkunde veräußern, dürfte sich nachfolgende Formulierung anbieten.

Regelung zur Teilschuldner- und Teilgläubigerschaft

35 M Für die Verpflichtungen aus diesem Vertrag haften die Veräußerer als Teilschuldner, in Bezug auf die hieraus resultierenden Rechte bzw. Ansprüche sind sie Teilgläubiger.

IV. Erwerb durch Minderjährige

36 Wegen der Haftung auch eines Gesellschafters mit voll eingezahltem Geschäftsanteil für die Rückstände der anderen (§§ 24, 31 Abs. 3 und 4 GmbHG) kann der *Erwerb* eines Anteils durch einen *Minderjährigen* nach §§ 1643 Abs. 1, 1822 Nr. 10 BGB, steht der Erwerb des Anteils dem Erwerb eines Erwerbsgeschäfts gleich, nach § 1822 Nr. 3 BGB der familiengerichtlichen Genehmigung bedürfen.[27]

V. Vollmacht

37 Die Vollmacht zur Abtretung eines Geschäftsanteils, auch an den Bevollmächtigten selbst, bedarf keiner Form (§ 167 Abs. 2 BGB), wenn die Vollmacht den Bevollmächtigten namentlich benennt und damit nur eine Abtretung ermöglicht; anders verhält es sich mit einer Blankovollmacht, die der Beurkundung bedarf, weil sonst entgegen dem Formzweck des § 15 Abs. 3 GmbHG der Handel mit Geschäftsanteilen deutlich erleichtert würde.[28] Gleichwohl wird der Notar, schon aufgrund der ihm obliegenden Verpflichtung zur Erstellung einer neuen Gesellschafterliste, auch sonst einen Nachweis der Vertretungsmacht fordern, regelmäßig in Gestalt der Vorlage der Urschrift der Vollmacht, bzw., sofern diese nur mündlich erteilt wurde, einer schriftliche Vollmachtsbestätigung; ggf. kann es sich auch empfehlen, eine zumindest beglaubigte Vollmacht zu verlangen. Wenn ein vollmachtloser Vertreter auftritt, kann der Vertretene formlos genehmigen (§§ 177, 182 Abs. 2 BGB), auch hier wird aber der Notar eine schriftliche Genehmigungserklärung fordern. Diese Nachweise können auch zur aufschiebenden Bedingung des Verpflichtungsgeschäfts gemacht werden.

Vollmachtsbestätigung beim Anteilskaufvertrag

38 Herr Berthold Müller, von Person bekannt, handelnd nicht in eigenem Namen, sondern aufgrund mündlicher Vollmacht, mit der Verpflichtung, eine Vollmachtsbestätigung

---

[27] Zweifelhaft und umstr., s. zu beiden Fragen BGHZ 107, 24, 25 ff.
[28] BGHZ 13, 49 = DNotZ 1954, 403; BGHZ 19, 72.

(ggf. in öffentlich beglaubigter Form) **unverzüglich nachzureichen, die mit Eingang beim beurkundenden Notar allen Beteiligten als mitgeteilt gilt, für seine Ehefrau, Bettina Müller ..... Der Abschluss des Geschäftsanteilskaufvertrages erfolgt unter der aufschiebenden Bedingung, dass dem Notar sämtliche Vollmachtsbestätigungen bzw. Genehmigungserklärungen in Schriftform vorliegen.**

Soll im Zusammenhang mit dem Wechsel eines meist wesentlich beteiligten Gesellschafters die Satzung geändert werden, werden regelmäßig begleitend zum Anteilskaufvertrag entsprechende Satzungsänderungsbeschlüsse gefasst, oftmals gepaart mit der Bestellung neuer Geschäftsführer. Sollen diese Gesellschaftsbeschlüsse bereits durch den künftigen Gesellschafter gefasst werden, ist dieser aber etwa aufgrund einer aufschiebenden Bedingung noch nicht Inhaber des Geschäftsanteils geworden, ist hierfür eine Stimmrechtsvollmacht des ausscheidenden Gesellschafters erforderlich. Denn § 16 Abs. 1 Satz 2 GmbHG greift hier nicht, setzt diese Vorschrift doch voraus, dass der Erwerb schon materiell erfolgt ist. Ist der Veräußerer bei aufschiebend bedingter dinglicher Abtretung nicht bereit, eine entsprechende Vollmacht zu erteilen, bleibt als denkbarer Ausweg eine Stimmrechtsausübung des Erwerbers als vollmachtloser Vertreter mit der Möglichkeit der Genehmigung nach Stimmrechtserwerb, alternativ kann gar eine Beschlussfassung durch den Erwerber erwogen werden, die unter der aufschiebenden Bedingung des Erlangens seines Stimmrechts stehen soll. 39

Erfolgt die Anteilsübertragung dagegen sofort, könnte an sich der neue Gesellschafter ohne Vollmacht an der Beschlussfassung mitwirken; allerdings ist dann die korrigierte Gesellschafterliste noch nicht in den Registerordner aufgenommen – zwar greift deren Legitimationswirkung auch dann und zwar rückwirkend, wenn die Aufnahme unverzüglich aufgenommen wird, § 16 Abs. 1 Satz 2 GmbHG. Zur Absicherung für den Fall, dass dies auch ohne Verschulden des Notars unverzüglich nicht geschieht, wird regelmäßig dennoch auch für diesen Fall eine Vollmacht an den neuen Gesellschafter erteilt. 40

Stimmrechtsvollmacht

Der Veräußerer erteilt hiermit dem Erwerber Vollmacht, ihn bei der Ausübung der Gesellschafterrechte zu vertreten. Das beinhaltet insbesondere die Ausübung von Stimmrechten sowie die Abgabe und Entgegennahme von Zustimmungs- und Verzichtserklärungen, ausgenommen die Abgabe von Übernahmeerklärungen. Zugleich wird der Erwerber von den Beschränkungen des § 181 BGB befreit. Die Vollmacht ist nur wirksam bis zur Aufnahme einer die Veränderungen in dieser Urkunde widerspiegelnden aktualisierten Gesellschafterliste in den Registerordner des zuständigen Registergerichts. Untervollmachten dürfen nicht erteilt werden. Der Veräußerer verpflichtet sich zudem, mit Wirksamwerden der Anteilsübertragung bis zum vorgenannten Zeitpunkt sein Stimmrecht nur nach Weisung des Erwerbers auszuüben. 41

■ *Kosten.* Gesondert zur Anteilsabtretung mit 1,0-Gebühr nach KV 21200 GNotKG aus dem halben Wert des erworbenen Geschäftsanteils (§ 98 Abs. 1) anzusetzen, jedoch nach § 98 Abs. 3 nach billigem Ermessen zu bestimmen (daher wegen kurzer Bedeutung: 10 %).

VI. Erwerb eigener Anteile

Die Gesellschaft selbst darf eigene Anteile, auf die die Stammeinlagen noch nicht voll eingezahlt sind, nicht und auch die voll eingezahlten nur dann erwerben, wenn sie Mittel dazu über das Stammkapital hinaus zur Verfügung hat (§ 33 GmbHG). Probleme bereiten die von 42

§ 40 Abs. 1 Satz 2 GmbHG geforderten Prozentangaben bei eigenen Anteilen; weil die Rechte hieraus ruhen, könnte daraus gefolgert werden, die eigenen Angaben seien aus dem Stammkapital herauszurechnen und eine Prozentangabe habe insoweit zu unterbleiben, weil nur so die wirtschaftlichen Stimmrechtsverhältnisse richtig abgebildet werden. Allerdings mangelt es an einer gesetzlichen Basis für eine solche Ausnahme; maßgebend ist nach § 40 Abs. 1 GmbHG eine rechtliche, nicht eine wirtschaftliche BetrachtungsArt. Unklar ist, ob dies zur Konsequenz hat, dass eine Mitteilung an das Transparenzregister trotz aktueller Gesellschafterliste (Mitteilungsfiktion) erforderlich ist.[29] Vorsichtshalber sollte diese erfolgen.

43 In § 272 HGB wertet das Handelsrecht den Erwerb eigener Anteil als (wirtschaftliche) Kapitalherabsetzung und die Wiederveräußerung als (wirtschaftliche) Kapitalerhöhung, dem sich das Steuerrecht aufgrund der Maßgeblichkeit der Handelsbilanz für die Steuerbilanz anschließt.[30] Auf Ebene der Kapitalgesellschaft erfolgt eine Verrechnung mit dem Eigenkapital, so dass ein Veräußerungsgewinn aus dem Wiederkauf eigene Anteile keiner Besteuerung unterliegt (wirtschaftliche Behandlung wie eine Einlage). Beim veräußernden Gesellschafter stellt der Erwerb eigener Anteile durch die Gesellschaft keine Dividendenausschüttung, sondern ein normales Veräußerungsgeschäft dar, das nach allgemeinen Grundsätzen besteuert wird[31] (vgl. Rdn. 65 ff.). Vorsicht geboten ist jedoch bei einem unangemessenen Kaufpreis. Ein beim Erwerb durch die GmbH zu hoher Kaufpreis führt zu einer verdeckten Gewinnausschüttung nach § 20 Abs. 1 Nr. 1 EStG; ebenso auch ein zu niedriger Kaufpreis bei Wiederveräußerung. Ist beim Erwerb der Kaufpreis zu niedrig, kann dies zu nach § 7 Abs. 7 Satz 1 bzw. Abs. 8 ErbStG schenkungssteuerpflichtigen Erwerb führen;[32] ist er beim Wiederverkauf zu hoch, ist dies ertragsteuerlich als verdeckte Einlage zu werten und löst ggf. Schenkungsteuer nach § 7 Abs. 8 ErbStG aus. Der Erwerb eigener Anteile ist u.a. geeignet, um in der Gesellschaft vorhandene Liquidität an die Gesellschafter weiterzuleiten. Eine offene Gewinnausschüttung kann dazu steuerlich nachteiliger sein. Grunderwerbsteuer aufgrund Anteilsvereinigung i.S.d. § 1 Abs. 3 Nr. 1 GrEStG entsteht, wenn nach dem Erwerb eigene Anteile nur noch ein einziger Gesellschafter verbleibt.[33] Anzeigepflicht nach §§ 18, 19 GrEStG.[34]

VII. Genehmigung nach Vinkulierung

44 Bei jeder Abtretung (oder Verpfändung) von Geschäftsanteilen sollte sich der beurkundende Notar vergewissern, ob die Abtretung nach dem Gesellschaftsvertrag der Genehmigung der Gesellschaft (zu erklären durch die Geschäftsführer aufgrund eines entsprechenden Gesellschafterbeschlusses, falls der Gesellschaftsvertrag nichts anderes vorsieht)[35] oder der Mehrheit der Gesellschafter oder aller Gesellschafter bedarf (§ 15 Abs. 5 GmbHG). Die Genehmigung kann vor oder nach der Übertragung erteilt werden.

---

29 So *Wachter*, GmbHR 2017, 1177, 1191.
30 BMF-Schr. v. 27.11.2013, BStBl. I 2013, 1615. Hierzu *Mayer/Wagner*, DStR 2014, 571; *Wiese/Lukas*, GmbHR 2014, 238.
31 BFH v. 06.12.2017 – IX R 7/17, DStR 2018, 516. BMF v. 27.11.2013, BStBl. I 2013, 1615, DStR 2013, 2700 Rn. 20.
32 Ländererlass v. 20.04.2018, BStBl. I 2018, 632.
33 BFH v. 20.01.2015 – II R 8/13, DStR, 2015, 650.
34 Die Mitteilung muss in allen Teilen vollständig und fristgemäß innerhalb der gesetzlich geforderten Frist von 14 Tagen vom Notar und von der Gesellschaft gemäß den Bestimmungen des §§ 18, 19 GrEStG an das er für die Grunderwerbsteuer zuständige Finanzamt angezeigt worden sein, ansonsten ist eine steuerfreie Rückgängigmachung nach § 16 GrEStG später nicht möglich (§ 16 Abs. 5 GrEStG wurde hier deutlich verschärft!).
35 BGH DNotZ 1989, 19.

Der Geschäftsanteil (Verfügungen, Ausschluss, Einziehung, Preisgabe) § 145

Zustimmungs- und Verzichtserklärung in der Abtretungsurkunde (sofern alle Gesellschafter beteiligt sind)

Unter Verzicht auf sämtliche Frist- und Formvorschriften halten die Beteiligten eine Gesellschafterversammlung ab und beschließen einstimmig was folgt: Alle Beteiligten stimmen der Übertragung der vorstehend bezeichneten Geschäftsanteile des Veräußerers auf den Erwerber zu. Auf etwaige Vorkaufs- bzw. Ankaufsrechte wird von allen Beteiligten verzichtet. Weitere Beschlüsse werden nicht gefasst, die Gesellschafterversammlung ist damit beendet. — 45 M

Vorherige Zustimmungserklärung

Gemäß § ..... des Gesellschaftsvertrags bedarf die Geschäftsanteilsübertragung der Zustimmung der Gesellschaft. In der Gesellschafterversammlung vom ..... wurde ein einstimmiger Zustimmungsbeschluss zur hiesigen Geschäftsanteilsübertragung gefasst. Die Zustimmungserklärung der Geschäftsführung der Gesellschaft ist dieser Urkunde als Anlage beigefügt. — 46 M

Ausstehende Genehmigung

Nach dem Gesellschaftsvertrag bedarf die Abtretung von Geschäftsanteilen an Nichtgesellschafter der Genehmigung der Gesellschaft. Beide Vertragsteile suchen sie nach, indem sie eine Ausfertigung dieser Urkunde der Gesellschaft übersenden. Der Notar hat darauf hingewiesen, dass er eine aktualisierte Gesellschafterliste erst dann zum Handelsregister einreichen kann, wenn ihm die Genehmigung der Gesellschaft in Schriftform nachgewiesen ist. — 47 M

■ *Kosten.* Wird der Zustimmungsbeschluss mit beurkundet, liegt dann keine unrichtige Sachbehandlung nach § 21 Abs. 1 GNotKG vor, wenn die Beteiligten dies ausdrücklich wünschen. Dafür fällt eine gesonderte 2,0 Gebühr nach KV 24100, 21100 an aus dem Geschäftswert nach § 108 Abs. 2 Satz 2 i.V.m. § 105 Abs. 1 Satz 2 GNotKG (mindestens 30.000 €, höchstens 5 Mio €). – Wird der Notar lediglich mit der Einholung eines Zustimmungsbeschlusses der Gesellschafterversammlung beauftragt, liegt darin eine Vollzugstätigkeit nach Vorbem. 2.2.1.1. Abs. 2 i.V.m. Abs. 1 Nr. 5 GNotKG vor mit einer 0,5-Gebühr nach KV 22110 GNotKG, auch wenn der Notar den Wortlaut der Beschlussfassung fertigt. Die Anforderung von Zustimmungserklärungen anderer Gesellschafter ist jedoch gesonderte Entwurfstätigkeit. Hierzu auch bei Rdn. 82 M.

Wenn der alleinige Gesellschafter überträgt, ist eine Genehmigung der Gesellschaft (des Geschäftsführers) nicht erforderlich; auch andere Erschwerungen der Übertragbarkeit von Geschäftsanteilen im Gesellschaftsvertrag haben bei der Einmanngesellschaft keine Wirkung.[36] — 48

---

36 BGH DNotZ 1992, 164.

Entbehrlichkeit der Zustimmung bei Alleingesellschafterstellung

49 M Der Veräußerer ist alleiniger Gesellschafter der Gesellschaft. Die nach dem Gesellschaftsvertrag erforderliche Zustimmung zur Veräußerung von Geschäftsanteilen ist daher entbehrlich.

VIII. Gesellschafterliste §§ 40, 16 GmbHG; gutgläubiger Erwerb

50 1. S. hierzu zunächst ausführlich § 142 Rdn. 82 ff. Bei der Geschäftsanteilsveräußerung hat die beim Handelsregister einzureichende Gesellschafterliste besondere Bedeutung: Mit Rücksicht auf die Beurkundungsbedürftigkeit nach § 15 Abs. 3, 4 GmbHG trifft die Verpflichtung zur Einreichung der Liste nach § 40 Abs. 2 GmbHG den Notar, der die Veräußerung beurkundet hat, ohne Erfordernis von Mitteilung und Nachweis, weil er im Grundsatz schon aufgrund seiner Urkunde die Änderung beurteilen kann (die Geschäftsführer trifft die Verpflichtung nur bei Beurkundung durch Konsul oder ausländischen Notar, der nach überw. Meinung zwar nicht verpflichtet, aber berechtigt ist, die Liste einzureichen, wenn seine Beurkundung der deutschen gleichwertig ist).[37] Der Notar bleibt auch zuständig, wenn die Wirksamkeit eintritt (etwa aufgrund aufschiebender Bedingung), ohne dass der Notar davon Kenntnis erhält, indes kann dann die unterbliebene Einreichung einer neuen Gesellschafterliste mangels Nachforschungspflichten keine Amtspflichtverletzung darstellen. Maßgebend ist nach § 40 Abs. 1, 2 GmbHG »das Wirksamwerden der Veränderung«, also die (dingliche) Abtretung, nicht der (schuldrechtliche) Veräußerungsvertrag; nur später eintretende Gründe, durch die die Abtretung und damit die Liste unwirksam werden könnten, bleiben außer Betracht. Bei auflösend bedingter Abtretung ist die Liste also sofort einzureichen, bei aufschiebend bedingter Abtretung nach Eintritt der Bedingung.

51 2. Anzuraten ist, dass der Notar, um die Wirksamkeit der aufschiebend bedingten Abtretung beurteilen zu können, die Parteien verpflichtet, dass sie ihn vom Eintritt der Bedingung unterrichten; unterbleibt dies, entbindet dies den Notar aber nicht von der objektiven Pflicht zur Erstellung einer neuen Gesellschafterliste, die ihm aber subjektiv nicht möglich sein wird.

Pflicht zur Mitteilung des Bedingungseintritts

52 M Die Übertragung des Vertragsgegenstandes erfolgt aufschiebend bedingt auf die vollständige Kaufpreiszahlung an den Veräußerer gemäß den Vereinbarungen in Abschnitt ..... dieser Urkunde. Die Beteiligten verpflichten sich, den Notar unverzüglich über den Bedingungseintritt zu informieren. Der Notar soll die neue Gesellschafterliste erst hiernach zum Handelsregister einreichen.[38]

53 Überlegenswert ist es, den Zugang der Mitteilung beim Notar über das Ereignis, das die Wirksamkeit der Abtretung herbeiführen soll, selbst als aufschiebende Bedingung festzulegen; ist das die Zahlung des Kaufpreises, verlangt die Sicherung des Käufers, dass ein zuverlässiger Dritter – Kreditinstitut – zur Mitteilung bevollmächtigt wird, oder, weniger streng, der Überweisungsauftrag vorgelegt wird.

---

[37] BGH DNotZ 2014, 457 m. Beitrag von *Seebach*, DNotZ 2014, 413; OLG Düsseldorf NJW 2011, 1370 = DNotZ 2011, 447.
[38] Dies löst eine Betreuungstätigkeit gemäß Anm. 2 zu KV Nr. 22200 in Höhe von 0,5 Gebühr aus dem Gesamtwert des Beurkundungsverfahren aus.

Mitteilung als Bedingung

Die Übertragung erfolgt unter der aufschiebenden Bedingung, dass dem beurkundenden Notar die Zahlung des vollständigen Kaufpreises nachgewiesen worden ist, wozu sich die Beteiligten jeweils verpflichten. Als Nachweis genügt eine schriftliche Bestätigung des Verkäufers über die vollständige Kaufpreiszahlung oder die Vorlage eines von der überweisenden Bank entgegengenommen und mit Eingangsdatum versehenen Überweisungsauftrag des Erwerbers.[39] Für den Bedingungseintritt kommt es auf das Datum des Eingangs des Nachweises beim beurkundenden Notar.[40]

54 M

3. Sind mehrere Notare an der Veränderung beteiligt, kann jeder die Liste einreichen – also auch der, der das Angebot beurkundet hat;[41] verpflichtet ist der, der als Letzter für die Veräußerung tätig wird. Auch die nur mittelbare Beteiligung des Notars – z.B. Beeinflussung der Inhaberschaft am Geschäftsanteil durch eine Umwandlung – berechtigt ihn zur Einreichung der Liste, eine Verpflichtung kann ihn nur treffen, wenn er den Zusammenhang kennt.[42] Gleiches sollte wegen des Zwecks von § 40 Abs. 2 GmbHG, eine möglichst aktuelle und zuverlässige Führung der Liste zu gewährleisten, auch in anderen Fällen mittelbarer Beteiligung des Notars gelten, wenn er in der Lage ist, die Bescheinigung zu erteilen.[43] Wer zur Einreichung einer Liste zuständig ist, ist es auch zu deren Korrektur (mit ex-nunc-Wirkung), wenn sich ein Fehler herausstellt ist der Geschäftsführer nach BGH[44] auch zur Korrektur einer vom Notar eingereichten Liste befugt (str., zweckmäßiger ist es jedenfalls, die Berichtigung der Liste durch den Notar anzuregen). Von der regulären Listenkorrektur (mit Anhörung des bisherigen Listengesellschafters) ist die offensichtliche Schreibfehlerkorrektur zu unterscheiden; dieser kommt richtigerweise eine ex-tunc-Wirkung zu; die Zuständigkeit für die Korrektur folgt aber auch hier den allgemeinen Regeln der Listenkorrektur, d.h. der Geschäftsführer ist stets zuständig, der Notar kann berichtigen, wenn er für die Erstellung der unrichtigen Liste zuständig war, und zwar auch dann noch, wenn zwischenzeitlich eine neue Liste eingereicht worden ist, die offenbare Unrichtigkeit hierin aber fortwirkt. Entgegen einer jüngeren Entscheidung des OLG Nürnberg[45] ist auf das Korrekturverfahren § 44a Abs. 2 BeurkG nicht unmittelbar anwendbar; Korrekturen sollten vielmehr durch schlichte Neuerstellung und Neueinreichung einer richtigen Gesellschafterliste unter Offenlegung der Korrektur in der Notarbescheinigung erfolgen.[46]

55

4. Der Inhalt der Liste richtet sich nach § 40 Abs. 1 Satz 1 GmbHG, der Inhalt der Bescheinigung nach § 40 Abs. 2 Satz 2 GmbHG. S. hierzu § 142 Rdn. 82 ff. Anzuknüpfen ist an die aktuellste zuvor in den Registerordner aufgenommene Liste.[47] Soweit im Gesetz keine Bestimmung getroffen ist, ist die Anlegung der Liste und die Formulierung der Bescheinigung dem Notar – jeweils in den nunmehr engeren Gestaltungsgrenzen der neuen Gesellschafterlistenverordnung – überlassen,[48] der sich vom Gebot der Übersichtlichkeit (Transparenz) und der Konsistenz der Gesellschafterliste leiten lassen muss (ermessenslenkende Kriterien). Bei *Teilveräußerung* konnte bis dato für den zurück behaltenen Teil die bisherige Nummer verwendet, für den veräußerten Teil eine neue Nummer gewählt werden. Nach der

56

---

39 Nach BeckOK-GmbHG/*Heilmeier*, § 40 GmbHG Rn. 81. S. auch ausführlich Muster Rdn. 17 M.
40 Hierdurch entsteht eine Betreuungsgebühr nach KV 22200.
41 OLG München DNotZ 2013, 75; unnötigerweise str.
42 S. OLG Hamm DNotZ 2010, 214.
43 S. zur Firmenänderung eines Gesellschafters OLG Hamm DNotZ 2012, 382 m. Anm. *Ising*.
44 DNotZ 2014, 463; GmbHR 2017, 519.
45 OLG Nürnberg GmbHR 2018, 256. S. auch KG Berlin ZIP 2016, 1383 (keine Löschung möglich).
46 *Lieder/Cziupka*, GmbHR 2018, 231 ff.
47 OLG München DNotZ 2012, 473.
48 BGH DNotZ 2011, 940.

neuen Gesellschafterlistenverordnung ist ein solches Vorgehen allerdings wohl nicht mehr erlaubt (vielmehr sind jeweils die nächsten freien Nummern zu vergeben und zwar sowohl für den zurück behaltenen Teil als auch für den veräußerten). Nach dem Beschluss des OLG Jena v. 22.03.2010[49] sollten aber schon bisher auch Bruchnummern (und die Anlegung einer Veränderungsspalte) zulässig sein; beides wird nun durch die Gesellschafterlistenverordnung ausdrücklich erlaubt. Empfehlenswert ist es jedoch auf Basis der neuen Rechtslage, nach der Teilung des betreffenden Geschäftsanteils für die neu entstandenen Geschäftsanteile jeweils die nächsten freien Nummern in der Gesellschafterliste zu vergeben (fortlaufende Vergabe der Nummern), wobei die ursprüngliche Nummer des geteilten Geschäftsanteils frei bleibt und nicht erneut vergeben wird; dabei sollte zunächst eine Gesellschafterliste erstellt und eingereicht werden, die den Zustand nach Teilung widerspiegelt, sodann eine Gesellschafterliste, die den Zustand nach Teilabtretung abbildet. Zwingend ist diese zweistufige Vorgehensweise nach umstrittener Ansicht allerdings nicht; soweit der Zweck der Liste mit Bescheinigung (lückenlose Nachvollziehbarkeit der Veränderungen) erfüllt ist, können auch mehrere Veränderungen in einer Liste zusammengefasst werden (a.A. jedoch OLG Köln[50] anscheinend für den Fall der Teilung eines Geschäftsanteils und anschließender Veräußerung eines der Teilgeschäftsanteile; entscheidend ist allein der Gesichtspunkt lückenloser Nachvollziehbarkeit). Flankierend »sollten« die Veränderungen nach der Gesellschafterlistenverordnung in einer Veränderungsspalte als solche deklariert werden.

Gesellschafterliste nach Teilung eines Geschäftsanteils in Ein-Euro-Geschäftsanteile

57 M Liste der Gesellschafter der »..... GmbH« mit dem Sitz in Hamburg, eingetragen im Handelsregister des Amtsgerichts Hamburg unter HRB .....

Gesellschafter[1]	Angaben zum Geschäftsanteil			Veränderung	Beteiligungsquote pro Gesellschafter
	Lfd. Nr.	Nennbetrag in €	Geschäftsanteilsbezogene Beteiligungsquote		
Martin Schmidt, geb. am ....., wohnhaft in	2-25.001	je 1,00	0,004 %	Teilung des vormaligen Anteils Nr. 1	100 %
Stammkapital in € gesamt: 25.000					

[1] Bei natürlichen Personen: Name, Vorname, Geburtsdatum, Wohnort; bei eingetragenen Gesellschaften: Firma/Name, Satzungssitz, zuständiges Register, Registernummer; bei nichteingetragenen Gesellschaften: zusammenfassende Bezeichnung der Gesellschaft und deren Gesellschafter, jeweils mit Name, Vorname, Geburtsdatum und Wohnort.
Veränderungsgrund: Der vormalige Geschäftsanteil Nr. 1 im Nennbetrag von 25.000,00 € wurde durch Gesellschafterbeschluss vom ..... in 25.000 Geschäftsanteile mit Nennbetrag von je 1,00 € geteilt.[51]

---

49 BB 2010, 1179 = DNotZ 2010, 873.
50 DNotZ 2014, 387.
51 Eine Veränderungsspalte ist nach der GesL-VO freigestellt, s. § 2 Abs. 1 bis 3 GesL-VO. Zulässig (und wohl schon für sich ausreichend) sollte auch eine Veränderungszeile sein, gerade, wenn hierdurch die Liste einfacher zu erfassen ist. Zwischen Spalte und Zeile sollte nicht allzu kleinlich differenziert werden. Diskutiert wurde dies für die Angabe der gesellschafterbezogenen Beteiligungshöhe (§ 40 Abs. 1 S. 3 GmbHG), was den Verordnungsgeber nun zu einer Klarstellung veranlasst hat (§ 4 Abs. 5 S. 2 GesL-VO) – selbstver-

Hamburg, den . . . . .
Unterschrift des Geschäftsführers

■ *Kosten.* Erfolgt die Fertigung der Liste im Zusammenhang mit einem beurkundeten Teilungsbeschluss, fällt eine Vollzugsgebühr nach KV 22113 mit höchstens 250 € an. Wird die Liste ohne Zusammenhang mit einer Beurkundung erstellt, fällt eine 1,0-Entwurfsgebühr nach KV 24101 in Höhe von mindestens 60 € an. Geschäftswert ist nach § 119 Abs. 1 i.V.m. § 36 Abs. 1 GNotKG nach billigem Ermessen ein Teilwert von 10 % des Stammkapitals, auch wenn diese im Vorfeld einer Beurkundung über eine Geschäftsanteilsabtretung erstellt wird. Für das Einreichen eine 0,3 Vollzugsgebühr nach KV 22114 GNotKG.

5. Eine »Umnummerierung« abgetretener Anteile war bisher schon zulässig, wenn jeder Geschäftsanteil durch die Angabe der bisherigen Nummerierung zweifelsfrei zu identifizieren bleibt;[52] nunmehr kann eine Bereinigungsliste erstellt werden, wenn die bisherige Gesellschafterliste unübersichtlich geworden ist, § 1 Abs. 4 GesL-VO. Diese Regelung könnte aufgrund des unscharfen Begriffs der Unübersichtlichkeit zu Rechtsunsicherheit führen; die Registergerichte sind hier aber gut beraten, das den Beurteilungsspielraum großzügig zu verstehen, zumal eine solche Herangehensweise dem Geist der Verordnung entsprechen dürfte.

Ein »Testamentsvollstreckungsvermerk« ist vom Gesetz nicht vorgesehen und deshalb unzulässig.[53] Gleiches gilt auch für die Sicherung des Erwerbers, an den aufschiebend bedingt – meist durch Kaufpreiszahlung – abgetreten wurde, durch Widerspruch oder »2-Listen-Modell«;[54] er ist aber durch die aufschiebend bedingte Abtretung gesichert.[55] Ist der Widerspruch zur Sicherung des Erwerbers eingetragen, der aufschiebend bedingt erworben hat, ist auch dessen Löschung als »actus contrarius« möglich.[56] An der mangelnden Zulässigkeit einer Zusatzspalte hat sich auch durch die Gesellschafterlistenverordnung nichts geändert. Dafür spricht der Umkehrschluss daraus, dass eine solche Zusatzspalte in der GesL-VO nicht erwähnt wird.[57] Wenn die Verordnungsbegründung davon spricht, dass die Veränderungsspalte auch für Änderungen offenstehen sollte, die »weder Einfluss auf den Bestand oder die Nummerierung der Geschäftsanteile nehmen, noch einen Wechsel der Inhaberschaft zur Folge haben«,[58] dürften damit vor allem Fälle von Veränderungen in der Person eines Gesellschafters ohne Rechtsnachfolge, z.B. nach einer Namensänderung, gemeint sein.

6. Das Registergericht hat kein umfassendes Prüfungsrecht, es darf nur eine formelle Prüfung und eine Plausibilitätskontrolle vornehmen.[59] Deshalb darf das Registergereicht das Verfahren über die Einstellung der Liste grundsätzlich nicht bis zur gerichtlichen Entscheidung über die Wirksamkeit einer Veränderung aussetzen.[60] Auch die Bescheinigung, dass

---

ständlich sind hier wie dort beide Darstellungsweisen zulässig. S. *Cziupka*, GmbHR 2018, R180, 182 sowie *Seibert/Kell*, GmbHR 2018, R212, 214. Der hier vorgeschlagene Aufbau wählt beides.
52 BGH DNotZ 2011, 940.
53 BGH GmbHR 2015, 526 m. zust. Anm. *Bayer*; OLG München DNotZ 2012, 305; OLG Köln GmbHR 2014, 1206.
54 S. BGH GmbHR 2011, 1269; dazu *Bayer*, GmbHR 2011, 1254 ff.
55 BGH DNotZ 2011, 943 = NZG 2011, 1258; äußerst umstr.
56 KG DNotZ 2013, 796.
57 *Cziupka*, GmbHR 2018, R180, 182.
58 BR-Drucks. 105/18, S. 10.
59 *Herrler*, GmbHR 2013, 617, 622; *Kanzleiter*, FS Günter H. Roth (2011), 355, 358; *Lieder/Cziupka*, GmbHR 2018, 231, 233; s. auch BGH DNotZ 2014, 457: eine von einem ausländischen Notar eingereichte Liste kann deshalb nur zurückgewiesen werden, wenn es an der Gleichwertigkeit seiner Tätigkeit offensichtlich fehlt; das Verfahren der Aufnahme der Gesellschafterliste ist darüber hinaus zur Entscheidung der Gleichwertigkeit nicht geeignet.
60 OLG Hamburg ZIP 2014, 2296.

§ 145 Der Geschäftsanteil (Verfügungen, Ausschluss, Einziehung, Preisgabe)

die Liste im Übrigen mit der zuletzt zum Handelsregister *eingereichten* Liste (vom .....) übereinstimmt, ist zulässig, weil das Registergericht feststellen kann, ob diese Liste im Handelsregister aufgenommen wurde. *Eine* Unterschrift unter Liste und Bescheinigung genügt.[61] Bei einer Veränderung, die von einer aufschiebenden Bedingung abhängt (Abtretung unter der Bedingung der Kaufpreiszahlung), darf der Notar die Liste erst einreichen, wenn er sich vom Eintritt der Bedingung sicher überzeugt hat; dann ist er zur Einreichung auch verpflichtet.[62] Er kann sie aber schon vorher erstellen.[63]

61 7. Die Gesellschafterliste ist, sofern 3 Jahre unrichtig, Grundlage gutgläubigen Erwerbs nach § 16 Abs. 3 GmbHG.

■ *Kosten.* Nach Vorbemerkung 2.2.1.1. Abs. 1 Nr. 3 KV GNotKG sind Fertigung, Änderung oder Ergänzung der Liste der Gesellschafter gemäß § 40 GmbH eine Vollzugstätigkeit zum Beurkundungsverfahren der Anteilsabtretung, dessen Geschäftswert auch derjenige der Listenerstellung ist. Da die Abtretung nach Nr. 21100 KV GNotKG eine 2,0-Gebühr auslöst, fällt für die Listenerstellung gemäß Nr. 22110 KV GNotKG eine Gebühr von 0,5 nach Tabelle B an, die Nr. 22113 KV GNotKG auf höchstens 250 € beschränkt. Eine Betreuungsgebühr nach Nr. 22200 KV GNotKG i.H.v. 0,5 aus Tabelle B erhält der Notar darüber hinaus nur dann, wenn von ihm Umstände außerhalb der Urkunde zu prüfen sind, wie etwa der Eintritt aufschiebender Bedingungen oder das Vorliegen von Genehmigungen oder die Kaufpreiszahlung. Daneben entsteht für die Erzeugung der XML-Datei eine Gebühr von 0,3, höchstens 250 € nach Nr. 22114 KV GNotKG. Für die Fertigung des Entwurfes der Liste gibt es dann keine Gebühr (Vormerkung 2.2. KV GNotKG).

Beim Registergericht: Gebühr für die Entgegennahme der geänderten Liste der Gesellschafter: 30 € nach Nr. 5002 GV HRegGebVO.

IX. Notarielle Mitteilungspflichten

1. Finanzamt für Körperschaften

62 Der Notar hat gemäß § 54 EStDV beglaubigte Abschriften aller Urkunden innerhalb von 2 Wochen nach Beurkundung an das für den Sitz der Gesellschaft zuständige Finanzamt für Körperschaften zu übersenden, die die Verpflichtung zur oder die Verfügung über Anteile an Kapitalgesellschaften zum Gegenstand haben; er soll dabei die Steuernummer der Gesellschaft angeben und hat das Absenden der Urkunde auf der zurückbehaltenen Urschrift bzw. Abschrift der Urkunde zu vermerken. Zuvor dürfen den Beteiligten keine Abschriften und Ausfertigungen ausgehändigt werden. Die Verfügung muss zum Rechtsübergang führen, sodass dazu zwar auch aufschiebend bedingte Anteilsabtretungen zählen, nicht jedoch eine Verpfändung oder ein Angebot und auch nicht das bloße Verpflichtungsgeschäft ohne Abtretung.[64]

2. Bei beschränkt steuerpflichtigem Anteilseigner

63 Ist der verfügende Anteilseigner nicht unbeschränkt einkommensteuerpflichtig, hat der Notar zusätzlich auch bei dem Finanzamt die Verfügung anzuzeigen, das bei Beendigung

---

61 OLG München DNotZ 2009, 637.
62 S. *T. Wachter*, DNotZ 2014, 540 in seiner krit. Anm. zu OLG Hamm DNotZ 2014, 539.
63 OLG Jena DNotZ 2011, 65. »Offene Fragen« zur Liste erörtert *Herrler*, GmbHR 2013, 617.
64 S. BMF-Schreiben v. 14.03.1997, DNotI-Report 97, 83. DStR 1997, 822.

einer zuvor bestehenden unbeschränkten Steuerpflicht des Anteilseigners bzw. bei unentgeltlichem Erwerb für dessen Rechtsvorgänger zuständig war (§ 54 Abs. 4 EStDV).

3. Finanzamt – Grunderwerbsteuerstelle –

Wenn zum Vermögen der Gesellschaft Grundbesitz gehört, muss der Notar nach § 18 Abs. 2 GrEStG jedem Finanzamt, in dessen Bezirk ein Grundstück der Gesellschaft liegt, von jeder von ihm aufgenommenen Urkunde, die die Übertragung von Anteilen an Kapitalgesellschaften betrifft, innerhalb von 2 Wochen Anzeige mit dem amtlichen Formular machen und eine Abschrift der Urkunde beifügen. Er hat auch dabei die Wirtschafts-Identifikationsnummer der Gesellschaft gemäß § 139 c AO und den Geschäftsanteil anzugeben sowie bei mehreren beteiligten Rechtsträgern eine Beteiligungsübersicht beizufügen. Dies betrifft auch Urkunden über Rechtsgeschäfte, die nur den Anspruch auf Übertragung (Verpflichtungsgeschäft) beinhalten, wie auch Angebot, Vorvertrag usw.[65]

64

X. Steuerliche Folgen der Anteilsveräußerung

1. Einkommensteuer/Körperschaftsteuer

Veräußerung ist die Übertragung gegen Entgelt. Ob eine (entgeltliche) Veräußerung oder eine (unentgeltliche) Schenkung gegeben ist, richtet sich nach dem Gesamtbild der Umstände, insbesondere dem erkennbaren Willen und den Vorstellungen der Parteien. Werden Geschäftsanteile unter fremden Dritten ohne Gegenleistung bzw. zu einem nur symbolischen Kaufpreis übertragen, liegt eine Veräußerung i.S. von § 17 Abs. 1 Satz 1 EStG vor, wenn die Geschäftsanteile zum Zeitpunkt der Übertragung wertlos waren. Haben einander nahestehende Personen für die Übertragung eines Anteils keinen oder lediglich einen symbolischen Kaufpreis vereinbart, kann eine Veräußerung (ohne Gegenleistung) nur angenommen werden, wenn feststeht, dass der übertragene Anteil sowohl in den Augen der Vertragsparteien als auch objektiv wertlos ist.[66] Als Untergrenze der Unternehmensbewertung ist dabei der durch die Summe der gemeinen Werte der zum Betriebsvermögen gehörenden Wirtschaftsgüter abgebildete Substanzwert zugrunde zu legen (vgl. § 11 Abs. 2 Satz 3 BewG.[67] Hinsichtlich der Besteuerung des Veräußerungserlöses macht das Ertragsteuersystem einen Unterschied, ob eine Körperschaft oder eine natürliche Person der veräußernde Anteilsinhaber ist.

65

a) *Veräußerung durch Körperschaft:* Veräußert eine körperschaftsteuerpflichtige Gesellschaft Anteile an eine andere körperschaftsteuerpflichtige Gesellschaft, ist der dabei erzielte Veräußerungsgewinn nach § 8b Abs. 2 KStG von der Körperschaftsteuer grundsätzlich freigestellt. Entsprechend können Veräußerungsverluste auch nicht steuerlich berücksichtigt werden. Veräußerungsgewinn ist nach § 8b Abs. 2 KStG der Veräußerungspreis abzüglich der Veräußerungskosten und abzüglich des Buchwertes zum Zeitpunkt der Veräußerung. Nicht zu den Veräußerungskosten gehörende, jedoch mit der Veräußerung unmittelbar zusammenhängende Betriebsausgaben können vom Veräußerungsgewinn vollständig abgezogen werden. § 8b Abs. 3 KStG bestimmt aber in einer aus dem Gesetzeswortlaut schwer erschließ-

66

---

65 S. Merkblatt über die steuerlichen Beistandspflichten der Notare, § 32 Rdn. 452 Die Nichtbeachtung der 14-Tage-Frist kann zu Haftungsfolgen für den Notar führen, weil dann eine evtl. nach § 16 GrEStG steuerfreie Rückgängigmachung für den Steuerpflichtigen nicht mehr möglich ist, da § 16 Abs. 5 GrEStG erheblich verschärft wurde. Siehe BFH v. 20.01.2015 – II R 8/13, DStR 2015, 650. Jedoch ist der Notar nicht der Täter einer leichtfertigen Steuerverkürzung (BFH v. 03.03.2015 – II R 30/13, DStRE 2015, 1003).
66 BFH v. 03.08.2016, IX R 23/15, MittBayNot 2017, 315.
67 BFH v. 08.04.2014 – IX R 4/13, BFH NV 2014, 1201; FG Rheinland-Pfalz v. 28.11.2012 – 2 K 2452/10, DStRE 2014, 273.

barer Weise, dass pauschal 5 % des Veräußerungsgewinnes nicht abzugsfähige Betriebsausgaben sind und damit in diesem Umfang der Veräußerungsgewinn steuerpflichtig gestellt wird, unabhängig davon, ob überhaupt in dieser Höhe Betriebsausgaben vorliegen.

67 *Gefahr der rückwirkenden Nachbesteuerung:* Wird ein Anteil veräußert, der durch qualifizierten Anteilstausch gemäß § 21 UmwStG in der Weise erworben wurde, dass dieser von einem Gesellschafter als Sacheinlage gegen Gewährung eines Anteils an der GmbH mit einem Wertansatz unter dem gemeinen Wert innerhalb einer Frist von 7 Jahren vor der Veräußerung eingelegt wurde, führt dies zu einer rückwirkenden Nachbesteuerung der damals nicht aufgedeckten stillen Reserven (22 Abs. 2 UmwStG), und zwar nicht bei der veräußernden GmbH, sondern beim damals einlegenden Gesellschafter, sofern dieser noch im Zeitpunkt der Veräußerung seines damals eingelegten Anteiles Gesellschafter der veräußernden GmbH ist (§ 22 Abs. 2 Satz 5 UmwStG). (s. hierzu § 142 Rdn. 132 ff.).

68 **b)** *Veräußerung durch natürliche Personen bzw. Personengesellschaften*: Der bei der Veräußerung eines GmbH-Anteils erzielte Veräußerungsgewinn (Veräußerungspreis als Summe aller erzielten Gegenleistungen abzgl. Veräußerungskosten und abzgl. Anschaffungskosten, § 17 Abs. 2 EStG) unterliegt der Gewinnbesteuerung. Unterschieden wird dabei jedoch ob sich der veräußerte Anteil im Privat- oder Betriebsvermögen befindet.

69 Unabhängig von der Zahlung des Kaufpreises wird der erzielte Gewinn beim Veräußerer dann steuerpflichtig, wenn das wirtschaftliche Eigentum[68] an dem Geschäftsanteil auf den Erwerber übergeht. Wird unter einer aufschiebenden Bedingung veräußert, geht dieses grundsätzlich erst mit dem Eintritt der Bedingung über, wenn ihr Eintritt nicht allein vom Willen und Verhalten des Erwerbers (also nicht allein von der Kaufpreiszahlung) abhängt.[69] Somit kann durch die vertragliche Gestaltung hinsichtlich des Übergangs der mit dem übertragenen Geschäftsanteil verbundenen Rechte und Pflichten, insbesondere des Gewinnbezugsrechts, die Steuerentstehung beeinflusst werden.

70 Gehört der Anteil zum *Betriebsvermögen*, unterliegt der nach § 15 EStG steuerbare Veräußerungsgewinn nach § 3 Nr. 40 Buchst. a) EStG dem Teileinkünfteverfahren (60 % der Einnahmen sind steuerpflichtig). Andererseits können nach § 3c Abs. 2 EStG Aufwendungen auf den Anteil, wie Verluste und sonstige mit der Veräußerung zusammenhängende Kosten nur im entsprechenden Verhältnis teilberücksichtigt werden. Zur möglichen Reinvestionsrücklage nach § 6b Abs. 10 EStG s. Ergänzungsband zur 21. Aufl. § 155 II/Rn. 10 f.

71 Veräußerung einer zum Betriebsvermögen gehörenden 100 %-Beteiligung ist eine Teilbetriebsveräußerung i.S.v. § 16 Abs. 1 Nr. 1 Satz 2 EStG, worauf der Freibetrag nach § 16 Abs. 4 EStG bei Vorliegen der Voraussetzungen in Anspruch genommen werden kann, wegen § 3 Nr. 40 EStG jedoch nicht die Tarifbegünstigung nach § 34 EStG.

72 Ist der veräußerte Anteil *Privatvermögen* und gehört dieser zu einer *wesentlichen Beteiligung i.S.d. § 17 Abs. 1 EStG* (der Veräußerer war innerhalb der letzten 5 Jahre unmittelbar oder mittelbar zu mindestens 1 % am Kapital der GmbH beteiligt[70]) unterliegt der Veräuße-

---

68 Das wirtschaftliche Eigentum an einem Kapitalgesellschaftsanteil geht auf einen Erwerber über (§ 39 Abs. 2 Nr. 1 AO), wenn der Käufer des Anteils (1) aufgrund eines (bürgerlich-rechtlichen) Rechtsgeschäfts bereits eine rechtlich geschützte, auf den Erwerb des Rechts gerichtete Position erworben hat, die ihm gegen seinen Willen nicht mehr entzogen werden kann, und (2) die mit dem Anteil verbundenen wesentlichen Rechte (insb. Gewinnbezugsrecht und Stimmrecht; sowie (3) das Risiko einer Wertminderung und die Chance einer Wertsteigerung auf ihn übergegangen sind (z.B. BFH v. 09.10.2008 – IX R 73/06; BFHE 223, 145 = BStBl. II 2009, 140 = NZG 2009, 239 = NJW-RR 2009, 467). Zur Besteuerung bei Ratenzahlung oder gegen Leibrente s. BFH v. 20.07.2010 – IX R 45/09 = DStR 2010, 1980.
69 BFH v. 25.06.2009 – IV R 3/07 = DStR 2009, 2304 = NZG 2009, 1439.
70 Es reicht aus, wenn die Wesentlichkeitsgrenze zu irgendeinem Zeitpunkt innerhalb der letzten 5 Jahre vorlag, selbst wenn diese nur für eine logische Sekunde bestand und im Zeitpunkt der Veräußerung nicht mehr gegeben ist (BFH II 1999, 486; v. 11.12.2012 IX R 7/12 = DStR 2013, 351). Abgestellt wird dabei nicht auf den einzelnen Geschäftsanteil, sondern auf den gesamten Anteilsbesitz des Gesellschafters. Erfasst ist auch ein Veräußerungsgewinn aus einem Anteil, den der Gesellschafter erst erworben hat, nachdem er zuvor

rungsgewinn nach § 3 Nr. 40 Buchst. c) EStG ebenso dem Teileinkünfteverfahren und der nach § 3c Abs. 2 EStG beschränkten Berücksichtigung von Aufwendungen und Verlusten. Als Folge des Beschlusses des BVerfG[71] wird der Veräußerungsgewinn insoweit steuerfrei gestellt, als er auf Wertzuwächse bis zur Herabsetzung der Wesentlichkeitsschwelle entstanden ist;[72] dies gilt auch für die Absenkung auf 1 % ab 01.01.2002.

Bei einer *nicht wesentlichen Beteiligung* ist, soweit nicht die Spekulationsfrist des § 23 Abs. 1 Satz 1 Nr. 2 EStG einschlägig ist,[73] die Anteilsveräußerung steuerfrei bei Anteile, die vor dem 01.01.2009 erworben wurden (§ 52a Abs. 10 Satz 1 EStG). Für alle seit 01.01.2009 erworbenen nicht wesentlichen Beteiligungsanteilen ist der Veräußerungsgewinn generell nach § 20 Abs. 2 Nr. 1 EStG steuerpflichtig und unterliegt der 25 %-igen Abgeltungssteuer gemäß § 20 Abs. 4 Satz 1 i.V.m. § 32d Abs. 1 EStG. Veräußerungskosten oder -verluste werden bei der Ermittlung des steuerpflichtigen Veräußerungserlöses berücksichtigt; verbleibende Veräußerungsverluste unterliegen aber der Verlustausgleichsbeschränkung mit anderen Einkünften gemäß § 20 Abs. 6 Satz 1 EStG.

Zusammenfassende Übersicht der Besteuerung des Veräußerungserlöses seit 2009:

Anteile werden gehalten im	Privatvermögen		Betriebsvermögen		73
	Beteiligung < 1 %	Beteiligung ≥ 1 %	PersG	KapG	
Besteuerungsverfahren	Abgeltungsteuer	Teileinkünfteverfahren	Teileinkünfteverfahren	Freistellung § 8b KStG	
Steuerpflichtiger Veräußerungsgewinn (VG)	100 % des VG	60 % des VG	60 % des VG	5 % des VG	
Ansetzbarkeit von VK/AK[74]	vollständig (§ 20 Abs. 4 EStG)[75]	nur zu 60 % (§ 3c Abs. 2 EStG)	nur zu 60 % (§ 3c Abs. 2 EStG)	vollständig (§ 8b Abs. 2 Satz 2 KStG)	
Steuersatz	fix 25 % + SolZ	bis 42 %/45 % + SolZ	bis 42 %/45 % + SolZ + GewSt	fix 15 % KörpSt + SolZ + GewSt	

VK = Veräußerungskosten; AK = Anschaffungskosten

Gefahr der rückwirkenden Nachversteuerung: Hat der Veräußerer den Anteil durch Sacheinlage eines (Teil-)Betriebes oder Mitunternehmeranteiles unter dem gemeinen Wert erworben und veräußert[76] er diesen innerhalb eines Zeitraumes von 7 Jahren nach dem Einbrin-

---

innerhalb des 5-Jahreszeitraumes eine wesentliche Beteiligung insgesamt veräußert hat und vorübergehend nicht an der Gesellschaft beteiligt war (BFH BStBl. II 99, 650). S. auch BFH v. 01.03.2005 – VIII R 25/02.

71 Beschl. v. 07.07.2010 – 2 BvR 748/05 = NJW 2010, 3634 sowie NJW 2010, 3638, dass die Herabsetzung der Wesentlichkeitsschwelle von ursprünglich 25 % auf 10 % insoweit verfassungswidrig ist, als dadurch in einem Veräußerungsgewinn auch Wertsteigerungen steuerlich erfasst werden, die bis zur Herabsetzung der Wesentlichkeitsschwelle entstanden sind.
72 BMF-Schreiben v. 20.12.2010 – IVC6-S2244/10/10001 = DStR 2011, 29. Aus Vereinfachungsgründen kann bei nicht börsennotierten Anteilen der Umfang des steuerbaren Wertzuwachses entsprechend dem Verhältnis der Besitzzeit zeitanteilig monatsweise ermittelt werden, soweit der Steuerpflichtige nicht in geeigneter Weise den tatsächlich höheren Wertzuwachs für den Zeitraum zwischen dem Erwerb und der Änderung der Wesentlichkeitsschwelle nachweist. Siehe hierzu *Schmidt/Renger*, DStR 2011, 693. Das Schreiben regelt auch die Berücksichtigung von Veräußerungsverlusten.
73 Maßgebend ist der zivilrechtliche Vertragsabschluss (BMF v. 25.10.2004 BStBl. I 2004, 1034 = DStR 2004, 2009.
74 Jeweils i.R.d. Berechnung des steuerpflichtigen Veräußerungsgewinnes.
75 Finanzierungskosten sind aber keine Anschaffungskosten, sondern Werbungskosten i.S.v. § 20 Abs. 1 Satz 1 EStG (BFH v. 04.12.2007 – VIII R 14/05 = GmbHR 2008, 558), die i.R.d. Abgeltungssteuer nicht geltend gemacht werden können
76 Veräußerung ist auch ein Tausch oder ein tauschähnlicher Vorgang, wie eine Einlage in eine Personengesellschaft gegen Gesellschaftsanteile, nicht aber die verdeckte Einlage bei Gutschrift auf gesamthände-

gungszeitpunkt, ist der Gewinn aus der Einbringung rückwirkend im Wirtschaftsjahr der Einbringung zu versteuern (§ 22 Abs. 1 UmwStG), gleich ob es sich dabei um eine wesentliche oder nicht wesentliche Beteiligung im Sinne von § 17 Abs. 1 EStG handelt (§ 17 Abs. 4 EStG). Diese Regelung ersetzt die bisherigen Regelungen für einbringungsgeborene Anteile (s. hierzu § 142 Rdn. 132). Die damals nicht aufgedeckten stillen Reserven werden rückwirkend nachbesteuert.[77] Der Veräußerungsgewinn wird damit zerlegt in (a) den rückwirkend auf das Einbringungsjahr steuerpflichtigen Einbringungsgewinn I i.S.v. § 22 Abs. 1 UmwStG, auf den das Teileinkünfteverfahren des § 3 Nr. 40 EStG keine Anwendung findet, und (b) in den um diesen Einbringungsgewinn I verringerten restlichen Gewinn aus dem Anteilsverkauf (= die nach dem Einbringungszeitpunkt entstandenen stillen Reserven), der dadurch ermittelt wird, indem der Einbringungsgewinn I nach § 22 Abs. 1 Satz 4 UmwStG als Anschaffungskosten gelten; für diesen restlichen Gewinn gilt das Teileinkünfteverfahren bzw. für einen dabei entstehenden Verlust die Teilabzugsbeschränkung des § 3c Abs. 2 EStG. Ähnliches – jedoch mit Steuerfolge für den ehemaligen Gesellschafter – tritt ein, wenn bei einem sog. »qualifizierten Anteilstausch« die erwerbende GmbH den dabei erworbenen Anteil innerhalb der Sperrfrist veräußert. (hierzu § 142 Rdn. 133). Diese Besteuerung kann gemäß § 20 Abs. 7 UmwStG aber auch bei der Veräußerung anderer Anteile des Einbringenden oder eines Mitgesellschafters innerhalb der 7-Jahres-Frist nach der entsprechenden Sacheinlage eintreten, wenn bei Einbringung eines (Teil-)Betriebes, Mitunternehmeranteiles bzw. Kapitalgesellschaftsanteiles durch deren Wertansatz unter dessen gemeinen Wert auf diese Anteile unentgeltlich und willentlich stille Reserven übergegangen sind.[78]

75 *Gefahr des (teilweisen) Verlustuntergangs bei der Gesellschaft:* Um missbräuchlichen »Verlusthandel« zu unterbinden bestimmt § 8c KStG,[79] dass bei allen Anteilsübertragungen, wenn innerhalb von 5 Jahren mittelbar oder unmittelbar an einen Erwerber oder diesem nahestehende Personen oder eine Gruppe von Erwerbern mit gleichgerichteten Interessen mehr als 50 % der Anteil- oder Stimmrechte übertragen werden, der vorhandene Verlust vollständig verloren geht. Dass, wenn mehr als 25 % aber nicht über 50 % der Anteils- oder Stimmrechte übertragen werden, die Verlustvorträge quotal vernichtet werden, ist verfassungswidrig.[80] Für Beteiligungserwerbe nach dem 31.12.2007 wurde außerdem die Sanierungsklausel des § 8c Abs. 1a KStG[81] eingeführt, wonach die vorstehend dargestellte Verlustabzugsbeschränkung nicht gilt, wenn der Beteiligungserwerb zum Zwecke der Sanierung des Geschäftsbetriebes erfolgt, um die Zahlungsunfähigkeit oder Überschuldung zu verhindern oder zu beseitigen und zugleich die wesentlichen Betriebsstrukturen zu erhalten.[82] Mit der zum 01.01.2010 eingefügten Konzernklausel gehen nicht genutzte Verluste bei Übertragungen

---

risch gebundenem Rücklagenkonto. Auch die unentgeltliche Übertragung ist keine Veräußerung i.S. § 22 UmwStG und führt auch bei dadurch vorgenommener Entnahme aus den Betriebsvermögen (weil Schenkung an Nicht-Mitunternehmer) nicht zur Entnahmebesteuerung gemäß § 6 Abs. 1 Nr. 4 EStG, weil die Steuerverhaftung auch beim Erwerber bleibt, gleich ob der Anteil im Betriebs- oder Privatvermögen gehalten wird (BFH v. 12.10.2011 – I R 33/10 = BStBl. II 2012, 445).

77 Denn sonst könnte durch eine steuerneutrale Einbringung der sonst entstehende Gewinn aus der Veräußerung des eingelegten Wirtschaftsguts in einen wesentlich steuergünstigeren Gewinn aus Anteilsveräußerung (Teileinkünfteverfahren bzw. Freistellung bei Kapitalgesellschaften) umgestaltet werden.

78 Hierzu ausführlich *Schmitt/Schloßmacher*, DStR 2009, 828.

79 Hierzu das Anwendungsschreiben des BMF v. 04.07.2008, BStBl. I 2008, 736 = DStR 2008, 1436; s. dazu u.a. *Wiese* DStR 2007, 741; *Roser*, DStR 2008, 1561. Neues Schreiben v. 28.11.2017 BStBl. I 2017,1645, DStR 2017, 2670.

80 BVerfG v. 29.03.2017 – 2 BvL 6/11, DStR 2017, 1094. Bis zum 31.12.2018 hat der Gesetzgeber rückwirkend ab 01.01.2008 eine Neuregelung vorzunehmen. Auch gegen die Regelung in § 8c Abs. 1 Satz 2 KStG hat das FG Hamburg mit Beschl. v. 29.08.2017 (DStR 2017, 2377) das BVerfG nach Art. 100 GG zur verfassungsrechtlichen Prüfung aufgerufen.

81 Mit Entscheidung des EuGH v. 28.06.2018 – C-219/16 P ist der Beschluss der Europäischen Kommission, dass die Sanierungsklausel des § 8c Abs. 1a KStG ein unerlaubte Beihilfe ist, für nichtig erklärt, sodass dessen Anwendung wieder möglich ist.

82 Hiezu OFD Rheinland v. 30.03.2010, DStR 2010, 929; *Imschweiler/Geimer*, EStB 2009, 324.

zwischen Rechtsträgern, an denen dieselbe Person zu jeweils 100 % mittelbar oder unmittelbar beteiligt ist, nicht unter, sowie auch dann nicht, wenn im Zeitpunkt des grundsätzlich schädlichen Erwerbs entsprechende stille Reserven vorhanden sind. Bei schädlichen Anteilsveräußerungen können jedoch ab dem 01.01.2016 auf Antrag nach § 8d KStG[83] Verlustvorträge unter bestimmten Voraussetzungen bestehen bleiben (sog. fortführungsgebundene Verlustvortrag). Voraussetzung ist, dass der seit 3 Jahren bzw. seit Gründung der Gesellschaft bestehende Geschäftsbetrieb unverändert fortgeführt wird, kein zusätzlicher Geschäftsbetrieb aufgenommen wird, sich die Körperschaft nicht an einer Mitunternehmerschaft beteiligt, die Körperschaft kein Organträger ist bzw. wird und keine Wirtschaftsgüter unter dem gemeinen Wert in die Körperschaft eingebracht werden. Ob es zweckmäßig ist, eine sog. Kompensationsklausel in die Satzung aufzunehmen, um diejenigen Gesellschafter, die durch ihre Anteilsveräußerung eine Verlustabzugsbeschränkung verursacht haben, zum Ausgleich der daraus entstehenden Vermögenseinbußen heranzuziehen, hängt vom Einzelfall ab. Ihre Formulierung ist schwierig, da nicht vorhersehbar ist, ob die Gesellschaft überhaupt durch spätere Gewinne den Verlustvortrag hätten nutzen können. Außerdem kann der Untergang der Verlustvorträge durch die sukzessive Anteilsübertragung verschiedener Gesellschafter innerhalb des Fünf-Jahres-Zeitraumes verursacht sein.[84]

2. Grunderwerbsteuer

Grunderwerbsteuerpflichtig ist ein Rechtsgeschäft über GmbH-Geschäftsanteile nur, wenn dadurch unmittelbar oder mittelbar mindestens 95 % der Anteile an der Kapitalgesellschaft[85] in der Hand des Erwerbers oder abhängiger Unternehmen oder Personen sich vereinigen oder auf diesen übergehen (§ 1 Abs. 3 GrEStG), wobei die Begründung eines darauf gerichteten Anspruchs genügt; der Übergang kann auch durch Erbfolge[86] oder durch Einziehung[87] erfolgen. Mittelbar ist eine Beteiligung i.S.v. § 1 Abs. 3 GrEStG etwa über einen Treuhänder oder über eine an der GmbH beteiligten Gesellschaft, wobei nach dem neuen § 1 Abs. 3a GrEStG der Anteil an dieser Gesellschaft dem erwerbenden Gesellschafter wirtschaftlich zugerechnet wird.[88] Handelt es sich um eine Vereinigung von mindestens 95 % der Anteile in der Hand eines Gesellschafters, fingiert § 1 Abs. 3 Nr. 1, 2 GrEStG einen Übertragungsvorgang des Grundstückes von der Gesellschaft auf den Gesellschafter. Die persönlichen Befreiungsregelungen der §§ 3 Nr. 4–6, § 5 und 6 GrEStG können darauf nicht angewendet werden, wohl aber § 3 Nr. 2 GrEStG, der die Doppelbesteuerung mit Grunderwerbsteuer und Schenkungsteuer vermeiden will.[89] Erfolgt dagegen die Übertragung von mindestens 95 % der Anteile von einer Person auf eine andere i.S.v. § 1 Abs. 3 Nr. 3, 4 GrEStG wird dies als Grundstücksübertragung zwischen den beiden beteiligten Personen angesehen,[90] sodass darauf sämtliche Befreiungsvorschriften des § 3 GrEStG einschließlich der personenbezogenen Befreiungsregelungen in § 3 Nr. 4–6 GrEStG zur Anwendung kommen. Dies führt zu der steuerlichen Konsequenz, dass die Einmalübertragung einer 100 %-Beteiligung mit Gegenleistungen wie Versorgungsleistungen oder Übernahme von Verbindlichkeiten wie Leibrente im Eltern-Kind-Verhältnis gemäß § 3 Nr. 6 GrEStG steuerbefreit ist, wogegen die stu-

---

83 Hierzu eine Vielzahl von Literatur: u.a. *Förster/von Cölln*, DStR 2017, 8; *Röder*, DStR 2017, 1737; *Heerdt*, DStR 2018, 653.
84 Siehe hierzu *Rodewald/Pohl*, DStR 2008, 724; *Schildknecht/Riehl*, DStR 2009, 117.
85 Entscheidend ist die vermögensmäßige Beteiligung, also der Kapitalanteil.
86 BFH BStBl. II 1988, 785.
87 BFH BStBl. II 1988, 959.
88 Ländererlass v. 09.10.2013 BStBl. I, 2013, 1364. Anders die frühere Rechtssituation; hierzu BFH v. 25.08.2010 – II R 65/08 = BStBl. II 2011, 225 = DStR 2011, 27: Zurechnung erst, wenn die Beteiligungsquote von 95 % auf jeder Beteiligungsstufe erreicht wird; s.a. Ländererlass v. 14.02.2000 DStR 2000, 430.
89 BFH v. 23.05.2012 – IIR21/10 = DStR 2012, 1444 = ZEV 2012, 496 m. Anm. *Gottwald*.
90 FinMin Baden-Württemberg Erlass vom 18.12.2009 – 3 – S 450.5/18 = DStR 2010, 114.

fenweise zeitlich versetzte Übertragung der Anteile bei einem teilentgeltlichen Vorgang mit solchen Gegenleistungen hinsichtlich des entgeltlich erworbenen Anteils mit Erreichen von 95 % der Anteile insgesamt für alle bereits erworbenen Anteile grunderwerbsteuerpflichtig wird, da darauf die Befreiung nach § 3 Nr. 6 GrEStG nicht anwendbar ist.[91] Besteuerungsgefahr droht daher bei Anteilsübertragung innerhalb der Familie: Eine zeitlich gestufte Überlassung von Geschäftsanteilen an einer grundbesitzhaltenden GmbH gegen Gegenleistungen (gemischte Schenkung) ist zu vermeiden, weil bei der Grundstückvereinigung (§ 1 Abs. 3 Nr. 1, 2 GrEStG) die persönliche Befreiungsvorschrift des § 3 Nr. 6 GrEStG keine Anwendung findet. Im Gegensatz dazu ist die zusammengefasste Übertragung von mehr als 95 % der Anteile an einen Erwerber auch bei Gewährung von Gegenleistungen für den Anteil nach § 3 Nr. 6 GrEStG steuerbefreit. Die spätere Verstärkung einer mittelbaren zu einer unmittelbaren Beteiligung bleibt steuerfrei.[92] Der Steuertatbestand kann jedoch durch einen Anteilsrückerwerb mit dem das Quantum von 95 % der Anteile der Gesellschaft unterschritten wird rückwirkend entfallen, wenn die Voraussetzungen des § 16 GrEStG vollständig beachtet sind.[93] Auch die Übertragung eines Anteils vom Treugeber auf den Treuhänder sowie die Rückübertragung auf den Treugeber ist grunderwerbsteuerpflichtig nach § 1 Abs. 3 GrEStG, soweit jeweils 95 % und mehr der Anteile betroffen sind; jedoch bei Erfüllung der Tatbestandsvoraussetzungen nach § 3 Nr. 8 GrEStG bzw. § 16 Abs. 2 GrEStG ggf. steuerbefreit.[94] Zu Anteilsveränderungen in Organschaftsfällen s. Ländererlass v. 21.03.2007 BStBl. I 2007, 422.

3. Umsatzsteuer

77 Das bloße Erwerben, Halten und Veräußern von gesellschaftsrechtlichen Beteiligungen ist keine unternehmerische Tätigkeit. Eine solche liegt lediglich dann vor, wenn eine Holding im Sinne einer einheitlichen Leitung aktiv in das laufende Tagesgeschäft ihrer Tochtergesellschaft eingreift (sog. Führungs- oder Funktionsholding); deren Beteiligungsveräußerung löst USt aus.[95]

4. Schenkung- und Erbschaftsteuer

78 Anteile an nicht börsennotierten Kapitalgesellschaften werden[96] – soweit er nicht aus Verkäufen unter Fremden abgeleitet werden kann, die weniger als Jahr zurückliegen – unter Berücksichtigung der Ertragsaussichten der Kapitalgesellschaft nach einer anerkannten, auch im gewöhnlichen Geschäftsverkehr für nicht steuerliche Zwecke üblichen Methode zu ermitteln. Ergibt sich hierfür keine einheitliche Methode, stellt der Gesetzgeber in §§ 190 ff.

---

91 Die Aufteilung des Wertverhältnisses erfolgt unter Berücksichtigung der Grundstückswerte nach §§ 138 ff. BewG (§ 8 Abs. 2 Satz 1 Nr. 3 GrEStG), nicht nach der Gegenleistung. Der entgeltliche Teil ergibt sich entsprechend den Regelungen zum Schenkungsteuerrecht bei gemischter Schenkung nach dem Verhältnis des Verkehrswertes der Bereicherung des Beschenkten zum Verkehrswert der Leistung des Schenkers (BFH vom 08.02.2006 – IIR38/04 = BStBl II 2006, 475).
92 S. auch Ländererlass vom 02.12.1999, BStBl. I 1999, 991. Auch nicht der Erwerb der restlichen Anteile, BFH v. 12.02.2014 – II R 46/12, BStBl. II 2012, 536 = DStR 2014, 850 = MittBayNot 2014, 486.
93 BFH v. 11.06.2013 – II R 52/12, BStBl II 2013, 752 = NZG 2014, 79. Der Rückerwerb muss innerhalb der Frist des § 16 Abs. 2 GrEStG erfolgen, also beurkundet sein. Außerdem muss der ursprüngliche Anteilserwerb in allen Teilen vollständig und fristgemäß innerhalb der gesetzlich geforderten Frist von 14 Tagen vom Notar und von der Gesellschaft gemäß den Bestimmungen des §§ 18, 19 GrEStG an das er für die Grunderwerbsteuer zuständige Finanzamt angezeigt worden sein (§ 16 Abs. 5 GrEStG wurde hier deutlich verschärft!). Siehe BFH v. 20.01.2015 – II R 8/13, DStR 2015, 650.
94 S. im Einzelnen bzgl. der Besteuerung von Erwerbsvorgängen im Zusammenhang mit Treuhandverhältnissen den Ländererlass v. 12.10.2007, BStBl. I 2007, 761 sowie auch bei Rdn. 123.
95 Abschn 2.3 UStAE; s.a. BMF v. 26.01.2007, BStBl. I 2007, 211 = DStR 2007, 257.
96 Hierzu gleichlautender Ländererlass v. 05.06.2014, BStBl. I 2014, 882 = DStR 2014, 1446.

BewG das sog. vereinfachte Ertragswertverfahren zur Berechnung zur Verfügung, soweit dieses nicht zu offensichtlich unzutreffenden Ergebnissen führt.

Ist der Schenker an der Kapitalgesellschaft (mit Sitz oder Geschäftsleitung im Inland oder in einem Mitgliedstaat der EU oder in einem Staat des Europäischen Wirtschaftsraumes) zu mehr als 25 % am Nennkapital unmittelbar beteiligt (Mindestbeteiligung),[97] kann auf die geschenkte Beteiligung (auch wenn dabei weniger als 25 % übergehen) der Verschonungsabschlag nach § 13a EStG geltend gemacht werden, soweit die Voraussetzungen vorliegen. Wird von einem begünstigten Anteilsinhaber von mehr als 25 % ein Anteil zurückbehalten, der unter der Mindestbeteiligung liegt und dieser erst später geschenkt, kann darauf nicht mehr die Begünstigung angewendet werden, soweit nicht der Anteil einer einheitlichen Stimmrechtsausübung mit weiteren Anteilen unterliegt, die zusammen die erforderliche Mindestbeteiligungsquote erreichen. Daher ist bei einer gleitenden Anteilsübertragung notwendig, eine Pool-Vereinbarung damit zu verknüpfen, wie auch, wenn Anteile unter der Mindestbeteiligung verschenkt oder vererbt werden. (Siehe hierzu Erl. bei § 142 Rdn. 189 ff. sowie dort Muster Rdn. 197 M). Entscheidend dabei ist, dass die Einflussnahme einzelner Anteilseigner hinter eine einheitliche Willensbildung zurücktreten muss. Dies kann dadurch geschehen, dass die Gesellschafter, deren Anteile zusammengerechnet die Mindestbeteiligung von mehr als 25 % erreichen, ihr Stimmrecht gegenüber anderen Gesellschaftern nur einheitlich ausüben können, was durch die Bestimmung eines gemeinsamen Vertreters erreicht werden kann oder dadurch, dass der einzelne Gesellschafter auf sein Stimmrecht zugunsten der Pool-Gemeinschaft verzichtet. Außerdem müssen die Gesellschafter durch die Pool-Vereinbarung untereinander verpflichtet sein, über die Anteile nur einheitlich zu verfügen oder nur ausschließlich auf anderen derselben Verpflichtung unterliegenden Gesellschafter zu übertragen[98] (im Einzelnen hierzu die Erläuterung bei § 142 Rdn. 189 ff.). Um den neue Vorab-Abschlag beim Erwerb von Anteilen an qualifizierten Familienunternehmen nach § 13a Abs. 9 ErbStG in Anspruch nehmen zu können, müssen die dort festgelegten Vorgaben bei der Gesellschaft und ihrer Satzung beachtet sein sowie auch bei den Bedingungen der Abtretung. Außerdem ist die lange Bindungsdauer von 20 Jahren zu beachten.[99]

Die Steuerbegünstigung nach §§ 13a, 13b und 19a ErbStG geht verloren, wenn gegen die Behaltensfrist von 5 Jahren auf der Ebene der Gesellschaft oder des Gesellschafters (§ 13a Abs. 6 ErbStG) verstoßen wird. Schädliche Verfügungen in diesem Sinne sind Veräußerung des Anteils durch den Erwerber, verdeckte Einlage in eine Kapitalgesellschaft, Liquidation der Gesellschaft, Herabsetzung des Nennkapitals durch die Gesellschaft oder Veräußerung wesentlicher Betriebsgrundlagen durch die Gesellschaft und Verteilung des Vermögens an die Gesellschafter (§ 13a Abs. 6 Nr. 4 ErbStG).[100] Bei Anteilen unter einer Pool-Vereinbarung ist zudem schädlich, wenn die Verfügungsbeschränkung oder die Stimmrechtsbündelung aufgehoben wird (§ 13a Abs. 6 Nr. 5 ErbStG).[101] Umwandlungen und Verschmelzungen sind keine schädlichen Verfügungen, sofern der durch die Verschmelzung erworbene Anteil innerhalb der nach § 13b Abs. 1 ErbStG begünstigten Vermögensart verbleibt.[102] Für den daraus erhaltenen Anteil beginnt die Behaltensfrist nicht neu, sondern läuft weiter.[103]

Übersicht zu möglichen Steuerfolgen bei der Anteilsveräußerung:

---

97 Eigene Anteil der GmbH werden bei der Berechnung der Quote nicht mitgerechnet (13b 6 Abs. 2 Satz 2 AEErbSt).
98 Hierzu: A 13b.6 Abs. 3 – 6 AEErbSt.
99 Hierzu A 13a. 19 I 5 AEErbSt, Lit: u.a. *Geck*, ZEV 2017, 481, 884; *T. Wachter*, NZG 2016, 1168.
100 Abschn. A 13a 11 ff. AEErbSt.
101 Abschn. A 13a 16 (2) AEErbSt.
102 H 13.a.15 ErbStR i.V.m. Ländererlass v. 20.11.2013 (BStBl. I S. 1508).
103 BFH v. 16.02.2011 – II R 60/09 = BStBl. II 2011, 454 = ZEV 2011, 209 = MittBayNot 2011, 346 = DStR 2011, 620 m. Anm. *Schulze zur Wiesche*, GmbHR 2009, 854.

Eine Anteilsveräußerung bzw. Abtretung kann unterschiedliche steuerliche Folgen auslösen. Einige davon lösen unter folgenden Umständen die dazu bezeichneten Steuerfolgen aus:

Der Anteil wurde vor weniger als 7 Jahren durch Sacheinlage oder Umwandlungsmaßnahme gegen Gewährung von Anteilen erlangt	rückwirkende Nachversteuerung gemäß § 22 Abs. 1 UmwStG, wenn damaliger Wertansatz unter dem gemeinen Wert lag[102]
Vor weniger als 7 Jahren wurde von einem Mitgesellschafter eine Sacheinlage mit Wertansatz unter dem gemeinen Wert gemacht	gem. § 22 Abs. 7 UmwStG kann es zu einer Nachversteuerung von übergegangenen stillen Reserven kommen.[103]
Ein anderer Anteil wurde unter Sacheinlage vor weniger als 7 Jahren erworben, wobei die Sacheinlage unter dem gemeinen Wert erfolgte	gem. § 22 Abs. 7 UmwStG werden evtl. übergegangene stille Reserven nachversteuert.
GmbH als Anteilsinhaber veräußert einen vor weniger als 7 Jahren durch Sacheinlage gegen Gewährung von Anteilen eingebrachten Anteil	rückwirkende Nachversteuerung gemäß § 22 Abs. 1 UmwStG beim einlegenden Gesellschafter, wenn damaliger Wertansatz unter dem gemeinen Wert lag[104]
Mehr als 25 % der Anteile werden innerhalb von 5 Jahren an einen Erwerber und ihm nahestehenden Personen veräußert	Verlustabzugsmöglichkeit der Gesellschaft wird durch § 8c KStG beschränkt oder ausgeschlossen[105]
An GmbH mit Grundbesitz vereinigen sich durch Abtretung oder Verpflichtungsgeschäft in der Hand eines Gesellschafter unmittelbar oder mittelbar mindestens 95 % aller Anteile[106] oder ein Anteil von mindestens 95 % eines Gesellschafters wird veräußert	Grunderwerbsbesteuerung nach § 1 Abs. 3 GrEStG erfolgt[107]
Durch Erbfolge oder Schenkung erworbene Anteile werden innerhalb der Behaltensfrist gemäß § 13a Abs. 5 ErbStG voll oder teilentgeltlich veräußert[108]	zeitanteilige Nachversteuerung nach § 13a Abs. 5 ErbStG, wenn Verschonungsabschlag und Abzugsbetrag in Anspruch genommen wurden.

---

104 Hierzu Rdn. 74.
105 Hierzu Rdn. 74.
106 Hierzu § 144 Rdn. 126.
107 Ausnahme: die Übertragung erfolgt im Rahmen einer vollständig unentgeltlichen vorweggenommene Erbfolge; selbst ein nur geringes Entgelt ist schädlich (s. BMF v. 04.07.2008 BStBl. I, 736 Tz 4.; v. 28.11.2017 BStBl. I, 2017,1645, DStR 2017, 2670 s. hierzu auch Rdn. 74.
108 Auch wenn dies in Folge des Erwerbs eigener Anteil durch die GmbH eintritt; BFH v. 20.01.2015 – II R 8/13, DStR 2015, 650.
109 Hierzu Rdn. 76 insb. zu den unterschiedlichen Steuerbefreiungen nach § 3 GrEStG.
110 Hierzu Rdn. 78.

Vertrag über Verkauf und Übertragung eines Geschäftsanteils

Verhandelt in Düsseldorf, am.....
Vor dem Notar.... erschienen:
1. Herr Herbert Hausen, geboren am....., wohnhaft in....., ausgewiesen durch deutschen Personalausweis, handelnd nicht in eigenem Namen, sondern als einzelvertretungsberechtigter Geschäftsführer für die »Unterbilker Metallhandelsgesellschaft mbH«, eingetragen im Handelsregister des Amtsgerichts Düsseldorf unter HRB 1112 (nachfolgend kurz Veräußerer genannt),
2. Herr Karl Kettwig, geboren am....., wohnhaft in....., Düsseldorf, ausgewiesen durch deutschen Personalausweis (nachfolgend kurz Erwerber genannt),
Der Notar bescheinigt nach § 21 Abs. 1 Satz 1 Nr. 1 BNotO aufgrund heutiger elektronischer Einsicht in das Handelsregister des Amtsgerichts Düsseldorf, dass der Erschienene zu 1. als einzelvertretungsberechtigter Geschäftsführer des Veräußerers eingetragen ist.
Die Erschienen baten um die Beurkundung des folgenden Kauf- und Abtretungsvertrages.

I. Vorbemerkung

1. Nach Angaben des Erschienen zu 1 ist die »Unterbilker Metallhandelsgesellschaft mbH« an der »Derendorfer Gelbgießerei GmbH« mit einem Geschäftsanteil im Nennbetrag von 16.000 €, der in der Gesellschafterliste mit der Nummer 1 eingetragen ist, beteiligt (nachfolgend kurz der Vertragsgegenstand genannt).
2. Dies ergibt sich auch aus der Gesellschafterliste vom....., die zu Beweiszwecken dieser Urkunde als Anlage I beigefügt wird. Hierbei handelt es sich nach heutiger Einsicht des Notars um die zuletzt in den Registerordner des Handelsregisters elektronisch aufgenommene Gesellschafterliste. Ein Widerspruch ist der Gesellschafterliste nicht zugeordnet.

II. Kaufvertrag

1. Der Veräußerer bietet hiermit dem Erwerber an, den Vertragsgegenstand nach Maßgabe der Bestimmungen dieses Vertrages an ihn zu verkaufen. Der Erwerber nimmt das Angebot hiermit an.
2. Der Verkauf des Vertragsgegenstands erfolgt mit allen damit verbundenen Ansprüchen und sonstigen Rechten, einschließlich des Gewinnbezugsrechts, das – unabhängig davon, dass die Genehmigung der Gesellschaft noch nicht vorliegt – sofort auf den Erwerber übergeht, so dass ihm das Ergebnis zusteht, soweit ein Verwendungsbeschluss noch nicht gefasst wurde.
3. Der Kaufpreis beträgt 48.000 €. Er ist binnen 10 Tagen durch Überweisung zu zahlen, nachdem der Notar dem Erwerber das Vorliegen der erforderlichen Genehmigungserklärung des Geschäftsführers der »Derendorfer Gelbgießerei GmbH« mitgeteilt hat. Der Veräußerer wird dem Erwerber das Konto, auf welches die Überweisung zu erfolgen hat, noch schriftlich mitteilen; bis dahin kommt der Erwerber jedenfalls nicht in Verzug. Trotz entsprechender Belehrung über die damit verbundenen Risiken möchten die Beteiligten die Wirksamkeit des schuldrechtlichen Kaufvertrages ausdrücklich nicht von der vorgenannten Genehmigungserklärung des Geschäftsführers abhängig machen.
4. Der Veräußerer garantiert im Sinne einer unbedingten Einstandspflicht (§ 276 BGB), dass die Einlage von 16.000 € ebenso voll eingezahlt ist wie alle übrigen Einlagen, so dass eine Haftung für ausstehende Einlagen nicht in Frage kommt. Er garantiert

82 M

ferner, dass der von ihm vertretenen Verkäuferin der verkaufte Geschäftsanteil zusteht, dieser nicht mit Rechten Dritter belastet ist und dass alle Geschäftsanteile in voller Höhe erbracht sind. Eine weitergehende Haftung wegen Sach- oder Rechtsmängeln der Geschäftsanteile, der Gesellschaft oder des von dieser betriebenen Unternehmens wird ausgeschlossen; die Haftung wegen Vorsatz oder Arglist des Veräußerers bleibt allerdings unberührt.

III. Dingliche Abtretung

1. Veräußerer und Erwerber sind sich hiermit einig, dass der Vertragsgegenstand auf den Erwerber durch Abtretung übergeht. Die Abtretung erfolgt jedoch unter der aufschiebenden Bedingung, dass (i) die nach dem Gesellschaftsvertrag erforderliche Genehmigungserklärung des Geschäftsführers vorliegt, die die Beteiligten dem Notar unverzüglich in der von diesem für erforderlich gehaltenen Form nachzuweisen haben, und (ii) der Kaufpreis vollständig an den Veräußerer gezahlt wurde. Der Veräußerer verpflichtet sich, dem Erwerber den Erhalt des Kaufpreises unverzüglich schriftlich mitzuteilen und eine Kopie an den beurkundenden Notar zu übersenden.
2. Gegenüber dem Notar gilt die Bedingung der vollständigen Kaufpreiszahlung als eingetreten, wenn ihm die Kaufpreiszahlung nachgewiesen ist, entweder durch eine Kopie der Erklärung des Veräußerers, dass dieser den Kaufpreis vollständig erhalten hat, oder dadurch, dass der Veräußerer die vollständige Kaufpreiszahlung nachweist durch. ……

IV. Salvatorische Klausel, Durchführung, Hinweise

1. Die Wirksamkeit dieses Vertrages wird durch die Unwirksamkeit einzelner Bestimmungen nicht berührt. Die Beteiligten verpflichten sich, eine unwirksame Bestimmung durch eine solche zu ersetzen, die dem Zweck der unwirksamen Bestimmung am nächsten kommt. Dasselbe gilt im Falle einer Regelungslücke.
2. Die Beteiligten beauftragen jeweils den beurkundenden Notar, eine mit notarieller Bescheinigung versehene Gesellschafterliste zu erstellen, diese zum Handelsregister einzureichen und der Gesellschaft, dem Erwerber und dem Veräußerer in Abschrift zu übermitteln. Zudem beauftragen und bevollmächtigen sie – über ihren Tod hinaus – jeweils die Notariatsangestellten….., jeweils einzeln und soweit wie möglich unter Befreiung von den Beschränkungen des § 181 BGB, alle zur Durchführung des Vertrages noch notwendigen oder zweckdienlichen Erklärungen, einschließlich solcher zu Vertragsänderungen und -ergänzen, für sie vor dem beurkundenden Notar oder seinem amtlich bestellten Vertreter abzugeben und entgegenzunehmen. Die Vollmacht erlischt drei Monate, nachdem die aktualisierte Gesellschafterliste in den Registerordner des betreffenden Handelsregisters aufgenommen wurde.
3. Alle Genehmigungen und Erklärungen werden wirksam mit ihrem Eingang bei dem beurkundenden Notar.
4. Der Notar hat darauf hingewiesen, dass (i) alle vertraglichen Vereinbarungen und Nebenabreden vollständig beurkundet werden müssen, ansonsten dieser gesamte Vertrag nichtig sein kann, (ii) der Erwerber eines Geschäftsanteils für nicht bzw. nicht fehlerfrei erbrachte Leistungen auf den erworbenen und/oder andere Geschäftsanteile haftet, (iii) der Erwerber eines Geschäftsanteils gegenüber der Gesellschaft nur dann als Gesellschafter gilt, wenn er als solcher in der im Handelsregister aufgenommenen Gesellschafterliste (§ 40 GmbHG) eingetragen ist, und erst ab diesem Zeitpunkt die Gesellschafterrechte geltend machen kann, (iv) eine Gesellschafterstellung sich nicht aus einem Eintrag im Handelsregister ergeben kann, sodass die Gesellschafterstellung des Veräußerers aus notariellen Urkunden abgeleitet werden muss, (v) er keine steuerliche Beratung vorgenommen hat und insoweit auch nicht haftet.

V. Kosten, Ausfertigungen, Ablichtungen

1. Die Kosten dieser Urkunde und ihrer Durchführung sowie etwaige Erwerbsteuern trägt der Käufer. Die Gesellschaft hat Grundbesitz in Düsseldorf. Der Verkäufer erklärt, dass er in Deutschland unbeschränkt körperschaftsteuerpflichtig ist.
2. Die Verkäuferin und die Gesellschaft erhalten je eine, der Käufer zwei Ausfertigungen dieser Verhandlung, das für die Gesellschaft zuständige Finanzamt eine beglaubigte Abschrift.

Vorgelesen, genehmigt und wie folgt eigenhändig unterschrieben: .....

- **Kosten.** Der Wert richtet sich nach dem vereinbarten Kaufpreis (§ 97 Abs. 3 GNotKG). Diesem ist der gemäß der Bewertungsregelung in § 54 GNotKG für GmbH-Anteile zu ermittelnde Wert des Anteils gemäß der Beteiligung am Eigenkapital nach § 266 Abs. 3 HGB gegenüberzustellen; der höhere Wert ist maßgeblich. Hinzuzurechnen sind vom Käufer eventuell weitere eingegangene Verpflichtungen, wie schuldbefreiende Übernahme der restlichen Einzahlungspflicht auf die Stammeinlage,[111] Freistellung des Verkäufers von Bürgschaften, Übernahme von Verbindlichkeiten. Bei Verkauf zum symbolischen Kaufpreis von 1 €, ist der nach § 54 GNotKG ermittelte Wert anzusetzen; ist die GmbH jedoch überschuldet und werden alle Anteile übernommen, ist der tatsächliche Wert der Käuferleistungen maßgeblich. – Gebühr: 2,0 Gebühr der Tabelle B nach Nr. 21100 KV GNotKG. – Für die Vertretungsbescheinigung erhält der Notar eine Gebühr nach Nr. 25200 KV GNotKG je 15 €. – Wird die Zustimmung der Gesellschaft oder der Gesellschafter in der Abtretungsurkunde erteilt, ist dies gegenstandsgleich nach § 109 Abs. 1 GNotKG, da die Zustimmung/Genehmigung der Durchführung der Anteilsabtretung dient, und damit in dem erforderlichen Abhängigkeitsverhältnis steht. Anders jedoch, wenn ein Gesellschafterbeschluss dafür erforderlich ist (dazu siehe unten). – Wird die Zustimmungserklärung der weiteren Gesellschafter ohne erforderlichen Gesellschafterbeschluss gesondert erteilt, ist diese eine sonstige Erklärung nach Nr. 21200 KV GNotKG mit einer Gebühr von 1,0 aus Tabelle B, mindestens 60 €, wobei jedoch nach § 98 Abs. 1 GNotKG als Geschäftswert nur die Hälfte des Geschäftswertes für die Beurkundung, auf die sich die Zustimmungserklärung bezieht, anzusetzen ist. – Ist jedoch ein Gesellschafterbeschluss erforderlich, fällt eine gesonderte Beschlussgebühr mit dem Geschäftswert nach § 108 Abs. 2 GNotKG aus dem Wert des Veräußerungsgeschäfts an (mindestens 30.000 € § 108 Abs. 2 i.V.m. § 105 Abs. 1 Satz 2 GNotKG), daraus 2,0 Gebühr der Tabelle B nach Nr. 21100 KV GNotKG; eine 0,5 Vollzugsgebühr nach Nr. 22110 GNotKG (gemäß Vorbem. 2.2.1.1. Abs. 2 i.V.m. Abs. 1 Satz 2 Nr. 5 KV GNotKG) erhält der Notar, wenn er im Auftrag der Beteiligten den erforderlichen Beschluss bei der Gesellschaft anfordert. Bei Zusammenbeurkundung des Beschlusses mit der Veräußerung fällt dafür diese Gebühr zusätzlich zur Gebühr für die Veräußerung nach § 110 Nr. 1 GNotKG an. Die Gebühr nach Nr. 21100 KV GNotKG errechnet sich dann aber für Beschluss und Vertrag gemäß § 35 Abs. 1 GNotKG aus den summierten Werten. Geschäftswertbeschränkung besteht nach § 107 Abs. 2 GNotKG bei Veräußerungen zwischen verbundenen Unternehmen, soweit die Gesellschaft nicht überwiegend vermögensverwaltend ist.

Dem Finanzamt – Grunderwerbsteuerstelle – ist Anzeige nach § 18 Abs. 2 GrdEStG zu machen und eine einfache Abschrift zu übersenden.[112] Die Beurkundungskosten können

---

111 OLG Frankfurt v. 26.03.1986 – 20 W 482/85, DNotZ 1987, 179; OLG Köln v. 14.01.2000 – 2 Wx 46/99, FGPrax 2000, 126.
112 Soweit eine Anzeigepflicht sowohl nach § 18 GrEStG als auch nach § 19 GrEStG besteht, genügt, wenn nur einer der Anzeigeverpflichteten seiner Anzeigepflicht ordnungsgemäß nachkommt (BFH v. 18.04.2012 – II R 51/11, BFHE 236, 569, BStBl. II 2013, 830 = DStR 20012, 1342). Die Anzeige ist i.S.d. § 16 Abs. 5 GrEStG ordnungsgemäß, wenn der Vorgang innerhalb der Anzeigefristen der §§ 18 Abs. 3 und 19 Abs. 3 GrEStG an die Grunderwerbsteuerstelle des zuständigen Finanzamts vom Notar auf dem amtlichen Vordruck

grundsätzlich nicht von der Gesellschaft als Betriebskosten angesetzt werden, auch wenn diese als Kostenschuldner in der Urkunde benannt wird; es käme dadurch ggf. zu einer verdeckten Gewinnausschüttung.[113]

Kurzer Kauf- und Abtretungsvertrag unter Mitgesellschaftern

84 M

Verhandelt Berlin-Charlottenburg, den .....
Vor dem unterzeichneten Notar ..... erschienen, dem Notar persönlich bekannt:
1. die verwitwete Frau Hedwig Haddenbrock geborene Köster in Berlin-Spandau, Kirchstraße 9,
2. die Geschäftsinhaberin Vera Wellmann geborene Möller in Berlin-Pankow, Rankestraße 10.
Frau Haddenbrock ist nach eigenen Angaben sowie ausweislich der am heutigen Tag eingesehenen, zuletzt in den Registerordner der betreffenden Gesellschaft aufgenommenen Gesellschafterliste Gesellschafterin der »Obstgroßhandlung Pomona Gesellschaft mit beschränkter Haftung« in Berlin (die im Handelsregister des Amtsgerichts Charlottenburg unter B 1694 eingetragen ist) mit einem voll eingezahlten Geschäftsanteil Nr. 1 von 10.000 €. Frau Wellmann erklärt, dass ihr das als Mitgesellschafterin bestens bekannt ist.
Diesen Geschäftsanteil verkauft Frau Haddenbrock an Frau Wellmann zum Kaufpreis von 15.000 €, der bereits gezahlt wurde.
Frau Haddenbrock tritt den Geschäftsanteil an Frau Wellmann ab, die die Abtretung annimmt. Frau Haddenbrock übernimmt Gewähr nur dafür, dass ihr der Geschäftsanteil zusteht und nicht mit Rechten Dritter belastet ist, sonst aber nicht, insbesondere nicht für die Verhältnisse der Gesellschaft und für die Leistung der Einlagen.
Das Gewinnbezugsrecht geht sofort über; soweit über die Verwendung des Ergebnisses nicht bereits beschlossen wurde, steht es Frau Wellmann zu.
Die Kosten trägt Frau Wellmann. Grundbesitz hat die Gesellschaft nicht. Der Veräußerer erklärt, dass er in Deutschland unbeschränkt einkommensteuerpflichtig ist.
Die schriftliche Einwilligung der Gesellschaft zu dieser Abtretung liegt nach Erklärung beider Teile bereits vor. Salvatorische Klausel, Durchführungsvollmacht und Hinweise wie Rdn. 82.

....., Notar

■ *Kosten.* wie Muster Rdn. 82 M.

85 Mitteilung nach § 54 EStDV ist zu machen, ggf. auch nach § 18 GrEStG.

XI. Verkauf eines Teils eines Geschäftsanteils

86 Nach Streichung des § 17 GmbHG a.F. durch das MoMiG, der ein nicht disponibles Zustimmungserfordernis der Gesellschafter vorsah, bedarf die Teilung eines Geschäftsanteils nur

---

in einer Weise bekannt wird, dass es die Verwirklichung eines Tatbestands nach § 1 Abs. 2, 2a und 3 GrEStG prüfen kann. Dazu muss die Anzeige die einwandfreie Identifizierung von Veräußerer, Erwerber und Urkundsperson (§ 20 Abs. 1 Nr. 1 und Nr. 6 GrEStG) sowie der grundbesitzenden Gesellschaft (§ 20 Abs. 2 GrEStG) durch Angabe der Wirtschafts-Identifikationsnummer der Gesellschaft gemäß § 139c AO ermöglichen; ferner müssen der Anzeige in der Regel die in § 18 Abs. 1 Satz 2 bzw. § 19 Abs. 4 Satz 2 GrEStG genannten Abschriften beigefügt werden (BFHE 236, 569, BStBl. II 2013, 830 = DStR 2012, 1342).
113 Vgl. BFH v. 16.04.2015 – IV R 44/12, BFH/NV 2015, 1085.

noch der Zustimmung durch die Gesellschafterversammlung nach § 46 Nr. 4 GmbHG, wenn das im Gesellschaftsvertrag nicht abbedungen ist; ohne zustimmenden Beschluss ist die Teilung schwebend unwirksam, was dann auch für die Veräußerung gilt. Ein Beschluss ist nicht erforderlich, sofern die Veräußerung mit Zustimmung aller Gesellschafter erfolgt. Hinreichend bestimmt ist die Teilung dann aber nur, wenn in der Zustimmungserklärung auf die ihrerseits hinreichend bestimmte Teilungserklärung im Veräußerungs- oder Abtretungsvertrag Bezug genommen wird.[114] Sinnvoll kann es sein, im Gesellschaftsvertrag die Teilung von der Zustimmung der Gesellschafterversammlung loszulösen, vielmehr eine Willenserklärung des Anteilsinhabers genügen zu lassen, diese aber an eine notarielle Beurkundung zu binden. Dies hat den Vorteil, dass damit der Notar den Teilungsvorgang kontrollieren und zugleich die angepasste Gesellschafterliste erstellen kann. Wenn und weil die Teilung, wie häufig, im Vorfeld einer Anteilsübertragung erfolgt, kann dies in einer gemeinsamen Urkunde erfolgen. Möglich wäre es auch, die Teilung zu erschweren, etwa an die Zustimmung der qualifizierten Mehrheit zu binden.

Beispiel für Satzungsregelung

Die Teilung von Geschäftsanteilen bedarf der notariell beurkundeten Erklärung des betreffenden Geschäftsanteilsinhabers. Eine Zustimmung der Gesellschafterversammlung oder der übrigen Gesellschafter ist nicht erforderlich. 87 M

Resultat einer Teilung müssen jeweils Geschäftsanteile sein, die ihrerseits mindestens einen Nennbetrag in Höhe von 1 € aufweisen (Mindeststückelung). Nicht möglich ist die »freie Aufteilung« des insgesamt auf einen Geschäftsanteil geleisteten Einlagebetrages (bei mangelnder Volleinzahlung) auf die neu gebildeten Geschäftsanteile, die noch ausstehenden Einlagepflichten müssen sich pro rata auf die neuen Geschäftsanteile verteilen.[115] 88

Für die Gesellschafterlistenerstellung bleiben nach der neuen GesL-VO zwei Varianten: Entweder werden für die neuen Teile die nächsten freien arabischen Zahlen vergeben (Geschäftsanteil Nr. 1 wird in die Geschäftsanteile Nr. 2 und Nr. 3 aufgeteilt – nicht zulässig dagegen: Geschäftsanteil Nr. 1 wird in die Geschäftsanteile Nr. 1 und Nr. 2 aufgeteilt) oder aber die neuen Teile erhalten sog. Abschnittsnummern.[116] Unzulässig sind dagegen – wie richtigerweise schon bisher – ergänzende lateinische Buchstaben, wie 1a und 1b. Für die Abschnittsnummern wird der Verweis in § 1 Abs. 3 Satz 3 Halbs. 2 GesL-VO auf die Vorgabe, jeweils die nächste freie arabische Zahl zu vergeben, wohl nicht dahin zu verstehen sein, dass die nächste freie Zahl den Ausgangspunkt der dezimalen Gliederung bilden muss: zulässig ist es wohl, den Geschäftsanteil Nr. 1 in die Geschäftsanteile Nr. 1.1 und Nr. 1.2 zu teilen, nicht notwendig mithin in Nr. 2.1 und 2.2, so dass erkennbar bleibt, dass die Teile aus dem Geschäftsanteil mit der Nr. 1 entstammen. Aufgrund der Abschnittsnummern werden hier keine »verbrauchten« Nummern neu vergeben. Klarer und daher zu empfehlen ist aber die Vergabe neuer Nummern für sämtliche Teile.[117] Eine Umnummerierung weiterer Geschäftsanteile anlässlich der Veräußerung eines Teilgeschäftsanteils, wie sie in solchen Fällen zweckmäßig sein kann, verbietet sich nunmehr, es sei denn, es lägen die Voraussetzungen für eine Bereinigungsliste vor. Abschnittsnummern erlaubt die Verordnung übrigens nur für die Fälle der Teilung sowie die Schaffung neuer Geschäftsanteile, ansonsten sind sie unzulässig. Generell sollte von ihnen nur zurückhaltend Gebrauch gemacht werden, weil sie die Gesellschafterliste tendenziell unübersichtlich werden lassen. 89

---

114 BGH GmbHR 2014, 198.
115 DNotI-Report 2012, 69; Roth/Altmeppen/*Roth*, § 17 GmbHG Rn. 17a.
116 *Cziupka*, GmbHR 2018, R180.
117 Heckschen/Heidinger/*Heckschen*, Kap. 13 Rn. 405.

§ 145 Der Geschäftsanteil (Verfügungen, Ausschluss, Einziehung, Preisgabe)

Verkauf eines neu gebildeten Teilgeschäftsanteils

90 M Verhandelt Witten/Ruhr, den ..... Vor dem unterzeichneten Notar ..... erschienen, persönlich bekannt:
1. Kaufmann Johannes Hahn in Witten, Hagener Str. 7,
2. Diplom-Ingenieur Adolf Ackermann in Witten, Herdecker Str. 8.

Herr Ackermann erklärte zunächst, dass er als allein vertretungsberechtigter persönlich haftender Gesellschafter der Firma »Ackermann & Co. Kommanditgesellschaft« in Witten handele .....

Herr Hahn schickte voraus, dass er an der »Wittener Heizöl Gesellschaft mit beschränkter Haftung« mit einem Geschäftsanteil Nr. 1 mit Nennbetrag von 20.000 € beteiligt sei. Er überreichte Herrn Ackermann eine beglaubigte Abschrift des Gründungsvertrags dieser Gesellschaft, wonach er einen Geschäftsanteil mit Nennbetrag von 20.000 € bei der Errichtung der Gesellschaft übernommen hat, und versicherte, die Einlage ebenso wie die anderen Gesellschafter voll eingezahlt zu haben. Weiter überreichte er einen Beschluss im Original, mit dem die Gesellschafterversammlung der vorgenannten GmbH einstimmig beschlossen hat, dass der Geschäftsanteil Nr. 1 in einen Geschäftsanteil Nr. 2 und einen Geschäftsanteil Nr. 3, jeweils mit Nennbetrag von 10.000 €, geteilt wird. Die beiden vorgenannten Schriftstücke werden dieser Urkunde als Anlage zu Beweiszwecken beigefügt.

Er erklärte weiter: Den mit dem vorgenannten Gesellschafterbeschluss neu entstandenen Geschäftsanteil Nr. 3 verkaufe ich hiermit mit dem Gewinnbezugsrecht vom Anfang dieses Jahres an die »Firma Ackermann & Co. Kommanditgesellschaft« und trete diesen Geschäftsanteil und das bezeichnete Gewinnbezugsrecht mit sofortiger dinglicher Wirkung ab. Das auszuschüttende Ergebnis für das vergangene Jahr steht noch mir zu. Die Erwerberin verpflichtet sich, für volle Ausschüttung zu stimmen.

Herr Ackermann erklärte: Die Kommanditgesellschaft nimmt die Abtretung des Geschäftsanteils Nr. 3 und des Gewinnbezugsrechts sowie die Verpflichtung an, für eine volle Ausschüttung bei der Beschlussfassung über die Gewinnverwendung für das vergangene Jahr zu stimmen.

Außer für die Einzahlung der Einlagen übernimmt der Veräußerer Gewähr nur dafür, dass ihm der Geschäftsanteil zusteht und nicht mit Rechten Dritter belastet ist. Weiter wie Muster Rdn. 31 M.

Die Kosten dieses Vertrages trägt die Erwerberin. Das Entgelt für die Abtretung beträgt 25.000 €; es ist bereits bezahlt. Grundbesitz hat die GmbH nicht. Der Veräußerer erklärt, dass er in Deutschland unbeschränkt einkommensteuerpflichtig ist.

....., Notar

■ *Kosten.* Wie zu Rdn. 82 M. Wird der Notar beauftragt, den nach § 46 Nr. 4 GmbHG erforderlichen Gesellschafterbeschluss zur Teilung des Geschäftsanteils zu entwerfen und die Unterschriften einzuholen, fällt eine gesonderte Beschlussgebühr an. Geschäftswert für den Beschluss nach § 108 Abs. 2 GNotKG nach dem Wert des Veräußerungsgeschäfts, daraus 2,0 Gebühr der Tabelle B nach Nr. 21100 KV GNotKG; bei Zusammenbeurkundung mit der Veräußerung die Gebühr nach Nr. 21100 KV GNotKG dann aber gemäß § 35 Abs. 1 GNotKG aus den summierten Werten. Geschäftswertbeschränkung nach § 107 Abs. 2 GNotKG bei Veräußerungen zwischen verbundenen Unternehmen, soweit die Gesellschaft nicht überwiegend vermögensverwaltend ist.

91 Mitteilung nach § 54 EStDV hat zu erfolgen, ggf. auch nach § 18 GrEStG. Wegen der Aufteilung des Jahresergebnisses siehe Rdn. 24 ff.

XII. Verpfändung, Pfändung

1. Die Verpfändung ist unter denselben Bedingungen zulässig wie die Übertragung (§ 1274 Abs. 2 BGB) und erfolgt in derselben notariellen Form (Abs. 1). Die Verpfändung als dingliche Abspaltung muss daher – mitsamt sämtlicher diesbezüglicher (dinglicher) Nebenabreden und insbesondere der bestimmten Bezeichnung der Forderung, nicht aber des Darlehensvertrages selbst – notariell beurkundet werden, § 15 Abs. 3 GmbHG;[118] das schuldrechtliche Verpflichtungsgeschäft ist dagegen formfrei. Der *Gewinnanspruch* muss dem Gläubiger besonders verpfändet werden (§ 1273 Abs. 2 Satz 2 BGB: § 1213 Abs. 2 BGB gilt nicht). Das Mitgliedschaftsrecht, insbesondere das *Stimmrecht*, verbleibt beim Verpfänder, kann aber kraft Vollmacht vom Pfandgläubiger ausgeübt werden. Die Vollmacht kann wohl für die Dauer der Verpfändung unwiderruflich erteilt werden, darf aber nicht verdrängend wirken. Nach wohl überw. h.M. ist allerdings eine Übertragung des Stimmrechts zu eigenem Recht (Legitimationszession) wegen Verstoßes gegen das Abspaltungsverbot ausgeschlossen.[119] Die nach § 1280 BGB für Forderungen notwendige Anzeige an den Schuldner ist der Gesellschaft zu erstatten, wenn der Pfandgläubiger das Gewinnbezugsrecht ausüben will, sonst nicht.[120] Eine Anzeige an das Finanzamt nach § 54 EStDV ist nicht erforderlich. 92

Die gesicherte Forderung muss bestimmbar sein, kann aber auch alle Forderungen eines Gläubigers gegenüber dem Schuldner erfassen. Auch künftige Geschäftsanteile (z.B. aus einer Kapitalerhöhung) können – soweit bestimmbar – verpfändet werden. Der Pfandgeber bleibt Inhaber sämtlicher Mitgliedschafts- und Stimmrechte. Er kann auch den Geschäftsanteil veräußern, wobei jedoch das Pfandrecht am Anteil bestehen bleibt. Auch wenn der Pfandgeber die Vermögensposition des Gläubigers nicht unmittelbar negativ beeinträchtigen darf, bleibt diesem grundsätzlich nur ein Schadensersatz wegen Treupflichtverletzung, wenn der Gesellschafter seine Rechte nachteilig für die Gläubiger ausübt. 93

Die Aufhebung des Pfandrechtes wie auch Abtretung der gesicherten Forderung, bei der das Pfandrecht nach § 401 Abs. 1 BGB mit übergeht, ist formlos wirksam. Hinsichtlich der Verwertung des Pfandrechtes ist zu beachten, dass eine Verfallklausel, wonach bei Verzug automatisch der Gläubiger Inhaber des Anteiles wird, nach §§ 1277 Satz 2 i.V.m. 1229 BGB vor Eintritt der Pfandreife unwirksam ist, ebenso auch der Verzicht auf die öffentliche Versteigerung. Eine Pfandverwertung erfolgt grundsätzlich durch öffentliche Versteigerung oder einen freihändigen Verkauf durch den Gerichtsvollzieher, bei dem die Satzungsbeschränkungen und Zustimmungsvorbehalte nicht gelten. Da ein solches Verfahren evtl. nachteilig für den guten Ruf der Gesellschaft ist, kann zu dessen Vermeidung lediglich im Verpfändungsvertrag die Verpflichtung mit aufgenommen werden, im Verwertungsfall beim Vollstreckungsgericht entweder die freihändige Anteilsveräußerung durch den Gläubiger oder den Verfall des Geschäftsanteiles zu seinen Gunsten zur Anordnung zu beantragen (§ 854 ZPO), § 1229 BGB steht richtigerweise nicht entgegen.[121] 94

2. Die Pfändung des Geschäftsanteils erfolgt nach § 857 ZPO. Sie kann durch den Gesellschaftsvertrag nicht ausgeschlossen werden.[122] Die Pfändung bedarf nach inzwischen h.M. der Zustellung an die GmbH als Drittschuldner i.S.v. § 829 ZPO;[123] sie geht der früheren Vorausabtretung des Anspruchs auf das Auseinandersetzungsguthaben vor.[124] Der Gesell- 95

---

118 Scholz/*Seibt*, § 15 GmbHG Rn. 174; *Bruhns*, GmbHR 2006, 587, 591. Vikulierungsklauseln erstrecken sich im Zweifel auf Verpfändung, s. BGH ZIP 2009, 460, 467.
119 S. zu der Frage nur *K. Schmidt*, GesR § 19 II 4a) und b).
120 Scholz/*Seibt*, § 15 GmbHG Rn. 175 m.w.N.
121 Siehe hierzu *Reymann*, DNotZ 2005, 425, 455. Zur Verwertung näher *Vogelmann/Körner*, DNotZ 2018, 485.
122 BGHZ 32, 155.
123 S. Baumbach/Hueck/*Fastrich*, § 15 GmbHG Rn. 60.
124 BGH DNotZ 1989, 380.

schaftsvertrag kann nicht bestimmen, dass der Geschäftsanteil nur im Fall der Pfändung (und der Insolvenz des Gesellschafters) gegen nicht vollwertiges Entgelt einzuziehen ist.[125] Eine solche Bestimmung ist aber wirksam, wenn sie für vergleichbare Fälle des Ausscheidens – etwa bei Ausschluss aus wichtigem Grund – in gleicher Weise gilt.[126]

Verpfändung eines Geschäftsanteils

96 M Verhandelt zu Wilhelmshaven am.....
Vor dem Notar ..... erschienen heute, persönlich bekannt:
1. Herr Ernst Bauer, geb. am ....., wohnhaft in Wilhelmshaven, Oldenburger Str. 23,
2. Frau Gisela Dreyer, geborene Bechstedt, geb. am ....., in Wilhelmshaven, Verdener Str. 30
und erklärten zum meinem Protokoll folgenden

Verpfändungsvertrag:

I. Zu sichernde Forderung, Zwangsvollstreckungsunterwerfung
1. Herr Bauer (= Verpfänder) schuldet Frau Dreyer (= Gläubiger) aus einem ihm am ..... gewährten Darlehen 10.000 €, verzinslich mit 6 v.H. jährlich ab ..... in kalendervierteljährlichen Nachtragsraten und rückzahlbar nach einer Kündigungsfrist von einem Kalendervierteljahr.
2. Der Verpfänder unterwirft sich wegen der vorstehenden Hauptschuld nebst Zinsen der sofortigen Zwangsvollstreckung und gestattet die Erteilung einer vollstreckbaren Ausfertigung an den Gläubiger auf deren Antrag.

II. Verpfändung
1. Der Verpfänder ist Gesellschafter der »Jade Holzhandlung GmbH« mit Sitz in Wilhelmshaven, eingetragen im Handelsregister ..... unter HRB ....., mit einem voll eingezahlten Geschäftsanteil mit der Nr. 1 im Nennbetrag von 15.000 €. Nach Angaben des Verpfänders sind auch alle übrigen Einlagen auf Geschäftsanteile vollständig erbracht. Der Verpfänder versichert hiermit, dass die Angaben zu der Gesellschaft und dem verpfändeten Geschäftsanteil in dieser Urkunde richtig und vollständig sind und sein Geschäftsanteil weder gepfändet, verpfändet, abgetreten oder mit sonstigen Rechten anderer Personen belastet ist und ihm damit ausschließlich und lastenfrei selbst zur Verfügung steht. – Der Notar hat die Gesellschafterliste vom ..... am heutigen Tage eingesehen; eine Kopie wird dieser Urkunde zu Beweiszwecken als Anlage II beigefügt.
2. Zur Sicherung für die gesamte in Abschnitt I. bezeichnete Schuld in Haupt- und Nebenverbindlichkeiten, sowie für die bei der Verfolgung der Gläubigeransprüche gegen den Schuldner aufgelaufenen Kosten, verpfändet er diesen Geschäftsanteil den Gläubiger. – Die Verpfändung erstreckt sich auch auf etwaige vom Verpfänder noch zu erwerbende Geschäftsanteile, einschließlich insbesondere solcher, die er im Wege einer künftigen Kapitalerhöhung erwirbt. – Mitverpfändet werden a) alle mit dem verpfändeten Geschäftsanteil verbundenen gegenwärtigen oder zukünftigen Ansprüche auf Auseinandersetzungsguthaben, Abfindungsansprüche aufgrund von Einziehung, Ansprüche auf Rückzahlung von Stammkapital im Falle von Kapitalherabsetzungen, Ansprüche auf Rückbezahlung von einbezahlten Nachschüssen, soweit sie nicht zur Deckung des Verlustes von Stammkapital erforderlich sind, Ansprüche auf Entschädigung im Falle einer Kündigung bzw. eines Austritts aus der Gesellschaft, Ansprüche

---

125 BGHZ 32, 155.
126 BGHZ 65, 32 = NJW 1975, 1835; OLG Frankfurt MittBayNot 1978, 164.

auf einen Überschuss im Falle einer Preisgabe; b) alle gegenwärtigen oder zukünftigen Ansprüche auf Ausschüttung von Gewinnen auf den verpfändeten Geschäftsanteil (wobei der Gläubiger hiermit erklärt, von diesem Pfandrecht am Gewinnbezugsrecht vorbehaltlich eines Widerrufs zunächst keinen Gebrauch machen wird, sodass der Verpfänder weiterhin zur Entgegennahme und Verwertung der entsprechenden Gewinnanteile berechtigt bleibt); c) alle Bezugsrechte auf nach Abschluss dieses Vertrages ausgegebene Geschäftsanteile, d) alle sonstigen mit dem verpfändeten Geschäftsanteil verbundenen geldwerten Ansprüche und Rechte. *Alternativ: Die Verpfändung erstreckt sich auch auf alle gegenwärtigen und zukünftigen Ansprüche auf den Gewinn, der auf diesen Geschäftsanteil entfällt. Die Gewinnansprüche stehen ab Wirksamkeit der Verpfändungsabrede vollumfänglich dem Gläubiger zu. Der Gläubiger wird die an ihn ausbezahlten Gewinne der Gesellschaft auf die offenen Kosten aus dem Verpfändungsverhältnis und der Rechtsverfolgung, dann auf offenen und sodann auf die nächstfälligen Zinsschulden des Verpfänders aus dem Darlehen, darüber hinaus auf die Darlehensschuld verrechnen.*
3. Aufgrund der Verpfändung nach diesem Vertrag erwirbt der Pfandgläubiger ein Pfandrecht an jedem einzelnen der nach diesem Vertrag verpfändeten Sicherheiten. Die Pfandrechte haben untereinander den gleichen, ersten Rang.
4. Soweit sich aus dieser Vereinbarung nichts anderes ergibt, ist der Gläubiger nicht berechtigt, die mit dem verpfändeten Geschäftsanteil verbundenen Mitgliedschaftsrechte, insbesondere die Stimmrechte, auszuüben. Der Verpfänder verpflichtet sich jedoch, alles zu unterlassen, was den Wert der verpfändeten Geschäftsanteile beeinträchtigen oder zum Untergang dieser Geschäftsanteile führen könnte. Insbesondere ist er verpflichtet, das Gesellschaftsverhältnis ohne die Zustimmung des Gläubigers, solange das erwähnte Sicherungsverhältnis besteht, weder aufzukündigen, noch ohne Zustimmung des Gläubigers irgendwelche das Gesellschaftsverhältnis betreffende Vereinbarungen zu treffen. *alternativ: Der Verpfänder erteilt hiermit dem Gläubiger Stimmrechtsvollmacht, das Stimmrecht für den Verpfänder auszuüben, solange das Pfandrecht besteht.*
5. Der Gläubiger hat den Pfandgegenstand frei zu geben, sobald dieser nicht mehr zur Absicherung des bezeichneten Sicherungsgrundes erforderlich ist.
6. Der Gläubiger kann die verpfändeten Geschäftsanteile – unter Ausschluss des § 1277 BGB – ohne vollstreckbaren Titel öffentlich versteigern lassen, falls der Gläubiger zuvor den Verpfänder schriftlich aufgefordert hat, seine fälligen Verbindlichkeiten aus dem gesicherten Schuldverhältnis innerhalb einer Frist von .....[127] (*im Wertumfang des verpfändeten Geschäftsanteiles zu erfüllen*) und diese Frist fruchtlos verstrichen ist. Eine Androhung der Versteigerung ist nicht erforderlich. Die Versteigerung kann an jedem beliebigen Ort in der Bundesrepublik Deutschland stattfinden. *Evtl. noch: Die Beteiligten verpflichten sich, im Verwertungsfall beim Vollstreckungsgericht entweder die freihändige Anteilsveräußerung durch den Gläubiger oder den Verfall des Geschäftsanteiles zu seinen Gunsten zur Anordnung zu beantragen (§ 854 ZPO).*
7. Die nach § 5 des Gesellschaftsvertrages erforderliche Zustimmung der Gesellschaft zu der Verpfändung (und sicherheitshalber zur Verwertung) hat der Geschäftsführer der Gesellschaft bereits durch das dieser Niederschrift als Anlage II. 8 zu Beweiszwecken beigefügte Schreiben erteilt. Die erfolgte Verpfändung wird der Verpfänder selbst der Gesellschaft nach § 1280 BGB anzeigen. *Alt. und vorzugswürdig: Die Beteiligten beauftragen den beurkundenden Notar, der Gesellschaft die Verpfändung durch Übersendung einer beglaubigten Abschrift dieser Niederschrift nach § 1280 BGB anzu-*

---

[127] I.d.R. ein Monat wie § 1234 BGB, Abweichung aber möglich, *Reymann*, DNotZ 2005, 425.

zeigen, und zwar durch Einschreiben/Rückschein oder gegen schriftliches Empfangsbekenntnis.
8. Der Gläubiger nimmt die Verpfändung an.

III. Kosten, Hinweise, Schlussvermerk

1. Die Kosten dieser Urkunde und ihres Vollzugs trägt der Verpfänder. Der Notar wird mit dem Vollzug dieser Urkunde beauftragt und bevollmächtigt. Jeder Beteiligte erhält eine Ausfertigung. *Evtl.:* Der Notar muss dem Finanzamt der Gesellschaft (vorsorglich) eine vollständige beglaubigte Abschrift übermitteln.
2. Der Notar hat die Vertragsbeteiligten insbesondere darauf hingewiesen, dass er die Richtigkeit der Angaben in Abschnitt II. nicht überprüfen kann und ein gutgläubiger oder auch gutgläubig lastenfreier Erwerb eines Pfandrechts an Geschäftsanteilen einer GmbH nicht möglich ist, sowie auf die Akzessorietät des Pfandrechts und ihre Auswirkungen.
Vorgelesen, genehmigt und wie folgt eigenhändig unterschrieben:

....., Notar

Keine Anzeige nach § 54 EStDV an das Finanzamt.

■ *Kosten.* Wert nach § 53 Abs. 2 GNotKG: Betrag der zu sichernden Forderung maßgeblich, hier: 10.000 €. –2,0 Gebühr der Tabelle B nach Nr. 21100 KV GNotKG. Bzgl. Entwurf von Zustimmungserklärungen s. Muster Rdn. 82 M.

97 3. Weil die Sicherungsabtretung zur Haftung des Sicherungsnehmers als Gesellschafter führt (§§ 19, 24, 31 GmbHG im Einzelnen str.), ist die Verpfändung ihr gegenüber regelmäßig vorzuziehen, auch wenn die Sicherungsabtretung erlaubt, den freihändigen Verkauf von vornherein zu vereinbaren.[128]

98 M Sicherungsabtretungsvertrag

Verhandelt Hamburg-Harburg, den .....
Vor dem unterzeichneten Notar ..... erklärten
1. der Rentner Karl Bock in Hamburg-Harburg, Stader Str. 1,
2. der Kraftfahrzeugmeister Heinz Hansen in Hamburg-Harburg, Celler Str. 2, beide dem Notar persönlich bekannt:
I. Herr Bock gewährt Herrn Hansen ein Darlehen von 30.000 €. Es ist ab heute mit 6 % jährlich in vierteljährlichen Nachtragsraten verzinslich und am ..... rückzahlbar.
II. Herr Hansen ist seit der Gründung der Gesellschaft mit einem zu einem Viertel eingezahlten Geschäftsanteil von 80.000 € an der »Harburger Autozentrale Gesellschaft mit beschränkter Haftung« beteiligt. Zur Sicherheit für das zu I bezeichnete Darlehen tritt er hiermit seinen Geschäftsanteil mit sofortiger Wirkung an Herrn Bock ab.
Die Gesellschafterrechte, insbesondere das Gewinnbezugsrecht, gehen ab heute auf Herrn Bock über; Ausschüttungen an Herrn Bock werden mit dessen Ansprüchen gegen Herrn Hansen verrechnet, zuerst auf rückständige Leistungen, dann auf Zinsen und schließlich auf Tilgungsleistungen. Auch das Stimmrecht steht Herrn Bock zu; er hat es im Einvernehmen mit Herrn Hansen auszuüben.
Die restlichen Einzahlungen auf die Stammeinlage hat Herr Hansen zu leisten. Jedoch wird ihm Herr Bock die während der Dauer der Sicherungsübertragung auf die Stam-

---
128 *Lohr*, GmbH-StB 2012, 255.

meinlage fällig werdenden Beträge bis zur Höhe von 60.000 € als weiteres Darlehen zur Verfügung stellen, und zwar zu den Zins- und Fälligkeitsbedingungen unter I.
Der Geschäftsanteil ist auf Herrn Hansen zurück zu übertragen, wenn alle Ansprüche aus dem Darlehensverhältnis vollständig erfüllt sind.
III. Herr Bock nimmt die Abtretung an.
Eine Genehmigung zur Abtretung an Herrn Bock als bisherigen Mitgesellschafter ist nach der Satzung nicht erforderlich.
IV. Kosten trägt Herr Hansen.
Der Veräußerer erklärt, dass er in Deutschland unbeschränkt einkommensteuerpflichtig ist.
Die Gesellschaft hat Grundbesitz in Hamburg-Harburg.
Jeder Beteiligte erhält eine Ausfertigung; eine beglaubigte Abschrift geht an das Finanzamt für Körperschaften, eine weitere an das Finanzamt – Grunderwerbsteuerstelle –.

....., Notar

■ *Kosten.* Wert: Das gewährte Darlehen von 30.000 € und das Zugesagte von 60.000 € bestimmen den Geschäftswert von 90.000 € (§ 53 Abs. 2 GNotKG: Betrag der zu sichernden Forderung maßgeblich). Die Begründung eines bedingten Anspruchs ist wie die eines unbedingten zu bewerten. Die Sicherung betrifft denselben Gegenstand. 2,0 Gebühr der Tabelle B nach Nr. 21100 KV GNotKG. Vollzugsgebühr für Fertigen der Gesellschafterliste siehe Rdn. 61. Registergebühr für die Entgegennahme der geänderten Liste der Gesellschafter: 30 € nach Nr. 5002 GV HRegGebVO. Bzgl. evtl. Entwurf von Zustimmungserklärungen s. Muster Rdn. 82 M.

Dem Finanzamt – Grunderwerbsteuerstelle – ist Anzeige nach § 18 Abs. 2 GrEStG zu machen und eine einfache Abschrift beizufügen. Das Finanzamt für Körperschaften erhält beglaubigte Abschrift nach § 54 EStDV. 99

XIII. Nießbrauch an Geschäftsanteilen

Die unzureichende Koordination von Zivil-, Gesellschafts- und Steuerrecht gebietet Vorsicht bei der Festlegung von Nießbrauchsrechten an GmbH-Anteilen, wobei hinsichtlich der grundsätzlichen Zulässigkeit kein Zweifel besteht. Voraussetzung für die Nießbrauchseinräumung ist nach § 1069 Abs. 2 BGB, dass der Anteil übertragbar ist, sodass gesetzliche und statutarische Abtretungsbeschränkungen zu beachten sind. Die Einräumung, nicht jedoch die schuldrechtliche Verpflichtung dazu, erfolgt gemäß § 1069 Abs. 1 BGB nach den für die Übertragung geltenden Vorschriften und bedarf somit der notariellen Beurkundung gemäß § 15 Abs. 3 GmbHG. Sie bedarf bei Vinkulierung gemäß § 15 Abs. 5 GmbH der entsprechenden Zustimmung. Aufgrund des Abspaltungsverbotes kann nach h.M. der Nießbrauch nicht als Vollrechtsnießbrauch, sondern nur als Ertragsnießbrauch eingeräumt werden, der dem Nießbraucher nicht die Mitgliedschaftsrechte überträgt, sondern lediglich eine Beteiligung an den aus dem Unternehmen resultierenden Vermögensrechten.[129] Dem Nießbraucher können daher keine den Gesellschafter ausschließenden Befugnisse in Grundlagengeschäften, wie Feststellung des Jahresabschlusses, übertragen werden;[130] es kann ihm lediglich eine Stimmrechtsvollmacht erteilt werden (s. § 144 Rdn. 27 ff.). Sein Nutzungsrecht umfasst den Anspruch auf Dividende, dividendenähnliche Zahlungen und den Liquidationserlös, der 100

---

129 Baumbach/Hueck/*Fastrich*, § 15 GmbHG Rn. 53 m.w.N.
130 BGH DNotZ 99, 607. Zum Nießbrauch im Transparenzregister *Reymann*, in: FS DNotI, S. 675, 584 ff.

jeweils unmittelbar in seiner Person entsteht. Durch das MoMiG wurde die frühere Anzeige der Veräußerung an die Gesellschaft (§ 16 Abs. 1 GmbHG a.F.) durch die Einreichung der Gesellschafterliste (§ 40 GmbHG) ersetzt, in die nach h.M. der Nießbrauch nicht eingetragen werden kann. Des Gewinnbezugsrechts wegen ist es trotzdem zweckmäßig, die Bestellung des Nießbrauchs der Gesellschaft anzuzeigen.

101 Steuerlich wird dem Nießbraucher lediglich beim Vorbehaltsnießbrauch, den sich der Gesellschafter bei Veräußerung des Anteiles entgeltlich oder unentgeltlich zurückbehält, und beim Vermächtnisnießbrauch die Dividende als Einnahme (§ 20 Abs. 1 Nr. 1 EStG) zugerechnet, § 20 Abs. 5 Satz 3 EStG. Behält sich der Veräußerer als Nießbraucher alle mit der Beteiligung verbundenen wesentlichen Rechte (Vermögens- und Verwaltungsrechte) zur Ausübung zurück, bleibt er wirtschaftlicher Eigentümer im Sinne von § 39 Abs. 2 Nr. 1 AO. Die Übertragung des Anteiles führt dann als unentgeltliches Rechtsgeschäft nicht zur Veräußerungsbesteuerung nach § 17 EStG. Verzichtet jedoch später der Nießbraucher gegen Abstandzahlung auf sein Nießbrauchsrecht, wird dadurch im Rahmen eines entgeltlichen Vorganges das wirtschaftliche Eigentum übertragen und der erzielte Veräußerungserlös nach § 17 EStG steuerpflichtig.[131] Nur ein Nießbrauchsrecht nach den gesetzlichen Bestimmungen vermittelt dem Nießbraucher kein wirtschaftliches Eigentum, sodass die Ablösung zu nachträglichen Anschaffungskosten beim Gesellschafter und evtl. steuerpflichtigen Einnahmen beim Nießbraucher führt.[132] – Unter diesen Umständen kann auch die schenkungsteuerliche Begünstigung nach §§ 13a, 13b ErbStG für die Anteilsschenkung fraglich werden.[133]

102 Beim unentgeltlich einem Dritten eingeräumten Nießbrauch (Zuwendungsnießbrauch) behält der Gesellschafter seinen Geschäftsanteil und steuerrechtlich damit auch die Dividendeneinkünfte, die bei ihm zu versteuern sind. Daher sollte sich ein derartiger Nießbrauch nur auf die Erträge nach Abzug der Einkommensteuerbelastung beschränken. Der Gestaltung, den unentgeltlichen Zuwendungsnießbrauch so weit mit Stimm-, Anfechtungs- und ähnlichen Mitgliedschaftsrechten auszustatten, dass der Nießbraucher wirtschaftlicher Eigentümer i.S.v. § 39 Abs. 2 Nr. 1 AO und damit Steuerpflichtiger wird,[134] ist durch das Gesellschaftsrecht Schranken gesetzt. Beim entgeltlich bestellten Nießbrauch hat der Gesellschafter das erhaltene Entgelt nach § 20 Abs. 2 Nr. 1 EStG als Einkünfte zu versteuern.[135]

XIV. Wirtschaftliche Neugründung, Mantelkauf

103 1. S. zunächst § 142 Rdn. 202 ff. Der Kauf des Mantels einer bereits tätig gewesenen, »stillgelegten« GmbH birgt für den Erwerber vielfältige Risiken: unvollständige Kapitaleinzahlung, Differenzhaftung, verdeckte Sacheinlage, unzulässige Rückgewähr von Stammeinlagen, Haftungen der Gesellschaft aus Steuer-, Sozial- und Arbeitsrecht, unerlaubter Handlung, Gewährleistung usw. Von dieser Art des Mantelkaufs ist deshalb generell abzuraten. Gleiches gilt natürlich nicht vom Erwerb einer Vorrats-GmbH von einem seriösen Anbieter; nur ganz selten wird freilich der Erwerb einer Vorrats-GmbH gegenüber der Neugründung Vorteile bieten.

---

131 BFH v. 24.01.2012 – IX R 51/10 = MittBayNot 2013, 84 m. Anm. *M. Wachter*; Götz, DStR 2013, 448.
132 BFH v. 18.11.2014 – IX R 49/13, BStBl II 2015, 224 = DNotZ 2015, 217 = DStR 2015, 27: Ablösezahlung kann Entschädigung für die entgangenen Dividendenansprüche nach § 24 Nr. 1, § 20 Abs. 1 Nr. 1 Satz 1, § 20 Abs. 2a Satz 3 EStG oder nach §§ 24 Nr. 2, 17 Abs. 2 EStG sein.
133 Hierzu: *Götz*, DStR 2013, 448.
134 Nach FG Münster RNotZ 2004, 50 ist die Übertragung der Mitverwaltungsrechte notwendig.
135 *Schmidt/Weber-Grellet*, § 20 EStG Rn. 20 ff.; Nießbrauchserlass vom 23.11.1983, BStBl. I 1983, 508; sowie OFD Erfurt DStR 1995, 1419; zur schenkungsteuerlichen Behandlung des Vorbehaltsnießbrauches Ländererlass v. 09.11.1989, BStBl. I 1989, 445; *Frank*, MittBayNot 2010, 96.

2. In der außerordentlich umstrittenen Frage, ob beim Kauf der Geschäftsanteile einer zu diesem Zweck »auf Vorrat« gegründeten GmbH[136] und der Aufnahme der Geschäftstätigkeit die Vorschriften bei der Gründung einer GmbH zu beachten sind, hat sich der BGH[137] entschieden, diese Frage grundsätzlich zu bejahen: Die der Gewährleistung der Kapitalausstattung dienenden Gründungsvorschriften einschließlich der registergerichtlichen Kontrolle sind danach entsprechend anzuwenden; der Geschäftsführer hat entsprechend § 8 Abs. 2 GmbHG zu versichern, dass die in § 7 Abs. 2 und 3 GmbHG bezeichneten Leistungen auf die Stammeinlagen bewirkt sind und dass der Gegenstand der Leistungen sich weiterhin in seiner freien Verfügung befindet. Für die Versicherung gelten die allgemeinen Grundsätze: Maßgebender Zeitpunkt ist der Eingang beim Registergericht,[138] erfolgt die Anmeldung erst nach Aufnahme der Geschäftstätigkeit, ist zu versichern, dass die geleisteten Einlagen noch – wertmäßig – in voller Höhe vorhanden sind.[139]

104

In seinem Beschluss v. 07.07.2003[140] hat der BGH festgestellt, dass die gleichen Grundsätze auch für die »Reaktivierung« eines »alten« Mantels einer nicht mehr aktiven GmbH gelten, im Beschluss vom 18.01.2010[141] allerdings auf die Fälle eingeschränkt, in denen die Gesellschaft tatsächlich eine »leere Hülse« ist, also kein aktives Unternehmen betreibt, an das die Fortführung anknüpfen kann; dazu genügen konkrete Aktivitäten zur Planung und Vorbereitung einer Geschäftsfähigkeit nach außen im Rahmen des Unternehmensgegenstandes. Die Tatsache der Wiederverwendung eines »leer« gewordenen GmbH-Mantels ist – der Sache nach in der Anmeldung – gegenüber dem Handelsregister offen zu legen. Die Offenlegung ist mit der Versicherung über die Kapitalaufbringung nach § 8 Abs. 2 Satz 1 GmbHG wie bei der Neugründung zu verbinden,[142] und zwar, falls das Stammkapital der »reaktivierten« GmbH über dem Mindestkapital liegt, für das höhere Stammkapital. Im (Versäumnis-)Urteil hat der BGH[143] konsequent festgestellt, dass die Grundsätze der wirtschaftlichen Neugründung auch in der Liquidation der Gesellschaft gelten.

105

Auch die Regeln über die Haftung im Gründungsstadium, § 11 Abs. 2 GmbHG und die Unterbilanzhaftung, gelten entsprechend,[144] letztere bezogen auf den Zeitpunkt, zu dem die Mantelverwendung dem Handelsregister offengelegt wird, denn einer konstitutiven Eintragung bedarf es zur Entstehung der GmbH ja nicht. Außerordentlich umstr. sind die Rechtsfolgen, die eintreten, wenn die Offenlegung unterlassen wird. Im Urteil vom 06.03.2012 hat der BGH[145] seine Rspr. zur Unterbilanzhaftung bestätigt, aber dadurch abgemildert, dass maßgebender Zeitpunkt für die Unterbilanz derjenige ist, zu dem die wirtschaftliche Neugründung entweder durch die Anmeldung der Satzungsänderungen oder durch die Aufnahme der wirtschaftlichen Tätigkeit erstmals nach außen in Erscheinung getreten ist.

106

Die Offenlegung der Aktivierung des Gesellschaftsmantels muss durch sämtliche Geschäftsführer erfolgen, § 78 GmbHG; selbiges gilt für die meist damit verbundene Versicherung nach § 7 Abs. 2 GmbHG. Trotz mangelnder Strafbarkeit einer falschen Versicherung (Analogieverbot), dürfte dies die Folge der weitgehenden Anwendung des Gründungsrechts auf die Aktivierung sein. Eine Unterzeichnung der Handelsregisteranmeldung

107

---

136 Gebilligt durch BGHZ 117, 323 = DNotZ 1994, 107.
137 Im Beschl. v. 09.12.2002 – II ZB 12/02, BGHZ 153, 158 = DNotZ 2003, 443 (m. Anm. v. *Schaub*) = NJW 2003, 89.
138 BayObLG, DNotZ 1992, 180.
139 Entsprechend BGHZ 119, 177, 186 ff.; BGH DNotZ 1997, 495.
140 BGHZ 155, 318 = NJW 2003, 3198 = DNotZ 2003, 951.
141 BGH NJW 2010, 1459.
142 Vgl. OLG Düsseldorf ZIP 2012, 2011 = DNotZ 2013, 70, wie es keinesfalls richtig ist.
143 DNotZ 2014, 384.
144 BGHZ 155, 318, 326 f.
145 BGH DNotZ 2013, 224 = NZG 2012, 539. Hierzu *Winnen*, RNotZ 2013, 389; Lutter/Hommelhoff/*Bayer*, § 3 GmbHG Rn. 78 ff.; Roth/Altmeppen/*Roth*, § 3 GmbHG Rn. 12 ff.; Scholz/*Cziupka*, § 3 GmbHG Rn. 21 ff.; *v. Proff*, NotBZ 2017, 171.

inkl. der Offenlegung der wirtschaftlichen Neugründung durch einen Geschäftsführer zusammen mit einem Prokuristen in unechter Gesamtvertretung ist damit nicht möglich.

108 **3. Steuerliche Verlustnutzung beim Mantelkauf:**[146] Da die früheren Regelungen des § 8 Abs. 4 Satz 2 KStG in vielen Details umstritten waren, wurde sie ab dem Veranlagungsjahr 2008 durch die Verlustabzugsbeschränkung in § 8c KStG[147] ersetzt.

Die Regelungen des früheren § 8 Abs. 4 KStG kommen noch neben der Regelung des § 8c KStG seit dem 01.01.2008 zur Anwendung, wenn die Anteilsübertragung im schädlichen Ausmaß und die Vermögenszuführung zwar vor dem 01.01.2008 abgeschlossen wurde, jedoch die 5-jährige Fortführungspflicht nicht erfüllt wird.

XV. Tod eines Gesellschafters; Übertragungspflicht im Erbfall

109 Nach dem Tod eines Gesellschafters geht sein Geschäftsanteil – zwingend, s. § 15 Abs. 1, 5 GmbHG – auf den oder die Erben über.[148] Die Geschäftsführer haben (h.M.: in vertretungsberechtigter Zahl) eine neue Gesellschafterliste beim Handelsregister einzureichen.[149]

Der *Ausschluss der Vererbung* von Geschäftsanteilen ist rechtlich ausgeschlossen (arg. § 15 Abs. 5 GmbHG), im praktischen Ergebnis aber möglich. Es kann im Gesellschaftsvertrag eine Bestimmung darüber getroffen werden, dass der Geschäftsanteil nach dem Erbfall eingezogen werden und damit untergehen soll (§ 34 GmbHG) und die Erben nur das Entgelt erhalten sollen, oder dass die Erben den Geschäftsanteil zunächst bekommen, aber nach einer Bestimmung im Gesellschaftsvertrag (§ 3 Abs. 2 GmbHG) verpflichtet sind, ihn an bestimmte Personen zu übertragen.[150]

Abtretungspflicht der Erben

110 M **Jede Veräußerung oder Verpfändung eines Geschäftsanteils bedarf der Genehmigung der Gesellschaft. Geht ein Geschäftsanteil im Erbwege auf andere Personen als die Abkömmlinge oder den Ehegatten des verstorbenen Gesellschafters über, so haben die Erben auf Verlangen der Gesellschaft den Geschäftsanteil an die Person, die ihnen genannt wird, abzutreten; über das Verlangen und den oder die Erwerbsberechtigten beschließt die Gesellschafterversammlung (unter Ausschluss der Erben des Verstorbenen) mit Mehrheit. Das den Erben zu zahlende Entgelt bemisst sich nach dem Bruchteil, der dem auf den Geschäftsanteil entfallenden Wert nach dem »Stuttgarter Verfahren« entspricht.**

111 Enthält die Satzung keine Regelung zum Abfindungsentgelt, ist dieses nach dem Verkehrswert aufgrund betriebswirtschaftlicher Grundsätze zu ermitteln. Nach dem Urteil des BGH

---

146 Hierzu: BMF-Schreiben v. 04.07.2008; v. 28.11.2017 BStBl. I 2017,1645, DStR 2017, 2670.
147 Hierzu das Anwendungsschreiben des BMF v. 04.07.2008, BStBl. I 2008, 736 = DStR 2008, 1436; s. dazu u.a. *Roser*, DStR 2008, 1561; neues Schreiben v. 28.11.2017 BStBl. I 2017,1645, DStR 2017, 2670. sowie Erläuterung hier bei Rdn. 75. Nach BVerfG v. 29.03.2017 – 2 BvL 6/11, DStR 2017, 1094, ist § 8c Abs. 1 Satz 1 KStG verfassungswidrig. Gegen § 8c Abs. 1 Satz 2 KStG läuft z.Zt. ein Normenkontrollverfahren beim BVerfG, daher kann Aussetzung der Vollziehung beantragt werden.
148 Zur Erbengemeinschaft am Geschäftsanteil s. *Lange*, GmbHR 2013, 113.
149 Zu den möglichen Problemen – Verpflichtung zur Einreichung? Nachweis usw. s. *Lange*, GmbHR 2012, 986, auch zum Tod des Alleingesellschafter-Geschäftsführers; zur Frage des Nachweises s. auch *Kilian*, notar 2015, 10.
150 S. im Einzelnen *Däubler*, Die Vererbung des Geschäftsanteils bei der GmbH, 1965; *Wiedemann*, Die Übertragung und Vererbung von Mitgliedschaftsrechten bei Handelsgesellschaften, 1965; *Petzold*, GmbHR 1977, 29; *Priester*, GmbHR 1981, 208; *Hilger*, FS Quack, 1991, S. 259.

v. 24.02.2012[151] wird die Einziehung mit der Mitteilung des Beschlusses an den betroffenen Gesellschafter wirksam, nicht erst mit Zahlung der Abfindung. Vorher (also schon mit dem Tod des Gesellschafters) ruht das Stimmrecht nur, wenn die Satzung dies vorsieht.[152] Zur Zulässigkeit von gesellschaftsvertraglichen Abfindungsklauseln s. § 142 Rdn. 120.

Zur Einkommensteuer bei der entgeltlicher Einziehung oder Abtretungsverpflichtung s. § 145 Rdn. 145 ff.   **112**

Erbschaftsteuer: Enthält die Satzung für den Erbfall eine Einziehungsklausel oder eine Abtretungsverpflichtung für die Erben bzw. einen Abtretungsanspruch der verbleibenden Gesellschafter geht der Anteil zunächst zwar auf den Erben unter auflösender Bedingung der Ausübung des Einziehungsrechtes bzw. Abtretungsanspruchs über. Mit der Ausübung tritt an die Stelle des Anteiles das gezahlte Entgelt, welches mit dem Nennbetrag, nicht mit dem Steuerwert des GmbH-Anteiles zu versteuern ist; dieses ist nicht nach §§ 13a, 13b, 19a ErbStG begünstigt. Bei den verbleibenden Gesellschaftern wird durch § 3 Abs. 1 Nr. 2 Satz 3 ErbStG eine steuerpflichtige Schenkung fingiert, soweit der nach § 12 ErbStG i.V.m. § 199 BewG sich ergebende Wert des eingezogenen Anteiles den Abfindungsbetrag übersteigt.[153] Die erwerbenden Gesellschafter können unter den Voraussetzungen der §§ 13a, 13b und 19a ErbStG die steuerlichen Begünstigungen in Anspruch nehmen, wobei insbesondere beim Erblasser die Mindestbeteiligungsquote von 25 % vorgelegen haben muss oder dieser an einer entsprechenden Pool-Vereinbarung beteiligt war.[154]   **113**

XVI. Treuhand an Geschäftsanteilen

Treuhandverhältnisse an Geschäftsanteilen einer GmbH sind in der gesellschaftsrechtlichen Praxis häufig. Von der eher seltenen Sicherungstreuhand, die statt der Verpfändung des Geschäftsanteiles vereinbart wird, wird die häufigere fremdnützige Verwaltungstreuhand unterschieden. Zweck kann es sein, die wahren Beteiligungsverhältnisse zu verdecken oder Geschäftsanteile an Publikumsgesellschaften zu bündeln. Ersterer Zweck dürfte aber im Lichte der Meldepflichten zum Transparenzregister in der Praxis künftig in den Hintergrund treten (s. dazu oben § 142 Rdn. 30 ff.).   **114**

Auch die *Gründung einer GmbH* unter Beteiligung eines Treuhänders ist zulässig (Fall der Erwerbstreuhand, bei welcher sich der Treuhänder verpflichtet, einen Geschäftsanteil zu übernehmen, allerdings für Rechnung des Treugebers). Der Treuhänder setzt sich dabei jedoch den Haftungsrisiken des Gesellschafters aus, die ihn auch noch treffen können, wenn er nicht mehr Gesellschafter ist. Zur Gründung unter Beteiligung eines Treuhänders oben § 142 Rdn. 30 ff.   **115**

Nach der Rechtsprechung des BGH[155] bedarf die Verpflichtung eines Gesellschafters, seinen Geschäftsanteil künftig für einen Treugeber zu halten, der notariellen *Beurkundung*, auch wenn in der Vereinbarung keine nach § 15 Abs. 4 GmbHG formpflichtige Abtretungsverpflichtung enthalten ist, sondern sich die Abtretungsverpflichtung (eventuell) aus § 667 BGB ergeben würde. Das gilt auch für die nach Abschluss des Gesellschaftsvertrags, aber vor Eintragung der GmbH geschlossene Treuhandabrede. Lediglich der vor der Beurkundung des Gesellschaftsvertrages geschlossene Treuhandvertrag bedarf nach dieser Rspr.[156] nicht der Beurkundung, da zu diesem Zeitpunkt weder ein Geschäftsanteil vorhanden noch   **116**

---

151 GmbHR 2012, 387 = DNotZ 2012, 464; anders die frühere Rspr.
152 BGHZ 88, 320.
153 R E 3.4 (3) ErbStR.
154 Die Pool-Vereinbarung kann sich auch aus dem Gesellschaftsvertrag ergeben (Abschn. A 13b 6 [6] ErbStR). Erläuterungen und Muster dazu bei § 142 Rdn. 189 ff.
155 DNotZ 1999, 756 m. zust. Anm. *Armbrüster*. S. auch OLG Koblenz GmbHR 2018, 685.
156 BGHZ 19, 69; BGH DNotZ 1999, 756, 758; NZG 2006, 590.

das Entstehen in die Wege geleitet und nur noch von der Eintragung im Handelsregister abhängig ist.

117 Auch die Abtretung der Rechte aus einem Treuhandverhältnis aufseiten des Treugebers ist nach diesen Überlegungen des BGH beurkundungsbedürftig. Ebenso formbedürftig ist bei einem *Treuhänderwechsel* die Begründung des neuen Treuhandverhältnisses sowie die Abtretung des Geschäftsanteils an den neuen Treuhänder.[157]

118 Der Treuhänder ist aufgrund der schuldrechtlichen Abrede mit dem Treugeber verpflichtet, das Gesellschaftsrecht zumindest auch in dessen Interesse wahrzunehmen. Das *Rechtsverhältnis* zwischen Treuhänder und Treugeber richtet sich bei Unentgeltlichkeit nach Auftragsrecht, bei Entgeltlichkeit nach Geschäftsbesorgungsrecht (§§ 662, 675 BGB). Hieraus ergibt sich für den Treugeber der Anspruch auf Aufwendungsersatz und Vorschuss (§§ 669, 670 BGB) sowie die Verpflichtung zur Herausgabe des ausgeschütteten Gewinnes und des Liquidationserlöses sowie des Geschäftsanteiles bei Beendigung des Treuhandverhältnisses (§ 667 BGB). Die individuelle Ausgestaltung richtet sich nach dem Zweck der Treuhand und ist den Beteiligten überlassen.

119 Zur *Absicherung des Treugebers* vor abredewidrigen Verfügungen des Treuhänders über den Geschäftsanteil oder vor Zwangsvollstreckung in den Geschäftsanteil bei Zahlungsschwierigkeiten des Treuhänders kann – unabhängig von den gesetzlichen Rechten des Treugebers – neben dem Angebot auf Abschluss eines Übertragungsvertrages auch eine für den Fall der treuwidrigen Verfügung oder der Pfändung aufschiebend bedingte Abtretung des Geschäftsanteiles vereinbart werden.[158] Diese Abtretung kann auch für jede Form der Beendigung des Treuhandvertrages erfolgen.

120 Für den Fall der Beendigung des Treuhandverhältnisses überträgt dann der Treuhänder bereits in der Urkunde aufschiebend bedingt den Geschäftsanteil an den Treugeber.

121 Ein Treuhandverhältnis kann auch an einer rechnerischen *Quote eines Geschäftsanteiles* eingeräumt werden. Im Außenverhältnis übt der Treuhänder die volle Gesellschafterstellung allein aus. Probleme können sich hierbei bei der Stimmrechtsausübung ergeben, wenn unterschiedliche Ansichten bestehen oder kollidierende Weisungen mehrerer Treugeber erfolgen. Soweit nicht eine Gesellschaft des bürgerlichen Rechts vereinbart wird, soll eine gemeinschaftsähnliche Sonderverbindung bestehen, auf die die Regeln der Bruchteilsgemeinschaft und das Mehrheitsprinzip Anwendung finden.[159] Bei mehreren Treugebern empfiehlt sich eine Poolabrede untereinander.

122 Nach Wegfall des Grundsatzes, dass jeder Gesellschafter bei Gründung und Kapitalerhöhung nur einen Geschäftsanteil übernehmen kann und Wegfall des § 17 GmbHG a.F. durch das MoMiG können in der Hand des Treuhänders getrennte Geschäftsanteile für den Treuhänder selbst und (auch verschiedene) Treugeber geschaffen werden.

123 *Steuerlich* wird der in fremdnütziger Treuhand gehaltene Geschäftsanteil nur dann dem Treugeber zugerechnet (§ 39 Abs. 2 Nr. 1 AO), wenn er nach dem Inhalt der getroffenen Abrede alle mit der Beteiligung verbundenen wesentlichen Rechte (Vermögens- und Verwaltungsrechte) ausüben und im Konfliktfall effektiv durchsetzen kann und der Treugeber aufgrund eines zivilrechtlichen Rechtsgeschäfts bereits eine rechtlich geschützte, auf den Erwerb des Rechts gerichtete Position erworben hat und die mit dem Anteil verbundenen wesentlichen Rechte sowie das Risiko einer Wertminderung und die Chance einer Wertsteigerung auf ihn übergegangen sind; der Treugeber muss sowohl rechtlich als auch tatsächlich das Treuhandverhältnis beherrschen in dem der Treuhänder weisungsgebunden und zur jederzeitigen Rückgabe verpflichtet sein muss. Dies setzt einen formwirksamen

---

[157] *Lohr*, GmbH-StB 2018, 96, 97; *Grage*, RNotZ 2005, 251, 267; a.A., aber schon aus Gründen der Vorsicht für die Praxis nicht zu empfehlen, *Lieder/Villegas*, GmbHR 2018, 169, 175.
[158] Weil das Angebot noch keinen Verfügungsschutz für den Treugeber bringt, im Gegensatz zum Schutz aus § 161 BGB bei aufschiebender Bedingung; s. *Schaub*, DStR 1996, 65.
[159] *Priester*, FS – 50 Jahre Arbeitsgemeinschaft der Fachanwälte für Steuerrecht, S. 158 f.

Treuhandvertrag voraus (nach § 41 AO genügt aber, wenn trotz Formunwirksamkeit er wie vereinbart vollständig tatsächlich vollzogen wird).[160] Zur Umsatzsteuerfreiheit § 4 Nr. 8 f. UStG.[161] *Grunderwerbsteuerlich* gilt jedoch die Zurechnung des § 39 Abs. 2 Nr. 1 AO nicht, sodass das Treuhandeigentum der dinglichen Rechtslage entsprechend grunderwerbsteuerrechtlich als Volleigentum des Treuhänders behandelt wird. Unter den Voraussetzungen des § 1 Abs. 3 GrEStG (Übertragung/Vereinigung von 95 % der Anteile) ist die Übertragung des Anteiles auf den Treuhänder steuerpflichtig.[162] Auch der Wechsel des Treugebers wie auch des Treuhänders ist unter den Voraussetzungen des § 1 Abs. 3 GrEStG steuerpflichtig. Dagegen ist die Rückübertragung des Anteiles an den Treugeber unter § 1 Abs. 3 Nr. 3 oder 4 GrEStG zwar steuerbar, jedoch unter den Voraussetzungen des § 3 Nr. 8 bzw. 16 Abs. 2 GrEStG steuerfrei, wenn die Gesellschaft seit Begründung des Treuhandverhältnisses keinen Grundbesitz hinzuerworben hat.[163] Wird ohne Anteilsübertragung vereinbart, dass der Anteilsinhaber den Anteil zugunsten eines Dritten treuhänderisch hält, führt der dabei vereinbarte Übertragungsanspruch auf den Dritten zur Steuerpflicht nach § 1 Abs. 3 Nr. 3 GrEStG.[164] Außerdem kann ein Treuhandverhältnis zu einer mittelbaren Anteilsvereinigung (§ 1 Abs. 3 Nr. 1 bzw. 2 GrEStG) beim Treugeber führen, auch wenn keine Anteilsübertragung damit verbunden ist.[165]

Steuerrechtliche Mitteilungspflicht des Notars nach § 54 EStDV/§ 18 GrEStG: Sie ist bei der rein schuldrechtlich vereinbarten Treuhand, die nicht mit der Übertragung des Anteiles auf den Treuhänder verbunden ist, grundsätzlich nicht gegeben. Enthält jedoch die Vereinbarung eine Abrede, dass der Treugeber bei Beendigung der Treuhand die Anteilsübertragung verlangen kann und ist diese aufschiebend bedingt darin erklärt, besteht die Mitteilungspflicht.[166]

124

Kurzer Treuhandvertrag (Vereinbarungstreuhand)

Verhandelt am ..... in Ulm
Vor dem unterzeichneten Notar ..... erklärten:
1. Herr Wolfram Wolf, ...
2. Herr Thomas Laufer, ...
ausgewiesen durch ..... folgenden

125 M

Treuhandvertrag

Herr Wolfram Wolf
– nachstehend als »Treuhänder« bezeichnet –
hält einen Geschäftsanteil Nr. 1 im Nennbetrag von 10.000 € an der Firma »Wolf Bohrtechnik GmbH« mit dem Sitz in Ulm vom heutigen Tage an treuhänderisch allein für Rechnung des Herrn Thomas Laufer
– nachstehend als »Treugeber« bezeichnet –.

---

160 Allgemein hierzu BFH v. 21.05.2014 – I R 42/12, DStR 2014, 1868; sowie auch BFH v. 06.10.2009 – IX R 14/08 = DStR 2010, 537; BFH v. 04.12.2007 – VIII R 14/05 = GmbHR 2008, 558.
161 Ausnahme: Verwaltung gegen Entgelt Abschnitt 4.8.10 (2) UStAE.
162 S. im Einzelnen bzgl. der Besteuerung von Erwerbsvorgängen i.S.d. § 1 Abs. 3 GrEStG im Zusammenhang mit Treuhandverhältnissen den Ländererlass v. 12.10.2007, BStBl. I 2007, 761 = DStR 2008, 257.
163 Wurde Grundbesitz hinzu erworben, ist für diesen i.R.d. Rückübertragung wegen der eintretenden Anteilsvereinigung Grunderwerbsteuer zu erheben (Tz. 2.2.2. Ländererlass v. 12.10.2007).
164 Zu Einzelheiten s. *Pahlke/Franz*, GrEStG, § 1 Rn. 348 ff.; Treuhanderlass (BStBl. I 1984, 380).
165 Siehe Beispiel bei *Gottwald*, MittBayNot 2009, 9, 11.
166 BMF Schr. v. 14.03.1997, DNotI-Report 1997, 83.

Für das Treuhandverhältnis, das sich nur dann auf weitere künftige Geschäftsanteile des Treuhänders beziehen soll, wenn eine notarielle Ergänzungsvereinbarung geschlossen wird, gelten folgende Regelungen:

1. Pflichten des Treuhänders

1.1. Der Treuhänder verpflichtet sich, ohne vorherige schriftliche Zustimmung des Treugebers nicht über die Gesellschafterrechte, insbesondere den Geschäftsanteil zu verfügen, und bei allen Verfügungen jederzeit die Anweisungen des Treugebers zu befolgen. Falls dem Treuhänder keine Weisungen erteilt werden, hat der Treuhänder im Interesse des Treugebers unter Beachtung seiner gesellschaftsrechtlichen Treuepflichten gegenüber der GmbH zu handeln. Bei der Ausübung der Rechte und Pflichten aus diesem Vertrag haftet der Treuhänder für diejenige Sorgfalt, die er in eigenen Angelegenheiten anzuwenden pflegt.
1.2. Das Stimmrecht wird der Treuhänder entsprechend den Weisungen des Treugebers ausüben und wegen seiner Gesellschafterrechte Vollmachten irgendwelcher Art nur mit Zustimmung des Treugebers erteilen. *Alternativ: Der Treuhänder erteilt dem Treugeber eine Stimmrechtsvollmacht. Sofern der Treugeber sein Stimmrecht nicht selbst ausüben will, wird der Treuhänder das Stimmrecht nur entsprechend den Weisungen des Treugebers ausüben.*
1.3. Der Treuhänder hat alle ihm als Gesellschafter aus dem von ihm treuhänderisch verwalteten Geschäftsanteil zufließenden Gewinne, Vergütungen jeder Art, einschließlich eines etwaigen Liquidationserlöses, an den Treugeber abzuführen. Eine stille Vorausabtretung wurde nicht gewünscht.
1.4. Der Treuhänder ist verpflichtet, dem Treugeber auf Anforderung jede Auskunft zu erteilen, die der Treuhänder als Gesellschafter von der GmbH verlangen kann. Über Maßnahmen und Ereignisse von besonderer Bedeutung hat er den Treugeber auch unaufgefordert unverzüglich zu informieren.
1.5. Der Treuhänder wird das Treuhandverhältnis gegenüber anderen Personen als der Gesellschaft und deren Gesellschafter nicht offenbaren, es sei denn, es besteht eine gesetzliche Verpflichtung zur Offenlegung oder der Treugeber erteilt dem Treuhänder hierzu ausdrücklich seine vorherige Zustimmung.

2. Pflichten des Treugebers

2.1. Der Treugeber verpflichtet sich, den Treuhänder von allen Verpflichtungen und Haftungen freizustellen, die ihn aus dem Gesellschaftsvertrag und im Zusammenhang mit seiner Gesellschafterstellung im Rahmen der ordnungsgemäßen Erfüllung des Treuhandvertrages treffen.
Dies gilt auch für eventuell vom Treuhänder als Inhaber des Geschäftsanteils zu zahlenden Steuern und Abgaben jeder Art.
2.2. Der Treugeber zahlt dem Treuhänder für seine Treuhandtätigkeit keine/als Vergütung ..... Der Kaufpreis für die treuhänderische Übertragung beträgt ..... € und ist bis zum ..... auf ein vom Treuhänder anzugebendes Konto zu zahlen.
2.3. Der Treugeber hat dem Treuhänder alle mit der ordnungsgemäßen Erfüllung der Treuhandschaft verbundenen Aufwendungen zzgl. etwaiger gesetzlicher Mehrwertsteuer zu ersetzen und auf Verlangen Vorschuss zu leisten.
2.4. Zur Übertragung einzelner oder aller Rechte und Ansprüche aus diesem Vertrag bedarf der Treugeber keiner schriftlichen Zustimmung des Treuhänders.

3. Ende des Treuhandverhältnisses

Das Treuhandverhältnis endet,
a) wenn über das Vermögen des Treuhänders das Insolvenzverfahren eröffnet wird oder Einzelzwangsvollstreckungsmaßnahmen in den Geschäftsanteil ausgebracht werden,
b) beim Tod des Treuhänders,
c) durch Kündigung des Treugebers oder Treuhänders, die jederzeit ohne Einhaltung einer Frist/nur mit einer Frist von ..... möglich ist.

4. Übertragungsverpflichtung; bedingte Übertragung

In allen Fällen der Beendigung des Treuhandverhältnisses oder auf jederzeitiges Verlangen des Treugebers ist der Treuhänder verpflichtet, den Geschäftsanteil auf den Treugeber oder eine von diesem bezeichnete Person mit allen Rechten bedingungslos und ohne Entschädigung zu übertragen.

Für den Fall der Eröffnung des Insolvenzverfahrens über das Vermögen des Treuhänders oder für den Fall, dass Maßnahmen der Einzelzwangsvollstreckung in den Geschäftsanteil ausgebracht werden oder der Treuhänder den Geschäftsanteil ohne vorherige schriftliche Zustimmung des Treugebers auf einen Dritten übertragen sollte, tritt der Treuhänder hiermit bereits aufschiebend bedingt den Geschäftsanteil an den Treugeber ab, der die Abtretung bereits annimmt. Der Notar ist von dem Bedingungseintritt unter Vorlage geeigneter Nachweise zu unterrichten.

5. Abtretung von Ansprüchen

Der Treuhänder tritt hiermit an den Treugeber alle aus dem Geschäftsanteil für dessen Inhaber erwachsenden Ansprüche ab, insbesondere den Anspruch auf Gewinnbezug und auf einen Liquidationserlös. Der Treugeber nimmt diese Abtretung an. Der Treuhänder bleibt jedoch berechtigt, diese Ansprüche im eigenen Namen geltend zu machen.

6. Vollmacht

Der Treuhänder bevollmächtigt den Treugeber unwiderruflich,
a) alle Rechte, die mit der Inhaberschaft des Geschäftsanteiles verbunden sind, insbesondere das Stimmrecht und das Gewinnbezugsrecht, für ihn auszuüben; soweit der Treugeber von der Vollmacht Gebrauch macht, hat sich der der Treuhänder von der Stimmrechtsausübung zu enthalten;
b) über den Geschäftsanteil in jeder Weise frei zu verfügen und dazu alle erforderlichen und zweckdienlichen Erklärungen abzugeben.

Von dem Verbot des Selbstkontrahierens ist der Treugeber befreit. Untervollmacht darf erteilt werden. Die Vollmacht gilt auch über den Tod des Vollmachtgebers hinaus.

7. Schlussbestimmungen, Hinweise: Einer Zustimmung der Gesellschaft oder der Gesellschafterversammlung bedarf es nach der Satzung nicht.

Hinweise wie oben § 142 Rdn. 32 M.

■ *Kosten:* Da es sich um ein echtes Treuhandverhältnis handelt, bei dem nach Beendigung der Anteil abzutreten ist, ist der Geschäftswert der tatsächliche Wert des Geschäftsanteiles, § 97 Abs. 1 GNotKG. Die Vollmacht ist gegenstandsgleich und nicht zu bewerten. 2,0 Gebühr der Tabelle B nach Nr. 21100 KV GNotKG. Bei der späteren Erfüllung der schon beurkundeten (Rück-)Übertragungsverpflichtung ist nur die dingliche Übertragung zu beurkunden, wofür der Notar, der bereits die Beurkundung des Treuhandvertrages vorgenommen hat, für die dingliche Übertragung als Verfügungsgeschäft eine Gebühr von 0,5 aus Tabelle B, mindestens 30 € nach Nr. 21101 (Nr. 2) KV GNotKG erhält; hat er nicht selbst den Treuhandvertrag beurkundet, erhält er eine 1,0-Gebühr aus Tabelle B, mindestens 60,00 € nach Nr. 21102 (Nr. 1) KV GNotKG; daneben dann nur eine 0,3 Vollzugsgebühr für Fertigen der Gesellschafterliste; siehe Rdn. 61 M. – Registergebühr für die Entgegennahme der geänderten Liste der Gesellschafter: 30 € nach Nr. 5002 GV HRegGebVO.

Vgl. auch das Vertragsmuster § 53 Rdn. 24 M zur Teilnahme des Treuhänders bei der Gesellschaftserrichtung.

XVII. Ausschluss, Einziehung, Nachschusspflicht

126 1. Der *säumige* Gesellschafter kann seines Geschäftsanteils für *verlustig erklärt* werden. Trotz seines Ausschlusses haftet er der Gesellschaft für den Ausfall des rückständigen Betrages der Einlage und der später auf den Geschäftsanteil eingeforderten Beträge (§ 21 Abs. 3 GmbHG). Kann die rückständige Einlage weder vom gründenden Gesellschafter oder seinen Rechtsnachfolgern eingezogen (§ 22 GmbHG, mit zeitlicher Einschränkung s. § 25 Abs. 3 GmbHG), noch durch einen Verkauf des Geschäftsanteils gedeckt werden (§ 23 GmbHG), so haben die übrigen Gesellschafter den Fehlbetrag nach dem Verhältnis ihrer Geschäftsanteile zu leisten (§ 24 GmbHG).[167] – Auch bei Kapitalerhöhungen haften die neuen Gesellschafter für nicht eingezahlte Einlagen der alten Gesellschafter im Verhältnis ihrer Anteile zum Gesamtkapital. Ebenso haften die alten Gesellschafter für Fehlbeträge der neuen.

127 2. Der *Ausschluss* (die Kaduzierung) findet nur bei Geldeinlagen statt. Er ist also nicht zulässig bei Geschäftsanteilen, die durch Sacheinlagen zu leisten sind, wohl aber – und zwar hinsichtlich des gesamten Geschäftsanteils – bei gemischten Einlagen (auch bei Geldeinlagepflicht nach § 9 Abs. 1 und § 19 Abs. 4 GmbHG) und Rückstand mit der Geldeinlage. Voraussetzung ist eine zweimalige Aufforderung zur Einzahlung. Die erste Aufforderung kann im Gründungsstadium ergehen, die zweite nur nach Eintragung der Gesellschaft. Die zweite Aufforderung erfordert Einschreibebrief (Einwurf-Einschreiben genügt)[168] und Nachfrist von mindestens 1 Monat (§ 21 Abs. 1 GmbHG).

Zweite Zahlungsaufforderung an einen säumigen Gesellschafter

128 M

Speyer, den .....

An Herrn Heinz Hammes in Speyer, Germersheimer Straße 3 (Einschreiben)
Auf Ihren Geschäftsanteil von 20.000 € ist der am 15. April ds. Js. eingeforderte Betrag von 15.000 € bisher nicht gezahlt. Wir fordern Sie auf, diese 15.000 € bis zum 30. Juni ds. Js. einzuzahlen. Nach fruchtlosem Ablauf der Frist würden Sie mit Ihrem Geschäftsanteil von 20.000 € ausgeschlossen werden.

Speyerer Antiquitätenhandlung
Gesellschaft mit beschränkter Haftung
Hobrecht

---

[167] Zu technischen Fragen der Ausfallhaftung *Bayer/Scholz*, GmbHR 2016, 89 ff.
[168] BGH GmbHR 2017, 30; *Lieder/Bialluch*, NZG 2017, 9 ff.; *Wicke*, GmbHR 2017, 777, 778.

■ *Kosten.* Wert 15.000 €. Rahmengebühr von 0,3 bis 1,0 (mindestens 60 €) gemäß Nr. 24200 i.V.m. 21101 KV GNotKG.

129 Mit der Ausschlusserklärung geht der Geschäftsanteil auf die GmbH über[169] – weshalb eine entsprechend angepasste Gesellschafterliste zu erstellen ist,[170] die aber keinen Kaduzierungsvermerk enthalten darf (Vermerkspalte ist in der GesL-VO nicht vorgesehen, Verordnungsbegründung legt deren Unzulässigkeit nahe) – und erhält die Gesellschaft die Möglichkeit, anstelle des Ausgeschlossenen einen anderen zu setzen. Bevor sie aber den Anteil nach § 23 GmbHG versteigert, muss sie die Vormänner des Ausgeschlossenen heranziehen (§ 22 GmbHG). Wer den Rückstand bezahlt, erwirbt den Anteil. Wird die Einlage nicht gedeckt, haften alle Gesellschafter für den Ausfall (§ 24 GmbHG).[171]

Ausschlusserklärung

130 M
Speyer, den .....
An Herrn Heinz Hammes in Speyer, Germersheimer Straße 3
(Einschreiben)
Da Sie unserer Aufforderung vom ....., den auf Ihre Einlage von 20.000 € rückständigen Betrag von 15.000 € bis zum 30. Juni ds. Js. einzuzahlen, nicht entsprochen haben, erklären wir Sie Ihres Geschäftsanteils von 20.000 € und der darauf geleisteten Teilzahlung von 5.000 € zugunsten der Gesellschaft für verlustig.
Wir ersuchen um Mitteilung bis zum 15. Juli d. J., ob Sie mit freihändigem Verkauf des Geschäftsanteils einverstanden sind.
Speyerer Antiquitätenhandlung
Gesellschaft mit beschränkter Haftung
Hobrecht

■ *Kosten.* Der Geschäftswert richtet sich nach dem Wert des Geschäftsanteils, der dem Anteil am reinen Vermögen der Gesellschaft entspricht; Rahmengebühr von 0,3 bis 1,0 (mindestens 60 €) gemäß Nr. 24200 i.V.m. 21101 KV GNotKG.

131 3. Vom Ausschluss säumiger Gesellschafter ist die *Einziehung* (Amortisation) von Geschäftsanteilen zu unterscheiden (§ 34 GmbHG). S. hierzu die Einziehungsklausel in § 142 Rdn. 167 M. Die Einziehung ist nur möglich, wenn sie im Gesellschaftsvertrag zugelassen und die Einlage voll eingezahlt ist.[172] Sie bedarf grundsätzlich der Zustimmung des betroffenen Gesellschafters. Ohne diese ist sie nur zulässig, wenn schon vor Erwerb des Anteils die Voraussetzungen der Einziehung und die Bestimmung des Entgelts im Gesellschaftsvertrag festgesetzt sind oder die Bestimmung über den Ausschluss nachträglich mit Zustimmung aller Gesellschafter in den Gesellschaftsvertrag aufgenommen wurde.

132 Der Einziehungsbeschluss wird mit seiner Mitteilung an den betroffenen Gesellschafter sofort wirksam, nicht erst mit der Leistung der Abfindung.[173] D.h.: Der Geschäftsanteil geht bereits in diesem Zeitpunkt unter, was u.a. zur Konsequenz hat, dass er daraufhin nicht mehr geteilt und übertragen werden kann.[174] Ein Einziehungsbeschluss[175] ist nach

---

169 Lutter/Hommelhoff/*Bayer*, § 21 GmbHG Rn. 15.
170 Vgl. BeckOF-Vertrag/*Szalai*, M. 7.8.1.3 Anm.11.
171 S. zur Haftung von Vormännern BGH DStR 2015, 1983; *Bayer/Scholz*, GmbHR 2016, 89.
172 BGH GmbHR 2015, 416.
173 BGH DNotZ 2012, 464.
174 OLG Dresden GmbHR 2016, 56.
175 Zur Besteuerung s.a. Rdn. 145 ff.

BGHZ 144, 365[176] aber nichtig, wenn bei der Beschlussfassung feststeht, dass die Entschädigung (ganz oder teilweise) nur unter Verstoß gegen das Kapitalerhaltungsgebot des § 30 Abs. 1 GmbHG gezahlt werden kann; stille Reserven sind bei der Berechnung nicht zu berücksichtigen.[177] Ist der Beschluss weder nichtig noch für nichtig erklärt, wird die Einziehung mit der Mitteilung des Beschlusses an den betroffenen Gesellschafter wirksam. Die Gesellschafter, die den Beschluss gefasst haben, haften dann anteilig für die Zahlung der Abfindung, wenn sie nicht dafür sorgen, dass diese aus dem ungebundenen Vermögen der Gesellschaft geleistet werden kann, und sie die Gesellschaft auch nicht auflösen.[178] Diese Haftung entsteht aber nicht bereits mit der Fassung des Einziehungsbeschlusses, auch nicht dadurch, dass die Gesellschaft im Zeitpunkt der Fälligkeit der Abfindung aufgrund der §§ 34 Abs. 3, 30 Abs. 1 GmbHG an der Zahlung der Abfindung gehindert ist, sondern erst in dem Zeitpunkt, ab dem die Fortsetzung der Gesellschaft unter Verzicht auf Maßnahmen zur Befriedigung des Abfindungsanspruchs des ausgeschiedenen Gesellschafters als treuwidrig anzusehen ist.[179] Dies schwächt die Haftungsfolgen deutlich ab, weil jeweils eine Treuepflichtverletzung verlangt wird, die nicht bereits in dem Einziehungsbeschluss selbst liegt, sondern in der Fortsetzung der Gesellschaft unter Verzicht auf Maßnahmen, die eine Erfüllung des Abfindungsanspruchs sichern.

133 Eine Anpassung der Summe des Stammkapitals nach erfolgter Einziehung eines Geschäftsanteils zur Herstellung einer Konvergenz zwischen Summe der Nennbeträge und Stammkapital kann durch einen (wohl formlos möglichen und überdies keine Einlagepflichten auslösenden) Aufstockungsbeschluss[180] oder (seltener) eine Kapitalherabsetzung erfolgen. Alternativ kommt auch die Bildung eines neuen Geschäftsanteils in Betracht, der zunächst durch die GmbH selbst erworben wird.[181] Dies ist allerdings nicht zwingend.[182] Das Registergericht kann, etwa im Zuge der Aufnahme einer die Einziehung abbildenden Gesellschafterliste, mithin nicht verlangen, dass Konvergenz hergestellt wird. Sollten Aufstockung oder Kapitalmaßnahme unterbleiben, hat dies indes (wohl) keine Auswirkungen auf die Beteiligungsquoten in der Gesellschafterliste; denn Bezugspunkt hierfür bleibt weiterhin das geschriebene Gesamtstammkapital, nicht die Summe der verbleibenden Geschäftsanteile (str.). Allerdings spiegelt die Prozentangabe in diesem Fall nicht die wirtschaftlichen Verhältnisse wider, was aber gesellschaftsrechtlich hinzunehmen ist,[183] wohingegen die Auswirkungen auf die sog. Mitteilungsfiktion (in Bezug auf das Transparenzregister) noch ungeklärt sind. Die GesL-VO verhält sich zu diesem Problem nicht.

---

176 = DNotZ 2001, 868 m. Anm. *Zöllner*; bestätigt in BGH DNotZ 2012, 464. S. auch *Porzelt*, GmbHR 2016, 627, 630; *Kleindiek*, GmbHR 2017, 815, 816.
177 BGH GmbHR 2018, 961 m. Anm. *T. Wachter*.
178 BGH DNotZ 2012, 464 = GmbHR 2012, 387 m. Anm. *Münnich*; anders die frühere Rspr. Hierzu auch *Altmeppen*, ZIP 2012, 1685 ff.; *Priester*, ZIP 2012, 658 ff.
179 BGH GmbHR 2016, 754 m. Anm. *Münnich*; *Römermann*, GmbHR 2016, 1121, 1225; *Schirrmacher*, GmbHR 2016, 1077.
180 Zu diesem näher *Priester*, GmbHR, 2016, 1065 ff.; a.A. Lutter/Hommelhoff/*Lutter/Kleindiek*, § 34 GmbHG Rn. 3.
181 Scholz/*H.P.Westermann*, § 34 GmbHG Rn. 70.
182 BGHZ 203, 303 = GmbHR 2015, 416 m. Anm. *Blunk/Rabe*; dazu auch *Kleindiek*, NZG 2015, 489 ff.
183 So *Wachter*, GmbHR 2017, 1177, 1191. A.A. aber *Melchior/Böhringer*, GmbHR 2017, 1074, 1075.

Einziehung eines Geschäftsanteils

Mönchengladbach, den ..... **134 M**

Vor dem unterzeichneten Notar ..... erklärten
1. Kaufmann Arno Apel in Viersen,
2. Landwirt Bruno Breuer in Rheindahlen,
3. Frau Dorothea Dorten geborene Brautlach in Rheydt,
4. Ziegelmeister Erich Elsner in Mönchengladbach,
   sämtlich dem Notar persönlich bekannt:

Wir sind die Gesellschafter der Firma »Gladbacher Dachziegelwerk Gesellschaft mit beschränkter Haftung« in Mönchengladbach, und zwar jeweils mit einem Geschäftsanteil im Nennbetrag von jeweils 30.000 €.

Unser Gesellschaftsvertrag lässt die entgeltliche Einziehung von Geschäftsanteilen bei Zustimmung des betroffenen Gesellschafters durch einen Beschluss der Gesellschafterversammlung zu. Die Gesellschafterin zu 3 will ihren Geschäftsanteil Nr. 3 veräußern. Die Vermögensverhältnisse der Gesellschaft gestatten ihre Auszahlung bei Einziehung des Anteils.

Die Gesellschafter beschließen unter Verzicht auf Form und Frist der Einberufung der Versammlung:
1. Der Geschäftsanteil Nr. 3 der Frau Dorothea Dorten wird eingezogen.
2. Als Entgelt erhält Frau Dorten 250 % des Nennbetrages des Anteils, also 25.000 €. Die Auszahlung erfolgt sofort aus dem Bankguthaben der Gesellschaft; sie kann zweifelsfrei aus über das Stammkapital hinausgehendem Vermögen gezahlt werden.

Die Beschlüsse wurden einstimmig gefasst. Insbesondere stimmte auch Frau Dorten zu.

Unter den drei verbleibenden Gesellschaftern besteht Einigkeit darüber, dass nach Wegfall des eingezogenen Anteils nur noch die übrigen vier Geschäftsanteile bestehen bleiben.

Ggf.: Weiterhin beschließen die Gesellschafter: Die Geschäftsanteile Nr. 1, 2 und 4 werden im Nennbetrag im Verhältnis ihrer Beteiligung am Stammkapital aufgestockt, um die Summe der Nennbeträge der verbleibenden Geschäftsanteile in Kongruenz zur Summe des Stammkapitals zu bringen. Im Einzelnen werden die Geschäftsanteile wie folgt aufgestockt:
(1) Der Geschäftsanteil Nr. 1 von 30.000 € um 10.000 € auf 40.000 €;
(2) der Geschäftsanteil Nr. 2 von 30.000 € um 10.000 € auf 40.000 €;
(3) der Geschäftsanteil Nr. 4 von 30.000 € um 10.000 € auf 40.000 €.

..... , Notar

■ *Kosten.* Maßgebend für den Wert ist das höhere Entgelt von 25.000 €. Gemäß § 108 Abs. 1 Satz 2 GNotKG ergibt sich der Geschäftswert bei Beschlüssen mit bestimmten Geldwert aus § 105 Abs. 1 GNotKG, also aus dem Wert des eingezogenen Geschäftsanteiles, beträgt gemäß Satz 2 von § 105 Abs. 1 GNotKG jedoch mindestens 30.000,00 €, gemäß § 108 Abs. 5 GNotKG jedoch höchstens 5 Mio. €. Nach Nr. 21100 KV GNotKG fällt bei Beschlüssen von Organen eine 2,0 Gebühr nach Tabelle B an. – Die Zustimmung der betroffenen Gesellschafterin ist in ihrer Abstimmung bei den Beschlüssen bereits enthalten und stellt keine davon getrennte rechtsgeschäftliche Erklärung dar.

Gesellschafterliste nach Einziehung mit Nennwertaufstockung

134.1 M Liste der Gesellschafter der »Gladbacher Dachziegelwerk GmbH« mit dem Sitz in Mönchengladbach, HRB .....

Gesellschafter[1]	Angaben zum Geschäftsanteil			Veränderung	Beteiligungsquote[2] pro Gesellschafter
	Lfd. Nr.	Nennbetrag in €	Geschäftsanteilsbezogene Beteiligungsquote[2]		
Arno Apel, geb. am ....., wohnhaft [Wohnort]	1	40.000	33,3 %	Aufstockung des Nennwerts	33,3 %
Bruno Breuer geb. am ....., wohnhaft in [Wohnort]	2	40.000	33,3 %	Aufstockung des Nennwerts	33,3 %
Erich Elsner geb. am ....., wohnhaft in [Wohnort]	4	40.000	33,3 %	Aufstockung des Nennwerts	33,3 %
Stammkapital in € gesamt: 120.000					

[1] Bei natürlichen Personen: Name, Vorname, Geburtsdatum, Wohnort; bei eingetragenen Gesellschaften: Firma/Name, Satzungssitz, zuständiges Register, Registernummer; bei nichteingetragenen Gesellschaften: zusammenfassende Bezeichnung der Gesellschaft und deren Gesellschafter, jeweils mit Name, Vorname, Geburtsdatum und Wohnort.
[2] Gerundet auf eine Nachkommastelle.

Veränderungsgrund: Einziehung des Geschäftsanteils Nr. 3 mit einem Nennwert von 30.000 € und Aufstockungsbeschluss zur UR-Nr. ..... des Notars ..... zur Angleichung der Summe der verbliebenen Nennwerte mit dem Stammkapital.
Mönchengladbach, den .....

Notar

Notarbescheinigung wie Muster Rdn. 105 M.

135 Der Gesellschaftsvertrag kann vorsehen, dass der betroffene Gesellschafter in anderer Weise als durch Einziehung seines Geschäftsanteils ausscheidet, etwa dadurch, dass die Gesellschaft oder die anderen Gesellschafter zum Erwerb seines Anteils berechtigt sind oder die Gesellschafterversammlung beschließen kann, in welcher Weise über den Anteil des Ausscheidenden verfügt wird.[184] Nur bei Einziehung muss eine etwaig festgelegte Abfindung aus freiem Vermögen der Gesellschaft gezahlt werden können, wohingegen bei Erwerb eines Gesellschafters oder auch eines Dritten diese in der Satzung regelmäßig als Schuldner der Abfindungsleistung bestimmt werden.

---

184 BGH DNotZ 1983, 768.

Erweitertes Einziehungsrecht

Wenn ein wichtiger Grund für die Ausschließung eines Gesellschafters vorliegt, so ist er verpflichtet, seinen Geschäftsanteil an die Gesellschaft oder an einen von ihr zu bestimmenden Dritten abzutreten oder nach Wahl der Gesellschaft die Einziehung seines Geschäftsanteils zu dulden. Die Gesellschaft ist in diesen Fällen ermächtigt, den Geschäftsanteil – frei von Verfügungsbeschränkungen und/oder Vorkaufsrechten – unter Befreiung von den Beschränkungen des § 181 BGB zu übertragen. Wenn einem Gesellschafter die weitere Mitgliedschaft billigerweise nicht zugemutet werden kann, so kann er von der Gesellschaft verlangen, dass sie den Geschäftsanteil an sich oder an einen von ihr zu bestimmenden Dritten abtreten lässt.[185] In beiden Fällen ist der gemeine Wert des Geschäftsanteils dem Gesellschafter zu vergüten. – Eigene Geschäftsanteile der Gesellschaft können unentgeltlich eingezogen werden. In jedem Falle hat die Gesellschaft § 30 Abs. 1 GmbHG zu beachten. Ist eine Vergütung zu zahlen, schuldet diese primär der jeweilige Abtretungsempfänger. 136 M

4. Das Recht zum Ausschluss aus wichtigem Grund gibt die h.M. auch ohne entsprechende Bestimmung im Gesellschaftsvertrag.[186] Die Einräumung eines Rechts zum Ausschluss ohne wichtigen Grund im Gesellschaftsvertrag – »Hinauskündigungsklausel« – bedarf dagegen der Rechtfertigung durch sachliche Gründe, die den Interessen des auszuschließenden Gesellschafters vorgehen; sonst ist sie nach § 138 Abs. 1 BGB nichtig.[187] In einer auf die Mitarbeit aller Gesellschafter angelegten GmbH kann die Beendigung der Mitarbeit zum Ausschließungsgrund bestimmt werden.[188] Hinauskündigungsklauseln im Rahmen eines »Managermodells« (Einräumung einer Minderheitsbeteiligung an den Geschäftsführer gegen Entgelt i.H.d. Nennbetrages mit Ausscheiden gegen begrenzte Abfindung bei Ausscheiden als Geschäftsführer[189]) – ebenso zulässig wie im Rahmen eines »Mitarbeitermodells«.[190] Nach BGHZ 164, 98, 104 ist eine Abfindung i.H.d. »Einstiegspreises« nicht zu beanstanden und würde die Vereinbarung einer zu niedrigen Abfindung nicht zur Unwirksamkeit der Hinauskündigungsklausel, sondern zur Abfindung zum Verkehrswert führen.[191] 137

Der Ausschließungsbeschluss enthält keine Satzungsänderung (und bedarf deshalb nicht der notariellen Beurkundung[192]). Besteht keine Regelung im Gesellschaftsvertrag, muss die Gesellschafterversammlung die Erhebung der Ausschließungsklage beschließen, wozu es derselben Mehrheit bedarf, wie sie das Gesetz (§ 60 Abs. 1 Satz 2 GmbHG: Drei-Viertel-Mehrheit) und der Gesellschaftsvertrag für die Auflösung verlangen.[193] Das Recht zur Auflösungsklage nach §§ 61, 60 Abs. 1 Nr. 3 GmbHG kann durch den Gesellschaftsvertrag nicht eingeschränkt werden.[194] 138

---

185 Da es sich nicht um eine Satzungsänderung handelt, bedürfen Ausschließung und Verlangen der Anteilsübernahme keiner notariellen Beurkundung, die aber der Bedeutung wegen zweckmäßig ist.
186 S. BGHZ 9, 157, 160; 80, 349 BGH NJW 2000, 35); *Goette*, DStR 2001, 533, 534.
187 BGHZ 164, 98 = DNotZ 2006, 137; BGHZ 164, 107 = DNotZ 2006, 340.
188 BGH DNotZ 1983, 768.
189 BGHZ 164, 98 = DNotZ 2006, 137.
190 BGHZ 164, 107 = DNotZ 2006, 140.
191 Zu Einziehungsvereinbarungen im Gesellschaftsvertrag für den Fall des Todes eines Gesellschafters s. *Priester*, GmbHR 1981, 206; zu Ausschließungsregelungen insgesamt *Kesselmeier*, Ausschließungs- und Nachfolgeregelung in der GmbH-Satzung, 1989; *Reymann*, DNotZ 2006, 106; *Drinkuth*, NJW 2006, 410; *Schäfer/Hillesheim*, DStR 2003, 2122; *Kowalski/Bormann*, GmbHR 2004, 1438.
192 OLG Frankfurt DB 1979, 2127.
193 BGHZ 9, 157; 16, 317; BGH NJW 1981, 2302.
194 BayObLG DNotZ 1979, 49; OLG München GmbHR 2010, 870, 871.

§ 145 Der Geschäftsanteil (Verfügungen, Ausschluss, Einziehung, Preisgabe)

Beschluss zur Ausschließungsklage

139 M Berlin, am .....
Bei dem unterzeichneten Notar ..... fanden sich heute zu einer Versammlung der »Bacchus Gaststätten Gesellschaft mit beschränkter Haftung« ein:
1. der Gesellschafter A. im Beistande von Rechtsanwalt X.,
2. der Gesellschafter B. im Beistande von Rechtsanwalt Y.,
3. der Gesellschafter C. im Beistande von Rechtsanwalt Z.
Die drei dem Notar bekannten Rechtsanwälte stellten die von ihnen Vertretenen zu seiner Gewissheit vor.
Diese erklärten übereinstimmend, dass A. mit 20.000 €, B. mit 1.000 € und C mit 9.000 € Geschäftsanteilen die alleinigen Gesellschafter der vorstehenden Gesellschaft seien, und fügten hinzu, dass B. Geschäftsführer der Gesellschaft sei.
Auch darüber bestand Einvernehmen, dass die Gesellschafterversammlung form- und fristgerecht durch den Geschäftsführer einberufen sei mit der Tagesordnung:
1. Erhebung der Ausschließungsklage gegen den Gesellschafter C. aus wichtigem Grunde, und auf Antrag von C. mit den weiteren Gegenständen der Tagesordnung:
2. Erhebung der Ausschließungsklage gegen den Gesellschafter A. aus wichtigem Grunde,
3. Erhebung der Ausschließungsklage gegen den Gesellschafter B. aus wichtigem Grunde,
4. Abberufung von B. als Geschäftsführer,
5. Bestellung von C. zum Geschäftsführer.
A. und B. bestritten das Stimmrecht von C. zu Punkt 1 der Tagesordnung. Nach Erörterung der wichtigen Gründe, die A. und B. für den Punkt 1 der Tagesordnung anführten, und C. für die Punkte 2 bis 5, ergab die Abstimmung:
Für Punkt 1 der Tagesordnung stimmten A. und B. mit 210 Stimmen und C. mit 90 Stimmen dagegen.
Für die Punkte 2 bis 5 stimmte C. mit 90 Stimmen, und dagegen stimmten A. und B. mit 210 Stimmen.
A. und B. erklärten den Beschluss zu 1 für gefasst, während C. ihn als abgelehnt bezeichnete. Umgekehrt erklärte C. die Beschlüsse zu 2 bis 5 für gefasst, und A. und B. erklärten sie für abgelehnt.

....., Notar

■ *Kosten.* Es handelt sich jeweils um Beschlüsse mit bestimmtem Geldwert, deren Wert nach § 108 Abs. 1 GNotKG mit dem tatsächlichen Wert des jeweils betroffenen Geschäftsanteils (nicht nach dem Nominalbetrag), insbesondere nach dem Abfindungswert laut Satzung, anzusetzen ist. Alle Beschlüsse sind nach § 35 Abs. 1 GNotKG zusammenzurechnen. Aus dem Gesamtwert eine 2,0 Gebühr nach Nr. 21100 KV GNotKG (Tabelle B).

140 Notarielle Beurkundung ist, da es sich nicht um eine Satzungsänderung handelt, nicht erforderlich, aber wegen der Wichtigkeit und Ungewöhnlichkeit zweckmäßig.

141 5. Für die Zulässigkeit einer Bestimmung im Gesellschaftsvertrag, nach der der ausscheidende Gesellschafter nicht den vollen Wert seines Anteils, sondern einen geringeren Betrag erhält, gelten allgemein – nach wohl überw. M.[195] – die gleichen Gesichtspunkte wie bei der OHG.[196] Die »Untergrenze« liegt bei etwa der Hälfte des tatsächlichen Werts. Führt die Rege-

---
[195] Str., krit. *Geßler*, GmbHR 1984, 35.
[196] S. daher § 132 Rdn. 75 ff.; BGH BB 1978, 1333 = DNotZ 1979, 41; BGH DNotZ 1992, 526; BayObLGZ 1982, 368 = DB 1983, 83 zur längerfristigen zinslosen Stundung.

lung im Gesellschaftsvertrag schon bei Abschluss des Vertrages zu einem niedrigeren Wert, ist sie nach § 138 Abs. 1 BGB, § 723 Abs. 3 BGB nichtig. Ist die Bestimmung im Gesellschaftsvertrag wirksam, führt sie aber im konkreten Fall des Ausscheidens zu einer zu niedrigen Abfindung, führt das zur Ausübungskontrolle nach § 242 BGB.[197] Ein nicht vollwertiges Entgelt nur für den Fall der Einziehung eines Geschäftsanteils, der gepfändet wird, oder dessen Inhaber in Insolvenz gefallen ist, kann im Gesellschaftsvertrag nicht bestimmt werden.[198] Eine Regelung, dass bei Einziehung aufgrund Pfändung oder Insolvenz eine nicht vollwertige Entschädigung zu zahlen ist, ist nichtig, wenn für den vergleichbaren Fall der Ausschließung aus wichtigem Grund eine günstigere oder gar keine Entschädigungsregelung getroffen ist.[199] § 242 Abs. 2 AktG ist allerdings auf nichtige Bestimmungen der Ursprungssatzung wie auf spätere Satzungsänderungen entsprechend anzuwenden, sodass unter dessen Voraussetzungen eine Berufung auf die Nichtigkeit unzulässig ist (was aber entgegen dem Wortlaut von § 242 Abs. 2 AktG und der darauf beruhenden h.M. weder § 138 BGB noch die Berufung auf § 242 BGB ausschließen dürfte). Preisbestimmungen und Zahlungsbedingungen im Gesellschaftsvertrag, die gleichmäßig für die Abfindung bei Einziehung eines Geschäftsanteils aus wichtigem Grund und bei Einleitung von Zwangsvollstreckungsmaßnahmen vorgesehen sind, sind aber grundsätzlich – unter Berücksichtigung der anderen Gesichtspunkte nach § 132 Rdn. 75 ff. – wirksam.[200] Eine Bestimmung, dass ein Gesellschafter ohne Abfindung ausscheidet, ist aber selbst für den Fall einer groben Verletzung der Interessen der Gesellschaft oder der groben Verletzung der Gesellschafterpflichten sittenwidrig und, selbst wenn sie sich auf solche Fälle beschränkt, nicht als Vertragsstrafe grundsätzlich zulässig.[201]

142 Wie bei der OHG – s. § 132 Rdn. 75 ff. – können die unterschiedlichsten Regelungen getroffen werden.[202] Auch Abfindungsregelungen mit »Auffangklauseln« sind zweifellos zulässig.[203] Sehr häufig wurde bei GmbHs wegen der leichten Feststellbarkeit auf den für die Erbschaftsbesteuerung früher maßgebenden Wert nach dem sog. »Stuttgarter Verfahren« abgestellt. Im Gesellschaftsvertrag kann das »Stuttgarter Verfahren« weiterhin vereinbart werden.[204] Für die Erbschaftbesteuerung maßgebend ist nun das vereinfachte Ertragswertverfahren gemäß §§ 200 ff. BewG.[205] Da dieses Verfahren in vielen Fällen zu teils erheblich höheren Werten als das frühere »Stuttgarter Verfahren« führt, werden teilweise prozentuale Abschläge vorgeschlagen. Unterschiedlich beurteilt wird, ob es sinnvoll ist, das von der Finanzverwaltung nicht mehr weiter praktizierte Stuttgarter Bewertungsverfahren als Grundlage zur Ermittlung des Abfindungsguthabens anzuwenden, zumal es u.U. zu unangemessen niedrigen Bewertungen führen konnte (gerade das Ergebnis niedriger Werte kann aber als Vorteil des »Stuttgarter Verfahren« erscheinen). An dem neuen vereinfachten Ertragswertverfahren wird kritisiert, dass es zu viel zu hohen Werten gelangt, (was aber zum 01.01.2016 etwas korrigiert wurde) ausschließlich vergangenheitsorientiert ist und weder branchenbezogene noch konjunkturbezogene Besonderheiten der jeweiligen

---

197 Grundlegend BGHZ 123, 281 = NJW 1993, 3193.
198 BGHZ 32, 151 = DNotZ 1960, 331.
199 BGHZ 144, 365 = DNotZ 2001, 868 m. Anm. von *Zöllner*; falls die Klausel nicht sowieso dahin gehend auszulegen ist, dass sie auch den Fall der Ausschließung trifft, BGH DNotZ 2002, 305.
200 BGHZ 65, 32 = NJW 1975, 1835; OLG Frankfurt MittBayNot 1978, 164.
201 BGH DNotZ 2014, 788.
202 Zur Gestaltung s. *van Randenborgh* BB 1986, 75; *Reimann*, DNotZ 1992, 472; neuerer Überblick bei *Leitzen*, RNotZ 2009, 315.
203 BGH ZIP 2011, 2357: im konkreten Fall Abfindung nach dem »Anteil am nominellen Eigenkapital«, soweit zulässig, sonst nach dem »Stuttgarter Verfahren«.
204 BGH ZIP 2011, 2357; OLG Stuttgart v. 15.3.2017 – 14 U3/14 m.Anm. *Arens*, GWR 2017, 193.
205 *Kohl*, ZEV 2009, 554; *Theissen/Stalleiken*, DStR 2010, 21; R B 199 ff. ErbStR; Ländererlass v. 25.06.2009 zur Anwendung der §§ 11, 95–105 und 199 ff. BewG, BStBl. I 2009, 698. Zum Wertansatz: Gleichlautender Erlass betr. Bewertung der Anteile an einer Kapitalgesellschaft oder einer Beteiligung an einer Personengesellschaft für Zwecke der Erbschaft- und Schenkungsteuer in Sonderfällen v. 05.06.2014 (BStBl. I S. 882).

Gesellschaft berücksichtigt. Empfohlen wird daher oft, das Abfindungsguthaben nach einem allgemein üblichen Ertragswertverfahren zu ermitteln, wobei vielfach auf das vom Institut der Wirtschaftsprüfer (IDW) herausgegebene Verfahren Standard S1 verwiesen wird.[206] Erheblich vom steuerlichen Ermittlungsverfahren abweichende Satzungsklauseln haben jedoch den Nachteil, dass die Differenz zwischen der tatsächlichen Abfindungshöhe und dem steuerlich ermittelten Wert als steuerpflichtige Schenkung an die verbleibenden Gesellschafter angesehen wird (§ 3 Abs. 1 Nr. 2 Satz 2, § 7 Abs. 7 Satz 1 ErbStG).[207] Ob die in einer vorhandenen Satzung auf das Stuttgarter Verfahren Bezug nehmende Abfindungsklausel (Altklausel) noch weiterhin anzuwenden ist oder ob dies nunmehr als Verweisung auf das neue vereinfachte Ertragswertverfahren zu verstehen ist, soll sich danach richten, ob die Satzungsklausel als statische oder dynamische Verweisung auf das jeweils geltende steuerliche Berechnungsverfahren zu verstehen ist.[208] Ein Zwang zur Anpassung des Bewertungsverfahrens für die Ermittlung des Abfindungsguthabens besteht für die Gesellschafter nicht. Soll die Satzung jedoch geändert werden, bedarf dies im Regelfall der Zustimmung sämtlicher Gesellschafter, da hierdurch in die Rechte jedes Gesellschafters eingegriffen wird.[209] Dabei auf das nunmehrige vereinfachte Ertragswertverfahren oder dynamisch auf das jeweilige steuerliche Bewertungsverfahren zu verweisen, wird wegen verschiedener noch offener Auslegungsfragen und vorstehend bezeichneter Kritikpunkte als problematisch angesehen.[210] Bei einer Änderung des Gesellschaftsvertrags einer bereits bestehenden Gesellschaft sollte vorweg der Steuerberater um eine überschlagsweise Berechnung des derzeitigen Abfindungswerts gebeten werden, wenn für die Abfindung an §§ 200 ff. BewG angeknüpft werden soll. Bei der Vereinbarung üblicher Verkehrswertklauseln, wie den Bewertungsgrundsätzen des IDW, darf nicht deren Komplexität und die nicht unerheblichen Kosten eines entsprechenden Gutachtens (leicht mehrere 1000 €) unbedacht bleiben. Zum Schutz der Gesellschaft sollte jedoch bei jeden dem Verkehrswert angelehnten Verfahren geprüft werden, ob trotz der evtl. schenkungsteuerlichen Nachteile ein pauschaler Wertabschlag auf den ermittelten Abfindungsbetrag satzungsmäßig festgelegt werden sollte. Ist die Gesellschaft hauptsächlich vermögensverwaltend oder durch hohe Sachwerte geprägt, kann ein Substanzwertverfahren angemessen sein. Bei der Bewertung durch einen Steuerberater oder Wirtschaftsprüfer kann dieser zugleich als Schiedsgutachter fungieren (§§ 317 ff. BGB).

Muster für eine Ertragswertklausel mit IDW-Gutachten

143 M Der Abfindungsanspruch ist der Anteil von 80 % des Unternehmenswertes, der sich aus dem Verhältnis des Nennkapitals der Anteile des ausgeschiedenen Gesellschafters zum Stammkapital ergibt. Der Unternehmenswert ist von einem Wirtschaftsprüfer gemäß §§ 317 ff. BGB für alle Beteiligten verbindlich nach den jeweils aktuellen Richtlinien, die das Institut für Wirtschaftsprüfer heraus gibt und dem dort festgelegten

---

206 *Leitzen*, RNotZ 2009, 315 m.w.N.; *Moog/Schweizer*, GmbHR 2009, 1198. Dabei ist der Substanzwert, in der Regel ermittelt nach dem Fortführungswert des Unternehmens, die Bewertungsuntergrenze (zur Bewertung von Anteilen an Kapitalgesellschaften für ertragsteuerliche Zwecke siehe OFD Frankfurt/M., Rundvfg. v. 15.10.2014, ZEV 2014, 692). Hierzu auch FG Rheinland-Pfalz v. 28.11.2012 – 2 K 2452/10, bestätigt durch BFH v. 08.04.1014 – IX R 4/13. Zur Reduzierung des Kapitalisierungsfaktors: *Hannes*, ZEV 2016, 554.
207 Hierzu u.a. *Hübner/Maurer*, ZEV 2009, 428.
208 *Casper/Altgen*, DStR 2008, 2319; hierzu auch DNotI-Report 2009, 121; *Leitzen*, RNotZ 2009, 315 m.w.N. Zur weiteren Zulässigkeit des Stuttgarter Verfahrens: OLG Stuttgart v. 15.03.2017 – 14 U3/14 m. Anm. *Arens*, GWR 2017, 193.
209 DNotI-Report 2009, 121.
210 *Leitzen*, RNotZ 2009, 315 m.w.N.; *Moog/Schweizer*, GmbHR 2009, 1198.

Verfahren zur Durchführung von Unternehmensbewertungen zu ermitteln, wobei Untergrenze der Substanzwert ermittelt nach Fortführungswerten ist. Kann keine Einigung über den Wirtschaftsprüfer erzielt werden, ist dieser auf Antrag eines Gesellschafters durch die für die Gesellschaft zuständige IHK zu benennen. Dessen Kosten haben der ausgeschiedene Gesellschafter sowie die Gesellschaft im Verhältnis des Anteilsnennbetrags des ausgeschiedenen Gesellschafters zu den Nennbeträgen der Anteile der verbleibenden Gesellschafter zu tragen.[211]

Anteilsbewertung nach §§ 200 ff. BewG

1. Der ausscheidende Gesellschafter erhält eine Abfindung. Schuldner des Abfindungsentgelts ist im Falle der Einziehung die Gesellschaft, sonst der Erwerber.
2. Das Entgelt bemisst sich nach dem Verkehrswert des Geschäftsanteils, der nach dem von der Finanzverwaltung angewendeten vereinfachten Ertragswertverfahren gemäß §§ 200 ff. BewG zu ermitteln ist (Untergrenze ist der Substanzwert ermittelt nach Fortführungswerten), abzüglich eines Abschlags von .....% auf diesen Wert. Scheidet ein Gesellschafter aufgrund eines in seiner Person eingetretenen wichtigen Grundes aus der Gesellschaft aus, so beträgt der Abschlag.... %. Der Wert ist im Streifall durch den für die Gesellschaft tätigen Steuerberater gemäß § 317 BGB als Schiedsgutachter für alle Beteiligten verbindlich zu ermitteln. Die für die Wertermittlung anfallenden Kosten trägt die Gesellschaft.
Eine spätere Änderung der maßgebenden Grundlagen (etwa aufgrund einer steuerlichen Außenprüfung der Gesellschaft) führt nicht zu einer Anpassung des Entgelts.

143.1 M

Von der (gleichzeitigen) Zahlung der Abfindung braucht der Gesellschaftsvertrag die Ausschließung nicht abhängig zu machen.[212] Im Gegenteil wird die Einziehung mit Zugang des Beschlusses beim betroffenen Gesellschafter wirksam,[213] wenn in der Satzung keine andere Regelung getroffen ist. Das Entgelt darf bei der Einziehung nicht aus dem Stammkapital entnommen werden (§ 30 Abs. 1 GmbHG), sondern nur aus Rücklagen oder Gewinn.

144

6. *Besteuerung* des Ausschlusses und der Einziehung: Nach der h.L. und auch der Finanzverwaltung[214] handelt es sich bei der Einziehung in Form des Erwerbs eigener Anteile i.R. des Ausschlusses beim Anteilsinhaber um einen entgeltlichen Veräußerungsvorgang,[215] der nur bei wesentlicher Beteiligung (derzeit mindestens 1 % in den letzten 5 Jahren) nach § 17 Abs. 1 EStG und dem Teileinkünfteverfahren oder bei einem privaten Veräußerungsgeschäft nach § 23 Abs. 1 Satz 1 Nr. 2 EStG i.H.d. Veräußerungsgewinnes steuerpflichtig ist, ansonsten aber steuerneutral erfolgt.[216] Ein überhöhtes Entgelt führt zu einer verdeckten Gewinnausschüttung. Bleibt der Entgelt hinter dem objektiven Wert (steuerlich: gemeinen Wert) zurück, fingiert § 7 Abs. 7 Satz 2 ErbStG schenkungssteuerpflichtigen Zuwendung an die verbleibenden Gesellschafter.[217] Soweit die Beteiligung des ausscheidenden Gesellschafters unter 25 % des Nennkapitals liegt, sind die Verschonungsregelungen der §§ 13a, 13b und 19a ErbStG nicht

145

---

211 Ausführliche Klausel bei Heckschen/Heidinger/*Heckschen*, 4. Aufl., § 4 Rn. 639.
212 BGH DNotZ 1983, 768.
213 BGH DNotZ 2012, 464 = GmbHR 2012, 387; anders die frühere Rspr.
214 Vgl. BMF v. 27.11.2013, BStBl. I 2013, 1615, DStR 2013, 2700; bzgl. Erwerb eigener Anteile.
215 Dieser tritt erst mit Wirksamwerden der Einziehungserklärung mit deren Zugang ein (BFH v. 22.07.2008 – IX R 15/08 = BFHE 222, 468, = BStBl. II 2008, 927 = DStR 2008, 2058 und wird damit steuerpflichtig, somit nicht erst bei Zufluss der Abfindung (BFH v. 19.7.1993 – DrS 2/92, BStBl. II 1993,897; DStR 1993,1735. FG Rheinland-Pfalz v. 4.11.2015 – 1 K 1214/13, DStRE 2016, 1350.
216 Siehe hierzu § 145 Rdn. 65 ff.
217 Tz. 2.5 Ländererlass v. 20.04.2018 BStBl. I 2018, 632; H E 7.9 ErbStR.

§ 145 Der Geschäftsanteil (Verfügungen, Ausschluss, Einziehung, Preisgabe)

anwendbar. Erfolgt statt der Einziehung eine zwangsweise Abtretung unterfällt dies der Regelung des § 7 Abs. 7 Satz 1 ErbStG.[218] Da die Verschonungsregelung des § 13b Abs. 1 Nr. 3 ErbStG das Übergehen eines Anteiles voraussetzt, wird teilweise daraus gefolgert, dass bei der Einziehung die Verschonungsnormen nicht anwendbar sind und daher stets die Zwangsabtretung vorgenommen werden sollte.[219]

146 Auf der Ebene der GmbH ist die Einziehung als Erwerb des eigenen Anteiles erfolgsneutral durch die zu bildende Rücklage. Auch die Aufstockung der Nennbeträge ist steuerneutral und keine verdeckte Gewinnausschüttung zugunsten der verbleibenden Gesellschafter.[220] Wird ein neuer Geschäftsanteil gebildet und für dessen Zuweisung eine Einlage geleistet, ist die Einlage Anschaffungskosten des Gesellschafters.

147 Durch die Einziehung bzw. den Erwerb eigener Anteile kann eine Anteilsvereinigung gemäß § 1 Abs. 3 GrEStG eintreten, wenn sich mindestens 95 % aller Anteile nach der Einziehung oder dem Erwerb eigener Anteile mittelbar oder unmittelbar in einer Hand befinden,[221] weil der eingezogene Anteil grundsätzlich wegfällt; nicht nur bei einer mit der Einziehung verbundenen Kapitalherabsetzung, sondern auch bei einer Aufstockung der verbleibenden Anteil oder Neubildung des Anteiles, tritt eine Beteiligungsveränderung ein. Am eigenen Anteil der GmbH besteht ein steuerrelevanter mittelbarer Anteil des Gesellschafters. Hierüber muss der Gesellschafter Anzeige an das Finanzamt nach § 19 Abs. 1 Nr. 3a GrEStG erstatten.[222]

148 *Notarielle Mitteilungspflicht:* Nach § 54 EStDV besteht für den Notar, der über die Verfügung über einen GmbH-Anteil eine Urkunde errichtet oder beglaubigt hat, die Pflicht durch Übersendung einer beglaubigten Abschrift dem Finanzamt Mitteilung zu machen; hierzu dürfte auch die Einziehung zählen.

149 7. Einen *Nachschuss* über die Einlage hinaus braucht der Gesellschafter nur zu leisten, wenn es der Gesellschaftsvertrag bestimmt. Die Nachschusspflicht bemisst sich nach dem Verhältnis der Geschäftsanteile; sie kann auf einen bestimmten Höchstbetrag beschränkt werden, der im Verhältnis der Geschäftsanteile festzusetzen ist. Der Gesellschaftsvertrag kann etwas anderes bestimmen (die Abdingbarkeit der § 26 Abs. 2, Abs. 3 GmbHG ist umstr.). Über die Einforderung muss die Gesellschafterversammlung beschließen, was mit einfacher Stimmenmehrheit geschehen kann, da es sich nicht um eine Satzungsänderung handelt. Die Einziehung der beschlossenen Nachschussleistung obliegt den Geschäftsführern.

150 Wenn die Nachschusspflicht nach dem Gesellschaftsvertrag *unbeschränkt* ist, so kann der Gesellschafter seinen Anteil der Gesellschaft zur Verfügung stellen *(preisgeben)* und sich damit von der Nachschusspflicht befreien (§ 27 Abs. 1 GmbHG). Wenn er den Nachschuss nicht leistet und den Anteil auch nicht preisgibt, so kann ihn die Gesellschaft als ihr zur Verfügung gestellt betrachten und versteigern. Das Preisgaberecht *(Abandon)* kann auch auf

---

218 Nach Tz. 2.4.1. Länder-Erlass v. 20.04.2018 BStBl. I 2018, 632; FG München v. 5.4.2017 – 4 K 711/16, DStRE 2018, 18 (Rev. bei BFH); ebenso Troll/Gebel/Jülicher/*Gebel*, ErbStG § 7 Rn. 410 soll jedoch hier die Gesellschaft selbst Erwerber i.S.d. § 7 Abs. 7 Satz 1 ErbStG sein, selbst dann, wenn die Abtretung zur Abkürzung des Leistungsweges direkt an eine von der Gesellschaft benannte Person erfolgt; s. hierzu *Neumayer/Imschweiler*, DStR 2010, 201. Soweit der den abgetretenen Anteil erwerbende Gesellschafter ein unter dem gemeinen Wert liegendes Entgelt zu leisten hat, ist er selbst steuerpflichtig bereichert gem. § 7 Abs. 1 Nr. 1 ErbStG.
219 Angesichts der Besteuerungsfiktion in § 7 Abs. 7 Satz 2 ErbStG erscheint dieser Standpunkt der Finanzverwaltung in R E 3,4 Abs. 3 ErbStR zweifelhaft. Siehe *Neumayer/Imschweiler*, DStR 2010, 201, 205.
220 OFD Hannover, Verfügung v. 04.11.1987, DB 1988, 84; *Hohage*, DB 2009, 1033.
221 BFH v. 20.01.2015 – II R 8/13, DStR, 2015, 650.
222 Die Mitteilung muss in allen Teilen vollständig und fristgemäß innerhalb der gesetzlich geforderten Frist von 14 Tagen vom Notar und von der Gesellschaft gemäß den Bestimmungen des §§ 18, 19 GrEStG an das für die Grunderwerbsteuer zuständige Finanzamt angezeigt worden sein, ansonsten ist eine steuerfreie Rückgängigmachung nach § 16 GrEStG später nicht möglich (§ 16 Abs. 5 GrEStG wurde hier deutlich verschärft!).

die Fälle der Erreichung bestimmter Nachschussbeträge beschränkt werden (§ 27 Abs. 4 GmbHG). In allen Fällen fällt der Geschäftsanteil zwar nicht als eigener Anteil der Gesellschaft zu, allerdings kann diese über diesen Geschäftsanteil verfügen, regelmäßig durch Versteigerung. Ein entsprechender Vermerk bis zur erfolgten Verwertung ist in der Gesellschafterliste wohl nicht zulässig, auch nicht nach der GesL-VO, die zwar eine Veränderungsspalte, nicht aber eine Vermerkspalte zulässt. Allerdings dürften ggf. Mitteilungen an das Transparenzregister erforderlich sein, wenn und weil sich der wirtschaftlich Berechtigte hierdurch verändert.[223]

Wegen des Einforderungsbeschlusses der Gesellschafterversammlung s. Muster § 144 Rdn. 185 M.

Preisgabe des Geschäftsanteils zur Befreiung von der Nachschusspflicht (Einschreiben nicht erforderlich)

Remscheid, den ..... **151 M**

An die »Baum & Bauer GmbH« in Remscheid
Sie haben mich unter dem 3. ds. Mts. aufgefordert, auf meinen Geschäftsanteil von 3.000 € einen Nachschuss von 1.500 € zu leisten.
Um mich von der Nachschusspflicht zu befreien, stelle ich meinen Geschäftsanteil zur Befriedigung der Gesellschaft zur Verfügung.

Fritz Brunner

- *Kosten*. Wie zu Rdn. 130 M.

Unterstellung der Preisgabe

Remscheid, den ..... **152 M**

Herrn Fritz Brunner in Remscheid, Elberfelder Straße 2
(Einschreiben)
Unserer Aufforderung vom ......, auf Ihren Geschäftsanteil von 5.000 € einen Nachschuss von 2.500 € zu leisten, sind Sie nicht nachgekommen und haben Ihren Geschäftsanteil auch nicht zur Befriedigung der Gesellschaft zur Verfügung gestellt. Wir machen deshalb von unserem gesetzlichen Recht Gebrauch und betrachten den Geschäftsanteil als uns zur Verfügung gestellt.
Wir bitten um unverzügliche Zustimmung zu einem freihändigen Verkauf, da wir den Geschäftsanteil sonst öffentlich versteigern lassen müssen.
　　　　　　»Baum & Bauer GmbH«
　　　　　　Ganz

- *Kosten*. Wie zu Rdn. 130 M.

---

223 Vgl. BeckOF-Vertrag/*Szalai*, Muster 7.8.7.5. Anm. 8.

§ 146 Aktiengesellschaft (AG) und Aktien. Grundsätzliches

Literatur: *Beck'sches Handbuch der AG*, 2. Aufl., 2009 (3. Aufl. für 2018 angekündigt); *Böttcher/Carl/Schmidt/Seibert*, Die Aktienrechtsnovelle, 2016, *Happ*, Aktienrecht, 4. Aufl., 2015; *Jannott/Frodermann/Henn*, Aktienrecht, 9. Aufl., 2017;.; *Hüffer*, Aktiengesetz, 13. Aufl., 2018; *Kölner Kommentar zum Aktiengesetz*, 3. Aufl. (im Erscheinen); *Langenbucher*, Aktien- und Kapitalmarktrecht (Lehrbuch), 3. Aufl., 2015; *Münchener Anwaltshandbuch Aktienrecht*, 3. Aufl., 2018; *Münchener Kommentar zum Aktiengesetz*, 4. Aufl. (im Erscheinen);.; *Schmidt/Lutter*, Aktiengesetz, 3. Aufl., 2015; *Spindler/Stilz*, Aktiengesetz, 3. Aufl., 2015; *Wachter*, Aktiengesetz, 3. Aufl. 2018

I. Entwicklung des Aktienrechts

1 Die Aktiengesellschaft (AG) ist ein Kind der industriellen Revolution. Während das allgemeine deutsche Handelsgesetzbuch 1861 (ADHGB) noch eine Genehmigungspflicht für die Errichtung einer AG vorsah (Konzessionssystem), gilt seit 1870 das »System der Normativbedingungen« (Eintragungsfähigkeit im Handelsregister, sofern die gesetzlich normierten Voraussetzungen erfüllt sind). Mit Einführung des HGB (1879) wird die AG zur Grundform des Aktienrechts (zuvor war es die Kommanditgesellschaft auf Aktien); seit 1937 existiert ein aus dem HGB ausgegliedertes Aktiengesetz. Das (bis heute, gemäß Art. 8 Einigungsvertrag auch in den neuen Bundesländern) geltende Aktiengesetz 1965 stärkte die Aktionärsrechte (durch Publizitätsvorschriften, Auskunftsansprüche, Schutz vor Minderheitsaktionären und Verschärfung der Verantwortlichkeit handelnder Personen).

2 Seitdem ist das Aktienrecht (in Umsetzung europäischer Richtlinien) einer Vielzahl eingehender Reformen unterzogen worden:
- Mitbestimmungsgesetz 1976: Einführung der paritätischen Mitbestimmung in AG mit mehr als 2.000 Arbeitnehmern
- Gesetz für kleine AG 1994: Möglichkeit der Ein-Personen-Gründung, Deregulierung für nicht börsennotierte Aktiengesellschaften
- Drittes Finanzmarktförderungsgesetz 1998: Harmonisierung der Mitteilungspflichten im Aktienrecht und nach Wertpapierhandelsgesetz
- Stückaktiengesetz 1998: Einführung der nennwertlosen Stückaktien zur Erleichterung der Umstellung von DM auf Euro
- Handelsrechtsreformgesetz 1998: Liberalisierung des Firmenrechts, das den Unternehmensgegenstand nicht mehr wiederzugeben hat
- Gesetz zur Kontrolle und Transparenz im Unternehmensbereich (KonTraG) 1998: Verbesserung der Kontrollmöglichkeiten des Aufsichtsrats durch Begrenzung der Höchstzahl und Einführung einer Mindestsitzungsfrequenz, Aufdeckung von Interessenkonflikten, Begrenzung des Vollmachtsstimmrechts der Banken, Klageinitiativrecht von Aktionärsminderheiten gemäß § 147 AktG, grundsätzliche Abschaffung von Mehrstimmrechten und Höchststimmrechten (§§ 12 Abs. 2, 134 Abs. 1 AktG)
- Gesetz zu Namensaktien und zur Erleichterung der Stimmrechtsausübung (NaStraG) 2001: Modernisierung der Handhabung von Namensaktien, Neufassung der Nachgründungsregelungen (§ 52 AktG)
- Wertpapiererwerbs- und Übernahmegesetz (WpÜG) 2001: Mindestanforderung an den Inhalt des öffentlichen Angebots zum Erwerb von Aktien, Pflichtangebot; squeeze-out gemäß §§ 327a ff. AktG (vgl. § 149 Rdn. 228 ff.)

- Transparenz- und Publizitätsgesetz (TransPuG) 2002: Verschärfung der Berichtspflichten des Vorstands (§ 90 AktG), Pflicht zur Aufstellung eines Katalogs zustimmungsbedürftiger Geschäfte durch Aufsichtsrat oder Hauptversammlung (§ 111 Abs. 4 AktG), Entsprechenserklärung zu den Empfehlungen des deutschen Corporate Governance Codex (§ 161 AktG); Möglichkeit der Gründungsprüfung durch den Notar gemäß § 33 Abs. 3 AktG (§ 147 Rdn. 15)
- Gesetz zur Neuordnung des gesellschaftsrechtlichen Spruchverfahrens (SpruchG) 2003: Bewertungsstreitigkeiten bei Aktientausch, Abfindung, Eingliederung, squeeze-out oder Umwandlung werden außerhalb des handelsregisterlichen Verfahrens gelöst
- Drittel-Beteiligungsgesetz 2004: Neufassung des Betriebsverfassungsgesetzes 1952
- Gesetz zur Unternehmensintegrität und Modernisierung des Anfechtungsrechts (UMAG), 2005: Erleichterung der Durchsetzung von Haftungsansprüchen wegen Sorgfaltspflichtverletzungen gegen Organe (§ 148 AktG), Klärung des Frage- und Rederechts in der Hauptversammlung[1] (§ 131 AktG) sowie Einführung eines aktienrechtlichen Freigabeverfahrens in § 246a AktG; Abkehr von der grundsätzlichen Hinterlegung der Aktien als Legitimationsmittel in der Hauptversammlung, § 123 AktG
- Gesetz über elektronische Handelsregister (EHUG) 2006: elektronische Registerführung, Einführung eines Unternehmensregisters für die Veröffentlichung von Jahresabschlüssen
- Risikobegrenzungsgesetz 2008: Verpflichtung von Namensaktionären zur Eintragung im Aktienregister (§ 67 AktG),
- MoMiG (01.11.2008): Vereinfachungen bei der Gründung (Wegfall der Sicherheitsleistung bei der Einmann-Gründung, Wegfall staatlicher Genehmigungen als Eintragungsvoraussetzung), Unterscheidung zwischen Verwaltungs- und Satzungssitz, Deregulierung der Kapitalerhaltungsvorschriften (insbesondere zur rechtlichen Absicherung des Cash Pooling), erweiterte Vorstandshaftung, erleichterte Zustellungen an die Gesellschaft. Eigenkapitalersetzende Nutzungsüberlassungen sind nicht mehr Gesellschafterdarlehen gleichgestellt.
- ARUG (01.09.2009): Erleichterung der Stimmrechtsausübung insbesondere in grenzüberschreitenden Fällen, Regelungen zum Vollmachtsstimmrecht der Banken, Eindämmung missbräuchlicher Aktionärsklagen
- BilMoG 2009: Sonderregelungen zur Zusammensetzung des Aufsichtsrates bei kapitalmarktorientierte Gesellschaften, Erweiterung der Erklärung zur Unternehmensführung im Lagebericht.
- Gesetz zur Angemessenheit von Vorstandsvergütungen 2009: Begrenzung der Gesamtvorstandsbezüge, Verschärfung der Verantwortung des Aufsichtsrates, Karenzzeit für den Wechsel eines Vorstands in den Aufsichtsrat.
- Einführung einer »Frauenquote« für Vorstand und Aufsichtsrat börsennotierter oder mitbestimmter Aktiengesellschaften (01.05.2015), vgl. § 148 Rdn. 25
- Verbesserung des Anlegerschutzes, beim Widerruf der Zulassung eines Wertpapiers zum Handel am regulierten Markt (Delisting/Downlisting), ab 27.11.2015, vgl. § 149 Rdn. 4:
- »kleine« Aktienrechtsnovelle 2016 (seit 01.01.2016): »debt-equity-Swap« auf Vorrat (§ 221 Abs. 1 AktG als umgekehrte Wandelschuldverschreibung), Beschränkung der Ausgabe von Inhaberaktien zur Erhöhung der Beteiligungstransparenz (auf börsennotierte Gesellschaften und solche, bei denen der Einzelverbriefungsanspruch ausgeschlossen ist; »Altgesellschaften« bleiben jedoch unangetastet), Schaffung nachzahlungsfreier Vorzugsaktien (der Vorzug braucht zudem nicht notwendig in einer Vorabdividende zu bestehen, sondern kann auch als Zusatzdividende gegenüber Stammaktionären ausgestaltet sein),

---

1 Feste Satzungsregeln (Beschränkung auf 15 Min. Redezeit nach sechsstündiger Dauer etc), wie sie durch den BGH, 08.02.2010 – II ZR 94/08 (»Biotest«, unter wörtlicher Wiedergabe der Formulierung im Urteilstext) gebilligt wurden, haben sich in der Praxis als zu starr nicht durchgesetzt, vgl. daher § 21 Abs. 3 im Muster 5 M, § 147.

Änderung der Anforderungen an Legitimationsnachweise für Minderheitsverlangen in Bezug auf Hauptversammlungen, Beschränkung der Drei-Teilbarkeit der Anzahl der Aufsichtsräte auf die mitbestimmungsrechtlich vorgeschriebenen Fälle; Klarstellung weiterer Zweifelsfragen

3 Insbesondere seit 1998 ist ein deutlicher Trend zur Wahl der Rechtsform der Aktiengesellschaft festzustellen, begünstigt auch durch das erfolgreiche Vorbild vieler Gesellschaften, denen in der Blütezeit der »New Economy« der Zugang zu Kapitalmarkt und Börse gelungen ist, daneben durch die sich verbreitende Erkenntnis, dass die Rechtsform der Aktiengesellschaft auch unabhängig von einem Gang an die Börse in vielen Fällen geeignet sein kann.

II. Grundkapital und Gründer

4 Das *Mindestkapital* beträgt nach § 7 AktG 50.000 €. Eine Aktiengesellschaft kann – seit der Zulassung der Einmann-Gründung durch das Gesetz v. 02.08.1994 – durch eine oder mehrere Personen gegründet werden. Taugliche Gründer können auch die BGB-Gesellschaft[2] sowie Personen einer Erbengemeinschaft sein (soweit die Gründung der AG ein Geschäft für den Nachlass ist; str.). Für *Minderjährige* ist familiengerichtliche Genehmigung nach § 1822 Nr. 3, § 1643 Abs. 1 BGB erforderlich, wenn die Aktiengesellschaft zum Betrieb eines Erwerbsgeschäfts gegründet wird.[3] *Bevollmächtigte* müssen ihre Legitimation zur Gründung durch eine notariell beglaubigte Vollmacht nachweisen (§ 23 Abs. 1 Satz 2 AktG). Gründung durch *Strohmänner*, die im eigenen Namen, aber für fremde Rechnung handeln, ist zulässig (arg. § 33 Abs. 2 Nr. 2 AktG).

III. Firma und Sitz

1. Firma

5 Für die *Firma* der Aktiengesellschaft gelten § 18 HGB (ergänzt durch § 30 HGB) und § 4 AktG i.d.F. des HRegG v. 22.06.1998. Die Firma muss danach zur Kennzeichnung der Gesellschaft geeignet sein und Unterscheidungskraft besitzen; sie darf ferner keine irreführenden Angaben enthalten (vgl. auch § 3 UWG). Nach § 4 AktG muss die Firma, auch wenn sie nach § 22 HGB weitergeführt wird, die Bezeichnung »Aktiengesellschaft« oder eine allgemein verständliche Abkürzung dieser Bezeichnung (»AG«) enthalten. Die (korrekte, nicht abgekürzte) Firma ist auf allen Geschäftsbriefen anzugeben (§ 37a HGB; die darüber hinaus vorgeschriebenen Angaben ergeben sich aus §§ 80, 268 Abs. 4 AktG).

2. Sitz

6 Gemäß § 5 AktG in der Fassung des MoMiG ist Sitz der Gesellschaft der Ort im Inland, den die Satzung bestimmt; Geschäftsleitung und Verwaltung müssen sich dort nicht befinden. Der Ort der tatsächlichen Verwaltung kann demnach auch im Ausland liegen. Während eine Verlegung des Satzungssitzes eine Satzungsänderung erfordert (und nicht ins Ausland erfolgen kann: Auflösung der Gesellschaft), kann der Vorstand selbst (§ 76 AktG) den Verwaltungssitz verändern (und die Änderung der inländischen Geschäftsanschrift zum Handels-

---

2 BGHZ 118, 83, 99 f. = NJW 1992, 2222; BGHZ 126, 226, 234 f. = NJW 1994, 2536.
3 Str., s. die Nachw. bei *Bürgers/Körber*, § 2 AktG Rn. 8.

register anmelden). Der Satzungssitz ist in allen Geschäftsbriefen anzugeben (§ 80 Abs. 1 und § 268 Abs. 4 AktG).

Ein Doppelsitz ist ausnahmsweise zulässig, wenn dafür ein berechtigtes Interesse besteht (insbesondere während der Spaltung Deutschlands; die Verschmelzung zweier AG genügt hierfür nicht).[4] Besteht ein Doppelsitz, sind alle Tatsachen, welche die Gesellschaft als Ganzes oder eine Zweigniederlassung betreffen, bei den Gerichten *beider* Sitze[5] anzumelden.

IV. Aktie, Interimsschein, Genussschein

1. Aktie: Begriffsbestimmungen

»Aktie« kann im Aktienrecht (1) das Mitgliedschaftsrecht oder (2) die Aktienurkunde als das die Mitgliedschaft verbriefende Wertpapier oder (3) die Beteiligungsquote bedeuten.

a) Arten

Es gibt *Inhaberaktien* und *Namensaktien*. Namensaktien sind (samt Name, Geburtsdatum und Adresse des Inhabers) in das Aktienregister einzutragen, § 67 Abs. 1 Satz 2 AktG. Gemäß § 67 Abs. 1 Satz 3 AktG kann die Satzung die Eintragung von Legitimationsaktionären (Fremdbesitz) beschränken oder ausschließen (mit der Folge des Stimmrechtsverlustes im Fall eines Verstoßes – Anfechtungsrisiko, wenn die Stimmen in der Hauptversammlung mitgezählt werden). Namensaktien sind stets dann vorgeschrieben, wenn nicht voll eingezahlt wird. Die Teilleistung ist in der Aktie anzugeben (§ 10 Abs. 2 Satz 2 AktG). Während bisher Inhaberaktien bei Publikumsgesellschaften die Regel waren, macht die Möglichkeit der elektronischen Führung des Aktienregisters die Namensaktie bei großen Gesellschaften, auch zur Verbesserung der »investor relations«, praktikabel.

Entgegen erster Überlegungen hat die Aktienrechtsnovelle 2016 das grundsätzliche Wahlrecht zwischen Inhaber- und Namensaktien nicht abgeschafft. Allerdings muss (zur Erschwerung der Geldwäsche) bei nicht börsennotierten Gesellschaften, die Inhaberaktien ausgeben, der Anspruch auf Einzelverbriefung gemäß § 10 Abs. 1 Satz 2 Nr. 2, Abs. 5 AktG ausgeschlossen werden, sodass die Sammelurkunde(n) bei einer Wertpapierdepotbank i.S.d. § 1 Abs. 3 Satz 1 DepotG oder bei einem ausländischen Verwahrer gemäß § 5 Abs. 4 Satz 1 DepotG zu hinterlegen ist/sind. Angesichts der dadurch ausgelösten Kosten sind börsenferne AGs damit faktisch auf die Namensaktie verwiesen. Vor dem 31.12.2015 gegründete Aktiengesellschaften sind von den Änderungen nur bei der Ausgabe neuer Inhaberaktien betroffen.

b) Gattungen

Verschiedene Gattungen von Aktien gewähren verschiedene Rechte (§ 11 AktG), deren Änderung die Aktionäre einer Gattung, die einen Nachteil erleiden soll, ebenfalls in getrennter Abstimmung mit Dreiviertelmehrheit beschließen müssen (§ 179 Abs. 3 AktG; als Spezialfall § 141 Abs. 3 AktG). – Beispiele: Verschiedene Rechte können bestehen hinsichtlich der Verteilung des Gewinns (*Vorzugsaktien*, §§ 139 bis 141 AktG, Rdn. 23 ff.) oder des Vermögens bei der Auflösung (§ 271 Abs. 2 AktG), der Verpflichtung zu Nebenleistungen für gewisse Aktionäre (§ 55 AktG) oder der Befugnis der Gesellschaft zur Einziehung von gewissen Aktien (§ 237 AktG). Dagegen liegen verschiedene Aktiengattungen *nicht* vor bei Unterscheidung

---

4 BayObLG AG 1986, 48, 50.
5 BayObLG NJW 1962, 864.

zwischen Inhaber- und Namensaktien, bei Verschiedenheit des Nennbetrages, der Art der Einlage (Geld-, Sacheinlage) oder der Höhe der geleisteten Einzahlungen.

c) Urkunden

12 Die Herstellung von Aktien*urkunden* ist nicht erforderlich. Die Aktionäre können darauf verzichten (§ 10 Abs. 5 AktG) und müssen dies auch bei der Ausgabe von Inhaberaktien bei nicht börsennotierten Gesellschaften seit 01.01.2016; unentziehbar ist nur der Anspruch auf Ausstellung einer Globalurkunde und auf deren Hinterlegung nach Maßgabe der §§ 2 ff., 5, 9a DepG.[6]

2. Stückaktien/Nennbetragsaktien

13 Aktien können entweder als Nennbetragsaktien oder als Stückaktien begründet werden (§ 8 Abs. 1 AktG). Der Mindestnennbetrag von Nennbetragsaktien ist 1 € (§ 8 Abs. 2 Satz 1 AktG). Höhere Beträge müssen auf volle EURO lauten (§ 8 Abs. 2 AktG). Stückaktien lauten auf keinen Nennbetrag. Alle Stückaktien sind im gleichen Umfang am Grundkapital beteiligt. Der auf eine Stückaktie entfallende anteilige Betrag des Grundkapitals muss mindestens 1 € betragen (§ 8 Abs. 3 AktG).

3. Weitere Unterscheidungen

14 Mehrere (oder alle) Aktienrechte können in einer Globalurkunde zusammengefasst werden. – *Zwischenscheine* (Interimsscheine) sind Anteilsscheine, die vor der Ausgabe der Aktien ausgestellt werden (§ 8 Abs. 6 AktG). – *Genussscheine* weisen einen Anspruch auf einen Anteil am Reingewinn usw. aus (§ 221 Abs. 3 AktG). – *Eigene* Aktien darf die Gesellschaft nur unter den Voraussetzungen des § 71 Abs. 1 AktG erwerben (die Ermächtigung hierzu ist nun für einen Fünf-Jahres-Zeitraum möglich); nach § 71b AktG stehen ihr aus den eigenen Aktien keine Rechte zu. – *Stammaktien* sind die Normalaktien im Gegensatz zu den Vorzugsaktien.

Eine *Inhaber-(Nennbetrags-)aktie* (§§ 10, 13 AktG) kann lauten:

Inhaber-Nennbetragsaktie

15 M

AKTIE
über
10 €
Der Inhaber dieser Aktie ist mit 10 € an der
»Bayerischen Metallwarenfabrik Aktiengesellschaft«
in München

als Aktionär beteiligt.
München, den .....

»Bayerische Metallwarenfabrik Aktiengesellschaft«
Der Vorstand:
Lenz   Lechner

Unterschrift des Kontrollbeamten nach § 16 der Satzung:
Winkelmann

---

[6] *Hüffer*, § 10 AktG Rn. 3 und 11.

Zur Unterzeichnung genügt eine vervielfältigte Unterschrift des Vorstandes (§ 13 AktG), jedoch nicht in Druckschrift. Teilweise schreibt die Satzung die handschriftliche Unterzeichnung durch einen Kontrollbeamten vor, was in der Urkunde zu erwähnen ist. Gelegentlich ist auch die vervielfältigte Unterschrift des Aufsichtsratsvorsitzenden in der Satzung mit vorgesehen.

Eine *Inhaber-Stück-Aktie* kann lauten:

Inhaber-Stückaktie

AKTIE
Der Inhaber dieser Stückaktie ist an der »Birowag AG« mit dem Sitz in Rostock als Aktionär beteiligt.
Rostock, den .....
Der Vorstand:
Brinckmann Reuter

Eine Nennbetragsnamensaktie (§§ 10, 67, 68 AktG) kann lauten:

Nennbetragsnamensaktie

1 € Nr. 12708

AKTIE
über
Einen EURO
Oberregierungsrat Erich Westermann in Berlin-Charlottenburg ist mit einem EURO an der »Kohle-Chemie Aktiengesellschaft«
in Essen

als Aktionär beteiligt.
Essen, den .....
»Kohle-Chemie Aktiengesellschaft«

| Der Kontrollbeamte: | Der Aufsichtrat: Brünning, | Der Vorstand: Haeseler |
| König | Vorsitzender | Michel |

Eingetragen im Aktienregister lfd. Nr. 11435

Die *Übertragung* kann durch Abtretung und Übergabe oder durch Indossament und Übergabe geschehen. Erst mit der Eintragung im Aktienregister gilt der Erwerber der Gesellschaft gegenüber als Aktionär (§ 67 Abs. 2 AktG).

Eine *gebundene* (vinkulierte) *Namensaktie* (§ 68 Abs. 2 AktG) kann lauten:

Vinkulierte Namensaktie

1 € Nr. 1980

AKTIE
über
1 €
Rechtsanwalt Dr. Ernst Weidemann in Hannover ist mit Einem € an der »Niedersächsischen Zeitungsverlag Aktiengesellschaft«
in Hannover

**als Aktionär beteiligt.
Die Übertragung der Aktie ist an die schriftliche Zustimmung der Gesellschaft gebunden.
Hannover, im Mai .....
»Niedersächsische Zeitungsverlag Aktiengesellschaft«**

Der Kontrollbeamte:	Der Aufsichtsrat: Hagenberg,	Der Vorstand: Heise
Geissler	Vorsitzender	

Eingetragen im Aktienregister lfd Nr ..... .

21 Die Zustimmung kann der Veräußerer oder der Erwerber nachsuchen. Erteilt wird sie vom Vorstand (falls die Satzung nichts anderes vorschreibt, § 68 Abs. 2 AktG), der seinerseits häufig an die Zustimmung des Aufsichtsrats gebunden ist.
   Beispiel:

Vinkulierungsregelung in einer AG-Satzung

22 M Die Übertragung der Aktien auf einen neuen Erwerber ist nur mit Zustimmung des Vorstands zulässig. Die Zustimmung kann ohne Angabe von Gründen verweigert werden. Für die Erteilung oder Versagung bedarf der Vorstand der Zustimmung des Aufsichtsrats.

23 *Vorzugsaktien* (§§ 139 bis 141 AktG). Der »Vorzug« nach § 139 AktG besteht im Recht auf eine Vorzugsdividende, die (im Zweifel) nachzuzahlen ist. Der Vorzug kann mit dem Nachteil des Stimmrechtsausschlusses verbunden werden. Eine Änderung zum Nachteil einer Gattung bedarf ihrer gesonderten Beschlussfassung, zu der die betreffenden Aktionäre ein entsprechendes Stimmrecht haben (§§ 138, 141 Abs. 3, 179 Abs. 3 AktG, z.B. bei der Aufhebung des Vorzugs: Sonderbeschluss der Stammaktionäre, deren Stimmrecht verwässert wird).[7] Die Vorzugsaktien ohne Stimmrecht sollen der Erleichterung der Kapitalbeschaffung dienen.

24 Die »kleine Aktienrechtsnovelle« 2016 ermöglicht erstmals die Ausgabe von Vorzugsaktien ohne Nachzahlungspflicht. Dies wird insbesondere für Kreditinstitute relevant, da nach den internationalen Eigenkapitalregeln Vorzugskapital, das mit einem Nachzahlungsanspruch belastet ist, nicht auf das Kernkapital angerechnet werden kann. Fehlt eine Nachzahlungspflicht, lebt gem. § 140 Abs. 2 Satz 2 AktG das Stimmrecht bereits wieder auf, sobald der Vorzug in einem Jahr nicht (vollständig) bezahlt wird. Ferner kann anstelle der Vorabdividende auch eine Mehrdividende vereinbart sein (mit oder ohne Nachzahlungspflicht, die hier nicht gesetzlich vermutet wird), oder ein sonstiger Vorzug bei der Gewinnverteilung.
   Eine *Vorzugsaktie* kann lauten:

Vorzugsaktie

25 M 10,– €   Nr. 91

VORZUGSAKTIE
über
zehn €

---

[7] Das Stimmrecht lebt dann erst mit der Eintragung der entsprechenden Satzungsänderung auf, *Gutachten* DNotI-Report 2013, 97.

Der Inhaber dieser Vorzugsaktie ist mit zehn € an der
»Niederrheinische Elektrizitätswerke Aktiengesellschaft«
in Düsseldorf
als Aktionär beteiligt.
Die stimmrechtslose Vorzugsaktie gewährt als Gewinnvorzug eine nachzuzahlende Vorabdividende in Höhe von EUR 1 je stimmrechtslose Vorzugsaktie. Ein auszuzahlender Bilanzgewinn ist stets zunächst zur Erfüllung von rückständigen Vorzugsdividenden zu verwenden, dann zur Erfüllung der Vorzugsdividende der stimmrechtslosen Vorzugsaktionäre. Die nachzuzahlende Vorabdividende ist ohne Zinsen nachzuzahlen, soweit nicht zwingend nach dem Gesetz Zinsen geschuldet sind. Bei nachzuzahlenden Vorzugsdividenden mehrerer Jahre sind die Rückstände in der Reihenfolge ihrer zeitlichen Entstehung zu erfüllen. Der darüber hinaus gehende Gewinnanteil, der von der Hauptversammlung zur Auszahlung beschlossen wird, steht allen Aktionären gleichmäßig anteilig zu.
Bei Auflösung der Gesellschaft erhält der Inhaber dieser Vorzugsaktie nach Berichtigung der Verbindlichkeiten 120 vom Hundert des Nennbetrages.
Alternatives Beispiel: Mehrdividende ohne Nachzahlung
Die stimmrechtslose Vorzugsaktie gewährt als Gewinnvorzug eine nicht nachzuzahlende Mehrdividende von EUR 1 je stimmrechtsloser Vorzugsaktie. Ein Vorzug bei der Verteilung des Liquidationserlöses wird nicht vereinbart.
Düsseldorf, den ..... Niederrheinische Elektrizitätswerke Aktiengesellschaft«

| Der Kontrollbeamte: Homeyer | Der Aufsichtsrat: Burmann, Vorsitzender | Der Vorstand: Bensing Wiemann |

Eingetragen im Aktienregister lfd Nr ..... .

Ein Zwischenschein oder Interimsschein (§ 8 Abs. 6 und § 10 Abs. 3, 4 AktG) muss auf den Namen lauten:

Zwischenschein

10.000 €   Nr. 15

ZWISCHENSCHEIN

Kaufmann Johannes Petersen in Bremen hat sich an der
»Nordmeer Fischerei Aktiengesellschaft« in Bremerhaven

mit 10.000 €
an dem zwei Millionen € betragenden Grundkapital beteiligt.
Nach voller Einzahlung der 10.000 € wird dieser Zwischenschein gegen 20 Inhaberaktien der Gesellschaft zu je 500 € umgetauscht.
Bremerhaven, den .....
»Nordmeer Fischerei Aktiengesellschaft«

| Der Kontrollbeamte: Dickewied | Der Aufsichtsrat: Asmussen, Vorsitzender | Der Vorstand: Harringa Johannsen |

Eingetragen im Aktienbuch Bd. 1, S. 1

27 Mit Dreiviertelmehrheit kann die Hauptversammlung *Genussrechte* schaffen. Sie gewähren kein Mitgliedschaftsrecht, insbesondere kein Stimmrecht wie die Aktie, sondern ein reines Gläubigerrecht, meist den Anspruch auf einen Anteil am Reingewinn, möglich ist aber auch die Einräumung anderer Ansprüche, z.B. auf einen Teil des Liquidationserlöses.[8]

Ein *Genussschein* (§ 221 Abs. 3 AktG) kann lauten:

Genussschein

28 M

GENUSSSCHEIN
Ausgegeben auf Grund des Beschlusses der Hauptversammlung
vom .....
Dem Inhaber dieses Genussscheines steht ein Anteil von 1 vom Hundert am Reingewinn und von 1 vom Hundert am Liquidationserlös der
»Ikaros Flugzeugwerke Aktiengesellschaft«
zu.

Regensburg, den .....
»Ikaros Flugzeugwerke Aktiengesellschaft«

Der Kontrollbeamte:	Der Aufsichtsrat: Straubinger, Vorsitzender	Der Vorstand: Hauser Hartmann
Decker		

Eingetragen im Genussscheinbuch S. .....

V. Kraftloserklärung inhaltlich unrichtig gewordener Aktien

1. Anlass

29 Verloren gegangene Aktienurkunden können nach § 72 AktG im gerichtlichen Aufgebotsverfahren für kraftlos erklärt werden. Aktien, deren Inhalt durch *Veränderung* der *rechtlichen Verhältnisse unrichtig geworden* ist, kann die Gesellschaft nach § 73 AktG selbst für kraftlos erklären. Die Unrichtigkeit, die zur Kraftloserklärung berechtigt, kann u.a. beruhen auf einer Änderung der Firma oder des Sitzes der AG, einer Umwandlung von Inhaberaktien in Namensaktien oder umgekehrt, einer Umwandlung von Vorzugsaktien in Stammaktien oder Herabsetzung des Nennbetrages in Ausführung einer Kapitalherabsetzung. *Nicht zulässig* ist die Kraftloserklärung bei einer Neustückelung des Grundkapitals und bei einer Änderung des Inhabers einer Namensaktie. Diese Einschränkung gilt nicht bei der Umstellung auf EURO (§ 4 Abs. 6 EGAktG).

2. Verfahren

30 Zunächst hat der Vorstand die Genehmigung des Registergerichts des Sitzes der Gesellschaft einzuholen, das die gesetzlichen Voraussetzungen prüft. Dann fordert er dreimal in den Gesellschaftsblättern, also im Bundesanzeiger (§ 25 AktG; seit 2016 können daneben andere Medien nur als freiwillige und nicht rechtsentscheidende »Mehrleistung« bestimmt werden), zur Einreichung auf, und zwar erstmalig mindestens drei und letztmalig mindestens einen Monat vor Ablauf der zu setzenden Frist. Bei der Androhung ist auf die Genehmigung des Gerichts hinzuweisen. Nach Fristablauf ist die damit erfolgte Kraftloserklärung in den Gesellschaftsblättern bekannt zu machen.

---

8 Vgl. *Bürgers/Körber*, § 221 AktG Rn. 97 ff., auch zur Einordnung als bilanzielles Eigen- bzw. Fremdkapital.

3. Wirkung

Nur die *Aktienurkunde* als Verbriefung des Anteilsrechts wird außer Kraft gesetzt. Das Anteilsrecht des Aktionärs wird durch die Kraftloserklärung nicht beeinträchtigt. Er kann auch nach der Kraftloserklärung der Alten die Aushändigung der neuen Aktienurkunde von der AG verlangen. Die Aushändigung oder notwendig gewordene Hinterlegung ist dem Registergericht anzuzeigen.

Antrag auf Genehmigung der Kraftloserklärung

Berlin-Spandau, den .....

An das Amtsgericht Charlottenburg in Berlin
Zum Handelsregister B 1870 der »Degenhardt Brauerei AG« in Berlin-Spandau beantragen wir, die Kraftloserklärung der von uns ausgegebenen Aktien gemäß § 73 AktG zu genehmigen.
Die Firma der Gesellschaft ist durch Beschluss der Hauptversammlung vom ..... von »August Degenhardt Weißbierbrauerei Aktiengesellschaft« geändert worden in »Degenhardt Brauerei AG«. Die Änderung ist am ..... in das Handelsregister eingetragen worden. Der Inhalt der Aktienurkunden ist dadurch unrichtig geworden. Durch dreimalige Bekanntmachung im Bundesanzeiger wollen wir unsere Aktionäre auffordern, ihre Aktien zur Berichtigung durch Aufdrucken der geänderten Firma einzureichen, und die Kraftloserklärung nach Ablauf einer bis zum ..... zu setzenden Frist androhen.

»Degenhardt Brauerei AG«
Elsner   Wedemann

Aufforderung zur Einreichung der Aktien

Die Bekanntmachung erfolgt im Bundesanzeiger und etwaigen weiteren Gesellschaftsblättern dreimal.

Aufforderung zur Einreichung von Aktien

Nachdem die Firma unserer Gesellschaft »August Degenhardt Weißbierbrauerei Aktiengesellschaft« geändert ist in

»Degenhardt Brauerei AG«,

fordern wir unsere Aktionäre auf, ihre auf die alte Firma lautenden Aktien mit Gewinnanteilscheinen und Erneuerungsscheinen uns zur Berichtigung bis 30. September ..... einzureichen.
Bis dahin nicht eingereichte Aktien werden für kraftlos erklärt werden auf Grund der Genehmigung des Amtsgerichts, Handelsregister, Charlottenburg vom ..... – 92 HRB 1870 –.
Berlin-Spandau, den .....
Potsdamer Straße 1

»Degenhardt Brauerei AG«
Elsner   Wedemann

§ 146 Aktiengesellschaft (AG) und Aktien. Grundsätzliches

Nachdem zwei weitere Aufforderungen erfolgt sind und nach der Dritten mindestens 1 Monat vergangen ist, ergeht die

Bekanntmachung der Kraftloserklärung

35 M Die auf die frühere Firma »August Degenhardt Weißbierbrauerei Aktiengesellschaft« lautenden Aktien unserer Gesellschaft, die uns nicht zur Berichtigung durch Aufdrucken der neuen Firma eingereicht sind, erklären wir hiermit auf Grund der Genehmigung des Amtsgerichts Charlottenburg, Handelsregister, vom ..... für kraftlos, nachdem die in unseren Aufforderungen im Bundesanzeiger vom ....., ... und ..... gesetzte Frist zur Einreichung mit dem ..... abgelaufen ist.
Berlin-Spandau, den .....

»Degenhardt Brauerei AG«
Elsner   Wedemann

Anzeige an das Registergericht über Aushändigung und Hinterlegung

36 M Zum Handelsregister HRB 1870 zeigen wir an:
Mit Genehmigung des Gerichts vom ..... haben wir die uns nach dreimaliger Aufforderung im Bundesanzeiger nicht bis zum ..... eingereichten 5 Aktien über je 1.000 € und 32 Aktien über je 100 €, deren Nummern in der anliegenden Aufstellung enthalten sind, durch Bekanntmachung im Bundesanzeiger vom ..... für kraftlos erklärt.
Von den neu ausgegebenen Aktien sind 3 zu 1.000 € und 2 zu 100 € inzwischen an die Berechtigten ausgehändigt worden. 2 Aktien im Nennwert von 1.000 € und 30 zu 100 € sind von uns unter Verzicht auf Rücknahme beim Amtsgericht Spandau, Hinterlegungsstelle, hinterlegt worden.
Berlin-Spandau, den .....

»Degenhardt Brauerei AG«
Elsner   Wedemann

■ *Kosten.* Zu den vorstehenden Mustern: Nach einem gemäß § 36 Abs. 1 GNotKG auf einen Bruchteil von etwa 10 % des Nennwertes der eingeforderten bzw. der für kraftlos erklärten Aktien zu schätzenden Betrag ist für die Entwurfsfertigung eine 0,3 bis 1,0 Gebühr gemäß Nr. 24101 KV GNotKG zu erheben, mindestens jedoch 60 €, da bei Beurkundung der Erklärung eine Gebühr gemäß Nr. 21200 KV GNotKG angefallen wäre. Der Notar bestimmt die Gebührenhöhe im vorgenannten Rahmen gemäß § 92 Abs. 1 GNotKG nach billigem Ermessen unter Berücksichtigung des Umfangs der erbrachten Leistungen; wird der vollständige Entwurf gefertigt, ist gemäß § 92 Abs. 2 a.E. GNotKG die Höchst- (also die 1,0) Gebühr zu erheben.

VI. Ausschluss (Kaduzierung) von Aktien

1. Aufforderung zur Einzahlung auf die Aktien an alle

37 Vor der Eintragung der Gesellschaft sind mindestens 25 % der Geldeinlage und das Aufgeld (Agio) zu leisten (§ 36a Abs. 1 AktG). Die Pflicht zur Sicherheitsleistung hinsichtlich des offenen Betrages bei der Einmann-AG ist entfallen. Rückständig können also bis zu 75 % der Geldeinlage sein. Inhaberaktien dürfen vor Leistung der vollen Einlage nicht ausgegeben werden. Auf Namensaktien, die nach § 67 Abs. 1 AktG in das Aktienregister einzutragen sind, ist der Betrag der Teilleistung zu vermerken (§ 10 Abs. 2 AktG).

Allgemeine Aufforderung zur Einzahlung auf Aktien

Die Aktionäre der »Hanauer Kunststofffabrik AG« werden hiermit aufgefordert, die restlichen 75 v.H. der Bareinlagen auf ihre Aktien bis zum ..... an der Kasse unserer Gesellschaft oder auf unser Konto bei der Hanauer Volksbank einzuzahlen.
Hanau, den .....
»Hanauer Kunststofffabrik AG«
Der Vorstand:
Dr. Mügel   Gruner

38 M

2. Aufforderung zur Einzahlung an die säumigen Aktionäre

Die Gesellschaft kann ihre Forderung gegen den säumigen Aktionär einklagen und gegen ihn vollstrecken. Sie kann ihn aber auch ausschließen (§ 64 AktG) und seine im Aktienregister eingetragenen Vormänner in Anspruch nehmen: Reihenrückgriff, nicht Sprungrückgriff (§ 65 AktG). Der Vormann, der den rückständigen Betrag zahlt, erhält die Aktie.

39

Aufforderung zur Einzahlung auf Aktien an säumige Aktionäre

Die Aktionäre der »Hanauer Kunststofffabrik AG«, die die restlichen 75 v.H. der Bareinlagen auf ihre Aktien noch nicht geleistet haben, werden hiermit wiederholt aufgefordert, die geschuldeten Beträge an der Kasse der Gesellschaft oder auf das Konto der Gesellschaft bei der Hanauer Volksbank einzuzahlen.
Hierzu wird eine Frist bis zum ..... bestimmt. Nach Ablauf dieser Frist werden die säumigen Aktionäre ihres Anteilsrechts und der von ihnen geleisteten Einzahlung verlustig erklärt werden.
Hanau, den .....
»Hanauer Kunststofffabrik AG«
Der Vorstand:
Dr. Mügel   Gruner

40 M

Diese nochmalige Aufforderung ist dreimal in den Gesellschaftsblättern (Bundesanzeiger, § 25 AktG; seit 2016 können daneben andere Medien nur als freiwillige und nicht rechtsentscheidende »Mehrleistung« bestimmt werden) bekannt zu machen. Zu den Fristen s. § 64 AktG.

41

3. Verfallerklärung (Kaduzierung)

Die Nachfrist ist keine Ausschlussfrist. Die Gesellschaft muss also bis zum Ausschluss noch Einzahlungen annehmen. Mit dem Ausschluss verliert die ausgegebene Urkunde (Interimsschein oder Namensaktie) ihre Gültigkeit. Der gutgläubige Erwerber wird nicht geschützt. Anstelle der gegenstandslos gewordenen Urkunden sind neue auszugeben. Wenn der ganze Rest der Einlage bezahlt ist, können Inhaberaktien ausgegeben werden.

42

43 Ist die Zahlung des rückständigen Betrages von Vormännern nicht zu erlangen, kann die Gesellschaft die Aktien zum Börsenpreis oder durch öffentliche Versteigerung verkaufen.

Kaduzierung von Aktien

44 M Nachdem die Inhaber der Zwischenscheine Nummer 36–40 und Nummer 126–130 der »Hanauer Kunststofffabrik AG« in Hanau die auf ihre Anteile eingeforderten Beträge trotz mehrmaliger Aufforderung und Androhung der Verfallerklärung nicht eingezahlt haben, werden sie ihrer Anteilsrechte und der von ihnen geleisteten Einzahlungen zugunsten der Gesellschaft für verlustig erklärt.
Hanau, den .....   Der Vorstand

45 Auch diese Verfallerklärung ist in den Gesellschaftsblättern bekannt zu machen. Einmalige Bekanntmachung genügt. Die Ausschlusswirkung tritt mit der Bekanntmachung ein. Zur Einziehung von Aktien vgl. hingegen § 149 Rdn. 220 ff.

■ **Kosten.** Zu den vorstehenden Mustern Rdn. 38 M, 43 M wie zum Muster Rdn. 36 M.

VII. Umstellung auf EURO

46 Aktiengesellschaften, die vor dem 01.01.1999 in das Handelsregister eingetragen worden sind, dürfen die Nennbeträge ihres Grundkapitals und ihrer Aktien weiterhin in DM bezeichnen. Dies gilt ohne zeitliche Einschränkung; am 01.01.2002 wurden Grundkapital und Aktiennennbeträge automatisch auf EURO umgestellt (Art. 14 EGVO Nr. 1103/97 v. 17.06.1997), sodass die formelle Bezeichnung in DM nun für den materiell maßgebenden EURO-Betrag steht. Bis zum 31.12.2001 konnten auch Kapitalerhöhungen noch in DM durchgeführt werden (§ 3 Abs. 2 EGAktG). Seit 01.01.2002 dürfen Aktiengesellschaften und Kapitaländerungen jedoch nur im Handelsregister eingetragen werden, wenn die Nennbeträge von Grundkapital und Aktien in EURO bezeichnet (§ 1 Abs. 2 Satz 3 EGAktG) und die Nennbeträge von Nennbetragsaktien an § 8 AktG angepasst sind (§ 3 Abs. 5 EGAktG).
Zu den Umstellungsmaßnahmen s.u. § 149 Rdn. 140 ff.

§ 147 Gründung der AG

I. Gründungsvorgänge

1. Bargründung

Die Gesellschaft wird *errichtet* durch Feststellung des »Satzung« genannten Gesellschaftsvertrages, der notariell beurkundet wird (§§ 2, 23 AktG), und durch die *Übernahme* aller Aktien durch die Gründer (§ 29 AktG; eine Stufengründung ist nicht mehr zulässig). Der zwingende Mindestinhalt der Satzung und der Urkunde über ihre Feststellung ergibt sich aus § 23 Abs. 2, 3, 4 AktG. Dabei erfasst § 23 Abs. 4 AktG (Form der Bekanntmachungen) wegen § 25 Satz 1 AktG (Bundesanzeiger als Pflichtgesellschaftsblatt; ggf. ergänzt um weitere Publikationsmedien gemäß § 25 Satz 2 AktG) nur mehr sog. freiwillige Bekanntmachungen, für die Wahlfreiheit besteht (z.B.: eingeschriebener Brief; elektronische Verfahren).   **1**

Die Aktiengesellschaft entsteht erst mit der Eintragung im Handelsregister. Wer vor der Eintragung in ihrem Namen handelt, haftet persönlich (§ 41 Abs. 1 AktG). Anteile können vor der Eintragung nicht übertragen und Aktien oder Zwischenscheine nicht ausgegeben werden; vorher ausgegebene sind nichtig (§ 41 Abs. 4 AktG).   **2**

Die Gründer haben den ersten Aufsichtsrat und die ersten Abschlussprüfer zu bestellen (§ 30 Abs. 1 AktG). Dem ersten Aufsichtsrat gehören keine Arbeitnehmervertreter an (§ 30 Abs. 2 AktG), vgl. § 148 Rdn. 31.   **3**

Errichtung einer AG (Bargründung)

                                                        Verhandelt Hamburg-Altona, den. . .   **4 M**

Vor dem unterzeichnenden Notar ..... erschienen:
1. Bankdirektor Dr. Richard Kremmer, geb. am .....
2. Prokurist Hans Maeder, geb. am ..... beide in Hamburg-Altona, Ottenser Hauptstr. 5,
3. Fabrikant Dietrich Gerken, geb. am ....., in Hamburg-Altona, Blankeneser Str. 3,
4. Rechtsanwalt Dr. Erhard Henning, geb. am ....., in Hamburg-Altona, Blankeneser Str. 2,
5. Diplom-Ingenieur Hermann Fischer, geb. am ....., in Hamburg-Altona, Cuxhavener Straße 2,
6. Kaufmann Ernst Schneider, geb. am ....., in Hamburg-Altona, Flottbeker Str. 1, sämtlich dem Notar persönlich bekannt.

Herr Dr. Kremmer und Herr Maeder schickten voraus, dass sie als Vorstandsmitglied bzw. Prokurist der »Altonaer Industrie- und Handelsbank AG« in Hamburg Altona handelten. Der Notar bescheinigt, dass die beiden Herren nach der vorgelegten beglaubigten Handelsregisterabschrift des Amtsgerichts Altona HRB ..... vom ..... zur gemeinsamen Vertretung der genannten Aktiengesellschaft berechtigt sind.

Die Beteiligten erklärten sodann:

I.

Die »Altonaer Industrie- und Handelsbank AG« und die Beteiligten zu 3 bis 6 persönlich errichten als Gründer eine Aktiengesellschaft unter der Firma

§ 147 Gründung der AG

»Altonaer Motorenwerk AG«.

Sie stellen als Gründer die in der Anlage enthaltene Satzung fest.

II.

Von dem Grundkapital von 1 Million €, eingeteilt in 1 Million nennwertlose Stückaktien, übernehmen zum Nennbetrag:

1. Die »Altonaer Industrie- und Handelsbank AG«	500.000 Aktien,
2. Herr Gerken	300.000 Aktien,
3. Herr Dr. Henning	100.000 Aktien,
4. Herr Fischer	80.000 Aktien,
5. Herr Schneider	20.000 Aktien.

Damit sind alle Aktien übernommen.
Das gesamte Grundkapital ist bereits bar zur Verfügung der Gesellschaft eingezahlt.
Alternativ: Zum gegenwärtigen Zeitpunkt der Satzungsfeststellung ist noch kein Betrag des Grundkapitals einbezahlt worden (§ 23 Abs. 2 Nr. 3 AktG).

III.

Die fünf Gründer bestellen für die Zeit bis zur Beendigung der Hauptversammlung, die über die Entlastung des Aufsichtsrates für das am 31.12 ..... endende Rumpfgeschäftsjahr beschließt, zu Mitgliedern des ersten Aufsichtsrats:
1. Bankdirektor Dr. Richard Kremmer, geb. am .....
2. Fabrikant Dietrich Gerken, geb. am .....
3. Rechtsanwalt Dr. Erhard Henning, geb. am ....., sämtlich in Hamburg-Altona.

IV.

Zum Abschlussprüfer für das erste Geschäftsjahr gemäß § 30 Abs. 1 AktG wird der Wirtschaftsprüfer Dr. Hans Kappelmann in Hamburg bestellt.

V.

Der Notar hat insbesondere auf folgendes hingewiesen:
Die Aktiengesellschaft entsteht erst mit der Eintragung im Handelsregister. Die Anmeldung darf erst erfolgen, wenn im Fall der Bargründung auf jede Aktie der eingeforderte Betrag ordnungsgemäß eingezahlt worden ist und endgültig zur freien Verfügung des Vorstands steht. Wird die Einzahlung vor der Anmeldung der Gesellschaft durch Gutschrift auf ein Konto der Gesellschaft oder des Vorstands bei einem Kreditinstitut im Inland bewirkt, ist der Nachweis der Einzahlung durch eine schriftliche Bestätigung dieses Instituts zu führen (§ 54 Abs. 3, § 37 Abs. 1 S. 2 AktG).
Erforderlich ist ferner die Einreichung der Urkunden über die Bestellung des Vorstands sowie des internen Gründungsberichts, des internen Gründungsprüfungsberichts der Mitglieder des Vorstands und des Aufsichtsrats sowie in den Fällen des § 33 Abs. 2 Aktiengesetzes des externen Gründungsprüfungsbericht des nach § 33 Abs. 3 AktG von dem Gericht bestellten Gründungsprüfers.
Als Gründungsprüfer wird vorgeschlagen:.....
Die vor der Eintragung im Namen der Gesellschaft Handelnden haften bis zur Eintragung der Gesellschaft persönlich.

Vor der Eintragung der Gesellschaft können Anteilsrechte nicht übertragen, Aktien und Zwischenscheine nicht ausgegeben werden.
Gesellschafter und Geschäftsführer haften für Folgen falscher Angaben bei Gründung der Gesellschaft als Gesamtschuldner und können gegebenenfalls mit Freiheitsstrafe bis zu 3 Jahren bestraft werden.

VI.

Die Erschienenen erteilen sich gegenseitig sowie den Angestellten des amtierenden Notars, Herrn X und Frau Y, je einzeln Vollmacht, unter Befreiung von den Beschränkungen des § 181 BGB, den Gesellschaftsvertrag und die Anmeldung zum Handelsregister bis zur Eintragung der Gesellschaft im Handelsregister abzuändern, soweit Änderungen nach Ansicht des Registergerichts oder der Industrie- und Handelskammer erforderlich sind.

VII.

Die Kosten der Gesellschaftsgründung trägt die Gesellschaft.
(Gründungsaufwand ca. 5.000 €).
Von dieser Urkunde erhalten:
Ausfertigungen:
jeder Gründer
die Gesellschaft
beglaubigte Abschriften:
jedes Mitglied des Aufsichtsrats
das Registergericht
das Finanzamt – Körperschaftsteuerstelle –
der steuerliche Berater der Gesellschaft

Satzung (Aktiengesellschaft, die nach dem Drittelbeteiligungsgesetz mitbestimmt ist)
    Die Satzung wird zweckmäßig der Niederschrift als mit verlesene *Anlage* gemäß § 9 Abs. 1 Satz 2 BeurkG angefügt. Das ist auch für die Bescheinigung des vollständigen neuen Gesamtwortlautes, die der Notar nach § 181 Abs. 1 Satz 2 AktG zu erteilen hat, notwendig.

Satzung einer AG

I. Allgemeine Bestimmungen

5 M

§ 1

Die Aktiengesellschaft führt die Firma »Altonaer Motorenwerk AG«.
Ihr Sitz ist Hamburg.
Ihre Dauer ist auf eine bestimmte Zeit nicht beschränkt.

§ 2

Gegenstand des Unternehmens ist der Bau von Motoren und anderen Maschinen und Apparaten sowie der Handel damit.

§ 3

Das Geschäftsjahr ist das Kalenderjahr.

§ 4

Die Gesellschaft veröffentlicht ihre Bekanntmachungen nur im Bundesanzeiger. Freiwillige Bekanntmachungen erfolgen auf der Website der Gesellschaft.

II. Grundkapital und Aktien

§ 5

Das Grundkapital beträgt 1 Million €. Es ist eingeteilt in 1 Million nennwertlose Stückaktien.

§ 6

Die Aktien lauten auf den Inhaber.
Trifft im Falle einer Kapitalerhöhung der Erhöhungsbeschluss keine Bestimmung darüber, ob die neuen Aktien auf den Inhaber oder auf den Namen lauten sollen, so lauten sie auf den Inhaber.

§ 7

Der Anspruch auf Einzelverbriefung der Aktien ist ausgeschlossen. Die Form der Aktienurkunden und der Gewinnanteil- und Erneuerungsscheine setzt der Vorstand mit Zustimmung des Aufsichtsrats fest. Das gleiche gilt für Schuldverschreibungen.

III. Vorstand

§ 8

Der Vorstand besteht aus zwei Mitgliedern. Der Aufsichtsrat kann auch stellvertretende Vorstandsmitglieder bestellen und eine Geschäftsordnung für den Vorstand erlassen. Die Geschäftsordnung des Vorstands hat zu bestimmen, dass bestimmte Arten von Geschäften, insbesondere
- solche, die die Vermögens-, Finanz- oder Ertragslage der Gesellschaft oder Risikoexpositionen der Gesellschaft grundlegend verändern und
- die Gründung, Auflösung, Erwerb oder Veräußerung von Unternehmensbeteiligungen ab einer vom Aufsichtsrat in der Geschäftsordnung festzulegenden Grenze

nur mit seiner Zustimmung vorgenommen werden dürfen. Der Aufsichtsrat kann widerruflich die Zustimmung zu einem bestimmten Kreis von Geschäften allgemein oder für den Fall, dass das einzelne Geschäft bestimmten Bestimmungen genügt, im Voraus erteilen.

§ 9

Die Gesellschaft wird durch zwei Vorstandsmitglieder oder durch ein Vorstandsmitglied gemeinschaftlich mit einem Prokuristen vertreten.
Stellvertretende Vorstandsmitglieder stehen hinsichtlich der Vertretungsmacht ordentlichen Vorstandsmitgliedern gleich.

IV. Aufsichtsrat

§ 10

Der Aufsichtsrat besteht aus drei Mitgliedern.
Ein Drittel der Mitglieder wird von den Arbeitnehmern gewählt.
Er wird längstens für die Zeit bis zur Beendigung der Hauptversammlung gewählt, die über die Entlastung für das vierte Geschäftsjahr nach der Wahl beschließt. Hierbei wird das Geschäftsjahr, in dem gewählt wird, nicht mitgerechnet.
Bei der Wahl von Aufsichtsratsmitgliedern soll die Hauptversammlung für die gleiche Zeit ebenso viele Ersatzmitglieder wählen und die Reihenfolge bestimmen, in der sie an die Stelle der während ihrer Amtszeit ausscheidenden Aufsichtsratsmitglieder für die restliche Amtsdauer treten.
Jedes Mitglied des Aufsichtsrats kann sein Amt unter Einhaltung einer Kündigungsfrist von einem Monat auch ohne wichtigen Grund niederlegen.

§ 11

Der Aufsichtsrat wählt jährlich in einer im Anschluss an die ordentliche Hauptversammlung abzuhaltenden Sitzung, zu der es einer besonderen Einladung nicht bedarf, aus seiner Mitte einen Vorsitzenden und einen Stellvertreter. Die Wahl ist zu wiederholen, sobald sich eines dieser Ämter erledigt.

§ 12

Der Aufsichtsrat ist beschlussfähig, wenn die Mitglieder unter der zuletzt bekannt gegebenen Anschrift schriftlich mit einer Frist von 14 Tagen eingeladen und drei Mitglieder anwesend sind. In dringenden Fällen kann der Vorsitzende die Frist abkürzen und mündlich, fernmündlich, fernschriftlich oder telegrafisch einberufen. Außerhalb von Sitzungen ist schriftliche, telefonische, per (Computer-)Fax oder Videokonferenz erfolgende Beschlussfassung des Aufsichtsrats zulässig. Über die Form der Beschlussfassung entscheidet der Vorsitzende.
Den Vorsitz führt der Vorsitzende des Aufsichtsrats oder sein Stellvertreter. Die Art der Abstimmung bestimmt der Vorsitzende der betreffenden Sitzung.
Möglichst in jedem Kalendervierteljahr soll der Aufsichtsrat einberufen werden. In jedem Kalenderhalbjahr muss er einmal einberufen werden.
Die Beschlüsse werden mit einfacher Stimmenmehrheit gefasst. Bei Stimmengleichheit entscheidet die Stimme des Vorsitzenden der betreffenden Sitzung, bei Wahlen das Los.
Der Aufsichtsrat kann auch ohne Einberufung einer Sitzung schriftlich abstimmen, wenn der Vorsitzende oder ein Stellvertreter eine solche Beschlussfassung anordnet und kein Mitglied des Aufsichtsrats diesem Verfahren widerspricht.
An den Sitzungen des Aufsichtsrats oder seiner Ausschüsse können dem Aufsichtsrat nicht angehörende Personen an Stelle von Aufsichtsratsmitgliedern teilnehmen, wenn sie von diesen hierzu schriftlich ermächtigt sind. Sie können auch schriftliche Stimmabgaben der Aufsichtsratsmitglieder überreichen. Diese Vorschriften gelten nicht für den Vorsitzenden des Aufsichtsrats und seinen Stellvertreter.
Willenserklärungen des Aufsichtsrats werden namens des Aufsichtsrats durch den Vorsitzenden oder seinen Stellvertreter abgegeben.

§ 13

Die Zustimmung des Aufsichtsrats ist erforderlich
a) zum Erwerb von Grundeigentum und grundstücksgleichen Rechten sowie zu Verfügungen über Grundeigentum und grundstücksgleiche Rechte, soweit der Gegenstand 100.000 € übersteigt;
b) zur Errichtung und Auflösung von Zweigniederlassungen;
c) zu allen die Anlagen der Gesellschaft betreffenden Bauten oder Reparaturen, die im Einzelfall 100.000 € übersteigen;
d) zur Aufnahme oder Gewährung von Krediten und Darlehen von mehr als 100.000 €;
e) zum Erwerb von Patenten zu einem Preise über 50.000 € sowie zum Erwerb von Lizenzen zu einem Jahresbetrag über 10.000 €;
f) zur Erteilung von Prokuren und Generalvollmachten;
g) zum Abschluss von Interessengemeinschafts- und Unternehmensverträgen.

Der Aufsichtsrat kann in einer dem Vorstand gegebenen Geschäftsordnung auch andere Geschäfte von seiner Genehmigung abhängig machen.

§ 14

Der Aufsichtsrat kann aus seiner Mitte Ausschüsse bilden und ihnen bestimmte Aufgaben übertragen. Den Ausschüssen können auch Entscheidungsbefugnisse des Aufsichtsrats übertragen werden.

§ 15

Die Mitglieder des Aufsichtsrats erhalten neben dem Ersatz ihrer Auslagen eine feste, nach Ablauf des Geschäftsjahres zu zahlende Vergütung, die jedes Jahr durch die Hauptversammlung festgesetzt wird. Sie beträgt für den Vorsitzenden das Doppelte und für den Stellvertreter das Eineinhalbfache des für die übrigen Aufsichtsratsmitglieder festzusetzenden Betrages.

§ 16

Die Gesellschaft kann zugunsten der Aufsichtsratsmitglieder und des Vorstandes eine Haftpflichtversicherung (D & O-Versicherung) zu marktüblichen und angemessenen Konditionen abschließen, welche die gesetzliche Haftpflicht aus der Aufsichtsrats- und Vorstandstätigkeit abdeckt, der Mindestselbstbehalt gemäß § 92 Abs. 2 Satz 3 AktG ist vorzusehen.

V. Hauptversammlung

§ 17

Die Hauptversammlung, die über die Entlastung des Vorstandes und des Aufsichtsrats, die Gewinnverteilung, die Wahl des Abschlussprüfers und gegebenenfalls die Feststellung des Jahresabschlusses beschließt (ordentliche Hauptversammlung), findet innerhalb der ersten sechs Monate eines jeden Geschäftsjahres statt.
Außerordentliche Hauptversammlungen sind einzuberufen, wenn es das Wohl der Gesellschaft erfordert.

§ 18

Die Hauptversammlung findet am Sitz der Gesellschaft oder in einer anderen deutschen Stadt ab 30.000 Einwohnern statt.
Die Hauptversammlung ist mindestens 30 Tage vor dem Tag, bis zu dessen Ablauf die Aktionäre sich zur Hauptversammlung anzumelden haben, durch den Vorstand im Wege der Bekanntmachung im Bundesanzeiger einzuberufen. Für die Berechnung der Fristen und Termine gilt § 121 Abs. 7 AktG.

§ 19

Zur Teilnahme an der Hauptversammlung und zur Ausübung des Stimmrechts sind nur diejenigen Aktionäre berechtigt, die sich vor der Hauptversammlung bei der Gesellschaft in Textform in deutscher oder englischer Sprache anmelden und ihren Anteilsbesitz durch eine von dem depotführenden Kreditinstitut in Textform in deutscher oder englischer Sprache erstellte Bestätigung nachweisen. Der Nachweis des Anteilsbesitzes hat sich auf den gesetzlich vorgesehenen Zeitpunkt (»record date«) zu beziehen. Die Anmeldung und der Nachweis müssen der Gesellschaft unter der in der Einberufung hierfür mitgeteilten Adresse bis spätestens am siebten Tag vor der Hauptversammlung zugehen. In der Einladung können weitere Formen und Sprachen, in denen die Anmeldung und der Nachweis verfasst sein können, sowie weitere Institute, von denen der Nachweis erstellt werden kann, zugelassen werden.

§ 20

Auf je eine nennwertlose Stückaktie entfällt eine Stimme.

§ 21

Die Hauptversammlung leitet der Vorsitzende des Aufsichtsrats oder sein Stellvertreter oder ein sonstiges Mitglied des Aufsichtsrats. Ist keiner von diesen erschienen oder zur Leitung der Versammlung bereit, so eröffnet der an Lebensjahren älteste anwesende Aktionär die Versammlung und lässt von dieser einen Versammlungsleiter wählen.
Der Versammlungsleiter bestimmt die Reihenfolge der Gegenstände der Tagesordnung sowie die Art der Abstimmung.
Er ist berechtigt, das Frage- und Auskunftsrecht der Aktionäre zeitlich angemessen zu beschränken und den Schluss der Debatte anzuordnen, unter Wahrung der Gebote der Sachdienlichkeit, Verhältnismäßigkeit und Gleichbehandlung.

§ 22

Das Stimmrecht kann durch einen Bevollmächtigten ausgeübt werden. Die Vollmacht kann in schriftlicher Form, durch (Computer-)Fax oder elektronische Nachricht (E-Mail) erteilt werden. Bestehen Zweifel an der Bevollmächtigung, kann die Gesellschaft einen Nachweis verlangen, der in schriftlicher Form zu erbringen ist.
Werden von der Gesellschaft benannte Stimmrechtsvertreter zur Ausübung des Stimmrechts bevollmächtigt, kann die Vollmacht schriftlich, per (Computer-)Fax oder elektronisch auf eine von der Gesellschaft jeweils näher zu bestimmende Weise erteilt werden. Die Wahrnehmung der Vollmacht ist ausgeschlossen, wenn ihr keine Einzelweisung zugrunde liegt. Die Einzelheiten für die Erteilung dieser Vollmachten werden

zusammen mit der Einberufung der Hauptversammlung in den Gesellschaftsblättern bekannt gemacht.

Der Vorstand ist ermächtigt zu bestimmen, dass die Aktionäre an der Hauptversammlung auch ohne Anwesenheit an deren Ort und ohne einen Bevollmächtigten teilnehmen und sämtliche oder einzelne Rechte ganz oder teilweise im Weg elektronischer Kommunikation ausüben können. Weiter ist der Vorstand ermächtigt zu bestimmen, dass Aktionäre ihre Stimme, auch ohne an der Versammlung teilzunehmen, schriftlich oder im Weg elektronischer Kommunikation abgeben dürfen (Briefwahl).

In diesem Fall gilt: Aktionäre, die im Weg der elektronischen Kommunikation an der Hauptversammlung teilnehmen, sind nicht berechtigt, gegen die Beschlüsse der Hauptversammlung Widerspruch einzulegen und/oder diese anzufechten. Auch das Auskunfts- und Fragerecht kann nur über persönliche Anwesenheit in der Hauptversammlung oder durch einen dort anwesenden Vertreter ausgeübt werden. Aktionäre, die ihr Auskunftsrecht im Weg der elektronischen Kommunikation ausüben, haben keinen Anspruch auf Antwort der Gesellschaft. Aktionäre, die lediglich auf elektronischem Weg an der Hauptversammlung teilnehmen, tragen die hiermit verbundenen Risiken, einschließlich eines teilweisen oder vollständigen technischen Ausfalls der Kommunikationsverbindung.

Der Vorstand ist weiter dazu ermächtigt, die Bild- und Tonübertragung der Hauptversammlung ganz oder in Teilen zuzulassen.

§ 23

Die Beschlüsse der Hauptversammlung werden mit einfacher Mehrheit der abgegebenen Stimmen gefasst, soweit nicht das Aktiengesetz zwingend eine größere Mehrheit vorschreibt, insbesondere in den §§ 52 (Nachgründung), 179 (Satzungsänderung), 182, 186, 192, 202, 207 (Kapitalerhöhung), 229 (vereinfachte Kapitalherabsetzung), 262 (Auflösung).

Bei Stimmengleichheit gilt ein Antrag als abgelehnt.

Wenn bei Wahlen im ersten Wahlgang keine Mehrheit erzielt wird, so werden die beiden Bewerber mit den erreichten höchsten Stimmenzahlen zur engeren Wahl gestellt. Ergibt die Wahl eine Stimmengleichheit dieser beiden Bewerber, so entscheidet das Los.

VI. Jahresabschluss und Gewinnverteilung

§ 24

Der Vorstand hat innerhalb der gesetzlichen Frist (§ 264 HGB) den Jahresabschluss sowie den Lagebericht für das vergangene Geschäftsjahr aufzustellen und nach Prüfung durch den Abschlussprüfer dem Aufsichtsrat vorzulegen. sowie den Vorschlag für die Gewinnverteilung dem Aufsichtsrat vorzulegen. Dieser kann ihn binnen eines Monats durch seine Billigung feststellen.

§ 25

Der Bilanzgewinn, der in dem festgestellten Jahresabschluss ausgewiesen ist, wird an die Aktionäre verteilt, soweit nicht die Hauptversammlung eine andere Verwendung beschließt.

Die Gewinnanteile der Aktionäre werden im Verhältnis der Einzahlungen auf die Aktien bemessen.

§ 26

Im Falle der Auflösung der Gesellschaft bestimmt die Hauptversammlung, welche die Auflösung beschließt, die Art der Ausführung und wählt die Abwickler.

§ 27

Die Gründungsgesellschaft trägt die Kosten von Notar, Handelsregister und Gründungsprüfung in Höhe von ca. 5.000 €.

….., Notar

■ *Kosten.* Der Wert richtet sich nach dem übernommenen Grundkapital von 1 Mio. € (Höchstbetrag 10 Mio. €, § 107 Abs. 1 Satz 1 GNotKG), da kein höherer Ausgabekurs ausbedungen ist). Für die Bestellung von Aufsichtsrat und Abschlussprüfer durch Beschluss (Muster Rdn. 4 M) – es handelt sich um einen von der Gründung verschiedenen Gegenstand, § 110 Nr. 1 GNotKG – erhöht sich der Geschäftswert gemäß §§ 108 Abs. 1 Satz 1, 105 Abs. 4 Nr. 1 GNotKG um 30.000 Euro (mehrere Wahlen zählen bei Listenwahl als ein Gegenstand, § 109 Abs. 2 Satz 1 Nr. 4 lit. d) GNotKG. Aus der Summe gemäß § 35 Abs. 1 GNotKG (1.030.000 €) wird eine 2,0 Gebühr gemäß Nr. 21100 KV GNotKG erhoben. Die Übernahme der Aktien durch die Gründer ist Satzungsbestandteil und daher nicht gesondert zu bewerten.

Steuerrechtliche Mitteilungspflicht: Der Notar hat gemäß § 54 EStDV beglaubigte Abschriften der Errichtungsurkunde und der Handelsregisteranmeldung innerhalb von 2 Wochen nach Beurkundung an das für den Sitz der Gesellschaft zuständige Finanzamt für Körperschaften zu übersenden. Zuvor dürfen den Beteiligten keine Abschriften und Ausfertigungen ausgehändigt werden.

6

Wahl des Vorsitzenden und Bestellung des Vorstandes durch den ersten Aufsichtsrat

Die innere Ordnung des Aufsichtsrats ist alsbald herzustellen. – Der Vorstand kann immer nur auf höchstens 5 Jahre bestellt werden (§ 84 Abs. 1 AktG). Seine vorzeitige Abberufung (und damit des typischerweise an die Organstellung gekoppelten Dienstvertrages) ist gem. § 84 Abs. 3 AktG aus wichtigem Grund möglich, z.B. bei nicht offenkundig unsachlichem Vertrauensentzug durch die Hauptversammlung[1].

7

Protokoll der ersten Aufsichtsratssitzung einer AG

Erster Beschluss des Aufsichtsrats der »Altonaer Motorenwerk AG«

8 M

Hamburg Altona, den …..

Die heute bei der Gründung der »Altonaer Motorenwerk AG« zu Mitgliedern des ersten Aufsichtsrats der Gesellschaft Bestellten sind anschließend an die Errichtung der Gesellschaft zu ihrer ersten Sitzung zusammengetreten. Sie beschließen einstimmig:
I. Zum Vorsitzenden des Aufsichtsrats werden Bankdirektor Dr. Richard Kremmer und *zu seinem Stellvertreter Fabrikant Dietrich Gerken,* beide in Hamburg, gewählt.

---

1 Der Hauptversammlungsbeschluss bedarf keiner Begründung; der darauf gestützte Widerruf der Organstellung kann auch wirksam sein, wenn sich der für den Vertrauensentzug vorgebrachte Grund nicht beweisen lässt, BGH, 15.11.2016 – II ZR 217/15, ZIP 2017, 278.

§ 147 Gründung der AG

II. Zum Vorstand werden bestellt: Kaufmann Georg Vollmeier, geb. am ....., in Hamburg-Wandsbek und Diplom-Ingenieur Dr.-Ing. Ernst Möller, geb. am ....., in Hamburg-Wilhelmsburg.
Die Bestellung erfolgt zunächst für die Zeit vom ..... bis .....
III. Der Vorsitzende wird ermächtigt, die Anstellungsverträge mit den Vorstandsmitgliedern zu schließen, die sich zur Annahme des Amtes bereit erklärt haben. Danach soll eine Geschäftsordnung für den Vorstand beschlossen werden.

Dr. Kremmer, Vorsitzender

■ *Kosten.* Die Wahl mehrerer Personen zählt bei Listenwahl als ein Gegenstand, § 109 Abs. 2 Satz 1 Nr. 4 lit. d) GNotKG. Der Geschäftswert für den Beschluss richtet sich (unbestimmter Geldwert) nach §§ 108 Abs. 1 Satz 1, 105 Abs. 4 Nr. 1 GNotKG, anzusetzen sind somit 30.000 €. Hieraus ist für die Entwurfsfertigung eine 0,5 bis 2,0 Gebühr gemäß Nr. 24100 KV GNotKG zu erheben, mindestens jedoch 120 €, da bei Beurkundung des Beschlusses eine Gebühr gemäß Nr. 21100 KV GNotKG angefallen wäre. Der Notar bestimmt die Gebührenhöhe im vorgenannten Rahmen gemäß § 92 Abs. 1 GNotKG nach billigem Ermessen unter Berücksichtigung des Umfangs der erbrachten Leistungen; wird der vollständige Entwurf gefertigt, ist gemäß § 92 Abs. 2 a.E. GNotKG die Höchst- (also die 2,0) Gebühr zu erheben.
Fertigt der Notar auch die Liste der Aufsichtsratsmitglieder, fällt hierfür ebenfalls eine Entwurfsgebühr an, da diese Tätigkeit nicht in Nr. 22110 bzw. Nr. 22113 KV GNotKG als Vollzug definiert wurde. Als Geschäftswert anzusetzen ist z.B. 20 % aus dem Wert einer fiktiven Handelsregisteranmeldung (§ 105 Abs. 2, Abs. 4 Nr. 1 GNotKG), also 6.000 €. Hieraus ist für die Entwurfsfertigung eine 0,3 bis 1,0 Gebühr gemäß Nr. 24101 KV GNotKG zu erheben, mindestens jedoch 60 €, da bei Beurkundung der Erklärung eine Gebühr gemäß Nr. 21200 KV GNotKG angefallen wäre. Der Notar bestimmt die Gebührenhöhe im vorgenannten Rahmen gemäß § 92 Abs. 1 GNotKG nach billigem Ermessen unter Berücksichtigung des Umfangs der erbrachten Leistungen; wird der vollständige Entwurf gefertigt, ist gemäß § 92 Abs. 2 a.E. GNotKG die Höchst- (also die 1,0) Gebühr zu erheben.

Gründungsbericht

9 Alle Gründer haben den schriftlichen Bericht zu unterschreiben. Vertretung durch Bevollmächtigte ist wegen der zivil- und strafrechtlichen Verantwortung (§ 399 Abs. 1 Nr. 2 AktG) nicht zulässig.

Gründungsbericht der Gründer einer AG

10 M Die unterzeichnenden Gründer der »Altonaer Motorenwerk AG« in Hamburg erstatten über den Hergang der Gründung folgenden Bericht:
Das Grundkapital ist in dem notariellen Gründungsprotokoll vom ..... auf 1 Million € festgesetzt. Es ist voll eingezahlt worden auf das Konto der Gesellschaft bei der »Altonaer Industrie- und Handelsbank Aktiengesellschaft«. Die Bank hat bescheinigt, dass der Vorstand der Gründungsgesellschaft darüber verfügen kann.
Bei der Gründung haben die Aufsichtsratsmitglieder Bankdirektor Dr. Richard Kremmer für die von ihm vertretene »Altonaer Industrie- und Handelsbank AG« sowie Fabrikant Dietrich Gerken und Rechtsanwalt Dr. Erhard Henning für sich selbst Aktien im Nennbetrage von 500.000 € bzw. 300.000 € bzw. 100.000 € übernommen, der Kaufmann Ernst Schneider 20.000 €, der Dipl. Ing. Hermann Fischer 80.000 €.

Weder ein Mitglied des Vorstandes noch ein Mitglied des Aufsichtsrats haben sich für die Gründung oder deren Vorbereitung besondere Vorteile oder eine Entschädigung oder Belohnung ausbedungen.
Hamburg-Altona, den .....
   Unterschriften der sechs Gründungsbeteiligten
(Beglaubigung nicht erforderlich)

- *Kosten.* Geschäftswert ist nach § 36 Abs. 1 GNotKG ein Teilwert von ca. 10–40 % des Grundkapitalbetrages, je nach Aufwand und Schwierigkeit. Hieraus ist für die Entwurfsfertigung eine 0,3 bis 1,0 Gebühr gemäß Nr. 24101 KV GNotKG zu erheben, mindestens jedoch 60 €, da bei Beurkundung der Erklärung eine Gebühr gemäß Nr. 21200 KV GNotKG angefallen wäre. Der Notar bestimmt die Gebührenhöhe im vorgenannten Rahmen gemäß § 92 Abs. 1 GNotKG nach billigem Ermessen unter Berücksichtigung des Umfangs der erbrachten Leistungen; wird der vollständige Entwurf gefertigt, ist gemäß § 92 Abs. 2 a.E. GNotKG die Höchst- (also die 1,0)-Gebühr zu erheben

Gründungsprüfung der Vorstands- und Aufsichtsratsmitglieder

1. Die Prüfung durch alle *Vorstands-* und *Aufsichtsratsmitglieder* ist zu allen Handlungen notwendig. Stellvertretung ist wegen der zivil- und strafrechtlichen Verantwortung (§ 399 Abs. 1 Nr. 2 AktG) ausgeschlossen.   **11**

2. Eine besondere »externe« Gründungsprüfung durch *amtlich* bestellte *Prüfer* ist bei der Bargründung nur im Fall einer »qualifizierten Gründung« erforderlich, d.h. wenn ein Mitglied des Vorstands oder Aufsichtsrats zu den Gründern gehört oder für Rechnung eines Vorstands- oder Aufsichtsratsmitglieds Aktien übernommen sind oder wenn ein Mitglied des Vorstands oder Aufsichtsrats sich für die Gründung oder ihre Vorbereitung eine Entschädigung ausbedungen hat. Hierauf bezieht sich die entsprechende Versicherung im Gründungsbericht (vorstehendes Muster Rdn. 10 M).   **12**

Gründungsprüfungsbericht der Organe einer AG

Wir, die unterzeichnenden Mitglieder des Vorstands und Aufsichtsrats der in Gründung befindlichen »Altonaer Motorenwerk AG« in Hamburg, erstatten hiermit folgenden Prüfungsbericht über den Hergang der Gründung.   **13 M**
Uns liegen vor
a) die notarielle Niederschrift über die Gründung der Aktiengesellschaft vom ....., worin auch der Aufsichtsrat bestellt ist,
b) die Niederschrift der Aufsichtsratssitzung vom ..... über die Wahl des Aufsichtsratsvorsitzenden und seines Stellvertreters und die Bestellung der beiden Vorstandsmitglieder der Gesellschaft,
c) die Quittung der »Altonaer Industrie- und Handelsbank AG« vom ....., wonach insgesamt 1 Million € seitens der Gründer auf das Konto der Gesellschaft eingezahlt sind,
d) die Bescheinigung derselben Bank, wonach der Vorstand in der Verfügung über den eingezahlten Betrag nicht beschränkt ist.
Wir haben den Hergang der Gründung geprüft und sind zu dem Ergebnis gekommen, dass sie den gesetzlichen Vorschriften entspricht. Die von den Gründern gemachten Angaben sind vollständig und richtig. Die Einzahlungen auf das Grundkapital sind voll geleistet, Handelsbücher der Firma sind angelegt worden. Sondervorteile zugunsten einzelner Aktionäre sind nicht bedungen worden. Gründungsaufwand zu Lasten der

Gesellschaft zugunsten von Aktionären oder anderen Personen als Entschädigung oder als Belohnung für die Gründung oder ihre Vorbereitung ist nicht gemacht worden.
Hamburg-Altona, den .....
Unterschriften aller Mitglieder des Vorstands und des Aufsichtsrats

(Beglaubigung nicht erforderlich)

■ *Kosten.* Wie Muster Rdn. 10 M.

Bericht des amtlich bestellten Gründungsprüfers

Je ein Stück des Berichts ist dem Registergericht und dem Vorstand einzureichen (§ 34 Abs. 3 Satz 1 AktG), die Einreichung bei der IHK ist nicht mehr erforderlich (§ 34 Abs. 3 AktG).

Gründungsprüfungsbericht des externen Gründungsprüfers einer AG

14 M Durch Beschluss des Amtsgerichts Hamburg-Altona vom ..... bin ich zum Prüfer der Gründung der »Altonaer Motorenwerk AG« bestellt worden. Nach Einholung der Auskünfte der Beteiligten und Einsicht in alle Gründungsunterlagen berichte ich:
Die Gesellschaft ist zur Niederschrift des Notars ..... in Hamburg-Altona am ..... errichtet worden. Das Grundkapital beträgt 1 Million €. Die Gründer haben alle Aktien gegen Bareinlagen zum Nennbetrage übernommen. Das Kapital von 1 Million € ist nach der mir mündlich und schriftlich erteilten Auskunft der »Altonaer Industrie- und Handelsbank AG« auf ein Konto der Gründungsgesellschaft eingezahlt worden. Nach Bestätigung derselben Bank kann der Vorstand der Gründungsgesellschaft uneingeschränkt über das Guthaben auf diesem Konto verfügen.
Die drei Aufsichtsratsmitglieder, Bankdirektor Dr. Richard Kremmer, der für die »Altonaer Industrie- und Handelsbank AG« handelte, Fabrikant Dietrich Gerken und Rechtsanwalt Dr. Erhard Henning, gehören zu den Gründern. Die beiden Vorstandsmitglieder sind an der Gründung nicht beteiligt.
Der Aufsichtsrat hat nach der Niederschrift vom ..... den Bankdirektor Dr. Richard Kremmer zum Vorsitzenden und den Fabrikanten Dietrich Gerken zu dessen Stellvertreter gewählt und als Vorstand bestellt den Kaufmann Georg Vollmeier und den Diplomingenieur Dr.-Ing. Ernst Möller.
Die Angaben im Bericht der Gründer vom ..... und im Prüfungsbericht der Mitglieder des Vorstands und des Aufsichtsrats der Gesellschaft vom ..... stimmen mit meinen Feststellungen überein. Es ist kein Anhalt dafür gegeben, dass ein Mitglied des Vorstands oder Aufsichtsrats sich einen besonderen Vorteil oder für die Gründung oder ihre Vorbereitung eine Entschädigung ausbedungen hat. Sacheinlagen und Sachübernahmen sind nicht erfolgt. Der Hergang der Prüfung ist nach meiner pflichtgemäßen Feststellung nicht zu beanstanden.
Hamburg, den .....
Dr. Wedemann,
Wirtschaftsprüfer

3. Gründungsprüfung durch den Notar

15 Das Transparenz- und Publizitätsgesetz v. 18.07.2002[2] hat für einen Teil der Fallgruppen die Durchführung der Gründungsprüfung dadurch erleichtert, dass sie nun auch der Notar vor-

---
2 BGBl. 2002 I S. 2681.

nehmen kann: Diese Erleichterung gilt für die Bargründung, wenn Mitglieder des Vorstands oder des Aufsichtsrats zu den Gründern gehören oder für Rechnung eines Mitglieds des Vorstands oder des Aufsichtsrats Aktien übernommen worden sind (wie es in aller Regel der Fall ist). Eine Gründungsprüfung durch einen vom Gericht bestellten besonderen Prüfer ist also nur noch erforderlich bei der Sachgründung (ausgenommen die Fälle des § 33a AktG; vgl. Rdn. 22 sowie bei der Bargründung dann, wenn ein Mitglied von Vorstand oder Aufsichtsrat sich für die Gründung oder deren Vorbereitung eine Entschädigung oder Belohnung ausbedungen hat.

Bericht über die Gründungsprüfung einer AG durch den Notar

16 M

An das Amtsgericht
Halle/Saale
– Registergericht –
Bericht über die Gründung der
Wolters AG
mit dem Sitz in Halle/Saale

A. Vorbemerkung

1. Mit Urkunde vom 19.08.2013 (U.R. Nr. .....) wurde die »Wolters AG« mit dem Sitz in Halle/Saale gegründet. Zu Mitgliedern des Aufsichtsrates wurden
    a) Herr Thomas Wolters, Kaufmann, geb. am 21.09.1973, Halle/Saale,
    b) Herr Dieter Wolters, Betriebswirt, geb. am 10.04.1966, Leipzig,
    c) Frau Simone Wolters, geb. Rahn, Kauffrau, geb. am 11.03.1971, Halle/Saale,
    bestellt.
2. Der Aufsichtsrat hat in seiner ersten Sitzung vom 19.06.2010
    a) Herrn Thomas Wolters zum Aufsichtsratsvorsitzenden und Herrn Dieter Wolters zu seinem Stellvertreter, und
    b) Herrn Hans Wolters zum ersten Vorstand
    bestellt.
3. Bei der Gründung der Gesellschaft wurden alle Aktien durch den ersten Vorstand, Herrn Hans Wolters, übernommen. Gemäß § 33 Abs. 2 Nr. 1 AktG hat daher eine Gründungsprüfung stattzufinden.
4. Im Auftrag des Gründers der Gesellschaft habe ich den Hergang der Gründung geprüft.
5. Bei der Prüfung haben mir die folgenden Unterlagen vorgelegen:
    a) Niederschrift vom 19.08.2013 über die Gründung der »Wolters AG«, die Feststellung ihrer Satzung, die Übernahme der Aktien durch die Gründer und die Bestellung des 1. Aufsichtsrats (U.R. Nr. ..... des unterzeichnenden Notars),
    b) Niederschrift über die Bestellung des Vorstands durch den Aufsichtsrat vom 19.08.2013,
    c) die Quittung der Dresdner Bank AG, Filiale Halle/Saale über die Einzahlung von 100.000 € auf ein von der Gesellschaft errichtetes Konto, mit der Bestätigung dieser Bank darüber, dass der genannte eingezahlte Betrag endgültig zur freien Verfügung des Vorstands steht,
    d) Gründungsberichte des Gründers und der Mitglieder des Vorstands und des Aufsichtsrates vom 19.08.2013.

B. Prüfungsergebnis

1. Die Gesellschaft wurde am 19.08.2013 (U.R. Nr. .....des unterzeichnenden Notars) errichtet und ihre Satzung festgestellt. Das in Bareinlagen zu erbringende Grundkapital der Gesellschaft wurde vom Gründer der Gesellschaft vollständig übernommen. Sacheinlagen und Sachübernahmen sind nach den Gründungsurkunden weder vereinbart noch geleistet worden.
Durch Einsichtnahme in die Bestätigung der Dresdner Bank AG, Filiale Halle/Saale, habe ich mich davon überzeugt, dass auf das Grundkapital ein das Grundkapital übersteigender Betrag von insgesamt 100.000 € auf ein Konto der Gesellschaft bei der Dresdner Bank AG eingezahlt wurde und gemäß der Bestätigung der Bank endgültig zur freien Verfügung des Vorstands steht.
Das Grundkapital ist nach Angaben des Gründers und der Mitglieder von Vorstand und Aufsichtsrat der Gesellschaft weder ganz noch teilweise an die Gründer zurückbezahlt worden. Tatbestände der verdeckten Sacheinlage sind mir nicht bekannt. Umstände, die Zweifel an der Richtigkeit der Angaben des Gründers und von Vorstand und Aufsichtsrat der Gesellschaft begründen könnten, sind mir nicht bekannt.
2. Ich habe mich davon überzeugt, dass die Mitglieder des Aufsichtsrates der Gesellschaft durch Beschluss der Gründer ordnungsgemäß bestellt wurden, ferner, dass der erste Aufsichtsrat der Gesellschaft in seiner Sitzung vom 19.08.2013 Herrn Thomas Wolters zum Vorsitzenden und Herrn Dieter Wolters zum stellvertretenden Vorsitzenden gewählt hat und dass Herr Hans Wolters vom Aufsichtsrat zum ersten Vorstand der Gesellschaft bestellt wurde.
3. Der von der Gesellschaft übernommene Gründungsaufwand (§ 26 AktG) in Höhe von 2.500 € ist auch nach meiner Einschätzung angemessen.
4. Ich habe mich ferner überzeugt, dass die im Gründungsbericht der Mitglieder des Vorstands und des Aufsichtsrats enthaltenen Angaben richtig sind.

C. Zusammenfassung des Prüfungsergebnisses

Der Hergang der Gründung unterliegt somit nach meiner pflichtgemäßen Prüfung keinen Beanstandungen.
Halle/Saale, den .....

....., Notar

■ *Kosten.* Gemäß Nr. 25206 KV GNotKG fällt für die Gründungsprüfung gemäß § 33 Abs. 3 AktG eine 1,0 Gebühr an aus der Summe aller Einlagen (maximal jedoch aus 10 Mio. €), vgl. § 123 GNotKG. Die Mindestgebühr beträgt 1.000 €.

Anmeldung der AG zum Handelsregister nach Bargründung

17 1. Sämtliche Gründer und Mitglieder des Vorstands und des Aufsichtsrats melden an. Vertretung durch Bevollmächtigte ist nach überwiegender Meinung (wegen der zivil- und strafrechtlichen Verantwortlichkeit gemäß §§ 46, 48, 399 Abs. 1 Nr. 1 AktG) insgesamt unzulässig. Melden Handelsgesellschaften als Gründer an, genügt die vertretungsberechtigte Zahl der gesetzlichen Vertreter. Zur Anmeldung der Vertretungsbefugnis der Vorstandsmitglieder vgl. § 37 Abs. 3 AktG, zum Ausschluss wegen Insolvenzdelikts Vorbestrafter oder durch Gerichts- oder Verwaltungsentscheidung Ausgeschlossener vgl. §§ 76 Abs. 3, 37 Abs. 2 AktG.

18 2. Die Einzahlungen müssen in bar auf ein Konto der Gesellschaft oder des Vorstandes bei einem Kreditinstitut i.S.v. §§ 1, 2 KWG oder einem (evtl. auch ausländischen) Unternehmen,

das § 53 Abs. 2 Satz 1 oder § 53b Abs. 1 Satz 1 oder Abs. 7 KWG entspricht, zur endgültig (§ 36 Abs. 2 AktG) freien Verfügung des Vorstands geleistet sein (§ 54 Abs. 3 AktG). § 57 AktG verbietet die Einlagenrückgewähr an den Aktionär (ebenso Austauschgeschäfte, die zum Nachteil der AG einem Fremdvergleich nicht standhalten; ein Verstoß führt zur Rückgewährpflicht gemäß § 62 AktG, nicht jedoch zur Unwirksamkeit des Rechtsgeschäfts selbst.[3] Erfordert die Ausübung des Unternehmensgegenstandes eine staatliche Genehmigung, bedarf es deren Vorlage im Rahmen der Anmeldung aufgrund der Aufhebung des § 37 Abs. 4 Nr. 5 AktG durch das MoMiG nicht mehr; die Genehmigungsbedürftigkeit als solche bleibt davon natürlich unberührt.

Handelsregisteranmeldung einer AG (Bargründung)

An das Amtsgericht, Handelsregister, Hamburg-Altona
Zum Handelsregister B überreichen wir:
1. eine Ausfertigung der notariellen Verhandlung vom ..... über die Errichtung der »Altonaer Motorenwerk AG« in Hamburg, worin die Aktien durch die fünf Gründer übernommen sind und der Aufsichtsrat bestellt ist,
2. die Niederschrift des Aufsichtsratsbeschlusses vom ..... über die Bestellung des Vorstands,
3. den Gründungsbericht,
4. den Prüfungsbericht des Vorstands und des Aufsichtsrats,
5. den Bericht des Gründungsprüfers,
6. die Bescheinigung der »Altonaer Industrie- und Handelsbank AG«, wonach der Vorstand der Gründungsgesellschaft in der Verfügung über den eingezahlten Betrag von 1 Million €, abzüglich der davon gezahlten Gebühren, nicht beschränkt ist, namentlich nicht durch Gegenforderungen,
7. Aufstellung der gezahlten Gebühren sowie der noch zu zahlenden Gebühren (Berechnung der Gründungskosten).
Wir erklären:
Die Aktien sind zum Nennwert übernommen. Auf jede Aktie ist der Nennbetrag voll eingezahlt.
Der Vorstand ist in der Verfügung über den eingezahlten Betrag von 1 Million € abzüglich der davon gezahlten bzw. zu zahlenden Gebühren nicht, namentlich nicht durch Gegenforderungen, beschränkt: Dieser Betrag steht endgültig zu seiner freien Verfügung.
Je zwei Vorstandsmitglieder und jedes Vorstandsmitglied zusammen mit einem Prokuristen sind zur Vertretung der Gesellschaft berechtigt.
Wir melden die »Altonaer Motorenwerk AG« zur Eintragung in das Handelsregister an.
Gründer der Gesellschaft sind:.....
Dem ersten Aufsichtsrat gehören an:.....
Zu ersten Vorstandsmitgliedern sind bestellt: Georg Vollmeier, geb. am ....., wohnhaft in ....., sowie Dr.-Ing. Ernst Möller, geb. am ....., wohnhaft in .....
Jeder von ihnen vertritt die Gesellschaft gemeinsam mit einem anderen Mitglied des Vorstands oder mit einem Prokuristen.
Beide Vorstandsmitglieder versichern, dass sie
(1) nicht als Betreute bei der Besorgung ihrer Vermögensangelegenheiten ganz oder teilweise einem Einwilligungsvorbehalt (§ 1903 BGB) unterliegen

19 M

---
[3] BGH 12.03.2013 – II ZR 179/12, NZG 2013, 496.

(2) nicht aufgrund eines gerichtlichen Urteils oder einer vollziehbaren Entscheidung einer Verwaltungsbehörde einen Beruf, einen Berufszweig, ein Gewerbe oder einen Gewerbezweig nicht ausüben dürfen
(3) nicht wegen einer oder mehrerer vorsätzlich begangener Straftaten
- des Unterlassens der Stellung des Antrags auf Eröffnung des Insolvenzverfahrens (Insolvenzverschleppung),
- nach den §§ 283 bis 283d StGB (Insolvenzstraftaten),
- der falschen Angaben nach § 399 AktG oder § 82 GmbHG
- der unrichtigen Darstellung nach § 400 AktG, § 331 HGB, § 313 UmwG oder § 17 des Publizitätsgesetzes,
- nach den §§ 263 bis 264a oder – §§ 265b bis 266a StGB zu einer Freiheitsstrafe von mindestens einem Jahr verurteilt worden sind;
dieser Ausschluss gilt für die Dauer von fünf Jahren seit der Rechtskraft des Urteils, wobei die Zeit nicht angerechnet wird, die der Täter auf behördliche Anordnung in einer Anstalt verwahrt worden ist.
(4) Eine vorgenannte Verurteilung erfolgte auch nicht im Ausland wegen einer Tat, die mit den vorgenannten Taten vergleichbar ist.
Sie bestätigen weiter, dass sie vom unterschriftsbeglaubigenden Notar über ihre unbeschränkte Auskunftspflicht gegenüber dem Gericht, auch gemäß § 53 Abs. 2 Bundeszentralregistergesetz, belehrt worden sind.
Wir bevollmächtigen den Vorsitzenden des Aufsichtsrats, Dr. Richard Kremmer in Hamburg-Altona, etwaige vom Registergericht verlangte Änderungen der Fassung der Satzung allein vorzunehmen und anzumelden.
Hamburg-Altona, den .....

Unterschriften der Gründer, der Mitglieder
des Aufsichtsrates und des Vorstands

[notarieller Unterschriftsbeglaubigungsvermerk]

20 Wegen § 37 Abs. 4 Nr. 3a AktG werden zweckmäßigerweise die ausgeübten Berufe der Aufsichtsratsmitglieder angegeben.

■ *Kosten.* Der Geschäftswert ist gemäß § 105 Abs. 1 Satz 1 Nr. 1 GNotKG immer das einzutragende Grundkapital (höchstens gemäß § 106 GNotKG 1 Mio. Euro) die Mitanmeldung des Vorstandes und dessen Vertretungsregelung sind gegenstandsgleich und nicht gesondert zu bewerten. Gebühren:
a) des Notars: Entwirft der Notar die Registeranmeldung, entsteht eine 0,5 Gebühr, mindestens jedoch 30 €, Nr. 21201 Nr. 5 KV GNotKG i.V.m. Nr. 24102 KV GNotKG i.V.m. § 92 Abs. 2 GNotKG, zzgl. USt). Wird lediglich die Unterschrift beglaubigt, entsteht eine 0,2 Gebühr gemäß Nr. 25100 KV GNotKG, mindestens 20 €, höchstens 70 € zzgl. USt. Für die Erstellung und elektronische Übermittlung der XML-Strukturdaten an das Registergericht, entsteht zusätzlich eine 0,3 Gebühr gemäß Nr. 22114 KV GNotKG aus dem Geschäftswert der Anmeldung (§ 112 GNotKG), höchstens jedoch 250 €;
b) des Registergerichts: gemäß Gebührenziffer 2102 der HandelsregistergebührenVO werden 300 € erhoben.

2. Sachgründung

21 a) Bei Sachgründungen müssen Gegenstand, Betrag der für das Einbringen zu gewährenden Aktien *(Sacheinlagen)* und der anderen Vergütungen *(Sachübernahmen)* sowie die Person des Einbringers in der Satzung festgestellt werden. Sacheinlagen können nur solche Gegenstände sein, deren wirtschaftlicher Wert feststellbar ist (§ 27 Abs. 2 AktG, der für die GmbH

entsprechend gilt), ferner keine Dienstleistungen (auch nicht als Gegenstand einer verdeckten Sacheinlage[4]). Beim Einbringen von Sachgesamtheiten, insbesondere von wirtschaftlichen Unternehmungen, sind die Aktiva und Passiva genau aufzuführen, sodass sie bestimmbar und wegen des Wertes nachprüfbar werden. – Durch die Aufnahme der Einbringungsbestimmungen unterscheidet sich die Sachgründung von der Bargründung. Der Wert der Sacheinlage muss gemäß § 36a Abs. 2 AktG dem geringsten Ausgabebetrag (1/4) zuzüglich des vollen Agio (§ 9 Abs. 2 AktG) entsprechen, andernfalls besteht ein Differenzhaftungsanspruch.[5]

b) Außer dem Gründungsbericht der Gründer und der Gründungsprüfung des Vorstandes und Aufsichtsrats erfordert die Sachgründung eine Prüfung durch gerichtlich bestellte externe Gründungsprüfer (nicht den Notar, oben Rdn. 15), es sei denn, es werden Wertpapiere bzw. Finanzinstrumente zum gewichteten Drei-Monats-Handelspreis oder sonstige Vermögensgegenstände mit einem Wertgutachten aus den letzten 6 Monaten eingebracht (§ 33a Abs. 1 Satz 1 Nr. 1 und 2 AktG i.d.F. des ARUG, mit Beschränkung des gerichtlichen Prüfungsmaßstabs in § 38 Abs. 3 AktG). Auch bei der Sachkapitalerhöhung kommen diese Erleichterungen in Betracht, werden sich dort jedoch wegen § 183a Abs. 2 AktG voraussichtlich nicht durchsetzen, vgl. § 149 Rdn. 148 Die Registeranmeldung muss bei Entfallen der externen Gründungsprüfung gemäß § 37a Abs. 1 und 2 AktG weitere Erklärungen enthalten: **22**

Handelsregisteranmeldung gemäß § 37a AktG (Sachgründung ohne externe Gründungsprüfung):

Ergänzend wird gemäß § 37a AktG erklärt: Gemäß § 33a AktG wurde von einer externen Gründungsprüfung abgesehen. Als Sacheinlage bzw. Sachübernahme wird eingebracht:….. Der Wert der Sacheinlage bzw. Sachübernahme beträgt ….. €, erreicht also den geringsten Ausgabebetrag der dafür zu gewährenden Aktien bzw. den Wert der dafür zu gewährenden Leistungen. Die Bewertung beruht auf ….. und wurde nach folgender Bewertungsmethode vorgenommen:….. **23 M**
Wir versichern, dass uns keine außergewöhnlichen Umstände bekannt geworden sind, die (1) den gewichteten Durchschnittspreis der einzubringenden Wertpapiere oder Geldmarktinstrumente i.S.d. § 33a Abs. 1 Nr. 1 AktG während der letzten drei Monate vor dem Tag ihrer tatsächlichen Einbringung erheblich beeinflusst haben könnten, oder (2) die darauf hindeuten, dass der beizulegende Zeitwert der Vermögensgegenstände i.S.d. § 33a Abs. 1 Nr. 2 AktG am Tag ihrer tatsächlichen Einbringung auf Grund neuer oder neu bekannt gewordener Umstände erheblich niedriger ist als der von dem Sachverständigen angenommene Wert.
Beigefügt sind folgende Unterlagen über die Ermittlung des gewichteten Durchschnittspreises, zu dem die einzubringenden Wertpapiere oder Geldmarktinstrumente während der letzten drei Monate vor dem Tag ihrer tatsächlichen Einbringung auf einem organisierten Markt gehandelt worden sind:…..//Beigefügt ist das Gutachten des Sachverständigen ….. vom ….. zur Bewertung der Sacheinlage.

Die Neuregelung des MoMiG zur *verdeckten Sacheinlage* im GmbH-Recht (insbesondere § 19 Abs. 4 GmbHG, vgl. § 144 Rdn. 123) wurde durch das ARUG in Gestalt des § 27 Abs. 3 und Abs. 4 AktG identisch auf die Aktiengesellschaft übertragen. Der Aktionär ist durch die kraft Gesetzes eintretende Anrechnung des objektiven Werts des eingebrachten Wirtschaftsguts **24**

---

[4] BGH, 01.10.2010 – II ZR 173/08 »eurobike«, DNotZ 2010, 456 m. Anm. *Priester*; *Herrler*, NZG 2010, 407 ff.
[5] Vgl. BGH, 06.12.2011 – II ZR 149/10, DNotZ 2012, 623.

auf seine Einlageleistung ab Eintragung im Handelsregister insoweit von der Einlageverpflichtung befreit, sein Stimmrecht entsteht gemäß § 134 Abs. 2 Satz 2 AktG, es sei denn, der Wertunterschied zur eigentlich zu leistenden Einlage ist »offensichtlich«. Der Vorstand macht sich jedoch wegen falscher Angaben bei der Gründung weiterhin strafbar (§ 399 Abs. 1 Nr. 1 AktG), und die Gesellschaft ist mangelhaft errichtet, sodass die Eintragung, sofern das Registergericht die verdeckte Sacheinlage erkennt, gemäß § 38 AktG scheitern wird. Die bisher durch § 52 Abs. 10 AktG a.F. notwendig gemachte Neuvornahme in schuldrechtlicher und dinglicher Hinsicht entfällt. Es bleibt allerdings dabei, dass Sachkapitalerhöhungen oberhalb der Grenzen des § 52 Abs. 1 AktG innerhalb der ersten 2 Jahre nach Gründung der AG zusätzlich die Einhaltung der Nachgründungsvorschriften erfordern.

25   Auch die Vorschrift zum *ordnungsgemäßen Hin- und Herzahlen*, § 19 Abs. 5 GmbHG (aufgrund eines vor der Bareinlageleistung gefassten Beschlusses fließt der Betrag, z.B. als Darlehen, an den Aktionär zurück), wird (fragwürdigerweise[6]) durch das ARUG in Gestalt des § 27 Abs. 4 AktG in das Aktienrecht übernommen. Sie führt zur Befreiung des Aktionärs von der Einlageverpflichtung, falls (nicht: soweit – also »Alles-oder-Nichts-Prinzip«! –) die Leistung durch einen vollwertigen Rückgewähranspruch[7] gedeckt ist, der jederzeit fällig oder durch fristlose Kündigung fällig gestellt werden kann. Weitere Voraussetzung ist die ausdrückliche Offenlegung des Hin- und Herzahlens in der Handelsregisteranmeldung gemäß § 37 AktG.[8] Praktischer Hauptanwendungsfall des § 27 Abs. 4 AktG ist der Konzern-Cash-Pool.

Handelsregisteranmeldung gemäß § 27 Abs. 4 Satz 2 AktG (Darlehensgewährung an einen Aktionär):

26 M **Ergänzend wird gemäß § 27 Abs. 4 Satz 2 AktG erklärt: Der Vorstand der Gesellschaft und der Aktionär X haben vereinbart, dass die Gesellschaft dem Aktionär ein Darlehen in Höhe von ….. € zu ….. % ab dem ….. gewähren wird, das durch eine erstrangige Buchgrundschuld in Höhe des Darlehensbetrages an FlSt ….. Gemarkung …..(Grundbuch AG ….. für ….. Blatt …..) abgesichert wird. Der Vertrag ist dieser Anmeldung beigefügt. Der Vorstand versichert, dass der Rückzahlungsanspruch gegen den Aktionär vollwertig ist und jederzeit durch Kündigung seitens der Gesellschaft mit Monatsfrist fällig gestellt werden kann.**

27   Bei der *Sachgründung durch Verschmelzung oder Spaltung* nach dem UmwG sind grundsätzlich die allgemeinen Sachgründungsvorschriften des AktG anzuwenden (zur Spaltung s. § 135 Abs. 2 UmwG, zur Verschmelzung § 36 Abs. 2 UmwG). Während bei der Spaltung unter Neugründung einer AG Gründungsbericht und Gründungsprüfung stets erforderlich sind (§ 144 UmwG), sind sie (eine schwer verständliche Erleichterung) bei der Verschmelzung zur Neugründung einer AG nach § 75 Abs. 2 UmwG nicht erforderlich, »soweit« eine Kapitalgesellschaft oder eine eingetragene Genossenschaft übertragender Rechtsträger ist (zum Gründungsbericht bei Beteiligung anderer übertragender Rechtsträger gilt § 75 Abs. 1 UmwG).

---

6 Unklar ist das Verhältnis zum fortbestehenden Verbot der financial assistance gemäß § 71a AktG sowie die Vereinbarkeit mit Art. 23 Abs. 1 Unterabs. 1–4 der Europäischen Kapitalrichtlinie.
7 Eine Verzinsung ist wohl erforderlich, die Stellung von Sicherheiten nur bei fragwürdiger Bonität: *Reul*, ZNotP 2010, 54 m.w.N.
8 Nach OLG Stuttgart, 06.09.2011 – 8 W 319/11, RNotZ 2012, 183 nur solange die AG bzw. die Kapitalerhöhung noch nicht eingetragen ist. Offen bleibt die Möglichkeit der späteren Heilung durch Nachholung der Offenlegung.

Auch in den Fällen, in denen eine formwechselnde Umwandlung nach §§ 190 UmwG in Betracht käme, ist es selbstverständlich möglich, die Vermögensgegenstände eines Rechtsträgers bei Neugründung einer AG als Sacheinlage einzubringen:

Handelsregisteranmeldung einer AG (Sachgründung)

…..1. Die Gründer sind die Inhaber der Offenen Handelsgesellschaft in Firma »Eulenberg & Co. oHG« in Kiel. Das von dieser betriebene Unternehmen mit allen Aktiven, Passiven und dem Recht zur Fortführung der Firma nach dem Stande vom ….. bringen sie ein. Der Umfang des Eingebrachten ergibt sich aus der von den Gründern als Gesellschafter der Offenen Handelsgesellschaft aufgestellten Bilanz zum ….. (Anlage 1). Von diesem Tage ab soll das Unternehmen für Rechnung der Aktiengesellschaft geführt werden.
2. Im Einzelnen werden in die Aktiengesellschaft eingebracht:
a) Das Fabrikgrundstück, eingetragen im Grundbuch von Kiel für Wellingdorf, Blatt 10 in Größe von 1,35 ha nebst Gebäuden und allem Zubehör mit dem fortgeführten Bilanzwert von 500.000 €. Das Grundstück ist belastet mit einer Grundschuld von 200.000 € zugunsten der D ….. Bank, die zur Sicherung der Ansprüche der Bank aus laufender Geschäftsverbindung bestellt ist.
b) Das Inventar, das in die Einbringungsbilanz mit 160.000 € aufgenommen ist.
c) Rohstoffe, Halb- und Fertigfabrikate im Bilanzwerte von 140.000 €.
d) Bankguthaben von zusammen 50.000 €.
e) Ausstehende Forderungen einschließlich Wechsel, die in der Einbringungsbilanz mit 150.000 € aufgeführt sind.
Die Gegenstände unter b) bis e) sind im Einzelnen in Anlage 2 aufgeführt.
f) Von dem Gesamtwert der Aktiven von 1.000.000 € sind abzuziehen die in die Bilanz mit 300.000 € eingesetzten Verbindlichkeiten. Sie sind in der Anlage 3 nach Betrag, Fälligkeit und Gläubiger aufgeführt. Nach ihrem Abzug verbleibt ein reines Vermögen von 700.000 €.
3. Für die unter Nr. 1 und 2 beschriebenen Sacheinlagen gewährt die Aktiengesellschaft den sechs Gesellschaftern der Offenen Handelsgesellschaft Eulenberg & Co. Aktien im Gesamtbetrage von 600.000 €. Davon erhält jeder der Gesellschafter 100.000 € …..

■ *Kosten:* Bewertung wie bei Muster Rdn. 5 M; jedoch ist bei Einbringung von Sacheinlagen nicht der Nominalbetrag des Grundkapitals, sondern der Aktivwert der eingebrachten Gegenstände, die aus der Bilanz entnommen werden können, jedoch ohne Schuldenabzug (§ 38 GNotKG), als Geschäftswert anzunehmen; Grundstücke sind nicht mit dem Bilanzwert, sondern mit dem Verkehrswert gemäß § 46 GNotKG anzusetzen. Die Gerichtskosten für die Eintragung erhöhen sich gemäß Gebührenziffer 2103 der HandelsregistergebührenVO auf 360 €.

Steuerrechtliche Anzeigepflichten des Notars. Wird bei der Sacheinlage ein Grundstück eingelegt, ist der Notar neben der Mitteilung nach § 54 EStDV auch nach § 18 Abs. 1 GrEStG verpflichtet, dem Finanzamt, in dessen Bezirk das Grundstück liegt, über den Gründungsvertrag, der die Verpflichtung zur Einlage enthält, wie auch über den Einbringungsvertrag Anzeige auf dem amtlichen Formular zu erstatten und eine einfache Abschrift der Urkunde mit beizufügen.

3. Nachgründung

31 Die Vorschriften über die Nachgründung wurden durch das NaStraG v. 18.01.2001 stark gemildert: Der Zustimmung der Hauptversammlung nach zwingender vorheriger externer Nachgründungsprüfung und schriftlichem Nachgründungsbericht des Aufsichtsrates bedürfen nur noch innerhalb von 2 Jahren nach der Eintragung mit Gründern oder mit mehr als 10 % am Grundkapital beteiligten Aktionären geschlossene (schriftliche und auszulegende) Verträge der Gesellschaft, die (wie bisher) mehr als 10 % des Grundkapitals in Anspruch nehmen. Ausgenommen sind Erwerbsvorgänge im Rahmen der laufenden Geschäfte, in der Zwangsvollstreckung oder an der Börse (§ 52 Abs. 9 AktG). Analog angewendet wird § 52 AktG auf die Kapitalerhöhung gegen Sacheinlagen binnen 2 Jahren nach Eintragung, vgl. Rdn. 24 (obwohl die Aktiengewährung im strengen Sinne keine Gegenleistung der Gesellschaft darstellt).[9]

4. Vorrats- und wirtschaftliche Neugründung

32 Die offene Vorratsgründung einer Aktiengesellschaft (Unternehmensgegenstand ist die Verwaltung eigenen Vermögens) ist ohne Weiteres zulässig, insbesondere kein Fall des § 117 BGB.[10] Wird eine solche Vorrats-AG erstmals verwendet, handelt es sich um eine wirtschaftliche Neugründung.[11] Diesem Sachverhalt ist die Verwendung eines alten, zwischenzeitlich unternehmenslos[12] gewordenen »Aktiengesellschaftsmantels« gleichgestellt (maßgebend ist das Fehlen eines Geschäftsbetriebs; Indizien sind die regelmäßig damit einhergehende Änderung des Unternehmensgegenstands, der Firma, die Verlegung des Geschäftssitzes und die Neubestellung von Organmitgliedern, bei der Verwendung eines offenen Vorratsmantels auch die Übertragung der Aktien).

33 Auch auf diese Vorgänge ist demnach Gründungsrecht anwendbar. Zur Ermöglichung registergerichtlicher Kontrolle ist also der Tatbestand der wirtschaftlichen Neugründung dem Handelsregister gegenüber offenzulegen, und die Differenz zwischen Gesellschaftsvermögen und Grundkapital ist als »Nachschuss« dauerhaft zu leisten,[13] andernfalls gelten die Grundsätze der Unterbilanzhaftung, bezogen auf den Zeitpunkt, in dem die wirtschaftliche Neugründung nach außen in Erscheinung tritt (das ist, sofern im Zusammenhang damit Satzungsänderungen beschlossen werden, deren Registeranmeldung, andernfalls der Zeitpunkt der Aufnahme der Geschäftstätigkeit).[14] Die Einzelheiten des im Aktienrecht insoweit einzuhaltenden Verfahrens sind noch ungeklärt.[15]

II. Anmeldung der Zweigniederlassung einer AG

34 Die Zweigniederlassung ist eine Niederlassung, die zwar der Hauptniederlassung nachgeordnet, aber mit gewisser Selbstständigkeit ausgestattet ist. Erforderlich sind eigene Geschäftsräume in räumlicher Trennung von der Hauptniederlassung, Ausübung derselben

---

9 Vgl. GK//*Priester* § 52 AktG Rn. 23.
10 Vgl. MüKo-AktG/*Pentz*, § 23 AktG Rn. 90 m.w.N.
11 Vgl. die Leitentscheidung des BGH zur Mantelverwendung einer Vorrats-GmbH: DNotZ 2003, 443.
12 Vgl. zur GmbH: BGH DNotZ 2003, 951; BGH v. 18.01.2010 – II ZR 61/09, NJW 2010, 1459.
13 Wobei gemäß OLG Stuttgart, 23.10.2012 – 8 W 218/12, NZG 2013, 259 die Kosten der wirtschaftlichen Neugründung wieder hiervon genommen werden können.
14 Zur GmbH: BGH, 06.03.2012 – II ZR 56/10, DNotZ 2013, 43 (Tz. 14) – also keine zeitlich unbegrenzte Haftung für alle nach der Reaktivierung entstehenden Unterbilanzen, wie zuvor überwiegend angenommen, ebenso wenig besteht eine analoge Verlustdeckungshaftung für Verluste aus Geschäften vor der Neugründung, da ja bei der Ersteintragung bereits eine Kapitalaufbringungskontrolle stattgefunden hat.
15 Vgl. Gutachten, DNotI-Report 2011, 1 ff. und 2012, 93 ff.

Geschäftstätigkeit wie in der Hauptniederlassung (wenn auch nicht notwendig aller Geschäfte der Hauptniederlassung) unter selbstständiger Leitung mit Entscheidungsbefugnis für nicht nur untergeordnete Maßnahmen, mit Rücksicht auf die zentrale Datenverarbeitung nicht mehr unbedingt gesonderte Buch- und Kontenführung.

Die Errichtung der inländischen Zweigniederlassung einer inländischen juristischen Person ist beim Gericht des Sitzes der Gesellschaft, unter Angabe des Ortes der Zweigniederlassung und des Zusatzes, falls der Firma der Zweigniederlassung ein solcher beigefügt wird, zur Eintragung anzumelden. Gleiches gilt für spätere Änderungen der die Zweigniederlassung betreffenden einzutragenden Tatsachen sowie die Aufhebung der Zweigniederlassung. Die Eintragung erfolgt allein auf dem Registerblatt der Hauptniederlassung. §§ 13a bis 13c HGB hinsichtlich beizufügender Unterlagen etc. wurden mit Wirkung ab 2007 durch das EHUG aufgehoben.

Handelsregisteranmeldung der Zweigniederlassung einer AG

Zum Handelsregister B 1230 der »Altonaer Motorenwerk AG« melden die beiden vertretungsberechtigten Vorstandsmitglieder durch elektronische Übermittlung an:
Es ist eine Zweigniederlassung in Itzehoe errichtet. Diese führt die Firma:
»Altonaer Motorenwerk AG, Zweigniederlassung Itzehoe«.
Die Geschäftsräume befinden sich in Itzehoe, Neumünsterer Straße 6.
Hamburg-Altona, den .....
Georg Vollmeier Dr. Ing. Ernst Möller
[Notarieller Beglaubigungsvermerk]

■ *Kosten.* Der Geschäftswert einer späteren Anmeldung beträgt gemäß § 105 Abs. 2, Abs. 4 Nr. 1 GNotKG ein Prozent des Grundkapitals, mindestens jedoch 30.000 €, höchstens gemäß § 106 GNotKG 1 Mio. €. Die in § 41a Abs. 5 KostO enthaltene Privilegierung betreffend Zweigniederlassungen wurde gestrichen. Entwirft der Notar die Registeranmeldung, entsteht eine 0,5 Gebühr, mindestens jedoch 30 €, Nr. 21201 Nr. 5 KV GNotKG i.V.m. Nr. 24102 KV GNotKG i.V.m. § 92 Abs. 2 GNotKG, zzgl. USt. Wird lediglich die Unterschrift beglaubigt, entsteht eine 0,2 Gebühr gemäß Nr. 25100 KV GNotKG, mindestens 20 €, höchstens 70 € zzgl. USt. Für die Erstellung und elektronische Übermittlung der XML-Strukturdaten an das Registergericht, entsteht zusätzlich eine 0,3 Gebühr gemäß Nr. 22114 KV GNotKG aus dem Geschäftswert der Anmeldung (§ 112 GNotKG), höchstens jedoch 250 €.
Gerichtskosten für die Eintragung der Errichtung einer Zweigniederlassung gemäß Gebührenziffer 2200 der HandelsregistergebührenVO: 120 €.

§ 148 Vorstand und Aufsichtsrat

Literatur: *Beck'sches Mandatshandbuch*, Vorstand der AG, 2. Aufl., 2010; *Ek*, Haftungsrisiken für Vorstand und Aufsichtsrat, 2. Aufl., 2010; *Fleischer*, Handbuch des Vorstandsrechts, 2. Aufl. (geplant für 2019); *Krieger/Schneider*, Handbuch Managerhaftung, 3. Aufl., 2017; *Ringleb/Kremer/Lutter/v. Werder*, Kommentar zum Deutschen Corporate Governance Kodex, 7. Aufl., 2018; *Semler/v. Schenk*, Arbeitshandbuch für Aufsichtsratsmitglieder, 5. Aufl., 2019; *Semler/Peltzer*, Arbeitshandbuch für Vorstandsmitglieder, 2. Aufl., 2015; *Seyfarth*, Vorstandsrecht, 2016.

I. Vorstand

1. Bestellung und Abberufung des Vorstands

1 Nur der Aufsichtsrat kann die Vorstandsmitglieder bestellen und – nur aus wichtigem Grund – abberufen (§ 30 Abs. 4 AktG und § 84 Abs. 1 und 3 AktG). Die Satzung kann nichts anderes anordnen, die Bestellung insbesondere nicht der Hauptversammlung übertragen. Die Bestelldauer beträgt höchstens 5 Jahre; eine Neubestellung kann frühestens 1 Jahr vor Ablauf der bisherigen Amtszeit erfolgen.[1] Der Widerruf ist bis zu einer ihn für unberechtigt erklärenden rechtskräftigen Entscheidung wirksam (§ 84 Abs. 3 Satz 4 AktG); daneben kann die Niederlegung des Amtes durch das Vorstandsmitglied selbst treuwidrig sein.[2] Die im Allgemeinen im Widerruf der Bestellung enthaltene, vorsorglich jedoch besonders auszusprechende fristlose Kündigung beendet das Dienstverhältnis nur, wenn sie begründet ist.

2 In den Montanunternehmen und deren Obergesellschaften (s.u. Rdn. 33) und in den nach dem MitbestG v. 04.05.1976 mitbestimmten Unternehmen hat der Aufsichtsrat gemäß § 84 Abs. 4 AktG einen Arbeitsdirektor als gleichberechtigtes Vorstandsmitglied zu bestellen (§ 13 MontanMitbestG, § 13 MitBestErgG, § 33 MitbestG); die dabei geltenden Mehrheitserfordernisse verhindern eine Bestellung oder Abberufung gegen den Willen der Mitglieder der Arbeitnehmerseite.

3 Auf Geschäftsbriefen sind gemäß § 80 AktG zumindest Rechtsform, Sitz, Handelsregister mit HR B-Nummer, alle Vorstandsmitglieder und der Vorsitzende des Aufsichtsrates mit Vor- und Zuname anzugeben.

Aufsichtsratsbeschluss zur Bestellung von Vorstandsmitgliedern

4 M Niederschrift des Aufsichtsrats der »Kugellagerfabrik Weißenborn & Co. Aktiengesellschaft«
Die Aufsichtsratsmitglieder waren vollständig erschienen und erklärten sich mit der angekündigten Tagesordnung, (Bestellung des Vorstands), einverstanden. Sie beschlossen:
1. Zum Vorstandsmitglied wird an Stelle des nach Ablauf der Vertragszeit ausscheidenden Diplom-Ingenieurs Otto Mackenrodt der Diplom-Ingenieur Dr. Erich Wienhaus in Duisburg ab ..... bis ..... bestellt. Er vertritt die Gesellschaft mit einem anderen Vorstandsmitglied

---

1 Auch wenn die Neuwahl auf eine einverständlich vorgenommene vorzeitige Amtsniederlegung folgt, BGH, 17.07.2012 – II ZR 55/11, NZG 2012, 1027.
2 Zur Versagung der Eintragung der kollektiven Niederlegung durch alle Vorstände wegen Treuwidrigkeit: OLG München, 29.03.2010 – 31 Wx 170/09, BeckRS 2010, 09524.

oder einem Prokuristen. Der Vorsitzende des Aufsichtsrats und sein Stellvertreter werden ermächtigt, den Anstellungsvertrag mit ihm zu schließen.
Der Beschluss zu 1. wurde einstimmig gefasst.
2. Das Vorstandsmitglied Kaufmann Ernst Freitag wird ab ..... erneut auf 5 Jahre bestellt. Er ist berechtigt, die Gesellschaft allein zu vertreten. Er wird zum Vorsitzenden des Vorstands ernannt. Der Vorsitzende des Aufsichtsrates und sein Stellvertreter werden ermächtigt, die Ruhegehaltzusage des Herrn Freitag gegenüber der bisherigen um bis zu 25 % zu erhöhen.
Der Beschluss zu 2. wurde mit 4 gegen 2 Stimmen gefasst.
Schweinfurt, den .....

Der Aufsichtsrat
der »Kugellagerfabrik Weißenborn & Co. Aktiengesellschaft«
Thomas Töpfer, Vorsitzender

■ *Kosten.* Der Wert eines Beschlussentwurfs entspricht gem. § 119 GNotKG dem Beurkundungswert, also dem aus § 108 Abs. 1 Satz 1 i.V.m. § 105 Abs. 4 Nr. 1 GNotKG: 1 % des Grundkapitals, mindestens jedoch 30.000 € zu entnehmenden (Beschluss ohne bestimmten Geldwert). Die beiden Bestellungen (Wahlen) werden nach § 109 Abs. 2 Nr. 4 d) GNotKG als *ein* Beschluss behandelt; Höchstwert 5 Mio. € gem. § 108 Abs. 5 GNotKG. Die Regelung der Vertretungsberechtigung und des Dienstverhältnisses ist ein Bestandteil der Bestellung (Wahl). – Gebührenrahmen je nach Vollständigkeit des Entwurfs 0,5 bis 2,0 Gebühr gem. Nr. 24100 KV GNotKG.

Dem Vorstand obliegt die eigenverantwortliche Leitung der AG, § 76 Abs. 1 AktG.[3] Mehrere Vorstandsmitglieder vertreten gemeinschaftlich, wenn die Satzung nichts anderes bestimmt (§ 78 Abs. 2 Satz 1 AktG). Die Satzung kann bestimmen, dass einzelne Vorstandsmitglieder allein oder zusammen mit einem weiteren Vorstandsmitglied oder in Gemeinschaft mit einem Prokuristen vertretungsberechtigt sind. Auch der Aufsichtsrat kann eine solche Bestimmung treffen, wenn ihn die Satzung dazu ermächtigt (§ 78 Abs. 3 Satz 2 AktG). Ferner können gesamtvertretungsberechtigte Vorstandsmitglieder oder Prokuristen für bestimmte Geschäfte oder Arten von Geschäften die Ermächtigung zur Einzelvertretung erteilen, § 78 Abs. 4 AktG.

Die durch Vorstandsmitglieder bei ihrer Anmeldung abzugebende Versicherung (§ 37 Abs. 2 Satz 1 AktG) wurde im Rahmen des MoMiG an die geänderten Unvereinbarkeitsvorschriften in § 76 Abs. 3 AktG angepasst. Die Belehrung über die unbeschränkte Auskunftspflicht gegenüber dem Registergericht gemäß § 53 Abs. 2 BundeszentralregisterG kann nunmehr auch durch einen ausländischen Notar, Konsularbeamten oder Vertreter eines vergleichbaren rechtsberatenden Berufs schriftlich vorgenommen werden.

Handelsregisteranmeldung von Änderungen im Vorstand

Zum Handelsregister B 212 überreichen wir im Wege elektronischer Übermittlung als Vorstand der »Kugellagerfabrik Weißenborn & Co. Aktiengesellschaft« eine notariell beglaubigte Abschrift des Protokolls der Aufsichtsratssitzung vom ..... und melden zur Eintragung an:

---

3 Demzufolge hält das OLG München, NZG 2012, 261 und NZG 2013, 459 Regelungen in einem im Vorfeld eines Unternehmenszusammenschlusses geschlossenen Business Combination Agreement (BCA) für nichtig, denen zufolge der Vorstand für eine bestimmte Zeit kein genehmigtes Kapital ausnutzen dürfe, krit. hierzu *Wicke*, DNotZ 2013, 812, 816.

§ 148 Vorstand und Aufsichtsrat

1. Diplom-Ingenieur Otto Mackenrodt ist aus dem Vorstand ausgeschieden.
2. Diplom-Ingenieur Dr. Erich Wienhaus, geb. am ....., jetzt in Schweinfurt, ist zum Vorstandsmitglied bestellt. Er vertritt die Gesellschaft mit einem anderen Vorstandsmitglied oder einem Prokuristen.
3. Kaufmann Ernst Freitag ist zum Vorsitzenden des Vorstands ernannt worden. Er ist berechtigt, die Gesellschaft allein zu vertreten.

Dr. Wienhaus versichert, dass er
(1) nicht als Betreuer bei der Besorgung seiner Vermögensangelegenheiten ganz oder teilweise einem Einwilligungsvorbehalt (§ 1903 BGB) unterliegt
(2) nicht aufgrund eines gerichtlichen Urteils oder einer vollziehbaren Entscheidung einer Verwaltungsbehörde einen Beruf, einen Berufszweig, ein Gewerbe oder einen Gewerbezweig nicht ausüben darf
(3) nicht wegen einer oder mehrerer vorsätzlich begangener Straftaten des Unterlassens der Stellung des Antrags auf Eröffnung des Insolvenzverfahrens (Insolvenzverschleppung), nach den §§ 283 bis 283d StGB (Insolvenzstraftaten), der falschen Angaben nach § 399 AktG oder § 82 GmbHG, der unrichtigen Darstellung nach § 400 AktG, § 331 HGB, § 313 UmwG oder § 17 des Publizitätsgesetzes, nach den §§ 263 bis 264a oder §§ 265b bis 266a StGB zu einer Freiheitsstrafe von mindestens einem Jahr verurteilt worden ist; dieser Ausschluss gilt für die Dauer von fünf Jahren seit der Rechtskraft des Urteils, wobei die Zeit nicht angerechnet wird, die der Täter auf behördliche Anordnung in einer Anstalt verwahrt worden ist.
(4) Eine vorgenannte Verurteilung erfolgte auch nicht im Ausland wegen einer Tat, die mit den vorgenannten Taten vergleichbar ist.

Er bestätigt weiter, dass er vom unterschriftsbeglaubigenden Notar über seine unbeschränkte Auskunftspflicht gegenüber dem Gericht, auch gemäß § 53 Abs. 2 Bundeszentralregistergesetz, belehrt worden ist.

Schweinfurt, den .....
Dr. Erich Wienhaus   Ernst Freitag
(folgt Unterschriftsbeglaubigung)
Schweinfurt, den ...., Notar

■ *Kosten.*
a) Des Notars: Es handelt sich um drei verschiedene Anmeldungsgegenstände (Vertretungsberechtigung und Vorsitz sind ein Gegenstand); die Werte sind gemäß § 35 Abs. 1 GNotKG zusammenzurechnen (Höchstbetrag der zusammengerechneten Werte 1 Mio. € gemäß § 106 GNotKG). Der Geschäftswert jedes einzelnen Anmeldegegenstandes beträgt gemäß § 105 Abs. 2, Abs. 4 Nr. 1 GNotKG ein Prozent des Grundkapitals, mindestens jedoch 30.000 €. Entwirft der Notar die Registeranmeldung, entsteht eine 0,5 Gebühr, mindestens jedoch 30 €, Nr. 21201 Nr. 5 KV GNotKG i.V.m. 24102 KV GNotKG i.V.m. § 92 Abs. 2 GNotKG, zzgl. USt. Wird lediglich die Unterschrift beglaubigt, entsteht eine 0,2 Gebühr gemäß Nr. 25100 KV GNotKG, mindestens 20 €, höchstens 70 € zzgl. USt. Für die Erstellung und elektronische Übermittlung der XML-Strukturdaten an das Registergericht, entsteht zusätzlich eine 0,3 Gebühr gemäß Nr. 22114 KV GNotKG aus dem (zusammengerechneten) Geschäftswert der Anmeldung (§ 112 GNotKG), höchstens jedoch 250 €. Wird der Beschluss gemäß § 81 Abs. 2 AktG in beglaubigter Abschrift beigefügt, entsteht weiter eine Beglaubigungsgebühr gemäß Nr. 25102 KV GNotKG i.H.v. 10 €.
b) Des Registergerichts: Gemäß Gebührenziffer 2500 und 2501 der HandelsregistergebührenVO werden 70 € für die erste, 40 € für jede weitere einzutragende Tatsache aufgrund derselben Anmeldung erhoben.

Ein Aufsichtsratsmitglied wird zum Vertreter eines verhinderten Vorstandsmitglieds bestellt

Nur für ein verhindertes oder fehlendes Vorstandsmitglied und nur auf höchstens 1 Jahr kann ein Aufsichtsratsmitglied zum Vertreter bestellt werden; während dieser Zeit kann er keine Tätigkeit als Aufsichtsratsmitglied ausüben. Dadurch wird der Grundsatz der Inkompatibilität von Vorstandsmitgliedschaft, Prokura bzw. Generalhandlungsbevollmächtigung auf der einen Seite und Aufsichtsratszugehörigkeit auf der anderen Seite (§ 105 Abs. 1 AktG) begrenzt durchbrochen. **8**

Protokoll eines Aufsichtsratsbeschlusses (Bestellung eines Vorstandsmitgliedes)

Der Aufsichtsrat beschloss in seiner heutigen Monatssitzung: **9 M**
Zum Vertreter des durch einen schweren Verkehrsunfall arbeitsunfähigen Vorstandsmitglieds Hans Hempel wird das Aufsichtsratsmitglied Fabrikdirektor i.R. Franz Bindewald bis zum ..... bestellt. Er vertritt die Gesellschaft wie der durch ihn Vertretene.
Worms, den .....

Der Aufsichtsrat:
Max Lingel, Vorsitzender

■ *Kosten.* Wie zum Muster Rdn. 4 M.

Anmeldung eines Aufsichtsratsmitglieds als Vorstandsersatz

Der Bestellte kann mit anmelden und muss es tun, wenn ohne ihn keine Vertretungsberechtigung besteht. **10**

Handelsregisteranmeldung eines Vorstands

Zum Handelsregister B 157 melden wir als Vorstand der »Schuhfabrik Wormatia AG« in Worms auf elektronischem Wege zur Eintragung an: **11 M**
Zum Vertreter des infolge eines Unfalls arbeitsunfähigen Vorstandsmitglieds Hans Hempel ist das Aufsichtsratsmitglied Fabrikdirektor i.R. Franz Bindewald in Worms, geb. ....., bis ..... bestellt worden. Er vertritt die Gesellschaft gemeinsam mit einem anderen Vorstandsmitglied oder einem Prokuristen.
Ich, Franz Bindewald versichere, dass ich
(1) nicht als Betreuer bei der Besorgung seiner Vermögensangelegenheiten ganz oder teilweise einem Einwilligungsvorbehalt (§ 1903 BGB) unterliege
(2) nicht aufgrund eines gerichtlichen Urteils oder einer vollziehbaren Entscheidung einer Verwaltungsbehörde einen Beruf, einen Berufszweig, ein Gewerbe oder einen Gewerbezweig nicht ausüben darf
(3) nicht wegen einer oder mehrerer vorsätzlich begangener Straftaten des Unterlassens der Stellung des Antrags auf Eröffnung des Insolvenzverfahrens (Insolvenzverschleppung), nach den §§ 283 bis 283d StGB (Insolvenzstraftaten), der falschen Angaben nach § 399 AktG oder § 82 GmbHG, der unrichtigen Darstellung nach § 400 AktG, § 331 HGB, § 313 UmwG oder § 17 des Publizitätsgesetzes, nach den §§ 263 bis 264a oder §§ 265b bis 266a StGB zu einer Freiheitsstrafe von mindestens einem Jahr verurteilt worden bin; dieser Ausschluss gilt für die Dauer von fünf Jahren seit der Rechtskraft des Urteils, wobei die Zeit nicht angerechnet wird, die der Täter auf behördliche Anordnung in einer Anstalt verwahrt worden ist.

(4) Eine vorgenannte Verurteilung erfolgte auch nicht im Ausland wegen einer Tat, die mit den vorgenannten Taten vergleichbar ist.
Ich bestätige weiter, dass ich vom unterschriftsbeglaubigenden Notar über meine unbeschränkte Auskunftspflicht gegenüber dem Gericht, auch gemäß § 53 Abs. 2 Bundeszentralregistergesetz, belehrt worden bin.
Wir fügen eine notariell beglaubigte Abschrift des Aufsichtsratsbeschlusses vom ..... bei.
Worms, den .....
Wolfgang Bering
Franz Bindewald

Beglaubigungsvermerk wie zum Muster Rdn. 7 M.

■ *Kosten.* Wie zum Muster Rdn. 7 M; hier jedoch nur ein Gegenstand.

2. Bestellung und Anmeldung eines Prokuristen

a) **Bestellungsorgan**

12 Der Vorstand bestellt die Prokuristen. Die Satzung macht die Erteilung häufig von der Zustimmung des Aufsichtsrats abhängig. Die Prokura ist aber auch wirksam und deshalb in das Handelsregister einzutragen, wenn die Zustimmung nicht gegeben ist.[4]

b) **Vertretungsmacht**

13 Es kann nicht bestimmt werden, dass das einzige Vorstandsmitglied nur gemeinsam mit einem Prokuristen vertreten kann – die organschaftliche Vertretung alleine durch Vorstandsmitglieder muss stets gewährleistet sein (verbleibt also nach Wegfall weiterer Mitglieder nur ein Vorstandsmitglied in unechter Gesamtvertretung mit einem Prokuristen, bedarf es einer Neubestellung, sonst einer Satzungsänderung). Im Fall der unechten Gesamtvertretung hat der Prokurist jedoch passive Alleinvertretungsmacht und kann Handelsregisteranmeldungen vornehmen (§ 78 Abs. 3 Satz 3 AktG), aber nicht hinsichtlich der Anmeldung seiner eigenen Prokura.[5]

Handelsregisteranmeldung der Bestellung eines Prokuristen

14 M Zum Handelsregister B 16 der »Hessischen Elektrizitäts-Versorgungs-Aktiengesellschaft« in Kassel melden wir durch elektronische Übermittlung an:
Dem Oberingenieur Alfred Bender in Kassel, geb. am ....., ist derart Gesamtprokura erteilt worden, dass er gemeinschaftlich mit einem Vorstandsmitglied oder einem anderen Prokuristen vertritt.
Nachrichtlich: Von § 181 BGB ist er nicht befreit; Immobiliarprokura ist nicht erteilt.
Kassel, den .....
»Hessische Elektrizitäts-Versorgungs-Aktiengesellschaft«
Dr. Ing. Köhler   ppa. Widmann

Beglaubigungsvermerk wie zum Muster Rdn. 7 M.

---
4 BGHZ 91, 334, 336 f.
5 BayObLG NJW 1973, 2068.

■ *Kosten.*
a) Des Notars: Der Geschäftswert des (hier einzigen) Anmeldegegenstandes beträgt gemäß § 105 Abs. 2, Abs. 4 Nr. 1 GNotKG ein Prozent des Grundkapitals, mindestens jedoch 30.000 € (höchstens gemäß § 106 GNotKG 1 Mio. €). Entwirft der Notar die Registeranmeldung, entsteht eine 0,5 Gebühr, mindestens jedoch 30 €, Nr. 21201 Nr. 5 KV i.V.m. 24102 KV GNotKG i.V.m. § 92 Abs. 2 GNotKG, zzgl. USt. Wird lediglich die Unterschrift beglaubigt, entsteht eine 0,2 Gebühr gemäß Nr. 25100 KV GNotKG, mindestens 20 €, höchstens 70 € zzgl. USt. Für die Erstellung und elektronische Übermittlung der XML-Strukturdaten an das Registergericht, entsteht zusätzlich eine 0,3 Gebühr gemäß Nr. 22114 KV GNotKG aus dem Geschäftswert der Anmeldung (§ 112 GNotKG), höchstens jedoch 250 €.
b) Des Registergerichts: vgl. Anm. Rdn. 7 M. Gemäß Gebührenziffer 2500 der Handelsregistergebührenverordnung werden 70 € für die erste einzutragende Tatsache erhoben.

3. Geschäftsordnung für den Vorstand

Das MoMiG hat die Insolvenzantragspflicht rechtsformunabhängig (und damit auch für Scheinauslandsgesellschaften) in § 15a InsO geregelt, weiterhin strafbewehrt (§ 15a Abs. 4 und 5 InsO) und zivilrechtlich sanktioniert (§ 823 Abs. 2 BGB). Weiterhin wurde die Haftung des Vorstands (§ 92 AktG) um eine sog. Insolvenzverursachungshaftung erweitert (§§ 92 Abs. 2, 93 Abs. 3 Nr. 6 AktG). Das Zahlungsverbot erstreckt sich nicht mehr allein auf sorgfaltswidrige, masseschmälernde Zahlungen, sondern auch auf Auszahlungen an Aktionäre (Dividenden[6] oder Darlehenstilgungen), welche die Zahlungsunfähigkeit herbeiführen, es sei denn, dies war bei Anwendung der business judgment rule (§ 93 Abs. 1 Satz 1 AktG) nicht erkennbar.

15

Geschäftsordnung für den Vorstand einer AG

Der Aufsichtsrat der »Altonaer Motorenwerke AG« erlässt gemäß § 13 Absatz 2 der Satzung die nachstehende Geschäftsordnung für den Vorstand:
1. Der Vorstand führt die Geschäfte nach dem Aktiengesetz, der Satzung und dieser Geschäftsordnung.
2. Die Geschäfte werden unter den einzelnen Vorstandsmitgliedern nach dem beigefügten Geschäftsverteilungsplan verteilt. Der Aufsichtsrat kann die Geschäftsverteilung abändern. Er kann auch bestimmen, dass einzelne Geschäfte außerhalb des Geschäftsverteilungsplans bestimmten Vorstandsmitgliedern zur Erledigung übertragen werden.
3. Dem Aufsichtsrat bleibt vorbehalten, ein Vorstandsmitglied zum Vorsitzenden des Vorstandes zu bestellen, der bei Meinungsverschiedenheiten eine einheitliche Entscheidung des gesamten Vorstandes und notfalls eine Mehrheitsentscheidung herbeiführen soll.
4. Jedes Vorstandsmitglied trägt die Mitverantwortung für die gesamte Geschäftsführung der Gesellschaft. Zum Erlass von Weisungen ist jedes Vorstandsmitglied außer in Eilfällen nur innerhalb des ihm zugeteilten Geschäftsbereiches berechtigt.
5. Die Mitglieder des Vorstandes sind verpflichtet, sich gegenseitig dauernd über wichtige Geschäftsvorgänge zu unterrichten. Angelegenheiten von größerer Bedeutung

16 M

---
6 Anlass war die durch den Aktionär (Finanzinvestor) der Hugo Boss AG im Frühjahr 2008 beschlossene Sonderdividende von 345 Mio. € zur Refinanzierung der Übernahme.

sollen in regelmäßig stattfindenden gemeinschaftlichen Besprechungen unter den Vorstandsmitgliedern erörtert und entschieden werden.

6. Über Gegenstände, zu denen nach § 13 Absatz 1 der Satzung die Zustimmung des Aufsichtsrats erforderlich ist, entscheidet der gesamte Vorstand. Das gleiche gilt für die Einstellung und Entlassung von Angestellten, die wegen ihres Arbeitsverdienstes von der Angestelltenversicherung befreit sind, und für den Abschluss von Arbeitsverträgen auf länger als 3 Jahre.

7. Der Vorsitzende des Vorstandes bzw. das dienstälteste Vorstandsmitglied beruft gemeinschaftliche Arbeitssitzungen des Vorstandes ein. Ihm obliegt die Leitung und Vorbereitung der Sitzungen und der Verkehr mit dem Aufsichtsrat. Er kann bestimmen, dass einzelne durch die Geschäftsverteilung anderen Vorstandsmitgliedern zugeteilte Geschäfte nur mit seiner Zustimmung ausgeführt werden dürfen.

8. Der Vorstand hat dem Aufsichtsrat regelmäßig, und zwar mindestens jeden Monat, über den Gang der Geschäfte und die Lage des Unternehmens zu berichten. Jedes Vorstandsmitglied hat den seinen Geschäftskreis betreffenden Bericht schriftlich abzufassen und ihn dem Vorsitzenden bzw. dem dienstältesten Vorstandsmitglied zwecks Weitergabe an den Aufsichtsrat zuzuleiten.

9. Der Vorsitzende des Vorstandes bzw. das dienstälteste Vorstandsmitglied regelt die Urlaubsverhältnisse des Vorstandes und ordnet die Vertretung innerhalb der einzelnen Geschäftsbereiche im Falle der Erkrankung oder sonstigen Verhinderung eines Vorstandsmitgliedes.

10. Der Vorsitzende des Vorstandes bzw. das dienstälteste Vorstandsmitglied ist berechtigt, mit Zustimmung des Aufsichtsrats Bestimmungen über den Ersatz von Auslagen und Aufwendungen, die von Vorstandsmitgliedern zugunsten der Gesellschaft gemacht werden, zu treffen, desgleichen Richtsätze für den Ersatz von Reiseauslagen zu erlassen.

Hamburg, den .....

Für den Aufsichtsrat:
Dr. Kremmer, Vorsitzender

■ *Kosten.* Der Wert des Entwurfs ist auf einen Bruchteil des Betriebsvermögens, das den einzigen festen Anhalt vermittelt, nach § 36 Abs. 1 GNotKG zu schätzen, und zwar auf etwa 5 % – Gebührensatzrahmen je nach Vollständigkeit des Entwurfs 0,3 bis 1,0 gem. Nr. 24101 KV GNotKG.

4. Anstellungsvertrag mit einem Vorstandsmitglied

17   Die Gesamtbezüge eines Vorstandsmitglieds müssen als Folge des **Gesetzes zur Angemessenheit von Vorstandsbezügen**[7] in einem angemessenen Verhältnis zu seinen Leistungen stehen und dürfen die »übliche« Vergütung nicht ohne besondere Gründe übersteigen (§ 87 Abs. 1 AktG). Die geschuldete Ausrichtung auf eine nachhaltige Unternehmensentwicklung fordert für variable Entlohnungsbestandteile eine mehrjährige Bemessungsgrundlage. Der Aufsichtsrat soll für außerordentliche Entwicklungen eine Begrenzungsmöglichkeit vereinbaren, § 87 Abs. 1 Satz 2 AktG. Nunmehr hat gemäß § 107 Abs. 3 AktG das Plenum des Aufsichtsrats über die Vergütung zu entscheiden, das Delegieren auf einen Ausschuss ist nicht mehr möglich. Bei börsennotierten AG kann die Hauptversammlung ein unverbindliches Votum abgeben, § 120 Abs. 4 AktG. Aktienoptionen dürfen nunmehr frühestens 4 (statt 2) Jahre nach ihrer Einräumung ausgeübt werden, § 193 Abs. 2 Nr. 4 AktG.

---

7   BGBl. 2009 I, S. 2509 ff.

Bei Abschluss von D & O Versicherungen ist gemäß § 93 Abs. 2 Satz 3 AktG ein Selbstbehalt zu vereinbaren i.H.v. mindestens 10 % des Schadens, jährlich jedoch nicht mehr als das 1,5-fache der festen jährlichen Vergütung (Übergangsregelung: § 23 Abs. 1 EGAktG). **18**

Anstellungsvertrag mit dem Vorstand einer AG

Die »Altonaer Motorenwerk AG« in Hamburg-Altona, vertreten durch ihren Aufsichtsrat, schließt mit Herrn Kaufmann Georg Vollmeier folgenden **19 M**

Anstellungsvertrag:

1. Herr Vollmeier ist durch Beschluss des Aufsichtsrats vom ..... zum Vorstandsmitglied der Aktiengesellschaft bestellt worden. Das Vertragsverhältnis begann am ..... und endet am ..... Bis ..... werden beide Teile erklären, ob sie zu einer Verlängerung bereit sind.
Der Vertrag kann beiderseits fristlos gekündigt werden, wenn ein wichtiger Grund vorliegt.
2. Der Inhalt des Dienstverhältnisses wird in Ergänzung des Gesetzes durch die Satzung der Gesellschaft, die vom Aufsichtsrat für den Vorstand zu beschließende Geschäftsordnung mit dem Geschäftsverteilungsplan und durch dieses Abkommen bestimmt.
3. Herr Vollmeier erhält monatlich nachträglich ein festes Gehalt von ..... EURO und eine Beteiligung von 5 vom Hundert am Jahresgewinn. Dieser Anteil berechnet sich nach dem Jahresabschluss, vermindert um einen Verlustvortrag aus dem Vorjahr und um die Beträge, die in die gesetzliche Rücklage einzustellen sind.
Tritt in den Verhältnissen der Gesellschaft eine wesentliche Verschlechterung ein, so ist der Aufsichtsrat zu einer angemessenen Herabsetzung der Bezüge berechtigt. In diesem Falle kann Herr Vollmeier den Vertrag mit einer sechswöchigen Frist zum Schluss des nächsten Kalendervierteljahres kündigen.
Dasselbe Recht steht dem Aufsichtsrat zu, wenn Herr Vollmeier länger als 6 Monate durch Krankheit arbeitsunfähig wird. In diesem Falle ist Herrn Vollmeier das Gehalt für das bei Ende des Vertrags laufende und das folgende Vierteljahr zu zahlen. Die Gewinnbeteiligung erhält er für das ganze Jahr. Das gleiche Recht steht den Erben des Herrn Vollmeier zu, wenn er während der Vertragszeit versterben sollte.
4. Herr Vollmeier erhält jährlich einen Urlaub von 30 Arbeitstagen, der zeitlich im Benehmen mit dem anderen Vorstandsmitglied und dem Aufsichtsrat festzulegen ist.
5. Die Gesellschaft stellt Herrn Vollmeier einen Personenwagen der oberen Mittelklasse, Einkaufslistenpreis bis 60.000 € netto, zur Verfügung. Sonstige Reisekosten und weitere Aufwendungen für die Gesellschaft der üblichen Art werden gegen Nachweis in angemessener Höhe erstattet; nach Höhe oder Art ungewöhnliche jedoch nur, wenn die Einwilligung des Aufsichtsrats eingeholt ist.
6. Kredite und Vorschüsse auf Gehalt oder Gewinnanteil dürfen an Herrn Vollmeier nur mit ausdrücklicher Zustimmung des Aufsichtsrats gewährt werden, es sei denn, dass es sich um einen Betrag handelt, der ein Monatsgehalt nicht übersteigt. Dasselbe gilt für Kredite an den Ehegatten oder an Verwandte des Vorstandsmitgliedes.
7. Herr Vollmeier hat seine ganze Arbeitskraft für die Gesellschaft einzusetzen. Eine entgeltliche Nebenbeschäftigung sowie Aufsichtsratsämter darf er ohne Zustimmung des Aufsichtsrats nicht übernehmen.
Eine unmittelbare oder mittelbare Beteiligung an anderen Unternehmen ist ihm auch nur mit Zustimmung des Aufsichtsrats gestattet. Ausgenommen davon sind Betei-

ligungen an Kapitalgesellschaften, die nicht den hundertsten Teil des Kapitals erreichen.
8. Wenn der Anstellungsvertrag über ...... Jahre hinaus verlängert wird, so ist für den Fall seines Ausscheidens ein Abkommen über die Versorgung des Herrn Vollmeier und seiner Familie abzuschließen.
9. Beim Ausscheiden hat Herr Vollmeier alle Schriftstücke und Drucksachen jeder Art, die der Gesellschaft oder ihm als Vorstand der Gesellschaft zugegangen sind oder von der Gesellschaft oder von ihm für die Gesellschaft hergestellt sind, zu übergeben. Ein Zurückbehaltungsrecht steht ihm hieran nicht zu.
10. Ergänzungen und Änderungen dieses Vertrages müssen schriftlich erfolgen.
Hamburg-Altona, den .....

»Altonaer Motorenwerk AG«
Für den Aufsichtsrat:
Dr. Kremmer, Vorsitzender
Georg Vollmeier

■ *Kosten.* Der Wert bestimmt sich nach dem festen Gehalt, einem Schätzungsbetrag für die Mitbenutzung des Wagens für Privatzwecke und nach dem Gewinnanteil für fünf Jahre (§ 99 Abs. 2 GNotKG). Die Unmöglichkeit, die Tantieme für die ersten fünf Jahre des Unternehmens zu schätzen, macht einen vorläufigen Ansatz und eine spätere Berichtigung notwendig. Hieraus ist für die Entwurfsfertigung eine 0,5 bis 2,0 Gebühr gemäß 24100 KV GNotKG zu erheben, mindestens jedoch 120 €, da bei Beurkundung des Vertrages eine Gebühr gemäß 21100 KV GNotKG angefallen wäre. Der Notar bestimmt die Gebührenhöhe im vorgenannten Rahmen gemäß § 92 Abs. 1 GNotKG nach billigem Ermessen unter Berücksichtigung des Umfangs der erbrachten Leistungen; wird der vollständige Entwurf gefertigt, ist gemäß § 92 Abs. 2 a.E. GNotKG die Höchst- (also die 2,0) Gebühr zu erheben.

Versorgung des Vorstandsmitglieds nach Ausscheiden

Pensionsvertrag mit dem Vorstand einer AG

20 M Die Altonaer Motorenwerke AG, vertreten durch ihren Aufsichtsrat, schließt mit ihrem Vorstandsmitglied Kaufmann Georg Vollmeier folgenden Pensionsvertrag:

I. Ruhegehalt

§ 1

Herr Vollmeier erhält von der Gesellschaft ein monatlich nachträglich zahlbares Ruhegehalt in folgenden drei Fällen:
a) wenn er nach Vollendung seines 65. Lebensjahres ausgeschieden ist;
b) wenn er nach mindestens zehnjähriger Tätigkeit arbeitsunfähig wird;
c) wenn er nach mindestens zehnjähriger Tätigkeit auf Verlangen der Gesellschaft ausgeschieden ist, ohne ihr einen von ihm verschuldeten Grund zu einer fristlosen Kündigung gegeben zu haben.

§ 2

Das Ruhegehalt beträgt nach zehnjähriger Dienstzeit 40 v.H. des festen Gehalts und des Gewinnanteils, die Herr Vollmeier in seinem letzten Tätigkeitsjahr bezogen hat. Der

Betrag steigt nach jedem weiteren Dienstjahr um 2 v.H. bis zum Höchstsatz von 75 v.H. dieser Bezüge.

II. Hinterbliebenenversorgung

§ 3

Wenn Herr Vollmeier nach mindestens zehnjähriger Tätigkeit oder nach vorherigem Fälligwerden seines Ruhegehaltsanspruchs verstirbt, so erhält seine derzeitige Ehefrau Gerlinde Vollmeier, geb. Schlutius, monatlich nachträglich eine Witwenpension in Höhe von 60 % des Ruhegehalts, das Herr Vollmeier im Zeitpunkt seines Versterbens verdient hatte. Der Anspruch erlischt mit dem Tode der Witwe oder ihrer Wiederverheiratung.

Minderjährige unverheiratete Kinder des Herrn Vollmeier erhalten unter der Voraussetzung des § 3 I je 20 v.H. des Ruhegehalts, das Herrn Vollmeier zustehen würde, jedoch zusammen zu gleichen Teilen nicht mehr als 40 v.H., solange Witwenpension zu zahlen ist, und ohne diese Verpflichtung zusammen nicht mehr, als der Witwe zustehen würde. Die Rente für die Kinder wird monatlich nachträglich an die Witwe ausgezahlt, wenn diese Pension erhält, sonst an die gesetzlichen Vertreter der Kinder.

Hamburg-Altona, den .....

»Altonaer Motorenwerk AG«
Für den Aufsichtsrat:
Dr. Kremmer, Vorsitzender
Georg Vollmeier

■ *Kosten.* Dass der bedingte Ruhegehalts- und Hinterbliebenenversorgungsanspruch eintritt, ist wahrscheinlich, aber nicht gewiss. Der Beginn des wiederkehrenden Rechts steht noch weniger fest, sodass das Recht nach § 52 Abs. 6 Satz 3 GNotKG unter dem sich aus Abs. 4 ergebenden Wert anzusetzen ist. Auszugehen ist von den Bezügen des Berechtigten im Zeitpunkt des Entwurfs oder der Beurkundung. Davon sind 60 % auf 7 $^{1}/_{2}$ Jahre zu rechnen, weil die Fälligkeit des Ruhegehalts bei Erreichung der Altersgrenze am wahrscheinlichsten ist. Zur Entwurfsgebühr siehe Rdn. 19 M.

II. Aufsichtsrat

1. Aufgaben

Die Überwachung der Geschäftsführung des Vorstands ist die Hauptaufgabe des Aufsichtsrats (§ 111 AktG). An der Geschäftsführung wirkt er mittelbar mit, indem er den Vorstand bestellt und abberuft (§ 84 AktG), und unmittelbar, wenn seine Zustimmung zu bestimmten Arten von Geschäften in der Satzung oder in einem Aufsichtsratsbeschluss vorgesehen ist (§ 111 Abs. 4 Satz 2 AktG). Er führt auch die Geschäfte, wenn er die Gesellschaft gegenüber dem Vorstand vertritt (§ 112 AktG,[8] s. die drei vorstehenden Muster Rdn. 16 M, 19 M und 20 M). In diesen Fällen bedürfen Beschlüsse des Aufsichtsrates besonderer Präzision,[9]

---

[8] OLG München, NZG 2012, 706 hat sich gegen eine erweiternden Anwendung des § 112 AktG auf Rechtsgeschäfte zwischen der AG und einer Gesellschaft, an welcher der Vorstand maßgeblich beteiligt ist, ausgesprochen. Ebenso wenig ist § 112 AktG gemäß OLG München, Beschl. v. 08.05.2012, NZG 2012, 710, tangiert, wenn sich ein Vorstandsmitglied zum Geschäftsführer einer Tochtergesellschaft bestellt.
[9] Eine pauschale Vollmacht an ein Aufsichtsratsmitglied zur Vertretung »beim Erwerb eines Gesellschaftsanteils« genügt nicht, OLG München, Urt. v. 19.12.2012 – 7 U 1711/12, MittBayNot 2013, 319.

andernfalls sind die Verträge noch schwebend unwirksam. Für eine begrenzte Zeit kann eines seiner Mitglieder ein verhindertes Vorstandsmitglied vertreten (§ 105 Abs. 2 AktG, s. Rdn. 8 ff.). Auch die Prüfung des Jahresabschlusses und der Bericht an die Hauptversammlung über den Jahresabschluss, die Gewinnverteilung und über die Geschäftsführung des Vorstands (§ 171 AktG) und die Feststellung des Jahresabschlusses zusammen mit dem Vorstand (Billigung gemäß § 172 AktG) gehen über eine Überwachungstätigkeit hinaus. Vergütete Beratungsverträge (vgl. § 114 AktG) sind allenfalls außerhalb der gesetzlichen Überwachungstätigkeit zulässig; dies gilt auch für Beratungsgesellschaften, an denen der Aufsichtsrat mehr als marginal beteiligt ist.[10]

22 § 78 Abs. 1 Satz 2, Abs. 2 Satz 2 AktG in Gestalt des MoMiG schafft eine passive Ersatzvertretung für die Empfangnahme von Erklärungen durch jedes Mitglied des Aufsichtsrats bei führungslosen Aktiengesellschaften, auch wenn das Aufsichtsratsmitglied das Fehlen eines Vorstands nicht kennt. Ferner kann ein besonderer Empfangsvertreter benannt und im Handelsregister eingetragen werden, §§ 39 Abs. 1 Satz 2, 78 Abs. 2 Satz 4 AktG. Bei führungslosen AG ist gemäß § 15a Abs. 3 InsO nunmehr jedes einzelne Mitglied des Aufsichtsrats verpflichtet, bei Zahlungsunfähigkeit oder Überschuldung Insolvenzantrag zu stellen.

2. Zusammensetzung

23 Die Zahl der Aufsichtsratsmitglieder beträgt mindestens drei und kann für Gesellschaften unter 1,5 Mio. € Grundkapital bis auf 9, für mittlere (zwischen 1,5 und 10 Mio. € Grundkapital) auf 15 und für große auf bis zu 21 Mitglieder erhöht werden (§ 95 AktG). Nur sofern bzw. sobald zur Erfüllung mitbestimmungsrechtlicher Vorgaben (§ 4 Abs. 1 DrittelbeteiligungsG) erforderlich, muss gem. § 95 Satz 3 AktG (in der seit 2016 geltenden Fassung) die Gesamtzahl der Aufsichtsräte durch drei teilbar sein– Stellvertreter von Aufsichtsratsmitgliedern können nicht bestellt werden, wohl aber für jedes Aufsichtsratsmitglied ein Ersatzmitglied für seinen Wegfall vor Ablauf der Amtszeit (§ 101 Abs. 3 AktG). Enthält die Satzung keine andere Regelung, ist ein Ersatzmitglied nur für den Fall bestellt, dass nicht vor dem Ausscheiden des Aufsichtsratsmitglieds ein Nachfolger gewählt wird.[11] Dagegen kann die Satzung nicht vorsehen, dass das Ersatzmitglied dem Aufsichtsrat nur bis zur Wahl eines neuen ordentlichen Mitglieds angehört: § 103 Abs. 1 Satz 2 AktG, wonach Aufsichtsratsmitglieder grundsätzlich nur mit qualifizierter Mehrheit abberufen werden können, ist zwar durch die Satzung abdingbar (§ 103 Abs. 1 Satz 3); wegen des Grundsatzes, dass alle Aufsichtsratsmitglieder die gleiche Verantwortung und die gleiche Rechtsstellung haben, kann eine Satzungsregelung aber nur für alle, nicht für einzelne Mitglieder (die Ersatzmitglieder) eine Abberufung mit einfacher Mehrheit vorsehen.[12] Dritte haben kein ständiges Teilnahmerecht, auch nicht als sog. »beratende« Aufsichtsratsmitglieder.[13]

24 Als Folge des Gesetzes zur Angemessenheit von Vorstandsvergütungen[14] dürfen Mitglieder des Vorstands einer börsennotierten Gesellschaft während einer zweijährigen Karenzzeit nach ihrem Ausscheiden nicht zum Mitglied des Aufsichtsrats bestellt werden, § 100 Abs. 2 Satz 1 Nr. 4 Halbs. 1 AktG. Diese Karenzzeit greift nicht, wenn die Wahl auf Vorschlag von Aktionären erfolgt, die mehr als 25 % der Stimmrechte an der Gesellschaft halten.

25 Das »Gesetz für die gleichberechtigte Teilhabe von Frauen und Männern an Führungspositionen in der Privatwirtschaft und im öffentlichen Dienst« vom 24.04.2015 (BGBl 2015 I S. 642 ff.) soll den Anteil weiblicher Führungskräfte in Spitzenpositionen der deutschen

---

10 BGH v. 02.04.2007 – II ZR 325/05, DNotZ 2007, 952.
11 BGH DNotZ 1988, 187.
12 BGH DB 1988, 697.
13 BGH, 30.01.2012 – II ZB 20/11, DStR 2012, 762.
14 BGBl. 2009 I, S. 2509 ff.

Wirtschaft (der derzeit in Aufsichtsräten nur 18,9 %, in Vorständen 5,8 % beträgt) signifikant anheben.

Demnach gilt:
Unternehmen, die (1) börsennotiert sind und (2) der paritätischen Mitbestimmung nach dem Mitbestimmungsgesetz, dem Montan-Mitbestimmungsgesetz oder dem Montan-Mitbestimmungsergänzungsgesetz unterliegen (also große Publikumsgesellschaft mit in der Regel mehr als 2.000 Arbeitnehmern in der Rechtsform der AG oder KGaA, derzeit etwa 100 Unternehmen), unterliegen ab 01.01.2016 einer Mindestquote von 30 % Frauen (und 30 % Männer) im Aufsichtsrat. Sie gilt grundsätzlich für den gesamten Aufsichtsrat als Organ (**Gesamterfüllung**), also die Anteilseigner- und die Arbeitnehmerbank zusammengerechnet. Der Gesamterfüllung kann jedoch seitens der Anteilseigner- oder der Arbeitnehmerseite vor jeder Wahl mehrheitlich widersprochen werden, so dass jede Seite die Mindestquote für diese Wahl gesondert zu erfüllen hat. Die Zahl der mindestens zu bestellenden Frauen bzw. Männer berechnet sich durch mathematische Auf- bzw. Abrundung mit der Folge, dass die Gesamtzahl bei Getrennterfüllung mitunter abweichend sein kann als bei der Gesamterfüllung. (*Beispiel:* Bei einem paritätisch nach dem Mitbestimmungsgesetz gebildeten Aufsichtsrat von 16 Mitgliedern beträgt die Geschlechterquote von 30 % bei Getrennterfüllung 2,4 Personen, also zwei Mitglieder je Bank, bei der Gesamterfüllung 4,8 Personen, also 5 Mitglieder insgesamt.) Das weitere »neutrale Mitglied«, das in den Fällen des Montan-Mitbestimmungsgesetzes oder des Mitbestimmungsergänzungsgesetzes hinzukommt, ist keiner Bank zuzurechnen. (*Beispiel*: Bei einem Aufsichtsrat von elf Mitgliedern nach Montan-Mitbestimmungsgesetz, also fünf Mitglieder für Arbeitnehmerbank und Anteilseignerbank und einem neutralen Mitglied, beträgt die Geschlechterquote von 30 % bei Getrennterfüllung 1,5 Personen, also mathematisch aufgerundet zwei Mitglieder pro Bank, bei Gesamterfüllung exakt drei Mitglieder, so dass in diesem Fall bei der Getrennterfüllung sich eine höhere Gesamtzahl errechnet.) Ergibt sich eine »Übererfüllung«, ist die übererfüllende Seite nicht gezwungen, selbst wieder überzuerfüllen, sondern kann nunmehr Widerspruch gegen die Gesamterfüllung einlegen unter Einhaltung der getrennt berechneten 30 %-Quote, etwa anstelle einer ausgeschiedenen Frau einen Mann in den Aufsichtsrat nachwählen.

Bei Nichterfüllung der Mindestquote durch die Wahl bzw. Entsendung der **Anteilseignervertreter** ist die quotenwidrige Wahl bzw. Entsendung zum Aufsichtsrat nichtig, so dass die für das unterrepräsentierte Geschlecht vorgesehenen Plätze rechtlich unbesetzt bleiben (Prinzip »vorübergehend leeren Stuhls«). Der Gewählte oder Entsandte wird also kein Aufsichtsratsmitglied, auch ohne dass Nichtigkeitsklage erhoben würde. Ein solchermaßen unterbesetzter Aufsichtsrat bleibt im Grundsatz beschlussfähig, wenn mindestens die Hälfte der Mitglieder an der Beschlussfassung teilnimmt. Erfolgt eine Einzelwahl von Personen zum Aufsichtsrat, ist derjenige Wahlbeschluss nichtig, der in der chronologischen Abfolge als erster das Mindestanteilsgebot verletzt. Erfolgt eine Blockwahl, bei der alle vakanten Mandate nur zusammengefasst zur Abstimmung gestellt und einheitlich abgelehnt oder angenommen werden können, ist die gesamte Wahl hinsichtlich des überrepräsentierten Geschlechts nichtig, die dem unterrepräsentierten Geschlecht angehörigen Kandidat sind hingegen wirksam gewählt.

Die **Arbeitnehmervertreter** werden nach Maßgabe des Mitbestimmungsgesetzes oder Mitbestimmungsergänzungsgesetzes in geheimer Wahl durch die wahlberechtigten Arbeitnehmer oder ihre Delegierten gewählt. Welcher Aufsichtsratssitz einer Person mit einem gesetzwidrig repräsentierten Geschlecht zunächst freibleibt und später durch eine Person des anderen Geschlechts besetzt wird, richtet sich nach dem Wahlergebnis (betroffen sind also die Bewerber mit den wenigsten Stimmen). Die **frei bleibenden Sitze** auf der Arbeitgeber- oder Arbeitnehmerbank sind durch Nachwahl, sonst im Weg der gerichtlichen Ersatzbestellung durch eine Person korrekten Geschlechts zu füllen. Bei der Nachbesetzung ist auch das Geschlechterverhältnis unter den unternehmensangehörigen Arbeitnehmern, einerseits, und den Gewerkschaftsvertretern, andererseits, einzuhalten, während der (eine) Vertreter der leitenden Angestellten keiner Geschlechterquote unterliegt. (Beispiel: Bei einem aus 16 Mitgliedern bestehenden Aufsichtsrat nach Mitbestimmungsgesetz, d.h. acht Arbeitnehmervertreter, ist hinsichtlich der fünf unternehmensangehörigen Arbeitnehmervertretern eine Geschlechterquote von eins einzuhalten, ebenso hinsichtlich der zwei Gewerkschaftsvertreter, während für den einen Vertreter der leitenden Angestellten keine Geschlechterquote gilt.)

28 Zur Erhöhung der Transparenz muss die (Nicht-)Einhaltung der Quote nun auch in den (im Bundesanzeiger zu veröffentlichenden und im Unternehmsregister jederzeit einsehbaren) **Lageberichten** sowie in der Erklärung zur Unternehmensführung nach § 289a Abs. 2 Nr. 4, Abs. 3 u. Abs. 4 AktG aufgeführt werden.

Die fixe Geschlechterquote gilt ab dem **01.01.2016**, ist also für ab dann neu zu besetzende Aufsichtsratsposten zu beachten. Bestehende Mandate, auch die der Ersatzmitglieder, können jedoch bis zu ihrem regulären Ende auslaufen.

29 Lediglich mitbestimmungspflichtige **oder** börsennotierte Unternehmen (AG, KGaA, GmbH, eG und VVaG), die nicht notwendig der paritätischen Mitbestimmung, sondern auch der Drittel-Mitbestimmung unterliegen können (also Unternehmen mit in der Regel mehr als 500 Arbeitnehmern, betroffen sind mindestens 3.500 Betriebe), müssen für den Frauenanteil im Aufsichtsrat und im Vorstand **Zielgrößen** festlegen und Fristen hierfür bestimmen. Gleiches gilt für die Festlegung von Zielgrößen zur Erhöhung des Frauenanteils auch für die beiden Führungsebenen unterhalb des Vorstands. Liegt jedoch der Frauenanteil in einer Organ- bzw. Führungsebene im Zeitpunkt der Festlegung der Zielgröße unter 30 %, dürfen die Zielgrößen nicht hinter dem tatsächlichen Status quo zurückbleiben (anders, wenn der Frauenanteil bereits bei über 30 % liegt). Die Fristen zur angestrebten Erreichung der Zielgröße dürfen nicht später als bis zum 30.06.2017 laufen, nachfolgende Fristen nicht länger als jeweils fünf Jahre sein. Die Zielgrößen sind ebenfalls in den Lagebericht aufzunehmen. Wird die Zielgröße nicht erreicht, bleibt dies allerdings **rechtlich sanktionslos**, der Vorstand hat jedoch nachvollziehbar darzulegen, weshalb trotz der Anstrengungen die Zielgröße nicht erreicht werden konnte. Der Gesetzgeber hofft auf die kritische Öffentlichkeit als »Katalysator«.

30 Mitglied des Aufsichtsrats kann nicht sein, wer bereits 10 gesetzlich vorgeschriebenen Aufsichtsräten angehört oder gesetzlicher Vertreter eines von der AG abhängigen Unternehmens oder gesetzlicher Vertreter einer Kapitalgesellschaft ist, deren Aufsichtsrat ein Vorstandsmitglied der AG angehört. Auf die Höchstzahl von 10 werden bis zu 5 Aufsichtsratssitze nicht angerechnet, die ein gesetzlicher Vertreter des herrschenden Unternehmens eines Konzerns im Aufsichtsrat einer Konzerngesellschaft innehat (§ 100 Abs. 2 AktG); ein Amt als Aufsichtsrats-Vorsitzender wird doppelt angerechnet.

31 Dem ersten Aufsichtsrat, den die Gründer der Gesellschaft bestellen (§ 30 AktG), gehört noch kein Arbeitnehmervertreter an. Er tritt aber ein, sobald das Amt des ersten Aufsichtsrats mit der ersten Hauptversammlung erlischt, die über die Entlastung für das erste volle oder Rumpfgeschäftsjahr beschließt (§ 30 Abs. 3 AktG). Ab dann unterliegt die Bestimmung der Aufsichtsratsmitglieder nur dann allein den Aktionären, wenn die in § 96 AktG genannten mitbestimmungsrechtlichen Normen nicht vorrangig eingreifen. Mitbestimmungsfrei sind demnach:
– die seit dem 10.08.1994 gegründeten kleinen AGs mit weniger als 500 Arbeitnehmern;
– Familienunternehmen i.S.d. § 1 Abs. 1 Satz 2, 3 Drittelbeteiligungsgesetz (DrittelbG), gleichgültig wann gegründet;
– Aktiengesellschaften mit weniger als fünf Arbeitnehmern;
– Tendenzunternehmen (auch Presse-, Verlags- und Betriebe von Religionsgemeinschaften), vgl. § 1 Abs. 4 MitbestG, § 1 Abs. 2 Nr. 2 u. S. 2 DrittelbG.

Die nachstehend im Überblick erläuterten *mitbestimmungsrechtlichen Vorschriften* können durch die Satzung nicht modifiziert werden, § 23 Abs. 5 AktG: 32

a) Montanmitbestimmung

Eine Aktiengesellschaft der eisen- oder stahlerzeugenden Industrie sowie der Stein- oder Braunkohleförderung mit in der Regel mehr als 1000 Arbeitnehmern verfügt über einen Aufsichtsrat von elf Mitgliedern, von denen zehn paritätisch besetzt sind; bei einem Grundkapital von über 10 Mio. € kann die Satzung höhere Mitgliederzahlen festlegen. Alle Mitglieder werden durch die Hauptversammlung gewählt, wobei die Hauptversammlung bei der Wahl der Arbeitnehmervertreter an die Vorschläge des Betriebsrats gebunden ist. Das elfte, neutrale, Mitglied wird auf Vorschlag der übrigen Aufsichtsratsmitglieder ebenfalls durch die Hauptversammlung gewählt. Vorstehende Regelungen wurden durch das *Mitbestimmungsergänzungsgesetz* auf herrschende Unternehmen übertragen, sofern der Umsatz des Gesamtkonzerns zu zumindest 20 % auf ein beherrschtes Unternehmen der Montan-Mitbestimmung entfällt; die Arbeitnehmervertreter werden dann allerdings unmittelbar oder durch Delegierte gewählt. 33

b) Mitbestimmungsgesetz

Außerhalb des Anwendungsbereichs des Montan-Mitbestimmungsgesetzes und des Mitbestimmungsergänzungsgesetzes gilt das *Mitbestimmungsgesetz*, sofern das durch die AG getragene Unternehmen i.d.R. mehr als 2.000 Arbeitnehmer hat. Hierbei erfolgt eine Zurechnung im Konzern (§ 5 MitbestG). Verfügt das Unternehmen über weniger als 10.000 Arbeitnehmer, ist ein paritätisch besetzter Aufsichtsrat mit zwölf Mitgliedern (gemäß § 7 MitbestG satzungsdispositiv auch 16 oder 20 Mitglieder) vorgeschrieben, bei mehr als 20.000 Arbeitnehmern mit 16 Mitgliedern (satzungsdispositiv: 20), bei über 20.000 Arbeitnehmern mit mindestens 20 Mitgliedern. Die Arbeitnehmerseite (Hälfte des Aufsichtsrates) setzt sich aus zwei bzw. drei Gewerkschaftsvertretern, § 7 Abs. 2 MitbestG, und im Übrigen aus Arbeitnehmern des Unternehmens zusammen. 34

c) Drittelbeteiligungsgesetz

Das DrittelbG hat seit 2004 das BetrVG 1952 ersetzt. Es gilt für Aktiengesellschaften, die in der Regel mehr als 500 Arbeitnehmer beschäftigen oder die bereits vor dem 10.08.1994 als AG eingetragen waren, auch wenn sie weniger als 500 Arbeitnehmer haben. Unternehmen im Vertragskonzern (nicht aber aufgrund eines schlichten Gewinnabführungsvertrags) werden zusammengerechnet. Der Aufsichtsrat muss zu einem Drittel aus Arbeitnehmervertretern bestehen (§ 4 Abs. 1 DrittelbG); diese werden durch die Arbeitnehmer direkt gewählt. 35

d) Grenzüberschreitende Verschmelzung

Gemäß Art. 16 der EG-Richtlinie 2005/56 normiert das *MgVG* (Gesetz über die Mitbestimmung der Arbeitnehmer bei einer grenzüberschreitenden Verschmelzung) Auffangregelungen für den Fall, dass es nach einer grenzüberschreitenden Verschmelzung zu keiner Vereinbarung über die Mitbestimmung zwischen dem besonderen Verhandlungsgremium und der Leitung der Aktiengesellschaft kommt: Maßgeblich ist gemäß § 24 Abs. 1 MgVG die höchste Arbeitnehmerbeteiligung an den zu verschmelzenden Gesellschaften. 36

Hinsichtlich der Zusammensetzung des Aufsichtsrats verlangt § 100 Abs. 5 AktG in Gestalt des ARUG ab 01.09.2009, dass bei kapitalmarktorientierten Gesellschaften (§ 264d HGB – insbesondere also börsennotierten Gesellschaften) mindestens ein unabhängiges 37

Mitglied des Aufsichtsrats über Sachverstand auf den Gebieten der **Rechnungslegung oder Abschlussprüfung** verfügen muss. Weiter kann der Aufsichtsrat (§ 107 Abs. 3 AktG) einen besonderen Prüfungsausschuss zur Überwachung des Rechnungslegungsprozesses und des internen Revisionssystems sowie der Abschlussprüfung bestellen. Ist dieser bestellt, muss der Aufsichtsrat beim Vorschlag des Abschlussprüfers die Empfehlung dieses Prüfungsausschusses berücksichtigen, zur Vermeidung der Anfechtbarkeit der Wahl des Abschlussprüfers (§ 124 Abs. 3 Satz 2 AktG). Neue Wahlen sind jedoch nur bei Neubestellung eines Aufsichtsrats erforderlich; werden dann jedoch die Anforderungen missachtet, droht die Anfechtung der gesamten Aufsichtsratswahl.

38 Ist der Aufsichtsrat nicht beschlussfähig oder gehören ihm länger als 3 Monate weniger Mitglieder als durch Gesetz oder Satzung vorgesehen an, so werden die Aufsichtsratsmitglieder hilfsweise vom Amtsgericht des Gesellschaftssitzes bestellt (§ 104 AktG, § 375 FamFG). Ein Aufsichtsratsmitglied, dessen Wahl nichtig ist oder für nichtig erklärt wurde, gilt als Nichtmitglied, allenfalls sind Dritte bei der Vollziehung demzufolge unwirksamer Beschlüsse in ihrem Vertrauen nach der Lehre vom faktischen Organ geschützt sein, vgl. auch § 256 Abs. 6 Satz 1 AktG.[15]

3. Innere Ordnung

39 Eine Geschäftsordnung, die sich der Aufsichtsrat gibt, gilt auch bei Wechsel der Mitglieder und Beendigung der Amtsperiode für den nächsten Aufsichtsrat weiter, solange sie nicht aufgehoben wird.[16] – Die Wahl des *Vorsitzenden* und mindestens eines Stellvertreters ist zum Handelsregister formlos (weil keine Anmeldung »zur Eintragung«, s. § 12 HGB, h.M.) anzumelden (§ 107 Abs. 1 Satz 2 AktG); die Wahl mehrerer Stellvertreter (in festzulegender Reihenfolge) ist zulässig (eine Satzungsbestimmung, dass der weitere Stellvertreter Aktionärsvertreter sein muss, ist nichtig[17]).

40 Der Erstanmeldung der Aktiengesellschaft ist gemäß § 37 Abs. 4 Nr. 3a AktG eine Liste der Mitglieder des Aufsichtsrates unter Angabe des Namens, ausgeübten Berufs und Wohnortes beizufügen; in gleicher Weise ist bei späteren Änderungen gemäß § 106 AktG eine solche Gesamtliste dem Handelsregister einzureichen; Letzteres weist auf die erfolgte Einreichung hin (§ 10 HGB). Unter www.unternehmensregister.de kann die Liste als gemäß § 8b Abs. 2 Nr. 1 HGB eingereichtes Dokument elektronisch eingesehen werden.

41 Über die Verhandlungen und Beschlüsse des Aufsichtsrats ist eine *Niederschrift* mit Ort, Datum und Teilnehmern anzufertigen und vom Vorsitzenden zu unterzeichnen (§ 107 Abs. 2 AktG). Vereinfachte Formen der Beschlussfassung sind zugelassen (§ 108 Abs. 3, 4 AktG; anstelle einer Stellvertretung ist jedoch allenfalls Stimmbotenschaft möglich). – Aus seinen Mitgliedern kann der Aufsichtsrat *Ausschüsse* bestellen, die seine Beschlüsse vorbereiten und ihre Ausführung überwachen, denen aber auch Entscheidungen überlassen werden können, die nicht dem gesamten Aufsichtsrat vorbehalten sind (§ 107 Abs. 3 AktG).

42 In die Organisationsfreiheit des Aufsichtsrats darf bei der Entscheidung über die Bildung und Zusammensetzung von Ausschüssen nicht durch die Satzung eingegriffen werden; Satzungsbestimmungen, die das Verfahren in den Ausschüssen generell regeln, sind dagegen zulässig, soweit sie nicht dem Sinn des § 107 Abs. 3 Satz 1 AktG widersprechen.[18] Die paritätische Besetzung von fakultativen Aufsichtsratsausschüssen fordern die Mitbestimmungsvorschriften nicht; vielmehr kann nach Aufgabe des Ausschusses und Sachkunde der infrage kommenden Mitglieder differenziert werden.[19]

---

15 BGH, Urt. v. 19.02.2013, DNotZ 2013, 624.
16 KK-AktG/*Mertens*, § 107 AktG Rn. 165.
17 BGHZ 83, 106.
18 BGHZ 83, 106.
19 BGHZ 122, 342, 355 ff. = NJW 1993, 2307.

Geschäftsordnung des Aufsichtsrats einer AG

Der Aufsichtsrat der »Dortmunder Zwiebackfabriken Aktiengesellschaft« hat auf Grund des § 12 ihrer Satzung vom ..... folgende Geschäftsordnung beschlossen:

43 M

§ 1

In seiner ersten Sitzung nach der ordentlichen Hauptversammlung wählt der Aufsichtsrat seinen Vorsitzenden und dessen Stellvertreter. Scheidet einer von beiden während der Amtszeit aus, so ist unverzüglich eine Ersatzwahl vorzunehmen.

§ 2

Der Vorsitzende des Aufsichtsrats und im Verhinderungsfall sein Stellvertreter beruft die Sitzung des Aufsichtsrats ein. Er bestimmt die Reihenfolge der Verhandlungsgegenstände und die Art der Abstimmung sowie den Inhalt der Niederschrift über die Verhandlungen und Beschlüsse.
Der Vorsitzende kann schriftlich, telegrafisch, durch Telefax oder E-mail über einzelne Gegenstände abstimmen lassen, wenn kein Mitglied widerspricht.

§ 3

Der Schriftwechsel wird von dem Vorsitzenden und bei Verhinderung von dem Stellvertreter geführt. Die Beschlüsse und Entscheidungen des Aufsichtsrats und seiner Ausschüsse werden vom Vorsitzenden im Namen des Aufsichtsrats unterzeichnet.

§ 4

Der Aufsichtsrat bildet zur Vorbereitung seiner Verhandlungen und Beschlüsse und zur Entscheidung in einzelnen Angelegenheiten Ausschüsse. Mit einfacher Mehrheit wählt er in seiner ersten Sitzung nach der ordentlichen Hauptversammlung Ausschüsse von je 6 Mitgliedern, nämlich:
a) einen Hauptausschuss, dem der Vorsitzende, und
b) einen Ausschuss für Personalangelegenheiten, dem der Vorsitzende und sein Stellvertreter angehören müssen.

Der Hauptausschuss hat den vom Vorstand nach § 8 seiner Geschäftsordnung monatlich zu erstattenden Bericht zu prüfen. Auch hat er den Vorstand in allen wichtigen Angelegenheiten zu beraten und dessen Geschäftsführung ständig zu überwachen. Er kann die nach § 13 der Satzung erforderlichen Zustimmungen erteilen mit Ausnahme der Bestellung von Prokuristen und Erteilung von Generalvollmachten. Lehnt er die Zustimmung ab, so kann der Vorstand die Entscheidung des gesamten Aufsichtsrats beantragen.
Dem Hauptausschuss für Personalangelegenheiten obliegt es, die Vorstandsmitglieder vorzuschlagen und Anstellungsverträge mit den Vorstandsmitgliedern abzuschließen. Deren Bestellung, der Widerruf der Bestellung und die Kündigung ist Sache des gesamten Aufsichtsrats. Die in § 13f der Satzung vorgesehene Zustimmung zur Bestellung von Prokuristen und zur Erteilung von Generalvollmachten kann der Personalausschuss erklären.

§ 5

Zu den Sitzungen des Aufsichtsrats und der Ausschüsse kann der Vorsitzende die Teilnahme der Vorstandsmitglieder zulassen. Allen Aufsichtsratsmitgliedern ist die Anwesenheit gestattet, auch wenn sie nicht dem Ausschuss angehören. – Ein Ausschussmitglied kann sich im Falle seiner Verhinderung durch ein anderes Aufsichtsratsmitglied vertreten lassen.
Dortmund, den .....

Der Vorsitzende
Stockmann

■ *Kosten.* Der Wert des Entwurfs ist auf einen Bruchteil des Betriebsvermögens nach § 36 Abs. 1 GNotKG zu schätzen, und zwar auf etwa 5 %. Zur Entwurfsgebühr vgl. Rdn. 19 M (bei Beurkundung wäre eine 2,0 Gebühr gemäß Nr. 21100 KV GNotKG – Beschlüsse von Organen – angefallen).

44 Wegen des vom Aufsichtsrat der *Hauptversammlung* zu erstattenden *Berichts,* s. Muster § 149 Rdn. 114 M.

Wechsel des Aufsichtsratsvorsitzenden

45 M Zum Handelsregister B Nr. 222 der »Selber Keramische Werke AG« melden wir gemäß § 107 Abs. 1 Satz 2 AktG durch elektronische Übermittlung an, dass in der Aufsichtsratssitzung vom ..... anstelle von Herrn Alfred Schwarze Herr Dr. Walter Reich, Bankdirektor in Nürnberg, Frauenmarkt 1, geb. am ....., zum Aufsichtsratsvorsitzenden und anstelle von Herrn Peter Ton Herr Manfred Schlack, Kaufmann in Plauen, Stadtplatz 5, geb. am ....., zu dessen Stellvertreter gewählt worden ist.
Selb, den .....

Karl Vogel   **Albert Fricke**

(Vorstandsmitglieder in vertretungsberechtigter Zahl)
Beglaubigung nach h.M. nicht erforderlich, da keine Anmeldung »zur Eintragung« i.S.d. § 12 HGB vorliegt.

■ *Kosten.* Notar: Der Geschäftswert einer späteren Anmeldung beträgt gemäß § 105 Abs. 2, Abs. 4 Nr. 1 GNotKG ein Prozent des Grundkapitals, mindestens jedoch 30.000 €, höchstens gemäß § 106 GNotKG 1 Mio. €. Entwirft der Notar die Registeranmeldung, entsteht eine 0,5 Gebühr, mindestens jedoch 30 €, Nr. 21201 Nr. 5 KV GNotKG i.V.m. 24102 KV GNotKG i.V.m. § 92 Abs. 2 GNotKG, zzgl. USt. Wird lediglich die Unterschrift beglaubigt, entsteht eine 0,2 Gebühr gemäß Nr. 25100 KV, mindestens 20 €, höchstens 70 € zzgl. USt. Für die Erstellung und elektronische Übermittlung der XML-Strukturdaten an das Registergericht, entsteht zusätzlich eine 0,3 Gebühr gemäß Nr. 22114 KV GNotKG aus dem Geschäftswert der Anmeldung (§ 112 GNotKG), höchstens jedoch 250 €. In das Handelsregister wird der Aufsichtsratsvorsitzende nicht eingetragen.

§ 149 Hauptversammlung, Kapitalmaßnahmen, Auflösung

Literatur: *Ek*, Praxisleitfaden für die Hauptversammlung, 3. Aufl., 2018; *Hauschild*, Protokollierung im Rampenlicht – ein Survival Kit für die notarielle Beurkundung einer Publikumshauptversammlung, notar 2015, 271 ff; *Mimberg/Gätsch*, Die Hauptversammlung der AG nach dem ARUG, 2010; *Semler/Volhard/Reichert*, Arbeitshandbuch für die Hauptversammlung, 4. Aufl., 2018; *Weber/Kersjes*, Hauptversammlungsbeschlüsse vor Gericht, 2010; *Wicke*, Einführung in das Recht der Hauptversammlung, das Recht der Sacheinlagen und das Freigabeverfahren nach dem ARUG, 2010.

I. Zuständigkeit

Nur in den durch Gesetz und Satzung ausdrücklich zugewiesenen Fällen kann die Hauptversammlung beschließen. Die wichtigsten Gegenstände der Beschlussfassung der Hauptversammlung sind in § 119 Abs. 1 AktG unter Nr. 1 bis 8 aufgeführt; einzelne werden nachstehend Rdn. 106 ff. im Einzelnen behandelt (Gewinnverwendung; Kapitalmaßnahmen, Squeeze-out, Auflösung etc).

Über Fragen der Geschäftsführung kann die Hauptversammlung nur entscheiden, wenn der Vorstand es verlangt (§ 119 Abs. 2 AktG). Diese Vorlage an die Hauptversammlung kann jedoch in bestimmten Fällen zur Pflicht werden (ungeschriebene Zuständigkeiten nach Maßgabe der sogenannten »Holzmüller-Doktrin«[1]). Erfasst sind insbesondere Strukturmaßnahmen, die so tief in die Mitgliedsrechte der Aktionäre und deren im Anteilseigentum verkörpertes Vermögensinteresse eingreifen, dass der Vorstand vernünftigerweise nicht annehmen kann, er könne sie ohne Einbeziehung der Hauptversammlung in eigener Entscheidung treffen, da sowohl das Unternehmen als auch die Rechtsstellung des Aktionärs (mithin seine Mitgliedschaft und seine Vermögensinteressen) nachhaltig und wesentlich betroffen werden. Die Maßnahme, die ohne die nach der Holzmüller-Entscheidung erforderliche Zustimmung der Hauptversammlung ergeht, ist gleichwohl im Außenverhältnis wirksam; die Zustimmung betrifft also lediglich das Innenverhältnis.

Die sich an die Holzmüller-Entscheidung anschließende, ausufernde untergerichtliche Rechtsprechung wurde durch die beiden Gelatine-Urteile[2] sowie die »Stuttgarter Hofbräu«-Entscheidung[3] des BGH eingedämmt[4] und auf Ausnahmefälle zurückgeführt. Erforderlich ist eine »Satzungsnähe« in dem Sinn, dass die Geschäftsführungsmaßnahme nahezu einem Zustand entspricht, der sonst allein durch Satzungsänderung herbeigeführt werden könnte; ferner das Risiko einer nachhaltigen Schwächung des Werts der Beteiligung (mehr als 50 % des Substanzwerts des Aktivvermögens muss betroffen sein) sowie der Einflussrechte als Aktionär. In Betracht kommt bspw. die Verlagerung eines wesentlichen Betriebs auf eine neugegründete Tochtergesellschaft, möglicherweise auch die Veräußerung wesentlicher Beteiligungen, seltener deren Erwerb,[5] nicht jedoch Finanzierungsentscheidungen,

---

[1] Vgl. BGHZ 83, 122.
[2] BGHZ 149, 30 und BGH NZG 2004, 575.
[3] BGH, NZG 2007, 234.
[4] Vgl. etwa *Kort*, AG 2006, 273.
[5] BGH, 07.02.2012 – II ZR 253/10, NJW-RR 2012, 558 (kein Beschluss erforderlich zum Erwerb der Dresdner Bank durch die Commerzbank, die in der Satzung enthaltene »Konzernöffnungsklausel« genügte: »Erwerb von Beteiligungen zur Förderung des Gesellschaftszwecks«.

Aktien-Optionspläne, going public[6] etc. Erforderlich ist dann (analog Satzungsänderungen) eine Drei-Viertel-Kapitalmehrheit, sodass der Beschluss gemäß § 130 Abs. 1 Satz 3 AktG zu beurkunden ist.

4 Für den Widerruf der Zulassung gemäß § 38 Abs. 4 Börsengesetz (reguläres delisting) forderte BGHZ 143, 47 (»Macrotron«) noch einen (allerdings anders als in den Holzmüller/Gelatine-Fällen lediglich mit einfacher Mehrheit gefassten) Beschluss der Hauptversammlung, was keinen verfassungsrechtlichen Bedenken begegnet.[7] Der BGH hatte später,[8] möglicherweise unter dem Eindruck zweier zwischenzeitlicher großer Börsenturbulenzen, zum »downgrading« (Wechsel in ein weniger reglementiertes Börsensegment) wie auch (obiter dictum) zum Delisting entschieden, dass es weder eines Beschlusses der Hauptversammlung bedürfe noch eines Pflichtangebotes der Gesellschaft bzw. des »Großaktionärs« analog §§ 35 ff. WpÜG, so dass (außer im Verschmelzungsfall des § 29 UmwG) kein Minderheitenschutz mehr bestand. Der Gesetzgeber hat sich im Gesetz zur Umsetzung der Transparenzrichtlinie – Änderungsrichtlinie (mit Wirkung ab 27.11.2015) gegen ein Verfahren nach dem Spruchverfahrensgesetz entschieden und stattdessen in § 39 Abs. 2 Satz 3 BörsG bestimmt, dass ein Antrag auf Widerruf der Zulassung zur Börse nur gestellt werden könne, wenn bei Antragstellung eine Unterlage über ein Angebot zum Erwerb der Wertpapiere von Minderheitsaktionären nach den Vorschriften des WpÜG veröffentlicht wurde. Die Genehmigung des Angebots (Prüfung der Angemessenheit der Gegenleistung) erfolgt durch die BaFin; Rechtschutz wird nach dem Kapitalanleger-Musterverfahrensgesetz gewährt.

II. Einberufung, Teilnahme

1. Einberufung

a) Entbehrlichkeit

5 Die förmliche Einberufung[9] der Aktionäre ist nicht nötig, wenn feststeht, dass *alle* Aktionäre verabredungsgemäß erscheinen werden und kein Aktionär der Beschlussfassung widersprechen wird[10] (*Vollversammlung*, § 121 Abs. 6 AktG). Die Feststellung des Verzichtes aller auf eine ordnungsgemäße Einberufung ist nach § 121 Abs. 6 AktG nicht erforderlich.[11] Zweckmäßig ist es, die vollständige Präsenz und das Ausbleiben von Widerspruch in der Niederschrift festzuhalten.[12]

b) Zuständigkeit

6 In der Regel beruft der Vorstand die Hauptversammlung ein (§ 121 Abs. 2 AktG[13]). Eine *Minderheit* von 5 % der Aktionäre kann jedoch unter Angabe des Zwecks und der Gründe die

---

6 Vgl. die Rspr. des BGH zum Delisting, Rdn. 4; allerdings geht mit dem Börsengang praktisch immer eine Kapitalerhöhung zur Schaffung der zu begebenden Aktien einher, in diesem wird konkludent die Zustimmung zur Börseneinführung liegen.
7 BVerfG, NZG 2012, 826.
8 BGH, 08.10.2013 – II ZB 26/12, AG 2013, 877 (Frosta); hierzu krit. *Tröder*, notar 2014, 173.
9 Überblick zu Verfahren und Form nach der Aktienrechtsnovelle 2016: *Wandt*, NZG 2016, 367 ff; *Linnerz/Hoppe*, BB 2016, 1091 ff.
10 Der Widerspruch muss vor der Bekanntgabe des Beschlussergebnisses durch den Versammlungsleiter erhoben werden, vgl. OLG Stuttgart, 17.06.2013 – 20 U 2/13, RNotZ 2013, 644.
11 Vgl. allerdings zur »trügerischen Allherrlichkeit des Alleinaktionärs« *Terbrack*, RNotZ 2012, 221 ff.
12 *Heckschen*, DNotZ 1995, 275, 282.
13 Abgestellt wird auf den formalen Handelsregistereintrag, § 121 Abs. 2 Satz 2 AktG, diese Norm gilt nicht entsprechend für die Einberufung von Gesellschafterversammlungen durch Scheinorgane einer GmbH (BGH, 08.11.2016 – II ZR 304/15) oder KG (BGH, 25.10.2016 – II ZR 230/15).

Einberufung der Hauptversammlung oder die Bekanntmachung von Beschlussgegenständen in der Tagesordnung (hierzu genügen auch Aktien im Nennbetrag von 500.000 €) fordern. Wird dem Verlangen nicht entsprochen,[14] so kann sich die Minderheit vom Registergericht dazu ermächtigen lassen (§ 122 Abs. 3 AktG), nicht wie bei der GmbH von sich aus einberufen (s.o. § 144 Rdn. 1). Daneben besteht zur Verbesserung der Kommunikation unter den Aktionären ein Aktionärsforum als Teil des Bundesanzeigers, § 127a AktG.

Antrag an das Registergericht auf Ermächtigung zur Einberufung der Hauptversammlung

Darmstadt, den... **7 M**

An das Amtsgericht, Handelsregister, in Darmstadt
Zu HRB 300:
Nachdem der Vorstand der »Schraubenfabrik Wedemeyer & Co. AG« in Darmstadt unserem Verlangen auf Einberufung einer außerordentlichen Hauptversammlung mit dem Ziel der Abberufung des Aufsichtsrats, soweit er von der Hauptversammlung gewählt ist, nicht nachgekommen ist, beantragen wir, uns zur Einberufung einer außerordentlichen Hauptversammlung mit der Tagesordnung »Abberufung des von der Hauptversammlung gewählten Aufsichtsrats und Neuwahl von A.B., Kaufmann in C., und D.E., Steuerberater in F., zum Aufsichtsrat« zu ermächtigen und zum Vorsitzenden der Hauptversammlung den Fabrikanten Karl Hellmann in Mannheim, der diesen Antrag mit stellt, zu bestimmen.
Wir überreichen
1. eine Bescheinigung der D ..... Bank in Frankfurt a.M. vom ....., wonach wir fünf Unterzeichner zusammen 980.000 Stück Aktien von insgesamt 2 Millionen Stückaktien besitzen,
2. eine Kopie unseres Schreibens vom ..... an den Vorstand der Aktiengesellschaft, worin wir die Einberufung der Hauptversammlung mit der obigen Tagesordnung unter Hinweis darauf verlangt haben, dass der von der früheren Mehrheit gewählte Aufsichtsrat und der von dieser bestellte Vorstand in der alten Weise weiterarbeiten, die zur Ertragslosigkeit des Unternehmens in den letzten 2 Jahren geführt hat. Durch den von einem neu gewählten Aufsichtsrat zu bestellenden Vorstand soll der Geschäftsgang wesentlich verbessert werden;
3. das Ablehnungsschreiben des Vorstands vom ....., worin die gleichfalls ablehnende Haltung des Aufsichtsrat mit angeführt ist.
Da der bisherige Vorsitzende des Aufsichtsrats, der die Verhandlung leiten würde, mit abberufen werden soll, beantragen wir, den Aktionär Hellmann zum Versammlungsleiter zu bestimmen.

Fünf Unterschriften
(Beglaubigung nicht erforderlich)

■ *Kosten.* Der Wert des Entwurfes ist nach § 36 Abs. 1 GNotKG auf einen Bruchteil (etwa 20 %) der nach §§ 108 Abs. 1, 105 Abs. 2, Abs. 4 Nr. 1 GNotKG zu ermittelnden (und gemäß § 35 Abs. 1 GNotKG zu addierenden) Werte der zu fassenden Beschlüsse zu schätzen. Entwirft der Notar das Schreiben an das Registergericht, entsteht eine 0,5 Gebühr, mindestens jedoch 30 €, Nr. 21201 Nr. 5 KV GNotKG i.V.m. 24102 KV GNotKG i.V.m. § 92 Abs. 2

---

14 Auch wenn durch den Vorstand aufgrund Aktionärsverlangens die Einberufung erfolgt ist, kann der Vorstand die Einladung (vor Versammlungsbeginn) wieder zurücknehmen, BGH, 30.06.2015 – II ZR 142/14, DNotZ 2016, 62, hierzu *Cziupka/Kraack*, DNotZ 2016, 15 ff.

GNotKG, zzgl. USt. Für die Erstellung und elektronische Übermittlung der XML-Strukturdaten an das Registergericht, entsteht zusätzlich eine 0,3 Gebühr gemäß Nr. 22114 KV GNotKG aus dem Geschäftswert des Antrags (§ 112 GNotKG), höchstens jedoch 250 €.

Einberufung der Hauptversammlung durch die vom Gericht ermächtigte Minderheit

8 M »Schraubenfabrik Wedemeyer & Co. AG«, Darmstadt
Nachdem wir durch den Beschluss des Amtsgerichts, Handelsregister, in Darmstadt vom ..... als Aktionäre dazu ermächtigt sind, berufen wir eine
außerordentliche Hauptversammlung
der »Schraubenfabrik Wedemeyer & Co. AG«, Darmstadt
zum ....., 10 Uhr
in den Konferenzsaal des Hotels »Darmstädter Hof« in Darmstadt, Bensheimer Str. 3 ein.
Zum Vorsitzenden der Versammlung ist der Fabrikant Karl Hellmann vom Amtsgericht Darmstadt bestimmt worden.
Tagesordnung:
1. Abberufung der durch die Hauptversammlung gewählten Aufsichtsratsmitglieder,
2. Neuwahl des Kaufmanns A.B. in C. und des Steuerberaters D.E. in F. zu Aufsichtsratsmitgliedern.
Darmstadt, den .....   Unterschriften der fünf Einberufer

■ *Kosten.* Wie Muster Rdn. 28 M.

c) **Medium**

9   Die Einberufung geschieht im Allgemeinen durch Veröffentlichung in den *Gesellschaftsblättern*, also zumindest im Bundesanzeiger (§ 25 AktG); sind die Aktionäre namentlich bekannt, kann durch eingeschriebene Briefe eingeladen werden (§ 121 Abs. 4 AktG)[15]. Börsennotierte Aktiengesellschaften haben ferner »die Einberufung spätestens zum Zeitpunkt der Bekanntmachung solchen Medien zur Veröffentlichung zuzuleiten, bei denen davon ausgegangen werden kann, dass sie die Information in der gesamten Europäischen Union verbreiten« (§ 121 Abs. 4a AktG, mit Klarstellung durch die Aktienrechtsreform 2016[16]).

d) **Frist**

10 Für Hauptversammlungen, zu denen nach dem 31.10.2009 einberufen wird (§ 20 EGAktG), hat § 121 Abs. 7 AktG das Fristensystem im Vorfeld der Versammlung vollständig neu geregelt. Demnach werden alle Fristen und Termine künftig vereinfachend von der Versammlung zurückberechnet; zwischen Werktagen, Sonn- und Feiertagen wird nicht mehr unterschieden (abweichend von §§ 187 ff. BGB); weder der Tag der Versammlung noch der Einberufungstag selbst sind mitzurechnen. Die Mindestfrist der Einberufung beträgt weiterhin[17] (§ 123 Abs. 1 AktG) 30 Tage.[18] Abweichende bisherige Satzungsbestimmungen, die

---

15 Einwurf-Einschreiben genügt, BGH, 27.09.2016 – II ZR 299/15, DNotZ 2017, 418 m. Anm. *Lubberich*.
16 Vgl. eingehend *Schmidt*, in: *Böttcher/Carl/Schmidt/Seibert*, Die Aktienrechtsnovelle, 2016, S. 107 ff.
17 Wobei der Auslegungszeitraum etwa gemäß §§ 61 Satz 1, 63 Abs. 1 UmwG weiterhin einen Zeitmonat umfasst!
18 Eine kürzere, nämlich zweiwöchige, Frist sieht § 16 Abs. 3 WpÜG für die Einberufung einer Hauptversammlung der »Zielgesellschaft« vor, nachdem die Angebotsunterlage veröffentlich ist.

bspw. zwischen Werktagen und Feiertagen unterscheiden, traten mit Ablauf der ersten Hauptversammlung nach Inkrafttreten des ARUG außer Kraft.

Nur bei nicht börsennotierten Gesellschaften kann die Satzung gemäß § 121 Abs. 7 Satz 4 AktG von diesem Fristensystem abweichen. **11**

Verlangt die Satzung für die Teilnahme an der Versammlung eine vorherige Anmeldung nach § 124 Abs. 2 AktG oder bei Inhaberaktien einen besonderen Nachweis gemäß § 124 Abs. 3 AktG, beträgt die maximale Anmelde- bzw. Nachweisfrist 6 Tage vor der Hauptversammlung; die Satzung kann insoweit kürzere Fristen bestimmen oder zu ihrer Bestimmung den Vorstand ermächtigen. Die Einberufungsfrist verlängert sich, wenn eine solche Anmelde- oder Nachweisfrist vorgesehen ist, um die konkreten Tage der Anmeldefrist (§ 123 Abs. 2 Satz 5 AktG[19]). **12**

Berechnungsbeispiel.[20] Termin der Hauptversammlung (HV) sei Samstag, der 08.05.2010. Record Date ist demnach der 21. Tag vor der HV, also Samstag, der 17.04.2010, Null Uhr, der Zugang von Anmeldung und Nachweis (Rdn. 21 ff.) muss, sofern die Satzung keine kürzere Frist vorsieht, 6 Tage vorher, also (da HV-Tag und Zugangstag nicht mitzählen) am siebten Tag vor der HV (das ist Samstag der 01.05.2010) erfolgen. Die Einberufung, die grundsätzlich am 31. Tag vor der HV erfolgen muss (also am Mi, 07.04.2010) muss, als Folge des Anmeldeerfordernisses, vorliegend am 37. Tag vor der HV, mithin am Mi, 31.03.2010, erfolgen. **13**

e) Versammlungsort

Gemäß § 121 Abs. 5 Satz 1 AktG »soll« die Hauptversammlung mangels anderweitiger Satzungsregelungen am Sitz der Gesellschaft stattfinden oder (Satz 2) am Sitz der Börse, an der die Aktien im regulierten Markt zugelassen sind. Abweichungen sind dann nur in sachlich zwingend gebotenen Ausnahmefällen möglich, etwa wegen des Fehlens eines geeigneten Versammlungsraumes oder nachhaltig gestörte Verkehrsverbindungen. Die Satzung kann freilich einen anderen Hauptversammlungsort, auch im Ausland,[21] bestimmen, sofern dadurch das Teilnahmerecht der Aktionäre nicht beeinträchtigt wird (unzulässig wohl: Helgoland) oder dem Vorstand faktisch die freie Wahl gelassen wird (unzulässig daher: »beliebiger Ort in Deutschland«, zulässig: »deutsche Stadt mit mindestens 50.000 Einwohnern«.) **14**

f) Inhalt

Die Tagesordnung muss nunmehr, § 121 Abs. 3 Satz 2 AktG (ebenso wie ggf. Bekanntmachungen gemäß § 124 AktG, v.a. bei besonderen Beschlussgegenständen) zwingend Bestandteil der Einberufung sein, vgl. Rdn. 16. Bei nicht börsennotierten Aktiengesellschaften bedarf es allerdings entgegen der bisherigen Rechtslage nicht mehr der Angabe der Bedingungen, von denen die Teilnahme und die Ausübung des Stimmrechts[22] abhängen; sie werden freilich, über die gesetzliche Pflicht hinaus, weiterhin enthalten sein (so auch im nachstehenden Muster Rdn. 28 M). **15**

Börsennotierte Gesellschaften müssen dagegen als Folge des ARUG zusätzlich mitteilen (s. das Muster Rdn. 29 M): **16**

---

19 Klarstellung durch die Aktienrechtsreform 2016.
20 Nach *Herrler/Reymann*, DNotZ 2010, 819.
21 BGH, 21.10.2014 – II ZR 330/13, NJW 2015, 336; zu den Anforderungen an die Gleichwertigkeit einer ausländischen Urkundsperson zur Fertigung der »notariellen« Niederschrift: MüKo-AktG/*Kubis*, § 121 AktG Rn. 93.
22 Dazu zählten nach bisherigem Recht nicht die Modalitäten der Bevollmächtigung eines Stimmrechtsvertreters, BGH, 19.07.2011 – II ZR 124/10.

- Die Voraussetzungen für die Teilnahme an der Versammlung und die Ausübung des Stimmrechts und gegebenenfalls den Nachweisstichtag (record date) und dessen Bedeutung – ein Aktienerwerb nach diesem Zeitpunkt legitimiert nicht mehr zur Teilnahme und Stimmrechtsausübung. Der Verweis auf die gesetzlichen Bestimmungen genügt nicht mehr. Bei Namensaktien zählt hierzu auch der Hinweis auf einen etwaigen Umschreibestopp bei Eintragungen im Aktienregister.
- Das Verfahren bei Stimmabgabe durch Briefwahl (elektronisch oder durch Bevollmächtigte).
- Die Aktionärsrechte auf Ergänzung der Tagesordnung und Stellung von Anträgen (§§ 126, 127 AktG); hierbei sollen die Fristen konkret berechnet werden.
- Sowie den Hinweis auf die Internet-Seite der Gesellschaft, die gemäß § 124a AktG zum zentralen Medium des Informationsaustausches hinsichtlich aller hauptversammlungsrelevanten Informationen ausgebaut wird.

Die Verletzung dieser weiteren Pflichtangaben führt allerdings nach § 241 Nr. 1 AktG n.F. nicht mehr zur Nichtigkeit des Hauptversammlungsbeschlusses (entgegen der Leica-Entscheidung des OLG Frankfurt[23]).

17 Bei der Einberufung ist die Tagesordnung mitzuteilen. Zu beschließende Satzungsänderungen sind wörtlich, zu genehmigende Verträge im Wesentlichen aufzunehmen. Zu allen nach der Tagesordnung zu fassenden Beschlüssen haben der Vorstand und der Aufsichtsrat (zur Wahl von Aufsichtsratsmitgliedern und Prüfern nur der Aufsichtsrat) *Vorschläge zu machen* (§ 124 Abs. 3 AktG). Dabei handelt es sich um eine Leitungsaufgabe, die den Gesamtvorstand trifft; ist der Vorstand nicht ausreichend besetzt (s. § 76 Abs. 2 AktG), so entspricht sein Beschlussvorschlag nicht den gesetzlichen Voraussetzungen. Da die Ordnungsmäßigkeit der Beschlussvorschläge eine Voraussetzung für die Ordnungsmäßigkeit der Bekanntmachung der Tagesordnung ist, macht ein in dieser Weise mangelhafter Beschlussvorschlag die getroffenen Beschlüsse anfechtbar.[24]

18 Kreditinstituten und Aktionärsvereinigungen, die in der letzten Hauptversammlung Stimmrechte ausgeübt haben, und Aktionären, die eine Aktie bei der Gesellschaft hinterlegt haben oder 14 Tage vor der Versammlung im Aktienregister eingetragen sind oder die Mitteilung verlangt haben, hat der Vorstand (an Kreditinstitute und Aktionärsvereinigungen mindestens 21 Tage vor der Versammlung) die Tagesordnung mit Vorschlägen und Anträgen mitzuteilen (§ 125 Abs. 1 und 2 AktG). Gegenanträge von Aktionären brauchen nur unter den Voraussetzungen des § 126 AktG mitgeteilt zu werden. Kreditinstitute haben die Mitteilung nach § 128 AktG an Inhaberaktionäre, deren Aktien sie verwahren, oder Namensaktionäre, für die sie im Aktienregister eingetragen sind, weiterzugeben (§ 128 Abs. 1 AktG).

19 Die Einberufungsmitteilungen sind weiterhin in Papierform zu übermitteln, wobei jedoch §§ 128 Abs. 1, 125 Abs. 2 Satz 2 AktG die Umstellung auf elektronischen Versand durch Satzungsklausel ermöglichen. Die bisherige Auslegung der Unterlagen in der Hauptversammlung entfällt, wenn sie elektronisch (etwa über bereitgestellte Monitore) verfügbar gemacht werden.

g) Absage

20 Die Kompetenz zur Absage steht als actus contrarius dem Einberufungsorgan zu (also dem Vorstand in den Fällen des § 121 Abs. 1 Satz 1 AktG oder des § 122 Abs. 1 und 2 AktG trotz des Verlangens der Aktionärsminderheit, dem Aufsichtsrat in den Fällen des § 111 Abs. 3 AktG, der Aktionärsminderheit im Fall des § 122 Abs. 3 AktG). Die Absage ist (abgesehen von Sonderfällen: Bombendrohung etc.) nicht mehr möglich, wenn sich am Versammlungs-

---

23 OLG Frankfurt ZIP 2008, 1722 (anders schon zum bisherigen Recht OLG München, 03.09.2008 – 7 W 1432/08, ZIP 2008, 2117).
24 BGHZ 149, 158 = DNotZ 2002, 798.

ort zur Versammlungszeit bereits Aktionäre im Versammlungssaal eingefunden haben, deren Präsenz über eine Einlasskontrolle erfasst wurde, auch wenn noch kein Versammlungsleiter gewählt wurde oder der Leiter die Versammlung noch nicht eröffnet hat. Danach sind nur noch Anträge auf Beschlussfassung zur Verlegung oder Vertagung möglich. Bis zum genannten Zeitpunkt kann der Einberufende auch einzelne Tagesordnungspunkte von der Tagesordnung nehmen, danach sind wiederum nur Anträge auf Absetzung des Antrags möglich.[25]

2. Teilnahmevoraussetzungen

a) Anmeldung

In aller Regel knüpft die Satzung die Befugnis zur Teilnahme und Ausübung des Stimmrechts an eine vorherige Anmeldung, § 123 Abs. 2 AktG, um die Erstellung des Teilnehmerverzeichnisses und die Durchführung der Hauptversammlung organisatorisch zu erleichtern. Ihre Form ist gesetzlich freigestellt, sodass sogar telefonische Anmeldung genügen würde; die Satzung verlangt in der Regel die Schriftlichkeit: **21**

Anmeldung der Teilnahme an der Hauptversammlung

An die »Nordwestdeutsche Grundkredit-Bank AG« in Bremen **22 M**
Ich melde hiermit an, dass ich mit 5 Aktien im Nennbetrag von je 1.000 € in Eigenbesitz an der Hauptversammlung der Gesellschaft am ..... teilnehmen werde.
Oldenburg, den ..... **Karl Tiedemann**

Setzt die Satzung keine Frist für die letztmögliche Anmeldung, gilt die in § 123 Abs. 2 Satz 3 AktG genannte siebentägige Frist, die zwar verkürzt, aber nicht zuungunsten der Aktionäre verlängert werden darf.[26] Wird eine solche Anmeldung verlangt, tritt hierdurch zugleich eine Verschiebung der Einberufungsfrist ein, da anstelle des Tages der Hauptversammlung der Tag entscheidend ist, bis zu dessen Ablauf sich die Aktionäre angemeldet haben müssen (§ 123 Abs. 2 Satz 2 AktG). Im Ergebnis verlängert sich also die Einberufungsfrist um die Anmeldefrist, sodass der Aktionär nach der Einberufung jedenfalls 30 Tage Zeit hat, um über die Teilnahme zu entscheiden und die Bedingungen zu erfüllen (vgl. das Berechnungsbeispiel oben Rdn. 13).[27] **23**

b) Nachweis des Aktienbesitzes

Bei Namensaktien reicht wegen der Legitimationswirkung des § 67 Abs. 2 AktG (Aktienregister, vgl. § 123 Abs. 5 AktG) stets die bloße Anmeldung als solche. Bei Inhaberaktien kann die Satzung gemäß § 123 Abs. 3 und 4 AktG bestimmen, in welcher Form der Berechtigungsnachweis, also der Nachweis des Aktienbesitzes, geführt wird. Die Satzung bestimmt dabei Form, Sprache und Art des Nachweises – wobei für Inhaberaktien börsennotierter Gesellschaften gem. § 123 Abs. 4 AktG seit der Aktienrechtsnovelle 2016 ein durch das depotführende Institut erstellter Nachweis des Anteilsbesitzes ausreicht, bezogen auf den 21.ten Tag vor der Versammlung; der Nachweis muss der Gesellschaft sechs Tage vor der Versammlung zugehen (letztere Frist kann die Satzung verkürzen). Im Übrigen sind Nachweismittel **24**

---

25 Vgl. zum Vorstehenden BGH, 30.06.2015 – II ZR 142/14, DNotZ 2016, 62, hierzu *Cziupka/Kraack*, DNotZ 2016, 15 ff.
26 *Spindler*, NZG 2005, 827.
27 Regierungsbegründung BR-Drucks. 3/05, S. 24.

neben Bankbescheinigungen auch notarielle Hinterlegungen oder die Vorlage der Originalaktien (sofern die Einzelverbriefung nicht gemäß § 10 Abs. 5 AktG, wie in der Regel, ausgeschlossen ist), o. ä:

Bankhinterlegungsschein

25 M Für Frau Ingeborg Sommer, geb. Steuer, in Berlin-Zehlendorf, Potsdamer Str. 12, ist zwecks Teilnahme an der auf Montag, den ....., anberaumten Hauptversammlung der »Berliner Spinnstoff-Aktiengesellschaft« in Berlin-Mariendorf und zur Ausübung des Stimmrechts in dieser Hauptversammlung 1 Aktie von 500 € dieser Gesellschaft (ohne Gewinnanteilscheinbogen) bis zur Beendigung der Hauptversammlung hinterlegt worden.
Berlin-Spandau, den .....
»Spandauer Bank Aktiengesellschaft«
ppa. Neubauer   ppa. Weller

Hinterlegungsschein des Notars

26 M Dem Fabrikanten Werner Nicolai in Berlin-Friedenau, Bundesallee 75, bescheinige ich, dass er 6 Aktien im Nennbetrag von je 1.000 DM und 8 Aktien im Nennbetrag von je 100 DM, zusammen 6.800 DM (ohne Gewinnanteilscheinbogen) der »Wuppertaler Färberei Aktiengesellschaft« in Wuppertal-Barmen zur Teilnahme an der Hauptversammlung am ..... bei mir hinterlegt hat. Die Aktienurkunden bleiben bis zum Schluss dieser Versammlung bei mir hinterlegt.
Die Herausgabe der Aktien findet nur gegen Rückgabe dieses Hinterlegungsscheins statt, der nach der Hauptversammlung seine Gültigkeit verliert.
Berlin-Charlottenburg, den .....
(Siegel)   ....., Notar

■ *Kosten.* Für die Verwahrung wird nach dem Kurswert als dem gemeinen Wert der Aktien die 1,0 Gebühr nach Nr. 25301 KV GNotKG (Aktie als Wertpapier) berechnet (bei Werten von mehr als 13 Mio. €: pauschal 0,1 % des Wertes). Daneben entsteht die 1,0 Gebühr nach Nr. 25104 KV GNotKG für die Bescheinigung nach einem gemäß § 36 Abs. 1 GNotKG auf etwa 5 % des gemeinen Wertes zu schätzenden Betrag.

27 Ist die Gesellschaft nicht an der Börse notiert, fehlt eine gesetzliche Regelung des Datums, auf welches sich diese Bankbescheinigung beziehen muss. Für börsennotierte Gesellschaften enthält das Gesetz in § 123 Abs. 3 Satz 2 und 3 AktG zwei Festlegungen: Zum einen genügt zwingend eine in Textform erstellte Bankbescheinigung des depotführenden Instituts; diese Nachweismöglichkeit kann durch die Satzung nicht an strengere Formen geknüpft werden. Zum Zweiten muss sich der gesetzliche Nachweis auf den Beginn des 21. Tages vor der Hauptversammlung beziehen (sog. record date); einen abweichenden Zeitpunkt kann die Satzung für börsennotierte Gesellschaften nicht vorschreiben – weitere (z.B. Hinterlegungs-)regelungen in der Satzung bleiben jedoch daneben bestehen.[28] Wer Aktien erst nach dem record date erwirbt, hat kein Recht auf Teilnahme und Stimmrechtsausübung. Von diesem record date ist (wie oben in Rdn. 23 ausgeführt) der Termin zu trennen, bis zu dem dieser Nachweis der Gesellschaft spätestens zugegangen sein muss (nach Gesetz der siebte Tag vor

---

28 OLG München, 22.12.2010 – 7 U 2251/10, MittBayNot 2011, 247.

der Hauptversammlung, wobei die Satzung diese Frist verkürzen, jedoch nicht verlängern kann).

3. Muster einer Einladung (einfache Fassung)

Einberufung einer Hauptversammlung (einfache Fassung)

28 M

Einladung
»Reichsstadt Brauerei Aktiengesellschaft«
in Frankfurt a.M.
Wir laden hiermit die Aktionäre unserer Gesellschaft zu der am Dienstag, dem ....., 11 Uhr
im Reichsstadtsaal in Frankfurt, Hoechster Str. 1, stattfindenden
71. ordentlichen Hauptversammlung
ein.

Tagesordnung

1. Vorlage des festgestellten Jahresabschlusses für das Geschäftsjahr ..... mit Lagebericht und Bericht des Aufsichtsrats.
2. Beschlussfassung über die Verwendung des Bilanzgewinns.
3. Entlastung des Vorstand und des Aufsichtsrats.
4. Wahlen zum Aufsichtsrat.
5. Wahl des Abschlussprüfers für das Geschäftsjahr .....
Zu Nr. 2 schlagen Vorstand und Aufsichtsrat vor, vom Bilanzgewinn von 308.633 € eine Dividende von 10 % auf das Aktienkapital von 3 Millionen € zu verteilen mit 300.000 € und die restlichen 8.633 € auf neue Rechnung vorzutragen.
Zu Nr. 3 schlagen Vorstand und Aufsichtsrat ihre Entlastung vor.
Zu Nr. 4: Die Zusammensetzung des Aufsichtsrats bestimmt sich nach § 96 Abs. 1 des Aktiengesetzes und § 4 Abs. 1 des Drittelbeteiligungsgesetzes.
Der Aufsichtsrat schlägt vor, anstelle des ausscheidenden Aufsichtsratsmitgliedes Bankdirektor Wolfgang Walzer den Rechtsanwalt und Notar Dr. Bruno Beyer in Frankfurt/M. zu wählen. Die Hauptversammlung ist an den Wahlvorschlag nicht gebunden.
Zu Nr. 5 schlägt der Aufsichtsrat vor, die Nassauische Wirtschaftsprüfungsgesellschaft mbH in Wiesbaden zum Prüfer des Abschlusses für das Geschäftsjahr ..... zu wählen.
Zur Teilnahme an der Hautversammlung, und zur Ausübung des Stimmrechts sind die Aktionäre berechtigt, die ihre Aktien bis spätestens Donnerstag, den ....., während der Geschäftsstunden bei einer der folgenden Stellen hinterlegen und bis zur Beendigung der Hauptversammlung dort belassen:
Bei der Gesellschaft oder bei einem Notar, einer Wertpapiersammelbank und folgenden Banken .....
Die Hinterlegung ist auch ordnungsmäßig erfolgt, wenn die Aktien mit Zustimmung einer Hinterlegungsstelle für sie bei einem Kreditinstitut hinterlegt und bis zur Beendigung der Hauptversammlung dort gesperrt gehalten werden.
Im Falle der Hinterlegung bei einem Notar oder einer Wertpapiersammelbank ist die Bescheinigung über die erfolgte Hinterlegung bis zum ..... bei der Gesellschaft einzureichen.
Frankfurt a.M., den .....

Der Vorstand

■ *Kosten:* Auch wenn der Notar die spätere Hauptversammlung beurkundet, gehört die Aufstellung der Tagesordnung und Fertigung der Einladung nicht zu den damit abgegoltenen

Tätigkeiten. Hierfür ist – je nach Umfang und Schwierigkeit der Beratung bei der Vorbereitung der Hauptversammlung, § 92 Abs. 1 GNotKG – eine 0,5 bis 2,0 Gebühr nach Nr. 24203 KV GNotKG aus der Summe der Geschäftswerte der in der Versammlung zu fassenden Beschlüsse (höchstens aus 5 Mio. €), § 120 GNotKG, zu erheben.

Einberufung der Hauptversammlung einer börsennotierten AG

29 M Einberufung einer börsennotierten AG mit Inhaberaktien, Stimmrechtsvertretern etc:
Wir laden unsere Aktionäre zu der am Freitag, den ....., 10 Uhr, und ggf. Samstag, den ....., ab 10 Uhr in *[Adresse]*, stattfindenden ordentlichen Hauptversammlung der X AG, Sitz ....., (ISIN: DE .....) ein.

Tagesordnung:
.....
Die vollständige Tagesordnung mit den Beschlussvorschlägen der Verwaltung wurde am ..... im Bundesanzeiger veröffentlicht und ist seitdem neben den nach § 124a AktG zu veröffentlichenden Informationen kostenfrei auf der Internetseite der Gesellschaft unter www.x.com zugänglich.
Teilnahme an der Hauptversammlung, Ausübung des Stimmrechts
Gemäß § 121 Abs. 3 Satz 2 Nr. 1 AktG macht die X AG folgende Angaben:
Zur Teilnahme an der ordentlichen Hauptversammlung und zur Ausübung des Stimmrechts sind nur diejenigen Aktionäre berechtigt, die sich spätestens bis zum Ablauf des sechsten Tags vor dem Tag der Hauptversammlung, wobei der Tag der Hauptversammlung und des Zugangs der Anmeldung nicht mitzählen, mithin bis zum Ablauf des ..... 2010, in Textform (§ 126b BGB) in deutscher oder englischer Sprache angemeldet haben.
Die Aktionäre haben darüber hinaus ihre Berechtigung zur Teilnahme an der Hauptversammlung und zur Ausübung des Stimmrechts nachzuweisen. Dazu ist ein in Textform (126b BGB) in deutscher oder englischer Sprache durch das depotführende Institut erstellter Nachweis über den Anteilsbesitz ausreichend. Der Nachweis hat sich auf den Beginn des 21. Tages vor der Hauptversammlung, also auf den ..... 2010, 0 Uhr (Nachweisstichtag), zu beziehen. Der Nachweis muss der Gesellschaft ebenfalls, da der Tag der Hauptversammlung und des Zugangs der Anmeldung nicht mitzählen, bis zum Ablauf des sechsten Tags vor dem Tag der Hauptversammlung, also dem Ablauf des ..... 2010, zugehen.
Anmeldung und Nachweis der Berechtigung zur Teilnahme an der Hauptversammlung und zur Ausübung des Stimmrechts sind an folgende Adresse zu übermitteln: .....
Nach Eingang von Anmeldung und Nachweis des Anteilsbesitzes werden den Aktionären Eintrittskarten für die Hauptversammlung übersandt. Um den rechtzeitigen Erhalt der Eintrittskarten sicherzustellen, bitten wir die Aktionäre, für die frühzeitige Übersendung von Anmeldung und Nachweis des Anteilsbesitzes zu sorgen.
Aktionäre, die rechtzeitig eine Eintrittskarte für die Teilnahme an der Hauptversammlung bei ihrem jeweiligen depotführenden Kreditinstitut angefordert haben, brauchen nichts weiter zu veranlassen. Anmeldung und Nachweis des Anteilsbesitzes erfolgen in diesem Fall über das depotführende Institut.
Bedeutung des Nachweisstichtags (record date)
Gemäß § 121 Abs. 3 Satz 2 Nr. 1 AktG macht die X AG über die Bedeutung des Nachweisstichtags folgende Angaben:
Der Nachweisstichtag (record date) ist das entscheidende Datum für den Umfang und die Ausübung des Teilnahme- und Stimmrechts in der Hauptversammlung. Im

Verhältnis zur Gesellschaft gilt für die Teilnahme an der Hauptversammlung oder die Ausübung des Stimmrechts als Aktionär nur, wer einen Nachweis des Anteilsbesitzes zum record date erbracht hat. Veränderungen im Aktienbestand nach dem record date haben hierfür keine Bedeutung. Aktionäre, die Aktien erst nach dem record date erworben haben, können somit im Hinblick auf diese Aktien nicht an der Hauptversammlung teilnehmen. Aktionäre, die sich ordnungsgemäß angemeldet und den Nachweis erbracht haben, sind auch dann zur Teilnahme an der Hauptversammlung und zur Ausübung des Stimmrechts berechtigt, wenn sie die Aktien nach dem record date veräußern. Der Nachweisstichtag hat keine Auswirkungen auf die Veräußerbarkeit der Aktien und ist kein relevantes Datum für eine eventuelle Dividendenberechtigung.

Stimmrechtsvertretung

Gemäß § 121 Abs. 3 Satz 2 Nr. 2a AktG macht die X AG folgende Angaben:
Die Gesellschaft weist darauf hin, dass das Stimmrecht auch durch einen Bevollmächtigten, z.B. durch einen anderen Aktionär, ein Kreditinstitut oder eine Aktionärsvereinigung, ausgeübt werden kann. Auch in diesem Fall sind Anmeldung und Nachweis des Anteilsbesitzes nach den vorstehend beschriebenen Regelungen erforderlich. Bevollmächtigt der Aktionär mehr als eine Person, kann die Gesellschaft eine oder mehrere von diesen, jedoch nicht alle, zurückweisen. Für die Vollmacht (Erteilung, Widerruf, Nachweis) genügt die Textform (z.B. Telefax oder E-mail, § 126b BGB); allerdings weist die X AG auf folgendes hin:
Kreditinstitute, Aktionärsvereinigungen, geschäftsmäßig Handelnde oder eine andere ihnen in § 135 AktG gleichgestellte Person verlangen möglicherweise eine andere Form der Vollmacht, weil sie die ihnen erteilten Vollmachten nachprüfbar festhalten müssen. Aktionäre, die ein Kreditinstitut, eine Aktionärsvereinigung, geschäftsmäßig Handelnde oder eine andere ihnen in § 135 AktG gleichgestellte Person bevollmächtigen wollen, stimmen sich daher bitte mit diesen über etwaige abweichende Erfordernisse für die Vollmacht ab.
Wir bieten unseren Aktionären an, einen von der Gesellschaft benannten weisungsgebundenen Stimmrechtsvertreter bereits vor der Hauptversammlung zu bevollmächtigen. Die Aktionäre, die dem von der Gesellschaft benannten Stimmrechtsvertreter eine Vollmacht erteilen möchten, benötigen hierzu eine Eintrittskarte zur Hauptversammlung. Um den rechtzeitigen Erhalt der Eintrittskarte sicherzustellen, sollte die Bestellung möglichst frühzeitig bei dem depotführenden Institut oder bei der Gesellschaft eingehen. Soweit ein von der Gesellschaft benannter Stimmrechtsvertreter bevollmächtigt wird, müssen diesem in jedem Fall Weisungen für die Ausübung des Stimmrechts erteilt werden. Ohne diese Weisungen ist die Vollmacht ungültig. Der Stimmrechtsvertreter ist verpflichtet, weisungsgemäß abzustimmen. Wir bitten zu beachten, dass der von der Gesellschaft benannte Stimmrechtsvertreter keine Aufträge zu Wortmeldungen oder dem Stellen von Fragen oder Anträgen entgegennimmt und Verfahrensanträge sowie nichtangekündigte Anträge von Aktionären nicht unterstützen wird. Für die Vollmacht (Erteilung, Widerruf, Nachweis) genügt die Textform (z.B. Telefax oder E-mail, § 126b BGB).
Ein Formular für die Erteilung einer Vollmacht, einschließlich einer Vollmacht mit Weisungserteilung an einen Stimmrechtsvertreter der Gesellschaft, befindet sich gemäß § 30a Abs. 1 Nr. 5 des Wertpapierhandelsgesetzes auf der Rückseite der Eintrittskarte, die nach der oben beschriebenen form- und fristgerechten Anmeldung mit Anteilsbesitznachweis zugesandt wird. Auf Verlangen übermittelt die Gesellschaft auch vorher Vollmachtsformulare. Die Formulare sowie Informationen zur Stimmrechtsvertretung stehen den Aktionären unter der Internetadresse www.x.com zum Herunterladen und

Ausdrucken zur Verfügung und können werktags zwischen 8 Uhr und 18 Uhr unter der Telefonnummer ..... angefordert werden.
Der Nachweis der Bevollmächtigung oder des Widerrufs kann bis zum Tag der Hauptversammlung am Versammlungsort an der Ein- und Ausgangskontrolle erbracht werden. Für die Übermittlung des Nachweises einer Bevollmächtigung oder des Widerrufs bietet die Gesellschaft weiter folgende E-mail-Adresse an: »vollmacht@x.de«

Rechte der Aktionäre

Gemäß § 121 Abs. 3 Satz 2 Nr. 3 AktG macht die X AG die folgenden Angaben zu den Rechten der Aktionäre gemäß §§ 122 Abs. 2, 126 Abs. 1, 127 und 131 Abs. 1 AktG. Erläuterungen zu diesen Rechten der Aktionäre finden sich auch auf der Internetseite der Gesellschaft unter www.x.com.

Ergänzung der Tagesordnung

Aktionäre, deren Anteile zusammen den zwanzigsten Teil des Grundkapitals der X AG oder daran den anteiligen Betrag von 500.000 € erreichen, können gemäß § 122 Abs. 2 AktG schriftlich verlangen, dass Gegenstände auf die Tagesordnung gesetzt und bekanntgemacht werden. Die die Ergänzung verlangenden Aktionäre haben nachzuweisen, dass sie seit mindestens 90 Tagen vor dem Tag des Zugangs des Verlangens Inhaber der Aktien sind und dass sie die Aktien bis zur Entscheidung des Vorstands über den Antrag halten. § 121 Abs. 7 ist entsprechend anzuwenden. Kommt es nach einer Antragsablehnung zu einem gerichtlichen Verfahren, müssen die Antragsteller die Aktien bis zur Entscheidung des Gerichts halten. Jedem neuen Gegenstand, der auf die Tagesordnung gesetzt werden soll, muss eine Begründung oder eine Beschlussvorlage beigefügt sein. Derartige Verlangen auf Ergänzung der Tagesordnung müssen der Gesellschaft mindestens 30 Tage vor der Versammlung zugehen, wobei der Tag des Zugangs und der Tag der Versammlung nicht mitzurechnen sind. Sie müssen der Gesellschaft mithin bis zum ..... 2010, 24 Uhr, zugehen. Das Verlangen ist wie folgt an den Vorstand der X AG zu richten: ..... [Adresse]
Bekanntzumachende Ergänzungen der Tagesordnung werden, sofern sie nicht bereits mit der Einberufung der Hauptversammlung bekanntgemacht werden, unverzüglich nach Zugang des Verlangens bei der Gesellschaft im Bundesanzeiger bekanntgemacht und solchen Medien zugeleitet, bei denen davon ausgegangen werden kann, dass die Informationen in der gesamten Europäischen Union verbreiten. Sie werden außerdem unter der Internetadresse der Gesellschaft www.x.com bekanntgemacht und gemäß § 125 Abs. 1 und 2 AktG den dort genannten Personen mitgeteilt.

Gegenanträge, Wahlvorschläge

Jeder Aktionär ist gemäß §§ 126 Abs. 1, 127 AktG berechtigt, der Gesellschaft einen Gegenantrag gegen einen Vorschlag vom Vorstand und/oder Aufsichtsrat zu einem bestimmten Punkt oder zu bestimmten Punkten der Tagesordnung oder Vorschläge zur Wahl von Aufsichtsratsmitgliedern und/oder Abschlussprüfern zu übersenden.
Die Gesellschaft wird gemäß §§ 126, 127 AktG Anträge und Wahlvorschläge von Aktionären einschließlich des Namens des Aktionärs, der Begründung und einer etwaigen Stellungnahme der Verwaltung unter www.x.com zugänglich machen, wenn der Aktionär mindestens 14 Tage vor der Versammlung (wobei der Tag der Versammlung und des Zugangs nicht mitzurechnen sind), also bis zum ..... 2010, 24 Uhr, der Gesellschaft einen zulässigen Gegenantrag gegen einen Vorschlag vom Vorstand und/oder Auf-

sichtsrat zu einem bestimmten Punkt oder zu bestimmten Punkten der Tagesordnung mit Begründung oder einen zulässigen Wahlvorschlag übersandt hat. Vorschläge zur Wahl von Aufsichtsratsmitglieder und/oder Abschlussprüfern brauchen nicht begründet zu werden.
Gegenanträge und Wahlvorschläge sind ausschließlich an folgende Adresse zu richten: ..... [Adresse]
Die Gesellschaft ist unter den Voraussetzungen des § 126 Abs. 2 AktG nicht verpflichtet, einen Gegenantrag oder einen Wahlvorschlag und deren jeweilige Begründung zugänglich zu machen. Die Begründung eines zulässigen Gegenantrags oder Wahlvorschlags braucht ferner nicht zugänglich gemacht zu werden, wenn sie insgesamt mehr als 5.000 Zeichen beträgt. Zusätzlich zu den in § 126 Abs. 2 AktG genannten Gründen braucht ein Wahlvorschlag nicht zugänglich gemacht zu werden, wenn er nicht die Angaben gemäß § 124 Abs. 3 Satz 3 und § 125 Abs. 1 Satz 5 AktG enthält.
Übersandte Gegenanträge und Wahlvorschläge sind während der Hauptversammlung mündlich zu stellen. Das Recht eines jeden Aktionärs, auch ohne vorherige fristgerechte Übermittlung von Gegenanträgen oder Wahlvorschlägen während der Hauptversammlung Gegenanträge zu verschiedenen Tagesordnungspunkten zu stellen oder Wahlvorschläge zu unterbreiten, bleibt unberührt.

Auskunftsrecht

Jedem Aktionär und Aktionärsvertreter ist gemäß § 131 Abs. 1 AktG auf Verlangen in der Hauptversammlung vom Vorstand Auskunft über Angelegenheiten der Gesellschaft zu geben, soweit sie zur sachgemäßen Beurteilung des Gegenstands der Tagesordnung erforderlich ist. Dieses Recht kann nur in der Hauptversammlung ausgeübt werden. Die Auskunftspflicht erstreckt sich auch auf die rechtlichen und geschäftlichen Beziehungen der Gesellschaft zu einem verbundenen Unternehmen. Die Auskunftspflicht des Vorstands eines Mutter-Unternehmens (§ 290 Abs. 1 und 2 HGB) in der Hauptversammlung, der der Konzernabschluss und der Konzernlagebericht vorgelegt werden, erstreckt sich auch auf die Lage des Konzerns und der in den Konzernabschluss einbezogenen Unternehmen. Auskunftsverlangen sind in der Hauptversammlung grundsätzlich mündlich zu stellen. Der Vorstand darf die Auskunft aus den in § 131 Abs. 3 AktG genannten Gründen verweigern.
Gemäß § ..... der Satzung der Gesellschaft kann der Vorsitzende das Frage- und Rederecht der Aktionäre angemessen begrenzen.
Um die sachgerechte Beantwortung zu erleichtern, werden Aktionäre und Aktionärsvertreter, die in der Hauptversammlung Fragen stellen möchten, gebeten, diese Fragen möglichst frühzeitig an folgende Adresse zu übersenden: ..... Diese Übersendung ist keine Voraussetzung für die Beantwortung. Das Auskunftsrecht bleibt hiervon unberührt.

Ergänzende Mitteilung gemäß § 30b Abs. 1 Satz 1 Nr. 1 WpHG

Gemäß § 30b Abs. 1 Satz 1 Nr. 1 Wertpapierhandelsgesetz teilen wir mit, dass die X AG im Zeitpunkt der Einberufung dieser Hauptversammlung insgesamt ..... Aktien ausgegeben hat. Gemäß § ..... der Satzung der X AG gewährt jede Aktie in der Hauptversammlung eine Stimme. Die X AG hält keine eigenen Aktien. Die Gesamtzahl der Stimmrechte im Zeitpunkt der Einberufung dieser Hauptversammlung beträgt daher .....

Informationen auf der Internetseite der Gesellschaft

Gemäß § 124a AktG sind folgende Informationen alsbald nach der Einberufung auf der Internetseite der Gesellschaft unter www.x.com zugänglich:
- der Inhalt dieser Einberufung
- eine Erläuterung, wenn zu einem Gegenstand der Tagesordnung kein Beschluss gefasst werden soll
- Erläuterungen zu den Rechten der Aktionäre gemäß §§ 122 Abs. 2, 126 Abs. 1, 127 und 131 Abs. 1 AktG
- die der Versammlung zugänglich zu machenden Unterlagen, insbesondere Jahresabschlüsse und Lageberichte der X AG für die Geschäftsjahre 2007, 2008 und 2009, Konzernabschluss der X AG für das Geschäftsjahr 2009, Konzernlagebericht der X AG für das Geschäftsjahr 2009, Bericht des Aufsichtsrats der X AG für das Geschäftsjahr 2009, erläuternder Bericht des Vorstands zu den Angaben nach §§ 289 Abs. 4 und 5, 315 Abs. 4 HGB
- der von den Mitgliedern des Vorstands und dem Vorsitzenden des Aufsichtsrats unterzeichnete »corporate governance«-Bericht mit dem Vergütungsbericht, die Entsprechenserklärung nach § 161 AktG und die Erklärung zur Unternehmensführung i.S.d. § 289a HGB
- die Anteilsbesitzliste gemäß § 285 Abs. 1 Nr. 11, Nr. 11a, § 287, § 313 Abs. 2 und 4 HGB
- Bericht des Vorstands zum internen Kontrollsystem und zum Risikomanagementsystem im Hinblick auf den Rechnungslegungsprozess
- Gesamtzahl der Aktien und Stimmrechte im Zeitpunkt der Einberufung
- die Formulare, die bei Stimmabgabe durch Vertretung verwendet werden können.

Diese Hauptversammlungsunterlagen können bei der X AG, Zentraler Stab Konzernkommunikation, ….., angefordert werden und werden jedem Aktionär auf Verlangen zugesandt. Schließlich werden diese Einladung und eine Kurzfassung des Geschäftsberichts denjenigen unserer Aktionäre, deren Aktien von einem inländischen Kreditinstitut verwahrt werden, von diesem ohne Anforderung zugesandt.
[Ggf: Auszüge aus der Hauptversammlung der X AG können am Hauptversammlungstag ab ….. Uhr live im Internet verfolgt werden.]

….., ….. 2010 Der Vorstand

III. Stimmrecht und Stimmrechtsbindung

1. Grundsatz

30 *Jede Aktie* gewährt das *Stimmrecht*, das nicht beschränkt oder entzogen werden kann. Vorzugsaktien ohne Stimmrecht können jedoch ausgegeben werden, wenn sie einen Vorzug vor den anderen Aktien bei der Verteilung des Gewinns genießen und bei ausgefallenem oder unzureichendem Gewinn ein Nachzahlungsrecht darauf haben (§§ 12 Abs. 1 Satz 2, 139 AktG).

31 Mehrstimmrechtsaktien können nicht mehr neu geschaffen werden (§ 12 Abs. 2 AktG). Noch bestehende Mehrstimmrechte können nach § 5 EGAktG i.d.F. des KonTraG v. 27.04.1998 auslaufen und beseitigt werden.

32 Ausgeübt wird das Stimmrecht nach den *Nennbeträgen*, bei Stückaktien hat jede Aktie eine Stimme (§ 134 Abs. 1 Satz 1 AktG). Das Stimmrecht beginnt mit der vollständigen Leistung der Einlage, wenn die Satzung es nicht schon für die Mindesteinlagen zubilligt (§ 134 Abs. 2 AktG).

2. Beschränkung des Stimmrechts

Die Satzung kann das Stimmrecht des mehrfachen Aktienbesitzers durch Festsetzung eines Höchstbetrages beschränken (§ 134 Abs. 1 Satz 2–5 AktG). Wenn eine bestimmte Kapitalmehrheit zur Beschlussfassung erforderlich ist (zu allen Satzungsänderungen, § 179 Abs. 2 AktG, insbesondere Kapitalerhöhungen, § 182 Abs. 1 Satz 1 AktG), gilt die Stimmrechtsbeschränkung jedoch nicht (§ 134 Abs. 1 Satz 6 AktG), wobei aber neben der Kapitalmehrheit auch ein Beschluss mit Stimmenmehrheit – mit Berücksichtigung der Stimmrechtsbeschränkung – erforderlich ist. Ein Höchststimmrecht kann durch satzungsändernden Mehrheitsbeschluss ohne die Zustimmung betroffener Aktionäre eingeführt werden.[29]

33

Beschränkung des Stimmrechts auf einen bestimmten Betrag

Ein Nennbetrag der Aktien von je 50 € gewährt eine Stimme in der Hauptversammlung. Ein Aktionär, der Aktien im Nennwert von mehr als 3.000.000 € besitzt, hat für die über diesen Betrag hinausgehenden Aktien kein Stimmrecht.
Diese Stimmrechtsbeschränkung darf nicht durch einen Missbrauch von Gestaltungsformen, durch Einschaltung von Treuhändern oder durch ähnliche Maßnahmen umgangen werden. Dem Aktienbesitz ist ein wirtschaftliches Verfügungsrecht über Aktien gleichzusetzen. Darum sind beispielsweise auch Aktien, die einem abhängigen Unternehmen oder einem Dritten für Rechnung des Aktionärs gehören, in der Ausübung des Stimmrechts als eigene Aktien anzusehen, so dass die Aktien von Unternehmungen, die verbundenen Unternehmen gehören, zusammenzurechnen und als einheitlicher Aktienbesitz zu behandeln sind.
Der Vorsitzende der Hauptversammlung kann vor und nach einer Abstimmung von den Aktionären, ihren Vertretern und den das Stimmrecht ausübenden Kreditinstituten und anderen geschäftsmäßig Handelnden eine mündliche oder schriftliche Erklärung verlangen, dass gegen die Stimmrechtsbeschränkung nicht verstoßen wird. Wenn eine solche Erklärung nicht abgegeben wird, so kann für die betreffenden Aktien nicht abgestimmt werden.

34 M

Beschränkung des Stimmrechts auf einen Hundertsatz des Grundkapitals

Gehören einem Aktionär Aktien im Nennbetrag von mehr als 5 v.H. des Grundkapitals, so ist sein Stimmrecht auf die Anzahl von Stimmen beschränkt, die Aktien im Nennbetrag von 5 v.H. des Grundkapitals gewähren.
Zu den einem Aktionär gehörenden Aktien rechnen auch die Aktien, die einem anderen für seine Rechnung gehören. Ist ein Unternehmen Aktionär, so rechnen zu den Aktien, die ihm gehören, auch die Aktien, die einem von ihm abhängigen oder es beherrschenden oder einem mit ihm konzernverbundenen Unternehmen oder für Rechnung solcher Unternehmen einem Dritten gehören.

35 M

---

29 BGHZ 70, 117, 121 ff. = DNotZ 1978, 362.

3. Ausschluss des Stimmrechts

a) § 136 AktG

36 Wer *entlastet* oder von einer Verpflichtung befreit oder gegen wen ein Anspruch geltend gemacht werden soll, darf nicht mitstimmen (§ 136 Abs. 1 AktG)[30], auch nicht durch einen Vertreter oder für einen anderen. Die vom Stimmverbot betroffenen Stimmen sind demnach weder bei der Stimmen- noch bei der Kapitalmehrheit noch beim vertretenen Grundkapital mitzuzählen. Dagegen kann der Aktionär mitstimmen, wenn es sich um die Vornahme eines Rechtsgeschäfts mit ihm handelt, z.B. um die Bewilligung eines Ruhegehalts für den Vorstand, der Aktionär ist.[31] Das Stimmrechtsverbot gilt ferner nicht bei der Einmann-AG.[32] Wenn – wie üblich – über die Entlastung des Gesamtvorstands oder Aufsichtsrats einheitlich abgestimmt wird, kann kein Mitglied dieses Organs selbst oder durch Dritte mitstimmen. Nur wenn getrennt über die Entlastung des einzelnen Mitglieds abgestimmt wird,[33] können die anderen ihr Stimmrecht ausüben.

b) §§ 71b, d AktG

37 Aktien, die der Gesellschaft selbst (*eigene Aktien*) oder einem abhängigen Unternehmen gehören, können nicht mitstimmen (§§ 71b, 71d AktG).

4. Stimmrechtsvollmacht; elektronische Teilnahme und »Briefwahl«

38 Auch hinsichtlich der Stimmrechtsvertretung trat als Folge des ARUG ab 01.09.2009 eine Deregulierung ein: Gemäß § 134 Abs. 3 AktG ist auch die Bevollmächtigung mehrerer Personen möglich. Für die Erteilung und den Widerruf der Vollmacht und den Nachweis der Bevollmächtigung bedarf es künftig nicht mehr der Schriftform, es genügt sogar Textform (§ 126b BGB), sofern nicht (bei nicht börsennotierten Gesellschaften) die Satzung oder der Vorstand bei der Einberufung andere Anordnungen treffen. Bei börsennotierten Gesellschaften dürfen in der Satzung allenfalls weitere Erleichterungen enthalten sein; ferner muss zumindest eine elektronische Übermittlungsmöglichkeit angeboten werden (§ 134 Abs. 3 Satz 4 AktG). Strengere Satzungsregelungen bei börsennotierten Gesellschaften. werden automatisch unwirksam.

39 Werden von der Gesellschaft benannte Stimmrechtsvertreter bevollmächtigt (»proxy voting«), muss die Vollmacht von Abstimmungsweisungen begleitet sein. Die Vollmachtserklärung ist von der Gesellschaft 3 Jahre nachprüfbar festzuhalten (§ 134 Abs. 3 Satz 5 AktG).

Eine vollmachtlose Stimmrechtsvertretung gibt es nicht, vgl. § 180 Satz 1 BGB.[34]

40 Zur Umsetzung der Aktionärsrechterichtlinie und der insoweit liberalisierten Kapitalrichtlinie der Europäischen Union schafft § 118 Abs. 1 Satz 2 AktG ab 01.09.2009 in Gestalt des ARUG erstmals eine »ausschließlich digitale Teilnahmeform« (»Online-Teilnahme«) und § 118 Abs. 2 AktG die Möglichkeit der vorherigen Stimmabgabe (»Briefwahl«), von denen bisher allerdings zögerlich Gebrauch gemacht wird.[35] Der Briefwähler hat (anders

---

30 Er ist auch als Versammlungsleiter ausgeschlossen bezüglich des Tagesordnungspunktes, der die Geltendmachung von Schadensersatzansprüchen gegen ihn selbst betrifft, OLG Köln, 09.03.2017 – 18 U 19/16.
31 BGHZ 18, 205.
32 BGHZ 105, 324, 333.
33 Der Versammlungsleiter kann stets von sich aus Einzelentlastung anordnen, BGH, 07.12.2009 – II ZR 63/08.
34 OLG Hamm AG 2001, 146; abschwächend *Hartmann*, DNotZ 2002, 253: vollmachtlose Vertretung sei gemäß § 180 Satz 2 BGB zulässig, wenn alle Aktionäre und Aktionärsvertreter mit der Stimmrechtsausübung einverstanden sind. Das Einverständnis sei zum Nachweis in der Niederschrift zu vermerken.
35 Vgl. *Reul*, notar 2012, 76 ff.

als der Präsenz- und der Online-Teilnehmer) a priori kein Widerspruchs- und damit Anfechtungsrecht; er gilt als nicht erschienen, seine Stimme jedoch als abgegeben und als Bestandteil des vertretenen Grundkapitals. Der Briefwähler kann allerdings seine Stimmabgabe noch vor dem Zugang beim Versammlungsleiter (also bis zur Eröffnung der Hauptversammlung) widerrufen oder in der Versammlung persönlich erscheinen und anders abstimmen (Rdn. 43). Ein etwa bestehendes Anmeldeerfordernis gilt auch für Briefwähler.

Demnach kann die Satzung bestimmen oder den Vorstand ermächtigen zu bestimmen, dass Aktionäre »sämtliche oder einzelne Rechte ganz oder teilweise« elektronisch ausüben können. Praktisch relevant wird die (wohl stets aufrechtzuerhaltende) Ausübung des Stimmrechts, nicht aber des Rede- und Auskunftsrechts sein. Auch die »virtuelle Zugänglichkeit« des Teilnehmerverzeichnisses (§ 129 Abs. 4 AktG) – das auch die online teilnehmenden Aktionäre aufzunehmen hat – und der sonstigen in der Hauptversammlung zugänglichen Dokumente (soweit nicht gemäß § 124a AktG nicht ohnehin auf der Homepage eingestellt) kann ausgeschlossen werden. Sofern nicht durch Satzung oder aufgrund Vorstandsermächtigung ausgeschlossen, kann jedoch der **Online-Teilnehmer**, der als virtuell anwesender Aktionär i.S.d. § 245 AktG gilt, auch Widerspruch zur Niederschrift des Notars anmelden; die Gesellschaft muss dann technische Vorkehrungen vorhalten, um dem Notar dies vor Abschluss der Hauptversammlung zur Kenntnis zu bringen. Die technischen Anforderungen sind anspruchsvoll, bspw. zur Vermeidung einer doppelten Teilnahme durch persönliches Erscheinen und virtuell. Auf technische Störungen kann das Anfechtungsrecht gemäß § 243 Abs. 3 Nr. 1 AktG nur bei Vorsatz oder grober Fahrlässigkeit der Gesellschaft gestützt werden.

Satzungsvarianten zur »elektronischen Teilnahme« an der Hauptversammlung

Ausschluss der Teilnahme
Eine Teilnahme der Aktionäre an der Hauptversammlung im Weg der elektronischen Kommunikation ist ausgeschlossen.

Umfassende Gestattung elektronischer Teilnahme:
Aktionäre können an der Hauptversammlung auch mittels elektronischer Kommunikation teilnehmen und dabei sämtliche ihnen in der Hauptversammlung zustehenden Rechte (z.B. Stimmrecht, Widerspruchsrecht, Auskunfts- und Fragerecht) ausüben. Der Vorstand wird ermächtigt, Bestimmungen zum Verfahren zu treffen. Die entsprechenden Bekanntmachungen erfolgen mit der Einberufung der Hauptversammlung. Aktionäre, die lediglich auf elektronischem Weg an der Hauptversammlung teilnehmen, tragen die hiermit verbundenen Risiken, einschließlich eines teilweisen oder vollständigen technischen Ausfalls der Kommunikationsverbindung.

Reduzierung hinsichtlich des Auskunftsrechtes:
Aktionäre, die ihr Auskunftsrecht im Weg der elektronischen Kommunikation ausüben, haben keinen Anspruch auf Antwort der Gesellschaft.

Mittellösung:
Aktionäre können an der Hauptversammlung im Weg der elektronischen Kommunikation teilnehmen. Die Ausübung der Rechte ist dabei auf das Stimmrecht nach Maßgabe von Gesetz und Satzung beschränkt. Der Vorstand wird ermächtigt, Bestimmungen zum Verfahren zu treffen. Die entsprechenden Bekanntmachungen erfolgen mit der Einberufung der Hauptversammlung. Aktionäre, die im Weg der elektronischen Kommunikation an der Hauptversammlung teilnehmen, sind nicht berechtigt, gegen die Beschlüsse der Hauptversammlung Widerspruch einzulegen und/oder diese anzu-

fechten. Auch das Auskunfts- und Fragerecht kann nur über persönliche Anwesenheit in der Hauptversammlung oder durch einen dort anwesenden Vertreter ausgeübt werden. Aktionäre, die lediglich auf elektronischem Weg an der Hauptversammlung teilnehmen, tragen die hiermit verbundenen Risiken, einschließlich eines teilweisen oder vollständigen technischen Ausfalls der Kommunikationsverbindung.

Verlagerung der Zulassungsentscheidung auf den Vorstand:
Der Vorstand wird ermächtigt zu entscheiden, ob Aktionäre an der Hauptversammlung im Weg der elektronischen Kommunikation teilnehmen können. Dabei entscheidet der Vorstand über den Umfang der elektronisch ausübbaren Rechte sowie über das Verfahren. Die entsprechenden Bekanntmachungen erfolgen mit der Einberufung der Hauptversammlung.

43   Im Fall der Teilnahme per »**Briefwahl**«, die auch schriftlich oder im Weg der elektronischen Kommunikation möglich ist, gilt jedoch der Teilnehmer als nicht präsent (und damit nicht anfechtungsberechtigt), seine Stimme ist jedoch abgegeben und gehört zum vertretenen Grundkapital. Die Satzung kann bestimmen, bis zu welchem Datum Briefwahlstimmen zugegangen sein müssen, wie sich ein in elektronischer Briefwahlform teilnehmender Aktionär identifizieren muss (z.B. durch qualifizierte elektronische Signatur) und ob bestimmte Formulare oder Internet-Dialoge benutzt werden müssen.

Satzungsregelung zur »Briefwahl« in der Hauptversammlung

44 M Aktionäre können ihr Stimmrecht ohne Teilnahme an der Hauptversammlung auch mittels Briefwahl ausüben. Statthaft sind eine schriftliche Stimmabgabe, eine Stimmabgabe in Textform oder eine mit einer qualifizierten elektronischen Signatur nach dem Signaturgesetz versehene E-Mail. Eine Stimmabgabe mittels Briefwahl erlischt automatisch, wenn der Aktionär oder ein Vertreter für ihn an der Hauptversammlung persönlich oder online teilnimmt. Der Vorstand wird ermächtigt, das Verfahren zu regeln. Die entsprechenden Bekanntmachungen erfolgen mit der Einberufung der Hauptversammlung.

45   Die Möglichkeit der **Bild- und Tonübertragung** der Hauptversammlung kann als Folge der Neufassung des § 118 Abs. 3 AktG durch das ARUG nicht nur in der Satzung oder in einer Geschäftsordnung eröffnet werden, sondern auch einem Vorstandsbeschluss oder einer Entscheidung des Versammlungsleiters überantwortet sein.

5. Stimmrechtsausübung durch Kreditinstitute und geschäftsmäßig Handelnde

46   Die Ausübung des Stimmrechts durch Kreditinstitute oder Vereinigungen und Personen i.S.v. § 135 Abs. 9 AktG wurde durch das NaStraG v. 28.01.2001[36] erleichtert; Inhaber- und Namensaktien sind nunmehr gleichgestellt.

47   Die Ausübung des Stimmrechts für fremde Aktien bedarf einer Vollmacht (§ 135 Abs. 1 AktG), ist das Kreditinstitut als Inhaber der Namensaktien im Aktienregister eingetragen, einer Ermächtigung (§ 135 Abs. 7 AktG). Schriftform war schon bisher nicht mehr vorgeschrieben[37] (§ 135 ist Spezialnorm zu § 134 Abs. 3 Satz 2 AktG), aber nachprüfbare Dokumentation (§ 135 Abs. 2 Satz 4 AktG). Das Stimmrecht für fremde Aktien, als deren Inhaber

---

36 BGBl. I, S. 123.
37 KG, DNotZ 2010, 704, allerdings führt der Verstoß weder zur Nichtigkeit (die Angaben zählen nicht zu § 121 Abs. 3 AktG) noch – mangels Kausalität – zur Anfechtbarkeit der Beschlüsse.

das Kreditinstitut nicht im Aktienregister eingetragen ist, kann unter Benennung des Aktionärs in dessen Namen oder – wenn es die Vollmacht zulässt – im Namen dessen, den es angeht, ausgeübt werden (§ 135 Abs. 4 Satz 1, 2 AktG). Die 15-Monatsfrist für Vollmacht und Ermächtigung wurde aufgehoben (§ 135 Abs. 2 Satz 1 AktG).

Vollmacht zur Ausübung des Stimmrechts in Hauptversammlungen

**Hiermit bevollmächtige ich Sie, das Stimmrecht aus den jeweils in meinem Depot befindlichen oder für mich verbuchten Aktien in- und ausländischer Gesellschaften ohne Offenlegung meines Namens – d.h. »im Namen dessen, den es angeht« – auszuüben oder durch einen Unterbevollmächtigten ausüben zu lassen. Sie sind nicht verpflichtet, von dieser Vollmacht Gebrauch zu machen.
Ich behalte mir vor, diese Erklärung jederzeit zu widerrufen.
Münster, den .....   Wilhelm Blombach
Dieses Blatt darf nach den gesetzlichen Bestimmungen nicht zu sonstigen Mitteilungen verwendet werden.
(Beglaubigung nicht erforderlich)**

48 M

■ *Kosten.* Es handelt sich um eine Ermächtigung, die zu bewerten und zu berechnen ist wie eine Stimmrechtsvollmacht. Da nur das Grundkapital der Gesellschaften, aber nicht annähernd die Zahl und der Inhalt der Beschlüsse, auf die sich die Ermächtigung bezieht, festzustellen ist, wird man den Wert auf etwa 5–10 % der Nennbeträge der Aktien des Vollmachtgebers schätzen müssen. Hieraus ist für die Entwurfsfertigung eine 0,3 bis 1,0 Gebühr gemäß Nr. 24101 KV GNotKG zu erheben, mindestens jedoch 60 €, da bei Beurkundung der Vollmacht eine Gebühr gemäß Nr. 21200 KV GNotKG angefallen wäre. Der Notar bestimmt die Gebührenhöhe im vorgenannten Rahmen gemäß § 92 Abs. 1 GNotKG nach billigem Ermessen unter Berücksichtigung des Umfangs der erbrachten Leistungen; wird der vollständige Entwurf gefertigt, ist gemäß § 92 Abs. 2 a.E. GNotKG die Höchst- (also die 1,0) Gebühr zu erheben.

Erteilung von Weisungen durch die Aktionäre

**An .....
Betr.: Depot Nr. .....**

49 M

Vollmacht

**Ich bevollmächtige ..... widerruflich, das Stimmrecht für meine Aktien in der Hauptversammlung der ..... am ..... auszuüben.
Personen, die nicht Angestellte des Bevollmächtigten sind, können – nicht – unterbevollmächtigt werden.
Anweisung für die Ausübung des Stimmrechts
Für die Ausübung des Stimmrechts zu den Gegenständen der Tagesordnung erteile ich folgende Weisungen;**

Punkt der Tagesordnung	Vorschlag der Verwaltung	Gegenanträge von Aktionären	Stimmenthaltung	Besondere Weisung
1.	....	....	....	....
2.	....	....	....	....
3.	....	....	....	....

**Soweit ich vorstehend keine Weisung erteilt habe, ist das Stimmrecht so auszuüben, wie Sie es mir vorgeschlagen haben.
Der Bevollmächtigte ist berechtigt, von meinen Weisungen abzuweichen, wenn er den Umständen nach annehmen darf, dass ich bei Kenntnis der Sachlage die Abweichung billigen würde.**
Ort, Datum   **Unterschrift**

6. Mehrheiten

a) Arten

50   Das Gesetz macht einen Unterschied zwischen Stimmenmehrheit und Kapitalmehrheit (Grund: Schwächung der vom Aktiengesetz verpönten Mehrstimmrechtsaktien). Bei Berechnung der Kapitalmehrheit ist ein erhöhtes Stimmrecht nicht zu berücksichtigen. Die einfache Stimmenmehrheit ist die Regel (§ 133 AktG). Wenn *gesonderte Abstimmung* einzelner Aktiengattungen vorgeschrieben ist (§§ 179 Abs. 3, 182 Abs. 2, 193 Abs. 1, 202 Abs. 2, 222 Abs. 2 AktG), so muss von jeder Gattung mindestens ein Aktionär anwesend sein. Nur die abgegebenen Stimmen gelten.

b) Doppelte Mehrheiten

51   Bei Beschlüssen von besonderer Tragweite wird neben der Stimmenmehrheit noch eine *Kapitalmehrheit* verlangt, also eine doppelte Mehrheit, einmal eine *Mehrheit von drei Viertel* des bei der Beschlussfassung vertretenen Grundkapitals (bei deren Berechnung Mehrstimmrechte nicht zählen) *und* gewöhnliche Stimmenmehrheit (bei deren Berechnung Mehrstimmrechte mitzählen). Diese doppelte Mehrheit ist z.B. erforderlich bei der Beschlussfassung über folgende Gegenstände: Nachgründung (§ 52 Abs. 5 AktG), Satzungsänderung (§ 179 Abs. 2 AktG), Kapitalerhöhung (§§ 182 Abs. 1, 193 Abs. 1, 202 Abs. 2 AktG), Beherrschungs-, Gewinnabführungs- und andere Unternehmensverträge (§ 293 Abs. 1 AktG), Eingliederung (§ 319 Abs. 2 AktG), Ausschluss des Bezugsrechts (§ 186 Abs. 3 AktG), Ausgabe von Wandel- oder Gewinnschuldverschreibungen oder Genussrechten (§ 221 AktG), Kapitalherabsetzung (§§ 222 Abs. 1, 229 Abs. 3 AktG), Verschmelzung (§ 65 UmwG), Spaltung (§ 125 UmwG), Formwechsel (§ 233 UmwG, § 240 UmwG, soweit nicht Einstimmigkeit erforderlich ist).

52   Einstimmigkeit ist bei der Umwandlung in eine GbR, OHG oder Partnerschaftsgesellschaft erforderlich (§ 233 Abs. 1 UmwG).

c) Satzungsvorrang

53   Die Satzung kann die Anforderungen verschärfen, aber regelmäßig nicht gegenüber den gesetzlichen Bestimmungen erleichtern (Ausnahmen: §§ 179 Abs. 2 Satz 2, 221 Abs. 1 Satz 3 AktG). Wird von der Satzung generell eine qualifizierte Mehrheit verlangt, kann eine Eventualregelung für den Fall getroffen werden, dass diese Mehrheit nicht erreicht wird. Beispiel:

Satzungsregelung zu geringeren Mehrheitserfordernissen in Zweitversammlungen

54 M   **Werden die Stimmen- und Kapitalmehrheiten von je drei Viertel in der Hauptversammlung nicht erreicht, so hat der Vorstand eine zweite Versammlung einzuberufen, in der die einfachen Mehrheiten entscheiden.
Satzungsänderungen mit Ausnahme einer Änderung des Gegenstandes des Unternehmens, auch Kapitalerhöhungen, bei denen das Bezugsrecht nicht ausgeschlos-**

sen wird, und die Ausgabe von Wandel- und Gewinnschuldverschreibungen sowie die Gewährung von Genussrechten können mit einfacher Mehrheit der abgegebenen Stimmen und des vertretenen Grundkapitals beschlossen werden.

7. Form der Abstimmung

Es kann abgestimmt werden durch Zuruf, durch Handaufheben, durch Erheben von den Plätzen, durch mündliche Befragung des einzelnen Aktionärs und auch nur durch Feststellung fehlenden Widerspruchs. In dieser Weise wird auch abgestimmt, wenn nur die Nein- und Enthaltungs-Stimmen gezählt und von der Gesamtzahl der vertretenen Stimmen, die sich aus dem Teilnehmerverzeichnis ergibt, abgezogen werden (Subtraktionsmethode; die allerdings eine permanente exakte Erfassung der Präsenz – also der Zu- und Abgänge beim Verlassen des Abstimmungsbereichs – voraussetzt). 55

Wenn mit einer großen Teilnehmerzahl zu rechnen ist, sind die Gesellschaften, besonders sog. Publikumsgesellschaften, gezwungen, *Eintritts- und Stimmkarten* auszugeben. Deren Ausgabe ist besonders angebracht, wenn mit Opposition gegen die Verwaltungsvorschläge zu rechnen ist. – Der Angemeldete erhält die Eintrittskarte zugesandt und nimmt die Stimmkarte bei Eintritt in den Versammlungsraum in Empfang. Diese lautet etwa: 56

Stimmkarte zur Hauptversammlung einer AG

»**Rheinische Farbwerke Aktiengesellschaft**« **in Köln** 57 M
Stimmkarte

zu der Hauptversammlung am .....

Lfd Nr. 2144   **für 10 Stimmen**

| | Ja | nein | Enthaltung | 1. |
| | Ja | nein | Enthaltung | (2., 3. etc) |

Die Bestellung von *Stimmzählern* durch den Vorsitzenden kann weiter zu einer sicheren und schnellen Feststellung beitragen. Eine Aufforderung, dass Teilnehmer, die vor der letzten Abstimmung den Raum verlassen, ihre Stimmkarte mit den Abstimmungsabschnitten abzugeben haben und einen *Zwischenausweis* erhalten, bei dessen Rückgabe sie die Stimmkarte wiederbekommen, ist notwendig, um bei jeder Abstimmung das vertretene Kapital und die vertretenen Stimmen feststellen zu können. 58

Die Art der Abstimmung bestimmt der Vorsitzende (Versammlungsleiter), wenn sie die Satzung nicht regelt (§ 134 Abs. 4 AktG), was selten geschieht, und die Hauptversammlung selbst nicht eine bestimmte Art der Abstimmung beschließt. 59

8. Stimmrechtsbindung

Verträge über Stimmrechtsbindung zwischen Aktionären sind möglich (s.o. § 144 Rdn. 34 ff. zur GmbH; Grenze: § 138 BGB, § 405 Abs. 3 Satz 6, 7 AktG). Ein Vertrag, durch den sich ein Aktionär verpflichtet, auf Weisung der Gesellschaft, des Vorstands oder des Aufsichtsrats der Gesellschaft oder eines abhängigen Unternehmens zu stimmen, und eine Verpflichtung, für die jeweiligen Vorschläge des Vorstands oder Aufsichtsrats der Gesellschaft zu stimmen, sind nichtig (§ 136 Abs. 2 AktG). 60

Stimmrechtsvereinbarung

61 M
1. Die Vertragschließenden wollen sich vor allen Hauptversammlungen wegen der Abstimmung in gemeinsamer Beratung verständigen. In Personalfragen, insbesondere bei Wahlen zum Aufsichtsrat, werden sie nur für solche Personen stimmen, wegen derer sich unter ihnen bei der Vorbesprechung eine Übereinstimmung ergibt. Bei Widerspruch eines der Vertragschließenden dürfen die anderen nicht für eine vorgeschlagene Person stimmen.
2. In der bevorstehenden ordentlichen Hauptversammlung werden die Vertragschließenden einmütig für die Wiederwahl des jetzigen Aufsichtsrats stimmen. Sie werden auch dafür stimmen, dass dem Aufsichtsrat und dem Vorstand Entlastung erteilt wird.
3. Wenn einer der Vertragschließenden einen Aktienbesitz oder einen Teil davon verkaufen will, so muss er die Aktien zunächst den beiden anderen Vertragschließenden zum Kauf anbieten. Kaufpreis ist der jeweilige Börsenkurs.
4. An diesen Vertrag halten sich die Vertragschließenden bis zum ..... gebunden. Wird er zum jeweiligen Ablauf nicht mit dreimonatiger Frist gekündigt, verlängert er sich immer um je drei Jahre.
Die Aktien der Vertragschließenden haben einen Nennwert von zusammen 500.000 € und einen Kurswert von 1.000.000 €.
Stuttgart, den .....   Unterschriften
(Beglaubigung nicht erforderlich)

▪ **Kosten.** Wie zu Muster § 144 Rdn. 36 M. Das Ankaufsrecht Nr. 3 betrifft ein anderes Rechtsverhältnis, also einen verschiedenen Gegentand i.S. von § 86 Abs. 2 GNotKG. Sein Wert – gemäß § 51 Abs. 1 Satz 1 GNotKG mit dem vollen Wert des Ankaufsgegenstandes identisch – ist dem Schätzungswert der Stimmrechtsvereinbarung nach § 35 Abs. 1 GNotKG hinzuzurechnen. Hieraus ist für die Entwurfsfertigung eine 0,5 bis 2,0 Gebühr gemäß Nr. 24100 KV GNotKG zu erheben, mindestens jedoch 120 €, da bei Beurkundung des Vertrages eine Gebühr gemäß Nr. 21100 KV GNotKG angefallen wäre. Der Notar bestimmt die Gebührenhöhe im vorgenannten Rahmen gemäß § 92 Abs. 1 GNotKG nach billigem Ermessen unter Berücksichtigung des Umfangs der erbrachten Leistungen; wird der vollständige Entwurf gefertigt, ist gemäß § 92 Abs. 2 a.E. GNotKG die Höchst- (also die 2,0) Gebühr zu erheben.

9. Einschränkung der Stimmfreiheit aufgrund der gesellschaftsrechtlichen Treuepflicht

62 Grundsätzlich ist der Aktionär in der Ausübung seines Stimmrechts frei.[38] Die gesellschaftsrechtliche Treupflicht kann einem Gesellschafter aber eine bestimmte Ausübung seines Stimmrecht verbieten (und zur Anfechtbarkeit des trotzdem gefassten Beschlusses führen), wenn er damit Sondervorteile zulasten der Gesellschaft oder der anderen Gesellschafter anstrebt.[39]

10. Nichtigkeit und Anfechtbarkeit der Beschlüsse

a) Nichtigkeit

63 Nichtig sind Beschlüsse u.a., wenn die Einberufung nicht gesetzmäßig erfolgt ist (§ 121 Abs. 2, Abs. 3 Satz 1 und Abs. 4 AktG), z.B. wenn der in der Bekanntmachung angegebene Ort nicht mit dem Ort der Versammlung übereinstimmt oder wenn die Einladung nicht in

---
38 Vgl. BGHZ 76, 352.
39 Vgl. § 243 Abs. 2 AktG, BGHZ 103, 184 = DNotZ 1989, 14; BGHZ 120, 141; 136, 133.

den Gesellschaftsblättern bekannt gemacht ist. Nichtig sind aber auch nicht ordnungsmäßig beurkundete Beschlüsse (§ 130 Abs. 1, Abs. 2 Satz 1, Abs. 4 AktG); z.B. wenn die Niederschrift des Notars Art und Ergebnis der Beschlussfassung oder die Unterschrift des Notars nicht enthält (§ 241 Nr. 1 und 2 AktG). Die versehentlich unterbliebene Unterschrift des Notars kann allerdings unbefristet nachgeholt werden;[40] zur Heilung im Wege nachträglichen Berichtigungsprotokolls gem. § 44a Abs. 2 Satz 3 BeurkG vgl. Rdn 84.1.

Die *Eintragung* der nicht ordnungsgemäß beurkundeten Beschlüsse in das Handelsregister *heilt* den Beurkundungsmangel sofort, die Nichtigkeit aus einem anderen formellen Grund erst nach 3 Jahren (§ 242 AktG). **64**

b) Anfechtbarkeit

Anfechtbar sind Beschlüsse, wenn sie Gesetz oder Satzung verletzen und es sich nicht nur um eine Ordnungs-(Soll-)Vorschrift handelt. Die Anfechtung ist z.B. gegeben, wenn die Frist zur Einberufung oder Hinterlegung der Aktien nicht gewahrt ist, wenn der Gegenstand nicht auf der Tagesordnung gestanden hat, wenn der Inhalt der Tagesordnung nicht klar erkennen lässt, worüber abgestimmt werden soll, oder wenn die Vorschrift über die Stimmabgabe (gesonderte Abstimmung bei verschiedenen Aktiengattungen) nicht eingehalten ist. Der Beschluss über die Entlastung der Organe ist anfechtbar, wenn die abgegebene Entsprechenserklärung i.S.d. § 161 AktG für die Organe erkennbar unrichtig war[41] oder bei eindeutigen und schwerwiegenden Gesetzes- oder Satzungsverstößen.[42] Das Registergericht kann die Eintragung eines angefochtenen Beschlusses bis zur rechtskräftigen Entscheidung der Anfechtungsklage aussetzen und tut das im Allgemeinen, wenn sie ihm nicht aussichtslos erscheint; vgl. zum Freigabeverfahren Rdn. 67. Keine Anfechtbarkeit tritt jedoch ein, wenn eine (zugesagte) akustische Übertragung der Hauptversammlung in Vor- und Nebenräume nicht stattfand: der Aktionär kann dies beim Verlassen des Versammlungsraums unschwer erkennen und entsprechend disponieren.[43] **65**

Die Anfechtung des *zugegen gewesenen* Aktionärs hängt in der Regel davon ab, dass er *Widerspruch* (Protest) gegen den Beschluss zur Niederschrift des Notars erklärt hat (§ 245 Nr. 1 AktG). Die Anfechtung des *nicht erschienenen* Aktionärs hat zur *Voraussetzung*, dass er zu Unrecht nicht zugelassen ist oder die Versammlung nicht ordnungsgemäß einberufen oder der Gegenstand der Beschlussfassung nicht gehörig angekündigt war (§ 245 Nr. 2 AktG). Dem *Vorstand* steht die Anfechtung uneingeschränkt zu (§ 245 Nr. 4 AktG). Geltend zu machen ist die Anfechtung durch *Klageerhebung* binnen eines Monats nach Beschlussfassung (§§ 243 Abs. 1, 246 Abs. 1 AktG). **66**

Zur Eindämmung missbräuchlicher Anfechtungsklagen (»räuberische Aktionäre«) wurde durch das ARUG das *Freigabeverfahren*, auch im Rahmen des § 16 Abs. 3 UmwG, vereinfacht. Erst- und letztinstanzlich ist künftig das Oberlandesgericht zuständig (§ 246a AktG), das nach einem Zwei-Stufen-Modell entscheidet: In der ersten Stufe wird lediglich das wirtschaftliche Interesse des klagenden Aktionärs gegen die Unternehmensnachteile abgewogen, sodass Kleinstanteile nicht ins Gewicht fallen (bei einem anteiligen Betrag von unter 1.000 € kann der Anfechtungskläger die Freigabe nicht verhindern), in der zweiten Stufe wird die Schwere des Rechtsverstoßes berücksichtigt; liegt besondere Schwere des Rechtsverstoßes vor, ergeht dennoch kein Freigabebeschluss. **67**

---

40 BGH, 16.02.2009 – II ZR 185/07, NZG 2009, 342 (Kirch/Deutsche Bank), Tz 14
41 BGH, 16.02.2009 – II ZR 185/07, ZNotP 2009, 149 (Deutsche Bank).
42 Diese Voraussetzungen lagen nicht vor gemäß BGH, 07.02.2012, NZG 2012, 347 beim Unterlassen einer Mitwirkung der Hauptversammlung der Commerzbank AG an der Übernahme der Dresdner Bank im Jahr 2008 nach der Holzmüller-Doktrin.
43 BGH, 08.10.2013 – II ZR 329/12, MittBayNot 2014, 546 m. Anm. *Beck*.

IV. Die Niederschrift über die Beschlüsse der Hauptversammlung

1. Grundsätzliches

68 Über die Beschlüsse der Hauptversammlung ist eine Niederschrift[44] aufzunehmen. Während früher deren notarielle Beurkundung generell vorgeschrieben war, ist seit der Änderung des § 130 AktG im Jahr 1994 eine vom Vorsitzenden des Aufsichtsrats unterzeichnete Niederschrift ausreichend, wenn die Gesellschaft nicht börsennotiert (i.S.v. § 3 Abs. 2 AktG) ist und keine Beschlüsse gefasst werden, die nach dem Gesetz einer Dreiviertel- oder größeren Mehrheit des vertretenen Grundkapitals bedürfen (§ 130 Abs. 1 Satz 3 AktG). Nach dem Wortlaut der Vorschrift schließt nur der positive Beschluss die vereinfachte Niederschrift ohne notarielle Beurkundung aus, nicht die Ablehnung eines solchen Beschlussvorschlags. Keiner notariellen Beurkundung bedürfen ferner Beschlüsse, für die das Gesetz nur die 3/4 Mehrheit der vertretenen Stimmen (nicht des Grundkapitals) verlangt, z.B. die Abberufung eines Aufsichtsratsmitgliedes gemäß § 103 Abs. 1 Satz 2 AktG.[45] Werden, wie regelmäßig, Beschlüsse, die der qualifizierten Mehrheit bedürfen, zusammen mit anderen gefasst, braucht das notarielle Protokoll nur die ersteren Beschlussgegenstände zu umfassen (Rdn. 94).[46]

2. Die notarielle Niederschrift; maßgebende Vorschriften

69 Es handelt sich nicht um eine Beurkundung von Willenserklärungen, die in den §§ 6 ff. BeurkG geregelt ist, sondern um eine Beurkundung »sonstiger Tatsachen« (Bericht über Wahrnehmungen i.S.d. § 37 Abs. 1 Nr. 2 BeurkG), für die die §§ 36, 37 BeurkG weniger strenge Vorschriften enthalten. Während die Regelung des BeurkG für die Niederschrift der Beschlüsse der Gesellschafterversammlung der GmbH, soweit sie überhaupt beurkundungsbedürftig sind, vollständig ist und allein beachtet werden muss (s.o. § 144 Rdn. 53 ff.), richtet sich die Beurkundung der Hauptversammlungsbeschlüsse der Aktiengesellschaft vornehmlich nach der *Sondervorschrift* des § 130 AktG. Diese entspricht im Wesentlichen der allgemeinen Regelung in § 37 BeurkG, enthält jedoch auch Abweichungen zu dem Notarbericht, sie schreibt z.B. die Angabe von Ort *und* Tag der Verhandlung zwingend vor (nach § 37 Abs. 2 BeurkG nur – für den Notar allerdings verbindliche – »Soll«-Vorschrift).

3. Einzelheiten

a) Person des Notars

70 Die Frage des Ausschlusses des Notars von der Beurkundung (Mitwirkungsverbot bei Angehörigkeit zum Vorstand oder – str. – zum Aufsichtsrat der Gesellschaft ist oben in § 5 behandelt.[47] In die Beurkundung können *mehrere Notare* eingebunden sein, und zwar sowohl i.S. einer konsekutiven Funktionsteilung (Tagesordnungspunkte 1 bis 4 durch Notar A, ab TOP 5 durch Notar B), als auch im Sinne einer vorsorglichen Parallelprotokollierung für den Fall, dass der »Hauptnotar« während der Hauptversammlung bzw. vor der Unterzeichnung des Protokolls ausfällt.[48]

---

44 Vgl. umfassend zum Folgenden: *Fassbender*, RNotZ 2009, 425–457.
45 OLG Karlsruhe, 09.10.2013 – 7 U 33713, NZG 2013, 1261.
46 BGH, 19.05.2015 – II ZR 176/14; MittBayNot 2016, 254 m. krit. Anm. *Weiler*
47 Vgl. hierzu auch *Fassbender*, RNotZ 2009, 432 f. m.w.N.
48 Vgl. im Einzelnen *Reul/Zetzsche*, AG 2007, 561 ff.

b) Abfassung

Außer der Angabe des Namens der Notars ist die des *Ortes* und des *Tages* vorgeschrieben (§ 130 Abs. 2 AktG), wobei der Ort um den Raum und der Tag um die Stunde der Versammlung zweckmäßig ergänzt wird, um einer Anfechtung wegen nicht ordnungsmäßiger Einberufung nach § 121 Abs. 3 AktG, worin die Angabe der Zeit, nicht nur des Tages, vorgeschrieben ist, vorzubeugen. – Die Unterschrift des Notars ist notwendig, aber auch genügend; die von Zeugen oder die des Versammlungsleiters (Vorsitzenden) und ein Vorlesen und Genehmigen sind nicht erforderlich (§ 130 Abs. 4 AktG). Die Niederschrift ist ein Zeugnis über einen Hergang, eine Feststellung von Tatsachen, nicht von Rechtsgeschäften, sodass die §§ 6 ff. BeurkG keine Anwendung finden, es sei denn, dass Rechtsgeschäfte mit beurkundet werden. Auch eine Feststellung der Persönlichkeit der Teilnehmer entfällt (s.a. § 144 Rdn. 53 ff. zur GmbH).

71

Es hat sich eingebürgert, in das notarielle Ergebnisprotokoll weitere (gesetzlich jedoch nicht vorgeschriebene) Angaben aufzunehmen, z.B. Beginn und Ende der Hauptversammlung, Person des Versammlungsleiters und seine Feststellungen über die Einberufung, Anwesenheit von Mitgliedern des Vorstands und des Aufsichtsrates (auch im Hinblick auf deren Teilnahmepflicht, § 118 Abs. 2 AktG), Erläuterungen des Versammlungsleiters zum Ablauf der Versammlung und zur Durchführung der Abstimmungen (vgl. allerdings Rdn. 76 ff.), die in der Versammlung ausliegenden bzw. elektronisch zugänglichen Unterlagen, Erstellung und Auslegung des Teilnehmerverzeichnisses.

72

Die Fertigstellung der Niederschrift kann auch nach der Versammlung erfolgen, muss jedoch unverzüglich geschehen, weil der Vorstand selbst oder durch den Notar eine beglaubigte Abschrift der Niederschrift zum Handelsregister in elektronischer Form einzureichen hat (§ 130 Abs. 5 AktG). Nicht bereits mit der Unterzeichnung[49] sondern erst wenn die Niederschrift den »inneren Bereich« des Notariats verlassen hat,[50] wird aus dem Protokollentwurf eine notarielle Urkunde, die z.B. Objekt einer Urkundenunterdrückung sein kann.

73

c) Ausfertigung

Ausfertigungen, beglaubigte und einfache Abschriften und Einsichtnahme in die Niederschrift kann jeder verlangen, der die Aufnahme der Urkunde beantragt hat, und deren Rechtsnachfolger (§ 51 Abs. 1 Nr. 2 und Abs. 3 BeurkG) sowie die Personen, die von dem Berechtigten durch besondere Erklärungen gegenüber dem Notar hierzu ermächtigt sind (§ 51 Abs. 2 BeurkG). Der Aktionär, der Widerspruch (Protest) gegen einen Beschluss zur Niederschrift erklärt hat (§ 245 Nr. 1 AktG), beantragt als Voraussetzung seiner Anfechtungsklage die Beurkundung dieser Tatsache und hat deshalb die vorstehenden Rechte.[51] Die Ansicht, dass auch der Aktionär, der nur das Wort in der Hauptversammlung ergriffen, aber nicht Protest zur Niederschrift erklärt hat, diese Rechte haben solle,[52] ist unzutreffend, da nicht jeder Sprecher etwas zur Beurkundung der Beschlüsse beantragt.

74

Ob jeder Aktionär Ausfertigungen oder Abschriften oder Einsichtnahme von der Aktiengesellschaft, vertreten durch den Vorstand, also nicht vom Notar, fordern kann, dürfte nach § 810 BGB zu entscheiden sein.[53]

75

---

49 So aber OLG Frankfurt NJW 2007, 1221.
50 BGH, 16.02.2009 – II ZR 185/07, ZNotP 2009, 149; *Wolfsteiner*, ZNotP 2005, 376; *Ludwig*, ZNotP 2008, 345 ff.
51 OLG Frankfurt DNotZ 1967, 584.
52 So LG Frankfurt am Main DNotZ 1967, 584.
53 Vgl. *Leuering*, ZIP 2000, 2053 ff.

4. Inhalt

a) Grundsatz

76 Die Niederschrift soll keine stenografische Aufzeichnung des in der Versammlung Gesprochenen darstellen. Zwingend vorgeschrieben ist nur die Aufnahme der *Art* und der *Ergebnisse* jeder *Abstimmung* und die *Feststellung* des *Vorsitzenden* über die Beschlussfassung (§ 130 Abs. 2 Satz 1 AktG; vgl. jedoch Rdn. 77 zur börsennotierten Aktiengesellschaft). Wegen der Art der Abstimmung s.o. Rdn. 55 ff; anzugeben ist also, ob die Abstimmung mittels Stimmkarten, durch Handzeichen, durch Aufstehen, durch Zu- und Aufruf, offen oder geheim erfolgte;[54] nicht erforderlich ist die Angabe des Rechtsgrundes der Abstimmung, also ob die gewählte Abstimmungsart auf einer Satzungsregelung oder auf der Anordnung des Versammlungsleiters beruht. Aufzunehmen sind (allerdings nicht zur Vermeidung der Nichtigkeitsfolge des § 130 Abs. 1, 2 Satz 1, Abs. 4 AktG) ferner Widersprüche von Aktionären gemäß § 245 Nr. 1 AktG, auf Verlangen auch die Frage und den Grund für die Auskunftsverweigerung gemäß § 131 Abs. 5 AktG, vgl. Rdn. 88. Die Feststellung, dass das Stimmverbot für den Aktionär, der als Vorstands- oder Aufsichtsratsmitglied entlastet werden soll, beachtet ist (oben Rdn. 36), betrifft die Art der Abstimmung und ist deshalb gemäß § 130 Abs. 2 AktG mit aufzunehmen. Auch die Feststellung ist notwendig, dass die Betroffenen nicht durch Legitimationsaktionäre (Bankenvertreter) oder durch offene Bevollmächtigte mitgestimmt haben.

77 Bei **börsennotierten Gesellschaften** muss die Hauptversammlungsniederschrift gemäß § 130 Abs. 2 Satz 2 AktG in der Fassung des ARUG grundsätzlich für jeden Beschluss die Zahl der Aktien, für die gültige Stimmen abgegeben wurden, den Anteil des durch diese Stimmen vertretenen Kapitals (im Verhältnis zum gesamten Grundkapital[55]) und die Zahl der abgegebenen Stimmen und Gegenstimmen sowie Enthaltungen aufführen; dieses Ergebnis ist binnen 7 Tagen auf der Internet-Seite der Gesellschaft zu veröffentlichen (§ 130 Abs. 6 AktG). (Ausnahmsweise genügt in der Versammlung, nicht jedoch in der internen Publikation, die schlichte Feststellung des Versammlungsleiters, dass die erforderliche Mehrheit erreicht wurde, wenn kein Aktionär die genaue Angabe während der Hauptversammlung verlangt, § 130 Abs. 2 Satz 3 AktG. Auch die Niederschrift des Notars muss weiterhin das vollständige zahlenmäßige »Ergebnis der Abstimmung« i.S.d. § 130 Abs. 2 Satz 1 AktG aufführen.[56])

Nichtausübung des Stimmrechts bei Vorstandsentlastung

78 M Bei der Entlastung des Vorstands übten dessen Mitglieder ihr Stimmrecht nicht aus und ließen das Stimmrecht für ihre Aktien auch nicht durch Aktionärsvertreter oder Bevollmächtigte ausüben.

Nichtausübung des Stimmrechts bei Aufsichtsratsentlastung

79 M Die als Aktionäre vertretenen Aufsichtsratsmitglieder übten bei der Entlastung des Aufsichtsrats ihr Stimmrecht weder selbst noch durch Dritte aus.

---

54 BGH, 10.10.2017 – II ZR 375/15, NZG 2017, 1374 (allein die Angabe »offene Abstimmung« reicht nicht).
55 Klarstellung in § 130 Abs. 2 Satz 2 Nr. 2 AktG durch die »kleine Aktienrechtsnovelle« 2016.
56 BGH, 10.10.2017 – II ZR 375/15, NZG 2017, 1374; zuvor bereits Gutachten DNotI-Report 2010, 61 ff. Die Angabe von Prozenten führt jedoch nicht zur Nichtigkeit, wenn eindeutig ist, ob sie sich auf das gesamte Grundkapital oder auf die präsenten Stimmen bzw. die teilnehmenden Stimmen beziehen, und sich ggf. fehlende Bezugsgrößen aus anderen Teilen des Protokolls oder der Anlagen ergeben.

b) Ergebnisfeststellung

Die Feststellung des *Ergebnisses* hängt von der Art der Abstimmung ab. Bei Zuruf oder Handaufheben oder Erheben von den Plätzen wird zuweilen nicht einmal die Zahl der Personen, die mit ja oder nein gestimmt oder sich der Stimme enthalten haben, zweifelsfrei festzustellen sein, viel weniger die Zahl der bejahenden oder verneinenden Stimmen. Dann muss der Notar den Vorsitzenden darauf hinweisen, dass nach der Subtraktionsmethode oder mit Stimmkarten (oben Rdn. 60 f.) abgestimmt werden müsse. Zu beurkunden hat der Notar die Feststellung des Vorsitzenden, und ggf. abweichende eigene Feststellungen. Hierzu zählt die Angabe, wie viele Stimmen für einen Antrag und wie viele dagegen abgegeben sind. Abstimmungs- und technische Auszählungsvorgänge im sog. »Back-office« braucht der Notar nicht zu überwachen.[57]   80

Die Feststellung, die der *Vorsitzende* trifft und *bekannt gibt* (§ 130 Abs. 2 AktG), ist stets aufzunehmen. Das kann nach jedem einzelnen Beschluss oder auch zusammenfassend am Ende der Niederschrift geschehen: 81

Beschlussverkündung

Der Vorsitzende verkündete den Beschluss (über die Entlastung des Vorstandes oder des Aufsichtsrates .....)
oder: *die Satzungsänderung, die Gewinnverteilung .....)*
oder: *Der Vorsitzende verkündete alle vorstehend beurkundeten Beschlüsse.*   82 M

Eine wörtliche Wiedergabe der gefassten Beschlüsse durch den Vorsitzenden ist nicht erforderlich, wenn sie in den mitgeteilten Anträgen, wie üblich, enthalten sind. Die Aufzeichnung von Anträgen zu Gegenständen der Tagesordnung ist notwendig, soweit die Anträge dem Verständnis der gefassten Beschlüsse dienlich sind.   83

Die Angabe der für und gegen einen Antrag abgegebenen Stimmen genügt mindestens dann nicht, wenn eine Stimmberechtigung bestritten ist. – Fehlt die Feststellung des Vorsitzenden, dass ein Antrag angenommen ist oder nicht, so ist der Beschluss nach § 241 Nr. 2 und § 130 Abs. 2 AktG nichtig.[58]   84

Weicht die Feststellung des Vorsitzenden von der des Notars ab, so wird er den Vorsitzenden darauf aufmerksam machen müssen. Berücksichtigt der Vorsitzende (Versammlungsleiter) die Feststellung des Notars nicht, wird dieser die abweichende Meinung des Vorsitzenden in der Niederschrift festhalten. Bewiesen ist die vom Notar bezeugte Tatsache (§ 418 Abs. 1 ZPO). Die abweichende Ansicht des Vorsitzenden kann jedoch zum Beweis der Unrichtigkeit der vom Notar bezeugten Tatsache (§ 418 Abs. 2 ZPO) beitragen.   85

c) Berichtigung der Niederschrift

Bis zur »Entäußerung«, also Erteilung von Ausfertigungen oder Abschriften der Niederschrift, handelt es sich um ein »Internum« des Notars, selbst wenn aus Gründen höchster Vorsicht unmittelbar nach der Versammlung eine Rohfassung durch den Notar unterzeichnet wird, um z.B. für den Fall seines Ablebens eine Wiederholung der Hauptversammlung zu vermeiden.[59] Bis zu dieser Entäußerung kann der Notar den Entwurf nach eigener Erinnerung ändern, vernichten und neu erstellen.[60] Erkennt der Notar später, dass die Nieder-   86

---

57 BGH, 16.02.2009 – II ZR 185/07, NZG 2009, 342 (Kirch/Deutsche Bank).
58 BayObLG DNotZ 1973, 125.
59 Vgl. *Kanzleiter*, DNotZ 2007, 804, 811.
60 BGH, 16.02.2009 – II ZR 185/07, NZG 2009, 342 (Kirch/Deutsche Bank).

schrift nicht den tatsächlichen Geschehensablauf widergibt, kann er im Falle »offensichtlicher Unrichtigkeiten« einen Nachtragsvermerk gem. § 44a Abs. 2 Satz 1 und 2 BeurkG errichten. Sonstige (sich z.B. nicht aus Widersprüchen der Niederschrift ergebende) Unrichtigkeiten, Ergänzungen oder Streichungen kann der Notar gem. § 44a Abs. 2 Satz 3 BeurkG vornehmen, und zwar – sofern das Protokoll als Niederschrift über Wahrnehmungen gem. §§ 36, 37 BeurkG allein durch den Notar errichtet wurde – durch ein Nachtragsprotokoll, wiederum ohne Mitwirkung der Aktionäre oder des Versammlungsleiters[61] (anders bei der selten anzutreffenden Beurkundung der Hauptversammlungsbeschlüsse als Willenserklärungen, § 6 BeurkG). Litt das Protokoll in der Erstfassung noch unter Mängeln mit Nichtigkeitsfolge (§ 241 Nr. 2 AktG), werden diese Mängel durch die Berichtigung/das Nachtragsprotokoll geheilt.[62]

Lehnt der Notar eine Berichtigung der Niederschrift ab, ist hiergegen kein Rechtsmittel eröffnet.[63]

d) Anfechtung

87 Die Wirksamkeit der Beschlüsse der Hauptversammlung hängt von dem Inhalt der Beurkundung zu a–c ab; § 130 Abs. 1 Satz 2 AktG schreibt außerdem die Aufnahme bestimmter Verlangen einer Minderheit in die Niederschrift vor (z.B. Anträge auf Einzelentlastung in Bezug auf Vorstand oder Aufsichtsrat, § 120 Abs. 1 Satz 2 AktG, vorrangige Aktionärsvorschläge zur Aufsichtsratswahl gemäß § 137 AktG). Darüber hinaus sind auch noch andere Vorgänge in die Niederschrift mit aufzunehmen.[64]

88 Da die *Anfechtungsbefugnis* des zur Hauptversammlung erschienenen Aktionärs von dem von ihm erhobenen Widerspruch abhängt und dieser durch die Niederschrift zu beweisen ist (§ 245 Nr. 1 AktG), muss der Notar die erhobenen *Proteste* aufnehmen, jedoch ebenso wenig eine dazu gegebene Begründung wie die Begründung von Anträgen. Auf Verlangen eines Aktionärs[65] ist in die Verhandlungsniederschrift aufzunehmen, zu welcher Frage[66] ihm eine *Auskunft verweigert* ist[67] und aus welchem Grunde[68] (§ 131 Abs. 5 AktG). Das *Minderheitsverlangen* auf Geltendmachung von Ersatzansprüchen gegen Gründer (§§ 46 bis 48, 53 AktG), Vorstand und Aufsichtsrat oder gegen Schädiger wegen vorsätzlicher Schadenszufügung durch Einflussbenutzung (§§ 147 Abs. 1, 117 AktG) ist ebenfalls aufzunehmen,

---

61 BGH, 10.10.2017 – II ZR 375/15, NZG 2017, 1374, vgl. hierzu *Heckschen/Kreußlein*, ZGB 2018, 401 ff. und *Lubberich*, DNotZ 2018, 324 ff.
62 BGH, 10.10.2017 – II ZR 375/15, NZG 2017, 1374, lässt offen ob dies auch gilt, wenn der Aktionär bereits Dispositionen getroffen (also Nichtigkeitsklage erhoben) hat, dafür überzeugend *Heckschen/Kreußlein*, NZG 2018, 401, 411 (Kostentragung des erledigten Rechtsstreits gem. § 91 ZPO durch die AG, Amtshaftung des Notars).
63 Die Ablehnung einer Berichtigung gem. § 44a Abs. 2 BeurkG ist ebenso wenig anfechtbar wie die Ablehnung einer Protokollberichtigung gem. § 164 ZPO, vgl. LG Passau, 11.01.2016 – 2 T 17/15, MittBayNot 2016, 268.
64 Vgl. nur *Hüffer*, § 130 AktG Rn. 2 ff. m.w.N.; *Fassbender*, RNotZ 2009, 441.
65 Vgl. auch OLG Köln, 28.07.2011 – 18 U 213/10, AG 2011, 838: kein Verwirken der Beschlussanfechtungsklage, wenn der Aktionär auf die »salvatorische« Schlussfrage des Versammlungsleiters, ob noch Fragen unbeantwortet geblieben seien, schweigt.
66 Hält der Aktionär die erteilte Auskunft für zu pauschal, muss er durch Nachfrage deutlich machen, dass sein Informationsinteresse auf bestimmte Detailauskünfte gerichtet ist, BGH, 05.11.2013 – II ZB 28/12, MittBayNot 2014, 259.
67 Der Vorstand darf z.B. die Antwort verweigern, wenn sich das Auskunftsverlangen auf vertrauliche Vorgänge in den Sitzungen des Aufsichtsrates oder der von ihm gemäß § 107 Abs. 3 Satz 1 AktG bestellten Ausschüsse bezieht, BGH, 05.11.2013 – II ZB 28/12, MittBayNot 2014, 259 (Deutsche Bank AG). Es genügt, dass der Vorstand die ein Auskunftsverweigerungsrecht begründenden Umstände plausibel macht, BGH, 14.01.2014 – II ZB 5/12, MittBayNot 2014, 357 (Porsche Automobil Holding SE).
68 Eine Weigerung des Vorstands zur Angabe der Gründe führt nicht dazu, dass im Verfahren gemäß § 132 AktG auch Auskünfte, hinsichtlich derer Auskunftsverweigerungsgründe bestehen, erzwungen werden können, BGH, 14.01.2014 – II ZB 5/12, MittBayNot 2014, 357 (Porsche Automobil Holding SE).

gleichermaßen der Widerspruch einer Minderheit gegen die Wahl des Abschlussprüfers, § 318 Abs. 3 Satz 2 AktG. Notwendig ist auch die Aufnahme eines Auskunftsverlangens ohne besonderen Antrag dazu, wenn der fragende Aktionär erkennen lässt, dass er sich einen Antrag auf gerichtliche Entscheidung nach § 132 AktG (Auskunftserzwingungsverfahren) oder eine Anfechtungsklage nach §§ 245, 246 AktG vorbehalten will.

Was zur *Erfüllung* der dem *Vorstand* obliegenden besonderen *Pflichten* geschieht, sollte jedenfalls zu Beweiszwecken aufgenommen werden. Zweckmäßig ist die Aufnahme der Erklärungen des Vorsitzenden über die Einberufung der Versammlung und die Auslegung der Berichte, des Jahresabschlusses und des Gewinnverwendungsvorschlages (§§ 175 Abs. 2, 176 Abs. 1 AktG), deren Vorlage und Erläuterung in der Hauptversammlung (§ 176 Abs. 1 AktG) und die Teilnahme des Abschlussprüfers (§ 176 Abs. 2 Satz 1 AktG). 89

5. Keine Beratungspflicht des Notars

Eine besondere *Pflicht* zur *Beratung* des Vorsitzenden hat der beurkundende *Notar nicht*. Er wird ihn zwar auf offenbare Verstöße gegen das Gesetz oder die Satzung, soweit ihm diese bekannt ist, aufmerksam machen müssen. Aber verantwortlich für die Wirksamkeit oder gar Zweckmäßigkeit der Handlungen der Versammlungsteilnehmer ist der Notar nicht. Auch unwirksame Beschlüsse hat er zu beurkunden, wenn sie keinen strafbaren, sittenwidrigen oder sonst unerlaubten Inhalt haben (§§ 15 Abs. 1, 14 Abs. 2 BNotO). Dem Notar obliegt es ebenso wenig, das Abstimmungsverfahren und die Auszählung zu überwachen,[69] solange er nicht auf Fehler aufmerksam wird. Dies gilt erst recht für die elektronische Stimmabgabe (Rdn. 42 ff.). Zusätzlich zur Beurkundung kann der Notar freilich einen Auftrag zur Beratung während der Versammlung übernehmen, etwa zur Frage, ob der Vorsitzende von einer satzungsmäßigen Ermächtigung zur Begrenzung des Frage- und Rederechts der Aktionäre (§ 131 Abs. 2 S, 2 AktG) in zulässiger Weise Gebrauch macht.[70] 90

Hauptversammlungsprotokoll

Oberhausen, den... 91 M

Auf Ersuchen des Vorstands der »Wiesenthal Drahtwerk Aktiengesellschaft« in Oberhausen hatte sich der unterzeichnende Notar ..... heute, den ..... 2015, in das in Oberhausen, Duisburger Straße 1, gelegene Verwaltungsgebäude dieser Gesellschaft begeben, um in ihrer Hauptversammlung die Niederschrift zu führen. Er traf dort an:

i. Die Vorstandsmitglieder Ernst Franke und Dr. Ing. Werner Begemann, beide in Oberhausen,

ii. Vom Aufsichtsrat
1. Bankdirektor Lothar Münze in Düsseldorf, Vorsitzender,
2. Rechtsanwalt Dr. Ernst Dietze in Düsseldorf, stellvertretender Vorsitzender,
3. Lohnbuchhalter Hans Endres in Oberhausen,
4. Vorschlosser Richard Haumann in Oberhausen,
5. Kaufmann Fritz Weniger in Oberhausen,
6. Fabrikant Otto Wiedemann in Mülheim/Ruhr.

---

69 OLG Düsseldorf RNotZ 2003, 328, 331 gegen LG Wuppertal MittBayNot 2002, 202.
70 Vgl. BGH, 08.02.2010 – II ZR 94/08, DNotZ 2010, 389 m. Anm. *Herrler*: Gebote der Sachdienlichkeit, Verhältnismäßigkeit und Gleichbehandlung; angestrebter Debattenschluss um 22:30 Uhr ist unbedenklich.

iii. Die im anliegenden Teilnehmerverzeichnis aufgeführten Aktionäre und Aktionärsvertreter.

Der Vorsitzende des Aufsichtsrats eröffnete um 11.10 Uhr die Versammlung und übernahm den Vorsitz. Er stellte fest, dass die Hauptversammlung durch Einrückung im Bundesanzeigers am ..... einberufen ist. Diese Einrückung, die im Ausdruck vorlag, enthält folgende

Tagesordnung:

1. Vorlage des festgestellten Jahresabschlusses für das Geschäftsjahr ....., des Lageberichts, des Berichts des Aufsichtsrats und des Gewinnverwendungsvorschlags.
2. Beschlussfassung über die Verwendung des Reingewinns. Vorstand und Aufsichtsrat schlagen vor, aus dem im Jahresabschluss ausgewiesenen Reingewinn eine Dividende von 10 % auf das Grundkapital auszuschütten und den Rest auf neue Rechnung vorzutragen.
3. Entlastung des Vorstands und Aufsichtsrats. Vorstand und Aufsichtsrat schlagen vor, dem Vorstand und dem Aufsichtsrat Entlastung zu erteilen.
4. Wahlen zum Aufsichtsrat. Der Aufsichtsrat schlägt vor, das am Tage der Hauptversammlung satzungsgemäß ausscheidende Aufsichtsratsmitglied Fabrikant Otto Wiedemann in Mülheim/Ruhr wieder zu wählen und an Stelle des auf seinen Wunsch am gleichen Tage ausscheidenden Herrn Fritz Weniger den Fabrikdirektor Herbert Matthias in Essen neu in den Aufsichtsrat zu wählen.
Die Zusammensetzung des Aufsichtsrats bestimmt sich nach § 96 Abs. 1 des Aktiengesetzes und § 4 Abs. 1 des Drittelbeteiligungsgesetzes. Die Hauptversammlung ist an den Wahlvorschlag nicht gebunden.
5. Wahl des Abschlussprüfers für das Geschäftsjahr ..... Der Aufsichtsrat schlägt vor, die »Niederrheinische Revisions-Aktiengesellschaft« in Düsseldorf zum Abschlussprüfer zu wählen.

Der Vorsitzende legte das Verzeichnis der erschienenen Aktionäre und Aktionärsvertreter mit der Angabe ihres Namens und Wohnsitzes und des Betrages der von ihnen vertretenen Stimmen, das dieser Niederschrift als Anlage 1 beigefügt ist, vor der ersten Abstimmung zur Einsicht aus. Es sind danach Aktien im Nennbetrag von 2.763.000 € mit 55.260 Stimmen vertreten.

Der Vorsitzende gab bekannt, dass durch Handaufheben abgestimmt werden solle, er sich aber die Anordnung einer anderen Abstimmungsart vorbehalte.

Darauf wurde die Tagesordnung erledigt wie folgt:

Punkt 1 der Tagesordnung:

Es lagen vor der mit dem Bestätigungsvermerk der »Niederrheinischen Revisions-Aktiengesellschaft« in Düsseldorf versehene Jahresabschluss für das Geschäftsjahr 2014, der vom Vorstand aufgestellt und nach Billigung durch den Aufsichtsrat festgestellt ist, sowie der Geschäftsbericht des Vorstands mit dem Bericht des Aufsichtsrats. Ein gedrucktes Stück dieser Vorlagen ist der Niederschrift als Anlage 2 beigefügt.

Die Verlesung der Vorlagen, die nach Erklärung des Vorsitzenden seit der Einberufung der Hauptversammlung in den Geschäftsräumen der Gesellschaft zur Einsicht ausgelegen haben, wurde nicht verlangt.

Das Vorstandsmitglied Ernst Franke beantwortete die von den Aktionären gestellten Fragen.

Punkt 2 der Tagesordnung:

Es wurde durch Handaufheben gegen 60 Nein-Stimmen mit den übrigen 55.200 Stimmen, ohne Stimmenthaltung oder ungültige Stimmen, beschlossen, den Reingewinn von 305.780 € in der durch Vorstand und Aufsichtsrat vorgeschlagen Weise durch Zah-

lung einer Dividende von 10 v.H. auf das Grundkapital von 3 Millionen € zu verwenden und die restlichen 5.780 € auf neue Rechnung vorzutragen. Für alle 55.260 Aktien (entsprechend einem Anteil am Grundkapital von 2.763.000 €) wurden gültige Stimmen abgegeben.
Die Aktionäre Karl Busch in Essen und Franz Möller in Dortmund erhoben Widerspruch gegen diesen Beschluss.
Punkt 3 der Tagesordnung:
Gegen 60 Nein-Stimmen wurde mit den übrigen vertretenen 55.200 Stimmen beschlossen, dem Vorstand Entlastung zu erteilen, ohne Stimmenthaltungen oder ungültige Stimmabgaben. Für alle 55.260 Aktien (entsprechend einem Anteil am Grundkapital von 2.763.000 €) wurden gültige Stimmen abgegeben.
Gegen 60 Nein-Stimmen wurde mit 49.200 Stimmen beschlossen, dem Aufsichtsrat Entlastung zu erteilen. Die Aufsichtsratsmitglieder Dr. Ernst Dietze und Otto Wiedemann stimmten nicht mit. Stimmenthaltungen oder ungültige Stimmen wurden nicht abgegeben. Für 49.260 Aktien (entsprechend einem Anteil am Grundkapital von 2.463.000 €) wurden gültige Stimmen abgegeben.
Die Aktionäre Karl Busch und Franz Möller erklärten sowohl gegen die Entlastung des Vorstands wie die des Aufsichtsrats Widerspruch zur Niederschrift.
Punkt 4 der Tagesordnung:
Der Vorsitzende gab bekannt, dass die Amtszeit der Aufsichtsratsmitglieder Otto Wiedemann und Fritz Weniger mit der Beendigung der heutigen Hauptversammlung ablaufe. Auf seinen Vorschlag wurde beschlossen, den Fabrikanten Otto Wiedemann in Mülheim/Ruhr wiederzuwählen und den Fabrikdirektor Herbert Matthias in Essen neu in den Aufsichtsrat zu wählen.
Der Beschluss wurde gegen 60 Nein-Stimmen mit 55.190 Ja-Stimmen gefasst. Ein Aktionär mit 10 Stimmen hatte die Versammlung vor dieser Abstimmung verlassen. Stimmenthaltungen und ungültige Stimmen wurden nicht abgegeben. Für 55.250 Aktien (entsprechend einem Anteil am Grundkapital von 2.762.500 €) wurden gültige Stimmen abgegeben.
Die Aktionäre Karl Busch und Franz Müller erklärten Widerspruch gegen diesen Beschluss.
Der Vorsitzende gab bekannt, dass von den Arbeitnehmern die bisherigen Aufsichtsratsmitglieder Hans Endres und Richard Haumann, beide in Oberhausen, deren bisherige Wahlzeit mit der Hauptversammlung abläuft, wiedergewählt sind.
Punkt 5 der Tagesordnung:
Bei Enthaltung von 60 Stimmen wurde mit 55.190 Stimmen beschlossen, die »Niederrheinische Revisions-Aktiengesellschaft« in Düsseldorf zum Abschlussprüfer für das Geschäftsjahr ..... zu bestellen. Stimmenthaltungen und ungültige Stimmen wurden nicht abgegeben. Für 55.250 Aktien (entsprechend einem Anteil am Grundkapital von 2.762.500 €) wurden gültige Stimmen abgegeben.
Der Vorsitzende stellte alle vorstehend beurkundeten Beschlussfassungen fest, indem er sie verkündete.
Er schloss die Versammlung um 14.15 Uhr.
Von mir, dem Notar wird festgestellt, dass
(1) das als Anlage 1 beigefügte Teilnehmerverzeichnis vor der ersten Abstimmung ausgelegt wurde und während der ganzen Dauer der Hauptversammlung auslag,
(2) die Erläuterungen des Vorsitzenden sowie der übrigen Personen, die sich äußerten, deutlich und gut verständlich waren,
(3) die Stimmabgaben und Ermittlungen des Ergebnisses ohne erkennbare Störungen im Beisein des Notars stattfanden,

(4) sämtliche Beschlüsse in der vorgeschlagenen Abstimmungsform (Abstimmung durch Handzeichen) und mit dem von dem Vorsitzenden bekannt gegebenen Abstimmungsergebnis erfolgten,
(5) das Ergebnis der Abstimmung und die gefassten Beschlüsse von dem Vorsitzenden jeweils festgestellt und wie vorstehend verkündet wurden,
(6) weitere Widersprüche oder eine Rüge nach § 131 Abs. 5 AktG nicht erklärt wurden.
Hierüber Niederschrift

....., Notar

■ **Kosten.** Der Gewinnverwendungsbeschluss ist mit dem bestimmten Geldwert von 305.780 € anzusetzen. Entlastungsbeschlüsse haben untereinander denselben Gegenstand (§ 109 Abs. 2 Satz 1 Nr. 4e) GNotKG); Wahlen und Entlastungsbeschlüsse wiederum bilden untereinander ebenfalls denselben Gegenstand – a.a.O., lit. f), sofern nicht (wie hier in Bezug auf den Abschlussprüfer) getrennt abgestimmt wird. Anzusetzen sind daher zwei weitere Beschlüsse ohne bestimmten Geldwert, also gemäß §§ 108 Abs. 1 Satz 1, 105 Abs. 4 Nr. 1 GNotKG je in Höhe von 1 v.H. des Grundkapitals, mindestens jedoch je 30.000 €. Aus dem Gesamtwert (höchstens jedoch aus 5 Mio. €, § 108 Abs. 5 GNotKG) wird eine 2,0 Gebühr gemäß Nr. 21100 KV GNotKG erhoben. Hinzu kommt die »Auswärtsgebühr« gemäß Nr. 26002 KV GNotKG in Höhe von 50 € je angefangene halbe Stunde der Abwesenheit. Die elektronische Einreichung des Hauptversammlungsprotokolls gemäß § 130 Abs. 5 AktG (XML-Strukturdaten) löst eine 0,3 Gebühr nach Nr. 22114 KV GNotKG aus dem Geschäftswert der Niederschrift (§ 112 GNotKG) aus, höchstens jedoch 250 €.

Tagesordnung zur Feststellung des Jahresabschlusses durch die Hauptversammlung

92 M **Punkt 2: Beschlussfassung über die Feststellung des Jahresabschlusses zum 31. Dezember .....** Vorstand und Aufsichtsrat schlagen vor, den vorgelegten Jahresabschluss festzustellen.

Feststellungsbeschluss der Hauptversammlung

93 M Zu Punkt 2 der Tagesordnung wurde durch Handaufheben mit 10.420 Stimmen gegen 360 Stimmen bei 40 Stimmen Enthaltung beschlossen: Der vorgelegte Jahresabschluss zum 31.12. ..... wird festgestellt.

6. Niederschrift ohne notarielle Beurkundung

94 Für den Inhalt der Niederschrift gilt das Gleiche wie für die vom Notar zu beurkundende.[71] Die Niederschrift ist vom Aufsichtsratsvorsitzenden zu unterschreiben, der damit die Verantwortung für ihre Richtigkeit übernimmt; deshalb hat er die Niederschrift selbst aufzunehmen oder unter seiner Verantwortung herstellen zu lassen. Wenn das Gesetz Unterzeichnung durch den »Vorsitzenden des Aufsichtsrats« vorschreibt, geht es von dem Regelfall aus, der sich in der Praxis herausgebildet hat, dass der Aufsichtsratsvorsitzende die Leitung der Hauptversammlung übernimmt. Hat die Hauptversammlung einen anderen Leiter (den stellvertretenden Vorsitzenden des Aufsichtsrats oder eine andere Person, die die Hauptversammlung wählt), so unterzeichnet dieser die Niederschrift (auch wenn der Fall vom Gesetz nicht geregelt ist). Sind in einer Versammlung sowohl beurkundungs-

---
71 *Bezzenberger*, FS Schippel, 1996, S. 361, 364.

bedürftige (§ 130 Abs. 1 Satz 3 AktG) als auch nicht beurkundungsbedürftige Beschlüsse zu fassen, erlaubt der BGH auch die Teilung der Niederschrift dahingehend, dass der Aufsichtsratsvorsitzende die gesamte Versammlung samt der Beschlüsse zu Regularien, Verfahrensfragen etc. protokolliert, der Notar lediglich diejenigen Beschlüsse, die eine ¾ oder größere Mehrheit des vertretenen Grundkapitals erfordern, und dann die Versammlung verlässt.[72]

7. Vollversammlung

Wenn alle Aktionäre erschienen oder vertreten sind, können sie nach § 121 Abs. 6 AktG Beschlüsse ohne Einhaltung der Vorschriften für die Einberufung fassen, wenn kein Aktionär der Beschlussfassung widerspricht. Dem Vorstand und Aufsichtsrat muss die Teilnahme ermöglicht sein, auch wenn der einzige oder alle Aktionäre Beschlüsse fassen (§ 118 Abs. 2 AktG). Auch die Beurkundungsvorschriften des § 130 AktG sind zu beachten. (Von der Feststellung des Vorsitzenden über die Beschlussfassung und ihrer Aufnahme in die Niederschrift kann abgesehen werden, wenn sie – etwa bei der Einmann-Gesellschaft oder Einstimmigkeit – eine bloße Förmlichkeit wäre,[73] ebenso entfallen naturgemäß Angaben zu den – hier ausgeschlossenen[74] – Stimmverboten. Auch ein Teilnehmerverzeichnis ist nicht erforderlich.) Nach strenger (unzutreffender) Auffassung[75] bedarf es allerdings auch bei der Einmann-AG eines personenverschiedenen Versammlungsleiters, wenn die Satzung die Leitung durch den Aufsichtsratsvorsitzenden bzw. einen stattdessen gewählten Versammlungsleiter vorschreibt.

95

Hauptversammlung einer Ein-Mann-AG

Oldenburg, den. . .
Der unterzeichnende Notar ..... war in das Gebäude der »Oldenburgischen Landesbank« in Oldenburg, Osnabrücker Str. 3, gebeten worden, um die Niederschrift über eine außerordentliche Hauptversammlung dieser Gesellschaft aufzunehmen.
Er traf dort an:
1. vom Vorstand die Bankdirektoren Bodo Hammer und Dr. Gerhard Münster, beide in Oldenburg,
2. vom Aufsichtsrat
    a) Ministerialrat Dr. Konrad Knop in Hannover, Vorsitzender,
    b) Bankkassierer Arthur Westerharm in Oldenburg,
3. Regierungsamtsrat Walter Fresenius in Hannover.
Der Vorsitzende des Aufsichtsrats, Ministerialrat Dr. Knop, eröffnete die Versammlung und übernahm die Leitung.
Er stellte fest, dass das gesamte Grundkapital der Gesellschaft von 10 Millionen € sich im Besitz des Landes Niedersachsen befinde und dass Aktienurkunden nicht ausgegeben seien. Der anwesende Regierungsamtsrat Fresenius habe ihm eine Bescheinigung des Finanzministers des Landes Niedersachsen dieses Inhalts überreicht, sowie eine Vollmacht, worin Regierungsamtsrat Fresenius ermächtigt sei, das Stimmrecht

96 M

---

72 BGH, 19.05.2015 – II ZR 176/14, MittBayNot 2016, 254 m. krit. Anm. *Weiler*.
73 BayObLG NJW 1973, 250, 251.
74 Vgl. näher *Ott*, RNotZ 2014, 423, 427 ff., auch zur (Einzel-)Entlastung von Vorständen der AG, die zugleich Vorstand des Alleinaktionärs sind (durch die ggf. vorhandenen jeweils anderen Vorstände als Vertreter des Alleinaktionärs).
75 OLG Köln DNotZ 2008, 789 m. krit. Anm. *Wicke*; ebenso *Ott*, RNotZ 2014, 423, 425.

für die alleinige Aktionärin in der heutigen außerordentlichen Hauptversammlung auszuüben.
Der Vorsitzende stellte weiter fest, dass der Vorstand und der Aufsichtsrat über die Abhaltung und den Zweck der außerordentlichen Hauptversammlung unterrichtet seien.
Als einzigen Punkt der Tagesordnung gab er bekannt:
Wahl des vom Aufsichtsrat vorgeschlagenen Oberregierungsrats Dr. Werner Koken in Hannover zum Aufsichtsratsmitglied an Stelle des verstorbenen Oberregierungsrats Herbert Obermeier.
Der Vertreter des Aktionärs erhob keinen Widerspruch gegen die Beschlussfassung in der Hauptversammlung ohne Einhaltung der gesetzlichen und satzungsgemäßen Form- und Fristvorschriften für deren Einberufung wählte darauf Oberregierungsrat Dr. Werner Koken in Hannover, Finanzministerium, zum Mitglied des Aufsichtsrats für die Dauer der Amtszeit des Ausgeschiedenen, nämlich bis zur Beendigung der übernächsten Hautversammlung. Der Vorsitzende stellte den Beschluss fest.
Der Gewählte erschien und erklärte die Annahme der Wahl.

....., **Notar**

▪ *Kosten.* Wie zu Muster Rdn. 91 M. Wert nach §§ 108 Abs. 1 Satz 1, 105 Abs. 4 Nr. 1 GNotKG 100.000 €. Die Beurkundung der Annahme der Wahl gehört zur Beschlussbeurkundung, löst also keine Gebühr aus.

8. Anlagen

a) Vollmachten

97   Die Vollmachten für von der Gesellschaft benannte Stimmrechtsvertreter sind 3 Jahre von der Gesellschaft nachprüfbar festzuhalten (§ 134 Abs. 3 Satz 3 AktG).

b) **Einberufung**

98   Belege über die *Einberufung*; entbehrlich, wenn ihr Inhalt in die Niederschrift aufgenommen, nicht wenn nur Bezug genommen ist (§ 130 Abs. 3 AktG). Erfolgt die Einberufung mittels eingeschriebenen Briefes, bedarf es jedoch nicht der Beifügung aller Einschreibenachweise, ebenso wenig, wie bei der z.B. in der Satzung erlaubten Ladung per Fax alle Faxschreiben samt Sendeberichten beizufügen sind.[76]

c) **Beschlussvorlagen**

99   Die *Vorlagen* (der Jahresabschluss, der Anhang, der Lagebericht und der Gewinnverwendungsvorschlag des Vorstands und der Bericht des Aufsichtsrats) wurden bisher aus Zweckmäßigkeitsgründen beigefügt, auch wenn dies nicht vorgeschrieben ist (bei Feststellung des Jahresabschlusses durch die Hauptversammlung ist die Beifügung des Abschlusses zur Konkretisierung des Beschlusses ausnahmsweise erforderlich). Seitdem diese Dokumente ohnehin beim Bundesanzeiger einzureichen und dort gemäß § 325 Abs. 2 HGB bekannt zu machen sind, ist die Praxis nicht mehr zu rechtfertigen. Gesetzlich vorgeschrieben sind allerdings die Beifügung von Unternehmens- (§ 293g Abs. 2 Satz 2 AktG) und Nachgründungsverträgen (§ 52 Abs. 2 Satz 6 AktG), Verträgen über die Übertragung des gesamten Gesellschaftsvermögens (§ 179a Abs. 2 Satz 5 AktG) sowie umwandlungsrechtlichen Verträgen

---

76 Strenger insoweit Gutachten DNotI-Report 2004, 130, 11.

(§§ 13 Abs. 3 Sa. 2, 125 Satz 1, 176 Abs. 1 UmwG). Weitere Anlagen können die diesbezügliche Niederschrift ersetzen (§ 37 Abs. 1 Satz 2 und 3 BeurkG, z.B. umfangreiche Kataloge von Fragen, deren Nichtbeantwortung ein Aktionär gemäß § 132 AktG rügt.

d) Teilnehmerverzeichnis

Das *Teilnehmerverzeichnis* ist in der Hauptversammlung aufzustellen und vor der ersten Abstimmung allen Teilnehmern der Hauptversammlung zugänglich zu machen (was auch durch Ermöglichung der Einsichtnahme an Bildschirmen im Versammlungsraum oder einem frei zugänglichen Nebenraum erfolgen kann; Papierform und Unterzeichnung durch den Vorsitzenden sind nicht mehr vorgeschrieben, § 129 Abs. 4 AktG). Der Vorsitzende trägt gleichwohl die Verantwortung für die Richtigkeit, die der Notar im Allgemeinen deshalb nicht mit übernehmen kann, weil ihm die Hinterlegungsscheine und Vollmachten nicht vorliegen. Der Notar hat nur darauf zu achten, dass ein Verzeichnis mit den erforderlichen Angaben aufgestellt, bei Bedarf nachgetragen und zugänglich gemacht wird. Jedem Aktionär ist binnen 2 Jahren nach der Hauptversammlung Einsicht (ggf. elektronisch) in das Verzeichnis zu gewähren (129 Abs. 4 Satz 2 AktG; dieses Recht tritt faktisch an die Stelle des § 9 Abs. 1, 2. Alt. HGB). Die Beifügung zur Niederschrift ist nicht mehr vorgeschrieben. **100**

Die erschienenen und vertretenen Aktionäre und die (ausgewiesenen) Vertreter von nicht erschienenen Aktionären sind im Verzeichnis anzugeben, und zwar nach Namen und Wohnort (nicht Beruf). Wer für einen anderen auftritt und das Stimmrecht nicht in dessen Namen, sondern im eigenen Namen ausüben darf, muss das erklären (sog. Legitimations- oder Fremdbesitz). Dann wird im Teilnehmerverzeichnis vermerkt, dass »*fremde* Aktien« vertritt. Den Namen des »Fremden« braucht der Legitimationsaktionär nicht anzugeben. Auch die Namen der Aktionäre, die einem Kreditinstitut oder einem geschäftsmäßig Handelnden Vollmacht zur Ausübung des Stimmrechts »im Namen dessen, den es angeht«, gegeben haben, werden für diese ebenfalls gesondert anzugebenden Aktien nicht mit aufgeführt. **101**

Wer nach Beginn der Versammlung erscheint und wer vor der letzten Beschlussfassung geht, wird mit dem Vermerk im Verzeichnis versehen, nach welchem Beschluss er gekommen oder gegangen ist. Die Feststellung der bei den einzelnen Beschlüssen vertretenen Stimmen soll durch *Stimmkarten* (oben Rdn. 57 M) und *Zwischenausweise* ermöglicht werden. Eine Zurückweisung verspätet erschienener Aktionäre oder ein Schließen der Teilnehmerliste ist unzulässig. **102**

Teilnehmerverzeichnis

Verzeichnis **103 M**

der in der ordentlichen Hauptversammlung der »Wiesenthal Drahtwerk Aktiengesellschaft« Oberhausen am ..... erschienenen oder vertretenen Aktionäre, denen für jede Aktie im Nennwert von 50 € eine Stimme zusteht

Lfd. Nr.	Aktionäre Name und Wohnort	Vertreter Name und Wohnort	Inhaberaktie Nennbetrag €	Zahl der Stimmen
1	»Niederrheinische Bank AG«, Düsseldorf (Eigenbesitz)	Reinhard Richter, Düsseldorf	1.800.000	36.000
2	dieselbe (im Namen dessen, den es angeht)	derselbe	400.000	8.000

Krauß

Nr.					
3	»Ruhrbank AG«, Essen (Eigenbesitz)	Karl Reichart, Essen		200.000	4.000
4	dieselbe (im Namen dessen, den es angeht)	derselbe		50.000	1.000
5	Dr. Ernst Dietze, Düsseldorf (Eigenbesitz)	selbst		150.000	3.000
6	Otto Wiedemann, Mülheim/Ruhr (Eigenbesitz)	selbst		150.000	3.000
7	Josef Appelrath, Krefeld (Eigenbesitz)	selbst		7.000	140
8	Frau Agathe Sander, Krefeld (Eigenbesitz)	Josef Appelrath, Krefeld		2.000	40
9	Karl Busch, Essen (Eigenbesitz)	selbst		1.500	30
10	Franz Möller, Essen (Eigenbesitz)	selbst		1.500	30
11	Paul Schuster, Bottrop (Fremdbesitz)	selbst		1.000	20
		zusammen		2.763.000	55.260

Teilnehmerverzeichnis (mit Legitimationsaktionären)

104 M

Verzeichnis

der in der außerordentlichen Hauptversammlung der »Nürnberger Schuhfabrik AG« in Nürnberg am ..... erschienenen oder vertretenen Aktionäre mit einer Stimme für jede Aktie im Nennwert von 100 €

Lfd. Nr.	Aktionäre Name und Wohnort	Vertreter Name und Wohnort	Besitzverhältnisse	Inhaberaktien Nennbetrag €	Zahl der Stimmen
1	»Fränkischer Bankverein AG«, Nürnberg	Dr. Max Scheuffler, Nürnberg	eigene Aktien	350.000	3.500
2	»Lederhandlung Kerner & Co. KG«, Erlangen	Karl Kerner, Erlangen	eigene Aktien	250.000	2.500
3	»Bankhaus Stahl«, Nürnberg	Franz Wachter, Nürnberg	im Namen dessen, den es angeht	50.000	500
4	Hans Müller München	Max Meier, Fürth	eigene Aktien	20.000	200
5	Friedrich Mohr, Nürnberg	selbst	eigene Aktien	10.000	100

Krauß

6	Frau Klara Mohr, Nürnberg	Friedrich Mohr, Nürnberg	eigene Aktien	10.000	100
			zusammen	730.000	7.300

■ *Kosten.* Die Notartätigkeit bei der Fertigung der Niederschrift über die Hauptversammlung erschöpft sich in der Wiedergabe der Willensbildung. Die Fertigung des Teilnehmerverzeichnisses gehört nicht zu den gemäß Nr. 21100 KV GNotKG damit abgegoltenen Tätigkeiten. Hierfür ist – je nach Umfang und Schwierigkeit der Beratung bei der Vorbereitung der Hauptversammlung, § 92 Abs. 1 GNotKG – eine 0,5 bis 2,0 Gebühr nach Nr. 24203 KV GNotKG aus der Summe der Geschäftswerte der in der Versammlung zu fassenden Beschlüsse (höchstens aus 5 Mio. €), § 120 GNotKG, zu erheben.[77]

9. Einreichungspflichten

Nach § 130 Abs. 5 AktG hat der Vorstand unverzüglich nach der Hauptversammlung eine notariell beglaubigte Abschrift der notariell beurkundeten bzw. eine vom Aufsichtsratsvorsitzenden unterschriebene Abschrift der von ihm aufgenommenen Niederschrift (mit Anlagen) beim Handelsregister einzureichen. Die elektronische Einreichung des Hauptversammlungsprotokolls durch den Notar (unter Fertigung entsprechender XML-Strukturdaten) löst eine 0,3 Gebühr nach Nr. 22114 KV GNotKG aus dem Geschäftswert der Niederschrift (§ 112 GNotKG) aus, höchstens jedoch 250 €. Die Niederschrift wird beim Handelsregister in einen elektronisch geführten Registerordner aufgenommen, § 9 Abs. 1 Nr. 1 HRV. Die Einreichung beim Gericht der Hauptniederlassung genügt (§ 13 Abs. 1 HGB, anders § 13c HGB a.F.). Börsennotierte Gesellschaften haben die Abstimmungsergebnisse ferner binnen 7 Tagen auf ihrer Internet-Seite zu veröffentlichen (§ 130 Abs. 6 AktG), vgl. Rdn. 77. **105**

V. Beschlüsse zu Jahresabschluss und Gewinnverwendung (§ 119 Abs. 1 Nr. 2 AktG)

1. Feststellung des Jahresabschlusses

Zunächst ist der *Jahresabschluss* vorzubereiten. **106**

a) Durch die Verwaltung

Der Vorstand stellt die Jahresbilanz und die Gewinn- und Verlustrechnung auf, die zusammen den Jahresabschluss bilden (§ 242 Abs. 3 HGB); nach § 264 Abs. 1 HGB ist der Jahresabschluss um einen Anhang zu erweitern, s. §§ 284 ff. HGB, und ein Lagebericht aufzustellen (§ 289 HGB) und unverzüglich dem Aufsichtsrat vorzulegen (§ 170 Abs. 1 AktG), d.h. (mindestens) dessen Vorsitzenden zuzuleiten. Sind Jahresabschluss und Lagebericht zu prüfen (dies ist bei allen Gesellschaften der Fall, die nicht »kleine« i.S.v. § 267 Abs. 1 HGB sind, s. § 316 Abs. 1 HGB), erteilt der Aufsichtsrat dem von der Hauptversammlung auf Vorschlag des Aufsichtsrats (nicht auch des Vorstands, sonst Anfechtbarkeit[78]) bestellten (§ 119 Abs. 1 Nr. 4 AktG) Abschlussprüfer den Prüfungsauftrag (§ 111 Abs. 2 Satz 3 AktG) und erhält auch unmittelbar den Prüfungsbericht (§ 321 Abs. 5 Satz 2 HGB). Billigt der Aufsichtsrat den Jahresabschluss, so ist er festgestellt. Diese Feststellung *ohne Hauptversammlungsbeschluss* ist **107**

---

77 Großzügig insoweit LG Chemnitz, 19.02.2015 – 3 OH 5/14, NotBZ 2015, 278.
78 BGH DNotZ 2003, 358.

nach dem Gesetz die Regel (§ 172 AktG) und wird auch in der Praxis im Allgemeinen so gehandhabt.

b) Durch die Hauptversammlung

108 Billigt der Aufsichtsrat den Abschluss nicht oder entscheiden sich Vorstand und Aufsichtsrat für die *Feststellung* durch die *Hauptversammlung,* so wird diese zuständig. Sie muss aber ebenso wie Vorstand und Aufsichtsrat die gesetzlichen Bewertungsvorschriften beachten und darf nur die Beträge in Gewinnrücklagen einstellen, die nach Gesetz oder Satzung einzustellen sind. Von ihr vorgenommene Änderungen an dem vom Vorstand aufgestellten Jahresabschluss sind bis zu einem vom Abschlussprüfer erteilten uneingeschränkten Bestätigungsvermerk schwebend unwirksam. Wird dieser nicht binnen 2 Wochen erteilt, so werden die Feststellungs- und Gewinnverwendungsbeschlüsse nichtig (§ 173 Abs. 3 AktG).

109 Der Jahresüberschuss, der sich nach Vornahme der zulässigen Abschreibungen und Rückstellungen ergibt, ist in der Gewinn- und Verlustrechnung auszuweisen (§ 275 Abs. 2 Nr. 20, Abs. 3 Nr. 19 HGB). Wenn Vorstand und Aufsichtsrat den Abschluss feststellen, können sie ohne eine besondere Satzungsermächtigung höchstens die Hälfte des Überschusses in andere Gewinnrücklagen einstellen und mit einer Satzungsermächtigung auch nur so viel, dass die anderen Gewinnrücklagen die Hälfte des Grundkapitals nicht übersteigen (§ 58 Abs. 2 AktG; unbeschadet § 58 Abs. 2a AktG). Mehr vom Jahresüberschuss kann nur die Hauptversammlung der Gesellschaft belassen (§ 58 Abs. 3, 4 AktG).

Feststellung des Jahresabschlusses

110 M **Die Feststellung des vom Vorstand aufgestellten Jahresabschlusses für das Geschäftsjahr ....., gegen den der Aufsichtsrat Bedenken nicht erhebt, wird der Hauptversammlung überlassen. Ihr wird dazu vom Vorstand mit Zustimmung des Aufsichtsrates vorgeschlagen, ein Viertel des Jahresüberschusses von ..... € in eine satzungsmäßige Gewinnrücklage einzustellen und drei Viertel unter die Aktionäre als Dividende von 12 % zu verteilen.**

2. Verwendung des Bilanzgewinns

111 Wenn Vorstand und Aufsichtsrat den Jahresabschluss festgestellt haben, so hat die Hauptversammlung nur über die Verwendung des Bilanzgewinns zu entscheiden (§ 119 Abs. 1 Nr. 2 AktG). Sie kann ihn an die Aktionäre verteilen, weitere Beträge in Gewinnrücklagen einstellen oder als Gewinn vortragen und mit einer Satzungsermächtigung auch noch eine andere Verwendung beschließen (§ 58 Abs. 3 AktG).

112 Über die Behandlung des *Verlustes* (z.B. Vortrag auf neue Rechnung oder Deckung aus Rücklagen) braucht die Hauptversammlung auch keinen Beschluss zu fassen, wenn Vorstand und Aufsichtsrat darüber einig sind.

3. Bericht des Aufsichtsrats

113 Nach seiner Prüfung des durch den Abschlussprüfer vorher geprüften Jahresabschlusses sowie des Vorschlages des Vorstands über die Gewinnverteilung und des Lageberichts erstattet der *Aufsichtsrat*[79] darüber einen *Bericht* an die Hauptversammlung. Darin hat er zu

---

79 Der Bericht ist durch den Aufsichtsrat durch Beschluss festzustellen und durch den Vorsitzenden des Aufsichtsrates zu unterzeichnen, BGH, 21.06.2010 – II ZR 24/09, DNotZ 2011, 138.

dem Prüfungsergebnis der Abschlussprüfer Stellung zu nehmen und anzugeben, wie und wieweit er die Geschäftsführung der Gesellschaft geprüft hat, und abschließend zu erklären, ob er Einwendungen zu erheben hat und ob er den vom Vorstand aufgestellten Jahresabschluss billigt (§ 171 AktG).

Bericht des Aufsichtsrats an die Hauptversammlung

Der Aufsichtsrat hat auf Grund regelmäßiger schriftlicher und mündlicher Berichterstattung die Geschäftsführung des Vorstands während des Geschäftsjahres überwacht. Der Jahresabschluss und der Lagebericht des Vorstands, soweit er den Abschluss erläutert, sind von der Nordischen Revisions- und Treuhand Aktiengesellschaft geprüft und mit dem Bestätigungsvermerk versehen worden. Der Aufsichtsrat billigt den Bericht des Vorstandes und den Jahresabschluss und schließt sich hinsichtlich der Verteilung des Reingewinns dem Vorschlag des Vorstands an.
Bei börsennotierter AG zusätzlich (§ 171 Abs. 2 Hs. 2 AktG):
Der Aufsichtsrat hat folgende Ausschüsse gebildet ..... Der Aufsichtsrat selbst hat sechs Sitzungen abgehalten, der Ausschuss .....

114 M

4. Offenlegung

Im Übrigen regeln §§ 325 ff. HGB die Offenlegungspflichten für den Jahresabschluss (ggf. mit Anhang, Lagebericht und Bericht des Aufsichtsrats sowie Vorschlag und Beschluss über die Ergebnisverwendung); das Bilanzrechtsmodernisierungsgesetz (BilMoG) hat ab 2010 die Größenkriterien maßvoll angehoben.

115

Kleine Kapitalgesellschaften – das sind solche, die mindestens zwei der drei nachfolgenden Merkmale nicht überschreiten: 4,84 Mio. € Bilanzsumme, 9,68 Mio. € Jahresnettoumsatz, im Jahresdurchschnitt 50 Arbeitnehmer – müssen zusammengefasste Bilanzen nebst verkürztem Anhang einreichen (§§ 266 Abs. 1, 288, 326 HGB).

Mittelgroße Kapitalgesellschaften – das sind solche, die mindestens zwei der drei vorbezeichneten Merkmale überschreiten und mindestens zwei der drei nachfolgenden Merkmale nicht überschreiten: 19,25 Mio. € Bilanzsumme, 38,5 Mio. € Jahresnettoumsatz, 250 Arbeitnehmer – sowie

116

große Kapitalgesellschaften – also solche, die mindestens zwei der drei letztgenannten Merkmale überschreiten – müssen ihre Jahresabschlüsse prüfen lassen. Eine zusammengefasste Bilanz, eine zusammengefasste Gewinn- und Verlustrechnung sowie ein verkürzter Anhang (§§ 276, 288 HGB) sowie Lagebericht, Prüfungsvermerk und Bericht des Aufsichtsrats sind einzureichen. Bei großen Gesellschaften ist der gesamte Jahresabschluss ohne Kürzungen samt Prüfungsvermerk und Aufsichtsratsbericht, Lagebericht, und Ergebnisverwendungsbeschluss einzureichen (§ 325 HGB).

117

Über die Web-Page www.unternehmensregister.de können die offenzulegenden Jahresabschlüsse (§ 325 HGB) abgerufen werden. Die Erfüllung dieser Pflichten (durch Einreichung beim Bundesanzeiger bis zum Ablauf eines Jahres nach Bilanzstichtag) wird seit 01.01.2007 (»EHUG«) durch das neu eingerichtete »Bundesamt für Justiz«[80] sehr viel

118

---

80 Bundesamt für Justiz, Adenauerallee 99–103, 53133 Bonn, www.bundesjustizamt.de.

strenger als bisher überwacht;[81] alle nach Handels-,[82] Gesellschafts-, Bilanz- und Kapitalmarktrecht[83] publizitätspflichtigen Daten sind (kostenpflichtig[84]) online unter www.unternehmensregister.de abrufbar (§ 9 Abs. 7 HGB). Die verschärfte Kontrolle der Offenlegungspflicht wird die weitere Verbreitung der schlichten KG oder einer GmbH & Co. KG mit einem weiteren persönlich haftenden Gesellschafter (ggf. auch ohne Geschäftsführungsbefugnis) fördern. Bei Kapitalgesellschaften wird die Tendenz zur Bildung kleiner Tochtergesellschaften und zur Aufstellung eines befreienden Konzernabschlusses zur Reduzierung deren Transparenz zunehmen.[85]

119 Für die Führung des Unternehmensregisters fallen jährlich 5 € (kleine Gesellschaften) bzw. 10 € (mittelgroße und große Gesellschaften) an.

Die Höhe des Veröffentlichungsentgeltes selbst hängt vom Datenformat der eingereichten Unterlagen ab. Für kleine Gesellschaften steht auf der Web-Page https://publikations-serviceplattform.de ein Eingabeformular zur Einreichung im xml-Format zur Verfügung; alternativ kann unter dem Menüpunkt »Hilfe – Schema/DTD« auch ein Schema zur Erstellung layoutorientierter xml-Dateien (ohne XBRL-Taxonomie) heruntergeladen werden.

VI. Umstellung auf Stückaktien

120 Da Nennbetrags- und Stückaktien bei einer Gesellschaft nicht nebeneinander bestehen können (§ 8 Abs. 1 AktG), ist eine Umstellung aller Aktien erforderlich. Da alle Stückaktien den gleichen Anteil am Grundkapital vermitteln, ist bei Nennbetragsaktien unterschiedlicher Höhe vorweg eine Neustückelung in der Weise erforderlich, dass alle Aktien gleichen Nennbetrag haben (eine solche Neustückelung verstößt nach allg. M. nicht gegen § 8 Abs. 5 AktG[86]); das kann zusammen mit der Umstellung auf Stückaktien beschlossen und auch im Handelsregister eingetragen werden.[87] Beschlossen werden muss außerdem die Änderung der Satzungsbestimmung über die Zerlegung des Grundkapitals (§ 23 Abs. 2 Nr. 4 AktG), eventuell die Änderung einer Bestimmung über das Stimmrecht, wenn die Satzung eine solche Bestimmung enthält. Der Umtausch der Aktien kann, muss aber nicht beschlossen werden (§ 73 AktG ist Kann-Vorschrift). Es kann auch beschlossen werden, dass die alten Aktien gültig bleiben. Bei Aktien mit unterschiedlichen Nennbeträgen sind die Aktien mit höheren Nennbeträgen dann Sammelurkunden über eine entsprechende Zahl von Aktien; dies sollte im Umstellungsbeschluss klargestellt werden.[88]

---

81 Durch elektronische Vollständigkeitskontrolle (die aber nicht angemeldete Zweigniederlassungen ausländischer Gesellschaften naturgemäß nicht erfasst: *Leuering*, ZRO 2006, 201) gemäß § 329 Abs. 1 Satz 1 HGB; Ordnungsgeldandrohung zwischen 2.500,00 und 25.000,00 € mit sechswöchiger Nachfrist (§ 335 HGB), ferner zwingende Verfahrenskosten von 50 00 €. Vgl. auch §§ 37v ff. WpHG in der Form des Transparenzrichtlinie-Umsetzungsgesetzes BGBl. 2007 I, S. 10.
82 Z.B. § 11 HGB: Bekanntmachungsblätter; ferner Bundesanzeiger in elektronischer und gedruckter Form.
83 Bisher z.B. § 25 Abs. 1 Satz 1 WpHG: Überregionales Börsenpflichtblatt; § 15a WpHG i.V.m. § 13 Abs. 1 WpAIV: Internetadresse des Emittenten.
84 Gebühr 4,50 € je Datei (gebührenfrei ist lediglich die Einsicht in den elektronischen Handelsregisterauszug beim Registergericht des Sitzes), vgl. *Suppliet*, NotBZ 2006, 391.
85 Vgl. *Strahl*, KÖSDI 2007, 15476; *Frystatzki*, EStB 2008, 450 ff.
86 Vgl. nur *Hüffer*, § 8 AktG Rn. 31 m.w.N.
87 *Kopp*, BB 1998, 701, 703; *Hüffer*, § 8 AktG Rn. 23.
88 *Kopp*, BB 1998, 701, 705; *Heider*, AG 1998, 1, 6.

Umstellung auf Stückaktien

Die Hauptversammlung beschloss mit ..... gegen ..... Stimmen bei Stimmenthaltung von ..... Stimmen:
1. Das Grundkapital von 500.000 € ist bisher eingeteilt in 4.000 Inhaberaktien zu je 100 € und 10.000 Inhaberaktien zu je 10 €. Es wird neu eingeteilt in 50.000 Inhaberaktien zu je 10 €. An die Stelle je einer Aktie im Nennbetrag von 10 € tritt eine Stückaktie.
2. Die Bestimmung in der Satzung über das Grundkapital und dessen Einteilung erhält folgende Fassung:

»§ 5

Das Grundkapital beträgt 500.000 €.
Es ist eingeteilt in 50.000 auf den Inhaber lautende Stückaktien.
3. Die ausgegebenem Aktien bleiben gültig. Jede Aktie zum Nennbetrag von 100 € wird zur Sammelurkunde über 10 Stückaktien.«

121 M

■ *Kosten:* Der Beschluss über die Umstückelung von Aktien wird als Beschluss mit unbestimmten Geldwert angesehen, dessen Geschäftswert sich aus §§ 108 Abs. 1 Nr. 1, 105 Abs. 4 Nr. 1 GNotKG ergibt (Mindestwert 30.000 €).

VII. Gewöhnliche Kapitalerhöhung

1. Satzungsänderung

Die Kapitalerhöhung ist *Satzungsänderung*. Soweit die Änderung nur die Fassung der Satzung betrifft, kann sie von der Hauptversammlung dem Aufsichtsrat übertragen werden, wenn sie ihm nicht schon nach der Satzung zusteht (§ 179 Abs. 1 Satz 2 AktG: Fassungsänderung zur registerrechtlichen Abbildung der z.B. durch eine bedingte Kapitalerhöhung eingetretenen Rechtsfolgen[89]).

122

Die Erhöhung kann nur durch die Ausgabe neuer Aktien ausgeführt werden. Eine Heraufsetzung des Nennbetrages der Aktien ist nicht zulässig (§ 182 Abs. 1 Satz 4 AktG).

2. Beschluss

Die *gewöhnliche Kapitalerhöhung* (§§ 182 bis 191 AktG) bedarf eines mit einer doppelten Mehrheit zu fassenden Beschlusses, nämlich
a) einer Kapitalmehrheit von *drei Viertel* des bei der Beschlussfassung vertretenen Grundkapitals,
b) einer gewöhnlichen Stimmenmehrheit (§§ 133, 182 Abs. 1 Satz 1 AktG).

123

Die Satzung kann die Kapitalmehrheit ändern, für die Ausgabe von Vorzugsaktien jedoch nur eine größere festsetzen (§ 182 Abs. 1 Satz 2 AktG).

3. Durchführung

Vom *Beschluss* der Erhöhung ist dessen Durchführung zu unterscheiden. Die Durchführung kann gleichzeitig mit dem Beschluss vor sich gehen, wenn das erhöhte Kapital sofort übernommen wird. Beides kann dann zusammen zum Handelsregister angemeldet werden (§ 188 Abs. 4 AktG).

124

---

89 OLG München, 31.07.2014 – 31 Wx 274/14, DNotZ 2014, 792.

125 Wenn zunächst der Beschluss gefasst wird, das Kapital zu erhöhen, und zwar entweder auf einen bestimmten Betrag oder *bis zu*[90] einem bestimmten Betrag, wird das erhöhte Kapital durch *Zeichnungsscheine* übernommen. Nachdem hinreichende Beträge gezeichnet sind und die Bankbestätigungen gemäß §§ 188 Abs. 2, 37 Abs. 1 AktG vorliegen, kann die Durchführung angemeldet werden. Mit der Eintragung ist das Grundkapital erst erhöht (§ 189 AktG).

126 In BGHZ 150, 197[91] hat der BGH in einer Entscheidung zu einer GmbH zwei Leitsätze aus der zu einer AG ergangenen früheren Entscheidung BGHZ 119, 177 (»IBH/Lemmerz«) ausdrücklich aufgegeben und festgestellt, dass die Bareinlage auf ein debitorisches Konto der Gesellschaft wirksam erfolgt sein kann, wenn die Bank der Gesellschaft auf einem anderen Konto einen Kredit (mindestens) in Höhe des Einlagebetrages zur Verfügung stellt. Daraus ist zu schließen, dass in solchen Fällen auch bei der AG die Grundsätze zur Abwicklung der Einlage über ein debitorisches Konto gelten, nicht der Grundsatz, dass die Zahlung an einen Dritten zur Tilgung einer Gesellschaftsschuld schon wegen § 54 Abs. 3 AktG keine wirksame Einlageleistung ist.[92]

4. Satzungsbescheinigung

127 Jeder Anmeldung einer Satzungsänderung, also auch der einer Kapitalerhöhung, ist der *vollständige* Wortlaut der (neu gefassten) Satzung beizufügen; er muss mit der *Bescheinigung eines Notars* versehen sein, dass die geänderten Bestimmungen der Satzung mit dem Beschluss über die Satzungsänderung und die unveränderten Bestimmungen mit dem zuletzt zum Handelsregister eingereichten Wortlaut der Satzung übereinstimmen (§ 181 Abs. 1 Satz 2 AktG) Näheres s.o. zur Satzungsänderung der GmbH in § 144 Rdn. 45 ff.

5. Bezugsrecht

128 Jedem Aktionär steht ein seinem Kapitalanteil entsprechendes Bezugsrecht (mit einer Ausübungsfrist von mindestens 2 Wochen) zu, das im Erhöhungsbeschluss nur mit einer durch die Satzung nicht herabzusetzenden Dreiviertelmehrheit des vertretenen Grundkapitals aus sachlichen Gründen im Interesse der Gesellschaft (Abwägung der Interessen und der Verhältnismäßigkeit von Mittel und Zweck erforderlich[93]) ausgeschlossen werden kann (§ 186 Abs. 3 AktG). Der vorgeschlagene Ausschließungsbeschluss muss in den Gesellschaftsblättern angekündigt werden (§ 186 Abs. 4 AktG); der Ausschluss und der vorgeschlagene Ausgabebetrag sind vom Vorstand in einem schriftlichen Bericht zu begründen, welcher der Hauptversammlung vorzulegen ist (§ 186 Abs. 4 Satz 2 AktG). Zur Anfechtung des Beschlusses über den Ausschluss des Bezugsrechts der Aktionäre s. § 255 Abs. 2 AktG.[94] Als Ausschluss gilt es nicht, wenn die neuen Aktien einem Kreditinstitut oder einem anderen mit der Verpflichtung überlassen werden, sie den Aktionären zum Bezug anzubieten *(mittelbares Bezugsrecht)*. Das Angebot ist mit der Annahmefrist und dem Entgelt in den Gesellschaftsblättern bekannt zu machen (§ 186 Abs. 5 AktG).

6. Formulare

a) Einberufung der außerordentlichen Hauptversammlung

Einladung und Hinterlegungsaufforderung wie oben Rdn. 28 M.

---

90 Nach OLG München, 22.09.2009 – 31 Wx 110/09, NotBZ 2009, 461 kann eine nur dem Höchstbetrag nach bestimmte Kapitalerhöhung freilich nicht vom Vorstand zeitlich unbegrenzt in mehreren Tranchen durchgeführt werden.
91 BGH DNotZ 2002, 808.
92 S. BGHZ 119, 177 mit dem aufrechterhaltenen Leitsatz c) und den Ausführungen dazu S. 188 ff.
93 BGHZ 71, 40, 46; 83, 319, 321; 120, 141, 145 f.; 125, 239, 241.
94 BGH, 21.07.2008 – II ZR 1/07, DStR 2009, 1213.

Einberufung einer Hauptversammlung zur Kapitalerhöhung

Tagesordnung 129 M

1. Bericht des Vorstands über die Geschäftslage
2. Erhöhung des Grundkapitals von 2 Millionen € um 1 Million € auf 3 Millionen € durch Ausgabe neuer, auf den Inhaber lautender Aktien mit Nennbeträgen von 50 € und mit Gewinnberechtigung ab 1. Januar ..... zum Ausgabekurs von 110 % mit Übernahme durch die »Niederrheinische Bank Aktiengesellschaft« in Düsseldorf, die sich zu einem binnen 21 Tagen ab Bekanntmachung des Beschlusses anzunehmenden Angebot an die Aktionäre im Verhältnis einer neuen zu zwei alten Aktien zum Kurs von 110 % verpflichtet hat.
3. Änderung des das Grundkapital betreffenden § 5 der Satzung.
4. Ermächtigung des Vorstands, die näheren Einzelheiten der Kapitalerhöhung mit Zustimmung des Aufsichtsrats festzusetzen.

b) Ausgabe mit mittelbarem Bezugsrecht

Niederschrift des Notars wie oben Rdn. 91 M.

Niederschrift über einen Kapitalerhöhungsbeschluss

Zu Punkt 2 der Tagesordnung wurde einstimmig beschlossen: 130 M
1. Das Grundkapital der Gesellschaft wird von 2 Millionen € um 1 Million € auf 3 Millionen € erhöht durch Ausgabe neuer, auf den Inhaber lautender 20.000 Aktien im Nennbetrag von je 50 € zum Kurs von 110 % mit Gewinnberechtigung ab 1. Januar ..... Die Kosten der Ausgabe trägt die Gesellschaft.
2. Die neuen Aktien hat die »Niederrheinische Bank Aktiengesellschaft« in Düsseldorf mit der Verpflichtung übernommen, sie den bisherigen Aktionären im Verhältnis 2:1 zum Kurs von 110 % anzubieten. Das Angebot ist binnen 21 Tagen ab Bekanntmachung in den Gesellschaftsblättern anzunehmen.
Punkt 3 der Tagesordnung:
§ 5 der Satzung erhält folgende Fassung:
»Das Grundkapital beträgt 3 Millionen €.
Es ist eingeteilt in 60.000 Aktien im Nennbetrage von je 50 €.«
Punkt 4 der Tagesordnung:
Der Vorstand wird ermächtigt, mit Zustimmung des Aufsichtsrats die näheren Einzelheiten der Kapitalerhöhung festzusetzen.
Auch die Beschlüsse zu 3 und 4 wurden einstimmig gefasst; sie wurden vom Vorsitzenden festgestellt. .....

■ *Kosten.* Wert für die Beurkundung: der den Nennbetrag übersteigende Ausgabebetrag von 1,1 Mio. €. – Festsetzung des Ausgabekurses, Ausschließung des Bezugsrechts, Satzungsänderung und Ausführungsermächtigung des Vorstands sind kostenrechtlich belanglose Teile des Erhöhungsbeschlusses. 2,0 Gebühr gemäß Nr. 21100 KV GNotKG.

Für die Anmeldung greift die Begrenzung auf den Höchstwert gemäß § 106 GNotKG: 1 Mio. €. 0, 5 Gebühr des Notars gemäß Nr. 24102 KV GNotKG.

Beim Registergericht fallen gemäß Gebührenziffer 2400 der HandelsregistergebührenVO für die Eintragung der Durchführung einer Kapitalerhöhung 270 € an.

131 *Steuerrechtliche Mitteilungspflicht*: Der Notar hat gemäß § 54 EStDV beglaubigte Abschriften der von ihm aufgenommenen Urkunden über die Kapitalerhöhung (Beschluss und deren Handelsregisteranmeldung) innerhalb von 2 Wochen nach Beurkundung an das für den Sitz der Gesellschaft zuständige Finanzamt für Körperschaften zu übersenden. Zuvor dürfen den Beteiligten keine Abschriften und Ausfertigungen ausgehändigt werden.

c) Übernahme des erhöhten Kapitals

aa) Zeichnungsschein

132 Die Zeichnung ist ein Vertragsangebot, das ausdrücklich oder durch schlüssige Handlung angenommen wird, wie sie die Anmeldung der Durchführung darstellt. Aktionär wird der Zeichnende erst mit der Eintragung der Durchführung der Kapitalerhöhung in das Handelsregister. Materiellrechtlich bedarf der Zeichnungsschein gemäß § 185 Abs. 1 Satz 1 AktG der Schriftform (er muss also durch den Aussteller eigenhändig unterzeichnet werden); die Annahmeerklärung der AG selbst ist formfrei. Wegen § 185 Abs. 1 Satz 3 Nr. 2 AktG ist der Zeichnungsschein jeweils doppelt auszustellen. Er muss gemäß § 185 Abs. 1 Satz 3 Nr. 4, 189 AktG ein Enddatum enthalten, mit dem die Zeichnung unverbindlich wird, wenn die Kapitalerhöhung dann noch nicht eingetragen ist (endgültiges Eintragungshindernis!).[95]

133 Wenn in der Hauptversammlung das erhöhte Kapital übernommen wird, kann der Notar die Übernahme sogleich beurkunden. Dann müssen die Übernehmer die Niederschrift, die nunmehr insoweit Willenserklärungen enthält, nach Vorlesung und Genehmigung unterzeichnen (§ 13 BeurkG). Auch muss der Notar dann die Persönlichkeit und die Vertretungsberechtigung der Übernehmer prüfen (§ 10 BeurkG).

Zeichnungsschein (Gesamtzeichnung)

134 M In der außerordentlichen Hauptversammlung der »Wiesenthal Drahtwerk AG« in Oberhausen vom ..... ist beschlossen worden, das Grundkapital durch Ausgabe neuer, auf den Inhaber lautender 20.000 Aktien im Nennbetrag von je 50 € von 2 Millionen € auf 3 Millionen € zu erhöhen. Die neuen Aktien nehmen ab 1. Januar ..... am Gewinn teil. Der Ausgabebetrag von insgesamt 1.100.000 € ist voll einzuzahlen.
Wir übernehmen die gesamten Aktien von 1 Million € zu den vorstehenden Bedingungen. Wir verpflichten uns, die neuen Aktien den bisherigen Aktionären im Verhältnis 2:1 zum Kurs von 110 % mit einer Frist von drei Wochen ab Bekanntmachung in den Gesellschaftsblättern anzubieten. Die eingehenden Zahlungen übertragen wir auf ein besonderes Kapitalerhöhungskonto der Gesellschaft.
Diese Zeichnung wird unverbindlich, wenn die Durchführung der Erhöhung des Grundkapitals nicht bis zum 31. Dezember ..... in das Handelsregister eingetragen ist.
Düsseldorf, den .....
        »Niederrheinische Bank Aktiengesellschaft«
           Münzel   Schander

■ *Kosten.* Wert: der Ausgabebetrag von 1.100.000 €. Hieraus ist für die Entwurfsfertigung eine 0,3 bis 1,0 Gebühr gemäß Nr. 24101 KV GNotKG zu erheben, mindestens jedoch 60 €, da bei Beurkundung der Erklärung eine Gebühr gemäß Nr. 21200 KV GNotKG angefallen wäre. Der Notar bestimmt die Gebührenhöhe im vorgenannten Rahmen gemäß § 92 Abs. 1 GNotKG nach billigem Ermessen unter Berücksichtigung des Umfangs der erbrachten Leis-

---

95 OLG Stuttgart, 18.04.2012 – 8 W 147/12.

tungen; wird der vollständige Entwurf gefertigt, ist gemäß § 92 Abs. 2 a.E. GNotKG die Höchst- (also die 1,0) Gebühr zu erheben.

bb) **Aufforderung zur Ausübung des mittelbaren Bezugsrechts**

Nach der Übernahme sämtlicher neuer Aktien durch die Bank und nach Anmeldung und Eintragung der durchgeführten Erhöhung fordert die Gesellschaft aufgrund des Abkommens mit der übernehmenden Bank die bisherigen Aktionäre zur Ausübung des mittelbaren Bezugsrechts auf mit den Hinweisen: 135

Aufforderung zur Ausübung des mittelbaren Bezugsrechtes

..... Zur Ausübung des Bezugsrechts ist der Gewinnanteilschein Nr. 9 der über 50 € lautenden Aktien einzureichen. 136 M
Die unten aufgeführten Bezugsstellen vermitteln auf Wunsch den Ankauf und Verkauf von Bezugsrechten, soweit möglich.
Das Bezugsrecht wird in der Zeit vom ..... an allen deutschen Wertpapierbörsen gehandelt.
Bis zur demnächstigen Ausgabe der Urkunden über die neuen Aktien erteilen die Bezugsstellen auf Verlangen nicht übertragbare Kassenquittungen. Gegen deren Rückgabe händigt die Bezugsstelle die neuen Aktienurkunden an den Einreicher aus, ohne dessen Empfangsberechtigung prüfen zu müssen .....

cc) **Zeichnungsschein in Ausübung des unmittelbaren Bezugsrechts**

Wenn nicht sichergestellt ist, dass alle Aktien gezeichnet werden, steht ein Erhöhungsbeschluss über einen bestimmten Betrag der Durchführung entgegen, sodass es sich empfiehlt, nur eine *Höchstgrenze* anzugeben, unter der die Erhöhung auch wirksam werden soll. Wenn sie unter einem *Mindestbetrag* nicht lohnend erscheint, kann der Betrag bestimmt werden, bei dessen Nichterreichen sie als gescheitert gelten soll. 137

Die seit dem DM-BilG bei der Mehrzahl der Gesellschaften *verschiedenen Nennbeträge* machen zur Befriedigung des Bezugsrechts der Aktionäre zuweilen die Ausgabe in mehreren Größen erforderlich. Da die Zahl der für jeden Nennbetrag angeforderten Stücke vorher nicht feststeht, ist der Vorstand zur späteren Festsetzung der auf jeden Nennbetrag entfallenden Aktien zu ermächtigen. 138

Zeichnungsschein (Bis-zu-Erhöhung)

In der Hauptversammlung der »Malzfabrik Soest AG« in Soest vom ..... ist die Erhöhung des Grundkapitals von 3 Millionen € um mindestens 1 Million € und höchstens 2 Millionen € durch Ausgabe neuer Inhaberaktien im Nennbetrag von 100 € beschlossen worden mit Gewinnberechtigung ab ..... Sie sind zum Ausgabekurs von 105 % innerhalb einer Woche nach Zeichnung voll einzuzahlen. 139 M
Ich übernehme unter Anerkennung aller veröffentlichten Bezugsbedingungen die auf meine bisherigen Aktien im Verhältnis 3:2 entfallenden neuen Aktien im Gesamtbetrag von 5.200 €, und zwar 52 Aktien zu je 100 €. Diese Zeichnung wird unverbindlich, wenn

nicht die Durchführung der Erhöhung des Grundkapitals bis zum ..... in das Handelsregister eingetragen ist.
Soest, den .....

Ernst Busse,
Werl, Soester Str. 7

(Beglaubigung nicht erforderlich, zuweilen jedoch verlangt)

■ *Kosten.* Wert hier 105 % = 5.460 €. Hieraus ist für die Entwurfsfertigung eine 0,3 bis 1,0 Gebühr gemäß Nr. 24101 KV GNotKG zu erheben, mindestens jedoch 60 €, da bei Beurkundung der Erklärung eine Gebühr gemäß Nr. 21200 KV GNotKG angefallen wäre. Der Notar bestimmt die Gebührenhöhe im vorgenannten Rahmen gemäß § 92 Abs. 1 GNotKG nach billigem Ermessen unter Berücksichtigung des Umfangs der erbrachten Leistungen; wird der vollständige Entwurf gefertigt, ist gemäß § 92 Abs. 2 a.E. GNotKG die Höchst- (also die 1,0) Gebühr zu erheben.

d) Erhöhung des Grundkapitals unter Umstellung auf EURO

140 Auch bei Aktiengesellschaften übt das Gesetz einen Zwang zur Umstellung von Grundkapital und Aktien auf EURO nur aus, wenn nach dem 31.12.2001 eine Änderung des Grundkapitals in das Handelsregister eingetragen werden soll (§ 3 Abs. 2, 5 EGAktG). Das Verfahren bei der Umstellung auf EURO regelt § 4 EGAktG: Der bloße Umstellungsbeschluss der Hauptversammlung bedarf nach § 4 Abs. 1 EGAktG nur einer einfachen Mehrheit des bei der Beschlussfassung vertretenen Grundkapitals; deshalb ist notarielle Beurkundung nicht erforderlich. Ab dem 01.01.2002 ist der Aufsichtsrat zur entsprechenden Fassungsänderung der Satzung berechtigt.

141 § 4 Abs. 2 EGAktG erleichtert die Kapitalerhöhung oder Kapitalherabsetzung auf den nächsthöheren oder nächstniedrigeren Betrag, mit dem die Nennbeträge der Aktien auf volle EURO gestellt werden können. Einfache Mehrheit des vertretenen Grundkapitals genügt grundsätzlich, notarielle Beurkundung ist trotzdem erforderlich (§ 4 Abs. 2 Satz 3 EGAktG). Abweichend von § 182 Abs. 1 Satz 4 AktG bei der Kapitalerhöhung lässt § 4 Abs. 3 EGAktG eine Kapitalerhöhung aus Gesellschaftsmitteln und eine Kapitalherabsetzung bei Umstellung auf EURO auch durch Erhöhung oder Herabsetzung des Nennbetrags der Aktien oder durch Neueinteilung der Aktiennennbeträge zu. § 4 Abs. 5 Satz 1 EGAktG erleichtert die Kapitalerhöhung aus Gesellschaftsmitteln auf den nächsthöheren Betrag, mit dem die Nennbeträge der Aktien auf volle EURO umgestellt werden können, indem er die Kapitalrücklage und die gesetzliche Rücklage (und deren Zuführungen) zur Kapitalerhöhung auch zulässt, soweit sie den zehnten oder den in der Satzung bestimmten höheren Teil des bisherigen Grundkapitals nicht übersteigen.

142 Mit Rücksicht auf das sonst geltende Gebot der Ausgabe neuer Aktien nach § 182 Abs. 1 Satz 4 AktG ist die Kapitalerhöhung aus Gesellschaftsmitteln (neben der Kapitalherabsetzung) die einzige Möglichkeit zur Umstellung auf glatte Eurobeträge. § 4 Abs. 5 Satz 2 EGAktG erleichtert die Kapitalherabsetzung auf den nächstniedrigeren Betrag i.S.v. § 4 Abs. 2 EGAktG, indem die vorherige Auflösung von Rücklagen nach § 229 Abs. 2 AktG nicht erforderlich ist. Keine Umstellungsprobleme für die Aktiennennbeträge entstehen bei Gesellschaften mit Stückaktien; da § 4 EGAktG die Umstellung auf EURO erleichtern will, gelten seine Regelungen bei Gesellschaften mit Stückaktien entsprechend.

e) Anmeldung des Erhöhungsbeschlusses und seiner Durchführung

143 In der Praxis wird die Anmeldung des *Beschlusses* auch dann, wenn die Ausübung eines unmittelbaren Bezugsrechts abgewartet werden muss, meistens bis zur Anmeldung seiner *Durchführung* verschoben, sodass beide Anmeldungen gleichzeitig vorgenommen werden.

Handelsregisteranmeldung: Beschluss und Durchführung einer Barkapitalerhöhung

An das Amtsgericht, Handelsregister, in Oberhausen   **144 M**
Zum Handelsregister B 89 der »Wiesenthal Drahtwerk AG« in Oberhausen überreichen der Vorstand und der Vorsitzende des Aufsichtsrats im Wege elektronischer Anmeldung:
1. beglaubigte Abschrift der Niederschrift des Notars ..... über die Hauptversammlung vom ....., in der die Erhöhung des Grundkapitals von 2 Millionen € auf 3 Millionen € beschlossen ist. Sie versichern, dass das bisherige Grundkapital von 2 Millionen € voll eingezahlt ist. Sie überreichen ferner
2. den vollständigen Wortlaut der Satzung mit der Bescheinigung des Notars nach § 181 Abs. 1 S. 2 AktG,
3. die Zweitschrift des Zeichnungsscheins,
4. ein vom Vorstand unterschriebenes Verzeichnis, aus dem sich die Zeichnerin, die auf sie entfallenden Aktien und die darauf geleisteten Einzahlungen ergeben,
5. eine Berechnung der für die Gesellschaft durch Ausgabe der neuen Aktien entstandenen Kosten.
Die Aktien werden zum Kurs von 110 % ausgegeben. Der volle Ausgabebetrag von 1.100.000 € ist auf das Kapitalerhöhungskonto der Gesellschaft bei der »Niederrheinischen Bank Aktiengesellschaft« in Düsseldorf zur endgültigen freien Verfügung des Vorstands eingezahlt worden. Dieser ist in der Verfügung über die eingezahlten Beträge nicht, auch nicht durch Gegenforderungen, beschränkt. Die schriftliche Bestätigung der »Niederrheinischen Bank Aktiengesellschaft« vom ..... liegt bei.
Wir melden den Beschluss über die Erhöhung des Grundkapitals und seine Durchführung sowie die Änderung des § 5 der Satzung zur Eintragung an.
Oberhausen, den .....
Der Vorstand: Der Vorsitzende des Aufsichtsrats:
Ernst Franke   Münzel
Dr. Werner Begemann
(Der Vorstand unterschreibt in vertretungsberechtigter Zahl, dazu wegen §§ 184 Abs. 1 S. 1, 188 Abs. 1 AktG der Vorsitzende des Aufsichtsrats.)
– folgt notarielle Unterschriftsbeglaubigung –
Oberhausen, den ...., Notar

■ *Kosten.* Geschäftswert der Handelsregisteranmeldung der Kapitalerhöhung ist gemäß § 105 Abs. 1 Satz 1 Nr. 4a GNotKG der einzutragende Betrag ohne Aufgeld. Gebühren:
a) Des Notars: Kapitalerhöhung und Satzungsänderung umfassen dieselbe Tatsache (so dass bereits kein Fall von § 109 und damit erst recht nicht von § 111 Nr. 3 GNotKG vorliegt); die Durchführung der Kapitalerhöhung nach § 188 AktG bildet (anders als nach bisher h.M.) einen gemäß § 111 Nr. 3 GNotKG besonderen Beurkundungsgegenstand, als Anmeldung ohne Geschäftswert gemäß § 105 Abs. 4 Nr. 1 GNotKG zu bestimmen (mindestens 30.000 €). Der Höchstwert aller Anmeldungen beträgt 1 Mio. Euro (§ 106 GNotKG). Hieraus 0,5 Gebühr gemäß Nr. 24102 KV GNotKG, sowie 0,3 Gebühr für den elektronischen Vollzug (Fertigung und Einreichung der XML-Strukturdaten), Nr. 22114 KV GNotKG aus dem vollen Geschäftswert gemäß § 112 GNotKG, höchstens jedoch 250 €.
b) Des Registergerichts: Gemäß Gebührenziffer 2400 der HandelsregistergebührenVO fallen für die Eintragung des Kapitalerhöhungsbeschlusses und für die Eintragung der Durchführung einer Kapitalerhöhung je 270 € an.

Zur steuerrechtlichen Mitteilungspflicht des Notars s. § 54 EStDV, Rdn. 131.

Bescheinigung nach § 181 Abs. 1 Satz 2 AktG

145 Die Bescheinigung des Notars über die Richtigkeit des neuen Satzungswortlauts kann etwa mit folgendem Wortlaut der Neufassung der Satzung beigefügt werden:

Satzungsbescheinigung des Notars

146 M **Ich bescheinige, dass die geänderten Bestimmungen der vorstehenden Satzung mit dem Beschluss über die Satzungsänderung vom ..... und die unveränderten Bestimmungen mit dem zuletzt zum Handelsregister eingereichten Wortlaut der Satzung übereinstimmen.**
Oberhausen, den ..... **....., Notar**

▪ *Kosten.* Gebührenfreies Nebengeschäft zur Beurkundung des der Anmeldung zugrunde liegenden Hauptversammlungsbeschlusses, Vorbemerkung 2.1 Abs. 2 Nr. 4 KV GNotKG (anders dann, wenn die Änderung der Satzung z.B. durch Beschluss des Aufsichtsrates erfolgt und daher keine Gebühr nach Hauptabschnitt 1 entstanden ist: Nr. 25104 KV GNotKG; der Geschäftswert ermittelt sich dann nach § 36 Abs. 1 GNotKG als Teilwert von ca 30 bis 50 % der entsprechenden Handelsregisteranmeldung). Die Zusammenstellung der Satzung selbst ist stets gebührenfrei.

f) Erhöhung des Grundkapitals durch eine Sacheinlage

147 Entsprechend der Sachgründung gelten auch für die Kapitalerhöhung durch Sacheinlage im Einzelnen strengere Vorschriften. Auch hier ist eine Prüfung obligatorisch (§ 183 Abs. 3 AktG, s. aber Rdn. 148), der Prüfungsbericht ist der Anmeldung beizufügen (§ 184 Abs. 1 Satz 2 AktG), außerdem die Verträge, »die den Festsetzungen nach § 183 AktG zugrunde liegen oder zu ihrer Ausführung geschlossen worden sind« (§ 188 Abs. 3 Satz 2 Nr. 2 AktG). Bekanntmachung der beabsichtigten Kapitalerhöhung mit Sacheinlagen ist Voraussetzung für die entsprechende Beschlussfassung (§ 183 Abs. 1 Satz 2 AktG). Ob die Grundsätze der Rechtsprechung über das »Schütt aus – Hol zurück-Verfahren« bei der GmbH als Sacheinlage,[96] auf die bei Offenlegung gegenüber dem Registergericht die Regeln für die Kapitalerhöhung aus Gesellschaftsmitteln angewendet werden können, auch für die AG (im Fall des Stehenlassens bzw. der Wiedereinzahlung von Dividenden) gelten, ist mit der h.M. zu bejahen.[97]

Zu den *steuerlichen Folgen* s. bei § 144 Rdn. 112 ff., 133 ff.

148 Die *externe Sachkapitalerhöhungsprüfung* ist – wie bei der Sachgründung, § 147 Rdn. 22 –, ausnahmsweise **entbehrlich**, wenn Wertpapiere bzw. Finanzinstrumente zum gewichteten Drei-Monats-Handelspreis oder sonstige Vermögensgegenstände mit einem Wertgutachten aus den letzten 6 Monaten eingebracht werden (§ 33a Abs. 1 Satz 1 Nr. 1 und 2 AktG i.d.F. des ARUG; zu den dann in der Anmeldung zusätzlich erforderlichen Angaben und Versicherungen: § 37a AktG). Gemäß § 183a Abs. 3 AktG kann allerdings bei der Kapitalerhöhung eine qualifizierte Aktionärsminderheit von 5 % eine externe Prüfung durchsetzen, wofür das Datum der Beschlussfassung über die Kapitalerhöhung vorab bekannt gemacht werden muss, mit anschließender vierwöchiger Registersperre. Damit wird die Flexibilität, etwa bei der beabsichtigten Ausnutzung eines genehmigten Kapitals, deutlich geschmälert, sodass die Praxis insoweit weiterhin von der vollen Sachprüfung Gebrauch machen wird.

---

96 BGH DNotZ 1998, 149 m. Anm. *Kopp*.
97 MünchHdb-AG/*Krieger*, § 56 Rn. 54.

Im Einverständnis aller Aktionäre kann jedoch wohl auf die Veröffentlichung nach § 183a Abs. 2 AktG verzichtet werden.

Steuerrechtliche Mitteilungspflichten des Notars: Wird bei der Sacheinlage ein Grundstück eingelegt, ist der Notar neben der Mitteilung nach § 54 EStDV auch nach § 18 Abs. 1 GrEStG verpflichtet, dem Finanzamt, in dessen Bezirk das Grundstück liegt, über die Urkunden, die die Verpflichtung zur Einlage enthalten, wie auch über den Einbringungsvertrag Anzeige auf dem amtlichen Formular zu erstatten und eine einfache Abschrift der Urkunde mit beizufügen.

149

Hauptversammlungsbeschluss (Sachkapitalerhöhung)

1. Der zur UR.Nr ..... des Notars ..... beurkundete Vertrag vom ..... zwischen der Gesellschaft und dem Fabrikanten Rudolf Hülsenberg in Eschwege wird genehmigt. Darin hat sich dieser verpflichtet, sein Fabrikgrundstück, dessen gemeiner Wert nach dem Mittelwert zweier Sachverständigengutachten auf 750.000 € geschätzt ist, unter Abrechnung der Belastung von zusammen 150.000 € zu einem Einbringungswert von 600.000 € in die Gesellschaft einzubringen. Durch Auflassung und Übergabe hat er die Verpflichtung bereits erfüllt. Als Vergütung erhält er neue Aktien der Gesellschaft im Nennbetrag von 400.000 € zu einem Ausgabekurs von 600.000 €. Der Bericht der Prüfer, in dem insbesondere der Wert der Sacheinlage bestätigt wird, liegt vor.
2. Das Grundkapital der Gesellschaft wird von 2 Millionen € auf 2.400.000 € erhöht durch Ausgabe von 8.000 neuen Inhaberaktien im Nennbetrag von je 50 € mit Gewinnberechtigung ab 1. Juli ..... Der Ausgabekurs ist 150 %.
Das gesetzliche Bezugsrecht der Aktionäre wird ausgeschlossen.
3. § 5 der Satzung wird dahin geändert:
»Das Grundkapital der Gesellschaft beträgt 2.400.000 €.
Es ist eingeteilt in 48.000 Aktien im Nennbetrag von je 50 €.«
Die Beschlüsse zu 1–3 wurden mit 18.460 gegen 260 Stimmen ohne Stimmenthaltung und vom Vorsitzenden festgestellt .....

150 M

■ *Kosten.* Zwei bestimmte Werte sind anzusetzen, nämlich der Genehmigungswert nach dem Gesamtentgelt von 750.000 € und der den Nennbetrag übersteigende Ausgabebetrag der neuen Aktien von 600.000 €, zusammen 1.350.000 € (Höchstwertbegrenzung nach § 108 Abs. 5 GNotKG: 5 Mio. €). – Die übrigen Beschlüsse sind unselbstständige Teile des Erhöhungsbeschlusses. 2,0 Gebühr gemäß Nr. 21100 KV GNotKG.

Wegen eines Einbringungs*vertrages* s.o. § 144 mit Muster § 144 Rdn. 134 M. Wegen der Voraussetzungen für den Ausschluss des Bezugsrechts s. zunächst oben Rdn. 128. Der Ausschluss des Bezugsrechts der Aktionäre bei der Kapitalerhöhung durch Sacheinlagen ist – unter angemessener Bewertung von Leistung und Gegenleistung – zulässig, wenn die Gesellschaft nach vernünftigen kaufmännischen Überlegungen ein dringendes Interesse am Erwerb des Gegenstandes hat und zu erwarten ist, der damit angestrebte Nutzen werde den verhältnismäßigen Beteiligungs- und Stimmrechtsverlust der vom Bezugsrecht ausgeschlossenen Aktionäre aufwiegen.[98]

151

Da auch der Sacheinleger *zeichnen* muss (§ 183 i.V.m. § 185 AktG), gibt er eine Erklärung ab, in die etwa der Inhalt des vorstehenden Beschlusses aufgenommen wird. S. Muster Rdn. 134 M.

152

---

[98] BGHZ 71, 40, 46.

153 Die Anmeldung des Erhöhungsbeschlusses nach § 184 AktG kann mit der Anmeldung der Durchführung nach § 188 AktG verbunden werden, wenn der Einbringungsvertrag, der Prüfungsbericht und die Zeichnungserklärung vorliegen. Dass die Sacheinlage bereits geleistet ist, braucht in der Anmeldung nicht erklärt zu werden. Das ist jedoch, wenn geschehen, zweckmäßig (für die Übertragung gilt die Fünf-Jahres-Frist des § 36a Abs. 2 AktG).

Handelsregisteranmeldung zu Beschluss und Durchführung einer Sachkapitalerhöhung

154 M Zum Handelsregister B 96 überreichen Vorstand und Aufsichtsrat der »Werra Kies- und Betonwerk AG« in Eschwege im Wege elektronischer Übermittlung
1. beglaubigte Abschrift der notariellen Niederschrift über die außerordentliche Hauptversammlung der Gesellschaft vom ....., in der die Erhöhung des Grundkapitals um 400.000 € beschlossen ist, und beglaubigte Abschrift des darin erwähnten Vertrages,
2. den vollständigen Wortlaut der neu gefassten Satzung mit der Bescheinigung des Notars nach § 181 Abs. 1 S. 2 AktG,
3. die Zweitschrift des Zeichnungsscheins,
4. ein vom Vorstand unterschriebenes Verzeichnis, das den Zeichner, die auf ihn entfallenden Aktien und die von ihm geleistete Sacheinlage enthält,
5. eine Ausfertigung der notariellen Urkunde vom ....., die neben der Verpflichtung zum Einbringen auch die Auflassung des einzubringenden Grundstücks enthält,
6. den Bericht der Prüfer,
7. eine Berechnung der für die Gesellschaft durch die Ausgabe der neuen Aktien entstandenen Kosten.
Wir melden den Beschluss über die Erhöhung des Grundkapitals, seine Durchführung und die Änderung des § 5 der Satzung zur Eintragung in das Handelsregister an.
Eschwege, den .....

        Der Vorstand: **Der Vorsitzende des Aufsichtsrats:**
Karl Erben   **Leopold Scheerer**   **Werner Wendt**
(Beglaubigungsvermerk)

Steuerrechtliche Mitteilungspflicht des Notars nach § 54 EStDV, s. Rdn. 131.

▪ **Kosten.** Geschäftswert der Handelsregisteranmeldung der Kapitalerhöhung ist gemäß § 105 Abs. 1 Satz 1 Nr. 4a GNotKG der einzutragende Betrag ohne Aufgeld. Gebühren:
a) Des Notars: Kapitalerhöhung und Satzungsänderung umfassen dieselbe Tatsache (so dass bereits kein Fall von § 109 und damit erst recht nicht von § 111 Nr. 3 GNotKG vorliegt); die Durchführung der Kapitalerhöhung nach § 188 AktG bildet (anders als nach bisher h.M.) einen gemäß § 111 Nr. 3 GNotKG besonderen Beurkundungsgegenstand, als Anmeldung ohne Geschäftswert gemäß § 105 Abs. 4 Nr. 1 GNotKG zu bestimmen (mindestens 30.000 €). Der Höchstwert aller Anmeldungen beträgt 1 Mio. Euro (§ 106 GNotKG). Hieraus 0,5 Gebühr gemäß Nr. 24102 KV GNotKG, sowie 0,3 Gebühr für den elektronischen Vollzug (Fertigung und Einreichung der XML-Strukturdaten), Nr. 22114 KV GNotKG aus dem vollen Geschäftswert gemäß § 112 GNotKG, höchstens jedoch 250 €.
b) Des Registergerichts: Gemäß Gebührenziffer 2400 der HandelsregistergebührenVO fallen für die Eintragung des Kapitalerhöhungsbeschlusses 270 €, und gemäß Gebührenziffer 2401 für die Eintragung der Durchführung einer Sachkapitalerhöhung 210 € an.

VIII. Bedingte Kapitalerhöhung

Sie dient der Sicherung der Inhaber von *Wandelschuldverschreibungen* (§ 221 AktG) (einschließlich Optionsanleihen), der Vorbereitung des Zusammenschlusses von Unternehmen und der Gewährung von Bezugsrechten an Arbeitnehmer der Gesellschaft. Der Erhöhungsbeschluss selbst ist unbedingt wie bei der gewöhnlichen Kapitalerhöhung. Die Durchführung ist jedoch aufschiebend bedingt. Sie hängt von der Ausübung eines bestehenden unentziehbaren Umtausch- und Bezugsrechts ab. Der Umfang des Beschlusses darf (zur Vermeidung der Nichtigkeit[99]) grundsätzlich[100] fünfzig bzw. (bei Optionsprogrammen für Mitarbeiter bzw. die Geschäftsführung) 10 % des bei Beschlussfassung[101] eingetragenen Grundkapitals nicht überschreiten.

155

Im Erhöhungsbeschluss wird den Inhabern von *Wandelschuldverschreibungen* oder den Aktionären einer im Wege der Verschmelzung aufzunehmenden Gesellschaft ein Recht auf Umtausch gegen neue Aktien oder den Arbeitnehmern und Mitgliedern der Geschäftsführung der Gesellschaft oder verbundener Unternehmen ein Bezugsrecht eingeräumt (»Stock-Options«), erleichtert durch die Neufassung von § 192 Abs. 2 Nr. 3 AktG durch das KontraG v. 27.04.1998. Zusätzlich zu den allgemeinen Anforderungen an den Inhalt eines Beschlusses über die bedingte Kapitalerhöhung schreibt § 193 Abs. 2 AktG zusätzliche Feststellungen vor, bei Stock Options neben § 193 Abs. 2 Nr. 1–3 noch Nr. 4; der Begriff »Erfolgsziele« ist bewusst allgemein gewählt und umfasst nicht nur Kursziele (die Anknüpfung an den Börsenkurs als Erfolgsziel ist aber zulässig[102]). Das ARUG hat das zuletzt untergerichtlich[103] infrage gestellte *book-building-Verfahren* in § 193 Abs. 2 Nr. 2 AktG gebilligt; die Hauptversammlung hat (wie bei §§ 182 Abs. 3 und 186 Abs. 2 AktG) nur mehr über den Mindestbetrag und die Grundlagen der Preisfestsetzung zu beschließen. Die »kleine Aktienrechtsnovelle« 2016 ermöglicht es auch der Gesellschaft selbst, sich das Wahlrecht auszubedingen, anstelle der Darlehensrückzahlung Aktien auszugeben (debt-equity-Swap) und damit in der Krise »geräuschlos« zur Entlastung der Bilanz Fremd- in Eigenkapital umzuwandeln (sog. »umgekehrte Wandelschuldverschreibung«)[104].

156

Ermächtigungsbeschluss der Hauptversammlung zur bedingten Kapitalerhöhung für Wandelschuldverschreibungen

Einstimmig wurde beschlossen;
..... Die bedingte Kapitalerhöhung wird beschlossen, um den Gläubigern der von der Gesellschaft ausgegebenen Wandelschuldverschreibungen das unentziehbare Recht einzuräumen, diese Schuldverschreibungen unter Zuzahlung von 50 % ihres Nennbetrages zu Beginn der Jahre ..... – ..... zum Umtausch gegen Inhaberaktien der Gesellschaft zum gleichen Nennbetrag einzureichen.

157 M

---

99 Keine geltungserhaltende Reduktion, OLG München, 14.09.2011 – 31 Wx 360/11, DNotZ 2012, 226.
100 Die Aktienrechtsnovelle hat in § 192 Abs. 3 Satz 3 AktG die 50 % Grenze für bestimmte Verwendungszwecke aufgehoben (insbes. zur Abwendung einer Überschuldung, sowie für Kreditinstitute zur Erfüllung bankaufsichtsrechtlicher Anforderungen, etwa durch sog. AT1-Instrumente), vgl. *Carl*, in: *Böttcher/Carl/Schmidt/Seibert*, Die Aktienrechtsnovelle, S. 91 ff.
101 Zur aufschiebend bedingten Beschlussfassung vgl. *Müller-Eising/Heinrich*, ZIP 2010, 2390.
102 OLG Stuttgart AG 1998, 529, 532.
103 Z.B OLG Celle AG 2008, 85 ff., dagegen bereits BGH, 18.05.2009 – II ZR 262/07, DNotZ 2009, 780 m. Anm. *König*.
104 Die im Gesetz weiterhin nicht geregelte Praxis der Pflichtwandelanleihen, deren Umtausch an bestimmte auslösende Ereignisse (sog. Contingent Convertibles bzw. Coco-Bonds) oder Fristabläufe gebunden ist, wurde im Gesetzgebungsprozess als selbstverständlich zulässig erachtet, BT-Drucks. 18/6881, S. 12.

Die Kapitalerhöhung wird insoweit durchgeführt, wie das Umtauschrecht ausgeübt wird.
Der Vorstand wird ermächtigt, Einzelheiten des Erhöhungsbeschlusses mit Zustimmung des Aufsichtsrats festzusetzen.

Oder:

Beschluss der Hauptversammlung zur bedingten Kapitalerhöhung für Wandelschuldverschreibungen

158 M ..... Mit 19.500 Ja-Stimmen gegen 450 Nein-Stimmen bei 50 Stimmen Enthaltung wurde beschlossen: Das Grundkapital wird durch Ausgabe von Aktien im Nennbetrag von 122.500.000 € in Stücken von 50 € zum Zwecke der Gewährung von Umtauschrechten an die Gläubiger der 6 %igen Wandelanleihe von ..... erhöht. § 3 der Satzung wird entsprechend geändert, wozu die Fassung dem Aufsichtsrat übertragen wird.
Die bedingte Kapitalerhöhung wird nur so weit durchgeführt, wie die Gläubiger der Wandelschuldverschreibungen von ..... von ihrem Umtauschrecht Gebrauch machen.
Es wird eine 6 %ige Wandelanleihe mit einer Laufzeit von 10 Jahren im Betrag von 490.000.000 € unter Ausschluss des gesetzlichen Bezugsrechts der Aktionäre ausgegeben. Die Wandelanleihe wird von einem Bankenkonsortium mit der Verpflichtung übernommen, den Aktionären Wandelschuldverschreibungen im Verhältnis 3:1 zum Bezuge anzubieten. Auf 3 Aktien über 50 € kann eine Wandelschuldverschreibung über 50 € bezogen werden.
Die Wandelschuldverschreibungen können ab 2. Januar ..... im Verhältnis 4:1 unter Zuzahlung folgender Beträge in Aktien umgetauscht werden: Bei Umtausch von je 200 € Wandelschuldverschreibungen in eine Aktie im Nennbetrag von 50 € in den Jahren ..... und ..... von 35 €, in den Jahren ..... und ..... von 55 €, in den Jahren ..... und ..... von 75 € und in den Jahren ..... und ..... von 95 €. Der Wandlungspreis wird bei etwaigen späteren Kapitalerhöhungen oder weiteren Wandelanleihen entsprechend dem Bezugsrechtswert ermäßigt, sofern nicht den Inhabern der Wandelschuldverschreibungen ein Bezugsrecht eingeräumt wird, das dem der Aktionäre entspricht.
Der Vorstand wird ermächtigt, weitere Einzelheiten der Ausgabe und Ausstattung der Wandelanleihe von ..... und der Umtauschbestimmungen mit Zustimmung des Aufsichtsrats festzusetzen .....

Beschluss der Hauptversammlung zur bedingten Kapitalerhöhung für Optionsanleihen

159 M ..... Mit 14.700 gegen 300 Stimmen wurde beschlossen: Das Grundkapital wird durch Ausgabe von Aktien im Nennbetrag von 87.500.000 € bedingt erhöht. (Weiter wie im vorstehenden Muster § 149 Rdn. 158 M).
Es wird eine Optionsanleihe im Gesamtnennbetrag von 350.000.000 € unter Ausschluss des gesetzlichen Bezugsrechts der Aktionäre ausgegeben. Ein Bankenkonsortium unter Führung der ..... Bank übernimmt die Optionsanleihe mit der Verpflichtung, die Optionsschuldverschreibungen den Aktionären der Gesellschaft so zum Bezug anzubieten, dass auf je 16 Aktien eine Optionsschuldverschreibung im Nennbetrag von 200 € zum Kurs von 100 % erworben werden kann; das entspricht einem Verhältnis der Nennbeträge von 4:1.

Die Optionsanleihe ist eingeteilt in Schuldverschreibungen im Nennbetrag von 200 €, 1.000 € und 2.000 €; sie lauten auf den Inhaber. Sie sind vom 1. Oktober ..... an mit 5,5 v.H. jährlich zu verzinsen. Der erste Zinsschein wird am 1. Oktober ..... fällig.
Je ein Drittel der Anleihe wird zum 1. Oktober der Jahre ..... bis ..... zur Rückzahlung ausgelost, so dass die gesamte Anleihe am 1. Oktober ..... zurückgezahlt sein wird.
Eine vorzeitige Kündigung der Optionsschuldverschreibungen ist ausgeschlossen.
Die Anleihegläubiger können ab 1. Januar ..... mit einer Frist von mindestens 2 Wochen zum 1. Oktober ....., ... und ..... zur Rückzahlung zum Nennbetrag kündigen, wenn sie gleichzeitig für je 200 € gekündigter Schuldverschreibung eine Optionserklärung zum Bezug einer Aktie im Nennbetrag von 50 € gemäß den Optionsbedingungen abgeben oder bereits zuvor abgegeben haben.
Die Inhaber der Optionsscheine können die darauf angegebene Anzahl von Aktien der Gesellschaft zum Optionspreis von 222 € je Aktie im Nennbetrag von 50 € beziehen.
Die so bezogenen Aktien sind für das Geschäftsjahr, in dem die Optionserklärung wirksam wird, dividendenberechtigt.
Bei späteren Kapitalerhöhungen oder der Ausgabe weiterer Wandel- oder Optionsanleihen wird der Optionspreis entsprechend ermäßigt, sofern nicht den Inhabern der Optionsscheine ein Bezugsrecht eingeräumt wird, das dem der Aktionäre entspricht. Die Ermäßigung des Optionspreises wird nach einer Formel berechnet, die sich aus den Grundsätzen des Verwässerungsschutzes ergibt.
Ausgeübt werden kann das Optionsrecht vom 1. Januar ..... bis 31. Oktober .....
Jedem Anteilschein von 200 € wird ein Optionsschein beigefügt, der während des genannten Zeitraums zum Erwerb einer Aktie berechtigt .....

▪ **Kosten.** Die bedingte Kapitalerhöhung ist ein Beschluss mit bestimmtem Geldwert, dessen Geschäftswert der volle Erhöhungsbetrag ist. Bei Ausgabe über dem Nennbetrag ist der Ausgabebetrag der Aktien maßgebend. Höchstwert für alle in einer Niederschrift beurkundeten Beschlüsse nach § 108 Abs. 5 GNotKG 5 Mio. €.

Registeranmeldung des Beschlusses über die bedingte Kapitalerhöhung: Die Notargebühr ist eine 0,5 Gebühr nach Nr. 24102 KV GNotKG aus dem Nominalbetrag (§ 105 Abs. 1 Satz 1 Nr. 4a) GNotKG), höchstens 1 Mio. € (§ 106 GNotKG). Die späteren Anmeldungen über den erfolgten Umtausch in Aktien, also deren Durchführung, sind jeweils gemäß § 105 Abs. 4 Nr. 1 GNotKG zu bewerten, Mindestbetrag 30.000 €. Hinzu kommt jeweils die 0,3 Vollzugsgebühr gemäß Nr. 22114 KV GNotKG für die Erzeugung und Übermittlung der XML-Daten an das Handelsregister aus dem Geschäftswert der Anmeldung (§ 112 GNotKG), höchstens 250 €. Die Eintragung im Handelsregister löst gemäß Gebührenziffer 2400 der HandelsregistergebührenVO eine Gebühr von 270 € aus. Steuerrechtliche Mitteilungspflichten des Notars bestehen gemäß § 54 EStDV, vgl. Rdn. 131.

160 Das Besondere der Optionsanleihe ist, dass sie neben der Schuldverschreibung ein zusätzliches und regelmäßig abtrennbares Aktienbezugsrecht gewährt. Bei der »reinen« Wandelanleihe setzt dagegen der Aktienbezug den Umtausch der Schuldverschreibung, d.h. praktisch deren Rückgabe voraus.

161 Der Erhöhungsbeschluss ist durch den Vorstand und den Aufsichtsratsvorsitzenden (§ 195 AktG) zum Handelsregister anzumelden.[105] Vor Eintragung können keine Bezugsaktien ausgegeben werden (§ 197 AktG). Das Bezugsrecht wird durch die Bezugserklärung ausgeübt, die der Zeichnungserklärung entspricht (§ 198 AktG). Den in einem Geschäftsjahr erfolgte Umtausch durch Einreichen von Wandelschuldverschreibungen hat der Vor-

---

105 Wenn der Vorstand auch zur Begebung der Wandelschuldverschreibungen gegen Sacheinlage ermächtigt ist, müssen die Sacheinlageverträge und ein Sachgründungsbericht nicht vorgelegt werden, OLG München, 19.09.2013 – 31 Wx 312/13, NZG 2013, 1144.

stand (ohne Aufsichtsratsvorsitzenden) spätestens[106] einen Monat nach Ablauf des Geschäftsjahres anzumelden (§ 201 AktG).

IX. Genehmigtes Kapital

162 Der *Vorstand* kann in der ursprünglichen Satzung oder im Wege einer Satzungsänderung ermächtigt werden, das Grundkapital bis zu einem bestimmten Betrag, höchstens bis zur Hälfte des z.Zt. der Ermächtigung vorhandenen Grundkapitals, zu erhöhen. Die Ermächtigung ist ausdrücklich (kein Rückgriff auf die gesetzliche Frist im Wege der Auslegung[107]) auf höchstens 5 Jahre ab Eintragung der Gesellschaft oder der Satzungsänderung zu erteilen. Sie erfordert eine Mehrheit von mindestens $3/4$ des bei der Beschlussfassung vertretenen Grundkapitals. Mit dem genehmigten Kapital soll der Vorstand, mit Zustimmung des Aufsichtsrats (§ 202 Abs. 3 Satz 2 AktG), eine Erhöhung bei Bedarf und günstiger Lage des Kapitalmarkts schnell durchführen oder Arbeitnehmern Aktien anbieten können (§ 202 Abs. 4 AktG).

163 Wenn die Satzung nichts über die Ausgabebedingungen enthält, entscheidet der Vorstand mit Zustimmung des Aufsichtsrats über alles, worüber die Hauptversammlung bei der gewöhnlichen Kapitalerhöhung Beschluss zu fassen hat (§ 204 AktG). Er entschließt sich zunächst, ob er von der Ermächtigung überhaupt Gebrauch machen will, und bei grundsätzlicher Bejahung, in welchem Umfang und zu welcher Zeit. Er bestimmt weiter den Ausgabekurs und den Beginn der Gewinnberechtigung. Die Entscheidung über den Ausschluss des Bezugsrechts der Aktionäre kann die Hauptversammlung dem Vorstand überlassen (§ 203 Abs. 2 AktG); für die Rechtfertigung des Ausschlusses durch sachliche Gründe gelten auch dann die allgemeinen Grundsätze.[108]

Satzungsermächtigung des Vorstands zur Erhöhung des Grundkapitals (bedingte Kapitalerhöhung)

164 M ..... Die Hauptversammlung beschloss einstimmig:
§ 5 der Satzung erhält einen 2. Absatz mit dem Wortlaut:
»**Der Vorstand wird ermächtigt, mit Zustimmung des Aufsichtsrats das Grundkapital der Gesellschaft von 10 Millionen € um höchstens 5 Millionen € durch eine einmalige oder mehrmalige Ausgabe von Inhaberaktien im Nennbetrag von je 50 € gegen Bareinlagen bis ..... zu erhöhen.**
Der Aufsichtsrat wird ermächtigt, den § 5 nach völliger oder teilweiser Durchführung der Erhöhung oder nach Ablauf der Ermächtigungsfrist ohne Erhöhung entsprechend neu zu fassen.«

■ *Kosten.* S. Rdn. 159 M.

165 Nach Anmeldung und Eintragung der Satzungsänderung und der Entscheidung des Vorstands über die Ausgabe und die Bedingungen, über die bei der gewöhnlichen Kapitalerhöhung die Hauptversammlung beschließt (oben Muster Rdn. 130 M), und nach den Zeichnungen (oben Muster Rdn. 134 M, Rdn. 139 M) sowie den Einzahlungen ist die durchgeführte Kapitalerhöhung anzumelden. Mit ihrer Eintragung und der anschließend vorzunehmenden Ausgabe der neuen Aktien wird sie abgeschlossen.

---

106 Unterjährige Anmeldung ist zulässig, Klarstellung durch die Aktienrechtsnovelle 2016
107 OLG Celle NJW 1962, 2160.
108 BGHZ 83, 319; s.o. unter Rdn. 128.

Anmeldung der Durchführung der Erhöhung um das genehmigte Kapital

Zum Handelsregister B 630 der »Fränkischen Spiegelglaswerke AG« in Fürth überreichen Vorstand und Vorsitzender des Aufsichtsrats im Wege elektronischer Übermittlung: 166 M
1. die Zweitschriften von 465 Zeichnungsscheinen,
2. ein vom Vorstand unterschriebenes Verzeichnis der Zeichner, das die auf jeden entfallenen Aktien und die von ihm geleisteten Einlagen angibt,
3. eine Berechnung der für die Gesellschaft durch die Ausgabe entstandenen Kosten,
4. eine Bescheinigung der »Mittelfränkischen Bank Aktiengesellschaft« in Nürnberg über die Einzahlung von 6.250.000 € auf das Kapitalerhöhungskonto der Gesellschaft. Auf Grund der Eintragung des Absatzes III des § 5 der Satzung am ..... hat der Vorstand die Erhöhung des Grundkapitals zu dem Höchstbetrag von 5 Millionen € durchgeführt. Der Ausgabekurs ist 125 %. Der auf jede Aktie entfallende Betrag ist auf das Kapitalerhöhungskonto der Gesellschaft bei der »Mittelfränkischen Bank Aktiengesellschaft« in Nürnberg zur endgültigen freien Verfügung des Vorstands voll eingezahlt worden. Der Vorstand ist in der Verfügung darüber nicht, auch nicht durch Gegenforderungen, beschränkt,
5. den vollständigen Wortlaut der Neufassung der Satzung mit der Notarbescheinigung nach § 181 Abs. 1 S. 2 AktG;
6. das – auszugsweise – Protokoll der Aufsichtsratssitzung, in der die Neufassung des § 5 der Satzung beschlossen wurde.
Einlagen auf das bisherige Grundkapital sind nicht rückständig.
Wir melden zur Eintragung an die Erhöhung des Grundkapitals um 5 Millionen € auf 15 Millionen € und die vom Aufsichtsrat auf Grund Ermächtigung beschlossene Neufassung des § 5 der Satzung, wonach dessen Absatz III entfällt und die Absätze I und II lauten:
»Das Grundkapital der Gesellschaft beträgt 15.000.000 €.
Es ist eingeteilt in 10.000 Aktien im Nennbetrag von je 1.000 € und in 50.000 Aktien im Nennbetrag von je 100 €.«
Fürth, den .....

        Der Vorstand: Der Vorsitzende des Aufsichtsrats:
Werner Staub   Dr. Arno Dorste   Waldemar Winzer
Notarieller Beglaubigungsvermerk

■ *Kosten.* Geschäftswert ist der in das Handelsregister einzutragende Kapitalerhöhungsbetrag (§ 105 Abs. 1 Satz 1 Nr. 1 GNotKG), höchstens jedoch 1 Mio. € gemäß § 106 GNotKG. Gebühren:
a) Des Notars: Hieraus 0,5 Gebühr gemäß Nr. 24102 KV GNotKG, sowie 0,3 Gebühr für den elektronischen Vollzug (Fertigung und Einreichung der XML-Strukturdaten), Nr. 22114 KV GNotKG aus dem vollen Geschäftswert gemäß § 112 GNotKG, höchstens jedoch 250 €.
b) Des Registergerichts: Gemäß Gebührenziffer 2400 der HandelsregistergebührenVO 270 € für die Eintragung der Durchführung der Kapitalerhöhung aus genehmigtem Kapital.

Beschluss des Vorstandes mit Zustimmung des Aufsichtsrates auf Erhöhung des Grundkapitals durch Ausgabe von Aktien an Arbeitnehmer (genehmigtes Kapital)

..... Die ordentliche Hauptversammlung der Gesellschaft vom ..... hat den Vorstand 167M ermächtigt, bis zum ..... auf den Inhaber lautende Aktien bis zu einer Million € mit

Zustimmung des Aufsichtsrats an längere Zeit im Betrieb der Gesellschaft tätige Arbeitnehmer auszugeben. Der Vorstand ist auch berechtigt, den Zeitpunkt und die sonstigen Bedingungen der Kapitalerhöhung zu bestimmen und das Bezugsrecht der Aktionäre auszuschließen. Eine solche Satzungsänderung ist am ..... in das Handelsregister eingetragen worden.

In Ausübung der ihm erteilten Ermächtigung beschließt der Vorstand mit Zustimmung des Aufsichtsrats:

1. Das Grundkapital der Gesellschaft wird um eine Million € auf 101 Millionen € erhöht durch Ausgabe auf den Inhaber lautender Aktien, und zwar von 5.000 Aktien zu 100 € und von 10.000 Aktien zu je 50 €.
2. Die neuen Aktien sind vom 1. Januar ..... an gewinnberechtigt.
3. Das Bezugsrecht der Aktionäre wird ausgeschlossen.
4. Die neuen Aktien werden an Arbeitnehmer ausgegeben, die bei Eingang ihrer Zeichnung mindestens 5 Jahre ununterbrochen in der Gesellschaft tätig sind. Die über 5 Jahre von der Gesellschaft beschäftigten Arbeitnehmer können Aktien im Nennwert bis zu 300 €, die über 7 Jahre tätigen bis zum Nennwert von 500 € und die länger als 9 Jahre tätigen Arbeitnehmer Aktien bis zum Nennwert von 1.000 € zeichnen.
Die Aktien werden zum Nennbetrag ausgegeben.
Die zu leistenden Einlagen werden bezahlt aus dem 1.110.000 € betragenden Fünftel des Jahresüberschusses, der in dem zum 31. Dezember ..... festgestellten Jahresabschluss der Gesellschaft in eine Gewinnrücklage mit der Bezeichnung »Belegschaftsaktienrücklage« eingestellt ist. Der Jahresabschluss ist mit dem uneingeschränkten Bestätigungsvermerk der Abschlussprüfer versehen.
5. Die Zeichnungen können bis 31. Juli ..... vorgenommen werden. Zu ihnen sind die dem § 185 des Aktiengesetzes entsprechenden Zeichnungsscheine zu verwenden, die die Gesellschaft an die mindestens 5 Jahre bei ihr beschäftigten Arbeitnehmer ausgibt. Sie sind in 2 Stücken einzureichen.
6. Nach Ausgabe der neuen Aktien und der damit erfolgten Erhöhung des Grundkapitals erhält § 5 der Satzung folgende Fassung .....
Köln, den .....

Unterschriften der Vorstandsmitglieder
und des Aufsichtsratsvorsitzenden

■ *Kosten.* Für den Entwurf eine 0,5 bis 2,0 Gebühr gemäß Nr. 24100 KV GNotKG, mindestens jedoch 120 €, da bei Beurkundung des Beschlusses eine Gebühr gemäß Nr. 21100 KV GNotKG angefallen wäre. Der Notar bestimmt die Gebührenhöhe im vorgenannten Rahmen gemäß § 92 Abs. 1 GNotKG nach billigem Ermessen unter Berücksichtigung des Umfangs der erbrachten Leistungen; wird der vollständige Entwurf gefertigt, ist gemäß § 92 Abs. 2 a.E. GNotKG die Höchst- (also die 2,0) Gebühr zu erheben.

168 Der *Anmeldung* beizufügen ist der festgestellte Jahresabschluss mit Bestätigungsvermerk (§ 204 Abs. 3 Satz 3 AktG) und der vollständige Wortlaut der neu gefassten Satzung mit Notarbescheinigung (§ 181 Abs. 1 Satz 2 AktG). Der anmeldende Vorstand und Aufsichtsratsvorsitzende haben dem Gericht zu erklären, dass nach ihrer Kenntnis seit dem Stichtag der zugrunde gelegten Bilanz bis zur Anmeldung keine Vermögensverminderung eingetreten ist, die der Kapitalerhöhung entgegenstünde, wenn sie am Tage der Anmeldung beschlossen worden wäre (§§ 204 Abs. 3 Satz 4, 210 Abs. 1 Satz 2 AktG). Geschäftswert dieser Anmeldung wäre der Ausgabebetrag, hier also 1.110.000 €, max. jedoch gemäß § 39 Abs. 4 KostO 500.000 €.

X. Kapitalerhöhung aus Gesellschaftsmitteln

1. Grundlagen

169 Bei der AG gelten für Kapitalerhöhung aus Gesellschaftsmitteln die §§ 207 ff. AktG. Der Nennbetrag des Grundkapitals wird durch *Umwandlung von Rücklagen* erhöht, und die Zahl der Aktien wird entsprechend vermehrt. Diese Kapitalerhöhung bringt der Gesellschaft keine Vermehrung ihres Vermögens, sie stellt nur eine Umgruppierung auf der Passivseite der Bilanz dar. Von wirtschaftlicher Bedeutung ist sie deshalb, weil sie nicht gebundene Rücklagen in gesetzlich gebundenes Grundkapital überführt und damit die Kreditfähigkeit der Gesellschaft stärkt.

2. Taugliche Rücklagen

170 Die *Rücklagen* müssen als solche (oder im letzten Ergebnisverwendungsbeschluss als Zuführung zu den Rücklagen) ausgewiesen sein. Von einer Kapitalrücklage und der gesetzlichen Rücklage ist nur der Betrag umwandlungsfähig, der den zehnten Teil oder den in der Satzung bestimmten höheren Teil des Grundkapitals übersteigt (§ 208 Abs. 1 Satz 2 AktG). Die Gewinnrücklagen können (soweit sie nicht für einen bestimmten Zweck bestimmt sind) in voller Höhe in Grundkapital umgewandelt werden. Das ist jedoch ausgeschlossen, soweit in der zugrunde gelegten Bilanz ein Verlust oder ein anderer Gegenposten zum Eigenkapital ausgewiesen ist oder wenn sie einem bestimmten Zweck zu dienen bestimmt sind, mit dem die Umwandlung nicht vereinbar ist (§ 208 Abs. 2 Satz 2 AktG).

3. Bilanz

171 Dem Umwandlungsbeschluss zugrunde zu legen ist in der Regel die letzte *Jahresbilanz* (§ 209 Abs. 1 AktG) oder eine ebenfalls nach den gesetzlichen Bestimmungen des AktG und des HGB zu einem anderen Stichtag aufgestellte Bilanz. Sie muss den uneingeschränkten Prüfungsvermerk des Abschlussprüfers tragen. Wenn die Hauptversammlung keinen anderen Prüfer wählt, so gilt der für die Prüfung des letzten Jahresabschlusses gewählte auch für die Prüfung der besonderen Bilanz als gewählt (§ 209 Abs. 4 AktG). Auch sie muss von der Einberufung ab in den Geschäftsräumen der Gesellschaft ausgelegt und jedem Aktionär auf Verlangen mitgeteilt werden (§ 209 Abs. 6 und § 175 Abs. 2 AktG). Der *Stichtag* der Bilanz darf höchstens *8 Monate vor der Anmeldung* zur Eintragung (nicht der Vollziehung) liegen (§ 209 Abs. 1 AktG). Wenn die Frist nach der Jahresbilanz nicht eingehalten werden kann, bedarf es einer zu einem späteren Stichtag aufgestellten besonderen Abschlussbilanz, die auch von der Einberufung bis zur Hauptversammlung der Gesellschaft auszulegen ist.

4. Durchführung

172 Auch die Kapitalerhöhung aus Gesellschaftsmitteln kann bei Nennbetragsaktien grundsätzlich nur durch Ausgabe neuer Aktien ausgeführt werden (§§ 207 Abs. 2, 182 Abs. 1 Satz 4 AktG; Ausnahme: § 4 Abs. 3 AktG bei der Umstellung auf EURO). Bei Stückaktien ist eine Kapitalerhöhung dagegen auch ohne Ausgabe neuer Aktien möglich (§ 207 Abs. 2 Satz 2 AktG). Die *neuen Aktien* sind im Verhältnis ihres Anteils am bisherigen Nennkapital an die bisherigen Aktionäre auszugeben (§ 212 AktG). Wenn auf einen Anteil am bisherigen Grundkapital nur ein Teil einer neuen Aktie entfällt, so ist dieses *Teilrecht* selbständig veräußerlich und vererblich. Ausgeübt werden können die Rechte einschließlich des Anspruchs auf Ausstellung einer Aktienurkunde daraus jedoch nur, wenn mehrere eine volle Aktie ergebende Teilrechte in einer Hand vereinigt sind oder wenn sich mehrere Berechtigte mit ihren Teilrechten zu einer vollen Aktie zwecks Ausübung der Rechte zusammenschließen (§ 213 AktG).

5. Gewinnbeteiligung

173 Am *Gewinn* des ganzen Geschäftsjahres, in dem die Kapitalerhöhung beschlossen wird, nehmen die neuen Aktionäre teil (§ 217 Abs. 1 AktG). Sie können aber auch noch am Gewinn des letzten vor der Beschlussfassung abgelaufenen Geschäftsjahres beteiligt werden, wenn es im Erhöhungsbeschluss ausdrücklich bestimmt wird. Während sonst die Gewinnverteilung vor der Kapitalerhöhung beschlossen wird, muss in diesem Fall zunächst die Kapitalerhöhung und nachfolgend erst die Verteilung der Gewinne aus dem letzten Geschäftsjahr beschlossen werden (§ 217 Abs. 2 AktG).

6. Beschluss

174 Der Erhöhungsbeschluss bedarf wie alle Hauptversammlungsbeschlüsse der *notariellen Beurkundung* (§ 130 AktG) und einer *Mehrheit von* $3/4$ des bei der Beschlussfassung vertretenen (also auch des nicht mitstimmenden) Kapitals (§§ 207 Abs. 2 und 182 Abs. 1 AktG). Nach § 4 Abs. 2 EGAktG genügt die einfache Mehrheit bei Umstellung auf den nächsthöheren Betrag, mit dem die Nennbeträge der Aktien auf volle EURO gestellt werden können. Der Notar muss eine beglaubigte Abschrift nach § 54 EStDV dem Finanzamt für Körperschaften am Gesellschaftssitz einreichen.

7. Registeranmeldung

175 Die *Anmeldung* ist wie zu den anderen Kapitalerhöhungen vorzunehmen, also durch den Vorstand in vertretungsberechtigter Zahl und durch den Vorsitzenden des Aufsichtsrats (§ 207 Abs. 2 i.V.m. § 184 Abs. 1 AktG).

176 Die nach § 210 Abs. 1 Satz 2 AktG vorgeschriebene Erklärung der Anmeldenden, dass nach ihrer Kenntnis seit dem Bilanzstichtag keine der Kapitalerhöhung entgegenstehende Vermögensminderung bei der Gesellschaft eingetreten ist, wird zweckmäßig in die Anmeldungsurkunde mit aufgenommen. Mit einzureichen ist auch der vollständige Wortlaut der neu gefassten Satzung mit der Notarbescheinigung nach § 181 Abs. 1 Satz 2 AktG. Beizufügen ist weiter die zugrunde gelegte Bilanz mit dem Bestätigungsvermerk des Prüfers und, wenn es nicht die letzte Jahresbilanz war, auch diese noch (§ 210 Abs. 1 Satz 1 AktG).

8. Ausgabe der Aktien

177 Nach Eintragung des Kapitalerhöhungsbeschlusses sind die *neuen Aktien auszugeben* und die Aktionäre zur Abholung durch Bekanntmachung in den Gesellschaftsblättern aufzufordern. Damit ist der Hinweis zu verbinden, dass die nach dreimaliger Aufforderung nicht abgeholten Aktien verkauft werden können (§ 214 AktG).

Gewinnverteilung, Kapitalerhöhung

178 Einberufung mit Tagesordnung wie in Muster Rdn. 28 M, Fassung der Niederschrift wie in Muster Rdn. 91 M.
Punkt 1 der Tagesordnung wie in Muster Rdn. 91 M. Wenn aber der Jahresabschluss vom Vorstand und Aufsichtsrat noch nicht festgestellt ist:

Hauptversammlungsbeschluss: Kapitalerhöhung aus Gesellschaftsmitteln

..... Die Versammlung beschloss ohne Gegenstimmen bei geringer Stimmenenthaltung: 179 M
1. Der Jahresabschluss für das Geschäftsjahr ..... wird festgestellt.
2. Von dem Bilanzgewinn von 372.200 € werden 360.000 € zur Zahlung einer Dividende von 18 % auf das Grundkapital von 2 Millionen € verwendet, die restlichen 12.200 € werden auf neue Rechnung vorgetragen.
3. Entlastung von Vorstand und Aufsichtsrat .....
4. Das Grundkapital von 2 Millionen € wird durch Umwandlung eines Teilbetrages von 2 Millionen € der 2.080.000 € betragenden Gewinnrücklage um 2 Millionen auf 4 Millionen € erhöht. Auf jede bisherige Aktie entfällt eine neue in gleicher Höhe. Den Inhabern der 15.000 Aktien über je 100 € werden 15.000 neue über 100 € lautende und den Inhabern der 50.000 bisherigen Aktien über je 10 € werden 5.000 neue über je 10 € lautende Aktien zugeteilt.
Die neuen Aktien nehmen am Gewinn des laufenden Geschäftsjahres voll teil.
5. § 15 der Satzung erhält folgende Fassung:
»Das Grundkapital beträgt 4 Millionen €. Es ist eingeteilt in 30.000 auf den Inhaber lautende Aktien von je 100 € und 100.000 auf den Inhaber lautende Aktien von je 10 €.«
6. Wahl des Abschlussprüfers .....
Alle vorstehenden Beschlüsse wurden einstimmig gefasst. Zu Punkt 3 enthielten sich die anwesenden oder vertretenen Aktionäre, die Mitglieder des Vorstandes und des Aufsichtsrates sind, der Stimme bei der Beschlussfassung über ihre Entlastung .....

■ **Kosten.** Geschäftswerte: TOP 1 ist zwar i.d.R. ein überflüssiger Beschluss, weil grundsätzlich der Vorstand mit Genehmigung des Aufsichtsrates den Jahresabschluss feststellt; auch als überflüssiger Beschluss ist er zu bewerten als Beschluss mit unbestimmten Geschäftswert nach §§ 108 Abs. 1 Satz 1, 105 Abs. 4 Nr. 1 GNotKG. Die Gewinnverwendung in TOP 2 hat als bestimmten Geschäftswert den ausgewiesenen Bilanzgewinn, über dessen Verwendung beschlossen wird, hier 373.200 €. Die Entlastung nach TOP 3 und die Wahl in TOP 6 sind nach § 109 Abs. 2 Satz 1 Nr. 4 f) GNotKG als ein Beschluss mit unbestimmten Geldwert zu behandeln; Wert nach §§ 108 Abs. 1 Satz 1, 105 Abs. 4 Nr. 1 GNotKG. Kapitalerhöhung aus Gesellschaftsmitteln zu TOP 4: Geschäftswert des bestimmten Geldwert-Beschlusses ist der Nennbetrag der Erhöhung. Die Satzungsänderung zu TOP 5 hat zur Erhöhung den gleichen Gegenstand und ist daher nicht gesondert zu bewerten. Höchstwertbegrenzung der summierten Geschäftswerte aller Beschlüsse 5 Mio. €, § 108 Abs. 5 GNotKG. Gebühr: 2,0 Gebühr aus Nr. 21100 KV GNotKG aus den zusammengerechneten Geschäftswerten, § 35 Abs. 1 GNotKG.

Mit Teilnahme am Gewinn des abgelaufenen Geschäftsjahres

Wenn die neuen Aktien am Gewinn des abgelaufenen Geschäftsjahres bereits teilnehmen   180
sollen, muss zunächst der Beschluss über die Kapitalerhöhung gefasst werden und danach erst der Beschluss über die Gewinnverteilung. Beide Beschlüsse werden nichtig, wenn in diesem Fall die Kapitalerhöhung nicht binnen 3 Monaten nach der Beschlussfassung in das Handelsregister eingetragen wird (§ 217 Abs. 2 Satz 4 AktG).

§ 149 Hauptversammlung, Kapitalmaßnahmen, Auflösung

Hauptversammlungsbeschluss bei Teilnahme der aus Kapitalerhöhung stammenden Aktien an der Verteilung des Bilanzgewinns

181 M
..... Punkt 2 der Tagesordnung:
Das Grundkapital wird durch Umwandlung der Gewinnrücklage in Höhe von 1 Million € um 1 Million auf 3 Millionen € erhöht.
Die Erhöhung wird ausgeführt durch Ausgabe neuer auf den Inhaber lautender Aktien im Nennbetrag von je 50 €.
Die neuen Aktien nehmen an dem Gewinn des am 31.12. ..... abgelaufenen Geschäftsjahres teil.
Punkt 3 der Tagesordnung:
Von dem Bilanzgewinn nach der Bilanz zum 31.12. ..... von 500.000 € werden auf das Grundkapital von 3 Millionen € 15 % Dividende mit 450.000 € ausgezahlt und die restlichen 50.000 € auf neue Rechnung vorgetragen .....

Anmeldung der Kapitalerhöhung aus Gesellschaftsmitteln zum Handelsregister

182 M
Zum Handelsregister B 666 der »Maschinenfabrik Werkmeister & Co. AG« in Rostock, Stralsunder Straße 1, überreichen wir im Wege elektronischer Anmeldung:
1. Eine beglaubigte Abschrift der unter Nr. ..... aufgenommenen Niederschrift des Notars ..... über die Hauptversammlung unserer Gesellschaft vom ..... in der die Erhöhung des Grundkapitals aus Gesellschaftsmitteln um 1 Million € beschlossen ist.
2. Die mit dem uneingeschränkten Bestätigungsvermerk der Prüfungsgesellschaft versehene Bilanz für das am 31. Dezember ..... abgelaufene Geschäftsjahr, die der Kapitalerhöhung zugrunde gelegt ist.
Wir erklären, dass nach unserer Kenntnis seit dem Stichtag der Bilanz, dem 31. Dezember ....., bis zur heutigen Anmeldung keine Verminderung des Vermögens der Gesellschaft eingetreten ist, die der Kapitalerhöhung entgegenstünde, wenn sie am Tage der Anmeldung beschlossen worden wäre.
3. Den vollständigen Wortlaut der neu gefassten Satzung mit der Notarbescheinigung nach § 181 Abs. 1 S. 2 AktG.
Wir melden die Kapitalerhöhung aus Gesellschaftsmitteln und die entsprechende Änderung der Satzung der Gesellschaft zur Eintragung in das Handelsregister an.
Rostock, den .....
Der Vorstand: Der Aufsichtsratsvorsitzende
Bruno Bergemann   Karl Kürten   Dr. Herbert Handorf
Notarieller Beglaubigungsvermerk

Steuerrechtliche Mitteilungspflicht des Notars nach § 54 EStDV besteht auch bzgl. der Handelsregisteranmeldung.

■ *Kosten.* Geschäftswert ist nach § 105 Abs. 1 Satz 1 Nr. 4a GNotKG der einzutragende Erhöhungsbetrag, höchstens 1 Mio. Euro, § 106 GNotKG. Gebühren:
a) Des Notars: Hieraus 0,5 Gebühr gemäß Nr. 24102 KV GNotKG, sowie 0,3 Gebühr für den elektronischen Vollzug (Fertigung und Einreichung der XML-Strukturdaten), Nr. 22114 KV GNotKG aus dem vollen Geschäftswert gemäß § 112 GNotKG, höchstens jedoch 250 €.
b) Des Registergerichts: nur die Kapitalerhöhung als einzutragende Tatsache, keine Durchführungseintragung erforderlich (§ 210 AktG); gemäß Gebührenziffer 2400 der HandelsregistergebührenVO fällt eine Gebühr von 270 € an.

Umstellung auf EURO durch Erhöhung des Grundkapitals auf den nächsthöheren Betrag, mit dem der Nennbetrag der Aktien auf volle EURO gestellt werden kann

Nach § 4 Abs. 2 EGAktG bedarf dieser Beschluss nur einer einfachen Stimmenmehrheit. Die Kapitalerhöhung kann nach § 4 Abs. 3 EGAktG durch Erhöhung oder Neueinteilung der Aktiennennbeträge durchgeführt werden. **183**

Hauptversammlungsbeschluss: Umstellung auf Euro bei Nennbetragsaktien

Die Hauptversammlung beschloss mit einer Mehrheit von ..... gegen ..... Stimmen ohne Stimmenthaltungen: **184 M**
.....
Das Grundkapital wird von 100.000 DM (= 51.129,19 €) um 8.870,81 € auf 60.000 € erhöht. Dies geschieht dadurch, dass von der Gewinnrücklage ein Teilbetrag in Höhe von 8.870,81 € in Grundkapital umgewandelt wird. Der Nennbetrag der Aktien, der bisher 5 DM betragen hat, wird auf 3 € erhöht.

■ *Kosten.* Der Beschluss enthält neben der Kapitalerhöhung auch konkludent den Beschluss über die Umstellung des Grundkapitals auf EURO. Beide bilden nach § 109 Abs. 2 Satz 1 Nr. 4b GNotKG denselben Gegenstand, da der Umstellungsbeschluss gemäß § 3 Abs. 5 EGAktG, § 1 Abs. 1 Satz 4 EGGmbHG notwendig vorausgehen muss, und zwar unabhängig davon ob die Erhöhung des Grundkapitals gegen Einlagen oder aus Gesellschaftsmitteln erfolgt oder ob die Erhöhung nur zur Glättung gemäß Art. 45 EGHGB oder darüber hinausgehend erfolgt.[109] Hieraus eine 2,0 Gebühr nach Nr. 21100 KV GNotKG für die notarielle Beurkundung des Beschlusses.
Hinweis für die Bewertung der Handelsregisteranmeldung und -eintragung – Gebühren: **185**
a) Des Notars: Hieraus 0,5 Gebühr gemäß Nr. 24102 KV GNotKG, sowie 0,3 Gebühr für den elektronischen Vollzug (Fertigung und Einreichung der XML-Strukturdaten), Nr. 22114 KV GNotKG aus dem vollen Geschäftswert gemäß § 112 GNotKG, höchstens jedoch 250 €.
b) Des Registergerichts: Auffangtatbestand gemäß Gebührenziffer 2500 der HandelsregistergebührenVO: 40 €.

Umstellung auf EURO bei Stückaktien

Die einfache Stimmenmehrheit nach § 4 Abs. 2 EGAktG genügt nach dem Sinn dieser Vorschrift zur Erhöhung auf den nächsthöheren Betrag des Grundkapitals, bei dem der Divisor aus Grundkapital und Zahl der Stückaktien auf volle EURO lautet. **186**

Hauptversammlungsbeschluss: Umstellung auf Euro bei Stückaktien

Das Grundkapital der Gesellschaft beträgt 200.000 DM. Es ist eingeteilt in 10.000 Stückaktien. **187 M**
Das Grundkapital von 200.000 DM (= 102.258,37 €) wird durch Umwandlung eines Teils der Gewinnrücklage in Höhe von 7.741,63 € auf 110.000 € erhöht.

■ *Kosten.* Für den Beschluss wie bei Rdn. 184 M.
Hinweis für die Bewertung der Handelsregisteranmeldung und -eintragung: **188**

---

109 Vgl. Leipziger GNotKG/*Heinze*, § 108 GNotKG Rn. 109b.

Geschäftswerte: Die Erhöhung dient nicht der Glättung der Aktiennennbeträge auf volle EURO, so dass die Ermäßigung des Art. 45 Abs. 2 EGHGB für die Erhöhung nicht angewandt werden kann, sondern der Nominalbetrag maßgeblich ist. Zur Anmeldung der EURO-Umstellung und zu den Gebühren für Notar und Registergericht siehe Rdn. 185.

189 Der Notar hat die *steuerrechtliche Mitteilungspflicht* gemäß § 54 EStDV (Rdn. 131) hinsichtlich der von ihm aufgenommenen Urkunden über die Kapitalerhöhung (Beschluss und deren Handelsregisteranmeldung) zu beachten.

XI. Herabsetzung des Grundkapitals

1. Grundsätzliches

190 Bei der Herabsetzung sind – wie bei der Erhöhung – *Beschluss* und *Durchführung*, ferner *Zweck* und *Mittel* zu unterscheiden. Die Kapitalherabsetzung wird mit der Eintragung des angemeldeten Beschlusses wirksam (§§ 223, 224 AktG). Jedoch ist auch die Durchführung anzumelden (§ 227 AktG).

a) Zweck

191 Wirtschaftlicher *Zweck* kann sein:
 – Beseitigung einer Unterbilanz (Sanierung),
 – Verwandlung eines Teils des Grundkapitals in eine Kapitalrücklage,
 – Abrundung des Grundkapitals, u.a. zur Umstellung des Grundkapitals auf EURO,
 – Ermöglichung der Ausschüttung einer angemessenen Dividende,
 – teilweise Kapitalrückzahlung oder Rückgabe von Sacheinlagen (Abstoßung überflüssiger Werte),
 – Befreiung der Aktionäre von der restlichen Einlagepflicht.
 Der Zweck der Herabsetzung ist im Hauptversammlungsbeschluss anzugeben. Verfolgt die Kapitalherabsetzung mehrere Zwecke, sind alle anzugeben.

b) Form

192 Die *Form* richtet sich nach dem Zweck. Grundsätzlich bedarf es der Kapitalherabsetzung in *ordentlicher* Form nach §§ 222 ff. AktG. Zur Sanierung oder zur Umwandlung von Grundkapital in Kapitalrücklage wird die *vereinfachte* Kapitalherabsetzung nach §§ 229 ff. AktG bevorzugt, weil sie keine Bereinigung der Beziehungen zu den Gläubigern notwendig macht. Soll aber im Zuge der Sanierung eine über § 229 Abs. 2 AktG hinausgehende Rücklage bestehen bleiben oder gebildet werden, so ist nur die ordentliche Kapitalherabsetzung zulässig, bei der die Gläubiger zu befriedigen oder sicherzustellen sind.

c) Mittel

193 *Mittel* sind:
 a) Herabsetzung des *Nennbetrages* der Aktien, wobei der Mindestnennbetrag von 1 € nicht unterschritten werden darf,
 b) Verminderung der Zahl der Aktien durch *Zusammenlegung*, bei der eine Kraftloserklärung gemäß § 226 AktG stattfinden kann (§ 222 Abs. 4 AktG),
 c) *Einziehung* von Aktien (§ 237 AktG).
 Bei Stückaktien sind keine solchen Maßnahmen erforderlich.

Bei der Kapitalherabsetzung unter Umstellung auf EURO kann der Nennbetrag von Nennbetragsaktien herabgesetzt oder können die Aktiennennbeträge neu eingeteilt werden (§ 4 Abs. 3 EGAktG).

d) Herabsetzung und Erhöhung

Die Herabsetzung und die *gleichzeitige Erhöhung* ist möglich und bei der Sanierung häufig. Das Unterschreiten des gesetzlichen Mindestgrundkapitals (§ 7 AktG) durch die Herabsetzung ist zulässig, wenn das Grundkapital durch eine gleichzeitig beschlossene Erhöhung den Mindestnennbetrag wieder erreicht (§ 228 AktG, s.a. § 235 AktG). **194**

e) Gläubigerschutz

Die Gläubiger fälliger Forderungen können Befriedigung, die noch nicht fälliger Sicherheitsleistung verlangen. Auf dieses Recht sind sie in der Bekanntmachung der Eintragung der Kapitalherabsetzung hinzuweisen (§ 225 Abs. 1 AktG). Zahlungen an die Aktionäre dürfen erst 6 Monate danach geleistet werden. Bei der *vereinfachten* Herabsetzung brauchen die Gläubiger nicht befriedigt oder sichergestellt zu werden (§ 229 Abs. 3 gegen § 225 AktG). **195**

f) Mehrheiten

¾ – Kapitalmehrheit und gewöhnliche Stimmenmehrheit oder nach der Satzung eine noch größere (§ 222 Abs. 1 AktG). Bei Vorhandensein *mehrerer* Aktien*gattungen* ist die vorgeschriebene Mehrheit für jede Gattung und gesonderte Abstimmung erforderlich (§ 222 Abs. 2 AktG). Bei der Kapitalherabsetzung auf den nächstniedrigeren Betrag, mit dem die Nennbeträge der Aktien auf volle EURO gestellt werden können, genügt nach § 4 Abs. 2 EGAktG die einfache Mehrheit des vertretenen Grundkapitals, wenn mindestens die Hälfte des Grundkapitals vertreten ist. **196**

g) Mitteilungspflichten

Der Notar hat gemäß § 54 EStDV beglaubigte Abschriften der von ihm aufgenommenen Urkunden über die Kapitalherabsetzung (Beschluss und deren Handelsregisteranmeldung) innerhalb von 2 Wochen nach der jeweiligen Beurkundung bzw. Beglaubigung an das für den Sitz der Gesellschaft zuständige Finanzamt für Körperschaften zu übersenden. Zuvor dürfen den Beteiligten keine Abschriften und Ausfertigungen ausgehändigt werden. **197**

2. Ordentliche Kapitalherabsetzung

Die *Herabsetzung* des Nennbetrags der Aktien ist die Regel. Die *Zusammenlegung*, d.h. die Vereinigung mehrerer Aktien zu einem geringeren Gesamtnennbetrag, ist nur zulässig, wenn ohne sie der Mindestnennbetrag der Aktien nach § 8 AktG nicht eingehalten werden kann (§ 222 Abs. 4 Satz 1 AktG). **198**

a) Herabsetzung des Nennbetrages

Einberufung der Hauptversammlung mit der Hinterlegungsaufforderung

[Wie oben Muster Rdn. 28 M.]

Tagesordnung: Herabsetzung des Nennbetrags der Aktien zur Beseitigung einer Unterbilanz

199 M

Tagesordnung

1. Bericht des Vorstands über die Geschäftslage.
2. Herabsetzung des Grundkapitals von 2 Millionen € auf 1 Million € durch Herabsetzung des Nennbetrages der auf 100 € lautenden Aktien auf 50 € zum Zwecke der Beseitigung einer Unterbilanz.
3. Änderung der Satzung durch Anpassung an die Kapitalherabsetzung .....

Niederschrift des Notars

[Wie oben Muster Rdn. 91 M.]

Hauptversammlungsniederschrift: Herabsetzung des Nennbetrags der Aktien zur Beseitigung einer Unterbilanz

200 M

..... Punkt 1 der Tagesordnung
Der Vorstand berichtete über die Lage der Gesellschaft und begründete die Notwendigkeit der Kapitalherabsetzung.
Punkt 2 der Tagesordnung
a) Das Grundkapital der Gesellschaft von 2 Millionen €, eingeteilt in 20.000 Aktien im Nennbetrag von je 100 €, wird auf 1 Million € herabgesetzt, indem der Nennbetrag jeder Aktie von 100 € auf 50 € herabgesetzt wird.
b) Mit der Kapitalherabsetzung soll die vorhandene Unterbilanz beseitigt werden.
c) Die Aktionäre sind zur Einreichung ihrer Aktien aufzufordern, um sie mit einem gestempelten Vermerk zu versehen, der die vervielfältigte Unterschrift des Vorstands und Vorsitzenden des Aufsichtsrats und die handschriftliche eines Kontrollbeamten des Inhalts trägt:
»Der Nennbetrag der Aktie ist durch den in das Handelsregister eingetragenen Beschluss der Hauptversammlung vom ..... auf 50 € herabgesetzt worden.«
Punkt 3 der Tagesordnung
§ 5 der Satzung erhält folgende Fassung:
»Das Grundkapital beträgt 1 Million €. Es ist eingeteilt in 20.000 Aktien von je 50 €.«
Die Beschlüsse zu 2 und 3 wurden mit 1.110 gegen 330 Stimmen bei 60 Stimmenthaltungen gefasst.

■ *Kosten.* Wert: Der in das Register einzutragende Nennbetrag der Herabsetzung, § 108 Abs. 1 Satz 2, 105 Abs. 1 Nr. 4b GNotKG. 2,0 Gebühr gemäß Nr. 21100 KV GNotKG für die Beurkundung der Niederschrift über den Beschluss.

201 Wegen des *Verfahrens* beim Abstempeln der Aktienurkunden s.o. § 146 Rdn. 29 ff. mit Muster Rdn. 50 M, 49 M. Zur Kraftloserklärung der im Nennbetrag herabgesetzten, nicht eingereichten Aktien ist die Genehmigung des Gerichts nach § 73 AktG erforderlich, während die Kraftloserklärung beim *Zusammenlegen* durch den Vorstand der AG allein erfolgt (§ 226 AktG).

Kapitalherabsetzung zur Abrundung bei der Umstellung auf EURO

Die Vorschriften über die vereinfachte Kapitalherabsetzung sind anwendbar, wenn sie erfolgt, um den Herabsetzungsbetrag in die Kapitalrücklage einzustellen (§ 229 Abs. 1 Satz 1, 2 AktG).

Hauptversammlungsniederschrift: Kapitalherabsetzung zur Abrundung bei Umstellung auf EURO

202 M

.....
Mit einer Mehrheit von ..... Stimmen gegen ..... Stimmen wurde von der Hauptversammlung beschlossen:
1. Das Stammkapital der Gesellschaft wird zur Rundung von 100.000 DM um 1.129,19 € auf 50.000 € herabgesetzt. Die Herabsetzung erfolgt zur Einstellung des Herabsetzungsbetrages in die Kapitalrücklage; dementsprechend wird der Betrag von 1.129,19 € in die Kapitalrücklage eingestellt.
Der Nennbetrag der Aktien wird von 10 DM auf 5 € herabgesetzt.
2. § X der Satzung erhält folgende neue Fassung:
§ X Stammkapital
Das Stammkapital beträgt 50.000 €. Es ist eingeteilt in 10.000 Inhaberaktien zum Nennbetrag von 5 €.
.....

■ *Kosten.* Vgl. Rdn. 184 M.

Gebühren: **203**
a) Des Notars: Hieraus 0,5 Gebühr gemäß Nr. 24102 KV GNotKG, sowie 0,3 Gebühr für den elektronischen Vollzug (Fertigung und Einreichung der XML-Strukturdaten), Nr. 22114 KV GNotKG aus dem vollen Geschäftswert gemäß § 112 GNotKG, höchstens jedoch 250 €.
b) Des Registergerichts: zwei getrennte Rechtstatsachen sind im Handelsregister einzutragen (Gebühr nach Gebührenziffer 2500 für die EURO-Umstellung: 40 €, gemäß Gebührenziffer 2400 für die Kapitalherabsetzung: 170 €).

Anmeldung des Herabsetzungs- und Satzungsänderungsbeschlusses und seiner Durchführung

Auch die Kapitalherabsetzung stellt eine Satzungsänderung dar, sodass mit der Anmeldung des Beschlusses auch die Anmeldung der Satzungsänderung vorzunehmen und der vollständige Wortlaut der neu gefassten Satzung mit der Notarbescheinigung nach § 181 Abs. 1 Satz 2 AktG einzureichen ist. **204**

Die Anmeldung des Herabsetzungsbeschlusses kann mit der Anmeldung der Durchführung der Herabsetzung verbunden werden (§ 227 Abs. 2 AktG). Die Erstere erfolgt durch den Vorstand (in vertretungsberechtigter Zahl) und den Aufsichtsratsvorsitzenden, Letztere nur durch den Vorstand. Da bei Herabsetzung des Nennbetrags der Aktien die Herabsetzung mit Eintragung in das Handelsregister bereits durchgeführt ist (die Änderung der Aktienurkunden ist bloß berichtigender tatsächlicher Vollzug), und bei Stückaktien durch die Herabsetzung keine weiteren Maßnahmen notwendig werden, können hier Beschluss und Durchführung stets gleichzeitig angemeldet werden. Bei Zusammenlegung **205** der Aktien setzt die Durchführung dagegen die Kraftloserklärung der alten Aktien voraus, während Umtausch, Abänderung usw. wiederum bloß den technischen Vollzug bedeuten. Die Gläubigerschutzmaßnahmen gehören in keinem Falle zur Durchführung der Kapitalherabsetzung.

Handelsregisteranmeldung der Herabsetzung des Grundkapitals

206 M Zum Handelsregister B 27 der »Unterweser Linoleum AG« in Delmenhorst überreichen Vorstand und Vorsitzender des Aufsichtsrats eine beglaubigte Abschrift der notariellen Niederschrift über die Hauptversammlung vom ..... sowie den neuen Wortlaut der Satzung und melden durch elektronische Übermittlung den Beschluss über die Herabsetzung des Grundkapitals, die Änderung der Fassung des § 5 der Satzung und die Durchführung der Herabsetzung (mit Eintragung des Herabsetzungsbeschlusses) zur Eintragung in des Handelsregister an.

Delmenhorst, den .....
Der Vorstand:
Rüdger Hartmann
Der Vorsitzende des Aufsichtsrats:
Schmieden

Notarieller Beglaubigungsvermerk

■ *Kosten.* Geschäftswert ist der Herabsetzungsbetrag gemäß § 105 Abs. 1 Satz 1 Nr. 4b GNotKG. Gebühren:
a) Des Notars: Kapitalherabsetzung und Satzungsänderung umfassen dieselbe Tatsache (so dass bereits kein Fall von § 109 GNotKG und damit erst recht nicht von § 111 Nr. 3 GNotKG vorliegt); die Durchführung der Kapitalherabsetzung bildet (anders als nach bisher h.M.) einen gemäß § 111 Nr. 3 GNotKG besonderen Beurkundungsgegenstand, als Anmeldung ohne Geschäftswert gemäß § 105 Abs. 4 Nr. 1 GNotKG zu bestimmen (mindestens 30.000 €). Der Höchstwert aller Anmeldungen beträgt 1 Mio. Euro (§ 106 GNotKG). Hieraus 0,5 Gebühr gemäß Nr. 24102 KV GNotKG, sowie 0,3 Gebühr für den elektronischen Vollzug (Fertigung und Einreichung der XML-Strukturdaten), Nr. 22114 KV GNotKG aus dem vollen Geschäftswert gemäß § 112 GNotKG, höchstens jedoch 250 €.
b) Des Registergerichts: Herabsetzung und Durchführung werden als zwei getrennte Eintragungstatsachen angesehen (Beschluss über die Kapitalherabsetzung: 270 € gemäß Gebührenziffer 2400 der HandelsregistergebührenVO, Durchführung: 70 € gemäß Nr. 2500).[110]

b) Zusammenlegung

Beschluss der Hauptversammlung

Einberufung wie oben Muster Rdn. 28 M.
Tagesordnung entsprechend dem Muster Rdn. 199 M.

---

[110] A.A. Hüffer, § 227 AktG Rn. 10: ebenfalls 270 € analog Gebührenziffer 2400 »Durchführung der Kapitalerhöhung«.

Hauptversammlungsniederschrift: Zusammenlegung von Aktien

..... Punkt 2 der Tagesordnung 207 M
a) Das Grundkapital der Gesellschaft von 1 Million € wird auf 500.000 € herabgesetzt, indem je zwei Aktien im Nennbetrag von 1 € zu je einer von 1 € zusammengelegt werden.
b) Mit der Herabsetzung wird der Ausgleich eingetretener Wertminderungen des Anlagevermögens und die Einsetzung eines sich durch die Herabsetzung ergebenden Bilanzgewinns in eine Gewinnrücklage bezweckt.
c) Die Aktionäre sind unter Androhung der Kraftloserklärung zur Einreichung ihrer Aktien aufzufordern. Von je zwei Aktien wird eine vernichtet und die andere zurückgegeben. Einzelne Aktien, die der Gesellschaft nicht zur Verwertung für Rechnung des Einreichers zur Verfügung gestellt werden, und nicht eingereichte Aktien werden für kraftlos erklärt werden. Die dafür auszugebenden neuen Aktien werden versteigert, ihr Erlös wird ausgezahlt oder ggf. hinterlegt.
d) § 5 der Satzung wird wie folgt gefasst:»Das Grundkapital der Gesellschaft beträgt 500.000 €. Es ist eingeteilt in 500.000 Aktien im Nennbetrag von je 1 €.«
Der Beschluss wurde mit 320.200 gegen 1.300 Stimmen ohne Stimmenthaltungen gefasst.

■ *Kosten.* Wie Muster Rdn. 200 M.

Anmeldung der Durchführung der Kapitalherabsetzung durch Zusammenlegung

Nachdem die Beschlüsse angemeldet und eingetragen sind und die Zahl der eingereichten und der für kraftlos erklärten Aktien feststeht, ist die Durchführung erfolgt und kann angemeldet werden. Die (hier weiterhin notwendige) dreimalige Bekanntmachung der Aufforderung in den Gesellschaftsblättern mit ihrer erheblichen Dauer muss der Kraftloserklärung vorausgehen (§ 226 Abs. 2 i.V.m. § 64 Abs. 2 AktG). Vgl. zur Anmeldung der Durchführung im Übrigen Rdn. 206 M. 208

Anmeldung der Durchführung der Kapitalherabsetzung durch Zusammenlegung

Zum Handelsregister B 39 der »Baumwollweberei Schopfheim AG« in Schopfheim 209 M
melden der Vorstand und der Vorsitzende des Aufsichtsrats zur Eintragung an:
Die am ..... beschlossene und am ..... eingetragene Herabsetzung des Grundkapitals der Gesellschaft ist durchgeführt.
Schopfheim, den .....
Der Vorstand:
Imberger   Wetterle
Notarieller Beglaubigungsvermerk

■ *Kosten.* Wert: Da die Herabsetzung mit der Eintragung bereits wirksam geworden ist, hat die Anmeldung und Eintragung der Durchführung einen unbestimmten Wert, nach § 105 Abs. 4 Nr. 1 GNotKG. – Gebühren:
a) Des Notars: 0,5 Gebühr für die Registeranmeldung gemäß Nr. 24102 KV GNotKG, sowie 0,3 Gebühr für den elektronischen Vollzug (Fertigung und Einreichung der XML-Strukturdaten), Nr. 22114 KV GNotKG aus dem vollen Geschäftswert gemäß § 112 GNotKG, höchstens jedoch 250 €;
b) des Registergerichts: 70 € gemäß Gebührenziffer 2500 der HandelsregistergebührenVO.

3. Vereinfachte Kapitalherabsetzung

210 Sie kann zu *drei* Zwecken stattfinden, nämlich um Wertminderungen auszugleichen, Verluste zu decken oder die Kapitalrücklage zu stärken. Die drei Zwecke können einzeln oder zusammen angestrebt werden. Der Zweck muss im Beschluss genau festgelegt werden (§§ 229 Abs. 1 Satz 2 u. 230 Satz 3 AktG).

211 Als *Mittel* der vereinfachten Kapitalherabsetzung kommen nur infrage die Herabsetzung des Nennbetrages und die Zusammenlegung, also nicht die Einziehung (unten Rdn. 220 ff.).

212 *Voraussetzung* ist die Auflösung aller Gewinnrücklagen sowie der gesetzlichen Rücklage und der Kapitalrücklage auf 10 % des verbleibenden Grundkapitals (§ 229 Abs. 2 AktG).

213 *Verboten* sind Zahlungen an die Aktionäre aus den durch die Herabsetzung gewonnenen Beträgen (§ 230 AktG) und die Ausschüttung von Gewinnen bzw. einer höheren Dividende als 4 %, bevor die gesetzliche Rücklage (und die Kapitalrücklage) mit 10 % erreicht ist bzw. 2 Jahre seit der Herabsetzung vergangen sind (§ 233 AktG).

214 Grundkapital sowie Kapital- und Gewinnrücklagen können für das letzte *abgelaufene* Geschäftsjahr bereits so in den Abschluss eingesetzt werden, wie sie sich aus der Kapitalherabsetzung ergeben sollen (§ 234 Abs. 1 AktG). Der Abschluss ist von der Hauptversammlung zusammen mit der Herabsetzung in den ersten 8 Monaten des nächsten Geschäftsjahres festzustellen und binnen 3 Monaten einzutragen (§ 234 Abs. 3 AktG). Mit der *rückwirkenden* Kapitalherabsetzung soll der Gesellschaft die Veröffentlichung eines Verlustabschlusses erspart werden.

a) Beschluss der Hauptversammlung über vereinfachte Kapitalherabsetzung durch Herabsetzung des Nennbetrages, rückwirkend für das letzte Geschäftsjahr

Einberufung wie oben Muster Rdn. 28 M.
Tagesordnung entsprechend dem Muster Rdn. 199 M.

Hauptversammlungsniederschrift über vereinfachte Kapitalherabsetzung durch Herabsetzung des Nennbetrages

215 M ..... **Punkt 1 der Tagesordnung:**
Der Vorstand zeigte nach § 92 Abs. 1 AktG an, dass sich bei der Aufstellung des Abschlusses für das Geschäftsjahr ..... ein Verlust ergeben habe, der etwa die Hälfte des Grundkapitals erreicht.
Punkt 2 der Tagesordnung:
a) Das Grundkapital wird in vereinfachter Form von 3 Millionen € auf 1.500.000 € herabgesetzt. Der Nennbetrag der Aktien wird von 100 € auf 50 € herabgesetzt.
b) Mit der Herabsetzung soll der eingetretene Verlust gedeckt werden.
c) Die Aktienurkunden sind durch Streichung des bisherigen Nennbetrages und durch Aufdruck eines Stempels mit dem neuen Nennbetrag zu ändern. Die Änderung ist vom Vorstand und Vorsitzenden des Aufsichtsrats in vervielfältigter Weise und von einem Kontrollbeamten handschriftlich zu unterschreiben.
d) § 5 der Satzung lautet nunmehr:
»Das Grundkapital der Gesellschaft beträgt 1.500.000 €. Es ist eingeteilt in 30.000 Aktien von je 50 €.«
Punkt 3 der Tagesordnung:
Im Jahresabschluss des Geschäftsjahres ....., der vom Vorstand aufgestellt, vom Aufsichtsrat gebilligt und mit dem Bestätigungsvermerk des Abschlussprüfers unter dem Hinweis versehen ist, dass der Kapitalherabsetzungsbeschluss binnen drei Monaten nach Beschlussfassung in das Handelsregister einzutragen ist, sind Grundkapital und

Rücklagen bereits so ausgewiesen, wie sie nach der Herabsetzung bestehen sollen, nämlich das Grundkapital mit 1.500.000 € und die Rücklagen mit 0 €. Der herabgesetzte Betrag von 1.500.000 € ist zur Deckung des Verlustes verwandt worden.
Der Jahresabschluss wird in dieser Fassung festgestellt.
Die Beschlüsse zu 2 und 3 wurden mit 1.970 gegen 330 Stimmen bei 700 Stimmenthaltungen gefasst .....

■ *Kosten.* Wert: Der bestimmte Herabsetzungsbetrag von 1.500.000 € mit seinen Ergänzungsbeschlüssen und der unbestimmte Wert der Bilanzgenehmigung, der nach § 105 Abs. 4 Nr. 1 GNotKG festzustellen ist (Mindestwert 30.000 €), sind nach § 35 Abs. 1 GNotKG zusammenzurechnen. Aus dem Gesamtwert eine 2,0 Gebühr gemäß Nr. 21100 KV GNotKG.

Die Anmeldung des Herabsetzungsbeschlusses und der Satzungsänderung ist mit der Anmeldung der Durchführung zu verbinden (§ 227 Abs. 2 AktG).

b) Beschluss der Hauptversammlung über eine vereinfachte, rückwirkende Kapitalherabsetzung und eine gleichzeitige Erhöhung des Kapitals

Die Zeichnung der neuen Aktien und die Einzahlungen darauf mit mindestens 25 % sind dem Notar nachzuweisen, der die Kapitalerhöhung beurkundet (§ 235 Abs. 1 Satz 2, 3 i.V.m. §§ 188 Abs. 2, 36 Abs. 2, 36a, 37 Abs. 1 AktG).
Einberufung wie oben Muster Rdn. 28 M.
Tagesordnung entsprechend dem Muster Rdn. 199 M.

Hauptversammlungsniederschrift über vereinfachte Herabsetzung und gleichzeitig Erhöhung des Kapitals

..... Punkt 2 der Tagesordnung:
a) Das Grundkapital der Gesellschaft wird in vereinfachter Form von 1 Million € auf 500.000 € herabgesetzt, indem der Nennbetrag der Aktien von 100 € auf 50 € herabgesetzt wird.
b) Mit der Herabsetzung soll der entstandene Verlust gedeckt werden.
c) Die Aktienurkunden sind in einer vom Vorstand näher zu bestimmenden Weise mit dem neuen Nennbetrag von 50 € zu stempeln.
Punkt 3 der Tagesordnung:
Das auf 500.000 € herabgesetzte Grundkapital der Gesellschaft wird um 500.000 € auf 1 Million € erhöht durch Ausgabe von 10.000 neuen Inhaberaktien im Nennbetrag von je 50 €. Der Ausgabekurs beträgt 100 %. Die Beträge sind sofort voll einzuzahlen. Die neuen Aktien sind ab ..... gewinnberechtigt. Das gesetzliche Bezugsrecht der Aktionäre wird ausgeschlossen.
Punkt 4 der Tagesordnung:
§ 5 der Satzung wird nach Durchführung der Erhöhung des Kapitals wie folgt gefasst: »Das Grundkapital der Gesellschaft beträgt 1 Million €. Es ist eingeteilt in 20.000 Aktien im Nennbetrag von je 50 €.«
Der Jahresabschluss für das Geschäftsjahr ..... ist vom Vorstand aufgestellt, vom Aufsichtsrat gebilligt und vom Abschlussprüfer mit einem Bestätigungsvermerk versehen, in dem auf die Notwendigkeit der Eintragung des Kapitalherabsetzungs- wie des Erhöhungsbeschlusses binnen 3 Monaten hingewiesen ist. Das Grundkapital und die Rücklagen sind darin so eingestellt, als ob Herabsetzung und Erhöhung des Kapitals für das Geschäftsjahr ..... vollzogen sei.

**In dieser Fassung wird der Jahresabschluss festgestellt.
Über die Beschlüsse zu 2, 3 und 4 der Tagesordnung wurde einheitlich abgestimmt.
Sie wurden einstimmig angenommen. Der Vorsitzende stellte das fest.
Dem Notar wurden vorgelegt:
a) zwei Zeichnungsscheine, worin je 5.000 neue Aktien über 50 € gezeichnet sind,
b) eine Bescheinigung der »Süddeutschen Bank Aktiengesellschaft« in München, wonach von jedem der beiden Zeichner je 250.000 € auf das »Kapitalerhöhungskonto« der Gesellschaft bei dieser Bank endgültig zur freien Verfügung des Vorstands eingezahlt sind und wonach der Vorstand in der Verfügung über den eingezahlten Gesamtbetrag von 500.000 € nicht, namentlich nicht durch Gegenforderungen, beschränkt ist .....**

- *Kosten.* Geschäftswert: Die Beträge beider Maßnahmen (Herabsetzung und Erhöhung) sind zusammenzurechnen. Hinzuzurechnen (§ 35 Abs. 1 GNotKG) ist der Geschäftswert für die Feststellung des Jahresabschlusses als Beschluss mit unbestimmtem Geldwert nach § 105 Abs. 4 Nr. 1 GNotKG, mindestens 30.000 €. Hieraus eine 2,0 Gebühr gemäß Nr. 21100 KV GNotKG – Die Feststellung des Notars über die Aktienzeichnung und Geldeinzahlung ist ein gebührenfreier Nebenbestandteil der Beschlussbeurkundung.

219 Die Anmeldung erfolgt wegen der Herabsetzung und Erhöhung zum Zwecke gemeinsamer Eintragung (§ 235 Abs. 2 Satz 3 AktG) zusammen, und zwar wegen der Herabsetzung mit dem Inhalt im obigen Muster und wegen der Erhöhung wie oben Muster Rdn. 144 M.

- *Kosten.*
a) Des Notars: Herabsetzung und Erhöhung sind verschiedene Rechtsvorgänge, deren Geschäftswert sich aus § 105 Abs. 1 Satz 1 Nr. 4a und b GNotKG ergeben; der Geschäftswert für die anzumeldende Durchführung der Erhöhung (§ 235 Abs. 2 AktG) ist als Anmeldung mit unbestimmtem Geldwert aus § 105 Abs. 4 Nr. 1 GNotKG zu ermitteln, und auch bei gleichzeitiger Anmeldung mit dem Erhöhungsbeschluss (anders als nach altem Recht) gesondert zu bewerten (§ 111 Nr. 3 GNotKG). Aus den gemäß § 35 Abs. 1 GNotKG zusammengerechneten Werten (höchstens 1 Mio. € gemäß § 106 GNotKG) eine 0,5 Gebühr nach Nr. 24102 KV GNotKG, sowie eine 0,3 Gebühr für den elektronischen Vollzug (Fertigung und Einreichung der XML-Strukturdaten), Nr. 22114 KV GNotKG aus dem vollen Geschäftswert gemäß § 112 GNotKG, höchstens jedoch 250 €.
b) Des Registergerichts: Herabsetzung, Erhöhung und Durchführung der Erhöhung sind als drei verschiedene Rechtstatsachen mit gleichzeitiger Anmeldung einzutragen, d.h. 3 × 170 € (Gebührenziffer 2400).

4. Kapitalherabsetzung durch Einziehung von Aktien

220 Die Aktien können *zwangsweise* oder nach Erwerb durch die Gesellschaft gütlich eingezogen werden. Die Zwangseinziehung ist nur zulässig, wenn dies in der ursprünglichen Satzung oder durch eine vor Übernahme der Aktien bewirkte Änderung der Satzung angeordnet oder gestattet ist. Bei der Einziehung sind grundsätzlich die Vorschriften über die ordentliche Kapitalherabsetzung zu befolgen. Es gelten also die Gläubigerschutzvorschriften – Sicherstellung oder Befriedigung, Sperrfrist 6 Monate (§ 237 Abs. 2 i.V.m. § 225 Abs. 2 AktG).

221 Werden vollbezahlte Aktien *unentgeltlich* der AG zur Verfügung gestellt oder zulasten des *Reingewinns* oder einer anderen Gewinnrücklage eingezogen, dann brauchen die Vorschriften über die ordentliche Kapitalherabsetzung nicht eingehalten zu werden (§ 237 Abs. 3 AktG). Die der Gesellschaft unentgeltlich zur Verfügung gestellten Aktien dürfen vor der Einziehung nicht aktiviert gewesen sein. Denn dann würde durch die Einziehung ein Buchverlust entstehen, was der Einziehung entgegenstünde (h.M.). In diesen Fällen ist in die

Kapitalrücklage ein Betrag einzustellen, der dem auf die eingezogenen Aktien entfallenden Betrag des Grundkapitals gleichkommt (§ 237 Abs. 5 AktG).

Der Beschluss der Hauptversammlung bedarf der Stimmenmehrheit und der *Mehrheit von drei Viertel* des vertretenen Grundkapitals (§ 237 Abs. 2 Satz 1 i.V.m. § 222 Abs. 1 Satz 1 AktG). Die einfache Stimmenmehrheit genügt für die Einziehung in den Fällen der Nr. 2 (§ 237 Abs. 4 Satz 2 AktG). 222

Zu unterscheiden sind der *Ausschluss* (Kaduzierung) säumiger Aktionäre nach § 64 AktG (oben § 146 Rdn. 37 ff.), wodurch der betreffende Aktionär seines Rechts verlustig geht, die *Kraftloserklärung* nach § 73 AktG (oben § 146 Rdn. 19 ff.), wodurch allein die Urkunde wertlos wird, aber das Recht dem Aktionär verbleibt, und die *Einziehung* (Amortisation), durch die das einzelne Aktionärsrecht vernichtet wird, während bei der Kapitalherabsetzung durch Herabsetzung des Nennbetrages und durch Zusammenlegung nur das Recht vermindert wird. 223

Die Einziehung von Aktien wird als dritte Form der Kapitalherabsetzung namentlich dann angewandt, wenn es auf die Vernichtung bestimmter Aktien ankommt, wie der Vorzugsaktien und der eigenen Aktien, oder um das für eine Kapitalerhöhung aus Gesellschaftsmitteln vorgesehene Zuteilungsverhältnis zu ermöglichen. Die *vereinfachte* Einziehung nach § 237 Abs. 3 AktG ist die Regel. 224

Die Registeranmeldung einer Kapitalherabsetzung aufgrund Ermächtigung der Hauptversammlung zum Erwerb und zur Einziehung eigener Aktien ist nur anhand der (großzügigeren) §§ 71 Abs. 1 Nr. 8, Abs. 2 und 3 zu prüfen, nicht anhand des § 237 Abs. 3 AktG.[111] Der unentgeltliche Erwerb volleingezahlter Aktien ist nach § 71 Abs. 1 Nr. 4 i.V.m. § 71 Abs. 2 AktG ohnehin nicht beschränkt. 225

Vereinfachte Einziehung unentgeltlich erworbener Aktien

Einberufung der Hauptversammlung wie oben Muster Rdn. 28 M.
Die *Tagesordnung* entspricht dem Muster Rdn. 199 M.

Hauptversammlungsprotokoll: Vereinfachte Einziehung unentgeltlich erworbener Aktien

..... **Punkt 3 der Tagesordnung:**
Das Grundkapital wird von 2.000.200 € zur Abrundung auf 2 Millionen € herabgesetzt, um das für die Kapitalerhöhung aus Gesellschaftsmitteln vorgesehene Zuteilungsverhältnis zu ermöglichen. Das geschieht durch die Einziehung der vier voll eingezahlten Aktien zu je 50 €, die der Gesellschaft unentgeltlich zur Verfügung gestellt sind.
Punkt 4 der Tagesordnung:
In die Kapitalrücklage ist der Betrag von 200 € einzustellen.
Der Vorstand hat die Aktien zu vernichten.
Punkt 5 der Tagesordnung:
§ 5 der Satzung lautet nunmehr:
»Das Grundkapital der Gesellschaft beträgt 2.000.000 €. Es ist eingeteilt in 40.000 auf den Inhaber lautende Aktien von je 50 €.«
Die Beschlüsse zu 3–5 wurden einstimmig gefasst und vom Vorsitzenden verkündet. 226 M

■ *Kosten.* Wie zum Muster Rdn. 200 M.

---

111 OLG München, 08.05.2012 – 31 Wx 155/12, NZG 2012, 876.

227 Die Kapitalherabsetzung wird, da die Einziehung mit der Vernichtung der im Besitz der Gesellschaft befindlichen Aktien erfolgt, mit der Eintragung des Beschlusses wirksam (§ 238 AktG). Vorstand und Aufsichtsratsvorsitzender melden den Herabsetzungsbeschluss und seine Durchführung zusammen an (§ 239 Abs. 2 AktG), vergleichbar Muster Rdn. 206 M.

XII. Ausschluss von Minderheitsgesellschaftern (»squeeze-out«)

1. Grundsatz

228 Dem Vorbild in anderen Rechtsordnungen folgend hat der Gesetzgeber in §§ 327a ff. AktG die Möglichkeit geschaffen, dass Minderheitsaktionäre, deren Anteile 5 % des Grundkapitals nicht überschreiten, auf Verlangen des Mehrheitsaktionärs, dem (mindestens) 95 % aller Anteile gehören (sog. Ausschlussschwelle), gegen Barabfindung ausgeschlossen werden. Es handelt sich bei dem wirtschaftlich stattfindenden Zwangsverkauf der Aktien der Minderheitsaktionäre an den Hauptaktionär um eine verhältnismäßige Inhalts- und Schrankenbestimmung des Eigentums,[112] auch beim squeeze-out im Liquidationsstadium und beim squeeze-out ohne die Stimmen der Inhaber stimmrechtsloser Vorzugsaktien. Zur alternativen Ausschlussmöglichkeit der Mehrheitseingliederung (§§ 319 ff. AktG) vgl. § 152 Rdn. 18 ff.

2. Ablauf

229 Nach § 327b AktG legt der Hauptaktionär die Barabfindung fest, die den Verhältnissen der Gesellschaft zum Zeitpunkt der beschließenden Hauptversammlung entsprechen muss. Vor Einberufung der Hauptversammlung ist die Zahlung der Abfindung nach § 327b Abs. 3 AktG durch das Zahlungsversprechen eines Kreditinstitutes sicherzustellen.

230 Die Vorbereitung der Hauptversammlung regelt § 327c AktG: Die Bekanntmachung der Übernahme als Gegenstand der Tagesordnung hat den übernehmenden Hauptaktionär und die Barabfindung zu enthalten. Nach § 327c Abs. 2 AktG hat der Hauptaktionär einen schriftlichen Bericht (»Übertragungsbericht«) zu erstatten, in dem darzulegen ist, dass die Voraussetzungen der Übernahme vorliegen, und in dem die Angemessenheit der Barabfindung zu erläutern und zu begründen ist. Die Angemessenheit wird durch vom Gericht bestellte sachverständige Prüfer geprüft, Vorschriften über die Prüfung von Unternehmensverträgen gelten entsprechend. Nach § 327c Abs. 3 AktG sind von der Einberufung der Hauptversammlung an in den Geschäftsräumen der Gesellschaft zur Einsicht der Aktionäre der Entwurf des Übertragungsbeschlusses, die Jahresabschlüsse und Lageberichte für die letzten 3 Geschäftsjahre, der Bericht des Hauptaktionärs und der Prüfungsbericht auszulegen, die Aktionäre können – kostenlos – Abschriften verlangen (§ 327c Abs. 4 AktG).

231 § 327d AktG enthält ergänzende Vorschriften zur Durchführung der Hauptversammlung: Die Unterlagen nach § 327c Abs. 3 AktG sind in der Hauptversammlung auszulegen, der Vorstand kann dem Hauptaktionär Gelegenheit zur mündlichen Erläuterung geben. Da das Gesetz keine qualifizierte Mehrheit vorschreibt (anders als § 319 Abs. 2 Satz 2 AktG), wird die Auffassung vertreten, dass bei nicht börsennotierten Gesellschaften die Niederschrift vom Aufsichtsratsvorsitzenden unterzeichnet werden kann, notarielle Beurkundung nicht erforderlich ist (§ 130 Abs. 1 Satz 2 AktG)[113]. § 327e Abs. 1 Satz 2 AktG ist aber zu entnehmen, dass das Gesetz von der notariellen Beurkundung ausgeht (sprachlich bezieht sich die Anforderung, dass in Ausfertigung oder beglaubigter Abschrift vorzulegen ist, auch auf die Niederschrift, Vorlage allein der Anlagen nach § 130 Abs. 3 AktG in »Ausfertigung oder beglaubigter Abschrift« wäre völlig sinnlos).

---

112 BVerfG v. 30.05.2007 – 1 BvR 390/04 und v. 28.08.2007 – 1 BvR 861/06.
113 S. etwa *Hüffer*, § 327e AktG Rn. 2.

3. Anmeldung

Der Vorstand hat die Übertragung nach § 327e AktG anzumelden; der Anmeldung sind die Niederschrift des Übertragungsbeschlusses und seine Anlagen in Ausfertigung oder beglaubigter Abschrift beizufügen (vom Gesetz sind über § 130 Abs. 3 AktG hinaus keine Anlagen vorgeschrieben; der Bericht des Hauptaktionärs und der Prüfungsbericht können trotzdem der Hauptversammlungsniederschrift beigefügt und dem Handelsregister mit eingereicht werden). 232

Gemäß § 327e Abs. 2 i.V.m. § 319 Abs. 5 AktG ist zu versichern, dass gegen den Hauptversammlungsbeschluss nicht (binnen Monatsfrist) Klage erhoben oder die Klage durch Gerichtsbeschluss erledigt wurde. Die durch eine Aktionärsklage eingetretene Registersperre kann gemäß § 327e Abs. 2 i.V.m. § 319 Abs. 6 AktG durch ein Freigabe-Eilverfahren spätestens 3 Monate nach Antragstellung aufgehoben werden. 233

4. Vollzug

Mit der Eintragung im Handelsregister gehen alle Aktien auf den Mehrheitsaktionär über. Der Übertragungsbeschluss ist nach § 327 f. AktG nur beschränkt anfechtbar; v.a. kann eine Anfechtung nicht auf die Behauptung gestützt werden, die Barabfindung sei nicht angemessen, oder auf abfindungswertbezogene Informationsmängel in der Hauptversammlung, § 243 Abs. 4 Satz 2 AktG. Zur Erlangung einer angemessenen Abfindung steht den Minderheitsaktionären das landgerichtliche Spruchverfahren binnen 3 Monaten nach der Eintragung des Übertragungsbeschlusses zur Verfügung (SpruchG). 234

5. Weitere squeeze-out-Verfahren

Seit 14.07.2006 stellen §§ 39a ff. WpÜG ferner die Möglichkeit des (selten gewählten) sog. *übernahmerechtlichen Squeeze-out* zur Verfügung. Er setzt allerdings ein Übernahme- oder Pflichtangebot gemäß §§ 29 Abs. 1, 35 WpÜG voraus, und führt zur Aktienübertragung nicht im Wege der Handelsregistereintragung eines Hauptversammlungsbeschlusses, sondern mit Rechtskraft einer gerichtlichen Entscheidung des LG Frankfurt am Main, § 39b Abs. 5 Satz 3 i.V.m. § 39a Abs. 5 WpÜG.[114] 235

Des Weiteren schafft § 62 Abs. 5 UmwG seit 11.07.2011 im Zusammenhang mit einer konzerninternen Verschmelzung (nicht Spaltung, da § 125 Satz 1 UmwG nicht hierauf verweist) die Möglichkeit eines *verschmelzungsrechtlichen Squeeze-Out*, wenn die Beteiligung einer AG bzw. KGaA mindestens 90 % (nicht 95 %!) der übertragenden AG bzw. KGaA beträgt. Der Verschmelzungsvertrag muss dann die Angabe enthalten, dass ein Ausschluss der Minderheitsaktionäre erfolgen soll; der Beschluss wird mit dem Vermerk eingetragen, dass der Squeeze-Out erst mit Eintragung der Verschmelzung wirksam wird. 236

Hinzuweisen ist schließlich auf den Sonderfall des Squeeze-Out nach § 12 Abs. 3 Nr. 1, Abs. 4 Finanzmarktstabilisierungs-BeteiligungsG.

XIII. Auflösung und Abwicklung der AG

1. Auflösungsgründe

Die AG wird mit dem Eintritt einer Auflösungsursache, die das Auflösungsverfahren in Gang setzt, aufgelöst. Die sechs häufigsten Auflösungsgründe sind in § 262 AktG aufgezählt. 237

---

114 Vgl. im Einzelnen *Deilmann*, NZG 2007, 721 ff.

Daneben treten weitere Tatbestände, etwa die Auflösung durch die Bankenaufsicht (BAFin: § 38 Abs. 1 Satz 2 KWG) oder die Versicherungsaufsicht (BAV: § 87 Abs. 5 Satz 1 VAG) bzw. die Auflösung durch gerichtliches Urteil (§ 396 AktG) bzw. die Behörde (§ 3 Abs. 1 Satz 1 VereinsG) wegen Gemeinwohlgefährdung.

2. Wirkungen

238 Nach der »Auflösung« besteht die Gesellschaft als *Liquidationsgesellschaft* (Abwicklungsgesellschaft) weiter. In diesem Zustand entfaltet sie keine werbende Tätigkeit mehr, sondern beendigt ihre Geschäfte, versilbert ihr Vermögen, bezahlt ihre Schulden und verteilt den Überschuss an die Aktionäre. Wenn kein Vermögen mehr vorhanden ist, das zur Begleichung von Verbindlichkeiten und zur Verteilung an die Aktionäre verwandt werden kann, ist die Abwicklung beendet. Erst dann ist die Gesellschaft im Handelsregister zu löschen (§ 273 AktG).

239 Die *Organisation* bleibt während der Abwicklung im Wesentlichen bestehen. Hauptversammlung und Aufsichtsrat behalten ihren Namen, wenn auch ihre Aufgaben sich entsprechend der Veränderung der Gesellschaft mit ändern. Die Vorstandsmitglieder werden zu Abwicklern, wenn nicht die Satzung andere vorsieht oder nicht die Hauptversammlung andere mit einfacher Mehrheit bestellt (§ 265 AktG). Auch eine juristische Person kann Abwickler sein (§ 265 Abs. 2 Satz 3 AktG). Die Vertretungsbefugnis der Abwickler kann ebenso wenig wie die der Vorstandsmitglieder (§ 82 Abs. 1 AktG) eingeschränkt werden (§ 269 Abs. 5 AktG).

240 *Satzungsänderungen* sind nur noch insoweit zulässig, als sie den Liquidationszweck fördern sollen. Das Abwicklungs*geschäftsjahr* rechnet grundsätzlich vom Tage des Auflösungsbeschlusses, wenn nicht beschlossen wird, das bisherige Geschäftsjahr beizubehalten. Von der Prüfung des Jahresabschlusses und des Lageberichts durch einen Abschlussprüfer kann das Gericht unter den Voraussetzungen des § 270 Abs. 3 AktG befreien.

241 Das Vermögen kann erst nach Begleichung der Schulden und nach Ablauf eines Jahres seit dem Gläubigeraufruf an die Aktionäre verteilt werden (§ 272 AktG; zum seit dem ARUG nur mehr einmaligen – Aufruf vgl. § 267 AktG). Die Einhaltung des *Sperrjahres* vor Ausschüttung an die Aktionäre soll eine zu frühe Vermögensverteilung verhindern.

Auflösungsbeschlüsse der Hauptversammlung

242 Der seltene Auflösungsgrund des Zeitablaufs muss in der Satzung enthalten sein, wenn er wirksam sein soll. In der Regel wird eine AG auf unbestimmte Zeit errichtet. Auch innerhalb der satzungsmäßigen Lebensdauer kann die Hauptversammlung die Auflösung beschließen. Der Beschluss bedarf einer Mehrheit von mindestens drei Viertel des vertretenen Grundkapitals (§ 262 Abs. 1 Nr. 2 AktG).
Einberufung und *Tagesordnung* wie oben Muster Rdn. 28 M.
Niederschrift des Notars wie oben Muster Rdn. 91 M.

Hauptversammlungsniederschrift: Auflösungsbeschluss

243 M ..... Punkt 1 der Tagesordnung:
Die Gesellschaft wird aufgelöst.
Punkt 2 der Tagesordnung:
Zu Abwicklern werden die bisherigen Vorstandsmitglieder Paul Rabenalt und Philipp Wiesel, beide in Freiburg i.Br., bestellt. Sie vertreten die Gesellschaft gemeinsam.

Punkt 3 der Tagesordnung:
Das Abwicklungsjahr ist gleich dem bisherigen Geschäftsjahr das Kalenderjahr.
Die Beschlüsse wurden einstimmig gefasst und vom Vorsitzenden verkündet.

■ *Kosten.* Die Auflösung ist ein Beschluss mit unbestimmtem Geldwert, dessen Geschäftswert sich aus §§ 108 Abs. 1 Satz 1, 105 Abs. 4 Nr. 1 GNotKG ergibt (Mindestwert 30.000 €). Die bisherigen Vorstandsmitglieder sind Abwickler kraft Gesetzes, sodass deren Bestätigung Teil des Auflösungsbeschlusses ist; jedoch als gesonderter Beschluss mit unbestimmtem Geldwert zu bewerten, wenn die Hauptversammlung nach § 265 Abs. 2 AktG andere Personen als Abwickler bestellt; dann Zusammenrechnung der Geschäftswerte nach § 35 Abs. 1 GNotKG. – 2,0 Gebühr gemäß Nr. 21100 KV GNotKG aus diesem Gesamtgeschäftswert.

Anmeldung der Auflösung und der Abwickler

Der Vorstand meldet die Auflösung (Ausnahme: § 263 Satz 2, 3 AktG) und die ersten Abwickler sowie deren Vertretungsbefugnis an; diese melden spätere Veränderungen an (§§ 263, 266 AktG). Die Vertretungsbefugnis ist – vorsorglich – abstrakt und konkret anzumelden (str.). Werden mehrere Abwickler bestellt, so gilt Gesamtvertretung, falls nicht bei der Bestellung eine abweichende Bestimmung getroffen wird (§ 269 Abs. 2 AktG). Die Abwickler haben die gleiche Versicherung wie die Vorstandsmitglieder (vgl. § 37 Abs. 2 AktG) gegenüber dem Handelsregister abzugeben, dass keine Umstände vorliegen, aufgrund deren sie nach §§ 265 Abs. 2 Satz 2, 76 Abs. 3 Satz 3, 4 AktG von der Bestellung als Abwickler ausgeschlossen wären; da ein solcher Umstand theoretisch gerade kurz zuvor eingetreten sein könnte, sollte die Versicherung wiederholt werden, auch wenn Vorstandsmitglieder zu Abwicklern bestellt werden. Die Versicherung zur »Betreuung unter Einwilligungsvorbehalt«, wohl ein Redaktionsversehen,[115] sollte aber bei der Korrektur beibehalten werden.

244

Dritten gegenüber zeichnen die Liquidatoren in der Weise, dass sie der Firma einen die Abwicklung andeutenden Zusatz (»i.L.« oder »in Abwicklung«) und ihre Namensunterschrift beifügen (§ 269 Abs. 6 AktG).

245

Handelsregisteranmeldung des Auflösungsbeschlusses

Zum Handelsregister B 111 der »Breisgauer Leichtmetallbau AG« in Freiburg (Breisgau) meldet der unterzeichnete Vorstand durch elektronische Übermittlung an:
1. Die Gesellschaft ist aufgelöst.
2. Abwickler sind die bisherigen Vorstandsmitglieder, die beiden Herren Paul Rabenalt, Kaufmann in Freiburg i.Br., geb. am ..... und Philipp Wiesel, Dipl.-Ing. in Freiburg i.Br., geb. am .....
Ist nur ein Abwickler bestellt, so vertritt dieser die Gesellschaft alleine. Sind mehrere Abwickler bestellt, so vertreten sie die Gesellschaft gemeinsam.
Dies gilt auch für die ersten Abwickler, die Herren Rabenalt und Wiesel.
Jeder der beiden Abwickler versichert, dass er
(1) nicht als Betreuter bei der Besorgung seiner Vermögensangelegenheiten ganz oder teilweise einem Einwilligungsvorbehalt (§ 1903 BGB) unterliegt
(2) nicht aufgrund eines gerichtlichen Urteils oder einer vollziehbaren Entscheidung einer Verwaltungsbehörde einen Beruf, einen Berufszweig, ein Gewerbe oder einen Gewerbezweig nicht ausüben darf

246 M

---

115 OLG München, 22.04.2009 – 31 Wx 40/09, NZG 2009, 719 (zur GmbH).

(3) nicht wegen einer oder mehrerer vorsätzlich begangener Straftaten des Unterlassens der Stellung des Antrags auf Eröffnung des Insolvenzverfahrens (Insolvenzverschleppung), nach den §§ 283 bis 283d StGB (Insolvenzstraftaten), der falschen Angaben nach § 399 AktG oder § 82 GmbHG der unrichtigen Darstellung nach § 400 AktG, § 331 HGB, § 313 UmwG oder § 17 des Publizitätsgesetzes. nach den §§ 263 bis 264a oder §§ 265b bis 266a StGB zu einer Freiheitsstrafe von mindestens einem Jahr verurteilt worden ist; dieser Ausschluss gilt für die Dauer von fünf Jahren seit der Rechtskraft des Urteils, wobei die Zeit nicht angerechnet wird, die der Täter auf behördliche Anordnung in einer Anstalt verwahrt worden ist.
(4) Eine vorgenannte Verurteilung erfolgte auch nicht im Ausland wegen einer Tat, die mit den vorgenannten Taten vergleichbar ist.
Jeder der beiden Abwickler bestätigt weiter, dass er vom unterschriftsbeglaubigenden Notar über seine unbeschränkte Auskunftspflicht gegenüber dem Gericht, auch gemäß § 53 Abs. 2 Bundeszentralregistergesetz, belehrt worden ist.
3. Das Abwicklungsjahr ist das Kalenderjahr.
4. Die Prokuren von Franz Meisel und Peter Hebel sind erloschen.
Beglaubigte Abschrift der Hauptversammlungsniederschrift vom ..... wird überreicht.
Freiburg (Breisgau), den .....

Rabenalt   Wiesel

Notarieller Beglaubigungsvermerk

■ *Kosten.* Der Geschäftswert für die Anmeldung/Eintragung der Auflösung und der Abwickler ergibt sich aus § 105 Abs. 4 Nr. 1 GNotKG, mindestens 30.000 €. Gebühren:
a) Des Notars: Die Anmeldung der Auflösung und der Abwickler ist eine einheitliche spätere Anmeldung mit dem vorgenannten Geschäftswert. Das Erlöschen der Prokuren stellt zwei selbstständige, davon verschiedene Rechtsvorgänge dar mit je einem weiteren vorgenannten Geschäftswert. Aus den zusammengerechneten Geschäftswerten (§ 35 Abs. 1 GNotKG) fällt eine 0,5 Gebühr nach Nr. 24102 KV GNotKG an, sowie eine 0,3 Gebühr für den elektronischen Vollzug (Fertigung und Einreichung der XML-Strukturdaten), Nr. 22114 KV GNotKG aus dem vollen Geschäftswert gemäß § 112 GNotKG, höchstens jedoch 250 €.
b) Des Registergerichts: Die Eintragung der Auflösung und der Abwickler sind zwei getrennte Rechtstatsachen, die jedoch am selben Tag angemeldet werden und dasselbe Unternehmen betreffen, sodass für die erste Eintragung 70 €, für jede weitere 40 € in Ansatz kommen (Gebührenziffer 2500 und 2501 der HandelsregistergebührenVO). Die Löschung der Prokuren löst gemäß Gebührenziffer 4000 und 4001 40 € Gebühr für die erste, 30 € für jede weitere Prokura aus.

247 Der Notar hat gemäß § 54 EStDV beglaubigte Abschriften der Urkunden über die Auflösung (Beschluss und deren Handelsregisteranmeldung) innerhalb von 2 Wochen nach Beurkundung an das für den Sitz der Gesellschaft zuständige Finanzamt für Körperschaften zu übersenden. Zuvor dürfen den Beteiligten keine Abschriften und Ausfertigungen ausgehändigt werden.

Aufruf der Gläubiger

248 Die Aufforderung ist (seit dem ARUG nur mehr einmal) – i.d.R. in den Gesellschaftsblättern (Bundesanzeiger und den in der Satzung angegebenen Blättern, § 25 AktG) – bekannt zu machen. Der Aufruf kann schon vor Eintragung der Auflösung ergehen (falls die Auflösung nicht ausnahmsweise als Satzungsänderung erst mit der Eintragung wirksam wird). Er setzt die Sperrfrist in Lauf. Erst 1 Jahr nach dem Aufruf darf Vermögen an die Aktionäre verteilt werden (§ 272 Abs. 1 AktG).

Erste (bzw. 2., 3.) Aufforderung an die Gläubiger

»Breisgauer Leichtmetallbau Aktiengesellschaft«

249 M

Freiburg (Breisgau), den .....
Die Gläubiger der »Breisgauer Leichtmetallbau Aktiengesellschaft« in Liqu. in Freiburg i.Br. werden hierdurch aufgefordert, ihre Ansprüche bei den unterzeichneten Abwicklern der Gesellschaft, die durch Beschluss der Hauptversammlung vom ..... aufgelöst ist, anzumelden.

Die Abwickler
Rabenalt   Wiesel

■ *Kosten.* Der Wert ist auf etwa 10 % der Verbindlichkeiten der Gesellschaft, von denen nur ein kleiner Teil neu geltend gemacht wird, gemäß § 36 Abs. 1 GNotKG. Hieraus ist für die Entwurfsfertigung eine 0,3 bis 1,0 Gebühr gemäß Nr. 24101 KV GNotKG zu erheben, mindestens jedoch 60 €, da bei Beurkundung des Gläubigeraufrufs eine Gebühr gemäß Nr. 21200 KV GNotKG angefallen wäre. Der Notar bestimmt die Gebührenhöhe im vorgenannten Rahmen gemäß § 92 Abs. 1 GNotKG nach billigem Ermessen unter Berücksichtigung des Umfangs der erbrachten Leistungen; wird der vollständige Entwurf gefertigt, ist gemäß § 92 Abs. 2 a.E. GNotKG die Höchst- (also die 1,0) Gebühr zu erheben.

Beschluss der ersten Hauptversammlung im Liquidationszustand

Die Hauptversammlung im Liquidationszustand beschließt über die *Eröffnungsbilanz*, den *Jahresabschluss* sowie die Entlastung der Abwickler und des Aufsichtsrats. Über die Feststellung des Abschlusses muss die Hauptversammlung beschließen (§ 270 Abs. 2 AktG). Fällt die Auflösung in den Lauf eines Geschäftsjahres, wie in der Regel, so ist nach herrschender Ansicht eine Schlussbilanz aufzustellen. Ein Gewinn kann aber nicht mehr ausgeschüttet werden (alles str.).

250

Einberufung und *Tagesordnung* wie oben Muster Rdn. 28 M.
Niederschrift des Notars wie oben Muster Rdn. 91 M.

Hauptversammlungsniederschrift im Liquidationszustand

..... Punkt 2 der Tagesordnung:
Dem Vorstand und dem Aufsichtsrat wird für die Zeit vom 1. Januar ..... bis 15. November ..... Entlastung erteilt.
Punkt 3 der Tagesordnung:
Die von den Abwicklern aufgestellte und vom Aufsichtsrat gebilligte Abwicklungs-Eröffnungsbilanz zum 15. November ..... wird festgestellt.
Punkt 4 der Tagesordnung:
Der Abschluss für das erste Teil-Abwicklungsjahr vom 15. November ..... bis 31. Dezember ..... wird festgestellt.
Punkt 5 der Tagesordnung:
Den Abwicklern und dem Aufsichtsrat wird für die Zeit vom 15. November ..... bis 31. Dezember ..... Entlastung erteilt.
Die Beschlüsse zu 2 bis 5 wurden einstimmig gefasst und vom Vorsitzenden verkündet.

251 M

§ 149 Hauptversammlung, Kapitalmaßnahmen, Auflösung

■ *Kosten.* Jede Feststellung eines Abschlusses bildet einen Gegenstand, während die Entlastungen als einheitlicher Beschluss gelten (§ 109 Abs. 2 Nr. 4e GNotKG), jeweils mit unbestimmtem Geschäftswert (§§ 108 Abs. 1 Satz 1, 105 Abs. 4 Nr. 1 GNotKG, mindestens jedoch je 30.000 €). Aus den zusammengerechneten Werten der Beschlüsse (§ 35 Abs. 1 GNotKG) eine 2,0 Gebühr nach Nr. 21100 KV GNotKG.

Genehmigung der Schlussrechnung durch die letzte Hauptversammlung

252 Ein nach Befriedigung der Gläubiger und nach Ablauf des Sperrjahres verbleibender *Liquidationsüberschuss* ist grundsätzlich im Verhältnis der Beteiligung am Grundkapital zu verteilen (§ 271 Abs. 2 AktG). Die *Schlussrechnung* muss von der Hauptversammlung genehmigt werden wie eine Liquidationsjahresbilanz. Die Abwickler haben einen Anspruch auf Entlastung.

Einberufung und *Tagesordnung* wie oben Muster Rdn. 28 M, Rdn. 29 M.
Niederschrift des Notars wie oben Muster Rdn. 91 M.

Hauptversammlungsniederschrift: Genehmigung der Schlussrechnung

253 M ..... Punkt 1 der Tagesordnung:
Die von den Abwicklern aufgestellte und vom Aufsichtsrat gebilligte Schlussrechnung, die der Vorsitzende überreichte, wurde der Niederschrift als Anlage beigefügt. Der Vorsitzende stellte fest, dass sie seit der Einberufung in dem Geschäftsraum zur Einsicht ausgelegen habe und dass auf Verlangen Abschriften davon erteilt seien.
Punkt 2 der Tagesordnung:
Die vorgelegte Schlussbilanz wird genehmigt.
Punkt 3 der Tagesordnung:
Den Abwicklern und dem Aufsichtsrat wird Entlastung erteilt.
Punkt 4 der Tagesordnung:
Dem Registergericht wird vorgeschlagen, die »Südbadische Revisions- und Treuhandgesellschaft« in Freiburg i.Br. zur Aufbewahrungsstelle der Bücher und Schriften zu bestellen.
Die Beschlüsse zu 2–4 wurden einstimmig gefasst und vom Vorsitzenden verkündet.

■ *Kosten.* Siehe Rdn. 251 M.

Anmeldung des Schlusses der Abwicklung

254 Nach Beendigung der Abwicklung und Legen der Schlussrechnung melden die Abwickler die Beendigung der Abwicklung (nicht das »Erlöschen der Firma«) an. Die Löschung der Firma verfügt das Registergericht. Die Bücher und Schriften der Gesellschaft, insbesondere Handelsbücher, Inventuren und Bilanzen, sind an einem vom Gericht bestimmten Ort 10 Jahre aufzubewahren (§ 273 AktG).

Handelsregisteranmeldung des Abschlusses der Abwicklung

255 M Zum Handelsregister B 333 der »Breisgauer Leichtmetallbau Aktiengesellschaft« melden wir den Schluss der Abwicklung an.
Beglaubigte Abschrift der Hauptversammlungsniederschrift vom ..... mit der genehmigten Schlussrechnung liegt bei.

Als Aufbewahrungsort für die Bücher und Schriften der Gesellschaft bitten wir gemäß dem Vorschlag der Hauptversammlung die »Südbadische Revisions- und Treuhandgesellschaft« in Freiburg (Breisgau) zu bestimmen.
Freiburg, den .....

	Die Abwickler	
Beglaubigungsvermerk	Rabenalt	Wiesel

■ *Kosten.* Der Geschäftswert ergibt sich aus § 105 Abs. 4 Nr. 1 GNotKG, mindestens 30.000 €, höchstens 1 Mio. € (§ 106 GNotKG). Gebühren:
a) Des Notars: Aus dem Geschäftswert fällt eine 0,5 Gebühr nach Nr. 24102 KV GNotKG an, sowie eine 0,3 Gebühr für den elektronischen Vollzug (Fertigung und Einreichung der XML-Strukturdaten), Nr. 22114 KV GNotKG aus demselben Geschäftswert gemäß § 112 GNotKG, höchstens jedoch 250 €.
b) Des Registergerichts: für die Eintragung des Schlusses der Abwicklung wird gemäß Vorbemerkung 2 Abs. 4 zu Teil 2 des Gebührenverzeichnisses zur HandelsregistergebVO keine Gebühr erhoben.

3. Nachtragsabwickler

Werden nach der Löschung der Gesellschaft noch Abwicklungsmaßnahmen erforderlich, so hat auf Antrag eines Beteiligten das Amtsgericht des letzten Sitzes der Gesellschaft die früheren Abwickler oder neue als Nachtragsabwickler zu bestellen (§ 273 Abs. 4 AktG; nach richtiger Ansicht ist allerdings die gelöschte AG nicht wieder einzutragen; Träger der Rechte und Pflichten bei der Nachtragsabwicklung ist vielmehr die Gesamthand der Aktionäre als nachträgliche, teilrechtsfähige Abwicklungsgesellschaft[116]). Die bisherigen Abwickler können ihre Tätigkeit nicht selbstständig wiederaufnehmen, und die Aktionäre können sie nicht wieder bestellen.

256

Antrag auf Bestellung eines Nachtragabwicklers

An das Amtsgericht Cottbus, Handelsregister
Die im Handelsregister B 915 eingetragen gewesene »Wilhelm Wedekind Hochbau AG« ist am ..... gelöscht worden. Ich habe als Aktionär an der Genehmigung der Schlussrechnung teilgenommen und belege das mit den beigefügten 50 Aktien von je 1.000 DM, auf denen die Auszahlung von je 150 DM vermerkt ist.
Von den in der Schlussrechnung als uneinbringlich angesehenen Forderungen der Gesellschaft sind die in der anliegenden Aufstellung aufgeführten inzwischen einziehbar geworden. So hat zum Beispiel der Kaufmann Heinz Riemann in Frankfurt/Oder, der der Gesellschaft rund 24.000 € schuldig blieb, wieder Vermögen erworben, seine anderen Gläubiger abgefunden und mir persönlich eine Abfindung angeboten. Die Einbringlichkeit der übrigen in der Aufstellung enthaltenen Forderungen werde ich dem zu bestellenden Abwickler darlegen.
Ich beantrage, Rechtsanwalt Dr. Wächter in Cottbus zum Abwickler zu bestellen mit der Aufgabe, die in der überreichten Liste angegebenen Forderungen einzuziehen und den Reinerlös an die Aktionäre zu verteilen. Er erklärt sich durch seine Mitunterschrift zur Übernahme des Amts und zum Verzicht auf Ansprüche an die Staatskasse bereit.

257 M

---
116 Vgl. *Hüffer*, GS Schultz 1987, S. 103 ff.

Von einer Wiedereintragung der Gesellschaft bitte ich abzusehen. Den Beschluss bitte ich, Rechtsanwalt Dr. Wächter, den ich zur Empfangnahme bevollmächtige, zuzustellen.
Cottbus, den .....

                                      Gustav Göbel   Dr. Wächter

(Beglaubigung nicht erforderlich)

■ *Kosten.* Der Wert ist nach § 36 Abs. 1 GNotKG auf den Betrag des angegebenen Restvermögens zu schätzen. Jedoch bildet der sich aus § 105 Abs. 4 Satz 1 GNotKG ergebende Wert eine Obergrenze. Gebühren:
a) Des Notars: Aus dem Geschäftswert fällt eine 0,5 Gebühr nach Nr. 24102 KV GNotKG an, sowie eine 0,3 Gebühr für den elektronischen Vollzug (Fertigung und Einreichung der XML-Strukturdaten), Nr. 22114 KV GNotKG aus demselben Geschäftswert gemäß § 112 GNotKG, höchstens jedoch 250 €.
b) Des Registergerichts: 2,0 Gebühr nach Nr. 13500 KV GNotKG. Die Registereintragung ist dann gebührenfrei.

4. Fortsetzung

258 Eine im Auflösungszustand befindliche AG, also eine Liquidationsgesellschaft, kann sich wieder zu einer werbenden *umbilden*. Voraussetzung ist, dass mit einer Verteilung des Vermögens an die Aktionäre noch nicht begonnen ist (die Rückzahlung verteilten Vermögens an die Gesellschaft macht deren Fortsetzung nicht mehr zulässig). Den Beschluss auf Fortsetzung muss die Hauptversammlung mit einer Mehrheit von mindestens ³/₄ des vertretenen Grundkapitals fassen (§ 274 Abs. 1 AktG). Er wird erst mit der Eintragung wirksam (§ 274 Abs. 4 Satz 1 AktG).

Fortsetzung einer aufgelösten AG

Einberufung und *Tagesordnung* wie oben Muster Rdn. 28 M.
   Niederschrift des Notars wie oben Muster Rdn. 91 M.

Hauptversammlungsniederschrift: Fortsetzung einer aufgelösten AG

259 M ..... Punkt 2 der Tagesordnung:
Der Auflösungsbeschluss vom ..... wird aufgehoben.
Punkt 3 der Tagesordnung:
Die Gesellschaft wird fortgesetzt.
Beide Beschlüsse wurden einstimmig gefasst und vom Vorsitzenden verkündet.

■ *Kosten.* Der Geschäftswert ist aus §§ 108 Abs. 1 Satz 1, 105 Abs. 4 Nr. 1 GNotKG zu berechnen. Hieraus 2,0 Gebühr nach Nr. 21100 KV GNotKG.

Anmeldung der Fortsetzung einer AG

260 Die Vorstandsmitglieder müssen vom Aufsichtsrat auch dann nach § 84 AktG neu bestellt werden, wenn sie vor der Auflösung den Vorstand bildeten und anschließend nach § 265 Abs. 1 AktG Abwickler waren. Da sie erst mit der Eintragung des Fortsetzungsbeschlusses wieder Vorstand werden, haben sie noch als Abwickler anzumelden (§ 274 Abs. 3 AktG).

Handelsregisteranmeldung der Fortsetzung einer aufgelösten AG

261 M

Zum Handelsregister B 6919 der »August Schäfer Druckerei AG« in Berlin, Gneisenaustr. 10, überreichen wir als Abwickler:
1. eine beglaubigte Abschrift der Hauptversammlungsniederschrift vom ......, wonach die Fortsetzung der Gesellschaft beschlossen ist,
2. eine Bescheinigung des Wirtschaftsprüfers Karl Kleemann in Berlin ..... vom ......, wonach mit der Verteilung des Vermögens an die Aktionäre noch nicht begonnen ist,
3. eine beglaubigte Abschrift der Niederschrift des Aufsichtsrats, woraus sich ergibt, dass wir zu gemeinsam vertretungsberechtigten Vorstandsmitgliedern bestellt sind.
Zur Eintragung in das Handelsregister melden wir die Fortsetzung der Gesellschaft und unsere Bestellung zu deren Vorstandsmitgliedern an.
Ist nur ein Vorstand bestellt, vertritt dieser die Gesellschaft alleine. Sind mehrere Vorstandsmitglieder bestellt, so wird die Gesellschaft durch zwei von ihnen gemeinsam oder durch ein Vorstandsmitglied gemeinsam mit einem Prokuristen vertreten.
Jeder von uns vertritt die Gesellschaft gemeinsam mit einem weiteren Vorstandsmitglied oder gemeinsam mit einem Prokuristen.
Jeder von uns versichert, dass er
(1) nicht als Betreuter bei der Besorgung seiner Vermögensangelegenheiten ganz oder teilweise einem Einwilligungsvorbehalt (§ 1903 BGB) unterliegt
(2) nicht aufgrund eines gerichtlichen Urteils oder einer vollziehbaren Entscheidung einer Verwaltungsbehörde einen Beruf, einen Berufszweig, ein Gewerbe oder einen Gewerbezweig nicht ausüben darf
(3) nicht wegen einer oder mehrerer vorsätzlich begangener Straftaten des Unterlassens der Stellung des Antrags auf Eröffnung des Insolvenzverfahrens (Insolvenzverschleppung), nach den §§ 283 bis 283d StGB (Insolvenzstraftaten), der falschen Angaben nach § 399 AktG oder § 82 GmbHG der unrichtigen Darstellung nach § 400 AktG, § 331 HGB, § 313 UmwG oder § 17 des Publizitätsgesetzes. nach den §§ 263 bis 264a oder §§ 265b bis 266a StGB zu einer Freiheitsstrafe von mindestens einem Jahr verurteilt worden ist; dieser Ausschluss gilt für die Dauer von fünf Jahren seit der Rechtskraft des Urteils, wobei die Zeit nicht angerechnet wird, die der Täter auf behördliche Anordnung in einer Anstalt verwahrt worden ist.
(4) Eine vorgenannte Verurteilung erfolgte auch nicht im Ausland wegen einer Tat, die mit den vorgenannten Taten vergleichbar ist.
Jeder von uns bestätigt weiter, dass er vom unterschriftsbeglaubigenden Notar über seine unbeschränkte Auskunftspflicht gegenüber dem Gericht, auch gemäß § 53 Abs. 2 Bundeszentralregistergesetz, belehrt worden ist.
Berlin, den .....

                          Franz Reinthaler   Georg Christensen

Notarieller Beglaubigungsvermerk

■ *Kosten.* Der Geschäftswert ergibt sich allein aus § 105 Abs. 4 Nr. 1 GNotKG, Mindestwert 30.000 €. Gebühren:
a) Des Notars: Die Anmeldung der neuen Vorstandsmitglieder ist zwingende Voraussetzung für die Fortführung. Daher aus dem vorgenannten Einzelwert nur eine 0,5 Gebühr nach Nr. 24102 KV GNotKG, sowie eine 0,3 Gebühr für den elektronischen Vollzug (Fertigung und Einreichung der XML-Strukturdaten), Nr. 22114 KV GNotKG aus demselben Geschäftswert gemäß § 112 GNotKG, höchstens jedoch 250 €.
b) Des Registergerichts: Einzutragende Rechtstatsachen sind die Fortführung, die Streichung der Abwickler und die Eintragung der neuen Vorstände, was jeweils für sich selbst-

§ 149 Hauptversammlung, Kapitalmaßnahmen, Auflösung

ständige Registertatsachen sind, die gemäß Gebührenziffer 2500 40 € für die erste, je 30 € für jede weitere Eintragung auslöst.

5. Vereinfachte Löschung

262 Lebensunfähige Kapitalgesellschaften sollen verschwinden. Eine Kapitalgesellschaft wird mit der Rechtskraft des Beschlusses aufgelöst, durch den ein Insolvenzantrag *mangels Masse abgelehnt* wird (§ 262 Abs. 1 Nr. 4 AktG). Sie besteht als Liquidationsgesellschaft weiter.

263 Eine Kapitalgesellschaft kann vom Registergericht ohne Liquidation gelöscht werden, wenn sie kein Vermögen mehr besitzt (§ 394 FamFG, vor dem 01.09.2009: § 141a FGG). Dies geschieht von Amts wegen. Ein »Antrag« auf Löschung ist deshalb nur eine Anregung. Stellt sich nach der Löschung heraus, dass noch Vermögen vorhanden ist, das nicht der Nachtragsverteilung nach §§ 203 ff. InsO unterliegt – sie geht vor –, bestellt das Registergericht auf Antrag eines Beteiligten den oder die Abwickler (§ 264 Abs. 2 Satz 2 AktG; entgegen KG JW 1937, 1739 ist die gelöschte AG nicht wieder einzutragen, da dies zwingende Gründungsvorschriften verletzen würde[117]).

Handelsregisteranmeldung der vereinfachten Löschung einer AG

264 M Zum Handelsregister B 3113 der »Savignyplatz Hausverwaltungsaktiengesellschaft« in Berlin, Savignyplatz 3, versichere ich als Vorstand, dass die Gesellschaft weder Vermögen noch Schulden hat. Ich bitte, das amtliche Löschungsverfahren gemäß § 394 FamFG einzuleiten.
Berlin, den .....
Richard Weller
(Beglaubigung nicht erforderlich)

■ **Kosten.** Der Geschäftswert ist nach § 36 Abs. 1 GNotKG zu schätzen; regelmäßig bleibt es wegen der Vermögenslosigkeit bei der Mindestgebühr. Gebühren:
a) Des Notars: Es handelt sich nicht um eine Anmeldung, sondern um eine Anzeige. Hieraus ist für die Entwurfsfertigung eine 0,3 bis 1,0 Gebühr gemäß Nr. 24101 KV GNotKG zu erheben, mindestens jedoch 60 €, da bei Beurkundung der Erklärung eine Gebühr gemäß Nr. 21200 KV GNotKG angefallen wäre. Der Notar bestimmt die Gebührenhöhe im vorgenannten Rahmen gemäß § 92 Abs. 1 GNotKG nach billigem Ermessen unter Berücksichtigung des Umfangs der erbrachten Leistungen; wird der vollständige Entwurf gefertigt, ist gemäß § 92 Abs. 2 a.E. GNotKG die Höchst- (also die 1,0) Gebühr zu erheben.
b) Des Registergerichts: Das Verfahren erfolgt von Amts wegen. Nach Nr. 13400 KV GNotKG wird nur im Verfahren über einen Widerspruch gegen die beabsichtigte Löschung eine (1,0) Gebühr erhoben; die Eintragung der Löschung selbst ist gebührenfrei (Vorbem. 2 Abs. 4 HandelsregistergebVO).

---

117 Ausnahme: bei der Löschung wegen Vermögenslosigkeit wurden wesentliche Verfahrensvorschriften verletzt; dann Löschung des Löschungsvermerks von Amts wegen gemäß § 395 FamFG, vor dem 01.09.2009: § 142 FGG: MüKo-AktG/*Hüffer*, § 264 AktG Rn. 42.

§ 150 Die Kommanditgesellschaft auf Aktien (KGaA)

Literatur: *Nagel/Wittkowski*, Die Kommanditgesellschaft auf Aktien (2012); *Schaumburg/Schulte*, Die KGaA (2000); *Schlitt*, Die Satzung der Kommanditgesellschaft auf Aktien (1999); *Schütz/Bürger/Riotte*, Die Kommanditgesellschaft auf Aktien, 2. Aufl. (2015)

I. Rechtsbeziehungen

Die Kommanditgesellschaft auf Aktien (KGaA) ist als juristische Person eine Mischform zwischen Kommanditgesellschaft und Aktiengesellschaft. Wie bei der KG gibt es zwei Arten von Gesellschaftern, den/die Komplementär(e) und die Kommandit-Aktionäre. Komplementär kann – wie bei der KG – auch eine juristische Person oder eine haftungsbeschränkte Handelsgesellschaft (GmbH & Co. KG) sein,[1] was gemäß § 279 Abs. 2 AktG in der Firma wiederzugeben ist (»XY GmbH & Co. KGaA«). **1**

Je nach dem betroffenen Rechtsverhältnis finden unterschiedliche Vorschriften Anwendung: **2**
– Für das Verhältnis der Komplementäre untereinander gelten die Vorschriften zur Kommanditgesellschaft (§ 278 Abs. 2 AktG).
– Für das Verhältnis der Kommandit-Aktionäre untereinander gilt Aktienrecht (§ 278 Abs. 3 AktG).
– Für das Verhältnis zwischen den Komplementären, einerseits, und der Gesamtheit der Kommandit-Aktionäre, andererseits, gelten die KG-Vorschriften (§ 278 Abs. 2 AktG).
– Für das Verhältnis zwischen Komplementären und Dritten (insbesondere die Vollhaftung) gelten ebenfalls KG-Vorschriften (§ 278 Abs. 2 AktG).
– Für das Verhältnis der Gesamtgesellschaft gegenüber Dritten gilt Aktienrecht (Recht der juristischen Person).

Innerhalb des Aktienrechts gehen die §§ 278 ff. AktG, soweit sie reichen, den allgemeinen Bestimmungen vor. Im Bereich der HGB-Normen zur Kommanditgesellschaft besteht weit größere Gestaltungsfreiheit als im satzungsstrengen AktG; darin liegt ein besonderer Reiz der KGaA. **3**

Je nach der »Machtverteilung« zwischen Kommandit-Aktionären und Komplementär kann die KGaA eher kapitalistisch (also hauptversammlungsorientiert) oder unternehmerisch (also komplementärorientiert) strukturiert sein. Mittelstands- (insbesondere Familien-)Betriebe schätzen an der KGaA **4**
– die geborene Geschäftsführungs- und Vertretungsbefugnis des Komplementärs,
– die im Vergleich zur AG eingeschränkten Befugnisse des Aufsichtsrates mit der Folge einer Schwächung der dort angesiedelten Arbeitnehmermitbestimmung[2]
– die Möglichkeit des Ausschlusses des Widerspruchsrechts der Kommandit-Aktionäre auch für außergewöhnliche Geschäfte (allerdings wohl nicht für strukturändernde Maßnahmen),

---

1 BGH, 24.02.1997 – II B 11/96, DNotZ 1997, 979.
2 Gem. OLG Celle, 09.10.2014 – 9 W 116/14, MittBayNot 2016, 341, hierzu *Giehl*, MittBayNot 2016, 285 ff, unterliegt auch die Komplementär-GmbH keiner Mitbestimmung, da ihr die Arbeitnehmer der KGaA weder analog gem. § 4 Abs. 1 noch gem. § 5 Abs. 1 MitbestG zuzurechnen sind.

– das »Vetorecht« der Komplementäre gegenüber besonders einschneidenden Hauptversammlungsbeschlüssen, bspw. Satzungsänderungen, Zustimmung zu Unternehmensverträgen, Umwandlungsvorgängen (Rdn. 11 f.).

Alternativ steht auch die AG & Co KG, häufig als Einheitsgesellschaft (sämtliche Aktien werden durch die KG gehalten), zur Verfügung.[3]

5 Im Jahr 2017 waren in Deutschland ca. 320 KGaAs registriert,[4] von DAX-Unternehmen (Henkel, Merck, Fresenius) über Lizenzspielerabteilungen von Bundesligavereinen (Hannover 96, 1. FC Köln, Borussia Dortmund, Hertha BSC) – aufgrund der dadurch gewährleisteten »Übernahmeresistenz« –, und Privatbanken mit persönlicher Eigentümerhaftung (Metzler, Sal. Oppenheim, ehemalige SchmidtBank) bis hin zu zahlreichen Familiengesellschaften des Mittelstandes, da die Kontrolle – anders als bei Aktiengesellschaften – nicht an die Höhe der Kapitalbeteiligung gekoppelt ist.

II. Gründung

6 Seit der Änderung durch das UMAG ist auch bei der KGaA die Ein-Mann-Gründung (wie in § 2 AktG) möglich; der Komplementär kann also zugleich Kommandit-Aktionär sein (allerdings ist sein Stimmrecht dann in den Fällen des § 285 Abs. 1 Satz 2 AktG ausgeschlossen). Den Gründungsbericht nach § 32 AktG haben sämtliche Gründer (einschließlich der Komplementäre) abzugeben; eine Gründungsprüfung ist stets zwingend erforderlich, da die persönlich haftenden Gesellschafter naturgegeben Mitgründer sind (§ 33 Abs. 2 AktG).

7 Neben den Bar- oder Sacheinlagen der Aktionäre haben die Komplementäre, sofern die Satzung dies vorschreibt, im dort genannten Umfang Vermögenseinlagen zu leisten, die nicht auf das Grundkapital anzurechnen sind (§ 281 Abs. 2 AktG). Da insoweit das HGB gilt, findet eine Einlagenprüfung nicht statt. Die Satzung kann ein Umtauschrecht des Komplementärs in Grundkapital vorsehen (im Wege der Kapitalerhöhung gegen Sacheinlage unter Ausschluss des Bezugsrechts der Kommandit-Aktionäre), verknüpft – als Sanktion – mit einem Kündigungsrecht gegen Barabfindung, sofern die Kommandit-Aktionäre dem Verlangen auf Durchführung der Sachkapitalerhöhung nicht nachkommen.

III. Satzungsgestaltung

8 Die persönlich haftenden Gesellschafter sind je einzeln zur Geschäftsführung und Vertretung berechtigt; sie können nicht alle hiervon ausgeschlossen sein, ohne dass der Grundsatz der Selbstorganschaft verletzt wäre (den übrigen – von der Geschäftsführung etwa ausgeschlossenen – Komplementären, verbleibt lediglich das Kontrollrecht nach § 118 HGB).

9 Die Rechtsstellung der Kommandit-Aktionäre, bspw. das gemäß § 164 HGB bestehende Widerspruchsrecht gegen außergewöhnliche Geschäfte, unterliegt der Satzungsdisposition gemäß § 278 Abs. 2 AktG, § 163 HGB – wobei noch str. ist, ob ein vollständiger Ausschluss des Widerspruchsrechts auch bei einer GmbH & Co KGaA möglich ist (Gefahr der unzulässigen Minderheitenherrschaft; vom BGH[5] offengelassen; nach OLG Stuttgart[6] ist der Ausschluss des Widerspruchsrecht der Kommanditisten jedenfalls möglich, wenn dem Aufsichtsrat ein entsprechendes Widerspruchsrecht eingeräumt sei). Um Verletzungen des Kernbereichs der Mitgliedschaft zu vermeiden, sind Grundlagengeschäfte (insbesondere

---

3 Vgl. *Werner*, NWB 2008, 452 ff.
4 *Fett/Stütz*, NZG 2017, 1121 ff.
5 BGH DNotZ 2003, 364.
6 OLG Stuttgart NZG 2003, 778 f.

strukturverändernde Maßnahmen nach Art der Holzmüller-Doktrin[7]) stets vom Widerspruchsrecht des § 164 HGB umfasst, und zwar selbst dann, wenn das Widerspruchsrecht für außergewöhnliche Geschäfte dem Aufsichtsrat übertragen wurde.

Der Aufsichtsrat als Organ der Gesamtgesellschaft hat – über seine bei der Aktiengesellschaft bestehenden Aufgaben hinaus – die Gesamtheit der Kommandit-Aktionäre gegenüber den Komplementären in einem Rechtsstreit zu vertreten und die Beschlüsse der Kommandit-Aktionäre auszuführen (§ 287 Abs. 1 AktG). Ihm kommt jedoch – anders als bei der AG – keine Personalkompetenz (§ 84 AktG) zu, er wirkt nicht bei der Feststellung des Jahresabschlusses mit und kann keine Zustimmungsvorbehalte anordnen. Persönlich haftende Gesellschafter können gemäß § 287 Abs. 3 AktG nicht Aufsichtsratsmitglieder sein (dies dürfte auch gelten für Geschäftsführer und wohl auch für maßgeblich beteiligte Gesellschafter an einer etwaigen Komplementär-Gesellschaft). 10

Errichtung einer Kommanditgesellschaft auf Aktien
(Familien-Beteiligungsgesellschaft)

Verhandelt zu München, am. . . 11 M
Vor dem unterzeichnenden Notar ..... erklärten 1 ..... bis 4 .....:

I.

Wir errichten unter der Firma »X Beteiligungs KGaA« eine Kommanditgesellschaft auf Aktien und stellen deren Satzung nachstehend fest.

II.

Von dem Grundkapital von 100.000 €, das eingeteilt ist in 100.000 auf den Namen lautende Stückaktien, übernehmen
1. A 40.000 Stückaktien = 40.000 €
2. B 20.000 Stückaktien = 20.000 €
3. X sen. 30.000 Stückaktien = 30.000 €
4. X jun. 10.000 Stückaktien = 10.000 €
Damit ist das Grundkapital voll übernommen. Die Aktien sind sogleich voll einzuzahlen.
Vertretungsbefugter persönlich haftender Gesellschafter mit Geschäftsführungs- und Vertretungsbefugnis ist Herr X jun.
Persönlich haftender Gesellschafter ohne Geschäftsführungs- und Vertretungsbefugnis ist Herr X sen.
Die persönlich haftenden Gesellschafter erbringen jeweils eine nicht auf das Grundkapital zu leistende Vermögenseinlage durch Bareinzahlung.
Die Vermögenseinlagen betragen für
a) Herrn X sen. 20.000,00 €;
b) Herrn X jun. 10.000,00 €.

III.

Die Kommanditaktionäre bestellen zu Mitgliedern des ersten Aufsichtsrats, der aus drei Personen bestehen soll, ...

---
7 BGHZ 83, 122.

IV.

Zum Abschlussprüfer für das erste Geschäftsjahr wird der Wirtschaftsprüfer N. bestellt.

V.

Sollte das Registergericht zur Eintragung in das Handelsregister eine Änderung oder Ergänzung dieser Urkunde einschließlich der Satzung verlangen, erteilen wir hiermit Herrn Rechtsanwalt ..... persönlich jeweils einzeln Vollmacht unter Befreiung von den Beschränkungen des § 181 BGB, solche Änderungen und/oder Ergänzungen vorzunehmen und zur Eintragung in das Handelsregister anzumelden. Der Bevollmächtigte darf im gleichen Umfang Untervollmacht erteilen.

VI.

Der Notar wies die Beteiligten auf die Voraussetzungen und den Inhalt der Anmeldung zum Handelsregister hin sowie darauf, dass die Gesellschaft erst mit der Eintragung im Handelsregister entsteht.

Die Beteiligten erklärten, dass die Gründungsgesellschaft die Kosten der Beurkundung, die Kosten des Handelsregisters, und die Kosten für die Herstellung der Aktienurkunden bis zum Gesamtbetrag von 5.000 € trage.

Von dieser Urkunde erhält Ausfertigungen:
die Gesellschaft (3).
Je eine beglaubigte Abschrift erhalten:
das Amtsgericht – Registergericht –
jeder Kommanditaktionäre
Je eine einfache Abschrift erhalten:
– das zuständige Finanzamt
– die zuständige Industrie- und Handelskammer
– der bestellte Abschlussprüfer
– Steuerberater .....

..., Notar

■ *Kosten* und steuerrechtliche Mitteilungspflicht des Notars. Wie oben zu Muster § 147 Rdn. 4 M. Die Vermögenseinlageverpflichtungen erhöhen den Geschäftswert. Wegen der Gründungsberichte und Gründungsprüfungen Muster § 147 Rdn. 10 M, Rdn. 14 M und wegen der Anmeldung Muster § 147 Rdn. 19 M. Die bei der AG von den Vorstandsmitgliedern abzugebenden Versicherungen müssen die persönlich haftenden Gesellschafter abgeben (s. § 283 AktG) bzw. deren gesetzliche Vertreter (bei einer GmbH die Geschäftsführer).

Satzung einer KGaA

12 M

I. Allgemeine Bestimmungen

§ 1 Firma, Sitz und Geschäftsjahr

(1) Die Gesellschaft führt die Firma
X Beteiligungs Kommanditgesellschaft auf Aktien.
(2) Die Gesellschaft hat ihren Sitz in .....

(3) Geschäftsjahr ist das Kalenderjahr. Das erste Geschäftsjahr ist ein Rumpfgeschäftsjahr und läuft von der Eintragung der Gesellschaft ins Handelsregister bis zum Ablauf des darauffolgenden 31. Dezember.

§ 2 Gegenstand des Unternehmens

Gegenstand des Unternehmens ist der Erwerb, die Verwaltung und die Veräußerung eigenen Vermögens sowie die Beteiligung an gewerblichen Unternehmen.

§ 3 Bekanntmachungen

Bekanntmachungen der Gesellschaft erfolgen nur im Bundesanzeiger.

II. Kapital und Aktien

§ 4 Gesamtkapital, Grundkapital und Aktien, genehmigtes Kapital

(1) Das Gesamtkapital der Gesellschaft setzt sich zusammen aus dem Grundkapital der Gesellschaft und den Vermögenseinlagen der persönlich haftenden Gesellschafter. Das Gesamtkapital der Gesellschaft beträgt

130.000,– €
(einhundertdreißigtausend EURO).

(2) Das Grundkapital der Gesellschaft beträgt

100.000,00 €
(hunderttausend EURO).

Es ist eingeteilt in Stück 100.000 auf den Namen lautende Stammaktien ohne Nennwert (Stückaktien).
(3) Bei einer Kapitalerhöhung kann die Gewinnbeteiligung der neuen Aktien abweichend von § 60 AktG geregelt werden.
(4) Die Form der Aktienurkunden und der Gewinnanteil- und Erneuerungsscheine setzen die vertretungsbefugten persönlich haftenden Gesellschafter mit Zustimmung des Aufsichtsrats fest.
(5) Die Gesellschaft kann Einzelaktien in Aktienurkunden zusammenfassen, die eine Mehrzahl von nennwertlosen Aktien verbriefen (Sammelaktien). Die Entscheidung darüber treffen die vertretungsbefugten persönlich haftenden Gesellschafter mit Zustimmung des Aufsichtsrats. Der Anspruch auf Verbriefung ist ausgeschlossen.
(6) Die Übertragung der Aktien unter Lebenden bedarf der Zustimmung der Gesellschaft nach Maßgabe von § 24. Die Gesellschaft erteilt dabei die Zustimmung nach freiem Ermessen. Die Gesellschaft kann ihre Zustimmung insbesondere vom Nachweis des Abschlusses ehe- und erbrechtlicher Regelungen beim vorgesehenen Erwerber abhängig machen, die der langfristigen Beibehaltung des Einflusses der Familie X in der Gesellschaft zu dienen geeignet sind.
(7) Die vertretungsbefugten persönlich haftenden Gesellschafter sind ermächtigt, mit Zustimmung des Aufsichtsrats bis zum ..... das Grundkapital der Gesellschaft durch Ausgabe neuer Stückaktien gegen Bar- oder Sacheinlagen einmal oder mehrfach, jedoch höchstens um bis zu 50.000,– € zu erhöhen. Den Kommanditaktionären ist dabei ein Bezugsrecht einzuräumen. Die vertretungsbefugten persönlich haftenden Gesellschafter sind berechtigt, Spitzenbeträge aus dem Bezugsrecht auszunehmen,

und das Bezugsrecht zur Gewährung von Aktien an persönlich haftende Gesellschafter zur Durchführung des in § 9 gewährten Rechts zur Umwandlung des Kapitalanteils der persönlich haftenden Gesellschafter in Grundkapital auszuschließen.
(8) Die vertretungsbefugten persönlich haftenden Gesellschafter sind ermächtigt, mit Zustimmung des Aufsichtsrats Vermögenseinlagen der persönlich haftenden Gesellschafter mit deren Zustimmung zum Zwecke der Erbringung von Sacheinlagen zu schaffen und zu erhöhen. Das Bezugsrecht der Kommanditaktionäre ist dabei ausgeschlossen. Die Verteilung auf die Kapitalkonten I und II hat deren bisherigem Verhältnis bzw. dem Verhältnis von Nennbetrag und Kapitalrücklage des Grundkapitals zu entsprechen; die Summe der Zubuchungen darf den Verkehrswert der Sacheinlagen im Zeitpunkt der Übertragung auf die Gesellschaft nicht übersteigen.

III. Verfassung und Verwaltung der Gesellschaft

§ 5 Organe der Gesellschaft

Organe der Gesellschaft sind
- die persönlich haftenden Gesellschafter;
- der Aufsichtsrat;
- die Hauptversammlung.

§ 6 Persönlich haftende Gesellschafter und ihre Vermögenseinlagen

(1) Die Gesellschaft hat vertretungsbefugte persönlich haftende Gesellschafter mit oder ohne Vermögenseinlage. Die Gesellschaft kann darüber hinaus weitere persönlich haftende Gesellschafter, jedoch ohne Geschäftsführungs- und Vertretungsbefugnis haben.
(2) Vertretungsbefugter persönlich haftender Gesellschafter mit Geschäftsführungs- und Vertretungsbefugnis ist Herr X jun.
(3) Persönlich haftender Gesellschafter ohne Geschäftsführungs- und Vertretungsbefugnis ist Herr X sen.
(4) Die persönlich haftenden Gesellschafter erbringen jeweils eine nicht auf das Grundkapital zu leistende Vermögenseinlage durch Bareinzahlung.
Die Vermögenseinlagen betragen für
a) Herrn X 20.000,00 €;
b) Herrn X jun. 10.000,00 €.

§ 7 Gesellschafterkonten

(1) Für jeden persönlich haftenden Gesellschafter mit Vermögenseinlage wird jeweils ein Kapitalkonto I, auf dem die Vermögenseinlage gebucht wird, ein Kapitalkonto II als Rücklagenkonto und ein Kapitalkonto III als Verlustkonto geführt. Für die persönlich haftenden Gesellschafter gemeinsam wird ein gesamthänderisch gebundenes Rücklagenkonto geführt. Für jeden persönlich haftenden Gesellschafter wird ein Verrechnungskonto als bewegliches Konto geführt.
(2) Auf dem Kapitalkonto II werden die jedem persönlich haftenden Gesellschafter mit Vermögenseinlage zustehenden, jedoch nicht entnahmefähigen Gewinnanteile gebucht, ferner der Gegenwert eventueller künftiger Sacheinlagen sowie im Falle von Erhöhungen des Grundkapitals das in § 9 Abs. (4) genannte Aufgeld.
(3) Auf dem Kapitalkonto III werden die Verlustanteile des persönlich haftenden Gesellschafters gebucht.
(4) Auf dem gesamthänderisch gebundenen Rücklagenkonto (Abs. (1) Satz 2) werden die schlichten Einlagen der persönlich haftenden Gesellschafter erfasst.

(5) Auf dem Verrechnungskonto werden die entnahmefähigen Gewinnanteile, Entnahmen, etwaige Tätigkeitsvergütungen, Zinsen sowie der sonstige Zahlungsverkehr zwischen der Gesellschaft und dem Gesellschafter gebucht. Soweit gesetzlich zulässig, können die persönlich haftenden Gesellschafter zu Lasten des Verrechnungskontos in jedem Falle, auch schon während des laufenden Geschäftsjahres, die festen Tätigkeitsvergütungen und diejenigen Beträge entnehmen, die zur Bezahlung der im Zusammenhang mit ihren Beteiligungen bei ihnen anfallenden persönlichen Steuern erforderlich sind.

(6) Die Kapitalkonten I, II und III und das gesamthänderisch gebundene Rücklagenkonto sind unverzinslich. Die Verzinsung der Verrechnungskonten im Soll und im Haben richtet sich nach einem Beschluss des Aufsichtsrats.

§ 8 Beteiligung der persönlich haftenden Gesellschafter am Vermögen, Gewinn und Verlust

(1) Die persönlich haftenden Gesellschafter mit Vermögenseinlage nehmen am Vermögen der Gesellschaft einschließlich der stillen Reserven, am Gewinn und Verlust der Gesellschaft sowie am Liquidationserlös jeweils in dem Maße teil, das dem Verhältnis ihrer auf Kapitalkonto I verbuchten Vermögenseinlagen zum Gesamtkapital gemäß § 4 Abs. (1) entspricht. Vertretungsbefugte persönlich haftende Gesellschafter ohne Vermögenseinlage nehmen am Gewinn nach Maßgabe der mit diesen gesondert abgeschlossenen Verträge teil; an einem Verlust nehmen sie nicht teil.

(2) Berechnungsgrundlage für die Ermittlung der Gewinn- und Verlustanteile der persönlich haftenden Gesellschafter ist das nicht um die Gewinnanteile der persönlich haftenden Gesellschafter verminderte bzw. nicht um deren Verlustanteile erhöhte Jahresergebnis (Jahresüberschuss-/fehlbetrag) der Gesellschaft zuzüglich des in der Gewinn- und Verlustrechnung ausgewiesenen Körperschaftsteueraufwands (einschließlich hierauf anzurechnende Steuerbeträge) und des Aufwands an anderen nur das Grundkapital treffenden Steuern und Abgaben.

(3) Die den persönlich haftenden Gesellschaftern mit Vermögenseinlage nach Abs. 1 zustehenden Gewinnanteile sind – soweit Verlustvorträge bestehen – zunächst zum Ausgleich der Kapitalkonten III zu verwenden. Im Übrigen sind die Gewinnanteile der persönlich haftenden Gesellschafter mit Vermögenseinlage den Kapitalkonten II gutzuschreiben, wenn und soweit der auf die Kommanditaktionäre entfallende Gewinn in die Gewinnrücklagen eingestellt wird. Die hiernach den Kapitalkonten II zuzuführenden Thesaurierungsbeträge sind so zu bemessen, dass sie zu dem Betrag, der in die Gewinnrücklagen eingestellt wird, im gleichen Verhältnis stehen, wie die Vermögenseinlagen der persönlich haftenden Gesellschafter mit Vermögenseinlage zum Grundkapital. Soweit die Gewinnanteile der persönlich haftenden Gesellschafter nicht zum Ausgleich der Kapitalkonten III und zur Dotierung der Kapitalkonten II zu verwenden sind, werden sie den Verrechnungskonten gutgebracht.

§ 9 Umwandlung und Erhöhung von Vermögenseinlagen

(1) Jeder persönlich haftende Gesellschafter mit Vermögenseinlage kann die Umwandlung seiner Vermögenseinlage (Kapitalkonto I) in Grundkapital verlangen, wobei Salden auf den Kapitalkonten II und III den Rücklagen- bzw. Verlustvortragskonten der Gesellschaft (Gesamtheit des Grundkapitals), nicht jedoch den übrigen persönlich haftenden Gesellschaftern mit Vermögenseinlage zuwachsen. Die Umwandlung kann sich auf die gesamte Vermögenseinlage eines Gesellschafters oder auf Teile hiervon beziehen.

(2) Die Umwandlung kann mit einer Frist von einem Monat zum folgenden Monatsende verlangt werden; mit Zustimmung der anderen vertretungsbefugten persönlich haftenden Gesellschafter, oder, falls solche nicht vorhanden sind, des Aufsichtsrates noch mit anderen Fristen und zu anderen Terminen.
Die Erklärung muss der Gesellschaft, zu Händen der vertretungsbefugten persönlich haftenden Gesellschafter (oder, falls der einzige vertretungsbefugte persönlich haftende Gesellschafter die Umwandlung verlangt, zu Händen des Vorsitzenden des Aufsichtsrats), spätestens einen Monat vor dem Umwandlungszeitpunkt zugehen. Der die Umwandlung verlangende Gesellschafter scheidet zum Umwandlungszeitpunkt (Wirksamwerden der Kapitalerhöhung) als persönlich haftender Gesellschafter aus, wenn sich die Umwandlung auf die gesamte Vermögenseinlage bezieht, es sei denn, dass er persönlich haftender Gesellschafter ohne Vermögenseinlage zu bleiben wünscht.
(3) Die Umwandlung geschieht im Wege der Durchführung der bedingten Kapitalerhöhung, soweit bedingtes Kapital zur Verfügung steht, ansonsten durch eine von der Hauptversammlung zu beschließende Kapitalerhöhung, jeweils unter Ausschluss des Bezugsrechts der Kommanditaktionäre. Der Nennbetrag der Kapitalerhöhung entspricht dem Nennbetrag der umzuwandelnden Vermögenseinlage vorbehaltlich abweichender zwingender gesetzlicher Bestimmungen. Die neuen Aktien sind als Stammaktien, die auf den Namen lauten, ohne Aufgeld auszugeben.
(4) Jeder persönlich haftende Gesellschafter mit Vermögenseinlage ist berechtigt, in allen Fällen von Erhöhungen des Grundkapitals seine Vermögenseinlage durch Bareinlage mit dem gleichen Aufgeld zu erhöhen, das auf die neuen Aktien zu zahlen ist, wobei das Verhältnis zwischen Grundkapital und Gesamtkapital nicht kleiner werden darf. Soweit einzelne persönlich haftende Gesellschafter mit Vermögenseinlage dieses Recht nicht ausnützen, steht es den übrigen persönlich haftenden Gesellschaftern untereinander im Verhältnis ihrer Vermögenseinlagen zu.

§ 10 Verhältnis zwischen persönlich haftenden Gesellschaftern untereinander und zur Gesellschaft

(1) Das zwischen den persönlich haftenden Gesellschaftern und der Gesellschaft bestehende Rechtsverhältnis kann durch Vertrag geregelt werden. Jeder persönlich haftende Gesellschafter ermächtigt insoweit jeden (anderen) vertretungsbefugten persönlich haftenden Gesellschafter zum Abschluss entsprechender Verträge mit Wirkung für und gegen die persönlich haftenden Gesellschafter und mit Wirkung für und gegen die Gesellschaft. Gibt es nur einen vertretungsbefugten persönlich haftenden Gesellschafter, so handelt der Vorsitzende des Aufsichtsrates für die Gesellschaft.
(2) Die Tätigkeitsvergütungen für die vertretungsbefugten persönlich haftenden Gesellschafter sind – ungeachtet etwa abweichender steuerlicher Vorschriften – im Verhältnis zu den Kommanditaktionären als Aufwand der Gesellschaft zu behandeln.

§ 11 Geschäftsführung und Vertretung

(1) Jeder vertretungsbefugte persönlich haftende Gesellschafter ist berechtigt, die Gesellschaft nach außen hin allein zu vertreten.
(2) Im Innenverhältnis ist jeder vertretungsbefugte persönlich haftende Gesellschafter vorbehaltlich der Regelung in § 24 allein zu handeln berechtigt; widerspricht jedoch ein anderer vertretungsbefugter persönlich haftender Gesellschafter der Vornahme einer Handlung, für die die Regelung des § 24 nicht gilt, so muss diese unterbleiben, es sei denn, alle vertretungsbefugten persönlich haftenden Gesellschafter beschließen unter sich mit Mehrheit nach Köpfen Abweichendes. Die Hauptversammlung ist, soweit gesetzlich zulässig und in dieser Satzung nicht anders bestimmt, von der

Beschlussfassung über Handlungen der Geschäftsführung im Sinne des § 116 Abs. 1 und 2 HGB ausgeschlossen.
(3) Durch Beschluss des Aufsichtsrats kann einem, mehreren oder allen vertretungsbefugten persönlich haftenden Gesellschaftern Befreiung von den Beschränkungen des § 181 BGB in den Grenzen des § 112 AktG erteilt werden.

§ 12 Verfügung über Anteile von persönlich haftenden Gesellschaftern mit Vermögenseinlage unter Lebenden

(1) Die ganze oder teilweise Übertragung unter Lebenden eines Anteils (Vermögenseinlage) eines persönlich haftenden Gesellschafters mit Vermögenseinlage bedarf der Zustimmung der Gesellschaft nach Maßgabe von § 24.
(2) Die Umwandlung der Vermögenseinlage eines persönlich haftenden Gesellschafters in Grundkapital gemäß § 9 bedarf nicht der Zustimmung gemäß vorstehendem Abs. (1).
(3) Die Übertragung von Beteiligungen persönlich haftender Gesellschafter ohne Vermögenseinlage ist ausgeschlossen.
(4) Überträgt ein persönlich haftender Gesellschafter seine gesamte Vermögenseinlage gemäß Abs. (1), oder wandelt er seine gesamte Vermögenseinlage in Grundkapital gemäß Abs. (2) um, scheidet er als persönlich haftender Gesellschafter aus der Gesellschaft aus, es sei denn, dass er persönlich haftender Gesellschafter ohne Vermögenseinlage zu bleiben wünscht.

§ 13 Ausscheiden von persönlich haftenden Gesellschaftern

(1) Die persönlich haftenden Gesellschafter können einen persönlich haftenden Gesellschafter durch einstimmigen Beschluss mit Zustimmung der Gesellschaft nach Maßgabe von § 24 und mit Zustimmung des Aufsichtsrats aus der Gesellschaft ausschließen, wenn in dessen Person ein wichtiger Grund vorliegt. Der betroffene persönlich haftende Gesellschafter hat bei den Beschlussfassungen kein Stimmrecht. Der Beschluss über den Ausschluss ist dem Betroffenen in schriftlicher Form auszuhändigen. Der Ausschluss ist wirksam, bis ein rechtskräftiges Urteil die Unwirksamkeit festgestellt hat.
(2) Ein persönlich haftender Gesellschafter scheidet ferner aus anderen Gründen als durch Tod aus der Gesellschaft aus
a) durch Kündigung; diese kann er mit einer Frist von 12 Monaten zum Ende eines Geschäftsjahres, frühestens zum 31.12.2022 gegenüber dem Vorsitzenden des Aufsichtsrates erklären;
b) im Falle der Eröffnung des Insolvenzverfahrens über sein Vermögen oder der Ablehnung der Eröffnung eines Insolvenzverfahrens mangels Masse, oder
c) im Falle der Kündigung der Gesellschaft durch einen Gläubiger dieses persönlich haftenden Gesellschafters.
(3) In den Fällen der Abs. (1) und (2) wird die Gesellschaft von den übrigen persönlich haftenden Gesellschaftern mit den Kommanditaktionären fortgesetzt.
(4) In den Fällen der Abs. (1) und (2) ist der persönlich haftende Gesellschafter mit Vermögenseinlage berechtigt und verpflichtet, unverzüglich die Umwandlung seiner Vermögenseinlage nach Maßgabe von § 9 Abs. (1) bis (3) in Kommanditaktien (Grundkapital) herbeizuführen. Bis zum Wirksamwerden des Ausscheidens ruhen alle Rechte der Inhaber der Vermögenseinlage, ausgenommen das Gewinnbezugsrecht, welches im Zeitpunkt des Beginns des Gewinnbezugsrechts der jungen Aktien endet.
(5) In den Fällen der Abs. (1) und (2) – außer im Falle von Abs. (2) lit. a) – können die vertretungsbefugten persönlich haftenden Gesellschafter mit Zustimmung der Gesell-

schaft nach Maßgabe von § 24 und mit Zustimmung des Aufsichtsrats – wiederum ohne Stimmrecht des ausscheidenden Gesellschafters – auch beschließen, dass der ausscheidende persönlich haftende Gesellschafter anstelle der vorgenannten Umwandlung ein Abfindungsguthaben von der Gesellschaft erhält. Das Abfindungsguthaben des ausscheidenden persönlich haftenden Gesellschafters errechnet sich aus dem Saldo seiner Kapitalkonten I und III zuzüglich des seiner Beteiligungsquote (§ 8 Abs. 1 S. 1) entsprechenden Anteils an der Summe der Kapitalkonten II und am gesamthänderisch gebundenen Rücklagenkonto. Das Abfindungsguthaben ist ohne Beilage von Zinsen in vier gleichen Raten zu zahlen; die erste Rate ist sechs Monate nach der Entscheidung des Aufsichtsrats fällig, die weiteren Raten jeweils sechs Monate später. Sollte aus zwingendem Recht dem Ausscheidenden eine höhere Abfindung zustehen, so gilt diese als vereinbart; der Beschluss über die Abfindung des ausscheidenden Gesellschafters als solcher bleibt unberührt.

(6) Stirbt ein persönlich haftender Gesellschafter mit Vermögenseinlage, so wird die Gesellschaft mit seinen Erben bzw. – wenn der verstorbene Gesellschafter entsprechend letztwillig verfügt hat – mit demjenigen oder denjenigen seiner Erben fortgesetzt, die der verstorbene Gesellschafter in einer letztwilligen Verfügung gegenüber der Gesellschaft zu seinem/n Rechtsnachfolger/n in seinen Gesellschaftsanteil bestimmt hat. Hat der verstorbene Gesellschafter seinen Geschäftsanteil einer oder mehreren Personen, die nicht seine Erben geworden sind, vermächtnisweise zugewandt, wächst der Gesellschaftsanteil den übrigen persönlich haftenden Gesellschaftern an mit der wertmäßig gleich hohen Verpflichtung, diesen Anteil dem oder den Vermächtnisnehmern unter dessen/deren Eintritt in die Gesellschaft zu übertragen. Als Erben bzw. Vermächtnisnehmer können jedoch nur eheliche leibliche Abkömmlinge von Herrn X sen. berufen werden, soweit nicht durch Beschluss der Gesellschaft nach Maßgabe von § 24 anderes bestimmt wird. Soweit der verstorbene Gesellschafter Geschäftsführungs- und Vertretungsbefugnisse innehatte, gehen diese auf den oder die Rechtsnachfolger nicht über. Ein Anspruch nicht fortsetzungsberechtigter Miterben eines Gesellschafters auf Auszahlung eines Auseinandersetzungsguthabens ist in jedem Falle ausgeschlossen. Jeder Rechtsnachfolger (auch Vermächtnisnehmer) ist in entsprechender Anwendung von § 139 HGB berechtigt und, wenn er vor dem Erbfall noch nicht persönlich haftender Gesellschafter war, auch verpflichtet, die Umwandlung seiner Vermögenseinlage in Grundkapital und die Umwandlung seiner Stellung in die eines Kommanditaktionärs zu verlangen, es sei denn, dass durch Beschluss der Gesellschaft nach Maßgabe von § 24 anderes bestimmt wird. Die Bestimmungen in § 9 Abs. (1) bis (3) finden im Falle der Umwandlung entsprechende Anwendung. In den Fällen, dass – gleich aus welchen Gründen – die Umwandlung nicht gelingt oder vom Umwandlungsverpflichteten nicht vorgenommen wird, können die vertretungsbefugten persönlich haftenden Gesellschafter mit Zustimmung der Gesellschaft nach Maßgabe von § 24 und mit Zustimmung des Aufsichtsrats auch dem Abs. (5) entsprechende Beschlüsse fassen.

(7) Ein ausgeschiedener persönlich haftender Gesellschafter kann weder Befreiung von Gesellschaftsverbindlichkeiten noch Sicherheitsleistung verlangen. Jedoch steht ihm die Gesellschaft dafür ein, dass er für die Verbindlichkeiten der Gesellschaft nicht in Anspruch genommen wird.

IV. Der Aufsichtsrat

§ 14–17 Aufgaben/Vorsitzender/Innere Ordnung/Vergütung

[siehe Satzung einer Aktiengesellschaft, § 147 Muster Rdn. 6 M]

V. Die Hauptversammlung

§ 18–21 Ort und Einberufung/Zeitpunkt/Vertretung/Leitung

[siehe Satzung einer Aktiengesellschaft, § 147 Muster Rdn. 6 M]

§ 22 Stimmrecht

Jede auf den Namen lautende Stammaktie eines Kommanditaktionärs gewährt in der Hauptversammlung eine Stimme.

§ 23 Beschlussfassung der Hauptversammlung

(1) Für die Beschlüsse der Hauptversammlung genügt, soweit nicht das Gesetz oder diese Satzung zwingend etwas anderes vorschreiben, als Stimmenmehrheit die einfache Mehrheit der abgegebenen Stimmen und als Kapitalmehrheit die einfache Mehrheit des bei der Beschlussfassung vertretenen Grundkapitals. Satzungsänderungen, die nur die Fassung betreffen, kann der Aufsichtsrat im Einvernehmen mit den vertretungsbefugten persönlich haftenden Gesellschaftern beschließen.
(2) Im Falle der Stimmengleichheit gilt ein Antrag als abgelehnt; dies gilt nicht bei Wahlen. Sofern bei Wahlen im ersten Wahlgang die einfache Stimmenmehrheit nicht erreicht wird, findet eine Stichwahl zwischen den Personen statt, die die beiden höchsten Stimmenzahlen erhalten haben. Bei gleicher Stimmenzahl im zweiten Wahlgang entscheidet das vom Vorsitzenden der Hauptversammlung zu ziehende Los.
(3) Die Beschlüsse der Hauptversammlung bedürfen, soweit gesetzlich zulässig, der Zustimmung der vertretungsbefugten persönlich haftenden Gesellschafter in der Weise, dass die jeweils erforderliche Beschlussmehrheit für die Stimmen der Aktionäre und persönlich haftenden Gesellschafter auch insgesamt erreicht wird, wobei je 1 € Einlage auf Kapitalkonto I eines persönlich haftenden Gesellschafters eine Stimme gewährt (»Gemeinsames Quorum«). Die weitergehenden Regelungen in § 24 bleiben für die dort genannten Beschlüsse unberührt.

§ 24 Beschlussmehrheiten

(1) Qualifizierte Gesellschafterbeschlüsse nach den besonderen Bestimmungen dieses § 24 sind erforderlich für alle Gegenstände, auf die in dieser Satzung ausdrücklich verwiesen ist, sowie für die folgenden:
– Beschlussfassung über die Gewinnverwendung bei der Gesellschaft; Absatz (3) bleibt unberührt;
– Ausübung der Gesellschafterrechte bei den Tochter- und Beteiligungsgesellschaften (Abstimmungsverhalten bei Hauptversammlungen, Entscheidung über Ausübung von Bezugsrechten bzw. Erwerb und Veräußerung von Bezugsrechten, etc.)
– Erwerb, Veräußerung und Belastung von Beteiligungen; Absatz (3) bleibt unberührt
– Abschluss, Änderung und Beendigung von Poolverträgen und ähnlichen Absprachen mit anderen Gesellschaftern der Beteiligungsgesellschaften
– Aufnahme von Darlehen und Eingehung von Bürgschaften und ähnlichen Haftungen zulasten der Gesellschaft und zugunsten der Beteiligungsgesellschaften, auch neu zu gründender und/oder zu erwerbender Beteiligungsgesellschaften.
(2) Qualifizierte Gesellschafterbeschlüsse bedürfen der Zustimmung der Hauptversammlung und der Zustimmung von persönlich haftenden Gesellschaftern mit Vermögenseinlage in der Weise, dass die einfache Mehrheit des vorhandenen Gesamtkapitals erreicht wird, wenn je 1 € Vermögenseinlage auf Kapitalkonto I ebenso eine Stimme gewährt wie eine Stückaktie (»Gesamtstimmenmehrheit«). Wenn der Beschlussgegen-

stand nicht von Gesetzes wegen der Zustimmung der Hauptversammlung bedarf, so braucht in den Fällen des Satzes 3 dort auch nicht gesondert eine Mehrheit für die Annahme des Beschlussvorschlages zustande zu kommen.

Wenn der Beschlussgegenstand nicht von Gesetzes wegen zwingend der Zustimmung aller persönlich haftenden Gesellschafter bedarf, so sind die nicht zustimmenden persönlich haftenden Gesellschafter bei qualifizierten Gesellschafterbeschlüssen verpflichtet, die zur Umsetzung der Maßnahmen eventuell erforderlichen Erklärungen abzugeben.

(3) Für
- die Beschlussfassung über den Verkauf der Beteiligung an ..... – ausgenommen Verkäufe von jeweils bis zu kalenderjährlich 5 v.H. des jeweiligen Aktienbesitzes der Gesellschaft zu Jahresanfang, insbesondere zu Kurspflegemaßnahmen u. dgl. –
- die Beschlussgegenstände nach § 4 Abs. (6), § 4 Abs. (7), § 12 Abs. (1), § 13 Abs. (5) und § 13 Abs. (6)
- die Beschlussfassung über die Gewinnverwendung, wenn weniger als 15 v.H. des Jahresüberschusses der Gesellschaft ausgeschüttet werden sollen, und für
- die Belastung von mehr als der Hälfte des Wertes aller Beteiligungen der Gesellschaft durch diese

bedarf es neben der Gesamtstimmenmehrheit weitergehend als in Absatz (2) eines einstimmigen Beschlusses aller in § 6 dieser Satzung namentlich benannten jeweils vorhandenen persönlich haftenden Gesellschafter.

VI. Jahresabschluss und Ergebnisverwendung

§ 25 Jahresabschluss, Lagebericht, Ergebnisverwendung

In die gesetzliche Rücklage ist 10 % des um einen Verlustvortrag aus dem Vorjahr geminderten Jahresüberschusses einzustellen, bis die gesetzliche Rücklage und die Kapitalrücklagen nach § 272 Abs. 2 Nr. 1 bis 3 HGB zusammen 20 % des Grundkapitals erreichen.

Bei der Aufstellung des Jahresabschlusses sind den persönlich haftenden Gesellschaftern mit Vermögenseinlage die diesen satzungsgemäß zustehenden Anteile am Gewinn oder Verlust der Gesellschaft zuzuweisen. Die vertretungsbefugten persönlich haftenden Gesellschafter können bei der Aufstellung des Jahresabschlusses im Rahmen der gesetzlichen Vorschriften den Jahresüberschuss in Gewinnrücklagen einstellen.

Im Übrigen beschließt die Hauptversammlung über die Verwendung des Ergebnisses.

VII. Beendigung der Gesellschaft

§ 26 Dauer der Gesellschaft, Auflösung

[siehe Satzung einer Aktiengesellschaft, § 147 Muster Rdn. 6 M]

VIII. Schlussbestimmungen

§ 27 Gründungsaufwand

Die Gesellschaft übernimmt den Gründungsaufwand bis zu einer Höhe von 5.000,00 €.

IV. Hauptversammlung

Besonderheiten gegenüber der »schlichten« Aktiengesellschaft ergeben sich aus dem Erfordernis der Zustimmung (vorherigen Einwilligung oder nachträglichen Genehmigung) der persönlich haftenden Gesellschafter zu solchen Angelegenheiten, für die bei der KG das Einverständnis des Komplementärs und der Kommanditisten erforderlich ist (§ 285 Abs. 2 Satz 1 AktG), insbesondere also zu Satzungsänderungen, sonstigen Grundlagenbeschlüssen, Zustimmungen zu umwandlungsrechtlichen Vorgängen und zur Beschlussfassung der Hauptversammlung über den Jahresabschluss (§ 286 Abs. 1 Satz 1 AktG).

13

Es handelt sich um eine empfangsbedürftige Willenserklärung gegenüber der Hauptversammlung, dem Aufsichtsrat oder einem in der Satzung geschaffenen besonderen Vertretungsorgan der Kommandit-Aktionäre. Bei in das Handelsregister einzutragenden Beschlüssen (insbesondere Satzungsänderungs- und Umwandlungsvorgängen) bedarf die Zustimmung der notariellen Beurkundung, und zwar nach den Vorschriften über Willenserklärungen; sie ist der gemäß § 36 BeurkG errichteten Hauptversammlungsniederschrift als Anlage beizufügen.[8]

14

Niederschrift über die ordentliche Hauptversammlung einer GmbH & Co KgaA (Abweichungen zur AG)

[Kopf der Niederschrift mit Feststellung der Einberufung und Tagesordnung s. oben § 149 Rdn. 90 M.]

15 M

..... Punkt 2 der Tagesordnung:
Der von den persönlich haftenden Gesellschaftern aufgestellte, vom Aufsichtsrat gebilligte und mit dem Bestätigungsvermerk des Abschlussprüfers versehene gewinnlose Jahresabschluss für das von der Gründung bis 31. Dezember ..... reichende erste (Teil-)Geschäftsjahr wird festgestellt.
Für diesen Beschluss stimmten alle anwesenden und vertretenen Kommanditaktionäre, ohne Gegenstimmen und ohne Stimmenthaltungen.
Der Vorsitzende verkündete den einstimmigen Beschluss.
.....
Anlage zum Hauptversammlungsprotokoll:
Im Anschluss an den in der Niederschrift über die Hauptversammlung der ..... GmbH & Co KGaA unter TOP 2 wiedergegebenen Beschluss über die Feststellung des Jahresabschlusses sind vor mir, dem unterzeichneten Notar, im Hauptversammlungsraum anwesend: die Herren ..... und ....., handelnd als gesamtvertretungsberechtigte Geschäftsführer der Komplementärin, der ..... GmbH. Auf Ansuchen beurkunde ich ihre Erklärungen wie folgt:
Wir stimmen gegenüber der Hauptversammlung und dem Aufsichtsrat, für den der Vorsitzende nach der Geschäftsordnung Erklärungen entgegennimmt, für die persönlich haftende Gesellschafterin dem Beschluss TOP 2 der heutigen Hauptversammlung (Feststellung des Jahresabschlusses) zu.
Die Verhandlung wurde den Geschäftsführern der persönlich haftenden Gesellschafterin vorgelesen, von ihnen genehmigt und eigenhändig unterschrieben: .....

..., Notar

---

[8] Vgl. im Einzelnen: *Wachter/Reul*, Handbuch des Fachanwalts für Handels- und Gesellschaftsrecht, S. 1327 ff. m.w.N.

▪ *Kosten.*
a) Geschäftswert des Feststellungsbeschlusses nach §§ 108 Abs. 1, 105 Abs. 4 Nr. 1 GNotKG: ein vom Hundert des Grundkapitals, mindestens 30.000 €; daraus eine 2,0 Gebühr gemäß Nr. 21100 KV GNotKG, mindestens 120 €.
b) Die rechtsgeschäftliche Zustimmungserklärung ist gegenüber dem Beschluss gesondert mit einer 1,0 Gebühr nach Nr. 21200 KV GNotKG (mindestens 60 €) zu berechnen, und zwar nach dem Wert des beurkundeten Beschlusses.

16 Zuständig für die Anmeldung von Satzungsänderungsbeschlüssen sind gemäß § 283 Nr. 1 AktG die persönlich haftenden Gesellschafter.

§ 151 Societas Europaea (SE); Societas Unius Personae (SUP)

Literatur: *Lutter/Hommelhoff*, SE-Kommentar, 2. Aufl., 2015; *Binder/Jünemann/Merz/Sinewe*, Europäische Aktiengesellschaft – Recht, Steuern, Beratung (2007); *Van Hulle/Maul/Drinhausen* (Hrsg.), Handbuch zur europäischen Gesellschaft, 2007; *Barnert/Dolezel/Egermann/Illigasch*, Societas Europaea, Das Handbuch für Praktiker in Deutsch/Englisch, 2005; *Jannott/Frodermann* (Hrsg.), Handbuch der europäischen Aktiengesellschaft – Societas Europaea, 2. Aufl., 2014; *Manz/Mayer/Schröder* (Hrsg.), Europäische Aktiengesellschaft SE, Kommentar, 2010; *Mense/Klie,* in: *Herrler,* Gesellschaftsrecht in der Notar- und Gestaltungspraxis, 2017, § 8 (mit Mustern in § 28); *Scheifele*, Die Gründung der europäischen Aktiengesellschaft, 2004; *Schreiner*, Zulässigkeit und wirtschaftliche Neugründung einer Vorrats-SE (2009); *Theisen/Wenz* (Hrsg.), Die europäische Aktiengesellschaft, Recht, Steuern und Betriebswirtschaft der Societas Europaea, 2. Aufl., 2005; *Thümmel*, Die europäische Aktiengesellschaft, Leitfaden für die Unternehmens- und Beratungspraxis, 2. Aufl., 2014.

I. Rechtliche Grundlagen der Societas Europaea

Nach jahrzehntelangen Vorarbeiten[1] wurden am 08.10.2001 die Verordnung (EG) Nr. 2157/01 sowie die Richtlinie 2001/86/EG zur Einführung einer europäischen Aktiengesellschaft (Societas Europaea, im Folgenden: SE) verabschiedet, die 3 Jahre später, nämlich am 08.10.2004 in Kraft traten, jedoch erst mit Verabschiedung des nationalen Begleitgesetzes, d.h. in Deutschland mit Wirkung ab 29.12.2004, operativ wurden. **1**

Rechtsgrundlagen einer SE mit Sitz in Deutschland sind demnach in nachfolgender Rangordnung: **2**
– Zunächst die genannte SE-Verordnung des Rats vom 08.10.2001 (SE-VO), die gemäß Art. 249 Abs. 1 EG unmittelbare Wirkung und Vorrang vor nationalem Recht hat, jedoch eines nationalen Ausführungsgesetzes bedurfte, da die Verordnung dem nationalen Gesetzgeber Regelungsmöglichkeiten eingeräumt, teilweise gar Regelungsaufträge erteilt hat (SE-Ausführungsgesetz, »SE-AG«, vom 22.12.2004[2]).
– Die Richtlinie 2001/86/EG des Rats »zur Ergänzung des Statuts der europäischen Gesellschaft hinsichtlich der Beteiligung der Arbeitnehmer«, die gemäß Art. 249 Abs. 2 EG der Umsetzung in deutsches Recht bedurfte.
– Hierzu ist das SE-Beteiligungsgesetz, »SE-BG« vom 22.12.2004[3] als weiterer Teil des »Gesetzes zur Einführung der europäischen Gesellschaft« ergangen.
– Ergänzend das deutsche Aktiengesetz in seiner jeweiligen Fassung sowie
– schließlich die Satzung der betreffenden SE.

Damit ergibt sich eine insgesamt komplexe Normenpyramide: Auf der Basis der SE-VO stehen **3**
– zunächst solche Satzungsregelungen, mit denen der Satzungsgeber von den in der SE-VO eingeräumten Ermächtigungen Gebrauch gemacht hat,
– sodann die Vorschriften des SE-Ausführungsgesetzes des Sitzstaates der SE (in Deutschland also des SE-AG),
– sodann die zwingenden mitgliedstaatlichen Vorschriften des Allgemeinen Aktienrechts

---

[1] *Lutter/Hommelhoff/Lutter*, SE-Kommentar, S. 52 ff., auch zur Einigung im Ministerrat von Nizza.
[2] BGBl. 2004 I, S. 3675, mit späteren Änderungen.
[3] BGBl. 2004 I, S. 3675.

– und schließlich jene Satzungsregelungen der SE, die das nationale Aktienrecht zulässt und die durch die SE-VO nicht untersagt werden.

II. SE: Vorteile der Rechtsform; erste Erfahrungen

4 Das SE-Statut soll eine Rechtsform für europaweit tätige Kapitalgesellschaften schaffen, die es ermöglicht, zur Einsparung von Organisationskosten die bisher in zahlreichen Mitgliedsstaaten der EU unterhaltenen Tochtergesellschaften (mit je eigenen Melde-, Bilanzierungs- und Prüfungspflichten und selbstständigen Organen) künftig als schlichte Niederlassungen einer SE zu führen. Des Weiteren sollen grenzüberschreitende Fusionen mit Sitzverlegungen leichter vollziehbar sein (vgl. hierzu auch die nunmehr zu Gebote stehenden Möglichkeiten der §§ 122a ff. UmwG, jedoch beschränkt auf Verschmelzungen mit der Folge, dass lediglich eine Gesellschaft nationalen Rechts, also keine europaweit anzutreffende Rechtsform, entsteht, die allerdings auch anderen Kapitalgesellschaften als Aktiengesellschaften offen steht). Hinzu tritt der Image- und Prestigegewinn aufgrund der besonderen Exklusivität der Gesellschaftsform einer SE.

5 In Deutschland[4] sind derzeit (Januar 2018) 289 aktive europäische Aktiengesellschaften registriert, allen voran die Allianz SE (Verschmelzung der italienischen Tochtergesellschaft »RAS« auf die Muttergesellschaft gemäß Art. 17 Abs. 2a SE-VO), sowie Fresenius und BASF.[5] Nachteilig ist die höhere Beratungsintensität, zumal in der Regel mehrere Rechtsordnungen zu berücksichtigen sind, und die z.T. erheblichen Zeitverzögerungen, die durch das Erfordernis einer Vereinbarung über die Beteiligung der Arbeitnehmer (s. nachstehend Rdn. 19 ff.) eintreten können.

III. Strukturunterschiede der SE zum deutschen Aktienrecht

6 Als Folge der umfangreichen Verweisungen in das nationale Recht besteht in weiten Teilen Strukturgleichheit. Bedeutsam ist jedoch die Gestaltungsfreiheit im Hinblick auf die Möglichkeit der Wahl eines sogenannten **»monistischen Leitungsgremiums«** anstelle der im deutschen Aktienrecht zwingend angeordneten dualistischen Verfassung (Aufsichtsrat und Vorstand). Das eingliedrige Leitungsgremium (»Verwaltungsrat«) besteht aus geschäftsführenden und nicht-geschäftsführenden Mitgliedern, sichert dadurch eine einheitliche Informationsbasis und soll dadurch die corporate governance verbessern. Da die geschäftsführenden Mitglieder den Weisungen des Verwaltungsrats unterworfen sind und jederzeit abberufen werden können (§§ 40 Abs. 5, 44 Abs. 2 SE-AG), ähnelt die Machtverteilung dem Modell der deutschen GmbH (Verhältnis Gesellschafter – Geschäftsführer[6]).

7 Darüber hinaus ermöglicht das monistische Modell der SE eine zusätzliche Machtkonzentration nach dem Vorbild des US-amerikanischen CEO-Modells (chief executive officer), der zugleich den Vorsitz des Verwaltungsrats (chairman of the board) und den Vorsitz des Management-Board innehat, sozusagen Vorstands- und Aufsichtsratsvorsitz in Personalunion verbindet. Gerade mittelständische Unternehmen in Familienhand schätzen diese

---

[4] Zum Vergleich: Europaweit sind es zum 15.01.2015 2.278 Gesellschaften, lt. Erhebungen des European Trade Union Institute for Research!

[5] Wobei alle drei Gesellschaften das dualistische Leitungssystem unter Beibehaltung der quasi-paritätischen Mitbestimmung im Aufsichtsrat gewählt haben.

[6] Vgl. *Lutter/Hommelhoff/Teichmann*, Europäische Gesellschaft, S. 213. Allerdings bedarf es gemäß § 40 Abs. 2 Satz 1 SE-AG bei Handelsregisteranmeldungen, die nach nationalem Recht nicht allein ein AG-Vorstand vornehmen kann (z.B. Kapitalerhöhung: §§ 182, 183 AktG), auch bei der SE zusätzlich der Mitwirkung des Verwaltungsrates, Gutachten DNotI-Report 2009, 42.

Möglichkeit, Zugang zu den Aktien-Kapitalmärkten zu erhalten, ohne die Leitungsmacht zu sehr beschneiden zu müssen.

Reizvoll ist ferner die in Art. 40 Abs. 3 SE-VO eingeräumte Möglichkeit, die Zahl der Aufsichtsratsmitglieder in der Satzung zu bestimmen, solange die Vorgaben des § 17 SE-AG eingehalten sind. Die im Regelfall höheren Mindestgrenzen des § 7 MitbestG finden also keine Anwendung (auch eine Gesellschaft mit mehr als 20.000 Beschäftigten kann es demnach beim zwölfköpfigen – anstelle des zwanzigköpfigen – Aufsichtsrat belassen, was erhebliche Effizienzgewinne erwarten lässt[7]). § 36 SE-BG ermöglicht ferner die Besetzung des Aufsichtsrats auch mit ausländischen Arbeitnehmern und fördert damit die Internationalisierung des Betriebs.

IV. Gründung einer SE

Art. 2 SE-VO enthält abschließend die vier Varianten der primären Gründung einer europäischen Aktiengesellschaft (zu unterscheiden von der sekundären Variante der Gründung einer SE-Tochtergesellschaft durch eine SE-Muttergesellschaft, Art. 3 Abs. 2 SE-VO). Als Gründer kommen nur juristische Personen (bei einer Verschmelzung – Rdn. 11 – lediglich Aktiengesellschaften, bei der Gründung einer Holding-SE – Rdn. 14 – auch GmbHs) in Betracht. Erforderlich ist weiter ein mehrstaatlicher Bezug der Gründungsgesellschaften (so müssen bspw. bei der Gründung durch Verschmelzung mindestens zwei der beteiligten Aktiengesellschaften dem Recht verschiedener Staaten der Europäischen Union bzw. des Europäischen Wirtschaftsraums [EWR][8] unterliegen). Während bei der Gründungsvariante der Verschmelzung eine Wartezeit nicht gefordert wird, muss bei den anderen Gründungsformen (Holding-SE, Tochter-SE sowie Umwandlung) die Tochtergesellschaft bzw. Zweigniederlassung mindestens seit 2 Jahren bestehen.

Die durch Art. 2 SE-VO eröffneten vier originären Gründungsvarianten sind im Überblick:

1. Gründung durch Verschmelzung

Gründung durch Verschmelzung, Art. 17 Abs. 2 SE-VO, und zwar als Verschmelzung zur Aufnahme oder zur Neugründung.

Hierzu müssen die Leitungs- bzw. Verwaltungsorgane der beteiligten Aktiengesellschaften einen Verschmelzungsplan (in der jeweiligen Landessprache) aufstellen, Art. 20 SE-VO, der Angaben zu Firma, Sitz, Umtauschverhältnis, Übertragung der Aktien, Beginn der Gewinnberechtigung und Verschmelzungsstichtag, Sonderrechten, besonderen Vorteilen und zum Verfahren über die Vereinbarung zur Arbeitnehmerbeteiligung (Rdn. 20) enthält und die Satzung mit umfasst. Gemäß § 7 SE-AG sind weiter zwingend Angaben zum Schutz von Minderheits-Aktionären (Abfindungsangebote) aufzunehmen. Der Verschmelzungsplan bedarf der notariellen Beurkundung, Art. 18 SE-VO i.V.m. § 6 UmwG.

Gemäß § 18 SE-VO i.V.m. § 8 UmwG ist ein Verschmelzungsbericht erforderlich, das Vorhaben ist in entsprechender Anwendung des § 61 Abs. 1 UmwG bekannt zu machen. Art. 22 SE-VO ordnet eine Verschmelzungsprüfung an, sofern die Aktionäre hierauf (ebenso wie auf den Verschmelzungsbericht) nicht durch notariell beurkundete Erklärung verzichten. Die Zustimmungsbeschlüsse der Hauptversammlungen der beteiligten Gesellschaften samt der erforderlichen Kapitalerhöhungen zur Schaffung der zu gewährenden Anteile

---

7 Vgl. *Habersack*, Der Konzern 2006, 106.
8 Da die Schweiz weder Mitglied der EU noch des EWR ist, können sich Schweizer Unternehmen nicht unmittelbar beteiligen.

richten sich nach dem UmwG und dem AktG; ergänzend findet das Spruchverfahren Anwendung, wenn auch die Aktionäre der Gründergesellschaften aus solchen Mitgliedsstaaten, die dieses Verfahren nicht kennen (also außerhalb Deutschlands und Österreichs), der Anwendung zustimmen, Art. 25 Abs. 3 SE-VO.

13 Für die Eintragung ist zunächst die Ausstellung sogenannter »Rechtmäßigkeitsbescheinigungen« (in Deutschland durch das Handelsregister der sich verschmelzenden deutschen AG) über die Einhaltung der Formalitäten des nationalen Rechts erforderlich (Art. 25 Abs. 2 SE-VO, §§ 3, 4 SE-AG). Das Handelsregister des Sitzstaates der künftigen SE prüft sodann die Rechtmäßigkeit der Verschmelzung insgesamt (bspw. ob die Hauptversammlungen auch jeweils dem identischen Verschmelzungsplan zugestimmt haben; ob eine Vereinbarung über die Beteiligung der Arbeitnehmer in der SE zustande gekommen ist etc.). Die Eintragung wird im Amtsblatt der EU veröffentlicht (Art. 14 SE-VO).

2. Gründung einer Holding-SE

14 An dieser Variante können gemäß Art. 2 Abs. 2 SE-VO sowohl Aktiengesellschaften als auch GmbHs aus mindestens zwei Mitgliedsstaaten teilnehmen (ausreichend wäre auch, dass mindestens zwei Gründungsgesellschaften seit mehr als 2 Jahren eine dem Recht des anderen Mitgliedsstaats unterliegende Tochtergesellschaft oder Zweigniederlassung haben). Der Verfahrensablauf entspricht einer in Deutschland sonst nicht zulässigen »verschmelzenden Ausgliederung«[9] und ist in Art. 32 bis 34 SE-VO in Anlehnung an das Verfahren der Verschmelzung (oben Rdn. 11) ausgestaltet.

15 Die Anteilseigner der Gründungsgesellschaften müssen dabei jeweils mindestens 50 % ihrer Anteile in die Holding-SE einbringen (Art. 32 Abs. 2 Satz 4 SE-VO). Im Zeitpunkt des Zustimmungsbeschlusses enthält daher die Satzung lediglich die Angabe einer Mindestkapitalsumme; später, nach Verstreichen der Einbringungsfrist, ist das dann feststehende Grundkapital durch notarielle Nachtragsbeurkundung festzustellen. Die Einbringungsfrist beträgt 3 Monate, an welche sich eine einmonatige Nachfrist zugunsten der »abwartenden« Gründungsinteressenten anschließt, sofern die Voraussetzungen für die Entstehung einer Holding-SE bereits in der ersten Frist erfüllt sind (sogenannte »Zaunkönigsregelung«). Das Eintragungsverfahren selbst ist einstufig allein beim Registergericht des Sitzes der entstehenden Holding-SE ausgestaltet.

3. Gründung einer Tochter-SE

16 Als Pendant zur Holding-Gründung steht für Aktiengesellschaften, GmbH und – hier erweiternd – sonstige juristische Personen des öffentlichen und privaten Rechts gemäß Art. 2 Abs. 3 SE-VO die Gründung einer Tochter-SE als einfachste und am häufigsten verbreitete Variante zur Verfügung. Weitgehend wird auf das nationale Recht verwiesen, sodass die deutsche Tochter-SE praktisch wie eine deutsche AG gegründet wird.[10] Allerdings müssen wiederum zwei Gründungsgesellschafter verschiedenen Mitgliedsstaaten angehören oder seit mindestens 2 Jahren eine dem Recht eines anderen Mitgliedsstaats unterliegende Tochtergesellschaft oder Zweigniederlassung in einem anderen Mitgliedsstaat haben. Anschließend können die Gründungsgesellschafter (z.B. eine GmbH und eine Limited) auf die SE verschmolzen werden, sodass nur Letztere bestehen bleibt.

---

9 *Heckschen*, DNotZ 2003, 260.
10 Muster sowohl einer monistischen wie einer dualistischen Tochter-SE (samt Beschlüssen und Anmeldungen) in BeckOnline Formulare 7.11.1., vgl. auch *Mense/Klie*, in: *Herrler*, Gesellschaftsrecht in der Notar- und Gestaltungspraxis, 2017, § 28.

4. Gründung einer SE durch Umwandlung

Eine nach dem Recht eines Mitgliedsstaats gegründete AG, die seit mindestens 2 Jahren eine Tochtergesellschaft in einem anderen Mitgliedsstaat hat (bloße Zweigniederlassungen genügen insoweit nicht), kann durch Formwechsel (vgl. § 190 UmwG) in eine SE im selben Mitgliedsland umgewandelt werden (Art. 37 SE-VO). Erforderlich ist auch insoweit die Aufstellung eines Umwandlungsplans, der wohl zu beurkunden ist;[11] ferner ein Umwandlungsbericht und die Umwandlungsprüfung zur Ermittlung, ob Netto-Vermögenswerte mindestens i.H.d. Kapitals zuzüglich der nichtausschüttungsfähigen Rücklagen vorliegen. Der Zustimmungsbeschluss der Hauptversammlung bedarf einer Mehrheit von drei Vierteln und ist notariell zu beurkunden; das Handelsregister des Sitzes prüft in einem einstufigen Verfahren, ob alle materiellen und formellen Voraussetzungen der Umwandlung eingehalten sind.

Gemäß Art. 66 SE-VO kann eine SE frühestens 2 Jahre nach der Eintragung in das Register in eine Aktiengesellschaft nationaler Rechtsform *rückumgewandelt* werden. Daneben kann die SE, die gemäß Art. 10 SE-VO wie eine nationale AG behandelt wird, auch an sonstigen Umstrukturierungsmaßnahmen des deutschen UmwG teilnehmen (wobei jedoch eine Umwandlung, an deren Ende eine neue SE geschaffen werden soll, lediglich nach den Regelungen der SE-VO zulässig ist).

V. Mitbestimmung bei der SE

Der Konflikt um die Beteiligung der Arbeitnehmer hatte die Verabschiedung des Statuts der europäischen AG um mehr als 10 Jahre verzögert. Im Widerstreit zwischen dem deutschen und niederländischen Modell (Arbeitnehmervertretung im Aufsichtsrat bzw. Verwaltungsrat selbst), einerseits, dem französischen und belgischen Modell des comité d´entreprise (also der Vertretung in einem besonderen Organ), andererseits, und schließlich einem von Arbeitnehmern und Arbeitgebern vertraglich festzulegenden Modus als dritter Variante entwickelte sich die nunmehr umgesetzte Lösung zugunsten eines Vorrangs der zwischen Arbeitnehmern und Arbeitgebern zu treffenden Vereinbarung mit Auffangregelungen für den Fall, dass solche Vereinbarungen nicht zustande kommen.

Demnach gilt für eine SE mit Sitz in Deutschland, dass zunächst ein besonderes Verhandlungsgremium (»bVg«), das aus Arbeitgeber- und Arbeitnehmervertretern besteht, binnen 6 Monaten, mit Verlängerungsmöglichkeit auf 1 Jahr (§ 20 SE-BG), eine Mitbestimmungsregelung vereinbaren soll. Scheitert diese, gilt hilfsweise der höchste Mitbestimmungsstandard, der sich nach der Gründungsform der SE und dem höchsten Anteil der Arbeitnehmervertreter in den Gründungsgesellschaften richtet, unter Einrichtung eines besonderen SE-Betriebsrats. Damit ergeben sich für die Arbeitnehmer zumindest theoretisch Anreize, sich ernsthaften Verhandlungen so lange zu verweigern, bis die günstige Auffangregelung eingreift, allerdings mit der Konsequenz, dass die Größe des Aufsichtsrats (s. Rdn. 8) sich nicht mehr nach § 7 MitbestG richtet. Spätere Erhöhungen der Arbeitnehmeranzahl tangieren das einmal vereinbarte, »eingefrorene«, Mitbestimmungsregime nicht mehr.

Bei einer arbeitnehmerlosen SE (z.B. einer Vorratsgesellschaft) entfällt das Erfordernis einer solchen Vereinbarung über die Beteiligung der Arbeitnehmer;[12] allerdings entsteht dann gem. § 18 Abs. 3 SE-BG mit Aufnahme der unternehmerischen Tätigkeit ein Verhandlungsanspruch zugunsten der Arbeitnehmer.[13]

---

11 str., vgl. zum Streitstand *Mense/Klie*, in: *Herrler*, Gesellschaftsrecht in der Notar- und Gestaltungspraxis, 2017, § 8 Tz. 352.
12 OLG Düsseldorf, Beschl. v. 30.03.2009 – I-3 Wx 248/08, DNotZ 2009, 699.
13 Vgl. *Reinhard*, RIW 2006, 68; für eine weitergehende registerliche Kontrolle *Forst*, NZG 2009, 687.

VI. Sitzverlegung einer SE

22 Bereits vor der europarechtlich angemahnten Schaffung vollständiger Freizügigkeit für juristische Personen innerhalb der EU ermöglicht Art. 8 SE-VO die Verlegung des Sitzes einer SE. Auch insoweit ist ein Verlegungsplan erforderlich samt Abfindungsangebot für solche Aktionäre, die Widerspruch gegen den Verlegungsbeschluss zu Niederschrift erklären (wohl notariell zu beurkunden, da der Verlegungsplan auch die Satzung der SE enthalten muss, vgl. § 23 Abs. 1 AktG). Notwendig ist weiter ein Verlegungsbericht und dessen Prüfung (sofern nicht zu notarieller Urkunde ein Verzicht erfolgt, § 12 Abs. 2 SE-AG, § 7 Abs. 3 Satz 3 Halbs. 2 SE-AG). Der Hauptversammlungsbeschluss folgt hinsichtlich Einberufung, Beschlussfassung und Formerfordernis der Protokollierung den allgemeinen Regelungen. Für den registerlichen Vollzug ist zunächst die Rechtmäßigkeitsbescheinigung des Handelsregisters im Wegzugsstaat erforderlich, worauf die Eintragung im Zielstaat erfolgt, mit anschließender Löschung im Wegzugsstaat.

VII. Ausblick: Die Societas Unius Personae (SUP)

23 Das Projekt einer europäischen Privatgesellschaft (Societas Privata Europaea, SPE) als Rechtsform einer europäischen Kapitalgesellschaft für kleine und mittlere Unternehmen nach weitgehend einheitlichen Rechtsprinzipien, etwa als Tochtergesellschaft einer SE, wurde zwischenzeitlich durch die EU-Kommission am 02.10.2013 zugunsten des Projekts der Schaffung einer Societas Unius Personae (SUP) aufgegeben. Letztere soll nicht durch eine unmittelbar geltende Verordnung, die eine neue supranationale Rechtsform schaffen würde, sondern als (europarechtlich geringere Mehrheitserfordernisse stellende) Richtlinie gem. Art. 50 AEUV, die durch die einzelnen Staaten noch umzusetzen ist, verwirklicht werden.

24 Einige Merkmale (und damit Kritikpunkte) der SPE finden sich auch in dem Entwurf der SUP-Richtlinie[14] wieder: Das Mindestkapital muss 1 € betragen, sogar eine Rücklagepflicht wie in der UG (haftungsbeschränkt) gemäß § 5a GmbHG ist ausdrücklich ausgeschlossen. Das Kapital ist vollständig bei der Gründung zu erbringen; es ist auf Geschäftsbriefen und auf der website anzugeben. Der stets nur einzige Gesellschaftsanteil kann nicht aufgeteilt werden, allerdings können mehrere Personen in Rechtsgemeinschaft (GbR, Erbengemeinschaft etc.) den Anteil halten, bei dann zwingend einheitlicher Stimmvertretung. Für Beschlüsse, ebenso für Verträge zwischen Gesellschaft und Gesellschaft, ist nur die einfache Schriftform angeordnet, Aufbewahrungsfrist fünf Jahre. Die Gründung soll durch Musterformulare für Satzung und Registeranmeldung unter Verwendung jeder beliebigen Amtssprache der EU vollständig im Online-Verfahren möglich sein, für die Anmeldung darf ein persönliches Erscheinen nicht verlangt werden. Der Registrierungsvorgang muss binnen maximal drei Tagen abgeschlossen sein. Registrierungsstaat (Sitzstaat) und Sitz der Hauptverwaltung müssen nicht zusammenfallen. Ausschüttungen erfordern einen Bilanztest sowie eine Solvenzbescheinigung.

Auch die Umwandlung einer bereits bestehenden GmbH oder UG in eine SUP (»europäische UG«) muss möglich sein.

---

14 Vgl. Vorschlag für eine Richtlinie des Europäischen Parlaments und des Rates über Gesellschaften mit beschränkter Haftung mit einem einzigen Gesellschafter, COM(2014) 212 final, vom 09.04.2014.

Ähnlich wie bei der SPE besteht auch hier die Gefahr, dass durch die niedrigeren Anforderungen an die SUP die nationalen Gesellschaftsformen (also die GmbH) verdrängt werden, so dass hinsichtlich der gesellschaftsrechtlichen Schutzvorschriften ein »race to the bottom« stattfindet. Am 28.01.2016 hat der Rechtsausschuss des EU-Parlaments (JURI) ein zweites Arbeitsdokument zur SUP-Richtlinie diskutiert (mit Beschränkung des Anwendungsbereichs auf kleine und Kleinstunternehmen); die Zustimmung der Abgeordneten ist jedoch weiter kritisch.

§ 152 Verbundene Unternehmen. Konzerne

Literatur: *Emmerich/Habersack*, Aktien- und GmbH-Konzernrecht, 8. Aufl., 2016; *Emmerich/Habersack*, Konzernrecht, 10. Aufl., 2013; ferner die Kommentierungen der §§ 293 ff. AktG sowie im Anhang zu § 13 GmbHG in den GmbHG-Kommentaren.

I. Arten

1 Die wirtschaftlichen Verbindungen zwischen selbstständigen Unternehmen zeigen sich in verschiedenen Formen, die unter dem Oberbegriff »*Verbundene Unternehmen*« zusammengefasst werden (§ 15 AktG und Überschrift des Dritten Buches vor § 291 AktG). Obwohl nur im AktG für Aktiengesellschaften geregelt, existieren Unternehmens-, insbesondere Gewinnabführungsverträge auch bei anderen Gesellschaftsformen,[1] z.B. Gesellschaften mit beschränkter Haftung (s.u. Rdn. 22 ff.). Als »verbundene Unternehmen« werden bezeichnet:
(1) Die im Mehrheitsbesitz (= Mehrheit der Anteile, zumindest der Stimmrechte) stehenden und (auf der anderen Seite) mit Mehrheit beteiligten Unternehmen (§ 16 AktG).
(2) Die abhängigen und (auf der anderen Seite) die herrschenden Unternehmen (§ 17 AktG) – erforderlich ist die Möglichkeit der unmittelbaren oder mittelbaren Ausübung eines beherrschenden Einflusses. Die bei Mehrheitsverhältnissen insoweit bestehende Vermutung kann entkräftet werden durch einen schriftlichen »Entherrschungsvertrag« bzw. einen Stimmbindungsvertrag, welcher die Ausübung der Stimmenmehrheit untersagt.
(3) Die Konzerne und Konzernunternehmen (§ 18 AktG), und zwar als Gleichordnungskonzern – der GbR vergleichbar, sodass §§ 293 ff. AktG keine Anwendung finden –, und als Unterordnungskonzern (§ 18 Abs. 2 AktG), Letzterer in der Form des Vertragskonzerns, des Eingliederungskonzerns und des faktischen Konzerns.
(4) Die wechselseitig (zu mehr als 25 %) beteiligten Unternehmen (§ 19 AktG).
(5) Sowie die Verbindung durch Unternehmensvertrag (§§ 291, 292 AktG), Rdn. 3.
Für die Gesamtheit dieser Regelungen hat sich der Begriff »**Konzernrecht**« eingebürgert[2].

2 *Mitteilungspflichten* gegenüber einer AG obliegen einem mit mehr als einem Viertel und wieder mit mehr als der Hälfte der Aktien oder des Stimmrechts beteiligten Unternehmen. Auch die Beendigung eines solchen Aktienbesitzes ist der AG mitzuteilen, die ihrerseits die Mitteilungen unverzüglich in den Gesellschaftsblättern *bekannt zu machen* hat. Bis zur Mitteilung können Rechte aus den Aktien nicht ausgeübt werden (§ 20 AktG). Eine AG ihrerseits hat eine Beteiligung von mehr als 25 % und sodann wiederum eine Mehrheitsbeteiligung jeder betroffenen Kapitalgesellschaft (auch GmbH) mitzuteilen, ebenso die Beendigung einer solchen Beteiligung (§ 21 AktG). Bis zur Erfüllung der Mitteilungspflichten ruhen die Rechte aus solchen Beteiligungen, § 21 Abs. 4 i.V.m. § 20 Abs. 7 AktG. Bei Aktien eines Emittenten i.S.d. § 21 Abs. 2 des Wertpapierhandelsgesetzes gelten – mit gleicher Sanktionsfolge (§ 28 WpHG) – verschärfte Mitteilungspflichten, § 21 Abs. 1 und 1a WpHG.

3 Im *Unternehmensvertrag* (Rdn. 5 ff.) unterstellt sich eine AG der Leitung eines anderen Unternehmens (*Beherrschungsvertrag, § 291 Abs. 1 Satz 1, 1. Alt. AktG*) oder verpflichtet sich,

---

[1] Auch Bund, Land oder Gemeinde kann herrschendes Unternehmen eines Konzerns sein, vgl. BGH v. 03.03.2008 – II ZR 124/06.
[2] Gute aktuelle Übersicht bei *Stopp*, in: *Herrler* (Hrsg), Gesellschaftsrecht in der Notar- und Gestaltungspraxis, 2017, § 10.

Auch der Geschäftsführer, der die durch den beherrschenden Gesellschafter veranlasste Auszahlung der Gesellschaftsmittel vornimmt, kann gemäß § 830 Abs. 2 BGB mithaften. Soweit durch den Eingriff eine Unterbilanz herbeigeführt oder vertieft wird, stehen §§ 31, 30 GmbHG neben § 826 BGB. Nicht durchgesetzt hat sich jedoch bisher die Figur einer erweiterten Haftung aufgrund in Anspruch genommenen »Konzernvertrauens«, etwa aufgrund der Verwendung eines Konzern-Logos bei der Tochtergesellschaft.[35]

V. Steuerrecht

33 Wesentliches Motiv von Unternehmensverträgen (Ergebnisübernahme- und Beherrschungsverträgen) ist das Herbeiführen der steuerlichen Organschaft,[36] als deren Folge die Betriebsergebnisse beider Steuersubjekte zusammengerechnet werden. So können Gewinne des einen und Verluste des anderen Unternehmens sich saldieren (andernfalls würden Verluste der Tochtergesellschaft nicht die Gewinne der Muttergesellschaft mindern können), und zwar »phasengleich« (andernfalls führt die Dividendenausschüttung einer ertragreichen Tochtergesellschaft erst zur Verrechnung mit Verlusten der Muttergesellschaft im Folgejahr). Des Weiteren wird hierdurch, sofern die Obergesellschaft der Einkommensteuer unterliegt (z.B. als Personengesellschaft für die einzelnen Mitunternehmer) die Doppelbelastung mit Einkommen- und Körperschaftsteuer vermieden. In der steuerrechtlichen Terminologie wird die Obergesellschaft als »Organträger«, die Untergesellschaft als »Organgesellschaft« bezeichnet.

34 Als Organgesellschaft kommen bei der *körperschaftsteuerlichen Organschaft* die AG, KGaA und unter den weiteren Voraussetzungen des § 17 Nr. 1 und 2 KStG – z.B. Geschäftsleitung und Sitz im Inland – auch die GmbH in Betracht, als Organträger auch natürliche Personen, sonstige Personenvereinigungen oder Vermögensmassen mit inländischer Geschäftsleitung, sofern sie eine gewerbliche Tätigkeit i.S.d. § 15 Abs. 1 Nr. 1 EStG ausüben (nicht ausreichend ist also die freiberufliche Tätigkeit einer Einzelperson oder die schlichte gewerbliche Prägung einer lediglich vermögensverwaltenden GmbH & Co KG); bei Personengesellschaften müssen ferner die Anteile an der Organgesellschaft im Gesamthandsvermögen gehalten werden.

35 Der taugliche Organträger muss an der Organgesellschaft ab dem Beginn des betreffenden Wirtschaftsjahres ununterbrochen so beteiligt sein, dass ihm die Mehrheit der Stimmrechte zusteht (*finanzielle Eingliederung*, Abschnitt 57 KStR). Die Stimmrechtsmehrheit an der Organgesellschaft errechnet sich seit 2001 aus den unmittelbaren und solchen mittelbaren Stimmrechten, die auf Beteiligungen des Organträgers an vermittelnden Gesellschaften beruhen, an denen der Organträger jeweils die Mehrheit der Stimmrechte hat. Damit erweitert sich der Anwendungsbereich der körperschaftsteuerlichen Organschaft, da auch reine Holdinggesellschaften und in einer Betriebsaufspaltung verbundene Unternehmen einbezogen werden. Sogenannte »Mehr-Mütter-Organschaften« sind allerdings aufgrund des Mehrheitserfordernisses ausgeschlossen und seit 2003 zwingend beendet.[37]

36 Ferner muss ein Gewinnabführungsvertrag auf mindestens 5 Zeitjahre abgeschlossen und durchgeführt werden, bezogen auf den handelsrechtlichen Bilanzgewinn.[38] Dieser Gewinnabführungsvertrag muss für nach dem 20.11.2002 abgeschlossene Verträge (§ 34 Abs. 9 Nr. 3 KStG) zumindest vor Ende des Wirtschaftsjahres, in welchem die organschaft-

---

35 Ablehnend etwa OLG Düsseldorf, 15.07.2005 – I-4 U 114/04, GmbHR 2006, 144 »Deutscher Herold« und BGH, 18.12.2007 – X ZR 137/04, JurionRS 2007, 45720, bei Franchisesystemen.
36 Guter Überblick bei *Wachter*, RNotZ 2010, 422 ff.
37 BMF v. 10.11.2005, DB 2005, 2547.
38 Die »kleine Reform« des Organschaftsrechtes Anfang 2013 lässt es genügen, dass eine fehlerhafte Bilanz sofort nach Bekanntwerden des Fehlers korrigiert wird.

schlossene Beherrschungs- und Gewinnabführungsvertrag vom ..... mit der »Bauma Baumaschinen GmbH« mit dem Sitz in Potsdam vor; eine Abschrift ist dieser Niederschrift beigefügt.
Diesem Vertrag stimmen wir zu.
..... Notar

▪ *Kosten.* Wie Muster Rdn. 16 M.

Anmeldung eines Unternehmensvertrages bei der beherrschten GmbH

Als Geschäftsführer der »ASTRA Maschinenbau GmbH« mit dem Sitz in Prenzlau legen wir zu deren Handelsregister B Nr. 2435 beiliegend vor:
1. den Beherrschungs- und Gewinnabführungsvertrag mit der »Bauma Baumaschinen GmbH« mit dem Sitz in Potsdam vom .....;
2. eine Ausfertigung des Gesellschafterbeschlusses unserer Gesellschafter vom ....., in dem sie dem Vertrag zugestimmt haben;
3. den Zustimmungsbeschluss der Gesellschafter der »Bauma Baumaschinen GmbH« mit dem Sitz in Potsdam vom .....
Zur Eintragung in das Handelsregister melden wir den Beherrschungs- und Gewinnabführungsvertrag mit der »Bauma Baumaschinen GmbH« mit dem Sitz in Potsdam vom ..... und den Zustimmungsbeschluss unserer Gesellschafterversammlung vom ..... an.
Prenzlau, den .....
Beglaubigungsvermerk

30 M

▪ *Kosten.* Wie Muster Rdn. 17 M.

2. Faktischer Konzern

Für den faktischen GmbH-Konzern (bei der AG §§ 311 ff. AktG) hatte der BGH zunächst – BGHZ 65, 15 (ITT) – Grundsätze einer »Durchgriffshaftung« aufgestellt und in der Entscheidung BGHZ 122, 123 (TBB) wesentlich modifiziert. In einer ersten Kehrtwendung stellte der BGH im Urteil »Bremer Vulkan«[33] den Schutz der abhängigen GmbH auf neue Grundlagen: die Absicherung folgt nicht dem aktienrechtlichen System der Verlustausgleichspflicht nach § 302 AktG oder des Nachteilsausgleichs nach §§ 311 ff. AktG, sondern gründe sich auf die Kapitalerhaltungsregeln der §§ 30 ff. GmbHG und darüber hinaus auf die Gewährleistung ihres Bestandsschutzes, der eine angemessene Rücksichtnahme auf die Eigenbelange der GmbH erfordert. Als Ausfluss der gesellschaftsrechtlichen Treuepflicht darf also das herrschende Unternehmen keinen schädigenden Einfluss auf die beherrschte Gesellschaft ausüben. Selbst wenn alle Gesellschafter der abhängigen GmbH einer Maßnahme zustimmen, wird die GmbH dennoch durch die Kapitalerhaltungsregelungen der §§ 30 ff. GmbHG sowie die Grundsätze des sogenannten »existenzvernichtenden Eingriffs« geschützt.

31

Die dogmatische Begründung hierfür liegt seit 2007[34] allerdings nicht mehr in einer teleologischen Reduktion des § 13 Abs. 2 GmbHG (Verletzung der Treuepflicht des Gesellschafters), sondern in der vorsätzlichen sittenwidrigen Schädigung gemäß § 826 BGB, die allerdings nur zu einer (etwa durch den Insolvenzverwalter geltend zu machenden) Innenhaftung für den daraus entstehenden Schaden gegenüber der Gesellschaft führt.

32

---

33 BGHZ 149, 10 = DNotZ 2002, 459 m. Anm. *Schaub*.
34 BGH GmbHR 2007, 927 »Trihotel«.

§ 3 Gewinnabführung und Verlustübernahme

Wegen ihres engen Verhältnisses zur X GmbH soll die Y GmbH weder Gewinne noch Verluste ausweisen. Dementsprechend wird vereinbart:
a) Die beherrschte Gesellschaft verpflichtet sich, ihren ganzen Gewinn an die herrschende Gesellschaft abzuführen. Abzuführen ist der ohne die Gewinnabführung entstehende Jahresüberschuss, vermindert um einen etwaigen Verlustvortrag und einen nach § 3c) in die Rücklagen eingestellten Betrag und erhöht um etwaige aus den Rücklagen nach § 3c) entnommene Beträge. § 301 AktG in seiner jeweiligen Fassung gilt entsprechend.
b) Die herrschende Gesellschaft verpflichtet sich ihrerseits, jeden während der Vertragslaufzeit entstehenden Jahresfehlbetrag der beherrschten Gesellschaft auszugleichen, soweit ein solcher Ausgleich nicht dadurch erfolgt, dass den anderen Gewinnrücklagen Beträge entnommen werden, die während der Vertragsdauer in sie eingestellt worden sind. § 302 AktG in seiner jeweiligen Fassung ist analog anzuwenden.
c) Die beherrschte Gesellschaft kann mit Zustimmung der herrschenden Gesellschaft Rücklagen bilden, sofern diese nach kaufmännischer Beurteilung wirtschaftlich begründet sind.
d) Die Ansprüche auf Abführung des Gewinnes nach § 3a) und auf Ausgleich des Verlustes nach § 3b) werden mit Wirkung zum letzten Tage eines jeden Geschäftsjahres der beherrschten Gesellschaft am Tage der Feststellung des Jahresabschlusses der beherrschten Gesellschaft fällig.

§ 4 Wirksamkeit

Dieser Vertrag tritt im Verhältnis zwischen den Beteiligten zum ..... in Kraft.
Dieser Vertrag wird bis zum .....– i.W. .....–, also auf mindestens fünf volle Zeitjahre, geschlossen. Wird er nicht ein Jahr vor Ablauf der Vertragsdauer gekündigt, so verlängert er sich jeweils um ein weiteres Jahr.
Beide Vertragsteile sind nach Maßgabe des § 297 AktG zur außerordentlichen Kündigung aus wichtigem Grunde ohne Einhaltung einer Kündigungsfrist berechtigt.

§ 5 Salvatorische Klausel

Eine etwaige Unwirksamkeit einer oder mehrerer Bestimmungen dieses Vertrages berührt die Wirksamkeit der übrigen Bestimmungen nicht.

■ *Kosten.* Wie Muster Rdn. 15 M.

Zustimmungsbeschluss der Gesellschaftsversammlung der beherrschten GmbH zum Unternehmensvertrag

29 M

Verhandelt zu ..... am .....
Vor dem unterzeichnenden Notar ..... erklärten die Gesellschafter der »ASTRA Maschinenbau GmbH« mit dem Sitz in Prenzlau, nämlich .....:
Wir sind die alleinigen Gesellschafter der »ASTRA Maschinenbau GmbH« mit dem Sitz in Prenzlau und treten unter Verzicht auf die Einhaltung aller nach dem Gesetz oder dem Gesellschaftsvertrag bestehenden Erfordernisse der Einberufung zu einer Gesellschafterversammlung zusammen. Uns liegt der von den Geschäftsführern abge-

nehmen eines (wohl zu beurkundenden[28]) Zustimmungsbeschlusses der Gesellschafterversammlung der beherrschten Gesellschaft bedarf, (wohl) wiederum mit ¾ Mehrheit, wobei das herrschende Unternehmen keinem Stimmrechtsverbot unterliegt.[29] Eine rückwirkende Aufhebung eines Unternehmensvertrags ist analog § 296 Abs. 1 Satz 2 AktG wohl auch im GmbH-Konzern zum Schutz der abhängigen GmbH nicht zulässig.[30]

Die Beendigung ist auch hier (deklaratorisch, jedoch zur Vermeidung der Wirkung des § 15 HGB) im Handelsregister der beherrschten GmbH einzutragen. **26**

Stille Beteiligungen werden bei der GmbH – anders als bei der AG – als austausch-, nicht als organisationsrechtliche Verträge betrachtet, sodass sie nicht im Sinne eines Teilgewinnabführungsvertrages in das Handelsregister einzutragen sind.[31] Nach einem Formwechsel/einer Verschmelzung einer GmbH in/auf eine AG handelt es sich jedoch um einen Teilgewinnabführungsvertrag i.S.d. § 292 Abs. 1 Nr. 2 AktG, der der Eintragung in das Handelsregister bedarf.[32] **27**

Beherrschungs- und Ergebnisübernahmevertrag (GmbH-Konzern)

Zwischen X GmbH mit dem Sitz in München **28 M**
»herrschende Gesellschaft«
einerseits und
Y GmbH
mit dem Sitz in München
»beherrschte Gesellschaft«
andererseits
wird folgender Beherrschungs- und Gewinnabführungsvertrag geschlossen:

§ 1 Sachstand

Die X GmbH hält seit dem 20. Dezember 2011 (Gründung der beherrschten Gesellschaft) 95 vom Hundert des Stammkapitals der Y GmbH
In Verfolgung ihrer finanziellen, wirtschaftlichen und organisatorischen Abhängigkeit handelt die Y GmbH – ungeachtet ihrer eigenen juristischen Selbständigkeit – nach dem Willen der X GmbH

§ 2 Beherrschung

Die beherrschte Gesellschaft unterstellt die Leitung ihrer Gesellschaft der herrschenden Gesellschaft als herrschendem Unternehmen.
Die herrschende Gesellschaft ist berechtigt, den Geschäftsführern der beherrschten Gesellschaft hinsichtlich der Leitung der Gesellschaft alle ihr zweckdienlich erscheinenden Weisungen zu erteilen. Die Geschäftsführer der beherrschten Gesellschaft sind verpflichtet, diesen Weisungen zu folgen.
Die herrschende Gesellschaft kann der beherrschten Gesellschaft nicht die Weisung erteilen, diesen Vertrag zu ändern, aufrechtzuerhalten oder zu kündigen.

---

28 Ebenso wie der Zustimmungsbeschluss zum Abschluss, und anders als im Aktienrecht, vgl. *Beck*, DNotZ 2013, 90, 100.
29 BGH MittBayNot 2011, 515 (anders zuvor BayObLG NJW-RR 2003, 907).
30 BGH ZIP 2002, 35.
31 Vgl. BayObLG NZG 2003, 636.
32 BGH NZG 2003, 1023.

IV. Der GmbH-Konzern

1. Vertragskonzern

22 Anders als das Aktiengesetz enthält das GmbH-Gesetz keine Vorschriften über den »GmbH-Konzern«, d.h. über Unternehmensverträge, in denen eine GmbH beherrschtes Unternehmen ist. Strittig ist deshalb, ob und inwieweit auf den GmbH-Konzern wie auch auf sonstige Konzernverbindungen[18] die aktienrechtlichen Konzern-Vorschriften der §§ 291 ff. AktG entsprechend anzuwenden sind (die §§ 15 ff. AktG sind »rechtsformneutral« und gelten deshalb auch bei GmbHs); strittig ist auch, ob für die Konzerngründung die Vorschriften des GmbH-Gesetzes für die Änderung des Gesellschaftsvertrages gelten.

23 Zu den Unternehmensverträgen hat der BGH mit seinem grundlegenden Beschluss v. 24.10.1988[19] für die Praxis wichtige Fragen entschieden:[20] Der Unternehmensvertrag wird durch die Geschäftsführer geschlossen und bedarf der Schriftform. Er wird nur mit Zustimmung der Gesellschafterversammlungen der beherrschten und der herrschenden Gesellschaft (wenn auch diese eine GmbH oder eine AG ist) wirksam; diese Beschlüsse bedürfen bei der beherrschten Gesellschaft (wohl[21]) der Einstimmigkeit (Minderheitenschutz) – wobei das herrschende Unternehmen in der Abstimmung der Gesellschafter des beherrschten Unternehmens keinem Stimmrechtsverbot unterliegt[22] –, bei der »herrschenden« Gesellschaft einer ¾ Mehrheit. Der Beschluss der Gesellschafter der beherrschten Gesellschaft muss notariell beurkundet werden, für den Gesellschafterbeschluss der herrschenden Gesellschaft genügt die Schriftform (sofern sie auch eine GmbH ist, bei der AG gilt § 130 Abs. 1 AktG,[23] wegen der erforderlichen ¾-Mehrheit ist bei der AG deshalb stets notarielle Beurkundung erforderlich). Beiden Beschlüssen ist der Unternehmensvertrag als Anlage beizufügen.[24]

24 Der oder die Geschäftsführer der beherrschten Gesellschaft (in vertretungsberechtigter Zahl) haben (entsprechend § 54 Abs. 1 Satz 1 GmbHG, § 294 Abs. 1 Satz 2 AktG) den Abschluss, dessen Zeitpunkt, den Vertragspartner, die Art des Unternehmervertrages und den Zustimmungsbeschluss der Gesellschafterversammlung der beherrschten GmbH (sowie dessen Zeitpunkt) ebenso wie den Zustimmungsbeschluss der herrschenden Gesellschaft zur Eintragung in das Handelsregister anzumelden. Der Anmeldung sind der Vertrag und die Zustimmungsbeschlüsse beider Gesellschafterversammlungen (mit Anlagen[25]) beizufügen.[26] Die Eintragung im Handelsregister der beherrschten Gesellschaft hat konstitutive, nicht nur deklaratorische Wirkung. Einer Eintragung im Handelsregister der herrschenden Gesellschaft bedarf es nach h.M. nicht (ist sie dennoch erfolgt, findet jedoch keine Amtslöschung statt).[27]

25 Der Unternehmensvertrag endet durch Ablauf der vereinbarten Zeit, vertragsgemäße Kündigung, Kündigung aus wichtigem Grund oder Aufhebungsvertrag. Die Aufhebung bzw. Kündigung erfolgt (analog § 296 Abs. 1 Satz 3 AktG) schriftlich durch die Geschäftsführung, die jedoch für die Aufhebung bzw. die Kündigung durch das beherrschte Unter-

---

18 Vgl. z.B. OLG München, 03.07.2014 – 31 Wx 263 und 264/14, MittBayNot 2014, 467: Unternehmensvertrag, an dem eine bayerische Sparkasse als herrschendes Unternehmen beteiligt ist, bedarf keiner Zustimmung des Trägers der Sparkasse analog § 293 AktG.
19 BGHZ 105, 324 = DNotZ 1989, 102 m. Anm. *Baums*, bestätigt und ergänzt durch BGH DNotZ 1993, 176 m. Anm. *Lüttmann*.
20 Vgl. *Mues*, RNotZ 2005, 1 ff.; *Beck*, DNotZ 2013, 90 ff.
21 Überblick in Gutachten, DNotI-Report 2012, 42 ff.
22 H.M.; bisher von BGHZ 105, 324 nur zur Ein-Personen-GmbH entschieden.
23 BGH DNotZ 1993, 176.
24 BGH DNotZ 1993, 176.
25 BGH DNotZ 1993, 176.
26 Vgl. die Zusammenfassung von *Lüttmann*, DNotZ 1993, 182.
27 OLG Celle, 04.06.2014 – 9 W 80/14, RNotZ 2015, 46.

sieht. Die §§ 293a ff. AktG gelten auch für die Gewinngemeinschaft. Auch dieser Vertrag ist zum Handelsregister *anzumelden*, und zwar von jeder Gesellschaft bei dem für sie zuständigen Amtsgericht. Neben der Beifügung des Zustimmungsbeschlusses der eigenen Hauptversammlung sind auch die Niederschriften mit den Zustimmungsbeschlüssen der anderen Gesellschaften einzureichen, da der Vertrag nur wirksam wird, wenn jede daran beteiligte Gesellschaft die Zustimmung ihrer Hauptversammlung dazu gefunden hat (§ 294 Abs. 1 Satz 2 AktG).

Gewinngemeinschaftsvertrag

Zwischen den drei Aktiengesellschaften **21 M**
1. A. ..... in D. .....,
2. B. ..... in E. .....,
3. C. ..... in F. .....
..... wird folgender Vertrag geschlossen:
1. Die Gesellschaften verpflichten sich, einen gegenseitigen Ausgleich ihrer Jahresergebnisse nach dem Verhältnis ihrer Grundkapitalien durchzuführen. Jede der drei Gesellschaften ist gegenüber den beiden anderen verpflichtet und berechtigt, den Ausgleich der nach gleichen Grundsätzen ermittelten Gewinne und Verluste nach dem Kapitalschlüssel 4 für die A.-Aktiengesellschaft, 3 für die B.-Aktiengesellschaft, 2 für die C.-Aktiengesellschaft zu leisten und zu verlangen.
2. Die Gesellschaften verpflichten sich ferner, bei der Gewinnverwendung nach den gleichen Grundsätzen zu verfahren, insbesondere eine Verständigung über die Höhe des Gewinnsatzes und die Ausstattung der Rücklage herbeizuführen.
3. Sie sind sich darüber einig, dass Kapitalveränderungen nur im gegenseitigen Einvernehmen und im gleichen Verhältnis vorgenommen werden sollen.
4. Mit dieser Vereinbarung wird die Schaffung eines gemeinschaftlichen Vermögens nicht angestrebt.
5. Der Vertrag wird mit Wirkung vom 1. Januar ..... zunächst auf ein Jahr geschlossen. Wenn er nicht von einer Gesellschaft unter Einhaltung einer Frist von sechs Monaten gekündigt wird, verlängert er sich jeweils um ein Jahr.
6. Die Genehmigung der Hauptversammlungen der drei Aktiengesellschaften ist zu diesem Abkommen erforderlich.
D. ....., den .....,
E. ....., den .....,
F. ....., den .....

Unterschriften

■ *Kosten.* Wert: Von dem im letzten Jahr oder im Durchschnitt der 3 letzten Jahre erzielten Gewinn der drei Gesellschaften ist ein kleiner Bruchteil anzusetzen, der je nach der Wahrscheinlichkeit einer Verschiebung des bisherigen Ertrages der Gesellschaften auf 1–5 % nach § 36 Abs. 1 GNotKG zu schätzen ist. Hieraus ist für die Entwurfsfertigung eine 0,5 bis 2,0 Gebühr gemäß Nr. 24100 KV GNotKG zu erheben, mindestens jedoch 120 €, da bei Beurkundung des Vertrages eine Gebühr gemäß Nr. 21100 KV GNotKG angefallen wäre. Der Notar bestimmt die Gebührenhöhe im vorgenannten Rahmen gemäß § 92 Abs. 1 GNotKG nach billigem Ermessen unter Berücksichtigung des Umfangs der erbrachten Leistungen; wird der vollständige Entwurf gefertigt, ist gemäß § 92 Abs. 2 a.E. GNotKG die Höchst- (also die 2,0) Gebühr zu erheben.

- *Kosten.* Es handelt sich immer um eine Anmeldung mit unbestimmtem Wert (anders als der Vertrag selbst – Rdn. 15 M, und der Zustimmungsbeschluss – Rdn. 16 M), da nur die Tatsache des Vertragsschlusses eingetragen wird, sodass der Geschäftswert sich aus § 105 Abs. 4 Nr. 1 GNotKG ergibt, mindestens 30.000 €, höchstens 1 Mio. € (§ 106 GNotKG). Gebühren:
  a) Des Notars: eine 0,5 Gebühr nach Nr. 24102 KV GNotKG, sowie eine 0,3 Gebühr für den elektronischen Vollzug (Fertigung und Einreichung der XML-Strukturdaten), Nr. 22114 KV GNotKG aus demselben Geschäftswert gemäß § 112 GNotKG, höchstens jedoch 250 €.
  b) Des Registergerichts: 70 € gemäß Nr. 2500 der HandelsregistergebVO.

2. Eingliederung

18 Die *Eingliederung* einer ganz oder mit mindestens 95 % des Grundkapitals in der Hand einer Hauptgesellschaft befindlichen AG bedarf eines Zustimmungsbeschlusses der Hauptgesellschaft, der mit mindestens ¾-Mehrheit des vertretenen Grundkapitals nach Auskunftserteilung über die wesentlichen Angelegenheiten der einzugliedernden Gesellschaft zu fassen ist (§ 319 Abs. 2 AktG). Wenn sich nicht alle Aktien in der Hand der Hauptgesellschaft befinden, ist sodann die Hauptversammlung der einzugliedernden Gesellschaft mit Bekanntmachung von Firma und Sitz der Hauptgesellschaft einzuberufen sowie die Hauptversammlungen beider Gesellschaften auch mit der Bekanntmachung des Angebotes der Gewährung von Aktien der Hauptgesellschaft in angemessenem Verhältnis an die ausscheidenden Aktionäre und dem wahlweisen Angebot einer angemessenen Barabfindung zu verbinden, wenn die Hauptgesellschaft eine abhängige Gesellschaft ist (§ 320 Abs. 2 i.V.m. § 320 Abs. 1 Satz 3 AktG).

19 Der Vorstand der einzugliedernden Gesellschaft hat die beschlossene Eingliederung und die Firma der Hauptgesellschaft zur Eintragung in das Handelsregister *anzumelden*, die Niederschrift der Hauptversammlungsbeschlüsse mit den Anlagen beizufügen und zu erklären, dass sie in Monatsfrist nicht angefochten sind oder die Anfechtung rechtskräftig zurückgewiesen ist (§ 319 Abs. 4, 5 AktG). Mit der Eintragung wird die Eingliederung vollzogen, und alle Aktien, die sich nicht in der Hand der Hauptgesellschaft befinden, gehen auf sie über (§§ 319 Abs. 8, 320a AktG). Die Aktienurkunden verbriefen nur noch den Abfindungsanspruch der ausgeschiedenen Aktionäre. Die Angemessenheit der Abfindung ist gemäß § 320 Abs. 3 AktG durch unabhängige, gerichtlich bestellte Sachverständige zu prüfen; nach dem Eingliederungsbeschluss können die Aktionäre der eingegliederten Gesellschaft ein gerichtliches Spruchverfahren anstrengen (§ 320b AktG). – Beendet werden kann die Eingliederung u.a. durch einen einfachen Beschluss der Hauptversammlung der eingegliederten Gesellschaft (§ 327 Abs. 1 Nr. 1 AktG).

III. Gleichberechtigte Gewinngemeinschaft

20 Zwei (oder mehr) Gesellschaften können durch einen Gewinngemeinschaftsvertrag vereinbaren, dass ihre Gewinne (ganz oder teilweise) in einen gemeinschaftlichen Topf fließen und aus ihm nach einem bestimmten Schlüssel verteilt werden. Obwohl keine Gesellschaft die andere beherrscht und keine nach den Weisungen der anderen zu handeln hat, ist die Zustimmung der Hauptversammlungen der beteiligten Gesellschaften erforderlich, weil sich jede verpflichtet, einen Teil ihres Gewinns mit Teilen des Gewinnes der anderen Unternehmen zur Aufteilung eines gemeinschaftlichen Gewinnes zusammenzulegen, also einen Unternehmensvertrag nach § 292 Abs. 1 Nr. 1 AktG schließt (§ 293 Abs. 1 AktG). Der Beschluss einer jeden AG bedarf der ¾-Mehrheit des bei der Beschlussfassung vertretenen Kapitals, wenn die Satzung nicht eine noch höhere Mehrheit oder andere Erfordernisse vor-

vollständige Entwurf gefertigt, ist gemäß § 92 Abs. 2 a.E. GNotKG die Höchst- (also die 2,0) Gebühr zu erheben.

Zustimmung der Hauptversammlung der beherrschten AG zum Unternehmensvertrag, § 293 AktG

Einberufung wie oben § 149 Rdn. 5 ff. mit Muster Rdn. 27 M.
Niederschrift des Notars wie oben § 149 Rdn. 68 ff. mit Muster § 149 Rdn. 89 M.

Hauptversammlungsniederschrift: Zustimmung der beherrschten AG zum Unternehmensvertrag

..... Punkt 3 der Tagesordnung: Zustimmung zum Unternehmensvertrag **16 M**
Der Vorsitzende verlas und erläuterte den vom Vorstand mit Zustimmung des Aufsichtsrats am ..... mit der »Altenessener Stahlwerk AG« geschlossenen Unternehmensvertrag. Die Fragen der Aktionäre wurden beantwortet. Der Vorsitzende stellte fest, dass der Vertrag seit der Einberufung dieser Versammlung im Geschäftsraum der Gesellschaft zur Einsicht der Aktionäre ausgelegen hat. Er überreichte eine beglaubigte Abschrift davon zu dieser Niederschrift und stellte ihn zur Abstimmung durch Handaufheben. Er stellte den Antrag auf Zustimmung zu diesem Unternehmensvertrag zur Abstimmung.
Dafür stimmten 10 Aktionäre mit 2.796.000 € Grundkapital und 27.960 Stimmen. Dagegen stimmten 15 Aktionäre mit 73.000 € Grundkapital und 730 Stimmen.
Der Vorsitzende stellte das Ergebnis der Abstimmung fest und verkündete es mit der Bemerkung, dass der Antrag mit der nach dem Gesetz erforderlichen Mehrheit von drei Viertel des vertretenen Grundkapitals angenommen ist.

....., Notar

■ *Kosten.* Der Geschäftswert des Zustimmungsbeschlusses bemisst sich nach dem Wert des Unternehmensvertrages (hierzu Rdn. 15 M), § 108 Abs. 2 GNotKG. Nach Hinzusetzen des Wertes etwaiger weiterer Beschlüsse 2,0 Gebühr gemäß Nr. 21100 KV GNotKG, allerdings unter Beachtung des Höchstwertes von 5 Mio € gemäß § 108 Abs. 5 GNotKG.

Handelsregisteranmeldung des Unternehmensvertrages

Zum Handelsregister B 919 meldet der Vorstand der »Neuköllner Feinmechanischen **17 M**
Aktiengesellschaft« in Berlin-Neukölln das Bestehen des Beherrschungs- und Gewinnabführungsvertrages vom ..... mit der »Altenessener Stahlwerk AG« in Essen zur Eintragung an.
Beigefügt werden
1. der schriftliche Vertrag vom ..... in beglaubigter Abschrift,
2. beglaubigte Abschrift der Niederschrift des Notars ..... vom ....., mit Anlagen, enthaltend den Zustimmungsbeschluss der Hauptversammlung der »Neuköllner Feinmechanische Aktiengesellschaft«,
3. beglaubigte Abschrift der Niederschrift des Notars ..... vom ....., mit Anlagen, enthaltend die Zustimmung der Hauptversammlung der »Altenessener Stahlwerk AG«.
Berlin, den .....

Fischer Seiffert

Beglaubigungsvermerk

des nächsten Jahres und ein Mehrbetrag nach dem Gewinnverwendungsbeschluss der Hauptversammlung der Altenessener AG zu leisten.
c) Die Altenessener AG verpflichtet sich, die Aktien der außenstehenden Aktionäre der Neuköllner AG zu erwerben. Als angemessene Abfindung gewährt sie Aktien ihrer Gesellschaft zum gleichen Nennbetrag. Diese Verpflichtung besteht für die Dauer des Vertrages.
3. Zur wirtschaftlichen Unterstellung wird vereinbart: Art und Umfang der Herstellung bestimmt die Altenessener AG. Das gilt für die Erweiterung, Änderung und Einschränkung des Herstellungsprogramms und der Fertigungsmethoden.
Für den Warenverkauf und den Absatz wird sie allgemeine Richtlinien geben und spezielle Anweisungen erteilen. Sie behält sich vor, einzelne Teile der Produktion oder auch die ganze Herstellung der Neuköllner AG abzunehmen. Über die Preisberechnung entscheidet sie in allen Fällen.
4. Die organisatorische Unterstellung findet in erster Linie dadurch statt, dass ein Vorstandsmitglied der Altenessener AG zum Vorsitzenden des Vorstands der Neuköllner AG mit Einzelvertretungsberechtigung bestellt wird.
Die Neuköllner AG hat ohne Rücksicht auf eine etwaige Kenntnis des Vorstandsvorsitzenden über alle Geschäftsvorgänge regelmäßig zu berichten. Der Altenessener AG steht das Recht zu, alle von ihr für notwendig gehaltenen Auskünfte zu fordern und die Bücher und Schriften der Neuköllner AG durch Beauftragte einzusehen.
5. Der Vertrag ist erstmalig zum Ende des Jahres ..... und zum Ende jedes weiteren 5. Jahres mit Jahresfrist kündbar. Zur Kündigung durch den Vorstand der Neuköllner AG, der hierzu keiner Weisung der Altenessener AG untersteht, ist die Zustimmung ihrer außenstehenden Aktionäre mit Dreiviertelmehrheit des ihnen vom Grundkapital gehörenden Anteils, soweit es vertreten ist, erforderlich.
6. Die Wirksamkeit dieses Vertrages hängt von der mit Dreiviertelmehrheit zu beschließenden Zustimmung der Hauptversammlungen der beiden Gesellschaften und von seiner Eintragung in das Handelsregister des Sitzes der Neuköllner AG ab.
Berlin, den .....

»Altenessener Stahlwerk AG«
Wiedemann Altrogge
»Neuköllner Feinmechanische Aktiengesellschaft«
Fischer Seiffert

■ *Kosten.* Wert: Es handelt sich um eine Vereinbarung mit bestimmtem Geschäftswert.[14] Gemäß § 52 Abs. 3 Satz 2 GNotKG ist, da es sich um einen Vertrag mit unbestimmter Dauer handelt,[15] der zehnfache Betrag des Rechtes (also des durchschnittlichen Jahresgewinns) maßgebend. Unter Berücksichtigung der künftigen Entwicklung sind Zu- oder Abschläge möglich.[16] Der Höchstwert aus § 107 GNotKG gilt nicht. Wird lediglich eine Änderung des Unternehmensvertrages beurkundet, ist ein Ermessenswert in Höhe von ca 10–30 % des Ausgangswertes sachgerecht.[17] Hieraus ist für die Entwurfsfertigung eine 0,5 bis 2,0 Gebühr gemäß Nr. 24100 KV GNotKG zu erheben, mindestens jedoch 120 €, da bei Beurkundung des Vertrages eine Gebühr gemäß Nr. 21100 KV GNotKG angefallen wäre. Der Notar bestimmt die Gebührenhöhe im vorgenannten Rahmen gemäß § 92 Abs. 1 GNotKG nach billigem Ermessen unter Berücksichtigung des Umfangs der erbrachten Leistungen; wird der

---

14 Vgl. OLG Düsseldorf 07.11.2016 – I-10 W 278/16, ZNotP 2017, 122; Regierungsentwurf, BT-Drucksache 17/11471, S. 185.
15 Dies gilt auch bei einem Vertrag mit unbegrenzter automatischer Verlängerung, wenn er nicht rechtzeitig zuvor gekündigt wird.
16 *Schmidt*, BB 1989, 1292.
17 Vgl. Notarkasse, Streifzug durch das GNotKG, Rn. 1417.

Erwerb ihrer Aktien verpflichtet, ist nach § 296 Abs. 2 AktG ein Sonderbeschluss der außenstehenden Aktionäre erforderlich.

Die *Kündigung* eines Unternehmensvertrags durch einseitige Erklärung (§ 297 AktG) **13** kann ohne Einhaltung einer Frist aus wichtigem Grund erfolgen (bspw. bei voraussichtlich nicht gegebener Leistungsfähigkeit des Vertragspartners). Die Veräußerung der Beteiligung durch das herrschende Unternehmen stellt nach überwiegender Auffassung keinen wichtigen Grund dar[10] und gibt wohl auch der abhängigen Gesellschaft kein Kündigungsrecht (etwa gestützt auf die Überlegung, das Eigeninteresse des herrschenden Unternehmens an guten Ergebnissen sei mit Wegfall seiner Mehrheitsbeteiligung nicht mehr gegeben[11]), ebenso wenig besteht ein Kündigungsrecht für die herrschende Gesellschaft, sodass diese sich ihren Verpflichtungen nicht durch Anteilsveräußerung vorzeitig entziehen kann. Eine ordentliche Kündigung ist nur in den vertraglich festgelegten Fällen möglich,[12] bei anderen als Beherrschungsverträgen kommen jedoch auch Kündigungsmöglichkeiten auf gesetzlicher Grundlage in Betracht: Gewinngemeinschaftsverträge gemäß § 723 BGB, Betriebspachtverträge gemäß §§ 595, 584 BGB, Betriebsführungsverträge gemäß §§ 627, 671 BGB.

Zum Handelsregister anzumelden sind Grund und Zeitpunkt der Beendigung, ohne dass **14** jedoch die Wirksamkeit von der Eintragung abhängt (§ 298 AktG). Endet ein Beherrschungs- oder ein Gewinnabführungsvertrag, gleich aus welchem Grunde, so hat das vormals herrschende Unternehmen den Gläubigern der abhängigen Gesellschaft, deren Forderungen vor der Bekanntmachung der Beendigung (§ 10 HGB) begründet, jedoch binnen fünf Jahren[13] danach fällig werden, auf Verlangen Sicherheit zu leisten. Die Gläubiger sind in der Bekanntmachung der Eintragung auf dieses Recht hinzuweisen

Beherrschungs- und Gewinnabführungsvertrag zwischen zwei Aktiengesellschaften

Zwischen der »**Altenessener Stahlwerk AG**« in Essen, im folgenden »**Altenessener** **15 M** **AG**« bezeichnet, und der »**Neuköllner Feinmechanische Aktiengesellschaft**« in Berlin, im Folgenden »**Neuköllner AG**« genannt, wird folgender

Unternehmensvertrag

geschlossen:
1. Vom Grundkapital der Neuköllner AG von 3 Millionen € befinden sich Aktien im Nennbetrag von 2.605.000 € in der Hand der Altenessener AG. Die Neuköllner AG verpflichtet sich, unbeschadet ihrer rechtlichen Selbständigkeit, ab 1. Januar ..... den Geschäftsbetrieb nach den Weisungen der Altenessener AG zu führen.
2. Zur finanziellen Unterstellung wird vereinbart:
a) Die Neuköllner AG handelt für Rechnung der Altenessener AG, so dass sie Gewinne und Verluste ab dem Geschäftsjahr ..... nicht mehr ausweist. Die Altenessener AG übernimmt etwaige Geschäftsverluste der Neuköllner AG.
b) Als angemessenen Ausgleich zahlt die Altenessener AG an die außenstehenden Aktionäre der Neuköllner AG dieselben Gewinnanteile wie an die eigenen Aktionäre, mindestens jedoch 6 v.H. des Nennbetrages der Aktien der Neuköllner AG. Die Mindestausgleichszahlung ist unabhängig vom Jahresüberschuss der Altenessener AG und vom Betriebsergebnis der Neuköllner AG. Der Mindestbetrag von 6 v.H. ist bis 31. März

---

10 OLG Düsseldorf NJW-RR 1995, 233, vgl. aber zur großzügigeren Sicht des Steuerrechts Rdn. 38.
11 A.A. LG Bochum ZIP 1986, 1386.
12 Vgl. *Philippi/Neveling*, BB 2003, 1685 ff.
13 Analogie zu §§ 26, 160 HGB; § 327 Abs. 4 AktG, vgl. BGH, 07.10.2014 – II ZR 361/13, ZNotP 2014, 353.

ist vom Vorstand zu erläutern und der Niederschrift über die Hauptversammlung als Anlage beizufügen; den Aktionären ist Auskunft zu erteilen (§ 293g AktG).

8 *Wirksam* wird der Vertrag erst mit der *Eintragung* in das *Handelsregister* des Sitzes der sich verpflichtenden Gesellschaft. Der *Anmeldung* ist der Vertrag mit dem Zustimmungsbeschluss der Hauptversammlung (zu Beherrschungs- und Gewinnabführungsverträgen auch mit dem Zustimmungsbeschluss der Hauptversammlung der herrschenden AG, § 293 Abs. 2 AktG) beizufügen (§ 294 AktG).

Zu den steuerrechtlichen Voraussetzungen und Folgen einer Organschaft s. Rdn. 33 ff.

9 Gemäß §§ 304 bis 307 AktG muss der Beherrschungs- und Gewinnabführungsvertrag auch, sofern einschlägig, Verpflichtungen des herrschenden Unternehmens auf Erwerb der Aktien der außenstehenden Aktionäre gegen Gewährung von Aktien der herrschenden Gesellschaft oder auf Barabfindung und zugleich auf Leistung wiederkehrender *Ausgleichszahlungen* enthalten[3]. Da Inhaber von Genussscheinen, welche die nun abhängige Gesellschaft begeben hat, nicht schlechter stehen dürfen als außenstehende Aktionäre (die immerhin auf die Entscheidung über den Abschluss des Unternehmensvertrages Einfluss nehmen konnten), ist auch ihnen im Wege einer Anpassung der Genussscheinbedingungen (kraft § 313 BGB) ein ähnlicher Ausgleich zu gewähren.[4]

10 Ist ein Beherrschungs- und Gewinnabführungsvertrag nichtig (etwa, weil es an einem der vorstehend erörterten Erfordernisse fehlt), wird er aber trotzdem durchgeführt, dann ist er nach den Grundsätzen über die fehlerhafte Gesellschaft so lange als zivilrechtlich – nicht jedoch steuerrechtlich, Rdn. 37 – wirksam zu behandeln, als sich kein Vertragspartner auf die Unwirksamkeit beruft.[5] Die Erfordernisse (Zustimmungsbeschlüsse mit den erforderlichen Mehrheiten und in der erforderlichen Form, Eintragung im Handelsregister) können nachgeholt werden.[6]

11 *Änderungen* eines Unternehmensvertrages (zwingend in zumindest privatschriftlicher Form[7]) bedürfen ebenfalls der Zustimmung einer qualifizierten Mehrheit sowie der Anmeldung und Eintragung (verlautbart wird dabei allein die Tatsache der Änderung, nicht der geänderte Inhalt). Die außenstehenden Aktionäre der verpflichteten Gesellschaft müssen ihrerseits mit ³/₄-Mehrheit in einem Sonderbeschluss zustimmen, wenn die Bestimmungen über einen ihnen zu leistenden Ausgleich oder über den Erwerb ihrer Aktien geändert werden sollen (§ 295 AktG).

12 Die *Aufhebung* eines Unternehmensvertrags erfolgt durch Vertrag als schlichte Maßnahme der Geschäftsleitung, erfordert also weder die Zustimmung der Hauptversammlung der verpflichteten noch der herrschenden Gesellschaft. Eine Rückwirkung des Aufhebungsvertrages[8] ist gemäß § 296 Abs. 1 Satz 2 AktG unzulässig, da Ansprüche auf Verlustübernahme nicht im Nachhinein beseitigt werden sollen, ebenso die unterjährige Aufhebung[9]. Lediglich dann, wenn es um die Aufhebung eines Unternehmensvertrages geht, der zur Leistung eines Ausgleichs an die **außenstehenden Aktionäre** oder zum

---

3 Mindestens der Betrag, der nach bisherigen Ertragslage als durchschnittlicher Gewinnanteil verteilt werden konnte, als Festbetrag (zur steuerlichen Nichtanerkennung der in der Praxis häufigen konkreten Auszahlung des jeweiligen anteiligen Jahresertrags BFH, 10.05.2017 – I R 93/15, RNotZ 2018, 121.
4 BGH, 28.05.2013 – II ZR 67/12, DNotZ 2014, 67.
5 BGH DNotZ 1988, 621; 1989, 102.
6 Vgl. *Baums*, DNotZ 1989, 113, 115 f.
7 BGH, 18.09.2012 – II ZR 127/11 (stille Gesellschafter an der HSH Nordbank AG).
8 Der Zustimmungsbeschluss der beherrschten Gesellschaft kann noch nach dem Stichtag erfolgen (jedenfalls wenn die herrschende Gesellschaft deren Alleingesellschafterin ist), OLG München, 27.10.2014 – 31 Wx 235/14, MittBayNot 2015, 333 m. Anm. *Harnos*. Die Eintragung der Aufhebung im Handelsregister ist lediglich deklaratorisch, vgl. § 298 AktG.
9 BGH, 16.06.2015 – II ZR 384/13, DNotZ 2015, 712, Tz. 13 ff: gilt auch für den Unternehmensvertrag mit einer abhängigen GmbH (jeweils zum Ende des vertraglich vereinbarten Abrechnungszeitraums); zu möglichen Ausnahmen bei nicht durchgeführten Unternehmensverträgen *Gutachten*, DNotI-Report 2016, 112 ff.

den Gewinn an ein anderes Unternehmen abzuführen (*Gewinnabführungsvertrag*, § 291 Abs. 1 Satz 1, 2. Alt AktG, treffender: Ergebnisübernahmevertrag). Eine *Gewinngemeinschaft* ist gegeben, wenn sich eine AG verpflichtet, ihren Gewinn oder den Gewinn von einzelnen ihrer Betriebe ganz oder z.T. mit dem Gewinn anderer Unternehmen zur Aufteilung eines gemeinschaftlichen Gewinns zusammenzulegen (§ 292 Abs. 1 Nr. 1 AktG), ein *Teilgewinnabführungsvertrag*, wenn die AG verpflichtet ist, einen Teil ihres Gewinns oder den Gewinn einzelner ihrer Betriebe (ganz oder teilweise) an einen anderen abzuführen (§ 292 Abs. 1 Nr. 2 AktG, z.B. bei einer stillen Gesellschaft – anders bei der GmbH, Rdn. 27). In einem *Betriebspacht- oder -überlassungsvertrag* verpflichtet sich eine AG, ihren Betrieb einem anderen Unternehmen durch Verpachten oder in anderer Weise zu überlassen (§ 292 Abs. 1 Nr. 3 AktG).

Die engste Verbindung wird mit der *Eingliederung* (Rdn. 18 ff.) einer AG oder einer SE in eine andere, die Hauptgesellschaft, erreicht. Die eingegliederte Gesellschaft bleibt – anders als bei einer Verschmelzung – nach außen als selbstständige Gesellschaft bestehen, wird aber im Innenverhältnis von der Hauptgesellschaft wie eine Betriebsabteilung geführt. Die Eingliederung setzt voraus, dass sich alle Aktien (§ 319 AktG) oder mindestens 95 % des Grundkapital (Mehrheitseingliederung, § 320 AktG) in der Hand der Hauptgesellschaft befinden (§§ 319, 320 AktG). Anders als beim »Squeeze Out« (§ 149 Rdn. 228 ff.) erhalten die Minderheitsaktionäre als Abfindung grundsätzlich Aktien an der Hauptgesellschaft.

II. Zustandekommen

1. Unternehmensverträge

Für Unternehmensverträge genügt – anders als für Verschmelzungsverträge, § 6 UmwG – die Schriftform (§ 293 Abs. 3 AktG). Der Vertrag wird durch den Vorstand in vertretungsberechtigter Zahl unterzeichnet; häufig ist nach dem Innenrecht der AG die Zustimmung des Aufsichtsrates erforderlich. Zu ihrem Zustandekommen bedarf es in allen Fällen der Zustimmung der Hauptversammlung der sich verpflichtenden AG mit mindestens $^3/_4$ des bei der Beschlussfassung vertretenen Grundkapitals und zu einem Beherrschungs- oder uneingeschränkten Gewinnabführungsvertrag außerdem der gleichartigen Zustimmung der Hauptversammlung der herrschenden AG, sodass gemäß § 130 Abs. 1 AktG die Niederschrift jeweils notariell zu beurkunden ist.

Die Vorstände der an dem Unternehmensvertrag beteiligten Gesellschaften haben nach § 293a AktG einen ausführlichen Bericht zu erstatten, wenn nicht alle Anteilsinhaber aller beteiligten Gesellschaften durch öffentlich beglaubigte (nicht wie in § 8 Abs. 3 UmwG beurkundete) Erklärung darauf verzichten (§ 293a Abs. 3 AktG). Wenn nicht alle Anteilsinhaber in gleicher Form verzichten (§ 293b Abs. 2 AktG) und wenn sich nicht alle Anteile des abhängigen Unternehmens in der Hand des herrschenden Unternehmens befinden (§ 293b Abs. 1 AktG), ist der Unternehmensvertrag ferner durch sachverständige Vertragsprüfer nach §§ 293b ff. AktG zu prüfen; der Verzicht kann ggf. auch allein auf die Erstellung des Prüfungsberichtes beschränkt sein.

Der Inhalt des Unternehmensvertrages ist seinem wesentlichen Gehalt nach in der Ladung zur Hauptversammlung bekannt zu machen, § 124 Abs. 2 Satz 2 AktG. Ab der Einberufung sind der Unternehmensvertrag, die Jahresabschlüsse und Lageberichte der beteiligen Unternehmen für die letzten 3 Jahre sowie ggf. die Berichte des Vorstands und der Vertragsprüfer in den Geschäftsräumen der Gesellschaften zur Einsicht der Aktionäre auszulegen (§ 293 f. Abs. 1 AktG) bzw. – seit 01.09.2009 – auf der Internetseite der Gesellschaft einzustellen; auf Verlangen sind ihnen Abschriften zu erteilen (§ 293 f. Abs. 2 AktG). In der Hauptversammlung sind diese Unterlagen auszulegen bzw. (seit 01.09.2009) – etwa über bereitstehende Bildschirm-Terminals – zugänglich zu machen, der Unternehmensvertrag

liche Zusammenrechnung erstmals erfolgen soll, (durch Zustimmungsbeschlüsse und Registereintragung) wirksam geworden sein; der Fünf-Jahres-Zeitraum beginnt jedoch bereits mit dem Anfang des Geschäftsjahres, in dem die Wirksamkeit erstmals eintrat (Abschn. 55 Abs. 2 KStR, § 14 Abs. 1 Satz 2 KStG).

Steuerrechtlich anerkannt werden nur zivilrechtlich wirksam abgeschlossene und durchgeführte Ergebnisabführungsverträge i.S.v. § 17 KStG. Nicht ausreichend ist der Umstand, dass die Vertragsparteien den Vertrag als wirksam behandelt und durchgeführt haben. § 41 Abs. 1 Satz 1 AO und die gesellschaftsrechtlichen Grundsätze über die »fehlerhafte Gesellschaft« genügen dem BFH[39] zur rückwirkenden Anerkennung nicht. **37**

Eine vorzeitige Beendigung (Kündigung oder Aufhebung) des Ergebnisabführungsvertrages ist nur bei Vorliegen eines wichtigen Grundes unschädlich (vgl. § 14 Abs. 1 Satz 1 Nr. 3 S. 2 KStG wie er etwa bei einem Verkauf der Organgesellschaft durch den Organträger steuerrechtlich[40] in der Regel[41] vorliegt.[42] **38**

Ebenso wie aus einem Beherrschungsvertrag resultiert aus dem Gewinnabführungsvertrag die zwingende gesetzliche Pflicht zur Verlustübernahme gemäß § 302 Abs. 1 und 3 AktG. Dies muss (obwohl deklaratorisch) ausdrücklich (einschließlich der Verjährungsregelung in § 302 Abs. 4 AktG)[43] im Gewinnabführungsvertrag erwähnt sein, jedenfalls bei einer GmbH als Organgesellschaft, § 17 Satz 2 Nr. 2 KStG[44] (»§ 302 AktG findet in seiner jeweils geltenden Fassung umfassend Anwendung«). **39**

Daneben können auch die Voraussetzungen der *umsatzsteuerlichen, gewerbesteuerlichen und grunderwerbsteuerlichen Organschaft* erfüllt sein. Die gewerbesteuerliche Organschaft – deren Voraussetzungen mit denen der körperschaftsteuerlichen Organschaft identisch sind – führt dazu, dass die Organgesellschaft als bloße Betriebsstätte des Organträgers gewertet wird (§ 2 Abs. 2 Satz 2 GewStG), die umsatzsteuerliche Organschaft hat zur Folge, dass lediglich der Organträger, nicht jedoch die Organgesellschaft als Unternehmer i.S.d. § 2 Abs. 2 Nr. 2 S. 3 UStG gilt,[45] die grunderwerbsteuerliche Organschaft erweitert schließlich den Tatbestand der Anteilsvereinigung mit der Folge, dass Grunderwerbsteuerpflicht des Organträgers auch in Bezug auf Grundstücke der Organgesellschaft entsteht. Die umsatzsteuerliche und die grunderwerbsteuerliche Organschaft erfordern neben der oben erwähnten finanziellen Eingliederung (die bis zur Änderung der BFH-Rechtsprechung im April 2010[46] auch durch Stimmrechtsmehrheiten derselben Personengruppen in Organträ- **40**

---

39 BStBl. II 1998, 33.
40 A.A. FG Niedersachsen, 10.05.2012, NZG 2012, 1119; vgl. auch *Burwitz*, NZG 2013, 91, so dass lediglich eine ordentliche Kündigung (sofern vorbehalten), oder eine einvernehmliche Aufhebung in Betracht kommt, unter Zustimmung der externen Gesellschafter der Organgesellschaft durch Sonderbeschluss, § 297 Abs. 2 AktG.
41 Nicht beim Verkauf an eine andere Konzerngesellschaft aufgrund einer Gesetzesänderung, die beim Abschluss des Organvertrages bereits absehbar war, FG Niedersachsen, 10.05.2012 – 6 K 140/10, GmbHR 2012, 917.
42 Abschnitt 60 Abs. 6 Satz 2 KStR. Gleiches gilt gem. Abschnitt 60 Abs. 6 Satz 3 KStR für Verschmelzungen, Spaltungen oder Liquidationen, es sei denn, bereits im Zeitpunkt des Vertragsschlusses stand fest, dass der Gewinnabführungsvertrag vor Ablauf der fünf Jahre aus diesem wichtigen Grund geändert werde (Einschränkung durch die KStR 2015).
43 BFH, 28.07.2010 – I B 27/10 (Richtigstellung in BFH, 15.09.2010, selbes Az.), MittBayNot 2011, 257, m. Anm. *Stelzer*; BFH, 22.12.2010 – I B 83/10, GmbH-StB 2011, 68.
44 Vgl. R 66 Abs. 3 f. KStR; BFH v. 03.03.2010 – I R 68/09, RNotZ 2010, 420, m. Anm. *Wachter*; BMF, DStR 2006, 40; *Jacobi*, ZIP 2006, 2346, 2351. BMF, 19.10.2010 – IV C 2 – 2 2270/08/10004, GmbHR 2010, 1232 lässt die pauschale Bezugnahme auf § 302 AktG genügen, wenn anschließende Erläuterungen bzw. Wiedergaben des Wortlautes nicht als Einschränkung zu interpretieren sind. Die Neuregelung zur Organschaft Anfang 2013 räumte in § 34 Abs. 10b KStG eine Anpassungsfrist für bestehende Ergebnisabführungsverträge bis 31.12.2014 ein; vgl. zur Formulierung der Änderung *Scheifele/Hörner*, DStR 2013, 553 und *Mayer/Wiese*, DStR 2013, 629 sowie umfassend *Wagner*, DNotZ 2014, 802 ff., auch bei vom Kalenderjahr abweichendem Wirtschaftsjahr.
45 BMF v. 31.05.2007, DStR 2007, 1039.
46 BFH, 22.04.2010 – V R 9/09, GmbHR 2010, 823.

ger und Organgesellschaft vermittelt werden konnte, R 21 Abs. 4 Satz 8 UStR 2008) ferner die wirtschaftliche Eingliederung und die organisatorische Eingliederung[47] (vgl. z.B. § 2 Abs. 2 Nr. 2 Satz 2 UStG), auch ohne Abschluss eines Unternehmensvertrages im eigentlichen Sinne.

41 Im Rahmen einer typischen Betriebsaufspaltung entsteht die umsatzsteuerliche Organschaft zwischen der Besitzgesellschaft (als Organträger) und der Betriebsgesellschaft (als Organgesellschaft), so dass Binnenumsätze nicht umsatzsteuerpflichtig sind und Außenumsätze, auch der Betriebsgesellschaft, steuerrechtlich dem Besitzunternehmen zugerechnet werden. Der EuGH hat hierzu entschieden,[48] dass auch Personengesellschaften abhängige Gesellschaften sein können und ferner ein Über/Unterordnungsverhältnis europarechtlich nicht gefordert werden dürfe. Der BFH hat[49] demzufolge in teleologischer Extension über den Wortlaut des § 2 Abs. 2 Nr. 2 UStG hinaus judiziert, dass Personengesellschaften jedenfalls dann Organgesellschaften sein können, wenn nur Organträger oder solche Personen, die in das Unternehmen des Organträgers finanziell eingegliedert sind, Gesellschafter der Personengesellschaft seien. Die Komplementär-GmbH einer GmbH & Co KG kann Organgesellschaft der KG sein, auch wenn die KG an ihr nur mehrheitlich (nicht zu 100 %, als Einheits-KG) beteiligt ist. Ferner dürfen Vereinbarungen über Stimmrechtsvollmachten nur dann bei der Prüfung der finanziellen Eingliederung berücksichtigt werden, wenn sie sich in der Satzung (etwa als Mehrfachstimmrecht) finden, und nicht nur schuldrechtlich (etwa in side letters) vereinbart sind (wie bei der Beurteilung der Sozialversicherungsfreiheit[50]). Die Finanzverwaltung hat durch Änderung der UStAE im Sommer 2017 reagiert.[51]

42 Der Formwechsel einer untauglichen Organgesellschaft (z.B. einer GmbH & Co. KG) mit Rückwirkung (§ 20 Abs. 8 Satz 1 UmwStG) auf den Beginn des Wirtschaftsjahres in eine GmbH wird auch hinsichtlich der rückwirkenden Erfüllung der Eingliederungsvoraussetzungen anerkannt,[52] allerdings kann das Tatbestandsmerkmal der finanziellen Eingliederung nicht rückwirkend begründet werden in den Fällen der Abspaltung, Ausgliederung oder Einbringung eines Teilbetriebs des Organträgers unter Abschluss eines Gewinnabführungsvertrags mit dieser neu gegründeten Tochtergesellschaft.[53]

---

47 D.h. der Organträger muss eine von seinem Willen abweichende Willensbildung in der Organgesellschaft verhindern können, BFH, 05.12.2007 – V ZR 26/06, GmbHR 2008, 331, m. Anm. *Binnewies*.; ausführlich zur Organschaft ohne Personalunion *Hidien/Lohmann*, GmbHR 2008, 917 ff.
48 EuGH, 16.07.2015, Rs. C-108/14 u. C-109/14, »Larentia + Minerva«; und »Marenave«.
49 BFH, 02.12.2015 – V R 67/14, – V R 15/15, – V R 25/13.
50 BSG, 11.11.2015 – B 12 KR 13/14 R, GmbHR 2016, 528.
51 BMF, 26.05.2017, BStBl 2017 I 790, insb. Änderung des Abschn. 2.8 Abs. 5a UStAE; *Wagner/Marcha*, DStR 2017, 2150 (mit Fortgeltung des früheren Zustands bis 31.12.2018; soll die Eingliederungswirkung ab dann verhindert werden, müsste z.B. ein Fremdgesellschafter beteiligt werden zur Vermeidung der finanziellen Eingliederung, oder ein einzelvertretungsberechtigter Fremdgeschäftsführer eingesetzt werden zur Vermeidung der organisatorischen Eingliederung.
52 BMF v. 24.05.2004, BStBl. 2004 I, 549; ergänzend OFD Frankfurt am Main v. 21.11.2005, DB 2005, 2662.
53 BMF-Schreiben v. 26.08.2003 – IV A 2 – S 2770–18/03 BStBl. 2003 I 437, Rn. 12; teilw. a.A. BFH, 28.07.2010 – I R 89/09, DStR 2010, 2182 zur Teilbetriebsausgliederung: Fußstapfentheorie gem. § 23 Abs. 1 i.V.m. § 4 Abs. 2 Satz 3, 12 Abs. 3 UmwStG; finanzielle Eingliederung sei kein personenbezogenes und damit nachfolgefeindliches Merkmal.

§ 153 Umwandlung, Überblick

I. Entwicklung des Umwandlungsrechts

Durch das UmwG v. 28.10.1994[1] wurde das früher in verschiedenen Gesetzen verstreute Umwandlungsrecht in einem Gesetz zusammengefasst und (unter Zurückgreifen auf die bestehenden Vorbilder) völlig neu geregelt. Das neue Umwandlungssteuergesetz[2] wurde am gleichen Tag beschlossen und trat am gleichen Tag (01.01.1995) in Kraft. 1
    Die »Gesetzeswelle« 1998 führte auch zu zahlreichen Änderungen des UmwG, u.a. durch das Euro-Einführungsgesetz v. 09.06.1998[3] und das Gesetz v. 22.07.1998,[4] v.a. mit der Einbeziehung der (1994 wohl vergessenen, weil erst kurz zuvor geschaffenen) Partnerschaftsgesellschaft.
    Nach verschiedenen weniger bedeutsamen Änderungen enthielt bedeutsame Änderungen das »Zweite Gesetz zur Änderung des UmwG« v. 19.04.2007,[5] und zwar einerseits im bisherigen Umwandlungsrecht, andererseits und insbesondere durch Umsetzung der Verschmelzungsrichtlinie 2005/56/EG im neuen Abschnitt »Grenzüberschreitende Verschmelzung von Kapitalgesellschaften« §§ 122a ff. UmwG. Durch das Dritte Gesetz zur Änderung des UmwG vom 11.07.2011[6] wurde die Änderungsrichtlinie v. 16.09.2009 umgesetzt und v.a. die Konzernverschmelzung (in §§ 62 ff. UmwG) und die »verhältniswahrende Spaltung durch Neugründung« bei Aktiengesellschaften (in § 143 UmwG) erleichtert. Inzwischen wurde in der Richtlinie über die Verschmelzung von Aktiengesellschaften vom 05.04.2011 die ursprüngliche Verschmelzungsrichtlinie mit allen Änderungen zusammengefasst. Nachdem dieser Abschnitt – entsprechend der Richtlinie – nur einen Teilaspekt grenzüberschreitender Vorgänge regelt (eben den der Verschmelzung von Kapitalgesellschaften),[7] bleiben daneben und ergänzend die Grundsätze maßgebend, die sich aus den Entscheidungen des EuGH zur Reichweite der Niederlassungsfreiheit gem. Art. 49, 54 AEUV bei grenzüberschreitenden Umwandlungen ergeben,[8] v.a. »Sevic« v. 13.12.2005,[9] Cartesio« v. 16.12.2008,[10] »VALE« v. 12.07.2012[11] und jüngst »Polbud« v. 25.10.2017.[12] Noch offen ist, welche Folgen der Brexit, also der voraussichtliche Austritt Großbritanniens aus der EU,

---

1 BGBl. 1994 I S. 3210.
2 BGBl. 1994 I S. 3267.
3 BGBl. 1998 I S. 1242.
4 BGBl. 1998 I S. 1878.
5 BGBl. 2007 I S. 542.
6 BGBl. 2011 I S. 1338.
7 In diesem Zusammenhang ist jedoch auf die am 25.04.2018 von der EU-Kommission veröffentlichte Initiative zu grenzüberschreitenden Verschmelzungen, Spaltungen und Formwechseln hinzuweisen (als Teil des EU Company Law upgraded Package, COM(2018)241/972519; abrufbar unter https://ec.europa.eu/info/law/better-regulation/initiatives/com-2018-241_en; die weitere Entwicklung bleibt insoweit abzuwarten.
8 Vgl. zur Umsetzung der EuGH-Rechtsprechung durch die deutschen Instanzgerichte OLG Nürnberg v. 19.06.2013 – 12 W 520/13 (Moor Park II), NZG 2014, 349 m. Anm. *Stigler* = DNotZ 2014, 150 m. Anm. *Hushahn*.; hierzu etwa *Hermanns*, MittBayNot 2016, 297; *Schaper*, ZIP 2014, 810; KG v. 21.03.2016 – 22 W 64/15, ZIP 2016, 1223; dazu etwa *Hushahn*, RNotZ 2016, 620; *Schaper/Vollertsen*, EWiR 2017, 109; *Seibold*, ZIP 2017, 456; *Wachter*, GmbHR 2016, 738; *Zwirlein*, ZGR 2017, 114; OLG Frankfurt v. 03.01.2017 – 20 W 88/15, DNotZ 2017, 381 m. Anm. *Knaier* = NZG 2017, 423 m. Anm. *Klett* = RNotZ 2017 m. Anm. *Hushahn*; hierzu *Rosner*, EWiR 2017, 297; *Stigler*, GmbHR 2017, 392; *Teichmann*, ZIP 2017, 1190; *Teichmann/Knaier*, GmbHR 2017, 1314, 1324; OLG Düsseldorf v. 19.07.2017 – I-3 Wx 171/16, NZG 2017, 1354;.
9 NJW 2006, 425 = DNotZ 2006, 210.
10 BB 2009, 11; s. nur *Bayer/Schmidt*, ZHR 173 (2009), 735.
11 NJW 2012, 2715 = BB 2012, 2069.
12 NJW 2017, 3639; dazu etwa *Heckschen/Strnad*, notar 2018, 83.

für die Geltung der Grundfreiheiten im Verhältnis zur EU und der Behandlung grenzüberschreitender Umwandlungen haben wird.[13]

II. Wesentliche Grundprinzipien

2   Weiterhin unverändert gelten die wesentlichen Grundprinzipien des UmwG 1994:

1. Zusammenfassung und Systematisierung des Umwandlungsrechts

3   Grundanliegen des Umwandlungsgesetzes von 1994 ist die *Zusammenfassung und Systematisierung* des gesamten Umwandlungsrechtes. Unternehmen soll ermöglicht werden, Änderungen der Unternehmensstruktur im Wege der (bei Spaltung partiellen) Gesamtrechtsnachfolge ohne vorherige Liquidation und Neugründung in der angestrebten Rechtsform umzusetzen (unter Buchwertfortführung nach Maßgabe des UmwStG). Der angestrebte Gesetzeszweck führt zu einer umfangreichen Regelung mit einer hohen Regelungsdichte, wobei die Aufzählung der Umwandlungsarten in § 1 Abs. 1 UmwG nach Auffassung des Gesetzgebers abschließend ist, vgl. § 1 Abs. 2 UmwG (Analogieverbot bzw. numerus clausus der Umwandlungsarten).[14] Zudem kann von den Vorgaben des UmwG nur abgewichen werden, wenn dies ausdrücklich zugelassen ist, § 1 Abs. 3 UmwG.

2. Einbeziehung weiterer Rechtsformen

4   Durch das UmwG von 1994 wurden gegenüber der früheren Regelung *weitere Rechtsformen* einbezogen (zuletzt die Partnerschaftsgesellschaft) und damit die Umwandlungsmöglichkeiten erweitert. Unbefriedigend ist die stiefmütterliche Behandlung der BGB-Gesellschaft, die nur nach § 191 Abs. 2 Nr. 1 UmwG neuer Rechtsträger beim Formwechsel sein kann und von der Verschmelzung und Spaltung ausgeschlossen ist.

3. Spaltung als allgemeine Umwandlungsmaßnahme

5   Während früher Spaltungen nur im Wege der Einzelübertragung (von Aktiva) und der Einzelübernahme (von Passiva) möglich waren, wurde im UmwG die *Spaltung als allgemeine Umwandlungsmaßnahme* mit Gesamtrechtsnachfolge eingeführt.

4. Gesellschafterschutz

6   Der *Schutz der Gesellschafter* wurde durch Erweiterung der Informations- und Prüfungspflichten verbessert. Überstimmte Minderheitsgesellschafter können je nach Umwandlungsform einen Anspruch auf ein Abfindungsangebot zum vollen Wert ihrer Beteiligung haben vgl. etwa §§ 29, 125, 207 UmwG.

---

13   Vgl. etwa *Lieder/Bialluch*, NotBZ 2017, 165 und 209; *Hagemann/von der Höh*, DB 2017, 830; *Schall*, GmbHR 2017, 25; *Seeger*, DStR 2016, 1817; *Zwirlein/Großerichter/Gätsch*, NZG 2017, 1041; *Mayer/Manz*, BB 2016, 1731; *Freitag/Koch*, ZIP 2016, 1361.
14   Vgl. auch BGH, NZG 2004, 728, zum Rechtsformwechsel bei Umwandlung der früheren DG Bank Deutsche Genossenschaftsbank; Muster zur grenzüberschreitenden Verschmelzung einer Limited auf eine GmbH finden sich etwa bei Herrler/*Gerber*, Gesellschaftsrecht in der Notar- und Gestaltungspraxis, § 30 E.

5. Arbeitnehmerschutz

Arbeitnehmerschutzbestimmungen wurden in das Gesetz aufgenommen (Pflicht zur Information des Betriebsrats 1 Monat vor der Beschlussfassung der Gesellschafter, §§ 5 Abs. 3, 126 Abs. 3, 194 Abs. 2 UmwG; Pflicht zur Angabe der Folgen, die die Umwandlung für die Arbeitnehmer hat, §§ 5 Abs. 1 Nr. 9, 126 Abs. 1 Nr. 11, 194 Abs. 1 Nr. 7 UmwG). 7

6. Änderung der Terminologie und Systematik

Die *Terminologie und Systematik* der Umstrukturierungsmaßnahmen wurde geändert; da der Begriff der »Umwandlung« jetzt Oberbegriff für alle Umstrukturierungsmaßnahmen ist, wird er für einzelne Arten der Umstrukturierung nicht mehr verwendet. Die übertragende Umwandlung von einer Kapitalgesellschaft auf eine natürliche Person als bisheriger Alleingesellschafter (die Mehrheitsumwandlung ist nicht mehr zulässig) wird jetzt als Verschmelzung (§§ 120 ff. UmwG) und die umgekehrte übertragende Umwandlung eines Einzelunternehmens auf eine Kapitalgesellschaft wird jetzt als Spaltung (Ausgliederung) eingeordnet (§§ 152 ff. UmwG; im Unterschied zum früheren Recht ist nicht nur die Ausgliederung zur Neugründung, sondern auch zur Aufnahme durch eine bestehende Gesellschaft möglich). 8

III. Der Aufbau des Gesetzes

Das Gesetz ist in sieben Bücher gegliedert: Das erste Buch enthält nur die grundlegende Vorschrift des § 1 UmwG, die die möglichen Umwandlungsarten aufzählt (§ 1 Abs. 1), den abschließenden Charakter der Regelungen des Gesetzes betont (§ 1 Abs. 2) und feststellt, dass die Bestimmungen des Gesetzes regelmäßig zwingend sind (§ 1 Abs. 3 UmwG). Das 2. Buch befasst sich mit der Verschmelzung und bildet darüber hinaus auch den »Allgemeinen Teil« des Umwandlungsrechts, weil in den folgenden Büchern auf das 2. Buch weithin verwiesen wird (»Baukastentechnik«, v.a. für die Spaltung, vgl. §§ 125, 176, 177 UmwG). Das 3. Buch enthält die Regelung der Spaltung, das 4. Buch (von geringerer Bedeutung) die Regelung der Vermögensübertragung als Möglichkeit der Umstrukturierung durch Gesamtrechtsnachfolge für Unternehmen, bei denen aufgrund ihrer rechtlichen Struktur ein Umtausch von Anteilen und damit eine Verschmelzung oder Spaltung nicht möglich ist. Das 5. Buch befasst sich mit dem Formwechsel. Innerhalb der besonders wichtigen Bücher 2, 3 und 5 werden jeweils in einem 1. Teil »Allgemeine Vorschriften« an die Spitze gestellt (sie gelten für alle Fälle der Verschmelzung, der Spaltung oder des Formwechsels), denen sich in einem 2. Teil »Besondere Vorschriften« für die unterschiedlichen Arten der Umwandlung je nach der Rechtsform der beteiligten Rechtsträger anschließen. Von geringerer Bedeutung sind wieder das 6. Buch Strafvorschriften und Zwangsgelder und das 7. Buch mit Übergangs- und Schlussvorschriften. 9

IV. Umwandlungsfähige Rechtsträger

Die verschmelzungsfähigen Rechtsträger enthält § 3 UmwG, dessen Regelung § 124 UmwG für die Spaltung übernimmt und ergänzt. Eine eigene Regelung der Rechtsträger, die an einem Formwechsel beteiligt sein können, enthält § 191 UmwG. Die SE ist Aktiengesellschaft und als solche in den Kreis der umwandlungsfähigen Rechtsträger einbezogen. Die SE-Verordnung und das deutsche Einführungsgesetz v. 29.12.2004 enthalten aber eigene Vorschriften – v.a. zur Gründung der SE, s. aber auch Art. 66 Abs. 1 SE-Verordnung-, die vorgehen. 10

11 Dass die Gesellschaft bürgerlichen Rechts von Verschmelzung und Spaltung ausgeschlossen ist und auch bei einem Formwechsel nur neuer, nicht formwechselnder Rechtsträger sein kann, wurde bereits erwähnt (gegebenenfalls ist vorweg Gründung einer OHG nach § 105 Abs. 2 Satz 1 oder einer KG nach § 161 HGB erforderlich). Da Personenhandelsgesellschaften an allen Umwandlungen beteiligt sein können, gilt das nach allg. M. auch für die EWIV.[15] Vorgesellschaften (insb. die Vor-GmbH bzw. GmbH i.G.) sind zwar nach allg. M. nicht umwandlungsfähig. Alle für die Umwandlung erforderlichen Maßnahmen (etwa Abschluss des Verschmelzungsvertrages, zustimmender Gesellschafterbeschluss, Anmeldung zum Handelsregister) können jedoch schon getroffen werden und die Eintragung der Umwandlung im Handelsregister setzt lediglich die vorherige Eintragung der GmbH usw. voraus.[16] Gleiches gilt für die Beteiligung von einer »werdenden« OHG oder KG, die nur ein Kleingewerbe betreibt oder nur eigenes Vermögen verwaltet, vor ihrer Eintragung in das Handelsregister, weil sie bis zur Eintragung BGB-Gesellschaft ist (vgl. §§ 105 Abs. 2, 161 Abs. 2, 1 Abs. 2 HGB). Zwar ist die Unternehmergesellschaft wie die GmbH grds. umwandlungsfähig.[17] Wegen des in § 5a Abs. 2 Satz 2 GmbHG normierten Sacheinlageverbots scheidet die UG (haftungsbeschränkt) jedoch als Zielrechtsträger bei einer Verschmelzung oder Spaltung zur Neugründung sowie bei einem Formwechsel aus.[18] Gleiches gilt nach h.M. grds., wenn die Verschmelzung oder Spaltung mit einer Kapitalerhöhung bei der UG (haftungsbeschränkt) verbunden wäre.[19] Demgegenüber dürfte die UG (haftungsbeschränkt) tauglicher Zielrechtsträger sein, wenn das Stammkapital auf mindestens 25.000 € erhöht wird.[20] Hierfür spricht u.a., dass das Sacheinlageverbot nach § 5a Abs. 2 Satz 2 GmbHG nach h.M. im vergleichbaren Fall einer den Betrag des Mindestkapitals nach § 5 Abs. 1 GmbHG erreichenden oder übersteigenden Erhöhung des Stammkapitals (sog. step-up zur GmbH) nicht gilt.[21]

12 Nicht umwandlungsfähig sind neben BGB-Gesellschaften Erbengemeinschaften, Bruchteilsgemeinschaften, nicht rechtsfähige Vereine, stille Gesellschaften, Stiftungen und juristische Personen des öffentlichen Rechts (Ausnahme: § 175 UmwG).

13 Soweit für eine bestimmte Rechtsform Beschränkungen im Gesellschafterkreis gelten, muss dies auch bei der Umwandlung beachtet werden: Die Verschmelzung auf oder ein Formwechsel in die Rechtsform der Partnerschaftsgesellschaft ist also nur zulässig, wenn alle Gesellschafter der übertragenden oder formwechselnden Gesellschaft »partnerschaftsfähig« i.S.v. § 1 PartGG sind (vgl. § 45a UmwG).

14 Eine allgemeine Einschränkung für die Beteiligung an Umwandlungen nach dem UmwG ergibt sich schließlich aus § 1 Abs. 1 UmwG: Grundsätzlich können sich nur Rechtsträger mit (Satzungs-)Sitz im Inland an einer Umwandlung i.S.d. UmwG beteiligen. Grenzüberschreitende Umwandlungen sehen nur die §§ 122a ff. UmwG vor (wobei die §§ 122a ff. UmwG nur für die an der Umwandlung beteiligte(n) Gesellschaft(en) gelten, die deutschem Recht unterliegen); s aber zur europarechtskonformen Auslegung der Vorschrift oben unter Rdn. 1.

---

15 Vgl. nur Semler/Stengel/*Stengel*, UmwG, § 3 Rn. 14.
16 Vgl. *Lutter*, § 3 UmwG Rn. 5.
17 *Limmer*, Handbuch der Unternehmensumwandlung, Teil 4 Kap. 1 Rn. 60.
18 Vgl. nur *Limmer*, Handbuch der Unternehmensumwandlung, Teil 4 Kap. 1 Rn. 60; Baumbach/Hueck/*Fastrich*, GmbHG, § 5a Rn. 17; s.a. BGH DStR 2011, 1137, zur Abspaltung.
19 Vgl. *Stengel*, in: Semler/Stengel, UmwG, § 3 Rn. 20a m.w.N.
20 Ebenso *Ries/Schulte*, NZG 2018, 571, 573; für die Spaltung auch *Limmer*, Handbuch der Unternehmensumwandlung, Teil 3 Kap. 2 Rn. 463; *Weiler*, notar 2011, 207, 208; Semler/Stengel/*Stengel*, UmwG, § 124 Rn. 8a.
21 Vgl. nur BGH, GmbHR 2011, 699 m. Anm. *Bremer*.; Baumbach/Hueck/*Fastrich*, GmbHG, § 5a Rn. 33.

V. Die einzelnen Verfahrensschritte bei der Umwandlung

Bei allen Arten der Umwandlung bedarf es grundsätzlich der Verfahrensschritte Bericht über die vorgesehene Maßnahme und Prüfung (soweit nicht ausnahmsweise Bericht und Prüfung entbehrlich sind oder auf Bericht und Prüfung verzichtet werden kann), Beschlussfassung, Anmeldung zum Register und Eintragung in das oder die Register. Unterschiedlich ist die Grundlage der Umwandlung, über die der Beschluss zu fassen ist (oder die Beschlüsse zu fassen sind): Bei der Verschmelzung und der Spaltung zur Aufnahme ist es der Verschmelzungs- (§§ 4 ff. UmwG) bzw. Spaltungs- und Übernahmevertrag (§§ 125 f. UmwG) oder dessen Entwurf, wenn der Vertrag erst nach der Beschlussfassung geschlossen werden soll (§ 4 Abs. 2 UmwG; das kann sich empfehlen, wenn Zweifel bestehen, ob ein Zustimmungsbeschluss zustande kommt). Bei der Spaltung zur Neugründung tritt an die Stelle des Spaltungs- und Übernahmevertrags der Spaltungsplan (§ 136 UmwG). Beim Formwechsel ist der Umwandlungsbeschluss (§§ 193 f. UmwG) selbst die Grundlage der beschlossenen Umwandlungsmaßnahme.

VI. Andere Umstrukturierungsmaßnahmen

Das UmwG schließt das allgemeine gesetzliche Instrumentarium zur Durchführung von Umstrukturierungsmaßnahmen i.S. der Einzelübertragung von Aktiva und ggf. Passiva nicht aus. Hierdurch sollen u.a. die mit einer Umwandlung nach dem UmwG verbundenen Notar- und Beratungskosten sowie das – außer bei konzerninternen oder einvernehmlichen Umwandlungen – aufwendige Verfahren vermieden werden.[22] So können die Beteiligten u.a. eine neue Gesellschaft – häufig eine GmbH – gründen und die Aktiva und Passiva des übertragenden Rechtsträgers im Wege einer Sachkapitalerhöhung (sog. Stufengründung) oder als Sachagio einbringen. Diese sog. Betriebseinbringung kann i.d.R. zu Buchwerten erfolgen, vgl. § 20 UmwStG.[23] Allerdings fallen auch insoweit Notarkosten an. Zudem kann die Übertragung Grunderwerbsteuer nach § 1 Abs. 1 Nr. 1 GrEStG auslösen (hier greift auch § 6 Abs. 2 GrEStG nicht) und die Gläubiger müssen der Vertragsübernahme durch die Zielgesellschaft entsprechend §§ 414 f. BGB zustimmen. Schließlich können Forderungen, bei denen ein Abtretungsverbot vereinbart ist, nicht ohne weiteres an die Zielgesellschaft abgetreten werden.[24]

Die mit der Umwandlung bezweckten Rechtsfolgen können ferner auch im Wege der sog. Anwachsungsmodelle erreicht werden.[25] Diese basieren auf der Überlegung, dass Personengesellschaften nach h.M. mindestens zwei Gesellschafter haben müssen und es beim Ausscheiden des vorletzten Gesellschafters zu einem liquidationslosen Erlöschen der Gesellschaft und zu einem automatischen Übergang des gesamten Vermögens und der Verbindlichkeiten der Gesellschaft auf den letzten Gesellschafter kommt.[26] Von Bedeutung ist das Anwachsungsmodell v.a. bei der Umwandlung einer GmbH & Co. KG zur GmbH. Dabei ist zwischen dem einfachen und dem erweiterten Anwachsungsmodell zu unterscheiden.[27] Während im ersten Fall alle Gesellschafter bis auf die Komplementär-GmbH den Austritt aus der KG erklären (deswegen auch als Austrittsmodell bezeichnet), scheiden die Kommanditisten im zweiten Fall durch rechtsgeschäftliche Übertragung ihrer Kom-

---

22 Vgl. auch Würzburger Notarhandbuch/*Heidinger*, Teil 5 Kap. 6 Rn. 17 f.
23 Vgl. nur Binz/Sorg/*Mayer/Beier*, Die GmbH & Co. KG, § 30 Rn. 5 ff.
24 Anders als bei einer Umwandlung nach dem UmwG, vgl. BGH, Urt. v. 22.09.2016 – VII ZR 298/14, DNotZ 2017, 52.
25 Hierzu etwa *Ropohl/Freck*, GmbHR 2009, 1076
26 Vgl. nur BGH NJW 1978, 1525, BGH NZG 2004, 611, MünchKommHGB/*K. Schmidt*, § 131 Rn. 7, 55, 105.
27 Vgl. Binz/Sorg/*Mayer/Beier*, Die GmbH & Co. KG, § 30 Rn. 47 ff.

manditanteile auf den verbleibenden Gesellschafter (die Komplementär-GmbH) aus der Personengesellschaft aus. Die Anteilsvereinigung in einer Hand führt ebenso wie das Austrittsmodell zum Erlöschen der Personengesellschaft und zum Übergang des Gesamthandvermögens auf den letzten Gesellschafter. Soweit diese Übertragung im Rahmen einer Sachkapitalerhöhung erfolgt, führt dies – anders als bei der einfachen Anwachsung – nicht zu einer Aufdeckung stiller Reserven. Wie beim Formwechsel ist auch keine Zustimmung von Vertragspartnern und Gläubigern zur Anteilsübertragung erforderlich. Allerdings fallen infolge der Kapitalerhöhung und der Änderung des Unternehmensgegenstands ebenfalls Notar- und Registerkosten und – anders als beim Formwechsel – auch Grunderwerbsteuer. Für dieses Modell kann die Verwendung der ansonsten gegenstandslosen Komplementär-GmbH sprechen,[28] dagegen die drohende Grunderwerbsteuerbelastung.

VII. Grundsätze des Umwandlungssteuerrechts

18 Ziel des Umwandlungssteuergesetzes von 1995 ist es, dass betriebswirtschaftlich erwünschte Umstrukturierungen, die durch das UmwG handelsrechtlich möglich sind, nicht durch steuerliche Folgen behindert werden, sondern weitgehend steuerneutral durchgeführt werden können, soweit dem nicht spezifische Belange des Steuerrechts entgegenstehen. Dieses sind die grundsätzlich jeweils steuerneutral mögliche Verschmelzung einer Körperschaft auf eine Personengesellschaft (§§ 3 ff. UmwStG), Spaltung von Körperschaften (§§ 15 f. UmwStG) und formwechselnde Umwandlung einer Personengesellschaft in eine Kapitalgesellschaft (§ 25 UmwStG) oder umgekehrt (§ 9 UmwStG); die zunächst auch mögliche Übertragung eines Verlustabzuges im Rahmen der Verschmelzung von Körperschaften oder der Spaltung unter Körperschaften ist wieder entfallen (§ 4 Abs. 2 Satz 2 i.V.m. §§ 12 Abs. 3, 15 UmwStG).

19 Abweichend von der handelsrechtlichen Systematik und bedingt durch die unterschiedliche Besteuerung von Personengesellschaft (der einzelne Gesellschafter ist Steuersubjekt) und Kapitalgesellschaft (die Gesellschaft ist Steuersubjekt), behandelt das UmwStG die Umstrukturierungen unterschiedlich. Das UmwStG enthält bewusst Regelungslücken (Verschmelzung von Personengesellschaft auf Genossenschaft, Spaltung von Personengesellschaften) und geht über die Regelungsfälle des UmwG hinaus, weil auch die Einbringung eine Betriebes, Teilbetriebes oder Mitunternehmerschaft im Wege der Einzelrechtsnachfolge steuerbegünstigt ist.

20 Das Umwandlungssteuergesetz kennt vier Grundtypen der Besteuerung von Umwandlungsvorgängen:
– Die Verschmelzung einer Kapitalgesellschaft auf ein Personenunternehmen (zweiter Teil des UmwStG, dessen Regelungen auch für den Formwechsel gelten);
– die Verschmelzung zweier Kapitalgesellschaften (dritter Teil des UmwStG, dessen Regelungen auch für die Auf- und Abspaltung gelten);
– die Einbringung eines (Teil-)Betriebes oder Mitunternehmeranteil in eine Kapitalgesellschaft (sechster Teil des UmwStG, dessen Regelungen auch für den Formwechsel gelten);
– die Einbringung eines (Teil-)Betriebes oder Mitunternehmeranteils in eine Personengesellschaft (siebter Teil des UmwStG).

21 Ziel des UmwStG ist es, die Aufdeckung stiller Reserven und insoweit eine Steuerbelastung im Zusammenhang mit Umwandlungsvorgängen unter bestimmten Voraussetzungen vermeiden zu können, indem die Besteuerung der stillen Reserven auf einen späteren Zeitpunkt verschoben wird. Voraussetzung für die Steuerneutralität ist die Fortführung der Buchwerte. Sie entfällt, wenn die zukünftige inländische Besteuerung der übergehenden stillen Reserven nicht gesichert ist. Beim übertragenden Rechtsträger entsteht ein sog. Über-

---

28 Vgl. auch BeckOF-Vertrag/*Krauß*, Stand: 01.09.2017, 7.15.3.1. Rn. 1.

tragungsgewinn bzw. in Einbringungsfällen ein sog. Einbringungsgewinn, wenn in der Schlussbilanz des übertragenden Rechtsträgers nicht die bisherigen Buchwerte, sondern höhere Werte anzusetzen sind bzw. angesetzt werden. Aufgrund der Neuformulierung des UmwStG vom 07.12.2006[29] wurde die Systematik etwas geändert. Anknüpfend daran, dass ein Vermögensübergang allgemein ein Veräußerungs- bzw. Anschaffungsvorgang ist (tauschähnlicher Vorgang), sind grundsätzlich die übergehenden Wirtschaftsgüter mit dem gemeinen Wert[30] (früher Teilwert) anzusetzen (§ 3 Abs. 1, § 11 Abs. 1, § 20 Abs. 2 Satz 1, § 24 Abs. 2 Satz 1 UmwStG). Auf **Antrag** können die übergehenden Wirtschaftsgüter in der steuerlichen Schlussbilanz auch einheitlich mit **Buch- oder Zwischenwerten** angesetzt werden (Wertansatzwahlrecht), jedoch nur, soweit bestimmte, jeweils im Gesetz benannte Voraussetzungen gegeben sind, wobei es stets darauf ankommt, dass das Recht der Bundesrepublik Deutschland hinsichtlich der Besteuerung des Gewinns aus der Veräußerung der übertragenen Wirtschaftsgüter nicht ausgeschlossen oder beschränkt wird, eine Gegenleistung nicht gewährt wird oder in Gesellschaftsrechten besteht und sichergestellt ist, dass das übernommene Betriebsvermögen bei dem übernehmenden Rechtsträger der Besteuerung mit Einkommen- oder Körperschaftsteuer unterliegt.

Ein Übernahmegewinn entsteht beim übernehmenden Rechtsträger, wenn er bereits vor der Umwandlung an dem übertragenen Rechtsträger beteiligt ist. Dabei erhält er anstelle der bisherigen Beteiligung am übertragenen Rechtsträger durch die Umwandlung die neu aufgenommene Vermögensgegenstände und Schulden. Die Differenz aus dem Wert, mit dem die übernommenen Vermögensgegenstände beim übernehmenden Rechtsträger angesetzt werden, und dem Buchwert der wegfallenden Beteiligung bilden den Übernahmegewinn. **22**

Steuerlich besteht grundsätzlich die **Verpflichtung zur Wertverknüpfung** zwischen dem Wert in der Schlussbilanz des übertragenden Rechtsträgers und der Eröffnungsbilanz des übernehmenden Rechtsträgers. **23**

Entsprechend dem Handelsrecht kann auch steuerlich der Umwandlungsvorgang nach UmwG rückwirkend eintreten. Die Rückwirkungsdauer ist wie im Handelsrecht auf 8 Monate vom Tag der Anmeldung zum Handelsregister angerechnet, beschränkt. Der **steuerrechtliche Übertragungsstichtag** liegt in der Regel einen Tag vor dem handelsrechtlichen Umwandlungsstichtag (§ 2 UmwStG i.V.m. § 17 Abs. 2 UmwG; Tz. 02.02. UmwStE[31] z.B. Umwandlungsstichtag 01.01.2005; Schlussbilanz 31.12.2004: steuerlicher Übertragungsstichtag = 31.12.2004; lediglich beim Formwechsel ergibt sich ein zeitlicher Abstand, da bei ihm es keine handelsrechtliche wohl aber eine steuerliche Rückbeziehung gibt). Zum steuerrechtlichen Übertragungsstichtag ist die Schlussbilanz des übertragenden Rechtsträgers zu erstellen (Tz. 02.02. UmwStE). Der Übertragungs- und der Übernahmegewinn entstehen am Übertragungsstichtag um 24.00 Uhr (Tz 02.04. UmwStE). Die Steuerpflicht des übertragenden Rechtsträgers endet und die des übernehmenden Rechtsträgers beginnt ebenfalls mit Ablauf des Übertragungsstichtages (Tz 02.10 bzw. 20.15 UmwStE). Ab diesem Stichtag werden die Geschäftsvorfälle steuerlich dem übernehmenden Rechtsträger zugerechnet (Tz 02.13 bzw. 20.14 UmwStE). **24**

Nach der Umwandlung tritt der übernehmende Rechtsträger in die steuerliche Rechtsstellung des übertragenden Rechtsträgers ein (sog. **Fußstapfentheorie**). Dies gilt insbesondere für die Bewertung, die Absetzung für Abnutzung, gewinnmindernde Rücklagen und die Dauer der Betriebszugehörigkeit eines Wirtschaftsgutes. Ob auch ein vorhandener Ver- **25**

---

29 Gesetz über steuerliche Begleitmaßnahmen zur Einführung der europäischen Gesellschaft und zur Änderung weiterer steuerrechtlichen Vorschriften (SEStEG), welches auf alle ab 13.12.2006 zum Handelsregister eingereichte Umwandlungsvorgänge anzuwenden ist.
30 Dies ist gemäß § 9 Abs. 2 BewG der Einzelverkaufspreis aller Wirtschaftgüter.
31 Umwandlungssteuererlass v. 11.11.2011 BStBl. I 2011, 1314, der den Erlass v. 25.03.1998, BStBl. I 1998, 268, geändert durch BMF-Schr. v. 21.08.2001, BStBl. I 2001, 543 ersetzt hat.

lustvortrag i.S.d. § 10d EStG auf den übernehmenden Rechtsträger übergeht, hängt vom Einzelfall ab.

26 Die steuerrechtlichen Ausführungen bei den nachfolgenden Abschnitten enthalten jedoch nur Grundzüge des Umwandlungssteuerrechtes, halten sich weitgehend an die Ansicht der Finanzverwaltung im Umwandlungssteuererlass vom 11.11.2011[32] und behandeln nur die Gesetzesregelungen, die für den Notar zur Urkundengestaltung bzw. Verständnis des Umwandlungsvorganges erforderlich erscheinen. Die nachfolgenden Ausführungen bei den jeweiligen Umwandlungsarten behandeln steuerlich aber nur Umwandlungsvorgänge unter Beteiligung von nur inländischen Rechtsträgern.[33] Zur Vertiefung und Ergänzung der bewusst bestehenden Lücken wird auf die weitreichende Literatur verwiesen.[34]

---

32 Umwandlungssteuererlass v. 11.11.2011 BStBl. I 2011, 1314.
33 Wegen Umwandlungsvorgängen mit Beteiligung von ausländischen Rechtsträgern: *Nagel*, EStB 2007, 53 ff.; 105 ff.; *Schönherr/Lemaitre*, GmbHR 2007, 459 m.w. Literaturnachw.; *Schönfeld*, Ausgewählte Internationale Aspekte des neuen Umwandlungssteuererlasses, IStR 2011, 497; *Günes*, Grenzüberschreitende Verschmelzungen unter Beteiligung von Kapitalgesellschaften aus Drittstaaten, IStR 2013, 213.
34 Zum SEStEG: *Bodden*, FR (EStR) 2007, 66; *Ley/Bodden*, FR (EStR) 2007, 265; *Felchner/Wendland*, Steuer und Studium 2007, 164; *Förster/Wendland*, BB 2007, 631; *Forst/Radmer*, EStB 2007, 112; *Kowallik/Merklein/Scheipers*, DStR 2008, 173; *Nagel*, EStB 2007, 105; *Ley*, FR (EStR) 2007, 109; *Paus*, EStB 2007, 180; *Schönherr/Lemaitre*, GmbHR 2007, 459. Eine Vielzahl von Aufsätzen ist auch zum neuen Umwandlungssteuererlass vom 11.11.2011 ergangen: u.vielen: *Rogall*, Wesentliche Aspekte des neuen Umwandlungssteuererlasses, NZG 2011, 810; *Sommer*, Ausgewählte Aspekte zur Verschmelzung von Kapital- auf Personengesellschaften nach dem neuen Umwandlungssteuer-Erlass, SteuK 2012, 43; *Tommaso*, Ausgewählte Einzelfragen zur Verschmelzung auf Körperschaften, SteuK 2012, 87; *Roderburg/Schmitz/Pesch*, Aktuelle Probleme im Bereich der Einbringung und des Anteilstauschs nach dem Umwandlungssteuererlass 2011, SteuK 2012, 131.

§ 154 Verschmelzung

I. Arten der Verschmelzung

§ 2 UmwG unterscheidet zwischen der Verschmelzung im Wege der Aufnahme auf einen bereits bestehenden anderen Rechtsträger und der Verschmelzung im Wege der Neugründung. In den §§ 4 ff. UmwG regelt das Gesetz dann ausführlich die Verschmelzung durch Aufnahme, die auch in der Praxis die Regel darstellt, und verweist in §§ 36 ff. UmwG für die Verschmelzung durch Neugründung mit einigen Besonderheiten auf diese Vorschriften. **1**

II. Verschmelzungsfähige Rechtsträger

Die verschmelzungsfähigen Rechtsträger zählt § 3 UmwG auf: Generell verschmelzungsfähig sind Personenhandelsgesellschaften (nicht aber Gesellschaften bürgerlichen Rechts), Partnerschaftsgesellschaften, Kapitalgesellschaften (einschließlich der SE), eingetragene Genossenschaften, eingetragene Vereine (nach § 21 BGB), genossenschaftliche Prüfungsverbände und Versicherungsvereine auf Gegenseitigkeit. Wirtschaftliche Vereine nach § 22 BGB können nur übertragende Rechtsträger sein, natürliche Personen können als Alleingesellschafter das Vermögen einer Kapitalgesellschaft übernehmen (§ 3 Abs. 2 UmwG). Nach einer verbreiteten Ansicht geht das UmwG vom Weiterbestehen des übernehmenden Rechtsträgers aus.[1] Daher ist die Verschmelzung einer Komplementär-GmbH ohne weitere Komplementäre auf eine Kommanditgesellschaft mit nur einem Kommanditisten, der zugleich alleiniger Gesellschafter der Komplementär-GmbH ist, unzulässig.[2] Aufgelöste Rechtsträger können als übertragende Rechtsträger beteiligt sein, wenn ihre Fortsetzung beschlossen werden könnte (§ 3 Abs. 3 UmwG). § 3 stellt klar, dass grundsätzlich (soweit nichts anderes bestimmt ist) auch Rechtsträger unterschiedlicher Rechtsform an einer Verschmelzung beteiligt sein können. Schon aus § 2 UmwG ergibt sich, dass die gleichzeitige Verschmelzung von beliebig vielen Rechtsträgern, allerdings immer nur auf einen übernehmenden Rechtsträger, zulässig ist. **2**

III. Der Verschmelzungsvertrag

Ausgangspunkt der Verschmelzung ist der Verschmelzungsvertrag oder dessen Entwurf (§ 4 Abs. 1, 2 UmwG); wird ein Entwurf den Beschlüssen zugrunde gelegt, ist der Verschmelzungsvertrag anschließend abzuschließen. Der Verschmelzungsvertrag bedarf der notariellen Beurkundung (§ 6 UmwG), der Entwurf der Schriftform. Parteien des Verschmelzungsvertrages sind die an der Verschmelzung beteiligten Rechtsträger, vertreten durch ihre Organe (§ 4 Abs. 1 UmwG). Abschluss durch Bevollmächtigte ist zulässig; die Vollmacht bedarf materiell-rechtlich grundsätzlich keiner Form (Ausnahme: bei Gründung von GmbH, AG oder KGaA nach § 2 Abs. 2 GmbHG, §§ 23 Abs. 1 Satz 2, 280 Abs. 1 Satz 3 AktG), zum Nachweis gegenüber dem Register (mindestens) der Schriftform.[3] Den erforderlichen Inhalt **3**

---

[1] Vgl. Semler/Stengel/*Stengel*, UmwG, § 2 UmwG Rn. 37a.; OLG Hamm GmbHR 2010, 985.
[2] Vgl. OLG Hamm GmbHR 2010, 985, 986; demgegenüber ist der umgekehrte Fall der Verschmelzung der Kommanditgesellschaft auf die Komplementär-GmbH (Variante des Upstream-Merger) allgemein anerkannt.
[3] Vgl. nur Semler/Stengel/*Schröer*, UmwG, § 4 Rn. 9, 11 m.w.N.

des Verschmelzungsvertrages regelt § 5 UmwG[4], ergänzt durch rechtsformspezifische Sonderregelungen im Besonderen Teil der §§ 39 ff. UmwG. Bei Verschmelzung einer 100 %-igen[5] Tochtergesellschaft auf die Mutter (sog. Upstream-Merger, nicht beim Downstream-Merger) sind die Angaben über den Anteilstausch (§ 5 Abs 1 Nr. 2 bis 5 UmwG) nach § 5 Abs. 2 UmwG entbehrlich, da in diesem Fall kein Anteilseigner des übertragenden Rechtsträgers Anteile am übernehmenden Rechtsträger erwirbt.[6]

4   Nach § 5 Abs. 1 Nr. 9 UmwG soll der Verschmelzungsvertrag zudem Angaben zu den Folgen der Verschmelzung für die Arbeitnehmer und ihre Vertretungen sowie die insoweit vorgesehenen Maßnahmen enthalten, nach verbreiteter Ansicht selbst dann, wenn zum Zeitpunkt des Vertragsschlusses kein beteiligter Rechtsträger einen Betriebsrat oder Arbeitnehmer hat oder nach Auffassung der beteiligten Rechtsträger keine Änderungen eintreten werden.[7] Auch im Übrigen bereitet die Bestimmung des notwendigen Inhalts und erforderlichen Umfangs der Angaben in der Praxis mitunter Schwierigkeiten.[8] Soweit beteiligte Rechtsträger einen Betriebsrat haben, ist der Verschmelzungsvertrag gemäß § 5 Abs. 3 UmwG dem Betriebsrat spätestens 1 Monat[9] vor der Beschlussfassung der Anteilseigner zuzuleiten. Der zuständige Betriebsrat kann auf die Einhaltung der Frist (nach verbreiteter Ansicht nicht auf die Zuleitung selbst)[10] verzichten. Mängel der Zuleitung stellen ein Eintragungshindernis für die Verschmelzung dar, vgl. § 17 Abs. 1 UmwG.

5   Nach § 5 Abs. 1 Nr. 7 und 8 UmwG sind Rechte und besondere Vorteile, die dem dort aufgeführten Personenkreis bei der Verschmelzung eingeräumt werden, in den Verschmelzungsvertrag aufzunehmen.[11] In der Praxis hat sich für den häufigen Fall, dass es keine solchen Rechte oder Sondervorteile gibt, eine Negativerklärung eingebürgert (s. Muster unter Rdn. 60 M, dort § 5). Das ist nach OLG Frankfurt[12] nicht erforderlich (das Gesetz enthält nur eine Pflicht zur positiven Angabe). Da die Negativerklärung weithin üblich ist und keine Mühe macht, erspart sie jedenfalls eventuelle Rückfragen des Registergerichts.[13]

IV. Berichterstattung und Prüfung

6   Die Vertretungsorgane jedes an der Verschmelzung beteiligten Rechtsträgers haben einen ausführlichen schriftlichen Bericht zu der Verschmelzung nach § 8 Abs. 1, 2 UmwG zu erstatten. Der Bericht ist nach § 8 Abs. 3 UmwG nicht erforderlich, wenn entweder eine 100 %-ige Tochtergesellschaft auf die Mutter verschmolzen wird oder alle Anteilsinhaber aller beteiligten Rechtsträger auf den Bericht verzichten. Die Verzichtserklärungen bedürfen der nota-

---

4   Vgl. zur Zulässigkeit von flexiblen Verschmelzungsstichtagen jüngst OLG Bremen ZIP 2016, 1480.
5   Maßgeblich für die Bestimmung der Beteiligungshöhe ist nach h.M. der Zeitpunkt der Eintragung der Verschmelzung ins Register des übernehmenden Rechtsträgers, vgl. etwa Widmann/Mayer/*Mayer*, Umwandlungsrecht, § 5 Rn. 213.
6   Semler/Stengel/*Schröer*, UmwG, § 5 Rn. 128.
7   OLG Düsseldorf NZA 1998, 766; *Krafka/Kühn*, Registerrecht, Rn. 1173 (denen zufolge bei einem Fehlen von Angaben aber auch eine entsprechende Erklärung des Vertretungsorgans ausreichen soll); Kallmeyer/*Willemsen*, UmwG, § 5 Rn. 79; Lutter/*Drygala*, UmwG, § 5 Rz. 117, Widmann/Mayer/*Mayer*, Umwandlungsrecht, § 5 Rn. 183, 202; a.A. Semler/Stengel/*Schröer*, UmwG, § 5 Rn. 129.
8   Vgl. ausführlich Semler/Stengel/*Schröer*, UmwG, § 5 Rn. 81 ff.; Widmann/Mayer/*Mayer*, Umwandlungsrecht, § 5 Rn. 199 ff.
9   Zur Fristberechnung etwa Widmann/Mayer/*Mayer*, Umwandlungsrecht, § 5 Rn. 256.
10 Zum Streitstand etwa Semler/Stengel/*Schröer*, UmwG, § 5 Rn. 146.
11 Zur Auslegung und Anpassung von Genussscheinbedingungen s. BGH, Urt. v. 28.05.2013 – II ZR 67/12, DNotZ 2014, 61.
12 OLG Frankfurt ZIP 2011, 2408; kritisch *Krafka/Kühn*, Registerrecht, Rn. 1173: Grds. seien auch solche Punkte des § 5 UmwG im Verschmelzungsvertrag zu behandeln, die tatsächlich im Einzelfall nicht zuträfen; Angaben gemäß § 5 Abs. 1 Nr. 7 UmwG und § 5 Abs. 1 Nr. 8 UmwG »sollen ..... nur erforderlich sein, wenn entsprechende Rechte oder Vorteile gewährt oder vorgesehen werden«.
13 Semler/Stengel/*Schröer*, UmwG, § 5 Rn. 69, 75; *Weiler*, notar 2012, 192, 201; nunmehr auch *Krafka/Kühn*, Registerrecht, Rn. 1173.

riellen Beurkundung; bei Abgabe der Verzichtserklärungen in der Gesellschafterversammlung (die ohne Weiteres möglich ist) gelten für diese Erklärungen die Vorschriften des BeurkG für die Beurkundung von Willenserklärungen.

Ob eine Prüfung durch Verschmelzungsprüfer erforderlich ist, entscheiden die rechtsformspezifischen Vorschriften des Besonderen Teiles (vgl. § 9 Abs. 1 UmwG): Bei der Verschmelzung unter Beteiligung von Aktiengesellschaften sieht § 60 Abs. 1 UmwG die Prüfung generell vor, bei Beteiligung von GmbHs nach § 48 UmwG nur dann, wenn es ein Gesellschafter verlangt. Bei Beteiligung von Personenhandelsgesellschaften oder Partnerschaftsgesellschaften sehen §§ 44, 45e UmwG die Prüfung vor, sofern der Gesellschaftsvertrag eine Mehrheitsklausel für den Zustimmungsbeschluss der Anteilseigner enthält und ein Gesellschafter die Prüfung verlangt. Eine Prüfung ist nach § 9 Abs. 2 und 3 UmwG – wie der Bericht nach § 8 Abs. 3 UmwG – nicht erforderlich, wenn eine 100 %-ige Tochtergesellschaft auf die Mutter verschmolzen wird oder alle Anteilsinhaber aller beteiligten Rechtsträger (in notariell beurkundeter Form) auf die Prüfung verzichten. Aufgrund der Weiterverweisung in § 9 Abs. 3 auf § 8 Abs. 3 UmwG besteht die Verzichtsmöglichkeit auch bei der Beteiligung von Aktiengesellschaften.[14]

V. Beschlussfassung über die Zustimmung zur Verschmelzung und über eine Kapitalerhöhung

1. Der Verschmelzungsvertrag bedarf nach § 13 UmwG der Zustimmung der Anteilsinhaber aller beteiligten Rechtsträger durch Beschluss, der nur in einer Versammlung der Anteilsinhaber gefasst werden kann. Die erforderlichen Mehrheiten sind unterschiedlich: Bei den Personalgesellschaften sind einstimmiger Beschluss und die Zustimmung der nicht erschienenen Gesellschafter erforderlich (§ 43 Abs. 1 UmwG), falls nicht der Gesellschaftsvertrag insoweit eine Mehrheitsentscheidung vorsieht, wobei mindestens eine Mehrheit von $^3/_4$ der abgegebenen Stimmen erforderlich ist (§ 43 Abs. 2 Satz 2 UmwG). Bei der GmbH ist eine Mehrheit von $^3/_4$ der abgegebenen Stimmen (§ 50 Abs. 1 Satz 1 UmwG), bei der AG von $^3/_4$ des vertretenen Grundkapitals nötig (§ 65 Abs. 1 Satz 1 UmwG). Gesellschaftsvertrag bzw. Satzung können eine größere Mehrheit und weitere Erfordernisse bestimmen, vgl. §§ 50 Abs. 1 Satz 2, 65 Abs. 1 Satz 2 UmwG. Gelten solche Bestimmungen für Satzungsänderungen, gilt das im Zweifel auch für den Verschmelzungsbeschluss.[15] In einzelnen Fällen ist darüber hinaus die Zustimmung bestimmter Gesellschafter erforderlich, etwa nach § 13 Abs. 2 UmwG oder §§ 50 Abs. 2, 51 Abs. 1 UmwG.

Bei Konzernverschmelzungen gelten zum Teil Erleichterungen. So ist ein Gesellschafterbeschluss bei einer übernehmenden Aktiengesellschaft nach § 62 Abs. 1 UmwG entbehrlich, wenn diese mindestens 90 % der Anteile der übertragenden Kapitalgesellschaft besitzt und nicht trotzdem die Einberufung einer Hauptversammlung nach § 62 Abs. 2 UmwG verlangt wird. Hält die Aktiengesellschaft alle Anteile der übertragenden Kapitalgesellschaft (oder wird nach § 62 Abs. 5 UmwG vorgegangen), ist nach § 62 Abs. 4 UmwG auch ein Gesellschafterbeschluss der übertragenden Gesellschaft entbehrlich. Unter den Voraussetzungen des § 62 Abs. 1 UmwG kann nach § 62 Abs. 5 UmwG der Ausschluss der Minderheitsaktionäre beschlossen werden (eingefügt durch das Gesetz vom 11.07.2011).[16]

Der Beschluss und eventuell erforderliche Zustimmungserklärungen müssen notariell beurkundet werden (§ 13 Abs. 3 Satz 1 UmwG); der Verschmelzungsvertrag oder sein Entwurf ist der Niederschrift über den Beschluss als Anlage beizufügen (§ 13 Abs. 3 Satz 2 UmwG).

---

14 Lutter/*Grunewald*, UmwG, § 60 Rn. 2.
15 Vgl. Lutter/*Winter*/*Vetter*, UmwG, § 50 Rn. 35 m.w.N.
16 BGBl. 2011, S. 1338.

§ 154 Verschmelzung

11 2. Ist übernehmender Rechtsträger eine GmbH oder eine AG, unterscheidet das Gesetz zwischen der Verschmelzung mit Kapitalerhöhung (§ 55 bzw. § 69 UmwG) und ohne Kapitalerhöhung, wenn ein Kapitalerhöhungsverbot (nach § 54 Abs. 1 Satz 1 bzw. § 68 Abs. 1 Satz 1 UmwG) oder ein Kapitalerhöhungswahlrecht (nach § 54 Abs. 1 Satz 2 bzw. § 68 Abs. 1 Satz 2 UmwG) besteht. Wichtigster Fall des Kapitalerhöhungsverbots ist der, dass die übernehmende GmbH oder AG Inhaberin von Anteilen am übertragenden Rechtsträger ist. Wird die 100 %-ige Tochter auf eine GmbH oder AG verschmolzen, ist eine Kapitalerhöhung also ausgeschlossen.

12 Im Übrigen ist nach §§ 54 Abs. 1 Satz 3, 68 Abs. 1 Satz 3 UmwG (eingefügt durch das G v. 19.04.2007) eine Anteilsgewährung nicht erforderlich, wenn die Anteilsinhaber des übertragenden Rechtsträgers darauf durch notarielle Erklärung verzichten. Richtigerweise gestattet die Vorschrift auch den Verzicht einzelner Gesellschafter.[17] Praktische Bedeutung erlangt der Anteilsverzicht vor allem bei der Verschmelzung beteiligungsidentischer Schwestergesellschaften im Konzern. Nach der Stellung im Gesetz gilt diese Regelung nur, wenn aufnehmender Rechtsträger eine Kapitalgesellschaft – einschließlich der UG (haftungsbeschränkt) –[18] ist. Da von den Vorschriften des Umwandlungsgesetzes nach § 1 Abs. 3 Satz 1 UmwG grds. nicht abgewichen werden kann, ist zweifelhaft, ob die Verzichtsmöglichkeit auch für andere Umwandlungsfälle gilt.[19]

13 Aus der uneingeschränkten Möglichkeit des Verzichts auf die Gewährung von Anteilen bei der Verschmelzung von Kapitalgesellschaften ergibt sich darüber hinaus, dass das Erfordernis der Anteilsgewährung an die Anteilseigner des übertragenden Rechtsträgers (und damit der Kapitalerhöhung beim übernehmenden Rechtsträger) nur die Gesellschafter und nicht die Gläubiger des übertragenden Rechtsträgers schützen soll. Einer faktischen Kapitalherabsetzung durch Verschmelzung steht deshalb nichts im Weg.[20]

14 Deshalb kann eine überschuldete Kapitalgesellschaft nicht nur übernehmender, sondern auch übertragender Rechtsträger sein, solange nicht gegen Verbote der Auszahlung zulasten des haftenden Kapitals nach §§ 30 f. GmbHG verstoßen wird.[21] Eine Verschmelzung zur Sanierung der übertragenden Gesellschaft ist damit (umwandlungsrechtlich) grds. möglich.[22]

15 Soweit das Kapital erhöht wird, sind die Vorschriften über die Kapitalerhöhung durch Sacheinlage bei GmbH bzw. AG zu beachten.

16 Sondervorschriften enthält bei der GmbH § 55 UmwG (bei der AG vgl. § 69 UmwG): Übernahmeerklärungen (§ 55 Abs. 1 GmbHG) sind nicht erforderlich (und dementsprechend auch nicht mit der Anmeldung vorzulegen, § 57 Abs. 3 Nr. 1 GmbHG); die Kapitalerhöhung wird durch die Verschmelzung erbracht, sodass auch die Vorschriften für die Einlageleistung (§ 56a GmbHG) und die Versicherung über die Einlageleistungen in der Anmeldung (§ 57 Abs. 2 GmbHG) gegenstandslos sind.

---

17 Ebenso *Heidinger*, in: Würzburger Notarhandbuch, Teil 5 Kap. 6 Rn. 99; z.T. wird für den teilweisen Verzicht dennoch die Zustimmung aller Gesellschafter verlangt, vgl. Widmann/Mayer/*Mayer*, Umwandlungsrecht, § 54 Rn. 51.2.
18 Vgl. nur Semler/Stengel/*Reichert*, UmwG, § 54 Rn. 25.
19 Vgl. etwa *Heckschen/Gassen* GWR 2010, 102 m.w.N.; Schmitt/Hörtnagl/Stratz/*Stratz*, UmwG UmwStG, § 54 UmwG Rn. 13; die Möglichkeit eines Anteilsverzichts wird ferner bei der Ausgliederung diskutiert, da § 125 Satz 1 UmwG nicht auf die §§ 54, 68 UmwG verweist, vgl. zum Streitstand etwa *Limmer*, Handbuch der Unternehmensumwandlung, Teil 3 Kap. 1 Rn. 221.
20 Früher war dies umstritten, vgl. einerseits *Limmer*, FS Schippel, 1996, S. 415, 427; andererseits *Petersen*, GmbHR 2004, 728.
21 Kritisch zur Neuregelung schon *Mayer/Weiler*, MittBayNot 2007, 368, 371; aus dem jüngeren Schrifttum etwa Schmitt/Hörtnagl/Stratz/*Stratz*, UmwG UmwStG, § 54 UmwG Rn. 14: Instrument für Firmenbestatter, um durch Verschmelzung überschuldeter Rechtsträger Spuren zu verwischen.
22 OLG Stuttgart ZIP 2005, 2066; LG Leipzig DB 2006, 885; Schmitt/Hörtnagl/Stratz/*Stratzl*, UmwG UmwStG, § 54 UmwG Rn. 14; *Keller/Klett*, DB 2010, 1220; Weiler NZG 2008, 527; siehe auch *Schwetlik* GmbHR 2011, 130, 133 f.; Lutter/*Winter/Vetter*, UmwG, § 54 Rn. 82.

§ 54 Abs. 3 Satz 1 UmwG bestimmt schließlich, dass der Nennbetrag jedes Teils der Geschäftsanteile auf volle EURO lauten muss.

VI. Anmeldung

Die Vertretungsorgane jeder der an der Verschmelzung beteiligten Rechtsträger haben – in vertretungsberechtigter Zahl – die Verschmelzung zur Eintragung in das jeweilige Register anzumelden; das Vertretungsorgan für den übernehmenden Rechtsträger kann auch für den (oder die) übertragenden Rechtsträger anmelden (§ 16 Abs. 1 UmwG). Nach § 16 Abs. 2 UmwG ist bei der Anmeldung zu versichern, dass eine Klage gegen die Wirksamkeit eines Verschmelzungsbeschlusses nicht oder nicht fristgemäß erhoben oder rechtskräftig abgewiesen oder zurückgenommen wurde. Die Erklärung kann nach einer in der Literatur vertretenen Ansicht auch nach Ablauf der Achtmonatsfrist des § 17 Abs. 2 Satz 4 UmwG nachgereicht werden.[23] Einer solchen Negativerklärung bedarf es nicht, wenn die klageberechtigten Anteilsinhaber in notariell beurkundeter Form auf die Klage verzichtet haben (§ 16 Abs. 2 Satz 2 UmwG). Dieser Verzicht kann ohne Weiteres in der Versammlung über den Verschmelzungsbeschluss abgegeben werden; er ist dann als Willenserklärung zu beurkunden (schließlich wird die Erklärung nach § 16 Abs. 2 UmwG durch einen Gerichtsbeschluss nach § 16 Abs. 3 UmwG ersetzt). Dem Missbrauch des Klagerechts versucht § 16 Abs. 3 UmwG durch eine Beschleunigung des Verfahrens (Freigabeverfahren) zu begegnen.[24]

Die Anmeldung bedarf generell der Abgabe in öffentlich beglaubigter Form (§ 12 HGB, § 77 BGB, § 157 GenG). Der Anmeldung sind nach § 17 UmwG beizufügen:
(1) der Verschmelzungsvertrag (§ 4 UmwG),
(2) die Niederschriften über die Verschmelzungsbeschlüsse (§ 13 UmwG),
(3) die erforderlichen Zustimmungserklärungen einzelner Anteilsinhaber einschließlich der Zustimmungserklärungen nicht erschienener Anteilsinhaber,
(4) der Verschmelzungsbericht (§ 8 UmwG) oder die Verzichtserklärungen nach § 8 Abs. 3 UmwG,
(5) der Prüfungsbericht (§§ 9, 12 UmwG), soweit erforderlich, oder die Verzichtserklärungen (entweder nach § 9 Abs. 3 UmwG auf die Prüfung oder nach § 12 Abs. 3 UmwG auf den Bericht),
(6) ein Nachweis über die rechtzeitige Zuleitung des Verschmelzungsvertrages oder des Entwurfs an den Betriebsrat, soweit ein Betriebsrat besteht (§ 5 Abs. 3 UmwG; am einfachsten ist ein Empfangsbekenntnis des Betriebsratsvorsitzenden),
(7) bei jedem übertragenden Rechtsträger die Schlussbilanz, deren Stichtag höchstens 8 Monate vor der Anmeldung liegen darf (§ 17 Abs. 2 UmwG).

Ist eine Kapitalerhöhung oder eine andere Änderung von Gesellschaftsvertrag oder Satzung bei einer Verschmelzung zur Aufnahme beim übernehmenden Rechtsträger anzumelden (etwa eine Änderung seiner Firma aufgrund § 18 UmwG), so gelten dafür die jeweiligen Rechtsvorschriften. Die Anmeldung von Kapitalerhöhung und Verschmelzung kann verbunden werden, was i.d.R. auch zweckmäßig sein wird.[25]

Bei der Anmeldung der Kapitalerhöhung bei einer GmbH (zur AG s. § 69 Abs. 2 UmwG), die nach § 78 GmbHG von allen Geschäftsführern ausgehen muss, sind zunächst – wie bei jeder anderen Kapitalerhöhung – die Niederschrift über den Kapitalerhöhungsbeschluss und der neue Wortlaut des Gesellschaftsvertrags mit der Bescheinigung des Notars nach § 54 GmbHG beim Handelsregister einzureichen. Allerdings sollte die Anmeldung zum

---

23 *Heidinger*, in: Würzburger Notarhandbuch, Teil 5 Kap. 6 Rn. 110; *Blasche*, RNotZ 2014, 464, 468 m.w.N.
24 Vgl. hierzu etwa Semler/Stengel/*Schwanna*, UmwG, § 16 Rn. 21 ff.
25 *Limmer*, Handbuch der Unternehmensumwandlung, Teil 2 Kap. 2 Rn. 1018.

Ausdruck bringen, dass es sich um eine Kapitalerhöhung zur Durchführung einer Verschmelzung und nicht um eine reguläre Kapitalerhöhung handelt.

21 Zwar müssen die Anteilsinhaber des übertragenden Rechtsträgers wegen der Anordnung in § 55 Abs. 1 UmwG keine Übernahmeerklärungen und die Geschäftsführung keine Versicherung nach § 57 Abs. 2 GmbHG abgeben. Gemäß § 55 Abs. 2 UmwG sind jedoch der Verschmelzungsvertrag und die Niederschrift über die Verschmelzungsbeschlüsse in Ausfertigung oder öffentlich beglaubigter Abschrift sowie die Unterlagen nach § 57 Abs. 3 Nr. 2 und Nr. 3 GmbHG mit vorzulegen. Letzteres erscheint zwar neben der Vorlage des Verschmelzungsvertrags überflüssig,[26] sollte aber zur Vermeidung von Streitigkeiten mit dem Registergericht vorsorglich erfolgen.

Zudem hat das Registergericht die Werthaltigkeit des – im Wege der Gesamtrechtsnachfolge – übergehenden Vermögens des übertragenden Rechtsträgers zu prüfen, vgl. § 57a GmbHG i.V.m § 9c Abs. 1 Satz 2 GmbHG. Dabei kann der Nachweis der Werthaltigkeit grds. durch die Vorlage der (geprüften) Schlussbilanz des übertragenden Rechtsträgers geführt werden, vgl. § 17 Abs. 2 UmwG.[27] Schließlich führt die Kapitalerhöhung bei der GmbH zur Verpflichtung, eine neue Gesellschafterliste einzureichen (durch den Notar mit seiner Bescheinigung nach § 40 Abs. 2 GmbHG).

Nach h.M. können die o.g. Unterlagen grds auch nach Ablauf der Acht-Monatsfrist nachgereicht werden.[28] Die Unterlagen sind dann vom Registergericht nach § 382 Abs. 4 Satz 1 FamFG, § 25 Abs. 1 Satz 3 HRV mit angemessener Fristsetzung nachzufordern.

VII. Eintragung in die Register, Rechtsfolgen

22 Nach §§ 53, 66 UmwG ist zunächst die Kapitalerhöhung im Register der übernehmenden GmbH oder AG einzutragen und erst anschließend die Verschmelzung selbst. Dagegen kann die (deklaratorische) Eintragung der Verschmelzung im Register des bzw. der übertragenden Rechtsträger(s) gem. § 19 Abs. 1 Satz 1 UmwG nach h.M. bereits vor der Eintragung der Kapitalerhöhung bei dem übernehmenden Rechtsträger erfolgen.[29] Die Wirksamkeit der Verschmelzung tritt mit der Eintragung in das Register des übernehmenden Rechtsträgers ein.

23 Bei Verschmelzungen gehen gemäß § 20 Abs. 1 Nr. 1 UmwG grds. das gesamte Vermögen und alle Verbindlichkeiten des übertragenden Rechtsträgers auf den übernehmenden Rechtsträger über. Anders als bei einer Einzelrechtsübertragung ist auch hier eine Zustimmung von Gläubigern oder Vertragspartnern entsprechend §§ 414 f. BGB nicht erforderlich.[30] Nach § 20 Abs. 1 Nr. 2 UmwG erlöschen die übertragenden Rechtsträger. Kommt eine Eintragung in das Handelsregister nicht in Betracht (der Übernehmer betreibt kein Handelsgewerbe), treten die Wirkungen nach § 20 UmwG gemäß § 122 Abs. 2 UmwG schon durch die Eintragung in das Register der übertragenden Gesellschaft ein.

---

26 Zum Streitstand etwa *Limmer*, Handbuch der Unternehmensumwandlung, Teil 2 Kap. 2 Rn. 1018
27 Einzelheiten bei Lutter/*Winter/Vetter*, UmwG, § 55 Rn. 68 ff.; bei nicht prüfungspflichtigen Gesellschaften soll nach einer verbreiteten Ansicht eine Bescheinigung über die Werthaltigkeit durch einen Wirtschaftsprüfer oder einen Steuerberater genügen, Lutter/*Winter/Vetter*, UmwG, § 55 Rn. 70 m. w. N.; sofern der Nennbetrag der Kapitalerhöhung den Buchwert des übertragenden Rechtsträgers übersteigt, wird die Einholung eines Sachverständigengutachten notwendig sein, Widmann/Mayer/*Mayer*, Umwandlungsrecht, § 55 Rn. 66.
28 *Blasche*, RNotZ 2014, 464, 468.
29 Lutter/*Winter/Vetter*, UmwG, § 53 Rn. 15 m. w. N.
30 Mit Urt. v. 22.09.2016 hat der BGH zudem entschieden, dass ein in einem Bauvertrag vereinbartes Abtretungsverbot dem Übergang der dem Auftragnehmer gegen den Auftraggeber zustehenden Zahlungsansprüche auf die übernehmende Gesellschaft (aufgrund der in § 20 Abs. 1 Nr. 1 UmwG angeordneten Gesamtrechtsnachfolge) anlässlich einer Verschmelzung des Auftragnehmers auf die übernehmende Gesellschaft nicht entgegensteht, BGH DNotZ 2017, 52.

Von großer Bedeutung ist die Heilungswirkung der Eintragung der Verschmelzung im Handelsregister nach § 20 Abs. 1 Nr. 4 und Abs. 2 UmwG, die Beurkundungsmängel und sonstige Mängel der Verschmelzung umfasst. Dadurch soll eine mit kaum lösbaren praktischen Schwierigkeiten verbundene Rückabwicklung (Entschmelzung) vermieden werden. Während § 20 Abs. 1 Nr. 4 UmwG Mängel der Beurkundung und der Zustimmungsbeschlüsse und Verzichtserklärungen betrifft,[31] ordnet § 20 Abs. 2 UmwG an, dass die in § 20 Abs. 1 UmwG angeordneten Wirkungen der Eintragungen von Mängeln der Verschmelzung unberührt bleiben. Nach h.M. im Schrifttum ist die Verschmelzung auch in den Fällen des § 20 Abs. 2 UmwG für die Zukunft absolut bestandsfest, daher die Gesamtrechtsnachfolge, das Erlöschen der übertragenden Rechtsträger und der Anteilserwerb durch ihre Anteilsinhaber sind nicht rückgängig zu machen.[32] Dies gilt nach h.M. im Schrifttum auch für eine mit der Verschmelzung verbundene, mängelbehaftete Kapitalerhöhung,[33] da andernfalls eine erfolgreiche Anfechtung der Kapitalerhöhung dazu führen würde, dass die Anteilseigner der übertragenden Rechtsträger die neu geschaffenen Geschäftsanteile verlieren, die sie für den Verlust ihrer bisherigen Beteiligungen entschädigen sollen. Die Heilungswirkung greift nach h.M. nur in eng begrenzten Ausnahmefällen nicht, wenn die Mängel so gravierend sind, dass die Umwandlung als nichtig anzusehen ist, etwa, weil die gewählte Umwandlungs- oder Gesellschaftsform nicht dem Gesetz entspricht oder kein Umwandlungsvertrag geschlossen wurde.[34] Derartige Fälle sind in der Praxis kaum vorstellbar.

VIII. Verschmelzung durch Neugründung

In den kurzen zusätzlichen Vorschriften für die Verschmelzung zur Neugründung (§§ 36 bis 38 UmwG) verweist das Gesetz weitgehend auf die Regelungen für die Verschmelzung durch Aufnahme. Für die Gründung des neuen Rechtsträgers gelten grundsätzlich die dafür bestehenden (Sach-) Gründungsvorschriften des jeweiligen neuen Rechtsträgers. Allerdings sind Vorschriften, die eine Mindestzahl von Gründern vorschreiben, nicht anzuwenden, und als Gründer gelten die übertragenden Rechtsträger selbst, § 36 Abs. 2 UmwG. Gesellschaftsvertrag (Partnerschaftsvertrag, Satzung oder Statut) des neu gegründeten Rechtsträgers bilden einen Bestandteil des Verschmelzungsvertrags, § 37 UmwG, und sind folglich mit zu beurkunden. Bei der Verschmelzung zur Neugründung einer GmbH gilt wie bei der regulären Sachgründung das Gebot der Wertdeckung, so dass der Verkehrswert des übergehenden Vermögens den Nennbetrag des Stammkapitals der Zielgesellschaft decken muss.[35] Gemäß §§ 57 und 74 UmwG sind in die Satzung der Zielgesellschaft bei Kapitalgesellschaften Angaben über Sondervorteile, Gründungsaufwand, Sacheinlagen und Sachübernahmen, die in den Gesellschaftsverträgen, Partnerschaftsverträgen oder Satzungen der übertragenden Rechtsträger enthalten waren, zu übernehmen. Ferner sind auch neu begründete Sondervorteile u.ä. mit in die Satzung aufzunehmen, einschließlich der Angabe, dass die Stammeinlagen im Wege der Verschmelzung zur Neugründung der XY-GmbH erbracht wurden, vgl. § 36 Abs. 2 UmwG i.V.m. § 27 AktG bzw. § 5 Abs. 4 GmbHG. Der neu gegründete Rechtsträger wird schließlich nach § 38 Abs. 2 UmwG von den Vertretungsorganen aller übertragenden Rechtsträger zur Eintragung in das Register angemeldet.

---

31 Semler/Stengel/*Leonard/Simon*, UmwG, § 20 Rn. 82 f.
32 Semler/Stengel/*Leonard/Simon*, UmwG, § 20 Rn. 86 m. w. N.
33 Semler/Stengel/*Leonard/Simon*, UmwG, § 20 Rn. 96; Schmitt/Hörtnagl/Stratz/*Stratz*, UmwG UmwStG, § 20 Rn. 120, je m.w.N.; vor Inkrafttreten des UmwG wurde dies noch anders gesehen
34 Vgl. BGH ZIP 2001, 2006.
35 Vgl. nur *Heidinger*, in: Würzburger Notarhandbuch, Teil 5 Kap. 6 Rn. 126.

IX. Grenzüberschreitende Verschmelzung

26 Durch das Zweite Gesetz zur Änderung des UmwG v. 19.04.2007[36] wurde die Verschmelzungsrichtlinie 2005/56/EG durch Einfügung des neuen Abschnitts »Grenzüberschreitende Verschmelzung von Kapitalgesellschaften« §§ 122a ff. UmwG umgesetzt.

Zuvor hatte der EuGH in der Entscheidung »Sevic« v. 13.12.2005[37] festgestellt, dass die Beschränkung der Umwandlung »auf Rechtsträger im Inland« in § 1 Abs. 1 UmwG der Niederlassungsfreiheit widerspricht, wenn sie es nicht zulässt, einen Rechtsträger nach EU-Recht in gleicher Weise wie einen deutschen Rechtsträger auf einen deutschen Rechtsträger zu verschmelzen. Daraus ist zu schließen, dass Gleiches nicht nur für eine Herein- sondern wohl auch, weil auch den aufnehmenden Rechtsträger des anderen Landes betreffend, für eine Hinausverschmelzung zur Aufnahme durch den ausländischen Rechtsträger zu gelten hat.

Soweit die §§ 122a ff. UmwG anwendbar sind, besteht mit diesen Vorschriften eine Rechtsgrundlage sowohl für die Herein- als auch für die Hinausverschmelzung. Nach § 122b gelten die Vorschriften nur für Kapitalgesellschaften. § 125 Satz 1 UmwG stellt außerdem klar, dass die §§ 122a ff. UmwG auf die Spaltung nicht anzuwenden sind.[38]

X. Besteuerung der Verschmelzung

1. Verschmelzung von Körperschaften untereinander

27 *Besteuerung der übertragenden Gesellschaft (§ 11 UmwStG):* Handelsrechtlicher *Umwandlungsstichtag* ist der Zeitpunkt, von dem an die Handlungen des übertragenden Rechtsträgers als für Rechnung des übernehmenden Rechtsträgers vorgenommen gelten. Auf den Schluss des diesem Umwandlungsstichtag vorangehenden Tages (= steuerliche *Übertragungsstichtag*) hat der übertragende Rechtsträger eine Schlussbilanz aufzustellen (§ 17 Abs. 2 UmwG); Beispiel nach UmwSt-Erlass Tz. 02.02f: Umwandlungsstichtag 01.01.2002, steuerlicher Übertragungsstichtag und Tag der Schlussbilanz zwingend: 31.12.2001; ein Übertragungsgewinn ist damit dem Jahr 01 steuerlich zuzurechnen. Auch steuerlich ist daher eine bis zu achtmonatige Rückbeziehung des Umwandlungsvorganges möglich.

28 Die übertragende Gesellschaft hat in ihrer steuerlichen Schlussbilanz die übergehenden Wirtschaftsgüter einschließlich nichtentgeltlich erworbene oder selbst geschaffene immaterieller Wirtschaftsgüter grundsätzlich mit dem gemeinen Wert anzusetzen (§ 11 Abs. 1 UmwStG). Aufgrund Antrag können jedoch die übergehenden Wirtschaftsgüter zum Buch- oder einem Zwischenwert angesetzt werden, wenn sichergestellt ist, dass (Nr. 1) die Wirtschaftsgüter bei der übernehmenden Kapitalgesellschaft der Besteuerung mit Körperschaftssteuern unterliegen (Nr. 2), das inländische Besteuerungsrecht bzgl. der übertragenen Wirtschaftsgüter nicht beschränkt wird und (Nr. 3) eine Gegenleistung nicht gewährt wird oder nur in Gesellschaftsrechten besteht (§ 11 Abs. 2 Satz 1 UmwStG). Der gemeine Wert ist für die Sachgesamtheit des übergehenden Vermögens zu ermitteln.[39]

29 Wird jedoch von der übernehmenden Gesellschaft eine Gegenleistung gewährt, die nicht (nur) in Gesellschaftsrechten besteht (bare Zuzahlung zum Spitzenausgleich oder Abfindung widersprechender Anteilseigner, Darlehensgewährung), sind die übergegangenen

---

[36] BGBl. I S. 542.
[37] EuGH NJW 2006, 425 = DNotZ 2006, 210.
[38] Vgl. zur Reichweite der Niederlassungsfreiheit bei grenzüberschreitenden Umwandlungen bereits oben unter § 153 Rdn. 1
[39] Tz. 11.04 i.V.m. 03.07 ff. UmwSt-Erlass.

Wirtschaftsgüter mit dem Wert der Gegenleistung anzusetzen; anders jedoch, wenn Zahlung durch die übertragende Kapitalgesellschaft oder den Gesellschafter erfolgt.[40]

Der Wertansatz ist nicht nur für die Entstehung eines steuerpflichtigen Übertragungsgewinnes der übertragenden Gesellschaft maßgebend, der nicht nach §§ 16, 34 EStG steuerbegünstigt ist, sondern von der übernehmenden Gesellschaft fortzuführen und damit bei ihr für künftige Veräußerungsgewinne (ggf. höhere Anschaffungskosten) und Abschreibungen (ggf. höhere Bemessungswerte) maßgeblich (strenge Wertverknüpfung; § 12, 13 UmwStG). **30**

Übertragung eines verbleibenden Verlustabzuges: Gemäß § 12 Abs. 3 UmwStG tritt die übernehmende Kapitalgesellschaft in die Rechtstellung der übertragenden Kapitalgesellschaft ein. Jedoch gehen körperschaftsteuerliche (§ 12 Abs. 3 Halbs. 2 i.V.m. § 4 Abs. 2 Satz 2 UmwStG) und gewerbesteuerliche (§ 19 UmwStG) Verlustvorträge der übertragenden Gesellschaft aus den Jahren vor der Verschmelzung nicht mehr auf die übernehmende Gesellschaft über. Vorhandene Verlustvorträge können daher nur durch Ansatz des gemeinen Wertes bzw. eines Zwischenwertes in der Schlussbilanz der übertragenen Kapitalgesellschaft genutzt werden. Um eine Wertaufstockung in der Schlussbilanz der übertragenen Gesellschaft vornehmen zu können, muss diese aber über ausreichende stille Reserven verfügen. Außerdem ergeben sich aus der Mindestbesteuerung nach § 8 Abs. 1 KStG i.V.m. § 10d Abs. 2 Satz 1 EStG bzw. § 10a GewStG Verrechnungsgrenzen (unbeschränktes Verrechnungsvolumen nur bis 1 Mio. €, darüber hinaus beschränkt auf 60 % des Verlustbetrages). Ein zielgenauer Verbrauch der bestehenden Verlustbeträge ist in der Regel nicht möglich, da die Körperschaft- und Gewerbesteuerverluste in der Regel nicht in gleicher Höhe bestehen. Steuerlich problematisch ist auch eine Verschmelzung auf eine Verlustgesellschaft. **31**

Besteuerung der übernehmenden Gesellschaft (§ 12 UmwStG): Für die übernehmende Gesellschaft gilt der Grundsatz der Steuerneutralität der Verschmelzung. Sie hat die steuerlichen Wertansätze aus der Schlussbilanz der übertragenden Kapitalgesellschaft – unabhängig von der handelsrechtlichen Behandlung des Verschmelzungsvorganges – zu übernehmen (§ 12 Abs. 1 Satz 1 UmwStG = strenge Wertverknüpfung und Durchbrechung der Maßgeblichkeit der Handels- für die Steuerbilanz). Gewährt die übernehmende Gesellschaft neue, durch Kapitalerhöhung zur Durchführung der Verschmelzung geschaffene Anteile, ist das übergehende Vermögen als ertragsteuerneutrale Gesellschaftereinlage zu behandeln, selbst dann, wenn der anzusetzende Wert des übertragenden Vermögens den Nennbetrag der neuen Anteile übersteigt. **32**

Werden dagegen bereits bestehende eigene Anteile gewährt, liegt bei der übernehmenden Gesellschaft ein zur Gewinnrealisierung führendes Tauschgeschäft vor. Zu deren Vermeidung wird in der Praxis eine Kapitalerhöhung durchgeführt, auch wenn diese handelsrechtlich nicht erforderlich wäre. **33**

Diese Grundsätze finden auch Anwendung, soweit den Gesellschaftern einer übertragenden Muttergesellschaft Anteile an der übernehmenden Tochtergesellschaft gewährt werden (Down-Stream-Merger/Abwärtsverschmelzung). Ein Buch- oder Zwischenwertansatz und damit eine Gewinnvermeidung ist nur möglich, wenn die Voraussetzungen des § 11 Abs. 2 Satz 1 Nr. 2 u. 3 UmwStG bei den Gesellschaftern der Muttergesellschaft vorliegen.[41] Bei der Verschmelzung der Tochter- auf die Mutterkapitalgesellschaft (Up-Stream-Merger) entsteht für die zum Betriebsvermögen der übernehmenden Mutterkapitalgesellschaft gehörenden Anteile an der übertragenen Tochtergesellschaft ein Übernahmeergebnis, das gemäß § 12 Abs. 2 UmwStG i.V.m. § 8b KStG lediglich der 5 %-igen Besteuerung des übernommenen Gewinnes unterliegt. Vorsicht, wenn sperrfristverhaftete Anteile i.S. § 22 Abs. 2 Satz 1 UmwStG (siehe § 142 Rdn. 125 ff.) bei der übertragenden Gesellschaft vorhanden sind, denn die Verschmelzung wird als die Nachversteuerung auslösende Veräußerung angesehen.[42] **34**

---

40 S. UmwSt-Erlass Tz. 11.10 i.V.m. 03.21 ff. sowie 13.02.
41 UmwSt-Erlass Tz. 11.17 ff.
42 BFH v. 24.01.2018 – I R 48/15.

35 *Besteuerung der Gesellschafter der übertragenden Gesellschaft (§ 13 UmwStG):* Nach § 13 UmwStG gelten die Anteile an der übertragenden Gesellschaft grundsätzlich im Zuge der Verschmelzung als zum gemeinen Wert veräußert und korrespondierend hierzu die Anteile an der übernehmenden Gesellschaft mit diesem Wert angeschafft, was bei Anteilen im Privatvermögen zu Steuerfolgen nach § 17, § 22 Nr. 2 i.V.m. § 23 EStG führt. Die Verschmelzung stellt damit wirtschaftlich betrachtet ein durch Aufdeckung der in dem Anteil steckenden stillen Reserven gewinnrealisierendes Tauschgeschäft auf Gesellschafterebene dar.[43] Soweit das inländische Besteuerungsrecht hinsichtlich der Anteile an der übernehmenden Gesellschaft nicht beschränkt wird, kann der betreffende Anteilseigner aber auf Antrag auch den Buchwert bzw. die Anschaffungskosten der Anteile an der übertragenen Kapitalgesellschaft ansetzen. Wird der Buchwert nach § 13 Abs. 2 Satz 1 UmwStG angesetzt, treten die Anteile an der übernehmenden Gesellschaft steuerlich an die Stelle der untergegangenen Anteile an der übertragenden Gesellschaft. Diese bleiben damit steuerlich verstrickt im Sinne § 17 EStG, selbst wenn die 1 %-Grenze nach der Verschmelzung nicht mehr erreicht wird. Jedoch beginnt keine neue Spekulationsfrist nach § 23 Abs. 1 Nr. 2 EStG mehr zu laufen. Die steuerliche Behandlung der Gesellschafter gemäß § 13 UmwStG ist unabhängig von der Bewertung der Wirtschaftsgüter bei der übertragenden oder der übernehmenden Gesellschaft. Wertverschiebungen als Folge wertinkongruenter Umtauschverhältnisse können in Abhängigkeit von der jeweiligen Konstellation zu ertragsteuerpflichtigen verdeckten Einlagen oder auch verdeckten Gewinnausschüttungen[44] und auch nach § 7 Abs. 8 ErbStG zu schenkungssteuerpflichtigen Zuwendungen führen.[45]

2. Verschmelzung von Personengesellschaften untereinander

36 Die Verschmelzung von Personengesellschaften untereinander wird steuerlich als Einbringung in das Vermögen des übernehmenden Rechtsträgers im Sinne § 24 UmwStG angesehen. Nach dem seit 2007 geltenden Recht sind die Wirtschaftsgüter der übertragenden Gesellschaft grundsätzlich mit dem gemeinen Wert anzusetzen (§ 24 Abs. 2 Satz 1 UmwStG). Auf Antrag kann jedoch einheitlich der Buchwert oder ein Zwischenwert angesetzt werden, soweit das deutsche Besteuerungsrecht hinsichtlich der Besteuerung des eingebrachten Betriebsvermögens nicht ausgeschlossen oder beschränkt wird (§ 24 Abs. 2 Satz 2 UmwStG), denn dann bleiben die in den übergehenden Wirtschaftsgütern steckenden stillen Reserven steuerlich verknüpft. Der Betrag, um den die Buchwerte aufstockt werden, wird den Gesellschaftern der übertragenden Personengesellschaft als Veräußerungsgewinn zugerechnet (§ 24 Abs. 3 UmwStG). Dieser unterliegt als laufender Gewinn der Einkommenssteuer, nicht jedoch der Gewerbesteuer. Lediglich bei Ansatz des gemeinen Wertes gelten § 16 Abs. 4 und § 34 EStG, jedoch insoweit nicht, als der einbringende Gesellschafter an der übernehmenden Personengesellschaft beteiligt ist.[46] Zweckmäßig ist es daher, im Verschmelzungsvertrag die Bewertungswahl festzulegen. Vorsicht ist geboten, wenn neben der Gewährung des Gesellschaftsanteils auch eine Gutschrift auf dem Darlehenskonto (Fremdkonto des Gesellschafters) erfolgt (Mischentgelt).[47]

---

43 Zur Verschmelzung von Tochter auf Mutter (up-stream-merger): BFH v. 24.01.2018 – I R 48/15, DStR 2018, 1366: die Aufwärtsverschmelzung stellt aus Sicht der Muttergesellschaft sich als tauschähnlicher Vorgang dar, der eine Veräußerung der Anteile i.S. § 22 Abs. 2 UmwStG ist. Dadurch entsteht eine steuerschädliche Veräußerung bei sperrfristverhafteten Anteilen i.S. § 22 Abs. 2 Satz 1 UmwStG (= Anteile im Vermögen des übertragenden Rechtsträgers, die durch Anteilstausch erst in den letzte 7 Jahren erworben wurden, i.E. dazu § 142 Rdn. 132). Gemäß § 12 Abs. 2 Satz 2 UmwStG ist auf den Übernahmegewinn § 8b KStG anteilig anzuwenden. Tz. 13.01 UmwSt-Erlass.
44 BFH v. 09.11.2010 – IX R 24/09 = BStBl. II 2011, 799 = DStR 2011, 212.
45 Siehe Ländererlass v. 20.04.2018 BStBl. I 2018, 632 sowie v. 20.10.2010 BStBl. I 2010, 1207.
46 UmwSt-Erlass Tz. 24.16.
47 Der Wertansatz unter dem Verkehrswert nach § 24 UmwStG wird nur gewährt, sofern der gemeine Wert der sonstigen Gegenleistung nicht mehr beträgt als (a) 25 v.H. des Buchwertes des eingebrachten Betriebs-

§ 24 Abs. 1 UmwStG verlangt, dass sämtliche wesentlichen Betriebsgrundlagen und somit auch das Sonderbetriebsvermögen in einem einheitlichen Vorgang in das mitunternehmerische Betriebsvermögen der aufnehmenden Personengesellschaft übertragen werden. Die Zurückbehaltung wesentlicher Betriebsgrundlagen führt regelmäßig wegen der zwingende Aufdeckung der stillen Reserven zu einer gewinnrealisierenden Einbringung von Einzelwirtschaftsgütern, soweit nicht ausnahmsweise die eingebrachten Wirtschaftsgüter noch die Merkmale eines Betriebs oder Teilbetriebs aufweisen. Das Sonderbetriebsvermögen des einzelnen Gesellschafters muss nicht zivilrechtlich auf die aufnehmende Personengesellschaft übertragen werden. Soweit es seine Eigenschaft als Sonderbetriebsvermögen auch bei der aufnehmenden Gesellschaft behält, tritt keine nachteilige Steuerfolge beim Gesellschafter ein.[48] Wird jedoch eine wesentliche Betriebsgrundlage zurückbehalten oder in engem zeitlichen und wirtschaftlichen Zusammenhang (Gesamtplan!) in ein anderes Betriebsvermögen überführt, findet § 24 UmwStG keine Anwendung. Eine Ausnahme macht der BFH[49] nur, bei vorheriger, auf Dauer angelegter Veräußerung von einzelnen Wirtschaftsgütern zum Verkehrswert unter Aufdeckung sämtlicher stillen Reserven.

3. Verschmelzung einer Körperschaft auf eine Personengesellschaft

Beim umwandlungsbedingten Vermögensübergang auf eine Personengesellschaft hat die übertragende Kapitalgesellschaft in der steuerlichen Schlussbilanz die übergehenden Wirtschaftsgüter grundsätzlich insgesamt mit dem gemeinen Wert anzusetzen (§ 3 Abs. 1 UmwStG). Der steuerliche Übertragungsstichtag (auf den die Schlussbilanz aufzustellen ist) kann entsprechend dem Umwandlungsrecht bis zu 8 Monate vor der Handelsregisteranmeldung liegen und ist stets der Tag vor dem handelsrechtlichen Umwandlungsstichtag. Der gemeine Wert der Sachgesamtheit (als Einzelverkaufspreis in § 9 Abs. 2 BewG definiert) gilt für alle Wirtschaftsgüter einschließlich nicht entgeltlich erworbener und selbst geschaffener immaterieller Wirtschaftsgüter. Auf Antrag gemäß § 3 Abs. 2 UmwStG können jedoch einheitlich der Buchwert oder ein Zwischenwert (Wertansatzwahlrecht) angesetzt werden, wenn (Nr. 1) die übertragenen Wirtschaftsgüter Betriebsvermögen werden und die Besteuerung der stillen Reserven sichergestellt ist, (Nr. 2) das inländische Besteuerungsrecht bzgl. der übertragenden Wirtschaftsgüter nicht beschränkt wird und (Nr. 3) eine Gegenleistung nicht gewährt wird oder ausschließlich nur in Gesellschaftsrechten besteht.[50] (Der frühere Streit über die Maßgeblichkeit der Handelsbilanz für die Steuerbilanz hat sich nunmehr erübrigt.)

Verlustnutzung: Ein Wertansatz über dem Buchwert empfiehlt sich nur zur Ausnutzung der ansonsten verfallenden Verlustvorträge, da diese nicht übertragbar sind, somit mit der Umwandlung verloren gingen (§ 4 Abs. 2 Satz 2 UmwStG). Jedoch ist dabei die Beschränkung der Verlustnutzung durch die Mindestbesteuerung gemäß § 10d Abs. 2 EStG und § 10a Satz 2 GewStG zu beachten, wonach Verlustvorträge über 1 Mio. € nur mit 60 % des übersteigenden Gesamtbetrages berücksichtigt werden. Ist der gewerbesteuerliche Verlustvortrag jedoch geringer als der körperschaftsteuerliche, entsteht evtl. ein gewerbesteuerpflichtiger Gewinn. Der nach einem eventuellen Verlustabzug verbleibende Übertragungsgewinn – ggf. berichtigt um den dem Anteilseigner als Kapitaleinkünfte zugerechneten Betrag der offenen Rück-

---

vermögens oder (b) den Betrag von 500.000 € nicht übersteigt, jedoch maximal nur bis zur Höhe des Buchwert des eingebrachten Betriebsvermögens (§ 24 Abs. 2 Satz 2 UmwStG).
48 UmwSt-Erlass Tz. 24.05.
49 BFH v. 09.11.2011 – X R 60/09 BStBl. II 2012, 638 = DStR 2012, 648 = MittBayNot 2012, 326 m. Anm. *Wendt*. Dazu auch kritisch *Wacker*, DStR 2018, 1019, bzgl. der evtl. Einschränkung durch BFH v. 29.11.2017 – I R 7/16, DStR 2018, 1014, wonach nur allenfalls eine vorherige dauernde Übertragung in ein anderes Betriebsvermögen für die vollständige Übertragung nicht steuerschädlich sein kann.
50 Bei anderen Gegenleistungen s. Tz. 03.23 f. UmwSt-Erlass; anders bei Abfindung an Ausscheidende s. Tz. 03.22 UmwSt-Erlass.

lagen gemäß § 7 UmwStG (§ 4 Abs. 5 UmwStG) – unterliegt bei der übertragenden Gesellschaft der Körperschaftsteuer und Gewerbesteuer (§ 18 Abs. 1 Satz 1 UmwStG).

40 *Steuerliche Behandlung bei der übernehmenden Personengesellschaft und deren Gesellschafter:* Wegen des eintretenden Systemwechsels (nicht mehr die Gesellschaft ist Besteuerungssubjekt, sondern der einzelne Gesellschafter) wird in einem komplizierten Verfahren der einzelne Gesellschafter auch steuerlich betrachtet. Dazu fingiert § 5 UmwStG die Zuordnung nahezu sämtlicher Anteile an der übertragenden Körperschaft zum Betriebsvermögen der Personengesellschaft. Damit erhält der übernehmende Rechtsträger anstelle dieser untergehenden Anteile die Wirtschaftsgüter der übertragenden Kapitalgesellschaft (§ 4 Abs. 4 Satz 1 UmwStG). In Höhe des Unterschiedsbetrages des Wertes vom Anteil an der übertragenden Kapitalgesellschaft zum Wert der übernommenen Wirtschaftsgüter, welche mit dem Wertansatz der steuerlichen Schlussbilanz der übertragenden Gesellschaft (entsprechend des dort gewählten Wertansatzes) anzusetzen sind (§ 4 Abs. 1 UmwStG) entsteht somit ein Übernahmeergebnis, das für jeden Gesellschafter individuell ermittelt wird.[51] § 7 UmwStG führt zu einer Besteuerung der offenen Rücklagen bei den Gesellschaftern der übernehmenden Personengesellschaft. Danach gelten der thesaurierten Gewinne als vollständig ausgeschüttet, sodass diese Anteile bei allen Gesellschaftern zugerechnet werden und gemäß § 20 Abs. 1 Nr. 1 EStG (Abgeltungssteuer, wenn im Privatvermögen) bzw. § 3 Nr. 40 Satz 1 Buchst. d) EStG (Teileinkünfteverfahren, wenn im Betriebsvermögen) anteilig einkommensteuer- und kapitalertragsteuerpflichtig werden, jedoch zugleich den Übertragungsgewinn bei der übertragenden Körperschaft mindern (§ 4 Abs. 5 UmwStG).

41 Der auf eine natürliche Person entfallende Übernahmegewinn[52] unterliegt nach dem Teileinkünfteverfahren des § 3 Nr. 40, § 3c EStG der Einkommensteuer und der Kapitalertragssteuer, wogegen der auf eine an der übernehmenden Personengesellschaft beteiligte Kapitalgesellschaft entfallende Übernahmegewinn nach § 4 Abs. 7 Satz 1 UmwStG i.V.m. § 8b KStG der beschränkten Dividendenfreistellung unterliegt. Ein Übernahmeverlust bleibt außer Ansatz (§ 4 Abs. 6 UmwStG), sodass ein »Step Up«, also das »Aufsaugen« des Übernahmeverlustes durch Wertaufstockung der übergegangenen Wirtschaftsgüter bei der Personengesellschaft, nicht mehr zulässig ist. Der Übernahmegewinn ist gewerbesteuerfrei (§ 18 Abs. 2 UmwStG; zur Nachbesteuerung bei Aufgabe oder Veräußerung innerhalb von 5 Jahren: § 18 Abs. 3 UmwStG).

42 Die Übernahmekosten vermindern gemäß § 4 Abs. 4 1 UmwStG den Übernahmegewinn bzw. erhöhen den Übernahmeverlust.

4. Verschmelzung von Kapitalgesellschaft mit dem Vermögen des Alleingesellschafters

43 Wird das Vermögen der übertragenden Kapitalgesellschaft Betriebsvermögen des Alleingesellschafters, gelten die gleichen steuerlichen Vorschriften wie für die Verschmelzung auf eine Personengesellschaft (§ 3 Abs. 1 UmwStG).

44 War die Geschäftstätigkeit der Kapitalgesellschaft keine gewerbliche Tätigkeit (z.B. Vermietung von Grundstücken oder Gebäuden), kann eine Verschmelzung auf das Privatvermögen des Alleingesellschafters vorliegen, das auch bei Eintragung des Nichtkaufmanns im Handelsregister nicht zwangsläufig gewerbliches Betriebsvermögen[53] wird.

5. Verschmelzung einer Personengesellschaft auf eine Kapitalgesellschaft

45 Aus steuerlicher Sicht vollzieht sich die Verschmelzung von Personengesellschaften auf eine Kapitalgesellschaft als Einbringung, bei der die aufnehmende Kapitalgesellschaft die über-

---

51 Berechnungsschema bei Tz. 04.27 UmwSt-Erlass.
52 Zur Ermittlung s. Tz. 04.19 ff. UmwSt-Erlass; sie ist personen- bzw. anteilsbezogen.
53 Dann ist aber kein Bewertungswahlrecht gegeben, s. § 3 Abs. 2 Satz 1 UmwStG.

gehenden Wirtschaftsgüter mit dem gemeinen Wert anzusetzen hat (§ 20 Abs. 2 Satz 1 UmwStG). Auf Antrag des übernehmenden Rechtsträgers ist die Fortführung der Buchwerte oder der Ansatz von Zwischenwerten dann zulässig, wenn (Nr. 1) sichergestellt ist, dass das übernommene Betriebsvermögen bei der übernehmenden Kapitalgesellschaft der Besteuerung mit Körperschaftssteuer unterliegt, (Nr. 2) das übernommene Betriebsvermögen kein negatives Kapital ausweist und (Nr. 3) das inländische Besteuerungsrecht hinsichtlich des Gewinns aus der Veräußerung des eingebrachten Vermögens nicht ausgeschlossen oder beschränkt wird (§ 20 Abs. 2 Satz 2 UmwStG). Da hinsichtlich jedes Mitunternehmeranteiles ein gesonderter Einbringungsvorgang anzunehmen ist, ist für diesen die Bewertung jeweils eigenständig vorzunehmen (gesellschafterbezogene Betrachtungsweise). Im Verschmelzungsvertrag sollte die gewählte Art der Bewertung eindeutig klar geregelt werden.

Zulässig ist es, neben neuen Gesellschaftsrechten weitere Gegenleistungen für die Einbringung von der übernehmenden Kapitalgesellschaft zu gewähren, z.B. Sachabfindung, Gutschrift als Darlehen, jedoch nach § 20 Abs. 2 Satz 4 UmwStG nur, sofern der gemeine Wert der sonstigen Gegenleistung nicht mehr beträgt als (a) 25 v.H. des Buchwertes des eingebrachten Betriebsvermögens oder (b) den Betrag von 500.000 € nicht übersteigt (Kleinunternehmensprivileg), jedoch maximal nur bis zur Höhe des Buchwert des eingebrachten Betriebsvermögens. Ansonsten entsteht ein Einbringungsgewinn. **46**

Ein bei der übertragenden Personengesellschaft vorhandener Verlustabzug kann nicht auf die Kapitalgesellschaft übertragen werden. **47**

Nach h.M. sind die Voraussetzungen des § 20 UmwStG nicht gegeben, wenn die im Sonderbetriebsvermögen des Gesellschafters befindlichen wesentlichen Betriebsgrundlagen nicht im Zusammenhang mit der Verschmelzung in einem damit verbundenen Vorgang auf die Kapitalgesellschaft übertragen werden, selbst wenn diese an die übernehmende Kapitalgesellschaft langfristig zur Nutzung verpachtet werden.[54] Wird dadurch das Sonderbetriebsvermögen in das Privatvermögen des Gesellschafters übertragen, sind die in dem Wirtschaftsgut enthaltenen stillen Reserven (Differenz zwischen gemeinem Wert und Buchwert) in der Person des Gesellschafters steuerpflichtig aufzudecken.[55] Der entstehende Veräußerungsgewinn ist als Betriebsaufgabe nach §§ 16, 34 EStG begünstigt. Werden nur nichtwesentliche Betriebsgrundlagen zurückbehalten, hat dies keine steuerlich nachteiligen Auswirkungen.[56] **48**

Den Gesellschaftern der übertragenden Personengesellschaft wird der Wert, mit dem die übernehmende Kapitalgesellschaft die Wirtschaftsgüter ansetzt, als Veräußerungspreis zugerechnet, der zugleich der Betrag der Anschaffungskosten für den neu erhaltenen Anteil ist (doppelte Wertverknüpfung, § 20 Abs. 3 Satz 1 UmwStG). Ob der Einbringende einen Veräußerungsgewinn erzielt, richtet sich somit nach dem Wertansatz auf der Ebene der übernehmenden Kapitalgesellschaft. Aus der Differenz zwischen Veräußerungspreis und den Anschaffungskosten bzw. dem Buchwert des eingebrachten Betriebsvermögens ergibt sich der Veräußerungsgewinn, der beim Gesellschafter der Einkommensteuer unterliegt, nicht jedoch bei der Personengesellschaft der Gewerbesteuer. Ist der Gesellschafter eine natürliche Person, erhält er die Tarifbegünstigung des § 34 Abs. 1 EStG; den Freibetrag des § 16 Abs. 4 EStG nur, wenn die Wirtschaftgüter mit dem gemeinen Wert angesetzt wurden (§ 20 Abs. 4 UmwStG). Die freiwillige Aufdeckung aller stillen Reserven kann daher bei **49**

---

54 Siehe Tz. 20.06 UmwSt-Erlass. Die Übertragung kann durch Sachkapitalerhöhung und somit gegen Gewährung neuer Gesellschaftsanteile erfolgen (hierzu bei § 144 Rdn. 113, § 142 Rdn. 118 ff.), aber auch als verdeckte Einlage mit den Folgen des § 6 Abs. 6 Satz 2 EStG, wobei Letzteres auch noch Schenkungssteuer nach § 7 Abs. 8 ErbStG auslösen kann, soweit die Mitgesellschafter dadurch einen Wertzuwachs erlangen (Ländererlass v. 20. 4. 2018, BStBl. I 2018, 632). Das vorherige Einlegen des Sonderbetriebsvermögens in das Vermögen der Personengesellschaft bringt nichts, weil die Einbringung eine Sperrfristverletzung i.S. § 6 Abs. 5 Satz 4 EStG ist (Tz. 33 BMF-Schreiben v. 08.12.2011 BStBl. I 2011, 1279 = DStR 2011, 2401).
55 BFH BStBl. II 1996, 342. Ausnahme besteht nur bei den Anteilen am übernehmenden Rechtsträger z.B. die GmbH-Anteile bei Verschmelzung der KG auf den Komplementär-GmbH, die steuerunschädlich unter den weiteren Voraussetzungen von Tz. 20.09 UmwStE zurück behalten werden können.
56 Zum Begriff s. BMF-Schreiben v. 16.08.2000, BStBl. I 2000, 1253.

§ 154 Verschmelzung

50 Vorliegen der Begünstigungsvoraussetzungen steuerlich günstig sein, vor allem wenn der wesentlich beteiligte Gesellschafter die Altersgrenze von 55 Lebensjahren überschritten hat.

Erfolgt die Einbringung unterhalb des gemeinen Wertes, kommt es zu einer Verdopplung der stillen Reserven, da diese zum einen in dem Vermögen der Kapitalgesellschaft enthalten sind wie auch im Geschäftsanteil des Gesellschafters, dessen Anschaffungskosten dann unter dem tatsächlichen Wert liegen. Diese können danach nicht nur durch den Verkauf des mit hohen stillen Reserven belasteten Wirtschaftsgut durch die GmbH steuerpflichtig aufgedeckt werden, sondern auch durch den Verkauf des Anteiles durch den Einbringenden oder bei Eintritt eines der gesetzlichen Ersatztatbestände des § 22 Abs. 1 Satz 6 UmwStG.

51 Einbringungen könnten grundsätzlich dazu genutzt werden, einen Wechsel in der Besteuerung von stillen Reserven von einer vollumfänglichen Besteuerung hin zu einer Besteuerung nach dem Teileinkünfteverfahren oder der Steuerbefreiung (§ 3 Nr. 40 EStG, § 8b Abs. 2 KStG) zu bewirken, da Veräußerungsgewinne von Kapitalgesellschaftsanteilen dem Teileinkünfteverfahren oder der Steuerfreistellung unterliegen. Wird das übertragene Vermögen zum Buchwert oder zum Zwischenwert angesetzt, bestehen zur Verhinderung solcher Gestaltungen und Sicherung der Besteuerung steuerliche Sicherungsklauseln.[57] Veräußert der Einbringende die Anteile innerhalb von 7 Jahren nach einer Einbringung mit dem Buch- oder einem Zwischenwert, sind die im Zeitpunkt der Einbringung nicht realisierten stillen Reserven zu ermitteln und jährlich linear um $1/7$ zu mindern. Die zeitanteilig geminderten stillen Reserven des Einbringungszeitpunktes werden als Einbringungsgewinn I bezeichnet und stellen einen nachträglichen Veräußerungsgewinn i.S.d. § 16 EStG dar, der rückwirkend im Veranlagungszeitraum der Einbringung zu versteuern ist (§ 22 Abs. 1 Satz 1 UmwStG). Auf diesen sind die Freibeträge des § 16 Abs. 4 EStG und § 34 EStG nicht anzuwenden. Gleichzeitig erhöhen sich die Anschaffungskosten der erhaltenen Anteile um den Einbringungsgewinn I (§ 22 Abs. 1 Satz 2 UmwStG), sodass ein beim Verkauf des Anteils entstehender normaler Veräußerungsgewinn (nach § 17 EStG, wenn die Anteile zum Privatvermögen gehören), entsprechend gemindert wird. Neben der Veräußerung können auch die Ersatztatbestände des § 22 Abs. 1, 2 UmwStG – insbesondere die Auflösung der GmbH, eine Kapitalherabsetzung bei der GmbH und das Einbringen der neuen Anteile in eine andere Kapitalgesellschaft innerhalb des 7 Jahres Zeitraumes – zu der Nachversteuerung führen. Zur steuerlichen Überprüfung hat der Einbringende in den dem Einbringungszeitpunkt folgenden 7 Jahren jährlich bis zum 31.05. den Nachweis zu erbringen, wem die Anteile zuzurechnen sind. Bei Nichterbringung des Nachweises gelten die Anteile als veräußert und entsteht die Nachversteuerung (§ 22 Abs. 3 UmwStG).

52 Werden zugleich auch *Anteile an einer Kapitalgesellschaft* mit eingebracht, sind diese Teil der Einbringung als Sacheinlage gemäß § 20 UmwStG und unterliegen nicht § 21 UmwStG.[58] Bei Veräußerung dieser Anteile innerhalb der Sperrfrist von 7 Jahren durch die Kapitalgesellschaft entsteht dennoch beim einbringenden Gesellschafter (nicht bei der veräußernden Kapitalgesellschaft) rückwirkend zum Einbringungszeitpunkt ein steuerpflichtiger Einbringungsgewinn II (§ 22 Abs. 2 UmwStG),[59] der regelmäßig nach dem Teileinkünfteverfahren zu versteuern ist (§ 3 Nr. 40 EStG). Das Handeln der Kapitalgesellschaft kann daher noch rückwirkende Auswirkungen beim einbringenden Gesellschafter haben. Durch entsprechende Vertragsklauseln sollte daher sein Interesse entsprechend geschützt werden.[60]

53 *Gestaltungsalternative: Einbringung der Personengesellschaftsanteile als Sacheinlage in die Kapitalgesellschaft:* Sie ist steuerlich weitgehend der Verschmelzung einer Personen- auf eine Kapitalgesellschaft gleich zu behandeln. Lediglich entfällt hier der einheitliche Ansatz bei der übernehmenden Kapitalgesellschaft, sodass das steuerliche Wahlrecht je nach den

---

[57] Siehe hierzu auch bei § 142 Rdn. 125 ff. insbes. zum Muster einer Schutzklausel.
[58] Dieser gilt nur für den isolierten Tausch von Anteilen (Tz. 21.01 UmwStE).
[59] Tz. 22.02 UmwStE.
[60] Hierzu weitere Erläuterungen und eine Musterformulierung bei § 142 Rdn. 132 ff.

unterschiedlichen Voraussetzungen des einzelnen Gesellschafters ausgeübt werden kann. Zur Verschmelzung einer GmbH & Co. KG auf deren GmbH s. § 139 Rdn. 111 ff.

6. Umsatzsteuer

Jede Art von Verschmelzung ist ein nach § 1 Abs. 1a UStG nicht steuerbarer Umsatz. Werden jedoch einzelne Mitunternehmeranteile von einem Unternehmer im Sinne § 1 Abs. 1 Satz 1 UStG eingebracht, liegt ein steuerbarer, jedoch nach § 4 Nr. 8f UStG steuerbefreiter Umsatz vor. Die Zurechnung der Umsätze beim übernehmenden Rechtsträger ist jedoch erst ab der Aufnahme dessen Tätigkeit möglich, da umsatzsteuerlich keine Rückwirkung vorgesehen ist.[61]

54

7. Grunderwerbsteuer

Der Übergang von inländischen Grundstücken der übertragenden Gesellschaft auf die übernehmende Gesellschaft ist generell nach § 1 Abs. 1 Nr. 3 GrEStG grunderwerbsteuerpflichtig,[62] sodass zur Steuerersparnis auf den Rechtsträger mit dem größeren Grundbesitz verschmolzen werden sollte. Lediglich bei Verschmelzungen in Konzernverhältnissen (Mindestbeteiligung 95 %) stellt § 6a GrdEStG den Vorgang steuerfrei.[63] Bemessungsgrundlage ist der Bedarfswert nach § 138 Abs. 2 bis 4 BewG (§ 8 Abs. 2 Nr. 2 GrEStG). Lediglich bei der Verschmelzung von Personengesellschaften untereinander wird nach § 6 Abs. 3 GrEStG die Grunderwerbsteuer zu dem Anteil nicht erhoben, zu dem Personen- und Beteiligungsidentität zwischen der grundbesitzübertragenden und der übernehmenden Gesellschaft besteht, vorbehaltlich der Behaltensvoraussetzung nach § 6 Abs. 4 GrEStG.[64] Die Vergünstigungen nach §§ 5, 6 GrEStG sind dagegen auf den Erwerb von Grundstücken von oder durch Kapitalgesellschaften nicht anwendbar. Hat der übertragende Rechtsträger Grundbesitz, hat der Notar nach § 18 GrEStG die Verschmelzung innerhalb von zwei Wochen nach Beurkundung auf amtlichen Vordrucken dem Finanzamt anzuzeigen, in dessen Bezirk sich der Grundbesitz befindet, wenn in mehreren Bezirken, dann an das Finanzamt am Geschäftssitz des Erwerbers (§ 17 Abs. 2 sowie Abs. 3 Nr. 1 GrEStG).

55

Die Verschmelzung führt bei zeitlich vorgehender Grundstücksübertragung auf die übertragende Personengesellschaft zur Nachbesteuerung des § 5 Abs. 3 GrEStG.

56

Daneben kann durch die Einbringung eine mittelbare oder unmittelbare Anteilsvereinigung gemäß § 1 Abs. 3 GrEStG eintreten, wenn zum eingebrachten Vermögen Beteiligungen an einer grundbesitzenden Kapitalgesellschaft gehören.

57

8. Erbschaftsteuer

Die Verschmelzung einer Kapitalgesellschaft auf eine Personengesellschaft innerhalb der Behaltensfrist führt nicht zur Nachbesteuerung, nach § 13a Abs. 6 Nr. 4 ErbStG,[65] sondern nur eine nachfolgende Veräußerung der erworbenen Anteile.[66]

58

---

61 OFD Frankfurt v. 17.12.2015, DStR 2016, 539.
62 S. Fin.Min. Bad.-Württemberg Erl. v. 19.12.1997, DStR 1998, 82 = MittBayNot 98, 13, ergänzt durch Erl. v. 15.10.1999, DStR 99, 1773.
63 Zu dessen Anwendung: Erlasse der obersten Finanzbehörden der Länder v. 09.10.2013, BStBl. I 2013, S. 1375; gleichlautende Erlasse der obersten Finanzbehörden der Länder v. 19.06.2012, BStBl. I 2012, S. 662. Umfangreiche Literaturnachweise bei *Wälzholz*, MittBayNot 2017, 9 (Fn 26). § 6a GrEStG kann jedoch vorläufig bis zur Entscheidung des EuGH über dessen Beihilfecharakter, welche durch Vorlagebeschluss des BFH, Beschl. v. 30.05.2017 – II R 62/14, DStR 2017, 1324, nachgesucht wurde, nicht rechtsicher angewendet werden.
64 Hierzu Ländererlass v. 09.12.2015, BStBl. I 2015, 1029.
65 A 13a.15 ErbStR i.V.m. Ländererlass v. 20.11.2013, BStBl. I 2013, 1508..
66 A 13a.6 (3) bzw. 13a.9 (3) ErbStR.

§ 154 Verschmelzung

Wird bei der Verschmelzung von Kapitalgesellschaften den Gesellschaftern des übertragenden Rechtsträgers eine den Wert der übertragenden Gesellschaft übersteigende Beteiligung gewährt, liegt eine steuerpflichtige Zuwendung der Gesellschafter der übernehmenden Gesellschaft an die Gesellschafter der übertragenden Gesellschaft i.H.d. übersteigenden Wertes vor. Erhalten die übertragenden Gesellschafter einen ihren bisherigen Werten unterschreitende Beteiligung an der übernehmenden Gesellschaft, liegt zwar keine freigebige Zuwendung nach § 7 Abs. 1 Nr. 1 ErbStG vor, jedoch eine steuerpflichtige Zuwendung nach § 7 Abs. 8 ErbStG.[67]

Wird jedoch bei der Umwandlung einer Personengesellschaft in eine Kapitalgesellschaft dem Einbringenden neben den Gesellschaftsanteilen an der aufnehmenden Kapitalgesellschaft weitere Gegenleistungen gewährt, liegt eine steuerschädliche Veräußerung im Sinne von § 13a Abs. 6 Satz 1 Nr. 1 Satz 2 ErbStG vor, wenn ein Anteil an der Personengesellschaft noch der Behaltensfrist nach § 13a ErbStG unterliegt.[68]

Nach § 34 Abs. 1 und Abs. 2 Nr. 3 ErbStG ist der Notar zur Anzeige der Umwandlung gegenüber der Schenkungssteuerstelle verpflichtet, wenn anzunehmen ist, dass der Wert der Anteile an der übernehmenden bzw. der neuen Gesellschaft und etwaiger barer Zuzahlung, die den Gesellschaftern der übertragenden Kapitalgesellschaft gewährt werden, hinter dem Wert des übertragenden Vermögens zurückbleibt. Dies gilt auch, wenn alle Anteilsinhaber des übertragenden Rechtsträgers auf die Anteilsgewährung verzichten.

XI. Muster

1. Verschmelzung von zwei Personengesellschaften zur Aufnahme

59 Häufig wird Anwachsung einfacher zum Ziel führen, s. hierzu bereits § 153 Rdn. 17.
Zu deren steuerrechtlichen Folgen s. § 131 Rdn. 70 ff.

60 M
Verhandelt zu ..... am .....
Vor der unterzeichnenden Notarin ..... waren gleichzeitig anwesend
Frau Renate Worm, geb. Fritsche, geb. am ....., handelnd als persönlich haftende Gesellschafterin für die »REWO KG« mit dem Sitz in Güstrow, (Postanschrift: Schloßstraße 24, Güstrow) und
Herr Emil Wagner, geb. am ....., handelnd als persönlich haftender Gesellschafter für die »Wagner Druck KG« mit dem Sitz in Waren/Müritz (Postanschrift: Hauptstraße 12, Waren/Müritz).
Die Erschienenen wiesen sich dem Notar gegenüber aus durch Vorlage ihrer amtlichen Lichtbildausweise.
Die Erschienenen ersuchten die Notarin um Beurkundung des Folgenden:

Verschmelzungsvertrag

§ 1 Vermögensübertragung

Die »REWO KG« überträgt ihr Vermögen als Ganzes mit allen Rechten und Pflichten unter Ausschluss der Abwicklung auf die »Wagner Druck KG« als übernehmenden Rechtsträger gem. § 2 Nr 1, §§ 39 ff UmwG (Verschmelzung durch Aufnahme).

---
67 Siehe Ländererlass vom 20.04.2018 BStBl. I 2018, 632.
68 LfSt Bayern, Vfg. v. 11.05.2012 = DStR 2012, 1033.

§ 2 Gegenleistung

Als Gegenleistung erhalten die Gesellschafter der »REWO KG« Beteiligungen an der »Wagner Druck KG« und zwar
a) Frau Renate Worm (bisherige Komplementärin) einen festen Kapitalanteil von 50.000 € und
b) Frau Anna Fritsche, geb. Weber, (bisherige Kommanditistin) einen festen Kapitalanteil von 20.000 €.
Dem liegt ein Umtauschverhältnis von 2:1 zugrunde. Ausgleichszahlungen sind von keiner Seite zu leisten. Die Kommanditeinlage wird kostenfrei gewährt.
Frau Renate Worm wird weitere persönlich haftende Gesellschafterin der »Wagner Druck KG«, Frau Anna Fritsche wird weitere Kommanditistin mit einer Kommanditeinlage von 20.000 €. Die in das Handelsregister einzutragende Hafteinlage für die neue Kommanditistin beträgt 1.000 €.
Die festen Kapitalanteile der bisherigen Gesellschafter der »Wagner Druck KG« bleiben unverändert.

§ 3 Bilanzstichtag

Der Verschmelzung wird die Bilanz der »REWO KG« zum 31.12...... als Schlussbilanz zugrunde gelegt.

§ 4 Verschmelzungsstichtag, Gewinnbeteiligung

Die Übernahme des Vermögens der »REWO KG« erfolgt im Innenverhältnis mit Wirkung zum 1.1......; 0:00 Uhr (Verschmelzungsstichtag). Von diesem Tag an gelten die Handlungen der »REWO KG« als für Rechnung der »Wagner Druck KG« vorgenommen. Von diesem Tag an sind die bisherigen Gesellschafter der »REWO KG« am Bilanzgewinn der übernehmenden Gesellschaft beteiligt. Die bisherigen Gesellschafter der »Wagner Druck KG« haben Anspruch auf Ausschüttung des Jahresergebnisses für das Geschäftsjahr ......

§ 5 Keine besonderen Rechte; keine besonderen Vorteile

1. Besondere Rechte werden von der »Wagner Druck KG« keinem der bisherigen Gesellschafter der »REWO KG« gewährt. Maßnahmen nach § 5 Abs. 1 Nr. 7 UmwG zugunsten der Inhaber besonderer Rechte bei der »REWO KG« sind nicht vorgesehen, weil solche Rechte nicht bestanden. Auch bei der »Wagner Druck KG« selbst bestehen keine besonderen Rechte.
2. Besondere Vorteile i.S.v. § 5 Abs. 1 Nr. 8 UmwG wurden weder einem geschäftsführenden Gesellschafter noch einem Abschlussprüfer gewährt. Ein Verschmelzungsprüfer soll nicht bestellt werden; es ist vorgesehen, dass alle Gesellschafter auf die Prüfung der Verschmelzung verzichten.

§ 6 Folgen der Verschmelzung für die Arbeitnehmer

1. Für die Arbeitnehmer der Gesellschaften und den Betriebsrat der übernehmenden Gesellschaft ergeben sich folgende Auswirkungen: ..... Folgende Maßnahmen sind vorgesehen: .....
2. Bei der »REWO KG« besteht kein Betriebsrat. Der Betriebsrat der »Wagner Druck KG« amtiert bis zur nächsten Betriebsratswahl weiter.

§ 7 Kein Abfindungsangebot

Die Beteiligungen an der übernehmenden Gesellschaft, der »Wagner Druck KG«, unterliegen den gesetzlichen Verfügungsbeschränkungen für die Beteiligungen an Kommanditgesellschaften, so dass ein Abfindungsangebot nach § 29 Abs. 1 Satz 2 UmwG grundsätzlich erforderlich wäre. Die Vertragsteile gehen aber davon aus, dass alle Gesellschafter beider Gesellschaften der Verschmelzung zustimmen und auf ein Abfindungsangebot verzichten.

§ 8 Änderung der Firma

Die Firma der übernehmenden Gesellschaft lautet künftig: »REWO Wagner Druck KG«.

§ 9 Grundbuchberichtigung

Die »REWO KG« ist Eigentümerin des Grundstücks Schloßstraße 24 in Güstrow, eingetragen im Grundbuch von ..... unter ...... Grundbuchberichtigung wird nach Eintragung der Verschmelzung in die Handelsregister beantragt; der Notar soll den Antrag dann beim Grundbuchamt einreichen.

§ 10 Hinweise

1. Die Notarin hat den Erschienenen den weiteren Verfahrensablauf bis zum Wirksamwerden der Verschmelzung erläutert, insbesondere auf das Erfordernis zu beurkundender Zustimmungsbeschlüsse der Gesellschafterversammlungen der übertragenden und der aufnehmenden Gesellschaft. Die Notarin hat außerdem darauf hingewiesen, dass die Verschmelzung erst mit der Eintragung in das Handelsregister der übernehmenden Gesellschaft wirksam wird, die erst erfolgen darf, wenn die Verschmelzung vorher im Handelsregister der übertragenden Gesellschaft eingetragen wurde. Die Verschmelzung darf im Handelsregister nur eingetragen werden, wenn sie binnen acht Monaten nach dem Stichtag der bei der Anmeldung einzureichenden Schlussbilanz der übertragenden Gesellschaft angemeldet worden ist, § 17 Abs. 2 Satz 4 UmwG.
2. Die Wirkungen der Verschmelzung (insbesondere die Gesamtrechtsnachfolge in alle Rechtsverhältnisse der Tochter-GmbH, mögen sie bekannt sein oder nicht) sind den Beteiligten bekannt.
3. Wenn nicht bevorrechtigte Gläubiger der übertragenden Gesellschaft glaubhaft machen können dass die Erfüllung ihrer noch nicht fälligen Forderungen durch die Verschmelzung gefährdet wird, kann ihnen bei Anmeldung binnen sechs Monaten nach Vollzug unter den Voraussetzungen des § 22 UmwG Sicherheit zu leisten sein.
4. Gemäß § 25 UmwG können Mitglieder der beteiligten Vertretungs- und (soweit vorhanden) Aufsichtsorgane für etwaige Schäden gegenüber Gesellschaftern, Gläubigern oder den Gesellschaften haften; die Ansprüche verjähren in fünf Jahren nach Vollzug.
5. Die Notarin hat nicht steuerlich beraten. Sie hat aber darauf hingewiesen, dass die Verschmelzung der Grunderwerbsteuer unterliegen kann, wenn die übertragende Gesellschaft Grundbesitz hat oder eine der beteiligten Gesellschaften Anteile an einer Gesellschaft hält, zu deren Vermögen Grundbesitz gehört.

§ 11 Kosten

Alle mit der Verschmelzung verbundenen Kosten und Steuern – einschließlich der Grunderwerbsteuer – trägt die übernehmende Gesellschaft. Falls die Verschmelzung scheitern sollte, tragen die Kosten des Verschmelzungsvertrages und andere gemeinsam anfallende Kosten beide Gesellschaften je zur Hälfte. Alle weiteren Kosten trägt jede Gesellschaft selbst.

§ 12 Salvatorische Klausel

Sollten einzelne Bestimmungen dieses Vertrages unwirksam sein oder werden, soll dadurch die Gültigkeit der übrigen Bestimmungen dieses Vertrages nicht berührt werden. Das Gleiche gilt, soweit sich herausstellen sollte, dass der Vertrag eine Regelungslücke enthält. Anstelle der unwirksamen oder der undurchführbaren Bestimmungen oder zur Ausfüllung der Lücke verpflichten sich die Parteien, eine angemessene Ersatzregelung zu vereinbaren, die dem Inhalt der nichtigen oder unwirksamen Bestimmung möglichst nahe kommt.

§ 13 Abschriften

Von dieser Urkunde erhalten
a) beide Gesellschaften je eine Ausfertigung,
b) das für Güstrow und das für Waren/Müritz zuständige Handelsregister je eine elektronisch beglaubigte Abschrift,
c) das Finanzamt Güstrow – Grunderwerbsteuerstelle – eine einfache Abschrift,
d) die Finanzämter Güstrow und Waren/Müritz je eine beglaubigte Abschrift,
e) das Grundbuchamt beim Amtsgericht Güstrow eine auszugsweise beglaubigte Abschrift,
f) der Betriebsratsvorsitzende der »Wagner Druck KG«, Herr ..... eine beglaubigte Abschrift.[69]

§ 14 Vollzugsvollmacht

Die Erschienenen bevollmächtigen hiermit ..... und ..... – alle geschäftsansässig ..... – je einzeln und befreit von § 181 BGB, Erklärungen, Bewilligungen und Anträge materiell- oder formellrechtlicher Art zur Ergänzung oder Änderung des Vertrages abzugeben, soweit diese zur Behebung behördlicher oder gerichtlicher Beanstandungen erforderlich und zweckmäßig sind. Die Vollmacht ist jederzeit widerruflich. Dem Handelsregister gegenüber ist die Vollmacht unbeschränkt.

Steuerrechtliche Mitteilungspflicht gemäß § 54 EStDV an das für den Sitz der Gesellschaften jeweils zuständige Finanzamt für Körperschaften, sowie nach § 18 GrEStG (siehe § 155 Rdn. 21).

■ *Kosten.* Den Gesellschaftern des übertragenden Rechtsträgers werden Gesellschaftsrechte am Vermögen des aufnehmenden Rechtsträgers gewährt, sodass ein Austauschvertrag gemäß § 97 Abs. 3 GNotKG. Gegenüber gestellt werden der Wert des übertragenen Aktivvermögens und der Wert der als Gegenleistung gewährten Gesellschaftsrechte; der höhere Wert ist als Geschäftswert maßgebend. Er ist nach § 107 Abs. 1 GNotKG mind. 30.000 €, höchstens 10 Mio. €. Wenn mehrere Rechtsträger auf einen Rechtsträger verschmolzen werden, soll wegen § 86 Abs. 2 GNotKG jeweils ein verschiedener Beurkundungsvorgang vorliegen, jedoch Addition aller Werte nach § 35 GNotKG (Höchstwert 60 Mio. €). Wert des übertragenen Vermögens ist die Aktivsumme der Bilanz des übertragenden Rechtsträgers

---

[69] Soweit dem zuständigen Betriebsrat nicht bereits der Entwurf des Verschmelzungsvertrags zugeleitet wurde.

§ 154 Verschmelzung

ohne Schuldenabzug (§ 38 GNotKG),[70] jedoch berichtigt um die Aktivposten, die keinen Vermögenswert darstellen; abzuziehen sind daher »nicht durch Eigenkapital gedeckter Fehlbetrag«, »Aufwendungen für die Ingangsetzung oder Erweiterung des Geschäftsbetriebes« sowie »angefangene, noch nicht abgerechnete Arbeiten«. Grundstücke und Gebäude sind gemäß § 46 GNotKG durch deren Verkehrswert zu ersetzen.[71] Der Antrag auf Grundbuchberichtigung ist als Durchführungserklärung nicht gesondert anzusetzen und löst keine Gebühr nach KV 22124 GNotKG aus. Auch keine Gebühr für die Vollzugsvollmacht, siehe Kostenanmerkung zu § 144 Rdn. 47 M. – 2,0 Gebühr der Tabelle B nach Nr. 21100 KV GNotKG.

Zusammengefasste Niederschrift über die Zustimmung beider Gesellschafterversammlungen

61 M

Verhandelt zu ..... am .....

Vor der Notarin ..... waren gleichzeitig anwesend:
1. Frau Renate Worm, geb. Fritsche, geb. am ....., Parkallee 18 in Güstrow,
2. Frau Anna Fritsche, geb. Weber, geb. am ....., Parkallee 20 in Güstrow,
3. Herr Emil Wagner, geb. am ....., Seeufer 20 in Waren/Müritz,
4. Frau Gerlinde Hack-Wagner, geb. Hack, geb. am ....., Seeufer 20 in Waren/Müritz.
Die Erschienenen wiesen sich dem Notar gegenüber aus durch Vorlage ihrer amtlichen Lichtbildausweise.
Die Erschienenen ersuchten die Notarin um Beurkundung des Folgenden:

A. Sachstand

1. Nach Angabe sind Frau Renate Worm als persönlich haftende Gesellschafterin und Frau Anna Fritsch als Kommanditistin die einzigen Gesellschafter der »REWO KG« mit dem Sitz in Güstrow.
2. Nach Angabe sind Herr Emil Wagner als persönlich haftender Gesellschafter und Frau Gerlinde Hack-Wagner als Kommanditistin die einzigen Gesellschafter der »Wagner Druck KG« mit dem Sitz in Waren/Müritz.

B. Gesellschafterversammlung der übertragenden Gesellschaft

Sämtliche Gesellschafter der »REWO KG« halten hiermit unter Verzicht auf alle durch Gesetz oder Gesellschaftsvertrag vorgeschriebenen Formen und Fristen eine Gesellschaftervollversammlung ab und beschließen einstimmig was folgt:
1. Dem Verschmelzungsvertrag zwischen der »REWO KG« und der »Wagner Druck KG« zu Urkunde der amtierenden Notarin vom ..... (UR-Nr. .....) wird hiermit zugestimmt. Eine beglaubigte Abschrift des Verschmelzungsvertrags ist der Niederschrift als Anlage beigefügt.
2. Alle Beteiligten verzichten auf die Klage gegen die Wirksamkeit der gefassten Beschlüsse. Alle Beteiligten verzichten auf die Erstattung eines Verschmelzungsberichts und auf die Prüfung der Verschmelzung.
3. Frau Renate Worm stimmt der Übernahme der Stellung als persönlich haftende Gesellschafterin in der übernehmenden Gesellschaft zu.
Damit ist die Gesellschafterversammlung beendet.

---

70 BayObLG MittBayNot 1997, 252.
71 *Tiedtke*, ZNotP 1999, 415.

C. Gesellschafterversammlung der übertragenden Gesellschaft

Sämtliche Gesellschafter der »Wagner Druck KG« halten hiermit unter Verzicht auf alle durch Gesetz oder Gesellschaftsvertrag vorgeschriebenen Formen und Fristen eine Gesellschaftervollversammlung ab und beschließen einstimmig was folgt:
1. Dem Verschmelzungsvertrag zwischen der »REWO KG« und der »Wagner Druck KG« zu Urkunde der amtierenden Notarin vom ..... (UR-Nr. .....) wird hiermit zugestimmt. Eine beglaubigte Abschrift des Verschmelzungsvertrags ist der Niederschrift als Anlage beigefügt.
2. Zur Durchführung der Verschmelzung treten die Gesellschafter der übertragenden Gesellschaft der aufnehmenden Gesellschaft bei, Frau Renate Worm als Komplementärin und Frau Anna Fritsche, geb. Weber, als Kommanditistin. Sie erhalten die nachfolgend aufgeführten Festkapitalanteile als Gegenleistung für die Verschmelzung:
a) Frau Renate Worms einen festen Kapitalanteil von 50.000 € und
b) Frau Anna Fritsche, geb. Weber, einen festen Kapitalanteil von 20.000 €. Die in das Handelsregister einzutragende Hafteinlage für die neue Kommanditistin beträgt 1.000 €.
Der Gesellschaftsvertrag der »Wagner Druck KG« wird wie folgt geändert: .....
2. Alle Beteiligten verzichten auf die Klage gegen die Wirksamkeit der gefassten Beschlüsse. Alle Beteiligten verzichten auf die Erstattung eines Verschmelzungsberichts und auf die Prüfung der Verschmelzung.
Damit ist die Gesellschafterversammlung beendet.

D. Schlussbestimmungen

1. Die Kosten der Beurkundung und alle anderen mit der Verschmelzung verbundenen Kosten und etwaige Verkehrsteuern trägt die übernehmende Gesellschaft; falls die Verschmelzung scheitern sollte, tragen die Kosten der Beurkundung beide Gesellschaften je zur Hälfte.
2. Von dieser Niederschrift erhalten...

■ *Kosten.* Als Geschäftswert ist nach § 108 Abs. 3 GNotKG (höchstens 5 Mio. € gemäß § 108 Abs. 5 GNotKG) der Wert des Aktivvermögens der (jeweiligen) übertragenden Gesellschaft ohne Schuldenabzug anzusetzen, auch wenn nicht alle Gesellschafter anwesend sind. Die zusammen beurkundeten Zustimmungsbeschlüsse sind gegenstandsgleich nach § 109 Abs. 2 Nr. 4 Buchst. g) GNotKG; Beurkundung in getrennten Urkunden ohne sachliche Gründe wäre unrichtige Sachbehandlung nach § 21 Abs. 1 GNotKG. – 2,0 Gebühr der Tabelle B nach Nr. 21100 KV GNotKG. Werden Verschmelzungsvertrag und Zustimmungsbeschlüsse zusammen in einer Urkunde beurkundet erfolgt nach § 35 GNotKG eine Addition bzgl. des für die Gebühr anzusetzenden Wertes.

Werden die nach UmwG erforderlichen Verzichts- bzw. Zustimmungserklärungen im Verschmelzungsvertrag mitbeurkundet, sind diese wegen Gegenstandsgleichheit gemäß § 109 Abs. 1 GNotKG (dienen zur Durchführung) nicht gesondert zu bewerten. Werden diese Erklärungen nur zusammen mit den Zustimmungsbeschlüssen abgegeben, ist hierfür eine gesonderte 1,0 Gebühr nach Nr. 21200 KV GNotKG anzusetzen, da nach § 110 Nr. 1 GNotKG verschiedene Beurkundungsgegenstände zum Zustimmungsbeschluss vorliegen.

Der Geschäftswert für Zustimmungserklärungen ist nach § 98 Abs. 1 u. 2 GNotKG die Hälfte des für die Beurkundung des Verschmelzungsvertrages maßgeblichen Geschäftswertes, bezogen auf den Anteil des zustimmenden Gesellschafters; höchstens 1 Mio € (§ 98 Abs. 4 GNotKG). Reine Verzichtserklärungen einzelner Gesellschafter sind nach § 36 GNotKG mit etwa 10–20 % des Anteils jedes erklärenden Anteilsinhabers anzusetzen.

§ 154 Verschmelzung

Verzichte und Zustimmungen des gleichen Gesellschafters in einer Urkunde (nicht jedoch Zustimmungsbeschlüsse § 110 Nr. 1 GNotKG) sind gegenstandsgleich nach § 109 Abs. 1 Satz 1 GNotKG. Die Werte zusammen beurkundeter Erklärungen mehrerer Gesellschafter sind nach § 35 Abs. 1 GNotKG zu addieren. 1,0 Gebühr der Tabelle B nach Nr. 21200 KV GNotKG; Vergleichsberechnung nach § 94 Abs. 1 GNotKG ist vorzunehmen.

62 Wegen § 4 nach den Vorschriften für Willenserklärungen (§§ 8 ff. BeurkG) zu beurkunden.

Gesonderte Zustimmungserklärung eines in der Gesellschafterversammlung nicht anwesenden Gesellschafters (§ 43 Abs. 1 UmwG)

63 M Verhandelt zu ..... am .....
vor dem Notar ..... mit Amtssitz in ..... war anwesend:
Frau Gerlinde Hack-Wagner, geb. Hack, geb. am ....., Seeufer 20 in ..... Waren/Müritz, ausgewiesen durch amtlichen Lichtbildausweis.
Die Erschienene erklärte:
Dem Verschmelzungsvertrag zwischen der »REWO KG« und der »Wagner Druck KG« (deren Kommanditistin ich bin) vom ..... stimme ich hiermit zu. Ich verzichte auf das Recht, den Gesellschafterbeschluss anzufechten, auf die Erstattung eines Verschmelzungsberichts und auf die Prüfung der Verschmelzung.
Die Kosten dieser Beurkundung trägt die »Wagner Druck KG«. Diese Gesellschaft, ich selbst und die für Güstrow und Waren/Müritz zuständigen Handelsregister erhalten je eine Ausfertigung, die für die beiden Orte zuständigen Finanzämter erhalten je eine beglaubigte Abschrift.

■ *Kosten.* Der Geschäftswert für die nachgeholte Zustimmungserklärung einzelner Gesellschafter ist mit dem Bruchteil, der dem Gesellschaftsanteil des zustimmenden Gesellschafters entspricht, gemäß § 98 Abs. 2 Satz 2 GNotKG aus der Hälfte des Wertes für den Verschmelzungsbeschluss anzusetzen. Zustimmung und Verzicht betreffen denselben Beurkundungsgegenstand. § 98 Abs. 4 GNotKG: Höchstwert 1 Mio. €. – 1,0 Gebühr aus Tabelle B gemäß Nr. 24102 i.V.m. 21200 KV GNotKG.
Mitbeurkundete Verzichtserklärungen des gleichen Gesellschafters sind gegenstandsgleich s. Rdn. 61 M.

Anmeldung zum Handelsregister der übertragenden Gesellschaft

64 M An das
Amtsgericht Güstrow
– Handelsregister –
Betrifft: Handelsregister A Nr. .....; Firma »REWO KG« mit dem Sitz in Güstrow (Postanschrift: Schloßstraße 24, Güstrow)
hier: Verschmelzung der Gesellschaft

I.

Zum Handelsregister A Nr. ..... der »REWO KG« mit dem Sitz in Güstrow lege ich beiliegend vor:
a) Eine Ausfertigung des Verschmelzungsvertrages vom .....
b) Eine Ausfertigung der Niederschrift über die Gesellschafterversammlungen, in denen dem Verschmelzungsvertrag jeweils zugestimmt wurde.

c) *[ggf. Eine Ausfertigung der Zustimmung einer Gesellschafterin].*
d) Die festgestellte Schlussbilanz der Gesellschaft zum 31.12......
e) Empfangsbekenntnis des Betriebsratsvorsitzenden der »Wagner Druck KG«, dass er den Verschmelzungsvertrag [den Entwurf des Verschmelzungsvertrags] am ..... erhalten hat.

Aus der Niederschrift und der Zustimmungserklärung ergibt sich, dass alle Gesellschafter auf die Klage gegen die Wirksamkeit der Zustimmungsbeschlüsse, auf die Erstattung eines Verschmelzungsberichts und auf die Prüfung der Verschmelzung verzichtet haben.

II.

Zur Eintragung in das Handelsregister melde ich an, dass die Gesellschaft durch Übertragung ihres Vermögens als Ganzes mit der »Wagner Druck KG« mit dem Sitz in Waren/Müritz verschmolzen worden ist.

III.

Die Kosten der Anmeldung und ihres Vollzugs im Register trägt die übernehmende Gesellschaft. Sie erhält eine beglaubigte Abschrift der Anmeldung.
Güstrow, den .....

Renate Worm
oder Emil Wagner (§ 16 Abs. 1 UmwG)

Ich beglaubige die vor mir vollzogene Unterschrift von Frau Renate Worm ....., die ich persönlich kenne.
Güstrow, den .....

Notarin

■ *Kosten.*
a) Beim Notar: Als Anmeldung ohne bestimmten Geldwert ergibt sich der Geschäftswert nach § 105 Abs. 4 Nr. 3 GNotKG, Wert 30.000 €. 0,5 Gebühr aus Tabelle B gemäß Nr. 24102 i.V.m. 21201 (5.) KV GNotKG sowie die Gebühren für das Erstellen der XML-Datei Nr. 22114 KV GNotKG aus Gesamtwert der Anmeldung (s. § 124 Rdn. 43 f.).
b) Beim Registergericht: nach § 58 GNotKG i.V.m. Abschn. 4 der Anlage zur HRegGebVO aus Nr. 1400 eine Gebühr von 180 €. Daneben keine Löschungsgebühr wegen § 20 Abs. 1 Nr. 2 Satz 2 UmwG.

Anmeldung zum Handelsregister der übernehmenden Gesellschaft

An das   **65 M**
Amtsgericht Waren
– Handelsregister –
Betrifft: Handelsregister A Nr. .....; Firma »Wagner Druck KG« mit dem Sitz in Waren (Postanschrift: Hauptstraße 12, Waren/Müritz)
hier: Verschmelzung der Gesellschaft durch Aufnahme einer anderen Gesellschaft

§ 154 Verschmelzung

I.

Zum Handelsregister A Nr. ..... der »Wagner Druck KG« mit dem Sitz in Waren/Müritz legen wir beiliegend vor:
a) Eine Ausfertigung des Verschmelzungsvertrages vom .....,
b) eine Ausfertigung der Niederschrift über die Gesellschafterversammlungen, in denen dem Verschmelzungsvertrag zugestimmt wurde,
c) eine Ausfertigung der Zustimmung einer Gesellschafterin,
d) ein Empfangsbekenntnis des Betriebsratsvorsitzenden »Wagner Druck KG«, dass er den Verschmelzungsvertrag [den Entwurf des Verschmelzungsvertrags] am ..... erhalten hat.

Aus der Niederschrift und der Zustimmungserklärung ergibt sich, dass alle Gesellschafter auf die Klage gegen die Wirksamkeit der Zustimmungsbeschlüsse, auf die Erstattung eines Verschmelzungsberichts und auf die Prüfung der Verschmelzung verzichtet haben.

Zur Eintragung in das Handelsregister melden wir an:
1. Die »REWO KG« mit dem Sitz in Güstrow wurde durch Aufnahme mit der Gesellschaft verschmolzen.
2. Aufgrund der Verschmelzung sind Frau Renate Worm ..... als persönlich haftende Gesellschafterin und Frau Anna Fritsche ..... als Kommanditistin mit einer Hafteinlage (Haftsumme) von 1.000 € in die Gesellschaft eingetreten.
3. Die Firma der Gesellschaft wurde geändert; sie lautet künftig »REWO Wagner Druck KG«.

II.

Die Kosten der Anmeldung und ihres Vollzugs im Handelsregister trägt die Gesellschaft. Sie erhält eine beglaubigte Abschrift der Anmeldung.
Waren, den .....

Renate Worm
Emil Wagner
Gerlinde Hack-Wagner

Unterschriftsbeglaubigung

■ *Kosten.*
a) Beim Notar: wie bei vorherigem Muster; jedoch ist Anmeldung der Firmenänderung eine gesonderte Rechtstatsache, deren Geschäftswert sich aus § 105 Abs. 4 Nr. 3 GNotKG, Wert 30.000 € ergibt und gemäß § 35 Abs. 1 GNotKG mit dem Wert der Verschmelzungsanmeldung zusammengerechnet wird. Die Anmeldung der Gesellschafterstellung ist eine gesonderte Rechtstatsache und nach § 111 Nr. 3 GNotKG je Gesellschafter ein besonderer Beurkundungsgegenstand; Wert der Anmeldung des Kommanditisten gemäß § 105 Abs. 1 Nr. 6 GNotKG der Betrag der Einlage, des Komplementärs gemäß § 105 Abs. 4 Nr. 3 GNotKG Wert = 30.000 €. Höchstwert: 1 Mio. €, § 106 GNotKG für alle Anmeldungen in einer Urkunde. Die Gebühren für das Erstellen der XML-Datei Nr. 22114 KV aus Gesamtwert der Anmeldung (s. § 124 Rdn. 43 f.).
b) Beim Registergericht: wie bei vorherigem Muster Rdn. 64 M, nur die Gebühr von 180 € jetzt nach Nr. 1401; die Eintragung der Firmenänderung sowie jedes neuen Gesellschafters ist jeweils eine sonstige spätere Eintragung nach Nr. 1503 mit einer Gebühr von je 30 €. Handelt es sich jedoch um eine Neugründung beim übernehmenden Rechtsträger, fällt statt der Gebühr nach Nr. 1401 die Gebühr nach Nr. 1104 bzw. 1105 an.

2. Verschmelzung zweier GmbHs zur Aufnahme (Upstream-Merger)

Verschmelzung zweier GmbHs zur Aufnahme (Upstream-Merger)[72]

Verhandelt zu ..... am ..... 66 M

Vor dem Notar ..... war anwesend
1. Herr Thilo Knaup [geb. am ....., geschäftsansässig in ....., ausgewiesen durch .....]
hier handelnd nicht eigenen Namens, sondern als einzelvertretungsberechtigter und von den Beschränkungen des § 181 BGB befreiter Geschäftsführer für die Projekt Kaiserstraße 14 GmbH mit dem Sitz in Frankfurt a.M., eingetragen im Handelsregister des Amtsgerichts Frankfurt a.M. unter HRB ..... Geschäftsadresse: ..... (im Folgenden: Tochter-GmbH).
2. Herr Hubert Löwe [geb. am ....., geschäftsansässig in ....., ausgewiesen .....]
hier handelnd nicht eigenen Namens, sondern als einzelvertretungsberechtigter und von den Beschränkungen des § 181 BGB befreiter Geschäftsführer für die Tiefhoch Bau GmbH mit dem Sitz in Frankfurt a.M., eingetragen im Handelsregister des Amtsgerichts Frankfurt a.M. unter HRB ..... Geschäftsadresse: ..... (im Folgenden: Mutter-GmbH)
Vertretungsbescheinigungen erfolgen gesondert.
Die Frage nach einer Vorbefassung im Sinne des § 3 Abs 1 Nr 7 BeurkG wurde verneint.
Auf Ansuchen der Erschienenen beurkunde ich ihren vor mir abgegebenen Erklärungen gemäß was folgt:

**Verschmelzungsvertrag über die Aufnahme
des Vermögens der Tochter-GmbH durch die Mutter-GmbH.**

§ 1 Sachstand

1. An der eingangs bezeichneten Tochter-GmbH ist nach Angabe der Beteiligten, die mit der in den Registerakten hinterlegten jüngsten Gesellschafterliste (§ 40 Abs 1 GmbHG) übereinstimmt, beteiligt:
die eingangs bezeichnete Mutter-GmbH mit zwei Geschäftsanteilen im Nennbetrag von jeweils 12.500 €.
2. Nach Angabe der Erschienenen und der Vertretenen sind die Einlagen und ein etwaiges Aufgeld auf die Geschäftsanteile in voller Höhe einbezahlt. Sonderrechte i.S.v §§ 23 und 50 Abs. 2 UmwG bestehen bei der Tochter-GmbH nicht.

§ 2 Vermögensübertragung, Verschmelzungsstichtag

1. Die Tochter-GmbH als übertragender Rechtsträger überträgt ihr Vermögen als Ganzes mit allen Rechten und Pflichten unter Auflösung ohne Abwicklung auf die Mutter-GmbH als übernehmenden Rechtsträger gem. § 2 Nr. 1, §§ 46 ff UmwG (Verschmelzung durch Aufnahme).
2. Die Übernahme des Vermögens der Tochter-GmbH erfolgt im Innenverhältnis mit Wikung zum 1.1....., 0:00 Uhr (handelsrechtlicher Verschmelzungsstichtag im Sinne des § 5 Abs. 1 Nr. 6 UmwG). Von diesem Zeitpunkt an gelten alle Handlungen und Geschäfte der Tochter-GmbH als für Rechnung der Mutter-GmbH vorgenommen und geführt.

---

[72] Angelehnt an die Muster von *Krauß*, in: BeckOF-Vertrag, Stand: 01.03.2018, 7.13.2.

§ 154 Verschmelzung

3. Der Verschmelzung wird die Bilanz aus dem mit dem uneingeschränkten Bestätigungsvermerk des Wirtschaftsprüfers ..... in ..... versehenen Jahresabschluss der Tochter-GmbH zum 31.12...... (steuerlicher Übertragungsstichtag) als Schlussbilanz zugrunde gelegt.

§ 3 Gegenleistung

Die Mutter-GmbH darf zur Durchführung der Verschmelzung ihr Stammkapital gem. § 54 Abs. 1 Satz 1 Nr. 1 UmwG nicht erhöhen, so dass Angaben über den Umtausch der Anteile gem. § 5 Abs. 2 UmwG nicht erforderlich sind.

§ 4 Sonderrechte, Besondere Vorteile

1. Angaben nach § 5 Abs. 1 Nr. 7 UmwG entfallen, da Sonderrechte oder Vorzüge weder bei der Tochter-GmbH noch bei der Mutter-GmbH bestehen.
2. Keinem Mitglied eines Vertretungsorgans oder eines Aufsichtsorgans der an der Verschmelzung beteiligten Rechtsträger, keinem geschäftsführenden Gesellschafter, keinem Abschlussprüfer oder Verschmelzungsprüfer werden besondere Vorteile i.S.v. § 5 Abs. 1 Nr. 8 UmwG gewährt.

§ 5 Folgen der Verschmelzung für die Arbeitnehmer und ihre Vertretungen

1. Die Mutter-GmbH wird mit Wirksamwerden der Verschmelzung neuer Arbeitgeber der zu diesem Zeitpunkt bei der Tochter-GmbH beschäftigten Arbeitnehmer. Auf den Übergang findet nach § 324 UmwG § 613a Abs. 1, 4 bis 6 BGB Anwendung. Damit führt die Verschmelzung individualarbeitsrechtlich zu keinen Veränderungen für die Arbeitnehmer der Tochter-GmbH und der Mutter-GmbH. Die übergehenden Arbeitsverhältnisse werden unter voller Anrechnung der Betriebszugehörigkeitszeiten sowie der ggf. bestehenden Vereinbarungen über Direktversicherungen und Altersversorgungszusagen unverändert zu den bisherigen Bedingungen fortgesetzt.
2. Die Verschmelzung führt zu keinen Veränderungen der betrieblichen Struktur und der betrieblichen Organisation. Die Identität der Betriebe wird durch die Verschmelzung nicht berührt. Eine Betriebsänderung wird durch die Verschmelzung nicht bewirkt. Gleiches gilt für die derzeitigen Arbeitsverhältnisse und Arbeitsplätze, die durch die Verschmelzung selbst nicht berührt werden.
3. Weder bei der Tochter-GmbH noch bei der Mutter-GmbH besteht ein Betriebsrat, so dass es einer Zuleitung des Vertrages bzw. seines Entwurfes nicht bedurfte.
4. Betriebsverfassungsrechtliche Konsequenzen ergeben sich nicht.
5. Mitbestimmungsrechtliche Änderungen ergeben sich nicht, da die maßgeblichen Schwellenwerte nicht erreicht werden. Auch nach der Verschmelzung wird die Zahl der Arbeitnehmer der Mutter-GmbH einschließlich der von der Tochter-GmbH übergehenden Arbeitnehmer nicht mehr als 500 betragen.

§ 6 Weitere Bestimmungen

1. Die Firma der Mutter-GmbH wird unverändert fortgeführt.
2. Die Geschäftsführung der Mutter-GmbH ändert sich nicht. Prokuren und Geschäftsführungen bei der Tochter-GmbH erlöschen mit Vollzug im Handels-register der Mutter-GmbH.
3. Die Tochter-GmbH verfügt über Grundbesitz der Gemarkung ..... (Grundbuch des Amtsgerichts Franfurt a.M. für ..... Blatt .....). Den Beteiligten ist bekannt, dass mit Eintragung der Verschmelzung in das Handelsregister des Sitzes der Mutter-GmbH der

Grundbesitz auf die Mutter-GmbH übergeht, so dass das Grundbuch zu berichtigen ist. Hierzu bedarf es auch der grunderwerbsteuerlichen Unbedenklichkeitsbescheinigung des Finanzamtes nach Entrichtung der anfallenden Grunderwerbsteuer über die der Notar belehrt hat. Die Berichtigung der genannten Grundbücher nach Wirksamkeit der Verschmelzung wird hiermit beantragt; der Notar beauftragt und bevollmächtigt, die Grundbuchberichtigung zu veranlassen.
4. Die Tochter-GmbH verfügt ihrerseits nicht über Beteiligungen an deutschen Gesellschaften mit beschränkter Haftung.

§ 7 Hinweise, Vollmacht

.....

§ 8 Kosten und Abschriften

1. Alle mit diesem Vertrag und der Abwicklung entstehenden Kosten Gebühren und Steuern einschließlich der Kosten der Zustimmungsbeschlüsse trägt die Mutter-GmbH. Falls die Verschmelzung nicht wirksam werden sollte, tragen die beteiligten Gesellschaften die Notarkosten je zur Hälfte und ihre außerurkundlichen Kosten je allein.
2. Von dieser Urkunde erhalten
Ausfertigungen:
– das Registergericht des Sitzes des übernehmenden Rechtsträgers
– das Registergericht des Sitzes des übertragenden Rechtsträgers
Beglaubigte Abschriften:
– die Tochter-GmbH
– die Mutter-GmbH
– Finanzamt für Körperschaften ..... und .....
Einfache Abschrift:
– Steuerberater .....
– Finanzamt – Grunderwerbsteuerstelle .....

■ *Kosten.* Der Geschäftswert bestimmt sich gemäß § 97 Abs. 1 GNotKG, da keine Gegenleistung gewährt wird, nach dem Wert des Rechtsverhältnisses, auf das sich die beurkundete Erklärung bezieht.[73] Grundlage ist das bereinigte Aktivvermögen der Bilanz der übertragenden Gesellschaft ohne Schuldenabzug (s. im Übrigen Muster Rdn. 60 M). – 2,0 Gebühr der Tabelle B nach Nr. 21.100 KV GNotKG.

Steuerrechtliche Mitteilungspflicht gemäß § 54 EStDV an das für den Sitz der Gesellschaften jeweils zuständige Finanzamt für Körperschaften, sowie nach § 18 GrEStG innerhalb der 14-Tagefrist (siehe § 155 Rdn. 21). 67

Zusammengefasste Niederschrift über die Gesellschafterversammlung beider Gesellschaften

Verhandelt zu ..... am ..... 68 M

Vor dem Notar ..... waren gleichzeitig anwesend
Herr Bernd Boss [.....] und Herr Hubert Löwe [.....],
hier handelnd

---

73 BayObLG ZNotP 1999, 414 = MittBayNot 1999, 298.

a) eigenen Namens als Gesellschafter der Mutter-GmbH hinsichtlich der Gesellschafterversammlung der Mutter-GmbH und bezüglich ihrer eigener Ver-zichtserklärungen,
b) Herr Hubert Löwe zudem als einzelvertretungsberechtigter Geschäftsführer der Tiefhoch Bau GmbH (im Folgenden: Mutter-GmbH) in deren Eigenschaft als alleiniger Gesellschafterin der Projekt Kaiserstraße 14 GmbH (im Folgen-den: Tochter-GmbH) und bezüglich der Verzichtserklärungen dieser Gesellschafterin

Die Frage nach einer Vorbefassung im Sinne des § 3 Abs. 1 Nr. 7 BeurkG wurde verneint.

Die Erschienenen erklärten:

I. Gesellschafterversammlung der Mutter-GmbH

Wir, Herr Hubert Löwe und Herr Bernd Boss, sind die sämtlichen Gesellschafter der Mutter-GmbH mit dem Sitz in Frankfurt a.M., eingetragen im Handelsregister des Amtsgerichts Frankfurt a.M. unter HRB ....., deren Stammkapital in Höhe von EUR 25.000 voll eingezahlt ist. Unter Verzicht auf alle durch Gesetz oder Gesellschaftsvertrag vorgeschriebenen Formen und Fristen halten wir hiermit eine Gesellschafterversammlung der Mutter-GmbH ab und beschlie-ßen einstimmig was folgt:

Dem Verschmelzungsvertrag zwischen der Mutter-GmbH als aufnehmender und der Tochter-GmbH als übertragender Gesellschaft vom ..... zu Urkunde des amtierenden Notars (UR-Nr. .....) wird hiermit zugestimmt. Eine beglaubigte Abschrift des Verschmelzungsvertrages ist dieser Niederschrift als Anlage beigefügt.

Änderungen der Satzung der Mutter-GmbH (etwa hinsichtlich Firma oder Gegenstand) sind nicht veranlasst. Eine Kapitalerhöhung zur Schaffung von Gesellschaftsanteilen ist entbehrlich, da gem. § 54 Abs. 1 Satz 1 Nr. 1 UmwG Gesellschaftsanteile nicht zu gewähren sind.

II. Verzichtserklärungen der Gesellschafter der Mutter-GmbH

Auf die Klage gegen die Wirksamkeit dieses Verschmelzungsbeschlusses wird ausdrücklich verzichtet. Darüber hinaus wird auf die Einhaltung der Vor-schriften der §§ 47, 49 UmwG verzichtet, also auf die Erfüllung der Pflicht zur vorherigen Unterrichtung und zur Auslegung der Jahresabschlüsse und Lage-berichte der Mutter- und der Tochter-GmbH für die letzten drei Geschäftsjahre in den Geschäftsräumen der Gesellschaft. Es wird erklärt: Keiner der Gesellschafter hat die Verschmelzungsprüfung gemäß § 48 UmwG verlangt. Rein vorsorglich wird auf die Erstattung eines Verschmelzungsberichtes und eines Verschmelzungsprüfungsberichtes verzichtet.

III. Gesellschafterversammlung der Tochter -GmbH

Die Mutter-GmbH ist alleinige Gesellschafterin der Tochter -GmbH mit dem Sitz in Frankfurt a.M., eingetragen im Handelsregister des Amtsgerichts Frankfurt a.M. unter HRB ....., deren Stammkapital in Höhe von EUR 25.000 voll eingezahlt ist. Unter Verzicht auf alle durch Gesetz oder Gesellschaftsvertrag vorgeschriebenen Formen und Fristen hält sie hiermit eine Gesellschafterversammlung der Tochter -GmbH ab und beschließt einstimmig was folgt:

Dem Verschmelzungsvertrag zwischen der Mutter-GmbH als aufnehmender und der Tochter-GmbH als übertragender Gesellschaft vom ..... zu Urkunde des amtierenden Notars (UR-Nr. .....) wird hiermit zugestimmt. Eine beglaubigte Abschrift des Verschmelzungsvertrages ist dieser Niederschrift als Anlage beigefügt.

IV. Verzichtserklärungen des Gesellschafters der Tochter-GmbH

Auf die Klage gegen die Wirksamkeit dieses Verschmelzungsbeschlusses wird ausdrücklich verzichtet. Darüber hinaus wird auf die Einhaltung der Vorschriften der §§ 47, 49 UmwG verzichtet, also auf die Erfüllung der Pflicht zur vorherigen Unterrichtung und zur Auslegung der Jahresabschlüsse und Lageberichte der Mutter- und der Tochter-GmbH für die letzten drei Geschäftsjahre in den Geschäftsräumen der Gesellschaft. Es wird erklärt: Der Gesellschafter hat keine Verschmelzungsprüfung gemäß § 48 UmwG verlangt. Rein vorsorglich wird auf die Erstattung eines Verschmelzungsberichtes und eines Verschmelzungsprüfungsberichtes verzichtet.

V. Gemeinsame Schlussbestimmungen

Damit sind die Gesellschafterversammlungen beendet.
Die Kosten dieser Urkunde trägt die aufnehmende Gesellschaft.
Der Notar belehrte die Erschienenen über die Unwiderruflichkeit der Verzichtserklärungen und über deren Wirkungen.
Vollzugsvollmacht .....

■ *Kosten.* Geschäftswert des Verschmelzungsbeschlusses ist gemäß § 108 Abs. 3 GNotKG das Aktivvermögen der übertragenden Gesellschaft ohne Schuldenabzug. Beide Beschlüsse sind nach § 109 Abs. 2 Nr. 4 Buchst. g) GNotKG gegenstandsgleich. Geschäftswert einer Satzungsänderung ergabe sich mit 1 % des Stammkapitals der aufnehmenden Gesellschaft nach § 108 Abs. 1 Satz 1 i.V.m. § 105 Abs. 4 Nr. 1 GNotKG, mindestens 30.000 €, nach § 108 Abs. 5 GNotKG höchstens 5 Mio. €. Als gegenstandsverschiedener Beschluss wäre dessen Wert dem Verschmelzungsbeschluss hinzuzurechnen (§ 35 Abs. 1 GNotKG). – Eine 2,0 Gebühr der Tabelle B nach Nr. 21.100 KV GNotKG.
Die vorsorglichen Verzichte auf Verschmelzungsbericht und -prüfung sind, da nicht erforderlich, grundsätzlich nicht zu bewerten.[74] Sie wären aber, wie auch der Verzicht auf Klage, gegenstandsgleich zum Verschmelzungsvertrag; getrennte Beurkundung wäre eine unrichtige Sachbehandlung nach § 21 GNotKG.[75] Siehe auch Rdn. 61 M.

Steuerrechtliche Mitteilungspflicht gemäß § 54 EStDV an das für den Sitz der Gesellschaften jeweils zuständige Finanzamt für Körperschaften.

Anmeldung zum Handelsregister der übertragenden Gesellschaft

An das Amtsgericht
Registergericht Frankfurt a.M.
Im Wege elektronischer Übermittlung
Projekt Kaiserstraße 14 GmbH mit dem Sitz in Frankfurt a.M.
HR B .....
I. Als Anlagen überreiche ich, alleinvertretungsberechtigter Geschäftsführer der Projekt Kaiserstraße 14 GmbH:
1. notariell beglaubigte Abschrift des Verschmelzungsvertrages vom ..... zu Urkunde des Notars ..... (UR-Nr. .....);

---

[74] OLG Karlsruhe NJW-RR 2002, 321.
[75] OLG Zweibrücken v. 17.09.2002 – 3 – W 74/02, MittBayNot 2003, 160.

2. notariell beglaubigte Abschrift der Niederschrift über die Gesellschafterversammlung vom ..... mit dem Beschluss der Gesellschafterversammlung über die Zustimmung zu dem Verschmelzungsvertrag vom ..... zu Urkunde des Notars ..... (UR-Nr. .....);
3. notariell beglaubigte Abschrift der Niederschrift über die Gesellschafterversammlung der Tiefhoch Bau GmbH vom ..... mit dem Beschluss der Gesellschafterversammlung über die Zustimmung zu dem Verschmelzungsvertrag vom ..... zu Urkunde des Notars ..... (UR-Nr. .....)
Schlussbilanz per .....;
Ich erkläre gemäß § 16 Abs. 2 Satz 2 letzter Hs UmwG unter Bezug auf die abgegebenen Klageverzichtserklärungen, dass eine Klage gegen die Wirksamkeit des Verschmelzungsbeschlusses ausgeschlossen ist.
Ein Verschmelzungsbericht ist gemäß § 8 Abs. 3 UmwG nicht erforderlich. Die Durchführung der Verschmelzungsprüfung hat keiner der Gesellschafter verlangt.
II. Die Gesellschaft hat keinen Betriebsrat.
III. Zur Eintragung in das Handelsregister wird angemeldet:
Die Projekt Kaiserstraße 14 GmbH ist aufgrund des Verschmelzungsvertrages vom ....., des Beschlusses ihrer Gesellschafter vom ..... und des Beschlusses der Gesellschafterversammlung der Tiefhoch Bau GmbH vom selben Tage mit der Tiefhoch Bau GmbH durch Aufnahme verschmolzen.
IV. Die Beteiligten bevollmächtigen die Angestellten des amtierenden Notars – welche der amtierende Notar zu bezeichnen bevollmächtigt wird – je einzeln und befreit von § 181 BGB, Erklärungen, Bewilligungen und Anträge materiell- oder formell-rechtlicher Art zur Ergänzung oder Änderung der Anmeldung abzugeben, soweit diese zur Behebung behördlicher oder gerichtlicher Beanstandungen zweckdienlich sind.
Die Kosten dieser Handelsregisteranmeldung und ihrer Vollzuges bei Gericht trägt die Gesellschaft.
Eintragungsnachricht wird auch an den unterschriftsbeglaubigenden Notar erbeten.
Der Notar wird beauftragt und allseits bevollmächtigt, den Vollzug dieser Anmeldung im Handelsregister, insbesondere durch Erstellung einer elektronischen Handelsregisteranmeldung und deren Übermittlung an das Registergericht, zu bewirken und alle hierzu erforderlichen oder sinnvollen Erklärungen abzugeben und Maßnahmen zu treffen.
Für die Projekt Kaiserstraße 14 GmbH:

....
(Herr Thilo Knaup, Geschäftsführer)

■ *Kosten.*
a) Beim Notar: Als Anmeldung ohne bestimmten Geldwert ergibt sich der Geschäftswert aus § 105 Abs. 4 Nr. 1 GNotKG, Mindestwert 30.000 €. – 0,5 Gebühr aus Tabelle B gemäß Nr. 24102 i.V.m. 21201 (5.) KV GNotKG sowie die Gebühren für das Erstellen der XML-Datei Nr. 22114 KV GNotKG aus Gesamtwert der Anmeldung (s. § 124 Rdn. 43 f.)
b) Beim Registergericht: nach § 58 GNotKG i.V.m. Abschn. 4 der Anlage zur HRegGebVO aus Nr. 2402 eine Gebühr von 240 €. Daneben keine Löschungsgebühr wegen § 20 Abs. 1 Nr. 2 Satz 2 UmwG.

71 *Steuerrechtliche Mitteilungspflicht* gemäß § 54 EStDV an das für den Sitz der Gesellschaft zuständige Finanzamt für Körperschaften.
72 Auch der Geschäftsführer der übernehmenden Gesellschaft (im konkreten Fall sind sie identisch) kann anmelden (§ 16 Abs. 1 Satz 2 UmwG). Wird der Verschmelzungsvertrag als

Anlage eines Zustimmungsbeschlusses (§ 13 Abs. 3 Satz 2 UmwG) in der erforderlichen Form vorgelegt, braucht er nicht auch noch gesondert vorgelegt zu werden.[76]

Anmeldung zum Handelsregister der übernehmenden Gesellschaft

73 M

Registergericht Frankfurt a.M.
Im Wege elektronischer Übermittlung
Tiefhoch Bau GmbH mit dem Sitz in Frankfurt a.M.
HR B .....
I. Als Anlagen überreiche ich, alleinvertretungsberechtigter Geschäftsführer der Tiefhoch Bau GmbH:
1. notariell beglaubigte Abschrift des Verschmelzungsvertrages vom ..... zu Urkunde des Notars ..... (UR-Nr. .....);
2. notariell beglaubigte Abschrift der Niederschrift über die Gesellschafterversammlung vom ..... mit dem Beschluss der Gesellschafterversammlung über die Zustimmung zu dem Verschmelzungsvertrag vom ..... zu Urkunde des Notars ..... (UR-Nr. .....);
3. notariell beglaubigte Abschrift der Niederschrift über die Gesellschafterversammlung der Projekt Kaiserstraße 14 GmbH vom ..... mit dem Beschluss der Gesellschafterversammlung über die Zustimmung zu dem Verschmelzungsvertrag vom ..... zu Urkunde des Notars ..... (UR-Nr. .....)
Ich erkläre gemäß § 16 Abs. 2 Satz 2 letzter Hs. UmwG unter Bezug auf die abgegebenen Klageverzichtserklärungen, dass eine Klage gegen die Wirksamkeit des Verschmelzungsbeschlusses ausgeschlossen ist.
Ein Verschmelzungsbericht ist gemäß § 8 Abs. 3 UmwG nicht erforderlich. Die Durchführung der Verschmelzungsprüfung hat keiner der Gesellschafter verlangt.
II. Die Gesellschaft hat keinen Betriebsrat.
III. Zur Eintragung in das Handelsregister wird angemeldet:
Die Tochter-GmbH ist aufgrund des Verschmelzungsvertrages vom ....., des Beschlusses ihrer Gesellschafter vom ..... und des Beschlusses der Gesellschafterversammlung der Mutter-GmbH vom selben Tage mit der Mutter-GmbH durch Aufnahme verschmolzen.
IV. Die Beteiligten bevollmächtigen die Angestellten des amtierenden Notars – welche der amtierende Notar zu bezeichnen bevollmächtigt wird – je einzeln und befreit von § 181 BGB, Erklärungen, Bewilligungen und Anträge materiell- oder formell-rechtlicher Art zur Ergänzung oder Änderung der Anmeldung abzugeben, soweit diese zur Behebung behördlicher oder gerichtlicher Beanstandungen zweckdienlich sind.
Die Kosten dieser Handelsregisteranmeldung und ihrer Vollzuges bei Gericht trägt die Gesellschaft.
Eintragungsnachricht wird auch an den unterschriftsbeglaubigenden Notar erbeten.
Der Notar wird beauftragt und allseits bevollmächtigt, den Vollzug dieser Anmeldung im Handelsregister, insbesondere durch Erstellung einer elektronischen Handelsregisteranmeldung und deren Übermittlung an das Register-gericht, zu bewirken und alle hierzu erforderlichen oder sinnvollen Erklärungen abzugeben und Maßnahmen zu treffen.
Für die Tiefhoch Bau GmbH:
....
(Herr Hubert Löwe, Geschäftsführer)

---

[76] OLG Karlsruhe NJW 1998, 903, 904.

§ 154 Verschmelzung

■ **Kosten.**

a) Beim Notar: Geschäftswert: neben der Verschmelzung wäre eine Satzungsänderung ein rechtlich selbstständiger Rechtsvorgang[77] mit ebenfalls unbestimmtem Geldwert, deren Geschäftswert sich je aus § 105 Abs. 4 Nr. 1 GNotKG, Mindestwert 30.000 €, ergeben würde; Höchstwert für alle Anmeldungen in einer Urkunde 1 Mio € (§ 106 GNotKG). Eine 0,5 Gebühr aus Tabelle B gemäß Nr. 24102 i.V.m. 21201 (5.) KV GNotKG aus den zusammengerechneten Geschäftswerten (§ 35 Abs. 1 GNotKG) sowie die Gebühren für das Erstellen der XML-Datei nach Nr. 22114 KV GNotKG aus Gesamtwert der Anmeldung (s. § 124 Rdn. 43 f.).

b) Beim Registergericht: für die Eintragung der Verschmelzung eine Gebühr von 240 € nach Nr. 2403 der Anlage zur HRegGebVO. Für jede Änderung der nach § 10 I GmbHG einzutragenden Tatsachen sind jeweils einzelne sonstige spätere Eintragungsgebühren anzusetzen (s. § 2 Abs. 2 und 3 Nr. 4 HRegGebVO), sodass für diese neben der Verschmelzung weiteren Tatsacheneintragungen je eine Gebühr 40 € nach Nr. 2501 anfällt.

74 *Steuerrechtliche Mitteilungspflicht* gemäß § 54 EStDV an das für den Sitz der Gesellschaft zuständige Finanzamt für Körperschaften.

3. Verschmelzung von zwei GmbHs mit Kapitalerhöhung bei der übernehmenden Gesellschaft

Verschmelzung von zwei GmbHs mit Kapitalerhöhung bei der übernehmenden Gesellschaft

75 M Verhandelt zu ..... am .....
Vor dem unterzeichnenden Notar ..... mit Amtssitz in ..... erschienen
1. Herr A ....., handelnd im eigenen Namen sowie als einzelvertretungsberechtigter und von den Beschränkungen des § 181 BGB befreiter Geschäftsführer der AB Berliner Textilhandel GmbH mit Sitz in Berlin, eingetragen im Handelsregister des Amtsgerichts Berlin unter HRB .....,
– nachfolgend die übertragende Gesellschaft genannt –
2., Herr K ....., handelnd nicht im eigenen Namen, sondern als Vertreter von B ..... aufgrund Vollmacht, die heute in Urschrift vorlag und dieser Niederschrift in beglaubigter Abschrift beigefügt ist,
3. Herr C ....., handelnd im eigenen Namen sowie als einzelvertretungsberechtigter und von den Beschränkungen des § 181 BGB befreiter Geschäftsführer der Hamburger Textil GmbH mit Sitz in Hamburg, eingetragen im Handelsregister des Amtsgerichts Hamburg unter HRB .....,
– nachfolgend die übernehmende Gesellschaft genannt –
4. Herr D ....., handelnd nicht im eigenen Namen, sondern als einzelvertretungsberechtigter und von den Beschränkungen des § 181 BGB befreiter Geschäftsführer der Inferion Beteiligungs GmbH mit Sitz in Hamburg, eingetragen im Handelsregister des Amtsgerichts Hamburg unter HRB .....
Vertretungsbescheinigungen erfolgen gesondert.

---

[77] Ob eine mit angemeldete Änderung der nach § 10 I GmbHG einzutragenden Tatsachen (wie Firma, Sitz, Gegenstandes), jeweils einzeln als sonstige spätere Eintragung zu bewerten sind, ist umstritten. Nach OLG Hamm v. 14. 9. 2016 – 15 W 548/15 (n.rk), FGPrax 2017, 138 nur eine Tatsache; a.A. h.M. in Lit. u.a. Korintenberg/*Diehn*, § 111 Rn. 31; *Wudy*, notar 2017, 267: jede Tatsache nach § 10 GmbHG sei eine gesonderte Rechtstatsache i.S. § 111 Nr. 3 GNotKG.

Die Erschienenen wiesen sich dem Notar gegenüber aus durch Vorlage ihrer amtlichen Lichtbildausweise.
Die Erschienenen ersuchten den Notar um Beurkundung des Folgenden:
Teil A: Verschmelzungsvertrag

§ 1 Vorbemerkungen, Sachstand

1. Mit diesem Vertrag wird die übertragende Gesellschaft auf die übernehmende Gesellschaft verschmolzen.
2. An der übertragenden Gesellschaft, deren Stammkapital in Höhe von 25.000 €, beträgt und das nach Angabe vollständig eingezahlt ist und nicht an die Gesellschafter zurückgewährt wurde, sind ausweislich der letzten in den elektronischen Dokumentenordner aufgenommenen Gesellschafterliste, welche der Notar am ..... eingesehen hat,
a) Herr A ..... mit den Geschäftsanteilen Nr. 1-12.500 mit einem Nennbetrag von jeweils 1 €, und
b) Herr B ..... mit den Geschäftsanteilen Nr. 12.501-25.000 mit einem Nennbetrag von jeweils 1 Euro beteiligt.
3. An der aufnehmenden Gesellschaft, deren Stammkapital 75.000 € beträgt und das nach Angabe vollständig eingezahlt ist und nicht an die Gesellschafter zurückgewährt wurde, sind ausweislich der letzten in den elektronischen Dokumentenordner aufgenommenen Gesellschafterliste, welche der Notar am ..... eingesehen hat,
a) Herr C ..... mit den Geschäftsanteilen Nr. 1-35.000 mit einem Nennbetrag von jeweils 1 €, und
b) Inferion Beteiligungs GmbH, eingetragen im Handelsregister des Amtsgerichts Hamburg unter HRB 130240, mit den Geschäftsanteilen Nr. 35.001-75.000 mit einem Nennbetrag von jeweils 1 € beteiligt.
4. Die aufnehmende Gesellschaft wird ihr Stammkapital im Zuge und vor der Verschmelzung von 75.000 € auf 100.000 € erhöhen.
5. Die übertragende Gesellschaft und die übernehmende Gesellschaft verfügen nach Angabe jeweils nicht über Grundbesitz. Die übertragende Gesellschaft ist nach Angabe auch nicht unmittelbar oder mittelbar an anderen Gesellschaften mit beschränkter Haftung beteiligt und verfügt nach Angabe über kein Vermögen im Ausland.

§ 2 Vermögensübertragung, Bilanzstichtag

1. Die übertragende Gesellschaft überträgt ihr Vermögen als Ganzes mit allen Rechten und Pflichten unter Ausschluss der Abwicklung gemäß §§ 2 ff. UmwG i. V. m. §§ 46 ff. UmwG auf die aufnehmende Gesellschaft im Wege der Verschmelzung durch Aufnahme. Als Gegenleistung gewährt die aufnehmende Gesellschaft den Gesellschaftern der übertragenden Gesellschaft Geschäftsanteile an der aufnehmenden Gesellschaft.
2. Der Verschmelzung wir die (mit dem uneingeschränkten Bestätigungsvermerk des Wirtschaftsprüfers ..... versehene) Bilanz der übertragenden Gesellschaft zum 31.12...... als Schlussbilanz zugrunde gelegt.
3. Die übertragende Gesellschaft wird spätestens bis zur erstmaligen Abgabe der steuerlichen Schlussbilanz bei dem für die Besteuerung der übertragenden Gesellschaft zuständigen Finanzamt beantragen, die übergehenden Wirtschaftsgüter einheitlich mit dem Buchwert anzusetzen. Die übernehmende Gesellschaft wird die auf sie übergehenden Wirtschaftsgüter mit dem in der steuerlichen Schlussbilanz der übertragenden Gesellschaft enthaltenen Wert übernehmen. Die übernehmende Gesellschaft hat die Buchwerte der übertragenden Gesellschaft in ihrer handelsrechtlichen und auch in ihrer steuerlichen Rechnungslegung fortzuführen.

§ 3 Gegenleistung, Durchführung

1. Die aufnehmende Gesellschaft gewährt den Gesellschaftern der übertragenden Gesellschaft als Gegenleistung für die Übertragung des Vermögens Geschäftsanteile an der aufnehmenden Gesellschaft, und zwar
a) dem Gesellschafter A ..... Geschäftsanteile mit den laufenden Nummern 75.001-87.500 im Nennbetrag von je 1 €, und
b) dem Gesellschafter B ..... Geschäftsanteile mit den laufenden Nummern 87.501-100.000 im Nennbetrag von je 1 €.
Die Geschäftsanteile werden kostenfrei und mit Gewinnbezugsberechtigung ab dem 01.01..... gewährt.
2. Zur Durchführung der Verschmelzung wird die aufnehmende Gesellschaft ihr Stammkapital von bislang 75.000 € um 25.000 € auf 100.000 € erhöhen, und zwar durch Bildung von 25.000 Geschäftsanteilen im Nennbetrag von jeweils 1 €. Bare Zuzahlungen sind nicht vorgesehen.
3. Das Umtauschverhältnis beträgt .....

§ 4 Verschmelzungsstichtag

Die Übernahme des Vermögens der übertragenden Gesellschaft erfolgt im Innenverhältnis mit Wirkung zum Beginn des 01.01..... (0 Uhr) an (Verschmelzungsstichtag). Von diesem Zeitpunkt an bis zum Erlöschen der übertragenden Gesellschaft gemäß § 20 Abs. 1 Nr. 2 UmwG gelten alle Handlungen und Geschäfte der übertragenden Gesellschaft als für die Rechnung der übernehmenden Gesellschaft vorgenommen.

§ 5 Mitgliedschaft bei der aufnehmenden Gesellschaft

Der Gesellschaftsvertrag der aufnehmenden Gesellschaft gestaltet die Mitgliedschaftsrechte in keiner Weise unterschiedlich gegenüber den bei der übertragenden Gesellschaft bisher geltenden Regelungen aus.

§ 6 Keine besonderen Rechte und Vorteile

1. Besondere Rechte i.S.d. § 5 Abs. 1 Nr. 7 UmwG bestehen bei der übertragenden Gesellschaft nicht. Einzelnen Anteilsinhabern werden im Rahmen der Verschmelzung keine besonderen Rechte gewährt.
2. Keinem Mitglied der Vertretungsorgane und der Aufsichtsorgane der an der Verschmelzung beteiligten Gesellschaften, keinem geschäftsführenden Gesellschafter, keinem Abschlussprüfer oder Verschmelzungsprüfer werden besondere Vorteile gewährt i.S.v. § 5 Abs. 1 Nr. 8 UmwG.

§ 7 Folgen der Verschmelzung für Arbeitnehmer und ihre Vertretungen

.....

§ 8 Weitere Bestimmungen

1. Die Firma der übernehmenden Gesellschaft wird unverändert fortgeführt.
2. Die Geschäftsführung der aufnehmenden Gesellschaft ändert sich nicht. Prokuren und Geschäftsführungen bei der übertragenden Gesellschaft erlöschen mit Vollzug im Handelsregister der übernehmenden Gesellschaft.

§ 9 Salvatorische Klausel

.....

Teil B: Gesellschafterversammlung der übertragenden Gesellschaft

Unter Verzicht auf alle durch Gesetz oder Gesellschaftsvertrag vorgeschriebenen Formen und Fristen halten sämtliche Gesellschafter der übertragenden Gesellschaft hiermit eine Gesellschafter-versammlung der AB Berliner Textilhandel GmbH mit Sitz in Berlin ab und beschließen einstimmig was folgt:

1. Dem vorstehenden Verschmelzungsvertrag zwischen der AB Berliner Textilhandel GmbH mit Sitz in Berlin und der Hamburger Textil GmbH mit Sitz in Hamburg wird hiermit zugestimmt.[78]

2. Auf die Erstattung eines Verschmelzungsberichts, die Durchführung einer Verschmelzungsprüfung und die Erstellung eines Prüfberichts wird hiermit ausdrücklich verzichtet. Darüber hinaus wird auf die Einhaltung der Vorschriften der §§ 47, 49 UmwG verzichtet. Ferner wird vorsorglich auf ein Abfindungsangebot ebenso verzichtet wie auf das Recht der Anfechtungs- bzw. Nichtigkeitsklage gegen den Umwandlungsbeschluss.

Damit ist die Gesellschafterversammlung beendet.

Teil C: Gesellschafterversammlung der übernehmenden Gesellschaft

Unter Verzicht auf alle durch Gesetz oder Gesellschaftsvertrag vorgeschriebenen Formen und Fristen halten sämtliche Gesellschafter der übernehmenden Gesellschaft hiermit eine Gesellschafterversammlung der Hamburger Textil GmbH mit Sitz in Hamburg ab und beschließen einstimmig was folgt:

1. Dem vorstehenden Verschmelzungsvertrag zwischen der AB Berliner Textilhandel GmbH mit Sitz in Berlin und der Hamburger Textil GmbH mit Sitz in Hamburg wird hiermit zugestimmt.

2. Zum Zwecke der Durchführung des Verschmelzungsvertrages wird das Stammkapital der Gesellschaft von 75.000 € um 25.000 € auf 100.000 € erhöht (§ 55 UmwG). Die Kapitalerhöhung erfolgt durch Ausgabe der nachfolgend genannten neuen Geschäftsanteile, die an die jeweils nachfolgend genannten Gesellschafter der übertragenden Gesellschaft als Gegenleistung für die Übertragung des Vermögens der AB Berliner Textilhandel GmbH gewährt werden:

a) Der Gesellschafter A erhält 12.500 Geschäftsanteile im Nennbetrag von je 1 € mit den laufenden Nummern 75.001-87.500,

b) Der Gesellschafter B erhält 12.500 Geschäftsanteile im Nennbetrag von je 1 € mit den laufenden Nummern 87.501-100.000.

Die Vorgenannten haben ihre Einlagen auf die von ihnen übernommenen Stammeinlagen geleistet durch die Übertragung des Vermögens der AB Berliner Textilhandel GmbH gemäß den Bestimmungen des vorgenannten Verschmelzungsvertrages. Mit Wirksamwerden der Verschmelzung sind die neuen Stammeinlagen in voller Höhe erbracht.

Die Verschmelzung erfolgte auf der Basis der Schlussbilanz der übertragenden Gesellschaft zum 31.12....., die Anlage des Verschmelzungsvertrages ist.

Die neuen Geschäftsanteile sind ab dem 01.01..... gewinnbezugsberechtigt.

Dementsprechend wird § [.....] des Gesellschaftsvertrages (Stammkapital) der Gesellschaft wie folgt vollständig neu gefasst:

»§ [.....] Stammkapital
Das Stammkapital der Gesellschaft beträgt 100.000 € Euro (in Worten: [.....]).«

---

[78] Die an sich nach § 13 Abs. 3 Satz 2 UmwG erforderliche Beifügung des Verschmelzungsvertrags als Anlage ist nicht erforderlich, wenn der Verschmelzungsvertrag wie hier in derselben notariellen Urkunde wie der Verschmelzungsbeschluss beurkundet wird, vgl. nur Semler/Stengel/*Gehling*, UmwG, § 13 Rn. 55.

§ 154 Verschmelzung

3. Auf die Erstattung eines Verschmelzungsberichts, die Durchführung einer Verschmelzungsprüfung und die Erstellung eines Prüfberichts wird hiermit ausdrücklich verzichtet. Darüber hinaus wird auf die Einhaltung der Vorschriften der §§ 47, 49 UmwG verzichtet. Ferner wird vorsorglich auf ein Abfindungsangebot ebenso verzichtet wie auf das Recht der Anfechtungs- bzw. Nichtigkeitsklage gegen den Umwandlungsbeschluss.
Damit ist die Gesellschafterversammlung beendet.

Teil D: Gemeinsame Bestimmungen

§ 1 Kosten und Abschriften

......

§ 2 Vollzugsvollmacht

......

§ 3 Notarielle Hinweise

......

■ *Kosten.* Wie Muster Rdn. 60 M und Rdn. 61 M; die Verpflichtung zur Kapitalerhöhung ist Teil des Gegenstandes des Verschmelzungsvertrages. Bei den Gesellschafterbeschlüssen ist die Kapitalerhöhung als gegenstandsverschiedener Beschluss (nicht der gleiche Beschlussgegenstand i.S. § 109 Abs. 2 Nr. 4 Buchst. c) GNotKG) mit dem Nennbetrag der Kapitalerhöhung dem Wert des Verschmelzungsbeschlusses hinzuzurechnen. Geschäftswert nach § 108 Abs. 1 Satz 2 i.V.m. § 105 Abs. 1 GNotKG jedoch mindestens 30.000 €, nach § 108 Abs. 5 GNotKG höchstens 5 Mio. €. Hinzuzurechnen wäre auch der Geschäftswert für eine Geschäftsführerbestellung, der sich nach § 108 Abs. 1 Satz 1 i.V.m. § 105 Abs. 4 Nr. 1 GNotKG ergibt; mindestens 30.000 €, nach § 108 Abs. 5 GNotKG höchstens 5 Mio. € für alle zusammengerechneten Werte. Gebühr aus den gemäß § 35 Abs. 1 GNotKG zusammengerechneten Werten aller Beschlüsse: 2,0 Gebühr der Tabelle B nach Nr. 21100 KV GNotKG.
Bei Zusammenbeurkundung beider Zustimmungsbeschlüsse sind diese gegenstandsgleich und ist daher der Aktivvermögenswert nach § 109 Abs. 2 Nr. 4 Buchst. g) GNotKG nur einmal anzusetzen. Die Verzichtserklärungen sind nach § 110 Nr. 1 GNotKG jedoch nicht gegenstandsgleich. Hierzu Rdn. 60 M. – Liegen für die getrennte Beurkundung der Beschlüsse beider Gesellschaften keine sachlichen Gründe vor, würde es sich um unrichtige Sachbehandlung nach § 21 GNotKG handeln.*Steuerrechtliche Mitteilungspflicht* gemäß § 54 EStDV an das für den Sitz der Gesellschaft zuständige Finanzamt für Körperschaften, wenn eine Gesellschaft über Grundbesitz verfügt auch nach § 18 GrEStG (siehe § 155 Rdn. 21).

76 M **Anmeldung zur übertragenden Gesellschaft**

S. Rdn. 70 M.

Anmeldung zur übernehmenden Gesellschaft mit Kapitalerhöhung

77 M An das
Amtsgericht Hamburg
– Handelsregister –
HRB .....; Hamburger Textil GmbH mit Sitz in Hamburg

(Postanschrift: .....)
hier: Verschmelzung durch Aufnahme der AB Berliner Textilhandel GmbH; Erhöhung des Stammkapitals;

§ 1

Als (sämtliche) Geschäftsführer der Hamburger Textil GmbH mit dem Sitz in Hamburg lege(n) ich/wir beiliegend vor:
a) eine elektronisch beglaubigte Abschrift des Verschmelzungsvertrages vom heutigen Tage mit der AB Berliner Textilhandel GmbH mit Sitz in Berlin einschließlich der Niederschriften über die Gesellschafterversammlungen, in denen die Zustimmungsbeschlüsse gefasst wurden; aus der Niederschrift über die Gesellschafterversammlung der Gesellschaft ergibt sich auch der Beschluss über die Erhöhung des Stammkapitals.
b) den neuen vollständigen Wortlaut des Gesellschaftsvertrags mit der Bescheinigung des Notars nach § 54 GmbHG;
c) eine Liste, aus der sich die Übernehmer der neuen Stammeinlagen bei der Kapitalerhöhung ergeben;
d) eine Liste aller Gesellschafter der Gesellschaft und der von ihnen gehaltenen Geschäftsanteile nach der Kapitalerhöhung mit der Bescheinigung des Notars nach § 40 Abs. 2 GmbHG.
e) die Schlussbilanz der übertragenden Gesellschaft zum 31.12......
f) (ggf. Nachweise über die Zuleitung des Entwurfs des Verschmelzungsvertrags an die zuständigen Betriebsräte sowie ggf. Verzichtserklärungen bezüglich der Zuleitungsfrist)

Aus den vorgelegten Unterlagen ergibt sich, dass auf eine Klage gegen die Wirksamkeit der Verschmelzungsbeschlüsse von allen Gesellschaftern verzichtet wurde.

§ 2

Zur Eintragung in das Handelsregister melden wir an:
1. Die AB Berliner Textilhandel GmbH mit dem Sitz in Berlin ist auf Grund des Verschmelzungsvertrags vom ....., der Beschlüsse der Gesellschafterversammlungen der AB Berliner Textilhandel GmbH und der Hamburger Textil GmbH vom ..... mit der Gesellschaft durch Aufnahme verschmolzen;
2. die Erhöhung des Stammkapitals der Gesellschaft auf 100.000 € und die darauf beruhende Neufassung von § ..... des Gesellschaftsvertrags.

§ 3

Die Gesellschaft trägt die Kosten dieser Anmeldung und ihres Vollzugs im Handelsregister. Sie erhält eine beglaubigte Abschrift. Das Handelsregister wird gebeten, dem beglaubigenden Notar eine Vollzugsmitteilung zuzusenden.
Hamburg, den .....
Herr D .....
[ggf. weitere Geschäftsführer]
Unterschriftsbeglaubigung

(Wegen der Kapitalerhöhung [§ 78 GmbHG] Anmeldung durch alle Geschäftsführer erforderlich.)

■ *Kosten.*
a) Des Notars: Geschäftswert: Verschmelzung und Kapitalerhöhung (sowie evtl. Anmeldung von Satzungsänderung oder Geschäftsführerbestellung) sind jeweils für sich getrennte Rechtsvorgänge § 111 Nr. 3 GNotKG. Der Geschäftswert für die Anmeldung der Verschmelzung sowie evtl. sonstiger Tatsachen ergibt sich je aus § 105 Abs. 4 Nr. 1 GNotKG, Wert mindestens je 30.000 €, der für die Kapitalerhöhung aber aus deren Nennbetrag § 105 Abs. 1 Nr. 3 GNotKG, Wert mindestens 30.000 €. Eine 0,5 Gebühr aus Tabelle B gemäß Nr. 24102 i.V.m. 21201 (5.) KV GNotKG aus den zusammengerechneten Werten (§ 35 Abs. 1 GNotKG), gemäß § 106 GNotKG höchstens 1 Mio. €, sowie die Gebühren für das Erstellen der XML-Datei Nr. 22114 KV (s. § 124 Rdn. 43). Für das Fertigen der Übernehmer- und der neuen Gesellschafterliste fällt eine 0,5 Vollzugsgebühr an; hierzu Einzelheiten bei § 144 Rdn. 101 M sowie 105 M.
b) Des Registergerichts: Verschmelzung und Kapitalerhöhung (sowie evtl. sonstiger Tatsachen sind auch nach § 2 Abs. 2 i.V.m. Abs. 2 und 3 Nr. 4 HRegGebVO jeweils für sich getrennt einzutragende Tatsachen. Gebühr für die Verschmelzung von 240 € nach Nr. 2403, für die Kapitalerhöhung von 210 € nach Nr. 2401 und für jede sonstige Tatsache jeweils 40 € nach Nr. 2500 i.V.m. 2501; die Anmeldung eines Geschäftsführers und dessen Vertretungsmacht sind eine Tatsache (§ 2 Abs. 3 Nr. 1 HRegGebVO). Daneben Gebühr für die Entgegennahme der geänderten Liste der Gesellschafter gemäß § 40 GmbHG: 30 € nach Nr. 5002 GV HRegGebVO. Handelt es sich jedoch um eine Neugründung beim übernehmenden Rechtsträger, fällt statt der Gebühr nach Nr. 2403 die Gebühr nach Nr. 2104 an.

78 *Steuerrechtliche Mitteilungspflicht* gemäß § 54 EStDV an das für den Sitz der Gesellschaft zuständige Finanzamt für Körperschaften.

Liste der Übernehmer der neuen Geschäftsanteile

79 M **Liste der Übernehmer der neuen Geschäftsanteile bei der Stammkapitalerhöhung der Hamburger Textil GmbH mit dem Sitz in Hamburg**

Vorname, Name, Geburtsdatum, Anschrift	übernommene Geschäftsanteile
1) A, geb. am ….., wohnhaft …..	12.500 €
2) B, geb. am ….., wohnhaft …..	12.500 €
	Gesamt:
	25.000 €

Hamburg, den …..
…..

Gesellschafterliste

80 M **Liste der Gesellschafter der Hamburger Textil GmbH mit dem Sitz in Hamburg nach der Verschmelzung der AB Berliner Textilhandel GmbH mit dem Sitz in Berlin**
…..
Bescheinigt wird, dass die geänderten Eintragungen der am ….. beschlossenen Erhöhung des Stammkapitals und die übrigen Eintragungen der am ….. ins Handelsregister aufgenommenen Liste entsprechen.
Hamburg, den …..

■ *Kosten.* Nach Vorbemerkung 2.2.1.1. Abs. 1 Nr. 3 KV GNotKG ist die Fertigung der Liste der Gesellschafter gemäß § 57 Abs. 3 Nr. 2 GmbHG sowie der Übernehmerliste eine einheitliche Vollzugstätigkeit zum Beurkundungsverfahren, aus dessen Geschäftswert sich auch derjenige für die Listererstellung ergibt. Für die Listenerstellung fällt gemäß Nr. 22110 KV GNotKG eine Gebühr von 0,5 nach Tabelle B an, die Nr. 22113 KV GNotKG auf höchstens 250,00 € je Liste beschränkt. Geschäftswert der gesamten Vollzugsgebühr aller Listen ist der Wert des zu vollziehenden Beurkundungsverfahrens (§ 112 GNotKG); bei der Übernehmerliste aus dem Betrag der Kapitalerhöhung; s. § 144 Rdn. 105 M. Hierzu ggf. auch eine Betreuungsgebühr von 0,5 nach Nr. 22200 KV GNotKG für die Wirksamkeitsbescheinigung aus dem Gesamtwert der Verschmelzung, wenn der Notar in tatsächlicher Hinsicht Voraussetzungen die außerhalb der Urkunde liegen zu prüfen hat; strittig ist, ob dazu ausreicht, dass der Notar die neue Gesellschafterliste erst nach Eintragung der Verschmelzung erteilen kann.

4. Verschmelzung von nicht börsennotierten Aktiengesellschaften zur Aufnahme

Verschmelzung von nicht börsennotierten Aktiengesellschaften zur Aufnahme[79]

Verhandelt zu ..... am .....
Vor der Notarin ..... waren gleichzeitig anwesend
1. Frau Franziska Freund, geb. am .....
hier handelnd nicht im eigenen Namen, sondern als alleinvertretungsberechtigter Vorstand für die
»Hansebrauerei Rostock AG«
mit dem Sitz in Rostock, eingetragen im Handelsregister des Amtsgerichts Rostock unter HRB .....
(Postanschrift: Hafenstraße 30, Rostock)
2. Frau Elvira Becker, geb. am .....
und Herr Jens Hansen, geb. am .....
handelnd
als gemeinsam vertretungsberechtigte Vorstandsmitglieder für die
»Getränkehandel Vorpommern AG«
mit dem Sitz in Greifswald, eingetragen im Handelsregister des Amtsgerichts Greifswald unter HRB .....
(Postanschrift: Berliner Straße 20, Greifswald).
Die Anwesenden legten der Notarin ihre amtlichen Lichtbildausweise vor. Sie erklärten:
Vorbemerkung/Sachstand
[Ggf. bereits hier Ausführungen zu den Gesellschaften einschließlich Grundkapital, Aktien, Einzahlung und bei kleinen Aktiengesellschaften zum Aktionärsbestand sowie ggf. zum Zweck der Verschmelzung]

§ 1 Vermögensübertragung

Die »Getränkehandel Vorpommern AG« überträgt ihr Vermögen als Ganzes mit allen Rechten und Pflichten unter Ausschluss der Abwicklung gemäß §§ 2 ff. UmwG i. V. m. §§ 60 ff. UmwG auf die »Hansebrauerei Rostock AG« im Wege der Verschmelzung durch Aufnahme.

81 M

---

[79] Ein Muster für die Verschmelzung von börsennotierten Aktiengesellschaften zur Aufnahme findet sich etwa bei Happ/*Richter*, Konzern- und Umwandlungsrecht, 7.01.

§ 2 Gegenleistung

Die Aktionäre der »Getränkehandel Vorpommern AG« erhalten für je 4 Stückaktien ihrer Gesellschaft 3 Stückaktien der »Hansebrauerei Rostock AG«.
Bei der »Getränkehandel Vorpommern AG« bestehen 400.000 Stückaktien mit einem auf die einzelne Aktie entfallenden rechnerischen Anteil am Grundkapital von 1. €; das Grundkapital der »Hansebrauerei Rostock AG« beträgt 1 Mio. €. Es bestehen 1 Mio. Stückaktien mit einem auf die einzelne Aktie entfallenden rechnerischen Anteil am Grundkapital von 1. €, für die der Anspruch auf Einzelverbriefung gemäß § 10 Abs. 1 Nr. 2 lit. a) AktG ausgeschlossen ist.[80] Die Einlagen auf die Aktien sind nach Angabe bei beiden Gesellschaften voll erbracht.
Zur Durchführung der Verschmelzung wird die »Hansebrauerei Rostock AG« ihr Grundkapital von 1 Mio. € um 300.000 € auf 1.300.000 € durch Ausgabe von 300.000 neuen Stückaktien mit einem auf die einzelne Aktie entfallenden rechnerischen Anteil am Grundkapital von 1. € erhöhen. Alle Aktien der übernehmenden Gesellschaft sind Inhaberaktien.
Bare Zuzahlungen erfolgen nicht. Soweit ein Aktionär der übertragenden Gesellschaft für Spitzenbeträge keine neue Aktie der übernehmenden Gesellschaft beziehen kann, ist er berechtigt, sein Teilrecht zu veräußern. Die ..... Bank in Rostock hat sich verpflichtet, ihr angebotene Teilrechte zum Börsenkurs der übernehmenden Gesellschaft zum Zeitpunkt des Angebots zu erwerben.
Die neuen Aktien sind gewinnbezugsberechtigt ab 01.01.....
Die Inhaberaktien an der übernehmenden Gesellschaft unterliegen keinen Verfügungsbeschränkungen, so dass ein Abfindungsangebot nach § 29 UmwG nicht erforderlich ist.
Die »Getränkehandel Vorpommern AG« bestellt als Treuhänder für den Empfang der zu gewährenden Aktien an der übernehmenden Gesellschaft die ..... Bank-AG ..... mit dem Sitz in Rostock. Die »Hansebrauerei Rostock AG« wird dem Treuhänder unverzüglich nach der Hauptversammlung der »Hansebrauerei Rostock AG«, die über die Verschmelzung beschlossen hat, nicht jedoch vor Nachweis des Abschlusses der Treuhandvereinbarung nach § 71 Abs. 1 UmwG, die neuen Aktien (bzw. die Globalurkunde) übergeben. Die Treuhandvereinbarung muss zugunsten der übernehmenden Gesellschaft die Verpflichtung des Treuhänders enthalten, Aktien ausschließlich für Zwecke der Verschmelzung zu verwenden, den Erhalt der Aktien dem für die übernehmende Gesellschaft zuständigen Handelsregister anzuzeigen, die Aktien nach Eintragung der Verschmelzung den umtauschberechtigten Aktionären der übertragenden Gesellschaft unter Beachtung des in § 2 Abs. 1 dieses Vertrags festgelegten Umtauschverhältnisses nach Maßgabe des Depotgesetzes und Zug-um-Zug gegen Aushändigung von deren Aktien an der »Getränkehandel Vorpommern AG« zu übergeben sowie bei einem endgültigen Scheitern der Verschmelzung die Aktien unverzüglich an die übernehmende Gesellschaft zurückzugeben.

---

80 § 10 Abs. 1 AktG wurde durch die Aktienrechtsnovelle 2016 neu gefasst; gesetzlicher Regelfall ist nunmehr die Namensaktie. Die Vorschrift ist jedoch nicht auf Altgesellschaften anzuwenden, die gemäß dem früheren Recht nach § 10 Abs. 1 AktG a.F. Inhaberaktien wählten, ohne die Voraussetzungen des § 10 Abs. 1 AktG n.F. zu erfüllen, sofern deren Satzung vor dem 31.12.2015 durch notarielle Beurkundung festgestellt wurde, § 26h Abs. 1 EGAktG. Es ist umstritten, ob der Bestandsschutz auch für Kapitalerhöhungen solcher Gesellschaften nach Inkrafttreten der Neuregelung gilt, dagegen etwa Hüffer/Koch/*Koch*, AktG, § 10 Rn. 6; *Mock*, AG 2016, 261, 268 f; dafür etwa Hölters/*Solveen*, AktG, § 10 Rn. 22; *Wälzholz/Wolffskeel*, MittBayNot 2016, 197, 199; Schmidt/Lutter/*Ziemons*, AktG, § 10 Rn. 51.

§ 3 Bilanzstichtag

Maßgebend für die Verschmelzung ist die (mit dem uneingeschränkten Bestätigungsvermerk des Wirtschaftsprüfers ..... versehene) Bilanz der übertragenden Gesellschaft zum 31.12...... als Schlussbilanz.

§ 4 Verschmelzungsstichtag

Die Übernahme des Vermögens der übertragenden Gesellschaft erfolgt im Innenverhältnis mit Wirkung zum Beginn des 01.01...... (0 Uhr) an (Verschmelzungsstichtag). Von diesem Zeitpunkt an bis zum Erlöschen der übertragenden Gesellschaft gemäß § 20 Abs. 1 Nr. 2 UmwG gelten alle Handlungen und Geschäfte der übertragenden Gesellschaft als für die Rechnung der übernehmenden Gesellschaft vorgenommen.

§ 5 Besondere Rechte und Vorteile

Besondere Rechte i.S.v. § 5 Abs. 1 Nr. 7 UmwG bestehen bei beiden Gesellschaften nicht. Sie werden aus Anlass der Verschmelzung nicht gewährt. Besondere Maßnahmen i.S.v. § 5 Abs. 1 Nr. 7 UmwG sind deshalb nicht vorgesehen.
Besondere Vorteile i.S.v. § 5 Abs. 1 Nr. 8 UmwG werden weder Vorständen noch Aufsichtsräten der beteiligten Gesellschaften noch Abschlussprüfern noch Verschmelzungsprüfern gewährt.

§ 6 Aufhebung von Vertragsverhältnissen

Die Vertragsverhältnisse mit den bisherigen Vorständen der »Getränkehandel Vorpommern AG«, Frau Becker und Herrn Hansen, werden zum 31.03...... aufgehoben. Sie verpflichten sich, gegen angemessene Vergütung die Abwicklung der Verschmelzung in jeder Weise zu unterstützen.

§ 7 Folgen der Verschmelzung für Arbeitnehmer und ihre Vertretungen

Für die Arbeitnehmer der Gesellschaften und ihre Betriebsräte ergeben sich folgende Auswirkungen:
Folgende Maßnahmen sind vorgesehen: .....

§ 8 Bedingungen

Der Verschmelzungsvertrag steht unter der aufschiebenden Bedingung, dass die formgerechten Zustimmungsbeschlüsse der Hauptversammlungen beider Gesellschaften bis zum ..... vorliegen, und dass die Aktionäre der aufnehmenden Gesellschaft die vorstehende Kapitalerhöhung beschließen.

§ 9 Kosten

Die Kosten dieser Beurkundung und alle anderen mit der Verschmelzung verbundenen Kosten und etwaige Verkehrsteuern trägt die »Hansebrauerei Rostock AG«. Dies gilt auch, falls die Verschmelzung scheitern sollte.

§ 10 Salvatorische Klausel, Abschriften, Belehrungen, Sonstiges

.....
Der Entwurf dieses Vertrags ist am ..... zum Handelsregister eingereicht worden, § 61 S.1 UmwG. Die Bekanntmachung durch das Registergericht nach § 61 Satz 2 UmwG erfolgte am ......

- **Kosten.** Wie § 154 Rdn. 75 M iVm 60 M.

82 *Steuerrechtliche Mitteilungspflicht* gemäß § 54 EStDV an das für den Sitz jeder Gesellschaft zuständige Finanzamt für Körperschaften.

Niederschrift über die Hauptversammlung der übernehmenden Aktiengesellschaft (Auszug)

83 M
.....
Der Vorsitzende stellte fest, dass die in § 63 Abs. 1 UmwG aufgeführten Unterlagen von der Einberufung der Hauptversammlung an in den Geschäftsräumen der Gesellschaft zur Einsicht der Aktionäre ausgelegen haben. (*Alternative:* ..... von der Einberufung der Hauptversammlung an über die Internetseite der Gesellschaft zugänglich waren.) Sie liegen auch in der Hauptversammlung aus (§ 64 Abs. 1 UmwG). Der Vorstand erläuterte den Verschmelzungsvertrag mündlich. Der Vorsitzende wies darauf hin, dass jedem Aktionär über alle für die Verschmelzung wesentlichen Angelegenheiten der übertragenden Gesellschaft Auskunft zu geben ist (§ 64 Abs. 2 UmwG).
[Es folgen Erläuterungen zum Abstimmungsverfahren durch den Vorsitzenden, die Bekanntgabe der Präsenz und von etwaigen Stimmverboten, die Durchführung der Abstimmung zu sämtlichen Tagesordnungspunkten sowie die Feststellungen des Vorsitzenden zu den Beschlussfassungen einschließlich der jeweiligen Aufnahme des Ergebnisses der Abstimmung im Protokoll und deren Verkündung.]
Zu Punkt ..... des Tagesordnung [Beschlussfassung über die Zustimmung zum Verschmelzungsvertrag und über die Erhöhung des Grundkapitals]:
Der Vorsitzende gab daraufhin bekannt, stellte fest und verkündete, dass der Antrag von Vorstand und Aufsichtsrat wie im Bundesanzeiger vom ..... zu Tagesordnungspunkt ..... veröffentlicht, mit der erforderlichen Mehrheit angenommen worden sei. Eine beglaubigte Abschrift des Verschmelzungsvertrags vom ..... zu Urkunde des Notars ..... (UR-Nr. .....) ist diesem Beschluss als Anlage beigefügt. Die Ausdrucke der Abstimmungsergebnisse sind dieser Urschrift als Anlage ..... beigefügt. Die Ausdrucke wurden vom Vorsitzenden verlesen. Danach stellt sich das Ergebnis der Abstimmung wie folgt dar:
Die Hauptversammlung beschloss mit ..... Ja-Stimmen gegen ..... Nein-Stimmen bei ..... Stimmenthaltungen bei einer Präsenz von ..... Stimmen, dem Verschmelzungsvertrag zwischen der »Getränkehandel Vorpommern AG« und der »Hansebrauerei Rostock AG« vom ..... zuzustimmen.
[Es folgt die Feststellung zum Ergebnis der Abstimmung über die Kapitalerhöhung.]
Der Vorsitzende schloss die Hauptversammlung um ..... Uhr.

- **Kosten.** Wie Rdn. 61 M i.V.m. Rn. 75 wegen der Kapialerhöhung, die als gegenstandsverschieden dem Geschäftswert der Verschmelzung mit ihrem Betrag hinzuzurechnen ist.

Verschmelzung **§ 154**

Steuerrechtliche Mitteilungspflicht gemäß § 54 EStDV an das für den Sitz jeder Gesellschaft zuständige Finanzamt für Körperschaften. 84

Anmeldung zum Handelsregister der übernehmenden Aktiengesellschaft

An das 85 M
Amtsgericht Rostock
– Handelsregister –
Betrifft: Handelsregister B Nr. .....; »Hansebrauerei Rostock AG« mit dem Sitz in Rostock
(Postanschrift: Hafenstraße 30, Rostock)
hier: Erhöhung des Stammkapitals; Verschmelzung durch Aufnahme der »Getränkehandel Vorpommern AG« mit dem Sitz in Greifswald

§ 1

Zum Handelsregister B Nr. ..... der »Hansebrauerei Rostock AG« mit dem Sitz in Rostock legen wir beiliegend vor:
a) eine elektronisch beglaubigte Abschrift des Verschmelzungsvertrages mit der »Getränkehandel Vorpommern AG« mit dem Sitz in Greifswald vom .....;
b) eine elektronisch beglaubigte Abschrift der Niederschrift über die Hauptversammlung dieser Gesellschaft vom ..... (in dieser Hauptversammlung wurden die Beschlüsse über die Zustimmung zum Verschmelzungsvertrag gefasst);
c) eine elektronisch beglaubigte Abschrift der Niederschrift über die Hauptversammlung unserer Gesellschaft, in der ebenfalls die Zustimmung zum Verschmelzungsvertrag und außerdem die Erhöhung des Grundkapitals beschlossen wurde;
d) den gemeinsamen Verschmelzungsbericht der Vorstände der beiden Gesellschaften;
e) die Berichte der beiden Verschmelzungsprüfer;
f) die Nachweise über die Zuleitung des Verschmelzungsvertrages an die beiden Betriebsräte;
g) die Berechnung der Kosten, die der Gesellschaft durch die Ausgabe der neuen Aktien entstehen;
h) den neuen vollständigen Wortlaut der Satzung der Gesellschaft mit der Bescheinigung des Notars nach § 181 I Satz 2 AktG.
Die Anzeige des Treuhänders, der ..... Bank AG mit Sitz in ....., dass sie im Besitz der Aktien ist, wird vorgelegt, sobald die Kapitalerhöhung eingetragen und die Aktien der Treuhänderin übergeben wurden.

§ 2

Wir erklären, dass die Verschmelzungsbeschlüsse beider Gesellschaften von keinem Aktionär angefochten wurden; die Anfechtungsfrist ist inzwischen abgelaufen.

§ 3

Zur Eintragung in das Handelsregister melden wir an
1. Die »Getränkehandel Vorpommern AG« wurde durch Aufnahme auf die »Hansebrauerei Rostock AG« verschmolzen.

§ 154 Verschmelzung

2. Die Hauptversammlung hat die Erhöhung des Grundkapitals der Gesellschaft von 1 Mio. € um 300.000 € auf 1.300.000 € und die Neufassung von § 5 der Satzung beschlossen. Mit der Verschmelzung ist die Kapitalerhöhung durchgeführt.
Da die Kapitalerhöhung der Verschmelzung dient, beantragen wir, vorweg die Kapitalerhöhung im Handelsregister einzutragen (§ 66 UmwG).

§ 4

Die Kosten dieser Anmeldung und des Vollzugs im Handelsregister trägt die Gesellschaft. Sie erhält eine beglaubigte Abschrift.
Das Handelsregister wird gebeten, dem Notar, der die Unterschriften beglaubigt, eine Vollzugsmitteilung zu übersenden.
Rostock, den .....
Unterschriften

[Wegen §§ 184 Abs. 1, 188 Abs. 1 AktG führt die kombinierte Anmeldung von Verschmelzung und Kapitalerhöhung dazu, dass auch der Vorsitzende des Aufsichtsrats mit anmelden muss].

Unterschriftsbeglaubigung

- *Kosten.* Wie Muster § 154 Rdn. 77 M. Die Erklärung in § 2 der Anmeldung ist derselbe Rechtsvorgang wie die Verschmelzungsanmeldung. Handelt es sich jedoch um eine Neugründung beim übernehmenden Rechtsträger, fällt statt der Gebühr nach Nr. 2403 die Gebühr nach Nr. 2105 GV HRegGebVO (= 660 €) an.

§ 155 Spaltung

I. Arten der Spaltung

Das Gesetz unterscheidet in § 123 UmwG drei Arten der Spaltung:[1]

1. Die Aufspaltung nach § 123 Abs. 1 UmwG, bei der das gesamte Vermögen des Rechtsträgers auf andere Rechtsträger übergeht und die Anteilsinhaber des aufgespaltenen Rechtsträgers Anteile an den übernehmenden Rechtsträgern erhalten.

2. Die Abspaltung nach § 123 Abs. 2 UmwG, bei der nur einzelne Vermögensteile auf andere Rechtsträger übertragen werden (unter Anteilsgewährung an die Anteilsinhaber des übertragenden Rechtsträgers). Der Rechtsträger, von dem die Teile abgespalten werden, bleibt im Unterschied zur Aufspaltung erhalten.

3. Die Ausgliederung nach § 123 Abs. 3 UmwG, die wie die Abspaltung nur Teile des Rechtsträgers betrifft und bei der – anders als bei der Abspaltung – nicht die Anteilsinhaber des gespaltenen Rechtsträgers, sondern dieser Rechtsträger selbst Anteile an dem oder den übernehmenden Rechtsträgern erhält. Nach ganz h.M. ist auch eine Totalausgliederung zulässig, im Zuge derer die übertragende Gesellschaft zur reinen Holdinggesellschaft wird.[2]

Alle 3 Arten der Spaltung können entweder zur Aufnahme durch Übertragung auf bereits bestehende Rechtsträger oder zur Neugründung durch Übertragung auf neu gegründete Rechtsträger erfolgen. Die Kombination durch gleichzeitige Übertragung auf bestehende und neu gegründete Rechtsträger ist möglich, § 123 Abs. 4 UmwG. Auch einer Kombination von Abspaltung und Ausgliederung steht nach einer im Schrifttum verbreiteten Ansicht nichts im Wege.[3] Andere denkbare Kombinationen (etwa verschmelzende Spaltung oder mehrfache Spaltung) sind wegen des umwandlungsrechtlichen Analogieverbots, § 1 Abs. 2 UmwG, kritisch zu beurteilen.[4] Für die Praxis bieten sich für diese Fälle Kettenumwandlungen an.[5]

II. Spaltungsfähige Rechtsträger

Schon für den Kreis der spaltungsfähigen Rechtsträger verweist das Gesetz in § 124 Abs. 1 UmwG weitgehend auf die Regelung für die Verschmelzung in § 3 Abs. 1 UmwG und lässt als übertragende Rechtsträger zusätzlich bei allen Spaltungsarten wirtschaftliche Vereine nach § 22 BGB (wie in § 3 Abs. 2 Nr. 1 UmwG) und bei der Ausgliederung zusätzlich Einzelkaufleute, Stiftungen, Gebietskörperschaften und Zusammenschlüsse von Gebietskörperschaften (die nicht Gebietskörperschaften sind) zu.

---

1 Aus der jüngeren Literatur etwa *Heckschen*, Aktuelle Probleme des Spaltungsrechts, GmbHR 2015, 897.
2 Vgl. nur Widmann/Mayer/*Mayer*, Umwandlungsrecht, § 126 Rn. 55 ff.; *Heidinger*, in: Würzburger Notarhandbuch, Teil 5 Kap. 6 Rn. 191.
3 Zum Streitstand *Heidinger*, in: Würzburger Notarhandbuch, Teil 5 Kap. 6 Rn. 191.
4 Vgl. nur Semler/Stengel/*Stengel*, UmwG, § 1 Rn. 71 ff.
5 Vgl. hierzu Widmann/Mayer/*Mayer*, Umwandlungsrecht, § 5 Rn. 235.4 ff.; Happ/*Richter*, Konzern- und Umwandlungsrecht, Abschnitt 7.06.

III. Verweisungen auf das Recht der Verschmelzung

6 § 125 UmwG verweist für die Spaltung weitgehend auf die Vorschriften für die Verschmelzung, und zwar sowohl auf die allgemein geltenden Vorschriften der §§ 2 ff. UmwG als auch auf die rechtsformspezifischen besonderen Vorschriften in §§ 39 ff. UmwG. Diese Verweisung beruht auf der Grundüberlegung des Gesetzes, dass auch bei der Spaltung das Entscheidende des Vorgangs im Übergang durch Gesamtrechtsnachfolge auf den anderen bereits bestehenden oder den neu errichteten Rechtsträger liegt. Nachdem § 132 UmwG durch das Gesetz vom 19.04.2007 aufgehoben wurde, stehen allgemeine rechtliche Einschränkungen der Übertragbarkeit eines Gegenstandes – entsprechend dem grundsätzlichen Gedanken der Gesamtrechtsnachfolge – dem Übergang durch Spaltung nicht mehr entgegen.[6]

7 Das Gesetz kommt deshalb zur Spaltung mit relativ wenigen Allgemeinen (§§ 123 ff. UmwG) und rechtsformspezifischen Besonderen Vorschriften (§§ 138 bis 173 UmwG) aus.

IV. Der Spaltungs- und Übernahmevertrag bei der Spaltung zur Aufnahme

8 Grundlage der Spaltung zur Aufnahme ist der Spaltungs- und Übernahmevertrag zwischen dem zu spaltenden und dem bestehenden übernehmenden Rechtsträger (oder den mehreren bestehenden übernehmenden Rechtsträgern, wie notwendigerweise bei der Aufspaltung). Er tritt für die Spaltung an die Stelle des Verschmelzungsvertrages. Das Gesetz geht von einem einheitlichen Vertrag auch bei Übergang auf mehrere bestehende Rechtsträger aus. Das hindert aber nicht, mehrere selbstständige (und natürlich überschneidungsfreie) Abspaltungen oder Ausgliederungen gleichzeitig vorzunehmen.

9 Der Spaltungs- und Übernahmevertrag wird von den Vertretungsorganen der beteiligten Rechtsträger geschlossen. Er bedarf der notariellen Beurkundung (§§ 125, 6 UmwG).

10 Den Inhalt des Vertrages regelt § 126 UmwG. Kernpunkt des Vertrages ist nach § 126 Abs. 1 Nr. 9 UmwG »die genaue Bezeichnung und Aufteilung der Gegenstände des Aktiv- und Passivvermögens, die an jeden der übernehmenden Rechtsträger übertragen werden, sowie der übergehenden Betriebe und Betriebsteile unter Zuordnung zu den übernehmenden Rechtsträgern«. Damit bringt das Gesetz zum Ausdruck, dass die Aufteilung der Vermögensgegenstände dem sachenrechtlichen Bestimmtheitsgrundsatz genügen muss.[7] Es muss eine genaue Abgrenzung des Kreises der übergehenden Aktiva und Passiva erfolgen, und zwar mit der gleichen Genauigkeit, mit der etwa bei der Veräußerung von Unternehmen bei einem Asset Deal verfahren wird.[8] Zwar lässt § 126 Abs. 2 Satz 3 die Bezugnahme auf »Urkunden wie Bilanzen und Inventare« ausdrücklich zu, die dem Vertrag dann als Anlagen beizufügen sind. Im Schrifttum wird jedoch vertreten, dass eine reine, generelle Bezugnahme auf Bilanzen des ausgliedernden Rechtsträgers unzureichend sei.[9] Vorsorglich sollten die wichtigsten Forderungen, Vertragsverhältnisse und Verbindlichkeiten listenmäßig erfasst und als Anlagen dem Spaltungsvertrag beigefügt werden.[10] Zudem ist eine gesonderte Aufführung von nicht bilanzierungsfähigen Rechtsgütern nötig, wobei zumin-

---

6 OLG Hamm, Urt. v. 16.04.2014 – I 8 U 82/13, GmbHR 2014, 935 m. zust. Anm. *Wachter*.
7 Hennsler/Strohn/*Wardenbach*, GesR, § 126 Rn. 22.
8 Vgl. BGH DNotZ 2008, 468; siehe auch OLG Hamm NZG 2010, 632: Anforderungen dürfen nicht überspannt werden; in diese Richtung deutet auch die Begründung zum Regierungsentwurf zu § 126 Abs. 1 Nr. 9, vgl. BR-Ds 75/94.
9 Vgl. Widmann/Mayer/*Mayer*, Umwandlungsrecht, § 126 Rn. 202 f.; *Limmer*, Handbuch der Unternehmensumwandlung, Teil 3 Kap. 1 Rn. 60; a.A. Lutter/*Priester*, UmwG, § 126 Rn. 52: Bilanz lasse sich auf weitere Unterlagen der Rechnungslegung zurückführen, die eine Konkretisierung ermöglichten).
10 Widmann/Mayer/*Mayer*, Umwandlungsrecht, § 126 Rn. 204.

dest bei Warenbeständen nach h.M. auch sog. All-Klauseln verwendet werden können.[11] Dabei kann die Zuordnung der einzelnen Gegenstände (vorbehaltlich steuerrechtlicher Notwendigkeiten) grundsätzlich frei erfolgen.[12] Wenn die Zuordnung für einzelne Aktiva nicht ausreichend bestimmt ist, ist der Spaltungs- und Übernahmevertrag nach objektiven Kriterien unter Zuhilfenahme des Spaltungsberichts auszulegen.[13] Hilfsweise gilt bei der Aufspaltung § 131 Abs. 3 UmwG; im Übrigen verbleiben die vergessenen Aktiva beim übertragenden Rechtsträger. Vergessene Passiva verbleiben bei der Abspaltung und Ausgliederung im Zweifel ebenfalls beim übertragenden Rechtsträger. Bei der Aufspaltung haften die übernehmenden Rechtsträger gesamtschuldnerisch.[14]

Für die Zuordnung von Arbeitsverhältnissen gilt allerdings § 613a BGB (über § 324 UmwG, Rechtsgrundverweisung), so dass die zugehörigen Arbeitsverhältnisse bei der Übertragung eines (Teil-) Betriebs automatisch übergehen, sofern die Arbeitnehmer nicht von ihrem Widerspruchsrecht Gebrauch machen.[15] In diesem Zusammenhang hat das BAG[16] jüngst entschieden, dass der Übergang eines Arbeitsverhältnisses im Wege der partiellen Gesamtrechtsnachfolge nach § 131 Abs. 1 Nr. 1 UmwG (jedenfalls) bei der Aufspaltung zusätzlich voraussetze, dass der Arbeitnehmer dem Übergang seines Arbeitsverhältnisses auf einer der übernehmenden Rechtsträger zugestimmt habe.[17] Ansonsten stünde ihm ein Wahlrecht zu, mit welchem der übernehmenden Rechtsträger das Arbeitsverhältnis fortgesetzt werde. Dadurch wird die umwandlungsrechtliche Zuordnung von Arbeitsverhältnissen (weiter) eingeschränkt. **11**

Bei Grundstücken und grundstücksgleichen Rechten ist gem. § 126 Abs. 2 Satz 2 UmwG zudem § 28 GBO zu beachten. Entgegen einer verbreiteten Meinung geht nach Auffassung des BGH[18] das Eigentum an einem Grundstück nur dann mit der Eintragung der Spaltung in das Handelsregister über, wenn es nach § 28 Satz 1 GBO bezeichnet ist;[19] das Gericht versteht die Verweisung auf § 28 GBO folglich als materiell-rechtliche Voraussetzung für den Eigentumsübergang (kein bloßer Verfahrensfehler). Gleiches dürfte für dingliche Rechte an Grundstücken gelten.[20] Besonderheiten gelten ferner für vermessene (und nach Literaturauffassung auch für nicht vermessene) Teilflächen.[21] Sofern die Bezeichnung von zu übertragenden Grundstücken im Spaltungsvertrag den vorgenannten Anforderungen nicht genügt, geht das Eigentum hieran trotz eines etwaigen Grundbuchvollzugs nicht über. **12**

---

11 BGH NZG 2003, 1172; Semler/Stengel/*Schroer*, UmwG, § 126 Rn. 58.
12 Vgl. zu den Einzelheiten und Ausnahmen *Limmer*, Handbuch der Unternehmensumwandlung, Teil 3 Kap. 1 Rn. 84 ff.
13 BGH NZG 2003, 1172, 1174; Semler/Stengel/*Schroer*, UmwG, § 126 Rn. 79, § 131 Rn. 69 ff., mit weiteren Einzelheiten.
14 Semler/Stengel/*Schroer*, UmwG, § 126 Rn. 80 m.w.N., vgl. Rn. 81 zur Behandlung von Dauerschuldverhältnissen.
15 Vgl. etwa Kallmeyer/*Sickinger*, UmwG, § 126 Rn. 34; der darauf hinweist, dass die übergehenden Betriebe und Betriebsteile unter Zuordnung zu den übernehmenden Rechtsträgern im Spaltungsvertrag genau zu bezeichnen sind (ansonsten drohen Probleme mit dem Registergericht).
16 BAG v. 19.10.2017 – 8 AZR 63/16, DStR 2018, 685.
17 Das Gericht stützt sich insoweit v.a. auf § 613 Satz 2 BGB und Art. 12 GG.
18 BGHZ 175, 123 = DNotZ 2008, 468 mit krit. Anm. *Limmer*, das Gericht begründet seine Auffassung v.a. damit, dass die Gegenansicht zu einer nicht hinnehmbaren Unsicherheit führen würde, welche Grundstücke auf den übernehmenden Rechtsträger außerhalb des Grundbuchs übergehen; s.a. KG DB 2014, 2282 zur beschränkt persönlichen Dienstbarkeit; großzügiger OLG Schleswig DNotZ 2010, 66 m. Anm. *Perz*: Ausnahme bei All-Klausel; *Leitzen* ZNotP 2008, 272; zum Streitstand auch *Heidinger*, in: Würzburger Notarhandbuch, Teil 5 Kap. 6 Rn. 202; aus dem jüngeren Schrifttum etwa *Blasche*, NZG 2016, 328; *Thiele/König*, NZG 2015, 178.
19 Dabei genügt für eine Bezeichnung nach dem Grundbuch die Angabe von Gemarkung, Kartenblatt (Flur) und Parzelle (Flurstück) aus, vgl. allgemein Meikel/*Böhringer*, GBO, § 28 Rn. 56.
20 KG DB 2014, 2282 zur beschränkt persönlichen Dienstbarkeit.
21 Für (durch Fortführungsnachweis) katastermäßig bezeichnete Teilfächen BGH DNotZ 2008, 468 – Rz. 25 f.; zur Behandlung von nicht vermessenen Teilflächen etwa *Heidinger*, in: Würzburger Notarhandbuch, Teil 5 Kap. 6 Rn. 202; *Weiler*, MittBay Not 2008, 310; *Heckschen*, NotBZ 2008, 192; *Lüke/Scherz*, ZfIR 2008, 467; *Priester*, EWiR 2008, 223.

Erforderlich ist eine gesonderte, nachträgliche Auflassung (ggf. mit steuerlichen Konsequenzen).

13 Nach § 126 Abs. 1 Nr. 10 muss der Vertrag bei der Aufspaltung und Abspaltung (bei denen die Anteile an dem übernehmenden Rechtsträger den Gesellschaftern des gespaltenen Rechtsträgers zustehen) die Aufteilung der Anteile am übernehmenden Rechtsträger auf die Gesellschafter des gespaltenen Rechtsträgers enthalten. Sie stehen den Gesellschaftern grundsätzlich in dem Verhältnis zu, in dem sie am gespaltenen Rechtsträger beteiligt sind. Eine von diesem Verhältnis abweichende Zuteilung ist zulässig, wenn alle Gesellschafter zustimmen (§ 128 UmwG). Eine allgemeine Ausnahme von der Anteilsgewährungspflicht ist im Gesetz lediglich für den Fall einer Tochter-Mutterspaltung (Upstream-Spaltung) vorgesehen, vgl. § 131 Abs. 1 Nr. 3 Satz 1 Hs. 2 UmwG. Schließlich gelten die Kapitalerhöhungsverbote und -wahlrechte, einschließlich der Verzichtsmöglichkeit nach § 54 Abs. 1 Satz 3 UmwG über den Verweis in § 125 UmwG (nur) für die Auf- und Abspaltung.[22]

14 Ein praxisrelevanter Sonderfall ist die Ausgliederung aus dem Vermögen eines Einzelkaufmanns, dessen Firma im Handelsregister eingetragen ist, in eine bestehende oder neu gegründete Gesellschaft gemäß §§ 152 ff. UmwG. Die Ausgliederung stellt eine Alternative zur Einbringung des einzelkaufmännischen Unternehmens in die Zielgesellschaft im Wege der Sachkapitalerhöhung oder als Sachagio dar. Der Vorteil besteht u.a. in der in § 131 Abs. 1 UmwG normierten Gesamtrechtsnachfolge. Gegenstand der Ausgliederung können einzelne Teile des Vermögens des e.K. sein, das gesamte Unternehmen (sog. Totalausgliederung) und grundsätzlich sogar Teile des Privatvermögens. Nach § 152 Satz 2 UmwG besteht allerdings eine Ausgliederungssperre bei Überschuldung des Einzelkaufmanns. Zweck der Vorschrift ist wohl der Schutz des übernehmenden Rechtsträgers, da die Überschuldung beim Einzelkaufmann kein Insolvenzgrund ist und die Bilanz des Unternehmens nicht alle relevanten Verbindlichkeiten ausweist (nämlich die Privatverbindlichkeiten).[23] Im Vorfeld der Umwandlung ist demnach ein Vermögensvergleich anzustellen (unter Berücksichtigung aller Vermögenswerte und Verbindlichkeiten des Kaufmanns), wobei der Bewertungsmaßstab umstritten ist.[24]

15 Da es sich bei einer Ausgliederung des Einzelkaufmanns auf eine neu gegründete GmbH systematisch um eine Sachgründung handelt, ist u. a. eine Überbewertung des übertragenen Vermögens verboten. Dagegen wird eine Unterbewertung nach allgemeiner Ansicht bei Zustimmung aller Gesellschafter der spaltenden Gesellschaft für zulässig erachtet, weil hierdurch Gläubigerinteressen nicht beeinträchtigt werden.[25] Da bei der Ausgliederung die Sperre des § 54 Abs. 4 UmwG nach § 125 Satz 1 UmwG nicht gilt, kann der Mehrbetrag des Reinvermögens nach verbreiteter Auffassung entweder in die freien Rücklagen der aufnehmenden Gesellschaft eingestellt oder auch als Darlehen verbucht werden.[26] Um dem Registergericht die Werthaltigkeitskontrolle zu ermöglichen, wird man aber wohl verlangen müssen, dass hierzu Angaben in den Ausgliederungsplan und in die Satzung des Zielrechtsträgers aufgenommen werden. Überdies geht die wohl h. M. in der Literatur davon aus, dass bei der Ausgliederung zur Neugründung nach §§ 158 ff. UmwG eine gemischte Bar- und Sachgründung möglich ist. Konzeptionell handelt es sich dann um eine Sach-

---

22 Streitig, § 154 Rdn. 12; sowie *Limmer*, Handbuch der Unternehmensumwandlung, Teil 3 Kap. 1 Rn. 221.
23 Vgl. Semler/Stengel/*Seulen*, UmwG, § 152 Rn. 74 m. w. N.
24 Liquidations- oder Fortführungswerte, vgl. hierzu etwa Semler/Stengel/*Seulen*, UmwG, § 152 Rn. 75 ff. m. w. N.
25 Vgl. nur *Limmer*, Handbuch der Unternehmensumwandlung, Teil 3 Kap. 1 Rn. 253.
26 *Limmer*, Handbuch der Unternehmensumwandlung, Teil 3 Kap. 1 Rn. 254; Widmann/Mayer/*Mayer*, Umwandlungsrecht, § 126 Rn. 143; § 152 Rn. 102; Semler/Stengel/*Seulen*, UmwG, § 152 Rn. 71; OLG München NZG 2012, 229.

gründung nach dem UmwG, die durch eine bare Zuzahlung »erweitert« werden kann.[27] Sollen also zusätzlich zum ausgegliederten Vermögen Barwerte eingebracht werden, kann dies nach dieser Ansicht dadurch geschehen, dass diese anderen Werte neben der Ausgliederung durch Einzelrechtsnachfolge eingebracht werden.[28] Mangels höchstrichterlicher Klärung der Zulässigkeit einer Mischeinlage bei der Spaltung wird im Schrifttum als sichere Alternative vorgeschlagen, dass die Barmittel durch Umwidmung die erforderliche Betriebsbezogenheit erlangen und dann bei dem Ausgliederungsvorgang im Rahmen der Sachgesamtheit Unternehmen miterfasst werden.[29]

V. Der Spaltungsplan bei der Spaltung zur Neugründung

16 Bei der Spaltung zur Neugründung tritt der Spaltungsplan an die Stelle des Spaltungs- und Übernahmevertrages, den das Vertretungsorgan des zu spaltenden Rechtsträgers aufstellt (§ 136 UmwG). Er entspricht inhaltlich dem Spaltungs- und Übernahmevertrag. Zusätzlich sind die Vorschriften für die Gründung des neu zu errichtenden Rechtsträgers einzuhalten, soweit das UmwG nicht eine Ausnahme zulässt (§ 135 Abs. 2 UmwG).

VI. Beschlussfassung

17 Zur Beschlussfassung gelten die Vorschriften für die Verschmelzung (§ 125 i.V.m. § 13 Abs. 1 Satz 1 UmwG). An die Stelle des Verschmelzungs- tritt der Spaltungsbericht (§ 127 UmwG).

VII. Anmeldung und Eintragung

18 Auch für die Anmeldung und Eintragung gelten die Vorschriften für die Verschmelzung entsprechend (§ 125 UmwG). Die Vertretungsorgane jedes beteiligten Rechtsträgers haben die Spaltung zur Eintragung in das für sie zuständige Register anzumelden (§ 125 i.V.m. § 16 UmwG). Zur Anmeldung ist auch das Vertretungsorgan jedes übernehmenden Rechtsträgers berechtigt (§ 129 UmwG). Die Reihenfolge der Eintragung regelt § 130 UmwG abweichend von der Verschmelzung: Zuerst ist in das Register des übernehmenden Rechtsträgers (oder der übernehmenden Rechtsträger) einzutragen, danach in das des übertragenden Rechtsträgers. Bei der Spaltung zur Neugründung meldet das Vertretungsorgan des übertragenden Rechtsträgers an (§ 137 Abs. 1 UmwG); zusätzlich sind die Erklärungen gegenüber dem Register abzugeben, die die Gründungsvorschriften für den neu gegründeten Rechtsträger verlangen, soweit das UmwG keine Ausnahme zulässt (§ 135 Abs. 2 UmwG). Auch hier wird zuerst der neue (oder werden die neuen) Rechtsträger eingetragen, dann die Spaltung beim übertragenden Rechtsträger (§ 137 Abs. 3 UmwG).

19 Besonderheiten gelten bei der Abspaltung oder Ausgliederung aus dem Vermögen einer GmbH: Nach § 140 UmwG haben deren Geschäftsführer bei der Anmeldung zur Eintragung in das Register der übertragenden GmbH auch zu erklären, dass die durch Gesetz

---

27 *Limmer*, Handbuch der Unternehmensumwandlung, Teil 3 Kap. 1 Rn. 256 m.w.N.; Widmann/Mayer/*Mayer*, Umwandlungsrecht, § 126 Rn. 69.2, mit Verweis auf Widmann/Mayer/*Vossius*, Umwandlungsrecht, § 20 Rn. 52, § 152 Rn. 112.
28 Semler/Stengel/*Seulen*, UmwG, § 152 Rn. 70; dabei gilt nach Auffassung einzelner Stimmen das Volleinzahlungsgebot auch für den zusätzlichen baren Anteil, da die Spaltung insgesamt als Sachgründung konzipiert sei; Widmann/Mayer/*Mayer*, Umwandlungsrecht, § 126 Rn. 69.2, § 7 Abs. 2 Satz 1 GmbHG findet danach keine Anwendung.
29 Semler/Stengel/*Seulen*, UmwG, § 152 Rn. 70, 67; Widmann/Mayer/*Mayer*, Umwandlungsrecht, § 126 Rn. 69.2.

und Gesellschaftsvertrag vorgesehenen Voraussetzungen für die Gründung dieser Gesellschaft unter Berücksichtigung der Abspaltung oder der Ausgliederung im Zeitpunkt der Anmeldung vorliegen. Denn anders als bei der Aufspaltung können sich bei der Abspaltung (und theoretisch auch bei der Ausgliederung) Probleme der Kapitalerhaltung stellen. Da durch die Abspaltung Teile des Vermögens der übertragenden Gesellschaft auf einen anderen Rechtsträger übertragen werden, muss sichergestellt werden, dass die abspaltende (Rest-) Gesellschaft weiterhin den Grundsätzen der Kapitalerhaltung genügt, mithin, dass das satzungsmäßige Stammkapital der übertragenden Gesellschaft weiterhin durch Aktiva gedeckt ist und durch die Abspaltung keine Unterbilanz entsteht oder vertieft wird. Dieses Ziel soll v.a. durch die Versicherung der Vertretungsorgane nach § 140 UmwG erreicht werden. Nach ganz h.M. ist für die Frage der Kapitaldeckung – entsprechend der Rechtslage bei § 30 GmbHG – ausschließlich auf das Nettobuchvermögen und nicht auf Verkehrswerte bzw. stille Reserven abzustellen.[30] Allerdings scheidet eine Erklärung nach § 140 UmwG nach einer im Schrifttum vertretenen Ansicht nicht von vornherein aus, wenn bei der übertragenden Gesellschaft eine Unterbilanz besteht, sofern die Erklärung entsprechend angepasst wird und durch die Abspaltung keine weitere Verschlechterung der Stammkapitalsituation eintritt.[31] Sind diese Anforderungen nicht erfüllt, kommen als Gestaltungsalternativen fallabhängig u.a. eine (vereinfachte) Kapitalherabsetzung, vgl. § 139 UmwG,[32] eine Aufspaltung oder eine vorherige Einlage zur Vermeidung einer Unterbilanz bei der übertragenden Gesellschaft in Betracht.

VIII. Spaltung zur Übertragung auf einen Rechtsträger eines anderen Landes der EU

20 S. dazu § 153 Rdn. 1

IX. Besteuerung der Spaltung

1. Aufspaltung und Abspaltung von Körperschaften untereinander

21 Die gesellschaftsrechtlich zulässige Spaltung von Körperschaften unterstützt das UmwStG durch die Möglichkeit der steuerneutralen Buchwertfortführung auf Antrag, soweit die gesetzlichen Voraussetzungen vorliegen. Der Notar hat die gesetzlichen Anzeigepflichten nach § 18 Abs. 1 GrEStG, wenn der zu spaltende Rechtsträger Grundbesitzeigentümer ist, sowie nach § 54 EStDV, wenn bei der Spaltung eine Kapitalgesellschaft beteiligt ist; innerhalb von zwei Wochen nach Beurkundung hat diese zu erfolgen unter Übersendung von beglaubigten Abschriften aller Urkunden, die die Spaltung betreffen, an das Betriebsfinanzamt bzw. unter Verwendung der amtlichen Vordrucke an das Finanzamt – Grunderwerbsteuerstelle -, in dessen Bezirk sich der Grundbesitz befindet, wenn in mehreren Bezirken, dann an das Finanzamt am Geschäftssitz des Erwerbers (§ 17 Abs. 2 sowie Abs. 3 Nr. 1 GrEStG).

22 Bei der Aufspaltung und Abspaltung aus dem Vermögen von Körperschaften auf andere Körperschaften gelten über § 15 Abs. 1 Satz 1 UmwStG die §§ 11 bis 13 UmwStG (zu deren Voraussetzungen: s. § 154 Rdn. 27 ff.), sodass anstelle des Ansatzes der übergehenden Wirtschaftsgüter zum gemeinen Wert diese auf Antrag zum Buch- bzw. einem Zwischenwert angesetzt werden können, wenn die in § 11 Abs. 2 UmwStG genannten Besteuerungsvo-

---

30 Vgl. nur *Limmer*, Handbuch der Unternehmensumwandlung, Teil 3 Kap. 1 Rn. 274 m. w. N.; Widmann/Mayer/*Mayer*, Umwandlungsrecht, § 140 Rn. 6.
31 Vgl. Widmann/Mayer/*Mayer*, Umwandlungsrecht, § 140 Rn. 8 m. w. N.; siehe auch Kallmeyer/*Zimmermann*, UmwG, § 140 Rn. 4: Erklärung kann abgegeben werden, wenn Unterbilanz unberührt bleibt oder verringert wird.
32 Hierzu instruktiv *Limmer*, Handbuch der Unternehmensumwandlung, Teil 3 Kap. 1 Rn. 278 ff.

raussetzungen erfüllt sind. Das Privileg der zunächst aufgeschobenen Besteuerung der stillen Reserven wird dabei nur dann gewährt, wenn das unternehmerisch gebundene Vermögen beim neuen Rechtsträger als Einheit weiterhin unternehmerisch genutzt wird. Daher ist das Bewertungswahlrecht nur zulässig, wenn es sich bei den übertragenen Vermögensteilen jeweils um einen Teilbetrieb handelt und im Fall der Abspaltung das verbleibende Vermögen ebenfalls einen Teilbetrieb bildet (doppeltes Teilbetriebserfordernis).

Der *Begriff des Teilbetriebs* wird wegen der Umsetzung der Fusionsrichtlinie als die »sämtlichen nach wirtschaftlichen Zusammenhängen zuordenbare Wirtschaftsgüter« beschrieben, und zwar grundsätzlich unabhängig von ihrer funktionalen Bedeutung.[33] Da dieser europäische Teilbetriebsbegriff noch relativ unklar ist, ist eine Auf- oder Abspaltung von Teilbetrieben mit erheblichen steuerlichen Risiken behaftet. Auch muss die Teilbetriebseigenschaft grundsätzlich im Zeitpunkt des Spaltungsbeschlusses vorliegen. Sämtliche funktional wesentlichen Betriebsgrundlagen sowie die zwar nicht wesentlichen, aber nach wirtschaftlichen Zusammenhängen zuordenbare Wirtschaftsgüter des Teilbetriebes müssen übertragen werden, damit das UmwStG angewendet werden kann. Der Übergang des wirtschaftlichen Eigentums, nicht jedoch die bloße Nutzungsüberlassung, kann genügen. Wird ein solches Wirtschaftsgut von mehreren Teilbereichen eines Unternehmens genutzt, z.B. ein Grundstück, muss dieses zivilrechtlich bis zum Zeitpunkt des Spaltungsbeschlusses real aufgeteilt werden, sonst liegt darin ein Spaltungshindernis. Aus Billigkeitsgründen kann auch Bruchteilseigentum im Verhältnis der tatsächlichen Nutzung ausreichen, wenn die Realteilung nicht zumutbar ist.[34] Nicht wesentliches Betriebsvermögen kann durch Festlegung im Spaltungs- und Übernahmevertrag willkürlich zugeordnet werden. Als sogenannter »fiktiver« Teilbetrieb gilt auch ein Mitunternehmeranteil oder eine 100 %-ige Beteiligung an einer Kapitalgesellschaft (§ 15 Abs. 1 Satz 3 UmwStG) soweit sie nicht wesentliche Betriebsgrundlage des verbleibenden Teilbetriebs ist. Bei der Beteiligung an einer Kapitalgesellschaft muss das gesamte Nennkapital vom übertragenden Rechtsträger selbst und/oder durch einen Treuhänder (§ 39 Abs. 2 Satz 1 AO) für diesen gehalten werden und sämtliche Anteile bei der Spaltung entweder einheitlich übertragen werden oder beim übertragenden Rechtsträger verbleiben.

Handelt es sich auch nur bei einem der übertragenen oder verbleibenden Vermögensteile nicht um einen Teilbetrieb, sind die stillen Reserven des übergehenden Vermögens aufzudecken. Die Anteile gelten als zum gemeinen Wert veräußert.[35]

Missbrauchsbestimmungen: Die steuerneutrale Buchwertfortführung ist aber ausgeschlossen, wenn
- der Mitunternehmeranteil oder die 100 %-ige Beteiligung innerhalb von 3 Jahre vor dem Übertragungsstichtag durch Übertragung von Wirtschaftsgütern, die kein Teilbetrieb sind, aufgestockt oder erhöht worden sind (§ 15 Abs. 2 Satz 1 UmwStG[36]);
- durch die Spaltung die Veräußerung an außenstehende Personen vollzogen wird, oder die Voraussetzungen für eine Veräußerung geschaffen werden (§ 15 Abs. 3 Satz 2–4 UmwStG).[37] Davon ist auszugehen, wenn innerhalb von 5 Jahren nach dem steuerlichen Übertragungsstichtag Anteile an einer an der Spaltung beteiligten Kapitalgesellschaft, die mehr als 20 % der vor Wirksamwerden der Spaltung an der Körperschaft bestehenden Anteile ausmachen, veräußert werden. Im Rahmen des Spaltungsvertrages kann dazu geregelt werden, dass die veräußernden Gesellschafter zum Ausgleich der Nachbesteuerung verpflichtet sind;

---

33 TZ 15.02, 15.07 UmwSt-Erlass: nicht mehr nach § 16 EStG.
34 Tz. 15.08 UmwSt-Erlass.
35 Tz 15.12 UmwSt-Erlass.
36 Beispiel s. UmwSt-Erlass Tz. 15.19.
37 Tz. 15.27 ff. UmwSt-Erlass.

– bei der Spaltung zur Trennung von Gesellschafterstämmen die Beteiligung an der übertragenden Körperschaft noch nicht mindestens 5 Jahre bestanden hat (§ 15 Abs. 3 Satz 5 UmwStG).

26 *Übertragung eines Verlustabzuges:* Ein bei der übertragenden Körperschaft vorhandener Verlustabzug nach § 10d EStG geht bei der Aufspaltung vollständig unter; bei der Abspaltung bleibt ein Verlust nur in dem Umfang erhalten, in dem Vermögen bei der übertragenden Kapitalgesellschaft verbleibt, wobei der Aufteilungsmaßstab die gemeinen Werte der Vermögensgegenstände ist (§ 15 Abs. 3 UmwStG).

27 *Besteuerung des Gesellschafter:* Gemäß § 15 Abs. 1 Satz 1 i.V.m. § 13 UmwStG gelten die Anteile der Gesellschafter an der übertragenden Kapitalgesellschaft grundsätzlich als zum gemeinen Wert veräußert, wobei der realisierte Gewinn nach allgemeinen Regeln besteuert wird. Jedoch kann, soweit (1) die deutsche Besteuerung hinsichtlich der Anteile an den übertragenen Wirtschaftsgütern nicht beschränkt wird, (2) die spätere Besteuerung der stillen Reserven bei der übernehmenden Körperschaft sichergestellt ist und (3) eine Gegenleistung nicht gewährt wird bzw. diese in Gesellschaftsrechten besteht, auf Antrag der Buchwert oder ein Zwischenwert für sämtliche einzelne Wirtschaftsgüter angesetzt werden. Ändern sich die Anteilsverhältnisse zwischen der übertragenden Gesellschaft und der übernehmenden Gesellschaft (nichtverhältniswahrende Spaltung) kann es zu einer mittelbaren Vermögensverschiebung zwischen den Anteilseignern kommen. Wird dabei neben oder anstelle von Gesellschaftsrechten von der Gesellschaft eine Ausgleichszahlung erbracht, ist eine Buchwertfortführung nicht möglich. Wird ein Spitzenausgleich zwischen den Gesellschaftern vorgenommen, soll die Steuerneutralität des Spaltungsvorganges auf Gesellschaftsebene gewahrt bleiben, da eine Veräußerung an Außenstehende nicht vollzogen wird; jedoch kann eine Besteuerung zwischen den Gesellschaftern erfolgen. Werden ohne Wertverschiebung nur die Beteiligungsquoten der Anteilseigner beim übernehmenden Rechtsträger wie auch beim übertragenden Rechtsträger im Rahmen der Spaltung unabhängig von den bisherigen Verhältnissen neu festgesetzt, ist dies steuerneutral. Bei Wertverschiebung kann dadurch eine verdeckte Gewinnausschüttung oder Einlage oder eine freigebig Zuwendung erfolgen[38] (zur möglichen Schenkungsteuer s. Rdn. 34).

2. Aufspaltung und Abspaltung von Körperschaften auf Personengesellschaften

28 Nach § 16 UmwStG gelten hierfür die §§ 3 bis 8, 10 und 15 UmwStG entsprechend, sodass die Spaltung als Teil(betriebs)verschmelzung behandelt wird[39] (s. § 154 Rdn. 38 ff.). Anzeigepflichten des Notars nach § 18 GrEStG, § 54 EStDV sind zu beachten (siehe Rdn. 21).

29 Die steuerneutrale Buchwertfortführung erfordert die Teilbetriebseigenschaft, auch beim verbleibende Vermögensteil im Fall der Abspaltung (doppelte Teilbetriebserfordernis), und dass der übertragene Vermögensteil Betriebsvermögen der übernehmenden Personengesellschaft wird.

3. Ausgliederung auf Kapitalgesellschaft/Aufspaltung und Abspaltung von Personengesellschaften auf Kapitalgesellschaften

30 Die Ausgliederung eines Vermögensteiles auf eine Kapitalgesellschaft sowie die Aufspaltung und Abspaltung von Personengesellschaften auf Kapitalgesellschaften wird steuerlich als Einbringung in eine Kapitalgesellschaft behandelt. Statt des Wertansatzes des eingebrachten Betriebsvermögens mit dem gemeinen Wert ist eine steuerneutrale Buchwertfort-

---

38 Tz. 15.44, 13.03 UmwSt-Erlass; BFH v. 09.11.2010 IX R 24/09 BStBl. II 2010, 799. Zur ertragsteuerlichen Behandlung von nichtverhältniswahrenden Auf- und Abspaltungen von Kapitalgesellschaften *Ruoff/Beutel*, DStR 2015, 609.
39 Tz. 16.01 ff. UmwSt-Erlass.

führung aufgrund Antrag unter den Voraussetzungen § 20 Abs. 2 Satz 2 UmwStG nur möglich, wenn der zu übertragende Vermögensteil ein Betrieb, Teilbetrieb oder ein Mitunternehmeranteil ist (§ 20 Abs. 1 Satz 1 UmwStG).[40]

Steuerneutral möglich ist auch die Aufspaltung, Abspaltung oder Ausgliederung von Anteilen an einer Kapitalgesellschaft, wenn die übernehmende Kapitalgesellschaft nach der Übernahme dieser Anteile über die Mehrheit der Stimmrechte an der auszugliedernden Gesellschaft verfügt (= qualifizierter Anteilstausch i.S.v. § 21 Abs. 1 Satz 2 UmwStG).

31 Nicht die Personengesellschaft, sondern deren Gesellschafter sind steuerlich die Einbringenden. Die übernehmende Kapitalgesellschaft, nicht die Personengesellschaft, hat das Antragsrecht, bzgl. der übernommenen Wirtschaftsgüter hinsichtlich des Wertansatzes zum Buchwert oder zu einem Zwischenwert, wenn die in § 20 Abs. 2 Satz 2 UmwStG benannten Besteuerungsvoraussetzungen erfüllt sind, insbes. auch die Wertbegrenzung von sonstigen Gegenleistungen[41] (zu weiteren Einzelheiten s. Erl. bei § 154 Rdn. 45 ff.). Anzeigepflichten des Notars nach § 18 GrEStG, § 54 EStDV sind zu beachten (siehe Rdn. 21).

X. Gewerbesteuer, Umsatzsteuer

32 Ein Übernahmegewinn oder -verlust ist nicht bei der Ermittlung des Gewerbeertrags bei der übernehmenden Personengesellschaft zu erfassen (§ 18 Abs. 2 UmwStG); jedoch ist die Behaltefrist von fünf Jahren bei Spaltung von Kapitalgesellschaft auf Personengesellschaft zu beachten (§ 18 Abs. 3 UmwStG). –Nach § 1 Abs. 1a UStG ist eine Geschäftsveräußerung nicht steuerbar, wenn ein in der Gliederung eines Unternehmens gesondert geführter Betrieb im Ganzen entgeltlich oder unentgeltlich übereignet oder in eine Gesellschaft eingebracht wird. Auch wenn diese Definition nicht mit der des Teilbetriebes i.S.d. UmwStG voll übereinstimmt, sind damit die nach UmwStG steuerneutralen Spaltungen nicht umsatzsteuerbar.

XI. Grunderwerbsteuer

33 Nicht schon der Spaltungsvertrag bzw. -plan, sondern erst der Übergang der in dem übertragenen Vermögensteil enthaltenen inländischen Grundstücke ist nach § 1 Abs. 1 Nr. 3 GrEStG grunderwerbsteuerpflichtig und kann lediglich im Konzernverhältnis aufgrund § 6a GrEStG steuerfrei gestellt werden.[42] Bemessungsgrundlage ist der Wert i.S.d. § 138 Abs. 2, 3 BewG (§ 8 Abs. 2 Satz 2 GrEStG). Ist übernehmender Rechtsträger eine Personengesellschaft, kommen §§ 5, 6 GrEStG zur Anwendung[43] (s. Erläuterungen bei § 154 Rdn. 55 ff.). Soweit bei der Spaltung Grundstücke auf den oder die übernehmenden Rechtsträger übergehen, hat

---

40 Checkliste hierzu in: Verfügung betr. steuerliche Behandlung der Einbringung nach § 20 UmwStG (i.d.F.d. SEStEG) v. 13.03.2013 (OFD Münster S 1978c-158-St 11-33)
41 § 20 Abs. 2 Satz 4 UmwStG: nur Buchwertansatz möglich, sofern der gemeine Wert der sonstigen Gegenleistung nicht mehr beträgt als (a) 25 v.H. des Buchwertes des eingebrachten Betriebsvermögens oder (b) den Betrag von 500.000 € nicht übersteigt (Kleinunternehmensprivileg), jedoch maximal nur bis zur Höhe des Buchwert des eingebrachten Betriebsvermögens. Ansonsten entsteht ein Einbringungsgewinn.
42 Zu dessen Anwendung: Erlasse der obersten Finanzbehörden der Länder v. 09.10.2013, BStBl. I 2013, S. 1375; gleichlautende Erlasse der obersten Finanzbehörden der Länder v. 19.06.2012, BStBl. I 2012, S. 662. umfangreiche Literaturnachweise bei *Wälzholz*, MittBayNot 2017, 9 (FN 26). § 6a GrEStG kann jedoch vorläufig bis zur Entscheidung des EuGH über dessen Beihilfecharakter, welche durch Vorlagebeschluss des BFH, Beschl. v. 30.05.2017 – II R 62/14, DStR 2017, 1324, nachgesucht wurde, nicht rechtsicher angewendet werden.
43 Nachversteuerung, wenn ein Gesellschafter innerhalb des Fünfjahreszeitraumes des § 6 Abs. 3 GrEStG nach dem Formwechsel seinen Anteil veräußert. Hierzu im Einzelnen: Ländererlass v. 09.12. 2015, BStBl. I 2015, 1029.

§ 155 Spaltung

der Notar dies nach § 18 GrEStG innerhalb der gesetzlichen Frist dem Finanzamt (Rdn. 21) vollständig unter Verwendung des amtlichen Vordruckes anzuzeigen[44].

XII. Erbschaftsteuer

34 Der Spaltungsvorgang innerhalb der Behaltensfrist führt zur Nachbesteuerung, nach § 13a Abs. 6 Nr. 4 ErbStG,[45] sondern nur eine nachfolgende Veräußerung der erworbenen Anteile.[46] Wenn spaltungsbedingt tatsächlich Wertverschiebungen im Verhältnis zwischen den Gesellschaftern eintreten, etwa bei Trennung der Gesellschafterstämme auf unterschiedlich werthaltige Teilbetriebe, jedoch Zuzahlungen des einen Gesellschafters an den anderen Gesellschafter vermieden werden sollen, kann darin ein schenkungssteuerlicher Vorgang nach § 7 Abs. 8 ErbStG liegen.[47] Allenfalls bei Spaltung unter fremden Dritten könnte dies verneint werden, da aufgrund des Interessengegensatzes der Gesellschafter die Bereicherungsabsicht fehlen wird.

XIII. Muster

1. Abspaltung von einer GmbH auf eine bestehende GmbH & Co KG

Spaltungsvertrag/Spaltungsplan

35 M

Verhandelt zu ..... am .....

Vor dem Notar ..... erschienen gleichzeitig
1. Herr Theodor Fliedner, geb. am .....
hier handelnd als alleinvertretungsberechtigter und von den Beschränkungen des § 181 BGB befreiter Geschäftsführer für die
»Fliedner Technik GmbH« mit dem Sitz in Cottbus (Postanschrift: Stadionstraße 10, Cottbus);
2. Frau Monika Katz, geb. am .....
hier handelnd nicht im eigenen Namen, sondern als einzelvertretungsberechtigte und von den Beschränkungen des § 181 BGB befreite Geschäftsführerin für die »Katz GmbH« mit dem Sitz in Bautzen, diese handelnd als persönlich haftende Gesellschafterin für die »TG Technische Geräte GmbH & Co KG« mit dem Sitz in Bautzen (Postanschrift: Dresdner Straße 12, Bautzen). Die persönlich haftende Gesellschafterin und ihre Geschäftsführer sind von den Beschränkungen des § 181 BGB befreit.
Herr Fliedner und Frau Katz wiesen sich aus durch Vorlage amtlicher Personalpapiere.
Sie erklärten:

Vorbemerkung

[Ggf. hier Angaben zur Gesellschafterstruktur, Kapitalausstattung, HRB der beteiligten Gesellschaften einfügen und Rollen der Gesellschaften bei der Umwandlung definieren]

---

44 Hierzu § 145 Rdn. 64
45 Siehe auch Abschnitt 10 Abs. 3 Satz 2 Ländererlass v. 25.06.2009, BStBl. I 2009, 713.
46 A13a.11 (3) bzw. 13a.15 (3) ErbStR; Ländererlass v. 20.11.2013 (BStBl. I 2013, 1508).
47 Tz. 15.44, 13.03 UmwSt-Erlass. Ländererlass v. 20.04.2018, DStR 2018, 1178.

§ 1 Spaltung, Vermögensübertragung

Die »Fliedner Technik GmbH« hat bisher einen Teilbetrieb in Bautzen unterhalten. Die zu diesem Teilbetrieb gehörenden Vermögensteile überträgt sie im Wege der Abspaltung als Gesamtheit auf die »TG Technische Geräte GmbH & Co KG«.
Die Abspaltung erfolgt auf Basis der als Anlage 1 beigefügten, festgestellten Abspaltungsbilanz der ...... Wirtschaftsprüfungsgesellschaft vom 31.12 ...... Die Spaltungsbilanz ist wesentlicher Bestandteil dieses Spaltungsvertrags. Auf Anlage 1, die den Beteiligten zur Kenntnisnahme vorgelegt und von Ihnen auf jeder Seite unterschrieben wurde, wird gemäß § 14 BeurkG verwiesen. Auf Verlesung wurde allseits verzichtet.[48]
Die wesentlichen, zum übertragenden Teilbetrieb gehörenden beweglichen Sachen sind in der beigefügten Anlage 2 enthalten. Die mit dem Zweigbetrieb in Bautzen verbundenen, und damit übergehenden Ansprüche und Rechte, einschließlich der Konten des Zweigbetriebs, ergeben sich aus der als Anlage 3 beigefügten Übersicht. Die beigefügte Anlage 4 enthält eine Übersicht der Arbeits- und Dienstverträge, die aktuell zum Zweigbetrieb gehören, Anlage 5 eine Übersicht der sonstigen Dauerschuldverhältnisse für den Zweigbetrieb. Auf die vorgenannten Anlagen wird gemäß § 9 Abs. 1 Satz 2 BeurkG verwiesen. Sie sind wesentlicher Bestandteil der Urkunde und wurden mitverlesen.[49]
Für sämtliche, in den vorgenannten Anlagen aufgeführten Aktiva gilt, dass die Übertragung im Wege der Spaltung alle Wirtschaftsgüter, Gegenstände, materiellen und immateriellen Rechte und Rechtsbeziehungen erfasst, die dem Teilbetrieb Bautzen dienen oder zu dienen bestimmt sind oder sonst den Teilbetrieb betreffen oder ihm wirtschaftlich zuzurechnen sind, unabhängig davon, ob die Vermögensposition bilanzierungsfähig ist. Maßgebend ist damit die tatsächliche Zugehörigkeit zum Teilbetrieb am Stichtag, auch soweit ein Gegenstand in den vorgenannten Anlagen nicht aufgeführt sein sollte.
Verbindlichkeiten – außer solchen aus den übergebenden Dienst- und sonstigen Dauerschuldverhältnissen – gehen nicht über. Grundbesitz geht ebenfalls nicht mit über.[50]
Ausgenommen von der Übertragung sind ferner .....
Vermögensgegenstände, Verträge und Rechtspositionen, die nach den obigen Regeln auch nach Auslegung dieses Vertrags nicht zugeordnet werden können, verbleiben bei der übertragenden Gesellschaft. Soweit für die Übertragung von bestimmten Gegenständen die Zustimmung von Dritten, eine öffentlich-rechtliche Genehmigung oder eine Registrierung erforderlich ist, werden sich die beteiligten Gesellschaften bemühen, diese unverzüglich beizubringen. Falls dies nicht möglich ist oder nur mit unverhältnismäßig hohem Aufwand möglich wäre, werden sich die beteiligten Gesellschaften im Innenverhältnis so stellen, als wäre die Übertragung mit Wirkung zum Vollzugsdatum erfolgt.
Zum übertragenen Teilbetrieb gehören nach Angabe auch keine unmittelbaren oder mittelbaren Beteiligungen an Gesellschaften mit beschränkter Haftung.

---

48 Der Umgang mit Anlagen in der Beurkundung hängt zunächst von der materiell-rechtlichen Reichweite der Beurkundungspflicht ab. Soweit eine Anlage danach keine beurkundungsbedürftigen Erklärungen enthält, kann sie im Wege der unechten Bezugnahme (z.B. als Identifizierungsbehelf) beigefügt werden. Andernfalls, also im Falle einer echten Verweisung, ist im zweiten Schritt die technische Umsetzung zu prüfen: § 9 Abs. 1 Satz 2 vs. § 13a vs. § 14 BeurkG, instruktiv zu alledem jüngst *Rothmann*, Beurkundung und Bezugnahme, 2018. Denkbar wäre auch, den Umgang mit allen Anlagen am Ende der Urkunde gesammelt zu behandeln. Zudem ist der Schlussvermerk entsprechend anzupassen.
49 Vorliegend werden die Anlagen 2-5 (z.T. überobligatorisch) mitverlesen.
50 Andernfalls unbedingt entsprechend der Anforderungen des § 28 GBO bezeichnen.

§ 2 Gegenleistung

Gesellschafter der übertragenden Gesellschaft sind Herr Theodor Fliedner und Frau Antonia Fliedner, geb. Herr, beide in Cottbus, Rosenweg 14, je zur Hälfte.
Als Gegenleistung für die Abspaltung erhält jeder von ihnen die Stellung als Kommanditist bei der »TG Technische Geräte GmbH & Co. KG« mit folgenden Beteiligungen:
a) der Gesellschafter Theodor Fliedner einen festen Kapitalanteil von 50.000 €,
b) die Gesellschafterin Antonia Fliedner, geb. Herr, einen festen Kapitalanteil von 50.000 €.
Die vorgenannten Kapitalanteile stellen zugleich die in das Handelsregister einzutragende Hafteinlage der neuen Kommanditisten dar. Die neuen Beteiligungen werden kostenfrei und mit Gewinnberechtigung ab dem 01.01. ..... gewährt.
Das Umtauschverhältnis beträgt .....
Bare Zuzahlungen sind nicht zu leisten.

§ 3 Spaltungsstichtag

Spaltungsstichtag ist der 01.01. ...... Von diesem Tag an gelten alle im Rahmen des übergehenden Teilbetriebs getätigten Geschäfte als für Rechnung der übernehmenden Gesellschaft getätigt.

§ 4 Keine besonderen Rechte; keine besonderen Vorteile

Besondere Rechte i.S.v. § 126 Abs. 1 Nr. 7 UmwG bestehen bei der übernehmenden Gesellschaft nicht und werden im Zusammenhang mit der Abspaltung nicht gewährt. Das gleiche gilt für besondere Vorteile i.S.v. § 126 Abs. 1 Nr. 8 UmwG: Auch sie werden keiner Person gewährt.

§ 5 Abfindungsangebot

Für den Fall, dass ein Gesellschafter der übertragenden Gesellschaft bei der Beschlussfeststellung Widerspruch gegen die Spaltung zur Niederschrift erklärt, macht die aufnehmende Gesellschaft ihm schon jetzt folgendes Abfindungsangebot: .....

§ 6 Folgen für die Arbeitnehmer und ihre Vertretung

.....

§ 7 Hinweise, Vollmacht

.....

§ 8 Kosten, Salvatorische Klausel, Kosten

Die durch diesen Vertrag und seine Durchführung bei beiden Gesellschaften entstehenden Kosten trägt die übernehmende Gesellschaft. Sollte die Spaltung nicht wirksam werden, tragen die Kosten dieses Vertrags die Gesellschaften zu gleichen Teilen. Im Übrigen tragen die Beteiligten Ihre Kosten jeweils selbst.
Sollten einzelne Bestimmungen dieses Vertrags unwirksam oder nicht durchführbar sein, so soll dies die Gültigkeit dieses Vertrags im Übrigen nicht berühren. Die betref-

fende Bestimmung ist durch eine wirksame Regelung zu ersetzen, die dem angestrebten wirtschaftlichen Zweck möglichst nahe kommt.
Von diesem Vertrag erhalten
a) beide Gesellschaften je eine Ausfertigung,
b) die Gesellschafter der »Fliedner Technik GmbH« je eine Ausfertigung,
c) das Amtsgericht Cottbus – Handelsregister – eine elektronisch beglaubigte Abschrift,
d) das Amtsgericht Bautzen – Handelsregister – eine elektronisch beglaubigte Abschrift,
e) das Finanzamt Cottbus eine beglaubigte Abschrift,
f) das Finanzamt Bautzen eine beglaubigte Abschrift,
g) die beiden Betriebsratsvorsitzenden ..... je eine beglaubigte Abschrift.

■ *Kosten.* Die Abspaltung zur Aufnahme ist ein Austauschvertrag gemäß § 97 Abs. 3 GNotKG. Maßgebend ist der Aktivwert des abgespaltenen Vermögensteiles ohne Abzug von Verbindlichkeiten (§ 38 GNotKG) oder der höhere Wert der Gegenleistungen; bei Abspaltung vom Gesellschaftsbeteiligungen sind nicht die Bilanzwerte, sondern der nach den §§ 54, 38, 107 Abs. 2 GNotKG zu bestimmende Wert maßgeblich. Wert ist nach § 107 Abs. 1 GNotKG mind. 30.000 €, höchstens 10 Mio. €. S. auch Muster bei § 154 Rdn. 60 M. – 2,0 Gebühr der Tabelle B nach Nr. 21100 KV GNotKG.

Steuerrechtliche Mitteilungspflicht gemäß § 54 EStDV an das für den Sitz der Gesellschaft zuständige Finanzamt für Körperschaften (siehe Rdn. 21). 36

Zustimmungsbeschluss der Gesellschafter der abspaltenden Gesellschaft

Verhandelt zu ..... am ..... 37 M

Vor dem Notar ..... waren gleichzeitig anwesend
1. Herr Theodor Fliedner, geb. am ....., Rosenweg 14, Cottbus und
2. dessen Ehefrau, Frau Antonia Fliedner, geb. Herr, geb. am ....., Rosenweg 14, Cottbus.
Sie wiesen sich durch ihre Reisepässe aus und erklärten:

§ 1

Wir halten alle Geschäftsanteile an der »Fliedner Technik GmbH« mit dem Sitz in Cottbus und treten unter Verzicht auf alle durch Gesetz oder Satzung vorgeschriebenen Formen und Fristen zu einer Gesellschafterversammlung dieser Gesellschaft zusammen.

§ 2

Wir beschließen einstimmig die Zustimmung zum Spaltungsvertrag vom ..... zu Urkunde des Notars ..... (UR-Nr. .....) über die Abspaltung des Teilbetriebs der Gesellschaft in Bautzen und dessen Übertragung auf die »TG Technische Geräte GmbH & Co KG« mit dem Sitz in Bautzen.
Wir stellen fest, dass uns der Spaltungsvertrag im Einzelnen bekannt ist und dass er heute vorliegt; eine Abschrift ist der Niederschrift beizufügen.
Wir stellen weiter fest, dass eine Kapitalherabsetzung (nach § 139 UmwG) bei der Gesellschaft nicht erforderlich ist, weil die Verminderung der Aktiva durch die Abspaltung zu Lasten der Gewinnrücklage ausgeglichen werden kann.

§ 3

Wir verzichten hiermit (vorsorglich) auf eine Klage gegen den Zustimmungsbeschluss, auf die Erstattung eines Spaltungsberichts, auf eine Prüfung der Spaltung und die Erstattung eines Spaltungsprüfberichts.

§ 4

Die Kosten dieser Beurkundung trägt die Gesellschaft.

§ 5

Es erhalten beide Gesellschafter, die beteiligten Gesellschaften und die beiden Handelsregister je eine Ausfertigung, die beiden Finanzämter je eine beglaubigte Abschrift.

■ *Kosten.* Geschäftswert des Spaltungsbeschlusses ist nach § 108 Abs. 3 Satz 2 GNotKG das Aktivvermögen des übertragenden Vermögensteiles ohne Schuldenabzug (s. zur Ermittlung Muster § 154 Rdn. 60 M). (Erfolgt eine Kapitalherabsetzung, ist diese hierzu gegenstandsverschieden und deren Nennbetrag hinzuzurechnen, § 35 GNotKG.) Höchstwert aller zusammen beurkundeten Beschlüsse nach § 108 Abs. 5 GNotKG = 5 Mio. €. – Hieraus eine 2,0 Gebühr der Tabelle B nach Nr. 21100 KV GNotKG.

Verzichtserklärungen (§ 3 des Beschlusses) sind nach § 110 Nr. 1 GNotKG verschiedene Beurkundungsgegenstände. Zum Wert nach § 98 Abs. 2 Satz 2 GNotKG siehe § 154 Rdn. 61 M. 1,0 Gebühr der Tabelle B nach Nr. 21200 KV GNotKG. Jedoch wegen der unterschiedlichen Gebührensätze Vergleichsberechnung nach § 94 Abs. 1 GNotKG.

Für die getrennte Beurkundung vom Beschluss der übernehmenden Gesellschaft bedarf es sachlicher Gründe, ansonsten liegt unrichtige Sachbehandlung nach § 21 Abs. 1 GNotKG vor.

38 *Steuerrechtliche Mitteilungspflicht* gemäß § 54 EStDV an das für den Sitz der Gesellschaft zuständige Finanzamt für Körperschaften (siehe Rdn. 21).

Zustimmungsbeschluss der Gesellschafter der übernehmenden Gesellschaft

39 M Verhandelt zu ..... am .....

Vor dem Notar ..... waren gleichzeitig anwesend:
1) Frau Monika Katz, geb. am ....., Möwenweg 12, Bautzen, nach Angabe ledig, hier handelnd
im eigenen Namen und als einzelvertretungsberechtige und von den Beschränkungen des § 181 BGB befreite Geschäftsführerin für die »Katz GmbH« mit dem Sitz in Bautzen (Postanschrift: Dresdner Straße 12, Bautzen)
2) Frau Renate Katz, geb. am ....., Karpfenweg 20, Bautzen, nach Angabe im gesetzlichen Güterstand lebend.
Die Anwesenden legten ihre amtlichen Lichtbildausweise vor. Sie erklärten:

§ 1

Die »Katz GmbH« als persönlich haftende Gesellschafterin sowie Frau Monika Katz und Frau Renate Katz als Kommanditisten sind die einzigen Gesellschafter der »TG Technische Geräte GmbH & Co KG« mit dem Sitz in Bautzen.

§ 2

Wir halten unter Verzicht auf alle durch Gesetz oder Gesellschaftsvertrag vorgeschriebenen Formen und Fristen eine Gesellschafterversammlung ab und beschließen einstimmig die Zustimmung zum Spaltungs- und Übernahmevertrag mit der »Fliedner Technik GmbH« vom .....; dieser Vertrag liegt vor, eine Abschrift wird der Niederschrift beigefügt.

§ 3

Wir verzichten (ggf. vorsorglich) auf die Klage gegen diesen Zustimmungsbeschluss, auf die Erstattung von Spaltungsberichten, auf die Prüfung der Spaltung und die Erstellung eines Spaltungsprüfberichts.

§ 4

Die Kosten dieser Beurkundung trägt die Gesellschaft.

§ 5

Die Gesellschafter, die beiden an der Spaltung beteiligten Gesellschaften erhalten je eine Ausfertigung, die beiden Finanzämter je eine beglaubigte Abschrift. Die beiden Handelsregister erhalten jeweils eine elektronisch beglaubigte Abschrift.

■ *Kosten.* Grundsätzlich wie Muster Rdn. 37 M, s.a. Muster § 154 Rdn. 61 M.

Steuerrechtliche Mitteilungspflicht gemäß § 54 EStDV an das für den Sitz der Gesellschaft zuständige Finanzamt für Körperschaften (siehe Rdn. 21). **40**

Anmeldung zum Handelsregister der abspaltenden Gesellschaft

An das **41 M**
Amtsgericht Cottbus
– Handelsregister –
Betrifft: Handelsregister B Nr. .....; Firma »Fliedner Technik GmbH« mit dem Sitz in **Cottbus**
(Postanschrift: Stadionstraße 10, Cottbus)
hier: Abspaltung des Zweigbetriebes in Bautzen

§ 1

Als Geschäftsführer der Gesellschaft lege ich zum Handelsregister beiliegend vor:
a) Eine elektronisch beglaubigte Abschrift des Spaltungs- und Übernahmevertrages vom .....;
b) eine elektronisch beglaubigte Abschrift des Zustimmungsbeschlusses der Gesellschafter der übernehmenden Gesellschaft vom .....;
c) eine Ausfertigung des Zustimmungsbeschlusses unserer Gesellschafter vom .....;
d) die Empfangsbestätigung des Betriebsratsvorsitzenden, dass er den Spaltungs- und Übernahmevertrag am ..... erhalten hat;
e) die Bilanz des übertragenen Teilbetriebes zum .....

§ 2

Ich versichere, dass keine Klage gegen die Zustimmungsbeschlüsse (durch die Gesellschafter der übertragenden und der übernehmenden Gesellschaft) zum Spaltungs- und Übernahmevertrag erhoben wurde (oder: Hinweis auf die Klageverzichte in den Niederschriften). Aus den eingereichten Unterlagen ergibt sich, dass auf die Erstattung von Spaltungs- und Spaltungsprüfberichten und die Prüfung der Spaltung von allen Gesellschaftern verzichtet wurde.

Schließlich versichere ich, dass trotz der Abspaltung die durch Gesetz und Gesellschaftsvertrag vorgesehenen Voraussetzungen für die Gründung der Gesellschaft derzeit vorliegen, insbesondere dass das Stammkapital durch die Aktiva weiter gedeckt ist (§ 140 UmwG).

§ 3

Zur Eintragung in das Handelsregister melde ich die Abspaltung des Teilbetriebes in Bautzen durch Spaltungs- und Übernahmevertrag vom ..... und dessen Übernahme durch die »TG Technische Geräte GmbH & Co KG« mit dem Sitz in Bautzen an.

§ 4

Die Kosten der Anmeldung und des Vollzugs im Handelsregister trägt die Gesellschaft. Sie erhält eine beglaubigte Abschrift. Das Handelsregister wird gebeten, dem Notar, der den Spaltungsvertrag beurkundet hat, eine Vollzugsnachricht zu übersenden.
Cottbus, den .....

Theodor Fliedner
(oder Monika Katz, § 129 UmwG)

(Anmeldung durch die Vertretungsorgane in vertretungsberechtigter Zahl).

Unterschriftsbeglaubigung

- *Kosten.*
  a) Beim Notar: Als Anmeldung ohne bestimmten Geldwert ergibt sich der Geschäftswert nach § 105 Abs. 4 Nr. 1 GNotKG, Mindestwert 30.000 €. Die Versicherungen sind Teil der anzumeldenden Rechtstatsache und nicht gesondert zu bewerten. – 0,5 Gebühr aus Tabelle B gemäß Nr. 24102 i.V.m. 21201 (5.) KV GNotKG, sowie die Gebühren für das Erstellen der XML-Datei Nr. 22114 KV GNotKG aus Gesamtwert der Anmeldung (s. § 124 Rdn. 43 f.).
  b) Beim Registergericht: 240 € Gebühr nach Nr. 2402 der Anlage zu HRegGebVO.

42 *Steuerrechtliche Mitteilungspflicht* gemäß § 54 EStDV an das für den Sitz der Gesellschaft zuständige Finanzamt für Körperschaften (siehe Rdn. 21).

Anmeldung zum Handelsregister der übernehmenden Gesellschaft

43 M An das
Amtsgericht Bautzen
– Handelsregister –
Betrifft: Handelsregister A Nr. .....; Firma »TG Technische Geräte GmbH & Co KG« mit dem Sitz in Bautzen

(Postanschrift: Dresdner Straße 12, Bautzen)
hier: Übernahme des Teilbetriebes Bautzen der »Fliedner Technik GmbH« im Wege der Spaltung; Eintritt von 2 Kommanditisten

§ 1

Zum Handelsregister A Nr. ..... der »TG Technische Geräte GmbH & Co KG« mit dem Sitz in Bautzen legen wir als Geschäftsführerin der persönlich haftenden Gesellschafterin, als bisherige und als neu eintretende Kommanditisten beiliegend vor:
a) Eine elektronisch beglaubigte Abschrift des Spaltungs- und Übernahmevertrages vom .....;
b) eine elektronisch beglaubigte Abschrift des Zustimmungsbeschlusses der Gesellschafter der »Fliedner Technik GmbH« mit dem Sitz in Cottbus;
c) eine elektronisch beglaubigte Abschrift des Zustimmungsbeschlusses durch unsere Gesellschafter vom .....;
d) Empfangsbestätigung der Betriebsratsvorsitzenden, dass sie den Spaltungs- und Übernahmevertrag am ..... erhalten hat.

§ 2

Wir versichern, dass keine Klage gegen die Zustimmungsbeschlüsse erhoben wurde (oder: Hinweis auf die Klageverzichte in den Niederschriften).
Aus den eingereichten Unterlagen ergibt sich, dass auf die Erstattung von Spaltungs- und Spaltungsprüfberichten und die Prüfung der Spaltung von allen Gesellschaftern verzichtet wurde.

§ 3

Zur Eintragung in das Handelsregister melden wir an, dass die Gesellschaft im Wege der Spaltung den bisherigen Teilbetrieb in Bautzen der »Fliedner Technik GmbH« mit dem Sitz in Cottbus übernommen hat. Außerdem melden wir an, dass als weitere Kommanditisten im Rahmen der Spaltung beigetreten sind
Frau Antonia Fliedner, geb. Herr, geb. am .....
und Herr Theodor Fliedner, geb. am .....,
beide wohnhaft Rosenweg 14, Cottbus mit einer Kommanditeinlage (Haftsumme) von jeweils 50.000 € (fünfzigtausend EURO).

§ 4

Die Kosten der Anmeldung und ihres Vollzugs im Handelsregister trägt die Gesellschaft. Sie erhält eine beglaubigte Abschrift der Anmeldung. Das Handelsregister wird gebeten, dem Notar, der die Unterschriften beglaubigt, eine Vollzugsmitteilung zu übersenden.
Bautzen, den .....

Monika Katz
Renate Katz
Theodor Fliedner
Antonia Fliedner

§ 155 Spaltung

(Die Anmeldung der Spaltung könnte Frau Monika Katz alleine vornehmen; der Eintritt der Kommanditisten bedarf der Anmeldung durch alle – alten und neuen – Gesellschafter, §§ 161 Abs. 2, 108 Abs. 1 HGB).

Unterschriftsbeglaubigung

■ *Kosten.*
a) Beim Notar: Die Anmeldungen der Spaltung und des Beitritt jedes Kommanditisten sind jeweils nach § 111 Nr. 3 GNotKG ein besonderer Beurkundungsgegenstand. Geschäftswert der Spaltungsanmeldung ist ohne bestimmten Geldwert. Er ergibt sich für die Spaltung aus § 105 Abs. 4 Nr. 3 GNotKG, Wert 30.000 €. Für die Anmeldung jedes Kommanditisten folgt aus § 105 Abs. 1 Nr. 6 GNotKG als Wert der Nominalbetrag der einzutragenden Hafteinlage. Gesamtwert höchstens 1 Mio. €. – 0,5 Gebühr aus Tabelle B gemäß Nr. 24102 i.V.m. 21201 (5.) KV GNotKG, sowie die Gebühren für das Erstellen der XML-Datei Nr. 22114 KV aus Gesamtwert der Anmeldung (s. § 124 Rdn. 43 f.).
b) Beim Registergericht: 180 € Gebühr nach Nr. 1401 der Anlage zur HRegGebVO für die Abspaltung sowie für die neu einzutragenden Kommanditisten (je Person eine selbstständige Tatsache; § 2 Abs. 2 und 3 Nr. 4 HRegGebVO) 30 € je Kommandtist nach Nr. 1503. Handelt es sich jedoch um eine Neugründung beim übernehmenden Rechtsträger, fällt statt der Gebühr nach Nr. 1401 die Gebühr nach Nr. 1104 oder 1105 an.

44 Bei der Personengesellschaft besteht keine *steuerrechtliche Mitteilungspflicht* gemäß § 54 EStDV.

2. Ausgliederung, von einer GmbH & Co KG auf eine neu zu gründende GmbH

Spaltungsplan zur Neugründung

45 M
Verhandelt zu ..... am .....
Vor der Notarin ..... war anwesend:
Frau Andrea Zahn, geb. am ....., Kauffrau, Mathildensteige 11, Zwickau, ausgewiesen durch amtlichen Lichtbildausweis,
hier handelnd nicht im eigenen Namen, sondern als alleinvertretungsberechtigte Geschäftsführerin für die »AZZ GmbH« mit dem Sitz in Zwickau, diese wiederum handelnd als persönlich haftende Gesellschafterin für die »Schokoladenfabrik Süßer Zahn GmbH & Co KG« mit dem Sitz in Zwickau
(Postanschrift: Industriestraße 17, Zwickau). Vertretungsbescheinigungen erfolgen gesondert.
Auf Ansuchen des Erschienenen beurkunde ich, was folgt:

§ 1 Vorbemerkung

Im Handelsregister des Amtsgerichts Zwickau ist unter HRA ..... die Firma »Schokoladenfabrik Süßer Zahn GmbH & Co KG« mit dem Sitz in Zwickau eingetragen. An der Gesellschaft sind nach Angabe beteiligt:
a) als persönlich haftende Gesellschafterin die »AZZ GmbH« mit dem Sitz in Zwickau, eingetragen im Handelsregister des Amtsgerichts Zwickau unter HRB .....,
b) als Kommanditisten
Herr Karl Zahn, geb. am ....., Richard-Wagner-Straße 11, Zwickau, mit einem festen Kommanditanteil von ..... €,

Frau Antonia Braun, geb. Zahn, geb. am ....., Bergstraße 14, Zwickau, mit einem festen Kommanditanteil von ..... €.
Sämtliche Anteile sind nach Angabe vollständig einbezahlt. Der Nennbetrag der vorstehenden Kommanditanteile entspricht jeweils dem festen Kapitalkonto I der Kommanditisten und den im Register eingetragenen Haftsummen.
Die Gesellschaft betreibt in Chemnitz einen Betrieb zur Herstellung von Pralinen. Dieser Betrieb soll künftig als selbständige Tochtergesellschaft unter der Leitung eines verantwortlichen Geschäftsführers weitergeführt werden. Deshalb wird er aus der Gesellschaft ausgegliedert.

§ 2 Vermögensübertragung

Die »Schokoladenfabrik Süßer Zahn GmbH & Co KG« mit dem Sitz in Zwickau überträgt hiermit ihren Teilbetrieb in Chemnitz, der sich mit der Herstellung von Pralinen befasst, auf eine neu zu gründende GmbH unter der Firma »Süßer Zahn Pralinen GmbH« mit dem Sitz in Chemnitz unter Fortbestand der übertragenden Gesellschaft, und zwar gegen Gewährung von Gesellschafterrechten an die übertragene Gesellschaft nach §§ 2, 123 ff. UmwG (Ausgliederung).
Die Ausgliederung erfolgt auf Basis der als Anlage 1 beigefügten, festgestellten Ausgliederungsbilanz vom 31.12...... Die Ausgliederungsbilanz ist wesentlicher Bestandteil dieses Spaltungsvertrags. Auf Anlage 1, die den Beteiligten zur Kenntnisnahme vorgelegt und von Ihnen auf jeder Seite unterschrieben wurde, wird gemäß § 14 BeurkG verwiesen. Auf Verlesung wurde allseits verzichtet.
..... [weiter wie in § 1 des Musters zur Abspaltung, siehe oben Rn. 31 M]

§ 3 Gewährung von Anteilen, Errichtung der GmbH

1. Das Stammkapital der neu errichteten GmbH beträgt 100.000 €. Die übertragende Gesellschaft übernimmt den Geschäftsanteil (Nr. .....) in gleicher Höhe. Der gewährte Geschäftsanteil ist ab dem Ausgliederungsstichtag gewinnbezugsberechtigt.
2. Bare Zuzahlungen werden nicht geleistet.
3. Nach der beigefügten Bilanz beträgt der Überschuss der Aktiva über die Passiva bei dem ausgegliederten Teilbetrieb zum 31.12 ..... 120.000 €. Eine Verschlechterung ist seitdem nicht eingetreten. Damit ist die Stammeinlage bei der neu errichteten GmbH vollständig erbracht. Der Differenzbetrag von 20.000 €, um den der bilanzielle Wert des Teilbetriebes über die Stammeinlage hinausgeht, wird der künftigen Muttergesellschaft auf einem Darlehenskonto gutgeschrieben/wird in die Kapitalrücklage der aufnehmenden Gesellschaft eingestellt; eine Vergütung für den Differenzbetrag wird nicht geschuldet.[51]
2. Für die GmbH gilt der dieser Urkunde als weitere Anlage beigefügte Gesellschaftsvertrag.
3. Die übertragende Gesellschaft als Gründerin der übernehmenden Gesellschaft hält eine erste Gesellschafterversammlung der übernehmenden Gesellschaft ab und beschließt unter Verzicht auf alle durch Gesetz oder Gesellschaftsvertrag vorgeschriebenen Formen und Fristen, was folgt: Zum ersten Geschäftsführer der GmbH wird Herr Manfred Kuhn, Dipl.-Ingenieur in Chemnitz, geb. am ..... bestellt. Er ist stets einzelvertretungsberechtigt und von den Beschränkungen des § 181 BGB befreit.

---

51 Zu den unterschiedlichen steuerlichen Folgen s. Erläuterungen bei § 154 Rdn. 46.

§ 4 Stichtag der Ausgliederung

Stichtag für die Ausgliederung ist der 01.01 ..... Alle zu dem ausgegliederten Teilbetrieb vorgenommenen Handlungen und Geschäfte der übertragenden Gesellschaft gelten im Innenverhältnis von diesem Zeitpunkt an als für die neu errichtete GmbH vorgenommen.

§ 5 Keine besonderen Rechte; keine besonderen Vorteile

Besondere Rechte i.S.v. § 126 Abs. 1 Nr. 7 UmwG bestehen nicht, solche Rechte oder besondere Vorteile i.S.v. § 126 Abs. 1 Nr. 8 UmwG an ein Mitglied eines Vertretungs- oder Aufsichtsorgans oder einen Spaltungs- oder Abschlussprüfer werden nicht gewährt.

§ 6 Folgen für die Arbeitnehmer und den Betriebsrat

.....

§ 7 Abfindungsangebot

Ein Abfindungsangebot ist nicht erforderlich, da § 29 UmwG gemäß § 125 UmwG bei der Ausgliederung keine Anwendung findet.

§ 8 Kosten, Abschriften

Alle mit der Ausgliederung verbundenen Kosten trägt die »Schokoladenfabrik Süßer Zahn GmbH & Co KG« mit dem Sitz in Zwickau.
Von dieser Urkunde erhalten:
a) die »Schokoladenfabrik Süßer Zahn GmbH & Co KG« eine Ausfertigung;
b) die »Süßer Zahn Pralinen GmbH« eine Ausfertigung;
c) das Handelsregister Zwickau eine elektronisch beglaubigte Abschrift;
d) das Handelsregister Chemnitz eine elektronisch beglaubigte Abschrift;
e) die Finanzämter Zwickau und Chemnitz je eine beglaubigte Abschrift;
f) Frau Johanna Schwarz, Zwickau ..... als Betriebsratsvorsitzende eine beglaubigte Abschrift;
(Auf die neu errichtete GmbH geht kein Grundbesitz über).

§ 9 Hinweise, Salvatorische Klausel

.....

Anlage
Gesellschaftsvertrag der
»Süßer Zahn Pralinen GmbH«
mit dem Sitz in Chemnitz

§ 1 Firma

Die Firma der Gesellschaft lautet
»Süßer Zahn Pralinen GmbH«

§ 2 Sitz

Sitz der Gesellschaft ist Chemnitz.

§ 3 Gegenstand des Unternehmens

Gegenstand des Unternehmens der Gesellschaft ist die Herstellung von Pralinen.

§ 4 Stammkapital und Stammeinlagen

(1) Das Stammkapital beträgt 100.000 €.
(2) Es wird von der Gründungsgesellschafterin, der »Schokoladenfabrik Süßer Zahn GmbH & Co KG« mit dem Sitz in Zwickau in voller Höhe dadurch geleistet, dass [ggf. nahezu] sämtliche, zum Teilbetrieb Chemnitz der »Schokoladenfabrik Süßer Zahn GmbH & Co KG« mit dem Sitz in Zwickau gehörenden Aktiva und Passiva durch Ausgliederung nach den Bestimmungen des Spaltungsplans zu Urkunde der Notarin ..... (UR-Nr. .....) auf die Gesellschaft übertragen werden.
§§ 5 ff......

■ *Kosten.* Geschäftswert ist der Wert des auf den neugegründeten Rechtsträger übergehenden Aktivvermögens ohne Schuldenabzug (§ 97 Abs. 1, 2, § 38 GNotKG). Die im Spaltungsplan enthaltene Satzung der neugegründeten GmbH ist gemäß § 109 Abs. 1 GNotKG gegenstandsgleich. Geschäftswertrahmen nach § 107 Abs. 1 GNotKG mind. 30.000 €, höchstens 10 Mio. €. – 1,0 Gebühr der Tabelle B nach Nr. 21200 KV GNotKG, da der Spaltungsplan eine einseitige Erklärung ist. – Die Bestellung des Geschäftsführers ist wie bei der GmbH-Errichtung gegenstandsverschieden (§ 110 Nr. 1 GNotKG) und als Gesellschafterbeschluss mit unbestimmtem Geldwert nach § 108 Abs. 1 Satz 1 i.V.m. § 105 Abs. 4 Nr. 1 GNotKG (mindestens 30.000 €) zu bewerten; keine Zusammenrechnung, jedoch nach § 94 Abs. 1 GNotKG Vergleichsberechnung. – 2,0 Gebühr der Tabelle B nach Nr. 21100 KV GNotKG.

Bei Personengesellschaften zwar keine *steuerrechtliche Mitteilungspflicht* gemäß § 54 EStDV, wegen der Neuerrichtung der GmbH jedoch Mitteilung an das für deren zukünftigen Sitz zuständige Finanzamt für Körperschaften. Wenn Grundbesitz beim spaltenden Rechtsträger vorhanden, dann auch Anzeigepflicht gemäß § 18 GrEStG (siehe Rdn. 21). Steuerliche Probleme, wenn betriebsnotwendiger Grundbesitz zurückbehalten wird (siehe Rdn. 23). **46**

Da es sich um eine Einmanngesellschaft handelt, genügt ein kurzer Gesellschaftsvertrag (s. z.B. § 142 Rdn. 2 M). **47**

Zustimmungsbeschluss der Gesellschafterversammlung

Verhandelt zu ..... am ..... **48 M**

Vor der Notarin ..... waren anwesend:
1. Frau Andrea Zahn, geb. am ....., Kauffrau, Mathildensteige 11, Zwickau, nach Angabe ledig,
hier handelnd
im eigenen Namen und als alleinvertretungsberechtigte Geschäftsführerin für die »AZZ GmbH« mit dem Sitz in Zwickau (Postanschrift: Industriestraße 17, Zwickau);
2. Herr Karl Zahn, geb. am ....., Pensionär, Richard-Wagner-Straße 11, Zwickau, nach Angabe verwitwet;
3. Frau Antonia Braun, geb. Zahn, geb. am ....., Studienrätin, Bergstraße 14, Zwickau, nach Angabe im gesetzlichen Güterstand lebend.

Die Anwesenden legten ihre amtlichen Lichtbildausweise vor.
Sie erklärten:

§ 1

Die »AZZ GmbH« als persönlich haftende Gesellschafterin und Frau Andrea Zahn, Herr Karl Zahn und Frau Antonia Braun, geb. Zahn, als Kommanditisten sind die einzigen Gesellschafter der »Schokoladenfabrik Süßer Zahn GmbH & Co KG« mit dem Sitz in Zwickau.

§ 2

Sie erklärten, eine Gesellschafterversammlung abzuhalten. Da in dieser Gesellschafterversammlung alle Gesellschafter anwesend sind, ist sie ohne Rücksicht auf irgendwelche Anforderungen nach dem Gesetz oder dem Gesellschaftsvertrag beschlussfähig.

§ 3

Die Gesellschafter beschlossen einstimmig, was folgt:
Dem Spaltungsplan vom ..... zur Ausgliederung des Zweigbetriebes Chemnitz auf die neu errichtete »Süßer Zahn Pralinen GmbH« mit dem Sitz in Chemnitz zu Urkunde der Notarin ..... (UR-Nr. .....) stimmen wir zu. Dieser Spaltungsplan liegt in Ausfertigung vor; eine Abschrift ist dieser Niederschrift beigefügt. Die Bilanz für den Teilbetrieb zum 31.12...... stellen wir fest. Soweit erforderlich, befreien wir die Geschäftsführerin der persönlich haftenden Gesellschafterin, Frau Andrea Zahn, für alle mit der Ausgliederung zusammenhängenden Maßnahmen von den Beschränkungen des § 181 BGB. Damit ist die Gesellschafterversammlung beendet.

§ 4

Die Gesellschafter erklärten weiter:
1. Wir verzichten auf eine Klage gegen die Wirksamkeit des Ausgliederungsbeschlusses.
2. Wir verzichten weiter auf die Erstattung eines Ausgliederungsberichts. Rein vorsorglich verzichten wir ferner auf die Erstellung eines Prüfberichts und – soweit gesetzlich zulässig – auf sämtliche nach dem UmwG und HGB geltenden Form-, Frist- und Verfahrensvorschriften.
Eine Prüfung der Ausgliederung findet nach § 125 Satz 2 UmwG nicht statt.

§ 5

Die Kosten dieser Beurkundung trägt die »Schokoladenfabrik Süßer Zahn GmbH & Co KG«.

§ 6

Von dieser Niederschrift erhalten:
a) die Gesellschafter je eine Ausfertigung,
b) die »Schokoladenfabrik Süßer Zahn GmbH & Co KG« eine Ausfertigung,
c) die »Süßer Zahn Pralinen GmbH« eine Ausfertigung,

d) das Handelsregister Zwickau eine elektronisch beglaubigte Abschrift,
e) das Handelsregister Chemnitz eine elektronisch beglaubigte Abschrift,
f) die Finanzämter Zwickau und Chemnitz je eine beglaubigte Abschrift.

■ *Kosten.* Geschäftswert des Ausgliederungsbeschlusses, worin auch die Gründung des neuen Rechtsträgers enthalten ist, ist nach § 108 Abs. 3 Satz 2 GNotKG das Aktivvermögen des übertragenen Vermögensteiles ohne Schuldenabzug (s. zur Ermittlung Muster § 154 Rdn. 60 M); gesondert anzusetzen ist dazu die Bestellung der Geschäftsführer der neuen GmbH nach § 108 Abs. 1, § 105 Abs. 1 Satz 2 GNotKG (mindestens 30.000 €). Begrenzung des Geschäftswertes für alle Beschlüsse in einer Urkunde auf höchstens 5 Mio. € gemäß § 108 Abs. 5 GNotKG. – 2,0 Gebühr (Tabelle B) nach Nr. 21100 KV GNotKG.

Die Verzichtserklärungen (§ 4 des Beschlusses) sind, wenn sie mit dem Abspaltungsplan mit beurkundet werden, dazu nach § 109 Abs. 1 Satz 1 GNotKG gegenstandsgleich; dass die Erklärungen nicht von den beteiligten Gesellschaften, sondern von deren Gesellschaftern abgegeben werden, schließt dies nicht aus (§ 109 Abs. 1 Satz 3 GNotKG). Sie sollten daher in die Urkunde des Abspaltungsplanes zur Vermeidung unrichtiger Sachbehandlung aufgenommen werden. Werden sie aufgrund besonderer Umstände nicht in den mit dem Zustimmungsbeschluss zusammen beurkundeten Abspaltungsplan aufgenommen, sondern gesondert oder nur zusammen mit dem Zustimmungsbeschluss erklärt, handelt es sich nach § 110 Nr. 1 GNotKG um dazu verschiedene Beurkundungsgegenstände. Zum Wert nach § 98 Abs. 2 Satz 2 GNotKG siehe § 154 Rdn. 61 M. – 1,0 Gebühr der Tabelle B nach Nr. 21200 KV GNotKG.

Bei Personengesellschaften zwar keine *steuerrechtliche Mitteilungspflicht* gemäß § 54 EStDV, wegen des Zusammenhanges mit der Neuerrichtung der GmbH jedoch Mitteilung an das für deren zukünftigen Sitz zuständige Finanzamt für Körperschaften.

Wegen § 4 nach den Vorschriften für Willenserklärungen (§§ 8 ff. BeurkG) zu beurkunden. **49**

Anmeldung zum Handelsregister der ausgliedernden Gesellschaft

An das **50 M**
Amtsgericht Zwickau
– Handelsregister –
Betrifft: Handelsregister A Nr. .....; Firma »Schokoladenfabrik Süßer Zahn GmbH & Co KG« mit dem Sitz in Zwickau
(Postanschrift: Industriestraße 17, Zwickau)
hier: Ausgliederung des Zweigbetriebes in Chemnitz

§ 1

Als Geschäftsführer der persönlich haftenden Gesellschafterin lege ich zum Handelsregister beiliegend vor:
a) eine beglaubigte Abschrift des Spaltungs-(Ausgliederungs-)Plans vom ..... zu Urkunde der amtierenden Notarin (UR-Nr. .....);
b) eine beglaubigte Abschrift des Zustimmungsbeschlusses vom heutigen Tage zu Urkunde der amtierenden Notarin (UR-Nr. .....);
c) die Bilanz des ausgegliederten Zweigbetriebes zum 31.12......;
d) ein Empfangsbekenntnis der Betriebsratsvorsitzenden, dass sie eine Abschrift des Spaltungsplans am ..... erhalten hat.

§ 2

Aus der Niederschrift über die Gesellschafterversammlung ergibt sich, dass alle Gesellschafter auf die Klage gegen die Wirksamkeit des Ausgliederungsbeschlusses (und auf die Erstattung eines Ausgliederungsberichts) verzichtet haben.

§ 3

Zur Eintragung in das Handelsregister melde ich (unter Fortbestand der übertragenden Gesellschaft) die Ausgliederung des Teilbetriebes in Chemnitz unter Errichtung der »Süßer Zahn Pralinen GmbH« mit dem Sitz in Chemnitz an.

§ 4

Die Kosten der Anmeldung und ihres Vollzugs im Handelsregister trägt die Gesellschaft. Sie erhält eine beglaubigte Abschrift. Das Handelsregister wird gebeten, dem Notar, der die Unterschrift beglaubigt, eine Vollzugsmitteilung zu übersenden.
Zwickau, den .....

Andrea Zahn

Unterschriftsbeglaubigung

- *Kosten.*
  a) Des Notars: Wie Muster § 155 Rdn. 43 M.
  b) Des Registergerichts: 180 € Festgebühr nach Nr. 1400 der Anlage zur HRegGebVO für die Ausgliederung.

Anmeldung der durch Ausgliederung neu gegründeten GmbH

51   Die Anmeldung der Gesellschaft erfolgt durch das Vertretungsorgan der ausgliedernden Gesellschaft (§ 137 Abs. 1 UmwG); der Geschäftsführer der neu errichteten GmbH muss die nach dem GmbHG erforderlichen Erklärungen abgeben (§ 135 Abs. 2 UmwG). Ob dazu eine Einlageversicherung nach § 8 Abs. 2 GmbHG gehört, weil diese Vorschrift nicht ausdrücklich ausgenommen ist, ist zweifelhaft;[52] in der Praxis wird man deshalb eine solche (kaum sinnvolle) Versicherung abgeben. Jedenfalls erforderlich ist ein Sachgründungsbericht (§ 138 UmwG). Die Anmeldung der GmbH und die Erklärungen ihres Geschäftsführers können in einer Erklärung gegenüber dem Handelsregister verbunden werden (und das ist meist zweckmäßig).

52 M   **An das**

Amtsgericht Chemnitz
– Handelsregister –
Betrifft: Handelsregister B .....; Neuerrichtung der »Süßer Zahn Pralinen GmbH« durch Ausgliederung aus der »Schokoladenfabrik Süßer Zahn GmbH & Co KG« mit dem Sitz in Zwickau
(Postanschrift der neu errichteten GmbH: Dieselstraße 14, Chemnitz)

---

52   Vgl. Lutter/*Priester*, § 138 UmwG Rn. 3 m.w.N.; Semler/Stengel/*Schwanna*, UmwG, § 137 Rn. 5; s.a. Kallmeyer/*Zimmermann*, UmwG, § 137 Rn. 9.

§ 1

Als Geschäftsführerin der persönlich haftenden Gesellschafterin der ausgliedernden Gesellschaft lege ich beiliegend vor:
a) eine elektronisch beglaubigte Abschrift des Spaltungs-(Ausgliederungs-)Plans vom ..... zu Urkunde der amtierenden Notarin (UR-Nr. .....);
b) eine elektronisch beglaubigte Abschrift des Zustimmungsbeschlusses vom heutigen Tage zu Urkunde der amtierenden Notarin (UR-Nr. .....);
c) ein Empfangsbekenntnis der Betriebsratsvorsitzenden, dass sie den Spaltungsplan am ..... erhalten hat;
d) einen Sachgründungsbericht;
e) als Wertnachweis die Bilanz der ausgegliederten Gesellschaft mit dem Bestätigungsvermerk von .....;
f) eine Liste der Gesellschafterin der errichteten Gesellschaft [§ 8 Abs. 1 Nr. 3, nicht § 40 Abs. 2 GmbHG]

Aus der Niederschrift ergibt sich, dass alle Gesellschafter auf eine Klage gegen die Wirksamkeit des Ausgliederungsbeschlusses und auf die Erstattung eines Ausgliederungsberichts verzichtet haben.

§ 2

1. Zur Eintragung in das Handelsregister melde ich die Errichtung der »Süßer Zahn Pralinen GmbH« mit dem Sitz in Chemnitz durch Ausgliederung aus der »Schokoladenfabrik Süßer Zahn GmbH & Co KG« mit dem Sitz in Zwickau an.
2. Die allgemeinen Bestimmungen im Gesellschaftsvertrag der neu errichteten GmbH über deren Vertretung lauten wie folgt:.....
3. Erster Geschäftsführer der GmbH ist Herr Manfred Kuhn, Dipl.-Ingenieur in Chemnitz, geb. am ..... Er ist stets einzelvertretungsberechtigt und von den Beschränkungen des § 181 BGB befreit.
4. Die Geschäftsräume der GmbH befinden sich in Chemnitz, Dieselstraße 14.

§ 3

1. Herr Kuhn versichert, dass mit der Ausgliederung und der dadurch erfolgenden Übertragung des Teilbetriebes auf die GmbH die Einlage voll erbracht ist und die eingebrachten Gegenstände mit der Wirksamkeit der Ausgliederung endgültig in seiner freien Verfügung als Geschäftsführer stehen. Er versichert, dass das Vermögen der GmbH nicht durch weitere Verbindlichkeiten belastet sein wird als diejenigen, die im üblichen Geschäftsverkehr des ausgeschiedenen Zweigbetriebes entstanden sind; die mit der Ausgliederung verbundenen Kosten treffen die Gesellschaft nicht.
2. Herr Kuhn versichert weiter, dass keine Umstände vorliegen, aufgrund deren er von dem Amt als Geschäftsführer nach § 6 Abs. 2 Satz 2 Nr. 2 und 3 sowie Satz 3 GmbHG ausgeschlossen wäre: Er versichert, dass er niemals wegen Insolvenzverschleppung, wegen einer Insolvenzstraftat nach den §§ 283–283d des Strafgesetzbuches, wegen falscher Angaben nach § 82 GmbH-Gesetz oder § 399 Aktiengesetz, wegen unrichtiger Darstellung nach § 499 Aktiengesetz, § 331 Handelsgesetzbuch oder § 17 des Publizitätsgesetzes, wegen einer Betrugs- oder Untreuestraftat oder eines Sportwettbetrugs und Manipulation von berufssportlichen Wettbewerben nach den §§ 263–264a, §§ 265b–266a des Strafgesetzbuches oder wegen einer vergleichbaren Straftat im Ausland verurteilt wurde, dass ihm weder durch gerichtliches Urteil noch durch vollziehbare Entscheidung einer Verwaltungsbehörde die Ausübung eines Berufes, Berufszweiges,

§ 155 Spaltung

Gewerbes oder Gewerbezweiges untersagt ist, und dass er vom Notar über seine unbeschränkte Auskunftspflicht gegenüber dem Registergericht belehrt worden ist.

§ 4

Die Kosten der Anmeldung und ihres Vollzugs im Handelsregister, einschließlich der Kosten, die mit der Eintragung der GmbH verbunden sind, trägt die »Schokoladenfabrik Süßer Zahn GmbH & Co KG« in Zwickau, Industriestraße 17.
Das Handelsregister wird gebeten, dem Notar, der die Unterschriften beglaubigt, eine Vollzugsnachricht zu übersenden.
Zwickau, den .....

Andrea Zahn
Manfred Kuhn

Beglaubigung von Unterschriften und Zeichnung

■ *Kosten.*
a) Beim Notar: Anmeldung der GmbH und dessen Geschäftsführer sind wie bei Neugründung einer GmbH eine einheitliche Rechtstatsache. Geschäftswert der Anmeldung der GmbH ergibt sich nach § 105 Abs. 1 Nr. 1 GNotKG (Mindestwert 30.000 €) aus dem einzutragenden Nominalbetrag, nicht aus dem übertragenen Aktivvermögen. Die Versicherungen sind Teil der anzumeldenden Rechtstatsache und nicht gesondert zu bewerten. – 0,5 Gebühr aus Tabelle B gemäß Nr. 24102 i.V.m. 21201 (5.) KV GNotKG, sowie die Gebühren für das Erstellen der XML-Datei Nr. 22114 KV GNotKG aus Gesamtwert der Anmeldung (S. § 124 Rdn. 43 f.).
b) Beim Registergericht: 260 € Gebühr nach Nr. 2104 der Anlage zur HRegGebVO; nach § 2 Abs. 1 HRegGebVO erfasst die Gebühr der Ersteintragung alle gleichzeitig angemeldeten Eintragungen, also auch die des Geschäftsführers

53 *Steuerrechtliche Mitteilungspflicht* gemäß § 54 EStDV an das für den Sitz der Gesellschaft zuständige Finanzamt für Körperschaften (siehe Rdn. 21).

Gesellschafterliste[53]

54 M

Liste
der Gesellschafter der »Süßer Zahn Pralinen GmbH«
mit dem Sitz in Chemnitz

Gesellschafter	Nennbetrag	Lfd. Nr.	Prozentuale Beteiligung Geschäftsanteil	Gesamtbeteiligung Gter.
1) »Schokoladenfabrik Süßer Zahn GmbH & Co KG« mit dem Sitz in Chemnitz (Postanschrift: Industriestaße 17, Zwickau; Amtsgericht Zwickau HRB .....)	100.000 €	1	100%	100%
	Stammkapital 100.000 €			

---

[53] Bei späteren Veränderungen nach § 40 Abs. 1 Satz 1 GmbHG sollte eine Veränderungsspalte nach Maßgabe von § 2 GesLV ergänzt werden.

Chemnitz, den .....
Süßer Zahn Pralinen GmbH
mit dem Sitz in Chemnitz

Andrea Zahn
Manfred Kuhn

(Vorsichtshalber Unterschrift von Vertretungsorgan des ausgegliederten Rechtsträgers und Geschäftsführer: s. § 8 Abs. 1 Nr. 3 GmbHG)

■ *Kosten.* Nach Vorbemerkung 2.2.1.1. Abs. 1 Nr. 3 KV GNotKG ist das Fertigen der Liste der Gesellschafter gemäß § 8 Abs. 1 Nr. 3 GmbHG eine Vollzugstätigkeit zum Beurkundungsverfahren der GmbH-Errichtung im Rahmen der Spaltung. Da die Abspaltung nach Nr. 21200 KV GNotKG eine 1,0-Gebühr auslöst, fällt für die Listenerstellung gemäß Nr. 22110 i.V.m. 22111 KV GNotKG eine Gebühr von 0,3 nach Tabelle B an, die Nr. 22113 KV GNotKG auf höchstens 250 € beschränkt. Geschäftswert der Vollzugsgebühr ist der Wert der zu vollziehenden Beurkundung = Wert des Spaltungsplans (§ 112 GNotKG). Daneben entsteht für die Erzeugung der XML-Datei eine Gebühr von 0,3, höchstens 250 € nach Nr. 22114 KV GNotKG. Für die Fertigung des Entwurfes der Liste gibt es dann keine Gebühr (Vormerkung 2.2. KV GNotKG). Gebühr für Betreuungstätigkeit nach Nr. 22200 KV GNotKG fällt ggf. bzgl. der Wirksamkeitsbestätigung an aus dem Gesamtwert der Spaltung.

§ 156 Formwechsel

I. Identität zwischen dem Rechtsträger vor und nach dem Formwechsel

1 Der Formwechsel nach dem UmwG zeichnet sich dadurch aus, dass die Identität des formwechselnden Rechtsträgers gewahrt bleibt (Identitätsgrundsatz) und lediglich das »Rechtskleid« gewechselt wird. So bestimmt § 202 Abs. 1 Nr. 1 UmwG, dass der formwechselnde Rechtsträger in der in dem Umwandlungsbeschluss bestimmten Rechtsform weiter besteht.[1] In der wirtschaftlichen Kontinuität des Rechtsträgers vor und nach dem Formwechsel (keine Veränderung des Vermögensbestands) liegt zugleich der wesentliche Unterschied zu den anderen Umwandlungsarten.[2] Infolgedessen treten keinerlei Veränderungen der Rechtsverhältnisse des formwechselnden Rechtsträgers ein. Allerdings sind die auf den Ausgangsrechtsträger lautenden Registereintragungen, insb. Grundbuch und Handelsregister, zu »berichtigen«.[3]

2 Auch beim Formwechsel ist nach h.M. der in § 194 Abs. 1 Nr. 3 UmwG zum Ausdruck kommende Grundsatz der Personenidentität zu beachten. Nachdem von Teilen der Literatur seit langem eine ungeschriebene Ausnahme vom Identitätsgrundsatz für den Ein- und Austritt von Komplementären ohne Kapitalanteil gefordert wurde,[4] hat der BGH mit Urt. v. 09.05.2005[5] in einem obiter dictum festgestellt, dass es für den Formwechsel einer AG in eine GmbH & Co. KG hinsichtlich des Gebots der Kontinuität der Mitgliedschaft ausreichend sei, wenn die Hauptversammlung »mit einer Stimmenmehrheit von ¾ einen der bisherigen Aktionäre – oder sogar einen im Zuge des Formwechsels neu hinzutretenden Gesellschafter – mit dessen Zustimmung zum Komplementär der formgewechselten zukünftigen KG wählt und die Aktionäre i.Ü. Kommanditisten werden«. Wie im Schrifttum zu Recht angemerkt wurde, scheint der BGH den Identitätsgrundsatz damit in erster Linie als Minderheitenschutzelement zu sehen, so dass Veränderungen im Gesellschafterbestand im Umwandlungsbeschluss mit deren Zustimmung zulässig sind.[6] Allerdings ist bislang offen, ob sich aus der Entscheidung auch Rückschlüsse für den umgekehrten Fall des Austritts der Komplementär-GmbH beim Formwechsel in eine Kapitalgesellschaft ziehen lassen (diese Vorgehensweise bedarf deshalb zweckmäßigerweise der Absprache mit dem Registergericht).[7] Die rechtssichere Alternativlösung besteht darin, dass der Komplementär-GmbH an der GmbH – wie bisher – ein minimaler Geschäftsanteil im Rahmen einer Treuhandabrede treuhänderisch zugewiesen wird und dieser aufschiebend bedingt eine juristische Sekunde nach dem Wirksamwerden des Formwechsels – in Auflösung des Treuhandverhältnisses – auf den oder die übrigen Gesellschafter übertragen wird.

---

1 Das Gesetz hat also die frühere Unterscheidung zwischen übertragender und formwechselnder Umwandlung aufgegeben.
2 Weitere Einzelheiten etwa bei *Limmer*, Handbuch der Unternehmensumwandlung, Teil 4 Kap. 1 Rn. 7 ff.
3 Genauer: Richtigstellung der Bezeichnung des Berechtigten im Sinne eines Klarstellungsvermerks.
4 Vgl. etwa *K. Schmidt*, GmbHR 1995, 693, *Priester* DB 1997, 560.
5 BGH DNotZ 2005, 864.
6 *Limmer*, Handbuch der Unternehmensumwandlung, Teil 4 Kap. 1 Rn. 21; Widmann/Mayer/*Mayer*, Umwandlungsrecht, § 197 Rn. 22; *Heckschen*, DNotZ 2007, 451; *ders.* DB 2008, 2122; Schmitt/Hörtnagl/Stratz/*Stratz*, UmwG UmwStG, § 226 Rn. 3.
7 Vgl. zum Streitstand Widmann/Mayer/*Mayer*, UmwG, § 197 Rn. 22.

II. Einbezogene Rechtsträger

Sowohl formwechselnder als auch Rechtsträger neuer Rechtsform können Personenhandelsgesellschaften, Partnerschaftsgesellschaften, Kapitalgesellschaften und eingetragene Genossenschaften sein, formwechselnde Rechtsträger zusätzlich auch rechtsfähige Vereine, Versicherungsvereine auf Gegenseitigkeit und Körperschaften und Anstalten des öffentlichen Rechts, als neue Rechtsform kann zusätzlich die einer Gesellschaft bürgerlichen Rechts gewählt werden (§ 191 UmwG). Eine Umwandlung in eine GmbH & Co KG ist – da, anders als nach § 1 Abs. 2 UmwG 1969, nicht ausgeschlossen – möglich, wobei die persönlich haftende GmbH auch erst bei der Umwandlung beitreten kann.[8]

III. Umwandlungsbericht, Betriebsratszuleitung

Nach § 192 UmwG ist vom Vertretungsorgan des formwechselnden Rechtsträgers grundsätzlich ein Umwandlungsbericht zu erstatten, in dem der Formwechsel und insbesondere die künftige Beteiligung der Anteilsinhaber an dem Rechtsträger rechtlich und wirtschaftlich erläutert und begründet werden. Der Bericht muss einen Entwurf des Umwandlungsbeschlusses enthalten. Die früher beizufügende Vermögensaufstellung ist nicht mehr erforderlich (gestrichen durch das G v. 19.04.2007). § 192 UmwG will nur die Gesellschafter des formwechselnden Rechtsträgers schützen. Deshalb ist ein Umwandlungsbericht u.a. nicht erforderlich, wenn der formwechselnde Rechtsträger nur einen Anteilsinhaber hat, alle Anteilsinhaber einer formwechselnden Personenhandelsgesellschaft zur Geschäftsführung berechtigt sind, § 215 UmwG, oder wenn alle Gesellschafter der oder wenn alle Anteilsinhaber auf den Bericht verzichten. Die Verzichtserklärungen bedürfen der notariellen Beurkundung. In der Praxis ist der Verzicht auf die Erstattung eines Umwandlungsberichts die Regel.

Soweit ein Betriebsrat gebildet ist, muss der Entwurf des Umwandlungsbeschlusses spätestens einen Monat vor der Versammlung der Anteilseigner dem zuständigen Betriebsrat zugeleitet werden, § 194 Abs. 2 UmwG.

IV. Beschlussfassung

Der Formwechsel beruht auf einem Beschluss der Anteilsinhaber, der nur in einer Versammlung gefasst werden kann und der – wie die erforderlichen Zustimmungserklärungen – der notariellen Beurkundung bedarf (§ 193 Abs. 1 UmwG, kein schriftliches Abstimmungsverfahren).

Die bei Verschmelzung und Spaltung erforderlichen Mindestangaben (vgl. §§ 5, 126 UmwG), sind beim Formwechsel in den Umwandlungsbeschluss aufzunehmen, vgl. § 194 UmwG. Bei Umwandlung in eine GmbH, AG, KGaA oder Genossenschaft muss der Beschluss zudem den Gesellschaftsvertrag bzw. Satzung oder Statut der neuen Gesellschaftsform enthalten (§§ 218, 243 Abs. 1 UmwG). Aus § 194 Abs. 1 Nr. 4 UmwG ist zu schließen, dass eine Abweichung von der bisherigen Beteiligungsquote – mit Zustimmung der benachteiligten Anteilsinhaber – zulässig ist. Anders als bei der Verschmelzung, vgl. § 17 Abs. 2 Satz 4 UmwG, gibt es beim Formwechsel keinen »Formwechselstichtag« und keine Pflicht zur Beifügung einer max. acht Monate alten Bilanz, da §§ 190 ff. UmwG nicht auf § 17 Abs. 2 Satz 4 UmwG verweisen. Der Formwechsel wird vielmehr mit der Eintragung im Handelsregister gesellschaftsrechtlich wirksam; eine Rückbeziehung würde

---

[8] BGH DNotZ 2005, 864 = WM 2005, 1462.

gesellschaftsrechtlich keinen Sinn machen.[9] Steuerlich besteht jedoch die Möglichkeit, als Einbringungszeitpunkt einen Stichtag zu wählen, der maximal acht Monate vor der Anmeldung des Formwechsels zur Eintragung im Handelsregister liegt, vgl. §§ 25, 20 Abs. 7, Abs. 8 Satz 1 UmwStG. Auf diesen Umwandlungsstichtag ist sodann eine Steuerbilanz zu erstellen, § 25 UmwStG. Insofern kann auch der Formwechsel mit steuerlicher Wirkung erfolgen.

Während das Gesetz weitgehend auf die Anordnung einer Umwandlungsprüfung verzichtet, bestimmt § 207 Abs. 1 Satz 1 UmwG, dass die Gesellschaft grds. jedem Anteilsinhaber, der gegen den Umwandlungsbeschluss Widerspruch zur Niederschrift erklärt, den Erwerb seiner umgewandelten Anteile oder Mitgliedschaften gegen eine angemessene Barabfindung (bzw. in den Fällen des Satz 2 eine Barabfindung) gegen Ausscheiden anzubieten hat. Etwas anderes gilt dann, wenn der formwechselnde Rechtsträger nur einen Anteilsinhaber hat oder der Umwandlungsbeschluss sowieso der Zustimmung aller Anteilsinhaber bedarf, vgl. § 194 Abs. 1 Nr. 6 UmwG. Darüber hinaus ist es möglich, dass alle Anteilsinhaber auf ein Abfindungsangebot verzichten; dies ist in der Praxis die Regel.

Die erforderlichen Mehrheiten (drei Viertel der abgegebenen Stimmen oder Zustimmung aller Gesellschafter) und das Erfordernis der Zustimmung einzelner Gesellschafter sind unterschiedlich: Beim Formwechsel von Personengesellschaften ist die Zustimmung aller Gesellschafter erforderlich (§ 217 UmwG), wenn der Gesellschaftsvertrag nicht eine Umwandlung mit Mehrheit (von mindestens $^3/_4$ der abgegebenen Stimmen) zulässt.[10] Beim Formwechsel einer Kapitalgesellschaft in eine Kapitalgesellschaft anderer Rechtsform oder in eine KG genügt die $^3/_4$-Mehrheit der abgegebenen Stimmen (§§ 240 Abs. 1, 233 Abs. 2 UmwG; die Zustimmung des Komplementärs der neuen KG ist zusätzlich erforderlich, § 233 Abs. 2 Satz 3 UmwG), beim Formwechsel in eine oHG oder GbR ist die Zustimmung aller Gesellschafter erforderlich (§ 233 Abs. 1 UmwG).

V. Anwendung des Gründungsrechts

6   Nach § 197 UmwG gelten – zusätzlich – die Vorschriften für die Gründung des Rechtsträgers der neuen Rechtsform, soweit das UmwG keine Ausnahme zulässt; generell ausgenommen davon sind Vorschriften über die Mindestzahl der Gründer und über die Bildung des ersten Aufsichtsrats (§ 197 Satz 2 UmwG; beim Formwechsel in eine AG gilt § 31 AktG). Deshalb gelten beim Formwechsel in AG und GmbH die Vorschriften für die Sachgründung dieser Gesellschaften (z.B. die Pflicht, einen Sachgründungsbericht zu erstellen, vgl. § 220 Abs. 2 UmwG, § 5 Abs. 4 Satz 2 GmbHG.

§ 220 Abs. 1 UmwG schreibt vor, dass das Stammkapital bzw. Grundkapital durch das Vermögen der formwechselnden Personenhandelsgesellschaft gedeckt sein muss. Aus diesem sog. Nettovermögensprinzip folgt, dass die Gesellschaft zum Zeitpunkt der Registeranmeldung über ein Reinvermögen in Höhe der Stammkapitalziffer verfügen muss. Der Formwechsel darf also nicht zum Entstehen einer Unterbilanz bei der Zielgesellschaft führen. Zum Vermögen der Gesellschaft gehören alle Gegenstände, denen ein Vermögenswert beizumessen ist, unabhängig davon, ob sie bilanzierungsfähig oder -pflichtig sind. Nach der h.M. im Schrifttum erfolgt die Bewertung zudem nicht zu Buch-, sondern zu Verkehrswerten.[11] Überschießende Beträge (wenn z.B. das bilanzielle Eigenkapital der Personenhandelsgesellschaft den Betrag der Stammkapitalziffer der Zielgesellschaft übersteigt) können

---
9   So zu Recht *Limmer*, Handbuch der Unternehmensumwandlung, Teil 4 Kap. 1 Rn. 133.
10 Mithin, wenn der Gesellschaftsvertrag eine qualifizierte Mehrheitsklausel enthält, die auch Umwandlungsmaßnahmen erfasst.
11 Semler/Stengel/*Schlitt*, UmwG, § 220 Rn. 9, 13, 15; instruktiv auch *Limmer*, Handbuch der Unternehmensumwandlung, Teil 4 Kap. 2 Rn. 401 ff.

jedenfalls den Kapital- und Gewinnrücklagen nach § 272 Abs. 2 und Abs. 3 HGB zugeordnet werden. Dagegen ist in der Literatur umstritten, ob alternativ eine Umwandlung in Gesellschafterdarlehen oder eine Auszahlung zulässig ist.[12]

Gleiches gilt beim Formwechsel einer Kapitalgesellschaft in eine AG oder KGaA – § 245 Abs. 1 bis 3 UmwG, wobei § 52 AktG über die Nachgründung regelmäßig nicht anwendbar ist. Grundsätzlich gelten die Gründungsvorschriften auch bei der Umwandlung einer AG in eine GmbH, allerdings bestehen hier folgende Einschränkungen: § 220 UmwG gilt nicht und ein Sachgründungsbericht ist nicht erforderlich, § 245 Abs. 4 UmwG. Zudem muss der Gesellschaftsvertrag nicht von den Gesellschaftern unterzeichnet werden, § 244 Abs. 2 UmwG.

VI. Anmeldung und Eintragung, Rechtsfolgen der Eintragung

Der Formwechsel ist zur Eintragung in das Register des formwechselnden Rechtsträgers anzumelden (§ 198 Abs. 1 UmwG). Gegenstand der Anmeldung ist die neue Rechtsform des Rechtsträgers. Falls der formwechselnde Rechtsträger nicht in einem Register eingetragen ist, ist zum Register des neuen Rechtsträgers anzumelden (§ 198 Abs. 2 Satz 1 UmwG). Das Gleiche gilt – was wichtiger ist –, wenn sich die Art des Registers oder aufgrund einer Sitzverlegung die Zuständigkeit ändert (§ 198 Abs. 2 Satz 2 UmwG); dann ist doppelt anzumelden (§ 198 Abs. 2 Satz 3 UmwG).

7

Anzumelden haben beim Formwechsel von Personenhandelsgesellschaften alle Mitglieder des künftigen Vertretungsorgans und, soweit der Rechtsträger in der neuen Rechtsform einen Aufsichtsrat haben muss, auch die Mitglieder des Aufsichtsrats (§ 222 Abs. 1 UmwG), beim Übergang zu AG oder KGaA außerdem alle Gründer i.S.v. § 219 UmwG (§ 222 Abs. 2 UmwG). Beim Formwechsel von Kapitalgesellschaften melden deren Vertretungsorgane (in vertretungsberechtigter Zahl) an (§§ 235 Abs. 2, 246 Abs. 1 UmwG).

8

Nach §§ 198 Abs. 3, 16 Abs. 2, 3 UmwG ist bei der Anmeldung die Negativerklärung über Klagen abzugeben.[13] Welche Anlagen mit der Anmeldung einzureichen sind, bestimmt § 199 UmwG. Daneben gelten für die Anmeldung und ihre Anlagen die Vorschriften des Gründungsrechts für den Rechtsträger neuer Rechtsform.[14] Folglich ist beim Formwechsel einer Personen- in einer Kapitalgesellschaft nach h.M. ein Sachgründungsbericht zu erstellen (und der Anmeldung beizufügen), der v.a. Angaben über die Vorbereitung und die Auswirkungen des Formwechsels enthalten muss sowie eine Darlegung der wesentlichen Umstände, aus denen sich ergibt, dass das Reinvermögen der formwechselnden Personenhandelsgesellschaft das festgesetzte Stammkapital abdeckt, vgl. § 220 UmwG. Dabei kann auch auf einen entsprechenden Werthaltigkeitsnachweis verwiesen werden.[15] Entsprechend § 5 Abs. 4 Satz 2 GmbHG i. V. m. § 197 Satz 1 UmwG muss der Bericht ferner die Jahresergebnisse der beiden letzten Geschäftsjahre und nach § 220 Abs. 2 UmwG Ausführungen zum bisherigen Geschäftsverlauf und der Lage der formwechselnden Gesellschaft enthalten

9

Wenn in verschiedenen Registern einzutragen ist, erfolgt zuerst die Eintragung im Register des formwechselnden Rechtsträgers (§ 198 Abs. 2 Satz 3–5, unter Vorbehalt), dann die Eintragung des Rechtsträgers neuer Form. Die Wirkungen der Eintragung ergeben sich aus § 202 UmwG.

10

---

12 Zum Streitstand etwa *Limmer*, Handbuch der Unternehmensumwandlung, Teil 4 Kap. 1 Rn. 403, 410.
13 Nach h.M. kann die Erklärung aber nachgereicht werden, *Limmer*, Handbuch der Unternehmensumwandlung, Teil 4 Kap. 1 Rn. 323.
14 Semler/Stengel/*Schwanna*, UmwG, § 198 Rn. 6.
15 Semler/Stengel/*Schlitt*, UmwG, § 220 Rn. 24 m.w.N.; als Wertnachweis kann i.d.R. auch die (auf den Umwandlungsstichtag erstellte) Steuerbilanz beigefügt werden, ggf. i.V.m. einer Bescheinigung eines Wirtschaftsprüfers, dass sich die Vermögensverhältnisse seitdem nicht wesentlich geändert haben.

§ 156 Formwechsel

Wie bei den anderen Umwandlungsarten ist für die Wirksamkeit des Formwechsels die Handelsregistereintragung konstitutiv, vgl. § 202 UmwG. Etwaige Mängel der Beurkundung des Umwandlungsbeschlusses oder von etwaigen Zustimmungs- und Verzichtserklärungen werden nach § 202 Abs. 1 Nr. 3 UmwG geheilt werden. Sonstige Mängel der Umwandlung können nach Maßgabe von § 202 Abs. 3 UmwG geheilt werden; wobei die Heilung im Grundsatz unabhängig von der Art und Schwere des Mangels eintritt.[16] Die Haftung der Gesellschafter für alle bis zur Umwandlung begründeten Verbindlichkeiten besteht auch nach Wirksamwerden des Formwechsels fort, wobei die Nachhaftung gemäß § 224 UmwG auf fünf Jahre begrenzt ist.

VII. Besteuerung des Formwechsels

11   Die formwechselnde Umwandlung einer Personengesellschaft in eine Kapitalgesellschaft oder umgekehrt ist handels- wie auch steuerrechtlich möglich. Ein Hauptunterschied zum UmwG liegt in der steuerlichen Möglichkeit der Rückwirkung gemäß § 9 Satz 3 UmwStG, wonach der Übertragungsstichtag höchstens 8 Monate vor der Anmeldung des Formwechsels zur Eintragung im Handelsregister liegen kann, sodass bei Formwechsel der handelsrechtliche Umwandlungsstichtag und der steuerliche Übertragungsstichtag zeitlich erheblich voneinander abweichen können.

1. Formwechsel einer Kapitalgesellschaft in eine Kapitalgesellschaft anderer Rechtsform

12   Diesen Formwechsel behandelt das UmwStG nicht, da die Identität des Steuersubjektes und die Besteuerungsstruktur unberührt bleibt. Mangels Vermögensüberganges werden die bisherigen Buchwerte fortgeführt, und der steuerliche Verlustabzug aus der Zeit vor dem Formwechsel bleibt erhalten. Nur bei Anteilsabtretung gegen Barabfindung kann eine Besteuerung nach § 17 bzw. § 23 EStG eintreten.

2. Formwechsel einer Personengesellschaft in eine Kapitalgesellschaft

13   Dies führt aus steuerlicher Sicht zu einem tauschähnlichen entgeltlichen Rechtsträgerwechsel, da die Personengesellschaft, anders als die Kapitalgesellschaft, nicht selbst Steuerobjekt für das von ihr erzielte Einkommen ist (Ausnahme: Gewerbesteuer), sondern ihre Gesellschafter als Mitunternehmer i.S.v. § 15 Abs. 1 Satz 1 Nr. 2 EStG. Das UmwStG behandelt (fingiert) deshalb diesen »kreuzenden Formwechsel« bei Einkommen- und Gewerbesteuer als Einbringung aller Mitunternehmeranteile bzw. des Betriebsvermögens (Sichtweise ist ungeklärt) durch die Mitunternehmer in die aus dem Formwechsel hervorgehende Kapitalgesellschaft, auch wenn zivilrechtlich eine Vermögensübertragung nicht stattfindet. Die §§ 20 bis 23 UmwStG sind entsprechend anzuwenden (§ 25 UmwStG, s. zu den Voraussetzungen § 154 Rdn. 45 ff.), soweit beim formwechselnden Rechtsträger Betriebsvermögen vorhanden ist, sodass das UmwStG also bei nur vermögensverwaltend tätiger Personengesellschaft keine Anwendung findet.

14   Um die Besteuerung des laufenden Gewinnes bei den unterschiedlichen Steuersubjekten sicherzustellen, hat nach § 25 Satz 2 i.V.m. § 9 Satz 2 UmwStG die Personengesellschaft zum von ihr bestimmten Übertragungsstichtag (der 8 Monate vor der Anmeldung zum Handelsregister liegen kann, § 9 Satz 3 UmwStG) eine Steuerbilanz aufzustellen, auch wenn dies handelsrechtlich nicht erforderlich ist. Auf diesen Bilanzzeitpunkt kann der Formwechsel auf Antrag steuerrechtlich zurückbezogen werden. Ansonsten ist steuerlicher

---

16 Vgl. etwa Semler/Stengel/*Leonard*, UmwG, § 202 Rn. 34 ff., mit Ausnahmen.

Übertragungsstichtag der Zeitpunkt des wirtschaftlichen Eigentumsüberganges, also des Übergangs von Nutzungen und Lasten.

Die übernehmende Kapitalgesellschaft kann das übernommene Betriebsvermögen statt mit dem gemeinen Wert auf Antrag mit dem Buchwert oder einem Zwischenwert ansetzen, wenn die Besteuerungsvoraussetzungen des § 20 Abs. 2 Satz 2 UmwStG gesichert sind. Bei Ansatz mit einem über dem Buchwert liegenden Wert entsteht ein Veräußerungsgewinn, der bei den Gesellschaftern der Personengesellschaft (§ 20 Abs. 4 UmwStG) nach den allgemeinen Grundsätzen zu versteuern ist und nur bei Ansatz des gemeinen Wertes den Steuerbegünstigungen der § 16 Abs. 4 und § 34 Abs. 1, 3 EStG unterliegen. Er ist gewerbesteuerfrei. Werden die Buchwerte oder ein Zwischenwert angesetzt, sind die vom Anteilseigner erworbenen Anteile an der Kapitalgesellschaft mit stillen Reserven und einem entsprechenden Steuerpotenzial behaftet. Werden im Rahmen der Einbringung erhaltenen Anteile innerhalb eines Zeitraums von 7 Jahren nach dem Einbringungszeitraum veräußert, sind die stillen Reserven gewinnrealisierend aufzudecken und rückwirkend im Wirtschaftsjahr der Einbringung beim Einbringenden i.S.v. § 16 EStG zu versteuern (= Einbringungsgewinn I); auf diesen Gewinn sind die Steuerbegünstigungen der § 16 Abs. 4 und § 34 EStG nicht anwendbar (§ 22 Abs. 1 Satz 1 UmwStG). Statt der Veräußerung kann die nachträgliche rückwirkende Besteuerung auch bei Eintritt der sogenannten Ersatztatbestände des § 22 Abs. 1 Satz 6 UmwStG nach dem Formwechsel eintreten, insbesondere bei Auflösung der GmbH, Kapitalherabsetzung oder Einbringung der neuen Anteile in eine andere Kapitalgesellschaft innerhalb der Sicherungsfrist von 7 Jahren. Zu den Einzelheiten und der jährlich Kürzung um ein Siebtel s. § 154 Rdn. 51 sowie § 142 Rdn. 125 ff. **15**

Von den zivilrechtlichen Folgen des Formwechsels wird nur das Gesamthandsvermögen der Personengesellschaft erfasst. Das Sonderbetriebsvermögen bleibt im zivilrechtlichen Eigentum der jeweiligen Gesellschafter. **16**

§§ 25, 20 UmwStG sind jedoch nur anwendbar, wenn der Betrieb mit allen seinen wesentlichen Betriebsgrundlagen[17] auf den Rechtsträger neuer Rechtsform übergeht. Daher sind in gesonderten zivilrechtlichen Übertragsakten die zum Sonderbetriebsvermögen gehörenden wesentlichen Betriebsgrundlagen (z.B. Betriebsgrundstück, technische Anlagen) auf die Kapitalgesellschaft zu übertragen. Bei Buchwertfortführung gehen die darin enthaltenen stillen Reserven auf die Kapitalgesellschaft über und kommen damit indirekt auch den anderen Gesellschaftern zugute.[18] Werden für das Sonderbetriebsvermögen weitere Gesellschaftsanteile gewährt, verschieben sich die ursprünglichen Beteiligungsverhältnisse. Stattdessen können auch Forderungsrechte (Gesellschafterdarlehen) in den Schranken des § 20 Abs. 2 Satz 4 UmwStG [19] eingeräumt werden. Unterbleibt die vollständige Übertragung aller wesentlichen Betriebsgrundlagen, erfolgt die Besteuerung der stillen Reserven, da beim Gesellschafter die Mitunternehmerschaft endet und damit steuerlich eine Betriebsaufgabe eintritt.[20] **17**

---

17 Zum Begriff s. BMF-Schreiben v. 16.08.2000, BStBl. I 2000, 1253.
18 Dies führt zur Schenkungsbesteuerung nach § 7 Abs. 8 ErbStG (s. Tz. 2.1.1. Ländererlass v. 14.03.2012 BStBl. I 2012, 331.
19 Der Wertansatz unter dem Verkehrswert nach § 20 UmwStG wird nur gewährt, sofern der gemeine Wert der sonstigen Gegenleistung nicht mehr beträgt als (a) 25 % des Buchwertes des eingebrachten Betriebsvermögens oder (b) den Betrag von 500.000 EUR nicht übersteigt (Kleinunternehmensprivileg), jedoch maximal nur bis zur Höhe des Buchwert des eingebrachten Betriebsvermögens (§ 20 Abs. 2 Nr. 4 UmwStG). Soweit diese Grenzen überstiegen werden, entsteht ein steuerpflichtiger Einbringungsgewinn.
20 Hierzu Erl. bei § 154 Rdn. 48 sowie dortige Fn. bzgl. der Gestaltungsmöglichkeiten der Einlegung.

3. Formwechsel einer Kapitalgesellschaft in eine Personengesellschaft

18 Wegen des Steuersubjektwechsels von der Körperschaft auf die Gesellschafter der Personengesellschaft wird dieser Formwechsel der Übertragung des Vermögens einer Körperschaft auf eine Personengesellschaft gleichgestellt (§ 9 UmwStG).

19 Obwohl handelsrechtlich nicht erforderlich, ist aus steuerlichen Gründen auf den Zeitpunkt, in dem der Formwechsel wirksam wird, eine Übertragungsbilanz aufzustellen (§ 9 Satz 2 UmwStG). Dies ist auf einen Stichtag möglich, der höchstens 8 Monate vor der Anmeldung des Formwechsels zur Eintragung im Handelsregister liegen kann (§ 9 Satz 3 UmwStG), sodass steuerrechtlich eine Rückwirkung des Formwechsels auf den Ablauf des Stichtages der Übertragungsbilanz erfolgen kann. Die steuerliche Rückwirkung gilt jedoch nicht für die Umsatzsteuer, Grunderwerbsteuer und Erbschaftsteuer. Zu diesem Bilanzstichtag müssen die handelsrechtlichen Voraussetzungen für den Formwechsel noch nicht vorliegen.[21]

20 Die übergehenden Wirtschaftsgüter einschließlich nicht entgeltlich erworbener und selbst geschaffener immaterieller Wirtschaftsgüter sind mit dem gemeinen Wert (= Einzelverkaufspreis) in der Steuerbilanz des übertragenden Rechtsträgers anzusetzen (§ 3 Abs. 1 Satz 1 UmwStG). Wird das übergehende Vermögen aber Betriebsvermögen der übernehmenden Personengesellschaft, bleibt das deutsche Besteuerungsrecht hinsichtlich eines Veräußerungsgewinns gesichert und werden außer Gesellschaftsanteile keine Gegenleistungen gewährt,[22] kann die übertragende Kapitalgesellschaft auf Antrag die Wirtschaftsgüter zum Buch- oder einem Zwischenwert ansetzen. Bei Ansatz über den Buchwerten wird auf der Ebene der übertragenden Kapitalgesellschaft ein Übertragungsgewinn realisiert, der der Körperschaft- und Gewerbesteuer unterliegt. Da der Verlustabzug im Rahmen des Formwechsels nicht auf die übernehmende Personengesellschaft übergeht (§ 4 Abs. 2 Satz 2 UmwStG) kann jedoch der Übertragungsgewinn mit diesem verrechnet werden.

21 Die Ermittlung des bei den Gesellschaftern entstehenden Übernahmegewinnes ist in den §§ 4 und 5 UmwStG geregelt. Er ist für jeden Gesellschafter eigenständig zu ermitteln, wobei insbesondere die bei der Kapitalgesellschaft bestehenden offenen Rücklagen kapitalertragsteuerpflichtig jedem Gesellschafter anteilig zugerechnet werden (§ 7 UmwStG).[23] Auf die Art der steuerliche Beteiligung an der Kapitalgesellschaft (Anteil im Betriebsvermögen, wesentliche Beteiligung im Sinne § 17 EStG oder einbringungsgeborene Anteile im Sinne § 21 UmwStG a.F.) kommt es nach neuem Recht weitgehend nicht mehr an.[24]

VIII. Gewerbesteuer, Umsatzsteuer

22 Ein bei einer übernehmenden Personengesellschaft entstehender Übernahmegewinn unterliegt nicht der Gewerbesteuer (§ 18 Abs. 2 UmwStG), wenn die Behaltensfrist von fünf Jahren beachtet wird (§ 18 Abs. 3 UmwStG). – Der Formwechsel löst keine Umsatzsteuer aus. Es liegt weder Lieferung noch sonstige Leistung zwischen den beteiligten Rechtsträgern noch die Voraussetzungen einer Geschäftsveräußerung im Ganzen vor. Bis zum Erlöschen des formwechselnden Rechtsträgers mit Eintragung der Umwandlung im Handelsregister ist dieser Unternehmer nach UStG.

---

21 Die Personengesellschaft muss damit zum steuerlichen Stichtag noch nicht zivilrechtlich bestehen, UmwSt-Erlass Tz. 02.11; 02.05 f. und 09.01. Somit ist ein rückwirkender Formwechsel einer GmbH in eine GmbH & Co. KG steuerlich möglich, selbst wenn zum steuerlichen Umwandlungsstichtag die Komplementär-GmbH zivilrechtlich zu diesem Zeitpunkt noch gar nicht existiert hat.
22 Zu den Folgen bei Gewährung von zusätzlichen Gegenleistungen Tz. 03.21 ff. UmwSt-Erlass mit Beispiel.
23 § 43 Abs. 1 Nr. 1 i.V.m. bei natürlichen Personen § 3 Nr. 40b, Nr. 40 Satz 3,4, EStG; bei Körperschaften geht § 8b KStG.
24 Hierzu Erl. bei § 154 Rdn. 38 ff. UmwSt-Erlass Tz. 04.19 ff. und 05.05 ff.

IX. Grunderwerbsteuer

Jede formwechselnde Umwandlung ist mangels Rechtsträgerwechsels generell nicht grunderwerbsteuerpflichtig.[25] Deshalb braucht der Notar den Formwechsel nicht nach § 18 GrEStG anzuzeigen. Der Formwechsel kann jedoch zum Wegfall der Steuerbegünstigung nach § 5 Abs. 3 bzw. § 6 Abs. 3 GrEStG führen. **23**

X. Erbschaftsteuer

Der Formwechsel innerhalb der Behaltensfrist führt nicht mehr zur Nachbesteuerung nach § 13a Abs. 6 Nr. 4 ErbStG,[26] sondern nur eine nachfolgende Veräußerung der erworbenen Anteile[27] (s.a. Erl. bei § 154 Rdn. 58). **24**

Formwechsel einer GmbH & Co KG in eine GmbH

Gemäß § 215 Abs. 1 UmwG kann Zielrechtsform beim Formwechsel einer Personenhandelsgesellschaft nur eine Kapitalgesellschaft oder eine eingetragene Genossenschaft sein. Nach § 216 UmwG haben die Vertretungsorgane der Personenhandelsgesellschaft allen von der Geschäftsführung ausgeschlossenen Gesellschaftern den Umwandlungsbericht und ein Barabfindungsangebot nach § 207 UmwG zu übersenden. Beides ist nicht erforderlich, wenn alle Gesellschafter darauf verzichten, und dies geschieht in der Mehrzahl der Fälle. Immer von Bedeutung ist dagegen die nach § 194 Abs. 2 UmwG vorgeschriebene Unterrichtung des Betriebsrates, wenn ein Betriebsrat besteht: Dann ist ihm der Entwurf des Umwandlungsbeschlusses spätestens einen Monat vor dem Tag der Gesellschafterversammlung, die den Formwechsel beschließen soll, zuzuleiten. Wie bei der Verschmelzung bestimmt § 217 Abs. 1 Satz 2 UmwG, dass der Gesellschaftsvertrag eine Mehrheitsentscheidung der Gesellschafter der formwechselnden Gesellschaft vorsehen kann, wobei die zustimmenden Gesellschafter in diesem Fall im Umwandlungsbeschluss namentlich aufzuführen sind, § 217 Abs. 2 UmwG. Bei dem Formwechsel einer GmbH & Co. KG in eine GmbH sollte die persönlich haftende GmbH wegen des oben skizzierten Prinzips der »Identität der Anteilsinhaber« am Rechtsträger neuer Rechtsform beteiligt werden bzw. die Zulässigkeit des sog. Austrittsmodells im Vorfeld der Umwandlung mit dem zuständigen Registergericht abgestimmt werden. **25**

Umwandlungsbeschluss

Verhandelt zu ..... am ..... **26 M**

Vor dem Notar ..... waren anwesend:
1. Herr Egon Hoffmann, Malermeister, geb. am ....., Brockenstraße 7, Wernigerode, nach Angabe im gesetzlichen Güterstand lebend, hier handelnd im eigenen Namen und als Geschäftsführer (einzelvertretungsberechtigt und von den Beschränkungen des § 181 BGB befreit) für die »Hoffmann Verwaltungs GmbH« mit dem Sitz in Wernigerode (Postanschrift: Brockenstraße 7, Wernigerode), Vertretungsbescheinigung erfolgt gesondert; sowie

---

[25] BFH BStBl. II 1997, 661; FinMin. Bad.-Württ. Erl. v. 19.12.1997, DStR 1998, 82 = MittBayNot 98, 135, ergänzt durch Erlass v. 15.10.1999, DStR 99, 1773.
[26] Siehe A 13a.15 ErbStR iVm. Ländererlass v. 20.11.2013, BStBl. I 2013, 1508..
[27] A 13a.6 (3) bzw. 13a.9 (3) ErbStR. Bei Verstoß gegen die Behaltensfrist besteht Anzeigepflicht des Erwerber nach § 13 a Abs. 6 ErbStG.

§ 156 Formwechsel

2. Herr Friedrich Hoffmann, Maler, geb. am ....., Tannenweg, Wernigerode, nach Angabe ledig.
Die Herren Hoffmann wiesen sich durch amtliche Lichtbildausweise aus und erklärten:

§ 1 Vorbemerkungen, Sachstand

Im Handelsregister des Amtsgerichts Wernigerode ist unter HRA ..... eingetragen die »Maler Hoffmann GmbH & Co KG« mit dem Sitz in Wernigerode (nachfolgend »formwechselnder Rechtsträger«). Persönlich haftende Gesellschafterin ist nach Angabe die »Hoffmann Verwaltungs GmbH« mit Sitz in Wernigerode, eingetragen im Handelsregister des Amtsgerichtss Wernigerode unter HRB ..... Kommanditisten sind Herr Egon Hoffmann und Herr Friedrich Hoffmann. Der Gesellschaftsvertrag der formwechselnden Gesellschaft enthält nach Angabe keine Mehrheitsklausel für Umwandlungsbeschlüsse.
Die persönlich haftende Gesellschafterin ist am Vermögen der Kommanditgesellschaft nicht beteiligt; das Vermögen der Kommanditgesellschaft steht den beiden Kommanditisten im Verhältnis ihrer festen Kapitalanteile zu, die den Hafteinlagen entsprechen. Der Kapitalanteil von Herrn Egon Hoffmann beträgt 90.000 €, der Kapitalanteil von Herrn Friedrich Hoffmann 10.000 €.
Der formwechselnde Rechtsträger ist nach Angabe nicht unmittelbar oder mittelbar an anderen Gesellschaften mit beschränkter Haftung beteiligt und hält keinen Grundbesitz.

§ 2 Umwandlung, Beteiligungen nach der Umwandlung

Sämtliche Gesellschafter des formwechselnden Rechtsträgers halten hiermit unter Verzicht auf sämtliche durch Gesetz oder Gesellschaftsvertrag vorgeschriebene Formen und Fristen eine Gesellschafterversammlung ab und beschließen einstimmig, was folgt:
1. Der formwechselnde Rechtsträger wird durch Formwechsel in eine GmbH unter der Firma »Maler Hoffmann GmbH« mit Sitz in Wernigerode nach den Bestimmungen der §§ 190 ff. UmwG umgewandelt (Formwechsel).
2. Das Stammkapital der GmbH beträgt 100.000 € und ist eingeteilt in 100.000 Geschäftsanteile zu je 1 € (mit den lfd. Nr. 1-100.000). An Stelle der jeweiligen Beteiligung am formwechselnden Rechtsträger treten Stammeinlagen. Für die Beteiligung maßgeblich sind dabei die Hafteinlagen am formwechselnden Rechtsträger.
Die »Hoffmann Verwaltungs GmbH« als bisherige Komplementärin erhält einen Geschäftsanteil zum Nennbetrag von 1 € (lfd. Nr. 1). Der Gesellschafter Friedrich Hoffmann erhält 9.999 Geschäftsanteile zum Nennbetrag von je 1 € (lfd. Nr. 2-10.000). Der Gesellschafter Egon Hoffmann erhält 90.000 Geschäftsanteile im Nennbetrag von je 1 € (lfd. Nr. 10.001-100.000).
Die »Hoffmann Verwaltungs GmbH« hält den im Zuge des Formwechsels gewährten Geschäftsanteil treuhänderisch für den Gesellschafter Friedrich Hoffmann und tritt diesen hiermit aufschiebend bedingt auf das Wirksamwerden des Formwechsels an den Gesellschafter Friedrich Hoffmann ab. Der Übergang von Nutzen und Lasten erfolgt schuldrechtlich mit Wirkung zum 01.01 .....; im gleichen Zeitpunkt geht insbesondere das Gewinnbezugsrecht mit über. Der Gesellschafter Egon Hoffmann stimmt hiermit vorsorglich als Gesellschafter der Zielgesellschaft der vorgenannten Abtretung zu und verzichtet insoweit auf die Ausübung von Vor- und Ankaufsrechten [ggf. auf Basis der Satzung anpassen]. Nach Wirksamwerden des Formwechsels wird dieser folglich mit insgesamt 10.000 Geschäftsanteilen zu je 1 € an der Gesellschaft beteiligt sein.

3. Die Stammeinlagen werden durch die Umwandlung geleistet: Die Buchwerte der Aktiva gehen nach der Bilanz vom ..... über die Passiva (ohne Eigenkapital) um ca. 120.000 € hinaus. Mit Rücksicht auf darüber hinaus vorhandene stille Reserven ist das Stammkapital der GmbH durch das Vermögen der umgewandelten KG jedenfalls gedeckt. Die Vermögensverhältnisse der Gesellschaft haben sich seit dem Bilanzstichtag nicht wesentlich verschlechtert.

4. Die Beteiligten stellen zudem klar, dass die jeweiligen Salden den Kapitalkonten ..... [je nach Kontenmodell, etwa Kapitalkonten II-III] beim formwechselnden Rechtsträger in einem dem vorstehenden Aufteilungsmaßstab entsprechendem Verhältnis stehen (vgl. Ziffer 2.2.). Sie verpflichten sich hiermit vorsorglich, ein entsprechendes Verhältnis durch Einlagen zum Zeitpunkt des Wirksamwerdens des Formwechsels herzustellen. Sofern der Saldo der Kapitalkonten ..... eines Gesellschafters das nach Ziffer 2.2. dieses Vertrags herzustellende Verhältnis übersteigt, wird der übersteigende Betrag als Darlehensforderung[28] des betreffenden Gesellschafters gegen die Gesellschaft behandelt.

§ 3 Gesellschaftsvertrag der GmbH

Für die »Maler Hoffmann GmbH« gilt der Gesellschaftsvertrag, der in der Anlage zu dieser Niederschrift enthalten ist. Die Geschäftsräume sind nach Angabe unverändert.

§ 4 Erster Geschäftsführer

Zum ersten Geschäftsführer der GmbH wird Herr Egon Hoffmann bestellt. Er vertritt die Gesellschaft alleine, auch wenn weitere Geschäftsführer bestellt werden sollten, und ist von den Beschränkungen des § 181 BGB befreit.

§ 5 Eintritt des Formwechsels

Der Formwechsel wird mit der Eintragung in das Handelsregister wirksam. Steuerlicher Stichtag ist der .....

§ 6 Keine besonderen Rechte

Besondere Rechte i.S. von § 194 Abs. 1 Nr. 5 UmwG werden bei der GmbH nicht gewährt.

§ 7 Kein Abfindungsguthaben

Da nach § 217 Abs. 1 UmwG der Formwechselbeschluss der Zustimmung aller Gesellschafter bedarf, ist ein Barabfindungsangebot nach § 207 UmwG nicht erforderlich.

§ 8 Verzicht auf Klage und Umwandlungsbericht

Alle Gesellschafter verzichten auf die Klage gegen die Wirksamkeit des Formwechselbeschlusses, auf die Erstattung eines Umwandlungsberichts und auf die förmliche Unterrichtung nach § 216 UmwG.

---

28 Steuerliche Folgen sind zu klären; siehe Rdn. 17.

§ 9 Folgen für die Arbeitnehmer

Folgen für die Arbeitnehmer ergeben sich nicht; die Arbeitsverhältnisse werden unverändert fortgesetzt. [ggf. weiter ausführen].
Einen Betriebsrat hat die Gesellschaft nicht.

§ 10 Hinweise, Belehrungen

......

§ 11 Kosten, Vollmacht, Abschriften

Die Kosten dieser Urkunde und ihres Vollzugs trägt der formwechselnde Rechtsträger.
Der Notar wird mit dem Vollzug dieser Urkunde beauftragt.
Von dieser Urkunde erhalten
a) die Gesellschafter und die Gesellschaft je eine Ausfertigung,
b) der Steuerberater der Gesellschaft eine beglaubigte Abschrift,
c) das Amtsgericht Wernigerode – Handelsregister – eine elektronisch beglaubigte Abschrift,
d) das Finanzamt Wernigerode (Körperschaftsteuerstelle) eine beglaubigte Abschrift.

■ *Kosten.* Geschäftswert des Umwandlungsbeschlusses ist gemäß § 108 Abs. 3 Satz 1 GNotKG das Aktivvermögen des formwechselnden Rechtsträgers ohne Schuldenabzug (§ 38 GNotKG); daneben noch der Beschluss mit unbestimmten Wert über die Neubestellung des Geschäftsführers als verschiedener Gegenstand; aus dem Gesamtwert mind. 30.000 €, höchstens 5 Mio. € (§ 108 Abs. 5 GNotKG). Grundlage ist die Umwandlungsbilanz (s. zu deren Berichtigung Muster § 154 Rdn. 60 M). – Gebühr: 2,0 aus Tabelle B nach Nr. 21100 KV GNotKG.

Anders als beim Formwechsel einer Kapitalgesellschaft in eine Personengesellschaft, ist bei Wechsel von einer Personengesellschaft in eine Kapitalgesellschaft gemäß § 218 UmwG der Gesellschaftsvertrag der Kapitalgesellschaft notwendiger Bestandteil des Formwechselbeschlusses und kann damit, auch wenn vom Notar vollständig entworfen, nicht gesondert bewertet werden;[29] § 109 Abs. 2 Nr. 4 Buchst. a) GNotKG.

Die mitbeurkundeten Verzichtserklärungen sind nach § 110 Nr. 1 GNotKG zum Formwechselbeschluss verschiedene Beurkundungsgegenstände; dafür ist ein geringer Teilwert des Geschäftswert anzusetzen, wenn nicht, wie nachfolgend, gegenstandsgleich zur Zustimmung. – 1,0 Gebühr der Tabelle B nach Nr. 21200 KV GNotKG. Jedoch Vergleichsberechnung nach § 94 Abs. 1 GNotKG.

Sind besondere Zustimmungserklärungen erforderlich (§§ 193 Abs. 3, 233, 241, 303 UmwG), bestimmt sich der Geschäftswert gemäß § 98 Abs. 2 Satz 2 GNotKG nach der Beteiligung des Anteilsinhabers am Vermögen des formwechselnden Rechtsträgers. Der Geschäftswert für die Zustimmungserklärung ergibt sich aus der Hälfte des Geschäftswertes für das beurkundete Geschäft (Formwechselbeschluss) gemäß § 108 Abs. 2 GNotKG, höchstens 1 Mio € (§ 98 Abs. 4 GNotKG); siehe § 154 Rdn. 61 M. 1,0 Gebühr der Tabelle B nach Nr. 21200 KV GNotKG. Verzichts- und Zustimmungserklärung des gleichen Gesellschafters sind gegenstandsgleich nach § 109 Abs. 1 GNotKG; die Werte von gleichzeitig beurkundeten derartigen Erklärungen verschiedener Gesellschafter sind nach § 35 Abs. 1 GNotKG zusammenzurechnen.

---

[29] Korintenberg/*Tiedtke*, 20. Aufl., § 108 Rn. 99, § 109 Rn. 112.

Steuerliche Mitteilungspflicht nach § 54 EStDV wegen der Umwandlung in eine GmbH zum Finanzamt für Körperschaften am Sitz der zukünftigen GmbH.

Die »Hoffmann Verwaltungs GmbH« kann nach Übertragung des treuhänderisch gehaltenen Geschäftsanteils liquidiert oder verschmolzen werden oder für andere Zwecke eingesetzt werden (unter Beachtung der Rechtsprechung des BGH zur wirtschaftlichen Neugründung – Verwendung einer Mantelgesellschaft).[30]

Anmeldung der Umwandlung zum Handelsregister

Es meldet das künftige Vertretungsorgan – hier der Geschäftsführer der künftigen GmbH – an (§ 222 UmwG).

Amtsgericht Wernigerode

– Handelsregister –
Betrifft: Handelsregister B und Handelsregister A Nr. ….. »Maler Hoffmann GmbH & Co KG« mit dem Sitz in Wernigerode (Postanschrift: Brockenstraße 7, Wernigerode)
hier: Formwechsel in eine GmbH unter der Firma »Maler Hoffmann GmbH«

§ 1

Als Geschäftsführer der künftigen »Maler Hoffmann GmbH« lege ich beiliegend vor:
a) eine elektronisch beglaubigte Abschrift des Umwandlungsbeschlusses vom heutigen Tage zu Urkunde des amtierenden Notars (UR-Nr. …..) einschließlich des Gesellschaftsvertrags und des Beschlusses über die Geschäftsführerbestellung sowie Verzichtserklärungen der Gesellschafter;
b) die Liste der Gesellschafter und der übernommenen Stammeinlagen;
c) einen Sachgründungsbericht.
d) Unterlagen zur Werthaltigkeit des durch Formwechsel übergehenden Vermögens.

§ 2

1. Zur Eintragung in das Handelsregister melde ich die Umwandlung der »Maler Hoffmann GmbH & Co KG« durch Formwechsel in eine GmbH unter der Firma »Maler Hoffmann GmbH« an.
2. Zum ersten Geschäftsführer wurde ich, Egon Hoffmann, Malermeister, geb. am ….., Brockenstraße 7, Wernigerode, bestellt. Ich vertrete die Gesellschaft alleine, auch wenn weitere Geschäftsführer bestellt werden sollten, und bin von den Beschränkungen des § 181 BGB befreit.
3. Die allgemeine Bestimmung über die Vertretung der GmbH im Gesellschaftsvertrag lautet:…..
4. Die inländische Geschäftsanschrift der Gesellschaft lautet …..
5. Das Stammkapital der Gesellschaft beträgt 100.000 €. Die Gesellschafter erbringen die von ihnen übernommenen Stammeinlagen durch Formwechsel der Maler Hoffmann GmbH & Co KG in die Maler Hoffmann GmbH.

---

30 Vgl. hierzu etwa Heckschen/Heidinger/*Heckschen/Kreußlein*, Kap. 3 Rn. 171 ff.; *Berkefeld*, GmbHR 2018, 337.

§ 3

Ich versichere, dass mit Eintragung des Formwechsels die Leistungen auf die Geschäftsanteile voll erbracht sind und endgültig zu meiner freien Verfügung als Geschäftsführer stehen.
Ich versichere weiter, dass das Vermögen der Gesellschaft nicht durch andere Verbindlichkeiten vorbelastet ist, als diejenigen, die im üblichen Geschäftsverkehr der formwechselnden KG begründet wurden, und die Kosten des Formwechsels unter ..... € liegen. Das Stammkapital ist nicht an Gründer zurückgewährt.
Schließlich versichere ich, dass keine Umstände vorliegen, aufgrund deren ich von dem Amt als Geschäftsführer ausgeschlossen wäre: Ich versichere, dass ich niemals wegen Insolvenzverschleppung, wegen eines Insolvenzdelikts nach den §§ 283–283d StGB, wegen falscher Angaben nach § 82 GmbHG oder § 399 AktG, wegen unrichtiger Darstellung nach § 499 AktG, § 331 HGB oder § 17 des Publizitätsgesetzes, wegen einer Straftat aus dem Bereich des Betruges, der Untreue, des Sportwettbetrugs und der Manipulation sportlicher Wettbewerbe nach den §§ 263–264a oder den §§ 265b–266a StGB oder wegen einer vergleichbaren Straftat im Ausland verurteilt wurde, dass mir weder durch gerichtliches Urteil noch durch vollziehbare Entscheidung einer Verwaltungsbehörde die Ausübung eines Berufes, Berufszweiges, Gewerbes oder Gewerbezweiges untersagt ist, und dass ich vom Notar über meine unbeschränkte Auskunftspflicht gegenüber dem Handelsregister belehrt wurde.

§ 4

Die Kosten der Anmeldung und ihres Vollzugs im Handelsregister trägt die Gesellschaft. Sie erhält eine beglaubigte Abschrift. Das Handelsregister wird gebeten, dem beglaubigenden Notar eine Vollzugsnachricht zuzusenden.
Wernigerode, den .....

Egon Hoffmann

Beglaubigung der Unterschrift

■ *Kosten.*
a) Beim Notar: Anzumelden und einzutragen ist die neue Rechtsform (§ 198 Abs. 1 UmwG), hier die GmbH und deren Geschäftsführer (beides ist wie bei einer Neuerrichtung eine einheitliche Rechtstatsache). Geschäftswert der Anmeldung mit bestimmten Geldwert ergibt sich nach § 105 Abs. 1 Nr. 1 GNotKG (Mindestwert 30.000 €, höchstens 1 Mio. €) aus dem einzutragenden Nominalbetrag, nicht aus dem formwechselnden Aktivvermögen. Die Versicherungen sind Teil der anzumeldenden Rechtstatsache und nicht gesondert zu bewerten. – 0,5 Gebühr aus Tabelle B gemäß Nr. 24102 i.V.m. 21201 (5.) KV GNotKG, sowie die Gebühren für das Erstellen der XML-Datei; Nr. 22114 KV GNotKG aus Gesamtwert der Anmeldung (s. § 124 Rdn. 43 f.).
b) Beim Registergericht: Für die Eintragung beim formwechselnden Rechtsträger eine Gebühr von 180 € nach Nr. 1400 der Anlage zur HRegGebVO. Die Gebührenfreiheit einer Löschung gilt hier nicht (Vorbem. 2 Abs. 4 2.HS). Damit ist die Gebühr für die Eintragung als GmbH in Abt. B des Handelsregisters nicht abgedeckt; hierfür fällt eine Gebühr von 260 € nach Nr. 2104 der Anlage zur HRegGebVO an.

31 *Steuerrechtliche Mitteilungspflicht* gemäß § 54 EStDV an das für den Sitz der GmbH zuständige Finanzamt für Körperschaften.

Sachgründungsbericht 32 M

Beim Sachgründungsbericht ist neben den allgemeinen Vorschriften § 220 Abs. 2 UmwG zu beachten. 33

- *Kosten.* Entwurf des Sachgründungsbericht: s. Muster bei § 142 Rdn. 116 M.

Formwechsel einer GmbH in eine Gesellschaft bürgerlichen Rechts

Gemäß §§ 190 Abs. 1, 191 Abs. 1 Nr. 1, Abs. 2 Nr. 1, 193, 194, 226 UmwG kann eine GmbH im Wege des Formwechsels in eine GbR umgewandelt werden. Da die GbR als solche nicht in das Handelsregister eingetragen wird, bestimmt § 235 Abs. 1 Satz 1 UmwG, dass die neue Rechtsform des Rechtsträgers nicht zur Eintragung in das Register des formwechselnden Rechtsträgers anzumelden ist, vgl. § 198 Abs. 1 UmwG, sondern anstelle der neuen Rechtsform die Umwandlung der Kapitalgesellschaft in die GbR zur Eintragung in das Register, in dem die formwechselnde Gesellschaft eingetragen ist, anzumelden ist.[31] Das Registergericht trägt dann ein, dass die Kapitalgesellschaft durch Formwechsel in eine GbR erloschen ist, nicht aber den Namen bzw. die Bezeichnung der GbR oder deren Gesellschafter (keine eintragungspflichtigen Tatsachen). Nach § 202 Abs. 1 Nr. 1 haftet der neue Rechtsträger für die Altverbindlichkeiten der GmbH, während die Gesellschafter der GbR einer persönlichen Haftung entsprechend §§ 128 ff. HGB unterliegen. In diesem Zusammenhang hat der BGH jüngst entschieden, dass § 235 Abs. 1 HGB beim Formwechsel in eine GbR nicht zum Schutz der Gläubiger der formwechselnden Gesellschaft in richterlicher Rechtsfortbildung dahingehend ergänzt werde, dass in Analogie zu § 47 Abs. 2 GBO der Name bzw. die Bezeichnung der Gesellschaft und deren Gesellschafter im Handelsregister des formwechselnden Rechtsträgers einzutragen seien, um so § 15 Abs. 3 HGB auch für den Fall der Umwandlung einer Kapitalgesellschaft in eine GbR nutzbar zu machen.[32] Schließlich ist darauf hinzuweisen, dass seit der Neufassung des § 234 Nr. 3 UmwG durch G v. 19.04.2007 der Gesellschaftsvertrag der Gesellschaft bürgerlichen Rechts in den Umwandlungsbeschluss aufzunehmen ist. Rechtlich könnte der Gesellschaftsvertrag ganz kurz sein und auf das Gesetz verweisen, zweckmäßig ist das in aller Regel nicht. 34

Umwandlungsbeschluss

Verhandelt zu ..... am ..... 35 M

Vor dem Notar ..... waren gleichzeitig anwesend:
1) Frau Claudia Schulz, geb. Lehmann, Textilkauffrau, geb. am ....., Starenweg 10, Frankfurt/Oder, nach Angabe im gesetzlichen Güterstand der Zugewinngemeinschaft lebend;
2) Frau Margarete Kumpf, Textildesignerin, geb. am ....., Schöne Aussicht 4, Frankfurt/Oder, nach Angabe ledig.
Frau Schulz und Frau Kumpf wiesen sich durch amtliche Lichtbildausweise aus.
Sie erklärten:

---

31 Semler/Stengel/*Ihrig*, UmwG, § 235 Rn. 1.
32 BGH v. 18.10.2016 – II ZR 314/15, DNotZ 2017, 291, zu einer Variante der stillen Gesellschaftsliquidation; so noch *Priester*, GmbHR 2015, 1289, 1291; *Melchior*, EWiR 2016, 41.

§ 156 Formwechsel

§ 1 Vorbemerkung, Sachstand

Im Handelsregister des Amtsgerichts Frankfurt/Oder ist unter HRB ..... die »Elegance Damenmode GmbH« mit dem Sitz in Frankfurt/Oder eingetragen. Am Stammkapital der Gesellschaft in Höhe von 100.000 € sind nach Angabe Frau Schulz und Frau Kumpf mit einen Geschäftsanteil im Nennbetrag von jeweils 50.000 € beteiligt. Nach Angabe sind die Geschäftsanteile in voller Höhe einbezahlt.
Zum Gesellschaftsvermögen gehört kein Grundbesitz. Die Gesellschaft ist auch nicht unmittelbar oder mittelbar an Gesellschaften mit beschränkter Haftung beteiligt.

§ 2 Formwechsel, Beteiligung an der Gesellschaft bürgerlichen Rechts

Die Erschienenen halten hiermit unter Verzicht auf sämtliche durch Gesetz oder Gesellschaftsvertrag vorgeschriebene Formen und Fristen eine Gesellschafterversammlung ab und beschließen einstimmig, was folgt:
Der formwechselnde Rechtsträger wird durch Formwechsel in eine Gesellschaft bürgerlichen Rechts nach Maßgabe der §§ 190, 228 ff. UmwG umgewandelt (Formwechsel). An dieser Gesellschaft sind sie je zur Hälfte beteiligt. Im Innenverhältnis der Gesellschafter zueinander soll der Formwechsel zum 01.01 ..... als erfolgt gelten.

§ 3 Gesellschaftsvertrag der Gesellschaft bürgerlichen Rechts

Für die Gesellschaft bürgerlichen Rechts gilt der in der Anlage enthaltene Gesellschaftsvertrag.

§ 4 Keine besonderen Rechte

Besondere Rechte i.S.v. § 194 Abs. 1 Nr. 5 UmwG werden nicht gewährt.

§ 5 Kein Abfindungsangebot; Verzicht auf Klage und Umwandlungsbericht

Ein Abfindungsangebot ist nicht erforderlich, weil alle Gesellschafter dem Formwechsel zustimmen. Auf die Klage gegen den Umwandlungsbeschluss und einen Umwandlungsbericht wird von allen Gesellschaftern verzichtet.

§ 6 Keine Arbeitnehmer

Die GmbH hat keine Arbeitnehmer und verfügt über keinen Betriebsrat.

§ 7 Kosten und Abschriften

Die mit dem Formwechsel verbundenen Kosten und eventuelle Verkehrssteuern trägt die Gesellschaft.
Die Gesellschafter und die Gesellschaft erhalten je eine Ausfertigung, das Amtsgericht Frankfurt/Oder – Handelsregister – eine elektronisch beglaubigte Abschrift. Das Finanzamt Frankfurt/Oder (Körperschaftsteuerstelle) erhält eine beglaubigte Abschrift, der Steuerberater der Gesellschaft eine einfache Abschrift.

§ 8 Hinweise, Belehrungen

..... [Allgemeine Belehrungen für Umwandlungen]

Formwechsel § 156

- Ein Formwechsel in eine Gesellschaft bürgerlichen Rechts setzt voraus, dass durch den neuen Rechtsträger kein Handelsgewerbe gemäß §§ 1, 2 HGB betrieben wird.
Anlage: Gesellschaftsvertrag der Gesellschaft bürgerlichen Rechts

▪ *Kosten.* Wie Rdn. 26 M.

Anmeldung zum Handelsregister

36 M

An das
Amtsgericht Frankfurt/Oder
– Handelsregister –
Betrifft: Handelsregister B Nr. .....; Firma »Elegance Damenmoden GmbH« mit dem Sitz in Frankfurt/Oder
(Postanschrift: Schöne Aussicht 4, Frankfurt/Oder)
hier: Umwandlung in eine Gesellschaft bürgerlichen Rechts

§ 1

In der Anlage wird vorgelegt: Eine beglaubigte Abschrift des Umwandlungsbeschlusses vom heutigen Tage zu Urkunde des amtierenden Notars (UR-Nr. .....) einschließlich des Gesellschaftsvertrags sowie Verzichtserklärungen der Gesellschafter.
Es wird versichert, dass der formwechselnde Rechtsträger keinen Betriebsrat hat und gegen den Umwandlungsbeschluss keine Anfechtungs- oder Nichtigkeitsklage erhoben ist und wegen des erklärten Anfechtungsverzichts auch nicht erhoben werden kann.

§ 2

Zur Eintragung in das Handelsregister wird angemeldet:
1. Die Gesellschaft ist durch Formwechsel nach den Bestimmungen des Umwandlungsgesetzes in eine Gesellschaft bürgerlichen Rechts mit dem Sitz in Frankfurt/Oder umgewandelt worden.

§ 3

Hierzu wird erklärt, dass der neue Rechtsträger kein Handelsgewerbe i.S.d. § 1 HGB (§ 105 Abs. 1 HGB) betreibt. Die Bücher und Schriften der GmbH werden von deren Gesellschaftern, den Unterzeichnenden, verwahrt.
Frankfurt/Oder, den .....

Claudia Schulz
Margarete Kumpf

Unterschriftsbeglaubigung

▪ *Kosten.*
a) Beim Notar: Angemeldet wird der Formwechsel als spätere Anmeldung ohne bestimmten Geldwert, deren Wert sich aus § 105 Abs. 4 Nr. 1 GNotKG (Mindestwert 30.000 €) ergibt, da die neue Rechtsform, hier die GbR, nicht selbst im Handelsregister eingetragen wird, jedoch bei der formwechselnden GmbH einzutragen ist (§ 198 Abs. 1 UmwG). Daher handelt es sich nicht um die Anmeldung des Erlöschens der bisherigen GmbH. 0,5 Gebühr aus Tabelle B gemäß Nr. 24102 i.V.m. 21201 (5.) KV GNotKG, sowie die Gebühren für

§ 156 Formwechsel

das Erstellen der XML-Datei; Nr. 22114 KV GNotKG aus Gesamtwert der Anmeldung (s. § 124 Rdn. 43 f.).
b) Beim Registergericht: 240 € Gebühr für die Eintragung beim formwechselnden Rechtsträger nach Nr. 2402 der Anlage zur HRegGebVO; m.E. keine gesonderte Löschungsgebühr, weil Löschungen immer gebührenfrei sind.

37 *Steuerrechtliche Mitteilungspflicht* gemäß § 54 EStDV an das für den Sitz der GmbH zuständige Finanzamt für Körperschaften.

Formwechsel einer GmbH in eine AG

Niederschrift über die Gesellschafterversammlung, in der der Umwandlungsbeschluss gefasst wird[33]

38 M

Verhandelt zu ..... am .....
Vor dem Notar ..... waren anwesend:/begab ich ....., mich in die Geschäftsräume der Schupo Netfit GmbH, ..., Potsdam, um dort die Niederschrift über die Gesellschafterversammlung der Schupo Netfit GmbH mit dem Sitz in Potsdam (HRB .....) aufzunehmen. Ich traf dort an:
1. Frau Gerda Schuler, Kauffrau, geb. am ....., Oranienburger Straße 40, Berlin, nach Angabe im gesetzlichen Güterstand lebend,
2. Herr Werner Frank, Dipl.-Informatiker, geb. am ....., Stendaler Straße. 4, Potsdam, nach Angabe nicht verheiratet,
3. Herr Paul Richter, Bankkaufmann, geb. am ....., Schloßallee 11, Potsdam, nach Angabe in Gütertrennung lebend.
Frau Schuler ist dem Notar persönlich bekannt. Herr Frank und Herr Richter wiesen sich aus durch die Vorlage amtlicher Lichtbildausweise.
Die Anwesenden erklärten bei gleichzeitiger Anwesenheit vor dem Notar auf Ansuchen, was folgt:

§ 1 GmbH; Beteiligungen; Vollversammlung

Die Anwesenden sind – die einzigen – Gesellschafter der »Schupo Netfit GmbH« mit dem Sitz in Potsdam, eingetragen im Handelsregister des Amtsgerichts Potsdam unter HRB ..... rau Schuler, Herr Frank und Herr Richter halten jeweils einen Geschäftsanteil im Nennbetrag von 50.000 € (lfd. Nr. 1-3) an der Gesellschaft, deren Stammkapital 150.000 € beträgt.
Sie erklären, eine Gesellschafterversammlung der Gesellschaft abzuhalten, stellten fest, dass in der Gesellschafterversammlung alle Geschäftsanteile vertreten sind, und verzichteten auf die Einhaltung aller Vorschriften für die Einberufung und Abhaltung einer Gesellschafterversammlung.

§ 2 Umwandlung in AG

Die Gesellschafter beschlossen einstimmig:

---

[33] Die Gesellschafterversammlung wird hier nach §§ 6 ff. BeurkG beurkundet; alternativ könnte auch ein Tatsachenprotokoll aufgenommen werden, §§ 36 ff. BeurkG, ein Muster hierzu findet sich etwa bei Widmann/Mayer/*Vossius*, Umwandlungsrecht, Anhang 4 Mustersatz 25 (M169).

1. Die Gesellschaft wird durch Formwechsel nach den §§ 190 ff., §§ 238 ff. UmwG in eine Aktiengesellschaft umgewandelt. Mit wirtschaftlicher Wirkung unter den Gesellschaftern gilt der Formwechsel als zum 01.01 ..... erfolgt.
2. Deren Firma des neuen Rechtsträgers lautet
»Schupo Netfit AG«. Sitz der Gesellschaft ist (weiterhin) Potsdam.
3. Das Stammkapital der formwechselnden Gesellschaft wird zum Grundkapital des neuen Rechtsträgers. Das Grundkapital beträgt folglich nach § 247 Abs. 1 UmwG 150.000 €. An Stelle der bisherigen Geschäftsanteile treten insgesamt 15.000 Aktien zum Nennbetrag von jeweils 10 €, die auf den Namen lauten. Von diesen Aktien stehen Frau Gerda Schuler, Herrn Werner Frank und Herrn Paul Richter jeweils 5.000 Aktien zu; das Umtauschverhältnis entspricht dem Beteiligungsverhältnis der Gesellschafter am Stammkapital des formwechselnden Rechtsträgers. Jeder Aktionär erhält eine Sammelurkunde über seine Aktien, ein Anspruch auf Einzelverbriefung ist ausgeschlossen. Zwischenscheine werden nicht erteilt.
4. Maßgebend für die Aktiengesellschaft ist die dieser Niederschrift als Anlage ..... beigefügte Satzung.
5. Zu ersten Aufsichtsräten werden
   a) Herr Werner Frank, geb. am ....., Dipl.-Informatiker, Potsdam,
   b) Herr Paul Richter, geb. am ....., Bankkaufmann, Potsdam und
   c) Frau Dr. Erna Stützel, geb. am ....., Rechtsanwältin, Berlin bestellt.

Ihre Bestellung erfolgt bis zur Beendigung der Hauptversammlung, die über die Entlastung für das erste Geschäftsjahr beschließt.
1. Ein Abschlussprüfer ist nicht zu bestellen, weil die Gesellschaft »kleine Kapitalgesellschaft« i.S.v. § 267 Abs. 1 HGB ist.
2. Dem Handelsregister wird vorgeschlagen, Frau Wirtschaftsprüferin Anna Holz, Genthiner Straße 10, Potsdam als Gründungsprüferin zu bestellen.

§ 3 Keine besondere Rechte

Besondere Rechte i.S. von § 194 Abs. 1 Nr. 5 UmwG werden nicht gewährt.

§ 4 Verzicht auf Abfindungsangebot, Umwandlungsbericht und Klage

Alle Gesellschafter verzichten auf ein Abfindungsangebot nach § 207 UmwG, auf die Erstattung eines Umwandlungsberichts und auf die Klage gegen die Wirksamkeit des Umwandlungsbeschlusses.

§ 5 Keine Auswirkung auf die Arbeitnehmer

Die Arbeitsverhältnisse bestehen unverändert weiter. Ein Betriebsrat besteht nicht. Vertreter der Arbeitnehmer gehören dem Aufsichtsrat nicht an, weil die Gesellschaft nur 20 Arbeitnehmer hat.

§ 6 Steuerlicher Stichtag

Die Umwandlung erfolgt steuerlich mit Wirkung zum .....

§ 7 Kosten, Abschriften

Alle mit der Umwandlung verbundenen Kosten trägt die Gesellschaft.

§ 156 Formwechsel

Von dieser Niederschrift erhalten die Gesellschafter und die Gesellschaft je eine Ausfertigung; das Handelsregister Potsdam erhält eine elektronisch beglaubigte Abschrift; das Finanzamt Potsdam (Körperschaftsteuerstelle) erhält eine beglaubigte Abschrift.

§ 8 Hinweise, Belehrungen

.....

Anlage: Satzung der Aktiengesellschaft

■ *Kosten.* Wie Muster Rdn. 26 M. Die Bestellung der Aufsichtsräte ist ein gesondertes Beurkundungsgeschäft i.S.v. § 110 Nr. 1 GNotKG.

Anmeldung des Formwechsels zum Handelsregister

39 Die Umwandlung (und das Vertretungsorgan der Gesellschaft neuer Rechtsform) werden durch die Geschäftsführer der GmbH angemeldet (§ 246 Abs. 1, 2 UmwG). Die vom Vorstand abzugebende Versicherung nach § 37 Abs. 2 AktG kann mit der Anmeldung verbunden werden (und das ist meist zweckmäßig).

40 M An das
Amtsgericht Potsdam
– Handelsregister –
Betrifft: Handelsregister B Nr. .....; Firma »Schupo Netfit GmbH« mit dem Sitz in Potsdam
(Postanschrift: Berliner Allee 100, Potsdam)
hier: Umwandlung in eine Aktiengesellschaft

§ 1

Als einzelvertretungsberechtigter Geschäftsführer der »Schupo Netfit« GmbH lege ich beiliegend vor:
a) Eine Ausfertigung der Niederschrift über die Gesellschafterversammlung vom ..... zu Urkunde des Notars ..... (UR-Nr. .....);
b) eine Niederschrift über die Sitzung des Aufsichtsrats vom ....., in der ich zum Vorstand der AG bestellt wurde;
c) den Gründungsbericht der Gründer;
d) den Gründungsprüfungsbericht von Vorstand und Aufsichtsrat;
e) den Gründungsprüfungsbericht der Gründungsprüferin;
f) eine Berechnung der durch die Umwandlung entstehenden Kosten;
g) Unterlagen zur Werthaltigkeit des durch Formwechsel übergehenden Vermögens, insbesondere Bilanz des formwechselnden Rechtsträgers vom .....

Aus der Niederschrift über die Gesellschafterversammlung ergibt sich, dass alle Gesellschafter auf eine Klage gegen den Umwandlungsbeschluss verzichtet haben. Bei der formwechselnden Gesellschaft besteht kein Betriebsrat.

§ 2

Zur Eintragung in das Handelsregister melde ich an:
1. Die Gesellschaft wurde durch Formwechsel nach den §§ 190 ff., 238 ff. UmwG in eine Aktiengesellschaft unter der Firma »Schupo Netfit AG« nach Maßgabe der beschlossenen Satzung umgewandelt. Das Grundkapital der Gesellschaft beträgt 150.000 € und ist eingeteilt in 15.000 Aktien zum Nennbetrag von jeweils 10 €

2. Zum ersten Vorstand wurde ich, Gerda Schuler, Kauffrau, geb. am ....., Oranienburger Straße 40, Berlin, bestellt.

Ich bin allein zur Vertretung der Gesellschaft berechtigt, solange ich einziger Vorstand bin.

Die allgemeine Regelung über die Vertretung der Gesellschaft in der Satzung lautet wie folgt:

»Die Gesellschaft hat einen oder mehrere Vorstände, die durch den Aufsichtsrat bestellt und abberufen werden. Ist nur ein Vorstand bestellt, vertritt er die Gesellschaft allein. Sind mehrere Vorstände bestellt, wird die Gesellschaft durch zwei Mitglieder des Vorstands oder einen Vorstand gemeinsam mit einem Prokuristen vertreten. Der Aufsichtsrat kann Mitglieder des Vorstands von den Beschränkungen des § 181 BGB befreien, soweit § 112 AktG dem nicht entgegensteht.«

§ 3

Ich stelle fest, dass Gründer alle bisherigen Gesellschafter der GmbH sind, außer mir Herr Werner Frank, Dipl.-Informatiker, geb. am ....., Stendaler Straße 4, Potsdam und Herr Paul Richter, Bankkaufmann, geb. am ....., Schloßallee 11, Potsdam.

Zu Mitgliedern des Aufsichtsrats wurden Herr Frank, Herr Richter und Frau Dr. Erna Stützel, Rechtsanwältin in Berlin, Spandauer Straße 20, bestellt.

Zum Handelsregister melde ich – entsprechend der vorgelegten Niederschrift über die erste Sitzung des Aufsichtsrats – an, dass zur Vorsitzenden Frau Dr. Stützel und zu ihrem Stellvertreter Herr Frank gewählt wurde.

§ 4

Ich versichere, dass keine Umstände vorliegen, aufgrund deren ich von dem Amt als Vorstand nach § 76 Abs. 3 AktG ausgeschlossen wäre: Ich versichere, dass ich niemals wegen Insolvenzverschleppung, wegen eines Insolvenzdelikts nach den §§ 283–283d StGB, wegen falscher Angaben nach § 82 GmbHG oder § 399 AktG, wegen unrichtiger Darstellung nach § 499 AktG, § 331 HGB oder § 17 des Publizitätsgesetzes, wegen einer Straftat aus dem Bereich des Betruges, der Untreue und des Sportwettbetrugs sowie der Manipulation sportlicher Wettbewerbe nach den §§ 263–264a oder den §§ 265b–265e StGB, §§ 266–266a StGB oder wegen einer vergleichbaren Straftat im Ausland verurteilt wurde, dass mir weder durch gerichtliches Urteil noch durch vollziehbare Entscheidung einer Verwaltungsbehörde die Ausübung eines Berufs, Berufszweiges, Gewerbes oder Gewerbezweiges untersagt ist, und dass ich vom Notar über meine unbeschränkte Auskunftspflicht gegenüber dem Handelsregister belehrt wurde.

§ 5

Die Geschäftsräume der Gesellschaft befinden sich in Potsdam, Berliner Allee 100.

§ 6

Die Kosten der Anmeldung und die Kosten des Handelsregisters trägt die Gesellschaft. Sie erhält eine beglaubigte Abschrift der Anmeldung. Das Handelsregister wird gebeten, dem Notar eine Nachricht über den Vollzug zuzusenden.

Potsdam, den .....

Gerda Schuler

Unterschriftsbeglaubigung

§ 156 Formwechsel

■ *Kosten.*
a) Beim Notar: Anzumelden ist die neue Rechtsform (§ 198 Abs. 1 UmwG), hier die AG und deren Vorstand (beides ist eine einheitliche Rechtstatsache). Geschäftswert der Anmeldung der neuen AG, die durch den Rechtsformwechsel entsteht, ist, da einer Ersteintragung gleich, aus dem einzutragenden Nominalbetrag, nicht aus dem formwechselnden Aktivvermögen zu bestimmen (§ 105 Abs. 1 Nr. 1 GNotKG). Die Anmeldung des Aufsichtsrats und die Versicherungen des Vorstandes sind, da nicht gesondert einzutragende Tatsachen, Teil der anzumeldenden Rechtstatsache und nicht gesondert zu bewerten. –0,5 Gebühr aus Tabelle B gemäß Nr. 24102 i.V.m. 21201 (5.) KV GNotKG, sowie die Gebühren für das Erstellen der XML-Datei; Nr. 22114 KV GNotKG aus Gesamtwert der Anmeldung (s. § 124 Rdn. 43 f.).
b) Beim Registergericht: 240 € Gebühr für die Eintragung beim formwechselnden Rechtsträger nach Nr. 2402 der Anlage zur HRegGebVO. Nach § 2 Abs. 2 Satz 1 HRegGebVO ist für die Eintragung der Vorstände samt deren Vertretungsbefugnis (§ 2 Abs. 3 Satz 1 HRegGebVO) eine gesonderte Gebühr von 40 € nach Nr. 2500 i.V.m. Nr. 2501 zu erheben, für mehrere je einzeln (§ 2 Abs. 2 Satz 2 HRegGebVO). – Für die Neueintragung der AG eine Gebühr von 660 € nach Nr. 2105 der Anlage zur HRegGebVO.

41 *Steuerrechtliche Mitteilungspflicht* gemäß § 54 EStDV an das für den Sitz der GmbH zuständige Finanzamt für Körperschaften.

§ 157 Erwerbs- und Wirtschaftsgenossenschaften

I. Begriff und Genossenschaftsarten

1. Die eingetragene Genossenschaft (eG) ist eine Gesellschaft mit nicht geschlossener Mitgliederzahl, die den Zweck verfolgt, den Erwerb oder die Wirtschaft ihrer Mitglieder oder deren soziale oder kulturelle Belange durch gemeinschaftlichen Geschäftsbetrieb zu fördern (§ 1 Abs. 1 GenG). Die eG kann also einen wirtschaftlichen oder einen ideellen Zweck verfolgen. Die Genossenschaft wird durch ihre Eintragung in das Genossenschaftsregister zur juristischen Person (§§ 13, 17 Abs. 1 GenG). Sie ist als Körperschaft auf Mitgliederwechsel angelegt. Genossenschaften sind kraft Rechtsform Kaufleute (§ 17 Abs. 2 GenG). Daher gelten grundsätzlich die auf Kaufleute bezogenen Vorschriften des Handelsgesetzbuches, insbesondere:

– Die Vorschriften über die Firma nach §§ 17 ff. HGB i.V.m. der Sondervorschrift des § 3 GenG;
– die Bestimmungen über die Verpflichtung zur Führung von Handelsbüchern nach §§ 238 ff., 336 ff. HGB i.V.m. § 33 GenG;
– nach § 42 GenG die Vorschriften über die Bestellung von Prokuristen und Handlungsbevollmächtigten, §§ 48 ff. HGB;
– die Regelungen über Handelsgeschäfte, §§ 343 bis 381 HGB.

Auch Vorschriften außerhalb des HGB, die an die Kaufmanns- oder Unternehmereigenschaft (§ 14 BGB) anknüpfen, finden auf die eG Anwendung.

Die Genossenschaft ist eine Vereinigung zum Zweck der Selbsthilfe. Daher ist der Zweck, die Mitglieder zu fördern (Förderzweck), ein zentrales Merkmal der Genossenschaft (§ 1 Abs. 1 GenG).

2. Folgende wesentliche Genossenschaftstypen lassen sich unterscheiden.

a) *Kreditgenossenschaften*. Sie firmieren u.a. als Volksbanken, Raiffeisenbanken, auch als Spar- und Darlehnskassen (Sparda-Banken). In der Regel sind die Kreditgenossenschaften als Universalbanken tätig und betreiben damit alle Bankgeschäfte i.S.d. § 1 KWG.

b) *Einkaufs- oder Bezugsgenossenschaften* bezwecken den gemeinschaftlichen Bezug der im gewerblichen Betrieb ihrer Mitglieder benötigten Waren, Rohstoffe und sonstigen Betriebsmittel. Darüber hinaus erbringen die Einkaufsgenossenschaften ihren Mitgliedern in der Regel auch umfangreiche Dienstleistungen, z.B. im Marketing- oder EDV-Bereich (Full-Service-Genossenschaften).

c) *Absatzgenossenschaften* bezwecken den Verkauf landwirtschaftlicher oder gewerblicher Erzeugnisse ihrer Mitglieder an Zwischenhändler oder Verbraucher, z.B. Eier-, Obst- oder Gemüseverwertungsgenossenschaften. Werden die von den Mitgliedern erzeugten Produkte verarbeitet und weiterveräußert, spricht man von *Produktionsgenossenschaften*. Beispiele sind Molkereien oder Winzergenossenschaften.

d) *Konsum- oder Verbrauchergenossenschaften* bezwecken den Großeinkauf von Gegenständen des täglichen Bedarfs und ihren Verkauf an ihre Mitglieder oder andere Verbraucher.

8   e) *Werk-* oder *Nutzungsgenossenschaften* bezwecken die Beschaffung von Gegenständen des landwirtschaftlichen oder gewerblichen Betriebes zur gemeinschaftlichen Nutzung wie z.B. Maschinen-, Kühlhaus- oder Elektrizitätsgenossenschaften.

9   f) *Wohnungsgenossenschaften* bezwecken die Herstellung oder Beschaffung von Wohnungen für ihre Mitglieder zur i.d.R. mietweisen Überlassung.

10 g) *Andere Genossenschaftsarten* sind z.B. EDV-Genossenschaften, Genossenschaften im Gesundheits- und Schulwesen, Genossenschaften, die Kindertagesstätten betreiben, Energiegenossenschaften (Solar-, Wärmepumpen, Windkraftanlagen-, Biogasanlagengenossenschaften), Verkehrsgenossenschaften wie z.B. Taxigenossenschaften.

11 h) Für *Unternehmergenossenschaften*, also Genossenschaften, deren Mitglieder ausschließlich Unternehmen i.S.d. § 14 BGB sind, gelten Sonderregeln für die Kündigung der Mitgliedschaft (§ 65 Abs. 2 Satz 3 GenG). Sind mehr als drei Viertel der Mitglieder Unternehmen, dann gelten besondere Bestimmungen für die Einführung von Mehrstimmrechten (§ 43 Abs. 3 GenG). Für *Kleingenossenschaften* mit höchstens 20 Mitgliedern sieht das Gesetz einige Erleichterungen vor (§§ 9 Abs. 1 Satz 2, 24 Abs. 2 Satz 3, 27 Abs. 1 Satz 3, 53a Abs. 1 und 2, 57 Abs. 6, GenG; s.a. 53 Abs. 2 Satz 1 GenG). Auch *Idealgenossenschaften*, die soziale oder kulturelle Belange fördern, werden in § 1 Abs. 1 GenG erwähnt. In Betracht kommen Schul-, KiTa- Museums-, Theater- oder Sportgenossenschaften, Genossenschaften zum Betrieb eines Hallen- oder Freibades oder eines Programmkinos.

II. Verfassung

12 1. Die eG muss *kein bestimmtes Grundkapital* haben, *kann* in ihrer Satzung aber ein *Mindestkapital* bestimmen, das durch Auszahlung des Auseinandersetzungsguthabens ausgeschiedener Mitglieder nicht unterschritten werden darf (§ 8a Abs. 1 GenG). Das Mindestkapital steigert die Kreditwürdigkeit der eG und ermöglicht es, die Geschäftsanteile nach Internationalen Rechnungslegungsstandards weiterhin als Eigenkapital zu bilanzieren.[1] – Der *Zweck* ist die Förderung des Erwerbs oder der Wirtschaft der Mitglieder oder deren sozialer oder kultureller Belange durch gemeinschaftlichen Geschäftsbetrieb (§ 1 Abs. 1 GenG).

13 2. Als Formkaufmann (§ 17 Abs. 2 GenG) unterliegt die Firma der Genossenschaft den allgemeinen firmenrechtlichen Bestimmungen der §§ 17 ff. HGB, wobei § 3 GenG klarstellt, dass das Erfordernis der Firmenunterscheidbarkeit nach § 30 HGB gilt und dass der Rechtsformzusatz »eingetragene Genossenschaft« oder »eG« zu führen ist. Die eG kann eine Sach-, Personen-, Fantasie- oder Mischfirma führen, die zur Kennzeichnung geeignet sein, Unterscheidungskraft besitzen muss und keine zur Täuschung geeigneten Angaben enthalten darf. Von allen anderen Firmen am Ort muss sie sich deutlich unterscheiden, also auch von den Firmen der Kapitalgesellschaften, Personengesellschaften und Einzelkaufleute.

14 Die eG kann in einem Firmenzusatz auf die Haftungsverhältnisse hinweisen, also als eG »mit beschränkter Haftpflicht« oder »mit unbeschränkter Haftpflicht« firmieren. Abkürzungen wie eGmbH oder eGmuH sind wegen Ungebräuchlichkeit und Irreführungsgefahr nicht zu empfehlen, sondern eher eGmuN oder eGmbN.[2]

15 3. Den Gläubigern haftet nur das Vermögen der Genossenschaft (§ 2 GenG). Ob die Genossen (Mitglieder) im Fall der Insolvenz Nachschüsse zur Insolvenzmasse unbeschränkt,

---

[1] Näher Beuthien/*Beuthien* § 8a GenG Rn. 2; Lang/Weidmüller/*Schulte*, § 8a GenG Rn. 2 ff.
[2] Beuthien/*Beuthien* § 3 GenG Rn. 15.

beschränkt auf eine bestimmte Haftsumme oder überhaupt nicht zu leisten haben, muss in der Satzung geregelt werden (§ 6 Nr. 3 GenG).

4. Die *Zahl* der Mitglieder muss mindestens drei betragen und darf nicht geschlossen sein (§§ 1 Abs. 1, 4 GenG), die eG ist also auf Mitgliederwechsel durch Ein- und Austritt angelegt. **16**

5. Der *Vorstand* vertritt die Genossenschaft gerichtlich und außergerichtlich (§ 24 Abs. 1 Satz 1 GenG). Er leitet die Genossenschaft unter eigener Verantwortung, hat im Innenverhältnis aber die in der Satzung festgesetzten Beschränkungen zu beachten (§ 27 Abs. 1 Satz 1 und 2 GenG). Bei Kleingenossenschaften mit nicht mehr als 20 Mitgliedern kann die Satzung vorsehen, dass der Vorstand an Weisungen der Generalversammlung gebunden ist (§ 27 Abs. 1 Satz 3 GenG). Gegenüber Dritten haben die Beschränkungen keine (Außen-) Wirkung, das gilt insbesondere für Beschränkungen der Vertretungsmacht (§ 27 Abs. 2 GenG). **17**

Der Vorstand besteht aus mindestens zwei Mitgliedern, die von der Generalversammlung gewählt werden (sofern die Satzung nichts anderes bestimmt) und Mitglieder der eG sein müssen (§ 24 Abs. 2 und § 9 Abs. 2 Satz 1 GenG). Wenn jedoch Genossenschaften Mitglieder einer Genossenschaft sind, können auch deren Mitglieder in den Vorstand und in den Aufsichtsrat berufen werden, wenn sie natürliche Personen sind; gehören der eG andere juristische Personen oder Personengesellschaften an, so gilt das Gleiche entsprechend für deren zur Vertretung befugte natürliche Personen (§ 9 Abs. 2 Satz 2 GenG). Bei Kleingenossenschaften mit höchstens 20 Mitgliedern kann die Satzung den Vorstand auf eine Person beschränken (§ 24 Abs. 2 Satz 3 GenG). Grundsätzlich sind alle Vorstandsmitglieder nur gemeinschaftlich zur Vertretung befugt (echte Gesamtvertretung). Die Satzung kann die Gesamtvertretung abweichend regeln, z.B. das Handeln zweier Vorstandsmitglieder ausreichen lassen, oder Einzelvertretung oder gemischte Gesamtvertretung (Handeln eines oder mehrerer Vorstandsmitglieder mit einem Prokuristen) vorsehen (§ 25 Abs. 1 und 2 GenG). Gesamtvertretungsberechtigte Vorstandsmitglieder können einzelne zu bestimmten Geschäften oder bestimmten Arten von Geschäften ermächtigen (§ 25 Abs. 3 GenG). An die Genossenschaft zu richtende Willenserklärungen können gegenüber einem Vorstandsmitglied oder einem zur (unechten) Gesamtvertretung berechtigten Prokuristen abgegeben werden (§ 25 Abs. 1 Satz 3, Abs. 2 Satz 2 GenG). Die eG muss Rechtsform, Sitz, Eintragungsnummer in das Genossenschaftsregister sowie alle Vorstandsmitglieder und den Aufsichtsratsvorsitzenden mit Familiennamen und mindestens einem ausgeschriebenen Vornamen auf Geschäftsbriefen (also auf allen geschäftlichen Mitteilungen wie insbesondere Bestellscheinen, nicht aber auf Katalogen und Preislisten) angeben (§ 25a GenG). Den Vorstandsmitgliedern obliegt die Sorgfalt eines ordentlichen und gewissenhaften Geschäftsleiters einer Genossenschaft; es gilt die Business Judgement Rule (§ 34 Abs. 1 Satz 1 und 2 GenG) **18**

6. *Prokura und Handlungsvollmacht* kann die Genossenschaft wie jeder Vollkaufmann erteilen (§ 42 GenG i.V.m. §§ 48 bis 53 sowie § 54 HGB; s.o. § 128). Die Zeichnung hat der Prokurist nach § 51 HGB in der Weise vorzunehmen, dass er der Firma seinen Namen mit einem die Prokura andeutenden Zusatz beifügt. **19**

7. Das Gesetz sieht einen *Aufsichtsrat* vor (§ 9 Abs. 1 Satz 1 GenG), die Satzung kann aber bei Kleingenossenschaften auf einen Aufsichtsrat verzichten (§ 9 Abs. 1 Satz 2, 3 GenG). Der *Aufsichtsrat* besteht aus mindestens 3 von der Generalversammlung zu wählenden Mitgliedern (§ 36 Abs. 1 GenG). Seine Aufgaben entsprechen denen des Aufsichtsrats der Aktiengesellschaft (s.o. § 148). Ihm obliegt die Überwachung des Vorstands sowie die Einberufung einer Generalversammlung, wenn das Interesse der eG es erfordert (§ 38 Abs. 1, 2 GenG). Jedoch **20**

ist es – sofern die Satzung nichts anderes bestimmt – Aufgabe der Generalversammlung, den *Vorstand* zu bestellen oder abzuberufen (§ 24 Abs. 2 GenG). Der Aufsichtsrat ist nur befugt, bis zur Entscheidung der unverzüglich zu berufenden Generalversammlung Vorstandsmitglieder vorläufig von ihren Geschäften zu entheben und zur einstweiligen Fortführung der Geschäfte das Erforderliche veranlassen (§ 40 GenG). Der Aufsichtsrat kann einen Prüfungsausschuss bestellen, der sich mit der Überwachung des Rechnungslegungsprozesses sowie der Wirksamkeit des Kontrollsystems, des Risikomanagements und des internen Revisionssystems sowie der Abschlussprüfung befasst (§ 38 Abs. 1a GenG).

21   Das Drittelbeteiligungsgesetz v. 18.05.2004[3] bestimmt in § 1 Abs. 1 Nr. 5 i.V.m. § 4 Abs. 1, dass bei Genossenschaften, die mehr als 500 Arbeitnehmer beschäftigen, ein Drittel der Aufsichtsratsmitglieder aus Arbeitnehmervertretern bestehen muss. Diese werden gemäß § 5 DrittelbG von den Arbeitnehmern des Unternehmens gewählt. Arbeitnehmervertreter im Aufsichtsrat müssen nicht Mitglieder der Genossenschaft sein.

22   Genossenschaften, die regelmäßig mehr als 2.000 Arbeitnehmer beschäftigen, unterliegen dem Mitbestimmungsgesetz v. 04.05.1976.[4]

23   8. Die *Generalversammlung* hat insbesondere den Jahresabschluss festzustellen, über Gewinn- und Verlustverteilung zu beschließen (§ 48 Abs. 1 GenG) sowie Vorstand und Aufsichtsrat zu wählen (§ 24 Abs. 2 und § 36 Abs. 1 GenG). Die Beschlüsse der Generalversammlung werden mit der Mehrheit der abgegebenen Stimmen gefasst, soweit nicht Gesetz oder Satzung andere Mehrheiten vorschreiben (§ 43 Abs. 2 GenG). Grundsätzlich hat jedes Mitglied eine Stimme (§ 43 Abs. 3 Satz 1 GenG). Die Satzung kann aber Mehrstimmrechte vorsehen, und zwar im Normalfall bis zu drei pro Mitglied. Unternehmergenossenschaften und Genossenschaften, deren Mitglieder ausschließlich oder überwiegend eGs sind, haben bei der Gestaltung von Mehrstimmrechten größere Freiheit (s. im Einzelnen § 43 Abs. 3 Satz 3 Nr. 1–3 GenG).

24   Ein schriftlich *Bevollmächtigter* kann nur bis zu zwei Genossen vertreten. Die Satzung kann persönliche Voraussetzungen für Bevollmächtigte aufstellen, z.B. ihre Mitgliedschaft in der eG verlangen, aber auch die Vertretung durch Bevollmächtigte ganz ausschließen (§ 43 Abs. 5 GenG). Die Stimmen der erschienenen Mitglieder, die nicht mitstimmen (sich der Stimme enthalten), werden bei der Berechnung der Mehrheit nicht mitgerechnet, die sich der Stimme enthaltenden Mitglieder werden also wie abwesende behandelt (Mehrheit der »abgegebenen« Stimmen, §§ 16 Abs. 2, 43 Abs. 2 GenG).

25   9. Bei Genossenschaften mit mehr als 1.500 Mitgliedern *kann* die Satzung bestimmen, dass die Generalversammlung aus Vertretern der Mitglieder besteht (*Vertreterversammlung*, § 43a GenG). Die Generalversammlung kann die Vertreterversammlung wieder abschaffen und muss zu diesem Zweck einberufen werden, wenn 10 % oder ein in der Satzung bestimmter geringerer Teil der Mitglieder dies in Textform beantragen (§ 43a Abs. 7 GenG). Zum Vertreter kann jede natürliche Person, die Mitglied der Genossenschaft ist und nicht dem Vorstand oder dem Aufsichtsrat angehört, gewählt werden. Sind juristische Personen Mitglieder der eG, können deren organschaftliche oder rechtsgeschäftliche Vertretungspersonen gewählt werden (§ 43a Abs. 2 GenG). Die Mindestzahl der Vertreter ist 50 (§ 43a Abs. 3 Satz 1 GenG). Die Satzung bestimmt, auf wie viele Mitglieder ein Vertreter entfällt und wie lange seine Amtszeit dauert, die jedoch 4 Geschäftsjahre nicht überschreiten darf (§ 43a Abs. 4 GenG). Die Generalversammlung verliert ihre Funktion nicht schon mit dem Beschluss über die Einführung einer Vertreterversammlung, sondern nach § 16 Abs. 6 GenG erst mit der Eintragung dieser Satzungsänderung in das Genossenschaftsregister.[5]

---

3 BGBl. I S. 974.
4 BGBl. I S. 1153.
5 BGH NJW 1960, 1447 = DNotZ 1961, 101.

Nähere Bestimmungen über das *Wahlverfahren* können in einer Wahlordnung getroffen werden, die aufgrund eines einstimmigen Beschlusses des Vorstands und eines übereinstimmenden Beschlusses des Aufsichtsrats mit Zustimmung der Generalversammlung erlassen wird (§ 43a Abs. 4 Satz 7, 8 GenG). Die Listen-Mehrheitswahl darf für die Wahl der Vertreterversammlung nicht vorgesehen werden, weil sie die Minderheit von der Wahrnehmung ihrer Minderheitenrechte praktisch ausschließen würde.[6]

26

10. Über die Beschlüsse der Generalversammlung (auch der Vertreterversammlung) ist eine *Niederschrift* mit Ort und Tag der Versammlung, Namen des Vorsitzenden, Art und Ergebnis der Abstimmung und Feststellung des Vorsitzenden über die Beschlussfassung anzufertigen und vom Vorsitzenden und den anwesenden Vorstandsmitgliedern zu unterschreiben. Die Belege über die Einberufung sind als Anlage beizufügen. Ein Verzeichnis der erschienenen oder vertretenen Mitglieder und der Vertreter von Mitgliedern ist mit der Angabe der Stimmenzahl des Einzelnen beizufügen, wenn die Satzung investierende Mitglieder zulässt, Mehrstimmrechte gewährt oder wenn wichtige Satzungsänderungen beschlossen werden (§ 47 GenG).

27

11. Die Genossenschaften können auch *Zweigniederlassungen* errichten (§ 14 GenG).

28

12. Genossenschaften können sich – unter Ausschluss der Liquidation – in der Weise *verschmelzen*, dass das Vermögen der übertragenden auf die übernehmende Genossenschaft übergeht (Verschmelzung durch Aufnahme, §§ 79 ff. UmwG; auch Rechtsträger anderer Rechtsform können durch Aufnahme auf eine eingetragene Genossenschaft verschmolzen werden – Mischverschmelzung). Sie können aber auch in der Weise verschmolzen werden, dass das Vermögen von zwei oder mehr Genossenschaften auf eine neue, die übernehmende, Genossenschaft übergeht (Verschmelzung durch Neugründung, §§ 96 ff. UmwG).[7]

29

13. Für Genossenschaften gilt rechtsformspezifisch die *Pflichtmitgliedschaft in einem genossenschaftlichen Prüfungsverband* (§ 54 GenG). Dieser besteht in der Rechtsform eines eingetragenen Vereins (§ 63b Abs. 1 GenG) und hat die Pflichtprüfung der Genossenschaft durchzuführen. Ihr Zweck ist die Feststellung der wirtschaftlichen Verhältnisse und der Ordnungsmäßigkeit der Geschäftsführung; dabei sind die Einrichtungen, die Vermögenslage sowie die Geschäftsführung der Genossenschaft mindestens in jedem zweiten Geschäftsjahr zu prüfen. Bei Genossenschaften, deren Bilanzsumme 2 Millionen Euro übersteigt, muss die Prüfung in jedem Geschäftsjahr stattfinden (§ 53 Abs. 1 GenG). Bei Kleinstgenossenschaften i.S. des § 336 Abs. 2 Satz 3 HGB beschränkt sich bei Erfüllung der weiteren Voraussetzungen jede zweite Prüfung auf eine vereinfachte Prüfung (§ 53a GenG). Die Pflichtmitgliedschaft ist mit Art. 9 Abs. 1 GG vereinbar.[8] Nach § 11 Abs. 2 Nr. 3 GenG ist die Zulassungsbescheinigung eines Prüfungsverbands bereits zur Anmeldung zum Genossenschaftsregister erforderlich.

30

III. Mitgliedschaft

1. Eine Person erwirbt die Mitgliedschaft durch Beteiligung an der *Gründung* der eG im Wege der Unterzeichnung der Satzung (§ 11 Abs. 2 Nr. 1 GenG) oder nach der Anmeldung der Satzung durch schriftliche *Beitrittserklärung* und Zulassung des Beitritts durch die Genossenschaft, der die deklaratorische Eintragung in die Mitgliederliste zu folgen hat (§ 15

31

---

6 BGH NJW 1982, 2558, 2559.
7 Zur Verschmelzung s. im Einzelnen Beuthien/*Beuthien/Wolff*, GenG, §§ 2 ff. UmwG Rn. 1–140.
8 BVerfG NJW 2001, 2617; s. im Einzelnen Beuthien/*Beuthien*, GenG, § 54 Rn. 5 ff.

GenG). Die Satzung kann investierende Mitglieder zulassen (§ 8 Abs. 2 GenG). Will ein Beitrittswilliger als investierendes Mitglied beitreten, bedarf es je nach Satzungsgestaltung seiner Zulassung durch die Generalversammlung oder den Aufsichtsrat (§ 8 Abs. 2 Satz 3 GenG).

32 2. Der Beitritt eines *Minderjährigen* zu einer eingetragenen Genossenschaft bedarf *nicht* der familiengerichtlichen Genehmigung nach §§ 1643 Abs. 1, 1822 Nr. 10 BGB,[9] wohl aber der Zustimmung des gesetzlichen Vertreters, wenn nicht § 112 BGB eingreift.

33 3. Die *Kündigung* der Mitgliedschaft hat schriftlich zu erfolgen mit einer Mindestfrist von 3 Monaten und einer Höchstfrist von 5 Jahren zum Schluss eines Geschäftsjahres; bei Unternehmergenossenschaften kann die Kündigungsfrist bis zu 10 Jahren betragen (§ 65 Abs. 1 bis 2 GenG). Sieht die Satzung ein Kündigungsrecht von mehr als 2 Jahren vor, kann das Mitglied außerordentlich kündigen, wenn ihm die Mitgliedschaft nach seinen persönlichen und wirtschaftlichen Verhältnissen nicht mehr zugemutet werden kann (§ 65 Abs. 3 GenG). Beim *Tode* des Mitgliedes geht die Mitgliedschaft zunächst auf die *Erben* über, endet jedoch am Schluss des Geschäftsjahres, in dem der Erbfall eingetreten ist. Die Satzung kann die Fortsetzung der Mitgliedschaft durch die Erben vorsehen, sie aber von persönlichen Voraussetzungen abhängig machen und für mehrere Erben das Ende der Mitgliedschaft bestimmen, wenn sie nicht innerhalb der vorgeschriebenen Frist einem Miterben allein überlassen wird (§ 77 GenG). – *Gläubiger* können unter den Voraussetzungen des § 66 GenG nach fruchtloser Zwangsvollstreckung das Kündigungsrecht des Mitglieds ausüben. Soweit die Satzung die Mitgliedschaft an den Wohnsitz in einem bestimmten Bezirk knüpft, kann ein Mitglied, das den Wohnsitz in diesem Bezirk aufgibt, zum Schluss des Geschäftsjahres kündigen (§ 67 GenG). Ein außerordentliches Kündigungsrecht steht dem Mitglied bei bestimmten wesentlichen Satzungsänderungen zu, wenn es dagegen Widerspruch erhoben hat oder die Versammlung nicht ordnungsgemäß berufen war (§ 67a GenG). – Das *Geschäftsguthaben* kann durch schriftliche Vereinbarung ganz oder teilweise *übertragen* werden, wenn die Satzung das nicht ausschließt (§ 76 GenG). Nach Beendigung der Mitgliedschaft erfolgt die Auseinandersetzung in der Regel durch Auszahlung des Geschäftsguthabens (§ 73 GenG).

34 4. Unter *Geschäftsanteil* versteht man bei der Genossenschaft den Anteil des einzelnen Mitglieds, bis zu dem es sich mit Einlagen an der Genossenschaft beteiligen kann (§ 7 Nr. 1 GenG). Mit dem ausgeschiedenen Mitglied erfolgt die Auseinandersetzung. Es hat einen Anspruch auf Auszahlung des Geschäftsguthabens, dessen Berechnung die Bilanz zugrunde zu legen ist (§ 73 Abs. 1, 2 GenG). An einer Ergebnisrücklage ist das Mitglied nur unter besonderen Voraussetzungen zu beteiligen (§ 73 Abs. 3 GenG). Der Anspruch auf das Auseinandersetzungsguthaben ist grundsätzlich 6 Monate nach Beendigung der Mitgliedschaft fällig, wenn nicht die Satzung anderes regelt (§ 73 Abs. 2 Satz 2, Abs. 4 GenG). Wenn die Satzung ein Mindestkapital bestimmt, darf das Auseinandersetzungsguthaben nicht ausgezahlt werden, solange durch die Auszahlung das Mindestkapital unterschritten würde; das Nähere hat die Satzung zu regeln (§ 8a Abs. 2 GenG).

35 Die Satzung kann bestimmen, dass sich ein Mitglied mit *mehr als einem Geschäftsanteil* beteiligen darf, und eine Höchstzahl und weitere Voraussetzungen festsetzen (§ 7a Abs. 1 GenG). Die Satzung kann die Mitglieder aber auch zur Beteiligung mit mehreren Geschäftsanteilen verpflichten. Eine solche *Pflichtbeteiligung* braucht nur dann nicht für alle Mitglieder gleich zu sein, wenn sie sich nach dem Umfang der Inanspruchnahme von Einrichtungen oder anderen Leistungen der Genossenschaft oder nach bestimmten wirtschaftlichen Merkmalen des Betriebes der Mitglieder richtet (§ 7a Abs. 2 GenG).

---

9 BGHZ 41, 71; OLG Hamm OLGZ 1966, 474; OLG Oldenburg NJW 1963, 1551.

5. Mit *Geschäftsguthaben* bezeichnet man den Betrag, mit dem das Mitglied nach Maßgabe der Bilanz an der eG beteiligt ist, also den Betrag des Anteilskontos des Mitglieds. Seine Höhe wird durch die bereits erfolgten Einzahlungen sowie die gutgeschriebenen Gewinne oder abgeschriebenen Verluste bestimmt. Die Zu- und Abschreibungen erfolgen nach dem Verhältnis der Geschäftsguthaben und lassen das Geschäftsguthaben schwanken. Der Gewinn wird aber nur bis zur Erreichung des Geschäftsanteils gutgeschrieben, darüber hinaus ausgezahlt (§ 19 Abs. 1 GenG).

36

6. Die Mitgliedschaft gewährt den Mitgliedern einen Förderanspruch gemäß § 1 Abs. 1 GenG auf Benutzung der genossenschaftlichen Einrichtungen und auf Teilnahme am Geschäftsverkehr mit der eG sowie den Anspruch auf Gewinnverteilung und Auszahlung des Auseinandersetzungsguthabens (§§ 19 Abs. 1 Satz 1, 73 GenG). Daneben tritt das Mitverwaltungsrecht, insbesondere auf Teilnahme an der Generalversammlung. Investierende Mitglieder (§ 8 Abs. 2 GenG) haben keinen Anspruch auf die Förderleistungen der eG. Die Verpflichtungen der Mitglieder umfassen vor allem die Einzahlung des Geschäftsanteils und die Deckung eines etwaigen Fehlbetrags beim Ausscheiden (§§ 7 Nr. 1, 73 GenG),[10] die Satzung kann den Mitgliedern Andienungs- und Bezugspflichten auferlegen.

37

IV. Haftung

Den Gläubigern haftet nur das Vermögen der Genossenschaft (§ 2 GenG). Soweit die Insolvenzgläubiger aus dem Vermögen der Genossenschaft nicht befriedigt werden können, haben die Mitglieder *Nachschüsse* zu leisten, wenn die Satzung die Nachschusspflicht nicht ausschließt (§ 6 Nr. 3 GenG), und zwar nach Köpfen, wenn die Satzung kein anderes Beitragsverhältnis vorsieht. Die auf zahlungsunfähige Genossen entfallenden Beiträge werden auf die übrigen verteilt (§ 105 Abs. 2, 3 GenG). Reicht das Vermögen der Genossenschaft zur Deckung der Schulden nicht aus, so hat das *ausscheidende Mitglied* einen dem Fehlbetrag entsprechenden Anteil an die Genossenschaft zu zahlen, soweit es im Fall des Insolvenzverfahrens Nachschüsse zu leisten gehabt hätte (§ 73 Abs. 2 Satz 4 GenG).

38

Ist eine Haftsumme bestimmt, hat das Mitglied in deren Höhe Nachschüsse zur Insolvenzmasse der Genossenschaft zu leisten. Die Haftsumme darf nicht niedriger als der Geschäftsanteil festgesetzt werden (§ 119 GenG). Für mehrere Geschäftsanteile desselben Mitglieds erhöht sich die Haftsumme auf den Gesamtbetrag der Geschäftsanteile. Die Satzung kann einen höheren Betrag festsetzen, aber auch eine Erhöhung der Haftsumme für die Beteiligung mit mehreren Geschäftsanteilen ausschließen (§ 121 GenG).

39

V. Satzung

1. Die Satzung bedarf der Schriftform (§ 5 GenG) und muss von mindestens drei Personen unterschrieben werden (§§ 4, 5 GenG). Der zwingende Satzungsinhalt ergibt sich aus §§ 6 und 7 GenG. Die §§ 7a bis 8a GenG enthalten Kannbestimmungen für den Satzungsinhalt. Eine Satzungsänderung erfolgt durch die Generalversammlung (§ 16 Abs. 1 GenG), und zwar grundsätzlich mit einer Mehrheit von drei Vierteln der abgegebenen Stimmen (§ 16 Abs. 2, 4 GenG). Für die Einführung und Erweiterung von für die Mitglieder besonders einschneidenden Pflichten (Andienungs- und Benutzungszwang, Sach- und Dienstleistungspflichten, laufende Leistungsbeiträge) bedarf es einer Mehrheit von neun Zehnteln der abgegebenen Stimmen (§ 16 Abs. 3 GenG). Die Satzungsänderung wird erst mit Eintragung in

40

---

10 Zu den Rechten und Pflichten im Einzelnen s. z.B. *Beuthien*, § 18 GenG Rn. 21 ff.; Beuthien/Dierkes/Wehrheim/*Schöpflin*, Die Genossenschaft, 2008, S. 66 ff.

das Genossenschaftsregister wirksam (§ 16 Abs. 6 GenG). Der Anmeldung zum Genossenschaftsregister muss der konsolidierte Satzungswortlaut beigefügt werden; sie ist mit der Erklärung des Vorstands zu versehen, dass die geänderten Bestimmungen der Satzung mit dem Beschluss über die Satzungsänderung und die unveränderten Bestimmungen mit dem zuletzt zum Register eingereichten Wortlaut der Satzung übereinstimmen (§ 16 Abs. 5 GenG).

41 2. Die Genossenschaftsverbände haben Mustersatzungen herausgegeben, so u.a. der Deutsche Genossenschafts- und Raiffeisenverband e.V., Berlin, der Deutsche Raiffeisenverband e.V., der Bundesverband der Deutschen Volksbanken und Raiffeisenbanken e.V., Berlin, der Zentralverband Gewerblicher Verbundgruppen, Berlin, und der Bundesverband deutscher Wohnungs- und Immobilienunternehmen e.V. (GdW), Berlin.

Detaillierte Satzung[11]

42 M   I. Firma, Sitz, Zweck und Gegenstand des Unternehmens

§ 1 Firma und Sitz

(1). Die Firma der Genossenschaft lautet:
(2). Die Genossenschaft hat ihren Sitz in:

§ 2 Zweck und Gegenstand

(1) Zweck der Genossenschaft ist die wirtschaftliche Förderung und Betreuung der Mitglieder.
(2) Gegenstand des Unternehmens ist die Durchführung von banküblichen und ergänzenden Geschäften, insbesondere
a) die Pflege des Spargedankens, vor allem durch Annahme von Spareinlagen;
b) die Annahme von sonstigen Einlagen;
c) die Gewährung von Krediten aller Art;
d) die Übernahme von Bürgschaften, Garantien und sonstigen Gewährleistungen sowie die Durchführung von Treuhandgeschäften;
e) die Durchführung des Zahlungsverkehrs;
f) die Durchführung des Auslandsgeschäfts einschließlich des An- und Verkaufs von Devisen und Sorten;
g) die Vermögensberatung, Vermögensvermittlung und Vermögensverwaltung;
h) der Erwerb und die Veräußerung sowie die Verwahrung und Verwaltung von Wertpapieren und anderen Vermögenswerten;
i) die Vermittlung oder der Verkauf von Bausparverträgen, Versicherungen und Reisen.
(3) Die Genossenschaft kann Zweigniederlassungen errichten und sich an Unternehmen beteiligen.
(4) Die Ausdehnung des Geschäftsbetriebs auf Nichtmitglieder ist zugelassen.

---
11 Nachfolgend wird eine der vom Bundesverband der Deutschen Volksbanken und Raiffeisenbanken (BVR), Berlin, herausgegebenen Mustersatzungen mit dessen freundlicher Genehmigung abgedruckt.

II. Mitgliedschaft

§ 3 Erwerb der Mitgliedschaft

(1) Die Mitgliedschaft können erwerben:
a) natürliche Personen;
b) Personengesellschaften;
c) juristische Personen des privaten oder öffentlichen Rechts.
(2) Die Mitgliedschaft wird erworben durch
a) eine von dem Beitretenden zu unterzeichnende unbedingte Beitrittserklärung, die den Anforderungen des Genossenschaftsgesetzes entsprechen muss, und
b) Zulassung durch die Genossenschaft.
(3) Das Mitglied ist unverzüglich in die Mitgliederliste (§ 16 Abs. 2 Buchst. f) einzutragen und hiervon unverzüglich zu benachrichtigen.

§ 4 Beendigung der Mitgliedschaft

Die Mitgliedschaft endet durch
a) Kündigung (§ 5);
b) Übertragung des Geschäftsguthabens (§ 6 Abs. 1);
c) Tod (§ 7);
d) Auflösung einer juristischen Person oder Personengesellschaft (§ 8);
e) Ausschluss (§ 9).

§ 5 Kündigung

(1) Jedes Mitglied hat das Recht, seine Mitgliedschaft zum Schluss eines Geschäftsjahres zu kündigen.
(2) Soweit ein Mitglied mit mehreren Geschäftsanteilen beteiligt ist, ohne hierzu durch die Satzung oder eine Vereinbarung mit der Genossenschaft verpflichtet zu sein, kann es seine Beteiligung mit einem oder mehreren seiner weiteren Geschäftsanteile zum Schluss eines Geschäftsjahres kündigen.
(3) Die Kündigung muss schriftlich erklärt werden und der Genossenschaft mindestens ..... Monate vor Schluss eines Geschäftsjahres zugehen.

§ 6 Übertragung des Geschäftsguthabens

(1) Ein Mitglied kann jederzeit, auch im Laufe des Geschäftsjahres, sein Geschäftsguthaben durch schriftlichen Vertrag einem anderen übertragen und hierdurch aus der Genossenschaft ohne Auseinandersetzung ausscheiden, sofern der Erwerber bereits Mitglied ist oder an seiner Stelle Mitglied wird. Ist der Erwerber bereits Mitglied, so ist die Übertragung des Geschäftsguthabens nur zulässig, sofern sein bisheriges Geschäftsguthaben nach Zuschreibung des Geschäftsguthabens des Veräußerers den zulässigen Gesamtbetrag der Geschäftsanteile, mit denen der Erwerber beteiligt ist oder sich beteiligt, nicht übersteigt.
(2) Ein Mitglied kann sein Geschäftsguthaben, ohne aus der Genossenschaft auszuscheiden, teilweise übertragen und damit die Anzahl seiner Geschäftsanteile verringern. Abs. 1 gilt entsprechend.
(3) Die Übertragung des Geschäftsguthabens oder eines Teils davon bedarf der Zustimmung der Genossenschaft. Dies gilt nicht im Fall des § 76 Abs. 2 des Genossenschaftsgesetzes.

§ 7 Ausscheiden durch Tod

Mit dem Tode scheidet ein Mitglied aus; seine Mitgliedschaft geht auf den Erben über. Die Mitgliedschaft des Erben endet mit dem Schluss des Geschäftsjahres, in dem der Erbfall eingetreten ist (§ 77 Abs. 1 des Genossenschaftsgesetzes).

§ 8 Auflösung einer juristischen Person oder einer Personengesellschaft

Wird eine juristische Person oder eine Personengesellschaft aufgelöst oder erlischt sie, so endet die Mitgliedschaft mit dem Schluss des Geschäftsjahres, in dem die Auflösung oder das Erlöschen wirksam geworden ist. Im Fall der Gesamtrechtsnachfolge wird die Mitgliedschaft bis zum Schluss des Geschäftsjahres durch den Gesamtrechtsnachfolger fortgesetzt.

§ 9 Ausschluss

(1) Ein Mitglied kann aus der Genossenschaft zum Schluss eines Geschäftsjahres ausgeschlossen werden, wenn
a) es trotz schriftlicher Aufforderung unter Androhung des Ausschlusses, den satzungsmäßigen oder sonstigen der Genossenschaft gegenüber bestehenden Verpflichtungen nicht nachkommt;
b) es unrichtige Jahresabschlüsse oder Vermögensübersichten einreicht oder sonst unrichtige oder unvollständige Erklärungen über seine rechtlichen oder wirtschaftlichen Verhältnisse abgibt;
c) es durch Nichterfüllung seiner Verpflichtungen gegenüber der Genossenschaft diese schädigt oder geschädigt hat oder wegen der Nichterfüllung einer Verbindlichkeit gerichtliche Maßnahmen notwendig sind;
d) es zahlungsunfähig geworden oder überschuldet oder über sein Vermögen ein Antrag auf Eröffnung des Insolvenzverfahrens gestellt worden ist;
e) sein dauernder Aufenthaltsort unbekannt ist;
f) sich sein Verhalten mit den Belangen der Genossenschaft nicht vereinbaren lässt, insbesondere wenn der Geschäftsbetrieb der Genossenschaft nicht oder nicht mehr genutzt wird.

(2) Für den Ausschluss ist der Vorstand zuständig. Mitglieder des Aufsichtsrats können jedoch nur durch Beschluss der Vertreterversammlung ausgeschlossen werden. Mitglieder des Vorstands können nur durch Beschluss des Aufsichtsrats ausgeschlossen werden.

(3) Vor der Beschlussfassung ist dem Auszuschließenden Gelegenheit zu geben, sich zu dem beabsichtigten Ausschluss zu äußern. Hierbei sind ihm die wesentlichen Tatsachen, auf denen der Ausschluss beruhen soll, sowie der satzungsmäßige Ausschließungsgrund mitzuteilen.

(4) Der Beschluss, durch den das Mitglied ausgeschlossen wird, hat die Tatsachen, auf denen der Ausschluss beruht, sowie den satzungsmäßigen Ausschließungsgrund anzugeben.

(5) Der Beschluss ist dem Ausgeschlossenen von dem Vorstand unverzüglich durch eingeschriebenen Brief mitzuteilen. Von der Absendung des Briefes an kann das Mitglied nicht mehr Vertreter bzw. Ersatzvertreter und auch nicht Mitglied des Wahlausschusses sein, der gemäß der Wahlordnung (§ 26e Abs. 2) zu bilden ist; es kann auch nicht an der Wahl zur Vertreterversammlung teilnehmen und nicht Mitglied des Vorstands oder Aufsichtsrats sein.

(6) Der Ausgeschlossene kann, wenn nicht die Vertreterversammlung den Ausschluss beschlossen hat, innerhalb eines Monats seit der Absendung des Briefes Beschwerde

beim Aufsichtsrat einlegen. Die Beschwerdeentscheidung des Aufsichtsrats ist genossenschaftsintern endgültig.
(7) Es bleibt dem Ausgeschlossenen unbenommen, gegen den Ausschluss den ordentlichen Rechtsweg zu beschreiten. Der ordentliche Rechtsweg ist jedoch ausgeschlossen, wenn das Mitglied von der Beschwerdemöglichkeit gemäß Abs. 6 keinen Gebrauch gemacht hat.

§ 10 Auseinandersetzung

(1) Für die Auseinandersetzung zwischen dem ausgeschiedenen Mitglied und der Genossenschaft ist der festgestellte Jahresabschluss maßgebend; Verlustvorträge sind nach dem Verhältnis der Geschäftsanteile zu berücksichtigen. Im Fall der Übertragung des Geschäftsguthabens (§ 6) findet eine Auseinandersetzung nicht statt.
(2) Das ausgeschiedene Mitglied hat Anspruch auf Auszahlung des Auseinandersetzungsguthabens. Darüber hinaus hat es keine Ansprüche auf das Vermögen der Genossenschaft. Die Genossenschaft ist berechtigt, bei der Auseinandersetzung die ihr gegen das ausgeschiedene Mitglied zustehenden fälligen Forderungen gegen das Auseinandersetzungsguthaben aufzurechnen. Der Genossenschaft haftet das Auseinandersetzungsguthaben des Mitglieds als Pfand für einen etwaigen Ausfall, insbesondere im Insolvenzverfahren des Mitglieds.
(3) Reicht das Vermögen der Genossenschaft einschließlich der Rücklagen und aller Geschäftsguthaben zur Deckung der Schulden nicht aus, so ist das ausgeschiedene Mitglied verpflichtet, von dem Fehlbetrag einen nach dem Verhältnis der Haftsummen aller Mitglieder zu berechnenden Anteil, höchstens jedoch die Haftsumme, an die Genossenschaft zu zahlen.
(4) Die Absätze 1 bis 3 gelten entsprechend für die Auseinandersetzung nach Kündigung einzelner Geschäftsanteile.

§ 11 Rechte der Mitglieder

Jedes Mitglied hat das Recht, nach Maßgabe des Genossenschaftsgesetzes und der Satzung die Leistungen der Genossenschaft in Anspruch zu nehmen und an der Gestaltung der Genossenschaft mitzuwirken. Es hat insbesondere das Recht,
a) an der Wahl zur Vertreterversammlung teilzunehmen und sich im Rahmen der Vorschriften dieser Satzung um das Vertreteramt zu bewerben;
b) als Vertreter in der Vertreterversammlung Auskünfte über Angelegenheiten der Genossenschaft zu verlangen (§ 34);
c) Anträge für die Tagesordnung der Vertreterversammlung gemäß § 28 Abs. 4 einzureichen;
d) Anträge auf Berufung einer außerordentlichen Vertreterversammlung gemäß § 28 Abs. 2 einzureichen;
e) Wahlvorschläge für die Vertreterversammlung einzureichen; hierzu bedarf es der Unterschriften von 150 Mitgliedern;
f) nach Maßgabe der einschlägigen Bestimmungen und Beschlüsse am Jahresgewinn teilzunehmen;
g) rechtzeitig vor Feststellung des Jahresabschlusses durch die Vertreterversammlung auf seine Kosten eine Abschrift des Jahresabschlusses, des gesetzlichen *Lageberichts und des* Berichts des Aufsichtsrats zu verlangen;
h) das zusammengefasste Ergebnis des Prüfungsberichts einzusehen;
i) die Mitgliederliste einzusehen;

j) die Liste mit den Namen sowie den Anschriften, Telefonnummern oder E-Mail-Adressen der gewählten Vertreter und Ersatzvertreter einzusehen und auf sein Verlangen eine Abschrift der Liste zur Verfügung gestellt zu bekommen.

§ 12 Pflichten der Mitglieder

Jedes Mitglied hat die Pflicht, das Interesse der Genossenschaft zu wahren. Es hat insbesondere
a) den Bestimmungen des Genossenschaftsgesetzes, der Satzung und den Beschlüssen der Vertreterversammlung nachzukommen;
b) die Einzahlungen auf den Geschäftsanteil oder auf weitere Geschäftsanteile gemäß § 37 zu leisten;
c) der Genossenschaft jede Änderung seiner Anschrift, bei Unternehmen Änderungen der Rechtsform sowie der Inhaber- und Beteiligungsverhältnisse unverzüglich mitzuteilen.

III. Organe der Genossenschaft

§ 13 Organe der Genossenschaft

Organe der Genossenschaft sind:
A. Der Vorstand
B. Der Aufsichtsrat
C. Die Vertreterversammlung
A. Der Vorstand

§ 14 Leitung der Genossenschaft

(1) Der Vorstand leitet die Genossenschaft in eigener Verantwortung.
(2) Der Vorstand führt die Geschäfte der Genossenschaft gemäß den Vorschriften der Gesetze, insbesondere des Genossenschaftsgesetzes, der Satzung und der Geschäftsordnung für den Vorstand.
(3) Der Vorstand vertritt die Genossenschaft gerichtlich und außergerichtlich nach Maßgabe des § 15.

§ 15 Vertretung

(1) Die Genossenschaft wird durch zwei Vorstandsmitglieder oder durch ein Vorstandsmitglied gemeinsam mit einem Prokuristen vertreten. Der Aufsichtsrat kann einzelne oder alle Vorstandsmitglieder von dem Verbot der Mehrvertretung des § 181 2. Alternative BGB befreien, ihnen also die Befugnis erteilen, bei allen Rechtsgeschäften, welche die Genossenschaft mit oder gegenüber Dritten vornimmt, zugleich als Vertreter Dritter zu handeln.
(2) Die Erteilung von Prokura, Handlungsvollmacht und sonstigen Vollmachten zur rechtsgeschäftlichen Vertretung ist zulässig. Näheres regelt die Geschäftsordnung für den Vorstand.

§ 16 Aufgaben und Pflichten des Vorstandes

(1) Die Vorstandsmitglieder haben bei ihrer Geschäftsführung die Sorgfalt eines ordentlichen und gewissenhaften Geschäftsleiters einer Kreditgenossenschaft anzuwenden. Über vertrauliche Angaben und Geheimnisse, namentlich Betriebs- oder Geschäftsgeheimnisse, die ihnen durch die Tätigkeit im Vorstand bekannt geworden sind, haben sie Stillschweigen zu bewahren.

(2) Der Vorstand ist insbesondere verpflichtet,
a) die Geschäfte entsprechend genossenschaftlicher Zielsetzung zu führen;
b) eine Geschäftsordnung im Einvernehmen mit dem Aufsichtsrat aufzustellen, die der einstimmigen Beschlussfassung im Vorstand bedarf und von allen Vorstandsmitgliedern zu unterzeichnen ist;
c) die für einen ordnungsgemäßen Geschäftsbetrieb notwendigen personellen, sachlichen und organisatorischen Maßnahmen rechtzeitig zu planen und durchzuführen;
d) für ein ordnungsmäßiges Rechnungswesen zu sorgen, das einerseits der Rechnungslegung und andererseits dem Controlling im Sinne von Planung und Steuerung dient;
e) die Bestimmungen des Statuts der Sicherungseinrichtung des BVR einschließlich der Verfahrensregeln sowie die Bestimmungen der Satzung der BVR Institutssicherung GmbH zu beachten;
f) über die Zuständigkeit für die Zulassung des Mitgliedschaftserwerbs und für die Beteiligung mit weiteren Geschäftsanteilen sowie für das Führen der Mitgliederliste nach Maßgabe des Genossenschaftsgesetzes zu entscheiden;
g) ordnungsgemäße Inventuren vorzunehmen und ein Inventarverzeichnis zum Ende des Geschäftsjahres aufzustellen und unverzüglich dem Aufsichtsrat vorzulegen;
h) innerhalb von drei Monaten nach Ende des Geschäftsjahres den Jahresabschluss und den gesetzlichen Lagebericht aufzustellen, beides unverzüglich dem Aufsichtsrat und – ggf. nach Prüfung gemäß § 340k HGB – sodann mit dessen Bericht der Vertreterversammlung zur Feststellung des Jahresabschlusses vorzulegen;
i) im Prüfungsbericht festgehaltene Mängel abzustellen und dem Prüfungsverband darüber zu berichten.

§ 17 Berichterstattung gegenüber dem Aufsichtsrat

Der Vorstand hat dem Aufsichtsrat mindestens vierteljährlich, auf Verlangen oder bei wichtigem Anlass unverzüglich, über die geschäftliche Entwicklung der Genossenschaft – insbesondere im Hinblick auf etwaige Kreditrisiken –, die Einhaltung der genossenschaftlichen Grundsätze und die Unternehmensplanung zu berichten.

§ 18 Zusammensetzung und Dienstverhältnis

(1) Der Vorstand besteht aus mindestens zwei Mitgliedern.
(2) Die Vorstandsmitglieder werden vom Aufsichtsrat bestellt und angestellt; er kann einen Vorsitzenden oder Sprecher des Vorstandes ernennen.
(3) Der Aufsichtsratsvorsitzende, bei dessen Verhinderung sein Stellvertreter, unterzeichnet namens der Genossenschaft die Dienstverträge mit den Vorstandsmitgliedern.
(4) Für die Kündigung des Dienstverhältnisses eines Vorstandsmitglieds unter Einhaltung der vertraglichen oder gesetzlichen Frist sowie für den Abschluss von Aufhebungsvereinbarungen ist der Aufsichtsrat, vertreten durch seinen Vorsitzenden bzw. bei dessen Verhinderung durch seinen Stellvertreter, zuständig. Für die außerordentliche Kündigung des Dienstverhältnisses aus wichtigem Grund (fristlose Kündigung) ist die Vertreterversammlung zuständig. Die Beendigung des Dienstverhältnisses hat die Aufhebung der Organstellung zur Folge.
(5) Mitglieder des Vorstands scheiden mit Ende des Kalenderjahres aus dem Vorstand aus, in dem sie das gesetzliche Rentenenintrittsalter erreichen.
(6) Die Vertreterversammlung kann jederzeit ein Vorstandsmitglied seines Amtes entheben.

(7) Der Aufsichtsrat ist befugt, nach seinem Ermessen Mitglieder des Vorstands vorläufig, bis zur Entscheidung der unverzüglich zu berufenden Vertreterversammlung, von ihren Geschäften zu entheben und die erforderlichen Maßnahmen zur einstweiligen Fortführung der Geschäfte zu treffen.

§ 19 Willensbildung

(1) Die Entscheidungen des Vorstandes bedürfen grundsätzlich der Beschlussfassung. Näheres regelt die Geschäftsordnung für den Vorstand.
(2) Der Vorstand ist beschlussfähig, wenn mehr als die Hälfte seiner Mitglieder mitwirkt. Er fasst seine Beschlüsse mit Mehrheit der gültig abgegebenen Stimmen. Bei Stimmengleichheit gilt ein Antrag als abgelehnt.
(3) Beschlüsse sind zu Beweiszwecken ordnungsgemäß zu protokollieren. Die Protokolle sind fortlaufend zu nummerieren. Sie sind von den an der Beratung mitwirkenden Vorstandsmitgliedern zu unterzeichnen. Näheres regelt die Geschäftsordnung für den Vorstand.
(4) Wird über Angelegenheiten der Genossenschaft beraten, die Interessen eines Vorstandsmitglieds, seines Ehegatten oder eingetragenen Lebenspartners, seiner Eltern, Kinder, Geschwister oder einer von ihm kraft Gesetzes oder Vollmacht vertretenen Person berühren, so darf das betreffende Vorstandsmitglied an der Beratung und Abstimmung nicht teilnehmen. Das Vorstandsmitglied ist jedoch vor der Beschlussfassung zu hören.

§ 20 Teilnahme an Sitzungen des Aufsichtsrats

Die Mitglieder des Vorstands sind berechtigt, an den Sitzungen des Aufsichtsrats teilzunehmen, wenn nicht durch besonderen Beschluss des Aufsichtsrats die Teilnahme ausgeschlossen wird. In den Sitzungen des Aufsichtsrats hat der Vorstand die erforderlichen Auskünfte über geschäftliche Angelegenheiten zu erteilen. Bei der Beschlussfassung des Aufsichtsrates haben die Mitglieder des Vorstands kein Stimmrecht.

§ 21 Organkredite

Kredite an Vorstandsmitglieder bedürfen der vorherigen Zustimmung der übrigen Vorstandsmitglieder und des Aufsichtsrats. Kredite an Vorstandsmitglieder, die um nicht mehr als 10 % des nach Satz 1 beschlossenen Betrages erhöht werden, bedürfen jedoch nicht der Zustimmung der übrigen Vorstandsmitglieder.
B. Der Aufsichtsrat

§ 22 Aufgaben und Pflichten

(1) Der Aufsichtsrat hat die Geschäftsführung des Vorstands zu überwachen und sich zu diesem Zweck über die Angelegenheiten der Genossenschaft zu unterrichten; er hat auch darüber zu wachen, dass der Vorstand die Bestimmungen des Statuts der Sicherungseinrichtung des BVR einschließlich der Verfahrensregeln sowie die Bestimmungen der Satzung der BVR Institutssicherung GmbH beachtet. Der Aufsichtsrat muss den Vorstand auch im Hinblick auf die Einhaltung der einschlägigen bankaufsichtsrechtlichen Regelungen überwachen. Er kann jederzeit Berichterstattung vom Vorstand verlangen und selbst oder durch einzelne von ihm zu bestimmende Mitglieder die Bücher und Schriften der Genossenschaft sowie den Kassenbestand und die Bestände an Wertpapieren und Handelspapieren einsehen und prüfen. Auch ein

einzelnes Mitglied des Aufsichtsrats kann Auskünfte, jedoch nur an den Aufsichtsrat, verlangen.
(2) Der Aufsichtsrat kann zur Erfüllung seiner gesetzlichen und satzungsmäßigen Pflichten aus seiner Mitte Ausschüsse bilden und sich der Hilfe von Sachverständigen auf Kosten der Genossenschaft bedienen. Soweit der Aufsichtsrat Ausschüsse bildet, bestimmt er, ob diese beratende oder entscheidende Befugnis haben; außerdem bestimmt er die Zahl der Ausschussmitglieder. Ein Ausschuss mit Entscheidungsbefugnis muss mindestens aus drei Personen bestehen. Ein Ausschuss ist beschlussfähig, wenn mehr als die Hälfte seiner Mitglieder – bei Beschlussfassung über Organkredite jedoch nicht weniger als drei – anwesend sind. Für die Beschlussfassung gilt ergänzend § 25.
(3) Der Aufsichtsrat hat den Jahresabschluss, den gesetzlichen Lagebericht und den Vorschlag des Vorstands für die Verwendung eines Jahresüberschusses oder für die Deckung eines Jahresfehlbetrages zu prüfen und der Vertreterversammlung vor Feststellung des Jahresabschlusses darüber Bericht zu erstatten. Jedes Mitglied des Aufsichtsrats hat den Inhalt des Prüfungsberichts zur Kenntnis zu nehmen.
(4) Der Aufsichtsrat hat an der Besprechung des voraussichtlichen Ergebnisses der gesetzlichen Prüfung (Schlussbesprechung) teilzunehmen und sich in der nächsten Vertreterversammlung über das Ergebnis dieser Prüfung zu erklären.
(5) Einzelheiten über die Erfüllung der dem Aufsichtsrat obliegenden Pflichten regelt die Geschäftsordnung des Aufsichtsrats. Sie ist vom Aufsichtsrat nach Anhörung des Vorstandes aufzustellen und jedem Mitglied des Aufsichtsrats gegen Empfangsbescheinigung auszuhändigen.
(6) Die Mitglieder des Aufsichtsrats haben bei ihrer Tätigkeit die Sorgfalt eines ordentlichen und gewissenhaften Aufsichtsratsmitglieds einer Kreditgenossenschaft anzuwenden. Sie haben über alle vertraulichen Angaben und Geheimnisse der Genossenschaft sowie der Mitglieder und Kunden, die ihnen durch die Tätigkeit im Aufsichtsrat bekannt geworden sind, Stillschweigen zu bewahren.
(7) Die Mitglieder des Aufsichtsrats dürfen keine nach dem Geschäftsergebnis bemessene Vergütung (Tantieme) beziehen. Auslagen können ersetzt werden. Eine Pauschalerstattung dieser Auslagen beschließen Vorstand und Aufsichtsrat gemäß § 23 Abs. 1 Buchst. j. Darüber hinausgehende Vergütungen bedürfen der Beschlussfassung der Vertreterversammlung.
(8) Der Aufsichtsrat vertritt die Genossenschaft gegenüber den Vorstandsmitgliedern gerichtlich und außergerichtlich.
(9) Beschlüsse des Aufsichtsrats werden durch den Vorsitzenden, im Fall dessen Verhinderung durch seinen Stellvertreter, vollzogen.

§ 23 Gemeinsame Sitzungen von Vorstand und Aufsichtsrat

(1) Über folgende Angelegenheiten beraten Vorstand und Aufsichtsrat gemeinsam und beschließen in getrennter Abstimmung:
a) den Erwerb, die Bebauung, die Belastung und die Veräußerung von Grundstücken und grundstücksgleichen Rechten; ausgenommen ist der Erwerb von Grundstücken und grundstücksgleichen Rechten zur Rettung eigener Forderungen sowie deren Veräußerung;
b) die Aufnahme, Ausgliederung oder Aufgabe von Geschäften im Sinne von § 2 Abs. 2, soweit nicht die Vertreterversammlung nach § 30 Buchst. m zuständig ist;
c) die Übernahme und die Aufgabe von Beteiligungen;
d) die Abgabe von rechtserheblichen Erklärungen von besonderer Bedeutung, insbesondere den Abschluss von Dienst-, Miet- und anderen Verträgen, durch welche wiederkehrende Verpflichtungen in erheblichem Umfang für die Genossenschaft

begründet werden, über die Anschaffung und Veräußerung von beweglichen Sachen im Wert von mehr als ..... € sowie über erforderliche Erklärungen im Zusammenhang mit dem Statut der Sicherungseinrichtung des BVR sowie der Satzung der BVR Institutssicherung GmbH;
e) den Beitritt zu Verbänden;
f) die Festlegung von Termin und Ort der ordentlichen Vertreterversammlung;
g) die Verwendung der Ergebnisrücklagen gemäß § 39;
h) die Errichtung und Schließung von Zweigniederlassungen und Zweigstellen;
i) die Erteilung von Prokura;
j) die Festsetzung von Pauschalerstattungen der Auslagen an Mitglieder des Aufsichtsrats gemäß § 22 Abs. 7;
k) die Hereinname von Genussrechtskapital, die Begründung nachrangiger Verbindlichkeiten und stiller Beteiligungen.
(2) Gemeinsame Sitzungen werden von dem Vorsitzenden des Aufsichtsrats oder dessen Stellvertreter einberufen. Für die Einberufung gilt § 25 Abs. 4 S. 2 entsprechend.
(3) Den Vorsitz in den gemeinsamen Sitzungen führt der Vorsitzende des Aufsichtsrats oder dessen Stellvertreter.
(4) Vorstand und Aufsichtsrat sind beschlussfähig, wenn mehr als die Hälfte der Mitglieder des Vorstands und mehr als die Hälfte der Mitglieder des Aufsichtsrats anwesend sind.
(5) Ein Antrag ist abgelehnt, wenn er nicht die Mehrheit sowohl im Vorstand als auch im Aufsichtsrat findet.
(6) Beschlüsse sind zu Beweiszwecken in ein gemeinsames Protokoll aufzunehmen; das Ergebnis der getrennten Abstimmung ist hierbei festzuhalten; ergänzend gilt § 19 Abs. 3 und § 25 Abs. 5 entsprechend.

§ 24 Zusammensetzung und Wahl des Aufsichtsrates

(1) Der Aufsichtsrat besteht aus mindestens drei, höchstens ..... Mitgliedern, die von der Vertreterversammlung gewählt werden. Die Zahl der Aufsichtsratsmitglieder soll durch drei teilbar sein. Gehören der Genossenschaft eingetragene Genossenschaften als Mitglieder an, können deren Mitglieder, soweit sie natürliche Personen sind, in den Aufsichtsrat der Genossenschaft berufen werden; gehören der Genossenschaft andere juristische Personen oder Personengesellschaften an, gilt dies für deren zur Vertretung befugte Personen.
(2) Bei der Wahl der Mitglieder des Aufsichtsrats muss jeder Wahlberechtigte die Möglichkeit haben, über jeden einzelnen Kandidaten abzustimmen. Für die Wahl gilt im Übrigen § 33 Abs. 3 bis 5.
(3) Das Amt eines Aufsichtsratsmitgliedes beginnt mit dem Schluss der Vertreterversammlung, die die Wahl vorgenommen hat, und endet am Schluss der Vertreterversammlung, die für das dritte Geschäftsjahr nach der Wahl stattfindet; hierbei wird das Geschäftsjahr, in welchem das Aufsichtsratsmitglied gewählt wird, mitgerechnet. Jährlich scheidet ein Drittel der Aufsichtsratsmitglieder aus. Für das Ausscheiden ist die Amtsdauer maßgebend; bei gleicher Amtsdauer entscheidet das Los. Ist die Zahl der Aufsichtsratsmitglieder nicht durch drei teilbar, so scheidet zunächst der kleinere Teil aus. Wiederwahl ist zulässig.
(4) Das Amt eines Aufsichtsratsmitglieds endet sofort, wenn es darauf beruht, dass das Aufsichtsratsmitglied Mitglied einer eingetragenen Genossenschaft ist, und diese Mitgliedschaft beendet ist. Entsprechendes gilt für zur Vertretung anderer juristischer Personen oder Personengesellschaften befugte Personen, wenn deren Vertretungsbefugnis endet. Besteht Streit über die Beendigung der Mitgliedschaft bzw. Vertretungsbefugnis, entscheidet die schriftliche Erklärung der Genossenschaft bzw. ande-

ren juristischen Person oder Personengesellschaft, dass die Mitgliedschaft bzw. die Vertretungsbefugnis beendet ist.
(5) Scheiden Mitglieder im Laufe ihrer Amtszeit aus, so besteht der Aufsichtsrat bis zur nächsten ordentlichen Vertreterversammlung, in der die Ersatzwahlen vorgenommen werden, nur aus den verbleibenden Mitgliedern. Frühere Ersatzwahlen durch eine außerordentliche Vertreterversammlung sind nur dann erforderlich, wenn die Zahl der Aufsichtsratsmitglieder unter drei herabsinkt. Ersatzwahlen erfolgen für den Rest der Amtsdauer ausgeschiedener Aufsichtsratsmitglieder.
(6) Personen, die das ..... Lebensjahr vollendet haben, können nicht in den Aufsichtsrat gewählt werden.
(7) Die Mitglieder des Aufsichtsrats dürfen nicht zugleich Vorstandsmitglieder, dauernde Stellvertreter der Vorstandsmitglieder, Prokuristen oder zum Betrieb des gesamten Geschäfts ermächtigte Handlungsbevollmächtigte sein.
(8) Aus dem Vorstand ausgeschiedene Mitglieder können erst in den Aufsichtsrat gewählt werden, wenn sie für ihre gesamte Vorstandstätigkeit entlastet worden sind.

§ 25 Konstituierung, Beschlussfassung

(1) Der Aufsichtsrat wählt aus seiner Mitte einen Vorsitzenden sowie einen Stellvertreter. Sitzungen des Aufsichtsrats werden durch seinen Vorsitzenden, im Verhinderungsfall durch dessen Stellvertreter, einberufen. Solange ein Vorsitzender und ein Stellvertreter nicht gewählt oder verhindert sind, werden die Aufsichtsratssitzungen durch das an Lebensjahren älteste Aufsichtsratsmitglied einberufen.
(2) Der Aufsichtsrat ist beschlussfähig, wenn mehr als die Hälfte seiner Mitglieder anwesend ist. Er fasst seine Beschlüsse mit Mehrheit der gültig abgegebenen Stimmen. Stimmenthaltungen und ungültige Stimmen werden nicht mitgerechnet. Bei Stimmengleichheit gilt ein Antrag als abgelehnt; bei Wahlen entscheidet in diesem Fall das Los; § 33 gilt sinngemäß.
(3) Eine Beschlussfassung ist in dringenden Fällen auch ohne Einberufung einer Sitzung im Wege schriftlicher Abstimmung oder durch andere Fernkommunikationsmedien zulässig, wenn der Vorsitzende des Aufsichtsrates oder sein Stellvertreter eine solche Beschlussfassung veranlasst und kein Mitglied des Aufsichtsrats diesem Verfahren widerspricht.
(4) Die Sitzungen des Aufsichtsrats sollen mindestens vierteljährlich stattfinden. Außerdem hat der Vorsitzende eine Sitzung unter Mitteilung der Tagesordnung einzuberufen, soooft dies im Interesse der Genossenschaft nötig erscheint oder wenn es der Vorstand oder mindestens die Hälfte der Aufsichtsratsmitglieder schriftlich unter Angabe des Zwecks und der Gründe verlangt. Wird diesem Verlangen nicht entsprochen, so können die Antragsteller unter Mitteilung des Sachverhalts selbst den Aufsichtsrat einberufen.
(5) Beschlüsse sind zu Beweiszwecken ordnungsgemäß zu protokollieren. Die Protokolle sind fortlaufend zu nummerieren. Sie sind von mindestens zwei Sitzungsteilnehmern zu unterzeichnen und mit den sonstigen Unterlagen bei der Genossenschaft aufzubewahren.
(6) Wird über Angelegenheiten der Genossenschaft beraten, die die Interessen eines Aufsichtsratsmitgliedes, seines Ehegatten oder seines eingetragenen Lebenspartners, seiner Eltern, Kinder, Geschwister oder einer von ihm kraft Gesetzes oder Vollmacht vertretenen Person berühren, darf das betreffende Aufsichtsratsmitglied an der Beratung und Abstimmung nicht teilnehmen. Das Aufsichtsratsmitglied ist jedoch vor der Beschlussfassung zu hören.
(7) Ergänzend gilt die Geschäftsordnung des Aufsichtsrats.
C. Die Vertreterversammlung

§ 26 Ausübung der Mitgliedsrechte

Die Rechte der Mitglieder in den Angelegenheiten der Genossenschaft werden von Vertretern der Mitglieder in der Vertreterversammlung ausgeübt, solange die Mitgliederzahl ..... übersteigt.

§ 26a Zusammensetzung und Stimmrecht

(1) Die Vertreterversammlung besteht aus den gewählten Vertretern.
(2) Jeder Vertreter hat eine Stimme. Er kann nicht durch Bevollmächtigte vertreten werden.
(3) Die Vertreter sind an Weisungen ihrer Wähler nicht gebunden.
(4) Niemand kann sein Stimmrecht ausüben, wenn darüber Beschluss gefasst wird, ob er zu entlasten oder von einer Verbindlichkeit zu befreien ist, oder ob die Genossenschaft gegen ihn einen Anspruch geltend machen soll. Er ist jedoch vor der Beschlussfassung zu hören.
(5) Die Mitglieder des Vorstands und Aufsichtsrats nehmen an der Vertreterversammlung ohne Stimmrecht teil. Sie können jedoch jederzeit das Wort ergreifen und Anträge stellen.

§ 26b Wählbarkeit

(1) Vertreter können nur natürliche, unbeschränkt geschäftsfähige Personen sein, die Mitglied der Genossenschaft sind und nicht dem Vorstand oder Aufsichtsrat angehören. Ist ein Mitglied der Genossenschaft eine juristische Person oder eine Personengesellschaft, kann jeweils eine natürliche Person, die zu deren Vertretung befugt ist, als Vertreter gewählt werden.
(2) Ein Mitglied kann nicht als Vertreter gewählt werden, wenn es aus der Genossenschaft ausgeschlossen worden ist (§ 9 Abs. 5).

§ 26c Wahlturnus und Zahl der Vertreter

(1) Die Wahl zur Vertreterversammlung findet alle vier Jahre statt. Für je ..... Mitglieder ist nach Maßgabe der gemäß § 26e Abs. 2 aufzustellenden Wahlordnung ein Vertreter zu wählen. Maßgeblich ist der Mitgliederstand am letzten Tag des der Wahl vorhergegangenen Geschäftsjahres. Zusätzlich sind – unter Festlegung der Reihenfolge ihres Nachrückens – mindestens fünf Ersatzvertreter zu wählen.
(2) Eine vorzeitige Neuwahl zur Vertreterversammlung findet statt, wenn die Zahl der Vertreter unter Berücksichtigung nachgerückter Ersatzvertreter unter die gesetzliche Mindestzahl von 50 absinkt.

§ 26d Aktives Wahlrecht

(1) Wahlberechtigt ist jedes bei der Bekanntmachung der Wahl in die Mitgliederliste eingetragene Mitglied. Ausgeschlossene Mitglieder haben kein Wahlrecht (§ 9 Abs. 5).
(2) Jedes Mitglied hat eine Stimme.
(3) Geschäftsunfähige, beschränkt geschäftsfähige Personen sowie juristische Personen üben ihr Wahlrecht durch den gesetzlichen Vertreter, Personengesellschaften durch ihre zur Vertretung ermächtigten Gesellschafter aus.
(4) Mitglieder, deren gesetzliche Vertreter oder zur Vertretung ermächtigte Gesellschafter können sich durch Bevollmächtigte vertreten lassen. Mehrere Erben eines verstorbenen Mitglieds (§ 7) können das Wahlrecht nur durch einen gemeinschaftlichen Bevollmächtigten ausüben. Ein Bevollmächtigter kann nicht mehr als zwei Mitglieder vertreten. *Bevollmächtigte können nur Mitglieder der Genossenschaft, Ehegatten oder*

eingetragene Lebenspartner, Eltern, Kinder oder Geschwister des Mitglieds sein oder müssen zum Vollmachtgeber in einem Gesellschafts- oder Anstellungsverhältnis stehen. Personen, an die die Mitteilung über den Ausschluss abgesandt ist (§ 9 Abs. 5), sowie Personen, die sich geschäftsmäßig zur Ausübung des Stimmrechts erbieten, können nicht bevollmächtigt werden.
(5) Wahlberechtigte gesetzliche bzw. ermächtigte Vertreter oder Bevollmächtigte müssen ihre Vertretungsbefugnis auf Verlangen des Wahlausschusses schriftlich nachweisen.

§ 26e Wahlverfahren

(1) Die Vertreter sowie die Ersatzvertreter werden in allgemeiner, unmittelbarer, gleicher und geheimer Wahl gewählt.
(2) Näheres über das Wahlverfahren einschließlich der Feststellung des Wahlergebnisses regelt die Wahlordnung, die vom Vorstand und Aufsichtsrat aufgrund übereinstimmender Beschlüsse erlassen wird. Die Wahlordnung bedarf der Zustimmung der Generalversammlung/Vertreterversammlung.[12]
(3) Fällt ein Vertreter vor Ablauf der Amtszeit weg, so tritt ein Ersatzvertreter an seine Stelle; dessen Amtszeit erlischt spätestens mit Ablauf der Amtszeit des Vertreters.
(4) Eine Liste mit den Namen sowie den Anschriften, Telefonnummern oder E-Mail-Adressen der gewählten Vertreter und der gewählten Ersatzvertreter ist zur Einsichtnahme für die Mitglieder mindestens zwei Wochen lang in den Geschäftsräumen der Genossenschaft und ihren Niederlassungen auszulegen oder bis zum Ende der Amtszeit der Vertreter im nichtöffentlichen Mitgliederbereich auf der Internetseite der Genossenschaft zugänglich zu machen. Dies ist in der durch § 46 bestimmten Form bekannt zu machen. Die Frist für die Auslegung oder Zugänglichmachung beginnt mit der Bekanntmachung. In der Bekanntmachung ist darauf hinzuweisen, dass jedes Mitglied jederzeit eine Abschrift der Liste der Vertreter und Ersatzvertreter verlangen kann.

§ 26f Amtsdauer, Beginn und Ende des Vertreteramtes

(1) Die Vertreter werden nach Maßgabe von Abs. 2 auf vier Jahre gewählt. Wiederwahl ist zulässig.
(2) Das Amt des Vertreters beginnt mit Annahme der Wahl, frühestens jedoch mit dem Zeitpunkt, in welchem mindestens 50 Vertreter die Wahl angenommen haben. Eine Pflicht zur Annahme der Wahl als Vertreter besteht nicht. Der Gewählte hat sich jedoch unverzüglich über die Annahme der Wahl zu erklären. Lehnt er innerhalb einer ihm bei Mitteilung seiner Wahl zu setzenden Frist von zwei Wochen die Wahl nicht ab, so gilt diese als von ihm angenommen.
(3) Das Amt des Vertreters endet, wenn nach einer durchgeführten Neuwahl mindestens 50 Vertreter die Wahl angenommen haben, spätestens jedoch mit Ablauf der Vertreterversammlung, die über die Entlastung von Vorstand und Aufsichtsrat für das vierte Geschäftsjahr beschließt, wobei das Geschäftsjahr, in dem die Vertreter gewählt wurden, nicht mitgerechnet wird. Es endet jedoch vorzeitig, wenn der Vertreter aus der Genossenschaft ausscheidet oder ausgeschlossen wird, die Wahl in den Vorstand oder Aufsichtsrat annimmt, sein Amt niederlegt, stirbt, geschäftsunfähig oder in der Geschäftsfähigkeit beschränkt wird.
(4) Das Vertreteramt endet vorzeitig, wenn es darauf beruht, dass der Vertreter zur Vertretung einer juristischen Person oder Personengesellschaft befugt ist, und diese Vertretungsbefugnis erloschen ist. Besteht Streit über das Erlöschen der Vertretungs-

---

12 Nicht zutreffende Alternative streichen.

befugnis, entscheidet die schriftliche Erklärung der juristischen Person bzw. Personengesellschaft, dass die Vertretungsbefugnis erloschen ist.
(5) Zum Nachweis der Vertretungsbefugnis erhält jeder Vertreter nach Annahme der Wahl einen Ausweis, dessen Gültigkeit mit der Beendigung seines Amtes erlischt.

§ 27 Frist und Tagungsort

(1) Die ordentliche Vertreterversammlung hat innerhalb der ersten sechs Monate nach Ablauf des Geschäftsjahres stattzufinden.
(2) Außerordentliche Vertreterversammlungen können nach Bedarf einberufen werden.
(3) Die Vertreterversammlung findet am Sitz der Genossenschaft statt, sofern nicht Vorstand und Aufsichtsrat gemäß § 23 Abs. 1 Buchst. f einen anderen Tagungsort festlegen.

§ 28 Einberufung und Tagesordnung

(1) Die Vertreterversammlung wird durch den Vorstand/den Aufsichtsrat[13] einberufen. Der Aufsichtsrat ist zur Einberufung verpflichtet, wenn hierfür ein gesetzlicher oder satzungsmäßiger Grund vorliegt oder wenn dies im Interesse der Genossenschaft erforderlich ist, namentlich auf Verlangen des Prüfungsverbandes.
(2) Die Vertreter oder die Mitglieder der Genossenschaft können in Textform unter Anführung des Zwecks und der Gründe die Einberufung einer außerordentlichen Vertreterversammlung verlangen. Hierzu bedarf es mindestens des zehnten Teils der Vertreter bzw. der Genossenschaftsmitglieder, höchstens jedoch ..... Mitglieder. Mitglieder, auf deren Verlangen eine Vertreterversammlung einberufen wird, können an dieser Versammlung teilnehmen, das Rede- und Antragsrecht wird von einem von den teilnehmenden Mitgliedern zu bestimmenden Mitglied ausgeübt.
(3) Die Vertreterversammlung wird durch unmittelbare Benachrichtigung sämtlicher Vertreter in Textform oder durch Bekanntmachung in der papierhaften Ausgabe des Blattes[14] einberufen unter Einhaltung einer Frist von mindestens zwei Wochen, die zwischen dem Tag des Zugangs (Abs. 7) bzw. der Veröffentlichung der Einberufung und dem Tag der Vertreterversammlung liegen muss. Bei der Einberufung ist die Tagesordnung bekannt zu machen. Die Tagesordnung ist allen Mitgliedern durch Veröffentlichung in der durch § 46 bestimmten Form oder im Internet unter der Adresse der Genossenschaft oder durch unmittelbare Benachrichtigung bekannt zu machen.
(4) Die Tagesordnung wird von demjenigen festgesetzt, der die Vertreterversammlung einberuft. Die Vertreter oder die Mitglieder der Genossenschaft können in Textform unter Anführung des Zwecks und der Gründe verlangen, dass Gegenstände zur Beschlussfassung in der Vertreterversammlung angekündigt werden; hierzu bedarf es mindestens des zehnten Teils der Vertreter bzw. der Genossenschaftsmitglieder, höchstens jedoch ..... Mitglieder. Mitglieder, auf deren Verlangen Gegenstände zur Beschlussfassung angekündigt werden, können an dieser Versammlung teilnehmen; das Rede- und Antragsrecht hinsichtlich dieser Gegenstände wird von einem von den teilnehmenden Mitgliedern zu bestimmenden Mitglied ausgeübt.
(5) Über Gegenstände, deren Verhandlung nicht so rechtzeitig angekündigt ist, dass mindestens eine Woche zwischen dem Zugang der Ankündigung (Abs. 7) und dem Tag der Vertreterversammlung liegt, können Beschlüsse nicht gefasst werden; hiervon

---

13 Nicht zutreffende Alternative streichen.
14 Die Veröffentlichung im Bundesanzeiger oder in elektronischen Informationsmedien, z.B. auf der Internetseite der Genossenschaft oder einer Tageszeitung, genügt nicht. Als öffentliches Blatt geeignet sind alle regelmäßig erscheinenden Blätter (papierhafte Ausgabe), die den Mitgliedern zugänglich sind.

sind jedoch Beschlüsse über den Ablauf der Versammlung sowie über Anträge auf Berufung einer außerordentlichen Vertreterversammlung ausgenommen.
(6) Zu Anträgen und Verhandlungen ohne Beschlussfassung bedarf es keiner Ankündigung.
(7) In den Fällen der Absätze 3 und 5 gelten die Mitteilungen als zugegangen, wenn sie zwei Werktage vor Beginn der Frist abgesendet worden sind.

§ 29 Versammlungsleitung

Den Vorsitz in der Vertreterversammlung führt der Vorsitzende des Aufsichtsrats oder sein Stellvertreter (Versammlungsleiter). Durch Beschluss der Vertreterversammlung kann der Vorsitz einem Mitglied des Vorstands, des Aufsichtsrats, einem anderen Mitglied der Genossenschaft oder einem Vertreter des Prüfungsverbandes übertragen werden. Der Versammlungsleiter ernennt einen Schriftführer und erforderlichenfalls Stimmzähler.

§ 30 Gegenstände der Beschlussfassung

Die Vertreterversammlung beschließt über die im Genossenschaftsgesetz und in dieser Satzung bezeichneten Angelegenheiten, insbesondere über
a) Änderung der Satzung;
b) Umfang der Bekanntgabe des Prüfungsberichts des Prüfungsverbandes;
c) Feststellung des Jahresabschlusses, Verwendung des Jahresüberschusses oder Deckung des Jahresfehlbetrages;
d) Entlastung des Vorstands und des Aufsichtsrats;
e) Wahl der Mitglieder des Aufsichtsrats sowie Festsetzung einer Vergütung im Sinne von § 22 Abs. 7;
f) Widerruf der Bestellung von Mitgliedern des Vorstands und des Aufsichtsrats sowie außerordentliche Kündigung der Dienstverträge der Vorstandsmitglieder;
g) Ausschluss von Vorstands- und Aufsichtsratsmitgliedern aus der Genossenschaft;
h) Wahl eines Bevollmächtigten zur Führung von Prozessen gegen Aufsichtsratsmitglieder wegen ihrer Organstellung;
i) Führung von Prozessen gegen im Amt befindliche und ausgeschiedene Vorstands- und Aufsichtsratsmitglieder wegen ihrer Organstellung;
j) Festsetzung der Beschränkungen bei Kreditgewährung gemäß § 49 des Genossenschaftsgesetzes;
k) Austritt aus genossenschaftlichen Verbänden;
l) Verschmelzung, Spaltung oder Formwechsel der Genossenschaft nach den Vorschriften des Umwandlungsgesetzes;
m) Aufnahme, Übertragung oder Aufgabe eines wesentlichen Geschäftsbereichs;
n) Auflösung der Genossenschaft;
o) Fortsetzung der Genossenschaft nach beschlossener Auflösung;
p) Zustimmung zur Wahlordnung und Wahlen zum Wahlausschuss.

§ 31 Mehrheitserfordernisse

(1) Die Beschlüsse der Vertreterversammlung bedürfen der einfachen Mehrheit der gültig abgegebenen Stimmen, soweit nicht das Gesetz oder diese Satzung eine größere Mehrheit vorschreibt.
(2) Eine Mehrheit von drei Vierteln der gültig abgegebenen Stimmen ist insbesondere in folgenden Fällen erforderlich:
a) Änderung der Satzung;

b) Widerruf der Bestellung von Mitgliedern des Vorstands mit Ausnahme der in § 40 des Genossenschaftsgesetzes geregelten Fälle sowie von Mitgliedern des Aufsichtsrats;
c) Ausschluss von Vorstands- und Aufsichtsratsmitgliedern aus der Genossenschaft;
d) Austritt aus genossenschaftlichen Verbänden;
e) Verschmelzung und Spaltung der Genossenschaft nach den Vorschriften des Umwandlungsgesetzes;
f) Auflösung der Genossenschaft;
g) Fortsetzung der Genossenschaft nach beschlossener Auflösung.

(3) Ein Beschluss über die Änderung der Rechtsform bedarf der Mehrheit von neun Zehnteln der gültig abgegebenen Stimmen. Bei der Beschlussfassung über die Auflösung sowie die Änderung der Rechtsform müssen über die gesetzlichen Vorschriften hinaus zwei Drittel aller Vertreter in einer nur zu diesem Zweck einberufenen Versammlung anwesend sein. Wenn diese Mitgliederzahl in der Versammlung, die über die Auflösung oder über die Änderung der Rechtsform beschließt, nicht erreicht ist, kann jede weitere Versammlung ohne Rücksicht auf die Zahl der erschienenen Vertreter innerhalb desselben Geschäftsjahres über die Auflösung oder die Änderung der Rechtsform beschließen.

(4) Vor Beschlussfassung über die Verschmelzung, Spaltung oder Formwechsel nach den Vorschriften des Umwandlungsgesetzes, Auflösung oder Fortsetzung der aufgelösten Genossenschaft ist der Prüfungsverband zu hören. Ein Gutachten des Prüfungsverbandes ist vom Vorstand rechtzeitig zu beantragen und in der Vertreterversammlung zu verlesen.

(5) Die Absätze 3 und 5 können nur unter den in Absatz 3 genannten Voraussetzungen geändert werden.

§ 32 Entlastung

(1) Ein Vertreter kann das Stimmrecht nicht ausüben, wenn darüber Beschluss gefasst wird, ob er zu entlasten ist.
(2) Über die Entlastung von Vorstand und Aufsichtsrat ist getrennt abzustimmen.

§ 33 Abstimmungen und Wahlen

(1) Abstimmungen und Wahlen müssen geheim durch Stimmzettel erfolgen, wenn der Vorstand, der Aufsichtsrat oder mindestens der vierte Teil der bei der Beschlussfassung hierüber gültig abgegebenen Stimmen es verlangt.
(2) Bei der Feststellung des Stimmenverhältnisses werden nur die gültig abgegebenen Stimmen gezählt; Stimmenthaltungen und ungültige Stimmen werden nicht berücksichtigt. Bei Stimmengleichheit gilt ein Antrag als abgelehnt; bei Wahlen entscheidet in diesen Fällen das Los. Für jeden zu wählenden Kandidaten kann jeweils nur eine Stimme abgegeben werden.
(3) Wird eine Wahl mit Stimmzetteln durchgeführt, so hat jeder Wahlberechtigte so viele Stimmen wie Mandate zu vergeben sind. Der Wahlberechtigte bezeichnet auf dem Stimmzettel die vorgeschlagenen Kandidaten, denen er seine Stimme geben will. Gewählt sind die Kandidaten, die die meisten Stimmen erhalten.
(4) Wird eine Wahl mit Handzeichen durchgeführt, so ist für jedes zu vergebende Mandat ein besonderer Wahlgang erforderlich. Gewählt ist, wer mehr als die Hälfte der abgegebenen gültigen Stimmen erhalten hat. Erhält kein Kandidat im ersten Wahlgang die erforderliche Mehrheit, so wird eine Stichwahl zwischen jeweils den beiden Kandidaten durchgeführt, die die meisten Stimmen erhalten haben. In diesem Fall ist der Kandidat gewählt, der die meisten Stimmen erhält. Sind nicht mehr Kandidaten

vorgeschlagen, als Mandate neu zu besetzen sind, so kann gemeinsam (en bloc) abgestimmt werden, sofern dem nicht widersprochen wird.
(5) Der Gewählte hat unverzüglich der Genossenschaft gegenüber zu erklären, ob er die Wahl annimmt.

§ 34 Auskunftsrecht

(1) Jedem Vertreter ist auf Verlangen in der Vertreterversammlung Auskunft über Angelegenheiten der Genossenschaft zu geben, soweit es zur sachgemäßen Beurteilung des Gegenstands der Tagesordnung erforderlich ist. Die Auskunft erteilt der Vorstand oder der Aufsichtsrat.
(2) Die Auskunft darf verweigert werden, soweit
a) die Erteilung der Auskunft nach vernünftiger kaufmännischer Beurteilung geeignet ist, der Genossenschaft einen nicht unerheblichen Nachteil zuzufügen;
b) die Fragen steuerliche Wertansätze oder die Höhe einzelner Steuern betreffen;
c) die Erteilung der Auskunft strafbar wäre oder eine gesetzliche, satzungsmäßige oder vertragliche Geheimhaltungspflicht verletzt würde;
d) das Auskunftsverlangen die persönlichen oder geschäftlichen Verhältnisse eines Dritten betrifft;
e) es sich um arbeitsvertragliche Vereinbarungen mit Vorstandsmitgliedern oder Mitarbeitern der Genossenschaft handelt;
f) die Verlesung von Schriftstücken zu einer unzumutbaren Verlängerung der Vertreterversammlung führen würde.

§ 35 Versammlungsniederschrift

(1) Beschlüsse der Vertreterversammlung sind zu Beweiszwecken ordnungsgemäß zu protokollieren.
(2) Die Niederschrift soll spätestens innerhalb von zwei Wochen erfolgen. Dabei sollen Ort und Tag der Versammlung, Name des Versammlungsleiters sowie Art und Ergebnis der Abstimmungen und die Feststellungen des Versammlungsleiters über die Beschlussfassung angegeben werden. Die Niederschrift muss von dem Versammlungsleiter, dem Schriftführer und mindestens einem anwesenden Vorstandsmitglied unterschrieben werden; ihr sind die Belege über die Einberufung als Anlagen beizufügen.
(3) Der Niederschrift ist in den Fällen des § 47 Abs. 3 des Genossenschaftsgesetzes ein Verzeichnis der erschienenen Vertreter beizufügen.
(4) Die Niederschrift ist mit den dazugehörenden Anlagen aufzubewahren. Die Einsichtnahme ist jedem Mitglied der Genossenschaft zu gestatten.

§ 36 Teilnahme der Verbände

Vertreter des Prüfungsverbandes und der genossenschaftlichen Spitzenverbände sind berechtigt, an jeder Vertreterversammlung teilzunehmen und jederzeit das Wort zu ergreifen.

IV. Eigenkapital und Haftsumme

§ 37 Geschäftsanteil und Geschäftsguthaben

(1) Der Geschäftsanteil beträgt ..... €.
(2) Auf den Geschäftsanteil ist sofort einzuzahlen. Der Vorstand kann die Einzahlung in Raten zulassen. In diesem Fall sind auf den Geschäftsanteil sofort nach Eintragung

in die Mitgliederliste ..... € einzuzahlen. Vom Beginn des folgenden Monats/Quartals[15] an sind monatlich/vierteljährlich[16] weitere ..... € einzuzahlen, bis der Geschäftsanteil erreicht ist.
(3) Ein Mitglied kann sich mit weiteren Geschäftsanteilen beteiligen. Die Beteiligung eines Mitglieds mit einem zweiten Geschäftsanteil darf erst zugelassen werden, wenn der erste Geschäftsanteil voll eingezahlt ist; Entsprechendes gilt für die Beteiligung mit weiteren Geschäftsanteilen. Für die Einzahlung gilt Abs. 2 entsprechend.
(4) Die auf den Geschäftsanteil geleisteten Einzahlungen zuzüglich sonstiger Gutschriften und abzüglich zur Verlustdeckung abgeschriebener Beträge bilden das Geschäftsguthaben eines Mitglieds.
(5) Das Geschäftsguthaben darf, solange das Mitglied nicht ausgeschieden ist, von der Genossenschaft nicht ausgezahlt, nicht aufgerechnet oder im geschäftlichen Betrieb der Genossenschaft als Sicherheit verwendet werden. Eine geschuldete Einzahlung darf nicht erlassen werden; gegen diese kann das Mitglied nicht aufrechnen.
(6) Die Abtretung oder Verpfändung des Geschäftsguthabens an Dritte ist unzulässig und der Genossenschaft gegenüber unwirksam. Eine Aufrechnung des Geschäftsguthabens durch das Mitglied gegen seine Verbindlichkeiten gegenüber der Genossenschaft ist nicht gestattet. Für das Auseinandersetzungsguthaben gilt § 10.

§ 38 Gesetzliche Rücklage

(1) Die gesetzliche Rücklage dient zur Deckung von Bilanzverlusten.
(2) Die gesetzliche Rücklage wird gebildet durch eine jährliche Zuweisung von mindestens ..... Prozent des Jahresüberschusses zuzüglich eines eventuellen Gewinnvortrags bzw. abzüglich eines eventuellen Verlustvortrags, solange die Rücklage ..... Prozent der Bilanzsumme nicht erreicht.
(3) Über die Verwendung der gesetzlichen Rücklage beschließt die Vertreterversammlung.

§ 39 Andere Ergebnisrücklagen

Neben der gesetzlichen Rücklage wird eine andere Ergebnisrücklage gebildet, der jährlich mindestens ..... Prozent des Jahresüberschusses zuzüglich eines eventuellen Gewinnvortrags bzw. abzüglich eines eventuellen Verlustvortrags zuzuweisen sind. Weitere Ergebnisrücklagen können gebildet werden. Über ihre Verwendung beschließen Vorstand und Aufsichtsrat in gemeinsamer Sitzung (§ 23 Abs. 1 Buchst. g).

§ 40 Beschränkte Nachschusspflicht

Die Nachschusspflicht der Mitglieder ist auf die Haftsumme beschränkt. Die Haftsumme für jeden Geschäftsanteil beträgt ..... €.

V. Rechnungswesen

§ 41 Geschäftsjahr

Das Geschäftsjahr ist das Kalenderjahr.

---

15 Nicht zutreffende Alternative streichen.
16 Nicht zutreffende Alternative streichen.

§ 42 Jahresabschluss und Lagebericht

(1) Der Vorstand hat innerhalb von drei Monaten nach Ende des Geschäftsjahres den Jahresabschluss und den gesetzlichen Lagebericht für das vergangene Geschäftsjahr aufzustellen.

(2) Der Vorstand hat den Jahresabschluss sowie den gesetzlichen Lagebericht unverzüglich dem Aufsichtsrat und – ggf. nach Prüfung gemäß § 340k HGB – sodann mit dessen Bericht der Vertreterversammlung zur Feststellung des Jahresabschlusses vorzulegen.

(3) Jahresabschluss und der gesetzliche Lagebericht nebst dem Bericht des Aufsichtsrats sollen mindestens eine Woche vor der Vertreterversammlung in den Geschäftsräumen der Genossenschaft oder an einer anderen bekannt zu machenden Stelle zur Einsicht der Mitglieder ausgelegt, im nichtöffentlichen Mitgliederbereich auf der Internetseite der Genossenschaft zugänglich gemacht oder ihnen sonst zur Kenntnis gebracht werden.

(4) Der Bericht des Aufsichtsrats über seine Prüfung des Jahresabschlusses und des gesetzlichen Lageberichts (§ 22 Abs. 3) ist der ordentlichen Vertreterversammlung zu erstatten.

§ 43 Verwendung des Jahresüberschusses

(1) Über die Verwendung des Jahresüberschusses beschließt die Vertreterversammlung; dieser kann, soweit er nicht der gesetzlichen Rücklage (§ 38) oder anderen Ergebnisrücklagen (§ 39) zugeführt oder zu anderen Zwecken verwendet wird, an die Mitglieder nach dem Verhältnis ihrer Geschäftsguthaben am Schluss des vorhergegangenen Geschäftsjahres verteilt werden. Bei der Verteilung sind die im abgelaufenen Geschäftsjahr auf den Geschäftsanteil geleisteten Einzahlungen vom ersten Tag des auf die Einzahlung folgenden Kalendertags/Kalendervierteljahres[17] an zu berücksichtigen. Der auf das einzelne Mitglied entfallende Jahresüberschuss wird dem Geschäftsguthaben so lange zugeschrieben, bis der Geschäftsanteil erreicht oder ein durch Verlust vermindertes Geschäftsguthaben wieder ergänzt ist.

(2) Ein vom Vorschlag des Vorstands abweichender Beschluss über die Verwendung des Jahresüberschusses, durch den nachträglich ein Bilanzverlust eintritt, ist nicht möglich.

§ 44 Deckung eines Jahresfehlbetrages

(1) Über die Deckung eines Jahresfehlbetrages beschließt die Vertreterversammlung.

(2) Soweit ein Jahresfehlbetrag nicht auf neue Rechnung vorgetragen oder durch Heranziehung anderer Ergebnisrücklagen gedeckt wird, ist er durch die gesetzliche Rücklage oder durch Abschreibung von den Geschäftsguthaben der Mitglieder oder durch beides zugleich zu decken.

(3) Werden die Geschäftsguthaben zur Verlustdeckung herangezogen, so wird der auf das einzelne Mitglied entfallende Verlustanteil nach dem Verhältnis der übernommenen Geschäftsanteile aller Mitglieder bei Beginn des Geschäftsjahres, in dem der Verlust entstanden ist, berechnet.

---

17 Nicht zutreffende Alternative streichen.

VI. Liquidation

§ 45 Liquidation

Nach der Auflösung erfolgt die Liquidation der Genossenschaft. Für die Verteilung des Vermögens der Genossenschaft ist das Gesetz mit der Maßgabe anzuwenden, dass Überschüsse nach dem Verhältnis der Geschäftsguthaben an die Mitglieder verteilt werden.

VII. Bekanntmachungen

§ 46 Bekanntmachungen

- Alternative A -
(1) Die Bekanntmachungen der Genossenschaft werden, soweit gesetzlich oder in der Satzung nichts Abweichendes vorgeschrieben ist, unter ihrer Firma in ....., der Jahresabschluss und der gesetzliche Lagebericht sowie die in § 325 HGB genannten Unterlagen werden im Bundesanzeiger veröffentlicht.

- Alternative B –
(1) Die Bekanntmachungen der Genossenschaft werden, soweit gesetzlich oder in der Satzung nichts Abweichendes vorgeschrieben ist, auf der öffentlich zugänglichen Internetseite der Genossenschaft[18], der Jahresabschluss und der gesetzliche Lagebericht sowie die in § 325 HGB genannten Unterlagen werden nur im Bundesanzeiger veröffentlicht.

(2) Bei der Bekanntmachung sind die Namen der Personen anzugeben, von denen sie ausgeht.

(3) Sind die Bekanntmachungen in ..... nicht möglich, so wird bis zur Bestimmung eines anderen Bekanntmachungsorgans durch die Vertreterversammlung diese durch unmittelbare Benachrichtigung sämtlicher Vertreter in Textform einberufen. Die übrigen Bekanntmachungen erfolgen bis zur Bestimmung eines anderen Bekanntmachungsorgans im Bundesanzeiger.

■ **Kosten.** Der Geschäftswert für die Beurkundung oder den Entwurf bestimmt sich nach dem Wert des Rechtsverhältnisses, das Beurkundungsgegenstand ist (§§ 97 Abs. 1, 119 Abs. 1 GNotKG), also nach der vorgesehenen Einlagesumme (Summe der Geschäftsanteile, deren Zeichnung erwartet wird). Mangels anderer Anhaltspunkte ist es vertretbar, von dem für die Erstanmeldung nach § 105 Abs. 2, 3 Nr. 3 GNotKG vorgesehenen Geschäftswert von 60.000 € auszugehen, sofern die Satzung ein Mindeststammkapital bestimmt (§ 8a GenG), kann dieses zugrunde gelegt werden. Nach Nr. 21100 KV GNotKG beträgt die Gebühr 2,0 nach Tabelle B, mindestens 120 €. Auslagen: Nr. 32000 ff. KV GNotKG.

Wahlordnung zur Vertreterversammlung (Listenwahl)[19]

43 M

§ 1 Wahlturnus, Zahl der Vertreter

(1) Gemäß § 26c Abs. 1 S. 1 der Satzung findet die Wahl zur Vertreterversammlung alle vier Jahre statt. Für je volle ..... Mitglieder ist ein Vertreter zu wählen; maßgeblich ist

---

18 Andere öffentlich zugängliche elektronische Informationsmedien können bezeichnet werden.
19 Bei dem nachfolgenden Muster handelt es sich um eine Musterwahlordnungen des Bundesverbandes der Deutschen Volksbanken und Raiffeisenbanken (BVR), Berlin, der den Abdruck freundlicherweise gestattet hat.

der Mitgliederstand am letzten Tag des der Wahl vorhergegangenen Geschäftsjahres. Gemäß § 26c Abs. 1 S. 4 der Satzung sind zusätzlich – unter Festlegung der Reihenfolge ihres Nachrückens – mindestens fünf Ersatzvertreter zu wählen; der Wahlausschuss legt die konkrete Zahl der Ersatzvertreter fest.
(2) Eine vorzeitige Neuwahl zur Vertreterversammlung findet statt, wenn die Zahl der Vertreter unter Berücksichtigung nachgerückter Ersatzvertreter unter die gesetzliche Mindestzahl von 50 sinkt.

§ 2 Wahlausschuss

(1) Vorbereitung und Durchführung der Wahl sowie alle damit zusammenhängenden Entscheidungen obliegen einem Wahlausschuss. Der Wahlausschuss soll vor jeder Neuwahl zur Vertreterversammlung gebildet werden; er bleibt jedoch im Amt, bis ein neuer Wahlausschuss gebildet ist.
(2) Der Wahlausschuss besteht aus ..... Mitgliedern des Vorstands, aus ..... Mitgliedern des Aufsichtsrats und aus Mitgliedern der Genossenschaft. Die Mitglieder des Vorstands für den Wahlausschuss werden vom Vorstand, die des Aufsichtsrats vom Aufsichtsrat benannt. Die Mitglieder der Genossenschaft für den Wahlausschuss werden von der Vertreterversammlung gewählt; sie müssen die Voraussetzungen des § 26b der Satzung erfüllen. Die Zahl der in den Ausschuss zu wählenden Genossenschaftsmitglieder muss die Zahl der von Vorstand und Aufsichtsrat benannten Mitglieder übersteigen. Scheiden Mitglieder vorzeitig aus dem Wahlausschuss aus, so besteht der Wahlausschuss für den Rest seiner Amtszeit aus den verbleibenden Mitgliedern; eine Ergänzungswahl ist nur erforderlich, wenn die Zahl der Mitglieder des Wahlausschusses unter drei sinkt.
(3) Der Wahlausschuss wählt aus seiner Mitte einen Vorsitzenden und dessen Stellvertreter.
(4) Der Wahlausschuss ist beschlussfähig, wenn mehr als die Hälfte seiner Mitglieder anwesend ist. Er fasst seine Beschlüsse mit Mehrheit der gültig abgegebenen Stimmen. § 25 Abs. 3 der Satzung findet entsprechende Anwendung.
(5) Die Wahrnehmung der in § 7 Absatz 1 und § 9 Absatz 3 genannten Aufgaben kann der Wahlausschuss einzelnen oder mehreren seiner Mitglieder übertragen.

§ 3 Wahllisten

(1) Der Wahlausschuss stellt eine Liste der Kandidaten (Vertreter und Ersatzvertreter) für die Vertreterversammlung auf (Wahlliste). Weitere Listen können von den Mitgliedern der Genossenschaft an den Wahlausschuss eingereicht werden; dafür bedarf es mindestens der Unterstützung von 150 Mitgliedern. In jeder Wahlliste sind die Kandidaten in erkennbarer Reihenfolge unter fortlaufender Nummer und unter Angabe von Name und Anschrift aufzuführen. Eine Liste kann nur berücksichtigt werden, wenn sie die Voraussetzungen erfüllt. In Zweifelsfällen entscheidet der Wahlausschuss.
(2) Ein Mitglied kann nur auf einer Liste kandidieren.
(3) Die Kandidaten sollen von ihrer beabsichtigten Aufstellung rechtzeitig benachrichtigt werden. Die Benachrichtigung der Kandidaten kann im Auftrag des Wahlausschusses durch den Vorstand erfolgen.

§ 4 Auslegung der Wahlliste

Die vom Wahlausschuss aufgestellte Wahlliste ist in den Geschäftsräumen der Genossenschaft oder an einer anderen bekannt zu machenden Stelle für die Dauer von vier Wochen für alle Mitglieder zur Einsicht auszulegen. Dies ist vom Vorsitzenden des Wahlausschusses oder seinem Stellvertreter in der durch § 46 der Satzung bestimmten Form bekannt zu machen unter Hinweis darauf, dass weitere Listen innerhalb von zwei Wochen nach Bekanntmachung eingereicht werden können; vorher eingereichte Listen können nicht berücksichtigt werden. Werden weitere Listen eingereicht, so sind diese Listen anschließend an die Liste des Wahlausschusses zu nummerieren und zusammen mit dieser auf die Restdauer der Frist nach Satz 1 auszulegen. Das Auslegen weiterer Listen ist nicht bekannt zu machen.

§ 5 Ort und Zeit der Wahl

Der Wahlausschuss hat Ort und Zeit der Wahl zu bestimmen. Der Vorsitzende des Wahlausschusses oder sein Stellvertreter hat dies in der durch § 46 der Satzung bestimmten Form bekannt zu machen.

§ 6 Stimmabgabe

(1) Die Wahl findet geheim, mittels Stimmzettel oder in elektronischer Form gemäß § 6b statt.
(2) Steht nur eine Liste zur Wahl, so wird in der Weise abgestimmt, dass jeder Wähler seine Stimme durch »Ja« oder »Nein« auf dem Stimmzettel abgibt. Anders beschriebene Stimmzettel sind ungültig.
(3) Sind mehrere Listen eingereicht, so bezeichnet jeder Wähler auf dem Stimmzettel die Nummer der Liste, der er seine Stimme geben will; anders beschriebene Stimmzettel sind ungültig.

§ 6a Schriftliche Stimmabgabe (Briefwahl)

(1) Eine schriftliche Stimmabgabe (Briefwahl) ist zulässig, wenn der Wahlausschuss die Zulässigkeit beschließt und dies auch zum Gegenstand der Bekanntmachung nach § 4 Satz 2 macht. Ebenso kann der Wahlausschuss die ausschließliche Briefwahl vorsehen. Es gelten die nachstehenden Absätze 2 bis 5.
(2) Jedes Mitglied kann seine Stimme durch Briefwahl abgeben. Dem Mitglied wird auf sein Verlangen, im Fall der ausschließlichen Briefwahl unaufgefordert, am Tag der Bekanntmachung nach § 5,
a) der Stimmzettel und ein Wahlumschlag,
b) eine vorgedruckte, von dem Mitglied abzugebende Erklärung, in der gegenüber dem Wahlausschuss zu versichern ist, dass der Stimmzettel persönlich gekennzeichnet wurde, sowie
c) ein größerer Freiumschlag (Wahlbrief), der die Anschrift des Wahlausschusses und als Absender den Namen und die Anschrift des Mitglieds sowie den Vermerk »Schriftliche Stimmabgabe« trägt,
ausgehändigt oder übersendet. Der Wahlausschuss veranlasst, dass die Aushändigung oder Übersendung in der Wahlliste vermerkt wird.
(3) Die schriftliche Stimmabgabe erfolgt in der Weise, dass das Mitglied
a) den Stimmzettel unbeobachtet persönlich kennzeichnet, faltet und in den zugehörigen Wahlumschlag verschließt;
b) die vorgedruckte Erklärung unter Angabe des Ortes und des Datums unterschreibt und
c) den Wahlbrief so rechtzeitig an den Wahlausschuss absendet oder übergibt, dass er vor Abschluss der Stimmabgabe vorliegt.
Im Übrigen gilt § 6.
(4) Unmittelbar vor Abschluss der Stimmabgabe öffnet der Wahlausschuss in öffentlicher Sitzung die bis zu diesem Zeitpunkt eingegangenen Wahlbriefe und entnimmt *die Wahlumschläge sowie* die vorgedruckten Erklärungen. Ist die schriftliche Stimm-

abgabe ordnungsgemäß erfolgt, vermerkt der Wahlausschuss die Stimmabgabe in der Wählerliste und legt die Wahlumschläge ungeöffnet in die Wahlurne. Im Übrigen gilt § 7.
(5) Verspätet eingehende Wahlbriefe nimmt der Wahlausschuss mit einem Vermerk über den Zeitpunkt des Zugangs ungeöffnet zu den Wahlunterlagen. Die Wahlbriefe sind einen Monat nach Bekanntgabe des Ergebnisses der Wahl ungeöffnet zu vernichten, wenn die Wahl nicht angefochten worden ist.

§ 6b Stimmabgabe in elektronischer Form (Online-Vertreterwahl)

(1) Eine Stimmabgabe in elektronischer Form (Online-Vertreterwahl) ist zulässig, wenn der Wahlausschuss die Zulässigkeit beschließt und dies auch zum Gegenstand der Bekanntmachung nach § 4 Satz 2 macht. Ebenso kann der Wahlausschuss die ausschließliche Online-Vertreterwahl vorsehen. Es gelten die nachstehenden Absätze.
(2) Jedes Mitglied kann seine Stimme in elektronischer Form ..... [virtueller Ort ist zu bezeichnen, z. B. im geschlossenen Mitgliederbereich der Genossenschaft im Internet unter der Adresse www .....] abgeben. Hierzu werden dem Mitglied auf sein Verlangen, im Fall der ausschließlichen Online-Vertreterwahl unaufgefordert am Tag der Bekanntmachung nach § 5, die erforderlichen Zugangsdaten [z. B. Kennwort und Passwort] ausgehändigt oder übersendet [Beispielbeschreibung der zur elektronischen Wahl erforderlichen Unterlagen, ggf. Anpassung in Abhängigkeit vom Anbieter erforderlich]. Der Wahlausschuss veranlasst, dass die Aushändigung oder Übersendung in der Wahlliste vermerkt wird.
(3) Die elektronische Stimmabgabe erfolgt in der Weise, dass der elektronische Stimmzettel durch Auswahl markiert wird. [Beispielbeschreibung des Verfahrens zur elektronischen Stimmabgabe, ggf. Anpassung in Abhängigkeit vom Anbieter erforderlich]. Im Übrigen gilt § 6.
(4) Die Stimmabgabe wird bis zum Ende der Wahl zugriffssicher gespeichert.

§ 7 Durchführung der Wahl

(1) Die Wahl findet unter Aufsicht des Wahlausschusses statt. Eine Delegation, auch auf Mitarbeiter der Genossenschaft, ist zulässig.
(2) Für die Wahl sind vom Vorsitzenden des Wahlausschusses oder dessen Stellvertreter zu verschließende Urnen zu verwenden. Nach Ende der Wahl werden die Urnen von dem Vorsitzenden des Wahlausschusses oder dessen Stellvertreter in Anwesenheit von mindestens zwei weiteren Mitgliedern des Wahlausschusses in öffentlicher Sitzung geöffnet und von diesen die Stimmzählung gemeinsam vorgenommen.
(3) Im Fall der Online-Vertreterwahl gelten die Absätze 1 und 2 entsprechend.
(4) Jedes Mitglied darf sein Wahlrecht nur einmal und nur persönlich ausüben. Soweit eine Stimmabgabe in verschiedenen Formen möglich ist, ist sicherzustellen, dass nur einmal gewählt wird.

§ 8 Feststellung des Wahlergebnisses

(1) Die nach § 7 Abs. 2 S. 2 tätigen Mitglieder des Wahlausschusses haben das Ergebnis der Vertreterwahl festzustellen.
(2) Stand nur eine Liste zur Wahl, ist sie gewählt, wenn sie die Mehrheit der gültig abgegebenen Stimmen erhalten hat. Wird diese Mehrheit nicht erreicht, so findet eine neue Wahl statt; auch für diese gelten die Vorschriften dieser Wahlordnung.
(3) Standen mehrere Listen zur Wahl, gilt der Grundsatz der Verhältniswahl (d´Hondt´sches System); wenn die niedrigste in Betracht kommende Höchstzahl auf mehrere Vorschlagslisten entfällt, so entscheidet das vom Vorsitzenden des Wahlaus-

schusses oder dessen Stellvertreter gezogene Los darüber, welcher Vorschlagsliste dieser Sitz zufällt. § 25 Abs. 2 BetrVG findet entsprechende Anwendung.
(4) Über die Tätigkeit des Wahlausschusses sowie über die Durchführung und das Ergebnis der Wahl ist eine Niederschrift anzufertigen, die von dem Vorsitzenden des Wahlausschusses oder dessen Stellvertreter zu unterzeichnen ist. Die Niederschrift ist zu den Akten der Genossenschaft zu nehmen. Abschriften sind allen Mitgliedern des Wahlausschusses von seinem Vorsitzenden oder dessen Stellvertreter zu übersenden.

§ 9 Annahme der Wahl

(1) Nach Feststellung des Wahlergebnisses sind die gewählten Vertreter und Ersatzvertreter unverzüglich von ihrer Wahl schriftlich zu benachrichtigen. Dies geschieht durch den Vorsitzenden des Wahlausschusses oder dessen Stellvertreter; die Benachrichtigung kann auch im Auftrag des Wahlausschusses durch den Vorstand erfolgen.
(2) Lehnt ein Gewählter innerhalb der ihm bei der Mitteilung seiner Wahl zu setzenden Frist von zwei Wochen die Wahl nicht ab, so gilt diese als von ihm angenommen.
(3) Der Wahlausschuss hat festzustellen,
a) wer die Wahl als Vertreter und Ersatzvertreter angenommen hat,
b) ob und wann eine neue Vertreterversammlung gemäß § 26f der Satzung zustande gekommen ist.
(4) Über diese Feststellungen ist eine Niederschrift anzufertigen; es gilt § 8 Abs. 4.

§ 10 Bekanntmachung der gewählten Vertreter

Eine Liste mit den Namen sowie den Anschriften, Telefonnummern oder E-Mail-Adressen der gewählten Vertreter und der gewählten Ersatzvertreter ist zur Einsichtnahme für die Mitglieder mindestens zwei Wochen lang in den Geschäftsräumen der Genossenschaft und ihren Niederlassungen auszulegen oder bis zum Ende der Amtszeit der Vertreter im nichtöffentlichen Mitgliederbereich auf der Internetseite der Genossenschaft zugänglich zu machen. Dies ist in der durch § 46 der Satzung bestimmten Form bekannt zu machen. Die Frist für die Auslegung oder Zugänglichmachung beginnt mit der Bekanntmachung. In der Bekanntmachung ist darauf hinzuweisen, dass jedes Mitglied jederzeit eine Abschrift der Liste der Vertreter und Ersatzvertreter verlangen kann.

§ 11 Auslegung der Wahlordnung

Die Wahlordnung ist während der Wahlzeit in dem Wahllokal auszulegen. Die Mitglieder haben jederzeit Anspruch auf Einsichtnahme oder Aushändigung der Wahlordnung.

§ 12 Verschmelzung

(1) Nach einer Verschmelzung findet für den Bereich der übertragenden Genossenschaft eine Ergänzungswahl zur Vertreterversammlung der übernehmenden Genossenschaft statt.
(2) Die Vorbereitung und Durchführung der Wahl sowie alle damit zusammenhängenden Entscheidungen obliegen dem Wahlausschuss der übernehmenden Genossenschaft nach deren Wahlordnung. Abweichend von § 1 Abs. 1 Satz 2 Halbs. 2 ist der Mitgliederbestand der übertragenden Genossenschaft am Stichtag der Schlussbilanz maßgeblich.
(3) Gewählt werden können nur Mitglieder der übertragenden Genossenschaft.
(4) Wahlberechtigt sind nur die Mitglieder der übertragenden Genossenschaft.

§ 13 Wahlanfechtung

Jedes wahlberechtigte Mitglied kann innerhalb einer Frist von sieben Tagen nach Ablauf der Auslegefrist (§ 10) bei dem Wahlausschuss die Wahl schriftlich anfechten, wenn gegen zwingende Bestimmungen des Genossenschaftsgesetzes, der Satzung oder der Wahlordnung verstoßen worden ist. Die Wahlanfechtung ist nicht begründet, wenn durch den gerügten Verstoß das Wahlergebnis nicht beeinflusst wird. Über die Anfechtung entscheidet der Wahlausschuss. Er gibt dem Anfechtenden seine Entscheidung schriftlich bekannt. § 51 GenG bleibt unberührt.

§ 14 In-Kraft-Treten der Wahlordnung

Die Wahlordnung bedarf gemäß § 43a Abs. 4 GenG der Beschlussfassung der Generalversammlung/Vertreterversammlung. Sie tritt mit dieser Beschlussfassung in Kraft.

■ *Kosten.* Der Geschäftswert für die Beurkundung oder den Entwurf bestimmt sich nach dem Wert des Rechtsverhältnisses, das Beurkundungsgegenstand ist (§§ 97 Abs. 1, 119 Abs. 1 GNotKG). Bei der Beurkundung der Beschlüsse über die Wahlordnung (§ 43a Abs. 4 Satz 7 GenG) würde nach § 108 Abs. 1 GNotKG § 105 Abs. 4 und 6 GNotKG entsprechend gelten, weil die Wahlordnung keinen bestimmten Geldwert hat. § 105 Abs. 4 Nr. 4 GNotKG führt damit zu einem Gegenstandswert von 30.000 €. Dementsprechend sollte dieser Gegenstandswert auch für die Beurkundung oder den Entwurf gelten. Nach Nr. 21100 KV GNotKG beträgt die Gebühr 2,0 nach Tabelle B, mindestens 120 €. Auslagen: Nr. 32000 ff. KV GNotKG.

Abweichend von der Mustersatzung könnte eine Satzung auch von den durch die *Genossenschaftsnovelle* und den durch das Gesetz zum Bürokratieabbau und der Transparenz bei Genossenschaften[20] geschaffenen *Möglichkeiten* Gebrauch machen. In Betracht kommen: **44**
(1) *Zulassung investierender Mitglieder* (§ 8 Abs. 2 GenG). Zu regeln ist dann, ob Generalversammlung oder Aufsichtsrat über die Zulassung entscheiden. Satzungsmäßige Stimmrechtsbeschränkungen der investierenden Mitglieder sind bis hin zum Ausschluss des Stimmrechts möglich (§ 8 Abs. 2 Satz 2 GenG) Die Satzung kann die Wählbarkeit investierender Mitglieder zum Vorstand oder Aufsichtsrat über § 8 Abs. 2 Satz 4 GenG hinaus beschränken oder ganz ausschließen. Regelungsbedürftig ist hinsichtlich der investierenden Mitglieder auch die Gewinnbeteiligung und die Beteiligung mit weiteren Geschäftsanteilen.
(2) *Mindestkapital.* Legt die Satzung nach § 8a Abs. 1 GenG ein Mindestkapital fest, muss sie auch regeln, wie zu verfahren ist, wenn Auseinandersetzungsguthaben zunächst nicht ausgezahlt werden können, weil sonst das Mindestkapital unterschritten würde (§§ 8a Abs. 2, 73 Abs. 4 GenG). In Betracht käme eine Regelung, dass später zur Auszahlung freiwerdende Mittel zur Befriedigung nach der Kündigungsreihenfolge oder nach Quoten verwendet werden.
(3) *Beschränkung* der Auszahlung des *Auseinandersetzungsguthabens* nach § 73 Abs. 4 GenG.
(4) Zulassung von *Sacheinlagen* (§ 7a Abs. 3 GenG).
(5) Bei *kleinen Genossenschaften* mit nicht mehr als 20 Mitgliedern kann die Satzung den Vorstand auf ein Mitglied beschränken und auf einen Aufsichtsrat verzichten (§§ 24 Abs. 2 Satz 3 und 9 Abs. 1 Satz 2 und 3 GenG); das dürfte aus Effizienzgründen ratsam sein. Zudem kann der Vorstand an geschäftspolitische Weisungen der Generalversammlung gebunden werden (§ 27 Abs. 1 Satz 3 GenG).

Möglich ist auch eine *kurze Satzung*, die nur wenig mehr als den durch §§ 6, 7 GenG vorgegebenen zwingenden Mindestinhalt enthält (Regeln über Firma, Sitz, Unternehmensgegenstand, Geschäftsanteil und Einzahlungen, Haftsumme und Nachschusspflicht, General- **45**

---
20 V. 17.07.2017, BGBl. 2434.

versammlung, Vorstand, Aufsichtsrat, gesetzliche Rücklage, Form der Bekanntmachung, Begründung und Ende der Mitgliedschaft). Die Satzung kann dann durch eine allgemeine Geschäftsordnung, die die Generalversammlung beschließt, ergänzt werden.[21]

Kurze Satzung

46 M

§ 1 Firma

Die Firma der Genossenschaft lautet ..... eG.

§ 2 Sitz

Der Sitz der Genossenschaft ist .....

§ 3 Zweck und Unternehmensgegenstand

(1) Die Gesellschaft bezweckt, den Erwerb oder die Wirtschaft ihrer Mitglieder durch gemeinschaftlichen Geschäftsbetrieb zu fördern.
(2) Der Gegenstand des Unternehmens ist .....
(3) Die Genossenschaft kann Zweigniederlassungen errichten und sich an anderen Unternehmen beteiligen.
(4) Das Nichtmitgliedergeschäft ist zugelassen.

§ 4 Nachschusspflicht

Die Mitglieder sind nicht verpflichtet, Nachschüsse zu leisten.

§ 5 Geschäftsanteile

(1) Der Geschäftsanteil beträgt ..... €. Er ist sofort nach Benachrichtigung des Mitglieds von seiner Eintragung in die Mitgliederliste in voller Höhe einzuzahlen.
(2) Ein Mitglied kann bis zu ..... weitere Geschäftsanteile übernehmen.

§ 6 Gesetzliche Rücklage

(1) Die gesetzliche Rücklage dient nur dazu, Bilanzverluste zu decken.
(2) In die gesetzliche Rücklage sind mindestens ..... % des Jahresüberschusses zuzüglich eines eventuellen Gewinnvortrages bzw. abzüglich eines eventuellen Verlustvortrages einzustellen bis die Rücklage ..... % der Bilanzsumme/der Summe der Geschäftsanteile erreicht.

§ 7 Mitgliedschaft

(1) Die Mitgliedschaft wird durch schriftliche unbedingte Beitrittserklärung und Zulassung nach den Regeln des Genossenschaftsgesetzes erworben.
(2) Jedes Mitglied kann seine Mitgliedschaft mit einer Frist von[22] ..... zum Ende des Geschäftsjahres schriftlich kündigen.

---

21 S. z.B. die vom Zentralverband deutscher Konsumgenossenschaften publizierte kurze Satzung mit ergänzender Geschäftsordnung, www.genossenschaftsgruendung.de.
22 Mindestens 3 Monate nach § 65 Abs. 2 Satz 1 GenG.

(3) Ein Mitglied kann zum Schluss des Geschäftsjahres aus der Genossenschaft ausgeschlossen werden, wenn es trotz schriftlicher Aufforderung unter Androhung des Ausschlusses seinen satzungsmäßigen, gesetzlichen oder sonstigen Verpflichtungen gegenüber der eG nicht nachkommt, wenn es die Genossenschaft schädigt oder geschädigt hat, wenn es zahlungsunfähig, überschuldet oder insolvent geworden ist, wenn es dauerhaft unbekannt verzogen oder wenn sein Verhalten mit den Interessen der Genossenschaft nicht vereinbar ist.
(4) Über den Ausschluss entscheidet der Vorstand. Gegen dessen Entscheidung kann das Mitglied binnen vier Wochen seit Absendung der Mitteilung über den Ausschluss beim Aufsichtsrat Beschwerde einlegen. Dessen Entscheidung ist abschließend. Gegen sie steht dem Mitglied der ordentliche Rechtsweg offen.
(5) Über den Ausschluss von Vorstands- und Aufsichtsratsmitgliedern entscheidet die Generalversammlung.

§ 8 Generalversammlung

(1) Der Vorstand beruft die Generalversammlung unter Mitteilung der Tagesordnung mit einer Frist von mindestens zwei Wochen ein.
(2) Die Einberufung erfolgt durch unmittelbare Benachrichtigung aller Mitglieder in Textform. Die Einladung gilt als zugegangen, wenn sie mindestens zwei Werktage vor Beginn der Zweiwochenfrist abgesandt worden ist.
(3) Anträge auf Änderungen oder Ergänzungen der Tagesordnung müssen der Genossenschaft spätestens sieben Werktage vor der Versammlung zugehen.
(4) Den Vorsitz in der Generalversammlung führt der Vorstand. Die Generalversammlung kann beschließen, den Vorsitz einem Mitglied der Genossenschaft, einem Vertreter eines Mitgliedsunternehmens oder einem Vertreter des Prüfungsverbandes zu übertragen.

§ 9 Niederschrift

(1) Über die Beschlüsse der Generalversammlung ist eine Niederschrift anzufertigen. Die Niederschriften sind fortlaufend zu nummerieren.
(2) Die Niederschrift enthält den Ort und den Tag der Versammlung, den Namen des Versammlungsleiters sowie Art und Ergebnis der Abstimmungen und Wahlen und die Feststellungen des Versammlungsleiters über die Beschlussfassungen.
(3) Die Niederschrift ist vom Versammlungsleiter, dem Protokollführer und den anwesenden Vorstandsmitgliedern zu unterschreiben. Ihr sind die Belege über die Einberufung als Anlagen beizufügen.
(4) In den Fällen des § 43 Abs. 3 GenG ist nach dieser Vorschrift zu verfahren.
(5) Jedes Mitglied kann jederzeit Einsicht in die Niederschrift nehmen. Jedes Mitglied kann eine Abschrift der Niederschrift verlangen.
(6) Die Niederschrift ist von der Genossenschaft aufzubewahren.

§ 10 Vorstand

(1) Der Vorstand leitet die Genossenschaft unter eigener Verantwortung.
(2) Der Vorstand besteht aus zwei Mitgliedern, die vom Aufsichtsrat für die Dauer von ….. Jahren gewählt werden. Die Amtsdauer beginnt mit der Annahme des Amtes. Wiederwahl ist möglich.
(3) Die Vorstandsmitglieder können vom Aufsichtsrat abberufen werden. Ihr Amt endet mit Ablauf des Kalenderjahres, in dem sie das ….. Lebensjahr erreichen.

(4) Abschluss und Kündigung der Anstellungsverträge der Vorstandsmitglieder obliegen dem Aufsichtsrat.

§ 11 Aufsichtsrat

(1) Die Generalversammlung wählt den Aufsichtsrat. Er besteht aus drei Mitgliedern.
(2) Die Amtsdauer der Aufsichtsratsmitglieder beträgt ..... Jahre. Sie beginnt mit der Annahme des Amtes und endet am Schluss der Generalversammlung, die für das ..... Geschäftsjahr nach der Wahl stattfindet. Wiederwahl ist möglich.
(3) Dem Aufsichtsrat obliegt insbesondere die Überwachung der Geschäftsführung des Vorstands. Er vertritt die Genossenschaft gegenüber den Vorstandsmitgliedern gerichtlich und außergerichtlich.
(4) Der Aufsichtsrat ist bei Teilnahme der Mehrheit seiner Mitglieder an der Abstimmung beschlussfähig.

§ 12 Bekanntmachungen

Die Bekanntmachungen der Genossenschaft werden unter ihrer Firma auf der öffentlich zugänglichen Internetseite/in ..... veröffentlicht. Die Namen der Personen, von denen die Bekanntmachung ausgeht, sind anzugeben. Die Offenlegung des festgestellten Jahresabschlusses erfolgt im Bundesanzeiger.

■ *Kosten:* Vgl. Rdn. 42 M a.E.

VI. Anmeldungen und Anzeigen

47 Die Anmeldungen müssen *elektronisch in öffentlich (notariell) beglaubigter Form* erfolgen (§ 157 GenG). Die Ersteintragung einer eG (§ 11 GenG) müssen sämtliche Vorstandsmitglieder anmelden (§ 157 GenG). Alle anderen Anmeldungen (s. die Aufzählung in § 6 Abs. 2 GenRegVO) erfolgen durch Vorstandsmitglieder in vertretungsberechtigter Zahl (§ 157 GenG), so insbesondere die Anmeldung der Abänderung der Satzung (§ 16 Abs. 5 und 6 GenG), der Errichtung und Aufhebung von Zweigniederlassungen (§ 14 GenG); der Bestellung, des Ausscheidens, der Amtsenthebung von Vorstandmitgliedern oder der Änderung von deren Vertretungsmacht (§ 28 GenG); der Auflösung (§ 78 Abs. 2 GenG); der Verschmelzung (§§ 16, 86 UmwG). Wenn die Form nicht eingehalten wird, ist die Anmeldung zwar wirksam,[23] was im Hinblick auf Fristen bedeutsam ist. Für das weitere Registerverfahren, insbesondere für die Eintragung muss der Formmangel aber durch Nachholen der formgerechten Anmeldung beseitigt werden, da die Form Voraussetzung für den Vollzug der Anmeldung ist. Dazu gibt das Gericht gemäß § 382 Abs. 4 FamFG Gelegenheit.

48 Die *Form der Anmeldung* ist die gleiche wie beim Handelsregister (§ 12 HGB), zuständig ist nur der Notar. Die Beglaubigung der Anmeldung kann als einfaches elektronisches Zeugnis errichtet werden (§§ 39a, 39 BeurkG). – Die Anmeldung durch einen Bevollmächtigten ist ausgeschlossen (§ 6 Abs. 3 GenRegVO), unberührt bleibt aber das Antragsrecht des Notars nach § 378 FamFG.

49 Für sonstige Anzeigen und Erklärungen genügt die Schriftform, auch brauchen die Vorstandsmitglieder nur in vertretungsberechtigter Zahl zu unterschreiben (§ 7 GenRegVO, § 157 GenG).

---

23 OLG Jena NJW-RR 2003, 99, 100.

Erwerbs- und Wirtschaftsgenossenschaften **§ 157**

Anmeldung der Satzung und des Vorstands

An das Amtsgericht ....., Genossenschaftsregister
Zum Genossenschaftsregister melden wir hiermit die am ..... in ..... unter der Firma ..... mit Sitz in ..... gegründete Genossenschaft, ihre Satzung und die folgenden Mitglieder ihres Vorstandes zur Eintragung an:
1) 1. ..... (Vor- und Zuname, Geburtsdatum, Wohnort)
2) 2. ..... (Vor- und Zuname, Geburtsdatum, Wohnort)
3) 3. ..... (Vor- und Zuname, Geburtsdatum, Wohnort)
Die Vorstandsmitglieder sind nur gemeinschaftlich zur Vertretung der Genossenschaft befugt.
Der Anmeldung fügen wir bei:
1. die von den Gründungsmitgliedern unterzeichnete Satzung vom .....,
2. eine Abschrift der Urkunden vom ..... über die Bestellung des Vorstands und des Aufsichtsrats (Protokoll der Gründungsversammlung und ersten Generalversammlung, bei Wahl des Vorstands durch den Aufsichtsrat auch Protokoll der ersten Aufsichtsratssitzung)
3. die Zulassungsbescheinigung des zuständigen Prüfungsverbandes vom ..... und
4. die gutachterliche Äußerung des zuständigen Prüfungsverbandes nach § 11 Abs. 2 Nr. 3 GenG
5. Erlaubnis der Bundesanstalt für Finanzdienstleistungsaufsicht gemäß § 32 KWG vom ..... *[Soweit das Betreiben von Bankgeschäften nach § 32 KWG der Erlaubnis bedarf, dürfen gemäß § 43 Abs. 1 KWG Eintragungen in öffentliche Register nur erfolgen, wenn dem Registergericht die Erlaubnis nachgewiesen ist.]*
Die Geschäftsräume der Genossenschaft befinden sich in ..... (Ort, Straße) *[§§ 1 GenRegVO, 24 Abs. 2 S. 1 HRV].*
..... (Ort), den .....
Unterschriften sämtlicher Vorstandsmitglieder
[notarieller Unterschriftsbeglaubigungsvermerk]

50 M

▪ *Kosten.*
a) Gebühren des Notars: Der Geschäftswert beträgt nach § 105 Abs. 2, 3 Nr. 3 GNotKG 60.000 €. Die Anmeldung zum Genossenschaftsregister ist nach § 111 Nr. 3 GNotKG ein gegenüber der Beurkundung der Satzung besonderer Beurkundungsgegenstand. Nach Nr. 21200, 21201 Nr. 5 KV GNotKG beträgt die Gebühr 0,5 nach Tabelle B, mindestens 30 €. Auslagen nach Nr. 32000 ff. KV GNotKG.
b) Gebühren des Registergerichts: § 58 Abs. 1 Nr. 1 GNotKG verweist auf die HRegGebVO. Nach Nr. 3100 des Gebührenverzeichnisses der HRegGebVO beträgt die Gebühr für die Ersteintragung einer eG 210 €. Nach § 2 Abs. 1 HRegGebVO werden neben der Ersteintragungsgebühr gesonderte Gebühren nur für die Eintragung einer Zweigniederlassung oder einer Prokura erhoben. Auslagen nach Nr. 31000 ff. KV GNotKG.

Einladung zur Generalversammlung

..... Die Mitglieder der Baugenossenschaft Würzburg-Ost eingetragene Genossenschaft in 97080 Würzburg, Bamberger Straße 10, werden hiermit zu der
am Freitag, den ....., 20.00 Uhr (Einberufungsfrist mindestens zwei Wochen, § 46 Abs 1 S. 1 GenG)
im Tagungsraum der Genossenschaft in 97080 Würzburg, Bamberger Str. 10, stattfindenden ordentlichen Generalversammlung eingeladen.

51 M

Tagesordnung:

1. Eröffnung und Begrüßung
2. a) Bericht des Vorstandes über das Geschäftsjahr (Lagebericht),
   b) Vorlage des Jahresabschlusses ….. ,
3. a) Bericht des Aufsichtsrats über seine Kontrolltätigkeit,
   b) Vorlage des Prüfungsberichts des gesetzlichen Prüfungsverbandes und Stellungnahme des Aufsichtsrats hierzu,
4. Beschlussfassung über den Prüfungsbericht,
5. Beschlussfassung über
   a) die Feststellung des Jahresabschlusses,
   b) die Verwendung des Jahresüberschusses/Deckung des Jahresfehlbetrages,
6. Beschlussfassung über die Entlastung
   a) der Mitglieder des Vorstandes für das Jahr ….. ,
   b) der Mitglieder des Aufsichtsrats für dasselbe Jahr,
7. Wahlen zum Vorstand,
8. Wahlen zum Aufsichtsrat,
9. Verschiedenes.

Anträge auf Ergänzung der Tagesordnung müssen der Genossenschaft bis spätestens ….. zugehen. (Entscheidend ist die Möglichkeit, die Frist nach § 46 Abs. 2 GenG wahren zu können).

Als Ausweis gilt die auf den Namen des Mitgliedes ausgestellte Einladung in Verbindung mit dem vorzulegenden Personalausweis. Mitglieder, die eine persönliche Einladung nicht erhielten, weisen sich durch die Vorlage der Mitgliedskarte und des Personalausweises aus. Nur Mitglieder sind stimmberechtigt. Sie erhalten am Saaleingang eine Stimmkarte ausgehändigt.

Das Mitglied soll sein Stimmrecht persönlich ausüben. Das Stimmrecht geschäftsunfähiger und beschränkt geschäftsfähiger natürlicher Personen sowie das Stimmrecht von juristischen Personen wird durch ihre gesetzlichen Vertreter, das Stimmrecht von Personengesellschaften durch zur Vertretung ermächtigte Gesellschafter ausgeübt. Das Mitglied oder sein gesetzlicher Vertreter können in Schriftform Vollmacht erteilen, ein Bevollmächtigter kann aber nicht mehr als zwei Mitglieder vertreten.

Der Lagebericht ….. nebst dem Bericht des Aufsichtsrats und dem Jahresabschluss wird allen Mitgliedern gleichzeitig übersandt. Es wird gebeten, ihn zur Versammlung mitzubringen. Außerdem liegt er zwei Wochen vor der Versammlung in den Geschäftsräumen der Genossenschaft von 9–15 Uhr (montags bis freitags) zur Einsichtnahme durch die Mitglieder aus.

Würzburg, den …..

Der Vorstand:
[Zwei Unterschriften]

■ *Kosten.* Soweit die zu fassenden Beschlüsse keinen bestimmten Geldwert haben, beträgt entsprechend §§ 108 Abs. 1, 105 Abs. 4 Nr. 4 GNotKG der Geschäftswert 30.000 €. Soweit es um Beschlüsse über die Zustimmung zu Rechtsgeschäften geht, ist deren Wert entscheidend (§ 108 Abs. 2 GNotKG). Soweit die Beschlüsse einen bestimmten Geldwert haben, gilt für den Geschäftswert die Höchstgrenze von 5 Mio. € (§ 108 Abs. 5 GNotKG). 0,5 bis 2,0 Gebühren nach Tabelle B gemäß Nr. 24100, 21100 KV GNotKG, wobei wie bisher eine 0,5 Gebühr für den Entwurf der Einladung angemessen ist.

Einladung zu einer weiteren Generalversammlung

Ein Hinweis auf die geringeren Anforderungen an die Beschlussfähigkeit der weiteren Generalversammlung nach Beschlussunfähigkeit der Ersten (s.o. – Rdn. 42 M; § 31 Abs. 3 der Satzung) muss in die Einladung zur zweiten Generalversammlung aufgenommen werden.[24]

52

Einladung zu einer weiteren Generalversammlung

..... Da die auf den ..... einberufene Generalversammlung nicht beschlussfähig war, laden wir die Mitglieder der Baugenossenschaft Würzburg-Ost eG erneut zur Generalversammlung ein. Sie findet statt am Freitag, den ....., 20.00 Uhr, im Tagungsraum der Genossenschaft in 97080 Würzburg, Bamberger Straße 10.
Die Tagesordnung ist die gleiche, wie die in der Einladung vom ..... bekannt gegebene, nämlich .....
Die Versammlung ist ohne Rücksicht auf die Zahl der anwesenden Mitglieder beschlussfähig .....

53 M

- *Kosten.* Wie Rdn. 51 M a.E.

Anmeldung einer Abänderung der Satzung

An das Amtsgericht in ....., Genossenschaftsregister
Zum Genossenschaftsregister Nr ..... .überreichen wir als Vorstand der »Winzergenossenschaft Maikammer eingetragene Genossenschaft« in Maikammer auszugsweise Abschrift der Niederschrift der Generalversammlung mit dem satzungsändernden Beschluss vom ..... und melden folgende Abänderung der Satzung an:
§ 13 S. 1 lautet: »Der Geschäftsanteil jedes Mitglieds wird auf 500 € festgesetzt.«
§ 4 lautet: »Die Haftsumme beträgt für jeden Geschäftsanteil 500 €.«
Beigefügt ist der vollständige Wortlaut der Satzung, der mit der Erklärung des Vorstands versehen ist, dass die geänderten Satzungsbestimmungen mit dem Beschluss über die Satzungsänderung und die unveränderten Bestimmungen mit dem zuletzt zum Register eingereichten vollständigen Wortlaut der Satzung übereinstimmen.
Maikammer, den .....

54 M

Der Vorstand
der »Winzergenossenschaft Maikammer
eingetragene Genossenschaft«
Hans Wunder
Erich Bock
Clemens Hecker
Walter Hoffmann

[notarieller Unterschriftsbeglaubigungsvermerk]

Es bedarf der Anmeldung durch Vorstandsmitglieder in vertretungsberechtigter Zahl (§ 157 GenG). Die Notwendigkeit, den vollständigen Satzungswortlaut mit der Erklärung des Vorstands über die Übereinstimmung des Wortlauts mit den veränderten und unver-

---

24 BGH NJW 1962, 349 = DNotZ 1962, 416.

änderten Satzungsteilen beizufügen (konsolidierte Fassung), ergibt sich aus § 16 Abs. 5 Satz 2 GenG.

■ *Kosten.* Notargebühren: Der Geschäftswert beträgt nach § 105 Abs. 4 Nr. 4 GNotKG 30.000 € für die Anmeldung. Die Anmeldung zum Genossenschaftsregister ist nach § 111 Nr. 3 GNotKG ein gegenüber der Beurkundung der Satzungsänderung besonderer Beurkundungsgegenstand. Nach Nr. 21200, 21201 Nr. 5 KV GNotKG beträgt die Gebühr 0,5 nach Tabelle B, mindestens 30 €. Soweit der Notar den konsolidierten Wortlaut der Satzung herstellt, handelt es sich um ein kostenfreies Nebengeschäft.[25] Der Wert der Beurkundung der Satzungsänderung selbst hängt von deren Gegenstand ab. Dabei ist die Satzungsänderung selbst und der Beschluss darüber gemäß § 109 Abs. 2 Nr. 4a) GNotKG derselbe Beurkundungsgegenstand. Bei Beurkundung von Beschlüssen über Satzungsänderungen mit bestimmtem wirtschaftlichem Wert ist dieser maßgeblich, wobei der Höchstgeschäftswert 5 Mio. € beträgt (§ 108 Abs. 1 Satz 1, Abs. 5 GNotKG). Maßgeblich ist im Beispiel die Summe der sich ergebenden Erhöhung (oder Ermäßigung) der Haftsumme insgesamt. Bei Beurkundung von Beschlüssen über Satzungsänderungen ohne bestimmten wirtschaftlichen Wert beträgt der Geschäftswert 30.000 € (§§ 108 Abs. 1 Satz 1, 105 Abs. 4 Nr. 4 GNotKG). Nach Nr. 21100 KV GNotKG beträgt die Gebühr 2,0 nach Tabelle B, mindestens 120 €.

Gebühren des Registergerichts: Nach § 58 Abs. 1 Nr. 1 GNotKG, Nr. 3500, 3502 des Gebührenverzeichnisses der HRegVO beträgt die Gebühr 110 € für die Eintragung einer Tatsache und 60 € für die Eintragung einer weiteren Tatsache mit wirtschaftlicher Bedeutung.

Anmeldung der Änderung des Vorstands

55 Anmeldepflichtig sind die Vorstandsmitglieder in vertretungsberechtigter Zahl (§§ 157, 160 Abs. 1 Satz 1, 28 GenG). Das neu bestellte Vorstandsmitglied muss daher je nach Vertretungsregelung an der Anmeldung nicht zwingend mitwirken. Ebenso wenig ist die Mitwirkung des ausgeschiedenen Vorstandsmitglieds notwendig.

Vorstandsänderung

56 M An das Amtsgericht in …..,
– Genossenschaftsregister –
Zum Genossenschaftsregister Nr. ….. überreichen wir als Vorstand der »Raiffeisenbank Tettenborn eingetragene Genossenschaft« eine auszugsweise Abschrift der Niederschrift der Generalversammlung vom ….., worin die Amtsniederlegung eines Vorstandsmitglieds und die Wahl eines neuen enthalten ist, der das Amt angenommen hat, und melden gemäß § 28 GenG an:
1. Aus dem Vorstand ist ausgeschieden: Robert Matthiessen, geb. am 20.10.1964, Schuhstr. 12, 37441 Bad Sachsa,
2. in den Vorstand ist gewählt und hat die Wahl angenommen: Karl Münemann, geb. 27.03.1957, Talstr. 31, 37441 Bad Sachsa.
Bad Sachsa, den …..

Der Vorstand
der »Raiffeisenbank Tettenborn
eingetragene Genossenschaft«
Karl Cyriax

---

25 Vgl. Vorbem. 2.1 Abs. 2 Nr. 4 KV GNotKG sowie Leipziger-GNotKG/*Heinze*, § 107 Rn. 64 zur Notarbescheinigung bei AG und GmbH, deren es bei der eG nicht bedarf, da nach § 16 Abs. 5 Satz 2 GenG der Vorstand und nicht der Notar den vollständigen Satzungswortlaut zu erklären hat.

Ludwig Eiling
Karl Münemann
[notarieller Unterschriftsbeglaubigungsvermerk]

■ *Kosten.* Notar: § 105 Abs. 4 Nr. 4 GNotKG: Geschäftswert 30.000 €. Nach Nr. 21201, 21200 KV GNotKG beträgt die Gebühr 0,5, mindestens 30 €. Gerichtsgebühren: Nach § 58 Abs. 1 Nr. 1 GNotKG, Nr. 3500, 3501 des Gebührenverzeichnisses der HRegVO beträgt die Gebühr 110 € für die Eintragung einer Tatsache und 60 € für die Eintragung jeder weiteren Tatsache mit wirtschaftlicher Bedeutung.

Schriftliche Beitrittserklärung zu einer eingetragenen Genossenschaft mit beschränkter/ unbeschränkter Nachschusspflicht

Vor Abgabe der Beitrittserklärung, die der Schriftform bedarf und unbedingt erfolgen muss (§ 15 Abs. 1 Satz 1 GenG), ist dem Antragsteller ein Exemplar der aktuellen Satzung zur Verfügung zu stellen (§ 15 Abs. 1 Satz 2 GenG). Familienname, Vorname und Anschrift (bei juristischen Personen und Personenhandelsgesellschaften Firma und Anschrift) sowie die Zahl der übernommenen weiteren Geschäftsanteile (§ 30 Abs. 2 GenG) sind in die Liste der Mitglieder einzutragen und deshalb auch in der Beitrittserklärung aufzuführen. Erst nach Zulassung des Beitritts (§ 15 Abs. 1 GenG) entsteht die Mitgliedschaft. Bei Minderjährigen bedarf der Beitritt der Zustimmung des gesetzlichen Vertreters. Beim Beitritt zu einer *eG ohne Nachschusspflicht* entfällt die Verpflichtungserklärung bezüglich der Nachschüsse (s. zum Inhalt der Beitrittserklärung § 15a GenG).

Beitrittserklärung

Franz Wiegand
Hambacher Str. 5
67487 Maikammer
An den Vorstand der »Winzergenossenschaft Maikammer eG« in Maikammer
Ich erkläre meinen Beitritt zur »Winzergenossenschaft Maikammer eingetragene Genossenschaft« in Maikammer und beteilige mich mit ..... weiteren Geschäftsanteilen, insgesamt mit ..... Geschäftsanteilen.
Ich verpflichte mich, die nach Gesetz und Satzung geschuldeten Einzahlungen auf den Geschäftsanteil/die Geschäftsanteile, insgesamt ..... €, zu leisten und der Genossenschaft die zur Befriedigung ihrer Gläubiger erforderlichen Nachschüsse bis zu der in der Satzung festgesetzten Haftsumme von 500 € pro Geschäftsanteil/ohne Beschränkung auf eine bestimmte Haftsumme zu zahlen.
Die Genossenschaft hat mir vor der Abgabe dieser Beitrittserklärung ein Exemplar der Satzung in der aktuell geltenden Fassung zur Verfügung gestellt.
Maikammer, den .....

                     Franz Wiegand, Winzer

■ *Kosten.* Dass einzelne Mitglieder eine Beitrittserklärung beim Notar formulieren oder beurkunden lassen, dürfte äußerst selten vorkommen. Sollte das doch vorkommen gilt § 97 Abs. 1, Abs. 3 GNotKG, so dass der Wert des Rechtsverhältnisses entscheidet, also die Summe der geschuldeten Einzahlungen auf die Geschäftsanteile. Nach Nr. 21200 KV GNotKG beträgt die Gebühr 1,0 nach Tabelle B, mindestens 60 €. Sofern ein Eintrittsformular für eine Genossenschaft entworfen wird, handelt es sich um eine Beratung nach Nr. 24200 KV GNotKG, so dass die Gebühr 0,3 bis 1,0 nach Tabelle B beträgt. Wegen der geringen Schwierigkeit erscheint eine 0,3 – Gebühr angemessen. Der Gegenstandswert ist mangels anderer Anhaltpunkte gemäß § 36 Abs. 1 GNotKG nach billigem Ermessen zu bestimmen und sollte sich m.E. an dem Wert der durch die Beitritte des nächsten Jahres voraussichtlich hinzukommenden Geschäftsanteile orientieren.

Kündigung durch ein Mitglied

59 Die schriftliche Kündigung der Mitgliedschaft (§ 65 GenG) muss mindestens 3 Monate vor Schluss des Geschäftsjahres schriftlich eingereicht werden. Das Ausscheiden ist nach § 69 GenG unverzüglich in die Mitgliederliste einzutragen und das Mitglied davon zu benachrichtigen. Nach Beendigung der Mitgliedschaft erfolgt die Auseinandersetzung in der Regel durch Auszahlung des Geschäftsguthabens (§ 73 GenG).

Kündigung der Mitgliedschaft

60 M An den Vorstand der »Winzergenossenschaft Maikammer eG« in Maikammer
Ich bin unter Nr. 101 in die Liste der Genossen der »Winzergenossenschaft Maikammer eG« eingetragen. Ich erkläre zum Schluss des mit dem 31. Dezember ..... endenden Geschäftsjahres meinen Austritt.
Maikammer, den .....

Werner Lang, Winzer
in Maikammer, Neustädter Str. 7

■ *Kosten.* Die Ausführungen zu Rdn. 58 M a.E. gelten entsprechend. Maßgebend ist der Wert des Geschäftsguthabens des/der Ausscheidenden.

Kündigung einzelner Geschäftsanteile

61 Werden lediglich einer oder mehrere weitere Geschäftsanteile gekündigt, ist ebenfalls Schriftform erforderlich (§ 67b GenG), wobei ebenfalls eine Frist von 3 Monaten zum Schluss des Geschäftsjahres einzuhalten ist (entsprechend § 65 Abs. 2 GenG). Nach Maßgabe des § 69 GenG erfolgt die Eintragung in die Mitgliederliste. Die Auseinandersetzung richtet sich nach § 73 GenG.

Kündigung einzelner Geschäftsanteile

62 M An den Vorstand der Volksbank Jever eingetragene Genossenschaft in Jever.
Ich bin mit 6 Geschäftsanteilen von je 500 € an der Volksbank Jever eG beteiligt. Die Pflichtbeteiligung beträgt einen Geschäftsanteil.
Ich kündige zum Schluss des am ..... endenden Geschäftsjahres die Beteiligung für 4 Geschäftsanteile, so dass ich noch mit weiteren 2 Geschäftsanteilen beteiligt bleibe.
Jever, den .....

Karl Kruse, Kaufmann

■ *Kosten.* S. Rdn. 60 a.E. und 58 a.E. Maßgebend ist der Wert der betroffenen Geschäftsanteile.

Kündigung durch einen Gläubiger eines Mitglieds § 66 GenG

63 Eine beglaubigte Abschrift des nicht nur vorläufig vollstreckbaren (rechtskräftigen) Schuldtitels und der Urkunde über die fruchtlose Zwangsvollstreckung (nicht notwendigerweise

des kündigenden Gläubigers) müssen einer der Pfändung und Überweisung des Auseinandersetzungsguthabens folgenden Kündigung des Gläubigers beigefügt werden (§ 66 Abs. 2 GenG). Die fruchtlose Zwangsvollstreckung muss innerhalb der letzten 6 Monate vor dem Wirksamwerden der Pfändung und Überweisung versucht worden sein.[26]

Kündigung der Mitgliedschaft durch Gläubiger

64 M

Osterode (Harz), den. . .
An den Vorstand der Raiffeisenbank Tettenborn eG in Tettenborn.
Wir kündigen die Mitgliedschaft des Landwirts Oskar Schwarz in Tettenborn bei Ihrer Genossenschaft zum Schluss des mit dem 31. Dezember ..... endenden Geschäftsjahres.
Oskar Schwarz schuldet uns aus dem rechtskräftigen Urteil des Amtsgerichts Osterode vom ..... – 2 C ..... – 1.960 € nebst 6 v.H. Zinsen seit ..... Die am ..... versuchte Zwangsvollstreckung in das bewegliche Vermögen des Schuldners ist fruchtlos geblieben. Durch Beschluss des Amtsgerichts Herzberg vom ..... ist das dem Schuldner bei der Auseinandersetzung mit Ihrer Genossenschaft zustehende Guthaben gepfändet und uns zur Einziehung überwiesen worden.
Wir überreichen beglaubigte Abschriften des vorstehenden Urteils und des Protokolls des Obergerichtsvollziehers Halbmeier in Herzberg vom ..... über die fruchtlose Vollstreckung und des obigen Pfändungs- und Überweisungsbeschlusses.
Carsten & Merten, Maschinenhandlung

■ *Kosten.* Der Geschäftswert richtet sich nach dem Geschäftsguthaben, § 97 Abs. 1 GNotKG; 1,0 Gebühr (mindestens 60 €) nach Nr. 21200 KV GNotKG.

Anmeldung der Auflösung und der Liquidatoren

Die ersten Liquidatoren sind nach h.M. in Übereinstimmung mit dem Gesetzeswortlaut noch durch den Vorstand anzumelden (§§ 78 Abs. 2, 84 Abs. 1 Satz 1 GenG, § 20 Abs. 1 Nr. 1 GenRegVO). – Sind die Vorstandsmitglieder Liquidatoren, gilt die satzungsmäßige Vertretungsregelung für den Vorstand. Sind andere Personen als Liquidatoren berufen, gilt Gesamtvertretung, es sei denn bei ihrer Bestellung wird eine abweichende Regelung getroffen (§ 85 Abs. 1 GenG). Die Anmeldung erfolgt elektronisch in öffentlich beglaubigter Form durch Vorstandsmitglieder bzw. Liquidatoren in vertretungsberechtigter Zahl (§ 157 GenG). **65**

Anmeldung der Auflösung und Liquidatoren

66 M

An das Amtsgericht in ....., Genossenschaftsregister
Zum Genossenschaftsregister Nr. ..... überreichen wir als Vorstand der »Wiesenbau-Genossenschaft Wiesenfeld eingetragene Genossenschaft« eine Abschrift des Protokolls der Generalversammlung vom ....., worin die Auflösung der Genossenschaft, die Wahl der Liquidatoren und ihre Vertretungsbefugnis enthalten ist, und melden an:
1. Die Genossenschaft ist durch den Beschluss der Generalversammlung vom ..... aufgelöst.
2. Zu Liquidatoren sind bestellt worden:

---

26 Lang/Weidmüller/*Schulte*, GenG, § 66 GenG Rn. 5; Pöhlmann/Fandrich/Bloehs/*Fandrich*, § 66 GenG Rn. 7.

a) Viehhändler Wilhelm Wandsieb, geb. am 13.11.1972,
b) Landwirt Ernst Lindemann, geb. am 30.05.1968, beide in Wiesenfeld.
3. Die Liquidatoren vertreten gemeinsam.
Wiesenfeld, den .....

Der Vorstand
der »Wiesenbau-Genossenschaft eingetragene
Genossenschaft in Liquidation«
Erich Kramer Heinrich Koch Ludwig Nickel
– notarieller Unterschriftsbeglaubigungsvermerk –

■ *Kosten.* Notar: Geschäftswert nach § 105 Abs. 4 Nr. 4 GNotKG 30.000 €. Nach Nr. 21200, 21201 Nr. 5 KV GNotKG eine 0,5 Gebühr nach Tabelle B, mindestens 30 €. Registergericht: Nach § 58 Abs. 1 Nr. 1 GNotKG, Nr. 3500, 3501 des Gebührenverzeichnisses der HReg-GebVO beträgt die Gebühr 110 € für die Eintragung einer Tatsache und 60 € für die Eintragung jeder weiteren Tatsache mit wirtschaftlicher Bedeutung.

VII. Besteuerung

Besteuerung von Erwerbs- und Wirtschaftsgenossenschaften

67 Als juristische Personen sind Erwerbs- und Wirtschaftsgenossenschaften wie Kapitalgesellschaften der Besteuerung unterworfen.[27] Grundsätzlich sind sie nach § 1 Abs. 1 Nr. 2 KStG unbeschränkt körperschaftsteuerpflichtig und unterliegen nach § 2 Abs. 2 GewStG der Gewerbesteuer. Ihre Lieferungen und sonstigen Leistungen sind gemäß § 2 UStG umsatzsteuerpflichtig und unterliegen den für die jeweilige Lieferungs- und Leistungsart geltenden, evtl. ermäßigten Steuersätzen gemäß § 12 Abs. 1, 2 UStG. Da die Erwerbs- und Wirtschaftsgenossenschaft nach § 2 Abs. 2 GewStG als Gewerbebetrieb gilt, ist eine Besteuerung nach Durchschnittssätzen für land- und forstwirtschaftliche Betriebe gemäß § 24 Abs. 2 Satz 3 UStG nicht zulässig.

68 Gemeinnützige Genossenschaften, die steuerbegünstigte Zwecke i.S.d. §§ 51 ff. AO verfolgen, sind von der Körperschaftsteuer (§ 5 Abs. 1 Nr. 9 KStG) und von der Gewerbesteuer (§ 3 Abs. 1 Nr. 6 GewStG) befreit, allerdings ist die Steuerbefreiung ausgeschlossen soweit ein wirtschaftlicher Geschäftsbetrieb unterhalten wird. Der ermäßigte Steuersatz bei der USt gilt nach § 12 Abs. 2 Nr. 8a Satz 2 UStG ebenfalls nur, wenn die Leistungen nicht im Rahmen eines wirtschaftlichen Geschäftsbetriebs ausgeführt werden.

69 Aus Gründen der Steuergerechtigkeit und mit Rücksicht auf die gesellschaftsrechtlichen Eigenarten der Genossenschaften gelten weitere begünstigende Sondervorschriften für bestimmte Genossenschaften:

Von der Körperschaftsteuer befreit sind:

70 a) land- und forstwirtschaftliche Nutzungs- und Verwertungsgenossenschaften, aber nur dann, wenn sich ihr Geschäftsbetrieb auf die in § 5 Abs. 1 Nr. 14 KStG genannten Tätigkeiten aus dem land- und forstwirtschaftlichen Bereich beschränkt und sich nicht über den Kreis der Mitglieder hinaus erstreckt;[28]

71 b) Wohnungsgenossenschaften, sofern sie Wohnungen herstellen oder erwerben und sie ihren Mitgliedern zum Gebrauch überlassen (§ 5 Abs. 1 Nr. 10 KStG).

---

27 Eingehend zum Steuerrecht der Genossenschaften Beuthien/Dierkes/Wehrheim/*Wehrheim*, Die Genossenschaft, 2008, S. 113–154; Beck'sches Hdb Genossenschaft/*Helios/Höink*, 2009, §§ 9 und 10.
28 S. R 5.11 – R 5.17 KStR 2015.

Diese besonderen Genossenschaften sind unter den Voraussetzungen des § 3 Nr. 14 bzw. Nr. 15 GewStG von der Gewerbesteuer befreit, Befreiungen bestimmter Genossenschaften enthalten auch § 3 Nr. 8 und 12 GewStG.

Aufwand im Zusammenhang mit dem Eintritt von Mitgliedern ist nach § 3c EStG nicht abzugsfähig, soweit die Eintrittsgelder nach § 8 Abs. 5 KStG steuerfrei sind.[29]

Im Gegensatz zu allen anderen der Körperschaftssteuer unterliegenden juristischen Personen sind Rückvergütungen an die Genossenschaftsmitglieder Betriebsausgaben und schmälern damit den zu versteuernden Gewinn; der Gewerbeertrag und damit die Gewerbesteuer ist ebenso verringert. Die Rückvergütung folgt aus der der Genossenschaft gesetzlich obliegenden Aufgabe, ihre Mitglieder zu fördern und den Geschäftsbetrieb der Genossenschaft nicht hauptsächlich auf die Erzielung von Gewinn zu richten (§ 1 GenG). Da im Geschäft mit den Mitgliedern kein Überschuss erzielt werden sollte, wird ein solcher ihnen mit der Rückvergütung steuerneutralisierend zurückerstattet. Voraussetzung nach § 22 KStG ist, dass der Überschuss aus dem Mitgliedergeschäft nach der Höhe des Umsatzes (Waren- bzw. Dienstleistungsbezuges) nach einem für alle Mitglieder gleichen Prozentsatz des Umsatzes zurückgewährt wird.[30]

Beim Empfänger stellt die Rückvergütung je nach Art der Genossenschaft Einkünfte aus Land- und Forstwirtschaft oder aus Gewerbebetrieb dar, wenn der Anteil zum Betriebsvermögen gehört; sie ist jedoch steuerfrei, wenn der Genossenschaftsanteil im Privatvermögen des Empfängers ist. Soweit jedoch die Rückvergütung nicht die in R 70 KStH 2008 dargestellten Voraussetzungen erfüllt, liegt eine verdeckte Gewinnausschüttung vor.

Nach § 25 Abs. 1 KStG haben Erwerbs- und Wirtschaftsgenossenschaften im Bereich der Land- und Forstwirtschaft unter bestimmten Voraussetzungen für die ersten 10 Jahre ab Gründung einen jährlichen Freibetrag von 15.000 €.

VIII. Europäische Genossenschaft

Mit der Verordnung Nr. 1435 des Rates vom 22.07.2003 über das Statut der Europäischen Genossenschaft (SCE-VO)[31] wurde die Europäische Genossenschaft geschaffen. Ihre Gründer müssen aus mindestens zwei verschiedenen Mitgliedsstaaten stammen, möglich ist auch eine Gründung im Wege der Verschmelzung oder Umwandlung (zu Einzelheiten s. Art. 2 SCE-VO). Das Mindestkapital beträgt 30.000 € (Art. 3 SCE-VO), das Grundkapital der SCE ist in Geschäftsanteile zerlegt (Art. 1 II SCE-VO). Die Mindestbestandteile der Satzung ergeben sich aus Art. 5 SCE-VO. Die SCE unterliegt zunächst der SCE-VO, dann in absteigender Rangfolge ihrem Satzungsrecht, den besonderen nationalen Vorschriften zur SCE (SCE-Ausführungsgesetz[32]) und schließlich dem nationalen Genossenschaftsrecht (Art. 8 SCE-VO). Die Organstruktur besteht aus der Generalversammlung und einem Aufsichts- und Leitungsorgan (dualistisches System) oder einem Verwaltungsorgan (monistisches System), Art. 36 ff. SCE-VO. Im Einzelnen muss zur in der Praxis nur ganz vereinzelt vorkommenden SCE auf die Spezialliteratur verwiesen werden.[33]

---

29 S. H 8.11 KStH 2015.
30 S. R 22 KStR 2015.
31 ABl. EU 2003 L 207/1.
32 Vom 14.08.2006, BGBl. I S. 1911.
33 Eine Mustersatzung findet sich bei *Korts*, Die Europäische Genossenschaft, 2007. Kurze Darstellung des Rechts der SCE bei Beuthien/Dierkes/Wehrheim/*Schöpflin*, Die Genossenschaft, 2008, S. 98–109; ausführliche Gesamtdarstellung: *Schulze*, Europäische Genossenschaft SCE, Handbuch, 2004; Kommentierung der SCE-VO bei *Beuthien*, GenG; Lang/Weidmüller/*Schaffland*/Schulte, GenG, Einf. Rn. 44 ff. sowie passim jeweils am Schluss der Kommentierung der Vorschriften des GenG.

§ 158 Internationales Gesellschaftsrecht[1]

Literatur: *Becker*, Das IPR der GmbH-Anteilsübertragung unter Lebenden, notar 2015, 60; *Bischoff*, in: Kölner Handbuch Gesellschaftsrecht, 3. Aufl., 2017, Kapitel 9; *Flick/Piltz*, Der Internationale Erbfall, 2. Aufl., 2008; *Hirte/Bücker*, Grenzüberschreitende Gesellschaften, 2. Aufl., 2006; *Kindler*, in: Münchener Kommentar zum BGB, Band 11, Internationales Gesellschaftsrecht, 7. Aufl., 2018; *Kraft*, in: Wachter, Praxis- des Handels- und Gesellschaftsrechts, 4. Aufl. 2018, § 16 Internationales und europäisches Gesellschaftsrecht; *Langhein*, Kollisionsrecht der Registerurkunden, 1994; *Mödl*, Die ausländische Kapitalgesellschaft in der notariellen Praxis, RNotZ 2008, 1; *Pfeiffer*, Vollmacht und Vertretungsnachweis in deutschen Handelsregisterverfahren, Rpfleger 2012, 240; *Reithmann/Martiny*, Internationales Vertragsrecht, 8. Aufl., 2015; Würzburger Notarhandbuch/*Heggen*, Teil 7 Kapitel 6, 5. Aufl., 2018; *Schaub*, in: Bauer/v. Oefele, Grundbuchordnung, *Süß/Wachter*, Handbuch des internationalen GmbH-Rechts, 3. Aufl., 2016; *Süß*, in: Gesellschaftsrecht in der Notar- und Gestaltungspraxis, §§ 19, 20, 2017; *Suttmann*, Zum grundbuchlichen Nachweis der Vertretungsbefugnis bei ausländischen Gesellschaften, notar 2014, 273; *Wall*, in: Hausmann/Odersky, Internationales Privatrecht in der Notar- und Gestaltungspraxis, 3. Auflage 2016, § 18.

I. Einführung

1. Gegenstand des internationalen Gesellschaftsrechts

1 Bei Beteiligung einer ausländischen Gesellschaft an einem Rechtsgeschäft in Deutschland, etwa dem Erwerb eines Grundstücks, der Gründung einer Tochtergesellschaft oder Errichtung einer Zweigniederlassung, stellt sich die Frage, ob diese Gesellschaft überhaupt aus Sicht des deutschen Rechts rechtsfähig ist und welchem Recht diese Gesellschaft untersteht.[2] Das internationale Gesellschaftsrecht hat als Teil des IPR die Aufgabe, die Rechtsordnung zu bestimmen, nach der die gesellschaftsrechtlichen Beziehungen in grenzüberschreitenden Sachverhalten zu beurteilen sind. Diese Rechtsordnung wird gemeinhin als »Gesellschaftsstatut« bezeichnet. Sie bestimmt die Voraussetzungen, unter welchen die Gesellschaft »entsteht, lebt und vergeht«.[3] Das Gesellschaftsstatut betrifft sowohl die Innen- als auch die Außenbeziehungen der Gesellschaft, also etwa auch das Haftungsregime. Gesellschaft im Sinne des internationalen Gesellschaftsrechts meint sowohl juristische Personen als auch Personengesellschaften. (Zum Gesellschaftsstatut II., Rdn. 3 ff.).

2. Aufbau

2 Die Beteiligung ausländischer Gesellschaften wird für den Notar in einer ganzen Reihe von Einzelfragen relevant, von denen ausgewählte dargestellt werden sollen (dazu Rdn. 22 ff.) Von besonderer Bedeutung für die notarielle Praxis ist die Prüfung der Existenz und ordnungsgemäßen Vertretung ausländischer Gesellschaften, vor allem im Grundbuch und Registerverkehr (dazu Rdn. 56 ff.). Schließlich stellt sich die Frage, ob das deutsche Beurkundungserfordernis auch durch eine Beurkundung im Ausland gewahrt werden kann (dazu V.).

---

1 Der Text beruht im Wesentlichen auf den Ausführungen des früh verstorbenen hamburgischen Notars Dr. *Gerd H. Langhein*, in dessen Händen die Bearbeitung dieses Kapitels bis zur 4. Auflage lag. Der Neubearbeiter dankt dem Bruder und Testamentsvollstrecker *Gerd Langheins* für die Zustimmung, den Text fortführen zu können.
2 Wachter/*Kraft*, § 16 Rn. 1.
3 BGHZ 25, 134, 144 = NJW 1957, 1433.

II. Das Gesellschaftsstatut

1. Bestimmung des Gesellschaftsstatuts

a) Keine Kodifikation des Gesellschaftsstatuts

Die Bestimmung des Gesellschaftsstatuts richtet sich nach dem nationalen Kollisionsrecht. Das deutsche IPR enthält jedoch keine kodifizierte Kollisionsnorm. Art. 1 Abs. 2 f. Rom I-VO (ABl. EU Nr. L 177, 6) nimmt »Fragen betreffend das Gesellschaftsrecht, das Vereinsrecht und das Recht der juristischen Personen« ausdrücklich aus dem Anwendungsbereich der Kollisionsnormen für vertragliche Schuldverhältnisse heraus. Das Gesellschaftskollisionsrecht wurde daher in Rechtsprechung und Literatur entwickelt, wobei sich im Kern die Sitz- und die Gründungstheorie gegenüberstehen.[4]

Das Bundesjustizministerium hatte Anfang 2008 einen Referentenentwurf zur Reform des internationalen Gesellschaftsrechts zur Diskussion gestellt. Im Wesentlichen wurde die gesetzliche Festschreibung der Gründungstheorie für alle Auslandsgesellschaften vorgeschlagen.[5] Wegen der Finanzkrise wurde das Vorhaben zunächst nicht weiter vorangetrieben. Aktuell ist nicht damit zu rechnen, dass in absehbarer Zeit ein Regierungsentwurf vorgelegt wird.

b) Vorrangige Staatsverträge

Nach Art. 3 Abs. 2 Satz 1 EGBGB gehen Regelungen in völkerrechtlichen Vereinbarungen, soweit sie unmittelbar anwendbares innerstaatliches Recht geworden sind, den nationalen kollisionsrechtlichen Regelungen vor. Dieser Vorrang gilt auch für ungeschriebene Regeln des Kollisionsrechts. Das in der Praxis wichtigste Abkommen ist der Freundschafts-, Handels- und Schifffahrtsvertrag zwischen der Bundesrepublik Deutschland und den Vereinigten Staaten vom 20.10.1954.[6] Danach sind in einem Staat der USA errichtete Gesellschaften in Deutschland auf der Grundlage der Gründungstheorie anzuerkennen. Umstritten ist, ob und inwieweit die Gesellschaft außer der Gründung eine tatsächliche Bindung (sog. »genuine link«) zum Gründungsstaat unterhalten muss.[7] Jedenfalls im Verhältnis zu den USA haben verschiedene Senate des BGH minimale Verbindungen, wie etwa einen Telefonanschluss in den USA, genügen, lassen.[8]

c) EuGH: Gründungstheorie für Gesellschaften mit Sitz innerhalb EU und EWR

Mangels kodifizierter Kollisionsnorm ist – soweit nicht eine völkerrechtliche Vereinbarung besteht – das Gesellschaftsstatut mit dem durch die Rechtsprechung und Literatur herausgearbeiteten ungeschriebenen Kollisionsrecht zu ermitteln. Nach der (früher) in Rechtsprechung und großen Teilen der Literatur h.M. ist das Gesellschaftsstatut an den tatsächlichen Verwaltungssitz der Gesellschaft anzuknüpfen (»Sitztheorie«).[9] Für eine hauptsächlich im Inland tätige Gesellschaft bedeutet dies, dass sie nicht nur nach den Erfordernissen ihres Gründungslandes errichtet worden sein muss, sondern auch die Vorschriften des inländischen Rechts einzuhalten hat.[10] Der Sitztheorie gegenüber steht die Gründungstheorie, nach

---

4 Ausführlich MüKoBGB/*Kindler*, IntGesR Rn. 351.
5 Zum Entwurf nebst krit. Anm. aus notarieller Sicht vgl. die Stellungnahme des DNotV, notar 2008, 39 ff.; allgemein *Franz*, BB 2009, 1250 ff.; Reithmann/Martiny/*Hausmann*, Rn. 5077 ff. m.w.N.
6 BGBl. 1956 II S. 487.
7 Z.B. OLG Düsseldorf NJW 1995, 1124 f; ausführlich MüKoBGB/*Kindler*, IntGesR Rn. 333 f.
8 BGH DNotZ 2005, 141; MüKoBGB/Kindler, IntGesR Rn. 342 ff. m.w.N.
9 BGHZ 97, 271; 118, 167; BGH NJW 1995, 1032; 1996, 55; 1997, 658. Zur Bestimmung des Sitzes Rn. 11.
10 Wachter/*Kraft*, Praxis des Handels- und Gesellschaftsrechts, § 16 Rn. 7.

der auf die Gesellschaft stets das Gesellschaftsrecht nur desjenigen Staates anzuwenden ist, nach welchem die Gesellschaft errichtet worden ist.[11] Der Gründungstheorie folgen überwiegend die angloamerikanischen Rechtsordnungen.[12]

6 In diesen klassischen Meinungsstreit des deutschen internationalen Gesellschaftsrechts ist zunächst durch die sog. »Centros«-Entscheidung des EuGH vom 09.03.1999[13] erhebliche Bewegung gekommen. In dieser Entscheidung hielt der EuGH es für gemeinschaftswidrig (Verstoß gegen die Niederlassungsfreiheit), dass das ansonsten der Gründungstheorie folgende dänische Recht für den Fall der Eintragung einer Zweigniederlassung einer ausländischen Gesellschaft eine Regelung zum Schutze der Umgehung inländischen Gesellschafts- und Steuerrechts ähnlich der Sitztheorie enthielt.

7 Eine gewisse Zäsur stellte in dieser Diskussion die Entscheidung des 2. Zivilsenates des BGH vom 01.07.2002 (»Jersey«)[14] dar, nach der eine Scheinauslandsgesellschaft jedenfalls kein rechtliches »nullum«, sondern je nach tatsächlichen Voraussetzungen als Personengesellschaft (oHG, GbR) rechts- und parteifähig sei.[15]

8 Aufgrund einer BGH-Vorlage erging sodann das »Überseering«-Urteil des EuGH vom 05.11.2002.[16] Der EuGH entschied, dass es einen Verstoß gegen die Niederlassungsfreiheit gem. Art. 43, 48 EGV (jetzt Art. 49, 54 AEUV) bedeute, einer Gesellschaft, die in einem Mitgliedstaat gegründet worden ist, in einem anderen Mitgliedstaat die Rechts- und Parteifähigkeit abzusprechen, weil sie ihren Sitz dorthin verlegt hat. In der Literatur war die Beurteilung der Konsequenzen von »Überseering« höchst strittig.

9 Endgültige Klarheit brachte dann der EuGH mit der Entscheidung »Inspire Art«:[17] Konsequenz der EuGH-Rechtsprechung ist, dass die Sitztheorie jedenfalls insoweit nicht aufrechterhalten werden kann, als Gesellschaften mit Sitz in einem Mitgliedstaat der EU betroffen sind.[18] Der BGH hat die EG-Rechtslage auf die EWR/EFTA-Staaten (Island, Liechtenstein und Norwegen) erstreckt.[19] Nach einer Entscheidung des OLG Hamm sollte dies auch für die Schweiz gelten; der BGH verneint dies jedoch, da die Schweiz zwar EFTA-Mitglied, nicht aber Mitglied des EWR-Abkommens ist.[20] Noch nicht abschließend geklärt ist die Geltung der Gründungstheorie für Gesellschaften, die in einem außereuropäischen Land gegründet wurden, das mit Dänemark, Frankreich, den Niederlanden und dem Vereinigten Königreich besondere Beziehungen unterhält (überseeische Gebiete der EU, Art. 198 Abs. 1 AEUV).[21]

d) Sitztheorie für Gesellschaften außerhalb EU und EWR

10 Für Gesellschaften mit Sitz in Staaten außerhalb der EU und des EWR bleibt es daher grundsätzlich bei der Anwendung der Sitztheorie.[22] Ob die Gründungstheorie nach der Ankündi-

---

11 Ausführlicher zum Inhalt der Grünungstheorie Hausmann/Odersky/*Wall*, Internationales Privatrecht in der Notar- und Gestaltungspraxis, § 18 Rn. 11 ff.
12 MüKoBGB/*Kindler*, IntGesR Rn. 13 ff.; Wachter/*Kraft*, Praxis des Handels- und Gesellschaftsrechts, § 16 Rn. 5.
13 EuGH NJW 1999, 2027.
14 BGH DB 2002, 2039; bestätigt durch BGH NJW 2009, 291 (»Trabrennbahn«); ähnlich jetzt auch für im Ausland bereits gelöschte Gesellschaften, OLG Celle DNotI-Rep. 2012, 135.
15 Zur Behandlung faktischer Inlandsgesellschaften Herrler/*Süß*, GesR in der Notar- und Gestaltungspraxis, § 19 Rn. 12 ff.
16 EuGH NJW 2002, 3614.
17 EuGH NJW 2003, 3331.
18 BGH NJW 2005, 1648.
19 BGH DNotZ 2006, 143 m. Anm. *Thölke*.; vgl. auch Herrler/*Süß*, GesR in der Notar- und Gestaltungspraxis, § 19 Rn. 21.
20 OLG Hamm DNotI-Rep. 2006, 195; BGH NJW 2009, 289 (»Trabrennbahn«).
21 Überblick bei Herrler/*Süß*, GesR in der Notar- und Gestaltungspraxis, § 19 Rn. 22 und Wachter/*Kraft*, Praxis des Handels- und Gesellschaftsrechts, § 16 Rn. 24 ff.
22 »Gespaltenes Kollisionsrecht«, vgl. BGH NJW 2009, 290 f. m.w.N.; BGH GmbHR 2010, 211 (Ltd. aus Singapur); BGH DB 2003, 818; *Binz/Mayer*, BB 2005, 2361 ff.; *Kindler*, BB 2003, 812; a.A. z.B. *Eidenmüller*, ZIP 2002,

gung des Vereinigten Königreichs vom 29.03.2017, aus der Europäischen Union auszutreten (»Brexit«), weiterhin auf im Vereinigten Königreich gegründete Gesellschaften Anwendung findet, hängt maßgeblich vom Inhalt des nach Art. 50 Abs. 2 Satz 2 EUV zu schließenden Austrittsabkommens ab.[23] Ohne entsprechende Regelung wird das Vereinigte Königreich durch den Austritt aus der EU (und dem EWR) im kollisionsrechtlichen Sinne zum Drittstaat.[24] Für englische Limiteds mit Verwaltungssitz in Deutschland könnte dies bedeuten, dass sie dann als OHG oder GbR zu qualifizieren sind und dementsprechend ihre Haftungsbeschränkung verlieren.[25] Ob für bestehende Gesellschaften für eine Übergangszeit Bestands- oder Vertrauensschutz besteht, ist umstritten.[26] Als Ausweg dürfte sich insbesondere die grenzüberschreitende Verschmelzung anbieten.[27]

11 Im Rahmen der Sitzanknüpfung ist diejenige Rechtsordnung zu ermitteln, die am Ort des tatsächlichen Verwaltungssitzes der Gesellschaft gilt.[28] Die Bestimmung des tatsächlichen Verwaltungssitzes erfolgt nach der lex fori. Der tatsächliche Verwaltungssitz ist nach der vom BGH adaptierten sog. »Sandrock´schen Formel« der Ort, an dem »die grundlegenden Entscheidungen der Unternehmensleitung effektiv in laufende Geschäftsführungsakte umgesetzt werden«.[29] Entscheidend ist der Schwerpunkt des körperschaftlichen Lebens der Gesellschaft. Dies ist in der Regel der Ort, an dem der Vorstand oder sonstige Organe die Kontrolle über die Gesellschaft ausüben und Weisungen hinsichtlich der Geschäftsleitung erteilen. Die Praxis arbeitet teilweise mit widerleglichen Vermutungen, die zu einer gewissen Auflockerung der Sitztheorie führen. Nach der Rechtsprechung ist von einem Anscheinsbeweis auszugehen, dass eine nach ausländischem Recht gegründete Kapitalgesellschaft ihren effektiven Verwaltungssitz in ihrem Gründungsstaat hat.[30] Bei Gesellschaften, die in mehreren Ländern aktiv sind, ist der Schwerpunkt der Tätigkeit zu ermitteln.

e) Rück- und Weiterverweisungen

12 Gemäß Art. 4 Abs. 1 EGBGB sind Rück- und Weiterverweisungen durch das am Verwaltungssitz der Gesellschaften geltende IPR zu beachten.[31] Für die Praxis bedeutsam ist insbesondere die Weiterverweisung, wenn Deutschland weder Gründungs- noch Sitzstaat ist. So sieht etwa das IPR der Schweiz eine Weiterverweisung auf das Gründungsrecht vor, sodass z.B. eine nach dem Recht des Staates Panama gegründete Gesellschaft mit effektivem Verwaltungssitz in der Schweiz nach dem Recht von Panama als Sachrecht des Gründungsstaates zu beurteilen ist.[32]

22/23. Für die deutsche GmbH, die ihren Verwaltungssitz in das Ausland verlegt, gilt jetzt allerdings § 4a GmbHG (Aufrechterhaltung der deutschen Rechtsfähigkeit); str. sind die Verhältnisse bei Personengesellschaften, vgl. dazu *Zimmer/Naendrup*, NJW 2009, 548; *Koch*, ZHR 173 (2009), 101 ff. Nach h.M. ist hier (noch) die Sitztheorie maßgebend, vgl. MüKo-HGB/*Langhein*, § 106 HGB Rn. 28 m.w.N.; eingehend mit eigenem Ansatz zum Zuzug ausländischer Gesellschaften *Bartels*, ZHR 176 (2012), 412 ff.
23 *Freitag/Korch*, ZIP 2016, 1361.
24 *Bauer/Schaub*, GBO, Abschnitt K. Rn. 104.
25 Vgl. etwa *Freitag/Korch*, ZIP 2016, 1361; *Weller/Thomale/Benz*, NJW 2016, 2378.
26 Dazu *Lieder/Bialluch*, NotBZ 2017, 165.
27 Überblick zu Reaktionsmöglichkeiten bei *Herrler*, GesR in der Notar- und Gestaltungspraxis, § 1 Rn. 33 ff. (mit Gesamtmuster).
28 *Wachter/Kraft*, Praxis des Handels- und Gesellschaftsrechts, § 16 Rn. 10 ff.
29 BGHZ 97, 269, 272; vgl. auch BGHZ 190, 242; KölnerHdbGesR/*Bischoff*, 9. Kap. Rn. 11.
30 OLG München NJW 1986, 2197; OLG Hamm DB 1995, 137; ähnl. OLG Oldenburg NJW 1990, 1422; LG Traunstein DNotI-Report 1998, 72.
31 Ausführlicher Überblick bei Hausmann/Odersky/*Wall*, Internationales Privatrecht in der Notar- und Gestaltungspraxis, § 18 Rn. 113 ff.
32 Vgl. OLG Frankfurt NJW 1990, 2204; vgl. auch Herrler/*Süß*, GesR in der Notar- und Gestaltungspraxis, § 19 Rn. 10.

2. Reichweite des Gesellschaftsstatus

13 **a)** Das Gesellschaftsstatut erstreckt sich auf sämtliche gesellschaftsrechtlichen Rechtsbeziehungen der Gesellschaft, und zwar grundsätzlich im Innen- wie im Außenverhältnis. Das Gesellschaftsstatut entscheidet somit insbesondere über Gründungserfordernisse und Satzungsänderungen; Zulässigkeit des gewählten Gesellschaftstyps; Rechts- und Parteifähigkeit; gesetzliche Vertretung; innere Verfassung; Name und Firma; Haftung von Gesellschaftern und Organpersonen; Liquidation; Insolvenz und Beendigung.[33]

14 **b)** Bei der Prüfung der Rechtsfähigkeit einer Gesellschaft ist danach zu unterscheiden, ob sie deutschem oder ausländischem Recht unterliegt. Soweit aus der Sitzanknüpfung die Anwendbarkeit deutschen Rechts folgt, stellt sich das Problem der »Anerkennung« nicht. Vielmehr ist in Anwendung deutschen materiellen Gesellschaftsrechts festzustellen, ob der Verband rechtsfähig ist oder nicht. Nach deutschem Recht ist für die Erlangung der Rechtsfähigkeit die Eintragung im deutschen Handelsregister erforderlich (§ 11 Abs. 1 GmbHG, § 41 Abs. 1 AktG). Ohne eine solche Handelsregistereintragung besteht keine Kapitalgesellschaft als Zuordnungsobjekt von Rechten und Pflichten. Die Folge ist die Entstehung sog. »pseudo-foreign-corporations«, d.h. von Gesellschaften, die nur scheinbar ausländisch sind, bei Anwendung der Sitztheorie aber dem deutschen Recht unterliegen.[34]

15 Unter der Geltung ausländischen Rechts werden ausländische juristische Personen im Inland »anerkannt«, wenn sie nach dem anwendbaren ausländischen Gesellschaftsrecht als eigene Rechtspersonen entstanden sind. Sie genießen somit Rechts- und Parteifähigkeit.[35] Eine danach gegebene Rechtsfähigkeit ist im Inland selbst dann zu beachten, wenn das deutsche Recht einem entsprechenden Gebilde keine Rechtsfähigkeit zuerkennt.[36]

16 Unter Umständen unterliegt die Fähigkeit zum Erwerb bestimmter Rechte oder zur Übernahme bestimmter Pflichten zusätzlichen Voraussetzungen, die über die allgemeine Rechtsfähigkeit hinausgehen (sog. »Besondere Rechtsfähigkeiten«). Sowohl die ausländische Rechtsordnung als auch deutsches Recht können unter Umständen Einschränkungen vorsehen. Beispielsweise folgten die dem Common Law folgenden Gesellschaftsrechte (jedenfalls ursprünglich) der Ultra-vires-Lehre, nach der die Rechtsfähigkeit der juristischen Person durch die im Statut genannten Gegenstände des Unternehmens beschränkt war.[37]

3. Status quo und Ausblick

17 Auch wenn einige der vorgenannten Urteile und Rechtsauffassungen nach »Inspire Art« überholt sind, bewegt sich die Diskussion z.Zt. mit offenem Ausgang um zahlreiche Fragen: Gilt ausländisches Insolvenzstatut, Vertragsrecht, cic, Deliktsrecht, Rechtsscheinhaftung, Mitbestimmungsrecht, *wrongful trading, piercing the corporate veil* oder kommt mit Ausnahme kerngesellschaftsrechtlicher Fragen deutsches Sachrecht zur Anwendung? Wo verläuft die Grenze des deutschen Ordre public unter Beachtung des EG-Rechtes?[38]

---

33 Ausführlich MüKoBGB/*Kindler*, IntGesR Rn. 521 ff.
34 Hierzu eingehend *Eidenmüller/Rehm*, ZGR 1997, 89 ff.; zu Haftungsfragen *Müller*, ZIP 1997, 1049 ff. sowie allg. *Werner*, ZfiR 1998, 448 ff.; Überblick bei Herrler/*Süß*, GesR in der Notar- und Gestaltungspraxis, § 19 Rn. 12 ff.
35 Eingehend *Bungert*, WM 1995, 2125 f.
36 Überblick bei, Reithmann/Martiny/*Hausmann*, Internationales Vertragsrecht, Rn. 5031 ff.
37 Ausführlicher zur Reichweite des Gesellschaftsstatuts etwa Wachter/*Kraft*, Praxis des Handels- und Gesellschaftsrechts, § 16 Rn. 33 ff.
38 Vgl. aus der unüberschaubaren Aufsatzflut z.B. *Zimmer/Naendrup*, NJW 2009, 545; *Kindler*, NJW 2007, 1785; *Jacoby*, GPR 2007, 200; *Gross/Schork*, NZI 2006, 10; *Liese*, NZG 2006, 201; *Eidenmüller*, NJW 2005, 1618; *Goette*, DStR 2005, 197; *Lawlor*, NZI 2005, 432; *Paefgen*, ZIP 2004, 2253; *Altmeppen/Wilhelm*, DB 2004, 1083; *Kögl*, Rpfleger 2004, 325; *Sandrock*, BB 2004, 897; *Schumann*, DB 2004, 743; *Kindler*, NJW 2003, 1073; *Bayer*, BB 2003, 2357. Speziell zum Insolvenzrecht vgl. BGHZ 190, 364; *Albrecht*, ZInsO 2013, 1623.

4. Vertragsgestaltung und allgemeine Hinweise

a) Gilt für eine urkundsbeteiligte Gesellschaft ein ausländisches Gesellschaftsstatut, wird der Notar i.d.R. die daraus resultierenden Risiken nur dann abschätzen und das Rechtsgeschäft entsprechend gestalten können, wenn er über sicherere Kenntnisse der jeweiligen Rechtsordnung verfügt. Zwar ist mittlerweile eine Vielzahl von ausländischen Gesellschaftsrechtsordnungen gut dokumentiert.[39] Trotzdem besteht für den Notar sehr oft das Problem, die Rechtsfähigkeit und insbesondere die Vertretungsbefugnisse einer am Inlandsgeschäft beteiligten ausländischen Gesellschaft nicht abschließend beurteilen zu können. Vor allem kann man angesichts der sehr unterschiedlichen Praxis der Registergerichte und Grundbuchämter niemals sicher sein, dass ein Vollzug kurz- oder mittelfristig erfolgt. Dadurch kann die Abwicklung von vollzugsbedürftigen Geschäften sehr erheblich verzögert werden. Die Auswirkungen können dramatisch sein. Wird etwa für eine ausländische Gesellschaft eine Auflassungsvormerkung eingetragen, kann deren spätere Löschung bei Nichtabwickelbarkeit infolge fehlenden Vertretungsnachweises unüberwindbare Probleme bereiten, wie ein Urteil des BGH zu einer liberianischen Gesellschaft eindrucksvoll belegt.[40] Schubladenlöschungsbewilligungen oder Löschungsvollmachten bieten keinen hinreichenden Schutz, weshalb zur auflösend bedingten Vormerkung zu raten ist.[41] In jedem Fall kann der Nachweis der Lebensumstände der Auslandsgesellschaft Probleme bereiten, die zu einer erheblichen Verzögerung der Abwicklung führen können.

b) Der Notar ist verpflichtet, die Beteiligten bei Beurkundung des Rechtsgeschäfts über die vorgenannten Risiken aufzuklären. Kennt er die jeweilige ausländische Rechtsordnung nicht hinreichend und kann etwa die ordnungsgemäße Vertretung nicht prüfen, hat er entsprechend unter Darlegung etwaiger Vermeidungsstrategien darauf hinzuweisen (»doppelte Belehrungspflicht«). Es kann sich daher schon bei Beurkundung empfehlen, einen entsprechenden Hinweis in die Urkunde aufzunehmen.

Belehrung bei Beteiligung einer ausländischen Gesellschaft

Der Notar wies darauf hin, dass für den Abschluss dieses Geschäfts und seine grundbuchliche Abwicklung der Nachweis der Existenz und der Vertretungsbefugnisse der Beteiligten zu 1) in öffentlicher Form zu führen ist und dass hierauf gegebenenfalls ausländisches Recht zur Anwendung kommt. Der Notar wies ferner darauf hin, dass er über dessen Inhalt nicht belehren kann. Er empfahl die Einholung eines Gutachtens. Gleichwohl wurde um sofortige Beurkundung gebeten.

c) Unter Umständen kann es empfehlenswert sein, die Auslandsbeteiligung so zu reduzieren, dass sie für die registerverfahrensrechtliche Abwicklung keine Rolle spielt. Soll von einer ausländischen Gesellschaft ein inländisches Grundstück erworben werden, kommt die vorherige Gründung einer inländischen Kapitalgesellschaft oder der Erwerb einer Vorrats-GmbH durch die ausländische Gesellschaft in Betracht. Im handelsregisterrechtlichen Verfahren, in dem kein Strengbeweis gilt, können Nachweise oft einfacher beschafft werden als im Grundbuchverfahren. Mindestens die großen Registergerichte sind im Umgang mit ausländischen Rechtsordnungen geübter und erfahrener. Beim Erwerb einer bereits bestehenden inländi-

---

39 Z.B. *Süß/Wachter*, Handbuch des internationalen GmbH-Rechts, S. 355 ff.; Würzburger Notarhandbuch/*Heggen*, Teil 7 Kap. 6 E; Reithmann/Martiny/*Hausmann*, Rn. 5031 ff.; KölnerHdbGesR/*Bischoff*, 6. Kap., Rn. 60 ff.
40 Vgl. BGH NJW 1993, 2744: Schadensersatzpflicht des Notars!
41 Vgl. nur *Weber*, RNotZ 2015, 195, 204.

schen (Vorrats-)GmbH lässt sich für einen anschließenden Grundstückskaufvertrag in der Regel sicherstellen, dass der Grundstücksteil ohne Risiken und unvorhergesehene Überraschungen abgewickelt werden kann (zur Not auch durch Bestellung eines neuen Geschäftsführers vor Wirksamkeit des Anteilsübergangs durch den Gründungsgesellschafter).

III. Einzelfragen aus der notariellen Praxis

Ausländische Personen als Gesellschafter

22 a) *Ausländische natürliche Personen als Gesellschafter:* Grundsätzlich bestehen keine Beschränkungen mehr hinsichtlich der Beteiligung ausländischer natürlicher Personen an einer inländischen Kapitalgesellschaft.[42] Nach älterer Rechtsprechung soll die Gründung durch einen Ausländer, dessen Aufenthaltserlaubnis eine Erwerbstätigkeit nicht zulässt, wegen Verstoßes gegen § 134 BGB nichtig sein.[43] Überwiegend wird aber mittlerweile vertreten, dass Sittenwidrigkeit wegen Rechtsformmissbrauchs nur gegeben sei, wenn der Zweck der Gesellschaft primär darin besteht, eine dem Gesellschafter persönlich verbotene inländische Tätigkeit zu ermöglichen.[44]

23 *Besonderheiten bei verheirateten Gesellschaftern:* Bei ausländischen Ehegatten bestehen viel häufiger[45] als nach deutschem Recht[46] eine Güter- oder Errungenschaftsgemeinschaft. In einem solchen Fall stellt sich die Frage, ob beim Erwerb inländischer Kapitalgesellschaftsanteile eine gesellschaftsrechtliche oder eine güterrechtliche Qualifikation durchzuführen ist:[47] Ob überhaupt subjektive Rechte an Gesellschaftsanteilen entstehen, dürfte das Gesellschaftsstatut entscheiden, soweit es Tatbestand und Rechtsfolge des Erwerbs allgemein regelt. Über die güterrechtlichen Folgen, d.h. insbesondere Art des güterrechtlich vorgesehenen gemeinsamen Erwerbs, den Anfall des von einem Ehegatten erworbenen Gesellschaftsanteils in das Gesamtgut und die güterrechtliche Verfügungsbefugnis, dürfte hingegen das Güterstatut – insoweit als Sonderstatut – entscheiden.[48] Dies gilt indes nur, soweit es sich um nach Gesellschaftsrecht übertragbare Rechtspositionen und Vermögenswerte handelt, also etwa nicht bei einem nicht oder nur mit Zustimmung übertragbaren Gesellschaftsanteil.[49] Liegen Anhaltspunkte für die Geltung ausländischen Güterrechts vor ist daher genauer zu prüfen, ob Gütergemeinschaft gelten könnte.[50] In einem solchen Fall ist zu erwägen, ob der andere Ehegatte am Anteilserwerb mitwirkt oder eine umfassende Stimmrechtsvollmacht erteilt.

24 Besonderheiten bei Gesellschafterstellung qua Erbfolge: Zur *Abgrenzung* von Erbstatut zu *Gesellschaftsstatut* lässt sich als Faustregel sagen, dass das Erbstatut bestimmt, wer Erbe wird, während das Gesellschaftsstatut bestimmt, was dem Erben aus der Gesellschaft zufließt. Nach dem Gesellschaftsstatut richtet sich daher, welche Auswirkungen der Erbfall auf das Gesellschaftsverhältnis hat (Auflösung, Fortsetzung), ob die Gesellschafterstellung überhaupt vererblich ist, ob die Vererblichkeit durch den Gesellschaftsvertrag eingeschränkt

---

42 Vgl. nur Herrler/*Süß*, GesR in der Notar- und Gestaltungspraxis, § 19 Rn. 35 m.w.N.
43 KG RIW 1997, 153; OLG Stuttgart MittRhNotK 1984, 149; abl. die h.M. vgl. näher *Makowski*, EwiR 1997, 245; KölnerHdbGesR/*Bischoff*, 6. Kap., Rn. 32.
44 Vgl. Baumbach/Hueck/*Fastrich*, § 1 Rn. 16; Herrler/*Süß*, GesR in der Notar- und Gestaltungspraxis, § 19 Rn. 35 je m.w.N.
45 Länderübersicht bei Würzburger Notarhandbuch/*Hertel*, 5. Aufl. 2018, Kapitel 4.
46 Dazu *Apfelbaum*, MittBayNot 2006, 185.
47 Dazu *Schotten/Schmellenkamp*, DNotZ 2007, 729; MüKo-BGB/*Kindler*, Internationales Wirtschaftsrecht, Rn. 656 ff.; vgl. auch DNotI-Gutachten Nr. 123917.
48 MüKo-BGB/*Kindler*, Internationales Wirtschaftsrecht, Rn. 657.
49 *Schotten/Schmellenkamp*, DNotZ 2007, 735 ff.
50 Zur Bestimmung der güterrechtlichen Verhältnisse nach ausführlich Würzburger Notarhandbuch/*Hertel*, Teil 7 Kap. 2.

werden kann (Nachfolgeklauseln) und ob im Fall der Nichtvererbung nur ein Abfindungsanspruch in den Nachlass fällt.[51] Das Gesellschaftsstatut bestimmt auch, in welcher Form der Erbe Gesellschafter wird, was etwa im Hinblick auf die im deutschen Personengesellschaftsrecht geltende Sondererbfolge relevant wird. Demgegenüber bestimmt das Erbstatut, wer Erbe wird, d.h. welche Personen in die Gesellschafterstellung nachfolgen bzw. wem infolge gesellschaftsrechtlich wirksamer Fortsetzungs- oder Eintrittsklauseln Abfindungsansprüche zustehen.[52]

Die Vererbung von Anteilen an einer Kapitalgesellschaft ist in der Regel unproblematisch. Der Rechtsnachfolger tritt nach Maßgabe des Erbstatuts in die gesellschaftsrechtliche Stellung des Erblassers ein. Problematisch kann indes das Zusammentreffen von ausländischem Erbstatut und deutschem Gesellschaftsstatut bei der Vererbung von Personengesellschaftsanteilen sein: Bei der Vererbung eines deutschen oHG-Anteils durch einen englischen Staatsangehörigen kommt englisches Recht als Erbstatut zur Anwendung. Das englische Recht kennt weder unmittelbare Universalsukzession noch Sonderrechtsnachfolge bei Personengesellschaften, sondern das Erblasservermögen geht auf einen *personal representative* über, der seinerseits die Nachlassgegenstände an die Begünstigten zu übertragen hat.[53] In diesem Fall ist durch Auslegung zu ermitteln, ob eine Nachfolgeklausel im Gesellschaftsvertrag einen zwischenzeitlichen Rechtsübergang deckt. 25

b) Ausländische juristische Personen *als Gesellschafter:* Auch ausländische juristische Personen können sich an einer inländischen Kapitalgesellschaft beteiligen. Bei der Beteiligung einer ausländischen juristischen Person an einer inländischen Kapitalgesellschaft ist das Gesellschaftsstatut der ausländischen Gesellschaft daraufhin zu überprüfen, ob diese besondere Rechtsfähigkeit (»aktive Beteiligungsfähigkeit«) vorliegt. Davon zu unterscheiden ist die »passive Beteiligungsfähigkeit«, also die Frage, ob die Beteiligung auch von einer bestimmten Gesellschaft übernommen werden kann.[54] Dazu ist zunächst das Gesellschaftsstatut der Zielgesellschaft zu prüfen, ob der Erwerb überhaupt zulässig ist. Ist dies der Fall, ist das Gesellschaftsstatut der Erwerbergesellschaft darauf zu prüfen, ob der Erwerb der Beteiligung an der Zielgesellschaft zulässig ist.[55] 26

Die Beteiligungsfähigkeit ausländischer Kapitalgesellschaften an einer deutschen OHG bzw. als Komplementärin einer KG (Stichwort »Typenvermischung«) war von der h.M. schon vor »Inspire Art« anerkannt[56] und ist nunmehr jedenfalls für EG-Gesellschaften keine offene Frage mehr.[57] Lediglich in der Firmierung ist nach Auffassung vieler die Beteiligung bzw. Rechtsform der ausländischen Gesellschaft zum Ausdruck zu bringen.[58] 27

2. Firma

Die Rechtsnatur des Firmenrechts ist umstritten. Während teilweise eine Qualifikation als öffentlichrechtlich angenommen wird, richtet sich das Firmenrecht nach überwiegender Auffassung nach dem Gesellschaftsstatut.[59] Dies gilt dann auch für die Bildung der Firma und die erforderlichen Rechtsformzusätze. Trotz der danach anhand des Gesellschaftssta- 28

---

51 Näher *Dutta*, RabelsZ 73 (2009), 727 ff.; *Flick/Piltz*, Der Internationale Erbfall, Rn. 99.
52 MüKo-BGB/*Kindler*, Internationales Wirtschaftsrecht, Rn. 659; *Flick/Piltz*, Der Internationale Erbfall, Rn. 137.
53 *Flick/Piltz*, Der Internationale Erbfall, Rn. 556.
54 *Wachter/Kraft*, § 16 Rn. 69 f.
55 Ausführlich MüKo-BGB/*Kindler*, Internationales Wirtschaftsrecht, Rn. 551 ff.
56 Vgl. BayObLG DB 1986, 1326; *Bungert*, AG 1995, 489.
57 *Werner*, GmbHR 2005, 288; *Süß*, GmbHR 2005, 673; *Zöllner*, GmbHR 2006, 1; *Wachter*, GmHR 2006, 79; anders aber z.B. für eine Hongkong-Ltd., DNotI-Gutachten Nr. 126282.
58 KölnerHdbGesR/*Bischoff*, 9. Kap., Rn. 34.
59 BGH NJW 1971, 1522; *Hirte/Bücker/Mankowski/Knöfel*, Grenzüberschreitende Gesellschaften, § 13 Rn. 48 m.w.N.

tuts zu beurteilenden Zulässigkeit der Firma einer Auslandsgesellschaft sollen deutsche Rechtsgrundsätze partiell anzuwenden sein, etwa bei der Frage der Zulässigkeit der Firma der im Inland einzutragenden Zweigniederlassung. Teilweise wird insoweit eine das Gesellschaftsstatut überlagernde Sonderanknüpfung von Grundsätzen wie Firmenwahrheit und Firmenklarheit nach dem jeweiligen Marktrecht angenommen.[60] Nach anderer Auffassung sollen Beschränkungen in der Firmenbildung (§§ 18, 30 HGB) über den *ordre public* (Art. 6 EGBGB) zu beachten sein. Im Ergebnis besteht daher Einigkeit, dass eine ausländische Firma im Inland nur anzuerkennen ist, soweit sie die erforderliche Kennzeichnungs- und Unterscheidungskraft enthält sowie nicht gegen das Verbot der Irreführung verstößt.[61]

3. Ausländer als Geschäftsführer, Vorstand

29 **a)** Ausländer können grundsätzlich zum Geschäftsführer auch dann bestellt werden, wenn sie im Ausland wohnen. Allerdings muss nach verbreiteter Meinung sichergestellt sein, dass sie ihren gesetzlichen Verpflichtungen als Geschäftsführer tatsächlich und jederzeit nachkommen können. EU-Ausländer genießen in den Mitgliedsstaaten der EU Freizügigkeit.[62] Angehörige eines der im Anhang II der EU-Visum-Verordnung[63] aufgeführten Staaten, die für zeitlich begrenzte Aufenthalte keine Aufenthaltsgenehmigung benötigen und für bis zu 3 Monate jährlich jederzeit einreisen können, können ohne ausländerbehördlichen Nachweis zum Geschäftsführer bestellt und in das Handelsregister eingetragen werden.[64] Ausländer aus anderen Staaten benötigen früher überwiegender Auffassung eine Aufenthalts- bzw. Einreisegenehmigung.[65] Ohne entsprechenden Nachweis sollte der Bestellungsakt unwirksam sein. Eine Eintragung in das Handelsregister soll abzulehnen, eine bereits erfolgte Eintragung soll von Amts wegen zu löschen sein.[66] Unter Hinweis auf die praktischen Erfordernisse und Möglichkeiten moderner Kommunikationsmittel wird auch vertreten, dass die fehlende jederzeitige Einreisemöglichkeit kein Hindernis der Bestellung eines Ausländers zum Geschäftsführer darstellt. Dieser Auffassung ist jedenfalls nach Inkrafttreten des MoMiG zu folgen. Der Tätigkeit als Geschäftsführer steht daher nicht entgegen, dass dieser lediglich über ein Besuchs-/Geschäftsvisum verfügt, welches ihm die Erwerbstätigkeit nicht gestattet.[67]

30 **b)** Die früher gem. § 8 Abs. 3 GmbHG, § 37 Abs. 2 AktG a.F. erforderliche Belehrung des Geschäftsführers bzw. Vorstands über seine unbeschränkte Auskunftspflicht gegenüber dem Gericht konnte nur durch einen deutschen Notar erfolgen,[68] was nach h.M. auch schriftlich geschehen konnte.[69] Nunmehr sehen § 8 Abs. 3 Satz 2 GmbHG und § 37 Abs. 2 Satz 2 AktG vor, dass die Belehrung schriftlich sowie durch einen im Ausland bestellten Notar, durch einen Vertreter eines vergleichbaren rechtsberatenden Berufs oder einen Konsularbeamten erfolgen kann. Daher ist es möglich, dass der Geschäftsführer die Versicherung im Ausland abgibt.

---

60 *Hirte/Bücker/Mankowski/Knöfel*, Grenzüberschreitende Gesellschaften, § 13 Rn. 51.
61 Vgl. Beck'sches Notarhandbuch/*Zimmermann*, Kap. H Rn. 282 f. m.w.N.
62 *Wachter*, NZG 2001, 858.
63 Verordnung [EG] Nr. 539/2001.
64 Z.B. USA-Bürger; OLG Frankfurt NZG 2001, 757; KölnerHdbGesR/*Bischoff*, 9. Kap., Rn. 39.
65 Zuletzt z.B. OLG Celle NZG 2007, 633.
66 OLG Frankfurt NZG 2001, 757; OLG Zweibrücken Rpfleger 2001, 354; vgl. auch OLG Dresden GmbHR 2003, 537.
67 So bereits früher allgemein OLG Dresden GmbHR 2003, 537; speziell zum MoMiG OLG München DNotZ 2010, 156; OLG Düsseldorf NZG 2009, 678; vgl. auch KölnerHdbGesR/*Bischoff*, 9. Kap., Rn. 39.
68 LG Ulm Rpfleger 1988, 108.
69 BNotK-Rundschr. DNotZ 1998, 913.

Schriftliche Belehrung eines ausländischen Geschäftsführers einer GmbH

31 M

Sehr geehrter Herr ……,

die Gesellschafterversammlung der ….. GmbH hat den Beschluss gefasst, Sie zum Geschäftsführer der Gesellschaft zu bestellen.

Nach § 6 Abs. 2 Satz 2 und 3 des Gesetzes betr. die Gesellschaften mit beschränkter Haftung (GmbHG) kann eine Person, die wegen Insolvenzverschleppung oder nach §§ 283 bis 283d StGB (Insolvenzstraftaten), wegen falscher Angaben nach § 82 GmbHG oder § 399 AktG, wegen unrichtiger Darstellung nach § 400 AktG, § 331 HGB, § 313 UmwG oder § 17 PublG oder nach §§ 263 bis 264a oder nach §§ 265b bis 266a StGB (Betrug, Computer-, Subventions- oder Kapitalanlagenbetrug, Kreditbetrug, Sportwettbetrug, Manipulation von berufssportlichen Wettbewerben, Besonders schwere Fälle des Sportwettbetrugs und der Manipulation von berufssportlichen Wettbewerben, Untreue oder wegen Vorenthalten und Veruntreuen von Arbeitsentgelt) zu einer Freiheitsstrafe von mindestens einem Jahr oder im Ausland wegen einer vergleichbaren Tat rechtskräftig verurteilt wurde, auf die Dauer von 5 Jahren seit der Rechtskraft des Urteils nicht Geschäftsführer sein. Die Zeit, in der der Angeklagte durch Anordnung der Behörde inhaftiert war, wird in die Frist nicht eingerechnet. Eine Person, der durch gerichtliches Urteil oder vollziehbare Entscheidung einer Verwaltungsbehörde die Ausübung eines Berufs, eines Berufszweiges, Gewerbes oder Gewerbezweiges untersagt worden ist, kann für die Zeit, für welche das Verbot gilt, nicht Geschäftsführer einer Gesellschaft sein, deren Unternehmensgegenstand ganz oder teilweise mit dem Gegenstand des Verbots übereinstimmt. Der Geschäftsführer einer GmbH ist verpflichtet, dem Gericht – Handelsregister – ohne jede Einschränkung darüber Auskunft zu erteilen, ob Umstände der genannten Art vorliegen, die seiner Bestellung zum Geschäftsführer entgegenstehen.

Dear Mr. ……,

the shareholders´ meeting of ….. GmbH has resolved your appointment as managing director of the Company.

Pursuant to Section 6 paragraph 2, sentences 2 and 3, of the German Act on Companies with Limited Liability (GmbHG), a person convicted concerning delay in filing al petition in insolvency or of a criminal act pursuant to Secs. 283–283d of the Criminal Code (»StGB«) (Bankruptcy crimes), of false statements pursuant to Sec. 82 GmbHG or Sec. 399 Stock Corporation Act (»AktG«), of false description pursuant to Sec. 400 AktG, Sec. 331 Commercial Code (»HGB«), Sec. 313 Transformation Act (»UmwG«), Sec. 17 Disclosure Act (»PublG«) or any of the offences set forth in Secs. 263–264a or set forth in Secs. 265b–266a StGB (i.e. fraud, computer fraud, economic subsidy fraud, capital investment fraud, obtaining credit by false disclosure, betting fraud in sport, manipulation of sport-competitions, particularly severe cases of betting fraud in sport and manipulation of sport-competitions, criminal breach of trust or withholding and embezzlement of wages) which resulted in the conviction of imprisonment for at least one year or convicted unappealably of a comparable crime by a foreign court. may not be a managing director for a period of five years from the date of the final conviction; the time during which the defendant was confined to an institution by order of the authorities is not counted as part of this period. A person prohibited by court judgement or enforceable administrative order from practicing a profession or trade, or line of profession or trade, may not, during the period for which the prohibition is effective, be a managing director of a company, the purpose of which is identical in whole or in part with the subject matter of the prohibition. The managing director of a GmbH is obligated to give information to the court – Commercial Register – without any restriction whether such facts exist which precludes his appointment as managing director.

Sie sind verpflichtet, in der Handelsregisteranmeldung über Ihre Bestellung zum Geschäftsführer gegenüber dem Gericht zu versichern, dass keine Umstände vorliegen, welche Ihrer Bestellung gemäß § 6 Abs. 2 Satz 2 und 3 GmbHG entgegenstehen, und dass Sie über Ihre unbeschränkte Auskunftspflicht gegenüber dem Notar belehrt worden sind.	You are obligated to confirm to the Commercial Register in the application for the entry of your appointment into the Commercial Register that no facts exist which preclude your appointment pursuant to Section 6 paragraph 2, sentences 2 and 3 GmbHG, and that you have been advised of your unrestricted obligation to give information to the court.
Bitte bestätigen Sie die Kenntnisnahme vom Inhalt dieses Briefes durch Rücksendung einer unterzeichneten Kopie.	Please confirm cognizance of the above by signing a copy of this letter and returning to me.
Mit freundlichen Grüßen	Sincerely Yours,
Notar	notary

4. Organschaftliche Vertretung

32 Die organschaftliche Vertretung der Gesellschaft unterliegt dem Gesellschaftsstatut. Es bestimmt, welches Organ bzw. welche Person die ausländische Gesellschaft vertritt und die Art und Weise der Vertretung sowie den Umfang der Vertretungsmacht. Dies schließt Grenzen und Einschränkungen der Vertretungsbefugnis ein, etwa im Hinblick auf die Frage, ob ein Verbot des Selbstkontrahierens besteht und wie weit dieses reicht.[70] In Zweifelsfällen sollte von einer Mehrfachvertretung abgesehen werden.

5. Anteilsübertragung und Satzungsmaßnahmen

a) Inländische Kapitalgesellschaft

33 Die Übertragung, Belastung und Aufspaltung von Mitgliedschaftsrechten bestimmt sich nach dem Gesellschaftsstatut.[71] Demgegenüber gilt für das schuldrechtliche Geschäft das Vertragsstatut (Art. 3 Rom I-VO), das vorrangig auf eine Rechtswahl der Beteiligten abstellt.

34 Davon zu unterscheiden ist die selbstständig anzuknüpfende Form: Nach Art. 11 Abs. 1, 1. Alt. EGBGB ist die Abtretung wirksam, wenn sie die Formerfordernisse des Rechts, das auf das seinen Gegenstand bildende Rechtsverhältnis anzuwenden ist, erfüllt (Geschäftsrecht). In diesem Zusammenhang stellt sich die Frage, ob die Beurkundung der Abtretung nach § 15 Abs. 3 GmbHG auch durch einen ausländischen Notar erfolgen kann. Nach der früheren Rechtsprechung des BGH sollte dies der Fall sein, wenn Beurkundungsperson und Beurkundungsverfahren gleichwertig sind.[72] Der BGH hat die Gleichwertigkeit der Beurkundung durch Notare in Zürich/Altstadt angenommen,[73] während sich in der Literatur weitergehende Vermutungen für das gesamte lateinische Notariat finden. Nach Inkrafttreten des MoMiG war dies insbesondere wegen § 40 Abs. 2 GmbHG sehr strittig gewor-

---

70 *Hirte/Bücker/Mankowski/Knöfel*, Grenzüberschreitende Gesellschaften, § 13 Rn. 20 f. m.w.N.; speziell zu § 181 BGB vgl. *Hauschild*, ZIP 2014, 954 ff.; vgl. aus der Rechtsprechung z.B. zur holländischen BV OLG Düsseldorf MittRhNotK 1995, 114; die Frage hat in der jüngeren Vergangenheit vor allem bei Zweigniederlassungen eine Rolle gespielt; vgl. z.B. OLG Frankfurt DB 2008, 1488; OLG Hamm DB 2006, 2169; OLG München DNotZ 2006, 871.
71 BGH NJW 1994, 1939.
72 BGHZ 80, 76, 78.
73 BGH BB 1989, 1361.

den.⁷⁴ Jedenfalls für die Einrichtung einer GmbH-Gesellschafterliste durch einen Baseler Notar hat der BGH unter wörtlicher Wiedergabe seiner alten Begründung die Substituierbarkeit bejaht. Nach vielfältig vertretener Auffassung betrifft die neue Entscheidung lediglich das Registerverfahren und enthält keine generelle Aussage zur Substitution bei Beurkundungen.⁷⁵

Nach Art. 11 Abs. 1, 2. Alt. EGBGB ist das Rechtsgeschäft formwirksam, wenn es in Übereinstimmung mit den Bestimmungen des Rechts des Staates, in dem es vorgenommen wird (Ortsrecht), vorgenommen worden ist (Ortsform). Eine geringere Form als das Geschäftsstatut kann daher ggf. genügen. Allerdings wird unter Hinweis auf die Gesetzesmaterialien bezweifelt, dass der Gesetzgeber in Art. 11 EGBGB gesellschaftsrechtliche Fragen regeln wollte und die Einhaltung des Ortsrechts für die Abtretung von Geschäftsanteilen ausreichend ist. Voraussetzung der Anerkennung der Ortsform ist stets, dass die jeweilige Rechtsordnung die Abtretung von Geschäftsanteilen an einer GmbH kennt und dafür eine Form vorsieht, anderenfalls ein Fall der sog. Formenleere vorliegt.⁷⁶ Ist dem Ortsrecht die GmbH als Rechtsform nicht bekannt oder bestehen sonstige Anforderungen des Gesellschaftsstatus (z.B. jetzt § 40 Abs. 2 GmbHG), kommt Art. 11 Abs. 1, 1. Alt. EGBGB nicht zur Anwendung.

35

Für statutarische Akte (z.B. Satzungsänderungen, Kapitalmaßnahmen, Umwandlungen) neigt die z.Zt. wohl h.M. dazu, die Beurkundung im Inland zu fordern.⁷⁷ Wird ein deutscher Notar mit dem registergerichtlichen Vollzug solcher im Ausland beurkundeten Vorgänge betraut, empfiehlt sich eine entsprechende Belehrung der Beteiligten. Allerdings hat das Kammergericht jüngst entschieden, dass eine GmbH durch Beurkundung eines Schweizer Notars des Kantons Bern formwirksam errichtet werden kann.⁷⁸

36

b) Ausländische Kapitalgesellschaft im Inland

Die dingliche Übertragung von Anteilen an einer ausländischen Kapitalgesellschaft richtet sich nach deren Gesellschaftsstatut. Sofern der Übertragungstatbestand des anwendbaren Gesellschaftsstatuts zusätzlich die Übertragung der Mitgliedschaftsurkunde verlangt, richtet sich die Wirksamkeit der Übertragung der Urkunde nach dem Recht am Belegenheitsort der Urkunde.⁷⁹

37

Umstritten ist, ob für die dingliche Übertragung § 15 Abs. 3, 4 GmbH anwendbar sind.⁸⁰ Der Bundesgerichtshof hat angedeutet, dass auf einen deutschem Orts- und Geschäftsrecht unterliegenden Treuhandvertrag über einen Geschäftsanteil an einer polnischen GmbH § 15 Abs. 4 GmbHG anwendbar sein könnte.⁸¹ Eine vorsorgliche Beurkundung ist empfehlenswert.⁸² Als Folgeproblem ergibt sich die Frage der Anerkennung nach dem ausländischen Gesellschaftsstatut (problematisch z.B. niederländische BV, deren Anteile nur durch

38

---

74 So obiter z.B. LG Frankfurt am Main DNotZ 2009, 949; dazu KölnerHdbGesR/*Bischoff*, Kap. 9, Rn. 150 ff. m.w.N.; König/Götte/Bormann, NZG 2009, 881; *Kindler*, BB 2010, 74; *Bayer*, DNotZ 2009, 887; *Olk*, NJW 2010, 1639; *Süß/Wachter*, Handbuch des internationalen GmbH-Rechts, S. 36 f.; nach *Süß* soll im anglo-amerikanischen sowie im skandinavischen Rechtsraum die einzige Form der Kapitalgesellschaft keine GmbH in unserem Sinne sein, sodass bei Anteilsübertragungen in diesen Staaten schon aus diesem Grunde mangels Ortsform die vom Gesellschaftsstatut vorgeschriebene Form einzuhalten sei.
75 BGH NJW 2014, 2026; *Heckschen*, BB 2014, 466; *Seebach*, DNotZ 2014, 585 ff.; a.A. z.B. *Rauscher*, NJW 2014, 3625; *Stenzel*, GmbHR 2014, 1024; differenzierend *Link*, BB 2014, 579; Überblick bei Herrler/*Süß*, GesR in der Notar- und Gestaltungspraxis, § 19 Rn. 108 ff.
76 Vgl. OLG Stuttgart GmbHR 2000, 721 zur Übertragung von Geschäftsanteilen an einer deutschen GmbH vor einem US-Notar.
77 *Goette*, DStR 1996, 709 m.w.N.; LG Augsburg GmbHR 1996, 941.
78 KG NJW 2018, 1828; kritisch dazu etwa *Weber*, MittBayNot 2018, 215.
79 MüKo-BGB/*Kindler*, Internationales Wirtschaftsrecht, Rn. 468; eingehend *Olk*, NJW 2010, 1639 m.w.N.
80 Bejahend OLG Celle DNotZ 1993, 625; verneinend OLG München DNotZ 1993, 627.
81 BGH NZG 2005, 41; vgl. auch DNotI-Gutachten Nr. 134958.
82 *Wrede*, GmbHR 1995, 368; *Merkt*, ZIP 1994, 1417.

bestimmte Feststellungen in einer notariellen Urkunde durch einen in den Niederlanden ansässigen Notar übertragen werden können).

39 Statutarische Maßnahmen bei Auslandsgesellschaften sollte der deutsche Notar nur beurkunden oder entwerfen, wenn er über sichere Kenntnis der jeweiligen Auslandsrechtsordnung verfügt. Ansonsten ist mindestens eine ausführliche Belehrung gem. § 17 Abs. 3 BeurkG erforderlich, die sich auch zur Frage einer etwaigen Vollzugspflicht (§ 53 BeurkG) verhalten sollte.

6. Grenzüberschreitende Unternehmensverträge

40 Grenzüberschreitende Unternehmensverträge (Beherrschungs- und Ergebnisabführungsverträge) sind nach h.M. zulässig.[83] Für die Voraussetzungen und Rechtsfolgen ist das Gesellschaftsstatut der beherrschten Gesellschaft maßgeblich, weil es sich bei Unternehmensverträgen um gesellschaftsrechtliche Organisationsverträge handelt.[84] Im Fall einer beherrschten deutschen Kapitalgesellschaft ergeben sich die Wirksamkeitsvoraussetzungen somit aus §§ 293 ff. AktG. Die nach deutschem Recht geltenden Zustimmungserfordernisse der herrschenden ausländischen Gesellschaft gelten nicht. Ein Zustimmungserfordernis kann sich vielmehr nur aus dem auf die herrschende ausländische Gesellschaft anwendbaren Gesellschaftsstatut ergeben.[85]

7. Sitzverlegung ins und vom Ausland

41 Nach der früher h.M. führte die Verlegung des tatsächlichen Verwaltungssitzes einer deutschen Gesellschaft zwingend zu deren Auflösung. Durch das MoMiG wurde es aber deutschen Gesellschaften mit Satzungssitz im Inland ermöglicht, einen ausländischen Verwaltungssitz zu wählen. Auf europäischer Ebene wird seit Jahren eine Sitzverlegungsrichtlinie vorbereitet, welche die Verlegung des satzungsmäßigen Sitzes innerhalb der EU unter Wahrung der Identität des Rechtsträgers ermöglichen soll. Nach der früheren Rechtsprechung des EuGH[86] konnte das nationale Recht (noch) die Sitzverlegung »seiner« Gesellschaften in das Ausland verhindern. Nach dem »Vale-Urteil« des EuGH vom 12.07.2012 ist jedoch der Zuzug einer Gesellschaft wegen Art. 49, 54 AEUV durch Umwandlung in eine vergleichbare inländische Rechtsform zu ermöglichen (»Hereinumwandlung« unter Identitätswahrung).[87] Daran schließt sich eine Entscheidung des OLG Nürnberg an, nach der es möglich ist, den Satzungssitz im Wege einer identitätswahrenden Umwandlung (Formwechsel) grenzüberschreitend zu verlegen.[88]

8. Umwandlungsvorgänge

a) Herein- und Hinausverschmelzung

42 Das UmwG betraf nach früher überwiegender Auffassung nur Rechtsträger mit Sitz im Inland (vgl. § 1 Abs. 1 UmwG: »Rechtsträger mit Sitz im Inland«). Nach anderer Auffassung

---

83 MüKo-BGB/*Kindler*, Internationales Wirtschaftsrecht, Rn. 701; *Wachter/Kraft*, Praxis des Handels- und Gesellschaftsrechts, § 16 Rn. 98 f.
84 BGH NJW 1989, 295, 296; vgl. dazu auch EuGH EuZW 2013, 664 – »Impacto Azul«; *J. Schmidt*, GPR 2014, 40.
85 MüKo-BGB/*Kindler*, Internationales Wirtschaftsrecht, Rn. 710.
86 »Cartesio« – NJW 2009, 569; ursprünglich »Daily Mail« – NJW 1999, 2027; dazu krit. *Zimmer/Naendrup*, NJW 2009, 545 ff.
87 Vgl. NJW 2012, 2715 sowie dazu z.B. *Bayer/Schmidt*, ZIP 2012, 1481; *Böttcher/Kraft*, NJW 2012, 2701; OLG Nürnberg NZG 2014, 349; zur alten Rechtslage: OLG Hamm DB 1997, 1865; OLG Brandenburg GmbHR 2005, 484 m. Anm. *Ringe*; BayObLG NJW-RR 2004, 836. Diese gilt nach h.M. für den Zuzug aus Drittländern fort, vgl. krit. *Bartels*, ZHR 176 (2012), 412 ff. m.w.N.
88 OLG Nürnberg DNotZ 2014, 150; dazu *Hushahn*, notar 2014, 175.

handelte es sich um einen nicht geregelten Bereich, aus dem auch kein Verbot gefolgert werden könne. Durch Urteil vom 13.12.2005 in der Rechtssache »SEVIC Systems AG« entschied der EuGH, dass ein Ausschluss von Gesellschaften in einem anderen Mitgliedsstaat der EU von einer Verschmelzung auf eine deutsche Gesellschaft gegen die Niederlassungsfreiheit verstößt.[89] Einige Wochen vor dieser Entscheidung war die Verschmelzungsrichtlinie (Richtlinie 2005/56/EG) erlassen worden, die der deutsche Gesetzgeber mittlerweile durch Aufnahme eines zehnten Abschnitts »Grenzüberschreitende Verschmelzung von Kapitalgesellschaften« in das UmwG umgesetzt hat (§§ 122a ff. UmwG). Somit ist die Herein- und die Hinausverschmelzung von Kapitalgesellschaften nunmehr zulässig.

b) Grenzüberschreitende Spaltung

Im Lichte der »SEVIC«-Entscheidung des EuGH dürfte auch eine grenzüberschreitende Spaltung von Kapitalgesellschaften zulässig sein.[90] Der EuGH sieht in seinen Entscheidungsgründen auch »andere Umwandlungsvorgänge« als die Verschmelzung als vom Schutzbereich der Niederlassungsfreiheit erfasst an. **43**

c) Umwandlung im Inland, Vermögen im Ausland

Grundsätzlich umfasst Gesamtrechtsnachfolge auch das im Ausland befindliche Vermögen der übertragenden Rechtsträger. Ob diese in dem ausländischen Staat anerkannt wird, ist nach dem jeweiligen ausländischen Recht zu beurteilen. Bei Zweifeln über die Anerkennung ist daher zu empfehlen, einen gesonderten Übertragungsvertrag zu schließen, der sämtliche materiellen und formellen Erfordernisse des Rechts des Belegenheitsstaates einhält. **44**

9. Zweigniederlassung ausländischer Gesellschaften

a) Ausländische Kapitalgesellschaften können eine Zweigniederlassung errichten und nach §§ 13d–g HGB in das Handelsregister eintragen lassen.[91] Ob die Errichtung und Eintragung einer Zweigniederlassung oder aber die Gründung einer deutschen Tochtergesellschaft vorzugswürdig, ist eine Frage des Einzelfalls. Die Risiken und Kosten etwa einer Ltd. werden gern verschwiegen.[92] Durch die Einführung der Unternehmergesellschaft (haftungsbeschränkt) ist die Attraktivität einer Ltd. mit inländischer Zweigniederlassung drastisch geschwunden. Sie kommt praktisch nicht mehr als Neugründung vor. Bei Altfällen sollte zur Löschung im Ausland oder Sitzverlegung ins Inland aufgrund der »Vale«-Entscheidung (oben Rdn. 41) geraten werden. **45**

b) Die Anmeldung der Zweigniederlassung hat in öffentlich beglaubigter Form (§ 12 HGB) bei dem Gericht zu erfolgen, in dessen Bezirk die Zweigniederlassung besteht (§ 13d Abs. 1 HGB). Anzumelden haben die Vertreter der ausländischen Kapitalgesell- **46**

---

89 EuGH NJW 2006, 425.
90 *Spahlinger/Wegen*, NZG 2006, 721.
91 Speziell zur englischen Ltd.: *Süß*, DNotZ 2005, 180 ff.
92 Näher *Langhein*, NZG 2001, 1127; *Happ*, DStR 2004, 730; *Kallmeyer*, DB 2004, 636; *Zöllner*, GmbHR 2006, 1 ff.; *Römermann*, NJW 2006, 2065 ff. Seit Inkrafttreten des MoMiG mehren sich die Fälle der »rückkehrwilligen« Auslandsgesellschaften unter Rechtsformumwandlung der deutschen Zweigstelle. Das ist zwar grundsätzlich möglich (oben bei Rdn. 41) aber nach häufiger Auslandslöschung (oben Fn. 23 a.E.) infolge Nichterfüllung gesellschafts- und steuerrechtlicher Pflichten sehr problematisch. Zum Sonderfall einer vorübergehenden Löschung mit rückwirkender Wiedereintragung (»restoration«) im Heimatland vgl. BGH NJW 2013, 3656.

schaft in vertretungsberechtigter Zahl. Die Beglaubigung der Handelsregisteranmeldung durch einen ausländischen Notar genügt den Anforderungen des deutschen Rechts. Die Handelsregisteranmeldung hat in deutscher Sprache zu erfolgen (§ 184 GVG). Das Erfordernis von Zeichnungen der Vertreter der ausländischen Gesellschaft ist mit dem Gesetz über elektronische Handelsregister und Genossenschaftsregister sowie das Unternehmensregister (EHUG) entfallen.

47 c) Die Anmeldung muss folgende Angaben zu der ausländischen Kapitalgesellschaft enthalten: Firma, Sitz, Rechtsform, Gesellschaftsregister, Registernummer, Höhe des Haftkapitals, ggf. Sacheinlagen, Tag des Abschlusses des Gesellschaftsvertrages, ggf. Zeitdauer der Gesellschaft, Vertreter der Gesellschaft mit Name, Vorname, Geburtsdatum und Wohnort sowie deren Vertretungsbefugnisse.

48 Nach wohl überwiegender Auffassung muss der Unternehmensgegenstand der Zweigniederlassung nicht in allen Punkten mit dem gesamten Unternehmensgegenstand der Hauptniederlassung übereinstimmen.[93] Diese Frage ist insbesondere im Hinblick auf die sehr weit gefassten Unternehmensgegenstände einer Limited von Bedeutung, weil die Eintragung entsprechend hohe Bekanntmachungskosten nach sich zöge.

49 Umstritten war, wie sich eine Gewerbeuntersagungsverfügung gem. § 35 GewO gegen die Person eines Vertretungsorgans der ausländischen Gesellschaft auf die Eintragungsfähigkeit der Limited auswirkt. Nach divergierenden obergerichtlichen Entscheidungen hatte der BGH durch Beschluss vom 07.05.2007 klargestellt, dass das Registergericht wegen eines im Inland gegen den dem Geschäftsführer einer GmbH gleichstehenden Direktor einer Limited verhängten Gewerbeverbots die Eintragung der Zweigniederlassung der Limited in das Handelsregister verweigern kann.[94] § 13e Abs. 3 HGB ordnet ausdrücklich die entsprechende Anwendung der §§ 6 GmbHG, 76 AktG an, sodass sich die Streitfrage erledigt hat. Das MoMiG sieht in dem neu gefassten § 13e Abs. 3 HGB vor, dass die Bestellungshindernisse der § 6 Abs. 2 Satz 2 und 3 GmbHG und § 76 Abs. 3 Satz 2 und 3 AktG auch für organschaftliche Vertreter von ausländischen Kapitalgesellschaften gelten sollen, die in Deutschland eine Zweigniederlassung zur Eintragung anmelden.[95]

50 d) Die Anmeldung muss darüber hinaus folgende Angaben zu der inländischen Zweigniederlassung enthalten: Tatsache der Errichtung einer Zweigniederlassung, Firma, Geschäftsanschrift, Gegenstand, ggf. Person des ständigen Vertreters nebst dessen Vertretungsbefugnissen.

51 Umstritten ist, nach welchem Recht sich die Zulässigkeit der Firma der Zweigniederlassung beurteilt. Während teilweise das Gesellschaftsstatut für maßgeblich erachtet wird, soll nach überwiegender Auffassung die Firma nach dem Recht am Ort der Zweigniederlassung bestimmt werden. Danach muss bei Verwendung der Firma der Hauptniederlassung diese mit dem deutschen Firmenrecht vereinbar sein.[96] Vgl. ferner oben Rdn. 28.

52 Für den Fall, dass ein ständiger Vertreter bestellt worden ist, ist dieser unter Angabe seiner Vertretungsbefugnisse zur Eintragung in das Handelsregister anzumelden. Ständiger Vertreter ist, wer aufgrund einer rechtsgeschäftlichen Bevollmächtigung nicht nur vorübergehend zur Vertretung der Gesellschaft für die Tätigkeit der Zweigniederlassung berechtigt ist

---

93 Vgl. OLG Hamm GmbHR 2005, 1130; OLG Frankfurt DB 2006, 269; LG Bielefeld GmbHR 2005, 98.
94 BGH NZG 2007, 592.
95 Hierzu *Wachter*, GmbHR 2006, 793, 798. Demzufolge soll nach KG ZIP 2012, 1609 auch jede Änderung in den Personen der ausländischen Geschäftsführer anzumelden sein nebst Abgabe einer Versicherung gemäß § 6 Abs. 2 GmbHG; m.E. jedenfalls hinsichtlich der Versicherung sehr zweifelhaft: Insbesondere bei den monistischen Board-Systemen im anglo-amerikanischen Bereich (vgl. aber auch Art. 43 ff. SE-VO) führt dies zu einem absurden Bürokratismus, den der Gesetzgeber des MoMiG sicher nicht beabsichtigt hat.
96 Ausführlich: *Hirte/Bücker/Mankowski/Knöfel*, Grenzüberschreitende Gesellschaften, § 3 Rn. 51 ff.; *Süß/Wachter*, Handbuch des internationalen GmbH-Rechts, S. 100.

(z.B. Prokurist, Handlungsbevollmächtigter). Fraglich ist, ob eine Befreiung des ständigen Vertreters von den Beschränkungen des § 181 BGB angemeldet und eingetragen werden kann, wenn das ausländische Recht ein solches Verbot gar nicht kennt. Teilweise wird dies angenommen,[97] überwiegend jedoch abgelehnt.[98] Stattdessen oder auch zusätzlich kann gem. § 13e Abs. 2 Satz 4 HGB ein Zustellungsbevollmächtigter angemeldet und eingetragen werden.

e) Eine für den Gegenstand des Unternehmens oder die Zulassung zum Gewerbebetrieb im Inland etwa erforderliche Genehmigung (z.B. § 32 KWG) ist dem Handelsregister nachzuweisen. Besteht im Ausland bereits eine entsprechende Genehmigung, empfiehlt sich vorherige Abklärung mit der zuständigen Aufsichtsbehörde, ob sie ohne Weiteres im Inland anerkannt wird. 53

f) Der Anmeldung sind beizufügen: Existenznachweis der ausländischen Gesellschaft, der Gesellschaftsvertrag der ausländischen Gesellschaft in Übersetzung durch einen öffentlich vereidigten Übersetzer, Vertretungsnachweis für die Vertreter der ausländischen Gesellschaft. 54

Anmeldung der Zweigniederlassung einer private company limited by shares

An das
Amtsgericht .....
– Handelsregister –
HR B – neu –
Wir, die Unterzeichneten, melden hiermit zur Eintragung in das Handelsregister an, was folgt:
1. **Die Gesellschaft englischen Rechts in Firma ....., United Kingdom, hat in ..... eine Zweigniederlassung unter der Firma**
 .....
 errichtet.
 Die inländische Geschäftsanschrift wird wie folgt angemeldet:.....
2. **Die Gesellschaft ist beim Registrar of Companies, Companies House Cardiff, unter der No. ..... registriert. Sie ist eine »private limited company«. Das Stammkapital der Gesellschaft beträgt £.....**
3. **Die Gesellschaft hat folgenden Gegenstand:**
 .....
4. **Die Zweigniederlassung hat folgenden Gegenstand:**
 .....
5. **Ständiger Vertreter bzw. Zustellungsbevollmächtigter i.S.v. § 13e HGB ist:**
 Herr/Frau .....,
 geb. am .....,
 Anschrift:.....

55 M

---

97 LG Freiburg NZG 2004, 1170; LG Ravensburg Rpfleger 2005, 367.
98 OLG Celle NJW-RR 2006, 324; OLG München NZG 2005, 850; Überblick bei *Schall*, NZG 2006, 54 ff.; vgl. ferner oben Fn. 44.

Abweichende Zustellungsanschrift für den Zustellungsbevollmächtigten:.....
Der/Die ständige Vertreter/in vertritt die Gesellschaft gemeinsam mit einem Direktor der Gesellschaft

6. Folgende Personen sind Direktoren bzw. Secretary der Gesellschaft:
   a) Herr ....., Secretary,
      geb. am .....,
      Anschrift:.....,
   b) Herr ....., Director,
      geb. am .....
      Anschrift:.....

7. Die Gesellschaft wird gerichtlich und außergerichtlich durch zwei Direktoren gemeinschaftlich oder durch einen Direktor in Gemeinschaft mit dem Secretary der Gesellschaft vertreten. Der Umfang der Vertretungsbefugnis ist gegenüber Dritten stets unbeschränkt.
   Die Gesellschaft ist am ..... gegründet worden.

8. Der Anmeldung werden folgende Unterlagen beigefügt:
   – öffentlich beglaubigter Auszug aus dem Gesellschaftsregister (Companies House, Cardiff) der Gesellschaft vom ..... nebst beglaubigter Übersetzung;
   – Certificate of Incorporation und Certificate of Incorporation on Change of Name der Gesellschaft in beglaubigter Abschrift nebst beglaubigter Übersetzung;
   – öffentlich beglaubigte Abschrift des derzeit gültigen Gesellschaftsvertrages der Gesellschaft nebst beglaubigter Übersetzung;
   – öffentlich beglaubigte Abschriften der Gesellschafterbeschlüsse vom ....., die die Bestellung der Direktoren und des Secretary sowie die Ernennung des ständigen Vertreters der Zweigniederlassung enthalten, nebst beglaubigter Übersetzungen.

9. Der ständige Vertreter und die unterzeichneten Direktoren bzw. der Secretary versichern nach Belehrung durch den beglaubigenden Notar über die unbeschränkte Auskunftspflicht nach § 53 Abs. 2 des Gesetzes über das Zentralregister:
   Es liegen keine Umstände vor, aufgrund derer wir nach § 6 Abs. 2 Satz 2 Nr. 2 und 3 sowie Satz 3 GmbHG vom Amt eines Geschäftsleiters ausgeschlossen wären.
   a) Während der letzten 5 Jahre (zuzüglich einer evtl. Zeit in einer Vollzugsanstalt) wurden wir nicht rechtskräftig verurteilt wegen des Unterlassens der Stellung eines Antrags auf Eröffnung des Insolvenzverfahrens (Insolvenzverschleppung), nach §§ 283 bis 283d StGB (Insolvenzstraftaten), wegen falscher Angaben nach § 82 GmbHG oder § 399 AktG, wegen unrichtiger Darstellung nach § 400 AktG, § 331 HGB, § 313 UmwG oder § 17 PublG oder nach §§ 263 bis 264a oder nach §§ 265b bis 266a StGB wegen Betrug, Computer-, Subventions- oder Kapitalanlagenbetrug, Kreditbetrug, Sportwettbetrug, Manipulation von berufssportlichen Wettbewerben, Besonders schwere Fälle des Sportwettbetrugs und der Manipulation von berufssportlichen Wettbewerben, Untreue oder wegen Vorenthalten und Veruntreuen von Arbeitsentgelt zu einer Freiheitsstrafe von mindestens einem Jahr. Auch im Ausland wurden wir nicht wegen einer vergleichbaren Tat rechtskräftig verurteilt.
   b) Uns ist gegenwärtig weder durch gerichtliches Urteil noch durch vollziehbare Entscheidung der Verwaltungsbehörde die Ausübung eines Berufes, Berufszweiges, Gewerbes oder Gewerbezweiges untersagt, somit auch nicht im Rahmen des Unternehmensgegenstandes der Gesellschaft.
      ....., den .....

IV. Existenz, Vertretung und Vertretungsnachweise ausländischer Kapitalgesellschaften

Zudem ist der Notar aus § 17 Abs. 1 BeurkG grundsätzlich auch verpflichtet, die Vertretungsmacht ausländischer Unternehmen zu prüfen.[99]

1. Registerrechtliche Grundlagen

a) Bei der Beteiligung ausländischer Gesellschaften im deutschen Registerverfahren ergibt sich die Notwendigkeit, Existenz und Vertretung der ausländischen Gesellschaft nachzuweisen. Dabei ist zunächst zu klären, welches materielle Recht auf die Beurteilung der Rechtsfähigkeit und die Vertretung der ausländischen Gesellschaft Anwendung findet. Sofern ausländisches Recht zur Anwendung kommt, sind dessen materiellen Grundsätze zu ermitteln, insbesondere der Umfang der Rechtsfähigkeit und die Organbefugnisse. Schließlich ist zu klären, in welcher Form der Nachweis der Existenz und Vertretung einer ausländischen Gesellschaft zu führen ist.

b) Kollisionsnormen über den Nachweis der Existenz und der Vertretungsbefugnisse ausländischer juristischer Personen enthält das deutsche IPR nicht. Vielmehr regelt das Gesellschaftsstatut umfassend die Verhältnisse der Gesellschaft, also auch die Rechtsfähigkeit und die Vertretungsmacht. Gelangt man danach zur Anwendung ausländischen Rechts, ergeben sich zwangsläufig Probleme bei der Ermittlung der Grundsätze einer fremden Rechtsordnung, etwa im Hinblick auf die materiellen und formellen Rechtsgewohnheiten. Selbst innerhalb Europas bestehen erhebliche Unterschiede im Hinblick auf die Bedeutung der notariellen Urkunde und die Publizitätswirkungen der Handelsregister. Schließlich sind Rück- oder Weiterverweisungen zu beachten und ist ggf. zu prüfen, ob der *ordre public* zu einer Nicht-Anerkennung der Rechtsfähigkeit der Rechtsfähigkeit einer ausländischen Gesellschaft führt.[100]

c) Für die registergerichtliche Abwicklung entscheidend ist die Frage, welche Urkunden der ausländischen Rechtsordnung den Nachweis der Gründung, Fortexistenz und Vertretung führen können. Ausgangspunkt ist der Grundsatz, dass eine ausländische Behörde oder Amtsperson ihr eigenes Verfahrensrecht anzuwenden und sich im Rahmen ihrer innerstaatlichen Kompetenz zu bewegen hat.[101] Erst wenn feststeht, dass eine Urkunde ordnungsgemäß aufgenommen wurde und welchen Beweiswert ihr die ausländische Rechtsordnung selbst beilegt, kann gefragt werden, ob sie deutschen Formgeboten entspricht oder wenigstens als annähernd gleichwertige Urkunde deutsche Formen substituiert.

2. Grundbuch

Gemäß § 29 Abs. 1 GBO soll eine Eintragung im Grundbuch nur vorgenommen werden, wenn die Eintragungsbewilligung oder die sonstigen zu der Eintragung erforderlichen Erklärungen durch öffentliche oder öffentlich beglaubigte Urkunden nachgewiesen werden; andere Voraussetzungen der Eintragung bedürfen, soweit sie nicht beim Grundbuchamt offenkundig sind, ebenfalls des Nachweises durch öffentliche Urkunden. Bei Beteiligung juristischer Personen ist im Grundbuchverkehr auch die Existenz der Gesellschaft sowie die

---

99 BGH NJW-RR 2018, 443.
100 MüKo-BGB/*Ebenroth*, nach Art. 10 EGBGB Rn. 153 ff.
101 *Langhein*, Kollisionsrecht, S. 116 m.w.N.

Vertretungsberechtigung des jeweils Unterzeichnenden nachzuweisen.[102] Bei inländischen Gesellschaften kann gem. § 32 GBO der Nachweis, dass der Vorstand einer Aktiengesellschaft oder die Geschäftsführung einer GmbH aus den im Handelsregister eingetragenen Personen besteht, durch ein Zeugnis des Gerichts über die Eintragung geführt werden. Es handelt sich dabei um eine gewisse Relativierung des Grundsatzes des § 29 GBO. Dem Handelsregister, welches selbst keine uneingeschränkte Gewähr für Richtigkeit und Vollständigkeit der Eintragungen bietet, wird damit für den Grundbuchverkehr volle Beweiskraft zugelegt. Nach h.M. ist § 32 GBO auf ausländische Gesellschaften grundsätzlich nicht anwendbar.[103] Vielmehr soll insoweit ausschließlich § 29 GBO gelten. In der Literatur wird für eine analoge Anwendung des § 32 GBO auf Grundbucheintragungen ausländischer Gesellschaften plädiert, wenn die ausländische Gesellschaft eine eingetragene Zweigniederlassung im Inland hat bzw. das ausländische Register ähnliche Publizitätswirkungen wie das inländische Handelsregister aufweist.[104]

60 Die Verwendung sonstiger Beweismittel ist im Grundbuchverkehr grundsätzlich eingeschränkt. Die Bescheinigung eines Notars, dass ihm ein gerichtliches Zeugnis vorgelegen hat oder dass das Register eine bestimmte Eintragung enthält (§ 21 Abs. 1 Satz 2 BNotO), ist nur in den dort genannten Fällen verwendbar; eine erweiternde Auslegung im Fall der Beteiligung von ausländischen Gesellschaften bzw. ausländischen Notaren erscheint für sich gesehen nicht überzeugend. In der Praxis werden allerdings dennoch relativ großzügig Existenz- und Vertretungsbescheinigungen ausländischer Notare oder sonstiger öffentlicher, bei unüberbrückbarer Beweisnot auch privater Stellen anerkannt, auch wenn diese nicht im engeren Sinne den Bestimmungen der §§ 29 GBO, 21 BNotO entsprechen.[105] Die Form und das Verfahren dieser Bescheinigungen richten sich jeweils nach ausländischem Recht; hierfür wird von dem Erfahrungssatz ausgegangen, dass die jeweilige Bescheinigung kompetenz- und ordnungsgemäß aufgenommen worden ist.[106]

3. Handelsregister

61 Im Handelsregisterrecht fehlen ausdrückliche Normen wie §§ 29, 32 GBO. Nur für die Anmeldung, nicht aber für sonstige zur Eintragung nötige Erklärungen sieht § 12 HGB öffentliche (elektronische) Beglaubigung vor. Nach allgemeiner Meinung ergibt sich eine vergleichbare Prüfungsnotwendigkeit aber aus der vorausgesetzten Ordnungsmäßigkeitskontrolle durch das Gericht.[107] Folglich ist im Fall der Beteiligung einer juristischen Person neben deren Existenz stets auch die Vertretungsbefugnis der handelnden Organe nachzuweisen. Anders als im Fall der §§ 29, 32 GBO gilt hier jedoch nicht unbedingt der Strengbeweis, sondern die allgemeine Regel des § 26 FamFG. Dennoch werden in der Praxis regelmäßig öffentliche Urkunden oder vergleichbare Zeugnisse gefordert. Bei ausländischen notariellen Bescheinigungen ist die Praxis i.d.R. großzügiger als im Grundbuchverkehr.

---

102 *Schöner/Stöber*, Grundbuchrecht, Rn. 3636a f.; eingehend *Suttmann*, notar 2014, 274.
103 OLG Hamm DB 1995, 137; BayObLG DStR 2003, 653.
104 *Hirte/Bücker/Mankowski/Knöfel*, Grenzüberschreitende Gesellschaften, § 13 Rn. 102; *Werner*, ZfIR 1998, 448.
105 *Schöner/Stöber*, Grundbuchrecht, Rn. 3636b; großzügig auch KG ZIP 2012, 1560 zur Eigentumsumschreibung auf einen dänischen Verein, bei dem weder Existenz noch Vertretungsbefugnisse durch öffentliche Urkunden nachweisbar sind. Den Ausführungen des KG ist uneingeschränkt zuzustimmen; die deutschen formellen Verfahrensvorschriften sind nicht der geeignete Regelungsort für die Verhinderung ansonsten zulässiger internationaler Rechtsbeziehungen, dazu und zum allgemeinen IPR-Problem der »Formenleere« *Langhein*, Kollisionsrecht, 121 ff.
106 LG Wiesbaden Rpfleger 1988, 17; OLG Köln Rpfleger 1989, 66.
107 KG DNotI-Report 1998, 73; OLG Hamm NZG 2002, 340; aus Sicht der Praxis sehr begrüßenswert LG Hamburg notar 2009, 356 m. Anm. *Jeep* (eingeschränkte Kontrolldichte bei einfach gelagerten Sachverhalten ohne begründete Zweifel); in diese Richtung bereits *Langhein*, Kollisionsrecht, 145 ff.; aktueller Überblick bei *Pfeiffer*, Rpfleger 2012, 240 ff.

4. Einzelne Nachweis- und Beweisregeln (deutsches Recht)

a) Auf verfahrensrechtliche Aspekte wie Eintragungsbewilligungen, Handelsregisteranmeldungen etc. ist Art. 11 EGBGB nach ganz h.M. weder direkt noch analog anzuwenden. Der Grundsatz der alternativen Anknüpfung an Geschäfts- oder Ortsrecht bezieht sich ausschließlich auf das Rechtsgeschäft und hat nicht die Formvorschriften des Verfahrensrechts zum Gegenstand.[108] Kollisionsrechtlich gilt allgemein, dass allein das Wirkungsstatut entscheidet, ob ein Geschäft der Eintragung in ein Register bedarf. Das Eintragungsverfahren selbst folgt stets dem Recht am Ort des Registers, da es um Publizitätswirkungen sowie Sachnormen des öffentlichen Rechtes geht, die allein nach nationalem Recht beantwortet werden können.

b) Nach Art. 32 Abs. 3 Satz 2 EGBGB a.F. waren zum Beweis eines Rechtsgeschäfts alle Beweismittel des deutschen Verfahrensrechts und, sofern dieses nicht entgegensteht, eines der nach Art. 11 und 29 Abs. 3 EGBGB maßgeblichen Rechte zulässig. Einer teilweise befürworteten analogen Anwendung des Art. 32 EGBGB a.F. im Registerverfahren stand schon Art. 37 EGBGB a.F. entgegen.[109]

c) Gemäß § 438 Abs. 1 ZPO hat das Gericht nach den Umständen des Falles zu ermessen, ob eine Urkunde, die sich als von einer ausländischen Behörde oder von einer mit öffentlichem Glauben versehenen Person des Auslandes errichtet darstellt, ohne näheren Nachweis als echt anzusehen ist. Die betreffende Regelung befasst sich zwar ausschließlich mit dem Echtheitsbeweis, statuiert aber keine weiteren verfahrensrechtlichen Beweisregeln. Für die inhaltliche Beurteilung etwa einer ausländischen notariellen Bescheinigung oder eines ausländischen Registerzeugnisses enthalten sie keinerlei Rechtsfolgen. Im FGG-Verfahren machen verbleibende Zweifel von Amts wegen stets weitere Ermittlungen erforderlich.

d) Mit einigen Staaten unterhält die Bundesrepublik Deutschland bilaterale Vereinbarungen, nach denen auf weitere Echtheitsnachweise öffentlicher Urkunden verzichtet werden kann. Derartige Abkommen bestehen mit Österreich, Dänemark, Frankreich, Griechenland, Großbritannien, Nordirland, Italien und der Schweiz. Für die Praxis ist dabei zu beachten, dass in unterschiedlichem Umfange Befreiung von weiteren Beweisanforderungen erteilt wird. So sind etwa die gerichtlichen Urkunden aus der Schweiz unmittelbar im Inland verwendbar, notarielle Urkunden bedürfen jedoch der Apostille. Bei französischen Urkunden gilt Befreiung sowohl für gerichtliche als auch notarielle Urkunden, ebenso im Fall von Dänemark. Inhaltlich enthalten diese Abkommen jedoch keine Beweisvermutungen; sie betreffen sämtlich nur die Befreiung von Zwischenbeglaubigungsmodalitäten und nicht die Voraussetzungen der Anerkennung ausländischer öffentlicher Urkunden im Inland.

5. Hinweise für die Praxis

Mittlerweile liegen zwar für die wichtigsten Länder zahlreiche Entscheidungen und Nachweise über die Anforderungen an Existenz- und Vertretungsnachweise vor.[110] Hilfreich sind auch die veröffentlichten Gutachten des Deutschen Notarinstituts. In der Praxis ist jedoch stets Vorsicht geboten. Ob das zuständige Register den jeweiligen Nachweis akzeptiert, ist meistens offen. Beigebrachte ausländische Beglaubigungen, Nachweise, Registerauszüge etc. erweisen sich leider oft bei näherer Betrachtung als unzureichend. Notwendige Übersetzungen (z.B. ausländischer Gesellschaftsverträge) können erhebliche Kosten verursachen.

---

108 *Langhein*, Kollisionsrecht, S. 109 ff.; jetzt wortgleich Art. 1 Abs. 2g Rom I-VO (oben bei Fn. 3).
109 *Langhein*, Kollisionsrecht, S. 112; vgl. oben bei Rdn. 3.
110 Würzburger Notarhandbuch/*Heggen*, Teil 7 Kap. 6 E; KölnerHdbGesR/*Bischoff*, 9. Kap., Rn. 60 ff.

Zur Abschätzung der Risiken im Einzelfall können zwar differenzierte Beweisregeln einen Anhalt bieten, die letztlich aber immer auf eine Art »*rule of thumb*« oder »*common sense*« hinauslaufen.[111] Eine einheitliche weltweite Dogmatik des Existenz- und Vertretungsnachweises gibt es nicht und kann es nicht geben.

6. Legalisation und Apostille

67 Zum Begriff und Verfahren der Legalisation und Apostille s. § 26. Gelegentlich wird von den Registern eine Übersetzung des fremdsprachigen Apostillenstempels verlangt. Dem ist zu widersprechen: Art. 4 des Haager Übereinkommens zur Befreiung ausländischer öffentlicher Urkunden von der Legalisation vom 05.10.1961[112] sieht ausdrücklich vor, dass die Apostille in der Amtssprache der ausstellenden Behörde abgefasst sein kann. Im Übrigen sind dem Übereinkommen Muster als Anlage beigefügt und der deutsche Musterstempel im Bundesgesetzblatt veröffentlicht.

7. Ausgewählte Rechtsordnungen

a) England

68 Das englische Recht kennt grundsätzlich nur eine einheitliche inkorporierte Kapitalgesellschaft, die Public Limited Company.[113] Sämtliche Kapitalgesellschaften sind bei dem Handelsregister in Cardiff registriert. Sie verfügen über ein einheitliches Leitungsorgan, den Board of Directors. Grundsätzlich besteht eine Art Gesamtvertretungsbefugnis aller Board-Mitglieder, sofern nicht durch einzelne – unübliche – Bestimmungen in den Articles of Association oder durch – üblicherweise – gesonderte Beschlüsse des Board einzelnen oder mehreren Direktoren gesonderte Vertretungsbefugnisse für alle oder einen bestimmten Kreis von Geschäften eingeräumt worden ist. Gerade bei größeren Gesellschaften mit einer Vielzahl von sog. Non-executive Directors sind derartige Ermächtigungen in der Praxis die Regel. Solche Beschlüsse sind allerdings nicht dem Register anzuzeigen und folglich nicht durch Einsichtnahme in das Register selbst feststellbar.

69 Jede größere Gesellschaft muss einen sog. Secretary haben, dessen Aufgabe in der Erledigung der wesentlichen Verwaltungsangelegenheiten, insbesondere der Registermitteilungen, besteht. Bei Private limited Companies können dessen Aufgaben von einem Director oder Angestellten wahrgenommen werden.

70 Der englische Rechtsverkehr bedient sich zur Prüfung der ordnungsgemäßen Vertretungsverhältnisse einer Kapitalgesellschaft in aller Regel des Registrar of Companies. In London wird eine Zweigstelle unterhalten (»Companies House«), bei der die direkte Einsicht nach vorheriger Vergabe einer Registrierungsnummer per Internet möglich ist. Sofern nicht – z.B. bei kleineren Gesellschaften – alle Direktoren bei der Transaktion mitgewirkt haben bzw. die Articles of Association keine Einzelvertretungsbefugnis ergeben, ist zur Schließung der Nachweiskette die Vorlage eines ordnungsgemäßen Board-Beschlusses notwendig und in der Praxis üblich. Aus diesem Beschluss muss sich entweder allgemein oder für den konkreten Einzelfall die Ermächtigung des Board hinsichtlich der Personen, die die Gesellschaft vertreten haben, ergeben. Eine entsprechende beglaubigte Abschrift des Protokollbuches der Gesellschaft erteilt üblicherweise der Sekretär der Gesellschaft; gem. Sec. 44 Companies Act

---

111 Eingehend: *Langhein*, Kollisionsrecht S. 100 ff.; zustimmend MüKo-BGB/*Spellenberg* Art. 11 EGBGB Rn. 30, 141 ff.
112 BGBl. 1965 II S. 876; zumindest sollten auch englischsprachige Beglaubigungsvermerke ohne Übersetzung in der Regel akzeptiert werden, so zutr. OLG Schleswig v. 13.12.2007 – 2 W 198/07, juris.
113 Überblick zum Rechtsverkehr mit englischen Gesellschaften *Langhein*, NZG 2001, 1123 ff.

2006 genießen alle von dem Secretary und von einem Direktor oder von zwei Direktoren der Gesellschaft beglaubigten Dokumente quasi öffentlichen Glauben. Siegelung ist üblich und führt zur Bindung der Gesellschaft, ist aber grundsätzlich nicht erforderlich. Sofern ein Dokument von einem Direktor und dem Secretary oder auch zweien unterzeichnet wurde, wird es behandelt, als sei es »duly executed«, sodass gutgläubige Dritte »*for valuable consideration*« Gutglaubensschutz genießen, Sec. 44 Abs. 5 Companies Act 2006.

Im Binnenrechtsverkehr sind notarielle Existenz- und Vertretungsbescheinigungen unüblich. Dem Ausländer, der mit einer englischen Gesellschaft kontrahiert, stehen selbstverständlich die soeben geschilderten Nachweismöglichkeiten offen. Wegen der (vermeintlichen) Schwierigkeit, ein ausländisches Register einzusehen, der fehlenden Vertrautheit mit dem englischen Gesellschaftsrecht und insbesondere der für kontinentaleuropäische Länder ungewöhnlichen Nachweiskette über einen Board-Beschluss werden jedoch von englischen Gesellschaften im Auslandsrechtsverkehr immer wieder notarielle Existenz- und Vertretungsbescheinigungen gefordert. Etwa 10–30 % des Routinegeschäfts der Londoner Notare dürften hiermit zusammenhängen.[114]

71

Auf der Grundlage der Einsicht in das Register, das Memorandum und die Articles of Association sowie das Protokollbuch der Gesellschaft, von dem sich der Notar ggf. eine beglaubigte Abschrift gem. Sec. 44 Companies Act 2006 erteilen lässt, erstellen die Notare eine mehr oder minder ausführliche Existenz- und Vertretungsbescheinigung (in deutscher Sprache) unter Angabe der bindenden Wirkung des jeweils unterzeichneten Dokuments für die Gesellschaft und fügen ihr Amtssiegel bei.

72

Notarielle Vertretungsbescheinigung eines scrivener notary

**Ich, ..., der unterzeichnende notary public, ordnungsgemäß zugelassener Notar in der Stadt von London, England,
bescheinige und bestätige hiermit,
dass die hier angeheftete Urkunde heute von mir mit dem Gesellschaftssiegel der englischen Gesellschaft ..... Ltd. gesiegelt und von Herrn ....., Direktor der besagten Gesellschaft, und Herrn ....., Secretary der besagten Gesellschaft, eigenhändig unterschrieben worden ist.
Ferner bescheinige ich, dass Herr ..... Direktor und Herr ..... Secretary der besagten Gesellschaft sind und aufgrund eines Beschlusses des Board of Directors und nach den Satzungen der besagten Gesellschaft vollständig befugt waren, die besagte Urkunde so auszustellen und dass dieselbe in gehöriger englischer Rechtsform vollzogen und für die Gesellschaft rechtsgültig bindend ist.
Zum Zeugnis dessen habe ich meine Unterschrift und mein Amtssiegel hier beigesetzt in London, heute den .....**

73 M

(Unterschrift notary public, Siegel)

Apostille

b) Vereinigte Staaten von Amerika

Das US-Gesellschaftsrecht unterliegt der Gesetzgebung der einzelnen Bundesstaaten, deren Regelungen nur bis zu einem gewissen Grade gleichartig sind.[115] Die Business

74

---

114 Zum Ganzen *Knoche*, MittRhNotK 1985, 174; OLG Nürnberg Rpfl. 2014, 492; OLG Sachsen-Anhalt NZG 2014, 1237; OLG Schleswig GmbHR 2012, 799; LG Berlin DB 2004, 2628.
115 Z.B. *Merkt*, US-amerikanisches Gesellschaftsrecht, 3. Aufl. 2013, S. 51 ff.; aus der Rechtsprechung aktuell OLG Köln NZG 2013, 754.

Corporation ist die wichtigste und zugleich verbreiteste Form der US-Kapitalgesellschaften, und zwar entweder in der Form der Public Corporation (entspricht der Aktiengesellschaft) sowie der Close Corporation (entspricht einer kleinen GmbH). Formvorschriften des materiellen Rechtes im Sinne eines Authentisierungszwanges bestehen grundsätzlich nicht. Gründung, Anteilsübertragungen und spätere Statutenänderungen sind prinzipiell formfrei.

75 Der Nachweis der Existenz der Gesellschaft ist in der Regel durch das *Certificate of Incorporation* zu führen. Um den Fortbestand der Gesellschaft bei länger zurückliegender Gründung nachzuweisen, ist zusätzlich ein *Certificate of Good Standing* erforderlich. Diese Bescheinigungen werden von der staatlichen Stelle ausgestellt, bei der im Rahmen der Gründung der Gesellschaft die Satzung einzureichen ist. In der Regel ist dies der *Secretary of State*.

76 Vertretungen und Geschäftsführung der Business Corporation obliegen dem Board of Directors. Er beschränkt sich bei größeren Gesellschaften auf Aufsichtsfunktionen und ernennt für die Erledigung der laufenden Geschäfte der Gesellschaft Executive Officers (Chief Executive Officer, President, Vice President, Treasurer und Secretary – Letzteres ähnlich wie im englischen Recht). Der Board besitzt grundsätzlich Gesamtvertretungsmacht. Die Vertretungsbefugnisse der Officers ergeben sich in erster Linie aus den *Bylaws* der Gesellschaft oder aus speziellen Ermächtigungsbeschlüssen des Board. Für gewöhnlich hat jeder Executive Officer für seinen Geschäftsbereich Vertretungsbefugnis; darüber hinaus sind verschiedene Spielarten der *inherent, implied* oder *apparent authority* zu beachten. Bei besonders wichtigen Geschäften, insbesondere Immobilientransaktionen, ist in der Regel eine gesonderte Vollmacht durch den Board zu erteilen. Insgesamt bestehen zahlreiche Grenz- und Zweifelsfälle.

77 Der sicherste, zugleich insbesondere bei größeren Gesellschaften oft umständlichste Weg, einen einigermaßen sicheren Nachweis der Vertretungsbefugnis im ausländischen Rechtsverkehr zu erlangen, ist die Herbeiführung eines förmlichen Beschlusses des Board of Directors. Durch einen solchen Beschluss können Zustimmungen, Vollmachten oder auch Genehmigungen (Ratifications) erteilt werden; sofern anschließend der Secretary den Board-Beschluss beglaubigt und siegelt, bindet dies die Gesellschaft, selbst wenn der Beschluss tatsächlich nie, nicht so oder fehlerhaft gefasst worden ist.[116]

78 Der US-Notary Public ist für das Inland weder befugt noch in der Regel in der Lage, beweiskräftige Existenz- und Vertretungsbescheinigungen zu erstellen. Dieser inländische Befund gilt allerdings nach Common Law und den meisten Statutes nicht für das Ausland. Trotz des in der Praxis üblichen Zögerns der US-Notaries, solche Bescheinigungen auszustellen, dürfte eine Tätigkeit für den Auslandsrechtsverkehr zwar zulässig und im Registerverfahren verwendbar sein, wenngleich die Nachweistauglichkeit insbesondere wegen der nicht erforderlichen juristischen Qualifikation des US-Notary Publics äußerst fraglich ist.

79 Im praktischen Rechtsverkehr wird der Nachweis der Vertretungsbefugnis durch eine Bestätigung des Secretary der Gesellschaft geführt. Dieser führt das Protokollbuch der Gesellschaft und kann somit eine Ausfertigung des jeweiligen Board-Beschlusses, der zur Vornahme des betroffenen Rechtsgeschäfts berechtigt, erteilen. Diese Bestätigung wird verbunden mit dem *Acknowledgement* vor einem Notar in den üblichen *Statutory Forms* für Gesellschaften. Das Acknowledgement mit seiner doppelten Funktion der Identitätssicherung und der eidesähnlichen Angabe der Vertretungsbefugnis erhöht den Seriositätswert der schlichten Secretary-Bescheinigung und bietet im Ansatz öffentliche Form – damit kann der Repräsentationsnachweis im Regelfall akzeptiert werden.

---

116 *Merkt*, US-amerikanisches Gesellschaftsrecht, S. 307 ff.

Bescheinigung eines Secretary nebst notarieller Beglaubigung

I, ..., Secretary of ..... Company, do hereby certify that at a legal meeting of the Board of Directors of said Company regularly called, notice of which was duly given to each Director, which meeting was held at the office of the Company at ..... on the ..... day of ..... 2012, a majority of the directors were present, and a resolution of which the following is a copy was adopted by the said Board as follows:
Resolved:.....

80 M

»Seal of corporation Signature Secretary of X Company«

On this ..... day of ....., 2012, before me appeared ....., to me personally known, who, being by me duly sworn did say that he is Secretary (or other officer or agent of the corporation or association) of ....., and that the seal affixed to said instrument is the corporate seal of said corporation and that said instrument was signed and sealed on behalf of said corporation by authority of its Board of Directors and said ..... acknowledged said instrument to be the free act and deed of said corporation.
My commission expires .....

Notarial Seal

Apostille

8. Vertretungsbescheinigung durch deutschen Notar

Der deutsche Notar kann auch durch Einsichtnahme in ein ausländisches Register die Vertretungsbefugnis bescheinigen.[117] Insbesondere durch die zunehmende elektronische Registerführung ist eine Einsichtnahme mittlerweile weltweit relativ einfach.[118] Sie setzt sichere Kenntnis der jeweiligen Auslandsrechtsordnung voraus und kann sehr oft nicht unmittelbar den Anforderungen des § 21 BNotO entsprechen. Sie ist daher zumeist eine gutachtliche Stellungnahme auf der Grundlage von § 24 Abs. 1 Satz 1 BNotO.[119]

81

Bestätigung aufgrund ausländischer Registereinsicht

Notarbestätigung gem. § 24 BNotO
Aufgrund Einsicht in das elektronische Handelsregister (Companies House) in Cardiff/Wales vom heutigen Tag und der mir vom Companies House elektronisch übermittelten Daten bestätige ich, der unterzeichnende Notar, dass in dem vorgenannten Register folgende Eintragungen registriert sind:
1. Gesellschaft (*Company Name*) ..... Ltd
2. Registernummer (*Company Number*) .....
3. Rechtsform Private Limited Company
4. Tag der Eintragung (*Date of Incorporation*) .....
5. Geschäftsanschrift (*Registered Office*) .....
6. Geschäftsführer (*Directors*) .....
7. Secretary .....

82 M

---

117 Str. wie hier *Suttmann*, notar 2014, 274; LG Aachen MittRhNotK 1988, 157; OLG Schleswig IPRax 2009, 79; KölnerHdbGesR/*Bischoff*, 6. Kap., Rn. 37; a.A. OLG Düsseldorf, Beschl. v. 18.02.2014 – 3 Wx 190/13, juris.
118 Hilfreicher Überblick unter: https://www.gov.uk/government/publications/overseas-registries/overseas-registries
119 KölnerHdbGesR/*Bischoff*, 9. Kap., Rn. 102.

Hinweise:

Zur Vertretungsbefugnis enthält das englische Register keine Angaben. Gesellschaften der vorstehenden Rechtsform werden grundsätzlich gemeinsam durch die Directors (Board of Directors) vertreten. Der Umfang der Vertretungsmacht ist nach Sec. 39 C.A. 2006 grundsätzlich nicht mehr nach außen beschränkt (früher sog. »ultra vires doctrine«). Nach Sec. 44 A C.A. 2006 genießen Dokumente, die von einem Director und dem Secretary bzw. einem weiteren Director unterschrieben werden, im Wesentlichen Gutglaubensschutz. Alternativ kommt die Vorlage eines Beschlusses des Board of Directors in Betracht, mit dem einzelne Directors oder Dritte zur Vornahme von Rechtsgeschäften ermächtigt werden. Eine dem § 181 BGB entsprechende Vorschrift kennt das englische Recht nicht.

....., den 2018

Unterschrift und Siegel Notar

Sachregister

Die Stichworte verweisen jeweils auf die Paragrafen des Werkes und auf deren Randnummern.

Abfindung
- Abfindungsergänzung § 36 Rdn. 170 M, Rdn. 213 M
- Austritt aus Personengesellschaft § 131 Rdn. 76
  - – Sachwertabfindung § 131 Rdn. 76
- Erbverzicht § 100 Rdn. 4, Rdn. 6 ff.
- GbR § 130 Rdn. 76 f.
- GmbH-Geschäftsanteil § 145 Rdn. 141 f.
  - – Ausschluss/Einziehung § 145 Rdn. 141 f.
- Hof § 36 Rdn. 199, Rdn. 213 M
- Hofübergabe § 36 Rdn. 213 M
- Landgut § 36 Rdn. 170 M
- OHG § 132 Rdn. 75 ff.
  - – Beschränkung § 132 Rdn. 81 ff.
  - – Buchwert § 132 Rdn. 88 M f.
  - – salvatorische Anpassungsklausel § 132 Rdn. 89 M
  - – Schiedsgutachten § 132 Rdn. 91 M f.
  - – Stundung § 132 Rdn. 90 M
- weichende Erben § 36 Rdn. 170 M; § 39 Rdn. 102 M ff.

Abfindungsvertrag
- Ehegattenunterhalt § 90 Rdn. 18 M

Abgeschlossenheit § 58 Rdn. 42
- Baugenehmigung § 58 Rdn. 44 M
- Dauerwohnrecht § 58 Rdn. 73
- Wohnungseigentum § 58 Rdn. 8 ff.
  - – Ermittlung § 58 Rdn. 9 f.
  - – Toilette § 58 Rdn. 10
  - – Verwaltungsvorschrift § 58 Rdn. 10

Abhängigkeit
- Lizenzschutzrecht § 49 Rdn. 60

Ablaufentschädigung
- Erbbaurecht § 57 Rdn. 15

Ablehnung der Beurkundung § 5 Rdn. 1 ff., Rdn. 43
- Belehrung § 5 Rdn. 46 M
- Berechtigter § 5 Rdn. 47
- Recht auf § 5 Rdn. 33 f.
- vollmachtlose Vertretung § 25 Rdn. 3

Ablehnung der Überwachung § 7 Rdn. 16 M

Ablehnungsrecht § 5 Rdn. 43

Ablieferungspflicht § 108 Rdn. 20
- aus amtlicher Verwahrung zurückgegebenes Testament § 101 Rdn. 8
- Testament § 98 Rdn. 10; § 105 Rdn. 11
- Widerruf eines gemeinschaftlichen Testaments § 101 Rdn. 11

Abmahnverein § 121 Rdn. 11

Abmarkung § 54 Rdn. 8 ff.
- Zuständigkeit § 3 Rdn. 21

Abnahme
- Architektenleistung § 45 Rdn. 84 f.
- Bauvertrag § 46 Rdn. 55

Absatzgenossenschaft § 157 Rdn. 6

Abschichtungsvereinbarung
- Teilerbauseinandersetzung § 117 Rdn. 25, Rdn. 28 M

Abschreibung
- Leasingvertrag § 43 Rdn. 13 f.

Abschrift § 12 Rdn. 36 ff.

Absolute Schutzhindernisse
- Marke § 49 Rdn. 91

Abspaltung § 155 Rdn. 2, Rdn. 35 M ff.
- Anmeldung bei abspaltender Gesellschaft § 155 Rdn. 41 M
- Anmeldung bei übernehmender Gesellschaft § 155 Rdn. 43 M
- Beschluss der abspaltenden Gesellschaft § 155 Rdn. 37 M
- Beschluss der übernehmenden Gesellschaft § 155 Rdn. 39 M
- GmbH § 155 Rdn. 35 M
  - – auf GmbH & Co. KG § 155 Rdn. 35 M
- Verbot § 130 Rdn. 9

Abstammungsrecht § 92 Rdn. 10 ff.
- Abstammungsgutachten § 92 Rdn. 27
- Anerkennung der Vaterschaft § 92 Rdn. 12, Rdn. 17 ff., Rdn. 32 M ff.
- behördliche Vaterschaftsanfechtung § 92 Rdn. 17
- Ersetzung der Einwilligung § 92 Rdn. 30
- heterologe Insemination § 92 Rdn. 76 ff.
- Insemination § 92 Rdn. 73 ff.
- IPR § 92 Rdn. 84 ff.
- Legitimanerkenntnis des islamischen Recht § 92 Rdn. 89
- Probennahme § 92 Rdn. 30
- quasihomologe Insemination § 92 Rdn. 80 ff.

Abstandsflächendienstbarkeit § 64 Rdn. 18 ff.

Abstandsgeld § 36 Rdn. 170 M
- Übergabevertrag § 36 Rdn. 139 f.

Abstimmung
- GmbH-Gesellschafterversammlung § 144 Rdn. 24 ff.

Abstrakte Unterscheidungskraft
- Marke § 49 Rdn. 89

Abteilung A
- Handelsregister § 124 Rdn. 11

Abteilung B
- Handelsregister § 124 Rdn. 12

Abtretung
- Abtretungsfähigkeit § 29 Rdn. 18 ff.
- Abtretungsverbot § 29 Rdn. 20
- Aktie § 146 Rdn. 19
- Altenteilsrecht § 29 Rdn. 19
- Angabe des Grundgeschäfts § 29 Rdn. 3 M, Rdn. 11 ff.
- Ansprüche nach dem Vermögensgesetz § 29 Rdn. 11
- Anzeige an Schuldner § 29 Rdn. 15 ff., Rdn. 16 M
- Auseinandersetzungsguthaben an Gesellschaft § 29 Rdn. 55

- Ausschluss § 29 Rdn. 18 ff., Rdn. 21 M, Rdn. 42
- Bausparvertrag § 29 Rdn. 39 ff., Rdn. 41 M
- Beamtengehalt § 29 Rdn. 13– Rdn. 14 M
- beschränkte persönliche Dienstbarkeit § 29 Rdn. 19
- bestimmbare Forderung § 29 Rdn. 9–Rdn. 10 M
- Briefgrundschuld § 74 Rdn. 19 ff., Rdn. 22 M
  - – Abtretung des Briefherausgabeanspruchs § 74 Rdn. 25 M
  - – Briefgrundschuld
    - – – noch nicht eingetragen § 74 Rdn. 27 M
  - – Inhalt § 74 Rdn. 21
  - – Übergabesurrogat § 74 Rdn. 23 ff.
- Briefhypothek § 70 Rdn. 3, Rdn. 6 M
- Buchgrundschuld § 74 Rdn. 28 ff., Rdn. 29 M
- Buchhypothek § 70 Rdn. 3, Rdn. 5 M
- Darlehen an die Gesellschaft § 29 Rdn. 55, Rdn. 58 M
- Eigentümergrundschuld § 77 Rdn. 13
- Eintritt in Sicherungsvertrag § 29 Rdn. 30 M
- Factoring-Geschäft § 29 Rdn. 52 ff., Rdn. 54 M
- Form § 29 Rdn. 11 ff.
- Gegenstand und Umfang § 29 Rdn. 9
- Genehmigungseinholung § 29 Rdn. 23 M
- Gesellschafterrechte § 29 Rdn. 55 ff., Rdn. 58 M
- Gewinnanteile § 29 Rdn. 55, Rdn. 58 M
- Globalzession § 29 Rdn. 6 ff., Rdn. 49 M, Rdn. 52
- GmbH-Geschäftsanteil § 145 Rdn. 1 ff., Rdn. 6 M ff.
- Grundschuld § 76 Rdn. 17
  - – Abhandenkommen der Abtretungserklärung § 76 Rdn. 17
  - – Ausschluss der Abtretbarkeit § 74 Rdn. 1
  - – Eintritt in den Sicherungsvertrag § 74 Rdn. 5 M
  - – Fälligkeit § 74 Rdn. 18
  - – gesetzlicher Löschungsanspruch § 74 Rdn. 16
  - – Gläubiger § 72 Rdn. 65
  - – Gläubigermehrheit § 74 Rdn. 31
  - – guter Glaube § 74 Rdn. 14
  - – Kostenvergleich zur Löschung und Neubestellung § 74 Rdn. 15
  - – künftige § 74 Rdn. 34 M

– – Nebenleistungen § 74 Rdn. 8
– – Rangwahrung § 74 Rdn. 16
– – Rechte aus Schuldanerkenntnis § 74 Rdn. 11
– – Umfang § 74 Rdn. 8
– – verzinsliche Grundschuld § 74 Rdn. 10 M
– – Voraussetzungen § 74 Rdn. 1
– – Vormerkung § 74 Rdn. 32 ff.
– – weitere Rechte § 74 Rdn. 11 ff.
– – Zinsen § 74 Rdn. 8 ff.
– guter Glaube § 29 Rdn. 6
– Herausgabeanspruch § 29 Rdn. 26
– – des verarmten Schenkers § 29 Rdn. 26
– Hinweispflicht des Notars § 74 Rdn. 19
– Hypothek § 70 Rdn. 2 ff.
– Kündigungsrecht an Gesellschaft § 29 Rdn. 55
– Lebensversicherung § 29 Rdn. 42 ff., Rdn. 45 M f.
– Mantelzession § 29 Rdn. 50 ff.
– mehrfache Abtretung § 29 Rdn. 6
– Naturalunterhalt § 29 Rdn. 19
– Nebenrechte § 29 Rdn. 28
– – Beispiele § 29 Rdn. 28
– Prioritätsgrundsatz § 29 Rdn. 6 ff.
– Realkredit § 67 Rdn. 12 ff.
– Recht auf Auseinandersetzung der Gesellschaft § 29 Rdn. 55
– Rechte aus Treuhandvertrag über GmbH-Geschäftsanteil § 145 Rdn. 117
– Rechte wegen Mängeln § 29 Rdn. 37 f.
– Rückgewähranspruch § 74 Rdn. 17
– Schadensersatz § 29 Rdn. 19
– Sicherheiten, bestellte § 29 Rdn. 29 ff.
– Sicherungsabtretung künftiger Grundschulden § 74 Rdn. 34 M
– Sozialleistungen § 29 Rdn. 26
– Steuererstattungsanspruch § 29 Rdn. 13
– stille Zession § 29 Rdn. 17
– Stimmrechtsvollmacht § 29 Rdn. 55
– Sukzessivberechtigung § 29 Rdn. 7 f.
– Treuhand bei Forderungsabtretung § 53 Rdn. 10 f.
– Unpfändbarkeit § 29 Rdn. 26
– Unterhaltsrente § 29 Rdn. 26
– Unwirksamkeit § 29 Rdn. 19 ff., Rdn. 43
– verlängerte Sicherungsübereignung § 29 Rdn. 6
– verlängerter Eigentumsvorbehalt § 29 Rdn. 48
– von Teilen § 29 Rdn. 33 ff.
– Vorkaufsrecht § 29 Rdn. 19
– Vorlage des Grundschuldbriefes § 74 Rdn. 20
– Vormerkung § 61 Rdn. 33, Rdn. 37 ff.
– Vorvertrag § 29 Rdn. 19
– Wesen § 29 Rdn. 1
– Zinsen § 74 Rdn. 9
– – Eigentümergrundschuld § 74 Rdn. 9
– zukünftige Forderung § 29 Rdn. 10 M
– Zustimmungserfordernis § 29 Rdn. 15, Rdn. 40, Rdn. 55

– Zweckerklärung § 29 Rdn. 4 M
Abtretung von Gesellschaftsanteilen
– Anzeigepflicht gegenüber Finanzamt § 8 Rdn. 30 ff.
Abtretungsbeschränkung
– Personengesellschaft § 130 Rdn. 12
Abtretungsvormerkung § 74 Rdn. 32 f.
Abzweigung
– Gebrauchsmuster § 49 Rdn. 78
Adoption
– Auslandsberührung § 93 Rdn. 60 ff.
– Bereiterklärung § 3 Rdn. 16
– Erbrecht § 100 Rdn. 24
– Erbschaftsteuer § 98 Rdn. 23 ff.
Adoptionssachen
– Rechtsgrundlage § 92 Rdn. 9
Affidavit § 16 Rdn. 6 f., Rdn. 12 M; § 26 Rdn. 89
AG § 124 Rdn. 12
– Abschlussprüfer § 147 Rdn. 3
– Abwicklung § 149 Rdn. 237 ff.
– Aktie § 146 Rdn. 8 ff.
– Anmeldung § 148 Rdn. 7 M
– – Änderung im Vorstand § 148 Rdn. 7 M
– – anmeldepflichtige Personen § 147 Rdn. 17
– – Bargründung § 147 Rdn. 17 ff., Rdn. 19 M
– – Prokurist § 148 Rdn. 14 M
– – Vertretungsbefugnis § 147 Rdn. 17
– – Zweigniederlassung § 147 Rdn. 34 ff., Rdn. 36 M
– Anwesenheitsliste § 149 Rdn. 100 ff., Rdn. 103 M ff.
– Arbeitnehmervertreter § 148 Rdn. 27
– Auflösung § 149 Rdn. 237 ff.
– – Anmeldung der ~ und Abwickler § 149 Rdn. 244 ff.
– – Anmeldung des Abwicklungsabschlusses § 149 Rdn. 254 f..
– – Aufruf der Gläubiger § 149 Rdn. 248 f.
– – Fortsetzung § 149 Rdn. 258 ff.
– – – Anmeldung § 149 Rdn. 260 f.
– – Genehmigung der Schlussrechnung § 149 Rdn. 252 f.
– – Gründe § 149 Rdn. 237
– – Hauptversammlungsbeschluss § 149 Rdn. 243 M
– – Nachtragsabwickler § 149 Rdn. 256 f.
– – vereinfachte Löschung § 149 Rdn. 262 f.
– – Wirkung § 149 Rdn. 238 ff.
– Aufsichtsrat § 147 Rdn. 3; § 148 Rdn. 21 ff.
– – Aufgaben § 148 Rdn. 21
– – Beschluss zur Bestellung des Vorstandes § 148 Rdn. 4 M, Rdn. 9 M
– – Drittel-Beteiligungsgesetz § 148 Rdn. 35
– – Geschäftsordnung § 148 Rdn. 39, Rdn. 43 M
– – grenzüberschreitende Verschmelzung § 148 Rdn. 36
– – Hinderungsgründe § 148 Rdn. 30

– – innere Ordnung § 148 Rdn. 39 ff.
– – Mitbestimmungsgesetz § 148 Rdn. 34
– – Mitteilung zum Handelsregister § 148 Rdn. 39, Rdn. 45 M
– – Montanmitbestimmung § 148 Rdn. 33
– – Niederschrift über Hauptversammlung § 149 Rdn. 94
– – Vorsitzender § 148 Rdn. 39
– – Wechsel des Vorsitzenden § 148 Rdn. 45 M
– – Zusammensetzung § 148 Rdn. 23
– Ausschuss § 148 Rdn. 41 ff.
– – Satzungsregelung § 148 Rdn. 42
– Bargründung § 147 Rdn. 1 ff., Rdn. 4 M
– bedingte Kapitalerhöhung § 149 Rdn. 155 ff.
– Beschluss § 149 Rdn. 65 ff.
– – Anfechtbarkeit § 149 Rdn. 65 ff.
– – Bestellung des Vorstandes § 147 Rdn. 8 M
– – Einstimmigkeitserfordernis § 149 Rdn. 52
– – Erfordernis der doppelten Mehrheit § 149 Rdn. 51
– – Feststellung des Jahresabschlusses § 149 Rdn. 92 M ff.
– – Form der Abstimmung § 149 Rdn. 55 ff.
– – Formmangel § 149 Rdn. 63
– – Nichtigkeit § 149 Rdn. 63
– – Niederschrift § 149 Rdn. 68 ff.
– – Umstellung auf Stückaktien § 149 Rdn. 121 M
– – Wahl des Aufsichtsratsvorsitzenden § 147 Rdn. 8 M
– book-building-Verfahren § 149 Rdn. 156
– Darlehensgewährung an Aktionär § 147 Rdn. 26 M
– Doppelsitz § 146 Rdn. 7
– Drittel-Beteiligungsgesetz § 146 Rdn. 2
– Drittes Finanzmarktförderungsgesetz § 146 Rdn. 2
– EHUG § 146 Rdn. 2
– Entstehung § 147 Rdn. 2
– Entwicklung des Aktienrechts § 146 Rdn. 1 f.
– Errichtungsurkunde § 147 Rdn. 4 M, Rdn. 29 M
– externe Sachkapitalerhöhungsprüfung § 149 Rdn. 148
– Firma § 146 Rdn. 5
– Form der Abstimmung § 149 Rdn. 55 ff.
– Frauenquote § 146 Rdn. 2
– Freigabeverfahren § 149 Rdn. 67
– – ARUG § 149 Rdn. 67
– genehmigtes Kapital § 149 Rdn. 162 ff.
– Gesellschaftsvertrag § 147 Rdn. 1, Rdn. 5 M
– Gesetz für kleine AG § 146 Rdn. 2
– Gewinnverwendung § 149 Rdn. 111 f.
– gewöhnliche Kapitalerhöhung § 149 Rdn. 122 ff.
– Grundkapital § 146 Rdn. 4

- Grundlagenbeschluss § 149 Rdn. 51, Rdn. 68
- Gründungsbericht § 147 Rdn. 10 M
- Gründungsprüfung § 147 Rdn. 11 ff., Rdn. 22 ff.
  - – durch amtlich bestellten Prüfer § 147 Rdn. 14 M
  - – durch Notar § 147 Rdn. 15 f.
  - – durch Vorstand und Aufsichtsrat § 147 Rdn. 13 M
- Handelsrechtsreformgesetz § 146 Rdn. 2
- Hauptversammlung § 149 Rdn. 20
  - – Absage § 149 Rdn. 20
  - – Beschluss
    - – – Eingliederung § 152 Rdn. 18 ff.
    - – – Gewinngemeinschaft § 152 Rdn. 20
    - – – Unternehmensvertrag § 152 Rdn. 5, Rdn. 16 M
  - – Briefwahl § 149 Rdn. 40
  - – Einberufung § 149 Rdn. 5 ff.
    - – – Frist § 149 Rdn. 10
    - – – Zuständigkeit § 149 Rdn. 6 ff.
  - – Einladung § 149 Rdn. 28 M
  - – Ein-Mann-AG § 149 Rdn. 96 M
  - – Ergebnisfeststellung § 149 Rdn. 80 ff.
  - – Feststellung des Jahresabschlusses § 149 Rdn. 110 M
  - – Form der Abstimmung § 149 Rdn. 55 ff.
  - – Niederschrift § 149 Rdn. 68 ff., Rdn. 91 M
    - – – Anlagen § 149 Rdn. 97 ff.
    - – – Ausfertigungsberechtigte § 149 Rdn. 74
    - – – Beratungspflicht § 149 Rdn. 90
    - – – Berichtigung § 149 Rdn. 86
    - – – Beschlussverkündung § 149 Rdn. 82 M
    - – – börsennotierte Gesellschaft § 149 Rdn. 77
    - – – Charakter § 149 Rdn. 69
    - – – Grundsätzliches § 149 Rdn. 68
    - – – Inhalt § 149 Rdn. 71, Rdn. 76 ff.
    - – – Nichtausübung des Stimmrechts bei Entlastung § 149 Rdn. 78 M ff.
    - – – ohne Beurkundung § 149 Rdn. 94
    - – – Protest eines Aktionärs § 149 Rdn. 66, Rdn. 74, Rdn. 88
    - – – Teilnehmerverzeichnis § 149 Rdn. 100 ff., Rdn. 103 M ff.
    - – – Vorlagen § 149 Rdn. 99
    - – – Wirksamkeit der Beschlüsse § 149 Rdn. 87 ff.
  - – notarielles Ergebnisprotokoll § 149 Rdn. 72
  - – Online-Teilnahme § 149 Rdn. 40
  - – ordentliche § 149 Rdn. 91 M
  - – Sachkapitalerhöhungsbeschluss § 149 Rdn. 150 M
  - – Teilnahme § 149 Rdn. 21 ff.
  - – Versammlungsort § 149 Rdn. 14
  - – Vollmacht § 149 Rdn. 38, Rdn. 48 M
  - – Vollversammlung § 149 Rdn. 95
  - – Vorlagen § 149 Rdn. 99
  - – Zuständigkeit § 149 Rdn. 1
- Herabsetzung des Grundkapitals § 149 Rdn. 190 ff.
- Hin- und Herzahlen § 147 Rdn. 25
  - – ARUG § 147 Rdn. 25
- Jahresabschluss § 149 Rdn. 92 M, Rdn. 106 ff.
  - – Bericht des Aufsichtsrats § 149 Rdn. 114 M
  - – Hauptversammlung § 149 Rdn. 108 ff.
  - – Offenlegung § 149 Rdn. 115 ff.
  - – Verwaltung § 149 Rdn. 107
- Kapitalerhöhung aus Gesellschaftsmitteln § 149 Rdn. 169 ff.
- Kapitalmehrheit § 149 Rdn. 50 ff.
- KonTraG § 146 Rdn. 2
- Liquidationszustand § 149 Rdn. 250 f.
  - – Beschluss der 1. Hauptversammlung § 149 Rdn. 250 f.
- Mitbestimmungsgesetz § 146 Rdn. 2
- MoMiG § 146 Rdn. 2
- Nachgründung § 147 Rdn. 31
- Nachtragsabwickler § 149 Rdn. 256 ff.
- NaStraG § 146 Rdn. 2
- Prokurist § 148 Rdn. 12 ff.
- Protokoll der ersten Aufsichtsratssitzung § 147 Rdn. 8 M
- Rechtsformzusatz § 125 Rdn. 3, Rdn. 30; § 146 Rdn. 5
- Sacheinlage § 147 Rdn. 21
- Sachgründung § 147 Rdn. 21 ff., Rdn. 29
  - – Spaltung/Verschmelzung § 147 Rdn. 27
- Sachübernahme § 147 Rdn. 21
- Satzung § 147 Rdn. 1, Rdn. 5 M
  - – Aktienunterzeichnung § 146 Rdn. 16
  - – Aufsichtsrat § 148 Rdn. 23
  - – Form § 147 Rdn. 1
  - – Mehrheitserfordernis § 149 Rdn. 53–Rdn. 54 M
  - – Prokurist § 148 Rdn. 13
  - – Stimmrechtsbeschränkung § 149 Rdn. 33 ff.
  - – Vorstand § 148 Rdn. 1, Rdn. 5
- Satzungssitz § 146 Rdn. 6
  - – MoMiG § 146 Rdn. 6
- Sitz § 146 Rdn. 6
- SpruchG § 146 Rdn. 2
- squeeze-out § 149 Rdn. 228 ff.
- staatliche Genehmigung § 147 Rdn. 18
- Stimmkarte § 149 Rdn. 57 M, Rdn. 80
- Stimmrecht § 149 Rdn. 30 ff.
  - – ARUG § 149 Rdn. 38
  - – Ausschluss § 149 Rdn. 36 ff.
  - – Beschränkung § 149 Rdn. 33 ff.
  - – Beschränkung auf bestimmten Betrag § 149 Rdn. 34 M
  - – Beschränkung auf Prozentsatz des Grundkapitals § 149 Rdn. 35 M
  - – Bevollmächtigter § 149 Rdn. 38, Rdn. 48 M
  - – Einschränkung aufgrund Treupflicht § 149 Rdn. 62
  - – Kreditinstitute § 149 Rdn. 46 ff.
  - – Mehrheiten § 149 Rdn. 50 ff.
  - – Weisung des Aktionärs § 149 Rdn. 49 M
- Stimmrechtsbindung § 149 Rdn. 60 ff.
- Stückaktiengesetz § 146 Rdn. 2
- Teilnehmerverzeichnis § 149 Rdn. 100 ff., Rdn. 103 M ff.
- TransPuG § 146 Rdn. 2
- UMAG § 146 Rdn. 2
- Umstellung auf Euro § 146 Rdn. 46
- Umstellung auf Stückaktien § 149 Rdn. 120 ff.
- Verbesserung des Anlegerschutzes § 146 Rdn. 2
- verdeckte Sacheinlage § 147 Rdn. 24
- Versicherungserklärung des Vorstands § 148 Rdn. 6
  - – MoMiG § 148 Rdn. 6
- Vollversammlung § 149 Rdn. 95
- Vorratsgründung § 147 Rdn. 32 f.
- Vorstand § 148 Rdn. 1 ff.
  - – Abberufung § 148 Rdn. 1
  - – Anmeldung § 148 Rdn. 7 M, Rdn. 11 M
  - – Anstellungsvertrag § 148 Rdn. 19 M
  - – Bestellung § 148 Rdn. 1
  - – Bestellungsbeschluss § 148 Rdn. 4 M
  - – D&O Versicherung § 147 Rdn. 5 M; § 148 Rdn. 18
  - – Geschäftsordnung § 148 Rdn. 16 M
  - – Leitung § 148 Rdn. 5
  - – verhindertes Vorstandsmitglied § 148 Rdn. 9 M, Rdn. 11 M
  - – Versorgung nach Ausscheiden § 148 Rdn. 20 M
  - – Vertretung § 148 Rdn. 5
  - – VorstAG § 148 Rdn. 17 ff.
- wirtschaftliche Neugründung § 147 Rdn. 32 f.
- WpÜG § 146 Rdn. 2
- AG & Still § 141 Rdn. 51
- AGB
  - Bauträgervertrag § 33 Rdn. 1 ff., Rdn. 5, Rdn. 47 ff.
  - Bürgschaft § 51 Rdn. 5
  - Eigentumsvorbehalt § 52 Rdn. 30 ff.
  - Hypothek § 70 Rdn. 23
    - – Ausschluss der löschungsfähigen Quittung § 70 Rdn. 23
  - Maklervertrag § 47 Rdn. 34 ff.
  - Pfandrecht der Banken § 78 Rdn. 8
  - Rückgewähranspruch beim Grundpfandrecht § 68 Rdn. 39
  - Sicherungszweckerklärung beim Grundpfandrecht § 68 Rdn. 34
  - Verbraucherstreitbeilegungsgesetz § 32 Rdn. 23 f.
  - Verlagsvertrag § 38 Rdn. 43

- VOB § 46 Rdn. 23 ff.
- Wiederkaufsrecht § 62 Rdn. 38

AGB Sparkassen
- Realkredit § 67 Rdn. 12

AGBG
- Grundpfandrechtsformulare § 68 Rdn. 19 ff.
- Sicherungszweckerklärung beim Grundpfandrecht § 68 Rdn. 29 ff.

Agio
- Kapitalerhöhung bei GmbH § 144 Rdn. 114

Agrarförderung § 36 Rdn. 61 ff.
- Betriebsprämie § 36 Rdn. 61
  - – Zahlungsanspruch § 36 Rdn. 69 M–Rdn. 72 M
- Direktzahlungssystem § 36 Rdn. 62
  - – Basisprämie § 36 Rdn. 62
  - – Junglandwirte § 36 Rdn. 62
  - – kleine und mittlere Betriebe § 36 Rdn. 62
  - – Umweltleistungen § 36 Rdn. 62
- GAP-Reform § 36 Rdn. 61
- Grundlagen § 36 Rdn. 61 f.
- Zahlungsanspruch § 36 Rdn. 64
  - – Aktivierung § 36 Rdn. 64
  - – Grundstücksverkauf mit ~ § 36 Rdn. 69 M
  - – Grundstücksverkauf ohne ~ § 36 Rdn. 70 M
  - – Übergabe/Überlassung eines Grundstücks § 36 Rdn. 74 M f.
  - – veräußerlich § 36 Rdn. 65
  - – Veräußerung des landwirtschaftlichen Grundstücks § 36 Rdn. 66 f.
  - – Verkauf an Pächter § 36 Rdn. 71 M
  - – Verkauf verpachtetes Grundstück § 36 Rdn. 72 M
  - – Zuweisung an Bewirtschafter § 36 Rdn. 68

Agrarstrukturverbesserungsgesetz
- agrarstrukturell nachteilige Verteilung von Grund und Boden § 36 Rdn. 47
- Bestellung eines Erbbaurechts § 36 Rdn. 48
- Freigrenzen § 36 Rdn. 48
- Genehmigungszuständigkeit § 36 Rdn. 51
- Grenzgebiet Schweiz/Baden-Württemberg § 36 Rdn. 49
- Vorkaufsrecht des Siedlungsunternehmers § 36 Rdn. 52

Akten des Notars § 10 Rdn. 41 ff.
- Einsicht § 10 Rdn. 48
- Erlöschen des Amtes § 10 Rdn. 57
- Generalakten § 10 Rdn. 49 ff.
- Handakten § 10 Rdn. 47
- Nebenakten § 10 Rdn. 47
- Papierform/elektronische Aktenführung § 12 Rdn. 3
- Protestsammlung § 10 Rdn. 46
- Urkundensammlung § 10 Rdn. 41 ff.
- Verlegung des Amtssitzes § 10 Rdn. 57
- Verwahrung § 10 Rdn. 57

Aktenspeicher, elektronischer § 12 Rdn. 8

Aktie § 146 Rdn. 8 ff.
- Abtretung § 146 Rdn. 19
- Aktienurkunde § 146 Rdn. 12
- Aufforderung zur Einzahlung § 146 Rdn. 38 M ff.
- Ausschluss § 146 Rdn. 37 ff.
- Gattungen § 146 Rdn. 11
- Genussschein § 146 Rdn. 14, Rdn. 27 M
- Globalurkunde § 146 Rdn. 12, Rdn. 14
- Hinterlegungsschein § 149 Rdn. 25 M
  - – Bank § 149 Rdn. 25 M
  - – Notar § 149 Rdn. 26 M
- Indossament § 146 Rdn. 19
- Inhaberaktie § 146 Rdn. 9 f., Rdn. 17 M
- Inhaber-Nennbetragsaktie § 146 Rdn. 15 M
- Interimsschein § 146 Rdn. 14, Rdn. 26 M
- Kaduzierung § 146 Rdn. 37 ff.
- Kraftloserklärung § 146 Rdn. 29 ff.
  - – Antrag auf Genehmigung § 146 Rdn. 32 M
  - – Aufforderung zur Einreichung § 146 Rdn. 34 M
  - – Bekanntmachung § 146 Rdn. 35 M
- Namensaktie § 146 Rdn. 9 f.
  - – vinkulierte § 146 Rdn. 20 M
- Nennbetragsaktie § 146 Rdn. 13, Rdn. 18 M
- Stammaktie § 146 Rdn. 14
- Stimmrecht § 146 Rdn. 28 M ff.
- Stückaktie § 146 Rdn. 13, Rdn. 17 M
- Übertragung § 146 Rdn. 19 ff.
- Unterzeichnung § 146 Rdn. 16
- Verfallerklärung § 146 Rdn. 44 M
- Vinkulierungsregelung § 146 Rdn. 22 M
- vor Handelsregistereintragung § 147 Rdn. 2
- Vorzugsaktie § 146 Rdn. 11, Rdn. 23 ff., Rdn. 25 M
- Zwischenschein § 146 Rdn. 14, Rdn. 26 M

Aktienbuch § 146 Rdn. 26 M

Akzessorietät
- Bürgschaft § 51 Rdn. 2
- Garantievertrag § 51 Rdn. 20
- Hypothek § 68 Rdn. 1; § 70 Rdn. 2, Rdn. 11 f.

Alleinauftrag
- Maklervertrag § 47 Rdn. 29 ff., Rdn. 32 M

Alleineigentum
- FGB-Güterstand § 88 Rdn. 4

Allgemeine Geschäftsbedingungen siehe AGB

Allonge
- Wechselprotest § 17 Rdn. 11

Altbausanierung
- Abgrenzung der Altsubstanz von der neu hergestellten Sache § 33 Rdn. 119 M
- Bauträgervertrag § 33 Rdn. 115 ff.
- Gewährleistung § 33 Rdn. 117
- Kaufpreisfälligkeit § 33 Rdn. 119 M
- Minimalrenovierung § 33 Rdn. 118 M ff.
- Ratenplan bei Minimalrenovierung § 33 Rdn. 121 M

Altenteil § 66 Rdn. 20 ff.
- Grundstücksüberlassung an Kinder § 39 Rdn. 58
- landesrechtliche Regelungen § 36 Rdn. 141 ff.
- Löschungsbewilligung § 55 Rdn. 53 M
- Pflegeverpflichtung im Übergabevertrag § 39 Rdn. 145 M
- Rechteabtretung § 29 Rdn. 19
- Übergabe landwirtschaftlicher Grundstücke § 36 Rdn. 141 ff.

Altersstruktur § 2 Rdn. 8

Altlasten § 32 Rdn. 286 ff.

Amerikanische Handelsgesellschaft
- Nachweis der Vertretungsmacht § 6 Rdn. 53

Amortisationshypothek § 67 Rdn. 1

Amtliche Verwahrung
- Aufhebung beim Erbvertrag § 108 Rdn. 23
- Ehe- und Erbvertrag § 108 Rdn. 15
- Erbvertrag § 108 Rdn. 15 ff.
- Testamentsrückgabe § 101 Rdn. 2–Rdn. 3, Rdn. 8
- Verfügung von Todes wegen § 8 Rdn. 39; § 98 Rdn. 6 ff.

Amtsausübung
- Ausschließungsgründe § 5 Rdn. 1 ff.
- Verbotsgründe des § 3 BeurkG § 5 Rdn. 24 ff.

Amtsbereich § 4 Rdn. 2

Amtsbezeichnung des Notars § 13 Rdn. 26, Rdn. 138

Amtsbezirk § 4 Rdn. 2

Amtsempfangsbedürftige Erklärung
- Genehmigung § 25 Rdn. 25

Amtsgericht
- Beurkundungszuständigkeit § 3 Rdn. 8 ff.

Amtshaftung
- ausländisches Recht § 6 Rdn. 71
- Teilflächenkauf § 35 Rdn. 13
  - – Erforschung des Willens der Beteiligten zum Vertragsgegenstand § 35 Rdn. 13
  - – Unschädlichkeitszeugnis § 35 Rdn. 62
- verspätete Eintragung der Firmenfortführung § 126 Rdn. 4
- Verwahrungsgeschäfte § 9 Rdn. 1

Amtsnotariat § 2 Rdn. 17

Amtspflicht
- Absolute § 5 Rdn. 24
- Änderungen der Urkunde § 11 Rdn. 16
- Einreichung der Urkunde § 7 Rdn. 1
  - – Ausnahmen § 7 Rdn. 2, Rdn. 10
- unbedingte § 6 Rdn. 147
  - – bei Hinwirkungspflicht des Notars § 6 Rdn. 153
- Verletzung § 6 Rdn. 70
- Zwangsvollstreckungsunterwerfung § 19 Rdn. 2

Amtspflichtverletzung § 5 Rdn. 1 ff., Rdn. 24, Rdn. 51 f.; § 6 Rdn. 70, Rdn. 147
- Beurkundung ohne Grundbucheinsicht § 32 Rdn. 39

Amtssiegel § 11 Rdn. 35

Amtssitz § 4 Rdn. 1

Amtstätigkeit

- Versagung § 5 Rdn. 1 ff., Rdn. 24 ff., Rdn. 51 ff.
- Amtsverweigerung § 5 Rdn. 51
- ausreichender Grund § 5 Rdn. 52
- Anderdepot § 9 Rdn. 12
- Anderkontenliste § 10 Rdn. 36
- Anderkonto
  - verzinstes § 8 Rdn. 46
- Änderung
  - Anlage der Urkunde § 11 Rdn. 17– Rdn. 18 M
  - Familiennamen § 22 Rdn. 1 ff.
  - Teilungserklärung § 58 Rdn. 52 ff.
  - Urkunde § 11 Rdn. 11 ff.
  - Vornamen § 22 Rdn. 13 ff.
- Änderungsvollmacht § 5 Rdn. 16
- Änderungsvorbehalt
  - Reallast § 66 Rdn. 9
- Andienungsrecht § 43 Rdn. 14, Rdn. 55, Rdn. 75
  - Erbbaurecht § 57 Rdn. 27
- Aneignungsrecht des Landes § 56 Rdn. 47
- Anerbenrecht
  - landesrechtliche Regelungen § 36 Rdn. 173 ff.
  - Vererbung § 36 Rdn. 176
- Anerkenntnis
  - Erlöschen einer Schuld § 28 Rdn. 11
- Anerkennung
  - ausländischer Urkunden § 26 Rdn. 71
  - Stiftung § 123 Rdn. 14
  - Urheberschaft § 48 Rdn. 16
- Anfangsvermögen
  - Ausschluss von Hinzurechnungsposten § 83 Rdn. 26 M
  - Begriff § 83 Rdn. 11
  - Drittzuwendungen, Ausklammerung § 83 Rdn. 23 ff.
  - Hinzurechnungsposten § 83 Rdn. 11, Rdn. 23, Rdn. 25
  - Inventarisierung durch Notar § 83 Rdn. 20 M
  - negatives § 83 Rdn. 10
  - vereinbarte Feststellung § 83 Rdn. 22 M
  - vollständige Ausklammerung von Drittzuwendungen § 83 Rdn. 24 M
- Anfechtung
  - Erbschaftsannahme § 114 Rdn. 2 ff., Rdn. 33 M
  - Erbvertrag § 108 Rdn. 13
    - Verzicht § 108 Rdn. 14
  - Erbvertrag durch Erblasser § 108 Rdn. 29 M
  - GmbH-Gesellschafterbeschluss § 144 Rdn. 41
  - Verfügungen von Todes wegen § 98 Rdn. 25 ff.
  - Versäumung der Ausschlagungsfrist § 114 Rdn. 2
- Anfechtungsrechte
  - Grundstücksschenkung § 39 Rdn. 19 ff.
- Angebot
  - freiwillige Grundstücksversteigerung § 38 Rdn. 7
  - GmbH-Geschäftsanteilsabtretung § 145 Rdn. 10 M
  - Grundstückskauf § 62 Rdn. 44
  - obligatorische Zwangsvollstreckungsunterwerfung § 19 Rdn. 123 M
  - Vormerkung § 61 Rdn. 8
  - Zwangsvollstreckungsunterwerfung § 19 Rdn. 122 ff.
- Angebot und Annahme
  - systematische Aufspaltung § 6 Rdn. 148, Rdn. 150
- Angehörige des Notars § 5 Rdn. 6 ff., Rdn. 9, Rdn. 14
- Angelegenheit einer Person
  - Mitwirkungsverbot § 5 Rdn. 25 f.
- Angemessenheit
  - Vergütung des Urhebers § 48 Rdn. 32
- Angestellte des Notars
  - Verpflichtung § 10 Rdn. 51
    - Niederschrift § 10 Rdn. 52 M
- Anhörung
  - Erteilung der Vollstreckungsklausel § 19 Rdn. 154 ff.
- Ankaufspflicht
  - Erbbaurecht § 57 Rdn. 27
- Ankaufsrecht § 62 Rdn. 43 ff.
  - Erbbaurecht § 62 Rdn. 49 M
  - Kaufvertrag unter aufschiebender Bedingung § 62 Rdn. 46
  - Letter of Intent § 62 Rdn. 47
  - Miteigentümergemeinschaft § 56 Rdn. 49
  - Pachtvertrag § 62 Rdn. 50 M
  - Verkaufsangebot § 62 Rdn. 44
  - Vorhand § 62 Rdn. 47
  - Vorvertrag § 62 Rdn. 45
- Anlage der Urkunde
  - Unternehmensvertrag § 13 Rdn. 86
  - von Drittem verfasste Schrift § 13 Rdn. 69 ff.
- Anlagenensemble
  - Erbbaurechtsfähigkeit § 57 Rdn. 6
- Anmeldung
  - Design § 49 Rdn. 123 ff.
  - Genossenschaft § 157 Rdn. 47 ff.
    - Form § 157 Rdn. 48 ff.
  - Geschäftsführer § 143 Rdn. 43 ff., Rdn. 46 M
  - GmbH & Co. KG § 139 Rdn. 58 ff.
    - Handelsregister § 139 Rdn. 58 ff.
  - Handelsregister § 135 Rdn. 17 ff.
    - Erlöschen der Firma § 135 Rdn. 17 ff.
      - Wiedereintragung § 135 Rdn. 21 M
    - GmbH & Co. KG § 139 Rdn. 58 ff.
    - KG § 138 Rdn. 1 ff.
    - OHG § 131 Rdn. 14
    - Umwandlung OHG in Einzelfirma § 135 Rdn. 23 f.
    - Zweigniederlassung § 127 Rdn. 3 ff., Rdn. 19 M ff.
  - KG § 138 Rdn. 60 ff.
    - Auflösung § 138 Rdn. 60 ff.
    - Erlöschen § 138 Rdn. 68 ff.
    - Fortführung als Einzelfirma § 138 Rdn. 65 ff.
    - Kommanditist § 138 Rdn. 13 f., Rdn. 28 ff.
      - Abtretung § 138 Rdn. 39 ff.
      - Erbfolge § 138 Rdn. 46 ff.
      - GbR § 138 Rdn. 34 ff.
      - Rechtsnachfolge § 138 Rdn. 38 ff.
    - Liquidation § 138 Rdn. 60 ff.
    - Nachtragsliquidation § 138 Rdn. 71
    - Sonderrechtsnachfolge § 138 Rdn. 55 f.
  - OHG § 131 Rdn. 14
    - Handelsregister § 131 Rdn. 14
  - Partnerschaftsgesellschaft § 136 Rdn. 19 ff.
  - Prokurist § 143 Rdn. 59 ff.
  - Verein § 121 Rdn. 15
  - Zweigniederlassung § 127 Rdn. 3 ff., Rdn. 19 M ff.
- Annahme
  - freiwillige Grundstücksversteigerung § 38 Rdn. 8
  - GmbH-Geschäftsanteilsabtretung § 145 Rdn. 12 M
  - Zwangsvollstreckungsunterwerfung § 19 Rdn. 122 ff.
  - Zwangsvollstreckungsunterwerfung nach § 13a BeurkG § 19 Rdn. 125 M
- Annahme als Kind
  - Adoptionsstatut § 93 Rdn. 63
  - Annehmender § 93 Rdn. 3 ff., Rdn. 22
  - Antrag § 93 Rdn. 9 ff.
    - Form § 93 Rdn. 9
    - Rücknahme § 93 Rdn. 11
    - Unterlagen § 93 Rdn. 12
  - Aufhebung § 93 Rdn. 56 ff.
    - Antragsberechtigung § 93 Rdn. 57 ff.
  - Auslandsberührung § 93 Rdn. 60 ff.
    - Anerkennung § 93 Rdn. 68 ff.
    - Gleichstellungserklärung § 93 Rdn. 64 f.
    - internationale Zuständigkeit § 93 Rdn. 67 ff.
    - Muster einer Bereiterklärung § 93 Rdn. 67 ff.
    - örtliche Zuständigkeit § 93 Rdn. 67 ff.
    - Umwandlungsverfahren § 93 Rdn. 72 ff.
    - Wirkungsfeststellungsverfahren § 93 Rdn. 69 ff.
  - DDR § 93 Rdn. 59
  - Eheleute § 93 Rdn. 44 M f.
    - Änderung des Vornamens § 93 Rdn. 44 M f.
    - lediger Volljähriger § 93 Rdn. 54 M
  - Einwilligung § 93 Rdn. 12 ff.
    - Eltern § 93 Rdn. 15 ff., Rdn. 49 M
    - Entbehrlichkeit § 93 Rdn. 15, Rdn. 21
    - Kind § 93 Rdn. 12 ff.
    - Mutter § 93 Rdn. 50 M
    - Vormund § 93 Rdn. 51 M
    - Widerruf des über 14 Jahre alten Kindes § 93 Rdn. 52 f.
  - Erbrecht § 93 Rdn. 31 ff.
  - familiengerichtlicher Ausspruch § 93 Rdn. 28 ff.
  - Großeltern § 93 Rdn. 45 M
  - Haager Adoptionsübereinkommen § 93 Rdn. 60 ff.
  - Kindeswohl § 93 Rdn. 23 ff.
  - Lebenspartner § 93 Rdn. 3 ff.
  - Minderjährige § 93 Rdn. 1 ff.
    - Antrag § 93 Rdn. 9 ff.

– – Aufhebung § 93 Rdn. 56 ff.
– – Einwilligung § 93 Rdn. 12 ff.
– – Erfordernisse § 93 Rdn. 1 ff.
– Name § 93 Rdn. 40 ff.
– Schaubild § 93 Rdn. 39
– – Stiefkindadoption § 93 Rdn. 39
– – Verwandtenadoption § 93 Rdn. 39
– Stiefkind § 93 Rdn. 46 M ff.
– – Volljähriger § 93 Rdn. 55 M
– Sukzessivadoption § 93 Rdn. 5 ff.
– Verheiratung von zwei Frauen § 93 Rdn. 5
– Volljährigenadoption § 93 Rdn. 2
– – Voraussetzungen § 93 Rdn. 2
– Volljähriger § 93 Rdn. 1
– – Antrag § 93 Rdn. 9
– – Aufhebung § 93 Rdn. 58
– – Einwilligung § 93 Rdn. 19
– Vornamenänderung § 93 Rdn. 44 M
– Wirkung § 93 Rdn. 31 ff.
Annahme der Erbschaft § 114 Rdn. 1 ff.
– Anfechtung § 114 Rdn. 9
– – Form § 114 Rdn. 9
– – Gründe § 114 Rdn. 3 ff., Rdn. 33 M
– Anfechtung der Anfechtung § 114 Rdn. 10
Annahme eines Vermächtnisses § 114 Rdn. 34 M
Anpassung
– Vergütungsregelung § 48 Rdn. 33
Anrechnung auf Pflichtteil § 117 Rdn. 2 ff.
– Grundstücksüberlassung an Kinder § 39 Rdn. 131 ff.
– nachträglich § 39 Rdn. 133
Anspruch
– Anerkenntnis des Erlöschens der Schuld § 28 Rdn. 13 M
– Erlass § 28 Rdn. 1 ff.
– negatives Schuldanerkenntnis § 28 Rdn. 11 ff.
– Vermögensgesetz § 29 Rdn. 11
– – Abtretung § 29 Rdn. 11
– – Vormerkung § 61 Rdn. 3 ff.
Anstellungsvertrag
– GmbH-Geschäftsführer § 143 Rdn. 13
– Vorstand § 148 Rdn. 19 M
– AG § 148 Rdn. 19 M
Anteilsabtretungen
– Ausland § 26 Rdn. 66 ff.
Anteilsschein § 142 Rdn. 62 M
Antrag
– Berechtigung des Notars § 7 Rdn. 21 ff.
– Bestellung eines Nachtragsliquidators § 144 Rdn. 216 M
– Eigentumsübergang § 56 Rdn. 21, Rdn. 29
– elektronischer ~, Grundbuchamt § 12a Rdn. 49 ff.
– Grundbucheintragung § 7 Rdn. 23 ff.; § 55 Rdn. 14 ff.
– – Anschlussantrag § 55 Rdn. 15
– – Begünstigter § 55 Rdn. 15
– – Berechtigter § 7 Rdn. 23; § 55 Rdn. 15 ff.
– – Betroffener § 55 Rdn. 14, Rdn. 16
– – Eintragungsfähigkeit § 55 Rdn. 14

– – Inhalt § 55 Rdn. 19
– – Notar § 55 Rdn. 17
– – Rang § 55 Rdn. 26
– – Rücknahme § 55 Rdn. 18
– – Verzicht auf Antragsrecht § 56 Rdn. 22
Antragsrücknahme § 7 Rdn. 37 ff., Rdn. 38 M
– durch Beteiligte § 7 Rdn. 40
– durch Notar § 7 Rdn. 38 M, Rdn. 40
– Einschränkung der Bewilligung § 7 Rdn. 43
– Form § 7 Rdn. 37–Rdn. 38 M
– Vollmacht an Notar § 7 Rdn. 42 M
Antragstellung durch Notar § 7 Rdn. 21 ff.
Anwachsung § 102 Rdn. 12 f.
– Personengesellschaft § 130 Rdn. 13
Anwalt
– beurkundender Notar § 5 Rdn. 53 ff.
– Vertretungsverbot § 5 Rdn. 53 ff.
– Vorbefassung bei Pflichtteilsrechten § 5 Rdn. 54
– Vorbefassung im Scheidungsverfahren § 5 Rdn. 35, Rdn. 52, Rdn. 54
Anwaltsnotar(iat) § 2 Rdn. 10 ff.
– Maklergeschäft § 47 Rdn. 7
– Zugang § 2 Rdn. 10
Anwaltstätigkeit
– Vorbefassung als Notar § 5 Rdn. 53 ff.
Anwaltsvergleich § 19 Rdn. 211 ff.
Anwartschaft § 56 Rdn. 29 ff.
– Abtretung § 56 Rdn. 30
– Berichtigungsbewilligung zu einer GbR § 56 Rdn. 34 M
– Eigentumsvorbehalt § 52 Rdn. 17
– Erlöschen § 56 Rdn. 30
– Form § 56 Rdn. 30
– Vererblichkeit § 56 Rdn. 31 ff.
Anzeigepflicht § 8 Rdn. 7 ff.
– des Notars § 8 Rdn. 13 ff.
– Erbschaft- und Schenkungsteuer § 8 Rdn. 22 ff.
– EStDV § 8 Rdn. 30 ff.
– Finanzamt § 8 Rdn. 15 ff., Rdn. 26, Rdn. 30
– Grunderwerbsteuer § 8 Rdn. 13 ff.; § 130 Rdn. 111
– mehrfacher Steuerpflicht § 8 Rdn. 34
– Rücksprache mit dem Finanzamt § 8 Rdn. 31
– Treuhandverträge durch den Notar § 53 Rdn. 20 ff.
– Vermerk auf der Urschrift § 8 Rdn. 18, Rdn. 28, Rdn. 30
Apostille § 26 Rdn. 95 ff.
– Antrag auf Erteilung § 26 Rdn. 107 M
– Form § 26 Rdn. 102 M
– Liste der Vertragsstaaten § 26 Rdn. 106
Apotheke
– Apothekenpacht § 42 Rdn. 2, Rdn. 29 ff.
– – Beurkundung § 42 Rdn. 31
– – Voraussetzungen § 42 Rdn. 29 ff.
– – Weiterverpachtung durch Erben § 42 Rdn. 29
– OHG § 131 Rdn. 3
– Pachtvertrag § 42 Rdn. 32 M

– Anlagen § 42 Rdn. 32 M
– bauliche Veränderungen § 42 Rdn. 32 M
– – mit Ankaufsrecht § 42 Rdn. 32 M
– Neben-/Betriebskosten § 42 Rdn. 32 M
– Unternehmenskauf § 31 Rdn. 61
Arbeitnehmererfindungsgesetz
– Wirkung § 49 Rdn. 27
Arbeitnehmer-Urheber § 48 Rdn. 62
Arbeitnehmervertreter
– AG § 148 Rdn. 27
Arbeitsverhältnis
– Unternehmenskauf § 31 Rdn. 35 ff.
Architekteneigenschaft
– fehlende § 45 Rdn. 13
Architektenvertrag
– Abnahme der Leistung § 45 Rdn. 84 f.
– AGB § 45 Rdn. 14
– – Einheitsarchitektenvertrag § 45 Rdn. 14
– – Haftungsbeschränkung § 45 Rdn. 88 f.
– Änderung Leistungsinhalt § 45 Rdn. 38–Rdn. 39 M, Rdn. 44 f.
– Anwesenheitszeiten § 45 Rdn. 42 f.
– Architektenleistungen § 45 Rdn. 1 ff.
– Auftragserteilung § 45 Rdn. 31 M
– Baukostengarantie § 45 Rdn. 48 ff.
– Baukostenlimit § 45 Rdn. 48 ff.
– Baukostenvorgabe § 45 Rdn. 48 ff.
– Beschreibung des Bauwerks § 45 Rdn. 33
– Bestandteile § 45 Rdn. 22 ff., Rdn. 24
– Budget § 45 Rdn. 48 ff.
– – Garantiesumme § 45 Rdn. 53 M
– – Toleranzrahmen § 45 Rdn. 53 M
– Einheits-Architektenvertrag § 45 Rdn. 14
– Form § 45 Rdn. 4
– Haftung § 45 Rdn. 86 ff.
– – Beschränkung § 45 Rdn. 88
– – Gewährleistung § 45 Rdn. 89 M
– – Gewährleistungsfrist § 45 Rdn. 87
– Honorar § 45 Rdn. 60 ff.
– – Anwendbarkeit der HOAI § 45 Rdn. 60
– – Höchstsatzüberschreitung § 45 Rdn. 81
– – Nebenkosten § 45 Rdn. 77 M
– – Pauschale § 45 Rdn. 63 M
– – Schriftformerfordernis § 45 Rdn. 60
– – Tabelle zum vereinbarten Leistungsumfang § 45 Rdn. 70 M
– – Umsatzsteuer § 45 Rdn. 78 M
– – vereinbarte Prozentsätze § 45 Rdn. 71 M
– – Vorratsvereinbarung für spätere Leistungen § 45 Rdn. 76 M
– Koppelungsverbot mit Grundstückskauf § 45 Rdn. 9 ff.
– Kostenschätzung § 45 Rdn. 2 f.
– Kündigung § 45 Rdn. 95 ff.
– – außerordentliche § 45 Rdn. 96 M

- Leistungsbeschreibung § 45 Rdn. 32 ff.
- Leistungsphasen § 45 Rdn. 31 M
- Leistungsumfang § 45 Rdn. 41 M
- Musterverträge § 45 Rdn. 14
- Planungsgrundlage § 45 Rdn. 2 f.
- Planungsphase § 45 Rdn. 37 M
- Rangfolgeregelung § 45 Rdn. 25 ff.
- Schlussbestimmungen § 45 Rdn. 98 f.
- stufenweise Beauftragung § 45 Rdn. 28 ff.
- Urheberrechte § 45 Rdn. 93 f.
- Verbrauchervertrag § 45 Rdn. 5 ff.
  - – Belehrung § 45 Rdn. 8 M
  - – Widerruf § 45 Rdn. 6 f.
- Versicherung § 45 Rdn. 91 f.
- Vertragsparteien § 45 Rdn. 15 f.
- Vertragstermine § 45 Rdn. 58
- Vollmacht § 45 Rdn. 46 f.
- Vorbemerkung § 45 Rdn. 17 ff.
  - – Fertigstellungstermine § 45 Rdn. 18
  - – Geschäftsgrundlage § 45 Rdn. 17
- Werkvertrag § 45 Rdn. 1 ff.
- Wesen § 45 Rdn. 1 ff.
- Zahlungen § 45 Rdn. 82 f.
- Zielfindungsphase § 45 Rdn. 2 f., Rdn. 32, Rdn. 37 M

ARGE
- Bauvertrag § 46 Rdn. 8

Arresthypothek § 71 Rdn. 2, Rdn. 21 ff., Rdn. 25 f.

ARUG
- Hauptversammlung § 149 Rdn. 16
  - – AG § 149 Rdn. 16
- Hin- und Herzahlen § 147 Rdn. 25
- verdeckte Sacheinlage § 147 Rdn. 24

Asset deal
- Unternehmenskauf § 31 Rdn. 10 ff., Rdn. 52 f.

Atypische stille Gesellschaft § 141 Rdn. 32, Rdn. 53 M
- Einkommensteuer § 141 Rdn. 39 ff.
- Erbschaft- und Schenkungsteuer § 141 Rdn. 42
- Gewerbesteuer § 141 Rdn. 43
- GmbH § 141 Rdn. 43
- Grunderwerbsteuer § 141 Rdn. 44
- Umsatzsteuer § 141 Rdn. 45

Aufbauhypothek
- DDR § 70 Rdn. 35 ff.
- Zwangsvollstreckungsunterwerfung § 19 Rdn. 57

Aufbewahrung
- Fristen § 10 Rdn. 46 ff.
- Urkunden § 10 Rdn. 5
- Wertgegenstände § 4 Rdn. 14

Aufbewahrungspflicht § 12 Rdn. 5

Aufforderung zur Erklärung über Annahme/Ausschlagung eines Vermächtnisses § 114 Rdn. 42 ff.

Aufgebot
- Grundschuld § 76 Rdn. 5 ff.

Aufgebotsverfahren
- Ausschluss des Gläubigers § 76 Rdn. 5 ff.
  - – Antrag § 76 Rdn. 11 M
  - – Ausschlussbeschluss § 76 Rdn. 12
- Briefrecht § 68 Rdn. 5

- Kraftloserklärung eines Grundschuldbriefes § 76 Rdn. 5, Rdn. 14 ff.

Aufhebung
- Hypothek § 70 Rdn. 31
- Miteigentümergemeinschaft § 56 Rdn. 48

Aufklärungspflicht des Notars § 6 Rdn. 2 ff.
- Kaufgegenstand § 32 Rdn. 39
- Wille der Beteiligten § 6 Rdn. 2 ff.

Auflassung § 55 Rdn. 1, Rdn. 4; § 56 Rdn. 1 ff., Rdn. 7 M
- Änderung § 56 Rdn. 19
  - – Gemeinschaftsordnung § 56 Rdn. 19
  - – Teilungsordnung § 56 Rdn. 19
- ausländischer Notar § 56 Rdn. 2
- Bedingung § 56 Rdn. 11, Rdn. 21– Rdn. 22
- Befristung § 56 Rdn. 11
- Bewilligung § 56 Rdn. 21
- Bruchteilsgemeinschaft für Ehegatten, die in Gütergemeinschaft leben § 86 Rdn. 7
- Ermächtigung zur Verfügung über Grundstück § 56 Rdn. 28
- Erwerbsverhältnis § 56 Rdn. 8 f.
- Form § 56 Rdn. 3
- freiwillige Grundstücksversteigerung § 38 Rdn. 3
- GbR § 56 Rdn. 1, Rdn. 9
- gleichzeitige Anwesenheit § 56 Rdn. 3
- Grundstückskauf § 32 Rdn. 407 f.
- Gütergemeinschaft § 56 Rdn. 8
- Identitätserklärung § 56 Rdn. 16 ff., Rdn. 18 M
- Inhalt § 56 Rdn. 6
- Kettenauflassung § 56 Rdn. 28
- nach Urteil § 56 Rdn. 4 ff.
- Rücktrittsrecht § 56 Rdn. 11
- Teilfläche § 35 Rdn. 36 ff.; § 56 Rdn. 12 ff.
- Trennstück § 56 Rdn. 14 M
- Umwandlung von Bruchteilseigentum in Gesamthandseigentum § 56 Rdn. 1
- Vermächtniserfüllung § 56 Rdn. 1
- Vermessung § 56 Rdn. 12 ff.
- vollmachtlose Vertretung § 25 Rdn. 24
- Vollzugsvollmacht § 8 Rdn. 10
- vor Veränderungsnachweis § 56 Rdn. 17 M
- Wohnungseigentümergemeinschaft § 56 Rdn. 10
- Zuständigkeit § 56 Rdn. 2
- Zwangsvollstreckungsunterwerfung § 19 Rdn. 29

Auflassungsanspruch § 56 Rdn. 24 ff.
- Abtretung § 56 Rdn. 24 ff.
  - – Form § 56 Rdn. 25 f.
  - – schuldrechtlicher Vertrag § 56 Rdn. 26
- Verpfändung § 56 Rdn. 24 ff.

Auflassungsvollmacht § 8 Rdn. 10; § 24 Rdn. 26, Rdn. 85

Auflassungsvormerkung
- Angebot zum Grundstückskauf § 32 Rdn. 403 ff.
- Löschung § 35 Rdn. 34 ff.
  - – beim Teilflächenkauf § 35 Rdn. 34 ff.

- Sicherung des Grundstücksverkäufers § 32 Rdn. 112 ff.
- Sicherung des Käufers § 32 Rdn. 158 ff.
- Teilflächenkauf § 35 Rdn. 33 ff.
- Verpfändung § 32 Rdn. 359 ff.
- Vertrag zugunsten Dritter § 32 Rdn. 425 M

Auflösung
- GmbH § 144 Rdn. 186 ff.
  - – Anmeldung § 144 Rdn. 201 ff., Rdn. 204 M
  - – Ausfall eines Gesellschafterdarlehens § 144 Rdn. 199
  - – Bekanntmachung § 144 Rdn. 206 ff.
  - – Ersatzfirma § 144 Rdn. 191 ff.
  - – Nachbesteuerung § 144 Rdn. 198
  - – ohne Liquidation § 144 Rdn. 213 M
  - – Satzungsänderung § 144 Rdn. 50
  - – steuerliche Folgen § 144 Rdn. 195 ff.
  - – steuerrechtliche Mitteilungspflicht § 144 Rdn. 194
- KG § 138 Rdn. 60 ff.
  - – Anmeldung § 138 Rdn. 60 ff.
- Partnerschaftsgesellschaft § 136 Rdn. 30

Auflösungsklage
- OHG § 132 Rdn. 57 ff.

Aufnahme von Vermögensverzeichnissen § 18 Rdn. 38 ff.

Aufrechnung
- Leasingvertrag § 43 Rdn. 77 M

Aufrechnungsverbot
- Bauträgervertrag § 33 Rdn. 65 f.

Aufsichtsrat
- AG § 148 Rdn. 1 ff.
- Ausschuss § 148 Rdn. 42
  - – Satzungsregelung § 148 Rdn. 42
- Genossenschaft § 157 Rdn. 20
- Geschäftsordnung § 148 Rdn. 43 M
- Gleichberechtigung § 148 Rdn. 25 ff.
- GmbH § 143 Rdn. 53 ff.
  - – Gesellschaftsvertrag § 143 Rdn. 55 M
- GmbH-Geschäftsführer § 143 Rdn. 7, Rdn. 50 M, Rdn. 53 ff.
- Hinderungsgründe § 148 Rdn. 30
- Mitbestimmungsgesetz § 143 Rdn. 57
- Notwendigkeit § 143 Rdn. 56 ff.
- Zusammensetzung § 148 Rdn. 37
  - – ARUG § 148 Rdn. 37

Aufspaltung § 155 Rdn. 1

Aufteilung nach dem WEG
- Grundstücksüberlassung an Kinder § 39 Rdn. 63 M

Aufteilungsplan § 58 Rdn. 42 ff.
- Beurkundung vor Abgeschlossenheitsbescheinigung § 58 Rdn. 43
- Identitätserklärung § 58 Rdn. 44 M

Auftrag
- an Architekten § 45 Rdn. 31 M
- an Notar § 7 Rdn. 13 M
  - – Überwachung des Vollzugs § 7 Rdn. 13 M
- Vollmacht § 24 Rdn. 1

3199

Aufwendungsersatz
- Bauträgervertrag § 33 Rdn. 68

Ausbietungsgarantie § 51 Rdn. 22 ff.
- Ausfallgarantie § 51 Rdn. 27, Rdn. 35 M
- Bargebot § 51 Rdn. 24
- Form § 51 Rdn. 32
- geringstes Gebot § 51 Rdn. 22
- Gründe für eine Ausbietungsgarantie § 51 Rdn. 27
- Meistgebot § 51 Rdn. 25
- Missbrauchsgefahren § 51 Rdn. 29
- reine Ausbietungsgarantie § 51 Rdn. 27 Rdn. 33 M
- reine Ausbietungsgarantie mit Sicherstellung und Nebenabreden § 51 Rdn. 34 M
- selbständige Verpflichtung § 51 Rdn. 31
- unselbständige Verpflichtung § 51 Rdn. 30
- Verpflichtung zum Erwerb § 51 Rdn. 32
- Verteilungstermin § 51 Rdn. 26

Auseinandersetzung
- Ausschluss im Testament § 111 Rdn. 39 M
- Erbengemeinschaft § 38 Rdn. 12 M
- – freiwillige Versteigerung § 38 Rdn. 12 M
- Gütergemeinschaft § 56 Rdn. 1; § 86 Rdn. 24 ff.
- Verfahren § 18 Rdn. 1 ff.
- – Grundpfandrechte § 18 Rdn. 5
- – Gütergemeinschaft § 86 Rdn. 25 ff.
- – landesrechtliche Regelung § 18 Rdn. 1
- vorgezogene unter gesetzlichen Erben § 27 Rdn. 6
- Zeugnis § 113 Rdn. 42 f.

Auseinandersetzungsguthaben an Gesellschaft
- Abtretung § 29 Rdn. 55

Auseinandersetzungsverbot
- einzelne Nachlassgegenstände § 102 Rdn. 25 M
- Erbeinsetzung § 102 Rdn. 23 f.
- vollständiges § 102 Rdn. 24 M

Ausfertigung § 12 Rdn. 16 ff.
- Anspruch auf Erteilung § 12 Rdn. 21 ff.
- – materiell Berechtigter § 12 Rdn. 25
- – Rechtsnachfolge § 12 Rdn. 23
- – Zwangsvollstreckung gegen Gesamtschuldner § 12 Rdn. 25
- auszugsweise § 12 Rdn. 29
- Begriff § 12 Rdn. 16
- Beilagen zur Niederschrift § 12 Rdn. 27
- Bindung an Einigung § 55 Rdn. 6 ff.
- Einziehung § 12 Rdn. 20
- Erteilung § 12 Rdn. 21
- Rechtsmittel gegen Notar bei Ablehnung § 12 Rdn. 34
- Urkunde in fremder Sprache § 12 Rdn. 31 ff.
- Vermerk § 12 Rdn. 17 M
- Vermerk über Erteilung § 12 Rdn. 19 M
- Vollmacht § 24 Rdn. 56 ff.

Ausgleichsanordnung § 102 Rdn. 26 M ff.

Ausgleichszahlung an weichende Erben
- Grundstücksüberlassung an Kinder § 39 Rdn. 102 M ff.

Ausgleichung
- besondere Leistungen § 117 Rdn. 4
- Durchführung § 117 Rdn. 5
- Zuwendungen § 117 Rdn. 3 ff.

Ausgleichungs- und Anrechnungspflicht
- Testament § 111 Rdn. 39 M

Ausgleichungspflicht
- Erbengemeinschaft § 117 Rdn. 2
- Grundstücksüberlassung an Kinder § 39 Rdn. 134 M
- Übergabe landwirtschaftlicher Grundstücke § 36 Rdn. 162

Ausgliederung § 153 Rdn. 8; § 155 Rdn. 45 M
- Anmeldung § 155 Rdn. 52 M
- – neu gegründete GmbH § 155 Rdn. 52 M
- GmbH & Co KG auf neue GmbH § 155 Rdn. 50 M
- – Anmeldung der ausgliedernden Gesellschaft § 155 Rdn. 50 M
- – Anmeldung der neuen GmbH § 155 Rdn. 52 M
- – Beschluss § 155 Rdn. 48 M
- – Spaltungsplan § 155 Rdn. 45 M
- Spaltung § 155 Rdn. 3

Aushändigung der Eintragungsbewilligung § 55 Rdn. 6 ff.

Aushändigung der Urschrift
- Rechtsmittel gegen Notar § 12 Rdn. 34

Ausland
- Tätigwerden im Ausland § 4 Rdn. 17
- Urkunden zur Verwendung im Ausland § 4 Rdn. 19

Ausländer
- Beteiligung am Beurkundungsverfahren § 26 Rdn. 1 ff.
- Beurkundungsbeteiligter § 14 Rdn. 30 ff.
- Geschäftsfähigkeit § 26 Rdn. 15 ff.
- Geschäftsführer § 158 Rdn. 29 ff.
- – schriftliche Belehrung durch Notar § 158 Rdn. 31 M
- Immunität § 26 Rdn. 44
- Minderjähriger § 6 Rdn. 36; § 26 Rdn. 14 f.
- Rechtsfähigkeit § 26 Rdn. 15 ff.
- schreibunfähiger § 104 Rdn. 13 ff.
- – Testament § 104 Rdn. 13 ff.
- Testament § 104 Rdn. 15 ff.
- Übersicht zur Rechts- und Geschäftsfähigkeit § 26 Rdn. 21
- Vorstandsmitglied § 158 Rdn. 29 ff.
- Zustellung § 26 Rdn. 44

Ausländische Firma
- Zweigniederlassung § 127 Rdn. 15

Ausländische Gesellschaft
- Anteilsübertragung § 158 Rdn. 37 ff.
- – im Inland § 158 Rdn. 37 ff.
- anwendbares Recht § 158 Rdn. 1
- Apostille § 158 Rdn. 67
- Aufbau § 158 Rdn. 2

- Auflassungsvormerkung § 158 Rdn. 18
- Existenz § 158 Rdn. 56 ff.
- Firma § 158 Rdn. 28
- Gesellschaftsstatut § 158 Rdn. 13 ff.
- – Reichweite § 158 Rdn. 13 ff.
- Grundbuch § 158 Rdn. 59 f.
- Handelsregister § 158 Rdn. 61
- Hinweispflicht des Notars § 158 Rdn. 18 ff.
- – Belehrungsmuster § 158 Rdn. 20 M
- Legalisation § 158 Rdn. 67
- Nachweis- und Beweisregeln (deutsches Recht) § 158 Rdn. 62 ff.
- organschaftliche Vertretung § 158 Rdn. 32
- Rechtsfähigkeit § 158 Rdn. 1
- Rechtsformzusatz § 125 Rdn. 32
- Reduzierung der Auslandsbeteiligung § 158 Rdn. 21
- Sitztheorie § 158 Rdn. 10
- – außerhalb EU/EWR § 158 Rdn. 10
- – EU/EWR § 158 Rdn. 5
- verheiratete Gesellschafter § 158 Rdn. 23
- Vertretungsnachweis § 158 Rdn. 56 ff.
- Verwaltungssitz § 158 Rdn. 5 ff.
- Zweigniederlassung § 158 Rdn. 45 ff.
- – Anmeldung § 158 Rdn. 55 M

Ausländische Gesellschaften
- Apostille § 26 Rdn. 1 ff.
- Existenz § 26 Rdn. 30 ff.
- Legalisation § 26 Rdn. 1 ff.
- Nachweis § 26 Rdn. 32
- – Grundbuchamt § 26 Rdn. 32
- – Handelsregister § 26 Rdn. 33
- – Vertretungsmacht § 26 Rdn. 30 ff.
- Nachweisführung § 26 Rdn. 35 ff.
- nichtregistriert § 26 Rdn. 43
- Vertretungsbescheinigung § 26 Rdn. 40
- – ausländischer Notar § 26 Rdn. 40
- Vertretungsbescheinigung, § 21 BNotO § 26 Rdn. 38

Ausländische Handelsgesellschaft
- Prüfung der Vertretungsmacht § 6 Rdn. 49 ff.
- Vertretungsmacht und ihr Nachweis § 6 Rdn. 52

Ausländische Notarbescheinigung § 6 Rdn. 53 f.

Ausländische Stiftung § 123 Rdn. 65 ff.

Ausländische Urkunden
- Anerkennung § 26 Rdn. 71
- Beurkundungsbefugnis § 26 Rdn. 50
- Errichtungsstaat § 26 Rdn. 53
- – Verfahrensvorschriften § 26 Rdn. 53
- Formwirksamkeit § 26 Rdn. 54 ff.
- internationale Zuständigkeit ausländischer Notare § 26 Rdn. 51
- Verwendung im Inland § 26 Rdn. 50 ff.
- Zuständigkeit deutscher Notare § 26 Rdn. 52

Ausländischer Notar
- internationale Zuständigkeit § 26 Rdn. 51
Ausländisches Recht § 4 Rdn. 19
- Belehrung § 6 Rdn. 71
Auslandsbeurkundung § 4 Rdn. 17 ff.
- Anerkennung § 26 Rdn. 71
- Anteilsübertragung § 158 Rdn. 33 ff.
- dingliche Rechtsgeschäfte § 26 Rdn. 63 ff.
- Formfragen § 26 Rdn. 58 ff.
- gesellschaftsrechtliche Vorgänge § 26 Rdn. 69
  - - Abtretung/Verpfändung von GmbH-Geschäftsanteilen § 26 Rdn. 69
- gesellschaftsrechtlicher Vorgänge § 26 Rdn. 66 ff.
- Grundstücksgeschäft § 26 Rdn. 62
- Registeranmeldung § 26 Rdn. 70
- Substitution der deutschen Beurkundung § 26 Rdn. 58 ff.
Auslandsbezug
- EU-Erbrechtsverordnung § 120 Rdn. 3 ff.
- General- und Vorsorgevollmacht § 96 Rdn. 120 ff.
Auslandsverwendung deutscher Urkunden
- Befreiung § 26 Rdn. 108
- fremdsprachige, Beglaubigungsvermerke § 26 Rdn. 74 ff.
- im Ausland belegene Grundstücke § 26 Rdn. 92 ff.
- Registerbescheinigung § 26 Rdn. 84 ff.
- Testament § 26 Rdn. 88
- Unterschrift § 26 Rdn. 81 M ff.
  - - anerkannt § 26 Rdn. 81 M ff.
  - - vollzogen § 26 Rdn. 78 M ff.
- Vertretungsbescheinigung § 26 Rdn. 84 ff.
- Vollstreckung § 26 Rdn. 109
Auslandsvollstreckung § 19 Rdn. 201 ff.
Auslosung § 18 Rdn. 22, Rdn. 36 f., Rdn. 37 M
Ausschlagung § 114 Rdn. 11 ff.
- Ausland § 114 Rdn. 13
- Form § 114 Rdn. 11
- Frist § 114 Rdn. 12 ff.
- für ungeborenes Kind § 114 Rdn. 20
- gesetzlicher Erbe § 114 Rdn. 24 M
- gesetzlicher Vertreter als Erbe neben den Kindern § 114 Rdn. 29 M
- gesetzlicher Vertreter als Erbe vor und für die Kinder § 114 Rdn. 27 M
- gesetzlicher Vertreter für das Kind § 114 Rdn. 31 M
- Hofanfall § 109 Rdn. 36 M f.
- Lebens- und Sterbegeldversicherung § 114 Rdn. 23
- mehrere Berufungsgründe § 114 Rdn. 15 ff., Rdn. 25 M
- nach Tod eines Ehegatten bei Vorliegen eines wechselbezüglichen Testaments § 101 Rdn. 16 M
- Testaments- und gesetzliche Erbschaft § 114 Rdn. 25 M
- Vererbung des Ausschlagungsrechts § 114 Rdn. 11

- Vermächtnis § 114 Rdn. 34 ff.
  - - Form § 114 Rdn. 36
  - - Pflichtteilsberechtigter § 114 Rdn. 42 ff.
- Vor- und Nacherbfolge § 114 Rdn. 21 f.
- vormundschaftsgerichtliche Genehmigung § 114 Rdn. 12, Rdn. 26 M.
- Wirkung § 114 Rdn. 14
- zur Erlangung der Testierfreiheit § 101 Rdn. 16 M
- Zuständigkeit § 3 Rdn. 13
Ausschließliche Lizenz § 49 Rdn. 48
- Muster § 49 Rdn. 138 M
Ausschließliches Nutzungsrecht § 48 Rdn. 23
Ausschließlichkeitsbindung
- Dienstbarkeit § 64 Rdn. 21 f., Rdn. 59
Ausschließung von Amtsausübung § 5 Rdn. 1 ff.
- Beurkundung von Willenserklärungen § 5 Rdn. 2
- rechtlicher Vorteil § 5 Rdn. 14 ff.
- Verfügungen von Todes wegen § 5 Rdn. 2, Rdn. 22
Ausschließungsbeschluss
- OHG § 132 Rdn. 57 ff.
Ausschließungsgründe § 5 Rdn. 1 ff., Rdn. 2 ff.
Ausschluss
- Aufhebung der Miteigentümergemeinschaft § 56 Rdn. 49, Rdn. 57 M
- GmbH-Geschäftsanteil § 145 Rdn. 126 ff.
  - - Abfindung § 145 Rdn. 141 f.
  - - Beschluss zur Ausschließungsklage § 145 Rdn. 139 M
Ausschluss der Abtretbarkeit
- Grundschuld § 72 Rdn. 15 ff.
Ausschluss der Beweislastumkehr § 19 Rdn. 5 ff.
Ausschluss der Brieferteilung § 72 Rdn. 38 M
Ausschreibung von Notarstellen § 2 Rdn. 9
Aussiedler
- Ablehnung der Überleitung in den Güterstand der Zugewinngemeinschaft § 81 Rdn. 13 M
Ausstattung § 40 Rdn. 5 M
- Ausgleichungspflicht § 117 Rdn. 3
- Grundstücksüberlassung an Kinder § 39 Rdn. 40
- Übergabe landwirtschaftlicher Grundstücke § 36 Rdn. 85
Austritt aus Kirche § 23 Rdn. 1 ff.
Ausübungsbedingung
- Dienstbarkeit § 64 Rdn. 50 M
Ausübungsbereich
- Erbbaurecht § 57 Rdn. 8 ff.
Ausübungspflicht
- Lizenznehmer § 49 Rdn. 66
Ausweispapiere § 6 Rdn. 18 f., Rdn. 25 M
- keine Ausweispapiere § 6 Rdn. 21 f., Rdn. 26 M–28 M
- Nachreichen § 6 Rdn. 22, Rdn. 27 M
Auszugsvertrag § 66 Rdn. 20 ff.
Auszugsweise Ausfertigung § 12 Rdn. 29

Baden-Württemberg
- Notarstellen § 2 Rdn. 17 ff.
Bagatellschäden
- Wohnraummiete § 41 Rdn. 34
Balkon § 58 Rdn. 7
Bank
- Pfandrecht durch AGB § 78 Rdn. 8
Bankhinterlegungsschein § 149 Rdn. 25 M
Bankvollmacht
- U.I.N.L. § 24 Rdn. 120 M
Bargründung
- AG § 147 Rdn. 1 ff., Rdn. 4 M
Bauaufsichtsbehörde
- Baulast § 64 Rdn. 64
Baubeschränkung
- Dienstbarkeit § 64 Rdn. 12 ff.
Baubeschreibung
- Bauträgervertrag § 33 Rdn. 28, Rdn. 30
- Wohnfläche § 33 Rdn. 30
Baubetreuung
- Teilbetreuung § 46 Rdn. 55
Baubetreuungsgesellschaften § 33 Rdn. 3
Baubetreuungsvertrag § 46 Rdn. 52 ff., Rdn. 61 M
- Abgrenzung zum Bauherrenmodell § 46 Rdn. 55
- Abgrenzung zur Bauträgertätigkeit § 46 Rdn. 59
- Allgemeines § 46 Rdn. 52
- Begriff § 46 Rdn. 52 ff.
- Generalübernehmer § 46 Rdn. 6
- Generalübernehmervertrag § 46 Rdn. 6
- Generalunternehmer § 46 Rdn. 6
- Haftung § 46 Rdn. 58
- Hauptunternehmer § 46 Rdn. 5
- im engeren Sinne § 46 Rdn. 53
- MaBV § 46 Rdn. 52
- Nachunternehmer § 46 Rdn. 5
- Totalübernehmer § 46 Rdn. 7
- Totalunternehmer § 46 Rdn. 6
Baufortschritt
- Bauträgervertrag § 33 Rdn. 91, Rdn. 94 M
Bauhandwerkerhypothek § 71 Rdn. 2, Rdn. 5 ff.
Bauherrengemeinschaft § 34 Rdn. 4
- »echte« § 34 Rdn. 28 ff., Rdn. 30 M
- Form § 34 Rdn. 28
- GbR § 34 Rdn. 28
Bauherrenmodell
- Allgemeines § 34 Rdn. 1 ff.
- Bauherrengemeinschaft § 34 Rdn. 4
- Bauherrenmodell im engeren Sinne § 34 Rdn. 5, Rdn. 31 ff.
- Form der Vollmacht § 32 Rdn. 5
- Form des Betreuungsvertrages § 32 Rdn. 5
- Gesellschaftsvertrag § 34 Rdn. 12 ff.
- Steuerrecht § 34 Rdn. 8 f.
- Verbot der Architektenbindung § 34 Rdn. 11
- zivilrechtliche Gesichtspunkte § 34 Rdn. 10 ff.
Bauherrenmodell »großes« § 34 Rdn. 3, Rdn. 31 ff.
- Form § 34 Rdn. 32
- Geschäftsbesorgungsvertrag § 34 Rdn. 32 ff.

Bauherrenmodell »kleines« – Bauträgervertrag

- rechtliche Konstruktion § 34 Rdn. 32
- steuerliche Aspekte § 34 Rdn. 31
- Treuhandvertrag § 34 Rdn. 32 ff.
- Vollmacht § 34 Rdn. 35

Bauherrenmodell »kleines« § 34 Rdn. 3, Rdn. 15 ff.
- Belehrungsvermerk § 34 Rdn. 19 M
- Form § 34 Rdn. 15
- Grunderwerbsteuer § 34 Rdn. 26
- Grundstückskauf mit Fertighausvertrag § 34 Rdn. 27 M
- Grundstücksverkäufer und Baufirma nicht identisch § 34 Rdn. 20
  - – Rücktrittsrecht § 34 Rdn. 23 M
- Koppelung von Grundstückskauf und Bauvertrag § 34 Rdn. 15 ff.
- MaBV § 34 Rdn. 16 ff.

Baulast § 64 Rdn. 62 ff.
- Bauaufsichtsbehörde § 64 Rdn. 64
- Bayern § 64 Rdn. 66
- Form § 64 Rdn. 64
- Stellplatz § 64 Rdn. 63
- Vormerkung § 61 Rdn. 28
- Wirkung § 64 Rdn. 64

Baulastenverzeichnis § 64 Rdn. 62, Rdn. 65
- Einsicht durch Notar § 32 Rdn. 35 ff.

Baumodelle
- Bauherrengemeinschaft § 34 Rdn. 28 ff.
- Bauherrenmodell § 34 Rdn. 3 ff., Rdn. 31 ff.
- Erwerbermodell § 34 Rdn. 36
- Fondsmodell § 34 Rdn. 37 ff.

Bauspardarlehen § 67 Rdn. 3
- Wartezeit § 67 Rdn. 5
- Zuteilung § 67 Rdn. 5

Bausparkasse § 67 Rdn. 3 ff.

Bausparvertrag
- Abtretung § 29 Rdn. 39 ff., Rdn. 41 M; § 67 Rdn. 5
- Vertrag zugunsten Dritter auf den Todesfall § 110 Rdn. 6, Rdn. 14 M

Bausparzwischenfinanzierung § 67 Rdn. 4 ff.

Bauträger § 33 Rdn. 1

Bauträgermerkblatt der Landesnotarkammer Bayern § 33 Rdn. 5

Bauträgervertrag
- Abnahme des Gemeinschaftseigentums § 33 Rdn. 76
- Abweichungen in Wohnfläche § 33 Rdn. 60
- AGB § 33 Rdn. 5, Rdn. 47 ff.
- Altbausanierung § 33 Rdn. 115 ff.
  - – Gewährleistung § 33 Rdn. 117
  - – Kaufpreisfälligkeit § 33 Rdn. 120
- Änderungen in der Bauausführung durch Verkäufer § 33 Rdn. 60
- Änderungsvorbehalt § 33 Rdn. 61 M
- Angebot durch Käufer § 33 Rdn. 26
- Anhörung des Schuldners vor Erteilung der Vollstreckungsklausel § 19 Rdn. 154
- Annahmefrist § 33 Rdn. 56
- Aufrechnungsverbot § 33 Rdn. 65 f.
- Auftraggeber ist Eigentümer des Grundstücks § 33 Rdn. 77
- Aufwendungsersatz § 33 Rdn. 68
- Ausführungszeit § 33 Rdn. 57 f.
- Bau nicht fertig gestellt § 33 Rdn. 2
- Baubeschreibung § 33 Rdn. 28, Rdn. 30
- Bauträger § 33 Rdn. 1
- Bauträgermerkblatt der Landesnotarkammer Bayern § 33 Rdn. 5
- Begriff § 33 Rdn. 1 ff.
- Beschaffenheitsvereinbarung § 33 Rdn. 37
- Beweislaständerung § 33 Rdn. 73
- Bürgschaftssicherung mit späterem Übergang zu § 3 MaBV § 33 Rdn. 108 M
- Doppelbesteuerung § 33 Rdn. 14
- doppelte Belehrungspflicht § 6 Rdn. 134
- EnergieeinsparVO -Informationspflichten § 33 Rdn. 23
- Erbbaurecht im Grundbuch noch nicht gebildet § 33 Rdn. 29
- Errichtung/Umbau § 33 Rdn. 1
- Fälligkeitszinsen § 33 Rdn. 68
- Fertigstellung nach Baugenehmigung § 33 Rdn. 59 M
- Fertigstellungsbescheinigung § 33 Rdn. 99 ff.
- Fiktion der Abgabe einer Erklärung § 33 Rdn. 75
- Form von Erklärungen des Käufers gegenüber Bauträger § 33 Rdn. 75
- Freigabeversprechen des Gläubigers § 33 Rdn. 85 M
- Garantie § 33 Rdn. 41
  - – Abwehr § 33 Rdn. 42 M
- gegenwärtiger Zustand § 33 Rdn. 39 M
- Generalunternehmer § 33 Rdn. 77
- Geschichte § 33 Rdn. 3 ff.
- gesetzliche Grundlage § 33 Rdn. 10
- Gewährleistung § 33 Rdn. 36, Rdn. 47 ff.
  - – Abtretung der Ansprüche durch Bauträger § 33 Rdn. 50
  - – Altbausanierung § 33 Rdn. 117
  - – Beschränkung § 33 Rdn. 51
  - – betroffene Teile des Werks § 33 Rdn. 52
  - – Mängel am Gemeinschaftseigentum § 33 Rdn. 54 ff., Rdn. 107
  - – neu hergestellte Sache § 33 Rdn. 48 f.
  - – technische Anlagen § 33 Rdn. 52
  - – Terminologie § 33 Rdn. 47
  - – Verkürzung der Frist § 33 Rdn. 52
  - – Verkürzung der Verjährungsfristen § 33 Rdn. 53
- gleichzeitige Anwesenheit beider Vertragsteile § 33 Rdn. 24 ff.
- Kauf einer fertigen Eigentumswohnung vom Bauträger § 33 Rdn. 114 M
- Kauf einer noch zu errichtenden Eigentumswohnung vom Bauträger § 33 Rdn. 113 M
- Kauf eines Eigenheims vom Bauträger § 33 Rdn. 112 M
- Kauf von der grünen Wiese § 33 Rdn. 2
- Kaufpreisfälligkeit § 33 Rdn. 81 ff.
  - – Altbausanierung § 33 Rdn. 120
  - – Baufortschritt § 33 Rdn. 91
- – Baugenehmigung § 33 Rdn. 90
- – Bürgschaft § 33 Rdn. 107 ff.
- – Eintragung der Auflassungsvormerkung § 33 Rdn. 83
- – Erlöschen von vertraglichen Rücktrittsrechten § 33 Rdn. 82
- – Freistellungserklärung § 33 Rdn. 84 ff.
- – neu zu errichtendes Eigenheim § 33 Rdn. 94 M
- – noch zu errichtende Eigentumswohnung § 33 Rdn. 95 M
- – Ratenplan § 33 Rdn. 91, Rdn. 94 M
- – Rechtswirksamkeit des Vertrages § 33 Rdn. 82
- – Vorliegen von Genehmigungen § 33 Rdn. 82
- Kaufpreiszahlung nach Baufortschritt § 33 Rdn. 11 ff.
- Kombination der Sicherungssysteme § 33 Rdn. 107
- Leistungsverweigerungsrecht des Käufers § 33 Rdn. 64
- MaBV § 33 Rdn. 77 ff.
  - – Entstehen § 33 Rdn. 5
  - – MaBV findet keine Anwendung § 33 Rdn. 77
- Mängelansprüche § 33 Rdn. 50 ff.
- Minimalrenovierung § 33 Rdn. 118 M
- Notaranderkonto § 9 Rdn. 6
- Nutzungsentschädigung § 33 Rdn. 68
- pauschaler Schadensersatz § 33 Rdn. 68
- Pläne § 33 Rdn. 21, Rdn. 30
- Recht des Käufers auf Schadensersatz wegen Nichterfüllung § 33 Rdn. 70 F.
- rechtliche Vorbereitungen des Bauträgers § 33 Rdn. 18
- Rücktritt durch Käufer § 33 Rdn. 69
- Schadensersatz bei unberechtigter Zwangsvollstreckung § 33 Rdn. 74 M
- Schiedsgutachterklausel § 33 Rdn. 76
- schlüsselfertiges Bauen § 33 Rdn. 1
- Sicherheitseinbehalt § 33 Rdn. 97 M
- Sicherungssystem § 33 Rdn. 96
- Sicherungsverfahren nach § 3 MaBV § 33 Rdn. 82
- Sonderwünsche § 33 Rdn. 31
  - – Leistungsbestimmungsrecht für Käufer § 33 Rdn. 32
  - – Preisbestimmungsrecht für Verkäufer § 33 Rdn. 32
  - – Vereinbarung des Käufers mit Handwerkern § 33 Rdn. 32
- Steuerrecht § 33 Rdn. 14
- systematische Umgehung der gleichzeitigen Anwesenheit § 33 Rdn. 25 ff.
- Teilungserklärung § 33 Rdn. 28
- Übersendung des Entwurfs § 33 Rdn. 19 ff.
- Umfang der Beurkundung § 33 Rdn. 27 ff.
- Umsatzsteuererhöhung § 33 Rdn. 63 M

- Verbot von Preiserhöhungen § 33 Rdn. 62
- Verbraucher § 33 Rdn. 1
- Verbraucherkredit § 33 Rdn. 110 f.
- vereinbarte Abweichungen zur Baubeschreibung § 33 Rdn. 31
- Verjährung § 33 Rdn. 44
  - – Kaufpreisanspruch § 33 Rdn. 46 M
- vertragsbestimmende Gesetze außerhalb des BGB § 33 Rdn. 35
- Vertragsgegenstand § 33 Rdn. 2, Rdn. 29
- Vertragsstrafe § 33 Rdn. 68
- Verweisung § 33 Rdn. 20 ff., Rdn. 33
- Verzicht auf die Anwendung der MaBV § 33 Rdn. 78 M
- Verzug durch Käufer § 33 Rdn. 67
- Vorbereitung der Beurkundung § 33 Rdn. 17 ff.
- Vormerkungswirkung bei Insolvenz § 61 Rdn. 32
- Werklieferungsvertrag § 33 Rdn. 1
- wirtschaftlicher Hintergrund § 33 Rdn. 11
- Wohnfläche § 33 Rdn. 60
- Wohnungseigentum im Grundbuch noch nicht gebildet § 33 Rdn. 29
- Würdigung § 33 Rdn. 13 ff.
- Zurückbehaltungsrecht des Käufers § 33 Rdn. 64
- Zwangsvollstreckungsunterwerfung § 19 Rdn. 8; § 33 Rdn. 99 ff.
- zwei Sicherungsverfahren der MaBV für Kaufpreisfälligkeit § 33 Rdn. 81 ff.

Bauvertrag § 46 Rdn. 1 ff.
- Abnahme § 46 Rdn. 28
- Änderung des Vertrages § 46 Rdn. 20 ff.
- Anordnungsrecht des Bestellers § 46 Rdn. 20 ff.
- Arbeitsgemeinschaft (ARGE) § 46 Rdn. 8
- BGB-Bauwerksvertrag § 46 Rdn. 35 M
- Einheitspreisvertrag § 46 Rdn. 13
- Generalunternehmervertrag § 46 Rdn. 6
- Haftung § 46 Rdn. 55
- Kündigung § 46 Rdn. 31 ff.
  - – Bauherrn § 46 Rdn. 31
  - – Unternehmer § 46 Rdn. 32
- Pauschalpreisvertrag § 46 Rdn. 14
- Reform des ~srechts § 46 Rdn. 1 ff.
- Selbstkostenerstattungsvertrag § 46 Rdn. 18
- Sicherheitsleistung § 46 Rdn. 29
- Stundenlohnvertrag § 46 Rdn. 17
- Vergütungsanpassung bei Änderungsanordnungen § 46 Rdn. 20 ff.
- Verpflichtung zur Vorleistung § 46 Rdn. 51 M
- VOB § 46 Rdn. 36 ff.
- VOB/B-Bauvertrag § 46 Rdn. 51 M

Bauwerk
- Erbbaurechtsfähigkeit § 57 Rdn. 6

Bauwerksvertrag § 46 Rdn. 35 M, Rdn. 42
- Zwangsvollstreckungsunterwerfung § 19 Rdn. 52 M

Beamtengehalt
- Abtretung § 29 Rdn. 13–Rdn. 14 M

- Zwangsvollstreckungsunterwerfungserklärung § 19 Rdn. 86

Bedingung
- Auflassung § 56 Rdn. 11, Rdn. 21– Rdn. 22
- Erbbaurecht § 57 Rdn. 1

Beendigung
- Personengesellschaft § 131 Rdn. 92 ff.
- Verlagsvertrag § 48 Rdn. 68 ff.

Befreiung von den Beschränkungen des § 181 BGB
- Testamentsvollstrecker § 102 Rdn. 49

Befristung
- Auflassung § 56 Rdn. 11

Beglaubigte Abschrift § 12 Rdn. 36 ff.
- auszugsweise § 12 Rdn. 40
- Begriff § 12 Rdn. 36
- Urkunde in fremder Sprache § 12 Rdn. 45 ff.
- Vermerk § 12 Rdn. 37, Rdn. 42 M

Beglaubigung
- Anmeldung zum Genossenschaftsregister § 157 Rdn. 47
- Bewilligung § 55 Rdn. 11
- Vollmacht zur Handelsregisteranmeldung § 125 Rdn. 39
- Vorkaufsrecht § 62 Rdn. 28

Beglaubigungsvermerk
- erforderliche Angaben § 15 Rdn. 21
- fremdsprachiger § 26 Rdn. 74 ff.
- in fremder Sprache § 15 Rdn. 19

Beglaubigungsvermerk für Abschrift § 12 Rdn. 42 M– Rdn. 44 M

Begleitname § 80 Rdn. 2

Beherrschungsvertrag § 152 Rdn. 3, Rdn. 15 M

Behinderte Beteiligte
- Begriffe § 14 Rdn. 2 ff.
- blind (sehbehindert) § 14 Rdn. 5
- Feststellung der Behinderung § 104 Rdn. 1
- Gebärdendolmetscher § 14 Rdn. 6
- Hinzuziehen des Zeugen § 14 Rdn. 6
- hör- oder sprachbehindert und zugleich schreibfähig § 104 Rdn. 11 f.
  - – Testament § 104 Rdn. 11 f.
- hörbehindert § 14 Rdn. 3
- Mitwirkungsverbote bei hinzugezogenen Personen § 14 Rdn. 7, Rdn. 15
- schreib- und leseunkundiger Gehörloser § 104 Rdn. 9 ff.
  - – Testament § 104 Rdn. 9 ff.
- schreibfähiger Blinder (Sehbehinderter) § 14 Rdn. 18 M
- schreibfähiger und lesekundiger Gehörloser § 104 Rdn. 6
- schreibfähiger und lesekundiger Stummer (Sprachbehinderter) § 14 Rdn. 23 M
- schreibfähiger und lesekundiger Tauber (Hörbehinderter) § 14 Rdn. 20 M
- schreibfähiger und lesekundiger Taubstummer § 14 Rdn. 23 M
- Schreibunfähige § 14 Rdn. 16, Rdn. 26 M; § 104 Rdn. 13 ff.

- schreibunfähiger Blinder § 14 Rdn. 3 ff.
- schreibunfähiger Stummer § 14 Rdn. 24 M ff.
- schreibunfähig und leseunkundiger, stummer (sprachbehinderter) Sprachfremder § 14 Rdn. 25 M
- schreibunkundiger Tauber (Hörbehinderter) § 14 Rdn. 21 M f.
- Schreibzeuge § 14 Rdn. 7
- sehbehindert § 14 Rdn. 5
- sprachbehindert § 14 Rdn. 4
- stumm (sprachbehindert) § 14 Rdn. 4
- stumm (sprachbehindert) und schreibunkundig/schreibunfähig § 14 Rdn. 25 M
- taub (hörbehindert) § 14 Rdn. 3
- taub (hörbehindert) und schreibunkundig/schreibunfähig § 14 Rdn. 26 M
- Testament § 104 Rdn. 23 ff.
  - – Kosten § 104 Rdn. 23 ff.
- Unterschriftsbeglaubigung § 15 Rdn. 15
- Vermerk in Urkunde § 14 Rdn. 6
- Vertrauensperson § 14 Rdn. 13 ff.; § 104 Rdn. 9
- Verzicht auf Urkundszeugen § 14 Rdn. 19 M; § 104 Rdn. 1, Rdn. 6
- Zeuge oder zweiter Notar § 14 Rdn. 6 ff., Rdn. 10; § 104 Rdn. 1, Rdn. 6, Rdn. 10

Behördliche Genehmigung § 6 Rdn. 81 ff.

Beilagen zur Niederschrift
- Ausfertigung § 12 Rdn. 27

Beirat
- KG § 137 Rdn. 70

Beitritt
- Fondsmodell § 34 Rdn. 42 M ff.

Beitrittsgebiet
- Grundpfandrechte § 70 Rdn. 33 ff.

Bekanntmachung
- GmbH § 142 Rdn. 159
  - – Auflösung § 144 Rdn. 206 M
  - – Kapitalherabsetzung § 144 Rdn. 160, Rdn. 172 M
- Handelsregister § 124 Rdn. 4 ff.

Belastung
- Bergwerkseigentum § 59 Rdn. 3
- Erbbaurecht § 57 Rdn. 55
  - – Zustimmung § 57 Rdn. 64 ff.
- Vollmacht § 8 Rdn. 11
  - – U.I.N.L. § 24 Rdn. 86 M

Belege
- Anderkonto § 10 Rdn. 30

Belehrung § 6 Rdn. 60 ff.
- Ablehnung der Beurkundung § 5 Rdn. 45 f.
- mittelbar Beteiligte § 6 Rdn. 61
- notarielle Beurkundung § 32 Rdn. 1
  - – Grundstückskauf § 32 Rdn. 1
- wirtschaftliche Gefahren § 6 Rdn. 61, Rdn. 64

Belehrungspflicht § 6 Rdn. 60 ff.
- Abgrenzung zur Beratungspflicht § 6 Rdn. 65
- AGB § 6 Rdn. 69
- Anwendung ausländischen Rechts § 26 Rdn. 45 ff.
- ausländische Rechtsordnung § 6 Rdn. 71

3203

- Auslandsberührung § 26 Rdn. 45 ff.
- außerordentliche § 6 Rdn. 71 ff.
- Bauträgervertrag § 6 Rdn. 134
- doppelte § 6 Rdn. 134
- Dritter § 6 Rdn. 62
- erweiterte § 6 Rdn. 61
- Fehlen § 6 Rdn. 71
- fehlender Hinweis in Urkunde § 6 Rdn. 70
- Formulierungspflicht § 6 Rdn. 146
- Genehmigung § 6 Rdn. 73 ff.
- Gewährleistungsbeschränkung bei Kauf eines Neubaus § 6 Rdn. 69
- Inhalt § 6 Rdn. 60 ff., Rdn. 64
- mögliche Steuerfolgen § 8 Rdn. 35
- Sicherungszweckerklärung beim Grundpfandrecht § 68 Rdn. 33
- spezialgesetzliche Regelungen § 6 Rdn. 72
- Versorgungsausgleich § 84 Rdn. 44
- Ziel § 6 Rdn. 60

Beleihungswertgrenze § 67 Rdn. 1 ff.

Belgische Handelsgesellschaft
- Nachweis der Vertretungsmacht § 6 Rdn. 53

Benutzungsbeschränkung
- Dienstbarkeit § 64 Rdn. 13 M

Benutzungsregelung
- unter Miteigentümern § 56 Rdn. 52 ff., Rdn. 55 M

Beratervertrag
- Unternehmenskauf § 31 Rdn. 46

Beratung
- gestaltende § 6 Rdn. 123 ff.
- notarielle Beurkundung § 32 Rdn. 1
- – – Grundstückskauf § 32 Rdn. 1
- planende § 6 Rdn. 123 f.
- sonstige § 8 Rdn. 4

Beratungspflicht § 6 Rdn. 123 ff.
- Anfall von Steuern § 8 Rdn. 35
- Beurkundungsgebühren § 6 Rdn. 137, Rdn. 139
- Ehevertrag § 85 Rdn. 1 ff.
- Erbschaft- und Schenkungsteuer § 8 Rdn. 35
- Erbscheinsantrag § 113 Rdn. 28
- Erbverzicht oder Pflichtteilsverzicht bei Grundstücksüberlassung an Kinder § 39 Rdn. 114
- Formulierungspflicht § 6 Rdn. 146
- Inhalt § 6 Rdn. 130 ff.
- Maß § 6 Rdn. 130 ff.
- Niederschrift über Hauptversammlung einer AG § 149 Rdn. 90
- steuerliche Folgen § 6 Rdn. 140 ff.
- Voraussetzung § 6 Rdn. 123
- Warn- und Schutzpflicht § 6 Rdn. 145
- – – Versagung der Mitwirkung bei unrechtmäßigem Verhalten § 6 Rdn. 145
- wirtschaftliche Folgen § 6 Rdn. 133

Berechnungsverordnung
- Mietvertrag § 41 Rdn. 46 M
- – – Ausbesserung und bauliche Änderung § 41 Rdn. 46 M
- – – Betriebskosten § 41 Rdn. 46 M
- – – Heizung, Warmwasserversorgung § 41 Rdn. 46 M
- Schönheitsreparaturen bei Wohnraummiete § 41 Rdn. 35

Berechtigter
- Grundstücksrecht § 55 Rdn. 20 ff.

Berechtsamsurkunde § 59 Rdn. 2

Bergrecht § 59 Rdn. 1

Bergwerkseigentum
- Aufhebung § 59 Rdn. 12
- Austausch von Teilen § 59 Rdn. 7
- Belastung § 59 Rdn. 3
- Bodenschätze § 59 Rdn. 2
- Dauer § 59 Rdn. 2
- DDR-Recht § 59 Rdn. 14
- Entstehung § 59 Rdn. 2, Rdn. 5
- Erlöschen § 59 Rdn. 5, Rdn. 11 ff.
- Form § 59 Rdn. 4
- Genehmigungspflicht § 59 Rdn. 4, Rdn. 7, Rdn. 9
- Meeresbodenbergbau § 59 Rdn. 15
- Teilung § 59 Rdn. 7
- Veräußerlichkeit § 59 Rdn. 9
- Veräußerung § 59 Rdn. 3
- Vereinigung § 59 Rdn. 4 ff.
- Verleihungsurkunde § 59 Rdn. 2
- Widerruf § 59 Rdn. 12
- Zeitablauf § 59 Rdn. 11
- Zulegung § 59 Rdn. 7
- Zwangsversteigerung § 59 Rdn. 13

Berichtigung
- Grundbuch § 55 Rdn. 36 ff.
- Hypothek § 70 Rdn. 26, Rdn. 31
- Urkunde § 11 Rdn. 11 ff., Rdn. 19 ff.

Berichtigungsantrag
- Grundbuchberichtigung § 56 Rdn. 36

Berliner Testament § 107 Rdn. 3, Rdn. 5
- Erschwerung des Pflichtteilsverlangens der Kinder § 107 Rdn. 25 M ff.

Beschaffenheitsvereinbarung
- Grundstückskauf § 32 Rdn. 246 ff.

Beschäftigte des Notars
- Verpflichtung § 10 Rdn. 51

Bescheinigung
- des Notars § 144 Rdn. 60
- – – Gesellschaftsvertrag § 144 Rdn. 60, Rdn. 138 M
- im Handelsrecht § 4 Rdn. 11
- Vertretungsmacht § 15 Rdn. 33

Bescheinigung über die rechtsgeschäftliche Vertretungsmacht § 4 Rdn. 12

Beschlussfähigkeit
- WEG § 58 Rdn. 34 f.

Beschlussfassung der Erbengemeinschaft § 116 Rdn. 3

Beschlussmängelstreitigkeit
- Gesellschaftliche Schiedsvereinbarung § 129 Rdn. 27 ff.

Beschränkte persönliche Dienstbarkeit § 64 Rdn. 1, Rdn. 40 ff.
- Abtretung § 29 Rdn. 19
- Beteiligungsverhältnis § 64 Rdn. 40
- Eigentümerdienstbarkeit § 64 Rdn. 41
- juristische Person § 64 Rdn. 40
- rechtsfähige Personengesellschaft § 64 Rdn. 40
- Übertragung § 64 Rdn. 42, Rdn. 44 M
- Vererbung § 64 Rdn. 42
- Wohnungsrecht § 65 Rdn. 1 ff.

Beschwerde § 7 Rdn. 44 ff.
- Ablehnung der Erteilung einer Ausfertigung § 12 Rdn. 34
- gegen Notar § 7 Rdn. 10 f.
- – – Hinterlegung § 9 Rdn. 5
- in Grundbuchsachen § 7 Rdn. 44
- in Registersachen § 7 Rdn. 44
- Inhalt § 7 Rdn. 47 M
- Instanzenzug § 7 Rdn. 45
- nach Erinnerung § 7 Rdn. 49
- Voraussetzung § 7 Rdn. 46
- weitere § 7 Rdn. 44

Besichtigungsrecht
- Erbbaurecht § 57 Rdn. 7

Besitzkonstitut § 52 Rdn. 9 ff

Besitzübergang
- Erbbaurecht § 57 Rdn. 28

Besonderes elektronisches Notarpostfach, beN § 12a Rdn. 13 ff.
- Betrieb § 12a Rdn. 19 f.
- Einrichtung § 12a Rdn. 19 f.
- Übermittlung aus dem Postfach § 12a Rdn. 14 f.
- Zugang zum Postfach § 12a Rdn. 18
- Zustellung an das Postfach § 12a Rdn. 16 f.

Bestallungsurkunde § 6 Rdn. 40

Bestandteilszuschreibung
- Grundstück § 54 Rdn. 6, Rdn. 15, Rdn. 27 ff.
- – – Zuschreibungsantrag § 54 Rdn. 30 M
- Rechtswirkungen § 35 Rdn. 54

Bestätigung
- des Notars § 15 Rdn. 33

Bestattungskosten § 39 Rdn. 65 M

Bestehenbleibenserklärung
- Erbbauzins § 57 Rdn. 70 f.

Bestellvertrag
- Abgrenzung Verlagsvertrag § 48 Rdn. 54

Besteuerung
- Formwechsel § 156 Rdn. 11 ff.
- Genossenschaft § 157 Rdn. 67 ff.
- Spaltung § 155 Rdn. 21 ff.
- Verschmelzung § 154 Rdn. 27 ff.

Bestimmbarkeit
- Reallast § 66 Rdn. 7 ff.

Bestimmtheit
- Erbbauzins § 57 Rdn. 35

Beteiligte
- Angabe des Wohnorts § 6 Rdn. 24
- ausländische § 6 Rdn. 21
- Begriff § 5 Rdn. 3
- – – formeller § 5 Rdn. 3, Rdn. 6
- – – materieller § 5 Rdn. 4, Rdn. 14, Rdn. 25
- Berufsangabe § 6 Rdn. 24
- Bezeichnung bei Unterschriftsbeglaubigung § 15 Rdn. 12
- Bezeichnung in Urkunde § 6 Rdn. 24
- dingliche Einigung § 55 Rdn. 6, Rdn. 16 ff.
- Feststellung in Urkunde § 6 Rdn. 16 ff.
- – – Beweiswirkung § 6 Rdn. 16
- – – Geldwäschegesetz § 6 Rdn. 23
- fremdsprachig § 14 Rdn. 29 ff.
- Geburtstag § 6 Rdn. 24
- kranker § 6 Rdn. 28 M–Rdn. 29
- Prüfungspflicht § 6 Rdn. 16 ff.

Beteiligungsverhältnis
- beschränkte persönliche Dienstbarkeit § 64 Rdn. 40

Betreuung – Beurkundung

- Grunddienstbarkeit § 64 Rdn. 37
- Grundschuldgläubiger § 72 Rdn. 58 ff., Rdn. 64
- Nießbrauch § 63 Rdn. 23
- Betreuung § 96 Rdn. 2 ff.
  - Belehrungspflicht § 6 Rdn. 74
  - Bestellung § 96 Rdn. 4, Rdn. 9
  - Betreuungsverfügung § 96 Rdn. 18 ff.
  - Dauer § 96 Rdn. 8
  - der Beteiligten § 4 Rdn. 15
  - Einrichtung § 96 Rdn. 4
  - Einwilligungsvorbehalt § 96 Rdn. 10 ff.
  - – – Fehlen § 96 Rdn. 13
  - Erforderlichkeit § 96 Rdn. 5 ff.
  - Genehmigung des Betreuungsgerichts § 96 Rdn. 15
    - – – Katalog des § 1908i BGB § 96 Rdn. 15
  - Geschäftsfähigkeit § 96 Rdn. 3
  - Heimangestellte § 96 Rdn. 6
  - Identifizierungspflichten § 96 Rdn. 75
  - Nachweis der Vertretungsberechtigung § 6 Rdn. 40 f.
  - Rechtsentwicklung § 96 Rdn. 1
  - Stellung des Betreuers § 96 Rdn. 14 ff.
  - Überwachung des Bevollmächtigten § 96 Rdn. 71 ff.
  - Umfang § 96 Rdn. 7
  - Vorsorgevollmacht § 96 Rdn. 5; Rdn. 24 ff.
  - zentrales Vorsorgeregister § 96 Rdn. 78
  - Ziel des Betreuungsrechts § 96 Rdn. 1
- Betreuungsgerichtliche Genehmigung
  - Erbauseinandersetzungsvertrag § 97 Rdn. 52
  - FamFG § 97 Rdn. 1 ff.
  - Grundstücksgeschäfte § 97 Rdn. 47 ff.
    - – – Abteilung I § 97 Rdn. 47 ff.
    - – – Abteilung II § 97 Rdn. 53 ff.
    - – – Abteilung III § 97 Rdn. 55 ff.
    - – – Bekanntgabe § 97 Rdn. 19 ff.
    - – – Doppelvollmacht § 97 Rdn. 31 ff.
    - – – Doppelvollmacht, Eigenurkunde § 97 Rdn. 40 M
    - – – Fälligkeitsregelung § 97 Rdn. 45 M
    - – – Genehmigungsfrist § 97 Rdn. 38 M
    - – – Genehmigungsverfahren § 97 Rdn. 9 f.
    - – – Mitteilung § 97 Rdn. 28 ff.
    - – – Nachweis § 97 Rdn. 8
    - – – Rechtskrafteintritt § 97 Rdn. 14 ff.
    - – – Rechtskraftzeugnis § 97 Rdn. 14 ff.
    - – – Rechtsmittelverzicht § 97 Rdn. 26 f.
    - – – Vollzug § 97 Rdn. 46 M
- Betreuungstätigkeit
  - des Notars § 8 Rdn. 2
  - Sonstige § 8 Rdn. 2
  - Verwahrungsgeschäfte § 9 Rdn. 1 ff.
  - Vorlagebestätigung § 72 Rdn. 70
- Betreuungsunterhalt § 92 Rdn. 5, Rdn. 56

- Betreuungsverfügung § 24 Rdn. 119 M; § 96 Rdn. 23 M
  - Abgrenzung zur Vorsorgevollmacht § 96 Rdn. 22
  - Anwendbarkeit des Art. 15 ESÜ § 96 Rdn. 162 ff.
  - Inhalt § 96 Rdn. 18 ff.
  - medizinische Versorgung § 96 Rdn. 21
- Betreuungsverpflichtung § 6 Rdn. 123, Rdn. 129
  - Belehrung aus § 6 Rdn. 61
- Betrieb
  - Abgrenzung gemischter Betrieb zum Hof § 36 Rdn. 177
- Betriebsaufgabe
  - Personengesellschaft § 131 Rdn. 95 ff.
- Betriebsmittelkredit § 67 Rdn. 8
- Betriebspachtvertrag § 152 Rdn. 3
- Betriebsrat
  - Verschmelzungsvertrag § 154 Rdn. 4
- Betriebsüberlassungsvertrag § 42 Rdn. 3; § 152 Rdn. 3
- Betriebsveräußerung
  - Personengesellschaft § 131 Rdn. 93 f.
- Betriebsvermögen
  - Erbschaftsteuer § 98 Rdn. 14 ff.
  - FGB-Gütersteuer § 88 Rdn. 9
- Beurkundung
  - Abbildungen § 13 Rdn. 74 ff.
  - Änderungen in übergebener Schrift § 13 Rdn. 71 M, Rdn. 73 M
  - Änderungen während Beurkundung § 13 Rdn. 110 ff.
  - Angabe des beurkundenden Notars § 13 Rdn. 19 ff.
  - Anlage § 13 Rdn. 74 ff.
    - – – Unternehmensvertrag § 13 Rdn. 86
  - auf hoher See § 4 Rdn. 4
  - Aufteilungsplan (Teilungserklärung nach WEG) § 13 Rdn. 81 M
  - Ausländer § 104 Rdn. 15 ff.
    - – – Testament § 104 Rdn. 15 ff.
  - Auslandsbezug § 26 Rdn. 45 ff.
    - – – Anwendung ausländischen Rechts § 26 Rdn. 45 ff.
    - – – Belehrungspflichten § 26 Rdn. 45 ff.
    - – – Hinzuziehung eines Dolmetschers § 26 Rdn. 13 M
    - – – Übersetzung, schriftliche § 26 Rdn. 12
    - – – Verfahrensablauf § 26 Rdn. 10
  - Befugnis § 5 Rdn. 1 ff.
    - – – ausländischer Notare § 26 Rdn. 50
    - – – Vollmacht an Notar § 5 Rdn. 14 f.
  - beizufügende Unterlagen § 13 Rdn. 29 ff.
  - Bescheinigung nach § 21 BNotO § 15 Rdn. 35 ff.
  - Bestandsverzeichnis § 13 Rdn. 115
  - Bewilligung § 55 Rdn. 11
  - Bezeichnung der Beteiligten § 13 Rdn. 27
    - – – Berufsangabe § 13 Rdn. 68
  - Bilanz § 13 Rdn. 115
  - deutsche Sprache § 26 Rdn. 6

- Dolmetscher § 14 Rdn. 32 ff.; § 26 Rdn. 1 ff.
  - – – Testament § 14 Rdn. 35 ff.; § 104 Rdn. 20 ff.
  - – – Vereidigung § 14 Rdn. 33
  - Dolmetscher und Vereidigungsformel § 104 Rdn. 19 M
  - durch Amtsgericht § 3 Rdn. 8
  - durch das Ortsgericht § 3 Rdn. 22
  - durch den Ratsschreiber § 3 Rdn. 23
  - durch Konsul § 3 Rdn. 4
  - EDV § 13 Rdn. 110 ff.
  - Eid § 13 Rdn. 7
  - eidesstattliche Versicherungen § 13 Rdn. 7
  - einfache Erklärungen, §§ 36 ff. BeurkG § 16 Rdn. 20
  - einfache Niederschriften § 15 Rdn. 1 ff.
  - eingeschränkte Vorlesungspflicht § 13 Rdn. 115
  - fehlender Hinweis auf Belehrung § 6 Rdn. 70
  - Feststellung der Beteiligten § 6 Rdn. 16
  - Flugzeug § 4 Rdn. 5
  - freiwillige Versteigerung § 18 Rdn. 9 ff.; § 38 Rdn. 4
  - Fremdsprache § 26 Rdn. 1 ff.; § 104 Rdn. 22 M
    - – – schriftliche Übersetzung § 104 Rdn. 22 M
    - – – Testament § 104 Rdn. 20 ff.
  - Gegenstand der Beurkundung § 4 Rdn. 10
  - Genehmigung der Beteiligten § 13 Rdn. 126 ff.
  - Grundbuchinhalt § 6 Rdn. 6 ff.
  - Haftung des mündlich Bevollmächtigten § 13 Rdn. 44
  - Hauptversammlungsbeschlüsse § 13 Rdn. 4 ff.
  - im Ausland § 4 Rdn. 17
  - in ausländischer Botschaft § 4 Rdn. 6
  - in deutscher Botschaft § 4 Rdn. 17
  - in deutscher Sprache § 14 Rdn. 28
  - in fremder Sprache § 14 Rdn. 28, Rdn. 29 f.
  - Inventarliste § 13 Rdn. 115
  - Karten § 13 Rdn. 74 ff.
    - – – Vorlage zur Durchsicht § 13 Rdn. 77
  - kein Vorlesen § 13 Rdn. 115 ff.
  - konsularischer Akt § 26 Rdn. 50
  - Lageplan (Teilflächenverkauf) § 13 Rdn. 80 M
  - mehrere Tage § 13 Rdn. 16 M
  - mehrerer Niederschriften § 13 Rdn. 112
  - Minderjährige § 6 Rdn. 32 ff.
  - mit Ausländer § 14 Rdn. 30 ff.
  - mit Auslandsberührung § 4 Rdn. 19
  - mit Dolmetscher und Vereidigungsformel § 14 Rdn. 38 M
  - mit Dolmetscher unter Verzicht auf Vereidigung § 14 Rdn. 37 M
  - mit Eltern § 13 Rdn. 60 M, Rdn. 62 M
  - mit Insolvenzverwalter § 13 Rdn. 65 M

- mit Testamentsvollstrecker § 13 Rdn. 64 M
- mit vereidigtem Dolmetscher § 14 Rdn. 36 M
- mit vereidigtem Dolmetscher und schriftlicher Übersetzung § 14 Rdn. 39 M
- Mitwirkungsverbot des Dolmetschers § 14 Rdn. 32
- Mitwirkungsverbote § 5 Rdn. 24 ff.
- Nachlassverzeichnis § 13 Rdn. 115
- ohne Grundbucheinsicht § 6 Rdn. 6, Rdn. 8 M; § 32 Rdn. 34 M
- Ort, Tag § 13 Rdn. 14 ff.
- Pflichten des Notars § 6 Rdn. 1 ff.
- Prüfung der Geschäftsfähigkeit § 6 Rdn. 29 ff.
- Prüfung der Verfügungsbefugnis § 6 Rdn. 55 ff.
- Prüfung der Vertretungsmacht § 6 Rdn. 39 ff.
- Sammelbeurkundung § 13 Rdn. 112
- Schlussvermerk § 13 Rdn. 109 ff.
- sonstige § 3 Rdn. 2; § 15 Rdn. 1 ff.
- Sonstige Ausführung § 8 Rdn. 2
- Sonstige Vorbereitung § 8 Rdn. 2
- Tatsachen § 13 Rdn. 4 ff.
- Tatsachen/Vorgänge § 15 Rdn. 6 ff.
- Treuhand § 53 Rdn. 14, Rdn. 19
- Übergabe einer Schrift § 13 Rdn. 69 ff.
- Übersetzung § 14 Rdn. 30 f.; § 26 Rdn. 1 ff.
- Übersetzung durch Dolmetscher § 26 Rdn. 11; § 104 Rdn. 15 ff.
- Übersetzung in fremde Sprache § 14 Rdn. 31
- Umfang § 13 Rdn. 82
- Unterschrift der Beteiligten § 13 Rdn. 128 ff.
- Unterschrift des Notars § 13 Rdn. 138 ff.
- Unterzeichnung der Karten § 13 Rdn. 76 ff.
- Unwirksamkeit § 5 Rdn. 2
  - – Ausschließungsgründe § 5 Rdn. 2
- Verbotsgründe § 5 Rdn. 24 ff.
- Verfahren § 1 Rdn. 2
- Vertreter der GmbH § 13 Rdn. 48 M–Rdn. 49 M
- Vertreter der GmbH & Co. KG § 13 Rdn. 51 M
- Vertreter der GmbH i.G. § 13 Rdn. 53 M
- Vertreter der OHG § 13 Rdn. 55 M
- Vertreter mit beglaubigter Vollmacht § 13 Rdn. 41 M
- Vertreter mit beurkundeter Vollmacht § 13 Rdn. 39 M–Rdn. 40 M
- Vertreter mit mündlicher Vollmacht § 13 Rdn. 43 M
- Vertreter mit privatschriftlicher Vollmacht § 13 Rdn. 42 M
- Vertreter ohne Vertretungsmacht § 13 Rdn. 45 M
- Vertretung durch ein Elternteil § 13 Rdn. 58 M, Rdn. 60 M
- Vertretung durch Eltern § 13 Rdn. 56 M
- Vertretung durch Ergänzungspfleger § 13 Rdn. 63 M
- Vertretungsbefugnis § 13 Rdn. 28 ff.
- Vertretungsmacht § 13 Rdn. 34
  - – Prüfungspflicht des Grundbuchamtes § 13 Rdn. 34
- Verweisung § 13 Rdn. 69, Rdn. 74 ff., Rdn. 83 ff., Rdn. 91 ff.
- Verzeichnis § 13 Rdn. 115
- von Tatsachen § 4 Rdn. 10, Rdn. 18
- von Vorgängen § 13 Rdn. 4 ff.
- Vorlesen § 13 Rdn. 109 ff.
  - – Sprachautomat/Bildübertragung § 13 Rdn. 114
- Vorlesen von Text auf Plänen § 13 Rdn. 78
- vorzulesendes Schriftstück § 13 Rdn. 110 ff.
- Willenserklärungen § 3 Rdn. 2; § 13 Rdn. 2
- Zeichnungen § 13 Rdn. 74 ff.
- Zeitform, üblich Imperfekt § 13 Rdn. 66 ff.
- zusätzliche Erklärungen bei Grundpfandrecht § 13 Rdn. 115
- zweisprachige § 26 Rdn. 7
  - – Zusatz § 26 Rdn. 8 M

Beurkundungsgesetz § 3 Rdn. 1

Bevollmächtigter
- Prüfung der Vertretungsmacht § 6 Rdn. 46

Bewegliche Sache
- Nießbrauch § 63 Rdn. 2
- Verpfändung § 78 Rdn. 1 ff.

Beweisfunktion
- notarielle Beurkundung § 32 Rdn. 1
  - – Grundstückskauf § 32 Rdn. 1

Beweiskraft der Urkunde § 6 Rdn. 16

Beweislast
- Beweislastumkehr § 33 Rdn. 73
- Bauträgervertrag § 33 Rdn. 73
- vollstreckbare Urkunde § 19 Rdn. 5

Übernahmebestätigung bei Leasingvertrag § 43 Rdn. 29

Bewilligung § 55 Rdn. 10 ff.
- Auflassung § 56 Rdn. 21
- ausländische Urkunde § 55 Rdn. 13
- Berechtigter § 55 Rdn. 20 ff.
- bergrechtliche § 59 Rdn. 1
- Berichtigungsbewilligung § 55 Rdn. 40 M
- Bezugnahme § 55 Rdn. 10
- Eigentumsübergang § 56 Rdn. 21
- Eigenurkunde des Notars § 55 Rdn. 11
- Form § 55 Rdn. 11 ff.
- Gemeinschaftsverhältnis § 55 Rdn. 22
- Löschung eines Altenteils § 55 Rdn. 53 M
- löschungsfähige Quittung § 55 Rdn. 44
- öffentliche Urkunde § 55 Rdn. 12
- Rang § 55 Rdn. 23 ff.
- Rangvorbehalt § 55 Rdn. 28 ff.
- Recht auf Lebenszeit des Berechtigten § 55 Rdn. 46
- Vorlöschklausel § 55 Rdn. 46
- Vormerkung § 61 Rdn. 1, Rdn. 16 ff.

Bezeichnungsgrundsatz
- Zwangsvollstreckungsunterwerfung § 19 Rdn. 75 ff.

Bezirksnotar § 1 Rdn. 5

Bezogener
- Wechselprotest § 17 Rdn. 25 M, Rdn. 51 M ff.

Bezugnahme § 6 Rdn. 148

Bezugnahme auf andere Urkunde § 13 Rdn. 85, Rdn. 88 M

Bezugsrechtsübertragung
- Kapitalerhöhung bei GmbH § 144 Rdn. 119

BGB-Gesellschaft siehe auch GbR
- Beurkundungskosten § 32 Rdn. 70
- Grundbuchfähigkeit § 32 Rdn. 59 f.
- Grundstücksveräußerung § 32 Rdn. 61
- Neuerrichtung § 32 Rdn. 68 f.
- Rechtsfähigkeit § 32 Rdn. 59 f.
- Vollmacht § 32 Rdn. 73

Bierbezugsverpflichtung § 31 Rdn. 62 ff.

Bierdienstbarkeit
- Zwangsvollstreckungsunterwerfung § 19 Rdn. 63 M

Bierlieferungsvertrag
- Dienstbarkeit § 64 Rdn. 21, Rdn. 58 M

Bilanz
- GmbH § 144 Rdn. 148
  - – Kapitalerhöhung aus Gesellschaftsmitteln § 144 Rdn. 148
- Immobilienleasing § 44 Rdn. 4
- Unternehmenskauf § 31 Rdn. 20 ff., Rdn. 27 ff.

Bindung
- dinglicher Vertrag § 55 Rdn. 2 ff.
- Einigung § 55 Rdn. 2 ff.
- Erbvertrag § 108 Rdn. 5

Binnenschiffsregister § 124 Rdn. 1

Blankounterschrift
- Unterschriftsbeglaubigung § 15 Rdn. 20, Rdn. 26 M

Blinder (sehbehinderter) Beteiligter § 14 Rdn. 5, Rdn. 18 M

Blinder Beteiligter
- Testament § 104 Rdn. 1 ff.
  - – Schreibfähigkeit § 104 Rdn. 2 M
  - – Schreibunfähigkeit § 104 Rdn. 3 M
- Unterschriftsbeglaubigung § 15 Rdn. 15, Rdn. 24 M

BNotK § 2 Rdn. 16
- elektronisches Urkundenarchiv § 12 Rdn. 1 ff.
- Empfehlung § 129 Rdn. 34 M ff.
  - – Schiedsvereinbarung § 129 Rdn. 34 M ff.
- Erläuterung § 129 Rdn. 34 M ff.
  - – Schiedsvereinbarungsempfehlung § 129 Rdn. 34 M ff.
- Urkundenarchiv § 12a Rdn. 10
  - – Aufgaben § 12a Rdn. 10
- Zentrales Testamentsregister, ZTR § 12a Rdn. 84 f.
- Zentrales Vorsorgeregister, ZVR § 12a Rdn. 77 ff.; § 96 Rdn. 77

Bodenneuordnung § 56 Rdn. 44

Bodenschätze
- Bergwerkseigentum § 59 Rdn. 2

Bodensonderungsgesetz § 56 Rdn. 44

Book-building-Verfahren
- ARUG § 149 Rdn. 156

Bootsbetrieb
- Pachtvertrag § 42 Rdn. 18

Bote des Notars § 7 Rdn. 50

BRD-Erbrecht – Dienstbarkeit

BRD-Erbrecht § 99 Rdn. 1
Brief
- Grundschuld § 72 Rdn. 37 ff.
Briefgrundschuld
- Abtretung § 74 Rdn. 19 ff.
- Umwandlung in Buchgrundschuld § 75 Rdn. 5 ff.
Briefrecht
- Aufgebotsverfahren § 68 Rdn. 5
- Kraftloserklärung § 68 Rdn. 5
- Rangänderung § 73 Rdn. 26, Rdn. 28
- Verzicht auf Vorlage § 68 Rdn. 23
Briefvorlage
- Grundpfandrecht § 68 Rdn. 23
- Rangänderung § 73 Rdn. 26, Rdn. 28
- Teilgrundschuldbrief § 73 Rdn. 36
Briefwahl
- Hauptversammlung § 149 Rdn. 44 M
Bringschuld
- Leasingvertrag § 43 Rdn. 55
Britische Handelsgesellschaft
- Nachweis der Vertretungsmacht § 6 Rdn. 53
Bruchteilsgemeinschaft
- Nießbrauch § 63 Rdn. 23
- Umwandlung § 153 Rdn. 12
Brutto-Nießbrauch § 63 Rdn. 18 f.
Bücher des Notars § 10 Rdn. 7 ff.
Buchführung
- OHG § 131 Rdn. 18
Buchgrundschuld
- Abtretung § 74 Rdn. 28 ff.
- Umwandlung in Briefgrundschuld § 75 Rdn. 5 ff.
Buchung
- Grundstück § 54 Rdn. 17 M
- Miteigentumsanteil § 54 Rdn. 18 ff.
Bühnenverlagsvertrag § 48 Rdn. 42
Bundesberggesetz § 59 Rdn. 1
Bundesjagdgesetz § 42 Rdn. 7, Rdn. 46
Bundesnaturschutzgesetz § 6 Rdn. 115
Bundesnotarkammer siehe BNotK
Bundesnotarordnung § 1 Rdn. 8; § 2 Rdn. 1 ff.; § 4 Rdn. 16
Bürgermeistertestament § 106 Rdn. 2
Bürgerstiftung § 123 Rdn. 48 f., Rdn. 131 M
Bürgschaft § 51 Rdn. 1 ff.
- Abgrenzung zum Garantievertrag § 51 Rdn. 19
- Akzessorietät § 51 Rdn. 2
- Arten § 51 Rdn. 7 ff.
- auf erstes Anfordern § 51 Rdn. 11
- Ausfallbürgschaft § 51 Rdn. 8, Rdn. 17 M
- Begriff § 51 Rdn. 1
- Bestimmbarkeit der verbürgten Ansprüche § 51 Rdn. 5
- Briefform § 51 Rdn. 15 M
- Ehegattenbürgschaft § 51 Rdn. 6
- Einrede der Vorausklage § 51 Rdn. 7
- Form § 51 Rdn. 4
- Gewährleistungsbürgschaft nach VOB/B § 51 Rdn. 12 f.
- Grundstückskauf § 32 Rdn. 146 M
- Klauselkontrolle § 51 Rdn. 5
- Leasingvertrag § 43 Rdn. 77 M
- nach der Makler- und Bauträgerverordnung § 33 Rdn. 107 M
- Nachbürgschaft § 51 Rdn. 10

- nahestehende Personen § 51 Rdn. 6
- Prozessbürgschaft § 51 Rdn. 11
- Rückbürgschaft § 51 Rdn. 9
- selbstschuldnerische § 51 Rdn. 7
- Telegramm § 51 Rdn. 14
- Unwirksamkeit § 51 Rdn. 6
- VOB/B § 51 Rdn. 12–Rdn. 13 M
- Vollstreckungsunterwerfung § 51 Rdn. 16 M
Bürogemeinschaft
- GbR § 130 Rdn. 69 ff.

Carport § 58 Rdn. 7
Caveat emptor
- Unternehmenskauf § 31 Rdn. 11
CD-ROM
- Verwahrung § 15 Rdn. 54
Closing
- Unternehmenskauf § 31 Rdn. 17
Computerprogramm
- Schutzfähigkeit § 49 Rdn. 2
Corporate Governance
- Stiftung § 123 Rdn. 27 ff.

D&O-Versicherung
- Vorstand § 147 Rdn. 5 M
- – AG § 147 Rdn. 5 M
Dachterrasse § 58 Rdn. 7
Dänische Handelsgesellschaft
- Nachweis der Vertretungsmacht § 6 Rdn. 53
Darlehen § 50 Rdn. 3 ff.
- Abgrenzung zur stillen Gesellschaft § 141 Rdn. 3
- Gelddarlehen § 50 Rdn. 5
- Immobiliar-Verbraucherdarlehensvertrag § 50 Rdn. 22
- Kündigung § 50 Rdn. 6
- notariell beurkundet § 50 Rdn. 23
- OHG § 132 Rdn. 14
- Sachdarlehen § 50 Rdn. 3 f.
- Verbraucherdarlehen § 50 Rdn. 8 ff.
- Vermittlung durch Makler § 47 Rdn. 51 f.
- Vorsorgevollmacht § 96 Rdn. 32
Datschen-Regelung § 42 Rdn. 6
Dauer
- Patentschutz § 49 Rdn. 24
Dauernde Last
- Testament § 111 Rdn. 11 M
Dauernutzungsrecht § 58 Rdn. 68
Dauerschuldverhältnisse
- Unternehmenskauf § 31 Rdn. 34 ff.
Dauerwohnrecht § 58 Rdn. 68 ff., Rdn. 76 M
- Abgeschlossenheit § 58 Rdn. 73
- Aufteilungsplan § 58 Rdn. 73
- Berechtigter § 58 Rdn. 72
- Form § 58 Rdn. 71
- Inhalt § 58 Rdn. 74
- Verpfändung § 58 Rdn. 70
- Wesen § 58 Rdn. 68
- Zustimmungserfordernis § 58 Rdn. 19
- Zwangsversteigerung § 58 Rdn. 72
DDR
- Annahme als Kind § 93 Rdn. 59
- Erbrecht § 99 Rdn. 2, Rdn. 6
- Grundpfandrechte § 70 Rdn. 33 f.
- Immobilienbegriff § 99 Rdn. 3
Design
- Anmeldung § 49 Rdn. 123 ff.
- Eigenart § 49 Rdn. 121
- Eintragung § 49 Rdn. 127

- Inhalt § 49 Rdn. 118
- Lizenz § 49 Rdn. 130
- Neuheit § 49 Rdn. 120
- Neuheitsschonfrist § 49 Rdn. 121 f.
- Nichtigkeitsverfahren § 49 Rdn. 132
- Rechtsgrundlagen § 49 Rdn. 118
- Schutz § 49 Rdn. 123
- Schutzdauer § 49 Rdn. 128
- Übertragung § 49 Rdn. 130
- Veröffentlichung § 49 Rdn. 126
- Wirkung § 49 Rdn. 129
Deutscher Vergabe- und Vertragsausschuss für Bauleistungen (DVA)
- VOB § 46 Rdn. 36
Deutsch-französischer Wahlgüterstand § 81 Rdn. 17 ff.; § 84 Rdn. 11 f.
Dienstaufsichtsbeschwerde § 7 Rdn. 44
Dienstausweis § 6 Rdn. 18 f.
Dienstbarkeit § 64 Rdn. 1 ff.
- Abstandsfläche § 64 Rdn. 18 ff.
- Arten § 64 Rdn. 1
- Ausschließlichkeitsbindung § 64 Rdn. 22 M, Rdn. 59
- Ausschluss eines Eigentümerrechts § 64 Rdn. 16 ff.
- Ausübungsbedingung § 64 Rdn. 49 ff.
- Baubeschränkung (Einfamilienhaus) § 64 Rdn. 12 M
- Beendigung eines Erbbaurechts § 57 Rdn. 16
- Beitrittsgebiet § 64 Rdn. 61
- Belastungsgegenstand § 64 Rdn. 30 ff.
- – Erbbaurecht § 64 Rdn. 34
- – Miteigentumsanteil § 64 Rdn. 32
- – Sondernutzungsrecht § 64 Rdn. 33
- Benutzung einer Hauswand § 64 Rdn. 8 M
- Benutzungsbeschränkung § 64 Rdn. 13 M
- Berechtigter § 64 Rdn. 1, Rdn. 35 ff.
- beschränkte persönliche Dienstbarkeit § 64 Rdn. 1
- Bestellung § 64 Rdn. 46 ff.
- – dinglich § 64 Rdn. 46 ff.
- – schuldrechtlich § 64 Rdn. 53 ff.
- Bestimmtheitsgrundsatz § 64 Rdn. 47
- Bestimmung durch Dritten § 64 Rdn. 48
- Bierlieferungsvertrag § 64 Rdn. 21, Rdn. 58 M
- Feriengrundstück § 64 Rdn. 5
- Fernwärmedienstbarkeit § 64 Rdn. 25 ff.
- Form § 64 Rdn. 46
- Fremdverkehrsdienstbarkeit § 64 Rdn. 14 ff.
- Geh- und Fahrtrecht § 64 Rdn. 1
- Gesamtdienstbarkeit § 64 Rdn. 30
- Gleisbenutzungsrecht mit Ausübungsbedingung § 64 Rdn. 50 M
- Grundbucheintragung § 64 Rdn. 52
- Grunddienstbarkeit § 64 Rdn. 1
- herrschend Erbbaurecht § 57 Rdn. 17 M
- Immission § 64 Rdn. 17 M
- Inhalt § 64 Rdn. 2 ff.

3207

- Kiesentnahmerecht § 64 Rdn. 10 M
- Konkurrenzverbot § 64 Rdn. 21
- Leitungsrecht § 64 Rdn. 9 M
- Löschung an einer Teilfläche § 35 Rdn. 56
- Mitbenutzung § 64 Rdn. 5
- Nießbrauch § 63 Rdn. 1
- Nutzung in einzelnen Beziehungen § 64 Rdn. 3 ff.
- Primär-Dienstbarkeit § 64 Rdn. 54 ff.
- Restfläche beim Erbbaurecht § 57 Rdn. 10 M
- Rückstände § 55 Rdn. 52
- Sicherungsdienstbarkeit § 64 Rdn. 21, Rdn. 24 M, Rdn. 26 M, Rdn. 56 ff.
- Tankstellendienstbarkeit § 64 Rdn. 23 ff.
- Teilfläche § 64 Rdn. 30 ff.
- Unterlassungsdienstbarkeit § 64 Rdn. 13 M
- Verbotsdienstbarkeit § 64 Rdn. 11
- Verpflichtung zu positivem Tun § 64 Rdn. 20
- Versorgungsleitungsrecht § 64 Rdn. 38 M
- Vertriebsbindung § 64 Rdn. 21
- Wege- und Versorgungsleitungsrecht für Anlieger § 64 Rdn. 38 M
- Wegerecht § 64 Rdn. 9 M
- Wohnungsbesetzungsrecht § 64 Rdn. 27 ff.
- Zwangsversteigerung § 64 Rdn. 51

Dienstleistung
- Abtretung § 29 Rdn. 19
- Schenkung § 40 Rdn. 3

Dienstvertrag
- Vollmacht § 24 Rdn. 1

Dingliche Ansprüche
- Zwangsvollstreckungsunterwerfung § 19 Rdn. 56 ff., Rdn. 62 ff.

Dingliche Rechtsgeschäfte
- Formstatut § 26 Rdn. 63 ff.

Dinglicher Vertrag § 55 Rdn. 1 ff.

Dingliches Vorkaufsrecht § 62 Rdn. 3 ff.

Diskrepanzehe § 85 Rdn. 1, Rdn. 4

Dokumentation zur Einhaltung von Mitwirkungsverboten § 10 Rdn. 40

Dolmetscher § 26 Rdn. 1 ff.
- Auswahl § 14 Rdn. 32
- Beurkundung § 14 Rdn. 32 ff.
- Beurkundung von Testamenten § 14 Rdn. 35 ff.
- Eid § 16 Rdn. 1, Rdn. 3, Rdn. 5 M
- Eidesformel § 14 Rdn. 38 M
- Gebärdendolmetscher § 14 Rdn. 9 ff.
- Mitwirkungsverbot § 14 Rdn. 32
- Vereidigung § 4 Rdn. 14; § 26 Rdn. 11; § 104 Rdn. 17 ff.

Domizilwechsel § 17 Rdn. 2

DONot
- amtliche Muster § 10 Rdn. 6
- Bestimmungen über die Unterlagen § 10 Rdn. 1 f.

Doppelname
- Ehegatten § 80 Rdn. 1, Rdn. 12 M
- Kind § 80 Rdn. 3

Doppelpfändung § 9 Rdn. 5

Doppelsitz § 146 Rdn. 7

Doppelstiftung § 123 Rdn. 49 ff.

Doppelstockgarage § 58 Rdn. 10

Doppelvollmacht an Notar § 5 Rdn. 6, Rdn. 14

Drei-Konten-Modell
- KG § 137 Rdn. 20

Drei-Zeugen-Testament § 106 Rdn. 3

Drittbeteiligungsgesetz
- AG § 146 Rdn. 2
- Genossenschaft § 157 Rdn. 21

Drittverweisungsklausel § 43 Rdn. 40 ff., Rdn. 44

Due Diligence
- Unternehmenskauf § 31 Rdn. 11

Duldungsansprüche
- Zwangsvollstreckungsunterwerfung § 19 Rdn. 67 ff.

Duldungsauflage
- Grunderwerbsteuer § 39 Rdn. 17

Duldungserklärung des Verpfänders
- Zwangsvollstreckungsunterwerfung § 19 Rdn. 68 M

Duplex-Garage § 58 Rdn. 10

Durchfahrtsrecht
- Zwangsvollstreckungsunterwerfung § 19 Rdn. 65 M

Düsseldorfer Tabelle
- Kindesunterhalt § 90 Rdn. 34

Dynamisierter Vollstreckungstitel
- Ehegattenunterhalt § 90 Rdn. 37, Rdn. 44 M
- Kindesunterhalt § 90 Rdn. 37, Rdn. 44 M

Echtheitszeugnis § 15 Rdn. 31 ff.

EDV-Programme
- Führung der Unterlagen des Notars § 10 Rdn. 4

Ehe- und Erbvertrag § 86 Rdn. 15
- amtliche Verwahrung § 108 Rdn. 15

Ehebedingte Zuwendung § 39 Rdn. 31 M
- Altersvorsorge § 39 Rdn. 27
- Anrechnung § 83 Rdn. 35 ff.
- Ausschluss der Rückforderung im Ehevertrag § 83 Rdn. 29 M
- Befreiung von Grunderwerbsteuer § 39 Rdn. 30
- Befreiung von Schenkungsteuer § 39 Rdn. 29
- Begriff § 39 Rdn. 23
- Berücksichtigung der Wertsteigerung § 83 Rdn. 38 ff.
- Gütertrennung § 39 Rdn. 25
- Haftungsgründe § 39 Rdn. 27
- Immobilie soll Privatvermögen sein § 39 Rdn. 27
- reine Verschiebung der Eigentumsverhältnisse § 83 Rdn. 41 M
- Rückforderung § 83 Rdn. 27 ff.
- Rückforderungsklausel § 39 Rdn. 36 M; § 83 Rdn. 32 M
- – Hinweispflicht des Notars § 39 Rdn. 33
- Verwendungen des Interims-Eigentümers § 39 Rdn. 33
- Verwendungsersatz bei Rückforderung § 83 Rdn. 31
- Wegfall der Geschäftsgrundlage § 39 Rdn. 32
- Wesen § 83 Rdn. 27
- Zugewinnausgleich § 39 Rdn. 37
- Zugewinngemeinschaft § 39 Rdn. 26

Ehegatte des Notars § 5 Rdn. 6 ff., Rdn. 9, Rdn. 12, Rdn. 14

Ehegattengesellschaft
- GbR § 39 Rdn. 23; § 130 Rdn. 126 ff.
- Innengesellschaft § 39 Rdn. 23

Ehegattenhof § 36 Rdn. 186 ff.
- Hofaufhebung § 36 Rdn. 198 M
- Hofeinführung § 36 Rdn. 197 M

Ehegattentestament
- eigenhändiges § 105 Rdn. 14 ff.

Ehegattenunterhalt § 90 Rdn. 1
- Abfindung durch Leibrente (Schuldumschaffung) § 90 Rdn. 18 M
- Aufstockungsunterhalt § 90 Rdn. 1
- Auslandsberührung § 90 Rdn. 23 ff.
- DDR-Bürger § 90 Rdn. 26 ff.
- dynamisierter Vollstreckungstitel § 90 Rdn. 37, Rdn. 44 M
- Erlöschen § 90 Rdn. 1
- Kapitalabfindung § 90 Rdn. 17 M
- Maß § 90 Rdn. 1
- Modifizierung des gesetzlichen Unterhalts § 90 Rdn. 19 ff.
- Scheidungsvereinbarung § 90 Rdn. 13 M
- Tod des Verpflichteten § 90 Rdn. 1
- Umfang § 90 Rdn. 1
- Unterhaltsrente nach Beamtengehalt § 90 Rdn. 14 M
- Unterhaltsvereinbarung § 90 Rdn. 20 M
- – Abgrenzung zum Leibrentenvertrag § 90 Rdn. 20 M
- – Änderung der Verhältnisse § 90 Rdn. 5
- – Änderungen § 90 Rdn. 45
- – Angemessenheit § 90 Rdn. 8
- – Auslandsberührung § 90 Rdn. 25 M
- – Ausschluss Abänderungsgründe § 90 Rdn. 6
- – Beratungshinweis § 90 Rdn. 4
- – DDR-Bürger § 90 Rdn. 26 ff.
- – Einkommensteuer § 90 Rdn. 11, Rdn. 13 M
- – Feststellung zum Trennungsunterhalt § 90 Rdn. 10 M
- – Form § 90 Rdn. 2
- – Gestaltung im Hinblick auf spätere Anpassung § 90 Rdn. 12
- – Getrenntlebensunterhalt § 90 Rdn. 2, Rdn. 8
- – günstige Regelung für kinderbetreuenden Ehegatten § 90 Rdn. 22 M
- – Inhalts- und Ausübungskontrolle § 90 Rdn. 12
- – Leibrentenvertrag § 90 Rdn. 4
- – nach der Scheidung § 90 Rdn. 2
- – selbständiges Rentenstammrecht § 90 Rdn. 4
- – steuerliches Realsplitting § 90 Rdn. 11, Rdn. 13 M
- – Verzicht auf Trennungsunterhalt § 90 Rdn. 8
- – Vollstreckbarkeit § 90 Rdn. 7
- – Wirksamkeits- und Inhaltskontrolle § 90 Rdn. 8
- Unterhaltsverzicht § 90 Rdn. 13 M
- – Getrenntlebensunterhalt § 90 Rdn. 13 M
- – Scheidungsfolgenvereinbarung § 90 Rdn. 9

- Vertrag über Ausbildungsunterhalt mit Sicherheitsleistung § 90 Rdn. 15 M
- Wiederaufleben § 90 Rdn. 1
- Zahlungsform § 90 Rdn. 1, Rdn. 16 ff.
- Zwangsvollstreckungsunterwerfung § 90 Rdn. 44 M

Ehegattenverfügungsvollmacht § 24 Rdn. 94 M

Ehename § 80 Rdn. 1
- »neue Bundesländer« § 80 Rdn. 8 ff., Rdn. 17
- Änderung durch Witwer § 80 Rdn. 14, Rdn. 22 M–Rdn. 23 M
- Änderung nach Scheidung § 80 Rdn. 14, Rdn. 20 M–Rdn. 21 M
- Begleitname § 80 Rdn. 2
- Bestimmung bei Eheschließung § 80 Rdn. 1, Rdn. 11 M
- Bestimmung des Ehenamens § 80 Rdn. 11 M
- Doppelname eines Ehegatten § 80 Rdn. 2, Rdn. 12 M
- Familienbuch § 80 Rdn. 6
- gemischtnationale Ehegatten § 80 Rdn. 5
- Name des geschiedenen Ehegatten § 80 Rdn. 14 ff.
- Name des Kindes § 80 Rdn. 3 ff.
- Name des verwitweten Ehegatten § 80 Rdn. 14 ff.
- Vereinbarung über Ablegung des Ehenamens nach Scheidung § 80 Rdn. 24 M
- Verpflichtung zur Änderung nach Scheidung § 80 Rdn. 18, Rdn. 24 M
- Voranstellung des Geburtsnamens § 80 Rdn. 12 M
- Wirksamkeit von Erklärungen § 80 Rdn. 6
- Zuständigkeit § 80 Rdn. 6

Ehevertrag
- Anfechtung § 84 Rdn. 6
- Angehöriger eines Staates islamischen Rechts § 84 Rdn. 13, Rdn. 26 ff.
- Aufhebung der Gütergemeinschaft § 86 Rdn. 30 M
- Aufhebung der Zustimmungsbedürftigkeit § 1365 BGB § 82 Rdn. 31 ff.
- Aufnahme einer Erwerbstätigkeit § 85 Rdn. 6
- Ausländerbeteiligung § 84 Rdn. 10
- Ausschluss der Anrechnung von Zuwendungen § 83 Rdn. 34 M
- Ausschluss der Rückforderung von Zuwendungen unter Ehegatten § 83 Rdn. 29 M
- Ausschluss eines Gesellschaftsanteils vom Zugewinn § 83 Rdn. 43 ff.
- Beratungspflicht des Notars § 85 Rdn. 1 ff.
- deutsch-französischer Wahlgüterstand § 84 Rdn. 11 f.
- Diskrepanzehe § 85 Rdn. 1, Rdn. 4
- Einschränkung der Zustimmungsbedürftigkeit n. § 1369 BGB § 82 Rdn. 45
- Einverdienerehe § 85 Rdn. 2
- Emanzipationsehe § 85 Rdn. 13 M
- – Unterhalt § 85 Rdn. 13 M
- – Versorgungsausgleich § 85 Rdn. 13 M
- Errungenschafts- und Fahrnisgemeinschaft § 84 Rdn. 8–Rdn. 9
- gesetzliches Ehemodell § 85 Rdn. 1 ff.
- Gleichberechtigungsgesetz § 81 Rdn. 1–Rdn. 2
- gleichzeitige Anwesenheit § 84 Rdn. 5
- Güterrechtswahl und Morgengabe § 84 Rdn. 27 M
- Gütertrennung § 84 Rdn. 17 ff.
- Hausfrauenehe § 85 Rdn. 2
- internationales Privatrecht § 84 Rdn. 10 ff.
- Mitteilung an Standesamt § 84 Rdn. 14
- Partnerschaftsehe § 85 Rdn. 2–Rdn. 3, Rdn. 7 M
- Pflichtteilsverzicht § 100 Rdn. 16 M
- Prüfung der Verfügungsbefugnis durch Notar § 6 Rdn. 58
- Rechtswahl § 84 Rdn. 10
- Überlassung der Verwaltung § 84 Rdn. 15 ff.
- Unterhaltsvereinbarung nach Scheidung § 85 Rdn. 5
- Unternehmerehe § 85 Rdn. 4, Rdn. 12 M
- – Güterstand § 85 Rdn. 12 M
- – Pflichtteilsverzicht § 85 Rdn. 12 M
- – Unterhalt § 85 Rdn. 12 M
- – Versorgungsausgleich § 85 Rdn. 12 M
- unzulässige Vereinbarungen § 91 Rdn. 2
- Verlobte § 84 Rdn. 7
- Versorgungsausgleich § 84 Rdn. 29 M
- Vertragsfreiheit § 84 Rdn. 1 ff.
- Vertretung § 84 Rdn. 5
- Wirksamkeit der Vereinbarung über den Zugewinnausgleich § 83 Rdn. 51
- Wirksamkeits- und Inhaltskontrolle § 84 Rdn. 1 ff.
- Zentrales Testamentsregister § 84 Rdn. 14
- Zustimmung des gesetzlichen Vertreters § 84 Rdn. 7, Rdn. 20 M, Rdn. 22 M
- Zweitehe § 85 Rdn. 3, Rdn. 8 M
- – ersteheliche Kinder § 85 Rdn. 3

Ehrenzahlung
- Wechselprotest § 17 Rdn. 45 ff., Rdn. 49 M

EHUG
- AG § 146 Rdn. 2
- Zeichnung Namensunterschrift § 15 Rdn. 30

Eid § 4 Rdn. 14; § 5 Rdn. 2; § 16 Rdn. 1 ff.
- Abgrenzung Abnahme/Aufnahme § 16 Rdn. 14 ff.
- Affidavit § 16 Rdn. 6 ff., Rdn. 12 M
- angelsächsischer Rechtskreis § 16 Rdn. 6 ff.
- ausländische Angelegenheiten § 16 Rdn. 6 ff.
- Belehrung § 16 Rdn. 2
- Dolmetscher § 16 Rdn. 1, Rdn. 3
- Eidesformel § 14 Rdn. 38 M; § 16 Rdn. 3
- englisches Formular § 16 Rdn. 11 M
- Form § 13 Rdn. 7
- Sachverständiger § 16 Rdn. 4 M

Eidesformel § 14 Rdn. 38 M; § 16 Rdn. 3–Rdn. 4 M

Eidesstattliche Versicherung § 4 Rdn. 14; § 5 Rdn. 2; § 13 Rdn. 7; § 16 Rdn. 14 ff., Rdn. 19 M
- Abgabe vor einer Behörde § 16 Rdn. 16, Rdn. 19 M
- Abgrenzung Abnahme/Aufnahme § 16 Rdn. 14 ff.
- Auslandsverwendung deutscher Urkunden § 26 Rdn. 89 f.
- Belehrung § 16 Rdn. 18
- Erbschein § 113 Rdn. 29
- – Form § 113 Rdn. 29
- – Nachweismittel § 113 Rdn. 31
- – Zuständigkeit § 3 Rdn. 14
- Unterschriftsbeglaubigung § 16 Rdn. 17
- Zwangsvollstreckungsverfahren § 16 Rdn. 16

Eigenart
- Design § 49 Rdn. 121

Eigenbedarfskündigung
- Wohnraummiete § 41 Rdn. 53 ff.

Eigene Anteile
- GmbH § 145 Rdn. 42 f.
- – Erwerb § 145 Rdn. 42 f.
- – Steuerrecht § 145 Rdn. 43

Eigengrenzüberbau § 60 Rdn. 2

Eigenhändiges Testament
- Ablieferungspflicht § 105 Rdn. 11
- Briefform § 105 Rdn. 7
- Durchschreibebogen § 105 Rdn. 8
- Eigenhändigkeit § 105 Rdn. 4
- Entwurf § 105 Rdn. 7
- Form § 105 Rdn. 4 ff.
- Führung der Hand § 105 Rdn. 4
- gemeinschaftliches § 105 Rdn. 14 ff.
- Leseunkundige § 105 Rdn. 2
- Material § 105 Rdn. 8
- Minderjährige § 105 Rdn. 2
- mit Prothese errichtet § 105 Rdn. 4
- negatives Testament § 105 Rdn. 6
- Ort und Zeit der Errichtung § 105 Rdn. 3
- Unterschrift § 105 Rdn. 5
- Verweisung auf Maschinengeschriebenes § 105 Rdn. 4
- Zusätze § 105 Rdn. 6

Eigenkapital
- Personengesellschaft § 131 Rdn. 22

Eigenkapitalgarantie
- Unternehmenskauf § 31 Rdn. 28

Eigennützige Treuhand
- Sicherungsdienstbarkeit § 64 Rdn. 56

Eigentum
- Erbbaurecht § 57 Rdn. 1
- Überbau § 60 Rdn. 5 ff.
- Verzicht § 56 Rdn. 45 ff.

Eigentümererbbaurecht § 57 Rdn. 54

Eigentümergemeinschaft § 32 Rdn. 474 ff.

Eigentümergrundschuld § 68 Rdn. 6
- Abtretung § 77 Rdn. 13
- Bestellung § 77 Rdn. 6 ff., Rdn. 8 M
- Entstehung § 70 Rdn. 21, Rdn. 31; § 77 Rdn. 1, Rdn. 3

- Inhalt § 77 Rdn. 2
- Löschungsanspruch § 77 Rdn. 5
- persönliche Haftungsübernahme § 77 Rdn. 12 M
- Verzicht auf Grundschuld § 76 Rdn. 2
- vollstreckbare § 77 Rdn. 8 M
- ZGB § 70 Rdn. 35
- Zinsabtretung § 74 Rdn. 9
- Zinsen § 77 Rdn. 2
- Zwangsvollstreckung § 77 Rdn. 2, Rdn. 8 M
  - – dingliche § 77 Rdn. 7 ff.
  - – persönliche § 77 Rdn. 9 ff.
- Zweck § 77 Rdn. 3

Eigentümernießbrauch § 63 Rdn. 26
Eigentümerversammlung § 58 Rdn. 32 ff.
- Beschlussfähigkeit § 58 Rdn. 34 f.
- Stimmrecht § 58 Rdn. 33 ff.

Eigentümerzustimmung
- Änderung der Hypothekenbedingung § 70 Rdn. 17
- Änderung des Gemeinschaftsverhältnisses beim Grundschuldgläubiger § 72 Rdn. 59
- Einheitshypothek § 70 Rdn. 12
- Hypothekenlöschung § 70 Rdn. 21, Rdn. 31, Rdn. 35
- Pfandfreigabe § 75 Rdn. 9
- Rangrücktritt § 73 Rdn. 2

Eigentumsanwartschaft § 56 Rdn. 29 ff.
Eigentumsübergang
- Antrag § 56 Rdn. 22, Rdn. 29
- Bewilligung § 56 Rdn. 21
- Bodenneuordnung § 56 Rdn. 44
- Flurbereinigung § 56 Rdn. 38 f.
- Grundstück § 56 Rdn. 1 ff.
- kraft Gesetz § 56 Rdn. 35 ff.
- kraft hoheitlicher Anordnung § 56 Rdn. 37 ff.
- mitverkaufte Gegenstände im Grundstückskaufvertrag § 32 Rdn. 42 M ff.
- Rechtsgeschäft § 56 Rdn. 1 ff.
- Umlegung § 56 Rdn. 41 ff.
- vereinfachte Umlegung § 56 Rdn. 43
- Vererbung der Anwartschaft § 56 Rdn. 32 M

Eigentumsumschreibung
- Überwachung durch Notar § 8 Rdn. 10

Eigentumsverschaffungsanspruch § 56 Rdn. 24
Eigentumsvorbehalt § 52 Rdn. 1 ff., Rdn. 17 ff., § 37 M
- AGB § 52 Rdn. 30 ff.
- Anwartschaftsrecht § 52 Rdn. 17
- Bedingungseintritt § 52 Rdn. 30
- Besitzmittlungsverhältnis § 52 Rdn. 18
- erweiterter Eigentumsvorbehalt § 52 Rdn. 31, Rdn. 38 M
- gewerbliche Kunden § 52 Rdn. 30
- Kollision mit Pfandrecht § 52 Rdn. 19
- Kollision mit Sicherungsübereignung § 52 Rdn. 19
- Kontokorrentvorbehalt § 52 Rdn. 31
- Konzernvorbehalt § 52 Rdn. 31
- Rücktrittsrecht des Verkäufers § 52 Rdn. 39 f.

- Teilzahlungskauf § 52 Rdn. 39 f.
- Übertragung des Anwartschaftsrechts § 52 Rdn. 20 M
- Verarbeitung § 52 Rdn. 33 ff.
- Verarbeitungsklausel § 52 Rdn. 34
- Verbrauchergeschäft § 52 Rdn. 39 f.
- verlängerter § 29 Rdn. 48; § 52 Rdn. 32 ff., Rdn. 38 M
- Verzug § 52 Rdn. 39
- Vorausabtretung § 52 Rdn. 36
- weitergeleiteter Eigentumsvorbehalt § 52 Rdn. 35
- Weiterverkauf § 52 Rdn. 35 ff.
- Zweck § 52 Rdn. 2

Eigentumswohnung, Verkauf
- Eigentümergemeinschaft § 32 Rdn. 474 ff.
  - – Eintritt in die Gemeinschaft § 32 Rdn. 480 M
  - – Vollmacht zur Vertretung in der Eigentümerversammlung § 32 Rdn. 482 M
- Instandhaltungsrücklage § 32 Rdn. 484 f.
- Kaufpreisfälligkeit § 32 Rdn. 466
- Sondernutzungsrechte § 32 Rdn. 452
- Teilungserklärung § 32 Rdn. 455 ff.
- Vertragsgegenstand § 32 Rdn. 450 ff.
- Verwaltereigenschaft § 32 Rdn. 468 ff.
- Verwalterzustimmung § 32 Rdn. 462 ff.
- Wohngeldrückstand § 32 Rdn. 487 f.

Eigenurkunde des Notars § 5 Rdn. 20
- Eintragung in die Urkundenrolle § 10 Rdn. 10
- Freiwillige Grundstücksversteigerung § 38 Rdn. 11
- Teilflächenkauf § 35 Rdn. 40 ff.

Einberufung
- GmbH-Gesellschafterversammlung § 144 Rdn. 1 ff.

Einbringung eines Grundstücks in eine Personengesellschaft
- Form § 32 Rdn. 13

Einfache Abschrift § 12 Rdn. 36 ff.
Einfache Lizenz § 49 Rdn. 49
Einfache Niederschrift § 15 Rdn. 6 ff.
Einfaches Nutzungsrecht § 48 Rdn. 23
Eingeschränkte Vorlesungspflicht § 13 Rdn. 115 ff.
- Bilanz, Verzeichnis § 13 Rdn. 115, Rdn. 125 M
- Grundpfandrecht § 13 Rdn. 116, Rdn. 124 M; § 68 Rdn. 10
- Unternehmenskauf § 13 Rdn. 125 M
- Unterzeichnung jeder Seite § 13 Rdn. 120
- Voraussetzungen § 13 Rdn. 116 ff.
- Zwangsvollstreckungsunterwerfung § 13 Rdn. 121

Eingliederung § 152 Rdn. 4, Rdn. 18 f.
Einheimischmodell § 30 Rdn. 17 f.
Einheits-Architektenvertrag § 45 Rdn. 14
Einheitsgesellschaft
- GmbH & Co. KG § 139 Rdn. 72 ff.
  - – Errichtung § 139 Rdn. 75 f.
  - – Gestaltungsfragen § 139 Rdn. 72 ff.

- – GmbH § 139 Rdn. 79 f.
- – Kommanditgesellschaft § 139 Rdn. 81 f.

Einheitshypothek § 70 Rdn. 12
Einheitspreisvertrag
- Bauvertrag § 46 Rdn. 13
Einigung
- Auflassung § 55 Rdn. 1, Rdn. 4; § 56 Rdn. 1 ff., Rdn. 7 M
- Erbbaurecht § 55 Rdn. 11
- Form § 55 Rdn. 1, Rdn. 9
- Grundstücksrecht § 55 Rdn. 1 ff.

Einigungsvertrag
- Ehegattenunterhalt § 90 Rdn. 26 ff.
- Güterrecht früherer DDR-Staatsbürger § 81 Rdn. 14 f.
- Kindesunterhalt § 90 Rdn. 26 ff.
- Versorgungsausgleich § 84 Rdn. 43

Einkaufsgenossenschaft § 157 Rdn. 5
Einkommensteuerdurchführungsverordnung § 8 Rdn. 30 f.
- Anzeige § 8 Rdn. 30 ff.
  - – Form § 8 Rdn. 30
  - – fremdsprachige Urkunde § 8 Rdn. 31
  - – Frist § 8 Rdn. 30
  - – Vermerk auf der Urkunde § 8 Rdn. 30
- Anzeigepflicht des Notars § 8 Rdn. 30 ff.
- anzeigepflichtige Rechtsvorgänge § 8 Rdn. 30

Einkommensteuer
- dauernde Last im Testament § 111 Rdn. 11 M
- Ehegattenunterhalt § 90 Rdn. 11, Rdn. 13 M
- GmbH & Co. KG § 139 Rdn. 92 ff.
- GmbH-Geschäftsanteilsabtretung § 145 Rdn. 65 ff.
- Grundstückskauf § 32 Rdn. 446 ff.
- Kapitalerhöhung bei GmbH § 144 Rdn. 112
- KG § 137 Rdn. 97 ff.
- Kindesunterhalt § 90 Rdn. 38
- OHG § 133 Rdn. 38
  - – Eintrittsklausel § 133 Rdn. 38
  - – Fortsetzungsklausel § 133 Rdn. 7
  - – Nachfolgeklausel § 133 Rdn. 23
- Personengesellschaft § 131 Rdn. 22 ff., Rdn. 54 ff.
  - – Anteilsveräußerung § 131 Rdn. 54 ff.
  - – Austritt § 131 Rdn. 70 ff.
  - – Eintritt § 131 Rdn. 54 ff.
  - – Nachfolgeklausel § 133 Rdn. 14
- Sachgründung einer GmbH § 142 Rdn. 119 ff.
- Stiftung § 123 Rdn. 104, Rdn. 109 ff.
- Veräußerung landwirtschaftlicher Grundstücke § 36 Rdn. 60
- Versicherungsdarlehen § 67 Rdn. 7
- Versorgungsrente im Testament § 111 Rdn. 11 M

Einlage
- OHG § 132 Rdn. 15 ff.
Einlegung von Rechtsmitteln § 7 Rdn. 44 ff., Rdn. 48 M

Einmann-Gesellschaft
- Gesellschafterbeschlüsse § 142 Rdn. 152
- GmbH & Co. KG § 139 Rdn. 69 f.

- Gründung § 142 Rdn. 145 M
- – Anmeldung § 142 Rdn. 146 M
- Selbstkontrahieren § 142 Rdn. 148 ff.
- spätere Vereinigung aller Anteile § 142 Rdn. 147 M
- Überblick § 142 Rdn. 144

Einmann-GmbH
- Errichtung durch Musterprotokoll § 142 Rdn. 103 M
- – Anmeldung § 142 Rdn. 104 M
- Gesellschaftsvertrag § 142 Rdn. 15
- – Abschluss durch Bevollmächtigte § 142 Rdn. 15
- Kapitalerhöhung § 144 Rdn. 97

Einräumung zukünftig entstehender Nutzungsrechte § 48 Rdn. 45

Einrede
- Erbenhaftung § 115 Rdn. 2
- Verzicht § 28 Rdn. 16 ff.

Einreichung der Urkunde § 7 Rdn. 1
- Ausnahme § 7 Rdn. 2
- durch Boten § 7 Rdn. 50
- Einschreibebrief § 7 Rdn. 50
- Grundbuchverfahren
- Güterrechtsregisterverfahren § 7 Rdn. 3 f.
- Handelsregisterverfahren § 7 Rdn. 3 f.
- ohne Antragstellung des Notars § 7 Rdn. 23 ff., Rdn. 24 M
- Prüfungsvermerk der Eintragungsfähigkeit § 7 Rdn. 5 M
- unvollkommener Antrag § 7 Rdn. 2
- verfrühte Einreichung § 7 Rdn. 3 f.
- Weisungsbefugnis der Beteiligten § 7 Rdn. 8 ff.

Einreichungshindernis § 7 Rdn. 1 f.

Einreichungsreife
- Urkunde § 7 Rdn. 1

Einrichtung des elektronischen Urkundenarchivs § 12 Rdn. 1 ff.

Einschreibebrief des Notars § 7 Rdn. 50

Einspruch
- Patent § 49 Rdn. 11 f.

Einstimmigkeitsprinzip
- Personengesellschaft § 130 Rdn. 15

Einstweilige Verfügung
- auf Erwerbsverbot § 9 Rdn. 5
- Einreichung der Urkunde § 7 Rdn. 10
- Vormerkung § 61 Rdn. 10

Eintragung
- Bewilligung § 55 Rdn. 10 ff.
- Design § 49 Rdn. 127
- Grundbuch § 56 Rdn. 1
- – Eigentum § 56 Rdn. 1, Rdn. 23
- Handelsregister § 124 Rdn. 2
- – deklaratorische § 124 Rdn. 2
- – konstitutiv § 124 Rdn. 2
- im Grundbuch § 55 Rdn. 1 ff.
- – formelles Konsensprinzip § 55 Rdn. 9

Eintragung der Urkunde
- Prüfungspflichten § 7 Rdn. 4 ff.

Eintragungsantrag § 55 Rdn. 14 ff.; § 56 Rdn. 22
- Berechtigung des Notars § 7 Rdn. 23
- Einreichung durch Notar § 7 Rdn. 24 ff., Rdn. 27 M
- Gerichtskostenvorschuss § 7 Rdn. 34 ff.
- mehrere in einer Urkunde § 7 Rdn. 30 ff.
- Notar als Antragsteller-Vertreter § 7 Rdn. 21, Rdn. 27 M, Rdn. 29 M, Rdn. 33 M
- Notar und Beteiligte § 7 Rdn. 12 ff.
- Rücknahme § 7 Rdn. 37 ff.
- Vertretung des Antragstellers § 7 Rdn. 21

Eintragungsbewilligung
- Genehmigung § 25 Rdn. 26 M
- Grundstücksrecht § 55 Rdn. 10 ff.; § 56 Rdn. 21

Eintragungsfähigkeit
- Prüfungspflichten § 7 Rdn. 4 ff.
- Prüfvermerk § 7 Rdn. 5 M

Eintragungsnachricht § 7 Rdn. 17 ff.
- Anträge an das Register § 7 Rdn. 20 M

Eintrittsmodell § 43 Rdn. 19 f.

Einverdienerehe § 85 Rdn. 2

Einweisung in den Rangvorbehalt § 73 Rdn. 23 M

Einwilligung § 25 Rdn. 15
- des Kindes § 3 Rdn. 16
- – Zuständigkeit § 3 Rdn. 16

Einzahlungsversicherung
- GmbH-Gründung § 142 Rdn. 67

Einzelkaufmann
- Grundschuldgläubiger § 72 Rdn. 62
- Handelsregister § 124 Rdn. 11

Einzelrechtsnachfolge
- Erbbaurecht § 57 Rdn. 27 ff.

Einzelunternehmen
- Überführung in GmbH § 142 Rdn. 108 f.

Einziehung
- GmbH-Gesellschaftsanteil § 145 Rdn. 131 N
- – Abfindung § 145 Rdn. 141 f.

Einziehung des Erbscheins § 113 Rdn. 5

Elektronische Signatur § 12a Rdn. 8

Elektronische Urkunde
- Urkundenrolle § 10 Rdn. 10
- Urkundensammlung § 10 Rdn. 42

Elektronischer Rechtsverkehr, ELVR
- Grundbuchsachen § 12a Rdn. 46 ff.
- Historie § 12a Rdn. 1 ff.
- Notariat § 12a Rdn. 1 ff.
- Register der BNotK § 12a Rdn. 77 ff.
- Registersachen § 12a Rdn. 64 ff.

Elektronisches Handelsregister § 124 Rdn. 17 ff.
- Anmeldung § 124 Rdn. 18 f.
- – notarieller Prüfvermerk § 124 Rdn. 17
- Antragsrücknahme § 124 Rdn. 42
- Ausdrucke § 124 Rdn. 49 ff.
- Beglaubigung § 124 Rdn. 34 ff.
- beizufügende Nachrichten § 124 Rdn. 40 f.
- Bekanntmachungen der Eintragungen § 124 Rdn. 52 ff.
- Einreichungsverfahren § 124 Rdn. 23 ff.
- – elektronische Einreichung/Versand § 124 Rdn. 30 ff.
- – Signaturvermerk § 124 Rdn. 25 M
- – Software § 124 Rdn. 26
- Einsicht § 124 Rdn. 48
- elektronische Beglaubigung durch Notarvertreter § 124 Rdn. 34 f.
- elektronischer Abruf § 124 Rdn. 28
- Kosten § 124 Rdn. 44
- – Dokumentenpauschale § 124 Rdn. 44
- – Gerichtskosten § 124 Rdn. 47
- – Notarkosten § 124 Rdn. 43 ff.
- qualifizierte Signatur § 124 Rdn. 18
- Störungen bei der Übermittlung § 124 Rdn. 39
- Urschrift § 124 Rdn. 33

Elektronisches Unternehmensregister § 124 Rdn. 54

Elterliche Sorge
- Beistandschaft § 94 Rdn. 43 ff.
- Einkünfte aus Kindesvermögen § 94 Rdn. 34
- Einwilligung in Adoption § 94 Rdn. 4
- Entzug § 94 Rdn. 4
- familiengerichtliche Genehmigung § 94 Rdn. 35 ff.
- Feststellung der Vaterschaft § 94 Rdn. 43 ff.
- Geschäftsfähigkeit § 94 Rdn. 4
- gesetzliche Vertretung § 94 Rdn. 28 ff.
- Grundstücksgeschäfte § 94 Rdn. 35 ff.
- Haager Kinderschutzabkommen § 94 Rdn. 49 f.
- Insichgeschäfte § 94 Rdn. 30
- IPR § 94 Rdn. 49 ff.
- Kreditgeschäfte § 94 Rdn. 35 ff.
- Nachweis der Vertretungsberechtigung § 6 Rdn. 3 ff.
- nicht miteinander verheiratete Eltern § 94 Rdn. 1, Rdn. 9 ff.
- Rechtsgeschäfte über das Gesamtvermögen § 94 Rdn. 35 ff.
- Scheidung § 94 Rdn. 5
- Scheidungsvereinbarung § 90 Rdn. 72
- Sorgeerklärung § 94 Rdn. 9 ff., Rdn. 21 M
- – Änderung § 94 Rdn. 13
- Sorgerechtsvollmacht § 94 Rdn. 22 f.
- Trennung § 94 Rdn. 5, Rdn. 20
- Übergang § 94 Rdn. 4
- überlebender Elternteil § 94 Rdn. 4, Rdn. 18 f.
- Umgangsrecht § 94 Rdn. 24 ff.
- verheiratete Eltern § 94 Rdn. 3 ff.
- Vermögenssorge § 94 Rdn. 33 ff.
- Vormundbenennung § 96 Rdn. 87 f.
- Zusammenleben § 94 Rdn. 11
- Zuständigkeit § 3 Rdn. 16

Empfang von Willenserklärungen durch Notar

Treuhandtätigkeit § 8 Rdn. 9

Endvermögen
- Hinzurechnungsposten § 83 Rdn. 13, Rdn. 25
- – Ausschluss § 83 Rdn. 26 M
- negatives § 83 Rdn. 10

Entgeltlichkeit
- der Verfügung des Testamentsvollstreckers, § 102 Rdn. 70 ff.

Entlastung des Geschäftsführers § 144 Rdn. 66 M

Entmündigung
- Ausländers § 26 Rdn. 19

Entnahmen
- OHG § 132 Rdn. 42 ff.
Entschädigungsanspruch
- Offenlegung § 49 Rdn. 8
Entschädigungsleistung
- Erbbaurecht § 57 Rdn. 15
Entsiegelung § 18 Rdn. 47 M
Entwurf § 8 Rdn. 3
Erbauseinandersetzung
- Art und Weise der Teilung § 117 Rdn. 8
- Ausgleichungspflicht § 117 Rdn. 2 ff.
- besondere Leistungen § 117 Rdn. 4
- Durchführung der Teilung § 117 Rdn. 10
- Erbanteilsüberlassung § 117 Rdn. 15
- Grundsätze § 117 Rdn. 7 ff.
- Grundstück § 117 Rdn. 14 M
- Klage auf Ausführung des Teilungsplanes § 117 Rdn. 13
- Nachlassverbindlichkeiten § 117 Rdn. 7
- Sparguthaben § 117 Rdn. 14 M
- Teilerbauseinandersetzung § 117 Rdn. 16 ff.
- Vermittlung durch Nachlassgericht § 117 Rdn. 13, Rdn. 29 ff.
- Vermittlung durch Notar § 117 Rdn. 13, Rdn. 29 ff., Rdn. 31 M ff.
  - – Antrag des Erben § 117 Rdn. 31 M
  - – Auseinandersetzung § 117 Rdn. 33 M
  - – Bestätigung durch Notar § 117 Rdn. 36 M
  - – Ladungen des Notars § 117 Rdn. 32 M
  - – Versäumnisverfahren § 117 Rdn. 34 M
Erbbaurecht § 32 Rdn. 3
- Ablaufentschädigung § 57 Rdn. 15
- Ankaufspflicht § 57 Rdn. 27
- Ankaufsrecht § 62 Rdn. 49 M
- Aufteilung nach WEG § 58 Rdn. 66 ff.
- Ausübungsbereich § 57 Rdn. 8 ff.
- Bauverpflichtung § 57 Rdn. 7, Rdn. 62 M
- Bauwerk § 57 Rdn. 6
- Bedingung § 57 Rdn. 1
- Beendigung § 57 Rdn. 13, Rdn. 16
- Belastung § 57 Rdn. 63 ff.
  - – Zustimmung § 57 Rdn. 66 M
- Belastungen bei Beendigung § 57 Rdn. 16
- Besichtigung § 57 Rdn. 7
- Besitzübergang § 57 Rdn. 28
- Bestellung § 57 Rdn. 54
- Dauer § 57 Rdn. 11, Rdn. 62 M
- Dienstbarkeit § 64 Rdn. 34
- Dienstbarkeit zur Nutzung der Restfläche § 57 Rdn. 10 M
- Dienstbarkeitsbestellung § 57 Rdn. 17 M
- Eigentümers § 57 Rdn. 54
- Eigentumslage § 57 Rdn. 1
- Einzelrechtsnachfolger § 57 Rdn. 27 M
- Endtermin § 57 Rdn. 11
- Entschädigung § 57 Rdn. 62 M
- Entschädigungsleistung § 57 Rdn. 15

- Entstehungsgrund § 57 Rdn. 2
- Erneuerungsvorrecht § 57 Rdn. 27, Rdn. 62 M
- Errichtungspflicht § 57 Rdn. 7, Rdn. 62 M
- Erschließung § 57 Rdn. 7
- Ersetzungsverfahren § 57 Rdn. 25 f.
- Erstreckungsbereich § 57 Rdn. 8 ff.
- Finanzierungsmitwirkung § 57 Rdn. 62 M
- Gesamterbbaurecht § 57 Rdn. 55
- Grundbuchrang § 57 Rdn. 58
- Grunderwerbsteuer § 57 Rdn. 60
- Hauptsache § 57 Rdn. 8 ff.
- Heimfall § 57 Rdn. 18, Rdn. 62 M
- heimfallfeste Rechte § 57 Rdn. 21 f.
- Heimfallgründe § 57 Rdn. 19
- land- und forstwirtschaftliche Grundstücke § 36 Rdn. 8, Rdn. 48
- Lastenübergang § 57 Rdn. 28
- Miteigentumsanteil § 57 Rdn. 57
- Motivlagen § 57 Rdn. 5
- Nachbarerbbaurecht § 57 Rdn. 55
- Nutzungsschwerpunkt § 57 Rdn. 8 ff.
- Rang § 57 Rdn. 40 ff.
- Rangrücktritt von Dienstbarkeiten § 57 Rdn. 59
- Rechtsnatur § 57 Rdn. 1
- Tiefgarage § 57 Rdn. 6
- Untererbbaurecht § 57 Rdn. 56
- Urkundsgestaltung § 57 Rdn. 61
- Veräußerung durch Zwangsversteigerung § 57 Rdn. 67
- Veräußerungsvertrag § 57 Rdn. 73 ff.
  - – Fälligkeitsvoraussetzungen § 57 Rdn. 76 M
- Verkaufspflicht § 57 Rdn. 27
- Verlängerung § 57 Rdn. 12
- Versicherungspflicht § 57 Rdn. 62 M
- Vorkaufsrechte § 57 Rdn. 51 f., Rdn. 62 M
- Wiederaufbau § 57 Rdn. 7
- wirtschaftliche Bedeutung § 57 Rdn. 3
- Wohnzwecke § 57 Rdn. 36 f.
- Zustimmungspflichten § 57 Rdn. 62 M
- Zustimmungsvorbehalt § 57 Rdn. 25 f.
- Zuwegegrundstück § 57 Rdn. 57
Erbbaurechtsausgeber § 57 Rdn. 4
Erbbaurechtsgesetz § 57 Rdn. 3
Erbbaurechtsverkauf § 57 Rdn. 73 ff.
- Finanzierung § 57 Rdn. 80 ff.
- Grunderwerbsteuer § 57 Rdn. 85
- Merkblatt § 57 Rdn. 84 M
- Vertragseintritt § 57 Rdn. 79 M
Erbbaurechtsverordnung § 57 Rdn. 3
Erbbaurechtsvertrag
- Gesamtmuster § 57 Rdn. 62 M
- Inhalt (begleitende Rechte) § 57 Rdn. 50 ff.
- Inhalt (dinglich) § 57 Rdn. 6 ff.
- Inhalt (Erbbauzins) § 57 Rdn. 31 ff.
- Inhalt (schuldrechtlich) § 57 Rdn. 28 ff.
- Kosten § 57 Rdn. 62 M
Erbbauzins § 57 Rdn. 31 ff., Rdn. 62 M
- Bestehensbleibenserklärung § 57 Rdn. 70 ff.
- Bestimmtheit § 57 Rdn. 35

- Preisklausel § 57 Rdn. 34
- Rangvorbehalt § 57 Rdn. 30 M
- Reallastbestimmungen § 57 Rdn. 31 ff.
- Regelung zum Anpassungsturnus § 57 Rdn. 37 M
- Stillhalteerklärung § 57 Rdn. 68 f.
- Umstellung § 57 Rdn. 45 M
- Verhältnis zum Anspruch der WEG-Gemeinschaft § 57 Rdn. 43
- Verjährung § 57 Rdn. 32
- Wertsicherung § 57 Rdn. 33 ff.
- Zwangsvollstreckungsunterwerfung § 57 Rdn. 47 ff.
Erbe
- Firmenfortführung § 126 Rdn. 21 ff., Rdn. 25 M
  - – Haftung § 126 Rdn. 23
  - – – minderjähriger Erbe § 126 Rdn. 24
Erbeinsetzung
- Abkömmlinge § 102 Rdn. 8 M
- Alleinerbe § 102 Rdn. 3 M
- Anordnung über das Verhältnis mehrerer Erben § 102 Rdn. 19 ff.
- Anwachsung § 102 Rdn. 12 f.
- Auflagen § 102 Rdn. 42 ff.
- Auseinandersetzungsverbot § 102 Rdn. 23 f.
- Ausgleichsbestimmungen § 102 Rdn. 26 M
- Beerdigungs- und Grabpflegeauflage § 102 Rdn. 43 M
- Bruchteile/Quoten § 111 Rdn. 31
- drittbegünstigende Auflage § 102 Rdn. 44 M
- Ehefrau § 102 Rdn. 7 M
- Erbe § 102 Rdn. 2
  - – Begriff § 102 Rdn. 2
- Erbvertrag älterer Eheleute § 85 Rdn. 11 M
- Ersatzerbe § 102 Rdn. 10 f.
- Gestaltungsmöglichkeiten § 102 Rdn. 1 ff.
- mehrere Personen § 102 Rdn. 4 f.
- Nacherbe § 102 Rdn. 15 ff.
- Teilungsanordnung § 102 Rdn. 20 f.
- zukünftiges Ereignis § 102 Rdn. 9 M
Erbengemeinschaft § 117 Rdn. 1
- Antrag § 113 Rdn. 42 f.
  - – Auseinandersetzungszeugnis § 113 Rdn. 42 f.
- Ausgleichspflicht § 117 Rdn. 2 ff.
- außerordentliche Verwaltungsmaßnahmen § 116 Rdn. 4
- Beschlussfassung § 116 Rdn. 3
- Erhaltungsmaßnahmen § 116 Rdn. 2 ff.
- Erwerb § 117 Rdn. 11
- Firmenfortführung § 126 Rdn. 26 ff.
- Fortführung einer Einzelfirma in OHG § 134 Rdn. 12 ff.
- Fortführung einer Familiengesellschaft in OHG § 132 Rdn. 97 f.
- Niederschrift über einen Mehrheitsbeschluss § 116 Rdn. 6 M
- Umwandlung § 153 Rdn. 12
- Verwaltung durch Mehrheitsbeschlüsse § 116 Rdn. 3
Erbenhaftung
- Antrag § 115 Rdn. 18 M
  - – Inventarerrichtung durch Notar § 115 Rdn. 18 M

Erbfolge – Erbschein

- – – Nachlassinsolvenzverfahren § 115 Rdn. 11 M
- – – Nachlassverwaltung § 115 Rdn. 8 M
- Antrag des Gläubigers auf Bestimmung einer Inventarfrist § 115 Rdn. 23 M
- Arten von Nachlassverbindlichkeiten § 115 Rdn. 1
- Ausnahme/Verlust der Beschränkbarkeit § 115 Rdn. 12, Rdn. 24
- Beschränkung § 115 Rdn. 5
- – – Dürftigkeitseinrede § 115 Rdn. 5
- – – Herbeiführung § 115 Rdn. 3 ff.
- – – Treu und Glauben § 115 Rdn. 4
- – – Unübersichtlichkeit § 115 Rdn. 5
- Einrede § 115 Rdn. 2
- Inventaraufnahme durch Notar § 115 Rdn. 20 M
- Inventarerrichtung § 115 Rdn. 25 M
- – – Antrag auf Abnahme der eidesstattlichen Versicherung § 115 Rdn. 25 M
- – – Antragsrecht § 115 Rdn. 13, Rdn. 22
- – – durch Erben § 115 Rdn. 12 ff.
- – – Frist § 115 Rdn. 13 ff., Rdn. 17
- – – Fristversäumung § 115 Rdn. 12
- – – Zuziehung eines Notars § 115 Rdn. 16 M
- Nachlassinsolvenzverfahren § 115 Rdn. 9 ff., Rdn. 11 M
- Nachlassverwaltung § 115 Rdn. 6 ff.
- – – Antrag des Erben § 115 Rdn. 8 M
- Umfang § 115 Rdn. 1

Erbfolge
- 1.- 5. Ordnung § 99 Rdn. 10 ff.
- OHG § 132 Rdn. 71 f.

Erbpacht § 57 Rdn. 6

Erbquote
- Verzicht § 100 Rdn. 1

Erbrecht
- Adoption § 100 Rdn. 24
- Anspruch § 61 Rdn. 11
- – – Vormerkung § 61 Rdn. 11
- Auslandsbezug § 120 Rdn. 1 f.
- Ausschlagung § 94 Rdn. 39 ff.
- – – Antrag auf Genehmigung § 94 Rdn. 39 f.
- – – familiengerichtliche Genehmigung § 94 Rdn. 36 ff.
- DDR § 99 Rdn. 2, Rdn. 6
- Ehegatten § 99 Rdn. 10 ff.
- – – Ausgleichsviertel § 99 Rdn. 11
- – – Ehegatte zugleich Verwandter § 99 Rdn. 12
- – – erbrechtliche Regelung § 99 Rdn. 10
- – – Gütertrennung § 99 Rdn. 13
- – – Voraus § 99 Rdn. 14
- – – Zugewinngemeinschaft § 99 Rdn. 11
- Lebenspartner § 99 Rdn. 10 ff
- Mehrheit von Erben § 99 Rdn. 12
- nicht eheliche Kinder § 94 Rdn. 1; § 99 Rdn. 17 ff.
- Ordnungen § 99 Rdn. 7 ff.
- Verwandte § 99 Rdn. 7 ff.
- ZGB § 99 Rdn. 22

Erbrechtsgleichstellungsgesetz § 99 Rdn. 5
- nicht eheliche Kinder § 99 Rdn. 17

Erbschaft
- Veräußerung § 118 Rdn. 2 ff.

Erbschaft- und Schenkungsteuer
- Anzeige § 8 Rdn. 22 ff.
- – – amtlicher Vordruck § 8 Rdn. 26
- – – Form § 8 Rdn. 26
- – – Vermerk auf der Urkunde § 8 Rdn. 28
- – – Wertangabe § 8 Rdn. 26
- – – zuständiges Finanzamt § 8 Rdn. 26
- Anzeigepflicht des Notars § 8 Rdn. 22 ff.
- – – bei Hausrat § 8 Rdn. 27
- anzeigepflichtige Rechtsvorgänge § 8 Rdn. 23 ff.
- Beratungspflicht § 8 Rdn. 35

Erbschaft- und Schenkungsteuergesetz § 8 Rdn. 22

Erbschaftsausschlagung
- Vollmacht § 24 Rdn. 31

Erbschaftskauf § 118 Rdn. 16 M
- Anzeige an das Nachlassgericht § 118 Rdn. 17 M

Erbschaftsteuer § 98 Rdn. 13 ff.
- Adoption § 98 Rdn. 23 ff.
- Firmenerbe, nicht verwandt § 98 Rdn. 19
- Formwechsel § 156 Rdn. 24
- Freibeträge § 98 Rdn. 16 ff.
- GbR § 130 Rdn. 123
- GmbH & Co. KG § 156 Rdn. 25
- – – in eine GmbH § 156 Rdn. 25
- GmbH-Geschäftsanteilsabtretung § 145 Rdn. 78 ff.
- OHG § 133 Rdn. 37
- – – Eintrittsklausel § 133 Rdn. 37
- – – Fortsetzungsklausel § 133 Rdn. 5 f.
- – – Nachfolgeklausel § 133 Rdn. 22
- Personengesellschaft § 133 Rdn. 13
- – – Nachfolgeklausel § 133 Rdn. 13
- Spaltung § 155 Rdn. 34
- Steuersätze § 98 Rdn. 21
- – – tabellarischer Überblick § 98 Rdn. 21
- Stiftung § 123 Rdn. 103, Rdn. 113
- Unternehmensvermögen § 98 Rdn. 14 ff.
- Verein § 121 Rdn. 36
- Vermögensbewertung § 98 Rdn. 15
- Verschmelzung § 154 Rdn. 58
- Vor- und Nacherbschaft § 98 Rdn. 13

Erbschaftsteuerdurchführungsverordnung § 8 Rdn. 22

Erbschaftsveräußerung
- Anzeige an das Nachlassgericht § 118 Rdn. 13, Rdn. 17 M
- Erbschaftskauf § 118 Rdn. 16 M
- Erfüllung § 118 Rdn. 3
- Wesen § 118 Rdn. 3

Erbschaftsvertrag
- Anzeigepflicht § 27 Rdn. 10
- Ausgleichszahlung § 27 Rdn. 9
- Form § 27 Rdn. 6
- Inhalt § 27 Rdn. 5
- Mitwirkung des Erblassers § 27 Rdn. 5
- Nachlass eines noch lebenden Dritten § 27 Rdn. 4
- Nichtigkeit § 27 Rdn. 4
- über gesetzlichen Erbteil unter künftigen gesetzlichen Erben § 27 Rdn. 11 M
- Übertragung des gegenwärtigen Vermögens § 27 Rdn. 1
- Umfang des Vermögens § 27 Rdn. 1
- Verfügung von Todes wegen § 27 Rdn. 11 M
- Vermögensübertragung § 27 Rdn. 1 ff., Rdn. 11 M
- Voraussetzungen § 27 Rdn. 6 ff.

Erbschein
- Anerkennung durch übergangene gesetzliche Erben § 113 Rdn. 33 M
- Anhörung gesetzliche Erben § 113 Rdn. 33 M
- Antrag § 113 Rdn. 8 ff.
- – – Angaben § 113 Rdn. 12 ff.
- – – Antragsberechtigter § 113 Rdn. 10
- – – bei unklarem Testament § 113 Rdn. 41 M
- – – Beratungspflicht § 113 Rdn. 28
- – – einzureichende Unterlagen § 113 Rdn. 12 ff.
- – – Ermächtigung des Notars § 113 Rdn. 11
- – – Form § 113 Rdn. 9
- – – geeignete Unterlagen § 113 Rdn. 21 ff.
- – – Güterstand § 113 Rdn. 25
- – – Hauptantrag/Hilfsantrag § 113 Rdn. 8, Rdn. 41 M
- – – Miterben § 113 Rdn. 35 M
- – – Testamentserbfolge, Nacherbfolge, Testamentsvollstreckung § 113 Rdn. 40 M
- – – Urkundennachweis § 113 Rdn. 21 ff.
- – – verstorbene Erben § 113 Rdn. 27
- – – Vorausvermächtnis an den Vorerben § 102 Rdn. 39
- Arten § 113 Rdn. 4 ff.
- Auseinandersetzungszeugnis n. § 36 GBO § 113 Rdn. 42 f.
- beschränkt auf Grundbesitz § 113 Rdn. 42 f.
- eidesstattliche Versicherung § 16 Rdn. 15; § 113 Rdn. 29 ff.
- Einziehung § 113 Rdn. 5
- Erbteilsveräußerung § 113 Rdn. 9
- gegenständlich beschränkt, EU-Erbrechtsverordnung § 120 Rdn. 18 M
- Hauptantrag/Hilfsantrag § 113 Rdn. 8, Rdn. 41 M
- Hoffolgezeugnis § 113 Rdn. 7
- Inhalt § 113 Rdn. 1
- nach mehreren Erblassern § 113 Rdn. 41 M
- Nachweis der Erbfolge bei notarieller Verfügung von Todes wegen § 113 Rdn. 3
- notarieller Verfügung von Todes wegen § 113 Rdn. 37 ff.
- öffentlicher Glaube § 113 Rdn. 2
- Personenstandsurkunden § 113 Rdn. 36
- Schuldbuchbescheinigung § 113 Rdn. 34 ff.
- Teilerbschein § 113 Rdn. 4 ff.
- Testamentsvollstrecker § 102 Rdn. 51

3213

- Vermutung der Richtigkeit § 113 Rdn. 2
- Wesen § 113 Rdn. 1 ff.

Erbteil
- Pfändung § 118 Rdn. 15, Rdn. 22
- Verpfändung § 118 Rdn. 14, Rdn. 22

Erbteilskauf
- Antrag auf Grundbuchberichtigung § 118 Rdn. 21 M
- dingliche Einigung § 118 Rdn. 26 M
- Eigenurkunde des Notars § 118 Rdn. 27 M

Erbteilsübertragung
- Grundbuchberichtigung § 56 Rdn. 35 f.

Erbteilsveräußerung
- Anwachsung § 118 Rdn. 5
- Anzeige an das Nachlassgericht § 118 Rdn. 13
- Ausübung des Vorkaufsrechts durch Miterbe § 118 Rdn. 28 M
- Erbschein § 118 Rdn. 9
- Erfüllung § 118 Rdn. 4, Rdn. 7
- Fälligstellung des Kaufpreises § 118 Rdn. 25 M
- Form § 118 Rdn. 2
- Genehmigung nach § 2 GrdstVG § 118 Rdn. 11
- Genehmigung nach GVO § 118 Rdn. 11
- Gewährleistung § 118 Rdn. 8, Rdn. 22
- Grundbuchberichtigung § 118 Rdn. 4, Rdn. 7, Rdn. 21 M
- minderjähriger Erbe § 118 Rdn. 12
- Nachlassverbindlichkeiten § 118 Rdn. 8
- Schenkung an Miterben § 118 Rdn. 19 M
- Testamentsvollstreckung § 118 Rdn. 7
- Verfügung über einzelne Nachlassgegenstände § 118 Rdn. 6
- Verpfändung § 118 Rdn. 14, Rdn. 22
- Verzicht auf Vorkaufsrecht durch Miterbe § 118 Rdn. 28 M
- Vorkaufsrecht der Miterben § 118 Rdn. 9 ff., Rdn. 23 M, Rdn. 28 M
- Vorkaufsrecht nach BauGB § 118 Rdn. 11
- Wesen § 118 Rdn. 4

Erbvertrag
- Abgrenzung zum gemeinschaftlichen Testament § 107 Rdn. 3; § 108 Rdn. 3
- Ablieferung an das Nachlassgericht § 10 Rdn. 38
- Ablieferungspflicht § 108 Rdn. 20
- amtliche Verwahrung § 108 Rdn. 15 ff.
- Anfechtung § 98 Rdn. 28 ff.; § 108 Rdn. 13
  - – durch Erblasser § 108 Rdn. 29 M
  - – nach Tod des anderen Vertragschließenden § 98 Rdn. 30, Rdn. 32 M
  - – zu Lebzeiten des anderen Vertragschließenden § 98 Rdn. 30, Rdn. 33 M
- Anwesenheit § 108 Rdn. 2
- Aufbewahrung § 10 Rdn. 37
- Aufhebung § 101 Rdn. 21 ff., Rdn. 28 M
  - – – Vermächtnis § 101 Rdn. 23
- Aufhebung der amtlichen Verwahrung § 108 Rdn. 23
- Aufhebung eines Erbverzichts § 108 Rdn. 10
- Auflassungsvormerkung § 108 Rdn. 8
- beeinträchtigende Verfügungen unter Lebenden § 108 Rdn. 11
- beteiligte Personen § 108 Rdn. 6
- Bindung § 108 Rdn. 5
- Dritte § 108 Rdn. 5
- Ehegattenhof § 109 Rdn. 25 M
- Eheleute § 85 Rdn. 11 M
  - – – Ältere § 85 Rdn. 11 M
  - – – Eingangsformulierung § 85 Rdn. 9 M
  - – – Jüngere § 85 Rdn. 10 M
- Eröffnungsantrag an das Nachlassgericht § 108 Rdn. 22 M
- Form § 108 Rdn. 1
- Geschäftsfähigkeit § 108 Rdn. 2
- kinderloses Ehepaar mit Änderungsvorbehalt § 108 Rdn. 24 M
- Kombination mit Vereinbarungen unter Lebenden § 108 Rdn. 3, Rdn. 8
- Kosten § 108 Rdn. 32 ff.
- Mitteilung an Standesamt § 8 Rdn. 39
- Partner in nichtehelicher Lebensgemeinschaft § 108 Rdn. 26 M
- Rücknahme, gemeinsame § 101 Rdn. 34 ff.
- Rücktritt § 108 Rdn. 3
- Rücktrittsmöglichkeiten § 101 Rdn. 26 f.
- Rücktrittsrecht § 101 Rdn. 29 M f.
- sozialhilfebedürftiges Kind § 108 Rdn. 28 M
- über landwirtschaftliche Besitzung § 109 Rdn. 46 M
- vertragsmäßige Verfügungen § 108 Rdn. 4 ff.
- Verwahrung § 98 Rdn. 12
- Wechselbezüglichkeit, Bindung § 108 Rdn. 5
- Wesen § 108 Rdn. 3 ff.
- Zentrales Testamentsregister § 108 Rdn. 19
- Zuwendungsverzicht § 101 Rdn. 32 f.

Erbvertragskartei § 108 Rdn. 18
Erbvertragsverzeichnis § 10 Rdn. 37 ff.; § 108 Rdn. 15 ff.
- Ersetzung durch Urkundenverzeichnis § 12 Rdn. 6

Erbverzicht
- Abfindung § 100 Rdn. 4, Rdn. 6 ff.
- Abgrenzung zum Pflichtteilsverzicht § 39 Rdn. 114; § 100 Rdn. 1, Rdn. 10 ff.
- Abkömmlinge § 100 Rdn. 2
- Benachrichtigung des Standesamtes § 100 Rdn. 5
- Form § 100 Rdn. 1
- Quote § 100 Rdn. 1
- Seitenverwandte des Erblassers § 100 Rdn. 2
- Vorversterbensfiktion § 39 Rdn. 114
- Wirkung § 100 Rdn. 1

Erfinderische Tätigkeit
- Indizien § 49 Rdn. 3

Erfinderischer Schritt
- Gebrauchsmuster § 49 Rdn. 71

Erfinderprinzip § 49 Rdn. 26

Erfindung
- Erfinderprinzip § 49 Rdn. 26

Erfolg
- rechtlicher § 6 Rdn. 2
- wirtschaftlicher § 6 Rdn. 2

Erfüllungsgehilfe
- Leasingvertrag § 43 Rdn. 21 ff., Rdn. 31, Rdn. 77 M

Erfüllungsübernahme § 30 Rdn. 3

Ergänzungspfleger
- Ausländer § 26 Rdn. 29

Ergebnisabführungsvertrag § 152 Rdn. 1 ff.

Erinnerung
- gegen Entscheidung des Rechtspflegers § 7 Rdn. 48 M

Erkenntnisverfahren
- Zwangsvollstreckungsunterwerfung § 19 Rdn. 23 ff.

Erkennungszeugen § 6 Rdn. 21, Rdn. 26 M

Erlass § 28 Rdn. 1 ff.
- Alternative § 28 Rdn. 10 M
  - – – Stillhalteabkommen zugunsten eines Dritten § 28 Rdn. 10 M
- Angebot und Annahme § 28 Rdn. 1
- Form § 28 Rdn. 1
- Nachzahlungsvereinbarung, Besserungsschein § 28 Rdn. 8 M
- Schenkung § 40 Rdn. 3, Rdn. 18
- Unterhaltsansprüche § 28 Rdn. 2
- Vertrag zugunsten Dritter § 28 Rdn. 3
- Vertragsinhalt § 28 Rdn. 6 M

Erlöschen
- Verein § 121 Rdn. 97 M, Rdn. 99 M

Erneuerungsvorrecht
- Erbbaurecht § 57 Rdn. 27

Errichtung
- neue Notarstelle § 2 Rdn. 9

Errungenschaftsgemeinschaft § 86 Rdn. 20 M

Ersatzerbe § 102 Rdn. 10 f.

Erschließung
- Erbbaurecht § 57 Rdn. 7
- Teilflächenkauf § 35 Rdn. 74 ff.

Erschließungskosten
- Grundstückskauf § 32 Rdn. 211 ff.

Ersetzen der Urkundenurschrift § 1 Rdn. 2; § 12 Rdn. 12 ff.
- Anhörung der Beteiligten § 12 Rdn. 14
- Rechtsmittel gegen Notar § 12 Rdn. 34

Ersetzungsverfahren
- Zustimmung beim Erbbaurecht § 57 Rdn. 25 f.

Erstrangklausel § 67 Rdn. 1

Erstreckungsbereich
- Erbbaurecht § 57 Rdn. 8 ff.

Erstveröffentlichungsrecht § 48 Rdn. 15

Erteilung einer Ausfertigung § 12 Rdn. 21 ff.

Ertragkraft
- Unternehmenskauf § 31 Rdn. 39 ff.

Ertragsprognose
- Unternehmenskauf § 31 Rdn. 41 ff.

Ertragsteuer § 36 Rdn. 88

Ertragswertklausel
- GmbH-Geschäftsanteil § 145 Rdn. 143 M

Ertragswertprivileg
- Pflichtteil bei Grundstücksüberlassung an Kinder § 39 Rdn. 129

Erwerb durch Erbengemeinschaft § 117 Rdn. 11

Erwerb eigene Anteile
- GmbH § 145 Rdn. 42 f.

Erwerbermodell § 34 Rdn. 6, Rdn. 36

Erwerbsverhältnis
- Auflassung § 56 Rdn. 8

EU-Erbrechtsverordnung § 120 Rdn. 3 ff.
- Anerkennung von Entscheidungen § 120 Rdn. 3
- Auslandsbezug § 120 Rdn. 15 M
- deutsche Nachlassgerichte § 120 Rdn. 10 ff.
- Entscheidungen § 120 Rdn. 10 ff.
- Erbrechtszeugnis § 120 Rdn. 13
- Erbrechtszeugnis, europäische § 120 Rdn. 10
- Erbschein § 120 Rdn. 10 ff., Rdn. 12 f.
  - – gegenständlich beschränkt § 120 Rdn. 12, Rdn. 18 M
- Erbvertrag § 120 Rdn. 17 M
- EU-Nachlassgericht § 120 Rdn. 14 ff.
- Europäisches Nachlasszeugnis § 120 Rdn. 19 M
- formelle Beweiskraft § 120 Rdn. 11
- Gerichtsstandvereinbarung, Schriftform § 120 Rdn. 5
- Heimatrecht § 120 Rdn. 5
- Kollisionsrecht § 120 Rdn. 6 ff.
- Legitimationswirkung § 120 Rdn. 13
- maßgebliches Recht § 120 Rdn. 17 M
- Nachlassverwalter § 120 Rdn. 13
- öffentliche Urkunde § 120 Rdn. 11
- Rechtswahl § 120 Rdn. 8 f., Rdn. 15 M
- Testamentsvollstrecker § 120 Rdn. 13
- Testamentsvollstreckerzeugnis § 120 Rdn. 11
- Vollstreckbarkeit von Entscheidungen § 120 Rdn. 3
- Vollstreckung von Entscheidungen § 120 Rdn. 3
- Vorrang von Staatsverträgen § 120 Rdn. 7
- Zuständigkeit § 120 Rdn. 4 f.
- Zuständigkeit deutscher Nachlassgerichte § 120 Rdn. 12 f.

Euro
- Grundpfandrecht § 68 Rdn. 8
- Umstellung bei AG § 146 Rdn. 46
- Umstellung bei GmbH § 144 Rdn. 73 ff.

Europäische Genossenschaft § 157 Rdn. 77

Europäische Patentanmeldung § 49 Rdn. 13 ff.
- Gebühren § 49 Rdn. 25
- Lizenzierung § 49 Rdn. 33
- Übertragung § 49 Rdn. 31

Europäischer Vollstreckungstitel
- Auslandsvollstreckung § 19 Rdn. 201

- Bestätigung § 19 Rdn. 206 f.
- Rechtsbehelfe § 19 Rdn. 210
- Voraussetzungen § 19 Rdn. 203 ff.

Europäisches Patent
- Antragsformular § 49 Rdn. 14
- Prüfungsverfahren § 49 Rdn. 15 f.
- Wirkung § 49 Rdn. 13

EWIV
- Abfindungsklausel § 140 Rdn. 2
- Ausführungsgesetz § 140 Rdn. 1
- Begriff § 140 Rdn. 1 f.
- Freiberufler § 140 Rdn. 1
- Gegenstand § 140 Rdn. 3
- Geschäftsführung § 140 Rdn. 8
- Gesellschafterbeschlüsse § 140 Rdn. 9
- Gründungsvertrag § 140 Rdn. 5, Rdn. 12 M
- Haftung § 140 Rdn. 10
- Handelsregisteranmeldung § 140 Rdn. 6, Rdn. 13 M
- Kapital § 140 Rdn. 2
- Mitglieder § 140 Rdn. 2
- Rechtsträgerschaft § 140 Rdn. 4
- Umwandlung § 153 Rdn. 11
- Vertretung § 140 Rdn. 8
- Wesen § 140 Rdn. 4

Fabrik
- Pachtvertrag § 42 Rdn. 18

Factoring-Geschäft § 29 Rdn. 52 ff., Rdn. 54 M
- unechtes § 29 Rdn. 53

Faksimile
- Unterschriftsbeglaubigung § 15 Rdn. 14

Fakultativkaufmann
- Handelsregisteranmeldung § 125 Rdn. 55

Fälligkeit
- Kaufpreis bei Erbbaurechtsverkauf § 57 Rdn. 76 M
- Zwangsvollstreckungsunterwerfung § 19 Rdn. 5

Fälligkeitsfactoring § 29 Rdn. 53

Fälligkeitsmitteilung § 8 Rdn. 7
- Erbteilskauf § 118 Rdn. 25 M

FamFG § 92 Rdn. 6 ff.
- § 630 ZPO § 90 Rdn. 79 M
- Abstammungsrecht § 92 Rdn. 30
- Reformierung des Verfahrensrechts § 92 Rdn. 10
- Unterhalt § 92 Rdn. 56

Familienbuch
- Ehename § 80 Rdn. 6

Familiengerichtliche Genehmigung § 6 Rdn. 74
- Ausschlagung der Erbschaft § 114 Rdn. 12, Rdn. 26 f.
- Belehrungspflicht § 6 Rdn. 74
- Doppelvollmacht an Notar § 5 Rdn. 15
- Erbauseinandersetzungsvertrag § 97 Rdn. 52
- FamFG § 92 Rdn. 1 f.
- Grundstücksgeschäfte § 97 Rdn. 47 ff.
  - – Abteilung I § 97 Rdn. 47 ff.
  - – Abteilung II § 97 Rdn. 53
  - – Abteilung III § 97 Rdn. 55 ff.
  - – Bekanntgabe § 97 Rdn. 19 ff.
  - – Doppelvollmacht § 97 Rdn. 31 ff.

  - – Doppelvollmacht, Eigenurkunde § 97 Rdn. 40 M
  - – Fälligkeitsregelung § 97 Rdn. 45 M
  - – Genehmigungsfrist § 97 Rdn. 38 M
  - – Genehmigungsverfahren § 97 Rdn. 9 f.
  - – Mitteilung § 97 Rdn. 28 ff.
  - – Nachweis § 97 Rdn. 8
  - – Rechtskrafteintritt § 97 Rdn. 14 ff.
  - – Rechtskraftzeugnis § 97 Rdn. 11 ff.
  - – Rechtsmittelverzicht § 97 Rdn. 26 f.
  - – Vollzug § 97 Rdn. 46 M
- handelsrechtliche Geschäfte § 97 Rdn. 85 ff.
  - – AG § 97 Rdn. 85 ff.
  - – Einzelkaufmann § 97 Rdn. 62 ff.
  - – GbR § 97 Rdn. 70 ff.
  - – Genossenschaft § 97 Rdn. 89
  - – GmbH § 97 Rdn. 78 ff.
  - – KG § 97 Rdn. 70 ff.
  - – OHG § 97 Rdn. 70 ff.
  - – Stille Gesellschaft § 97 Rdn. 88
  - – Übernahme von Geschäftsanteilen § 97 Rdn. 84 M
  - – Umwandlung § 97 Rdn. 90 f.

Familiengesellschaft
- OHG § 132 Rdn. 97
  - – Fortführung § 132 Rdn. 97
- Personengesellschaft § 131 Rdn. 42 ff.
  - – Einkommensteuer § 131 Rdn. 42 ff.

Familiengesetzbuch
- DDR § 81 Rdn. 1

Familienname § 3 Rdn. 18; § 80 Rdn. 1

Familienstiftung § 123 Rdn. 1, Rdn. 46 f.
- Satzung § 123 Rdn. 126 M
- Verschonungsbedarfsprüfung § 123 Rdn. 120

Familienunternehmen
- Schenkungsteuer § 131 Rdn. 84

Farbband für Urkunde § 11 Rdn. 2

Farbdrucksiegel § 11 Rdn. 35

Faustpfand § 78 Rdn. 1

Fehlende Architekteneigenschaft
- Hinweispflicht § 45 Rdn. 13

Fernbeglaubigung § 15 Rdn. 12

Fernwärmedienstbarkeit § 64 Rdn. 25 f.

Fertigstellungsbescheinigung
- Bauträgervertrag § 33 Rdn. 99 ff.

Feuerschadenversicherung
- Grundpfandrecht § 68 Rdn. 41 ff.

FGB-Güterstand
- abweichende Vereinbarungen § 88 Rdn. 1
- Alleineigentum § 88 Rdn. 4
- Aufhebung während der Ehe § 88 Rdn. 24
- Ausgleich § 88 Rdn. 11, Rdn. 23
- Beendigung der Ehe § 88 Rdn. 17
- Berufsausübung § 88 Rdn. 6
- Betriebsvermögen § 88 Rdn. 9
- Einlagen bei Kreditinstituten § 88 Rdn. 15
- Gesamtgut § 88 Rdn. 3, Rdn. 14
- Gesellschaftsanteile § 88 Rdn. 6 f.

3215

- Grundstückserwerb § 88 Rdn. 5, Rdn. 9
- Gütermassen § 88 Rdn. 2 ff.
- Immobilien § 88 Rdn. 5, Rdn. 9, Rdn. 15
- Kindesunterhalt § 88 Rdn. 21
- Scheidung § 88 Rdn. 17
- Surrogation § 88 Rdn. 10
- Teilung § 88 Rdn. 17 ff.
- Tod eines Ehegatten § 88 Rdn. 25
- unterhaltsberechtigte Kinder § 88 Rdn. 21
- Zugewinngemeinschaft § 88 Rdn. 1

Finanzierung
- Teilflächenkauf § 35 Rdn. 67 ff.

Finanzierungsgrundschuld § 6 Rdn. 149, Rdn. 152
- Beurkundung durch Mitarbeiter des Notars § 6 Rdn. 149
- Verbrauchervertrag § 6 Rdn. 152
- Vollzugsgeschäft § 6 Rdn. 149

Finanzierungsleasing § 43 Rdn. 3 f., Rdn. 6 ff., Rdn. 14, Rdn. 56 f., Rdn. 64 f.

Finanzierungsmitwirkung
- Erbbaurechtsbestellung § 57 Rdn. 62 M

Firma § 125 Rdn. 1 ff.
- abgeleitete § 125 Rdn. 24 ff.
- AG § 146 Rdn. 5
- Änderung § 125 Rdn. 62 f.
  - – Anmeldung § 125 Rdn. 62 f.
- Anmeldeberechtigte § 125 Rdn. 37 ff.
- Anmeldung § 125 Rdn. 36 ff.
  - – Änderung § 125 Rdn. 62 f.
  - – Einzelkaufmann § 125 Rdn. 58 M
  - – Firmenschutz § 125 Rdn. 53
  - – Form § 125 Rdn. 44
  - – gerichtliche Prüfung § 125 Rdn. 51 ff.
  - – Handelsniederlassung § 125 Rdn. 47
  - – Inhalt § 125 Rdn. 45 ff.
  - – inländische Geschäftsanschrift § 125 Rdn. 48
  - – Rücknahme § 125 Rdn. 54
  - – spätere § 125 Rdn. 61
  - – staatliche Genehmigung § 125 Rdn. 50
  - – Übernahme § 125 Rdn. 59 ff.
  - – Unternehmensgegenstand § 125 Rdn. 49
  - – Verlegung der Niederlassung § 125 Rdn. 68 f.
  - – Vertretung § 125 Rdn. 39
  - – Zeitpunkt § 125 Rdn. 43
- Begriff § 125 Rdn. 1
- Einstellung des Geschäftsbetriebes § 125 Rdn. 70 ff.
- Eintragung § 125 Rdn. 46
- Eintragungspflicht § 125 Rdn. 36
- Etablissement-Bezeichnung § 125 Rdn. 64
- Fantasiefirma § 125 Rdn. 23
- Firmenbildung § 125 Rdn. 18 ff.
- Firmenschutz § 125 Rdn. 14
- Firmenwahrheit § 125 Rdn. 8
- Fortführung § 125 Rdn. 25 f., Rdn. 26 f.; § 126 Rdn. 1 f.
- geografische Angaben § 125 Rdn. 9
- geschützte Firmenbestandteile § 125 Rdn. 22
- GmbH & Co. KG § 139 Rdn. 20 f.
- Grundbuchberichtigung bei Firmenänderung § 55 Rdn. 36
- Handwerksunternehmen § 125 Rdn. 56
- inländische Geschäftsanschrift § 125 Rdn. 48
- Irreführungsverbot § 125 Rdn. 8, Rdn. 10 ff., Rdn. 28
- Kennzeichnung § 125 Rdn. 2
- Kennzeichnungseignung § 125 Rdn. 16
- KG § 137 Rdn. 10
- Kommanditist § 125 Rdn. 19
- land- und forstwirtschaftliche Unternehmen § 125 Rdn. 57
- Löschung § 125 Rdn. 75 f.
- mehrere an einem Ort § 125 Rdn. 15
- Nachfolgezusatz § 125 Rdn. 11
  - – unrichtig § 125 Rdn. 11
- Namensgeber § 125 Rdn. 19
- OHG § 132 Rdn. 4 ff.; § 134 Rdn. 4
- Personenfirma § 125 Rdn. 18 ff.
- Rechtsformzusatz § 125 Rdn. 3, Rdn. 29 ff., Rdn. 67 M
- Sachfirma § 125 Rdn. 21
- Täuschung des Rechtsverkehrs § 125 Rdn. 2, Rdn. 28
- Übernahme § 125 Rdn. 59
- Unterscheidbarkeit § 125 Rdn. 13
- Unterscheidungskraft § 125 Rdn. 2
- Unterscheidungszusatz § 125 Rdn. 14
- unzulässige Bezeichnungen § 125 Rdn. 17
- Zustimmung zur Fortführung § 125 Rdn. 24
- Zweigniederlassung § 127 Rdn. 11 f.

Firmenbescheinigung § 15 Rdn. 41 M
Firmenfortführung
- Anmeldung § 126 Rdn. 11 M
  - – Erbe § 126 Rdn. 25 M
  - – Gerichtskosten § 126 Rdn. 11 M
  - – Haftungsausschluss § 126 Rdn. 11 M
  - – Kapitalgesellschaft § 126 Rdn. 16 M
  - – Miterbe § 126 Rdn. 31 f.
  - – Notarkosten § 126 Rdn. 11 M
  - – Pächter § 126 Rdn. 17 f.
  - – Prokura § 126 Rdn. 11 M
  - – Rückübertragung auf Verpächter § 126 Rdn. 20 M
  - – Sonderrechtsnachfolger § 126 Rdn. 4
  - – teilweiser Haftungsausschluss § 126 Rdn. 12 M
- Eintritt eines Teilhabers § 126 Rdn. 13 f.
- Erbe § 126 Rdn. 21 ff., Rdn. 25 M
  - – Haftung § 126 Rdn. 23
  - – minderjähriger Erbe § 126 Rdn. 24
- Erbengemeinschaft § 126 Rdn. 26 ff.
  - – Eintragung im Handelsregister § 126 Rdn. 27
  - – minderjähriger Erbe § 126 Rdn. 29
  - – Rechtsform § 126 Rdn. 28
- Erbschaftsteuer § 126 Rdn. 33
- Ertragsteuer § 126 Rdn. 34
- Haftungsausschluss § 126 Rdn. 5, Rdn. 8 ff.
- Handelsregister § 126 Rdn. 4
  - – Anmeldung § 126 Rdn. 7
  - – Frist § 126 Rdn. 6
- Kapitalgesellschaft § 126 Rdn. 15 f.
- Pächter § 126 Rdn. 17 f.
- Realteilung § 126 Rdn. 35
- Rückübertragung an Verpächter § 126 Rdn. 19 f.
- Sonderrechtsnachfolger § 126 Rdn. 1 f.
- Steuerrecht § 126 Rdn. 33 ff.
- Teilhabereintritt § 126 Rdn. 9
- Testamentsvollstrecker § 126 Rdn. 38 ff.
  - – steuerrechtlicher Hinweis § 126 Rdn. 42
- Treuhänder § 126 Rdn. 38 ff.
- Unternehmensfortführung § 126 Rdn. 1 f.
- Verpächter § 126 Rdn. 19 f.
  - – Rückübertragung § 126 Rdn. 19 f.

Firmenschutz § 125 Rdn. 14
Firmenzeichnung § 15 Rdn. 29 f.
Fischereipacht § 42 Rdn. 7, Rdn. 46 ff., Rdn. 55
Flurbereinigung § 56 Rdn. 38 ff.
- Auflassung nach vorläufiger Einweisung § 56 Rdn. 40 M
- Verfügung über Grundstück § 56 Rdn. 38 ff.

Fluren § 54 Rdn. 3
Flurkarte § 54 Rdn. 2
Flurstück § 54 Rdn. 3, Rdn. 4 ff.
- Verschmelzung § 54 Rdn. 6
- Zerlegung § 54 Rdn. 6, Rdn. 14
- Zuflurstück § 54 Rdn. 6, Rdn. 31

Fonds § 34 Rdn. 7, Rdn. 37 ff.
- Beitritt § 34 Rdn. 48
  - – Abtretung eines Gesellschaftsanteils § 34 Rdn. 48
  - – Geschäftsbesorgungsvertrag § 34 Rdn. 51 M
  - – Zahlungsaufschub § 34 Rdn. 46 M ff.
  - – zur BGB-Gesellschaft § 34 Rdn. 42 M, Rdn. 46 M
  - – zur Fondsgesellschaft § 34 Rdn. 42 M
  - – zur KG § 34 Rdn. 44 ff.
- Beschränkung der Haftung des Gesellschafters § 34 Rdn. 41
- Form § 34 Rdn. 38
- Form des Gesellschaftsvertrags § 34 Rdn. 39 ff.
- GbR § 34 Rdn. 38
- geschlossener Immobilienfonds § 34 Rdn. 37 ff.
- Gesellschaftsvertrag § 34 Rdn. 39 ff.
- Grunderwerbsteuer § 34 Rdn. 47
- Grundkonzeption § 34 Rdn. 38
- KG § 34 Rdn. 38
- Verwaltung der Gesellschaft § 34 Rdn. 40 ff.
- Zweck der Gesellschaft § 34 Rdn. 39 ff.

Förderstiftung § 123 Rdn. 37
Forderung
- Eintritt in Sicherungsvertrag § 29 Rdn. 30 M
- Grundschuld § 72 Rdn. 1

- Hypothek § 70 Rdn. 11 ff.
- Schenkung § 40 Rdn. 16, Rdn. 19
- Verpfändung § 78 Rdn. 20 ff.

Förderverein
- Satzung § 121 Rdn. 51 M

Form
- Abtretung des Anwartschaftsrechts § 56 Rdn. 30
- Abtretung des Auflassungsanspruchs § 56 Rdn. 25 ff.
- Änderung der Teilungserklärung § 58 Rdn. 56
- Auflassung § 56 Rdn. 3
- Ausübung des Vorkaufsrechts § 62 Rdn. 30
- Begründung von Wohnungseigentum § 58 Rdn. 40 ff.
- Bewilligung § 55 Rdn. 11 ff.
- Einigung § 55 Rdn. 1, Rdn. 9
- Genehmigung § 25 Rdn. 13
- GmbH-Geschäftsanteilsabtretung § 145 Rdn. 1 ff.
- Maklervertrag § 47 Rdn. 9 ff.
- Treuhandvertrag über GmbH-Geschäftsanteil § 145 Rdn. 116
- Vollmacht § 24 Rdn. 20 ff.
- Vorkaufsrecht § 62 Rdn. 28 ff.

Formell Beteiligte § 5 Rdn. 3, Rdn. 6

Formelle Beweiskraft der Urkunde § 11 Rdn. 16

Formelles Konsensprinzip § 55 Rdn. 11

Formgültigkeit § 26 Rdn. 54 ff.

Formstatut § 26 Rdn. 54 ff.

Formular für Grundpfandrechte § 68 Rdn. 19 ff.

Formularvertrag
- Belehrungspflicht § 6 Rdn. 69
- Erbbaurechtsvertrag § 57 Rdn. 27
- Heimfall beim Erbbaurecht § 57 Rdn. 20

Formulierungspflicht § 6 Rdn. 146

Formwechsel
- Anmeldung § 156 Rdn. 7, Rdn. 30 M, Rdn. 36 M, Rdn. 40 M
  - – Anmeldungsberechtigung § 156 Rdn. 39
- Besteuerung § 156 Rdn. 11 ff.
  - – Kapitalgesellschaft eine andere § 156 Rdn. 12
  - – Kapitalgesellschaft in Personengesellschaft § 156 Rdn. 18 ff.
  - – Personengesellschaft in Kapitalgesellschaft § 156 Rdn. 13 ff.
- Betriebsrat § 156 Rdn. 4
- einbezogene Rechtsträger § 156 Rdn. 3
- Erbschaftsteuer § 156 Rdn. 24
- Gewerbesteuer § 156 Rdn. 22
- GmbH & Co KG in GmbH § 156 Rdn. 30 M
  - – Anmeldung § 156 Rdn. 30 M
  - – Umwandlungsbeschluss § 156 Rdn. 26 M
- GmbH in AG § 156 Rdn. 40 M
  - – Anmeldung § 156 Rdn. 40 M
  - – Umwandlungsbeschluss § 156 Rdn. 38 M
- GmbH in GbR § 156 Rdn. 34 f.
  - – Anmeldung § 156 Rdn. 36 M
  - – Umwandlungsbeschluss § 156 Rdn. 35 M
- Grundbuchberichtigung § 55 Rdn. 36
- Grunderwerbsteuer § 156 Rdn. 23
- Gründungsrecht § 156 Rdn. 6
- Identitätsgrundsatz § 156 Rdn. 1 f.
- Personenidentität § 156 Rdn. 2
- Registereintragung § 156 Rdn. 7
  - – Rechtsfolgen § 156 Rdn. 10
- Sachgründungsbericht § 156 Rdn. 33
- Stichtag § 156 Rdn. 5
- Umsatzsteuer § 156 Rdn. 22
- Umwandlungsbericht § 156 Rdn. 4
- Umwandlungsbeschluss § 156 Rdn. 5, Rdn. 26 M, Rdn. 35 M, Rdn. 38 M
  - – Entwurf an Betriebsrat § 156 Rdn. 4
- Umwandlungsprüfung § 156 Rdn. 5
- Unternehmen, Rechtsformzusatz § 125 Rdn. 3
- Verwalter nach WEG § 58 Rdn. 36
- Verwendung einer Mantelgesellschaft § 156 Rdn. 28
- Wesen § 156 Rdn. 1

Formwirksamkeit
- ausländische Urkunden § 26 Rdn. 54 ff.

Forstwirtschaftliche Grundstücke
- Angehörigenrechtsgeschäft § 36 Rdn. 17
- Auflagen zur Veräußerung § 36 Rdn. 27
- bebaute Grundstücke § 36 Rdn. 6
- Bebauungsplan § 36 Rdn. 16
- Erbbaurecht § 36 Rdn. 8, Rdn. 48
- Erfüllungsgeschäft § 36 Rdn. 9
- Freigrenze nach Landesrecht § 36 Rdn. 32
- Genehmigungsbehörde § 36 Rdn. 30 ff.
- Grundstücksbegriff § 36 Rdn. 7
- Grundstücksgröße § 36 Rdn. 32 ff.
- Nießbrauch § 36 Rdn. 15
- tatsächliche Nutzung § 36 Rdn. 5
- Veräußerung § 36 Rdn. 2 ff.
- Veräußerungsbegriff § 36 Rdn. 9
- Verpflichtungsgeschäft § 36 Rdn. 9
- Vorwegnahme der Erbfolge § 36 Rdn. 19

Fortführung einer Firma § 125 Rdn. 24 ff.
- Anmeldung durch Erben § 134 Rdn. 15 M
- Erstanmeldung § 125 Rdn. 59

Fortführungsnachweis
- vorherige Auflassung § 56 Rdn. 15 ff.

Fortführungsvermessung § 54 Rdn. 1 f.

Fortgesetzte Gütergemeinschaft § 87
- Aufhebung der Fortsetzung § 86 Rdn. 23 M
- Hof § 109 Rdn. 9
- Landgut § 109 Rdn. 40
- Vereinbarung § 86 Rdn. 22 M

Fortsetzungsbeschluss GmbH § 144 Rdn. 219 ff.

Französische Handelsgesellschaft
- Nachweis der Vertretungsmacht § 6 Rdn. 53

Frauenquote
- AG § 146 Rdn. 2; § 148 Rdn. 25

Freiberufler
- GbR § 130 Rdn. 66 ff., Rdn. 142 M

Freiberufliche Praxis
- Wettbewerbsverbot § 31 Rdn. 56

Freibetrag
- Erbschaftsteuer § 98 Rdn. 16 ff.

Freie Berufe
- OHG § 131 Rdn. 3

Freiexemplar § 48 Rdn. 67

Freigabeerklärung § 75 Rdn. 10 M

Freigabeverfahren
- AG § 149 Rdn. 67

Freihaltungsbedürftigkeit
- Marke § 49 Rdn. 94

Freistellungserklärung Bauträgervertrag § 33 Rdn. 84 ff.

Freistellungsverpflichtung § 30 Rdn. 10 M ff.

Freiwillige Grundstücksversteigerung
- Auflassung § 38 Rdn. 3
- Auseinandersetzung einer Erbengemeinschaft § 38 Rdn. 12 M
- Form § 38 Rdn. 1
- Notar § 38 Rdn. 5, Rdn. 11 ff.
- privater Auktionator § 38 Rdn. 5, Rdn. 6 ff., Rdn. 10 M
  - – Angebot § 38 Rdn. 7
  - – Annahme § 38 Rdn. 8
  - – Verweisungsurkunde § 38 Rdn. 6
- Willenserklärungen § 38 Rdn. 4

Freiwillige Versteigerung § 4 Rdn. 7, Rdn. 14; § 18 Rdn. 9 ff., Rdn. 19 M
- beweglicher Sachen § 18 Rdn. 11
- Forderungen, Rechte § 18 Rdn. 13
- Form- und Verfahrensvorschriften § 18 Rdn. 15
- Grundbesitz § 18 Rdn. 16

Fremdenverkehrsdienstbarkeit § 64 Rdn. 14 ff.

Fremdsprache § 26 Rdn. 1 ff.

Fremdsprachiger Beteiligter § 14 Rdn. 30 ff.
- Testament § 104 Rdn. 15 ff.

Fremdwährung
- Grundpfandrecht § 68 Rdn. 8

Freundschaftsvertrag § 40 Rdn. 7

Führerschein § 6 Rdn. 18

Führungspositionen
- Gleichberechtigung § 148 Rdn. 25 ff.

Füllstriche § 11 Rdn. 9

Garagenstellplatz § 58 Rdn. 10
- Wohnungsrecht § 65 Rdn. 18 M

Garantie
- GmbH-Geschäftsanteilsveräußerung § 145 Rdn. 33 M
- Grundstückskaufvertrag § 32 Rdn. 281 ff.
- Leasingvertrag § 43 Rdn. 41, Rdn. 77 M

Garantieversprechen
- selbständiges § 31 Rdn. 12

Garantievertrag § 51 Rdn. 19 ff., Rdn. 21 M
- Abgrenzung zur Bürgschaft § 51 Rdn. 19
- Begriff § 51 Rdn. 19
- Einwendungen § 51 Rdn. 20
- Form § 51 Rdn. 20
- Geschäftswert für Kostenberechnung § 51 Rdn. 21 M

Garten
- Wohnungsrecht § 65 Rdn. 15 M

3217

Gartenpflege
- Mietvertrag § 41 Rdn. 46 M
  - - Betriebskosten § 41 Rdn. 46 M
  - - Gartennutzung- und Gartenpflege § 41 Rdn. 46 M

Gaststätte
- Pachtgegenstand § 42 Rdn. 9
- Pachtvertrag § 42 Rdn. 18
- Unternehmenskauf § 31 Rdn. 2, Rdn. 62

Gattungsvermächtnis § 111 Rdn. 30 M

GbR *siehe auch BGB-Gesellschaft*
- Abfindung § 130 Rdn. 43 ff., Rdn. 76 f.
- Abschlussmängel § 130 Rdn. 51
- Anteile § 130 Rdn. 24
- Auflassung § 56 Rdn. 1
- Ausscheiden § 130 Rdn. 40 ff.
  - - Folgen § 130 Rdn. 43
- Ausschließen § 130 Rdn. 40 ff.
- Bauherrengemeinschaft, »echte« § 34 Rdn. 28
- Bedeutung § 130 Rdn. 65
- Beiträge § 130 Rdn. 25 f.
- Berichtigungsbewilligung § 56 Rdn. 34 M
- Beurkundungskosten § 32 Rdn. 70
- Bürogemeinschaft § 130 Rdn. 69 ff.
- Dauer § 130 Rdn. 22
- Ehegattengesellschaft § 130 Rdn. 126 ff.
- Einlagen § 130 Rdn. 25 f.
- Erbschaftsteuer § 130 Rdn. 123
- Familiengesellschaft § 130 Rdn. 153 M
- Fondsmodell § 34 Rdn. 38
- Form § 130 Rdn. 17
  - - Güterstandsklausel § 130 Rdn. 17
- Formwechsel § 156 Rdn. 3
- Freiberufler § 130 Rdn. 66 ff., Rdn. 142 M
- Geschäftsführung § 130 Rdn. 27 ff.
- Gesellschafter § 130 Rdn. 23
- Gesellschafterkonten § 130 Rdn. 5
- Gesellschafterversammlung § 130 Rdn. 32 f.
- Gesellschaftsvertrag § 130 Rdn. 16 ff.
  - - Form § 130 Rdn. 16
  - - Güterstandsklausel § 130 Rdn. 17
  - - Inhalt § 130 Rdn. 18
- Gewinn- und Verlustverteilung § 130 Rdn. 34
- Grundbesitzgesellschaft § 130 Rdn. 90 ff., Rdn. 153 M
  - - Abgrenzung zur Bruchteilsgemeinschaft § 130 Rdn. 104 ff.
  - - Anteilsübertragung § 130 Rdn. 100 f.
  - - Ausscheiden § 130 Rdn. 102
  - - Einkommensteuer § 130 Rdn. 113 ff.
  - - Eintritt § 130 Rdn. 94 f.
  - - Form § 130 Rdn. 91
  - - Gesellschafterwechsel § 130 Rdn. 94 ff.
  - - gewerblicher Grundstückshandel § 130 Rdn. 117 ff.
  - - GmbH & Co GbR/ - KG § 130 Rdn. 124 f.
  - - Grunderwerbsteuer § 130 Rdn. 107 ff.
- Grundbuchberichtigung § 55 Rdn. 45
- Grundbucheintragung § 56 Rdn. 9
- Grundbuchfähigkeit § 32 Rdn. 59 f.
- Haftungsbeschränkung § 130 Rdn. 31
- Handwerker § 130 Rdn. 144 M
- Hofnachfolge § 130 Rdn. 147 ff.
- Innengesellschaft § 130 Rdn. 52 ff.
- Kündigung § 130 Rdn. 38 f., Rdn. 74 f.
- Landwirtschaft § 130 Rdn. 133 ff., Rdn. 147 ff.
- Mitglied in Europäischer wirtschaftlicher Interessenvereinigung § 140 Rdn. 2
- Mitpächter bei Jagdpacht § 42 Rdn. 53
- Nachschusspflicht § 130 Rdn. 26
- Name § 130 Rdn. 19
- Neuerrichtung § 32 Rdn. 68 f.
- nichteheliche Lebensgemeinschaft § 130 Rdn. 130 f.
  - - Innengesellschaft § 130 Rdn. 130 f.
- Nutzungsgesellschaftsvertrag, Fotovoltaik-Betriebs GbR § 130 Rdn. 140 M
- organschaftliche Vertretung § 130 Rdn. 29
- Praxisgemeinschaft § 130 Rdn. 69 ff., Rdn. 142 M f.
- Rechtsfähigkeit § 32 Rdn. 59 f.; § 130 Rdn. 5
- Satzungsregelungen § 130 Rdn. 72
- Schriftformklausel § 130 Rdn. 50
- Schutz-/Stimmrechtsgemeinschaft § 130 Rdn. 86 ff.
- Sitz § 130 Rdn. 19 f.
- Sozietät § 130 Rdn. 66 ff., Rdn. 142 M f.
- steuerliche Besonderheiten § 130 Rdn. 79 ff.
- Testamentsvollstreckung § 130 Rdn. 37
- Tod eines Gesellschafters § 130 Rdn. 36, Rdn. 49
- Übernahmerecht § 130 Rdn. 75 M
- Umsatzsteuer § 130 Rdn. 122
- Umwandlung § 153 Rdn. 11 f.
- Umwandlung in GmbH & Co. KG § 139 Rdn. 63 ff.
- Unterbeteiligung § 130 Rdn. 54 ff., Rdn. 145 M
- Veräußerung der Beteiligung § 130 Rdn. 35
- Verkauf eines GbR-Anteils § 130 Rdn. 154 ff.
- Verpfändung § 78 Rdn. 23
  - - Anspruch auf Auseinandersetzungsguthaben und Gewinnanteil § 78 Rdn. 23
- Vertretung § 130 Rdn. 27 ff.
  - - Vollmacht für einen geschäftsführenden Gesellschafter § 130 Rdn. 30 M
- Vollmacht § 32 Rdn. 73
- Wettbewerbsbeschränkung § 130 Rdn. 73 M
- Zweck § 130 Rdn. 1 ff.

Gebärdendolmetscher § 14 Rdn. 9 ff.
- Mitwirkungsverbot § 14 Rdn. 10
- Unterschrift § 14 Rdn. 9

Gebäudeeigentum § 57 Rdn. 4

Gebäudeversicherung
- Grundpfandrecht § 68 Rdn. 41 ff.
- Versicherungsschein § 68 Rdn. 43 M

Gebietskörperschaft
- Spaltung § 155 Rdn. 5

Gebrauchsmuster
- Abzweigung § 49 Rdn. 78
- Ausnahmen § 49 Rdn. 69
- Begriff § 49 Rdn. 69
- Eintragung § 49 Rdn. 74
- Eintragungsverfahren § 49 Rdn. 74 f.
- erfinderischer Schritt § 49 Rdn. 72
- Löschungsklage § 49 Rdn. 79
- Neuheitsbegriff § 49 Rdn. 71
- Patent § 49 Rdn. 70
- Recherche § 49 Rdn. 77
- Rechtsgrundlage § 49 Rdn. 68
- Schutzdauer § 49 Rdn. 73
- Stand der Technik § 49 Rdn. 71
- Übertragbarkeit § 49 Rdn. 80
- Verletzung § 49 Rdn. 82
- Wirkung § 49 Rdn. 76

Gebrauchsüberlassung
- Schenkung § 40 Rdn. 3

Gebühren
- elektronisches Urkundenarchiv § 12a Rdn. 43 ff.
- Gebührenvereinbarung § 20 Rdn. 3 ff.

Geburtsname § 80 Rdn. 1
- Voranstellung durch Witwe § 80 Rdn. 23 M
- Wiederannahme durch Witwer § 80 Rdn. 22 M
- Wiederannahme nach Scheidung § 80 Rdn. 14, Rdn. 20 M–Rdn. 21 M

Gefahr im Verzug bei Beurkundung § 6 Rdn. 22

Gefahrtragung
- Leasingvertrag § 43 Rdn. 33 ff., Rdn. 77 M

Gegenständlich beschränkter Pflichtteilsverzicht § 100 Rdn. 11, Rdn. 15 M
- Grundstücksüberlassung an Kinder § 39 Rdn. 117 f.

Geh- und Fahrtrecht § 64 Rdn. 1

Geheimhaltungspflicht
- Lizenzvertrag § 49 Rdn. 138 M

Gehörloser Beteiligter
- schriftliche Fragestellung an einen Gehörlosen § 104 Rdn. 8 M
- Testament § 104 Rdn. 6 ff.

Geld
- Anderkonto für Fremdgeld § 9 Rdn. 14
- Verwahrungsgeschäft § 9 Rdn. 2
  - - Bargeld § 9 Rdn. 13

Gelddarlehen § 50 Rdn. 5

Geldeinlage
- GmbH-Gründung § 142 Rdn. 53

Geldwäschegesetz § 6 Rdn. 23
- Identifizierungspflicht § 6 Rdn. 23

Gemarkung § 54 Rdn. 3

Gemeinnützigkeit
- Stiftung § 123 Rdn. 91 ff.
  - - Beteiligung an anderen Gesellschaften § 123 Rdn. 99 ff.

- – Familienbegünstigung § 123 Rdn. 101 f.
- – steuerliche Behandlung § 123 Rdn. 103 ff.
- Verein § 121 Rdn. 33 ff., Rdn. 35 M, Rdn. 37

Gemeinschaftliches Testament
- »Berliner Testament« § 107 Rdn. 5
- Abgrenzung zum Erbvertrag § 107 Rdn. 3
- Bindung § 101 Rdn. 16 M
- einseitige und wechselbezügliche Verfügungen § 107 Rdn. 2
- einseitiger Widerruf § 101 Rdn. 9 ff.
- Erschwerung des Pflichtteilsverlangens der Kinder § 107 Rdn. 25 M ff.
- gegenseitiger Nießbrauch § 107 Rdn. 24 M
- kinderlose Ehegatten § 107 Rdn. 19 M–Rdn. 20 M, Rdn. 22 M
- Lebenspartner § 107 Rdn. 1
- Nichtehegatten § 107 Rdn. 1
- Nießbrauch für Ehegatten § 107 Rdn. 8
- Pflichtteilsrecht der Kinder § 107 Rdn. 7
- Pflichtteilsstrafklausel § 107 Rdn. 8
- Schlusserbfolge § 107 Rdn. 5
- Vor- und Nacherbfolge § 107 Rdn. 9, Rdn. 23 M, Rdn. 31 M
- Widerruf § 107 Rdn. 3
  - – Ablieferung § 101 Rdn. 11
  - – Benachrichtigung des Standesamts § 101 Rdn. 11
  - – Zustellung § 101 Rdn. 11
- Wiederverheiratung § 107 Rdn. 6
  - – Wegfall der Bindung § 107 Rdn. 3, Rdn. 17
- Wiederverheiratung, Quotenvermächtnis und Pflichtteilserschwernis § 107 Rdn. 30 M
- Wiederverheiratungsklausel § 107 Rdn. 10 ff.

Gemeinschaftseigentum
- Abgrenzung zum Sondereigentum § 58 Rdn. 5 ff.
- Heizkostenverordnung § 58 Rdn. 27
- Lasten und Kosten § 58 Rdn. 27
- Sondernutzungsrecht § 58 Rdn. 11 ff.
- zwingendes § 58 Rdn. 5 ff.

Gemeinschaftsgeschmacksmuster § 49 Rdn. 133

Gemeinschaftsmarke
- Unionsmarke § 49 Rdn. 112

Gemeinschaftsordnung
- Änderung § 58 Rdn. 52 ff.

Gemeinschaftsverhältnis
- Vorkaufsrecht § 62 Rdn. 26 ff.
- WEG § 58 Rdn. 20 ff.

Gemischte Schenkung
- Begriff § 40 Rdn. 7 ff.
- Freundschaftskauf § 40 Rdn. 7
- Übergabe landwirtschaftlicher Grundstücke § 36 Rdn. 85 ff.

Genehmigtes Kapital
- Anmeldung § 149 Rdn. 166 M
  - – Durchführung der Erhöhung § 149 Rdn. 166 M
  - – Satzungsänderung § 149 Rdn. 166 M
- Kapitalerhöhung bei der GmbH § 144 Rdn. 143 ff.

- Satzungsermächtigung des Vorstands § 149 Rdn. 164 M

Genehmigung § 25 Rdn. 1, Rdn. 10 ff., Rdn. 19 M
- »Beitritt« § 25 Rdn. 12
- amtsempfangsbedürftige Erklärung § 25 Rdn. 25
- Aufforderung zur ~ § 25 Rdn. 20
- Auftrag zur Einholung § 6 Rdn. 76 M
- BauGB § 6 Rdn. 91
- behördliche § 6 Rdn. 81 ff.
- Belehrungspflicht § 6 Rdn. 73 ff.
- Bergwerkseigentum § 59 Rdn. 4, Rdn. 7, Rdn. 9
- Eintragungsbewilligung § 25 Rdn. 26 M
- Ende der Vertretungsmacht vor Erklärungszugang § 25 Rdn. 14
- Erklärungsempfänger § 25 Rdn. 10, Rdn. 15
- Form § 25 Rdn. 13, Rdn. 15
- Frist zur Erteilung § 6 Rdn. 83
- gerichtliche § 6 Rdn. 81
- GmbH-Gründung § 6 Rdn. 109 M
- Grundbuchamt § 25 Rdn. 24
- GVO § 6 Rdn. 96 ff.
- Insolvenz § 25 Rdn. 11
- landwirtschaftliche § 6 Rdn. 83 ff.
- Mehrfachvertretung § 25 Rdn. 15
- nach der GrdstVG § 6 Rdn. 83 ff.
- Negativattest § 6 Rdn. 95
- neue Bundesländer § 6 Rdn. 96 ff.
- Preisklauselgesetz § 6 Rdn. 92 ff.
- Sanierung § 6 Rdn. 87 ff.
- Teilung eines Grundstücks § 6 Rdn. 86
- Vormerkung § 61 Rdn. 17 f.
- Wirksamwerden § 25 Rdn. 21
- Wirkung § 25 Rdn. 10, Rdn. 15 f.
- Zugang der Erklärung § 25 Rdn. 14, Rdn. 21

General- und Vorsorgevollmacht § 24 Rdn. 119 M; § 96 Rdn. 26 ff., Rdn. 82 M
- anwendbare nationale Sachrechte § 96 Rdn. 130
- Anwendbarkeit des Art. 15 ESÜ § 96 Rdn. 162 ff.
- ausländische Vollmacht vor deutschem Notar § 96 Rdn. 165 ff.
- außerhalb des ESÜ-Anwendungsbereichs § 96 Rdn. 147 ff.
  - – ab dem 17.06.2017 erteilte Vollmachten § 96 Rdn. 155 ff.
  - – gewöhnlicher Aufenthalt des Vollmachtgebers § 96 Rdn. 149 f.
  - – gewöhnlicher Gebrauch der Vollmacht § 96 Rdn. 151, Rdn. 161
  - – vor dem 17.06.2017 erteilte Vollmachten § 96 Rdn. 148 ff.
  - – Vorrang der Rechtswahl § 96 Rdn. 152 f., Rdn. 155 f.
- Eheleute mit weiterer Vollmacht für Kinder § 96 Rdn. 86 M
- Form § 96 Rdn. 32 ff.
- internationales Privatrecht § 96 Rdn. 120 ff.
- Rechtswahl § 96 Rdn. 127 ff.
- Rechtswahl durch Bevollmächtigten § 96 Rdn. 174 M

- Rechtswahl für das Vollmachtsstatut § 96 Rdn. 172 M
- Vormundbenennung § 96 Rdn. 88 M
- vorrangiger Staatsvertrag § 96 Rdn. 124 ff.
  - – Ausübung der Vollmacht § 96 Rdn. 134
  - – Bezug zum Vorsorgefall § 96 Rdn. 132 f.
  - – Verkehrsschutz § 96 Rdn. 142 ff.
  - – zeitlicher Anwendungsbereich § 96 Rdn. 146
  - – Zeitpunkt des Auslandsbezugs § 96 Rdn. 131

Generalakten § 10 Rdn. 49 ff.

Generalübernehmer
- Baubetreuungsvertrag § 46 Rdn. 6

Generalübernehmervertrag § 46 Rdn. 6
- Abgrenzung zum Generalunternehmervertrag § 46 Rdn. 6
- Vollbetreuungsvertrag § 46 Rdn. 54

Generalunternehmer
- Architektenvertrag § 45 Rdn. 12
- Baubetreuungsvertrag § 46 Rdn. 6
- Bauträgervertrag § 33 Rdn. 77
- Generalunternehmervertrag § 46 Rdn. 6

Generalversammlung
- Genossenschaft § 157 Rdn. 23 ff.

Generalvollmacht
- Geschäftsführer § 143 Rdn. 33
- Verein § 121 Rdn. 59

Genossenschaft
- Anmeldungen § 157 Rdn. 47 ff.
  - – Auflösung und Liquidation § 157 Rdn. 66 M
  - – Satzung und Vorstand § 157 Rdn. 50 M
  - – Satzungsänderung § 157 Rdn. 54 M
  - – Vorstandsänderung § 157 Rdn. 56 M
- Aufsichtsrat § 157 Rdn. 20
- Ausscheiden § 157 Rdn. 33
- Begriff § 157 Rdn. 1 ff.
- Beitritt § 157 Rdn. 31, Rdn. 58 M
- Besteuerung § 157 Rdn. 67 ff.
- Beteiligung Minderjähriger § 157 Rdn. 32
- Bevollmächtigter in Generalversammlung § 157 Rdn. 24
- Drittelbeteiligungsgesetz § 157 Rdn. 21
- Einladung zur Generalversammlung § 157 Rdn. 51 M
- Einladung zur weiteren Generalversammlung § 157 Rdn. 53 M
- Firma § 157 Rdn. 13
- Generalversammlung § 157 Rdn. 23 ff.
- Genossenschaftstypen § 157 Rdn. 3 ff.
- Geschäftsanteil § 157 Rdn. 34 ff., Rdn. 61
  - – Kündigung § 157 Rdn. 61–Rdn. 62 M
- Geschäftsguthaben § 157 Rdn. 36
- Haftung § 157 Rdn. 15, Rdn. 38 ff.
- Handlungsvollmacht § 157 Rdn. 19
- Kapital § 157 Rdn. 12
- Kreditgenossenschaft § 157 Rdn. 4

3219

- Kündigung § 157 Rdn. 33, Rdn. 59 ff., Rdn. 60 M, Rdn. 64 M
- Listenwahl § 157 Rdn. 43 M
- Mindestmitgliederzahl § 157 Rdn. 16
- Mitbestimmungsgesetz § 157 Rdn. 22
- Mitgliedschaftsrecht § 157 Rdn. 31 ff.
- Nachschusspflicht § 157 Rdn. 38 ff.
- Prokura § 157 Rdn. 19
- Protokoll § 157 Rdn. 27
- Prüfungsverband § 157 Rdn. 30
- Rechtsformzusatz § 125 Rdn. 3, Rdn. 30; § 157 Rdn. 13 f.
- Satzung § 157 Rdn. 12, Rdn. 40 ff.
  - – Abweichungen § 157 Rdn. 44
  - – detaillierte § 157 Rdn. 42 M
  - – kleine Genossenschaft § 157 Rdn. 44
  - – kurze § 157 Rdn. 46 M
  - – Mindestkapital § 157 Rdn. 44
  - – Sacheinlagen § 157 Rdn. 44
  - – Zulassung investierender Mitglieder § 157 Rdn. 44
- Tätigkeitsarten § 157 Rdn. 4
- Tod eines Genossen § 157 Rdn. 33
- Übertragung des Geschäftsguthabens § 157 Rdn. 33
- unechte Gesamtvertretung § 157 Rdn. 18
- Verschmelzung § 154 Rdn. 2; § 157 Rdn. 29
- Vertreterversammlung § 157 Rdn. 25 ff.
- Vertretung § 157 Rdn. 17 ff.
- Vorstand § 157 Rdn. 17 ff., Rdn. 56 M
- Wahlordnung zur Vertreterversammlung § 157 Rdn. 43 M
- Zeichnung § 157 Rdn. 18
- Zweigniederlassung § 157 Rdn. 28

Genossenschaftlicher Prüfungsverband
- Verschmelzung § 154 Rdn. 2

Genossenschaftsregister § 124 Rdn. 1
- Antragsberechtigung des Notars § 7 Rdn. 21
- elektronischer Rechtsverkehr, ELRV § 12a Rdn. 73

Genussschein § 146 Rdn. 14, Rdn. 28 M
- Genussscheinbuch § 146 Rdn. 28 M
- Rechte § 146 Rdn. 27

Gerichtskostenvorschuss § 7 Rdn. 34 ff.

Gerichtsvollmacht
- U.I.N.L. § 24 Rdn. 122 M

Gerichtsvollzieher
- Wechsel- und Scheckprotest § 17 Rdn. 18

Geringstes Gebot
- Ausbietungsgarantie § 51 Rdn. 22

Gesamtauseinandersetzung bei Scheidung § 90 Rdn. 72 ff.

Gesamtdienstbarkeit § 64 Rdn. 30

Gesamterbbaurecht
- Erbbaurecht § 57 Rdn. 55

Gesamtgläubiger
- Nießbrauch § 53 Rdn. 23

Gesamtgrundschuld § 72 Rdn. 49 ff.
- Aufteilung des Grundstücks in Wohnungseigentum § 75 Rdn. 17 ff.
- Belastungsgegenstand § 72 Rdn. 49
- Grundstücksteilung § 75 Rdn. 16
- Kosten § 72 Rdn. 51
- Miteigentümer § 75 Rdn. 15 M
  - – Haftentlassung § 75 Rdn. 15 M
- Pfandstreckung § 72 Rdn. 52
- Pfandfreigabe § 75 Rdn. 9 ff.
- Rang § 72 Rdn. 51
- Verteilung § 75 Rdn. 20

Gesamtgut § 86 Rdn. 1, Rdn. 5 ff.
- Auseinandersetzung § 18 Rdn. 1; § 56 Rdn. 1; § 86 Rdn. 24 ff.
- FGB-Güterstand § 88 Rdn. 3
- Grundbuchberichtigung § 86 Rdn. 7, Rdn. 18 f.
- Vermögensübergang § 86 Rdn. 7
- Verwaltung § 86 Rdn. 11

Gesamthandsprinzip
- Personengesellschaft § 130 Rdn. 11

Gesamthypothek
- Verteilung § 70 Rdn. 10 M

Gesamtreallast § 66 Rdn. 11

Gesamtrechtsnachfolge
- Eigentumsübergang kraft Gesetzes § 56 Rdn. 35
- Vollstreckungsklausel § 19 Rdn. 182 ff.

Gesamtvertretung
- OHG § 132 Rdn. 29 M
  - – Zweigniederlassung § 132 Rdn. 29 M
- unechte organschaftliche § 128 Rdn. 20

Geschäftsanteil
- GmbH-Gründung § 142 Rdn. 49 ff.
  - – Anteilsschein § 142 Rdn. 60 ff.
  - – Begriff § 142 Rdn. 51
  - – Einlageleistung § 142 Rdn. 53
  - – Entstehungszeitpunkt § 142 Rdn. 55 ff.
  - – Gesellschafterliste § 142 Rdn. 50 M
  - – mehrere Anteile § 142 Rdn. 54
  - – Nennbetrag § 142 Rdn. 49 ff.
  - – Teilung § 142 Rdn. 50 M
  - – Zusammenlegung § 142 Rdn. 50 M, Rdn. 59 M

Geschäftsanteil GmbH
- Abtretung § 145 Rdn. 1 ff., Rdn. 6 M ff.
  - – Alleingesellschafterstellung § 145 Rdn. 49 M
  - – Angebot, teileingezahlter Geschäftsanteil § 145 Rdn. 10 M
  - – Annahme § 145 Rdn. 12 M
  - – aufschiebend bedingte Übertragung § 145 Rdn. 17 M, Rdn. 24, Rdn. 51
    - – – Bedingungseintritt, Mitteilungspflicht § 145 Rdn. 52 M
  - – ausländische Ortsform § 145 Rdn. 3
  - – eigene Anteile § 145 Rdn. 42 f.
  - – Einkommensteuer § 145 Rdn. 65 ff.
  - – Erbschaftsteuer § 145 Rdn. 78 ff.
  - – Form § 145 Rdn. 1 ff.
  - – Formmangel § 145 Rdn. 4
  - – Garantien (ohne Unternehmenskauf) § 145 Rdn. 33 M
  - – Genehmigung § 145 Rdn. 44 ff.
  - – Gesellschafterliste § 145 Rdn. 22 ff.
  - – Gesellschafterliste nach Anteilsteilung § 145 Rdn. 57 M
  - – Gesellschafterliste, Inhalt § 145 Rdn. 56
  - – Gewährleistung § 145 Rdn. 31 M ff.
  - – Gewinnbezugsrecht § 145 Rdn. 24 ff., Rdn. 27 M ff.
  - – Grunderwerbsteuer § 145 Rdn. 76
  - – gutgläubiger Erwerb § 145 Rdn. 61
  - – Haftung § 145 Rdn. 31 M ff.
  - – Kaufvertrag und Übertragung § 145 Rdn. 82 M
  - – Kaufvertrag unter Mitgesellschaftern § 145 Rdn. 84 M
  - – Körperschaftsteuer § 145 Rdn. 65 ff.
  - – Minderjährige § 145 Rdn. 36
  - – mit sofortiger dinglicher Wirkung § 145 Rdn. 21 M
  - – mit Verpfändung § 145 Rdn. 19 M
  - – Mitteilung an Finanzamt § 145 Rdn. 62 f.
  - – Nachversteuerung § 145 Rdn. 74
  - – notarielle Mitteilungspflichten § 145 Rdn. 62 f.
  - – Rechte- und Pflichtenübergang § 145 Rdn. 24 ff.
  - – Schenkungsteuer § 145 Rdn. 78 ff.
  - – Selbständigkeit der Anteile § 145 Rdn. 15
  - – spätere Kaufpreisfälligkeit § 145 Rdn. 16
  - – Steuerrecht § 145 Rdn. 25 f., Rdn. 65 ff.
  - – Steuerrecht, Übersicht der Besteuerung § 145 Rdn. 73
  - – Stimmrechtsvollmacht § 145 Rdn. 41
  - – Teilgeschäftsanteil § 145 Rdn. 86 ff., Rdn. 90 M
  - – Teilschuldner- und Teilgläubigerschaft § 145 Rdn. 35 M
  - – Testamentsvollstreckervermerk § 145 Rdn. 59
  - – Umnummerierung § 145 Rdn. 58
  - – Umsatzsteuer § 145 Rdn. 77
  - – Verfügungsbefugnis § 145 Rdn. 13 ff.
  - – Verlustuntergang § 145 Rdn. 75
  - – Verzichtserklärung § 145 Rdn. 45 M
  - – Vollmacht § 145 Rdn. 37 ff.
  - – Vollmachtsbestätigung § 145 Rdn. 38
  - – Zustimmungserklärung § 145 Rdn. 45 M f.
  - – Zustimmungspflicht § 144
- Ausgabe bei Kapitalerhöhung aus Gesellschaftsmitteln § 144 Rdn. 149
- Ausschluss § 145 Rdn. 126 ff.
  - – Abfindung § 145 Rdn. 141 f.
  - – aus wichtigem Grund § 145 Rdn. 103

Geschäftsbesorgungsvertrag – Gesellschafter

- – – Beschluss zur Ausschließungsklage § 145 Rdn. 139 M
- – – Übergang der Geschäftsanteile § 145 Rdn. 129
- – – Zahlungsaufforderung an säumige Gesellschafter § 145 Rdn. 128 M
- – Ausschlusserklärung § 145 Rdn. 130 M
- – Bestimmtheitsgrundsatz § 145 Rdn. 1
- – Einziehung (Amortisation) § 145 Rdn. 131 f., Rdn. 134 M
- – – Abfindung § 145 Rdn. 141 f.
- – – Anpassung Stammkapital § 145 Rdn. 133
- – – erweitertes Einziehungsrecht § 145 Rdn. 136 M
- – Ertragswertklausel mit IDW-Gutachten § 145 Rdn. 143 M
- – Mantelkauf § 145 Rdn. 50 M
- – – Offenlegung der Aktivierung § 145 Rdn. 107
- – – steuerliche Verlustnutzung § 145 Rdn. 108
- – Nachschusspflicht § 145 Rdn. 149 ff.
- – – Befreiung durch Anteilsaufgabe § 145 Rdn. 151 M
- – – Unterstellung der Preisgabe § 145 Rdn. 152 M
- – Nießbrauch § 145 Rdn. 100 ff.
- – Offenlegung der Beteiligungsverhältnisse § 145 Rdn. 2 M
- – Pfändung § 145 Rdn. 95
- – Sicherungsabtretung § 145 Rdn. 98 M
- – Treuhandvertrag § 145 Rdn. 114 ff., Rdn. 125 M
- – – Beendigung § 145 Rdn. 120
- – – Besteuerung § 145 Rdn. 123
- – – rechtliche Einordnung § 145 Rdn. 118
- – – Sicherung des Treugebers § 145 Rdn. 119
- – – Treuhänderwechsel § 145 Rdn. 117
- – Vererbung § 145 Rdn. 109 ff.
- – – Abfindungsentgelt § 145 Rdn. 111
- – – Abtretungspflicht der Erben § 145 Rdn. 110 M
- – – Ausschluss § 145 Rdn. 109
- – – Steuerrecht § 145 Rdn. 112 f.
- – Verkauf und Abtretung § 145 Rdn. 82 M
- – – unter Mitgesellschaftern § 145 Rdn. 84 M
- – Verpfändung § 145 Rdn. 92 ff., Rdn. 96 M
- – – Aufhebung § 145 Rdn. 94
- – – Gewinnanspruch § 145 Rdn. 92
- – – Stimmrecht § 145 Rdn. 92
- – Vorkaufsrecht § 145 Rdn. 23 M
- – wirtschaftliche Neugründung § 145 Rdn. 50 ff.
- – Zahlungsaufforderung an säumige Gesellschafter § 145 Rdn. 128 M

Geschäftsbesorgungsvertrag
- Bauherrenmodell, »großes« § 34 Rdn. 32 ff.
- Beitritt zur Fondsgesellschaft § 34 Rdn. 51 M
- Vollmacht § 24 Rdn. 1

Geschäftsbrief GmbH § 143 Rdn. 28; § 144 Rdn. 190 M
Geschäftsfähigkeit § 96 Rdn. 3
- Ausländer § 26 Rdn. 15 ff.
- ausländische Beteiligte § 6 Rdn. 36
- beschränkt Geschäftsfähige § 6 Rdn. 32 ff.
- – – als Vertreter § 6 Rdn. 35
- Erbvertrag § 108 Rdn. 2
- öffentliches Testament § 103 Rdn. 7 ff.
- Prüfungspflicht § 6 Rdn. 29 ff.
- Verfügung von Todes wegen § 6 Rdn. 30
- Zweifel an § 6 Rdn. 31 M

Geschäftsform § 26 Rdn. 54 ff.
Geschäftsführer § 143 Rdn. 1 ff.
- Abberufung § 143 Rdn. 35 ff., Rdn. 39 M
- – – aus wichtigem Grund § 143 Rdn. 38 f.
- – – Sonderrecht zur Geschäftsführung § 143 Rdn. 36 M
- Amtsniederlegung § 143 Rdn. 40 ff., Rdn. 50 M
- Anmeldung § 143 Rdn. 46 M
- – – Abberufung des bisherigen § 143 Rdn. 46 M
- – – Amtsniederlegung, Neubestellung durch Aufsichtsrat § 143 Rdn. 50 M
- – – Änderungen § 143 Rdn. 43 ff.
- – – Ausscheiden eines verstorbenen § 143 Rdn. 49 M
- – – Bestellung eines neuen § 143 Rdn. 46 M
- – – stellvertretender § 143 Rdn. 48 M
- Anstellungsvertrag § 143 Rdn. 13 ff., Rdn. 19 M
- – – umsatzsteuerpflichtige Bezüge § 143 Rdn. 19 M
- – – Vergütung § 143 Rdn. 16
- Aufsichtsrat § 143 Rdn. 7, Rdn. 50 M, Rdn. 53 ff., Rdn. 57
- Ausländer § 158 Rdn. 29 ff.
- – – schriftliche Belehrung durch Notar § 158 Rdn. 31 M
- Befugnisse § 143 Rdn. 21 ff.
- Beschränkung im Innenverhältnis § 143 Rdn. 26 ff.
- Bestellung § 143 Rdn. 1 ff., Rdn. 39 M, Rdn. 50 M; § 144 Rdn. 51
- – – Niederschrift über Gesellschafterbeschluss § 143 Rdn. 6 M
- – – Notgeschäftsführer § 143 Rdn. 9 M
- – – Selbstkontrahieren § 143 Rdn. 4
- Bestellung der Prokuristen § 143 Rdn. 59
- Bestellung durch Kommanditisten § 143 Rdn. 52 M
- Bestellungshindernisse § 142 Rdn. 77
- Bestellungsorgan § 143 Rdn. 3 ff.
- Erstbestellung § 143 Rdn. 2
- Generalvollmacht § 143 Rdn. 33
- Gesamtvertretung § 143 Rdn. 29 ff.
- Geschäftsbrief § 143 Rdn. 28
- Gesellschafterbeschluss § 143 Rdn. 39 M
- GmbH & Co. KG § 143 Rdn. 51 f.

- Haftung für Vor-GmbH § 142 Rdn. 25
- – – Versicherung § 142 Rdn. 25
- Kündigung § 143 Rdn. 35, Rdn. 40
- Mitbestimmungsgesetz § 143 Rdn. 7, Rdn. 57
- Satzungsbestimmung § 143 Rdn. 12
- Selbstkontrahieren § 142 Rdn. 74; § 143 Rdn. 22 ff.
- – – Öffnungsklausel § 143 Rdn. 24
- Sonderrecht in Satzung § 143 Rdn. 36 M
- Sozialversicherungspflicht § 143 Rdn. 20
- Sportwettenbetrug § 142 Rdn. 76
- stellvertretender § 143 Rdn. 1, Rdn. 27, Rdn. 48 M
- – – Innenverhältnis § 143 Rdn. 47
- Tod § 143 Rdn. 49 M
- Versicherung § 142 Rdn. 75
- – – kurze § 142 Rdn. 78 M
- Vertrag § 143 Rdn. 13
- Vertretungsbefugnis § 142 Rdn. 73; § 143 Rdn. 21
- Zeichnung § 143 Rdn. 45

Geschäftsführung
- GbR § 130 Rdn. 27 ff.
- GmbH & Co. KG § 139 Rdn. 35
- KG § 137 Rdn. 33
- OHG § 132 Rdn. 18 ff.
- – – Aufteilung § 132 Rdn. 30 M
- – – außergewöhnliche Maßnahmen § 132 Rdn. 32 M
- – – Entziehung § 132 Rdn. 21

Geschäftsjahr
- GmbH § 142 Rdn. 155 ff.

Geschäftsordnung
- Aufsichtsrat § 148 Rdn. 39 ff., Rdn. 43 M

Geschäftsordnung für Vorstand
- AG § 148 Rdn. 16 M

Geschäftsveräußerung im Ganzen § 32 Rdn. 102 M
Geschichte des Notariats § 1 Rdn. 1
Geschlossener Immobilienfonds § 34 Rdn. 37 ff.

Gesellschafter
- Aufnahme in Einzelfirma § 132 Rdn. 99 ff.
- Austritt aus Personengesellschaft § 131 Rdn. 70 ff.
- – – Einkommensteuer § 131 Rdn. 70 ff.
- Eintritt in Personengesellschaft § 131 Rdn. 54 ff.
- entgeltliche Aufnahme in Personengesellschaft § 131 Rdn. 34 ff.
- KG § 131 Rdn. 9
- – – Minderjährige § 131 Rdn. 9
- minderjährige § 131 Rdn. 10
- Ehegatten § 131 Rdn. 10
- OHG § 131 Rdn. 9
- – – Minderjährige § 131 Rdn. 9
- Personengesellschaft § 131 Rdn. 8 ff.
- persönlich haftender ~ § 131 Rdn. 1
- – – Sozialversicherungspflicht § 131 Rdn. 11
- unentgeltliche Aufnahme in Personengesellschaft § 131 Rdn. 37 ff.

3221

Gesellschafterbeschluss
- Änderung der Gesellschafterrechte § 144 Rdn. 52
- Auflösung der GmbH § 144 Rdn. 50
- Beurkundung § 144 Rdn. 53 ff.
  - – Stimmrechtsvollmacht § 144 Rdn. 54
  - – Tatsachenbeurkundung § 144 Rdn. 53
- Einforderung von Nachschüssen § 144 Rdn. 185 M
- Fortsetzung der GmbH § 144 Rdn. 219 ff.
- Geschäftsführerbestellung § 144 Rdn. 51
- Grundlagen der Gesellschaft § 144 Rdn. 49
  - – Form § 144 Rdn. 49
- Mehrheitserfordernis § 144 Rdn. 73, Rdn. 147
  - – Auflösungsbeschluss § 144 Rdn. 186
- OHG § 132 Rdn. 34 ff.
- Satzung § 144 Rdn. 42 M
  - – Versammlungsleiter § 144 Rdn. 42 M
- Satzungsänderung § 144 Rdn. 45 ff., Rdn. 66 M
- Umstellung des Stammkapitals auf Euro § 144 Rdn. 74 M
  - – Nennwerterhöhung § 144 Rdn. 80
  - – Neubildung von Anteilen § 144 Rdn. 80

Gesellschafterdarlehen
- Unternehmenskauf § 31 Rdn. 20

Gesellschafterkonto
- OHG § 132 Rdn. 9
- Personengesellschaft § 131 Rdn. 22

Gesellschafterliste
- Anmeldung der GmbH-Bargründung § 142 Rdn. 82
  - – Beteiligungsquote § 142 Rdn. 86
  - – Sortierungskriterien § 142 Rdn. 83 f.
  - – Übermittlung § 142 Rdn. 87
- Anmeldung der Sachgründung § 142 Rdn. 141 M
- GmbH-Geschäftsanteilsabtretung § 145 Rdn. 22 ff.
- GmbH-Gründung § 142 Rdn. 35 M
- Kapitalerhöhung bei der GmbH § 144 Rdn. 103, Rdn. 105 M
  - – Unterschrift des Notars § 144 Rdn. 106
  - – vorzeitige Gesellschafterliste § 144 Rdn. 108 M
- Spaltung § 155 Rdn. 54 M
- Verschmelzung § 154 Rdn. 80 M

Gesellschafterrechte
- Abtretung § 29 Rdn. 55 ff.

Gesellschafterversammlung
- Abstimmung § 144 Rdn. 24 ff.
- Beschlussgegenstand § 144 Rdn. 24
- Beschlussmängel § 144 Rdn. 41 ff.
  - – Anfechtbarkeit § 144 Rdn. 41 ff.
  - – Satzungsregelung § 144 Rdn. 44 M
- Einberufung § 144 Rdn. 1 ff.
  - – Adressat § 144 Rdn. 10
  - – Berechtigte § 144 Rdn. 1 ff.
  - – durch verbliebenen Geschäftsführer § 144 Rdn. 23 ff.
  - – Form § 144 Rdn. 19 ff.
  - – Form, erleichterte § 144 Rdn. 20 M
  - – Form, Satzungsregelung § 144 Rdn. 22 M
  - – Frist § 144 Rdn. 12 ff.
  - – Fristregelung § 144 Rdn. 17 M
  - – Gesellschafter § 144 Rdn. 8 M
  - – Minderheit § 144 Rdn. 5 M
  - – Minderheitsgesellschafter § 144 Rdn. 6 M
  - – Ort und Zeit § 144 Rdn. 11
  - – Satzungsregelung § 144 Rdn. 2 M ff.
  - – Tagesordnung § 144 Rdn. 18
  - – Verlangen der Minderheit § 144 Rdn. 5 M
- GbR § 130 Rdn. 32 f.
- GmbH & Co. KG § 139 Rdn. 42 f.
- GmbH-Gesellschafterbeschluss § 144 Rdn. 40
  - – Form § 144 Rdn. 40
- OHG § 132 Rdn. 33 ff.
- Satzung § 144 Rdn. 44 M
  - – Beschlussmängel § 144 Rdn. 44 M
- Stimmrechtsabtretung, isolierte § 144 Rdn. 35
- Stimmrechtsausschluss § 144 Rdn. 39
- Stimmrechtsausübung § 144 Rdn. 26 M
  - – Satzungsregelung § 144 Rdn. 26 M
- Stimmrechtsbindung § 144 Rdn. 34 ff., Rdn. 36 M
- Stimmrechtsverteilung § 144 Rdn. 25 ff.
- Stimmrechtsvollmacht § 144 Rdn. 27 f.
- Stimmverbot § 144 Rdn. 29 ff.
  - – Satzungsregelung § 144 Rdn. 31 M
- Universalversammlung § 144 Rdn. 59
- Versammlungsleiter § 144 Rdn. 58
- Zustimmung zur Anteilsabtretung § 144 Rdn. 33
- zwingende Beschlüsse § 144 Rdn. 24

Gesellschaftliche Schiedsvereinbarung
- Abgrenzung § 129 Rdn. 3
- Auslegung § 129 Rdn. 12
- Beitritt eines Gesellschafters § 129 Rdn. 15
- Beschlussmängelstreitigkeit § 129 Rdn. 27 f.
- Empfehlung der BNotK § 129 Rdn. 33 f.
  - – Erläuterungen § 129 Rdn. 37
  - – Mustervereinbarung § 129 Rdn. 34 M ff.
  - – Verfahrensordnung § 129 Rdn. 35 M
  - – Vergütungsvereinbarung § 129 Rdn. 36 M
- Form § 129 Rdn. 11
- Gegenstand des Verfahrens § 129 Rdn. 18
- Inhalt § 129 Rdn. 16 ff.
- Institutionen § 129 Rdn. 2
- Mediationsverfahren § 129 Rdn. 5
- Schiedsgericht § 129 Rdn. 19
  - – Bildung § 129 Rdn. 19
  - – Sitz § 129 Rdn. 17
- Schiedsklausel § 129 Rdn. 3, Rdn. 23 M
- Schiedsrichterbenennung § 129 Rdn. 26 M
- Schiedsvertrag § 129 Rdn. 9 f.
  - – Muster § 129 Rdn. 24 f.
- Schlichtungsklausel § 129 Rdn. 5
- Verfahren § 129 Rdn. 18
  - – Gegenstand § 129 Rdn. 18
  - – Regelungen § 129 Rdn. 20
- Wirkung § 129 Rdn. 13 f.

Gesellschaftsanteil
- Genossenschaft § 157 Rdn. 61
  - – Kündigung § 157 Rdn. 61–Rdn. 62 f.
- Nießbrauch § 63 Rdn. 31 ff., Rdn. 34
- OHG § 132 Rdn. 7 f.
- Veräußerung § 56 Rdn. 34 M
  - – Grundbuchberichtigung § 56 Rdn. 34 M

Gesellschaftsrecht
- Gründungsvollmacht § 24 Rdn. 98 M f.
- Stimmrechtsvollmacht § 24 Rdn. 100 ff.
- Treuhand § 53 Rdn. 18 ff.
- Vollmachtsbestätigung § 25 Rdn. 30 M

Gesellschaftsstatut
- ausländische Gesellschaft § 158 Rdn. 3

Gesellschaftsvertrag
- AG § 147 Rdn. 1
- Änderung § 144 Rdn. 61 ff.
  - – Anmeldung § 144 Rdn. 61 ff.
  - – Wirksamkeit § 144 Rdn. 61
- Anmeldung § 144 Rdn. 67 M
  - – Abänderung § 144 Rdn. 67 M
- atypische stille Gesellschaft § 141 Rdn. 53 M
- Bauherrenmodell § 34 Rdn. 12 ff.
  - – kleines § 34 Rdn. 15 ff.
- Bescheinigung des Notars § 144 Rdn. 60
- EWIV § 140 Rdn. 5, Rdn. 12 M
- fakultativer Inhalt § 142 Rdn. 153 ff.
- GbR § 130 Rdn. 16 ff.
- GmbH § 142 Rdn. 168 M
  - – vollständige Satzungsneufassung § 142 Rdn. 168 M
- KG § 137 Rdn. 51 M
- OHG § 131 Rdn. 12 ff.
  - – Aufnahme in Einzelunternehmen § 132 Rdn. 103 M
  - – Firma § 132 Rdn. 4 ff.
  - – Gesellschaftsanteil § 132 Rdn. 7 f.
  - – Inhalt § 132 Rdn. 3 ff.
- Schiedsvereinbarung § 129 Rdn. 1
- typische stille Gesellschaft § 141 Rdn. 52 M
- Verweis in Gründungsmantel § 142 Rdn. 6 M

Gesetz für kleine AG § 146 Rdn. 2
Gesetz über Bausparkassen § 67 Rdn. 3
Gesetz über das Apothekenwesen § 42 Rdn. 2, Rdn. 29 f.
Gesetz über das gerichtliche Verfahren in Landwirtschaftssachen § 42 Rdn. 4, Rdn. 34, Rdn. 36

Gesetz über den Abbau der
Wohnungszwangswirtschaft und
über ein soziales Miet- und Wohn-
recht § 41 Rdn. 9
Gesetz über den ehelichen Güterstand
von Vertriebenen und Flücht-
lingen § 81 Rdn. 6 ff.
Gesetz über den Kündigungsschutz
der Mietverhältnisse über Wohn-
raum § 41 Rdn. 9
Gesetz über die Anzeige und Bean-
standung von Landpachtverträ-
gen § 42 Rdn. 4, Rdn. 34, Rdn. 37,
Rdn. 41
Gesetz über die Veräußerung von
Teilzeitnutzungsrechten an Wohn-
gebäuden § 34 Rdn. 52 ff.
Gesetz zur Beschleunigung fälliger
Zahlungen
- Bauträgervertrag § 33 Rdn. 7
Gesetz zur Erhöhung des Angebotes
an Mietwohnungen § 41 Rdn. 10
Gesetz zur Neuordnung des land-
wirtschaftlichen Pachtrechts § 42
Rdn. 1
Gesetz zur Regelung der Miethöhe
(MHG) § 41 Rdn. 9
Gesetz zur Regelung offener Ver-
mögensfragen § 6 Rdn. 97
Gesetz zur Regelung von Härten im
Versorgungsausgleich § 84 Rdn. 42
Gesetz zur Verbesserung des Miet-
rechts und zur Begrenzung des
Mietanstiegs § 41 Rdn. 9
Gesetzesblätter
- Bezug von § 10 Rdn. 58 f.
Gesetzliche Vertretung
- Prüfung der Vertretungsmacht
durch Notar § 6 Rdn. 37 ff.
Gesetzlicher Löschungsanspruch § 72
Rdn. 20
- Ausschluss § 72 Rdn. 21 M
Gesetzliches Ehemodell § 85 Rdn. 1 ff.
Gesetzliches Vorkaufsrecht
- Hinweis in Urkunde § 6
Rdn. 109 M
Gestaltungspflicht des Notars § 6
Rdn. 147 ff.
Gestaltungsrecht
- Verzicht § 28 Rdn. 16 ff.
Getrenntlebensunterhalt § 90 Rdn. 2,
Rdn. 8, Rdn. 13 M
Gewährleistung
- Altbausanierung § 33 Rdn. 117
- Architektenvertrag § 45 Rdn. 86 ff.
- Bauträgervertrag § 33 Rdn. 36,
Rdn. 47 ff.
- - Abtretung § 33 Rdn. 50
- - Beschränkung § 33 Rdn. 51
- GmbH-Geschäftsanteil § 145
Rdn. 31 M ff.
- Leasingvertrag § 43 Rdn. 4,
Rdn. 31, Rdn. 40 ff., Rdn. 74
- Unternehmenskauf § 31 Rdn. 12,
Rdn. 26 ff.
- Verjährung beim Leasingver-
trag § 43 Rdn. 48
Gewerbeordnung
- Maklervertrag § 47 Rdn. 6
Gewerberaummiete § 41 Rdn. 78 ff.
- Abgrenzung zur Wohnraum-
miete § 41 Rdn. 8
- Frist für Mietzinszahlung § 41
Rdn. 82

- Mietobjekt § 41 Rdn. 79
- Mietvertrag § 41 Rdn. 87 M
- mit Vorkaufsrecht § 41 Rdn. 88 ff.,
Rdn. 92 M
- - Form § 41 Rdn. 88
- - Inhalt des Vorkaufsrechts § 41
Rdn. 89
- - Vormerkung § 41 Rdn. 90
- Nebenkosten § 41 Rdn. 83 f.
- Systematik § 41 Rdn. 78
- Umsatzsteuer § 41 Rdn. 81
Gewerbesteuer
- Formwechsel § 156 Rdn. 22
- GmbH & Co. KG § 139 Rdn. 101
- Personengesellschaft § 131 Rdn. 91
- Stiftung § 123 Rdn. 106 f.
- Verein § 121 Rdn. 36
Gewerbliche Anwendbarkeit
- Patent § 49 Rdn. 5
Gewinn- und Verlustbeteiligung
- GbR § 130 Rdn. 34
Gewinn- und Verlustverteilung
- GmbH & Co. KG § 139 Rdn. 46 ff.
- KG § 137 Rdn. 24 ff.
- OHG § 132 Rdn. 37 ff.
Gewinnabführungsvertrag § 152
Rdn. 1 ff.
- AG & Still § 141 Rdn. 51
- Form § 152 Rdn. 5
- Nichtigkeit § 152 Rdn. 10
- zwischen 2 AG § 152 Rdn. 15 M
Gewinnanteil
- Abtretung § 29 Rdn. 55, Rdn. 58 M
Gewinnbezugsrecht
- GmbH-Geschäftsanteil § 145
Rdn. 24 ff., Rdn. 27 M ff.
Gewinngemeinschaft § 152 Rdn. 3,
Rdn. 20 ff.
- Vertrag zwischen 3 AG § 152
Rdn. 21 M
Gewinnrealisierung
- Veräußerung landwirtschaftlicher
Grundstücke § 36 Rdn. 60
Gewinnverwendung
- GmbH § 142 Rdn. 167 f.
- - inkongruente Gewinnver-
teilung § 142 Rdn. 169 f.
- - Steuerklausel zur verdeckten
Gewinnausschüttung § 142
Rdn. 174
Gläubiger-Grundschuld § 72 Rdn. 53 ff.
Gleichberechtigung
- Aufsichtsrat § 148 Rdn. 25 ff.
- Führungspositionen § 148
Rdn. 25 ff.
- Vorstand § 148 Rdn. 25 ff.
Gleichlaufklausel
- GmbH & Co. KG § 139 Rdn. 18 M
Gleichstellungsvereinbarung
- nichteheliche Kinder § 100
Rdn. 21 M
Gleichwertigkeit
- Form § 26 Rdn. 58 ff.
Gleisbenutzungsrecht
- Dienstbarkeit § 64 Rdn. 50 M
Globalbelastung
- Pfandfreigabe- und Löschungs-
erklärung § 75 Rdn. 12 M
Globalzession § 29 Rdn. 48–Rdn. 49
M, Rdn. 52
Glücksspiel § 18 Rdn. 24
GmbH
- Änderung der Beteiligung § 8
Rdn. 45

- Änderung des Geschäftsjah-
res § 144 Rdn. 61
- anfechtbarer Gesellschafter-
beschluss § 144 Rdn. 11
- - Einberufungsort § 144 Rdn. 11
- - Tagesordnung § 144 Rdn. 18
- Anmeldung § 144 Rdn. 201 ff.
- - Auflösung und Liquidator § 144 Rdn. 201 ff.,
Rdn. 204 M
- - Beendigung der Liquidation,
Erlöschen § 144 Rdn. 211 M
- - Fortsetzung § 144 Rdn. 222 M
- - Gesellschaftsvertrag mit
Bescheinigung § 144 Rdn. 60
- - Kapitalerhöhung aus
Gesellschaftsmitteln § 144
Rdn. 152 M
- - Kapitalerhöhung durch Geld-
einlagen § 144 Rdn. 100 M
- - Kapitalerhöhung durch Sach-
einlage § 144 Rdn. 137 M
- - Kapitalherabsetzung § 144
Rdn. 173 M
- - Kapitalherabsetzung, verein-
fachte § 144 Rdn. 182 M
- - Liquidatorwechsel § 144
Rdn. 205 M
- - Neufassung des Gesellschafts-
vertrages § 144 Rdn. 70 M
- - Satzungsänderung § 144
Rdn. 61
- - - mit Vollständigkeits-
bescheinigung § 144
Rdn. 69 M
- - Umstellung des Stammkapitals
auf Euro § 144 Rdn. 75 M
- Auflösung § 144 Rdn. 186 ff.
- - Aufhebung § 144 Rdn. 219 ff.
- - Ausfall eines Gesellschafterdar-
lehens § 144 Rdn. 199
- - Bekanntmachung § 144
Rdn. 206 ff.
- - Beschluss § 144 Rdn. 189–
Rdn. 190 M
- - Ersatzfirma § 144 Rdn. 191 ff.
- - Nachbesteuerung § 144
Rdn. 198
- - ohne Liquidation § 144
Rdn. 213 M
- - steuerliche Folgen § 144
Rdn. 195 M
- Aufsichtsrat § 143 Rdn. 53 ff.
- Aufstellung des Jahresabschlus-
ses § 142 Rdn. 160 f.
- Bekanntmachungen § 142
Rdn. 159
- Bestellung der Prokuristen § 143
Rdn. 59
- Beurkundung § 13 Rdn. 47 ff.
- - Vertretung der in Gründung
befindlichen GmbH § 13
Rdn. 53 M
- Dauer der Gesellschaft § 142
Rdn. 154
- Einberufung der Gesellschafterver-
sammlung § 144 Rdn. 1 ff.
- - Adressat § 144 Rdn. 10
- - durch Gesellschafter § 144
Rdn. 8 M
- - durch Minderheitsgesellschaf-
ter § 144 Rdn. 6 M
- - Form § 144 Rdn. 19 ff.
- - Frist § 144 Rdn. 12 ff.

3223

- – Satzungsregelung § 144 Rdn. 2 M ff.
- – Verlangen der Minderheit § 144 Rdn. 5 M
- Einheitsgesellschaft § 139 Rdn. 72 ff.
- – GmbH & Co. KG § 139 Rdn. 72 ff.
- Einmann-GmbH § 142 Rdn. 15
- – Abschluss des Gesellschaftsvertrages § 142 Rdn. 15
- Ergebnisverwendung § 142 Rdn. 169 f.
- – inkongruente Gewinnverteilung § 142 Rdn. 169 f.
- Faktischer Konzern § 152 Rdn. 31 ff.
- Fortsetzungsbeschluss § 144 Rdn. 219 ff.
- Geschäftsanteilsabtretung § 145 Rdn. 1 ff.
- Geschäftsjahr § 142 Rdn. 155 f.
- – abweichend vom Kalenderjahr § 142 Rdn. 158 M f.
- – Kalenderjahr § 142 Rdn. 156 M
- Gesellschafterliste § 158 Rdn. 34
- – Beurkundung durch ausländischen Notar § 158 Rdn. 34
- Gesellschaftsvertrag § 142 Rdn. 168 M
- – vollständige Satzungsneufassung § 142 Rdn. 168 M
- Gewinnverwendung § 142 Rdn. 167 f.
- – Öffnungsklausel § 142 Rdn. 171 M
- – Satzungsregelung § 142 Rdn. 168 M
- GmbH & Co. KG § 139 Rdn. 72 ff.
- – Einheitsgesellschaft § 139 Rdn. 72 ff.
- Gründungskosten § 142 Rdn. 163 ff.
- – Satzungsregelung § 142 Rdn. 166 M
- Kapitalerhöhung § 144 Rdn. 77 ff.
- Kapitalherabsetzung § 144 Rdn. 159 f.
- – Steuerfolgen § 144 Rdn. 165 ff.
- Konzern § 152 Rdn. 22 ff.
- Liquidation § 144 Rdn. 186 ff.
- Löschung § 144 Rdn. 208 ff.
- – Vermögenslosigkeit § 144 Rdn. 212 ff.
- Nachschüsse § 144 Rdn. 183 ff.
- – Gesellschafterbeschluss § 144 Rdn. 185 M
- Nachtragsliquidator § 144 Rdn. 215 ff.
- Offenlegung der Beteiligungsverhältnisse § 145 Rdn. 2 M
- Öffnungsklausel § 142 Rdn. 171 M
- – Gewinnverteilung § 142 Rdn. 171 M
- Poolvereinbarung § 142 Rdn. 190 ff.
- – Erbschaftsteuer § 142 Rdn. 190 f.
- Rechtsformzusatz § 125 Rdn. 3, Rdn. 30
- Satzung § 142 Rdn. 153 ff.
- – Ergebnisverwendung § 142 Rdn. 169
- – fakultativer Inhalt § 142 Rdn. 153 ff.
- – Mindestinhalt § 142 Rdn. 153

- Satzungsänderung § 144 Rdn. 45 ff.
- Satzungsneufassung § 144 Rdn. 46 M
- – Anmeldung § 144 Rdn. 47 M
- Schiedsgerichtsklausel § 142 Rdn. 162
- Sonderrecht zur Geschäftsführung § 143 Rdn. 36 M
- Steuerklausel § 142 Rdn. 174
- – verdeckte Gewinnausschüttung § 142 Rdn. 174, Rdn. 183 M
- steuerliche Folgen verdeckter Einlage § 144 Rdn. 123
- Umwandlung § 139 Rdn. 109 ff.
- – GmbH & Co. KG § 139 Rdn. 109 ff.
- Unternehmergesellschaft § 142 Rdn. 90 ff.
- Upstream-Merger § 154 Rdn. 66 M
- verdeckte Einlage § 144 Rdn. 123, Rdn. 130
- verdeckte Gewinnausschüttung § 142 Rdn. 174 ff.
- vereinfachte Gründung § 142 Rdn. 97 ff.
- vereinfachte Kapitalherabsetzung § 144 Rdn. 182 M
- Verschmelzung § 154 Rdn. 66 M, Rdn. 75 M
- – Sondervorschriften § 154 Rdn. 16
- Vorgesellschaft § 142 Rdn. 20 ff.
- – Haftung § 142 Rdn. 22 ff.
- – Steuerrecht § 142 Rdn. 21
- – Vermögen § 142 Rdn. 20
- Vorratsgründung § 142 Rdn. 203 ff.
- – Anmeldung der Veränderungen nach Erwerb § 142 Rdn. 205 M
- – Haftung § 142 Rdn. 204
- – Kapitalaufbringung § 142 Rdn. 204
- – Mantelverwendung § 142 Rdn. 204
- Wettbewerbsverbot § 142 Rdn. 184 ff.
- – Befreiung aus steuerlichen Gründen § 142 Rdn. 184 ff.
- Zweigniederlassung § 142 Rdn. 199 ff.
- – Anmeldung § 142 Rdn. 199 ff., Rdn. 202 M
- – Firma § 142 Rdn. 201

GmbH & Co. KG
- § 181 BGB § 139 Rdn. 40
- Anmeldung § 139 Rdn. 58 ff.
- – Handelsregister § 139 Rdn. 58 ff.
- Anstellungsvertrag § 139 Rdn. 36
- Ausscheiden § 139 Rdn. 52 ff.
- – Ausschlussklausel § 139 Rdn. 55 M
- Beginn § 139 Rdn. 25
- Einheitsgesellschaft § 139 Rdn. 72 ff.
- – Errichtung § 139 Rdn. 75 f.
- – Gestaltungsfragen § 139 Rdn. 72 ff.
- – GmbH § 139 Rdn. 79 f.
- – Kommanditgesellschaft § 139 Rdn. 81 f.
- – Stimmrechtsausübung § 139 Rdn. 74

- Einkommensteuer § 139 Rdn. 92 ff.
- Ein-Person-Gesellschaft § 139 Rdn. 69 f.
- Entnahme § 139 Rdn. 48
- Entstehung § 139 Rdn. 11 ff.
- Entstehung aus Personengesellschaft § 139 Rdn. 12
- Errichtung § 139 Rdn. 9 ff.
- – Form § 139 Rdn. 14
- Firma § 139 Rdn. 20 f.
- Formwechsel in GmbH § 156 Rdn. 25
- – Erbschaftsteuer § 156 Rdn. 25
- Freiberufler § 139 Rdn. 1
- Gegenstand § 139 Rdn. 22 f.
- Geschäftsanteil § 139 Rdn. 53 M
- – Einziehungsklausel § 139 Rdn. 53 M
- Geschäftsführer § 143 Rdn. 51 f.
- Geschäftsführung § 139 Rdn. 35
- Gesellschafterversammlung § 139 Rdn. 42 f.
- Gesellschafterwechsel § 139 Rdn. 49 ff.
- Gesellschaftsrecht § 139 Rdn. 5 f.
- Gesellschaftsvertrag § 139 Rdn. 15 f., Rdn. 57 M
- – § 181 BGB § 139 Rdn. 40
- – Abfindung § 139 Rdn. 16
- – Angleichungsmöglichkeiten § 139 Rdn. 16
- – Anteilsverfügung § 139 Rdn. 16
- – Auflösungsklage § 139 Rdn. 16
- – Ausscheiden § 139 Rdn. 52 ff.
- – Beginn § 139 Rdn. 25
- – Entnahme § 139 Rdn. 48
- – Firma § 139 Rdn. 20 f.
- – Gegenstand § 139 Rdn. 22 f.
- – Geschäftsführung § 139 Rdn. 35
- – Gesellschafterversammlung § 139 Rdn. 16, Rdn. 42 f.
- – Gesellschafterwechsel § 139 Rdn. 49 ff.
- – Gewinn- und Verlustbeteiligung § 139 Rdn. 46 ff.
- – Gleichlaufklausel § 139 Rdn. 17 f.
- – Informationsrecht § 139 Rdn. 41
- – Kommanditist § 139 Rdn. 33 f.
- – Komplementär-GmbH § 139 Rdn. 26 ff.
- – Kündigung § 139 Rdn. 16
- – Schiedsklausel § 139 Rdn. 16
- – Vererbung § 139 Rdn. 16
- – Vertretung § 139 Rdn. 37 ff.
- – Zweck § 139 Rdn. 22 f.
- Gewerbesteuer § 139 Rdn. 101
- Gewinn- und Verlustbeteiligung § 139 Rdn. 46 ff.
- Gleichlaufklausel § 139 Rdn. 18 M
- Grunderwerbsteuer § 139 Rdn. 105 f.
- Gruppenstimmrecht § 139 Rdn. 42 f.
- Haftung § 139 Rdn. 33
- – Kommanditist § 139 Rdn. 33
- Informationsrecht § 139 Rdn. 41
- Jahresabschluss § 139 Rdn. 46 ff.
- Kommanditist § 139 Rdn. 33 f.
- – negative Tilgungsbestimmung § 139 Rdn. 34

- Kommanditisten § 139 Rdn. 66 ff.
  - – Vollmacht, Registervollmacht § 139 Rdn. 66 ff.
- Komplementär-GmbH § 139 Rdn. 10, Rdn. 26 ff.
  - – Einlageauszahlung an KG § 139 Rdn. 27 ff.
  - – Haftungsausgleich § 139 Rdn. 31 M
- Motive zur Unternehmensformwahl § 139 Rdn. 1 ff.
- Nachteile § 139 Rdn. 8
- Prokura § 128 Rdn. 13
- rechtliche Einordnung § 139 Rdn. 1
- Steuern § 139 Rdn. 3 ff., Rdn. 91 ff.
- Treuhandkommanditist § 139 Rdn. 66 ff.
- Übertragung von Anteilen § 139 Rdn. 83 ff.
  - – erweiterte Haftung § 139 Rdn. 87
  - – Formpflicht § 139 Rdn. 84
  - – Minderjährige § 139 Rdn. 85 f.
  - – wiederkehrende Leistungen § 139 Rdn. 88
- Umsatzsteuer § 139 Rdn. 102 ff.
- Umwandlung § 139 Rdn. 111 ff
  - – Anwachsungsvorgänge § 139 Rdn. 111 ff
    - – – Arbeitsverhältnisse § 139 Rdn. 111
    - – – erweiterte § 139 Rdn. 114
    - – – Steuern § 139 Rdn. 118 f.
    - – – Übergang auf einzigen Kommanditist § 139 Rdn. 116
  - – GmbH § 139 Rdn. 109 ff.
  - – Kapitalgesellschaft § 139 Rdn. 107 f.
- Umwandlung einer Personengesellschaft § 139 Rdn. 63 ff.
  - – Aufnahmevereinbarung § 139 Rdn. 65 M
- Unternehmergesellschaft § 139 Rdn. 11
- Vertretung § 139 Rdn. 37 ff.
- Zweck § 139 Rdn. 22 f.
- GmbH & Still § 141 Rdn. 8, Rdn. 46 ff.
- GmbH i.G.
  - Vormerkung § 61 Rdn. 12
- GmbH-Geschäftsanteil
  - Abtretung § 31 Rdn. 3
    - – Unternehmenskauf § 31 Rdn. 3, Rdn. 55 M
  - Nießbrauch § 63 Rdn. 32
  - Treuhandvertrag § 53 Rdn. 24 M
  - Versteigerung § 38 Rdn. 14
  - Vollmacht § 24 Rdn. 104 M
- GmbH-Gründung § 142 Rdn. 1 f.
  - Anmeldung § 142 Rdn. 88
    - – Änderungen § 142 Rdn. 88
  - Anmeldung der Bargründung § 142 Rdn. 63 M
    - – Anlagen § 142 Rdn. 81
    - – Anmeldebefugnis § 142 Rdn. 64
    - – Einzahlungsversicherung § 142 Rdn. 67
    - – Geschäftsführerversicherung § 142 Rdn. 75
    - – Gesellschafterliste § 142 Rdn. 63 M, Rdn. 82
    - – inländische Geschäftsanschrift § 142 Rdn. 71 f.
    - – – öffentlich-rechtliche Genehmigungen § 142 Rdn. 65
    - – Vertretungsbefugnis der Geschäftsführer § 142 Rdn. 73
  - Anteilsschein § 142 Rdn. 60 ff.
  - Auslandsgründung § 142 Rdn. 11 ff.
  - Bestellungsbeschluss des ersten Geschäftsführers § 142 Rdn. 4 M
  - Beurkundung durch im Ausland zugelassenen Notar § 142 Rdn. 11 ff.
  - Ehegatten § 142 Rdn. 27
  - Einbringung eines (Teil-)Betriebes § 142 Rdn. 123 ff.
  - Einbringung eines Mitunternehmeranteils § 142 Rdn. 123 ff.
  - Einbringung von Kapitalanteilen § 142 Rdn. 132 ff.
  - Einbringungsvertrag § 142 Rdn. 138 M
  - Einlage § 142 Rdn. 68
    - – Aufrechnungsverbot § 142 Rdn. 68
    - – wirtschaftliche Rückgewähr § 142 Rdn. 69
  - Einmann-Gesellschaft § 142 Rdn. 144 ff.
    - – Anmeldung der Gründung § 142 Rdn. 146 M
    - – Gesellschafterbeschlüsse § 142 Rdn. 152
    - – Gründung § 142 Rdn. 145 M
    - – Selbstkontrahieren § 142 Rdn. 148 M
    - – spätere Vereinigung aller Anteile § 142 Rdn. 147 M
  - Einzelunternehmen in GmbH § 142 Rdn. 108 f.
  - Erbauseinandersetzung mit Sachgründung § 142 Rdn. 137 M
  - Errichtungsvertrag § 142 Rdn. 143 M
    - – Anmeldung § 142 Rdn. 143 M
    - – Sach- und Geldeinlage § 142 Rdn. 142 M
  - Firma § 142 Rdn. 37
    - – Individualisierungsfunktion § 142 Rdn. 37
    - – Rechtsformzusatz § 142 Rdn. 38
    - – Täuschungsverbot § 142 Rdn. 37
  - Geschäftsanteil § 142 Rdn. 49 ff.
    - – Leistung der Einlage § 142 Rdn. 53
    - – Teilung § 142 Rdn. 50 M
    - – Zusammenlegung § 142 Rdn. 50 M, Rdn. 59 M
  - Geschäftsführer § 142 Rdn. 4 M
    - – Bestellungsbeschluss § 142 Rdn. 4 M
    - – Bestellungshindernisse § 142 Rdn. 77
    - – Beurkundung § 142 Rdn. 3 f.
  - Gesellschafter § 142 Rdn. 26 ff.
    - – ausländische § 142 Rdn. 28
    - – Wechsel § 142 Rdn. 89
  - Gesellschafterliste § 142 Rdn. 35 M
    - – Beteiligungsquote § 142 Rdn. 86
    - – mit Zusatzspalte § 142 Rdn. 84 M
    - – Sortierungskriterien § 142 Rdn. 83
    - – Übermittlungsform § 142 Rdn. 87
  - Gesellschaftsvertrag § 142 Rdn. 36 ff.
    - – Abschluss durch Bevollmächtigte § 142 Rdn. 15 ff.
    - – Änderungen § 142 Rdn. 88
    - – Einpersonen-GmbH § 142 Rdn. 15
    - – Funktion § 142 Rdn. 5
    - – gesetzlicher Vertreter § 142 Rdn. 16
    - – individualrechtliche Bedeutung § 142 Rdn. 5 ff.
    - – korporative Wirkung § 142 Rdn. 5 ff.
    - – Sacheinlage § 142 Rdn. 137 M
    - – unechter Satzungsbestandteil § 142 Rdn. 8
    - – Vertreter einer GbR § 142 Rdn. 17
    - – Verweis in Gründungsmantel § 142 Rdn. 6 M
  - Gründer § 142 Rdn. 26 ff.
    - – Bezeichnung in Satzung § 142 Rdn. 33
    - – Satzungsangaben mit Beteiligung § 142 Rdn. 35 M
  - Gründungsmantel § 142 Rdn. 6 M
  - Gründungsprotokoll § 142 Rdn. 1
    - – Urkundeneingang § 142 Rdn. 18 M
  - Gründungsurkunde § 142 Rdn. 9
    - – Aufteilung § 142 Rdn. 9
    - – Belehrung § 142 Rdn. 13 ff.
  - juristische Person § 142 Rdn. 26
  - Kosten § 142 Rdn. 2 M
  - Minderjähriger § 142 Rdn. 16, Rdn. 29
  - notarielle Belehrung § 142 Rdn. 13 ff.
    - – längere § 142 Rdn. 14 M
  - notarielle Beurkundung § 142 Rdn. 5 ff.
    - – Beurkundungstechnik § 142 Rdn. 5 ff.
  - Personengesellschaft § 142 Rdn. 26
  - Sacheinlagen § 142 Rdn. 105 f.
    - – Bewirken § 142 Rdn. 111 f.
    - – Festsetzungen im Gesellschaftsvertrag § 142 Rdn. 109 f.
    - – gemischte § 142 Rdn. 106 M
    - – Grundstück § 142 Rdn. 111
    - – Mischeinlage § 142 Rdn. 112 M
  - Sachgründung § 142 Rdn. 105 ff.
    - – Alternativen § 142 Rdn. 117
    - – Anmeldung § 142 Rdn. 140 ff.
    - – Einkommensteuer § 142 Rdn. 119 ff.
    - – Körperschaftsteuer § 142 Rdn. 11 ff.
    - – steuerliche Folgen § 142 Rdn. 118 ff.
    - – Umsatzsteuer § 142 Rdn. 136 ff.
  - Sachgründungsbericht § 142 Rdn. 115 f., Rdn. 139 M
  - Satzung § 142 Rdn. 33
    - – Bezeichnung der Gründer § 142 Rdn. 33
    - – Bezeichnung der Gründer mit Beteiligung § 142 Rdn. 35 M
    - – Firma § 142 Rdn. 37
    - – Geschäftsanteil § 142 Rdn. 49 ff.

– – Mindestinhalt § 142 Rdn. 36 ff.
– – Sitz § 142 Rdn. 45 ff.
– – Stammkapital § 142 Rdn. 49 ff.
– – Unternehmensgegenstand § 142 Rdn. 39 ff.
– Sitz § 142 Rdn. 45 ff.
– – Regelung zum Verwaltungssitz § 142 Rdn. 47 M
– – Verlegung ins Ausland § 142 Rdn. 48
– Stammkapital § 142 Rdn. 49 ff.
– Steuerklausel § 142 Rdn. 134 M
– – Anteilstausch § 142 Rdn. 134 M
– – Einbringung von Kapitalgesellschaftsanteil § 142 Rdn. 118 ff.
– Strohmann § 142 Rdn. 30
– Treuhänder § 142 Rdn. 30 f.
– – fremdnützige Gründungstreuhand § 142 Rdn. 32 M
– Umsatzsteuer § 142 Rdn. 136 ff.
– Unternehmensgegenstand § 142 Rdn. 39 ff.
– – Fehlen § 142 Rdn. 40
– – Komplementär-GmbHG § 142 Rdn. 43 f.
– – Konkretisierung § 142 Rdn. 4 M
– – Zusätze § 142 Rdn. 42
– vereinfachte § 142 Rdn. 97 ff.
– – Einpersonengründung § 142 Rdn. 99, Rdn. 103 M
– – – Anmeldung § 142 Rdn. 104 M
– – Gesellschafterliste § 142 Rdn. 98
– – Musterprotokoll § 142 Rdn. 97 ff.
– – Selbstkontrahieren des ersten Geschäftsführers § 142 Rdn. 100
– – Vertretungsbefugnis § 142 Rdn. 101
– – Voraussetzungen § 142 Rdn. 97 ff.
– Vereinigung aller Anteile § 142 Rdn. 147 M
– Vertrag- Bargründung § 142 Rdn. 2 M
– Vorvertrag § 142 Rdn. 19
GmbH-Konzern
– Anmeldung § 152 Rdn. 23
– – Unternehmensvertrag § 152 Rdn. 23, Rdn. 30 M
– Aufhebungsvertrag § 152 Rdn. 25
– Beherrschungs- und Ergebnisübernahmevertrag § 152 Rdn. 28 M
– Faktischer Konzern § 152 Rdn. 31 ff.
– Steuerrecht § 152 Rdn. 33 ff.
– Unternehmensvertrag § 152 Rdn. 23
– Unternehmensvertrag/Zustimmungsbeschluss § 152 Rdn. 29 M
– Vertragskonzern § 152 Rdn. 22 ff.
Good will
– Zugewinnausgleich § 83 Rdn. 15
Grabpflege
– Grundstücksüberlassung an Kinder § 39 Rdn. 65 M
Grenzüberschreitung
– GmbH-Sitz § 142 Rdn. 48
– – Verlegung ins Ausland § 142 Rdn. 48
– Umwandlung § 153 Rdn. 14

– Umwandlungsvorgänge § 158 Rdn. 42 ff.
– Unternehmensvertrag § 158 Rdn. 40
– Verschmelzung § 154 Rdn. 26
Grönländische Handelsgesellschaft
– Nachweis der Vertretungsmacht § 6 Rdn. 53
Grundakten
– Unterrichtungspflicht § 6 Rdn. 11
Grundbesitz
– vergessener § 32 Rdn. 52 ff.
Grundbesitzgesellschaft § 130 Rdn. 90 ff.
– Abgrenzung zur Bruchteilsgemeinschaft § 130 Rdn. 104 ff.
– Anteilsübertragung § 130 Rdn. 100 f.
– Ausscheiden § 130 Rdn. 102
– Einkommensteuer § 130 Rdn. 113 ff.
– – gewerblicher Grundstückshandel § 130 Rdn. 117 ff.
– Eintritt § 130 Rdn. 94 f.
– Familiengesellschaft § 130 Rdn. 153 M
– Form § 130 Rdn. 91
– Gesellschafterwechsel § 130 Rdn. 94 ff.
– Grunderwerbsteuer § 130 Rdn. 107 ff.
– grundstücksverwaltende GmbH & Co GbR § 130 Rdn. 124 f.
– Umsatzsteuer § 130 Rdn. 122
Grundbuch
– Antrag § 55 Rdn. 14 ff.
– Antragsberechtigung des Notars § 7 Rdn. 21
– Bewilligung § 55 Rdn. 10 ff.
– Bezeichnung der Berechtigten § 55 Rdn. 20 ff.
– Buchung § 54 Rdn. 20 M
– – Antrag auf gespaltene Buchung § 54 Rdn. 20 M
– Definition § 54 Rdn. 13
– Einreichung der Urkunde § 7 Rdn. 3 f.
– elektronischer Rechtsverkehr, ELVR § 12a Rdn. 61 f.
– – Ausnahmen, elektronische Einreichungspflicht § 12a Rdn. 61 f.
– – Einreichung, elektronische § 12a Rdn. 49 ff.
– – Mitteilungen vom Grundbuchamt § 12a Rdn. 63
– – Nachweis der Vertretungsmacht § 12a Rdn. 59 ff.
– – Rechtsverordnungen § 12a Rdn. 46 ff.
– elektronisches § 6 Rdn. 12
– formelles Konsensprinzip § 55 Rdn. 9
– Funktion § 54 Rdn. 12
– Grundstück § 54 Rdn. 27 ff.
– – Bestandteilszuschreibung § 54 Rdn. 27 ff.
– – Teilung § 54 Rdn. 21 ff.
– – Vereinigung § 54 Rdn. 23 ff.
– Pflicht zur Ermittlung des Inhalts § 6 Rdn. 6
– Rang § 55 Rdn. 23 ff.
– Unrichtigkeit § 55 Rdn. 36 ff.

Grundbuchamt
– Antragsrücknahme § 7 Rdn. 37 ff.
– Einlegung von Rechtsmitteln § 7 Rdn. 44 ff.
– Einreichung der Urkunde § 55 Rdn. 5
– Eintragungsnachricht § 7 Rdn. 17
– Prüfung der bescheinigten Vertretungsmacht § 13 Rdn. 34
– Vollmachtsbestätigung § 25 Rdn. 28 f.
Grundbuchantrag
– Änderung und Ergänzung durch Notar § 5 Rdn. 16
– Bevollmächtigung des Notars § 5 Rdn. 16 ff.
– elektronische Einreichung § 12a Rdn. 49
– – Ablauf § 12a Rdn. 49
– – Ausnahmen § 12a Rdn. 61 f.
– – Form § 12a Rdn. 50 ff.
– – Nachweis der Vertretungsmacht § 12a Rdn. 59 f.
– – Rang § 12a Rdn. 58
Grundbuchberichtigung § 55 Rdn. 36 ff.
– Antrag auf Eintragung einer Namensänderung § 55 Rdn. 38 M
– Aufgabe des Rechts § 55 Rdn. 57 ff.
– Bergwerkseigentum § 59 Rdn. 5
– Berichtigungsbewilligung § 55 Rdn. 40 M
– Berichtigungsnachweis § 55 Rdn. 41 M
– Berichtigungszwang § 55 Rdn. 56
– BGB-Gesellschaft § 32 Rdn. 62 ff.; § 55 Rdn. 45
– Eigentumsübergang kraft Gesetzes § 56 Rdn. 35 ff.
– Erbfolge § 55 Rdn. 41 M, Rdn. 56
– Erbteilsveräußerung § 118 Rdn. 4, Rdn. 7, Rdn. 21 M
– Ersuchen § 56 Rdn. 37 ff.
– Flurbereinigung § 56 Rdn. 38
– Löschung eines Wohnungsrechts § 55 Rdn. 43 M
– Todesnachweis § 55 Rdn. 46
– Umlegung § 56 Rdn. 41
– Vereinbarung der Gütergemeinschaft § 86 Rdn. 18 M
– vereinfachte Umlegung § 56 Rdn. 43
Grundbucheinsicht § 32 Rdn. 30 ff.
– Art und Weise § 32 Rdn. 30
– Auflassung § 56 Rdn. 2
– Baulastenverzeichnis § 32 Rdn. 35 ff.
– Beurkundung ohne Einsicht § 6 Rdn. 6 f., Rdn. 8 M; § 32 Rdn. 34 M, Rdn. 36
– elektronisches Abrufverfahren § 6 Rdn. 9
– Grundakten § 32 Rdn. 32
– Hilfspersonen § 6 Rdn. 12
– zeitnah § 32 Rdn. 31
Grundbucheintragung § 55 Rdn. 1 ff.
– Eigentum § 56 Rdn. 1
– Vereinbarung unter Miteigentümern § 56 Rdn. 48 ff.
Grundbuchfähigkeit
– nicht rechtsfähiger Verein § 122 Rdn. 8

Grundbuchinhalt
- Prüfung der Verfügungsbefugnis durch Notar § 6 Rdn. 56

Grundbuchrechtliche Erklärung
- nachträgliche Änderung § 5 Rdn. 20

Grundbuchstand
- Angabe im Vertrag § 32 Rdn. 40

Grunddienstbarkeit § 64 Rdn. 1, Rdn. 35 ff.
- Beteiligungsverhältnis § 64 Rdn. 37
- Restfläche beim Erbbaurecht § 57 Rdn. 10 M
- Teilung des herrschenden Grundstücks § 64 Rdn. 39
- Übertragbarkeit § 64 Rdn. 39
- Vereinigung des herrschenden Grundstücks § 64 Rdn. 39

Grunderwerbsteuer § 6 Rdn. 143; § 8 Rdn. 15; § 32 Rdn. 428, Rdn. 437 ff.
- Anfall § 8 Rdn. 15
- Anzeige § 8 Rdn. 15
  - – amtlicher Vordruck § 8 Rdn. 17
  - – Form § 8 Rdn. 17
  - – Frist § 8 Rdn. 17
  - – zuständiges Finanzamt § 8 Rdn. 18
- Anzeigepflicht des Notars § 8 Rdn. 15 ff.; § 130 Rdn. 111
  - – Abschrifterteilung § 8 Rdn. 19
  - – Unbedenklichkeitsbescheinigung § 8 Rdn. 20
- anzeigepflichtige Rechtsgeschäfte § 8 Rdn. 16
- Auszahlung an weichende Erben § 39 Rdn. 17
- Bauherrenmodell »kleines« § 34 Rdn. 26
- Befreiung für Ehegatten § 39 Rdn. 30
- Bindungsentgelt § 32 Rdn. 375
- Duldungsauflage § 39 Rdn. 17
- Erbbaurecht § 57 Rdn. 60
- Erbbaurechtsveräußerung § 57 Rdn. 85
- Formwechsel § 156 Rdn. 23
- GmbH & Co. KG § 139 Rdn. 105 f.
- GmbH-Geschäftsanteilsabtretung § 145 Rdn. 64, Rdn. 76
- Grundbesitzgesellschaft § 130 Rdn. 107 ff.
- Grundstücksschenkung § 39 Rdn. 16 f.
- Grundstückstausch § 37 Rdn. 3
- Immobilienleasing § 44 Rdn. 14 f.
- Leistungsauflage § 39 Rdn. 17
- Maklerprovision § 47 Rdn. 44
- Merkblatt über die steuerlichen Beistandspflichten der Notare § 32 Rdn. 444
- mitverkaufte Gegenstände § 32 Rdn. 45
- Personengesellschaft § 131 Rdn. 47 f., Rdn. 86 ff.
  - – Realteilung § 131 Rdn. 108
- Spaltung § 155 Rdn. 33
- Stiftung § 123 Rdn. 105
- Treuhand § 53 Rdn. 12 f.
- Übergabe landwirtschaftlicher Grundstücke § 36 Rdn. 104
- Unbedenklichkeitsbescheinigung § 56 Rdn. 20, Rdn. 23, Rdn. 36
- Verschmelzung § 154 Rdn. 55 ff.
- Voraussetzungen § 8 Rdn. 15

Grunderwerbsteuergesetz § 8 Rdn. 15
Grundkapital
- AG § 146 Rdn. 4

Grundpfandrecht
- Anweisenheit des Verbrauchers § 68 Rdn. 11
- Aufspaltung mit unterwerfungsfreiem Teil § 68 Rdn. 12 ff.
- Belehrungspflicht § 68 Rdn. 33
- Bestellung § 68 Rdn. 11
- Briefrecht § 68 Rdn. 5
- Buchrecht § 68 Rdn. 5
- DDR § 70 Rdn. 33 ff.
- Eigentümergrundschuld § 68 Rdn. 6
- eingeschränkte Vorlesungspflicht § 68 Rdn. 10
- elterliche Sorge § 94 Rdn. 35 ff.
- Euro § 68 Rdn. 8
- Feuerschäden § 68 Rdn. 41 ff.
- Form § 68 Rdn. 9 ff.
- Formenwahl § 68 Rdn. 4
- Formular § 68 Rdn. 20
  - – Beteiligte § 68 Rdn. 20
- Formular der Kreditinstitute § 68 Rdn. 19 ff.
- Fremdwährung § 68 Rdn. 8
- Gebäudeversicherung § 68 Rdn. 41 ff.
- gesamtschuldnerische Haftung § 68 Rdn. 34
- gesonderte Zweckerklärung § 68 Rdn. 38
- Grundschuld § 68 Rdn. 3
- Grundstückskauf § 32 Rdn. 342 ff.
- Gutglaubensschutz § 68 Rdn. 4
- Hypothek § 68 Rdn. 5
- Kostenersparnis bei Bestellung § 68 Rdn. 12 ff.
- Löschungsanspruch § 68 Rdn. 7
- mehrere Sicherheiten § 68 Rdn. 36 f.
- Mitwirkung des Grundstücksverkäufers § 68 Rdn. 40
- Nebenleistung § 68 Rdn. 21
- nicht bezifferte Kosten § 68 Rdn. 26
- persönliche Haftung § 68 Rdn. 24
- Schuldanerkenntnis § 68 Rdn. 24
- Sicherungszweckerklärung § 68 Rdn. 28 ff.
- Übernahme eines Grundpfandrechts § 50 Rdn. 45 ff.
- Unterwerfungsvollmacht § 68 Rdn. 27
- Verbraucherdarlehen § 50 Rdn. 22
- Verbraucherschutz § 68 Rdn. 10
- Verzicht auf Vorlage des Briefes § 68 Rdn. 23
- Vollmacht § 68 Rdn. 11
- Vorsorgevollmacht § 96 Rdn. 32
- Zinsen § 68 Rdn. 21
- Zwangsversteigerung § 68 Rdn. 15
- Zwangsvollstreckungsunterwerfung § 19 Rdn. 56 ff.; § 68 Rdn. 25

Grundpfandrechtsbrief
- Vermerk über Vorlage in Urkunde § 6 Rdn. 13–Rdn. 15 M

Grundschuld § 68 Rdn. 3; § 72 Rdn. 5 ff., Rdn. 6 M
- abstraktes Schuldversprechen § 72 Rdn. 32 M
- Abtretungsausschluss § 72 Rdn. 15 ff.
- Akzessorietät § 72 Rdn. 29 ff.

- Änderung der Konditionen § 75 Rdn. 1
- Aufgebot § 76 Rdn. 5 ff.
- Aufhebung § 76 Rdn. 2
- Aufteilung des Grundstücks in Wohnungseigentum § 75 Rdn. 17 ff.
- Bestandteilszuschreibung § 73 Rdn. 49
- Beurkundung § 6 Rdn. 68
- BGB-Gesellschaft § 72 Rdn. 55 M
- Brief § 72 Rdn. 6
  - – Aufgebotsverfahren § 76 Rdn. 14
  - – Ausschluss § 72 Rdn. 38 M
  - – Empfänger § 72 Rdn. 40 ff.
  - – Gutglaubensschutz § 72 Rdn. 46
  - – Kraftloserklärung § 76 Rdn. 5, Rdn. 14 ff.
  - – Teil-Grundschuldbrief § 73 Rdn. 37 M
  - – Vordruck § 73 Rdn. 35 M
  - – Vorlageverzicht § 72 Rdn. 46 ff.
  - – Weisung über Aushändigung § 72 Rdn. 41 M–Rdn. 43 M
- Erbbaurecht § 57 Rdn. 64 ff.
- Geltendmachung § 72 Rdn. 8 ff., Rdn. 14
  - – Briefvorlage § 72 Rdn. 46
- Gemeinschaftsverhältnis § 72 Rdn. 59
- Gesamtgrundschuld § 72 Rdn. 49 ff.
- gesamtschuldnerisches Schuldversprechen § 72 Rdn. 34 M
- gesetzlicher Löschungsanspruch § 72 Rdn. 20 ff.
- Gläubiger § 72 Rdn. 53 ff.
  - – Abtretung § 72 Rdn. 65
  - – Behörde § 72 Rdn. 63
  - – Beteiligungsverhältnis § 72 Rdn. 58 ff., Rdn. 64
  - – Bezeichnung im Grundbuch § 72 Rdn. 62
  - – Einzelkaufmann § 72 Rdn. 62
  - – Gründungsgesellschaft § 72 Rdn. 56
  - – Niederlassung § 72 Rdn. 63
  - – noch unbekannter § 72 Rdn. 53
- GmbH & Co. KG § 72 Rdn. 54 M
  - – noch nicht eingetragen § 72 Rdn. 54 M
- Grundstückskauf § 32 Rdn. 353 ff.
- Grundstücksteilung § 75 Rdn. 16
- Gutglaubensschutz § 72 Rdn. 11
- Hypothek § 72 Rdn. 1
- Inhalt § 72 Rdn. 59
  - – Gemeinschaftsverhältnis § 72 Rdn. 59
- Kostenvergleich § 74 Rdn. 15; § 75 Rdn. 1
- Kraftloserklärung eines Briefes § 76 Rdn. 15 M
  - – Antrag § 76 Rdn. 15 M
- Kündigungsfrist § 72 Rdn. 13
- Löschung § 76 Rdn. 1 ff.
  - – Antrag aufgrund Ausschlussbeschluss § 76 Rdn. 13 M
  - – Bewilligung des Gläubigers § 76 Rdn. 3 M
  - – Eigentümerzustimmung § 76 Rdn. 4 M

3227

- löschungsfähige Quittung § 76 Rdn. 1
- Missbrauchsmöglichkeiten § 68 Rdn. 4
- Nachverpfändung § 75 Rdn. 8
- Neubeleihung § 74 Rdn. 13 ff.
- nicht abtretbar § 72 Rdn. 16 M
- originäre § 72 Rdn. 5
- persönliche Zwangsvollstreckungsunterwerfung § 72 Rdn. 29
- Pfandfreigabe § 75 Rdn. 9 ff.
- Praxis § 72 Rdn. 4
- Rang § 73 Rdn. 7
  - – Antragseingang § 73 Rdn. 7
  - – Eigentümerzustimmung § 73 Rdn. 1, Rdn. 24
  - – Entstehung § 73 Rdn. 6 ff.
  - – gesetzlicher Rangvorbehalt bei Zinsen § 73 Rdn. 2
  - – Rangänderung § 73 Rdn. 24 ff.
  - – Rangbestätigung § 8 Rdn. 5 ff.; § 72 Rdn. 68 ff., Rdn. 77 M
  - – Rangbestimmung § 73 Rdn. 8 ff.
    - – – Antrag § 73 Rdn. 9 ff.
    - – – Bewilligung § 73 Rdn. 12
  - – Rangregelung bei Vereinigung von Grundstücken § 73 Rdn. 45 ff.
  - – Rangrücktritt § 73 Rdn. 24 ff.
  - – Rangvermerk § 73 Rdn. 6
  - – Rangvorbehalt § 73 Rdn. 16 ff., Rdn. 19 M
  - – Teilung der Grundschuld § 73 Rdn. 4
  - – Zins § 72 Rdn. 14; § 73 Rdn. 2
  - – Zwangsvollstreckungsunterwerfung § 73 Rdn. 3, Rdn. 6
- Risikobegrenzungsgesetz § 68 Rdn. 4
- Rückgabe der Sicherheit § 72 Rdn. 8
- Schuldanerkenntnis § 72 Rdn. 30, Rdn. 32 M, Rdn. 34 M
- Schuldversprechen § 72 Rdn. 33
  - – Fälligkeitsregelung § 72 Rdn. 33
- Sicherungsgrundschuld § 68 Rdn. 4; § 72 Rdn. 5 ff.
- Sicherungsvertrag § 72 Rdn. 7 ff., Rdn. 35 ff.
- Sicherungszweckerklärung § 72 Rdn. 36 M
- Teilabtretung § 73 Rdn. 32 ff.
  - – Rangänderung § 73 Rdn. 44 M
- Teilgrundschuldbrief § 73 Rdn. 34 ff.
- Teilung § 72 Rdn. 60; § 73 Rdn. 32 ff.; § 75 Rdn. 21
- Umwandlung § 75 Rdn. 3 ff.
  - – einer Hypothek § 75 Rdn. 3 ff.
  - – von Brief- in Buchrecht § 75 Rdn. 7 M
  - – von Buch- in Briefrecht § 75 Rdn. 6 ff.
- unbekannter Gläubiger § 76 Rdn. 5 ff.
- Verteilung der Gesamtgrundschuld § 75 Rdn. 20
- Verzicht § 75 Rdn. 9 ff.; § 76 Rdn. 2
- vollstreckbare § 19 Rdn. 110, Rdn. 187 f.
- vollstreckbare Ausfertigung § 72 Rdn. 28
- Vorlagebestätigung § 72 Rdn. 68 ff., Rdn. 77 M
- Wesen § 72 Rdn. 1
- Wiederverwendung § 74 Rdn. 15
  - – Kostenvergleich § 74 Rdn. 15; § 75 Rdn. 1
- Zessionar § 19 Rdn. 187 f.
- Zins § 75 Rdn. 2 M
  - – Erhöhung mit Zwangsvollstreckungsunterwerfung § 75 Rdn. 2 M
  - – Fälligkeit § 72 Rdn. 14
  - – Rang § 72 Rdn. 14
  - – Zwangsvollstreckungsunterwerfung § 72 Rdn. 3, Rdn. 26–Rdn. 27 M
  - – inneres Rangverhältnis § 73 Rdn. 4
- Zweckerklärung § 72 Rdn. 7 ff., Rdn. 35 ff.

Grundschuldbrief
- Aufgebotsverfahren § 76 Rdn. 14
- fehlender § 6 Rdn. 68
- Kraftloserklärung § 76 Rdn. 5, Rdn. 14 ff.

Grundsteuer
- Stiftung § 123 Rdn. 108

Grundstück
- Abmarkung § 3 Rdn. 21; § 54 Rdn. 8 ff.
- Auslandsverwendung deutscher Urkunden § 26 Rdn. 92 ff.
- Begriff § 54 Rdn. 11
- Belastung § 54 Rdn. 23
  - – Verwirrung § 54 Rdn. 23
- Bestandteilszuschreibung § 54 Rdn. 6, Rdn. 15, Rdn. 27 ff.
- Buchung § 54 Rdn. 17 M
  - – Antrag auf gespaltene Buchung § 54 Rdn. 20 M
  - – in Miteigentumsanteilen § 54 Rdn. 18
- buchungsfrei § 54 Rdn. 16
- Flur § 54 Rdn. 3
- Flurstück § 54 Rdn. 3, Rdn. 4 ff.
- Gemarkung § 54 Rdn. 3
- Hoffläche § 54 Rdn. 5
- Nießbrauch § 63 Rdn. 4 ff.
- Parzelle § 54 Rdn. 4 ff.
- Teilung § 3 Rdn. 21; § 54 Rdn. 6, Rdn. 14
- Teilungsantrag § 54 Rdn. 22 M
- Treuhand § 53 Rdn. 12 ff., Rdn. 15 M, Rdn. 17 M
- Vereinigung § 3 Rdn. 21; § 54 Rdn. 6, Rdn. 15, Rdn. 23 ff.
- Vereinigungsantrag § 54 Rdn. 26 M
- Verzeichnis § 54 Rdn. 13 ff.
- Zuschreibungsantrag § 54 Rdn. 30 M

Grundstückserwerb
- elterliche Sorge § 94 Rdn. 35 ff.
- FGB-Güterstand § 88 Rdn. 5, Rdn. 9
- Vorsorgevollmacht § 96 Rdn. 32

Grundstückserwerbsvollmacht
- kurze § 24 Rdn. 83 M
- U.I.N.L. § 24 Rdn. 84 M

Grundstücksgeschäft
- Abgrenzung zum Unternehmenskauf § 31 Rdn. 2, Rdn. 53 M
- Formstatut § 26 Rdn. 62

Grundstücksgleiches Recht
- Erbbaurecht § 57 Rdn. 1

Grundstückskauf
- Abtretungsausschluss § 32 Rdn. 120 M
- Altlasten § 32 Rdn. 282 f., Rdn. 286 f.
  - – Ausgleichsansprüche § 32 Rdn. 293 M f.
  - – Definition § 32 Rdn. 290
  - – Garantie § 32 Rdn. 291 M
  - – Rücktrittsregelung § 32 Rdn. 297 M
  - – Verteilung der Sanierungskosten § 32 Rdn. 296 M
- Angebot § 32 Rdn. 370 ff.
  - – Abwesenheit des Angebotsempfängers § 32 Rdn. 414 M
  - – an noch zu benennende Dritte § 32 Rdn. 417 M
  - – befristetes bindendes § 32 Rdn. 384 M
  - – Benennungsberechtigter § 32 Rdn. 428 f.
  - – Bindungsentgelt § 32 Rdn. 394 M
  - – Bindungsfrist § 32 Rdn. 387 ff.
  - – Bindungsfrist, überlang § 32 Rdn. 397 ff.
  - – Fortgeltungsklausel § 32 Rdn. 385 M
  - – Verkäufer § 32 Rdn. 371 M
  - – Verlängerung der Annahmefrist § 32 Rdn. 401 f.
  - – Vollstreckungsunterwerfung § 32 Rdn. 377 M
  - – vorsorgliche Annahme eines neuen Angebots § 32 Rdn. 400 M
  - – Vorurkunde § 32 Rdn. 416 M
- Annahme § 32 Rdn. 409 M
- Architektenvertrag § 45 Rdn. 9
- Arten § 54 Rdn. 2
- Auflassung § 32 Rdn. 415 M f.
- Auflassungsvormerkung § 32 Rdn. 112 M
  - – bedingte Vormerkung § 32 Rdn. 127 M
  - – Löschungserleichterungen § 32 Rdn. 122 f.
  - – Vollmacht zur Löschung § 32 Rdn. 128 M
  - – Vorsorge zur Löschung § 32 Rdn. 117 ff.
- Aussetzung der Bewilligung § 32 Rdn. 139 M
- Bauerwartungsland § 32 Rdn. 218 ff.
- Bauplatz § 32 Rdn. 218 ff.
- Bauträgervertrag § 32 Rdn. 231 ff.
- Bebaubarkeit § 32 Rdn. 285 M
- Belehrungspflichten § 32 Rdn. 280
- Beschaffenheitsbeschreibung/-vereinbarung § 32 Rdn. 246 ff., Rdn. 253 ff.
  - – allgemeine § 32 Rdn. 255 M
  - – Bebaubarkeit des Grundstücks § 32 Rdn. 264 M
  - – ohne Besichtigung § 32 Rdn. 257
- Besitzübergang § 32 Rdn. 192 ff.
  - – leerstehende Objekte § 32 Rdn. 197
  - – Untergang/Verschlechterung § 32 Rdn. 194 M f.

Grundstückskauf

- Beteiligung mehrerer § 32 Rdn. 58 ff.
- BGB-Gesellschaft § 32 Rdn. 59 ff.
- Bindung an Verpflichtung § 32 Rdn. 5
- Bindungsentgelt § 32 Rdn. 374 ff.
- Bürgschaft § 32 Rdn. 146 M
- Distanzierung von vorvertraglichen Erklärungen § 32 Rdn. 251 M
- Drittsicherheiten § 32 Rdn. 145
- Eigentumsübergang an mitverkauften Gegenständen § 32 Rdn. 42 M ff.
- Eigentumswohnung § 32 Rdn. 450 ff.
  - – Eigentümergemeinschaft § 32 Rdn. 474 ff.
  - – Instandhaltungsrücklage § 32 Rdn. 484 f.
  - – Teilungserklärung § 32 Rdn. 455 ff.
  - – Verwalterzustimmung § 32 Rdn. 462 ff.
  - – Wohngeldrückstand § 32 Rdn. 487 f.
- Einkommensteuer § 32 Rdn. 446 ff.
- Erschließungskosten § 32 Rdn. 211 ff.
  - – Abgrenzung nach Ausbauzustand § 32 Rdn. 225 M
  - – Abgrenzung nach Zugang von Bescheiden und Rechnungen § 32 Rdn. 227 M
  - – Ablösevereinbarung § 32 Rdn. 241 M
  - – Käufer übernimmt alle, auch bereits verauslagte, Kosten § 32 Rdn. 221 M
  - – unerschlossenes Grundstück § 32 Rdn. 219 M
  - – vollerschlossenes Grundstück § 32 Rdn. 230 M
- Fälligkeit § 32 Rdn. 81 ff.
  - – Hinweispflicht des Notars § 32 Rdn. 84 M ff.
  - – Vereinbarung einer längeren Zahlungsfrist § 32 Rdn. 93 M
  - – Zahlungseingang § 32 Rdn. 87 ff.
- Fälligkeitszins § 32 Rdn. 81 ff.
- Finanzierung § 32 Rdn. 341 ff., Rdn. 378
  - – Mitwirkung des Verkäufers § 32 Rdn. 345 M
- Form § 32 Rdn. 1 ff.
  - – Einbringung in eine Personengesellschaft § 32 Rdn. 13
  - – Genehmigung § 32 Rdn. 5
  - – Leasingvertrag § 32 Rdn. 11
  - – mittelbare Verpflichtungen § 32 Rdn. 5
  - – Nebenabreden § 32 Rdn. 6
  - – Personengesellschaftsvertrag § 32 Rdn. 13
  - – Vorvertrag § 32 Rdn. 4, Rdn. 12
- Garantie § 32 Rdn. 281 ff.
- Geh- und Fahrtrecht § 32 Rdn. 244 M
- Gemeinde als Käufer § 32 Rdn. 238 ff.
- Genehmigungen § 32 Rdn. 300 ff.
  - – Grundstücksverkehrsgesetz § 32 Rdn. 303 ff.
  - – Genehmigungen, privatrechtliche § 32 Rdn. 307

- Gesamtvermögensgeschäft einer Gesellschaft § 32 Rdn. 308 ff.
- Geschäftsveräußerung im Ganzen § 32 Rdn. 102 M
- gesetzliches Vorkaufsrecht § 32 Rdn. 334 ff.
  - – gemeindliches Vorkaufsrecht § 32 Rdn. 337 M ff.
- Grundbucheinsicht § 32 Rdn. 30 ff.
- Grundbuchstand § 32 Rdn. 40
- Grunderwerbsteuer § 32 Rdn. 375, Rdn. 428, Rdn. 437 ff.
  - – Freigrenze § 32 Rdn. 439
  - – Merkblatt über die steuerlichen Beistandspflichten der Notare § 32 Rdn. 444
  - – Steuersatz § 32 Rdn. 438
- Grundpfandrechtsbestellung § 32 Rdn. 342 ff.
  - – abstraktes Schuldanerkenntnis des Käufers § 32 Rdn. 349
  - – Mitwirkung des Verkäufers § 32 Rdn. 342 ff.
- Grundschuldübernahme § 32 Rdn. 353 ff.
  - – Grundpfandrechtsübernahme § 32 Rdn. 358 M
  - – Kaufpreisfälligkeit § 32 Rdn. 356 M
- Haftungsbeschränkungen § 32 Rdn. 277 ff.
- Insolvenzverwalter § 32 Rdn. 186 ff.
- Kauf auf Abbruch § 32 Rdn. 262 M
- Kaufgegenstand § 32 Rdn. 38 ff.
  - – Aufklärungspflicht des Notars § 32 Rdn. 39
  - – falsa demonstratio § 32 Rdn. 55 ff.
  - – Haftung bei Verbrauchervertrag § 32 Rdn. 44 ff.
  - – mitverkaufte Gegenstände § 32 Rdn. 40 ff.
  - – vergessener Grundbesitz § 32 Rdn. 52 ff.
- Kaufpreis § 32 Rdn. 78 ff.
  - – Verrechnung § 32 Rdn. 105 f.
- Kaufpreishinterlegung § 32 Rdn. 178 ff.
- Kaufpreisresthypothek § 32 Rdn. 142 ff.
- Kaufvertrag unter Bedingung § 32 Rdn. 28 ff.
- Lastenfreistellung § 32 Rdn. 162 ff., Rdn. 243 ff.
  - – Beibringungsgarantie für Lastenfreistellungsunterlagen § 32 Rdn. 163 ff.
  - – Kostentragung § 32 Rdn. 166 ff.
- Leibrente § 32 Rdn. 103 f.
- Mietertrag § 32 Rdn. 265 M
- notarielle Beurkundung § 32 Rdn. 1
- öffentliche Lasten § 32 Rdn. 211 ff.
- Patronatserklärung § 32 Rdn. 148 M
- privatrechtliche Vorkaufsrechte § 32 Rdn. 312 ff.
- Rangbescheinigung für Vormerkung § 32 Rdn. 160 M
- Rangvorbehalt § 32 Rdn. 349 ff.
- Rechtsmängel § 32 Rdn. 242 ff.
- Sachmängel § 32 Rdn. 246 ff.
  - – Haftungsausschluss § 32 Rdn. 266 ff.

- Sanierungsgebiet § 32 Rdn. 304 f.
- Schuldübernahme § 30 Rdn. 5 f.; § 50 Rdn. 45 ff.
- Schwarzkauf § 32 Rdn. 94
- Sicherung der Parteien § 32 Rdn. 107 ff.
- Sicherung des Käufers § 32 Rdn. 149 ff.
  - – Auflassungsvormerkung § 32 Rdn. 158 ff.
  - – Genehmigungen § 32 Rdn. 154 ff.
- Sicherung des Verkäufers § 32 Rdn. 111 ff.
- Sicherung gegen vorzeitigen Eigentumsverlust § 32 Rdn. 130 ff.
- Sicherungsvereinbarung § 32 Rdn. 344 ff.
- Stundung § 32 Rdn. 91 ff.
- Tauschvertrag § 37 Rdn. 1
- Treuhandanweisung § 32 Rdn. 115 M
  - – Bewilligung der Vormerkung § 32 Rdn. 115 M
  - – Vorlage der Vormerkung § 32 Rdn. 114 M
- Umsatzsteuer § 32 Rdn. 95 ff.
  - – Umsatzsteueroption § 32 Rdn. 100 M
- Urheberrechte § 32 Rdn. 49 ff.
  - – Urheberrechtsübertragung § 32 Rdn. 50 M
- Verbrauchervertrag § 32 Rdn. 14 ff.
  - – Verbraucherstreitbeilegungsgesetz, VSBG § 32 Rdn. 23 f.
- Verjährung § 32 Rdn. 366 ff.
- vermietete Objekte § 32 Rdn. 202 ff.
- Verpfändung § 32 Rdn. 359 ff.
- Vertrag zwischen Verbrauchern § 32 Rdn. 25 M
- Vertragsänderung § 32 Rdn. 430 ff.
- Vertragsaufhebung § 32 Rdn. 430 ff.
- Vollzugsgebühr § 32 Rdn. 26 ff.
  - – Kostentragung durch den Käufer § 32 Rdn. 27 M
- Vorbehalt der Auflassung § 32 Rdn. 134 ff.
- Vorkaufsrechte § 32 Rdn. 312 ff., Rdn. 334 ff.
  - – Ermächtigung des Notars § 32 Rdn. 326 M
  - – Haftungsausschluss § 32 Rdn. 318 M
  - – Kaufpreisfälligkeit § 32 Rdn. 322 M
- Vorleistung § 32 Rdn. 110 M
  - – Belehrung des Notars § 32 Rdn. 110 M
- Vormerkung § 32 Rdn. 403 ff.
  - – Angebot an Dritte § 32 Rdn. 418 ff.
  - – Ausschluss des Selbstbenennungsrechts § 32 Rdn. 423
  - – Vertrag zugunsten Dritter § 32 Rdn. 425 M
- vorvertragliche Informationen § 32 Rdn. 1
- Wohnungbindung § 32 Rdn. 245 M
- Wohnungseigentümergemeinschaft § 32 Rdn. 74 ff.
  - – Teilrechtsfähigkeit § 32 Rdn. 76

- Zwangsvollstreckungsunterwerfung § 32 Rdn. 153

Grundstücksrecht
- Bezeichnung der Berechtigten § 55 Rdn. 20 ff.
- Einigung § 55 Rdn. 1 ff.
- Eintragungsantrag § 55 Rdn. 14 ff.
- Eintragungsbewilligung § 55 Rdn. 10 ff.
- Gemeinschaftsverhältnis § 55 Rdn. 22
- Grundbuchberichtigung § 55 Rdn. 36 ff.
- Rang § 55 Rdn. 23
- System § 54 Rdn. 1

Grundstücksschenkung
- Anfechtungsrechte § 39 Rdn. 19 ff.
- Betriebsvermögen § 39 Rdn. 11 ff.
- Ehegatten § 39 Rdn. 23 ff.
- Form § 39 Rdn. 1 ff.
- Gegenleistungen § 39 Rdn. 14 ff.
- Grunderwerbsteuer § 39 Rdn. 16 f.
- Kinder § 39 Rdn. 38 ff.
- Minderjährige § 39 Rdn. 139 ff.
- Schenkungsteuer § 39 Rdn. 4 ff.
- Steuerbefreiung § 39 Rdn. 8
- Steuerfreibeträge § 39 Rdn. 6
- Steuerklassen § 39 Rdn. 5 ff.
- steuerliche Fragen § 39 Rdn. 4 ff.
- Steuersätze § 39 Rdn. 10
- Versorgungsfreibeträge § 39 Rdn. 7

Grundstückstausch § 37 Rdn. 5 M
- Grunderwerbsteuer § 37 Rdn. 3
- Vorkaufsrecht § 37 Rdn. 2
- zwei Verträge § 37 Rdn. 4

Grundstücksteilung
- Grundschuld § 75 Rdn. 16

Grundstücksüberlassung
- Ehegatten § 39 Rdn. 23 ff.
-- ehebedingte Zuwendung § 39 Rdn. 23
-- Ehegatteninnengesellschaft § 39 Rdn. 23
-- Motive der Zuwendung § 39 Rdn. 25 ff.
-- Schenkung § 39 Rdn. 23
- Kinder § 39 Rdn. 38 ff.
-- Abänderbarkeit § 39 Rdn. 67
-- Altenteil § 39 Rdn. 58
-- Anrechnungspflicht § 39 Rdn. 131 ff.
-- Ansprüche des Veräußerers § 39 Rdn. 43
-- Aufteilung nach dem Wohnungseigentumsgesetz § 39 Rdn. 63 M
-- Ausgleichszahlung an weichende Erben § 39 Rdn. 102 M ff.
--- Sicherstellung § 39 Rdn. 105 f.
--- Verzinsung § 39 Rdn. 103 f.
-- Ausgleichungspflicht § 39 Rdn. 134 ff.
-- Ausstattung § 39 Rdn. 40
-- Bestattung § 39 Rdn. 65 M
-- Beteiligungsverhältnis der Veräußerer § 39 Rdn. 43 ff., Rdn. 84
-- dauernde Last § 39 Rdn. 67, Rdn. 70 ff.
-- Erfüllungsübernahme § 39 Rdn. 76 ff.
-- Fall der Scheidung der Veräußerer § 39 Rdn. 45
-- Freistellung von Unterhaltszahlungen § 39 Rdn. 109 f.
-- Gegenleistungen § 39 Rdn. 41 M
-- Grabpflege § 39 Rdn. 65 M
-- Grundstücksschenkung § 39 Rdn. 39
-- Leibgeding § 39 Rdn. 58
-- Leibrente § 39 Rdn. 67
-- Mietvertrag § 39 Rdn. 49 ff.
--- und dauernde Last § 39 Rdn. 50
-- Nachzahlungspflicht an weichende Erben § 39 Rdn. 107 ff.
-- Nießbrauch § 39 Rdn. 80 ff., Rdn. 83 M
--- bedingter § 39 Rdn. 85 M
--- Genehmigungsbedürftigkeit § 39 Rdn. 81
--- gesetzlicher Inhalt § 39 Rdn. 82 ff.
--- Lastenverteilung § 39 Rdn. 82 ff.
--- steuerliche Fragen § 39 Rdn. 84
--- Vorbehaltsnießbrauch § 39 Rdn. 84
--- Wohnungseigentum § 39 Rdn. 86 f.
--- Zuwendungsnießbrauch § 39 Rdn. 84
-- Pflegeverpflichtung § 39 Rdn. 51 ff.
--- beschränkte § 39 Rdn. 55 M
--- der Geschwister § 39 Rdn. 56
-- Pflichtteilsergänzungsansprüche § 39 Rdn. 111 ff.
-- Pflichtteilsverzicht § 39 Rdn. 111 ff., Rdn. 116 M
--- auf Tod des erstversterbenden Elternteils § 39 Rdn. 119 f.
--- Bedingung § 39 Rdn. 122 ff.
--- Ertragswertprivileg § 39 Rdn. 129
--- Form § 39 Rdn. 121
--- gegenständlich beschränkt § 39 Rdn. 117 ff.
-- Recht an Veräußerer im Wege des Vertrages zugunsten Dritter § 39 Rdn. 46
-- Rechte für Veräußerer
--- Rangstelle § 39 Rdn. 42, Rdn. 61 M ff.
--- Rechtsgrund § 39 Rdn. 38 ff.
--- Rückgewähranspruch § 39 Rdn. 74
--- Rückübertragungsanspruch § 39 Rdn. 88 ff., Rdn. 93 M
---- Fallbeispiele § 39 Rdn. 89
---- mehrere Berechtigte § 39 Rdn. 97 M f
---- sozialrechtliche Leistungen § 39 Rdn. 89
--- Vormerkung § 39 Rdn. 91
--- Vormerkung, befristete § 39 Rdn. 95 M
-- Schuldübernahme § 39 Rdn. 73 ff.
-- Sicherung der Rechte des Veräußerers im Grundbuch § 39 Rdn. 57 M ff., Rdn. 71
-- Verfügungsverbot § 39 Rdn. 88 ff.
-- Verpflichtung zur Schuldbefreiung § 39 Rdn. 79 M
-- vorweggenommene Erbfolge § 39 Rdn. 38
-- Wart und Pflege § 39 Rdn. 51 ff.
--- Wegzugsklausel § 39 Rdn. 52
-- weichende Erben § 39 Rdn. 101 ff.
-- wiederkehrende Leistungen § 39 Rdn. 67 ff.
--- steuerliche Behandlung § 39 Rdn. 68
--- Wertsicherungsklausel § 39 Rdn. 71
-- Wohnungsrecht an Veräußerer § 39 Rdn. 47 ff.
- Minderjährige § 39 Rdn. 139 ff., Rdn. 147 M
-- familiengerichtliche Genehmigung § 39 Rdn. 140 ff.
-- rechtlicher Vorteil § 39 Rdn. 140, Rdn. 144 f.
-- Vertretungshindernis § 39 Rdn. 146
-- Wohnungsrecht § 39 Rdn. 140
- nichteheliche Lebensgemeinschaft § 39 Rdn. 151 f.
- Schwiegerkinder § 39 Rdn. 149 ff.
- Vertrag § 8 Rdn. 25
-- Anzeigepflicht Finanzamt § 8 Rdn. 25

Grundstücksverkaufsvollmacht
- kurze § 24 Rdn. 80 M
- U.I.N.L. § 24 Rdn. 81 M

Grundstücksverkehrsordnung
- genehmigungsbedürftige Rechtsgeschäfte § 36 Rdn. 54 ff.

Grundstücksvermessung § 54 Rdn. 2 ff.

Grundstücksvollmacht § 24 Rdn. 65 ff.
- Aufteilungsvollmacht § 24 Rdn. 70 M
- Belastungsvollmacht § 24 Rdn. 67, Rdn. 86 M
- Handelsgesellschaft § 24 Rdn. 74 ff., Rdn. 77 M
- umfassende § 24 Rdn. 72 M
- unwiderrufliche § 24 Rdn. 78 M
- verheiratete Vollmachtgeber § 24 Rdn. 71
- Verkaufsvollmacht § 24 Rdn. 66 M, Rdn. 70 M

Grundstückveräußerung
- Schuldübernahme § 30 Rdn. 17

Grundstückverkehrsgesetz
- Antrag auf § 36 Rdn. 81 M
-- Aufhebung einer Auflage § 36 Rdn. 81 M
-- Bescheinigung des Eintritts einer Bedingung § 36 Rdn. 79 M
-- Erteilung eines Unanfechtbarkeitszeugnisses wegen Eintritts der Rechtskraft § 36 Rdn. 78 M

– – Erteilung eines Unanfechtbarkeitszeugnisses wegen Fristablauf § 36 Rdn. 77 M
– – Genehmigung eines Kaufvertrages § 36 Rdn. 76 M
– – Genehmigung eines Verwandtengeschäfts § 36 Rdn. 172 M
– – Genehmigung nach Rücknahme des ersten Antrags § 36 Rdn. 82 M
– – gerichtliche Entscheidung § 36 Rdn. 80 M
– Antragsrecht des Notars § 36 Rdn. 37
– Antragsrücknahme § 36 Rdn. 39
– Erwerb § 36 Rdn. 22
– – durch Nichtlandwirt § 36 Rdn. 22
– Freigrenze nach Landesrecht § 36 Rdn. 32
– Genehmigung § 36 Rdn. 2 ff.
– – unter (aufschiebenden) Bedingungen § 36 Rdn. 28
– – unter Auflage § 36 Rdn. 27
– Genehmigungsbehörde § 36 Rdn. 30 f., Rdn. 51
– grobes Missverhältnis der Gegenleistung zum Wert § 36 Rdn. 25
– Grundbuchamt § 36 Rdn. 40 ff.
– Grundstücke im Geltungsbereich eines Bebauungsplanes § 36 Rdn. 16
– Grundstücksgröße § 36 Rdn. 32 ff.
– Übersendung einer einfachen Abschrift § 36 Rdn. 44
– unwirtschaftliche Verkleinerung eines Grundstücks § 36 Rdn. 24
– Versagung § 36 Rdn. 21 ff.
– Voranfrage § 36 Rdn. 38
– Vorkaufsrecht des Siedlungsunternehmens § 36 Rdn. 38
– zuständige Genehmigungsbehörde nach Landesrecht § 36 Rdn. 32
Gründung
– GmbH § 53 Rdn. 24 M
– – Treuhandvertrag § 53 Rdn. 24 M
– Verein § 121 Rdn. 8 ff., Rdn. 17 M
– – einzureichende Unterlagen § 121 Rdn. 18 ff.
– – Protokoll § 121 Rdn. 19 M
Gründungskosten
– GmbH § 142 Rdn. 163 ff.
Gründungsmantel
– GmbH § 142 Rdn. 6 M
– – Verweis auf Gesellschaftsvertrag § 142 Rdn. 6 M
Gründungsrechtstheorie § 6 Rdn. 52
Gründungstheorie § 158 Rdn. 5 ff.
Gruppenvertretung
– KG § 137 Rdn. 72
Gutachterausschuss für Grundstückswerte § 8 Rdn. 42
Guter Glaube
– Abtretung § 29 Rdn. 6
– Grundpfandrechte § 68 Rdn. 4
Gütergemeinschaft
– allgemeine Gütergemeinschaft § 86 Rdn. 1, Rdn. 6
– Anteil an Personengesellschaft § 86 Rdn. 12
– Antrag auf Eintragung von Vorbehaltsgut in das Güterrechtsregister § 86 Rdn. 21 M

– Aufhebung § 86 Rdn. 24, Rdn. 29 ff.
– – Ehevertrag zur Aufhebung § 86 Rdn. 30 M
– – Fortsetzung der Gütergemeinschaft § 86 Rdn. 23 M
– Auflassung § 56 Rdn. 8
– Auseinandersetzung nach Scheidung § 86 Rdn. 26, Rdn. 32 f., Rdn. 33 M
– Auseinandersetzungsverfahren § 86 Rdn. 25 ff.
– Beendigung § 86 Rdn. 24 ff.
– Ehegatten erwerben Grundbesitz in Miteigentum § 86 Rdn. 7
– Eigentumsübergang kraft Gesetzes § 56 Rdn. 35
– Entstehung § 86 Rdn. 1 ff.
– fortgesetzte § 86 Rdn. 1 f.
– Gesamtgut § 86 Rdn. 1, Rdn. 5 ff.
– Mitteilungspflicht an Standesamt § 86 Rdn. 14
– nachträgliche Vereinbarung der Fortsetzung der Gütergemeinschaft § 86 Rdn. 22 M
– praktische Bedeutung § 86 Rdn. 6
– Schenkungsteuer § 86 Rdn. 13
– Sondergut § 86 Rdn. 4
– Vereinbarung der GG § 86 Rdn. 16 M
– – Grundbuchberichtigung § 86 Rdn. 18 M
– verschiedene Vermögensmassen § 86 Rdn. 2
– vor dem 01.07.1958 vereinbart § 86 Rdn. 8 f.
– Vorbehaltsgut § 86 Rdn. 3, Rdn. 20 M
– – vorhandenes Vermögen § 86 Rdn. 20 M
– Wertersatz für eingebrachte Sachen § 86 Rdn. 25 f.
– Wesen § 86 Rdn. 1 ff.
– Wohnungsrecht § 65 Rdn. 33 M
Güterrecht früherer DDR-Staatsbürger § 81 Rdn. 14 ff.
Güterrechtsregister § 6 Rdn. 58; § 124 Rdn. 1
– Antrag § 89 Rdn. 4
– – auf Eintragung von Vorbehaltsgut § 89 Rdn. 21 M
– – auf Wiederholung der Eintragung wegen Wohnsitzverlegung § 89 Rdn. 7 M
– – aufgeschobener Antrag § 89 Rdn. 9 M
– Antragsberechtigung des Notars § 7 Rdn. 21
– Ausländer § 89 Rdn. 6
– Drittwirkung § 89 Rdn. 3
– Ehevertrag als Nachweis § 89 Rdn. 5
– Eintragungsfähigkeit § 89 Rdn. 2
– Funktion § 89 Rdn. 1
– Gütergemeinschaft § 86 Rdn. 3
Güterstand
– Ablehnung der Überleitung in Zugewinngemeinschaft § 81 Rdn. 14
– ausländisches Güterrecht § 81 Rdn. 3
– – Unwandelbarkeit § 81 Rdn. 3
– Beendigung § 81 Rdn. 20
– – Auskunftsanspruch § 81 Rdn. 20

– bis 1969 eines Deutschen aus der DDR, in der Bundesrepublik lebend § 81 Rdn. 5
– DDR § 81 Rdn. 4, Rdn. 14 ff.
– – Familiengesetzbuch § 81 Rdn. 4
– – Vermögensgemeinschaft § 81 Rdn. 4
– deutsch-französischer Wahlgüterstand § 81 Rdn. 17 ff.; § 84 Rdn. 11 f.
– – Ehevertrag zur Wahl § 81 Rdn. 22 M
– früherer DDR-Staatsbürger § 81 Rdn. 14 ff.
– gemischt nationale Ehen § 81 Rdn. 16
– – Rechtswahl § 81 Rdn. 23 M– Rdn. 24 M
– Handelsregister § 124 Rdn. 15
– Prüfung der Verfügungsbefugnis durch Notar § 6 Rdn. 5, Rdn. 57
– Rechtswahl § 81 Rdn. 23 M– Rdn. 24 M
– – Belehrung § 81 Rdn. 25 f.
– Volksdeutsche im Ausland § 81 Rdn. 3
Gütertrennung § 84 Rdn. 17 ff.
– Aufhebung § 84 Rdn. 23 ff., Rdn. 24 M
– Ausländer § 84 Rdn. 25 M
– Ausschluss des Versorgungsausgleichs § 84 Rdn. 45
– Ehemann unter Betreuung mit Einwilligungsvorbehalt § 84 Rdn. 22 M
– Ehevertrag § 85 Rdn. 8 M
– – Wiederverheiratung § 85 Rdn. 8 M
– Entstehung § 84 Rdn. 18
– Gleichberechtigungsgesetz § 81 Rdn. 1–Rdn. 2
– Iraner und Deutsche mit Güterrechtswahl § 84 Rdn. 26 f.
– nach mehrjähriger Ehe § 84 Rdn. 21 ff.
– Partnerschaftsvertrag § 91 Rdn. 11
– unter Verlobten mit minderjähriger Braut § 84 Rdn. 20 M
– vollständiger Ausschluss des Zugewinnanspruchs § 84 Rdn. 19 M
– vormundschaftsgerichtliche Genehmigung § 84 Rdn. 22 M
– Wesen § 84 Rdn. 17
Gutsabstandsgelder § 36 Rdn. 139 f.

Haager Adoptionsübereinkommen § 93 Rdn. 60 ff.
Haager Kinderschutzabkommen § 94 Rdn. 49 f.
Haager Minderjährigenschutzabkommen § 94 Rdn. 49
Haager Übereinkommen § 26 Rdn. 106 ff.
Haftentlassung § 75 Rdn. 9 ff.
– Miteigentümer § 75 Rdn. 15 M
Haftung
– Architekt § 45 Rdn. 86 ff.
– Bauvertrag § 46 Rdn. 55
– Firmenfortführung § 126 Rdn. 8 ff.
– – Ausschluss § 126 Rdn. 8 ff.
– Leasingvertrag § 43 Rdn. 16, Rdn. 23, Rdn. 40, Rdn. 42 f., Rdn. 74, Rdn. 77 M

3231

- nicht rechtsfähiger Verein § 122 Rdn. 3
- OHG § 131 Rdn. 5
  - – Haftungsfreistellung § 132 Rdn. 94 M
- Personengesellschaft § 125 Rdn. 4
- Unternehmenskauf § 31 Rdn. 15, Rdn. 20
- Wohnungseigentum § 58 Rdn. 14

Haftungsausschluss
- Firmenfortführung § 126 Rdn. 5

Haftungsbeschränkung
- GbR § 130 Rdn. 31

Halbleiterschutzgesetz § 49 Rdn. 135
Handakten des Notars § 10 Rdn. 47
Handels- und Genossenschaftsregister
- falsche Eintragung § 8 Rdn. 44

Handelsrechtsreformgesetz § 125 Rdn. 2, Rdn. 66 ff.
- AG § 146 Rdn. 2

Handelsregister
- Abteilung A § 124 Rdn. 11
- Abteilung B § 124 Rdn. 12
- Abtretung von Geschäftsanteilen § 124 Rdn. 14 f.
- AG § 147 Rdn. 2
- Anmeldung § 127 Rdn. 19 M ff.
  - – Zweigniederlassung § 127 Rdn. 19 M ff.
- Antragsberechtigung des Notars § 7 Rdn. 21
- ausländische Staaten § 124 Rdn. 57
- Bekanntmachung § 124 Rdn. 4 ff.
- ehelicher Güterstand § 124 Rdn. 15
- Einreichung der Urkunde § 7 Rdn. 3 f.
- Einteilung § 124 Rdn. 10 ff.
- Eintragung § 124 Rdn. 2
  - – deklaratorisch § 124 Rdn. 2
  - – falsche Eintragung § 124 Rdn. 8 ff.
  - – konstitutiv § 124 Rdn. 2
- elektronischer Rechtsverkehr, ELVR § 12a Rdn. 64 ff.
  - – Ausnahmen, elektronische Einreichungspflicht § 12a Rdn. 76
  - – Beglaubigungsvermerk § 12a Rdn. 70 f.
  - – Dokumentenart § 12a Rdn. 69
  - – Einreichung durch den Notar § 12a Rdn. 74 ff.
  - – Form § 12a Rdn. 64 ff.
  - – Herstellung von Abschriften § 12a Rdn. 67
  - – zulässige Formate § 12a Rdn. 68
- elektronisches § 6 Rdn. 44; § 124 Rdn. 17 ff.
- Firmenanmeldung § 125 Rdn. 36 ff.
  - – Anmeldeberechtigte § 125 Rdn. 37
  - – Personengesellschaft § 125 Rdn. 36 ff.
  - – Vertretung § 125 Rdn. 37
  - – Firmenfortführung § 125 Rdn. 4
  - – Anmeldung § 126 Rdn. 7
  - – Frist § 126 Rdn. 6
- Handlungsvollmacht § 124 Rdn. 15
- Inhalt § 124 Rdn. 13 ff.
- Niederschrift über Hauptversammlung der AG § 149 Rdn. 73
- Nießbrauch § 63 Rdn. 33
- öffentlicher Glaube § 124 Rdn. 6 ff.

- OHG § 131 Rdn. 14 ff.
  - – Anmeldung § 131 Rdn. 14 ff.
- Publizitätswirkung § 124 Rdn. 4 ff.
- Rechtsschein § 124 Rdn. 7 ff.
- Registervollmacht § 124 Rdn. 36 f.
- Testamentsvollstreckung § 124 Rdn. 14
- unterlassene Berichtigung § 124 Rdn. 9
- Wesen und Bedeutung § 124 Rdn. 1 ff.
- Zweigniederlassung § 127 Rdn. 3 ff.

Handelsregisteranmeldung
- AG § 148 Rdn. 7 M
  - – Änderung im Vorstand § 148 Rdn. 7 M
  - – Bargründung § 147 Rdn. 19 M
- Aufsichtsratsvorsitzender, AG § 148 Rdn. 39
  - – Wechsel § 148 Rdn. 45 M
- Eingliederung § 152 Rdn. 18 f.
- Einstellung des Gewerbebetriebes § 125 Rdn. 71 M
- Erlöschen der Firma, OHG § 135 Rdn. 18 f.
  - – Anregung der Wiedereintragung § 135 Rdn. 21 M
- EWIV § 140 Rdn. 6, Rdn. 13 M
- Fakultativkaufmann § 125 Rdn. 55
- Firma § 125 Rdn. 43
  - – Bedingung § 125 Rdn. 43
  - – Befristung § 125 Rdn. 43
  - – Bevollmächtigter § 125 Rdn. 39
  - – durch Minderjährigen § 125 Rdn. 38
  - – durch Notar § 125 Rdn. 40
  - – Erlöschen § 125 Rdn. 70 ff.
  - – Kaufmann § 125 Rdn. 58 M
  - – Vertretung § 125 Rdn. 37
  - – Zeitpunkt § 125 Rdn. 43
- Firmenänderung § 125 Rdn. 67 M
  - – Aufnahme des Rechtsformzusatzes § 125 Rdn. 67 M
  - – Aufnahme einer Geschäftsbezeichnung § 125 Rdn. 65 M
  - – Wegfall des Nachfolgerzusatzes § 125 Rdn. 63 M
- Firmenvollmacht § 125 Rdn. 39
- Form § 125 Rdn. 39
  - – Firmenvollmacht § 125 Rdn. 39
- Fortführung einer Einzelfirma durch die Erben § 134 Rdn. 15 M
- Gewinngemeinschaft § 152 Rdn. 20
- GmbH & Co. KG § 139 Rdn. 58 M
- GmbH-Konzern § 152 Rdn. 23
  - – Unternehmensvertrag § 152 Rdn. 23, Rdn. 30 M
- juristischen Person i.S.v. § 33 HGB § 125 Rdn. 77
- KG § 138 Rdn. 1 ff.
- Niederlassung § 125 Rdn. 68
  - – Änderung § 125 Rdn. 68
- Sachkapitalerhöhungsbeschluss § 149 Rdn. 154 M
- Spaltung § 155 Rdn. 18
- Umwandlung OHG in Einzelfirma § 135 Rdn. 23 f.
- Unternehmen hat keinen kaufmännischen Umfang mehr § 125 Rdn. 74 M
- Unternehmen hatte nie kaufmännischen Umfang § 125 Rdn. 76 M

- Unternehmensvertrag § 152 Rdn. 8, Rdn. 17 M
- Veräußerung ohne Firma § 125 Rdn. 73 M
- Verlegung der Niederlassung § 125 Rdn. 69 M
- Verschmelzung § 154 Rdn. 17 ff., Rdn. 64 M–Rdn. 65 M, Rdn. 70 M, Rdn. 73 M, Rdn. 77 M, Rdn. 85 M

Handelsregistereintragung
- Handelskammer § 124 Rdn. 52
- Handwerkskammer § 124 Rdn. 53
- Landwirtschaftskammer § 124 Rdn. 53

Handelsregistervollmacht
- deutsch/englisch § 24 Rdn. 107 M
- Kommanditisten § 24 Rdn. 106 M

Händlerleasing § 43 Rdn. 4

Handlungsbevollmächtigte
- GmbH § 143 Rdn. 59

Handlungsvollmacht § 128 Rdn. 31 ff.
- Artvollmacht § 128 Rdn. 31
- Einzelvollmacht § 128 Rdn. 31
- Erlöschen § 128 Rdn. 36
- Generalvollmacht § 128 Rdn. 31 f., Rdn. 40 M
- Genossenschaft § 157 Rdn. 19
- Handelsregister § 124 Rdn. 15
- Selbstkontrahieren § 128 Rdn. 35

Handwerker
- GbR § 130 Rdn. 144 M
- OHG § 131 Rdn. 4

Handwerksbetrieb
- Unternehmenskauf § 31 Rdn. 2, Rdn. 53 M, Rdn. 55 M

Handwerksunternehmen
- Kaufmann § 125 Rdn. 56

Handzeichen
- Unterschriftsbeglaubigung § 15 Rdn. 14, Rdn. 25 M

Hauptkartei für Testamente § 8 Rdn. 39

Hauptsache
- Erbbaurecht § 57 Rdn. 8 ff.

Hauptversammlung
- AG § 149 Rdn. 20
  - – Absage § 149 Rdn. 20
  - – ARUG § 149 Rdn. 16
  - – Einberufung
    - – – Inhalt § 149 Rdn. 15 ff.
    - – – Tagesordnung § 149 Rdn. 15
  - – Einberufungsfrist § 149 Rdn. 10
  - – record date § 149 Rdn. 16
  - – Versammlungsort § 149 Rdn. 14
- KG auf Aktien § 150 Rdn. 13 ff.

Hauptversammlungsprotokoll
- Änderung einer Urkunde § 11 Rdn. 20
- Beurkundung von Beschlüssen § 13 Rdn. 5 M

Häuserreihe
- Erbbaurechtsfähigkeit § 57 Rdn. 6

Hausfrauenehe § 85 Rdn. 2

Haushaltsgegenstände
- Verfügungsbeschränkung § 82 Rdn. 40 ff.

Hausmeistertätigkeit
- Mietvertrag § 41 Rdn. 46 M
  - – Sonstiges § 41 Rdn. 46 M

Hausverwaltungsvollmacht § 24 Rdn. 88 ff.

Heimatrecht § 26 Rdn. 15 ff.

Heimfall
- Erbbaurecht § 57 Rdn. 18
- Formularvertrag § 57 Rdn. 20
- Grenze § 57 Rdn. 20
- Gründe § 57 Rdn. 19
- Herausgabeanspruch § 57 Rdn. 23 f.
- Vormerkung § 57 Rdn. 18
- Zwangsvollstreckungsunterwerfung § 57 Rdn. 24 M

Heimfallfeste Rechte § 57 Rdn. 21 f.
Heizkostenverordnung
- Mietvertrag § 41 Rdn. 46 M
  - – Betriebskosten § 41 Rdn. 46 M
  - – Heizung, Warmwasserversorgung § 41 Rdn. 46 M

Herausgabeanspruch
- Heimfall § 57 Rdn. 23 f.

Herausgabeanspruch des verarmten Schenkers
- Abtretung § 29 Rdn. 26

Herstellerleasing § 43 Rdn. 4
Hin- und Herzahlen
- AG § 147 Rdn. 25

Hinauskündigungsklausel
- OHG § 132 Rdn. 63

Hinterlegung
- Kaufpreis bei Grundstückskauf § 32 Rdn. 178 ff.
- Leasingvertrag § 43 Rdn. 50
- Quellcode § 15 Rdn. 50 ff.

Hinterlegungsschein § 98 Rdn. 9
- für Wertpapiere § 9 Rdn. 23 M
- Widerruf eines Testaments § 101 Rdn. 8

Hinterlegungsvereinbarung § 9 Rdn. 4, Rdn. 6
- Auszahlungsauflagen § 9 Rdn. 20 M
- Form § 9 Rdn. 7
- Hinterlegungsschein für Wertpapiere § 9 Rdn. 23 M
- im Kaufvertrag § 9 Rdn. 19 M
- Inhalt § 9 Rdn. 7
- Prüfungspflicht des Notars § 9 Rdn. 7
- Widerruf § 9 Rdn. 4–Rdn. 5
- Zinsen § 9 Rdn. 8

Hinweispflicht des Notars § 6 Rdn. 138; § 8 Rdn. 35
- Abtretung des Auflassungsanspruchs § 56 Rdn. 27
- Abtretung einer Grundschuld § 74 Rdn. 19
- Auflassungsvormerkung § 6 Rdn. 135
- Beurkundung ohne Grundbucheinsicht § 32 Rdn. 35
- Eigentumsübergang am Grundbesitz § 6 Rdn. 131 M
- Hemmung der Verjährung von Gewährleistungsansprüchen beim Bauträgervertrag § 33 Rdn. 52
- Hoferklärung § 36 Rdn. 193
- Pflichtteilsverzicht bei Grundstücksüberlassung an Kinder § 39 Rdn. 115
- Rangstelle der Veräußererrechte bei Grundstücksüberlassung § 39 Rdn. 42, Rdn. 61 M ff.
- Rückforderungsklausel in Ehegattenüberlassung § 39 Rdn. 33
- steuerliche Folgen § 6 Rdn. 140 ff.

- Teilungsgenehmigung § 35 Rdn. 20
- Testamentserrichtung durch Übergabe einer offenen Schrift § 103 Rdn. 17
- ungesicherte Vorleistung beim Kauf § 35 Rdn. 32
- Vorkaufsrecht § 6 Rdn. 101

Hinwirkungspflicht § 6 Rdn. 147 ff.
Höchstbetragshypothek § 71 Rdn. 8 ff.
- DDR § 70 Rdn. 35

Hochwasserschutz
- Vorkaufsrecht § 6 Rdn. 116

Hofeigenschaft § 36 Rdn. 179 ff.
- Abgrenzung zum gemischten Betrieb § 36 Rdn. 177
- Aufhebung § 36 Rdn. 179, Rdn. 196 M
- Aufhebung der Ehegattenhofeigenschaft § 36 Rdn. 198 M
- Ehegattenhof § 36 Rdn. 186 ff.
- Eigentumswechsel § 36 Rdn. 181
- Einführung § 36 Rdn. 194 M f.
- Eintragung in Höferolle § 36 Rdn. 196 M
- Entstehung kraft Gesetzes § 36 Rdn. 179
- Hoferklärung § 36 Rdn. 179
- partielle Aufhebung/Einführung § 36 Rdn. 191
- Prüfung § 36 Rdn. 199
- Verlust bei Begründung von Wohnungs-/Teileigentum § 36 Rdn. 190
- Verlust bei geringem Wert § 36 Rdn. 178
- Verlust kraft Erklärung § 36 Rdn. 179
- Verlust kraft Gesetzes § 36 Rdn. 180

Höfeordnung § 109 Rdn. 1
- Anhörung weichender Erben § 36 Rdn. 216
- Antrag auf Genehmigung § 36 Rdn. 215 M
- Antrag auf Genehmigung (mit Begründung) § 36 Rdn. 217 M
- Antragsermächtigung des Notars § 36 Rdn. 205
- Genehmigungserfordernis bei Veräußerung einzelner Grundstücke § 36 Rdn. 204
- Inhaltskontrolle § 36 Rdn. 203
- landesrechtliche Regelungen § 36 Rdn. 174
- schwebende Unwirksamkeit § 36 Rdn. 201
- Voraussetzungen für Genehmigungsfähigkeit § 36 Rdn. 200

Hoferbe
- Bestimmung durch überlebenden Ehegatten § 109 Rdn. 13
- Bestimmung in Verfügung von Todes wegen § 109 Rdn. 10
- Feststellungsantrag § 109 Rdn. 59 M
- Wirtschaftsfähigkeit § 109 Rdn. 6, Rdn. 57 M

Hoferbrecht
- Abfindung § 109 Rdn. 47 ff.
  - – Abfindungsergänzung § 109 Rdn. 38 f.
  - – Abfindungsergänzungsansprüche § 109 Rdn. 4

  - – der weichenden Erben § 109 Rdn. 2 f., Rdn. 7
  - – Stundung § 109 Rdn. 48 M
- Änderung der Hoferbenbestimmung § 109 Rdn. 49 f.
- Anerbengesetze § 109 Rdn. 1
- Antrag § 109 Rdn. 48 M
  - – auf Stundung von Abfindungszahlungen § 109 Rdn. 48 M
  - – auf Zustimmung zu Verfügung von Todes wegen § 109 Rdn. 28 f.
- Antrag auf Feststellung § 109 Rdn. 54 M
  - – Ehegattenhofeigenschaft entfallen § 109 Rdn. 54 M
  - – Erbbrauch § 109 Rdn. 60 M
  - – Gegenstand Hofbestandteil § 109 Rdn. 56 M
  - – Gegenstand nicht Hofbestandteil § 109 Rdn. 55 M
  - – kein Hof im Sinne der Höfeordnung § 109 Rdn. 53 M
  - – keine Bindung in der Hoferbenbestimmung § 109 Rdn. 52 M
  - – von wem der Hof stammt § 109 Rdn. 58 M
  - – wer Hoferbe geworden ist § 109 Rdn. 59 M
  - – Wirtschaftsfähigkeit des Hoferben § 109 Rdn. 57 M
- Aufhebung der Hofeigenschaft § 109 Rdn. 2
- Ausschlagung § 109 Rdn. 36 M f.
  - – des Hofanfalls § 109 Rdn. 36 M f.
  - – des hoffreien Nachlasses § 109 Rdn. 37 M
- Bestimmung des Hoferben § 109 Rdn. 10, Rdn. 16 M
  - – durch den überlebenden Ehegatten § 109 Rdn. 18
- Ehe- und Erbvertrag (Gütergemeinschaft) § 109 Rdn. 27 M
- Ehe- und Erbvertrag (Gütertrennung) § 109 Rdn. 26 M
- Ehegattenhof § 109 Rdn. 9, Rdn. 19 M ff., Rdn. 21 ff.
  - – unzulässige erbrechtliche Regelungen § 109 Rdn. 9
  - – Wiederverheiratung des Überlebenden § 109 Rdn. 11, Rdn. 19 M, Rdn. 21 M
- Erbvertrag über einen Ehegattenhof § 109 Rdn. 25 M
- Ertragswert § 109 Rdn. 3
- Feststellungsverfahren § 109 Rdn. 51 ff.
- fortgesetzte Gütergemeinschaft § 109 Rdn. 9
- Geltungsbereich § 109 Rdn. 1 ff.
- Grundbuchberichtigung § 109 Rdn. 5
- Haftung des Hoferben § 109 Rdn. 8
- Hofbestandteile § 109 Rdn. 5
- Höfeordnung § 109 Rdn. 1
- Hoferbe § 109 Rdn. 2, Rdn. 5
- Hoferbenbestimmung und Ermächtigung des Ehegatten § 109 Rdn. 25 M
- Hoffolgezeugnis § 109 Rdn. 34
- minderjähriger Miterbe § 109 Rdn. 7

- Miterben § 109 Rdn. 7
- Nießbrauch der Ehefrau § 109 Rdn. 16 M
- Sondererbfolge § 109 Rdn. 5
- Sondererbrecht § 109 Rdn. 2
- Stellung des überlebenden Ehegatten § 109 Rdn. 11
- Teilung eines Hofes durch Verfügung von Todes wegen § 109 Rdn. 30 f.
- Verfügung von Todes wegen § 109 Rdn. 10, 16 M
- Wahl eines von mehreren Höfen § 109 Rdn. 32 f.
- wiederkehrende Versorgungsleistungen für Ehefrau § 109 Rdn. 17 M
- Zustimmung des Hoferbanwärters § 109 Rdn. 50 M

Höferecht
- Zuständigkeit § 3 Rdn. 15

Hoferklärung § 36 Rdn. 179 ff.
- Einführung der Ehegattenhofeigenschaft § 36 Rdn. 197 M
- Einführung der Hofeigenschaft § 36 Rdn. 194 M
- Eingang beim Landwirtschaftsgericht § 36 Rdn. 179
- Eintragung im Grundbuch § 36 Rdn. 179
- Form § 36 Rdn. 179
- Prüfungs- und Belehrungspflicht des Notars § 36 Rdn. 193
- Wiedereinführung der Hofeigenschaft § 36 Rdn. 195 M

Höferolle
- Eintragung § 36 Rdn. 176
- Löschung § 36 Rdn. 179

Hoffeststellungsverfahren § 36 Rdn. 193, Rdn. 199
Hoffläche § 54 Rdn. 5
Hoffolgezeugnis § 109 Rdn. 34
Hofnachfolge
- GbR § 130 Rdn. 147 ff.

Hofübergabe § 36 Rdn. 199 ff.
- Abfindung der weichenden Erben § 36 Rdn. 207
- Abfindung/Abfindungsergänzung § 36 Rdn. 213 M
- Abgrenzung zum Übergabevertrag § 36 Rdn. 86, Rdn. 199
- Abschriften, beglaubigte § 36 Rdn. 214
- Antrag auf Genehmigung § 36 Rdn. 215 M
- Begriff § 36 Rdn. 199
- dingliche Erklärungen § 36 Rdn. 213 M
- Genehmigung nach HöfeO § 36 Rdn. 199 ff.
- höferechtliche Hindernisse § 36 Rdn. 201
- Krankheitskosten § 36 Rdn. 213 M
- mit Nießbrauchsvorbehalt und Verpachtung § 36 Rdn. 213 M
- nicht geschäftsfähiger Beteiligter § 36 Rdn. 206
- Prüfung der Hofeigenschaft § 36 Rdn. 199
- Rheinische § 36 Rdn. 208 ff., Rdn. 213 M
- Rücktritt § 36 Rdn. 213 M
- Versagungsgründe nach dem GrdstVG § 36 Rdn. 202

- Vollstreckungsunterwerfung § 36 Rdn. 213 M
- Voraussetzungen § 36 Rdn. 200
- vorweggenommene Erbfolge § 36 Rdn. 199
- Wesen § 36 Rdn. 199
- Zuflucht § 36 Rdn. 213 M

Hofvermerk im Grundbuch
- Eintragung § 36 Rdn. 179 ff.

Honorarordnung für Architekten und Ingenieure § 45 Rdn. 60 f.
Hörbehinderter Beteiligter § 14 Rdn. 3, Rdn. 20 M ff.
Hypothek § 68 Rdn. 1; § 69 Rdn. 2 M
- abstraktes Schuldanerkenntnis § 69 Rdn. 14 M
- Abtretung § 70 Rdn. 2 ff.
- Aufhebung § 70 Rdn. 31
- AGB § 70 Rdn. 23
- – Ausschluss der löschungsfähigen Quittung § 70 Rdn. 23
- Akzessorietät § 68 Rdn. 1
- Änderung von Hypothekenbedingungen § 70 Rdn. 18 M
- Änderung von Zahlungsbestimmungen § 70 Rdn. 17 ff.
- Arresthypothek § 71 Rdn. 2, Rdn. 21 f.
- Aufhebung § 70 Rdn. 31
- Bauhandwerkerhypothek § 71 Rdn. 2, Rdn. 5 ff.
- Belastungsvollmacht § 24 Rdn. 86 M
- Berichtigungsbewilligung § 70 Rdn. 26, Rdn. 31
- Brief § 72 Rdn. 48
- – Vorlageverzicht § 72 Rdn. 48
- DDR § 70 Rdn. 35 M
- Einheitshypothek § 70 Rdn. 12
- Erhöhung der Forderung § 70 Rdn. 12 ff.
- Erhöhung von Nebenleistungen § 70 Rdn. 13 ff.
- Erlöschen § 70 Rdn. 21 ff.
- Forderung § 70 Rdn. 11 ff.
- – Forderungsänderung § 70 Rdn. 11 ff.
- – Forderungsauswechslung § 70 Rdn. 20
- Forderungsrückzahlung § 70 Rdn. 21
- Höchstbetragshypothek § 71 Rdn. 8 ff.
- Inhaltsänderung § 70 Rdn. 8 ff.
- Löschung § 70 Rdn. 21 ff., Rdn. 31
- – Brief § 70 Rdn. 29
- – Löschungsantrag § 70 Rdn. 32 M
- – Löschungsbewilligung § 70 Rdn. 27–Rdn. 28 M
- löschungsfähige Quittung § 70 Rdn. 22 ff., Rdn. 25 M
- Nebenleistung § 69 Rdn. 5
- Pfänderstreckung § 70 Rdn. 8
- Pfandfreigabe § 70 Rdn. 8
- Quittung § 69 Rdn. 11 M
- Realkredit § 67 Rdn. 1
- Schuldanerkenntnis § 68 Rdn. 2; § 69 Rdn. 10 ff.
- Schuldversprechen § 68 Rdn. 2
- Sicherungshypothek § 68 Rdn. 1; § 71 Rdn. 1 ff.
- Sicherungsverhältnis § 68 Rdn. 2
- Tilgungshypothek § 69 Rdn. 16 ff.

- Übernahme einer Hypothek § 50 Rdn. 45 ff.
- Umwandlung in Grundschuld § 75 Rdn. 3 ff.
- Verfallklausel § 70 Rdn. 19
- Verteilung der Gesamthypothek § 70 Rdn. 10 M
- Verzicht § 70 Rdn. 30
- Zins § 70 Rdn. 13 ff.
- – Erhöhung § 70 Rdn. 13 ff., Rdn. 15
- – Fälligkeit § 70 Rdn. 15
- – gleitender Zinssatz § 69 Rdn. 4
- – Höchstzinssatz § 69 Rdn. 4
- – Mindestzinssatz § 69 Rdn. 4
- – Zinsbeginn § 69 Rdn. 3
- Zwangshypothek § 71 Rdn. 2, Rdn. 21 ff.
- Zwangsvollstreckungsunterwerfung § 68 Rdn. 2; § 69 Rdn. 6 ff.
- – Ausfertigungserteilung § 69 Rdn. 8
- – außerordentliche Kündigung § 69 Rdn. 9
- – Beweislastumkehr § 69 Rdn. 9
- – Grundstück § 69 Rdn. 8
- – Nachweisverzicht § 69 Rdn. 9
- – Schuldverhältnis § 69 Rdn. 8
- – Verfallklausel § 69 Rdn. 9
- – weitere vollstreckbare Ausfertigung § 69 Rdn. 9
- – Zinserhöhung § 70 Rdn. 15

Hypothekenbank § 67 Rdn. 2
Hypothekenbankgesetz § 67 Rdn. 1
Hypothekenpfandbrief § 67 Rdn. 2

Idealgenossenschaft § 157 Rdn. 11
Idealverein § 121 Rdn. 3, Rdn. 13 ff.
Identitätserklärung
- Auflassung § 56 Rdn. 16 ff., Rdn. 18 M
- Teilflächenkauf § 35 Rdn. 37
- Wohnungseigentum § 58 Rdn. 44 M

Illustrationsvertrag § 48 Rdn. 42
Immissions-Dienstbarkeit § 64 Rdn. 17 M
Immobiliar-Verbraucherdarlehen § 50 Rdn. 22
Immobilie in der DDR
- Begriff § 99 Rdn. 3

Immobilien
- FGB-Güterstand § 88 Rdn. 5, Rdn. 9, Rdn. 15

Immobilienfonds § 130 Rdn. 93
- geschlossener § 34 Rdn. 37 ff.

Immobilienleasing
- Ankaufsrecht § 44 Rdn. 15
- Bilanzierungsvorteile § 44 Rdn. 4
- buy-and-lease § 44 Rdn. 8
- Entwicklung, wirtschaftliche § 44 Rdn. 1
- Formvorschriften § 44 Rdn. 12 f.
- Generalübernehmervertrag § 44 Rdn. 10
- Grunderwerbsteuer § 44 Rdn. 14 f.
- Kombination mit Mobilienleasing § 44 Rdn. 10
- Neubau-Leasing § 44 Rdn. 10 f.
- Off-Balance-Gestaltung § 44 Rdn. 4
- Rechtsgrundlagen § 44 Rdn. 6
- sale-and-lease-back § 44 Rdn. 8 f.
- Teilamortisation § 44 Rdn. 7
- Vertragslaufzeit § 44 Rdn. 16

- Vertragsmuster, Neubau-Leasing § 44 Rdn. 18 M
  - – Beendigung § 44 Rdn. 18 M
  - – Mängel § 44 Rdn. 18 M
  - – Nebenkosten § 44 Rdn. 18 M
  - – Vorleistungen/Entgelte § 44 Rdn. 18 M
  - – Zahlungsmodalitäten § 44 Rdn. 18 M
- Vollamortisation § 44 Rdn. 7
- Vorteile, wirtschaftliche § 44 Rdn. 3

Immobilienmakler § 47 Rdn. 2
Indexierung § 6 Rdn. 92
Indexklausel
- Mieterhöhung § 41 Rdn. 77 M
- Mietvertrag § 41 Rdn. 46 M
  - – Mietanpassungsvereinbarung § 41 Rdn. 46 M

Indossament
- Aktie § 146 Rdn. 19
- Wechselabkommen § 17 Rdn. 15 f.

Informationsrecht
- GmbH & Co. KG § 139 Rdn. 41
- KG § 137 Rdn. 39
- OHG § 132 Rdn. 48

Ingenieurvertrag
- Rechtsgrundlage § 45 Rdn. 1

Inhaberaktie § 146 Rdn. 9 f., Rdn. 17 M
Inhaberpapier
- Verpfändung § 78 Rdn. 26

Inländerbehandlung § 48 Rdn. 2
Innengesellschaft § 130 Rdn. 52 ff.
- Unterbeteiligung § 130 Rdn. 54 ff.

Insemination § 92 Rdn. 73 ff.
- Fallgruppen § 92 Rdn. 75
- heterologe Insemination § 92 Rdn. 76 ff.
  - – Beurkundung § 92 Rdn. 76 f.
  - – Kindesunterhalt und Freistellungsverpflichtung § 92 Rdn. 79 M
  - – Samenspenderregister § 92 Rdn. 78
- quasihomologe Insemination § 92 Rdn. 80 ff., Rdn. 83 M
  - – Unterhalt § 92 Rdn. 82

Insichgeschäft siehe auch Selbstkontrahieren
- GmbH& Co KG § 139 Rdn. 40
- Vollmachtlose Vertretung § 25 Rdn. 16

Insolvenz
- Leasingvertrag § 43 Rdn. 68 ff.
  - – Wahlrecht des Insolvenzverwalters § 43 Rdn. 70
- Treuhand § 53 Rdn. 4
- Treuhandliquidation zur Vermeidung § 53 Rdn. 26 M
- Vertragsgenehmigung § 25 Rdn. 11
- Vormerkung § 61 Rdn. 32 ff.

Insolvenzantragspflicht
- AG § 148 Rdn. 15
  - – MoMiG § 148 Rdn. 15

Insolvenzschuldner
- Grundstücksverkauf § 32 Rdn. 186 ff.

Insolvenzverwalter
- Verfügungsbefugnis § 6 Rdn. 59
- Verwahrungsgeschäft § 9 Rdn. 18
- Wechselprotest § 17 Rdn. 35

Instandhaltung
- Leasingvertrag § 43 Rdn. 16, Rdn. 37

Instandhaltungspflicht des Wohnraummieters § 41 Rdn. 34, Rdn. 41 ff.
Instandsetzungspflicht des Wohnraummieters § 41 Rdn. 34, Rdn. 41 ff.
Integritätsgebot
- Notar und Verlosung § 18 Rdn. 30 ff.

Interimsschein § 146 Rdn. 14, Rdn. 26
Internationale Patentanmeldung § 49 Rdn. 17 ff.
Internationale Registrierung
- Marke § 49 Rdn. 109

Internationaler Lizenzvertrag
- Checkliste § 49 Rdn. 139 M

Internationales Geschmacksmuster § 49 Rdn. 133
Internationales Gesellschaftsrecht
- Anteilsübertragung § 158 Rdn. 33 ff.
- ausländische Ehegatten § 158 Rdn. 23
- ausländische juristische Person § 158 Rdn. 27
  - – Beteiligung an deutscher OHG § 158 Rdn. 27
  - – Gesellschafter einer inländischen Kapitalgesellschaft § 158 Rdn. 26
- ausländische natürliche Person § 158 Rdn. 22
  - – Gesellschafter einer inländischen Kapitalgesellschaft § 158 Rdn. 22
- England § 158 Rdn. 68 ff.
  - – Vertretungsbescheinigung eines scrivener notary § 158 Rdn. 73 M
- Erbstatut § 158 Rdn. 24
  - – Abgrenzung zu Gesellschaftsstatut § 158 Rdn. 24
  - – Anteilsvererbung § 158 Rdn. 25
- Firma § 158 Rdn. 28
- Gegenstand § 158 Rdn. 1 ff.
- Gesellschaftsstatut § 158 Rdn. 3
  - – Reichweite § 158 Rdn. 13 ff.
- Gründungstheorie § 158 Rdn. 5 ff.
- Satzungsmaßnahmen § 158 Rdn. 33 ff.
- Staatsvertrag § 158 Rdn. 4
  - – Vorrang § 158 Rdn. 4
- statutarische Akte § 158 Rdn. 36
  - – Inlandsbeurkundung § 158 Rdn. 36
- Umwandlungsvorgänge § 158 Rdn. 42 ff.
  - – Herein- und Hinausverschmelzung § 158 Rdn. 42
  - – Spaltung § 158 Rdn. 43
  - – Umwandlung im Inland, Vermögen im Ausland § 158 Rdn. 44
- Unternehmensvertrag § 158 Rdn. 36
- Vereinigte Staaten von Amerika § 158 Rdn. 74 ff.
  - – Bescheinigung eines Secretary nebst notarieller Beglaubigung § 158 Rdn. 80 M
- Vertragsgestaltung § 158 Rdn. 18
- Vertretungsbescheinigung durch deutschen Notar § 158 Rdn. 81 f.

- Verwaltungssitz § 158 Rdn. 5 ff.
  - – Rück-/Weiterverweisung § 158 Rdn. 13

Internationales Privatrecht
- Abstammungsrecht § 92 Rdn. 84 ff.
  - – Anfechtung der Abstammung § 92 Rdn. 92 ff.
  - – gewöhnlicher Aufenthalt des Kindes § 92 Rdn. 86
  - – Kindeswohl § 92 Rdn. 86
  - – Verfahrensrecht § 92 Rdn. 96 ff.
- elterliche Sorge § 94 Rdn. 49 ff.
- General- und Vorsorgevollmacht § 96 Rdn. 120 ff.
- Güterstand gemischt nationaler Ehen § 81 Rdn. 16
- Leihmutterschaft § 92 Rdn. 87
- Namensrecht § 92 Rdn. 102 f.
- Unterhaltsrecht § 92 Rdn. 98 ff.

Inventaraufnahme durch Notar
- Erbenhaftung § 115 Rdn. 16 M, Rdn. 18 M, Rdn. 20 M

Inventarerrichtung durch Erben § 115 Rdn. 12 ff.
Investmentkommanditgesellschaft § 137 Rdn. 76 f.
Irreführung
- Firma § 125 Rdn. 28

Islamisches Recht § 84 Rdn. 13

Jagdausübungsrecht § 42 Rdn. 46 f.
Jagdpacht § 42 Rdn. 7, Rdn. 46 ff.
- Anzeigepflicht § 42 Rdn. 51
- Beendigung § 42 Rdn. 52 ff.
- Form § 42 Rdn. 49
- Gegenstand § 42 Rdn. 47
- Jagdschein § 42 Rdn. 50
- Mindestpachtzeit § 42 Rdn. 49
- Mitpächter § 42 Rdn. 53
- Teilbarkeit § 42 Rdn. 48
- Veräußerung eines Eigenjagdbezirks § 42 Rdn. 54

Jahresabschluss
- Aufstellung bei GmbH § 142 Rdn. 160 f.
- Feststellung bei GmbH § 144 Rdn. 66 M
- GmbH & Co KG § 139 Rdn. 46 ff.

Jahresübersicht des Notars § 10 Rdn. 53 ff., Rdn. 55 M
- ständiger Vertreter § 10 Rdn. 54

Jastrowsche Klausel § 107 Rdn. 25 M ff.
Jugendamt
- Beistandschaft § 94 Rdn. 43 ff.
- Zuständigkeit § 3 Rdn. 16 ff.

Juristische Person
- Beurkundung § 13 Rdn. 47 ff.
- i.S.v. § 33 HGB § 125 Rdn. 77
  - – Änderung, Auflösung § 125 Rdn. 81
  - – Handelsregisteranmeldung § 125 Rdn. 78 ff.
- Kündigung des Wohnraummietvertrags § 41 Rdn. 50

Kaduzierung
- Aktie § 146 Rdn. 37 ff.
- GmbH-Geschäftsanteil § 145 Rdn. 126 ff.
  - – Beschluss zur Ausschließungsklage § 145 Rdn. 139 M

Kannkaufmann § 125 Rdn. 55

Kapitalerhöhung
- Anmeldung § 144 Rdn. 75 M, Rdn. 99, Rdn. 152 M
  - - Durchführung § 149 Rdn. 143 ff.
  - - Erhöhungsbeschluss § 149 Rdn. 143 ff.
  - - Geldeinlage § 144 Rdn. 100 M
  - - Sachagio § 144 Rdn. 141 M f.
  - - Sacheinlage § 144 Rdn. 137 M
- aus Gesellschaftsmitteln § 144 Rdn. 145 ff., Rdn. 151 M
  - - Anmeldung § 144 Rdn. 152 M
  - - Bilanzfrist § 144 Rdn. 146
  - - Mehrheitserfordernis § 144 Rdn. 147
  - - Unterschied zur AG § 144 Rdn. 149
- außerordentliche Hauptversammlung § 149 Rdn. 129 M
- Beschluss § 149 Rdn. 123
- Beteiligung der GmbH selbst § 144 Rdn. 92
- Beurkundungskosten § 144 Rdn. 112
- Bezugsrecht § 149 Rdn. 128
  - - Aufforderung zur Ausübung § 149 Rdn. 135 f.
  - - Ausgabe § 149 Rdn. 130 M
- Bezugsrechtsübertragung § 144 Rdn. 119
- durch Geldeinlagen § 144 Rdn. 77 ff.
- durch Sacheinlage § 144 Rdn. 114
  - - Agio § 144 Rdn. 114
  - - Gewerbebetrieb § 144 Rdn. 116
  - - Kapitalgesellschaftsanteile § 144 Rdn. 117
- Durchführung § 149 Rdn. 124 ff.
- Einbringung von Ansprüchen des Gesellschafters § 144 Rdn. 153
- Einkommensteuer § 144 Rdn. 112
- Einlage Gewerbebetrieb § 144 Rdn. 116
- Einlage Kapitalgesellschaftsanteil § 144 Rdn. 116
- Einlage zur freien Verfügung der Geschäftsführer § 144 Rdn. 93 ff.
- Einlagenrückgewähr § 144 Rdn. 94
- Einmann-Gesellschaft § 144 Rdn. 97
- Erhöhungsbeschluss § 149 Rdn. 130 M
  - - Niederschrift § 149 Rdn. 130 M
- Formulare § 149 Rdn. 129 M ff.
- gegen Darlehensgutschrift § 144 Rdn. 115
- genehmigtes Kapital § 144 Rdn. 143 ff., Rdn. 144 M
- Gesellschafterliste § 144 Rdn. 103, Rdn. 105 M
  - - Unterschrift des Notars § 144 Rdn. 106
  - - vorzeitige § 144 Rdn. 108 M
- GmbH § 144 Rdn. 77 ff.
- Hin- und Herzahlen § 144 Rdn. 121
- Kosten zulasten der Gesellschaft § 144 Rdn. 98
- Kreditgewährung an Gesellschafter § 144 Rdn. 94
- Liste der Übernehmer § 144 Rdn. 101–Rdn. 102 M
- Minderjähriger § 144 Rdn. 91
- Mindest- und Höchstbetrag § 144 Rdn. 84 M
- Mindestbetrag § 144 Rdn. 90
- Mitteilungspflicht des Notars § 144 Rdn. 111, Rdn. 132, Rdn. 136
  - - Einlage eines Grundstücks § 144 Rdn. 126
- Nachbesteuerungsverfahren § 144 Rdn. 118
- Nachschusspflicht § 144 Rdn. 87
- Nebenverpflichtungen § 144 Rdn. 87–Rdn. 88 M
- Sachagio § 144 Rdn. 139 ff.
  - - Anmeldung § 144 Rdn. 142 M
  - - Unternehmen § 144 Rdn. 142 M
  - - verbunden mit Barkapitalerhöhung § 144 Rdn. 140 M
- Sacheinlage § 144 Rdn. 127 ff.
  - - Anmeldung § 144 Rdn. 137 M
  - - Sachgründungsbericht § 144 Rdn. 128
  - - Steuerrecht § 144 Rdn. 133
  - - und gesonderte Übernahmeerklärung § 144 Rdn. 134 M
- Sacheinlage, Grundstück § 144 Rdn. 126
  - - Grunderwerbsteuer § 144 Rdn. 126
  - - und gesonderte Übernahmeerklärung § 144 Rdn. 135 M
- Sachkapitalerhöhung § 149 Rdn. 154 M
  - - Handelsregisteranmeldung § 149 Rdn. 154 M
  - - Hauptversammlungsbeschluss § 149 Rdn. 150 M
  - - Sacheinlage § 149 Rdn. 147 ff.
- Satzungsänderung § 144 Rdn. 77; § 149 Rdn. 122
- Satzungsbescheinigung § 149 Rdn. 127
- Satzungsbescheinigung des Notars § 149 Rdn. 146 M
- Schenkungsteuer § 144 Rdn. 125
- Schütt-Aus-Hol-Zurück-Verfahren § 144 Rdn. 122, Rdn. 154 M
- steuerliche Folgen § 144 Rdn. 112 ff., Rdn. 133 ff.
- Übernahme der Geldeinlagen § 144 Rdn. 79
- Übernahme der Geschäftsanteile § 144 Rdn. 81 ff.
- Übernahme des erhöhten Kapitals § 149 Rdn. 132 ff.
- Übernahmeerklärung § 144 Rdn. 55, Rdn. 85, Rdn. 135 M
  - - bar einzuzahlender Geschäftsanteil § 144 Rdn. 86 M
  - - Vollmacht § 144 Rdn. 89
- UG (haftungsbeschränkt) § 144 Rdn. 155 ff.
- Umstellung auf Euro § 144 Rdn. 73; § 149 Rdn. 140 ff.
  - - geringfügige Erhöhung § 144 Rdn. 76 M
  - - Nennwerterhöhung § 144 Rdn. 80
  - - Neubildung von Anteilen § 144 Rdn. 80
- verdeckte Einlage Gewerbebetrieb § 144 Rdn. 123
- verdeckte Sacheinlage § 144 Rdn. 123, Rdn. 130
- Verlustabzugsbeschränkung § 144 Rdn. 120
- Verschmelzung § 154 Rdn. 8 ff.
- Volleinzahlung der alten und neuen Geschäftsanteile § 144 Rdn. 79 M
- Volleinzahlung des Stammkapitals § 144 Rdn. 78
- Zeichnungsschein § 149 Rdn. 134 M, Rdn. 139 M
  - - Ausübung des unmittelbaren Bezugsrechts § 149 Rdn. 137 ff.
Kapitalerhöhung aus Gesellschaftsmitteln § 149 Rdn. 169 ff.
- Anmeldung § 149 Rdn. 175
- Ausgabe der Aktien § 149 Rdn. 177
- Bilanz § 149 Rdn. 171
- Durchführung § 149 Rdn. 172
- Gewinnbeteiligung § 149 Rdn. 172
  - - abgelaufenes Geschäftsjahr § 149 Rdn. 180 f.
- Gewinnverteilung § 149 Rdn. 178 ff.
- Hauptversammlungsbeschluss § 149 Rdn. 174, Rdn. 179 M
- taugliche Rücklagen § 149 Rdn. 170
- Umstellung auf Euro § 149 Rdn. 183 f.
  - - Nennbetragsaktie § 149 Rdn. 183 f.
  - - Stückaktie § 149 Rdn. 186 ff.
Kapitalerhöhung, bedingte
- Hauptversammlungsbeschluss § 149 Rdn. 157 M
  - - Anmeldung § 149 Rdn. 161
- Wandelschuldverschreibung § 149 Rdn. 155
Kapitalerhöhungsbeschluss, Informationspflicht des Notars § 6 Rdn. 67
Kapitalgesellschaft
- Gründungsvollmacht § 24 Rdn. 98 M f.
- Treuhand § 53 Rdn. 18 ff.
- Umwandlung in GmbH & Co. KG § 139 Rdn. 107 ff.
- Verschmelzung § 154 Rdn. 2
Kapitalherabsetzung § 149 Rdn. 190 ff.
- Abrundung bei Euro-Umstellung § 149 Rdn. 202 M
- Anmeldung § 144 Rdn. 161, Rdn. 173 M
  - - Durchführung § 149 Rdn. 204 ff.
  - - Herabsetzungsbeschluss § 149 Rdn. 204 ff.
- Bekanntmachung § 144 Rdn. 171 f., Rdn. 172 M
- Besteuerung § 144 Rdn. 165 ff.
- Einziehung von Aktien § 149 Rdn. 220 ff.
  - - unentgeltlich erworbene Aktien § 149 Rdn. 226 M
- Form § 149 Rdn. 192
- Gläubigerschutz § 149 Rdn. 195
- gleichzeitige Erhöhung § 149 Rdn. 194
- GmbH § 144 Rdn. 159 ff.
- Herabsetzung des Nennbetrags § 149 Rdn. 199 M, Rdn. 200 M
  - - Hauptversammlungsniederschrift § 149 Rdn. 200 M
  - - Tagesordnung § 149 Rdn. 199 M
- Mehrheiten § 149 Rdn. 196
- Mitteilungspflichten § 149 Rdn. 197
- Mittel § 149 Rdn. 193

- Rückzahlung und Erlass von Einlageforderungen § 144 Rdn. 164 ff., Rdn. 170 M
- Sperrjahr § 144 Rdn. 162
- vereinfachte § 144 Rdn. 174 ff.; § 149 Rdn. 210 ff.
  - – Anmeldung § 144 Rdn. 178, Rdn. 182 M
  - – Gesellschafterbeschluss § 144 Rdn. 180 M
  - – gleichzeitige Kapitalerhöhung § 149 Rdn. 217 f.
  - – Herabsetzung des Nennbetrages § 149 Rdn. 215 M
  - – Steuern § 144 Rdn. 179
  - – Voraussetzungen § 144 Rdn. 175 f.
  - – Zweck § 144 Rdn. 174
- Voraussetzung § 144 Rdn. 160
- Zusammenlegung § 149 Rdn. 208 f.
  - – Anmeldung der Durchführung § 149 Rdn. 208 f.
  - – Hauptversammlungsbeschluss § 149 Rdn. 207 M
- Zweck § 144 Rdn. 159; § 149 Rdn. 191

Kapitalistische KG § 137 Rdn. 68 ff.
Kapitalkonto, OHG § 132 Rdn. 10 f.
Kapitalmehrheit, AG § 149 Rdn. 50 ff.
Karenzzeit, VorstAG § 148 Rdn. 24
Kartellrecht, Unternehmenskauf § 31 Rdn. 22
Kataster § 54 Rdn. 2 ff.
Katasteramt § 54 Rdn. 2
Katasterbezirk § 54 Rdn. 3
Katasterkarte § 54 Rdn. 2
Kaufgegenstand
- Bezeichnung im Grundbuch § 32 Rdn. 38
- Grundbesitz in der Natur § 32 Rdn. 39
- Grundstückskaufvertrag § 32 Rdn. 38 ff.
- mitverkaufte Gegenstände § 32 Rdn. 40 ff.
  - – Eigentumsübergang § 32 Rdn. 42 M

Kaufmann § 125 Rdn. 55 ff.
- Begriff § 125 Rdn. 55
- Firma § 125 Rdn. 1 ff.
- Rechtsformzusatz § 125 Rdn. 3, Rdn. 29, Rdn. 67 M
- Spaltung § 155 Rdn. 5
Kaufmannseigenschaft, OHG § 131 Rdn. 7
Kaufoption, Leasingvertrag § 43 Rdn. 8, Rdn. 14
Kaufpreis
- Mahnung § 32 Rdn. 83
- mitverkauftes Inventar § 32 Rdn. 40 ff.
- Teilflächenkauf § 35 Rdn. 30 ff.
Kaufpreisfälligkeit
- Bauträgervertrag § 33 Rdn. 82 ff.
- Mitteilung über § 8 Rdn. 7
Kaufpreisrestgrundschuld § 72 Rdn. 16 M
Kaufpreisresthypothek § 32 Rdn. 142 f.
Kaufvertrag
- aufschiebend bedingt § 62 Rdn. 43 ff.
  - – Ankaufsrecht § 62 Rdn. 43 ff.
  - – Wiederkaufsrecht § 62 Rdn. 36, Rdn. 40 ff.
- Erbbaurecht § 57 Rdn. 73 ff.
- Fälligkeitsmitteilung § 8 Rdn. 7
- Grundstückskauf § 32 Rdn. 25 M
- Maklerprovision § 47 Rdn. 13 f.
- Maklervertrag § 47 Rdn. 1
- mit Gemeinde § 62 Rdn. 40 M
- Teilfläche § 35 Rdn. 1
- Treuhandtätigkeit § 8 Rdn. 8 f.
- Vorkaufsrecht § 62 Rdn. 3 ff.
- Wiederkaufsrecht § 62 Rdn. 36, Rdn. 40 M
- Wohnungseigentum § 32 Rdn. 3
Kaution § 41 Rdn. 45
Kegelsche Leiter § 81 Rdn. 16
Kellerraum
- flexible Zuordnung § 58 Rdn. 62 M
- Kellertausch § 58 Rdn. 57 M
Kettenauflassung § 56 Rdn. 28
- Unbedenklichkeitsbescheinigung § 56 Rdn. 23
Kettengeschäft, Vormerkung § 61 Rdn. 4 f.
KG
- Abgrenzung zur OHG § 137 Rdn. 2 f.
- Anmeldung § 138 Rdn. 1 ff.
  - – anmeldepflichtige Personen § 138 Rdn. 1
  - – Auflösung § 138 Rdn. 60 ff.
  - – Beispiel § 138 Rdn. 11 f.
  - – Eintritt eines weiteren Komplementärs § 138 Rdn. 22 f.
  - – Erlöschen § 138 Rdn. 68 ff.
  - – Fortführung als Einzelfirma § 138 Rdn. 65 ff.
  - – Inhalt § 138 Rdn. 3 f.
  - – Kommanditeinlage § 138 Rdn. 24 ff.
  - – Kommanditist
    - – – in GbR § 138 Rdn. 34 ff.
    - – – Abtretung § 138 Rdn. 39 ff.
    - – – Erbfolge § 138 Rdn. 46 ff.
    - – – Rechtsnachfolge § 138 Rdn. 38 ff.
  - – Kommanditistenwechsel § 138 Rdn. 28 ff.
  - – Liquidation § 138 Rdn. 60 ff.
  - – Nachtragsliquidation § 138 Rdn. 71
  - – Sonderrechtsnachfolge § 138 Rdn. 55 f.
  - – Umwandlung einer OHG § 138 Rdn. 15 ff.
  - – Wirkung § 138 Rdn. 2
  - – zusätzliche Angaben § 138 Rdn. 5
- Auflösung, Anmeldung § 138 Rdn. 60 ff.
- Beirat § 137 Rdn. 70 f.
  - – Musterregelung § 137 Rdn. 71 M
- Beitritt weiterer Kommanditisten § 137 Rdn. 61 f.
- beschränkte Beschlusskompetenz § 137 Rdn. 37 f.
- Ehegatten § 131 Rdn. 10
- Einheitsgesellschaft § 139 Rdn. 81 f.
  - – GmbH & Co. KG § 139 Rdn. 81 f.
- Einkommensteuer § 137 Rdn. 97 ff.
- Einlage, Änderung § 138 Rdn. 24 ff.
- Eintritt eines Kommanditisten in Einzelfirma § 138 Rdn. 20 f.
  - – Anmeldung § 138 Rdn. 20 f.
- Entnahmerecht § 137 Rdn. 27
- Entnahmeregelung § 137 Rdn. 30 M
- Entstehen § 137 Rdn. 4 f.
- Errichtung § 137 Rdn. 51 M
- Ersteintragung § 138 Rdn. 12 M
- Firma § 125 Rdn. 3; § 137 Rdn. 10
- Fondsmodell § 34 Rdn. 37 f.
- Geschäftsführung § 137 Rdn. 33
- Gesellschafterrechte § 137 Rdn. 24 ff.
- Gesellschaftsvertrag § 131 Rdn. 12 ff.; § 137 Rdn. 8 ff.
  - – Form § 137 Rdn. 52
  - – kleiner Gesellschafterkreis § 137 Rdn. 51 M
- Gewinn- und Verlustverteilung § 137 Rdn. 24 ff.
- Gewinnverteilung § 137 Rdn. 24
- GmbH & Co. KG § 139 Rdn. 81 f.
  - – Einheitsgesellschaft § 139 Rdn. 81 f.
- Grundlagen § 137 Rdn. 1
- Gruppenvertretung § 137 Rdn. 72
- Haftung § 137 Rdn. 6 f.
- Handelsregister § 124 Rdn. 12
  - – Anmeldung § 138 Rdn. 1 ff.
- Informationsrecht § 137 Rdn. 39
- inländische Geschäftsanschrift § 138 Rdn. 9
- Investmentkommanditgesellschaft § 137 Rdn. 76 f.
- Kapitalanteil § 137 Rdn. 18 ff.
  - – Drei-Konten-Modell § 137 Rdn. 20
  - – Rücklagenkonto § 137 Rdn. 22
  - – Verbot des Passivdens § 137 Rdn. 26 M
  - – Vier-Konten-Modell § 137 Rdn. 21
  - – Zwei-Konten-Modell § 137 Rdn. 19
- kapitalistische KG § 137 Rdn. 68 ff.
  - – Einflussmöglichkeiten § 137 Rdn. 68
  - – Stellung der Kommanditisten § 137 Rdn. 69
  - – Vertragsgestaltungen § 137 Rdn. 74 ff.
- Kapitalkonto, Beteiligungskonto § 137 Rdn. 23
- KG auf Aktien § 150 Rdn. 1 ff.
- Kommanditanteil § 137 Rdn. 53
  - – Testamentsvollstreckung § 138 Rdn. 53
- Kommanditanteil, Rechtsnachfolge § 137 Rdn. 42 f.
- Kommanditist § 137 Rdn. 14 ff.
  - – Ausscheiden § 137 Rdn. 41
  - – Einlage § 137 Rdn. 16
  - – Eintritt in Einzelunternehmen § 137 Rdn. 53 f.
  - – Haftung § 137 Rdn. 17
  - – Haftung bei Errichtung § 137 Rdn. 6 f.
  - – Übergang des Komplementäranteils § 138 Rdn. 57 ff.
- Kommanditist in OHG § 138 Rdn. 14 M
  - – Anmeldung § 138 Rdn. 14 M
- Kommanditistenvollmacht § 139 Rdn. 66 f.
- Komplementär § 137 Rdn. 12 f.
  - – Anmeldung § 138 Rdn. 22 f.

- minderjährige Gesellschafter § 131 Rdn. 9; § 138 Rdn. 10
- Mitwirkungsrecht § 137 Rdn. 37 f.
- Nachtragsliquidation § 138 Rdn. 71
  - -- Anmeldung § 138 Rdn. 71
- negatives Kapitalkonto § 137 Rdn. 100 ff.
- Prokura § 137 Rdn. 36
- Publikums-KG § 137 Rdn. 76 f.
- Rechtsformzusatz § 125 Rdn. 3, Rdn. 30
- Rechtsnachfolge § 137 Rdn. 42 ff.
  - -- Kommanditanteil § 137 Rdn. 42 ff.
- Rechtsstruktur § 131 Rdn. 6 f.
- Rücklagenbildung § 137 Rdn. 28 M
- Satzung § 137 Rdn. 55 M
- Sitz § 137 Rdn. 11
- Steuern § 137 Rdn. 94 ff.
- stille Gesellschaft § 141 Rdn. 12
- Stimmrechtsgemeinschaft § 137 Rdn. 72
  - -- Stimmbindungsklausel § 137 Rdn. 73 M
- Testamentsvollstreckung § 137 Rdn. 47
- Übertragung § 137 Rdn. 50
  - -- Gesellschafterrechten § 137 Rdn. 50
- Übertragung des Kommanditanteils § 137 Rdn. 77 ff.
  - -- Form § 137 Rdn. 82
  - -- Gegenleistung § 137 Rdn. 89
  - -- Gewährleistung § 137 Rdn. 90
  - -- Haftung des Erwerbers § 137 Rdn. 80
  - -- Haftung des Veräußerers § 137 Rdn. 81
  - -- Muster § 137 Rdn. 93 M
  - -- Steuerrecht § 137 Rdn. 92
  - -- Vertragsgegenstand § 137 Rdn. 83
  - -- Zeitpunkt § 137 Rdn. 84 ff.
- Umsatzsteuer für Geschäftsführung. § 137 Rdn. 96
- Umwandlung einer OHG § 137 Rdn. 57 ff.
  - -- Anmeldung § 138 Rdn. 15 ff.
- Verbrauchsteuern § 137 Rdn. 95 f.
- Verkehrsteuern § 137 Rdn. 95 f.
- Verlustbeteiligung § 137 Rdn. 25
- Verpfändung § 78 Rdn. 23
  - -- Anspruch auf Auseinandersetzungsguthaben und Gewinnanteil § 78 Rdn. 23
- Vertretung § 137 Rdn. 40
- Verwalter nach WEG § 58 Rdn. 36
- Wettbewerbsverbot § 137 Rdn. 31 f.
- Widerspruchsrecht § 137 Rdn. 34 ff.

KG auf Aktien
- Aufsichtsrat § 150 Rdn. 10
- Einlagen § 150 Rdn. 7
- Einmanngesellschaft § 150 Rdn. 4
- Errichtung § 150 Rdn. 11 M
- Familien-Beteiligungsgesellschaft § 150 Rdn. 6 ff.
- Gründung § 150 Rdn. 6 ff.
- Handelsregister § 124 Rdn. 12
- Hauptversammlung § 150 Rdn. 13 ff.
- Kommandit-Aktionäre § 150 Rdn. 9
- Niederschrift über Hauptversammlung § 150 Rdn. 15 M
- persönlich haftender Gesellschafter § 150 Rdn. 2, Rdn. 8 ff.
- Rechtsbeziehungen § 150 Rdn. 1 ff.
- Rechtsformzusatz § 125 Rdn. 3, Rdn. 30
- Rechtsgrundlagen § 150 Rdn. 3
- Satzung § 150 Rdn. 12 M
  - -- Gestaltung § 150 Rdn. 8 ff.
- Vertretung § 150 Rdn. 8
- Wesen § 150 Rdn. 2

KG i.G.
- Vormerkung § 61 Rdn. 12

Kiesentnahmerecht § 64 Rdn. 10 M
Kilometerabrechnungsvertrag § 43 Rdn. 3
Kinderbetreuung
- Ehegattenunterhaltsvereinbarung § 90 Rdn. 22 M

Kindergeld
- Kindesunterhalt § 90 Rdn. 36 ff., Rdn. 41

Kindesunterhalt § 92 Rdn. 59 ff.
- abweichende Unterhaltsverteilung § 90 Rdn. 39
- Änderung bestehender Titel / Vereinbarungen § 90 Rdn. 45
- Anpassung § 90 Rdn. 35
- DDR-Bürger § 90 Rdn. 26 ff.
- Düsseldorfer Tabelle § 90 Rdn. 34
- dynamisierter Vollstreckungstitel § 90 Rdn. 37, Rdn. 44 M
- Einkommensteuer § 90 Rdn. 38
- FGB-Güterstand § 88 Rdn. 21
- Höhe § 90 Rdn. 34
- Kindergeld § 90 Rdn. 36 ff., Rdn. 41
- RegelbetragVO § 90 Rdn. 34 ff.
- Schuldtitel § 90 Rdn. 35 ff.
- Vereinbarung § 90 Rdn. 41
  - -- Anrechnung des Kindergeldes § 90 Rdn. 41
  - -- dynamisiert § 90 Rdn. 44 M
  - -- Kindergeld § 90 Rdn. 42 M
  - -- statischer Kindesunterhalt zwischen Eltern in Prozessstandschaft § 90 Rdn. 40 M
  - -- zugunsten der Kinder als Dritter § 90 Rdn. 43 M
- Vereinbarungsmöglichkeiten § 90 Rdn. 33, Rdn. 36
- Vertrag zugunsten Dritter § 90 Rdn. 33
- Vertretungsberechtigung § 90 Rdn. 32
- Verzichtsverbot § 90 Rdn. 37
- Zwangsvollstreckungsunterwerfung § 90 Rdn. 35 ff., Rdn. 44 M

Kindschaftsrecht
- Abstammungsrecht § 92 Rdn. 8, Rdn. 10
  - -- künstliche Befruchtung § 92 Rdn. 74
- Anerkennung der Vaterschaft § 92 Rdn. 71 M
- Barunterhalt § 92 Rdn. 61, Rdn. 68
- eheliche Kinder § 92 Rdn. 1, Rdn. 10, Rdn. 54 ff.
- Ehelicherklärung § 92 Rdn. 54 f.
- Einbenennung § 92 Rdn. 51 ff.
- heterologe Insemination § 92 Rdn. 76 ff.
- Insemination § 92 Rdn. 73 ff.
- IPR § 92 Rdn. 84 ff.
- Kinderfreibetrag § 92 Rdn. 59
- Kindergeld § 92 Rdn. 70
- -- Bedarfsminderung § 92 Rdn. 70
- Kindesunterhalt § 92 Rdn. 70
  - -- Verpflichtungserklärung § 92 Rdn. 70
- Kindeswohl § 92 Rdn. 1 ff.
- Kindschaftsrechtsreformgesetz § 94 Rdn. 1
- Kindschaftssachen § 92 Rdn. 6, Rdn. 8, Rdn. 10
- künstliche Befruchtung § 92 Rdn. 73 ff.
- Legitimation § 92 Rdn. 54 f.
- Mindestunterhalt § 92 Rdn. 64
- Namensrecht § 92 Rdn. 37 ff.
- Naturalunterhalt § 92 Rdn. 61
- nichteheliche Kinder § 92 Rdn. 1, Rdn. 10, Rdn. 52, Rdn. 54 ff.
- quasihomologe Insemination § 92 Rdn. 80 ff.
- Scheidungskinder § 92 Rdn. 51 ff.
- Stiefkinder § 92 Rdn. 51 ff.
- Unterhalt § 92 Rdn. 2 ff., Rdn. 56 ff., Rdn. 71 M
  - -- Anspruch § 92 Rdn. 28
  - -- Beistandschaft § 94 Rdn. 43 ff.
  - -- Dynamisierung § 92 Rdn. 64 ff.
  - -- IPR § 92 Rdn. 98 ff.
  - -- Kind § 92 Rdn. 59 ff.
  - -- Kindergeld § 92 Rdn. 68 ff., Rdn. 71 M
  - -- Mutter § 92 Rdn. 56 ff.
  - -- Unterhaltsrente § 92 Rdn. 64
- Unterhaltsrecht § 92 Rdn. 2, Rdn. 5, Rdn. 32 M ff., Rdn. 59, Rdn. 70
- Verfahrensrecht § 92 Rdn. 6 ff., Rdn. 10

Kirchenaustritt § 23 Rdn. 1 ff.
- alte Bundesländer § 23 Rdn. 1
- Austrittserklärung § 23 Rdn. 17
- Bedingung § 23 Rdn. 21
- Bevollmächtigung § 23 Rdn. 19
- Erklärung von Ehegatten § 23 Rdn. 24 M
- Erklärung zu Protokoll der Geschäftsstelle § 23 Rdn. 18, Rdn. 25 M
- Form § 23 Rdn. 17
- Frist § 23 Rdn. 23
- Inhalt § 23 Rdn. 17
- Minderjährige § 23 Rdn. 20
- neue Bundesländer § 23 Rdn. 1 ff.
- öffentliche beglaubigte Austrittserklärung § 23 Rdn. 17
- Rechtsgrundlage § 23 Rdn. 1 ff.
- Zuständigkeit § 3 Rdn. 21; § 23 Rdn. 17

Klauselverfahren
- Zwangsvollstreckungsunterwerfung § 19 Rdn. 23 ff., Rdn. 135 ff.

Kleingartenpacht § 42 Rdn. 8, Rdn. 56 ff.

Kleinreparaturen
- Wohnraummiete § 41 Rdn. 34, Rdn. 41 ff.
  - -- Mietvertrag § 41 Rdn. 46 M

Know-how-Vertrag
- Unternehmenskauf § 31 Rdn. 32 ff.

Kollisionsrecht
- Annahme als Kind § 93 Rdn. 63
- elterliche Sorge § 94 Rdn. 49 f.

Kölner Modell
- Bauherrenmodell § 34 Rdn. 32

Kombinierte Verträge
- Arten § 34 Rdn. 3 ff.

Kommanditanteil
- Nießbrauch § 63 Rdn. 36 M
- Sondergut § 86 Rdn. 12

Kommanditeinlage
- Änderung § 138 Rdn. 24 ff.
-- Anmeldung § 138 Rdn. 27 M
- Schenkung unter Auflage § 40 Rdn. 23 M

Kommanditist § 137 Rdn. 14 ff.
- Ausscheiden § 137 Rdn. 41
- Einlage § 137 Rdn. 16
- Eintritt in bestehende KG § 137 Rdn. 61 ff.
-- Aufnahmevertrag § 137 Rdn. 67 M
- Eintritt in BGB-Gesellschaft § 138 Rdn. 34 ff.
- Eintritt in Einzelfirma § 138 Rdn. 20 f.
- Eintritt in Einzelunternehmen § 137 Rdn. 53 f.
- Eintritt in OHG § 138 Rdn. 13 f.
-- Anmeldung § 138 Rdn. 13 f.
- GmbH & Co. KG § 139 Rdn. 33 f.
- Haftung § 137 Rdn. 17
-- als Erbe § 137 Rdn. 58
-- Errichtung der KG § 137 Rdn. 6 f.
- Handelsregistervollmacht § 24 Rdn. 106 M
- Minderjähriger § 137 Rdn. 15
- Rechtsnachfolge § 137 Rdn. 42 ff.; § 138 Rdn. 38 ff.
-- Fortsetzungsklausel § 137 Rdn. 43 M
-- Vermächtnis § 137 Rdn. 44
- Übergang des Komplementäranteils § 138 Rdn. 57 ff.
- Übertragung des Anteils § 137 Rdn. 77 ff.
-- Haftung des Erwerbers § 137 Rdn. 80
-- Haftung des Veräußerers § 137 Rdn. 81
- Umwandlung der Gesellschafterstellung § 137 Rdn. 60 ff.
- Vollmacht § 139 Rdn. 66
-- GmbH & Co. § 139 Rdn. 66
- Wechsel § 138 Rdn. 28 ff.
-- Anmeldung § 138 Rdn. 33 M
- Widerspruchsrecht § 137 Rdn. 35 M

Kommanditistenvollmacht
- GmbH & Co. KG § 139 Rdn. 66 ff.

Komplementär § 137 Rdn. 12 f.
- Eintritt § 138 Rdn. 22 f.
-- Anmeldung § 138 Rdn. 22 f.
- Übergang der Kommanditeinlage § 138 Rdn. 55 f.

Konkurrenzverbot
- Dienstbarkeit § 64 Rdn. 21

Konnossement
- Verpfändung § 78 Rdn. 27

Konsensprinzip
- formelles § 55 Rdn. 11

Konsularbeamte § 4 Rdn. 17
- und Beurkundung § 3 Rdn. 4
- Verfügung von Todes wegen § 3 Rdn. 5; § 106 Rdn. 1

Konsulargesetz § 3 Rdn. 4
Konsulartestament § 106 Rdn. 1
KonTraG
- AG § 146 Rdn. 2
Konzernrecht § 152 Rdn. 1

Koppelungsverbot
- Architekten- und Grundstücksvertrag § 45 Rdn. 9 ff.

Körperschaftsteuer
- GmbH-Geschäftsanteilsabtretung § 145 Rdn. 65 ff.
- Sachgründung einer GmbH § 142 Rdn. 119 ff.
- Stiftung § 123 Rdn. 106 f.
- Verein § 121 Rdn. 36

Kosten
- eigenhändiges Testament § 105 Rdn. 16
- Erbvertrag § 108 Rdn. 32 ff.
- gemeinschaftliches Testament § 107 Rdn. 32
- Geschäftswert bei Vorkaufsrecht § 6 Rdn. 111 M
- Nachlasssachen § 103 Rdn. 21 ff.
- Testamentsvollstreckung § 102 Rdn. 93 ff.
- Verfügungen Gebrechlicher § 104 Rdn. 23 ff.
- Verfügungen Schreibunfähiger § 104 Rdn. 23 ff.

Kostenersparnis
- Grundpfandrechtsbestellung § 68 Rdn. 12 ff.

Kostengünstige Vertragsgestaltung § 6 Rdn. 137

Kraftloserklärung
- Aktie § 146 Rdn. 29 ff.
- Antrag auf Genehmigung § 146 Rdn. 32 M
- Anzeige an Registergericht § 146 Rdn. 36 M
- Aufforderung zur Einreichung der Aktien § 146 Rdn. 34 M
- Bekanntmachung § 146 Rdn. 35 M
- Grundpfandrechtsbrief § 68 Rdn. 5; § 76 Rdn. 5, Rdn. 14 ff.
- Verfahren § 146 Rdn. 30
- Voraussetzung § 146 Rdn. 29
- Wirkung § 146 Rdn. 31

Krankheit
- Aufnahme der Erklärung eines nicht ausgewiesenen Schwerkranken § 6 Rdn. 28 M

Krankheitskosten
- Hofübergabe § 36 Rdn. 213 M
- Übergabe landwirtschaftlicher Grundstücke § 36 Rdn. 122

Kredit § 50 Rdn. 1
- Begriff § 50 Rdn. 1
- Kündigung § 50 Rdn. 6
- Verbraucherkredit § 50 Rdn. 8 ff.

Kreditgenossenschaft § 157 Rdn. 4
Kreditinstitut
- OHG § 131 Rdn. 18

Kreditübernahme § 50 Rdn. 38 ff.
- befreiende Schuldübernahme § 50 Rdn. 2
- Begriff § 50 Rdn. 38
- Form § 50 Rdn. 41 ff.
- Genehmigung durch den Gläubiger § 50 Rdn. 42
- Inaussichtstellen der Genehmigung § 50 Rdn. 47
- kumulative Schuldübernahme § 50 Rdn. 39 ff., Rdn. 40 M
- Mitteilung einer Hypothekenübernahme durch den Notar § 50 Rdn. 46 M

- privative Schuldübernahme § 50 Rdn. 38, Rdn. 42 ff.
- Übernahme eines Grundpfandrechts § 50 Rdn. 45 ff.
- Verbraucherkredit § 50 Rdn. 43 f.
- vorläufige Anzeige durch den Notar § 50 Rdn. 48 M

Kreditvertrag
- notariell beurkundet § 50 Rdn. 23

Kreditwesengesetz § 67 Rdn. 8
Kündigung
- Architektenvertrag § 45 Rdn. 95 ff.
- außerordentliche § 43 Rdn. 30
-- Leasingvertrag § 43 Rdn. 30, Rdn. 36
- Bauvertrag § 46 Rdn. 31 ff.
- durch Mieter § 41 Rdn. 52
-- Wohnraummiete § 41 Rdn. 52
- Frist § 41 Rdn. 61 ff.
- GbR § 130 Rdn. 38 f., Rdn. 74 ff.
- Leasingvertrag § 43 Rdn. 37, Rdn. 53, Rdn. 58, Rdn. 77 M
- ordentliche § 43 Rdn. 5
-- Leasingvertrag § 43 Rdn. 5, Rdn. 53
- Realkredit § 67 Rdn. 14 ff.
- Verlagsvertrag § 48 Rdn. 69

Kündigungsrecht an Gesellschaft
- Abtretung § 29 Rdn. 55

Kündigungsschutzbestimmungen
- Abdingbarkeit § 41 Rdn. 66

Künstliche Befruchtung
- Abstammungsrecht § 92 Rdn. 73 ff.

Kunstwerkvertrag § 48 Rdn. 42

Laden § 58 Rdn. 10
Ladeschein
- Verpfändung § 78 Rdn. 27
Lagerschein
- Verpfändung § 78 Rdn. 27
Land- und forstwirtschaftliche Unternehmen
- Firma § 125 Rdn. 17
Land- und forstwirtschaftlicher Betrieb § 42 Rdn. 18
Landesrechtliche Regelungen beim Altenteil § 36 Rdn. 147 ff.
Landgut § 109 Rdn. 40
- Begriff § 109 Rdn. 40
- Testament § 109 Rdn. 43 M
- Vererbung § 109 Rdn. 40 ff.
- Voraussetzungen § 109 Rdn. 40

Landpacht § 42 Rdn. 4 f., Rdn. 33 ff.
- »gleitende Hofübergabe« § 42 Rdn. 43
- Anzeigepflicht bei Behörde § 42 Rdn. 37
-- Ausnahmen § 42 Rdn. 38
- Beanstandungsrecht der Behörde § 42 Rdn. 40
- Begriff der Landwirtschaft § 42 Rdn. 33
- besondere Regelungen § 42 Rdn. 36
- Gesetz zur Neuordnung des landwirtschaftlichen Pachtrechts § 42 Rdn. 1
- gewöhnliche Ausbesserungen § 42 Rdn. 36
- identitätswahrende Umwandlung § 42 Rdn. 44
- Mustervertrag § 42 Rdn. 45 M
- Rückgabe der Pachtsache § 42 Rdn. 45 M

- Vertrag mit verpächtereigenem Inventar § 42 Rdn. 45 M
- Zuständigkeit des Landwirtschaftsgerichts § 42 Rdn. 36

Landpachtverkehrsgesetz § 42 Rdn. 4, Rdn. 34

Landpflicht
- Anzeigepflicht bei der Behörde § 42 Rdn. 41 f.
- – Antrag auf gerichtliche Entscheidung § 42 Rdn. 41 f.

Landwirtschaft
- GbR § 130 Rdn. 133 ff., Rdn. 147 ff.

Landwirtschaftliche Besitzung
- Erbvertrag § 109 Rdn. 46 M

Landwirtschaftliche Genehmigung § 6 Rdn. 82

Landwirtschaftliche Genossenschaft § 157 Rdn. 6
- Befreiung von der Körperschaftsteuer § 157 Rdn. 70
- Körperschaftsteuer-Freibetrag § 157 Rdn. 76

Landwirtschaftliche Grundstücke
- Agrarstrukturverbesserungsgesetz (ASVG) § 36 Rdn. 1, Rdn. 47 ff.
- Angehörigenrechtsgeschäft § 36 Rdn. 17
- Auflagen zur Veräußerung § 36 Rdn. 27
- bebaute Grundstücke § 36 Rdn. 6
- Bebauungsplan § 36 Rdn. 16
- Erbbaurecht § 36 Rdn. 8, Rdn. 48
- Erfüllungsgeschäft § 36 Rdn. 9
- Freigrenze nach Landesrecht § 36 Rdn. 32
- Genehmigung nach dem ASVG § 36 Rdn. 47 ff.
- Genehmigung nach dem GrdstVG § 36 Rdn. 2 ff.
- Genehmigung nach der GVO § 36 Rdn. 54 ff.
- Genehmigung nach RSG § 36 Rdn. 29 ff.
- Genehmigungsbehörde § 36 Rdn. 30 f., Rdn. 51
- gesetzliche Hofvoraussetzungen § 36 Rdn. 45
- Grundstücksbegriff § 36 Rdn. 7, Rdn. 47
- Grundstücksgröße § 36 Rdn. 32 ff.
- Grundstücksverkehrsgesetz § 36 Rdn. 2 ff.
- Nießbrauch § 36 Rdn. 15; § 63 Rdn. 5
- tatsächliche Nutzung § 36 Rdn. 5
- Veräußerung § 36 Rdn. 2 ff.
- Veräußerungsbegriff § 36 Rdn. 10
- Verpflichtungsgeschäft § 36 Rdn. 9
- Vorwegnahme der Erbfolge § 36 Rdn. 19

Landwirtschaftlicher Betrieb
- pächtereigenes Inventar § 42 Rdn. 45 M
- Pachtvertrag mit verpächtereigenem Inventar § 42 Rdn. 45 M
- Verpfändung § 78 Rdn. 33 f.
- – Pachtinventar § 78 Rdn. 33 f.

Landwirtschaftlicher Pachtvertrag § 78 Rdn. 33 f.

Landwirtschaftsanpassungsgesetz § 42 Rdn. 4

Lasten- und Kostenverteilung
- Wohnungseigentum § 58 Rdn. 27 ff.

Lastenfreistellung
- Teilfläche § 35 Rdn. 57 ff.
- – Pfandfreigabe § 35 Rdn. 57 ff.
- – Unschädlichkeitszeugnis § 35 Rdn. 60 ff.
- Treuhandtätigkeit § 8 Rdn. 9

Lastentragung
- Nießbrauch § 63 Rdn. 12

Lastenübergang
- Erbbaurecht § 57 Rdn. 28

Leasing
- Vertrag § 32 Rdn. 11
- – Grundstückskaufvertrag § 32 Rdn. 11

Leasingerlasse § 43 Rdn. 12 f.
- BMF § 44 Rdn. 6, Rdn. 16

Leasingfinanzierungsklausel § 43 Rdn. 20

Leasinggefahr
- Gefahrtragung § 43 Rdn. 37
- – Sachgefahr § 43 Rdn. 37

Leasingtypische Abtretungskonstruktion § 43 Rdn. 15, Rdn. 40 ff.
- Bindungswirkung § 43 Rdn. 51 f.
- Eigenhaftung § 43 Rdn. 42 f.
- Teilunwirksamkeit § 43 Rdn. 40 f.
- Unwirksamkeit § 43 Rdn. 42

Leasingtypischer Schadensersatz § 43 Rdn. 25, Rdn. 58 ff., Rdn. 61, Rdn. 74, Rdn. 77 M
- Berechnung § 43 Rdn. 58
- Umsatzsteuer § 43 Rdn. 61

Leasingtypisches Dreiecksverhältnis § 43 Rdn. 15

Leasingvertrag § 43 Rdn. 1 ff.
- Abschlusszahlung § 43 Rdn. 77 M
- Abwicklung § 43 Rdn. 53 ff.
- AGB § 43 Rdn. 39, Rdn. 50 f., Rdn. 58, Rdn. 76
- außerordentliche Kündigung § 43 Rdn. 30
- Bilanzrecht § 43 Rdn. 11 ff.
- Eintrittsmodell § 43 Rdn. 17 ff.
- Erscheinungsformen § 43 Rdn. 2 ff.
- ewiges Widerrufsrecht § 43 Rdn. 66
- Finanzierungsleasing § 43 Rdn. 3, Rdn. 64 f.
- Gefahrtragung § 43 Rdn. 77 M
- – Preisgefahr § 43 Rdn. 77 M
- Gewährleistung § 43 Rdn. 4, Rdn. 31, Rdn. 40 ff., Rdn. 77 M
- Insolvenz § 43 Rdn. 68 ff.
- Insolvenz des Lieferanten § 43 Rdn. 49
- Kündigung § 43 Rdn. 37, Rdn. 53, Rdn. 58, Rdn. 77 M, Rdn. 84 M
- Laufzeit § 43 Rdn. 5, Rdn. 13 f., Rdn. 53, Rdn. 58, Rdn. 62, Rdn. 77 M
- Lieferant § 43 Rdn. 21 ff., Rdn. 31
- Lieferung § 43 Rdn. 26 ff.
- Minderung § 43 Rdn. 46
- Musterwiderrufsbelehrung § 43 Rdn. 66
- Nacherfüllungsanspruch § 43 Rdn. 45
- Nebenabreden § 43 Rdn. 25, Rdn. 77 M
- Nutzungsentschädigung § 43 Rdn. 55 ff., Rdn. 71, Rdn. 77 M
- Rechtsnatur § 43 Rdn. 1
- Rechtsquellen § 43 Rdn. 10
- Rückgabepflicht § 43 Rdn. 55, Rdn. 62
- Rücktritt § 43 Rdn. 43, Rdn. 47, Rdn. 52, Rdn. 77 M
- Rügeobliegenheit § 43 Rdn. 32
- Schadensersatz § 43 Rdn. 25, Rdn. 58, Rdn. 61, Rdn. 74, Rdn. 77 M
- Schuldrechtsreform § 43 Rdn. 40, Rdn. 47
- Sondervereinbarung § 43 Rdn. 25
- Steuerrecht § 43 Rdn. 11 ff.
- Teilleistung § 43 Rdn. 64
- Übernahmebestätigung § 43 Rdn. 27 ff., Rdn. 86 f.
- Verbraucher § 43 Rdn. 64 f., Rdn. 78
- Verbraucherrechterichtlinie § 43 Rdn. 67
- Versicherung § 43 Rdn. 39
- Vertragsbeendigung § 43 Rdn. 53, Rdn. 57 f.
- – vorzeitige § 43 Rdn. 57
- Vertragsformular § 43 Rdn. 74, Rdn. 77 M
- Vertragsgestaltung § 43 Rdn. 73 ff.
- Vertragspflichten § 43 Rdn. 16
- Vertragsschluss § 43 Rdn. 17 ff.
- Vertragsverhandlungen § 43 Rdn. 18
- Vorteile § 43 Rdn. 14, Rdn. 58
- Widerrufsfrist § 43 Rdn. 66
- Widerrufsinformation § 43 Rdn. 85 M
- Widerrufsrecht § 43 Rdn. 64 ff.
- Widerrufsrecht für Verbraucher § 43 Rdn. 79
- wirtschaftliche Bedeutung § 43 Rdn. 9
- Zahlungsverzug § 43 Rdn. 64, Rdn. 69, Rdn. 84 M
- Zinszahlungen § 43 Rdn. 80
- Zurechnung § 43 Rdn. 13, Rdn. 24 f.

Lebensbescheinigung § 15 Rdn. 11 M

Lebensgemeinschaft, nichteheliche
- Grundstücksüberlassung § 39 Rdn. 151 f.

Lebenshaltungskostenindex
- Vollstreckungsklausel § 19 Rdn. 161 M
- Zwangsvollstreckungsunterwerfungserklärung § 19 Rdn. 86

Lebenspartner
- gemeinschaftliches Testament § 105 Rdn. 14 M

Lebenspartnerschaft
- Annahme als Kind § 93 Rdn. 3 ff.
- Lebenspartnerschaftsgesetz § 91 Rdn. 8, Rdn. 15
- Lebenspartnerschaftsname § 80 Rdn. 17
- Partnerschaftsname § 80 Rdn. 7
- Verfügungsbeschränkungen § 82 Rdn. 1
- Verfügungsbeschränkungen n. §§ 1365, 1369 BGB § 82 Rdn. 47

Lebensversicherung
- Abtretung § 29 Rdn. 42 ff.; § 39 Rdn. 41 M f.

- Bezugsberechtigung § 29 Rdn. 42 ff.
- nachträgliche Bezeichnung eines unwiderruflich Bezugsberechtigten § 110 Rdn. 12 M
- Realkredit § 67 Rdn. 7
- Verpfändung § 78 Rdn. 25 M
- Vertrag zugunsten Dritter auf den Todesfall § 110 Rdn. 4 f.
- Verzicht auf Versorgungsausgleich § 90 Rdn. 66 M

Legalisation § 26 Rdn. 71, Rdn. 95 ff.
- Antrag auf Zwischenbeglaubigung § 26 Rdn. 100 M
- Befreiung § 26 Rdn. 108

Legitimation
- Ausweispapiere § 6 Rdn. 18 f.
- Dienstausweis § 6 Rdn. 18 f.
- Ehelicherklärung nichtehelicher Kinder § 92 Rdn. 54 f.
- Führerschein § 6 Rdn. 18 f.
- Personalausweis § 6 Rdn. 18
- Reisepass § 6 Rdn. 18 f.
- Schwerbeschädigtenausweis § 6 Rdn. 18 f.
- Urkunde § 6 Rdn. 18

Leibgeding § 66 Rdn. 20 ff.
- Grundstücksüberlassung an Kinder § 39 Rdn. 58
- Inhalt § 66 Rdn. 22

Leibrente
- Grundstückskauf § 32 Rdn. 103 f.
- Rang § 66 Rdn. 13

Leibzuchtsvertrag § 66 Rdn. 20 ff.
Leihmutterschaft § 92 Rdn. 87
Leistungsauflage
- Grunderwerbsteuer § 39 Rdn. 17

Leistungsverweigerungsrecht
- Leasingvertrag § 43 Rdn. 50

Leitungsanlage
- Erbbaurechtsfähigkeit § 57 Rdn. 6

Letter of Intent § 62 Rdn. 47
Leveraged-Buy-Out § 31 Rdn. 7
Liechtensteinische Handelsgesellschaft
- Nachweis der Vertretungsmacht § 6 Rdn. 52

Liegenschaftskataster § 54 Rdn. 2 ff.
Liquidation
- GmbH § 144 Rdn. 186 ff., Rdn. 208 ff.
 - - Nachtragsliquidator § 144 Rdn. 215 ff.
- KG § 138 Rdn. 60 ff.
 - - Anmeldung § 138 Rdn. 60 ff.
- OHG § 135 Rdn. 5 ff.
- Partnerschaftsgesellschaft § 136 Rdn. 30
- Verein § 121 Rdn. 90

Liquidator
- GmbH § 144 Rdn. 204 M
 - - Wechsel § 144 Rdn. 205 M
- Wechsel § 135 Rdn. 15 f.
 - - OHG § 135 Rdn. 15 f.

Liste der Übernehmer
- Kapitalerhöhung bei GmbH § 144 Rdn. 102 M

Lizenz
- ausschließliche § 49 Rdn. 48
- einfache § 49 Rdn. 49
- Unternehmenskauf § 31 Rdn. 32 f.
- Zwangslizenz § 49 Rdn. 50

Lizenzbereitschaftserklärung § 49 Rdn. 52

Lizenzgebühr
- ausschließlicher Patentlizenzvertrag § 49 Rdn. 138 M
- Verjährung § 49 Rdn. 67
- Verzug § 49 Rdn. 65
- Zahlungspflicht § 49 Rdn. 64

Lizenzierung
- Patent § 49 Rdn. 32

Lizenzinteresseerklärung § 49 Rdn. 53

Lizenzkette
- Vergütung § 48 Rdn. 35

Lizenznehmer
- Ausübungspflicht § 49 Rdn. 66

Lizenzvertrag
- Abhängigkeit § 49 Rdn. 60
 - - Lizenzschutzrecht § 49 Rdn. 60
- ausschließlicher Patentlizenzvertrag § 49 Rdn. 138 M
- Auswirkungen § 49 Rdn. 54
 - - Schuldrechtsreform § 49 Rdn. 54
- Design § 49 Rdn. 130
- eingeschränkte Erteilung der Schutzrechtsposition § 49 Rdn. 59
- Einordnung § 49 Rdn. 41 f.
- Form § 49 Rdn. 45
- Garantieerklärung Lizenzgeber § 49 Rdn. 63
- Geheimhaltungspflicht § 49 Rdn. 138 M
- gewagtes Geschäft § 49 Rdn. 56
- internationaler § 49 Rdn. 139 M
 - - Checkliste § 49 Rdn. 139 M
- Leistungsstörungen § 49 Rdn. 43
 - - Benutzungsrecht § 49 Rdn. 54
- Marke § 49 Rdn. 106
- Rechtsgrundlage § 49 Rdn. 41
- Rechtsmangel § 49 Rdn. 56
- Sachmangel § 49 Rdn. 56
- Schutzrechtsposition § 49 Rdn. 57
- Tauglichkeitsmängel § 49 Rdn. 62

Loggien § 58 Rdn. 7
Lombardkredit § 78 Rdn. 1
Losbrieflotterie § 18 Rdn. 35 f.
Löschung
- Alter des Berechtigten § 55 Rdn. 54 f.
- Aufgabe eines Rechts § 55 Rdn. 59 M
- GmbH § 144 Rdn. 215 ff.
 - - Nachtragsliquidation § 144 Rdn. 215 ff.
 - - Vermögenslosigkeit § 144 Rdn. 212 ff.
- Grundschuld § 76 Rdn. 1 ff.
- Hypothek § 70 Rdn. 21 ff.
- Marke § 49 Rdn. 103
- Pfandfreigabe § 75 Rdn. 11 ff.
- Rückübertragungsvormerkung § 39 Rdn. 88 ff.
- Todesnachweis § 55 Rdn. 46 ff.
- Vormerkung § 61 Rdn. 41

Löschungsanspruch
- Ausschluss § 72 Rdn. 21 M
- gesetzlicher § 72 Rdn. 20
- Grundpfandrecht § 68 Rdn. 7
- Grundschuldabtretung § 74 Rdn. 16 ff.

Löschungsbewilligung
- Altenteil § 55 Rdn. 53 M
- Aufgabe eines Rechts § 55 Rdn. 59 M

Löschungserleichterung § 55 Rdn. 46
- Grabpflege § 55 Rdn. 51
- Rückstände § 55 Rdn. 46, Rdn. 52
- Vormerkung § 55 Rdn. 47

Löschungsfähige Quittung § 55 Rdn. 44; § 70 Rdn. 22 ff., Rdn. 25 M

Löschungsklage
- Gebrauchsmuster § 49 Rdn. 79

Löschungsvormerkung
- Abtretungsvormerkung § 74 Rdn. 33
- Rangänderung § 73 Rdn. 29 ff.

Lücke in Urkunde § 11 Rdn. 6
Luftfahrzeuge § 79 Rdn. 17 ff.

MaBV
- Bauträgervertrag § 33 Rdn. 77 ff.
- Entstehen § 33 Rdn. 5
- Makler § 47 Rdn. 19
- Terminologie § 33 Rdn. 79
- Verbotsgesetz § 33 Rdn. 80
- Verzicht auf die Anwendung der MaBV § 33 Rdn. 78 M
- zwei Sicherungsverfahren § 33 Rdn. 81

Makler
- Doppeltätigkeit § 47 Rdn. 35, Rdn. 38
- Verbot bei wirtschaftlicher Identität mit Käufer § 47 Rdn. 25 ff.
- Verbot für Berufsgruppen § 47 Rdn. 6

Maklerprovision § 47 Rdn. 20 f.
- Ausschluss § 47 Rdn. 25 f.
- Eigengeschäft des Maklers § 47 Rdn. 27
- Grunderwerbsteuer § 47 Rdn. 44
- Grundstückskaufvertrag § 47 Rdn. 45 M
- Pflichtverletzung § 47 Rdn. 18
- Sicherungsklausel § 47 Rdn. 36
- Vorkaufsrecht § 47 Rdn. 41
- Wohnungsvermittlung § 47 Rdn. 45 M
- Zwangsversteigerungserwerb § 47 Rdn. 39

Maklervertrag
- AGB § 47 Rdn. 34 ff.
- Alleinauftrag § 47 Rdn. 32 M
- Aufwandsentschädigung § 32 Rdn. 5
- Beurkundung von Maklerklauseln § 47 Rdn. 42
- Darlehensvermittlung § 47 Rdn. 1, Rdn. 51 f.
- DIN-Norm § 47 Rdn. 5
- Eigengeschäft des Maklers § 47 Rdn. 27
- Form § 47 Rdn. 9 ff.
 - - Darlehensvermittlung § 47 Rdn. 11
 - - Verkaufsverpflichtung § 47 Rdn. 10
- gesetzliche Regelung § 47 Rdn. 1 ff.
- Gewerbeerlaubnis § 47 Rdn. 6
- Handelsmakler § 47 Rdn. 3
- Immobilienmakler § 47 Rdn. 2
- Inhalt § 47 Rdn. 12 ff.
- Kausalität der Maklerleistung § 47 Rdn. 20 ff.
 - - wirtschaftliche Kongruenz § 47 Rdn. 20 ff.

3241

- Klauseln in Grundstückskaufverträgen § 47 Rdn. 41 ff.
- Leistung § 47 Rdn. 16 ff.
- Nachweis der Gelegenheit § 47 Rdn. 12, Rdn. 28 M
- Nachweis eines Grundstückskäufers § 47 Rdn. 28 M
- Nichtabschlussklausel § 47 Rdn. 35
- pauschalierter Schadensersatz § 47 Rdn. 36
- Provision § 32 Rdn. 5; § 47 Rdn. 12 ff., Rdn. 20
- Rechtsanwalt § 47 Rdn. 7
- Rücktrittsrecht aus Kaufvertrag § 47 Rdn. 20
- Verbot für Notar § 47 Rdn. 7
- Vermittlung § 47 Rdn. 28 M
- Vertragsdauer § 47 Rdn. 29 ff.
- Vertragsstrafe § 47 Rdn. 36
- Widerrufsklausel § 47 Rdn. 37
- wirtschaftliche Verflechtung mit anderem Vertragsteil § 47 Rdn. 25 ff.
- Wohnungsvermittlung § 47 Rdn. 46 ff, Rdn. 50 M

Mängelhaftung
- Übergabe landwirtschaftlicher Grundstücke § 36 Rdn. 86

Mantelkauf
- GmbH § 145 Rdn. 50 ff.

Mantelzession § 29 Rdn. 50 ff.

Manuskript
- Ablieferung § 48 Rdn. 50

Marke
- abstrakte Unterscheidungskraft § 49 Rdr.. 89
- Anmeldung § 49 Rdn. 95
- Begriff § 49 Rdn. 85, Rdn. 87
- Freihaltungsbedürftigkeit § 49 Rdn. 94
- Gemeinschaftsmarke/Unionsmarke § 49 Rdn. 112 ff.
- internationale Registrierung § 49 Rdn. 109
- Lizenzierung § 49 Rdn. 106
- Löschung § 49 Rdn. 103
- Markenrecht § 49 Rdn. 83 ff.
 - - materiell-rechtlicher Inhalt § 49 Rdn. 85
 - - Verfahrensrecht § 49 Rdn. 86
- Nichtigkeit § 49 Rdn. 104
- Schutzdauer § 49 Rdn. 102
- Schutzhindernisse § 49 Rdn. 91
- Übertragbarkeit § 49 Rdn. 105
- Unterscheidungskraft § 49 Rdn. 92 f.
- Veröffentlichung § 49 Rdn. 97
- Verstöße § 49 Rdn. 97
- Verwechslungsgefahr § 49 Rdn. 100
- Waren- und Dienstleistungsverzeichnis § 49 Rdn. 96
- Widerspruchsgründe § 49 Rdn. 99
- Widerspruchsverfahren § 49 Rdn. 98

Markenanmeldung
- Beschwerde § 49 Rdn. 101

Massenbuch § 10 Rdn. 19 ff.
- Abbildung § 10 Rdn. 33 M f.
- Abwicklungskennzeichnung § 10 Rdn. 29
- Fehlbuchung § 10 Rdn. 21
- Namensverzeichnis § 10 Rdn. 27
- Notar als Protestbeamter § 10 Rdn. 22

- Taggenaue Buchung § 10 Rdn. 21
- Wertpapiere/Kostbarkeiten § 10 Rdn. 19

Massenkartei § 10 Rdn. 27
Materiell Beteiligter § 5 Rdn. 4, Rdn. 25

Mediation
- durch den Notar § 18 Rdn. 6
 - - Gebühren § 18 Rdn. 7
- gesellschaftliche Schiedsvereinbarung § 129 Rdn. 5
- Mediationsklausel § 129 Rdn. 8 M
- Mediationsverfahren § 129 Rdn. 6

Meeresbodenbergbau § 59 Rdn. 15
Mehrere Eintragungsanträge § 7 Rdn. 30 M
Mehrere Geschäfte in einer Urkunde § 6 Rdn. 138
Mehrspartenverein § 121 Rdn. 5
Mehrzweckverein § 121 Rdn. 5

Meldepflichten
- Amtssiegel § 12a Rdn. 9

Mergers and Acquisitions
- Unternehmenskauf § 31 Rdn. 10

Messungsantrag § 35 Rdn. 25 ff.
Mietdauer § 41 Rdn. 26

Miete
- Abgrenzung zur Pacht § 42 Rdn. 9

Mieter
- Innenverhältnis § 41 Rdn. 25
- Mehrheit von Mietern § 41 Rdn. 21 ff.
- Vollmachtklausel im Mietvertrag § 41 Rdn. 22 ff.
- Vorkaufsrecht § 6 Rdn. 117 ff.

Mieterhöhung
- Indexklausel § 41 Rdn. 77 M
- Indexmiete § 41 Rdn. 72 ff.
- Mietvertrag § 41 Rdn. 46 M
 - - ortsübliche Vergleichsmiete § 41 Rdn. 46 M
- Staffelmiete § 41 Rdn. 72 ff.
- Wohnraummiete § 41 Rdn. 46 M
 - - Mietvertrag § 41 Rdn. 46 M

Mietpreisbindung
- Mietvertrag § 41 Rdn. 46 M
 - - Preisgebundene Wohnung § 41 Rdn. 46 M

Mietverhältnis
- Partnerschaftsvertrag § 91 Rdn. 13
- Vertragsübernahme § 30 Rdn. 16 M
- Zwangsvollstreckungsunterwerfung § 19 Rdn. 30 ff.

Mietvertrag § 41 Rdn. 46 M
- Abgabevollmacht bei Mietern § 41 Rdn. 23
- Abgrenzung zur Pacht § 41 Rdn. 5 ff.
- Berechnungsverordnung § 41 Rdn. 35
- Betriebskosten § 41 Rdn. 29 ff.
- Empfangsvollmacht bei Mietern § 41 Rdn. 24
- Grundstücksüberlassung an Kinder § 39 Rdn. 49
- Heizkostenverordnung § 41 Rdn. 46 M
- Innenverhältnis der Mieter § 41 Rdn. 25
- Kaution § 41 Rdn. 45
- Kündigung § 41 Rdn. 52 ff.
- Kündigungsfristen § 41 Rdn. 61 ff.
- Mietdauer § 41 Rdn. 26
- Mietzinserhöhung § 41 Rdn. 71 ff.

- Nebenkosten § 41 Rdn. 29 ff.
- Rückgabe der Mietsache § 41 Rdn. 44
- Schönheitsreparaturen § 41 Rdn. 34 ff., Rdn. 44
- unterzeichnende Mieter § 41 Rdn. 21
- Vollmachtklausel bei Mietern § 41 Rdn. 22 ff.
- Wartungsklausel § 41 Rdn. 43
- Wohnraummiete § 41 Rdn. 9 ff., Rdn. 46 M

Milieuschutzsatzung § 6 Rdn. 91

Minderheitsgesellschafter
- squeeze-out § 149 Rdn. 228 ff.

Minderjährige Ausländer
- Ergänzungspfleger § 26 Rdn. 29
- Verkehrsschutz
- Vertretung § 26 Rdn. 27

Minderjähriger
- Altersangabe in Urkunde § 6 Rdn. 34 M
- ausländischer Beteiligter § 6 Rdn. 36
- Beurkundung § 13 Rdn. 56 M ff.
 - - Vertretung durch Eltern § 13 Rdn. 56 M ff.
- Erbteilsveräußerung § 118 Rdn. 12
- Gesellschafter, GmbH-Gründung § 142 Rdn. 29
- GmbH-Geschäftsanteilsabtretung § 145 Rdn. 36
- GmbH-Gründung § 142 Rdn. 16
- Grundstücksüberlassung § 39 Rdn. 139 ff.
- Handelsregisteranmeldung § 125 Rdn. 38
 - - Firma § 125 Rdn. 38
- Kapitalerhöhung bei GmbH § 144 Rdn. 91
- Kirchenaustritt § 23 Rdn. 20
- Nießbrauch § 63 Rdn. 18
- öffentliches Testament § 103 Rdn. 2
- stille Gesellschaft § 141 Rdn. 11

Minderjährigkeit
- Ausländer § 26 Rdn. 14 ff.

Mindestkapital
- OHG § 131 Rdn. 6

Minimalrenovierung
- Bauträgervertrag § 33 Rdn. 118 M

Mitarbeit im Betrieb
- Abgeltung der Ansprüche im Übergabevertrag § 36 Rdn. 169

Mitarbeiter des Notars
- Bevollmächtigung § 6 Rdn. 149

Mitarbeitervollmacht § 6 Rdn. 149

Mitbestimmung
- Aufsichtsrat § 148 Rdn. 34

Mitbestimmungsgesetz § 143 Rdn. 57
- AG § 148 Rdn. 2
- Genossenschaft § 157 Rdn. 22

Miteigentum
- Ausschluss des Rechts auf Auseinandersetzung § 56 Rdn. 56 f.
- befristeter Ausschluss der Aufhebung § 56 Rdn. 57 M
- Benutzungsregelung § 56 Rdn. 55 M
- Grundbesitz § 56 Rdn. 48 ff.
- Treppenhaus § 58 Rdn. 6
- Verwaltungsregelung § 56 Rdn. 53 M
- Wohnungseigentum § 58 Rdn. 1 f.
 - - Begriff § 58 Rdn. 1 f.

Miteigentumsanteil
- bewegliche Sache § 78 Rdn. 17
- -- Verpfändung § 78 Rdn. 17
- Buchung § 54 Rdn. 18 ff.
- Wohnungseigentum § 58 Rdn. 13 ff.
Mitgliederversammlung
- Verein § 121 Rdn. 69 ff.
- -- Beschlussfähigkeit § 121 Rdn. 74
- -- Einberufung § 121 Rdn. 73 M
- -- Ladungsfrist § 121 Rdn. 75
- -- Leitung § 121 Rdn. 76
- -- Mehrheitserfordernisse § 121 Rdn. 79
- -- Stimmrechtsvollmacht § 121 Rdn. 78 M
Mithafterstreckung § 75 Rdn. 8
Mitteilung
- über Kaufpreisfälligkeit § 8 Rdn. 7
Mitteilungspflicht § 8 Rdn. 37 ff.
- AG § 147 Rdn. 17
- -- Anmeldung § 147 Rdn. 17
- -- Errichtung § 147 Rdn. 6
- erbrechtliche Regelungen § 8 Rdn. 39
- GmbH § 145 Rdn. 62 ff.
- -- Geschäftsanteilsabtretung § 145 Rdn. 62 ff.
- -- Grundbesitz als Sacheinlage § 144 Rdn. 126
- -- Kapitalerhöhung § 144 Rdn. 111, Rdn. 126, Rdn. 132, Rdn. 150
- -- Kapitalherabsetzung § 144 Rdn. 163
- -- Treuhandvertrag § 145 Rdn. 124
- Grundbuchamt § 8 Rdn. 43
- Gutachterausschuss § 8 Rdn. 42
- Handels- und Genossenschaftsregister § 8 Rdn. 44
- -- falsche Eintragung § 8 Rdn. 44
- Nachlassgericht § 8 Rdn. 39
- Namensänderung § 8 Rdn. 37
- Sonstige § 8 Rdn. 37 ff.
- Sterbefallmitteilung § 8 Rdn. 39
- Teilbrief § 8 Rdn. 43
- Vaterschaftsanerkennung § 8 Rdn. 5
- verzinstes Anderkonto § 8 Rdn. 46
Mittelbare Verpflichtungen
- Grundstückskaufvertrag § 32 Rdn. 5
Mittelbarer Besitz
- Sicherungsübereignung § 52 Rdn. 9 ff.
Mitunternehmerschaft
- Personengesellschaft § 131 Rdn. 20
Miturheber § 48 Rdn. 12
Mitwirkungsrecht
- KG § 137 Rdn. 37 f.
Mitwirkungsverbot § 5 Rdn. 1 ff.
- Angelegenheiten einer Person § 5 Rdn. 25
- Anwendungsbereich § 5 Rdn. 1 ff., Rdn. 49
- Aufsichtsrat § 5 Rdn. 41, Rdn. 48
- Befreiung durch Beteiligte § 5 Rdn. 32
- betroffener Personenkreis § 5 Rdn. 26
- Bevollmächtigung § 5 Rdn. 34

- Dokumentation zur Einhaltung von § 10 Rdn. 40
- Dolmetscher § 14 Rdn. 32
- Gebärdendolmetscher § 14 Rdn. 10
- gemeinsame Berufsausübung § 5 Rdn. 26
- Gesellschaftsbeteiligung § 5 Rdn. 26
- gesetzliche Vertretung § 5 Rdn. 34
- hauptberuflicher Notar § 5 Rdn. 31
- Kommunalorgan § 5 Rdn. 42
- Mitarbeiter § 5 Rdn. 50
- Notarvertreter § 5 Rdn. 24 ff.
- Organmitgliedschaft § 5 Rdn. 34, Rdn. 41, Rdn. 43
- Sozietät § 5 Rdn. 50
- Unparteilichkeit § 5 Rdn. 52
- Unterschriftsbeglaubigung § 5 Rdn. 24
- verbundene Unternehmen § 5 Rdn. 26
- Verlobter § 5 Rdn. 26
- Versammlungsbeschluss § 5 Rdn. 41
- Verstoß gegen § 5 Rdn. 24
- Verstoß gegen gesetzliche Vorschrift § 5 Rdn. 51
- Vertrauensperson § 104 Rdn. 9
- Vorbefassung § 5 Rdn. 27
- Weltanschauungsgemeinschaft § 5 Rdn. 43
- Zeuge § 14 Rdn. 7
- zweiter Notar § 14 Rdn. 7
MoMiG
- AG § 146 Rdn. 2, Rdn. 6
- -- Versicherungserklärung des Vorstands § 148 Rdn. 6
- eigenkapitalersetzendes Gesellschafterdarlehen § 144 Rdn. 199
- GmbH § 144 Rdn. 144 M
- -- Stammkapitalerhöhung durch Geschäftsführer § 144 Rdn. 144 M
- Insolvenzantragspflicht § 148 Rdn. 15
Montangesellschaften § 143 Rdn. 58; § 148 Rdn. 1
Montanmitbestimmung
- Aufsichtsrat § 148 Rdn. 33
Morgengabe § 84 Rdn. 13, Rdn. 27 M
Motivirrtum
- Testamentsanfechtung § 98 Rdn. 25 M
Mündelgeld § 95 Rdn. 17 ff.
Muslim
- Ehevertrag § 84 Rdn. 13
Nachabfindung
- Übergabevertrag § 36 Rdn. 131 ff., Rdn. 170 M
Nachbarerbbaurecht
- Erbbaurecht § 57 Rdn. 55
Nacherbe § 102 Rdn. 15 ff.
- unbekannt § 102 Rdn. 15
- Veräußerlichkeit § 102 Rdn. 15 f.
- Vor- und Nacherbfolge § 102 Rdn. 18 M
Nachlassauseinandersetzung § 18 Rdn. 1
Nachlassinsolvenzverfahren § 115 Rdn. 9 ff., Rdn. 11 M
Nachlasspflegschaft § 112 Rdn. 3 ff.
- Antrag auf Bestellung § 112 Rdn. 9 M

- Aufgabenkreis § 112 Rdn. 4
- Genehmigung des Nachlassgerichts § 112 Rdn. 6
- Testamentsvollstrecker § 102 Rdn. 50
- Überschuldung des Nachlasses § 112 Rdn. 5
- Vergütung § 112 Rdn. 7
- Voraussetzungen § 112 Rdn. 3
Nachlasssachen
- Kosten § 103 Rdn. 21 ff.
Nachlassverbindlichkeiten § 115 Rdn. 1
- Erbteilsveräußerung § 118 Rdn. 8
Nachlassverwaltung § 115 Rdn. 6 ff., Rdn. 8 M
Nachlassverzeichnis § 112 Rdn. 1 ff.
- Siegelung § 112 Rdn. 2 M
Nachlassvollmacht § 24 Rdn. 96 M
- U.I.N.L. § 24 Rdn. 97 M
Nachlasszeugnis
- europäisches § 120 Rdn. 19 M
Nachrangklausel § 67 Rdn. 3
Nachreichen der Vollmacht § 13 Rdn. 44 f.
Nachschusspflicht
- GmbH § 144 Rdn. 183 ff.
- -- Einforderung § 144 Rdn. 183 ff.
- GmbH-Geschäftsanteil § 145 Rdn. 149 ff.
- OHG § 132 Rdn. 15 ff.
Nachtragsliquidation
- KG § 138 Rdn. 71
- -- Anmeldung § 138 Rdn. 71
Nachtragsliquidator
- GmbH § 144 Rdn. 215 ff.
Nachtragsvermerk § 11 Rdn. 21 f.
Nachverpfändung § 75 Rdn. 8
Nachweis
- Grundbuchunrichtigkeit § 55 Rdn. 41 M
Nachweis der Erbfolge
- notarielle Verfügung von Todes wegen § 113 Rdn. 7
Nachweis der Vertretungsmacht
- ausländische Handelsgesellschaft § 6 Rdn. 49 f.
Nachweisverzicht
- Abgrenzung zum Anerkenntnis des Eintritts von Vollstreckbarkeitsvoraussetzungen § 19 Rdn. 151
- beschränkter § 19 Rdn. 10 M
- Substitution § 19 Rdn. 13
- vollstreckbare Urkunde § 19 Rdn. 5, Rdn. 6 ff.
- Zwangsvollstreckungsunterwerfung § 33 Rdn. 99 ff.
- -- Bauträgervertrag § 33 Rdn. 99 ff.
- -- Hypothek § 68 Rdn. 9; § 69 Rdn. 9, Rdn. 12; § 70 Rdn. 19
Nachzahlungspflicht
- Grundstücksüberlassung an Kinder § 39 Rdn. 107 f.
Name
- des Kindes § 80 Rdn. 3 f., Rdn. 15
Namensaktie § 146 Rdn. 9 f., Rdn. 20 M
- vinkulierte § 146 Rdn. 20 M
Namensänderung
- Namensrecht § 22 Rdn. 1 ff.
Namensrecht § 92 Rdn. 37 ff.
- allein sorgeberechtigter Elternteil § 92 Rdn. 50 M

- Annahme als Kind § 93 Rdn. 40 ff.
- Einbenennung § 92 Rdn. 51 ff.
  - – Stief-/Scheidungskinder § 92 Rdn. 51 ff.
- gemeinsam Sorgeberechtigte § 92 Rdn. 49 M
- IPR § 92 Rdn. 102 f.
- Namensänderung § 22 Rdn. 1 ff.
  - – Anfügen des Geburtsnamens an häufigen Namen § 22 Rdn. 12 M
  - – ausländischer Vorname § 22 Rdn. 17 M
  - – Ehename § 22 Rdn. 7
  - – Ehescheidung § 22 Rdn. 4
  - – Eintrag im Personenstandsregister § 22 Rdn. 8
  - – falsch übersetzter Vorname § 22 Rdn. 18 M
  - – Grundbuchberichtigung § 55 Rdn. 36
  - – lächerlicher Name § 22 Rdn. 11 M, Rdn. 17 M
  - – namensgestaltende Erklärung § 22 Rdn. 1
  - – Rufname § 22 Rdn. 13 ff.
  - – Rufname, unzulässig § 22 Rdn. 15
  - – Subsidiarität § 22 Rdn. 6
  - – Transsexuelle § 22 Rdn. 16
  - – Verfahren § 22 Rdn. 8
  - – Verheiratete § 22 Rdn. 7
  - – Voraussetzung § 22 Rdn. 1 ff.
  - – wichtiger Grund § 22 Rdn. 2 f., Rdn. 14
  - – Zuständigkeit § 22 Rdn. 1, Rdn. 13
  - – zwischenstaatliches Übereinkommen § 22 Rdn. 10
- Stiefkindeinbenennung § 92 Rdn. 53 M

Namensverzeichnis § 10 Rdn. 36
- Ersetzung durch Urkundenverzeichnis § 12 Rdn. 6
- Massenbuch § 10 Rdn. 27 ff.
- Urkundenrolle § 10 Rdn. 18

Namenszeichnung § 15 Rdn. 29 f., Rdn. 32 M

NaStraG
- AG § 146 Rdn. 2

Naturalunterhalt
- Abtretung § 29 Rdn. 19

Naturschutzgebiete § 6 Rdn. 115

Nebenabreden
- Grundstückskaufvertrag § 32 Rdn. 6

Nebenakten § 10 Rdn. 47

Nebenkosten
- Mietvertrag § 41 Rdn. 29 ff.

Nebenleistung
- Abtretung § 74 Rdn. 8
- Grundpfandrecht § 68 Rdn. 21
- Hypothek § 69 Rdn. 5

Nebenrechte
- Übergang bei Abtretung § 29 Rdn. 11 ff.

Negative Publizitätswirkung
- Handelsregister § 124 Rdn. 4

Negatives Schuldanerkenntnis § 28 Rdn. 11 ff.

Nennbetragsaktie § 146 Rdn. 13

Netto-Nießbrauch § 63 Rdn. 14

Neubau-Leasing § 44 Rdn. 10 f.

Neue Bundesländer
- Pacht § 42 Rdn. 5

Nicht rechtsfähiger Verein
- Grundbuchfähigkeit § 122 Rdn. 8
- Haftung § 122 Rdn. 3
  - – Vorstand § 122 Rdn. 4
- Haftungsbeschränkung § 122 Rdn. 6 M
- Handelndenhaftung § 122 Rdn. 7
- Innenorganisation § 122 Rdn. 10 f.
- Mitgliederhaftung § 122 Rdn. 4 f.
- Parteifähigkeit § 122 Rdn. 8
- Satzung § 122 Rdn. 11
- Umwandlung § 153 Rdn. 12
- Wesen § 122 Rdn. 1 f.

Nichteheliche Kinder
- Gleichstellungsvereinbarung § 100 Rdn. 21 ff.
- vorzeitiger Erbausgleich § 100 Rdn. 17 ff.

Nichteheliche Lebensgemeinschaft
- GbR § 130 Rdn. 130 ff.
  - – Innengesellschaft § 130 Rdn. 130 ff.

Nichtigkeit der Urkunde § 5 Rdn. 1– Rdn. 2, Rdn. 8, Rdn. 21

Nichtigkeitsverfahren/Design § 49 Rdn. 132

Niederländische Handelsgesellschaft
- Nachweis der Vertretungsmacht § 6 Rdn. 52

Niederlassung
- Verlegung § 125 Rdn. 69 M
  - – Handelsregisteranmeldung § 125 Rdn. 69 M

Niederschrift
- Angabe des beurkundenden Notars § 13 Rdn. 19 ff.
- Form § 13 Rdn. 1
- GmbH-Gesellschafterversammlung § 144 Rdn. 53 M
- Hauptversammlung der AG § 149 Rdn. 68 ff.
- Inhalt § 13 Rdn. 14
- KG auf Aktien § 150 Rdn. 15 M
  - – Hauptversammlung § 150 Rdn. 15 M
- mit Bericht § 15 Rdn. 8 M
- Unternehmensvertrag als Anlage § 13 Rdn. 86
- Vermerk § 14 Rdn. 6
  - – behinderte Beteiligte § 14 Rdn. 6
- Verweisung auf Anlage § 13 Rdn. 76

Nießbrauch
- Abgrenzung zur Dienstbarkeit § 63 Rdn. 1
- Arten § 63 Rdn. 3
- Ausschluss einzelner Räume § 63 Rdn. 7
- außerordentliche Ausbesserung § 63 Rdn. 12
- Beendigung § 63 Rdn. 22
  - – Mietverhältnis § 63 Rdn. 22
- Belastungsgegenstand § 63 Rdn. 38 M
- Bestellung § 63 Rdn. 2
- Beteiligungsverhältnis § 63 Rdn. 23
- bewegliche Sachen § 63 Rdn. 2
- Brutto-Nießbrauch § 63 Rdn. 18 f.
- Eigentümernießbrauch § 63 Rdn. 26
- erbrechtliche Behandlung § 63 Rdn. 39 f.
- Genehmigung nach GrdstVG § 63 Rdn. 5
- Gesellschaftsanteil § 63 Rdn. 31 ff.
- gewöhnliche Unterhaltung § 63 Rdn. 12
- GmbH-Geschäftsanteil § 63 Rdn. 32; § 145 Rdn. 100 ff.
- Grundpfandrecht § 63 Rdn. 12
- Grundstück § 63 Rdn. 4 ff.
- Grundstücksüberlassung an Kinder § 39 Rdn. 80 ff.
- Inhalt § 63 Rdn. 6 ff.
- juristische Person § 63 Rdn. 32
- Kommanditanteil § 63 Rdn. 36 M
- Lastentragung § 63 Rdn. 12
- Minderjährige § 63 Rdn. 18
- Netto-Nießbrauch § 63 Rdn. 14
- Personengesellschaft § 63 Rdn. 33
- Pfändbarkeit § 63 Rdn. 1
- Pflichtteil § 63 Rdn. 39 f.
- Quotennießbrauch § 63 Rdn. 10
- rechtsfähige Personengesellschaft § 63 Rdn. 37
- Rückstände § 55 Rdn. 52
- Schenkungsteuer § 63 Rdn. 3
- schuldrechtliches Umgestaltungsrecht § 63 Rdn. 9 M
- Sicherungsnießbrauch § 63 Rdn. 3
- steuerliche Behandlung § 63 Rdn. 3, Rdn. 14, Rdn. 24, Rdn. 41 f.
- Substanzerhaltung § 63 Rdn. 12
- Sukzessivberechtigung § 63 Rdn. 23, Rdn. 25 M
- Teilfläche § 63 Rdn. 7
- Tod eines Berechtigten § 63 Rdn. 12, Rdn. 23
- Übertragbarkeit § 63 Rdn. 27 ff.
- unentgeltliche Zuwendung § 63 Rdn. 41 f.
- Unternehmen § 63 Rdn. 30
- Vererblichkeit § 63 Rdn. 39
- Verzicht § 63 Rdn. 4
  - – Schenkungsteuer § 63 Rdn. 4
- Vorbehaltsnießbrauch § 63 Rdn. 3, Rdn. 24
- Wesen § 63 Rdn. 1
- wirtschaftliches Eigentum des Nießbrauchers § 63 Rdn. 15 M
- Wohnungseigentum § 63 Rdn. 20 f.
- Zuwendungsnießbrauch § 63 Rdn. 3

Nießbrauchsvermächtnis an Ehegatte § 107 Rdn. 8, Rdn. 24 M

Notar
- Amtsbereich § 4 Rdn. 2
- Amtsbezirk § 4 Rdn. 2
- Amtshandlung im Ausland § 4 Rdn. 17
- Amtspflicht bei Verlosung § 18 Rdn. 30 ff.
- Amtssitz § 4 Rdn. 1
- Antragsberechtigung bei Registersachen § 7 Rdn. 21
- Antragsrücknahme § 7 Rdn. 37 ff.
- Anwaltsnotariat § 2 Rdn. 10 ff.
- Anzeigepflichten § 8 Rdn. 13 ff.
- Aufgaben § 3 Rdn. 2
- Aufklärungspflicht § 6 Rdn. 2 ff.
  - – Beurkundung § 6 Rdn. 3 M
- Ausschließungsgründe § 5 Rdn. 1 ff.

- Baden-Württemberg § 2 Rdn. 17 ff.
- Bedürfnis § 2 Rdn. 6 f.
- Begünstigung des Notars § 5 Rdn. 14
- Belehrungspflicht § 6 Rdn. 60 ff.
- Beratungspflicht § 6 Rdn. 123 ff.
- Beschwerde § 9 Rdn. 5
  - – Hinterlegung § 9 Rdn. 5
- Beurkundung § 3 Rdn. 1
- Bezug von Gesetzesblättern und Zeitschriften § 10 Rdn. 58 f.
- Bücher und Verzeichnisse § 10 Rdn. 3
- eigene Willenserklärung § 5 Rdn. 6 ff.
- Eigenurkunde § 5 Rdn. 20
- Einlegung von Rechtsmitteln § 7 Rdn. 44 ff.
- elektronische Signatur § 12a Rdn. 8
- Empfang von Willenserklärungen § 8 Rdn. 9
- Ernennung zum Testamentsvollstrecker § 5 Rdn. 22
- Formulierungspflicht § 6 Rdn. 146
- freiwillige Grundstücksversteigerung § 38 Rdn. 5, Rdn. 11 ff.
- freiwillige Versteigerung § 4 Rdn. 7, Rdn. 14
- Gerichtskostenvorschuss § 7 Rdn. 35
- Geschichte des Notariats § 1 Rdn. 1
- Hinweispflicht § 6 Rdn. 130 ff.
- im Landesdienst § 2 Rdn. 17
- Insichgeschäft § 5 Rdn. 8
- Integritätsgebot § 18 Rdn. 30 ff.
- internationale Zuständigkeit § 4 Rdn. 17 ff.
- Kaiserliche Reichsnotariatsordnung § 1 Rdn. 2
- Landesdienst § 1 Rdn. 10
- Maklergeschäft § 47 Rdn. 7
- Meldepflichten § 12a Rdn. 9
  - – Amtssiegel § 12a Rdn. 9
- Mitglied einer juristischen Person § 5 Rdn. 12
- Mitwirkungsverbote § 5 Rdn. 1 ff.
- Notariatsformen § 2 Rdn. 1
- Notariatsverfassung § 1 Rdn. 4
- Notarkammern § 2 Rdn. 16
- öffentlicher Glaube § 1 Rdn. 1
- örtliche Zuständigkeit § 4 Rdn. 1 ff.
- Prüfungs- und Belehrungspflicht § 6 Rdn. 16 ff.
- rechtlicher Vorteil § 5 Rdn. 14
- Richternotar § 1 Rdn. 10
- sachliche Zuständigkeit § 4 Rdn. 9 ff.
- sonstige Beratung § 8 Rdn. 4
- sonstige Mitteilungspflichten § 8 Rdn. 37 ff.
- spätere Anwaltstätigkeit § 5 Rdn. 53 ff.
- Statistik § 2 Rdn. 14
- steuerliche Hinweise § 6 Rdn. 140 ff.
- Teilgrundschuldbrief § 73 Rdn. 34 ff.
- Treuhandtätigkeit § 8 Rdn. 8 ff.
- Übernahmeerklärung der Gerichtskosten § 7 Rdn. 35 f.
- Überzeugung von Sprachkenntnis des Beteiligten § 14 Rdn. 29
- Unabhängigkeit des Notars § 9 Rdn. 3
- Unparteilichkeit § 5 Rdn. 52
- Unterlagen § 10 Rdn. 2 f.
- Unterschrift § 13 Rdn. 138 ff.
- Urkundenentwurf § 8 Rdn. 3
- Verlegung des Amtssitzes § 10 Rdn. 57
  - – Akten und Bücher § 10 Rdn. 57
- Verlosung § 4 Rdn. 10
- Vermittlung bei Auseinandersetzung § 4 Rdn. 8
- Vertretung im Aufgebotsverfahren § 76 Rdn. 5
- Werbeverbot § 18 Rdn. 32
  - – Verlosung § 18 Rdn. 32
- Willenserklärungen der Ehegatten § 5 Rdn. 6 ff., Rdn. 9 ff.
- Willenserklärungen des Lebenspartners § 5 Rdn. 6 ff., Rdn. 9 ff.
- Willenserklärungen von Verwandten § 5 Rdn. 6 ff., Rdn. 10 ff.
- Zahl der Notare in den Kammerbezirken § 2 Rdn. 15
- Zugang zum Notarberuf § 2 Rdn. 10 ff.
- Zuständigkeit § 3 Rdn. 1 ff.
  - – Erteilung der Vollstreckungsklausel § 19 Rdn. 140 ff.
  - – vollstreckbarer Anwaltsvergleich § 19 Rdn. 211 ff., Rdn. 214
  - – Vollstreckbarerklärung von Schiedssprüchen mit vereinbartem Wortlaut § 19 Rdn. 229 ff.
- zweiter Notar § 14 Rdn. 6

Notarakte
- elektronische § 12a Rdn. 27 ff.

Notaraktenspeicher, elektronischer § 12a Rdn. 27 ff.

Notaranderkonto § 9 Rdn. 14 ff.
- Anderkontenliste § 10 Rdn. 28
- Auszahlung § 9 Rdn. 17
- elektronische Führung § 10 Rdn. 21
- elektronisches, ENA § 12a Rdn. 24
  - – Online-Banking-Erlaubnis § 12a Rdn. 26
- Kreditinstitut § 9 Rdn. 15
- Online-Banking § 10 Rdn. 19
- Verfügungsbefugnis § 9 Rdn. 16
- Verfügungsbefugte § 9 Rdn. 14

Notaranwalt § 1 Rdn. 6
Notarassessor § 2 Rdn. 12
- Bedürfnis § 2 Rdn. 13
- Beendigung der Anwärterzeit § 2 Rdn. 13

Notarbericht § 72 Rdn. 68
Notarbestätigung § 72 Rdn. 68 ff., Rdn. 77 M

Notariat
- elektronischer Rechtsverkehr § 12a Rdn. 1
- hauptberufliches § 2 Rdn. 12
- zahlenmäßige Entwicklung § 2 Rdn. 14

Notariatsformen § 2 Rdn. 1 ff.
Notarielle Beglaubigung
- Abtretung § 56 Rdn. 30
  - – Anwartschaftsrecht § 56 Rdn. 30
  - – Auflassungsanspruch § 56 Rdn. 25 ff.

Notarielle Beurkundung
- Abtretung § 145 Rdn. 1 ff.
  - – GmbH-Geschäftsanteils § 145 Rdn. 1 ff.
- AG § 149 Rdn. 68 ff.
  - – Hauptversammlung § 149 Rdn. 68 ff.
    - – – Unternehmensvertrag § 152 Rdn. 5
  - – Satzung § 147 Rdn. 1
- Änderung der Teilungserklärung § 58 Rdn. 56
- Auflassung § 56 Rdn. 3
- Baumodelle § 34 Rdn. 20, Rdn. 28, Rdn. 32, Rdn. 39
  - – Beitritt § 34 Rdn. 43 ff.
- Begründung von Wohnungseigentum nach § 3 WEG § 58 Rdn. 40
- Begründung von Wohnungseigentum nach § 8 WEG § 58 Rdn. 41
- Einigung § 55 Rdn. 1
- Erbschaftsvertrag § 27 Rdn. 6
- freiwillige Grundstücksversteigerung § 38 Rdn. 1
- GmbH § 145 Rdn. 116
  - – Geschäftsanteilstreuhandvertrag § 145 Rdn. 116
  - – Nießbrauch am Anteil § 63 Rdn. 32
  - – Satzungsänderung § 144 Rdn. 45
- Grundpfandrecht § 68 Rdn. 9 ff.
- Grundstücksschenkung § 39 Rdn. 1 ff.
- Hoferklärung § 36 Rdn. 179
- Kreditvertrag § 50 Rdn. 23
- Maklervertrag § 47 Rdn. 9 ff., Rdn. 45 M
- Niederschrift § 13 Rdn. 1
- Pachtvertrag § 42 Rdn. 10 ff., Rdn. 35
- Schenkungsversprechen § 40 Rdn. 9 ff.
- Spaltungs- und Übernahmevertrag § 155 Rdn. 1
- Umwandlung einer Hypothek in Grundschuld § 75 Rdn. 4 M
- Umwandlungsbeschluss § 156 Rdn. 5
- Vereinigung von Bergwerken § 59 Rdn. 4, Rdn. 7
- Verschmelzung § 154 Rdn. 6
  - – Verzicht auf Bericht § 154 Rdn. 6
- Verschmelzungsbeschluss § 154 Rdn. 10
- Verschmelzungsvertrag § 154 Rdn. 3
- Verzicht auf Umwandlungsbericht § 156 Rdn. 4
- Vorkaufsrecht § 62 Rdn. 28 ff.

Notarielle Prüfungspflichten
- Eintragungsfähigkeit im Grundbuch § 12a Rdn. 7
- Eintragungsfähigkeit im Handelsregister § 12a Rdn. 7

Notarielle Urkunde
- fehlende Zwangsvollstreckungsunterwerfung § 19 Rdn. 4

Notarielles Testament
- Vorzüge § 105 Rdn. 1

Notarkammer
- Zusammensetzung § 2 Rdn. 16

Notarkosten
- aktenmäßige Behandlung § 20 Rdn. 18
- Erbbaurechtsbestellung § 57 Rdn. 62 M

3245

- Fälligkeit § 20 Rdn. 17
- Gebührenerlass § 20 Rdn. 5
- Geltungsbereich § 20 Rdn. 1 f.
- Gerichts- und Notarkostengesetz – GNotKG § 20 Rdn. 1
- Inhalt der Kostenberechnung § 20 Rdn. 7 ff.
  - – »Muss«-Bestandteile § 20 Rdn. 9
  - – »Soll«-Bestandteile § 20 Rdn. 10
  - – Anforderungen des UStG § 20 Rdn. 14
  - – fehlende Anforderungen § 20 Rdn. 13
  - – Gebührentatbestand § 20 Rdn. 12
  - – Rechtsbehelfsbelehrung § 20 Rdn. 16
  - – Zitiergebot § 20 Rdn. 8
- Kostenberechnung § 20 Rdn. 19 M
  - – Grundstückskaufvertrag mit Auflassung § 20 Rdn. 19 M
- öffentlich-rechtlicher Vertrag § 20 Rdn. 6
- Verbot der Gebührenvereinbarung § 20 Rdn. 3 ff.
- Vergleich über Notarkosten § 20 Rdn. 5
- Verjährung § 20 Rdn. 17; § 21 Rdn. 9
- Verzinsung nach Zustellung § 21 Rdn. 8
- Vollstreckungsklausel § 21 Rdn. 4, Rdn. 10 M
- Vollstreckungstitel § 20 Rdn. 17; § 21 Rdn. 2 ff.
- Zustellung § 21 Rdn. 5
- Zwangsvollstreckung § 21 Rdn. 6 f.
Notarstatistik § 2 Rdn. 14
Notarvertreter § 5 Rdn. 24 ff.
Notary public § 26 Rdn. 59
Notweg § 60 Rdn. 17
Nutzungsdienstbarkeit § 64 Rdn. 3 ff.
Nutzungsentschädigung
- Bauträgervertrag § 33 Rdn. 68
Nutzungsrecht
- ausschließliches § 48 Rdn. 23
- einfaches § 48 Rdn. 23
- Einräumung § 48 Rdn. 22 ff.
- Hauswand § 64 Rdn. 8 M
- Nießbrauch § 63 Rdn. 1
- Übertragung § 48 Rdn. 23
Nutzungsschwerpunkt
- Erbbaurecht § 57 Rdn. 8 ff.

Öffentliche Urkunde
- Bescheinigung § 19 Rdn. 196 ff.
  - – Zivil- oder Handelssache § 19 Rdn. 197 M
  - – Zustellung von Amts wegen § 19 Rdn. 199 f.
- europäischer Vollstreckungstitel § 19 Rdn. 207 M
Öffentlicher Glaube § 1 Rdn. 1
- Erbschein § 113 Rdn. 2
- Handelsregister § 124 Rdn. 6 ff.
Öffentliches Amt
- Verwahrungsgeschäfte § 9 Rdn. 1
Öffentliches Testament
- Errichtung durch § 103 Rdn. 13 ff.
  - – mündliche Erklärung § 103 Rdn. 15
  - – Übergabe einer offenen Schrift § 103 Rdn. 16 ff.
  - – Übergabe einer verschlossenen Schrift § 103 Rdn. 19 f.

- Feststellungen bei einem Kranken § 103 Rdn. 15 M
- Geschäftsfähigkeit § 103 Rdn. 7 ff.
- Kosten § 103 Rdn. 21 ff.
- Leseunkundige § 105 Rdn. 2
- Minderjährige § 103 Rdn. 2; § 105 Rdn. 2
- Testierfähigkeit § 103 Rdn. 8
- Vorzüge § 103 Rdn. 1; § 105 Rdn. 1
- Zeuge, zweiter Notar § 103 Rdn. 3 ff.
Öffentlich-rechtliche Ansprüche
- Zwangsvollstreckungsunterwerfung § 19 Rdn. 69
Öffentlich-rechtliche Verfügungsbeschränkungen § 6 Rdn. 101
OHG
- Abfindung § 132 Rdn. 75 ff.
  - – Beschränkung § 132 Rdn. 81 ff.
  - – Buchwert § 132 Rdn. 88 M f.
  - – salvatorische Anpassungsklausel § 132 Rdn. 89 M
  - – Schiedsgutachten § 132 Rdn. 91 M f.
  - – Stundung § 132 Rdn. 90 M
- Abgrenzung zur KG § 137 Rdn. 2 f.
- Änderung der inländischen Geschäftsanschrift § 134 Rdn. 35 f.
- Anmeldepflichtige § 134 Rdn. 3
- Anmeldung § 138 Rdn. 13 f.
  - – Eintritt eines Kommanditisten § 138 Rdn. 13 f.
  - – Gesellschaftsvertrag § 134 Rdn. 2
  - – Handelsregister § 131 Rdn. 14
  - – Neuerrichtung § 134 Rdn. 1 f., Rdn. 5 M
- Apotheker § 131 Rdn. 3
- Auflösung § 132 Rdn. 53; § 135 Rdn. 1 ff.
  - – Anmeldung § 135 Rdn. 9 M
- Auflösungsklage § 132 Rdn. 57 ff.
- Aufnahme eines Gesellschafters § 133 Rdn. 63 f.
- Aufnahmevereinbarung § 133 Rdn. 36 M
- Auseinandersetzung § 135 Rdn. 11 ff.
- Ausscheiden § 132 Rdn. 53
  - – Ausschluss von schwebenden Geschäften § 132 Rdn. 96 ff.
- Ausschließungsbeschluss § 132 Rdn. 57 ff.
  - – aus wichtigem Grund § 132 Rdn. 59 M
  - – mangels Mitarbeit § 132 Rdn. 59 M
  - – Wechsel in Kommanditistenstellung § 132 Rdn. 62 M
- Austritt eines Gesellschafters § 134 Rdn. 23 ff.
  - – Haftung § 134 Rdn. 24
  - – Minderjähriger § 134 Rdn. 26
- Buchführung § 131 Rdn. 18
- Darlehenskonto § 132 Rdn. 14
- Dauer § 132 Rdn. 52 ff.
- Ehegatten § 131 Rdn. 10
- Einbringung »quoad sortem« § 132 Rdn. 15
- Einlage § 132 Rdn. 15 ff.
- Eintritt eines Gesellschafters § 133 Rdn. 57 ff.; § 134 Rdn. 23 ff.
  - – Einbringung von Grundbesitz § 133 Rdn. 63 f.

- Eintritt eines Gesellschafters in eine Einzelfirma § 132 Rdn. 99 ff.
- Eintritt in bestehende OHG § 134 Rdn. 21 ff.
- Eintritt von Gesellschaftern § 132 Rdn. 1 ff.
  - – Strukturprinzipien § 132 Rdn. 1 ff.
- Eintrittsklausel § 133 Rdn. 29 ff.
  - – Einkommensteuer § 133 Rdn. 38
  - – Erbschaftsteuer § 133 Rdn. 37
  - – Qualifikation § 133 Rdn. 34 f.
  - – Vermächtnisnehmer § 133 Rdn. 31 ff.
- Entnahmen § 132 Rdn. 42 ff.
  - – Geschäftsführungsentgelt § 132 Rdn. 46 M
- Entstehung § 131 Rdn. 1 ff.
- Erbengemeinschaft § 132 Rdn. 97 ff.
- Erbfolge § 132 Rdn. 71 ff.
- Erlöschen der Firma § 135 Rdn. 1 ff.
  - – Anmeldung § 135 Rdn. 19 M
  - – Anregung der Wiedereintragung § 135 Rdn. 21 M
- Familiengesellschaft § 132 Rdn. 97
  - – Fortführung § 132 Rdn. 97
- Firma § 125 Rdn. 3; § 132 Rdn. 4 ff.; § 134 Rdn. 4
  - – Irreführungsverbot § 134 Rdn. 6
- Fortführung einer Einzelfirma durch Erbengemeinschaft § 134 Rdn. 12 ff.
- Fortsetzung § 135 Rdn. 12 ff.
  - – Minderjährige § 135 Rdn. 13
- Fortsetzung durch einen Gesellschafter § 132 Rdn. 65 ff.
- Fortsetzungsklausel § 133 Rdn. 2 ff.
  - – Einkommensteuer § 133 Rdn. 7
  - – Erbschaftsteuer § 133 Rdn. 5 f.
- freie Berufe § 131 Rdn. 3
- Gesamtvertretung § 132 Rdn. 29 M
  - – Zweigniederlassung § 132 Rdn. 29 M
- Geschäftsbriefe § 131 Rdn. 17
- Geschäftsführung § 132 Rdn. 18 ff.
  - – Aufteilung § 132 Rdn. 30 M
  - – außergewöhnliche Maßnahmen § 132 Rdn. 32 M
  - – Entziehung § 132 Rdn. 21
- Gesellschafter § 131 Rdn. 8 ff.
  - – Ehegatten § 131 Rdn. 10
  - – Sozialversicherungspflicht § 131 Rdn. 11
- Gesellschafterbeschluss § 132 Rdn. 34 ff.
- Gesellschafterkonten § 132 Rdn. 9
- Gesellschafterversammlung § 132 Rdn. 33 ff.
- Gesellschaftsanteil § 132 Rdn. 7 ff.
- Gesellschaftsvertrag § 131 Rdn. 12 ff.
  - – Firma § 132 Rdn. 4 ff.
  - – Gesellschaftsanteil § 132 Rdn. 7 ff.
  - – Inhalt § 132 Rdn. 3 ff.
- Gesellschaftszweck § 132 Rdn. 6
- Gewinn- und Verlustverteilung § 132 Rdn. 37 ff.
- Grundlagen § 131 Rdn. 1 ff.
- Gründung durch Eintritt in Einzelfirma § 134 Rdn. 16 ff.
- Gründung durch Unternehmenskauf § 134 Rdn. 19 M f.

- Gruppenstimmrecht § 133 Rdn. 42 ff.
- Haftung § 131 Rdn. 5
- Haftungsbefreiung § 132 Rdn. 93 ff.
- Haftungsbeschränkung § 134 Rdn. 16 ff.
- Handelsregister § 124 Rdn. 11
  -- Anmeldung § 131 Rdn. 14 ff.
- Handwerker § 131 Rdn. 4
- Hinauskündigungsklausel § 132 Rdn. 63
- Informationsrecht § 132 Rdn. 48
- Kapitalanteil § 132 Rdn. 8
- Kapitalkonto § 132 Rdn. 10 f.
- Kaufmannseigenschaft § 131 Rdn. 7
- Kreditinstitut § 131 Rdn. 18
- Kündigung § 132 Rdn. 54 ff.
- Liquidation § 135 Rdn. 5 ff.
  -- Anmeldung der Auflösung § 135 Rdn. 9 M
  -- Nachschusspflicht § 135 Rdn. 10 f.
- Liquidator § 135 Rdn. 15 f.
  -- Wechsel § 135 Rdn. 15 f.
- minderjährige Gesellschafter § 131 Rdn. 9
- Mindestkapital § 131 Rdn. 6
- Nachfolge § 133 Rdn. 1 ff.
- Nachfolgeklausel § 133 Rdn. 8 ff.
  -- Ausgliederungsmodell § 133 Rdn. 24
  -- Einkommensteuer § 133 Rdn. 14, Rdn. 23
  -- Erbschaftsteuer § 133 Rdn. 13, Rdn. 22
  -- gesellschaftsvertragliche ~ § 133 Rdn. 26 ff.
  -- mit Ausschlussmöglichkeit § 133 Rdn. 20 M
- Nachschusspflicht § 132 Rdn. 15 ff.
- Nachtragsliquidation § 135 Rdn. 20
- Nachweis gegenüber Grundbuchamt § 131 Rdn. 14
- Neugründung § 132 Rdn. 97 ff.
- Prokura § 132 Rdn. 23
- Publizität § 131 Rdn. 18
- qualifizierte Nachfolgeklausel § 133 Rdn. 15 ff.
- Rechtsformzusatz § 125 Rdn. 3, Rdn. 30
- Rechtsnachfolger eines Gesellschafters § 134 Rdn. 28 ff.
  -- Haftungsbeschränkung § 134 Rdn. 33
  -- Rechtsgeschäft/Versterben § 134 Rdn. 32 M
- Rechtsstruktur § 131 Rdn. 6 f.
- Rücklagenkonto § 132 Rdn. 13
- Stimmrecht § 132 Rdn. 36
- teilweise Übertragung § 133 Rdn. 52 f.
  -- Gesellschafterrecht § 133 Rdn. 52 f.
- Tod eines Gesellschafters § 132 Rdn. 71 ff.; § 133 Rdn. 1 ff.; § 134 Rdn. 28 ff.
- Umwandlung in KG § 137 Rdn. 57 ff.
  --- Anmeldung § 138 Rdn. 15 ff.
- Übertragung des Gesellschaftsanteils § 133 Rdn. 46 ff., Rdn. 54 M
  -- Minderjährige § 133 Rdn. 48
  -- Regelungsinhalt § 133 Rdn. 51

- Umwandlung in Einzelfirma § 135 Rdn. 23 f.
  -- Anmeldung § 135 Rdn. 24 M
- Umwandlung in Kommanditbeteiligung § 133 Rdn. 39 ff., Rdn. 55
- Verlegung des Gesellschaftssitzes § 134 Rdn. 34 ff.
- Verlustvortragskonto § 132 Rdn. 12
- Verpfändung § 78 Rdn. 23
  -- Anspruch auf Auseinandersetzungsguthaben und Gewinnanteil § 78 Rdn. 23
- Verteilung § 135 Rdn. 11 ff.
- Vertretung § 132 Rdn. 22 ff.; § 134 Rdn. 9 M ff.
  -- abstrakte Regelung § 134 Rdn. 7 f.
  -- konkrete Regelung § 134 Rdn. 7 f.
  -- Regelung unter zwei Gesellschaftern § 132 Rdn. 28 M
- Wettbewerbsverbot § 132 Rdn. 49 ff.
- Wirtschaftsprüfer § 131 Rdn. 3
- zulässiges Gewerbe § 131 Rdn. 2 ff.
- Zweigniederlassung § 132 Rdn. 29 M
  -- Gesamtvertretung § 132 Rdn. 29 M

Online-Teilnahme
- Hauptversammlung § 149 Rdn. 42 M

Operative Stiftung § 123 Rdn. 38
Option § 62 Rdn. 43 ff.
Orderpapier
- Verpfändung § 78 Rdn. 27

Ordnungsmäßige Verwaltung
- Testamentsvollstrecker § 102 Rdn. 49

Organisation
- Stiftung § 123 Rdn. 20 ff.

Organspendeerklärung § 96 Rdn. 103
Organvollmacht § 24 Rdn. 76
Ortsform § 26 Rdn. 14
Österreichische Handelsgesellschaft
- Nachweis der Vertretungsmacht § 6 Rdn. 52

Pacht
- Abgrenzung zur Miete § 42 Rdn. 9
- Apothekenpacht § 42 Rdn. 2, Rdn. 29 ff.
- Betriebspacht/Betriebsüberlassungsvertrag § 42 Rdn. 3
- Datschen-Regelung § 42 Rdn. 6
- Fischereipacht § 42 Rdn. 7, Rdn. 46 ff., Rdn. 55
- Gegenstand § 42 Rdn. 9
- Jagdpacht § 42 Rdn. 7, Rdn. 46 ff.
- Kleingartenpacht § 42 Rdn. 8, Rdn. 56 ff.
- Landpacht § 42 Rdn. 1, Rdn. 4 f., Rdn. 33 ff.
  -- neue Bundesländer § 42 Rdn. 5

Pächter
- Firmenfortführung § 126 Rdn. 17 f.

Pachtkreditgesetz § 78 Rdn. 33
Pachtvertrag § 42 Rdn. 28 M
- Ankaufsrecht § 62 Rdn. 50 M
- dingliches Vorkaufsrecht § 62 Rdn. 21 M
- Form § 42 Rdn. 10 f.
- Schriftformheilungsklauseln § 42 Rdn. 11 ff.

- gewerbliche Grundstücke § 42 Rdn. 18 ff.
  -- Gegenstand § 42 Rdn. 18
  -- Inventar § 42 Rdn. 18 f.
  -- Inventarerhaltung § 42 Rdn. 19 f.
  -- Inventarübernahme zum Schätzwert § 42 Rdn. 24
  -- Neben-/Betriebskosten § 42 Rdn. 26
  -- öffentlich-rechtliche Genehmigung § 42 Rdn. 25
  -- Rückgabe des Pachtgegenstandes § 42 Rdn. 27
- Verpfändung landwirtschaftlichen Pachtinventars § 78 Rdn. 33 ff.
- Vorkaufsrecht § 42 Rdn. 16, Rdn. 35
  -- Apotheke § 42 Rdn. 31

Papier der Urkunde § 11 Rdn. 2
Parteifähigkeit
- nicht rechtsfähiger Verein § 122 Rdn. 8

Partiarische Geschäfte § 130 Rdn. 4
Partiarisches Darlehen
- stille Gesellschaft § 141 Rdn. 3

Partnergesellschaft
- freie Berufe § 136 Rdn. 1
- Grundstruktur § 136 Rdn. 1 f.
- Rechtsform § 136 Rdn. 2

Partnerschaft
- Allgemeines § 91 Rdn. 2
- Ehe § 85 Rdn. 2–Rdn. 3, Rdn. 7 M; § 91 Rdn. 1
- Erbvertrag § 108 Rdn. 26 M
- Umwandlung in Ehe § 91 Rdn. 8

Partnerschaftsehe § 85 Rdn. 2–Rdn. 3, Rdn. 7 M

Partnerschaftsgesellschaft
- Änderung des Gegenstands § 136 Rdn. 28
- Änderungen § 136 Rdn. 25
- Anmeldung § 136 Rdn. 19 ff.
- Anmeldung Umwandlung von GmbH in PartmbB § 136 Rdn. 24 M
- Anmeldung Wechsel in PartmbB § 136 Rdn. 23 M
- Anmeldungsmuster § 136 Rdn. 22 M
- Anteilsübertragung § 136 Rdn. 32 M
- Auflösung § 136 Rdn. 30
- Ausscheiden des vorletzten Partners § 136 Rdn. 31 M
- Ausscheiden eines Partners § 136 Rdn. 29
- Besteuerung § 136 Rdn. 33
- Eintritt eines Partners § 136 Rdn. 27
- Entstehen § 136 Rdn. 11
- Liquidation § 136 Rdn. 30
- Name § 136 Rdn. 14
  -- Fachärzte § 136 Rdn. 15
- Phantasiebezeichnung § 136 Rdn. 14
- Rechtsgrundlagen § 136 Rdn. 9
- Schutz der Bezeichnung »Partner« § 136 Rdn. 8
- Selbstorganschaft § 136 Rdn. 17
- Sitz § 136 Rdn. 16
- Umwandlung § 136 Rdn. 30; § 153 Rdn. 13
- Verhältnis zu Dritten § 136 Rdn. 11

3247

- Verschmelzung § 154 Rdn. 2
- Vertrag § 136 Rdn. 12 ff.
  - – Inhalt § 136 Rdn. 13, Rdn. 17
  - – Muster mit zwei Partnern § 136 Rdn. 18 M
  - – Schriftform § 136 Rdn. 12
- Voraussetzungen § 136 Rdn. 10 f.
- Zweigniederlassung § 136 Rdn. 26

Partnerschaftsgesellschaft mit beschränkter Berufshaftung § 136 Rdn. 3 ff.
- Entstehung durch Umwandlung § 136 Rdn. 5 ff.
- Haftungsbeschränkungsklausel § 136 Rdn. 4 M

Partnerschaftsregister § 124 Rdn. 1
- Anmeldung Partnerschaftsgesellschaft § 136 Rdn. 19 ff.
- Antragsberechtigung des Notars § 7 Rdn. 21
- auf Dauer angelegte Lebensgemeinschaft § 91 Rdn. 17 M
- elektronischer Rechtsverkehr, ELVR § 12a Rdn. 73

Partnerschaftsvertrag
- Altersvorsorge § 91 Rdn. 20 M
- Auseinandersetzung § 91 Rdn. 4, Rdn. 16 M
- Darlehen § 91 Rdn. 11
- Ehe auf Probe § 91 Rdn. 16 M
- Eheersatz § 91 Rdn. 20 M
- Ehemodell § 91 Rdn. 7, Rdn. 20 M
- Erwerb eines gemeinsamen Hauses § 91 Rdn. 18 M
- Form § 91 Rdn. 15
- GbR § 91 Rdn. 9, Rdn. 12
- gegenseitige Vollmacht § 91 Rdn. 13
- Gütertrennung § 91 Rdn. 11
- Innengesellschaft § 91 Rdn. 9
- Kündigung § 91 Rdn. 15
- Lebensführung, Vermögensplanung § 91 Rdn. 5, Rdn. 17 M
- mehrgliedrige Partnerschaften § 91 Rdn. 7
- Mietverhältnis § 91 Rdn. 13
- partnerschaftlicher Unterhalt bei gemeinsamen Kindern § 91 Rdn. 14
- Personen gleichen Geschlechts § 91 Rdn. 8
- Regelungsschwerpunkte § 91 Rdn. 3 ff.
- Übernahme des Anteils am Vermögen § 91 Rdn. 11
- unzulässige Vereinbarungen § 91 Rdn. 2
- Vermögensregelung § 91 Rdn. 9 ff.
- Vermögenstrennung, Versorgungsregelung § 91 Rdn. 6, Rdn. 18 M
- Vertretung, wechselseitige § 91 Rdn. 17 M

Patentanmeldung
- Unternehmenskauf § 31 Rdn. 32 ff.

Patentrecht
- Dauer des Patentschutzes § 49 Rdn. 24
- Einspruch § 49 Rdn. 11 f.
- Erbfall § 49 Rdn. 28
- Erteilung eines deutschen Patents § 49 Rdn. 6
- Gebrauchsmuster § 49 Rdn. 70
- Muster eines ausschließlichen Patentlizenzvertrages § 49 Rdn. 138 M

- Patentkostengesetz § 49 Rdn. 34
- Rechtsgrundlagen § 49 Rdn. 1
- Software § 49 Rdn. 2
- Übertragung § 49 Rdn. 29

Patientenverfügung § 96 Rdn. 89 ff.
- Aktualitätskontrolle § 96 Rdn. 101
- Angehörige § 96 Rdn. 98 ff.
- Anwendbarkeit des Art. 15 ESÜ § 96 Rdn. 162 ff.
- ärztliche Behandlung § 96 Rdn. 102
- ausländische Vollmacht vor deutschem Notar § 96 Rdn. 165 ff.
- Behandlungswunsch § 96 Rdn. 89 ff.
- Bestimmtheit § 96 Rdn. 90
- einfache § 96 Rdn. 93
  - – Behandlungswunsch mit Vorsorgevollmacht § 96 Rdn. 117 M
- Form § 96 Rdn. 95 f.
- isolierte Patientenverfügung § 96 Rdn. 108 ␣ff.
- Konsultationsverfahren § 96 Rdn. 102
- Organspendeerklärung § 96 Rdn. 103
- qualifizierte § 96 Rdn. 93, Rdn. 118 M
- Rechtswahl durch Bevollmächtigten § 96 Rdn. 174 M
- Rechtswahl für das Vollmachtsstatut § 96 Rdn. 172 M
- regelmäßige Bestätigung § 96 Rdn. 105 ␣ff.
- Reichweite § 96 Rdn. 94
- Vertrauenspersonen § 96 Rdn. 98 ff.
- Volljährigkeit § 96 Rdn. 97
- Vorsorgevollmacht § 96 Rdn. 111 ff.
  - – Trennung § 96 Rdn. 111 ff.
- Widerruf § 96 Rdn. 104, Rdn. 119 M
- zentrales Vorsorgeregister § 96 Rdn. 78

Patronatserklärung
- Grundstückskauf § 32 Rdn. 148 M

Pauschalpreisvertrag
- Bauvertrag § 46 Rdn. 14

Pauschalvergütung
- Anpassung im Urheberrecht § 48 Rdn. 33

Personalausweis § 6 Rdn. 18
Personalkredit § 67 Rdn. 8
Personalstatut
- Bestimmung § 26 Rdn. 15 ff.

Personenfirma § 125 Rdn. 18 ff.
- Namensgeber § 125 Rdn. 19

Personengesellschaft
- Abspaltungsverbot § 130 Rdn. 9
- Abtretungsbeschränkung § 130 Rdn. 12
- Anmeldung § 125 Rdn. 36 ff.
  - – gerichtliche Prüfung § 125 Rdn. 51 ff.
  - – Rücknahme § 125 Rdn. 54
  - – staatliche Genehmigung § 125 Rdn. 50
- Anwachsungsprinzip § 130 Rdn. 13
- Aufnahmevereinbarung § 133 Rdn. 36 M
- Austritt von Gesellschafter § 131 Rdn. 81
  - – Ausscheiden des vorletzten Gesellschafters § 131 Rdn. 81

- – Buchwertfortführung § 131 Rdn. 77
- – Einkommensteuer § 131 Rdn. 70 ff.
- – Nachversteuerung § 131 Rdn. 78
- – Sachwertabfindung § 131 Rdn. 76
- – Übernahme von Gesellschaftsschulden § 131 Rdn. 72
- Beendigung § 131 Rdn. 92 ff.
- Beteiligung § 130 Rdn. 8
- Betriebsaufgabe § 131 Rdn. 95 ff.
- Betriebsveräußerung § 131 Rdn. 93 f.
- BGB-Gesellschaft § 72 Rdn. 55 M
- – Grundschuld § 72 Rdn. 55 M
- Buchführung § 131 Rdn. 18
- Eigenkapital § 131 Rdn. 22
- Einbringung § 131 Rdn. 31 ff.
  - – (Teil-)Betrieb § 131 Rdn. 31 ff.
  - – Mitunternehmeranteil § 131 Rdn. 31
- Einkommensteuer § 131 Rdn. 22 ff., Rdn. 42 ff., Rdn. 54 ff.
- Einlage § 131 Rdn. 26
  - – steuerneutrale § 131 Rdn. 26
  - – verdeckte § 131 Rdn. 24 f.
  - – Wirtschaftsgüter des Betriebsvermögens § 131 Rdn. 27 ff.
- Einstimmigkeitsprinzip § 130 Rdn. 15
- Eintritt von Gesellschafter § 131 Rdn. 54 ff.
  - – Einkommensteuer § 131 Rdn. 54 ff.
  - – Teilanteilsübertragung § 131 Rdn. 61 ff.
  - – unentgeltliche Übertragung § 131 Rdn. 57
- Eintrittsklausel § 133 Rdn. 29 ff.
  - – Einkommensteuer § 133 Rdn. 38
  - – Erbschaftsteuer § 133 Rdn. 37
- entgeltliche Aufnahme eines Gesellschafters § 131 Rdn. 34 ff.
- Erbe § 125 Rdn. 59
- Erbfall § 130 Rdn. 14
- Errichtung § 131 Rdn. 22 ff.
- Erwerber § 125 Rdn. 59
- Familiengesellschaft § 131 Rdn. 42 ff.
- Firmenwahrheit § 125 Rdn. 8
- Fortsetzungsklausel § 133 Rdn. 2 ff.
  - – Einkommensteuer § 133 Rdn. 7
  - – Erbschaftsteuer § 133 Rdn. 5 f.
- Gesamthandsprinzip § 130 Rdn. 11
- Geschäftsbriefe § 125 Rdn. 6; § 131 Rdn. 17
- Gesellschafter § 131 Rdn. 8 ff.
- Gesellschafterkonto § 131 Rdn. 22
- Gewerbesteuer § 131 Rdn. 91
- Grunderwerbsteuer § 131 Rdn. 47 f., Rdn. 86 ff.
- Grundlagen § 131 Rdn. 1 ff.
- Gruppenstimmrecht § 133 Rdn. 63
- Gütergemeinschaft der Eheleute § 86 Rdn. 12
- Haftung § 125 Rdn. 4; § 131 Rdn. 5
- Handwerksunternehmen § 125 Rdn. 56
- Mitunternehmerschaft § 131 Rdn. 20
- Nachfolge § 133 Rdn. 1 ff.

3248

- Nachfolgeklausel § 133 Rdn. 8 ff.
  - – Einkommensteuer § 133 Rdn. 23
  - – Erbschaftsteuer § 133 Rdn. 22
  - – Gesellschaftsvertrag § 133 Rdn. 26 ff.
  - – mit Übernahme-/Ausschlussmöglichkeit § 133 Rdn. 20 M
- Nachfolgeklausel, qualifizierte § 133 Rdn. 15 ff.
  - – mit Kommanditistenstellung § 133 Rdn. 19 M
  - – Vermächtnisnehmer § 133 Rdn. 18 M
- Nießbrauch § 63 Rdn. 33
- Realteilung § 131 Rdn. 98 ff., Rdn. 103 M
  - – Buchwertfortführung § 131 Rdn. 99
  - – Grunderwerbsteuer § 131 Rdn. 108
  - – Sperrfrist § 131 Rdn. 100 f.
  - – Umsatzsteuer § 131 Rdn. 109 ff.
- Rechtsformzwang § 130 Rdn. 7
- Schenkungsteuer § 131 Rdn. 51 f., Rdn. 82 ff.
  - – Familienunternehmen § 131 Rdn. 84
- Selbstorganschaft § 130 Rdn. 10
- Sonderbetriebsvermögen § 131 Rdn. 62 ff.
  - – überquotale Übertragung § 131 Rdn. 62 ff.
  - – unterquotale Übertragung § 131 Rdn. 58 ff.
- Sonderrechtsnachfolge § 130 Rdn. 14
- Steuern § 131 Rdn. 19 ff.
- steuerneutrale Einlage § 131 Rdn. 26
- Tod eines Gesellschafters § 130 Rdn. 14
- Übertragung des Gesellschaftsanteils § 133 Rdn. 46 ff.
- Umsatzsteuer § 131 Rdn. 49 f., Rdn. 85
  - – Geschäftsführungstätigkeit § 131 Rdn. 53
- Umwandlung in GmbH & Co. KG § 139 Rdn. 12, Rdn. 63 ff.
  - – Aufnahmevereinbarung § 139 Rdn. 65 M
- Umwandlung in Kommanditbeteiligung § 133 Rdn. 39 ff., Rdn. 55
- unentgeltliche Aufnahme eines Gesellschafters § 131 Rdn. 37 ff.
- verdeckte Einlage § 131 Rdn. 24 f.
- Verschmelzung § 154 Rdn. 2, Rdn. 60 M

Personengesellschaftsvertrag
- einfache Fortsetzungsklausel § 111 Rdn. 16 f.
- erbrechtliche Nachfolgeklausel § 111 Rdn. 18
- gesellschaftsvertragliche Nachfolgeregelung § 111 Rdn. 15 ff.
- qualifizierte Nachfolgeklausel § 111 Rdn. 18

Persönlich geistige Schöpfung § 48 Rdn. 9

Pfandbrief
- Verpfändung § 78 Rdn. 28 M

Pfänderstreckung
- Hypothek § 70 Rdn. 8

Pfandfreigabe § 75 Rdn. 9 ff.
- Hypothek § 70 Rdn. 8
- Teilflächenkauf § 35 Rdn. 57 ff.

Pfandrecht
- Bank nach ihren AGB § 78 Rdn. 8
- Bestellung § 78 Rdn. 7
  - – Zwangsvollstreckungsunterwerfung § 78 Rdn. 7, Rdn. 12 M
- Kollision mit Eigentumsvorbehalt § 52 Rdn. 19
- Luftfahrzeuge § 79 Rdn. 18 ff.

Pfandreife § 78 Rdn. 7, Rdn. 10

Pfändung
- beweglicher Sachen § 78 Rdn. 7
- GmbH-Geschäftsanteil § 145 Rdn. 95
- verwahrter Kaufpreis § 9 Rdn. 5

Pfandverwertung § 78 Rdn. 7

Pfleger
- Nachweis der Vertretungsberechtigung § 6 Rdn. 40–Rdn. 41 M

Pflegeverpflichtung § 39 Rdn. 51 ff.
- Übergabe Landgut § 36 Rdn. 170 M
- Übergabevertrag § 36 Rdn. 118 ff., Rdn. 145 M

Pflegeversicherungsgesetz
- Wart und Pflege in Grundstücksüberlassung an Kinder § 39 Rdn. 51 ff.

Pflegschaft § 95 Rdn. 30 ff.
- Abwesenheitspflegschaft § 95 Rdn. 35
- Auswahl des Pflegers § 95 Rdn. 33
- Ergänzungspflegschaft § 95 Rdn. 34, Rdn. 37 M
- genehmigungspflichtige Rechtsgeschäfte § 95 Rdn. 32
- Nachlasspflegschaft § 95 Rdn. 38
- Pflegebefohlene § 95 Rdn. 30

Pflichten des Notars bei Beurkundung § 6 Rdn. 1 ff.

Pflichtteil
- Adoption § 100 Rdn. 24
- Anerkennung durch Testamentsvollstrecker § 102 Rdn. 49
- Anrechnungspflicht § 39 Rdn. 131
  - – Grundstücksüberlassung an Kinder § 39 Rdn. 131 ff.
- Ausschlagung § 94 Rdn. 35 ff.
  - – Ausschlagung des Vermächtnisses § 114 Rdn. 42 ff.
- Testamentsanfechtung bei Übergehen § 98 Rdn. 27 ff.
- Vermögensverzeichnis § 18 Rdn. 39
- Entziehung § 111 Rdn. 37 M
- Ergänzung § 39 Rdn. 111 ff.
  - – Grundstücksüberlassung an Kinder § 39 Rdn. 111 ff.
  - – Übergabe landwirtschaftlicher Grundstücke § 36 Rdn. 166 f.
  - – Vollzug der Schenkung § 40 Rdn. 14
- Nießbrauch § 63 Rdn. 39 ff.
- Verzicht § 100 Rdn. 1
  - – Abgrenzung zum Erbverzicht § 100 Rdn. 1, Rdn. 10 ff.
  - – auf Tod des erstversterbenden Elternteils § 39 Rdn. 119 f.
  - – des Übernehmers bei Übergabe landwirtschaftlicher Grundstücke § 36 Rdn. 161 ff.

- – Ehevertrag § 100 Rdn. 16 M
- – Form § 100 Rdn. 1
- – gegenständlich beschränkt § 39 Rdn. 117 f.; § 100 Rdn. 11, Rdn. 15 M
- – Grundstücksüberlassung an Kinder § 39 Rdn. 111 ff., Rdn. 116 M
- – unbeschränkter § 100 Rdn. 14 M
- – Vertrag § 100 Rdn. 9 ff.
- – Wirkung § 100 Rdn. 1
- Verzicht in Übergabevertrag § 36 Rdn. 170 M

Phantasiefirmen § 125 Rdn. 2

Pläne
- Bauträgervertrag § 33 Rdn. 30

Poolvereinbarung
- GmbH § 142 Rdn. 190 ff.
  - – Erbschaftsteuer § 142 Rdn. 190 ff.
  - – Erbschaftsteuer, Satzungsregelung § 142 Rdn. 198 M

Positive Publizitätswirkung
- Handelsregister § 124 Rdn. 5

Postfach
- Besonderes elektronisches Notarpostfach, beN § 12a Rdn. 13 ff.

Prägesiegel § 11 Rdn. 36

Praxisgemeinschaft
- GbR § 130 Rdn. 69 ff., Rdn. 142 M f.

PreisG
- Zwangsvollstreckungsunterwerfung § 19 Rdn. 38

Primär-Dienstbarkeit § 64 Rdn. 54 ff.

Prioritätsfeststellung § 15 Rdn. 50 ff.
- Bescheinigung § 15 Rdn. 52
- Unterschriftsbeglaubigung § 15 Rdn. 51
- Verwahrung durch den Notar § 15 Rdn. 55

Privaturkunde
- Sicherstellung des Datums § 15 Rdn. 48 f.

Prokura § 128 Rdn. 1
- Änderung § 128 Rdn. 25 M
- Anmeldung § 128 Rdn. 20 ff., Rdn. 22 M
- Beschränkung § 128 Rdn. 12
- Erlöschen § 128 Rdn. 5 ff., Rdn. 28 M
- Erteilung § 128 Rdn. 3 f., Rdn. 21 ff.
- Erweiterung auf Grundstücksverfügung § 128 Rdn. 24 M
- Genossenschaft § 157 Rdn. 19
- Gesamtprokura § 128 Rdn. 14 ff.
  - – Mitwirkung § 128 Rdn. 19
- GmbH & Co. KG § 128 Rdn. 13
- Grundstücke § 128 Rdn. 10
- OHG § 132 Rdn. 23
- Person des Prokuristen § 128 Rdn. 2
- Selbstkontrahieren § 128 Rdn. 11
- Umfang § 128 Rdn. 8 ff.
- unechte Gesamtprokura § 128 Rdn. 19
- unechte organschaftliche Gesamtvertretung § 128 Rdn. 20
- unternehmerbezogen § 128 Rdn. 6
- Zweigniederlassung § 128 Rdn. 27 M, Rdn. 30 M

Prokurist
- AG § 148 Rdn. 12 ff.
  - – Anmeldung § 148 Rdn. 14 M
  - – Vertretungsmacht § 148 Rdn. 13

- GmbH § 143 Rdn. 59 ff.
- Prokuraanmeldung bei Fremdentwurf § 143 Rdn. 61 M

Protestant
- Wechselprotest § 17 Rdn. 9

Protestat § 17 Rdn. 1

Protesturkunde
- Aktenbehandlung § 17 Rdn. 17 f.

Prüfungs- und Belehrungspflicht
- Ehevertrag mit Ausländern § 81 Rdn. 25–Rdn. 26 M
- Hoferklärung § 36 Rdn. 193
- Versorgungsausgleich § 90 Rdn. 49

Prüfungspflicht des Notars § 6 Rdn. 16 ff.
- Feststellung der Beteiligten § 6 Rdn. 16 ff.
- Geschäftsfähigkeit § 6 Rdn. 29 ff.
- Geschäftsfähigkeit bei Testament § 103 Rdn. 7 ff.
- Gewissheit über Person § 6 Rdn. 16 ff.
- Testierfähigkeit § 103 Rdn. 8 ff.
- Verfügungsbefugnis § 6 Rdn. 55 ff.
- Vertretungsmacht § 6 Rdn. 37 ff.
- - ausländischer Gesellschaften § 6 Rdn. 49 ff.
- Wille erforschen § 103 Rdn. 8
- - öffentliches Testament § 103 Rdn. 8

Prüfvermerk
- Eintragungsfähigkeit § 7 Rdn. 5 M

Public Private Partnership
- Immobilienleasing § 44 Rdn. 2

Publikumsgesellschaft
- Form der Abstimmung § 149 Rdn. 56

Publikums-KG § 137 Rdn. 76 f.

Publizität
- OHG § 131 Rdn. 18

Publizitätswirkung
- negative § 124 Rdn. 4
- positive § 124 Rdn. 5

Qualifizierte elektronische Signatur
- elektronisches Handelsregister § 124 Rdn. 18

Quellcode
- Hinterlegung § 15 Rdn. 50 ff.

Quittung
- löschungsfähige § 55 Rdn. 44; § 69 Rdn. 11 M; § 70 Rdn. 22 ff., Rdn. 25 M

Quotennießbrauch § 63 Rdn. 10
- erbrechtliche Behandlung § 63 Rdn. 39

Quotenvermächtnis § 111 Rdn. 28 M

Randvermerk des Notars § 11 Rdn. 16 ff.

Rang § 55 Rdn. 23 ff.
- Abtretung des Rückgewähranspruchs § 73 Rdn. 31
- Abtretung einer Grundschuld § 74 Rdn. 16 ff.
- Änderung § 73 Rdn. 24 ff.
- - Berichtigung des Briefes § 73 Rdn. 26, Rdn. 28
- - Löschungsvormerkung § 73 Rdn. 29 ff.
- Bestätigung § 8 Rdn. 5–Rdn. 6 M; § 72 Rdn. 68 ff, Rdn. 77 M
- Bestimmung § 73 Rdn. 8 ff.
- Erbbaurecht § 57 Rdn. 58
- Klarstellung § 55 Rdn. 27
- Rangänderung § 55 Rdn. 24 ff.
- Rangfähigkeit § 55 Rdn. 23
- Rangrücktritt eines Grundpfandrechts § 55 Rdn. 24
- Rangvorbehalt § 55 Rdn. 28 ff.
- Reihenfolge der Anträge § 55 Rdn. 26
- relatives Rangverhältnis § 73 Rdn. 16 ff., Rdn. 19 M
- Rücktritt § 73 Rdn. 24 ff.
- - Erbbauzins § 57 Rdn. 42
- - Vormerkung § 61 Rdn. 35
- Vereinigung von Grundstücken § 73 Rdn. 45 ff.
- Vorbehalt § 73 Rdn. 16 ff., Rdn. 19 M
- - Ausnutzung § 55 Rdn. 33; § 73 Rdn. 20, Rdn. 22
- - bedingter Rangvorbehalt bei Auflassungsvormerkung § 55 Rdn. 35 M
- - Dauervorbehalt § 55 Rdn. 32
- - Eigentümer § 55 Rdn. 28
- - Erbbauzins § 55 Rdn. 30 M
- - Inhalt § 55 Rdn. 29
- - inhaltliche Beschränkung § 55 Rdn. 31
- - nachträglicher § 73 Rdn. 21
- Vormerkung § 61 Rdn. 29

Ratenplan
- Bauträgervertrag § 33 Rdn. 91, Rdn. 94 M

Räumungsverpflichtung
- Zwangsvollstreckungsunterwerfung § 19 Rdn. 30 ff., Rdn. 50 M

Realkredit § 67 Rdn. 1, Rdn. 8
- Abtretung § 67 Rdn. 12 ff.
- AGB Sparkassen § 67 Rdn. 12
- asset-backed-securities § 67 Rdn. 9 ff.
- außerordentliche Kündigung § 67 Rdn. 14 ff.
- Verbraucherdarlehen § 67 Rdn. 16
- Verbriefung § 67 Rdn. 9
- vermögenslose Kreditnehmer § 67 Rdn. 8
- Vorfälligkeit § 67 Rdn. 15

Realkreditinstitut § 67 Rdn. 2

Reallast § 66 Rdn. 1 ff.
- Änderungsvorbehalt § 66 Rdn. 9
- Ausstattung der weichenden Hoferben § 66 Rdn. 3
- bedingtes Gutabstandsgeld § 66 Rdn. 3
- Begräbniskosten § 66 Rdn. 3
- Beispiele § 66 Rdn. 3
- Berechtigter § 66 Rdn. 6
- Bestimmbarkeit § 66 Rdn. 7 ff.
- - § 323 ZPO § 66 Rdn. 9
- - Wertsicherungsklausel § 66 Rdn. 10
- - Zumutbarkeit § 66 Rdn. 8 M
- Eigentumsänderung § 66 Rdn. 12, Rdn. 16 ff.
- Erbbauzins § 57 Rdn. 31 ff.
- Geldrente § 66 Rdn. 3, Rdn. 15 M
- Gesamtrecht § 66 Rdn. 11
- persönliche Haftung § 66 Rdn. 12
- Pflegeverpflichtung § 66 Rdn. 1, Rdn. 8 M
- primäre Reallast § 66 Rdn. 12
- Rang des Stammrechts § 66 Rdn. 13 ff.
- Rückstände § 55 Rdn. 52
- Schuldübernahme § 66 Rdn. 12
- Sicherungsreallast § 66 Rdn. 12, Rdn. 15 M
- Übergabe landwirtschaftlicher Grundstücke § 36 Rdn. 147
- vollstreckbare Ausfertigung § 66 Rdn. 17 M–Rdn. 18 M
- Wärmelieferung § 66 Rdn. 4–Rdn. 5 M
- Wart und Pflege § 66 Rdn. 1, Rdn. 8 M
- Wertsicherungsklausel § 66 Rdn. 10
- Wesen § 66 Rdn. 1
- wiederkehrende Geld- und Weinleistungen § 66 Rdn. 19 M
- wiederkehrende Leistung § 66 Rdn. 3, Rdn. 19 M
- Zwangsversteigerung § 66 Rdn. 13
- Zwangsvollstreckungsunterwerfung § 19 Rdn. 66; § 66 Rdn. 12 ff., Rdn. 15 M

Realteilung
- Firmenfortführung § 126 Rdn. 35
- Personengesellschaft § 131 Rdn. 98 ff.

Rechnungslegung
- Stiftung § 123 Rdn. 31

Recht auf Auseinandersetzung der Gesellschaft
- Abtretung § 29 Rdn. 55, Rdn. 58 M

Rechte
- Verpfändung § 78 Rdn. 20 ff.

Rechts- und Geschäftsfähigkeit
- Übersicht für Ausländer § 26 Rdn. 20

Rechtsanwalt
- Maklergeschäft § 47 Rdn. 7

Rechtsanwaltskanzlei
- Unternehmenskauf § 31 Rdn. 59 M

Rechtsbelehrungspflicht § 6 Rdn. 60

Rechtsfähigkeit
- Ausländer § 26 Rdn. 15 ff.
- GbR § 130 Rdn. 5
- Verein § 121 Rdn. 13 ff.

Rechtsformzusatz § 125 Rdn. 3, Rdn. 29 ff., Rdn. 67 M
- ausländische Gesellschaft § 125 Rdn. 32
- Übergangsrecht § 125 Rdn. 35

Rechtsgutachten § 8 Rdn. 4 f.

Rechtsmängelhaftung
- Grundstückskauf § 32 Rdn. 242 ff.

Rechtsmittel
- beim Grundbuchamt § 7 Rdn. 44 ff.
- beim Registergericht § 7 Rdn. 44
- Einlegung durch Notar § 7 Rdn. 44 ff.
- gegen Notar § 12 Rdn. 34

Rechtsnachfolgebescheinigung § 15 Rdn. 35 ff.

Rechtsverschaffungspflicht
- Verlagsvertrag § 48 Rdn. 51

Rechtswahl
- allgemeine Rechtswahl (Art. 15 Abs. 2 EGBGB) § 81 Rdn. 24 M
- Formstatut § 26 Rdn. 57
- Vollmacht § 26 Rdn. 114
- vorsorgliche Wahl bei Grundstückserwerb § 81 Rdn. 23 M

Record date
- Hauptversammlung § 149 Rdn. 16
- - AG § 149 Rdn. 16

RegelbetragVO
- Kindesunterhalt § 90 Rdn. 34 ff.
Regelung unter Miteigentümern § 56 Rdn. 49
Register
- Arten § 124 Rdn. 1
- Europäisches Registerportal § 124 Rdn. 58
- Partnerschaftsregister § 124 Rdn. 1
- Transparenzregister § 124 Rdn. 59
Register für Pfandrechte an Luftfahrzeugen § 124 Rdn. 1
Register- und Vertretungsbescheinigung
- Auslandsverwendung § 26 Rdn. 84 ff.
Registeranmeldung
- Belehrung im Ausland § 26 Rdn. 70
- Verein § 121 Rdn. 85 M
- - Vollmacht § 121 Rdn. 85 M
Registerbescheinigung § 6 Rdn. 42 ff.; § 15 Rdn. 33 ff.
- ausländisches Register § 15 Rdn. 37
- elektronisches Register § 15 Rdn. 39
- Firmenbescheinigung § 15 Rdn. 41 M
- Form § 15 Rdn. 34
- Gebühr § 15 Rdn. 34
- Umwandlungsbescheinigung § 15 Rdn. 42 M
- zweisprachige Muster § 15 Rdn. 38
Registereinsicht
- durch Hilfspersonen § 15 Rdn. 39
Registergericht
- Antragsrücknahme § 7 Rdn. 37 ff.
- Einlegung von Rechtsmitteln § 7 Rdn. 44 ff.
Registerportal, Europäisches § 124 Rdn. 58
Registersachen
- elektronischer Rechtsverkehr, ELVR § 12a Rdn. 64 ff.
- - Ausnahmen, elektronische Einreichungspflicht § 12a Rdn. 76
- - Beglaubigungsvermerk § 12a Rdn. 70 f.
- - Einreichung durch den Notar § 12a Rdn. 74 ff.
- - Nachweis der Vertretungsmacht § 12a Rdn. 75
Reichsheimstättengesetz § 6 Rdn. 114
Reichsnotarordnung § 1 Rdn. 7
Reisepass § 6 Rdn. 18 f.
Relatives Rangverhältnis § 73 Rdn. 16 f.
Rentenauskunft
- Vereinbarung über Versorgungsausgleich § 90 Rdn. 49
Revidierte Berner Übereinkunft § 48 Rdn. 2
Rheinische Hofübergabe § 36 Rdn. 208 ff., Rdn. 213 M
Risikobegrenzungsgesetz § 68 Rdn. 4
Rückforderungsklausel
- ehebedingte Zuwendung § 39 Rdn. 33 ff.
Rückforderungsrecht des Schenkers
- Übergabe landwirtschaftlicher Grundstücke § 36 Rdn. 86
Rückgabe der Sicherheit
- Grundschuld § 72 Rdn. 8

Rückgewähranspruch § 72 Rdn. 8
- Abtretung § 72 Rdn. 22 ff., Rdn. 24 M
- Abtretung einer Grundschuld § 74 Rdn. 17
- Sicherung § 72 Rdn. 25
- Vormerkung § 72 Rdn. 25
Rücklagenkonto
- KG § 137 Rdn. 22
- OHG § 132 Rdn. 13
Rücktritt
- Auflassung § 56 Rdn. 11
- Eigentumsvorbehalt § 52 Rdn. 39 f.
- Erbvertrag § 108 Rdn. 3
- Hofübergabe § 36 Rdn. 213 M
- Käufer im Bauträgervertrag § 33 Rdn. 69
- Leistungsstörungen bei Übergabe landwirtschaftlicher Grundstücke § 36 Rdn. 157
- Übergabevertrag § 36 Rdn. 170 M
- Verlagsvertrag § 48 Rdn. 70 f.
Rückübereignungsanspruch
- Grundstücksüberlassung an Kinder § 39 Rdn. 93 M
- Übergabe landwirtschaftlicher Grundstücke § 36 Rdn. 157
- Vormerkung § 61 Rdn. 9 M
- - Löschung § 39 Rdn. 88 ff.

Sachdarlehen § 50 Rdn. 3 f.
Sacheinlage § 142 Rdn. 105 ff.
- AG § 147 Rdn. 21
- Bewirkung § 142 Rdn. 111 f.
- Einbringung eines (Teil-)Betriebes § 142 Rdn. 123 ff.
- Einbringung eines Mitunternehmeranteils § 142 Rdn. 123 ff.
- Einbringung von Kapitalanteilen § 142 Rdn. 132 ff.
- Einbringungsvertrag § 142 Rdn. 138 M
- Einkommensteuer § 142 Rdn. 119 ff.
- Errichtungsvertrag mit Geldeinlage § 142 Rdn. 142 M
- - Anmeldung § 142 Rdn. 143 M
- Festsetzungen im Gesellschaftsvertrag § 142 Rdn. 109 f.
- gemischte § 142 Rdn. 106 M
- GmbH-Gründung § 142 Rdn. 53
- Grundstück § 142 Rdn. 111
- Kapitalerhöhung bei GmbH § 144 Rdn. 127 f.
- Körperschaftsteuer § 142 Rdn. 119 ff.
- Mischeinlage § 142 Rdn. 112
- - Anmeldeversicherung § 142 Rdn. 114 M
- - Satzungsregelung § 142 Rdn. 113 M
- Steuerrecht § 142 Rdn. 118 ff.
- Klausel (Einbringung von Kapitalgesellschaftsanteil) § 142 Rdn. 131 M
- Klausel bei Anteilstausch § 142 Rdn. 134 M
- Umsatzsteuer § 142 Rdn. 136 ff.
- verdeckte § 142 Rdn. 107
- Vertrag, Erbauseinandersetzung mit Sachgründung § 142 Rdn. 137 M
Sachenrechtsbereinigung
- Vermittlungsverfahren § 18 Rdn. 5

Sachfirma § 125 Rdn. 21
Sachgesamtheit
- Unternehmenskauf § 31 Rdn. 9, Rdn. 53 M
Sachgründung
- AG § 147 Rdn. 21 ff.
- Einbringungsvertrag § 142 Rdn. 138 M
- Erbauseinandersetzung § 142 Rdn. 137 M
- Errichtungsvertrag § 142 Rdn. 143 M
- - Anmeldung § 142 Rdn. 143 M
- - Sach- und Geldeinlage § 142 Rdn. 143 M
- Formwechsel § 156 Rdn. 6
- GmbH § 142 Rdn. 105 ff.
- - Alternativen § 142 Rdn. 117
- - Anmeldung § 142 Rdn. 140 ff.
- - Festsetzungen im Gesellschaftsvertrag § 142 Rdn. 109 ff.
- - Gesellschafterliste § 142 Rdn. 141 M
- - Sacheinlagen § 142 Rdn. 105 ff.
- - Sachgründungsbericht § 142 Rdn. 115 f., Rdn. 139 M
Sachgründungsbericht
- Formwechsel § 156 Rdn. 33
- Kapitalerhöhung bei der GmbH § 144 Rdn. 128
Sachkapitalerhöhungsprüfung
- AG § 149 Rdn. 148
Sachübernahme
- AG § 147 Rdn. 21
Sachverhaltsaufklärung § 6 Rdn. 2
- Beurkundungshinweis § 6 Rdn. 3 M
- Pflicht des Notars zur § 6 Rdn. 5
Sachverständiger
- Eid § 16 Rdn. 4 M
Sale-and-lease-back-Verfahren § 43 Rdn. 6; § 57 Rdn. 4
- Immobilienleasing § 44 Rdn. 8 f.
Samenspenderregister § 92 Rdn. 78
Sammelbände für Wechsel- und Scheckproteste § 10 Rdn. 46
Sammelbeurkundung § 6 Rdn. 148; § 13 Rdn. 112
Sanierungsgenehmigung § 6 Rdn. 87 ff.
Satzung
- AG § 147 Rdn. 1
- - Form § 147 Rdn. 1
- Familienstiftung § 123 Rdn. 126 M
- Förderverein § 121 Rdn. 51 M
- Genossenschaft § 157 Rdn. 12, Rdn. 42 M, Rdn. 46 M
- GmbH § 142 Rdn. 154
- - Dauer der Gesellschaft § 142 Rdn. 153 ff.
- - fakultativer Inhalt § 142 Rdn. 153 ff.
- - Stimmrechtsausübung § 144 Rdn. 26 M
- - Stimmverbot § 144 Rdn. 31 M
- - vollständige Satzungsneufassung § 142 Rdn. 168 M
- KG auf Aktien § 150 Rdn. 12 M
- nicht rechtsfähiger Verein § 122 Rdn. 114
- Satzungsbescheinigung § 144 Rdn. 60
- Sonderrecht zur Geschäftsführung § 143 Rdn. 36 M

3251

Satzungsänderung – Schiffe

- Sportverein § 121 Rdn. 50 M
- Verein § 121 Rdn. 23 ff.
  - – Änderung § 121 Rdn. 86 M
  - – Auslegung § 121 Rdn. 24
  - – Mängel § 121 Rdn. 20 f.
- Zweigniederlassung § 127 Rdn. 10 M

Satzungsänderung
- Auflösung der GmbH § 144 Rdn. 50
- GmbH § 144 Rdn. 45 ff.
  - – Anmeldung § 144 Rdn. 61
  - – Anmeldung der Satzungsneufassung § 144 Rdn. 47 M, 70 M
  - – Anmeldung mit Vollständigkeitsbescheinigung § 144 Rdn. 69 M
  - – Auflösung § 144 Rdn. 189 ff.
  - – Auslandsbeurkundung § 144 Rdn. 48
  - – Form § 144 Rdn. 53 ff.
  - – Kapitalerhöhung § 144 Rdn. 77 ff.
  - – Kapitalherabsetzung § 144 Rdn. 159 ff.
  - – mangelnde Formwahrung § 144 Rdn. 48
  - – mit Feststellung des Jahresabschlusses und Entlastung § 144 Rdn. 66 M
  - – Satzungsneufassung § 144 Rdn. 46 M
  - – Sitzverlegung § 144 Rdn. 63 f.
  - – Sitzverlegung, Anmeldung § 144 Rdn. 65 M
  - – Universalversammlung § 144 Rdn. 59
  - – Wirksamwerden § 144 Rdn. 62
- Stiftung § 123 Rdn. 87 ff.

Satzungssitz
- AG § 146 Rdn. 6

Schadensersatz
- Abtretung § 29 Rdn. 19

Scheckprotest § 17 Rdn. 66 f.
- mangels Zahlung § 17 Rdn. 67 M
- Sammelband für Wechsel- und Scheckproteste § 10 Rdn. 46
- Zuständigkeit § 3 Rdn. 21

Scheidung
- Auseinandersetzung der Gütergemeinschaft § 86 Rdn. 33 M
- FGB-Güterstand § 88 Rdn. 17
- Voraussetzungen für eine einvernehmliche § 90 Rdn. 72

Scheidungsfolgevereinbarung § 90 Rdn. 72 f.

Scheidungsstatut
- Rom III-VO § 84 Rdn. 12

Scheidungsvereinbarung
- Ehe mit Kindern, Ehefrau wieder berufstätig § 90 Rdn. 80 M
  - – Güterstand § 90 Rdn. 80 M
  - – Unterhalt § 90 Rdn. 80 M
  - – Versorgungsausgleich § 90 Rdn. 80 M
- Einverdienerehe mit Kindern und gemeinsamen Sorgerecht § 90 Rdn. 79 M
  - – Güterstand § 90 Rdn. 79 M
  - – Sorgerecht § 90 Rdn. 79 M
  - – Unterhalt § 90 Rdn. 79 M
- einvernehmliche Scheidung § 90 Rdn. 72

- elterliche Sorge und Umgangsrecht § 90 Rdn. 72
- kinderlose Doppelverdienerehe § 90 Rdn. 75 M
  - – Güterstand § 90 Rdn. 75 M
  - – Unterhalt § 90 Rdn. 75 M
  - – Versorgungsausgleich § 90 Rdn. 75 M
- kinderlose Ehe mit großem Einkommensunterschied § 90 Rdn. 77 M
- möglicher Inhalt § 90 Rdn. 72
- Vereinbarung über Zugewinnausgleich § 90 Rdn. 73

Schenkung
- Abgrenzung zur Ausstattung § 40 Rdn. 4
- Aktien § 40 Rdn. 15
- Anzeigepflicht Finanzamt § 8 Rdn. 25
- Dienstleistung § 40 Rdn. 3
- Einigung über Unentgeltlichkeit § 40 Rdn. 2 ff.
- Erlass einer Forderung § 40 Rdn. 3, Rdn. 18
- Forderung § 40 Rdn. 19
- Gebrauchsüberlassung § 40 Rdn. 3
- Geldrente § 40 Rdn. 12 M
- gemischte Schenkung § 40 Rdn. 7 ff.
- Grundbesitz § 40 Rdn. 1
- Pflichtteilsergänzung § 40 Rdn. 14
- Schenkungsversprechen § 40 Rdn. 9 ff.
- Sparbuchguthaben § 40 Rdn. 17 M
  - – Vertrag zugunsten Dritter § 40 Rdn. 17 M
- stille Beteiligung § 40 Rdn. 6 M, Rdn. 20
- Übergabe landwirtschaftlicher Grundstücke § 36 Rdn. 86
- unter Auflage § 40 Rdn. 21 ff., Rdn. 23 M
  - – Abgrenzung zur Gegenleistung § 40 Rdn. 21 ff.
  - – Begriff § 40 Rdn. 21
  - – Erfüllungsanspruch § 40 Rdn. 21
  - – Übergabe landwirtschaftlicher Grundstücke § 36 Rdn. 86
- Verzicht auf ein Recht § 40 Rdn. 3
- Vollzug § 40 Rdn. 14 ff.
  - – Abtretung § 40 Rdn. 16
  - – Erlass § 40 Rdn. 18
  - – Übergabe § 40 Rdn. 15
  - – Übertragung des unmittelbaren Besitzes § 40 Rdn. 15 ff.
- von Todes wegen § 110 Rdn. 1 ff.
  - – Charakter § 110 Rdn. 1
  - – Form § 110 Rdn. 1
  - – Vollzug der Schenkung § 110 Rdn. 2
- Vormundschaft § 95 Rdn. 8

Schenkungsteuer
- Befreiung für Ehegatten § 39 Rdn. 29
- Betriebsvermögen § 39 Rdn. 11 ff.
- Bewertung von Immobilien § 39 Rdn. 13
- Gegenleistungen § 39 Rdn. 14 f.
- GmbH-Geschäftsanteilsabtretung § 145 Rdn. 78 ff.
- Kapitalerhöhung bei GmbH § 144 Rdn. 125

- Leistungsauflagen § 39 Rdn. 14
- Nießbrauch § 63 Rdn. 3 f., Rdn. 41 f.
  - – Verzicht § 63 Rdn. 4
- Personengesellschaft § 131 Rdn. 51 f., Rdn. 82 ff.
- Steuerbefreiung § 39 Rdn. 8
- Steuerfreibeträge § 39 Rdn. 6
- Steuerklassen § 39 Rdn. 5 ff.
- Steuersätze § 39 Rdn. 10
- Stiftung § 123 Rdn. 113
- Übergabevertrag § 36 Rdn. 101 ff.
- Verein § 121 Rdn. 36
- Vereinbarung der Gütergemeinschaft § 86 Rdn. 13
- Versorgungsfreibeträge § 39 Rdn. 7, Rdn. 32

Schenkungsversprechen § 40 Rdn. 9 ff.
- Bedingung § 40 Rdn. 13
- Form § 40 Rdn. 9
- Unterhaltsversprechen § 40 Rdn. 11
- Vertrag zugunsten Dritter § 40 Rdn. 13
- von Todes wegen § 110 Rdn. 10 ff.

Schiedsgericht
- Festlegung der Schiedsrichter § 129 Rdn. 26 M
- Festlegung in Schiedsvereinbarung § 129 Rdn. 17
- Gesellschaftsvertrag § 129 Rdn. 1
- Schiedsordnung § 129 Rdn. 25 M
- Schiedsregelung § 129 Rdn. 5
- Verfahrensdurchführung § 129 Rdn. 2

Schiedsgutachten
- OHG § 132 Rdn. 91 M f.
  - – Abfindung § 132 Rdn. 91 M f.
- Unternehmenskauf § 31 Rdn. 49

Schiedsgutachterklausel
- Bauträgervertrag § 33 Rdn. 76

Schiedsgutachterverfahren § 129 Rdn. 4

Schiedsklausel § 129 Rdn. 23 M, Rdn. 31 M
- GmbH § 142 Rdn. 162
- Unternehmenskauf § 31 Rdn. 50 f.
- Wohnungseigentum § 58 Rdn. 65 M

Schiedsrichter
- Gesellschaftliche Schiedsvereinbarung § 129 Rdn. 26 M
- Testament § 102 Rdn. 92 M
- Testamentsvollstrecker § 102 Rdn. 80 ff.

Schiedssprüche mit vereinbartem Wortlaut § 19 Rdn. 229 ff.

Schiedsvereinbarung
- Begriff § 129 Rdn. 3
- Stimmrechtsbindung § 144 Rdn. 38 M

Schiedsvertrag § 129 Rdn. 32 M
- Muster § 129 Rdn. 24 ff.

Schiffe
- Anmeldung eines Binnenschiffes § 79 Rdn. 4 M
- Schiffsbauwerke § 79 Rdn. 5 f.
- Schiffsbrief § 79 Rdn. 3
- Schiffshypothek § 79 Rdn. 5, Rdn. 11 ff.
  - – Abtretung § 79 Rdn. 16 M
  - – Bestellung § 79 Rdn. 15 M
- Schiffsregister § 79 Rdn. 1 ff.
- Schiffszertifikat § 79 Rdn. 3
- Übereignung § 79 Rdn. 7 ff.

Schiffsregister
- Antragsberechtigung des Notars § 7 Rdn. 21
Schlussvermerk der Urkunde § 13 Rdn. 3 M, Rdn. 109 ff., Rdn. 134 ff., Rdn. 137 M
Schönheitsreparaturen
- Abgeltungsklausel § 41 Rdn. 40, Rdn. 44
- Abgrenzung § 41 Rdn. 34
- - Bagatellschäden § 41 Rdn. 34, Rdn. 41 ff.
- - Kleinreparaturen § 41 Rdn. 34, Rdn. 41 ff.
- - Wartung § 41 Rdn. 34, Rdn. 41 ff.
- Begriff § 41 Rdn. 34 ff.
- Fristen § 41 Rdn. 39
- laufende § 41 Rdn. 44
- Rechtsfolgen unzulässiger Klauseln § 41 Rdn. 36 ff.
- Renovierungsklausel § 41 Rdn. 34
- Schäden § 41 Rdn. 35
- Schlussrenovierungsklausel § 41 Rdn. 44
- Wohnraummiete § 41 Rdn. 34 ff.
Schöpferprinzip § 48 Rdn. 11
Schreibfähiger Blinder § 13 Rdn. 129
Schreibmaterial für Urkunde § 11 Rdn. 2
Schreibstifte für Urkunde § 11 Rdn. 2
Schreibunfähige § 14 Rdn. 16
- behinderte Beteiligte § 14 Rdn. 16
- Testament § 104 Rdn. 13 ff.
Schreibzeuge § 13 Rdn. 129; § 14 Rdn. 13, Rdn. 16
- Testament § 104 Rdn. 3 ff., Rdn. 13 ff.
Schriftform
- Entwurf des Verschmelzungsvertrages § 154 Rdn. 3
- Gewerberaummiete § 41 Rdn. 86
- Gründungsvertrag der EWIV § 140 Rdn. 5
- Unternehmensvertrag der GmbH § 152 Rdn. 23
Schriftformklausel
- GbR § 130 Rdn. 50
Schrottimmobilien § 67 Rdn. 8
Schuldanerkenntnis § 50 Rdn. 30 ff.
- Abstraktheit § 50 Rdn. 31
- Bereicherungseinwand § 50 Rdn. 31
- Form § 50 Rdn. 33 f.
- Grundschuld § 68 Rdn. 3
- - Abtretung § 74 Rdn. 11
- Hypothek § 68 Rdn. 2; § 69 Rdn. 10 ff.
- mit Abtretung der künftigen Lohnforderung § 50 Rdn. 37 M
- negatives § 28 Rdn. 11 ff.
- notarielle Beurkundung § 50 Rdn. 17 ff.
Schuldbeitritt § 30 Rdn. 13 ff., Rdn. 14 M
Schulderklärungen § 50 Rdn. 26 ff.
Schuldner
- Abtretung § 29 Rdn. 15 ff.
- Vormerkung § 61 Rdn. 4
Schuldrechtliches Vorkaufsrecht § 62 Rdn. 7 M
Schuldschein § 50 Rdn. 27
- Beweiskraft § 50 Rdn. 27
- nach Darlehensempfang § 50 Rdn. 28 M

Schuldübernahme
- befreiende § 30 Rdn. 1 ff.
- Einwilligung des Bürgen § 30 Rdn. 8 M
- Erwerber eines Erbbaurechts § 57 Rdn. 77 ff.
- Form § 30 Rdn. 1
- Freistellungsverpflichtung § 30 Rdn. 10 M ff.
- Genehmigung durch Gläubiger § 30 Rdn. 3
- Grundstücksüberlassung an Kinder § 39 Rdn. 73 ff.
- Grundstücksveräußerung § 30 Rdn. 5 f., Rdn. 17
- Kreditübernahme § 50 Rdn. 38 ff.
- kumulative § 30 Rdn. 2 M ff.
- privative § 30 Rdn. 1 ff.
- Vertrag des Gläubigers mit dem Dritten § 30 Rdn. 2 M
- Vertrag des Schuldners mit dem Dritten § 30 Rdn. 4 M
- Vertragsparteien § 30 Rdn. 1, Rdn. 3 ff.
- Vollstreckungsklausel § 19 Rdn. 190
- vormerkungsgesicherter Anspruch § 30 Rdn. 18 M
- zusätzliche § 30 Rdn. 2 M ff.
Schuldverschreibung
- Verpfändung § 78 Rdn. 30 M
Schuldversprechen § 50 Rdn. 30 ff., Rdn. 31
- Bereicherungseinwand § 50 Rdn. 31
- Form § 50 Rdn. 33 f.
- Hypothek § 68 Rdn. 2
Schütt-Aus-Hol-Zurück-Verfahren § 144 Rdn. 154 M
Schutz-/Stimmrechtsgemeinschaft
- GbR § 130 Rdn. 86 ff.
Schutzgemeinschaftsvertrag mit Stimmrechtsbindung § 144 Rdn. 36 M
- Schiedsvereinbarung § 144 Rdn. 38 M
Schutzpflicht des Notars § 6 Rdn. 147
- Versagung der Mitwirkung § 6 Rdn. 145
Schwedische Handelsgesellschaft
- Nachweis der Vertretungsmacht § 6 Rdn. 53
Schweizerische Handelsgesellschaft
- Nachweis der Vertretungsmacht § 6 Rdn. 52
Schwerbeschädigtenausweis § 6 Rdn. 18 f.
SE
- Grundlagen § 151 Rdn. 1 ff.
- Gründung § 151 Rdn. 9 ff.
- - durch Umwandlung § 151 Rdn. 17 ff.
- - durch Verschmelzung § 151 Rdn. 11 ff.
- - Holding-SE § 151 Rdn. 14 ff.
- - Tochter-SE § 151 Rdn. 16
- Mitbestimmung § 151 Rdn. 19 ff.
- Sitzverlegung § 151 Rdn. 22
- Umwandlung § 153 Rdn. 10
- Unterschiede § 151 Rdn. 6 ff.
- - deutsches Aktienrecht § 151 Rdn. 6 ff.
- Vorteile § 151 Rdn. 4 ff.
Seeschiffsregister § 124 Rdn. 1

Seetestament § 106 Rdn. 4
Sehbehinderter Beteiligter § 14 Rdn. 5, Rdn. 18 M
Selbstkontrahieren
- Genehmigung § 25 Rdn. 15 f.
- Geschäftsführer § 143 Rdn. 22 ff.
- GmbH-Geschäftsführer § 142 Rdn. 4 M, Rdn. 74
- vollmachtlose Vertretung § 25 Rdn. 15 f.
Selbstkostenerstattungsvertrag
- Bauvertrag § 46 Rdn. 18
Selbstorganschaft
- Partnerschaftsgesellschaft § 136 Rdn. 17
- Personengesellschaft § 130 Rdn. 10
Share deal
- Unternehmenskauf § 31 Rdn. 10, Rdn. 55 M
Sichere Vertragsgestaltung § 6 Rdn. 136
Sicherheit
- Rückgabe bei Grundschuld § 72 Rdn. 8
Sicherung
- Grundstückskäufer § 56 Rdn. 22
- - Antragsverzicht § 56 Rdn. 22
- Grundstücksverkäufers § 56 Rdn. 21
- - Bewilligung § 56 Rdn. 21
Sicherungsabtretung
- GmbH-Geschäftsanteil § 145 Rdn. 98 M
Sicherungsdienstbarkeit § 64 Rdn. 21, Rdn. 24 M, Rdn. 26 M, Rdn. 56 ff.
- Aufhebungsanspruch § 64 Rdn. 56
Sicherungsgrundschuld § 19 Rdn. 110, Rdn. 187 f.; § 68 Rdn. 3; § 72 Rdn. 2
- Löschung § 76 Rdn. 1
- Rückgewähranspruch § 72 Rdn. 17 ff.
- - Verjährung § 72 Rdn. 19 M
- Sicherungsvertrag § 72 Rdn. 7 f., Rdn. 36 M
- Sicherungszweckerklärung § 72 Rdn. 7 f., Rdn. 36 M
Sicherungshypothek § 68 Rdn. 1; § 71 Rdn. 1 ff.
- Bestellung § 71 Rdn. 4 M
- DDR § 70 Rdn. 35
- Zwangsvollstreckungsunterwerfung § 71 Rdn. 3
Sicherungsmittel
- Vormerkung § 61 Rdn. 1, Rdn. 25 ff.
Sicherungsnießbrauch § 63 Rdn. 3
Sicherungsreallast § 66 Rdn. 12, Rdn. 15 M
Sicherungstreuhand § 53 Rdn. 3
Sicherungsübereignung § 52 Rdn. 1 ff., Rdn. 27 M
- »All-Klausel« § 52 Rdn. 6
- Abgrenzung zur Verpfändung § 78 Rdn. 3
- Abtretung des Herausgabeanspruchs § 52 Rdn. 12
- antizipiertes Besitzkonstitut § 52 Rdn. 7 ff.
- Begriff § 52 Rdn. 3
- Besitzkonstitut § 52 Rdn. 11 M
- Besitzmittlungsverhältnis § 52 Rdn. 7 ff.
- Bestimmtheit des Gegenstandes § 52 Rdn. 6 ff.

3253

- eigennützige Treuhand § 52 Rdn. 3
- gesetzlicher Güterstand § 52 Rdn. 26
- Gläubigeranfechtung nach AnfG bzw. InsO § 52 Rdn. 25
- Insolvenzverschleppung § 52 Rdn. 22
- Knebelung des Geschäftspartners § 52 Rdn. 23
- Kollision mit Eigentumsvorbehalt § 52 Rdn. 2, Rdn. 24
- Mantelzession § 52 Rdn. 16, Rdn. 28 M
- mittelbarer Besitzer § 52 Rdn. 9 ff.
- Raumsicherungsklausel § 52 Rdn. 6
- Treuhand § 53 Rdn. 3, Rdn. 7 f.
- Übergabe und Übergabeersatz § 52 Rdn. 8 ff.
- Übersicherung § 52 Rdn. 23
- Unwirksamkeit § 52 Rdn. 21 ff.
- verlängerte § 29 Rdn. 6; § 52 Rdn. 13 ff., Rdn. 15 M
- Verzeichnis der Gegenstände § 52 Rdn. 6
- Vorausabtretung § 52 Rdn. 13 ff.
- Warenlager § 52 Rdn. 6
  - – wechselnder Bestand § 52 Rdn. 16
- wirtschaftliches Eigentum § 52 Rdn. 4
- Zwangsvollstreckung § 52 Rdn. 4
- Zweck § 52 Rdn. 2

Sicherungsvertrag
- Grundschuld § 72 Rdn. 7 ff., Rdn. 36 M
- Hypothek § 68 Rdn. 2
- Sicherungszweckerklärung § 72 Rdn. 7 ff., Rdn. 36 M
- Dritter § 72 Rdn. 9, Rdn. 12
- Einwendungen § 72 Rdn. 10 ff.
- Grundpfandrecht § 68 Rdn. 28 ff.
- Gutglaubensschutz § 72 Rdn. 11
- Zurückbehaltungsrecht des Schuldners § 72 Rdn. 8

Sichtbestätigung
- Wechselprotest § 17 Rdn. 56 ff.

Siedlungsunternehmen
- Vorkaufsrecht § 6 Rdn. 113

Siegel § 11 Rdn. 35 ff.; § 18 Rdn. 45 f.
- Amtssiegel § 11 Rdn. 35
- Arten § 11 Rdn. 35 ff.
- Bescheinigung über eine Siegelung § 18 Rdn. 46 ff.
- Farbdrucksiegel § 11 Rdn. 38
- Lacksiegel § 11 Rdn. 37
- Missbrauch § 11 Rdn. 44
- Prägesiegel § 11 Rdn. 36, Rdn. 42
- Siegelpresse § 11 Rdn. 37
- Verlust § 11 Rdn. 44
- Verwendung § 11 Rdn. 39 ff.

Sitz
- AG § 146 Rdn. 6

Sitztheorie § 6 Rdn. 52; § 158 Rdn. 5 ff.

Sitzverlegung
- Beschluss über bedingte ~ § 144 Rdn. 64 M
  - – Anmeldung § 144 Rdn. 65 M
- Handelsregisteranmeldung § 125 Rdn. 69 M
- ins Ausland § 158 Rdn. 41

Societas Privata Europaea § 151 Rdn. 23

Societas Unius Personae § 151 Rdn. 23 ff.

Sonderausgaben
- Versorgungsleistungen § 36 Rdn. 127

Sondereigentum
- Abgeschlossenheit § 58 Rdn. 8 ff.
- Abgrenzung zum Gemeinschaftseigentum § 58 Rdn. 5 ff.
- Aufteilungsplan § 58 Rdn. 22
- Begriff § 58 Rdn. 1 f.
- Inhalt § 58 Rdn. 20 ff.
- Nutzungsregelung § 58 Rdn. 21
- Raumeigenschaft § 58 Rdn. 7 ff.
- Relativierung einer Raumbezeichnung § 58 Rdn. 23 M
- Teilungserklärung § 58 Rdn. 22
  - – Zweckbestimmung § 58 Rdn. 22
- Unterrichtungspflicht § 6 Rdn. 11
- Vormerkung § 61 Rdn. 13
- zwingend § 58 Rdn. 7

Sondergut § 86 Rdn. 4
- Kommanditanteil § 86 Rdn. 12

Sondernutzungsrecht § 58 Rdn. 11 ff.
- aufschiebend bedingt § 58 Rdn. 61 ff.
- Dienstbarkeit § 64 Rdn. 33
- Kfz-Stellplatz § 58 Rdn. 12 M
- Wohnungsrecht § 64 Rdn. 33; § 65 Rdn. 16

Sonderrechtsnachfolger
- Firmenfortführung § 126 Rdn. 1 ff.

Sonderung
- Vermessung § 54 Rdn. 8

Sonstige Betreuungsgeschäfte
- Beratung § 8 Rdn. 4
- Rechtsgutachten § 8 Rdn. 4
- Urkundenentwurf § 8 Rdn. 3

Sonstige Beurkundung
- Bericht über amtlich wahrgenommene Tatsachen § 15 Rdn. 8 M
- Eid § 15 Rdn. 2
- Eidesstattliche Versicherung § 15 Rdn. 2
- Proteste § 15 Rdn. 2
- Siegelungen § 15 Rdn. 2
- Tatsachenbescheinigung § 15 Rdn. 2, Rdn. 33 ff.
- Unterschriftsbeglaubigung § 15 Rdn. 2
- Verlosungen § 15 Rdn. 2
- Vermögensaufnahmen § 15 Rdn. 2
- Versammlungsbeschlüsse § 15 Rdn. 5

Sorge- und Umgangsplan § 90 Rdn. 72, Rdn. 79 M

Sorgeerklärung
- Zuständigkeit § 3 Rdn. 16

Sorgerechtsverzichtserklärung § 3 Rdn. 16

Sorgerechtsvollmacht § 94 Rdn. 22 f.

Sozialhilfe
- Abtretung § 29 Rdn. 26

Sozialhilfebedürftiges Kind
- Erbvertrag der Eltern § 108 Rdn. 28 M

Sozialhilfeträger
- Wohnungsrecht § 65 Rdn. 30

Sozialleistungen
- Abtretung § 29 Rdn. 26

Sozialversicherungspflicht
- GmbH-Geschäftsführer § 143 Rdn. 20
- OHG § 131 Rdn. 11

Sozialversicherungsrente
- Abtretung § 29 Rdn. 26

Sozietät
- GbR § 130 Rdn. 66 ff., Rdn. 142 M f.
- Testamentsvollstrecker § 5 Rdn. 23
- Urkundendeckblatt § 11 Rdn. 34

Spaltung § 153 Rdn. 5
- Abspaltung § 155 Rdn. 2, Rdn. 35 M ff.
- Anmeldung § 155 Rdn. 18
  - – GmbH § 155 Rdn. 19
- Anmeldung bei abspaltender Gesellschaft § 155 Rdn. 41 M
- Anmeldung bei ausgliedernder Gesellschaft § 155 Rdn. 50 M
- Anmeldung bei übernehmender Gesellschaft § 155 Rdn. 43 M
- Anmeldung der durch Ausgliederung neu gegründeten GmbH § 155 Rdn. 52 M
- Arten § 155 Rdn. 1 f.
- Aufspaltung § 155 Rdn. 1
- Ausgliederung § 155 Rdn. 3, Rdn. 45 M
- Beschluss der abspaltenden Gesellschaft § 155 Rdn. 37 M
- Beschluss der übernehmenden Gesellschaft § 155 Rdn. 39 M
- Beschlussfassung § 155 Rdn. 17
- Besteuerung § 155 Rdn. 21 ff.
  - – Anzeigepflichten des Notars § 155 Rdn. 21
  - – Kapitalgesellschaft auf Personengesellschaft § 155 Rdn. 28 ff.
  - – Kapitalgesellschaften § 155 Rdn. 21 ff.
  - – Missbrauchsbestimmungen § 155 Rdn. 25
  - – Personengesellschaft auf Kapitalgesellschaft § 155 Rdn. 30 ff.
- Eigentumsübergang kraft Gesetzes § 56 Rdn. 35
- Einzelkaufmann § 155 Rdn. 5
- Erbschaftsteuer § 155 Rdn. 34
- Gebietskörperschaft § 155 Rdn. 5
- Gesellschafterliste § 155 Rdn. 54 M
- Gewerbesteuer § 155 Rdn. 32
- Grunderwerbsteuer § 155 Rdn. 33
- Kombination § 155 Rdn. 4
- Registereintragung § 155 Rdn. 18
- Spaltungs- und Übernahmevertrag § 155 Rdn. 8 ff.
- spaltungsfähige Rechtsträger § 155 Rdn. 5
- Spaltungsplan § 155 Rdn. 16, Rdn. 35 M, Rdn. 45 M
- Spaltungsvertrag § 155 Rdn. 35 M
- Stiftung § 155 Rdn. 5
- Teilbetrieb § 155 Rdn. 23
- Umsatzsteuer § 155 Rdn. 32
- Umwandlungsteuer § 155 Rdn. 21 ff.
- Verschmelzungsrecht § 155 Rdn. 6 ff.
- wirtschaftlicher Verein § 155 Rdn. 5
- zur Aufnahme § 155 Rdn. 4, Rdn. 8 ff., Rdn. 35 M
- zur Neugründung § 155 Rdn. 4, Rdn. 16, Rdn. 45 M ff.
- Zustimmungsbeschluss der Gesellschafterversammlung § 155 Rdn. 48 M

Spaltungs- und Übernahmevertrag § 155 Rdn. 8 ff., Rdn. 35 M, Rdn. 45 M
- Arbeitsverhältnisse § 155 Rdn. 11
- Aufteilung der Anteile § 155 Rdn. 13
- Ausgliederung eines Einzelkaufmanns § 155 Rdn. 14 f.
- Form § 155 Rdn. 9
- Grundstücke § 155 Rdn. 12
- Inhalt § 155 Rdn. 10 ff.
- zur Aufnahme § 155 Rdn. 8 ff., Rdn. 35 M ff.
- zur Neugründung § 155 Rdn. 16, Rdn. 45 M ff.
Spaltungsplan § 155 Rdn. 16, Rdn. 45 M
Sparbuch
- Schenkung durch Übergabe § 40 Rdn. 16
- Verpfändung § 78 Rdn. 32 M
- Vertrag zugunsten Dritter § 40 Rdn. 17 M
Sparguthaben
- Vertrag zugunsten Dritter auf den Todesfall § 110 Rdn. 8
SPE § 151 Rdn. 23
Spendenabzug
- Stiftung § 123 Rdn. 110
Spendenbegünstigung § 121 Rdn. 38
Spendennachweis
- Verein § 121 Rdn. 38
Sperrjahr
- Auflösung § 144 Rdn. 206, Rdn. 208
- Kapitalherabsetzung § 144 Rdn. 160, Rdn. 162
Sportwettenbetrug § 142 Rdn. 76
Sprachbehinderter Beteiligter § 14 Rdn. 4, Rdn. 13, Rdn. 24 M
SpruchG
- AG § 146 Rdn. 2
Squeeze-out § 149 Rdn. 228 ff.
- Ablauf § 149 Rdn. 229 ff.
- Anmeldung § 149 Rdn. 232 f.
- Vollzug § 149 Rdn. 234
Staatsbank Berlin § 70 Rdn. 33
Staatsbank der DDR § 70 Rdn. 33
Staffelmiete
- Mieterhöhung § 41 Rdn. 72 f.
Stammaktie § 146 Rdn. 14
Stammkapital
- Erhöhung § 144 Rdn. 77 ff.
- GmbH-Gründung § 142 Rdn. 49 ff.
-- Mindestkapital § 142 Rdn. 49 ff.
- Herabsetzung § 144 Rdn. 159 ff.
- Umstellung auf Euro § 144 Rdn. 73 ff.
Standesbeamte § 3 Rdn. 18
Stellplatz
- Baulast § 64 Rdn. 63
- Duplex-Garage § 58 Rdn. 10
- freier § 58 Rdn. 7, Rdn. 10
- Garage § 58 Rdn. 10
- Sondernutzungsrecht § 58 Rdn. 12 M; § 64 Rdn. 33
Sterbefall
- Zentrales Testamentsregister, ZTR § 12a Rdn. 90 ff.
Sterbefallmitteilung § 8 Rdn. 39
Steuer
- Firmenfortführung § 126 Rdn. 33 ff.
- Treuhand § 53 Rdn. 20 ff.

Steuerbegünstigung
- Stiftung § 123 Rdn. 3
- Verein § 121 Rdn. 33 f.
Steuerliche Beratung § 8 Rdn. 35
Steuerliche Folgen
- Belehrung über § 6 Rdn. 140 ff.
Steuerliche Förderung
- Stiftung § 123 Rdn. 109 ff.
Steuerliche Probleme
- Unternehmenskauf § 31 Rdn. 18
Steuern
- GmbH & Co. KG § 139 Rdn. 91 ff.
- KG § 137 Rdn. 94 ff.
- OHG § 131 Rdn. 19 ff.
- Personengesellschaft § 131 Rdn. 19 ff.
Steuerpflicht
- mehrfache § 8 Rdn. 34
- unbeschränkte § 8 Rdn. 31 f.
Steuerrecht
- Belehrung § 6 Rdn. 140 ff.
Stiftung
- Abgrenzung öffentliche vs. private § 123 Rdn. 36
- Anerkennung § 123 Rdn. 14, Rdn. 76 f.
-- behördliche § 123 Rdn. 14
- anwendbares Recht § 123 Rdn. 3 ff.
- Aufhebung § 123 Rdn. 19
- Auflösung § 123 Rdn. 121
- Aufsicht § 123 Rdn. 83 ff.
- ausländische § 123 Rdn. 65 ff.
- Beschlussfassung § 123 Rdn. 24
- Besteuerung § 123 Rdn. 91 ff., Rdn. 114 ff.
- Beteiligungsträgerstiftungen § 123 Rdn. 44
- Bürgerstiftung § 123 Rdn. 48 f., Rdn. 131 M
- Corporate Governance § 123 Rdn. 27 ff.
- Datenbank § 123 Rdn. 8
- Dauer § 123 Rdn. 15
- Dauerstiftung § 123 Rdn. 42
-- kombiniert mit Verbrauchsstiftung § 123 Rdn. 42
-- Umwandlung in Verbrauchsstiftung § 123 Rdn. 41
- Destinatäre § 123 Rdn. 26, Rdn. 32
-- Destinatszahlungen § 123 Rdn. 119
- Doppelstiftung § 123 Rdn. 49 ff.
-- Betriebsführungs-Kapitalgesellschaft § 123 Rdn. 53
- Dotation § 123 Rdn. 112
- Einkommensteuer § 123 Rdn. 104, Rdn. 109 ff.
- Erbersatzsteuer § 123 Rdn. 118
- Erbschaftsteuer § 123 Rdn. 103, Rdn. 113
- Errichtung § 123 Rdn. 68 ff.
- Ersatzformen § 123 Rdn. 49 ff.
- Erscheinungsformen § 123 Rdn. 33 ff.
- Europäische Stiftung, FE § 123 Rdn. 10
- Familienstiftung § 123 Rdn. 46 f.
-- Satzung § 123 Rdn. 126 M
-- Verschonungsbedarfsprüfung § 123 Rdn. 120
- Förderstiftung § 123 Rdn. 37
- Gemeinnützigkeit § 123 Rdn. 91 ff.
-- Beteiligung an anderen Gesellschaften § 123 Rdn. 99 ff.

-- europarechtliche Vorgaben § 123 Rdn. 98
-- Familienbegünstigung § 123 Rdn. 101 f.
-- steuerliche Behandlung § 123 Rdn. 103 ff.
- Geschäftsordnung § 123 Rdn. 30
- Gewerbesteuer § 123 Rdn. 106 f.
- Grunderwerbsteuer § 123 Rdn. 105
- Grundlagen § 123 Rdn. 1 f.
- Grundsteuer § 123 Rdn. 108
- Gründungsmotive § 123 Rdn. 1 f.
- kirchliche Stiftung § 123 Rdn. 34
- Kombinationsmodelle § 123 Rdn. 49 ff.
- kommunale Stiftung § 123 Rdn. 35
- Körperschaftsteuer § 123 Rdn. 106 f
- Landesstiftungsgesetze § 123 Rdn. 6 f.
- Merkmale § 123 Rdn. 11 ff.
- Mitbestimmung § 123 Rdn. 26
- öffentliche Stiftung § 123 Rdn. 36
-- Abgrenzung zur privaten § 123 Rdn. 36
- öffentlich-rechtliche § 123 Rdn. 4, Rdn. 9, Rdn. 33 ff.
- operative Stiftung § 123 Rdn. 38
- Organisation § 123 Rdn. 20 ff.
- örtliche Stiftung § 123 Rdn. 35
- Pflichtteilsergänzungsanspruch § 123 Rdn. 72
- private Stiftung § 123 Rdn. 36
-- Abgrenzung zur öffentlichen § 123 Rdn. 36
- Rechnungslegung § 123 Rdn. 31
- Satzung § 123 Rdn. 125 M, Rdn. 129 M
-- Verbrauchsstiftung § 123 Rdn. 40 M
- Schenkungsteuer § 123 Rdn. 113
- Selbstzweckstiftung § 123 Rdn. 14
- Spaltung § 155 Rdn. 9
- Spendenabzug § 123 Rdn. 110
- Steuerbegünstigung § 123 Rdn. 3
- steuerliche Förderung § 123 Rdn. 109 ff.
- Stifterversammlung § 123 Rdn. 29
- Stiftung & Co. KG § 123 Rdn. 44, Rdn. 54 M
- Stiftungsgeschäft unter Lebenden § 123 Rdn. 69 ff., Rdn. 127 M
- Stiftungskapitalgesellschaft § 123 Rdn. 63 ff., Rdn. 130 M
- Stiftungsverein § 123 Rdn. 63
- Tätigkeitsformen § 123 Rdn. 37 ff.
- Treuhandstiftung § 123 Rdn. 57
- Trust § 123 Rdn. 65 ff.
- Übergang des Betriebsvermögens § 123 Rdn. 121
- Umsatzsteuer § 123 Rdn. 108
- Umwandlung § 123 Rdn. 87 ff.; § 153 Rdn. 12
- Umwandlung in eine gemeinnützige Stiftung § 123 Rdn. 122
- unselbständige Stiftung § 123 Rdn. 57 ff.
- unter Lebenden § 123 Rdn. 123 M
- unternehmensverbundene Stiftung § 123 Rdn. 43
- Verbrauchsstiftung § 123 Rdn. 39 ff.
- Verbreitung § 123 Rdn. 1 f.
- Verbund § 123 Rdn. 45
- Vermögen § 123 Rdn. 16 ff.

- von Todes wegen § 123 Rdn. 74 ff., Rdn. 124 M
  - – Testament § 123 Rdn. 128 M
  - – Testamentsvollstrecker § 123 Rdn. 74 ff.
  - – Vermögen § 123 Rdn. 17
- Vorratsstiftung § 123 Rdn. 18
- Vorstand § 123 Rdn. 20 ff.
  - – Besetzung § 123 Rdn. 22
  - – Haftung § 123 Rdn. 21
  - – Notbestellung § 123 Rdn. 22
- Zerlegung § 123 Rdn. 86
- Zulegung § 123 Rdn. 86
- Zusammenlegung § 123 Rdn. 86
- Zustiftung § 123 Rdn. 78 ff.
- Zweck § 123 Rdn. 12 ff.
  - – Satzungsänderung § 123 Rdn. 87 ff.

Stiftungsaufsicht § 123 Rdn. 83 ff.
Stiftungsdatenbank § 123 Rdn. 8
Stiftungsgeschäft § 123 Rdn. 68 ff.
- unter Lebenden § 123 Rdn. 69 ff., Rdn. 127 M
- von Todeswegen § 123 Rdn. 128 M

Stiftungskapitalgesellschaft § 123 Rdn. 63 ff., Rdn. 130 M
Stiftungsverein § 123 Rdn. 63
Stiftungszweck § 123 Rdn. 12 ff.
Stille Beteiligung
- Schenkung § 40 Rdn. 6 M, Rdn. 20

Stille Gesellschaft
- Abfindungsguthaben § 141 Rdn. 29
- Abgrenzung zum partiarischen Darlehen § 141 Rdn. 3
- AG & Still § 141 Rdn. 51
- atypische § 141 Rdn. 32
- Auseinandersetzungsguthaben § 141 Rdn. 33
- Beendigung § 141 Rdn. 20 ff.
- Besteuerung § 141 Rdn. 35 ff.
  - – Familiengesellschaft § 141 Rdn. 36 ff.
- Einlage § 141 Rdn. 4 ff., Rdn. 18
- Form § 141 Rdn. 13
- Geschäftsführung § 141 Rdn. 15, Rdn. 22
- Geschäftsinhaber § 141 Rdn. 8 ff.
- Gesellschafter § 141 Rdn. 8 ff.
- Gesellschaftsvertrag § 141 Rdn. 53 M
  - – atypische § 141 Rdn. 53 M
  - – typische § 141 Rdn. 52 M
- Gewinnbeteiligung § 141 Rdn. 19 f.
- GmbH & Still § 141 Rdn. 8
- KG § 141 Rdn. 12
- Kündigung § 141 Rdn. 26
- Minderjähriger § 141 Rdn. 11
- Rechnungslegung § 141 Rdn. 24
- Sicherung der Einlage § 141 Rdn. 30
- steuerliche Aspekte § 141 Rdn. 2
- stiller Gesellschafter § 141 Rdn. 10
- Transparenzregister § 141 Rdn. 7
- Überwachungsrecht des Stillen § 141 Rdn. 3
- Umwandlung § 153 Rdn. 12
- Unterbeteiligung § 141 Rdn. 9
- Verlustbeteiligung § 141 Rdn. 19 f.
- Verpfändung § 78 Rdn. 12
  - – Anspruch auf Auseinandersetzungsguthaben und Gewinnanteil § 78 Rdn. 22 M
- Vertragsinhalt § 141 Rdn. 16 ff.
- Voraussetzung § 141 Rdn. 4

- Wesen § 141 Rdn. 1 ff.

Stillhalteabkommen zugunsten eines Dritten § 28 Rdn. 10 M
Stillhalteerklärung
- Erbbauzins § 57 Rdn. 68 f.

Stimmenmehrheit
- AG § 149 Rdn. 50 ff.

Stimmrecht
- Nießbrauch an Gesellschaftsanteil § 63 Rdn. 34
- OHG § 132 Rdn. 36
- Verpfändung eines GmbH-Geschäftsanteils § 145 Rdn. 92
- Wohnungseigentum § 58 Rdn. 14, Rdn. 33

Stimmrechtsausschluss
- GmbH-Gesellschafterversammlung § 144 Rdn. 39

Stimmrechtsbindung
- GmbH § 144 Rdn. 34 ff.

Stimmrechtsgemeinschaft
- GbR § 130 Rdn. 86 ff.
- KG § 137 Rdn. 72

Stimmrechtsvereinbarung
- AG § 149 Rdn. 61 M

Stimmrechtsvollmacht § 24 Rdn. 100 ff.
- Abtretung § 29 Rdn. 55
- AG § 149 Rdn. 38 ff.
- Beurkundung bei GmbH § 144 Rdn. 54
- GmbH-Gesellschafterversammlung § 144 Rdn. 27 f.

Stimmverbot
- GmbH § 144 Rdn. 29 ff.

Streichung in Urkunde § 11 Rdn. 6
Strohmann
- GmbH-Gründung § 142 Rdn. 30
Stückaktie § 146 Rdn. 13, Rdn. 17 M
- Umstellung § 149 Rdn. 120 ff.

Stückaktiengesetz
- AG § 146 Rdn. 2

Stummer (sprachbehinderter) Beteiligter § 14 Rdn. 4, Rdn. 13, Rdn. 25 M

Stundenlohnvertrag
- Bauvertrag § 46 Rdn. 17

Stundung
- Grundstückskauf § 32 Rdn. 91 ff.

Subjektiv dingliche Rechte
- Zwangsvollstreckungsunterwerfung § 19 Rdn. 64 f.

Subjektiv dingliches Vorkaufsrecht § 62 Rdn. 23 ff.

Substanzerhaltung
- Nießbrauch § 63 Rdn. 12

Substitution § 26 Rdn. 58 ff.
Subventionierung der Landwirtschaft § 36 Rdn. 61 ff.
SUP § 151 Rdn. 23 ff.

Surrogation
- FGB-Güterstand § 88 Rdn. 10

Tankstelle
- Pachtvertrag § 42 Rdn. 9 f.
- Unternehmenskauf § 31 Rdn. 2

Tankstellendienstbarkeit § 64 Rdn. 23 ff.

Tätigkeitsverbot
- anwaltliches § 5 Rdn. 53 ff.

Tatsachenbescheinigung § 15 Rdn. 33 ff.
- Bescheinigung aus dem Register § 15 Rdn. 35 ff.

- Lebensbescheinigung § 15 Rdn. 11 M

Tatsachenbeurkundung § 15 Rdn. 3
- Bericht über amtlich wahrgenommene Tatsachen § 15 Rdn. 8 M
- Beschlüsse der Hauptversammlung der AG § 149 Rdn. 69
- GmbH-Gesellschafterbeschluss § 144 Rdn. 53 ff.
- Verlosung § 18 Rdn. 20 ff.

Tauber (hörbehinderter) Beteiligter § 14 Rdn. 3, Rdn. 20 M
Taubstummer Beteiligter § 14 Rdn. 23 M

Tauschvertrag
- Grundbesitz § 37 Rdn. 5 M

Teilabtretung
- Grundschuld § 73 Rdn. 32 ff.

Teilbetreuung
- Baubetreuung § 46 Rdn. 55
Teilbetrieb § 155 Rdn. 23
Teilbrief § 8 Rdn. 43
Teilerbauseinandersetzung § 117 Rdn. 16 ff.
- Abschichtungsvereinbarung § 117 Rdn. 25, Rdn. 28 M
- gegenständliche ~ § 117 Rdn. 26 M
- gegenständliche beschränkte ~ § 117 Rdn. 20 ff.
- persönliche ~ § 117 Rdn. 23 ff., Rdn. 27 M
  - – Abschichtungsvereinbarung § 117 Rdn. 28 M

Teilfläche
- Abtretung des Auflassungsanspruchs § 56 Rdn. 24
- Auflassung § 56 Rdn. 12 ff.
- Dienstbarkeit § 64 Rdn. 30 ff.
- Identitätserklärung § 56 Rdn. 18 M
- Nießbrauch § 63 Rdn. 7

Teilflächenkauf
- Abweichungen § 35 Rdn. 48 ff.
  - – Flächengröße § 35 Rdn. 48 ff.
  - – Messungsergebnis § 35 Rdn. 16
- Auflassung § 35 Rdn. 36 ff.
  - – nachträgliche § 35 Rdn. 43 ff.
- Auflassungsvormerkung § 35 Rdn. 33 ff.
- baurechtliche Folgen § 35 Rdn. 72 f.
- bei Wohnungseigentum § 58 Rdn. 60
- Beschreibung des Vertragsgegenstandes § 35 Rdn. 1
- Bestandteilszuschreibung § 35 Rdn. 52 ff.
- Bestimmungsrecht eines Dritten § 35 Rdn. 10 f.
- Bezugnahme auf amtliches Messungsergebnis § 35 Rdn. 6 ff.
- Dienstbarkeit § 35 Rdn. 56
- Eigenurkunde des Notars § 35 Rdn. 40
- Erschließung § 35 Rdn. 74 ff.
- Finanzierung § 35 Rdn. 67 ff.
- Flächenangaben § 35 Rdn. 12 ff.
- Fortführungsnachweis § 35 Rdn. 24 ff.
- Grundbesitz § 35 Rdn. 5 M
  - – noch zu vermessen § 35 Rdn. 5 M
  - – vermessener § 35 Rdn. 7 M
- Identitätserklärung § 35 Rdn. 37
- Kaufpreis § 35 Rdn. 30 ff.

- Kosten der Teilungsgenehmigung § 35 Rdn. 27
- Lastenfreistellung § 35 Rdn. 55 ff.
- – Pfandfreigabe § 35 Rdn. 57 ff.
- – Unschädlichkeitszeugnis § 35 Rdn. 60 ff.
- Löschung der Auflassungsvormerkung § 35 Rdn. 34 ff.
- Messungsantrag § 35 Rdn. 25 ff.
- Rücktrittsrecht wegen Teilungsgenehmigung § 35 Rdn. 23 M
- Teilungsgenehmigung § 35 Rdn. 19 ff.
- Vereinigung § 35 Rdn. 52 ff.
- Vermessung § 35 Rdn. 24 ff.
- Vermessungskosten § 35 Rdn. 27
- Vertragsgegenstand § 35 Rdn. 1 ff.
- Verweisung auf Lageplan § 35 Rdn. 4
- Vollmachten § 35 Rdn. 46 ff.
- Zuschreibung zum Nachbargrundstück § 35 Rdn. 52 ff.

Teilgeschäftsanteil
- GmbH § 145 Rdn. 86 ff., Rdn. 90 M

Teilgewinnabführungsvertrag § 152 Rdn. 3

Teilgrundschuldbrief § 73 Rdn. 34 ff.
- Zuständigkeit § 4 Rdn. 14

Teilung
- Bergwerkseigentum § 59 Rdn. 7
- Grundschuld § 73 Rdn. 32 ff.; § 75 Rdn. 21
- Grundstück § 3 Rdn. 21; § 54 Rdn. 6, Rdn. 14, Rdn. 21 ff.

Teilungsanordnung
- Abgrenzung zum Vorausvermächtnis § 111 Rdn. 32 ff.
- Erbeinsetzung § 102 Rdn. 20 f.
- Erstattung des Mehrwertes § 111 Rdn. 34 M
- Vorausvermächtnis § 111 Rdn. 35 M
- wertverschiebende § 111 Rdn. 31 ff.

Teilungsantrag
- Grundstück § 54 Rdn. 22 M

Teilungserklärung
- Änderung § 58 Rdn. 52 ff.
- – Kellertausch § 58 Rdn. 57 M
- – Mehrheitsbeschluss § 58 Rdn. 53
- – Übertragung von Sondereigentum § 58 Rdn. 56
- – Unterteilung § 58 Rdn. 58
- – Vereinigung § 58 Rdn. 59
- – Verschiebung der Miteigentumsanteile § 58 Rdn. 55
- aufschiebend bedingte Sondernutzungsrechte § 58 Rdn. 61 ff.
- Bauträgervertrag § 33 Rdn. 29
- Beurkundung vor Abgeschlossenheitsbescheinigung § 58 Rdn. 43
- flexible Bauträgerlösung § 58 Rdn. 63 M
- Identitätserklärung § 58 Rdn. 44 M
- Kellerraum § 58 Rdn. 62 M
- – flexible Zuordnung § 58 Rdn. 62 M
- Lasten und Kosten § 58 Rdn. 27
- nach § 3 WEG § 58 Rdn. 4 M
- – für zwei Doppelhaushälften § 58 Rdn. 4 M
- nach § 8 WEG § 58 Rdn. 51 M
- Nachtragsurkunde durch Aufteiler § 58 Rdn. 45 M

Teilungsgenehmigung § 6 Rdn. 86 ff.; § 35 Rdn. 19 ff.
- Kostentragung § 35 Rdn. 27
- Rechtsfolgen bei Versagung § 35 Rdn. 21

Teilzeit-Wohnrecht § 34 Rdn. 52
Terraingesellschaften § 33 Rdn. 3
Terrasse § 58 Rdn. 7
Testament
- Ablieferungspflicht § 105 Rdn. 11
- Anerkennung durch übergangene gesetzliche Erben § 113 Rdn. 33 M
- Anfechtung des Widerrufs § 101 Rdn. 5
- Anfechtung eines einseitigen § 98 Rdn. 29, Rdn. 31 M
- Anrechnungen auf Pflichtteil § 111 Rdn. 39 M
- Antrag auf Eröffnung eines Testaments § 105 Rdn. 13
- Arten der Aufhebung § 101 Rdn. 1
- Arten des Widerrufs § 101 Rdn. 1
- Auslandsverwendung deutscher Urkunden § 26 Rdn. 19 ff.
- Ausschluss § 111 Rdn. 7 M
- – Verwaltungsrecht der Eltern eines Minderjährigen § 111 Rdn. 7 M
- Ausschluss der Auseinandersetzung auf Zeit § 111 Rdn. 39 M
- blinder Beteiligter § 104 Rdn. 1 ff.
- Deutsch-Unkundige § 14 Rdn. 35
- eigenhändig § 105 Rdn. 16
- – Kosten § 105 Rdn. 16
- Einreichung zur amtlichen Verwahrung § 98 Rdn. 7 M
- Erbeinsetzung § 111 Rdn. 31
- Gattungsvermächtnis § 111 Rdn. 30 M
- gehörloser Beteiligter § 104 Rdn. 6 ff.
- – schriftliche Fragestellung an einen Gehörlosen § 104 Rdn. 8 M
- gemeinschaftliches § 107 Rdn. 32
- – Kosten § 107 Rdn. 32
- gemeinschaftliches eigenhändiges § 105 Rdn. 14 ff.
- hör- oder sprachbehindert und zugleich schreibunfähig § 104 Rdn. 11 f.
- Kinder erben, Ehegatte erhält Vermächtnis § 111 Rdn. 13
- kinderlos Verheirateter § 111 Rdn. 11 M
- kinderloser Lediger § 111 Rdn. 1 M ff.
- Pflichtteilsentziehung § 111 Rdn. 37 M
- Quotenvermächtnis § 111 Rdn. 28 M
- Rücknahme aus der amtlichen Verwahrung § 101 Rdn. 2–Rdn. 3, Rdn. 8
- schreibunfähiger Beteiligter § 104 Rdn. 13 ff.
- Stiftung von Todes wegen § 123 Rdn. 74 ff., Rdn. 128 M
- Teilungsanordnung § 111 Rdn. 31 M
- Unternehmertestament § 102 Rdn. 76; § 111 Rdn. 17 f.
- vereidigter Dolmetscher § 104 Rdn. 18 M–Rdn. 19 M

- verheirateter Erblasser § 111 Rdn. 8 M ff.
- Verschaffungsvermächtnis § 111 Rdn. 29 M
- Verschließung § 98 Rdn. 3
- Versorgungsrente § 111 Rdn. 11 M
- Verwahrung § 98 Rdn. 10
- Verwirkung bei Widersetzlichkeit § 111 Rdn. 36 M
- Vor- und Nacherbfolge § 111 Rdn. 12 ff.
- Vorausvermächtnis § 111 Rdn. 32 ff.
- Widerruf einer einzelnen Bestimmung § 101 Rdn. 7 M
- Widerrufstestament § 101 Rdn. 6 M
- wiederkehrende Bezüge § 111 Rdn. 11 M
- zugunsten minderjähriger Kinder § 111 Rdn. 5 M f.
- Zuwendung eines GmbH-Anteils § 111 Rdn. 14

Testamentsanfechtung § 98 Rdn. 25 ff.
- einseitige Testamente § 98 Rdn. 29, Rdn. 31 M
- gemeinschaftliche Testamente § 98 Rdn. 30, Rdn. 32 M–Rdn. 33 M
- Motivirrtum § 98 Rdn. 25 ff.
- Übergehen eines Pflichtteilsberechtigten § 98 Rdn. 27 ff.

Testamentserrichtung
- Feststellungen bei einem Kranken § 103 Rdn. 15 M
- mündliche Erklärung § 103 Rdn. 13 ff.
- Übergabe einer offenen Schrift § 103 Rdn. 16 ff.
- Übergabe einer verschlossenen Schrift § 103 Rdn. 19 f.

Testamentsform
- gehörlose Beteiligte § 104 Rdn. 7 M

Testamentsformen des öffentlichen Testaments § 103 Rdn. 13 ff., Rdn. 16 ff., Rdn. 19 f.

Testamentsregister, Zentrales (ZTR)
- Auskunft § 12a Rdn. 87 f.
- – europäische Registerauskunft § 12a Rdn. 89
- Registrierungen § 12a Rdn. 84 ff.
- Sterbefallbearbeitung § 12a Rdn. 90 ff.

Testamentsvollstrecker
- Amtsannahme § 102 Rdn. 82 M, Rdn. 84 M
- Amtsniederlegung § 102 Rdn. 91 M
- Anerkennung des Pflichtteils § 102 Rdn. 49
- Angehöriger des Notars § 5 Rdn. 22
- Anordnungen in Verfügungen von Todes wegen § 107 Rdn. 31 M; § 111 Rdn. 37 M
- – Unternehmertestament § 111 Rdn. 26 f.
- Antrag auf Testamentsvollstreckerzeugnis § 102 Rdn. 86 M
- Aufgaben § 102 Rdn. 45 ff., Rdn. 48, Rdn. 51
- Aufsicht des Nachlassgerichts § 102 Rdn. 48
- Auslagenersatz § 102 Rdn. 56 ff.
- Beendigung § 102 Rdn. 83
- Befreiung von den Beschränkungen des § 181 BGB § 102 Rdn. 49

3257

- Bestimmung des Nachfolgers § 102 Rdn. 89 M
- beurkundender Notar § 5 Rdn. 22
- Dauertestamentsvollstrecker § 102 Rdn. 45
- DDR-Recht § 102 Rdn. 55
- Dritter benennt den Testamentsvollstrecker § 102 Rdn. 88 M
- Einzelunternehmen § 102 Rdn. 75 ff.
- Erblasser bestimmt Schiedsrichter § 102 Rdn. 92 M
- Erbschein § 102 Rdn. 51
- Firmenfortführung § 126 Rdn. 38 ff.
  - – steuerrechtlicher Hinweis § 126 Rdn. 42
- Freigabe von Nachlassgegenständen § 102 Rdn. 74
- Grundstücksrechte § 102 Rdn. 69 ff.
- Handelsregisteranmeldung § 125 Rdn. 38
  - – Firma § 125 Rdn. 38
- Kapitalgesellschaftsbeteiligung § 102 Rdn. 79 ff.
- keine Bindung der Bestimmung § 102 Rdn. 46
- mehrere § 102 Rdn. 52
- Nachfolger § 102 Rdn. 54
- Nachlassauseinandersetzung § 102 Rdn. 73
- Nachlasspflegschaft § 102 Rdn. 50
- ordnungsmäßige Verwaltung § 102 Rdn. 49
- Personengesellschaftsbeteiligung § 102 Rdn. 78 ff.
- Schiedsrichter § 102 Rdn. 80 ff.
- Sozius des beurkundenden Notars § 5 Rdn. 23
- Steuererklärung § 102 Rdn. 51
- Stiftung von Todes wegen § 123 Rdn. 74 ff.
- Testamentsvollstreckervermerk § 102 Rdn. 73
- unentgeltliche Verfügung § 102 Rdn. 70 ff.
- Unternehmen § 102 Rdn. 75 ff.
- Verfügung mit Erben § 102 Rdn. 72
- Verfügungsbefugnis § 6 Rdn. 59
- Verfügungsrecht der Erben § 102 Rdn. 50
- Vergütung § 102 Rdn. 56 ff.
  - – Entnahmerecht § 102 Rdn. 63
  - – Fälligkeit § 102 Rdn. 61
  - – geleistete berufliche Dienste § 102 Rdn. 62
  - – mehrere Testamentsvollstrecker § 102 Rdn. 64
  - – Nachlasswert § 102 Rdn. 58 ff.
  - – Verwirkung § 102 Rdn. 65
- Vermögensverzeichnis § 18 Rdn. 40
- Verwaltungstestamentsvollstrecker § 102 Rdn. 45, Rdn. 75 ff.
- Voreintragung des Erben im Grundbuch § 102 Rdn. 69
- Zeugnis § 102 Rdn. 67 ff.
- Ziel § 102 Rdn. 45
- Zustimmungspflicht der Erben § 102 Rdn. 49
- Zuwendungsverzicht § 102 Rdn. 47
- Zwangsvollstreckungsunterwerfung § 19 Rdn. 133
Testamentsvollstreckerzeugnis § 102 Rdn. 67 ff., Rdn. 86 M

Testamentsvollstreckung
- Erbteilsveräußerung § 118 Rdn. 7
- GbR § 130 Rdn. 37
- Gerichtskosten § 102 Rdn. 93 f.
- Handelsregister § 124 Rdn. 14
- Kommanditanteil § 137 Rdn. 47; § 138 Rdn. 53
- Notarkosten § 102 Rdn. 95 f.
Testierfähigkeit § 6 Rdn. 30
- öffentliches Testament § 103 Rdn. 8 ff.
Tiefgarage
- Erbbaurechtsfähigkeit § 57 Rdn. 6
Tilgungshypothek § 67 Rdn. 1; § 69 Rdn. 16 ff., Rdn. 17 M
Timesharing § 34 Rdn. 52 ff.
- ausländischer Grundbesitz § 34 Rdn. 53
- Dauerwohnrecht § 34 Rdn. 56
- Form § 34 Rdn. 57
- Gesetz über die Veräußerung von Teilzeitnutzungsrechten an Wohngebäuden (TzWrG) § 34 Rdn. 52 ff.
- Konstruktion § 34 Rdn. 55 ff.
- Voraussetzungen § 34 Rdn. 53
Tod eines Gesellschafters
- Kommanditanteil § 138 Rdn. 46 ff.
  - – Anmeldung
    - – – Erben § 138 Rdn. 46 ff.
- OHG § 132 Rdn. 71 ff.
  - – Umwandlung in KG § 137 Rdn. 57 ff.
    - – – Anmeldung § 138 Rdn. 15 ff.
Toilette
- innerhalb der Wohnung § 58 Rdn. 10
Topografien § 49 Rdn. 135 ff.
Totalübernehmer
- Baubetreuungsvertrag § 46 Rdn. 7
Totalunternehmer § 46 Rdn. 7
Transparenzregister § 124 Rdn. 59
- stille Gesellschaft § 141 Rdn. 7
TransPuG
- AG § 146 Rdn. 2
Transsexuelle
- Namensänderung § 22 Rdn. 16
Tratte
- Wechsel § 17 Rdn. 50
Trennungsunterhalt
- Verzicht § 90 Rdn. 8
Treuhand § 53 Rdn. 1 ff.
- Anzeigepflicht des Notars § 53 Rdn. 20 ff.
- Arten § 53 Rdn. 1 ff.
- Auftragsverhältnis § 53 Rdn. 6
- Außenverhältnis § 53 Rdn. 2
- außergerichtlicher Vergleich § 53 Rdn. 25 f.
- Begriff § 53 Rdn. 1
- doppelseitige Treuhand § 53 Rdn. 3
- eigennützige Treuhand § 53 Rdn. 3
- Forderungsabtretung § 53 Rdn. 10–Rdn. 11 M
- Formbedürftigkeit § 53 Rdn. 14, Rdn. 19
- fremdnützige Treuhand § 53 Rdn. 3
- Geheimhaltungsinteresse § 53 Rdn. 5, Rdn. 16, Rdn. 18
- Geschäftsbesorgung § 53 Rdn. 6

- Gesellschaftsbeteiligung § 53 Rdn. 18 ff.
  - – Form § 53 Rdn. 19
  - – Vereinbarungstreuhand § 53 Rdn. 22
- GmbH-Gründung § 53 Rdn. 24 M
- Grunderwerbsteuer § 53 Rdn. 12 f.
- Grundstücksgeschäft § 53 Rdn. 12 ff., Rdn. 15 M, Rdn. 17 M
- Insolvenz § 53 Rdn. 4
- Parzellierung § 53 Rdn. 14–Rdn. 15 M
- Sicherungstreuhand § 53 Rdn. 3
- Sicherungsübereignung § 53 Rdn. 3, Rdn. 7 f.
- Steuerrecht § 53 Rdn. 20 ff.
- Treuhanderlass § 53 Rdn. 13
- Treuhandliquidation § 53 Rdn. 3, Rdn. 25–Rdn. 26 M
- uneigentliches Treuhandverhältnis § 53 Rdn. 24 M
- Unmittelbarkeit § 53 Rdn. 4, Rdn. 23
- Vermeidung eines Insolvenzverfahrens § 53 Rdn. 25 f.
- Verpfändung § 53 Rdn. 7 ff., Rdn. 9 M
- Verwaltungstreuhand § 53 Rdn. 3
- Zwangsvollstreckung § 53 Rdn. 4
Treuhandauftrag an Notar § 9 Rdn. 4–Rdn. 5
- konkrete Geschäftsabwicklung § 9 Rdn. 6
- von Kreditinstitut § 9 Rdn. 7
Treuhänder
- Firmenfortführung § 126 Rdn. 38 ff.
- GmbH-Gründung § 142 Rdn. 30 ff.
Treuhandkommanditist § 139 Rdn. 66 ff.
Treuhandstiftung § 123 Rdn. 57
Treuhandtätigkeit § 8 Rdn. 8 ff.
Treuhandvertrag
- Bauherrenmodell, »großes« § 34 Rdn. 32 ff.
- GmbH-Geschäftsanteil § 145 Rdn. 114 ff., Rdn. 125 M
  - – Beendigung § 145 Rdn. 120
  - – Besteuerung § 145 Rdn. 123
  - – Form § 145 Rdn. 116
  - – Mitteilungspflicht des Notars § 145 Rdn. 124
  - – Quote § 145 Rdn. 121
  - – rechtliche Einordnung § 145 Rdn. 118
  - – Sicherung des Treugebers § 145 Rdn. 119
Trust § 123 Rdn. 65 ff.
Typenzwang
- Erbbaurecht § 57 Rdn. 2
Typische stille Gesellschaft § 141 Rdn. 52 M

Überbau § 60 Rdn. 1 ff.
- Eigengrenzüberbau § 60 Rdn. 2
- Eigentum am § 60 Rdn. 5 ff.
- entschuldigter § 60 Rdn. 3
- nachträgliche Gestattung § 60 Rdn. 8 M
- rechtmäßiger § 60 Rdn. 2
- rechtswidriger § 60 Rdn. 3
- Übereignung des Überbaus § 60 Rdn. 5 ff., Rdn. 10 M
- unentschuldigter § 60 Rdn. 4

Überbaurente § 60 Rdn. 3, Rdn. 14 ff.
- Eintragung im Grundbuch § 60 Rdn. 15 M
- Verzicht § 60 Rdn. 14, Rdn. 16 M

Übergabe landwirtschaftlicher Grundstücke § 36 Rdn. 84 ff.

Übergabevertrag
- Abgeltung von Ansprüchen aus Mitarbeit im Betrieb § 36 Rdn. 169
- Abgrenzung zu anderen Rechtsgeschäften § 36 Rdn. 84
- Abstandsgeld § 36 Rdn. 170 M
- Altenteil § 36 Rdn. 141 ff.
- Antrag auf Genehmigung eines Verwandtengeschäfts § 36 Rdn. 172 M
- Ausgleichspflicht § 36 Rdn. 162 ff.
- Ausstattung § 36 Rdn. 85
- bedingte Herausgabe des Erlöses bei Veräußerung § 36 Rdn. 159
- bedingte Rückübertragungsverpflichtung § 36 Rdn. 157
- dingliche Erklärungen § 36 Rdn. 170 M
- Ertragsteuer § 36 Rdn. 88 ff.
  - - Nießbrauch des Übergebers § 36 Rdn. 90
  - - teilentgeltliche Übergabe § 36 Rdn. 91 f.
  - - Versorgungsleistungen § 36 Rdn. 89
  - - Vorwegnahme der Erbfolge § 36 Rdn. 93
- Gegenleistungen des Übernehmers § 36 Rdn. 107
- gemischte Schenkung § 36 Rdn. 85 ff.
- Grunderwerbsteuer § 36 Rdn. 104
- Güterstand des Übernehmers § 36 Rdn. 160
- Gutsabstandsgelder § 36 Rdn. 139 f.
- Krankheitskosten § 36 Rdn. 122
- Leibrente § 36 Rdn. 148
- Mängelhaftung § 36 Rdn. 86
- Nachabfindung § 36 Rdn. 131 ff., Rdn. 170 M
  - - Ausnahmeregelungen § 36 Rdn. 135
  - - dingliche Sicherung § 36 Rdn. 136
  - - HöfeO § 36 Rdn. 132
  - - Steuerrecht § 36 Rdn. 137 f.
  - - Vermeidung von Manipulationen § 36 Rdn. 134
- Naturalleistungen § 36 Rdn. 149
- Pflegeverpflichtung § 36 Rdn. 118 ff.
  - - Pflegegeld § 36 Rdn. 121
  - - Pflegeleistungen § 36 Rdn. 110
  - - sonstige Kosten § 36 Rdn. 122
  - - Wegzug des Pflegeberechtigten § 36 Rdn. 123 f.
- Pflichtteil § 36 Rdn. 161 ff.
- Pflichtteilsergänzungsansprüche § 36 Rdn. 166 f.
- Pflichtteilsverzicht § 36 Rdn. 170 M
- Pflichtteilsverzicht des Übernehmers § 36 Rdn. 165
- Rangvorbehalt § 36 Rdn. 170 M
- Reallast § 36 Rdn. 145 M, Rdn. 170 M
- Rückforderung des Schenkers § 36 Rdn. 86

- Rücktritt § 36 Rdn. 170 M
- Rücktrittsrecht bei Leistungsstörungen § 36 Rdn. 157
- Schenkung unter Auflage § 36 Rdn. 85 ff.
- Schenkungsteuer § 36 Rdn. 101 ff.
  - - pauschalierte Bewertung beim Wirtschaftsteil § 36 Rdn. 102
  - - spätere Veräußerung § 36 Rdn. 103
- Sicherung der Rechte des Übergebers im Grundbuch § 36 Rdn. 142, Rdn. 146 ff.
- steuerrechtliche Behandlung wiederkehrender Leistungen § 36 Rdn. 95 ff.
  - - ab dem Veranlagungszeitraum 2007 § 36 Rdn. 97 ff.
  - - bis zum Veranlagungszeitraum 2007 § 36 Rdn. 96
- Unterschied zum Hofübergabevertrag § 36 Rdn. 86
- Veräußerung landwirtschaftlicher Grundstücke § 36 Rdn. 84 ff.
- Verköstigung, Kostgeld § 36 Rdn. 125 f.
- Versorgungsleistung § 36 Rdn. 170 M
- Versorgungszahlungen § 36 Rdn. 127 ff.
  - - Wertsicherungsklausel § 36 Rdn. 128
- vorweggenommene Erbfolge § 36 Rdn. 84
- Wertsicherungsklausel § 36 Rdn. 170 M
- Wesen § 36 Rdn. 84
- Wohnrecht § 36 Rdn. 151 ff.
- Wohnungs- und Mitbenutzungsrecht § 36 Rdn. 107 ff.
  - - Bedeutung der Rangstelle im Grundbuch § 36 Rdn. 111 f.
  - - Bezeichnung der Kosten und Lasten § 36 Rdn. 108
  - - Geldrente § 36 Rdn. 116
  - - Nebenleistungspflichten § 36 Rdn. 114
  - - sozialrechtliche Erwägungen § 36 Rdn. 113 ff.
  - - Vermietungsrecht § 36 Rdn. 115
  - - Wegzug § 36 Rdn. 115
  - - Wohnreallast § 36 Rdn. 110
  - - Zwangsversteigerung § 36 Rdn. 111 f.
- Wohnungsrecht § 36 Rdn. 170 M
- Zugewinnausgleichsansprüche § 36 Rdn. 168

Übergangsrecht
- Firma § 125 Rdn. 66 ff.

Überlassung
- an Ehegatten § 39 Rdn. 23 ff.
- an Kinder § 39 Rdn. 38 ff.
- an Minderjährige § 39 Rdn. 139 ff.

Übernahme
- Firma § 125 Rdn. 59

Übernahmeerklärung der Gerichtskosten § 7 Rdn. 36 M

Übersetzung § 26 Rdn. 1 ff.

Übersetzung der Niederschrift § 12 Rdn. 31 ff.

Übersicherung
- Sicherungsübereignung § 52 Rdn. 23

Übersicht über Erbrecht in der BRD und der DDR § 99 Rdn. 6

Übertragung
- Aktie § 146 Rdn. 19 ff.
- Nutzungsrecht § 48 Rdn. 23
- unentgeltliche § 8 Rdn. 25
  - - Anzeigepflicht Finanzamt § 8 Rdn. 25

Übertragung unbekannter zukünftiger Nutzungsrechte § 48 Rdn. 4

Überwachung
- der Kaufpreiszahlung § 8 Rdn. 10
- des Vollzugs § 7 Rdn. 12 ff.

Überwachungspflicht § 7 Rdn. 12, Rdn. 14 f.

Ultra-vires-Lehre § 6 Rdn. 49

UMAG
- AG § 146 Rdn. 2

Umgangsrecht § 94 Rdn. 24 ff.
- Geschwister § 94 Rdn. 25
- Großeltern § 94 Rdn. 25
- Scheidungsvereinbarung § 90 Rdn. 72
- Umgangspflicht § 94 Rdn. 26 f.

Umlegung § 56 Rdn. 41 ff.
- vereinfachte § 56 Rdn. 43

Umsatzsteuer
- Architektenhonorar § 45 Rdn. 78 M
- Dienstbarkeit § 64 Rdn. 55
- Formwechsel § 156 Rdn. 22
- GbR § 130 Rdn. 122
- GmbH & Co. KG § 139 Rdn. 102 ff.
- GmbH-Geschäftsanteilsabtretung § 145 Rdn. 77
- Grundbesitzgesellschaft § 130 Rdn. 122
- Grundstückskauf § 32 Rdn. 95 ff.
- KG § 137 Rdn. 95 f.
- Personengesellschaft § 131 Rdn. 49 f., Rdn. 85
  - - Geschäftsführungstätigkeit § 131 Rdn. 53
- Realteilung § 131 Rdn. 109 ff.
- Spaltung § 155 Rdn. 32
- Stiftung § 123 Rdn. 108
- Unternehmenskauf § 31 Rdn. 18
- Verschmelzung § 154 Rdn. 54

Umstellung des Stammkapitals auf Euro
- GmbH § 144 Rdn. 73 ff.

Umstellung von Grundpfandrechtsforderungen der DDR § 70 Rdn. 37

Umwandlung
- Abgrenzung Anwachsung § 153 Rdn. 17
- andere Umstrukturierungsmaßnahmen § 153 Rdn. 16 f.
- Arbeitnehmerschutzbestimmungen § 153 Rdn. 7
- Auslandsberührung § 153 Rdn. 14
- Begriff § 153 Rdn. 8
- Bruchteilsgemeinschaft § 153 Rdn. 12
- Buchgrundschuld in Briefgrundschuld § 75 Rdn. 5 ff.
- Erbengemeinschaft § 153 Rdn. 12
- EWIV § 153 Rdn. 11
- GbR § 153 Rdn. 11 f.
- Hypothek in Grundschuld § 75 Rdn. 3 ff.
- juristische Person des öffentlichen Rechts § 153 Rdn. 12
- nicht rechtsfähiger Verein § 153 Rdn. 12

- Partnerschaftsgesellschaft § 136 Rdn. 30
- Schutz der Gesellschafter § 153 Rdn. 6
- SE § 153 Rdn. 10
- Spaltung § 153 Rdn. 5, Rdn. 8
- Stiftung § 123 Rdn. 87 ff.; § 153 Rdn. 12
- stille Gesellschaft § 153 Rdn. 12
- umwandlungsfähige Rechtsträger § 153 Rdn. 10 ff.
- Umwandlungsrecht § 153 Rdn. 1 ff.
  - – Systematisierung § 153 Rdn. 3
  - – Zusammenfassung § 153 Rdn. 3
- Umwandlungssteuergesetz § 153 Rdn. 18 ff.
- Verschmelzung § 153 Rdn. 8
- Voraussetzungen § 153 Rdn. 15
- ZGB-Hypothek § 70 Rdn. 38

Umwandlungsbericht
- Formwechsel § 156 Rdn. 4

Umwandlungsbescheinigung § 15 Rdn. 42 M

Umwandlungsbeschluss § 156 Rdn. 5, Rdn. 26 M, Rdn. 35 M, Rdn. 38 M
- Entwurf an Betriebsrat § 156 Rdn. 4

Umwandlungsgesetz § 153 Rdn. 1 ff.
- Aufbau des Gesetzes § 153 Rdn. 9
- Grundprinzipien § 153 Rdn. 2 ff.
- Verfahrensschritte § 153 Rdn. 15

Umwandlungssteuergesetz § 153 Rdn. 18 ff.

Unabhängigkeit des Notars
- Verwahrungsgeschäfte § 9 Rdn. 3

Unabtretbarkeit § 29 Rdn. 18 ff.

Unbedenklichkeitsbescheinigung § 8 Rdn. 20 f.; § 56 Rdn. 20, Rdn. 23
- Eigentumsumschreibung § 8 Rdn. 20
- Grundbuchberichtigung § 56 Rdn. 36
- Hinweis § 8 Rdn. 21 M

Unbenannte Zuwendung § 39 Rdn. 31 M

Unechte Gesamtprokura § 128 Rdn. 19

Unechte Gesamtvertretung
- AG § 148 Rdn. 13
- Genossenschaft § 157 Rdn. 18
- GmbH § 143 Rdn. 29

Unionsmarke § 49 Rdn. 112 ff.

Unparteilichkeit
- Abtretung § 29 Rdn. 26
- Mitwirkungsverbot § 5 Rdn. 1 ff.

Unparteilichkeit des Notars § 5 Rdn. 52

Unrichtigkeit
- Grundbuch § 55 Rdn. 36 ff.

Unschädlichkeitszeugnis § 35 Rdn. 60 ff.
- Amtshaftung § 35 Rdn. 62
- Antrag § 35 Rdn. 65 ff.
- Anwendungsbereich § 35 Rdn. 60
- ausgenommene Rechte § 35 Rdn. 64
- landesrechtliche Unterschiede § 35 Rdn. 62 f.
- Voraussetzungen § 35 Rdn. 61

Unselbständige Stiftung § 123 Rdn. 57 ff.
- Satzung mit Stiftungsrat § 123 Rdn. 129 M
- Stiftungsgeschäft unter Lebenden § 123 Rdn. 127 M

Unterbeteiligung
- atypische § 130 Rdn. 60
- GbR § 130 Rdn. 54 ff., Rdn. 145 M
  - – verdeckte Mitbeteiligung § 130 Rdn. 58
  - – Vertragsinhalt § 130 Rdn. 56
- Steuerrecht § 130 Rdn. 59
- stille Gesellschaft § 141 Rdn. 9
- Stimmbindungsvereinbarung § 130 Rdn. 62 M
- Stimmrechtsvollmacht § 130 Rdn. 62 M
- Unternehmenskauf § 31 Rdn. 21

Untererbbaurecht
- Erbbaurecht § 57 Rdn. 56

Unterhalt
- Anspruch § 94 Rdn. 28
- Barunterhalt § 92 Rdn. 61
- Beistandschaft § 94 Rdn. 43 ff.
- Dynamisierung § 92 Rdn. 64 ff.
  - – Berechnung § 93 Rdn. 65 M f.
- Ehevertrag § 85 Rdn. 13 M
  - – Emanzipationsehe § 85 Rdn. 13 M
  - – Unternehmerehe § 85 Rdn. 12 M
- Freistellung der Geschwister in Grundstücksüberlassung an Kinder § 39 Rdn. 109 f.
- für geschiedenen Ehegatten § 90 Rdn. 1 f.
- Insemination § 92 Rdn. 73 ff.
- IPR § 92 Rdn. 98 ff.
- Kinder § 92 Rdn. 59 ff.
- Kinderfreibetrag § 92 Rdn. 59
- Kindergeld § 92 Rdn. 68 ff., Rdn. 71 M
  - – Bedarfsminderung § 92 Rdn. 70
- Mindestunterhalt § 92 Rdn. 64
- Mutter § 92 Rdn. 56 ff.
- Naturalunterhalt § 92 Rdn. 61
- Partnerschaftsvertrag § 91 Rdn. 14
- quasihomologe Insemination § 92 Rdn. 82
- Rangverhältnis § 92 Rdn. 60
- Vereinbarungen im Ehevertrag § 85 Rdn. 5
- Verpflichtungserklärung § 92 Rdn. 70

Unterhaltsanspruch
- Erlass § 28 Rdn. 2
- Zuständigkeit § 3 Rdn.16
- Zwangsvollstreckungsunterwerfung § 19 Rdn. 40 ff.

Unterhaltsrente
- Abtretung § 29 Rdn. 26

Unterhaltsvereinbarung
- zugunsten der Kinder § 90 Rdn. 32 ff.

Unterhaltsversprechen
- schenkungsweise § 40 Rdn. 11

Unterlagen des Notars § 10 Rdn. 2 ff.

Unterlassungsdienstbarkeit § 64 Rdn. 13 M

Unterlassungsverpflichtung
- Zwangsvollstreckungsunterwerfung § 19 Rdn. 54 M

Unternehmen
- abhängiges § 152 Rdn. 1
- herrschendes § 152 Rdn. 1
- wechselseitig beteiligtes § 152 Rdn. 1

Unternehmensfortführung
- Begriff § 126 Rdn. 2
- Firmenfortführung § 126 Rdn. 1 ff.

Unternehmenskauf
- Abgrenzung § 31 Rdn. 3
  - – GmbH-Anteils-Abtretung § 31 Rdn. 3
  - – Grundstücksgeschäft § 31 Rdn. 2
- amerikanischer Einfluss § 31 Rdn. 9 f.
- Apotheke § 31 Rdn. 61
- Arbeitsverhältnisse § 31 Rdn. 35 ff.
- Asset deal § 31 Rdn. 10 ff., Rdn. 52 f., Rdn. 53 M
- ausgesuchte Unternehmenstypen § 31 Rdn. 56 ff.
- Belehrungspflicht § 6 Rdn. 158
- Beratervertrag § 31 Rdn. 46
- Beschaffenheitsvereinbarung § 31 Rdn. 26
- Bilanz § 31 Rdn. 20 ff., Rdn. 27 ff.
- Bilanzgarantie § 31 Rdn. 27, Rdn. 31 M
- caveat emptor § 31 Rdn. 11
- closing § 31 Rdn. 17
- Dauerschuldverhältnisse § 31 Rdn. 34 ff.
- due diligence § 31 Rdn. 11
- due diligence report § 31 Rdn. 17
- Eigenkapitalgarantie § 31 Rdn. 28
- Ernsthaftigkeitserklärung § 31 Rdn. 17
- Ertragskraft § 31 Rdn. 39
- Ertragsprognose § 31 Rdn. 41 ff.
- Fortbeschäftigung des Veräußerers § 31 Rdn. 46
- Garantie – Abwehrklausel § 31 Rdn. 13 M
- Gefahr bei Nichterkennen § 31 Rdn. 1 ff., Rdn. 5
- gemischtes Geschäft § 31 Rdn. 9
- Gewährleistung § 31 Rdn. 12, Rdn. 26 ff.
- gewöhnlicher Geschäftsverkehr § 31 Rdn. 43
- Grundsatz der Kapitalerhaltung § 31 Rdn. 7
- Grundsätzliches § 31 Rdn. 9 ff.
- Haftungsfragen § 31 Rdn. 20, Rdn. 32 ff.
- immaterielle Wirtschaftsgüter § 31 Rdn. 32 ff.
- Kartellrecht § 31 Rdn. 22
- Kaufpreisfälligkeit § 31 Rdn. 44
- keine schadensträchtigen Umstände § 31 Rdn. 37 ff.
- leveraged-buy-out § 31 Rdn. 7
- mehrstufiges Verfahren § 31 Rdn. 17
- mergers and acquisitions § 31 Rdn. 10
- noch nicht erfüllte Verträge § 31 Rdn. 34
- notarielle Praxis § 31 Rdn. 1 ff.
- personelle Veränderung § 31 Rdn. 45
- Sachgesamtheit § 31 Rdn. 9 ff.
- Schiedsgutachten § 31 Rdn. 49
- Schiedsklausel § 31 Rdn. 50 f.
- selbständiges Garantieversprechen § 31 Rdn. 12
- Share deal § 31 Rdn. 10, Rdn. 54 f.
- Soll-Beschaffenheit § 31 Rdn. 15 ff.

- steuerliche Probleme § 31 Rdn. 18
- Umwandlung § 31 Rdn. 9
- Unterbeteiligung § 31 Rdn. 21
- Veräußerung einer GmbH & Co. KG § 31 Rdn. 4
- Vereinbarung zur Gewinn- und Verlustrechnung § 31 Rdn. 40 M
- Verkauf einer Bäckerei § 31 Rdn. 53 M
- Verkauf einer Bäckerei-GmbH § 31 Rdn. 55 M
- Verkauf einer freiberuflichen Praxis § 31 Rdn. 56
  - – Allgemeines § 31 Rdn. 56
  - – Kassenarztpraxis § 31 Rdn. 60
  - – Rechtsanwaltskanzlei § 31 Rdn. 59 M
  - – Verschwiegenheitspflicht § 31 Rdn. 58
  - – Wettbewerbsverbot § 31 Rdn. 57
- Vermögensgegenstände, nicht bilanziert § 31 Rdn. 33 M
- Vermögensübertragung § 27 Rdn. 3
- Verweisungsurkunde § 31 Rdn. 23, Rdn. 25 M
- Vorsteuerklausel § 31 Rdn. 19 M
- vorweggenommene Erbfolge § 31 Rdn. 8
- Wesen § 31 Rdn. 1 ff.
- Wettbewerbsverbot § 31 Rdn. 47 f.
- Widerrufsbelehrung § 31 Rdn. 62
- Zweistufenmodell § 31 Rdn. 7

Unternehmensnachfolge
- Firma § 125 Rdn. 25 f.

Unternehmensregister
- elektronisches § 124 Rdn. 54

Unternehmensverbundene Stiftung § 123 Rdn. 43

Unternehmensvertrag § 152 Rdn. 15 M
- Änderungen § 152 Rdn. 11
- Arten § 152 Rdn. 3
- Aufhebung § 152 Rdn. 12
- Form § 152 Rdn. 5
- Gewinngemeinschaftsvertrag § 152 Rdn. 20 ff.
- GmbH-Konzern § 152 Rdn. 23
- Grenzüberschreitung § 158 Rdn. 40
- Handelsregisteranmeldung § 152 Rdn. 17 M
- Hauptversammlungsniederschrift § 152 Rdn. 16 M
- Kündigung § 152 Rdn. 13
- Zustandekommen § 152 Rdn. 5 ff.

Unternehmer § 6 Rdn. 152

Unternehmerehe
- Ehevertrag § 85 Rdn. 4, Rdn. 12 M

Unternehmergenossenschaft § 157 Rdn. 11

Unternehmergesellschaft § 142 Rdn. 90 ff.
- Anmeldung § 142 Rdn. 96 M
- Errichtung (ohne Musterprotokoll) § 142 Rdn. 95 M
- Geschäftsführerversicherung § 144 Rdn. 156
- Gründungsaufwand § 142 Rdn. 91
- Kapitalerhöhung § 144 Rdn. 155 ff.
- Kapitalerhöhung, Kosten § 142 Rdn. 94
- Mindeststammkapital § 142 Rdn. 90 ff.
- Rechtsformzusatz § 142 Rdn. 93

- Rücklagen § 142 Rdn. 92
- Sacheinlageverbot § 144 Rdn. 155
- Überführung in GmbH § 144 Rdn. 157 M
  - – Anmeldeversicherung § 144 Rdn. 157 M
  - – Kapitalerhöhung aus Gesellschaftsmitteln § 144 Rdn. 158

Unternehmertestament § 111 Rdn. 12 ff., Rdn. 27 M
- Bezeichnung des Erben durch Dritten § 111 Rdn. 14
- dauernde Last, Rentenvermächtnis § 111 Rdn. 22
- einfache Fortsetzungsklausel im Gesellschaftsvertrag § 111 Rdn. 16 f.
- erbrechtliche Nachfolgeklausel im Gesellschaftsvertrag § 111 Rdn. 18
- Erbschaftsteuer und Schuldentilgung beim Nießbraucher § 111 Rdn. 23
- gesellschaftsrechtliche Eintrittsklausel § 111 Rdn. 19
- Kongruenz zwischen gesellschaftsvertraglicher Nachfolgeregelung und Testament § 111 Rdn. 15
- Nachlassverwaltung durch Testamentsvollstrecker § 111 Rdn. 26
- Nießbrauch an Gesellschaftsbeteiligung § 111 Rdn. 21
- qualifizierte Nachfolgeklausel im Gesellschaftsvertrag § 111 Rdn. 18
- rechtsgeschäftliche Nachfolgeklausel § 111 Rdn. 20
- Steuerfreibeträge § 111 Rdn. 12
  - – Ausnutzung der § 111 Rdn. 12, Rdn. 25
- umsatzabhängige Gewinnbeteiligung § 111 Rdn. 21
- Versilberungsverbot § 111 Rdn. 24
- Verteilung der Steuerlast § 111 Rdn. 12 f.

Unterscheidungszusatz
- Firma § 125 Rdn. 14

Unterschrift
- elektronische § 11 Rdn. 29
- Gebärdendolmetscher § 14 Rdn. 9
- Unterschrift der Beteiligten § 13 Rdn. 128 ff.
- Eigenhändigkeit § 13 Rdn. 129
- Einzelkaufmann § 13 Rdn. 132
- Familienname § 13 Rdn. 130
- Handzeichen § 13 Rdn. 129
- Namenszuordnung § 13 Rdn. 129
- schreibfähiger Blinder § 13 Rdn. 128 ff.
- Schreibzeuge § 13 Rdn. 129
- Schriftzeichen § 13 Rdn. 129
- Schriftzug § 13 Rdn. 129
- Vertreter § 13 Rdn. 131

Unterschrift des Notars § 13 Rdn. 138 ff.
- Amtsbezeichnung § 13 Rdn. 138
- auf Testamentsumschlag § 13 Rdn. 141
- Nachtragsverhandlung § 13 Rdn. 141 M

Unterschriftsbeglaubigung § 15 Rdn. 12 ff.
- Änderung des Textes § 11 Rdn. 26 ff.
- außerhalb des Amtsbezirks/Amtsbereichs/Landes § 15 Rdn. 16

- Blankounterschrift § 15 Rdn. 20, Rdn. 26 M
- blinder Beteiligter § 15 Rdn. 24 M
- blinder/tauber/stummer Beteiligter § 15 Rdn. 15
- eidesstattliche Versicherung § 16 Rdn. 17
- eines Bekannten § 15 Rdn. 23 M
- eines nicht Bekannten § 15 Rdn. 22 M
- Faksimile § 15 Rdn. 14
- fremdsprachiger Text § 15 Rdn. 17
- Handelsregisteranmeldung § 125 Rdn. 38
- Handzeichen § 15 Rdn. 14, Rdn. 25 M
- in Englisch § 15 Rdn. 27 M f.
- Namensverzeichnis § 10 Rdn. 18
- Prioritätsfeststellung § 15 Rdn. 50 ff.
- Prüfungspflicht des Notars § 15 Rdn. 17
- Text in fremder Sprache § 15 Rdn. 17
- Vermerkblatt § 12 Rdn. 11
- Zeichnung § 15 Rdn. 29 ff.

Unterschriftszeichnung § 15 Rdn. 29 ff.

Unterstützungskasse § 121 Rdn. 32

Unterteilung von Wohnungseigentum § 58 Rdn. 58

Untervollmacht § 24 Rdn. 11, Rdn. 18
- Prüfung der Vertretungsmacht durch Notar § 6 Rdn. 48

Unterwerfungserklärung
- aktiv prozessfähiger Gläubiger § 19 Rdn. 78
- allgemeine Geschäftsbedingungen § 19 Rdn. 14 ff.
  - – Äquivalenzprinzip § 19 Rdn. 19
  - – missbräuchliche Klauseln § 19 Rdn. 20
  - – überraschende Klausel § 19 Rdn. 17
  - – unangemessene Benachteiligung § 19 Rdn. 16
  - – Verbraucherdarlehen § 19 Rdn. 18
  - – Verstoß gegen gesetzliches Verbot § 19 Rdn. 22
  - – Widerrufsrechte § 19 Rdn. 21
- bestimmbare Ansprüche § 19 Rdn. 86 ff.
- Bestimmtheit § 19 Rdn. 85 ff.
  - – Anspruch § 19 Rdn. 85 ff.
  - – beim Kindesunterhalt § 90 Rdn. 35 ff.
- Bezeichnung § 19 Rdn. 75
  - – Anspruchs § 19 Rdn. 75
  - – Gläubigers § 19 Rdn. 72, Rdn. 78
  - – Rechtsverhältnisses § 19 Rdn. 81 ff.
  - – Schuldners § 19 Rdn. 72
- BGB-Gesellschaft § 19 Rdn. 78 f.
- Erkenntnisverfahren § 19 Rdn. 23 f., Rdn. 77 ff.
- Inhalt § 19 Rdn. 70 ff.
- Wertsicherungsklausel mit Unterwerfung § 19 Rdn. 87 M
- zu einem privatschriftlichen Darlehensvertrag § 19 Rdn. 82 M

Unterwerfungsverfahren
- Klauselverfahren § 19 Rdn. 23 ff., Rdn. 135 ff.
- Rolle des materiellen Rechts § 19 Rdn. 25
- Struktur § 19 Rdn. 23 ff.
- unbestimmter Anspruch § 19 Rdn. 90 ff.
- Verfahrensstadien § 19 Rdn. 23 ff.
- Vollstreckungsverfahren § 19 Rdn. 23 ff.
- Wirksamkeit der vollstreckbaren Urkunde § 19 Rdn. 26
- Wohnungseigentümergemeinschaft § 19 Rdn. 80

Unterzeichnende § 13 Rdn. 26
Unterzeichnete § 13 Rdn. 26
Unwirksamkeit der Urkunde § 5 Rdn. 1–Rdn. 2, Rdn. 8, Rdn. 21, Rdn. 24
Upstream-Merger § 154 Rdn. 3, Rdn. 66 M
Urheber
- Anerkennungsrecht § 48 Rdn. 16
- Begriff § 48 Rdn. 11
- gemeinsame Schöpfung § 48 Rdn. 12 f.
- Vergütung § 48 Rdn. 27 ff
  - – Angemessenheit § 48 Rdn. 32
  - – Ausgleichsanspruch § 48 Rdn. 33
  - – Lizenzkette § 48 Rdn. 35
  - – zwingende Regelung § 48 Rdn. 36
- Verwertungsrecht § 48 Rdn. 18 f.

Urhebergesetz
- zwingende Regeln § 48 Rdn. 36

Urheberrecht
- Architektenvertrag § 45 Rdn. 93 f.
- Begriff § 48 Rdn. 1
- Funktion § 48 Rdn. 3
- Grundstückkaufvertrag § 32 Rdn. 49 ff.
- Nutzungsrechte § 48 Rdn. 22 ff.
- Prioritätsfeststellung § 15 Rdn. 51
- Rechtsgrundlagen § 48 Rdn. 2
- Schutzobjekt § 48 Rdn. 8 ff.
- Übertragbarkeit § 48 Rdn. 11
- Vergütungsfunktion § 48 Rdn. 3 f.
- Verwertungsfunktion § 48 Rdn. 3
- Werkbegriff § 48 Rdn. 8 ff.
- Wirkung § 48 Rdn. 14

Urheberrechtsnovelle
- »Zweiter Korb« § 48 Rdn. 4

Urheberschutz
- Dauer § 48 Rdn. 26

Urkunde
- Abhandenkommen § 12 Rdn. 12 ff.
- Abschrift § 12 Rdn. 36 ff.
- Änderung § 11 Rdn. 11 ff.
- Änderung notarieller Hauptversammlungsprotokolle § 11 Rdn. 20
- Anheften § 11 Rdn. 30 ff.
- Ankleben § 11 Rdn. 33 ff.
- Anlage § 11 Rdn. 17, Rdn. 32 ff.
  - – elektronischer Datenträger § 11 Rdn. 32
  - – Verweisungsurkunde § 11 Rdn. 32
- Aufbewahrung § 10 Rdn. 43 f.
- Ausfertigung § 12 Rdn. 16 ff.
- ausländische § 26 Rdn. 50
- Datumssicherstellung einer Privaturkunde § 15 Rdn. 48 f.
- Deckblatt für Ausfertigung § 11 Rdn. 34
- Einreichungsreife § 7 Rdn. 1
- Einsicht § 10 Rdn. 45
- elektronische Unterschrift § 11 Rdn. 29
- Falschbezeichnung § 11 Rdn. 19
- Farbband § 11 Rdn. 2
- formelle Beweiskraft § 11 Rdn. 16
- in fremder Sprache § 12 Rdn. 31 ff.
  - – Ausfertigung in Deutsch § 12 Rdn. 31 ff.
  - – beglaubigte Abschrift § 12 Rdn. 45 ff.
- kein Vermerk über Erteilung von beglaubigten Abschriften § 12 Rdn. 38
- Kopien/Ausdrucke § 11 Rdn. 2
- Kugelschreiber § 11 Rdn. 2, Rdn. 28
- Lücken § 11 Rdn. 9
- mehrere Blätter § 11 Rdn. 30
- Nachtragsvermerk § 11 Rdn. 21 f.
- Nummerierung § 11 Rdn. 45
- offensichtliche Unrichtigkeit § 11 Rdn. 19
- Papier § 11 Rdn. 2
- Schreibwerk § 11 Rdn. 1 ff.
- Siegel § 11 Rdn. 31, Rdn. 35 ff.
- Sprache § 13 Rdn. 9 ff.
- Stempel § 11 Rdn. 3
- Streichung § 11 Rdn. 6
- Tinte § 11 Rdn. 2, Rdn. 28
- Unterschrift des Notars § 11 Rdn. 10
- Urkundenrolle § 10 Rdn. 10 f.
- Urschrift § 12 Rdn. 9 ff.
- Vermerk § 12 Rdn. 18
  - – über Erteilung von Ausfertigungen § 12 Rdn. 18
- Vermerke § 1 Rdn. 13 M f.
- Zahlen § 11 Rdn. 8
- Zerstörung § 12 Rdn. 12 ff.
- Zusätze § 11 Rdn. 11

Urkunde in fremder Sprache § 8 Rdn. 31

Urkundenarchiv, elektronisches § 12a Rdn. 32 f.
- Aufgaben der BNotK § 12a Rdn. 10
- Einrichtung § 12a Rdn. 1 ff.
- elektronische Urkundensammlung § 12a Rdn. 32 f.
- Gebühren § 12a Rdn. 43 ff.
- Überführungspflicht in die elektronische Form § 12a Rdn. 38 f.
- Urkundensammlung § 12a Rdn. 4
- Verordnungsermächtigung § 12a Rdn. 2

Urkundenarchivgesetz
- besonderes elektronisches Notarpostfach, beN § 12a Rdn. 13 ff.
- elektronische Notarakten § 12a Rdn. 27 f.
- elektronische Notarwelt § 12a Rdn. 5 ff.
- elektronisches Urkundenarchiv § 12a Rdn. 32 f.
- elektronisches Urkundenverzeichnis § 12a Rdn. 21 f.
- elektronisches Verwahrungsverzeichnis § 12a Rdn. 23 ff.
- Prüfungspflichten § 12a Rdn. 7
  - – Eintragungsfähigkeit im Grundbuch § 12a Rdn. 7
  - – Eintragungsfähigkeit im Handelsregister § 12a Rdn. 7
- Verordnungsermächtigungen § 12a Rdn. 12

Urkundenentwurf § 8 Rdn. 3
Urkundenrolle § 10 Rdn. 8 M, Rdn. 10 ff.
- Abbildung zum Aufbau § 10 Rdn. 11 M
- Änderungsurkunde § 10 Rdn. 15
- Beginn/Beendigung der Notariatsverwaltung § 10 Rdn. 16
- beteiligte Personen § 10 Rdn. 13
- Eigenurkunden § 10 Rdn. 10
- elektronische Urkunden § 10 Rdn. 10
- Ersetzung durch Urkundenverzeichnis § 12 Rdn. 6
- Fehler/Berichtigungen § 10 Rdn. 12
- Gegenstand des Geschäfts § 10 Rdn. 14
- Inhalt § 10 Rdn. 12
- Namensverzeichnis § 10 Rdn. 18
- Nummerierung von Abschriften § 11 Rdn. 45
- Titelblatt § 10 Rdn. 8 M
- Vertretung des Notars § 10 Rdn. 16 f.

Urkundensammlung § 10 Rdn. 41 ff.
- Einsicht § 10 Rdn. 45
- elektronische Urkunden § 10 Rdn. 42
- elektronisches Urkundenarchiv § 12 Rdn. 4
- Erbvertrag § 10 Rdn. 41
- Inhalt § 10 Rdn. 41 f.
- Urschrift der Urkunde § 12 Rdn. 9

Urkundenverzeichnis
- Ersetzung § 12 Rdn. 6
  - – Erbvertragsverzeichnis § 12 Rdn. 6
  - – Namensverzeichnis § 12 Rdn. 6
  - – Urkundenrolle § 12 Rdn. 6

Urkundenverzeichnis, elektronisches § 12a Rdn. 21 f.

Urkundenvollzug
- Auftrag an Notar § 6 Rdn. 76 M, Rdn. 78 M
- Einholung von Genehmigungen § 6 Rdn. 73 ff.
- Genehmigung § 6 Rdn. 82 ff.
  - – des Landwirtschaftsamtes § 6 Rdn. 82 ff.
  - – in neuen Bundesländern § 6 Rdn. 96 ff.
  - – von Wertsicherungsklauseln § 6 Rdn. 92 ff.
- gesetzliche Vorkaufsrechte § 6 Rdn. 101 ff.
- Sanierungsgenehmigung § 6 Rdn. 87 ff.
- Teilgenehmigung § 6 Rdn. 86 ff.
- Vorkaufsrecht § 6 Rdn. 105 ff.
  - – der Gemeinde § 6 Rdn. 105 ff.
  - – des gemeinnützigen Siedlungsunternehmens § 6 Rdn. 119
  - – des Mieters § 6 Rdn. 113

Urkundsabwicklung
- Verwahrungsgeschäfte § 9 Rdn. 1 ff.

Urkundssprache § 14 Rdn. 28
Urschrift der Urkunde § 12 Rdn. 9 ff.
- Aufbewahrung § 12 Rdn. 9 ff.
- Einrichtung des elektronischen Urkundenarchivs § 12 Rdn. 1 ff.

- Herausgabe § 12 Rdn. 9
- Neuordnung der Aufbewahrung von Notariatsunterlagen § 12 Rdn. 1 ff.

Urteil
- Erklärung der Auflassung § 56 Rdn. 4 ff.

Vaterschaft § 92 Rdn. 8, Rdn. 12 ff.
- Abstammungsgutachten § 92 Rdn. 27 ff.
  - – heimlich § 92 Rdn. 27
- Anerkennung § 92 Rdn. 17 ff.
  - – Anfechtbarkeit § 92 Rdn. 25
  - – Anfechtung § 92 Rdn. 17
  - – Beurkundung § 92 Rdn. 20 f.
  - – Bevollmächtigung § 92 Rdn. 18
  - – Minderjähriger § 92 Rdn. 33 M
  - – Missbrauch § 92 Rdn. 17
  - – Mitteilung an Standesamt § 8 Rdn. 37
  - – quasihomologe Insemination § 92 Rdn. 81
  - – Unterhaltsverpflichtung § 92 Rdn. 71 M
  - – Volljähriger § 92 Rdn. 32 M
  - – Widerruf § 92 Rdn. 17
  - – Zuständigkeit § 3 Rdn. 10, Rdn. 16
  - – Zustimmung der Kindesmutter § 92 Rdn. 34 M
  - – Zustimmung der Mutter § 92 Rdn. 19
- Anhängigkeit eines Scheidungsverfahrens § 92 Rdn. 16
- Feststellung § 94 Rdn. 43 ff.
- Vermutung § 92 Rdn. 13

Ventose
- Gesetz § 1 Rdn. 4

Veränderungsnachweis § 54 Rdn. 6

Verarbeitung
- Eigentumsvorbehalt § 52 Rdn. 34

Veräußerung
- Bergwerkseigentum § 59 Rdn. 3, Rdn. 9
- GmbH & Co. KG § 31 Rdn. 4
  - – Unternehmenskauf § 31 Rdn. 4
- landwirtschaftlicher Grundstücke § 36 Rdn. 76 M
  - – Antrag an die Genehmigungsbehörde § 36 Rdn. 76 M
  - – Genehmigung nach dem GrdstVG § 36 Rdn. 2 ff.
  - – Genehmigung nach der GVO § 36 Rdn. 54 ff.
  - – Gewinnrealisierung § 36 Rdn. 60
  - – Übergabevertrag § 36 Rdn. 84 ff.
  - – Verkauf § 36 Rdn. 75 M

Veräußerungsbeschränkung nach WEG § 58 Rdn. 15 ff.

Verbindung von Eintragungsanträgen § 7 Rdn. 32 M

Verbotsdienstbarkeit § 64 Rdn. 11

Verbotsgründe § 5 Rdn. 24 ff.
- Anwendungsbereich § 5 Rdn. 49
- betroffener Personenkreis § 5 Rdn. 20
- Gegenstand § 5 Rdn. 24

Verbraucher § 6 Rdn. 152
- Bauträgervertrag § 33 Rdn. 1
- Darlehen § 24 Rdn. 34
  - – Vollmacht § 24 Rdn. 34

- Übersendung des Vertragsentwurfs § 6 Rdn. 157 M, Rdn. 159 M
- Vertragsentwurf § 6 Rdn. 155

Verbraucherdarlehen
- Realkredit § 67 Rdn. 16

Verbrauchergenossenschaft § 157 Rdn. 7

Verbraucherkredit § 50 Rdn. 8 ff.
- Bauträgervertrag § 33 Rdn. 110 f.
- Eigentumsvorbehalt § 52 Rdn. 39 f.
- erweiterte Belehrungs- und Dokumentationspflichten § 50 Rdn. 10
- Finanzaufsichtsrechtsergänzungsgesetz § 50 Rdn. 11
- Form § 50 Rdn. 16
- Heilung von Mängeln § 50 Rdn. 18
- Immobiliar-Verbraucherdarlehensvertrag § 50 Rdn. 22
- Inhalt § 50 Rdn. 16
- Kreditübernahme § 50 Rdn. 43 f.
- Mindestangaben § 50 Rdn. 16
- notariell beurkundet § 50 Rdn. 23
- persönlicher Anwendungsbereich § 50 Rdn. 14
- Rechtsfolgen bei Verstoß § 50 Rdn. 18
- sachlicher Anwendungsbereich § 50 Rdn. 13
- Schuldbeitritt § 50 Rdn. 43 ff.
- Schuldübernahme § 50 Rdn. 43 ff.
- Vollmacht § 50 Rdn. 17
- Widerrufsrecht § 50 Rdn. 10, Rdn. 19 ff.
  - – Belehrung § 50 Rdn. 19 f.
  - – Erlöschen § 50 Rdn. 20

Verbraucherkreditgesetz
- Darlehensvermittlung § 47 Rdn. 51 f.
- Kreditvollmacht § 24 Rdn. 121 M

Verbraucherkreditvollmacht § 24 Rdn. 121 M

Verbraucherstreitbeilegungsgesetz, VSBG § 32 Rdn. 23 f.

Verbrauchervertrag § 6 Rdn. 151 ff.
- Grundstückskauf § 32 Rdn. 14 ff.
- Hinwirkungspflicht des Notars § 6 Rdn. 151 ff.

Verbrauchsteuern
- KG § 137 Rdn. 95 f.

Verbreitungspflicht
- Verlagsvertrag § 48 Rdn. 53 ff.

Verbriefung
- Realkredit § 67 Rdn. 9

Verbundene Unternehmen
- Arten § 152 Rdn. 1 ff.
- Beherrschungsvertrag § 152 Rdn. 3
- Bekanntmachung bei AG § 152 Rdn. 2
- Betriebspachtvertrag § 152 Rdn. 3
- Betriebsüberlassungsvertrag § 152 Rdn. 3
- Eingliederung § 152 Rdn. 4
- Formen § 152 Rdn. 1
- Gewinnabführungsvertrag § 152 Rdn. 1 ff.
- Gewinngemeinschaft § 152 Rdn. 3
- gleichberechtigte Gewinngemeinschaft § 152 Rdn. 3
- Mitteilungspflicht bei AG § 152 Rdn. 2
- Unternehmensvertrag § 152 Rdn. 1 ff.
  - – Aufhebung § 152 Rdn. 12

- – Ausgleichszahlungen § 152 Rdn. 9
- – Kündigung § 152 Rdn. 13
- – Wirksamkeit § 152 Rdn. 8
- Zustandekommen § 152 Rdn. 5 ff.

Verdeckte Einlage
- GmbH § 144 Rdn. 123
- Personengesellschaft § 131 Rdn. 24 f.

Verdeckte Gewinnausschüttung
- GmbH § 142 Rdn. 174 ff.
  - – Steuerklausel § 142 Rdn. 183 M
- GmbH & Still § 141 Rdn. 49

Verdeckte Sacheinlage
- AG § 147 Rdn. 24
  - – ARUG § 147 Rdn. 24
- Kapitalerhöhung bei GmbH § 144 Rdn. 123

Verein
- »Dritter Sektor« § 121 Rdn. 7
- Abmahnverein § 121 Rdn. 11
- Anmeldung § 121 Rdn. 15
  - – elektronisch § 121 Rdn. 15
  - – Inhalt § 121 Rdn. 16
- Auflösung § 121 Rdn. 90, Rdn. 93 M ff.
- Ausschluss § 121 Rdn. 45 ff.
- Austritt § 121 Rdn. 44
- Beendigung § 121 Rdn. 90 ff.
- Beitritt § 121 Rdn. 41 ff.
- bürgerlich-rechtlicher § 121 Rdn. 1 f.
- Delegiertenversammlung § 121 Rdn. 89
- Erbschaftsteuer § 121 Rdn. 36
- Erlöschen § 121 Rdn. 97 M, Rdn. 99 M
- Gemeinnützigkeit § 121 Rdn. 33 ff., Rdn. 35 M, 37
- Generalvollmacht § 121 Rdn. 59
- Gewerbesteuer § 121 Rdn. 36
- Großverein § 121 Rdn. 89
- Gründung § 121 Rdn. 8 ff., Rdn. 17 M
  - – einzureichende Unterlagen § 121 Rdn. 18 ff.
- Gründungsprotokoll § 121 Rdn. 19 M
- Körperschaftsteuer § 121 Rdn. 36
- Liquidation § 121 Rdn. 90, Rdn. 93 M ff.
- Mehrspartenverein § 121 Rdn. 5
- Mehrzweckverein § 121 Rdn. 5
- Mitgliedbeitrag § 121 Rdn. 48 f.
- Mitgliederversammlung § 121 Rdn. 69 ff.
  - – Beschlussfähigkeit § 121 Rdn. 74
  - – Einberufung § 121 Rdn. 73 M
  - – Ladungsfrist § 121 Rdn. 75
  - – Leitung § 121 Rdn. 76
  - – Mehrheitserfordernisse § 121 Rdn. 79
  - – Stimmrechtsvollmacht § 121 Rdn. 78 M
- Mitgliedschaft § 121 Rdn. 40 ff.
- Name § 121 Rdn. 26 ff.
- Passivvertretung § 121 Rdn. 56
- Rechtsfähigkeit § 121 Rdn. 3, Rdn. 13 f.
- Registeranmeldung § 121 Rdn. 82 M, Rdn. 87 M
- religiöser § 121 Rdn. 4
- Satzung § 121 Rdn. 23 ff.

3263

- – Auslegung § 121 Rdn. 24
- – Förderverein § 121 Rdn. 51 M
- – Mängel § 121 Rdn. 20
- – Sportverein § 121 Rdn. 50 M
- Satzungsänderung § 121 Rdn. 83 f., Rdn. 86 M
- Schenkungsteuer § 121 Rdn. 36
- Sitz § 121 Rdn. 29 f.
- Spendenbegünstigung § 121 Rdn. 38
- Spendennachweis § 121 Rdn. 38
- Steuerbegünstigung § 121 Rdn. 33 f.
- Steuern § 121 Rdn. 36
- Stimmrechtsvollmacht § 121 Rdn. 78 M
- Unterstützungskasse § 121 Rdn. 32
- Verschmelzung § 154 Rdn. 2
- Vertretung § 121 Rdn. 54 ff.
  - – Beschränkung § 121 Rdn. 57
- Vorstand § 121 Rdn. 52 ff.
  - – Abberufung § 121 Rdn. 60 ff.
  - – Amtsdauer § 121 Rdn. 63
  - – Änderungen § 121 Rdn. 83, Rdn. 87 M
  - – Berufung § 121 Rdn. 60 ff.
  - – Beschränkung § 121 Rdn. 57
  - – besonderer Vertreter § 121 Rdn. 68
  - – Entlastung § 121 Rdn. 65
  - – Haftung § 121 Rdn. 67
  - – Vergütung § 121 Rdn. 66
  - – Wahl § 121 Rdn. 61
- Vorverein § 121 Rdn. 9
- wirtschaftlicher § 121 Rdn. 10 ff.
- Zuwendungsbestätigung § 121 Rdn. 39
- Zweck § 121 Rdn. 31 ff.

Vereinbarung über Versorgungsausgleich
- entschädigungsloser Verzicht § 90 Rdn. 51, Rdn. 54
- familiengerichtliche Inhalts- und Ausübungskontrolle § 90 Rdn. 59
- Form § 90 Rdn. 57
- gerichtliche Abänderung bei veränderten Verhältnissen § 90 Rdn. 52
- Gestaltungsmöglichkeiten § 90 Rdn. 53 ff.
- im Zusammenhang mit der Scheidung § 90 Rdn. 46 ff.
- Inhalts- und Ausübungskontrolle § 90 Rdn. 51
- Modifizierung des gesetzlichen Ausgleichs § 90 Rdn. 56 ff., Rdn. 70 M ff.
- offensichtlich unzureichende Sicherung § 90 Rdn. 51
- Rentenauskünfte § 90 Rdn. 49
- Versagung der Genehmigung § 90 Rdn. 58
- Versorgungsausgleichsgesetz § 90 Rdn. 51 ff.

Vereinbarungstreuhand § 53 Rdn. 22
Vereinfachte Umlegung § 56 Rdn. 43
Vereinigung
- Bergwerkseigentum § 59 Rdn. 4 ff.
- Grundstück § 54 Rdn. 6, Rdn. 15, Rdn. 23 ff.
  - – Antrag § 54 Rdn. 26 M
  - – Belastungen § 54 Rdn. 25
  - – in WEG aufgeteilt § 58 Rdn. 60
  - – Rangregelung § 73 Rdn. 45 ff., Rdn. 47 M

- – Verwirrung § 54 Rdn. 23, Rdn. 25
- – Zuständigkeit § 3 Rdn. 21
- Wohnungseigentum § 58 Rdn. 59
Vereinsregister § 124 Rdn. 1
- Antragsberechtigung des Notars § 7 Rdn. 21
- elektronischer Rechtsverkehr, ELVR § 12a Rdn. 73
Vereinsstrafe § 121 Rdn. 45 ff.
Vereinszweck § 121 Rdn. 31 ff.
Verfahrensbeistand
- Kindschaftsrecht § 92 Rdn. 7
Verfahrensvorschriften
- Errichtungsstaates § 26 Rdn. 53
Verfallklausel
- Hypothek § 70 Rdn. 19
Verfassungswidrigkeit
- Gleichberechtigungsgrundsatz § 84 Rdn. 1 ff.
Verfügung eines Nichtberechtigten § 25 Rdn. 31 ff.
- Auflassung § 25 Rdn. 32
- Eintragungsbewilligung § 25 Rdn. 32
Verfügung über Grundstücksrecht § 55 Rdn. 1 ff.
Verfügung von Todes wegen
- Ablieferung an Nachlassgericht § 8 Rdn. 39
- Ablieferungspflicht § 98 Rdn. 10
- Abschrift zu Akten des Notars § 98 Rdn. 4
- amtliche Verwahrung § 98 Rdn. 6 ff.
- Anzeigepflicht bei Erbschaftsteuer § 8 Rdn. 25
- Behandlung § 98 Rdn. 3
- Einreichung zur amtlichen Verwahrung § 98 Rdn. 7 M
- Feststellung über Geschäftsfähigkeit § 6 Rdn. 29
- Hinterlegungsschein § 98 Rdn. 9
- Konsularbeamte § 3 Rdn. 5
- Niederschriften von Willenserklärungen § 13 Rdn. 9
- Umschlag zur Verschließung § 98 Rdn. 5, Rdn. 11 M
- Unterschrift des Notars auf verschlossenem Umschlag § 13 Rdn. 142
- Urkundensammlung des Notars § 10 Rdn. 41
- Vermerkblatt § 98 Rdn. 4
- Verschließung § 98 Rdn. 3
Verfügungsbefugnis
- Prüfung durch Notar § 6 Rdn. 55 ff.
  - – Testamentsvollstrecker, Insolvenzverwalter § 6 Rdn. 59
Verfügungsbeschränkung
- öffentlich-rechtliche § 6 Rdn. 100
- Umlegung § 56 Rdn. 42
Verfügungsbeschränkung n. § 1365 BGB § 82 Rdn. 1 ff.
- Anführung eines Ehevertrages § 82 Rdn. 37 ff.
- Antrag auf Genehmigung des Familiengerichts § 82 Rdn. 30 M
- Aufforderung zur Einholung der Genehmigung § 82 Rdn. 26 ff.
- Aufhebung der Zustimmungsbedürftigkeit § 82 Rdn. 32 M, Rdn. 34 M

- Einschränkung der Zustimmungsbedürftigkeit § 82 Rdn. 31 ff.
- Einwilligung durch Ehegatte § 82 Rdn. 11
  - – Bevollmächtigter § 82 Rdn. 11
  - – Form § 82 Rdn. 10
- entgeltliche Verfügung § 82 Rdn. 7
- Ersetzung durch Familiengericht § 82 Rdn. 25 ff.
- familiengerichtliche Genehmigung § 82 Rdn. 28
  - – Einholung durch Notar § 82 Rdn. 28–Rdn. 29 M
- Feststellung, dass Verfügender nicht verheiratet § 82 Rdn. 19 M
- Genehmigung durch Ehegatte § 82 Rdn. 9 f., Rdn. 15 M
  - – Form § 82 Rdn. 10
- Gesamtvermögen § 82 Rdn. 2 ff.
- Kenntnis des anderen Vertragsteils § 82 Rdn. 5
- Klärung des Fehlens § 82 Rdn. 18 ff.
- maßgebender Zeitpunkt der Kenntnis § 82 Rdn. 6
- Nachweis weiteren Vermögens § 82 Rdn. 24 M
- Prüfung § 82 Rdn. 8
  - – durch Grundbuchamt § 82 Rdn. 8
  - – durch Notar § 82 Rdn. 8
- Rücknahme des Antrags auf Ersetzung der Genehmigung § 82 Rdn. 27
- Umdeutung nach verweigerter Genehmigung § 82 Rdn. 12
- Umfang der Genehmigungsbedürftigkeit § 82 Rdn. 2
- Vereinbarung der Einholung der Genehmigung § 82 Rdn. 29 M
- Verfügung von Todes wegen § 82 Rdn. 7
- Verfügungsbegriff § 82 Rdn. 4, Rdn. 7
- Vermögensbegriff § 82 Rdn. 4
- Versicherung über Vorhandensein weiteren Vermögens § 82 Rdn. 23 M
- zusammenfassende Einwilligung zu mehreren Geschäften § 82 Rdn. 16 ff.
- Zustimmung des Ehegatten § 82 Rdn. 13 M–Rdn. 14 M
Verfügungsbeschränkung n. § 1369 BGB § 82 Rdn. 1, Rdn. 40 ff.
- Einschränkung der Zustimmungsbedürftigkeit § 82 Rdn. 45 f.
- Getrenntleben § 82 Rdn. 42
- Haushaltsgegenstände § 82 Rdn. 40 ff.
- Sicherungsübereignung § 82 Rdn. 40
- Versicherung, dass Verfügender nicht verheiratet § 82 Rdn. 21 M
- Wirkung § 82 Rdn. 41
Vergabe- und Vertragsordnung für Bauleistungen (VOB) § 46 Rdn. 1 ff.
Vergleich
- konstitutives negatives Schuldanerkenntnis § 28 Rdn. 15 ff.
Vergütung
- angemessene Beteiligung § 48 Rdn. 27 ff.

- Angemessenheit im Urheberrecht § 48 Rdn. 32
- auffälliges Missverhältnis § 48 Rdn. 33
- Ausgleichsanspruch § 48 Rdn. 33
- Honoraranspruch des Verfassers § 48 Rdn. 58 ff.
- Lizenzkette § 48 Rdn. 35
- Testamentsvollstrecker § 102 Rdn. 56 ff.

Verjährung
- Bauträgervertrag § 33 Rdn. 44
  – – Verkürzung bei Mängelansprüchen § 33 Rdn. 52
- Grundstückskauf § 32 Rdn. 366 ff.
  – – Kaufpreisanspruch § 32 Rdn. 366 ff.
- Notarkosten § 21 Rdn. 9
- Verzicht auf Einrede § 28 Rdn. 17 M

Verkauf eines landwirtschaftlichen Grundstücks § 36 Rdn. 75 M

Verkaufspflicht
- Erbbaurecht § 57 Rdn. 27

Verkehrsschutz
- Ausländerbeteiligung § 26 Rdn. 22 ff.

Verkehrssteuern
- KG § 137 Rdn. 95 f.

Verlagsgesetz § 48 Rdn. 38

Verlagsrecht
- ausschließliches § 48 Rdn. 48
- Begriff § 48 Rdn. 37, Rdn. 44
- künftig entstehende Rechte § 48 Rdn. 45
- Teil des Urheberrechts § 48 Rdn. 38
- Übergangsregelung § 48 Rdn. 46

Verlagsvertrag
- Abgrenzung Bestellvertrag § 48 Rdn. 54
- allgemeine Geschäftsbedingungen § 48 Rdn. 43
- Beendigung § 48 Rdn. 68 ff.
- Begriff § 48 Rdn. 38
- Bestimmung Ladenpreis § 48 Rdn. 64 ff.
- Dauerschuldverhältnis § 48 Rdn. 40
- Einräumung von Nutzungsrechten § 48 Rdn. 44 ff.
- Enthaltungspflicht § 48 Rdn. 52
- Form § 48 Rdn. 39
- Honoraranspruch § 48 Rdn. 58 ff., Rdn. 74 M
- Kündigung § 48 Rdn. 69
- Muster § 48 Rdn. 74 M
  – – ausführliche Fassung § 48 Rdn. 74 M
  – – kurze Fassung § 48 Rdn. 73 M
- Nebenrechtsverwertung § 48 Rdn. 74 M
- Neuauflagen § 48 Rdn. 74 M
- Pflichten des Verfassers § 48 Rdn. 48 ff.
- Pflichten des Verlegers § 48 Rdn. 53
- Rechtsverschaffungspflicht § 48 Rdn. 51
- Rücktritt § 48 Rdn. 70 ff.
- Überlassung von Freiexemplaren § 48 Rdn. 67
- Verbreitungspflicht § 48 Rdn. 53 ff.
- Verlagsfähigkeit § 48 Rdn. 41
- Vertragsfreiheit § 48 Rdn. 43
- Vertragsgegenstand § 48 Rdn. 41

- Vervielfältigungspflicht § 48 Rdn. 53 ff.
- zukünftige Werke § 48 Rdn. 74 M

Verlängerung
- Erbbaurecht § 57 Rdn. 12

Verleihungsurkunde
- Bergwerkseigentum § 59 Rdn. 2

Verletzung der Amtspflicht § 6 Rdn. 70

Verlosung § 4 Rdn. 10; § 18 Rdn. 20 ff.
- »unter Aufsicht des Notars« § 18 Rdn. 30 f.
- Begriff § 18 Rdn. 21
- durch den Notar § 18 Rdn. 28, Rdn. 34 M
- Formen § 18 Rdn. 26 f.
- Glücksspiel § 18 Rdn. 24
- Grundbesitz § 18 Rdn. 25
- Losbrieflotterie § 18 Rdn. 35 ff.
- staatl. Genehmigung § 18 Rdn. 23

Verlustvortragskonto
- OHG § 132 Rdn. 12

Vermächtnis § 102 Rdn. 29 ff.
- Annahme § 114 Rdn. 34 ff., Rdn. 41 M
- Anordnung eines Vor- und Nachvermächtnisses § 102 Rdn. 33 M
- Aufforderung zur Erklärung über Annahme/Ausschlagung eines Vermächtnisses § 114 Rdn. 42 ff.
- Ausschlagung § 94 Rdn. 35 ff.; § 114 Rdn. 34 ff., Rdn. 41 M
- Erfüllung § 56 Rdn. 1
  – – Auflassung § 56 Rdn. 1
- Ersatzvermächtnis § 102 Rdn. 30 M
- Untervermächtnis § 102 Rdn. 40 f.
- Verschaffungsvermächtnis § 102 Rdn. 31 M
- Vorausvermächtnis § 102 Rdn. 34 M

Vermächtniserfüllung
- Auflassung § 56 Rdn. 1

Vermerk in Urkunde
- behinderte Beteiligte § 14 Rdn. 6

Vermerkblatt
- Inhalt § 12 Rdn. 11
- Urkundenrolle § 15 Rdn. 9

Vermerke § 15 Rdn. 9 ff.

Vermerke in Urkunde über Hinweise des Notars § 6 Rdn. 2, Rdn. 9, Rdn. 13, Rdn. 22, Rdn. 29, Rdn. 32, Rdn. 48, Rdn. 66, Rdn. 69, Rdn. 102 M

Vermerkurkunde § 15 Rdn. 9 ff.

Vermessung
- Arten § 54 Rdn. 2
- Auflassung § 56 Rdn. 15 ff.
- Grundlagenvermessung § 54 Rdn. 2
- Katastervermessung § 54 Rdn. 2
- Teilflächenkauf § 35 Rdn. 24 ff.

Vermessungsamt § 3 Rdn. 21; § 54 Rdn. 2
- Aufgabe § 54 Rdn. 7

Vermessungsingenieur § 54 Rdn. 7

Vermessungswesen § 54 Rdn. 2

Vermittlung
- durch den Notar § 18 Rdn. 14

Vermittlung der Erbauseinandersetzung durch Notar § 117 Rdn. 13, Rdn. 29 f., Rdn. 31 M ff.

Vermögensgemeinschaft
- Güterstand der DDR § 81 Rdn. 4

Vermögensübertragung
- gegenwärtiges Vermögen § 27 Rdn. 2 M
- Unternehmenskauf § 27 Rdn. 3
- zwischen künftigen gesetzlichen Erben § 27 Rdn. 1

Vermögensverzeichnis § 3 Rdn. 21; § 18 Rdn. 44 M
- Aufnahme durch den Notar § 18 Rdn. 38 ff.
- eigene Ermittlungen des Notars § 18 Rdn. 40
- inhaltliche Ausgestaltung § 18 Rdn. 43 f.
- Pflichtteilsberechtigter § 18 Rdn. 39
- Testamentsvollstrecker § 18 Rdn. 39
- Vor- und Nacherbfolge § 18 Rdn. 39
- Zugewinngemeinschaft § 18 Rdn. 39

Vernichtung von Urkunden § 10 Rdn. 5

Verpächter
- Firmenfortführung § 126 Rdn. 19 f.

Verpachtung eines landwirtschaftlichen Betriebes mit verpächtereigenem Inventar § 42 Rdn. 45 M

Verpfändung
- Abgrenzung zur Sicherungsübereignung § 78 Rdn. 3
- Anzeigepflicht § 78 Rdn. 20
- beweglicher Sachen § 78 Rdn. 1 ff.
  – – Anzeige an den Lagerhalter § 78 Rdn. 5 f., Rdn. 19 M
  – – Befriedigung des Pfandgläubigers § 78 Rdn. 7
  – – Einigung § 78 Rdn. 13 M
  – – Einräumung des mittelbaren Besitzes § 78 Rdn. 14 M
  – – Einräumung des mittelbaren Mitbesitzes § 78 Rdn. 16 M
  – – Einräumung des Mitverschlusses bei Warenlager § 78 Rdn. 15 M
  – – Übergabe seitens des Schuldners § 78 Rdn. 9 M
  – – von Bruchteilen § 78 Rdn. 17 ff.
- Inhaberpapiere § 78 Rdn. 26
- landwirtschaftlichs Pachtinventar § 78 Rdn. 37 M
- Lebensversicherung § 78 Rdn. 25 M
- Orderpapiere § 78 Rdn. 28 M
- Pfandbrief für Warenkredit § 78 Rdn. 28 M
- Rechte § 78 Rdn. 20 ff.
  – – Auseinandersetzungsguthaben und Gewinnanteil § 78 Rdn. 22 M
- Schuldverschreibung § 78 Rdn. 30 M
- Sparguthaben § 78 Rdn. 32 M
- Treuhand § 53 Rdn. 7 ff., Rdn. 9 M
- Wertpapier § 78 Rdn. 29 M

Verpflichtung von beim Notar Beschäftigten § 10 Rdn. 51
- Niederschrift § 10 Rdn. 52 M

Verschaffungsvermächtnis § 111 Rdn. 29 M

Verschmelzung § 153 Rdn. 8
- AG § 154 Rdn. 81 M ff.
  – – Anmeldung § 154 Rdn. 85 M
  – – Prüfung § 154 Rdn. 7
  – – Zustimmung der Anteilsinhaber § 154 Rdn. 8, Rdn. 83 M

3265

- AG, nicht börsennotiert § 154 Rdn. 81 M
  - – Vertrag zur Aufnahme § 154 Rdn. 81 M
- Anmeldung § 154 Rdn. 17 ff., Rdn. 64 M–Rdn. 65 M, Rdn. 70 M, Rdn. 73 M
  - – beizufügenden Unterlagen § 154 Rdn. 18
  - – Kapitalerhöhung § 154 Rdn. 77 M
  - – übernehmende AG § 154 Rdn. 85 M
  - – zur übernehmenden Gesellschaft § 154 Rdn. 77 M
  - – zur übertragenden Gesellschaft § 154 Rdn. 76 M
- Anteilsgewährung § 154 Rdn. 12 f.
- Arten § 154 Rdn. 1
- Berichterstattung § 154 Rdn. 6 ff.
- Beschluss § 154 Rdn. 61 M, Rdn. 63 M, Rdn. 68 M, Rdn. 83 M
- Besteuerung § 154 Rdn. 27 ff.
  - – Kapitalgesellschaft auf Einzelperson § 154 Rdn. 43 f.
  - – Kapitalgesellschaft auf Personengesellschaft § 154 Rdn. 38 ff.
  - – Kapitalgesellschaften § 154 Rdn. 27 ff.
  - – Personengesellschaft auf Kapitalgesellschaft § 154 Rdn. 45 ff.
  - – Personengesellschaften § 154 Rdn. 36 ff.
- durch Aufnahme § 154 Rdn. 1
- durch Neugründung § 154 Rdn. 1, Rdn. 25
- Eigentumsübergang kraft Gesetzes § 56 Rdn. 35
- Erbschaftsteuer § 154 Rdn. 58
- Genossenschaft § 157 Rdn. 29
- genossenschaftlicher Prüfungsverband § 154 Rdn. 2
- Geschäftsanteile § 154 Rdn. 79 M
  - – Liste der Übernehmer § 154 Rdn. 79 M
- Gesellschafterliste § 154 Rdn. 80 M
- GmbH § 154 Rdn. 73 M
  - – Anmeldung
    - – – übernehmende Gesellschaft § 154 Rdn. 73 M, Rdn. 77 M
    - – – übertragende Gesellschaft § 154 Rdn. 70 M
  - – Beschluss § 154 Rdn. 68 M
  - – mit Kapitalerhöhung § 154 Rdn. 75 M, Rdn. 77 M
  - – Prüfung § 154 Rdn. 7
  - – Sondervorschriften § 154 Rdn. 16
  - – Vertrag § 154 Rdn. 66 M, Rdn. 75 M
  - – Zustimmung der Anteilsinhaber § 154 Rdn. 8
- Grenzüberschreitung § 154 Rdn. 26
- Grunderwerbsteuer § 154 Rdn. 55 ff.
- Kapitalerhöhungsverbot § 154 Rdn. 11
- Komplementär-GmbH § 154 Rdn. 2
- Liste der Übernehmer der neuen Geschäftsanteile § 154 Rdn. 79 M
- mit Kapitalerhöhung § 154 Rdn. 11 ff.

- natürliche Person § 154 Rdn. 2
- Niederschrift § 154 Rdn. 68 M
  - – Hauptversammlung § 154 Rdn. 83 M
  - – Zustimmung der Anteilsinhaber § 154 Rdn. 61 M
- Partnerschaftsgesellschaft § 154 Rdn. 7
  - – Prüfung § 154 Rdn. 7
- Personenhandelsgesellschaft § 154 Rdn. 64 M
  - – Anmeldung
    - – – übernehmende Gesellschaft § 154 Rdn. 64 M–Rdn. 65 M
  - – Prüfung § 154 Rdn. 7
  - – Vertrag § 154 Rdn. 60 M
  - – Zustimmung der Anteilsinhaber § 154 Rdn. 8, Rdn. 61 M
  - – Zustimmungserklärung nicht anwesender Gesellschafter § 154 Rdn. 63 M
- Prüfung § 154 Rdn. 7
- Registereintragung § 154 Rdn. 22 ff.
  - – Heilungswirkung § 154 Rdn. 24
  - – Rechtsfolgen § 154 Rdn. 23
  - – Verbindlichkeiten § 154 Rdn. 23
  - – Vermögensübergang § 154 Rdn. 23
- steuerrechtliche Mitteilungspflicht § 154 Rdn. 69, Rdn. 71, Rdn. 74, Rdn. 78, Rdn. 82
- Tochtergesellschaft auf Muttergesellschaft § 154 Rdn. 66 M
- Umsatzsteuer § 154 Rdn. 54
- Umwandlungsteuer § 154 Rdn. 27 ff.
- Upstream-Merger § 154 Rdn. 3
- verschmelzungsfähige Rechtsträger § 154 Rdn. 2
- Verschmelzungsvertrag § 154 Rdn. 3 ff., Rdn. 60 M, Rdn. 66 M
  - – nicht börsennotierte AGs § 154 Rdn. 81 M
- Verzicht auf Bericht § 154 Rdn. 6
- Verzicht auf Klage § 154 Rdn. 17
- Verzicht der Anteilsgewährung § 154 Rdn. 12 f.
- wirtschaftlicher Verein § 154 Rdn. 2
- zur Aufnahme § 154 Rdn. 81 M
- Zustimmung der Anteilsinhaber § 154 Rdn. 8 ff., Rdn. 61 M, Rdn. 68 M, Rdn. 83 M
- Zustimmungserklärung nicht anwesender Gesellschafter § 154 Rdn. 63 M

Verschmelzungsbeschluss § 154 Rdn. 8 ff., Rdn. 61 M, Rdn. 63 M, Rdn. 68 M, Rdn. 83 M
- Form § 154 Rdn. 10

Verschmelzungsvertrag § 154 Rdn. 3, Rdn. 60 M, Rdn. 66 M
- Angaben zu Arbeitnehmern § 154 Rdn. 4
- Betriebsrat § 154 Rdn. 4
- Bevollmächtigung § 154 Rdn. 3
- Form § 154 Rdn. 3
- Inhalt § 154 Rdn. 3 f.
- nicht börsennotierte AGs § 154 Rdn. 81 M

Verschwiegenheitspflicht
- Sammelbeurkundung § 13 Rdn. 112

Versicherung
- GmbH-Geschäftsführer § 142 Rdn. 75
  - – kurze § 142 Rdn. 78 M

Versicherungsaufsichtsgesetz § 67 Rdn. 6

Versicherungsdarlehen
- Realkredit § 67 Rdn. 6

Versicherungshypothek § 67 Rdn. 6

Versicherungsverein auf Gegenseitigkeit § 124 Rdn. 12
- Vertrauensschaden § 154 Rdn. 2
  - – Verschmelzung § 154 Rdn. 2

Versorgung
- Vorstand § 148 Rdn. 20 M
  - – Pensionsvertrag § 148 Rdn. 20 M

Versorgungsausgleich § 84 Rdn. 29 ff.
- Auslandsberührung § 90 Rdn. 47
- Ausschluss § 84 Rdn. 29, Rdn. 45, Rdn. 47 M
  - – auflösende Bedingung § 84 Rdn. 51 M
    - – – Rücktrittsrecht § 84 Rdn. 50 ff.
  - – Beschränkung auf bestimmte Ehezeiten § 84 Rdn. 53 M
  - – einseitiger § 84 Rdn. 48–Rdn. 49 M
  - – Scheidungsabsicht § 84 Rdn. 29
  - – Zugewinngemeinschaft § 84 Rdn. 29
- Beamtenversorgung § 84 Rdn. 39
- Begriff § 90 Rdn. 46
- Belehrungspflicht § 84 Rdn. 44
- Ehevertrag § 85 Rdn. 13 M
  - – Emanzipationsehe § 85 Rdn. 13 M
  - – Unternehmerehe § 85 Rdn. 12 M
- Ehezeit § 84 Rdn. 35; § 90 Rdn. 46
- Einigungsvertrag § 84 Rdn. 43
- Einschränkung § 84 Rdn. 29
- Gesetz zur Regelung von Härten im VA § 84 Rdn. 42
- Güterstand § 90 Rdn. 48
- Modifizierung des gesetzlichen Ausgleichs § 90 Rdn. 56 ff., Rdn. 70 M ff.
- Problemfälle § 84 Rdn. 42
- Prüfungs- und Belehrungspflicht § 90 Rdn. 49
- Realteilung § 84 Rdn. 32
- Rentenanwartschaften § 84 Rdn. 36 ff.
- Rücktrittsklausel § 84 Rdn. 29, Rdn. 52 M
- schuldrechtlicher § 84 Rdn. 38
- schuldrechtlicher in Beamtenehe § 84 Rdn. 39
- Supersplitting § 84 Rdn. 34
- teilweiser Ausschluss bezüglich einzelner Versorgung § 84 Rdn. 54 M
- Verbot des Supersplittings § 90 Rdn. 50
- Vereinbarung der Durchführung § 84 Rdn. 55 M
  - – ausländisches Ehestatut § 84 Rdn. 55 M

Versorgungsleistung
- Übergabe Landgut § 36 Rdn. 170 M ff.

Versorgungsrente
- Testament § 111 Rdn. 11 M

Versorgungszahlung
- Übergabevertrag § 36 Rdn. 127 ff.
  - – Sonderausgaben § 36 Rdn. 127
  - – Wertsicherungsklausel § 36 Rdn. 128

Versteigerung
- freiwillige Grundstücksversteigerung § 3 Rdn. 21; § 38 Rdn. 1 ff.
- GmbH-Geschäftsanteil § 38 Rdn. 14
- Zwangsversteigerung nach dem WEG § 38 Rdn. 13

Versteigerungsvollmacht, allgemeine Versteigerungsbedingungen § 38 Rdn. 9 M

Verstoß gegen gesetzliche Vorschrift
- Mitwirkungsverbot § 5 Rdn. 51

Verteilung
- Gesamtgrundschuld § 75 Rdn. 20
- Gesamthypothek § 70 Rdn. 10 M

Verteilungstermin § 51 Rdn. 26

Vertrag sui generis
- Hofübergabevertrag § 36 Rdn. 199

Vertrag über Ausbildungsunterhalt mit Sicherheitsleistung § 90 Rdn. 15 M

Vertrag zugunsten Dritter
- auf den Todesfall § 110 Rdn. 3 ff.
  - – Bausparvertrag § 110 Rdn. 6, Rdn. 14 M
  - – Deckungsverhältnis § 110 Rdn. 3
  - – Lebensversicherungsvertrag § 110 Rdn. 4 f.
  - – Sparguthaben § 110 Rdn. 8
  - – Valutaverhältnis § 110 Rdn. 3
  - – Wertpapierdepot § 110 Rdn. 7
  - – Widerruf durch Erben § 110 Rdn. 3
- Schenkung § 40 Rdn. 13, Rdn. 17 M
- Schenkungsversprechen von Todes wegen § 110 Rdn. 10 M
- Vormerkung § 61 Rdn. 5–Rdn. 6 M

Vertragseintritt
- Erwerber eines Erbbaurechts § 57 Rdn. 77 ff.

Vertragsentwurf § 6 Rdn. 155
- Änderung des § 6 Rdn. 156
- Übersendung eines § 6 Rdn. 155, Rdn. 159 M
- Verbrauchervertrag § 6 Rdn. 155

Vertragsgegenstand
- Teilflächenkauf § 35 Rdn. 1 ff.
  - – Abweichung der Flächengröße § 35 Rdn. 48 ff.

Vertragsgestaltung
- Gefahren § 6 Rdn. 136 ff.
- Sicherheit vs. Kosten § 6 Rdn. 136

Vertragsstrafe
- Bauträgervertrag § 33 Rdn. 68
- Erbbaurechtsvertrag § 57 Rdn. 27

Vertragsübernahme § 30 Rdn. 15 ff.
- Einheimischenmodell § 30 Rdn. 20 M
- Vorsorge für fehlende Zustimmung § 30 Rdn. 22 M

Vertrauensperson § 6 Rdn. 154
- Beurkundung mit behinderten Beteiligten § 14 Rdn. 6
- des Verbrauchers § 6 Rdn. 154

Vertreter
- Ausschließungsgründe des Notars § 5 Rdn. 11 f.
- Prüfung der Vertretungsmacht durch Notar § 6 Rdn. 39 ff.
- vollmachtlos § 6 Rdn. 148 f.

Vertreter ohne Vertretungsmacht
- Beurkundung § 13 Rdn. 45 M

Vertreterbescheinigung
- fremdsprachige § 26 Rdn. 84 ff.

Vertreterversammlung
- Genossenschaft § 157 Rdn. 25 ff.

Vertretung
- GbR § 130 Rdn. 27 ff.
  - – organschaftlich § 130 Rdn. 29
- GmbH & Co. KG § 139 Rdn. 37 ff.
- Grundbuchantrag § 12a Rdn. 59 f.
  - – elektronische Einreichung § 12a Rdn. 59 f.
- KG § 137 Rdn. 40
- minderjähriger Ausländer § 26 Rdn. 27
- OHG § 132 Rdn. 22 ff.
  - – Regelung unter zwei Gesellschaftern § 132 Rdn. 28 M
- Registersachen § 12a Rdn. 75
  - – elektronische Einreichung § 12a Rdn. 75
- Verein § 121 Rdn. 54 ff.
  - – Beschränkung § 121 Rdn. 57

Vertretungsbescheinigung § 4 Rdn. 10; § 15 Rdn. 35 f., Rdn. 44 M

Vertretungsmacht
- Ablauf § 25 Rdn. 14
- ausländische Gesellschaft § 26 Rdn. 38 ff.
- ausländische Handelsgesellschaften § 6 Rdn. 49 ff.
- Bescheinigung über die Vertretungsmacht § 6 Rdn. 42 ff.
  - – Einsicht in elektronisches Register § 6 Rdn. 42 ff.
- Gesellschaftsstatut § 26 Rdn. 30 ff.
- Nachweis § 26 Rdn. 30 ff.
  - – ausländische Gesellschaft § 26 Rdn. 30 ff., Rdn. 37
  - – Bestätigung § 26 Rdn. 41
  - – Grundbuch § 26 Rdn. 36
  - – Grundbuchamt § 26 Rdn. 32
  - – Handelsregister § 26 Rdn. 33, Rdn. 36
  - – nichtregistrierte ausländische Gesellschaft § 26 Rdn. 43
  - – organschaftliche Vertretung § 26 Rdn. 30 ff.
  - – Vertretungsbescheinigung § 26 Rdn. 38 f.
- Prüfung durch Notar § 6 Rdn. 37 ff.
- Vertretungsbescheinigung § 26 Rdn. 38 f.

Vertretungsorgan
- Vollmacht § 24 Rdn. 19

Vertretungsverbot § 24 Rdn. 6 ff.

Vertriebsbindung
- Dienstbarkeit § 64 Rdn. 21

Vervielfältigungspflicht
- Verlagsvertrag § 48 Rdn. 53 ff.

Verwahrung
- CD-ROM § 15 Rdn. 56 M
- Verwahrung von Unterlagen
- Dauer § 10 Rdn. 5

Verwahrungsanweisungen
- gesonderte Blattsammlung § 10 Rdn. 35

Verwahrungsbestätigung § 9 Rdn. 13
Verwahrungsbuch § 10 Rdn. 19 ff.
- Abbildung § 10 Rdn. 31 M f.
- Belege § 10 Rdn. 30
- Ersetzung durch Verwahrungsverzeichnis § 12 Rdn. 7
- Fehlbuchung § 10 Rdn. 21
- Führung mittels EDV § 10 Rdn. 21
- gleiche Kennzeichnung auf dem Verwahrungsgut § 10 Rdn. 23
- Notar als Protestbeamter § 10 Rdn. 22
- Saldo § 10 Rdn. 26 M
- Wertpapiere/Kostbarkeiten § 10 Rdn. 19

Verwahrungsgeschäft
- Auszahlungsanspruch gegen Notar § 9 Rdn. 5
- Bargeld § 9 Rdn. 13
- beim Bauträgervertrag § 9 Rdn. 6
- Bestätigung § 9 Rdn. 13
- Durchführung § 9 Rdn. 9 ff.
- Gegenstand § 9 Rdn. 9–Rdn. 10
- gerichtliches Verfahren zur Herbeiführung der Anweisung § 9 Rdn. 5
- Hinterlegungsschein für Wertpapiere § 9 Rdn. 7
- Hinterlegungsvereinbarung § 9 Rdn. 4, Rdn. 6
- Inhalt § 9 Rdn. 7
- Insolvenzverwalter § 9 Rdn. 18
- kein Verwahrungsgeschäft § 9 Rdn. 6, Rdn. 11
  - – Beweisurkunden § 9 Rdn. 11
- Nachlassverwalter/-pfleger § 9 Rdn. 18
- Notaranderkonto § 9 Rdn. 14 ff.
- Ort § 9 Rdn. 12 ff.
- Stückverwahrung von Kostbarkeiten § 9 Rdn. 13
- Treuhandauftrag einer Bank § 9 Rdn. 22 M
- Übernahme § 9 Rdn. 1 f.
- Voraussetzungen § 9 Rdn. 2
- Vormund § 9 Rdn. 18

Verwahrungsverzeichnis
- Ersetzung des Verwahrungsbuchs § 12 Rdn. 7

Verwahrungsverzeichnis, elektronisches
- Verwahrungsmassen § 12a Rdn. 23 ff.

Verwalter nach WEG § 58 Rdn. 36 ff.
- Bestellung § 58 Rdn. 37
- formwechselnde Umwandlung § 58 Rdn. 36
- gerichtliche Geltendmachung von Lasten und Kosten § 58 Rdn. 27
- KG § 58 Rdn. 36

Verwaltereigenschaft
- Nachweis § 58 Rdn. 16

Verwaltervollmacht § 24 Rdn. 87 M

Verwalterzustimmung § 58 Rdn. 16 ff.
- Dauerwohnrecht § 58 Rdn. 19
- Verweigerung § 58 Rdn. 17
- Wohnungseigentum § 58 Rdn. 1
- Verwaltungsbeirat nach WEG § 58 Rdn. 38

Verwaltungsregelung
- unter Miteigentümern § 56 Rdn. 49, Rdn. 52 ff., Rdn. 53 M

Verwaltungssitz
- Verlegung ins Ausland § 158 Rdn. 41

Verwaltungstreuhand § 53 Rdn. 3

Verwandte des Notars § 5 Rdn. 10, Rdn. 14

Verweisung
- Art und Weise § 13 Rdn. 94
- auf Anlage § 13 Rdn. 69 ff.
- auf behördliche Karten/Zeichnungen/Abbildungen § 13 Rdn. 104 ff.
- auf Karten/Zeichnungen/Abbildungen § 13 Rdn. 74 ff.
- auf notarielle Niederschrift § 13 Rdn. 82 ff., Rdn. 91 ff., Rdn. 94
- auf VOB § 46 Rdn. 36
- Bauträgervertrag § 33 Rdn. 33
- Beispiele für unechte Verweisung § 13 Rdn. 85, Rdn. 89
- Bezugsurkunde § 13 Rdn. 94
  - - Änderungen/Ergänzungen § 13 Rdn. 94
- eingeschränkte Vorlesungspflicht § 13 Rdn. 115 ff.
- ersetzende § 13 Rdn. 83, Rdn. 91 ff.
- nach § 13a BeurkG § 13 Rdn. 83 ff., Rdn. 91 ff.
  - - Förmlichkeiten § 13 Rdn. 96 ff.
  - - Prüfungs- und Belehrungspflicht des Notars § 13 Rdn. 98
  - - Wirksamkeitsvoraussetzungen § 13 Rdn. 93 ff.
- Nichtigkeit § 13 Rdn. 95
- ohne Protokollierung (Vorlesen) § 13 Rdn. 85
- umfangreiche, serienmäßige Schriftstücke § 13 Rdn. 84
- unechte § 13 Rdn. 85
- Unternehmenskauf § 31 Rdn. 25 M
- Verzicht § 13 Rdn. 101 M
  - - auch auf Beifügung § 13 Rdn. 101 M
  - - auch auf Vorlesen § 13 Rdn. 101 M
  - - auf Beifügung § 13 Rdn. 94
  - - auf Vorlage des Planes zur Durchsicht § 13 Rdn. 107 ff.
  - - auf Vorlesen § 13 Rdn. 94
  - - nur auf Beifügung § 13 Rdn. 103 M
  - - nur auf Vorlesen § 13 Rdn. 102 M

Verweisungsurkunde
- freiwillige Grundstücksversteigerung § 38 Rdn. 6
- Unternehmenskauf § 31 Rdn. 25 M

Verwertung
- körperliche § 48 Rdn. 20
- unkörperliche § 48 Rdn. 20

Verwertungsrecht
- Urheber § 48 Rdn. 18 f.

Verzeichnis der Erbverträge § 108 Rdn. 15 ff.

Verzeichnisse des Notars § 10 Rdn. 36 ff.

Verzicht § 28 Rdn. 16 ff.
- auf ein Recht § 40 Rdn. 3
  - - Schenkung § 40 Rdn. 3
- auf Grundeigentum § 56 Rdn. 45 ff.
  - - Aneignungsrecht des Landes § 56 Rdn. 47
- auf Löschungsansprüche § 68 Rdn. 7
  - - Grundpfandrecht § 68 Rdn. 7

- auf Überbaurente § 60 Rdn. 14, Rdn. 16 M
- einseitiger § 28 Rdn. 1
- einseitiger Verzicht, Beispiele § 28 Rdn. 16
- Grundschuld § 75 Rdn. 9 ff.

Verzicht auf Versorgungsausgleich
- anderweitige Absicherung § 90 Rdn. 54
- entschädigungslos § 90 Rdn. 54
  - - Voraussetzungen § 90 Rdn. 54
- gegen Beitragsentrichtung § 90 Rdn. 55
- Gegenleistung § 90 Rdn. 55
- geringer Wertunterschied der Anwartschaften § 90 Rdn. 60 M
- geringfügige Anwartschaften § 90 Rdn. 54
- Härteklausel § 90 Rdn. 54
- kurze Ehedauer § 90 Rdn. 54
- Lebensversicherung § 90 Rdn. 55, Rdn. 66 M
- schuldrechtlicher § 90 Rdn. 54 ff.
- Sicherung der Gegenleistung § 90 Rdn. 55, Rdn. 61 M, Rdn. 62 ff., Rdn. 64 M
  - - Ergänzung des Renteneintrittsalter § 90 Rdn. 68 M
  - - Preisklauselgesetz § 90 Rdn. 62
- verlängerter schuldrechtlicher § 90 Rdn. 54 ff.

Verzug
- Eigentumsvorbehalt § 52 Rdn. 39

VFGüterstandsG § 81 Rdn. 6 ff.
- Ablehnung der Überleitung in Zugewinngemeinschaft durch Aussiedler § 81 Rdn. 13 M
- Betroffene § 81 Rdn. 7
- Erklärung über Ablehnung des Güterstandes gegenüber Amtsgericht § 81 Rdn. 11
- Inhalt § 81 Rdn. 13 M
- Sonderregelung § 81 Rdn. 10 ff.
- Zugewinnberechnung § 81 Rdn. 8

Vier-Kontenmodell
- KG § 137 Rdn. 21

VOB
- Bauvertrag § 46 Rdn. 36 ff.
- Entstehung § 46 Rdn. 51 M

Vollbetreuungsvertrag
- Baubetreuung § 46 Rdn. 54

Vollmacht
- Abschriften § 24 Rdn. 58
  - - Beweisfunktion § 24 Rdn. 58
- an beurkundenden Notar § 5 Rdn. 14
- Anmeldung der Firma § 125 Rdn. 39
  - - Grenzen § 125 Rdn. 42
  - - Handelsregister § 125 Rdn. 39
- Anspruch auf Ausfertigung § 24 Rdn. 56 ff.
- Auflassungsvollmacht § 24 Rdn. 26
- Ausland erteilt § 24 Rdn. 30
- ausländische Vollmacht in Deutschland § 26 Rdn. 127 ff.
- Auslandsberührung § 26 Rdn. 111 ff.
  - - Bestimmung des Wirkungslandes § 26 Rdn. 116
  - - Firmenvertreter § 26 Rdn. 124
  - - Form § 26 Rdn. 119 ff.

  - - Grundstücke § 26 Rdn. 123
  - - Prozessvollmacht § 26 Rdn. 125
  - - Rechtswahl § 26 Rdn. 114
- Bankvollmacht § 24 Rdn. 120 M
  - - U.I.N.L. § 24 Rdn. 120 M
- Bauherrenmodell § 32 Rdn. 5
  - - Form § 32 Rdn. 5
- Bauherrenmodell, »großes« § 34 Rdn. 35
- Befreiung von den Beschränkungen des § 181 BGB § 24 Rdn. 12
- Belastungsvollmacht § 8 Rdn. 11; § 24 Rdn. 86 M
- Bestehenbleiben bis zum Widerruf § 24 Rdn. 134 f.
- Betreuungsverfügung § 24 Rdn. 119 M
- Blankovollmacht § 24 Rdn. 25
- Dauer § 24 Rdn. 36 ff.
- deutsche Vollmacht im Ausland § 26 Rdn. 137 ff.
- einseitige Rechtsgeschäfte § 24 Rdn. 33
- Einwilligungen nach §§ 1365, 1369 BGB § 24 Rdn. 13 ff., Rdn. 69 M, Rdn. 94 M
- Einzelauführung aller Rechtsgeschäfte § 24 Rdn. 17
- Einzelvollmacht § 24 Rdn. 124 M
- Erbschaftsausschlagung § 24 Rdn. 31
- Erbschaftsvertrag § 27 Rdn. 4
- Erlöschen § 24 Rdn. 36
- Ersatz für Vertretungsbescheinigung § 24 Rdn. 74 f.
- Form § 24 Rdn. 20 ff.
  - - Ausnahmen der Formlosigkeit § 24 Rdn. 24 ff.
  - - gesetzlich angeordnete Formbedürftigkeit § 24 Rdn. 31 f.
- Formstatut § 26 Rdn. 119 ff.
- Gegenstand eines Kaufvertrages § 24 Rdn. 93 M
- General- und Vorsorgevollmacht § 24 Rdn. 119 M
- Generalhandlungsvollmacht § 24 Rdn. 105 M
- Generalvollmacht § 24 Rdn. 108 ff., Rdn. 118 M
  - - der U.I.N.L. § 24 Rdn. 118 M
  - - juristischer Person § 24 Rdn. 110
  - - kurze Fassung § 24 Rdn. 116 M
  - - privatschriftlich § 24 Rdn. 113 M
  - - Widerruflichkeit § 24 Rdn. 109
  - - Zusatz wegen Ausfertigungen § 24 Rdn. 117 M
- Gerichtsvollmacht der U.I.N.L. § 24 Rdn. 122 M
- Gesamtvollmacht § 24 Rdn. 123, Rdn. 125 M
- Gesellschaftsrecht § 24 Rdn. 98 M f.
- gesetzlicher Vertreter § 24 Rdn. 46
- GmbH-Geschäftsanteil § 24 Rdn. 29, Rdn. 104 M
- Grundpfandrecht § 8 Rdn. 11
- Grundstückserwerb/-veräußerung § 24 Rdn. 25
- Grundstücksvollmacht § 24 Rdn. 66 M ff.
- Güterstand des Vollmachtgebers § 24 Rdn. 16

- Handelsregistervollmacht § 24 Rdn. 107 M
  - – deutsch/englisch § 24 Rdn. 107 M
  - – Kommanditisten § 24 Rdn. 106 M
- Hausverwaltervollmacht § 24 Rdn. 88 ff.
- Innen-/Außenverhältnis § 24 Rdn. 2 ff.
- IPR § 26 Rdn. 111 ff.
- Kapitalerhöhung bei GmbH § 144 Rdn. 89
- Kaufpreisfinanzierungsvollmacht § 8 Rdn. 11; § 24 Rdn. 61
- Kollisionsrecht § 26 Rdn. 111 ff.
- Kommanditist § 139 Rdn. 66 ff.
  - – GmbH & Co. KG § 139 Rdn. 66 ff.
- Kraftloserklärung § 24 Rdn. 63, Rdn. 127 ff.
- Liquidation der Gesellschaft § 24 Rdn. 44
- mehrere Bevollmächtigte § 24 Rdn. 15, Rdn. 123
- mündliche § 24 Rdn. 23 M
- Nachlassvollmacht § 24 Rdn. 96 M
  - – U.I.N.L. § 24 Rdn. 97 M
- Nachweis gegenüber Grundbuchamt § 24 Rdn. 59 ff.
- Nichtigkeit § 24 Rdn. 8
- Organvollmacht § 24 Rdn. 76
- Registeranmeldung § 121 Rdn. 85 M
  - – Verein § 121 Rdn. 85 M
- Registervollmacht § 24 Rdn. 111
- Reichweite des Vollmachtstatuts § 26 Rdn. 117 f.
- Rückgabe der Vollmachtsurkunde § 24 Rdn. 55 ff.
- Sorgerechtsvollmacht § 94 Rdn. 22 f.
- Stimmrecht im Verein § 121 Rdn. 78 M
- Stimmrechtsvollmacht § 24 Rdn. 100 ff.
  - – Übernahmevollmacht § 24 Rdn. 102 ff.
- systematische Verwendung § 6 Rdn. 148 f.
- Teilflächenkauf § 35 Rdn. 46 ff.
- Tod des Bevollmächtigten § 24 Rdn. 47
- Tod des Vollmachtgebers § 24 Rdn. 37
  - – Alleinerbe § 24 Rdn. 38
  - – Widerruf § 24 Rdn. 42
  - – über den Tod hinaus § 24 Rdn. 40 M
- Umfang § 24 Rdn. 6 ff.
- Untervollmacht § 24 Rdn. 11, Rdn. 18
- Unwiderruflichkeit § 24 Rdn. 26
  - – Form § 32 Rdn. 5
- Verbraucherdarlehen § 24 Rdn. 34, Rdn. 121 M
- Verfügung über Erbteil § 24 Rdn. 27
- Vertretungsorgan § 24 Rdn. 19
- Vertretungsverbot § 24 Rdn. 6 ff.
- Verwaltervollmacht § 24 Rdn. 87 M
- Vollmachtskette § 24 Rdn. 59

- Widerruf § 24 Rdn. 48 ff.
  - – Tod des Vollmachtgebers § 24 Rdn. 42
- zugrunde liegendes Rechtsverhältnis § 24 Rdn. 1
- Zwangsversteigerungsvollmacht § 24 Rdn. 92 M
- Zwangsvollstreckungsunterwerfung § 19 Rdn. 127 ff.
- Zweck § 24 Rdn. 9

Vollmachtlose Vertretung
- Aufforderung zur Genehmigung § 25 Rdn. 20
- Auflassung § 25 Rdn. 24
- Befreiung von den Beschränkungen des § 181 BGB § 25 Rdn. 15 f.
- Begriff § 25 Rdn. 1 ff.
- Ergänzungspfleger § 25 Rdn. 7 M
- Genehmigung § 25 Rdn. 10 ff.
- Gesamtvertretung § 25 Rdn. 8– Rdn. 9 M
- gesetzlicher Vertreter § 25 Rdn. 6– Rdn. 7 M
- Handeln in Urkunde § 25 Rdn. 5 M
- Heilung § 25 Rdn. 1
- Insichgeschäft § 25 Rdn. 16
- Mehrfachvertretung § 25 Rdn. 15
- Verfügung eines Nichtberechtigten § 25 Rdn. 31 ff.

Vollmachtsbescheinigung § 15 Rdn. 43
Vollmachtsbestätigung § 25 Rdn. 28 ff.
- einseitige Rechtsgeschäfte § 25 Rdn. 29

Vollmachtsurkunde
- Vorlage bei Beurkundung § 6 Rdn. 46

Vollständigkeitsbescheinigung
- GmbH § 144 Rdn. 72 M, Rdn. 138 M

Vollstreckbare Ausfertigung
- für Anspruchsteile § 19 Rdn. 99
- Gesamtschuld § 12 Rdn. 25
- Rechtsnachfolger § 19 Rdn. 175 ff.
- Vollstreckungsklausel § 19 Rdn. 135 ff.

Vollstreckbare Urkunde
- Allgemeines § 19 Rdn. 1 ff.
  - – ausdrückliche Unterwerfungserklärung § 19 Rdn. 2
  - – historische Grundlagen § 19 Rdn. 1 ff.
  - – Reichs-Civilprozessordnung § 19 Rdn. 2
- Amtspflicht § 19 Rdn. 2
- Bedenken gegen die ~ § 19 Rdn. 4 ff.
- einstweilige Einstellung § 19 Rdn. 4
- fehlende Unterwerfungserklärung § 19 Rdn. 4
- inhaltliche Beschränkung § 19 Rdn. 111
- Nachweisverzicht § 19 Rdn. 5, Rdn. 6 ff.
- Schadensersatz des Gläubigers § 19 Rdn. 5
- Schiedssprüche mit vereinbartem Wortlaut § 19 Rdn. 229 ff.
- Umkehr der Beweislast § 19 Rdn. 5
- Vollstreckungsgegenklage § 19 Rdn. 4
- Vollstreckungstitel § 19 Rdn. 4

- Zwangsvollstreckungsunterwerfung § 19 Rdn. 8
- Zweite Zwangsvollstreckungsnovelle § 19 Rdn. 3

Vollstreckbarer Anwaltsvergleich § 19 Rdn. 211 ff.
- Allgemeines § 19 Rdn. 211
- Hinterlegung des Anwaltsvergleichs zur Verwahrung § 19 Rdn. 213 ff., Rdn. 216 M
- Inhalt § 19 Rdn. 211
- Klauselerteilung zur Vollstreckbarerklärung § 19 Rdn. 227 M
- Vollstreckbarerklärung § 19 Rdn. 212, Rdn. 217 ff., Rdn. 220 M
  - – Ablehnung § 19 Rdn. 222 M
  - – Voraussetzungen § 19 Rdn. 217 ff.
  - – Zustellung § 19 Rdn. 223 ff.
- Voraussetzungen für Inverwahrungnahme § 19 Rdn. 214 ff.

Vollstreckbarerklärung
- Schiedssprüche mit vereinbartem Wortlaut § 19 Rdn. 229 ff.

Vollstreckung
- Ausland § 26 Rdn. 109

Vollstreckungsgegenklage
- vollstreckbare Urkunde § 19 Rdn. 4

Vollstreckungsklausel § 19 Rdn. 135 ff.
- § 800 ZPO § 19 Rdn. 192 M
- Ablehnung des Antrags § 19 Rdn. 165 ff.
- Abtretung einer Grundschuld § 19 Rdn. 189 M
- Anhörung des Schuldners § 19 Rdn. 155 ff.
  - – Ladung zur mündlichen Verhandlung § 19 Rdn. 157 M
  - – Niederschrift § 19 Rdn. 158 M
- Annuitätendarlehen § 19 Rdn. 149
- Anspruch im Sondervermögen § 19 Rdn. 175
- Antrag § 19 Rdn. 144 ff.
- Antragsberechtigung § 19 Rdn. 145
- auszugsweise Ausfertigung § 19 Rdn. 139 ff.
- Begründung § 19 Rdn. 160 ff.
- beizufügende Unterlagen § 19 Rdn. 148, Rdn. 162 ff.
- Bestimmung des Anspruchs § 19 Rdn. 161 M
- datumsmäßige Fälligkeit § 19 Rdn. 150
- Dienstbarkeit § 19 Rdn. 194 M
- einfache § 19 Rdn. 136 M
- Einzelrechtsnachfolger § 19 Rdn. 186 M
- Einziehung § 19 Rdn. 179 M
- Fälligkeitsfeststellung und weitere Nachweise § 19 Rdn. 163 M
- Forderungsteil § 19 Rdn. 164 M
- Form § 19 Rdn. 159 ff.
- Geldrente mit Wertsicherungsklausel § 19 Rdn. 161 M
- Genehmigungen § 19 Rdn. 148, Rdn. 162 ff.
- Gesamtrechtsnachfolger § 19 Rdn. 182 ff.
- hoheitliche Entscheidung § 19 Rdn. 141 ff.
- Miterben § 19 Rdn. 184 M
- Notar als Richter § 19 Rdn. 141 ff.

3269

Vollstreckungstitel – Vorlagebestätigung

- Notarkosten § 21 Rdn. 4, Rdn. 10 M
- Prüfung der Voraussetzungen § 19 Rdn. 146 ff.
- rechtliches Gehör § 19 Rdn. 154 ff.
- Rechtsnachfolge bei dinglichen Rechten § 19 Rdn. 191 ff.
- Schuldübernahme § 19 Rdn. 190
- Testamentsvollstrecker § 19 Rdn. 185 M
- Umschreibung § 19 Rdn. 175 ff.
- Verfallklausel § 19 Rdn. 149
- Vollstreckbarkeitsbedingungen § 19 Rdn. 151 ff.
  - – Nachweis § 19 Rdn. 151 ff.
  - – Vorliegen § 19 Rdn. 149 ff.
- vor Eintragung im Grundbuch § 19 Rdn. 150
- Vorleistungspflicht § 19 Rdn. 150
- weitere vollstreckbare Ausfertigung § 19 Rdn. 168 ff., Rdn. 174 M
- wirksame Unterwerfungserklärung § 19 Rdn. 147
- Zessionar § 19 Rdn. 181 M
- Zug-um-Zug-Leistung § 19 Rdn. 150
- zugunsten von Erben § 19 Rdn. 183 M
- Zuständigkeit § 19 Rdn. 140 ff.
- Zustellung der Genehmigungen § 19 Rdn. 147 ff.

Vollstreckungstitel
- europäischer Titel für unbestrittene Forderungen § 19 Rdn. 201 ff.
- Notarkosten § 21 Rdn. 2 f.
- vollstreckbare Urkunde § 19 Rdn. 4

Vollstreckungsunterwerfung
- Hofübergabe § 36 Rdn. 213 M

Vollstreckungsverfahren
- Zwangsvollstreckungsunterwerfung § 19 Rdn. 23 ff.

Vollzug der Urkunde
- Auftrag an Notar § 7 Rdn. 13 M
- keine Überwachung § 7 Rdn. 16 M
- Treuhandtätigkeit beim Kauf § 8 Rdn. 8 ff.
- Überwachung des Vollzugs § 7 Rdn. 14

Vollzugsfähigkeit § 7 Rdn. 1

Vollzugsgeschäft
- Finanzierungsgrundschuld § 6 Rdn. 149

Vollzugsnachricht
- an Beteiligte § 7 Rdn. 17 ff.
- an Notar § 7 Rdn. 17 ff.

Vollzugsvollmacht § 5 Rdn. 16
- rechtlicher Vorteil § 5 Rdn. 14

Vor- und Nacherbfolge
- Apothekenpacht § 42 Rdn. 29
- gemeinschaftliches Testament § 107 Rdn. 9, Rdn. 23 M, Rdn. 31 M
- Rechtsgeschäfte zwischen Vor- und Nacherben § 119 Rdn. 3 ff.
  - – Anwartschaftsübertragung an Dritten § 119 Rdn. 3 ff.
  - – Anwartschaftsübertragung an Vorerben § 119 Rdn. 6 ff.
  - – vorzeitige Nachlassübertragung § 119 Rdn. 10 M
  - – Zustimmung zu einer Verfügung § 119 Rdn. 2 M
- Unternehmertestament § 111 Rdn. 12 ff.
- Verfügungsbefugnis des Vorerben § 119 Rdn. 1

Vor- und Nacherbschaft
- Erbschaftsteuer § 98 Rdn. 13

Vorausabtretung
- Eigentumsvorbehalt § 52 Rdn. 35
- Sicherungsübereignung § 52 Rdn. 13 ff.

Vorausvermächtnis
- Abgrenzung zur Teilungsanordnung § 111 Rdn. 32 ff.
- an den Vorerben § 102 Rdn. 34 ff.

Vorbefassung § 5 Rdn. 27 ff.

Vorbefassung des Notars § 5 Rdn. 26 ff.
- Scheidungsverfahren § 5 Rdn. 35
- spätere Anwaltstätigkeit § 5 Rdn. 53 ff.
- Vermerk in Urkunde § 5 Rdn. 28 M
  - – ausführlich § 5 Rdn. 30 M

Vorbehaltsgut § 86 Rdn. 3
- Gütergemeinschaft § 86 Rdn. 20 M
  - – Eintragungsantrag § 86 Rdn. 21 M

Vorbehaltsnießbrauch § 63 Rdn. 3, Rdn. 24
- Nutzungsauflage § 63 Rdn. 42

Vordrucke § 11 Rdn. 4

Vorerbe
- mit Vorausvermächtnis § 102 Rdn. 37 ff.
- Schenkungsverbot § 102 Rdn. 17
- Verfügungsbeschränkung § 102 Rdn. 17

Vorfälligkeitsentschädigung § 50 Rdn. 7

Vorgesellschaft
- GmbH-Gründung § 142 Rdn. 20 ff.
- Umwandlung § 153 Rdn. 11

Vor-GmbH
- Haftung § 142 Rdn. 22 ff.
  - – Gründer § 142 Rdn. 24
  - – Versicherung der Geschäftsführer § 142 Rdn. 25
- Rechtsformzusatz § 142 Rdn. 22
- Rechtsscheinhaftung § 142 Rdn. 22
- Steuerrecht § 142 Rdn. 21
- Überblick § 142 Rdn. 20
- Vermögen § 142 Rdn. 20
- Vertretungsmacht § 142 Rdn. 23 M
  - – Erweiterung § 142 Rdn. 23 M

Vorhand § 62 Rdn. 47

Vorkaufsrecht § 62 Rdn. 1 ff.
- Abtretung § 29 Rdn. 19
- Auflassung an Vorkaufsberechtigten § 62 Rdn. 35 M
- Ausübung § 62 Rdn. 30 ff.
  - – Form § 62 Rdn. 30
  - – gegenüber Verpflichteten § 62 Rdn. 31 M
- Bedingung § 62 Rdn. 20
- Befristung § 62 Rdn. 16 M, Rdn. 20
- Beglaubigung § 62 Rdn. 28 ff.
- Beleihungshindernis § 62 Rdn. 2
- Beratungspflicht § 62 Rdn. 1 f.
- Berechtigter § 62 Rdn. 23 f.
- dingliches § 62 Rdn. 3 ff.
- Entstehung § 62 Rdn. 17 ff.
- Erbbauberechtigten am Grundstück § 57 Rdn. 52
- Erstvertrag § 62 Rdn. 11
- Form § 62 Rdn. 28 ff.
- für alle Verkaufsfälle § 62 Rdn. 10
- für ersten Verkaufsfall § 62 Rdn. 11, Rdn. 21 M

- Gemeinde § 6 Rdn. 102 M, Rdn. 105 ff.
- Gemeinschaftsverhältnis § 62 Rdn. 26 ff.
- Geschäftswert des Beurkundungsverfahrens § 111 Rdn. 111 M
- gesetzliches § 6 Rdn. 101 ff.
- Gestaltung § 62 Rdn. 3 ff.
- Gewerberaummiete § 41 Rdn. 88 ff., Rdn. 92 M
- GmbH-Geschäftsanteil § 145 Rdn. 23 M
- Grundstückseigentümer am Erbbaurecht § 57 Rdn. 51
- Grundstückskauf § 32 Rdn. 312 ff., Rdn. 334 ff.
- Grundstückstausch § 37 Rdn. 2
- Heilung des Formmangels § 62 Rdn. 28
- Hochwasserschutz § 6 Rdn. 116
- Landpacht § 42 Rdn. 35
- Maklerprovision § 47 Rdn. 41
- Mieter § 6 Rdn. 117 ff.
- Miterbe bei Erbteilsveräußerung § 6 Rdn. 104; § 118 Rdn. 9 ff., Rdn. 23 M, Rdn. 28 M
- Mitteilung an Berechtigten § 62 Rdn. 30
- Naturschutzgebiet § 6 Rdn. 115
- Pachtvertrag § 42 Rdn. 16
  - – Apotheke § 42 Rdn. 31
- Pachtvertrag mit dinglichem Vorkaufsrecht § 62 Rdn. 21 M
- Preislimitierung § 62 Rdn. 16 M
- Rechtsnatur § 62 Rdn. 1
- Reichsheimstättengeber § 6 Rdn. 114
- Rückstände § 55 Rdn. 52
- schuldrechtliches § 62 Rdn. 7 M
- Sicherung des Berechtigten § 62 Rdn. 13 ff.
- Siedlungsrecht § 36 Rdn. 28 f.
- Siedlungsunternehmen § 6 Rdn. 113
- Siedlungsunternehmen (nach ASVG) § 36 Rdn. 52
- Siedlungsunternehmen (nach RSG) § 36 Rdn. 33
- subjektiv dinglich § 62 Rdn. 6 M
- subjektiv dinglich/subjektiv persönlich § 62 Rdn. 4 ff.
- Übertragbarkeit § 62 Rdn. 18
- Umgehung § 62 Rdn. 9
- Vererblichkeit § 62 Rdn. 18
- Vertrag § 62 Rdn. 32 ff.
- vorausbestimmter Kaufpreis § 62 Rdn. 15
- Vorhand § 62 Rdn. 47
- Wohnungserbbaurechte § 57 Rdn. 52

Vorlage
- Grundbuchamt § 56 Rdn. 20
  - – Unbedenklichkeitsbescheinigung § 56 Rdn. 20, Rdn. 23, Rdn. 36

Vorlage der Ausweispapiere § 6 Rdn. 18 f.

Vorlage des Grundpfandrechtsbriefs
- Vermerk in Urkunde § 6 Rdn. 13–Rdn. 15 M

Vorlagebestätigung § 72 Rdn. 68 ff., Rdn. 77 M
- Betreuungstätigkeit § 72 Rdn. 70
- Charakter § 72 Rdn. 68

- Erläuterungen der Bundesnotarkammer § 72 Rdn. 76, Rdn. 78
- Garantie des Notars § 72 Rdn. 70
- Restrisiko für Kreditinstitut § 72 Rdn. 71 ff.

Vorlagensperre § 7 Rdn. 8
- Muster § 7 Rdn. 9 M

Vorlöschklausel § 55 Rdn. 46 ff.

Vormerkung
- Abtretung § 61 Rdn. 37 ff.
  - – gutgläubiger Erwerb § 61 Rdn. 24, Rdn. 40
  - – Insolvenz § 61 Rdn. 33
- Alternativberechtigung § 61 Rdn. 7
- Anforderung einer Löschungsbewilligung § 61 Rdn. 27 M
- Angebot § 61 Rdn. 8
- Ankaufsrecht § 62 Rdn. 48
- Anspruch § 61 Rdn. 3 ff.
  - – Änderung § 61 Rdn. 21
  - – bedingter § 61 Rdn. 8–Rdn. 9 M, Rdn. 13
    - – – einstweilige Verfügung § 61 Rdn. 10
    - – – Insolvenz § 61 Rdn. 34
  - – erbrechtlicher § 61 Rdn. 11
  - – Inhalt § 61 Rdn. 3 ff.
  - – künftiger § 61 Rdn. 8, Rdn. 13
    - – – einstweilige Verfügung § 61 Rdn. 10
    - – – Insolvenz § 61 Rdn. 34
  - – künftiger Berechtigter § 61 Rdn. 12
  - – Leistung an Dritte § 61 Rdn. 5–Rdn. 6 M
  - – mehrere Gläubiger § 61 Rdn. 7
  - – nachträgliche Änderung § 61 Rdn. 21
  - – neuer Anspruch § 61 Rdn. 21
  - – Schuldner § 61 Rdn. 4
  - – unbestimmter § 61 Rdn. 13
  - – Vermächtnis § 61 Rdn. 11
- auflösend bedingt § 55 Rdn. 50 M
- Baulast § 61 Rdn. 28
- Bauträgervertrag § 61 Rdn. 32
  - – Insolvenz § 61 Rdn. 32
- Berichtigungsbewilligung § 55 Rdn. 40 M
- Bestellung § 61 Rdn. 16 ff.
- betreuungsgerichtliche Genehmigung § 61 Rdn. 18
- Bewilligung § 61 Rdn. 1, Rdn. 16 ff.
- Einräumung von Sondereigentum § 61 Rdn. 13
- einstweilige Verfügung § 61 Rdn. 10
- Eintragung § 61 Rdn. 19 ff.
- einzureichende Unterlagen § 61 Rdn. 20
- erbrechtliche Ansprüche § 61 Rdn. 11
- Erlöschen § 61 Rdn. 2
- familienrechtliche Genehmigung § 61 Rdn. 18
- für Versprechensempfänger zugunsten eines Dritten § 61 Rdn. 5–Rdn. 6 M
- Gemeinschaftsverhältnis § 61 Rdn. 7
- Genehmigung zum Veräußerungsvertrag § 61 Rdn. 17
- GmbH i.G. § 61 Rdn. 12
- gutgläubiger Erwerb § 61 Rdn. 24, Rdn. 40
- Heimfall § 57 Rdn. 18
- Identitätsgebot § 61 Rdn. 4
- Inhaltsänderung § 61 Rdn. 21
- Insolvenz § 61 Rdn. 32 ff.
- Kettengeschäft § 61 Rdn. 4
- KG i.G. § 61 Rdn. 12
- Löschung § 61 Rdn. 41
- Löschungserleichterung § 55 Rdn. 47 ff.
- mehrere Ansprüche § 61 Rdn. 14
- mehrfache Rechtsänderung § 61 Rdn. 14–Rdn. 15 M
- Rang § 61 Rdn. 31
  - – Zwangsversteigerung § 61 Rdn. 31
- Rangrücktritt § 61 Rdn. 35
- Rangwirkung § 61 Rdn. 29
- Reallast mit Erneuerungsvormerkung § 66 Rdn. 5 M
- Rückübereignungsanspruch § 61 Rdn. 9 M
- Sonderrechtsnachfolger § 61 Rdn. 4
- Sukzessivberechtigung § 61 Rdn. 7
- Verfügungsverbot § 61 Rdn. 25 ff.
- Verpfändung § 61 Rdn. 39
- vorweggenommener Löschungsantrag § 61 Rdn. 30 M
- Wesen § 61 Rdn. 1 ff.
- Wiederkaufsrecht § 62 Rdn. 37
- Wirksamkeitsvermerk § 61 Rdn. 36 M
- Wirkung § 61 Rdn. 25 ff.
- Zustimmung des Berechtigten § 61 Rdn. 35
- Zwangsversteigerung § 61 Rdn. 31

Vormund
- Benennung § 96 Rdn. 87 f.

Vormundschaft
- Auswahl des Vormunds § 95 Rdn. 31
- befreiter Vormund § 95 Rdn. 28 f.
- Benennung § 95 Rdn. 28 f.
- Doppelvollmacht § 95 Rdn. 10
- Erwachsene § 95 Rdn. 1
  - – Betreuung § 95 Rdn. 1
- Fehlen elterlicher Sorge § 95 Rdn. 3
- Gegenvormund § 95 Rdn. 5 f.
- genehmigungspflichtige Rechtsgeschäfte § 95 Rdn. 6 f.
- Jahresabrechnung § 95 Rdn. 21 ff.
- Minderjährige § 95 Rdn. 3 ff.
- Mündelgeld § 95 Rdn. 17 f.
  - – Jahresabrechnung § 95 Rdn. 21 ff.
  - – Schlussrechnung § 95 Rdn. 27
  - – Vermögensverzeichnis § 95 Rdn. 20 M
- Nachweis der Vertretungsberechtigung § 6 Rdn. 40
- Schenkung § 95 Rdn. 8
- Vermögensverwaltung § 95 Rdn. 5, Rdn. 11 ff., Rdn. 19 ff.

Vorname
- Änderung § 22 Rdn. 13 ff.

Vorplatz § 58 Rdn. 7

Vorratsgründung § 142 Rdn. 203 ff.
- Anmeldung der Veränderungen nach Erwerb § 142 Rdn. 205 M
- Haftung § 142 Rdn. 206
- Kapitalaufbringung § 142 Rdn. 204
- Mantelverwendung § 142 Rdn. 204

Vorratsstiftung § 123 Rdn. 18

Vorratsteilung § 58 Rdn. 41

Vorsorgende Rechtspflege § 3 Rdn. 2

Vorsorgeregister, Zentrales (ZVR) § 12a Rdn. 77 ff.; § 96 Rdn. 76 ff.
- Vollmachtsurkunde § 12a Rdn. 80 M

Vorsorgevollmacht
- Abgrenzung zur Betreuungsverfügung § 96 Rdn. 22
- anwendbare nationale Sachrechte § 96 Rdn. 130
- Anwendbarkeit der Art. 15 ESÜ § 96 Rdn. 162 ff.
- ärztliche Zwangsmaßnahmen § 96 Rdn. 31, Rdn. 34, Rdn. 37
- ärztlicher Eingriff § 96 Rdn. 33
- Auftrag/Geschäftsbesorgung § 96 Rdn. 42
- ausländische Vollmacht vor deutschem Notar § 96 Rdn. 165 ff.
- außerhalb des ESÜ-Anwendungsbereichs § 96 Rdn. 147 ff.
  - – ab dem 17.06.2017 erteilte Vollmachten § 96 Rdn. 155 ff.
  - – gewöhnlicher Aufenthalt des Vollmachtgebers § 96 Rdn. 149 f.
  - – gewöhnlicher Gebrauch der Vollmacht § 96 Rdn. 158 ff.
  - – Verfügung über Grundstücke § 96 Rdn. 151
  - – vor dem 17.06.2017 erteilte Vollmachten § 96 Rdn. 148 ff.
  - – Vorrang der Rechtswahl § 96 Rdn. 152 ff., Rdn. 155 ff., Rdn. 161
- Begriff § 96 Rdn. 25
- betreuungsgerichtliche Genehmigung § 96 Rdn. 35
- Darlehen § 96 Rdn. 32
- Eheleute mit weiterer Vollmacht für Kinder § 96 Rdn. 86 M
- einfache Patientenverfügung mit Vorsorgevollmacht § 96 Rdn. 117 M
- Ersatzbevollmächtigter § 96 Rdn. 83 f.
- Form § 96 Rdn. 32 f.
- Genehmigung § 96 Rdn. 37
- genehmigungspflichtige Handlungen § 96 Rdn. 35
- General- und Vorsorgevollmacht § 96 Rdn. 82 M
- Generalvollmacht § 96 Rdn. 28 M
- Grundstücksgeschäfte § 96 Rdn. 32
- Grundverhältnis § 96 Rdn. 41 M
  - – deklaratorische Regelung § 96 Rdn. 51 M
  - – konstitutive Regelung § 96 Rdn. 55 M
- Heilbehandlung § 96 Rdn. 33
- Identifizierungspflichten § 96 Rdn. 75
- Insichgeschäfte § 96 Rdn. 38 ff.
- internationales Privatrecht § 96 Rdn. 120 ff.
- Mehrheit von Bevollmächtigten § 96 Rdn. 49, Rdn. 83 ff.
- Patientenverfügung § 96 Rdn. 111 ff.
  - – Trennung § 96 Rdn. 111 ff.
- persönliche Angelegenheiten § 96 Rdn. 26
- Rechtswahl § 96 Rdn. 127 ff.
- Rechtswahl durch Bevollmächtigten § 96 Rdn. 174 M

- Rechtswahl für das Vollmachtsstatut § 96 Rdn. 172 M
- Risiken § 96 Rdn. 57 M ff.
- Sicherung des Vollmachtgebers § 96 Rdn. 57 M ff.
- Unterbringung § 96 Rdn. 34
- Untersuchung des Gesundheitszustandes § 96 Rdn. 33
- Vermögensangelegenheiten § 96 Rdn. 26 ff.
- Vollmachtsüberwachungsbetreuer § 96 Rdn. 71 ff.
- Vormundbenennung § 96 Rdn. 87 f.
- vorrangiger Staatsvertrag § 96 Rdn. 124 ff.
  - – Ausübung der Vollmacht § 96 Rdn. 134
  - – Bezug zum Vorsorgefall § 96 Rdn. 132 f.
  - – Verkehrsschutz § 96 Rdn. 142 ff.
  - – zeitlicher Anwendungsbereich § 96 Rdn. 146
  - – Zeitpunkt des Auslandsbezugs § 96 Rdn. 131
- Widerruf § 96 Rdn. 5, Rdn. 119 M
- Zentrales Vorsorgeregister § 8 Rdn. 38; § 96 Rdn. 76 ff.

VorstAG
- Karenzzeit § 148 Rdn. 24
- Vorstand § 148 Rdn. 17
  - – AG § 148 Rdn. 17

Vorstand
- AG § 148 Rdn. 1 ff.
- Ausländer § 158 Rdn. 29 ff.
- Genossenschaft § 157 Rdn. 17 ff.
- Gleichberechtigung § 148 Rdn. 25 ff.
- Stiftung § 123 Rdn. 20 ff.
  - – Besetzung § 123 Rdn. 22
  - – Haftung § 123 Rdn. 21
  - – Notbestellung § 123 Rdn. 22
- Verein § 121 Rdn. 52 ff.
  - – Abberufung § 121 Rdn. 60 ff.
  - – Amtsdauer § 121 Rdn. 65
  - – Berufung § 121 Rdn. 60 ff.
  - – Beschränkung § 121 Rdn. 57
  - – besondere Vertreter § 121 Rdn. 68
  - – Entlastung § 121 Rdn. 65
  - – Haftung § 121 Rdn. 67
  - – Registeranmeldung § 121 Rdn. 87 M
  - – Vergütung § 121 Rdn. 66
  - – Wahl § 121 Rdn. 61

Vorstandshaftung
- Stiftung § 123 Rdn. 21

Vorverein § 121 Rdn. 9

Vorvertrag
- Abtretung § 29 Rdn. 19
- GmbH Gründung § 142 Rdn. 19
- Grundstückskauf § 32 Rdn. 12; § 62 Rdn. 45

Vorweggenommene Erbfolge
- Grundstücksüberlassung an Kinder § 39 Rdn. 38
- Hofübergabevertrag § 36 Rdn. 199
- Übergabe landwirtschaftlicher Grundstücke § 36 Rdn. 84

Vorwegzustimmung
- Veräußerung von Erbbaurechten § 57 Rdn. 67

Vorzeitiger Erbausgleich § 100 Rdn. 17 f.

- Vorzugsaktie § 146 Rdn. 11, Rdn. 23 ff.

Wahlordnung zur Vertreterversammlung
- Genossenschaft § 157 Rdn. 43 M

Waren- und Dienstleistungsverzeichnis § 49 Rdn. 96

Warenkredit
- Verpfändung eines Pfandbriefes § 78 Rdn. 28 M

Wärmelieferung
- Reallast § 66 Rdn. 5 M

Warnpflicht des Notars § 6 Rdn. 145
- Grundstückskauf § 32 Rdn. 1

Wart und Pflege § 66 Rdn. 1, Rdn. 8 M
- Grundstücksüberlassung an Kinder § 39 Rdn. 51 ff.

Wartung
- Wohnraummiete § 41 Rdn. 34, Rdn. 41 ff.

Wechselabkommen
- Wechselprotest § 17 Rdn. 15 ff.

Wechselbezüglichkeit § 107 Rdn. 2
- Erbvertrag § 108 Rdn. 5

Wechselprotest
- abhanden gekommene Protesturkunde § 17 Rdn. 64 f.
- Abschrift des Wechsels § 17 Rdn. 37 f.
- Aktenbehandlung § 17 Rdn. 17 f., Rdn. 61 M, Rdn. 63 M
- Allonge § 17 Rdn. 11
- beglaubigte Abschrift der Protesturkunde mit Inhaltsvermerk § 17 Rdn. 61 f.
- Begriff § 17 Rdn. 1
- Berichtigungen § 17 Rdn. 58 ff.
- Bezogener § 17 Rdn. 51 M ff.
  - – nochmalige Vorlegung § 17 Rdn. 54 M
  - – sucht Notar auf § 17 Rdn. 25 M
- Domizilwechsel § 17 Rdn. 2
- Ehrenzahlung § 17 Rdn. 45 ff., Rdn. 49 M
- Form § 17 Rdn. 11 ff.
- gegen den Insolvenzschuldner § 17 Rdn. 35 M
- gegen GmbH § 17 Rdn. 28 ff.
- gegen mehrere Bezogene § 17 Rdn. 33 M
- gegen nicht mehr bestehende GmbH § 17 Rdn. 32 M
- gegen nicht zu ermittelnden Bezogenen § 17 Rdn. 22 M f.
- gegen Notadressat § 17 Rdn. 45 ff.
- Gerichtsvollzieher § 17 Rdn. 18
- Inhalt der Protesturkunde § 17 Rdn. 9 f.
- mangels Annahme § 17 Rdn. 50 ff.
- mangels Ehrenannahme § 17 Rdn. 55 M
- mangels Sichtbestätigung § 17 Rdn. 2, Rdn. 56 f.
- nach 18 Uhr § 17 Rdn. 24 M
- Ort der Protesterhebung § 17 Rdn. 2 ff.
- Protesturkunde § 17 Rdn. 12
  - – Fehler/Berichtigung § 17 Rdn. 12, Rdn. 58 ff.
- Sammelband für Wechsel- und Scheckproteste § 10 Rdn. 46
- Tag des Protestes § 17 Rdn. 5 ff.
- Tageszeit der Erhebung § 17 Rdn. 8
- Unterschrift Notar § 17 Rdn. 7

- Vertreter des Protestaten § 17 Rdn. 26 ff.
- Vorlage § 17 Rdn. 42 M
  - – bei Zahlstelle am gleichen Ort § 17 Rdn. 42 M
  - – beim Bezogenen § 17 Rdn. 19 M
  - – beim nicht angetroffenen Bezogenen § 17 Rdn. 21 M
  - – beim zum Teil zahlenden Bezogenen § 17 Rdn. 20 M
  - – Domizilwechsel § 17 Rdn. 41 M
- Vorlegung bei Zahlstelle § 17 Rdn. 39 ff.
- Vorlegungsfrist § 17 Rdn. 5 ff.
- Wandprotest § 17 Rdn. 8
- Wechselabkommen § 17 Rdn. 15 ff.
- Windprotest § 17 Rdn. 10
- Zahlstelle § 17 Rdn. 3, Rdn. 39 ff.
- Zahlung § 17 Rdn. 13 f.
- Zuständigkeit § 3 Rdn. 21

Wegerecht § 64 Rdn. 9 M

Wegfall der Geschäftsgrundlage
- ehebedingte Zuwendung § 39 Rdn. 32

Wegzugsklausel § 65 Rdn. 30
- Grundstücksüberlassung an Kinder § 39 Rdn. 52

Weichende Erben
- Ausgleichszahlung § 39 Rdn. 102 M ff.
  - – Grundstücksüberlassung an Kinder § 39 Rdn. 102 M ff.

Weitere Beschwerde § 7 Rdn. 44 ff.

Weitere vollstreckbare Ausfertigung § 19 Rdn. 168 ff., Rdn. 174 M
- Begriff § 19 Rdn. 168 ff.
- Verfahren § 19 Rdn. 173
- Voraussetzungen § 19 Rdn. 171 f.
- Zuständigkeit § 19 Rdn. 168

Werbeverbot
- Notar und Verlosung § 18 Rdn. 32

Werk- und Nutzungsgenossenschaft § 157 Rdn. 17 ff.

Werkbegriff § 48 Rdn. 8

Werkdienstwohnung § 41 Rdn. 67

Werkentstellung
- Verbietungsrecht § 48 Rdn. 17

Werklieferungsvertrag-Bauträgervertrag § 33 Rdn. 1

Werkmietwohnung § 41 Rdn. 67

Werkvertrag
- Architektenvertrag § 45 Rdn. 1 ff.

Werterstattung
- Güterrecht früherer DDR-Staatsbürger § 81 Rdn. 14

Wertpapier
- Hinterlegungsschein § 9 Rdn. 23 M
- Verpfändung § 78 Rdn. 29 M
- Vertrag zugunsten Dritter auf den Todesfall § 110 Rdn. 7

Wertsicherung
- Erbbauzins § 57 Rdn. 33 ff.

Wertsicherungsklausel
- Genehmigung § 6 Rdn. 92 f.
- Reallast § 66 Rdn. 10
- Umstellung bei Erbbauzins § 57 Rdn. 45 M
- Unterwerfungserklärung § 19 Rdn. 87 M
- Versorgungszahlungen § 36 Rdn. 128 f.
- Wohnraummiete § 41 Rdn. 46 M
  - – Mietanpassung § 41 Rdn. 46 M

Wettbewerbsbeschränkung
- GbR § 130 Rdn. 73 M
Wettbewerbsverbot
- GmbH § 142 Rdn. 184 ff.
  - - Befreiung aus steuerlichen Gründen § 142 Rdn. 184 ff.
- KG § 137 Rdn. 31 f.
- OHG § 132 Rdn. 49 ff.
- Unternehmenskauf § 31 Rdn. 47 f.
Widerruf
- der Hinterlegungsvereinbarung § 9 Rdn. 5
- gemeinschaftliches Testament § 101 Rdn. 9 ff.
  - - einseitiger § 101 Rdn. 9 ff., Rdn. 13 M
- Testament § 101 Rdn. 14 M
  - - Verfügung des Notars § 101 Rdn. 14 M
Widerrufsrecht
- Belehrung § 50 Rdn. 19 ff.
- Verbraucherkreditvertrag § 50 Rdn. 19 ff.
Widerrufstestament § 101 Rdn. 6 M, Rdn. 18 M
- gemeinschaftliches Widerrufstestament § 101 Rdn. 19 f.
- nach Ausschlagung bei wechselbezüglichem Testament § 101 Rdn. 18 M
Widerspruch des Mieters § 41 Rdn. 61 ff., Rdn. 70 M ff.
Widerspruchsrecht
- KG § 137 Rdn. 34 f.
Wiederaufbau
- Erbbaurecht § 57 Rdn. 7
Wiederkaufsrecht § 62 Rdn. 36 ff., Rdn. 40 M
- Ausübung § 62 Rdn. 36
- Form § 62 Rdn. 36
- Beleihung § 62 Rdn. 41 f.
- Frist § 62 Rdn. 38
- Rechtsnatur § 62 Rdn. 36
- Vormerkung § 62 Rdn. 37
Wiederkehrende Leistungen
- Grundstücksüberlassung an Kinder § 39 Rdn. 67 ff.
Wiederverheiratungsehe
- Ehevertrag § 85 Rdn. 3, Rdn. 8 M
Wiederverheiratungsklausel
- Apothekenpacht § 42 Rdn. 29
Willenserforschung § 6 Rdn. 2
Willenserklärung
- Anspruch auf Abgabe § 19 Rdn. 28
  - - Zwangsvollstreckungsunterwerfung § 19 Rdn. 28
- Form § 13 Rdn. 2, Rdn. 6
- Niederschriften § 13 Rdn. 8 ff.
Windkraftanlage
- Erbbaurecht § 57 Rdn. 4
Wirksamkeitsvermerk
- Vormerkung § 61 Rdn. 36 M
Wirtschaftlicher Verein § 121 Rdn. 10 ff.
- Spaltung § 155 Rdn. 5
- Verschmelzung § 154 Rdn. 2
Wirtschaftsfähigkeit
- Hofübergabevertrag § 36 Rdn. 200
Wirtschaftsgüter des Betriebsvermögens
- Personengesellschaft § 131 Rdn. 27 f.
Wirtschaftsprüfer
- OHG § 131 Rdn. 3

Wohnfläche
- Bauträgervertrag § 33 Rdn. 60
Wohngeldrückstand § 32 Rdn. 487 f.
Wohnraummiete § 41 Rdn. 9 ff.
- Abgrenzung Werkmietwohnung und Werkdienstwohnung § 41 Rdn. 67
- Abgrenzung zur Gewerberaummiete § 41 Rdn. 8
- befristeter Mietvertrag § 41 Rdn. 26
- Begründung von Wohnungseigentum § 41 Rdn. 57 ff.
  - - besondere Kündigungsfristen § 41 Rdn. 58
- fristlose Kündigung des Vermieters mit Hinweis auf Widerspruchsrecht § 41 Rdn. 69 M
- fristlose Kündigung des Vermieters wegen Zahlungsverzug § 41 Rdn. 68 M
- Gebiete, in denen ausreichende Versorgung mit Wohnungen gefährdet ist § 41 Rdn. 58
- Gesetz zur Regelung der Miethöhe § 41 Rdn. 9
- Gesetze § 41 Rdn. 9 ff.
- Kündigung durch Vermieter § 41 Rdn. 26
  - - befristeter Mietvertrag § 41 Rdn. 26
  - - Eigenbedarf § 41 Rdn. 53 ff.
  - - Form § 41 Rdn. 47
  - - Härtefall § 41 Rdn. 63
  - - Hinderung angemessener wirtschaftlicher Verwertung § 41 Rdn. 57 ff.
  - - Inhalt § 41 Rdn. 48
  - - Kündigungsfristen § 41 Rdn. 61
  - - Widerspruch des Mieters § 41 Rdn. 49 f., Rdn. 62
  - - Zahlungsverzug des Mieters § 41 Rdn. 68 M
- Mietanpassungsvereinbarung § 41 Rdn. 46 M
  - - Mietvertrag § 41 Rdn. 46 M
- Mieterhöhung § 41 Rdn. 71 ff.
- Mietpreisbindung § 41 Rdn. 46 M
- Mietvertrag § 41 Rdn. 46 M
- ortsübliche Vergleichsmiete § 41 Rdn. 46 M
- Rückgabe der Mietsache § 41 Rdn. 44
- Schönheitsreparaturen § 41 Rdn. 34 ff.
- Sozialklausel § 41 Rdn. 53
- unbefristeter Mietvertrag § 41 Rdn. 26
- Werkswohnung § 41 Rdn. 67
- Widerspruch des Mieters mit Begründung § 41 Rdn. 70 M
- Zeitmietvertrag § 41 Rdn. 26
- zwingende Kündigungsschutzbestimmungen § 41 Rdn. 66
Wohnungs- und Teilerbbaurecht § 32 Rdn. 3
Wohnungsbaugenossenschaft
- Baubetreuungsvertrag § 46 Rdn. 18
Wohnungsbesetzungsrecht
- Dienstbarkeit § 64 Rdn. 27 ff.
Wohnungseigentum
- Abgeschlossenheit § 58 Rdn. 8 ff.
- Abgeschlossenheitsbescheinigung § 58 Rdn. 42

- Änderung § 58 Rdn. 52 ff.
  - - Gemeinschaftsordnung § 58 Rdn. 52 ff.
  - - Teilungserklärung § 58 Rdn. 52 ff.
- Aufteilungsplan § 58 Rdn. 42
- Begriff § 58 Rdn. 1 f.
- Begründung § 58 Rdn. 39 ff.
  - - 3 WEG § 58 Rdn. 4 M, Rdn. 40
  - - 8 WEG § 58 Rdn. 41, Rdn. 51 M
  - - Form § 58 Rdn. 40 ff.
  - - Genehmigungspflicht § 58 Rdn. 47
  - - Gläubigerzustimmung § 58 Rdn. 48
  - - vor Gebäudeerrichtung § 58 Rdn. 46
  - - Voraussetzungen § 58 Rdn. 42 ff.
- Bestandteilszuschreibung § 58 Rdn. 59
- Dauerwohnrecht/Dauernutzungsrecht § 58 Rdn. 1
- Eigentümerversammlung § 58 Rdn. 32 ff.
- Erbbaurecht § 58 Rdn. 66 ff.
- Fremdenverkehrsfunktion § 58 Rdn. 47; § 64 Rdn. 14 ff.
- Gemeinschaft der Wohnungseigentümer § 58 Rdn. 1
- Gemeinschaftseigentum § 58 Rdn. 1, Rdn. 5 ff.
- Gemeinschaftsverhältnis § 58 Rdn. 24
  - - Beschlüsse § 58 Rdn. 24
  - - Gemeinschaftsordnung § 58 Rdn. 24
  - - Öffnungsklausel § 58 Rdn. 25 M
  - - Vereinbarungen § 58 Rdn. 20 ff.
- Grundschuld § 75 Rdn. 17 ff.
- Grundstücksveränderung § 58 Rdn. 60
- Lasten und Kosten § 58 Rdn. 27 ff.
  - - Forthaftung des Veräußerers § 58 Rdn. 30 f.
  - - Haftung des Rechtsnachfolgers § 58 Rdn. 29 M
- Mehrhausanlage § 58 Rdn. 3
- Miteigentumsanteil § 58 Rdn. 13 ff.
  - - Haftung § 58 Rdn. 14
  - - Nutzbarkeit § 58 Rdn. 14
  - - Stimmrecht § 58 Rdn. 14
- Nießbrauch § 63 Rdn. 20 f.
- Rechtsinstitute § 58 Rdn. 1
- Schiedsgerichtsklausel § 58 Rdn. 64 f.
- Sondereigentum § 58 Rdn. 1 f., Rdn. 5 ff.
- Teileigentum § 58 Rdn. 1
- Teilungserklärung § 58 Rdn. 50 ff.
  - - aufschiebend bedingte Sondernutzungsrechte § 58 Rdn. 61 ff.
  - - Doppelhaushälften § 58 Rdn. 4 M
  - - Identitätserklärung § 58 Rdn. 44 M
  - - Nachtragsurkunde § 58 Rdn. 45 M
  - - ohne amtlichen Plan § 58 Rdn. 43
- Unterteilung § 58 Rdn. 58

3273

- Veräußerungsbeschränkung § 58 Rdn. 15 ff.
  - – Vermerken im Wohnungsgrundbuch § 58 Rdn. 15
- Vereinigung § 58 Rdn. 59
- Verwalter § 58 Rdn. 36 ff.
  - – Informationspflicht § 58 Rdn. 18 M
  - – Zustimmung § 58 Rdn. 16 ff.
- Verwaltervollmacht § 24 Rdn. 87 M
- Verwaltung § 58 Rdn. 1
- Verwaltungsbeirat § 58 Rdn. 38
- Vorratsteilung § 58 Rdn. 41
- werdendes Wohnungseigentum § 58 Rdn. 49
- Wohnungsrecht § 65 Rdn. 17 M

Wohnungseigentümergemeinschaft
- Auflassung § 56 Rdn. 10
- Grundstückskauf § 32 Rdn. 74 ff.
- Teilrechtsfähigkeit § 32 Rdn. 76
- Verbraucher § 6 Rdn. 152
- Vorrecht vor dem Erbbauzinsberechtigten § 57 Rdn. 43

Wohnungserbbaurecht § 57 Rdn. 43; § 58 Rdn. 66 ff.
- gleichrangige Vorkaufsrechte § 57 Rdn. 52

Wohnungsgenossenschaft § 33 Rdn. 3; § 157 Rdn. 9
- Befreiung von der Gewerbesteuer § 157 Rdn. 71 ff.

Wohnungsmietvertrag § 41 Rdn. 46 M
Wohnungsrecht
- Bedingung § 65 Rdn. 37 M
- Beendigung einer Lebensgemeinschaft § 65 Rdn. 39 M
- Berechtigter § 65 Rdn. 31 ff.
- Bestellung § 65 Rdn. 36 ff.
- ergänzende Reallast wegen Wiederaufbauverpflichtung § 65 Rdn. 5 M
- Ersatz-Ansprüche § 65 Rdn. 25
- Familienangehörige § 65 Rdn. 22
- Garagenstellplatz § 65 Rdn. 18 M
- Garten § 65 Rdn. 15 M
- Gesamtgläubiger § 65 Rdn. 32 M
- Grundmuster § 65 Rdn. 3 M
- Grundstücksüberlassung an Kinder § 39 Rdn. 47 ff.
- Gütergemeinschaft § 65 Rdn. 33 M
- Inhalt § 65 Rdn. 4 ff., Rdn. 14, Rdn. 22 ff.
- Kausalverhältnis § 65 Rdn. 6
- Kostentragung § 65 Rdn. 28
- Mietvertrag § 65 Rdn. 10 M
- Mitbenutzung § 65 Rdn. 27
- Pfändbarkeit § 65 Rdn. 25
- Rang § 65 Rdn. 2
- Räume § 65 Rdn. 11
- Rechtsgrundlage § 65 Rdn. 1
- Rückstände § 55 Rdn. 52
- Ruhen § 65 Rdn. 30
- Sondernutzungsrecht § 64 Rdn. 33; § 65 Rdn. 16
- Teilnahme an Eigentümerversammlung § 65 Rdn. 20 M
- Übergabe landwirtschaftlicher Grundstücke § 36 Rdn. 170 M
- Überlassung an Dritte § 65 Rdn. 23
- Überleitung durch Sozialhilfeträger § 65 Rdn. 30
- Übertragbarkeit § 65 Rdn. 14
- Wahlrecht § 65 Rdn. 12 ff., Rdn. 13 M
- Wegzugsklausel § 65 Rdn. 30

- Wohnungseigentum § 65 Rdn. 17 M
- Zahlung als Ausübungsvoraussetzung § 65 Rdn. 8 M

Wohnungsvermittlung § 47 Rdn. 50 M
- Maklervertrag § 47 Rdn. 46 ff.

Wohnzwecken
- Erbbaurecht § 57 Rdn. 36

WpÜG
- AG § 146 Rdn. 2

Zahlen in Urkunde § 11 Rdn. 8
Zahlstelle
- Wechselprotest § 17 Rdn. 3, Rdn. 39 ff.

Zahlstellenwechsel § 17 Rdn. 3
Zahlung
- Wechselprotest § 17 Rdn. 13 f.

Zahlungsverpflichtung
- Bedingte, Fall der Veräußerung bei Übergabe landwirtschaftlicher Grundstücke § 36 Rdn. 159

Zeichnung § 15 Rdn. 29 ff.
- Genossenschaft § 157 Rdn. 18
- GmbH § 143 Rdn. 45
- Nachtragsliquidator, GmbH § 144 Rdn. 218 M
- Namensunterschrift § 15 Rdn. 31

Zeitmietvertrag
- mit Kündigungsschutz § 41 Rdn. 26

Zentrales Testamentsregister, ZTR siehe Testamentsregister, Zentrales
Zentrales Vorsorgeregister siehe Vorsorgeregister, Zentrales
Zertifizierungsstelle
- elektronische Signatur § 12a Rdn. 2

Zessionar
- Grundschuld § 19 Rdn. 187 f.

Zeuge
- Beurkundung mit behinderten Beteiligten § 14 Rdn. 6
- Mitwirkungsverbot § 14 Rdn. 7
- öffentliches Testament § 103 Rdn. 3 ff.

Zeugnis
- des Registergerichts § 15 Rdn. 34
- einfaches § 15 Rdn. 1, Rdn. 9 ff.
  - – Lebensbescheinigung § 15 Rdn. 10 f.

ZGB
- Grundpfandrechte § 70 Rdn. 35 ff.

Zinsabschlagsteuerbescheinigung
- Aufbewahrung § 10 Rdn. 22

Zinsen
- Abtretung § 74 Rdn. 8 ff.
- Eigentümergrundschuld § 77 Rdn. 2
- Grundpfandrecht § 68 Rdn. 21
- Grundschuld § 73 Rdn. 2
  - – Rang § 73 Rdn. 2
- Hypothek § 69 Rdn. 3 ff.; § 70 Rdn. 13 ff.

Zinserhöhung
- Grundschuld mit Zwangsvollstreckungsunterwerfung § 75 Rdn. 2 M

Zinserhöhung mit Zwangsvollstreckungsunterwerfung § 75 Rdn. 2 M
Zitiergebot
- Kostenberechnung § 20 Rdn. 8 f.

Zuflurstück § 54 Rdn. 6; § 56 Rdn. 12
- Teilung § 54 Rdn. 31
- Vereinigung § 54 Rdn. 31
- Zuschreibung § 54 Rdn. 31

Zugewinn
- Begriff § 83 Rdn. 1, Rdn. 10
- Berechnung bei früheren DDR-Staatsbürgern § 81 Rdn. 15

Zugewinnausgleich
- Abfindung für Verdienstausfall als Schadenersatz § 83 Rdn. 15
- Altersvorsorge § 83 Rdn. 18
- Anwartschaft auf Übergangsgebührnisse eines Zeitsoldaten § 83 Rdn. 17
- Auseinandersetzung über den Ausgleich nach Scheidung § 83 Rdn. 48 ff.
- Ausschluss bei anderer Beendigung der Ehe als durch Tod § 83 Rdn. 9 M; § 85 Rdn. 4
- Ausschluss eines Gesellschaftsanteils vom Zugewinn § 83 Rdn. 43 ff.; § 85 Rdn. 4
- Bewertung der Vermögensgegenstände § 83 Rdn. 15
  - – good will § 83 Rdn. 15
  - – Unternehmensbeteiligung § 83 Rdn. 15
  - – Unterschied zum Versorgungsausgleich § 83 Rdn. 18
- ehebedingte Zuwendung § 83 Rdn. 27 ff.
  - – keine Vereinbarung eines Rückübertragungsanspruchs § 39 Rdn. 37
- erbrechtlicher § 83 Rdn. 1
- Erbschaftsteuergesetz § 83 Rdn. 5 ff.
- erhöhter Erbteil § 83 Rdn. 2
  - – kollisionsrechtliche Einordnung von § 1371 Abs. 1 BGB § 83 Rdn. 4
- Festsetzung einer geringeren Ausgleichsquote § 83 Rdn. 47 M
- Feststellung der Ausgleichsforderung eines Ehegatten § 83 Rdn. 49 M
- güterrechtlicher § 83 Rdn. 1
- Hausrat § 83 Rdn. 18
- Herausnahme des Betriebsvermögens mit Ausgleichsklausel § 83 Rdn. 46 M; § 85 Rdn. 4
- Kaufkraftschwund § 83 Rdn. 15
- Kompensation für Ausschluss § 83 Rdn. 52 M
- Lebensversicherung § 83 Rdn. 18
- Lottogewinn § 83 Rdn. 15
- Nießbrauch eines Vorerben § 83 Rdn. 16
- Rentenversicherung § 83 Rdn. 18
- Stichtag § 81 Rdn. 20
- Übergabe landwirtschaftlicher Grundstücke § 36 Rdn. 168
- unechte Wertsteigerung § 83 Rdn. 15
- Vereinbarung § 90 Rdn. 73
  - – einvernehmliche Scheidung § 90 Rdn. 73
- Wirksamkeit der Regelung im Ehevertrag § 83 Rdn. 51

Zulegung § 59 Rdn. 6
Zurückbehaltungsrecht
- Käufer § 33 Rdn. 64
  - – Bauträgervertrag § 33 Rdn. 64

Zusätze in Urkunde § 11 Rdn. 11 ff.
Zuschreibung
- Antrag § 54 Rdn. 30 M